MS 2844.22

Kur/v. Bomhard/Albrecht
MarkenG · UMV

MarkenG · UMV

Markengesetz

Verordnung über die Unionsmarke

Kommentar

Herausgegeben von

Prof. Dr. Dr. h.c. Annette Kur

Max-Planck-Institut für Innovation und Wettbewerb, München

Dr. Verena von Bomhard

Rechtsanwältin, Alicante

Dr. Friedrich Albrecht

Vorsitzender Richter am Bundespatentgericht a.D., München

4. Auflage 2023

C.H.BECK

Zitiervorschlag:
Kur/v. Bomhard/Albrecht/Bearbeiter MarkenG § 1 Rn. 1
oder
Kur/v. Bomhard/Albrecht/Bearbeiter UMV Art. 1 Rn. 1

www.beck.de

ISBN 978 3 406 79656 2

© 2023 Verlag C. H. Beck oHG
Wilhelmstraße 9, 80801 München
Druck: Druckerei C.H. Beck Nördlingen
(Adresse wie Verlag)
Satz: Meta Systems Publishing & Printservices GmbH, Wustermark
Umschlaggestaltung: Druckerei C.H. Beck Nördlingen

CO2
neutral

chbeck.de/nachhaltig

Gedruckt auf säurefreiem, alterungsbeständigem Papier
(hergestellt aus chlorfrei gebleichtem Zellstoff)

Vorwort

Wir legen nunmehr zum vierten Mal eine Druckversion des Beck'schen Online-Kommentars zum Markenrecht vor, in dem das deutsche Markengesetz und die Unionsmarkenverordnung gebündelt kommentiert werden.

Wie in dieser Reihe üblich, enthält jede Kommentierung eine Überblicksebene, den Haupttext sowie gegebenenfalls eine Detailebene, die durch Kleindruck abgesetzt ist. Letztere dient dazu, weiterführende Informationen zu geben, zum Beispiel zur Rechtsentwicklung, zu unterschiedlichen Auffassungen oder zur Umsetzung in speziellen Fällen. Ihre Lektüre sollte jedoch für das Gesamtverständnis nicht erforderlich sein.

Die vorliegende Neuauflage berücksichtigt und kommentiert alle Neuerungen, die sich aus der Gesetzgebung seit Erscheinen der 3. Auflage im Jahre 2020 ergeben haben. Hinzu kommt natürlich die Berücksichtigung der neuesten Rechtsprechung, die sich naturgemäß noch nicht mit allen Aspekten befasst hat, die mit den Gesetzesnovellierungen einhergehen. Neue Literatur ist selbstverständlich ebenfalls eingearbeitet.

Insgesamt wurden von den Autorinnen und Autoren auch in dieser Neuauflage wiederum deutlich mehr als 10% des Textes geändert und ergänzt, wobei im Einzelfall naturgemäß weitergehende Änderungen der Kommentierungen erforderlich waren.

So erfuhr das Kostenrecht auf der Basis der grundlegenden NovaText-Entscheidung des EuGH vom 28.4.2022 in der Rs. C-531/20 eine einschneidende Änderung beim Anspruch auf Erstattung der Kosten des mitwirkenden Patentanwalts (so bereits die 9. Edition 2017, MarkenG § 140 Rn. 32: „unionsrechtlich zwingend").

Die neu eingeführten Verfalls- und Nichtigkeitsverfahren vor dem Deutschen Patent- und Markenamt und die damit verbundene Änderung der Verfahren vor den Zivilgerichten verlangten eine Neukommentierung des Abschnitts §§ 49–55 MarkenG.

Der Brexit warf die zu kommentierende Rechtsfrage auf, ob relative Eintragungshindernisse nur greifen, wenn sie auch im Zeitpunkt der Entscheidung gegeben sind, was das EuG in Frage stellt. Soweit sich im Übrigen Änderungen im Bereich des Gewerblichen Rechtsschutzes ergaben, sind diese in der Kommentierung zu Art. 1 UMV sowie in der Einleitung behandelt.

Die Honorierung von beigeordneten Anwälten erhielt durch ein völlig neues Vertretergebühren-Erstattungsgesetz (VertrGebErstG) und die Aufhebung des Gesetzes zur Beiordnung von Patentanwälten bei Prozesskostenhilfe (PatAnwBeioG) zum 1.8.2022 eine neue rechtliche Grundlage, die leider nicht alle bestehenden Probleme löst und teilweise – auch im Markenrecht – neue Probleme schafft.

Die Kündigung des Vertrags zwischen der Schweiz und Deutschland betreffend den gegenseitigen Patent-, Muster- und Markenschutz vom 13.4.1892 (SR 0.232.149.136) warf vor allem für die rechtserhaltende Benutzung neue Fragen auf.

Die mit dem Markenrechtsmodernisierungsgesetz (MaMoG), das zum 1.5.2020 in Kraft getreten ist, eingeführten amtlichen Verfalls- und Nichtigkeitsverfahrens beim Deutschen Patent- und Markenamt haben erste praktische Neuerungen gebracht, die eine über das theoretische hinausgehende Kommentierung erfuhr. Gleiches gilt für den Benutzungszwang, bei dem die Änderungen in der Benutzungsschonfrist und den maßgeblichen Benutzungszeiträumen erste praxisorientierte Erfahrungen zuließen.

Das neue Recht wird sicher noch viele Fragen aufwerfen, die heute nicht absehbar sind. Fragen, die sich bereits jetzt abzeichnen, wurden in der Neukommentierung mit Lösungsvorschlägen aufgezeigt. Für den steigenden Beratungsbedarf durch (Patent)Anwältinnen und Anwälte geben wir hoffentlich hilfreiche Praxistipps. Eine Klärung der neuen Fragen wird sich erst nach und nach aus der Gerichtspraxis ergeben und in künftigen Kommentierungen behandelt werden.

Die Benennung von Personen in weiblicher und männlicher Form im Gesetz haben wir im Kommentar insoweit übernommen, als für Sie als Leserinnen und Leser darunter nicht die Verständlichkeit leidet.

Wir begrüßen als neuen Autor Volker Schödel und danken ihm für seine engagierte Mitarbeit. Dass an dem Kommentar so viele Autorinnen und Autoren mitarbeiten, denen wir allen unseren Dank aussprechen, resultiert aus seiner ursprünglichen Natur als Beck'scher Online-Kommentar. Dieser wird, anders als ein herkömmliches Druckwerk, alle drei Monate aktualisiert. Den damit verbundenen kontinuierlichen Aufwand kann nur eine größere Anzahl von Autorinnen und Auto-

Vorwort

ren bewältigen. Diese Vielfalt führt gelegentlich zu Divergenzen in der Behandlung einzelner Fragen. Soweit dies der Fall ist, haben wir versucht, darauf hinzuweisen.

Wir hoffen, dass Ihnen der Kommentar die praktische Arbeit erleichtern wird und Sie sich zu allen Aspekten des deutschen und europäischen Markenrechts einen umfassenden Überblick verschaffen können. Eines unserer vorrangigen Ziele ist es, Ihnen einen praktischen Wegbegleiter für die Praxis an die Hand zu geben. Wir bleiben für Ihre Anregungen dankbar, die uns helfen, die nächste Auflage noch besser zu machen.

München, im Januar 2023   Die Herausgeber

Verzeichnis der Bearbeiterinnen und Bearbeiter

Dr. Friedrich Albrecht	Vorsitzender Richter am Bundespatentgericht a.D.
María Del Mar Baldares	EUIPO, Akademie des Amtes
Christoph Bartos	EUIPO, Beschwerdekammern
Jana Bogatz, LL.M. Eur.	Rechtsanwältin, Fachanwältin für gewerblichen Rechtsschutz, München
Dr. Verena v. Bomhard	Rechtsanwältin, Alicante, Spanien
Yvonne Draheim, LL.M.	Rechtsanwältin, Hamburg
Claus Eckhartt	Rechtsanwalt, München
Prof. Dr. Jan Eichelberger, LL.M. oec.	Universitätsprofessor, Leibniz Universität Hannover
Dr. Johannes Fuhrmann, LL.M. .	Rechtsanwalt, Alicante, Spanien
Olaf Gillert, LL.M.	Rechtsanwalt, Düsseldorf
Dr. Michael Goldmann, M.C.L.	Rechtsanwalt, Hamburg
Prof. Dr. Joachim Gruber, D.E.A.	Professor, Westsächsische Hochschule Zwickau
Nicole Grüger	Rechtsanwältin, Fachanwältin für Gewerblichen Rechtsschutz, Köln
Mascha Julia Grundmann	Rechtsanwältin, Frankfurt am Main
Prof. Dr. Dominik Hanf	EUIPO, IP Litigation Service; Europakolleg, Brügge
Stephan Hanne, LL.M.	EUIPO, Rechtsabteilung
Dr. Stefan Hennigs, LL.M.	Rechtsanwalt, Hamburg
Dr. Markus Hoffmann, LL.M. ...	Rechtsanwalt, Fachanwalt für Gewerblichen Rechtsschutz, Dresden
Dr. Matthias Koch, LL.M.	Rechtsanwalt beim Bundesgerichtshof, Karlsruhe
Ingrid Kopacek	Richterin am Bundespatentgericht
Paul Kretschmar, LL.M.	Rechtsanwalt, Fachanwalt für Gewerblichen Rechtsschutz, München
Prof. Dr. Dr. h.c. Annette Kur ..	Max-Planck-Institut für Innovation und Wettbewerb, München
Dr. Philipe Kutschke	Rechtsanwalt, Fachanwalt für gewerblichen Rechtsschutz, München
Alexander Leister, LL.M.	Rechtsanwalt, Stuttgart
Dr. Elisabeth Mielke, LL.M.	Rechtsanwältin, Fachanwältin für Gewerblichen Rechtsschutz, Stuttgart
Dr. Julia Miosga	Deutsches Patent- und Markenamt, München
Dr. Carola Onken	Rechtsanwältin, Fachanwältin für Gewerblichen Rechtsschutz, München
Prof. Stephanie Rohlfing-Dijoux	Universitätsprofessorin, Université Paris Nanterre
Dr. Carmen Sallmann	Deutsches Patent- und Markenamt, Jena
Dr. Marie-Theres Schmid-Dochnahl	Patentanwältin, München
Dr. Julia Schneider	Rechtsanwältin, Fachanwältin für Gewerblichen Rechtsschutz, Stuttgart
Volker Schödel	Richter am Bundespatentgericht, München
Dr. Volker Schoene	Rechtsanwalt, Köln
Dr. Thomas Schulteis, LL.M.	Rechtsanwalt, Düsseldorf
Dr. Jan Schumacher	Rechtsanwalt, Fachanwalt für Gewerblichen Rechtsschutz, Köln
Dr. David Slopek, LL.M.	Rechtsanwalt, Hamburg
Antje Söder	EUIPO, Rechtsabteilung
Sabine Stamm, LL.B.	Rechtsanwältin, Odenthal
Christian Steudtner, LL.M.	EUIPO, Beschwerdekammern
Dr. Martina Taxhet	Rechtsanwältin, Fachanwältin für Gewerblichen Rechtsschutz, Köln

Verzeichnis der Bearbeiterinnen und Bearbeiter

Dr. Bettina Thalmaier .... Rechtsanwältin, München

Dr. Martin Viefhues .... Rechtsanwalt, Fachanwalt für Gewerblichen Rechtsschutz, Köln

Dr. Moritz Vohwinkel .... Rechtsanwalt, Fachanwalt für Gewerblichen Rechtsschutz, Köln

Prof. Dr. Frank Weiler .... Universitätsprofessor, Universität Bielefeld

Die Beiträge geben ausschließlich die persönliche Auffassung der jeweiligen Autoren wieder, nicht die Positionen der Ämter, Kanzleien, Gerichte oder Institute, in denen sie beschäftigt sind.

Im Einzelnen haben bearbeitet:

Im Einzelnen haben bearbeitet:

MarkenG § 145 .... Claus M. Eckhartt
MarkenG §§ 146–151 .... Dr. Moritz Vohwinkel
MarkenG §§ 152, 153 .... Claus M. Eckhartt
MarkenG § 154 .... Nicole Maria Grüger
MarkenG § 155 .... Dr. Martina Taxhet
MarkenG §§ 156–158 .... Volker Schödel
MarkenG §§ 159, 160 .... Dr. Marie-Theres Schmid-Dochnahl
MarkenG §§ 161–165 .... Volker Schödel

UMV Art. 1–6 .... Dr. Verena v. Bomhard
UMV Art. 7 .... Dr. Dr. Dominik Hanf
UMV Art. 8 Überblick .... Dr. Stefan Hennigs
UMV Art. 8 A. .... Dr. Stefan Hennigs
UMV Art. 8 B., C. .... Dr. Dr. Dominik Hanf
UMV Art. 8 D. .... Christian Steudtner
UMV Art. 9 .... Mascha Grundmann
UMV Art. 10 .... Dr. Elisabeth Mielke
UMV Art. 11–13 .... Mascha Grundmann
UMV Art. 14 .... Paul Kretschmar
UMV Art. 15 .... Christian Steudtner
UMV Art. 16 .... Nicole Maria Grüger
UMV Art. 17 .... Claus M. Eckhartt
UMV Art. 18 .... Dr. Johannes Fuhrmann
UMV Art. 19–21 .... Dr. Martina Taxhet
UMV Art. 22–24 .... Nicole Maria Grüger
UMV Art. 25–29 .... Dr. Martina Taxhet
UMV Art. 30–32 .... Stephanie Rohlfing-Dijoux
UMV Art. 33 .... Dr. Verena v. Bomhard/Stephanie Rohlfing-Dijoux
UMV Art. 34–40 .... Stephanie Rohlfing-Dijoux
UMV Art. 41–44 .... Sabine Stamm
UMV Art. 45–48 .... Dr. Philipe Kutschke
UMV Art. 49–57 .... Alexander Leister
UMV Art. 58–65 .... Stephan Hanne
UMV Art. 66–71 .... Christoph Bartos
UMV Art. 72, 73 .... Dr. Verena v. Bomhard
UMV Art. 74–82 .... Dr. Julia Miosga
UMV Art. 83–93 .... Dr. David E.F. Slopek
UMV Art. 94–110 .... Antje Söder
UMV Art. 111–121 .... Sabine Stamm
UMV Art. 122–126 .... Olaf Gillert
UMV Art. 127–132 .... Nicole Maria Grüger
UMV Art. 133, 134 .... Olaf Gillert
UMV Art. 135, 136 .... Nicole Maria Grüger
UMV Art. 137, 138 .... Claus M. Eckhartt
UMV Art. 139–141 .... Alexander Leister
UMV Art. 142–150 .... Christoph Bartos
UMV Art. 151, 152 .... Christoph Bartos/Maria del Mar Baldares
UMV Art. 153–181 .... Sabine Stamm
UMV Art. 182–206 .... Dr. Martin Viefhues
UMV Art. 207 .... Sabine Stamm
UMV Art. 208, 210 .... Christoph Bartos/Maria del Mar Baldares
UMV Art. 209, 211, 212 ...... Sabine Stamm
UMV Anh. I .... Stephanie Rohlfing-Dijoux

Sachverzeichnis .... Dr. Friedrich Albrecht

Inhaltsverzeichnis

Gesetz über den Schutz von Marken und sonstigen Kennzeichen (Markengesetz – MarkenG)

Teil 1. Anwendungsbereich

Teil 2. Voraussetzungen, Inhalt und Schranken des Schutzes von Marken und geschäftlichen Bezeichnungen; Übertragung und Lizenz

Abschnitt 1. Marken und geschäftliche Bezeichnungen; Vorrang und Zeitrang

Abschnitt 2. Voraussetzungen für den Schutz von Marken durch Eintragung

Abschnitt 3. Schutzinhalt; Rechtsverletzungen

Abschnitt 4. Schranken des Schutzes

Inhaltsverzeichnis

Inhaltsverzeichnis

Inhaltsverzeichnis

Teil 6. Schutz von Marken nach dem Protokoll zum Madrider Markenabkommen; Unionsmarken

Abschnitt 1. Schutz von Marken nach dem Protokoll zum Madrider Markenabkommen

Abschnitt 2. Unionsmarken

Teil 7. Geographische Herkunftsangaben
Abschnitt 1. Schutz geographischer Herkunftsangaben

Abschnitt 2. Schutz von geographischen Angaben und Ursprungsbezeichnungen gemäß der Verordnung (EU) Nr. 1151/2012

Abschnitt 3. Ermächtigungen zum Erlaß von Rechtsverordnungen

Inhaltsverzeichnis

Inhaltsverzeichnis

Inhaltsverzeichnis

Inhaltsverzeichnis

XX

Inhaltsverzeichnis

Abkürzungsverzeichnis

aA	anderer Auffassung
abl.	ablehnend
ABl.	Amtsblatt
Abs.	Absatz
Abschn.	Abschnitt
AcP	Archiv für die civilistische Praxis (zitiert nach Band, Jahr und Seite)
aE	am Ende
AEUV	Vertrag über die Arbeitsweise der Europäischen Union idF der Bekanntmachung vom 9.5.2008 (ABl. EU 2008 C 115, 47)
aF	alte Fassung
AfP	Archiv für Presserecht (zitiert nach Jahrgang und Seite)
AG	Aktiengesellschaft; Amtsgericht; Die Aktiengesellschaft (zitiert nach Jahr und Seite)
AGE	Schweizerisches Amt für geistiges Eigentum
AgrarR	Agrarrecht
AGS	Anwaltsgebühren Spezial (Zeitschrift, zitiert nach Jahr und Seite)
AHKG	Gesetz der Alliierten Hohen Kommission für Deutschland
AIPO	Afrikanische Organisation für geistiges Eigentum
AIPPI	Association internationale pour la protection de la propriété industrielle, Internationale Vereinigung für gewerblichen Rechtsschutz
AJP/PJA	Aktuelle Juristische Praxis/Pratique juridique actuelle (zitiert nach Jahr und Seite)
AktG	Aktiengesetz vom 6.9.1965 (BGBl. 1965 I 1089)
allgM	allgemeine Meinung
Alt.	Alternative
amtl.	amtlich
AMG	Arzneimittelgesetz idF vom 12.12.2005 (BGBl. 2005 I 3394)
Anh.	Anhang
Anl.	Anlage
Anm.	Anmerkung
AnwBl.	Anwaltsblatt, Nachrichten für die Mitglieder des Deutschen Anwaltsvereins (zitiert nach Jahr und Seite)
AO	Abgabenordnung idF vom 1.10.2002 (BGBl. 2002 I 3866)
apf	Ausbildung Prüfung Fachpraxis (zitiert nach Jahr und Seite)
ArbGG	Arbeitsgerichtsgesetz idF vom 2.7.1979 (BGBl. 1979 I 853; ber. BGBl. I 1036)
Art.	Artikel (Singular und Plural)
AS	Amtliche Sammlung der Bundesgesetze und Verordnungen (Eidgenössische Gesetzessammlung) ab 1948, Sammlung der Eidgenössischen Gesetze (Schweiz)
Aufl.	Auflage
AUR	AGRAR- UND UMWELTRECHT, Zeitschrift für das gesamte Recht der Landwirtschaft, der Agrarmärkte und des ländlichen Raumes (zitiert nach Jahr und Seite)
ausf.	ausführlich
AV	Allgemeine Verfügung
AVAS	Acoustic Vehicle Alerting System
AWD	Außenwirtschaftsdienst des Betriebs-Beraters. Recht der internationalen Wirtschaft (vorher RIW, nachher RIW/AWD; zitiert nach Jahr und Seite)
AWZ	Allgemeine deutsche Weinfachzeitschrift (zitiert nach Jahr und Seite)
Az.	Aktenzeichen
BAG	Bundesarbeitsgericht
BAnz.	Bundesanzeiger
BayObLG	Bayerisches Oberstes Landesgericht
BayVBl.	Bayerische Verwaltungsblätter (zitiert nach Jahr und Seite)
BayVerfGH	Bayerischer Verfassungsgerichtshof
BB	Betriebs-Berater (zitiert nach Jahr und Seite)
Bd.	Band
BDSG	Bundesdatenschutzgesetz vom 30.6.2017 (BGBl. 2017 I 2097)
BDSG 2003	Bundesdatenschutzgesetz idF vom 14.1.2003 (BGBl. 2003 I 66), aufgehoben

Abkürzungsverzeichnis

beA	besonderes elektronisches Anwaltspostfach
BeckRS	Rechtsprechungssammlung in Beck-Online (zitiert nach Jahr und Nummer)
Begr.	Begründung
Beil.	Beilage
Bek.	Bekanntmachung
ber.	berichtigt
BerHG	Gesetz über Rechtsberatung und Vertretung für Bürger mit geringem Einkommen (Beratungshilfegesetz) vom 18.6.1980 (BGBl. 1980 I 689)
BezG	Bezirksgericht
BFH	Bundesfinanzhof
BFHE	Amtliche Sammlung der Entscheidungen und Gutachten des Bundesfinanzhofs (55.1952 ff.; davor RFHE; zitiert nach Band und Seite)
BG	Schweizerisches Bundesgericht; Bundesgesetz
BGB	Bürgerliches Gesetzbuch idF vom 2.2.2002 (BGBl. 2002 I 42; ber. BGBl. I 2909; I 738)
BGBl.	Bundesgesetzblatt der Bundesrepublik Deutschland (zitiert nach Teil und Seite)
BGE	Sammlungen der Entscheidungen des schweizerischen Bundesgerichts (zitiert nach Jahrgang, Teil und Seite)
BGH	Bundesgerichtshof
BGH/BPatGERVV	Verordnung über den elektronischen Rechtsverkehr beim Bundesgerichtshof und Bundespatentgericht vom 24.8.2007 (BGBl. 2007 I 2130)
BGHSt	Amtliche Sammlung der Entscheidungen des Bundesgerichtshofs in Strafsachen (1.1951 ff., zitiert nach Band und Seite)
BGHZ	Amtliche Sammlung der Entscheidungen des Bundesgerichtshofs in Zivilsachen (1.1951 ff., zitiert nach Band und Seite)
BK	Beschwerdekammer
BKartA	Bundeskartellamt
Bl.	Blatt
BIRPI	Vereinigtes Internationales Büro für den Schutz des geistigen Eigentums
BlPMZ	Blatt für das Patent-, Muster- und Zeichenwesen (zitiert nach Jahr und Seite)
BMJ	Bundesministerium der Justiz
BPatG	Bundespatentgericht
BPatGE	Entscheidungen des Bundespatentgerichts (1.1962 ff., zitiert nach Band und Seite)
BRAO	Bundesrechtsanwaltsordnung vom 1.8.1959 (BGBl. 1959 I 565)
BR-Drs.	Bundesrats-Drucksache (zitiert nach Nr. und Jahr)
Brüssel I-VO	Verordnung (EG) Nr. 44/2001 des Rates vom 22.12.2000 über die gerichtliche Zuständigkeit und die Anerkennung und Vollstreckung von Entscheidungen in Zivil- und Handelssachen (ABl. EG 2001 L 12, 1, ber. ABl. EG 2001 L 307, 28 und ABl. EU 2010 L 328, 36), aufgehoben
Brüssel Ia-VO	Verordnung (EU) Nr. 1215/2012 des Europäischen Parlaments und des Rates vom 12.12.2012 über die gerichtliche Zuständigkeit und die Anerkennung und Vollstreckung von Entscheidungen in Zivil- und Handelssachen (Neufassung) (ABl. EU 2012 L 351, 1)
BStBl.	Bundessteuerblatt (zitiert nach Jahr, Teil und Seite)
BT-Drs.	Bundestags-Drucksache (zitiert nach Wahlperiode/Nummer und Seite)
BtMG	Betäubungsmittelgesetz vom 1.3.1994 (BGBl. 1994 I 2)
B.V.	Besloten Vennootschap met beperkte aansprakelijkheid (Holländische Aktiengesellschaft)
BVerfG	Bundesverfassungsgericht
BVerfGE	Amtliche Sammlung der Entscheidungen des Bundesverfassungsgerichts (1.1952 ff., zitiert nach Band und Seite)
BVerwG	Bundesverwaltungsgericht
BVerwGE	Amtliche Sammlung der Entscheidungen des Bundesverwaltungsgerichts (1.1954 ff., zitiert nach Band und Seite)
bzw.	beziehungsweise
CC	Code Civil
CDE	Cahier de droit européen (zitiert nach Jahr und Seite)
CJEL	The Columbia Journal of European Law (zitiert nach Jahr und Seite)
CMLR	Common Market Law Review (zitiert nach Jahr und Seite)
CMR	Convention relative au Contrat de transport international des marchandises par route; Übereinkommen über den Beförderungsvertrag im internationalen Straßengüterverkehr vom 19.5.1956/16.8.1961 (BGBl. 1961 II 1119; 1962 II 12)

COVMG	Gesetz über Maßnahmen im Gesellschafts-, Genossenschafts-, Vereins-, Stiftungs- und Wohnungseigentumsrecht zur Bekämpfung der Auswirkungen der COVID-19-Pandemie vom 27.3.2020 (BGBl. 2020 I 569, 570)
CR	Computer und Recht (zitiert nach Jahr und Seite)
DAJV-NL	Deutsch-Amerikanische Juristen-Vereinigung – Newsletter
DB	Der Betrieb (zitiert nach Jahr und Seite)
DGVZ	Deutsche Gerichtsvollzieher Zeitung (zitiert nach Jahr und Seite)
DesignG	Gesetz über den rechtlichen Schutz von Design (Designgesetz) vom 24.2.2014 (BGBl. 2014 I 122)
dh	das heißt
Die Justiz	Die Justiz, Amtsblatt des Ministeriums für Justiz, Bundes- und Europaangelegenheiten Baden-Württemberg (zitiert nach Jahr und Seite)
diff.	differenzierend
DIHT	Deutscher Industrie- und Handelstag
DIN	Deutsches Institut für Normung
Diss.	Dissertation
DJ	Deutsche Justiz (zitiert nach Jahr und Seite)
DJZ	Deutsche Juristenzeitung (zitiert nach Jahr und Spalte)
DM	Deutsche Mark
DNA	Deutscher Normenausschuss
Dok.	Dokumentation
DÖV	Die Öffentliche Verwaltung (zitiert nach Jahr und Seite)
DPMA	Deutsches Patent- und Markenamt
DPMAV	Verordnung über das Deutsche Patent- und Markenamt (DPMA-Verordnung) vom 1.4.2004 (BGBl. 2004 I 514)
DPMAVwKostV	Verordnung über Verwaltungskosten beim Deutschen Patent- und Markenamt (DPMA-Verwaltungskostenverordnung) vom 14.7.2006 (BGBl. 2006 I 1586)
DR	Deutsches Recht (zitiert nach Jahr und Seite)
DRiG	Deutsches Richtergesetz idF vom 19.4.1972 (BGBl. 1972 I 713)
DRiZ	Deutsche Richterzeitung – Beilage zur Deutschen Richterzeitung (zitiert nach Jahr und Seite des Aufsatzes bzw. Nummer der Entscheidung)
DRZ	Deutsche Rechts-Zeitschrift (1.1946–5.1950; dann JZ; zitiert nach Jahr und Seite)
DStZ	Deutsche Steuer-Zeitschrift (zitiert nach Jahr und Seite)
DtZ	Deutsch-Deutsche Rechts-Zeitschrift (zitiert nach Jahr und Seite)
DuD	Datenschutz und Datensicherheit (zitiert nach Jahr und Seite)
DVBl.	Deutsches Verwaltungsblatt (seit 1950; zitiert nach Jahr und Seite)
DVUM	Delegierte Verordnung (EU) 2018/625 der Kommission vom 5.3.2018 zur Ergänzung der Verordnung (EU) 2017/1001 des Europäischen Parlaments und des Rates über die Unionsmarke und zur Aufhebung der Delegierten Verordnung (EU) 2017/1430 (ABl. EU 2018 L 104, 1)
DVUM 2017	Delegierte Verordnung (EU) 2017/1430 der Kommission vom 18.5.2017 zur Ergänzung der Verordnung (EG) Nr. 207/2009 des Rates über die Unionsmarke und zur Aufhebung der Verordnung (EG) Nr. 2868/95 der Kommission und der Verordnung (EG) Nr. 216/96 der Kommission (ABl. EU 2017 L 205, 1)
DZWir	Deutsche Zeitschrift für Wirtschafts- und Insolvenzrecht (zitiert nach Jahr und Seite)
EBLR	European Business Law Review (zitiert nach Jahr und Seite)
EFTA	European Free Trade Association
EG	Europäische Gemeinschaft(en)/Vertrag zur Gründung der Europäischen Gemeinschaft in der ab dem 1.5.1999 geltenden Fassung
eG	eingetragene Genossenschaft
EGInsO	Einführungsgesetz zur Insolvenzordnung vom 5.10.1994 (BGBl. 1994 I 2911)
EGMR	Europäischer Gerichtshof für Menschenrechte
EGV	Vertrag zur Gründung der Europäischen Gemeinschaft in der bis zum 1.5.1999 geltenden Fassung
Einf.	Einführung
EinigV	Einigungsvertrag vom 31.8.1990 (BGBl. 1990 II 889)
Einl.	Einleitung
EIPR	European Intellectual Property Review (zitiert nach Jahr und Seite)
EJIL	European journal of international law (zitiert nach Jahr und Seite)
ELDO	European space vehicle Launcher Development Organization
ELR	European Law Reporter (zitiert nach Jahr und Seite)

Abkürzungsverzeichnis

EMRK .... Europäische Konvention zum Schutz der Menschenrechte und Grundfreiheiten

EMRKZusProt .... 1. Zusatzprotokoll zur Konvention zum Schutz der Menschenrechte und
Grundfreiheiten vom 20.3.1952 (BGBl. 1956 II 1879, 1880)

Enforcement-RL .... Richtlinie 2004/48/EG des Europäischen Parlaments und des Rates vom
29.4.2004 zur Durchsetzung der Rechte des geistigen Eigentums (ABl. EG
2004 L 157, 45, ber. ABl. EG 2004 L 195, 16)

EPA .... Europäisches Patentamt

EPÜ .... Europäisches Patentübereinkommen vom 5.10.1973 (BGBl. 2007 II 1082,
1129)

Erg. .... Ergänzung

ErstrG .... Gesetz über die Erstreckung von gewerblichen Schutzrechten (Erstreckungsgesetz) vom 23.4.1992 (BGBl. 1992 I 938)

ERVDPMAV .... Verordnung über den elektronischen Rechtsverkehr beim Deutschen
Patent- und Markenamt vom 1.11.2013 BGBl. 2013 I 3906

ERVV .... Verordnung über die technischen Rahmenbedingungen des elektronischen
Rechtsverkehrs und über das besondere elektronische Behördenpostfach
(Elektronischer-Rechtsverkehr-Verordnung) vom 24.11.2017 (BGBl. 2017
I 3803)

ESARIPO .... Organisation für gewerbliches Eigentum für das englisch sprechende Afrika

etc .... et cetera

EU .... Europäische Union

EU-BeamtStat .... Statut der Beamten der Europäischen Union [in der Fassung der VO
(EWG, Euratom, EGKS) Nr. 259/68 des Rates vom 29.2.1968] vom
18.12.1961 (ABl. EG 1968 L 56, 1)

EuG .... (Europäisches) Gericht (erster Instanz) (Teil des Gerichtshofs der Europäischen Union)

EuGH .... (Europäischer) Gerichtshof (Teil des Gerichtshofs der Europäischen Union)

EuGH-Satzung .... Protokoll über die Satzung des Gerichtshofs der Europäischen Union vom
26.2.2001 (ABl. EU 2001 C 80, 53)

EuGHVfO .... Verfahrensordnung des Gerichts vom 2.5.1991 (ABl. EG 1991 L 136, 1,
ber. ABl. L 193, 44, ABl. EG L 317, 34)

EuGVfO .... Verfahrensordnung des Gerichtshofs vom 25.9.2012 (ABl. EU 1991 L 265,
1)

EUIPO .... Amt der Europäischen Union für geistiges Eigentum

EUIPO-BKVfO .... Verfahrensordnung der Beschwerdekammern des EUIPO vom 27.2.2020

EuLF .... The European Legal Forum – Forum iuris communis Europae

EuPAG .... Gesetz über die Tätigkeit europäischer Patentanwälte in Deutschland vom
12.5.2017 (BGBl. 2017 I 1121, 1137)

EuRAG .... Gesetz über die Tätigkeit europäischer Rechtsanwälte in Deutschland vom
9.3.2000 (BGBl. 2000 I 182, ber. BGBl. I 1349)

EURATOM .... Europäische Atomgemeinschaft

EUV .... Vertrag über die Europäische Union idF des Vertrags von Lissabon vom
13.12.2007 (ABl. EU 2007 C 306, 1; ber. ABl. EU 2008 C 111, 56; ABl.
EU 2009 C 290, 1; ABl. EU 2011 C 378, 3)

EuVTVO .... Verordnung (EG) Nr. 805/2004 des Europäischen Parlament und des Rates
vom 21.4.2004 zur Einführung eines europäischen Vollstreckungstitels für
unbestrittene Forderungen (ABl. EU 2004 L 143, 15, ber. ABl. EU 2005
L 97, 64; ABl. EU 2008 L 50, 71)

EuZVO .... Verordnung (EG) Nr. 1393/2007 des Europäischen Parlaments und des
Rates über die Zustellung gerichtlicher und außergerichtlicher Schriftstü-
cke in Zivil- und Handelssachen in den Mitgliedstaaten vom 13.11.2007
(ABl. EU 2007 L 324, 79)

EuZW .... Europäische Zeitschrift für Wirtschaftsrecht (zitiert nach Jahr und Seite)

eV .... eingetragener Verein

EWG .... Europäische Wirtschaftsgemeinschaft

EWGV .... Vertrag zur Gründung der Europäischen Wirtschaftsgemeinschaft vom
25.3.1957 (BGBl. 1957 II 766)

EWiR .... Entscheidungen zum Wirtschaftsrecht (zitiert nach Jahr und Seite)

EWIV .... Europäische Wirtschaftliche Interessenvereinigung

EWIVAG .... Gesetz zur Ausführung der EWG-Verordnung über die Europäische Wirtschaftliche Interessenvereinigung (EWIV-Ausführungsgesetz) vom
14.4.1988 (BGBl. 1988 I 514)

EWIV-VO .... Verordnung (EWG) Nr. 2137/85 des Rates vom 25.7.1985 über die Schaffung einer Europäischen Wirtschaftlichen Interessenvereinigung EWIV
(ABl. EU 1985 L 199, 1)

EWR .... Europäischer Wirtschaftsraum

XXVI

EWS	Europäisches Wirtschafts- & Steuerrecht (zitiert nach Jahr und Seite)
f.	und folgende (Seite)
FamFG	Gesetz über das Verfahren in Familiensachen und in den Angelegenheiten der freiwilligen Gerichtsbarkeit vom 17.12.2008 (BGBl. 2008 I 2586)
ff.	und folgende (Seiten)
FGG-RG	Gesetz zur Reform des Verfahrens in Familiensachen und in den Angelegenheiten der freiwilligen Gerichtsbarkeit (FGG-Reformgesetz) vom 17.12.2008 (BGBl. 2008 I 2586)
FHZivR	Fundheft für Zivilrecht (in beck-online enthalten)
FinG	Finanzgericht
Fn.	Fußnote
FS	Festschrift
FSR	Fleet Street Reports of Industrial Property Cases from the Commonwealth and Europe (zitiert nach Jahr und Seite)
GAusfO MMA/ PMMA	Gemeinsame Ausführungsordnung zum Madrider Abkommen über die internationale Registrierung von Marken und zum Protokoll zu diesem Abkommen vom 1.1.2015
GBl.	Gesetzblatt
GbR	Gesellschaft bürgerlichen Rechts
GebrMG	Gebrauchsmustergesetz vom 5.5.1936 (RGBl. II 130) idF vom 28.8.1986 (BGBl. 1986 I 1455)
GenfA-LUA	Genfer Akte des Lissabonner Abkommens über Ursprungsbezeichnungen und geografische Angaben
GenG	Gesetz betreffend die Erwerbs- und Wirtschaftsgenossenschaften (Genossenschaftsgesetz) idF vom 16.10.2006 (BGBl. 2006 I 2230)
GeschGehG	Gesetz zum Schutz von Geschäftsgeheimnissen vom 18.4.2019 (BGBl. 2019 I 466)
GeschmMG	Gesetz über den rechtlichen Schutz von Mustern und Modellen (Geschmacksmustergesetz) vom 12.3.2004 (BGBl. 2004 I 390)
GesR-RL	Richtlinie (EU) 2017/1132 des Europäischen Parlaments und des Rates vom 14.6.2017 über bestimmte Aspekte des Gesellschaftsrechts (ABl. 2017 L 169, 46)
GG	Grundgesetz für die Bundesrepublik Deutschland vom 23.5.1949 (BGBl. 1)
ggf.	gegebenenfalls
GGV	Verordnung (EG) Nr. 6/2002 des Rates vom 12.12.2001 über das Gemeinschaftsgeschmacksmuster (ABl. EU 2001 L 3, 1, ber. ABl. EU 2002 L 179, 31)
GKG	Gerichtskostengesetz vom 5.5.2004 (BGBl. 2004 I 718)
GlashütteV	Verordnung zum Schutz der geografischen Herkunftsangabe „Glashütte" (Glashütteverordnung) vom 22.2.2022 (BGBl. 2022 I 218)
GMDV	Verordnung (EG) Nr. 2868/95 der Kommission vom 13.12.1995 zur Durchführung der Verordnung (EG) Nr. 40/94 des Rates über die Gemeinschaftsmarke (ABl. EU 1995 L 303, 1), aufgehoben
GmbH	Gesellschaft mit beschränkter Haftung
GmbHG	Gesetz betreffend die Gesellschaften mit beschränkter Haftung idF vom 20.5.1898 (RGBl. 846)
GMI	Gazette des Marques Internationales (zitiert nach Jahr und Seite)
GmS-OGB	Gemeinsamer Senat der Obersten Bundesgericht
GMV	s. unter UMV 2009
GMV 1994	Verordnung (EG) Nr. 40/94 des Rates vom 20. Dezember 1993 über die Gemeinschaftsmarke (ABl. 1994 L 11, 1)
GMV-E	Entwurf der Kommission vom 27.3.2013 zur Neufassung der Gemeinschaftsmarkenverordnung, KOM (2013) 161 endg., in der Fassung des Verordnungsvorschlags vom 8.6.2015 (9547/15 ADD 1)
GNotKG	Gesetz über Kosten der freiwilligen Gerichtsbarkeit für Gerichte und Notare (Gerichts- und Notarkostengesetz vom 23.7.2013 (BGBl. 2013 I 2586)
GPatG	Gesetz über das Gemeinschaftspatent und zur Änderung patentrechtlicher Vorschriften vom 26.7.1979 (BGBl. 1979 I 1269)
GPÜ	(Luxemburger) Übereinkommen über das europäische Patent für den Gemeinsamen Markt vom 15.12.1975 idF vom 21.12.1989 (BGBl. 1991 II 1361)
GRCh	Charta der Grundrechte der Europäischen Union vom 12.12.2007 (ABl. EU 2007 C 303, 1)
GRUR	Gewerblicher Rechtsschutz und Urheberrecht (zitiert nach Jahr und Seite)

Abkürzungsverzeichnis

GRUR Int	Gewerblicher Rechtsschutz und Urheberrecht, Internationaler Teil (zitiert nach Jahr und Seite)
GRUR Prax	Gewerblicher Rechtsschutz und Urheberrecht, Praxis im Immaterialgüter- und Wettbewerbsrecht (zitiert nach Jahr und Seite)
GRUR-RR	Gewerblicher Rechtsschutz und Urheberrecht, Rechtsprechungs-Report (zitiert nach Jahr und Seite)
GRUR-RS	Gewerblicher Rechtsschutz und Urheberrecht, redaktionell bearbeitete Rechtsprechung (zitiert nach Jahr und Nummer)
GV	Gebührenverzeichnis (Anlage zu § 2 Abs. 1 PatKostG)
GVBl.	Gesetz- und Verordnungsblatt (mit Kürzel des jeweiligen Landes)
GVG	Gerichtsverfassungsgesetz idF vom 9.5.1975 (BGBl. 1975 I 1077)
GVOBl.	Gemeinsames Verordnungsblatt
GWB	Gesetz gegen Wettbewerbsbeschränkungen idF vom 15.7.2005 (BGBl. 2005 I 2114; ber. BGBl. 2009 I 3850)
HABM	Harmonisierungsamt für den Binnenmarkt (Marken, Muster und Modelle)
HABMVfO	Verordnung (EG) Nr. 216/96 der Kommission vom 5.2.1996 über die Verfahrensordnung vor den Beschwerdekammern des Harmonisierungsamts für den Binnenmarkt (ABl. EG 1996 L 280, 11), aufgehoben
Halbbd.	Halbband
HalblSchG	Gesetz über den Schutz der Topographien von mikroelektronischen Halbleitererzeugnissen (Halbleiterschutzgesetz) vom 22.10.1987 (BGBl. 1987 I 2294)
HdB	Handbuch
HGB	Handelsgesetzbuch vom 10.5.1897 (RGBl. 219)
hM	herrschende Meinung
HöfeO	Höfeordnung idF vom 26.7.1976 (BGBl. 1976 I 1933)
HRefG	Gesetz zur Neuregelung des Kaufmanns- und Firmenrechts und zur Änderung anderer handels- und gesellschaftsrechtlicher Vorschriften (Handelsrechtsreformgesetz) vom 22.6.1998 (BGBl. 1998 I 1474)
HRR	Höchstrichterliche Rechtsprechung (4.1928–18.1942; davor JR Bd. II; zitiert nach Jahr und Nr.)
Hrsg., hrsg.	Herausgeber, herausgegeben
Hs.	Halbsatz
idR	in der Regel
idF	in der Fassung
iE	im Einzelnen
iErg	im Ergebnis
IIC	International Review of Industrial Property and Copyright Law, hrsg. vom Max-Planck-Institut für ausländisches und internationales Patent-, Urheber- und Wettbewerbsrecht, München (1.1970; zitiert nach Jahr und Seite)
Inc.	incorporated
Ind. Prop.	Industrial Property and Copyright (zitiert nach Jahr und Seite)
INN	Recommended International Nonproprietary Names
InsO	Insolvenzordnung vom 5.10.1994 (BGBl. 1994 I 2866)
IntAusstÜ	Abkommen über Internationale Ausstellungen vom 22.11.1928 (RGBl. 1930 II 728)
IntPatÜbkG	Gesetz zu dem Übereinkommen vom 27.11.1963 zur Vereinheitlichung gewisser Begriffe des materiellen Rechts der Erfindungspatente, dem Vertrag vom 19.6.1970 über die internationale Zusammenarbeit auf dem Gebiet des Patentwesens und dem Übereinkommen vom 5.10.1973 über die Erteilung europäischer Patente (Gesetz über internationale Patentübereinkommen) vom 21.6.1976 (BGBl. 1976 II 649)
IPRax	Praxis des Internationalen Privat- und Verfahrensrecht (1.1981 ff.; zitiert nach Jahr und Seite)
IPRB	Der IP-Rechts-Berater (Zeitschrift)
IR-Marke	International registrierte Marke
iSd	im Sinne des, der
iVm	in Verbindung mit
JB	Juristische Blätter
JFG	Jahrbuch für freiwillige Gerichtsbarkeit (zitiert nach Jahr und Seite)
JMBl NW	Justizministerialblatt für das Land Nordrhein-Westfalen (zitiert nach Jahr und Seite)
JR	Juristische Rundschau (1.1925–3.1927; geteilt in Bd. I: Aufsätze, Bd. II: die Rechtsprechung, dann HRR; zitiert nach Jahr und Spalte bzw. Nr. der Entscheidung; 4.1928–11.1935; 1.1947 ff.; zitiert nach Jahr und Seite)
JurBüro	Das juristische Büro (7.1956 ff.; davor Büro; zitiert nach Jahr und Spalte)
JuS	Juristische Schulung (zitiert nach Jahr und Seite)

JVEG	Gesetz über die Vergütung von Sachverständigen, Dolmetscherinnen, Dolmetschern, Übersetzerinnen und Übersetzern sowie die Entschädigung von ehrenamtlichen Richterinnen, ehrenamtlichen Richtern, Zeuginnen, Zeugen und Dritten vom 5.5.2004 (BGBl. 2004 I 776)
JW	Juristische Wochenschrift (zitiert nach Jahr und Seite)
JZ	Juristenzeitung (6.1951 ff.; davor DRZ und SJZ; zitiert nach Jahr und Seite)
K&R	Kommunikation und Recht (zitiert nach Jahr und Seite)
Kap.	Kapitel
KG	Kommanditgesellschaft; Kammergericht
KGaA	Kommanditgesellschaft auf Aktien
KGSG	Gesetz zum Schutz von Kulturgut (Kulturgutschutzgesetz) vom 31.7.2016 (BGBl. 2016 I 1914)
KfH	Kammer für Handelssachen
Kl.	Klasse
KostO	Gesetz über die Kosten in Angelegenheiten der freiwilligen Gerichtsbarkeit (Kostenordnung) vom 26.7.1957 (BGBl. 1957 I 960), aufgehoben
krit.	kritisch
KTS	Zeitschrift für Insolvenzrecht (zitiert nach Jahr und Seite)
KunstUrhG	Gesetz betreffend das Urheberrecht an Werken der bildenden Künste und der Photographie (Kunsturhebergesetz) vom 9.1.1907 (RGBl. 7; aufgehoben durch § 141 Nr. 5 des Urheberrechtsgesetzes vom 9.9.1965 (BGBl. 1965 I 1273), soweit es nicht den Schutz von Bildnissen betrifft)
KV	Kostenverzeichnis
LFGB	Lebensmittel-, Bedarfsgegenstände- und Futtermittelgesetzbuch (Lebensmittel- und Futtermittelgesetzbuch) idF vom 3.6.2013 (BGBl. 2013 I 1426)
LG	Landgericht
li.	links
lit.	litera
LKW	Lastkraftwagen
LM	Lindenmaier/Möhring, Nachschlagewerk des Bundesgerichtshofs (zitiert nach Paragraph und Ordnungsziffer)
LRE	Sammlung lebensmittelrechtlicher Entscheidungen (zitiert nach Band und Seite)
Ls.	Leitsatz
LSpG	Gesetz zur Durchführung der Rechtsakte der Europäischen Gemeinschaft über Bescheinigungen besonderer Merkmale von Agrarerzeugnissen (Lebensmittelspezialitätengesetz) vom 29.10.1993 (BGBl. 1993 I 1814)
Ltd.	Limited
LUA	Lissaboner Abkommen über den Schutz der Ursprungsbezeichnung und ihre internationale Registrierung vom 31.10.1958 (GRUR 1959, 135)
LZ	Leipziger Zeitschrift für Deutsches Recht (zitiert nach Jahr und Seite)
MA	Markenartikel (zitiert nach Jahr und Seite)
MaBl.	Markenblatt (zitiert nach Jahr und Seite)
MaBl. HABM	Markenblatt des Harmonisierungsamts für den Binnenmarkt (zitiert nach Jahr und Seite)
MaMoG	s. unter unter RefE MaMoG bzw. RegE MaMoG
mAnm	mit Anmerkung (von)
MarkenG	Gesetz über den Schutz von Marken und sonstigen Kennzeichen (Markengesetz – MarkenG) vom 25.10.1994 (BGBl. 1994 I 3082, ber. BGBl. 1995 I 156)
MarkenR	Zeitschrift für deutsches, europäisches und internationales Markenrecht (zitiert nach Jahr und Seite)
MarkenRÄndG	Markenrechtsänderungsgesetz 1996 vom 19.7.1996 (BGBl. 1996 I 1014)
MarkenschutzG	Gesetz über Markenschutz vom 30.11.1874 (RGBl. 143)
MarkenV	Verordnung zur Ausführung des Markengesetzes (Markenverordnung – MarkenV) vom 11.5.2004 (BGBl. 2004 I 872)
MD	Magazindienst des Verbandes Sozialer Wettbewerb
MDR	Monatsschrift für Deutsches Recht (1.1947 ff.; zitiert nach Jahr und Seite)
MHA	Madrider Abkommen vom 14.4.1891 über die Unterdrückung falscher oder irreführender Herkunftsangaben idF vom 31.10.1958 (BGBl. 1961 II 293)
Mitt	Mitteilung; Mitteilungen des Verbandes deutscher Patentanwälte (zitiert nach Jahr und Seite)
MMA	Madrider Markenabkommen vom 14.4.1891 über die internationale Registrierung von Fabrik- oder Handelsmarken idF vom 14.7.1967 (BGBl. 1970 II 418)

Abkürzungsverzeichnis

MMR	MultiMedia und Recht (zitiert nach Jahr und Seite)
MR-Int	Medien und Recht International (zitiert nach Jahr und Seite)
MRL	Richtlinie (EU) 2015/2436 des Europäischen Parlaments und des Rates vom 16.12.2015 zur Angleichung der Rechtsvorschriften der Mitgliedstaaten über die Marken (ABl. EU 2015 L 336, 1)
MRL 2008	Richtlinie 2008/95/EG des Europäischen Parlaments und des Rates vom 22.10.2008 zur Angleichung der Rechtsvorschriften der Mitgliedstaaten über die Marken (ABl. EG 2008 L 299, 25), aufgehoben
MRL 1989	Erste Richtlinie 89/104/EWG des Rates zur Angleichung der Rechtsvorschriften der Mitgliedstaaten über die Marken vom 21.12.1988 (ABl. EG 1988 L 40, 1), aufgehoben
MRL-E	Entwurf der Kommission vom 27.3.2013 zur Neufassung der MRL, KOM (2013) 162 endg.
MRRG	Gesetz zur Reform des Markenrechts und zur Umsetzung der Ersten Richtlinie 89/104/EWG des Rates vom 21.12.1988 zur Angleichung der Rechtsvorschriften der Mitgliedstaaten über die Marken (Markenrechtsreformgesetz) vom 25.10.1994 (BGBl. 1994 I 3082)
MSchG	Markenschutzgesetz, Bundesgesetz vom 28.8.1992 über den Schutz von Marken und Herkunftsangaben (SR 232.11; AS 1993, 274); Markenschutzgesetz Österreich vom 7.7.1970 idF vom 12.2.1993
m&m	media&marketing, das Magazin für Entscheider in Marketing und Medien
MuR	Medien und Recht (zitiert nach Jahr und Seite)
MuW	Markenschutz und Wettbewerb (zitiert nach Jahr und Seite)
mwN	mit weiteren Nachweisen
NA	Nichtigkeitsabteilung des Österreichischen Patentamts
NJ	Neue Justiz (zitiert nach Jahr und Seite)
NJOZ	Neue Juristische Online-Zeitschrift (zitiert nach Jahr und Seite)
NJW	Neue Juristische Wochenschrift (zitiert nach Jahr und Seite)
NJW-CoR	NJW-Computerreport (zitiert nach Jahr und Seite)
NJW-RR	NJW-Rechtsprechungsreport Zivilrecht (zitiert nach Jahr und Seite)
NJWE-WettbR	NJW-Entscheidungsdienst zum Wettbewerbsrecht (zitiert nach Jahr und Seite)
NKA	Abkommen von Nizza über die Internationale Klassifikation von Waren und Dienstleistungen für die Eintragung von Marken vom 15.6.1957 in der Genfer Fassung vom 13.5.1977 (BGBl. 1981 II 359)
No.	numéro (franz.), number (engl.)
Nr.	Nummer(n)
NRW	Nordrhein-Westfalen
NVwZ	Neue Zeitschrift für Verwaltungsrecht (zitiert nach Jahr und Seite)
NZG	Neue Zeitschrift für Gesellschaftsrecht (zitiert nach Jahr und Seite)
NZI	Neue Zeitschrift für Insolvenzrecht (zitiert nach Jahr und Seite)
NZKart	Neue Zeitschrift für Kartellrecht (zitiert nach Jahr und Seite)
ÖAA	Anmeldeabteilung des Österreichischen Patentamts
ÖArbM	Österreichisches Ministerium für öffentliche Arbeiten (1908–1918)
ÖBA	Beschwerdeabteilung des Österreichischen Patentamts
ÖBMH	Österreichisches Bundesministerium für Handel
ÖBl.	Österreichische Blätter für gewerblichen Rechtsschutz (zitiert nach Jahr und Seite)
ÖHM	Österreichisches Handelsministerium
ÖMSchG	Österreichisches Markenschutzgesetz
ÖNH	Nichtigkeitsabteilung des Österreichischen Patentamts
OGH	Österreichischer Oberster Gerichtshof
ÖOPM	Österreichischer Oberster Patent- und Markensenat
ÖPA	Österreichisches Patentamt
ÖPBl.	Österreichisches Patentblatt (zitiert nach Jahr und Seite)
ÖUWG	Österreichisches Bundesgesetz gegen den unlauteren Wettbewerb
ÖZBl.	Österreichisches Zentralblatt für die Juristische Praxis (ab 42.1924 nur: Zentralblatt für die Juristische Praxis; 11.883–56.1938; zitiert nach Band oder Jahr und Seite)
ÖZGR	Österreichische Zeitschrift für gewerblichen Rechtsschutz (1895–1915, zitiert nach Jahr und Seite)
OHG	Offene Handelsgesellschaft
OLG	Oberlandesgericht
OLGE	Die Rechtsprechung der Oberlandesgerichte auf dem Gebiete des Zivilrechts
OLGZ	Entscheidungen der Oberlandesgerichte in Zivilsachen (zitiert nach Jahrgang und Seite)

OMPI	Organisation Mondiale de la Propriété Intellectuelle
OPMS	Oberster Patent- und Markensenat (Österreichs)
OWiG	Gesetz über Ordnungswidrigkeiten idF vom 19.2.1987 (BGBl. 1987 I 602)
PAngG	Gesetz über die Preisangaben (Preisangabengesetz) vom 3.12.1984 (BGBl. 1984 I 1429)
PAngV	Preisangabenverordnung vom 12.11.2021 (BGBl. 2021 I 4921)
PAO	Patentanwaltsordnung vom 7.9.1966 (BGBl. 1966 I 557)
PartG	Partnerschaftsgesellschaft
PartG mbB	Partnerschaftsgesellschaft mit beschränkter Berufshaftung
PartGG	Gesetz über Partnerschaftsgesellschaften Angehöriger Freier Berufe (Partnerschaftsgesellschaftsgesetz) vom 25.7.1994 (BGBl. 1994 I 1744)
ParteiG	Gesetz über die politischen Parteien (Parteiengesetz) idF vom 31.1.1994 (BGBl. 1994 I 149)
PatAnwAPrV	Patentanwaltsausbildungs- und -prüfungsverordnung
PatAnwBeioG	Gesetz über die Beiordnung von Patentanwälten bei Prozeßkostenhilfe vom 7.9.1966 (BGBl. 1966 I 557)
PatG	Patentgesetz idF vom 16.12.1980 (BGBl. 1980 1981 I 2)
PatKostG	Gesetz über die Kosten des Deutschen Patent- und Markenamts und des Bundespatentgerichts (Patentkostengesetz) vom 13.12.2001 (BGBl. 2001 I 3656)
PatKostZV	Verordnung über die Zahlung der Kosten des Deutschen Patent- und Markenamts und des Bundespatentgerichts (Patentkostenzahlungsverordnung) vom 15.10.2003 (BGBl. 2003 I 2083)
PatRModG	Gesetz zur Vereinfachung und Modernisierung des Patentrechts vom 31.7.2009 (BGBl. 2009 I 2521)
PatV	Verordnung zum Verfahren in Patentsachen vor dem Deutschen Patent- und Markenamt (Patentverordnung) vom 1.9.2003 (BGBl. 2003 I 1702)
PAZEignPrG	Gesetz über die Eignungsprüfung für die Zulassung zur Patentanwaltschaft in der Fassung der Bekanntmachung vom 6.7.1990 (BGBl. 1990 I 1349)
PBefG	Personenbeförderungsgesetz idF vom 8.8.1990 (BGBl. 1990 I 1690)
PharmaR	Pharma-Recht (zitiert nach Jahr und Seite)
PIBD	Propriété Industrielle, Bulletin documentaire (zitiert nach Jahr und Seite)
PKW	Personenkraftwagen
PMMA	Protokoll zum Madrider Abkommen über die internationale Registrierung von Marken vom 27.6.1989 (BGBl. 1995 II 1017)
PMMBl.	Schweizerisches Patent- und Muster- und Modellblatt (zitiert nach Jahr, Teil und Seite)
PostG	Postgesetz vom 22.12.1997 (BGBl. 1997 I 3294)
Produktpiraterie-VO	Verordnung (EU) Nr. 608/2013 des Europäischen Parlaments und des Rates vom 12.6.2013 zur Durchsetzung der Rechte geistigen Eigentums durch die Zollbehörden und zur Aufhebung der Verordnung (EG) Nr. 1383/2003 des Rates (ABl. 2013 L 181, 15)
Produktpiraterie-VO 2003	Verordnung (EG) Nr. 1383/2003 des Rates vom 22.7.2003 über das Vorgehen der Zollbehörden gegen Waren, die im Verdacht stehen, bestimmte Rechte geistigen Eigentums zu verletzen, und die Maßnahmen gegenüber Waren, die erkanntermaßen derartige Rechte verletzen (ABl. 2003 L 196, 7, ber. ABl. 2004 L 381, 87)
Prop. Ind.	La Propriété Industrielle
PrPG	Gesetz zur Stärkung des Schutzes des geistigen Eigentums und zur Bekämpfung der Produktpiraterie vom 7.3.1990 (BGBl. 1990 I 422)
Prot.	Protokolle der Kommission für die II. Lesung des Entwurfs des BGB (zitiert nach Band und Seite)
PVÜ	Pariser Verbandsübereinkunft zum Schutz des gewerblichen Eigentums vom 20.3.1883 (BGBl. 1970 II 391; ber. BGBl. 1985 II 975)
Qualitätsregelungen-VO	Verordnung (EU) Nr. 1151/2012 des Europäischen Parlaments und des Rates vom 21.11.2012 über Qualitätsregelungen für Agrarerzeugnisse und Lebensmittel (ABl. 2012 L 343, 1)
RabelsZ	Zeitschrift für ausländisches und internationales Privatrecht, begründet von Rabel (zitiert nach Jahr und Seite)
RAL	Deutsches Institut für Gütesicherung und Kennzeichnung e.V.
RDG	Rechtsdienstleistungsgesetz vom 12.12.2007 (BGBl. 2007 I 2840)
RdM	Recht der Medizin (zitiert nach Jahr und Seite)
RdTW	Recht der Transportwirtschaft (zitiert nach Jahr und Seite)
re.	rechts
RefE	Referentenentwurf

Abkürzungsverzeichnis

RefE MaMoG	Referentenentwurf des BMJV eines Gesetzes zur Umsetzung der Richtlinie (EU) 2015/2436 des Europäischen Parlaments und des Rates vom 16.12.2015 zur Angleichung der Rechtsvorschriften der Mitgliedstaaten über die Marken – Markenrechtsmodernisierungsgesetz vom 11.1.2017 und vom 3.2.2017, www.bmjv.de
RegE	Regierungsentwurf
RegE MaMoG	Regierungsentwurf eines Gesetzes zur Umsetzung der Richtlinie (EU) 2015/2436 des Europäischen Parlaments und des Rates vom 16.12.2015 zur Angleichung der Rechtsvorschriften der Mitgliedstaaten über die Marken (Markenrechtsmodernisierungsgesetz) vom 27.4.2018, BR-Drs. 148/18
RG	Reichsgericht
RGBl.	Reichsgesetzblatt
RGSt	Entscheidungen des Reichsgerichts in Strafsachen (1.1880–77.1944, zitiert nach Band und Seite)
RGZ	Entscheidungen des Reichsgerichts in Zivilsachen (1.1880–172.1945, zitiert nach Band und Seite)
RIPIA	Revue Internationale de la Propriété Industrielle et Artistique (zitiert nach Jahr und Seite)
RiStBV	Richtlinien für das Strafverfahren und das Bußgeldverfahren vom 21.12.1976
Riv. Dir. Ind.	Rivista di Diritto Industriale (zitiert nach Jahr und Seite)
RIW/AWD	Recht der Internationalen Wirtschaft, Außenwirtschaftsdienst des Betriebsberaters, nach 1981 nur noch RIW (zitiert nach Jahr und Seite)
RIW	Recht der Internationalen Wirtschaft (zitiert nach Jahr und Seite)
RL 2014/67/EU	Richtlinie 2014/67/EU des Europäischen Parlaments und des Rates vom 15. Mai 2014 zur Durchsetzung der Richtlinie 96/71/EG über die Entsendung von Arbeitnehmern im Rahmen der Erbringung von Dienstleistungen und zur Änderung der Verordnung (EU) Nr. 1024/2012 über die Verwaltungszusammenarbeit mit Hilfe des Binnenmarkt-Informationssystems („IMI-Verordnung") (ABl. EU 2014 L 159, 11)
Rn.	Randnummer(n)
Rom II-VO	Verordnung (EG) Nr. 864/2007 des Europäischen Parlaments und des Rates vom 11. Juli 2007 über das auf außervertragliche Schuldverhältnisse anzuwendende Recht („Rom II") (ABl. EG 2007 L 199, 40, ber. ABl. 2012 L 310, 52)
RPA	Reichspatentamt
RPC	Reports of Patent, Design and Trade Mark Cases (zitiert nach Jahr und Seite)
RPflG	Rechtspflegergesetz vom 5.11.1969 (BGBl. 1969 I 2065)
Rs.	Rechtssache
Rspr.	Rechtsprechung
RVG	Gesetz über die Vergütung von Rechtsanwältinnen und Rechtsanwälte vom 5.5.2004 (BGBl. 2004 I 788)
s.	s.
S.	Satz, Seite
S.A.	Société Anonyme
SaatG	Saatgutverkehrsgesetz idF vom 16.7.2004 (BGBl. 2004 I 1673)
SchMA	Schweizerischer Markenartikel, Zeitschrift für die Markenartikelindustrie (zitiert nach Jahr und Seite)
SchMitt	Schweizerische Mitteilungen über Gewerblichen Rechtsschutz und Urheberrecht (zitiert nach Jahr und Seite)
SchuldR	Schuldrecht
schweiz.	schweizerisches
SE	Europäische AG = Societas Europaea
SCE	Europäische Genossenschaft, Societas Cooperativa Europaea
Sec.	Section
sfr	Schweizer Franken
SGG	Sozialgerichtsgesetz idF vom 23.9.1975 (BGBl. 1975 I 2535)
SGB I–XII	Sozialgesetzbuch Buch I bis Buch XII
SGRUM	Schriften zum gewerblichen Rechtsschutz, Urheber- und Medienrecht
sic!	Zeitschrift für Immaterialgüter-, Informations- und Wettbewerbsrecht (zitiert nach Jahr und Seite)
SJZ	Süddeutsche Juristen-Zeitung (1.1946–5.1950; dann JZ; zitiert nach Jahr und Spalte); Schweizerische Juristen-Zeitung (zitiert nach Jahr und Seite)
Slg.	Sammlung der Rechtsprechung des Gerichtshofes der Europäischen Gemeinschaften (zitiert nach Band und Seite)

STLT	Markenrechtsvertrag von Singapur vom 27.3.2006 (BGBl. 2012 II 754)
stRspr	ständige Rechtsprechung
SMI	Schweizerische Mitteilungen über Immaterialgüterrecht (zitiert nach Jahr und Seite)
sog.	sogenannt
SolingenV	Verordnung zum Schutz des Namens Solingen (Solingenverordnung) vom 16.12.1994 (BGBl. 1994 I 3833)
SortSchG	Sortenschutzgesetz idF vom 19.12.1997 (BGBl. 1997 I 3164)
Sp.	Spalte
SPE	Societas Privata Europaea, Europäische GmbH
Spirituosen-VO	Verordnung (EU) 2019/787 des Europäischen Parlaments und des Rates vom 17.4.2019 über die Begriffsbestimmung, Bezeichnung, Aufmachung und Kennzeichnung von Spirituosen, die Verwendung der Bezeichnungen von Spirituosen bei der Aufmachung und Kennzeichnung von anderen Lebensmitteln, den Schutz geografischer Angaben für Spirituosen und die Verwendung von Ethylalkohol und Destillaten landwirtschaftlichen Ursprungs in alkoholischen Getränken sowie zur Aufhebung der Verordnung (EG) Nr. 110/2008 (ABl. 2019 L 130, 1, ber. ABl. 2019 L 316 I, 3, ber. ABl. 2021 L 178, 4)
Spirituosen-VO 2008	Verordnung (EG) 110/2008 des Europäischen Parlaments und des Rates vom 15.1.2008 zur Begriffsbestimmung, Bezeichnung, Aufmachung und Etikettierung von Spirituosen sowie zum Schutz geografischer Angaben für Spirituosen und zur Aufhebung der Verordnung (EWG) Nr. 1576/89 (ABl. 2008 L 39, 16, ber. ABl. 2009 L 228, 47)
SR	Systematische Sammlung des Bundesrechts der Schweiz (Systematische Rechtssammlung)
StBerG	Steuerberatungsgesetz idF vom 4.11.1975 (BGBl. 1975 I 2735)
StGB	Strafgesetzbuch idF vom 13.11.1998 (BGBl. 1998 I 3322)
StPO	Strafprozeßordnung idF vom 7.4.1987 (BGBl. 1987 I 1074; ber. BGBl. I 1319)
str.	streitig
StuR	Staat und Recht (zitiert nach Jahr und Seite)
SUP	europäische Einmanngesellschaft, Societas Unius Personae
SZ	Süddeutsche Zeitung
SZIER	Schweizerische Zeitschrift für internationales und europäisches Recht (zitiert nach Jahr und Seite)
SZW	Schweizerische Zeitschrift für Wirtschaftsrecht (zitiert nach Jahr und Seite)
TC	Cour civile du Tribunal cantonal vandois
TLT	Markenrechtsvertrag (1994)
TMR	The Trademark Reporter (zitiert nach Jahr und Seite)
TranspR	Transportrecht (zitiert nach Jahr und Seite)
TRIPS	Übereinkommen zur Errichtung der Welthandelsorganisation vom 15.4.1994 (BGBl. 1994 II 1625), Übereinkommen über handelsbezogene Aspekte der Rechte des geistigen Eigentums (BGBl. 1994 II 1730)
ua	und andere
UAbs.	Unterabsatz
UFITA	Archiv für Urheber-, Film-, Funk- und Theaterrecht (zitiert nach Band und Seite)
UGP-RL	Richtlinie 2005/29/EG des Europäischen Parlaments und des Rates vom 11.5.2005 über unlautere Geschäftspraktiken von Unternehmen gegenüber Verbrauchern im Binnenmarkt und zur Änderung der Richtlinie 84/450/ EWG des Rates, der Richtlinien 97/7/EG, 98/27/EG und 2002/65/EG des Europäischen Parlaments und des Rates sowie der Verordnung (EG) Nr. 2006/2004 des Europäischen Parlaments und des Rates (Richtlinie über unlautere Geschäftspraktiken) vom 11.5.2005 (ABl. EU 2005 L 149, 22, ber. ABl. EU 2009 L 253, 18)
UMDV	Durchführungsverordnung (EU) 2018/626 der Kommission vom 5.3.2018 mit Einzelheiten zur Umsetzung von Bestimmungen der Verordnung (EU) 2017/1001 des Europäischen Parlaments und des Rates über die Unionsmarke und zur Aufhebung der Durchführungsverordnung (EU) 2017/1431 (ABl. EU 2018 L 104, 37)
UMDV 2017	Durchführungsverordnung (EU) 2017/1431 der Kommission vom 18.5.2017 mit Einzelheiten zur Umsetzung von Bestimmungen der Verordnung (EG) Nr. 207/2009 des Rates über die Unionsmarke (ABl. EU 2017 L 205, 39)
UMV	Verordnung (EU) 2017/1001 des Europäischen Parlaments und des Rates vom 14.6.2017 über die Unionsmarke (ABl. EU 2017 L 154, 1)

Abkürzungsverzeichnis

wistra	Zeitschrift für Wirtschafts- und Steuerstrafrecht (zitiert nach Jahr und Seite)
WKA	Wiener Abkommen über die Errichtung einer Internationalen Klassifikation der Bildbestandteile von Marken vom 12.6.1973 idF vom 1.10.1985
WKG	Gesetz der Deutschen Demokratischen Republik über Warenkennzeichen vom 30.11.1984 (GBl. I Nr. 33, 397)
WM	Wertpapier-Mitteilungen, Zeitschrift für Wirtschafts- und Bankrecht (zitiert nach Jahr und Seite)
WPR	Wertpapierrecht
WRP	Wettbewerb in Recht und Praxis (zitiert nach Jahr und Seite)
WRV	Verfassung des Deutschen Reichs (Weimarer Verfassung) vom 11.8.1919 (RGBl. 1383)
WTO	World Trade Organization, Welthandelsorganisation
WuP	Wirtschaft und Produktivität (zitiert nach Jahr und Seite)
WuW	Wirtschaft und Wettbewerb (1./2.1951/52 ff.; zitiert nach Jahr und Seite)
WuW/E	WuW-Entscheidungssammlung zum Kartellrecht (zitiert nach Entscheidungsträger und Nr.)
WZG	Warenzeichengesetz vom 5.5.1936 (RGBl. II 134) idF vom 2.1.1968 (BGBl. 1968 I 29), aufgehoben
ZHG	Gesetz über die Ausübung der Zahnheilkunde idF vom 16.4.1987 (BGBl. 1987 I 1226)
zB	zum Beispiel
ZBJV	Zeitschrift des bernischen Juristenvereins (zitiert nach Band, Jahr und Seite)
ZEuP	Zeitschrift für Europäisches Privatrecht (zitiert nach Jahr und Seite)
ZGB	Schweizerisches Zivilgesetzbuch
ZGE	Zeitschrift für Geistiges Eigentum (zitiert nach Jahr und Seite)
ZHR	Zeitschrift für das gesamte Handels- und Wirtschaftsrecht (zitiert nach Band, Jahr und Seite)
Ziff.	Ziffer
ZIP	Zeitschrift für Wirtschaftsrecht (4.1983 ff.), früher: Zeitschrift für Wirtschaftsrecht und Insolvenzpraxis (1.1980–3.1982; zitiert nach Jahr und Seite)
ZLR	Zeitschrift für das gesamte Lebensmittelrecht (zitiert nach Jahr und Seite)
Zollkodex	Verordnung (EG) Nr. 450/2008 des Europäischen Parlaments und des Rates zur Festlegung des Zollkodex der Gemeinschaft (Modernisierter Zollkodex) vom 23.4.2008 (ABl. 2008 L 145, 1), aufgehoben
ZollKostV	Zollkostenverordnung vom 6.9.2009 (BGBl. 2009 I 3001)
ZollV	Zollverordnung (ZollV) vom 23.12.1993 (BGBl. 1993 I 2449; ber. BGBl. 1994 I 162)
ZPO	Zivilprozessordnung idF vom 5.12.2005 (BGBl. 2005 I 3202; ber. BGBl. 2006 I 431; 2007 I 1781)
ZR	Blätter für Züricherische Rechtsprechung (zitiert nach Jahr und Seite)
ZRP	Zeitschrift für Rechtspolitik (zitiert nach Jahr und Seite)
zT	zum Teil
ZUM	Zeitschrift für Urheber- und Medienrecht/Film und Recht (zitiert nach Jahr und Seite)
ZUM-RD	Zeitschrift für Urheber- und Medienrecht, Rechtsprechungsdienst (zitiert nach Jahr und Seite)
zust.	zustimmend
zutr.	zutreffend
ZVglRWiss	Zeitschrift für Vergleichende Rechtswissenschaft einschließlich der ethnologischen Rechtsordnung (wechselnde Titel; 1.1878–55.1942, 56.1953 ff.; zitiert nach Band oder Jahr und Seite)
ZZP	Zeitschrift für Zivilprozess (zitiert nach Band und Seite)

Literaturverzeichnis

Ahrens Wettbewerbsprozess-HdB ..	Der Wettbewerbsprozess, 9. Aufl. 2021.
Albrecht Sprachwiss. Erkenntnisse .	Sprachwissenschaftliche Erkenntnisse im markenrechtlichen Registerverfahren, Rechtslinguistik Bd. 5, 1999.
Albrecht/Hoffmann Geistiges Eigentum	Geistiges Eigentum in der Kommune, 2009.
Albrecht/Hoffmann Vergütung	Die Vergütung des Patentanwalts, 4. Aufl. 2020.
Altmeppen	Gesetz betreffend die Gesellschaften mit beschränkter Haftung: GmbHG, Kommentar, 10. Aufl. 2021.
Anders/Gehle/Bearbeiter	Zivilprozessordnung, Kommentar, 80. Aufl. 2022.
Ann PatR	Patentrecht, Lehrbuch, 8. Aufl. 2022.
Bamberger/Roth/Hau/Poseck/ Bearbeiter	Bürgerliches Gesetzbuch, Kommentar, 4. Aufl. 2019 (zur Online-Fassung s. unter BeckOK BGB).
Baronikians Werktitel	Der Schutz des Werktitels, 2. Aufl. 2015.
Bastian/Knaak Gemeinschafts- marke/Bearbeiter	Gemeinschaftsmarke und Recht der EU-Mitgliedstaaten, 2006.
Baumbach/Hefermehl	Warenzeichenrecht und Internationales Wettbewerbs- und Zeichenrecht, Kommentar, 12. Aufl. 1985 (s. jetzt Köhler/Bornkamm/Feddersen).
BeckFormSlg GewRS	Beck'sche Formularsammlung zum gewerblichen Rechtsschutz mit Urheberrecht, 6. Aufl. 2021.
BeckOK BGB/Bearbeiter	Beck'scher Online-Kommentar zum Bürgerlichen Gesetzbuch, hrsg. von Hau/Poseck, 63. Edition, Stand: 1.8.2022.
BeckOK GmbHG/Bearbeiter	Beck'scher Online-Kommentar zum GmbH-Gesetz, hrsg. von Ziemons/Jaeger/Pöschke, 53. Edition, Stand: 1.9.2022.
BeckOK PatR/Bearbeiter	Beck'scher Online-Kommentar zum Patentrecht, hrsg. von Fitzner/Lutz/Bodewig, 25. Edition, Stand: 15.7.2022.
BeckOK StGB/Bearbeiter	Beck'scher Online-Kommentar zum Strafgesetzbuch, hrsg. von v. Heintschel-Heinegg, 54. Edition, Stand: 1.8.2022.
BeckOK StPO/Bearbeiter	Beck'scher Online-Kommentar zur Strafprozessordnung (mit RiStBV und MiStra), hrsg. von Graf, 44. Edition, Stand: 1.7.2022.
BeckOK UMV/Bearbeiter	Beck'scher Online-Kommentar zur UMV, hrsg. von Büscher/Kochendörfer, 25. Edition, Stand: 15.5.2022.
BeckOK ZPO/Bearbeiter	Beck'scher Online-Kommentar zur Zivilprozessordnung, hrsg. von Vorwerk/Wolf, 45. Edition, Stand: 1.7.2022.
Beier/Schricker	From GATT to TRIPS, Übereinkommen über handelsbezogene Aspekte der Rechte des geistigen Eigentums/The Agreement on Trade-Related Aspects of Intellectual Property Rights, 1996.
Beier/Schricker MarkenR	Die Neuordnung des Markenrechts in Europa, 1997.
Bender Unionsmarke	Unionsmarke, 5. Aufl. 2022.
Benkard EPÜ/Bearbeiter	Europäisches Patentübereinkommen, Kommentar, 3. Aufl. 2019.
Benkard PatG/Bearbeiter	Patentgesetz, Kommentar, 11. Aufl. 2015.
Berlit MarkenR	Markenrecht, 11. Aufl. 2019.
Bingener MarkenR	Markenrecht, 4. Aufl. 2022.
Bodenhausen	Pariser Verbandsübereinkunft zum Schutz des gewerblichen Eigentums: PVÜ, Kommentar, 1971.
v. Bomhard/v. Mühlendahl/Bearbeiter	Concise European Trademark Law, 2018.
Braitmayer/van Hees	Verfahrensrecht in Patentsachen, 4. Aufl. 2010.
Bulling/Langöhrig/Hellwig/ Müller	Designschutz in Deutschland und Europa mit USA, Japan, China und Korea, 5. Aufl. 2021.
Bumiller Gemeinschaftsmarke	Durchsetzung der europäischen Gemeinschaftsmarke in der Europäischen Union, 1997.
Büscher/Dittmer/Schiwy/ Bearbeiter	Gewerblicher Rechtsschutz Urheberrecht Medienrecht, 3. Aufl. 2015.

Literaturverzeichnis

Busse/Keukenschrijver/Bearbeiter . Patentgesetz, Kommentar, hrsg. von Keukenschrijver/Kaess/ McGuire/Tochtermann/Werner/Maute, 9. Aufl. 2020.

Calliess/Ruffert/Bearbeiter .... EUV/AEUV, Kommentar, 6. Aufl. 2022.

Campos Nave Einf. MarkenR ...... Einführung in das Markenrecht, 3. Aufl. 2011.

Cepl/Voß/Bearbeiter .... Prozesskommentar zum Gewerblichen Rechtsschutz, 3. Aufl. 2022.

Däbritz/Jesse/Bröcher Patente ..... Patente, 3. Aufl. 2009.

Deutsch/Ellerbrock Titelschutz .... Titelschutz. Werktitel und Domainnamen, 2. Aufl. 2004.

Dreier/Schulze/Bearbeiter .... Urheberrechtsgesetz, Kommentar, 7. Aufl. 2022.

Dreyer/Kotthoff/Meckel .... s. unter HK-UrhR.

Ebenroth/Boujong/Joost/Strohn/ Bearbeiter .... Handelsgesetzbuch, Kommentar, 4. Aufl. 2020.

Ebling/Bullinger KunstR-HdB/ Bearbeiter .... Praxishandbuch Recht der Kunst, 2019.

Eichmann/Jestaedt/Fink/Meiser/ Bearbeiter .... Designgesetz, Gemeinschaftsgeschmacksmusterverordnung, Kommentar, 6. Aufl. 2019.

Eichmann/Kur DesignR-HdB/ Bearbeiter .... Designrecht, 2. Aufl. 2016.

Eichmann/v. Falkenstein/Bearbeiter .... Designgesetz, 5. Aufl. 2015; s. aktuelle Auflage unter Eichmann/Jestaedt/Fink/Meiser.

Eisenführ/Schennen/Bearbeiter .... Unionsmarkenverordnung, Kommentar, 6. Aufl. 2020.

Eisenmann/Jautz/Wechsler GewRS .... Grundriss gewerblicher Rechtsschutz und Urheberrecht, 11. Aufl. 2022.

Ekey/Bender/Fuchs-Wissemann ... s. unter HK-MarkenR.

Ellenberger/Bunte BankR-HdB/ Bearbeiter .... Bankrechts-Handbuch, 6. Aufl. 2022.

Emmerich/Lange LauterkeitsR ..... Lauterkeitsrecht, 12. Aufl. 2022.

Engels PatR .... Patent-, Marken- und Urheberrecht, 11. Aufl. 2020.

Erdmann/Rojahn/Sosnitza FA-GewRS/Bearbeiter .... Handbuch des Fachanwalts Gewerblicher Rechtsschutz, 3. Aufl. 2018.

ErfK/Bearbeiter .... Müller-Glöge/Preis/Schmidt, Erfurter Kommentar zum Arbeitsrecht, 22. Aufl. 2022.

Fammler Markenlizenzvertrag ...... Der Markenlizenzvertrag, 3. Aufl. 2014.

Fezer .... Markenrecht, Kommentar, 4. Aufl. 2009.

Fezer Markenpraxis-HdB/Bearbeiter .... Handbuch der Markenpraxis, 3. Aufl. 2016.

Fezer/Büscher/Obergfell/ Bearbeiter .... Lauterkeitsrecht, Kommentar zum UWG, 3. Aufl. 2016.

FS Fezer .... Festschrift für Karl Heinz Fezer zum 70. Geburtstag, Marktkommunikation zwischen Geistigem Eigentum und Verbraucherschutz, 2016.

FS Fikentscher .... Festschrift für Wolfgang Fikentscher zum 70. Geburtstag, 1998.

FS Schricker .... Perspektiven des Geistigen Eigentums und des Wettbewerbsrechts, Festschrift für Gerhard Schricker zum 70. Geburtstag, 2005.

FS Vieregge .... Festschrift für Ralf Vieregge zum 70. Geburtstag am 6. November 1995, hrsg. von Baur/Jacobs/Lieb/Müller-Graff, 1995.

Geimer/Schütze EurZivilVerfR/ Bearbeiter .... Europäisches Zivilverfahrensrecht, Kommentar, 4. Aufl. 2020.

Gerold/Schmidt/Bearbeiter .... Rechtsanwaltsvergütungsgesetz: RVG, Kommentar, 25. Aufl. 2021

Gloy/Loschelder/Danckwerts WettbR-HdB/Bearbeiter .... Handbuch des Wettbewerbsrechts, 5. Aufl. 2019.

Goldmann Unternehmenskennzeichen .... Unternehmenskennzeichen, 5. Aufl. 2022.

Götting GewRS .... Gewerblicher Rechtsschutz, Patent-, Gebrauchsmuster-, Design- und Markenrecht, 11. Aufl. 2020.

Götting/Nordemann/Bearbeiter ... UWG, Handkommentar, 3. Aufl. 2016.

Gottwald/Haas InsO-HdB/Bearbeiter .... Insolvenzrechts-Handbuch, 6. Aufl. 2020.

Grabitz/Hilf/Nettesheim/ Bearbeiter .... Das Recht der Europäischen Union: EUV/AEUV, Kommentar, Loseblatt, 76. EL Stand Mai 2022.

Gruber GewRS	Gewerblicher Rechtsschutz und Urheberrecht, 13. Aufl. 2022.
Grüneberg/Bearbeiter	Bürgerliches Gesetzbuch, Kommentar, 81. Aufl. 2022.
Günther/Beyerlein	Designgesetz, Kommentar, 3. Aufl. 2015.
Haarhoff (Re)Monopolisierung ...	(Re)Monopolisierung erloschener Immaterialgüter- und Persönlichkeitsrechte durch das Markenrecht?, 2006.
Hackbarth Benutzungszwang	Grundfragen des Benutzungszwangs im Gemeinschaftsmarkenrecht, 1993.
Hackbarth/Koch MarkenR	Markenrecht im Internet, 2018.
Hacker MarkenR	Markenrecht, 6. Aufl. 2023.
Haedicke/Timmann PatR-HdB/ Bearbeiter	Haedicke/Timmann, Handbuch des Patentrechts, 2. Aufl. 2020.
Harte-Bavendamm Markenpiraterie-HdB/Bearbeiter	Handbuch der Markenpiraterie in Europa, 2000.
Harte-Bavendamm/Henning-Bodewig/Bearbeiter	UWG. Gesetz gegen den unlauteren Wettbewerb, Kommentar, 5. Aufl. 2021.
Hartmann Gemeinschaftsmarke	Die Gemeinschaftsmarke im Verletzungsverfahren, 2009.
Hasselblatt EUTMR/Bearbeiter ...	European Union Trade Mark Regulation, VO (EU) 2017/ 1001, Article-by-Article Commentary, 2. Aufl. 2018.
Hasselblatt MAH GewRS/Bearbeiter	Münchener Anwaltshandbuch Gewerblicher Rechtsschutz, 6. Aufl. 2022.
Hauch Reverse Brand Placement .	Übernahme fiktiver Marken in die Realität („Reverse Brand Placement"), 2015.
Hefermehl Markenschutz	Nationaler Markenschutz und freier Warenverkehr in der Europäischen Gemeinschaft, 1979.
Hildebrandt Harmonisiertes MarkenR	Harmonisiertes Markenrecht in Europa, 2. Aufl. 2008.
Hildebrandt Marken	Marken und andere Kennzeichen, 6. Aufl. 2021.
Hildebrandt/Sosnitza/Bearbeiter ...	Unionsmarkenverordnung, Kommentar, 2021.
HK-MarkenR/Bearbeiter	Heidelberger Kommentar zum Markenrecht, hrsg. von Ekey/Bender/Fuchs-Wissemann, 4. Aufl. 2020.
HK-UrhR/Bearbeiter	Heidelberger Kommentar zum Urheberrecht, hrsg. von Dreyer/Kotthoff/Meckel/Hentsch, 4. Aufl. 2018.
Hoffmann/Kleespies FormK DesignR	Formular-Kommentar Designrecht, 2015.
Hoffmann/Kleespies FormK MarkenR	Formular-Kommentar Markenrecht, 2. Aufl. 2011.
Hopt/Bearbeiter	Handelsgesetzbuch, Kommentar, 41. Aufl. 2022.
Immenga/Mestmäcker/Bearbeiter .	Wettbewerbsrecht, Kommentar, 6. Aufl. 2019.
Ingerl/Rohnke	Markengesetz, Kommentar, 3. Aufl. 2010.
Ingerl/Rohnke/Nordemann/ Bearbeiter	Markengesetz, Kommentar, 4. Aufl. 2023.
Jankowski Markenschutz	Markenschutz für Kunstwerke, Lausanner Studien zur Rechtswissenschaft, Bd. 10, 2012.
Kaiser Mehrheitsprinzip	Das Mehrheitsprinzip in der Judikative, 2020.
Kaufmann Personenmarke	Die Personenmarke, GEW Bd. 3, 2005.
Kickler Herkunftsangaben	Die Geschichte des Schutzes geographischer Herkunftsangaben in Deutschland, 2012.
Klaka/Schulz Europäische Gemeinschaftsmarke	Die europäische Gemeinschaftsmarke, 1996.
Klett/Sonntag/Wilske IntPropLaw	Intellectual Property Law in Germany, 2. Aufl. 2022.
Koch	Aktiengesetz, Kommentar, 16. Aufl. 2022.
Köhler/Bornkamm/Feddersen/ Bearbeiter	Gesetz gegen den unlauteren Wettbewerb: UWG, Kommentar, 40. Aufl. 2022.
Koller/Kindler/Roth/Drüen/ Bearbeiter	Handelsgesetzbuch, Kommentar, 9. Aufl. 2019.
Kopp Personenmarken	Irreführung durch Personenmarken und Personenfirmen, 2009.
Kopp/Schenke	Kopp/Schenke, Verwaltungsgerichtsordnung: VwGO, Kommentar, 28. Aufl. 2022.
Kortbein Hörzeichen	Markenschutz für Hörzeichen – Probleme der praktischen Verwendung sowie des Eintragungs-, Widerspruchs- und Verletzungsverfahrens, 2005.
Lackner/Kühl	Strafgesetzbuch, Kommentar, 29. Aufl. 2018.
Lange IntMarkenR-HdB	Internationales Handbuch des Marken- und Kennzeichenrechts, 2009.

Literaturverzeichnis

Lange MarkenR	Marken- und Kennzeichenrecht, 2. Aufl. 2012.
Leitner/Rosenau/Bearbeiter	Wirtschafts- und Steuerstrafrecht, Kommentar, 2. Aufl. 2022.
Liebau Gemeinfreiheit	Gemeinfreiheit und Markenrecht, Möglichkeiten einer Remonopolisierung von urheberrechtlich gemeinfreien Werken und Lichtbildern sowie von Bildnissen und Namen historischer Persönlichkeiten mit Hilfe des Markenrechts, 2000.
Loewenheim UrhR-HdB/Bearbeiter	Handbuch des Urheberrechts, 3. Aufl. 2021.
Loschelder/Loschelder Geographische Angaben	Geographische Angaben und Ursprungsbezeichnungen, 2. Aufl. 2002.
MAH	s. unter Hasselblatt MAH GewRS.
Martinek/Semler/Flohr/Lakkis VertriebsR-HdB/Bearbeiter	Handbuch des Vertriebsrechts, 4. Aufl. 2016.
Mes	Patentgesetz, Gebrauchsmustergesetz, Kommentar, 5. Aufl. 2020.
MHLS/Bearbeiter	GmbHG, Kommentar, hrsg. von Michalski/Heidinger/Leible/J. Schmidt, 3. Aufl. 2017.
v. Mühlendahl/Ohlgart Gemeinschaftsmarke	Die Gemeinschaftsmarke, 1998.
MüKoBGB/Bearbeiter	Münchener Kommentar zum Bürgerlichen Gesetzbuch, hrsg. von Säcker/Rixecker/Oetker/Limperg, 9. Aufl. 2021 ff.
MüKoGmbHG/Bearbeiter	Münchener Kommentar zum GmbHG, hrsg. von Fleischer/Goette, 3. Aufl. 2018 ff.
MüKoInsO/Bearbeiter	Münchener Kommentar zur Insolvenzordnung, hrsg. von Stürner/Eidenmüller/Schoppmeyer, 4. Aufl. 2019 ff.
MüKoStGB/Bearbeiter	Münchener Kommentar zum Strafgesetzbuch, hrsg. von Joecks/Miebach, 4. Aufl. 2021 f.
MüKoUWG/Bearbeiter	Münchener Kommentar zum UWG, hrsg. von Heermann/Schlingloff, 3. Aufl. 2020 ff.
MüKoZPO/Bearbeiter	Münchener Kommentar zur Zivilprozessordnung, hrsg. von Rauscher/Krüger, 6. Aufl. 2020 f.
Musielak/Voit/Bearbeiter	Zivilprozessordnung, Kommentar, 19. Aufl. 2022.
Nerlich/Römermann/Bearbeiter	Insolvenzordnung, Kommentar, Loseblatt, 44. Aufl. 2021.
NK-KostenhilfeR/Bearbeiter	Nomos-Kommentar Gesamtes Kostenhilferecht, hrsg. von Poller/Härtl/Köpf, 3. Aufl. 2018.
Noack/Servatius/Haas/Bearbeiter	GmbHG, Kommentar, 23. Aufl. 2022.
Nordemann WettbR/MarkenR	Wettbewerbsrecht, Markenrecht, 11. Aufl. 2012.
Ohly/Sosnitza	Gesetz gegen den unlauteren Wettbewerb: UWG, Kommentar, 7. Aufl. 2016.
Omsels Herkunftsangaben	Geographische Herkunftsangaben, 2007.
Onken Namensmarken	Die Verwechslungsgefahr bei Namensmarken, 2011.
Osterrieth PatR	Patentrecht, 6. Aufl. 2021.
Peifer/Bearbeiter	Großkommentar zum Gesetz gegen den unlauteren Wettbewerb mit Nebengesetzen, 3. Aufl. 2021.
Pfaff/Osterrieth	Lizenzverträge, Kommentar, 4. Aufl. 2018.
Pohlmann UnionsmarkenR	Das Recht der Unionsmarke, 2. Aufl. 2018.
Prölss/Martin/Bearbeiter	Versicherungsvertragsgesetz, Kommentar, 31. Aufl. 2021.
Richter/Stoppel Waren und Dienstleistungen	Die Ähnlichkeit von Waren und Dienstleistungen, 19. Aufl. 2021.
Ruhl/Tolkmitt	Gemeinschaftsgeschmacksmuster, Kommentar, 3. Aufl. 2019.
Schaper Gemeinschaftsmarke	Durchsetzung der Gemeinschaftsmarke, 2006.
Schaub ArbR-HdB/Bearbeiter	Arbeitsrechts-Handbuch, 19. Aufl. 2021.
Schoene Benutzungszwang	Der Benutzungszwang im Markengesetz, Europäische Hochschulschriften Reihe II, Bd. 3596.
Schönke/Schröder/Bearbeiter	Strafgesetzbuch, Kommentar, 30. Aufl. 2019.
Schricker/Bastian/Knaak Gemeinschaftsmarke	Schricker/Bastian/Knaak, Gemeinschaftsmarke und Recht der EU-Mitgliedstaaten, 2016.
Schricker/Dreier/Kur Geistiges Eigentum	Geistiges Eigentum im Dienst der Innovation, 1999.
Schricker/Loewenheim/Bearbeiter	Urheberrecht, Kommentar, hrsg. von Loewenheim/Leistner/Ohly, 6. Aufl. 2020.
Schröter Herkunftsangaben	Der Schutz geografischer Herkunftsangaben nach Marken-, Wettbewerbs- und Registerrecht in Deutschland und der Schweiz, 2011.

Schulte	Patentgesetz mit EPÜ, Kommentar, 11. Aufl. 2021.
v. Schultz/Bearbeiter	Kommentar zum Markenrecht, 3. Aufl. 2012.
Sosnitza	Deutsches und europäisches Markenrecht, 2. Aufl. 2015.
Sosnitza/Meisterernst/Bearbeiter	Lebensmittelrecht, Loseblatt-Kommentar, früher hrsg. von Zipfel/Rathke, 183. EL 2022.
Spindler/Schuster/Bearbeiter	Recht der elektronischen Medien, Kommentar, 4. Aufl. 2019.
Staudinger/Bearbeiter	Bürgerliches Gesetzbuch, Kommentar, 13. Bearbeitung 1993 ff. (zitiert mit der jeweiligen Jahreszahl des Bandes).
Stelkens/Bonk/Sachs/Bearbeiter	Verwaltungsverfahrensgesetz, Kommentar, 9. Aufl. 2018.
Stoll Markennamen	Markennamen – Sprachliche Strukturen, Ähnlichkeit und Verwechselbarkeit, Europäische Hochschulschriften, Reihe I, Bd. 1717, 1999.
Streinz/Bearbeiter	EUV/AEUV, Kommentar, 3. Aufl. 2018.
Streinz/Kraus LebensmittelR-HdB/Bearbeiter	Lebensmittelrechts-Handbuch, Loseblatt, 43. Aufl. 2022.
Ströbele/Hacker/Thiering/Bearbeiter	Markengesetz, Kommentar, 13. Aufl. 2021.
Teplitzky Wettbewerbsrechtliche Ansprüche und Verfahren	Wettbewerbsrechtliche Ansprüche und Verfahren, 12. Aufl. 2019.
Teplitzky/Peifer/Leistner	s. jetzt unter Peifer.
Thomas/Putzo/Bearbeiter	Zivilprozessordnung, Kommentar, 43. Aufl. 2022.
Ticic Bösgläubige Markenanmeldung	Die bösgläubige Markenanmeldung als absolutes Schutzhindernis, 2010.
Toussaint/Bearbeiter	Kostenrecht, Kommentar, 52. Aufl. 2022.
Uhlenbruck/Bearbeiter	Insolvenzordnung, Kommentar, 2 Bände, 15. Aufl. 2019.
Vohwinkel Verkehrsdurchgesetzte Marke	Die verkehrsdurchgesetzte Marke – Tatbestand des § 8 Abs. 3 MarkenG, Reihe Geistiges Eigentum und Wettbewerb – GEW, Bd. 50, 2016.
Voigt Kunststoffe	Bezeichnungen für Kunststoffe im heutigen Deutsch, 1982.
Wandtke/Bullinger/Bearbeiter	Praxiskommentar Urheberrecht, 6. Aufl. 2022.
Wiedemann KartellR-HdB/Bearbeiter	Handbuch des Kartellrechts, 4. Aufl. 2020.
Zöller/Bearbeiter	Zivilprozessordnung, Kommentar, 34. Aufl. 2022.

Einleitung Markenrecht

Überblick

Das Markenrecht ist Teil des Immaterialgüterrechtssystems (→ Rn. 1 ff.), es nimmt jedoch dort eine Sonderstellung ein (→ Rn. 4 ff.). Kumulationen mit anderen Immaterialgüterrechten sind prinzipiell möglich; sie stoßen jedoch an eine Grenze, wenn dies zu systemwidrigen Ergebnissen führt (→ Rn. 8). Das Markenrecht ieS ist ferner in den umfassenderen Bereich des Kennzeichenrechts eingebettet, das zumindest teilweise ebenfalls Schutzgegenstand des MarkenG ist (→ Rn. 12 ff.). Enge Verbindungen bestehen ferner zum UWG. Nach heute hM bestehen beide Materien eigenständig nebeneinander; bei der Anwendung der jeweiligen Vorschriften ist jedoch darauf zu achten, dass es nicht zu inkonsistenten Ergebnissen kommt (→ Rn. 21 ff.).

Die Wurzeln des Markenschutzes lassen sich bis in die Antike verfolgen. Seine eigentliche Bedeutung erhielt das Markenrecht jedoch erst im Zeitalter der Industrialisierung und der dadurch wachsenden Distanz zwischen Erzeuger und Konsumenten (→ Rn. 28 ff.) Seit der Kodifizierung des Markenschutzes im WZG von 1894 sind im deutschen Recht nur wenige Änderungen erfolgt (→ Rn. 32 ff.). Durch die Umsetzung der ersten Markenrechts-RL 89/104/EG (MRL 1989; → Rn. 61 ff.) durch das MarkenG wurde das zuvor geltende System erheblich verändert. Insbesondere haben die Harmonisierung der nationalen Rechtsordnungen und die parallele Etablierung des Gemeinschaftsmarkensystems durch die Gemeinschaftsmarkenverordnung (GMV) (→ Rn. 53 ff.) zu einer engen Verbindung zwischen nationalem und Unionsrecht geführt. Diese Verbindung ist durch die Reform der europäischen Markengesetzgebung von 2016 und in deren Folge durch den Erlass der Unionsmarkenverordnung (UMV) und die Umsetzung der MRL (RL (EU) 2015/2436) in das deutsche Recht weiter verstärkt worden (→ Rn. 68 ff.).

Das nationale wie das Unionsmarkenrecht sind Teil der gesamteuropäischen Wirtschafts- und Wettbewerbsordnung (→ Rn. 1 ff., → Rn. 151 ff.); sie dienen dem Schutz der rechtlich relevanten Markenfunktionen (→ Rn. 120 ff.) und sichern die Marke in ihrem eigentumsrechtlich geschützten Wesenskern (→ Rn. 160 ff.). Der Inhalt des nationalen sowie des unionsrechtlichen Schutzes wird ferner in erheblichem Maße durch das internationale Recht determiniert (→ Rn. 175 ff.). Die Verwirklichung des Markenschutzes in der Rechtspraxis ist Aufgabe der Regelungen über die Rechtsdurchsetzung (→ Rn. 327 ff.).

Übersicht

A. Regelungsgegenstand und Stellung im Rechtssystem (Überblick)

I. Immaterialgüterrecht als Teil der Wirtschaftsordnung

1   Immaterialgüterrechte dienen bei allen Unterschieden im Einzelnen dem gemeinsamen Ziel, Investitionen in die Hervorbringung neuer Leistungen zu fördern. Der Grundgedanke dabei ist, dass ohne die Zuweisung einer exklusiven Marktposition solche Investitionen nicht erfolgen würden, da sie sonst auch Dritten zugutekämen, die keine eigenen Aufwendungen getätigt haben; dies würde zum Versagen des Marktes auf dem Gebiet des Innovationswettbewerbs führen. Durch die Herstellung künstlicher Knappheit werden solche **positiven Externalitäten** internalisiert. Damit wird zugleich ein marktkonformer Mechanismus geschaffen, der die Belohnung der betrieblichen Leistung daran koppelt, ob und in welchem Umfang sie von den Abnehmern nachgefragt wird (grundlegend Ullrich GRUR Int 1984, 89). Auf diese Weise fügt sich das Immaterialgüterrecht in die marktwirtschaftliche Verfasstheit des Wettbewerbs und damit in die allgemeine Wirtschaftsordnung ein.

2   Für alle Immaterialgüterrechte gilt, dass sie den Wettbewerb beschränken, da sie es Konkurrenten verwehren, im Bereich der geschützten Rechtsposition selbst tätig zu werden, ohne die Zustimmung des Rechtsinhabers einzuholen. Dadurch setzen sie sich jedoch nicht in Widerspruch zum Postulat der Freiheit des Wettbewerbs, sondern dienen der Erreichung gemeinsamer, übergeordneter Zielsetzungen, da und soweit sie lediglich solche Einschränkungen vornehmen, die erforderlich sind, um den – in weitem Sinne verstandenen – **Innovationswettbewerb** nachhaltig anzuregen (Drexl GRUR Int 2004, 716 (721); Ullrich GRUR Int 1984, 89; Ullrich GRUR 2007, 817).

2.1   Für das Urheberrecht tritt die persönlichkeitsrechtliche Komponente hinzu, die nach dem in Deutschland vorherrschenden monistischen Ansatz mit den ökonomischen Verwertungsrechten zu einer Einheit verschmolzen ist. In dieser Hinsicht besteht ein grundlegender Unterschied zwischen dem Urheberrecht und den Rechten des gewerblichen Rechtsschutzes einschließlich des Markenrechts. Insoweit entzieht sich das Urheberrecht einer rein utilitaristischen Betrachtung, wie sie bei den gewerblichen Schutzrechten ganz überwiegend erfolgt. Dies hindert jedoch nicht, dass die konkrete Ausgestaltung des Urheberrechts in ihrer Auswirkung auf die Anregung von Kreativität und der Wahrung von Handlungsspielräumen Dritter nach utilitaristischen Kriterien zu bewerten sein kann. Zur Zusammenführung von individualistischen und utilitaristischen Rechtfertigungstheorien im Urheberrecht s. Hansen/Leistner GRUR 2008, 479.

Unter anderem wegen dieser Gemeinsamkeiten wird im Folgenden auf die herkömmliche **3** Unterscheidung zwischen dem Urheberrecht (samt verwandten Schutzrechten) und dem **gewerblichen Rechtsschutz** (Patent-, Muster- und Kennzeichenrecht) verzichtet, soweit eine solche Unterscheidung nicht aus besonderen (ua historischen) Gründen angezeigt ist.

II. Markenrecht als Teil des Immaterialgüterrechts

Die systematische Einordnung des Markenrechts als Teil des Immaterialgüterrechts ist keine **4** Selbstverständlichkeit. Da Marken zunächst praktisch ausschließlich aus der Bezeichnung des Geschäftsbetriebs bestanden, aus dem die Waren oder Dienstleistungen stammten (→ Rn. 29), wurden sie ganz überwiegend dem **Persönlichkeitsrecht** ihres Inhabers zugerechnet (Kohler, Das Recht des Markenschutzes, 1884, 77 ff.; zur „Metamorphose" des Markenrechts vom Persönlichkeitsrecht zum Immaterialgüterrecht Götting, Persönlichkeitsrechte als Vermögensrechte, 1995, 113 f.). Diese Lehre hatte jedoch den Nachteil, dass sich die Möglichkeit der Übertragung von Marken als Teil der Übertragung von Geschäftsbetrieben mit dieser Konzeption nur schwer vereinbaren ließ (s. aber Kohler, Warenzeichenrecht, 1910, 149 ff.; kritisch Götting, Persönlichkeitsrechte als Vermögensrechte, 1995, 113 f.); sie wurde daher von der Rechtsprechung explizit aufgegeben (RGZ 118, 76 – Springendes Pferd).

Diese Erkenntnis führte jedoch zunächst nicht dazu, dass Marken als vollwertige Immaterialgüter **5** terrechte anerkannt wurden. Stattdessen wurde zum Teil davon ausgegangen, dass Marken ebenso wie Ansprüche wegen unlauteren Wettbewerbs nur ein negatives Abwehrrecht gewähren (eingehend Vanzetti GRUR Ausl 1965, 185 (188 ff.)). Spätestens seit der BGH-Entscheidung „Chanel Nr. 5" (BGH GRUR 1987, 520) konnte diese Auffassung jedoch als überholt gelten: Der BGH bejahte die Frage, ob dem Markeninhaber bei schuldloser Markenverletzung ein Bereicherungsanspruch in Form der Eingriffskondiktion zugestanden werden konnte, und stellte damit klar, dass sich mit dem Markenrecht nicht allein ein Abwehranspruch, sondern auch ein **positiver Zuweisungsgehalt** verbindet.

Die Frage, inwieweit das Markenrecht als negatives (Abwehr-) oder positives (Nutzungs-)Recht anzuse- **5.1** hen ist, wird ua in Zusammenhang mit der Diskussion über die Zulässigkeit rigoroser Einschränkungen der Markennutzung für Tabakprodukte („Plain Packaging") thematisiert (→ Rn. 305 ff.). Richtigerweise kommt es jedoch auf diese Frage nicht entscheidend an, denn auch ein positives Nutzungsrecht, wie es das Markenrecht nach deutscher Dogmatik darstellt, kann aus übergeordneten Gründen, und vorbehaltlich einer verfassungsrechtlichen Überprüfung der betreffenden Regelungen, bis hin zum Benutzungsverbot eingeschränkt werden. In diesem Sinne (für das englische Recht) auch British American Tobacco v. Secretary of Health, (2016) EWHC 1169 (Admin); → Rn. 306.1.

Dennoch bleibt unverkennbar, dass das Markenrecht gegenüber anderen Immaterialgüterrech- **6** ten **Besonderheiten** aufweist. Im Gegensatz zum Patent- und Urheberrecht dient es der Förderung von Innovation und Kreation nicht in unmittelbarer, sondern in mittelbarer Weise, indem es Unternehmen, die ihre Leistungen am Markt anbieten, die Möglichkeit gewährt, sich den Abnehmern gegenüber erkennbar zu machen und dadurch voneinander abzugrenzen. Es wird daher auch keine künstliche Knappheit im Hinblick auf das gekennzeichnete Gut selbst hergestellt; ungeachtet der Kennzeichnung unterliegt die betriebliche Leistung als solche jedenfalls dem Grundsatz nach in vollem Umfang dem Wettbewerb. Hierin liegt ua die Erklärung dafür, dass Marken im Gegensatz zu anderen Immaterialgüterrechten keinen festen zeitlichen Schranken unterliegen (→ Rn. 155).

Eine „Verknappung" tritt somit allenfalls im Hinblick auf die verwendeten Kennzeichen auf. **7** Dabei wird grundsätzlich davon ausgegangen, dass dies keine Beeinträchtigung des Wettbewerbs zur Folge hat, da und soweit ein nahezu unerschöpflicher Vorrat an Kennzeichen vorhanden ist. Zu den Ausnahmen → Rn. 10 f.

III. Kumulation mit anderen Immaterialgüterrechten

Marken und andere Immaterialgüterrechte dienen ungeachtet ihrer strukturellen Gemeinsam- **8** keiten (→ Rn. 2) unterschiedlichen Zielen: Der Förderung technischer Innovation, der Anregung kreativen Schaffens sowie, im Fall des Markenrechts, der „durchsichtigen Marktgestaltung"

(BVerfG GRUR 1979, 773 (778) – Weinbergsrolle; → Rn. 161). Entsprechend diesen Zielsetzungen werden Voraussetzungen und Inhalt der einzelnen Schutzrechte unterschiedlich definiert. Soweit die jeweiligen Voraussetzungen erfüllt sind, ist der Schutz mit dem ihm zugewiesenen Inhalt zu gewähren. Dies gilt grundsätzlich auch im Fall der Kumulation von Schutzrechten, dh dann, wenn Waren oder Dienstleistungen zugleich Gegenstand von Markenrechten und von **anderen Schutzrechten** sind (zu Schutzrechtskumulation und Doppelschutz s. McGuire GRUR 2011, 767; aus rechtsvergleichender Sicht mit umfassenden Hinweisen zur Rechtspraxis Derclaye/Leistner, Intellectual Property Overlaps, 2011; frühzeitig auf die zunehmende Überlagerung von Schutzrechten als Folge der inhaltlichen Expansion einzelner Rechte hinweisend Kur in Schricker/Dreier/Kur (Hrsg.), Geistiges Eigentum im Dienst der Innovation, 1999, 23 ff.).

9   Es ist allerdings richtig, dass diese Schutzrechte in ihrer faktischen Wirkung **komplementär** sein können und daher in der Summe zu einem stärkeren Schutz führen, als es die Anwendung eines einzigen Schutzrechtes vermocht hätte. So lässt sich etwa beobachten, dass die Marken ursprünglich patentierter Waren – etwa im Arzneimittelsektor – auch nach dem Ablauf der Patentfrist zu einer starken Kundenbindung führen können und dadurch die Wettbewerbsposition der Hersteller von Generika tendenziell beeinträchtigen. Zu einer Aberkennung des markenrechtlichen Schutzes führt dies jedoch nur dann, wenn die Abnehmer die Marke selbst als Gattungsbezeichnung auffassen, so dass unter anderer Bezeichnung vertriebene Waren nicht mehr als substituierbar wahrgenommen werden (so in RG GRUR 1922, 112 – Antiformin).

10   Problematisch ist das Zusammentreffen mehrerer Schutzrechte vor allem dann, wenn sich der Schutz nicht allein auf die gleiche Ware oder Dienstleistung bezieht, sondern auch an dem **gleichen Leistungsmerkmal** anknüpft. Dies ist insbesondere dann der Fall, wenn die Form einer Ware Gegenstand sowohl von Urheber- oder Designrechten wie auch von Markenrechten ist. Entsprechendes gilt, wenn sich in der Formgebung ein erfinderischer Gedanke manifestiert, der Gegenstand von Patent- oder Gebrauchsmusterschutz ist oder sein kann. Kritisch ist dabei vor allem, dass das Markenrecht anders als die anderen Immaterialgüterrechte keinen zeitlichen Schranken unterliegt, so dass es jedenfalls prinzipiell dazu verwendet werden kann, die Schutzdauer jener anderen Rechte unbegrenzt zu verlängern.

11   Der Vermeidung von insoweit systemwidrigen Ergebnissen dient insbesondere die **Schutzausschlussklausel** von § 3 Abs. 2 MarkenG und Art. 7 Abs. 1 lit. e UMV: Marken sind mit permanenter, nicht überwindbarer Wirkung vom Schutz ausgeschlossen, wenn sie ausschließlich aus einer Form oder einem sonstigen charakteristischen Merkmal (→ Rn. 87) bestehen, die durch die Art der Ware selbst bedingt oder zur Erzielung einer technischen Wirkung notwendig sind oder die der Ware einen wesentlichen Wert verleihen. Damit ist allerdings nicht gesagt, dass Formgebungen, die Gegenstand von Patent-, Urheber oder Designschutz gewesen sind, pauschal vom Markenschutz auszuschließen sind. Allerdings wird bei Formen, deren wesentlichen Merkmale einen zuvor patent- oder gebrauchsmusterrechtlich geschützten technischen Vorteil verkörpern, in aller Regel ein Schutzausschluss nach § 3 Abs. 2 Nr. 2 angezeigt sein (→ § 3 Rn. 83). Im Hinblick auf Formgebungen oder sonstige wesentliche Merkmale, die zugleich oder zuvor design- oder urheberrechtlich geschützt sind bzw. waren, lässt sich hingegen kein entsprechendes Regel-Ausnahme-Verhältnis feststellen (→ § 3 Rn. 93). Es lässt sich sogar sagen, dass kaum ein Fall vorstellbar ist, in dem eine in markenrechtlichem Sinne unterscheidungskräftige Formgebung nicht zugleich Eigenart iSd Designschutzes aufweist, wenn sie nicht sogar als eigenschöpferische Gestaltung iSd Urheberrechts anzusehen ist (zu den Voraussetzungen des urheberrechtlichen Schutzes bei Werken der angewandten Kunst EuGH C-683/17, GRUR 2019, 1185 – Cofemel; C-833/18, GRUR 2020, 736 – Brompton/Get2Get; Leistner GRUR 2019, 1114; Inguanez IIC 2020, 797). Abgesehen von § 3 Abs. 2 kann die Anmeldung bzw. Eintragung von zuvor durch andere Immaterialgüterrechte geschützten Gestaltungen unter Umständen gegen § 8 Abs. 2 Nr. 5 (→ Rn. 11.2) verstoßen; bei erkennbarer Behinderungsabsicht kommt ferner § 8 Abs. 2 Nr. 14 in Betracht. Dies gilt jedoch nur im Ausnahmefall; der Umstand, dass ein anderes Schutzrecht an derselben Gestaltung bestand und bereits abgelaufen ist, begründet noch keine bösgläubige Anmeldung (→ § 8 Rn. 1093). Ebenso verbieten andere Schutzrechte nicht nach § 8 Abs. 2 Nr. 13 eine Markeneintragung (→ § 8 Rn. 944).

11.1   Schutzvoraussetzungen und Schranken des Markenrechts bestimmen sich allein nach markenrechtlichen Grundsätzen. Es ist daher nicht möglich, zur Rechtfertigung einer prinzipiell verletzenden Markenbenutzung auf Schrankenbestimmungen zu berufen, die für andere Immaterialgüterrechte gelten, wie etwa die in einigen europäischen Ländern geltende „Ersatzteilklausel" im Designrecht (EuGH C-500/14, GRUR 2016, 77 – Ford/Wheeltrims).

11.2   Der EFTA-Gerichtshof hat im Fall Vigeland (GRUR Int 2017, 762) erklärt, dass die systematische Eintragung der Abbildung gemeinfrei gewordener Kunstwerke durch den bisherigen Inhaber des Urheberrechts unter Umständen als Verstoß gegen die öffentliche Ordnung oder gegen die guten Sitten iSv Art. 3 Abs. 1 lit. f MRL 2008 anzusehen sein kann. Dies soll dann der Fall sein können, wenn die Kunstwerke wegen ihrer besonderen Bedeutung, zB als Sinnbild nationaler Identität, gegen die kommerzielle Vereinnahmung geschützt werden sollen, oder aber dann, wenn die Wahrung des Grundsatzes der Gemeinfreiheit einen so hohen Stellenwert in der nationalen Rechtsordnung einnimmt, dass ein Verstoß als unvereinbar mit dem ordre public erscheint. Ein Ausschluss des Markenschutzes soll jedoch nicht angenommen werden können, wenn das Werk zum Zweck der Verwendung als Marke geschaffen wurde, oder wenn es nur eines von mehreren gleichermaßen kennzeichnungskräftigen Elementen eines komplexen Zeichens darstellt (s. auch Kur GRUR 2017, 1082).

IV. Marken und andere Kennzeichenrechte

Marken dienen der Kennzeichnung, dh der Unterscheidung und Identifizierung, von Waren **12** oder Dienstleistungen nach Maßgabe ihrer betrieblichen Herkunft. Davon zu unterscheiden sind Kennzeichen, die zur Unterscheidung und Identifizierung anderer Kennzeichnungsobjekte dienen; diese gehören ebenfalls dem Bereich des Kennzeichenrechts an, ohne jedoch Marke zu sein. Hierzu zählen insbesondere die **geschäftlichen Bezeichnungen,** dh Unternehmenskennzeichen, die ein Unternehmen oder einen Geschäftsbetrieb identifizieren sowie Werktitel, die ein Werk iSd Urheberrechts oder ein sonstiges immaterielles Arbeitsergebnis (→ § 5 Rn. 171) bezeichnen. Ebenfalls hierher zu zählen sind die **geographischen Herkunftsangaben,** die den Ort (bzw. die Gegend, das Gebiet oder das Land) angeben, aus dem (bzw. der) eine Ware stammt. Diese Kennzeichenrechte sind ebenso wie Marken Regelungsgegenstand des MarkenG (§ 1). Damit hebt sich das MarkenG von der Rechtslage unter Geltung des WZG deutlich ab: Früher war der Schutz von Unternehmenskennzeichen und Werktiteln allein in § 16 UWG 1909 geregelt, während für den Schutz von geografischen Herkunftsangaben primär das Irreführungsverbot (§ 3 UWG 1909) sowie unter Umständen auch die Generalklausel (§ 1 UWG 1909) galten.

Die Entstehungsvoraussetzungen des Schutzes geschäftlicher Bezeichnungen sind in § 5 geregelt. Im **12.1** Gegensatz zum Markenrecht entsteht der Schutz nicht durch Registrierung (ungeachtet dessen, dass die Registrierung von Unternehmenskennzeichen nach HGB aus ordnungspolitischen Gründen erforderlich ist), sondern, im Fall von Werktiteln sowie der in § 5 Abs. 2 S. 1 genannten Unternehmenskennzeichen, durch die Benutzung im geschäftlichen Verkehr. Dies gilt allerdings nur, soweit das Kennzeichen von Hause aus unterscheidungsgeeignet ist; anderenfalls setzt der Schutz den Erwerb von Verkehrsgeltung voraus. Kennzeichen iSd § 5 Abs. 2 S. 2 werden stets nur nach Erwerb von Verkehrsgeltung geschützt.

Zu den außerhalb des MarkenG geschützten Kennzeichenrechten zählt insbesondere das **13** **Namensrecht** nach § 12 BGB, das den bürgerlichen Namen natürlicher Personen sowie darüber hinaus die Namen und namensmäßig verwendeten Bezeichnungen von juristischen Personen sowie anderer rechtsfähiger Subjekte erfasst (zu Einzelheiten → § 5 Rn. 18 ff.). Auch Domainnamen werden heute allgemein als Kennzeichenrechte angesehen, die sich zu ihrem Schutz je nach den konkreten Umständen auf § 12 BGB oder auch auf das MarkenG berufen können: Zwar adressieren sie technisch betrachtet lediglich einen Rechner innerhalb eines digitalen Netzwerks; ihr Namensbestandteil wird jedoch regelmäßig als Bezeichnung des Adressaten (sowie ggf. der von diesem angebotenen Waren oder Dienstleistungen) aufgefasst, was ihnen Kennzeichnungseignung verleiht (→ § 15 Rn. 78).

Namen haben Zwitternatur; sie sind nicht allein als Kennzeichenrechte, sondern zugleich als **14** **Persönlichkeitsrechte** geschützt. Ebenso kommt auch anderen Persönlichkeitsrechten zugleich Kennzeichnungsfunktion zu: So werden Personen nicht allein aufgrund ihres Namens, sondern auch durch ihre Abbildung oder sonstige persönliche Charakteristika identifiziert und von anderen unterschieden. Insofern gehören auch die Vorschriften über den Bildnisschutz (§§ 22 ff. KunstUrhG) sowie das Allgemeine Persönlichkeitsrecht (§§ 823, 826, 1004 BGB) zum weiteren Bereich der Kennzeichenrechte. Für §§ 823 ff. BGB gilt dies zudem auch insoweit, als die Beeinträchtigung von Marken und anderen Kennzeichenrechten unter Umständen unter den Schutz des eingerichteten und ausgeübten Gewerbebetriebs fällt (zu Einzelheiten → § 2 Rn. 123 ff.).

V. Arten von Marken

1. Kennzeichnungszweck

Marken dienten ursprünglich nur dem Zweck, die betriebliche Herkunft von **Waren** kenntlich **15** zu machen. Statt des heute gebräuchlichen Begriffs der Marke wurde daher auch von „Warenzeichen" gesprochen; daher stammt der Name der Vorgängerregelung des MarkenG. Heute ist nicht allein im deutschen und europäischen Recht, sondern auch auf internationaler Ebene verbindlich anerkannt, dass Marken auch für **Dienstleistungen** eingetragen werden können und dass Dienstleistungsmarken und Warenzeichen in rechtlicher Hinsicht völlig gleichzustellen sind.

15.1   Ein besonderes Schutzbedürfnis für Dienstleistungsmarken wurde über längere Zeit mit der Begründung verneint, dass Unternehmenskennzeichen insoweit hinreichenden Schutz bieten. Diese Begründung verlor jedoch spätestens mit dem Aufkommen des Franchising ihre Berechtigung: Franchisenehmer können als selbständige Unternehmer das Unternehmenskennzeichen des Franchisegebers nicht führen und daran auch keine vollwertige Lizenz erwerben (→ § 30 Rn. 16). Auf der anderen Seite ist es eine notwendige Bedingung für das Funktionieren dieses Modells, dass die von den Franchisenehmern angebotene Leistung einheitliche Außenwirkung hat. Dazu bedarf es einer einheitlichen Kennzeichnung der Dienstleistung, die nur durch eine Marke gewährleistet wird. S. im Einzelnen Schreiner, Die Dienstleistungsmarke – Typus, Rechtsschutz und Funktion, 1984.

16   Im Gegensatz zu der verzögerten Einführung des Schutzes von Dienstleistungsmarken ist die rechtliche Gleichstellung von Hersteller- und **Handelsmarken** seit langem anerkannt. So bezieht sich bereits der Text der PVÜ von 1883 (→ Rn. 196 ff.) ausdrücklich auf Fabrik- und Handelsmarken („marques de fabrique ou du commerce"), denen in jeder Hinsicht gleicher Schutz zuteilwerden soll.

17   Zu unterscheiden ist ferner zwischen Individualmarken, Kollektivmarken und Gewährleistungsmarken. Zwar dienen alle gleichermaßen der Kennzeichnung von Waren oder Dienstleistungen; ihr Aussagegehalt ist jedoch unterschiedlich. **Individualmarken** garantieren gegenüber dem Verkehr die „Ursprungsidentität" der durch die Marke gekennzeichneten Ware oder Dienstleistungen und erlauben es dadurch, die so gekennzeichneten Waren oder Dienstleistungen von solchen anderer Herkunft zu unterscheiden. Die wesentliche Funktion einer **Kollektivmarke** besteht hingegen darin, die Waren oder Dienstleistungen der Mitglieder des Verbands, der Inhaber der Marke ist, von denen anderer Unternehmen zu unterscheiden (EuGH C-143/19 P, EuZW 2020, 274 Rn. 52 – Der Grüne Punkt; C-673/15 P, GRUR 2017, 1257 Rn. 63 – The Tea Board/EUIPO; zu Einzelheiten s. §§ 97–106; Art. 74–82 UMV). Die **Gewährleistungsmarke** garantiert gegenüber dem Verkehr die Gewährleistung der zugesicherten Eigenschaften durch den Inhaber als neutrale Instanz.

17.1   Nach bisherigem Recht stellte die Eintragung einer Kollektivmarke die einzige Form des Schutzes für sog. **Gütezeichen** dar: soweit sich aus der Satzung des Kollektivmarkenverbands ergab, dass die Marke die Einhaltung eines bestimmten Qualitätsniveaus signalisieren soll, musste die Kontrolle der objektiven Beschaffenheit der gekennzeichneten Produkte von einer neutralen Stelle durchgeführt werden (BPatGE 28, 139 – Gütezeichenverband; Ingerl/Rohnke § 97 Rn. 6). In der Praxis wurde insoweit eine Bescheinigung des RAL (1925 als „Reichsausschuss für Lieferbedingungen" gegründet) als ausreichend und erforderlich angesehen.

18   Gewährleistungsmarken wurden erst durch die Markenrechtsreform in das MarkenG eingeführt (§§ 106a–106h; zu Besonderheiten und Praxisrelevanz s. Fezer GRUR 2017, 1188; Dröge GRUR 2017, 1198; Grabrucker GRUR 2018, 53). Inhaber einer Gewährleistungsmarke kann jede natürliche oder juristische Person, einschließlich Einrichtungen, Behörden und juristische Personen des öffentlichen Rechts sein, sofern sie **neutral** ist, dh keine Tätigkeit ausübt, die die Lieferung von Waren oder Dienstleistungen, für die eine Gewährleistung besteht, umfasst (§ 106b Abs. 1). Als Gegenstand der Gewährleistung kommen ua das Material, die Art und Weise der Herstellung der Waren oder der Erbringung der Dienstleistungen, die Qualität, die Genauigkeit oder andere Eigenschaften in Betracht; ausgenommen ist jedoch die geographische Herkunft (§ 106a Abs. 1). In das Unionsmarkenrecht wurden Gewährleistungsmarken bereits mit Wirkung zum 1.10.2017 eingeführt (Art. 83–93 UMV).

2. Entstehungstatbestände

19   Im deutschen Recht kann das Recht an einer Marke auf unterschiedliche Weise erworben werden (vgl. § 4). Den Regelfall bildet die Eintragung nach Durchlaufen des Anmeldeverfahrens beim DPMA (§ 4 Nr. 1). Der Schutz kann jedoch auch durch die Benutzung des Zeichens im geschäftlichen Verkehr entstehen, soweit dies zum Erwerb von Verkehrsgeltung bei den beteiligten Verkehrskreisen geführt hat (§ 4 Nr. 2). Als dritte Möglichkeit des Schutzerwerbs kommt die notorische Bekanntheit der Marke iSv Art. 6bis PVÜ in Betracht (zum Begriff der notorischen Bekanntheit → § 4 Rn. 143 ff.). Im Gegensatz zur Benutzungsmarke iSv § 4 Nr. 2 ist bei der aufgrund notorischer Bekanntheit geschützten Marke die Benutzung im inländischen geschäftli-

chen Verkehr nicht erforderlich. Hingegen ist jedenfalls nach hM der erforderliche Bekanntheitsgrad höher anzusetzen als bei der Benutzungsmarke (BGH GRUR Int 1969, 257 – Recrin; →
§ 4 Rn. 147 ff.).

Das Unionsmarkenrecht kann hingegen ausschließlich durch Anmeldung und Eintragung beim   20
EUIPO erworben werden. Nicht eingetragene Marken werden daher nicht als Unionsmarken
geschützt, selbst wenn sie notorische Bekanntheit in der EU besitzen. Dies wirft die Frage auf,
ob das europäische Recht den aus der Mitgliedschaft im TRIPS-Abkommen folgenden Verpflichtungen in vollem Umfang gerecht wird, was die Beachtung der materiellen Regelungen der PVÜ
impliziert (→ Rn. 286.2).

VI. Markenrecht und Wettbewerbsrecht (UWG)

Alle Immaterialgüterrechte sind integraler Teil der Wettbewerbsordnung; ihr Ziel besteht darin,   21
das Verhalten von Marktakteuren zu beeinflussen und zu steuern. Marken weisen darüber hinaus
die Besonderheit auf, dass sie sich als **Mittel der kommerziellen Kommunikation** unmittelbar
an die Abnehmer richten. Da sie in dieser Eigenschaft zugleich Träger von Werbebotschaften sind,
die die Wahrnehmung des betrieblichen Leistungsangebots durch die Verbraucher entscheidend
prägen, besteht eine besonders enge Verwandtschaft des Markenrechts mit dem UWG.

Zum Tragen kommt die große **tatbestandliche Nähe** beider Regelungen sowohl im Fall der   22
Verwechslungs- bzw. Irreführungsgefahr als auch bei Rufausbeutung und Rufbeeinträchtigung:
Im ersten Fall kommen sowohl § 14 Abs. 2 Nr. 2 MarkenG und Art. 9 Abs. 2 lit. b UMV als
auch § 5 Abs. 2 UWG (sowie ggf. § 4 Nr. 3 lit. a UWG) als einschlägige Rechtsnormen in
Betracht; im zweiten Fall können bei Vorliegen der entsprechenden Voraussetzungen sowohl § 14
Abs. 2 Nr. 3 MarkenG und Art. 9 Abs. 2 lit. c UMV wie auch § 4 Nr. 3 lit. b UWG (sowie ggf.
§ 3 UWG) zur Anwendung kommen.

Für das Verhältnis von Irreführungs- und Verwechslungsgefahr wurde im deutschen Recht   23
traditionell vom Vorrang des Markenrechts ausgegangen, der nur ausnahmsweise, bei sog. **qualifizierten betrieblichen Herkunftsangaben,** durchbrochen wurde (kritisch dazu Kur GRUR
1989, 240; ebenso Bornkamm GRUR 2011, 1 f.). Seit der Umsetzung der UGP-RL (RL 2005/
29/EG) ist hingegen davon auszugehen, dass jegliches Hervorrufen von Verwechslungsgefahr in
den Anwendungsbereich des UWG fallen kann, ohne dass insoweit ein Vorrang des Markenrechts
bestünde (BGH GRUR 2013, 1161 Rn. 60 – Hard Rock Café; eingehend → § 2 Rn. 32 ff.; zur
Irreführung über andere Aspekte → § 2 Rn. 83).

Eine im Sinne des UWG irreführenden Benutzung von Marken kann nicht nur durch Dritte,   24
sondern auch durch den Markeninhaber selbst erfolgen (→ § 2 Rn. 83). Dies ist der Fall, wenn
bestimmte Erwartungen, die die Verbraucher mit dem Kennzeichen verbinden - etwa im Hinblick
auf die Person des Inhabers – nicht erfüllt werden. Das muss nicht bedeuten, dass die Marke selbst
täuschend und damit gemäß § 49 Abs. 2 Nr. 2 oder § 50 Abs. 1 löschungsreif (geworden) ist
(EuGH C-259/04, GRUR 2006, 416 Rn. 49 f. – Elizabeth Emanuel).

Markenrechtlich nicht zu beanstanden ist daher die „dual (food) quality clause", Art. 6 Abs. 2 lit. c   **24.1**
UGP-RL in der Fassung der RL (EU) 2019/2161, die in § 5 Abs. 3 Nr. 2 UWG umgesetzt werden
soll. Falls die Vermarktung unterschiedlicher Produktqualitäten in verschiedenen Mitgliedsländern unter
derselben Marke und Aufmachung tatsächlich zu einer iSd wettbewerbsrechtlichen Relevanzklausel erheblichen Irreführung bei den beteiligten Verkehrskreisen führt, ist dies unabhängig davon als wettbewerbswidrig
zu beurteilen, dass dasselbe Verhalten markenrechtlich unproblematisch wäre.

Auch bei der Rufausbeutung und -beeinträchtigung wurde vom BGH erklärt, dass die Auf-   25
nahme der entsprechenden, zuvor auf der Grundlage der Generalklausel des UWG 1909 entwickelten Tatbestände in § 14 Abs. 2 Nr. 3 zu einem Vorrang der markenrechtlichen Regelung
gegenüber dem UWG geführt habe (BGH GRUR 1999, 161 – MacDog). Diese **„Vorrangtheorie"** ist jedoch von Anfang an stark kritisiert worden (Fezer GRUR 2010, 953 mit weiteren
Hinweisen; eingehend → § 2 Rn. 14 ff.). Sie wäre in der Tat eindeutig verfehlt, wenn sie zur
Folge haben würde, dass bei Fehlen der Voraussetzungen des Schutzes gemäß § 14 Abs. 2 Nr. 3
der Schutz nach UWG automatisch ausgeschlossen wäre, ohne dass die speziellen Tatbestandsvoraussetzungen des Lauterkeitsrechts zu prüfen wären. In diesem strikten Sinne war sie aber wohl
auch vom BGH nie gemeint.

Heute besteht jedenfalls Einigkeit darüber, dass die Vorrangtheorie im Verhältnis von UWG   26
und MarkenG keine Geltung beanspruchen kann, sondern dass beide Regelungen nach Maßgabe
der ihnen jeweils zugrunde liegenden Ziele und Wertungen nebeneinander anwendbar sind. Auf
der anderen Seite bleiben die der jeweils anderen Regelung zugrunde liegenden Wertungen

insoweit zu berücksichtigen, als dies zur Wahrung der **Konsistenz der Rechtsordnung** erforderlich ist. Vor allem soweit auf der Grundlage der beiden Materien unterschiedliche Ergebnisse gefunden werden, müssen sich diese aus den jeweiligen Besonderheiten der gesetzesspezifischen Wertungen erklären lassen (Ohly GRUR 2007, 731; → § 2 Rn. 25 (Schutzzweckdisparität als Grenze widerspruchsfreier Rechtsanwendung)). Dies gilt etwa für die Grundsätze der Verwirkung (BGH GRUR 2013, 1161 Rn. 64 – Hard Rock Café), die Berücksichtigung des Prioritätsgrundsatzes (GRUR 2016, 965 Rn. 19 – Baumann II) sowie für das Eingreifen markenrechtlicher Schrankentatbestände (BGH GRUR 2013, 397 Rn. 44 – Peek & Cloppenburg; im konkreten Fall: Beurteilung von Irreführungsgefahren in Fällen der Gleichnamigkeit).

26.1   Hingegen ist der Schutz technisch bedingter Formen, der nach § 3 Abs. 2 Nr. 2 zu versagen wäre, im UWG nicht ausgeschlossen (Koch GRUR 2021, 273 (275 f.)). Dies gilt auch dann, wenn es sich um eine Gestaltung handelt, die ursprünglich von einem inzwischen abgelaufenen technischen Schutzrecht umfasst war (BGH GRUR 2015, 909 Rn. 23 ff. – Exzenterzähne; GRUR 2017, 734 Rn. 22 ff. – Bodendübel). Zur Begründung wird darauf hingewiesen, dass das UWG anders als das Markenrecht kein gegenüber jedermann wirkendes ausschließliches Recht verleiht, sondern lediglich dem Schutz vor unlauteren geschäftlichen Handlungen eines Mitbewerbers dient und daher das Vorliegen besonderer Unlauterkeitsumstände in der Person des Handelnden voraussetzt. Das Vorliegen solcher Umstände wird regelmäßig dann angenommen, wenn die Gestaltung wettbewerbliche Eigenart besitzt – die auch in den technischen, ursprünglich patent- oder gebrauchsmusterrechtlich geschützten Merkmalen begründet sein kann, soweit diese ohne Qualitätseinbußen gegen andere technisch angemessene Lösungen ausgetauscht werden können – und der Verwender die Gestaltung nahezu identisch nachahmt, ohne auf eine ihm zumutbare Weise, etwa durch eine abweichende Kennzeichnung, der Gefahr einer Herkunftstäuschung entgegenzuwirken (Koch GRUR 2021, 273 (276)).

B. Geschichtliches und aktuelle Entwicklungen

I. Deutsches Markenrecht

1. Die Anfänge

27   Es ist zu allen Zeiten vorgekommen oder sogar üblich gewesen, dass Hersteller oder Händler die von ihnen angebotenen Waren gekennzeichnet haben; sei es, um ihre Urheberschaft zu dokumentieren oder als Grundlage hoheitlicher Aufsichtsmaßnahmen, um die Einhaltung der für die Ausübung des Gewerbes geltenden Beschränkungen zu sichern.

27.1   Dass Zeichen dem Nachweis der Urheberschaft dienten und insoweit die Funktion einer Signatur wahrgenommen haben, lässt sich an Funden aus der Antike nachweisen (Fezer Einl. A Rn. 5–9). Daneben konnten Zeichen zu allen Zeiten auch zum Nachweis des Eigentums oder als Händlerzeichen angebracht werden (Fezer Einl. A Rn. 3–4). Im Mittelalter trat sodann die gewerbepolizeiliche Funktion von Zeichen in den Vordergrund: Im Zunftwesen war die Gewerbeerlaubnis strikt reglementiert, Handwerksprodukte durften nur von entsprechend legitimierten Personen hergestellt werden. Ferner wachte der jeweilige Souverän über die Einhaltung der für die Fertigung besonders begehrter Waren bestehenden regionalen Grenzen. Durch die Verpflichtung zur Anbringung entsprechender Zeichen konnten fehlerhafte Waren zu ihrem Ursprung zurückverfolgt und Anbieter schlechter oder zu Unrecht als Originalware vertriebener Produkte bestraft werden (Wadle, Fabrikzeichenschutz und Markenrecht, Teil I, 21). Nach der Einführung der Gewerbefreiheit verlor diese Facette des Markenschutzes gegenüber der privatwirtschaftlichen Funktion rapide an Bedeutung (Fezer Einl. A Rn. 18 ff.).

28   Mit Beginn des Industriezeitalters und seiner **Massenproduktion** von Bedarfsartikeln änderte sich die Funktion von Marken grundlegend. Je mehr der persönliche Kontakt zwischen Produzent und Kunden abriss, desto stärker wurde das Bedürfnis, die Herkunft von Waren durch Marken zu dokumentieren und damit den Abnehmern ein verlässliches Mittel der Orientierung zur Verfügung zu stellen. In der zweiten Hälfte des 19. Jahrhunderts wurden daher in vielen deutschen Staaten ebenso wie in den Nachbarstaaten Gesetze und Verordnungen erlassen, die die Eintragung und den Gebrauch betrieblicher Kennzeichen regelten. Dabei stand zum Teil noch – ebenso wie in der vorhergehenden Phase der vorwiegend gewerbepolizeilichen Ausrichtung des Markenschutzes – das Strafrecht im Vordergrund (Wadle, Fabrikzeichenschutz und Markenrecht, Teil I, 71 ff.; Wadle GRUR 1979, 383).

29   Bald nach der Reichsgründung wurde das erste in ganz Deutschland geltende **Markengesetz** erlassen (Gesetz über den Markenschutz – Markenschutzgesetz – vom 30.11.1874, RGBl. 143). Das Gesetz erlaubte es Gewerbetreibenden erstmalig, Schadensersatz zu verlangen sowie die Benutzung missbräuchlich verwendeter Zeichen zu verbieten, statt sich auf Strafmaßnahmen zu beschränken. Der Rechtsschutz an Marken konnte durch die Eintragung des Zeichens im Handelsregister erworben werden. Dies bedeutete zugleich, dass zum Markenschutz nur Kaufleute zugelassen waren, für deren Betrieb eine entsprechende Eintragung bestand. Vom Schutz ausgeschlossen waren Worte, Zahlen und Buchstaben sowie öffentliche Wappen und Ärgernis erregende Zeichen; eine entsprechende Vorprüfung fand im Zusammenhang mit der Anmeldung statt (Wadle GRUR 1979, 383 (388)).

2. Das WZG von 1894 und sein Verhältnis zum UWG

Das Markenschutzgesetz wurde bereits 1894 durch das WZG ersetzt (Gesetz zum Schutz der **30** Warenbezeichnungen vom 12.5.1894, RGBl. 441), das mit verschiedenen Änderungen bis zum 31.12.1994 in Kraft blieb. Ein zentraler Punkt der Gesetzesreform bestand darin, dass die Eintragung und Verwaltung von Markenrechten einer Zentralbehörde, dem 1877 geschaffenen **Patentamt**, zugewiesen wurde. Damit entfiel zugleich die Kopplung der Markeneintragung an die Eintragung im Handelsregister, wodurch der Kreis der anmeldeberechtigten Personen über eingetragene Kaufleute hinaus erweitert wurde. Anders als im Markenschutzgesetz von 1874 wurden nunmehr auch Wortmarken zum Schutz zugelassen.

Buchstaben und Zahlenmarken blieben hingegen vom Schutz ausgeschlossen. In den Katalog der absolu- **30.1** ten Schutzhindernisse aufgenommen wurden die sog. Freizeichen sowie beschreibende Angaben; die übrigen Ausschlussgründe wurden zumeist inhaltlich präzisiert (§ 4 WZG 1894). Neu war ferner die Berücksichtigung relativer Schutzhindernisse im Eintragungsverfahren: Soweit vom Patentamt bei seiner Vorprüfung ältere Rechte Dritter festgestellt wurden, wurden der Anmelder und der Inhaber des älteren Zeichens benachrichtigt; soweit letzterer nicht innerhalb eines Monats Widerspruch einlegte, entschied das Patentamt selbst über die Versagung der Eintragung (§§ 5, 6 WZG 1894).

Für die dogmatische Entwicklung des Markenrechts bedeutsam erwies sich die **Novellierung 31 des UWG im Jahre 1909.** Während dessen Vorgänger von 1896 eine kasuistische und vorwiegend auf die strafrechtliche Ahndung zugeschnittene Auflistung von Einzelfällen enthalten hatte, wurde mit dem Gesetz von 1909 der völlig neuartige Weg einer Rahmenregulierung in der Form weiter Generalklauseln (§§ 1 und 3 UWG 1909) beschritten, die durch Einzeltatbestände ergänzt und vorwiegend im Wege der Zivilklage durchgesetzt wurden. Das Verhältnis von Marken- und Wettbewerbsrecht trat damit in den Fokus von Rechtsprechung und Lehre. Dabei war – noch unter Geltung des Markenschutzgesetzes von 1874 – vom RG zunächst das Markenrecht als abschließende Regelung aufgefasst und ergänzender deliktsrechtlicher Schutz verweigert worden (RGZ 3, 67 f. – Apollinarisbrunnen; RGZ 18, 93 (95 ff.) – Reiner Kakao). Nach der Einführung des UWG 1909 änderte sich die Haltung grundlegend; nunmehr galt das Wettbewerbsrecht als „Recht höherer Ordnung", dem sich das WZG unterzuordnen habe (RGZ 97, 90 (93 f.) – Pecose; RGZ 100, 3 – Antiformin; RGZ 111, 192 (197) – Goldina; RGZ 120, 325 (328) – Sonnengold). Mit der von Eugen Ulmer begründeten **Bestandteilstheorie** wurde sodann die Synthese der Rechtsordnungen vollzogen: WZG und UWG wurden als gleichrangige, einander ergänzende Ordnungen bezeichnet (Ulmer, Warenzeichen und unlauterer Wettbewerb in ihrer Fortentwicklung durch die Rechtsprechung, Berlin 1929, 16 f.).

Im Fokus der Auseinandersetzungen um das Verhältnis von WZG und UWG stand vor allem der **31.1** Schutz vorbenutzter, aber nicht eingetragener Kennzeichen. Nach dem Markenschutzgesetz von 1874 – und der Verweigerung ergänzenden deliktsrechtlichen Schutzes durch das RG – blieben solche Kennzeichen schutzlos gegenüber späteren Markeneintragungen. Im WZG 1894 erhielten im Verkehr durchgesetzte Warenausstattungen zwar gewissen Schutz; dies galt jedoch vorwiegend für „echte" Ausstattungsmerkmale wie die Form der Ware oder ihrer Verpackung. Nach Erlass des UWG 1909 wurde im Verkehr durchgesetzten Zeichen hingegen prinzipiell Vorrang vor eingetragenen, aber nicht benutzten Marken eingeräumt, was die Befürchtung hervorrief, dass das WZG als „Recht niederer Ordnung" beiseitegeschoben werden könnte. Nach der von Ulmer entwickelten Lehre kommt hingegen dem Registerrecht (WZG) in erster Linie die Aufgabe zu, die Entstehung von Marken dadurch zu ermöglichen bzw. zu begünstigen, dass ihnen schon durch die Eintragung Schutz gewährt wird. Dieser Schutz sei notwendig, damit die Marke Gelegenheit habe, sich unbehelligt von Störungen Dritter am Markt Anerkennung zu verschaffen. Ist das Ziel der markenrechtlichen Begünstigung erreicht – hat die Marke also Anerkennung im Verkehr gefunden – so ist ihr Schutz nach Ulmer im Wesentlichen gleich mit dem Schutz gegen „konfundierenden Wettbewerb" und unterliegt somit primär wettbewerbsrechtlichen Regeln. Dem Registerrecht soll dann die im Wesentlichen polizeiliche Aufgabe zukommen, „den lebendigen Impulsen gesicherte Bahnen zu weisen" (Ulmer, Warenzeichen und unlauterer Wettbewerb in ihrer Fortentwicklung durch die Rechtsprechung, Berlin 1929, 60, 67 ff.). Diese Beschreibung der unterschiedlichen Aufgabenbereiche und des Zusammenspiels von Marken- und Wettbewerbsrecht erweist sich noch heute (oder: heute wieder) als erstaunlich aktuell.

3. Wichtige Reformen des WZG

32 Im Verlauf seiner Geschichte wurde das WZG mehrfach reformiert. Im Folgenden werden nur die wichtigsten **Reformschritte** überblickartig aufgeführt (weitere Einzelheiten bei Fezer Einl. A II Rn. 23 ff.)

33 Mit dem Gesetz vom 5.5.1936 (RGBl. II 134) wurde der Titel des WZG in „Warenzeichengesetz" geändert. Ferner wurde eine Reihe von Änderungen durchgeführt, die ihren Hintergrund im internationalen Recht hatten. Um dem formlosen Schutz notorisch bekannter Marken in Art. 6bis PVÜ Rechnung zu tragen, erhielt der bisher nur rudimentär geregelte **Ausstattungsschutz** mit § 25 WZG die Stellung eines eigenständigen Rechtsanspruchs. Vorweggenommen wurde dieser Reformschritt durch eine Reihe von Entscheidungen des Reichsgerichts, in denen Ausstattungen und Warenzeichen als „nahezu gleichwertige Rechte" bezeichnet worden waren (zB RG GRUR 1932, 1194 (1196) – Ondulette). Mit Blick auf Art. 6^{quinquies} Abschn. B Nr. 2 PVÜ (→ Rn. 246 ff.) wurde dem Katalog der absoluten Schutzhindernisse das Fehlen von Unterscheidungskraft hinzugefügt; im Einklang mit Art. 6^{quinquies} C PVÜ wurden ferner der Schutzausschluss von Buchstaben- und Zahlenmarken, nicht unterscheidungskräftiger und beschreibender Marken aufgrund von Verkehrsdurchsetzung für überwindbar erklärt.

34 Durch Art. 2 Gesetz zur Änderung des Patentgesetzes, des Warenzeichengesetzes und weiterer Gesetze vom 4.9.1967 (sog. Vorabgesetz, BGBl. I 953) wurde der **Benutzungszwang** mit fünfjähriger Schonfrist in das WZG eingeführt. Zugleich erfolgte mittelbar die rechtliche Anerkennung von Markenlizenzen: Nach § 5 Abs. 7 S. 2 WZG wurde die mit Zustimmung des Markeninhabers erfolgende Benutzung der Marke durch Dritte als rechtswirksame Benutzung der Marke anerkannt.

35 Im Jahr 1979 wurde durch das Gesetz über die Eintragung von **Dienstleistungsmarken** vom 29.1.1979 (BGBl. I 125) die Eintragung von Dienstleistungsmarken in die Zeichenrolle ermöglicht.

36 Im Jahr 1990 wurden mit dem Gesetz zur Stärkung des Schutzes des geistigen Eigentums und zur Bekämpfung der **Produktpiraterie** vom 7.3.1990 (BGBl. I 422) die Sanktionen für Verstöße gegen Immaterialgüterrechte horizontal geregelt; ua wurde die Strafandrohung für Verletzungen verschärft und der Anspruch auf Drittauskunft eingeführt. Im WZG führte dies zur Einfügung von §§ 25a–25d WZG sowie zu gewissen Änderungen in § 26 WZG.

4. Das Erstreckungsgesetz

37 Vor der Wiedervereinigung Deutschlands am 3.10.1990 waren die Bundesrepublik Deutschland und die DDR völkerrechtlich betrachtet zwei selbstständige Territorien mit eigenständigen Markengesetzen. Daher konnten – sei es durch (Wieder)Eintragung, Benutzung oder durch Erstreckung einer IR-Marke – eigenständige, jedoch inhaltlich **kollidierende Rechte** entstehen. Im Zusammenhang mit der Wiedervereinigung musste das Verhältnis dieser Rechte zueinander geklärt werden. Die einschlägigen Regelungen finden sich im Einigungsvertrag vom 23.9.1990 (GRUR 1990, 748) sowie im ErstrG.

38 In den Besonderen Bestimmungen (Anlage I) zum **Einigungsvertrag** (BGBl. 1990 II 885, 891 f.) wurde bestimmt, dass die vor der Wiedervereinigung durch Anmeldung und Eintragung erworbenen Rechte grundsätzlich für das bisherige Schutzrechtsterritorium aufrechterhalten blieben (§ 3 Abs. 1 EVertr Anl. I Kap. III E II Nr. 1). Benutzungshandlungen, die nach dem 1.7.1990 vorgenommen wurden und die ein auf dem jeweils anderen Schutzrechtsterritorium bestehendes Recht verletzen würden, konnten keinen redlich erworbenen Besitzstand begründen (§ 5 EVertr Anl. I Kap. III E II Nr. 1). Weitere Regelungen blieben einem vom gesamtdeutschen Gesetzgeber zu erlassenden Gesetz vorbehalten (§ 13 EVertr Anl. I Kap. III E II Nr. 1).

39 Die im Einigungsvertrag in Aussicht gestellten Regelungen wurden im ErstrG getroffen, das am 1.2.1992 in Kraft trat (zu Einzelheiten v. Mühlendahl/Mühlens GRUR 1992, 725 ff.). Für eingetragene Rechte, einschließlich von Marken, bestimmte das ErstrG, dass die auf dem Gebiet eines der beiden Schutzrechtsterritorien bestehenden Rechte grundsätzlich auf das jeweils andere Schutzrechtsterritorium **erstreckt** wurden (§§ 1, 4 ErstrG). Im Fall von Kollisionen konnte die Benutzung von Marken, die vor dem 1.7.1990 angemeldet wurden, nur mit Zustimmung des Inhabers des kollidierenden Rechts auf dem Gebiet des jeweils anderen Teils Deutschlands erfolgen, es sei denn, dass die Anerkennung eines Ausschlussrechts unter Berücksichtigung der Umstände des Falls und der beiderseitigen Interessen einschließlich der Interessen der Allgemeinheit zu einem insgesamt unbilligen Ergebnis führen würde („Unbilligkeitsklausel", § 30 Abs. 1, Abs. 2 Nr. 3 ErstrG).

Obwohl bewusst darauf verzichtet wurde, die Klausel durch Anwendungsbeispiele zu erläutern, lässt **39.1** sich aus den Materialien erschließen, dass etwa an den Fall gedacht wurde, dass eine in der DDR seit langen Jahren (zulässigerweise) nicht benutzte Marke einer „aktiven" Marke aus der BRD entgegengehalten wird (zu diesem Fall und weiteren Beispielen v. Mühlendahl/Mühlens GRUR 1992, 725 (743 f.)).

Im Gegensatz zu angemeldeten und eingetragenen Marken werden die durch Benutzung ent- **40** standenen Rechte im ErstrG nicht ausdrücklich erwähnt. Soweit entweder durch Erstbenutzung (Unternehmenskennzeichen, Werktitel) oder durch Verkehrsgeltung Rechte im gesamten Territorium des jeweiligen Teilstaates erworben worden waren, wurden diese ebenfalls erstreckt. Bei örtlich begrenzter Geschäftstätigkeit bzw. Verkehrsgeltung fand dagegen keine Erstreckung statt. Bei Kollisionen zwischen einer eingetragenen Marke und einem kraft Benutzung entstandenen Recht gelten nach § 31 ErstrG die Regelungen des § 30 ErstrG entsprechend. Bei Kollision zweier durch Benutzung entstandener Rechte findet das ErstrG grundsätzlich keine Anwendung. Die Lösung des Konflikts erfolgt aber auch nicht nach Maßgabe der Priorität; es finden vielmehr die Grundsätze der „Rechts der Gleichnamigen" Anwendung (BGH GRUR 1995, 754 – Altenburger Spielkartenfabrik).

Besondere Regelungen wurden ferner für geographische Herkunftsangaben getroffen. Nach **41** dem in der DDR geltenden Warenkennzeichengesetz vom 30.11.1984 konnten Herkunftsangaben in ein besonderes Register eingetragen werden, was zu einem markenrechtsähnlichen Schutz führte. Um den auf diese Weise erlangten Besitzstand zu wahren, sah das ErstrG die Möglichkeit der Umwandlung in ein Verbandszeichen gemäß § 17 WZG vor, soweit sich die Angabe nicht zur Gattungsbezeichnung entwickelt hatte (§ 37 ErstrG). Soweit die Angabe vor dem 1.7.1990 im früheren Bundesgebiet rechtmäßig als Gattungsbezeichnung benutzt wurde, durfte die Bezeichnung für eine Übergangsfrist von zwei (bei „Traditionsbezeichnungen": zehn) Jahren weiter benutzt werden (§ 38 ErstrG). (Als bekanntesten Beispielsfall s. die Entscheidungen zur Bezeichnung „Dresdner Stollen" (BGH GRUR 1989, 440 f.; 1990, 461; LG Leipzig GRUR 1994, 379)).

Um die einvernehmliche Lösung von Konfliktfällen zu erleichtern, wurde beim DPMA eine **42** **Einigungsstelle** eingerichtet, an die sich die Inhaber kollidierender Rechte wenden konnten. Dabei handelte es sich um ein Schlichtungsverfahren auf freiwilliger Basis, das allerdings praktisch niemals in Anspruch genommen wurde. Eine weitere, für die Praxis wohl ungleich wichtigere Maßnahme bestand darin, dass der bis zum 30.4.1992 geltende „Bindungsgrundsatz", der die Übertragung von Marken ohne den dazu gehörigen Geschäftsbetrieb untersagte, mit dem ErstrG aufgegeben wurde, um somit die **Zusammenführung von Markenrechten** im Wege der Veräußerung zu ermöglichen.

Zur Umsetzung der Ersten Harmonisierungsrichtlinie (RL 89/104/EWG) durch das MarkenG **43** → Rn. 63 ff.; zur Umsetzung der RL (EU) 2436/2015 durch das MaMoG → Rn. 72 ff.

II. Europäisches Markenrecht

1. Hintergrund

Markenrechte unterliegen ebenso wie andere Immaterialgüterrechte dem **Territorialitäts-** **44** **grundsatz:** Sie entfalten nur innerhalb des Territoriums rechtliche Wirkung, in dem und für das der Schutz erworben wurde. Die daraus folgenden Konsequenzen wirken sich prinzipiell nachteilig auf den grenzüberschreitenden Warenverkehr aus, da und soweit die Einfuhr von Waren unter Berufung auf die im jeweiligen Importland geschützten Schutzrechte verboten werden kann.

Mit dem Abschluss der Römischen Verträge (EWG und EURATOM) im Jahre 1958 verbanden **45** sich die sechs Kernstaaten der heutigen EU (Deutschland, Frankreich, Italien, Belgien, Luxemburg und die Niederlande) zu einer auf die Errichtung eines **gemeinsamen Wirtschaftsraumes** ausgerichteten Gemeinschaft, zu deren Grundprinzipien ua die Warenverkehrsfreiheit zählte (Art. 30 EWG-V). Durch die territoriale Aufspaltung der Immaterialgüterrechte in separate Schutzrechtsgebiete wurde dieses Grundprinzip konterkariert; hinzukam, dass durch die Trennung der Rechtssysteme in materieller und prozessualer Hinsicht der Erwerb und die Ausübung von Schutzrechten erheblich erschwert wird. Von Seiten der Kommission wurde daher bereits frühzeitig das Konzept einer materiellen Harmonisierung samt der Schaffung gemeinschaftsweiter Schutzrechte oder zumindest eines einheitlichen Erteilungsverfahrens ventiliert (von der Groeben GRUR Ausl. 1959, 629).

45.1   Im Bereich des Patentrechts führten diese Überlegungen zunächst zum Abschluss des Straßburger Übereinkommens zur Vereinheitlichung von Begriffen des materiellen Patentrechts (1963) und sodann zur Errichtung des Europäischen Patentsystems durch das Europäische Patentübereinkommen (EPÜ 1975, in Kraft seit 1979, seit 2005 in Kraft in der Fassung des EPÜ 2000), während die Verwirklichung des seinerzeit ebenfalls avisierten Gemeinschaftspatents auf der Grundlage des Gemeinschaftspatentübereinkommens (GPÜ) mangels Ratifizierung durch einige Mitgliedsländer scheiterte. Erst in jüngster Zeit schien das Projekt eines Einheitspatents seiner Vollendung nahe zu sein. Die entsprechenden Erwartungen haben jedoch einen herben Rückschlag erlitten, nachdem das BVerfG das Gesetz zum Abkommen über ein einheitliches Patentgericht für nichtig erklärt hat (BVerfG BeckRS 2020, 4002). Inzwischen wurde zwar die vom BVerfG verlangte Ratifizierung des Beitrittsgesetzes zum EPGÜ mit Zweidrittelmehrheit nachgeholt; es sind jedoch weitere Verfassungsbeschwerden anhängig. S. dazu Tilmann GRUR 2021, 435.

2. EuGH-Rechtsprechung vor der Harmonisierung

46   **a) Grundsätze; regionale Erschöpfung.** In einer Reihe von frühen Entscheidungen hatte sich der ua für die Überwachung und Durchsetzung der vier Grundfreiheiten – freier Waren-, Dienstleistungs- und Kapitalverkehr sowie Freizügigkeit von Personen – zuständige EuGH mit der Frage zu befassen, ob und auf welcher Rechtsgrundlage die Möglichkeiten der Inhaber von Immaterialgüterrechten eingeschränkt werden konnten, sich dem **Import** von Waren aus anderen Gemeinschaftsländern zu widersetzen, soweit das Inverkehrsetzen innerhalb der Gemeinschaft durch den Rechtsinhaber selbst oder mit seiner Zustimmung erfolgt war. Dabei bezog sich der Gerichtshof zunächst auf die wettbewerbsrechtlichen Vorschriften des EWG-V (Art. 85 und 86 EWG-V). Dieser Weg erwies sich jedoch nur im Ausnahmefall einer auf die Verhinderung von Importen zielenden Vereinbarung als gangbar; dort konnte Art. 85 EWG-V zur Anwendung gebracht werden (EuGH verb. Rs. C-56/64 – C-58/64, GRUR Ausl. 1966, 580 – Grundig). Soweit hingegen der Missbrauchsvorwurf nach Art. 86 EWG-V in Frage stand, führte der wettbewerbsrechtliche Ansatz zu keinen brauchbaren Ergebnissen (EuGH C-24/67, GRUR Int 1968, 99 – Parke Davis; C-40/70, GRUR Int 1971, 279 – Sirena).

47   In der Entscheidung „Deutsche Grammophon" (EuGH C-78/70, GRUR Int 1971, 450 – Polydor) wurde schließlich das noch heutige gültige Konzept entwickelt, das auf dem Grundsatz/ Ausnahmeprinzip von Art. 30 und 36 EWG-V (heute: Art. 34 und 36 AEUV) basiert: Die in der Geltendmachung von Immaterialgüterrechten liegende Beeinträchtigung der Warenverkehrsfreiheit ist nur insoweit gerechtfertigt, als dies zum Schutz des **spezifischen Gegenstandes** des Schutzrechts notwendig und gerechtfertigt ist. Der Anspruch, den Import eines konkreten Handelsguts, das vom Rechtsinhaber oder mit seiner Zustimmung im Hoheitsgebiet eines anderen Mitgliedstaats in Verkehr gebracht worden ist, allein deshalb zu verbieten, weil dieses Inverkehrbringen nicht im Inland erfolgt ist, ist vom spezifischen Gegenstand des Rechts nicht gedeckt. Im Ergebnis führt dies dazu, dass sich das Recht, den Vertrieb immaterialgüterrechtlich geschützter Erzeugnisse zu verbieten, mit dem ersten, vom Inhaber selbst oder mit seiner Zustimmung vorgenommenen Inverkehrbringen innerhalb der gesamten Gemeinschaft **erschöpft** (Grundsatz der regionalen Erschöpfung).

48   **b) Rechtsprechung zum Markenrecht.** In seiner frühen Rechtsprechung nahm der EuGH zunächst eine relativ **kritische Haltung** zum Markenrecht ein.

48.1   Oft zitiert werden in diesem Zusammenhang die Äußerungen von Generalanwalt Dutheillet de Lamothe aus dem Verfahren C-40/70 (GRUR Int 1971, 279 – Sirena): In einem Vergleich zwischen dem Patentrecht und dem Markenrecht stellt er zunächst fest, dass Marken dem Verbraucher ursprünglich die einheitliche Qualität von Erzeugnissen garantieren sollten, die Entwicklung jetzt aber immer stärker dazu tendiere, dass „das Zeichen nur noch Anknüpfungspunkt für die Werbung ist", und er fährt fort: „Rein menschlich gesehen, schuldet sicherlich die Allgemeinheit dem ,Erfinder' des Wortzeichens Prep Good Morning zumindest nicht den gleichen Dank, zu dem die Menschheit dem Erfinder des Penicillins verpflichtet ist."

49   So wurde in der Entscheidung „HAG I" (EuGH C-192/73, GRUR Int 1974, 338) der Grundsatz aufgestellt, dass sich der Inhaber einer Marke der Einfuhr von übereinstimmend markierten Produkten eines anderen Rechtsinhabers nicht widersetzen kann, wenn es sich um **„ursprungsgleiche" Marken,** dh ursprünglich demselben Unternehmen gehörende, später jedoch durch Enteignung aufgespaltene Rechte, handelt. Besonders alarmierend war dabei, dass der Gerichtshof seine Entscheidung ua mit dem Satz begründete, dass in einem gemeinsamen Markt die Angabe der Herkunft einer Ware zwar nützlich sei, die entsprechende Aufklärung der Verbraucher aber auch auf andere, den freien Warenverkehr nicht beeinträchtigende Weise sichergestellt werden könne (EuGH C-192/73, GRUR Int 1974, 338 f. – HAG I).

Befürchtungen, dass dies zu einer völligen Erosion von Markenrechten zugunsten der Warenver- **50** kehrsfreiheit führen würde, wurden jedoch bereits durch die nachfolgende Entscheidung „Terranova/Terrapin" (EuGH C-119/75, GRUR Int 1976, 402) zerstreut, die die in „HAG I" aufgestellten Grundsätze eindeutig auf den Ausnahmefall ursprungsgleicher Marken beschränkte. Mit der Entscheidung „HAG II" (EuGH C-10/89, GRUR Int 1990, 960) distanzierte sich der EuGH schließlich auch klar von der ersten „HAG"-Entscheidung und erkannte an, dass auch in Fällen ursprungsgleicher Marken jeder Rechtsinhaber das Recht hat, die Einfuhr der von dem anderen Rechtsinhaber stammenden Waren zu verhindern, soweit Verwechslungsgefahr besteht (EuGH C-10/89, GRUR Int 1990, 960 Rn. 18). Noch deutlicher wird die Abkehr von den anfänglichen Ansätzen des EuGH in „Ideal Standard" (EuGH C-9/93, GRUR Int 1994, 614), wo der Gerichtshof die **spezifische Funktion** des Markenrechts in der Weise definiert, dass für den Markeninhaber die Möglichkeit gewährleistet sein muss, die **Kontrolle** über die Qualität der unter der Marke in Verkehr gesetzten Produkte auszuüben – unabhängig davon, ob diese Kontrolle im Einzelfall durchgeführt wird oder nicht (EuGH C-9/93, GRUR Int 1994, 614 Rn. 37 f.).

3. Schritte zur Rechtsvereinheitlichung

Zeitgleich mit anfänglichen Äußerungen aus Kommissionskreisen zur Europäisierung geistiger **51** Schutzrechte (von der Groeben GRUR Ausl. 1959, 629) wurden auch in Deutschland erste Überlegungen zur Schaffung eines **europaweit vereinheitlichten Markenrechts** angestellt. Nachdem erstmals in einem Aufsatz der Vorschlag zur Schaffung einer EWG-Marke unterbreitet worden war (Röttgen GRUR Ausl. 1959, 329) wurden auf der Grundlage dieses Textes im GRUR-Fachausschuss für Warenzeichen- und Wettbewerbsrecht „Grundsätze zur Schaffung einer EWG-Marke" ausgearbeitet (GRUR Ausl. 1960, 359), die noch aus heutiger Sicht erstaunlich modern anmuten.

Das Modell wies folgende Grundzüge auf: **51.1**
- einheitliches Recht, das aus einer einheitlichen Anmeldung bei einem zentralen Amt erwächst;
- Koexistenz mit nationalen Rechten (wobei die Frage, bei welchem Recht künftig das Schwergewicht liegen würde, der „Entwicklung überlassen" bleiben sollte);
- keine Eintragung, falls ältere Rechte aus nur einem Staat entgegenstehen;
- (relative) Unanfechtbarkeit der Marke, wenn Inhaber älterer Recht trotz Benachrichtigung binnen kurzer Frist keinen Widerspruch erhoben haben (→ Rn. 54);
- Benutzungszwang mit fünfjähriger Schonfrist;
- freie Übertragbarkeit des Markenrechts;
- Durchsetzung vor den nationalen Gerichten, die (in gewissem Umfang) auch über die Rechtsgültigkeit entscheiden.

Diese und weitere Überlegungen wurden von der „Arbeitsgruppe Marken" aufgegriffen, die **52** unter der Leitung des Präsidenten des niederländischen Patentamtes, de Haan, 1960/61 eingesetzt wurde. 1964 wurde von dieser Arbeitsgruppe der „Vorentwurf für ein Übereinkommen über ein europäisches Markenrecht" vorgelegt, das zunächst jedoch nicht an die Öffentlichkeit gelangte, sondern erst 1973 veröffentlicht wurde (Vorentwurf eines Übereinkommens über ein europäisches Markenrecht, Kommission der Europäischen Gemeinschaft, 1973). Erst zu diesem Zeitpunkt, nach dem erfolgreichen Abschluss des EPÜ (→ Rn. 45.1), wurden die Arbeiten am europäischen Markenrecht in einer aus Beamten der Kommission (I. Schwartz und B. Schwab) sowie aus Vertretern der Praxis (J. Burell und A. Thrierr) und der Wissenschaft (F.-K. Beier und A. v. Mühlendahl) bestehenden Arbeitsgruppe wieder aufgenommen und führten 1976 zur Veröffentlichung der **Denkschrift über die Schaffung einer EWG-Marke** (Beilage 8/76, Bulletin der EG = GRUR Int 1976, 481). Die Denkschrift bildete die Grundlage für die weiteren Arbeiten, die schließlich zur Verabschiedung der GMV und der Harmonisierungsrichtlinie (MRL 1989) führten.

4. Die UMV (früher: GMV)

a) Rechtsform. Zu Beginn der Arbeiten konzentrierten sich die politischen und rechtlichen **53** Bemühungen auf die Unionsebene, da die Schaffung eines einheitlichen, unionsweiten Rechts, das durch die Einreichung einer einzigen Anmeldung bei einem einzigen Amt erworben werden konnte, das vordringliche Anliegen der Wirtschaft bildete. Hinsichtlich der Rechtsform war zunächst an ein völkerrechtliches Übereinkommen gedacht worden, wie es im Patentrecht dem EPÜ und dem geplanten, letztlich jedoch gescheiterten GPÜ (→ Rn. 45.1) zugrunde lag. Auf diesem Konzept beruhte noch der – erst 1973 veröffentlichte – Vorentwurf von 1964. Die weiteren Arbeiten gründeten jedoch bereits auf dem Gedanken, die allgemeine Kompetenzvorschrift von Art. 235 EWG-V als Basis für die Schaffung einer **gemeinschaftsunmittelbaren Verordnung** heranzuziehen. Nach den Erfahrungen, die zuvor mit dem gescheiterten GPÜ gemacht worden waren, mag dies auch den Zweck verfolgt haben, Schwierigkeiten im Rahmen eines dem Abschluss eines völkerrechtlichen Vertrages nachfolgenden Ratifizierungsverfahrens von vornherein auszuschließen.

54   **b) Ältere nationale Rechte.** Die größte Herausforderung für die Schaffung des Gemeinschaftsmarkensystems lag in der Behandlung älterer nationaler Rechte, zu denen ja nicht allein die eingetragenen Marken, sondern auch kraft Benutzung geschützte Marken und andere im geschäftlichen Verkehr benutzte Kennzeichen zählen. Dabei bestand von Anfang an im Wesentlichen Konsens darüber, dass sämtliche älteren Rechte der Eintragung einer Gemeinschaftsmarke entgegengehalten werden können sollten, und dass für die Gültigkeit dieser Rechte – vorbehaltlich des von der MRL 1989 erfassten Bereichs – das nationale Recht maßgeblich bleiben sollte. Anfänglich wurde jedoch daran gedacht, die Bedenken gegen die Verwundbarkeit einer Angriffen aus mehreren nationalen Rechtsordnungen ausgesetzten Gemeinschaftsmarke dadurch zu verringern, dass die Marke **unanfechtbar** wird, falls die Inhaber älterer Rechte es versäumen, auf eine Benachrichtigung von Seiten des Amtes hin innerhalb eines relativ kurz bemessenen Zeitraums tätig zu werden. In solchen Fällen sollte die Löschungsklage nicht mehr zulässig sein; dem Inhaber des älteren Rechts sollte jedoch ein Benutzungsrecht verbleiben.

54.1   In den Grundsätzen zur Schaffung einer EWG-Marke (GRUR Ausl. 1960, 359) war vorgesehen, dass das zu schaffende EWG-Markenamt vor der Eintragung Recherchen nach älteren Rechten in den eigenen Beständen vornehmen sowie bei den nationalen Ämtern abrufen sollte; die Ergebnisse sollten dem Anmelder mitgeteilt werden. Soweit die Anmeldung daraufhin nicht zurückgezogen wurde, war die Benachrichtigung der Inhaber der älteren Marken vorgesehen; diese sollten innerhalb von drei Monaten nach der Bekanntmachung der Marke Widerspruch gegen die Eintragung einlegen können. Soweit davon kein Gebrauch gemacht wurde, sollte die spätere Löschung wegen älterer Rechte auf Ausnahmefälle begrenzt werden, wie bösgläubige Anmeldungen oder Fälle, in denen der Inhaber eines älteren nationalen Rechts keine Kenntnis von der Eintragung erlangt hatte.

55   Diese Lösung hätte in unter Umständen recht weitem Umfang zur Koexistenz von Gemeinschaftsmarken und älteren nationalen Rechten geführt. Da dies mit dem Grundsatz unvereinbar schien, dass die Verwendung identischer oder ähnlicher Marken im gleichen Markt zu Verwechslungen führt und daher dem Allgemeininteresse widerspricht, wurde dieser Weg abgelehnt und die Option der Koexistenz auf die Fälle beschränkt, in denen das ältere Recht von **lediglich örtlicher Bedeutung** ist (so auch noch heute Art. 138 UMV).

55.1   Die aus der Ungewissheit über vorbestehende ältere Rechte in einem wachsenden gemeinsamen Markt resultierenden Vorbehalte blieben zunächst bestehen. Nachdem die administrativen Probleme der Markenanmeldung in einer Vielzahl von Ländern durch den Abschluss des PMMA auch in denjenigen Mitgliedsländern erheblich reduziert worden waren, die dem Madrider System der internationalen Markeneintragung lange Zeit ferngestanden hatten (→ Rn. 211), wurden daher Zweifel daran laut, ob das Gemeinschaftsmarkensystem angesichts der damit verbundenen Risiken und seiner im Vergleich zum Madrider System (angeblich) geringen Vorteile genügend Attraktivität aufweisen würde, um sich gegenüber den nationalen Systemen zu behaupten. Bekanntlich haben sich diese Befürchtungen nicht nur nicht bewahrheitet, sondern sind sogar in das Gegenteil umgeschlagen: Heute geht es eher um die Befürchtung, dass das Unionsmarkensystem gegenüber dem nationalen System einen so erheblichen Attraktivitätsvorsprung besitzt, dass sich letztere zum Teil in ihrer Existenz bedroht fühlen (→ Rn. 113).

56   **c) Sprachen.** Der Text der GMV (jetzt: UMV; → Rn. 76) wurde zeitgleich mit demjenigen der MRL 1989 fertig gestellt. Dass sich das Inkrafttreten um mehrere Jahre **verzögerte,** lag in erster Linie an den Auseinandersetzungen um die Amtssprachen sowie den Sitz des Amtes.

57   In der Sprachenfrage zeigte sich, dass die im EPÜ-System bewährte Drei-Sprachen-Lösung (deutsch, englisch und französisch) aus politischen Gründen nicht durchsetzbar war. Da die von einigen Mitgliedsländern unter Hinweis auf die Gleichberechtigung aller Gemeinschaftssprachen propagierte Allsprachenregelung die Arbeitsfähigkeit des Amtes hätte gefährden können, einigte man sich schließlich auf den in Art. 146 UMV verankerten Kompromiss. Danach sind Deutsch, Englisch, Französisch, Italienisch und Spanisch **Sprachen des Amtes** (Art. 146 Abs. 2 UMV). Die Anmeldung kann in jeder Gemeinschaftssprache erfolgen, wobei der Anmelder zusätzlich eine der Amtssprachen angeben muss, mit deren Benutzung in Widerspruchs-, Verfalls und Nichtigkeitsverfahren er sich einverstanden erklärt (Art. 146 Abs. 3 UAbs. 1 UMV). Ist die Sprache der Anmeldung keine der Sprachen des Amtes, sorgt das EUIPO für die Übersetzung der in Art. 31 Abs. 1 UMV vorgesehenen Angaben in die vom Anmelder als Zweitsprache angegebene Sprache des Amtes (Art. 146 Abs. 3 UAbs. 2 UMV). Widersprüche und Anträge auf Erklärung des Verfalls oder der Nichtigkeit müssen in einer der Sprachen des Amtes eingereicht werden (Art. 146 Abs. 5 UMV). Ist die für solche Anträge gewählte Sprache weder die Sprache der Anmeldung (falls diese eine der Sprachen des Amtes ist) noch die vom Anmelder angegebene Zweitsprache, muss der Antragsteller für die Übersetzung seiner Anträge in die Sprache der Anmeldung (falls diese eine Sprache des Amtes ist) oder in die vom Anmelder angegebene Zweitsprache auf eigene Kosten sorgen. In diesem Fall ist die Sprache der Übersetzung Verfahrenssprache; soweit keine Übersetzung erforderlich ist, da der Antrag in der Sprache der Anmeldung (wenn sie eine der Sprachen des Amtes ist) oder der vom Anmelder angegebenen Zweitsprache erfolgt, wird das Verfahren in der jeweiligen Sprache des Amtes geführt (Art. 146 Abs. 7 UMV). Den Parteien steht es frei, sich auf eine andere Sprache der Union zu einigen (Art. 146 Abs. 8 UMV). Soweit der Anmelder der einzige Beteiligte an dem Verfahren ist, ist Verfahrenssprache die Sprache, in der die Anmeldung eingereicht wurde. Das EUIPO kann jedoch für schriftliche Mitteilungen an den Anmelder auch die von ihm als Zweitsprache angegebene Sprache des Amtes verwenden (Art. 146 Abs. 4 UMV).

Der Austritt des Vereinigten Königreichs aus der EU („Brexit"; → Rn. 99 ff.) hat an dem Sprachenre- **57.1** gime nichts geändert; Englisch bleibt eine der Sprachen des Amtes, obwohl es nur mehr in den Mitgliedsländern Irland und Malta Amtssprache ist.

Die **Vereinbarkeit** dieser Regelung mit dem Unionsrecht ist vom EuGH bestätigt worden. **58** Mit der Festlegung der im zweiseitigen Verfahren zu verwendenden Amtssprachen habe der Rat in einer schwierigen Frage eine angemessene und sachgerechte Lösung gefunden; dies sei legitim (EuGH C-270/95 P, GRUR Int 1996, 943 Rn. 93 f. – Kik). Die für das Amt bestehende Option, bei Anmeldung in einer anderen Gemeinschaftssprache die in der Anmeldung angegebene Zweitsprache für Mitteilungen an den Anmelder zu verwenden (so bereits die damalige Fassung der GMV 1994, Art. 115 Abs. 4 VO (EG) 40/94) ist allerdings auf solche Mitteilungen zu beschränken, die inhaltlich keine Verfahrenshandlungen darstellen (EuGH C-270/95 P, GRUR Int 1996, 943 Rn. 47 – Kik).

d) Das Amt. Um den Sitz des zu schaffenden Amtes hatten sich mehrere Länder – darunter **59** Deutschland, England, Frankreich und Spanien – beworben. Erst 1993 wurde ein Kompromiss in Form einer Paketlösung gefunden: Während Deutschland den Zuschlag für den Sitz der Europäische Zentralbank erhielt, wurde Spanien zum Sitzland des zentralen Markenamts bestimmt. Unter dem Namen „**Harmonisierungsamt für den Binnenmarkt** (Marken und Geschmacksmuster – HABM (OHIM/OHMI/OAMI)"; jetzt: EUIPO, → Rn. 76) erhielt das Amt seinen Sitz in Alicante; Markenanmeldungen werden dort seit dem 1.1.1996 entgegengenommen.

Um auszuschließen, dass es erneut zu langwierigen Auseinandersetzungen um den Amtssitz im Zusam- **59.1** menhang mit der zu jener Zeit bereits geplanten Schaffung des Gemeinschaftsgeschmacksmusters kommt, wurde dem EUIPO (unter seiner damaligen Bezeichnung HABM) bereits bei seiner Gründung die Administration der mit dem Designrecht verbundenen Aufgaben anvertraut; daher die Namensgebung. Der Zuständigkeitsbereich des Amtes wurde sukzessive erweitert: Hinzugekommen sind die Betreuung der Datenbank für verwaiste Werke iSd RL 2012/28/EU des Europäischen Parlaments und des Rates vom 25.10.2012 über bestimmte zulässige Formen der Nutzung verwaister Werke sowie die Übernahme der zuvor durch Dienststellen der Kommission wahrgenommenen Aufgaben der Beobachtungsstelle für Immaterialgüterrechtsverletzungen (VO (EU) 386/2012); s. Art. 151 Abs. 1 lit. d und lit. e UMV. Es ist vorgesehen, dass das Amt künftig weitere Aufgaben übernimmt, wie insbesondere die Eintragung geographischer Herkunftsangaben für andere Produkte als Lebensmittel, Agrarerzeugnisse oder Weine und Spirituosen; die Einführung eines solchen Schutzes ist derzeit in Vorbereitung (s. Grünbuch Bestmögliche Nutzung des traditionellen Wissens Europas: Mögliche Ausdehnung des Schutzes der geografischen Angaben der Europäischen Union auf nichtlandwirtschaftliche Erzeugnisse Text von Bedeutung für den EWR, COM/2014/0469 final).

Das EUIPO ist eine **Agentur der Europäischen Union** (Art. 142 UMV); es besitzt jedoch **60** weitgehend rechtliche, verwaltungstechnische und finanzielle Autonomie. Die Leitung des Amtes und seine Vertretung nach außen obliegen dem Exekutivdirektor, der vom Ministerrat für jeweils (bis zu) fünf Jahren ernannt wird (Art. 158 UMV). Der Ministerrat entscheidet auch über die Ernennung des bzw. der Vizepräsidenten, des Präsidenten (oder der Präsidentin) der Beschwerdekammern sowie der Vorsitzenden der einzelnen Beschwerdekammern (Art. 166 Abs. 1 UMV iVm Art. 158 UMV). Wichtige Kontrollfunktionen werden vom Verwaltungsrat (Art. 153 UMV) sowie vom Haushaltsausschuss wahrgenommen (Art. 171 ff. UMV). Verwaltungsrat und Haushaltsausschuss bestehen jeweils aus Vertretern der EU-Mitgliedstaaten sowie zwei Vertretern der Europäischen Kommission und einem Vertreter des Europäischen Parlaments sowie deren Stellvertreter (Art. 154 UMV; Art. 171 Abs. 2 UMV iVm Art. 154 UMV).

5. Die Richtlinie

61   Zu Beginn der Arbeiten zur Schaffung eines europäischen Markensystems war noch unklar, ob es auch zu einer Harmonisierung der nationalen Rechte kommen würde. Vorstellbar war – jedenfalls zunächst – auch das im Patentrecht durch das GPÜ repräsentierte Modell, das allein zu einer Vereinheitlichung auf Gemeinschaftsebene geführt und die nationalen Rechte unberührt gelassen hätte. In der Tat konnte nach den im Patentrecht gewonnenen Erfahrungen davon ausgegangen werden, dass eine solche Regelung auf Gemeinschaftsebene ohnehin **harmonisierende Wirkung** entfalten würde (sog. kalte Harmonisierung): In zahlreichen Mitgliedsländern der EWG hatte der Abschluss des (später wegen nicht ausreichender Ratifizierung gescheiterten) GPÜ dazu geführt, dass die nationalen Patentgesetze an die im GPÜ enthaltenen Regelungen angepasst wurden, ohne dass eine entsprechende Verpflichtung bestand.

62   Dieser Weg wurde im Markenrecht jedoch nicht beschritten, zumal sich mit Art. 100 EWG-V eine geeignete Rechtsgrundlage für die Harmonisierung anbot. Von der Veröffentlichung des ersten Vorschlags im Jahre 1980 (Bulletin der EG, Beilage 5/1980 = GRUR Int 1981, 30) dauerte es acht Jahre bis zur Verabschiedung am 21.12.1988. Der Gegenstand der Regelung wurde durch Art. 100 EWG-V auf die für das **Funktionieren des Binnenmarktes** notwendigen Fragen beschränkt. Nicht einbezogen wurden daher ua der Schutz nicht eingetragener Marken und anderer im geschäftlichen Verkehr benutzter Kennzeichen (abgesehen von ihrer Geltendmachung als ältere Rechte); ungeregelt blieben ferner Sanktionen und Verfahren. Als Ausdruck der inhaltlichen Beschränkung der Regelungen auf die praktisch vordringlichen Fragen, und zugleich als Hinweis darauf, dass weitere Harmonisierungsschritte keineswegs ausgeschlossen werden sollten, erhielt die Richtlinie in ihrer ursprünglichen Fassung (RL 89/104/EWG, sog. MRL 1989) den Titel „Erste Richtlinie des Rates zur Angleichung der Rechtsvorschriften der Mitgliedstaaten über die Marken".

6. Umsetzung der MRL 1989

63   **a) Deutschland.** In Art. 16 MRL 1989 war zunächst eine Umsetzungsfrist von zwei Jahren (bis zum 31.12.1991) vorgesehen, die jedoch später auf den 31.12.1992 verschoben wurde (s. auch Art. 16 Abs. 2 MRL 1989). In Deutschland dauerte es sogar insgesamt sechs Jahre, bis die Umsetzung mit dem Inkrafttreten des **MarkenG** am 1.1.1995 vollzogen wurde.

64   Ursächlich für die Verzögerung war nicht zuletzt der Umstand, dass mit der Wiedervereinigung Deutschlands am 3.10.1990 die Gesetzgebung zunächst die Folgen zu regeln hatte, die sich aus der Zusammenführung der Rechtssysteme und damit der in den beiden Teilen Deutschlands geschützten Immaterialgüterrechte ergaben. Durch das 1992 zu diesem Zweck erlassene ErstrG (→ Rn. 37 ff.) wurde bereits ein Element der Umsetzung vorweggenommen: Um die Zusammenführung von Marken zu erleichtern, die in den jeweiligen Teilen Deutschlands bestanden hatten – was insbesondere dann als sinnvoll erschien, wenn diese, wie nicht selten in der früheren DDR, mit den in der BRD geschützten Marken ursprungsgleich waren – wurde mit dem ErstrG die **Übertragung von Marken** ohne zugehörigen Betrieb bzw. Betriebsteil ermöglicht, die zuvor nach § 8 WZG ausgeschlossen gewesen war. Obwohl die freie Übertragbarkeit von Marken kein zwingendes Element der MRL darstellte, entsprach es der praktisch einhelligen Auffassung der beteiligten Kreise, dass spätestens mit der Umsetzung der ohnehin für obsolet gehaltenen Bindungsgrundsatz aufgegeben werden sollte (Kunz-Hallstein GRUR 1993, 439).

65   Ein weiterer Grund für die Verzögerungen bei der Umsetzung lag darin, dass sich der deutsche Gesetzgeber nicht mit kleineren Korrekturen begnügen konnte und wollte. Angesichts des beträchtlichen Alters des WZG (→ Rn. 30) ging es um eine **komplette Neufassung** des Gesetzes, die diesem eine neue Struktur gab und viele der im WZG nicht oder unzureichend geregelten Fragen umfasste. So wurden insbesondere auch die zuvor nur im UWG 1909 genannten Unternehmenskennzeichen und Werktitel sowie geographische Herkunftsangaben in die Regelung einbezogen (Amtl. Begr. III 2, 3). Ferner wurde das gesamte markenrechtliche Verfahren im MarkenG geregelt, während das WZG, soweit möglich, auf das PatG verwiesen hatte (Amtl. Begr. III 10).

b) Umsetzung in anderen Mitgliedstaaten (Überblick). In den meisten Ländern, die der 66
EWG zum Zeitpunkt des Inkrafttretens der MRL 1989 angehörten, ging die Umsetzung ohne
größere Verzögerung von statten. In Österreich, Finnland und Schweden, die der Gemeinschaft
zum 1.1.1995 beitraten, war sie pünktlich vor dem vor dem Beitrittsdatum vollzogen worden.
Deutschland bildete jedoch nicht das „Schlusslicht" der Harmonisierungsbestrebungen: Endgültig
abgeschlossen wurde dieser Prozess erst am 1.7.1996, als das neue irische Markengesetz in Kraft
trat.

Der **Umfang der Änderungen** in den Mitgliedstaaten war sehr unterschiedlich. Nur wenige nahmen **66.1**
jedoch eine ähnlich gründliche Neufassung ihrer Gesetze wie in Deutschland vor; in anderen blieben die
Änderungen auf ein Mindestmaß beschränkt. Neben dem unterschiedlichen Ausmaß der Harmonisierung
trugen auch die unterschiedliche Umsetzung optionaler Bestimmungen der MRL sowie der Umstand, dass
wichtige Aspekte des Kennzeichenrechts nicht in die Harmonisierung einbezogen worden waren, dazu
bei, dass auch nach der Harmonisierung – und trotz des unbestreitbaren Fortschritts an Rechtsvereinheitlichung, der dadurch bewirkt wurde – deutliche Unterschiede innerhalb der Gemeinschaft bestanden (Überblick bei Kur GRUR 1997, 241; zur Umsetzung in einzelnen Ländern s. Casado Cerviño GRUR Int
1992, 107 zu Spanien; A. Meyer GRUR Int 1996, 592 zu Frankreich; Kur GRUR Int 1991, 785 zu
Dänemark; L. Ubertazzi GRUR Int 1992, 101 zu Italien; Verkade GRUR Int 1992, 92 zu Benelux).

Bei der praktischen Anwendung der Vorschriften zeigte sich, dass auch dort, wo eine vollstän- 67
dige Regelung getroffen wurde, dies nicht immer zu einer eindeutigen Klärung der zugrunde
liegenden Rechtsfragen geführt hatte. Schon bald ergab sich daher die Notwendigkeit, im Verfahren der Vorabentscheidung nach Art. 267 AEUV (früher: Art. 234 EG-V) beim EuGH um entsprechende Weisungen nachzusuchen. Die Anzahl der entsprechenden Verfahren war seit Ende
der 1990er Jahre unerwartet hoch und stieg noch weiter an, als auch die Entscheidungen des
EUIPO und seiner Beschwerdekammern das EuG und darüber hinaus zum Teil auch den EuGH
erreichten. Erst im Laufe der Zeit konnte sich dadurch ein **konsolidierter Grundbestand** an
rechtlichem Verständnis bilden.

7. Reform des Europäischen Markenrechts

a) Anlass und Ziele der Novellierung. Im Jahr 2008 wurde die MRL 1989 in **kodifizierter** 68
Form als Richtlinie 2008/95/EG des Europäischen Parlaments und des Rates vom 22.10.2008
zur Angleichung der Rechtsvorschriften der Mitgliedstaaten über die Marken (sog. MRL 2008,
ABl. EU L 299, 25) erlassen; seit 2009 galt auch die GMV in kodifizierter Form (VO (EG) 207/
2009 des Rates vom 26.2.2009 über die Gemeinschaftsmarke, ABl. EU L 78, 1). Dass die
MRL 2008 nicht mehr als „Erste" Richtlinie bezeichnet wurde, schien darauf hinzudeuten, dass
die Notwendigkeit weiterer Harmonisierungsschritte nicht mehr zwingend vorausgesetzt wurde.
Dass eine weitergehende Harmonisierung jedoch keineswegs ausgeschlossen werden sollte, hat
sich im Zusammenhang mit den Arbeiten zur **Reform des europäischen Markensystems**
erwiesen, deren Anfänge mit der Kodifizierung der seinerzeit geltenden Rechtsakte zusammenfie-
len.

Den Anlass bildete zum einen die Anpassung des Systems an die gewandelten administrativen 69
und technischen Rahmenbedingungen des Schutzerwerbs und der damit zusammenhängenden
Verfahren sowie die Verstärkung des bisher erreichten Standes der Harmonisierung im Hinblick
auf solche Verfahren. Zum anderen ging es um eine Neuorientierung im Verhältnis von nationalen
Markensystemen und dem Unionsmarkensystem, die ua zu einer gezielten Förderung von
Gemeinschaftsaufgaben durch die jährlich vom Amt erzielten Einnahmen geführt hat. Ferner
wurde eine Reihe von Änderungen bzw. Klarstellungen im Bereich des materiellen Rechts vorgenommen.

Ein wesentlicher Anlass für die Inangriffnahme der Novellierung war die Diskrepanz zwischen Gebüh- **69.1**
renaufkommen und Kosten des EUIPO. Die Höhe der Gebühren war mit dem Ziel festgesetzt worden,
dem Amt kostendeckendes Arbeiten zu ermöglichen (Art. 144 Abs. 2 GMV). Die dabei zugrunde gelegten
Schätzungen der zu erwartenden Anmeldezahlen erwiesen sich jedoch als zu zurückhaltend; trotz erheblicher Kosten zumal in der Aufbauphase hat das EUIPO jährlich deutliche Überschüsse erwirtschaftet. Die
Gebühren wurden daher in zwei Stufen gesenkt. Gegen weitere Gebührensenkungen wurden jedoch
insoweit Bedenken erhoben, als sie das Attraktivitätsgefälle zwischen den Markensystemen zu Lasten der
nationalen Systeme weiter verschärfen würden; sie galten daher aus politischen Gründen als unerwünscht.
Die Mitgliedstaaten einigten sich daher im September 2008 darauf, die nationalen Systeme durch zweckge-
bundene Zuweisung an einem Teil der jährlich erwirtschafteten Überschüsse zu beteiligen. Im gleichen

Zusammenhang wurde die Europäische Kommission beauftragt, eine umfassende Studie zum Funktionieren des Markensystems in Europa durchzuführen. In Erfüllung dieses Auftrages wurde vom Max-Planck-Institut für Immaterialgüter- und Wettbewerbsrecht eine entsprechende Studie vorgelegt (Study on the Overall Functioning of the European Trade Mark System); s. dazu Knaak/Kur/v. Mühlendahl GRUR Int 2012, 197.

70   **b) Die Markenreform im Überblick.** Am 27.3.2013 wurden die Vorschläge der Kommission für eine Änderung der UMV und eine Neufassung der Richtlinie veröffentlicht (KOM(2013) 161 endg.; KOM(2013) 162 endg.). Nach längeren Verhandlungen wurden im Mai 2015 **Kompromissvorschläge** zwischen der Kommission und Vertretern des Rates und des Europäischen Parlaments ausgehandelt. Die Vorschläge wurden am 14.12.2015 vom Europäischen Parlament in zweiter Lesung angenommen und am 23. bzw. 24.12.2015 im Amtsblatt veröffentlicht (Richtlinie (EU) 2015/2436 des Europäischen Parlaments und des Rates vom 16.12.2015 zur Angleichung der Rechtsvorschriften der Mitgliedstaaten über die Marken, ABl. EU L 336, 1; VO (EU) 2015/ 2424 des Europäischen Parlaments und des Rates vom 16.12.2015 zur Änderung der VO (EG) 207/2009 des Rates über die Gemeinschaftsmarke und der VO (EG) 2868/95 der Kommission zur Durchführung der VO (EG) 40/94 des Rates über die Gemeinschaftsmarke und zur Aufhebung der VO (EG) 2869/95 der Kommission über die an das Harmonisierungsamt für den Binnenmarkt (Marken, Muster und Modelle) zu entrichtenden Gebühren, ABl. EU L 341, 21).

71   Die **Änderungen der UMV** sind in ihren wesentlichen Teilen am 23.3.2016 in Kraft getreten. Im Hinblick auf eine Reihe von Einzelheiten, bei denen die Implementierung der Neuregelung einer Änderung der Durchführungsverordnung (bzw. delegierter Rechtsakte, → Rn. 75) bedurfte, hat sich an diesen Zeitraum eine weitere Frist angeschlossen, innerhalb derer die betreffenden sekundären Rechtsakte erarbeitet wurden (Durchführungsverordnung (EU) 2017/1431 der Kommission vom 18.5.2017 mit Einzelheiten zur Umsetzung von Bestimmungen der VO (EG) 207/ 2009 des Rates über die Unionsmarke, ABl. EU 2017 L 205, 39 sowie Delegierte VO (EU) 2017/1430 der Kommission vom 18.5.2017 zur Ergänzung der VO (EG) 207/2009 des Rates über die Unionsmarke und zur Aufhebung der VO (EG) 2868/95 der Kommission und der VO (EG) 216/96 der Kommission, ABl. EU 2017 L 205, 1). Nach Abschluss der Arbeiten wurde die UMV in kodifizierter Fassung als VO (EU) 2017/1001 veröffentlicht; sie ist zusammen mit der Durchführungsverordnung und den delegierten Rechtsakten am 1.10.2017 in Kraft getreten. Im Fall der **MRL** bestand eine **Umsetzungsfrist bis zum 14.1.2019,** die vom deutschen Gesetzgeber exakt eingehalten wurde.

71.1   Art. 54 Abs. 1 MRL räumt den nationalen Gesetzgebern eine verlängerte Übergangsfrist bis zum 14.1.2023 für die Schaffung administrativer Löschungs- (und, soweit noch nicht vorhanden, Widerspruchs-)Verfahren ein. Die entsprechende Regelung ist in Deutschland zum 1.5.2020 wirksam geworden (→ Rn. 80).

71.2   Ebenso wie in Deutschland hat auch in der überwiegenden Mehrzahl der EU-Mitgliedstaaten die Umsetzung der MRL (relativ) fristgerecht stattgefunden. Die einzige Ausnahme bildete insoweit Rumänien, wo die Umsetzung erst am 13.7.2020 erfolgte, kurz nachdem von der Kommission ein Vertragsverletzungsverfahren vor dem EuGH eingeleitet worden war.

72   Die zahlreichen Änderungen in der MRL – und ihre Implementierung im MarkenG – sowie in der UMV werden im Folgenden überblicksartig geschildert.

73   Insgesamt ist festzustellen, dass der **Gleichlauf von UMV und nationalem Recht** verstärkt worden ist. Dies gilt sowohl in materieller Hinsicht als auch – vor allem – im Bereich des Verfahrensrechts: Während letzteres zuvor von der Rechtsangleichung weitgehend ausgenommen war, werden nunmehr die mitgliedstaatlichen Verfahren in wesentlichen Aspekten in Übereinstimmung mit dem Unionsrecht geregelt (Art. 37 ff. MRL). In materieller Hinsicht wurde der vorige Stand der Harmonisierung auf die Vorschriften über die Marke als Gegenstand des Vermögens (Art. 22 ff. MRL) sowie im Hinblick auf den Schutz von Kollektivmarken und Gewährleistungsmarken ausgedehnt (Art. 27 ff. MRL). Der Schutz von Gewährleistungsmarken ist für die Mitgliedstaaten optional (s. Art. 28 Abs. 1 MRL). Der deutsche Gesetzgeber hat sich für die Implementierung dieser Option und damit für eine weitere Angleichung an das Unionsmarkensystem entschieden (s. §§ 106a ff.; Art. 83 ff. UMV).

74   Sowohl in der UMV als auch in der MRL sind Regelungen verankert, die der **Kooperation** zwischen den Ämtern eine feste gesetzliche Basis verleihen und die die Konsistenz der Rechtsordnungen auf nationaler und Gemeinschaftsebene verstärken (Art. 51 f. MRL; Art. 152 UMV).

75   In Art. 290 AEUV ist die Möglichkeit vorgesehen, der Kommission in Gesetzesakten die Befugnis zum Erlass von Rechtsakten mit genereller Wirkung, aber ohne gesetzlichen Charakter, im Hinblick auf Fragen zu erteilen, die nicht die wesentlichen Aspekte des jeweiligen Bereichs betreffen. In Umsetzung dieser Kompetenzvorschrift wurden der Kommission zahlreiche solcher **Befugnisse** im Hinblick auf die Regelung von Struktur und Ablauf der Verfahren innerhalb des EUIPO erteilt (s. Art. 168 UMV). Die Rechtssetzung erfolgt im Einklang mit dem in Art. 208 UMV vorgesehenen Verfahren.

Die Änderungen auf Unionsebene haben den Abschied von zuvor gewohnten Bezeichnungen **76** erforderlich gemacht: Das EUIPO trägt seit dem 23.3.2016 den Titel „Amt der Europäischen Union für geistiges Eigentum"; als Kurzbezeichnung wird das Akronym der englischen Bezeichnung „European Union Intellectual Property Office", **EUIPO,** verwendet. An die Stelle der Gemeinschaftsmarke ist die „Unionsmarke" getreten; die Kurzbezeichnung der Verordnung lautet dementsprechend **UMV.**

Die Kurzbezeichnungen für die Delegierte Verordnung und die Durchführungsverordnung (→ Rn. 71) **76.1** lauten DVUM bzw. UMDV.

c) Verfahrensrecht. Durch die Neufassung der MRL werden erhebliche Teile des Verfahrens **77** vor den nationalen Ämtern einheitlich und **in Übereinstimmung mit der UMV** geregelt. Dies betrifft ua die Erfordernisse der Anmeldung (Art. 37 MRL), Bestimmung des Anmeldetages (Art. 38 MRL), Bezeichnung und Klassifizierung der Waren und Dienstleistungen (Art. 39 MRL), Bemerkungen Dritter (Art. 40 MRL), Teilung von Anmeldungen und Eintragungen (Art. 41 MRL), Schutzdauer und Verlängerung der Markeneintragung (Art. 48, 49 MRL).

Anders als zuvor wird im Unionsrecht nunmehr lediglich **eine Waren- oder Dienstleistungs- 78 klasse** durch die Basisgebühr für die Anmeldung bzw. Eintragung einer Marke abgedeckt (Art. 31 Abs. 2 UMV); dies gilt auch für die Verlängerungsgebühren. Die MRL enthält die gleiche Regelung in optionaler Form (Art. 42 MRL); der deutsche Gesetzgeber hat von dieser Option keinen Gebrauch gemacht.

Laut Annex zur UMV beträgt die Basisgebühr für die Anmeldung einer Gemeinschaftsmarke in einer **78.1** Klasse 1000 Euro (bei elektronischer Anmeldung: 850 Euro). Für die zweite Klasse sind 50 Euro, ab der 3. Klasse 150 Euro zu zahlen. Die gleichen Beträge gelten für die Verlängerungsgebühren.

Die Kommissionsvorschläge hatten vorgesehen, bei Anmeldung von Unionsmarken die Nachfrist für **78.2** die Einzahlung der Basisgebühr zu streichen, so dass für die Zuerkennung des Anmeldetages der Nachweis erforderlich gewesen wäre, dass die Zahlung bei Einreichung der Anmeldung erfolgt ist oder spätestens zu diesem Datum angewiesen wurde. Diese Änderung stieß jedoch auf Widerstand; in dem letztlich angenommenen Text bleibt es bei der Nachfrist von einem Monat (Art. 32 UMV).

Detaillierte Vorschriften regeln die Handhabung und rechtliche Wirkung der **Klassifizierung 79** von Waren und Dienstleistungen (Art. 39 MRL; Art. 33 UMV). Insbesondere ist es nur dann möglich, durch die Listung der Oberbegriffe aus der Klassifikation des NKA (→ Rn. 214) oder andere allgemeine Begriffe die von der betreffenden Klasse erfassten Waren und Dienstleistungen zu beanspruchen, wenn sie den in der Vorschrift näher definierten Anforderungen in Bezug auf Klarheit und Eindeutigkeit entsprechen (Art. 39 Abs. 3 MRL; Art. 33 Abs. 3 UMV). Die Regelung bezweckt ua die Umsetzung der EuGH-Entscheidung IP-TRANSLATOR (EuGH C-307/10, GRUR 2012, 822; → UMV Art. 33 Rn. 6 ff.). Die Umsetzung in das deutsche Recht erfolgt weitgehend durch die Aufnahme entsprechender Vorschriften in die MarkenV (s. insbesondere § 20 MarkenV). Nach Art. 33 Abs. 8 UMV bestand für Unionsmarken, die vor dem 22.6.2012 mit Bezug auf die Überschrift einer NKA-Klasse eingetragen sind, die Möglichkeit, bis zum 24.9.2016 eine Erklärung über die Reichweite des beabsichtigten Schutzes abzugeben, falls sich diese aus der entsprechenden Überschrift nicht eindeutig ergibt. Das EUIPO hat es in diesem Fall übernommen, das Register entsprechend zu ändern. Allerdings hat der EuGH in der Entscheidung C-501/15 P – Cactus, GRUR-RR 2017, 496 erklärt, dass die IP-TRANSLATOR – Entscheidung keine Anwendung auf Marken findet, die vor der Verkündung des Urteils im Vertrauen auf die frühere Amtspraxis unter Angabe eines Oberbegriffs aus der NKA-Klassifizierung angemeldet und eingetragen wurden. Zu den Einzelheiten → UMV Art. 33 Rn. 19 ff.

Die Rechtsangleichung betrifft auch das Widerspruchs- und Löschungsverfahren insoweit, als **80** in allen Mitgliedstaaten **administrative Verfahren vor den Ämtern** zur Verfügung gestellt werden müssen, in denen sämtliche zwingenden Widerspruchs- und Löschungsgründe geltend gemacht werden können müssen (Widerspruch: Art. 43 MRL; Löschung: Art. 45 MRL). Aus Art. 16 Abs. 2 MRL ergibt sich, dass es den Mitgliedstaaten freisteht, ein nachgeschaltetes Widerspruchsverfahren beizubehalten; insoweit hat sich daher für das deutsche Recht nichts geändert. Allerdings werden durch die in der MRL zwingend vorgesehene Möglichkeit, Löschungsverfahren wegen relativer Schutzhindernisse vor dem DPMA durchzuführen, die Unterschiede zwischen Widerspruchs- und Löschungsverfahren in der Praxis verringert. Für die Einführung administrativer Löschungsverfahren gilt eine Übergangsfrist bis zum 14.1.2023 gewährt (Art. 54 Abs. 1 MRL). Die Einfügung in das MarkenG erfolgte bereits zum 14.1.2019 (§ 53); die Regelung war jedoch bis zum 1.5.2020 ausgesetzt (Art. 5 Abs. 4 MaMoG).

81 Im Widerspruchsverfahren (Art. 44 MRL) ebenso wie im Löschungsverfahren (Art. 46 MRL) muss dem Widersprechenden oder dem Betreiber eines Löschungsantrags der Einwand der **Nichtbenutzung** entgegengehalten werden können (s. § 43 Abs. 1 (Widerspruchsverfahren) und § 53 Abs. 6 (administratives Verfalls- und Löschungsverfahren)).

82 Die Kommissionsvorschläge hatten ferner vorgesehen, den Mitgliedstaaten die Durchführung einer **Amtsprüfung auf relative Schutzhindernisse** zu untersagen. Insoweit ist es jedoch beim geltenden Recht geblieben, nachdem die Vorschläge der Kommission in diesem Punkt auf erheblichen Widerstand im Rat sowie im Europäischen Parlament gestoßen waren.

82.1 Amtsprüfungen auf ältere Schutzhindernisse werden derzeit noch von zwölf EU-Mitgliedstaaten durchgeführt; darunter befindet sich allerdings keines der größeren Mitgliedsländer. Im Vereinigten Königreich, das diese Form der Prüfung lange Zeit praktiziert hat, wurde sie nach der Errichtung des Gemeinschaftsmarkensystems ua aus dem Grunde abgeschafft, weil das Verfahren durch die notwendige Einbeziehung von Gemeinschaftsmarken zu aufwendig geworden war. Bemerkenswert ist in diesem Zusammenhang, dass sich in der im Rahmen der Markenstudie des MPI durchgeführten Nutzerbefragung die Mehrheit der befragten Inhaber von Gemeinschaftsmarken dafür ausgesprochen hat, die Amtsprüfung auf ältere Schutzrechte in das Gemeinschaftsmarkensystem zu übernehmen.

83 Beim EUIPO wird nach wie vor eine **Amtsrecherche** ausgeführt. Die Ergebnisse werden grundsätzlich den Inhabern (oder Anmeldern) älterer Unionsmarken bei der Veröffentlichung der Anmeldung mitgeteilt (Art. 43 Abs. 7 UMV). Derjenige, der die Neuanmeldung eingereicht hat, bekommt den vollständigen Recherchebericht hingegen nur mehr auf Antrag (Art. 43 Abs. 1 UMV). Die optionale Recherche bei den nationalen Ämtern ist beibehalten worden (Art. 43 Abs. 2 UMV).

84 Um das Verfahren der Eintragung von Unionsmarken zu **vereinfachen und zu beschleunigen,** können Anmeldungen nur beim EUIPO eingereicht werden (Art. 30 Abs. 1 UMV); die zuvor bestehende Möglichkeit der Einreichung bei den nationalen Ämtern wurde abgeschafft.

84.1 In der Begründung wurde darauf hingewiesen, dass von dieser Möglichkeit ohnehin in der Praxis nur verschwindend geringer Gebrauch gemacht wurde: 96,3% aller Anmeldungen wurden 2012 direkt beim EUIPO eingereicht (Kommissionsvorschlag, KOM(2013) 161 endg., Nr. 5.2).

85 **d) Materielles Recht.** Auch im materiellen Recht betrifft eine Reihe von Änderungen MRL und UMV gleichermaßen. So wurde das Kriterium der **graphischen Darstellbarkeit** von Marken aufgegeben und durch eine Formulierung ersetzt, die im Einklang mit der Sieckmann-Entscheidung (EuGH C-273/00, GRUR 2003, 145; → § 3 Rn. 27) den Schutzgegenstand für das Amt sowie für Dritte mit der notwendigen Sicherheit definiert (Art. 3 MRL; Art. 4 UMV). Da es für die Implementierung dieser Änderung auf Unionsebene einer Anpassung der UMDV bedurfte, ist Art. 4 UMV erst zum 1.10.2017 rechtswirksam geworden (für das deutsche Recht s. § 8 Abs. 1).

86 Als zwingende absolute Schutzhindernisse zu berücksichtigen sind nach Art. 4 Abs. 1 lit. i–k MRL Konflikte mit einer nach nationalen, unionsrechtlichen oder internationalen Vorschriften **geschützten Ursprungsangabe, geographischen Herkunftsangabe** oder traditionellen Bezeichnung; dasselbe gilt für geschützte Sortenbezeichnungen (Art. 4 Abs. 1 lit. l MRL). Im deutschen Recht wurde § 8 Abs. 2 entsprechend ergänzt (§ 8 Abs. 2 Nr. 9–12; die bisherige Nr. 9 und 10 sind jetzt Nr. 13 und 14). Parallel dazu wurden in der UMV nach internationalem oder Unionsrecht geschützte garantiert traditionelle Spezialitäten sowie Sortenbezeichnungen in den Katalog der absoluten Schutzhindernisse aufgenommen (Art. 7 Abs. 1 lit. m UMV). Geschützte Ursprungsangaben und geografische Herkunftsangaben sind ferner auch als relative Schutzhindernisse zu berücksichtigen (Art. 5 Abs. 3 lit. c MRL; Art. 8 Abs. 6 UMV; dies war im deutschen Recht schon bisher der Fall). Die **bösgläubige Anmeldung** bildet nach der MRL ein zwingendes Schutzhindernis, wobei es den Mitgliedstaaten freigestellt bleibt, ob die Berücksichtigung bereits im Eintragungsverfahren oder erst im Löschungsverfahren erfolgt (Art. 4 Abs. 2 MRL); die Berücksichtigung als relatives Schutzhindernis bleibt optional (Art. 5 Abs. 4 lit. c MRL). Für das Unionsmarkenrecht bleibt es entgegen den ursprünglichen Kommissionsvorschlägen dabei, dass die bösgläubige Anmeldung lediglich einen Löschungsgrund darstellt (Art. 59 Abs. 1 lit. b UMV).

Die unüberwindbaren **Ausschlussgründe** bei artbedingten, technisch notwendigen und wert- **87**
verleihenden Zeichen gelten nicht mehr nur für Warenformen, sondern auch für **andere charakteristische Merkmale** (Art. 7 Abs. 1 lit. e Ziff. i–iii UMV; Art. 4 Abs. 1 lit. e Ziff. i–iii MRL;
s. § 3 Abs. 2). Auswirken kann sich dies ua bei abstrakten Farbmarken oder bei Hörmarken, bei
denen derzeit über eine entsprechende Anwendung von § 3 Abs. 2 diskutiert wird (→ § 3
Rn. 71 f.).

Im Bereich der Verletzungstatbestände sollte den Kommissionsvorschlägen zufolge der Schutz **88**
bei **Doppelidentität** auf Beeinträchtigungen der Herkunftsgarantiefunktion beschränkt werden.
Die Kommissionsvorschläge stießen insoweit jedoch auf deutliche **Ablehnung** (GRUR-Stellungnahme GRUR 2013, 800 sub 2.7.2.; Fezer GRUR 2013, 1185 (1191); Sack GRUR 2013, 657;
positiv äußerten sich dagegen ua Sosnitza GRUR-Beilage 2014, 93 (98 f.); Koppensteiner MarkenR 2014, 1; s. auch Bender MarkenR 2013, 129 (131)).

Die Kritik entzündete sich ua daran, dass der Vorschlag als in sich widersprüchlich erschien: So soll die **88.1**
Benutzung einer Marke im Rahmen einer **vergleichenden Werbung,** die nicht den an eine solche
Werbung nach Art. 4 Werbe-RL zu stellenden Anforderungen entspricht, eine Markenverletzung darstellen,
obwohl eine Beeinträchtigung der Herkunftsfunktion in diesen Fällen typischerweise nicht gegeben ist.

Kaum vereinbar mit dem Konzept einer strikten Beschränkung des Doppelidentitätstatbestandes auf **88.2**
Beeinträchtigungen der Herkunftsfunktion ist ferner, dass die Schrankenbestimmungen der Art. 6 MRL
und Art. 12 UMV um den Tatbestand der lauteren **referierenden Benutzung** erweitert werden sollten,
denn für eine solche Erweiterung besteht vor allem oder sogar ausschließlich dann Anlass, wenn auch
solche Markenbenutzungen prinzipiell unter den Verletzungstatbestand fallen, in denen eine Marke als
Hinweis auf die Waren oder Dienstleistungen des Markeninhabers, und damit gerade nicht in Widerspruch
zur Herkunftsfunktion, benutzt wird.

In den Katalog der Verletzungshandlungen aufgenommen wurde der Tatbestand des **Transit:** **89**
Entgegen den Ausführungen des EuGH in den verb. Rs. Nokia und Philips (EuGH C-446/09
und C-495/09, GRUR 2012, 828) kann grundsätzlich bereits die Verbringung von Waren in das
Hoheitsgebiet der EU zu einer Markenverletzung führen, auch wenn lediglich die Durchfuhr
beabsichtigt ist; auf dieser Grundlage kann daher ein Zugriff der Zollbehörden erfolgen. Der
Tatbestand ist allerdings insoweit eingeschränkt, als er sich nur auf Piraterieware iSd Definition
in Fn. 14 zu Art. 51 TRIPS bezieht (→ Rn. 206). Ferner kann der Verbringer im nachfolgenden
Verletzungsverfahren den Nachweis führen, dass die Waren im Bestimmungsland rechtmäßig in
Verkehr gesetzt werden können; in diesem Fall entfällt die Verletzung und die Beschlagnahme ist
aufzuheben (Art. 10 Abs. 4 MRL; Art. 9 Abs. 4 UMV; → UMV Art. 9 Rn. 54 ff.; Umsetzung
in § 14a).

Ausdrücklich in den Verletzungstatbestand einbezogen wurde die Verwendung von Marken in **90**
der rechtswidrigen **vergleichenden Werbung** (Art. 10 Abs. 3 lit. f MRL; Art. 9 Abs. 3 lit. f.
UMV; § 14 Abs. 3 Nr. 7). Der Klarstellung dient auch die Einbeziehung der Benutzung von
Zeichen als **Handelsname** (Art. 10 Abs. 3 lit. d MRL; Art. 9 Abs. 3 lit. d UMV; § 14 Abs. 3
Nr. 5). Dabei lässt sich der Wortlaut der Vorschrift grundsätzlich (auch) so verstehen, dass jede
Benutzung als Handelsname eine Verletzung darstellt, soweit sie in Zusammenhang mit Waren
und Dienstleistungen erfolgt, ohne dass es darauf ankommt, ob das Zeichen von den relevanten
Verkehrskreisen als Herkunftshinweis oder aber als Unternehmenskennzeichen angesehen wird;
die Regelung ginge damit über die Grundsätze der Céline-Entscheidung (EuGH C-17/06,
GRUR Int 2007, 1007) hinaus. Dass dies nicht gemeint ist, ergibt sich jedoch aus Erwägungsgrund
20 der Präambel: Dort heißt es, die Benutzung als Handelsname stelle eine Markenverletzung dar,
soweit sie „zum Zweck der Unterscheidung von Waren oder Dienstleistungen erfolgt".

Der Freiraum für die Benutzung von Handelsnamen, die mit einer älteren Marke prinzipiell **91**
in Konflikt stehen, wird jedoch dadurch enger, dass die einschlägige **Schrankenbestimmung**
(Art. 14 Abs. 1 lit. a MRL; Art. 14 Abs. 1 lit. a UMV; s. § 23 Nr. 1) die Benutzung des eigenen
Namens oder der Adresse nur dann zulässt, wenn es sich bei dem Nutzer um eine **natürliche
Person** handelt. Damit wird die Budweiser-Entscheidung des EuGH obsolet, die den Schrankentatbestand auch auf gewillkürte Handelsnamen erstreckt hatte (EuGH C-245/02, GRUR 2005,
153 Rn. 78 ff. – Budweiser).

Eine weitere Änderung der Schrankenbestimmungen besteht darin, dass die bisher nur für **92**
beschreibende (bzw. für beschreibende Zwecke verwendete) Zeichen bestehende Ausnahme auf
Zeichen ohne Unterscheidungskraft erstreckt wurde (Art. 14 Abs. 1 lit. b MRL; Art. 14
Abs. 1 lit. b UMV; § 23 Nr. 2). In welchen Fällen diese Vorschrift praktisch bedeutsam wird, lässt
sich mangels Rechtsprechung noch nicht mit Sicherheit abschätzen.

92.1   Als Anwendungsfall kommt etwa die Situation in Betracht, dass ein von Haus aus nicht unterscheidungskräftiges Zeichen die zum relevanten (Anmelde)Zeitpunkt bestehende, erworbene Unterscheidungskraft
einbüßt: Dies führt zwar nicht zur Löschung; es kann jedoch bewirken, dass sich der Inhaber der Marke
nicht gegen ein gleichfalls nicht unterscheidungskräftiges Zeichen durchsetzen kann. Das gleiche gilt, wenn
sich die Benutzung eines anderen Zeichens auf Elemente beschränkt, denen für sich genommen keine
Unterscheidungskraft zukommt. S. dazu Kur FS Fezer, 2016, 649 (651 ff.).

93   Erweitert wurde ferner die für die Benutzung der Marke als Bestimmungshinweis geltende
Schranke: Sie gilt künftig generell für die Benutzung zum Zweck der Identifizierung oder der
Bezugnahme auf Waren oder Dienstleistungen als solchen des Markeninhabers **(referierende
Benutzung;** Art. 14 Abs. 1 lit. c MRL; Art. 14 Abs. 1 lit. c UMV; s. § 23 Nr. 3).

94   Weitere materielle Änderungen, die MRL und UMV gleichermaßen betreffen, nehmen Regelungen auf, die bereits nach bisherigem Recht im MarkenG verankert waren. Dies gilt für die
Erweiterung des Verletzungstatbestandes auf die Herstellung von Kennzeichnungsmitteln, auf
denen die Marke angebracht ist (Art. 11 MRL; Art. 10 UMV; § 14 Abs. 4), sowie für die
Berücksichtigung von **„Zwischenrechten"**, dh des Umstandes, dass eine im Löschungs- oder
Verletzungsverfahren geltend gemachte ältere Marke zum Zeitpunkt der Entstehung des Rechts
an der jüngeren Marke löschungsreif gewesen wäre oder sich (wegen mangelnder Bekanntheit)
gegenüber der jüngeren Marke nicht hätte durchsetzen können (Art. 18 MRL; Art. 16 UMV;
§ 22).

95   Nach Art. 27 MRL gilt für alle Mitgliedstaaten, dass Marken ohne den zugehörigen Geschäftsbetrieb übertragen werden können müssen; zuvor hatte es sich lediglich um eine optionale Regelung gehandelt (→ Rn. 130.1 mit Hinweis auf die zwingende Regelung von Art. 21 TRIPS; s.
auch → Rn. 316). Festgeschrieben wird ferner, dass Marken Gegenstand von Pfandrechten und
anderen dinglichen Rechten sein können und dass sie der Zwangsvollstreckung unterliegen. Für
das deutsche Recht bedeutsam ist vor allem, dass die Möglichkeit einer Eintragung von Lizenzen
in das Markenregister vorgesehen werden muss (Art. 25 Abs. 5 MRL; s. § 30 Abs. 6).

96   Im Unionsmarkenrecht wurde Art. 27 Abs. 5 GMV gestrichen, der die Eintragung einer
Markenübertragung untersagte, wenn sich aus den vorgelegten Dokumenten deutlich ergab, dass
die Marke infolge des Rechtsübergangs geeignet sein würde, das Publikum über die Art, Beschaffenheit oder geografische Herkunft zu täuschen. Im Übrigen wurden die formalen Bedingungen
für die Umschreibung einer Marke präzisiert (Art. 13 UMDV).

8. Änderungen des Geltungsgebiets der UMV

97   **a) Konsequenzen bei EU-Beitritt.** Bei Inkrafttreten der GMV 1994 bestand die EG aus
fünfzehn Mitgliedstaaten. Diesen schloss sich im Mai 2004 eine weitere Gruppe von zehn zumeist
mittel- und osteuropäischer Staaten an. 2007 erfolgte der Beitritt von Bulgarien und Rumänien,
und mit Kroatien (2013) stieg die Anzahl der Mitgliedstaaten zwischenzeitlich auf 28 (jetzt: 27;
→ Rn. 99).

98   Bevor ein Beitritt zur EU vollzogen werden kann, müssen die nationalen Gesetze in den
Beitrittsländern dem **Acquis Communautaire** entsprechen. Alle Beitrittsländer hatten daher
ihre nationalen Markengesetze an die MRL 2008 sowie weitere einschlägige Rechtsakte, wie
insbesondere die Enforcement-RL (RL 2004/48/EG) angepasst. Die Konsequenzen im Hinblick
auf das Gemeinschaftsmarkenrecht wurden durch eine entsprechende Änderung der GMV
(Art. 165 GMV; jetzt: Art. 209 UMV) geregelt. Im Einzelnen gilt:
• Bereits bestehende Unionsmarken sowie anmeldungen werden auf das jeweilige Beitrittsgebiet
  erstreckt;
• bereits eingereichte Anmeldungen werden nicht zurückgewiesen und bereits eingetragene Marken werden nicht gelöscht, wenn sich (ausschließlich) aus dem Recht eines Beitrittsstaates ein
  absolutes Schutzhindernis iSd Art. 7 Abs. 1 UMV ergibt;
• gegen Anmeldungen, die innerhalb von sechs Monaten vor dem Zeitpunkt des Beitritts eingereicht wurden, kann Widerspruch aus älteren Schutzrechten aus dem Beitrittsgebiet erhoben
  werde, falls letztere gutgläubig erworben wurden und ihr Anmelde- bzw. Prioritätsdatum vor
  demjenigen der Unionsmarkenanmeldung liegt;
• bereits bestehende Eintragungen von Unionsmarken werden nicht wegen relativer Schutzhindernisse gelöscht, die sich aus vor dem Beitrittsdatum in den Beitrittsländern erworbenen älteren
  Rechten ergeben. Allerdings kann in einem solchen Fall die Benutzung der Unionsmarke im
  Beitrittsgebiet untersagt werden.

Grundsätzlich deckt sich der territoriale Geltungsbereich der UMV mit dem in Art. 355 AEUV festge- **98.1** legten Gebiet der EU; zu den Ausnahmen → UMV Art. 1 Rn. 3.1.

b) Konsequenzen des „Brexit". Im Juni 2016 erhielten die Befürworter eines **Austritts** **99** **des Vereinigten Königreichs aus der EU** in einer Volksbefragung die Mehrheit der Stimmen. Von der britischen Regierung wurde daraufhin am 23.3.2017 dem Rat der EU nach Art. 50 Abs. 2 AEUV die Absicht des Austritts („Brexit") mitgeteilt und – nach mehrfacher Verschiebung des zunächst zum 23.3.2019 avisierten Austrittsdatums – am 1.2.2020 vollzogen. Nach dem zwischen der EU und dem Vereinigten Königreich ausgehandelten Austrittsvertrag galt eine **Über-gangsfrist** bis zum 31.12.2020, in der sich in rechtlicher Hinsicht nichts änderte (zu Unionsmarken → Rn. 100). Die Rahmenbedingungen für das Verhältnis zwischen der EU und dem Vereinigten Königreich wurden in einem kurz vor dem Ende der Übergangsfrist ausgehandelten bilateralen **Handelsabkommen** festgelegt. Damit wurde die Gefahr abgewendet, dass die Handelsbeziehungen künftig lediglich den WTO-Regeln unterliegen (sog. „hard Brexit"). Im Bereich des Markenrechts war allerdings ohnehin nicht mit schweren Verwerfungen zu rechnen. Näher → UMV Art. 1 Rn. 19 ff.

Bis zum 31.12.2020 waren Unionsmarken und andere Unionsrechte (Gemeinschaftsge- **100** schmacksmuster, Sortenschutzrechte und Bezeichnungen, die nach der VO (EU) 1151/2012 geschützt sind) im Vereinigten Königreich weiterhin gültig. Seit dem 1.1.2021 gelten für alle vor diesem Zeitpunkt eingetragenen Unionsmarken entsprechende nationale (britische) Markenrechte, es sei denn, der Inhaber hat ausdrücklich seinen Verzicht erklärt. Soweit Anmeldungen am 1.1.2021 beim EUIPO anhängig waren, konnten diese innerhalb von 9 Monaten unter Wahrung der ursprünglichen Priorität beim britischen Amt eingereicht werden. Dafür wurden – anders als für die „Umwandlung" von Unionsmarken in nationale Rechte – Gebühren fällig. Zu den Einzelheiten → UMV Art. 1 Rn. 19 ff.; s. auch Bongatz GRUR-Prax 2021, 130.

Die Fortgeltung des Unionsrechts im Vereinigten Königreich bis zum Ende der Übergangsfrist **101** am 31.12.2020 bedeutet ua, dass eine den allgemeinen Voraussetzungen genügende (→ UMV Art. 18 Rn. 10 ff.) **Benutzung von Unionsmarken im Vereinigten Königreich** bis zu diesem Zeitpunkt als „Benutzung in der EU" gilt (BPatG GRUR-RS 2020, 3879 Rn. 42 – Alliance/ Health Alliance). Seit dem 1.1.2021 kann nur mehr die Benutzung in anderen Teilen der EU als rechtserhaltend anerkannt werden.

Ungeachtet des Brexit bleibt Englisch eine der fünf Sprachen des EUIPO (→ Rn. 57.1). **102**

c) Geltung im EWR. Außer für gegenwärtige, künftige und frühere Mitgliedstaaten der **103** EU ist das europäische Markenrecht auch für **Mitglieder des EWR** (Norwegen, Island und Liechtenstein) relevant. Die Regelungen des EWR-Abkommens von 1992 (→ Rn. 103.1) sehen vor, dass im Hinblick auf Gesetzgebung und Rechtsprechung in den fraglichen Bereichen weitgehende Homogenität anzustreben ist. So sind die drei Mitgliedsländer des EWR verpflichtet, sich dem jeweils gültigen Acquis Communautaire anzupassen, der in einem regelmäßig aktualisierten Anhang zum EWR-Abkommen festgeschrieben wird.

Das EWR-Abkommen wurde als völkerrechtlicher Vertrag zwischen der EG und ihren damaligen **103.1** Mitgliedern, zu denen auch das Vereinigte Königreich gehörte, und denjenigen EFTA-Staaten abgeschlossen, die sich – anders als Österreich, Finnland und Schweden – nicht zu einem EG-Beitritt entschließen konnten. Die Schweiz ist dem EWR-Abkommen ferngeblieben; sie beobachtet jedoch ebenfalls die Gesetzgebung in der EU und übernimmt sie regelmäßig im Rahmen eines „autonomen Nachvollzugs".

Die Überwachung der Einhaltung der Verpflichtungen aus dem EWR-Abkommen obliegt **104** dem EFTA-Gerichtshof sowie der EFTA-Überwachungsbehörde (Baudenbacher EuZW 1998, 391). Nach Art. 3 Abs. 1 Abkommen zwischen den EFTA-Staaten zur Errichtung einer Überwachungsbehörde und eines Gerichtshofes müssen die Rechtsvorschriften des EWR, soweit sie mit den entsprechenden Bestimmungen des EU-Rechts in ihrem wesentlichen Gehalt identisch sind, im Einklang mit den einschlägigen EuGH-Entscheidungen ausgelegt werden, die vor dem Zeitpunkt der Unterzeichnung des EWR-Abkommens (dh vor dem 2.5.1992) ergangen sind. **Spätere Entscheidungen** des EuGH müssen vom EFTA-Gerichtshof „gebührend berücksichtigt" werden; Art. 3 Abs. 2 Abkommen zwischen den EFTA-Staaten zur Errichtung einer Überwachungsbehörde und eines Gerichtshofes. Im Ergebnis besteht daher eine weitgehende faktische Bindung der EWR-Staaten an die Rechtsprechung des EuGH.

Die Aufgaben des EFTA-Gerichtshofes sind denjenigen des EuGH weitgehend nachgebildet. Allerdings **104.1** besteht anders als nach Art. 267 AEUV keine Verpflichtung zur Vorlage von Fragen zur Interpretation von Vorschriften des primären oder sekundären Rechts (bzw. deren jeweilige Pendants im Recht der EFTA-

Staaten), auch wenn diese für den Ausgang eines Rechtsstreits entscheidend sind und kein Rechtsmittel gegen die entsprechende Entscheidung zulässig ist; Gerichte in den EFTA-Staaten haben lediglich die Möglichkeit, den EFTA-Gerichtshof in einschlägigen Fällen um ein Rechtsgutachten zur Interpretation der fraglichen Vorschrift zu ersuchen (Art. 34 Abs. 2 Abkommen zwischen den EFTA-Staaten zur Errichtung einer Überwachungsbehörde und eines Gerichtshofes; Baudenbacher EuZW 1998, 391).

104.2   Zur Wahrung der Rechtseinheitlichkeit werden die Urteile des EuGH ebenso wie Entscheidungen und Gutachten des EFTA-Gerichtshofs dem Gemeinsamen EWR-Ausschuss übermittelt; dieser setzt sich dafür ein, dass die homogene Auslegung des Abkommens gewahrt bleibt (Art. 105 Abs. 2 EWR-Abkommen). Gelingt es dem Gemeinsamen EWR-Ausschuss nicht, innerhalb von zwei Monaten, nachdem ihm eine Abweichung in der Rechtsprechung der beiden Gerichte vorgelegt wurde, die homogene Auslegung des Abkommens zu wahren, so können Maßnahmen zur Streitbeilegung nach Art. 111 EWR-Abkommen angewendet werden.

104.3   Zu Abweichungen in der Entscheidungspraxis beider Gerichte kam es im Hinblick auf die Interpretation von Art. 7 MRL 1989 (regionale bzw. internationale Erschöpfung): Kurz bevor der EuGH in der Entscheidung Silhouette (EuGH C-355/96, GRUR Int 1998, 695) erklärte, dass es den Mitgliedstaaten nicht mehr freisteht, den Grundsatz der internationalen Erschöpfung anzuwenden, kam der EFTA-Gerichtshof in einem Gutachten zur Zulässigkeit des Vertriebs parallelimportierter Maglite-Taschenlampen in Norwegen zu dem Ergebnis, dass das norwegische Gericht nicht gezwungen ist, eine Markenrechtsverletzung anzunehmen. Zur Begründung wurde darauf hingewiesen, dass innerhalb des EWR der Grundsatz des freien Warenverkehrs nur für dort hergestellte Waren – also nicht für Parallelimporte aus Drittländern – gelte, und dass der EWR anders als die EU sich nicht auf eine gemeinsame Handelspolitik gegenüber Drittländern verständigt habe (EFTA-Gerichtshof E-2/97, GRUR Int 1998, 309 Rn. 26, 27 – Maglite, mAnm Joller GRUR Int 1998, 311 f.; s. auch Baudenbacher GRUR Int 2000, 584 (587); kritisch dazu Fezer § 24 Rn. 25). Dieser Entscheid wurde jedoch später vom gleichen Gericht kassiert, da er mit dem Grundsatz der homogenen Auslegung gemeinsamer Vorschriften – konkret: Art. 7 MRL 2008 – nicht vereinbar war (EFTA-Gerichtshof Rs. E-9/07 und E-10/07, GRUR Int 2008, 1032 – REDKEN).

104.4   In einer neueren Entscheidung hat sich der EFTA-Gerichtshof zur markenrechtlichen Schutzfähigkeit von Abbildungen gemeinfrei gewordener Kunstwerke geäußert (EFTA-Gerichtshof E-5/16, GRUR Int 2017, 762; s. dazu Kur GRUR 2017, 1082). Ob sich der EuGH in einem entsprechenden Fall an dieser Entscheidung orientieren würde, ist offen.

C. Konstitutive Elemente des europäischen Markenrechtssystems

I. Einheitlichkeit der Unionsmarke

105   Das konstitutive Prinzip der Unionsmarke ist ihre Einheitlichkeit. Durch die Anmeldung und Eintragung einer Marke beim EUIPO wird ein unionsweites und unmittelbares Recht erworben. Die Übertragung, Verzichtserklärung, Vernichtung sowie die Untersagung der Benutzung ist nur mit unionsweiter Wirkung möglich, soweit in der UMV nichts anderes bestimmt ist.

106   **Gesetzliche Ausnahmen** vom Grundsatz der unionsweiten Reichweite von Benutzungsverboten gelten bei Konflikten mit älteren Rechten von lediglich örtlicher Bedeutung (Art. 8 Abs. 4 UMV iVm Art. 138 UMV) sowie dann, wenn Rechte, die in Beitrittsländern vor dem jeweils maßgeblichen Datum gutgläubig erworben wurden, mit vorbestehenden Unionsmarken oder -anmeldungen in Konflikt stehen Art. 209 Abs. 5 UMV); in beiden Fällen werden territorial (örtlich oder landesweit) beschränkte Benutzungsverbote ausgesprochen.

107   Auch im Übrigen ergibt sich aus der UMV nicht zwingend, dass Unionsmarken nur **einheitlich durchgesetzt** werden können (Sosnitza GRUR 2011, 465; Sosnitza GRUR 2016, 1240; Kochendörfer GRUR 2016, 778; Knaak GRUR 2018, 50; s. auch EuGH C-445/12 P, GRUR Int 2014, 161 Rn. 65 – Rivella/HABM (BASKAYA)). Es ist daher möglich, dass die Durchsetzung in einzelnen oder mehreren Mitgliedstaaten nicht oder nicht im gesamten Territorium erfolgen kann. Abgesehen von den in der UMV ausdrücklich vorgesehenen Ausnahmen (→ Rn. 106) können territoriale Einschränkungen der Durchsetzbarkeit aus Rechtsgründen notwendig sein: So können Ansprüche aus einer Unionsmarke nicht gemeinschaftsweit durchgesetzt werden, wenn die Verletzungsansprüche in einem oder mehreren Mitgliedstaaten nicht begründet sind. Der Grund dafür kann etwa in linguistischen Besonderheiten liegen: Marken, deren Ähnlichkeit in einigen Gemeinschaftsländern zu Verwechslungen führen kann, werden in anderen aufgrund ihrer beschreibenden Anklänge und wegen konzeptioneller Unterschiedlichkeit problemlos auseinandergehalten (EuGH C-235/09, GRUR Int 2011, 514 – DHL/Chronopost). Es obliegt in solchen Fällen dem Beklagten, vorzutragen und nachzuweisen, dass in bestimmten Teilen der Union keine Verwechslungsgefahr vorliegt (EuGH C-223/15, GRUR 2016, 1166 – combit/commit). Nach der gleichen Logik

entfällt bei bekannten Unionsmarken die Gefahr der Ausbeutung von Wertschätzung und Unterscheidungskraft in Ländern, in denen die Marke keine entsprechende Attraktionskraft entfaltet – ungeachtet der Tatsache, dass Marken bereits aufgrund ihrer Bekanntheit in einem einzigen Mitgliedstaat von allenfalls mittlerer Größe (im konkreten Fall: Österreich) den Status einer bekannten Unionsmarke erlangen können (EuGH C-301/07, GRUR 2009, 1158 – PAGO/Tirolmilch; zur Durchsetzung s. EuGH C-125/14, EuZW 2015, 952 mAnm Scharf – Iron & Smith/Unilever (Impuls)).

In der Entscheidung Iron & Smith/Unilever (Impuls) erklärt der EuGH allerdings ein wenig kryptisch, **107.1** auch dann, wenn die ältere Unionsmarke einem erheblichen Teil der maßgeblichen Verkehrskreise des Staates unbekannt ist, in dem der konkrete Konflikt zu beurteilen ist, sei es nicht ausgeschlossen, „dass ein wirtschaftlich nicht unerheblicher Teil dieser Verkehrskreise diese Marke kennt und sie mit der jüngeren nationalen Marke gedanklich verbindet" (EuGH C-125/14, EuZW 2015, 952 Rn. 30). Die Gefahr, dass insoweit eine unlautere Ausbeutung oder Beeinträchtigung zu befürchten sei, sei umso größer, je unmittelbarer und stärker die ältere Marke von der jüngeren Marke in Erinnerung gerufen wird" (mit Hinweis auf EuGH GRUR 2009, 56 Rn. 67 – Intel Corporation); → UMV Art. 8 Rn. 242.1.

Die friedliche Koexistenz zweier Marken in einem Teil der EU begründet keine Vermutung dafür, dass **107.2** es auch im übrigen Schutzgebiet an einer Verwechslungsgefahr fehlt (EuGH C-93/16, GRUR 2017, 1132 – Ornua/T & S (KERRYGOLD); s. dazu Knaak GRUR 2018, 50).

Abgesehen von den zuvor genannten Ausnahmefällen besagt der Grundsatz der Einheitlichkeit **108** der Unionsmarke, dass für die Auslegung und Anwendung unionsmarkenrechtlicher Tatbestände die **nationalen Grenzen** keine Rolle spielen. Auszugehen ist vielmehr von der Union als einem einheitlichen Gebiet. Von besonderer Bedeutung ist dies im Zusammenhang mit dem Erwerb von Unterscheidungskraft durch Benutzung sowie der ernsthaften Benutzung iSd Benutzungszwangs (→ Rn. 119).

II. Koexistenz

Mit der Schaffung der Unionsmarke (bzw. seinerzeit: der Gemeinschaftsmarke) wurde nicht der **109** Zweck verfolgt, die nationalen Systeme abzuschaffen oder zu verdrängen. Beide sollten vielmehr prinzipiell **gleichberechtigt** koexistieren. Daraus folgt, dass der parallele Erwerb von Marken auf beiden Ebenen möglich bleibt. Allerdings ist die prozessuale Geltendmachung paralleler Rechte in Verletzungs- sowie Nichtigkeitsverfahren gewissen Beschränkungen unterworfen (Art. 136 UMV).

Die prinzipielle **Gleichrangigkeit** („Äquivalenz", → UMV Art. 1 Rn. 16 ff.) der Systeme **110** kommt darin zum Ausdruck, dass ältere nationale Kennzeichenrechte (mit Ausnahme der Rechte von lediglich örtlicher Bedeutung) als relative Schutzhindernisse gegenüber Unionsmarken zu beachten sind, ebenso wie ältere Unionsmarken auf nationaler Ebene relative Schutzhindernisse bilden.

Dem reibungslosen Zusammenspiel von nationalem Recht und UMV dienen ferner die Instru- **111** mente der **Seniorität** und der **Umwandlung.** Die Regelung der Seniorität ermöglicht es dem Inhaber einer nationalen Marke, sein Recht zugunsten einer identischen Unionsmarke aufzugeben, ohne damit auf die Vorteile seines Zeitrangs zu verzichten: Auch nach der Löschung der nationalen Marke kann sich der Inhaber gegenüber Dritten im gleichen Umfang auf seine Seniorität berufen, wie ihm dies bei Aufrechterhaltung der Marke aufgrund von deren Zeitrang möglich gewesen wäre (Art. 39 UMV). Die Umwandlung erlaubt dem Anmelder oder Inhaber einer Unionsmarke, deren Schutz wegen der in einem oder mehreren Mitgliedstaaten entgegenstehenden Hindernisse nicht zur Entstehung kommt oder entfällt, dasselbe Zeichen ohne Verlust des ursprünglichen Zeitrangs in denjenigen Mitgliedstaaten zu erwerben, in denen keine solchen Hindernisse vorliegen (Art. 139 ff. UMV).

Ungeachtet ihrer Verschränkungen sind das Unionsmarkensystem und die nationalen Systeme **112** **autonom.** Dh, Entscheidungen, die in einem System getroffen werden, entfalten keine Bindungswirkung in dem jeweils anderen System; sie müssen jedoch ggf. beachtet werden (zu Einzelheiten → UMV Art. 1 Rn. 6). Dies gilt jedoch nicht für Entscheidungen des EuGH: Diese sind im Hinblick auf die Auslegung europäischer Rechtsvorschriften auf der Primär- und Sekundärebene bindend, unabhängig davon, ob sie in Eintragungs- bzw. Löschungsverfahren von Unionsmarken oder als Vorabentscheidung auf Vorlage nationaler Gerichte hin ergehen.

Für Entscheidungen des EuG gilt dies jedoch nicht; sie sind lediglich im Instanzenzug gegenüber der **112.1** EUIPO bindend. Unzutreffend daher der (allerdings ausdrücklich auf die Zwecke des Verfahrens beschränkte) Hinweis des Court of Appeal für England und Wales im Verfahren Nestlé v. Cadbury (Form des KitKat-Schokoriegels), dass die dieselbe, als Unionsmarke eingetragene Form betreffende Entscheidung des EuG (EuG T-112/13, BeckRS 2016, 115119 – Mondelez) für das Gericht bindend gewesen wäre, soweit Fragen des europäischen Rechts betroffen wären (Entscheidung vom 17.5.2017, (2017) EWCA Civ 358, Rn. 97 – Société des produits Nestlé SA v. Cadbury UK Ltd (KitKat)).

III. Dominanz des Unionsmarkensystems?

113   Die Konzeption des europäischen Markenrechts beruhte ursprünglich auf dem Gedanken, dass das Unionsmarkensystem vor allem für große, unionsweit tätige Unternehmen attraktiv sein würde, während sich kleine und mittlere Unternehmen weiterhin vorwiegend auf den Erwerb nationaler Marken beschränken würden. Damit schien insgesamt ein **Gleichgewicht der Markensysteme** vorgezeichnet zu sein.

114   In der Folgezeit hat sich jedoch erwiesen, dass die **Attraktionskraft** des Unionsmarkensystems weitaus größer ist, als dies zunächst angenommen wurde. Trotz gelegentlicher Kritik wird dem EUIPO weithin attestiert, dass es gute, effiziente Arbeit leistet. Ferner sind die Kosten für den Erwerb und die Aufrechterhaltung von Unionsmarken zwar deutlich höher als für nationale Marken, im Vergleich zu dem finanziellen Aufwand bei Eintragung von Marken in der gesamten Union oder einem erheblichen Teil der Mitgliedstaaten sind sie jedoch sehr niedrig.

115   Zugunsten des Unionsmarkensystems fällt ferner ins Gewicht, dass wegen der unionseinheitlichen Beurteilung rechtlicher Kriterien die **ernsthafte Benutzung „in der Union"** iSv Art. 18 UMV nicht die Benutzung in sämtlichen (oder auch nur einem überwiegenden Teil) der Mitgliedsländer voraussetzt (→ UMV Art. 18 Rn. 53 ff.). Gegenüber diesen strategischen Vorteilen wiegt das Risiko der Vervielfachung von Schutzhindernissen bzw. Löschungsgründen, die einer Unionsmarke entgegengehalten werden können, nicht allzu schwer.

115.1   Unterschiedliche Auffassungen bestanden allerdings darüber, ob und wie sich der territoriale Umfang der Benutzung von Unionsmarken auf die Beurteilung nach Art. 18 UMV (und den entsprechenden Vorschriften in früheren Fassungen der VO) auswirkt. In einer Gemeinsamen Erklärung von Rat und Kommission anlässlich der Annahme der GMV 1994 vom 15.12.1993 wurde insoweit ausgeführt: „Der Rat und die Kommission sind der Auffassung, dass eine ernsthafte Benutzung iSv Art. 15 GMV in einem einzigen Land eine ernsthafte Benutzung in der Gemeinschaft darstellt". Dies wurde von vielen – ua auch vom EUIPO – in der Weise interpretiert, dass jede Benutzung einer Unionsmarke in einem einzigen Mitgliedstaat regelmäßig zur Bejahung einer ernsthaften Benutzung ausreicht. Der EuGH lässt dies jedoch nicht pauschal genügen (EuGH C-149/11, GRUR 2013, 182 mAnm Sosnitza – Leno Merken; → Rn. 119).

116   Dieses Attraktivitätsgefälle resultiert jedenfalls in einem Teil der Mitgliedsländer (nicht jedoch in Deutschland) in einem spürbaren **Rückgang** an Markenanmeldungen und einem entsprechenden Verlust an Gebührenaufkommen, während die Anmeldezahlen des EUIPO nach wie vor steigende Tendenz aufweisen.

IV. „Lastenausgleich"

117   Ein wichtiges Ziel der Markenrechtsreform (→ Rn. 68 ff.) war es, die von einigen Mitgliedsländern beklagte „Schieflage" zwischen dem Unionsmarkensystem und den nationalen Systemen auszugleichen und die Voraussetzungen für eine fruchtbare und **dauerhafte Koexistenz** sowie Kooperation zwischen den nationalen Ämtern und dem EUIPO zu schaffen.

118   Durch einen Beschluss des Rates war zu Beginn der Reformbestrebungen im Jahre 2008 (→ Rn. 69.1) festgelegt worden, dass ein Betrag in Höhe von 50% der jährlich aus Verlängerungsgebühren erzielten Einnahmen des EUIPO an die nationalen Ämter verteilt werden sollte. Dieses Modell stieß jedoch auf – ua primärrechtliche – Bedenken und wurde nicht realisiert. Stattdessen soll ein Teil (maximal 15%) **des gesamten Gebührenaufkommens beim EUIPO** in Gemeinschaftsprojekte fließen, die der Konvergenz der Systeme in inhaltlicher und struktureller Hinsicht dienen (Art. 152 Abs. 5 UMV). Zusätzlich werden die nationalen Ämter für die Aufwendungen, die ihnen im Zusammenhang mit dem Unionsmarkensystem entstehen (Widerspruchs- und Nichtigkeitsverfahren; Bereitstellung von Informationen; Durchsetzung von Unionsmarken) nach einem bestimmten Schlüssel entschädigt (Art. 172 Abs. 4 UMV), wobei die dafür bereitgestellten Mittel 5% des Jahresbudgets des EUIPO ausmachen (Art. 172 Abs. 5 UMV).

119   Diskutiert wurde ferner die Frage, ob bei der Bemessung der Anforderungen an die **ernsthafte Benutzung** von Unionsmarken stärker in Betracht gezogen werden sollte, ob und in welchem Umfang sich diese Benutzung im Hinblick auf Intensität und Verbreitung von derjenigen einer nationalen Marke unterscheidet, und ob dabei insbesondere auch territoriale Aspekte einzubeziehen sind. Die Frage wurde vom EuGH in dem Sinne entschieden, dass zwar die nationalen

Grenzen für die Frage der ernsthaften Benutzung von Marken keine Rolle spielen dürfen, dass jedoch andererseits die territorialen Aspekte der Markenbenutzung zu den berücksichtigungsfähigen und -bedürftigen Faktoren der Beurteilung zählen, und dass die insoweit anzulegenden Maßstäbe bei Unionsmarken andere sind als bei nationalen Marken (EuGH C-149/11, GRUR 2013, 182 Rn. 33 und 57 mAnm Sosnitza GRUR 2013, 185 f. – Leno Merken; → UMV Art. 18 Rn. 55 ff. Das bedeutet allerdings nicht, dass der Nachweis von Benutzungshandlungen stets über das Territorium Deutschlands hinausgehen müsste; s. BGH GRUR 2013, 925 Rn. 38 – VOODOO; im Widerspruchsverfahren BPatG BeckRS 2017, 132751 Rn. 25 – KONRAD TEILE TECHNIK/Conrad mAnm Schilde GRUR-Prax 2018, 47 zu Einzelhandelsdienstleistungsmarken; BPatG GRUR-RS 2020, 7386 Rn. 28 – BELMONDO/Bell & Mondo; Bogatz/Albrecht GRUR-Prax 2018, 116 ff. (Teil I)).

D. Gegenstand und Ziele des europäischen Markenrechts

I. Markenfunktionen

1. Begriffliches

Dass für die Bestimmung von Inhalt und Umfang des Markenschutzes häufig auf die Funktionen **120** der Marke zurückgegriffen wird, stellt eine Besonderheit des Markenrechts im Verhältnis zu anderen Schutzrechten des geistigen Eigentums dar. Der Grund ist vor allem darin zu sehen, dass Marken nach herkömmlichem Verständnis, anders als Erfindungen oder Werke iSd Urheberrechts, nicht um ihrer selbst willen geschützt werden, sondern lediglich in ihrer Funktion, als **Herkunfts- und Identitätsnachweis** für die vom Markeninhaber auf dem Markt angebotenen Leistungen zu dienen (→ Rn. 154 zur Sonderstellung von Marken im Wettbewerb sowie → Rn. 160 zum Eigentumsschutz).

Dass sich in dieser Funktion – traditionell als Herkunftsfunktion bezeichnet – die faktische **121** Wirkung der Marke im Wirtschaftsleben nicht erschöpft, ist unbestritten. Marken dienen in umfassendem Sinne der kommerziellen Kommunikation; sie signalisieren den Abnehmern regelmäßig eine bestimmte Qualität der Ware; sie sind Träger von Werbebotschaften, und indem sie gewährleisten, dass der Markterfolg einer Ware oder Dienstleistung dem Markeninhaber zugutekommt, machen sie Investitionen in die Attraktivität der angebotenen Leistung lohnend. Diese Effekte können ebenfalls als „Funktionen" benannt werden und bilden insgesamt die Basis für ein **multifunktionales Verständnis** der Marke in ihrer wirtschaftlichen Bedeutung (s. dazu insbesondere Fezer Einl. D Rn. 1 ff., 27 ff.).

Vor allem in Deutschland waren bereits unter Geltung des WZG Literatur und Rechtsprechung **122** intensiv mit den Funktionen der Marke befasst (Sack GRUR 1972, 402 (405) mwN; Beier/Krieger GRUR Int 1976, 125; s. auch Vanzetti GRUR Ausl 1965, 128 ff. zum deutschen und italienischen Recht). Durch die EuGH-Rechtsprechung hat die Funktionslehre auch für das europäische Markenrecht erhebliche Bedeutung erlangt. Dabei wird die eingangs genannte Funktion als Hauptfunktion oder **Herkunftsgewährleistungsfunktion** der Marke bezeichnet, während im Anschluss an die „L'Oréal"-Entscheidung (EuGH C-487/07, GRUR 2009, 756) die Qualitäts-, Kommunikations-, Werbe- und Investitionsfunktion als weitere Markenfunktionen unterschieden werden.

2. Wesensnotwendige und akzessorische Markenfunktionen

In der Bezeichnung als „Hauptfunktion" kommt die besondere Bedeutung der Herkunftsge- **123** währleistungsfunktion gegenüber den weiteren Markenfunktionen zum Ausdruck. In der Tat ist allein diese Funktion **wesensnotwendig** in dem Sinne, dass ohne ihren Schutz das Markenrecht nicht als solches operieren kann: Zwischen Bezeichnungssystemen, die allein auf die stoffliche Beschaffenheit von Erzeugnissen verweisen – wie zB die international verbindlich festgelegten generischen Bezeichnungen im Arzneimittelbereich (International Non-Proprietary Names; INNs) – und dem Markensystem besteht ein fundamentaler Unterschied, der sich notwendigerweise und ausschließlich in der Herkunftsgewährleistungsfunktion manifestiert. Im Gegensatz dazu sind die weiteren Funktionen von **lediglich akzessorischer Bedeutung,** und zwar in zweifachem Sinne:
• Zum einen bezeichnen die zuvor als Qualitäts-, Kommunikations-, Investitions- oder Werbefunktion bezeichneten Markenfunktionen Effekte, die sich bereits aus dem Schutz der Herkunftsgewährleistungsfunktion **reflexiv** ergeben. So sorgt die dem Markeninhaber durch die

Herkunftsgewährleistungsfunktion zugewiesene Kontrollbefugnis (→ Rn. 50) regelmäßig dafür, dass die gekennzeichneten Waren dem vom Inhaber festgesetzten und kontrollierten Qualitätsstandard entsprechen und dadurch die Erwartungen der Verbraucher erfüllen. Ebenso ermöglicht es der Schutz von Marken gegen Beeinträchtigungen ihrer Hauptfunktion, den von der Marke eröffneten Kommunikationskanal gegen Störungen durch Ditte zu verteidigen, die ihre eigenen Leistungen als solche des Markeninhabers präsentieren. Dadurch wird zugleich gewährleistet, dass sich die Investitionen des Markeninhabers amortisieren und dass ihm deren Werbeerfolg zugutekommt.

• Zweitens besteht aus dem gleichen Grund auch **keine systembedingte Notwendigkeit,** Markenschutz jenseits des von der Hauptfunktion der Marke erfassten Bereichs zu gewähren, um die Marke in ihrer Multifunktionalität umfassend zu schützen. Dies gilt sowohl für die Qualitätsfunktion der Marke, zu deren Absicherung den Verbrauchern ein durchsetzbarer Anspruch auf Beibehaltung der gewohnten Beschaffenheit von Produkten zugebilligt werden müsste, als auch für die Werbe-, Kommunikations- oder Investitionsfunktion, deren Rundum-Schutz jegliche Verwendung der Marke in einem für die wirtschaftlichen Interessen des Inhabers negativen Sinne unzulässig machen würde: Beides mag in gewissem Grad als wünschenswert erscheinen, ist für das Funktionieren des Markenschutzes jedoch nicht erforderlich.

3. Konsequenzen für die Funktionsdiskussion

124   Festzuhalten bleibt somit, dass aus der Multifunktionalität der Marke keine unmittelbaren Schlussfolgerungen für die Ausgestaltung des Markenrechts abgeleitet werden können, mit Ausnahme des Grundsatzes, dass der Schutz der Herkunftsgarantiefunktion ein unabdingbares Element der Regelung ist. Auf der anderen Seite hat die Erkenntnis, dass allein die Herkunftsgewährleistungsfunktion für das Funktionieren der Markengesetzgebung wesensnotwenig ist, nicht zur Folge, dass sich der Schutz von Marken auf die Absicherung dieser Funktion beschränkt oder beschränken sollte: Die Gewährleistung rechtlicher Bedingungen, die es erlauben, dass die Marke ihre Hauptfunktion erfüllt, macht lediglich den **Mindestinhalt jeder Markengesetzgebung** aus. Der Gesetzgeber hat im Rahmen seines Ermessens ohne weiteres die Möglichkeit, über diesen Mindestinhalt hinauszugehen und zusätzlichen wirtschaftlichen Funktionen der Marke im Rahmen der Gesetze Geltung zu verschaffen. Soweit dies erfolgt, können auch die weiteren Markenfunktionen als „rechtliche" oder „rechtlich geschützte" Funktionen in dem Sinne bezeichnet werden, dass sie sich aus dem Gesamtbild der rechtlichen Regelungen ableiten lassen (zu den Begriffen „rechtliche", „rechtlich geschützte" und „rechtlich anerkannte Funktion" Sack GRUR 1972, 402). An dem systembedingten Unterschied zur Hauptfunktion als wesensnotwendiger Markenfunktion ändert dies jedoch nichts.

125   Diese Überlegungen liefern noch keine Antwort auf die Frage, ob und in welchem Sinne die Markenfunktionen heranzuziehen sind, um im Fall des Fehlens eindeutiger Regelungen den **Inhalt gesetzlicher Vorschriften zu konkretisieren.** Bedeutsam ist insoweit insbesondere, ob allein auf die wesensnotwendige Funktion der Marke zurückgegriffen wird, um zu angemessenen Ergebnissen zu gelangen, oder ob auch die akzessorischen Funktionen berücksichtigt werden. Der EuGH hat sich für den zweiten Weg entschieden; er hat die damit verbundene Erweiterung des Markenschutzes jedoch inhaltlich begrenzt (→ Rn. 140).

4. Rückblick – Die Funktionslehre in Deutschland unter der Geltung des WZG

126   Unter der Geltung des WZG wurde die markenrechtliche Funktionslehre ua im Zusammenhang mit den Auseinandersetzungen um die Erschöpfung des Markenrechts beim **Import von Originalwaren** entwickelt. Der BGH hatte solche Importe für zulässig erklärt (BGH GRUR 1964, 372 – Maja; s. auch BGH GRUR 1973, 468 – Cinzano mAnm Heydt GRUR 1973, 472). Von Teilen der Literatur war die Entscheidung kritisiert worden, da es für eine solche Beschränkung der dem Markeninhaber zustehenden Verbotsrechte im WZG keine Grundlage gebe. Von F.-K. Beier war daraufhin die Auffassung entwickelt und mit Nachdruck vertreten worden, dass sich die Beschränkung des Rechts, gegen Importe von Originalwaren vorzugehen, aus der Herkunftsfunktion der Marke ergebe, deren Zweck ja gerade darin bestehe, die Echtheit der Herkunft zu kennzeichnen (Beier GRUR Int 1968, 8). Diese Lehre, die die Beschränkung des Markenschutzes durch die Herkunftsfunktion als wesentlichen Grundsatz des Markenrechts betrachtete und den Schutz weiterer Markenfunktionen damit zugleich ausschloss, war bis zur Umsetzung der MRL 1989 in Deutschland absolut herrschend.

5. Kritik an der Dominanz der Herkunftsfunktion

Gegen den rechtlichen Primat der Herkunftsfunktion wurden in Deutschland bereits unter der **127** Geltung des WZG Bedenken laut (s. insbesondere Heydt GRUR 1976, 7 (14 f.); GRUR Int 1976, 342 ff.). Zum einen ergaben sich diese daraus, dass dem Begriff der Herkunftsfunktion ein enges **begriffliches Konzept** von „Herkunft" unterstellt wurde. Davon ausgehend wurde erklärt, die Vertreter dieser Lehre berücksichtigten nicht genügend, dass den Abnehmern die Herkunft von Waren und Dienstleistungen häufig nicht konkret bekannt sei. Ferner seien arbeitsteilige Markenverwendungen im Rahmen von Lizenzverhältnissen nicht mit der Annahme vereinbar, dass die Marke stets auf die Herkunft aus demselben Betrieb hinweise. Schließlich treffe auch der Gegenschluss nicht zu, dass unterschiedliche Marken bei gleichartigen Waren auf eine unterschiedliche betriebliche Herkunft hinweisen; so sei es vielmehr häufig anzutreffen und völlig legitim, dass ein Betrieb verschiedene Marken für diverse Produktlinien innerhalb desselben Warensegments verwende.

Diese eher terminologisch begründeten Bedenken ließen sich jedoch durch ein weites Verständ- **128** nis der Herkunftsfunktion überwinden, wie es sich bereits unter der Geltung des WZG herausgebildet hatte. Danach genügt es zur Erfüllung der Herkunftsfunktion, wenn die gekennzeichnete Ware der „Kennzeichnungssouveränität" ihres Inhabers unterliegt, dh, wenn der Abnehmer davon ausgehen kann, dass dem Markeninhaber die **alleinige Kontrolle** darüber zusteht, ob und von wem die Ware oder das sonstige Leistungsangebot mit der Marke versehen und vertrieben wird (zur entsprechenden Rechtsprechung des EuGH zum spezifischen Schutzgegenstand iSv Art. 36 EWG-V → Rn. 50). Konkretere Vorstellungen oder Kenntnisse müssen sich hingegen nicht mit der Marke verbinden, damit sie ihren Zweck erfüllen kann.

Abgesehen von den begrifflichen Aspekten wurde kritisiert, dass wegen der Fixierung auf **129** die Herkunftsfunktion den **wirtschaftlichen Realitäten** nicht angemessen Rechnung getragen werden könne. Die Kritik bezog sich vor allem auf den – mit der Herkunftsfunktion begründeten – Grundsatz der unauflöslichen Bindung von Marken an den jeweiligen Geschäftsbetrieb, der sog. Leerübertragungen oder die Eintragung von Marken auf den Namen von Konzernholdings verhinderte (zu letzterem s. BGH NJW 1987, 2164 – LITAFLEX). Als nachteilig wurde ferner betrachtet, dass der Schutz von Marken jenseits einer – weit verstandenen – Verwechslungsgefahr im WZG nicht gewährt werden konnte, da sich dieser nicht mehr mit dem Schutz der Herkunftsfunktion begründen ließ. Beiden Bedenken konnte unter der Geltung des WZG nicht Rechnung getragen werden; Abhilfe wurde insoweit erst durch das ErstrG (→ Rn. 42; → Rn. 64) bzw. durch die Umsetzung der MRL 1989 geschaffen.

6. Die Funktionsdebatte nach der Umsetzung der MRL 1989

Mit der Zulassung der „isolierten" Markenübertragung durch das ErstrG (→ Rn. 42) sowie **130** mit der Erweiterung des markenrechtlichen Verbietungsanspruchs für bekannte Marken auf Fälle der Rufausbeutung und -beeinträchtigung in Umsetzung von Art. 5 Abs. 2 MRL 1989 wurde im deutschen Recht der Regelungsbereich des Markenrechts **substanziell erweitert.** Damit war der zuvor herrschenden Lehre, dass Rechtsschutz von Marken durch die (weit verstandene) Herkunftsfunktion inhaltlich bestimmt und abschließend begrenzt werde, die Grundlage entzogen worden.

Anzumerken ist dabei, dass diese Erweiterung des Regelungsbereichs von der MRL 1989 nicht **130.1** zwingend vorgeschrieben wurden: Zur Übertragung von Marken wurden darin keine Regelungen getroffen, und der erweiterte Schutz bekannter Marken findet sich dort nur als optionale Bestimmung (Art. 5 Abs. 2 MRL 1989). Die GMV sah allerdings seit jeher sowohl die freie Übertragbarkeit von Gemeinschaftsmarken als auch deren erweiterten Schutz bei Bekanntheit innerhalb der Gemeinschaft vor; auch auf nationaler Ebene musste der erweiterte Schutzbereich solcher Marken im Rahmen des Eintragungsverfahrens daher schon immer beachtet werden. Wohl ua im Hinblick darauf wurde Art. 5 Abs. 2 MRL 1989 in praktisch allen Mitgliedsländern umgesetzt (mit Ausnahme von Zypern sowie der anfänglichen Ausnahme Österreichs, das den erweiterten Markenschutz jedoch seit 1999 ebenfalls im Markengesetz verankert hat). Hinzu kam, dass das 1994 abgeschlossene TRIPS-Abkommen in Art. 16 Abs. 3 TRIPS für bestimmte Fallkonstellationen verbindlich vorschreibt, dass sie auch gegenüber der Benutzung für nicht-ähnliche Waren oder Dienstleistungen geschützt werden müssen (→ Rn. 278 f.). Aus Art. 21 TRIPS ergibt sich ferner die Verpflichtung, die Übertragung von Marken auch ohne den zugehörigen Geschäftsbetrieb zu gestatten. Auch aus diesem Grund stellte bereits nach bisheriger Rechtslage die Ausnutzung des nach der MRL 1989 verbleibenden Spielraums für die Aufrechterhaltung des Bindungsgrundsatzes keine realistische Option dar. Mitgliedsländer, die – wie Italien und Griechenland – die entsprechenden Regelungen zunächst beibehalten hatten, mussten daher infolge ihres Beitritts zum WTO/TRIPS-Vertrag ihre Markengesetze ändern. Dass in der MRL die freie Übertragbarkeit von Marken sowie der erweiterte Schutz bekannter Marken zwingend vorgeschrieben werden, bestätigt daher nur die bereits bestehende Rechtslage.

131   Nach Inkrafttreten des MarkenG wurde in Deutschland zum Teil die Auffassung vertreten, dass die Herkunftsfunktion für die Auslegung markenrechtlicher Tatbestände künftig keine Rolle mehr spielen würde und die Marke nunmehr in ihrer Eigenschaft als **fungibler betrieblicher Vermögenswert** umfassend zu schützen sei (Fezer WRP 1998, 1 (7); Fezer WRP 2000, 1 (4)). Relevant wurde diese Frage vor allem im Zusammenhang mit dem Schutz von Marken gegenüber Benutzungsformen, die die Herkunftsfunktion der Marke unangetastet lassen, wie etwa die Verwendung in der vergleichenden Werbung oder die Benutzung zu anderen Zwecken als demjenigen, Waren oder Dienstleistungen nach Maßgabe ihrer betrieblichen Herkunft zu identifizieren und zu unterscheiden. Um auch diese Fälle in den Bereich des Markenrechts einbeziehen zu können, wurde argumentiert, mit dem Wegfall des Primats der Herkunftsfunktion sei auch das Erfordernis der „markenmäßigen Benutzung" obsolet geworden (so insbesondere Fezer WRP 1998, 1; Fezer WRP 2000, 1 sowie Starck GRUR 1996, 688 (691)).

132   Ein erheblicher Teil der Literatur (insbesondere Sack GRUR 1995, 81 (94 f.); Keller GRUR 1996, 607 (608 f.) wandte sich jedoch ua mit folgenden Argumenten gegen die Aufgabe des Erfordernisses der markenmäßigen Benutzung: Art. 5 Abs. 1 und 2 MRL 1989 (jetzt: Art. 10 Abs. 2 MRL) verlangten, dass die Marke „für Waren oder Dienstleistungen" benutzt wird und somit der (markenmäßigen) Unterscheidung von Waren und Dienstleistungen dient. Ferner gestattete Art. 5 Abs. 5 MRL 1989 (jetzt: Art. 10 Abs. 6 MRL) den Mitgliedstaaten die Beibehaltung von Vorschriften, die die Benutzung von Marken „zu anderen Zwecken als der Unterscheidung von Waren oder Dienstleistungen" unter bestimmten Voraussetzungen verbieten. Dies lasse den Gegenschluss zu, dass sich die von Art. 5 Abs. 1–4 MRL 1989 gebotene Harmonisierung allein auf die Benutzung von Marken zu Unterscheidungszwecken bezieht. Ähnlich argumentierte auch der EuGH, der in der Entscheidung EuGH C-63/97, GRUR Int 1999, 438 Rn. 38 – BMW/Deenik an dem Erfordernis der „Benutzung als Marke" festhielt. Zugleich nahm der EuGH jedoch bereits in jener wie auch in den nachfolgenden Entscheidungen eine sehr **weite Interpretation** dieses Tatbestandselements vor und erlaubt damit die Einbeziehung von Tatbeständen, die – wie etwa die Benutzung von Marken in der vergleichenden Werbung – nach früherem deutschen Recht nicht als markenrechtlich relevante Verletzungshandlungen angesehen worden wären (näher → § 14 Rn. 114 ff.). Dadurch ergab sich die Notwendigkeit, die Reichweite des Schutzes sowohl rechtlich zu begründen als auch inhaltlich zu begrenzen. Beide Aufgaben werden von der EuGH-Rechtsprechung den Markenfunktionen zugewiesen.

7. Markenfunktionen in der EuGH-Rechtsprechung

133   **a) Vor der Rechtsvereinheitlichung.** Vor der Vereinheitlichung des Markenrechts äußerte sich der EuGH zu Inhalt und Zweck des Markenschutzes im Kontext der Regelungen des **freien Warenverkehrs** – dieser durfte nur insoweit eingeschränkt werden, als dies zum Schutz des spezifischen Gegenstands des Schutzrechts erforderlich war. Im Laufe seiner Rechtsprechung wechselte der Gerichtshof von einer zunächst sehr skeptischen Einstellung gegenüber diesem Schutzgegenstand (→ Rn. 48) zu der Erkenntnis, dass Marken ihre Funktion nur dann erfüllen, wenn sie die Gewähr dafür bieten, dass alle Erzeugnisse, die damit versehen sind, unter der Kontrolle eines einzigen Unternehmens hergestellt worden sind, das für ihre Qualität verantwortlich gemacht werden kann (EuGH C-10/89, GRUR Int 1990, 960 Rn. 13 – HAG II; C-9/93, GRUR Int 1994, 614 Rn. 37 – Ideal Standard; → Rn. 50). Damit entspricht die Definition des **spezifischen Schutzgegenstands** derjenigen der (weit verstandenen) Herkunftsfunktion im deutschen Recht (→ Rn. 126 ff.), deren Kern ebenfalls in der Gewährleistung der zuvor als „Kennzeichnungssouveränität" des Markeninhabers bezeichneten alleinigen Kontrollbefugnis des Markeninhabers gesehen wurde.

134   **b) Nach dem Inkrafttreten von MRL 1989 und GMV.** In den Erwägungsgründen von MRL 1989 (bzw. MRL 2008) und GMV wurde jeweils darauf hingewiesen, dass der durch die eingetragene Marke gewährte Schutz dem Zweck dient, „insbesondere die Herkunftsfunktion der Marke zu gewährleisten" (Erwägungsgrund 11 MRL 2008, jetzt: Erwägungsgrund 16 MRL; Erwägungsgrund 8 GMV, jetzt: Erwägungsgrund 11 UMV); weiter heißt es „dieser Schutz sollte im Falle der Identität zwischen der Marke und dem Zeichen und zwischen den Waren oder Dienstleistungen absolut sein". Ein solcher absoluter Schutz führt jedoch zumal dann, wenn das Tatbestandsmerkmal der Benutzung „in Bezug auf Waren oder Dienstleistungen" sehr weit ausgelegt wird (→ Rn. 132), leicht zu einem überschießenden Schutzbereich, der unter Umständen durch die markenrechtlichen Schranken nicht hinreichend aufgefangen werden kann.

Vom EuGH wurde insoweit der Grundsatz aufgestellt, dass die Ausübung des Markenrechts **135** (auch) im Fall der Doppelidentität auf Konstellationen beschränkt bleiben muss, „in denen die Benutzung des Zeichens durch einen Dritten die Funktionen der Marke und **insbesondere ihre Hauptfunktion,** dh die Gewährleistung der Herkunft der Ware gegenüber den Verbrauchern, beeinträchtigt oder beeinträchtigen könnte" (EuGH C-206/01, GRUR 2003, 55 Rn. 48 – Arsenal). In EuGH C-48/05, GRUR 2007, 318 Rn. 21, 24 – Adam Opel/Autec wurde mit Blick auf diesen Grundsatz erklärt, dass eine Beeinträchtigung der Herkunftsfunktion – und damit eine Verletzung iSd Doppelidentitätstatbestandes – nicht vorliegt, wenn die Abnehmer keinem Zweifel im Hinblick auf die betriebliche Herkunft der Waren oder Dienstleistungen unterliegen. In ähnlicher Weise wurde bereits in EuGH C-2/00, GRUR 2002, 692 Rn. 16 – Hölterhoff/Freiesleben darauf hingewiesen, dass im konkreten Fall – dem unter Nennung der Marke erfolgende Hinweis eines Händlers auf die Beschaffenheit der entsprechenden Waren – die Benutzung der Marke keine der Interessen beeinträchtigt, deren Schutz der Doppelidentitätstatbestand bezweckt, zumal „die Bezugnahme auf die Marke vom potenziellen Kunden nicht als Hinweis auf die Herkunft der Ware verstanden werden kann".

Allerdings ergaben sich von Anfang an Zweifel an der **Konsistenz** dieser Argumentation. So **136** ist der EuGH im Fall der Erschöpfung (EuGH C-355/96, GRUR Int 1998, 695 – Silhouette/Schmied) sowie beim Vertrieb von Reparaturdiensten und Ersatzteilen (EuGH C-63/97, GRUR Int 1999, 438 – BMW/Karel Deenik) und von Zubehör (EuGH C-228/03, GRUR Int 2005, 479 – Gillette/LA Laboratories) von der Anwendbarkeit des Doppelidentitätstatbestandes ausgegangen, ohne dass eine Beeinträchtigung der Hauptfunktion der Marke zu besorgen war. Ob andere Markenfunktionen betroffen sein konnten, wurde in diesen Fällen weder geprüft noch erwähnt.

Erst in der Entscheidung „L'Oréal" (EuGH C-487/07, GRUR 2009, 756 – L'Oréal/Bellure) **137** hat der EuGH erklärt, dass auch die **weiteren Funktionen** der Marke, nämlich „unter anderem die Gewährleistung der Qualität (der) Ware oder Dienstleistung oder die Kommunikations-, Investitions- oder Werbefunktionen" zu den spezifischen Interessen zählen, deren Schutz das Markenrecht dient (EuGH C-487/07, GRUR 2009, 756 Rn. 58 – L'Oréal/Bellure). Damit wurde die Begründung für die zum Teil bereits zuvor praktizierte weite Auslegung des Doppelidentitätstatbestandes (nach)geliefert.

8. Bedeutung für den Tatbestand der Doppelidentität

Die Reichweite des Doppelidentitätstatbestandes hängt entscheidend davon ab, ob der nach **138** dieser Vorschrift zu gewährende absolute Schutz auch dann Anwendung findet, wenn die Marke in einer Weise benutzt wird, die **nicht zu einem irrigen Herkunftsbezug** führt. Da der Gesetzestext insoweit mehrere Deutungen zulässt, war eine Klärung dieser Frage durch die Rechtsprechung unausweichlich.

Die Mehrdeutigkeit der Regelung zeigte sich ua in der unmittelbar nach der Umsetzung der MRL 1989 **138.1** einsetzenden Diskussion, in der insoweit – jeweils unter Berufung auf Inhalt und Struktur des Gesetzes – diametral entgegengesetzte Positionen vertreten worden waren (s. Starck und Fezer einerseits sowie Sack und Keller andererseits; → Rn. 132). Ursächlich dafür ist ua, dass die Formulierung in Art. 5 Abs. 1 lit. a MRL 2008 (und Art. 5 Abs. 1 lit. b MRL 2008) verwendete Formulierung „Benutzung für Waren oder Dienstleistungen" sowohl iSd Benutzung für **eigene** Waren oder Dienstleistungen als auch iSd Benutzung zur Identifizierung und Unterscheidung der Waren und Dienstleistungen **des Markeninhabers** verstanden werden kann (Kur FS Köhler, 2014, 383 (385 f.)). Auch die Gesetzgebungsgeschichte liefert keine eindeutigen Hinweise darauf, wie diese Wendung zu verstehen sein sollte. Soweit ersichtlich, wurde die Frage niemals explizit erörtert, was dafür spricht, dass das Problem im Laufe der Gesetzgebung gar nicht als solches erkannt worden war.

Die – keineswegs zwingende, im Ergebnis aber letztlich angemessene – Lösung des EuGH **139** öffnet den Anwendungsbereich von Art. 10 Abs. 2 lit. a MRL und Art. 9 Abs. 2 lit. a UMV für die **Benutzung von Marken in referierendem Sinne** und damit für Fallkonstellationen, die bei strikter Beschränkung auf die Gefährdung der Herkunftsgewährleistungsfunktion nur auf der Grundlage des nationalen Wettbewerbsrechts hätten gelöst werden können. Für die Unionsmarke wäre diese Folge besonders misslich gewesen, da es in solchen Fällen an einem einheitlichen, unionsweit geltenden Tatbestand fehlt und ein Mosaik nationaler Regelungen zur Anwendung gekommen wäre (Kur GRUR Int 2008, 1 (10)). Mit der Einbeziehung dieser Fälle in den Doppelidentitätstatbestand wird somit die **europäische Rechtsvereinheitlichung** gestärkt.

140   Nach der Entscheidung „L'Oréal" (EuGH C-487/07, GRUR 2009, 756) war zunächst erwartet – je nach Standpunkt auch: befürchtet – worden, dass die Rechtsprechung zu einer deutlichen Stärkung des markenrechtlichen Schutzes führt. Diese Erwartung hat sich jedoch nicht bewahrheitet. Die Auswirkungen der Funktionsrechtsprechung sind im Ergebnis gering geblieben und haben sich keineswegs zwangsläufig zu Gunsten von Markeninhabern ausgewirkt. So hat der EuGH insbesondere in seinen Entscheidungen zur Verwendung von Marken als Keywords deutlich gemacht, dass nur dann von einer Beeinträchtigung der Werbe- oder Investitionsfunktion auszugehen ist, wenn diese von **erheblichem Gewicht** und mit den Grundsätzen eines redlichen Wettbewerbs nicht zu vereinbaren ist (EuGH verb. Rs. C-236/08 – C-238/08, GRUR 2010, 445 Rn. 94 ff., 98 – Google und Google France/Vuitton ua; C-323/09, GRUR 2011, 1124 Rn. 54–59, 63 f. – Interflora/Marks & Spencer mAnm Ohly GRUR 2011, 1131 (1132)).

9. Bedeutung für den Tatbestand der Verwechslungsgefahr

141   Für die **Verwechslungsgefahr** hat der EuGH darauf hingewiesen, dass der Anwendungsbereich allein durch die Hauptfunktion der Marke determiniert werde; er sei somit enger als derjenige des Doppelidentitätstatbestandes (EuGH verb. Rs. C-236/08 – C-238/08, GRUR 2010, 445 Rn. 78 – Google). Diese Feststellung ist insoweit einleuchtend, als es sich bei Art. 10 Abs. 2 lit. b MRL und Art. 9 Abs. 2 lit. b UMV um einen **Spezialfall** der Interessenkollision gegenüber dem vom EuGH praktizierten umfassenden Verständnis von Art. 10 Abs. 2 lit. a MRL und Art. 9 Abs. 2 lit. a UMV handelt.

142   Wenig glücklich ist allerdings, dass der EuGH jede Benutzung ähnlicher Marken, auch wenn sie in einer für die Abnehmer eindeutig erkennbaren Weise ausschließlich auf die **Waren und Dienstleistungen des Markeninhabers** hinweist, automatisch dem Tatbestand der Verwechslungsgefahr zuordnet (EuGH C-533/06, GRUR 2008, 698 – O2/Hutchinson; C-558/08, BeckRS 2010, 90875 – Portakabin/Primakabin). Damit wird verkannt, dass die in diesen Fällen betroffenen spezifischen Interessen des Markeninhabers **dieselben** sind, wie sie im Rahmen des Doppelidentitätstatbestandes eine Rolle spielen.

142.1   Bemängelt wird ferner, dass der EuGH durch die Art seiner Beurteilung von Beeinträchtigungen der Herkunftsgewährleistungsfunktion im Rahmen des Doppelidentitätstatbestandes die Grenzen zwischen jenem und der Verwechslungsgefahr verwischt (Knaak GRUR Int 2008, 92; Knaak/Venohr Anm. zu EuGH C-236/08 – C-238/08, GRUR Int 2010, 385 – Google and Google France/Vuitton). In der Tat bedient sich der EuGH im Rahmen beider Tatbestände bisweilen der gleichen Terminologie (EuGH C-48/05, GRUR 2007, 318 – Adam Opel/Autec; verb. Rs. C-236/08 – C-238/08, GRUR 2010, 445 – Google; C-278/08, GRUR 2010, 451 – Bergspechte/Guni; C-558/08, BeckRS 2010, 90875 – Portakabin/Primakabin), was darauf schließen lässt, dass auch die gleichen Maßstäbe angewandt werden. Dies widerspricht der Systematik des Gesetzes, das für die Annahme einer Verletzung iSd Doppelidentitätstatbestandes gerade nicht das Vorliegen einer Verwechslungsgefahr verlangt; richtigerweise müsste sich die Analyse auf die Frage beschränken, ob die fremde Marke vom Verletzer für seine eigenen Waren oder Dienstleistungen verwendet wird. Auf der anderen Seite scheitert die sinnvolle Anwendung dieser Grundsätze daran, dass die EuGH-Rechtsprechung das – nominell nach wie vor bestehende – Erfordernis der Benutzung für die Waren oder Dienstleistungen des Verletzers seines Inhalts weitgehend entleert hat: Dieser Rechtsprechung zufolge ist jede Benutzung einer fremden Marke, die die Vertriebsinteressen des Verletzers fördert, als Benutzung für dessen eigene Waren oder Dienstleistungen zu betrachten, auch wenn sie primär zu dem Zweck erfolgt, die Waren oder Dienstleistungen des Markeninhabers kenntlich zu machen (wie im Fall der vergleichenden Werbung) oder als technisches Hilfsmittel für die Platzierung von Werbung für eigene Waren oder Dienstleistungen eingesetzt wird (wie im Fall von Adwords). Näher → § 14 Rn. 114 ff.

10. Schutz bekannter Marken

143   Beim erweiterten Schutz bekannter Marken besteht grundsätzlich keine Notwendigkeit, auf die Funktionslehre Bezug zu nehmen: Dass der insoweit gewährte Schutz über die Gewährleistung der Hauptfunktion der Marke hinausgeht, ergibt sich aus dem Wortlaut des Gesetzes und bedarf keiner näheren Begründung. Dennoch bleibt die Betonung der Markenfunktionen in der Rechtsprechung des EuGH nicht ohne Auswirkungen auf diesen Tatbestand. So werden die Unterschiede zwischen § 14 Abs. 2 Nr. 1 bzw. Art. 9 Abs. 2 lit. a UMV auf der einen Seite und § 14 Abs. 2 Nr. 3 bzw. Art. 9 Abs. 2 lit. c UMV auf der anderen Seite verringert, indem die Schutzzwecke beider Vorschriften einander angenähert werden. Für den Schutz bekannter Marken kann sich daraus sogar der auf den ersten Blick widersprüchlich erscheinende Effekt ergeben, dass dies tendenziell zu einer **Verringerung des Schutzumfangs** führt, da die relativ strikte Beurteilung

einer Beeinträchtigung der Werbe- und Investitionsfunktion im Rahmen des Doppelidentitätstatbestandes auf den Schutz bekannter Marken ausstrahlen könnte (s. etwa den Hinweis auf die Schlussanträge von Generalanwalt Jääskinen bei Ohly GRUR 2011, 1131 (1132), Anm. zu EuGH C-323/09, GRUR 2011, 1124 – Interflora).

Allerdings bleibt es insoweit dabei, dass bekannte Marken nicht allein gegen die Beeinträchtigung ihrer Wertschätzung und Unterscheidungskraft, sondern auch gegen deren ungerechtfertigte **Ausnutzung** geschützt werden. Der Schutz der bekannten Marke reicht insoweit definitiv weiter als der Schutz bei Doppelidentität. Es ist jedoch festzuhalten, dass der EuGH in Interflora – dem ersten Urteil, das sich nach L'Oréal (EuGH C-487/07, GRUR 2009, 756) mit dem Schutz bekannter Marken befasst hat – festgestellt hat, dass eine objektiv feststellbare Instrumentalisierung der Bekanntheit einer fremden Marke für eigene Zwecke – die als solche sicherlich als „Ausnutzung" qualifiziert werden kann – gerechtfertigt ist, wenn sie dazu dient, die Abnehmer auf Alternativen zum Angebot des Markeninhabers hinzuweisen (EuGH C-323/09, GRUR 2011, 1124 Rn. 91 – Interflora/Marks & Spencer). Auch in EuGH C-65/12, GRUR 2014, 280 Rn. 60 – Leidseplein Beheer/Red Bull wird deutlich, dass der EuGH auf eine sorgfältige und umfassende Prüfung von Rechtfertigungsgründen Wert legt und die Ausnutzung des Werbewerts einer bekannten Marke nicht bereits als solche für verbotswürdig hält. **144**

11. Fazit

a) Grundsätze. Die Rechtsprechung des EuGH zu den Markenfunktionen hat der Funktionslehre eine unerwartete Renaissance beschert, die die wissenschaftliche Literatur ebenso wie die Praxis intensiv beschäftigt hat. Dabei hat sich insbesondere mit der L'Oréal-Entscheidung (EuGH C-487/07, GRUR 2009, 756) die Erwartung verbunden, dass die Berücksichtigung der Werbe- und Investitionsfunktion zu einer deutlichen Erweiterung des Markenschutzes führen würde. Bei näherer Betrachtung gibt die Rechtsprechung dafür jedoch nicht viel her. **145**

Von bleibender Bedeutung ist die „L'Oréal"-Rechtsprechung allerdings insoweit, als seither zweifelsfrei davon ausgegangen werden konnte, dass der Doppelidentitätstatbestand auch bei Benutzung der Marke in Bezug auf die Waren oder Dienstleistungen des Markeninhabers Anwendung findet; Fehlvorstellungen der Abnehmer über die betriebliche Herkunft spielen insoweit keine entscheidende Rolle. Damit war die Klarstellung verbunden, dass die insoweit geltenden Maßstäbe **europaweit einheitlich** auszulegen sind. **146**

Hinsichtlich der inhaltlichen Dimension des Schutzes ist festzuhalten, dass nur dann eine Verletzung anzunehmen ist, wenn die Benutzung entweder der Herkunftsfunktion zuwiderläuft oder sonst eine **Interessenbeeinträchtigung von einiger Schwere** bewirkt. Von wegweisender Bedeutung bleiben insoweit die Schrankenbestimmungen (Art. 14 MRL und Art. 12 UMV) sowie die Vorschriften über vergleichende Werbung und die diesen Bestimmungen zugrunde liegenden, allgemeinen Rechtsgrundsätze (s. dazu Kur FS Köhler, 2014, 383 (387)). Dies entspricht auch der Rechtsprechung des BGH, die sich auf der Grundlage der EuGH-Kasuistik herauszubilden beginnt (Hackbarth GRUR-Prax 2012, 499 mit Hinweis auf BGH GRUR 2011, 1135 – Große Inspektion für alle VW; s. auch BGH GRUR 2010, 726 – Opel-Blitz II). **147**

b) Besonderheiten und Nachteile. Nachteilig bleibt die systematisch wenig geglückte **Struktur** der Prüfung, die auf der Grundlage der Funktionslehre vorzunehmen ist. Statt auf einen weiten Eingangstatbestand („Benutzung als Marke") ein gestaffeltes System zunehmend engmaschiger Prüfungskriterien (Verletzungstatbestand, Schranken) folgen zu lassen, erfolgt die Feinabstimmung, die systematisch sinnvoller bei den Schranken anzusiedeln wäre, in Fällen der Doppelidentität häufig bereits auf der Stufe des Eingangstatbestandes. **148**

Alternativ dazu hätte der EuGH an seiner zunächst ohne weitere Begründung statuierten Auffassung festhalten können, dass jede Benutzung der Marke zur Identifizierung und Unterscheidung sowohl der eigenen wie auch der Waren und Dienstleistungen des Markeninhabers den Anwendungsbereich des Markenrechts eröffnet (EuGH C-63/97, GRUR Int 1999, 438 – BMW/Deenik; C-355/96, GRUR 1998, 919 – Silhouette/Schmied; C-228/03 GRUR 2005, 509 – Gillette/LA Laboratories). Damit dies nicht zu einer Überdehnung des Schutzes führt, hätte der EuGH in diesem Fall allerdings bereit sein müssen, die **Schrankenbestimmungen** großzügig auszulegen. Vor allem im Hinblick auf die „referierende" Benutzung von Marken – wenn ein Zeichen verwendet wird, um auf Waren oder Dienstleistungen als solche ihres Inhabers hinzuweisen waren die vor der Markenrechtsreform geltenden Vorschriften tendenziell zu eng gefasst. Da der EuGH im Hinblick auf die Interpretation des Schrankenkataloges eine eher restriktive Haltung annahm (insbesondere in EuGH C-48/05, GRUR 2007, 318 – Adam Opel/Autec; s. dazu die **149** **Kur** **33**

Kritik bei Kur GRUR Int 2008, 1 (7)), konnte die inhaltliche Begrenzung des Schutzes in Fällen der referierenden Benutzung tatsächlich nur über die Diskussion der Markenfunktionen erfolgen. In dieser **schutzbegrenzenden Wirkung** – und nicht in der Schutzerweiterung – lag daher der rechtliche Schwerpunkt der Rechtsprechung.

150   Eine bedauerliche Nebenwirkung der Funktionsrechtsprechung des EuGH besteht darin, dass sie zur Beachtung der vom EuGH gewählten Terminologie im Hinblick auf Art und Beeinträchtigung der unterschiedlichen Funktionen zu zwingen scheint. Ihre Umsetzung in die gerichtliche Praxis ist daher häufig **begrifflich und argumentativ überfrachtet:** Statt sich auf die letztlich entscheidende Frage zu konzentrieren, ob die Benutzung einer Marke zu einer gravierenden, mit den Grundsätzen des lauteren Wettbewerbs nicht zu vereinbarenden Verletzung berechtigter Interessen des Markeninhabers führt, müssen sich die Gerichte unter Verwendung der schwerfälligen, wenig verständlichen Definitionen des EuGH mit den im Einzelfall heranzuziehenden Funktionen auseinandersetzen. Dies trägt eher zur Verwirrung bei, als dass es zu einer nachvollziehbaren und homogenen Entwicklung des europäischen Markenrechts im Bereich des Doppelidentitätstatbestandes führt. Unter diesem Aspekt ist die in Teilen der Literatur (Ohly FS Loschelder, 2010, 265; Ohly GRUR 2011, 1131; Senftleben IIC 2011, 383) geübte Kritik an der Funktionsrechtsprechung des EuGH berechtigt. Es ist jedoch zu hoffen, dass nach Durchlaufen einer gewissen Konsolidierungsphase – sowie angesichts der Erweiterung des Schrankenkatalogs (→ Rn. 92 f.), durch die das Bedürfnis für die Funktionslehre als übergreifende Schranke des Markenrechts reduziert wird – wieder die gesetzlichen Tatbestände selbst, und nicht die diversen Funktionen der Marke, im Mittelpunkt der Erörterung konkreter Rechtsfragen stehen werden.

150.1   Die Hoffnung, dass durch die Markenreform, insbesondere durch die Erweiterung des Schrankenkatalogs, die Notwendigkeit einer Bezugnahme auf die Funktionsrechtsprechung verringert wird und die rechtliche Diskussion wieder auf der Grundlage der gesetzlich geregelten Tatbestände stattfinden kann, hat allerdings durch die Mitsubishi-Entscheidung des EuGH einen Dämpfer erhalten: Dort wurde über die Frage, ob die Entfernung einer Marke vor Verbringung eines Produkts in den zollfreien Verkehr in der EU eine Markenverletzung darstellt, völlig losgelöst vom gesetzlichen Tatbestand, allein auf der Grundlage einer Exegese der Markenfunktionen, entschieden (EuGH GRUR 2018, 917 – Mitsubishi, mAnm Hackbarth GRUR-Prax 2018, 425; kritisch dazu Knaak/Kur GRUR 2018, 1120).

II. Marke und Wettbewerb

1. Das europäische Leitbild des unverfälschten Wettbewerbs

151   Ziel der Gründung des EWG war es, die bestehenden Hindernisse für den zwischenstaatlichen Wirtschaftsverkehr zu beseitigen, um auf diese Weise eine „beständige Wirtschaftsausweitung, einen ausgewogenen Handelsverkehr und einen redlichen Wettbewerb" zu gewährleisten (Erwägungsgrund 4 Präambel zum EWG-V). Neben der Abschaffung der Zölle und dem Abbau sonstiger Handelshindernisse wurde daher zu den Zielen des Vertrages auch der „Schutz des Wettbewerbs vor Verfälschung" gezählt (Art. 3 lit. f EWG-V). Diese Zielsetzung spielt vor allem im Rahmen des Wettbewerbsrechts (Kartellrecht) eine Rolle, sie ist jedoch auch für andere Bereiche des europäischen Rechts von Bedeutung.

151.1   Der Umstand, dass die Gewährleistung des unverfälschten Wettbewerbs im EUV nicht mehr unter den Zielen der Union aufgeführt wird, sondern lediglich in den Text eines – nach hM rechtsverbindlichen – Protokolls aufgenommen wurde, ändert nichts daran, dass es sich dabei nach wie vor um eine für das europäische Recht prägende Vorgabe handelt.

152   Mit der Gewährleistung unverfälschten Wettbewerbs werden regelmäßig Maßnahmen begründet, die der **Harmonisierung** wettbewerbsrelevanter Vorschriften dienen. Zu diesen zählen auch die Immaterialgüterrechte und nicht zuletzt das Markenrecht: Durch die Herstellung gleicher Voraussetzungen für den Erwerb von Markenschutz und den Schutzumfang von Marken sollte verhindert werden, dass durch die anderenfalls bestehenden Unterschiede der freie Verkehr von Waren und Dienstleistungen behindert und die Wettbewerbsbedingungen im Gemeinsamen Markt verfälscht werden (Erwägungsgrund 2 MRL 2008).

153   Hiervon abgesehen ist der Leitgedanke des unverfälschten Wettbewerbs auch für die **inhaltliche Gestaltung** des Schutzes und die Auslegung markenrechtlicher Tatbestände von Bedeutung. Der EuGH beruft sich regelmäßig auf dieses Leitbild, um sein Verständnis der Schutzvoraussetzungen, des Schutzumfangs und der Schutzschranken damit zu begründen (Knaak FS Hanns Ullrich, 2009, 123). Allerdings darf dies nicht dazu führen, dass die Entscheidungen des EuGH mit einer in Argumentation und Ergebnis zwingenden Konkretisierung des Prinzips des unverfälschten Wettbe-

werbs gleichgesetzt werden: Der EuGH ist ebenso wie die anderen Institutionen der EU diesem Leitbild verpflichtet; es liegt nicht in seiner Kompetenz, dessen inhaltliche Koordinaten frei zu gestalten oder abzuändern.

2. Die Sonderstellung des Markenrechts im Wettbewerb

Das Verhältnis von Markenrecht und Wettbewerbsrecht (Kartellrecht) unterscheidet sich grund- **154** legend von demjenigen, was für andere Immaterialgüterrechte im Verhältnis zum Prinzip der Wettbewerbsfreiheit gilt. Patentrecht, Musterrechte sowie auch das Urheberrecht greifen in die Freiheit des (Produkt-)Wettbewerbs ein, indem sie dem Rechtsinhaber eine ausschließliche Marktposition im Hinblick auf Herstellung und Vertrieb von Waren (und Dienstleistungen) einräumen, die die geschützte Leistung verkörpern. Im Gegensatz dazu beschränkt das Recht an einer Marke die Freiheit, Waren und Dienstleistungen am Markt anzubieten, grundsätzlich nicht; andere Anbieter müssen lediglich ihre eigene Marke anbringen oder ihr Angebot als „No-Name" vermarkten. Statt den Wettbewerb zu beschränken, macht die Marke **sinnvollen Wettbewerb erst möglich,** indem sie die Nachfrage auf diejenigen Waren und Dienstleitungen lenkt, die positive Resonanz bei den Abnehmern gefunden haben. Daraus ergibt sich zugleich ein Anreiz für andere Marktteilnehmer, in die Attraktivität und Qualität ihrer Angebote zu investieren. Dies wirkt sich wiederum für die Abnehmer positiv aus; ferner profitieren sie insoweit von der Marke, als durch deren Eignung, kaufrelevante Informationen zu bündeln, die Suchkosten im Vorfeld von Kaufentscheidungen gesenkt werden.

Als grundlegend gilt in diesem Zusammenhang nach wie vor Akerlof, A Market for Lemons: Quality **154.1** Uncertainty and the Market Mechanism, Quarterly Journal of Economics 1970, 488 ff.; s. auch Landes/ Posner, The Economic Structure of Intellectual Property Law, Harvard University Press 2003, 166 ff.

In der modernen Massengesellschaft, die durch ein enorm breites Angebot von Waren und **155** Dienstleistungen gekennzeichnet ist, stellt die Marke somit ein **unverzichtbares Element des Wettbewerbs** dar. Anders als bei anderen Immaterialgüterrechten bleibt diese Funktion auch unabhängig vom Zeitablauf erhalten: Solange Marken am Markt ernsthaft benutzt werden, um ein betriebliches Angebot zu identifizieren und von anderen zu unterscheiden, bleiben sie für die Orientierung der Abnehmer und die Ermöglichung sinnvollen Wettbewerbs notwendig und müssen daher geschützt bleiben.

3. Gebot der Wettbewerbsneutralität

Die positiven Wirkungen des Markenschutzes auf den Wettbewerb setzen voraus, dass die **156** wettbewerblichen Vorteile gegenüber Mitbewerbern allein als Folge der in die betriebliche Leistung getätigten Investitionen auftreten. Davon zu unterscheiden sind Wettbewerbsvorteile, die bereits durch die Eintragung der Marke selbst entstehen. Solche Wettbewerbsvorteile stehen in prinzipiellem Widerspruch zu der besonderen Stellung, die das Markenrecht im System des Immaterialgüterrechts einnimmt: Die „Kreation" einer Marke stellt keine Leistung dar, die von der Rechtsordnung um ihrer selbst willen durch eine wettbewerbliche Ausschlussposition belohnt und geschützt wird. Durch den Rechtsschutz soll lediglich sichergestellt werden, dass dem Inhaber die Vorteile unbeschränkt zufließen, die sich als Folge seiner Leistungen am Markt ergeben. Diesen Grundsätzen zufolge muss der Markenerwerb als solcher möglichst **wettbewerbsneutral** sein. Ferner sollte auch der Schutzumfang der Marke so bemessen sein, dass er allein die Leistungen des Inhabers, und nicht die Besonderheiten prämiiert, die der Marke selbst anhaften.

Das Gebot der Wettbewerbsneutralität wird beim Erwerb von Marken regelmäßig erfüllt, da **157** und soweit die Mitbewerber in der Auswahl eigener Marken nicht oder nicht fühlbar eingeschränkt werden. Dies ist vor allem dann der Fall, wenn die zur Verfügung stehenden Alternativen **praktisch unbegrenzt** sind, wie dies bei Phantasie(wort)marken oder bei den meisten bildlichen Gestaltungen anzunehmen ist. Die Eintragung beschreibender Bezeichnungen würde hingegen den Wettbewerb beeinträchtigen; solche Marken dürfen daher nicht oder nur dann eingetragen werden, wenn sie die Fähigkeit erlangt haben, in der Wahrnehmung der Abnehmer das betriebliche Leistungsangebot des Inhabers zu symbolisieren. In entsprechender Weise ist auch bei anderen Zeichenformen, deren Eintragung als solche den Wettbewerb fühlbar beeinflussen könnte, vom Vorliegen eines Eintragungshindernisses (zu abstrakten Farbmarken → § 8 Rn. 62; zu Warenformmarken → § 8 Rn. 66) oder sogar einem völligen Ausschluss der Eintragbarkeit auszugehen (→ § 3 Rn. 58 ff.).

4. Geschützte Interessen

158 Ausgehend von dem Grundsatz, dass die Marke ebenso wie andere Immaterialgüterrechte der Gewährleistung von unverfälschtem Wettbewerb dient, sind schließlich auch die **Interessen** zu definieren, an deren Schutz die Bestimmungen des Markenrechts ausgerichtet werden müssen, um der vorgegebenen Zielsetzung gerecht zu werden. So muss die Marke geeignet sein, den Abnehmern verlässliche Orientierung zu bieten; sie muss es dem Markeninhaber ermöglichen, seine betriebliche Leistung am Markt in einer Weise zu präsentieren, die es ihm erlaubt, die Früchte der von ihm getätigten Investitionen zu ernten, und sie darf die Möglichkeiten von Mitbewerbern, den Markeninhaber einem wirksamen und lauteren Wettbewerb auszusetzen, nicht beeinträchtigen; dies gilt jedenfalls dann, wenn diese Beeinträchtigung nicht auf die Attraktionskraft der von der Marke symbolisierten betrieblichen Leistung, sondern auf die der Marke selbst immanenten Besonderheiten zurückzuführen ist.

159 Aus dem übergeordneten Leitbild des unverfälschten Wettbewerbs folgt zugleich, dass sämtliche genannten Interessen **in ihrer Wertigkeit gleichberechtigt** sind. Keines ist dem anderen prinzipiell übergeordnet, und keines darf vernachlässigt werden oder unberücksichtigt bleiben. Eine Rechtsanwendung, die einzelne dieser Belange von der Berücksichtigung ausklammert, ist mit dem Prinzip des unverfälschten Wettbewerbs unvereinbar. Dies gilt auch dann, wenn nach der Systematik des Gesetzes der Schwerpunkt der jeweiligen Interessen anderen Tatbeständen zugeordnet ist: Auch in diesen Fällen ist eine pauschale Ausklammerung von der vorzunehmenden Prüfung weder sinnvoll noch vom Gesetz geboten. Zumindest ist in solchen Fällen konkret zu fragen, ob den betroffenen Interessen auf andere Weise hinreichend Geltung verschafft werden kann.

III. Markenschutz und Grundrechte

1. Eigentumsschutz

160 **a) Schutz nach dem GG.** Im deutschen Recht ist anerkannt, dass Immaterialgüterrechte unter den Schutz der **Eigentumsklausel** (Art. 14 GG) fallen. So wurde vom BVerfG festgestellt, dass Urheberrechte nicht ersatzlos entzogen werden dürfen, auch wenn dafür prinzipiell schützenswerte Belange angeführt werden wie die Verwendung im Rahmen von Gottesdiensten und anderen kirchlichen Veranstaltungen (BVerfGE 31, 229 = NJW 1971, 2163 – Kirchenmusik).

161 Dass auch Markenrechte an dem Schutz nach Art. 14 GG teilhaben, ist ebenfalls allgemein anerkannt. Das BVerfG zu hat sich zu dieser Frage in der Entscheidung „Weinbergsrolle" geäußert (BVerfG GRUR 1979, 773 (778) – Weinbergsrolle, im Hinblick auf den Schutz eingetragener Marken; s. auch BVerfG GRUR 1988, 610 – Esslinger Neckarhalde für den Ausstattungsschutz nach § 25 WZG). In Frage stand dabei, ob der Ausschluss einer Lagenbezeichnung von der Eintragung in die Weinbergsrolle eine unzulässige Eigentumsbeschränkung sei. Das BVerfG verneinte diese Frage im Hinblick auf das Recht an geographischen Herkunftsangaben, bejahte sie jedoch im Hinblick auf Marken. Dabei wurde allerdings auch der Unterschied gegenüber früheren Entscheidungen zum Schutz von Immaterialgüterrechten betont: Anders als im Fall der Werkschöpfung durch den Künstler liege die Rechtfertigung für den Schutz nicht in der Hervorbringung schutzwürdiger Werte, die als solche die Zuordnung der wirtschaftlichen Verwertungsbefugnisse als Institutsgarantie gebiete. Die Marke solle vielmehr im Rahmen der schrankenlosen Gewerbefreiheit „der **durchsichtigen Gestaltung der unternehmerischen Leistung** dienen und damit im Wettbewerb eine ausgleichende Wirkung entfalten".

162 Damit wird der Kern des verfassungsrechtlichen Schutzes umrissen: Dieser betrifft die Marke in ihrer wesenseigenen Funktion, zur Orientierung der Abnehmer zu dienen und dadurch zu gewährleisten, dass der Markterfolg der unter der Marke angebotenen Leistung dem Markeninhaber wirtschaftlich zugutekommt. Anders als beim Urheberrecht erfolgt jedoch **keine Gesamtzuweisung** der wirtschaftlichen Verwertungsbefugnisse, die sich auf jegliche Form der Markenbenutzung durch Dritte erstrecken würde.

163 Damit knüpft auch der verfassungsrechtliche Schutz an den Besonderheiten an, die das Markenrecht in seinem Verhältnis zur Wettbewerbsordnung von anderen Immaterialgüterrechten unterscheiden. Es handelt sich somit um eine **systembasierte Differenzierung,** und nicht um eine unzulässige Diskriminierung des Markenrechts gegenüber anderen Arten von Immaterialgüterrechten (aA wohl Fezer Einl. C 3 Rn. 10).

164 **b) EMRK.** Einen europäischen Grundrechtekatalog hat es bis vor kurzem auf Unionsebene nicht gegeben. Diese Lücke wurde jedoch zum Teil durch die EMRK vom 4.11.1950 geschlossen

(Text abrufbar unter http://conventions.coe.int/treaty/ger/treaties/html/005.htm). Dabei handelt es sich um einen völkerrechtlichen Vertrag, zu dessen Einhaltung sich die Mitglieder des Europarates verbindlich verpflichtet haben. Bei Verstößen gegen die EMRK steht den Betroffenen die Möglichkeit offen, sich nach Erschöpfung des ordentlichen Rechtswegs unmittelbar an den **Europäischen Gerichtshof für Menschenrechte** (EGMR) zu wenden.

Von besonderem Interesse für das Markenrecht ist dabei zum einen Art. 10 EMRK, der das **165** Recht auf freie Meinungsäußerung statuiert und damit der Kontrolle privater wie auch kommerzieller Kommunikation verfassungsrechtliche Grenzen setzt (s. zB EGMR IIC 1990, 680 markt intern). Dies gilt auch für ausschließlich zu Werbezwecken erfolgende Äußerungen (EGMR BeckRS 2018, 1149 Rn. 62 – Maria und Josef) sowie für die Beurteilung absoluter Schutzhindernisse (EGMR 25.8.2015 – 55153/12, BeckRS 2015, 130228 Rn. 43 – Constantin Dor/Rumänien; ebenso die Rechtsprechung des EuGH. Dazu und zur bisher abweichenden Auffassung des BGH → Rn. 170). Zum anderen garantiert Art. 1 EMRKZusProt das **Recht auf Achtung des Eigentums** und erhebt damit den Schutz vor Entzug und ungerechtfertigter Einschränkung eigentumsrechtlich geschützter Positionen zu einem für die Mitglieder des Europarats verbindlichen Grundsatz.

Zu den gemäß Art. 1 EMRKZusProt geschützten Rechtspositionen zählen auch Immaterialgüterrechte. Auch **Markenrechte** unterliegen diesem Schutz, der in gewissem Umfang bereits für **166** die Anmeldung gilt: Der Anmelder einer Marke kann erwarten, dass die Anmeldung (nur) auf der Grundlage des anwendbaren Rechts daraufhin geprüft wird, ob sie die materiellen und prozessualen Voraussetzungen erfüllt, um zu einem vollwertigen Markenrecht zu erstarken (EGMR GRUR 2007, 696 Rn. 78 – Budweiser).

Den Anlass für die Entscheidung bot ein in Portugal geführtes Verfahren um die Eintragung der Marke **166.1** „Budweiser" für Anheuser-Busch. Zum Zeitpunkt der Anmeldung (1981) hatte der Eintragung eine für die tschechische Brauerei Budejovicky Budvar aufgrund des Lissaboner Abkommens zum Schutz von Ursprungsbezeichnungen eingetragene Ursprungsbezeichnung entgegengestanden. Auf den Antrag von Anheuser-Busch hin wurde die Ursprungsbezeichnung gelöscht und die Marke daraufhin eingetragen (1995). Zwischenzeitlich (1986) war jedoch zwischen Portugal und der (damaligen) ČSSR ein bilaterales Abkommen abgeschlossen worden, das ua den Schutz der Bezeichnung „Budweiser" als Herkunftsangabe vorsah. Die Markeneintragung für Anheuser-Busch wurde daher auf Antrag von Budejovicky Budvar gelöscht; Beschwerden dagegen blieben erfolglos. Auf die Beschwerde von Anheuser-Busch hin entschied der EGMR zunächst, dass zum Zeitpunkt des Abschlusses des bilateralen Abkommens die Markenanmeldung lediglich den Status einer Anmeldung gehabt habe und daher nicht in den Schutz von Art. 1 EMRKZusProt komme. Die daraufhin angerufene Große Kammer des EGMR (GRUR 2007, 696) erklärte jedoch, dass bereits Anmeldungen prinzipiell geschützt seien; allerdings sei es im konkreten Fall nicht die Aufgabe des EGMR, die Handhabung des portugiesischen Rechts durch die gerichtlichen Instanzen zu überprüfen.

c) Grundrechtecharta. Mit dem Inkrafttreten des Vertrags von Lissabon hat sich die Situation **167** im Hinblick auf den Schutz von Grundrechten in der EU in zweifacher Weise geändert. Zum einen sind die **rechtlichen Hindernisse** beseitigt worden, die es der EU einem Gutachten des EuGH zufolge bisher verwehrt hatten, der EMRK beizutreten (EuGH Gutachten v. 28.3.1996 – C-2/94, BeckEuRS 1996, 212338). In Art. 6 AEUV wird die EU sogar zum Beitritt verpflichtet. Auf dieser Grundlage wurde zwischen der EU und dem Europarat ein Abkommen ausgehandelt, dessen Vereinbarkeit mit EU-Recht vom EuGH jedoch erneut verworfen wurde (EuGH Gutachten v. 18.12.2014 – C-2/13, BeckEuRS 2014, 407776; s. dazu Streinz JuS 2015, 567). Die Beitrittsabsicht besteht jedoch weiterhin.

Zum anderen hat sich die EU mit der Grundrechtecharta nunmehr auch selbst an einen Katalog **168** von Grundrechten gebunden. Der **Schutz des Eigentums** ist in Art. 17 GRCh verankert. In Art. 17 Abs. 1 GRCh sind der Schutz gegen Enteignung sowie der Grundsatz verankert, dass die Nutzung des Eigentums gesetzlich geregelt werden kann, soweit dies für das Wohl der Allgemeinheit erforderlich ist. Art. 17 Abs. 2 GRCh enthält den Satz: „Geistiges Eigentum wird geschützt."

Mit dieser lapidaren Regelung wurde zum Teil die Erwartung verbunden, dass Art. 17 Abs. 2 **169** GRCh zu einer Verstärkung des Schutzes von Immaterialgüterrechten führen würde, zumal die Vorschrift anders als Art. 17 Abs. 1 GRCh keinen Hinweis auf die Möglichkeit inhaltlicher Einschränkungen des Schutzes enthält. Dem wird jedoch zu Recht entgegengehalten, dass Art. 17 Abs. 2 GRCh dem Geistigen Eigentum lediglich den in Abs. 1 bezeichneten Schutz zuweist, so dass sich die inhaltlichen Einschränkungen auf beide Absätze beziehen. Nach zutreffender Betrachtungsweise hat Art. 17 Abs. 2 GRCh daher lediglich **deklaratorische Bedeutung** und bewirkt keine Änderungen des materiellen Rechts (s. etwa Bernstoff in Meyer, Charta der Grundrechte der Europäischen Union, 4. Aufl. 2014, GRCh Art. 17 Rn. 15).

2. Andere Grundrechte; insbesondere: Meinungsäußerungsfreiheit

170　　Nach der in Deutschland bisher herrschenden Rechtsauffassung werden Marken oder andere Darstellungen, die erkennbar keinerlei Aussagebedürfnisse befriedigen, sondern allein der Absatzsteigerung dienen, nicht nach Art. 5 Abs. 1 GG geschützt (BGH NJW 1995, 592 (594 f.) – Busengrapscher; NJW 1995, 2488 (2490) – ölverschmutzte Ente; tendenziell anders zur Kunstfreiheit BGH GRUR 2005, 583 – Lila Postkarte).

171　　Dem EGMR zufolge setzt das in Art. 10 EMRK normierte Recht auf freie Meinungsäußerung der Kontrolle privater wie auch kommerzieller Kommunikation verfassungsrechtlich zu garantierende Grenzen (zB EGMR IIC 1990, 680 – markt intern). Dies gilt auch für ausschließlich zu Werbezwecken erfolgende Äußerungen (EGMR BeckRS 2018, 1149 Rn. 62 – Maria und Josef) sowie für die Beurteilung absoluter Schutzhindernisse (EGMR 25.8.2015 – 55153/12, BeckRS 2015, 130228 Rn. 43 – Constantin Dor/Rumänien).

172　　Die Grundrechtecharta regelt den Schutz der Informations- und Meinungsäußerungsfreiheit in Art. 11 GRCh. Der EuGH hat klargestellt, dass diese Vorschrift ua bei der Prüfung der Zurückweisung von Marken wegen Verstoßes gegen die öffentliche Ordnung oder die guten Sitten zu beachten ist (§ 8 Abs. 2 Nr. 5; Art. 7 Abs. 1 lit. f UMV; EuGH C-240/18 P, GRUR 2020, 395 Rn. 56 – Constantin Film Produktion/EUIPO mAnm Berlit („Fack ju Göhte"); s. dazu auch Endrich-Laimböck/Schenk IIC 2020, 529).

172.1　　Anders als der EuGH (und ähnlich wie der BGH in seiner bisherigen Rechtsprechung; → Rn. 170) hatte das EuG in seiner Entscheidung zur Eintragung der Marke „Fack ju Göhte" erklärt, dass im Markenrecht im Gegensatz zu den Bereichen der Kunst, der Kultur und der Literatur der Schutz der freien Meinungsäußerung „nicht besteht" (EuG T-69/17, GRUR RR-2018, 146 Rn. 29 – Constantin Film Produktion/EUIPO). Damit bestätigte das EuG die Rechtsauffassung des EUIPO, das sich im Verfahren entsprechend geäußert hatte. Dieser Auffassung hat der EuGH eine klare Absage erteilt, die künftig auch im deutschen Recht zu beachten sein dürfte (→ § 8 Rn. 730). Ob und wie sich dies in der Praxis auswirkt, ist allerdings unklar. So hat der EuGH im konkreten Fall nicht weiter ausgeführt, was dieser Gesichtspunkt für die Entscheidungsfindung bedeutet; die Aufhebung der Entscheidung des EuG wurde vielmehr damit begründet, dass das EuG die maßgeblichen Aspekte nicht umfassend genug ermittelt und insbesondere den sozialen Kontext außer Acht gelassen hatte (EuGH 240/18 P, GRUR 2020, 395 Rn. 46 ff. – Constantin Film Produktion/EUIPO).

172.2　　Der Supreme Court der USA hat in zwei aufsehenerregenden Entscheidungen das gesetzliche Eintragungsverbot für herabsetzende („disparaging") und sittenwidrige Marken für verfassungswidrig erklärt, da sie zu „meinungsbasierten" Entscheidungen und damit zu Zensur führen könnten (U.S. Supreme Court GRUR Int 2017, 873 – Matal v. Tam (Slants); 2019, 1074 – Iancu v. Brunetti (FUCT); → § 8 Rn. 743.1 mwN; Endrich-Laimböck GRUR Int 2019, 1028).

3. Fazit

173　　Der Schutz der eigentumsrechtlichen Position der Inhaber von Immaterialgüterrechten setzt den Befugnissen von Gesetzgebung und Rechtspraxis Schranken, soweit durch deren Ausübung die den Rechtsinhabern zugewiesenen Verwertungsmöglichkeiten entzogen oder beeinträchtigt werden. Für das Markenrecht sind insoweit die Besonderheiten zu beachten, die dieses Rechtsgebiet gegenüber den anderen Immaterialgüterrechten prägen. Unter dem besonderen Schutz der Grundrechte auf nationaler wie europäischer Ebene steht somit der **Wesenskern** von Marken, zur Identifizierung und Unterscheidung von Waren und Dienstleistungen nach Maßgabe ihrer betrieblichen Herkunft zu dienen. Inwieweit ein über diesen Wesenskern hinausgehender Schutz gewährt wird, ist hingegen nicht durch die Eigentumsgarantie festgelegt; insoweit verbleibt dem Gesetzgeber ein weitgehender Gestaltungsspielraum. Dies hindert nicht die Feststellung, dass einmal gewährte Rechtspositionen, auch wenn sie nicht in den Kernbereich des Schutzes fallen, nicht ohne weiteres entzogen werden können.

174　　Ferner bleibt zu beachten, dass die Rechte des geistigen Eigentums ebenso wie andere aufgrund der Eigentumsklausel geschützte Rechtspositionen aus Gründen des **öffentlichen Wohls** eingeschränkt werden können. Die Reichweite des Schutzes ist ferner stets gegen die gleichfalls geschützten Rechte anderer abzuwägen, wie insbesondere gegen das Recht auf Meinungs- und Informationsfreiheit und die Freiheit der Kunst (s. BGH GRUR 2005, 583 – Lila Postkarte; Born GRUR 2006, 192; Rohnke/Jonas/Bott/Asschenfeldt GRUR Int 2005, 419; s. auch Erwägungsgrund 27 MRL).

E. Internationales Markenrecht

I. Allgemeines

1. Bedürfnis für internationale Regelungen

Der Überbau des internationalen Rechts spielt im Immaterialgüterrecht eine deutlich größere **175** Rolle als in den meisten anderen Rechtsgebieten. Dies beruht auf einer Reihe von Faktoren: Zum einen erleichtert die **unkörperliche Natur** der Rechte die Verbreitung und Ausnutzung der Schutzgüter in weitem Ausmaß; nationale Grenzen bilden insoweit kein nennenswertes Hindernis. Auf der anderen Seite ist der Hoheitsbereich, innerhalb dessen Schutz gewährt wird, mit dem Territorium einzelner Staaten – ausnahmsweise auch Staatengemeinschaften – identisch, in denen oder für die der Schutz erworben wurde (Territorialitätsprinzip). Die Wirksamkeit des Schutzes außerhalb des eigenen Territoriums kann nur durch zwischenstaatliche Vereinbarungen gesichert werden.

Anfangs wurden diese Vereinbarungen zumeist in der Form bilateraler Verträge auf der Basis **176** von Gegenseitigkeit getroffen. Diese Form der Regelung erwies sich jedoch als **zu schwerfällig,** um dem wachsenden Bedürfnis nach rechtlicher Absicherung grenzüberschreitender Geschäftstätigkeit gerecht zu werden. Da sich zudem die Erkenntnis durchsetzte, dass die anerkennungslose Ausbeutung im Ausland hervorgebrachter Leistungen zu gegenseitigem Misstrauen sowie zur Blockade von Wissens- und Informationsaustausch und freiem Handel führte und damit allen schadete, wurde mit dem Abschluss der PVÜ und der RBÜ in den Jahren 1883 und 1886 der Grundstein für das heutige System des internationalen Immaterialgüterrechts gelegt.

Den Anstoß für die Entwicklung eines robusten, multilateralen Systems zum gegenseitigen Schutz von **176 1** gewerblichen Schutzrechten haben ua die Erfahrungen im Zusammenhang mit der Weltausstellung in Wien im Jahre 1873 geliefert: Zahlreiche Länder zögerten mit ihrer Teilnahme, da sie aufgrund der damaligen Rechtslage befürchten mussten, dass die vorgestellten Erfindungen gegenüber Nachahmungen schutzlos bleiben würden. Kurzfristige Abhilfe wurde durch eine spezielle Gesetzgebung zum zeitweiligen Schutz der Patente und Marken aller an der Ausstellung teilnehmenden Ausländer geschaffen. Ferner wurde im gleichen Jahr der Wiener Kongress zur Reform des internationalen Patentrechts einberufen, auf dem eine Reihe von Grundsätzen eines künftigen internationalen Patentrechtssystems erarbeitet wurde. Es folgte der Internationale Kongress zum gewerblichen Rechtsschutz in Paris (1878), der die Einberufung einer Diplomatischen Konferenz zur Schaffung der Grundlagen einheitlicher Gesetzgebung im Bereich des gewerblichen Rechtsschutzes forderte. Die französische Regierung nahm sich dieser Aufgabe an und versandte einen Entwurf zur Schaffung eines internationalen Verbands zum Schutz des gewerblichen Eigentums, mit der Einladung zur Teilnahme an einer vorbereitenden internationalen Konferenz im Jahre 1880. Bereits bei jener Konferenz wurden wesentliche Bestimmungen beschlossen, die noch heute den Kern der PVÜ ausmachen. Die PVÜ wurde schließlich 1883 bei einer Diplomatischen Konferenz in Paris von elf Staaten angenommen: Belgien, Brasilien, El Salvador, Frankreich, Guatemala, Italien, den Niederlanden, Portugal, Serbien, Spanien und der Schweiz. Zum Zeitpunkt des Inkrafttretens am 7.7.1884 waren ferner auch das Vereinigte Königreich, Tunesien und Ecuador beigetreten. Der Beitritt Deutschlands erfolgte zum 1.5.1903. Die Anzahl der PVÜ-Mitglieder beläuft sich gegenwärtig auf 176 (der jeweils aktuelle Stand der Mitglieder ist abrufbar unter http://www.wipo.int/treaties/en/ShowResults.jsp?lang=en&treaty_id=2).

2. Arten von Abkommen

Eine wesentliche Aufgabe internationaler Abkommen im Bereich des Immaterialgüterrechts **177** besteht in der Festlegung **materieller Grundsätze,** die die teilnehmenden Staaten im Umgang mit Angehörigen anderer Mitgliedstaaten zu beachten haben. Die insoweit für den gewerblichen Rechtsschutz nach wie vor gültigen Regeln der PVÜ wurden zuletzt durch das 1994 abgeschlossene TRIPS-Abkommen verstärkt, das zu einer deutlichen Anhebung von Schutzniveau und Dichte international verbindlicher Vorschriften geführt hat.

Sowohl PVÜ als auch RBÜ gestatten ihren Mitgliedern den Abschluss von Sonderabkommen **178** für bestimmte Zwecke (Art. 19 PVÜ; Art. 20 RBÜ). Hierzu zählen im Fall der gewerblichen Schutzrechte (Marken, Patente, Design etc) insbesondere die Abkommen über die **internationale Registrierung,** die den Erwerb von Schutzrechten in einer Vielzahl von Ländern erleichtern. Die für das Markenrecht einschlägigen Regelungen finden sich im Madrider Markensystem, das 1891 durch das MMA begründet wurde und das heute vor allem in der Form des PMMA (1989) praktische Bedeutung besitzt (→ Rn. 209 ff.).

179   Eine weitere praktisch bedeutsame Form internationaler Abkommen sind die **Klassifikations-abkommen,** die der Vereinheitlichung der bei nationalen und regionalen Ämtern für die Einteilung von Anmeldungen und Eintragungen geltenden Ordnungsschemata dienen. Für Marken gilt insoweit das NKA (→ Rn. 214).

180   Eine Mittelstellung zwischen den materiellen Regelungen der PVÜ und TRIPS auf der einen und dem Madrider System auf der anderen Seite nimmt schließlich der Markenrechtsvertrag (TLT) ein, dem 2006 der Vertrag von Singapur (STLT) folgte. In diesen Verträgen geht es um die Vereinheitlichung bzw. Begrenzung der für die Anmeldung und Eintragung von Marken geltenden **Formalitäten** (→ Rn. 218 ff.).

180.1   In der PVÜ (Art. 1, 10 PVÜ) sowie in TRIPS (Art. 22–24 TRIPS) werden auch **geographische Herkunftsangaben** bzw. Ursprungsbezeichnungen zum Bereich des Immaterialgüterrechts gezählt. Dem Schutz solcher Bezeichnungen gelten eine Reihe weiterer internationaler Abkommen. Dies betrifft ua das Madrider Abkommen über die Unterdrückung falscher oder irreführender Herkunftsangaben auf Waren (1891), dem Deutschland 1925 beigetreten ist, sowie das Lissaboner Abkommen über den Schutz von Ursprungsbezeichnungen und ihre internationale Registrierung (LUA (1958)). Dem LUA ist Deutschland nicht beigetreten. 2015 wurde jedoch mit der Genfer Akte eine Neufassung des LUA (GenfA-LUA) beschlossen, dem die EU durch Beschluss vom 7.10.2019 (Beschluss (EU) 2019/1754, ABl. 2019 L 271, 12) beigetreten ist. Die GenfA-LUA ist am 26.2.2020 in Kraft getreten und wurde damit in der gesamten EU verbindlich (zu Einzelheiten → § 8 Rn. 887 ff.). Ferner gelten in diesem Bereich eine Anzahl bilateraler Abkommen zwischen der EU und ihren Handelspartnern → § 8 Rn. 884. Auf Einzelheiten des internationalen Schutzes geographischer Herkunftsangaben wird im Folgenden nicht eingegangen (→ § 126 Rn. 2 f.).

180.2   In einem speziellen internationalen Abkommen ist der Schutz der Olympischen Symbole geregelt (Vertrag von Nairobi zum Schutz des olympischen Symbols, 1981). Deutschland ist nicht Mitglied dieses Vertrages; gleichwertigen Schutz bietet jedoch das Gesetz zum Schutz des olympischen Emblems und der olympischen Bezeichnungen (OlympSchG) von 2004.

3. Allgemeine Grundsätze

181   **a) Inländerbehandlung.** Das Grundprinzip des internationalen Markenrechts wie auch des internationalen Immaterialgüterrechts insgesamt besteht in der Verpflichtung der Mitgliedstaaten auf das Prinzip der Inländerbehandlung (Art. 2 PVÜ; s. auch Art. 3 TRIPS). Angehörige anderer Verbandsländer müssen in rechtlicher Hinsicht den Angehörigen des Mitgliedslandes gleich gestellt werden, für das im konkreten Fall Schutz begehrt wird.

182   Ausnahmen hiervon sind nur insoweit zulässig, als sie Regelungen des **gerichtlichen oder Verwaltungsverfahrens** betreffen. Dazu zählt insbesondere die nach dem Recht des Schutzlandes ggf. bestehende Verpflichtung, für solche Verfahren einen im Schutzland ansässigen Vertreter zu benennen. Während solche Regelungen nach Art. 2 Abs. 3 PVÜ ohne weiteres zulässig sind, schränkt Art. 3 Abs. 2 TRIPS diese Möglichkeit insoweit ein, als Ausnahmen vom Prinzip der Inländerbehandlung auch in Verfahrensfragen nur unter der Voraussetzung zulässig sind, dass sie zur Einhaltung von Gesetzen und Vorschriften notwendig sind, die ihrerseits nicht gegen TRIPS verstoßen, und die nicht zu einer verschleierten Handelsbeschränkung führen.

183   **b) Mindestschutz.** Neben dem Prinzip der Inländerbehandlung, das generell der Verhinderung von Diskriminierungen dient und bereits dadurch den Angehörigen anderer Verbandsländer ein gewisses Minimum an Schutz garantiert, legen PVÜ und TRIPS auch eine Reihe materieller Grundsätze fest, die dem von den Abkommen begünstigten Personenkreis ein verbindliches **Mindestmaß an materiellem Schutz** zusichern. Diese Mindestregeln gelten unabhängig vom Prinzip der Inländerbehandlung; sie müssen also auch dann eingehalten werden, wenn das nationale Recht selbst ein geringeres Ausmaß an Schutz vorsieht.

184   Obwohl sie lediglich den von dem Abkommen Begünstigten zugutekommen und nicht zu einer allgemeinen Harmonisierungsverpflichtung führen, wirken sich die Mindestschutz-Regelungen in der Praxis im Sinne einer **internationalen Harmonisierung** des materiellen Rechts aus. Dies gilt insbesondere für das TRIPS-Abkommen mit seinen detaillierten Regelungen, die den gesetzgeberischen Spielraum der Mitgliedsländer zum Teil erheblich einengen.

184.1   Dass die Mitgliedstaaten der nationalen Abkommen über das in den Mindestbestimmungen festgelegte Schutzniveau hinausgehen können, ergibt sich aus dem Gesamtkonzept der Regelung; so ist insbesondere der Grundsatz der Inländerbehandlung vor dem Hintergrund sinnvoll und wichtig, dass die nationalen Vorschriften einen inhaltlich weitergehenden Schutz vorsehen. In Art. 1 Abs. 1 S. 2 TRIPS wird dieser

Grundsatz explizit festgelegt; allerdings gilt dies nur insoweit, als der weitergehende Schutz dem TRIPS-Abkommen nicht zuwiderläuft.

c) Begünstigter Personenkreis. Vom Prinzip der Inländerbehandlung ebenso wie von den 185 Mindestregelungen der PVÜ und TRIPS werden in erster Linie die **Angehörigen anderer Verbandsländer** begünstigt (Art. 2 PVÜ, Art. 3 TRIPS). Bei natürlichen Personen ist insoweit der formelle Aspekt der Staatsangehörigkeit ausschlaggebend; bei juristischen Personen ist die Qualifizierung nach den Rechtsvorschriften des Landes vorzunehmen, in dem der Schutz begehrt wird (Bodenhausen PVÜ Art. 2 Abs. 1 lit. a S. 20). Den Angehörigen von Verbandsländern gleichgestellt sind ferner Personen und Unternehmen, deren Lebensumstände und/oder Geschäftstätigkeit enge und dauerhafte Bezugspunkte zu dem Verbandsland aufweisen. Nach Art. 3 PVÜ gilt dies für Personen, die ihren Wohnsitz oder eine Geschäftsniederlassung in dem Verbandsland haben, soweit diese nicht nur zum Schein besteht.

d) Meistbegünstigungsgrundsatz. Das Prinzip der Inländerbehandlung wurde in Art. 4 186 TRIPS um das Prinzip der **Meistbegünstigung** ergänzt. Während der Inländerbehandlungsgrundsatz die Diskriminierung von Personen aufgrund ihrer Zugehörigkeit zu anderen Verbandsländern verbietet, verhindert das aus dem internationalen Handelsrecht stammende Meistbegünstigungsprinzip die Diskriminierung im Verhältnis zwischen verschiedenen Staaten, die demselben Handelssystem angehören: Vergünstigungen, die einem Staat eingeräumt werden, müssen sofort und bedingungslos auch den anderen zur Verfügung gestellt werden (Art. 4 Abs. 1 TRIPS).

Ausgenommen von dieser Verpflichtung sind (ua) Vergünstigungen und Sonderrechte, die 187 sich aus internationalen Übereinkünften zum Schutz des geistigen Eigentums ergeben, soweit diese dem Rat für TRIPS notifiziert werden, vor dem Inkrafttreten des TRIPS-Abkommens in Kraft getreten sind und keine willkürliche oder ungerechtfertigte Diskriminierung von Angehörigen anderer Mitgliedsländer darstellen (Art. 4 Abs. 1 lit. d TRIPS).

Einen Anwendungsfall stellte Art. 5 des deutsch-schweizer Abkommens betreffend den gegenseitigen 187.1 Patent-, Muster- und Markenschutz vom 13.4.1892 dar (s. dazu Fezer Int. MarkenR Rn. 41 ff.). Danach entstanden die Rechtsnachteile mangelnder Benutzung eines Schutzrechts (einschließlich von Marken) nicht, soweit die Benutzung im jeweils anderen Vertragsstaat vorgenommen wurde. Die Vorschrift wurde nach Art. 4 Abs. 1 lit. d TRIPS notifiziert; sie verblieb somit bis zu ihrer Kündigung (→ Rn. 187.2) in Kraft und führte dazu, dass die Benutzung einer Marke in der Schweiz (unabhängig von der Nationalität des Inhabers) für die Aufrechterhaltung des Rechts in derselben Weise berücksichtigt wurde, wie dies bei einer Benutzung in Deutschland der Fall wäre.

Die Regelung des deutsch-schweizer Abkommens wurde vom EuGH für unvereinbar mit Art. 12 187.2 Abs. 1 MRL 2008/95 erklärt ((EuGH C-720/18, GRUR 2020, 1301, Rn. 66 – Ferrari/DU (Testarossa); s. auch bereits zu Art. 15 UMV EuGH C-445/12 P, GRUR Int 2014, 161 – Rivella/HABM (BASCAYA)). Trotz des sich daraus ergebenden Widerspruchs zum Unionsrecht blieb das Abkommen gemäß Art. 351 AEUV solange in Kraft, bis die Unvereinbarkeit durch vertragsgerechte Kündigung des Abkommens beseitigt werden konnte (EuGH C-720/18, GRUR 2020, 1301, Rn. 72 – Ferrari/DU (Testarossa). Die Kündigung des Abkommens durch Deutschland erfolgte durch Note vom 30.4. und 29.12 2021 und trat am 31.5.2022 in Kraft. Zum Außerkrafttreten des Abkommens s. auch die Mitteilung von Freischem GRUR 2022, 1199.

Im Bereich des Immaterialgüterrechts kommt dem Meistbegünstigungsgrundsatz im Regelfall 188 nur **geringe Bedeutung** zu, da und soweit die gegenüber anderen Mitgliedsländern eingegangenen Verpflichtungen zur Einführung oder Änderung gesetzlicher Vorschriften führen, die bereits aufgrund des Inländerbehandlungsgrundsatzes allen Angehörigen anderer Verbandsländer zugutekommen würde. Ausnahmen werden nur in wenigen Fällen relevant.

Von Seiten Deutschlands wurden unter Art. 4 lit. d TRIPS sämtliche multilateralen und bilateralen 188.1 Verträge mit Bestimmungen zum Schutz von Immaterialgüterrechten notifiziert, in denen Deutschland Mitglied ist; darunter eine Reihe von Gegenseitigkeitsverträgen zum Schutz von Immaterialgüterrechten vom Beginn des vergangenen Jahrhunderts, die vor dem Beitritt zu PVÜ und RBÜ abgeschlossen wurden; s. WTO-Dokumente IP/N/4/DEU/1, IP/N/4/DEU/2 und IP/N/4/DEU/3. Dazu zählte auch die in einem Abkommen mit der Schweiz enthaltene (inzwischen gekündigte → Rn. 187.2) Regelung, der zufolge Benutzungshandlungen in der Schweiz als ernsthafte Benutzung iSd Vorschriften über den Benutzungszwang darstellen (→ Rn. 187.1).

4. Institutionen

189 Die Verwaltung der internationalen Abkommen im Bereich des Immaterialgüterrechts, PVÜ und RBÜ mit ihren Nebenabkommen, oblag zunächst den Vereinigten Internationalen Büros für Geistiges Eigentum (Bureaux Internationaux Réunis pour la Propriété Intellectuelle, BIRPI) mit Sitz in Bern. Seit 1971 liegt die zentrale Zuständigkeit in Fragen des internationalen Immaterialgüterrechts bei der 1967 als Sonderorganisation der UNO in Genf gegründeten **WIPO**. Neben der Administration der internationalen Eintragung von Schutzrechten zählt zu den Aufgaben der WIPO insbesondere die Vorbereitung von Revisionskonferenzen der PVÜ und RBÜ sowie der auf deren Grundlage abgeschlossenen Sonderabkommen, sowie darüber hinaus die Erfüllung von Aufgaben, die der WIPO von ihren Mitgliedsländern im Hinblick auf die Fortentwicklung des Systems des internationalen Immaterialgüterrechts zugewiesen werden. Die Behandlung spezifischer Themen wird fortlaufend in Ständigen Ausschüssen betrieben; Entscheidungen über den Abschluss neuer oder die Änderung bestehender Abkommen erfolgen im Rahmen Diplomatischer Konferenzen.

189.1 Zu den von der WIPO wahrgenommenen Aufgaben gehören auch Etablierung und Betrieb des Zentrums für Schieds- und Schlichtungsverfahren in Immaterialgütersachen, in dessen Rahmen auch Domainnamen-Streitigkeiten nach Maßgabe der ICANN-UDRP behandelt werden (→ Rn. 228).

190 Für die mit dem TRIPS-Abkommen zusammenhängenden Aufgaben ist die **WTO** zuständig, die ihren Sitz ebenfalls in Genf hat. Die Aufsicht über die Einhaltung des Abkommens ebenso wie Entscheidungen über dessen Weiterentwicklung obliegt dem aus Vertretern der Mitgliedsländer zusammengesetzten „Rat für TRIPS". Die laufenden Geschäfte werden auf Ministerialebene behandelt.

5. Sanktionierung von Verstößen

191 Mit dem Beitritt zu einem internationalen Abkommen **verpflichten** sich die vertragschließenden Parteien zur Einhaltung der damit übernommenen Verbindlichkeiten. Da und soweit es an einem einheitlichen, übergeordneten Gerichtssystem fehlt, bleibt die mangelnde Einhaltung dieser Verpflichtungen jedoch häufig ungeahndet.

192 Dem Grunde nach kann bei Verstößen gegen internationale Verpflichtungen der seit 1945 bestehende **IGH** in Den Haag angerufen werden. Es besteht jedoch keine automatische Zuständigkeit des IGH für die Nichteinhaltung internationaler Verträge; die Möglichkeit, den IGH in solchen Fällen anzurufen, muss vielmehr in dem Vertragswerk selbst festgeschrieben werden. Entsprechende Bestimmungen sind sowohl in der PVÜ (Art. 28 PVÜ) als auch in der RBÜ (Art. 33 RBÜ) enthalten. Verstöße gegen die beiden Abkommen sind jedoch noch niemals vor dem IGH verhandelt worden.

193 Von wesentlich größerer Bedeutung und Effizienz ist das **Sanktionssystem des WTO/ TRIPS-Abkommens.**

193.1 Im Fall von Verstößen kann sich jedes Mitgliedsland an den Rat für TRIPS wenden, um Konsultationen mit dem betroffenen Staat einzuleiten. Bleiben diese ohne Erfolg, wird ein Verfahren vor dem Streitbeilegungsorgan (Dispute Settlement Body) eingeleitet, das in erster Instanz von einem mit drei Mitgliedern besetzten, ad hoc gebildeten Panel geführt wird. Gegen den Bericht des Panels kann die unterlegene Partei Beschwerde zum Ständigen Beschwerdeausschuss einlegen.

194 Das Verfahren ist aus dem Streitbeilegungsverfahren zum GATT entwickelt worden; es ist jedoch deutlich „gerichtsförmiger" als jenes. Vor allem erlangen Berichte des Panels oder des Ständigen Beschwerdeausschusses bereits dann **Verbindlichkeit,** wenn sie nicht einstimmig im Rat für TRIPS abgelehnt werden, während es im früheren GATT-Verfahren genau umgekehrt war: Der Bericht konnte nur mit den Stimmen aller Mitglieder angenommen werden (zu weiteren Einzelheiten des Verfahrens s. Dörmer IIC 2000, 1; Hohmann EuZW 2000, 421).

195 Als Sanktion für festgestellte Verstöße sieht das WTO-Streitbeilegungsverfahren insbesondere **Strafzölle und sonstige Ausgleichszahlungen,** aber unter Umständen auch Retorsion vor. Dabei müssen die Maßnahmen nicht das gleiche Gebiet betreffen, auf dem der Verstoß festgestellt wurde: So können TRIPS-spezifische Anforderungen an den Schutz von Immaterialgüterrechten unter Umständen ausgesetzt werden, um Verstöße auf anderen Gebieten der Handelspolitik zu sanktionieren.

195.1 Das Markenrecht hat bisher relativ selten Anlass für die Durchführung von WTO-Verfahren gegeben. Bisher sind die folgenden Verfahren geführt worden:

- DS59, Indonesia – Certain Measures Affecting the Automobile Industry: Ein von der indonesischen Regierung aufgelegtes Programm zur Unterstützung der einheimischen Automobilindustrie machte die Inanspruchnahme der Förderung ua davon abhängig, dass das Unternehmen oder Joint Venture eine in indonesischem Besitz befindliche Marke benutzte – Verstoß gegen Art. 3 TRIPS insoweit abgelehnt;
- DS174, European Communities – Protection of Trademarks and Geographical Indications for Agricultural Products and Foodstuffs: Zur Vereinbarkeit verschiedener Reglungen der VO (EG) 2081/92 (jetzt: VO (EU) 1151/2012; → § 130 Rn. 2; → § 130 Rn. 2) mit (ua) Art. 3 TRIPS und Art. 16 TRIPS – Verstoß gegen Art. 3 TRIPS bejaht; gegen Art. 16 TRIPS mit Hinweis auf Art. 17 TRIPS verneint;
- DS176, United States – Section 211 Omnibus Appropriations Act of 1998: Beschwerde wegen amerikanischer Gesetzgebung über den Schutz und die Verwertung von Marken, die im Zuge der kubanischen Revolution enteignet worden waren – Verstoß gegen Art. 3 TRIPS zum Teil bejaht; Verstöße gegen Art. 6bis und 6^{quinqies} PVÜ verneint;
- DS362, China – Measures Affecting the Protection and Enforcement of Intellectual Property Rights: Zur Frage ausreichender (strafrechtlicher) Sanktionierung von Immaterialgüterrechtsverletzungen in China – Verstoß teilweise bejaht.
- DS434, 435, 441, Australia – Certain Measures Concerning Trademarks and Other Plain Packaging Requirements Applicable to Tobacco Products and Packaging: Zur Frage der TRIPS-Kompatibilität der australischen Gesetzgebung zu „Plain Packaging" (→ Rn. 305 ff.).

II. Die einzelnen Abkommen im Überblick

1. PVÜ

a) Allgemeine Grundsätze. Die Regelungen der PVÜ beziehen sich auf den Schutz des **196** gewerblichen Eigentums (Art. 1 Abs. 1 PVÜ). In Art. 1 Abs. 2 PVÜ wird insoweit präzisiert, dass dazu neben Patenten, Gebrauchsmustern und Designs („gewerbliche Muster und Modelle") auch Fabrik- oder Handelsmarken, Dienstleistungsmarken, Handelsnamen, geographische Herkunftsangaben und Ursprungsbezeichnungen sowie schließlich auch benachbarte Bereiche des Rechts gegen Unlauteren Wettbewerb gezählt werden.

Außer den speziell auf die einzelnen Rechte zugeschnittenen Mindestrechten (→ Rn. 198) **197** enthält die PVÜ auch eine Reihe schutzrechtsübergreifender Regelungen. Neben dem Grundsatz der Inländerbehandlung (→ Rn. 181) ist dies vor allem der in Art. 4 PVÜ geregelte **Prioritäts-grundsatz.** Dieser besagt, dass die vorschriftsmäßige Anmeldung von Schutzrechten in einem Verbandsland auch in anderen Verbandsländern prioritätsbegründend wirkt, wenn sie innerhalb eines bestimmten Zeitraums unter Berufung auf die Priorität vorgenommen wird. Für Marken (und Designs) beträgt die Prioritätsfrist sechs Monate. Der Prioritätsgrundsatz der PVÜ ist auch für das MarkenG sowie die UMV maßgeblich (§ 34; Art. 34 UMV).

b) Materielle Vorschriften. Die für Marken und andere Kennzeichen geltenden **Mindest-** **198** **rechte** werden im Folgenden nur stichwortartig erwähnt; soweit sie von größerem praktischem Interesse sind, werden sie unter → Rn. 234 ff. näher behandelt.
- Art. 5 C PVÜ bindet die Löschung von Marken wegen Nichtbenutzung an bestimmte Voraussetzungen; so darf die Löschung erst nach „angemessener Frist" sowie dann vorgenommen werden, wenn keine Rechtfertigungsgründe für die Untätigkeit vorliegen (→ Rn. 296);
- Art. 6 PVÜ bestimmt, dass Marken in verschiedenen Ländern unabhängig voneinander geschützt werden;
- Art. 6bis PVÜ statuiert, dass notorisch bekannte Marken unabhängig von der Eintragung im Schutzland gegen die Eintragung und Benutzung durch Dritte zu schützen sind (→ Rn. 269 ff.);
- Art. 6ter PVÜ normiert ein Eintragungshindernis für Hoheitszeichen, amtliche Prüf- und Gewährzeichen sowie die Zeichen zwischenstaatlicher Organisationen. Zu Einzelheiten → § 8 Rn. 808 und → UMV Art. 7 Rn. 178;
- Art. 6^{quater} PVÜ legt fest, dass – falls die Marke nach nationalem Recht nur zusammen mit dem Geschäftsbetrieb übertragen werden darf – die Übertragung des in dem betreffenden Land befindlichen Betriebsteils ausreichen muss;
- Art. 6^{quinquies} PVÜ gestattet dem Inhaber einer im Ursprungsland rechtsgültig eingetragenen Marke, die Eintragung der Marke in der gleichen Form („telle quelle") auch in anderen Verbandsländern zu verlangen, soweit nicht bestimmte Schutzhindernisse vorliegen (→ Rn. 246 ff.);
- Art. 6^{sexies} PVÜ verlangt den Schutz von Dienstleistungsmarken (→ Rn. 236 ff.);
- Art. 6^{septies} PVÜ gewährt Abwehransprüche gegen Agenten oder Vertreter, die im eigenen Namen unbefugt Marken angemeldet haben (→ § 11 Rn. 1);

- Art. 7 PVÜ stellt klar, dass die Art des Erzeugnisses, für das die Marke benutzt werden soll, keinen Hinderungsgrund für eine Markeneintragung darstellen darf;
- Art. 7bis PVÜ verpflichtet die Mitgliedsländer, Verbandsmarken auch ohne Vorliegen eines Geschäftsbetriebs einzutragen und zu schützen;
- Art. 8 PVÜ bestimmt, dass der Schutz von Handelsnamen nicht von der Eintragung abhängig gemacht werden darf (→ Rn. 287 ff.);
- Art. 9 PVÜ und Art. 10 PVÜ statuieren die Verpflichtung, widerrechtlich mit einer Marke, einem Handelsnamen oder einer geographischen Herkunftsangabe gekennzeichnete Waren bei der Einfuhr zu beschlagnahmen. An die Stelle der Grenzbeschlagnahme können aber auch die Beschlagnahme im Inland oder sonstige, den Angehörigen des Mitgliedslandes zustehende Rechtsbehelfe treten;
- Art. 10bis PVÜ hält die Mitgliedsländer dazu an, Schutz gegen unlauteren Wettbewerb einschließlich von Schutz gegen die Hervorrufung von Verwechslungsgefahr zu gewähren.

2. TRIPS

199 **a) Hintergrund und Grundsätze.** Das TRIPS-Abkommen ist Folge der Einbeziehung von „handelsbezogenen Aspekten des geistigen Eigentums" in die Uruguay-Runde der GATT-Verhandlungen. Hintergrund dafür war, dass die zunehmende Polarisierung der Standpunkte zum Immaterialgüterrecht, die von den industrialisierten Staaten der westlichen Hemisphäre auf der einen und den Entwicklungsländern sowie den Staaten des damaligen Ostblocks auf der anderen Seite eingenommen wurden, zu einer Blockade der Verhandlungen im Rahmen der WIPO geführt hatte. Mit dem Argument, dass die besonders in den 1980er Jahren zu beobachtende Zunahme des Anteils gefälschter oder sonst rechtswidrig hergestellter Produkte am globalen Warenaustausch zu Verzerrungen der Handelsströme führt, wurde das Thema in den Kontext des **internationalen Handelsrechts** überführt. Auf diese Weise konnte das Versprechen erleichterten Marktzugangs als Hebel eingesetzt werden, um die in einer Reihe von Ländern bestehenden Widerstände gegen eine fühlbare Anhebung des Schutzniveaus zu überwinden.

200 Tatsächlich hat das 1994 als Anhang zum WTO-Vertrag beschlossene TRIPS-Abkommen die zuvor geltenden Schutzstandards in allen Bereichen des Immaterialgüterrechts deutlich gesteigert. Dabei baut es auf der PVÜ und der RBÜ in ihrer jeweils letzten Fassung auf; diese müssen von den WTO-Mitgliedern ebenso wie die zusätzlichen, in TRIPS selbst enthaltenen Bestimmungen beachtet werden (sog. **„Paris-"** bzw. **„Bern-Plus"-Ansatz;** Art. 2 bzw. 9 TRIPS).

201 Im Allgemeinen Teil von TRIPS werden ferner die Grundsätze der Inländerbehandlung und der Meistbegünstigung statuiert (→ Rn. 181; → Rn. 186). In Art. 7 und 8 TRIPS sind die **Ziele und Grundsätze** des TRIPS-Abkommens genannt, denen für die Interpretation der den Mitgliedern obliegenden Verpflichtungen unter Umständen erhebliche Bedeutung zukommt.

201.1 Dies gilt allerdings weniger für das Markenrecht als für das Urheber- und insbesondere für das Patentrecht. So haben Art. 7 TRIPS und vor allem Art. 8 TRIPS eine wichtige Rolle im Rahmen des sog. Doha-Prozesses gespielt, der zum Verzicht der WTO-Mitgliedsländer auf die Durchsetzung ihrer Rechte nach Art. 31 lit. f TRIPS geführt hat, um dadurch die Belieferung von Entwicklungsländern mit Medikamenten zur Bekämpfung der Volksseuchen HIV/Aids, Tuberkulose und Malaria zu erleichtern (Hestermeyer GRUR Int 2004, 194 (195)).

202 Keine ausdrückliche Regelung wurde im Hinblick auf den **Erschöpfungsgrundsatz** getroffen. Art. 6 TRIPS stellt insoweit lediglich fest, dass diese Frage vorbehaltlich der Art. 3 TRIPS und Art. 4 TRIPS nicht im Rahmen des Streitbeilegungsverfahrens behandelt werden kann.

203 **b) Materielle Vorschriften zum Markenschutz.** Ebenso wie im Fall der PVÜ (→ Rn. 198) erfolgt an dieser Stelle lediglich eine stichwortartige Aufzählung; zu einzelnen Fragen des materiellen Rechts → Rn. 234 ff.

- Art. 15 TRIPS enthält eine Definition der als Marke eintragbaren Zeichen und begrenzt die zulässigen Eintragungshindernisse (→ Rn. 239 ff.);
- Art. 16 TRIPS bestimmt den Umfang der Rechte, die Marken (mindestens) zu gewähren sind (→ Rn. 265 ff.);
- Art. 17 TRIPS regelt die Zulässigkeit von Schrankenbestimmungen nach Maßgabe eines „Zwei-Stufen-Tests" (→ Rn. 291 ff.);
- Art. 18 TRIPS legt die Schutzdauer von Marken auf mindestens sieben Jahre fest und statuiert, dass Markeneintragungen unbegrenzt verlängert werden können müssen;
- Art. 19 TRIPS enthält Präzisierungen im Hinblick auf den Benutzungszwang (→ Rn. 296 ff.);

- Art. 20 TRIPS verbietet es, die Benutzung von Marken in ungerechtfertigter Weise durch besondere Erfordernisse zu erschweren (→ Rn. 302 ff.);
- Art. 21 TRIPS stellt fest, dass Marken mit oder ohne dazugehörigen Geschäftsbetrieb übertragen werden können müssen und verbietet Zwangslizenzen (→ Rn. 314 ff.).

c) Verfahren und Sanktionen – allgemeine Grundsätze. Das TRIPS-Abkommen geht **204** nicht allein über das materielle Schutzniveau der PVÜ hinaus; das Gleiche gilt auch für die Regelungen im Hinblick auf Verfahren und Sanktionen. So bestimmt Art. 62 TRIPS, dass Verfahren, die zum **Rechtserwerb** führen, innerhalb einer angemessenen Frist durchgeführt werden müssen, um ungerechtfertigte Verkürzungen der Schutzdauer zu vermeiden. Ferner müssen Entscheidungen in solchen Verwaltungsverfahren begründet sein und dürfen das Recht auf rechtliches Gehör nicht verletzen (Art. 62 Abs. 4 TRIPS iVm Art. 41 Abs. 3 und Abs. 4 TRIPS); sie müssen ferner der Überprüfung durch die ordentlichen Gerichte unterliegen (Art. 62 Abs. 5 TRIPS). Art. 15 Abs. 5 TRIPS bestimmt ferner, dass Marken vor oder nach ihrer Eintragung veröffentlicht werden müssen und dass Dritte angemessene Gelegenheit erhalten müssen, die Löschung zu beantragen. Widerspruchsverfahren werden lediglich als Option genannt.

Art. 41 TRIPS statuiert die allgemeinen Pflichten der Mitgliedstaaten im Hinblick auf die **205** **Rechtsdurchsetzung.** Erforderlich sind wirksame Maßnahmen gegen jede Rechtsverletzung, einschließlich von Eilverfahren zur Verhinderung von Verletzungen sowie Rechtsbehelfe zur Abschreckung weiterer Verletzungen. Zu diesem Ziel sind zivilrechtliche, strafrechtliche und verwaltungsrechtliche Sanktionen vorzusehen. Neben Unterlassungs- und Schadensersatzansprüchen (Art. 44 TRIPS; Art. 45 TRIPS) zählen dazu auch Maßnahmen, die die endgültige Entfernung rechtsverletzender Waren vom Markt bewirken, wie insbesondere die Vernichtung (Art. 46 TRIPS). Ansprüche auf Drittauskunft sind als optionale Maßnahme vorgesehen (Art. 47 TRIPS). Einstweilige Maßnahmen müssen von den Zivilgerichten auch ohne vorherige Anhörung des Gegners getroffen werden können, wenn anderenfalls ein wahrscheinlich nicht wiedergutzumachender Schaden entstehen würde oder wenn die Vernichtung von Beweisen droht (Art. 50 Abs. 2 TRIPS); allerdings muss in einem solchen Fall der Gegner unverzüglich nach dem Vollzug der Maßnahme benachrichtigt werden (Art. 50 Abs. 4 TRIPS). In jedem Fall muss nach einer Entscheidung im Einstweiligen Verfahren innerhalb einer kurz bemessenen Frist ein ordentliches Verfahren eingeleitet werden; anderenfalls wird die Maßnahme aufgehoben. Die Parteien können aber stattdessen das Verfahren auch durch Abschlussschreiben übereinstimmend für erledigt erklären.

d) Besondere Regelungen für Pirateriewaren. Den wesentlichen Anlass für den Abschluss **206** des TRIPS-Abkommens bildete die **Zunahme der Markenpiraterie** in den 1980er Jahren. Die effiziente Sanktionierung der Nachahmung von Markenwaren stellt daher ein besonderes Anliegen von TRIPS dar. Um diese Fälle von „normalen" Markenverletzungen zu unterscheiden, enthält Fußnote 14a zu Art. 51 TRIPS eine Definition von „nachgeahmten Markenwaren", die auf die mangelnde Unterscheidbarkeit echter und nachgeahmter Waren abstellt. Im Hinblick auf solche Waren besteht eine Verpflichtung der Mitgliedsländer, Verfahren vorzusehen, die es dem Markeninhaber erlauben, einen Antrag auf Grenzbeschlagnahme zu stellen.

Auf nachgeahmte Markenwaren bezieht sich ferner auch die in Art. 61 TRIPS niedergelegte **207** Verpflichtung, **strafrechtliche Sanktionen** vorzusehen; dies gilt allerdings nur, wenn die Verletzung vorsätzlich sowie in gewerbsmäßigem Umfang erfolgt.

Im WTO-Streitbeilegungsverfahren DS362, China – Measures Affecting the Protection and Enforce- **207.1** ment of Intellectual Property Rights ging es ua um die Frage, ob Regelungen des chinesischen Rechts, die die Strafverfolgung von Markenfälschungen von der Überschreitung gewisser mengenmäßiger Schwellen abhängig machten, mit Art. 41 Abs. 1 und 61 TRIPS vereinbar waren. Das Panel führte insoweit aus, dass die Frage, was unter „gewerbsmäßigem Umfang" von Verletzungen zu verstehen sei, unter Beachtung der konkreten Marktverhältnisse in dem betreffenden Mitgliedsland beurteilt werden müsse, und dass die USA als Beschwerdeführer in dem Verfahren keinen hinreichenden Beweis dafür erbracht hatten, dass die nach chinesischem Recht geltenden Eingriffsschwellen unangemessen waren.

Eine Sonderregel für Piraterieware gilt schließlich auch im Zusammenhang mit **Abhilfemaß-** **208** **nahmen** im Rahmen des Zivilrechts: Bei nachgeahmten Markenwaren reicht die Entfernung der Marke jedenfalls im Regelfall nicht aus, um die von den Produkten ausgehende Gefahr für den Markeninhaber wirksam zu beseitigen (Art. 46 S. 4 TRIPS).

Auch diese Vorschrift war Gegenstand des WTO-Streitbeilegungsverfahrens DS362, China – Measures **208.1** Affecting the Protection and Enforcement of Intellectual Property Rights; in diesem Punkt befand das Panel die chinesische Gesetzgebung für unzureichend.

3. MMA und PMMA

209   **a) Ziele und Grundsätze der internationalen Markeneintragung.** MMA und PMMA verfolgen den Zweck, die **Eintragung von Marken in mehreren Ländern** verwaltungstechnisch zu vereinfachen und kostengünstig zu gestalten. Der ursprünglichen Konzeption des MMA zufolge entfaltete eine auf der Grundlage einer gültigen Markeneintragung im Ursprungsland vorgenommene internationale Registrierung (IR-Marke) in allen Mitgliedsländern die Wirkung einer nationalen Eintragung, wobei die Prüfung und ggf. Zurückweisung der IR-Marke nach Maßgabe des jeweiligen nationalen Rechts vorbehalten blieb. Obwohl das System im Verlauf seines über 100-jährigen Bestehens mehrfach modifiziert und zuletzt durch das PMMA nicht unerheblich verändert wurde, sind die Grundzüge noch heute erkennbar: IR-Marken werden beim Internationalen Büro der WIPO auf der Grundlage einer nationalen Marke oder Markenanmeldung eingetragen und den Behörden der im Antrag auf internationale Registrierung benannten Mitgliedsländer notifiziert. Diese prüfen die Marke, soweit dies im nationalen Recht vorgesehen ist, und entscheiden innerhalb eines Zeitraums, der nach Art. 5 Abs. 2 MMA oder Art. 5 Abs. 2 lit. a–c PMMA ein Jahr oder mehr betragen kann, über die Zurückweisung, die sie ggf. dem Internationalen Büro mitteilen. Detaillierte Bestimmungen, die die Teilnahme am System der internationalen Registrierung regeln, sind in Teil 5 Abschnitte 1 und 2 MarkenG (§ 107 ff. MarkenG) und in Teil XIII UMV (Art. 182 ff. UMV) enthalten; für Einzelheiten → § 107 Rn. 1 ff. und → UMV Art. 182 Rn. 1).

210   **b) Verhältnis von MMA und PMMA.** Das MMA bot vor allem für solche Länder **Vorteile**, die keine oder nur eine eingeschränkte Prüfung von Markenanmeldungen durchführen, während es für Länder mit umfassender Prüfung absoluter und relativer Schutzhindernisse eher ungünstig war. Aus diesem Grund konnten Prüfungsländer wie die USA und Japan, aber auch das Vereinigte Königreich, die nordischen Staaten sowie andere europäische Länder mit Prüfungssystemen nie als Mitglieder des MMA gewonnen werden.

211   Im Zusammenhang mit der Errichtung des Unionsmarkensystems gewann diese Frage an Dringlichkeit. So war von Anfang an geplant, dass eine Verbindung zwischen der UMV und dem Madrider System geschaffen werden sollte, um den Erwerb von Unionsmarken durch eine internationale Registrierung zu ermöglichen sowie umgekehrt die Unionsmarke als Basis für eine internationale Registrierung zu verwenden. Da als Vorbedingung für eine solche Verbindung gewährleistet sein sollte, dass auch die Mitgliedstaaten geschlossen dem Madrider System angehören – und um die Attraktivität der internationalen Registrierung durch die Einbeziehung großer außereuropäischer Handelsnationen zu stärken – wurde mit dem PMMA im Jahre 1989 ein **komplementäres Abkommen** geschaffen, das nicht die für Prüfungsländer nachteiligen Charakteristika des MMA aufwies (v. Mühlendahl/Krieger GRUR Int 1989, 734). Die Erwartungen wurden erfüllt: Abgesehen von dem Beitritt der USA und Japans sowie weiterer dem System der internationalen Eintragung ursprünglich fernstehender Nationen konnte auch die Verbindung zum Unionsmarkensystem hergestellt werden, nachdem ua durch die Anerkennung von Spanisch als dritter Sprache des PMMA ein weiteres Hindernis ausgeräumt worden war (v. Mühlendahl GRUR 2005, 113 (116)).

212   Die wesentlichen **Unterschiede** zwischen MMA und PMMA lassen sich in Form einer Übersichtstabelle wie folgt zusammenfassen:

	MMA	PMMA
Basismarke	Eintragung im Ursprungsland erforderlich (Art. 1 Abs. 2 MMA)	Anmeldung im Ursprungsland genügt (Art. 1 Abs. 2 PMMA)
Verlust der Bestandskraft (bzw. keine Eintragung) der Basismarke innerhalb von fünf Jahren nach internationaler Registrierung	IR-Marke sowie nationale Erstreckungen verfallen; keine Heilung (Art. 6 MMA)	der Markeninhaber kann innerhalb von drei Monaten die Umwandlung in nationale Markenanmeldungen unter Aufrechterhaltung des Prioritätszeitpunkts verlangen (Art. 6 PMMA iVm Art. $9^{quinquies}$ PMMA)

	MMA	PMMA
Frist zur Erklärung der Schutzverweigerung durch nationale Behörden	Zwölf Monate (ein Jahr; Art. 5 Abs. 2 MMA)	12 Monate (Art. 5 Abs. 2 lit. a PMMA), aber: Bei entsprechender Erklärung eines Mitgliedstaates Ausdehnung auf 18 Monate; bei Widerspruchsverfahren kann eine weitere Fristverlängerung erfolgen (Art. 5 Abs. 2 lit. a, b und c PMMA)
Gebühren pro Land der Schutzerstreckung	einheitlicher Anteil an den vom Internationalen Büro erhobenen Ergänzungsgebühren (Art. 8 MMA)	statt eines Anteils an den vom Mitgliedsländer können individuelle Gebühren festsetzen, die die Kostenersparnis durch die internationale Registrierung berücksichtigen müssen (Art. 8 Abs. 7 lit. a PMMA)
Sprachen	Französisch	Französisch, Englisch und Spanisch
Mitglieder	ausschließlich Staaten (Art. 1 MMA: „Verbandsländer")	auch zwischenstaatliche Organisationen (zB EU), (Art. 1, 14 PMMA)
reguläre Dauer der Eintragung (vorbehaltlich Schutzverlängerung)	20 Jahre (Art. 6 MMA)	10 Jahre (Art. 6 PMMA)

MMA und PMMA sind grundsätzlich parallel anwendbar; Staaten können frei entscheiden, ob **213** sie dem MMA, dem PMMA oder beiden angehören wollen. Mit der Zeit ist jedoch das PMMA zum Standard geworden (zum gegenwärtigen Stand der Mitgliedschaft s. http://www.wipo.int/ treaties/en/ShowResults.jsp?lang=en&treaty_id=8). In Art. 9^{sexies} PMMA war zunächst vorgesehen, dass zwischen Mitgliedern beider Abkommen allein das MMA zur Anwendung kommt. Aufgrund einer „eingebauten **Revisionsklausel**" wurde Art. 9^{sexies} PMMA jedoch inzwischen gestrichen; seit dem 1.9.2008 kommt daher zwischen Ländern, die beide dem PMMA angehören, nur noch das PMMA zur Anwendung. Seit dem 31.10.2015 sind sämtliche Mitglieder des MMA auch dem PMMA beigetreten; es gibt somit keine Staaten mehr, die ausschließlich Mitglieder des MMA sind. Wegen des Anwendungsvorrangs des PMMA ist somit regelmäßig von der Anwendbarkeit des PMMA auszugehen (im Einzelnen → § 107 Rn. 1 ff.). Allerdings bestimmt Art. 9^{sexies} PMMA, dass Erklärungen nach Art. 5 Abs. 2 lit. b und c PMMA sowie nach Art. 8 Abs. 7 keine Rechtswirkung entfalten, wenn sie von Staaten abgegeben werden, die sowohl dem MMA als auch dem PMMA angehören (sog. Mischstaaten). Dies bedeutet, dass es in Deutschland bei der Zurückweisungsfrist von einem Jahr bleibt (Art. 5 Abs. 2 MMA, Art. 5 Abs. 2 lit. a PMMA; → § 113 Rn. 12 f.); dasselbe gilt für die Gebühren, die nach wie vor international einheitlich festgelegt sind. Hingegen gelten für die EU sowie eine Reihe von Mitgliedstaaten nach entsprechenden Erklärungen gegenüber dem Internationalen Büro die längeren Fristen nach Art. 5 Abs. 2 lit. b und c PMMA; ferner können dort individuelle Gebühren erhoben werden.

4. Nizzaer Klassifikationsabkommen

Gegenstand des Nizzaer Klassifikationsabkommens (NKA) von 1957 ist die Erarbeitung einer **214** **einheitlichen Einteilung** sämtlicher Waren und Dienstleistungen zum Zweck der Markeneintragung. Die Liste – die Nizzaer Klassifikation – wurde erstmals von der WIPO 1971 veröffentlicht und wird seither regelmäßig aktualisiert. Die Klassifikation umfasst eine Klasseneinteilung, die zum Teil mit erläuternden Anmerkungen versehen ist, sowie eine alphabetische Liste der Waren und Dienstleistungen mit Angabe der Klasse, in welche die einzelnen Waren oder Dienstleistungen eingeordnet sind (Art. 1 Abs. 2 Ziff. i, ii NKA). Die jeweils gültige Version ist auf der Webseite der WIPO veröffentlicht (http://www.wipo.int/classifications/nice/en/classifications.html); sie umfasst derzeit 34 Waren- und elf Dienstleistungsklassen (Klassen 35–45).

Außer von den Mitgliedsländern des NKA, zu denen neben Deutschland mit wenigen Ausnah- **215** men auch die anderen EU-Mitgliedstaaten gehören, wird die Nizzaer Klassifikation auch von einer Reihe weiterer Staaten (ua Malta und Zypern) sowie von den **Ämtern zwischenstaatlicher**

Organisationen angewandt; zu den letzteren zählen ua das Benelux-Markenamt sowie das EUIPO.

216   Nach Art. 2 Abs. 1 NKA bleibt es den Mitgliedsländern selbst überlassen, welche Wirkung sie der Klassifizierung zuschreiben. Insbesondere ist im internationalen Recht **keine Bindungswirkung** hinsichtlich der Beurteilung des Schutzumfangs der Marke vorgesehen. Entsprechendes gilt auch für das deutsche Recht sowie für das Unionsmarkenrecht; in beiden erfolgt die Beurteilung der Ähnlichkeit der Waren und Dienstleistungen sowie der Verwechslungsgefahr grundsätzlich unabhängig von der Klassifikation. Zur Klarstellung ist dieser Grundsatz ist nunmehr ausdrücklich in § 9 Abs. 3 sowie § 14 Abs. 2 S. 2 (Art. 39 Abs. 7 MRL) und Art. 33 Abs. 7 UMV verankert worden. Dennoch kommt der Klassifizierung insbesondere im verwaltungsrechtlichen Verfahren unter Umständen erhebliche Bedeutung für die Bemessung des Schutzbereichs zu; dies gilt insbesondere dann, wenn davon ausgegangen wird, dass sich die Markeneintragung auf sämtliche Waren oder Dienstleistungen in einer oder mehreren Klassen erstreckt.

217   Die praktischen Auswirkungen der Handhabung der Klassifizierung durch die nationalen Ämter und insbesondere durch das EUIPO bildeten den Hintergrund für die Entscheidung des EuGH im Fall IP-Translator (EuGH C-307/10, EuZW 2012, 747 mAnm Ebert-Weidenfeller/Schmüser). Die Entscheidung betrifft insbesondere das EUIPO (→ UMV Art. 33 Rn. 4 ff.). Zum deutschen Recht → § 32 Rn. 61 ff.

5. Markenrechtsvertrag (TLT) und Vertrag von Singapur (STLT)

218   **a) Ziel und Grundsätze des TLT.** Während sich das wissenschaftliche Interesse an der Rechtsvereinheitlichung häufig auf die „großen" Fragen des materiellen Rechts konzentriert, sind es in der Praxis häufig die Unterschiede in den wenig spektakulären Aspekten des Eintragungsverfahrens, die den Markenschutz im Kontext grenzüberschreitender Geschäftstätigkeit erschweren. Belastend kann es insbesondere sein, wenn die Anmeldung und Aufrechterhaltung von Marken durch Personen oder Unternehmen mit (Wohn)Sitz außerhalb des Schutzlandes durch ein hohes Maß an **Formalitäten** erschwert werden.

219   Der Markenrechtsvertrag (TLT; http://www.wipo.int/treaties/en/ip/tlt/) verfolgt das Ziel, insoweit Abhilfe zu schaffen. So wird in Art. 3 TLT ein **abschließender Katalog** von Angaben aufgestellt, die vom Anmelder einer Marke verlangt werden können. Dies sind das Eintragungsgesuch, Angaben zur Identität und Adresse des Anmelders und ggf. seines Vertreters (Art. 3 Abs. 1 lit. a Ziff. i–vi TLT), ggf. Erklärungen zur Priorität (Art. 3 Abs. 1 lit. a Ziff. vii–viii TLT), Angaben zur Art der Marke einschließlich einer gewissen Anzahl von Abbildungen (Art. 3 Abs. 1 lit. a Ziff. ix–xiv TLT), Angaben zur Klassifizierung nach Maßgabe des NKA (Art. 3 Abs. 1 lit. a Ziff. xv TLT), die Unterschrift des Anmelders (Art. 3 Abs. 1 lit. a Ziff. xvi TLT iVm Art. 3 Abs. 4 TLT) sowie, falls nach nationalem Recht erforderlich, Erklärungen zur beabsichtigten oder tatsächlichen Nutzung der Marke (Art. 3 Abs. 1 lit. a Ziff. xvii, lit. b, Abs. 6 TLT). Andere als die in diesem Katalog aufgeführten Erfordernisse dürfen nicht aufgestellt werden. Ausdrücklich ausgeschlossen wird ua die Erforderlichkeit von Nachweisen für die Ausübung einer Geschäftstätigkeit des Anmelders, sei es generell oder im einschlägigen Waren- oder Dienstleistungssektor (Art. 3 Abs. 7 Ziff. ii, iii TLT).

220   Weitere **praktische Erleichterungen** des Eintragungsverfahrens, zu deren Einhaltung sich die Mitglieder des TLT (→ Rn. 219) verpflichten, betreffen die Möglichkeit, Sammeleintragungen von Marken vorzunehmen, die sich auf unterschiedliche Waren- und Dienstleistungsklassen beziehen (Art. 3 Abs. 5 TLT; Art. 6 TLT), sowie die Zulassung der Teilung von Anmeldungen (Art. 7 TLT). Verfahrensmäßige Erleichterungen gelten auch für die Vornahme von Änderungen des Markenregisters im Fall von Adressen- oder Inhaberwechsel (Art. 10 TLT; Art. 11 TLT), für Berichtigungen des Registers (Art. 12 TLT) sowie für Verlängerungen (Art. 13 TLT). Von großer praktischer Bedeutung ist ferner, dass eine uneingeschränkt eingeräumte Vertretungsvollmacht bis zum Widerruf gilt und bei Vornahme jedes einzelnen Aktes wiederholt werden muss (Art. 4 Abs. 3 lit. b TLT). Die Beglaubigung von Unterschriften darf – außer im Fall des Verzichts auf die Eintragung – nicht verlangt werden (Art. 8 Abs. 4 TLT).

220.1   Der TLT enthält (ebenso wie der Vertrag von Singapur (STLT; → Rn. 221 ff.) in seinem Anhang eine Reihe von Formularen, bei deren Verwendung – wenn sie in der amtlichen Sprache des jeweiligen Amtes erfolgt – die Ämter der Mitgliedsländer die entsprechenden Anträge nicht wegen unzureichender Erfüllung von Formvorschriften zurückweisen dürfen.

220.2   Deutschland ist dem TLT mit Wirkung zum 16.10.1994 beigetreten. Von der EU wurde der Vertrag am 30.6.1995 unterzeichnet; ein Beitritt ist bisher nicht erfolgt. Dennoch finden die Regelungen des TLT auch im Gemeinschaftsrecht Beachtung

b) Erweiterung durch den Vertrag von Singapur (STLT). Der STLT baut auf dem TLT 221 (→ Rn. 219) auf und **erweitert** ihn in mehrfacher Hinsicht. So wird zum einen den veränderten Kommunikationsmöglichkeiten des digitalen Zeitalters Rechnung getragen: Den Mitgliedern wird gestattet, die für die Kommunikation mit ihren Behörden geltenden Form der Mitteilungen festzulegen (Art. 8 STLT). Während der TLT Hologramm-Marken sowie nicht sichtbare Marken wie insbesondere Hörmarken und olfaktorische Marken von seinem Geltungsbereich ausschließt (Art. 2 Abs. 1 TLT), bezieht sich der Vertrag von Singapur auf alle nach dem nationalen Recht der Mitgliedstaaten geschützten Zeichenformen. Die Anforderungen, die an die bei der Anmeldung von Hologramm-Marken, Bewegungsmarken, Positionsmarken und Farbmarken sowie von nicht sichtbaren Zeichenformen gestellt werden können, sind in Regel 3 Abs. 5 und 6 AusfO STLT erfasst.

Durch einen ergänzenden Beschluss zum STLT wurde klargestellt, dass der Beitritt keine Verpflichtung 221.1 begründet, (a) nicht-konventionelle Markenformen zu schützen oder (b) die technische Infrastruktur für elektronische Markenanmeldungen zur Verfügung zu stellen.

Praktisch bedeutsam ist ferner, dass mit Art. 14 in den STLT eine Vorschrift eingefügt wurde, 222 die die Mitgliedsländer dazu verpflichtet, **Abhilfemöglichkeiten bei Fristversäumung** zu schaffen; sei es durch einfache Fristverlängerung oder durch die Wiedereinsetzung im Fall eines unbeabsichtigten und unverschuldeten Versäumnisses.

Eine zusätzliche Erweiterung gegenüber dem TLT (→ Rn. 219) besteht darin, dass die Form- 223 vorschriften bei der **Eintragung von Lizenzen** nach dem Vorbild der WIPO-Empfehlungen zu Markenlizenzen aus dem Jahr 2000 geregelt wurden (Art. 17 ff. STLT) (→ Rn. 226; → Rn. 226.2).

Bemerkenswert ist schließlich auch, dass Einzelfragen, die im TLT Bestandteil des Vertragstextes waren – 223.1 wie insbesondere die exakte Formulierung der Liste zulässiger Formalitäten – im STLT in die AusfO STLT verlagert wurden. Dadurch können Änderungen durch Beschluss der Versammlung wirksam werden und bedürfen nicht mehr der Einberufung Diplomatischer Konferenzen.

Der STLT ist am 16.3.2009 in Kraft getreten. Deutschland ist dem Vertrag mit Wirkung zum 224 20.9.2013 beigetreten; ein Beitritt der EU steht noch aus. Dies ist jedoch nicht auf inhaltliche Vorbehalte zurückzuführen, sondern liegt eher daran, dass andere Projekte Vorrang beanspruchen.

Dass ein grundsätzliches Interesse der EU an einem Beitritt zum STLT besteht, zeigt sich ua daran, 224.1 dass in bilateralen Handelsabkommen die entsprechende Absicht beider Seiten regelmäßig bekräftigt wird (→ Rn. 232).

6. Weitere Entwicklungen im internationalen Markenrecht

a) WIPO-Empfehlungen. In den 1990er Jahren verlief die Entwicklung des Markenrechts 225 sehr dynamisch. Neben der Verpflichtung zur Umsetzung von TRIPS, die für manche Länder erhebliche Umstellungen vor allem beim Schutz notorisch bekannter Marken mit sich brachte, warf auch die zunehmende Verbreitung und Nutzung des **Internet** neuartige Fragen auf, die angesichts der Globalität des Mediums nach einer Lösung auf internationaler Ebene verlangten. Angesichts der Erfahrungen der Vergangenheit erschien der traditionelle Weg internationaler Vertragsverhandlungen wenig erfolgversprechend, zumal die Dringlichkeit der Probleme schnelles Handeln erforderte. Im Rahmen des von der WIPO Ende der 1990er Jahre eingerichteten Ständigen Ausschusses für Markenrecht, Designrecht und geographische Herkunftsangaben (SCT) wurden daher Empfehlungen erarbeitet, die nach relativ kurzer Verhandlungsdauer den Versammlungen der Mitglieder der WIPO sowie der PVÜ zur Abstimmung unterbreitet und jeweils einstimmig verabschiedet wurden.

Die Empfehlungen betreffen folgende Themen 226
• Die Interpretation von Vorschriften zum Schutz notorisch bekannter Marken (1999),
• Die Erfordernisse der Eintragung von Markenlizenzen (2000),
• Die Interpretation von Vorschriften zum Schutz von Marken und anderen Kennzeichenrechten im Internet (2001).

Die Empfehlung zum Schutz notorisch bekannter Marken (1999) dient zum einen dem Zweck, die 226.1 Kriterien für das Vorliegen notorischer Bekanntheit transparenter und einheitlicher zu gestalten; darüber hinaus wird – jedenfalls im Vergleich zur zuvor geltenden Rechtslage in zahlreichen Ländern – eine generelle Senkung der Schutzschwelle angestrebt (→ Rn. 273 ff.).

226.2   Bei den Erfordernissen der Eintragung von Markenlizenzen (2000) geht es ähnlich wie im TLT (→ Rn. 218 ff.) um die Reduzierung und Vereinheitlichung von Formalitäten. Die Empfehlungen sind mittlerweile Bestandteil des STLT → Rn. 221 ff.).

226.3   Im Zentrum der Empfehlung zur Interpretation von Vorschriften zum Schutz von Marken und anderen Kennzeichenrechten im Internet (2001) steht das Bemühen, die Benutzung von Marken im digitalen Kontext durch eine internationale Verständigung über den Grundsatz sicherer zu machen, dass eine Verletzung eines fremden, ausländischen Kennzeichens nur dann anzunehmen ist, wenn eine im Internet erfolgende Benutzung im Schutzland kommerzielle Wirkung entfaltet, und wenn nach einer ggf. erfolgenden Notifizierung durch den Inhaber eines kollidierenden Kennzeichens keine hinreichenden Vorkehrungen getroffen wurden, das Entstehen kommerzieller Wirkungen zu verhindern.

227   Die WIPO-Empfehlungen besitzen als solche keine rechtliche Bindungswirkung. Auf der anderen Seite haben sie aufgrund ihrer ausdrücklichen und einstimmigen Billigung durch die Gemeinschaft der Mitgliedstaaten von WIPO und PVÜ erhebliches **politisches Gewicht.** Ferner erlangen sie rechtlich bindenden Charakter, soweit sie im Rahmen völkerrechtlicher Verträge für verbindlich erklärt werden, wie dies teilweise in bilateralen Verträgen erfolgt (→ Rn. 231 ff.). Die Empfehlungen zu Markenlizenzen (2000) sind ferner Bestandteil des STLT geworden und sind daher von den Mitgliedern dieses Vertrages zwingend zu beachten.

228   **b) Domainnamenstreitigkeiten und UDRP.** Zu Beginn der 1990er Jahre änderten sich die Konditionen für die Nutzung des zuvor allein zu militärischen oder wissenschaftlichen Zwecken verwendeten Internet grundlegend. Zum einen führte der sukzessive Rückzug amerikanischer Wissenschaftsorganisationen von der Finanzierung des Internet zur Gestattung kommerzieller Nutzungen, die schnell eine starke Zunahme zu verzeichnen hatten; zum anderen wurde durch die Ersetzung des numerischen Adressierungscodes durch **Domainnamen** ein leichter zu handhabendes, aber auch für Missbräuche anfälliges System geschaffen. Die ersten Fälle dieser Art, in denen bekannte Namen oder Kennzeichen von Dritten ohne Genehmigung als Domainnamen eingetragen wurden, konnten in den meisten Ländern – und insbesondere in Deutschland (näher → § 15 Rn. 71 ff.) – auf der Grundlage des Kennzeichenrechts gelöst werden; sie stellten jedoch erkennbar einen gewissen Fremdkörper im kennzeichenrechtlichen System dar. Problematisch blieb ferner, dass zumal in den länderübergreifend verwendeten, „generischen" Top Level Domains die Parteien eines Domainnamenkonflikts häufig unterschiedlichen Ländern angehören, was Fragen der gerichtlichen Zuständigkeit und des anwendbaren Rechts aufwirft und vor allem bei der Vollstreckung erhebliche Schwierigkeiten bereiten kann.

229   Angesichts dieser Probleme wurde auf Betreiben der für die Verwaltung des Domainnamen-Systems zuständigen Internet Corporation for Assigned Names and Numbers (ICANN) und nach Vorarbeiten der WIPO das System der Uniform Dispute Resolution Policy (UDRP) ins Leben gerufen. Jeder Anmelder eines Domainnamens in einer der Top Level Domains, die dem System angeschlossen sind, verpflichtet sich, auf Antrag einer Person, die sich in ihren Markenrechten verletzt sieht, an einem **Streitbeilegungsverfahren** teilzunehmen. Wenn Verwechslungsgefahr besteht und die Anmeldung bösgläubig und ohne rechtfertigenden Grund vorgenommen wurde, führt das Verfahren zur Aberkennung des Domainnamens und ggf. zu dessen Übertragung auf den Antragsgegner (zu den Erweiterungen des Verfahrens bei Domainnamen der neuen Generation → Rn. 230.1). Leitet der Inhaber des Domainnamens nicht innerhalb von zehn Tagen nach der Entscheidung gerichtliche Schritte ein, wird die Entscheidung gegenüber der Registrierungsstelle bindend. Davon unabhängig hat die unterlegene Partei jederzeit die Möglichkeit, Klage zu den ordentlichen Gerichten zu erheben.

230   Die Schlichtung von Domainnamenstreitigkeiten nach dem UDRP-Verfahren wird von sog. **Dispute Resolution Providern** organisiert, zu denen insbesondere auch die WIPO zählt. In der EU wurde für die Top Level Domain „.eu" ein eigenes Schlichtungsverfahren eingerichtet. In Deutschland werden Streitigkeiten unter der Top Level Domain „.de" hingegen ebenso wie Kennzeichenkonflikte im Übrigen von den ordentlichen Gerichten entschieden.

230.1   Das UDRP-Verfahren in seiner ursprünglichen Form wurde zu einer Zeit eingeführt, als es nur drei generell zugängliche generische Top Level Domains gab (.com; .org und .net). Dies hat sich inzwischen geändert; die neuen Regelungen der ICANN erlauben eine fast unbegrenzte Verwendung neuer Formen von gTLDs; darunter auch von „personalized gTLDs", die die Verwendung der eigenen Marke bzw. des Unternehmenskennzeichens als TLD erlauben. Um die auftretenden Konflikte besser zu bewältigen, wurden neue Mechanismen eingeführt. So können während so genannter „Sunrise-Periods" vor Einführung neuer Formen von gTLDs Ansprüche angemeldet bzw. Einsprüche gegen die Zuweisung von Domainnamen eingelegt werden. Eingerichtet wurde ferner das Trademark Clearinghouse (TMCH), bei dem Marken zur Sicherung von Ansprüchen registriert werden und das als Anlaufstelle für die vorgreifliche Klärung von Konflikten dient. Für offensichtliche Fälle der Domainnamen-Piraterie wurde ferner das „Uniform Rapid Suspension System" (URS) geschaffen.

c) Markenrecht in bilateralen Handelsabkommen. Mit der Aufnahme in die Uruguay- **231** Runde des GATT ist das Immaterialgüterrecht zu einem festen Bestandteil des Themenspektrums internationaler Handelsbeziehungen geworden. Dementsprechend enthalten auch die in jüngerer Zeit in verstärktem Umfang abgeschlossenen **bilateralen Verträge** zwischen der EU und ihren Handelspartnern regelmäßig Kapitel, die Vorschriften zum Schutz von Immaterialgüterrechten enthalten; dasselbe Vorgehen lässt sich bei anderen Handelsnationen, wie insbesondere den USA und Japan, beobachten.

Allgemein zu den Wirtschaftspartnerschaftsverträgen der EU s. Zimmermann EuZW 2009, 1; zu den **231.1** Auswirkungen auf das Immaterialgüterrecht in den betroffenen Ländern s. den Bericht von Nadde-Phlix IIC 2012, 951 zu einem vom Max-Planck-Institut für Immaterialgüter- und Wettbewerbsrecht veranstalteten Workshop. Informationen zum aktuellen Stand der Wirtschaftspartnerschaftsverträge sind auf der Webseite der Kommission (DG Trade) abrufbar (s. http://ec.europa.eu/trade/wider-agenda/development/economic-partnerships/.).

Während sich die Verpflichtungen zum Schutz von Immaterialgüterrechten in ihrem Umfang **232** und in den einzelnen Formulierungen unterscheiden, weisen die Abschnitte zum Markenrecht in der Regel (bzw. häufig) die **folgenden Elemente** auf:
• Die Handelspartner streben den Beitritt zum PMMA und dem STLT an („endeavour to accede");
• Die Handelspartner streben an, die WIPO-Empfehlungen über notorisch bekannte Marken (1999) im Hinblick auf die Definition notorisch bekannter Marken sowie die WIPO-Empfehlungen über den Schutz von Marken und anderen Kennzeichenrechten im Internet (2001) anzuwenden;
• Die Handelspartner verpflichten sich, die lautere Benutzung beschreibender Angaben wie insbesondere geographischer Bezeichnungen zuzulassen.
Weitere Abschnitte der Kapitel zum Immaterialgüterrecht betreffen häufig den Schutz **geographi- 233** **scher Herkunftsangaben,** für die nach dem Vorbild der Gesetzgebung in der EU ein eigenes Registrierungs- und Überwachungsverfahren geschaffen werden soll, sowie vor allem die Einführung von Vorschriften zur Durchsetzung von Immaterialgüterrechten, die sich an dem Vorbild der Enforcement-RL (RL 2004/48/EG) orientieren.

III. Einzelfragen des materiellen Rechts

1. Erläuterung der Darstellungsweise

Im Folgenden wird ohne Anspruch auf Vollständigkeit ein Überblick zur Regelung **wichtiger 234** **materieller Rechtsfragen** im internationalen Recht gegeben. Da sich die Vorschriften von TRIPS und der PVÜ ergänzen und zum Teil überschneiden, wird nicht getrennt nach den beiden Abkommen vorgegangen, sondern die Darstellung folgt eigenen Strukturprinzipien und greift dabei die jeweils einschlägigen Vorschriften von TRIPS und der PVÜ sowie teilweise auch des TLT auf.

Eingegangen wird auf folgende Themen: **235**
• Gleichstellung von Warenzeichen und Dienstleistungsmarken (→ Rn. 236 ff.),
• Markenfähigkeit und Schutzvoraussetzungen (→ Rn. 239 ff.),
• „Telle quelle"-Marken (→ Rn. 246 ff.),
• Schutzumfang (generell) (→ Rn. 265 ff.),
• Schutz notorisch bekannter Marken (→ Rn. 273 ff.),
• Schutz von Handelsnamen (→ Rn. 287 ff.),
• Schutzschranken (→ Rn. 291 ff.),
• Benutzungserfordernisse (→ Rn. 294 ff.),
• Beschränkungen der Markenbenutzung (→ Rn. 302 ff.),
• Markenlizenzen und Übertragung von Markenrechten (→ Rn. 311 ff.).

2. Gleichstellung von Warenzeichen und Dienstleistungsmarken

In den Anfangszeiten des Markenrechts waren Dienstleistungsmarken **nicht als gleichwertige 236** **Markenform** anerkannt. Dies hat sich sowohl im internationalen Recht wie auch in einigen nationalen Rechtsordnungen niedergeschlagen: So wurden Dienstleistungsmarken in Deutschland erst seit 1967 und in der Schweiz erst seit 1993 eingetragen. Die PVÜ verlangte zwar in Art. 6^{sexies} PVÜ, dass Dienstleistungsmarken geschützt werden; sie überließ es jedoch den Mitgliedsländern, wie dieser Schutz zu verwirklichen sei. Wichtige Vorschriften wie die telle quelle-Klausel von Art. 6^{quinquies} PVÜ sowie der Schutz notorisch bekannter Marken gemäß Art. 6bis PVÜ bezogen sich nur auf „Handels- und Fabrikmarken", dh auf Warenzeichen. Dasselbe gilt für die in Art. 6ter PVÜ geregelten Eintragungsverbote für Wappen, Flaggen und andere Hoheitszeichen etc (zur Unanwendbarkeit dieser Einschränkung im europäischen Recht → Rn. 238.1).

237   Das TRIPS-Abkommen geht hingegen von einem **einheitlichen Markenbegriff** aus, der Warenzeichen ebenso wie Dienstleistungsmarken umfasst. So wird in Art. 15 Abs. 1 S. 1 und 2 TRIPS erklärt, dass alle Zeichen, die zur herkunftsmäßigen Unterscheidung von Waren oder Dienstleistungen geeignet sind, eine Marke darstellen können und als solche einzutragen sind. Art. 16 TRIPS knüpft im Hinblick auf den Schutzumfang an diese Definition an und stellt ferner ausdrücklich klar, dass Art. 6bis PVÜ auf Dienstleistungsmarken sinngemäß Anwendung findet (Art. 16 Abs. 2 TRIPS).

238   Eine ausdrückliche **Gleichstellung** von Warenzeichen und Dienstleistungsmarken findet sich ferner in Art. 15 TLT.

238.1   Im Verfahren über die Registrierung einer Marke, die ua ein dem kanadischen Staatsemblem sehr ähnliches Ahornblatt enthielt, für Waren und Dienstleistungen der Klassen 18, 25 und 40 hat der EuGH ua festgestellt, dass sich das Schutzhindernis von Art. 7 Abs. 1 lit. h UMV auch auf Dienstleistungsmarken bezieht, obwohl Art. 6ter Abs. 1 lit. a PVÜ, dessen Umsetzung Art. 7 Abs. 1 lit. h UMV dient, lediglich Bezug auf Warenzeichen nimmt (EuGH verb. Rs. C-202/08 und C-208/08, GRUR Int 2010, 45 Rn. 71 ff. – American Clothing; → UMV Art. 7 Rn. 59).

3. Markenfähigkeit und Schutzvoraussetzungen

239   **a) Eintragbare Markenformen.** Die PVÜ enthält keine Definition der als Marke schutzfähigen Zeichen. Unter anderem aus diesem Grunde war es von großer praktischer Bedeutung, dass bereits die erste Fassung des Abkommens Angehörigen von Verbandsländern das Privileg einräumte, im Ursprungsland gültig eingetragene Marken in gleicher Form auch in anderen Verbandsländern eintragen zu können (ursprünglich: Art. 6 PVÜ 1883; revidiert und erweitert in Washington (1911); seit der Revisionskonferenz von Lissabon (1958) verankert in Art. 6^{quinquies} PVÜ; → Rn. 246 ff.).

240   Im Gegensatz dazu statuiert das TRIPS-Abkommen eine **verbindliche Definition** von Zeichen, die zur Markeneintragung zugelassen werden müssen. Nach Art. 15 Abs. 1 S. 1 TRIPS sind die Mitgliedstaaten zur Eintragung von Zeichen und Zeichenkombinationen verpflichtet, die zur Unterscheidung der Waren und Dienstleistungen eines Unternehmens von denjenigen anderer dienen können. In Art. 15 Abs. 1 S. 2 TRIPS werden eintragbare Markenformen beispielhaft aufgeführt. Genannt werden Wörter einschließlich Personennamen, Buchstaben und Zahlen sowie Abbildungen und Farbkombinationen, nicht jedoch einzelne Farben sowie die Form und Verpackung von Waren. Dies ist jedoch unschädlich, da die Aufzählung keinen abschließenden Charakter hat und die prinzipielle Eignung einzelner Farben oder Warenformen, zur Herkunftsunterscheidung zu dienen, nicht ernstlich in Frage gestellt werden kann (Kur GRUR Int 1994, 987 (991)).

241   Die Mitgliedstaaten können jedoch die Eintragung von Marken, die nicht ihrer Natur nach geeignet sind, Waren oder Dienstleistungen zu unterscheiden, davon abhängig machen, dass sie **durch Benutzung Unterscheidungskraft erworben** haben (Art. 15 Abs. 1 S. 3 TRIPS). Bei konservativem Verständnis bezieht sich dieser Vorbehalt auf alle Markenformen, die nicht wie Wort- oder Bildmarken oder Kombinationen beider Markenformen dem traditionellen Begriff der Marke entsprechen.

241.1   In den USA werden Farb- und Farbkombinationsmarken (US Supreme Court 1996, 961 – Grüngoldene Farbe (Qualitex)) Warenformmarken (US Supreme Court GRUR Int 2000, 812 – Wal-Mart v. Samara) sowie Familiennamen (Sec. 2 lit. a Nr. 4 Lanham Act) nur aufgrund von „secondary meaning" eingetragen; insoweit ist der Vorbehalt des Art. 15 Abs. 1 S. 3 TRIPS bedeutsam. Hingegen sind in Europa die Eintragungsvoraussetzungen für alle Markenformen gleich; der Vorbehalt von Art. 15 Abs. 1 S. 3 TRIPS hat somit für das europäische Recht keine Bedeutung.

242   Art. 15 Abs. 1 S. 4 TRIPS erlaubt es schließlich, Zeichen von der Eintragung auszuschließen, die **nicht visuell wahrgenommen** werden können. Damit reicht der nach internationalem Recht zulässige Schutzausschluss nicht sichtbarer Zeichen weiter als das europäische Recht, das derzeit –

bis zur Umsetzung der MRL bzw. bis zum Wirksamwerden von Art. 4 UMV (→ Rn. 85) – für nicht grafisch darstellbare Zeichen einen Schutzausschluss vorsieht.

b) Sonstige Schutzvoraussetzungen und -hindernisse. Art. 15 Abs. 2 TRIPS behält den **243** Mitgliedstaaten das Recht vor, Marken auch aus **anderen Gründen** vom Schutz auszuschließen, soweit diese nicht in Widerspruch zur PVÜ stehen. Dies betrifft nicht zuletzt Art. 6^{quinquies} PVÜ, der die Möglichkeit von Schutzländern, die Eintragung sog. telle quelle-Marken zu verweigern, gewissen Beschränkungen unterwirft (→ Rn. 249).

Keine Präzisierungen finden sich in TRIPS hinsichtlich der Frage, inwieweit das **Vorliegen** **244** **eines Geschäftsbetriebes** als Voraussetzung der Markeneintragung gefordert werden kann – sei es in der Form, dass der Anmelder überhaupt geschäftlich tätig sein muss, oder dass die Geschäftstätigkeit innerhalb des Waren- oder Dienstleistungssektors stattfindet, auf den sich die Anmeldung bezieht. Für Mitglieder des TLT, zu denen auch Deutschland gehört, gilt jedoch gemäß Art. 3 Abs. 7 TLT, dass kein Nachweis einer solchen Tätigkeit als Voraussetzung der Eintragung verlangt werden kann.

In Art. 15 Abs. 4 TRIPS wird schließlich die in Art. 7 PVÜ verankerte Regel wiederholt, **245** dass die **Art der Waren oder Dienstleistungen,** für die die Marke verwendet werden soll, „keinesfalls" einen Hinderungsgrund für die Eintragung darstellen darf. Durch die Wiederholung im Kontext von Art. 15 Abs. 4 TRIPS wird diese Regel auf Dienstleistungsmarken erstreckt.

Als Beispiel für die Anwendung von Art. 7 PVÜ wird bei Bodenhausen der Fall erwähnt, dass die **245.1** Marke für ein Medikament eingetragen werden können muss, auch wenn die Marktzulassung für das Medikament noch nicht erfolgt ist; das Gleiche müsse gelten, wenn die Benutzung für Waren jeder Art verboten sei (Bodenhausen PVÜ Art. 7 S. 109). Fälle dieser Art dürften äußerst selten sein, sie sind jedoch nicht undenkbar: So ist vorstellbar, dass der Vertrieb als schädlich beurteilter Waren, wie insbesondere Alkohol oder Tabak (sofern sie nicht ganz verboten werden) nur ohne Herkunftskennzeichnung in Form von Marken zugelassen wird. Die Markeneintragung dürfte gemäß Art. 7 PVÜ in einem solchen Fall dennoch nicht verboten werden – dies macht zwar wirtschaftlich keinen Sinn, solange ein solches Verbot besteht, es dient jedoch immerhin der Prioritätswahrung. Die Frage, ob Art. 7 PVÜ auch für Waren oder Dienstleistungen gilt, die selbst unter ein striktes (strafrechtliches) Verbot fallen, dürfte hingegen müßig sein: Kaum jemand wird sich durch die Anmeldung einer Marke für harte Drogen oder Menschenhandel als potenzieller Rechtsverletzer präsentieren wollen. Kein Argument lässt sich schließlich aus Art. 7 PVÜ gegen die Berücksichtigung der Art des Produkts bei der konkreten Beurteilung des täuschenden oder sittenwidrigen Charakters einer Marke herleiten.

4. Telle quelle-Marken

a) Grundsätze. Nach Art. 6^{quinquies} Abschn. A Abs. 1 PVÜ hat der Inhaber einer im **246** Ursprungsland (Art. 6^{quinquies} Abschn. A Abs. 2 PVÜ, → Rn. 252) gültig eingetragenen Marke Anspruch darauf, dass diese so, wie sie ist (telle quelle) auch in anderen Verbandsländern eingetragen und geschützt wird. Eine Zurückweisung kann nur aus den Art. 6^{quinquies} Abschn. B PVÜ verankerten Gründen erfolgen (→ Rn. 249).

Eine Art. 6^{quinquies} Abschn. A Abs. 1 PVÜ entsprechende Regelung war bereits – als Art. 6 **247** PVÜ aF – in der Urfassung der PVÜ 1883 verankert. Der ursprünglichen Regelung zufolge konnten solche Marken (im Folgenden: telle quelle-Marken) nur wegen Verstoßes gegen die guten Sitten oder den Ordre Public zurückgewiesen werden.

Die Vorschrift zielte ursprünglich auf Situationen wie diejenige, dass nach damaligem russischen Recht **247.1** Wortmarken nur in kyrillischer Schrift eingetragen werden konnten; hieran sollten die Inhaber von Marken, die im Ursprungsland in lateinischer Schrift eingetragen waren, nicht gebunden sein (Ellwood 46 Trademark Reporter, 36 (37)).

In Abs. 4 des Abschlussprotokolls zur PVÜ 1883 war ferner ausgeführt worden, dass sich (der **248** damalige) Art. 6 PVÜ aF nur auf die **Form** der Marke bezieht und dass es im Übrigen bei der Anwendung des Rechts des Schutzstaates bleibt (Bodenhausen PVÜ Art. 6^{quinquies} Abschn. A Anm. e S. 92). Dies führte zu Unklarheit darüber, ob allein die „äußere" Form – dh die Art und Weise der Darstellung – oder auch die „innere" Form – der Inhalt der Marke – gemeint war. Letzteres war ua für die Frage von Bedeutung, inwieweit die Eintragung von Marken nach Art. 6 PVÜ 1883 wegen fehlender Unterscheidungskraft oder ihres beschreibenden Charakters zurückgewiesen werden konnten (dazu eingehend Osterrieth, Die Washingtoner Konferenz zur Revision der Pariser Übereinkunft zum gewerblichen Rechtsschutz, 1912, 52 ff.).

249   Um diese Unklarheiten auszuräumen, wurde auf der Revisionskonferenz von Washington (1911) zum einen der Katalog der Schutzversagungsgründe über den ordre public hinaus **erweitert**. Zum anderen wurde klargestellt, dass es sich um eine **inhaltlich abschließende** Aufzählung handelt (zu Hintergrund, Verlauf und Ergebnissen der Verhandlungen Osterrieth, Die Washingtoner Konferenz zur Revision der Pariser Übereinkunft zum gewerblichen Rechtsschutz, 1912, 52 ff.; s. auch Beier GRUR Int 1992, 243 (245 f.)). Inhaltlich sind die danach ausschließlich zulässigen Schutzversagungsgründe bis heute weitgehend unverändert geblieben (zu Änderungen bzw. Ergänzungen → Rn. 250; → Rn. 251). Die Zurückweisung von telle quelle-Marken kann erfolgen:

- wegen entgegenstehender älterer Rechte im Schutzland (Art. 6^{quinquies} Abschn. B Nr. 1 PVÜ);
- wenn die Marke jeglicher Unterscheidungskraft entbehrt, als beschreibende Angabe dienen kann oder handelsüblich geworden ist (Art. 6^{quinquies} Abschn. B Nr. 2 PVÜ);
- aus Gründen der öffentlichen Ordnung (Art. 6^{quinquies} Abschn. B Nr. 3 PVÜ).

250   Ergänzend wurde hinzugefügt, dass bei der Beurteilung der Frage, ob eine Marke hinreichende Unterscheidungskraft aufweist, sämtliche **Umstände des Einzelfalles** zu berücksichtigen sind, insbesondere die Dauer der Benutzung. Während sich diese Ergänzung zunächst nur auf mangelnde Unterscheidungskraft iSd zweiten Zurückweisungsgrundes bezog, gilt sie seit der Revisionskonferenz von Lissabon (1958), als Art. 6^{quinquies} PVÜ seine jetzt gültige Form erhielt, für sämtliche Zurückweisungsgründe (Art. 6^{quinquies} Abschn. C PVÜ).

250.1   Den Hintergrund für die Einfügung dieses Zusatzes bildete die Befürchtung der schwedischen Eisenwarenindustrie, dass die dort üblichen Buchstaben- und Zahlenmarken in anderen Verbandsländern auch nach langjähriger Benutzung als nicht unterscheidungskräftig häufig zurückgewiesen werden würde (Munzinger GRUR Int 1958, 464; zur Notwendigkeit der Berücksichtigung faktischer Umstände s. auch Beier GRUR Int 1992, 243 (245 f.)).

250.2   Dass seit der Revisionskonferenz von Lissabon nicht nur die (mangelnde) Unterscheidungskraft iSv Art. 6^{quinquies} Abschn. B Nr. 2 PVÜ, sondern alle in Teil B aufgeführten Zurückweisungsgründe im Lichte sämtlicher Umstände des Einzelfalles und insbesondere der Dauer der Benutzung zu beurteilen sind, mag auf den ersten Blick erstaunen. So ist unbestritten, dass zB täuschende Marken diesen Mangel nicht durch Verkehrsdurchsetzung überwinden können. Auf der anderen Seite kann die Berücksichtigung des Gesamtkontexts und des Zeitmoments durchaus sinnvoll sein. So kann ein ursprünglich zu Fehlvorstellungen führender Begriff unter Umständen einen Bedeutungswandel erfahren und dadurch seinen täuschenden Charakter verlieren; ähnlich können Zeichen, die früher als sittenwidrig galten, heute als „harmlos" einzustufen sein (s. etwa DPA 19.12.55 T 2193/2 Wz – 2b B 118/53, BlfPMZ 1956, 151 – Gefesselter Storch: Die Anmeldung einer aus der Abbildung eines gefesselten Storchs bestehenden Bildmarke wurde als „ärgerniserregend" iSv § 4 Nr. 4 WZG zurückgewiesen).

251   Bei den Revisionskonferenzen von Den Haag (1925) und London (1934) wurde der dritte Zurückweisungsgrund (ordre public) dahingehend ergänzt, dass eine Marke nicht bereits deshalb als gegen die öffentliche Ordnung verstoßend angesehen werden kann, weil sie den nationalen Vorschriften nicht entspricht; ferner wurde die Eignung zur Täuschung des Publikums als Beispielsfall einer gegen den ordre public verstoßenden Marke aufgenommen.

251.1   Ein weiterer Vorstoß, der anlässlich beider Revisionskonferenzen vorgenommen wurde, führte jedoch nicht zum Erfolg: So war vorgeschlagen worden, den Text des zweiten Zurückweisungsgrundes so zu formulieren, dass Beschreibungseignung und des handelsüblichen Charakters eines Zeichens nationale Regelungen nicht als Alternativen zu mangelnder Unterscheidungskraft, sondern als Beispielsfälle für letztere, und damit als untergeordnete statt als gleichrangige Kategorien erschienen (Bodenhausen PVÜ Art. 6^{quinquies} Abschn. B und C Anm. e S. 97, mit Hinweisen auf die Protokolle von Den Haag S. 241, 246, 446/7 und von London S. 183/4, 186, 393/4; → Rn. 263).

252   Als „Ursprungsland" iSd telle quelle-Klausel gilt das Verbandsland, in dem der Markeninhaber eine tatsächliche, nicht nur zum Schein bestehende gewerbliche oder Handelsniederlassung besitzt, oder – falls er keine solche Niederlassung in einem Verbandsland besitzt – das Land, in dem er seinen Wohnsitz hat oder – wenn er keinen Wohnsitz in einem Verbandsland besitzt – das Land, dessen Staatsangehörigkeit er besitzt, soweit es sich dabei um ein Verbandsland handelt (Art. 6^{quinquies} Abschn. A Abs. 2 PVÜ).

253   Die Formulierung „so wie sie ist" (telle quelle) in Art. 6^{quinquies} Abschn. A Abs. 1 PVÜ impliziert, dass die im Ursprungsland eingetragene und die im Verbandsland zur Eintragung angemeldete Marke **identisch** sind. Hiervon macht Art. 6^{quinquies} Abschn. C Abs. 2 PVÜ insoweit eine Ausnahme, als die Zurückweisung von Marken nicht allein damit begründet werden kann, dass sie von den im Ursprungsland eingetragenen Marken **in Bestandteilen abweichen,** die gegenüber den im Ursprungsland eingetragenen Form die Unterscheidungskraft der Marken nicht beeinflussen und ihre Identität nicht berühren.

Nach Art. 6^{quinquies} Abschn. D PVÜ setzt die Berufung auf das telle quelle-Privileg voraus, **254** dass die Marke im Ursprungsland **eingetragen** ist. Wird die Marke im Ursprungsland wegen Ungültigkeit oder sonstigen Gründen gelöscht, ist ein Löschungsantrag gegen eine unter Berufung auf Art. 6^{quinquies} PVÜ einem anderen Verbandsland eingetragene Marke nur nach den Vorschriften des jeweiligen Verbandslands zu beurteilen.

In Art. 6^{quinquies} Abschn. E PVÜ wird klargestellt, dass die **Erneuerung** der Marke im **255** Ursprungsland den Inhaber nicht dazu verpflichtet, die Marke auch in anderen Verbandsländern zu erneuern. Art. 6^{quinquies} Abschn. F PVÜ bestimmt, dass die Inanspruchnahme der **Priorität** der Anmeldung im Ursprungsland bei der Anmeldung im Schutzland nicht dadurch berührt wird, dass die Eintragung im Ursprungsland erst nach Ablauf der Prioritätspflicht erfolgt.

b) Anwendungsbereich. Wie geschildert (→ Rn. 248) sollte sich nach der in Abs. 4 des **256** Abschlussprotokolls von 1883 geäußerten Intention der Väter der PVÜ die Wendung „so, wie sie ist" nur auf die **Form der Marke** beziehen. Allerdings wurde schon frühzeitig darauf hingewiesen, dass sich die „äußere" nur schlecht bzw. gar nicht von der „inneren" Form der Marke – ihrem Inhalt – trennen lässt. Eine zumindest indirekte Anerkennung der Untrennbarkeit beider Aspekte liegt auch den Schutzverweigerungsgründen in Art. 6^{quinquies} Abschn. B PVÜ zugrunde: Die Zurückweisung wegen mangelnder Unterscheidungskraft, Beschreibungseignung oder Handelsüblichkeit ebenso wie die wegen Täuschungsgefahr und Sittenwidrigkeit lässt sich nur begründen, wenn auch der Inhalt der Marke berücksichtigt wird (F.-K. Beier GRUR Int 1992, 243 f. mit Hinweisen auf die Entstehungsgeschichte der Vorschrift). Allerdings gilt dies nur insoweit, als es um die Marke als solche geht; Aspekte, die nicht die Marke selbst betreffen, werden nicht von Art. 6^{quinquies} PVÜ erfasst. Die unter Geltung des WZG vom BGH vertretene Auffassung, dass sich Art. 6^{quinquies} PVÜ auch auf das nach damaligem Recht geltende Geschäftsbetriebserfordernis bezieht, war daher rechtsirrig (BGH GRUR 1987, 525 f. – LITAFLEX mAnm Bauer; krit. dazu F.-K. Beier GRUR Int 1992, 243 f. Fn. 14).

Um den Konsequenzen der – rechtsirrig angenommenen – Verpflichtung zur Eintragung einer in der **256.1** Schweiz eingetragenen Holdingmarke zu entgehen, berief sich der BGH in der Entscheidung LITAFLEX darauf, dass die das Geschäftsbetriebserfordernis in Deutschland Bestandteil des ‚ordre public' sei, was vor allem von Beier scharf kritisiert wurde (BGH GRUR 1987, 525 f. – LITAFLEX mAnm Bauer; krit. dazu F.-K. Beier GRUR Int 1992, 243 f. Fn. 14).

Im amerikanischen Recht wurden entsprechende Überlegungen vor allem im Zusammenhang mit dem **256.2** Erfordernis der (inländischen) Benutzung als Voraussetzung eines wirksamen Markenerwerbs diskutiert. In einer en banc-Entscheidung des Trademark Trial and Appeal Board (TTAB) (Crocker v. Canadian Imperia Crocker Nat'l Bank v. Canadian Imperial Bank of Commerce, 223 U.S.P.Q. 909) wurde die vom Commissioner of Patents zuvor (in Re Certain Incomplete Trademark Applications, 137 U.S.P.Q. 69) vertretene Auffassung abgelehnt, dass sich Art. 6^{quinquies} PVÜ nur auf die Form der Marke, und nicht auf andere Erfordernisse wie insbesondere die vorherige Benutzung bezieht: Es könne nicht akzeptiert werden, dass durch ein rein begriffliches Verständnis von Art. 6^{quinquies} PVÜ substantielle Anwendungsbereiche der Vorschrift ausgehebelt würden, zumal wenn dies dazu führen würde, dass eine große Anzahl im Ausland wirksam eingetragener Marken von der Registrierung in den USA ausgeschlossen bliebe. Dieses großzügige Verständnis von Art. 6^{quinquies} PVÜ führte zu einer faktischen Benachteiligung inländischer Markenanmelder, die nach wie vor die Benutzung der Marke als Voraussetzung der Anmeldung nachweisen mussten. Das Problem wurde durch die Reform des Lanham Acts von 1988 gelöst, durch die die Möglichkeit der Markenanmeldung auf der Grundlage einer Erklärung über die intendierte Benutzung (ITU) auch für Inländer eröffnet wurde.

Dass sich Art. 6^{quinquies} PVÜ allein auf die **Form von Marken** bezieht, haben ein WTO- **257** Panel sowie der Ständige Beschwerdeausschuss im Rahmen eines Streitbeilegungsverfahrens bestätigt. Dort wurde ua die Frage erörtert, ob ein Verstoß gegen Art. 6^{quinquies} PVÜ vorliegt, wenn die Umschreibung einer Marke auf einen Rechtserwerber durch eine gesetzliche Regelung verhindert wird, die den Schutz und die Ausübung von Markenrechten, die im Zuge der kubanischen Revolution enteignet worden waren, einer Reihe von Beschränkungen unterwirft (DS176, United States – Sec. 211 Omnibus Appropriations Act of 1998; dazu Jakob GRUR Int 2002, 406). Nach Ansicht des Panels war ein solcher Verstoß nicht festzustellen, da Art. 6^{quinquies} PVÜ keine über die Form der Marke hinausgehende Schutzvoraussetzungen (im konkreten Fall: die Qualifikation des Rechtsinhabers) betrifft. Zwar kommt Entscheidungen der WTO-Streitbeilegungsorgane keine formelle Rechtskraft zu; es ist jedoch davon auszugehen, dass die Interpretation faktisch Präjudizwirkung entfaltet.

258   Unabhängig von dem Verständnis dessen, was unter den Begriff der „Form" einer Marke fällt, wird zumTeil darauf hingewiesen, dass die Verfasser des ursprünglichen Texts der PVÜ bewusst den Begriff der „Marke" (und nicht etwa „Zeichen") verwendet haben, um deutlich zu machen, dass den einzelnen Verbandsländern die Entscheidung darüber vorbehalten bleibt, ob sie ein in einem anderen Verbandsland eingetragenes Zeichen als markenfähig betrachten. Soweit ein Zeichen im Schutzland nicht als „Marke" angesehen wird, findet Art. 6^{quinquies} PVÜ dieser Auffassung zufolge keine Anwendung (Bodenhausen PVÜ Art. 6^{quinqiues} Abschn. A Anm. 2 S. 93). In der Tat lassen sich in der Historie der Vorschrift solche Hinweise finden (→ Rn. 258.1). Von Bedeutung war dies früher insbesondere für unkonventionelle Markenformen, wie die Form der Ware, Hör- oder Farbmarken etc.

258.1   Ricketson, The Paris Convention for the Protection of Industrial Property, 1971, 538 f. berichtet, dass der britische Delegierte bei der Revisionskonferenz von Washington (1911) der Revision von Art. 6^{quinquies} PVÜ erst aufgrund der Zusicherung zugestimmt hat, dass sich nichts an dem Grundsatz ändere, wonach die Verbandsländer das Recht zur Definition dessen beibehalten, welche Zeichenformen dem Markenschutz zugänglich sind.

259   Auf die nach dem Vorstehenden konventionsrechtskonforme Möglichkeit, Zeichenformen von der Anwendung von Art. 6^{quinquiqies} PVÜ auszunehmen, die dem nationalen Begriff der „Marke" nicht entsprechen, hat sich die deutsche Rechtspraxis soweit ersichtlich nie berufen. Für die Frage, ob ein Zeichen als Marke geschützt werden kann, wurde stets die Rechtslage im Ursprungsland als maßgeblich angesehen. Es war daher schon unter Geltung des WZG grundsätzlich unbestritten, dass sich Inhaber von Warenformmarken, die in einem anderen Verbandsland rechtsgültig eingetragen waren, auf Art. 6^{quinquies} PVÜ berufen können (BGH GRUR 1976, 355 – P-tronics; zu Farbmarken BPatG GRUR Int 1965, 508). Allerdings wurde die Eintragung vor Erlass der MRL zumeist aus Gründen des ordre public verweigert (im Rückblick darauf und unter Würdigung der neuen Rechtslage BPatG GRUR 1998, 146 – Plastische Marke; zum heutigen Recht s. BGH GRUR Int 2006, 765 – Rasierer mit drei Scherköpfen; GRUR 2001, 413 – SWATCH; GRUR 2004, 505 – RADO-Uhr II).

259.1   In einer Entscheidung des österreichischen Obersten Verwaltungsgerichts aus dem Jahre 1928 zum Schutz der Form der in Frankreich als Marke eingetragenen Benediktiner-Flasche erklärte das Gericht, es sei unvereinbar mit den Grundsätzen des internationalen Rechts, die Frage der Markenfähigkeit nach den Grundsätzen des Schutzlandes zu beurteilen (GRUR 1928, 862 – Benediktinerflasche). Eine abweichende Haltung nahm insbesondere das Vereinigte Königreich ein; abgelehnt wurde der Schutz nach Art. 6^{quinquies} PVÜ für eine Formmarke auch vom Ungarischen Obersten Verwaltungsgericht, RIPIA 1932, 126.

260   Die Frage ist nach heutigem Recht obsolet. Zum einen erlaubt das europäische und damit auch das deutsche Recht die Eintragung nicht nur von Waren- und Verpackungsformen, sondern auch von anderen nicht-konventionellen Markenformen, soweit sie sich in der nach § 8 Abs. 1 iVm § 3 Abs. 1 vorgeschriebene Weise darstellen lassen. Zum anderen kann heute, anders als vor dem Inkrafttreten des TRIPS-Abkommens, nicht mehr die Auffassung vertreten werden, dass es den Verbandsländern überlassen bleibt, welche Zeichenformen sie für markenfähig erachten. Insoweit hat Art. 15 Abs. 1 TRIPS einen **verbindlichen Standard** gesetzt, an den praktisch alle Verbandsländer der PVÜ gebunden sind. Dieser schließt Warenformmarken und abstrakte Farbmarken ein, auch ohne dass explizit auf diese Zeichenformen verwiesen wird (→ Rn. 240). Allerdings bleibt der Schutz nicht visuell wahrnehmbarer Zeichen nach Art. 15 PVÜ optional (→ Rn. 242). In Bezug auf solche Marken kann daher nach wie vor die Frage akut werden, ob und in welchem Umfang sich die Inhaber solcher Zeichen auf Art. 6^{quinquies} PVÜ berufen können. Für das deutsche und europäische Markenrecht ist dies jedoch nur insoweit von Belang, als die Eintragung nicht-visueller Markenformen ggf. an der fehlenden Darstellbarkeit scheitert (→ § 3 Rn. 113).

261   Abgesehen vom Registerschutz für Formmarken besaß Art. 6^{quinquies} PVÜ im früheren deutschen Recht Bedeutung für den Schutz von Buchstaben- und Zahlenmarken. Diese galten nach § 4 Abs. 2 Nr. 1 WZG als nicht unterscheidungskräftig und waren daher regelmäßig vom Schutz ausgeschlossen, soweit sie nicht im Verkehr durchgesetzt waren oder sonst ein Ausnahmefall vorlag. Das BPatG hatte daher einer aus den Buchstaben F und E bestehenden IR-Marke, die im Ursprungsland Frankreich rechtsgültig eingetragen war, den Schutz mit der Begründung verweigert, das Eintragungsverbot von § 4 Abs. 2 Nr. 1 Alt. 2 WZG entspreche dem Zurückweisungsgrund von Art. 6^{quinquies} Abschn. B Nr. 2 PVÜ. Der BGH wies diese Argumentation zurück und erklärte, dass in Abweichung § 4 Abs. Nr. 1 WZG bei telle quelle-Marken von der Rechtsgültigkeit auszugehen und der Schutz daher nur bei mangelnder Unterscheidungskraft ihrer individuellen

Gestaltung oder einem aktuelles Freihaltebedürfnis im Hinblick auf die gekennzeichneten Waren verweigert werden könne (BGH GRUR Int 1991, 46 f. – IR-Marke FE mAnm Kunz-Hallstein; s. auch BGH GRUR 1991, 839 – Z-TECH; BPatG GRUR 1993, 45 – 11er).

c) Praktische Bedeutung. Die in Art. 6^{quinquies} Abschn. B Nr. 2 PVÜ genannten Zurückwei- **262** sungsgründe haben in Wortlaut und Struktur als **Vorbild** für Art. 7 Abs. 1 lit. b–d UMV und Art. 3 Abs. 1 lit. b–d MRL – und damit auch für § 8 Abs. 2 Nr. 1–3 – gedient. In Erwägungsgrund 41 MRL wird ferner darauf hingewiesen, dass sich die Vorschriften der MRL mit denen der PVÜ in vollständiger Übereinstimmung befinden. Dementsprechend geht der BGH regelmäßig davon aus, dass die Interpretation von § 8 Abs. 2 Nr. 1–3 zu keinem anderen Ergebnis als Art. 6^{quinquies} Abschn. B PVÜ führt bzw. führen darf (ständige Rechtsprechung, zB BGH GRUR Int 2006, 765 – Rasierer mit drei Scherköpfen; GRUR 2001, 413 – SWATCH; GRUR 2004, 505 – RADO-Uhr II).

Dies ist aus zwei Gründen nicht unproblematisch. Zum einen lässt sich die Konformität einer **263** Regelung mit internationalem Recht nicht ohne weiteres vom nationalen bzw. regionalen Gesetz- geber dekretieren; diese Feststellung lässt sich nur von Fall zu Fall unter Beachtung internationaler Normen und Interpretationsgrundsätze treffen. Zum anderen ist die unbesehene Übernahme von Struktur und Wortlaut des zweiten Zurückweisungsgrundes deswegen keine sehr glückliche Entscheidung, als in Art. 6^{quinquies} Abschn. B Nr. 2 PVÜ gerade **kein homogenes Verständnis** absoluter Schutzhindernisse zum Ausdruck kommt. Aus der Vorgeschichte ergibt sich vielmehr, dass es sich um eine Kompromissformel zur Überbrückung der Gegensätze zwischen den liberalen Maßstäben des französischen und den strikteren des englischen Rechts handelt (Beier GRUR Int 1992, 243 ff.). Bemühungen bei späteren Revisionskonferenzen, Einigung im Hinblick auf eine übergreifende Formulierung herzustellen, sind an der Unvereinbarkeit der Positionen gescheitert (Bodenhausen PVÜ Art. 6^{quinquies} Abschn. B und C Anm. e S. 97, mit Hinweisen auf die Proto- kolle von Den Haag S. 241, 246, 446/7 und von London S. 183/4, 186, 393/4).

Bei der Konferenz von Den Haag war der Vorschlag gemacht worden, in der französischen Originalfas- **263.1** sung von Art. 6quinquies Abschn. B Nr. 2 PVÜ die Worte „ou bien" durch „surtout celles" oder „c'est à dire" zu ersetzen. Dies hätte dazu geführt, dass die an zweiter und dritter Stelle genannten Alternativen als Beispielsfälle fehlender Unterscheidungskraft erschienen wären. Diese und weitere Versuche in ähnlicher Richtung wurden vor allem wegen der Befürchtung zurückgewiesen, dass sie die Stellung der Inhaber von telle-quelle Marken übermäßig stärken würden.

Der Verständlichkeit und inneren Logik der Vorschrift hat der Verzicht auf eine systematisch durchdachte **263.2** Struktur allerdings nicht gutgetan. Bezeichnend ist insoweit, dass die Übernahme der Formulierung aus Art. 6^{quinquies} Abschn. B Nr. 1–3 PVÜ in der Reform des WZG von 1936 noch Jahrzehnte später in einem Beitrag von Wüsthoff GRUR 1955, 7 (13) als unsystematisch, verwirrend und teilweise redundant bezeichnet wurde. Bereits aus den Motiven zur Einführung des damaligen § 4 WZG gehe hervor, dass sich der Mangel an Unterscheidungskraft „aus den im einzelnen aufgeführten Ausschlussregeln sowieso von selbst ergäbe"; ferner glaube er nicht, dass man den verwirrenden Text der Vorschrift im WZG mit dem Hinweis in Kauf nehmen kann, „dass die internationale Norm ebenso verwirrend gefasst ist".

Die in der Vorschrift angelegte, durch kein einheitliches Konzept überbrückte Zweispurigkeit **264** wirft im internationalen Recht keine größeren Probleme auf: Den Mitgliedstaaten verbleibt dadurch bei der Festlegung eigener Prüfungsmaßstäbe ein gewisser Spielraum; zugleich wird der Rahmen für die Hinderungsgründe, die ausländischen telle quelle-Marken entgegengehalten wer- den können, eng genug abgesteckt, um ein ausreichendes Maß an Gleichförmigkeit und Rechtssi- cherheit zu bieten. Wird die gleiche Formel jedoch in eine einheitliche Rechtsordnung überführt, müssen die antagonistischen Positionen zu einem **Gesamtkonzept** verschmolzen werden, um eine sinnvolle Rechtsanwendung zu ermöglichen. Im europäischen Recht sind insoweit gewisse Defizite feststellbar (→ § 8 Rn. 10; → § 8 Rn. 63.1 f.).

5. Schutzumfang (generell)

Ebenso wie die Definition eintragbarer Zeichen wird auch die **inhaltliche Dimension** des **265** Markenschutzes in der PVÜ – mit Ausnahme des Sonderfalls notorisch bekannter Marken (→ Rn. 269 ff.) nicht angesprochen; auch insoweit ist erst durch TRIPS eine Verdichtung und Präzisie- rung des internationalen Schutzniveaus vorgenommen worden.

Nach Art. 16 Abs. 1 S. 1 TRIPS steht dem Inhaber einer eingetragenen Marke das ausschließli- **266** che Recht zu, Dritten die nicht autorisierte Benutzung identischer oder ähnlicher Marken im geschäftlichen Verkehr zu verbieten, soweit sich daraus eine **Verwechslungsgefahr** ergibt. Art. 16 Abs. 1 S. 2 TRIPS statuiert eine Vermutung für das Vorliegen von Verwechslungsgefahr, wenn sowohl die Marken als auch die Waren und Dienstleistungen identisch sind. Das europäische Recht, das bei Doppelidentität absoluten Schutz ohne Nachweis von Verwechslungsgefahr gewährt, geht somit über das in Art. 16 Abs. 1 S. 1 TRIPS verankerte Mindestschutzniveau hinaus, was nach Art. 1 Abs. 1 S. 2 TRIPS grundsätzlich zulässig ist (→ Rn. 184.1).

267   Art. 16 Abs. 1 S. 3 TRIPS enthält eine Vorbehaltsklausel zum Schutz älterer Rechte. Die Mitgliedstaaten können ferner vorsehen, dass ältere Rechte **durch Benutzung** entstehen; eingetragenen Marken muss in diesem Fall kein Vorrang eingeräumt werden. Dies entspricht der Rechtslage in Deutschland beim Schutz von älteren Benutzungsmarken oder geschäftlichen Bezeichnungen. Auch im System der UMV, die ausschließlich eingetragenen Marken den Status unionsweit geschützter Rechte verleiht, wird der Schutz nationaler nichteingetragener Rechte mit besserem Zeitrang insoweit respektiert, als sie im Rahmen des Eintragungsverfahrens als relative Schutzhindernisse Berücksichtigung finden (Art. 8 Abs. 4 UMV). Im Zuge der Novellierung des Markenrechts wurde der Vorbehalt zugunsten älterer Rechte Dritter auch im Verletzungstatbestand von MRL und UMV verankert (Art. 10 Abs. 2 MRL; Art. 9 Abs. 2 UMV).

268   Die Formulierung von Art. 16 Abs. 1 S. 3 TRIPS, dass ältere Rechte „nicht beeinträchtigt" werden, lässt die Möglichkeit offen, dass solche Rechte – soweit es sich dabei nicht um die in Art. 16 Abs. 1 S. 1 TRIPS genannten eingetragenen Marken handelt – **nicht in den Genuss des vollen Ausschlussrechts** gegenüber jüngeren Kennzeichen gelangen. Dass Art. 8 Abs. 4 UMV ältere nationale Kennzeichenrechte (mit Ausnahme eingetragener Marken) nur dann als Eintragungshindernis berücksichtigt, wenn sie von mehr als örtlicher Bedeutung sind, ist daher ebenso mit TRIPS vereinbar wie § 12 MarkenG, der nicht eingetragene Marken und geschäftliche Bezeichnungen ebenfalls nur dann als Eintragungshindernis gelten lässt, wenn die Benutzung der jüngeren Marke innerhalb des gesamten Schutzrechtsterritoriums untersagt werden kann. Ebenso lässt sich Art. 16 Abs. 1 S. 3 TRIPS keine zwingende Vorgabe dazu entnehmen, ob bei Bestehen eines örtlich beschränkten älteren Rechts das Ausschlussrecht zumindest im Hinblick auf die Benutzung innerhalb desjenigen Bereichs gewahrt werden muss, in dem das ältere Recht Vorrang genießt, oder ob es ggf. mit dem jüngeren Recht koexistieren muss.

268.1   Die Bedeutung des Begriffs „bestehendes älteres Recht" iSv Art. 16 Abs. 1 S. 3 TRIPS ist nicht unumstritten. Der EuGH hat sich zu dieser Frage in einem der zahlreichen Konflikte um die Benutzung des Kennzeichens „Budweiser" zwischen Anheuser-Busch und Budejovicky Budvar geäußert. Die Besonderheit des Falles bestand darin, dass nach den Angaben des vorlegenden Gerichts der tschechischen Brauerei zum Zeitpunkt der Eintragung der Marke „Budweiser" durch Anheuser-Busch keine eigenen Rechte zugestanden hatten, da die Bezeichnung zwar in geringem Umfang benutzt wurde, aber weder als Handelsname eingetragen war noch den nach finnischem Recht notwendigen Bekanntheitsgrad aufwies, um als Unternehmenskennzeichen geschützt zu sein. Der EuGH befand, dass ein solcher Handelsname als älteres Recht iSv Art. 16 Abs. 1 S. 3 TRIPS anzusehen sein kann, wenn der Inhaber über ein Recht verfügt, das in den zeitlichen und sachlichen Anwendungsbereich von TRIPS fällt und vor dem kollidierenden Markenrecht entstanden ist, und wenn dieses Recht seinem Inhaber die Benutzung eines identischen oder ähnlichen Zeichens erlaubt (EuGH C-245/02, EuZW 2005, 114 Rn. 89 – Anheuser-Busch Inc./ Budějovický Budvar, národní podnik). Bemerkenswert dabei ist, dass der EuGH nicht die angesichts der ihm unterbreiteten Fallkonstellation naheliegende Feststellung trifft, dass – soweit das nationale Gericht auf zutreffender Rechtsgrundlage zu dem Ergebnis kommt, dass die Voraussetzungen des Schutzerwerbs zum maßgeblichen Zeitpunkt nicht vorgelegen haben – kein älteres Recht iSv Art. 16 Abs. 1 S. 3 besteht. Die Entscheidung ist somit gänzlich zweideutig; sie kann auch so verstanden werden, dass der EuGH den Vorbehalt des Art. 16 Abs. 1 S. 3 auf alle faktisch als Kennzeichen vorbenutzten Bezeichnungen bezieht und ihnen zumindest ein Benutzungsrecht zuerkennen will, unabhängig davon, ob die spezifischen Schutzvoraussetzungen im Schutzland erfüllt sind.

6. Schutz notorisch bekannter Marken

269   **a) Grundsätze des Schutzes.** Der Schutz nicht eingetragener, aber notorisch bekannter Marken ist seit der Revisionskonferenz von Den Haag (1925) in der PVÜ verankert. In den meisten Verbandsländern erhielten zur damaligen Zeit nicht eingetragene Marken keinen oder nur unzureichenden Schutz, so dass es Dritten relativ leicht gemacht wurde, Ausstrahlungseffekte ausländischer Marken durch die Eintragung der Marke auf die eigene Geschäftstätigkeit umzulenken. Durch Art. 6bis PVÜ sollte dies zumindest dann verhindert werden, wenn es nach Ansicht der zuständigen Behörden des Landes, in dem die Eintragung beantragt wurde, **„notorisch feststeht",** dass sie einem Angehörigen eines anderen Verbandslandes gehört. Der Schutz richtete sich zunächst nur gegen die **Eintragung** der Marke durch Dritte; auf der Revisionskonferenz von Lissabon (1958) wurde er auf die **Benutzung** notorisch bekannter Marken ausgedehnt.

Ebenfalls auf der Revisionskonferenz von Lissabon wurde der in der Praxis häufig auftretende Fall **269.1** international geregelt, dass der inländische Vertragspartner des Markeninhabers, der als **Agent oder Vertreter** des Markeninhabers tätig wird, die Marke im eigenen Namen einträgt (Art. 6^{septies} PVÜ; vgl. § 11 MarkenG sowie Art. 8 Abs. 3 UMV und Art. 21 UMV). In solchen Fällen hilft Art. 6bis PVÜ häufig nicht weiter, da die Marken in der Regel noch keine hinreichende Bekanntheit aufweisen, um nach Art. 6bis PVÜ geschützt zu werden. S. im Einzelnen → § 11 Rn. 1 ff.; → UMV Art. 8 Rn. 148; → UMV Art. 21 Rn. 1 ff.

Untersagt sind nach Art. 6bis Abs. 1 PVÜ auch die Eintragung oder Benutzung von **Abbildun-** **270** **gen, Nachahmungen oder Übersetzungen** notorisch bekannter Marken, sofern diese verwechslungsfähig sind und sich auf gleiche oder gleichartige Waren beziehen wie diejenigen, für die die notorisch bekannte Marke benutzt wird. Das Gleiche gilt, wenn die notorisch bekannte Marke oder deren Nachahmung einen **wesentlichen Bestandteil** der von dem Dritten angemeldeten oder benutzten Marke darstellt.

Durch Art. 16 Abs. 2 und 3 TRIPS wurde der Anwendungsbereich der Vorschrift in zweifacher **271** Weise **erweitert:** Während sich Art. 6bis PVÜ ausweislich seines Wortlauts nur auf Marken „für Erzeugnisse" bezieht, ist die Vorschrift nach Art. 16 Abs. 2 S. 1 TRIPS auf Dienstleistungsmarken entsprechend anwendbar (→ Rn. 237). Art. 16 Abs. 3 TRIPS erweitert den Anwendungsbereich von Art. 6bis PVÜ ferner auf nicht gleichartige Waren oder Dienstleistungen (→ Rn. 277).

Der **Anspruch auf Löschung** einer nach Art. 6bis Abs. 1 PVÜ unrechtmäßig eingetragenen **272** Marke darf nicht vor Ablauf von fünf Jahren nach dem Tag der Eintragung für verfristet erklärt werden; im Hinblick auf die Benutzung können die Mitgliedsländer die entsprechende Frist selbst bestimmen. Soweit die Eintragung oder Benutzung bösgläubig vorgenommen werden, darf keine Ausschlussfrist vorgesehen werden (Art. 6bis Abs. 2 und 3 PVÜ).

Im Hinblick auf die Ausschlussfristen sehen die WIPO-Empfehlungen zum Schutz notorisch bekannter **272.1** Marken von 1999 (→ Rn. 279 ff.) eine Reihe von Änderungen vor, die sich für den Markeninhaber günstig auswirken: Nach Art. 4 Abs. 3 lit. a WIPO-Empfehlungen 1999 ist die fünfjährige Ausschlussfrist für Löschungsklagen nicht nach dem Zeitpunkt der Eintragung zu berechnen, sondern nach deren Veröffentlichung durch das Amt. Nach Art. 4 Abs. 3 lit. b WIPO-Empfehlungen 1999 wird darüber hinaus für den Fall, dass das Recht des Mitgliedstaates die Möglichkeit der Amtslöschung vorsieht, bestimmt, dass der Konflikt mit einer notorisch bekannten Marke während einer Frist von mindestens fünf Jahren einen Grund für eine Amtslöschung bilden können muss. Während sich Art. 6bis PVÜ auf die Regelung der Ausschlussfrist für die Löschungsklage beschränkt, schreibt Art. 4 Abs. 4 WIPO-Empfehlungen 1999 vor, dass die Erhebung der Verletzungsklage nicht vor Ablauf von fünf Jahren ausgeschlossen werden kann. Zu berechnen ist diese Frist von dem Zeitpunkt an, zu dem der Inhaber der notorisch bekannten Marke von der Benutzung der kollidierenden Marke Kenntnis erhalten hat (Kur GRUR 1999, 866 (872)). Damit entspricht diese Regelung prinzipiell dem im europäischen Recht verankerten Verwirkungsgrundsatz. Allerdings lässt jener – jedenfalls im deutschen Recht – auch die Anwendung allgemeiner Grundsätze der Verwirkung zu, woraus sich ergeben kann, dass die Verwirkung bereits zu einem früheren Zeitpunkt eintritt. Diese Rechtsfolge wäre mit Art. 4 Abs. 4 WIPO-Empfehlungen 1999 unvereinbar. Allerdings wird der Anmelder oder Benutzer einer notorisch bekannten Marke häufig bösgläubig sein, so dass die Verwirkung oder sonstige Verfristung von Löschungs- oder Verletzungsklagen sowohl nach § 21 Abs. 1 MarkenG als auch nach Art. 6bis Abs. 3 PVÜ und Art. 4 Abs. 5 WIPO-Empfehlungen 1999 ausgeschlossen sein wird.

b) Notorietät. Die größte Hürde für die Anwendung von Art. 6bis PVÜ bildet die Frage, ob **273** die Marke, deren Schutz auf der Grundlage von Art. 6bis PVÜ beantragt wird, tatsächlich den **erforderlichen Grad an Notorietät** erreicht. Im deutschen Recht wurde unter der Geltung des WZG teilweise angenommen, dass die notorisch bekannte Marke den Bekanntheitsgrad einer berühmten Marke aufweisen muss; unbestritten war in jedem Fall, dass ein höherer Bekanntheitsgrad vorliegen musste, als er für den Schutz nicht eingetragener Kennzeichen nach § 25 WZG („Ausstattungsschutz") verlangt wurde (BGH GRUR Int 1969, 257 f. – Recrin; s. auch Kur GRUR Int 1990, 605 mit Hinweis auf die in der Literatur vertretenen Auffassungen).

Vergleichende Studien weisen darauf hin, dass auch in anderen Ländern relativ hohe Anforderungen **273.1** gestellt werden (s. insbesondere Mostert, Famous and Well-Known Marks, 2. Aufl., Loseblattsammlung). Exakte Feststellungen lassen sich allerdings kaum treffen, da der Schutz notorisch bekannter Marken in der Praxis nur sehr selten zur Anwendung kam (und kommt): Die Schutzbedürfnisse der Inhaber prioritätsälterer, nicht eingetragener Kennzeichen werden in der Regel bereits durch andere Vorschriften aufgefangen, wie insbesondere – soweit vorhanden – durch den Schutz nicht eingetragener Marken unterhalb der Schwelle der Notorietät, oder das Verbot bösgläubiger Anmeldungen. Beides ist allerdings grundsätzlich Sache der nationalen Gesetzgebung und unterliegt keinem internationalen Standard.

274 Die **Unsicherheiten** hinsichtlich der Bemessung der Schutzschwelle für notorisch bekannte Marken wurden auch durch TRIPS nicht beseitigt. Art. 16 Abs. 2 TRIPS knüpft am Begriff der Notorietät an, ohne eine eigene Definition anzubieten. Immerhin lässt sich dem Wortlaut von Art. 16 Abs. 2 S. 2 TRIPS entnehmen, dass es um die Bekanntheit „in dem maßgeblichen Teil der Öffentlichkeit" und nicht innerhalb der gesamten Bevölkerung geht.

274.1 Hieran anknüpfend – und über das übliche Verständnis des Wortlauts hinausgehend – legen die WIPO-Empfehlungen von 1999 (→ Rn. 279 ff.) fest, dass nicht allein die Bekanntheit innerhalb der Zielgruppe der Abnehmer zählt, sondern dass auch die mit Import und Vertrieb der betreffenden Waren befassten Kreise einzubeziehen seien, in dem Sinne, dass die notorische Bekanntheit auf einer dieser Ebenen den Schutz nach Art. 6bis PVÜ und Art. 16 Abs. 2 TRIPS auslöst. Die Befolgung dieses Maßstabs dürfte in zahlreichen Ländern zu einer erheblichen Absenkung der Schutzschwelle führen (Kur GRUR 1999, 866).

275 Nicht ausdrücklich geregelt ist in Art. 6bis PVÜ, ob auch die **Benutzung** der Marke im Inland als Voraussetzung des Schutzes notorisch bekannter Marken gefordert werden kann.

275.1 Auf der Revisionskonferenz in Lissabon war eine Ergänzung der Vorschrift diskutiert worden, um klarzustellen, dass ein solches Erfordernis nicht aufgestellt werden sollte. Die Umsetzung des Vorschlags scheiterte jedoch an zwei Gegenstimmen in der Vollversammlung gegenüber von 25 Befürwortern des Antrags; s. Bodenhausen S. 77 Fn. 11. Bodenhausen schließt daraus, dass in den meisten Ländern trotz der entsprechenden „Fehlstelle" in Art. 6bis PVÜ keine inländische Benutzung gefordert wird (Bodenhausen PVÜ Art. 6bis Anm. f S. 77).

276 Insoweit wurde durch Art. 16 Abs. 2 S. 2 TRIPS immerhin klargestellt, dass die Bekanntheit der Marke unter Berücksichtigung der aufgrund der **Werbung** für die Marke erzielten Bekanntheit zu ermitteln ist. Dies kann auch dann der Fall sein, wenn die Ware selbst nicht auf dem einheimischen Markt vertrieben wird; die inländische Benutzung kann daher kein entscheidendes Kriterium darstellen.

277 **c) Schutz jenseits des Gleichartigkeitsbereichs.** Ebenso wie die meisten Markengesetze traditioneller Fassung beschränkt Art. 6bis PVÜ den Markenschutz auf Fälle der Verwechslungsgefahr innerhalb des Warengleichartigkeitsbereichs. Dieser Zuschnitt des Schutzes erwies sich spätestens gegen Ende des letzten Jahrhunderts als zu eng, als das Potenzial bekannter Marken offenbar wurde, ihre Attraktionskraft auf andere Produkte innerhalb wie außerhalb des Gleichartigkeitsbereichs zu übertragen. Dies resultierte zum einen in verstärkter Produktdiversifizierung durch die Markeninhaber; zum anderen rief es auch Nachahmer auf den Plan, die durch die Eintragung imagestarker Marken die Marketingvorteile des **Imagetransfers** für sich auszunutzen versuchten. In Deutschland führte dies ebenso wie auf europäischer Ebene und in außereuropäischen Ländern zur Verstärkung des Schutzes gegen die Ausnutzung und Beeinträchtigung der Unterscheidungskraft und Wertschätzung solcher Marken durch die Verwendung für nicht-ähnliche Waren oder Dienstleistungen (§ 14 Abs. 2 Nr. 3; Art. 10 Abs. 2 lit. c MRL und Art. 9 Abs. 2 lit. c UMV). Mit Art. 16 Abs. 3 TRIPS wurde der Schutz außerhalb des Gleichartigkeitsbereichs auch auf internationaler Ebene verankert.

278 Art. 16 Abs. 3 TRIPS knüpft an der notorischen Bekanntheit der Marke an. Im Gegensatz zur Regelung der PVÜ gilt der Schutz jedoch nicht speziell für nicht eingetragene Marken. Aus dem Wortlaut, der sich auf den „Inhaber der eingetragenen Marke" bezieht, wird vielmehr geschlossen, dass der Schutz **auf eingetragene Marken beschränkt** werden kann. Als Tatbestandsvoraussetzung wird zum einen genannt, dass durch die Verwendung der Marke der Eindruck einer Verbindung zwischen dem Markeninhaber und der Ware oder Dienstleistung hergestellt wird, für die Marke von den Dritten benutzt wird, und zum anderen, dass den Interessen des Inhabers dadurch wahrscheinlich Schaden zugefügt wird.

278.1 In der Summenwirkung der beiden Anforderungen – zum einen das Suggerieren einer Verbindung, das als „Verwechslungsgefahr im weitesten Sinne" zu deuten sein könnte, und zum anderen die Plausibilität einer Schadensentstehung – bleibt Art. 16 Abs. 3 TRIPS hinter dem im deutschen und europäischen Markenrecht etablierten Schutzniveau zurück, das bereits die Ausnutzung der Wertschätzung als solche genügen lässt. Auch diesen Unterschied bemühen sich die WIPO-Empfehlungen von 1999 (→ Rn. 279 ff.) teilweise auszugleichen, indem sie auch die reine Rufausbeutung als Anwendungsfall von Art. 16 Abs. 3 TRIPS aufführen. Allerdings bleibt für WTO-Mitgliedsländer, die gegen einen so weitgehenden Schutz Bedenken hegen, die Möglichkeit bestehen, als Voraussetzung die notorische Bekanntheit innerhalb der gesamten Bevölkerung zu verlangen. Dies entspricht im Übrigen auch dem amerikanischen Recht, wo der Schutz gegen „Dilution" von der Berühmtheit innerhalb der Gesamtbevölkerung abhängt (Sec. 43c Lanham Act).

d) Die WIPO-Empfehlungen 1999. Die zahlreichen Fragen, die sich mit der Anwendung 279
von Art. 6bis PVÜ und Art. 16 Abs. 3 TRIPS in der Praxis verknüpfen, setzen die Position von
Markeninhabern im Ausland erheblichen Unsicherheiten aus. Diese verstärkten sich in erheblichem Maße, als in den 1990er Jahren nach dem Ende der Sowjetunion zahlreiche neue, überwiegend marktwirtschaftlich verfasste Staaten entstanden, die ihre eigenen Markensysteme einrichte-
ten und damit reichlich Gelegenheit zur Eintragung fremder Marken boten; sei es, um die
Bekanntheit der Marke auf die eigene Geschäftstätigkeit umzuleiten oder um sich die Markeneintragung vom ausländischen Markeninhaber abkaufen zu lassen. Da den neuen Staaten die Erfahrung im Umgang mit solchen Praktiken fehlte und keine gesicherten Maßstäbe für die Identifizierung notorisch bekannter Marken vorhanden waren, ergriff die WIPO auf Anregung internationaler
internationaler Vereinigungen von Rechtsinhabern die Initiative für die Erarbeitung eines Katalogs
von Vorschriften, die die Voraussetzungen des Schutzes und seine Reichweite umreißen und damit
transparenter und sicherer machen sollten. Zugleich wurde damit die Absicht einer gewissen
Absenkung der Schutzschwelle verbunden, um den Schutz notorisch bekannter Marken leichter zugänglich zu machen und ihm dadurch größere praktische Bedeutung zu verschaffen.

Erwogen wurde dabei ua, ein Register notorisch bekannter Marken zu schaffen, um den Gerichten 279.1
und Behörden derjenigen Länder, die sich mangels geeigneter Infrastruktur nicht in der Lage sahen, die
Notorietät von Marken aufgrund eigener Erhebungen festzustellen, eine sichere Entscheidungsgrundlage
zu bieten. Dieser Vorschlag wurde jedoch von der ganz überwiegenden Mehrheit der Teilnehmer abgelehnt,
da die notorische Bekanntheit im Schutzland nur dort, und nicht auf internationaler Ebene, festgestellt
werden kann. Außerdem erschien fraglich, nach welchen Kriterien ein solches Register erstellt würde,
zumal die Notorietät einer Marke ständigen Veränderungen unterworfen sein kann. Der Informationswert
eines solchen Verzeichnisses wurde daher als äußerst zweifelhaft beurteilt. Dennoch sind in der Folgezeit
eine Reihe von Ländern – ua Japan und China sowie Finnland als bislang einziger EU-Mitgliedstaat –
dazu übergegangen, eigene Register bzw. Listen notorisch bekannter Marken aufzustellen, denen unterschiedliche Rechtswirkungen beigemessen werden (in Finnland dient die Liste lediglich informatorischen
Zwecken ohne jede rechtliche Wirkung). Dazu Liu/Tao/Wang IIC 2009, 685.

Als Ergebnis der Arbeiten wurden 1999 die WIPO-Empfehlungen zum Schutz notorisch 280
bekannter Marken von den Versammlungen der WIPO und der PVÜ verabschiedet (http://
www.wipo.int/edocs/pubdocs/en/marks/833/pub833.pdf; zum Zustandekommen und Inhalt der
Empfehlungen Kur GRUR 1999, 866). Das Herzstück der Empfehlungen ist Art. 2. Die Vorschrift
enthält ua eine **Liste von Faktoren,** die die nationalen Behörden heranziehen sollen, wenn sie
über die notorische Bekanntheit einer Marke befinden. Dazu zählen insbesondere die Bekanntheit
bei den beteiligten Verkehrskreisen im fraglichen Sektor, Dauer, Ausmaß und geographische Ausdehnung der Markenbenutzung und der dafür betriebenen Werbung und der Wert der Marke.

Weiterhin als berücksichtigungsfähige Faktoren genannt werden die Anzahl, Dauer und Verbreitung von 280.1
Anmeldungen oder Eintragungen im Ausland, vor allem soweit sie auf der Anerkennung der notorischen
Bekanntheit der Marke beruhte sowie die erfolgreiche Durchsetzung des Rechts im Ausland. Auch die
Bösgläubigkeit des Anmelders soll nach den WIPO-Empfehlungen berücksichtigt werden können (Art. 3
Abs. 2 WIPO-Empfehlungen 1999). Damit wird streng genommen der Bereich verlassen, der von Art. 6bis
PVÜ jedenfalls nach wortgetreuer Anwendung abgedeckt wird. Auf der anderen Seite können Verbreitung
und Stärke des Schutzes einer Marke im Ausland durchaus aussagekräftige Indizien für die notorische
Bekanntheit darstellen, und mit der Bösgläubigkeit der Anmeldung wird zumindest ein dem Schutz notorische bekannter Maren sehr eng benachbarter Bereich angesprochen. Zu berücksichtigen ist ferner auch,
dass die Liste der Faktoren weder abschließend noch zwingend ist; die Behörden sollen nach wie vor nach
ihr eigenes Urteil über die notorische Bekanntheit bilden.

Bemerkenswert ist ferner, dass die notorische Bekanntheit der Marke auf irgendeiner Vertriebsstufe 280.2
vom Import bis zum Abnehmer mit Ausnahme des Schutzes gegenüber nicht-ähnlichen Waren oder
Dienstleistungen als Auslöser des Schutzes nach Art. 6bis PVÜ und Art. 16 Abs. 3 TRIPS genügen soll.
Für die Zuerkennung des Schutzes darf es ferner keine Voraussetzung darstellen, dass die Marke eingetragen
oder zur Eintragung angemeldet ist (Art. 2 Abs. 3 Ziff. ii WIPO-Empfehlungen).

In Art. 4 WIPO-Empfehlungen 1999 (→ Rn. 280) werden die **Rechte** aufgeführt, die dem 281
Inhaber einer notorisch bekannten Marke zustehen. Dazu zählen der Schutz gegen Verwechslungs-
gefahr bei der Benutzung für gleiche oder gleichartige Waren oder Dienstleistungen ebenso wie der
Schutz außerhalb des Gleichartigkeitsbereichs, wobei für letzteren sowohl der in TRIPS skizzierte
Schutzbereich wie auch die Kriterien der „Dilution" nach amerikanischem und der Rufausbeu-
tung im europäischen Recht als maßgeblich aufgeführt werden. Ferner werden die Rechtsbehelfe

aufgeführt, die dem Inhaber einer notorisch bekannten Marke zur Verfügung stehen müssen, sowie die Fristen, innerhalb derer die Rechte geltend gemacht werden müssen (→ Rn. 272.1).

281.1 Art. 5 und 6 WIPO-Empfehlungen 1999 enthalten eine sinngemäße Übertragung der für reine Markenkonflikte geltenden Regelungen auf Kollisionen zwischen notorisch bekannten Marken und Unternehmenskennzeichen sowie Domainnamen. In Art. 5 WIPO-Empfehlungen 1999, der sich mit Unternehmenskennzeichen befasst, wurden die Formulierungen aus Art. 4 WIPO-Empfehlungen 1999 nahezu unverändert übernommen. Art. 6 WIPO-Empfehlungen 1999 beschränkt sich hingegen im Wesentlichen auf die Feststellung, dass jedenfalls dann von einem Konflikt zwischen einem Domainnamen und einer notorisch bekannten Marke auszugehen ist, wenn ersterer eine Wiedergabe etc der Marke darstellt und Eintragung oder Benutzung bösgläubig erfolgt sind.

282 **e) Schutz notorisch bekannter Marken im deutschen Recht.** Die notorische Bekanntheit einer Marke stellt nach § 4 Nr. 3 einen **Entstehungstatbestand** dar, der denjenigen der Eintragung und dem Erwerb von Verkehrsgeltung für Benutzungsmarken rechtlich gleichgestellt ist. Im Unterschied zu Benutzungsmarken muss keine Benutzung im inländischen geschäftlichen Verkehr stattfinden oder stattgefunden haben (→ § 4 Rn. 142).

283 Gemäß § 10 werden notorisch bekannte Marken von der Eintragung durch Dritte ausgeschlossen; sie zählen daher zu den **absoluten Schutzhindernissen** (→ § 10 Rn. 1). Die Zurückweisung von Amts wegen erfolgt allerdings nur, wenn die Notorietät amtsbekannt ist und die weiteren Voraussetzungen des § 9 Abs. 1 Nr. 1 oder 2 gegeben sind (§ 37 Abs. 4). Darüber hinaus können notorisch bekannte Marken auch als relative Schutzhindernisse im **Widerspruchsverfahren** geltend gemacht werden (§ 41 Abs. 2 Nr. 4).

283.1 Nachdem seit 2010 auch prioritätsältere Benutzungsmarken sowie geschäftliche Bezeichnungen im Widerspruchsverfahren zu berücksichtigen sind, liegt darin keine Privilegierung gegenüber anderen nicht eingetragenen Kennzeichenrechten mehr (zur Situation im früheren Recht s. Kur GRUR 1994, 330). Im Hinblick auf die Berücksichtigung im Rahmen der absoluten Schutzhindernisse nehmen notorisch bekannte Marken jedoch nach wie vor eine Vorzugsstellung gegenüber sonstigen Marken- und Kennzeichenrechten ein.

284 **f) Schutz notorisch bekannter Marken in der UMV.** Nach Art. 8 Abs. 2 lit. c UMV sind Marken, die am Tag der Anmeldung einer Unionsmarke oder ggf. am Prioritätstag in einem Mitgliedsland der Union notorische Bekanntheit iSv Art. 6bis PVÜ besitzen, als **relative Schutzhindernisse** zu betrachten, wobei der Schutz auf die in Art. 8 Abs. 1 UMV genannten Fälle der Doppelidentität und der Verwechslungsgefahr beschränkt ist.

285 Der EuGH hatte bisher noch wenig Gelegenheit, sich mit den materiellen Voraussetzungen des Schutzes nach Art. 6bis PVÜ zu beschäftigen. In der Entscheidung „Nieto Nuño" wurde jedoch erklärt, dass sich die notorische Bekanntheit einer Marke nicht auf das „gesamte" Hoheitsgebiet der Mitgliedstaats erstrecken muss, sondern dass es genügt, wenn die Marke in einem wesentlichen Teil des Staates notorisch bekannt ist (EuGH GRUR 2008, 70). In diesem Zusammenhang wird eine **Parallele zu den Voraussetzungen des Schutzes bekannter Marken** iSv Art. 10 Abs. 2 lit. c MRL hergestellt. In der Tat weisen die Voraussetzungen, die nach der EuGH-Rechtsprechung für den Schutz bekannter Marken zu fordern sind, starke Gemeinsamkeiten mit den Faktoren auf, die nach den WIPO-Empfehlungen für den Schutz notorisch bekannter Marken zu beachten sind (→ Rn. 280). Hieraus lässt sich folgern, dass die Maßstäbe in beiden Fällen praktisch übereinstimmen (in der Studie des Max-Planck-Instituts wird daher eine Gleichstellung von notorisch bekannten Marken und bekannten Marken iSv MRL und UMV vorgeschlagen; Knaak/Kur/v. Mühlendahl GRUR Int 2012, 197 (201)).

285.1 Die WIPO-Empfehlungen 1999 wurden in mehreren bilateralen Handelsabkommen der EU als Richtschnur erwähnt, soweit es um die Definition der Notorietät geht: Die Handelspartner erklären, dass sie die Befolgung der Empfehlungen anstreben (→ Rn. 232). Obwohl sich daraus keine Verbindlichkeit des Maßstabs in striktem Sinne ergibt, ist es sowohl unter rechtlichen wie politischen Aspekten angezeigt, dass sich die Praxis in der EU tatsächlich an den Empfehlungen ausrichtet.

286 Nicht in der UMV vorgesehen ist der Schutz nationaler notorisch bekannter Marken als relative Schutzhindernisse im Fall der **Rufausbeutung und -beeinträchtigung;** Art. 8 Abs. 5 UMV bezieht sich nur auf eingetragene ältere Marken. Ferner können nach der UMV Marken, die in der Gemeinschaft bekannt, aber nicht als Unionsmarke eingetragen sind, keinen Schutz in Verletzungsverfahren vor den Unionsmarkengerichten beantragen.

In der Studie des MPI zur Evaluierung des Europäischen Markenrechtssystems wurde der Vorschlag **286.1** gemacht, den Schutz nationaler notorisch bekannter Marken auf die Fälle der Rufausbeutung und -beeinträchtigung zu erweitern. Zwar besteht insoweit keine zwingende Verpflichtung, da Art. 16 Abs. 3 TRIPS die Möglichkeit zulässt, die Eintragung der Marke als Voraussetzung für die Gewährung von Schutz außerhalb des Gleichartigkeitsbereichs zu verlangen. In den WIPO-Empfehlungen von 1999 wird die Eintragung der Marke jedoch als eine der Voraussetzungen genannt, die keinesfalls für die Gewährung des Schutzes notorisch bekannter Marken – einschließlich des Schutzes außerhalb des Gleichartigkeitsbereichs – verlangt werden dürfen (Kur GRUR 1999, 866 (869)). Zwar hat sich die EU bisher auch in ihren bilateralen Verträgen nicht zur Einhaltung dieses Aspekts der WIPO-Empfehlungen 1999 verpflichtet; aus politischer Sicht erscheint es jedoch ratsam, auch insoweit die Bereitschaft zu einer möglichst weitgehenden Befolgung der WIPO-Empfehlungen zu signalisieren (Trade Mark Study Teil III Rn. 2.126).

Strenggenommen ergibt sich aus Art. 6bis PVÜ eine Verpflichtung für Mitglieder der PVÜ – und damit **286.2** mittelbar auch für die EU – notorisch bekannte Marken nicht nur gegen die Eintragung, sondern auch gegen die Benutzung übereinstimmender Kennzeichen zu schützen; dieser Verpflichtung kann der Gemeinschaftsgesetzgeber grundsätzlich allein durch die Zuerkennung gemeinschaftsweiter Unterlassungsansprüche nachkommen. Die praktischen Folgen einer solchen Regelung wären voraussichtlich auch beherrschbar, da überall dort, wo die Marke nicht notorisch bekannt ist, keine Verletzung zu besorgen und der Urteilsausspruch nach den Grundsätzen der DHL-Entscheidung (EuGH C-235/09, GRUR 2011, 518 – DHL/Chronopost) entsprechend einzuschränken wäre. Angesichts der politischen Dimension einer solchen Regelung – die ua voraussetzen würde, dass die UMV auf den Schutz nicht eingetragener Marken ausgedehnt wird – wurde der Schutz notorisch bekannter Unionsmarken in Verletzungsverfahren in der Markenstudie des MPI lediglich als Option erwähnt (Knaak/Kur/v. Mühlendahl GRUR Int 2012, 197 (200 f.)). Die Kommission ist auf diesen Vorschlag nicht eingegangen.

7. Schutz von Handelsnamen

Art. 8 PVÜ bestimmt, dass Handelsnamen in allen Mitgliedsländern der PVÜ auch **ohne** **287** **Eintragung** geschützt werden, ohne dass es darauf ankommt, ob sie einen Bestandteil einer Marke bilden. Diese Bestimmung war bereits in der Urfassung der PVÜ enthalten; sie stellt somit einen der tragenden Bestandteile des Übereinkommens dar.

Der Begriff des „Handelsnamens" ist nicht näher definiert. Zu verstehen ist er in weitem Sinn **288** als Bezeichnung, unter der ein Gewerbetreibender oder ein Unternehmen seine geschäftliche Tätigkeit durchführt. Im MarkenG findet insoweit der Begriff des **Unternehmenskennzeichens** Verwendung, der gemäß § 5 Abs. 2 ebenfalls denkbar weit gefasst ist.

Da der Schutz von Unternehmenskennzeichen nach dem MarkenG keine Eintragung voraus- **289** setzt und im Zeitpunkt der ersten Benutzung entsteht, bestehen keine Probleme im Hinblick auf die Einhaltung des von Art. 8 PVÜ geforderten Schutzes. Hinzukommt, dass die Maßstäbe der Rechtsprechung im Hinblick auf die Entstehung des Schutzes ausländischer Unternehmenskennzeichen besonders **großzügig** sind (BGH GRUR 1973, 661 – Metrix). So reicht bereits die Anzeige der ernsthaften Absicht, in Deutschland tätig zu werden, zur Wahrung des Zeitvorrangs aus (zu Einzelheiten → § 5 Rn. 10 ff.). Geklärt ist heute ferner, dass es für den Schutz im Inland nicht auf die Erfüllung der Schutzvoraussetzungen im Ursprungsland ankommt (BGH GRUR 1995, 825 – Torres).

Das TRIPS-Abkommen enthält keine Regelung zum Schutz von Handelsnamen. Da jedoch **290** Art. 1–12 PVÜ nach Art. 2 Abs. 1 TRIPS von allen WTO-Mitgliedern befolgt werden müssen, ist auch Art. 8 zum Bestandteil des TRIPS-Abkommens geworden. Dies wurde vom WTO-Panel in dem Verfahren „Havana Club" bestätigt (DS176, United States – Sec. 211 Omnibus Appropriations Act of 1998; s. dazu Jakob GRUR Int 2002, 406). Hiervon ausgehend hat der EuGH sich für zuständig angesehen, die Vereinbarkeit nationaler Rechts mit Art. 8 PVÜ zu kommentieren und dabei festzustellen, dass eine Regelung, die den Schutz inländischer ebenso wie ausländischer Handelsnamen von der Eintragung oder dem Erwerb eines gewissen Grades von Verkehrsbekanntheit abhängig macht, keinen Verstoß gegen TRIPS darstellt (EuGH C-245/02, EuZW 2005, 114 – Anheuser-Busch Inc./Budějovický Budvar, národni podnik).

Im Zusammenhang mit dem Schutz von Handelsnamen stellen sich ähnliche Fragen wie bei Art. 6bis **290.1** PVÜ: Das Unionsmarkensystem beschränkt sich auf die Berücksichtigung von Handelsnamen als relative Schutzhindernisse, stellt jedoch keinen Schutz im Verletzungsverfahren zur Verfügung. Die Situation ist jedoch insoweit nicht vergleichbar, als auf Unionsebene – anders als bei Marken – ohnehin kein spezielles Verletzungsverfahren für Handelsnamen angeboten wird, so dass es notwendigerweise beim Schutz auf nationaler Ebene und dessen Berücksichtigung im Eintragungs- und Löschungsverfahren der Unionsmarke bleiben muss.

8. Schranken

291   Da die PVÜ die von der Marke verliehenen Rechte im Allgemeinen nicht definiert, besteht auch keine Notwendigkeit, die Schranken des Rechts zu bestimmen. TRIPS mit seinem detaillierteren Rechtekatalog enthält hingegen in Art. 17 TRIPS auch eine **Rahmenbestimmung für zulässige Beschränkungen** des aus Art. 16 TRIPS folgenden Ausschließlichkeitsrechts.

292   In seiner Struktur lehnt sich Art. 17 TRIPS an den sog. **Dreistufentest** an. Dieser wurde zunächst in Art. 9 Abs. 2 RBÜ im Hinblick auf Einschränkungen des Vervielfältigungsrechts formuliert. In TRIPS diente der Wortlaut als Muster für die Formulierung der Vorschrift, mit der die Voraussetzungen zulässiger Schrankenbestimmungen im Urheberrecht (Art. 13 TRIPS), Designrecht (Art. 26 Abs. 2 TRIPS) und Patentrecht (Art. 30 TRIPS) umrissen werden. Art. 17 TRIPS weicht von diesem Muster geringfügig ab. Ebenso wie Urheber-, Design- und Patentrecht besagt die „erste Stufe" des Tests nach Art. 17 TRIPS, dass WTO-Mitglieder „begrenzte Ausnahmen" von den Rechten aus einer Marke vorsehen können. Während Urheber-, Design- und Patentrecht auf der zweiten Stufe des Tests jedoch darauf abstellen, inwieweit die Beschränkung im Widerspruch zur üblichen Verwertung des Rechts steht, zählt Art. 17 TRIPS lediglich beispielhaft auf, dass sich die Ausnahmebestimmung etwa auf die lautere Benutzung beschreibender Angaben beziehen kann. Weitgehende Übereinstimmung mit den anderen Versionen des Dreistufentests besteht wieder auf der dritten Stufe, die darauf abstellt, ob die Ausnahmeregelung die berechtigten Interessen des Markeninhabers und Dritter berücksichtigt.

293   Zur Anwendung kam Art. 17 TRIPS in einem WTO-Streitbeilegungsverfahren, das von den USA und Australien gegen die EU wegen der Verordnung über geographische Herkunftsangaben angestrengt worden war (DS174, European Communities – Protection of Trademarks and Geographical Indications for Agricultural Products and Foodstuffs). Soweit die Beschwerdeführer geltend gemacht hatten, dass die nach der EWG-Ursprungsbezeichnungen-Verordnung (EWG) 2081/92 in bestimmten Fällen eintretende Koexistenz von Marken mit geographischen Herkunftsangaben gegen das nach Art. 16 TRIPS dem Markeninhaber zustehende Ausschließlichkeitsrecht verstößt, wurde ihnen vom Panel entgegengehalten, dass diese Rechtsfolge durch Art. 17 TRIPS gedeckt ist, da es sich um eine **inhaltlich begrenzte und interessengerechte Beschränkung** des Markenrechts handele.

9. Benutzungserfordernisse

294   **a) Markenbenutzung oder Benutzungsabsicht als Voraussetzungen des Markenschutzes.** Einer der bemerkenswertesten Unterschiede im internationalen Rechtsvergleich besteht nach wie vor darin, dass nach amerikanischem Recht anders als in den meisten anderen Rechtsordnungen die **faktische Benutzung der Marke** für den Erwerb des Markenrechts konstitutiv ist, während der Eintragung überwiegend deklaratorischer Charakter zukommt. Während dieser Grundsatz im früheren US-Recht ausnahmslos galt und die Anmeldung zur Eintragung daher erst nach der Aufnahme der Benutzung erfolgen konnte, wurde das Benutzungsprinzip durch die Reform des Lanham Act von 1988 insoweit abgemildert, als Marken nunmehr auch ohne vorherige Benutzung auf der Grundlage einer Absichtserklärung („intent to use") angemeldet werden können. Die Eintragung der Marke – und damit ihre Durchsetzbarkeit gegenüber Dritten – setzt allerdings nach wie vor die Benutzung voraus.

295   In Art. 15 Abs. 3 S. 1 TRIPS wird diesem Ansatz Rechnung getragen: Zum einen wird das Erfordernis der Benutzung als **zulässige Eintragungsvoraussetzung** anerkannt; zum anderen wird erklärt, dass der Antrag auf Eintragung erfolgen können muss, ohne dass die Marke aktuell benutzt wird. Dabei wird in Art. 15 Abs. 3 S. 2 TRIPS erklärt, dass der Antrag nicht vor Ablauf von drei Jahren nach dem Tag der Eintragung wegen Nichtbenutzung zurückgewiesen werden darf.

295.1   Im amerikanischen Recht wird dem Anmelder im Anschluss an die Prüfung der absoluten und relativen Schutzhindernisse eine Unbedenklichkeitsbescheinigung („Statement of Allowance") zugestellt. Grundsätzlich muss die tatsächliche Nutzung der Marke innerhalb von sechs Monaten nach der Zustellung erfolgen. Die Frist kann auf Antrag um weitere sechs Monate verlängert werden; bei Aufzeigen besonderer Gründe können weitere Verlängerungen erfolgen, die sich zu maximal 24 Monaten addieren (Sec. 1 lit. d Lanham Act). Obwohl auf diese Weise die Dreijahresfrist von Art. 15 Abs. 3 S. 2 TRIPS regelmäßig eingehalten oder überschritten wird, ist die Regelung nicht unproblematisch, da allein im Hinblick auf die Frist von zwei Mal sechs Monaten nach Zustellung der Unbedenklichkeitsbescheinigung automatisch oder auf bloße Antragstellung hin erfolgt. Der darin möglicherweise liegende Verstoß gegen internationale Bestimmungen bleibt jedoch im Ergebnis unbeachtlich, da bei der Anmeldung von Marken mit Ursprung in anderen

WTO-Mitgliedsländern zwar die Nutzungsabsicht erklärt werden muss, die Fristen für den Beginn der tatsächlichen Nutzungsaufnahme jedoch keine Anwendung finden (Sec. 44 lit. e Lanham Act).

b) Benutzungszwang. Während der Benutzungszwang erst 1968 in das WZG eingeführt **296** wurde, war eine solche Verpflichtung in anderen Ländern bereits deutlich früher Bestandteil des Markenrechts. Um die daraus für grenzüberschreitend tätige Unternehmen folgenden Risiken zu mindern, wurde bereits 1925 auf der Revisionskonferenz von Den Haag in Art. 5 PVÜ ein neuer Abschnitt C eingefügt, der bestimmt, dass Markeneintragungen erst nach Ablauf einer angemessenen Frist und nur dann wegen Nichtbenutzung gelöscht werden dürfen, wenn der Inhaber seine Untätigkeit nicht rechtfertigt (Art. 5 C Abs. 1 PVÜ). Bei der Revisionskonferenz von London (1934) wurden ferner Abs. 2 und Abs. 3 hinzugefügt, die die **Bestandsinteressen von Markeninhabern** zusätzlich sichern: So darf sich die Benutzung leichter Abwandlungen, die den kennzeichnenden Charakter der Marke nicht verändern, nicht negativ auf den Bestand des Rechts und den ihm gewährten Schutz auswirken; ferner darf die Benutzung durch mehrere Personen, die nach nationalem Recht als „Mitinhaber" gelten, keine schädlichen Auswirkungen haben, soweit sie nicht in einer Irreführung der beteiligten Verkehrskreise resultiert.

In Art. 19 TRIPS werden diese Grundsätze präzisiert und ergänzt. Zum einen wird in Art. 19 **297** Abs. 1 S. 1 TRIPS statt der unbenannten „angemessenen Frist" des Art. 5 C Abs. 1 PVÜ ein Zeitraum von drei Jahren als Mindestfrist für den Benutzungszwang statuiert.

Im amerikanischen Recht fehlt eine dem Benutzungszwang iSd europäischen Recht exakt entspre- **297.1** chende Bestimmung. Eine funktionale Entsprechung stellen jedoch die Vorschriften über die Aufgabe von Markenrechten („abandonment") dar. Insoweit wurde vor dem Beitritt der USA zum WTO/TRIPS-Abkommen davon ausgegangen, dass bei zweijähriger Nichtbenutzung die Markenrechte als „aufgegeben" anzusehen sind. Nach dem Beitritt wurde diese Frist auf drei Jahre verlängert.

In Art. 19 Abs. 1 S. 2 TRIPS werden Gründe, die die Nichtbenutzung rechtfertigen können, **298** definiert als „Umstände, die unabhängig von dem Willen des Inhabers eintreten", wie zB Einfuhrbeschränkungen oder sonstige staatliche Auflagen. Art. 19 Abs. 2 TRIPS schließlich stellt die Benutzung der Marke durch einen Dritten der Benutzung der Marke durch den Inhaber gleich, wenn sie der Kontrolle des Inhabers unterliegt.

Gerechtfertigt ist die Nichtbenutzung einer Marke insbesondere dann, wenn die Benutzung **299** einer eingetragenen Marke etwa aus gesundheitspolitischen Erwägungen verboten oder stark eingeschränkt wird, wie dies beispielsweise im Fall des „Plain Packing" im Hinblick auf figurative Elemente (das „Marlboro-Dach", das „Camel"-Kamel oder sonstige, die Aufmachung betreffende Elemente) der Fall ist. Zu diesen und anderen Fragen im Zusammenhang mit Plain Packaging s. Sosnitza MarkenR 2011, 485; → Rn. 305 ff.

Der EuGH hat in der Entscheidung „Häupl/Lidl Stiftung" auf Art. 19 Abs. 1 S. 2 TRIPS **300** verwiesen und den Wortlaut der Vorschrift als „Auslegungshilfe" für die Interpretation von Art. 19 UMV herangezogen (EuGH C-356/04, GRUR 2007, 70 Rn. 48).

Für Einzelheiten zum Benutzungszwang im deutschen und Unionsrecht → § 25 Rn. 1 ff., → **301** § 26 Rn. 1 ff. sowie → UMV Art. 18 Rn. 1 ff.

10. Beschränkungen der Benutzung

a) Hintergrund der Regelung. Art. 20 TRIPS verbietet die Aufstellung von Erfordernissen, **302** die die Benutzung von Marken im geschäftlichen Verkehr in ungerechtfertigter Weise **erschweren.** Als Beispiele werden in Art. 20 S. 1 TRIPS genannt: Die Benutzung zusammen mit einer anderen Marke, die Benutzung in einer besonderen Form oder die Benutzung in einer Weise, die die Fähigkeit der Marke beeinträchtigt, zur Unterscheidung von Waren und Dienstleistungen von denjenigen anderer Unternehmen zu dienen. Art. 20 S. 2 TRIPS erlaubt jedoch ausdrücklich Regelungen, die anordnen, dass Marken zusammen, jedoch ohne Verknüpfung mit den Kennzeichen des herstellenden Unternehmens benutzt werden müssen.

Den Hintergrund für die Aufnahme dieser Vorschrift in das TRIPS-Übereinkommen bildeten **303** ua Bestrebungen in den Entwicklungs- und Schwellenländern, die Bekanntheit der Marken und sonstiger Kennzeichen einheimischer Unternehmen dadurch zu steigern, dass sie auf den für ausländische Firmen mit bekannten Marken in Lizenz angefertigten Produkten angebracht werden mussten (Fernández-Nóvoa GRUR Int 1977, 400; Freitag GRUR Int 1976, 328 (332)). Art. 20 TRIPS beschränkt die Zulässigkeit solcher Praktiken insbesondere dann, wenn sie zu einer Zuordnungsverwirrung führen und dadurch die Kennzeichnungskraft der ausländischen Marke schmälern; erlaubt ist jedoch die Verpflichtung zur Anbringung informativer Hinweise, wie etwa **Lizenzvermerke.**

304   Ein weiterer potenzieller Anwendungsfall von Art. 20 TRIPS ist die von einigen Ländern in den 1990er Jahren erwogene und zum Teil auch praktizierte Regelung, die generischen Namen (INNs) von Arzneimitteln in gleichem oder sogar auffälligerem Format auf der Verpackung von Pharmazeutika anzubringen, um auf diese Weise das Bewusstsein für die **therapeutische Äquivalenz** von Markenprodukten und Generika zu schärfen. In den meisten Ländern wurden solche Gesetze bzw. Gesetzgebungsvorhaben wieder zurückgezogen, ohne dass es zu Entscheidungen über die Vereinbarkeit mit Art. 20 TRIPS gekommen wäre.

305   **b) Die Auseinandersetzung um „Plain Packaging".** Von Bedeutung war Art. 20 TRIPS im Zusammenhang mit der zunehmenden Tendenz, die Benutzung von Marken für Tabakprodukte mehr oder weniger drastisch zu beschränken. Dies betrifft zum einen die Verpflichtung zur Anbringung großformatiger und teilweise abschreckend bebilderter Warnhinweise auf der Produktverpackung („Ekelbilder"); zum anderen geht es um das Verbot, graphische oder bildliche Elemente bei der Angabe der Marke zu benutzen. Produkte dürfen danach ausschließlich durch Wortmarken unterschieden werden, die in einheitlicher Schreibweise und Farbgebung – sowie zumeist relativ kleinformatig – auf den einfarbigen (zumeist grauen oder grau-braunen) Packungen erscheinen (**„Plain Packaging"**).

305.1   Die erste Regelung dieser Art fand sich im australischen Tabakgesetz. Zigarettenmarken dürfen nur in neutraler Schreibweise, ohne farbliche, graphische oder bildliche Gestaltung, auf der Packung erscheinen; darüber hinaus müssen großflächige Warnhinweise sowie abschreckende Fotos abgebracht werden. Auf Beschwerden der Ukraine, Honduras und Costa Rica wurde zur Frage der Vereinbarkeit mit TRIPS ein Streitbeilegungsverfahren vor der WTO eingeleitet (Schroeder ZLR 2012, 405; Frankel/Gervais Vanderbilt Journal of Transnational Law 2013, 1149). Der 884 Seiten umfassende Bericht des Panels wurde am 28.6.2018 veröffentlicht (WT/DS435/R; WT/DS441/R; WT/DS458/R; WT/DS467/R, Australia – Certain Measures Concerning Trademarks and Other Plain Packaging Requirements Applicable to Tobacco Products and Packaging). Im Ergebnis wurden die Beschwerden – die nicht nur die Verletzung von Art. 20 TRIPS, sondern auch von weiteren Vorschriften von TRIPS und der PVÜ zum Gegenstand haben – abgewiesen (→ Rn. 307).

305.2   Weitere Verfahren waren vor internationalen Schiedsgerichten anhängig, die über die Verletzung von Investitionsschutzklauseln in bilateralen Handelsabkommen entscheiden. Im Gegensatz zu den Streitbeilegungsverfahren vor der WTO treten in solchen Verfahren Unternehmen als Kläger auf, deren Investitionen durch – häufig politische – Entscheidungen in den durch Investitionsschutzklauseln verpflichteten Staaten beeinträchtigt oder zunichte gemacht werden. In einem solchen Verfahren, das von der Firma Phillip Morris gegen Honduras wegen dessen Tabakgesetzgebung angestrengt worden war, kam es zur Abweisung der vor dem Internationalen Schiedsgericht für Investitionsstreitigkeiten (ICSID) erhobenen Klage: Im Ergebnis wurde festgestellt, dass die von der Regierung Honduras' verfolgten Interessen des Gesundheitsschutzes schwerer wiegen als die finanziellen Interessen des Konzerns (s. Philip Morris Brand Sàrl (Switzerland), Philip Morris Products S.A. (Switzerland) and Abal Hermanos S.A. (Uruguay) v. Oriental Republic of Uruguay, ICSID Rs. No. ARB/10/7). S. dazu Hübner SchiedsVZ 2018, 288.

306   Nach Art. 10 Tabak-RL (RL 2014/40/EU) zur Angleichung der Rechts- und Verwaltungsvorschriften der Mitgliedstaaten über die Herstellung, die Aufmachung und den Verkauf von Tabakerzeugnissen und verwandten Erzeugnissen müssen mindestens 65% der Außenfläche von Zigarettenpackungen mit Warnhinweisen sowie „schockierendem" Bildmaterial bedeckt werden. Letzteres muss einer für diese Zwecke erstellten Bilddatei entnommen werden (zur Regulierung von Warnhinweisen und der sonstigen Gestaltung von Tabakverpackungen Sambuc FS Fezer, 2016, 319 ff.; zu den (ursprünglich noch strengeren) Vorschlägen der Kommission Schroeder ZLR 2012, 405). Nach Art. 24 Abs. 2 Tabak-RL können die Mitgliedstaaten auch strengere Regelungen iSv „Plain Packaging" vorsehen. Von dieser Möglichkeit haben ua das Vereinigte Königreich (während seiner EU-Mitgliedschaft) und Irland Gebrauch gemacht; entsprechende Regelungen wurden auch in anderen EU-Mitgliedsländern verabschiedet oder sind in Vorbereitung. In Deutschland wurden die Vorgaben der Tabak-RL ohne solche verschärften Auflagen zum 20.5.2016 umgesetzt.

306.1   Die Gültigkeit der Tabak-RL wurde in drei Verfahren vor dem EuGH angegriffen; die Klagen blieben jedoch ohne Erfolg (EuGH C-358/14, BeckRS 2016, 80847; C-477/14, BeckRS 2016, 80848 und C-547/14, BeckRS 2016, 80849; s. ferner Jagow Anm. zu EuGH C-358/14 und C-547/14, GRUR-Prax 2016, 251). Nur eines der Verfahren betraf Plain Packaging: So wurde von den Firmen Philip Morris und British American Tobacco ua geltend gemacht, durch die Anheimstellung strengerer Regelungen, als sie in der Tabak-RL selbst verankert sind, verfehle die RL ihren Regelungszweck iSv Art. 114 AEUV. Der EuGH befand jedoch, dass bei geeigneter Auslegung, die die Standardisierung der Aufmachung von Tabak-produkten überall dort respektiert, wo sie durch die RL selbst vorgegeben ist, kein Ungültigkeitsgrund vorliegt, selbst wenn die von einigen Mitgliedstaaten getroffenen, strengeren Regelungen dazu führen, dass Verpackungen, die die Mindeststandards der Tabak-RL erfüllen, nicht im gesamten Gebiet der EU frei gehandelt werden dürfen. Dem Unionsgesetzgeber stehe für die Entscheidung darüber, ob er eine Harmoni-sierung vollständig oder in Etappen vornehmen wolle, ein Ermessensspielraum zur Verfügung, der im vorliegenden Fall nicht überschritten worden sei (EuGH C-547/14, BeckRS 2016, 80849 Rn. 80, 83).

Von den Firmen Philip Morris und British American Tobacco war gegen die britische Gesetzgebung **306.2** Klage eingelegt worden, die jedoch ebenfalls abgewiesen wurden (British American Tobacco v. Secretary of Health, (2016) EWHC 1169 (Admin); die Berufung gegen dieses Urteil wurde abgewiesen (2016) EWCA Civ 1182; das dagegen eingelegte Rechtsmittel wurde vom Supreme Court nicht angenommen). Bei dieser Klage ging es ua um die Frage der Enteignung bzw. eines enteignungsgleichen Eingriffs sowie, im gleichen Zusammenhang, um die Frage, ob der Schutz einer Marke lediglich negativen Charakter im Sinne eines Abwehrrechts besitzt, oder ob er auch ein positives Benutzungsrecht zuweist. Der Tatbestand einer Enteignung wurde vom Gericht verneint, da dem Markeninhaber zumindest ein rudimentärer Bestand an Rechten erhalten bleibe. Zur zweiten Frage führte der erkennende Richter in erster Instanz (Green J.) zutreffend aus, dass sich aus der abstrakten Kategorisierung wenig an Erkenntnissen gewinnen lasse. So sei grundsätzlich unbestreitbar, dass zur Substanz des Rechts auch die Möglichkeit seiner Benutzung gehöre; das bedeute jedoch nicht, dass es bei entgegenstehenden, als höherwertig einzustufenden Interessen unter-sagt sei, erhebliche Einschränkungen oder sogar Benutzungsverbote vorzusehen.

Es besteht grundsätzlich kein Zweifel darüber, dass Maßnahmen des „Plain Packaging" in den **307** Anwendungsbereich von Art. 20 S. 1 TRIPS fallen: Zum einen ergeben sich daraus Erschwernisse für die Form, in der die Marke benutzt werden darf, und zum anderen ist die Reduzierung der Markenbenutzung auf Wortmarken mit einheitlichem Schriftbild geeignet, die Kennzeichnungs-kraft der Marken zu beeinträchtigen. Teilweise – insbesondere dann, wenn bildliche Elemente oder die graphische Gestaltung Gegenstand separater Markenrechte sind – führt die Regelung sogar zu einem generellen Benutzungsverbot. Die entscheidende Frage lautet daher, ob solche Erschwernisse „ungerechtfertigt" (englisch: „unjustifiable") sind. Vom WTO-Panel wurde im Bericht vom 28.6.2018 (WT/DS435/R; WT/DS441/R; WT/DS458/R; WT/DS467/R, Aust-ralia – Certain Measures Concerning Trademarks and Other Plain Packaging Requirements Appli-cable to Tobacco Products and Packaging; bestätigt durch Beschluss des Ständigen Beschwerdeaus-schusses vom 9.6.2020, WT/DS435/27 und WT/DS43/28) dazu erklärt, es sei für die Vereinbarkeit mit Art. 20 TRIPS weder ausreichend, dass die Regelung in einem sachlichen Zusammenhang mit dem erstrebten Ziel des Gesundheitsschutzes steht, noch sei zu fordern, dass es sich um eine für ihre Zielsetzung notwendige Maßnahme handelt. Vielmehr ist zu prüfen, ob die für die Maßnahme herangezogenen Gründe einschließlich gesellschaftspolitischer Erwägungen einen hinreichenden Grund für Art und Ausmaß der durch die Maßnahme bewirkten Beeinträch-tigungen liefern. Dabei sei dem nationalen Gesetzgeber ein gewisser Beurteilungsspielraum zuzu-billigen. Ferner sei es Sache der Beschwerdeführer, zumindest prima facie nachzuweisen, dass der insoweit gezogene Rahmen im konkreten Fall überschritten worden sei. Damit steht der Bericht des WTO-Panels tendenziell im Einklang mit anderen (allerdings nicht bzw. nicht primär auf der Grundlage von Art. 20 TRIPS ergangenen) Entscheidungen, die die Zulässigkeit von „Plain Packaging" im Hinblick auf die Vorrangigkeit des Gesundheitsschutzes bejaht haben (→ Rn. 305.2; → Rn. 306.1; → Rn. 306.2; ebenso im Ergebnis auch Sambuc FS Fezer, 2016, 319 (328)). Honduras und die Dominikanische Republik legten gegen Teile des Berichts Beschwerde beim ständigen Beschwerdeausschuss der WTO ein (WT/DS435/23, WT/DS441/23); diese wurde jedoch durch Bericht des Beschwerdeausschusses vom 9.6.2020 zurückgewiesen.

Da die Regierung der USA die Neubesetzung von Richterposten im Ständigen Beschwerdeausschuss **307.1** der WTO blockiert, ist das Gremium grundsätzlich nicht mehr arbeitsfähig. Die Entscheidung über die Beschwerde gegen den Panel-Bericht zu „Plain Packaging" war jedoch möglich, weil sich der Ausschuss auf die (umstrittene) Praxis berief, dass bereits angenommene Verfahren auch abgeschlossen werden dürfen.

Neben den Regeln des TRIPS-Abkommens ist für den Fragenkomplex des Plain Packaging auch das **307.2** WHO-Rahmenübereinkommen zur Eindämmung des Tabakgebrauchs (WHO-FCTC) von Interesse. Das 2003 abgeschlossene Abkommen, dem 173 Länder – darunter sämtliche Mitgliedsländer der EU – angehö-ren, statuiert in Art. 11 WHO-FCTC die Verpflichtung, irreführende und den Konsum anregende Formen der Kennzeichnung und Verpackung zu verbieten und großflächige Warnhinweise anzubringen. In Regel 46 der Richtlinien zur Anwendung von Art. 11 WHO-FCTC wird „plain packaging" (definiert als Verbot der Benutzung von Logos, Farben „brand images" oder Werbehinweise, mit Ausnahme von Haus- und

Produktmarken in einheitlicher Farbgebung und Schreibweise) ausdrücklich als geeignete Maßnahme zur Umsetzung der Verpflichtungen aus Art. 11 WHO-FCTC bezeichnet.

308 **c) Positives Benutzungsrecht?.** Im Zusammenhang mit der Frage des „Plain Packaging" und verwandten Konstellationen wird auch die Frage diskutiert, ob sich aus den Normen des internationalen Rechts ein **positives Recht zur Benutzung** einer rechtsgültig eingetragenen Marke herleiten lässt. Dabei besteht prinzipiell Einigkeit darüber, dass es jedenfalls keine ausdrückliche Fixierung eines solchen Grundsatzes in der PVÜ oder TRIPS gibt. Auf der anderen Seite ist ebenso unverkennbar, dass die Regelungen des internationalen Markenrechts die Benutzung bzw. Benutzungsmöglichkeit einer Marke prinzipiell als gegeben voraussetzen. So lässt sich aus dem in Art. 20 TRIPS verankerten Verbot besonderer Erschwernisse für die Markenbenutzung implizit ableiten, dass die „Benutzbarkeit" der Marke selbst jedenfalls von den Verfassern des TRIPS-Abkommens nicht in Frage gestellt werden sollte.

308.1 In einem etwas anderen Zusammenhang – gesetzliche Regelungen in den nordischen Ländern, die (Eintragung und) Benutzung von Tabakmarken für andere Waren und Dienstleistungen zu verbieten – wurde diese Frage bereits in den 1990er Jahren diskutiert; s. Kur GRUR Int 1990, 442 (445); Kur EIPR 1995, 599.

309 Dass die Benutzung einer eingetragenen Marke stets möglich sein muss, lässt sich auf der anderen Seite nicht als ein Grundsatz bezeichnen, der einhelliger internationaler Praxis entsprechen würde. So wird im europäischen Recht aus dem Bestehen gesetzlicher Vorschriften, die der Benutzung einer Marke entgegenstehen, lediglich ein **optionales Schutzhindernis** abgeleitet (Art. 3 Abs. 2 lit. a MRL). Die Gültigkeit und Durchsetzbarkeit gesetzlicher Benutzungsverbote wird somit offensichtlich nicht als prinzipiell unvereinbar mit der Eintragung der Marke betrachtet.

310 Im WTO-Panel Bericht vom 28.6.2018 (WT/DS435/R; WT/DS441/R; WT/DS458/R; WT/DS467/R, Australia – Certain Measures Concerning Trademarks and Other Plain Packaging Requirements Applicable to Tobacco Products and Packaging) wurde zum einen bestätigt, dass es kein im internationalen Recht verankertes, positives Recht auf Benutzung einer Marke gibt; auf der anderen Seite wurde jedoch anerkannt, dass das Verbot, eine Marke zu benutzen, ein besonders gravierendes „Erschwernis" iSv Art. 20 darstellt und daher der Rechtfertigung im Sinne dieser Vorschrift bedarf.

11. Lizenzen und Übertragung

311 **a) Vertragliche Lizenzen.** Die Vorstellung, dass übereinstimmend markierte Produkte aus unterschiedlichen Betrieben stammen können, war dem Markenrecht ursprünglich fremd. Die Anerkennung von Lizenzen als zulässige Form der Markenverwendung setzte sich daher anfangs nur zögernd durch. Dabei wurde es nicht nur in Deutschland, sondern auch in vielen anderen Ländern als unabdingbare Voraussetzung für die rechtliche Unbedenklichkeit von Lizenzen betrachtet, dass der Markeninhaber die **Kontrolle über die Qualität** der in Lizenz gefertigten Waren nicht nur wahrnehmen kann, sondern auch tatsächlich ausübt (zum deutschen Recht s. RGZ 99, 90 – Gillette; BGH GRUR 1951, 324 – Piekfein; GRUR 1957, 34 (36) – Hadef; GRUR 1965, 676 f. – Nevada; NJW 1966, 823 – Meßmer Tee II; s. auch den rechtsvergleichenden Überblick zur damaligen Rechtslage bei Kur GRUR 1990, 1 ff.).

312 Art. 21 TRIPS verhält sich in dieser Frage neutral: Es bleibt den WTO-Mitgliedern überlassen, die Bedingungen für die Vergabe von Lizenzen zu regeln. Damit sind sowohl Rechtsordnungen TRIPS-konform, die die wirksame Lizenzierung von der Qualitätskontrolle abhängig machen, als auch Markensysteme, die, wie das europäische Markenrecht, solche Anforderungen nicht (mehr) aufstellen. Zu bedenken ist allerdings, dass Art. 19 Abs. 2 TRIPS die Benutzung der Marke durch einen Dritten nur dann der Benutzung durch den Inhaber rechtlich gleichstellt, wenn sie der Kontrolle des Markeninhabers unterliegt. Wie sich aus dem Wortlaut der Vorschrift ergibt, bezieht sich dies jedoch nur auf die **rechtliche Kontrollbefugnis,** und nicht auf deren tatsächliche Ausübung.

313 Zu den Bedingungen, die von den Mitgliedsländern zulässigerweise als Voraussetzung für die Vergabe bzw. die rechtliche Wirksamkeit von Lizenzen aufgestellt werden können, zählen ferner die Anbringung von Lizenzvermerken sowie die **Eintragung der Lizenz.** Ersteres ergibt sich aus Art. 20 S. 2 TRIPS, der die Angabe der Marken des Herstellerunternehmens eines unter einer abweichenden Marke vertriebenen Produkts ausdrücklich zulässt (→ Rn. 302). Die Eintragung von Lizenzen stellt in zahlreichen Rechtssystemen eine Voraussetzung für die Wirkung der Lizenz

gegenüber Dritten dar. Im Hinblick auf die große praktische Bedeutung solcher Eintragungen wurden die formalen Anforderungen zunächst in der Form einer WIPO-Empfehlung geregelt und wurden später in den STLT aufgenommen (→ Rn. 223).

b) Verbot von Zwangslizenzen. Art. 21 TRIPS bezeichnet es als einverständlichen Grund- 314
satz, dass die Zwangslizenzierung von Marken nicht zulässig ist. Marken unterscheiden sich in dieser Hinsicht fundamental von anderen Immaterialgüterrechten, bei denen die Nutzung durch Dritte unter Umständen auch ohne die Zustimmung des Inhabers möglich und sinnvoll sein kann: Die wesentliche Funktion der Marke, die Herkunft der markierten Ware oder Dienstleistung zu garantieren, kann nicht erfüllt werden, wenn dem Inhaber nicht die alleinige Kontrolle darüber zusteht, von wem und wofür die Marke verwendet wird. Soweit sich durch die Benutzung von Marken Beeinträchtigungen des Wettbewerbs ergeben, können diese daher nicht mit dem Mittel der Zwangslizenz ausgeräumt werden, sondern nur durch eine **wettbewerbskonforme Gestaltung und Auslegung** des Markenrechts. Dies unterstreicht die Bedeutung, die ua dem Freihaltungsinteresse bei der Beurteilung der Schutzvoraussetzungen zukommt; es verlangt darüber hinaus auch eine wettbewerbssensitive Beurteilung von Schutzumfang und Schrankenbestimmungen.

Nicht von dem in Art. 21 TRIPS verankerten Verbot von Zwangslizenzen berührt sind wettbe- 315
werbsrechtliche Maßnahmen, die sich gegen **wettbewerbsbeschränkende Vereinbarungen** iSv Art. 101 AEUV richten. Die Zulässigkeit solcher Maßnahmen ergibt sich aus Art. 40 TRIPS.

Einen Grenzfall zwischen zulässiger Vertragskontrolle und Zwangslizenzierung bildet die Kon- 316
stellation, dass bestimmte Vertragsbedingungen für unzulässig erklärt werden, ohne dass dem Rechtsinhaber die Freiheit bleibt, die Lizenzierung aus diesem Grund zu verweigern. Einen solchen Sonderfall hatte der EuGH in der Entscheidung „Der Grüne Punkt" zu beurteilen (EuGH C-385/07 P, Slg. 2009, I-6155 Rn. 114 = GRUR-RR 2009, 447 Ls. = BeckRS 2009, 70833).

Dem Dualen System Deutschland als Lizenzgeber an dem Zeichen „Der grüne Punkt" wurde es 316.1
verwehrt, die volle umsatzbasierte Lizenzgebühr auch dann abzurechnen, wenn im Einzelfall andere Entsorgungssysteme in Anspruch genommen worden waren. Da die entsprechenden Feststellungen immer erst „ex-post" getroffen werden konnten und Waren ohne den „grünen Punkt" auf dem Markt praktisch unverkäuflich waren, musste die Lizenz jedoch zunächst uneingeschränkt erteilt werden. Bei strikter Betrachtung mag darin ein Verstoß gegen das Zwangslizenzverbot des Art. 21 TRIPS liegen, Der Fall weist jedoch eine Reihe von Besonderheiten auf: Zum einen wird der „grüne Punkt" von den beteiligten Verkehrskreisen im Allgemeinen nicht als Individualmarke wahrgenommen, sondern eher als Kollektivmarke betrachtet, die auf die Teilnahme an einem kollektiven Abfallentsorgungssystem hinweist (was im konkreten Fall ja auch zutraf). Zum anderen stellte es der EuGH dem DSD frei, eine Grund-Lizenzgebühr für die Verwendung der Marke als solche zu verlangen.

Zur Frage der ernsthaften Benutzung der Kollektivmarke „Der Grüne Punkt" s. EuGH C-143/P 2019. 316.2

c) Übertragung von Markenrechten. Noch stärker als bei Lizenzen hat sich das Prinzip der 317
Bindung von Marken an den Betrieb des Inhabers im Zusammenhang mit der Übertragung von Marken ausgewirkt. Unter der Geltung des WZG waren „Leerübertragungen" von Marken bis zur Gesetzesänderung von 1992 nicht möglich bzw. führten zum Verlust des Markenrechts; das „Bindungsprinzip" wurde noch in einer Entscheidung des BGH aus dem Jahre 1987 zum „ordre public" der BRD gezählt (BGH GRUR 1987, 525 – LITAFLEX, mAnm Bauer). Ähnliche Regelungen fanden sich auch in anderen Rechtsordnungen. Die PVÜ hatte sich in Anerkennung der rechtlichen Unterschiede in Art. 6^{quater} PVÜ damit begnügt, sicherzustellen, dass sich das Erfordernis des Betriebsübergangs jedenfalls nur auf den **im jeweiligen Land belegenen Teil** des Geschäftsbetriebes beziehen kann und nicht den Übergang des gesamten Unternehmens samt seinen in anderen Ländern belegenen Teilen verlangt. Dabei wurde allerdings der Vorbehalt gemacht, dass die Verbandsländer nicht zur Anerkennung von Übertragungen verpflichtet sind, die zu einer Irreführung der Abnehmer führen.

In Art. 21 TRIPS wird hingegen eine **völlige Abkehr vom Bindungsprinzip** zum Ausdruck 318
gebracht: Es wird Einvernehmen darüber erklärt, dass der Markeninhaber berechtigt ist, die Marke „mit oder ohne" den Geschäftsbetrieb, zu dem die Marke gehört, zu übertragen. Damit geht TRIPS über die Vorgaben der MRL in ihrer Fassung von 1989 hinaus, die die Regelung dieser Frage den Mitgliedstaaten überließ.

Sowohl im italienischen wie auch im griechischen Recht war bei der Umsetzung der MRL 1989 die 318.1
Bindung der Marke an den Geschäftsbetrieb beibehalten worden. Beide Gesetze mussten daher nach dem Beitritt zum TRIPS-Abkommen geändert werden.

Die Neufassung der MRL macht die isolierte Übertragbarkeit der Marke sowie ihre Belastbarkeit mit 318.2
dinglichen Rechten und die Verwertbarkeit in der Zwangsvollstreckung zur verbindlichen Vorgabe für die

Mitgliedstaaten. In allen Fällen (einschließlich im Fall der Lizenzierung) müssen die Mitgliedsländer Verfahren zur Registrierung solcher Vorgänge zur Verfügung stellen (Art. 22–24 MRL, jeweils Abs. 2; Art. 26 Abs. 5 MRL). Die Regelung der Einzelheiten bleibt den Mitgliedstaaten überlassen.

319 Von der Aufgabe des Bindungsgrundsatzes abgesehen können die WTO-Mitgliedsländer die **Bedingungen für die Übertragung** von Marken nach eigenem Ermessen regeln. Ähnlich wie im Fall von Lizenzen zählen dazu insbesondere Regelungen, die der Verhinderung von Irreführungen dienen sowie die Erforderlichkeit bzw. die Rechtswirkungen der Eintragung des Inhaberwechsels.

IV. Bindungswirkung und unmittelbare Anwendbarkeit des internationalen Rechts

1. Nationales Recht

320 Deutschland ist Mitglied der PVÜ, des TRIPS-Abkommens, des MMA und des PMMA, des TLT sowie des Vertrags von Singapur (STLT).

321 Im deutschen Recht gilt, dass internationale Verträge, die nach ihrer Ratifizierung im Bundesgesetzblatt veröffentlicht worden sind, in ihrer rechtlichen Wirkung nationalen Gesetzen gleichstehen. Das bedeutet, dass sich Personen in Verfahren vor Gerichten und Behörden **unmittelbar auf internationales Recht berufen** können (unmittelbare Anwendbarkeit). Voraussetzung ist allerdings, dass sich die jeweilige Vorschrift für die unmittelbare Anwendung eignet, dh dass sie inhaltlich klar und eindeutig bestimmt ist. Da viele Normen des internationalen Rechts eher programmatischen oder Rahmencharakter besitzen, kommt die unmittelbare Anwendung nicht häufig in Betracht. Zu den Ausnahmen zählen im Bereich des internationalen Markenrechts ua Art. 6bis und Art. 6^{quinquies} PVÜ.

321.1 Während notorische Bekanntheit einer Marke bereits unter Geltung des WZG ein absolutes Schutzhindernis darstellte (§ 4 Abs. 2 Nr. 5 WZG) und daher kein Bedürfnis für eine unmittelbare Anwendung von Art. 6bis PVÜ bestand (→ Rn. 322), ist die Berufung auf Art. 6^{quinquies} PVÜ nur dort entscheidungsrelevant, wo das nationale Recht der Eintragung einer im Ursprungsstaat eingetragenen Marke entgegenstehen würde; die Vorschrift kann daher nur bei unmittelbarer Anwendung durch die Gerichte und Behörden ihre Wirkung entfalten. Zur Rechtspraxis → Rn. 259, → Rn. 261.

322 Entscheidend ist die unmittelbare Anwendbarkeit allerdings nur dann, wenn das nationale Recht keine entsprechenden Vorschriften enthält und der konventionskonforme Schutz von Angehörigen anderer Verbandsländer daher nur durch die unmittelbare Anwendung der Mindestschutzrechte sichergestellt werden kann. Nachdem in § 10 auf Art. 6bis PVÜ in der Form einer dynamischen Verweisung Bezug genommen wird und § 8 Abs. 2 Nr. 1–3 – im Einklang mit Art. 3 Abs. 1 lit. b–d MRL – die in Art. 6^{quinquies} Abschn. B Nr. 2 PVÜ aufgeführten Schutzhindernisse nahezu wortgleich aufführt, lässt sich in diesen Fällen **keine Notwendigkeit für die direkte Anwendung der PVÜ-Bestimmungen** erkennen (s. jedoch → § 3 Rn. 62.1; → § 3 Rn. 121 zu den Bedenken im Hinblick auf § 3 Abs. 2 MarkenG bzw. Art. 7 Abs. 1 lit. e UMV). Entsprechendes gilt auch für Art. 6ter PVÜ mit seinen Schutzhindernissen für Hoheits- und Prüfzeichen sowie für den in Art. 6^{septies} PVÜ geregelten Schutz gegen die nicht autorisierte Markeneintragung und benutzung durch Agenten und Vertreter: Durch § 8 Abs. 2 Nr. 6–8 sowie § 11 MarkenG ist beiden Vorschriften genüge getan.

322.1 Inwieweit die Vorschriften des TRIPS-Abkommens auf der Ebene des nationalen Rechts unmittelbare Wirkung entfalten können, ist bisher nicht abschließend geklärt. Der EuGH, der diese Möglichkeit für das Gemeinschaftsrecht ausschließt (→ Rn. 325), hat sich zum nationalen Recht nicht geäußert. Es ist jedoch prinzipiell plausibel, dass die strukturellen Gründe, die nach der Ansicht des EuGH gegen die unmittelbare Anwendung von TRIPS sprechen, auch für das nationale Recht Wirkung entfalten.

2. Unionsrecht

323 Die EU ist Mitglied des TRIPS-Abkommens und des PMMA. Da der Beitritt zur PVÜ allein Staaten offensteht, besteht dort keine direkte Mitgliedschaft; über Art. 2 TRIPS ist die EU jedoch **an die Einhaltung von Art. 1–12 PVÜ gebunden**.

324 Die **unmittelbare Anwendung** des WTO-Abkommens auf der Ebene des Gemeinschaftsrechts hat der EuGH mehrfach ausdrücklich ausgeschlossen; dies gilt auch für TRIPS (grundlegend EuGH EuZW 2000, 276 – Portugal/Rat; für TRIPS s. EuGH C-300/98 und C-392/98, GRUR 2001, 235 – Parfums Christian Dior SA/Assco). Dies wird vor allem aus der Struktur des Abkommens geschlossen, das sich erkennbar allein an die Mitglieder, und nicht an die Gerichte oder

Behörden der teilnehmenden Staaten wende. Ferner sei das WTO-spezifische Sanktionensystem, das ebenfalls auf staatlicher Ebene ansetzt, nicht mit der unmittelbaren Anwendung der TRIPS-Vorschriften vereinbar.

Vom EuGH abgelehnt wurde ferner die routinemäßige **Überprüfung der TRIPS-Konfor-**   325 **mität** gemeinschaftsrechtlicher Regelungen im Rahmen von Rechtsstreitigkeiten (EuGH C-491/01, EuR 2003, 80 – British American Tobacco Ltd. und Imperial Tobacco Ltd.). Eine solche Überprüfung soll nur ausnahmsweise dann erfolgen, wenn eine gesetzgeberische Maßnahme ausdrücklich mit dem Ziel der Umsetzung von TRIPS-Bestimmungen vorgenommen wird.

Erfolglos blieb daher auch die auf mangelnde Übereinstimmung der vom EUIPO vorgenommenen   325.1 Interpretation von Art. 7 Abs. 1 lit. b und c UMV mit Art. 6^{quinquies} Abschn. B Nr. 2 PVÜ gestützte Beschwerde gegen die Zurückweisung der Anmeldung einer in Deutschland eingetragenen Warenformmarke: Die unmittelbare Anwendung der PVÜ scheide wegen Nichtmitgliedschaft der EU aus, und für die mittelbare Heranziehung von 6^{quinquies} PVÜ als Bestandteil von TRIPS sei kein Raum, da TRIPS nicht unmittelbar als Prüfungsmaßstab herangezogen werden könne (EuGH C-238/06 P, GRUR 2008, 339 Rn. 38 ff. – Develey).

Auf der anderen Seite beziehen sich zahlreiche EuGH-Entscheidungen auf TRIPS und äußern   326 sich dabei durchaus deutlich zur Vereinbarkeit von europäischem und internationalem Recht (zB EuGH C-245/02, EuZW 2005, 114 – Anheuser-Busch Inc./Budějovický Budvar, národni podnik; s. auch EuGH C-428/08, GRUR Int 2010, 843 – Monsanto Technology LLC/Cefetra BV, zum Patentrecht). Dies wird auf den Grundsatz zurückgeführt, dass der EuGH aufgrund der Rechtsverbindlichkeit des Abkommens verpflichtet ist, die bestehenden Vorschriften des europäischen Rechts **so weit wie möglich** im Licht des TRIPS-Abkommens und anderer einschlägiger internationaler Rechtsakte auszulegen, was eine Stellungnahme zu ihrer prinzipiellen TRIPS-Kompatibilität unausweichlich macht.

Allgemein zur Bindung der EU an das WTO-Recht s. Ohler EUR-Beil. 2012, 137.   326.1

F. Rechtsdurchsetzung

I. Sanktionen und Verfahren

1. Nationales Recht

Bereits im WZG von 1894 wurden Verletzungen von Markenrechten vorwiegend zivilrechtlich   327 geahndet. Das MarkenG bildet insoweit einen **Teil des Deliktsrechts.** Daneben treten strafrechtliche Sanktionen (§§ 143 ff.) sowie Maßnahmen im administrativen Verfahren, wie die Löschung der Marke (§ 51; Art. 60 UMV) sowie die Grenzbeschlagnahme (§§ 146 ff.).

Im Vordergrund der markenrechtlichen Praxis steht die Unterlassungsklage (§ 14 Abs. 5).   328 Bei schuldhafter Verletzung kann Schadensersatz (unter Einschluss der Herausgabe unrechtmäßig erzielter Gewinne) verlangt werden (§ 14 Abs. 6); bei schuldlosem Eingriff in das Markenrecht ist ferner Wertersatz nach den Grundsätzen der ungerechtfertigten Bereicherung zu leisten (§ 20 S. 2). Durch das Piateriegesetz von 1990 (→ Rn. 36) wurde ua der Anspruch auf Drittauskunft (§ 19) eingeführt; weitere Nebenansprüche – insbesondere auf Vernichtung rechtsverletzender Ware (vgl. § 18) – wurden explizit normiert.

Der BGH hat in seiner jüngeren Rechtsprechung den Grundsatz entwickelt, dass ein Unterlassungstitel   328.1 den Schuldner auch dazu verpflichtet, Maßnahmen zu ergreifen, um eine Fortwirkung der Verletzung durch Handlungen Dritter zu unterbinden. Dies bedeutet, dass er rechtsverletzende Waren zurückrufen muss, die er an Dritte geliefert hatte. Im Fall einer einstweiligen Unterlassungsverfügung muss er Dritte über die Entscheidung informieren und dazu auffordern, den Weitervertrieb zu unterlassen. Diese Rechtsprechung ist in der Praxis stark kritisiert worden (Goldmann GRUR 2016, 724; Sakowski GRUR 2017, 355; Boesling GRUR-Prax 2016, 259 f.; „Zwischenruf", GRUR 2017, 885; vorsichtig positiv Hofmann NJW 2018, 1290). Während sich die Rechtsprechung zunächst auf UWG-Sachverhalte bezog (BGH GRUR 2015, 258 Rn. 64 – CT-Paradies; GRUR 2017, 720 Rn. 35 – Hot Sox; GRUR 2017, 208 Rn. 24 – RESCUE-Tropfen; GRUR 2017, 83 Rn. 26 f. – Luftentfeuchter), wurde sie später auch auf das Markenrecht ausgedehnt (BGH GRUR 2017, 885 Rn. 17 – Produkte zur Wundversorgung); → Rn. 330.1.

Die **Vereinheitlichung zivilrechtlicher Sanktionen und Verfahren** durch die Enforce-   329 ment-RL (RL 2004/48/EG; → Rn. 334) hat im deutschen Recht zu keinem erheblichen Korrekturbedarf geführt. Der Drittauskunftsanspruch wurde in seiner Reichweite verbreitert; verschärft wurden ferner die Nebenansprüche, da außer der Vernichtung rechtsverletzender Waren (§ 18 Abs. 1) auch der Rückruf und die Entfernung aus den Vertriebswegen verlangt werden können (§ 18 Abs. 2). Neu in das MarkenG aufgenommen wurden im Zuge der Umsetzung der Enforcement-RL der Anspruch auf Vorlage und Besichtigung von Beweismitteln, die sich im Besitz des Beklagten befinden (§ 19a) sowie der Anspruch auf Vorlage von Bank-, Finanz- und Handelsunterlagen zur Sicherung von Schadensersatzansprüchen (§ 19b).

2. Unionsrecht

330   **a) Gemeinschaftsunmittelbare Regelungen.** In der UMV sind die Rechtsfolgen der Verletzung von Unionsmarken lediglich rudimentär geregelt. Nach Art. 130 Abs. 1 UMV ist im Fall der Verletzung oder drohenden Verletzung ein **Verbot** auszusprechen, wobei die nach innerstaatlichem Recht zur Sicherung der Befolgung erforderlichen Maßnahmen zu treffen sind. Dies bedeutet insbesondere, dass das als Unionsmarkengericht (→ Rn. 342) berufene nationale Gericht für den Fall der Nichtbefolgung eine Strafandrohung aussprechen muss, soweit das nationale Recht eine solche Maßnahme grundsätzlich vorsieht. Der Ausspruch der Strafbewehrung kann nicht mit der Begründung unterbleiben, dass mit einem erneuten Verstoß nicht zu rechnen ist (EuGH C-316/05, GRUR 2007, 228 – Nokia).

330.1   Soweit die vom BGH entwickelte Rechtsprechung zur Erstreckung von Unterlassungsgeboten auf die Verpflichtung des Schuldners zur Einwirkung auf Handlungen Dritter (→ Rn. 328.1) auf Unionsmarken Anwendung findet, stellt sich die Frage, ob die so interpretierte inhaltliche Reichweite des Verbotsausspruchs mit Art. 130 Abs. 1 UMV vereinbar ist. Akut wurde diese Frage in der Entscheidung BGH GRUR 2018, 292 – Produkte zur Wundversorgung. Im zugrundeliegenden Rechtsstreit wurde im Wege der einstweiligen Verfügung ein Benutzungsverbot hinsichtlich der streitgegenständlichen Unionsmarke ausgesprochen. Nachfolgend verhängte das Vollstreckungsgericht ein Ordnungsgeld, da es der Verfügungsbeklagte versäumt hatte, seine Abnehmer entsprechend zu informieren und zur Unterlassung des Weitervertriebs aufzufordern. Die Entscheidung des Vollstreckungsgerichts wurde vom BGH bestätigt. Eine Vorlage an den EuGH zur Klärung der Reichweite von Art. 130 Abs. 1 UMV (bzw. im konkreten Fall: Art. 102 Abs. 1 GMV) lehnte der BGH ab. Gegen die Entscheidung wurde Beschwerde zum BVerfG erhoben (anhängig unter 1 BvR 396/18; s. Stellungnahme der GRUR zum Verfassungsbeschwerdeverfahren, GRUR 2019, 1278).

331   In Art. 11 Abs. 2 UMV ist ferner geregelt, dass – obwohl das Recht an einer Unionsmarke erst nach der Eintragung geltend gemacht werden kann – für Handlungen, die nach der Veröffentlichung der Unionsmarke begangen wurden und die nach ihrer Eintragung verboten sein würden, eine **angemessene Entschädigung** zu zahlen ist (s. dazu EuGH C-280/15, GRUR 2016, 931 – Nikolajeva, wo der Begriff der „angemessenen Entschädigung" mit der Herausgabe des erzielten Gewinns gleichgesetzt und lediglich die Geltendmachung weitergehenden (immateriellen) Schades ausgeschlossen wird).

332   Soweit die UMV keine Vorschriften enthält, kann das Unionsmarkengericht gemäß Art. 130 Abs. 2 UMV die im jeweiligen Einzelfall zweckmäßig erscheinende Maßnahme ergreifen oder Anordnungen treffen, die das anwendbare Recht vorsieht (→ Rn. 348).

333   Auf der Ebene des Unionsrechts geregelt sind ferner das Löschungsverfahren vor dem EUIPO (Art. 63, 64 UMV) sowie die Verfahren zur **Grenzbeschlagnahme** rechtsverletzender Waren (VO (EU) 608/2013).

334   **b) Harmonisierungsmaßnahmen.** Während Sanktionen und Verfahren nach der MRL zunächst in der gesetzgeberischen Kompetenz des nationalen Gesetzgebers verblieben sind, ist mit der **Enforcement-RL** (RL 2004/48/EG) ein EU-weit einheitlicher Mindeststandard geschaffen worden. Die Regelung gilt horizontal für alle Arten von Immaterialgüterrechten. Sie betrifft die bei Verletzung von Schutzrechten vorzusehenden zivilrechtlichen Sanktionen (Unterlassungs- und Schadensersatzanspruch, Auskunft auf Drittauskunft, Abhilfeansprüche wie Vernichtung und Rückruf verletzender Waren und deren Entfernung aus den Handelswegen, Urteilsveröffentlichung) ebenso wie verfahrensrechtliche Aspekte wie die Durchführung von Eil- und Sicherungsmaßnahmen und die Vorlage von Beweisen und Urkunden. Die Enforcement-RL orientiert sich weitgehend an den Bestimmungen des TRIPS-Abkommens (→ Rn. 205), sie geht jedoch zum Teil darüber hinaus: So ist insbesondere der Anspruch auf Drittauskunft in Art. 47 TRIPS lediglich als Option vorgesehen, während er nach europäischem Recht zwingend einzuführen ist.

Trotz des mit der Enforcement-RL erreichten Standes der Harmonisierung können die Unterschiede **334.1** in der Praxis der einzelnen Länder nach wie vor erheblich sein. Dies gilt etwa für die Art der Berechnung des Schadensersatzes oder für die Handhabung der Abhilfemaßnahmen, wobei hinzukommt, dass viele Länder nicht über hinreichende praktische Erfahrungen mit der Anwendung dieser Sanktionen verfügen (s. dazu die Länderberichte in Hasselblatt EUTMR Teil C S. 1247 ff.). Es ist ua Aufgabe der beim EUIPO eingerichteten Beobachtungsstelle für Schutzrechtsverletzungen (→ Rn. 59.1), durch entsprechende Untersuchungen und Dokumentationen größere Transparenz und Rechtssicherheit in diesem Bereich herzustellen.

Keine Rechtsvereinheitlichung besteht bisher im Hinblick auf die **strafrechtliche Sanktionie- 335 rung** von Schutzrechtsverletzungen. Ein von der Kommission insoweit unternommener Versuch (KOM (2006) 168 endg.) scheiterte am Widerstand des Europäischen Parlaments. Bemängelt wurde insbesondere, dass die Richtlinie auch Patentrechtsverletzungen sowie Parallelimporte mit Strafe bedrohte, und dass sie der Einbeziehung von Privatinteressen in die Strafverfolgung zu weiten Raum gab (im gleichen Sinne die kritische Stellungnahme von Hilty/Kur/Peukert IIC 2006, 970).

II. Gerichtliche Zuständigkeit und anwendbares Recht

1. Zuständigkeit

a) Nationale Markenrechte. Bei Rechtsstreitigkeiten über nationale Marken und andere **336** Kennzeichenrechte folgt die gerichtliche Zuständigkeit aus der **ZPO** iVm GVG. Zuständig danach in erster Instanz das Landgericht, wobei sich die örtliche Zuständigkeit nach dem Wohnsitz des Beklagten richtet oder nach den anderen in §§ 12 ff. ZPO aufgeführten Grundsätzen bestimmt wird (zur örtlichen Zuständigkeit in Kennzeichenstreitsachen → § 140 Rn. 16 ff.). Verletzungsklagen können daher außer am Wohnort des Beklagten auch an dem Ort erhoben werden, an dem die Verletzung begangen wurde oder droht. Da Markenverletzungen regelmäßig im gesamten Territorium des Schutzlandes stattfinden, ist der Kläger insoweit an keinen bestimmten Gerichtsort gebunden („fliegender Gerichtsstand"); → § 141 Rn. 2.

In Fällen mit Auslandsbezug richtet sich die gerichtliche Zuständigkeit nach der VO (EU) **337** 1215/2012 **(Brüssel Ia-VO),** soweit der Beklagte seinen Wohnsitz in der EU hat. Soweit der Beklagte in der Schweiz, Norwegen oder Island ansässig ist, gelten die parallelen Vorschriften des **LugÜ** in der Fassung vom 30.10.2007 (näher → § 140 Rn. 114 ff.). Hat der Beklagte seinen Wohnsitz weder in der EU noch in einem der Mitgliedsländer des LugÜ, gelten die Vorschriften der ZPO.

Die Brüssel Ia-VO hat die zuvor geltende VO (EG) 44/2001 (Brüssel I-VO) abgelöst. Sie ist **338** zum 10.1.2013 in Kraft getreten; in ihren wesentlichen Teilen findet sie jedoch nur auf Verfahren Anwendung, die nach dem 10.1.2015 anhängig gemacht worden sind. Die durch die Neufassung bewirkten Rechtsänderungen sind nur zu einem geringen Teil für Verfahren im Bereich des Markenrechts von Interesse (→ Rn. 340).

Die Brüssel Ia-VO gilt in ihrer jeweils aktuellen Fassung unmittelbar in allen EU-Mitgliedstaaten mit **338.1** Ausnahme von Dänemark. Dänemark hat sich jedoch völkerrechtlich gegenüber der EU verpflichtet, die Brüssel I-VO (in der Fassung der VO (EG) 44/2001) zu beachten; es hat ferner durch formelles Schreiben angezeigt, dass dies auch für die Brüssel Ia-VO gelten soll.

Die Brüssel Ia-VO ist durch die VO (EU) 542/2014 des Europäischen Parlaments und des Rates vom **338.2** 15.5.2014 zur Änderung der VO (EU) 1215/2012 bezüglich der hinsichtlich des Einheitlichen Patentgerichts und des Benelux-Gerichtshofs anzuwendenden Vorschriften (ABl. L 163, 1) geändert worden. Eingefügt wurden Art. 71a–71d Brüssel Ia-VO, in denen das Verhältnis der durch das Abkommen über das Einheitliche Patentgericht begründeten, supranationalen Gerichtsbarkeit zur Gerichtsbarkeit der Mitgliedstaaten geregelt wird. Die Regelung ist am 30.5.2014 in Kraft getreten; sie gilt – ebenso wie die Brüssel Ia-VO – nur für Verfahren, die nach dem 10.1.2015 eingeleitet werden.

Zuständig sind primär die Gerichte des Mitgliedstaates, in dem der Beklagte seinen Wohnsitz **339** hat (Art. 4 Brüssel Ia-VO). Der Kläger hat darüber hinaus die Möglichkeit, von den in Abschnitt 2 der Brüssel Ia-VO (Art. 7 ff. Brüssel Ia-VO) geregelten **besonderen Zuständigkeiten** Gebrauch zu machen. Für Verfahren wegen Markenverletzung sind insoweit der Gerichtsstand der unerlaubten Handlung (Art. 7 Abs. 2 Brüssel Ia-VO) sowie ggf. auch der Gerichtsstand der Beklagtenmehrheit (Art. 8 Abs. 1 Brüssel Ia-VO) einschlägig; für vertragliche Streitigkeiten gilt Art. 7 Abs. 1

Brüssel Ia-VO. Darüber hinaus können die Parteien den Gerichtsstand einvernehmlich oder durch rügeloses Erscheinen bestimmen (Art. 25, 26 Brüssel Ia-VO).

339.1   Die Verletzung von Markenrechten in anderen Ländern der Gemeinschaft oder im EU-Ausland kann im Wohnsitzstaat des Beklagten grundsätzlich uneingeschränkt geltend gemacht werden, soweit das Verfahren nicht die Gültigkeit oder Eintragung einer eingetragenen Marke betrifft (→ Rn. 340). Beim Gerichtsstand der unerlaubten Handlung ist dem EuGH zufolge zwischen dem Handlungs- und dem Erfolgsort zu unterscheiden: So kann am Handlungsort der gesamte Schaden geltend gemacht werden, während die Kognitionsbefugnis der Gerichte am Erfolgsort auf die in dem jeweiligen Territorium auftretenden Handlungsfolgen beschränkt ist (grundlegend EuGH C-68/93, GRUR Int 1998, 298 – Fiona Shevill/Presse Alliance; zur Anwendung im Fall von Markenverletzungen → Rn. 339.2). Bei Persönlichkeitsrechtsverletzungen im Internet können ferner auch die Gerichte des Staates umfassende Zuständigkeit beanspruchen, in dem das mutmaßliche Opfer den Mittelpunkt seiner Interessen hat (EuGH verb. Rs. C-509/09 und C-161/10, GRUR 2012, 300 – eDate und Martinez). Für Markenverletzungen im Internet gilt dies jedoch nicht (EuGH C-523/10, GRUR 2012, 654 Rn. 24 f. – Wintersteiger/Products4U).

339.2   Für Markenverletzungen durch Verwendung einer Marke als Keyword hat der EuGH die Zuständigkeit der Gerichte im Staat der Eintragung der laut Klageantrag verletzten Marke (als Erfolgsort) sowie in dem Staat (als Handlungsort) angenommen, in dem der technische Vorgang ausgelöst wurde, der bei Eingabe der Marke in den Browser einer Suchmaschine zum Erscheinen der Werbeanzeige des angeblichen Verletzers führt (EuGH C-523/10, GRUR 2012, 654 Rn. 27, 34 – Wintersteiger/Products4U). Im ersteren Fall kann nur der im jeweiligen Land erlittene Schaden, im zweiten Fall jedoch auch der Gesamtschaden eingeklagt werden.

339.3   Die Bejahung der deliktischen Zuständigkeit im Fall von Internet-Verletzungen ist nicht davon abhängig, dass sich die Verletzung gezielt an Abnehmer in dem betreffenden Territorium richtet. Es reicht aus, wenn die Marke im jeweiligen Territorium eingetragen (bzw. auf andere Weise geschützt) ist (EuGH C-523/10, GRUR 2012, 654 Rn. 27 – Wintersteiger/Products4U); im Übrigen genügt es, dass der Inhalt der Webseite (technisch) zugänglich ist (EuGH verb. Rs. C-509/09 und C-161/10, GRUR 2012, 300 Rn. 51 – eDate und Martinez; C-170/12, GRUR 2014, 100 Rn. 36 – Pinckney/Mediatech; zu beachten bleibt dabei die Beschränkung der Sanktion auf die im Gerichtsstaat eingetretenen Folgen → Rn. 339.2).

339.4   Teilnehmer an einer Markenverletzung können nach Art. 7 Abs. 2 Brüssel Ia-VO auch dann vor den Gerichten eines Mitgliedstaates verklagt werden, in dem der Verletzungserfolg verwirklicht wird, wenn sie selbst dort nicht gehandelt haben (s. EuGH C-387/12, GRUR 2014, 599 Rn. 40 – Hi Hotel (zum Urheberrecht); GRUR 2014, 806 Rn. 59 – Coty (zum UWG)). Dies gilt jedoch nicht für Klagen wegen Verletzung von Unionsmarken, die auf Art. 125 Abs. 5 UMV gestützt werden (→ Rn. 343; → UMV Art. 125 Rn. 34 ff.).

339.5   Art. 8 Abs. 1 Brüssel Ia-VO findet Anwendung, wenn die gegen zwei oder mehrere Beklagte gerichteten Ansprüche auf derselben Sach- und Rechtslage beruhen; EuGH C-539/03, GRUR 2007, 47 Rn. 26 – Roche/Primus und Goldenberg. Von der gleichen Sachlage ist insbesondere dann auszugehen, wenn die Parteien aufgrund eines gemeinsamen Geschäftsplans handeln (zB Unternehmen in der Vertriebskette; BGH GRUR 2007, 705 Rn. 17 – Aufarbeitung von Fahrzeugkomponenten). Für die Annahme der gleichen Rechtslage ist es nicht zwingend erforderlich, dass die Ansprüche demselben (nationalen) Recht unterliegen (EuGH C-98/06, EuZW 2007, 703 Rn. 31 – Freeport; C-145/10, GRUR 2012, 166 Rn. 80, 82 – Painer). Ist die Zuständigkeit des angerufenen Gerichts nach den vorgenannten Grundsätzen gemäß Art. 8 Abs. 1a Brüssel Ia-VO begründet, unterliegt die Kognitionsbefugnis weder sachlichen noch territorialen Beschränkungen (EuGH C-24/16 und C-25/16, BeckRS 2017, 126271 Rn. 63, 67 – Nintendo (zum Gemeinschaftsgeschmacksmusterrecht). Zu dem zugrundeliegenden Fall → Rn. 344.1.

339.6   Soweit eine Markenverletzung zugleich eine Vertragsverletzung darstellt, bleibt es dem Kläger überlassen, ob er am deliktischen oder am Vertragsgerichtsstand Klage erhebt. Der vertragliche Gerichtsstand ist nur dann vorrangig, wenn sich die Pflicht, gegen die verstoßen wird, allein aus dem Vertrag ergibt (EuGH NJW 2021, 144 – Wikingerhof mAnm Wagner).

340   Soweit die Klage die **Eintragung oder Gültigkeit eingetragener Marken** betrifft, sind die Gerichte desjenigen Mitgliedstaates ausschließlich zuständig, in dem oder mit Wirkung für das die Eintragung vorgenommen wurde. Dies gilt unabhängig davon, ob die Ungültigkeit des Schutzrechts den Gegenstand der Klage bildet oder ob sie lediglich im Wege der Einrede geltend gemacht wird. Unter Geltung der Brüssel I-VO hatten insoweit zunächst Zweifel bestanden, die jedoch vom EuGH im zuvor genannten Sinne ausgeräumt wurden (EuGH C-4/03, GRUR 2007, 49 – GAT/LuK). Mit der Neufassung der Brüssel Ia-VO wurden diese Grundsätze ausdrücklich in Art. 24 Abs. 4 Brüssel Ia-VO verankert.

340.1   Vom EuGH noch nicht entschieden ist die Frage, ob das mit der Verletzungsklage angerufene Gericht den Fall wegen mangelnder Zuständigkeit abweisen muss, oder ob es das Verfahren unter der Auflage aussetzen kann, dass die Partei, die den Ungültigkeitseinwand erhoben hat, innerhalb gewisser Frist ein Löschungsverfahren vor den zuständigen Behörden oder Gerichten einreicht; in diesem Sinne das HG Zürich HG 050410 sic! 2006, 854 – Eurojobs Personaldienstleistungen SA/Eurojob AG. Die Frage der Vereinbarkeit mit Art. 22 Abs. 4 Brüssel I-VO war dem EuGH im Verfahren „Solvay/Honeywell" vorgelegt worden; sie brauchte jedoch nicht beantwortet zu werden, da in jenem Fall die Anwendung von Art. 22 Abs. 4 Brüssel I-VO bereits aus anderen Gründen (Eilverfahren, Art. 31 Brüssel I-VO) ausschied (EuGH C-616/10, GRUR 2012, 1169 – Solvay/Honeywell).

b) Unionsmarken. Die gerichtliche Zuständigkeit in Verfahren, die Unionsmarken betreffen, **341** ist in Art. 122 ff. UMV geregelt. Danach findet die Brüssel Ia-VO subsidiär Anwendung, soweit die UMV keine anderweitigen Regelungen enthält.

Nach Art. 123 UMV benennen die Mitgliedstaaten **Unionsmarkengerichte,** die gemäß **342** Art. 124 UMV für Verletzungsklagen, negative Feststellungsklagen, Widerklagen auf Erklärung des Verfalls oder der Nichtigkeit sowie für Klagen auf Entschädigung in Fällen des Art. 11 Abs. 2 UMV ausschließlich zuständig sind. Die internationale Zuständigkeit und deren Reichweite bestimmen sich nach Art. 125 UMV iVm Art. 126 UMV: Danach sind die in Art. 125 Abs. 1–4 UMV genannten Gerichte – dh, das durch Prorogation oder Vereinbarung bestimmte Gericht oder, in kaskadenförmig absteigender Linie, die Gerichte im Staates des Wohnsitzes oder der Niederlassung des Beklagten, oder im Staat des Wohnsitzes oder der Niederlassung des Klägers oder, letztlich, im Sitzstaat des EUIPO – zentral zuständig, in dem Sinne, dass ihre Entscheidungen gemeinschaftsweite Gültigkeit entfalten, soweit nicht der Kläger seinen Antrag territorial beschränkt oder eine solche Beschränkung aus rechtlichen Gründen geboten ist (EuGH C-235/09, GRUR Int 2011, 514 – DHL/Chronopost).

Eine **alternative gerichtliche Zuständigkeit** ergibt sich aus Art. 125 Abs. 5 UMV: Danach **343** können die nach Art. 124 UMV den Unionsmarkengerichten zugewiesenen Klagen – mit Ausnahme negativer Feststellungsklagen – auch vor den Unionsmarkengerichten des Mitgliedstaates erhoben werden, in dem die Verletzung vorgenommen wird oder droht. In diesem Fall ist gemäß Art. 126 Abs. 2 UMV die Kognitionsbefugnis des Gerichts allerdings auf den Mitgliedstaat beschränkt, in dem es seinen Sitz hat. Dem EuGH zufolge bezieht sich Art. 125 Abs. 5 UMV – im Gegensatz zu Art. 7 Abs. 2 Brüssel Ia-VO – nur auf den Handlungs-, nicht auf den Erfolgsort der Verletzung. Aus diesem Grund kann der **Teilnehmer** einer Unionsmarkenverletzung nicht dort verklagt werden, wo sich der Verletzungserfolg verwirklicht (EuGH C-360/12, GRUR 2014, 806 Rn. 51 – Coty; zur abweichenden Rechtslage bei nationalen Rechten sowie bei Ansprüchen aus UWG → Rn. 337). Für den Fall der **unmittelbaren Verletzung** durch Schaltung von Werbung im Internet gilt hingegen, dass die deliktische Zuständigkeit von Unionsmarkengerichten in dem Land besteht, „in dem sich die Verbraucher oder Händler befinden, an die sich diese Werbung oder Verkaufsangebote richten", und zwar ungeachtet dessen, dass die entsprechenden Entscheidungen und Handlungen des mutmaßlichen Verletzers in einem anderen Land vorgenommen wurden. Unerheblich ist ferner, ob diese Handlungen zu einem Kauf geführt haben (EuGH C-172/18, GRUR 2019, 1047 Rn. 47, 54, 64 – AMS Neve).

Mit der Entscheidung in der Rechtssache C-172/18, GRUR 2019, 1047 – AMS Neve hat der EuGH **343.1** indirekt die vom BGH in dieser Frage eingeschlagene Rechtsprechungslinie verworfen. In der Entscheidung Parfummarken (EuZW 2018, 84 mAnm Sujecki) hatte der BGH unter Hinweis auf die zum anwendbaren Recht ergangene Entscheidung Nintendo (EuGH C-24/16 und C-25/16, GRUR 2017, 1120; → Rn. 350) angenommen, dass zur Feststellung der gerichtlichen Zuständigkeit bei Unionsmarkenverletzungen eine Gesamtwürdigung vorzunehmen sei, um den Ort zu bestimmen, an dem die ursprüngliche Verletzungshandlung, auf die das vorgeworfene Verhalten zurückgeht, begangen worden ist. Im konkreten Fall, in dem die in Italien ansässige Beklagte Waren über das Internet in Deutschland beworben und dorthin versandt hatte, wurde die Zuständigkeit daher verneint, soweit es sich um Marken mit unionsweitem Schutzanspruch handelte, während die Verletzung einer nationalen Marke bei gleichem Sachverhalt problemlos auf der Grundlage von Art. 5 Abs. 3 Brüssel I-VO (jetzt: Art. 7 Abs. 2 Brüssel Ia-VO) geltend gemacht werden konnte (s. dazu Löffel GRUR-Prax 2017, 553; kritisch Hackbarth GRUR-Prax 2018, 237; Kur GRUR 2018, 358; s. auch die Stellungnahme der GRUR (GRUR 2018, 595) zum Vorlageverfahren C-172/18 – AMS Neve). Eine Vorlage an den EuGH wurde vom BGH mit der – offensichtlich unzutreffenden – Begründung abgelehnt, die Frage sei bereits durch die EuGH-Rechtsprechung geklärt und zweifelsfrei iSd BGH zu entscheiden (EuZW 2018, 84 Rn. 51 f. – Parfummarken).

In der Entscheidung C-172/2018, GRUR 2019, 1047 – AMS Neve weist der EuGH darauf hin (ohne **343.2** den BGH ausdrücklich zu erwähnen), dass die vom BGH in EuZW 2018, 84 – Parfummarken befürwortete Auslegung von Art. 97 Abs. 5 GMV (jetzt: Art. 125 Abs. 5 UMV) die praktische Effizienz der Vorschrift erheblich beeinträchtigen würde. Ferner würde es diese Auslegung unter Umständen erforderlich machen, dass parallele Verletzungen von nationalen und Unionsmarken vor den Gerichten unterschiedlicher Mitgliedsländer geltend gemacht werden müssten. Zwar sei Art. 125 Abs. 5 UMV lex specialis gegenüber Art. 7 Abs. 2 Brüssel Ia-VO, aber dennoch sei bei der Auslegung auf eine gewisse Kohärenz zwischen den Vorschriften zu achten (EuGH C-172/18, GRUR 2019, 1047 Rn. 50–52; 57–59). Der Begriff der „Verletzungshandlung" wird daher im Sinne der in Art. 9 Abs. 2 lit. b und d GMV (jetzt: Art. 9 Abs. 3 lit. b und d UMV) verstanden; diese Handlungen sind als in dem Hoheitsgebiet „begangen" anzusehen, „in dem sie zu einer Werbung und zu einem Verkaufsangebot geworden sind" (EuGH C-172/18, GRUR 2019, 1047 Rn. 54 – AMS Neve). Schließlich weist der EuGH noch darauf hin, dass Zweck und Zielsetzung der Überlegungen zum anwendbaren Recht in C-24/16 und C-25/16, GRUR 2017, 1120 – Nintendo (→ Rn. 350) grundlegend anders gelagert seien als im vorliegenden Zusammenhang, zumal im Hinblick auf die Bestimmung der gerichtlichen Zuständigkeit kein Erfordernis bestehe, zu gewährleisten, dass Vorschriften nur einer Rechtsordnung anwendbar sind (EuGH C-172/18, GRUR 2019, 1047 Rn. 63 – AMS Neve).

344 Der Fall, dass Ansprüche gegen mehrere, in unterschiedlichen Mitgliedsländern ansässige Verletzer einer Unionsmarke Ansprüche vor demselben Gemeinschaftsmarkengericht geltend gemacht werden, ist in der UMV nicht geregelt. Insoweit findet Art. 8 Abs. 1 Brüssel Ia-VO Anwendung → Rn. 339.5.

344.1 Ebenso wie bei nationalen Marken → Rn. 339.5 gilt, dass die Kognitionsbefugnis eines nach Art. 8 Abs. 1 Brüssel Ia-VO zuständigen Gerichts keinen sachlichen oder territorialen Beschränkungen unterliegt (EuGH C-24/16 und C-25/16, GRUR 2017, 1120 Rn. 63, 67 – Nintendo, zum Gemeinschaftsgeschmacksmusterrecht). In dem zugrundeliegenden Verfahren ging es um die Frage, ob die Handlungen einer ausländischen Konzernmutter in vollem Umfang, einschließlich der nach nationalem (wenn auch harmonisiertem) Recht zu beurteilenden Sanktionen der Zuständigkeit des von der Klägerin angerufenen, deutschen Gemeinschaftsgeschmacksmustergerichts unterliegen, wenn die in Deutschland ansässige, mitverklagte Tochter lediglich in zwei Mitgliedsländern der Union, die Mutter jedoch in mehreren anderen Mitgliedsländern tätig geworden ist (s. Vorlagebeschluss OLG Düsseldorf GRUR 2016, 616 – Fernbedienung für Videospielkonsole; OLG Düsseldorf GRUR-RS 2016, 02936 – Balance Board; → UMV Art. 125 Rn. 63 ff.). Diese Frage wurde vom EuGH in positivem Sinne beantwortet. Dazu bereits Kur GRUR Int 2014, 749 (756 f.); mit gleichem Ergebnis (und eingehenden Ausführungen zu Fällen der Beklagtenmehrheit) Hackbarth MarkenR 2015, 413 (419).

2. Anwendbares Recht

345 **a) Allgemeine Grundsätze.** Durch die VO (EG) 593/2008 (Rom I-VO) und die VO (EG) 864/2007 (Rom II-VO) ist das auf vertragliche und außervertragliche Schuldverhältnisse anwendbare Recht in der EU **gemeinschaftsunmittelbar geregelt** worden. Das im EGBGB geregelte internationale Privatrecht findet insoweit keine Anwendung mehr (EuGH verb. Rs. C-359/14 und C-474/14, NJW 2016, 1005 Rn. 37 – ERGO Insurance und Gjensidige Baltic; s. auch EuGH verb. Rs. 24/16 und 25/16, GRUR 2017, 1120 Rn. 93 – Nintendo/BigBen).

346 Für Verträge gilt gemäß Art. 3 Rom I-VO grundsätzlich die **freie Rechtswahl.** Haben sich die Parteien im Hinblick auf das anzuwendende Recht nicht geeinigt – und ist keiner der in Art. 4 Abs. 1 Rom I-VO explizit genannten Fälle einschlägig – so findet nach Art. 4 Abs. 2 Rom I-VO das Recht des Staates Anwendung, in dem die Partei, welche die für den Vertrag charakteristische Leistung zu erbringen hat, ihren gewöhnlichen Aufenthalt hat. Nach dieser Vorschrift ist bei mangelnder Rechtswahl auch das auf Verträge über die Übertragung oder Benutzung von Immaterialgüterrechten einschließlich von Markenrechten anwendbare Recht zu ermitteln.

346.1 Der Kommissionsvorschlag zur Rom I-VO hatte vorgesehen, dass auf Verträge über die Übertragung und Lizenzierung von Immaterialgüterrechten stets das Recht des Übertragenden bzw. Lizenzgebers Anwendung finden sollte, soweit von den Parteien keine abweichende Vereinbarung getroffen wurde. Dagegen wurde jedoch eingewandt, dass eine solche starre Regelung der Vielgestaltigkeit solcher Verträge nicht gerecht werden würde. S. CLIP IIC 2007, 471 sowie die statt dessen in den CLIP-Grundregeln vorgesehene, differenzierende Regelung des Art. 3:502, GRUR Int 2012, 899 (905).

347 Für außervertragliche Verpflichtungen, die durch die Verletzung von Immaterialgüterrechten entstanden sind, gilt nach Art. 8 Abs. 1 Rom II-VO das **Schutzlandprinzip** (= das Recht des Staates, für den der Schutz beansprucht wird).

348 **b) Besondere Regelungen für Unionsmarken.** Nach Art. 129 UMV wenden Unionsmarkengerichte die in der UMV enthaltenen Vorschriften an. Soweit die UMV keine Regelung enthält, verweist Art. 129 Abs. 2 UMV stattdessen auf das **geltende nationale Recht.** Speziell im Hinblick auf Sanktionen bestimmt Art. 130 Abs. 2 UMV, dass die Unionsmarkengerichte „die ihnen **im jeweiligen Einzelfall zweckmäßig erscheinenden Maßnahmen ergreifen oder Anordnungen treffen**" können, die das anwendbare Recht vorsieht.

Die Formulierung von Art. 129 Abs. 2 UMV dürfte so zu verstehen sein, dass das „geltende **349** nationale Recht" auf der Grundlage des durch die Rom II-VO vereinheitlichten internationalen Privatrechts zu bestimmen ist. Damit ergeben sich durch die Neufassung der Vorschrift keine Unterschiede zur bisherigen Rechtslage (→ UMV Art. 129 Rn. 1 ff.). Unklar ist jedoch, inwieweit Art. 130 Abs. 2 UMV, anders als die bisherige Regelung, dem Unionsmarkengericht einen **Ermessensspielraum** im Hinblick darauf eröffnen will, ob die Regelungen des prinzipiell anwendbaren Rechts tatsächlich zur Anwendung gebracht werden; anders gefragt: Ob die Anwendung der nach dem prinzipiell anwendbaren Recht vorgesehenen Maßnahmen und Sanktionen unterbleiben kann, wenn das Unionsmarkengericht diese im Einzelfall nicht als zweckmäßig erachtet. Diese Frage kann letztlich nur vom EuGH geklärt werden (→ UMV Art. 130 Rn. 17 mit Hinweis darauf, dass es sich über Art. 129 Abs. 2 um einen Verweis auf Art. 8 Abs. 2 Rom-II VO (→ Rn. 350) handeln dürfte; s. auch Eisenführ/Schennen/Overhage UMV Art. 102 Rn. 2).; Hasselblatt/Menebröcker UMV Art. 130 Rn. 4).

Zu berücksichtigen ist dabei, dass der EuGH – jedenfalls im Gemeinschaftsgeschmacksmusterrecht – **349.1** den Begriff „Sanktionen" lediglich in Bezug auf die in Art. 89 Abs. 1 lit. b und c GGV geregelten Herausgabeansprüche sowie, über Art. 89 Abs. 1 lit. d GGV, auf Vernichtungsansprüche sowie – wahrscheinlich – Abhilfemaßnahmen anwendet, während Schadensersatz- und Auskunftsansprüche keine „Sanktionen" darstellen, sondern der allgemeinen Regelung von Art. 88 Abs. 2 GGV unterfallen sollen (EuGH C-179/12, GRUR 2014, 368 Rn. 52 f. – Gautzsch) wobei letztere Art. 129 Abs. 2 UMV entspricht. Wird dasselbe Begriffsschema auch im Hinblick auf Art. 129 UMV und Art. 130 UMV angewendet (→ UMV Art. 129 Rn. 11; → UMV Art. 130 Rn. 19 f.), dann könnte sich im Fall eines durch Art. 130 Abs. 2 UMV gewährten Ermessensspielraums ggf. eine gespaltene Rechtslage je nach Art der geltend gemachten Rechtsfolgen ergeben. Unter anderem aus diesem Grund erschiene die Annahme eines solchen Spielraums als wenig sinnvoll. Bleibt es hingegen bei dem Verweis auf Art. 8 Abs. 2 Rom II-VO (→ Rn. 349), dann spielt die ohnehin schwer nachvollziehbare Trennung zwischen den nach Art. 130 Abs. 2 UMV und Art. 129 Abs. 2 UMV verhängten Sanktionen bzw. Maßnahmen für die Praxis keine Rolle.

Da seit dem Inkrafttreten der Rom II-VO das internationale Privatrecht der Mitgliedstaaten **350** innerhalb des erfassten Regelungsbereichs vereinheitlicht ist, sind Hinweise auf das anwendbare Recht als Hinweis auf die Rom II-VO zu verstehen (→ Rn. 345). Art. 8 Abs. 2 Rom II-VO bestimmt insoweit, dass bei Verletzung gemeinschaftsweit einheitlicher Rechte auf Fragen, die nicht in dem betreffenden Rechtsakt selbst geregelt sind, das Recht des Staates Anwendung findet, in dem die Verletzung begangen wurde. Diese Vorschrift ist – jedenfalls bei Geltendmachung von unionsweiten oder in mehreren Mitgliedstaaten begangenen Verstößen (zu anderen → Rn. 351) – in dem Sinne auszulegen, dass nicht auf jede einzelne dem Verletzer vorgeworfene Verletzungshandlung abzustellen ist, sondern dass im Wege der **Gesamtwürdigung** seines Verhaltens der Ort zu bestimmen ist, an dem die **ursprüngliche Verletzungshandlung, auf die das vorgeworfene Verhalten zurückgeht,** begangen worden ist oder droht. Auf diese Weise kann zumindest dann, wenn das ursächliche Verhalten in einem Mitgliedsland stattgefunden hat (ansonsten → Rn. 352), das anwendbare Recht anhand eines einheitlichen Anknüpfungskriteriums bestimmt werden, was zugleich die Vorhersehbarkeit des auf diese Weise bestimmten Rechts für alle Parteien von Rechtsstreitigkeiten über Verletzungen von Rechten des geistigen Eigentums der Union gewährleistet (EuGH C-24/16 und C-25/16, GRUR 2017, 1120 Rn. 103–105 – Nintendo mAnm Kur; → UMV Art. 129 Rn. 21; s. auch Grüger GRUR-Prax 2018, 65). Festgestellt wird ferner, dass im Fall eines elektronischen Angebots eine Gesamtwürdigung des Verhaltens im o.g. Sinne zu dem Ergebnis führt, dass das ursächliche Verhalten an dem Ort besteht, an dem der Prozess der Veröffentlichung des Angebots durch den Wirtschaftsteilnehmer auf seiner Website in Gang gesetzt worden ist (EuGH C-24/16 und C-25/16, GRUR 2017, 1120 Rn. 108 – Nintendo).

In einem das Gemeinschaftsgeschmacksmusterrecht betreffenden Verfahren wurde ferner **351** geklärt, dass diese Entscheidung **nur** für Folgeansprüche gilt, die vor einem nach Art. 82 Abs. 1-4 GGV (entspricht § 125 Abs. 1–4 UMV) zuständigen Gericht **mit Wirkung für das gesamte Unionsgebiet oder jedenfalls für mehrere Mitgliedsländer** geltend gemacht werden. Wird hingegen ein lediglich ein Gericht angerufen, dessen Zuständigkeit aus Art. 82 Abs. 5 GGV (entspricht Art. 125 UMV) ergibt und dessen Kognitionsbefugnis sich daher auf das betreffende Territorium beschränkt, findet Art. 8 Abs. 2 Rom II-VO mit dem Ergebnis Anwendung, dass für Folgeansprüche – die sich wegen der territorial beschränkten Kognitionsbefugnis **nur auf das**

Gebiet des betreffenden Mitgliedstaates beziehen können – **das Recht dieses Landes** anwendbar ist (EuGH C-421/20, GRUR-RS 2022, 3288 Rn. 50 – BMW/Acacia; → UMV Art. 129 Rn. 13).

351.1   Im Ausgangsrechtsstreit ging es um die Belieferung des deutschen Markts mit Radfelgen durch die italienische Beklagte. Die Klägerin machte die Verletzung ihres Gemeinschaftsgeschmacksmusters geltend, wobei sie sich auf die in Deutschland begangene Verletzung beschränkte. Das OLG Düsseldorf sprach sich in seinem Vorlagebeschluss (GRUR-RS 2020, 28034; Müller-Broich GRUR-Prax 2020, 5275) dafür aus, dass die Bestimmung des anwendbaren Rechts nach Maßgabe der Nintendo-Entscheidung erfolgen müsse, so dass im konkreten Fall italienisches Recht auf die Folgeansprüche anzuwenden gewesen wäre. Die Klägerin machte hingegen geltend, dass Art. 8 Abs. 2 Rom II-VO nicht zur Anwendung komme (in diesem Sinne auch Fayaz GRUR Int 2009, 566 (568)).

352   Der EuGH hatte bisher noch nicht über die Frage zu entscheiden, welche Konsequenzen sich ergeben, wenn die Webseite außerhalb der EU betrieben wird, oder wenn sonst die ursächliche Handlung in einem **Nicht-Mitgliedsland** vorgenommen wird. Zum einen schließt die Rom II-VO die Anwendung anderen Rechts als des EU-Rechts nicht aus. Auf der anderen Seite wäre die Anwendung des Rechts eines Drittlandes mit dem System des Unionsmarkenrechts nicht zu vereinbaren: Nach dem Recht des Drittlandes wäre keine Verletzung zu konstatieren; Art. 8 Abs. 2 Rom II-VO wäre daher bereits seinem Wortlaut nach nicht anwendbar. Außerdem widerspräche es dem sowohl in Erwägungsgrund 26 Rom II-VO wie auch in dem Rechtswahlverbot von Art. 8 Abs. 3 Rom II-VO zum Ausdruck gebrachten Prinzip, dass auf die Verletzung von Rechten des geistigen Eigentums nur das Recht des jeweiligen Schutzlands Anwendung finden kann. Es müssen daher **alternative Lösungen** gefunden werden: Findet die ursächliche Handlung in einem Drittland statt, dann ist entweder das Recht des Mitgliedstaates anwendbar, das die **engste Verbindung mit der Verletzung** in ihrer Gesamtheit aufweist, oder – soweit dies nicht möglich ist – es muss das Recht jedes einzelnen Mitgliedslandes angewendet werden, in dem eine Verletzung stattfindet (sog. Mosaik-Approach). Dazu auch → UMV Art. 129 Rn. 43; Kur GRUR 2018, 358 (363).

Gesetz über den Schutz von Marken und sonstigen Kennzeichen
(Markengesetz – MarkenG)

vom 25. Oktober 1994 (BGBl. 1994 I 3082, berichtigt BGBl. 1995 I 156),
zuletzt geändert durch Gesetz vom 10. August 2021 (BGBl. 2021 I 3490)

Teil 1. Anwendungsbereich

§ 1 Geschützte Marken und sonstige Kennzeichen

Nach diesem Gesetz werden geschützt:
1. Marken,
2. geschäftliche Bezeichnungen,
3. geographische Herkunftsangaben.

Überblick

§ 1 bestimmt den sachlichen Anwendungsbereich des MarkenG. Es schützt Kennzeichen (→ Rn. 1) in drei Formen: Marken (→ Rn. 6), geschäftliche Bezeichnungen (→ Rn. 10) und geographische Herkunftsangaben (→ Rn. 11).

A. Einheitliche Kodifikation des Kennzeichenschutzes

Das MarkenG fasst den zuvor teils im WZG, teils im UWG geregelten Schutz von Kennzeichen **1** in einer einheitlichen Kodifikation zusammen (BT-Drs. 12/6581, 55). Kennzeichen iSd Gesetzes sind Marken, geschäftliche Bezeichnungen und geographische Herkunftsangaben. Die **Zusammenfassung des Schutzes** in einem Gesetz ist in erster Linie formeller Natur, da das MarkenG die drei Kennzeichenformen in der Regel nicht einheitlich behandelt; die überwiegende Zahl der Regelungen gilt jeweils nur für eine Kennzeichenform.

Ob dogmatisch ein einheitliches **Schutzkonzept** besteht, hängt von der umstrittenen Rechts- **2** natur der geographischen Herkunftsangaben ab (→ § 126 Rn. 10 ff.). In Abkehr von seiner früheren Rechtsprechung (BGH GRUR 1999, 252 (254) – Warsteiner II) sieht der BGH ihren Schutz nunmehr nicht mehr als lauterkeitsrechtlich, sondern als kennzeichenrechtlich an (BGH GRUR 2016, 741 Rn. 11 ff. – Himalaya-Salz). In der Folge ergibt sich eine deutliche Annäherung an Marken und geschäftliche Bezeichnungen, die als Individualrechte geschützt werden.

Die Einheitlichkeit der Kodifikation bedeutet nicht, dass der Schutz dieser Kennzeichen im **3** MarkenG **abschließend geregelt** wäre (→ § 2 Rn. 1; BT-Drs. 12/6581, 64).

Gemeinsam ist Marke, geschäftlicher Bezeichnung und geographischer Herkunftsangabe die **4** **Kennzeichnungsfunktion.** Diese Verwandtschaft ließ eine gemeinsame Regelung schon aus Gründen der vereinfachten Rechtsanwendung als ratsam erscheinen.

B. Geschützte Kennzeichen

„Kennzeichen" ist, wie die amtliche Überschrift sowohl des MarkenG als auch des § 1 belegt, **5** ein Oberbegriff für **drei Kennzeichenformen:** Marken, geschäftliche Bezeichnungen und geographische Herkunftsangaben. Das MarkenG verwendet diesen Begriff nur in § 8 Abs. 1 Nr. 8 und § 145 Abs. 1 Nr. 3; dort hat er jedoch eine andere Bedeutung.

I. Marken

Die in § 1 Nr. 1 genannte Marke wird im Gesetz nicht als solche definiert. Aus den Regelungen **6** zur Schutzfähigkeit ergibt sich jedoch, dass die Marke ein Zeichen ist, das geeignet ist, Waren oder Dienstleistungen eines Unternehmens von denen anderer Unternehmen zu unterscheiden

(§ 3 Abs. 1), sofern für dieses Zeichen der Markenschutz entstanden ist (§ 4). Vor diesem Hintergrund erfasst das MarkenG als Marke eingetragene Zeichen (**Registermarken,** § 4 Nr. 1), ferner Zeichen, die durch Benutzung in den beteiligten Verkehrskreisen als Marke Verkehrsgeltung erworben haben (**Benutzungsmarken,** § 4 Nr. 2) sowie notorisch bekannte Marken iSd Art. 6bis PVÜ (**Notorietätsmarken,** § 4 Nr. 3). Der Schutz dieser Marken ist in §§ 3, 4, 6–14, 16–31 geregelt. Die verfahrensrechtlichen Bestimmungen finden sich in §§ 32–96.

7   Zu den Marken gehören auch **Kollektivmarken** (§ 97 Abs. 1), für die ergänzende materiell- und verfahrensrechtliche Vorschriften gelten (§§ 98–106), sowie die **Gewährleistungsmarken** (§§ 106a ff.).

8   Erfasst sind ferner nach dem MMA oder PMMA **international registrierte Marken** (§ 107); die §§ 108 ff. regeln die Registrierung vor dem DPMA.

9   Marken iSd § 1 Nr. 1 sind schließlich auch die **Unionsmarken** (ebenso Ingerl/Rohnke/Nordemann/A. Nordemann Rn. 5; HK-MarkenR/Pahlow Rn. 2; aA Büscher/Dittmer/Schiwy/Schalk Rn. 3; Ströbele/Hacker/Thiering/Hacker Rn. 5). Sie werden zwar nach der UMV selbständig und unabhängig von nationalen Markenrechten geschützt. Die §§ 119 ff. enthalten jedoch ergänzende Regelungen; zudem sind bestimmte Vorschriften des MarkenG kraft Verweisung (§§ 119, 122 Abs. 5) auch auf Unionsmarken anwendbar.

II. Geschäftliche Bezeichnungen

10   Geschäftliche Bezeichnungen sind Unternehmenskennzeichen und Werktitel (§ 5 Abs. 1). **Unternehmenskennzeichen** sind im geschäftlichen Verkehr als Name, Firma oder besondere Bezeichnung eines Geschäftsbetriebs oder eines Unternehmens benutzte Zeichen (§ 5 Abs. 2 S. 1); gleichgestellt sind Geschäftsabzeichen und sonstige zur Unterscheidung von Geschäftsbetrieben bestimmte Zeichen, sofern sie innerhalb der beteiligten Verkehrskreise als Kennzeichen des Geschäftsbetriebs gelten (§ 5 Abs. 2 S. 2). **Werktitel** sind Namen oder besondere Bezeichnungen von Werken (§ 5 Abs. 3). Der Schutz der geschäftlichen Bezeichnungen ist in §§ 15, 18–24 geregelt.

III. Geographische Herkunftsangaben

11   Geographische Herkunftsangaben sind Namen, Angaben oder Zeichen, die zur **Kennzeichnung der geographischen Herkunft** von Waren oder Dienstleistungen benutzt werden (§ 126 Abs. 1). Ob der in §§ 126–129 geregelte Schutz vor Irreführungen sowie Rufausbeutungen und -beeinträchtigungen wettbewerbsrechtlicher Kollektivschutz oder kennzeichenrechtlicher Individualschutz ist, ist umstritten (→ § 126 Rn. 10 ff.); der BGH hat sich mittlerweile für letzteres ausgesprochen (BGH GRUR 2016, 741 Rn. 11 ff. – Himalaya-Salz). Jedenfalls können sie durch Eintragung als Kollektivmarke (§ 99) markenrechtlichen Schutz erlangen. In Ausnahmefällen kommt auch ein Schutz als individuelle Marke in Betracht (Ingerl/Rohnke/Nordemann/A. Nordemann Vor §§ 126–139 Rn. 7).

12   Erfasst sind ferner Ursprungsbezeichnungen und geschützte geographische Angaben für Agrarerzeugnisse und Lebensmittel, die **unionsrechtlich** nach der **VO (EU) 1151/2012** vom 21.11.2012 über Qualitätsregelungen für Agrarerzeugnisse und Lebensmittel geschützt sind. Diese VO hat mit Wirkung zum 3.1.2013 die bis dahin geltende VO (EG) 510/2006 vom 20.3.2006 zum Schutz von geografischen Angaben und Ursprungsbezeichnungen für Agrarerzeugnisse und Lebensmittel aufgehoben und ersetzt. Die §§ 130 ff., die ergänzende Regelungen insbesondere zum Eintragungsverfahren enthalten, sind erst mit Wirkung zum 1.7.2016 angepasst worden (Art. 4 Nr. 18 ff. Gesetz zur Änderung des Designgesetzes und weiterer Vorschriften des gewerblichen Rechtsschutzes vom 4.4.2016, BGBl. I 558). Zur Rechtslage zwischen dem 3.1.2013 und dem 30.6.2016 → § 130 Rn. 2.2.

§ 2 Anwendung anderer Vorschriften

Der Schutz von Marken, geschäftlichen Bezeichnungen und geographischen Herkunftsangaben nach diesem Gesetz schließt die Anwendung anderer Vorschriften zum Schutz dieser Kennzeichen nicht aus.

Überblick

§ 2 regelt das Verhältnis des MarkenG zu anderen gesetzlichen Vorschriften (→ Rn. 1). Die Norm eröffnet sowohl die Möglichkeit eines ergänzenden Kennzeichenschutzes (→ Rn. 5 ff.)

als auch einer Beschränkung des markenrechtlichen Schutzes (→ Rn. 9). Die Reichweite des ergänzenden Kennzeichenschutzes hängt davon ab, ob dem Markenrecht in seinem Anwendungsbereich ein Vorrang zukommt (→ Rn. 10 ff.). Im Einzelnen geht es vor allem um die schutzergänzende Anwendbarkeit von Vorschriften des UWG, insbesondere bezüglich § 4 Nr. 1 UWG (Kennzeichenherabsetzung und -verunglimpfung, → Rn. 37 ff.), § 4 Nr. 3 UWG (Produktnachahmungen, → Rn. 50 ff.), § 4 Nr. 4 UWG (Mitbewerberbehinderung, → Rn. 73 ff.), § 3a UWG (Rechtsbruch, → Rn. 77), § 5 UWG (Irreführung, → Rn. 78 ff.) und § 6 UWG (vergleichende Werbung, → Rn. 110 ff.). Anwendbarkeitsfragen stellen sich auch bei den namens- und deliktsrechtlichen Regelungen des BGB (→ Rn. 123 ff.), beim Firmenschutz des HGB (→ Rn. 131) sowie dem urheberrechtlichen (→ Rn. 132) und designrechtlichen Schutz (→ Rn. 134). Einzelne Vorschriften dieser Gesetze sowie des Kartellrechts können darüber hinaus schutzbeschränkend anwendbar sein (→ Rn. 138 ff.).

Übersicht

A. Regelungsgehalt

1 Nach § 2 schließt der Schutz von Marken, geschäftlichen Bezeichnungen und geographischen Herkunftsangaben nach dem MarkenG die Anwendung anderer Vorschriften zum Schutz dieser Kennzeichen nicht aus. Mit dieser Regelung soll nach dem Willen des Gesetzgebers klargestellt werden, dass die Anwendung der Vorschriften des MarkenG es nicht ausschließt, dass auf die nach diesem Gesetz geschützten Kennzeichen ergänzend andere Vorschriften Anwendung finden (BT-Drs. 12/6581, 64). Aus dieser **Öffnungsklausel** folgt, dass der Kennzeichenschutz **nicht abschließend** im MarkenG geregelt ist. Das ist **richtlinienkonform.** Nach Erwägungsgrund 40 MRL schließt die Markenrichtlinie es nicht aus, auf Marken andere Rechtsvorschriften als die des Markenrechts anzuwenden; exemplarisch genannt sind Vorschriften gegen unlauteren Wettbewerb, über zivilrechtliche Haftung und Verbraucherschutz. Darüber hinaus lässt Art. 5 Abs. 6 MRL mitgliedstaatliche Bestimmungen zu, die ein Zeichen vor einer Verwendung zu anderen Zwecken als der Unterscheidung von Waren und Dienstleistungen schützen, wenn die Benutzung des Zeichens die Unterscheidungskraft oder die Wertschätzung der Marke ohne rechtfertigenden Grund in unlauterer Weise ausnutzt oder beeinträchtigt.

2 § 2 ordnet seinem Wortlaut nach nur die **Anwendbarkeit,** nicht aber die **Anwendung** anderer Vorschriften an. Inwieweit aus der Norm das Gebot eines ergänzenden Kennzeichenschutzes folgt, ist seit Inkrafttreten des MarkenG umstritten. Die Rechtsprechung stand lange Zeit auf dem mit bedeutenden Ausnahmen versehenen Standpunkt eines Vorrangs des Markenrechts, der eine

Anwendung anderer Vorschriften nur außerhalb des Anwendungsbereichs des MarkenG zulässt (→ Rn. 8). Hiervon ist der BGH mittlerweile zumindest für den praktisch wichtigen Bereich des Lauterkeitsrechts abgerückt (→ Rn. 14). Mit den kritischen Stimmen in der Literatur (→ Rn. 12) ist von einem Gleichrang des MarkenG mit anderen Vorschriften auszugehen (→ Rn. 20 f.).

B. Anwendungsbereich

I. Markenrechtlich schutzfähige Kennzeichen

Geregelt ist das Verhältnis zwischen den Vorschriften des MarkenG und anderen Vorschriften **3** zum Kennzeichenschutz nur in Bezug auf **Marken, geschäftliche Bezeichnungen und geographische Herkunftsangaben** („Schutz dieser Kennzeichen").

Aus dem Wortlaut ergibt sich keine Antwort auf die Frage, ob **Zeichen, die keine Kennzei- 4 chen iSd § 1** sind, nach anderen Vorschriften Kennzeichenschutz genießen können. Das betrifft insbesondere Zeichen, denen es an der in § 3 geregelten Markenfähigkeit fehlt und die daher auch nicht etwa im Wege der Verkehrsgeltung nach § 4 Nr. 2 Markenschutz erlangen können (→ § 4 Rn. 27). Hier darf nicht ohne weiteres geschlossen werden, aus der Verweigerung der markenrechtlichen Schutzfähigkeit folge die generelle Schutzlosigkeit solcher Zeichen. Im Gegenteil beruhen die insbesondere für Formmarken geltenden Schutzausschließungsgründe des § 3 Abs. 2 auch auf der Möglichkeit eines anderweitigen, aber zeitlich begrenzten Schutzes (→ § 3 Rn. 53 ff.). Eher in Betracht zu ziehen ist eine (negative) Begrenzungsfunktion im Hinblick auf § 3 Abs. 1 sowie die Anforderungen an geschäftliche Bezeichnungen nach § 5. Wird allerdings mit der hier vertretenen Auffassung (→ Rn. 20 f.) dem MarkenG auch hinsichtlich der schutzfähigen Kennzeichen eine Begrenzungswirkung abgesprochen und damit eine Erweiterung des Kennzeichenschutzes durch andere Vorschriften zumindest im Grundsatz zugelassen, dann kann für die markenrechtlich überhaupt nicht schutzfähigen Zeichen nichts anderes gelten (im Ergebnis ebenso Steinbeck FS Ullmann, 2006, 409 (420 f.)).

II. Andere Vorschriften zum Kennzeichenschutz

1. Schutzergänzende Vorschriften

§ 2 lässt die Anwendung anderer Vorschriften „zum Schutz dieser Kennzeichen" unberührt. **5** Wie sich aus der Gesetzesbegründung ergibt, soll § 2 eine Ergänzung des durch das MarkenG gegebenen Schutzes ermöglichen (BT-Drs. 12/6581, 64). Da das MarkenG Zeichen in ihrer Funktion als Kennzeichen schützt (→ Einleitung Rn. 12), ermöglicht § 2 vor allem die Anwendung anderer Normen, die einem Zeichen ebenso wie das MarkenG wegen seiner **Kennzeichnungsfunktion** Schutz gewähren oder den Schutz an die **Kennzeicheneigenschaft** anknüpfen, also davon abhängig machen, dass es sich um eine Marke, geschäftliche Bezeichnung oder geographische Herkunftsangabe handelt.

Zu diesen **kennzeichenschutzergänzenden Vorschriften** gehören **§§ 12, 823, 1004 BGB 6** (→ Rn. 123 ff.), der handelsrechtliche Firmenschutz nach **§ 37 HGB** (→ Rn. 131) sowie zahlreiche Vorschriften des **UWG** (→ Rn. 37 ff.). Die früher von der Rechtsprechung vertretene Vorrangtheorie setzte dem kumulativen Anwendbarkeit dieser Vorschriften (mit Ausnahme des handelsrechtlichen Firmenschutzes) enge Grenzen, die indessen nicht mehr aufrechterhalten werden können (→ Rn. 14 ff.).

Von den kennzeichenschutzergänzenden Vorschriften sind solche zu unterscheiden, die den **7** Schutz eines Zeichens nicht von seiner Kennzeichnungsfunktion oder Kennzeicheneigenschaft abhängig machen, sondern davon unabhängige Schutzzwecke verfolgen. Zu diesen **kennzeichenunabhängigen Schutzvorschriften** gehören die Regelungen des **Urheberrechts** (→ Rn. 132) sowie des **Designrechts** (→ Rn. 134). Sie schützen die schöpferische Leistung bzw. ästhetische Gestaltung und dienen deshalb nicht der Ergänzung des Kennzeichenschutzes. Dass sie neben markenrechtlichen Schutzvorschriften Anwendung finden, ist angesichts der gänzlich unterschiedlichen Schutzzwecke und dem daraus folgenden Fehlen eines materiellen Konkurrenzverhältnisses selbstverständlich und bedurfte keiner gesetzlichen Regelung. § 2 hat insoweit nur deklaratorische Bedeutung.

Keine anderen Vorschriften iSd § 2 sind solche des **MarkenG** selbst. Ein als Marke geschütztes **8** Zeichen kann gleichzeitig auch als geschäftliche Bezeichnung oder geographische Herkunftsangabe Schutz genießen (BGH GRUR 2000, 504 (505 f.) – FACTS). Kollisionsfälle sind nach § 6 zu lösen.

2. Schutzbeschränkende Vorschriften

9   Der durch § 2 bewirkte nicht-abschließende Charakter des MarkenG eröffnet auch die Möglichkeit, aus anderen Vorschriften außerhalb des Markenrechts eine **Beschränkung des markenrechtlichen Schutzes** herzuleiten (Ingerl/Rohnke/Nordemann/A. Nordemann Rn. 18; Ströbele/Hacker/Thiering/Hacker Rn. 2; HK-MarkenR/Pahlow Rn. 2). Zu einzelnen außermarkenrechtlichen Schutzbegrenzungen → Rn. 138 ff.

9.1   Die **Begründung** der schutzbeschränkenden Funktion der Öffnungsklausel lässt sich allerdings kaum auf den Wortlaut stützen, der von Vorschriften zum Schutz dieser Kennzeichen spricht. Aus den Gesetzesmaterialien ergibt sich zudem, dass der Gesetzgeber mit § 2 nur einen ergänzenden Kennzeichenschutz ermöglichen wollte (vgl. BT-Drs. 12/6581, 64). Es war für ihn aber selbstverständlich, dass die allgemeinen Vorschriften Anwendung finden; dies klarzustellen, hielt er ausdrücklich nicht für erforderlich (BT-Drs. 12/6581, 64). Dabei dachte er zwar nur an die Möglichkeit, den markenrechtlich erlaubten Kennzeichengebrauch nach außermarkenrechtlichen Vorschriften zu untersagen (zB lauterkeitsrechtlich wegen Irreführung). Eine unmittelbar auch den markenrechtlichen Schutz begrenzende Anwendbarkeit anderer Vorschriften (zB Einrede der Verwirkung eines markenrechtlichen Anspruchs aus § 242 BGB) lässt sich aber aus dem Prinzip der **Einheit der Rechtsordnung** heraus begründen.

9.2   Allerdings hat der **EuGH** entschieden, dass abgesehen von den in Art. 8 ff. MRL 2008 genannten Sonderfällen die Ausübung des ausschließlichen Rechts aus der Marke nicht über die sich aus Art. 5−7 MRL 2008 hinausgehenden Grenzen beschränkt werden darf (EuGH C-661/11, GRUR 2013, 1140 Rn. 55 – Martin Y Paz/Gauquie). Danach kommt außer den Fällen der Art. 6, 7 MRL 2008 eine Beschränkung nur in Betracht, wenn die rechtsverletzende Benutzung keine der Funktionen der Marke (neben Herkunfts- auch Qualitäts-, Kommunikations-, Investitions- und Werbefunktion) beeinträchtigt oder beeinträchtigen kann (EuGH C-661/11, GRUR 2013, 1140 Rn. 58, 60 – Martin Y Paz/Gauquie). Angesichts des sehr spezifischen Sachverhalts ist allerdings offen, ob diese Aussage tatsächlich in dem Sinne verallgemeinerungsfähig ist, dass insbesondere lauterkeitsrechtliche Vorschriften nur dann zur Einschränkung des markenrechtlichen Schutzes herangezogen werden dürfen, wenn die rechtsverletzende Benutzungshandlung die Markenfunktionen nicht beeinträchtigt (vgl. Kur FS Köhler, 2014, 383 (390 ff.)).

C. Reichweite des ergänzenden Kennzeichenschutzes

I. Überblick

10   Der markenrechtliche Kennzeichenschutz unterliegt vielfältigen Grenzen, die sich aus den Voraussetzungen der Schutztatbestände, den allgemeinen Schranken des Schutzes (§§ 20–26) und der begrenzten Anspruchsberechtigung ergeben. Durch einen ergänzenden Kennzeichenschutz, wie er insbesondere durch das Lauterkeitsrecht und das bürgerlich-rechtliche Namensrecht geleistet werden kann, drohen eine **Aushöhlung dieser Grenzen** und die Hervorrufung von **Wertungswidersprüchen.** Übersehen werden darf jedoch auch nicht, dass die **Schutzzwecke von Marken- und Lauterkeitsrecht nicht übereinstimmen** (→ Rn. 20). Zudem übt die **Harmonisierung des Lauterkeitsrechts** durch das Unionsrecht erheblichen Druck aus und verlangt eine Anwendung lauterkeitsrechtlicher Tatbestände ungeachtet der markenrechtlichen Rechtslage (→ Rn. 27 ff.).

11   Die **Rechtsprechung** stand nach dem Inkrafttreten des MarkenG lange Zeit auf dem Standpunkt, die markenrechtlichen Schutztatbestände seien eine in sich geschlossene und abschließende spezialgesetzliche Regelung, die eine gleichzeitige Anwendung lauterkeits- oder bürgerlich-rechtlicher Vorschriften ausschließt (erstmals BGH GRUR 1999, 161 (162) – MAC Dog, → Rn. 11.1). Um diese **Vorrangthese** ist es jedoch in den letzten Jahren ruhig geworden. Der BGH hat sie im Hinblick auf lauterkeitsrechtliche Vorschriften zuletzt 2009 wirken lassen (BGH GRUR 2009, 1162 Rn. 40 – DAX). Mit seiner Entscheidung vom 8.5.2013 (BGH GRUR 2013, 1161 Rn. 60 – Hard Rock Cafe) hat er sich von ihr zumindest **teilweise ausdrücklich verabschiedet** (→ Rn. 14). Zur Entwicklung bis dahin → Rn. 11.1.

11.1   Die Vorrangthese ist zunächst für den Schutz bekannter Marken nach § 9 Abs. 1 Nr. 3, § 14 Abs. 2 Nr. 3 (BGH GRUR 1999, 161 (162) – MAC Dog) und bekannter geschäftlicher Bezeichnungen nach § 15 Abs. 3 (BGH GRUR 2000, 70 (73) – SZENE) vertreten worden. Sie wurde alsbald ausgeweitet auf den Schutz geographischer Herkunftsangaben nach §§ 126 ff. (BGH GRUR 1999, 252 (253) – Warsteiner II) und auch auf den nicht bekannter Marken und geschäftlicher Bezeichnungen (BGH GRUR 2002, 622 (623) – shell.de; zuletzt BGH GRUR 2012, 304 Rn. 32 – Basler Haar-Kosmetik). Von da aus war es nur noch ein kleiner Schritt bis zur allgemeinen Feststellung, der markenrechtliche Kennzeichenschutz verdränge in seinem Anwendungsbereich außermarkenrechtliche Schutztatbestände des BGB und UWG

(BGH GRUR 2004, 1039 (1041) – SB-Beschriftung; GRUR 2005, 163 (165) – Aluminiumräder; zuletzt GRUR 2009, 1162 Rn. 40 – DAX). Dem ist die Instanzrechtsprechung gefolgt (zB OLG München GRUR-RR 2012, 346 (347); OLG Jena GRUR-RR 2011, 208 (211) – Euro, EPAL im Oval; OLG Braunschweig GRUR-RR 2010, 287 (289) – tests.de; OLG Köln MMR 2010, 473 (475) – weg.de; OLG Hamburg GRUR-RR 2009, 300 (302) – Baby-Body-Slogan; LG Frankfurt a. M. NJOZ 2015, 50 (53) – HAVE A BREAK/TWIN BREAK).

Auch die **Literatur,** die sich zunächst der Vorrangthese des BGH angeschlossen hatte (vgl. **12** Ingerl/Rohnke, 2. Aufl. 2003, Rn. 2 ff.; Köhler/Bornkamm/Köhler, 25. Aufl. 2005, UWG § 4 Rn. 9.5; Piper/Ohly/Sosnitza/Ohly, 5. Aufl. 2010, UWG § 4 Rn. 9/19; Ströbele/Hacker/Hacker, 8. Aufl. 2008, Rn. 2.2; HK-MarkenR/Pahlow, 3. Aufl. 2014, Rn. 3; Ingerl WRP 2004, 809 (810); Starck FS Erdmann, 2002, 485 (488 ff.); differenzierend Bornkamm GRUR 2005, 97 (99 ff.); Stieper WRP 2006, 291 (300 ff.)), lehnt heute überwiegend einen Vorrang des Markenrechts und eine damit verbundene Verdrängung eines ergänzenden Kennzeichenschutzes ab (Bärenfänger WRP 2011, 16 (19 f.); Deutsch WRP 2000, 854 (856); Fezer WRP 2000, 863 (865 ff.); Fezer WRP 2008, 1 (2 ff.); Ohly/Klippel/Glöckner, Geistiges Eigentum und Gemeinfreiheit, 2007, 145 (165 ff.); Goldmann GRUR 2012, 857 (859) (anders aber Goldmann MarkenR 2015, 8 (18 f.)); Ingerl/Rohnke/Nordemann/A. Nordemann Rn. 2; Jonas/Hamacher WRP 2009, 535 (539); Jonas/Weber GRUR-RR 2009, 204 (207); Köhler GRUR 2007, 548 (549 ff.); Lindacher FS Müller-Graff, 2015, 649 (652); Schreiber GRUR 2009, 113 (118); Büscher/Tolkmitt UWG Einl. Rn. 358; nur im B2C-Bereich auch Ströbele/Hacker/Thiering/Hacker Rn. 19).

Vor dem Hintergrund der Schutzzweckdisparität von Marken- und Lauterkeitsrecht und der **13** unionsrechtlichen Harmonisierung des Lauterkeitsrechts ist die **Herstellung einer praktischen Konkordanz** zwischen MarkenG und dem ergänzenden Kennzeichenschutz erforderlich (Ohly FS Bornkamm, 2014, 423 (437)). Die Rechtsanwendung ist aufgerufen, im Rahmen des methodisch Zulässigen bei der ergänzenden Anwendung lauterkeits- und bürgerlich-rechtlicher Vorschriften **Wertungswidersprüche zum Markenrecht zu vermeiden** (BGH GRUR 2020, 1311 Rn. 57 – Vorwerk; GRUR 2018, 935 Rn. 57 – goFit; GRUR 2018, 924 Rn. 65 – ORTLIEB; GRUR 2017, 734 Rn. 24 – Bodendübel; GRUR 2016, 965 Rn. 23 – Baumann II). Dies hat aber nur auf der Ebene der konkreten einzelnen Norm zu geschehen, nicht jedoch durch einen allgemeinen Vorrang des MarkenG (im Ergebnis ebenso Ingerl/Rohnke/Nordemann/A. Nordemann Rn. 2; Sack WRP 2004, 1405 (1414)). Aus der Schutzzweckdisparität von Marken- und Lauterkeitsrecht ergibt sich aber auch, dass **Wertungswidersprüche unter Umständen hinzunehmen sind,** soweit die Schutzzweckverwirklichung die Anwendung der Norm gebietet (→ Rn. 23).

II. Stand der Rechtsprechung

1. Teilweise Aufgabe der Vorrangthese

Der BGH hat die These vom Vorrang des Markenrechts vor einigen Jahren zumindest teilweise **14** aufgegeben (BGH GRUR 2016, 965 Rn. 20 – Baumann II; GRUR 2013, 1161 Rn. 60 – Hard Rock Cafe). Noch immer ist nicht vollends klar, wie weit diese Aufgabe reicht. Sie bezieht sich jedenfalls nur auf das Verhältnis zum **Lauterkeitsrecht,** denn der BGH hat lediglich festgehalten, der individualrechtliche Schutz aus dem Markenrecht und der lauterkeitsrechtliche Schutz nach dem UWG bestünden nunmehr nebeneinander (BGH GRUR 2016, 965 Rn. 20 – Baumann II; GRUR 2013, 1161 Rn. 60 – Hard Rock Cafe). Für das **bürgerlich-rechtliche Namensrecht** ist bislang keine Aufgabe der Vorrangtheorie erfolgt; auch nach der markenrechtlichen Entscheidung „Hard Rock Cafe" (GRUR 2013, 1161) hat der BGH daran festgehalten, dass Ansprüche aus § 12 BGB neben markenrechtlichen Ansprüchen nur in Ausnahmefällen gegeben sind (BGH GRUR 2014, 506 Rn. 8 – sr.de; GRUR 2014, 393 Rn. 16 – wetteronline.de; zu den Ausnahmen → Rn. 128).

Ob nunmehr **alle lauterkeitsrechtlichen Tatbestände** uneingeschränkt neben markenrechtli- **15** chen Vorschriften Anwendung finden sollen, ist noch nicht zweifelsfrei geklärt. Zwar deutet die allgemeine Formulierung, der lauterkeitsrechtliche Schutz bestehe nunmehr neben dem des Markenrechts (BGH GRUR 2016, 965 Rn. 20 – Baumann II; GRUR 2013, 1161 Rn. 60 – Hard Rock Cafe), auf eine uneingeschränkte Anwendbarkeit lauterkeitsrechtlicher Vorschriften hin. Zur Begründung macht der BGH jedoch geltend, an seiner bisherigen Rechtsprechung, nach der die durch eine bestimmte Kennzeichnung hervorgerufene Irreführung über die betriebliche Herkunft allein nach den Grundsätzen des Markenrechts zu beurteilen sei, könne aufgrund der ins deutsche Recht umgesetzten Bestimmung des Art. 6 Abs. 2 lit. a UGP-RL (→ Rn. 33) nicht mehr festgehalten werden. Explizit aufgegeben wurde die Vorrangthese damit nur für den Fall der **betrieblichen Herkunftstäuschung** und – wie der BGH mittlerweile ausdrücklich festgestellt hat (BGH GRUR 2016, 965 Rn. 20 – Baumann II) – das **Herbeiführen einer Verwechslungsgefahr nach § 5 Abs. 3 Nr. 1 UWG.** Wegen des Verweises auf Art. 6 Abs. 2 lit. a UGP-RL dürfte die Vorrangthese darüber hinaus für alle lauterkeitsrechtlichen Irreführungstatbestände aufgegeben sein (OLG Düsseldorf GRUR-RR 2015, 158 Rn. 55 – LGA tested quality; Büscher/Büscher UWG § 5 Rn. 105; Ohly/Sosnitza/Ohly UWG Einf. D Rn. 82; Alexander FS Köhler, 2014, 23 (26)).

16   Ungeachtet der Reichweite der jüngeren Rechtsprechung lässt sich konstatieren, dass die allgemeine Feststellung, der markenrechtliche Kennzeichenschutz verdränge in seinem Anwendungsbereich außermarkenrechtliche Schutztatbestände des BGB und UWG (BGH GRUR 2004, 1039 (1041) – SB-Beschriftung; GRUR 2005, 163 (165) – Aluminiumräder; zuletzt GRUR 2009, 1162 Rn. 40 – DAX; zur Entwicklung → Rn. 11.1), überholt ist. Vielmehr zeichnet sich jetzt eine **Zweiteilung** ab: Für das **Lauterkeitsrecht** – womöglich aber beschränkt auf bestimmte Tatbestände – gibt es keinen Vorrang des Markenrechts mehr; für das bürgerliche Recht und insbesondere das **Namensrecht** bleibt dieser aber bestehen (BGH GRUR 2014, 506 Rn. 8 – sr.de; GRUR 2014, 393 Rn. 16 – wetteronline.de).

17   Auch unter der Geltung der Vorrangthese waren **Grenzen des Vorrangs** in der Rechtsprechung anerkannt, die sich in vier Fallgruppen einteilen lassen (→ Rn. 17.1 ff.). Auf sie hat der BGH seit der Entscheidung „Hard Rock Cafe" allerdings nicht mehr zurückgegriffen, was für eine vollständige Aufgabe der Vorrangthese spricht.

17.1   **Fallgruppe 1:** Ergänzender Kennzeichenschutz ist zulässig, wenn die **Anwendungsvoraussetzungen der markenrechtlichen Schutztatbestände im konkreten Fall nicht gegeben sind.** So verhält es sich, wenn das Zeichen überhaupt keinen markenrechtlichen Schutz genießt (BGH GRUR 2003, 973 (974) – Tupperwareparty), wenn es außerhalb des geschäftlichen Verkehrs (BGH GRUR 2002, 622 (624) – shell.de; GRUR 2000, 70 (73) – SZENE) oder nicht für Waren oder Dienstleistungen benutzt wird (BGH GRUR 2001, 73 (76) – Stich den Buben) oder keine kennzeichenmäßige Benutzung gegeben ist (BGH GRUR 2006, 329 Rn. 36 – Gewinnfahrzeug mit Fremdemblem; GRUR 2004, 1039 (1041) – SB-Beschriftung; GRUR 2000, 70 (73) – SZENE; vgl. auch GRUR 2011, 828 Rn. 32 ff. – Bananabay II). Von den Anwendungsvoraussetzungen sind die eigentlichen Schutzvoraussetzungen zu unterscheiden. Soweit sie nicht gegeben sind (zB fehlende Verwechslungsgefahr iSd § 14 Abs. 2 S. 1 Nr. 2), griff nach der bisherigen Rechtsprechung der Vorrang des Markenrechts.

17.2   **Fallgruppe 2:** Es liegen im Zusammenhang mit der Kennzeichenverwendung zusätzliche Umstände vor, die nicht vom Schutzbereich der markenrechtlichen Tatbestände umfasst sind, wohl aber von dem anderer Vorschriften. So liegt es insbesondere, wenn ein von der **markenrechtlichen Regelung nicht erfasster Unlauterkeitstatbestand** hinzutritt (BGH GRUR 2008, 628 Rn. 14 – Imitationswerbung; GRUR 2004, 235 (238) – Davidoff II; GRUR 2003, 332 (335 f.) – Abschlussstück). Das ist im Bereich des Schutzes dreidimensionaler Marken bejaht worden, soweit nicht (nur) die Nachahmung der Marke, sondern des Produkts selbst angegriffen wird; hier soll der **ergänzende lauterkeitsrechtliche Leistungsschutz** aus § 4 Nr. 3 UWG anwendbar sein (BGH GRUR 2008, 793 Rn. 26 – Rillenkoffer; GRUR 2007, 339 Rn. 26 – Stufenleitern; GRUR 2003, 332 (336) – Abschlussstück; → Rn. 53). Gleiches gilt für die Übernahme von mit einer Marke gekennzeichneten Leistungsergebnissen wie etwa dem Aktienindex DAX (BGH GRUR 2009, 1162 Rn. 40 – DAX). Neben markenrechtlichen Ansprüchen können wegen unterschiedlicher Schutzbereiche ferner Ansprüche wegen **gezielter Mitbewerberbehinderung** (§ 4 Nr. 4 UWG) geltend gemacht werden (BGH GRUR 2010, 642 Rn. 40 – WM-Marken; GRUR 2009, 685 Rn. 38 – ahd.de; → Rn. 73). Der Irreführungstatbestand des § 5 UWG war nach früherer Rechtsprechung nur anwendbar, wenn sich die **Irreführung** nicht auf die Herkunft, sondern andere Umstände bezieht (BGH GRUR 2010, 642 Rn. 40 – WM-Marken; → Rn. 78). Diese Begrenzung hat der BGH mittlerweile aufgegeben (BGH GRUR 2016, 965 Rn. 20 – Baumann II; GRUR 2013, 1161 Rn. 60 – Hard Rock Cafe).

17.3   **Fallgruppe 3:** Das beanstandete Verhalten weist zwar keine zusätzlichen, über die Zeichenbenutzung hinausgehenden Umstände auf, wird aber von einer außermarkenrechtlichen Norm unter einem anderen rechtlichen Gesichtspunkt als im Markenrecht gewürdigt (BGH GRUR 2008, 628 Rn. 14 – Imitationswerbung). Das ist insbesondere bei Nutzung eines Zeichens in der **vergleichenden Werbung** angenommen worden (BGH GRUR 2009, 871 Rn. 30 – Ohrclips; GRUR 2008, 628 Rn. 14 – Imitationswerbung; → Rn. 110).

17.4   **Fallgruppe 4:** Der geltend gemachte Anspruch wird auf **unterschiedliche Sachverhalte** gestützt, von denen nur der eine dem Anwendungsbereich des MarkenG unterfällt. Hier kann das Markenrecht die Beurteilung des anderen Sachverhalts etwa unter wettbewerbsrechtlichen Gesichtspunkten nicht sperren. Das ist zB angenommen worden, wenn die Verwendung einer Ware, die mit einem geschützten Kennzeichen versehen ist, in der Werbung für ein eigenes Produkt unabhängig davon angegriffen wird, ob das Kennzeichen erkennbar ist (BGH GRUR 2005, 163 (165) – Aluminiumräder).

2. Vermeidung von Wertungswidersprüchen

Die jüngere Rechtsprechung betont verstärkt die Notwendigkeit, bei der ergänzenden Anwen- **18** dung des Lauterkeitsrechts Wertungswidersprüche zum Markenrecht zu vermeiden (BGH GRUR 2020, 1311 Rn. 57 – Vorwerk; GRUR 2018, 935 Rn. 57 – goFit; GRUR 2018, 924 Rn. 65 – ORTLIEB; GRUR 2017, 734 Rn. 24 – Bodendübel; GRUR 2016, 965 Rn. 23 – Baumann II). Sehr weitgehend wird in diesem Zusammenhang verlangt, einem Mitbewerber dürfe durch die Anwendung des Lauterkeitsrechts keine **Schutzposition** eingeräumt werden, die ihm nach dem **Kennzeichenrecht nicht zukomme** (BGH GRUR 2020, 1311 Rn. 57 – Vorwerk; GRUR 2018, 935 Rn. 57 – goFit; GRUR 2018, 924 Rn. 65 – ORTLIEB; GRUR 2016, 965 Rn. 23 – Baumann II; OLG Köln GRUR-RR 2020, 105 Rn. 36 – Coupon-Marketing; GRUR-RR 2019, 466 Rn. 35 – Küchenmaschinen-Rezepte).

Das bedeutet zwar keinen formellen, im Ergebnis aber doch einen **materiellen Vorrang des** **19** **Markenrechts,** wenn und soweit lauterkeitsrechtliche Vorschriften einengend so auszulegen und anzuwenden sind, dass sie nicht zu einem Unterlassungs- und Beseitigungsanspruch des Mitbewerbers, der keinen markenrechtlichen Anspruch hat, führen.

III. Ergänzender lauterkeitsrechtlicher Schutz

1. Schutzzweckbedingte Gleichrangigkeit von Marken- und Lauterkeitsrecht

Während das Markenrecht allein dem **Individualschutz des Rechtsinhabers** dient (zu geo- **20** graphischen Herkunftsangaben → § 126 Rn. 13), zielt das Lauterkeitsrecht ausweislich § 1 Abs. 1 UWG auf den **Schutz der Mitbewerber, Verbraucher und sonstigen Marktteilnehmer und** **schützt zugleich die Interessen der Allgemeinheit** an einem unverfälschten Wettbewerb. Hierbei geht es, wie die Anspruchsberechtigung der Verbände und Kammern nach § 8 Abs. 3 Nr. 2–4 UWG belegt, auch um den Schutz kollektiver Interessen insbesondere der Verbraucher, aber auch der sonstigen Marktteilnehmer.

Diese Unterschiede im Schutzzweck stehen einem Vorrang des Markenrechts entgegen (HK- **21** MarkenR/F. Ekey § 14 Rn. 352; Köhler GRUR 2007, 548 (549); Loschelder/Dörre KSzW 2010, 242 (245 f.); Schreiber GRUR 2009, 113 (116 f.); aA Sack WRP 2011, 288 (290)). Soweit lauterkeitsrechtliche Tatbestände nicht angewandt werden dürfen, wird die Verwirklichung des lauterkeitsrechtlichen Marktteilnehmerschutzes verhindert, da das MarkenG die Rechtsdurchsetzung ausschließlich in die Hände des Markeninhabers legt und so die weitergehende Anspruchsberechtigung der Verbände und Kammern nach § 8 Abs. 3 Nr. 2–4 UWG ausgehebelt werden würde. Dass bei **Gleichrangigkeit von Marken- und Lauterkeitsrecht** auch eine Verfolgung unlauterer Kennzeichennutzung ohne oder sogar gegen den Willen des Markeninhabers möglich ist, entspricht gerade dem weitergehenden, alle Marktteilnehmer erfassenden Schutzzweck des UWG.

An dieser Beurteilung ändert die am 28.5.2022 in Kraft getretene **Vorrangregelung des § 1** **22** **Abs. 2 UWG** nichts (ebenso OLG Dresden GRUR-RS 2022, 33237 Rn. 34; BeckOK UWG/ Alexander UWG § 1 Rn. 110). Sie schließt die Anwendung von Vorschriften des UWG nur aus, soweit andere Vorschriften besondere Aspekte unlauterer geschäftlicher Handlungen regeln. Dazu ist erforderlich, dass die andere Vorschrift den gleichen Schutzzweck verfolgt wie die UWG-Vorschrift (BeckOK UWG/Alexander UWG § 1 Rn. 103; ähnlich Harte-Bavendamm/Henning-Bodewig/Podszun UWG § 1 Rn. 16: Vorschrift muss zum Lauterkeitsrecht gehören; Köhler/ Bornkamm/Feddersen/Köhler UWG § 1 Rn. 67: Immaterialgüterrecht nicht erfasst). Das ist bei den Vorschriften des Markenrechts, die zum Immaterialgüterrecht gehören, nicht der Fall. Das gilt auch für § 14 Abs. 2 S. 1 Nr. 3, § 15 Abs. 3 (BeckOK UWG/Alexander UWG § 1 Rn. 110; Alexander WRP 2022, 394 Rn. 78).

2. Schutzzweckdisparität als Grenze der widerspruchsfreien Rechtsanwendung

Bei dem Versuch, eine praktische Konkordanz zwischen Marken- und Lauterkeitsrecht herzu- **23** stellen, dürfen die **unterschiedlichen Schutzzwecke** nicht aus den Augen verloren werden. Eine unbedachte Übertragung markenrechtlicher Wertungen kann zu einer Vorrangthese in neuem Gewand führen. Angesichts der unterschiedlichen Schutzzwecke lässt sich im Verhältnis zum Lauterkeitsrecht auch **kein Wertungsvorrang des Markenrechts** konstruieren (aA Böxler ZGE 2009, 357 (370); Bunnenberg MarkenR 2008, 148 (157); Sosnitza MarkenR 2015, 1 (5)).

24   Deshalb kann auch – entgegen der Rechtsprechung des BGH – nicht grundsätzlich angenommen werden, einem Mitbewerber dürfe durch Anwendung des Lauterkeitsrechts **keine Schutzposition eingeräumt werden, die ihm nach dem Kennzeichenrecht nicht zukomme** (so aber BGH GRUR 2020, 1311 Rn. 57 – Vorwerk; GRUR 2018, 935 Rn. 57 – goFit; GRUR 2018, 924 Rn. 65 – ORTLIEB; GRUR 2016, 965 Rn. 23 – Baumann II; OLG Köln GRUR-RR 2020, 105 Rn. 36 – Coupon-Marketing; GRUR-RR 2019, 466 Rn. 35 – Küchenmaschinen-Rezepte; Ströbele/Hacker/Thiering/Hacker Rn. 44). Dies übersieht auch, dass das Lauterkeitsrecht bei der Verwirklichung seiner Schutzzwecke auf die Initiative der Mitbewerber setzt (§ 8 Abs. 3 Nr. 1 UWG) und diese mit der Geltendmachung von Unterlassungs- und Beseitigungsansprüchen auch den Schutz der Verbraucher und sonstigen Marktteilnehmer verwirklichen.

25   Der Schutzzweckdisparität (→ Rn. 21) entspricht eine **Schutzzweckgleichgewichtigkeit** und damit eine **Gleichrangigkeit der Schutznormen** (Jonas/Hamacher WRP 2009, 535 (539); Jonas/Weber GRUR-RR 2009, 204 (207); Köhler GRUR 2007, 548 (550); Schreiber GRUR 2009, 113 (118)). Disparate Schutzzwecke setzen den Möglichkeiten einer **Beseitigung von Wertungswidersprüchen** methodologische Grenzen. Dabei ist zu bedenken, dass die Einheit der Rechtsordnung als Grundlage des Gedankens der Widerspruchsfreiheit in erster Linie ein rechtsethisches Postulat, nicht jedoch ein zwingendes Rechtsprinzip ist (vgl. Engisch, Die Einheit der Rechtsordnung, 1995, 69; Höpfner, Die systemkonforme Auslegung, 2008, 12 ff.). Es gibt deshalb **kein Rechtsgebot der Widerspruchsfreiheit** um jeden Preis. Auch für das Verhältnis von Immaterialgüterrecht und Lauterkeitsrecht lässt sich – schon angesichts der Beiträge unterschiedlicher (deutscher und europäischer) Gesetzgeber – kein Postulat der Widerspruchsfreiheit konstatieren (vgl. Harte-Bavendamm FS Loschelder, 2010, 111 (112); aA Ohly GRUR 2007, 731 (735)).

26   Im Sinne der Wertungsjurisprudenz geht die Schutzzweckverwirklichung außerdem der Herstellung von Widerspruchsfreiheit vor. Wegen dieses **Vorrangs der Schutzzweckverwirklichung** muss im Einzelfall gefragt werden, ob der Schutzzweck einer außer-markenrechtlichen Vorschrift die Normanwendung unbedingt, dh auch unter Inkaufnahme einer faktischen Ausdehnung des markenrechtlichen Schutzes verlangt. Nicht behebbare Wertungswidersprüche sind mit Blick auf die Gesetzesbindung und das Verwerfungsmonopol des BVerfG (Art. 100 Abs. 1 GG) hinzunehmen (vgl. Brüning NVwZ 2002, 33 (36); Engisch, Einführung in das juristische Denken, 12. Aufl. 2018, 229 f.; Larenz, Methodenlehre der Rechtswissenschaft, 6. Aufl. 1991, 488).

IV. Unionsrechtliche Vorgaben

1. MRL (RL (EU) 2015/2436)

27   Die Vorrangthese ist ua mit der Erwägung gerechtfertigt worden, eine kumulative Anwendung anderer Vorschriften stelle den **Harmonisierungserfolg der MRL** in Frage, weil sie zu einem zusätzlichen, nicht-harmonisierten außermarkenrechtlichen Kennzeichenschutz führe (Bornkamm GRUR 2005, 97 (100); Büscher GRUR 2009, 230 (231); Ingerl WRP 2004, 809 (810); Starck FS Erdmann, 2002, 485 (488)). Diese Argumentation war schon für die MRL 2008 wenig überzeugungskräftig, weil diese nach Erwägungsgrund 7 MRL 2008 es nicht ausschließt, auf Marken andere Rechtsvorschriften der Mitgliedstaaten anzuwenden (ebenso Erwägungsgrund 40 MRL). Insoweit beschränkt sich die MRL, wie auch deren Art. 5 Abs. 6 MRL zeigt, von vornherein auf eine Harmonisierung des markenrechtlichen Kennzeichenschutzes, die als solche durch schutzergänzende Anwendung anderer Vorschriften unberührt bleibt. Dessen ungeachtet ist nach dem Inkrafttreten der MRL der lauterkeitsrechtliche, dh außermarkenrechtliche Kennzeichenschutz ebenfalls in weiten Teilen durch die Werbe-RL (→ Rn. 28) und die UGP-RL (→ Rn. 31) harmonisiert worden, so dass es nunmehr zu bewussten und vom europäischen Gesetzgeber gewollten Überschneidungen mit dem Markenrecht kommt.

2. Werbe-RL (RL 2006/114/EG)

28   Seit der Änderung der Werbe-RL 1984 (RL 84/450/EWG) durch die RL 97/55/EG (jetzt RL 2006/114/EG, sog. Werbe-RL) überschneiden sich auf der Ebene des Unionsrechts marken- und lauterkeitsrechtlicher Kennzeichenschutz im Bereich der **vergleichenden Werbung:** Hier unterliegt die Nutzung von fremden Marken und anderen Kennzeichen eigenständigen lauterkeitsrechtlichen Zulässigkeitsanforderungen (Art. 4 lit. d, f–h Werbe-RL). Ein Vorrang des marken-

rechtlichen Schutzes würde bei Anwendbarkeit der markenrechtlichen Schutztatbestände zur Verdrängung des § 6 Abs. 2 UWG, mit dem die Vorgaben der Werbe-RL umgesetzt wurden, führen. Die Werbe-RL sieht ein solches Zurücktreten des Lauterkeitsrechts jedoch nicht vor – im Gegenteil: Erwägungsgrund 14 Werbe-RL erkennt an, dass es für wirksame vergleichende Werbung unerlässlich sein kann, Produkte eines Mitbewerbers dadurch erkennbar zu machen, dass auf seine Marke hingewiesen wird. Deshalb soll, so Erwägungsgrund 15 Werbe-RL, keine Verletzung eines zeichenrechtlichen Ausschließlichkeitsrechts vorliegen, wenn die vergleichende Werbung die aufgestellten Zulässigkeitsbedingungen erfüllt.

Vor diesem Hintergrund geht auch der BGH mit Recht davon aus, dass dem markenrechtlichen **29** Schutz gegenüber dem harmonisierten Recht der vergleichenden Werbung **kein Vorrang** zukommen kann (BGH GRUR 2010, 343 Rn. 26 – Oracle; GRUR 2009, 871 Rn. 30 – Ohrclips; GRUR 2008, 726 Rn. 15 – Duftvergleich mit Markenparfüm; GRUR 2008, 628 Rn. 15 – Imitationswerbung; ebenso Ohly/Sosnitza/Ohly UWG Einf. D Rn. 82; Bornkamm GRUR 2005, 97 (101); Büscher GRUR 2009, 230 (234); Sack WRP 2011, 288 (289 f.); vgl. auch EuGH C-533/06, GRUR 2008, 698 Rn. 45 – O2 und O2 (UK)/H3G).

Daran hat auch die **Neufassung der MRL** nichts geändert. Die dort vorgenommene Ergän- **30** zung der unzulässigen Handlungen um die Benutzung des Zeichens in der vergleichenden Werbung in einer der Werbe-RL zuwiderlaufenden Weise (Art. 10 Abs. 3 lit. f MRL) zielt nicht auf eine Verdrängung des Schutzes aus der Werbe-RL, sondern dient als Klarstellung der Rechtssicherheit und soll die volle Übereinstimmung mit dem übrigen Unionsrecht gewährleisten (Erwägungsgrund 20 MRL).

3. UGP-RL (RL 2005/29/EG)

Marken- und lauterkeitsrechtlicher Kennzeichenschutz überschneiden sich infolge des mit **31** **Art. 6 Abs. 2 lit. a UGP-RL** vorgesehenen allgemeinen **Schutzes vor Verwechslungen** in größerem Umfang. Nach dieser Regelung gilt jegliche Art der Vermarktung eines Produkts, die eine Verwechslungsgefahr mit einem anderen Produkt, Warenzeichen, Warennamen oder anderen Kennzeichen eines Mitbewerbers begründet und die eine Geschäftspraktik iSd Art. 2 lit. d UGP-RL darstellt, als irreführend und damit als unlauter und verboten (Art. 5 Abs. 1, 4 lit. a UGP-RL), wenn sie im konkreten Fall einen Durchschnittsverbraucher zu einer geschäftlichen Handlung veranlasst oder zu veranlassen geeignet ist, die er sonst nicht getroffen hätte. Dementsprechend bestimmt § 5 Abs. 3 Nr. 1 UWG, dass eine geschäftliche Handlung irreführend ist, wenn sie im Zusammenhang mit der Produktvermarktung eine Verwechslungsgefahr ua mit der Marke oder anderen Kennzeichen eines Mitbewerbers hervorruft.

Eine weitere Überschneidung ergibt sich durch **Art. 6 Abs. 2 lit. c UGP-RL** idF der RL **32** (EU) 2019/2161 (umgesetzt in § 5 Abs. 3 Nr. 2 UWG). Danach gilt jegliche Art der **Vermarktung einer Ware als identisch** mit einer in einem anderen Mitgliedstaat vermarkteten Ware als irreführend, wenn sich die Waren in ihrer Zusammensetzung und ihren Merkmalen wesentlich voneinander unterscheiden. Der Eindruck der Identität kann ggf. auch durch Verwendung der gleichen Marke erzielt werden – und zwar unabhängig davon, ob die Benutzung der gleichen Marke für nicht-identische Waren in verschiedenen Mitgliedstaaten markenrechtlich zulässig ist (→ Einleitung Rn. 24.1).

Im auf das **B2C-Verhältnis** beschränkten Regelungsbereich der UGP-RL, also in Bezug auf **33** Geschäftspraktiken zwischen Unternehmern und Verbrauchern (Art. 3 Abs. 1 UGP-RL), ist ein Vorrang des Markenrechts im Anwendungsbereich dieser Regelungen nicht möglich, schon weil ein entsprechendes **Zurücktreten des Lauterkeitsrechts nicht vorgesehen** ist. Das hat der BGH inzwischen mit Blick auf Art. 6 Abs. 2 lit. a UGP-RL anerkannt (BGH GRUR 2016, 965 Rn. 20 – Baumann II; GRUR 2013, 1161 Rn. 60 – Hard Rock Cafe) und § 5 Abs. 1 S. 2 Nr. 1 UWG aF (jetzt § 5 Abs. 2 Nr. 1 UWG) in der Fallgruppe der betrieblichen Herkunftstäuschung und später auch § 5 Abs. 2 UWG aF (jetzt § 5 Abs. 3 Nr. 1, Herbeiführen einer Verwechslungsgefahr; BGH GRUR 2016, 965 Rn. 20 – Baumann II) uneingeschränkt neben markenrechtlichen Vorschriften angewandt (im Ergebnis ebenso OLG Düsseldorf GRUR-Prax 2011, 429; Ströbele/Hacker/Thiering/Hacker Rn. 19; Peifer/Lindacher/Peifer UWG Vor §§ 5, 5a Rn. 153; Harte-Bavendamm/Henning-Bodewig/Dreyer UWG § 5 Rn. 1280; Ohly/Sosnitza/Ohly UWG Einf. D Rn. 82; Alexander FS Köhler, 2014, 23 (26 f.); Bornkamm GRUR 2011, 1 (3); Büscher GRUR 2009, 230 (236); Fezer WRP 2008, 1 (7); Fezer GRUR 2009, 451 (454); Henning-Bodewig GRUR Int 2007, 986 (988); Loschelder/Dörre KSzW 2010, 242 (245 f.); Köhler GRUR 2007, 548 (550 f.); v. Nussbaum/Ruess MarkenR 2009, 233 (236); zweifelnd OLG Köln MarkenR 2009,

228 (231) = BeckRS 2009, 08025; einschränkend Ohly/Sosnitza/Sosnitza UWG § 5 Rn. 712: nur bei Ansprüchen Dritter).

33.1   **Art. 3 Abs. 4 UGP-RL** räumt zwar kollidierenden Bestimmungen der Gemeinschaft, die besondere Aspekte unlauterer Geschäftspraktiken regeln, Vorrang ein. Hierzu gehören die Bestimmungen der MRL jedoch schon deshalb nicht, weil sie das Markenrecht als individuelles Ausschließlichkeitsrecht und insoweit als Teil des Immaterialgüterrechts verstehen. Zudem sollte mit Art. 3 Abs. 4 UGP-RL lediglich den bestehenden sektorspezifischen lauterkeitsrechtlichen Bestimmungen Vorrang eingeräumt werden (vgl. Begründung des Kommissionsvorschlags Nr. 44, KOM(2003) 356 endg.; ebenso Ströbele/Hacker/Thiering/Hacker Rn. 17; Loschelder/Dörre KSzW 2010, 242 (245); aA Ohly/Sosnitza/Sosnitza UWG § 5 Rn. 710). Insoweit läge es näher, sich auf Erwägungsgrund 9 S. 2 UGP-RL zu stützen, da danach die gemeinschaftlichen und nationalen Vorschriften ua im Bereich des Schutzes des geistigen Eigentums unberührt bleiben (vgl. Böxler ZGE 2009, 357 (365); Ohly/Sosnitza/Sosnitza UWG § 5 Rn. 710). Indessen bleibt der markenrechtliche Schutz auch bei Anwendung der Umsetzungsnorm § 5 Abs. 3 Nr. 1 UWG unberührt; insbesondere führt der allgemeine lauterkeitsrechtliche Verwechslungsschutz des Art. 6 Abs. 2 lit. a UGP-RL nicht etwa zu einem Vorrang des Lauterkeitsrechts. Zudem ist die MRL ausweislich ihres Erwägungsgrunds 40 offen für die gleichzeitige Anwendung lauterkeitsrechtlicher Vorschriften auf Marken, so dass es in derartigen Fällen nicht zu einer „Berührung" iSv Erwägungsgrund 9 S. 2 UGP-RL kommen kann (Loschelder/Dörre KSzW 2010, 242 (245)). Marken- und lauterkeitsrechtlicher Schutz stehen trotz gegebener Überschneidungen nebeneinander (vgl. Köhler GRUR 2007, 548 (551)).

33.2   Ein Vorrang des Markenrechts ergibt sich schließlich auch nicht, wenn der **Begriff der Verwechslungsgefahr im Marken- und Lauterkeitsrecht gleichsinnig** ausgelegt wird (→ Rn. 92). Denn auch dann bleibt es bei der Schutzzweckdisparität. Insbesondere würde es zur Erreichung des von Art. 1 UGP-RL genannten Zwecks (Schutz der wirtschaftlichen Interessen der Verbraucher als Beitrag zum Funktionieren des Binnenmarkts und zur Erreichung eines hohen Verbraucherschutzniveaus) nicht genügen, dass der Markeninhaber in Fällen der Verwechslungsgefahr aus §§ 14, 15 vorgehen kann. Art. 11 Abs. 1 UAbs. 2 UGP-RL verlangt von den Mitgliedstaaten, dass Personen oder Organisationen, die nach nationalem Recht ein berechtigtes Interesse an der Bekämpfung unlauterer Geschäftspraktiken haben, einschließlich Mitbewerber, Durchsetzungsmittel zur Verfügung gestellt werden. Dies sind nach § 8 Abs. 3 UWG die Mitbewerber sowie bestimmte Verbände und Kammern. Dieser insoweit maßgebliche Kreis der Anspruchsberechtigten für den Beseitigungs- und Unterlassungsanspruch würde von seiner Durchsetzungsmöglichkeit richtlinienwidrigerweise ausgeschlossen, wenn die Verfolgung von Verwechslungsgefahren durch Kennzeichengebrauch allein in der Hand des Kennzeicheninhabers läge (Köhler GRUR 2007, 548 (550 f.); Loschelder/Dörre KSzW 2010, 242 (245 f.)).

34   Im **B2B-Verhältnis** ergeben sich aus Art. 6 Abs. 2 lit. a, c UGP-RL keine unionsrechtlichen Vorgaben, die bei der Anwendung des § 5 Abs. 3 Nr. 1 UWG zu berücksichtigen wären. Gleichwohl sollte auch bei geschäftlichen Handlungen gegenüber gewerblichen Marktteilnehmern der lauterkeitsrechtliche Verwechslungsschutz nach § 5 Abs. 3 Nr. 1 UWG angewandt werden (im Ergebnis ebenso Bornkamm GRUR 2011, 1 (3); Büscher GRUR 2009, 230 (236); Goldmann GRUR 2012, 857 (858); Ingerl/Rohnke/Nordemann/A. Nordemann Rn. 3; aA Ströbele/Hacker/Thiering/Hacker Rn. 15; HK-MarkenR/Pahlow Rn. 5). Mit Recht hat auch der BGH § 5 Abs. 1 S. 2 Nr. 1 UWG aF (§ 5 Abs. 2 Nr. 1 UWG) neben markenrechtlichen Vorschriften in einem Streitfall zwischen zwei Unternehmern angewandt (BGH GRUR 2016, 965 Rn. 20 – Baumann II; GRUR 2013, 1161 Rn. 60 – Hard Rock Cafe). Dafür spricht schon, dass § 5 UWG nicht nach dem Adressaten der geschäftlichen Handlung differenziert und die Norm ausweislich § 1 Abs. 1 UWG nicht nur dem Schutz der Verbraucher, sondern auch dem der sonstigen Marktteilnehmer sowie der Mitbewerber dient.

4. Unionsrechtliche Gleichrangigkeit von Marken- und Lauterkeitsrecht

35   Im Unionsrecht tritt das **Lauterkeitsrecht selbständig neben das Markenrecht** und andere immaterialgüterrechtliche Rechtsakte (Bärenfänger WRP 2011, 16 (21); Köhler/Bornkamm/Feddersen/Bornkamm/Feddersen UWG § 5 Rn. 2.256; Schmidt-Kessel/Schubmehl/Busch, Lauterkeitsrecht in Europa, 2011, 23, 36 f.; Harte-Bavendamm/Henning-Bodewig/Dreyer UWG § 5 Rn. 1280; Fezer GRUR 2009, 451 (454 f.); Fezer GRUR 2010, 953 ff.; Henning-Bodewig GRUR Int 2007, 986 (988); aA Ohly/Sosnitza/Sosnitza UWG § 5 Rn. 710).

36   **Zwingende Konsequenzen** ergeben sich aus den unionsrechtlichen Vorgaben zwar nur in den Bereichen vergleichende Werbung, Hervorrufen einer Verwechslungsgefahr bei Verbrauchern und Vermarktung nicht-identischer Produkte als identisch. Es wäre jedoch verfehlt, dies lediglich zum Anlass zu nehmen, der Vorrangthese entsprechende Ausnahmen hinzuzufügen und sie im Übrigen (vor allem im B2B-Verhältnis) aufrecht zu erhalten (so aber Böxler ZGE 2009, 357

(365 f.)). Gerade der Verwechslungsschutz ist eines der Kernregelungsanliegen des Markenrechts. In diesem Kern besteht wegen § 5 Abs. 3 Nr. 1 UWG kein Raum mehr für einen Vorrang des Markenrechts (→ Rn. 33). Damit aber stürzt die zentrale Grundthese einer abschließenden Regelung durch das MarkenG letztlich in sich zusammen (ebenso im Ergebnis Bärenfänger WRP 2011, 16 (20); Ingerl/Rohnke/Nordemann/A. Nordemann Rn. 2; aA Ströbele/Hacker/Thiering/Hacker Rn. 15; v. Nussbaum/Ruess MarkenR 2009, 233 (236)). Dagegen lässt sich nicht einwenden, die unionsrechtlichen Vorgaben ließen die Keimzelle der Vorrangthese, nämlich den Sonderschutz bekannter Kennzeichen und geographischer Herkunftsangaben, unberührt (so Böxler ZGE 2009, 357 (365); Ströbele/Hacker/Thiering/Hacker Rn. 15). Nach dem Stand der Rechtsprechung war die Vorrangthese nicht mehr auf diese Keimzelle beschränkt (→ Rn. 11.1). Dessen ungeachtet bliebe es auch bei einer Beschränkung des Vorrangs auf bekannte Kennzeichen bei der durch das Unionsrecht verlangten kumulativen Normanwendung, da Art. 4 Werbe-RL und Art. 6 Abs. 2 lit. a UGP-RL selbstverständlich auch die Verwendung bekannter Kennzeichen erfassen.

D. Kennzeichenherabsetzung und -verunglimpfung (§ 4 Nr. 1 UWG)

I. Stand der Rechtsprechung

Nach § 4 Nr. 1 UWG handelt unlauter, wer ua die Kennzeichen eines Mitbewerbers herabsetzt **37** oder verunglimpft. Im Verhältnis zum Markenrecht bestehen zwei **Spannungsfelder.** Zum einen schützen § 14 Abs. 2 S. 1 Nr. 3, § 15 Abs. 3, § 127 Abs. 3 bekannte Kennzeichen vor einer unlauteren Beeinträchtigung; zum anderen ist dem Markenrecht ein Schutz nicht-bekannter Kennzeichen vor Herabsetzung und Verunglimpfung unbekannt.

1. Bekannte Marken

Bei bekannten Marken greift nach der bisherigen Rechtsprechung der **Vorrang des Marken-** **38** **rechts** (BGH GRUR 2006, 329 Rn. 36 – Gewinnfahrzeug mit Fremdemblem; GRUR 2005, 583 (585) – Lila Postkarte; OLG Hamburg ZUM-RD 2008, 350 (351) – Gib mal Zeitung; GRUR-RR 2006, 231 (232) – Bildmarke AOL; zustimmend Ströbele/Hacker/Thiering/Hacker Rn. 61; Büscher/Dittmer/Schiwy/Schalk Rn. 13; Lange MarkenR Rn. 4165; Fezer/Büscher/Obergfell/Nordemann UWG § 4 Nr. 1 Rn. 86; Böxler ZGE 2009, 357 (374)). Zwar spricht der BGH davon, im Anwendungsbereich des § 14 Abs. 2 S. 1 Nr. 3 komme § 4 Nr. 1 UWG „keine eigenständige Bedeutung" zu. Gemeint ist damit aber, wie der Erörterungszusammenhang zeigt, die Unanwendbarkeit aufgrund der Vorrangthese. Danach ist § 4 Nr. 1 UWG bei bekannten Marken nur anwendbar, soweit die Anwendungsvoraussetzungen des § 14 Abs. 2 S. 1 Nr. 3 fehlen (→ Rn. 17.1). Wegen des erweiterten Benutzungsbegriffs, den der BGH bei bekannten Marken anwendet (→ § 14 Rn. 548), wird dies nur selten der Fall sein. Wird zudem für Fälle fehlender kennzeichenmäßiger Benutzung eine analoge Anwendung des § 14 Abs. 2 S. 1 Nr. 3 für möglich gehalten (BGH GRUR 2015, 1201 Rn. 76 – Sparkassen-Rot; noch offenlassend GRUR 2005, 583 (584) – Lila Postkarte), bleibt auf dem Boden der Vorrangthese für die Anwendung des § 4 Nr. 1 UWG kein Raum. Eine ausdrückliche Aufgabe dieser Rechtsprechung ist – möglicherweise auch mangels passender Fälle – bislang nicht erfolgt.

2. Andere bekannte Kennzeichen

Einen Vorrang des Markenrechts hat die Rechtsprechung auch angenommen für den Schutz **39** **bekannter geschäftlicher Bezeichnungen** nach § 15 Abs. 3 (BGH GRUR 2001, 1054 (1055) – Tagesreport; GRUR 2001, 1050 (1051) – Tagesschau; GRUR 2000, 70 (73) – SZENE) und **geographischer Herkunftsangaben mit besonderem Ruf** nach § 127 Abs. 3 (BGH GRUR 2002, 426 – Champagner bekommen, Sekt bezahlen; zustimmend Ströbele/Hacker/Thiering/Hacker Rn. 74).

3. Nicht-bekannte Kennzeichen

Für nicht-bekannte Kennzeichen **fehlt es an höchstrichterlicher Rechtsprechung;** die Lite- **40** ratur geht ganz überwiegend von der Anwendbarkeit des § 4 Nr. 1 UWG aus (Ströbele/Hacker/Thiering/Hacker Rn. 61; Ingerl/Rohnke/Nordemann/A. Nordemann Rn. 11; Köhler/Bornkamm/Feddersen/Köhler UWG § 4 Rn. 1.9b; MüKoUWG/Jänich UWG § 4 Nr. 1 Rn. 11; Fezer/Büscher/Obergfell/Nordemann UWG § 4 Nr. 1 Rn. 88; Sack WRP 2004, 1405 (1421);

vgl. auch OLG Köln GRUR-RR 2016, 278 Rn. 11 – „Wenn 1 & 1 sich streiten"; aA Helm GRUR 2001, 293 (293)).

II. Uneingeschränkte Anwendung auf bekannte und nicht-bekannte Kennzeichen

41   § 4 Nr. 1 UWG findet entgegen der bisherigen, noch nicht ausdrücklich aufgegebenen Rechtsprechung **uneingeschränkt** Anwendung auf bekannte und nicht-bekannte Kennzeichen (Ingerl/Rohnke/Nordemann/A. Nordemann Rn. 11; Teplitzky/Peifer/Leistner/Toussaint UWG § 4 Nr. 1 Rn. 22; Köhler/Bornkamm/Feddersen/Köhler UWG § 4 Rn. 1.9b; Harte-Bavendamm/Henning-Bodewig/Omsels UWG § 4 Rn. 33; MüKoUWG/Jänich UWG § 4 Nr. 1 Rn. 11; Ohly/Sosnitza/Ohly UWG § 4 Nr. 1 Rn. 1/8), da kein Vorrang des Markenrechts besteht. Das gilt auch im Anwendungsbereich des § 24 Abs. 2, also bei bereits eingetretener **Erschöpfung** (Köhler/Bornkamm/Feddersen/Köhler UWG § 4 Rn. 1.9e; Bärenfänger WRP 2011, 160 (168); aA Harte-Bavendamm/Henning-Bodewig/Omsels UWG § 4 Rn. 35, näher → Rn. 41.1).

41.1   Der in § 24 Abs. 1 geregelte **Erschöpfungsgrundsatz** findet gemäß § 24 Abs. 2 keine Anwendung, wenn sich der Inhaber des Kennzeichens der Benutzung im Zusammenhang mit dem weiteren Vertrieb der Waren aus berechtigten Gründen widersetzt. Ein berechtigter Grund kann gegeben sein, wenn es durch den Weitervertrieb der Ware zu einer Schädigung des Rufs der Marke kommt (EuGH C-63/97, GRUR Int 1999, 438 Rn. 49 – BMW; C-337/95, GRUR Int 1998, 140 Rn. 43 – Dior/Evora). Diese Regelung geht auf Art. 7 MRL 2008 zurück, der die Erschöpfung abschließend regelte (EuGH C-427/93, C-429/93 und C-436/93, GRUR Int 1996, 1144 Rn. 26 – Bristol-Myers Squibb). Daraus folgt jedoch nicht, dass die lauterkeitsrechtliche Vorschrift des § 4 Nr. 1 UWG unanwendbar ist (aA Harte-Bavendamm/Henning-Bodewig/Omsels UWG § 4 Rn. 35). Zwar darf der nationale Gesetzgeber dem Markeninhaber in Fällen eingetretener Erschöpfung nur in dem von Art. 15 Abs. 2 MRL gesetzten Rahmen ein Recht geben, sich der Benutzung der Marke zu widersetzen. Art. 15 MRL regelt aber nur die markenrechtliche Erschöpfung und mit Abs. 2 die Frage, wann der Markeninhaber trotz Erschöpfung markenrechtliche Unterlassungsansprüche geltend machen kann. Das schließt die Geltendmachung lauterkeitsrechtlicher Ansprüche schon deshalb nicht aus, weil der Grundsatz der Erschöpfung im Lauterkeitsrecht keine Rolle spielt (aA BGH GRUR 2006, 329 Rn. 36 – Gewinnfahrzeug mit Fremdemblem; OLG Köln GRUR-RR 2020, 105 Rn. 36 – Coupon-Marketing). Im Übrigen wäre § 4 Nr. 1 UWG auch dann anwendbar, wenn aus Art. 15 MRL folgen würde, dass nach eingetretener Erschöpfung nur der Markeninhaber die Benutzung untersagen kann, da ohnehin nur der betroffene Mitbewerber anspruchsberechtigt ist (→ Rn. 49).

42   Im Bereich der **bekannten Kennzeichen** besteht kumulative Anspruchskonkurrenz mit § 14 Abs. 2 S. 1 Nr. 3, § 15 Abs. 3, 127 Abs. 3. Der Verzicht auf einen markenrechtlichen Vorrang ist auch deshalb geboten, weil § 6 Abs. 2 Nr. 4 UWG die unlautere Beeinträchtigung des Rufs eines von einem Mitbewerber verwendeten Kennzeichens in der vergleichenden Werbung eigenständig untersagt und hier schon aus unionsrechtlichen Gründen das Lauterkeitsrecht nicht verdrängt werden kann (→ Rn. 28). Für eine Beschränkung des Schutzes auf das Markenrecht bei einer Kennzeichenherabsetzung oder -verunglimpfung außerhalb der vergleichenden Werbung besteht jedoch keine Rechtfertigung (Köhler/Bornkamm/Feddersen/Köhler UWG § 4 Rn. 1.9b; Büscher/Maatsch UWG § 4 Nr. 1 Rn. 13; Bärenfänger WRP 2011, 160 (168); für nicht-bekannte Marken zustimmend Ströbele/Hacker/Thiering/Hacker Rn. 61; Fezer/Büscher/Obergfell/Nordemann UWG § 4 Nr. 1 Rn. 89).

43   Für **nicht-bekannte Kennzeichen** gilt das gleiche, da weder § 6 Abs. 2 Nr. 4 UWG noch § 4 Nr. 1 UWG den Schutz auf bekannte Kennzeichen begrenzen. Bekannte und nicht-bekannte Kennzeichen müssen daher lauterkeitsrechtlich gleich behandelt werden, ohne dass es im Übrigen darauf ankäme, ob eine kennzeichenmäßige Benutzung vorliegt.

44   **Nicht von § 1 erfasste Kennzeichen** (zB Artikelnummer) werden ebenfalls durch § 4 Nr. 1 UWG geschützt (Köhler/Bornkamm/Feddersen/Köhler UWG § 4 Rn. 1.23; Harte-Bavendamm/Henning-Bodewig/Omsels UWG § 4 Rn. 31; Ohly/Sosnitza/Ohly UWG § 4 Nr. 1 Rn. 1/11).

III. Anwendung und Auslegung im Licht markenrechtlicher Schutztatbestände

1. Keine verringerten Anforderungen an Herabsetzung und Verunglimpfung

45   Die lauterkeitsrechtliche Erweiterung der markenrechtlichen Schutzposition beschränkt sich materiell-rechtlich auf die Einbeziehung nicht-bekannter Kennzeichen. Durch die Anwendbarkeit des § 4 Nr. 1 UWG kommt es zu keiner Verstärkung des **Schutzes** etwa durch herabgesetzte Unlauterkeitsanforderungen. § 4 Nr. 1 UWG und § 14 Abs. 2 S. 1 Nr. 3, § 15 Abs. 3 dienen

allein dem Schutz des Kennzeicheninhabers. Dieser **Schutzsubjektsidentität** widerspricht eine unterschiedliche Beurteilung der unlauteren Beeinträchtigung der Wertschätzung (§ 14 Abs. 2 S. 1 Nr. 3, § 15 Abs. 3) einerseits und der Herabsetzung und Verunglimpfung (§ 4 Nr. 1 UWG) andererseits.

Beide Tatbestände sind **gleichsinnig auszulegen** (Köhler/Bornkamm/Feddersen/Köhler **46** UWG § 4 Rn. 1.9b; Ohly/Sosnitza/Ohly UWG § 4 Nr. 1 Rn. 1/8a). Dafür spricht auch, dass der EuGH die in Art. 5 Abs. 2 MRL 2008 (jetzt Art. 10 Abs. 2 lit. c MRL) verlangte Beeinträchtigung als Verunglimpfung oder Herabsetzung bezeichnet (EuGH C-487/07, GRUR 2009, 756 Rn. 40 – L'Oréal/Bellure). In der gleichen Entscheidung hat er ferner festgestellt, dass der Begriff des unlauteren Ausnutzens in Art. 4 lit. f Werbe-RL und Art. 5 Abs. 2 MRL 2008 (jetzt Art. 10 Abs. 2 lit. c MRL) grundsätzlich einheitlich auszulegen ist. Da aber nach der Rechtsprechung des EuGH eine nach Art. 4 Werbe-RL zulässige vergleichende Werbung nicht nach Art. 5 Abs. 1, 2 MRL 2008 (jetzt Art. 10 Abs. 2 MRL) unzulässig sein kann (EuGH C-533/06, GRUR 2008, 698 Rn. 45 – O2 und O2 (UK)/H3G), ist auch die in Art. 4 lit. d Werbe-RL verlangte Verunglimpfung oder Herabsetzung ebenso auszulegen wie die unlautere Beeinträchtigung in Art. 5 Abs. 2 MRL 2008 bzw. Art. 10 Abs. 2 lit. c MRL. Das gilt unmittelbar für § 6 Abs. 2 Nr. 4 UWG, muss aber auch für § 4 Nr. 1 UWG gelten, da es sonst zu einem UWG-internen Wertungswiderspruch kommen würde.

2. Keine gesteigerten Anforderungen an Herabsetzung oder Verunglimpfung

Aus der gebotenen gleichsinnigen Auslegung folgt auch, dass die **Anforderungen an die** **47** **Herabsetzung oder Verunglimpfung nicht strenger** sind als die an die unlautere Beeinträchtigung der Wertschätzung iSd § 14 Abs. 2 S. 1 Nr. 3 (aA Ströbele/Hacker/Thiering/Hacker Rn. 61; Fezer/Büscher/Obergfell/Nordemann UWG § 4 Nr. 1 Rn. 88, 90; Teplitzky/Peifer/Leistner/Toussaint UWG § 4 Nr. 1 Rn. 22; Harte-Bavendamm/Henning-Bodewig/Omsels UWG § 4 Rn. 34; Bornkamm GRUR 2005, 97 (101); Steinbeck FS Ullmann, 2006, 409 (415); Stieper WRP 2006, 291 (301); besonders weitgehend Böxler ZGE 2009, 357 (375): Nur Schutz vor Formalbeleidigungen und Schmähkritik). Für eine strengere Handhabung des § 4 Nr. 1 UWG zumindest im Fall nicht-bekannter Marken ergeben sich auch aus § 14 Abs. 2 S. 1 Nr. 3, § 15 Abs. 3 keine Anhaltspunkte. Diesen Normen kann bei isolierter Betrachtung nur entnommen werden, dass nicht-bekannte Kennzeichen nicht vor Beeinträchtigungen der Wertschätzung geschützt sind – was aber schon wegen § 6 Abs. 2 Nr. 4 UWG nicht auf § 4 Nr. 1 UWG durchschlägt.

IV. Auswirkungen

1. Einbeziehung nicht-bekannter Kennzeichen

Die praktischen Auswirkungen der gleichrangigen Geltung des § 4 Nr. 1 UWG beschränken **48** sich wegen der mit § 14 Abs. 2 S. 1 Nr. 3, § 15 Abs. 3 inhaltsgleichen Bewertungsmaßstäbe auf die **Einbeziehung nicht-bekannter Kennzeichen** in den Schutz vor Verunglimpfung oder Herabsetzung. Im praktischen Hauptanwendungsfall der **Markenparodie** (→ § 14 Rn. 205 ff.) geht es hingegen regelmäßig um bekannte Marken, deren Schutz materiell nicht erweitert wird.

2. Anspruchsberechtigung

Auch hinsichtlich der **Anspruchsberechtigung** ergeben sich keine Unterschiede: Unterlas- **49** sung und Beseitigung (§ 8 Abs. 1 UWG) kann in den Fällen des § 4 Nr. 1 UWG nur von dem betroffenen **Mitbewerber** nach § 8 Abs. 3 Nr. 1 UWG verlangt werden (BGH GRUR 2021, 497 Rn. 43 – Zweitmarkt für Lebensversicherungen; GRUR 2018, 1251 Rn. 58 – Werbeblocker II; BeckOK UWG/Weiler UWG § 4 Nr. 1 Rn. 85; Köhler/Bornkamm/Feddersen/Köhler UWG § 4 Rn. 1.27; Ohly/Sosnitza/Ohly UWG § 4 Nr. 1 Rn. 1/21; aA Büscher/Maatsch UWG § 4 Nr. 1 Rn. 59; MüKoUWG/Jänich UWG § 4 Nr. 1 Rn. 42).

Andere Mitbewerber, die nicht selbst herabgesetzt oder verunglimpft wurden, sind vom Unterlas- **49.1** sungsanspruch ausgeschlossen, weil die Entscheidung, gegen eine Herabsetzung oder Verunglimpfung vorzugehen, in der Hand des Betroffenen liegen muss, da sonst die Gefahr bestünde, dass durch das Vorgehen anderer Mitbewerber die Herabsetzung erst publik und in ihrer Wirkung vertieft wird (Ohly/Sosnitza/Ohly UWG § 4 Nr. 1 Rn. 1/21).

Aus dem gleichen Grund sind die **Verbände Gewerbetreibender** (§ 8 Abs. 3 Nr. 2 UWG) ausgeschlos- **49.2** sen. Sie sind zudem ohnehin nur anspruchsberechtigt, wenn die Interessen „ihrer Mitglieder" berührt sind.

Dies ist im Sinne der kollektivschützenden Funktion, wie sie in den weiteren Anforderungen des § 8 Abs. 3 Nr. 2 UWG zum Ausdruck kommt, wörtlich zu nehmen, dh im Plural zu verstehen. Kennzeichenherabsetzungen betreffen aber nur den Inhaber des Kennzeichenrechts und daher allenfalls ein, aber nicht mehrere Verbandsmitglieder.

49.3 **Verbraucherverbände** iSd § 8 Abs. 3 Nr. 3 UWG sind im Fall des § 4 Nr. 1 UWG gleichfalls nicht aktivlegitimiert, weil sich ihre Anspruchsberechtigung auf die Wahrung von Verbraucherbelangen beschränkt (vgl. KG GRUR-RR 2005, 359; MüKoUWG/Ottofülling UWG § 8 Rn. 493). Diese sind bei der Kennzeichenherabsetzung nicht betroffen. Es besteht daher kein Anlass, zum Zweck der Beschränkung der Anspruchsberechtigung auf den Kennzeicheninhaber in den Fällen des **§ 24 Abs. 2** die Anwendbarkeit des § 4 Nr. 1 UWG abzulehnen (→ Rn. 41.1).

E. Produktnachahmungen (§ 4 Nr. 3 UWG)

I. Überschneidungsbereich von MarkenG und UWG

50 Mit § 4 Nr. 3 UWG, der das Angebot von Produktnachahmungen nur unter zusätzlichen Unlauterkeitsvoraussetzungen untersagt, besteht ein begrenzter Überschneidungsbereich mit dem Markenrecht, weil nur das **Anbieten von Nachahmungen von Waren oder Dienstleistungen,** nicht jedoch von Waren mit nachgeahmten Kennzeichen erfasst ist.

51 Innerhalb dieses Überschneidungsbereichs liegen die **Schutzvoraussetzungen eng beisammen.** § 4 Nr. 3 lit. a UWG bewertet Nachahmungen als unlauter, wenn sie zu einer vermeidbaren Täuschung der Abnehmer über die betriebliche Herkunft führen; insoweit geht es um einen Verwechslungsschutz, der markenrechtlich durch § 14 Abs. 2 S. 1 Nr. 1, 2, § 15 Abs. 2 normiert ist. Der zweite Fall der unlauteren Produktnachahmung, die unangemessene Ausnutzung oder Beeinträchtigung der Wertschätzung der nachgeahmten Ware oder Dienstleistung nach § 4 Nr. 3 lit. b UWG berührt sich mit dem auf bekannte Kennzeichen beschränkten Schutz aus § 14 Abs. 2 S. 1 Nr. 3, § 15 Abs. 3.

II. Stand der Rechtsprechung

52 Die Rechtsprechung sah – ausgehend von der Vorrangthese – im Anwendungsbereich des MarkenG für einen lauterkeitsrechtlichen Nachahmungsschutz nach § 4 Nr. 3 UWG **keinen Raum** (BGH GRUR 2009, 1162 Rn. 40 – DAX; OLG Naumburg GRUR-RR 2011, 127 (134) – SUPERillu/illu der Frau; LG Frankfurt a. M. NJOZ 2015, 50 (53) – HAVE A BREAK/ TWIN BREAK; abschwächend OLG Nürnberg GRUR 2022, 1228 Rn. 16 f. – Streifen „rotorange-gelb"; wohl auch OLG Köln GRUR-RR 2022, 437 Rn. 58 – DACHSER; aA LG Bochum GRUR-RR 2013, 478 (479); im Ergebnis auch OLG Nürnberg GRUR 2023, 75 Rn. 57 ff. – Torjägerkanone). Diese Vorrangthese hat der BGH für andere Fälle mittlerweile aufgegeben (BGH GRUR 2016, 965 Rn. 20 – Baumann II; GRUR 2013, 1161 Rn. 60 – Hard Rock Cafe); ob das auch für § 4 Nr. 3 UWG gilt, ist jedoch nicht sicher (→ Rn. 15).

53 Der BGH lässt jedenfalls in so weitem Umfang **Ausnahmen** zu, dass von einem Vorrang nicht mehr gesprochen werden kann. Ausgangspunkt ist die Annahme, § 4 Nr. 3 UWG diene dem Schutz **konkreter Leistungsergebnisse** (BGH GRUR 2017, 734 Rn. 27 – Bodendübel; GRUR 2008, 793 Rn. 26 – Rillenkoffer; GRUR 2007, 339 Rn. 23 – Stufenleitern; GRUR 2003, 332 (336) – Abschlussstück). Zu den grundsätzlich geschützten Leistungsergebnissen gehören **Produktgestaltungen,** auch wenn sie durch eine Formmarke geschützt sind, weil der kennzeichenrechtliche Schutz nur der abstrakten Form, nicht aber dem konkret nachgeahmten Produkt gilt (BGH GRUR 2008, 793 Rn. 26 – Rillenkoffer; GRUR 2003, 332 (336) – Abschlussstück; vgl. auch BGH GRUR 2007, 795 Rn. 21 – Handtaschen). Gleiches soll gelten, wenn die Gestaltung des Produkts markenrechtlich nicht geschützt (BGH GRUR 2007, 339 Rn. 23 – Stufenleitern) oder schutzunfähig ist (BGH GRUR 2017, 734 Rn. 27 – Bodendübel; GRUR 2013, 951 Rn. 20.).

54 Auch ein **Wortzeichen,** das nicht eingetragen ist und mangels Benutzung für Waren oder Dienstleistungen nicht nach § 4 Nr. 2, 3 geschützt ist, kann ein lauterkeitsrechtlich schutzfähiges Leistungsergebnis darstellen (BGH GRUR 2003, 973 (974) – Tupperwareparty; OLG Nürnberg GRUR 2023, 75 Rn. 59 – Torjägerkanone). Das gleiche gilt für eine Dienstleistung, für die eine Wortmarke eingetragen ist und die von einem Mitbewerber unter Verwendung des Wortzeichens übernommen wird (BGH GRUR 2009, 1162 Rn. 40 – DAX). Auch die farbliche Gestaltung eines Preisetiketts ist ungeachtet der Annahme, dass es sich um ein Unternehmenskennzeichen gemäß § 5 Abs. 2 S. 2 handele, als von § 4 Nr. 3 UWG geschütztes Werbemittel eingeordnet worden (OLG Nürnberg GRUR 2022, 1228 Rn. 14 – Streifen „rot-orange-gelb"; kritisch Hauch GRUR-Prax 2022, 449).

In der Gesamtschau ergibt sich wegen der These unterschiedlicher Schutzgegenstände – mar- **55** kenrechtlicher Kennzeichenschutz einerseits, lauterkeitsrechtlicher Schutz von Leistungsergebnissen andererseits – ein **Nebeneinander des marken- und lauterkeitsrechtlichen Schutzes,** sofern im konkreten Einzelfall ein von der Kennzeichnung **differierendes Leistungsergebnis** gegeben ist.

III. Kein Schutz bei bloßer Kennzeichennachahmung

1. Begrenzung auf Nachahmung von Waren oder Dienstleistungen

Die wesentliche Schwäche der Rechtsprechung liegt in der **Umqualifizierung der bloßen** **56** **Kennzeichennachahmung** zu einer Ausnutzung von Leistungsergebnissen (vgl. Ströbele/ Hacker/Thiering/Hacker Rn. 55; HK-MarkenR/Pahlow Rn. 11). § 4 Nr. 3 UWG greift aber schon seinem Wortlaut nach nur bei der Nachahmung von Waren oder Dienstleistungen ein. Diese Voraussetzung kann erfüllt sein, wenn eine Produktgestaltung nachgeahmt wird, die markenrechtlich als **Formmarke** Schutz genießt – hier liegt eine von der abstrakt geschützten Form zu unterscheidende konkrete Ware vor.

2. Nachahmung von Wort-, Bild- oder Farbzeichen

Bei Wort-, Bild- oder Farbzeichen, die nachgeahmt werden, ist § 4 Nr. 3 UWG nur einschlägig, **57** wenn **gleichzeitig ein Produkt nachgeahmt** wird – dann aber unabhängig davon, ob auch ein Kennzeichen nachgeahmt wurde (Ohly/Sosnitza/Ohly UWG § 4 Nr. 3 Rn. 3/19; Stieper WRP 2006, 291 (301); iErg auch Teplitzky/Peifer/Leistner/Dornis UWG § 4 Nr. 3 Rn. 161; Büscher GRUR 2009, 230 (234); wohl auch Ingerl WRP 2004, 809 (816)). Zwar ist der Begriff der Waren und Dienstleistungen nach der Rechtsprechung weit auszulegen und soll Leistungs- und Arbeitsergebnisse aller Art umfassen (BGH GRUR 2017, 79 Rn. 44 – Segmentstruktur; GRUR 2016, 725 Rn. 15 – Pippi-Langstrumpf-Kostüm II; GRUR 2015, 1214 Rn. 74 – Goldbären). Kennzeichen sind gleichwohl **keine Ware** (Teplitzky/Peifer/Leistner/Dornis UWG § 4 Nr. 3 Rn. 172; Köhler/Bornkamm/Feddersen/Köhler UWG § 4 Rn. 3.22b; Harte-Bavendamm/Henning-Bodewig/Sambuc UWG § 4 Rn. 136; aA OLG Nürnberg GRUR 2022, 1228 Rn. 14 – Streifen „rot-orange-gelb"; OLG Frankfurt BeckRS 2019, 7017 Rn. 17 – Collagen Lift Drink; LG München I GRUR-Prax 2016, 314 – Hollywood).

Die von § 4 Nr. 3 UWG erfasste Handlung ist das **Anbieten von nachgeahmten Waren oder** **57.1** **Dienstleistungen.** Daraus ergibt sich, dass nur solche Leistungsergebnisse Schutz genießen können, die auf dem Markt als solche angeboten werden. Das ist bei Kennzeichen jedoch nur dann der Fall, wenn sie als solche zum Erwerb angeboten werden. Abgesehen von diesem Sonderfall werden Kennzeichen nicht angeboten, sondern zur Kennzeichnung von Waren oder Dienstleistungen verwendet. Dass diese ihrerseits angeboten werden, macht aus der Kennzeichennachahmung noch kein Angebot des Kennzeichens, weil nicht dessen Erwerb, sondern derjenige des angebotenen Produkts das Ziel des Angebots ist. Dass zwischen Waren bzw. Dienstleistungen und Kennzeichen zu differenzieren ist, belegt auch § 5 Abs. 3 Nr. 1 UWG, wo eben dies geschehen ist. Die Wareneigenschaft eines Kennzeichens ergibt sich auch nicht daraus, dass sich nach der Rechtsprechung die wettbewerbliche Eigenart eines Produkts aus seiner Kennzeichnung ergeben kann (BGH GRUR 2003, 973 (974) – Tupperwareparty; GRUR 2001, 251 (253) – Messerkennzeichnung; GRUR 1977, 614 (615) – Gebäudefassade; kritisch Ströbele/Hacker/Thiering/Hacker Rn. 55). In solchen Fällen liegt eine Produktnachahmung verbunden mit einer Kennzeichennachahmung vor, bei der allerdings der Produktnachahmungsschutz seine Rechtfertigung aus der Kennzeichennachahmung bezieht.

Wird anerkannt, dass Kennzeichen in der Regel keine Waren iSd § 4 Nr. 3 UWG sind, dann **58** ist der über diese Norm zuerkannte Schutz von **Werbeslogans,** die markenrechtlich schutzfähig sein können (→ § 8 Rn. 353), durchaus zweifelhaft (im Ergebnis ebenso Fezer/Büscher/Obergfell/Götting/Hetmank UWG § 4 Nr. 3 Rn. 49; Ohly/Sosnitza/Ohly UWG § 4 Nr. 3 Rn. 3/27; Böxler ZGE 2009, 357 (378); Ingerl WRP 2004, 809 (814); Kaulmann GRUR 2008, 854 (859); aA BGH GRUR 1997, 308 – Wärme fürs Leben; OLG Frankfurt GRUR-RR 2012, 75 (76) – Schönheit von innen; Ströbele/Hacker/Thiering/Hacker Rn. 56; Köhler/Bornkamm/Feddersen/Köhler UWG § 4 Rn. 3.22a; einschränkend Heermann WRP 2004, 263 (277)).

Der schon aus § 4 Nr. 3 UWG folgende fehlende lauterkeitsrechtliche Schutz vor bloßer **59** Kennzeichennachahmung ohne gleichzeitige Produktnachahmung gilt auch, wenn das **Wort-** **oder Bildzeichen markenrechtlich nach §§ 4, 5 ungeschützt** ist (vgl. Köhler/Bornkamm/

Feddersen/Köhler UWG § 4 Rn. 3.11; Ströbele/Hacker/Thiering/Hacker Rn. 55; HK-MarkenR/Pahlow Rn. 11). § 4 Nr. 3 UWG erfasst die bloße Nachahmung von Wort- und Bildzeichen unabhängig von der markenrechtlichen Schutzlage nicht (Ohly/Sosnitza/Ohly UWG § 4 Nr. 3 Rn. 3/19; Fezer/Büscher/Obergfell/Götting/Hetmank UWG § 4 Nr. 1 Rn. 49; aA OLG Nürnberg GRUR 2022, 1228 Rn. 14 – Streifen „rot-orange-gelb"; Büscher/Tolkmitt UWG Einl. Rn. 360; Steinbeck FS Ullmann, 2006, 409 (421); wohl auch OLG Frankfurt BeckRS 2019, 7017 Rn. 19 – Collagen Lift Drink).

IV. § 4 Nr. 3 lit. a UWG (vermeidbare Herkunftstäuschung)

1. Kumulative Anwendung

60   § 4 Nr. 3 lit. a UWG knüpft an die vermeidbare Herkunftstäuschung der Abnehmer an. Dennoch handelt es sich nicht um einen abnehmerschützenden Tatbestand. Denn mit der UWG-Reform 2015 hat der Gesetzgeber die in § 4 UWG aufgeführten Tatbestände unter die Überschrift „Mitbewerberschutz" gestellt. Der Tatbestand dient daher nunmehr nur noch dem **Schutz des Originalherstellers** vor Nachteilen durch eine von der Produktnachahmung hervorgerufene Zuordnungsverwirrung (BGH GRUR 2016, 730 Rn. 21 – Herrnhuter Stern; Köhler/Bornkamm/Feddersen/Köhler UWG § 4 Rn. 3.2; Ohly/Sosnitza/Ohly UWG § 4 Nr. 3 Rn. 3/4; so schon bislang BGH GRUR 2013, 951 Rn. 13 – Regalsystem; GRUR 2012, 1155 Rn. 15 – Sandmalkasten; GRUR 2010, 80 Rn. 17 – LIKEaBIKE; Fezer GRUR 2010, 953 (962); Ohly GRUR 2007, 731 (738); zu § 4 Nr. 9 UWG aF für gleichzeitigen Abnehmerschutz Köhler GRUR 2007, 548 (552); Bärenfänger WRP 2011, 160 (171); Henning-Bodewig GRUR Int 2007, 986 (988); Sack GRUR 2015, 442 (443); Schreiber GRUR 2009, 113 (116); Stieper WRP 2006, 291 (294); einschränkend MüKoUWG/Wiebe UWG § 4 Nr. 3 Rn. 5).

60.1   Lauterkeitsrechtlich ändert die Einschränkung des Schutzsubjekts durch die UWG-Reform 2015 nichts am Schutz der Abnehmer, weil § 5 Abs. 3 Nr. 1 UWG in weiterem Umfang als § 4 Nr. 3 lit. a UWG Irreführungen der Marktgegenseite erfasst und bei Vorliegen einer vermeidbaren Herkunftstäuschung regelmäßig auch das Hervorrufen einer Verwechslungsgefahr gegeben ist.

61   Da es sich nicht mehr um einen abnehmerschützenden Irreführungstatbestand handelt, besteht nunmehr **Schutzzweckidentität** mit dem Markenrecht. Das schließt indessen eine **kumulative Anwendung** nicht aus, da im Bereich des Formmarkenschutzes Lücken bestehen und es durchaus Unterschiede zwischen lauterkeits- und markenrechtlichem Schutz gibt (Köhler/Bornkamm/Feddersen/Köhler UWG § 4 Rn. 3.10; Köhler GRUR 2009, 445 (446 f.); im Ergebnis auch Teplitzky/Peifer/Leistner/Dornis UWG § 4 Nr. 3 Rn. 162; für gleichrangige Anwendung aufgrund von Schutzzweckdisparität des § 4 Nr. 9 UWG aF Bärenfänger WRP 2011, 160 (171); Köhler GRUR 2007, 548 (553); gegen Gleichrang jedoch Ströbele/Hacker/Thiering/Hacker Rn. 55; HK-MarkenR/Pahlow Rn. 11; MüKoUWG/Wiebe UWG § 4 Nr. 3 Rn. 38; Böxler ZGE 2009, 357 (375 f.); v. Nussbaum/Ruess MarkenR 2009, 233 (236); Ohly FS Ullmann, 2006, 795 (810 ff.); Rohnke FS Erdmann, 2002, 455 (466)).

2. Bestehender Formmarkenschutz

62   Soweit **Formmarkenschutz** gegeben ist, besteht mit § 4 Nr. 3 lit. a UWG kumulative Anspruchskonkurrenz. Ob es zu einer **vermeidbaren Herkunftstäuschung** gekommen ist, ist nach den gleichen Grundsätzen zu beurteilen, wie sie für die Verwechslungsgefahr nach § 14 Abs. 2 S. 1 Nr. 2 gelten (BGH GRUR 2003, 712 (714) – Goldbarren; GRUR 2001, 251 (253) – Messerkennzeichnung).

3. Markenrechtlich nicht geschützte Formen

63   Soweit die **Form markenrechtlich (noch) nicht geschützt** ist (mangels Eintragung, Verkehrsgeltung oder notorischer Bekanntheit, aber auch bei nach § 3 Abs. 2 fehlender Markenfähigkeit), sperrt der fehlende markenrechtliche Schutz die Anwendung des § 4 Nr. 3 lit. a UWG nicht, weil eine Irreführung auch bei markenrechtlich ungeschützten Produktgestaltungen möglich ist (im Ergebnis ebenso BGH GRUR 2017, 734 Rn. 27 – Bodendübel; OLG Hamburg MarkenR 2011, 275 (279) = BeckRS 2011, 07059; Ingerl/Rohnke/Nordemann/A. Nordemann Rn. 6; Teplitzky/Peifer/Leistner/Dornis UWG § 4 Nr. 3 Rn. 161; Köhler/Bornkamm/Feddersen/Köhler UWG § 4 Rn. 3.10; MüKoUWG/Wiebe UWG § 4 Nr. 3 Rn. 39; Steinbeck FS Ullmann, 2006, 409 (421 f.); vgl. auch EuGH C-48/09, GRUR 2010, 1008 Rn. 61 – Legostein; einschränkend Ohly/Sosnitza/Ohly UWG § 4 Nr. 3 Rn. 3/19; aA Ströbele/Hacker/Thiering/Hacker Rn. 55; Fezer/Büscher/Obergfell/Götting/Hetmank UWG § 4 Nr. 3 Rn. 48; Böxler ZGE 2009, 357 (376 f.); Sosnitza MarkenR 2015, 7 (6)).

Das führt zwar für den Hersteller des Originals, der mangels Eintragung oder Verkehrsgeltung **64** keine Formmarke innehat, zu einer sonst nicht bestehenden Schutzposition. Das spricht aber nicht gegen eine kumulative Anwendung, weil die Schutzvoraussetzungen nicht identisch sind; insbesondere bedarf es für § 4 Nr. 3 UWG einer markenrechtlich nicht erforderlichen wettbewerblichen Eigenart des nachgeahmten Produkts. Diese kann auch auf einer Warenform beruhen, die nach § 3 Abs. 2 nicht eintragungsfähig ist (BGH GRUR 2017, 734 Rn. 27 – Bodendübel; Büscher GRUR 2018, 1 (3)). Zudem reicht der lauterkeitsrechtliche Schutz in vielfältiger Hinsicht ohnehin nicht an den des Markenrechts heran (zB kürzere Verjährung, kein Vernichtungsanspruch, keine Grenzbeschlagnahme; Köhler/Bornkamm/Feddersen/Köhler UWG § 4 Rn. 3.10).

Die **unionsrechtliche Herkunft** des § 3 Abs. 2 aus der MRL (Art. 3 Abs. 1 lit. e MRL 2008 bzw. **64.1** Art. 4 Abs. 1 lit. e MRL) hindert die Anwendung des § 4 Nr. 3 lit. a UWG nicht, da sich die MRL auf eine Harmonisierung des markenrechtlichen Kennzeichenschutzes beschränkt (→ Rn. 27). Für den Fall einer sklavischen Nachahmung der Form der Ware unter Verkörperung genau derselben Lösung hat der EuGH eine Anwendung des Lauterkeitsrechts ausdrücklich für zulässig erachtet (EuGH C-48/09, GRUR 2010, 1008 Rn. 61 – Lego).

4. Anspruchsberechtigung

Da § 4 Nr. 3 lit. a UWG seit der UWG-Reform 2015 nur noch mitbewerberschützende **65** Funktion hat, ist hinsichtlich des Unterlassungs- und Beseitigungsanspruchs aus § 8 Abs. 1 UWG nur noch der Hersteller des Originals anspruchsberechtigt (BGH GRUR 2017, 79 Rn. 37 – Segmentstruktur; GRUR 2016, 730 Rn. 21 – Herrnhuter Stern; OLG Hamm WRP 2015, 609 (614) – Elektrische Bassgitarre; Harte-Bavendamm/Henning-Bodewig/Sambuc UWG § 4 Rn. 265; Köhler/Bornkamm/Feddersen/Köhler UWG § 4 Rn. 3.86; Ohly/Sosnitza/Ohly UWG § 4 Nr. 3 Rn. 3/84 f.; s. auch BGH GRUR 2021, 497 Rn. 43 – Zweitmarkt für Lebensversicherungen; GRUR 2018, 1251 Rn. 58 – Werbeblocker II; für uneingeschränkte Anwendung des § 8 Abs. 3 UWG MüKoUWG/Wiebe UWG § 4 Nr. 3 Rn. 293; Bärenfänger WRP 2011, 160 (171); Münker FS Ullmann, 2006, 781 (786); Sack GRUR 2015, 442 (450); für § 1 UWG aF auch BGH GRUR 1991, 223 (225) – Finnischer Schmuck; GRUR 1988, 620 (621) – Vespa-Roller). Es besteht daher hinsichtlich der Anspruchsberechtigung ein Gleichklang mit dem Markenrecht.

V. § 4 Nr. 3 lit. b UWG (Ausnutzung oder Beeinträchtigung der Wertschätzung)

1. Kumulative Anwendung auf bekannte Formmarken

§ 4 Nr. 3 lit. b UWG macht die Unlauterkeit von einer unangemessenen Ausnutzung oder **66** Beeinträchtigung der Wertschätzung der nachgeahmten Ware oder Dienstleistung abhängig. Die Norm dient allein dem Schutz des Mitbewerbers (Köhler/Bornkamm/Feddersen/Köhler UWG § 4 Rn. 3.2; Ohly/Sosnitza/Ohly UWG § 4 Nr. 3 Rn. 3/4; Schreiber GRUR 2009, 113 (116); Stieper WRP 2006, 291 (294)). Sie hat damit das gleiche Schutzsubjekt wie § 14 Abs. 2 S. 1 Nr. 3, § 15 Abs. 3, die markenrechtlich Rufausnutzungen und -beeinträchtigungen regeln.

Ausgehend vom Gleichrang von Marken- und Lauterkeitsrecht folgt aus der **Schutzzweck-** **67** **identität** nicht etwa die Unanwendbarkeit des Markenrechts, sondern das **Nebeneinander beider Schutzregime** (Ingerl/Rohnke/Nordemann/A. Nordemann Rn. 6; aA Teplitzky/Peifer/Leistner/Dornis UWG § 4 Nr. 3 Rn. 221; Steinbeck FS Ullmann, 2006, 409 (422 f.)). Dabei sind Wertungswidersprüche zu vermeiden. Deshalb gilt der Gleichrang uneingeschränkt nur, soweit die markenrechtlichen Schutzvoraussetzungen vorliegen, dh es sich um eine **bekannte Formmarke** handelt. Hier besteht bei gleichzeitiger Anwendung des § 4 Nr. 3 lit. b UWG kein Anlass, die markenrechtliche Schutzposition des Kennzeicheninhabers lauterkeitsrechtlich auszuweiten. Die Voraussetzungen des § 4 Nr. 3 lit. b UWG sind daher im Licht der § 14 Abs. 2 S. 1 Nr. 3, § 15 Abs. 3 auszulegen (Ingerl/Rohnke/Nordemann/A. Nordemann Rn. 6).

2. Nicht-bekannte Formmarken

Bei Produktnachahmungen, die durch eine Formmarke geschützt sind, die die **Bekanntheits-** **68** **schwelle des § 14 Abs. 2 S. 1 Nr. 3 nicht erreicht,** ergibt sich anders als bei § 4 Nr. 1 UWG (→ Rn. 43) kein Zwang zur Einbeziehung in den Schutz nach § 4 Nr. 3 lit. b UWG. Sie würde vielmehr den Wertungen der § 14 Abs. 2 S. 1 Nr. 3, § 15 Abs. 3 zuwiderlaufen, die nur bekannte Kennzeichen schützen. Zur **Vermeidung von Wertungswidersprüchen** sind daher bei der Prüfung der Wertschätzung besonders strenge Anforderungen an den ohnehin notwendigen Bekanntheitsgrad zu stellen, die sich an den Bekanntheitsanforderungen nach § 14 Abs. 2 S. 1 Nr. 3 orientieren (im Ergebnis ebenso Ingerl/Rohnke/Nordemann/A. Nordemann Rn. 6; Köhler/Bornkamm/Feddersen/Köhler UWG § 4 Rn. 3.11; aA Bärenfänger WRP 2011, 160 (171); kritisch auch Schmidt GRUR-Prax 2011, 159).

3. Markenrechtlich nicht geschützte Kennzeichen

69   Bei **markenrechtlich nicht geschützten Kennzeichen** scheidet ein ergänzender Nachahmungsschutz aus § 4 Nr. 3 lit. b UWG aus Wertungsgründen aus (Ströbele/Hacker/Thiering/Hacker Rn. 55; HK-MarkenR/Pahlow Rn. 11; aA Bornkamm GRUR 2005, 97 (101 f.)). Allerdings will die Rechtsprechung einem Zeichen, dem es noch an der Verkehrsgeltung nach § 4 Nr. 2, § 5 Abs. 2 S. 2 fehlt, lauterkeitsrechtlichen Schutz zubilligen, wenn es in den beteiligten Verkehrskreisen in gewissem Umfang bekannt geworden und seiner Natur nach geeignet ist, über die Benutzung als betriebliches Herkunftszeichen zu wirken, sofern die Anlehnung an ein solches Kennzeichen ohne hinreichenden Grund in der verwerflichen Absicht vorgenommen wurde, Verwechslungen herbeizuführen oder den Ruf des anderen wettbewerbshindernd zu beeinträchtigen oder auszunutzen (BGH GRUR 1997, 754 (755) – grau/magenta; OLG Hamburg GRUR-RR 2002, 356 (357) – Marzipanherzen; OLG Köln GRUR-RR 2001, 26 (27) – Dämmstoffplatten).

70   In diesen Fällen einer sog. **Verkehrsgeltungsanwartschaft** wird es regelmäßig bereits an einer Produktnachahmung fehlen. Im Übrigen scheidet eine Schutzergänzung nach § 4 Nr. 3 lit. b UWG aus, weil das MarkenG nur markenrechtlich geschützten Kennzeichen Schutz vor Rufbeeinträchtigung und -ausnutzung bietet (vgl. Ingerl/Rohnke/Nordemann/A. Nordemann Rn. 7; Köhler/Bornkamm/Feddersen/Köhler UWG § 4 Rn. 3.11; MüKoUWG/Wiebe § 4 Nr. 3 Rn. 41; Ingerl WRP 2004, 809 (814)). Denkbar ist aber Schutz aus § 4 Nr. 4 UWG (gezielte Mitbewerberbehinderung) sowie bei Irreführungen aus § 5 Abs. 3 Nr. 1 UWG.

4. Anspruchsberechtigung

71   Die **Anspruchsberechtigung** für Unterlassungs- und Beseitigungsansprüche (§ 8 Abs. 1 UWG) ist aufgrund der mitbewerberschützenden Funktion auf den Hersteller des Originals beschränkt. Die in § 8 Abs. 3 Nr. 2–4 UWG genannten Verbände und Kammern sind ebenso wie andere Mitbewerber nicht aktivlegitimiert (BGH GRUR 2021, 497 Rn. 43 – Zweitmarkt für Lebensversicherungen; GRUR 2018, 1251 Rn. 58 – Werbeblocker II; OLG Köln GRUR-RR 2016, 203 Rn. 28 – Crocs II; Harte-Bavendamm/Henning-Bodewig/Sambuc UWG § 4 Rn. 265; Köhler/Bornkamm/Feddersen/Köhler UWG § 4 Rn. 3.86; Ohly/Sosnitza/Ohly UWG § 4 Nr. 3 Rn. 3/84; vgl. auch BGH GRUR 2009, 416 Rn. 23 – Küchentiefstpreis-Garantie; aA MüKoUWG/Wiebe UWG § 4 Nr. 3 Rn. 293; Mees WRP 1999, 62 (66); Münker FS Ullmann, 2006, 781 (788); Spätgens FS Erdmann, 2002, 727 (731); Stieper WRP 2006, 291 (294))).

VI. § 4 Nr. 3 lit. c UWG (Unredliche Kenntnis- oder Unterlagenerlangung)

72   § 4 Nr. 3 lit. c UWG dient zwar ebenfalls nur dem Schutz der Mitbewerber, knüpft die Unlauterkeit der Produktnachahmung jedoch daran an, dass die für die Nachahmung erforderlichen Kenntnisse oder Unterlagen unredlich erlangt wurden. Das ist ein markenrechtlich irrelevanter Umstand, so dass trotz Schutzzweckidentität **uneingeschränkte Anwendbarkeit** gegeben ist (Köhler/Bornkamm/Feddersen/Köhler UWG § 4 Rn. 3.9). **Anspruchsberechtigt** ist nur der Hersteller des Originals (BGH GRUR 2009, 416 Rn. 23 – Küchentiefstpreis-Garantie; Köhler/Bornkamm/Feddersen/Köhler UWG § 4 Rn. 3.86; s. auch BGH GRUR 2021, 497 Rn. 43 – Zweitmarkt für Lebensversicherungen; GRUR 2018, 1251 Rn. 58 – Werbeblocker II; aA Münker FS Ullmann, 2006, 781 (789)).

F. Gezielte Mitbewerberbehinderung (§ 4 Nr. 4 UWG)

I. Kumulative Anwendbarkeit

73   § 4 Nr. 4 UWG regelt mit der gezielten Behinderung von Mitbewerbern ein Verhalten, das vom MarkenG nicht erfasst wird; die Norm ist daher **stets anwendbar** (BGH GRUR 2010, 642

Rn. 40 – WM-Marken; GRUR 2009, 685 Rn. 38 – ahd.de; OLG Hamburg GRUR-RR 2006, 193 – Advanced Microwave Systems).

II. Anwendungsfälle

Anwendungsfälle im Bereich der Schutzergänzung sind zB **Kennzeichenentfernungen** (BGH **74** GRUR 2004, 1039 (1041) – SB-Beschriftungen), **Beseitigung von Kontrollnummern** bei Waren in Vertriebsbindungssystemen (BGH GRUR 2002, 709 (710 f.) – Entfernung der Herstellungsnummer III; GRUR 2001, 448 (449 f.) – Kontrollnummernbeseitigung II), beschreibende **Verwendung eines Kennzeichens als Gattungsbezeichnung** außerhalb des Anwendungsbereichs des § 16 (Ingerl/Rohnke/Nordemann/A. Nordemann Rn. 13; Ströbele/Hacker/Thiering/Thiering § 16 Rn. 18) oder eine **Kennzeichenverwendung zu Sperrzwecken** (BGH GRUR 2010, 642 Rn. 51 – WM-Marken; GRUR 2008, 621 Rn. 21 – AKADEMIKS; GRUR 2008, 917 Rn. 20 – EROS). Nicht genügen soll hingegen die bloße Zeichennutzung, soweit keine darüber hinausgehenden Umstände dargelegt werden (BGH GRUR 2018, 924 Rn. 65 – ORTLIEB).

Bei einer **bösgläubigen Markenanmeldung** (§ 8 Abs. 2 Nr. 14) kann trotz der Möglichkeit **75** eines Antrags auf Löschung (§ 50 Abs. 1, § 54 Abs. 1) eine gezielte Mitbewerberbehinderung vorliegen (BGH GRUR 2015, 1214 Rn. 57 – Goldbären; GRUR 2004, 790 (793) – Gegenabmahnung; GRUR 2000, 1032 (1034) – EQUI 2000; OLG Hamburg BeckRS 2018, 24851 Rn. 75 – REMITITE; Ingerl/Rohnke/Nordemann/A. Nordemann Rn. 13; Helm GRUR 1996, 593 (600); Sack WRP 2004, 1405 (1423); aA Böxler ZGE 2009, 357 (380)). Besteht nur in einem begrenzten Gebiet Zeichenschutz, kann die Nutzung einer bösgläubig angemeldeten Marke in diesem Gebiet § 4 Nr. 4 UWG unterfallen (BGH GRUR 2016, 378 Rn. 21 – LIQUIDROM).

Die **vorsätzliche Rufschädigung** einer nicht bekannten Marke unterfällt entgegen der Recht- **76** sprechung § 4 Nr. 1 UWG (→ Rn. 43), weshalb es eines Rückgriffs auf § 4 Nr. 4 UWG nicht bedarf (dafür Bornkamm GRUR 2005, 97 (102)).

G. Rechtsbruch (§ 3a UWG)

§ 3a UWG ist zwar unabhängig von der markenrechtlichen Schutzlage anwendbar. Die Vor- **77** schriften des MarkenG stellen jedoch **keine Marktverhaltensregeln** dar (Köhler/Bornkamm/ Feddersen/Köhler UWG § 3a Rn. 1.72; Stieper WRP 2006, 291 (302); mit anderer Begründung Fezer/Büscher/Obergfell/Götting/Hetmank UWG § 3a Rn. 77; Ohly/Sosnitza/Ohly UWG § 3a Rn. 17).

H. Irreführung (§ 5 UWG)

I. Stand der Rechtsprechung

1. Irreführung über die betriebliche Herkunft

Bei einer Irreführung, die sich auf die betriebliche Herkunft bezieht, ist nach der jüngeren **78** Rechtsprechung des BGH eine **Anwendung des § 5 UWG zulässig** (BGH GRUR 2018, 935 Rn. 58 – goFit; GRUR 2016, 965 Rn. 20 – Baumann II; GRUR 2013, 1161 Rn. 60 – Hard Rock Cafe). Die frühere Rechtsprechung, die einen Rückgriff auf das Lauterkeitsrecht ausgeschlossen hat, weil die Irreführung bereits über den markenrechtlichen Tatbestand der Verwechslungsgefahr erfasst sei (BGH GRUR 2008, 160 Rn. 25 – CORDARONE), ist überholt. Dadurch spielt auch die von der Rechtsprechung gemachte Ausnahme für qualifizierte betriebliche Herkunftsangaben (zuletzt BGH GRUR 2002, 703 (705) – Vossius & Partner; GRUR 1997, 754 (755) – grau/magenta; kritisch Bornkamm FS Mühlendahl, 2005, 9 ff.; Kur GRUR 1989, 240 (242 f.); Steinbeck WRP 2006, 632 (637 f.)) keine Rolle mehr. Nunmehr sind alle Irreführungen über die betriebliche Herkunft auch an § 5 UWG zu messen. Das gilt auch, wenn das irreführende Zeichen keinen markenrechtlichen Schutz genießt, weil es zB an einer Eintragung oder einer Benutzungsmarke fehlt (OLG Köln GRUR-RR 2019, 18 Rn. 45 – Sonnenlogo).

In der **jüngsten Rechtsprechung** deutet sich allerdings eine **erneute Einschränkung der** **79** **Anwendbarkeit** an. In der Entscheidung „Vorwerk" hat der BGH zwar die Anwendbarkeit des § 5 UWG in einem Fall irreführender Kennzeichenverwendung bejaht (BGH GRUR 2020, 1311 Rn. 57 – Vorwerk). Begründet wird dies aber nicht mit dem grundsätzlichen Nebeneinander von Marken- und Lauterkeitsrecht, sondern mit dem Fehlen eines Wertungswiderspruchs zum

Markenrecht. Ein lauterkeitsrechtlicher Schutz vor einer Irreführung über die betriebliche Herkunft sei im vorliegenden Fall möglich, weil die durch die Zeichenverwendung hervorgerufene Täuschung außerhalb des Schutzzwecks des Markenrechts liege, da die Herkunftsfunktion nicht berührt werde. Es bestehe daher nicht die Gefahr eines Wertungswiderspruchs, wenn die Zeichenverwendung als geschäftliche Handlung eingeordnet werde (BGH GRUR 2020, 1311 Rn. 58 – Vorwerk). Mit dieser Entscheidung nähert sich der BGH wieder seiner früheren Rechtsprechung zu Ausnahmen von der Vorrangtheorie an (→ Rn. 17.2), obschon diese weiterhin als aufgegeben gilt.

2. Irreführung über die geographische Herkunft

80   Nach der bisherigen Rechtsprechung galt für Irreführungen über die geographische Herkunft ein **Vorrang des Markenrechts;** ein lauterkeitsrechtlicher Schutz nach § 5 UWG soll nur möglich sein, soweit der markenrechtliche Schutz nach §§ 126 ff. nicht eingreift (zu § 5 UWG 2004 BGH GRUR 2007, 884 Rn. 31 – Cambridge Institute; zu § 3 UWG 1909 BGH GRUR 2002, 160 (161) – Warsteiner III; GRUR 2001, 73 (76) – Stich den Buben; GRUR 1999, 252 (253) – Warsteiner II). § 5 Abs. 2 Nr. 1 UWG ist danach insbesondere anwendbar, wenn es an einer Verwendung für Waren oder Dienstleistungen fehlt, der verwendete Ortsname keine geographische Herkunftsangabe darstellt, eine Phantasiebezeichnung verwendet wird, die den Eindruck eines Ortsnamens macht (→ § 126 Rn. 23), eine personenbezogene Herkunftsangabe vorliegt (→ § 126 Rn. 24) oder die Herkunftsangabe nur noch eine Gattungsbezeichnung darstellt (→ § 126 Rn. 29).

81   Ob diese Rechtsprechung durch die neueren Entscheidungen zur Irreführung über die betriebliche Herkunft (BGH GRUR 2016, 965 Rn. 20 – Baumann II; GRUR 2013, 1161 Rn. 60 – Hard Rock Cafe) **aufgegeben** wurde, ist **unsicher** (→ Rn. 15). Die entsprechenden Ausführungen des BGH beziehen sich explizit nur auf die Täuschung über die betriebliche Herkunft. Ob mit der Feststellung, Dritte könnten seit Umsetzung der UGP-RL lauterkeitsrechtliche Ansprüche wegen Herkunftstäuschung geltend machen, auch Fälle der Irreführung über die geographische Herkunft erfasst sein sollen, ist nicht sicher. Dafür spricht allerdings der Hinweis des BGH auf Art. 6 Abs. 2 lit. a UGP-RL, da der dort geregelte Verwechslungsschutz auch für geographische Herkunftsangaben gilt (andere Kennzeichen eines Mitbewerbers, vgl. zu § 5 UWG Harte-Bavendamm/Henning-Bodewig/Dreyer UWG § 5 Rn. 1315).

82   Mit der Entscheidung **„Himalaya-Salz"** hat der BGH mittlerweile die bisherige lauterkeitsrechtliche Einordnung des Schutzes geographischer Herkunftsangaben aufgegeben und anerkannt, dass es auch bei §§ 126 ff. um **kennzeichenrechtlichen Schutz** geht (BGH GRUR 2016, 741 Rn. 11). Daraus kann freilich nicht der Schluss gezogen werden, mit dieser Neueinordnung sei zugleich die Vorrangthese aufgegeben (so LG München I BeckRS 2018, 15421 Rn. 29; Dück WRP 2016, 1092 (1093)). Diese beruhte vielmehr gerade auf der Annahme, dass der kennzeichenrechtliche Schutz spezieller als der lauterkeitsrechtliche sei. Richtigerweise aber ist tatsächlich von Anspruchskonkurrenz auszugehen (→ Rn. 86).

3. Andere Irreführungen

83   § 5 UWG kommt uneingeschränkt zur Anwendung, wenn durch die Kennzeichenbenutzung eine anderweitige Irreführung der beteiligten Verkehrskreise, dh nicht über die Herkunft, sondern **andere lauterkeitsrechtliche relevante Umstände** wie etwa die Verfügbarkeit der Ware (§ 5 Abs. 2 Nr. 1 UWG) oder die Eigenschaft als Sponsor (§ 5 Abs. 2 Nr. 4 UWG), herbeigeführt wird (BGH GRUR 2018, 935 Rn. 58 – goFit; GRUR 2010, 642 Rn. 40 – WM-Marken; zu § 3 UWG 1909 BGH GRUR 1990, 68 (69) – VOGUE-Ski).

II. Irreführung über die betriebliche Herkunft (§ 5 Abs. 2 Nr. 1 UWG)

84   Bei einer Irreführung über die betriebliche Herkunft nach § 5 Abs. 2 Nr. 1 UWG besteht mit markenrechtlichen Ansprüchen aus § 14 Abs. 2 S. 1 Nr. 1, 2, § 15 Abs. 2 **kumulative Anspruchskonkurrenz** (BGH GRUR 2018, 935 Rn. 58 – goFit; GRUR 2016, 965 Rn. 20 – Baumann II; GRUR 2013, 1161 Rn. 60 – Hard Rock Cafe; OLG Köln GRUR-RR 2019, 18 Rn. 45 – Sonnenlogo; Peifer/Lindacher/Peifer UWG Vor §§ 5, 5a Rn. 153; Harte-Bavendamm/Henning-Bodewig/Dreyer UWG § 5 Rn. 623; Bärenfänger WRP 2011, 160 (163); Schmidt GRUR-Prax 2011, 159; wohl auch Ströbele/Hacker/Thiering/Hacker Rn. 43; aA Böxler ZGE 2009, 357 (382 f.)). Ein Vorrang des Markenrechts ist mit Art. 6 Abs. 1 lit. b UGP-RL, der auch die Täuschung über die kommerzielle Herkunft regelt, nicht zu vereinbaren. Deshalb kann die

Anwendbarkeit auch nicht auf qualifizierte betriebliche Herkunftsangaben beschränkt werden (Köhler/Bornkamm/Feddersen/Bornkamm/Feddersen UWG § 5 Rn. 2.256; Bärenfänger WRP 2011, 160 (163); Bornkamm GRUR 2011, 1 (2); Köhler GRUR 2009, 445 (448); aA Ströbele/Hacker/Thiering/Hacker Rn. 53).

In der **jüngsten Rechtsprechung** des BGH deutet sich jedoch erneut eine **Einschränkung** 85 an, wenn die Anwendung des § 5 UWG nur deshalb zugelassen wird, weil die im konkreten Fall gegebene Irreführung die Herkunftsfunktion der Marke nicht verletze, weshalb kein Wertungswiderspruch gegeben sei (BGH GRUR 2020, 1311 Rn. 57 f. – Vorwerk; → Rn. 79). Auch wenn dies nicht ausdrücklich gesagt wird, scheint der BGH hier doch davon auszugehen, dass bei einem Wertungswiderspruch der lauterkeitsrechtliche Irreführungstatbestand nicht anwendbar wäre. Dies ist jedoch mit Art. 6 Abs. 1 lit. b UGP-RL nicht zu vereinbaren und wäre in dieser Allgemeinheit abzulehnen.

III. Irreführung über die geographische Herkunft (§ 5 Abs. 2 Nr. 1 UWG)

Bei der Verwendung geographischer Herkunftsbezeichnungen iSd § 126 Abs. 1 besteht **kumu-** 86 **lative Anspruchskonkurrenz** (vgl. OLG Düsseldorf WRP 2011, 939 – Produziert in Deutschland; LG München I BeckRS 2018, 15421 Rn. 29; wie hier Ingerl/Rohnke/Nordemann/A. Nordemann Rn. 10; Ströbele/Hacker/Thiering/Hacker § 126 Rn. 13; Harte-Bavendamm/Henning-Bodewig/Dreyer UWG § 5 Rn. 1289; Köhler/Bornkamm/Feddersen/Bornkamm/Feddersen UWG § 5 Rn. 2.247; Dück WRP 2016, 1092 (1093); wohl auch Loschelder FS Ahrens, 2015, 255 (257 ff.); aA OLG Braunschweig BeckRS 2016, 01144; MüKoUWG/Busche UWG § 5 Rn. 692; Ohly/Sosnitza/Sosnitza UWG § 5 Rn. 28; Böxler ZGE 2009, 357 (386); Helm GRUR 2001, 291 (294 f.)).

Die **praktischen Auswirkungen** sind aber gering, weil der Irreführungstatbestand des § 127 87 Abs. 1 jedenfalls nicht enger ist als der des § 5 Abs. 2 Nr. 1 UWG und bei einer Verletzung der markenrechtlichen Schutztatbestände ebenfalls die in § 8 Abs. 3 UWG genannten Anspruchsberechtigten den Unterlassungs- und Beseitigungsanspruch geltend machen können (§ 128 Abs. 1). Zum Verhältnis des nationalen Rechts zu den unmittelbar **unionsrechtlich geschützten geographischen Herkunftsangaben** → § 130 Rn. 5.

IV. Hervorrufen einer Verwechslungsgefahr (§ 5 Abs. 3 Nr. 1 UWG)

1. Kumulative Anwendbarkeit

Im Verhältnis zu § 5 Abs. 3 Nr. 1 UWG besteht **kumulative Anspruchskonkurrenz** (BGH 88 GRUR 2016, 965 Rn. 20 – Baumann II; OLG Düsseldorf GRUR-Prax 2011, 429; Harte-Bavendamm/Henning-Bodewig/Dreyer UWG § 5 Rn. 1278; MüKoUWG/Ruess UWG § 5 Rn. 141; Ströbele/Hacker/Thiering/Hacker Rn. 19; Alexander FS Köhler, 2014, 23 (26 f.); Bornkamm GRUR 2011, 1 (3); Büscher GRUR 2009, 230 (236); Fezer WRP 2008, 1 (7); Fezer GRUR 2009, 451 (454); Henning-Bodewig GRUR Int 2007, 986 (988); Loschelder/Dörre KSzW 2010, 242 (245 f.); Köhler GRUR 2007, 548 (550 f.); v. Nussbaum/Ruess MarkenR 2009, 233 (236); vgl. auch BGH GRUR-RR 2014, 201 Rn. 45 ff. – Peek & Cloppenburg IV; zweifelnd OLG Köln MarkenR 2009, 228 (231) = BeckRS 2009, 08025; einschränkend BGH GRUR 2018, 935 Rn. 57 – goFit: Kein Schutz des Zeicheninhabers vor Verwechslungsgefahr, wenn markenrechtlicher Anspruch nicht besteht; Ohly/Sosnitza/Sosnitza UWG § 5 Rn. 712: nur bei Ansprüchen Dritter). Für einen Vorrang des Markenrechts ist wegen des von Art. 6 Abs. 2 lit. a UGP-RL verlangten allgemeinen Schutzes vor Verwechslungen kein Raum (→ Rn. 33). Das sollte wegen der unterschiedlichen Schutzzwecke von § 14 Abs. 2 S. 1 Nr. 1, 2, § 15 Abs. 2 einerseits und § 5 Abs. 3 Nr. 1 UWG andererseits auch im B2B-Verhältnis gelten (→ Rn. 34). Soweit es nur um eine Produktverwechslung (und nicht eine Marken- oder Kennzeichenverwechslung geht), scheidet ein Vorrang des Markenrechts ohnehin aus (vgl. OLG Dresden GRUR-RS 2022, 33237 Rn. 32).

2. Geschützte Kennzeichen

§ 5 Abs. 3 Nr. 1 UWG lässt es für die Irreführung genügen, dass im Zusammenhang mit der 89 Vermarktung von Waren oder Dienstleistungen eine Verwechslungsgefahr mit der Marke oder anderen Kennzeichen eines Mitbewerbers hervorgerufen wird. Erfasst sind nicht nur **markenrechtlich geschützte Kennzeichen,** sondern auch nach §§ 4, 5 **nicht geschützte Kennzeichen** (Ströbele/Hacker/Thiering/Hacker Rn. 27; Harte-Bavendamm/Henning-Bodewig/Dreyer

UWG § 5 Rn. 1315; Alexander FS Köhler, 2014, 23 (25 f.); Harte-Bavendamm FS Loschelder, 2010, 111 (114); Bärenfänger WRP 2011, 160 (162); Fezer GRUR 2009, 451 (456); Goldmann GRUR 2012, 857 (861); Sack WRP 2014, 1130 (1134); aA OLG Frankfurt GRUR-RR 2018, 246 Rn. 7 – Be Happy; LG München I BeckRS 2014, 20408 – Campingplatz Seehamer See; Büscher/Büscher UWG § 5 Rn. 489; Köhler/Bornkamm/Feddersen/Bornkamm/Feddersen UWG § 5 Rn. 9.16; MüKoUWG/Busche UWG § 5 Rn. 687; Ohly/Sosnitza/Sosnitza UWG § 5 Rn. 716; Bornkamm GRUR 2011, 1 (5)). Aufgrund der Autonomie des lauterkeitsrechtlichen Kennzeichenbegriffs (→ Rn. 89.1) ist es nicht einmal erforderlich, dass es sich überhaupt um ein Kennzeichen iSd § 1 handelt. In Betracht kommen zB Namen, Töne, Gerüche, die Gestaltung des Werbeauftritts oder ein Werbeslogan.

89.1   Der **Kennzeichenbegriff des § 5 Abs. 3 Nr. 1 UWG** ist vor dem Hintergrund des Art. 6 Abs. 2 lit. a UGP-RL, der von Warennamen und anderen Kennzeichen spricht, weit auszulegen. Maßgeblich ist ein unionsrechtlicher Begriff, der sich nicht an nationalen Vorstellungen orientiert. Zu Art. 4 lit. d Werbe-RL, der von Marken, Handelsnamen und anderen Unterscheidungszeichen spricht, hat der EuGH festgestellt, dass ein Unterscheidungszeichen vorliegt, wenn es vom Verkehr als von einem bestimmten Unternehmen stammend identifiziert wird (EuGH C-112/99, GRUR 2002, 354 Rn. 49 – Toshiba). Dieses Verständnis kann trotz des differierenden Wortlauts auch Art. 6 Abs. 2 lit. a UGP-RL zugrunde gelegt werden. Kommt es aber allein auf die abstrakte Unterscheidungskraft an, dann unterfallen § 5 Abs. 3 Nr. 1 UWG auch Nachahmungen von Kennzeichen, die markenrechtlich ungeschützt sind oder keine Kennzeichen iSd § 1 darstellen. Wegen der notwendigen Unterscheidungseignung kann aber auf § 3 Abs. 1 und die Rechtsprechung des EuGH zu Art. 2 MRL 2008 (jetzt Art. 3) zurückgegriffen werden. Farben und Farbkombinationen können daher nur unter den strengen Voraussetzungen, die für die Markenfähigkeit erfüllt sein müssen, als Kennzeichen iSd § 5 Abs. 3 Nr. 1 UWG verstanden werden (Büscher/Büscher UWG § 5 Rn. 490; Harte-Bavendamm FS Loschelder, 2010, 111 (114 f.)). Bei der Auslegung ist jedoch stets zu beachten, dass § 5 Abs. 3 Nr. 1 UWG verbraucherschützende Funktion hat (Fezer GRUR 2009, 451 (456)).

3. Kennzeichenverwendung

90   Die verlangte **Vermarktung von Waren oder Dienstleistungen** ist weit zu verstehen. Aus markenrechtlicher Sicht gehören hierher vielfältige Formen der Kennzeichenverwendung bei der Produktgestaltung, Verpackung, Werbung und sonstigen Informationserteilung. Eine markenmäßige Benutzung ist nicht erforderlich (Harte-Bavendamm FS Loschelder, 2010, 111 (113)). In Fällen des nicht-kennzeichenmäßigen Gebrauchs wird es aber vielfach an der Gefahr von Verwechslungen fehlen (vgl. BGH GRUR 2005, 419 (422) – Räucherkate; Ströbele/Hacker/Thiering/Hacker Rn. 51; Jonas/Hamacher WRP 2009, 535 (537)). Notwendig ist zudem eine Kennzeichenverwendung bei der Vermarktung. Vorbereitungshandlungen wie das bloße Anbringen von Kennzeichen oder die Ein- und Ausfuhr gekennzeichneter Waren werden abweichend von § 14 Abs. 3 nicht erfasst (Ströbele/Hacker/Thiering/Hacker Rn. 32; Ohly/Sosnitza/Sosnitza UWG § 5 Rn. 720).

4. Verwechslungsgefahr

91   § 5 Abs. 3 Nr. 1 UWG lässt, wie sich aus der Rechtsprechung des EuGH zu Art. 3a Abs. 1 lit. d Werbe-RL 1984 idF der RL 97/55/EG und den nachfolgenden Gesetzesänderungen ergibt (→ Rn. 91.1), mit Recht eine **Verwechslungsgefahr** genügen; zu tatsächlichen Verwechslungen muss es nicht gekommen sein (Ströbele/Hacker/Thiering/Hacker Rn. 26; Goldmann GRUR 2012, 857 (862); Sack WRP 2013, 8 (14); Sack WRP 2014, 1130 (1133); aA OLG Nürnberg GRUR 2023, 75 Rn. 62 – Torjägerkanone; OLG Frankfurt GRUR-RR 2018, 18 Rn. 28 – notebooksbilliger.de; Köhler/Bornkamm/Feddersen/Bornkamm/Feddersen UWG § 5 Rn. 9.6; Fezer/Büscher/Obergfell/Peifer/Obergfell UWG § 5 Rn. 430). Erfasst ist sind sowohl **unmittelbare** als auch **mittelbare** Verwechslungsgefahr (dazu Goldmann GRUR 2012, 857; wie hier Ströbele/Hacker/Thiering/Hacker Rn. 44; Harte-Bavendamm FS Loschelder, 2010, 111 (114)). **Bloße Annäherungen** an ein geschütztes Kennzeichen ohne Hervorrufen von Verwechslungsgefahr unterfallen § 5 Abs. 3 Nr. 1 UWG unabhängig von der Bekanntheit des geschützten Kennzeichens nicht.

91.1   **Art. 6 Abs. 2 lit. a UGP-RL** spricht in der deutschen und einigen anderen Fassungen von einer **Verwechslungsgefahr**. In anderen Fassungen ist hingegen von einer Verwechslung die Rede (zB „which creates confusion"). Daraus ist jedoch nicht der Schluss zu ziehen, dass abweichend vom Wortlaut des § 5 Abs. 3 Nr. 1 UWG eine tatsächliche Verwechslung erforderlich wäre (Ströbele/Hacker/Thiering/Hacker

Rn. 26; Sack WRP 2013, 8 (14); aA Köhler/Bornkamm/Feddersen/Bornkamm/Feddersen UWG § 5
Rn. 9.6). Zum einen lehnt der EuGH eine Wortlautauslegung bei divergierenden Sprachfassungen ab (seit
EuGH C-29/69, Slg. 1969, 419 Rn. 3 – Stauder). Zum anderen hat der EuGH zu Art. 3a Abs. 1 lit. d
Werbe-RL 1984 idF der RL 97/55/EG, wo ebenfalls nur von Verwechslung die Rede war, entschieden,
dass eine Verwechslungsgefahr genügt (EuGH C-533/06, GRUR 2008, 698 Rn. 48 – O2 und O2 (UK)/
H3G). Ferner hat der Gesetzgeber mit der UGP-RL das für die vergleichende Werbung geltende Zulässig-
keitsmerkmal der fehlenden Verwechslung mit Art. 3a Abs. 1 lit. h Werbe-RL 1984/EG idF der RL 2005/
29/EG neu gefasst. Die jetzt in Art. 4 lit. d Werbe-RL enthaltene Neuregelung verlangt ausdrücklich
Verwechslungsgefahr, die jedoch bei Gewerbetreibenden hervorgerufen werden muss. Diese Begrenzung
beruht auf dem Umstand, dass ebenfalls mit der UGP-RL in die Werbe-RL 1984/EG ein neuer Zulässig-
keitstatbestand eingeführt wurde (Art. 3a Abs. 1 lit. a Werbe-RL 1984/EG idF der RL 2005/29/EG, jetzt
Art. 4 lit. a Werbe-RL), demzufolge vergleichende Werbung nicht irreführend iSd UGP-RL sein darf.
Damit hängt die Zulässigkeit vergleichender Werbung auch davon ab, dass sie nicht gegen Art. 6 Abs. 2
lit. a UGP-RL verstößt. Da jedoch nicht anzunehmen ist, dass der Gesetzgeber bei vergleichender Werbung
im B2C-Verhältnis weniger strenge Anforderungen stellen wollte als im B2B-Verhältnis, ist auch für Art. 6
Abs. 2 lit. a UGP-RL davon auszugehen, dass – wie dies Art. 4 lit. h Werbe-RL im B2B-Verhältnis
verlangt – Verwechslungsgefahr genügend ist.

Der **lauterkeitsrechtliche Verwechslungsbegriff** stimmt im Grundsatz mit dem des § 14 **92**
Abs. 2 S. 1 Nr. 2 überein (OLG Köln BeckRS 2019, 24909 Rn. 38; OLG München BeckRS
2011, 27043; LG Nürnberg-Fürth GRUR-RR 2010, 384 (386); Ingerl/Rohnke/Nordemann/
A. Nordemann Rn. 3; Harte-Bavendamm/Henning-Bodewig/Dreyer UWG § 5 Rn. 1312; Ohly/
Sosnitza/Sosnitza UWG § 5 Rn. 718; Alexander FS Köhler, 2014, 23 (28); Köhler GRUR 2009,
445 (450); Sack WRP 2013, 8 (10 ff.); Sack WRP 2014, 1130 (1132); aA Ströbele/Hacker/
Thiering/Hacker Rn. 28; Köhler/Bornkamm/Feddersen/Bornkamm/Feddersen UWG § 5
Rn. 9.6; MüKoUWG/Ruess UWG § 5 Rn. 142; Bornkamm GRUR 2011, 1 (3); Büscher
GRUR 2009, 230 (236)). Allerdings sind die divergierenden Schutzzwecke zu beachten (Gold-
mann GRUR 2012, 857 (860)). Die These, bei Fehlen einer markenrechtlichen Verwechslungsge-
fahr werde es auch an der lauterkeitsrechtlichen Verwechslungsgefahr fehlen (dafür OLG Frankfurt
GRUR-RS 2021, 18210 Rn. 4 – Ciao/Ciao Mamma; OLG Köln GRUR-RR 2015, 291 (292) –
Barcode Label; LG München I BeckRS 2017, 143723 Rn. 54; Köhler/Bornkamm/Feddersen/
Bornkamm/Feddersen UWG § 5 Rn. 9.9), geht daher in dieser Allgemeinheit zu weit.

Normstrukturell von der Verwechslungsgefahr zu unterscheiden sind die beiden von Art. 6 **93**
Abs. 2 UGP-RL genannten Kriterien der **Einzelfallbetrachtung** (insoweit nicht in § 5 Abs. 3
Nr. 1 UWG umgesetzt) und der **Relevanz für die Entscheidung des Durchschnittsverbrau-
chers** (→ Rn. 95). Diese Kriterien gelten nicht nur für die Verwechslungsgefahr nach Art. 6
Abs. 2 lit. a UGP-RL, sondern auch für die beiden weiteren dort geregelten Tatbestände (Art. 6
Abs. 2 lit. b, c UGP-RL). Aufgrund dieser Struktur ist die Gefahr von Verwechslungen **unabhän-
gig von diesen Kriterien** zu prüfen.

Dabei gilt der **gleiche Begriff wie bei § 14 Abs. 2 S. 1 Nr. 2.** Das ist vom EuGH für das **94**
Verhältnis von Art. 3a Abs. 1 lit. d Werbe-RL 1984 (jetzt Art. 4 lit. h Werbe-RL) zu Art. 5 Abs. 1
lit. b MRL 2008 (jetzt Art. 10 Abs. 2 lit. b MRL) bereits entschieden (EuGH C-533/06, GRUR
2008, 698 Rn. 49 – O2 und O2 (UK)/H3G)). Für Art. 6 Abs. 2 lit. a UGP-RL kann jedoch
nichts anderes gelten, weil diese Regelung nun im Hinblick auf das Hervorrufen von Verwechslungsgefahren durch vergleichende Werbung im B2C-Verhältnis den Entscheidungsmaßstab bildet
(Art. 4 lit. a Werbe-RL) und hier nichts anderes gelten kann als im B2B-Verhältnis, für das Art. 4
lit. h Werbe-RL maßgeblich ist. Für die Annahme, außerhalb der vergleichenden Werbung müsse
bei Art. 6 Abs. 2 lit. a UGP-RL ein anderer Begriff der Verwechslungsgefahr gelten, gibt es keine
tragfähige Grundlage.

5. Entscheidungsrelevanz

Anders als bei § 14 Abs. 2 S. 1 Nr. 2 genügt das Vorliegen von Verwechslungsgefahr nicht für **95**
ein Unlauterkeitsverdikt. § 5 Abs. 1 UWG macht die Unzulässigkeit davon abhängig, dass die
Geschäftspraktik geeignet ist, den Verbraucher oder sonstigen Marktteilnehmer zu einer geschäftlichen Entscheidung zu veranlassen, die er andernfalls nicht getroffen hätte. Nach Art. 6 Abs. 2
UGP-RL ist diese Geeignetheit im konkreten Einzelfall unter Berücksichtigung aller Umstände
des Einzelfalls festzustellen. Notwendig ist also **Entscheidungsrelevanz im Einzelfall.** Hierzu
ist erforderlich, dass der infolge der Verwechslungsgefahr mögliche Irrtum des Verbrauchers über
die betriebliche Herkunft sich auf seine Entscheidung auswirken kann.

96   An der Entscheidungsrelevanz **fehlt** es, wenn das **Kennzeichen nicht benutzt** wird, weil der angemessen gut unterrichtete, aufmerksame und kritische Durchschnittsverbraucher sich von ihm unbekannten Kennzeichen nicht in seiner geschäftlichen Entscheidung beeinflussen lässt (im Ergebnis ebenso Ströbele/Hacker/Thiering/Hacker Rn. 33; Bornkamm GRUR 2011, 1 (3); Goldmann GRUR 2012, 857 (861)). Sie fehlt ferner, wenn im konkreten Einzelfall **Hinweise auf die wahre betriebliche Herkunft** erteilt wurden oder sich trotz der Verwechslungsgefahr aus den Umständen (insbesondere Preisgestaltung) ergibt, dass das vermarktete Produkt eine andere betriebliche Herkunft hat (im Ergebnis ebenso Ströbele/Hacker/Thiering/Hacker Rn. 28).

97   Aus der notwendigen Entscheidungsrelevanz folgt nicht, dass bloße **Kennzeichenverwechslungen ohne gleichzeitige Produktverwechslungen** nicht zur Unlauterkeit führen können (dafür Ströbele/Hacker/Thiering/Hacker Rn. 31; Büscher/Dittmer/Schiwy/Schalk Rn. 4; vgl. auch Goldmann GRUR 2012, 857 (860); wie hier im Ergebnis Harte-Bavendamm/Henning-Bodewig/Dreyer UWG § 5 Rn. 1332). Das widerspricht schon dem Wortlaut von Art. 6 Abs. 2 lit. a UGP-RL und § 5 Abs. 3 Nr. 1 UWG, die beide Verwechslungsformen erfassen und damit zeigen, dass auch bei bloßen Kennzeichenverwechslungen die Entscheidungsrelevanz im Einzelfall gegeben sein kann.

98   Wird ein nachgeahmtes Kennzeichen bei der **Vermarktung eines nicht-verwechslungsfähigen Produkts** eingesetzt, kann die Entscheidung des Durchschnittsverbrauchers durchaus beeinflusst werden, wenn er dem Kennzeichen eine besondere **Wertschätzung** entgegenbringt und sich deshalb zum Kauf eines anderen Produkts als jenem entschließt, für das das Originalkennzeichen verwendet wird (vgl. Harte-Bavendamm/Henning-Bodewig/Dreyer UWG § 5 Rn. 1320). Die Annahme, der durch die Kennzeichennachahmung verursachte Irrtum des Verbrauchers über die Herkunft des Produkts könne sich nicht auswirken, weil er die Verkaufsstätte zum Erwerb eines anderen Produkts aufgesucht habe, ist rein spekulativ und lässt die Möglichkeit spontaner, durch die Kennzeichenverwechslung ausgelöster Kaufentscheidungen außer Betracht.

V. Vermarktung von Waren unterschiedlicher Qualität als identisch (§ 5 Abs. 3 Nr. 2 UWG)

99   Die in § 5 Abs. 3 Nr. 2 UWG normierte Vermarktung von Waren unterschiedlicher Qualität als identisch kann auch durch die Verwendung identischer Marken erfolgen; dies wird sogar als Voraussetzung gesehen (Köhler/Bornkamm/Feddersen/Bornkamm/Feddersen UWG § 5 Rn. 10.11). Die Regelung ist uneingeschränkt und unabhängig von der markenrechtlichen Lage anwendbar (BeckOK UWG/Rehart/Ruhl/Isele UWG § 5 Rn. 879; Harte-Bavendamm/Henning-Bodewig/Dreyer UWG § 5 Rn. 4); es besteht **kumulative Anwendbarkeit.** Eine Verdrängung durch das Markenrecht stünde im Widerspruch zu Art. 6 Abs. 3 lit. c UGP-RL. Wegen der unterschiedlichen Schutzzwecke gilt aber auch im B2B-Verhältnis kein Vorrang des Markenrechts.

VI. Markenrechtliche Grenzen des lauterkeitsrechtlichen Irreführungsschutzes

1. Beschreibende Benutzung, § 23 Nr. 2

100   Die für Fälle einer **beschreibenden Benutzung** geltende Schrankenregelung des **§ 23 Nr. 2** kann – sofern trotz dieser Art der Benutzung überhaupt Verwechslungsgefahr und Entscheidungsrelevanz gegeben sind – für § 5 Abs. 3 Nr. 1 UWG schon aus Schutzzweckgründen **keine Bedeutung** haben (Ströbele/Hacker/Thiering/Hacker Rn. 38; Jonas/Hamacher WRP 2009, 535 (536); im Ergebnis auch Harte-Bavendamm/Henning-Bodewig/Dreyer UWG § 5 Rn. 1286; differenzierend Bärenfänger WRP 2011, 160 (162); aA OLG Koblenz MarkenR 2013, 30 (33) = NJOZ 2013, 1051 – Stubbi; OLG Köln GRUR-RR 2019, 18 Rn. 46 – Sonnenlogo; Büscher/Büscher UWG § 5 Rn. 491; Köhler/Bornkamm/Feddersen/Bornkamm/Feddersen UWG § 5 Rn. 9.21; MüKoUWG/Ruess § 5 Rn. 143; Bornkamm GRUR 2011, 1 (6 f.); Büscher GRUR 2009, 230 (236); Loschelder/Dörre KSzW 2010, 242 (246); Sosnitza MarkenR 2015, 1 (6)).

101   Der **BGH** scheint indessen zu einer Berücksichtigung des § 23 Nr. 2 bei der Prüfung der Verwechslungsgefahr nach § 5 Abs. 3 Nr. 1 UWG zu tendieren, auch wenn er es vermieden hat, zur These des Berufungsgerichts, die lauterkeitsrechtliche Prüfung dürfe nicht in Widerspruch zur Prüfung der Schutzschranke des § 23 Abs. 2 stehen, Stellung zu nehmen (BGH GRUR 2013, 631 Rn. 73 – AMARULA/Marulablu). Gebilligt wurde aber der Verweis auf die Ausführungen zu § 23 Nr. 2 bei der Prüfung der Verwechslungsgefahr nach § 5 Abs. 3 Nr. 1 UWG. Aussagekräftiger ist aber der Verweis auf die Entscheidung Peek & Cloppenburg III, in der er unter Verweis auf das Verhältnismäßigkeitsprinzip festgestellt hat, die Wertungen zum Recht der Gleichnamigen im Kennzeichenrecht seien auch im Bereich des § 5 Abs. 3 Nr. 1 UWG nachzuvollziehen (BGH GRUR 2013, 397 Rn. 44 – Peek & Cloppenburg III; ferner BGH GRUR 2016, 965 Rn. 23 – Baumann II).

Dem ist jedoch **nicht zu folgen.** Die markenrechtlich erlaubte Kennzeichennutzung schränkt **102** zwar das Individualrecht des Kennzeicheninhabers ein, lässt aber den Schutz der Verbraucher und sonstigen Marktteilnehmer vor einer Irreführung unberührt. Davon abgesehen steht § 23 selbst unter dem Vorbehalt des nicht sittenwidrigen Kennzeichengebrauchs und hängt damit auch von der lauterkeitsrechtlichen Situation ab. Im Übrigen lässt der vollharmonisierende Charakter des Art. 6 Abs. 2 lit. a UGP-RL keinen Raum für von der Richtlinie nicht vorgesehene Schutzeinschränkungen. Etwas anderes ergibt sich auch nicht aus Erwägungsgrund 9 S. 2 UGP-RL (→ Rn. 33.1).

2. Nichtbenutzung einer eingetragenen Marke, §§ 25, 26

Die Nichtbenutzung einer eingetragenen Marke iSd §§ 25, 26 schließt die Anwendbarkeit des **103** § 5 Abs. 3 Nr. 1 UWG nicht per se aus (aA OLG Köln GRUR-RR 2019, 18 Rn. 46 – Sonnenlogo; Köhler/Bornkamm/Feddersen/Bornkamm/Feddersen UWG § 5 Rn. 9.19; Bornkamm GRUR 2011, 1 (6); Loschelder/Dörre KSzW 2010, 242 (246); einschränkend Ohly/Sosnitza/Sosnitza UWG § 5 Rn. 714: bei Geltendmachung durch den Kennzeicheninhaber). Regelmäßig wird es aber an der **Entscheidungsrelevanz fehlen** (→ Rn. 96). Sollte diese ausnahmsweise trotz mindestens fünfjähriger Nichtbenutzung gegeben sein, ändert die markenrechtliche Löschungsreife nichts an der Schutzbedürftigkeit der Verbraucher oder sonstigen Marktteilnehmer. Hinzu kommt, dass § 5 Abs. 3 Nr. 1 UWG Kennzeichen unabhängig von ihrem markenrechtlichen Schutzstatus erfasst.

3. Verwirkung

Die Verwirkung eines lauterkeitsrechtlichen Anspruchs soll nach der Rechtsprechung zumindest **104** im Fall der **Irreführung über die betriebliche Herkunft** (§ 5 Abs. 2 Nr. 1 UWG) in Betracht kommen, wenn der markenrechtliche Unterlassungsanspruch des Markeninhabers verwirkt ist (BGH GRUR 2016, 965 Rn. 23 – Baumann II; GRUR 2013, 1161 Rn. 64 – Hard Rock Cafe; zustimmend BeckOK UWG/Rehart/Ruhl/Isele UWG § 5 Rn. 261; Büscher/Büscher UWG § 5 Rn. 105; Fezer/Büscher/Obergfell/Büscher UWG § 8 Rn. 358; HK-MarkenR/Pahlow Rn. 9); teilweise wird das auch für § 5 Abs. 3 Nr. 1 UWG angenommen (Köhler/Bornkamm/Feddersen/Bornkamm/Feddersen UWG § 5 Rn. 9.18; noch weitergehend Büscher/Büscher UWG § 5 Rn. 105; aA Goldmann GRUR 2017, 657 (659)). Im Übrigen steht die Rechtsprechung bislang unangefochten auf dem Standpunkt, dass im Bereich der Irreführungstatbestände eine Verwirkung grundsätzlich nicht in Betracht komme (BGH GRUR 2003, 628 (630) – Klosterbrauerei, mwN). Die hiervon gemachte Ausnahme bei § 5 Abs. 2 Nr. 1 überzeugt nicht (→ Rn. 104.1); richtiger Ort zur Berücksichtigung einer langjährigen Duldung ist die Verhältnismäßigkeitsprüfung (Ohly/Sosnitza/Ohly UWG § 8 Rn. 180; Goldmann GRUR 2017, 657 (660)).

Die These des BGH, es gebe keinen Grund dafür, dass der jedem Mitbewerber gewährte lauterkeits- **104.1** rechtliche Anspruch weiter gehen solle als das individuelle Ausschließlichkeitsrecht des Markeninhabers (BGH GRUR 2013, 1161 Rn. 64 – Hard Rock Cafe), missachtet die Schutzzweckdisparität. Die markenrechtliche Verwirkung beruht auf der Duldung der rechtsverletzenden Benutzung durch den Markeninhaber, die aber den Schutz der Verbraucher und sonstigen Marktteilnehmer nicht einschränken kann; zudem besteht bei irreführender Zeichenverwendung kein lauterkeitsrechtlich schutzwürdiger Besitzstand (Goldmann GRUR 2017, 657 (659)).

4. Priorität des nachgeahmten Kennzeichens

Nach der Rechtsprechung kann sich ein Mitbewerber, der nur über ein **prioritätsjüngeres** **105** **Kennzeichen** verfügt und deshalb keine kennzeichenrechtlichen Ansprüche geltend machen kann, nicht auf den lauterkeitsrechtlichen Schutz vor einer Irreführung über die betriebliche Herkunft berufen, da dies zu einem Wertungswiderspruch mit dem Markenrecht führe (BGH GRUR 2016, 965 Rn. 23 – Baumann II; OLG Frankfurt NZG 2016, 1079 Rn. 21 – Holger's Objektservice; vgl. auch OLG Köln GRUR-RR 2019, 18 Rn. 46 – Sonnenlogo; zustimmend Büscher/Büscher UWG § 5 Rn. 105; HK-MarkenR/Pahlow Rn. 9). Soweit dies so zu verstehen ist, dass § 5 Abs. 1, Abs. 3 Nr. 1 UWG nicht anwendbar sein soll, ist dies abzulehnen. Wird mit der Vermarktung einer Ware, die mit einem prioritätsälteren Kennzeichen versehen ist, erst begonnen, nachdem bereits von einem Mitbewerber eine Ware mit einem prioritätsjüngeren oder unge-schützten Kennzeichen auf den Markt gebracht worden ist, ändert die zeichenrechtliche Schutzlo-sigkeit des prioritätsjüngeren bzw. ungeschützten Kennzeichens nichts an der vom Inhaber des älteren Kennzeichens hervorgerufenen **Gefahr von Verwechslungen**. Wegen der unterschiedli-chen Schutzzwecke kann diese Verwechslungsgefahr lauterkeitsrechtlich auch nicht hingenommen werden (aA Bornkamm GRUR 2011, 1 (4); Sosnitza ZGE 2013, 176 (192); für Berücksichtigung im Rahmen einer Interessenabwägung Ohly FS Bornkamm, 2014, 423 (437 f.)).

106   Für den auf die Zukunft gerichteten **Unterlassungsanspruch aus § 8 Abs. 1 UWG** wird der auf Unterlassung in Anspruch genommene Inhaber des prioritätsälteren Kennzeichens aber zumindest dem Inhaber des jüngeren Kennzeichens entgegenhalten können, dass er gegen ihn einen markenrechtlichen Unterlassungsanspruch hat und daher seinerseits die Beseitigung der Verwechslungsgefahr verlangen kann (vgl. Ströbele/Hacker/Thiering/Hacker Rn. 37; vgl. auch ohne dogmatische Einordnung BGH GRUR 2016, 965 Rn. 23 – Baumann II).

107   Beruht die Herbeiführung der Verwechslungsgefahr auf anderen Umständen, die von **kennzei-chenrechtlichen Ansprüchen nicht erfasst** sind (zB Hinzufügung irreführender Begriffe zum Kennzeichen), kann der Inhaber des prioritätsjüngeren Kennzeichens auch nach der Rechtspre-chung lauterkeitsrechtlich gegen den Inhaber des älteren Kennzeichens vorgehen (vgl. BGH GRUR 2016, 965 Rn. 24 f. – Baumann II).

5. Nutzung einer lizenzierten Marke

108   Die **Nutzung einer lizenzierten Marke** durch den Lizenznehmer kann zur Gefahr von Verwechslungen mit den Produkten des Lizenzgebers führen (aA aus normativen Gründen Gold-mann GRUR 2012, 857 (861)). Angesichts der Zulässigkeit von Markenlizenzen (§ 30) und ihrer rechtstatsächlichen Verbreitung ist jedoch davon auszugehen, dass die bloße Kennzeichenverwechs-lung nicht geeignet ist, die Entscheidung des Durchschnittsverbrauchers, der die Möglichkeit von Markenlizenzierungen kennt, zu beeinflussen (→ § 30 Rn. 133 ff.; Ströbele/Hacker/Thiering/ Hacker Rn. 36; Köhler/Bornkamm/Feddersen/Bornkamm/Feddersen UWG § 5 Rn. 9.14; iErg auch OLG Frankfurt BeckRS 2018, 10734 Rn. 6; Büscher/Büscher UWG § 5 Rn. 491; MüKoUWG/Ruess UWG § 5 Rn. 143; Ohly/Sosnitza/Sosnitza UWG § 5 Rn. 716; Sack WRP 2014, 1130 (1135); Sosnitza ZGE 2013, 176 (193); aA wohl Fezer GRUR 2009, 451 (457); Schmidt GRUR-Prax 2011, 159). Gleiches gilt für die Verwendung von identischen oder ähnli-chen Unternehmenskennzeichen durch **gleichnamige Unternehmen** (Ströbele/Hacker/Thie-ring/Hacker Rn. 36; Köhler/Bornkamm/Feddersen/Bornkamm/Feddersen UWG § 5 Rn. 9.13; MüKoUWG/Ruess UWG § 5 Rn. 143; Ohly/Sosnitza/Sosnitza UWG § 5 Rn. 717).

VII. Anspruchsberechtigung

109   Bei Unlauterkeit nach § 5 UWG sind für Unterlassung und Beseitigung nicht nur die **Mitbe-werber** (§ 8 Abs. 3 Nr. 1 UWG), sondern auch die **Verbände und Kammern** (§ 8 Abs. 3 Nr. 2–4 UWG) anspruchsberechtigt. Das gilt auch bei der Nachahmung eines geschützten Kenn-zeichens. Eine Begrenzung auf den Kennzeicheninhaber ist mit Art. 11 Abs. 1 UAbs. 2 UGP-RL nicht zu vereinbaren (aA Ströbele/Hacker/Thiering/Hacker Rn. 39). Zudem verlangt Art. 2 Unterlassungsklagen-RL (RL 2009/22/EG), dass den qualifizierten Einrichtungen iSd Art. 3 Unterlassungsklagen-RL, dh insbesondere Verbraucherverbänden iSd § 8 Abs. 3 Nr. 3 UWG, Rechtsbehelfe bei Verstößen gegen Vorschriften zustehen müssen, mit denen ua die Vorgaben der UGP-RL umgesetzt wurden (Art. 1 Abs. 2 Unterlassungsklagen-RL iVm Anh. I Nr. 11 Unterlassungsklagen-RL). Das gilt auch für Verstöße gegen § 5 UWG, mit dem Art. 6 UGP-RL umgesetzt wurde.

I. Vergleichende Werbung (§ 6 UWG)

I. Kein Vorrang des MarkenG

110   Die Anwendbarkeit des § 6 UWG wird vom MarkenG **nicht gesperrt** (BGH GRUR 2011, 1153 Rn. 22 – Creation Lamis; GRUR 2009, 871 Rn. 30 – Ohrclips; GRUR 2008, 628 Rn. 15 – Imitationswerbung; Ströbele/Hacker/Thiering/Hacker § 14 Rn. 237; Köhler/Bornkamm/Fed-dersen/Köhler UWG § 6 Rn. 32; Fezer/Büscher/Obergfell/Koos UWG § 6 Rn. 50; Ohly/ Sosnitza/Ohly UWG § 6 Rn. 19b; Bärenfänger WRP 2011, 160 (167); Büscher GRUR 2009, 230 (234); Sack GRUR 2017, 664 (667)). Das folgt schon aus dem Verhältnis der MRL zur Werbe-RL (vgl. EuGH C-533/06, GRUR 2008, 698 Rn. 45 – O2 und O2 (UK)/H3G). Die

Werbe-RL beurteilt vergleichende Werbung grundsätzlich positiv und erkennt auch, dass die Bezugnahme auf die Marke eines anderen für eine wirksame vergleichende Werbung unerlässlich sein kann (Erwägungsgrund 14 Werbe-RL). Deshalb verletzt eine entsprechende Benutzung fremder Unterscheidungszeichen das Ausschließlichkeitsrecht des Zeicheninhabers nicht, soweit die Bedingungen für eine zulässige vergleichende Werbung eingehalten werden (Erwägungsgrund 15 Werbe-RL). Daraus ergibt sich ohne weiteres, dass eine Überprüfung der Zeichenverwendung in der vergleichenden Werbung anhand der Vorgaben des Art. 4 Werbe-RL, die in §§ 5, 6 UWG umgesetzt wurden, möglich sein muss. Davon zu unterscheiden ist die Frage, inwieweit § 6 UWG die **Anwendbarkeit des MarkenG** einschränkt (→ Rn. 147 ff.).

II. Lauterkeitsrechtliche Zulässigkeitsbedingungen der Kennzeichennutzung

Die Kennzeichennutzung in einer vergleichenden Werbung unterliegt lauterkeitsrechtlich den **111** Anforderungen des **§ 6 Abs. 2 Nr. 3, 4, 6 UWG.** Auf Angaben in einer vergleichenden Werbung finden zusätzlich das Irreführungsverbot des § 5 Abs. 1 UWG (§ 5 Abs. 4 UWG) und der Tatbestand der Irreführung durch Unterlassen (§ 5a UWG) Anwendung (zu Einzelheiten BeckOK UWG/Weiler UWG § 6 Rn. 28 ff.). Zudem darf eine vergleichende Werbung nicht zu einer Verwechslungsgefahr mit anderen Waren oder Dienstleistungen oder mit der Marke oder anderen Kennzeichen eines Mitbewerbers führen (§ 5 Abs. 3 Nr. 1 UWG; → Rn. 88 ff.).

1. Hervorrufen einer Verwechslungsgefahr, § 6 Abs. 2 Nr. 3 UWG

Das Verbot des Hervorrufens einer Verwechslungsgefahr (§ 6 Abs. 2 Nr. 3 UWG) erfasst auch **112** **bloße Kennzeichenverwechslungen.** Da Art. 4 lit. h Werbe-RL von Warenzeichen, Warennamen oder sonstigen Kennzeichen spricht, werden auch Kennzeichen erfasst, die nicht nach §§ 4, 5 geschützt sind oder keine Kennzeichen iSd § 1 darstellen, wie zB Artikelnummern oder Farbkombinationen (BeckOK UWG/Weiler UWG § 6 Rn. 259; Köhler/Bornkamm/Feddersen/Köhler UWG § 6 Rn. 146; Harte-Bavendamm/Henning-Bodewig/Sack UWG § 6 Rn. 167 f.; Ohly/Sosnitza/Ohly UWG § 6 Rn. 58).

Nach der Rechtsprechung des EuGH ist der **Begriff der Verwechslungsgefahr** in Art. 4 **113** lit. h Werbe-RL (zuvor Art. 3a lit. d RL 84/450/EWG) ebenso auszulegen wie in Art. 5 Abs. 1 lit. b MRL 2008 (EuGH C-533/06, GRUR 2008, 698 Rn. 49 – O2 und O2 (UK)/H3G; BGH GRUR 2010, 835 Rn. 41 – POWER BALL). Insoweit besteht ein Gleichlauf zwischen § 6 Abs. 2 Nr. 3 UWG und § 14 Abs. 2 S. 1 Nr. 2. Verwechslungsgefahr liegt vor, wenn das Publikum glauben könnte, dass die in Frage stehenden Waren oder Dienstleistungen aus demselben Unternehmen oder ggf. aus wirtschaftlich verbundenen Unternehmen stammen (EuGH C-533/06, GRUR 2008, 698 Rn. 49 – O2 und O2 (UK)/H3G; GRUR 2005, 1042 Rn. 26 – THOMSON LIFE; BGH GRUR 2011, 1158 Rn. 13 – Teddybär; → § 14 Rn. 275).

2. Rufausnutzung oder -beeinträchtigung, § 6 Abs. 2 Nr. 4 UWG

Der Tatbestand der Rufausnutzung oder -beeinträchtigung (§ 6 Abs. 2 Nr. 4 UWG) erfasst **114** Kennzeichen **unabhängig von ihrer Bekanntheit** (BT-Drs. 14/2959, 8; Köhler/Bornkamm/Feddersen/Köhler UWG § 6 Rn. 151; Ohly/Sosnitza/Ohly UWG § 6 Rn. 61).

Art. 4 lit. f Werbe-RL nennt neben Marken und Handelsnamen auch „andere Unterscheidungs- **115** kennzeichen". Deshalb muss in richtlinienkonformer Auslegung **kein markenrechtlicher Schutz** bestehen, so dass zB auch Bildmotive oder Bestellnummern ein Kennzeichen darstellen können (BGH GRUR 2011, 1158 Rn. 19 – Teddybär; GRUR 2005, 348 f. – Bestellnummernübernahme).

Dennoch besteht ein **gewisser Gleichlauf mit § 14 Abs. 2 S. 1 Nr. 3.** Zwar hat der **116** Gesetzgeber bei der UWG-Novelle 2008 den in § 6 Abs. 2 Nr. 4 UWG bis dahin enthaltenen Begriff der Wertschätzung durch den des Rufs ersetzt, um eventuelle Unterschiede zu § 14 Abs. 2 S. 2 Nr. 3, wo von Wertschätzung die Rede ist, nicht zu verwischen (vgl. BT-Drs. 16/10145, 28). Nach der Rechtsprechung des EuGH ist der Begriff des „unlauteren Ausnutzens" des Rufs in Art. 4 lit. f Werbe-RL (zuvor Art. 3a lit. g) jedoch ebenso auszulegen wie in Art. 5 Abs. 2 MRL 2008 bzw. jetzt Art. 10 Abs. 2 lit. c MRL (EuGH C-487/07, GRUR 2009, 756 Rn. 77 – L'Oréal/Bellure). Der BGH hat daraus den Schluss gezogen, dass bei Vorliegen einer markenrechtlichen Rufausbeutung oder -ausnutzung iSd § 14 Abs. 2 S. 1 Nr. 3 stets auch eine Rufausbeutung oder -beeinträchtigung iSd § 6 Abs. 2 Nr. 4 UWG gegeben ist (BGH GRUR 2010, 161 Rn. 32 – Gib mal Zeitung). Nicht erfasst wird hingegen die unlautere Ausnutzung oder Beeinträchtigung der Unterscheidungskraft (BGH GRUR 2015, 1136 Rn. 38 – Staubsaugerbeutel im Internet; GRUR 2011, 1158 Rn. 21 – Teddybär).

3. Imitationswerbung, § 6 Abs. 2 Nr. 6 UWG

117 Das Verbot der Imitationswerbung (§ 6 Abs. 2 Nr. 6 UWG) bezieht sich auf die Darstellung von Waren oder Dienstleistungen als Imitate. **Bloße Kennzeichennachahmungen sind nicht erfasst.**

118 Geschützt sind darüber hinaus nur **Produkte, die unter einem geschützten Kennzeichen vertrieben** werden. Da Art. 4 lit. g Werbe-RL von geschützten Marken und geschützten Handelsnamen spricht, gehören hierher in richtlinienkonformer Auslegung nur **Marken und Unternehmenskennzeichen,** nicht jedoch Werktitel oder geographische Herkunftsangaben. Die Marke muss nach § 4 geschützt sein; nicht erforderlich ist hingegen eine Eintragung; Verkehrsgeltung oder notorische Bekanntheit genügen (vgl. zur notorisch bekannten Marke EuGH C-487/07, GRUR 2009, 756 Rn. 80 – L'Oréal/Bellure; wie hier BeckOK UWG/ Weiler UWG § 6 Rn. 352; Köhler/Bornkamm/Feddersen/Köhler UWG § 6 Rn. 184; Fezer/ Büscher/Obergfell/Koos UWG § 6 Rn. 276; Harte-Bavendamm/Henning-Bodewig/Sack UWG § 6 Rn. 226; aA MüKoUWG/Menke UWG § 6 Rn. 306).

III. Anspruchsberechtigung

119 Bei einer wegen §§ 3, 6 Abs. 2 UWG unlauteren vergleichenden Werbung besteht für den Unterlassungs- und Beseitigungsanspruch aus § 8 Abs. 1 UWG die **erweiterte Anspruchsberechtigung** des § 8 Abs. 3 UWG. Das gilt auch in den Fällen des § 6 Abs. 2 Nr. 4, 6 UWG (BGH GRUR 2011, 1153 Rn. 51 – Creation Lamis; Köhler/Bornkamm/Feddersen/Köhler UWG § 6 Rn. 194; Fezer/Büscher/Obergfell/Koos UWG § 6 Rn. 319; Büscher/Dittmer/Schiwy/Dittmer UWG § 6 Rn. 96 (anders Voraufl. Rn. 91); Bärenfänger WRP 2011, 160 (166); aA Ohly/ Sosnitza/Ohly UWG § 6 Rn. 73; Beater Unlauterer Wettbewerb Rn. 1560). Eine unzulässige vergleichende Werbung beeinträchtigt auch in Fällen der Rufausnutzung bzw. -beeinträchtigung und der Imitationswerbung nicht nur die Interessen des Kennzeicheninhabers, sondern auch diejenigen der Mitbewerber und der Marktgegenseite (vgl. EuGH C-487/07, GRUR 2009, 756 Rn. 68 – L'Oréal/Bellure). Eine Begrenzung auf den Kennzeicheninhaber scheidet aus.

J. Güte- und Qualitätskennzeichenverwendung ohne Genehmigung (§ 3 Abs. 3 UWG iVm Anh. Nr. 2 UWG)

120 Die Verwendung von Gütezeichen, Qualitätskennzeichen oder Ähnlichem ohne die erforderliche Genehmigung ist nach § 3 Abs. 3 UWG iVm Anh. Nr. 2 UWG stets unlauter. Ist das verwendete Zeichen mit einer **Kollektivmarke** identisch oder ähnlich, steht der Unterlassungs- und Beseitigungsanspruch aus § 8 Abs. 1 UWG neben einem eventuellen Anspruch des Inhabers einer Kollektivmarke aus § 14 Abs. 2 S. 1 Nr. 1, 2. **Kumulative Anspruchskonkurrenz** besteht jedoch nur im B2C-Verhältnis. Bei einer Werbung gegenüber sonstigen Marktteilnehmern ist Anh. Nr. 2 UWG nicht analog anwendbar (allgemein Köhler/Bornkamm/Feddersen/Köhler UWG § 3 Rn. 4.6).

K. Absichtliche Herkunftstäuschung (§ 3 Abs. 3 UWG iVm Anh. Nr. 13 UWG)

121 Eine Werbung für eine Ware oder Dienstleistung, die der Ware oder Dienstleistung eines bestimmten Herstellers ähnlich ist, ist nach § 3 Abs. 3 UWG iVm Anh. Nr. 13 UWG stets unlauter, wenn dies in der Absicht geschieht, über die betriebliche Herkunft der beworbenen Ware oder Dienstleistung zu täuschen. Zu markenrechtlichen Ansprüchen besteht **kumulative Anspruchskonkurrenz** (vgl. OLG Köln GRUR-RR 2019, 18 Rn. 73 ff. – Sonnenlogo; wie hier Köhler/Bornkamm/Feddersen/Köhler UWG Anh. § 3 Abs. 3 Rn. 13.8; Fezer/Büscher/ Obergfell/Obergfell UWG Anh. Nr. 13 Rn. 10; MüKoUWG/Alexander UWG § 3 Abs. 3 Nr. 13 Rn. 20; Büscher GRUR 2009, 230 (236); Harte-Bavendamm FS Loschelder, 2010, 111 (119)). Erforderlich ist aber stets eine Produktähnlichkeit; die bloße Verwendung eines verwechslungsfähigen Kennzeichens genügt nicht (BT-Drs. 16/10145, 32; BGH GRUR 2013, 631 Rn. 77 – AMARULA/Marulablu; MüKoUWG/Alexander UWG § 3 Abs. 3 Nr. 13 Rn. 34; Bärenfänger WRP 2011, 160 (165); Harte-Bavendamm FS Loschelder, 2010, 111 (116)). Überschneidungen zum Markenrecht ergeben sich daher vor allem im Hinblick auf **Formmarken,** die durch Produktnachahmungen verletzt werden.

Anh. Nr. 13 Anh. gilt nur bei der **Werbung gegenüber Verbrauchern** (§ 3 Abs. 3 UWG). **122**
Eine analoge Anwendung im B2B-Verhältnis scheidet aus (allgemein Köhler/Bornkamm/Feddersen/Köhler UWG § 3 Rn. 4.6).

L. Schutzergänzende Anwendbarkeit sonstiger Vorschriften

I. BGB

1. Deliktsrechtlicher Bekanntheits- oder Berühmtheitsschutz

Im Verhältnis zu § 823 Abs. 1 BGB gilt nach der Rechtsprechung die **Vorrangthese** (BGH **123**
GRUR 2002, 622 (623) – shell.de; GRUR 1999, 161 – MAC Dog; Ströbele/Hacker/Thiering/
Hacker Rn. 79; aA Fezer Rn. 84). Ein ergänzender deliktischer Schutz **bekannter oder berühmter Kennzeichen vor Verwässerung** scheidet danach im Anwendungsbereich des MarkenG, dh
insbesondere soweit im geschäftlichen Verkehr gehandelt wird, aus (Ströbele/Hacker/Thiering/
Hacker Rn. 78; aA BeckOK BGB/Förster BGB § 12 Rn. 100; Fezer Rn. 86; Deutsch WRP
2000, 854 (857)).

Eigenständige Bedeutung kann der Schutz über **§ 823 Abs. 1 BGB, § 1004 BGB** jedoch **124**
haben, wenn es um Handlungen **außerhalb des geschäftlichen Verkehrs** geht (Ströbele/
Hacker/Thiering/Hacker Rn. 80; aA Böxler ZGE 2009, 357 (387)). Allerdings ist der Schutz
bekannter Kennzeichen durch das MarkenG gerade auf ein Handeln im geschäftlichen Verkehr
begrenzt. Zur Vermeidung von Wertungswidersprüchen sind die § 823 Abs. 1 BGB, § 1004
BGB daher auch bei Handlungen außerhalb des geschäftlichen Verkehrs nur im **Ausnahmefall**
anwendbar (BGH GRUR 2009, 871 Rn. 37 – Ohrclips). Ein solcher liegt nicht schon vor, wenn
eine bekannte oder berühmte Marke im privaten Rechtsverkehr auf einer Internet-Plattform zur
Bewerbung privat angebotener Waren Verwendung findet (BGH GRUR 2009, 871 Rn. 37 –
Ohrclips). Denkbar ist aber ein Schutz berühmter Marken vor schweren Verunglimpfungen durch
Privatpersonen (vgl. OLG Rostock GRUR-RR 2005, 352 f. – Schöner Wohnen in W.; OLG
Hamburg NJW-RR 1998, 552 f. – Pack den Tiger in die Bürgerschaft).

§ 824 BGB (Kreditgefährdung) kann anwendbar sein, wenn durch Verwendung einer bekann- **125**
ten Marke eine unwahre Tatsache behauptet wird (KG GRUR-RR 2010, 79 (81 f.) – Mitmachzentrum).

§ 826 BGB (vorsätzliche sittenwidrige Schädigung) ist Ausdruck eines allgemeinen, für die **126**
gesamte Rechtsordnung geltenden Gedankens und **stets anwendbar.** Die Voraussetzungen der
Norm können jedoch nur bei einem schwerwiegenden Angriff auf die Marke gegeben sein; hierzu
genügt zB die bezugnehmende Verwendung auf eine berühmte Marke zur Bewerbung eines
privaten Angebots nicht (BGH GRUR 2009, 871 Rn. 38 – Ohrclips).

2. Bürgerlich-rechtlicher Namensschutz

Die Rechtsprechung sieht im Anwendungsbereich des MarkenG auf dem Boden der **Vorrang-** **127**
these für einen ergänzenden bürgerlich-rechtlichen Namensschutz über § 12 BGB keinen Raum
(BGH GRUR 2014, 506 Rn. 8 – sr.de; GRUR 2014, 393 Rn. 16 – wetteronline.de; GRUR
2010, 1020 Rn. 11 – Verbraucherzentrale; GRUR 2009, 685 Rn. 32 – ahd.de; GRUR 2008,
1099 Rn. 10 – afilias.de; GRUR 2002, 706 (707) – vossius.de; GRUR 2002, 622 (623) – shell.de;
OLG Frankfurt MarkenR 2015, 594 (595) = BeckRS 2015, 18529; OLG Hamburg WRP 2015,
911 (914) – creditsafe.de; OLG Nürnberg GRUR-RS 2020, 35066 Rn. 57 – Fränkischer Albverein; zustimmend Ströbele/Hacker/Thiering/Hacker Rn. 80; HK-MarkenR/Pahlow Rn. 13;
Ingerl/Rohnke/Nordemann/Nordemann Rn. 16; differenzierend Nägele GRUR 2007, 1007
(1113); aA Fezer Rn. 85).

§ 12 BGB wird jedoch geprüft, wenn der Funktionsbereich des Unternehmens durch eine **128**
Verwendung der Unternehmensbezeichnung außerhalb des Anwendungsbereichs des Kennzeichenrechts berührt wird. Das kommt nicht nur in Betracht bei einem Handeln **außerhalb des
geschäftlichen Verkehrs**, sondern auch dann, wenn das Unternehmenskennzeichen **außerhalb
der Branche des Kennzeicheninhabers** verwendet wird und es deshalb an der nach § 15 Abs. 2
notwendigen Verwechslungsgefahr fehlt (BGH GRUR 2014, 506 Rn. 8 – sr.de; GRUR 2014,
393 Rn. 16 – wetteronline.de; GRUR 2012, 304 Rn. 32 – Basler Haar-Kosmetik; GRUR 2008,
1099 Rn. 10 – afilias.de; GRUR 2005, 430 f. – mho.de; GRUR 2002, 622 (624) – shell.de; OLG
Hamburg WRP 2015, 911 (914) – creditsafe). Anwendungsbereich dieser Rechtsprechung ist

bislang das Domainrecht (→ § 15 Rn. 130); die Instanzrechtsprechung wendet sie aber auch auf die Benutzung als Metatag an (vgl. OLG München GRUR-RR 2012, 346 (347)).

129   Denkbar erscheint die ergänzende Anwendung ferner, wenn es an einer **kennzeichenmäßigen Benutzung** des Unternehmenskennzeichens fehlt (Böxler ZGE 2009, 357 (388); Piper GRUR 1996, 429 (438)).

130   Zu den **Schutzvoraussetzungen des § 12 BGB** → § 13 Rn. 19 ff.

II. HGB

131   Der handelsrechtliche Unterlassungsanspruch bei **unbefugtem Firmengebrauch** aus **§ 37 Abs. 2 HGB** knüpft allein an den Verstoß gegen die formalrechtlichen Regelungen der §§ 17 ff. HGB an. Zwar verlangt die Norm eine Verletzung der Rechte des Anspruchstellers, doch muss dieser weder Inhaber der Firma noch eines materiellen Kennzeichenrechts aus § 5 MarkenG oder § 12 BGB sein; ausreichend ist schon die Verletzung wirtschaftlicher Interessen zB eines Wettbewerbers (BGH NJW 1991, 2023; GRUR 1970, 320 (322) – Doktor-Firma). Demgegenüber schützt das MarkenG die Firma als Unternehmenskennzeichen (§ 5 Abs. 2 S. 1; → § 5 Rn. 29) und damit als materielles Kennzeichenrecht. Wegen der unterschiedlichen Schutzbereiche sind die Vorschriften des HGB zur Firma **uneingeschränkt anwendbar** (Ingerl/Rohnke/Nordemann/Bröcker Nach § 15 Rn. 251; Ströbele/Hacker/Thiering/Hacker Rn. 4).

III. UrhG

132   **Uneingeschränkt neben dem markenrechtlichen Schutz** steht derjenige des Urheberrechts, soweit es sich bei dem Kennzeichen um ein Werk iSd § 2 UrhG handelt (Ingerl/Rohnke/Nordemann/A. Nordemann Rn. 14; Wandtke/Bullinger GRUR 1997, 573 (574)). Zur urheberrechtlichen Schutzfähigkeit von Marken → § 13 Rn. 49. Werktitel erfüllen wegen ihrer Kürze in der Regel nicht die Anforderungen einer persönlichen geistigen Schöpfung und sind daher keine nach § 2 Abs. 1 Nr. 1 UrhG geschützten Sprachwerke (vgl. BGH GRUR 1977, 543 (544) – Der 7. Sinn; GRUR 1990, 218 (219) – Verschenktexte; Schricker/Loewenheim/Loewenheim/Leistner UrhG § 2 Rn. 90; Wandtke/Bullinger UrhG § 2 Rn. 65 ff.; großzügiger Berlit MarkenR 2007, 285 (286 f.)).

133   Sofern der Inhaber des Kennzeichenrechts mit dem des Urheberrechts (bzw. des ausschließlichen Nutzungsrechts, § 31 Abs. 3 S. 1 UrhG) identisch ist, kann er, wenn die jeweiligen Voraussetzungen der Verletzungstatbestände vorliegen, **kumulativ gegen den Verletzer vorgehen** und zB aus § 14 Abs. 5 MarkenG und § 97 Abs. 1 UrhG Unterlassung verlangen. Bei Personenverschiedenheit lassen urheberrechtliche Ansprüche des Urhebers bzw. Inhabers des ausschließlichen Nutzungsrechts die Möglichkeit des Kennzeicheninhabers, aus dem MarkenG vorzugehen, unberührt.

IV. DesignG/GGV

134   Der Schutz aus dem Designrecht bzw. Geschmacksmusterrecht tritt **neben den des Markenrechts,** soweit das Kennzeichen ein geschütztes Design nach § 2 Abs. 1 DesignG oder Geschmacksmuster nach Art. 4 GGV ist (Eichmann/Kur DesignG § 2 Rn. 182; Günther/Beyerlein/Beyerlein GeschmMG Einf. Rn. 16; Ingerl/Rohnke/Nordemann/A. Nordemann Rn. 14; Ruhl/Tolkmitt/Tolkmitt GGV Art. 96 Rn. 7). Soweit die Inhaber beider Rechte identisch sind, bestehen die designrechtlichen Ansprüche aus §§ 38, 42 ff. DesignG bzw. Art. 19 GGV **kumulativ** neben jenen des Markenrechts.

135   Der Doppelschutz kann unbewusst entstehen, wenn durch die **Veröffentlichung der Markenanmeldung** der Öffentlichkeit in der Gemeinschaft das Geschmacksmuster erstmals zugänglich wird und dadurch nach Art. 1 Abs. 2 lit. a, 11 GGV ein nicht eingetragenes Gemeinschaftsgeschmacksmuster entsteht (Bulling/Langöhrig/Hellwig/Müller/Ell Rn. 205; Lewalter/Schrader Mitt 2004, 202 (205); Schlötelburg GRUR 2005, 123 (124)). Beide Rechte entstehen in solchen Fällen aber nur dann in einer Hand, wenn der Inhaber des Markenrechts auch der Entwerfer des Musters (Art. 14 Abs. 1 GGV) oder dessen Arbeitgeber iSd Art. 14 Abs. 3 GGV ist.

136   Designschutz kommt nur für zwei- oder dreidimensionale Erscheinungsformen eines Erzeugnisses in Betracht (§ 1 Nr. 1 DesignG; Art. 3 lit. a GGV). **Überschneidungen mit dem Markenrecht** können sich daher vor allem bei **Bild-, Tast- und dreidimensionalen Marken** ergeben (dazu Eichmann MarkenR 2003, 10 (12 f.)). **Wortmarken** können als solche keine Designs sein, aber sie können innerhalb eines Designs Verwendung finden (vgl. Eichmann/Jestaedt/Fink/Meiser/Eichmann/Jestaedt DesignG § 33 Rn. 20).

Ob Schutz besteht, ist nach den **Voraussetzungen der jeweiligen Schutzrechte** zu bestim- 137
men (zur Musterfähigkeit von Zeichen s. Schlötelburg GRUR 2005, 123 (124)). Wie groß der
Überschneidungsbereich ist, hängt markenrechtlich wesentlich von der Handhabung des Schutz-
ausschließungsgrundes § 3 Abs. 2 Nr. 3 ab (→ § 3 Rn. 98 ff.). Wegen der hohen Anforderungen
an die Unterscheidungskraft von Formmarken weisen markenrechtlich geschützte Formen regelmäßig die für den Schutz als Design erforderliche Eigenart auf (Lewalter/Schrader Mitt 2004, 202
(205); Wandtke/Ohst GRUR Int 2005, 91 (92); auch Ohly GRUR 2007, 731 (736)). Da die
Anforderungen an die designrechtlich erforderliche Eigenart hingegen weniger streng sind, ist der
Umkehrschluss, dass Zeichen mit Eigenart auch die markenrechtlich erforderliche Unterscheidungskraft aufweisen, nicht möglich (wohl aA Wandtke/Ohst GRUR Int 2005, 91 (92)).

M. Lauterkeitsrechtliche Grenzen des Markenschutzes

I. Bösgläubige Markenanmeldung

Eine bösgläubige Markenanmeldung (§ 8 Abs. 2 Nr. 14) stellt regelmäßig auch eine **gezielte** 138
Mitbewerberbehinderung iSd § 4 Nr. 4 UWG dar. Das gilt vor allem für die Anmeldung von
Sperrzeichen (ständige Rechtsprechung, zuletzt BGH GRUR-RS 2021, 20049 Rn. 23 – BAN-
DIT; GRUR 2015, 1214 Rn. 57 – Goldbären; GRUR 2010, 642 Rn. 51 – WM-Marken; GRUR
2008, 917 Rn. 20 – EROS; → § 8 Rn. 983 ff.) und zu Spekulationszwecken (BGH GRUR 2001,
242 (244) – Classe E; → § 8 Rn. 969).

Soweit Unlauterkeit nach §§ 3, 4 Nr. 4 UWG vorliegt, kann der Vorbenutzer im Rahmen des 139
Beseitigungsanspruchs aus § 8 Abs. 1 S. 1 UWG die **Rücknahme der Anmeldung** verlangen.

Ist die Eintragung bereits erfolgt, richtet sich der Anspruch auf **Einwilligung in die Löschung.** 140
Dem steht nicht entgegen, dass bei bösgläubiger Markenanmeldung die Möglichkeit eines
Löschungsantrags zur Ingangsetzung des patentamtlichen Löschungsverfahrens (§ 50 Abs. 1, § 53)
besteht (BGH GRUR 2004, 790 (793) – Gegenabmahnung; GRUR 2000, 1032 (1034) – EQUI
2000; Ingerl/Rohnke/Nordemann/A. Nordemann Rn. 13; Ströbele/Hacker/Thiering/Hacker
Rn. 84; Helm GRUR 1996, 593 (600); Sack WRP 2004, 1405 (1423); aA Böxler ZGE 2009,
357 (380)).

Macht der Anmelder aus dem Zeichen gegen den Vorbenutzer markenrechtliche Ansprüche 141
geltend, steht dem Vorbenutzer die **Einrede** der Unlauterkeit zur Seite (BGH GRUR 2015, 1214
Rn. 57 – Goldbären; GRUR 2008, 160 Rn. 18 – CORDARONE; GRUR 2005, 414 (417) –
Russisches Schaumgebäck; GRUR 1998, 1034 (1036 f.) – Makalu; OLG Hamburg BeckRS 2018,
24851 Rn. 72 – REMITITE).

II. Irreführende Kennzeichennutzung

1. Irreführender Markengebrauch

Die Benutzung von **Marken** im Zusammenhang mit geschäftlichen Handlungen iSd § 2 Abs. 1 142
Nr. 2 UWG unterliegt dem **Irreführungsverbot des § 5 UWG;** das Markenrecht verleiht dem
Inhaber selbstverständlich nicht das Recht zur irreführenden Benutzung (BGH GRUR 2011, 85
Rn. 18 – Praxis Aktuell; OLG Jena GRUR-RR 2016, 513 Rn. 13 – Markenlogo auf Werkstattpy-
lone). Zwar ist die Eignung zur Täuschung ein absolutes Schutzhindernis (§ 8 Abs. 2 Nr. 4). Die
erfolgte Eintragung „immunisiert" die Marke aber nicht gegenüber dem lauterkeitsrechtlichen
Irreführungsverbot, schon weil § 8 Abs. 2 Nr. 4 nur Irreführungen durch die Marke selbst erfasst,
während § 5 UWG irreführende Verwendungen unterfallen, gleich ob die Marke für sich genommen bereits irreführend ist oder ob sich die Irreführung erst aus der konkreten Verwendung ergibt
(BGH GRUR 2011, 85 Rn. 18 – Praxis Aktuell). Im Übrigen ist eine Verdrängung des § 5 UWG
nicht mit Art. 6 UGP-RL vereinbar.

Die Marke selbst kann zB **irreführend** sein, wenn sie inhaltliche Aussagen über den Kunden- 143
kreis (BGH GRUR 1973, 532 – Millionen trinken …) oder die Beschaffenheit der gekennzeichneten Ware macht (BGH GRUR 1962, 411 – Watti; GRUR 1955, 251 – Silberal) oder den falschen
Eindruck einer Kooperation mit anderen Unternehmen erweckt (BGH GRUR 2011, 85
Rn. 17 – Praxis Aktuell; OLG Köln GRUR-RR 2010, 248 f. – A-D Shade Guide). Sind mit
der Marke in den beteiligten Verkehrskreisen besondere Qualitätserwartungen verbunden, liegt
eine Irreführung vor, wenn das Zeichen für Waren benutzt wird, die diese Erwartungen nicht
erfüllen (BGH GRUR 1984, 737 (738 f.) – Ziegelfertigstürze; GRUR 1965, 676 – Nevada-
Skibindung; OLG Hamburg GRUR 2001, 749 (751) – based on STEINWAY). Eine Irreführung

kann sich auch aus der Verwendung der Marke mit Zusätzen ergeben, die über deren Geltungsbereich täuschen (OLG Hamm GRUR-RR 2010, 104 (105) – Wärmstens Empfohlen!).

2. Irreführende Nutzung von Unternehmenskennzeichen

144   Erhebliches Irreführungspotential liegt im Bereich der Nutzung von **Unternehmenskennzeichen,** weil insbesondere Firmen je nach Inhalt geeignet sein können, unzutreffende Vorstellungen über die geschäftlichen Verhältnisse des Unternehmens hervorzurufen (vgl. BGH GRUR 2012, 1273 Rn. 15 – Stadtwerke Wolfsburg; GRUR 2007, 1079 Rn. 24 – Bundesdruckerei; GRUR 2003, 448 (449) – Gemeinnützige Wohnungsgesellschaft; GRUR 2001, 73 (74) – Stich den Buben; OLG Nürnberg BeckRS 2018, 25967 Rn. 27 – Gauff).

3. Spezialgesetzliche Irreführungsverbote

145   Neben dem allgemeinen Irreführungsverbot des § 5 UWG existieren zahlreiche **spezialgesetzliche Bestimmungen,** die auch durch einen Kennzeichengebrauch verletzt werden können. Hinzuweisen ist zB auf das allgemeine Irreführungsverbot in der Heilmittelwerbung (§ 3 HWG); das Verbot, Arzneimittel mit irreführender Bezeichnung in den Verkehr zu bringen (§ 8 Abs. 1 Nr. 2 AMG); die Täuschungsverbote betreffend Lebensmittel, Futtermittel, kosmetische Mittel und Bedarfsgegenstände (Art. 7 VO (EU) Nr. 1169/2011; §§ 11, 19, 20, 27, 33 LFGB, vgl. zB BPatG BeckRS 2009, 86392) sowie Wein (§ 25 WeinG) und die Werbeverbote in der Tabakwerbung (§§ 18 ff. TabakerzG).

III. Gesetzeswidrige Kennzeichennutzung

146   Die Benutzung eines Kennzeichens unter **Verstoß gegen eine gesetzliche Vorschrift,** die auch dazu bestimmt ist, im Interesse der Marktteilnehmer das Marktverhalten zu regeln, kann nach **§ 3a UWG** unlauter sein. Hierher gehören insbesondere Verstöße gegen die spezialgesetzlichen Irreführungsverbote (→ Rn. 145), aber zB auch gegen § 5 Abs. 1 GlüStV aF durch den Werktitel eines Kundenmagazins einer Lottogesellschaft (BGH GRUR 2011, 440 Rn. 19 ff. – Spiel mit).

IV. Nutzung fremder Kennzeichen in vergleichender Werbung

1. Nutzung in zulässiger vergleichender Werbung

147   Die Zulässigkeit der Nutzung fremder Kennzeichen in einer vergleichenden Werbung bemisst sich lauterkeitsrechtlich nach §§ 5, 5a, 6 UWG (→ Rn. 110). Die Werbe-RL räumt dabei den Zulässigkeitskriterien des Art. 4 Werbe-RL insoweit Vorrang ein, als die Benutzung von Marken, Handelsnamen oder anderen Unterscheidungszeichen eines Mitbewerbers nicht das Ausschließlichkeitsrecht Dritter verletzt, wenn sie die aufgestellten Zulässigkeitsbedingungen einhält und nur eine Unterscheidung bezweckt, durch die Unterschiede objektiv herausgestellt werden sollen (Erwägungsgrund 15 Werbe-RL). Hieraus hat der EuGH den Schluss gezogen, dass der Inhaber einer eingetragenen Marke nicht nach Art. 5 Abs. 1, 2 MRL 2008 (jetzt Art. 10 Abs. 2 MRL) berechtigt ist, die Benutzung eines mit seiner Marke identischen oder ihr ähnlichen Zeichens durch einen Dritten in einer vergleichenden Werbung zu verbieten, die alle Zulässigkeitsbedingungen erfüllt (EuGH C-533/06, GRUR 2008, 698 Rn. 45 – O2 und O2 (UK)/H3G; GRUR 2009, 756 Rn. 54 – L'Oréal/Bellure). In der Konsequenz bestehen bei **nach § 6 Abs. 2 UWG zulässiger vergleichender Werbung keine markenrechtlichen Verletzungsansprüche** aus § 14 Abs. 2 S. 1 Nr. 1–3 (BGH GRUR 2015, 1136 Rn. 18 – Staubsaugerbeutel im Internet; GRUR 2010, 835 Rn. 41 – POWER BALL; GRUR 2010, 161 Rn. 35 – Gib mal Zeitung). Das setzt aber zusätzlich voraus, dass die vergleichende Werbung **nicht irreführend iSd § 5 Abs. 1–4 UWG, § 5a UWG** ist. Denn nach Art. 4 lit. a Werbe-RL ist eine vergleichende Werbung nur zulässig, sofern sie nicht irreführend iSv Art. 2 lit. b, 3, 8 Abs. 1 Werbe-RL (im Verhältnis zu Unternehmern) oder iSv Art. 6, 7 UGP-RL (im Verhältnis gegenüber Verbrauchern) ist. Da das Fehlen einer Irreführung zu den Zulässigkeitsbedingungen gehört, sind markenrechtliche Verletzungsansprüche nicht ausgeschlossen, wenn zwar kein Verstoß gegen § 6 Abs. 2 UWG, wohl aber gegen § 5 Abs. 1–4 UWG oder § 5a UWG vorliegt (OLG Köln GRUR-RR 2016, 278 Rn. 22 – „Wenn 1 & 1 sich streiten"; Köhler/Bornkamm/Feddersen/Köhler UWG § 6 Rn. 34).

2. Nutzung in unzulässiger vergleichender Werbung

Bei einer wegen eines Verstoßes gegen § 6 Abs. 2 Nr. 3, 4 oder 6 UWG unzulässigen verglei- **148** chenden Werbung wird der **markenrechtliche Schutz nicht eingeschränkt,** dh es besteht **kumulative Anspruchskonkurrenz** zwischen lauterkeits- und markenrechtlichen Ansprüchen (EuGH C-487/07, GRUR 2009, 756 Rn. 65 – L'Oréal/Bellure; BGH GRUR 2010, 835 Rn. 41 – POWER BALL; Ströbele/Hacker/Thiering/Hacker § 14 Rn. 238; Köhler/Bornkamm/Feddersen/Köhler UWG § 6 Rn. 34; Harte-Bavendamm/Henning-Bodewig/Sack UWG § 6 Rn. 268; Alexander GRUR 2010, 482 (486); Büscher GRUR 2009, 230 (234); Fezer GRUR 2010, 953 (959); Sack GRUR 2017, 664 (666 f.). Das wird mittlerweile durch § 14 Abs. 3 Nr. 7 bestätigt. Das Gleiche gilt bei einem Verstoß gegen § 5 Abs. 1–4 UWG (OLG Köln GRUR-RR 2016, 278 Rn. 20 ff. – „Wenn 1 & 1 sich streiten"; Köhler/Bornkamm/Feddersen/Köhler UWG § 6 Rn. 34; → Rn. 147) oder § 5a UWG. Das hat zur Folge, dass in den für vergleichende Werbung typischen Fällen der Doppelidentität bei einem Verstoß insbesondere gegen § 5 Abs. 3 Nr. 1, § 6 Abs. 2 Nr. 3, 4 oder 6 UWG regelmäßig auch ein Verstoß gegen § 14 Abs. 2 S. 1 Nr. 1 vorliegen wird, da hierzu auch die Beeinträchtigung anderer Funktionen als der Herkunftsfunktion (die bei vergleichender Werbung nicht immer betroffen ist) genügt (→ § 14 Rn. 267; ausf. BeckOK UWG/Weiler UWG § 6 Rn. 47 ff.). Soweit es aber an einer Funktionsbeeinträchtigung fehlt und auch kein Fall des § 14 Abs. 2 S. 1 Nr. 2, 3 vorliegt, führt allein die Unlauterkeit nach § 6 Abs. 2 UWG nicht zu einer Markenverletzung (OLG München GRUR-RS 2020, 44000 Rn. 9 – Bandyshirt-Alternative?).

Aus dieser regelmäßigen Anspruchsparallelität ergibt sich aber **kein Vorrang des § 6 Abs. 2** **149** **UWG.** Im Gegenteil erfordert die **Schutzzweckdisparität** die kumulative Anwendung: Während § 14 Abs. 2 S. 1 Nr. 1 allein dem Interesse des Kennzeicheninhabers dient, haben auch diejenigen Zulässigkeitsvoraussetzungen, die die Kennzeichennutzung in einer vergleichenden Werbung normieren (§ 6 Abs. 2 Nr. 3, 4 und 6 UWG) die Aufgabe, auch die Mitbewerber und die Marktgegenseite zu schützen (→ Rn. 119). Die kumulative Anwendbarkeit folgt zwingend auch aus Art. 10 Abs. 3 lit. f MRL, der die Benutzung des Zeichens in der vergleichenden Werbung in einer der Werbe-RL zuwiderlaufenden Weise zu den verbotenen Handlungen zählt (Sack GRUR 2017, 664 (666)).

Auch aus dem Umstand, dass der **Gesetzgeber** der Auffassung war, vergleichende Werbung stelle **149.1** keine kennzeichenmäßige Benutzung dar (BT-Drs. 14/2959, 7), ergibt sich nicht, dass markenrechtliche Ansprüche ausgeschlossen sind (so Sack WRP 2011, 288 (290); wie hier jetzt aber Sack GRUR 2017, 664 (666 f.)). Es lässt sich schon kaum der Schluss ziehen, der Gesetzgeber habe bei vergleichender Werbung keine konkurrierenden markenrechtlichen Ansprüche gewollt – er ging vielmehr schlicht davon aus, dass solche mangels kennzeichenmäßiger Benutzung nicht bestehen. Doch auch bei abweichendem Verständnis könnte diesem Willen heute keine Bedeutung mehr zukommen – er beruht nämlich, wie sich durch die Rechtsprechung des EuGH herausgestellt hat (EuGH C-487/07, GRUR 2009, 756 Rn. 53 – L'Oréal/ Bellure; GRUR 2008, 698 Rn. 36 – O2 und O2 (UK)/H3G), auf einem Irrtum über den Benutzungsbegriff und ist daher irrelevant.

N. Urheberrechtliche Grenzen des Markenschutzes

I. Anmeldung als Marke

1. Urheberrechtlich geschützte Werke

Die Anmeldung eines urheberrechtlich geschützten Werks zur Eintragung als Marke ohne **150** Gestattung des Inhabers des Urheberrechts bzw. des ausschließlichen Nutzungsrechts ist schon wegen der notwendigen Vervielfältigung ein **Eingriff in das Recht des Urhebers** (§ 16 UrhG).

Die fehlende Genehmigung des Urhebers soll nach der Rechtsprechung des BPatG zur **Bös-** **151** **gläubigkeit der Anmeldung nach § 8 Abs. 2 Nr. 14** führen (BPatG NJOZ 2009, 304 (305) – Hooschebaa). Das ist problematisch, weil § 13 für entgegenstehende ältere Rechte lediglich einen Löschungsanspruch vorsieht und implizit von der Eintragungsfähigkeit ausgeht (vgl. Ingerl/ Rohnke/Nordemann/A. Nordemann § 13 Rn. 10). Insoweit zu Recht ist in anderen Entscheidungen, in denen offensichtlich urheberrechtlich geschützte Werke ohne Zustimmung des Rechtsinhabers als Marke angemeldet wurden, die mögliche Verletzung des Urheberrechts nicht im Zusammenhang mit den Eintragungshindernissen problematisiert worden (vgl. zB BGH GRUR 2005, 257 – Bürogebäude; dazu Jacobs FS Schricker, 2005, 801 (802 ff.)).

152   Es liegt auch **kein Verstoß gegen die öffentliche Ordnung nach § 8 Abs. 2 Nr. 5** vor, weil hierzu nach zutreffender Auffassung nicht jede Rechtsverletzung, sondern nur Verstöße gegen wesentliche Grundsätze des deutschen Rechts gehören (Ströbele/Hacker/Thiering/Ströbele § 8 Rn. 927; Sadacharam/Albrecht MarkenR 2020, 365 (367); aA Ingerl/Rohnke/Nordemann/Schork § 8 Rn. 274; ausführlich → § 8 Rn. 718).

2. Gemeinfreie Werke

153   Ist das als Zeichen verwendete Werk durch Ablauf der Schutzfrist des § 64 UrhG **vor der Anmeldung gemeinfrei** geworden, liegt nach zutreffender hM keine unzulässige Remonopolisierung vor, die über **§ 8 Abs. 2 Nr. 5** (öffentliche Ordnung) als Eintragungshindernis aktiviert werden könnte (→ § 8 Rn. 727). Die Begründung des Markenschutzes greift in die Funktion der Gemeinfreiheit nicht ein, weil der Schutz auf die markenmäßige Verwendung im geschäftlichen Verkehr beschränkt ist und weder den Genuss des gemeinfreien Werks durch die Allgemeinheit noch seine allgemeine wirtschaftliche Verwendung ausschließt (im Ergebnis ebenso EFTA-Gerichtshof GRUR Int 2017, 762 Rn. 102 – Vigeland, zu Art. 3 Abs. 1 lit. f MRL 2008; BPatG GRUR-RR 2013, 17 (20) – Domfront; MarkenR 2006, 172 (173 f.) = BeckRS 2009, 03591 – Pinocchio; BeckRS 2009, 24790 – Fr. Marc; GRUR 1998, 1021 (1023) – Mona Lisa; Ingerl/Rohnke/Nordemann/Schork § 8 Rn. 275; Ströbele/Hacker/Thiering/Ströbele § 8 Rn. 939; Haupt/Marschke MarkenR 2006, 249 (251); Jacobs FS Schricker, 2005, 801 (809 f.); Kur GRUR 2017, 1082 (1086); Nordemann WRP 1997, 389 (391); Sadacharam/Albrecht MarkenR 2020, 365 (366); Seifert WRP 2000, 1014 (1015 ff.); zuneigend, aber offenlassend BGH GRUR 2012, 618 Rn. 15 – Medusa; differenzierend Osenberg GRUR 1996, 101 (102 ff.); kritisch Wandtke/Bullinger GRUR 1997, 573 (577 f.); aA Klinkert/Schwab GRUR 1999, 1067 (1069 ff.); Lerach FS Harte-Bavendamm, 2020, 49 (66); McGuire GRUR 2011, 767 (770)).

154   Die Gemeinfreiheit vermag für sich genommen auch nicht die Bösgläubigkeit iSd **§ 8 Abs. 2 Nr. 14** begründen (→ § 8 Rn. 1072). Diese Erwägungen gelten erst recht für Werke, die aufgrund ihres Alters zu keinem Zeitpunkt urheberrechtlichen Schutz genossen haben; hier fehlt es mangels bislang bestehenden Schutzes schon an einer Remonopolisierungsgefahr.

II. Nutzung als Kennzeichen

1. Urheberrechtlich geschützte Werke

155   Die **Nutzung eines urheberrechtlich geschützten Werks als Kennzeichen** iSd MarkenG setzt – soweit der Kennzeichenrechtsinhaber nicht auch der Urheber ist – urheberrechtlich ein Nutzungsrecht voraus. Fehlt dieses oder überschreitet die Nutzung das bestehende Nutzungsrecht (zB Verletzung des Urheberpersönlichkeitsrechts durch Verwendung der Marke für eine Warengattung, die das urheberrechtliche Werk verzerrt oder verfälscht, vgl. Wandtke/Bullinger GRUR 1997, 573 (579)), schließt ein bestehender markenrechtlicher Schutz des Zeichens nicht die Möglichkeit des Urhebers aus, gegen den Kennzeicheninhaber mit **urheberrechtlichen Ansprüchen** vorzugehen (Wandtke/Bullinger GRUR 1997, 573 (579 f.); Haupt/Marschke MarkenR 2005, 249 (254)). Markenrechtlich besteht bei eingetragenen Marken ein Löschungsanspruch nach § 13 (→ § 13 Rn. 54).

2. Gemeinfreie Werke

156   Der **Eintritt der Gemeinfreiheit nach Entstehung des Markenschutzes** lässt diesen unberührt. Für ein Erlöschen des Markenrechts fehlt es an jeglichem rechtlichen Anhaltspunkt (Nordemann WRP 1997, 389 (391); Schack FS Rehbinder, 2002, 345 (350); Seifert WRP 2000, 1014 (1018)). Ebenso wenig lässt sich für den Verwender eines identischen oder ähnlichen Zeichens ein **Benutzungsrecht analog § 23** begründen (Jacobs FS Schricker, 2005, 801 (808); aA A. Nordemann in Loewenheim UrhR-HdB § 88 Rn. 55). Es fehlt dafür an einer planwidrigen Regelungslücke (→ Rn. 156.1).

156.1   § 23 dient dem Ausgleich zwischen dem kennzeichenrechtlichen Ausschließlichkeitsrecht und dem Interesse der Mitbewerber und der Allgemeinheit an einer Nutzung im wirtschaftlichen Verkehr (→ § 23 Rn. 1). Der Eintritt der Gemeinfreiheit lässt jedoch im Vergleich zur bis dahin bestehenden Situation, in der andere als die jeweiligen Rechtsinhaber sowohl urheber- als auch markenrechtlich in der Nutzung eingeschränkt waren, keinen markenrechtlich zu lösenden Ausgleichsbedarf entstehen. Der Wegfall des urheberrechtlichen Schutzes ändert an der Schutzwürdigkeit des Ausschließlichkeitsrechts des Zeichenrechtsinhabers angesichts der unveränderten Zeichenfunktion nichts. Auf Seiten der Mitbewerber und der Allgemeinheit führt der Eintritt der Gemeinfreiheit nicht zu einer stärkeren Gewichtung des wirtschaftlichen Interesses an einer kennzeichenmäßigen Nutzung, weil die Werknutzung nur von ihren urheberrechtlichen Beschränkungen befreit wird. Deren Bestand war für den Kennzeichenschutz jedoch irrelevant, so dass sich am schutzwürdigen Interesse der Mitbewerber und der Allgemeinheit nichts geändert hat.

Der Eintritt der Gemeinfreiheit ändert grundsätzlich nichts daran, dass die **Verwendung** eines 157 Kennzeichens, das dem als Marke geschützten Werk entspricht oder ihm ähnlich ist, als **markenmäßig** zu qualifizieren ist, da sonst der Marke jeglicher Schutz aus § 14 Abs. 2 S. 1 Nr. 2 versagt wäre (BGH GRUR 2012, 618 Rn. 20 – Medusa; aA OLG Dresden NJW 2001, 615 (616 f.)). Das kann aber anders zu beurteilen sein, wenn der Titel eines gemeinfreien Werkes als Marke eingetragen wurde und der Anmelder hierbei erkennbar in der Absicht gehandelt hat, andere von der Nutzung des Titels für gleiche oder ähnliche Werkarten auszuschließen (zB naheliegend bei der Eintragung des Titels „Winnetou" für Druckereierzeugnisse und Filmproduktion, vgl. BGH GRUR 2003, 342 – Winnetou; dort wurde schon § 8 Abs. 2 Nr. 1 bejaht). Soweit kein Eintragungshindernis vorliegt (→ Rn. 153), ist zu erwägen, ob dem Markeninhaber nicht nach Treu und Glauben versagt ist, sich darauf zu berufen, dass die Verwendung markenmäßig erfolgt ist.

O. Sonstige Grenzen des Markenschutzes

I. Designrecht

1. Anmeldung eines designrechtlich geschützten Zeichens

Bei der Anmeldung eines designrechtlich geschützten Zeichens als Marke steht das einem 158 anderen zustehende Designrecht der **Eintragung nicht entgegen** (→ Rn. 151 zum Urheberrecht).

Die Anmeldung ohne Zustimmung des Inhabers des Designrechts **verletzt** aber dessen Rechte 159 aus **§ 38 Abs. 1 S. 1 DesignG** bzw. Art. 19 Abs. 1 S. 1, Abs. 2 GGV (ebenso Ruhl/Tolkmitt/ Tolkmitt GGV Art. 19 Rn. 62; aA wohl Hartwig GRUR-RR 2009, 201 (202 Fn. 9)). Zwar stellt die Anmeldung keine der in § 38 Abs. 1 S. 2 DesignG, Art. 19 Abs. 1 S. 2 GGV nicht abschließend genannten Benutzungshandlungen dar. Wegen § 40 Nr. 3 DesignG, Art. 20 Abs. 1 lit. c GGV erfasst § 38 Abs. 1 S. 1 DesignG, Art. 19 Abs. 1 S. 1 GGV allerdings auch die Wiedergabe des Erzeugnisses, dh die zweidimensionale Abbildung eines zwei- oder dreidimensionalen Erzeugnisses (BGH GRUR 2011, 1117 Rn. 30 – ICE; Eichmann/Jestaedt/Fink/Meiser/ Eichmann/Jestaedt DesignG § 38 Rn. 87; Günther/Beyerlein/Beyerlein GeschmMG § 38 Rn. 22). Die Markenanmeldung verletzt schon wegen der notwendigen Abbildung des Erzeugnisses das Designrecht. Davon abgesehen greift die Anmeldung als solche in das geschützte Recht zur wirtschaftlichen Verwertung des Designs ein, da es sich um die unmittelbare Vorstufe zur Eintragung der Marke und damit zur Erlangung des wirtschaftlich bedeutsamen Markenschutzes handelt. Wird eine Verletzung des Designs durch die Markenanmeldung verneint, liegt zumindest die für den vorbeugenden Unterlassungsanspruch notwendige Erstbegehungsgefahr vor.

Eine Markenanmeldung erst **nach dem Erlöschen des designrechtlichen Schutzes** durch 160 einen anderen als den Musterentwerfer kann dazu führen, dass der Markeninhaber dem Musterentwerfer die Benutzung des Designs untersagen kann. Soweit der Anmelder weiß, dass es sich um ein vormals designrechtlich geschütztes Muster handelt, ist Bösgläubigkeit iSd § 8 Abs. 2 Nr. 14 in Betracht zu ziehen.

2. Nutzung eines designrechtlich geschützten Zeichens als Kennzeichen

Die Nutzung eines geschützten Designs als Kennzeichen ohne Zustimmung des Rechtsinhabers 161 kann dessen Rechte aus **§ 38 Abs. 1 S. 1 DesignG** bzw. Art. 19 Abs. 1 S. 1, Abs. 2 GGV verletzen. Der Geltendmachung der daraus folgenden Ansprüche steht ein bestehender Markenschutz selbstverständlich nicht entgegen. Zusätzlich steht dem Inhaber des Designrechts gegen eingetragene Marken der **Löschungsanspruch aus § 13 Abs. 1** zur Seite (→ § 13 Rn. 71).

3. Designrechtliche Schutzbeschränkungen

Die designrechtlichen Schutzbeschränkungen (§ 40 DesignG, Art. 20 GGV) finden auf gleich- 162 zeitig bestehende markenrechtliche Ansprüche keine Anwendung. Die sich aus Art. 110 Abs. 1 GGV ergebende geschmacksmusterrechtliche Schutzlosigkeit von **bestimmten Ersatzteilen für**

komplexe Erzeugnisse hat auf markenrechtliche Ansprüche keine Auswirkungen (EuGH C-500/14, GRUR 2016, 77 – Ford/Wheeltrims; dazu Kur GRUR 2016, 20 ff.).

II. Kartellrecht

163   Das deutsche und europäische Kartellrecht kann die Rechte des Markeninhabers einschränken. Das gilt insbesondere für die **Lizenzierung** (→ § 30 Rn. 47 ff.).

III. BGB

164   Auch für das Markenrecht gilt das in § 242 BGB niedergelegte Gebot der Beachtung von **Treu und Glauben.** Grenzen des markenrechtlichen Schutzes können sich ungeachtet § 21 aufgrund Verwirkung (→ § 21 Rn. 32) oder Rechtsmissbrauchs ergeben.

IV. Olympia-Schutzgesetz

165   **Keine Grenzen** für den markenrechtlichen Schutz ergeben sich aus dem Olympia-Schutzgesetz. Aus dem dort geregelten Schutz des olympischen Emblems und der olympischen Bezeichnungen folgt nicht, dass für olympische Bezeichnungen, die Markenschutz genießen, keine markenrechtlichen Ansprüche geltend gemacht werden können; es besteht vielmehr Anspruchskonkurrenz (BGH GRUR 2021, 482 Rn. 20 – RETROLYMPICS). Markenrechtliche Ansprüche können daher auch dann gegeben sein, wenn die Tatbestandsvoraussetzungen des § 3 OlympSchG nicht gegeben sind. Liegt etwa nach dieser Norm keine Ausnutzung der Wertschätzung vor, schließt das nicht aus, dass eine solche nach § 9 Abs. 1 Nr. 3 gegeben ist (BGH GRUR 2021, 482 Rn. 64 – RETROLYMPICS; dazu Rieken MarkenR 2021, 253).

Teil 2. Voraussetzungen, Inhalt und Schranken des Schutzes von Marken und geschäftlichen Bezeichnungen; Übertragung und Lizenz

Abschnitt 1. Marken und geschäftliche Bezeichnungen; Vorrang und Zeitrang

§ 3 Als Marke schutzfähige Zeichen

(1) Als Marke können alle Zeichen, insbesondere Wörter einschließlich Personennamen, Abbildungen, Buchstaben, Zahlen, Klänge, dreidimensionale Gestaltungen einschließlich der Form einer Ware oder ihrer Verpackung sowie sonstige Aufmachungen einschließlich Farben und Farbzusammenstellungen geschützt werden, die geeignet sind, Waren oder Dienstleistungen eines Unternehmens von denjenigen anderer Unternehmen zu unterscheiden.

(2) Dem Markenschutz nicht zugänglich sind Zeichen, die ausschließlich aus Formen oder anderen charakteristischen Merkmalen bestehen,
1. die durch die Art der Ware selbst bedingt sind,
2. die zur Erreichung einer technischen Wirkung erforderlich sind oder
3. die der Ware einen wesentlichen Wert verleihen.

Überblick

§ 3 regelt, welche Zeichen dem Markenschutz zugänglich sind bzw. umgekehrt: Welche Zeichen mit absoluter, unüberwindbarer Wirkung vom Markenschutz ausgeschlossen bleiben. Nach Abs. 1 ist insoweit entscheidend, ob das Zeichen unterscheidungsfähig ist und damit die wesentliche Funktion einer Marke jedenfalls dem Grunde nach erfüllen kann (abstrakte Markenfähigkeit; → Rn. 13 ff.). Dafür ist es ausreichend, dass das Zeichen sinnlich wahrnehmbar ist und gegenüber dem Kennzeichnungsobjekt ein gewisses Maß an Selbstständigkeit aufweist, indem es zumindest gedanklich von diesem trennbar ist (→ Rn. 11). Weitere Anforderungen werden nicht gestellt; insbesondere verlangt § 3 nicht, dass das Zeichen die Voraussetzungen der Darstellbarkeit gemäß § 8 Abs. 1 vollständig erfüllt (→ Rn. 29). Nach Abs. 2 werden Zeichen vom Markenschutz ausgeschlossen, die ausschließlich aus der Form oder anderen charakteristischen Merkmalen einer Ware bestehen und die im Interesse der Allgemeinheit und des funktionierenden Wettbewerbs dauerhaft von einer zeitlich unbegrenzten Monopolisierung ausgeschlossen werden sollen (→ Rn. 53 ff.). Dies ist der Fall, wenn die Form der Ware oder andere charakteristische Merkmale durch die Art der Ware bedingt (→ Rn. 79) oder zur Erzielung einer technischen Wirkung notwendig sind (→ Rn. 86) oder wenn sie der Ware einen wesentlichen Wert verleihen (→ Rn. 98).

Übersicht

A. Allgemeines

I. Verhältnis zum europäischen Recht

1   § 3 stellt eine (unvollständige) **Synthese** aus zwei systematisch getrennten Vorschriften des europäischen Rechts dar:

- Abs. 1 setzt Art. 3 MRL um (gleichlautend: Art. 4 UMV). Bis zur Gesetzesreform von 2016 wurde von den entsprechenden Vorschriften des europäischen Rechts zusätzlich verlangt, dass sich ein als Marke schutzfähiges Zeichen grafisch darstellen lassen können muss. In den jetzt geltenden Fassungen wurde dieses Erfordernis dadurch ersetzt, dass die Darstellung des Zeichens geeignet sein muss, im Register so dargestellt zu werden, dass die zuständigen Behörden und das Publikum den Gegenstand des Schutzes **klar und eindeutig** bestimmen können. Abweichend vom europäischen Recht war das Erfordernis der grafischen Darstellbarkeit in § 8 Abs. 1 umgesetzt worden. An dieser Systematik hat das MaMoG festgehalten; dh, die rechtlichen Anforderungen, denen die Darstellung des Zeichens genügen muss, finden sich in § 8 Abs. 1.

- Abs. 2 dient der Umsetzung von Art. 4 Abs. 1 lit. e Ziff. i–iii MRL (gleichlautend: Art. 7 Abs. 1 lit. e Ziff. i–iii UMV). Im europäischen Recht wird der Schutzausschluss für bestimmte Zeichenformen somit als **absolutes Schutzhindernis,** und nicht wie in § 3 Abs. 2 im Kontext des strukturell vorgelagerten Erfordernisses der Markenfähigkeit, geregelt.

2   Die **unterschiedliche Systematik** erklärt sich daraus, dass der deutsche Gesetzgeber bei der Umsetzung der RL 1989/104/EWG (MRL 1989) die grafische Darstellbarkeit nicht zu einem für alle Arten von Marken gültigen Wesensmerkmal erheben wollte, während diese Wirkung für die in § 3 Abs. 2 genannten Ausschlussgründe gerade beabsichtigt war. So sollten alle Formen prinzipiell unterscheidungsfähiger Zeichen Markenschutz – etwa als Benutzungsmarke – genießen können; es sollte jedoch nicht möglich sein, Warenformen als (nichtregistrierte) Marke zu schützen, die aus den in Abs. 2 genannten Gründen im Allgemeininteresse vom Schutz definitiv auszuschließen sind.

3   Im rechtlichen Ergebnis wirkt sich die unterschiedliche Methodik der Umsetzung nicht aus; sie **verstößt** auch **nicht gegen die Vorgaben des europäischen Rechts.** So folgt nicht zwingend aus Art. 3 MRL (bzw. dessen Vorläufern), dass auch Benutzungsmarken vom Schutz auszuschließen sind, wenn sie nicht grafisch bzw. nicht in einer den Vorgaben des Art. 3 MRL entsprechenden Weise dargestellt werden können (BGH GRUR 2009, 783 Rn. 28 ff. – UHU; zu der insoweit in der Literatur im Hinblick auf das Erfordernis der grafischen Darstellbarkeit vertretenen, abweichenden Auffassung → § 4 Rn. 30). Es kann auch nicht behauptet werden, dass die Verortung der besonderen Ausschlussgründe für Warenformen (bzw. wesentliche Merkmale von Waren) in § 3 Abs. 2 der Systematik des europäischen Rechts notwendig widerspricht. Es ist zwar richtig, dass der absolute Schutzausschluss gemäß Abs. 2 in seiner Struktur insoweit den in § 8 Abs. 2 geregelten absoluten Schutzhindernissen entspricht, als sich die Prüfung notwendigerweise auf das konkrete Produkt bezieht und daher nicht – wie im Fall der Markenfähigkeit nach Abs. 1 – ausschließlich die abstrakte Ebene betrifft (Ingerl/Rohnke/Nordemann/Nordemann-Schiffel Rn. 34; Ströbele/Hacker/Thiering/Hacker Rn. 88; Szalai MarkenR 2012, 8 f.). Es ist daher verfehlt, den Schutzausschluss nach Abs. 2 demjenigen nach Abs. 1 systematisch und terminologisch gleichzustellen, wie dies in der BGH-Rechtsprechung bisweilen geschieht (→ Rn. 11.1). Dass die auch vom europäischen Gesetzgeber als Sonderfälle geregelten Schutzhindernisse des Art. 4 Abs. 1 lit. e MRL (→ Rn. 3.1) gesetzestechnisch „vor die Klammer" gezogen werden, um ihre Verbindlichkeit für sämtliche Markenformen zum Ausdruck zu bringen, lässt sich jedoch nicht bereits aus diesem Grund als systemwidrig oder verfehlt bezeichnen.

3.1   Auch im Text von MRL und UMV findet sich ein Indiz dafür, dass den Ausschlussgründen für Warenformen im Katalog der absoluten Schutzhindernisse eine besondere Stellung zukommt: So spricht Art. 4 Abs. 1 lit. e MRL von „Zeichen", während sich alle übrigen Schutzhindernisse auf „Marken" beziehen. Soweit man darin nicht lediglich ein redaktionelles Versehen erblicken will, bringt der Gesetzgeber durch diese Formulierung – inhaltlich nicht unähnlich dem deutschen Recht – zum Ausdruck, dass solchen Zeichen bereits die Grundvoraussetzung dafür fehlt, als Marke geschützt zu werden. In diesem Sinne äußert sich auch der EuGH (C-299/99, GRUR 2002, 804 Rn. 76 – Philips/Remington): „(Art. 3 Abs. 1) lit. e (RL 1989/104/EWG) betrifft Zeichen, die keine Marke sein können".

Die Streichung des Erfordernisses der grafischen Darstellbarkeit hat nichts daran geändert, dass **4** die in diesem Zusammenhang vom EuGH entwickelten **Sieckmann-Kriterien** (→ Rn. 27) für die Darstellung im Register maßgeblich bleiben (s. Erwägungsgrund 13 MRL).

II. Internationales Recht

In der PVÜ werden weder der Begriff des als Marke schutzfähigen Zeichens noch die konkreten **5** Schutzvoraussetzungen definiert. Im Hinblick auf die Voraussetzungen des Markenschutzes entfaltet die PVÜ lediglich **indirekte Wirkungen,** indem in Art. 6^{quinquies} B PVÜ festgelegt ist, aus welchen Gründen Marken, die im Ursprungsland gültig eingetragen sind, von den Eintragungsbehörden anderer Mitgliedsländer zurückgewiesen werden dürfen. Auf diese Vorschrift gehen die absoluten Schutzhindernisse des deutschen und europäischen Markenrechts zurück (→ § 8 Rn. 9 ff.); ferner ist die Vorschrift unmittelbar zu beachten, soweit sich der Anmelder oder Inhaber ausdrücklich darauf beruft, oder soweit es sich um eine IR-Marke handelt (zur Relevanz im Rahmen von § 3 → Rn. 114 ff.).

Soweit die Voraussetzungen für die Anwendung von Art. 6^{quinquies} PVÜ vorliegen, kann die Anmeldung **5.1** nur zurückgewiesen (bzw. die Marke gelöscht oder ihr der Schutz entzogen) werden, wenn sie in Konflikt mit älteren Rechten Dritter steht, jeglicher Unterscheidungskraft entbehrt oder im Hinblick auf die gekennzeichneten Waren (und Dienstleistungen) beschreibend oder üblich ist oder wenn sie gegen den ordre public verstößt; dabei sind für die Beurteilung der Schutzfähigkeit alle tatsächlichen Umstände einschließlich der Dauer des Schutzes zu beachten.

Hingegen enthält Art. 15 TRIPS eine **Definition von Zeichenformen,** die prinzipiell der **6** Eintragung zugänglich sein müssen. Dabei stellt ebenso wie in § 3 Abs. 1 die Eignung, Waren oder Dienstleistungen eines Unternehmens von denjenigen anderer Unternehmen zu unterscheiden, das entscheidende Kriterium für die Bejahung der Markenfähigkeit dar. Ähnlich wie § 3 Abs. 1 und die entsprechenden Vorschriften von MRL und UMV enthält Art. 15 TRIPS eine Aufzählung prinzipiell schutzfähiger Zeichenformen; diese enthält unter anderem Buchstaben, Zahlen, Abbildungen und Farbverbindungen, nicht jedoch monochrome Farbzeichen sowie Warenformen und Verpackungen. Da es sich lediglich um eine beispielhafte Aufzählung handelt, die mit dem Wort „insbesondere" eingeleitet wird, müssen auch nach internationalem Recht solche Zeichen – da und soweit sie grundsätzlich zur Unterscheidung geeignet sind – der Eintragung zugänglich sein.

Nach Art. 15 Abs. 1 S. 3 TRIPS können Mitgliedsländer die Eintragung solcher Zeichen, die **7** ihrer Natur nach nicht geeignet sind, die betreffenden Waren oder Dienstleistungen voneinander zu unterscheiden, von der **durch Benutzung erworbenen Unterscheidungskraft** abhängig machen. Dies betrifft in erster Linie die in § 8 Abs. 3 (Art. 4 Abs. 4 MRL; s. auch Art. 7 Abs. 3 UMV) geregelte Situation, dass Marken, denen jegliche Unterscheidungskraft fehlt, oder die im Hinblick auf die zu bezeichnenden Waren oder Dienstleistungen beschreibend oder verkehrsüblich sind, erst nach Nachweis erworbener Unterscheidungskraft eingetragen werden. Darüber hinaus wird die Vorschrift allgemein auch so zu verstehen, dass TRIPS-Mitglieder die Eintragung bestimmter Zeichenformen prinzipiell davon abhängig machen können, dass Verkehrsgeltung nachgewiesen wird.

Von Bedeutung ist dies vor allem für das amerikanische Recht, das Personennamen sowie Warenformen **7.1** nur aufgrund nachgewiesener Verkehrsgeltung zur Eintragung zulässt; (für Warenformen s. Wal-Mart Stores, Inc. v. Samara Brothers, GRUR Int 2000, 812; für Farbmarken: Qualitex Co. v. Jacobson Products Co., GRUR Int 1996, 961; s. dazu Caldarola GRUR Int 2002, 112. Für das amerikanische Recht bedeutsam ist ferner auch Art. 15 Abs. 3 TRIPS, demzufolge die Eintragung – nicht jedoch die Anmeldung – einer Marke von ihrer Benutzung im geschäftlichen Verkehr abhängig gemacht werden darf. Die Verweigerung der Eintragung wegen fehlender Benutzung darf jedoch nicht vor Ablauf von drei Jahren seit Einreichung der Anmeldung erfolgen (→ Einleitung Rn. 295.1).

Die Darstellbarkeit des Zeichens, ob in grafischer Form oder durch andere Mittel, findet in **8** Art. 15 TRIPS keine Erwähnung. Eine fühlbare Einschränkung der Schutzmöglichkeiten für „unkonventionelle", Zeichenformen kann jedoch daraus resultieren, dass TRIPS-Mitgliedern die

Möglichkeit vorbehalten bleibt, die Eintragung von der **visuellen Wahrnehmbarkeit** des Zeichens abhängig zu machen (Art. 15 Abs. 1 S. 4 TRIPS). Es besteht daher keine internationale Verpflichtung zum Schutz von akustischen, olfaktorischen oder sonstigen Zeichen, die andere Sinne als den Sehsinn ansprechen.

8.1   Macht ein Staat von dieser Möglichkeit Gebrauch und schließt nicht-visuelle Zeichen von der Eintragbarkeit aus, stellt sich die Frage, ob dennoch eine Verpflichtung zur Eintragung besteht, soweit sich der Anmelder gemäß Art. 6^{quinquies} PVÜ auf die gültige Eintragung eines entsprechenden Zeichens im Ursprungsland berufen kann. Art. 15 Abs. 1 TRIPS äußert sich zu dieser Frage nicht. In Art. 15 Abs. 2 TRIPS wird lediglich mittelbar auf (ua) Art. 6^{quinquies} PVÜ verwiesen, indem erklärt wird, dass Marken auch aus anderen als den in Art. 15 Abs. 1 genannten Gründen von der Eintragung ausgeschlossen werden können, soweit diese den Vorschriften der PVÜ entsprechen. Damit bleibt unklar, ob die in Art. 15 Abs. 1 TRIPS ausdrücklich genannten Ausschlussgründe unabhängig von ihrer Vereinbarkeit mit der PVÜ gelten sollen.

8.2   Im Vertrag von Singapur (STLT; → Einleitung Rn. 221) wird bestimmt, welche Anforderungen an die zur Darstellung nicht-visueller Marken einzureichenden Anmeldeunterlagen die Mitglieder dieses Vertrages stellen dürfen. Es wird jedoch ausdrücklich erklärt, dass die Mitgliedschaft in diesem Vertrag – dem Deutschland mit Wirkung zum 20.9.2013 beigetreten ist – keine Verpflichtung zum Schutz nicht-visueller Marken bewirkt.

B. Zur Unterscheidung geeignete Zeichen (Abs. 1)

I. Der Zeichenbegriff des Markenrechts

9   Im allgemeinsten Sinne ist ein „Zeichen" etwas, das auf etwas anderes zeigt, oder anders ausgedrückt: Etwas Unterscheidbares, dem eine Bedeutung zukommt. Dem entspricht der in der Semiotik etablierte zweigliedrige Zeichenbegriff, der zwischen dem Zeichenausdruck (signifiant) und dem Zeicheninhalt (signifié) unterscheidet.

9.1   Zu beidem tritt im sog. „semiotischen Dreieck" noch das Objekt, auf das sich Zeichenausdruck und Zeicheninhalt beziehen. Während diese Elemente in fast allen Modellen der Semiotik vorhanden sind, gibt es keine Einheitlichkeit im Hinblick auf die Terminologie.

10   In § 3 Abs. 1 wird der Begriff des Zeichens als gegeben vorausgesetzt (Ingerl/Rohnke/Nordemann/Nordemann-Schiffel Rn. 6). Gegenstand der Vorschrift ist nicht die Definition von Zeichen als solche, sondern die Determinierung der **als Marke schutzfähigen Zeichenformen** oder, aus umgekehrter Perspektive, die Abgrenzung prinzipiell schutzfähiger Zeichenformen von solchen Zeichen, die keinesfalls als Marke geschützt werden können. Ausschlaggebend für diese Abgrenzung ist es, ob das Zeichen „geeignet ist, die Waren und Dienstleistungen eines Unternehmens von denjenigen anderer Unternehmen zu unterscheiden" (Unterscheidungseignung). An dieser, den Mindestinhalt der Marke umreißenden Funktionsbeschreibung ist die Prüfung auszurichten, ob ein Zeichen dem Markenschutz zugänglich und damit (abstrakt) **markenfähig** ist. Weitere Voraussetzungen werden in § 3 Abs. 1 nicht genannt; insbesondere stellt es kein generelles Kriterium der Markenfähigkeit dar, dass das Zeichen grafisch darstellbar ist (→ Rn. 29; → § 4 Rn. 30).

11   Daraus, dass das Zeichen zur Unterscheidung geeignet sein muss, ergibt sich, dass es sich nicht darauf beschränken kann, eine dem Objekt der Kennzeichnung immanente Eigenschaft zu sein; es muss vielmehr über dieses hinausweisen können, in dem Sinne, dass es die Fähigkeit besitzen muss, eine **Aussage über das Kennzeichnungsobjekt** an Dritte **zu kommunizieren.** Hieraus ist die grundlegende Forderung abzuleiten, dass die Marke gegenüber der gekennzeichneten Ware oder Dienstleistung **selbstständig** sein muss (so bereits die frühere Rechtsprechung; s. etwa BGH GRUR 1969, 292 – Buntstreifensatin I; eingehend Fezer Rn. 334 ff.). Dabei besteht Einigkeit darüber, dass damit lediglich die Möglichkeit der gedanklichen Trennung der Marke in ihrer kommunikativen Funktion von dem materiellen Substrat der Kennzeichnung gemeint ist; Selbstständigkeit in physischem Sinne ist nicht erforderlich (BGH GRUR 2008, 71 Rn. 11 – Fronthaube; GRUR 2006, 679 Rn. 12 – Transformatorengehäuse; GRUR 2001, 56 f. – Likörflasche).

11.1   Es ist allerdings verfehlt oder zumindest missverständlich, wenn der BGH formuliert, dass ein Zeichen, um markenfähig iSv § 3 Abs. 1 zu sein, kein funktionell notwendiger Bestandteil der Ware sein dürfe, und dass es über die technische Grundform hinausreichende Merkmale aufweisen muss (BGH GRUR 2004, 252 f. – Gabelstapler II; GRUR 2008, 71 Rn. 11 – Fronthaube). Die genannten Aspekte gehören zu Abs. 2 Nr. 1 der Vorschrift. Der BGH verkennt oder verwischt damit den wichtigen systematischen Unterschied, dass die in Abs. 2 genannten Ausschlussgründe im Unterschied zu der Abs. 1 geregelten, abstrakt zu beurteilenden Markenfähigkeit nur unter Berücksichtigung des konkreten Waren- und Dienstleistungsbezugs beurteilt werden (Ströbele/Hacker/Thiering/Miosga Rn. 34; HK/Fuchs-Wissemann Rn. 5; → Rn. 3).

Das Erfordernis der Selbstständigkeit impliziert zugleich, dass das Zeichen **sinnlich wahr-** **12** **nehmbar** sein muss; anderenfalls kann es keine eigenständige Kommunikationswirkung entfalten.

II. Allgemeine Voraussetzungen der Markenfähigkeit

1. Abstrakte Unterscheidungseignung

Sinn und Zweck des Markenschutzes – und daher auch integrales Element der Markenfähig- **13** keit – ist nicht die Produktdifferenzierung als solche, sondern die Unterscheidung von Waren und Dienstleistungen **nach Maßgabe der kommerziellen Herkunft.** Um als Marke schutzfähig zu sein, ist es daher nicht ausreichend, dass ein Zeichen prinzipiell unterscheidungs- und damit kommunikationsgeeignet ist; hinzutreten muss, dass es die Fähigkeit besitzt, die kommerzielle Quelle des gekennzeichneten Leistungsangebots zu identifizieren und dadurch die Unterscheidung der so gekennzeichneten Waren und Dienstleistungen von solchen aus anderer Quelle zu gewährleisten. Soweit Zeichen daher ausschließlich geeignet sind, auf physikalische Eigenschaften der Waren oder auf sonstige produkt- oder dienstleistungsimmanente Besonderheiten hinzuweisen, sind sie nicht markenfähig.

Allerdings sind Zeichenformen, die bereits als solche nicht (auch) der Unterscheidung der kommerziel- **13.1** len Herkunft dienen können, kaum vorstellbar. Die Frage, ob einem Zeichen eine Unterscheidungsfunktion innewohnt, entscheidet sich regelmäßig auf der Stufe der konkreten Schutzfähigkeit; im Hinblick auf die abstrakte Markenfähigkeit stellt sie sich in der Regel nicht. Unter diesem Gesichtspunkt erscheinen die bei Fezer Rn. 360 genannten Beispiele nicht markenfähiger Zeichen (Testplaketten, Prüf- oder Kontrollzeichen) nicht als überzeugend: Ihrer Form nach sind solche Zeichen durchaus markenfähig; aufgrund ihrer besonderen Zweckbestimmung fehlt ihnen lediglich die **konkrete Eignung,** die kommerzielle Herkunft von Waren oder Dienstleistungen anzugeben und zu unterscheiden.

Im Rahmen von § 3 Abs. 1 ist die Eignung des Zeichens, zur Unterscheidung von Waren oder **14** Dienstleistungen zu dienen, lediglich **abstrakt festzustellen.** Es kommt nicht darauf an, ob das Zeichen konkrete Unterscheidungskraft besitzt (→ Rn. 17). Es muss lediglich denkbar sein, dass ein Zeichen der betreffenden Art markenrechtlichen Unterscheidungszwecken dienen kann. Dabei ist sowohl von den ggf. zu bezeichnenden Waren und Dienstleistungen als auch von der Person des Inhabers abzusehen (BGH GRUR 2001, 240 f. – SWISS ARMY).

Näher → Rn. 18, → Rn. 18.1, → Rn. 19. **15**

Unterscheidungsgeeignet und damit regelmäßig abstrakt markenfähig sind insbesondere Kenn- **16** zeichnungsmittel, die ohne weiteres als – häufig sogar physisch getrennte oder abtrennbare – **Zutaten zur Ware oder Dienstleistung** erscheinen, wie typischerweise auf Etiketten angebrachte oder in Geschäftspapieren aufgeführte Wort-, Bild- oder Wort/Bildmarken. Solchen Zeichen kann die abstrakte Unterscheidungskraft keinesfalls abgesprochen werden. Es versteht sich daher von selbst, dass zB Wortmarken stets markenfähig sind, unabhängig davon, ob es sich um Worte des deutschen Grundwortschatzes handelt (BGH GRUR 2009, 954 Rn. 11 – Kinder III; Ströbele/Hacker/Thiering/Miosga Rn. 12). Abstrakt markenfähig können aber auch alle anderen Charakteristika einer Ware oder Dienstleistung sein, die dem Objekt der Kennzeichnung mit gewisser Permanenz anhaften und sinnlich wahrnehmbar sind, selbst wenn es sich dabei in erster Linie um Eigenschaften der Ware (Form, Farbe, Geruch, Geschmack) oder um Begleitumstände der Dienstleistung (Ausgestaltung von Geschäftslokalen, Kleidung der Angestellten) handelt. Im Einklang mit dem Erfordernis der Selbstständigkeit (→ Rn. 11) sind solche Merkmale der Ware bzw. Dienstleistung (nur) dann unterscheidungsgeeignet und markenfähig, wenn sie über ihren konkreten Waren- bzw. Dienstleistungsbezug hinaus in der Wahrnehmung der Adressaten als Hinweis auf die betriebliche Quelle des Leistungsangebots dienen können. Zur Bejahung der abstrakten Markenfähigkeit genügt dabei bereits die bloße Möglichkeit, dass das Zeichen die erforderliche gedankliche Selbstständigkeit gegenüber dem Kennzeichnungssubstrat besitzt.

Zumindest soweit es um Unternehmenskennzeichen geht, ist seit langem anerkannt, dass die Ausgestal- **16.1** tung von Geschäftsräumen ebenso wie sonstige Merkmale der „corporate identity" zur Unterscheidung dienen und daher gemäß § 5 Abs. 2 S. 2 geschützt werden können (→ § 5 Rn. 62 ff.). Für Dienstleistungsmarken kann insoweit nichts anderes gelten. Dass es das BPatG für erforderlich gehalten hat, diese Frage dem EuGH vorzulegen (BPatG GRUR 2013, 932 – Apple; zur Entscheidung des EuGH C-421/13,

GRUR 2014, 866 – Apple; → Rn. 35.2), lässt sich allenfalls dadurch erklären, dass auf diese Weise eine europaweit einheitliche Handhabung (die als einzige mit Art. 3 MRL vereinbar ist; → Rn. 35) sichergestellt werden sollte.

17   Von der abstrakten Markenfähigkeit iSv § 3 Abs. 1 zu unterscheiden ist die **konkrete Schutzfähigkeit** (bzw. Eintragbarkeit) der Marke. Diese ist primär auf der Grundlage des in § 8 Abs. 2 enthaltenen Katalogs der absoluten Schutzhindernisse zu beurteilen. Erst auf dieser Stufe wird geprüft, ob die Marke ihrem Unterscheidungszweck im Hinblick auf die zu bezeichnenden Waren und Dienstleistungen tatsächlich gerecht wird bzw. ob sie aus anderen Gründen vom Schutz auszuschließen ist.

17.1   § 8 Abs. 2 kommt im Rahmen des Anmeldeverfahrens zur Anwendung und bezieht sich daher nur auf eingetragene Marken. Für Benutzungsmarken gelten jedoch die gleichen Grundsätze, da der von § 4 Nr. 2 geforderte Erwerb von Verkehrsgeltung notwendig Unterscheidungskraft sowie das Fehlen besonderer Freihaltebedürfnisse voraussetzt. Für notorisch bekannte Marken gilt Entsprechendes. Einer analogen Anwendung von § 8 Abs. 2 auf Benutzungsmarken bedarf es insoweit nicht (→ § 4 Rn. 33 mN; aA Szalai MarkenR 2012, 8 (12)). Ob die analoge Anwendung von § 8 Abs. 2 Nr. 4–10 angebracht ist (in diesem Sinne → § 4 Rn. 34), oder ob das Bestehen einer Gesetzeslücke zu verneinen ist, da insoweit andere rechtliche Handhaben (insbesondere das Lauterkeitsrecht im Hinblick auf täuschende und sittenwidrige sowie bösgläubig in Benutzung genommene Zeichen) zur Verfügung stehen, kann hier dahinstehen.

2. Kein Geschäftsbetriebserfordernis

18   Unerheblich ist, ob der Anmelder des Zeichens geschäftliche Aktivitäten betreibt, in deren Rahmen das Zeichen verwendet wird oder verwendet werden kann. Dem Umstand, dass die Marke gemäß § 3 Abs. 1 geeignet sein muss, die Waren und Dienstleistungen „eines Unternehmens" von denjenigen anderer zu unterscheiden, kann keinesfalls entnommen werden, dass der Anmelder „Unternehmer" sein muss; der Begriff wird in untechnischem Sinne verwandt, um zum Ausdruck zu bringen, dass das Zeichen auf die kommerzielle Herkunft von Waren oder Dienstleistungen hinweisen können muss.

18.1   Das im WZG geltende Geschäftsbetriebserfordernis wurde mit dem Erstreckungsgesetz von 1992 abgeschafft (→ Einleitung Rn. 39 f.). Die Tätigkeit des Erwerbers einer Marke ist für die Vornahme der Anmeldung und die Inhaberschaft ohne Belang (§ 7). Allenfalls kann mangelnder Benutzungswillen zur Ungültigkeit der Marke wegen bösgläubiger Anmeldung führen (→ § 8 Rn. 966 ff.; zur Bedeutung fehlenden Benutzungswillens BGH GRUR 2001, 242 – Classe E; EuGH C-371/18, GRUR 2020, 288 Rn. 72 ff. – Sky/Skykick). Von diesen Ausnahmefällen abgesehen sind die unter Geltung des WZG problematisierten Kategorien der „Vorrats-" und „Defensivmarken" nicht mehr aktuell.

3. Weiter Waren- und Dienstleistungsbegriff

19   Die Begriffe der „Waren" und „Dienstleistungen", deren Unterscheidung die Marke dienen soll, sind in einem **weiten, offenen Sinn** auszulegen (so für Dienstleistungen des Einzelhandels EuGH C-418/02, GRUR 2005, 764 Rn. 52 – Praktiker; ebenso für die Dienstleistung der Zusammenstellung von Dienstleistungen EuGH C-420/13, GRUR 2014, 869 Rn. 34 f. – NETTO). Kein Gegenstand einer wirtschaftlichen Tätigkeit ist insoweit per se ausgenommen (zu Sonderfällen → Rn. 20). Davon zu unterscheiden ist die Frage, ob die Angabe der Waren und Dienstleistungen, für die die Marke geschützt werden soll, konkret und eindeutig genug ist, um den Erfordernissen des Eintragungsverfahrens gerecht zu werden (EuGH C-307/10, GRUR 2012, 822 – IP TRANSLATOR; für Einzelhandelsdienstleistungen s. EuGH C-418/02, GRUR 2005, 764 Rn. 49 ff. – Praktiker; zum Fall „NETTO" (BPatG GRUR 2013, 937 (Vorlagebeschluss); EuGH C-420/13, GRUR 2014, 869); → Rn. 26.

20   Nach (noch) herrschender Praxis gelten Immobilien nicht als Kennzeichnungsobjekte iSv § 3 Abs. 1 (BGH GRUR 1974, 657, 658 – Concentra; offengeblieben in BGH GRUR 2001, 732 (733) – BAUMEISTER-HAUS; kritisch Ingerl/Rohnke/Nordemann/Nordemann-Schiffel Rn. 17). Dafür spricht, dass Marken üblicherweise zur Kennzeichnung einer Vielzahl herkunfts- (und in der Regel auch beschaffenheits-)gleicher Objekte bestimmt sind, während es sich bei Gebäuden (von Ausnahmefällen abgesehen) um Unikate handelt. Grundsätzlich keine Eignung als Kennzeichnungsobjekte besitzen ferner individuelle Rechte bzw. Forderungen, auch soweit sie in Wertpapieren verbrieft sind (OLG Köln GRUR-RR 12003, 45 – R-Aktie; Fezer Rn. 254; Ströbele/Hacker/Thiering/Miosga Rn. 16; Ingerl/Rohnke/Nordemann/Nordemann-Schiffel Rn. 17).

Das BPatG geht im Hinblick auf Immobilien davon aus, dass eine Eintragung von Marken lediglich für **20.1** die Dienstleistungen „Bauwesen" oder „Immobilienwesen" in Betracht kommt. Fertighäuser sind hingegen nicht mit Immobilien gleichzusetzen, sondern stellen eine Ware dar (BPatG BlPMZ 2001, 158 – Fertighaus; Fezer Rn. 251; Ströbele/Hacker/Thiering/Miosga Rn. 15.

Unberührt bleibt die Möglichkeit, für Gebäude unter Umständen Namensschutz nach § 12 BGB in **20.2** Anspruch zu nehmen, wenn an einer solchen Bezeichnung ein schützenswertes Interesse besteht (BGH GRUR 1976, 311 – Sternhaus).

Rechte, Forderungen und Wertpapiere können über entsprechende Dienstleistungen erfasst werden, **20.3** wie Vermittlung und Verwaltung von Wertpapieren oder Verwaltung und Lizenzierung von Schutzrechten (Ingerl/Rohnke/Nordemann/Nordemann-Schiffel Rn. 17).

Der BGH weist zutreffend darauf hin, dass der Warenbegriff des Markenrechts nur vom EuGH **21** konkretisiert werden kann (BGH GRUR 2001, 732 (733) – BAUMEISTER-HAUS im Hinblick auf Immobilien, wobei die Frage im konkreten Fall offen bleiben konnte, da die Markenanmeldung bereits aus anderen Gründen scheiterte). Angesichts der bei Dienstleistungen feststellbaren Tendenz dürfte damit zu rechnen sein, dass sich der EuGH nicht an starren Begriffskategorien, sondern an den Gegebenheiten des Marktes und den insoweit bestehenden Schutzbedürfnissen orientiert (in diesem Sinne bereits Fezer Rn. 251 (für Immobilien) und Fezer Rn. 254 (für „bestimmte Fallkonstellationen" bei Wertpapieren).

Nach der 9. Ausgabe der Klassifikation des NKA wird Elektrizität als Ware in Klasse 4 aufgeführt, was **21.1** angesichts der Verbindlichkeit des NKA auch in Deutschland zu beachten ist (Ströbele/Hacker/Thiering/ Miosga Rn. 16). Dies ist ein weiterer Hinweis darauf, dass im Hinblick auf den Begriff der „Ware" ein Festhalten an starren Kategorien nicht angezeigt ist.

Als **„non-fungible token" (NFT)** werden digitale Datenmengen bezeichnet, die aufgrund **22** ihrer speziellen Kennung in der Blockchain nicht reproduziert werden können und insoweit Einzigartigkeit besitzen. Das schließt jedoch nicht aus, dass eine größere Anzahl von NFTs durch dieselbe betriebliche Quelle erzeugt und vertrieben wird, was die markenrechtliche Kennzeichnung sinnvoll erscheinen lässt. Die derzeit noch bestehenden Fragen betreffen daher nicht die prinzipielle Eignung von NFTs als Kennzeichnungsobjekten, sondern die Präzisierung des Schutzgegenstands im Rahmen der Spezifizierung (→ § 32 Rn. 82; → UMV Art. 33 Rn. 29) sowie die Beurteilung der Warenähnlichkeit (→ § 9 Rn. 17; → § 9 Rn. 49). Ähnliches gilt für die Eintragung von Marken, die primär oder ausschließlich zur Benutzung im virtuellen Raum des **„Metaverse"** bestimmt sind (s. im Einzelnen Tann GRUR 2022, 1644 f.).

Der Begriff „herunterladbare, durch Non-Fungible-Tokens authentifizierte digitale Dateien" findet **22.1** sich seit der 12. Ausgabe des NKA in Kl. 9.

Vom EUIPO werden derzeit Richtlinien zur Behandlung von NFT und Metaverse-Marken im Eintra- **22.2** gungsverfahren erarbeitet; der jeweilige Stand ist auf der Webseite des Amtes abrufbar.

III. Bestimmtheit des Zeichens

Von dem zuvor dargestellten, weiten Zeichenbegriff ausgehend lässt sich kaum eine Besonder- **23** heit oder Eigenschaft einer Ware oder Dienstleistung vorstellen, die nicht zugleich Zeichenqualität hat oder haben kann. Um zu verhindern, dass dies zu einem Ausufern des Markenschutzes führt, hat der EuGH in der Entscheidung „Dyson" (EuGH C-321/03, GRUR 2007, 231) gefordert, dass bereits bei der Beurteilung der Zeichenqualität einer Anmeldung zu berücksichtigen ist, inwieweit sich der Anmelder durch die Eintragung des Zeichens einen **ungerechtfertigten Wettbewerbsvorteil** verschaffen würde. Dies wäre dann der Fall, wenn sich das angemeldete Zeichen – im konkreten Fall: Die Durchsichtigkeit des Auffangbehälters eines Staubsaugers – auf eine Vielzahl unterschiedlicher Erscheinungsformen erstrecken würde und damit unbestimmt wäre. Würde eine inhaltlich so unbestimmte Angabe als Marke eingetragen, dann könnte der Inhaber verhindern, dass seine Wettbewerber Staubsauger anbieten, auf deren äußerer Oberfläche sich irgendeine Art von durchsichtigem Auffangbehälter gleich welcher Form befände (EuGH C-321/ 03, GRUR 2007, 231 Rn. 38 – Dyson); dies würde dem Zweck von Art. 3 MRL zuwiderlaufen. Unter Hinweis auf diese Rechtsprechung bestätigte der BGH die Zurückweisung der Anmeldung einer „variablen Marke" durch das BPatG, bei der lediglich die Farbe sowie ein gewisser Rahmen („rechteck-ähnlich geometrische Figur mit zwei parallelen Begrenzungslinien in einer Längsrichtung und einer geraden Begrenzungslinie und einer sich nach außen wölbenden kreisbogenförmigen Begrenzungslinie in einer zur Längsrichtung rechtwinkligen Querrichtung") samt Beispielen für Ausprägungen dieser Figur angegeben worden waren (BGH GRUR 2013, 1046 Rn. 21 –

Variable Bildmarke). Im gleichen Sinne wurde vom BPatG die Anmeldung eines Strichcode-Systems zurückgewiesen, durch das eine lediglich dem Konzept nach definierte, in der konkreten Erscheinungsform variierende Anbringung des Codes auf Buchrücken geschützt werden sollte (BPatG GRUR 2008, 416 – Strichcode); zu weiteren Fällen→ Rn. 25, → Rn. 25.2).

23.1   Dem Freihaltungsinteresse der Wettbewerber wird üblicherweise auf anderer Ebene – vor allem bei den absoluten Schutzhindernissen sowie im Rahmen des Schutzausschlusses für funktionale Formgebungen bzw. sonstige Wesensmerkmale, § 3 Abs. 2 – Rechnung getragen. Dass zur Verhinderung ungerechtfertigter Wettbewerbsvorteile bereits die Unterscheidungseignung des Zeichens verneint wird, ist daher auf Ausnahmefälle beschränkt. Diese lagen in den konkreten Konstellationen zumeist vor (s. aber → Rn. 25). Der in der EuGH-Entscheidung (EuGH C-321/03, GRUR 2007, 231 Rn. 39 – Dyson) enthaltene Satz, Gegenstand der fraglichen Markenanmeldung sei eine „bloße Eigenschaft" der betreffenden Ware und könne infolgedessen kein „Zeichen" iSv Art. 3 MRL (bzw. seinerzeit: Art. 2 MRL 2008) sein, lässt sich jedenfalls nicht verallgemeinern, denn auch Farbe, Form oder Geruch sind ja primär Eigenschaften einer Ware, ohne dass ihre Unterscheidungseignung dadurch per se ausgeschlossen wäre.

23.2   Wegen fehlender Bestimmtheit für löschungsreif erklärt wurde vom britischen Court of Appeal das unter anderem für Brettspiele und deren Wiedergabe per Computer eingetragene Zeichen „dreidimensionale, elfenbeinfarbige Kachel, auf deren oberer Fläche ein Buchstabe des römischen Alphabets von A–Z und eine Ziffer von 1–10 angegeben ist". Ziel der Eintragung war es, die Gestaltung der Grundelemente des Spielkonzepts von „Scrabble" zu schützen (J.W. Spears ua/Zynga, (2013) EWCA Civ 1175).

23.3   Wegen Verstoßes gegen das Bestimmtheitsgebot sind auch Anmeldungen zurückzuweisen, die als widersprüchlich erscheinen. Dies ist der Fall, wenn ein als Bild eines blauen Bandes mit abgesetzten grauen Kanten dargestelltes Zeichen als „Farbmarke" angemeldet wird; EuGH C-578/17, GRUR 2019, 511 Rn. 41 ff. – Oy Hartwall.

23.4   Zur Bedeutung des Bestimmtheitserfordernisses zur Konkretisierung des Schutzgegenstands im Markenrecht sowie in anderen Bereichen des Immaterialgüterrechts s. Peukert GRUR 2021, 1117.

24   Da das Bestimmtheitserfordernis ein generelles Merkmal der Markenfähigkeit darstellt, gilt es auch für **Benutzungsmarken.** Es ist daher nicht möglich, Schutz für die (nicht als Marke eingetragene) Kombination zweier Farben in Anspruch zu nehmen, die in jeder beliebigen Anordnung und Kombination auch mit anderen Farben Verwendung finden können (BGH GRUR 2009, 783 Rn. 33 – UHU). Insoweit finden entsprechende Grundsätze Anwendung, wie sie der EuGH für die grafische Darstellung von Farbkombinationsmarken aufgestellt hat (→ Rn. 43).

25   In der Regel bezieht sich der auf der Grundlage von § 3 Abs. 1 bzw. Art. 3 MRL erhobene Einwand mangelnder Bestimmtheit primär auf die **Form der Darstellung** (bzw. bei Benutzungsmarken: auf die Bestimmtheit des geltend gemachten Anspruchs) und nicht so sehr auf die Art des Zeichens als solche. So hat das BPatG einer als IR-Marke registrierten Produktgestaltung (Schokoladestäbchen in Form einer Weinranke) den Schutz wegen mangelnder Bestimmtheit der Darstellung entzogen, da sich die dreidimensionalen Elemente der Ware aus der Darstellung nicht erschließen ließen (BPatG GRUR 2012, 283 f. – Schokoladestäbchen). Der BGH bestätigte, dass die Bestimmtheit der Darstellung Bestandteil des ordre public sei, so dass die Schutzentziehung in Fällen, in denen dies nicht gewährleistet ist, mit den Schutzversagungsgründen gemäß Art. 6$^{quin-quies}$ B Nr. 3 PVÜ in Einklang steht (→ Rn. 120); die vom BPatG im konkreten Fall gestellten Anforderungen wurden jedoch als überzogen erachtet (BGH GRUR 2013, 929 f. – Schokoladestäbchen II).

25.1   Nach Rückverweisung an das BPatG wurde dem Antrag auf Schutzentziehung im Hinblick auf Schokoladenerzeugnisse wegen mangelnder Unterscheidungskraft iSv § 8 Abs. 2 Nr. 1 stattgegeben. Im Hinblick auf die Ware Kakao wurden hingegen keine Hinderungsgründe für die Schutzerstreckung festgestellt, da die Form des Zeichens insoweit von der Branchenüblichkeit abweicht (BPatG BeckRS 2016, 08048 unter II C 1a, 3). Diese Entscheidung wurde vom BGH erneut mit der Begründung aufgehoben, die Anforderungen an das Vorliegen von Unterscheidungskraft seien überspannt worden (BGH GRUR 2017, 1262 – Schokoladenstäbchen III).

25.2   Wegen fehlender Bestimmtheit zurückgewiesen wurde vom BPatG auch die als „sonstige Markenform" angemeldete Darstellung des Buchstabens „k" in weißer Schrift auf roter, nicht formgebundener Umgebung (BPatG GRUR 2022, 725). Auch insoweit dürften die Anforderungen jedoch überspannt worden sein; es dürfte weniger um einen Fall der fehlenden Bestimmtheit iSv § 3 Abs. 1 als vielmehr um die ggf. fehlende Unterscheidungskraft iSv § 8 Abs. 2 Nr. 1 gehen.

25.3   Das BPatG (30. und 32. Senat) war ursprünglich davon ausgegangen, dass es einem als konturlose Farbmarke angemeldeten Zeichen an der notwendigen Bestimmtheit fehlt (BPatG GRUR 1996, 881 – Farbmarke; GRUR 1998, 574 – Farbmarke Schwarz/Zink-Gelb). Der BGH hat diese Auffassung zurückgewiesen (BGH NJW 1999, 1186 f. – Farbmarke Schwarz-Gelb; ebenso EuGH GRUR 2003, 604 Rn. 41 f. –

Libertel; zur Frage der Darstellbarkeit → Rn. 42). Vom 30. Senat wird allerdings weiterhin erklärt, dass sich bei abstrakten Farbmarken Probleme im Hinblick auf Bestimmtheit und Darstellung ergeben können; dies gelte jedoch nicht für Aufmachungsfarb(kombinations)marken, die sich auf bestimmte Gegenstände beziehen (im konkreten Fall: in Längsrichtung mit der Farbkombination grau-orange versehene Kabel); BPatG GRUR 2022, 1333 Rn. 18.

Während das Bestimmtheitserfordernis zumeist im Zusammenhang mit der Spezifizierung (und **26** Darstellung; → Rn. 27 ff.) des Kennzeichens akut wird, können auch auf der Seite der Waren und Dienstleistungen Probleme auftreten, wenn sich ein Zeichen auf eine unbestimmte und für Wettbewerber unvorhersehbare **Vielzahl von Waren oder Dienstleistungen** erstrecken kann. Ua aus diesem Grund waren die Möglichkeit der Eintragung von Einzelhandels-Dienstleistungsmarken bzw. die insoweit zu beachtenden Bestimmtheitserfordernisse zunächst umstritten (s. etwa BPatG GRUR 2003, 157). In der „Praktiker"-Entscheidung (EuGH C-418/02, GRUR 2005, 764 Rn. 52) hat der EuGH insoweit erklärt, dass es für die Zwecke der Eintragung von Einzelhandelsdienstleistungsmarken erforderlich, aber auch ausreichend sei, nähere Angaben in Bezug auf die Waren oder Arten von Waren zu machen, auf die sich die Dienstleistungen beziehen (dem EuGH folgend BPatG GRUR 2006, 63 – Einzelhandelsdienstleistungsmarke II; zu der nach wie vor nicht höchstrichterlich geklärten Frage, ob eine Einzelhandelsdienstleistung auch im Zusammenhang mit dem Vertrieb eigener Waren erfolgen kann s. BPatG (28. Senat) BeckRS 2019. 24060 einerseits und BPatG (29. Senat) GRUR 2020, 530 andererseits; dazu Mandel GRUR-Prax 2022, 338). Entsprechend wurde es im Hinblick auf die Anmeldung einer Dienstleistungsmarke für die Zusammenstellung von Dienstleistungen für ausreichend erachtet, dass die Dienstleistungen, auf die sich die Zusammenstellung bezieht, präzisiert werden, während die dafür erforderlichen Tätigkeiten nicht im Einzelnen angegeben werden müssen (EuGH C-420/13, GRUR 2014, 869 Rn. 34 f. – NETTO).

Die Bestimmtheit des Waren-/Dienstleistungsverzeichnisses unter Verwendung der Klassifikation von **26.1** Nizza war Thema der EuGH-Entscheidung C-307/10, IP-TRANSLATOR (EuGH GRUR 2012, 822), die zur Verschärfung der zuvor (jedenfalls auf EU-Ebene) geltenden Anforderungen geführt hat (→ UMV Art. 33 Rn. 3 ff.). Offen blieb dabei zunächst die Frage, ob mangelnde Präzision bei der Angabe des beanspruchten Warenverzeichnisses nur zur Zurückweisung der Anmeldung oder auch zur Löschung von Marken führen kann. Diese Frage ist vom EuGH auf eine Vorlage des High Court for England and Wales hin verneint worden: Der Gerichtshof habe in C-370/10, GRUR 2012, 822 – IP/TRANSLATOR keinen zusätzlichen Nichtigkeits- bzw. Ungültigkeitsgrund anerkennen wollen, der nicht in den gesetzlichen Auflistung der Nichtigkeitsgründe enthalten sei (EuGH C-371/18, GRUR 2020, 288 Rn. 60 f. – Sky/ Skykick; s. auch EuGH C-577/14 P, GRUR Int 2017, 327 – Brandconcern/EUIPO (LAMBRETTA); C-501/15 P, GRUR-RR 2017, 496 Rn. 38 – EUIPO/Cactus).

Zur Nichtigkeit des Zeichens führt es jedoch, wenn die Darstellung den gesetzlichen Erfordernissen **26.2** in ihrer Interpretation durch den EuGH nicht entspricht. So hat der EuGH die Entscheidung des EuG bestätigt, dass eine Farbkombinationsmarke, die auf der Grundlage einer den Grundsätzen der Entscheidung EuGH C-4/02, GRUR 2004, 858 – Heidelberger Bauchemie nicht genügenden Darstellung eingetragen wurde, als nichtig anzusehen und zu löschen ist (EuGH C-124/18 P, BeckRS 2019, 15894 – Red Bull/ EUIPO mAnm Viefhues GRUR-Prax 2019, 373; EuG T-101/05, BeckEuRS 2018, 531177 – Red Bull/ EUIPO; Viefhues GRUR-Prax 2018, 8; → UMV Art. 4 Rn. 23).

IV. Sonstige Voraussetzungen der Markenfähigkeit

Die meisten der bisher zur Markenfähigkeit ergangenen EuGH-Entscheidungen befassten sich **27** mit dem Kriterium der grafischen Darstellbarkeit des Zeichens gemäß Art. 2 MRL 2008 und Art. 4 GMV. Grundlegend ist insoweit die „Sieckmann"-Entscheidung (EuGH C-273/00, GRUR 2003, 145), der zufolge die grafische Darstellung **klar, eindeutig, in sich abgeschlossen, leicht zugänglich, verständlich, dauerhaft und objektiv** sein muss (Sieckmann-Kriterien).

Die in den Sieckmann-Kriterien (→ Rn. 27) zum Ausdruck gebrachten Anforderungen an **28** die Präzision und Verlässlichkeit der Darstellung von Zeichen bleiben auch nach der durch die MRL bewirkten Abschaffung des Erfordernisses der grafischen Darstellbarkeit maßgeblich, soweit Marken zur Eintragung angemeldet werden (→ § 8 Rn. 20). Es ist daher ohne praktische Relevanz, ob diese Anforderungen bei § 8 Abs. 1 oder (teilweise) bereits bei § 3 Abs. 1 geprüft werden. Hingegen richtet sich die **Markenfähigkeit nicht eingetragener Marken** ausschließlich nach § 3, so dass die Kriterien des EuGH – wenn überhaupt – nur dort Berücksichtigung finden können.

Von einem Teil der Literatur wurde ursprünglich die Auffassung vertreten, das Erfordernis **29** der grafischen Darstellbarkeit sei als **generelle Voraussetzung** des – einheitlich konzipierten –

Markenschutzes in der EU anzusehen und beanspruche somit auch für Benutzungsmarken Verbindlichkeit. Angesichts des eindeutigen Wortlauts von Art. 1 MRL 1989 („Diese Richtlinie findet auf … Marken Anwendung, die … angemeldet oder eingetragen sind") wurde diese Auffassung vom BGH zurückgewiesen (BGH GRUR 2009, 783 Rn. 28 ff. – UHU; eingehend → § 4 Rn. 30).

30   Eine glatte Übertragung der Grundsätze der EuGH-Rechtsprechung auf nicht eingetragene Marken kommt zudem bereits deswegen nicht in Betracht, weil sie sich **auf die Form der** mit der Anmeldung eingereichten **Darstellung** beziehen, die selbst bei eindeutig unterscheidungs- und damit prinzipiell markenfähigen Zeichen unter Umständen unzureichend sein kann (so etwa bei Farbmarken; → Rn. 42). Über die Markenfähigkeit als solche sagen die Sieckmann-Kriterien (→ Rn. 27) hingegen nichts aus. Ihre Beachtung außerhalb des Eintragungsverfahrens kommt daher lediglich insoweit in Betracht, als sie **übergeordnete Rechtsgrundsätze** zum Ausdruck bringen, die nicht nur die im Einzelfall gewählte Form der (nicht notwendig grafischen) Darstellung, sondern das Zeichen als solches betreffen. Ferner muss es sich um Grundsätze handeln, die nicht allein den besonderen Anforderungen des Registerrechts geschuldet sind.

31   Als ein solcher übergeordneter Rechtsgrundsatz ist insbesondere das Erfordernis der **Klarheit und Eindeutigkeit** des Zeichens zu betrachten, das auch für Benutzungsmarken gilt (BGH GRUR 2009, 783 Rn. 30 – UHU; → Rn. 24). Dem entspricht, dass die vom EuGH für das weitgehend inhaltsgleiche Erfordernis der Bestimmtheit gegebene Begründung – dass anderenfalls der Markenschutz zu ungerechtfertigten Wettbewerbsvorteilen führen würde – nicht auf Registerrechte beschränkt ist, sondern sinngemäß für alle Rechte gilt, denen durch den Markenschutz eine exklusive Marktposition zugewiesen wird (EuGH C-321/03, GRUR 2007, 231 Rn. 38 – Dyson; → Rn. 23).

32   Generelle Bedeutung kommt auch dem Aspekt zu, dass das Zeichen **in sich abgeschlossen** sein muss. Um ihrer Unterscheidungsfunktion gerecht werden zu können, muss eine Marke einem einheitlichen, innerhalb eines kurzen Zeitmoments erfahrbaren Sinneseindruck zugänglich sein. Auf visuelle Marken bezogen, muss das Zeichen „auf einen Blick" erfassbar sein, um in der Entscheidungssituation – typischerweise bei der Auswahl zwischen verschiedenen Angeboten beim Einkauf – seine Aufgabe marktgerecht erfüllen zu können; entsprechendes gilt für andere Sinneseindrücke (Fezer Rn. 341 ff. spricht von der „Geschlossenheit des Gesamteindrucks"). Umfangreiche Texte (zu Slogans → Rn. 37) oder längere Bildfolgen sind daher ebenso wenig geeignet, zur Unterscheidung der betrieblichen Herkunft von Waren oder Dienstleistungen zu dienen, wie komplexe Tonwerke.

32.1   Dieses Erfordernis entspricht in Sinn und Zweck dem im deutschen Markenrecht seit langem etablierten Grundsatz der „Einheitlichkeit" der Marke. Dieser Grundsatz ist allerdings nicht wörtlich in dem Sinne zu verstehen, dass eine Marke lediglich einen einzigen Bestandteil aufweisen darf; es ist allgemein anerkannt, dass sich die Unterscheidungswirkung gerade aus dem Zusammenspiel mehrerer Elemente (Worte, grafische Elemente, Farben etc) ergeben kann (s. auch Ingerl/Rohnke/Nordemann/Nordemann-Schiffel Rn. 8: Merkmal der Einheitlichkeit ist zur Abgrenzung der Zeichenfähigkeit „nicht gewinnbringend").

33   Die Erfordernisse der leichten Zugänglichkeit und Verständlichkeit beziehen sich hingegen primär auf die (grafische oder sonstige) Darstellung und sind für die Markenfähigkeit von Zeichen im Allgemeinen nicht von entscheidender Bedeutung. Allenfalls lässt sich sagen, dass ein Zeichen in dem Sinne **verständlich** sein muss, dass es von den Adressaten der Unterscheidungsfunktion – dh von potenziellen Nachfragern der Waren oder Dienstleistungen – wahrgenommen werden kann. Dies gilt nicht für Lichtwellen oder Tonfrequenzen, die außerhalb des von Menschen wahrnehmbaren Spektrums liegen, selbst wenn sie von nicht-menschlichen Hörern (zB Haustieren) als Farbeffekte oder Tonfolgen erkannt werden können.

33.1   Solche Zeichen können von Menschen allenfalls mittelbar dadurch wahrgenommen werden, dass sie bei den direkten „Adressaten" zu bestimmten Reaktionen führen. Anders als die indirekte grafische Darstellung eines Zeichens, das als solches sinnlich wahrnehmbar ist (→ Rn. 45), sind solche sekundären Anzeichen aber viel zu unsicher, um Zeichenqualität iSd MarkenG entfalten zu können.

34   Dass als Voraussetzung der Markenfähigkeit auch eine gewisse **Dauerhaftigkeit und Objektivität** des Zeichens bzw. seiner Wahrnehmung durch die beteiligten Verkehrskreise zu fordern sind, folgt für Benutzungsmarken sowie für notorisch bekannte Marken bereits daraus, dass sich anderenfalls der Erwerb von Verkehrsgeltung bzw. die notorische Bekanntheit kaum feststellen ließen. Was sich ständig wandelt und/oder bei verschiedenen Adressaten zu unterschiedlichen subjektiven Wahrnehmungen führt, besitzt nicht das Potenzial für den Nachweis einer hinreichend

breiten und stabilen Verkehrsauffassung, durch die das Vorliegen konkreter Unterscheidungskraft belegt werden könnte.

Insoweit werden von dem Erfordernis der Verkehrsgeltung – ebenso wie von der notorischen Bekannt- **34.1** heit – im Hinblick auf die Gewährleistung von Transparenz und Rechtssicherheit die gleichen Aufgaben wahrgenommen, die bei den Registerrechten vom Erfordernis der (grafischen oder sonstigen) Darstellbarkeit erfüllt werden. Zwischen beiden besteht somit weitgehend funktionelle Äquivalenz. Die in der früheren Literatur geführte Diskussion darüber, ob dem Kriterium der grafischen Darstellbarkeit ungeachtet der auf eingetragene Marken begrenzten Geltung der MRL 2008 allgemeine Bedeutung für die Markenfähigkeit von Zeichen zukommt (→ Rn. 29; → § 4 Rn. 30), war somit schon aus diesem Grund im praktischen Ergebnis weitgehend gegenstandslos.

V. Einzelne Zeichenformen

1. Grundsätzliches

Als Regelbeispiele schutzfähiger Zeichenformen werden in Art. 3 MRL „Wörter einschließlich **35** Personennamen, oder Abbildungen, Buchstaben, Zahlen, Farben, die Form oder Verpackung der Ware oder Klänge" genannt. Das MaMoG hat insoweit eine Angleichung der Terminologie vorgenommen, als der zuvor in § 3 Abs. 1 verwendete Begriff „Hörzeichen" durch „Klänge" ersetzt wurde. In der Tat ist es unter systematischen Aspekten nicht korrekt, von „Hörzeichen" zu sprechen, wenn die Zeichenqualität solcher Phänomene erst definiert werden soll (auf der anderen Seite wurde mit gewisser Berechtigung eingewandt, dass das Wort „Klänge", anders als der englische Ausdruck „sounds" die Breite möglicher Hörzeichen nicht voll umfasst). Hingegen bleibt es dabei, dass es statt „Form oder Verpackung der Ware" „dreidimensionale Gestaltungen einschließlich der Form einer Ware oder ihrer Verpackung sowie sonstige Aufmachungen einschließlich Farben und Farbzusammenstellungen" heißt. Da die Aufzählung ohnehin lediglich **beispielhafte Bedeutung** hat, kommt es auf die Unterschiede in den Formulierungen ohnehin nicht an; bei der gebotenen, europarechtskonformen Auslegung ist allein die Unterscheidungseignung des Zeichens maßgeblich (EuGH C-283/01, GRUR 2004, 54 Rn. 37 – Shield Mark/Kist).

Das BPatG hatte ursprünglich aus der Formulierung von § 3 Abs. 1 geschlossen, dass Farben und **35.1** Farbkombinationen nur als „(sonstige) Aufmachung" geschützt werden können. In Anlehnung an den Ausstattungsbegriff gemäß § 25 WZG wurde daraus gefolgert, das konturlose Farben und Farbkombinationen nicht geschützt werden können (BPatG GRUR 1998, 574 (576) – Schwarz/Zink-Gelb). Vom BGH wurde diese Ansicht mit der Begründung zurückgewiesen, dass § 3 Abs. 1 der Umsetzung von Art. 2 MRL 1989 dient, aus dem sich eine entsprechende Einschränkung – die auch im Übrigen nicht von Inhalt und Zielsetzung der Richtlinie gedeckt ist – entnehmen lässt. Für die Auslegung des MarkenG sei in erster Linie die MRL 1989 heranzuziehen; ein Rückgriff auf das frühere Recht (WZG) dürfe nicht erfolgen (BGH NJW 1999, 1186 f. – Farbmarke Schwarz-Gelb).

Rechtlich irrelevant ist daher auch, dass in § 3 Abs. 1 (ebenso wie in Art. 2 MRL 2008) lediglich die **35.2** „Aufmachung der Ware", nicht jedoch die Aufmachung von Dienstleistungen erwähnt wird. Die dem EuGH vom BPatG vorgelegte Frage, ob sich daraus der Gegenschluss ergeben könnte, dass Dienstleistungsaufmachungen kein schutzfähiges Zeichen iSv Art. 2 MRL 2008 sind (BPatG GRUR 2013, 932 – Apple), hätte sich ohne weiteres in negativem Sinne beantworten lassen können. Der EuGH gibt eine solche klarstellende Antwort allerdings nicht, sondern weist eher missverständlich darauf hin, dass die vom Anmelder eingereichte Darstellung selbst zweifellos geeignet sei, als Marke geschützt zu werden, ohne dass es darauf ankomme, ob eine solche Abbildung auch als „Aufmachung, in der sich eine Dienstleistung verkörpert" der „Aufmachung einer Ware" iSv Art. 2 MRL 2008 gleichgestellt werden könne (EuGH C-421/13, GRUR 2014, 866 Rn. 18 f. – Apple). Hier hat es der EuGH offenbar versäumt, die Form der Darstellung von der Form des beanspruchten Zeichens zu unterscheiden. Ob und ggf. welche Auswirkungen sich daraus für den Schutzumfang oder die rechtserhaltende Benutzung ergeben, bleibt dabei offen.

2. Wörter einschließlich Personennamen, Buchstaben und Zahlen

Wortmarken stellen zusammen mit Bild- und Wortbildmarken die wichtigste und am häufigsten **36** verwendete Form von Marken dar. Dass Wörter – in Alleinstellung oder in Kombination mit anderen Elementen – prinzipiell markenfähig sind, unterliegt keinem Zweifel. Dasselbe gilt für die in Art. 3 MRL sowie in § 3 Abs. 1 ausdrücklich genannten Personennamen, Buchstaben und Zahlen. Der Schutz solcher Zeichen kann daher **nur im Einzelfall** zB wegen fehlender Unterscheidungskraft oder wegen des beschreibenden oder üblichen Charakters des Zeichens im Hinblick auf die konkreten Waren oder Dienstleistungen scheitern (für eingetragene Marken s.

§ 8); die Markenfähigkeit kann ihnen jedoch nicht abgesprochen werden (BGH GRUR 2009, 954 Rn. 11 – Kinder III; s. auch → Rn. 16).

36.1   Wortmarken wurden erst mit dem WZG von 1894 als eintragungsfähig anerkannt; zuvor wurden lediglich Bildzeichen zur Eintragung zugelassen (→ Einleitung Rn. 29). Aus einzelnen Zahlen oder Buchstaben bestehende Zeichen wurden nach dem WZG zwar als prinzipiell schutzfähig, jedoch als grundsätzlich freihaltebedürftig betrachtet; sie konnten daher nur aufgrund nachgewiesener Verkehrsdurchsetzung eingetragen werden. Solche Anforderungen können auf der Grundlage des MarkenG nicht gestellt werden. Auf der anderen Seite lässt sich die Unterscheidungskraft einzelner Zahlen oder Buchstaben häufig nicht ohne weiteres bejahen; ferner kommt es darauf an, ob insoweit Freihaltebedürfnisse bestehen (eingehend → § 8 Rn. 268 ff.).

37   Prinzipiell markenfähig sind auch Slogans, ungeachtet dessen, dass sie weder in § 3 Abs. 1 noch in Art. 3 MRL erwähnt werden. Es ist allgemein anerkannt, dass prägnante Wortfolgen, wie sie für Slogans charakteristisch sind, zur Unterscheidung von Waren und Dienstleistungen nach ihrer betrieblichen Herkunft geeignet sind. Auch solchen Zeichenformen kann daher lediglich die konkrete Schutzfähigkeit, nicht jedoch die abstrakte Markenfähigkeit fehlen (im Einzelnen → § 8 Rn. 351 ff.). Dies gilt allerdings nur für Wendungen, die sich aufgrund ihrer Kürze tatsächlich als Slogans eignen, indem sie eine **Werbebotschaft schlagwortartig auf den Punkt bringen.** Längere Texte, in denen die Besonderheiten des Angebots beschrieben werden, eignen sich ebenso wenig dazu, als Marke zu dienen, wie Essays oder fiktive Geschichten, die das zu bezeichnende Produkt charakterisieren.

3. Abbildungen

38   Markenfähig sind auch Abbildungen aller Art ungeachtet ihres Komplexitätsgrades, soweit sie in sich abgeschlossen sind. Dieses Erfordernis schließt **Bildfolgen** nicht generell aus; die Grenze der Markenfähigkeit dürfte jedoch dann erreicht sein, wenn sich die Bildelemente nicht mehr in einem einheitlichen Sinneseindruck erfassen lassen, sondern einen längeren „Lesevorgang" erfordern.

39   Ohne Belang für die Markenfähigkeit von Abbildungen ist auch, ob die Darstellung flächig erscheint oder einen dreidimensionalen Eindruck ergibt. Handelt es sich in letzterem Fall um eine **Abbildung der Ware,** die Gegenstand des Markenschutzes sein soll, finden allerdings ggf. die besonderen Ausschlussgründe des § 3 Abs. 2 Anwendung (→ Rn. 66); ferner fehlt solchen Darstellungen häufig die Unterscheidungskraft (→ § 8 Rn. 419; allgemein zur rechtlichen Gleichbehandlung von Warenformen und deren flächiger Abbildung s. ua EuGH C-25/05 P, GRUR 2006, 1022 Rn. 29 – Storck/HABM; C-144/06 P, BeckRS 2007, 70781 Rn. 38 – Henkel/HABM; C-546/10, BeckEuRS 2011, 620712 Rn. 58 – Wilfer/HABM (Gitarrenkopf); verb. Rs. C-337/12 bis C-340/12, BeckEuRS 2014, 752102 – Pi Design/Yoshida).

4. Warenformen und -verpackungen

40   Dass auch die Form einer Ware sowie ihrer Verpackung vollwertigen Markenschutz erlangen kann, ist im deutschen Recht erst seit der Umsetzung der MRL 1989 durch das MarkenG anerkannt; zuvor konnten Warenformen nur als Ausstattungen gemäß § 25 WZG Schutz erhalten. Da das Markenrecht Schutz von unbegrenzter Dauer gewährt, besteht allerdings ein gewisses **Spannungsverhältnis** zu dem allgemeinen Grundsatz, dass Produktinnovationen nur für eine begrenzte Zeit Schutz (durch Patent- oder Musterrecht) genießen sollen. Die daraus entstehenden Bedenken liegen der Ausschlussregelung von § 3 Abs. 2 zugrunde (→ Rn. 53 ff.). Von dieser speziellen Regelung abgesehen unterliegen Warenformen und -verpackungen den gleichen rechtlichen Grundsätzen wie andere Markenformen; allerdings werden Anmeldungen solcher Zeichen in der Praxis relativ restriktiv beurteilt (→ § 8 Rn. 471 ff.).

40.1   In der Literatur wurde erklärt, mit der Aufnahme dreidimensionaler Gestaltungen in den Kreis schutzfähiger Markenformen habe der europäische Gesetzgeber signalisiert, dass er der Schutzgewährung für solche Zeichen betont **positiv** gegenüberstehe (Ullmann NJW-Sonderheft 100 Jahre Markenverband, 2003, 83 ff.; kritisch Kur GRUR Int 2004, 755 (759)). Diese Interpretation geht allerdings zu weit: Dass eine Zeichenform dem Schutz als Marke grundsätzlich zugänglich ist, besagt noch nichts darüber, wie leicht oder schwierig es im Einzelfall ist, diesen Schutz auch tatsächlich zu erlangen.

5. Farben und Farbkombinationen

Dass die Farbgebung von Produkten ihrer Zuordnung zu einer bestimmten Herkunftsquelle **41** dienen und damit Unterscheidungsfunktion iSv § 3 Abs. 1 aufweisen kann, ist grundsätzlich unbestritten. Soweit Farben jedoch unabhängig von ihrer konkreten Verbindung mit der Form einer Ware, als **abstrakte Farbmarke,** geschützt werden sollen, wurden zum Teil Zweifel an der Markenfähigkeit geäußert (so BPatG GRUR 1996, 881 – Farbmarke; GRUR 1998, 574 – Farbmarke Schwarz/Zink-Gelb; Generalanwalt Léger in den Schlussanträgen zu EuGH C-104/01, BeckEuRS 2002, 264227 Rn. 86 f. – Libertel); ebenso in den Schlussanträgen zu EuGH C-4/02, BeckEuRS 2004, 388637 Rn. 41 ff. – Heidelberger Bauchemie). Durch die Neuformulierung des Katalogs schutzfähiger Zeichenformen in Art. 3 MRL, der nunmehr auch Farben umfasst, ist insoweit eine Klarstellung erfolgt.

Ungeachtet dieser Klärung könnte es sich als problematisch erweisen, dass sich abstrakte Farben **42** und Farbkombinationen auf eine Vielzahl von Erscheinungsformen erstrecken können und damit unbestimmt sind (zur Ablehnung der Markenfähigkeit unter dem Aspekt mangelnder Bestimmtheit s. EuGH C-321/03, GRUR 2007, 231 Rn. 38 – Dyson; → Rn. 23). Im Fall von Farbmarken lässt es der EuGH für das Bestimmtheitserfordernis jedoch genügen, dass die **Farbnuance,** auf die sich der Schutz beziehen soll, durch eine hinreichend genaue grafische Darstellung, unter Heranziehung eines international anerkannten Farbcodes, präzisiert wird (EuGH C-104/01, GRUR 2003, 604 – Libertel; zu Einzelheiten → § 32 Rn. 38 ff.). Bei Farbkombinationen muss hinzukommen, dass die Anmeldung eine systematische Anordnung enthält, in der die betreffenden Farben in vorher festgelegter und beständiger Weise verbunden sind (EuGH C-4/02, GRUR 2004, 858 – Heidelberger Bauchemie; zu Einzelheiten → § 32 Rn. 42 ff.).

Vor der grundlegenden EuGH-Entscheidung (EuGH C-104/01, GRUR 2003, 604 – Libertel) war **42.1** bereits eine Reihe von Farbmarken auf der Grundlage anderer, nach Libertel als unzureichend anzusehender Darstellungsformen – wie insbesondere eines Farbmusters – eingetragen worden. Die Rechtsgültigkeit dieser Eintragungen erschien nach der EuGH-Entscheidung als zweifelhaft. In der Praxis wurde den Inhabern solcher Marken durch die Ämter die Möglichkeit geboten, die Anmeldeunterlagen durch die Einreichung weiterer Präzisierungen (insbesondere durch die Bezugnahme auf einen internationalen Farbcode) „nachzubessern", ohne eine Verschiebung des Prioritätsdatums in Kauf nehmen zu müssen (für Unionsmarken → UMV Art. 4 Rn. 22.1).

Wird für eine Farbkombination eine **Benutzungsmarke** geltend gemacht, sind an die **43** Bestimmtheit des insoweit erhobenen Anspruchs entsprechende Anforderungen wie im Fall der Eintragung zu stellen. So müssen konkrete Angaben zur systematischen Anordnung (zB zur Grundfarbe und zur Schriftfarbe) und zum flächenmäßigen Verhältnis der Farben bei der beanspruchten Benutzungsmarke gemacht werden. Es reicht nicht aus, zwei Farben zu benennen, die in jeder beliebigen Anordnung und Kombination auch mit anderen Farben Verwendung finden können (BGH GRUR 2009, 783 Rn. 33 – UHU).

6. Akustische Marken (Hörmarken; Klangmarken)

Es ist unbestritten, dass **akustische Signale** eine Kennzeichnungswirkung entfalten können. **44** Signaltöne oder sog. „Jingles" können nicht nur Aufmerksamkeit erzeugen, sondern auch als Hinweis auf die Herkunftsquelle von Dienstleistungen (insbesondere Telekommunikationsdienste oder Programmanbieter) sowie von Waren dienen. Dass Hörmarken („Klänge") erst in Art. 3 MRL ausdrücklich erwähnt werden, während die beispielhafte Aufzählung unterscheidungsgeeigneter Zeichenformen in Art. 2 MRL 2008 ausschließlich visuell wahrnehmbare Zeichen enthielt, ist daher im Ergebnis unerheblich (s. zum bisherigen Recht EuGH C-273/00, GRUR 2003, 145 Rn. 44 – Sieckmann/DPMA; C-283/01, GRUR 2004, 54 Rn. 37 – Shield Mark/Kist).

Da Hörmarken prinzipiell unterscheidungsgeeignet sind und der in Art. 2 MRL 2008 festgelegte Zei- **44.1** chenbegriff europaweit einheitlich auszulegen war, blieb es auch nicht der Entscheidung einzelner Mitgliedstaaten überlassen, ob sie solchen Marken Schutz gewähren; soweit die sonstigen Voraussetzungen von Art. 2 MRL 2008 gegeben waren, war die Schutzgewährung vielmehr **zwingend geboten** (EuGH C-283/01, GRUR 2004, 54 Rn. 41 – Shield Mark/Kist).

Während die abstrakte Unterscheidungseignung von Klangmarken daher ohne weiteres bejaht **45** werden kann, konnten nach bisherigem Recht die Präzision, Zugänglichkeit und Verständlichkeit der – zwingend in grafischer Form zu erfolgenden – Darstellung Probleme bereiten. Da die grafische Darstellung ausschließlich den Sehsinn anspricht, ist für das Verständnis einer akustischen Marke, die mit einem anderen Sinnesorgan wahrgenommen wird, notwendiger Weise ein **gedank-**

licher Übertragungsprozess erforderlich. Anders als bei traditionellen Markenformen lässt sich der Gegenstand des Rechtsschutzes daher nicht unmittelbar durch die grafische Darstellung erschließen. Die Schwierigkeiten lassen sich jedoch durch eine indirekte Form der Darstellung überwinden, soweit diese hinreichend präzise ist (s. EuGH C-283/01, GRUR 2004, 54 Rn. 55 f. – Shield Mark/Kist).

45.1   Der EuGH hat grundsätzlich anerkannt, dass auch die Beschreibung des Zeichens eine prinzipiell zulässige Form der indirekten Darstellung bildet (EuGH C-273/00, GRUR 2003, 145 Rn. 70 – Sieckmann/DPMA; C-104/01, GRUR 2003, 604 Rn. 34 – Libertel). In der Regel wird die Beschreibung eines Zeichens jedoch nicht hinreichend präzise sein, um den Anforderungen an die grafische Darstellung im Sinne der Anmeldeerfordernisse zu genügen.

46   Im Zusammenhang mit dem Schutz akustischer Marken zeigt sich in besonderem Maße, dass das Erfordernis der grafischen Darstellbarkeit letztlich wenig zur Rechtssicherheit und Transparenz des Markenregisters beigetragen hat. Durch die **Hinterlegung von Tonträgern** lässt sich der Schutzgegenstand von Hörmarken präziser und sicherer darstellen als durch die Einreichung von Notenschriften und Sonagrammen. Die durch die Markenrechtsreform erfolgte Streichung des Erfordernisses der grafischen Darstellbarkeit (→ Rn. 4; → § 8 Rn. 20) unter Beibehaltung der Sieckmann-Kriterien (→ Rn. 27) dürfte sich in dieser Hinsicht positiv auswirken.

46.1   Während nach der grundlegenden Entscheidung des EuGH zum Schutz von akustischen Marken (EuGH C-283/01, GRUR 2004, 54 Rn. 54 – Shield Mark/Kist) die grafische Darstellbarkeit für Melodien, die durch Notenschrift wiedergegeben werden, allgemein anerkannt war, blieb die Eintragung bloßer Geräusche problematisch. Dabei war es in der EuGH-Entscheidung – neben den ersten neun Noten des Klavierstücks „Für Elise" von Beethoven – auch um das Krähen eines Hahnes gegangen. Der EuGH verwarf die vom Kläger bei der Anmeldung eingereichten Formen der Darstellung – die Beschreibung des Zeichens als das Krähen eines Hahnes sowie die (im Niederländischen gebräuchliche) onomatopoetische Wiedergabe als „Kukelekuuuu" – als unzureichend, weigerte sich aber, zu der Frage Stellung zu nehmen, ob die Darstellung durch Sonagramme oder andere digitale Darstellungsmittel ausreichend sein könnte, da es sich insoweit um eine rein hypothetische Frage handelte, die für die Entscheidung im konkreten Fall keine Rolle spielte. Die Rechtslage blieb insoweit uneinheitlich; so lehnte das DPMA die Eintragung solcher Zeichen wegen fehlender grafischer Darstellbarkeit grundsätzlich ab. Nach dem MaMoG bestehen insoweit keine Probleme mehr; nach § 11 Abs. 1 MarkenV können Klangmarken durch eine klangliche elektronische oder eine grafische Wiedergabe dargestellt werden → § 32 Rn. 50 ff.

46.2   Das EUIPO ließ schon vor dem Inkrafttreten der UMV in ihrer jetzt gültigen Fassung bisher die Eintragung von Geräuschen prinzipiell auf der Grundlage von – regelmäßig durch Tonträger begleiteten – Sonagrammen zu. Der UMDV zufolge muss sich der Anmelder künftig entscheiden, ob er einen Tonträger im mp3-Format oder eine Notenschrift einreicht (→ UMV Art. 4 Rn. 25 mit Hinweis auf Art. 3 Abs. 3 lit. g UMDV).

7. Olfaktorische Marken (Duftmarken)

47   Ähnlich wie bei akustischen Marken schließt bei olfaktorischen Marken der Umstand, dass die Wahrnehmung durch einen anderen Sinn als den Sehsinn erfolgt, die Unterscheidungseignung und damit die abstrakte Markenfähigkeit nicht aus (EuGH C-273/00, GRUR 2003, 145 Rn. 44 – Sieckmann/DPMA). Anders als bei Hörmarken gibt es jedoch bisher **keine höchstrichterlich anerkannte Form der grafischen Darstellung,** die die Marke in hinreichend präziser und dauerhafter Form wiedergibt. In der Entscheidung „Sieckmann" wurden die vom Anmelder angebotenen Darstellungsmittel – Beschreibung des Dufts, chemische Formel der Substanz, Hinterlegung einer Geruchsprobe – sämtlich als unzureichend abgelehnt (EuGH C-273/00, GRUR 2003, 145 Rn. 68 ff. – Sieckmann/DPMA; im Ergebnis ebenso EuG T-305/04, GRUR 2006, 327 – Eden SARL/HABM).

48   Zwar hat es vereinzelte Vorstöße, auch von Seiten des EUIPO, gegeben, den Schutz auf Grund von **Beschreibungen** (HABM IIC 1999, 388 – The smell of fresh cut grass; s. auch HABM GRUR 2002, 348 – Der Duft von Himbeeren: Anmeldung wegen fehlender Unterscheidungskraft, nicht jedoch wegen mangelnder grafischer Darstellbarkeit zurückgewiesen) oder Chromatogrammen zuzulassen; bisher haben diese jedoch nicht zum Erfolg geführt (zur Praxis des EUIPO → UMV Art. 4 Rn. 8.1).

49   **Geschmacksmarken** (gustatorische Marken) gelten aufgrund der gleichen Erwägung ebenfalls nicht als grafisch darstellbar und sind somit gleichfalls vom Registerschutz ausgeschlossen (Ströbele/Hacker/Thiering/Miosga Rn. 79).

Ob der Schutz olfaktorischer Marken nach dem Wegfall des Erfordernisses der grafischen Darstellung **49.1** leichter möglich wird und welche Konsequenzen sich daraus ggf. für die Praxis ergeben, bleibt abzuwarten; es erscheint jedoch zweifelhaft. Zwar wird es damit prinzipiell möglich sein, auch die **Hinterlegung einer Duftprobe** als Mittel der Wiedergabe des Zeichens in Betracht zu ziehen; diese Option ist jedoch nur dann zielführend, wenn sie nicht nur eine präzise, sondern auch eine dauerhafte und leicht zugängliche Wahrnehmung des Dufts von Seiten des Amts sowie durch Dritte ermöglicht (zu den insoweit bestehenden technischen Möglichkeiten einschließlich des Verströmens von Duftstoffen über das Internet s. Fezer Rn. 608). Auch in der Praxis des EUIPO hat die Eintragung olfaktorischer Marken jedenfalls derzeit keine Chance (→ UMV Art. 4 Rn. 8; Ströbele/Hacker/Thiering/Miosga Rn. 76 ff.).

Da die grafische Darstellbarkeit im deutschen Recht schon bisher nicht als Erfordernis der **50** Markenfähigkeit angesehen wurde (→ Rn. 29; → § 4 Rn. 30), sind Duftmarken (ebenso wie Geschmacksmarken) prinzipiell **als Benutzungsmarken** schutzfähig. Voraussetzung dafür ist jedoch, dass Verkehrsgeltung nachgewiesen wird. Dies dürfte relativ schwerfallen: So fehlt es zumindest bei komplexen Düften häufig an einem konkreten Wiedererkennungsfaktor, der den Duft in der Wahrnehmung der beteiligten Verkehrskreise als betriebliches Herkunftskennzeichen etablieren könnte. Bisher ist auch kein Fall bekannt geworden, in dem sich der Hersteller eines Parfums (oder eines sonstigen, charakteristisch duftenden Produkts) mit Erfolg auf eine Benutzungsmarke berufen hätte. Zu beachten wären in diesem Fall ferner die unüberwindbaren Eintragungshindernisse des § 3 Abs. 2, die sich nunmehr auch auf andere charakteristische Merkmale von Waren als deren Form beziehen (→ Rn. 72.3).

Dass nach der Systematik des MarkenG (in seiner früheren Fassung) olfaktorische Marken als Benut- **50.1** zungsmarken geschützt werden können, wegen des Erfordernisses der grafischen Darstellbarkeit (jetzt: wegen der Notwendigkeit einer den Sieckmann-Kriterien gemäß → Rn. 27 genügenden Darstellung) jedoch auch dann vom Registerschutz ausgeschlossen bleiben, wenn sie Verkehrsgeltung erlangt haben, stellt nach Auffassung von Fezer eine Ungleichbehandlung dar, die der vom Gesetzgeber erstrebten Gleichbehandlung aller Markenformen widerstreite und auch im Widerspruch zu einer rechtseinheitlichen Entwicklung im internationalen Markenrecht stehe. Es sei daher notwendig, die grafische Darstellbarkeit eines Zeichens im Rechtssinne als allgemeines Merkmal der Markenfähigkeit anzusehen (Fezer Rn. 609). Dem ist jedoch entgegenzuhalten, dass der Gesetzgeber dadurch, dass er die grafische Darstellbarkeit gerade nicht als Merkmal der Markenfähigkeit deklariert hat, bewusst die Möglichkeit des Schutzes als Benutzungsmarke für grafisch nicht darstellbare Zeichen eröffnet und somit die hier vorliegende Ungleichbehandlung in Kauf genommen hat. Dass sich aus dem internationalen Markenrecht zwingende Argumente für eine Gleichbehandlung aller Zeichenformen ergeben würden, lässt sich ebenfalls kaum begründen; insoweit fehlt es an greifbaren Anhaltspunkten. Das Argument von Szalai (MarkenR 2012, 8 (13)), dass die Anwendbarkeit des Erfordernisses der grafischen Darstellbarkeit von Benutzungsmarken aus einer „europarechtskonformen Anwendung" von § 3 folge, übersieht die Beschränkung des Anwendungsbereichs der Richtlinie durch Art. 1 MRL 2008; ferner wird nicht beachtet, dass die Ausführungen des EuGH in der „Sieckmann"-Entscheidung ausdrücklich mit den besonderen Anforderungen des Registerverfahrens, und nicht – wie das Kriterium der Bestimmtheit – mit allgemeinen Grundsätzen des Markenrechts als Ausschließlichkeitsrecht begründet werden (EuGH C-273/00, GRUR 2003, 145 Rn. 47 ff. – Sieckmann/DPMA).

8. Sonstige Markenformen

Da die Aufzählung markenfähiger Zeichenformen in § 3 Abs. 1 nicht abschließend ist, sind **51** der Herausbildung weiterer Markenformen keine Grenzen gesetzt; auch die **Aufmachung von Ladenlokalen** oder sonstige Aufmachungselemente von Dienstleistungen sind ohne weiteres hierher zu zählen. Zwar hat der EuGH die entsprechende, ihm vom BPatG vorgelegte Frage nicht explizit beantwortet (EuGH C-421/13, GRUR 2014, 866 – Apple; → Rn. 35.2); die Antwort folgt jedoch aus der Systematik des Gesetzes.

Dass das BPatG die Frage dem EuGH vorgelegt hat (BPatG GRUR 2013, 932 – Apple), war daher **51.1** grundsätzlich überflüssig; s. auch v. Mühlendahl GRUR 2013, 942 f. in der Anm. zu den Vorlagebeschlüssen des BPatG). Eine Rolle hat dabei – neben dem Bestreben, eine europaweit einheitliche Handhabung herbeizuführen – wohl auch gespielt, dass es sich bei der von Apple beantragten Ausstattungsmarke um eine IR-Marke handelt, bei der die Basismarke in den USA als „Get-up" eingetragen wurde, was dem Begriff der „Aufmachung", aber auch der „Verpackung" entspricht. Dies resultiert aus der amerikanischen Rechtsprechung, die die Aufmachung von Restaurants und Geschäftslokalen in rechtlicher Hinsicht Verpackungen gleichstellt und sie dadurch von reinen Warenformmarken unterscheidet (s. US Supreme Court Two Pesos, Inc. v. Taco Cabana, Inc., GRUR Int 1993, 890; Wal-Mart Stores Inc. v. Samara Bros. Inc., GRUR Int 2000, 812). Da die Aufzählung schutzfähiger Zeichenformen in Art. 3 MRL lediglich

Warenverpackungen nennt, ließ sich die Klassifizierung der Marke nicht glatt in das europäische Begriffs-schema einordnen. Dies allein hätte jedoch nicht zum Anlass für eine EuGH-Vorlage genommen werden müssen, zumal der EuGH diese spezielle Frage gar nicht beantwortet sondern lediglich erklärt hat, dass die Abbildung eine Marke sein könne und es daher auf die vom BPatG gestellte Frage nicht ankomme, → Rn. 35.2).

52   Zu den außer den zuvor genannten Markenkategorien in Rechtsprechung und Praxis **aner-kannten Markenformen** zählen haptische Marken (Tastmarken), Bewegungsmarken (zB HABM BK GRUR 2004, 63 – Lamborghini), Hologramme, Multimediamarken, Positionsmarken ua. Da sämtliche dieser Markenformen jedenfalls dem Grunde nach der Unterscheidung von Waren oder Dienstleistungen dienen können, ist an ihrer Markenfähigkeit iSv § 3 Abs. 1 nicht zu zweifeln.

52.1   Soweit Schutz durch Eintragung begehrt wird, sind die Anforderungen an die mit den verschiedenen Markenformen einzureichenden Darstellungen in der MarkenV geregelt (→ § 8 Rn. 22; zu Einzelheiten → § 32 Rn. 27 ff.)

52.2   Für die Darstellung von Tastmarken gelten gewisse Besonderheiten, da sie ebenso wie akustische und olfaktorische Marken einen anderen Sinn als den Sehsinn ansprechen; es muss daher ebenso wie bei Hör- und Duftmarken eine hinreichend präzise Form der Darstellung gefunden werden, die gerade das charakteristische, haptische Element in objektiver, verständlicher Weise zum Ausdruck bringt (BGH GRUR 2007, 148 – Tastmarke; BPatG 2008, 348 – Tastmarke („Gefühl von feinem Sandpapier"). Bisher wurde weder auf nationaler noch auf europäischer Ebene einer Tastmarke Schutz zuerkannt; Geiregat IIC 2022, 219 (229 f.). S. auch → § 8 Rn. 24; → § 32 Rn. 58.

52.3   Bei den übrigen zuvor genannten Markenformen handelt es sich um dem Sehsinn zugängliche Zeichen, die sich schon bisher für die Darstellung in grafischer Form eignen. Bei **Bewegungsmarken und Holo-grammen** waren dafür mehrere Darstellungen notwendig, die den Ablauf der Bewegung bzw. die wech-selnden Erscheinungsformen des Hologramms in ihrer Gesamtheit bzw. den wesentlichen Stadien wieder-geben. Nach Wegfall des Erfordernisses der grafischen Darstellbarkeit ist die Standardform der Darstellung die Hinterlegung einer MP4-Datei → § 32 Rn. 56. Dabei verhindert das Erfordernis, dass das Zeichen in sich abgeschlossen sein muss, dass überkomplexe Bewegungsabläufe – wie ganze Choreografien – als markenfähig angesehen werden können.

52.4   Entsprechendes wie für Bewegungsmarken und Hologramme gilt auch für Bewegungssequenzen, die mit Musik oder Sprache unterlegt werden (Multimediamarken) → § 32 Rn. 56.

C. Vom Schutz ausgeschlossene Zeichenformen (Abs. 2)

I. Hintergrund der Regelung

1. Systematische Sonderstellung des Markenrechts

53   Anders als im Urheber-, Patent- und Geschmacksmusterrecht ist es nicht Ziel des Markenschut-zes, dem Rechtsinhaber eine ausschließliche Marktposition für ein konkretes Erzeugnis zu ver-schaffen. Dem Grundsatz nach bleibt die **Wettbewerbsfreiheit** auf dem Produktmarkt vollständig erhalten, dh prinzipiell wird niemand daran gehindert, genau das gleiche Produkt anzubieten wie der Markeninhaber – vorausgesetzt, dass eine andere Marke an der Ware angebracht wird.

54   Das Fehlen eines wettbewerbsbeschränkenden Effekts auf dem Produktmarkt bildet zugleich den Grund dafür, dass das Markenrecht im Gegensatz zu anderen Schutzrechten **keiner zeitlichen Begrenzung** unterliegt: Während die Schutzgegenstände des Patent-, Urheber- und Designrechts nach Ablauf bestimmter Frist der Allgemeinheit zur Verfügung gestellt werden müssen, besteht dieses Bedürfnis im Fall der Marken nicht, da die eigentlich geschützte Leistung – das betriebliche Angebot, auf das die Marke hinweist – als solche ohnehin keine Exklusivität genießt.

55   Diesen Annahmen läuft insbesondere die Vorstellung zuwider, dass eine Ware (zu Verpackungen → Rn. 66; zu anderen Zeichenformen → Rn. 71) selbst zu einer (sich selbst kennzeichnenden) Marke werden kann. Exklusivität des Kennzeichens bedeutet in diesem Fall zugleich **Exklusivität des Produkts** und führt damit zu einer Einschränkung des Wettbewerbs auf dem Produktmarkt, die **zeitlich unbegrenzt** aufrechterhalten werden kann. Die Zurückhaltung gegenüber dem Schutz solcher Marken, die sich – in unterschiedlicher Form und Intensität – in praktisch allen Rechtsordnungen und zu allen Zeiten feststellen lässt, hat hier ihre Ursache.

55.1   In Deutschland galt bis zur Umsetzung der MRL 1989 im MarkenG ein generelles Eintragungsverbot nicht allein für Warenformen, sondern für dreidimensionale Gestaltungen aller Art. Produktgestaltungen und andere dreidimensionale Kennzeichen konnten nur als Ausstattung gemäß § 25 WZG geschützt werden; der Schutz war ausgeschlossen, soweit die Form durch das Wesen der Ware selbst bedingt war. In den meisten anderen Ländern waren markenrechtliche Eintragungsverbote – soweit sie überhaupt bestanden hatten – zumeist bereits früher aufgegeben worden; der Markenschutz von Warenformen wurde jedoch zumeist nur zurückhaltend gehandhabt und war im Fall wesens- oder technikbedingter Warenformen regelmäßig ausgeschlossen (umfassend dazu Schricker/Stauder Ausstattungsrechts-HdB/Schricker S. 7 ff., Rn. 24 ff.). Während in der EU nunmehr Warenformen – abgesehen von § 3 Abs. 2, der sich jedoch auch auf andere charakteristische Merkmale erstreckt – grundsätzlich den gleichen Maßstäben unterliegen wie andere Markenformen und somit prinzipiell als von Haus aus unterscheidungskräftig angesehen werden können, werden sie in den USA nur aufgrund nachgewiesener Verkehrsdurchsetzung („secondary meaning") geschützt; s. für das amerikanische Recht US Supreme Court, WAL-MART v. Samara Brothers, Inc., 529 U.S. 205 (2000) 165 F.3d 120 = GRUR Int 2000, 812. Verpackungen können hingegen auch im amerikanischen Recht ohne Nachweis von secondary meaning als unterscheidungskräftig angesehen werden, US Supreme Court, Two Pesos v. Taco Cabana, 505 U.S. 763 (1992) = GRUR Int 1993, 890.

Auf der anderen Seite lässt sich feststellen, dass eine prinzipielle Schutzverweigerung für die **56** Kennzeichnungswirkung der Form einer Ware (bzw. ihrer Verpackung oder sonstiger Charakteristika) zu erheblichen **Täuschungen der Abnehmer** führen könnte, da und soweit dies dazu führen würde, dass Produktgestaltungen oder andere Gestaltungsmerkmale, die von den beteiligten Verkehrskreisen als Hinweis auf die kommerzielle Herkunft der Ware betrachtet werden, ungehindert von Dritten verwendet werden könnten.

Die Versagung des Markenschutzes ist daher grundsätzlich nur insoweit geboten, als sie ein **57** notwendiges Mittel der Aufrechterhaltung von Wettbewerbsfreiheit auf dem Produktmarkt darstellt. Dies ist in der Regel nicht der Fall, soweit Konkurrenten auf genügend **Alternativen** ausweichen können. Dabei führt die unbegrenzte Dauer des Schutzes ua deswegen nicht zu unüberwindbaren Bedenken, weil durch den Benutzungszwang der dysfunktionale Einsatz des Markenrechts im Sinne einer reinen „Sperrwirkung", dh die Behinderung von Mitbewerbern ohne eigene aktive Nutzung der Form, verhindert wird oder jedenfalls keine Dauerwirkung entfalten kann.

2. Abs. 2 als Postulat der Wettbewerbsfreiheit

In **Ausnahmefällen** können sich die aus der Systematik des Immaterialgüterrechts in seinem **58** Zusammenspiel mit dem Grundsatz der Wettbewerbsfreiheit folgenden Bedenken als so gravierend erweisen, dass dem Markenschutz dauerhafte Hindernisse entgegenstehen. Nach § 3 Abs. 2 ist dies der Fall, wenn Zeichen ausschließlich aus Formen oder anderen charakteristischen Merkmalen bestehen, die durch die Art der Ware selbst bedingt oder zur Erreichung einer technischen Wirkung erforderlich sind oder die der Ware einen wesentlichen Wert verleihen.

Soweit einer der drei Ausschlussgründe zutrifft, ist das Zeichen dem Markenschutz durch **59** Eintragung **mit permanenter Wirkung** entzogen (§ 8 Abs. 3 verweist lediglich auf § 8 Abs. 2 Nr. 1–3 und nimmt damit § 8 Abs. 1 und die darin enthaltene Verweisung auf § 3 von der Eintragung aufgrund von Verkehrsdurchsetzung aus). Es ist somit unerheblich, ob und in welchem Maße das Zeichen von den beteiligten Verkehrskreisen faktisch einem konkreten Unternehmen zugerechnet wird (EuGH C-371/06, GRUR 2007, 970 – Benetton/G-Star).

Das Ziel der Ausschlussklausel besteht in der **Aufrechterhaltung eines wirksamen Wettbe-** **60** **werbs** hinsichtlich von Produktgestaltungen, an deren freier Verwendung ein erhebliches, schützenswertes Interesse der Allgemeinheit besteht. Es soll verhindert werden, dass dem Inhaber über das Markenrecht ein Monopol für technische Lösungen oder Gebrauchseigenschaften einer Ware eingeräumt und es Mitbewerbern verwehrt wird, die gleichen technischen Lösungen oder Waren mit den gleichen Gebrauchseigenschaften frei anzubieten (EuGH C-299/99, GRUR 2002, 804 Rn. 78 – Philips/Remington).

Als Effekt der Ausschlussklausel ergibt sich zugleich eine gewisse **Abgrenzung des Marken-** **61** **rechts** gegenüber anderen, zeitlich begrenzten Schutzrechten (EuGH C-205/13, GRUR 2014, 1097 Rn. 19 – Hauck/Stokke). Der Umstand, dass eine Warenform von einem technischen Schutzrecht umfasst oder Gegenstand von design- oder urheberrechtlichem Schutz war bzw. ist, kann jedoch nicht per se als Argument für den Ausschluss von Markenschutz herangezogen werden. Zumindest ist insoweit zwischen den verschiedenen Arten von Schutzrechten zu unterscheiden (→ Rn. 98).

3. Kritikpunkte

Ausgehend von dem Grundgedanken, dass die Ausschlussklausel der Aufrechterhaltung von **62** Wettbewerb und damit dem Freihaltungsbedürfnis dient, lässt sich nicht ohne weiteres rechtfertigen, dass Produktmerkmale dem Markenschutz auf Dauer, dh auch dann entzogen bleiben, wenn aufgrund geänderter Umstände ihre Relevanz für den Produktwettbewerb nicht mehr alle anderen Gesichtspunkte des Allgemeininteresses überragt. Die starre Regelung des § 3 Abs. 2 verträgt sich nicht mit der **Dynamik des Wettbewerbs,** bzw. sie macht nur dort Sinn, wo diese Dynamik angesichts der Besonderheiten der zu beurteilenden Konstellation praktisch keine Rolle spielt (s. auch Ingerl/Rohnke/Nordemann/Nordemann-Schiffel Rn. 35, die die Regelung insgesamt als systematisch verfehlt bezeichnen).

62.1   Hinzu kommt, dass der permanente und unüberwindbare Ausschluss bestimmter Zeichen vom Markenschutz keine sichere Basis im internationalen Recht besitzt. TRIPS behandelt diese Frage nicht, sondern verweist in Art. 15 Abs. 2 TRIPS auf die PVÜ, wo die Problematik in Art. 6^{quinquies} PVÜ verankert ist: Marken, die im Ursprungsland rechtsgültig eingetragen sind, können nur aus den in Art. 6^{quinquies} B PVÜ genannten Gründen zurückgewiesen werden. Die besonderen Ausschlussgründe des § 3 Abs. 2 werden dort nicht aufgeführt. Der BGH (GRUR 2006, 589 Rn. 15 – Rasierer mit drei Scherköpfen) begegnet diesem Problem mit dem Hinweis, die Ausschlussgründe stellten eine besondere Ausprägung der in Art. 6^{quinquies} B Nr. 2 PVÜ genannten Zurückweisungsgründe (fehlende Unterscheidungskraft, beschreibender oder üblicher Charakter) dar, ohne darauf einzugehen, dass es in diesem Fall der besonderen Regelung des § 3 Abs. 2 bzw. Art. 4 Abs. 1 lit. e MRL nicht bedurft hätte, was zur Folge haben würde, dass auch die Ausschlussgründe für Formmarken der Überwindung durch Verkehrsdurchsetzung zugänglich wären. Zum Ausschluss dieser Möglichkeit wird vom BGH lediglich erklärt, die PVÜ befasse sich „naturgemäß nicht mit der Überwindung von Schutzversagungsgründen durch Verkehrsdurchsetzung" im Schutzland (BGH GRUR 2006, 589 Rn. 15 – Rasierer mit drei Scherköpfen; zustimmend Ströbele/Hacker/Thiering/Hacker Rn. 100). Dies ist insoweit nicht ganz zutreffend, als in Art. 6^{quinquies} C PVÜ gefordert wird, dass bei der Beurteilung der Schutzfähigkeit des Zeichens „alle Tatumstände, insbesondere die Dauer des Gebrauchs der Marke" zu berücksichtigen sind, was von § 3 Abs. 2 und den entsprechenden Vorschriften des europäischen Rechts gerade ausgeschlossen wird. Dabei ist richtig, dass nicht bei allen Zurückweisungsgründen des Art. 6^{quinquies} B PVÜ Verkehrsdurchsetzung möglich ist (zB bei täuschenden oder sittenwidrigen Marken). Die Berücksichtigung geänderter Umstände wird jedoch selbst dort nicht ausgeschlossen; so ist für die Frage der Täuschungseignung oder Sittenwidrigkeit auf den Zeitpunkt der Anmeldung abzustellen, während für § 3 Abs. 2 – der „Benetton"-Entscheidung des EuGH folgend – die Situation zu Beginn der Vermarktung gleichsam „eingefroren" wird (EuGH C-371/06, GRUR 2007, 790 – Benetton/G-Star). Nach alledem lässt sich der in Erwägungsgrund 41 MRL postulierte Gleichlauf von PVÜ und europäischem Markenrecht in diesem Punkt nur äußerst mühsam konstruieren. Zur Bedeutung für IR-Marken → Rn. 121.

63   Die Kritik richtet sich in besonderem Maße gegen den dritten Ausschlussgrund („Form, die der Ware einen wesentlichen Wert verleiht"), dessen rechtliche Begründung unklar ist und dessen praktische Anwendung zu erheblichen Problemen führen kann (→ Rn. 98 ff.). Allen Ausschlussgründen ist jedoch gemeinsam, dass sie schon wegen ihrer gravierenden, nicht revidierbaren Rechtsfolgen grundsätzlich mit gewisser **Zurückhaltung** angewandt werden sollten. Sinnvoller als ein Totalausschluss des Markenschutzes erscheint eine angemessene Berücksichtigung des Freihaltungsbedürfnisses an Warenformen (und sonstigen Charakteristika) im Rahmen der absoluten Schutzhindernisse des § 8 Abs. 2 (→ § 8 Rn. 73; s. auch bereits Kur GRUR Int 2004, 755 (760 f.)). Die Rechtsprechung des EuGH weist allerdings eher in eine andere Richtung (→ Rn. 82; → Rn. 101).

II. Der Tatbestand im Einzelnen

1. Ausschließlich aus einer Form (oder anderen wesentlichen Merkmalen) bestehende Zeichen

64   **a) Warenformmarken und diesen gleichgestellte Zeichen.** Bis zum Inkrafttreten des MaMoG bezog sich § 3 Abs. 2 ausschließlich auf Warenformmarken. Die zur Abgrenzung dieser Markenkategorie von anderen Zeichenformen entwickelten Grundsätze bleiben für Marken bedeutsam, die unter der Geltung des früheren Rechts eingetragen bzw. angemeldet worden sind (→ Rn. 73). Die folgende Darstellung bezieht sich daher zunächst allein auf **Warenformmarken** sowie auf Markenformen, die im Hinblick auf die Anwendung von § 3 Abs. 2 aF jenen gleichgestellt wurden.

65   § 3 Abs. 2 aF bezog sich auf „Formen". Im Verhältnis zu der Formulierung „Form einer Ware" in § 3 Abs. 1 erscheint dies als der weitere Begriff. Dass die Ausschlussgründe des § 3 Abs. 2 aF generell auf **Verpackungen** Anwendung finden sollten (so Fezer Rn. 644), konnte jedoch nicht angenommen werden, zumal sich Art. 3 Abs. 1 lit. e MRL 2008, der § 3 Abs. 2 aF zugrunde lag, ausdrücklich auf „die Form der Ware" bezog. Von der Anwendbarkeit auf Verpackungen wurde aber regelmäßig ausgegangen, wenn die Ware ohne Verpackung praktisch nicht marktfähig wäre, wie dies für flüssige Substanzen oder für Schüttware zutrifft (s. EuGH C-218/01, GRUR 2004, 428 Rn. 33–37 – Henkel; BPatG BeckRS 2017, 119865 Rn. 48 – Standbeutel (Rechtsbeschwerde vom BGH zurückgewiesen; s. BeckRS 2018, 11715); BPatG GRUR 2018, 522 – schutzunfähige Marke (Nespresso-Kapseln); s. dazu Albrecht GRUR-Prax 2018, 21). Nach Auffassung des BPatG sind ferner die gleichen Grundsätze auf Verpackungen anzuwenden, die der Form der Ware exakt entsprechen (Warenformverpackungen), zumal die für die Form der Ware geltenden Eintragungs-verbote sonst leicht umgangen werden könnten (BPatG GRUR 2017, 275 – Schlauchverpackung; Ströbele/Hacker/Thiering/Hacker Rn. 103; offen gelassen in BGH GRUR 2018, 404 Rn. 43 – Quadratische Tafelschokoladenverpackung).

Das BPatG weist im konkreten Fall (BPatG GRUR 2017, 275 – Schlauchverpackung) auch darauf hin, **65.1** dass die betreffende Ware (Schokolade) zwar nicht zu denjenigen zählt, die – wie Flüssigkeiten oder Schüttware – ohne Verpackung praktisch nicht verkehrsfähig sind, dass Schokolade jedoch aus hygienischen sowie anderen Gründen regelmäßig nur verpackt angeboten wird. Wenn hingegen die Ware auch ohne Verpackung verkehrsfähig ist, ist das Freihaltebedürfnis geringer, da die Verpackung für andersartige Waren prinzipiell verwendbar bleibt. Anders als im Fall der Warenform, bei der Kennzeichen und Kennzeichnungs-objekt miteinander verschmelzen, kommt es somit nicht zur Kongruenz von Zeichen (Verpackung) und der darin befindlichen, durch die Verpackung gekennzeichneten Ware (s. insoweit bereits Kur FS 100 Jahre Marken-Amt, 1994, 157 (181)). Dasselbe gilt für Waren, deren Form sich – wie bei regelmäßig verpackt vertriebenen Nägeln – notwendig aus den Merkmalen der Waren selbst ergibt und die zu ihrer Vermarktung keiner besonderen Form bedürfen: Auch insoweit besteht kein enger Zusammenhang zwischen der Form der Verpackung und derjenigen der Ware, der es angezeigt erscheinen ließe, die Verpackung der Form der Ware gleichzusetzen (s. BGH GRUR 2018, 404 Rn. 37 – Quadratische Tafelschokoladenverpackung mit Hinweis auf EuGH C-218/01, GRUR 2004, 428 Rn. 32 – Henkel (Waschmittelflasche)).

Aus der im Vergleich zu § 3 Abs. 2 aF eindeutigeren Formulierung der MRL 2008 ergab sich **66** ferner, dass die Ausschlussklausel nicht auf zweidimensionale Darstellungen von Formen jeglicher Art (und damit unter Umständen auf reine Bildmarken) anzuwenden war. Hingegen gelten die gleichen Grundsätze wie für Warenformmarken auch für zweidimensionale Abbildungen, die **die Ware naturgetreu wiedergeben,** da es in diesem Fall – ungeachtet der formalen Einordnung in eine andere Markenkategorie – letztlich um den Schutz der Warenform geht (Ströbele/Hacker/Thiering/Hacker Rn. 104; Ingerl/Rohnke/Nordemann/Nordemann-Schiffel Rn. 37). Dies ent-spricht auch der Rechtsprechung des EuGH sowie des BGH zu produktabbildenden Bildmarken (EuGH verb. Rs. C-337/12 P bis C-640/12 P, BeckEuRS 2014, 752102 Rn. 43 – Pi Design/Yoshida; C-25/05 P, GRUR 2006, 1022 Rn. 29 – Bonbonverpackung; BGH GRUR 2006, 588 – Scherkopf).

Als **Oberflächendekor** dienende Muster oder Verzierungen werden vom Begriff der Waren- **67** form grundsätzlich nicht erfasst. Ein Schutzausschluss kommt daher nur in Betracht, wenn Oberflä-chendekor mit der Gestaltung der Warenform verschmilzt (EuGH C-21/18, GRUR 2019, 513 Rn. 39 – Textilis; Ingerl/Rohnke/Nordemann/Nordemann-Schiffel Rn. 38). Entsprechendes gilt für die Farbgebung von Produktoberflächen, soweit die die entsprechende Fläche begrenzende Form nicht mit beansprucht wird (EuGH C-163/16, GRUR 2018, 842 Rn. 24 – Louboutin; s. dazu Schmitz GRUR-Prax 2018, 301; Ruess GRUR 2018, 898; Gommers/De Pauw/Mariano GRUR Int 2018, 1230). Diese Grundsätze sind auch künftig insoweit maßgeblich, als es um den Schutzausschluss vor der Gesetzesänderung eingetragener (bzw. angemeldeter) Marken geht (EuGH C-21/18, GRUR 2019, 513 Rn. 30 – Textilis; s. auch → Rn. 73).

In gewissem Widerspruch zu diesen Grundsätzen steht, dass der EuGH in der Entscheidung „Benetton" **67.1** nicht beanstandet hat, dass das nationale Gericht Stickereielemente auf einer als Formmarke eingetragenen Jeanshose als wertessenziell und daher als vom Schutz ausgeschlossen betrachtet hat, obwohl die Anbringung der Stickerei keinen Einfluss auf die dreidimensionale Form der Ware hatte (EuGH C-371/06, GRUR 2007, 790 – Benetton/G-Star; → Rn. 100.1).

Im Verfahren „Louboutin" ging es um den vom Kläger beanspruchten Markenschutz für die rote Farbe **67.2** der Sohle hochhackiger Schuhe. Der Generalanwalt hatte die Frage, ob es sich um eine Warenformmarke handele, mit der Begründung bejaht, dass sich die räumliche Begrenzung der Oberflächengestaltung aus der Form der Ware ergibt (zweite Schlussanträge Generalanwalt Szpunar EuGH C-163/16, BeckRS 2018, 973 Rn. 26 ff.). Der EuGH führte hingegen aus, die Form der Ware spiele zwar für die räumliche Begren-zung der Marke eine gewisse Rolle; der Eintragung zufolge gehe es jedoch nicht um den Schutz der Form, sondern um die Anbringung der Marke an dieser Stelle der Ware (EuGH C-163/16, GRUR 2018, 842 Rn. 24 – Louboutin).

67.3   Als unvereinbar mit den Grundsätzen der EuGH-Rechtsprechung erweist sich auch die Entscheidung BGH GRUR 2008, 1093 Rn. 11 – Marlene Dietrich: Die Anwendung von § 3 Abs. 2 Nr. 1 wurde nicht bereits mit Hinweis darauf ausgeschlossen, dass es sich um ein Fotomotiv (und nicht um die flächige Darstellung einer dreidimensionalen Ware) handelte).

68   Bei der Beurteilung der Gründe, die zum Schutzausschluss der in zweidimensionaler Form dargestellten Warenformen führen können (insbesondere wegen technischer Bedingtheit der dargestellten Form), darf sich die entscheidende Behörde **nicht allein auf die der grafischen Darstellung zu entnehmenden Merkmale** des Zeichens stützen, sondern sie muss diese im Licht der ihr sonst zugänglichen Informationen würdigen. Dies schließt die Berücksichtigung von Exemplaren der dargestellten Formgebung ein, die sich ggf. bereits auf dem Markt befinden (EuGH C-337/12 P bis C-340/12 P, BeckRS 2014, 80564 Rn. 58 ff., 64 – Pi Design/Yoshida; kritisch dazu Ströbele/Hacker/Thiering/Hacker Rn. 121; → Rn. 69.2; ebenso Gernhardt WRP 2018, 403 (405)).

68.1   Im Fall „PiDesign/Yoshida" (EuGH C-337/12 P bis C-340/12 P, BeckRS 2014, 80564 Rn. 58 ff., 64) ging es um eine Markenanmeldung, die in der Form einer grafischen Darstellung einer mit schwarzen Punkten versehenen Silhouette eines Messergriffs eingereicht worden war. Die 1. BK des EUIPO erkannte diese Punkte ua unter Berücksichtigung bereits am Markt befindlicher Produkte als konkave Elemente, die der Griffsicherheit dienen, und erklärte die Marke für nicht schutzfähig gemäß Art. 7 Abs. 1 lit. e Ziff. ii UMV (HABM BK R 1235/2008-1 und R 1237/2008-1). Vom EuG wurde die Entscheidung mit der Begründung aufgehoben, dass sich aus der grafischen Darstellung der funktionale Charakter der Punkte nicht eindeutig ergebe (EuG T-331/10, GRUR Int 2012, 1125 – Yoshida Metal Industry/HABM). Der EuGH verwarf diese Begründung jedoch und verwies den Fall zurück: in der erneuten Entscheidung bestätigte das EuG das von der 1. BK gefundene Ergebnis (EuG T-331/10 RENV und T-416/10 RENV, BeckEuRS 2015, 432837). Das dagegen eingelegte Rechtsmittel zum EuGH blieb erfolglos; der EuGH bestätigte, dass weder das Vorliegen technischer Alternativen, noch das Vorhandensein (unwesentlicher) dekorativer Elemente oder eine hohe Zurechnungsquote durch die beteiligten Verkehrskreise den Ausschlussgrund der technischen Bedingtheit überwinden können; EuGH C-421/15 P, GRUR Int 2017, 623; Slopek GRUR-Prax 2017, 254).

69   Die Notwendigkeit der Heranziehung zusätzlicher Informationen wurde in der Entscheidung EuGH C-30/15, GRUR 2017, 66 – Simba Toys (Rubik's Cube) bekräftigt (s. dazu Anm. Schonhofen GRUR-Prax 2017, 7; Elkemann/Lambrecht GRUR-Prax 2017, 295; Kur GRUR 2017, 134 ff.). Das EuG hatte die gegen die Eintragung des „Zauberwürfels" erhobene Löschungsklage ua mit der Begründung abgelehnt, dass die Rotationsfähigkeit der einzelnen Teileelemente des Würfels aus der grafischen Darstellung der Form – in der die Elemente als Gitterstruktur mit leichten Einkerbungen an den Seiten erscheinen – für einen unbefangenen Betrachter nicht ersichtlich sei; sie ergebe sich allenfalls aus der praktischen Kenntnis solcher Würfel, die jedoch nicht zu berücksichtigen sei (EuG T-450/09, BeckRS 2014, 82527 Rn. 58 – Simba Toys/HABM). Der EuGH weist demgegenüber auf den Grundsatz hin, dass zwar von der grafischen Darstellung der Form auszugehen sei; die Prüfung des Schutzausschlusses könne jedoch nicht ohne Berücksichtigung der zusätzlichen mit der Funktion der fraglichen Waren zusammenhängenden Elemente erfolgen (EuGH C-30/15, GRUR 2017, 66 Rn. 48–50 – Simba Toys; C-337/12 P bis C-340/12 P, BeckEuRS 2014, 752102 Rn. 54 – Pi-Design). Dazu kann eine bei der Anmeldung eingereichte Beschreibung dienen (die im Fall „Rubik's Cube" allerdings fehlte); darüber hinaus können ggf. auch Unterlagen über früher erteilte Patente heranzuziehen sein (EuGH C-48/09, GRUR 2010, 1008 Rn. 85 – Lego Juris); zur Notwendigkeit der Berücksichtigung zusätzlicher Informationen über die konkrete Ware s. auch BPatG GRUR 2018, 522 Rn. 41 – schutzunfähige Marke (Nespresso-Kapseln).

69.1   Zur Begründung des Schutzausschlusses von Rubik's Cube s. auch Schlussanträge Generalanwalt Szpunar BeckRS 2016, 81043 Rn. 99 sowie die eingehende Kritik der (ersten) Entscheidung des EuG (EuG T-450/09, BeckRS 2014, 82527 – Simba Toys/HABM) bei Hasselblatt EUTMR/Hasselblatt UMV Art. 7 Rn. 123 f. Von der 1. BK des EUIPO wurde die Löschung der Marke bestätigt (EUIPO 19.6.2017 – R 452/2017-1); die Beschwerde zum EuG blieb erfolglos (EuG T-601/17, BeckRS 2019, 26755 mAnm Tenkhoff GRUR-Prax 2019, 550).

69.2   Von Ströbele/Hacker/Thiering/Hacker Rn. 121 wird der Ansatz des EuGH, zur Beurteilung des Schutzausschlusses flächiger Darstellungen dreidimensionaler Produkte auch tatsächlich produzierte Waren heranzuziehen, als problematisch und zu Missverständnissen führend kritisiert. Anders als im Patentrecht diene die Darstellung der Marke nicht der Auslegung oder Erläuterung des Schutzrechts, sondern sie sei selbst Gegenstand dieses Rechts. Prüfungsgegenstand sei daher immer nur die Marke, wie sie angemeldet oder eingetragen worden sei. Dies ist sicher richtig. Auf der anderen Seite ist erforderlich, dass der Gegenstand des Rechts aus der Eintragung präzise erkennbar wird. Ob das der Fall ist, ist für das Amt gerade bei flächigen Darstellungen dreidimensionaler Produkte nicht ohne weiteres zu erkennen. Bleiben insoweit Zweifel, dann spricht nichts dagegen, zusätzliche Informationen heranzuziehen, die es ermöglichen, die Dimensionen des beanspruchten Rechts mit der notwendigen Exaktheit zu bestimmen (insoweit zustimmend auch Ströbele/Hacker/Thiering/Hacker Rn. 121, der allerdings darauf hinweist, dass solche Informationen nur in den Grenzen der Markendarstellung genutzt werden dürfen). Solche Informationen bewusst unberücksichtigt zu lassen – also etwa die grafisch dargestellten Merkmale des „Zauberwürfels" als „dekorative, phantasievolle Gitterstruktur" zu charakterisieren, deren Funktionalität nicht zu erkennen ist – ist nicht nur lebensfremd, sondern es verhindert auch, dass die Ausschlussklausel im Einklang mit ihren Zielsetzungen zur Anwendung kommt (s. EuGH C-337/12 P bis C-340/12 P, BeckRS 2014, 80564 Rn. 54 – Pi-Design Rn. 58: „(The criteria for graphical representation of a sign) cannot restrict the competent authority's examination under Article 7(1)(e)(ii) (UMV) of the regulation in such a way as might undermine the public interest underlying the latter provision").

In seiner zweiten Entscheidung zum Schutz des „Zauberwürfels" (Rubik's Cube) hat das EuG ausge- **69.3** führt, dass jedenfalls bei der Bestimmung der wesentlichen Merkmale eines Zeichens keine Gestaltungselemente herangezogen werden dürfen, die sich nicht aus der graphischen Darstellung ergeben (im konkreten Fall: Die unterschiedliche Farbgebung der 6 Seiten des Würfels) (EuG T-601/17, BeckRS 2019, 26755 Rn. 65 ff. – Rubik's Brand/EUIPO). Es ist hingegen unschädlich, wenn für die Frage, ob ein Zeichen dem Schutzausschluss nach Art. 7 Abs. 1 lit. e UMV unterliegt, auch auf Merkmale Bezug genommen wird, die der graphischen Darstellung nicht unmittelbar zu entnehmen sind (wie die innen liegenden Hohlräume im Fall des Lego-Bausteins oder die unterschiedliche Farbgebung der Würfelseiten im Fall von Rubik's Cube), sofern die aus der graphischen Darstellung ersichtlichen wesentlichen Elemente des Zeichens der Erfüllung der sich aus dem Zusammenspiel mit den nicht sichtbaren Merkmalen ergebenden Funktion dienen und für diese notwendig sind (EuG T-601/17, BeckRS 2019, 26755 Rn. 95 ff., 99 – Rubik's Brand/EUIPO).

Der dem Abs. 2 aF zugrunde liegende **Warenbegriff** (Form einer „Ware") bezieht sich auf **70** die Ware, für die der Schutz beansprucht wird. Ausschlaggebend ist dafür jedoch nicht, oder jedenfalls nicht allein, das Warenverzeichnis, sondern die Ware bzw. die Waren, die als Verkörperung des Zeichens auf dem Markt tatsächlich angeboten werden. So war zB im Fall EuGH C-48/09, GRUR 2010, 1008 – Lego Juris das Zeichen für die Waren „Spiele, Spielzeug" eingetragen; Grundlage der rechtlichen Prüfung bildete jedoch nicht die Produktkategorie insgesamt, sondern der entsprechend dem Zeichen geformte Basis-Baustein. Diese Frage besitzt besondere Bedeutung im Zusammenhang mit dem ersten Ausschlussgrund (artbedingte Formgebung); → Rn. 84.

Bereits unter Geltung der bis zum 13.1.2019 geltenden Fassung von Abs. 2 konnte der Ausschluss unter **70.1** Umständen zum Tragen kommen, wenn das Zeichen lediglich einen **Teil der beanspruchten Ware** erfasste. Dies spielt vor allem dann eine Rolle, wenn eine Produktgestaltung in flächiger Form, als Bildmarke, angemeldet und ggf. eingetragen wird. So bezog sich die Eintragung im Fall Remington nur auf die Ansicht der Scherköpfe; im Fall Yoshida war lediglich der Griff eines Messers angemeldet worden. Dennoch wurde für die Frage der Technizität auf das Gesamtprodukt „Rasierer" bzw. „Messer" abgestellt. Allerdings handelte es sich bei jenen Fällen erkennbar um Warenteile, denen aufgrund ihrer optischen und funktionalen Dominanz erkennbar „Stellvertreterfunktion" für das Gesamtprodukt zukam. Dem entspricht, dass dem EuG zufolge die vorgenannten Grundsätze im Fall der Beanspruchung von Zeichen, die einen Teil einer Ware darstellen, dann – aber auch nur dann – anzuwenden sind, wenn es sich um einen in quantitativer oder qualitativer Hinsicht wesentlichen Teil der Ware handelt. Dies wurde für ein Zeichen abgelehnt, das eine Reifenrille und damit einen Teil der Lauffläche eines Reifens darstellte (EuG verb. Rs. T-279/15 und T-282/15, EuRS 2016, 471560 – Pirelli). In der Entscheidung des EuGH zum gleichen Fall (EuGH verb. Rs. C-818/18 P und C-6/19 P – The Yokohama Rubber Co./Pirelli Tyres) wird dieser Aspekt nicht berührt.

b) Erstreckung auf andere charakteristische Merkmale. Nach Umsetzung von Art. 4 **71** Abs. 1 lit. e MRL in § 3 Abs. 2 erstrecken sich die Ausschlussgründe auch auf „andere charakteristische Merkmale" eines Zeichens. Für Marken, die nach der Gesetzesänderung angemeldet wurden, dürften sich daher einige der zuvor angesprochenen Fragen für Marken erledigt haben (→ Rn. 72). Dies gilt auch für die Frage, ob eine **entsprechende Anwendung** in Betracht kommt, soweit im Hinblick auf andere Markenformen gleich gelagerte Schutzbedürfnisse der Allgemeinheit und der Wettbewerber bestehen (für eine entsprechende Anwendung bei Farbmarken Koschtial GRUR

2004, 106 f.; tendenziell zustimmend („ein praktisches Bedürfnis hierfür lässt sich nur schwer bestreiten") auch Ströbele/Hacker/Thiering/Hacker, 12. Aufl. 2018, Rn. 97; s. ferner HABM BK GRUR 2004, 63 Rn. 24 – Lamborghini: Anwendung von Art. 7 Abs. 1 lit. 2 Ziff. ii UMV auf den Bewegungsablauf bei schwenkbaren Autotüren (mit der Begründung, dass es sich um eine besondere Form einer Warenformmarke handele); dazu → Rn. 72.1).

71.1   Der EuGH hat die Anwendbarkeit von Art. 3 Abs. 1 lit. e MRL 2008 auf eine Marke abgelehnt, mit der die Erscheinungsform eines Ladenlokals als „Aufmachung einer Dienstleistung" geschützt werden sollte. Ob damit auch eine lediglich entsprechende Anwendung ausgeschlossen werden sollte, blieb dabei offen (EuGH C-421/13, GRUR 2014, 866 Rn. 24 – Apple mAnm Knaak GRUR 2014, 868).

72   Inwieweit die Erweiterung des Anwendungsbereichs von § 3 Abs. 2 praktische Bedeutung erlangen wird, bleibt abzuwarten. Sehr wahrscheinlich wird der Anwendungsschwerpunkt auch weiterhin bei den Formgebungen liegen. Andere Fälle sind jedoch denkbar; so dürfte etwa die **Farbgestaltung** (orange oder neon-gelb) bei Warn- oder Rettungswesten als artbedingt anzusehen sein (s. auch Hacker GRUR 2019, 113 (115); Ströbele/Hacker/Thiering/Hacker Rn. 159: ggf. einschlägig für Abdruckmassen für zahnärztliche Zwecke). Ferner ist davon auszugehen, dass zB auch die gefällige farbliche Gestaltung von Waren oder deren **Oberflächendekor** als prinzipiell dem exklusiven Rechtsschutz entzogenes, charakteristisches Produktmerkmal anzusehen sein kann. Angesichts der in der jüngeren EuGH-Rechtsprechung sichtbaren Tendenz, die Ausschlussgründe extensiv auszulegen (→ Rn. 82; → Rn. 101), kann dies für Anmelder solcher Marken zu Problemen führen (→ Rn. 110). Ferner dürften nach neuem Recht **Verpackungen** grundsätzlich auch dann in den Anwendungsbereich von § 3 Abs. 2 fallen können, wenn die Ware auch unverpackt marktfähig wäre, falls sie ein wesentliches Gestaltungsmerkmal des Marktauftritts einer Ware sind. In Betracht kommt ferner die Anwendung auf **akustische Zeichen** (zB die Melodie „Happy Birthday" für Grußkarten; s. auch Hacker GRUR 2019, 113 (115): ggf. auszuschließen wäre Vogelgezwitscher für lebende Tiere, nicht jedoch für Vogelkäfige) oder **Bewegungsmarken** (→ Rn. 72.1); zu der Frage, ob sogar die Anwendung auf Wort- oder Bildmarken von besonderer Anziehungskraft in Betracht kommen könnte, → Rn. 72.2. Da es sich um charakteristische Merkmale einer **Ware** handeln muss, bleibt die (unmittelbare) Anwendung auf Dienstleistungsmarken auch künftig ausgeschlossen (→ Rn. 71.1).

72.1   Im Hinblick auf Bewegungs- sowie Hörzeichen bleibt zu bedenken, dass der EuGH den Ausschlussgrund der technischen Bedingtheit im Wortsinn auslegt. Ein solcher Ausschluss ist daher nicht angezeigt, soweit die Formgebung lediglich **Folge** eines technischen (Herstellungs)Verfahrens ist und nicht selbst eine technische Wirkung auslöst (EuGH C-215/14, GRUR 2015, 1198 – Nestlé/Cadbury (Kit Kat); → Rn. 90). Anders als dies von der HABM BK angenommen wurde (GRUR 2004, 63 Rn. 24), stellt somit der Umstand, dass die charakteristische Aufwärtsbewegung der Türen eines Sportautos durch die spezielle Aufhängungstechnik verursacht wird, kein Argument für einen Schutzausschluss dar. Das gleiche Argument – das Zeichen ist Folge, nicht Ursache einer technischen Wirkung – kann für den „Sound" eines Motorrades herangezogen werden, der durch die technische Auslegung des Motors verursacht wird. Etwas anderes gilt allerdings dann, wenn angenommen wird, der Sound sei durch die Art der Ware bedingt und unterfalle damit dem ersten Ausschlussgrund (so die Prüfungsrichtlinien des EUIPO, wo dieser Fall neben dem Geruch von Parfum als Beispiele für den Schutzausschlussgrund nach Art. 7 Abs. 1 lit. e Ziff. i UMV genannt wird; s. auch Hasselblatt EUTMR/Hasselblatt UMV Art. 7 Rn. 113). Dieses Gedankenspiel zeigt, wie unklar das Verhältnis der verschiedenen Ausschlussgründe zueinander ist (→ Rn. 83.1).

72.2   Bei einer sehr weitgehenden Auslegung des Ausschlussgrundes kommt seine Anwendung auch im Hinblick auf traditionelle Zeichenformen in Betracht, wenn deren Anziehungskraft die sonstigen Produktmerkmale überstrahlt. Dem Wortsinne nach könnte dies etwa auf typische Merchandising-Marken zutreffen: Es ist sicher richtig, dass Marken, die aus dem Namen von „celebrities" oder dem Logo von Filmen oder Sportvereinen etc. bestehen, den entsprechend gekennzeichneten Waren einen wesentlichen Wert verleihen. Wohl auch um solchen Überlegungen die Grundlage zu entziehen, weist der EuGH darauf hin, dass das wertverleihende Element in der (Erscheinungs-)Form des Zeichens selbst, nicht jedoch in anderen Elementen wie ihren technischen Eigenschaften oder der Bekanntheit liegen müsse (EuGH C-237/19, GRUR 2020, 631 Rn. 42 - Gömböc; s. auch Generalanwalt Szpunar in den (zweiten) Schlussanträgen zu EuGH C-163/16, BeckRS 2018, 973 Rn. 54 - Louboutin, der darauf hinweist, es müsse auf jeden Fall ausgeschlossen werden, dass für den Wert, der einer Ware durch die beanspruchte Form verliehen wird, der Ruf des Herstellers berücksichtigt wird).

72.3   Sollte es entgegen der derzeitigen Praxis dazu kommen, dass **Geruchsmarken** in einer den Anforderungen von Art. 3 MRL genügenden Weise dargestellt werden können, dann würde sich die Erweiterung des Schutzausschlusses auf andere charakteristische Merkmale sicherlich auf Parfums auswirken, deren wesentlicher Wert vor allem in ihrem Duft besteht (s. auch die Prüfungsrichtlinien des EUIPO, wo dieser

Fall allerdings als Beispiel für Art. 7 Abs. 1 lit. e Ziff. i UMV genannt wird; → Rn. 72.1). Da auch solche wertverleihenden Elemente vom Markenschutz ausgeschlossen bleiben, die nicht den alleinigen Wert der Ware ausmachen, sondern mit anderen, funktionalen Eigenschaften zusammentreffen, dürfte dies auch für andere Produkte gelten, bei denen der Duft eine gewisse Rolle spielt (Seifen, Kosmetik, Duftkerzen etc). Ebenso ausgeschlossen wäre (im Fall grundsätzlicher Darstellbarkeit) der Geschmack von Getränken, Schokoriegeln, Knabbergebäck etc.

Übergangsvorschriften zur Anwendung der einschlägigen Vorschriften sind weder in der **73** MRL noch in § 158 enthalten. Dies hat die Frage aufgeworfen, ob der Ausschluss von Zeichen, deren „andere charakteristischen Merkmale" ihnen einen besonderen Wert verleihen oder sonst von den Ausschlussgründen erfasst werden, auch Marken erfasst, die unter Geltung des früheren, auf Warenformen beschränkten Rechts eingetragen wurden. Diese Frage ist bereits deswegen zu verneinen, weil Marken – und sogar Markenanmeldungen – Eigentumsschutz genießen und daher nur aus Gründen entzogen bzw. in ihrer Entstehung verhindert werden dürfen, die in den zur Zeit der Anmeldung geltenden Gesetzen verankert sind (→ Einleitung Rn. 166). Dies hat der EuGH in der Entscheidung C-21/18, GRUR 2019, 513 Rn. 30 – Textilis bestätigt; s. auch BGH GRUR 2021, 1199 – Goldhase III (ebenso bereits BPatG BeckRS 2019, 21734 Rn. 9; Hacker GRUR 2019, 113 (115)).

Im Fall „Louboutin" hatte die Frage dadurch an Brisanz gewonnen, dass Generalanwalt Szpunar aus **73.1** dem Fehlen von Übergangsvorschriften die Folgerung gezogen hatte, dass die Anwendung auf andere charakteristische Merkmale (im konkreten Fall: Die rote Farbe von Schuhsohlen) schon bisher dem Inhalt der Vorschrift entsprochen habe, so dass der Gesetzesänderung lediglich klarstellende Wirkung zukomme (Generalanwalt Szpunar Schlussanträge vom 22.6.2017, BeckRS 2017, 116316 Rn. 64 – Louboutin, mit Hinweis auf Kur/Senftleben, European Trade Mark Law, Oxford 2017, 16, wo jedoch lediglich das Fehlen von Übergangsvorschriften festgestellt, die gesetzliche Regelung aber eindeutig als Änderung des geltenden Rechts bezeichnet wird). Diese Feststellung wurde als so schwerwiegend angesehen, dass das Verfahren wegen seiner grundsätzlichen Bedeutung für das EU-Recht wieder eröffnet wurde (EuGH BeckRS 2017, 13085). In seinen zweiten Schlussanträgen vom 6.2. 2018 (BeckRS 2018, 973) hat Generalanwalt Szpunar die Frage der Rückwirkung nicht mehr angesprochen.

In der Entscheidung EuGH C-21/18, GRUR 2019, 513 – Textilis ging es um eine Unionsmarke, die **73.2** vor dem Inkrafttreten der VO (EU) 2015/2424 eingetragen worden war. Für nationale Marken ist noch nicht abschließend geklärt, welcher Zeitpunkt als ausschlaggebend anzusehen ist. Nach Hacker GRUR 2019, 113 (115) ist insoweit auf das Inkrafttreten des MaMoG (14.1.2019) abzustellen (ebenso BPatG BeckRS 2019, 21734 Rn. 9). Es ist jedoch denkbar, dass die Gründe (wie insbesondere der Vertrauensschutz), die eine rückwirkende Anwendung geänderter Vorschriften verbieten, bereits zum Zeitpunkt des Inkrafttretens der MRL, also am 14.1.2016, hinfällig geworden sind. Diese Frage ist im Zweifelsfall dem EuGH vorzulegen. In der Entscheidung BGH GRUR 2020, 1089 – Quadratische Tafelschokoladenverpackung II spielte diese Frage keine Rolle, da es lediglich um den Ausschluss einer Waren- bzw. Verpackungsform ging, die unstreitig bereits nach bisherigem Recht in den Anwendungsbereich von § 3 Abs. 2 fiel.

c) Wesentliche Merkmale. § 3 Abs. 2 findet nur Anwendung auf Zeichen, die ausschließlich **74** aus Formen oder anderen charakteristischen Merkmalen bestehen, auf die die Ausschlussgründe zutreffen. Es ist daher in einem ersten Schritt zu ermitteln, welches die wesentlichen Merkmale des Zeichens sind. Die Ermittlung erfolgt im Wege einer Einzelfallbeurteilung. Die ermittelnde Behörde kann sich dabei entweder unmittelbar auf den von dem Zeichen hervorgerufenen Gesamteindruck stützen oder zunächst die Bestandteile des Zeichens nacheinander einzeln prüfen; eine konkret zu beachtende Rangfolge zwischen den verschiedenen Arten möglicher Bestandteile eines Zeichens gibt es nicht (EuGH C-48/09, GRUR 2010, 2008 Rn. 70 – LEGO; C-237/19, GRUR 2020, 639 Rn. 29 – Gömböc). Dabei ist die Wahrnehmung der beteiligten Verkehrskreise zwar nicht maßgeblich, sie kann jedoch Indizfunktion entfalten (BGH GRUR 2018, 411 Rn. 18 – Traubenzuckertäfelchen; EuGH C-48/09, GRUR 2010, 1008 Rn. 76 – LEGO; C-237/19, GRUR 2020, 631 Rn. 29 – Gömböc; krit. Ströbele/Hacker/Thiering/Hacker Rn. 144 f.: Für die Ermittlung der wesentlichen Merkmale könne es nur auf die Verkehrsauffassung ankommen; → Rn. 75.1).

In die Beurteilung einzubeziehen sind nur diejenigen Elemente einer Produktgestaltung, für die Mar- **74.1** kenschutz beantragt wird (s. EuGH C-299/99, GRUR 2002, 804 – Philips/Remington, der lediglich die (bildliche Darstellung der) Oberfläche mit den Scherköpfen, und nicht die Form des Rasierers als Ganze betraf).

Der Auffassung des EuG zufolge können ferner bei der Ermittlung der wesentlichen Merkmale eines **74.2** Zeichens nur diejenigen Elemente berücksichtigt werden, die sich aus der graphischen Darstellung des

Zeichens ergeben, das der Darstellung zugrunde liegt (EuG T-601/17, BeckRS 2019, 26755 Rn. 65 ff. – Rubik's Brand/EUIPO; anders hingegen bei der Frage, ob die dargestellte Ware einem der Schutzausschlussgründe – insbesondere der technischen Bedingtheit – unterfällt; → Rn. 68). Der EuGH lässt hingegen bereits auf dieser ersten Prüfungsstufe zu, dass zusätzliche Informationen in Betracht gezogen werden (EuGH C-237/19, GRUR 2020, 639 Rn. 29 – Gömböc).

75   Wenn das Zeichen wesentliche Merkmale aufweist, die nicht den Ausschlussgründen unterfallen, ist das Zeichen schutzfähig. Dies gilt jedoch nur dann, wenn es sich um wichtige nichtfunktionelle Elemente, zB um dekorative oder fantasievolle Gestaltungsmerkmale, handelt; hierzu zählt insbesondere die Anbringung von (deutlich sichtbaren → Rn. 75.2) Wortmarken oder Logos. Hingegen bleibt es beim Schutzausschluss, wenn lediglich eines oder mehrere geringfügige willkürliche Elemente hinzugefügt werden, während alle wesentlichen Merkmale der technischen Funktion der Ware (oder einem anderen Ausschlussgrund) entsprechen (EuGH C-48/09, GRUR 2010, 1008 Rn. 51 f. – LEGO; C-421/15 P, GRUR Int 2017, 623 Rn. 27 – Yoshida/EUIPO; BGH GRUR 2018, 411 Rn. 19 – Traubenzuckertäfelchen).

75.1   Ströbele/Hacker/Thiering/Hacker Rn. 145 weist darauf hin, dass die vor allem vom EuG in der Entscheidung GRUR-RR 2009, 52 Rn. 70 aufgrund einer Vermengung der Prüfungsschritte (Feststellung wesentlicher Merkmale einerseits, Funktionalität andererseits) entwickelte und vom EuGH bestätigte (→ Rn. 74) Auffassung, dass es nicht auf die Wahrnehmung der beteiligten Verkehrskreise ankomme, sich spätestens dann als unhaltbar erweist, wenn es um die Frage geht, ob eine Warenform wesentliche nichtfunktionelle Merkmale aufweist.

75.2   Als nicht ausreichend zur Ausräumung des ausschließlich technisch-funktionalen Charakters der Warenform sah das EuGH den Schriftzug „Clipper" auf einem Feuerzeug an, da dieser kleinformatig und wenig auffällig war und zudem nur auf einer der 5 Darstellungen der Marke erschien, die mit der Anmeldung eingereicht wurden (EuG T-580/15, BeckRS 2017, 123128 – CLIPPER).

76   **d) Vorliegen mehrerer Ausschlussgründe.** Wenn mehrere Ausschlussgründe auf eine Formgebung oder andere charakteristische Merkmale zutreffen, können sie sämtlich Anwendung finden. Zu einem Ausschluss vom Markenschutz kommt es jedoch nur dann, wenn zumindest einer der Ausschlussgründe **in vollem Umfang anwendbar** ist (EuGH C-205/13, GRUR 2014, 1097 Rn. 41 – Hauck/Stokke). Es genügt daher nicht, wenn zwar alle wesentlichen Merkmale des Zeichens einem der in Nr. 1–3 genannten Ausschlussgründe unterliegen, sich jedoch keiner dieser Ausschlussgründe auf sämtliche Merkmale zugleich bezieht (EuGH C-215/14, GRUR 2015, 1198 – Nestlé/Cadbury (Kit Kat); kritisch dazu Sattler GRUR 2018, 565 (569), der von einem „vermeintlichen Konzentrationserfordernis" spricht und damit andeutet, dass sich der EuGH lediglich missverständlich ausgedrückt hat). Dieses Erfordernis verliert allerdings viel von seiner Wirksamkeit, wenn die weite Auslegung, die der EuGH in C-205/13, GRUR 2014, 1097 – Hauck/Stokke dem ersten Ausschlussgrund beigelegt hat, konsequent angewendet wird (→ Rn. 82 ff., → Rn. 83.1).

76.1   Nicht im Einklang mit der EuGH-Rechtsprechung steht die vom BGH im Fall des Lego-Basissteins vorgenommene Betrachtung: Danach bezog sich die Beurteilung der technischen Bedingtheit nur auf die Klemmnocken, während die quaderförmige Formgebung als artbedingt außer Betracht blieb (BGH GRUR 2010, 231 Rn. 28 – Legostein; kritisch dazu Ströbele/Hacker/Thiering/Hacker Rn. 116). Die in entsprechender Weise aufgegliederte Beurteilung im Fall des Kit Kat-Schokoriegels, die dem EuGH vom englischen High Court zur Vorabentscheidung vorgelegt wurde – die tafelförmige Gestaltung sei art-, diejenige der Vertiefungen technikbedingt – wurde vom EuGH nicht für ausreichend erachtet, um einen Schutzausschluss zu begründen (EuGH C-215/14, GRUR 2015, 1198 Rn. 48 – Nestlé/Cadbury (Kit Kat); hinzu kam, dass der EuGH die Annahme technischer Bedingtheit der Vertiefungen zwischen den „Fingern" des Schokoriegels zurückwies; → Rn. 91).

76.2   Weist ein Zeichen sowohl in seiner Form als auch im Hinblick auf andere charakteristische Merkmale (zB seine Farbe) Besonderheiten auf, die einem der Ausschlussgründe des § 3 Abs. 2 unterliegen, gilt auch insoweit, dass der Ausschluss nur greift, wenn sich zumindest einer der Ausschlussgründe auf das Zeichen als Ganzes bezieht (Ströbele/Hacker/Thiering/Hacker Rn. 112, 117).

77   Dem BGH zufolge sind die einzelnen Schutzausschlussgründe des § 3 Abs. 2 Nr. 1–3 als jeweils eigenständige Streitgegenstände anzusehen (BGH GRUR 2018, 404 Rn. 11 – Quadratische Tafelschokoladenverpackung I). Die Berufung auf einen anderen als den ursprünglich angegebenen Ausschlussgrund im Eintragungs- bzw. Löschungsverfahren kann danach nur nach Maßgabe einer entsprechenden Anwendung von § 263 ZPO, dh bei Einwilligung der jeweils anderen Partei oder bei Sachdienlichkeit erfolgen (BGH GRUR 2018, 404 Rn. 22, 26 – Quadratische Tafelschokoladenverpackung I). Gegen diese Auffassung wendet sich das BPatG mit beachtlichen Gründen (BPatG GRUR 2019, 838 Rn. 25 ff. – Quadratische Schokoladentafelverpackung). So werde durch die vom BGH vertretene Auffassung die Änderung oder Erweiterung der geltend gemachten Löschungsgründe erheblich erschwert. Ferner vermische diese Auffassung den Unterschied zwischen Norm und Lebenssachverhalt und es werde nicht hinreichend beachtet, dass der für den zivilrechtlichen Parteiprozess geltende § 263 ZPO für das im öffentlichen Interesse durchzuführende Verfahren vor dem Amt nicht passe. Ohne auf alle Einzelheiten der Argumentation des BPatG einzugehen, weist der BGH die Einwände als nicht überzeugend zurück (BGH GRUR 2020, 1089 Rn. 13 ff.).

Sattler hält die vom BGH für die entsprechende Anwendung von § 263 ZPO angeführten **78** Gründe prinzipiell für überzeugend. Er weist jedoch zutreffend darauf hin, dass die Anforderungen an die Sachdienlichkeit aus systematischen und teleologischen Gründen so reduziert werden müssen, dass die Lösung über § 263 ZPO derjenigen des BPatG im Ergebnis sehr nahekommt. Angesichts der Besonderheiten des Amtsverfahrens im Vergleich zum Parteiprozess des Zivilverfahrens sei grundsätzlich von der Vermutung der Sachdienlichkeit auszugehen (Sattler GRUR 2020, 1094 f. (Anm. zu BGH GRUR 2020, 1089 – Quadratische Tafelschokoladenverpackung II)).

2. Artbedingte Formgebungen (Abs. 2 Nr. 1)

Dass eine Form niemals Markenschutz erwerben kann, wenn sie sich zwingend aus dem „Wesen **79** der Ware" ergibt, entspricht den bereits unter Geltung des WZG anerkannten Grundsätzen zum Ausstattungsschutz (§ 25 WZG). Dennoch kann nicht ohne weiteres auf die frühere Rechtsprechung zurückgegriffen werden; insoweit ist zu beachten, dass die auf der Grundlage des europäischen Rechts neu gefassten Vorschriften des MarkenG autonom ausgelegt werden müssen. Den Ausgangspunkt für die deutsche und europäische Rechtspraxis bildete dabei zunächst der Gedanke, dass diejenigen Formgebungen vom Markenschutz freizuhalten sind, ohne die eine Ware der fraglichen Art nicht denkbar ist, wie es für die **Kugelform bei einem Ball** zutrifft (Fezer Rn. 228; zur früheren, engen Auslegung s. auch Ströbele/Hacker/Thiering/Hacker Rn. 127).

Beispiele dieser Art sind jedoch rar. Zwar gibt es für alle oder die meisten Produkte gewisse **80** Grundformen oder bestandteile, die als wesensbedingt anzusehen sind. So muss ein Messer einen Griff und eine Schneide aufweisen; bei einem Löffel sind ein Griff und eine Vertiefung zur Aufnahme von Flüssigkeit durch die Art der Ware bedingt, ein Tisch braucht eine Fläche und Elemente, die diese tragen. Wie zumal das letztgenannte Beispiel zeigt, sind diese Aussagen allerdings sehr **abstrakt;** anders als bei der Kugelform für Bälle lassen sich daraus schwerlich Folgerungen für den Ausschluss einer konkreten Formgebung ableiten (BPatG GRUR 2005, 330 – Fahrzeugkarosserie, wo für den „Archetyp Auto" auf die bis auf ein Minimum reduzierte Grundform – Innen- und Motorraum, Räder, Türen, etc – abgestellt wird; insoweit zustimmend BGH GRUR 2006, 679 – Porsche Boxster).

Von der Rechtsprechung wurde früher regelmäßig darauf abgestellt, dass bzw. ob eine gewisse **81** **Variationsbreite** an Warenformen auf dem Markt vorhanden ist; ist dies (wie regelmäßig) der Fall, wird daraus gefolgert, dass die Form nicht wesensbedingt ist, so dass ein Schutzausschluss nach § 3 Abs. 2 Nr. 1 abzulehnen ist (BGH GRUR 2010, 138 Rn. 15 – ROCHER-Kugel; GRUR 2008, 510 Rn. 14 – Milchschnitte; GRUR 2006, 679 – Porsche Boxster; GRUR 2001, 32 – Gabelstapler I; s. auch EuG T-122/99, MarkenR 2000, 107 Rn. 55 – Seifenstück).

Seit der Entscheidung „Hauck/Stokke" ist diese Rechtsprechung obsolet. Ähnlich wie bei den **82** technisch bedingten Formgebungen (→ Rn. 92) lehnt es der EuGH ab, den Ausschlussgrund auf Fälle zu begrenzen, die ausschließlich aus für die Funktion der betreffenden Ware unentbehrlichen Formen bestehen, zumal dies dazu führen würde, dass „dieses Eintragungshindernis auf sog. ‚natürliche' Waren, für die es keinen Ersatz gibt, oder auf sogenannte ‚reglementierte' Waren, deren Form durch Normen vorgeschrieben ist, beschränkt würde". Stattdessen soll der Ausschlussgrund auf Zeichen anwendbar sein, die „ausschließlich aus der Form einer Ware besteh(en), die eine oder mehrere wesentliche Gebrauchseigenschaften aufweist, die der oder den **gattungstypischen Funktion(en)** dieser Ware innewohnen, nach denen der Verbraucher möglicherweise auch bei den Waren der Mitbewerber sucht" (EuGH C-205/123, GRUR 2014, 1097 Rn. 27 – Hauck/Stokke, mAnm Kur).

Letztlich rächt sich hier, dass der EuGH die Berücksichtigung des Freihaltebedürfnisses bei § 8 Abs. 2 **82.1** Nr. 1 sowie § 8 Abs. 3 kategorisch ausschließt und es stattdessen ausschließlich bei § 8 Abs. 2 Nr. 2 und § 3 Abs. 2 (bzw. Art. 4 Abs. 1 lit. c und e MRL) verortet, → § 8 Rn. 61 ff.). Die Überlegungen, die der Entscheidung „Hauck/Stokke" (EuGH C-205/123, GRUR 2014, 1097) zugrunde liegen – dass es den Wettbewerb beeinträchtigen kann, wenn ein zeitlich unbegrenztes Ausschlussrecht an Warenformen gewährt wird, die im Wesentlichen durch gattungstypische Merkmale geprägt sind – sind ja nicht falsch; sie bilden jedoch nur einen Wertungsfaktor innerhalb einer komplexen Betrachtung, deren Wertungen der Dynamik des Marktgeschehens unterliegen und die sich daher ändern können. Solche Überlegungen lassen sich daher wesentlich sinnvoller im Rahmen der Unterscheidungskraft anstellen, als bei der starren Regel des § 3 Abs. 2.

83   Für die Praxis erweist sich der Umgang mit den Vorgaben des EuGH als problematisch (zu den Anwendungsproblemen s. Ströbele/Hacker/Thiering/Hacker Rn. 129 f.). Die Vorgabe des EuGH, den Anwendungsbereich des § 3 Abs. 2 Nr. 1 in der Weise zu erweitern, dass er praktische Wirkung entfalten kann, lässt sich kaum ignorieren. Eine weite Interpretation in diesem Sinne würde jedoch darauf hinauslaufen, dass Formgebungen, deren wesentliche Elemente dem Gebrauchszweck der Ware dienlich sind oder die den üblichen Erwartungen der Verbraucher an das Aussehen einer solchen Ware entsprechen, vom Markenschutz ausgeschlossen bleiben müssen. Daraus würden sich **Abgrenzungsschwierigkeiten** im Verhältnis zum zweiten Ausschlussgrund (technische Bedingtheit) sowie vor allem bei der Beurteilung der Unterscheidungskraft von Warenformmarken ergeben: So muss eine Formgebung, um als von Hause aus unterscheidungskräftig zu gelten, wesentlich von der Norm oder der Branchenüblichkeit abweichen (→ § 8 Rn. 472). Bei Warenformen, die der Norm oder der Branchenüblichkeit entsprechen, könnte es sich aber zugleich um diejenigen handeln, deren Gestaltung gattungstypische Funktionen innewohnen, und die somit nach der „Hauck/Stokke"-Entscheidung mit unüberwindbarer Wirkung vom Markenschutz ausgeschlossen bleiben sollen (EuGH C-205/13, GRUR 2014, 1097 Rn. 23, 24, 27). Ob sich eine Formgebung vom bestehenden Formenschatz abhebt, würde in diesem Fall nicht nur über die Notwendigkeit entscheiden, Verkehrsgeltung nachzuweisen, sondern es wäre für die Zugänglichkeit des Markenschutzes insgesamt entscheidend.

83.1   Im Verhältnis zur technischen Bedingtheit ist ferner zu fragen, ob an Formgebungen, die zur Erzielung einer technischen Wirkung erforderlich sind, ein engerer Maßstab anzulegen ist, als an Formen, die der Funktion einer Ware immanent sind: Wäre dies der Fall, dann ist die Regelung widersprüchlich, da der zweite, enge Ausschlussgrund von der weiten Interpretation des ersten seiner eingrenzenden Wirkung beraubt wird. Falls aber dem EuGH zufolge auch der zweite Ausschlussgrund so weit auszulegen wäre, dass alle Elemente einer Formgebung als „technisch notwendig" gelten, die dem Gebrauchszweck der Ware dienen und keine (mehr als nur marginale) Verzierung darstellen, dann wäre die Regelung redundant, da sie neben dem ersten Ausschlussgrund keinen sinnvollen Anwendungsbereich mehr hat. Die Problematik lässt sich am Beispiel des Kit Kat-Schokoriegels verdeutlichen, der Gegenstand der Entscheidung EuGH C-215/14, GRUR 2015, 1198 – Nestlé/Cadbury gewesen ist: Dort war ua gefragt worden, ob es zur Anwendung des zweiten Ausschlussgrundes führt, wenn die Form wesentlicher Gestaltungselemente (im konkreten Fall: Die Rillen zwischen den einzelnen „Fingern" des Schokoriegels) zwar nicht selbst eine technische Wirkung hervorrufen, aber das Ergebnis eines technisch nicht anders zu bewerkstelligenden Herstellungsverfahrens sind. Diese Frage wurde vom EuGH verneint. Auf der anderen Seite lässt sich die Auffassung vertreten, dass es auf diese Frage ohnehin nicht ankommt, da die Form des Schokoriegels mitsamt der Vertiefungen „artbedingt" ist, da sie der gattungstypischen Funktion des Produkts, portionsweise verzehrt zu werden, inhärent ist. Zu entsprechenden Überlegungen im Fall der Lego-Spielfiguren → Rn. 89.

83.2   Die mit dem ersten Ausschlussgrund zusammenhängenden Fragen sind nicht zuletzt für den Markenschutz von (Automobil)-Ersatzteilen von erheblichem praktischem Interesse. Vom BGH wurde insoweit die Anwendung von § 3 Abs. 2 auf die Form einer Kühlerhaube mit dem Argument abgelehnt, die Form werde nicht zwangsläufig durch die Art der Ware im Sinne einer gattungsspezifischen Formgebung vorgegeben (BGH GRUR 2008, 71 Rn. 18 ff. – Fronthaube; gegen BPatG GRUR 2005, 333 (335) – Kraftfahrzeugteile). Dieser Formulierung liegt erkennbar die Auffassung zugrunde, dass die Anwendung des Ausschlussgrundes (im konkreten Fall: § 3 Abs. 2 Nr. 2; in der Sache ging es jedoch eher um die Art der Ware) nur in Betracht kommt, wenn es keinerlei Ausweichmöglichkeiten für den Formengestalter gibt. Der EuGH will jedoch diese Auffassung, die den ersten Ausschlussgrund auf „reglementierte" (sowie „natürliche") Waren beschränken würde, nicht gelten lassen (→ Rn. 82; Kur GRUR 2016, 20 (26)). Ingerl/Rohnke/Nordemann/Nordemann-Schiffel Rn. 45 gehen von einem Schutzausschluss für formgebundene Ersatzteile aus; ebenso Ströbele/Hacker/Thiering/Hacker Rn. 156.

83.3   Einem Beschluss des BPatG zufolge (BPatG BeckRS 2019, 21734) ist das in der Form einer naturgetreuen Abbildung eines Sportwagens beanspruchte dreidimensionale Zeichen für „Fahrzeuge und ihre Teile" sei nicht artbedingt, da es neben charakteristischen Merkmalen eines Sportwagens auch über ein Designelement in der Form eines sich von der Motorhaube über das Dach bis zum Heck erstreckenden symmetrischen, gegenüber dem Grundton der Karosserie dunkleren Farbbereichs mit stärker und schwächer gerundeten Rändern (sog. Black Belt) verfüge. In ihrer konkreten Gestalt – auch wenn ggf. zu einem späteren Zeitpunkt Solarzellen in ihr integriert sein sollten – sei diese Gestaltung nicht durch das Fahrzeug selbst bedingt. Das gleiche gelte für die beanspruchten Teile: Zwar sei das als Marke beanspruchte Gesamtfahrzeug aus einzelnen Fahrzeugteilen, wie Reifen oder Spiegel zusammengesetzt. Diese würden allerdings regelmäßig nach ihrem Einbau nicht mehr als solche wahrgenommen, sondern durch den Einbau und die dadurch bewirkte Kombination entstehe ein neuer Gesamteindruck, in dem die Eigenständigkeit der Bauelemente entweder nicht mehr oder nur noch eingeschränkt zur Geltung komme, so dass die angemeldete Form nicht ausschließlich durch die Art der beanspruchten Fahrzeugteile bedingt sei (BPatG BeckRS 2019, 21734 Rn. 12 f.). Diese Argumentation ist sicher korrekt. Auf der anderen Seite kann man sich die Frage stellen, welchem Zweck die Eintragung der Form des Gesamtfahrzeugs für ua Fahrzeugteile dienen soll, wenn nicht demjenigen, auf diese Weise Schutz im Verhältnis zu Herstellern von Teilen in Anspruch zu nehmen. Insoweit wäre regelmäßig im Verletzungsfall zu berücksichtigen, dass, soweit der Vertrieb mit dem Ziel der Verwendung auf dem Reparaturmarkt erfolgt, die Form des Teils durch die Zweckbestimmung vorgegeben und damit artbedingt ist.

Es ist allerdings davon auszugehen, dass der nationalen Rechtspraxis ein **Spielraum** verbleibt, **84** der eine sachgerechte Anwendung der vom EuGH genannten Kriterien ermöglicht. So sollte es auch künftig dabei bleiben können, dass Warenformen, die sich zwar nicht erheblich vom Marktüblichen unterscheiden, die aber zumindest gewisse Besonderheiten aufweisen, nicht mit unüberwindbarer Wirkung vom Markenschutz ausgeschlossen werden. Für die Frage, inwieweit solche Besonderheiten als „gattungstypisch" anzusehen sind, spielt dabei eine zum Teil entscheidende Rolle, wie eng oder weit die Produktkategorie definiert wird, der die beanspruchte Form angehört: Wird eine weite Definition gewählt – wie zB im Fall des Oberbegriffs „Fertigkuchen" bei Süßwaren – sind gattungstypische Merkmale weniger eindeutig vorgegeben, als wenn eine engere Produktkategorie – im Beispielsfall: Cremeschnitten – die Ausgangsbasis für die Eruierung der am Markt befindlichen Warenformen bildet (dazu BGH GRUR 2008, 510 Rn. 16 – Milchschnitte; s. auch die weiteren Beispiele unten. Es gibt bisher keine höchstrichterliche Klärung dieser Frage. Es dürfte jedoch davon auszugehen sein, dass sich die Definition jedenfalls nicht allein am Warenverzeichnis, sondern regelmäßig (auch) an den Waren orientiert, für die das Zeichen am Markt tatsächlich verwendet wird (→ Rn. 70).

Für ihren Antrag auf Löschung der Formmarke für den „Zauberwürfel" (→ Rn. 69) hatte sich die Kl. **84.1** auch auf Art. 7 Abs. 1 lit. e Ziff. i UMV (artbedingte Form) berufen. Das EuG ging jedoch im Einklang mit der früher herrschenden Praxis davon aus, dass als „artbedingt" nur eine für die betreffende Produktkategorie – „unverzichtbare" Form anzusehen sei; Waren der Produktkategorie „dreidimensionale Puzzles" (für die der Zauberwürfel eingetragen war) müssten jedoch keineswegs die Form eines von einer Gitterstruktur überzogenen Würfels haben (EuG T-450/09, BeckRS 2014, 82527 Rn. 82 – Simba Toys/HABM). Dass die Beschränkung des Schutzausschlusses auf unverzichtbare Formen in der kurz zuvor ergangenen Entscheidung „Hauck/Stokke" (EuGH C-205/13, GRUR 2014, 1097) für rechtsfehlerhaft befunden wurde, wird dabei mit keinem Wort erwähnt. In den Schlussanträgen des Generalanwalts werden die Feststellungen des EuG als auf tatsächlichem Gebiet liegend und damit als für den EuGH unangreifbar bezeichnet. Dabei lässt er jedoch erkennen, dass er selbst einer anderen Auffassung zuneigen würde und es durchaus für denkbar hält, dass die konkreter Betrachtung die maßgebliche Warenkategorie nicht allein auf „drehbare Puzzles", sondern sogar auf „Puzzlewürfel oder ‚Zauberwürfel'" verengt werden könnte. Für letztere stelle „die Form eines Würfels, der durch ein Netz schwarzer Linien unterteilt ist, zweifellos ihre natürliche Form dar" (Schlussanträge Generalanwalt Szpunar BeckRS 2016, 81043 Rn. 46).

Dem BGH zufolge können einzelne mögliche Verwendungsformen eines Zeichens (im konkreten Fall: **84.2** Porträtfoto von Marlene Dietrich) für bestimmte Waren (Poster, Plakate oder Bildkarten), nicht die Annahme begründen, das Zeichen bestehe ausschließlich aus einer durch die Art der Ware selbst bedingten Form. Dies gilt ungeachtet dessen, dass im Fall einer solchen Verwendung die Ware praktisch ausschließlich aus dem Zeichen besteht (BGH GRUR 2008, 1093 Rn. 11 – Marlene Dietrich-Bildnis I; in der Entscheidung wurde offenbar angenommen, dass die Anwendung von § 3 Abs. 2 Nr. 1 (nach seinerzeit geltendem Recht) nicht bereits daran scheiterte, dass es sich um ein Foto, und nicht um die Darstellung einer dreidimensionalen Form handelte).

In der Entscheidung GRUR 2008, 510 Rn. 16 – Milchschnitte hat der BGH erklärt, er neige der **84.3** Auffassung zu, dass das Warenverzeichnis for die Frage der Artbedingtheit ausschlaggebend sein solle, da dieses die beanspruchten Produkte ihrer Gattung nach bezeichne. Das Risiko eines Schutzausschlusses würde sich dadurch erheblich verringern. Vor allem bei weit gefassten Waren- und Dienstleistungsverzeichnissen dürfte dies jedoch mit der Rechtsprechung des EuGH kaum in Einklang zu bringen sein.

Wie sich die nach „Hauck/Stokke" (EuGH C-205/13, GRUR 2014, 1097) erforderliche **85** Neubewertung der bisher von der Rechtsprechung vertretenen Positionen konkret auswirkt, ist derzeit noch nicht absehbar. Der BGH hat seine bisher vertretene, enge Auslegung von § 3

Abs. 2 Nr. 1 zwar ausdrücklich aufgegeben (BGH GRUR 2018, 404 Rn. 56 – Quadratische Tafelschokoladenverpackung; Brtka GRUR-Prax 2018, 121); er legt die Vorschrift jedoch deutlich enger aus, als dies nach der EuGH-Rechtsprechung möglich oder sogar erforderlich wäre (s. dazu die kritische Auseinandersetzung mit der BGH-Rechtsprechung von Sattler GRUR 2018, 565 (566 ff.)). Im konkreten Fall – der quadratischen Grundform von Tafelschokolade – führt der BGH aus, dass die beanspruchte Form keine der Ware innewohnende Gebrauchseigenschaft aufweise, zumal der primäre Zweck der Ware der Verzehr sei, wofür es auf den Geschmack und die Zutaten, nicht jedoch auf die Form ankomme (BGH GRUR 2018, 404 Rn. 60, 69 – Quadratische Tafelschokoladenverpackung). Das BPatG hatte hingegen – neben den Erwägungen zu den Gebrauchsvorteilen der quadratischen Form – unter Hinweis auf die EuGH-Rechtsprechung argumentiert, von der Eintragung ausgeschlossen seien solche Warenformen, die den Erwartungen des Verbrauchers an das Aussehen der beanspruchten Ware im Wesentlichen entsprechen und die sie bei Mitbewerbern der Markeninhaberin nachsuchen. Dies sei hier der Fall, „weil Tafelschokolade in aller Regel in rechteckiger Form angeboten wird und das Quadrat nur eine besondere Form des Rechtecks ist" (BPatG GRUR 2017, 275 (279) – Schlauchverpackung). Auf diese womöglich entscheidende Argumentation geht der BGH nicht ein.

85.1   Sattler GRUR 2018, 565 (568) kritisiert ua, dass der BGH einerseits die Frage offengelassen habe, ob im Fall einer „Warenformverpackung" die Form einer Ware und ihrer Verpackung rechtlich gleich zu setzen seien, andererseits aber für seine Entscheidung davon ausgehe, dass der wesentliche Gebrauchswert der Ware ihr Verzehr sei. Dies sei ein „Griff in die juristische Trickkiste", da der BGH es auf diese Weise vermeide, Stellung zu der Frage zu beziehen, ob die Form wesentliche Gebrauchsvorteile im Hinblick auf die **Verpackung** der Ware aufweise.

85.2   Der Entscheidung BGH GRUR 2018, 404 – Quadratische Tafelschokoladenverpackung liegt erkennbar das Bemühen zugrunde, die Auswirkungen der „Hauck/Stokke"-Entscheidung (EuGH C-205/13, GRUR 2014, 1097) gering zu halten. In der Sache dürfte die Entscheidung des BPatG (GRUR 2017, 275 – Schlauchverpackung) der Zielrichtung des EuGH aber deutlich eher entsprechen. Es lässt sich schwerlich bezweifeln, dass die Tafelform eine der Warenart „Tafelschokolade" (zur Frage der konkreten oder weiten Definition der Warengattung → Rn. 84) inhärente Eigenschaft und als solche auch wesentlich ist. Daraus dürfte sich der Logik des EuGH zufolge bereits ergeben, dass an solchen Formen keine Monopole geschaffen werden sollten. Die reichlich künstlich anmutenden Überlegungen dazu, inwieweit dies etwas mit der „Gebrauchstauglichkeit" der Ware zu tun hat, können sich zwar auf den Wortlaut der deutschen Fassung der EuGH-Entscheidung stützen (im Englischen wird statt „Gebrauchseigenschaften" der deutlich neutralere Ausdruck „essential characteristics" verwendet); sie liegen jedoch neben der Sache, da Schokolade – anders als Möbel – zum Verzehr, und nicht primär zum „Gebrauch" bestimmt ist. Die auf dem Vorliegen eines wesentlichen „Gebrauchsvorteils" beharrende Argumentation des BGH schließt die Anwendung von § 3 Abs. 2 Nr. 1 auf gattungstypische Formen von Esswaren bzw. deren formbedingte Verpackung praktisch (zumindest weitgehend) aus. Dass eine Vorlage an den EuGH für entbehrlich gehalten wurde (BGH GRUR 2018, 404 Rn. 71 – Quadratische Tafelschokoladenverpackung) ist zwar verständlich, da dem BGH angesichts der bisherigen Erfahrungen daran gelegen sein dürfte, die eigene Entscheidungshoheit über Fälle dieser Art zu bewahren; es ist jedoch rechtlich nicht unbedenklich.

85.3   Kaum vereinbar mit der EuGH-Rechtsprechung ist ferner, dass der BGH die Überlegungen des BPatG zu den Vorteilen der Quadratform für Lagerung und Transport mit der Begründung für unerheblich erklärt hat, es handele sich nicht um Gebrauchseigenschaften, die dem Benutzer zugutekommen können, sondern lediglich um Vorteile für die Anbieter von Tafelschokolade bei der Herstellung und dem Vertrieb der Ware; diese seien jedoch nicht berücksichtigungsfähig (BGH GRUR 2018, 404 Rn. 59). Der EuGH hat zwar entschieden, dass Aspekte des Herstellungsprozesses im Rahmen von Art. 3 Abs. 1 lit. e Ziff. ii MRL aF keine Rolle spielen; dies betrifft jedoch eine andere Frage und lässt sich nicht allgemein auf Vorteile übertragen, die auf dem Letztverbrauch vorgelagerten Fertigungs- oder Handelsstufen auftreten (Ströbele/Hacker/Thiering/Hacker Rn. 132).

85.4   Der Löschungsantrag im Fall der quadratischen Schlauchverpackung war zunächst ausschließlich auf § 3 Abs. 2 Nr. 2 gestützt worden. Vor dem BPatG wurde der zunächst gestellte Löschungsantrag jedoch zurückgenommen und das Löschungsverlangen nur mehr auf die in § 3 Abs. 2 Nr. 1 und 3 genannten Ausschlussgründe gestützt. Dies wurde vom BPatG akzeptiert und auch vom BGH gebilligt, da die Erweiterung des Streitgegenstandes sachdienlich sein (zur Definition des Streitgegenstandes im Zusammenhang mit den Ausschlussgründen → Rn. 77). Hingegen hatte in dem (im Hinblick auf den Sachverhalt weitgehend parallel gelagerten Fall) der Löschungsklage gegen eine Marke in der Form (gestapelter) Traubenzuckertäfelchen das BPatG seine Betrachtungen **von Amts wegen** auf die Prüfung von § 3 Abs. 2 Nr. 1 und 3 erweitert (BPatG GRUR 2017, 525 – Traubenzuckertäfelchen). Dies wurde vom BGH für unzulässig befunden (BGH GRUR 2018, 411 – Traubenzuckertäfelchen; s. dazu Onken GRUR-Prax 2018, 122; → Rn. 90).

Ungeachtet der noch verbleibenden Unklarheiten lässt sich festhalten, dass die neuere EuGH-Recht- **85.5** sprechung Löschungsklagen gegen Warenformmarken relativ hohe Erfolgschancen beschert hat. Ob inso- weit eine Löschungswelle auf DPMA und EUIPO zukommt (so Hackbarth GRUR-Prax 2016, 555) hängt ua davon ab, wie strikt die EuGH-Rechtsprechung in die Praxis umgesetzt wird. Der BGH scheint insoweit zumindest bisher entschlossen, einer den EuGH-Vorgaben voll entsprechenden Praxis Widerstand entgegenzusetzen.

Zu berücksichtigen ist in diesem Zusammenhang, dass bei einer Eintragung entgegen § 3 Abs. 2 kein **85.6** Bestandsschutz nach § 50 Abs. 2 S. 2 gewährt wird. Es wird also erforderlich sein, im Nachhinein festzustel- len, ob eine Warenform zum relevanten Zeitpunkt „gattungstypisch" oder lediglich „branchenüblich" war: Nur in letzterem Fall bleibt kann die Eintragung aufgrund von (vor oder nach der Eintragung erworbener) Verkehrsdurchsetzung bestehen bleiben. S. insoweit auch den Hinweis des BPatG GRUR 2018, 522 Rn. 29 – schutzunfähige Marke (Nespresso-Kapseln).

3. Technisch bedingte Formgebungen (Abs. 2 Nr. 2)

Bis zur Entscheidung „Hauck/Stokke" (EuGH C-205/13, GRUR 2014, 1097) besaß der in **86** § 3 Abs. 2 Nr. 2 genannte Aspekt der technischen Bedingtheit deutlich größere praktische Bedeu- tung als der Ausschlussgrund der artbedingten Formgebung. Das Ziel der Vorschrift ist es, im Allgemeininteresse eine Monopolisierung technischer Lösungen oder Gebrauchseigenschaften von Waren zu verhindern. Technisch notwendige Formgebungen sollen der Benutzung durch die Allgemeinheit nur dann entzogen werden, wenn die Voraussetzungen des Patent- oder Gebrauchs- musterschutzes erfüllt sind. Dadurch soll verhindert werden, dass die **zeitlichen Begrenzungen** jener Schutzrechte unterlaufen werden können (EuGH C-48/09, GRUR 2010, 1008 Rn. 45 f. – LEGO).

Daraus allein lässt sich allerdings nicht die Folgerung ableiten, dass die Formgebung ursprünglich **86.1** patentgeschützter Gegenstände vom Markenschutz ausgenommen bleiben muss: Der Schutz des Patents bezieht sich auf die technische Lehre, die sich in einer konkreten Ausführungsform manifestiert; nur erstere wird mit dem Ablauf des Patentschutzes frei. Wenn sich dieselbe technische Lehre in anderer Weise verwirklichen lässt als durch die beanspruchte Form, ist ein Konflikt mit patentrechtlichen Grundsätzen grundsätzlich vermeidbar. Aus dieser Überlegung wurde früher zum Teil die Folgerung gezogen, dass der Ausschlussgrund der technischen Bedingtheit nicht zur Anwendung kommt, wenn dieselbe technische Wirkung durch **alternative Formgebungen** erzielt werden kann. Aus diesem Grund wurden in verschie- denen europäischen Ländern ebenso wie zum Teil auch auf der Ebene des Unionsrechts Produktgestaltun- gen wie der dreigliedrige Scherkopf des Philishave-Rasierers sowie der Lego-Baustein trotz des zuvor bestehenden Patentschutzes auch als Marke geschützt. Nach der Rechtsprechung des EuGH ist dieser Ansatz jedoch unhaltbar geworden (→ Rn. 92).

Auch wenn der Umstand, dass die in einer Produktgestaltung manifestierte technische Lehre **87** patentgeschützt ist bzw. war oder dem Patentschutz zumindest zugänglich gewesen wäre, nicht zwingend zur Anwendung von § 3 Abs. 2 Nr. 2 führt (→ Rn. 86.1), kommt dem Vorhandensein technischer Schutzrechte **Indizfunktion** hinsichtlich der technischen Bedingtheit der Formge- bung zu (EuGH C-48/09, GRUR 2010, 1008 Rn. 85 – LEGO; BPatG BeckRS 2012, 7301 – Haftverschluss; zur Bedeutung der Patentdokumente für die Beurteilung des Schutzausschluss- grundes auch BPatG GRUR 2018, 522 Rn. 40 ff. – schutzunfähige Marke (Nespresso-Kapseln)).

Der Gegenschluss, dass die Anwendung von § 3 Abs. 2 Nr. 2 ausgeschlossen ist, wenn eine **88** Formgebung dem Patent- bzw. Gebrauchsmusterschutz nicht zugänglich wäre, kann nicht gezogen werden; die Gefahr der markenrechtlichen Monopolisierung von in der Warenform verkörperten technischen Lösungen ist unabhängig davon zu beurteilen, ob eine Warenform durch ein techni- sches Schutzrecht geschützt werden kann (BGH GRUR 2018, 411 Rn. 14 – Traubenzuckertäfel- chen).

Entscheidendes Kriterium für den Schutzausschluss ist es, dass die Form eines dreidimensionalen **89** Zeichens **in seinen wesentlichen Merkmalen durch die technische Lösung bestimmt** wird, der das Zeichen Ausdruck verleiht. Die Hinzufügung eines oder mehrerer geringfügiger willkürli- cher Elemente ändert an diesem Ergebnis nichts. Nur dann, wenn in der Form der betreffenden Ware ein wichtiges nichtfunktionales Element (etwa ein dekoratives oder phantasievolles Element) verkörpert wird, das für die Form von Bedeutung ist, ist die Anwendung von § 3 Abs. 2 Nr. 2 ausgeschlossen (EuGH C-48/09, GRUR 2010, 1008 Rn. 52 – LEGO). Dies ist der Fall bei dem für die Firma Lego als Unionsmarke geschützten Prototyp von Spielfiguren: Zwar stellt die Anbringung von Klemmnocken an den Füßen bzw. am Kopf der Figuren, die die Zusammenfü- gung mit Lego-Bausteinen ermöglicht, ein funktionales Element dar, es zählt jedoch nicht zu den wesentlichen Merkmalen der Figur (EuG T-396/14, BeckRS 2016, 81863 Rn. 25, 31 – BestLock/ HABM; bestätigt durch EuGH C-452/15 P, BeckRS 2016, 80826).

89.1   Nach der EuGH-Rechtsprechung unzulässig (für die Bestätigung des Urteils durch den EuGH jedoch irrelevant) ist hingegen das vom EuG zusätzlich herangezogene Argument, dass sich der funktionale Charakter der Klemmnocken für den Betrachter nicht aus der grafischen Darstellung ergebe (EuG T-396/14, BeckRS 2016, 81863 Rn. 31 – BestLock/HABM; → Rn. 68; zur Vereinbarkeit der Argumentation des EuG mit EuGH C-205/123, GRUR 2014, 1097 Rn. 27 – Hauck/Stokke; → Rn. 89).

89.2   Im Löschungsverfahren betreffend die Lego-Spielfiguren (EuG T-396/14, BeckRS 2016, 81863– BestLock/HABM) hatte sich der Antragsteller auch darauf berufen, dass die Form durch die Art der Ware bedingt sei (Art. 7 Abs. 1 lit. e Ziff. i UMV). Das EuG ging darauf nicht weiter ein, da es insoweit an substantiierten Ausführungen des Antragstellers gefehlt habe. Wendet man die in der Entscheidung „Hauck/ Stokke" entwickelten Grundsätze des EuGH an (→ Rn. 82), könnte sich diese Vorschrift jedoch als einschlägig erweisen: Die wesentlichen Gestaltungsmerkmale – stilisierte menschliche Züge, einfache, stabile Grundform, Verbaubarkeit – lassen sich durchaus als „gattungstypisch" für zur Anwendung in Klemmbaustein-Systemen bestimmte Spielfiguren auffassen, „nach denen der Verbraucher möglicherweise auch bei den Waren der Mitbewerber sucht" (EuGH C-205/123, GRUR 2014, 1097 Rn. 27 – Hauck/Stokke).

90   Dem Wortlaut der Vorschrift zufolge reicht es nicht aus, dass die Form auf technischen Aspekten beruht, sondern sie muss auch in ihren **Wirkungen** auf technischem Gebiet liegen. Wird durch die Gestaltung einer Ware ein besonderes Sinneserlebnis erzielt – etwa ein besonderes Geschmackserlebnis, das durch die Oberflächengestaltung einer Praline erzeugt wird – dann handelt es sich zwar um eine insoweit funktionale Gestaltung, diese löst aber keine technische Wirkung aus (so BGH GRUR 2010, 138 Rn. 18 – ROCHER-Kugel, der damit die Unanwendbarkeit von § 3 Abs. 2 Nr. 2 begründet; ebenso BGH GRUR 2018, 411 Rn. 36 – Traubenzuckertäfelchen; Onken GRUR-Prax 2018, 122). Dies schließt nicht aus, dass etwa Süßwaren in ihrer Gestaltung technisch bedingt sind: Auch insoweit spielen nicht nur sensorische Aspekte (Geschmack, Konsistenz, Textur und Haptik), sondern auch Aspekte der Gebrauchs- bzw. Verbrauchstauglichkeit eine Rolle, wie etwa Vorteile hinsichtlich der Handhabung, der Portionierung oder des Verzehrs des Produkts (BPatG GRUR 2017, 525 – Traubenzuckertäfelchen; s. dazu Rauscher GRUR-Prax 2017, 74; insoweit bestätigt durch BGH GRUR 2018, 411 Rn. 30 ff. – Traubenzuckertäfelchen).

90.1   Im konkreten Fall wurde vom BPatG angenommen, die wesentlichen Merkmale der Ware – quadratische Grundform mit abgerundeten Ecken und einer mittig angebrachten Vertiefung – seien sämtlich technisch bedingt, da sie der besseren Stapelfähigkeit sowie dem angenehmen (keine „scharfen" Kanten) und portionsweisen Verzehr (mittig angebrachte „Sollbruchstelle") dienen. Dass die Gestaltung womöglich auch unter gestalterischen Gesichtspunkten gewählt worden sei (Anlehnung an Elemente des Art Déco), sei daneben unerheblich (BPatG GRUR 2017, 525 Rn. 21, 23–25 – Traubenzuckertäfelchen). Der BGH beanstandet die Ausführungen zur Stapelbarkeit etc. nicht; er erklärt jedoch, dass die angenehme Gestaltung des Geschmackserlebnisses durch das Fehlen scharfer Kanten lediglich den sensorischen Eindruck und nicht die technische Wirkung der Ware betreffe (BGH GRUR 2018, 411 Rn. 37 ff. – Traubenzuckertäfelchen).

91   In seiner Entscheidung zur Schutzfähigkeit des Kit Kat-Schokoriegels hat der EuGH ferner erklärt, dass es für die Anwendung des Ausschlussgrundes nicht ausreicht, wenn eine Form das **Resultat** eines technisch zur Hervorbringung solcher Formen notwendigen Verfahrens bzw. Konstruktionsprinzips ist. Zur Begründung wird zum einen auf den Wortlaut verwiesen, der sich auf die Funktionsweise der Ware beschränkt, ohne den Herstellungsprozess zu erwähnen. Ferner werde diese Auslegung durch das Ziel der Vorschrift bestätigt, die Entstehung von Monopolen für technische Lösungen zu verhindern, die der Benutzer auch bei Waren der Mitbewerber suchen kann, da es aus der Sicht der Verbraucher nur auf die Funktionalitäten der Ware ankomme, während die Modalitäten ihrer Herstellung unerheblich seien (EuGH C-215/14, GRUR 2015, 1198 Rn. 53, 55 – Nestlé/Cadbury; so auch BGH GRUR 2018, 404 Rn. 59 – Quadratische Schokoladenverpackung, wobei es im konkreten Fall nicht um Aspekte des Herstellungsprozesses, sondern um Transport und Lagerung ging → Rn. 85.3). Dabei bleibt unberücksichtigt, dass jedenfalls dann, wenn zur Herstellung einer konkreten Warenform nur ein bestimmtes Verfahren in Betracht kommt, durch die Einräumung eines ausschließlichen Rechts an dieser Form eine zumindest indirekte Monopolisierung einer technischen Lösung stattfindet, was im Ergebnis dazu führt, dass die Abnehmer Formen, die aus der Anwendung des betreffenden Verfahrens resultieren, bei Wettbewerben vergeblich suchen werden (kritisch Kur GRUR 2017, 134 (137); zustimmend Ingerl/Rohnke/Nordemann/Nordemann-Schiffel Rn. 48 unter ausdrücklicher Aufgabe der bei Ingerl/Rohnke Rn. 52 vertretenen Auffassung).

Im konkreten Verfahren (EuGH C-215/14, GRUR 2015, 1198 – Nestlé/Cadbury) ging es um die **91.1** Form des Kit Kat-Schokoriegels, bei dem sich die exakte Form der Rillen zwischen den einzelnen „Fingern" notwendig aus der verwendeten, dem Vortrag von Cadbury zufolge alternativlosen, Herstellungstechnik ergibt. Generalanwalt Wathelet hatte die Frage nach der Anwendbarkeit von Art. 4 Abs. 1 lit. e Ziff. ii MRL in seinen Schlussanträgen bejaht. Er verwies insoweit darauf, dass der EuGH in der Entscheidung „Philips/Remington" erklärt habe, der Sinn der Vorschrift bestehe darin, dafür zu sorgen, dass Mitbewerber nicht daran gehindert seien, Waren mit einer technischen Funktion anzubieten „oder zumindest die technische Lösung frei zu wählen, die sie einsetzen möchten, um ihre Ware mit einer solchen Funktion auszustatten" (EuGH C-299/99, GRUR 2002, 842 Rn. 79). Die Formulierung „technische Lösung, die der Hersteller anwenden möchte, um diese Funktion in seine Ware einzubinden" sei „offenkundig eine offene Umschreibung für ein Herstellungsverfahren" (Schlussanträge, C-215/14, BeckRS 2015, 80754 Rn. 76 f. – Nestlé/Cadbury).

Die in EuGH C-215/14, GRUR 2015, 1198 – Nestlé/Cadbury negativ beantwortete Frage nach der **91.2** Anwendung des zweiten Ausschlussgrundes auf Ergebnisse technischer Herstellungsverfahren hat auch für den Schutz des „Zauberwürfels" (Rubik's Cube) eine gewisse Rolle gespielt: In der ersten Entscheidung des EuG war die Schutzfähigkeit der Form ua mit dem Argument bejaht worden, dass die rotationsfähigen Elemente des Würfels (wenn sie denn als solche erkannt werden) nur das **Ergebnis** einer technisch-funktionalen Gestaltung seien, nicht jedoch selbst eine solche Wirkung herbeiführen (EuG T-450/09, BeckRS 2014, 82527 Rn. 53 – Simba Toys/EUIPO). In der Entscheidung des EuGH (C-30/15 P, GRUR 2017, 77) wurde diesem Umstand keine Bedeutung beigemessen (so auch das EuG in seiner zweiten Entscheidung zum gleichen Fall, T-601/17, BeckRS 2019, 26755 – Rubik's Brand/EUIPO).

Vom EUIPO wurde die dem § 3 Abs. 2 Nr. 2 entsprechende Vorschrift des Art. 7 Abs. 1 lit. e Ziff. ii **91.3** UMV auf die von der Firma Lamborghini beantragte Bewegungsmarke für die charakteristische Aufwärtsbewegung ihrer Autotüren angewandt, obwohl es sich auch dabei um das Resultat einer technischen Konstruktion, und nicht um die technische Wirkung der Bewegung handelt (HABM BK GRUR 2004, 63 – Lamborghini; zustimmend Ströbele/Hacker/Thiering/Hacker Rn. 105).

Es ist nicht entscheidend, ob die betreffende Form die einzige ist, die die Erreichung der **92** technischen Wirkung erlaubt, oder ob insoweit **Alternativen** vorhanden sind. Vom EuGH wird dies zum einen damit begründet, dass nichts im Wortlaut der Vorschrift die Schlussfolgerung zulasse, dass es auf Alternativen ankommt (EuGH C-299/99, GRUR 2002, 842 Rn. 81 – Philips/Remington); zum anderen wird erklärt, dass anderenfalls der Markeninhaber die Möglichkeit hätte, anderen Unternehmen die Verwendung nicht nur der gleichen Form, sondern auch ähnlicher Formen zu verbieten, so dass selbst zahlreiche alternative Formen für die Wettbewerber dieses Markeninhabers unbenutzbar werden (EuGH C-48/09 P, GRUR 2010, 1008 Rn. 56 – LEGO; C-30/15, GRUR 2017, 66 Rn. 52 – Rubik's Cube; s. auch EuG verb. Rs. T-331/10 RENV und T-416/10 RENV, BeckEuRS 2015, 432837 Rn. 62 – Yoshida/Pi Design; BGH GRUR 2018, 411 Rn. 32 – Traubenzuckertäfelchen).

Die Begründung der EuGH-Rechtsprechung erscheint in diesem Punkt als schwach. Dass der Wortlaut **92.1** nicht auf das Fehlen von Alternativen verweist, hindert nicht zwingend, für das Verständnis der Formulierung „zur Erzielung einer technischen Wirkung notwendig" auf das Vorliegen bzw. die Abwesenheit von Alternativlösungen abzustellen. Dass die Eintragung der Formgebung notwendigerweise auch ähnliche Formgebungen erfasst, ist nur auf der Grundlage des (fragwürdigen) Verständnisses zutreffend, dass bei der Bemessung des Schutzumfangs von Marken die Interessen der Wettbewerber keine Rolle spielen dürfen (in diesem Sinne EuGH C-102/07, GRUR 2008, 503 Rn. 30 – Adidas/Marca Mode). Letztlich ist der EuGH hier der zentralen Frage ausgewichen, ob und ggf. warum es aus übergeordneten wettbewerbsrechtlichen Gründen wünschenswert ist, dass am Markt etablierte Produktformen von anderen nicht nur in ähnlicher, sondern auch in identischer Form nachgebaut werden können, selbst wenn aus technisch-funktionaler (nicht jedoch aus ökonomischer) Sicht Alternativen vorhanden sind. Klarer hat sich zu diesen Fragen der BGH geäußert (BGH GRUR 2005, 349 – Klemmbausteine III).

Obwohl auch die deutsche Rechtspraxis davon ausgeht, dass das Vorliegen alternativer Gestal- **93** tungsmöglichkeiten nicht dazu führt, dass die Anwendung von § 3 Abs. 2 Nr. 2 ausgeschlossen ist (s. BGH GRUR 2010, 231 Rn. 34 – Legostein; BPatG BeckRS 2017, 119865 Rn. 48 – Standbeutel), kann es sich auf die Beurteilung positiv auswirken, wenn die beanspruchte Formgebung erkennbar nur **eine unter mehreren technisch gleichwertigen Varianten** darstellt. So wurde die Formgebung eines Sportwagens nicht als technisch bedingt iSv § 3 Abs. 2 Nr. 2 beurteilt, da die Hersteller trotz strenger technischer Vorgaben für Automobile dieser Art auch bei ähnlichen Anforderungsprofilen eigenständige, individualisierende Formgebungen entwickeln können (BGH GRUR Int 2006, 767 f. – Porsche Boxster). Ebenso wurde die Schutzfähigkeit eines Transformatorengehäuses damit begründet, dass die angemeldete Formgebung über eine

Reihe von Gestaltungsmerkmalen verfügt, die in ihrer konkreten Formgebung zur Erzielung einer technischen Wirkung nicht erforderlich, sondern frei variierbar sind (BGH GRUR 2004, 507 (509) – Transformatorengehäuse). Diese Auffassung erscheint auch unter Beachtung von Sinn und Zweck der Vorschrift als sachgerecht, da bei freier Variierbarkeit funktionaler Merkmale kein überragendes Bedürfnis für die Freihaltung einzelner Ausprägungen der Gestaltung besteht (ebenso Ingerl/Rohnke/Nordemann/Nordemann-Schiffel Rn. 50 f.).

94   Im Hinblick auf die **Schutzfähigkeit von Ersatzteilen** war vom BPatG angenommen worden, bei der Formgestaltung sichtbarer Kraftfahrzeugteile bestünden nicht nur zahlreiche technische Vorgaben für die Funktionsfähigkeit solcher Teile, sondern die jeweilige Formgebung sei im Hinblick auf den bestimmungsgemäßen Zweck des passgenauen Einbaus in eine Sachgesamtheit auch alternativlos (BPatG GRUR 2005, 333 (335) – Kraftfahrzeugteile). Der BGH erklärte hingegen, da und soweit für die Sachgesamtheit eine Vielzahl von Gestaltungsmöglichkeiten erhalten bleibe, unterliege auch die Formgebung der einzelnen Teile durch den Zweck, als Bestandteil dieser Sachgesamtheit zu dienen, keinen weiteren Einschränkungen (BGH GRUR 2008, 71 Rn. 6 – Fronthaube). Diese Auffassung ist (nur dann) zutreffend, wenn der konkrete Verwendungszweck des Produkts für die Ermittlung der technischen Bedingtheit außer Betracht gelassen wird (kritisch Ingerl/Rohnke/Nordemann/Nordemann-Schiffel Rn. 52). Entsprechende Grundsätze können auch für die Anwendung von § 3 Abs. 2 Nr. 2 auf Formgebungen eine Rolle spielen, die zur Verwendung in einem konkreten anderen Produkt bestimmt sind (Kaffeekapseln). Das BPatG geht insoweit von der Anwendbarkeit von § 3 Abs. 2 Nr. 2 aus (BPatG GRUR 2018, 522 – schutzunfähige Marke (Nespresso-Kapseln); das beim BGH anhängige Verfahren (I ZB 114/17) wurde wegen Insolvenz des Widerspruchsführers unterbrochen, GRUR 2019, 549.

95   Künftig dürfte es in entsprechenden Fällen ohnehin eher darauf ankommen, ob (bzw. dass) die entsprechende Form iSd „Hauck/Stokke"-Entscheidung durch die Art der Ware bedingt und daher nach Abs. 2 Nr. 1 vom Schutz ausgeschlossen ist (→ Rn. 83.2; Kur GRUR 2016, 20 (27); s. auch Ingerl/Rohnke/Nordemann/Nordemann-Schiffel Rn. 45; Ströbele/Hacker/Thiering/Hacker Rn. 156).

96   Ob die Form einer Ware technisch bedingt ist, ist **objektiv** zu ermitteln. Auszugehen ist dabei von der grafischen Darstellung des Zeichens, die der Anmeldung zugrunde liegt. Dabei ist es unschädlich, wenn die Darstellung einer Warenform nur die Wahrnehmung eines Teils der Form ermöglicht, sofern dieser Teil der Form notwendig ist, um die technische Wirkung der Ware zu erreichen, auch wenn er für sich genommen für die Erreichung dieser Wirkung nicht ausreicht (EuGH C-237/19, GRUR 2020, 631 Rn. 32 – Gömböc). Ferner können zusätzliche Informationen – Beschreibungen der Ware, die bei der Anmeldung der Marke eingereicht wurden, Dokumentationen zu früher erteilten Rechten des geistigen Eigentums oder sonstige Untersuchungen und Gutachten über die Funktionen der Ware etc. – heranzuziehen sein (EuGH C-30/15 P, GRUR 2017, 66 Rn. 48 – Simba Toys/EUIPO; C-237/19, GRUR 2020, 631 Rn. 33 f. – Gömböc; → Rn. 68 f.). Diese Informationen müssen objektiv und verlässlich sein. Dies schließt dem EuGH zufolge die Berücksichtigung von Kenntnissen und Vorstellungen der beteiligten Verkehrskreise aus. Die Beurteilung würde sonst zwangsläufig subjektive Elemente umfassen, die potenziell Unsicherheitsfaktoren darstellen (so EuGH C-237/19, GRUR 2020, 631 Rn. 35 – Gömböc). Hingegen kann der Verkehrsanschauung Indizfunktion bei der Beurteilung der Frage entfalten, ob die technische Bedingtheit sämtliche wesentlichen Merkmale der Ware betrifft (EuGH C-48/09 P, GRUR 2010, 1008 Rn. 75 ff. – LEGO).

97   Zu einem Schutzausschluss kommt es grundsätzlich nur dann, wenn mit Sicherheit festgestellt werden kann, dass **sämtliche wesentlichen Merkmale** der Ware eine technische Funktion erfüllen, (so die Rechtsprechung des BPatG; s. etwa BPatG BeckRS 2013, 8715 – Gehäuse mit Wellenstruktur; ebenso die am gleichen Tag ergangenen Beschlüsse in den Parallelverfahren 28 W (pat) 545/11, 546/11, 548/11, 549/11 und 550/11; Ströbele/Hacker/Thiering/Hacker Rn. 136). Liegt nach diesen Grundsätzen technische Bedingtheit vor, ist unerheblich, wenn **zusätzlich** gestalterische Erwägungen in die Entstehung der Form eingeflossen sind (BPatG GRUR 2017, 525 Rn. 25 – Traubenzuckertäfelchen; s. auch EuGH C-421/15 P, GRUR 2017, 623 Rn. 30 – Yoshida/EUIPO).

97.1   Im konkreten Fall der Traubenzuckertäfelchen blieb dieser Aspekt ohne entscheidende Bedeutung, da der BGH die der Formgebung zugeschriebene Eignung, (ua) das Geschmackserlebnis angenehmer zu gestalten, als nicht auf technischem Gebiet liegend ansah (BGH GRUR 2018, 411 Rn. 37 ff. – Traubenzuckertäfelchen; → Rn. 90.1).

4. Wertverleihende Formgebungen (Abs. 2 Nr. 3)

So wie der Zweck des § 3 Abs. 2 Nr. 2 in der Abgrenzung des Markenrechts gegenüber den **98** technischen Schutzrechten erblickt wird, wird der dritte Ausschlussgrund – Formen, die der Ware ihren wesentlichen Wert verleihen – häufig eine Abgrenzungsfunktion im Verhältnis zum Schutz **ästhetisch-kreativer Leistungen** durch das Urheber- und Designrecht zugeschrieben (s. etwa Ströbele/Hacker/Thiering/Hacker Rn. 150 f., der die Vorschrift daher entgegen der weithin geübten Kritik für sinnvoll hält). Auf der anderen Seite würde es zu kaum vertretbaren Ergebnissen führen, wenn dem Schutz einer Formgebung unter dem Aspekt des Designrechts Indizfunktion im Hinblick auf den Schutzausschluss nach § 3 Abs. 2 Nr. 3 zukäme: Da sämtliche neuen, eigenartigen Formgebungen schon bei relativ geringen Anforderungen an den Grad der Eigenart schutzfähig sind und da alle schutzfähigen Muster im Fall ihrer Veröffentlichung in der EU für gewisse Zeit Schutz als nicht eingetragenes Gemeinschaftsgeschmacksmuster genießen, bestünde bei einer solchen Betrachtung nur bei denjenigen Formgebungen keine Kontraindikation, die weder neu sind noch irgendeinen Grad an Eigenart aufweisen. Um solche erkennbar unsinnigen Ergebnisse zu vermeiden, wäre es verfehlt, in Entsprechung zum Patentrecht (→ Rn. 87) der designrechtlichen Schutzfähigkeit von Formgebungen indizielle Bedeutung für den Schutzausschluss beizumessen (in diesem Sinne auch EuGH C-237/91, GRUR 2020, 631 Rn. 51 ff. – Gömböc: Schutz(fähigkeit) einer Gestaltung als Design hindert den Markenschutz nicht; s. allerdings EuGH C-205/13, GRUR 2014, 1097 Rn. 19 – Hauck/Stokke, der die Bedeutung des „Verlängerungsverbots" auch im Hinblick auf Designobjekte als bedeutsam herausstellt).

Die Zweifelhaftigkeit eines auf die Abgrenzungsfunktion gerichteten Verständnisses des Ausschlussgrun- **98.1** des wird noch deutlicher, wenn man bedenkt, dass auch alle grafischen Gestaltungen einschließlich Logos dem Designschutz zugänglich sind; Bild- oder Wort-Bildmarken könnten daher bei einer strikten Abgrenzung der Anwendungsbereiche von Marken- und Designschutz keinen Schutz beanspruchen.

Ebenso wäre es verfehlt, ganze **Produktkategorien** von der Schutzfähigkeit als Marke auszu- **99** schließen (so jedoch für Schmuckgegenstände BPatG BlPMZ 2002, 228 – Schmuckring; zustimmend zitiert bei Ströbele/Hacker/Thiering/Hacker Rn. 151; kritisch Kur GRUR Int 2004, 755 f.). Aus der „Benetton"-Entscheidung des EuGH (→ Rn. 100.1) ergibt sich zumindest mittelbar, dass Kleidung nicht bereits aufgrund der Erwägung vom Schutz ausgeschlossen ist, dass der Wert der Ware notwendigerweise aus ihrer Form folgt; es muss vielmehr eine Betrachtung des Einzelfalls stattfinden. Für sonstige typischerweise designgeprägte Waren wie Schmuckgegenstände oder kunstgewerbliche Erzeugnisse kann daher nichts anderes gelten; s. EuGH C-237/19, GRUR 2020, 631 Rn. 59 – Gömböc: Warenformen, die in den Klassen „Dekorative Gegenstände" bzw. „Dekorative Gegenstände aus Glas und Keramik" des NKA angemeldet werden, können nicht automatisch zurückgewiesen werden.

Mit den **Voraussetzungen des Schutzausschlusses** wertverleihender Warenformen hat sich **100** der EuGH erstmals im Fall „Hauck/Stokke" (EuGH C-205/13, GRUR 2014, 1097 mAnm Kur) befasst. In der vorhergehenden Entscheidung „Benetton" (EuGH C-371/06, GRUR 2007, 790 – Benetton/G-Star) hatte das vorlegende Gericht unterstellt, dass die Voraussetzungen für den Schutzausschluss wertbedingter Formgebungen jedenfalls in der Anfangsphase der Vermarktung erfüllt waren; der EuGH beschränkte sich daher auf die aus dem Gesetzeswortlaut folgende Feststellung, dass die Überwindung des Ausschlussgrundes durch den Erwerb von Unterscheidungskraft iSv Art. 4 Abs. 3 MRL nicht möglich ist.

Der Fall „Benetton" (EuGH C-371/06, GRUR 2007, 790) betraf die Schutzfähigkeit einer als Benelux- **100.1** Marke eingetragenen Jeanshose, deren unterscheidende Merkmale aus Nähten und Stickereien bestanden. Das vorlegende Gericht hatte angenommen, dass die Hose ursprünglich aus diesen Besonderheiten ihre kommerzielle Attraktivität hergeleitet hatte; es hatte jedoch als korrekt unterstellt, dass – nach aufwendigen Kampagnen der Inhaberin – zum Zeitpunkt der Anmeldung der Marke die Beliebtheit der Hose zu einem großen Teil nicht auf die ästhetische Attraktivität der Form, sondern auf die mit der Bekanntheit der Marke zusammenhängende Anziehungskraft zurückzuführen gewesen sei. Der EuGH beschränkte sich in seiner äußerst knappen Entscheidung auf einen Verweis auf den Gesetzeswortlaut.

In der Entscheidung Hauck/Stokke (EuGH C-205/13, GRUR 2014, 1097) ging es um den **101** Schutz des Tripp-Trapp Stuhls, einem „mitwachsenden" Kinderstuhl mit anspruchsvollem, vielfach ausgezeichnetem Design. Auf die Ungültigkeitswiderklage eines wegen Markenverletzung in Anspruch genommenen Herstellers ähnlicher Kinderstühle legte der Hooge Rad dem EuGH ua die Frage vor, ob es für die Anwendung des dritten Ausschlussgrundes auf die Beweggründe der Abnehmer für ihre Kaufentscheidung ankommt, dh darauf, ob sie die Ware vorwiegend als Kunst-

bzw. Designobjekt oder wegen anderer Eigenschaften, wie insbesondere ihres Gebrauchsnutzens erstehen. Der EuGH erklärte daraufhin, der dritte Ausschlussgrund dürfe nicht auf die Form von Waren beschränkt werden, die einen rein künstlerischen oder dekorativen Wert haben, da sonst die Gefahr bestünde, dass Waren nicht erfasst würden, die außer einem bedeutenden ästhetischen Element auch **wesentliche funktionelle Eigenschaften** haben, mit der Folge, dass „ein Monopol auf die wesentlichen Eigenschaften der Waren" gewährt würde (EuGH C-205/123, GRUR 2014, 1097 Rn. 32). Die Wahrnehmung der Abnehmer sei daher für die Anwendung des Ausschlussgrundes lediglich einer von mehreren Faktoren; zusätzlich seien „die Art der in Rede stehenden Warenkategorie, der künstlerische Wert der fraglichen Form, ihre Andersartigkeit im Vergleich zu anderen auf dem jeweiligen Markt allgemein genutzten Formen, ein bedeutender Preisunterschied gegenüber ähnlichen Produkten oder die Ausarbeitung einer Vermarktungsstrategie, die hauptsächlich die ästhetischen Eigenschaften der jeweiligen Ware herausstreicht" zu berücksichtigen (EuGH C-205/123, GRUR 2014, 1097 Rn. 35).

102   Während diese Gesichtspunkte eine überwiegend nach objektiven Gesichtspunkten vorzunehmende Betrachtung nahelegen, wird in der nachfolgenden Entscheidung „Gömböc" deutlich, dass die Gründe, die die Abnehmer zu ihrer Kaufentscheidung bewogen haben, letztlich von entscheidender Bedeutung sind bzw. sein können: Vom Vorliegen des Ausschlussgrundes sei dann auszugehen, „wenn aus objektiven und verlässlichen Gesichtspunkten hervorgeht, dass die Entscheidung der Verbraucher, die betreffende Ware zu kaufen, in sehr großem Maß" durch das betreffende Merkmal bestimmt wird. Dies gilt auch für andere Merkmale als die ästhetische Anmutung der Ware, soweit sich diese aus der Form ergeben (im konkreten Fall: der Umstand, dass die Form zum haptischen Symbol für eine mathematische Entdeckung geworden ist; EuGH C-237/19, GRUR 2020, 631 Rn. 43, 46 – Gömböc).

103   Für die Rechtsprechung des BGH ergeben sich durch diese Entscheidungen erhebliche **Änderungen.**

104   Nach bisheriger Praxis stand der Ausschlussgrund des § 3 Abs. 2 Nr. 3 dem Schutz einer ästhetisch ansprechenden Formgebung nur dann entgegen, wenn der Verkehr **allein in dem ästhetischen Gehalt** der Form den wesentlichen Wert der Ware erblickt und es deshalb von vornherein als ausgeschlossen anzusehen ist, dass der Form neben ihrer ästhetischen Wirkung zumindest auch die Funktion eines Herkunftshinweises zukommen könnte. Erscheint hingegen in den Augen des Verkehrs die ästhetische Formgebung nur als eine Zutat zu der Ware, deren Nutz- oder Verwendungszweck auf anderen Eigenschaften beruht, sollte sie der Eintragung der Form als Marke auch dann nicht entgegenstehen, wenn es sich um eine ästhetisch besonders gelungene Gestaltung handelt (BGH GRUR 2008, 71 Rn. 18 – Fronthaube; GRUR 2010, 138 Rn. 19 – ROCHER-Kugel). Diese Rechtsprechung ist nunmehr überholt (BGH GRUR 2020, 1089 Rn. 38 – Quadratische Tafelschokoladenverpackung II; zuvor bereits BPatG GRUR 2019, 838 Rn. 54; deutlicher KG BeckRS 2017, 134582 Rn. 31 f., das unter ausdrücklicher Aufgabe der insoweit als überholt bezeichneten BGH-Rechtsprechung Art. 7 Abs. 1 lit. 2 Ziff. iii UMV auf die Form von Speiseeis („Eis am Stiel") anwendet).

105   Nach dem bisherigen Ansatz des BGH erfolgte die Beurteilung **prospektiv,** indem sie auch das prinzipiell kennzeichnungsgeeignete Entwicklungspotenzial einer Formgebung berücksichtigte. Dadurch wurde verhindert, dass – wie im Fall „Benetton" (EuGH C-371/06, GRUR 2007, 790; → Rn. 100.1) – die Bewertung auf die Situation verengt wird, in der die Abnehmer der Ware erstmalig begegnen und in der sie typischerweise noch keine über die Attraktionswirkung der Form hinausgehenden Vorstellungen mit der Gestaltung der Ware verbinden können.

106   Während für eine prospektive Analyse auch künftig gewisser Spielraum bestehen dürfte, ist die Rechtsprechung des BGH jedenfalls insoweit nicht mehr haltbar, als der Einfluss des **Nutz- oder Gebrauchswerts** für die Frage berücksichtigt wird, ob der Wert der Ware wesentlich durch die Form beeinflusst wird (so auch Ströbele/Hacker/Thiering/Hacker Rn. 152). Diesem Ansatz – der im Prinzip auch „Designikonen" auf dem Gebiet des Möbel- oder Lampendesigns den Weg zum Markenschutz offen hält, da es sich auch insoweit immer noch um Nutzgegenstände und nicht um „reine Ästhetik" handelt (s. insoweit auch BPatG BeckRS 2011, 25017 – Sessel) – wird vom EuGH eine Absage erteilt (EuGH C-205/123, GRUR 2014, 1097 Rn. 32; s. auch KG BeckRS 2017, 134582 Rn. 31 ff.).

106.1   Im Fall der quadratischen Verpackung von Ritter-Sport Schokolade (in dem es zum Schluss nur mehr um die Frage der wertverleihenden Wirkung ging, nachdem der BGH in GRUR 2018, 404 – Quadratische Tafelschokoladenverpackung I die Ausschlussgründe des § 3 Abs. 2 Nr. 1 und 2 für unanwendbar erklärt hatte) spielten die durch EuGH C-205/13, GRUR 2014, 1097 – Hauck/Stokke erzwungenen Änderungen der BGH-Rechtsprechung keine, oder jedenfalls keine entscheidende, Rolle. Das BPatG stellte fest, dass es sich bei der quadratischen Form der Verpackung seiner vorhergegangenen Entscheidung zufolge um die Grundform des entsprechenden Produkts handelte; dies schließe es gerade aus, in der Form ein wertverleihendes, sich von anderen Produkten abhebendes Merkmal zu sehen. Von den vom EuGH genannten Faktoren sei allenfalls derjenige anwendbar, dass sich die Inhaberin der Marke in ihrem Marketing speziell auf die Form bezieht („Quadratisch. Praktisch. Gut."). Es sei jedoch nicht davon auszugehen, dass bereits die Erfüllung eines der vom EuGH genannten Faktors an sich ausreichend sei, um den Ausschluss zu bejahen; dieser sei vielmehr in eine Gesamtabwägung einzustellen, wobei der Aspekt überwiege, dass die Form eben gerade keine in ästhetischer Hinsicht ansprechende Besonderheiten aufweise (BPatG GRUR 2019, 838 Rn. 53 ff.). Der BGH weist die gegen diese Beurteilung gerichteten Bedenken der Revision zurück. Dabei wird insbesondere erklärt, die hohe Verkehrsbekanntheit des Zeichens könne nicht als ein wertverleihender Vorteil im Sinne des Ausschlussgrundes angesehen werden, da darin nicht der Wert der Formgebung als solcher, sondern ihr Verständnis als Herkunftshinweis zum Ausdruck komme (BGH GRUR 2020, 1098 Rn. 46 – Quadratische Tafelschokoladenverpackung).

Fraglich ist ferner, ob es insoweit bei der Rechtsprechung des BGH bleiben kann, als der **107** Anknüpfungspunkt für die Anwendung von § 3 Abs. 2 Nr. 3 bisher nur beim **ästhetischen Wert** der Formgebung verortet wurde, während andere Aspekte der Form, die den wirtschaftlichen Wert oder die Handelbarkeit der Ware beeinflussen, nicht zu einem Ausschluss führen konnten (BGH GRUR 2008, 71 Rn. 18 ff. – Fronthaube; gegen BPatG GRUR 2005, 333 (335) – Kraftfahrzeugteile, wo ausgeführt worden war, die betreffende Formgebung – Fronthaube eines BMW – habe eindeutig wertbestimmenden Charakter, da die Ware nur in dieser Form in ihrer Eigenschaft als Ersatzteil handel- und verwertbar sei). Der EuGH ist in dieser Hinsicht tendenziell offener (EuGH C-237/19, GRUR 2020, 631 Rn. 43 – Gömböc: Beachtlich ist nicht allein die ästhetische Qualität der Form; → Rn. 101). Hinzukommt, dass Aspekte, die die Handelbarkeit der Ware betreffen, bereits im Zusammenhang mit dem ersten Ausschlussgrund zu berücksichtigen sein können und dort unter Umständen durchschlagende Bedeutung erlangen (→ Rn. 83.2; Kur GRUR 2016, 20 (27); s. auch Ströbele/Hacker/Thiering/Hacker Rn. 156).

Die durch den EuGH erzwungenen Änderungen der bisherigen BGH-Rechtsprechung sind **108** bedauerlich und dürften in der Praxis zu erheblichen **Schwierigkeiten und Rechtsunsicherheiten** führen. Der Schutz von Formmarken entwickelt sich damit mehr denn je zu einem Lotteriespiel (Kur GRUR 2014, 1097 (1099)). Schon bisher wurde beklagt, dass die Maßstäbe, nach denen Ämter und Gerichte die Schutz- bzw. Eintragungsfähigkeit von Warenformen beurteilen, höchst intransparent sind und in den Mitgliedsländern unterschiedlich gehandhabt werden; diese Probleme dürften sich erheblich verschärfen. Es ist zwar richtig, dass infolge der bisherigen Rechtspraxis die Möglichkeit einer faktischen **Überlagerung von Formmarken- und Designschutz** (bei unterschiedlichen Schutzvoraussetzungen und wirkungen) eher den Regel- als den Ausnahmefall darstellte. Anders als bei technisch bedingten Formgebungen stößt diese Konsequenz aber nicht auf grundlegende Bedenken: Angesichts der Weite des Formenschatzes ist im Fall ästhetischer Gestaltungen das Interesse der Wettbewerber und der Öffentlichkeit, eine konkrete, werthaltige Form nutzen zu können, weniger akut und zwingend als im Falle innovativer technischer Lösungen. Wenn somit eine ästhetisch ansprechende Form aufgrund intensiver und langjähriger Benutzung nachweislich den Charakter eines Herkunftshinweises angenommen hat, vermag nicht einzuleuchten, dass übergeordnete Wertentscheidungen verletzt werden sollen, wenn die Gewährung von Markenschutz der faktisch vorhandenen Kennzeichnungswirkung auch rechtliche Anerkennung verschafft.

Der Ansatz des EuGH führt demgegenüber aus Sicht des Anmelders in ein nur schwer lösbares **109** **Dilemma:** Um nicht wegen mangelnder Unterscheidungskraft zurückgewiesen zu werden, muss der Anmelder darlegen, dass sich die Warenform erheblich von Vorbestehendem unterscheidet (→ § 8 Rn. 472). Zugleich soll jedoch die Andersartigkeit der Formgebung einen der Faktoren darstellen, die für den Schutzausschluss gemäß § 3 Abs. 2 Nr. 3 sprechen (→ Rn. 101); der Anmelder bringt sich mit seinem Vortrag daher womöglich selbst um die Chance, jemals Markenschutz in Anspruch nehmen zu können.

Das Dilemma wird durch den Fall des Bang & Olufsen-Lautsprechers illustriert: Das EuG hatte zunächst **109.1** entschieden, dass die auf mangelnde Unterscheidungskraft gestützte Zurückweisung der Markenanmeldung durch das HABM rechtsfehlerhaft sei; aufgrund des besonderen, sich von verkehrsüblichen Gestaltungen deutlich abhebenden Designs komme der Formgebung Unterscheidungskraft zu (EuG T-460/05, GRUR Int 2008, 52 Rn. 40 – Form eines Lautsprechers). In der erneuten Verhandlung nach Zurückverweisung des Verfahrens an das EUIPO gelangte die 1. BK sodann zu dem Schluss, dass ungeachtet der vorhandenen Unterscheidungskraft der Schutz wegen der Attraktivität der Formgebung mit permanenter Wirkung auszuschließen sei (HABM BK R 497/2005-1 – Bang & Olufsen). Diese Entscheidung wurde vom EuG bestätigt (EuG T-508/08, GRUR Int 2012, 560 – Form eines Lautsprechers II). Weiteres Anschauungsmaterial für die mit der Anwendung des dritten Ausschlussgrundes verbundenen Schwierigkeiten bieten die Entscheidungen HABM BK R 486/2010-2 (Bürostuhl von Ray und Charles Eames) einerseits und HABM BK R 664/2011-5 (Eames Lounge Chair) andererseits: Während die 2. BK darauf abstellte, dass die Attraktivität der Gestaltung auf die Bekanntheit der beiden Schöpfer und damit auf einem herkunftsbezogenen Aspekt beruhe (was zur Bejahung der Markenfähigkeit führte), erklärte die 5. BK, dass die Bekanntheit des Designerpaares auf dem künstlerischen Wert ihrer Schöpfungen beruhe, und dass diesen (also im konkreten Fall: dem Lounge Chair) der Schutz daher zu versagen sei.

109.2　　Womöglich mit Hinblick auf solche Fälle erklärt der EuGH in C-237/19, GRUR 2020, 631 Rn. 60 – Gömböc, dass der wesentliche Wert der Ware auch „aus anderen Gesichtspunkten als der Form hervorgehen kann, insbesondere aus der Attraktivität ihrer Gestaltung, der Art ihrer Herstellung – industriell oder kunstgewerblich –, der möglicherweise seltenen oder wertvollen Stoffe, die sie enthalten, oder auch der Identität ihres Entwerfers". Im Fall der Schöpfungen berühmter Designer könnte dies als (nachträgliche) Stütze für die Argumentation der 2. BK (HABM BK R 486/2010-2) aufgefasst werden. Auf der anderen Seite lassen die Ausführungen des EuGH die Frage offen, wie zu entscheiden ist, wenn die Ware ihren Wert **sowohl** durch die Berühmtheit der Designer **als auch** durch die Formgebung selbst erhält. Sollte es insoweit auf eine quantitative Abwägung hinauslaufen (Welcher der beiden Aspekte überwiegt?), dürfte dies den Entscheider vor unlösbare Aufgaben stellen.

110　　Die bereits bestehenden Schwierigkeiten dürften sich durch die Ausdehnung der Vorschrift auf „andere charakteristische Merkmale" als die Form noch **verstärken.** So ist künftig unbestreitbar, dass der Oberflächendekor von Waren zu deren „charakteristischen Merkmalen" zählt (→ Rn. 72; zum früheren Recht → Rn. 64). Nichts anderes dürfte zB für die Abbildung von Kunstwerken oder sonstigen attraktiven Motiven gelten, die die Erscheinungsform der Ware prägen. Ferner dürfte anzunehmen sein, dass bei einer Reihe von Produkten, zB Postkarten oder Poster, das attraktive Motiv den wesentlichen Wert solcher Waren ausmacht (s. insoweit zum früheren Recht BGH GRUR 2008, 1093 Rn. 11 – Marlene Dietrich-Bildnis I; dort allerdings nur zum Ausschlussgrund der Artbedingtheit, → Rn. 84.2). Schwieriger ist es bei T-Shirts oder Kappen, zumal dort die Grenzziehung zu Merchandising-Produkten, die mit Logos und Signets bekannter Firmen oder Sportvereinen etc. versehen sind, Probleme aufwerfen kann (→ Rn. 72.2). Hier muss künftig die nicht ganz einfache Unterscheidung zwischen der Wertsteigerung, die eine Ware durch die Anbringung einer Marke als sichtbare Hinweis auf ihre kommerzielle Herkunft erfährt, und derjenigen getroffen werden, die aus der **rein dekorativen Anmutung** einer bildlichen Darstellung erwächst. Im ersten Fall ist die Wertsteigerung markenrechtskonform; im zweiten führt sie womöglich zum Ausschluss. Bei der Beurteilung ist dem EuGH zufolge der Wert auszuklammern, der nicht aus der Form bzw. den wesentlichen Merkmalen des Zeichens als solchen resultiert, sondern aus anderen Aspekten wie ua „der Geschichte ihrer Gestaltung" hervorgeht (EuGH C-237/19, GRUR 2020, 631 Rn. 60 – Gömböc).

111　　Von großer bzw. sogar entscheidender Bedeutung kann dabei die Frage sein, welche **Form der Benutzung** für die Beurteilung der Markenfähigkeit zugrunde zu legen ist: Während bei einer in traditionell markenmäßiger Weise erfolgenden Benutzung (zB auf Einnähern oder Etiketten) ein Ausschluss in der Regel nicht als gerechtfertigt erscheint, gilt tendenziell anderes für die großflächige Benutzung von Bildelementen. Soweit sich parallele Fragen – allerdings mit weniger schwerwiegenden Konsequenzen – bei der **Beurteilung von Unterscheidungskraft** oder beschreibendem Charakter von Bild- oder Positionsmarken stellen, lässt es der BGH ausreichen, dass es praktisch bedeutsame und naheliegende Möglichkeiten gibt, das angemeldete Zeichen bei den Waren und Dienstleistungen, für die es eingetragen werden soll, so zu verwenden, dass es vom Verkehr ohne Weiteres als Marke verstanden wird (BGH GRUR 2008, 1093 Rn. 22 – Marlene-Dietrich-Bildnis I; GRUR 2010, 825 Rn. 21 – Marlene-Dietrich-Bildnis II; GRUR 2010, 1100 Rn. 28 – Tooor!). In der Entscheidung „#darferdas" hat der EuGH bestätigt, dass, wenn in einer Branche zwei Verwendungsformen praktisch bedeutsam sind, beide Verwendungsformen berücksichtigt werden müssen, um zu beurteilen, „ob der Durchschnittsverbraucher das in Rede stehende Zeichen als Marke wahrnehmen wird, wenn er beide Arten der Anbringung auf dem Kleidungsstück oder zumindest eine von ihnen sieht" (EuGH C-541/18, GRUR 2019, 1194 Rn. 30 – #darferdas). Dabei ist es offenbar ohne Bedeutung, dass eine der beiden in Betracht kommenden Verwendungsformen die wahrscheinlichere ist; der EuGH geht auf die insoweit vom BGH in der Vorlagefrage vorgenommene Differenzierung nicht ein. Unberücksichtigt bleiben sollen nur solche Formen der Verwendung, die zwar denkbar, aber praktisch nicht bedeutsam sind und somit als wenig wahrscheinlich erscheinen (EuGH C-541/18, GRUR 2019, 1194 Rn. 26 – #darferdas). Entsprechende Grundsätze dürften auch für die Anwendung von Abs. 3 Nr. 2 gelten.

Dies gilt jedenfalls solange, wie die Benutzung der Marke im Markt keinen Aufschluss hinsichtlich der tatsächlichen Verwendung liefert. Ist letzteres der Fall, dürfte hingegen wie im Fall technisch notwendiger Gestaltungen (→ Rn. 68) eine primär auf die faktische Form der Benutzung fokussierte Betrachtung vorzunehmen sein. Ob dies jedoch die Berücksichtigung anderer, praktisch relevanter Benutzungsformen ausschließt, wäre im Zweifelsfall vom EuGH zu klären.

Im Fall EuGH C-21/18, GRUR 2019, 153 – Textilis wurde der EuGH ua gefragt, ob bei einem **111.1** Textilmuster, das für eine breite Skala von Warenklassen und Waren eingetragen ist und in unterschiedlicher Weise auf diesen angebracht werden kann, für die Beurteilung der Frage, ob das Muster den Waren einen wesentlichen Wert verleiht, eher objektive/allgemeine Kriterien anzuwenden seien, oder ob festgestellt werden müsse, in welcher Weise der Markeninhaber das Zeichen tatsächlich auf den verschiedenen Waren angebracht hat oder anzubringen beabsichtigt. Da der EuGH bereits auf die erste in diesem Fall gestellte Frage, ob Art. 7 Abs. 1 lit. e UMV in seiner erweiterten Fassung auf vor dem Inkrafttreten der Änderung angemeldete Marken anzuwenden sei, eine negative Antwort gegeben hatte (→ Rn. 73), ist er auf diese Folgefrage nicht mehr eingegangen.

Der EuGH präzisiert in der Entscheidung „#darferdas" seine Aussagen im Fall EuGH C-307/11 P, **111.2** GRUR 2013, 519 – Deichmann (Umsäumter Winkel), denen zufolge es ausreicht, bei der Entscheidung über die Unterscheidungskraft einer Marke die nach der Lebenserfahrung wahrscheinlichste Form der Nutzung zugrunde zu legen. Dies soll nur für Fälle gelten, in denen in der betreffenden Branche nur eine Verwendungsart praktisch bedeutsam ist (EuGH C-541, GRUR 2019, 1194 Rn. 32 – #darferdas). In der Entscheidung „Birkenstock" (EuGH C-26/17 P, GRUR-RR 2018, 507 Rn. 40 – Birkenstock) gelten; dort wurde der Umstand, dass von einer „möglichen, nicht wenig wahrscheinlichen" Nutzung als Oberflächenmuster ausgegangen werden konnte, als ausreichend angesehen, um die für solche Markenformen geltenden Beurteilungsgrundsätze anzuwenden.

Die Regelung des § 3 Abs. 2 Nr. 3 ist insgesamt als **verfehlt** zu betrachten. Sie zwingt Gerichte **112** und Behörden in die Rolle einer Design-Jury, die besonders gutes Design mit dem Entzug der Möglichkeit straft, kennzeichenrechtlichen Schutz zu erlangen (so die nahezu einhellige Kritik in Literatur; Ingerl/Rohnke/Nordemann/Nordemann-Schiffel Rn. 53; Fezer Rn. 694; erstmals Kur FS 100 Jahre Marken-Amt, 1994, 175, 191; positiv hingegen Ströbele/Hacker/Thiering/Hacker Rn. 141). Es wäre daher zu begrüßen gewesen, wenn die EU-Kommission dem Vorschlag gefolgt wäre, Art. 3 Abs. 1 lit. e Ziff. iii MRL im Zuge der Markenrechtsreform abzuschaffen (so die Markenrechtsstudie des MPI; s. Knaak/Kur/v. Mühlendahl GRUR Int 2012, 197 (200); ebenso die GRUR-Stellungnahme zu den Kommissionsvorschlägen, Kunz-Hallstein/Loschelder GRUR 2013, 800 f.; Hasselblatt EUTMR/Hasselblatt UMV Art. 7 Rn. 132; zur UMV → UMV Art. 7 Rn. 151).

Dies bedeutet nicht, dass die Interessen der Wettbewerber an der Freihaltung ästhetisch attrakti- **113** ver Formen zu vernachlässigen sind. Diesen Interessen kann jedoch in sachgerechter und flexibler Weise **im Rahmen der absoluten Schutzhindernisse** (sowie richtigerweise auch bei der Bemessung des Schutzumfangs) Rechnung getragen werden; eines unüberwindbaren Schutzhindernisses bedarf es dazu nicht (ebenso Ingerl/Rohnke/Nordemann/Nordemann/Schiffel Rn. 35).

D. IR-Marken

IR-Marken müssen ebenso wie nationale Marken die Erfordernisse von § 3 erfüllen. Dabei **114** besteht allerdings die Besonderheit, dass der Schutz nur aus den in Art. 6^{quinquies} B **PVÜ** aufgeführten Gründen verweigert oder entzogen werden kann (BGH GRUR 2006, 589 Rn. 12 – Rasierer mit drei Scherköpfen; GRUR 2013, 929 Rn. 10 – Schokoladestäbchen II; zur Anwendung dieses Grundsatzes in der früheren Rechtsprechung Beier GRUR Int 1992, 243, 247).

v. Mühlendahl kritisiert in seiner Anmerkung zum Vorlagebeschluss des BPatG (GRUR 2013, 932 – **114.1** Apple; s. dazu EuGH C-421/13, GRUR 2014, 866) zu Recht, dass sich das Gericht nicht mit der Frage befasst hat, ob die Schutzverweigerung für die in den USA eingetragene IR-Marke (Aufmachung von Apple-Stores) mit Art. 6^{quinquies} PVÜ vereinbar wäre (v. Mühlendahl GRUR 2013, 942).

Der EuGH verweist in der „NETTO"-Entscheidung eingehend auf die PVÜ und die Nizzaer Klassifika- **114.2** tion zur Begründung seiner Auffassung, dass Dienstleistungen, die die Zusammenstellung von Dienstleistungen betreffen, nicht vom Markenschutz ausgeschlossen werden können (EuGH C-420/13, GRUR 2014, 869 Rn. 37).

Als Schutzverweigerungsgründe kommen die Verletzung älterer Rechte Dritter (Art. 6^{quinquies} **115** Abschn. B Nr. 1 PVÜ), das Fehlen jeglicher Unterscheidungskraft, der beschreibende oder übliche Charakter des Zeichens im Hinblick auf die zu bezeichnenden Waren oder Dienstleistungen

(Art. 6^{quinquies} Abschn. B Nr. 2 PVÜ) sowie Verstöße gegen die guten Sitten oder die öffentliche Ordnung (ordre public) in Betracht (Art. 6^{quinquies} Abschn. B Nr. 3 PVÜ).

115.1   Erfolgt trotz des Vorliegens von Schutzverweigerungsgründen keine entsprechende Erklärung gegenüber dem Internationalen Büro, schafft dies keinen speziellen Vertrauenstatbestand zugunsten der IR-Marke; sie unterliegt daher im gleichen Umfang der (nachträglichen) Schutzentziehung, wie dies für die Löschung im Fall nationaler Marken gilt (BPatG GRUR 2018, 522 Rn. 31 – schutzunfähige Marke (Nespresso-Kapseln); zu Gründen und Verfahren der nachträglichen Schutzentziehung → § 115 Rn. 2).

116   Während die in § 8 Abs. 2 Nr. 1–3 bzw. Art. 4 Abs. 1 lit. b–d MRL genannten, absoluten Schutzhindernisse den Schutzausschlussgründen von Art. 6^{quinquies} Abschn. B Nr. 2 PVÜ nahezu wörtlich entsprechen, findet sich **keine Entsprechung** zum (früheren) Erfordernis der grafischen Darstellbarkeit sowie zu den in § 3 Abs. 2 bzw. Art. 4 Abs. 1 lit. e MRL normierten, permanenten Ausschlussgründen für wesens- oder technikbedingte sowie wertverleihende Warenformen.

117   Im Hinblick auf das nach früherem Recht geltende Erfordernis der **grafischen Darstellbarkeit** ist zwischen der Normierung gewisser Anforderungen an die Form der Darstellung (denen auch Zeichenformen genügen müssen, die der Eintragung prinzipiell noch weiteres zugänglich sind, wie etwa Farbmarken) und der völligen Verweigerung der Eintragung (wie sie im europäischen Recht derzeit für olfaktorische und gustatorische Marken gilt) zu unterscheiden (in diesem Sinne bereits Kur FS v. Mühlendahl, 2005, 361 (372)). Bei ersteren ergibt sich bereits aus der Freiheit souveräner Rechtssysteme, die Formalien des Eintragungsverfahrens einschließlich der einzureichenden Unterlagen zu regeln, dass die Anforderungen des nationalen (bzw. europäischen) Rechts von ausländischen Anmeldern erfüllt werden müssen. Grenzen werden insoweit nur von spezifischen internationalen Normierungen, wie insbesondere dem TLT (→ Einleitung Rn. 218 ff.) oder dem STLT (→ Einleitung Rn. 221 ff.) gezogen, soweit – wie im Falle Deutschlands – Mitgliedschaft in diesen Verträgen besteht.

118   Hinzu kommt, dass die Erfordernisse der Präzision und Transparenz sowie das übergeordnete **Gebot der Bestimmtheit** und der Verhinderung ungerechtfertigter Vorteile im Wettbewerb als Bestandteile des ordre public des Kennzeichenrechts im Allgemeinen und insbesondere eines auf Registrierung basierenden Markensystems gelten können. Insoweit kann bzw. konnte ungeachtet des Fehlens einer expliziten Erwähnung des Erfordernisses der grafischen Darstellbarkeit in Art. 6^{quinquies} Abschn. B PVÜ das Schutzbegehren für IR-Marken zurückgewiesen werden, wenn das Bestimmtheitserfordernis in gravierender Weise missachtet wird (BGH GRUR 2013, 929 Rn. 13 – Schokoladestäbchen II). Auch der generelle Ausschluss von Zeichenformen von der Eintragbarkeit lässt sich in einer dem internationalem Recht genügenden Weise begründen, wenn und soweit für diese keine Form der Darstellung verfügbar ist, die dem grundlegenden Bestimmtheitserfordernis entspricht.

119   Mit der Annahme eines Verstoßes gegen den **ordre public** darf man es sich jedoch nicht zu leicht machen. Soweit es um die Anwendung materieller Vorschriften geht, ist stets davon auszugehen, dass diese einen bewussten Ausdruck grundlegender markenrechtlicher Wertungsprinzipien darstellen. Wie aus Art. 6^{quinquies} Abschn. B Nr. 3 S. 2 PVÜ hervorgeht, reicht dies allein jedoch nicht aus; es muss sich vielmehr um ein **spezifisches öffentliches Interesse** handeln, das zu demjenigen an einer ordnungsgemäßen, funktionsgerechten Ausgestaltung des Markenrechts hinzutritt bzw. dieses in besonderer Weise verstärkt. Zu Recht wurde daher die „LITAFLEX"-Entscheidung des BGH kritisiert (BGH GRUR 1987, 525 f. mit krit. Anm. Bauer), in der das Bindungsprinzip des WZG zum Bestandteil des ordre public erklärt wurde, obwohl es zum damaligen Zeitpunkt bereits von vielen als überzogen und lebensfremd angesehen wurde und zudem bereits absehbar war, dass es im Zuge der europäischen Markenrechtsharmonisierung wahrscheinlich abgeschafft werden würde.

119.1   Ob der pauschale Ausschluss der Eintragungsfähigkeit dreidimensionaler Marken gegenüber IR-Marken unter Hinweis auf den ordre public gerechtfertigt werden konnte, wurde vom BGH in der Entscheidung „P-tronics" (BGH GRUR 1976, 355 f. – P-tronics) offengelassen. Vom BPatG wurden Bedenken unter dem Aspekt des ordre public erst im Hinblick auf einen Antrag auf Schutzerstreckung für unangebracht erklärt, der zu einem Zeitpunkt gestellt wurde, als die MRL bereits in Kraft getreten war (allerdings vor Ablauf der Umsetzungsfrist; BPatG GRUR 1998, 146 f. – Plastische Marke).

120   Nach Abschaffung des Erfordernisses der grafischen Darstellbarkeit liegt offensichtlich kein Zurückweisungsgrund vor, wenn für bisher als grafisch nicht darstellbar betrachtete Zeichenformen andere, dem Bestimmtheitserfordernis genügende Darstellungen angeboten werden. Das **Bestimmtheitsgebot als solches** bleibt allerdings unverzichtbar; die Anforderungen an seine

Erfüllung dürfen im Einzelfall jedoch nicht überspannt werden (so für den konkreten Fall auch BGH GRUR 2013, 929 Rn. 21 – Schokoladestäbchen II).

Auch bei den nach § 3 Abs. 2 bzw. Art. 4 Abs. 1 lit. e MRL **vom Schutz ausgeschlossenen** 121 **Formmarken** kommt es für die Vereinbarkeit mit internationalen Rechtsnormen letztlich darauf an, inwieweit sich die dauerhafte Verweigerung des Schutzes als Erfordernis des ordre public rechtfertigen lässt (in diesem Sinne Kur GRUR Int 2004, 755 (758); Kur FS v. Mühlendahl, 2005, 361 (376)). Zwar bemüht sich die deutsche Rechtsprechung, die internationalrechtliche Unbedenklichkeit der Vorschrift bereits daraus zu konstruieren, dass es um fehlende Unterscheidungskraft bzw. Freihaltebedürfnisse iSv Art. 6^quinquies B Nr. 2 PVÜ gehe (BGH GRUR 2006, 589 Rn. 15 – Rasierer mit drei Scherköpfen; s. auch Ströbele/Hacker/Thiering/Hacker Rn. 108, der jedoch immerhin anerkennt, dass sich „auch an einen Rückgriff auf den ordre-public-Vorbehalt" denken lässt). Dieser Versuch ist jedoch nicht überzeugend, zumal es an einer Begründung dafür fehlt, warum der Ausschluss ohne Rücksicht auf die konkreten Umstände zum Anmeldezeitpunkt gelten soll (→ Rn. 65.1).

Letztlich wird in der Entscheidung „Scherköpfe" die Vereinbarkeit von Art. 3 Abs. 1 lit. e MRL 2008 121.1 mit dem internationalen Recht damit begründet, dass die MRL 2008 in ihrem Erwägungsgrund 13 den inhaltlichen Gleichlauf mit der PVÜ postuliert; die bloße Möglichkeit eines Verstoßes wird daher nach dem Prinzip „weil nicht sein kann, was nicht sein darf" ausgeschlossen (vgl. BGH GRUR 2006, 589 Rn. 14 – Rasierer mit drei Scherköpfen: „Die Beurteilung nach den Vorschriften des MarkenG darf daher zu keinem anderen Ergebnis als die Prüfung nach Art. 6quinquies Abschn. B PVÜ führen."). Kritisch zu dieser Entscheidung auch Kunz-Hallstein MarkenR 2006, 487 (492)).

Der ordre public-Charakter der Vorschrift kann jedenfalls **nicht pauschal bejaht** werden. Dies 122 gilt insbesondere für den Ausschlussgrund der wertverleihenden Formgebung (§ 3 Abs. 2 Nr. 3): Es lässt sich nicht nachvollziehen, inwiefern es sich dabei um einen wesentlichen oder sogar unverzichtbaren Bestandteil des allgemeinen Rechtsbewusstseins und der öffentlichen Ordnung handeln sollte. Dagegen spricht bereits, dass es vor dem Erlass von MRL 1989 und GMV lediglich im Benelux-Markengesetz eine entsprechende Bestimmung gegeben hat (→ Rn. 114.1). Hingegen haben die meisten oder sogar alle Länder schon vor der Harmonisierung gesetzliche Bestimmungen oder Rechtsprechungsgrundsätze angewandt, denen zufolge die Form einer Ware nicht als Marke geschützt werden konnte, wenn sie aus deren Wesen resultiert und/oder ausschließlich technisch bedingt ist (→ Rn. 55.1). Dies lässt den Gedanken, dass es bei § 3 Abs. 2 Nr. 1 und 2 um Bestandteile des ordre public geht, als naheliegend erscheinen. Auch insoweit ist jedoch die Frage, ob unter dem Aspekt der öffentlichen Ordnung ein permanenter, unüberwindbarer Schutzausschluss funktionaler Zeichen zu rechtfertigen ist, in jedem Einzelfall mit Sorgfalt zu prüfen.

§ 4 Entstehung des Markenschutzes

Der Markenschutz entsteht
1. **durch die Eintragung eines Zeichens als Marke in das vom Deutschen Patent- und Markenamt geführte Register,**
2. **durch die Benutzung eines Zeichens im geschäftlichen Verkehr, soweit das Zeichen innerhalb beteiligter Verkehrskreise als Marke Verkehrsgeltung erworben hat, oder**
3. **durch die im Sinne des Artikels 6bis der Pariser Verbandsübereinkunft zum Schutz des gewerblichen Eigentums (Pariser Verbandsübereinkunft) notorische Bekanntheit einer Marke.**

Überblick

§ 4 regelt die drei Formen der Entstehung des Schutzes eines Zeichens als Marke (→ Rn. 1 ff.): Registrierung (Nr. 1), Erlangung von Verkehrsgeltung als Marke (Nr. 2) und notorische Bekanntheit (Nr. 3). Für die nach § 4 Nr. 1 entstehenden Registermarken genügt die Eintragung des Zeichens in das Markenregister (→ Rn. 7 ff.). Als Benutzungsmarke (→ Rn. 17 ff.) werden Zeichen geschützt, wenn sie als Marke benutzt werden (→ Rn. 37 ff.) und durch die Benutzung innerhalb der beteiligten Verkehrskreise Verkehrsgeltung erlangt haben (→ Rn. 42 ff.). Der Schutz entsteht mit Erlangung der Verkehrsgeltung (→ Rn. 104 ff.) und dauert bis zum Verlust der Verkehrsgeltung an (→ Rn. 108 ff.). Die Inhaberschaft (→ Rn. 120 ff.) an der Benutzungsmarke ergibt sich aus der Verkehrsgeltung. Als dritte Form der Entstehung lässt § 4 Nr. 3 die notorische Bekanntheit iSd Art. 6bis PVÜ genügen (→ Rn. 132).

Übersicht

A. Überblick

I. Entstehungstatbestände des Markenschutzes

§ 4 regelt die **Entstehung des Schutzes eines Zeichens als Marke.** Für geschäftliche **1**
Bezeichnungen ergibt sich die Schutzentstehung aus § 5, für geographische Herkunftsangaben aus § 126 bzw. den einschlägigen Bestimmungen des europäischen oder staatsvertraglichen Rechts.

Das MarkenG kennt **drei Entstehungstatbestände:** Die Eintragung eines Zeichens als Marke **2** (§ 4 Nr. 1, Registermarke), die Erlangung von Verkehrsgeltung als Marke durch die Benutzung des Zeichens im geschäftlichen Verkehr (§ 4 Nr. 2, Benutzungsmarke) sowie die notorische Bekanntheit einer Marke iSd Art. 6bis PVÜ (§ 4 Nr. 3, Notorietätsmarke). § 4 regelt nur das „**Wie" der Schutzentstehung,** nicht jedoch, was ein schutzfähiges Zeichen ist.

Vorausgesetzt ist bei allen drei Tatbeständen die **Markenfähigkeit des Zeichens** gemäß § 3 (→ **2.1** Rn. 27, → Rn. 139). Für die Registermarke ergeben sich **weitere Entstehungsvoraussetzungen** aus den absoluten Schutzhindernissen der §§ 8, 10. In der Konsequenz stehen für ein und dasselbe Zeichen nicht stets alle drei Entstehungstatbestände zur Verfügung. Das betrifft insbesondere Zeichen, die nicht graphisch darstellbar sind (→ § 8 Rn. 19) und die daher nicht als Marke eingetragen werden, wohl aber Schutz als Benutzungs- oder Notorietätsmarke erlangen können (→ Rn. 30, → Rn. 139).

Soweit die jeweiligen Entstehungsvoraussetzungen gegeben sind, kann es zu einem **kumulati- 3 ven Schutz** kommen, zB durch Eintragung eines Zeichens, das bereits als Marke Verkehrsgeltung erlangt hat oder notorische Bekanntheit genießt. Das ist bedeutsam mit Blick auf den Schutzumfang: Zwar gilt § 14 für alle Marken, doch kann zB der räumliche Schutzbereich der Benutzungsmarke beschränkt sein (→ Rn. 65), während der Schutz für Registermarken bundesweit gilt. Schutzdivergenzen können sich ferner etwa beim Zeichenvergleich ergeben, weil bei der Registermarke auf die eingetragene Form abzustellen ist (→ § 14 Rn. 358), während es bei Benutzungsmarken auf jene Form ankommt, in der die Marke Verkehrsgeltung erlangt hat (→ § 14 Rn. 3625). Auch bei kumulativem Schutz handelt es sich stets um **unterschiedliche und selbständige Ausschließlichkeitsrechte.**

Wird der Anspruch wegen Verletzung eines Zeichens auf den Schutz als Registermarke sowie als **3.1** Benutzungsmarke gestützt, liegen **unterschiedliche Streitgegenstände** vor (vgl. BGH GRUR 2009, 783 Rn. 18 – UHU; GRUR 2007, 1071 Rn. 57 – Kinder II; GRUR 2007, 1066 – Kinderzeit; aA Stieper GRUR 2012, 5 (15)).

II. Verhältnis zur MRL

1. Keine Harmonisierung

Die MRL gilt gemäß Art. 1 MRL nur für Individual-, Kollektiv-, Garantie- und Gewährleis- **4** tungsmarken, die in einem Mitgliedstaat oder beim Benelux-Amt für geistiges Eigentum eingetragen oder angemeldet oder mit Wirkung für einen Mitgliedstaat international registriert sind. Ein **von der Eintragung unabhängiger Schutz** aufgrund Verkehrsgeltung ist **dem Unionsrecht fremd;** auch die Unionsmarke kann nur durch Eintragung erworben werden (Art. 6 UMV). Hieran haben die Neufassung der MRL und der UMV nichts geändert.

Nach Erwägungsgrund 11 MRL ist den Mitgliedstaaten jedoch das Recht belassen, die durch **5** Benutzung erworbenen Marken weiterhin zu schützen. Hiermit erkennt der europäische Gesetzgeber an, dass in den Mitgliedstaaten ein – teils marken-, teils lauterkeitsrechtlicher – **Schutz nicht registrierter Marken** besteht, der von der **Harmonisierung des Markenrechts unberührt** bleiben soll (zum Schutz nicht eingetragener Zeichen in Mitgliedstaaten der EU vgl. v. Bomhard/ Geier MarkenR 2016, 497 (501 f.); Kur GRUR 1997, 241 (253 f.); ferner die Länderbeiträge in Lange Int MarkenR/KennzeichenR; für England Böckenholt MarkenR 2002, 6 ff.; für Irland Wille GRUR Int 2008, 468 ff.; für Polen Żelechowski GRUR Int 2020, 14 ff.; für China Yu

GRUR Int 2009, 664 ff.; Zhang MarkenR 2014, 9 ff.). Es kommt daher für die Vereinbarkeit mit dem Unionsrecht nicht darauf an, ob der Schutz unmittelbar durch die Benutzung oder – wie nach § 4 Nr. 2 – durch die auf der Benutzung beruhende Verkehrsgeltung entsteht. An dieser Freistellung hält die neue MRL trotz des erklärten Ziels, eine größere Angleichung der nationalen Markenrechte herbeizuführen, fest.

2. Einheitliche und richtlinienkonforme Auslegung

6   Das MarkenG regelt den Schutz von Register-, Benutzungs- und Notorietätsmarken nicht getrennt. Deshalb gelten zahlreiche Vorschriften des MarkenG, obschon sie der Umsetzung der MRL dienen, nicht nur für Registermarken, sondern auch für die von der Richtlinie nicht harmonisierten Benutzungs- und Notorietätsmarken. Solche Normen sind **einheitlich und richtlinienkonform auszulegen** (BGH GRUR 2002, 1063 (1065) – Aspirin; GRUR 1999, 992 (995) – BIG PACK). Für Vorschriften, die nur für Benutzungs- oder Notorietätsmarken gelten, gilt zwar das unionsrechtliche Gebot der richtlinienkonformen Auslegung nicht. Die **Einheitlichkeit des Markenbegriffs** für alle Entstehungsvarianten und das Prinzip der Einheitlichkeit des Kennzeichenschutzes bedingen jedoch eine Auslegung und Anwendung dieser Vorschriften unter Einbeziehung der nur für Registermarken geltenden Regelungen.

B. Entstehung der Registermarke (Nr. 1)

I. Eintragung

1. Konstitutive Wirkung der Eintragung

7   Die Eintragung eines Zeichens in das vom Patent- und Markenamt geführte Register führt zur Entstehung des Markenschutzes und ist daher **konstitutiv** (BGH GRUR 2005, 1044 (1046) – Dentale Abformmasse). Das entstandene Ausschließlichkeitsrecht ist ein **formelles Markenrecht,** das alleine durch die Eintragung entsteht. Die Entstehung des Schutzes setzt keine vorherige Benutzung des Zeichens voraus. Ein bereits nach § 4 Nr. 2, 3 entstandenes Markenrecht an dem Zeichen hindert dessen Eintragung nicht, da jeder Entstehungstatbestand zu einem selbständigen und unabhängigen Ausschließlichkeitsrecht führt (→ Rn. 3).

2. Entstehung des Markenschutzes

8   Ausreichend, aber auch erforderlich ist die **Eintragung des Zeichens gemäß § 41 S. 1.** Die materiellen Eintragungsvoraussetzungen ergeben sich aus §§ 7–13, für das Eintragungsverfahren gelten §§ 32–44 und die MarkenV. Die nach § 32 Abs. 1 S. 1 erforderliche Anmeldung führt noch nicht zur Entstehung des Markenrechts, hat aber in mehrfacher Hinsicht Rechtswirkungen und begründet eine materielle Rechtsposition des Anmelders (→ Rn. 12). Auch bei einer Umwandlung einer Unionsmarke in eine nationale Marke nach Art. 139 Abs. 1 UMV entsteht das nationale Markenrecht erst mit der Eintragung in das Register (BGH GRUR 2016, 83 Rn. 27 – Amplidect/ampliteq, zu Art. 112 Abs. 1 UMV 2009; vgl. für Österreich auch OGH GRUR Int 2016, 574 (575)).

9   Sobald die **Eintragung erfolgt** ist, steht dem eingetragenen Inhaber der Marke das Ausschließlichkeitsrecht aus § 14 Abs. 1 zu; die von § 41 S. 2 vorgesehene Veröffentlichung ist weder Voraussetzung für die Schutzentstehung noch für die Geltendmachung von Schutzansprüchen (anders für letzteres für Unionsmarken Art. 11 Abs. 1 UMV). Wird das Zeichen unter Verstoß gegen §§ 36, 37 eingetragen, entsteht ein wirksames formelles Markenrecht, das jedoch ggf. der Nichtigerklärung und Löschung nach §§ 50, 51 unterliegt. Die Löschung hat Rückwirkung (§ 52 Abs. 2), so dass bei vollständiger Löschung von Anfang an kein wirksames Markenrecht entstanden ist.

II. Schutzgegenstand

10   Der Markenschutz entsteht an dem als Marke **eingetragenen Zeichen.** Das gilt auch dann, wenn die Eintragung von der Anmeldung abweicht, zB hinsichtlich des Farbtons (BGH GRUR 2005, 1044 (1045 f.) – Dentale Abformmasse; OLG Köln BeckRS 2006, 12663 – Kulthandtaschen). Deshalb ist im Verletzungsverfahren für den Schutzumfang der Marke von der eingetragenen Form auszugehen (→ § 14 Rn. 358); gleiches gilt für das Löschungsverfahren (→ § 50 Rn. 4). Für welche **Waren oder Dienstleistungen** der Schutz besteht, bestimmt sich nach dem eingetragenen Waren- und Dienstleistungsverzeichnis.

III. Rechtswirkungen der Anmeldung

1. Keine Verletzungsansprüche

Die Anmeldung des Zeichens ist verfahrensrechtlich ein wesentliches Eintragungserfordernis. **11** Sie begründet jedoch noch nicht das markenrechtliche Ausschließlichkeitsrecht. Deshalb stehen dem Anmelder vor Eintragung **keine Verletzungsansprüche** zur Verfügung. Ein markenrechtlicher Entschädigungsanspruch, wie ihn Art. 11 Abs. 2 UMV bei Unionsmarken für Beeinträchtigungen in der Schwebezeit zwischen Veröffentlichung der Anmeldung und Veröffentlichung der Eintragung vorsieht (→ UMV Art. 11 Rn. 2), ist dem MarkenG unbekannt.

2. Inhalt der Rechtsposition des Anmelders

Die Anmeldung einer Marke, deren Anmeldetag feststeht, begründet nach § 33 Abs. 2 S. 1 **12** einen öffentlich-rechtlichen **Anspruch auf Eintragung.** Darüber hinaus gelten die Vorschriften für die Marke als **Gegenstand des Vermögens** (§§ 27–30) nach § 31 für die durch Anmeldung von Marken begründeten Rechte. Die Rechtsposition des Anmelders genießt nach der Rechtsprechung des EMGR sogar den grundrechtlichen Schutz des Eigentums nach Art. 1 EMRKZusProt (EGMR Große Kammer GRUR 2007, 696 Rn. 78 – Anheuser-Busch Inc/Portugal, Budweiser; EuGH C-280/15, GRUR Int 2016, 810 Rn. 43 – Nikolajeva). Außerdem begründet die Anmeldung die **Priorität** der Marke (§ 6 Abs. 2).

3. Dogmatische Einordnung

Die durch die Anmeldung erlangte **materielle Rechtsposition** des Anmelders wird häufig **13** als Markenanwartschaftsrecht bezeichnet (vgl. Fezer Rn. 15) oder mit der Anwartschaft des bürgerlichen Rechts verglichen (vgl. Ingerl/Rohnke/Nordemann/Nordemann-Schiffel Rn. 4; HK-MarkenR/F. Ekey Rn. 19; Büscher/Dittmer/Schiwy/Schalk Rn. 3). Man mag zwar insbesondere mit Blick auf den Anspruch auf Eintragung (§ 33 Abs. 2 S. 1) von einer Anwartschaft auf die Marke sprechen; die Rechtsposition des Anmelders ist jedoch **kein Anwartschaftsrecht im Sinne des allgemeinen Zivilrechts** (ebenso jetzt Götting GewRS § 5 Rn. 36; aA Fezer § 31 Rn. 1; Hofmann GRUR Int 2010, 376 (379)).

Dafür ist weniger entscheidend, dass die Erlangung des Markenrechts nicht – wie dies für ein **14** Anwartschaftsrecht kennzeichnend ist – allein vom Anmelder vereitelt werden kann, weil zB nach der Anmeldung entstehende absolute Schutzhindernisse (§ 8) die Eintragung noch verhindern (Götting GewRS § 5 Rn. 36; Hofmann GRUR Int 2010, 376 (378 f.)). Gegen die Einordnung als Anwartschaftsrecht sperrt sich hingegen der **Inhalt der markenrechtlich erlangten Rechtsposition.** Das Anwartschaftsrecht ist dadurch gekennzeichnet, dass es als wesensgleiches Minus zum Eigentum wie das Vollrecht selbst behandelt wird und dem Anwartschaftsberechtigten eine dem Eigentümer vergleichbare Rechtsstellung gibt; es ist ein eigenes subjektives dingliches Recht (vgl. MüKoBGB/Oechsler BGB § 929 Rn. 17). Das MarkenG stellt den Anmelder jedoch nur im Hinblick auf die vermögensrechtlichen Befugnisse dem Markeninhaber gleich. Der Schutz des Markenrechts hängt demgegenüber bei Registermarken allein von der Eintragung ab. Das entspricht den Vorgaben der MRL, die das Ausschließlichkeitsrecht nur eingetragenen Marken zuweist (Art. 10 Abs. 1 MRL). Geschützt ist der Anmelder mithin nur in seiner Möglichkeit einer vermögensmäßigen Verwertung durch Rechtsübertragung (§ 27), Verpfändung (§ 28 Abs. 1 Nr. 1) und Lizenzierung (§ 30). Nur insoweit, nicht jedoch hinsichtlich des Schutzes der Marke als Herkunftshinweis, steht der Anmelder dem Markeninhaber gleich.

Die Ungleichbehandlung von Anmelder und Markeninhaber gerade in Bezug auf die Haupt- **15** funktion der Marke ist nicht etwa planwidrig, sondern gewollt, was auch gegen eine analoge Anwendung von Art. 11 Abs. 2 UMV oder § 33 PatG spricht (vgl. Hofmann GRUR Int 2010, 376 (378)). Aus der beschränkten Rechtsposition des Anmelders folgt, dass sich ein **Entschädigungsanspruch** nicht über den deliktischen Schutz eines Anwartschaftsrechts konstruieren lässt (aA Hofmann GRUR Int 2010, 376 (380); anders wohl jetzt Hofmann MarkenR 2016, 23).

Dagegen spricht im Übrigen auch, dass der **Schutzumfang,** den der Anmelder bei Eintragung erlangen **15.1** wird, insbesondere mit Blick auf die angemeldeten Waren und Dienstleistung und die insoweit erforderliche konkrete Unterscheidungskraft (§ 8 Abs. 2 Nr. 1) noch **ungewiss** ist. Ein Entschädigungsanspruch würde aber Präventivwirkung haben und könnte andere von der – aus der Retrospektive der von der Anmeldung im Umfang abweichenden Eintragung – berechtigten Nutzung abhalten. Insoweit stünde der Anmelder zumindest faktisch vor der Eintragung besser als nachher, da sich der Schutz auf das eingetragene Zeichen sowie die in der Eintragung genannten Waren und Dienstleistungen beschränkt.

IV. Vereinbarkeit mit der MRL

16   Nach Art. 1 MRL gilt die MRL für Marken, die in einem Mitgliedstaat oder beim Benelux-Amt für geistiges Eigentum eingetragen oder angemeldet oder mit Wirkung für einen Mitgliedstaat international registriert sind. Obschon die Richtlinie dem Wortlaut der Norm nach auch für nur angemeldete, aber (noch) nicht eingetragene Marken gilt, ist die durch § 4 Nr. 1 angeordnete Schutzentstehung erst mit der Eintragung **richtlinienkonform.** Denn nach Art. 10 Abs. 1 MRL gewährt nur die eingetragene Marke ihrem Inhaber ein ausschließliches Recht.

C. Entstehung der Benutzungsmarke (Nr. 2)

I. Begriff und Schutzzweck

1. Begriff

17   Die Entstehung des Markenschutzes nach § 4 Nr. 2 hängt davon ab, ob ein im geschäftlichen Verkehr benutztes Zeichen innerhalb der beteiligten Verkehrskreise als Marke Verkehrsgeltung erlangt hat. Das Gesetz knüpft mit seiner Formulierung „durch die Benutzung" scheinbar an die Benutzungshandlung als Schutzentstehungsgrund an. Tatsächlich jedoch erlangen nur solche Zeichen nach § 4 Nr. 2 Markenschutz, die Verkehrsgeltung als Marke erlangt haben. Umgekehrt aber setzt die Norm ausdrücklich eine Benutzung voraus. Zeichen, die nicht benutzt wurden, aber dennoch Verkehrsgeltung als Marke erlangt haben, können Markenschutz nur durch Eintragung erlangen (§ 4 Nr. 1). Die Entstehung des Schutzes nach § 4 Nr. 2 setzt mithin **Benutzung und Verkehrsgeltung** voraus.

17.1   Vor diesem Hintergrund ist **die übliche Bezeichnung „Benutzungsmarke",** die in abgewandelter Form auch im MarkenG Verwendung findet (zB § 27 Abs. 1, § 29 Abs. 1, § 30 Abs. 1: „durch die (…) Benutzung (…) einer Marke begründete Recht"), sachlich unzutreffend. Doch auch der Begriff der „Verkehrsgeltungsmarke" bringt das Entscheidende nur teilweise zum Vorschein, weil ohne Benutzung des Zeichens kein Schutz entstehen kann. Da sich jedoch die Entstehungsvoraussetzungen nicht aus dem schlagwortartigen Begriff, sondern aus § 4 Nr. 2 ergeben, ist die gängige und auch hier verwendete Rede von der Benutzungsmarke unschädlich.

17.2   Historisch entspricht der Schutz der Benutzungsmarke dem **Ausstattungsschutz nach § 25 WZG.**

2. Schutzzweck

18   Wie das Doppelerfordernis von Benutzung und Verkehrsgeltung zeigt, schützt § 4 Nr. 2 eine **wettbewerbliche Leistung** (ähnlich LG München I WRP 2019, 1625 Rn. 45 – Goldener Schokoladenhase; Ströbele/Hacker/Thiering/Hacker Rn. 8). Diese Leistung besteht in der Herbeiführung von Verkehrsgeltung durch die Benutzung des Zeichens. Da die Schutzentstehung stets die Benutzung voraussetzt, findet kein davon unabhängiger Schutz der als Verkehrsgeltung bezeichneten Zuordnung zu einem bestimmten Hersteller statt. Mit anderen Worten dient auch die Benutzungsmarke nicht dem Schutz der beteiligten Verkehrskreise in ihrer Herkunftsvorstellung. Sie ist wie die Registermarke ein dem Inhaber zustehendes Ausschließlichkeitsrecht, das ihm aufgrund der Benutzung und der erlangten Verkehrsgeltung zugesprochen wird. Dieses **sachliche Markenrecht** steht gleichsam der „Erarbeitung" durch Zeichenbenutzung offen.

II. Schutzgegenstand

1. Konkrete Benutzung als Anknüpfungspunkt

19   § 4 Nr. 2 billigt demjenigen Zeichen Markenschutz zu, das durch Benutzung Verkehrsgeltung erworben hat. Da Verkehrsgeltung als Marke erforderlich ist, bestimmen sich sowohl das geschützte Zeichen als auch die Waren oder Dienstleistungen, für die es Schutz genießt, nach der **konkreten Benutzung,** die zur Verkehrsgeltung geführt hat. Auszugehen ist von der konkreten Gestaltung, in der das Zeichen dem Publikum entgegen tritt (BGH GRUR 2009, 783 Rn. 23 – UHU).

2. Konkret benutztes Zeichen

Geschützt ist das konkret benutzte Zeichen (BGH GRUR 2009, 783 Rn. 31 – UHU). Bei **20** Zeichen, die aus **mehreren Bestandteilen** bestehen, kann ein einzelner Bestandteil eine Benutzungsmarke sein, sofern er für sich genommen geeignet ist, auf die Herkunft des Produkts hinzuweisen und Verkehrsgeltung erlangt hat (BGH GRUR 2021, 1199 Rn. 43 – Goldhase III; GRUR 1966, 30 (31) – Konservenzeichen I; OLG Köln GRUR-RR 2010, 433 (434) – Oerlikon; Ströbele/Hacker/Thiering/Hacker Rn. 11; Fezer Rn. 118; Berlit WRP 2002, 177 (178 f.)).

Bei einer im Lauf der Zeit vorgenommenen (mehrfachen) **Abwandlung eines Zeichens** kann **21** ein stets gleichbleibender Zeichenteil selbständig als Benutzungsmarke geschützt sein, soweit er für sich genommen, dh ohne die weiteren, im Lauf der Zeit veränderten Elemente, Verkehrsgeltung als Marke genießt (BGH GRUR 1969, 686 (687) – Roth-Händle; GRUR 1957, 88 (93) – Ihr Funkberater).

Keine Benutzungsmarke sind **abstrakte Einzelmerkmale eines Zeichens** (BGH GRUR **22** 2009, 783 Rn. 31 – UHU).

3. Merkmale unterschiedlicher Ausstattungen

Gemeinsame Merkmale unterschiedlicher Ausstattungen können als Benutzungsmarke **23** geschützt sein, soweit sie auf die **gemeinsame Herkunft der Produkte** hinweisen (BGH GRUR 2009, 783 Rn. 23 – UHU). Diese übereinstimmenden Merkmale (zB zwei Farben für die Verpackungen verschiedener Lebensmittel oder Klebstoffe; ein schnörkelhaftes Dekor für verschiedene Seifenverpackungen; ein roter Punkt für Regenschirme) werden jedoch **nicht abstrakt als solche** geschützt. Den Verkehrskreisen begegnen sie stets nur in ihrer konkreten Benutzungsform. Der Verkehr hat daher, wie der BGH mit Recht feststellt, keinen Anlass, Merkmale weiter zu abstrahieren als sie ihm tatsächlich begegnen (BGH GRUR 2009, 783 Rn. 23 – UHU).

Die potentiell weitergehende Rechtsprechung zum WZG lässt sich für $\S$ 4 Nr. 2 nicht mehr **24** aufrecht erhalten (BGH GRUR 2009, 783 Rn. 31 – UHU unter Hinweis auf GRUR 1968, 371 (374) – Maggi und GRUR 1982, 672 (674) – Aufmachung von Qualitätsseifen). Geschützt sind nur (noch) solche **übereinstimmenden Merkmale, die klar und eindeutig bestimmt** sind. Merkmale, die als Teil des Gesamtzeichens in Variationen verwendet werden (zB unterschiedlicher Anteil zweier Farben, unterschiedliche Ausgestaltung eines goldenen Schnörkeldekors auf Seifenverpackungen, unterschiedliche Größe eines roten Punkts auf Regenschirmen), erfüllen diese Anforderungen nicht. Daran ändert es auch nichts, dass die in Variationen verwendeten Merkmale auf einem einheitlichen Zeichenbildungsprinzip oder stil beruhen, weil dieser nicht als Marke schutzfähig ist.

4. Farbkombinationen

Für eine Farbkombination genügt es nicht, zwei Farben zu benennen, die in jeder beliebigen **25** Anordnung und Kombination auch mit anderen Farben Verwendung finden können, sondern es müssen konkrete Angaben zur **systematischen Anordnung** und zum **flächenmäßigen Verhältnis** gemacht werden (BGH GRUR 2009, 783 Rn. 33 – UHU). Letztlich aber muss für den Schutz entscheidend sein, ob die so bestimmte Farbkombination im Verkehr auch benutzt wurde (gänzlich ablehnend Ströbele/Hacker/Thiering/Hacker Rn. 14).

5. Geschützte Waren und Dienstleistungen

Der Markenschutz entsteht nur in Bezug auf die **konkreten Waren und Dienstleistungen,** **26** für die das Zeichen benutzt wird und für die es Verkehrsgeltung erlangt hat. Bei der Nutzung für mehrere Waren oder Dienstleistungen ist die Verkehrsgeltung für jedes einzelne Produkt festzustellen (vgl. OLG Koblenz GRUR-RR 2009, 230 (232) – Fadenkreuz „Tatort").

III. Allgemeine Entstehungsvoraussetzungen

1. Markenfähigkeit

$\S$ 4 Nr. 2 setzt, wie die anderen Entstehungstatbestände auch, voraus, dass das Zeichen nach **27** $\S$ 3 markenfähig ist (BGH GRUR 2021, 1199 Rn. 17 – Goldhase III; GRUR 2009, 783 Rn. 22 – UHU; GRUR 2004, 151 (153) – Farbmarkenverletzung I; OLG Köln GRUR-RR 2008, 193 (195) – Drei-Scherkopf-Rasierer). Beurteilungsgegenstand ist das **konkret verwendete Zeichen,** denn an ihm entsteht der Markenschutz ($\rightarrow$ Rn. 20).

28   Der Schutz als Benutzungsmarke steht **allen nach § 3 Abs. 1 zulässigen Zeichenformen** offen; er kann daher auch bei Farbmarken gegeben sein (BGH GRUR 2021, 1199 Rn. 17 – Goldhase III; GRUR 2009, 783 Rn. 22 – UHU; 2004, 151 (153) – Farbmarkenverletzung I). Für Marken, die ausschließlich aus Formen oder anderen charakteristischen Merkmalen bestehen, gelten die Schutzhindernisse des § 3 Abs. 2 (BGH GRUR 2021, 1199 Rn. 18 – Goldhase III; Ingerl/Rohnke/Nordemann/Nordemann-Schiffel Rn. 7; Ströbele/Hacker/Thiering/Hacker Rn. 17; Klaka GRUR 1996, 613 (614); aA Kiethe/Groeschke WRP 1998, 541 (543 f.)). Im Sinne der Einheitlichkeit des Markenbegriffs ist § 3 auch bei Benutzungsmarken richtlinienkonform auszulegen (→ Rn. 6). Anzuwenden ist dabei diejenige Gesetzesfassung, die zum Zeitpunkt der Entstehung des Markenschutzes (Erlangung der Verkehrsgeltung, → Rn. 105) galt (BGH GRUR 2021, 1199 Rn. 30 – Goldhase III). Eine spätere Gesetzesänderung, die die Anforderungen an die Markenfähigkeit verschärft, führt daher nicht zum Wegfall des Markenschutzes, selbst wenn die Marke die neuen Anforderungen nicht erfüllt (BGH GRUR 2021, 1199 Rn. 31 – Goldhase III). Die mit dem MaMoG vorgenommene Änderung des § 3 Abs. 2, wonach der Markenschutz auch für Zeichen, die ausschließlich aus anderen charakteristischen Merkmalen bestehen, ausgeschlossen sein kann, greift daher bei Farbmarken nur, wenn die Verkehrsgeltung nach Inkrafttreten der Neuregelung (14.1.2019) erlangt wurde (BGH GRUR 2021, 1199 Rn. 32 – Goldhase III)

29   Beruht die Verkehrsgeltung eines Zeichens auf einem **einzelnen Element** (zB Zuordnung eines Kabelbinderkopfes zu einem bestimmten Unternehmen aufgrund der in den Kopf eingesetzten Metallzunge), dann unterliegt dieses Element als solches der Prüfung der Schutzfähigkeit nach § 3 (OLG Frankfurt GRUR 1999, 591 (592) – Kabelbinderkopf). Fällt diese isolierte Prüfung negativ aus, kann das Gesamtzeichen keinen Schutz als Benutzungsmarke erlangen.

2. Darstellbarkeit

30   Die Benutzungsmarke muss, anders als die Registermarke (§ 8 Abs. 1), **nicht zu einer Darstellung** geeignet sein, die es den Behörden und dem Publikum ermöglicht, den Gegenstand des Schutzes klar und eindeutig zu bestimmen. Das folgt aus den gleichen Gründen, aus denen bis zur Änderung des § 8 Abs. 1 durch das MaMoG eine graphische Darstellbarkeit nicht verlangt werden konnte (vgl. BGH GRUR 2009, 783 Rn. 30 – UHU; Ströbele/Hacker/Thiering/Hacker Rn. 18; Büscher/Dittmer/Schiwy/Schalk Rn. 6; Lange MarkenR Rn. 532; Berlit GRUR-RR 2007, 97 (99); Klaka GRUR 1996, 613 8614); Psczolla MarkenR 2007, 193 (196); Starck MarkenR 2007, 421 (422); aA OLG Köln GRUR-RR 2007, 100 (101) – Sekundenkleber; Fezer Rn. 57; HK-MarkenR/F. Ekey Rn. 54; Szalai MarkenR 2012, 8 (13)). § 8 Abs. 1 gilt unmittelbar nur für Registermarken. Eine analoge Anwendung auf Benutzungsmarken ist aufgrund des Regelungszwecks ausgeschlossen. Die Anforderungen an die Darstellbarkeit, die Art. 3 lit. b MRL als Voraussetzung der Markenfähigkeit für die Registermarke regelt, dienen der Rechtssicherheit, die eine hinreichend genaue Bestimmung des Gegenstands des Schutzes erfordert (vgl. Erwägungsgrund 13 MRL). Bei der Benutzungsmarke ergibt sich der Schutzgegenstand jedoch nicht aus der Darstellung der Marke im Register, sondern aus der konkreten Zeichenbenutzung. Soweit die Anforderungen an die Darstellbarkeit eine ordnungsgemäße Verwaltung (insbesondere Prüfung der Eintragungsfähigkeit) sichern sollen (vgl. Erwägungsgrund 13 MRL; zur Vorgängervorschrift Art. 2 MRL 2008 auch EuGH C-49/02, GRUR 2004, 858 Rn. 27 – Heidelberger Bauchemie; C-273/00, GRUR 2003, 145 Rn. 48 – Sieckmann), ist auch dieses Ziel ebenso wie die Information der Öffentlichkeit über Eintragungen und Anmeldungen bei Benutzungsmarken nicht einschlägig. Hinzu kommt, dass schon § 8 Abs. 1 aF vom Gesetzgeber bewusst als absolutes Eintragungshindernis ausgestaltet wurde, weil es nur für Registermarken gelten sollte (BT-Drs. 12/6581, 70); hieran hat sich durch das MaMoG nichts geändert. Dass Art. 3 lit. b MRL die Darstellbarkeit als Element der Markenfähigkeit versteht, ist angesichts des auf die Registermarke beschränkten Anwendungsbereichs für die Benutzungsmarke ohne Bedeutung. Als Benutzungsmarke sind daher zB auch Geruchs-, Geschmacks-, Tast- oder Bewegungszeichen schutzfähig.

31   Nach der Rechtsprechung gilt für die Benutzungsmarke allerdings das **Gebot der Bestimmtheit** (BGH GRUR 2009, 783 Rn. 31 – UHU). Materiell-rechtlich ist damit aber nichts anderes gemeint als dass die Benutzungsmarke nur an konkreten Zeichen und nicht an abstrakten Einzelmerkmalen entstehen kann (→ Rn. 20). Prozessual folgt aus dem Bestimmtheitsgebot, dass der Anspruchsteller im Verletzungsprozess das Zeichen, für das Schutz nach § 4 Nr. 2 bestehen soll, genau definieren muss (BGH GRUR 2009, 783 Rn. 32 – UHU).

3. Bedeutung der absoluten Eintragungshindernisse

Die absoluten Schutzhindernisse des § 8 Abs. 2 gelten unmittelbar nur für Registermarken. **32** Bei der Frage, welche Bedeutung sie für Benutzungsmarken haben, ist zwischen den Schutzhindernissen zu differenzieren. Im Ausgangspunkt ist dabei zu berücksichtigen, dass die Schutzentstehung die **Erlangung von Verkehrsgeltung** voraussetzt. Die absoluten Schutzhindernisse spielen daher von vornherein keine Rolle, soweit ihr Zweck bereits durch das Erfordernis der Verkehrsgeltung gesichert ist.

Das ist hinsichtlich **§ 8 Abs. 2 Nr. 1–3** der Fall (vgl. Ingerl/Rohnke/Nordemann/Nordemann- **33** Schiffel Rn. 9; Ströbele/Hacker/Thiering/Hacker Rn. 20; Fezer Rn. 100; für Analogie Szalai MarkenR 2012, 8 (13)). Zeichen, die nicht unterscheidungskräftig (§ 8 Abs. 2 Nr. 1) oder beschreibend (§ 8 Abs. 2 Nr. 2) sind, können nur unter besonderen Umständen (insbesondere intensive Benutzung) Verkehrsgeltung erlangen (vgl. OLG Düsseldorf BeckRS 2012, 21145); bei üblich gewordenen Bezeichnungen (§ 8 Abs. 2 Nr. 3) kann eine Verkehrsgeltung als Marke nicht entstehen. Es kommt hinzu, dass die Anforderungen an die Verkehrsgeltung von der Unterscheidungskraft des Zeichens abhängen. Insoweit sind bereits bei der Verkehrsgeltungsprüfung die sich aus § 8 Abs. 2 Nr. 1–3 ergebenen Anforderungen zu berücksichtigen.

Die Schutzhindernisse des **§ 8 Abs. 2 Nr. 4–14** finden **analoge Anwendung** auf Benutzungs- **34** marken (zu § 8 Abs. 2 Nr. 4–10 aF BGH GRUR 2013, 729 Rn. 18 – READY TO FUCK; Ingerl/Rohnke/Nordemann/Nordemann-Schiffel Rn. 9; Ströbele/Hacker/Thiering/Hacker Rn. 19; Fezer Rn. 101; Lange MarkenR Rn. 357; Szalai MarkenR 2012, 8 (13 f.); zu § 8 Abs. 2 Nr. 10 aF auch OLG Köln GRUR-RR 2010, 433 (435) – Oerlikon). Das ergibt sich logisch zwingend aus dem Umstand, dass diese Schutzhindernisse auch von Registermarken nicht im Wege der Verkehrsdurchsetzung überwunden werden können. Gewährt das MarkenG einem zur Eintragung angemeldeten Zeichen, das zum Zeitpunkt der Entscheidung über die Eintragung Verkehrsdurchsetzung erlangt hat, zur Wahrung des öffentlichen Interesses aber keinen Schutz, so muss dies erst recht gelten, wenn das Zeichen nur die geringeren Anforderungen der Verkehrsgeltung erfüllt. Da es bei Benutzungsmarken kein Eintragungsverfahren gibt, bedeutet die analoge Anwendung, dass § 8 Abs. 2 Nr. 4–14 als **materielle Hinderungsgründe** wirken, also von Anfang an keine wirksame Benutzungsmarke entsteht. Das hat zur Folge, dass sie – anders als bei Registermarken – auch im **Verletzungsprozess** geltend gemacht werden können.

Die mit dem MaMoG neu eingeführten absoluten Schutzhindernisse gemäß **§ 8 Abs. 2 Nr. 9–** **35** **12** gelten nur für Benutzungsmarken, die ab dem Zeitpunkt des Inkrafttretens dieser Regelungen, also **ab 14.1.2019** entstanden sind. Maßgeblich ist dafür die Erlangung der Verkehrsgeltung (→ Rn. 105). Lag sie zum 14.1.2019 noch nicht vor, verhindert § 8 Abs. 2 Nr. 9–12 die Schutzentstehung auch dann, wenn die Marke vor diesem Zeitpunkt bereits in Benutzung war. Eine Schonfrist, wie sie in § 158 Abs. 7 für angemeldete, aber noch nicht eingetragene Registermarken vorgesehen ist, kommt bei Benutzungsmarken nicht in Betracht, da es bei ihnen keinen hinreichend sicher bestimmbaren Zeitpunkt gibt, an dem ein Vertrauensschutz gerechtfertigt ist. War Verkehrsgeltung schon vor dem 14.1.2019 gegeben, berühren die neuen Schutzhindernisse die Existenz der Benutzungsmarke nicht.

Wegen des Regelungszusammenhangs ist ferner **§ 8 Abs. 4 analog anwendbar** (Szalai Mar- **36** kenR 2012, 8 (14)).

IV. Benutzung des Zeichens

1. Bedeutung der Zeichenbenutzung

§ 4 Nr. 2 knüpft die Entstehung des Markenschutzes sprachlich an die Benutzung („durch die **37** Benutzung eines Zeichens"). Allerdings genügt die bloße Benutzung nicht; erst die Verkehrsgeltung lässt den Markenschutz entstehen. Da aber der Markenschutz „durch die Benutzung" entsteht, kann ein Zeichen, das nicht benutzt wird, aber dennoch als Marke Verkehrsgeltung erlangt hat, keine nach § 4 Nr. 2 geschützte Marke sein. Die Benutzung ist daher **Voraussetzung der Schutzentstehung.** Ein nicht benutztes Zeichen kann nur durch Eintragung als Marke nach § 4 Nr. 1 Schutz erlangen.

2. Markenmäßige Benutzung

Die Benutzung eines Zeichens setzt den Gebrauch des konkreten Zeichens, für das Schutz **38** beansprucht wird (→ Rn. 20), voraus. Notwendig ist eine **markenmäßige Benutzung** (OLG Köln GRUR-RR 2010, 433 (434) – Oerlikon; OLG Köln BeckRS 2001, 30181784 – Babe;

Ströbele/Hacker/Thiering/Hacker Rn. 24; Hacker GRUR Int 2002, 502; aA Schulte-Franzheim/ Tyra FS Samwer, 2008, 183 (192 ff.)).

38.1   Das ergibt sich zwar nicht aus dem Wortlaut des § 4 Nr. 2 und es ist – wie die Monopolfälle zeigen (→ Rn. 48) – auch durchaus denkbar (wenngleich praktisch selten), dass ein Zeichen ohne markenmäßige Benutzung Verkehrsgeltung als Marke erlangt. Wohl aber verlangt der **Schutzzweck** des § 4 Nr. 2 (→ Rn. 18) diese Art der Benutzung. Der Schutz der Benutzungsmarke knüpft nicht allein daran an, dass ein Zeichen in den beteiligten Verkehrskreisen als Marke gilt. Die Zuordnungsvorstellung des Verkehrs wird als solche nicht geschützt, schon weil das Markenrecht Ausschließlichkeitsrechte des Zeicheninhabers begründet und nicht originär dem Schutz der Verbraucher dient. Die Schutzentstehung schöpft ihre Berechtigung vielmehr aus der Verbindung von Zeichenbenutzung und Verkehrsgeltung. Geschützt wird eine Leistung des Zeicheninhabers, nämlich die Erlangung von Verkehrsgeltung infolge der Benutzung des Zeichens (zu diesem Zusammenhang auch → Rn. 47). Unter kennzeichenrechtlichen Aspekten besteht für einen Schutz von Benutzungen in nicht-kennzeichenmäßiger Weise jedoch kein Anlass: Wird ein Zeichen vom Verkehr als Unterscheidungszeichen verstanden, obwohl es nicht zu Unterscheidungszwecken benutzt wurde, dann geht dieser Zustand nicht auf den Zeichenverwender zurück, weshalb ihm kein Schutz in Form eines Ausschließlichkeitsrechts zu gewähren ist.

3. Benutzung zur Bezeichnung von Waren oder Dienstleistungen

39   Die markenmäßige Benutzung setzt einen Gebrauch des Zeichens zur Bezeichnung von Waren oder Dienstleistungen voraus. Daran fehlt es, wenn das Zeichen lediglich als **Werbebegriff** ohne Bezug zu konkreten Waren oder Dienstleistungen verwendet wird oder wenn mit ihm eine **unternehmerische Leistung** bezeichnet wird, die als solche nicht als Dienstleistung angeboten wird (zu Farbzeichen → Rn. 39.1). Das ist zB der Fall, wenn das Zeichen nur für eine besondere Vertriebsmethode benutzt wird (BGH GRUR 2003, 973 (974) – Tupperwareparty). Keine hinreichende Benutzung liegt ferner bei einem bloß **dekorativen Gebrauch** des Zeichens vor (zum WZG vgl. BGH GRUR 1993, 151 (152) – Universitätsemblem). An einer markenmäßigen Benutzung fehlt es ferner, wenn ein Zeichen nur als **fiktive Marke** in Unterhaltungswerken Verwendung findet (zB das Zeichen „Duff Beer" in der Fernsehserie „Die Simpsons"; ebenso Slopek/Napiorkowski GRUR 2012, 337 (342)).

39.1   Wird eine **Farbe** in der Werbung oder auf der Ware oder Verpackung verwendet, liegt eine markenmäßige Benutzung in der Regel nicht vor, weil bei vielen Produkten die Farbe nur als Gestaltungsmittel verwendet wird und der Verkehr nicht an die Verwendung als Herkunftshinweis gewöhnt ist (zu § 8 Abs. 3 BGH GRUR 2021, 1526 Rn. 26 – NJW-Orange; GRUR 2015, 581 Rn. 15 – Langenscheidt-Gelb). Hiervon macht die Rechtsprechung zu § 8 Abs. 3 eine Ausnahme, wenn der Verkehr aufgrund der Kennzeichengewohnheiten in dem konkreten Warengebiet oder Dienstleistungssektor an die Verwendung von Farben als Mittel zur Herkunftskennzeichnung gewöhnt ist (zB bei zweisprachigen Wörterbüchern, BGH GRUR 2015, 581 Rn. 21 – Langenscheidt-Gelb). Eine markenmäßige Benutzung wird ferner bejaht, wenn die Farbe im Rahmen aller sonstigen Elemente so hervortritt, dass die maßgeblichen Verkehrskreise sie als Herkunftskennzeichen sieht (BGH GRUR 2015, 1012 Rn. 24 – Nivea-Blau). Diese Grundsätze sind auf die Verkehrsgeltung übertragbar (BGH GRUR 2021, 1199 Rn. 58 – Goldhase III).

4. Verkehrsgeltung als Indiz markenmäßiger Benutzung

40   Die markenmäßige Benutzung kann sich aus der **Verkehrsgeltung** ergeben. Ordnet ein erheblicher Teil der Verkehrskreise das Zeichen einem bestimmten Unternehmen zu, so kann grundsätzlich auf die Bekanntheit des Zeichens auch als Herkunftshinweis und damit wiederum auf die Benutzung als Marke geschlossen werden (BGH GRUR 2021, 1199 Rn. 59 – Goldhase III; GRUR 2010, 138 Rn. 34 – ROCHER-Kugel; GRUR 2008, 510 Rn. 25 – Milchschnitte). Mit Recht hat die Rechtsprechung dies aber bislang nur in Fällen angenommen, in denen der Zuordnungsgrad über 50% lag und **Verkehrsdurchsetzung iSd § 8 Abs. 3** bestand. Nur dann, wenn ein überwiegender Teil des Publikums das Zeichen als Herkunftshinweis versteht, ist der Schluss, dass dies das Ergebnis einer markenmäßigen Benutzung ist, so naheliegend, dass auf einen entsprechenden Nachweis vollständig verzichtet werden kann. Von markenmäßiger Benutzung kann daher ohne weiteres nur ausgegangen werden, wenn die Verkehrsgeltung auf einem entsprechend hohen Zuordnungsgrad beruht. Soweit sie das nicht tut, kann ihr aber immerhin **Indizwirkung** beigelegt werden. Zum Sonderfall der Bekanntheitserlangung unter Monopolbedingungen → Rn. 48.

5. Benutzung im geschäftlichen Verkehr

Die Benutzung muss im geschäftlichen Verkehr erfolgen. Da auch bei der Benutzungsmarke **41** aufgrund des Territorialitätsprinzips nur ein Markenschutz innerhalb der Bundesrepublik Deutschland entstehen kann, muss die Benutzung als Quelle der Verkehrsgeltung im **inländischen geschäftlichen Verkehr** erfolgt sein (BT-Drs. 12/6581, 66; OLG Frankfurt BeckRS 2012, 21368). Ausschließlich im Ausland benutzte Marken können, soweit sie nicht eingetragen sind, nur über § 4 Nr. 3 Schutz erlangen. Für die Anforderungen an ein Handeln im geschäftlichen Verkehr kann grundsätzlich auf § 14 Abs. 2 verwiesen werden (→ § 14 Rn. 64). Die Ausgrenzung privaten oder innerbetrieblichen Handelns spielt für § 4 Nr. 2 jedoch kaum eine Rolle, weil es in solchen Fällen typischerweise auch an der Verkehrsgeltung fehlen wird.

V. Verkehrsgeltung als Marke

1. Begriff der Verkehrsgeltung

Verkehrsgeltung iSd § 4 Nr. 2 setzt voraus, dass ein **jedenfalls nicht unerheblicher Teil der** **42** **angesprochenen Verkehrskreise** in dem Zeichen einen **Hinweis auf die Herkunft** der damit gekennzeichneten Waren oder Dienstleistungen aus einem bestimmten Unternehmen sieht (BGH GRUR 2021, 1199 Rn. 35 – Goldhase III; GRUR 2008, 917 Rn. 38 – EROS; OLG Köln GRUR-RR 2010, 433 (434 f.) – Oerlikon). Demgegenüber muss für die von § 8 Abs. 3 vorausgesetzte Verkehrsdurchsetzung ein erheblicher Teil aller beteiligten Verkehrskreise das benutzte Zeichen als Herkunftshinweis verstehen (→ § 8 Rn. 1123). Deshalb liegt bei bestehender Verkehrsdurchsetzung stets Verkehrsgeltung vor; umgekehrt gilt dies aber wegen der geringeren Anforderungen an die Verkehrsgeltung nicht.

Von der Verkehrsgeltung zu unterscheiden ist die **Bekanntheit** der Marke sowohl iSd der **43** notorischen Bekanntheit (§ 4 Nr. 3; → Rn. 147) als auch der Bekanntheit im Inland (§ 9 Abs. 1 Nr. 3, § 14 Abs. 2 S. 1 Nr. 3; → § 9 Rn. 77; → § 14 Rn. 536). Sie setzt zwar auch eine Bekanntheit als Marke und damit eine Zuordnung zu einem bestimmten Herstellungsunternehmen voraus, ist aber ein eigenständig auszulegender Begriff (Ströbele/Hacker/Thiering/Hacker § 14 Rn. 365). Die davon zu unterscheidende bloße Bekanntheit des Zeichens oder des mit ihm versehenen Produkts führt als solche ebenfalls nicht zur Verkehrsgeltung (vgl. BGH GRUR 1969, 541 (544) – Grüne Vierkantflasche; GRUR 1964, 621 (623) – Klemmbausteine I).

2. Verkehrsgeltung als Marke

Eine Marke kann nur ein Zeichen sein, das geeignet ist, Waren oder Dienstleistungen eines **44** Unternehmens von denjenigen anderer Unternehmen zu unterscheiden (§ 3 Abs. 1). Verkehrsgeltung als Marke kann ein Zeichen daher nur haben, wenn es innerhalb beteiligter Verkehrskreise als **unterscheidender Hinweis auf die betriebliche Herkunft** einer Ware oder Dienstleistung verstanden wird. Nicht ausreichend ist es, wenn der Verkehr mit dem Zeichen eine bestimmte Verkaufsstelle verbindet, in der verschiedene Produkte angeboten werden (vgl. BPatG BeckRS 2016, 01748 – delikat). Für das Verständnis als Herkunftshinweis ist die **Zuordnung** der Ware oder Dienstleistung zu einem bestimmten, nicht notwendigerweise namentlich bekannten **Herstellerunternehmen** erforderlich (vgl. BGH GRUR 2008, 917 Rn. 40 – EROS).

Die Möglichkeit dieser Zuordnung scheitert nicht schon daran, dass auf dem Produkt selbst nicht der **44.1** Hersteller, sondern nur ein **Vertriebsunternehmen** angegeben ist, soweit – was die Regel sein dürfte – die angesprochenen Verkehrskreise daran gewöhnt sind, zwischen dem Hersteller und dem Vertreiber einer Ware zu unterscheiden (BGH GRUR 2008, 917 Rn. 40 – EROS).

Ordnen die beteiligten Verkehrskreise aufgrund des Zeichens ein Produkt **mehreren Unter-** **45** **nehmen** zu, liegt ein Verständnis als Herkunftshinweis nur vor, wenn diese Unternehmen nicht als Wettbewerber, sondern als miteinander in Verbindung stehend gesehen werden (vgl. BGH GRUR 2021, 1199 Rn. 49 – Goldhase III; GRUR 2002, 616 (617) – Verbandsausstattungsrecht; zum WZG BGH GRUR 1961, 347 – Almglocke). Zur Inhaberschaft an solchen Gruppen- bzw. Kollektivbenutzungsmarken → Rn. 128, → Rn. 130.

Die Zuordnung muss **unmittelbar aufgrund des Zeichens** erfolgen, denn nur dann wirkt **46** es als Herkunftshinweis. Das ist nicht der Fall, wenn die beteiligten Verkehrskreise die Zuordnung nur unter Heranziehung von Hilfsmitteln (zB Bestimmungsbücher, Kataloge) bewerkstelligen können (BGH GRUR 1957, 37 – Uhrwerke). Wird ein Zeichen für ein bestimmtes Produkt verwendet, dessen Gestaltung dem Verkehr bekannt ist und ordnet er das Produkt zutreffend einem

Unternehmen zu, soll es an der Verkehrsgeltung für andere Produkte fehlen, wenn die Zuordnung gerade auf der besonders bekannten Gestaltung beruht und daher bei abweichender Gestaltung trotz Verwendung des gleichen Zeichens nicht vorgenommen werden würde (OLG München GRUR-RS 2020, 18954 Rn. 36 – Goldener Schokoladenhase; kritisch Alber IPRB 2021, 3 (5); Lerach GRUR-Prax 2020, 446). Dem ist der BGH zu Recht nicht gefolgt (BGH GRUR 2021, 1199 Rn. 39 ff. – Goldhase III).

3. Verkehrsgeltung infolge Benutzung

47   Die Verkehrsgeltung als Marke muss die **Folge der Benutzung** des Zeichens sein (BGH GRUR 2009, 783 Rn. 22 – UHU; GRUR 2004, 151 (153) – Farbmarkenverletzung I; aA OLG Dresden GRUR-RR 2002, 257 (258) – Halberstädter Würstchen; Lange MarkenR Rn. 538). Freilich lässt der Wortlaut des § 4 Nr. 2 dieses Erfordernis nicht erkennen. Es folgt aber aus dem Schutzzweck dieses Entstehungsgrunds (→ Rn. 18). Nur wenn die Verkehrsgeltung auf den Zeichenbenutzer zurückzuführen ist, kann ihm dieser Zustand zugerechnet werden. Für den Schutz ist deshalb nicht allein entscheidend, dass der Verkehr das Zeichen als Marke versteht, sondern auch, warum er dies tut.

47.1   Das entspricht im Ergebnis der **Rechtsprechung des EuGH zur Unterscheidungskraft iSd Art. 3 Abs. 3 MRL 2008** (Art. 4 Abs. 4 MRL), die im deutschen Recht mit dem Erfordernis der Verkehrsdurchsetzung in § 8 Abs. 3 umgesetzt ist. Danach muss die Tatsache, dass „die angesprochenen Verkehrskreise die Ware als von einem bestimmten Unternehmen stammend erkennen, (...) **auf der Benutzung der Marke als Marke** und somit auf ihrer Natur und Wirkung beruhen, die sie geeignet machen, die betroffene Ware von den Waren anderer Unternehmen zu unterscheiden" (EuGH C-217/13, GRUR 2014, 776 Rn. 40 – Oberbank; C-299/99, GRUR 2002, 804 Rn. 64 – Philips; → § 8 Rn. 1119).

47.2   Dieses Verständnis gilt zwar unmittelbar nur für die Verkehrsdurchsetzung iSd § 8 Abs. 3. Im Sinne einer **Einheit des Kennzeichenschutzes** ist es jedoch auf die Verkehrsgeltung als Voraussetzung für die Schutzentstehung zu übertragen (Fezer WRP 2005, 1 (13)). Dagegen spricht nicht, dass die Verkehrsdurchsetzung strukturell der Überwindung der für Registermarken geltenden Schutzhindernisse des § 8 Abs. 2 Nr. 1–3 dient, während die Verkehrsgeltung Entstehungsvoraussetzung für die Benutzungsmarke ist (aA Schulte-Franzheim/Tyra FS Samwer, 2008, 183 (192 f.)). Denn auch bei den an sich wegen § 8 Abs. 2 Nr. 1–3 schutzunfähigen Registermarken hängt die Schutzentstehung davon ab, dass das Zeichen durch die markenmäßige Benutzung Verkehrsdurchsetzung erlangt hat.

4. Verkehrsgeltung bei Monopolstellung

48   Soweit Verkehrsgeltung als Marke besteht und das Zeichen markenmäßig benutzt wurde, kann im Regelfall davon ausgegangen werden, dass die Verkehrsgeltung auf der Zeichenbenutzung beruht. Probleme bereitet der notwendige Ursachenzusammenhang, wenn ein **rechtliches oder natürliches Monopol** gegeben ist. Hier besteht die Möglichkeit, dass der Verkehr sich allein aufgrund der Marktstruktur daran gewöhnt hat, mit einer bestimmten Bezeichnung versehene Waren einem bestimmten Geschäftsbetrieb zuzuordnen (zu § 25 WZG vgl. BGH GRUR 1968, 419 (423) – feuerfest I; GRUR 1964, 621 (623) – Klemmbausteine I; GRUR 1960, 83 (85 f.) – Nährbier; zu § 4 Nr. 2 OLG Hamburg GRUR-RR 2005, 149 (150) – TNT Post Deutschland; zu § 8 Abs. 3 BGH GRUR 2006, 760 Rn. 18 – LOTTO; BPatG GRUR 2013, 1145 (1147) – TOTO; vgl. auch BGH GRUR 2005, 423 (426) – Staubsaugerfiltertüten zur Sittenwidrigkeit nach § 23 Nr. 3 unter Anknüpfung an die Rechtsprechung zu § 25 WZG). Zwar schließt das Monopol die Schutzentstehung nicht grundsätzlich aus (BPatG GRUR 2011, 232 (237) – Gelbe Seiten). Die Rechtsprechung verlangt jedoch den Nachweis, dass das Zeichen trotz der Marktstruktur innerhalb der beteiligten Verkehrskreise nicht nur als Hinweis auf die Herkunft, sondern auch auf die Unterscheidung von anderen Herstellern verstanden wird. Das verdient im Ausgangspunkt Zustimmung: Ordnet der Verkehr aufgrund des Zeichens das Produkt zwar einer bestimmten Person zu, nimmt er es aber wegen der Marktstruktur nicht als Unterscheidungszeichen wahr, dann fehlt es an der Verkehrsgeltung als Marke.

49   Entscheidend ist, ob das Zeichen **trotz des Monopols oder der besonderen Marktstruktur Verkehrsgeltung als Marke** erlangt hat. Das ist möglich, soweit eine markenmäßige Benutzung vorliegt, weil diese Art der Zeichennutzung zur unterscheidenden Zuordnung beiträgt. In diesem Sinne hat auch der EuGH angenommen, die ausgedehnte Benutzung eines Zeichens könne in einem Fall, in dem ein Marktteilnehmer einziger Lieferant bestimmter Waren auf dem Markt sei, zur Unterscheidungskraft iSd Art. 3 Abs. 3 MRL 2008 bzw. Art. 4 Abs. 4 MRL (= Verkehrsdurchsetzung iSd § 8 Abs. 3) führen, wenn infolge dieser Benutzung der Verkehr das Zeichen nur mit

diesem Marktteilnehmer in Verbindung bringt oder annimmt, dass Waren mit diesem Zeichen von diesem Marktteilnehmer stammen (EuGH C-299/99, GRUR 2002, 804 Rn. 65 – Philips; kritisch Schrader FS Ströbele, 2019, 421 (424)).

Aus der Rechtsprechung des EuGH ergibt sich, dass es für die Frage der Verkehrsgeltung trotz **50** Monopolstellung entscheidend auf die **Benutzung des Zeichens als Marke** ankommt. Daraus wird sich jedoch nicht folgern lassen, dass die Problematik durch strenge Anforderungen an die markenmäßige Benutzung gelöst werden kann (dafür Ströbele/Hacker/Thiering/Hacker Rn. 33); noch weniger ergibt sich aus dieser Rechtsprechung, dass es an einer markenmäßigen Benutzung fehlt, wenn die Verkehrsgeltung auf der Benutzung der Marke als Monopolist beruht (dafür HK-MarkenR/F. Ekey Rn. 96; im Ergebnis bei beendeten Monopolen auch Schrader FS Ströbele, 2019, 421 (426)). Der EuGH hat lediglich festgestellt, dass eine ausgedehnte Benutzung des Zeichens als Marke ausreichen kann. Ob es auf der Benutzung als Marke beruht, dass die betreffenden Verkehrskreise die Ware als von einem bestimmten Unternehmen stammend anerkennen, obliegt jedoch der Beurteilung des nationalen Gerichts (EuGH C-299/99, GRUR 2002, 804 Rn. 65 – Philips).

Entscheidend kommt es deshalb auf die **Ursächlichkeit der markenmäßigen Benutzung** **51** für die im Verkehr gegebene Zuordnung zu einem bestimmten Herstellerunternehmen an. Dabei ist zu bedenken, dass eine gegebene – und ohnehin für die Schutzentstehung notwendige – markenmäßige Benutzung naturgemäß zur Entstehung von Verkehrsgeltung als Marke beiträgt. Unter Schutzzweckgesichtspunkten sollte es ausreichen, dass dieser **Verursachungsbeitrag** im Vergleich zu den Wirkungen der Marktstruktur **nicht nur unerheblich** war (weitergehend Fezer WRP 2005, 1 (14 ff.), der dem Monopol überhaupt keine Relevanz zubilligt). In die Abwägung sind insbesondere die Dauer des Monopols und die Intensität der Benutzung als Marke einzustellen. Soweit eine nicht völlig untergeordnete markenmäßige Benutzung gegeben ist, wird es besonderer Anhaltspunkte bedürfen, um die Verkehrsgeltung allein auf die Marktstrukturen zurückführen zu können (vgl. zur Kennzeichnungskraft BGH GRUR 2010, 1103 Rn. 44 – Pralinenform II).

Bestand **kein Monopol**, sondern ging der Verkehr nur **irrtümlich** vom Bestand eines solchen **52** aus, kann dieser Irrtum aus Schutzzweckgründen die Zurechnung der entstandenen Verkehrsgeltung zum Zeichennutzer nicht hindern, sofern eine markenmäßige Benutzung vorliegt (ebenso Ströbele/Hacker/Thiering/Hacker Rn. 33; aA BGH GRUR 1960, 83 (85 f.) – Nährbier).

Kein Fall eines die Zuordnung der bestehenden Verkehrsgeltung zum Zeichennutzer hindern- **53** den Monopols liegt ferner vor, wenn der Zeichennutzer bislang lediglich als einziger auf dem Markt tätig ist, ein Marktzutritt anderer Unternehmen aber weder an rechtlichen noch tatsächlichen Gründen (zB Rohstoffzugang) scheitern würde **(faktisches Monopol).** In solchen Fällen, in denen für das Publikum kein Grund erkennbar ist, warum nicht zumindest später weitere Wettbewerber hinzutreten sollen, beruht die Zuordnung zu einem bestimmten Unternehmen schon nicht auf der Marktstruktur (im Ergebnis ebenso Ströbele/Hacker/Thiering/Hacker Rn. 33). Hier mag ferner in Betracht gezogen werden, dass die Monopolstellung ihrerseits das Ergebnis einer wettbewerblichen Leistung ist (vgl. OLG Hamburg GRUR-RR 2005, 149 (151) – TNT Post Deutschland).

VI. Verkehrskreise

1. Allgemeines

Die Zuordnung eines Produkts zu einem bestimmten Unternehmen findet auf der Marktgegen- **54** seite statt. Zu den beteiligten Verkehrskreisen gehören deshalb nur die **Abnehmer,** nicht aber Mitbewerber (Fezer Rn. 124; Ströbele/Hacker/Thiering/Hacker Rn. 37). Welche Abnehmerkreise wiederum relevant sind, hängt entscheidend von den Waren und Dienstleistungen ab, für die das Zeichen als Marke benutzt wird. Maßgeblich sind **Zweckbestimmung** und **Absatzmöglichkeit** der einzelnen Ware (BGH GRUR 1960, 130 (132) – Sunpearl II). Zu den beteiligten Verkehrskreisen gehören vor diesem Hintergrund alle Personen, für deren **wirtschaftliches Verhalten** der aus dem Zeichen folgende Herkunftshinweis Bedeutung hat (BGH GRUR 1969, 681 (682) – Kochendwassergerät; OLG Hamburg GRUR-RR 2002, 356 – Marzipanherzen). Wird ein Zeichen für unterschiedliche Waren oder Dienstleistungen verwendet, sind die beteiligten Verkehrskreise für jedes Produkt gesondert festzustellen.

2. Waren des Massenkonsums

Bei Waren des Massenkonsums gehört grundsätzlich die **gesamte Bevölkerung** sowohl in **55** ihrer Funktion als **Letztverbraucher** als auch als **Händler** zu den beteiligten Verkehrskreisen

(BGH GRUR 1974, 220 (222) – Club Pilsener; GRUR 1971, 305 (307) – Konservenzeichen II; OLG Hamburg GRUR-RR 2002, 356 – Marzipanherzen). Allerdings kann das Zeichen das wirtschaftliche Verhalten nur dann beeinflussen, wenn die Ware (des Zeichenbenutzers oder eines Mitbewerbers) entweder **bereits erworben** wurde oder doch zumindest ein **hinreichendes Interesse** an einem zukünftigen Erwerb besteht (BGH GRUR 1982, 672 (675) – Aufmachung von Qualitätsseifen; GRUR 1974, 220 (222) – Club Pilsener; GRUR 1963, 622 (623) – Sunkist; ausführlich Schricker GRUR 1980, 462 ff.).

56   Soweit der BGH bei Massenkonsumgütern auch solche Personen als Interessenten berücksichtigt wissen will, die **nach ihren bisherigen Verbrauchsgewohnheiten für einen Erwerb in Frage kommen,** weil sie dann nicht achtlos an diesem Warenangebot vorbei gehen werden (BGH GRUR 1963, 622 (623) – Sunkist), ist dies angesichts der gewandelten Marktverhältnisse und dem in vielen Sparten nahezu unüberschaubaren Angebot zurückzuweisen (ebenso Büscher/Dittmer/Schiwy/Schalk Rn. 10; aA Ströbele/Hacker/Thiering/Hacker Rn. 36).

57   Ein (bereits erfolgter oder zukünftiger) Erwerb zu eigenen Zwecken ist nicht erforderlich; zu den beteiligten Verkehrskreisen gehört auch, wer **für Dritte erwirbt,** sei es gegen Kostenerstattung oder als Geschenk (BGH GRUR 1982, 672 (675) – Aufmachung von Qualitätsseifen; OLG Hamburg GRUR-RR 2002, 356 – Marzipanherzen).

58   Nicht zu den beteiligten Verkehrskreisen gehören hingegen Personen, die den **Erwerb des Produkts ablehnen** (zB Antialkoholiker, Nichtraucher, Vegetarier, Veganer, Glücksspielgegner), weil die Zuordnung zu einem bestimmten Betrieb ihr wirtschaftliches Verhalten aus inneren Gründen nicht beeinflussen kann (vgl. zu § 8 Abs. 3 BGH GRUR 2006, 760 Rn. 23 – LOTTO; vgl. aber auch BGH GRUR 1974, 220 (222) – Club Pilsener, wo bemängelt wird, dass das Berufungsgericht aus den maßgeblichen Verkehrskreisen jene Personen ausgeschieden habe, die aus gesundheitlichen, sportlichen, altersbedingten oder sonstigen Gründen kein Bier trinken; dazu Schicker GRUR 1980, 462 (465)).

3. Produkte mit spezifischer Abnehmerschaft

59   Bei Waren oder Dienstleistungen, die nur bei **spezifischen Abnehmern** abgesetzt und nur von diesen verwendet werden können, kommt es allein auf diese Abnehmer an. Das ist zB der Fall bei zur **Weiterverarbeitung** gedachten Produkten. Aber auch bei Endprodukten lassen sich vielfach spezifische Abnehmerkreise erkennen. Das gilt insbesondere bei Waren oder Dienstleistungen, die nur in **bestimmten Berufen und Gewerben** Verwendung finden (sofern eine private Nutzung ausgeschlossen werden kann, zB bei teuren Spezialgeräten, vgl. OLG Köln GRUR-RR 2010, 433 (435) – Oerlikon).

60   Eine Beschränkung des Abnehmerkreises kann sich bei Endprodukten vor allem aus deren Wert oder Preis ergeben. Insbesondere **hochpreisige Waren** und **Luxusartikel** stoßen wegen der notwendigen wirtschaftlichen Aufwendungen nur bei einem relativ geringen Teil der Bevölkerung auf ein ernsthaftes Erwerbsinteresse, so dass die Zuordnung zu einem bestimmten Unternehmen aufgrund des Zeichens auch nur das wirtschaftliche Verhalten dieses Bevölkerungsteils mitbestimmen kann (BGH GRUR 1982, 672 (675) – Aufmachung von Qualitätsseifen).

61   Bei Produkten, die sich an eine **ausländische Bevölkerungsgruppe** bestimmter Herkunft richten und auf Absatzwegen angeboten werden, die typischerweise nur oder doch zumindest ganz überwiegend von dieser Gruppe benutzt werden, beschränken sich die beteiligten Verkehrskreise auf die zu diesem Absatzweg gehörenden Händler sowie die angesprochenen Abnehmerkreise (Ströbele/Hacker/Thiering/Hacker Rn. 39; vgl. ferner EuG BeckRS 2015, 81663).

62   Insgesamt gehören auch bei den Produkten für spezifische Abnehmer nur jene Personen zu den angesprochenen Verkehrskreisen, die bereits **als Käufer aufgetreten** sind oder zumindest ein **hinreichendes Kaufinteresse** haben (Fezer Rn. 125).

4. Inländische Verkehrskreise

63   Aufgrund des Territorialitätsgrundsatzes muss das Zeichen innerhalb der **inländischen beteiligten Verkehrskreise** Verkehrsgeltung erlangt haben (BT-Drs. 12/6581, 66; BGH GRUR 1974, 777 (778 f.) – LEMONSODA; GRUR 1967, 298 (300) – Modess; GRUR 1955, 411 (413) – Zahl 55). Auch wenn das Zeichen im Ausland aufgrund der dortigen Verkehrsgeltung Schutz als Marke genießt, besteht kein Anspruch auf Schutz als Benutzungsmarke; der telle-quelle-Schutz des Art. 6^{quinquies} PVÜ gilt nur für ausländische Registermarken und verlangt nur eine Zulassung zur Eintragung, nicht aber einen von der Eintragung unabhängigen Schutz.

64   Eine **ausländische Verkehrsgeltung** kann allenfalls auf das Inland einstrahlen und dadurch die Erlangung der inländischen Verkehrsgeltung erleichtern (BGH GRUR 1974, 777 (779) –

LEMONSODA). Das kommt in Betracht, wenn ein im Inland bislang nicht benutztes Zeichen aufgrund der ausländischen Verkehrsgeltung bereits einen gewissen Bekanntheitsgrad auch im Inland genießt (zB infolge einer Vermarktung im Wege der Produktplatzierung in Fernsehserien oder Filmen, die in Deutschland ausgestrahlt werden). In solchen Fällen kann es beginnend mit der Benutzungsaufnahme schneller zur Erlangung der Verkehrsgeltung kommen, als wenn das Zeichen zunächst vollends unbekannt ist.

VII. Räumlich begrenzte Verkehrskreise

1. Beschränkte Verkehrsgeltung

Die Benutzungsmarke ist – anders als die Registermarke – für einen räumlich auf ein Teilgebiet **65** der Bundesrepublik Deutschland beschränkten Schutz offen (BT-Drs. 12/6581, 66). Zur Schutzentstehung kommt es daher auch dann, wenn das Zeichen nur in den **Verkehrskreisen eines Teilgebiets** Verkehrsgeltung erlangt hat (BGH GRUR 1979, 470 (471 f.) – RBB/RBT; GRUR 1957, 88 (93) – Ihr Funkberater; zu Unternehmenskennzeichen BGH GRUR 1992, 865 – Volksbank; ferner OLG Köln GRUR 2008, 79 (80) – 4E; OLG Köln GRUR-RR 2007, 272 – 4DSL; OLG Dresden GRUR-RR 2002, 257 – Halberstädter Würstchen). Der Schutz beschränkt sich dann auf das **Verkehrsgeltungsgebiet.**

2. Einheitlicher Wirtschaftsraum

Die Sperrung eines Teilgebiets für verwechslungsfähige Zeichen anderer setzt jedoch voraus, **66** dass es sich um einen einheitlichen Wirtschaftsraum handelt, der die **Sperrung nach Umfang und wirtschaftlicher Bedeutung rechtfertigt** (BGH GRUR 1979, 470 (472) – RBB/RBT). Die räumliche Begrenzung des Schutzes kann dazu führen, dass für ein Zeichen in unterschiedlichen Gebieten für unterschiedliche Zeicheninhaber Schutz besteht. Dieses Problem verstärkt sich, je kleiner die zulässigen Schutzgebiete sind. Insgesamt droht bei einem kleinteiligen regionalen Zeichenschutz die Gefahr einer Markenverwirrung sowie einer erheblichen Behinderung anderer, nicht auf diesen begrenzten Wirtschaftsraum beschränkter Marktteilnehmer. Erforderlich ist deshalb eine **Mindestgröße,** die in der Regel nur bei **größeren Städten und Kreisen** gegeben sein wird (vgl. auch Ströbele/Hacker/Thiering/Hacker Rn. 42: in der Regel kein auf Stadtteile begrenzter Schutz; ähnlich Fezer Rn. 129). Innerhalb eines einheitlichen Wirtschaftsgebiets hindern Enklaven, in denen keine Verkehrsgeltung besteht, die Schutzentstehung nicht (BGH GRUR 1967, 482 (485) – WKS-Möbel II).

3. Entstehung beschränkter Verkehrsgeltung

Für die Beurteilung, ob zumindest in räumlichen begrenzten Verkehrskreisen Verkehrsgeltung **67** besteht, ist auf die konkrete Ware, ihre übliche Vertriebsform, ihr Absatzgebiet sowie die Betriebsstruktur abzustellen (BGH GRUR 1979, 470 (472) – RBB/RBT). Dabei gelten hinsichtlich des Grades der Verkehrsgeltung keine anderen (insbesondere strengeren) Anforderungen (aA Ingerl/Rohnke/Nordemann/Nordermann-Schiffel Rn. 24). Ein räumlich begrenzter Schutz kommt in erster Linie in Betracht, wenn ein Produkt nur in einem bestimmten, **abgrenzbaren Gebiet angeboten** wird, weil es dann nur die dortigen Verkehrskreise in ihren wirtschaftlichen Entscheidungen ansprechen kann (BGH GRUR 1957, 88 (93) – Ihr Funkberater; OLG Köln GRUR 2008, 79 (80) – 4E; GRUR-RR 2007, 272 (273) – 4DSL).

Wird das Produkt **bundesweit angeboten,** ist es aber (bislang) nur zu einer räumlich begrenz- **68** ten Verkehrsgeltung gekommen, scheidet ein räumlich begrenzter Kennzeichenschutz nicht von vornherein aus (kritisch Ingerl/Rohnke/Nordemann/Nordemann-Schiffel Rn. 24; OLG Köln GRUR 2008, 79 (80) – 4E; OLG Köln GRUR-RR 2007, 272 (273)). Gleiches gilt bei einem Angebot in **mehreren Teilgebieten,** auch wenn nicht in allen Verkehrsgeltung erlangt wurde. Der bundesweite Vertrieb allein ändert nichts daran, dass der aus dem Zeichen folgende Herkunftshinweis in dem fraglichen Gebiet das Verhalten der zu den beteiligten Verkehrskreisen gehörenden Personen beeinflusst, also in dem Zeichen eine Marke sehen. Allein die dadurch möglich werdende Aufteilung des Bundesgebiets in Einzelgebiete, in denen das Zeichen unterschiedlichen Inhabern zustehen kann, ist eine hinzunehmende Konsequenz aus der grundsätzlichen Anerkennung räumlich begrenzter Markenrechte (zutreffend Ströbele/Hacker/Thiering/Hacker Rn. 43).

Der BGH hat zum WZG angenommen, es fehle bei einem bundesweit tätigen Unternehmen, **69** dessen Zeichen an seinem Sitz Verkehrsgeltung erlangt hat, an einem hinreichenden einheitlichen Wirtschaftsraum, wenn der Vertrieb an dessen Sitz nur untergeordnete Bedeutung hat und die räumlich beschränkte Verkehrsgeltung letztlich darauf beruht, dass das Unternehmen seinen **Sitz in diesem Raum** hat und dort ganz allgemein eine gewisse Bedeutung als Herstellungs- und/ oder Vertriebsunternehmen erlangt hat (BGH GRUR 1979, 470 (472) – RBB/RBT).

70   Bei **Abweichungen von Vertriebs- und Verkehrsgeltungsgebiet** ist danach zu fragen, warum trotz der für den Schutz notwendigen markenmäßigen Benutzung nur in einem Teil des Vertriebsgebiets Verkehrsgeltung erlangt wurde. Hat dies seine Ursache in einer intensiveren Zeichennutzung zB bei der Produktvermarktung in einer bestimmten Region, so ist eine Zuordnung des erworbenen Verkehrsgeltungszustands gerechtfertigt. Beruht die Verkehrsgeltung hingegen auf dem erhöhten Bekanntheitsgrad, den das Unternehmen an seinem Sitz genießt, entsteht keine regional begrenzte Benutzungsmarke. Wird ein Produkt zB **bundesweit im Internet** angeboten, greift es zu kurz, einen regional begrenzten Markenschutz allein deshalb abzulehnen, weil es wegen der Art der angebotenen Leistung (zB bundesweite Internetzugänge) und der Bewerbung im Internet an einem regionalen Bezug fehle (so OLG Köln GRUR 2008, 79 (80) – 4E; GRUR-RR 2007, 272 (273) – 4DSL; zustimmend HK-MarkenR/F. Ekey Rn. 80; vgl. auch Ingerl/ Rohnke/Nordemann/Nordemann-Schiffel Rn. 24). Ebenso wenig ist es erforderlich, dass sich die Absatzstrategie auf eine bestimmte Region beschränkt (so OLG Köln GRUR 2008, 79 (80) – 4E; GRUR-RR 2007, 272 (273) – 4DSL). Ausreichend kann vielmehr schon eine verstärkte regionale Werbung mit dem Zeichen sein. Das gilt auch dann noch, wenn das Unternehmen seinen Sitz im Verkehrsgeltungsgebiet hat, sofern sich nicht aus den Umständen ergibt, dass die intensivere Zeichenbenutzung im Vergleich zur örtlichen Bekanntheit nicht ins Gewicht fällt.

71   Bestand vor der **Wiedervereinigung Deutschlands** im Beitrittsgebiet Verkehrsgeltung, dann kommt der Zeichen in den alten Bundesländern ebenfalls Schutz zu, wenn dort die tatsächlichen Voraussetzungen der Verkehrsgeltung erreicht sind (OLG Dresden GRUR-RR 2002, 257 (259) – Halberstädter Würstchen). Das Gleiche gilt umgekehrt für eine bei Wiedervereinigung bestehende Verkehrsgeltung in den alten Bundesländern (Ströbele/Hacker/Thiering/Hacker Rn. 45; offenlassend BGH GRUR 2002, 171 (173) – Marlboro-Dach; vgl. ausführlich Knaak GRUR Int 1993, 18 (24 f.)). Zum ErstrG → Einleitung Rn. 37 ff.

4. Ausdehnung des Verkehrsgeltungsgebiets

72   Mit der **Erlangung der Verkehrsgeltung in einem weiteren einheitlichen Wirtschaftsgebiet** kommt es zu einer Ausdehnung des Verkehrsgeltungsgebiets; bei Kollisionen mit einem prioritätsälteren Zeichen löst die Ausdehnung allerdings Abwehransprüche aus. Bevor es tatsächlich zu einer Ausdehnung gekommen ist, genießt die Benutzungsmarke nur in ihrem Verkehrsgeltungsgebiet Schutz.

73   Der BGH hat in seiner älteren Rechtsprechung den Schutz über den räumlich beschränkten Verkehrsgeltungsraum ausgedehnt, wenn der Markeninhaber mit seinem Absatz und seiner Werbung bereits über den Bereich der Verkehrsgeltung vorgedrungen ist oder jedenfalls eine **Ausdehnungstendenz** deutlich erkennbar ist (BGH GRUR 1956, 558 (561) – Regensburger Karmelitengeist; zustimmend Ströbele/Hacker/Thiering/Hacker Rn. 44). Das ist jedoch **abzulehnen** (ebenso Fezer Rn. 132). § 4 Nr. 2 verlangt eine tatsächliche, auf der markenmäßigen Benutzung beruhende Verkehrsgeltung. Erst wo diese durch Zeichenbenutzung geschaffen wurde, ist ein Besitzstand entstanden, der mit dem Ausschließlichkeitsrecht zu schützen ist. Wesentliche Nachteile entstehen dem zunächst nur regional begrenzt tätigen Unternehmen jedenfalls dann nicht, wenn ihm die Erlangung bundesweiten Schutzes durch Markeneintragung offen steht. Zudem entspricht die Ausdehnung des Schutzes in (potentielle) künftige Verkehrsgeltungsgebiete einer räumlich begrenzten Verkehrsgeltungsanwartschaft, die jedoch allgemein abzulehnen ist (→ Rn. 107).

VIII. Anforderungen an die Verkehrsgeltung

1. Allgemeines

74   § 4 Nr. 2 verlangt anders als § 8 Abs. 3 nicht Verkehrsgeltung (bzw. -durchsetzung) in allen beteiligten Verkehrskreisen, sondern nur **innerhalb beteiligter Verkehrskreise.** Ausreichend ist es daher, dass ein jedenfalls **nicht unerheblicher Teil der angesprochenen Verkehrskreise** in dem Zeichen einen Hinweis auf die Herkunft des gekennzeichneten Produkts aus einem bestimmten Unternehmen sieht (BGH GRUR 2021, 1199 Rn. 35 – Goldhase III; GRUR 2008, 917 Rn. 38 – EROS). Daraus folgt ohne weiteres, dass nicht alle zu den Verkehrskreisen gehörenden Personen eine Zuordnung zu einem bestimmten Unternehmen vornehmen müssen.

Wann die mit der Formulierung „nicht unerheblicher Teil" gekennzeichnete Grenze erreicht 75 ist, entzieht sich einer schematischen Beurteilung. Mit Recht lehnt die Rechtsprechung es ab, auf einen festen prozentualen Anteil der angesprochenen Verkehrskreise abzustellen (BGH GRUR 2021, 1199 Rn. 35 – Goldhase III; GRUR 2004, 151 (153) – Farbmarkenverletzung I). Der erforderlich **Verkehrsgeltungs- oder Zurechnungsgrad** ist **einzelfallbezogen** zu ermitteln.

2. Einfache Verkehrsgeltung

Für **eintragsfähige Zeichen** kann ohne jegliche Vorbenutzung und Verkehrsgeltung Schutz 76 durch die Eintragung erlangt werden. Ist aber ein Zeichenschutz auch ohne vorherigen Besitzstand möglich, so besteht kein Anlass, für die Benutzungsmarke besonders hohe Anforderungen an die Verkehrsgeltung und damit die Intensität des Besitzstandes zu stellen. Mit Recht hat die Rechtsprechung daher Verkehrsgeltungsgrade von 19% (BGH GRUR 1960, 130 (133) – Sunpearl II) bzw. 36,7% (BGH GRUR 1969, 681 (682) – Kochendwassergerät) ausreichen lassen. Insgesamt wird sich als grobe Faustregel festhalten lassen, dass für diese sog. einfache Verkehrsgeltung ein **Zuordnungsgrad von nicht unter 20%** erforderlich ist (ähnlich OLG Hamburg GRUR 1972, 185 (187) – Roter Punkt: etwa 20%; Piper GRUR 1996 429 (433): um 20%; ebenso Berlit WRP 2002, 177 (179); Fammler MarkenR 2004, 89 (92); ferner Ströbele/Hacker/Thiering/Hacker Rn. 49: 20–25%; Noelle-Neumann/Schramm GRUR 1966, 70 (81): ab 25%; ebenso Schramm MA 1973, 87 (92)).

3. Qualifizierte Verkehrsgeltung

Wäre das Zeichen als Registermarke wegen eines absoluten Schutzhindernisses nach § 8 Abs. 2 77 Nr. 1, 2 **nicht eintragungsfähig,** sind die Anforderungen an den Verkehrsgeltungsgrad deutlich höher. Hier hängt der Schutz als Registermarke davon ab, ob sich das Zeichen infolge seiner Benutzung für die angemeldeten Waren oder Dienstleistungen in den beteiligten Verkehrskreisen durchgesetzt hat (§ 8 Abs. 3). Es käme zu einem Wertungswiderspruch, wenn für ein solches Zeichen durch geringere Anforderungen an die Verkehrsgeltung Markenschutz erlangt werden könnte. Daraus folgt ein **an der Verkehrsdurchsetzung orientierter Verkehrsgeltungsgrad** (OLG Frankfurt GRUR-RR 2018, 246 Rn. 7 – Be happy; Ingerl/Rohnke/Nordemann/Nordemann-Schiffel Rn. 21; Ströbele/Hacker/Thiering/Hacker Rn. 47; HK-MarkenR/F. Ekey Rn. 43). Als Untergrenze dieser sog. qualifizierten Verkehrsgeltung hat sich ein Wert von **mindestens 50%** etabliert, der überschritten werden muss (zu Beispielen → Rn. 82). Jedenfalls reicht dieser für die Verkehrsdurchsetzung genügende Zuordnungsgrad erst recht für die Verkehrsgeltung (BGH GRUR 2021, 1199 Rn. 37 – Goldhase III).

Wie hoch die Verkehrsgeltung jedoch im Einzelfall sein muss, macht die Rechtsprechung ganz 78 wesentlich davon abhängig, wie groß angesichts der schwachen oder fehlenden Unterscheidungskraft das **Freihaltebedürfnis** ist (vgl. zB BGH GRUR 2004, 151 (153) – Farbmarkenverletzung I; GRUR 1979, 470 (471) – RBB/RBT; GRUR 1974, 337 (338) – Stonsdorfer; GRUR 1969, 345 (347) – red white; GRUR 1968, 419 (423) – feuerfest I; OLG Düsseldorf GRUR-RR 2013, 384 (385) – Der Wendler). Insbesondere in der älteren Rechtsprechung hat der BGH danach selbst Prozentsätze unter 75% als nicht ausreichend erachtet (BGH GRUR 1974, 337 (338) – Stonsdorfer: Verkehrsgeltungsgrad von 74% nicht ausreichend).

Die am Freihaltebedürfnis orientierte Rechtsprechung zur qualifizierten Verkehrsgeltung ist 79 mit Recht in die **Kritik** geraten (vgl. HK-MarkenR/F. Ekey Rn. 88; v. Schultz/v. Schultz Rn. 13 ff.), weil der EuGH in seiner Rechtsprechung zu Art. 3 Abs. 3 MRL 2008 (= § 8 Abs. 3; jetzt Art. 4 Abs. 4 MRL) eine Differenzierung der Unterscheidungskraft (= Verkehrsdurchsetzung) nach dem festgestellten Interesse daran, das Zeichen für die Benutzung durch andere Unternehmen freizuhalten, ausdrücklich als unzulässig verworfen hat (EuGH verb. Rs. C-108/97 und C-109/97, GRUR 1999, 723 Rn. 47 – Chiemsee; → § 8 Rn. 1126). Maßgeblich sind danach vielmehr **qualitative Beurteilungskriterien,** nämlich der von der Marke gehaltene Marktanteil, die Intensität, die geographische Verbreitung und die Dauer der Benutzung der Marke, der Werbeaufwand des Unternehmens für die Marke, der Teil der beteiligten Verkehrskreise, der die Ware aufgrund der Marke als von einem bestimmten Unternehmen stammend erkennt sowie Erklärungen von Industrie- und Handelskammern oder von anderen Berufsverbänden (EuGH C-217/13, GRUR 2014, 776 Rn. 41 – Oberbank; verb. Rs. C-108/97 und C-109/97, GRUR 1999, 723 Rn. 49, 51 – Chiemsee).

Für § 4 Nr. 2 ist diese Entscheidung nicht unmittelbar bindend. Ihre Bedeutung für die 80 Verkehrsgeltung lässt sich jedoch nicht allein aufgrund ihrer eventuell fehlenden Überzeugungskraft negieren (in diesem Sinne Ströbele/Hacker/Thiering/Hacker Rn. 51; zustimmend Starck

MarkenR 2007, 421 (422); für Beibehaltung der bisherigen Linie auch Sosnitza Rn. 7). Sie ist für die Auslegung des Begriffs „Verkehrsdurchsetzung" in § 8 Abs. 3 verbindlich. Ist es aber danach möglich, dass ein nicht unterscheidungskräftiges Zeichen eingetragen werden kann, weil es ohne Berücksichtigung eines Freihalteinteresses Verkehrsdurchsetzung erlangt hat, dann kommt es zu einem **Wertungswiderspruch,** wenn bei Benutzungsmarken aufgrund der Rücksichtnahme auf ein Freihalteinteresse ein höherer Verkehrsgeltungsgrad gefordert wird, als er für die Verkehrs- durchsetzung iSd § 8 Abs. 3 erforderlich ist. Dann nämlich wäre es möglich, dass für ein nicht unterscheidungskräftiges Zeichen Schutz als Registermarke erlangt werden kann, nicht aber als Benutzungsmarke. Das widerspricht jedoch der vom Gesetzgeber gewollten Gleichrangigkeit der Entstehungstatbestände (BT-Drs. 12/6581, 65) und der in § 3 zum Ausdruck kommenden Einheit- lichkeit des Markenbegriffs, der – von den Besonderheiten der durch die Registereintragung bedingten graphischen Darstellbarkeit abgesehen – für alle Entstehungstatbestände gleich ist (ebenso im Ergebnis HK-MarkenR/F. Ekey Rn. 80; v. Schultz/v. Schultz Rn. 15; Harte-Baven- damm/Goldmann FS Mühlendahl, 2005, 23 (37)). Zudem beruhen die erhöhten Anforderungen an die Verkehrsgeltung gerade auf dem Umstand, dass für nicht unterscheidungskräftige Register- marken Verkehrsdurchsetzung erforderlich ist. Werden diese Anforderungen aber erfüllt – nach den verbindlichen Maßstäben des EuGH – besteht kein Grund für eine weitere Begrenzung der Schutzentstehung aufgrund Verkehrsgeltung.

81   Dogmatisch folgt daraus nicht zwingend ein Verzicht auf eine Berücksichtigung des Freihaltebe- dürfnisses im Rahmen des § 4 Nr. 2, sondern das Gebot einer **Vergleichsprüfung** anhand der für die Verkehrsdurchsetzung iSd § 8 Abs. 3 vom EuGH aufgestellten Kriterien. Das schließt eine Ermittlung der Verkehrsgeltung durch empirische Mittel und damit einen an Prozentsätzen orientierten Verkehrsgeltungsgrund nicht aus, weil auch bei der Feststellung der Verkehrsdurchset- zung ein Rückgriff auf Verbraucherbefragungen zulässig ist, wenn die Beurteilung auf besondere Schwierigkeiten stößt (EuGH C-217/13, GRUR 2014, 776 Rn. 42 – Oberbank; verb. Rs. C- 108/97 und C-109/97, GRUR 1999, 723 Rn. 53 – Chiemsee). Gleichwohl ist vor dem Hinter- grund der gewandelten Anforderungen an die Verkehrsdurchsetzung bei einem Zugriff auf ältere Rechtsprechung Vorsicht geboten.

4. Beispiele zur qualifizierten Verkehrsgeltung

82   Die folgenden Beispiele zur qualifizierten Verkehrsgeltung, sind, soweit sie aus der Rechtspre- chung zu § 25 WZG stammen, wegen der veränderten Anforderungen an die Verkehrsdurchset- zung (→ Rn. 79) und des engeren Registermarkenbegriffs des WZG nur eingeschränkt aussage- kräftig.

83   Eine **einfache Buchstabenzusammenstellung** (RBB) hat bei einem Zuordnungsgrad von 60,7% Verkehrsgeltung (BGH GRUR 1979, 470 (471 f.) – RBB/RBT).

84   Bei einer **Gattungsbezeichnung** (Schwarzer Krauser als Beschreibung einer speziellen Tabak- mischung und einer davon bestimmten Geschmacksrichtung) ist eine wesentlich höhere Verkehrs- geltung als 52,1% erforderlich, um eine Wandlung der Verkehrsauffassung von der Annahme einer Beschaffenheitsangabe zur betrieblichen Herkunftskennzeichnung annehmen zu können (BGH GRUR 1990, 681 (684) – Schwarzer Krauser). Die **Beschaffenheitsangabe** „Nährbier" für alkoholarmes, untergäriges, reines Malzbier hat keine Verkehrsgeltung, wenn sie nur von 36% als Herkunftshinweis verstanden wird (BGH GRUR 1960, 83 (86) – Nährbier). Bei einer **glatt warenbeschreibenden Angabe** (feuerfest für Produkte aus hitzebeständigem Spezialglas) soll, sofern ein gesteigertes Freihaltebedürfnis besteht, sogar eine nahezu einhellige Verkehrsgeltung erforderlich sein (BGH GRUR 1968, 419 (423) – feuerfest I; vgl. auch BGH GRUR 1970, 77 (78) – Ovalumrandung). Das Gleiche gilt für die ursprünglich geographische Herkunftsangabe „Stonsdorfer", die zwischenzeitlich zur **Sortenbezeichnung** für bestimmte Spirituosen geworden ist; ein Verkehrsgeltungsgrad von 74% wurde daher als nicht ausreichend erachtet (BGH GRUR 1974, 337 (338) – Stonsdorfer); für die Bezeichnung „Kroatzbeere" für einen Likör genügen 58,6% nicht (BGH GRUR 1975, 67 (69) – Kroatzbeere). Diese strengen Anforderungen der älteren Rechtsprechung sind mit Blick auf die gewandelten Anforderungen an die Verkehrsdurch- setzung zumindest in ihrem Rekurs auf das Freihaltebedürfnis zweifelhaft. Mit Recht hat die Instanzrechtsprechung für die Bezeichnung „Halberstädter Würstchen" als ursprünglich geogra- phische Herkunftsbezeichnung es ausreichen lassen, dass der Zuordnungsgrad mehr als 50% beträgt (konkret: 73,1%, OLG Dresden GRUR-RR 2002, 257 (258) – Halberstädter Würstchen). Ob für die **beschreibende Bezeichnung** „FLEX" für eine Zahnbürste ein Verkehrsgeltungsgrad von 28% ausreicht, soll sogar nur „zweifelhaft" sein (OLG Köln GRUR-RR 2002, 321 (323) – FLEX). Für die Bezeichnung „Festivalplaner" für ein Print- und Onlinemagazin, das den Nutzern als

Planer für den Besuch von Festivals dienen kann, soll es hingegen des einhelligen Verständnisses des Verkehrs als Hinweis auf den Verlag bedürfen (OLG Köln WRP 2010, 1413 – Festivalplaner).

Für ein **konturloses Farbzeichen** ist ein höherer Grad an Verkehrsgeltung notwendig als bei **85** normal kennzeichnungskräftigen Zeichen, weil die Allgemeinheit angesichts der geringen Zahl der tatsächlich verfügbaren Farben ein Interesse daran hat, dass der Bestand verfügbarer Farben nicht mit wenigen Markenrechten erschöpft wird (BGH GRUR 2021, 1199 Rn. 36 – Goldhase III; GRUR 2004, 151 (153) – Farbmarkenverletzung I). In der Regel ist ein Verkehrsgeltungsgrad von mehr als 50% erforderlich (BGH GRUR 2021, 1199 Rn. 37 – Goldhase III; GRUR 1997, 754 (755) – magenta/grau; GRUR 1992, 48 (51) – frei öl; OLG Hamburg WRP 2001, 720 – Sixt; OLG Köln GRUR-RR 2001, 26 (27) – Dämmstoffplatten; OLG Köln MD 2001, 1001 Ls. = BeckRS 2001, 30181776; LG Köln BeckRS 2014, 13075: erhebliche Prozentsätze; vgl. zu § 8 Abs. 3 BGH GRUR 2015, 581 Rn. 41 – Langenscheidt-Gelb). Dieser Wert ist in der Regel aber auch ausreichend, dh es ist keine in besonderem Maße gesteigerte Verkehrsgeltung zu fordern (vgl. BGH GRUR 2021, 1199 Rn. 37 f. – Goldhase III). Sicherlich mehr als genügend ist daher ein Zuordnungsgrad von 70% für den Goldton der Umhüllung eines Schokoladenosterhasen (BGH GRUR 2021, 1199 Rn. 38 – Goldhase III). Für die Farbe magenta wurden 58% für genügend gehalten, wenn und weil das Zeichen auf dem Gebiet der Telekommunikation ungewöhnlich ist und im Wesentlichen nur von der Zeicheninhaberin benutzt wird (BGH GRUR 2004, 151 (153) – Farbmarkenverletzung I). Diese letztlich strengen Anforderungen dürften mittlerweile überholt sein; bei **abstrakten Farbmarken ist die Überschreitung der Schwelle von 50% allgemein ausreichend** (vgl. BGH GRUR 2021, 1199 Rn. 38 – Goldhase III). Das gilt auch dann, wenn der Farbton nur für ein (besonders bekanntes) Produkt verwendet wird; es muss sich nicht um die „Hausfarbe" des Unternehmens handeln (BGH GRUR 2021, 1199 Rn. 39 f. – Goldhase III). Die Annahme einer Verkehrsgeltung setzt ferner nicht zwingend voraus, dass die Farbe in Alleinstellung benutzt wird, weil ein Zeichen auch als Teil einer komplexen Kennzeichnung oder in Verbindung mit anderen Zeichen Verkehrsgeltung erlangen kann (BGH GRUR 2021, 1199 Rn. 43 – Goldhase III). Anders ist dies nur, wenn die Farbe in solchen Zeichen durch herkömmliche Herkunftshinweise in den Hintergrund gedrängt wird; hiervon kann jedoch nicht ausgegangen werden, wenn der Zuordnungsgrad 70% beträgt (BGH GRUR 2021, 1199 Rn. 43 – Goldhase III).

Bei einem **dreidimensionalen Zeichen** (Form einer Spirituosenflasche) genügt ein Verkehrs **86** durchsetzungsgrad von 64% (bei denjenigen Befragten, die Spirituosen trinken) nicht, wenn ein beachtliches Freihaltebedürfnis besteht (BGH GRUR 1969, 541 (543) – Grüne Vierkantflasche); allgemein soll für eine der Unterscheidungskraft ermangelnde Warenform ein Zuordnungsgrad erforderlich sein, der „den Bereich von 50% jedenfalls nicht deutlich unterschreiten darf" (OLG Frankfurt GRUR 1999, 591 (593) – Kabelbinderkopf) bzw. „über 50%" liegt (OLG Hamburg GRUR-RR 2002, 356 – Marzipanherzen).

Für **Waren des täglichen Bedarfs** und des **Massenkonsums,** die sich im äußeren Erschei **87** nungsbild (zB Sektflasche) nicht oder kaum unterscheiden oder von Herstellern in einer Fülle unterschiedlicher Produktaufmachungen angeboten werden, ist ein erhöhter Zuordnungsgrad erforderlich; soweit die prägenden Bestandteile der Aufmachung in Farbelementen oder Farbkombinationen liegen, genügt ein Zuordnungsgrad von 50% nicht (OLG Köln MD 2001, 1001 Ls. = BeckRS 2001, 30181776).

Der **Marktanteil** eines Produkts ist als qualitatives Beurteilungskriterium zu berücksichtigen. **88** Ein Marktanteil von 51,1% innerhalb einer bestimmten Arzneimittelsparte (Schilddrüsenhormon-Präparate) genügt nicht, um einer Wirkstoffangabe, an deren Freihaltung die kundigen Fachkreise ein starkes Bedürfnis haben, zur Verkehrsgeltung zu verhelfen (BGH GRUR 1990, 453 (455) – L-Thyroxin).

IX. Ermittlung und Nachweis der Verkehrsgeltung

1. Qualitative Beurteilungskriterien

Die Verkehrsgeltung beruht auf der Benutzung des Zeichens als Marke. Deshalb können sich **89** aus **Art, Dauer und Umfang der Benutzung** wesentliche Hinweise für oder gegen das Bestehen von Verkehrsgeltung ergeben. Zu berücksichtigen ist der gesamte Vertrieb des Produkts unter der fraglichen Bezeichnung (BGH GRUR 2008, 917 Rn. 42 – EROS). Rückschlüsse auf die Verkehrsgeltung ergeben sich ferner aus dem **wirtschaftlichen Erfolg** der Benutzung (vgl. BGH GRUR 2008, 917 Rn. 42 – EROS). Wichtige Parameter sind **Werbeaufwendungen, erzielter Umsatz** und erreichter **Marktanteil.**

90   Die **bloße Bekanntheit des Zeichens** ist für sich genommen zum Nachweis der Verkehrsgeltung nicht ausreichend, weil es entscheidend darauf ankommt, ob das Zeichen auch als Herkunftshinweis verstanden wurde. Aus dem gleichen Grund genügt auch allein der Umstand, dass ein Zeichen bereits seit Jahrzehnten verwendet wird, jedenfalls dann nicht für die Verkehrsgeltung, wenn es ihm an Kennzeichnungskraft mangelt (OLG Köln GRUR-RR 2003, 187 (188) – Weinbrandpraline).

91   Bei **besonders bekannten und schon lange benutzen Zeichen** (zB Drei-Streifen-Kennzeichnung für Sportbekleidung) kommt die Annahme von Verkehrsgeltung ohne weiteren Nachweis und insbesondere Verkehrsbefragung in Betracht (vgl. OLG Frankfurt GRUR-RR 2003, 274 (275) – Vier-Streifen-Kennzeichnung; bezüglich der Farbe „postgelb" für Telefonverzeichnisse LG Frankfurt a. M. GRUR-RR 2001, 268 (271) – Gelbe Seiten sowie OLG Frankfurt NJW-RR 1992, 1519).

92   Nicht ausreichend ist aber eine besondere hohe Bekanntheit, wenn diese sich nur auf die **Verwendung des Zeichens für ein anderes Produkt** bezieht (vgl. OLG Koblenz GRUR-RR 2009, 230 (232) – Fadenkreuz „Tatort"). Umgekehrt soll die Möglichkeit einer Verkehrsgeltung ohne weiteres ausscheiden, wenn das zugleich als Registermarke eingetragene Zeichen trotz erfolgter Benutzung nicht so bekannt geworden ist, dass es durchschnittliche Kennzeichnungskraft erreicht hat, weil dann die wesentlichen höheren Anforderungen der Verkehrsgeltung nicht erreicht sein könnten (OLG Köln MMR 2010, 473 (475) – weg.de).

2. Meinungsforschungsgutachten

93   In der Regel genügen nach deutscher Rechtsprechungstradition die qualitativen Beurteilungskriterien nicht zum Nachweis der Verkehrsgeltung, sondern es ist ein **empirischer Nachweis** in Form eines Meinungsforschungsgutachtens erforderlich. Das ist angesichts des Umstands, dass die MRL Benutzungsmarken nicht regelt, unionsrechtlich unbedenklich. Auch bei der Verkehrsdurchsetzung iSd § 8 Abs. 3, bei der nach der Rechtsprechung des EuGH nur qualitative Beurteilungskriterien eine Rolle spielen dürfen (→ Rn. 79), steht das Unionsrecht einer Ermittlung im Wege einer Verbraucherbefragung nicht entgegen – wenn auch womöglich nur für den Fall, dass die zuständige Behörde bei der Beurteilung der Verkehrsdurchsetzung auf besondere Schwierigkeiten stößt (EuGH C-217/13, GRUR 2014, 776 Rn. 42 – Oberbank; verb. Rs. C-108/97 und C-109/97, GRUR 1999, 723 Rn. 53 – Chiemsee). Allerdings darf das Ergebnis einer solchen Befragung nach der jüngsten Rechtsprechung des EuGH **nicht den allein maßgeblichen Gesichtspunkt** darstellen (EuGH C-217/13, GRUR 2014, 776 Rn. 42 – Oberbank). Das sollte im Sinne eines einheitlichen Kennzeichenschutzes auch auf die Verkehrsgeltung als Entstehungsvoraussetzung für von der MRL nicht erfasste Benutzungsmarken übertragen werden.

94   Für die im Rahmen des § 8 Abs. 3 notwendige **Befragung zur Verkehrsdurchsetzung** hat das DPMA einen **Mindestfragenkatalog** veröffentlicht (Richtlinie für die Prüfung von Markenanmeldungen und für die Registerführung vom 1.8.2018 idF vom 1.9.2020, 62 f.; krit. BPatG MarkenR 2015, 387 = BeckRS 2015, 12128 unter II.3. – Sparkassen-Rot; dagegen wiederum BGH GRUR 2016, 1167 Rn. 58 ff. – Sparkassen-Rot; ausführlich zu den Standards Dobel, Verkehrsauffassung und demoskopische Gutachten im Marken- und Wettbewerbsrecht, 2014, 106 ff.), der als Ausgangspunkt auch für Verkehrsgeltungsbefragungen herangezogen werden kann (Pflüger GRUR 2004, 652 (654); Pflüger GRUR 2014, 423). Eine demoskopische Untersuchung kann nur durch ein **Meinungsforschungsinstitut** durchgeführt werden; Auskünfte durch die IHK oder Branchenverbände können allenfalls ausreichend sein, wenn die beteiligten Verkehrskreise ausschließlich aus einem überschaubaren Kreis gewerblicher Abnehmer bestehen (Ströbele/Hacker/Thiering/Hacker Rn. 53; Büscher/Dittmer/Schiwy/Schalk Rn. 19; wohl noch strenger BPatG GRUR-RS 2020, 27886 Rn. 23 – Popschlager Aktuell).

95   Zur Ermittlung der Verkehrsgeltung (zu den Anforderungen s. Pflüger GRUR 2004, 652 ff.; Pflüger GRUR 2006, 818 ff.; Pflüger GRUR 2014, 423 ff.; Pflüger GRUR 2017, 992 ff.; Eichmann GRUR 1999, 939 (944); Noelle-Neumann/Schramm GRUR 1966, 70 ff.; Hasselblatt MAH GewRS/Pflüger/Dobel § 9 Rn. 67 ff.) ist ein Gutachten nur geeignet, wenn die **Umfrage in den richtigen Verkehrskreisen** durchgeführt wird. Ob die befragte Person zu einem der maßgeblichen Verkehrskreise gehört, kann durch eine entsprechende Frage ermittelt werden.

96   Der **Verkehrsgeltungsgrad** ergibt sich aus drei durch getrennte Fragen zu ermittelnden Parametern. Zunächst ist die Bekanntheit zu ermitteln **(Bekanntheitsgrad)**. Soweit es daran fehlt, hat das Zeichen bei der befragten Person keine Verkehrsgeltung erlangt. Ist das Zeichen bekannt, gilt die nächste Frage der Herkunftsfunktion, dh ob das Zeichen als Hinweis auf ein bestimmtes Unternehmen verstanden wird **(Kennzeichnungsgrad)**. Mit der dritten Frage wird ermittelt,

ob das Zeichen einem ganz konkreten, ggf. namentlich bekannten Unternehmen zugeordnet wird (**Zuordnungsgrad**). Diese Frage hat nur Kontrollfunktion, weil es für die Verkehrsgeltung ausreicht, dass das Zeichen als Herkunftshinweis irgendeines Unternehmens verstanden wird (→ Rn. 44). Daher gilt: Wird die Frage verneint, hat das Zeichen für diese Person dennoch Verkehrsgeltung. Das Gleiche gilt bei richtiger Beantwortung. An der Verkehrsgeltung fehlt es nur, wenn das Zeichen einem anderen, nicht verbundenen Unternehmen zugeordnet wird.

3. Rückgriff auf frühere Meinungsforschungsgutachten

Mit einem demoskopischen Gutachten kann in erster Linie die **aktuelle Verkehrsgeltung** im **97** **Zeitpunkt der Umfrage** ermittelt werden. Ein Rückgriff auf ein früheres (gerichtliches oder privates) Gutachten oder auf die Feststellung der Verkehrsgeltung in einem früheren Prozess ist grundsätzlich möglich, sofern sich die maßgeblichen Parameter, also insbesondere Art und Umfang der Benutzung, Werbeaufwendungen, Umsatz und Marktanteil in der Zwischenzeit nicht wesentlich geändert haben (vgl. BGH GRUR 1989, 510 (512) – Teekanne II; GRUR 1959, 360 (362) – Elektrotechnik; BPatG GRUR-RS 2020, 27886 Rn. 23 – Popschlager Aktuell).

Gerichtliche Feststellungen zur Verkehrsgeltung **aus einem früheren Prozess mit einem** **98** **anderen Verfahrensbeteiligten** sollen jedoch nur verwertbar sein, wenn es um die Verkehrsgeltung in der allernächsten Zeit nach diesem Vorprozess geht (vgl. BGH GRUR 1989, 510 (512) – Teekanne II; GRUR 1955, 406 (407) – Wickelsterne). Auch sonst spielt der zeitliche Abstand eine wesentliche Rolle, weil weder die Wettbewerbssituation noch das Konsumverhalten konstant sind und daher auch bei unveränderter Nutzung des Zeichens eine einmal erlangte Verkehrsgeltung wieder verloren gehen kann. Mit Recht hat der BGH daher ein mehr als zehn Jahre altes Gutachten nicht für den Nachweis einer aktuellen Verkehrsgeltung genügen lassen (BGH GRUR 2009, 766 Rn. 40, 66 – Stofffähnchen).

4. Ermittlung für die Vergangenheit

Kommt es darauf an, ob Verkehrsgeltung schon zu einem in der **Vergangenheit liegenden** **99** **Zeitpunkt** bestand, stößt die **nachträgliche Ermittlung** durch ein Meinungsforschungsgutachten auf methodische Schwierigkeiten (Hasselblatt MAH GewRS/Pflüger/Dobel § 9 Rn. 51; Eichmann GRUR 1999, 939 (946 f.)). Sie können aber möglicherweise durch erinnerungsstützende Fragen überwunden werden. Soweit danach die Befragten dazu neigen, einen späteren Zeitraum der ersten Erinnerung anzugeben, als es der Realität entspricht (LG München I WRP 1995, 883 (885); Hasselblatt MAH GewRS/Pflüger/Dobel § 9 Rn. 51), kann dieser spätere Zeitpunkt zugrunde gelegt werden (Ströbele/Hacker/Thiering/Hacker Rn. 71). Kommt es hingegen auf einen noch davor liegenden Zeitpunkt an, bedarf es für die Annahme, es habe schon damals Verkehrsgeltung bestanden, zusätzlicher Angaben. Ergibt das Gutachten zB eine hinreichende Verkehrsgeltung im Jahr 2007, so kann nur dann schon für 2004 von Verkehrsgeltung ausgegangen werden, wenn die wesentlichen Parameter wie Art und Umfang der Benutzung, Werbeaufwendungen, Umsatz und Marktanteil schon 2004 mindestens gleich waren. Eine Rückwirkung kommt ferner in Betracht, wenn es sich um einen speziellen Warenbereich handelt, in dem sich die Produkte nicht rasch ändern und die Marktentwicklung über längere Zeit zuverlässig beurteilt werden kann (vgl. zu § 8 Abs. 3 BGH GRUR 2016, 1167 Rn. 50 – Sparkassen-Rot; GRUR 2015, 581 Rn. 60 – Langenscheidt-Gelb).

Liegt ein **aktuelles Gutachten** vor, kommt grundsätzlich auch eine **Rückrechnung auf den** **100** **in der Vergangenheit liegenden Zeitpunkt** in Betracht (vgl. BGH GRUR 2003, 880 (881) – City Plus; zu § 8 Abs. 3 BGH GRUR 2015, 581 Rn. 60 – Langenscheidt-Gelb). Auch hier sind aber die genannten Parameter von entscheidender Bedeutung; zudem wird mit zunehmendem zeitlichem Abstand die Rückrechnung immer unsicherer. Besteht aktuell ein besonders hoher Verkehrsgeltungsgrad, dann liegt es aber immerhin nahe, dass auch in der Vergangenheit ein bereits ausreichender Verkehrsgeltungsgrad gegeben war, sofern keine zwischenzeitlichen Umstände vorliegen, die erst überhaupt zur Verkehrsgeltung geführt haben. Ausgeschlossen ist die Rückrechnung daher, wenn die jetzt ermittelte hohe Verkehrsgeltung auf kürzlich erst erfolgten Werbemaßnahmen und daraus resultierenden Umsatzsteigerungen beruht (vgl. OLG Hamburg GRUR-RR 2004, 42 (44) – Sitting Bull).

5. Prozessuales

Im **Hauptsacheverfahren** erfolgt der Nachweis der Verkehrsgeltung regelmäßig durch ein **101** **gerichtlich eingeholtes Gutachten**. Dem entsprechenden Beweisantrag ist nachzugehen, sofern für die behauptete Verkehrsgeltung hinreichend Anknüpfungstatsachen wie zB Umsatz oder Marktanteil vorgetragen sind (vgl. BGH GRUR 2008, 917 Rn. 42 – EROS; OLG Köln MD 2001, 1001 Ls. = BeckRS 2001, 30181776).

102   Das Gericht kann sich aber auch die Erkenntnisse eines **Privatgutachtens** zu eigen machen, sofern das Gutachten von einem anerkannten Institut methodisch einwandfrei erstellt wurde (vgl. OLG Frankfurt GRUR 1989, 271 (273) – Pralinenumhüllung; ferner BGH GRUR 2007, 235 Rn. 24 – Goldener Schokoladenhase; GRUR 2006, 79 Rn. 36 – Jeans I; Hasselblatt MAH GewRS/Pflüger/Dobel § 9 Rn. 147). Im einstweiligen Verfügungsverfahren kommt ohnehin nur ein schon vorliegendes Privatgutachten als präsentes Mittel der Glaubhaftmachung in Frage.

103   Die **Kosten eines privaten Verkehrsgeltungsgutachtens** (zwischen 15.000 und 50.000 Euro, Hasselblatt MAH GewRS/Pflüger/Dobel § 9 Rn. 132) sind erstattungsfähig, wenn es bei objektiver Beurteilung mit einiger Sicherheit eine Förderung des Prozesserfolges erwarten ließ oder ihn nachweislich gefördert hat (OLG Köln GRUR 1971, 420 – Miß Elena; vgl. ferner OLG Düsseldorf GRUR 1975, 40 f. – Sangrita; OLG München GRUR 1977, 562 – Wattestäbchen; Hasselblatt MAH GewRS/Pflüger/Dobel § 9 Rn. 135; Ströbele/Hacker/Thiering/Hacker Rn. 59). War die einholende Partei allerdings nicht beweisbelastet, kommt eine Erstattungsfähigkeit nur in Betracht, wenn sich die Gegenseite zuvor bereits auf ein ihr günstiges Privatgutachten berufen hat oder Umstände ins Spiel bringt, die sich ohne Privatgutachten kaum entkräften lassen (OLG Koblenz GRUR-RR 2004, 312 mwN – Meinungsforschungsgutachten).

104   Die Berufung auf ein Gutachten, mit dem Verkehrsgeltung methodisch korrekt ermittelt wurde, ist **rechtsmissbräuchlich,** wenn die ermittelte Verkehrsgeltung das Ergebnis einer während des Umfragezeitraums durchgeführten besonderen Werbemaßnahme ist. Während der Umfrage kann der Prozessgegner im Wege des einstweiligen Verfügungsverfahrens Unterlassung einer solchen **Beeinflussung** verlangen (OLG Köln WRP 1978, 556 (558)). In späteren Verfahren gegen andere Gegner ist das Gutachten jedoch grundsätzlich verwertbar, sofern es keine Anhaltspunkte dafür gibt, dass die durch die Werbekampagne erlangte Verkehrsgeltung zwischenzeitlich wieder weggefallen ist.

X. Schutzbeginn

1. Erlangung der Verkehrsgeltung

105   Die Benutzungsmarke entsteht eo ipso mit dem **Erreichen von Verkehrsgeltung** infolge der Zeichenbenutzung; der Nachweis der Verkehrsgeltung ist nicht Entstehungsvoraussetzung (aA wohl Berlit WRP 2002, 177 (181)). Dieser Zeitpunkt ist auch maßgeblich für den **Zeitrang** des Markenrechts (§ 6 Abs. 3).

106   Die **Benutzungsaufnahme** geht der Schutzentstehung zwingend voraus. Wie lange es von der Ingebrauchnahme bis zur Verkehrsgeltung dauert, hängt von den Umständen des Einzelfalls und insbesondere von der Intensität der Benutzung ab. Es gibt keinen Mindestzeitraum; insbesondere bei kennzeichnungskräftigen Zeichen, die intensiv auch in der Werbung benutzt werden, kann es schneller zur Erlangung der Verkehrsgeltung kommen (vgl. BGH GRUR 1957, 369 (371) – Rot-Weiß-Packung). Je geringer aber der Zeitraum zwischen Benutzungsaufnahme und behaupteter Entstehung der Verkehrsgeltung ist, desto höher fallen die Anforderungen an die Darlegungslast bezüglich der Umstände, aus denen sich die Verkehrsgeltung ergeben soll, aus (vgl. OLG Düsseldorf BeckRS 2012, 21145).

2. Verkehrsgeltungsanwartschaft

107   Ein **markenrechtlicher Zeichenschutz vor Erlangung der Verkehrsgeltung** ist – soweit nicht die Voraussetzungen von § 4 Nr. 1, Nr. 3 vorliegen – ausgeschlossen. Für ein markenrechtliches Anwartschaftsrecht, wie es von der hM für die Registermarke angenommen wird (→ Rn. 13), fehlt jeder Anknüpfungspunkt, weil die Erreichung der Verkehrsgeltung und damit der Rechtserwerb nicht allein in der Hand des Zeichenbenutzers liegt. Ein lauterkeitsrechtlicher Schutz der sog. **Verkehrsgeltungsanwartschaft,** wie er von der Rechtsprechung in bestimmten Fällen erwogen wird (BGH GRUR 1997, 754 (755) – grau/magenta; OLG Hamburg GRUR-RR 2002, 356 (357) – Marzipanherzen; OLG Köln GRUR-RR 2001, 26 (27) – Dämmstoffplatten), wird in der Regel ausscheiden (→ § 2 Rn. 69).

XI. Schutzende

1. Wegfall der Verkehrsgeltung

Ein Zeichen verliert seinen Schutz als Benutzungsmarke, wenn die entstandene Verkehrsgeltung **108** tatsächlich wieder wegfällt. Dazu kann es vor allem durch eine **veränderte oder aufgegebene Zeichenbenutzung** kommen. Allerdings ist die Benutzung nur Voraussetzung für die Entstehung des Zeichenschutzes, nicht aber für seinen Fortbestand – dieser hängt allein von der Verkehrsgeltung ab; § 25 gilt nicht für Benutzungsmarken.

2. Benutzungsunterbrechungen

Benutzungsunterbrechungen gleich aus welchem Grund führen keineswegs zwangsläufig zum **109** Schutzverlust (vgl. BGH GRUR 1957, 25 (27) – Hausbücherei). Im Gegenteil ist davon auszugehen, dass das Zeichen innerhalb der beteiligten Verkehrskreise noch über einen gewissen Zeitraum als Herkunftshinweis verstanden wird (Fezer Rn. 215). Ist es aber durch Benutzungsunterbrechung zum Wegfall der Verkehrsgeltung gekommen, spielt die Dauer der Unterbrechung keine Rolle; eine Benutzungsschonfrist gibt es für Benutzungsmarken nicht. Auch die Ursache der Benutzungsunterbrechung spielt keine Rolle. Ist sie allerdings vorprozessual zur Streitvermeidung erfolgt, dann kann es rechtsmissbräuchlich sein, wenn sich der Prozessgegner auf das Erlöschen der Benutzungsmarke beruft (BGH GRUR 1998, 1034 (1036) – Makalu).

3. Umsatzrückgänge

Bloße Umsatzrückgänge rechtfertigen für sich genommen noch nicht den Schluss auf einen **110** Verlust der Verkehrsgeltung, weil das Zeichen nach wie vor noch in der Erinnerung des früher größeren Konsumentenkreises eine Herkunftsfunktion wahrnehmen kann (aA im Ergebnis OLG Köln GRUR-RR 2003, 187 (188) – Weinbrandpraline).

4. Keine Verteidigung der Marke

Zum Wegfall der Verkehrsgeltung kann es kommen, wenn der Zeicheninhaber gegen dessen **111** **Benutzung durch Dritte nicht vorgeht** und hierdurch in den beteiligten Verkehrskreisen die Zuordnung des Zeichens zu einem bestimmten Unternehmen verloren geht. Im Verletzungsprozess ist die Berufung eines solchen Dritten auf das durch seine eigene widerrechtliche Zeichennutzung herbeigeführte Erlöschen des Schutzes der Benutzungsmarke jedoch rechtsmissbräuchlich (vgl. BGH GRUR 1962, 409 (411) – Wandsteckdose; GRUR 1961, 33 (35) – Dreitannen; OLG Frankfurt GRUR 1999, 591 (592) – Kabelbinderkopf).

5. Benutzung durch Lizenznehmer

Die Gefahr des Verlusts der Zuordnung droht bei einer Benutzung durch Lizenznehmer, sofern **112** der Verkehr die Lizenzierung nicht erkennen kann und Lizenzgeber und -nehmer für konkurrierende Unternehmen hält (Schricker/Stauder/Chrocziel Länderbericht Deutschland Rn. 99; Schricker/Stauder/Götting, Länderbericht Deutschland Rn. 132; → Rn. 122 ff. zur Entstehung der Benutzungsmarke bei einem Lizenznehmer).

6. Verlust der Unterscheidungskraft

Verliert die Benutzungsmarke wegen ihrer Benutzung die **konkrete Unterscheidungskraft** **113** oder wird sie zu einer **beschreibenden Angabe** oder **Gattungsbezeichnung,** dh kommt es nachträglich zu einem Schutzhindernis iSd § 8 Abs. 2 Nr. 1–3, dann hängt der Fortbestand des Benutzungsmarkenrechts an sich davon ab, ob die dadurch gesteigerten Anforderungen iSd qualifizierten Verkehrsgeltung (→ Rn. 77) noch erfüllt werden. Tatsächlich jedoch wird sich ein solcher Wandel regelmäßig nur auf Kosten einer bestehenden Verkehrsgeltung vollziehen können, sodass allenfalls bei einem vormaligen sehr hohen Verkehrsgeltungsgrad die Anforderungen noch erfüllt sein können – freilich ist in solchen Fällen schon sehr fraglich, ob überhaupt ein hinreichender Wandel stattgefunden hat.

Allgemein ist zu bedenken, dass die Schwächung des Zeichens typischerweise die **Folge eines wirt-** **113.1** **schaftlich besonders erfolgreichen Handelns** des Zeicheninhabers ist. Anders als bei den Anforderungen an die Verkehrsgeltung bei anfänglich fehlender Unterscheidungskraft geht es nunmehr um die Bewahrung eines durch den Zeicheninhaber geschaffenen und bis dahin auch rechtlich geschützten Besitzstandes. Jedenfalls aber sind an die Feststellung eines solchen Bedeutungswandels **hohe Anforderungen** zu stellen (Fezer Rn. 220; Ströbele/Hacker/Thiering/Hacker Rn. 77).

7. Benutzung eines veränderten Zeichens

114   Bei der Benutzung eines veränderten Zeichens bleibt der Schutz (für das Ursprungszeichen wie für das abgewandelte Zeichen) bestehen, wenn die Veränderung auf die Zuordnung des Zeichens zu einem bestimmten Herkunftsbetrieb keine Auswirkungen hat. Das liegt vor allem bei **behutsamen Zeichenmodernisierungen** nahe, da der Verkehr durchaus mit solchen zeitbedingten Anpassungen rechnet (BGH GRUR 1963, 423 (427) – coffeinfrei). Letztlich entscheidend ist, ob gerade jene Merkmale, die dem Zeichen Kennzeichnungskraft verleihen, so verändert worden sind, dass die bisherige bestehende Zuordnung zu einem bestimmten Unternehmen unterbrochen wird. Das entspricht im Kern dem für Registermarken geltenden Erfordernis, dass Abweichungen den kennzeichnenden Charakter der Marke nicht verändern dürfen. Deshalb kann für die Benutzungsmarke auf die zu § 26 Abs. 3 geltenden Grundsätze (→ § 26 Rn. 1 ff.) zurückgegriffen werden (Fezer Rn. 217; Ströbele/Hacker/Thiering/Hacker Rn. 77).

8. Schrumpfung des Verkehrsgeltungsgebiets

115   Die Schrumpfung des Verkehrsgeltungsgebiets etwa infolge nachlassender Benutzung in bestimmten Gebietsteilen führt nicht zum gesamten Erlöschen des Schutzes, sondern zu einer **Begrenzung** auf diejenigen Gebiete, in denen Verkehrsgeltung noch besteht. Das setzt allerdings voraus, dass das verbleibende Gebiet noch einen einheitlichen Wirtschaftsraum darstellt (→ Rn. 66).

116   In jenen Gebieten, in denen die **Verkehrsgeltung verloren gegangen** ist, erlischt das Markenrecht. Das gilt auch dann, wenn der Verlust der Verkehrsgeltung darauf zurückzuführen ist, dass das Zeichen von einem Dritten benutzt wurde und nunmehr innerhalb beteiligter Verkehrskreise als Hinweis auf sein Unternehmen verstanden wird (Fezer Rn. 148). Anders kann dies allenfalls sein, wenn es sich bei dem verloren gegangenen Verkehrsgeltungsgebiet um eine Enklave handelt, die angesichts ihres Ausmaßes die Verkehrsgeltung für das Gesamtgebiet unberührt lässt (→ Rn. 66). Hier bleibt auch in der Enklave das Markenrecht bestehen (offengelassen von BGH GRUR 1955, 406 (409) – Wickelsterne; wie hier Fezer Rn. 148; Lange MarkenR Rn. 542). Soweit die Enklave ein einheitlicher Wirtschaftsraum ist, in dem für einen anderen Verkehrsgeltung besteht, kommt es zur Koexistenz der Markenrechte. Dem Unterlassungsanspruch des Inhabers des bundesweit geltenden Rechts kann der Inhaber des nur regional begrenzten Rechts jedoch den Einwand der Verwirkung entgegen halten (Fezer Rn. 148).

9. Aufgabe oder Veräußerung des Geschäftsbetriebs

117   Die Aufgabe des Geschäftsbetriebs führt für sich genommen nicht zum Erlöschen der Benutzungsmarke, weil die Marke im MarkenG allgemein keinen Geschäftsbetrieb mehr voraussetzt. Wohl aber kann die Marke nach der Aufgabe die Verkehrsgeltung wegen der fortan unterbliebenen Nutzung verlieren. Gründet der Inhaber der Benutzungsmarke alsbald einen **neuen Geschäftsbetrieb** und **nimmt er die Benutzung wieder auf,** bevor die Verkehrsgeltung weggefallen ist, bleibt das Markenrecht bestehen, wenn und weil für die beteiligten Verkehrskreise das Herkunftsunternehmen, auf das die Marke verweist, trotz eines Wechsels des Geschäftsbetriebs gleich geblieben ist (im Ergebnis ebenso HK-MarkenR/F. Ekey Rn. 110).

118   Aus dem gleichen Grund bleibt die Benutzungsmarke bestehen, wenn der **Geschäftsbetrieb veräußert** wird – es wechselt lediglich die Inhaberschaft am Markenrecht. Hier kommt es nicht etwa darauf an, ob die beteiligten Verkehrskreise das Zeichen als Herkunftshinweis auf den neuen Inhaber akzeptieren (so Berlit WRP 2002, 177 (178)), denn die Verkehrsgeltung bezieht sich nur auf die Herkunft aus einem bestimmten Unternehmen, nicht aber auf einen bestimmten Unternehmensinhaber (wie hier Schricker/Stauder/Chrocziel Länderbericht Deutschland Rn. 95).

10. Erwerb der Marke durch einen Dritten

119   Bei einem **Erwerb der Marke durch einen Dritten** mit anschließender Benutzung für den eigenen, von dem des Veräußerers verschiedenen Geschäftsbetrieb bleibt die Benutzungsmarke bestehen. Dass sich hier die Verkehrsgeltung nur auf das Unternehmen des Veräußerers bezieht,

ist irrelevant, weil es nicht darauf ankommt, ob mit der Marke ein konkretes Unternehmen in Verbindung gebracht wird. Würde hingegen angenommen, aufgrund der auf den Veräußerer hinweisenden Verkehrsgeltung erlösche die Benutzungsmarke in der Hand des Erwerbers bzw. entstehe dort erst wieder neu, wenn er Verkehrsgeltung für sich erworben hat, dann bestünde die von § 27 Abs. 1 ausdrücklich vorgesehene Übertragbarkeit auch der Benutzungsmarke gerade nicht.

XII. Inhaberschaft

1. Markenrechtsfähigkeit

Für die Benutzungsmarke ist die Markenrechtsfähigkeit nicht geregelt. Sie ergibt sich indessen **120** aus einer **analogen Anwendung des § 7,** da keine Gründe dafür ersichtlich sind, warum der Kreis der markenrechtsfähigen Personen bei Benutzungsmarken anders zu ziehen sein sollte als bei Registermarken (→ § 7 Rn. 4).

2. Inhaber der Benutzungsmarke

Inhaber des Markenrechts ist dasjenige Unternehmen bzw. der Unternehmensinhaber, **zu des-** **121** **sen Gunsten die Verkehrsgeltung erworben wurde** (BT-Drs. 12/6581, 66; BGH GRUR 2021, 1199 Rn. 49 – Goldhase III; BPatG BeckRS 2014, 22607 – jugend forscht; OLG Frankfurt BeckRS 2012, 21368 – Moody's). Das ist jenes Unternehmen, das innerhalb der beteiligten Verkehrskreise aufgrund des Zeichens als Herkunftsunternehmen des gekennzeichneten Produkts gilt. Hierbei handelt es sich nicht notwendigerweise um den Zeichenbenutzer. Zwar setzt die Schutzentstehung eine Benutzung voraus (→ Rn. 37) und die Verkehrsgeltung muss auch auf der Benutzung beruhen (→ Rn. 47). Die Rechtsinhaberschaft ergibt sich jedoch aus der erlangten Verkehrsgeltung. So ist der **Hersteller** auch dann noch Rechtsinhaber, wenn der Vertrieb des mit einem Zeichen versehenen Produkts durch ein von ihm unabhängiges Vertriebsunternehmen erfolgt und sich auf dem Produkt bzw. der Verpackung neben dem Zeichen selbst nur Hinweise auf dieses Unternehmen finden, wenn und weil die Verkehrskreise daran gewöhnt sind, zwischen dem Hersteller und dem Vertreiber einer Ware zu unterscheiden (BGH GRUR 2008, 917 Rn. 40 – EROS; differenzierend Munz GRUR 1995, 474). Ist eine deutsche Tochtergesellschaft einer ausländischen Konzernobergesellschaft für Herstellung und Vertrieb in Deutschland verantwortlich, liegt es nahe, dass der Verkehr nur in der deutschen Gesellschaft den kontrollverantwortlichen Hersteller sieht, also nur diese Inhaberin der Benutzungsmarke ist (BGH GRUR 2021, 1199 Rn. 50 – Goldhase III).

3. Inhaberschaft bei Lizenzierung

Ist die Verkehrsgeltung erst durch die **Benutzung des Zeichens durch den Lizenznehmer 122** entstanden, hängt die Rechtsinhaberschaft davon ab, auf wen das Zeichen innerhalb der beteiligten Verkehrskreise als Herkunftsunternehmen verweist. Erkennt der Verkehr, dass das Zeichen in Lizenz benutzt wird und ordnet er deshalb die gekennzeichneten Produkte richtig dem Lizenzgeber zu, so beruht die Verkehrsgeltung zwar auf der Benutzung des Lizenznehmers, aber das Recht aus der Benutzungsmarke hat der **Lizenzgeber** inne.

Ist die **Lizenzierung dem Verkehr unbekannt** und geht er deshalb von einer Herkunft des **123** Produkts aus dem Betrieb des Lizenznehmers aus, so wird allein der **Lizenznehmer** Inhaber der Benutzungsmarke (OLG Köln BeckRS 2010, 06006 – Oerlikon, insoweit nicht abgedruckt in GRUR-RR 2010, 433; Berlit WRP 2002, 177 (178); Munz GRUR 1995, 474; HK-MarkenR/ F. Ekey Rn. 102; v. Schultz/v. Schultz Rn. 9). Das gilt auch dann, wenn die Verkehrsgeltung die Folge einer Benutzungsweise des Lizenznehmers ist, die ihm durch den Lizenzvertrag untersagt ist, weil es allein auf das Verständnis der Verkehrskreise ankommt (OLG Köln BeckRS 2010, 6006 – Oerlikon).

Die gegenteilige Auffassung, derzufolge dem Lizenzgeber das Markenrecht selbst dann zusteht, wenn **123.1** der **Verkehr irrtümlich** annimmt, das gekennzeichnete Produkt stamme aus dem Unternehmen des Lizenznehmers (BPatG BeckRS 2014, 22607 – jugend forscht; Ströbele/Hacker/Thiering/Hacker Rn. 61; Ingerl/Rohnke/Nordemann/Nordemann-Schiffel Rn. 27), ist abzulehnen. Sie macht die Inhaberschaft des Rechts nicht vom Inhalt der tatsächlich erlangten Verkehrsgeltung, sondern von dem den beteiligten Verkehrskreisen unbekannten Innenverhältnis von Lizenzgeber und -nehmer abhängig. Das widerspricht jedoch dem Umstand, dass die Benutzungsmarke ein sachliches Markenrecht ist, das allein aufgrund einer bestimmten Tatsachenlage – Verkehrsgeltung als Marke – entsteht. Der originäre Erwerb der Benutzungsmarke durch den Lizenznehmer ist auch gerechtfertigt, da die erlangte Verkehrsgeltung auf seiner Benutzung und damit auf seiner wettbewerblichen Leistung beruht.

123.2 Ob sich aus der **älteren Rechtsprechung** (insbesondere BGH GRUR 1963, 485 (488) – Micky-Maus-Orangen; OLG München WRP 1955, 223 (224) – Elastic) eine Inhaberschaft des Lizenzgebers ergibt, ist zweifelhaft. Der BGH versteht diese Entscheidungen jedenfalls jetzt mit Recht so, dass dort entschieden worden sei, dass sich der Lizenznehmer gegenüber dem Lizenzgeber nicht auf das erworbene Kennzeichenrecht berufen könne (BGH GRUR 2016, 965 Rn. 37 – Baumann II; GRUR 2013, 1150 Rn. 44 – Baumann I). Ausgeschlossen ist also nicht der Rechtserwerb, sondern nur die **Berufung auf das erworbene Recht.**

124 Für das **Innenverhältnis von Lizenzgeber und -nehmer** kann allgemein gelten, dass der ehemalige Lizenznehmer sich dem Lizenzgeber gegenüber in einem Verletzungsprozess nicht auf eine während der Lizenzzeit erworbene Benutzungsmarke am Zeichen berufen kann (BGH GRUR 2016, 201 Rn. 31 – Ecosoil; GRUR 2006, 56 Rn. 26 – BOSS-Club; OLG Köln BeckRS 2010, 06006 – Oerlikon, insoweit nicht abgedruckt in GRUR-RR 2010, 433; ferner (zum Unternehmenskennzeichen) BGH GRUR 2016, 965 Rn. 37 – Baumann II; GRUR 2013, 1150 Rn. 43 f. – Baumann I). Das ändert jedoch nichts an der Rechtsinhaberschaft des Lizenznehmers. Mit Recht hat der BGH daher zwischen dem Erwerb durch Benutzung im Inland und der Berechtigung zur Nutzung aufgrund eines Lizenzvertrages unterschieden (vgl. BGH GRUR 2013, 1150 Rn. 35, 45 f. – Baumann I). Ist der Lizenznehmer hingegen nicht Inhaber des Kennzeichenrechts geworden (→ Rn. 122), dann kann er sich gegenüber dem Lizenzgeber nicht darauf berufen, er hätte bei Benutzung des Zeichens ohne Abschluss des Lizenzvertrages selbst ein Kennzeichenrecht erlangt (BGH GRUR 2016, 965 Rn. 37 – Baumann II; GRUR 2013, 1150 Rn. 44 – Baumann I; GRUR 2006, 56 Rn. 26 – BOSS-Club).

124.1 Eine bloß **konkludente Gestattung** genügt nicht, um den Gestattungsempfänger im Innenverhältnis zum Gestattenden die Berufung auf eine während der Gestattungszeit entstandene Benutzungsmarke zu versagen; erforderlich ist dafür stets ein Gestattungs- oder Lizenzvertrag (BGH GRUR 2016, 965 Rn. 37 – Baumann II; GRUR 2016, 201 Rn. 31 – Ecosoil; GRUR 2013, 1150 Rn. 50 – Baumann I).

125 Von der Inhaberschaft zu unterscheiden ist die Frage, ob der Lizenznehmer nach Beendigung des Lizenzvertrages auch ohne entsprechende vertragliche Regelung zur **Übertragung der entstandenen Benutzungsmarke auf den Lizenzgeber** verpflichtet ist (bejahend OLG Köln GRUR-RR 2010, 433 (435) – Oerlikon; vgl. ferner Munz GRUR 1995, 474 (476); Reimer GRUR 1963, 488 (489); Schricker/Stauder/Götting Länderbericht Deutschland Rn. 134). Ein mit Ablauf des Lizenzvertrages eintretender Erwerb eo ipso scheidet vorbehaltlich einer aufschiebend bedingten Abtretung im Lizenzvertrag jedenfalls aus (vgl. OLG Köln BeckRS 2010, 06006 – Oerlikon, insoweit nicht abgedruckt in GRUR-RR 2010, 433).

4. Importe

126 Bei einem Importeur hängt die Inhaberschaft davon ab, ob der Verkehr erkennt, dass ein Anderer der Hersteller ist. Das wird stets anzunehmen sein, wenn sich die **Eigenschaft als Importeur** aus Angaben auf dem Produkt bzw. der Verpackung ergibt. Bei Waren, die bekanntermaßen im Ausland gefertigt werden, ist der Verkehr darüber hinaus daran gewöhnt, zwischen Hersteller und Importeur zu unterscheiden, so dass wie bei einem Auseinanderfallen von Hersteller und Vertriebsunternehmen (→ Rn. 121) die Benutzungsmarke in der Regel vom Hersteller erworben wird (Ingerl/Rohnke/Nordemann/Nordemann-Schiffel Rn. 27; teils abweichend Berlit WRP 2002, 177 (178); v. Falck GRUR 1974, 532 (538 f.); Munz GRUR 1995, 474; Weidlich GRUR 1958, 15 ff.).

5. Mehrere Inhaber

127 Für ein konkretes Zeichen kann es im Ausgangspunkt nur dann mehrere Inhaber des Benutzungsmarkenrechts geben, wenn mehrere **regional begrenzte Verkehrsgeltungsgebiete** bestehen, die sich nicht überschneiden (BGH GRUR 1955, 406 (409) – Wickelsterne).

128 **Innerhalb eines Verkehrsgeltungsgebiets** kann es definitionsgemäß nur einen Inhaber geben, weil Verkehrsgeltung nur besteht, wenn das Zeichen für die beteiligten Verkehrskreise nur auf einen und nicht etwa mehrere Herkunftsunternehmen hinweist (BGH GRUR 1964, 381 (384) – WKS Möbel). Das ist aber auch dann noch der Fall, wenn die Verkehrskreise in dem Zeichen zwar einen Hinweis auf **mehrere Unternehmen** sehen, aber zwischen diesen Unternehmen ein rechtlicher oder wirtschaftlicher Zusammenhang besteht (zB Schwesterunternehmen eines Konzerns) und sie vom Verkehr nicht als selbständige, miteinander konkurrierende Unternehmen, sondern als **wirtschaftliche Einheit** aufgefasst werden (BGH GRUR 2021, 1199 Rn. 49 – Goldhase III; GRUR 2002, 616 (617 f.) – Verbandsausstattungsrecht; GRUR 1961, 347 (352) – Almglocke; OLG Köln GRUR-RR 2010, 433 (435) – Oerlikon; Ingerl/Rohnke/ Nordemann/Nordemann-Schiffel Rn. 27; Fezer Rn. 151; Ströbele/Hacker/Thiering/Hacker Rn. 63; aA v. Falck GRUR 1961, 353; Schricker/Stauder/Götting Länderbericht Deutschland Rn. 117 ff.).

Die so entstandene Benutzungsmarke steht dann jedem der Unternehmen dieser Gruppe selb- **129** ständig zu (sog. **Gruppenbenutzungsmarke**). Es handelt sich hierbei aber nicht um eine Kollektivmarke gemäß § 97 Abs. 1; diese kann nur durch Anmeldung und Eintragung erworben werden. Für die Verkehrsgeltung sind auch die Umstände der jeweils anderen gruppenangehörigen Unternehmen zu berücksichtigen; so ist zB der Umsatz eines Schwesterunternehmens dem anderen zuzurechnen (BGH GRUR 1961, 347 (353) – Almglocke). Erkennt der Verkehr eine tatsächlich bestehende wirtschaftliche Einheit hingegen nicht, dann kann gerade die Verwendung des Zeichens durch mehrere zu dieser Einheit gehörende Unternehmen die Erlangung von Verkehrsgeltung verhindern.

6. Verbandsinhaberschaft

Wird ein Zeichen unter den Voraussetzungen der Gruppenbenutzungsmarke (→ Rn. 129) von **130** mehreren Unternehmen benutzt und haben sich die zur Gruppe gehörenden Unternehmen zu einem **rechtsfähigen Verband** zusammengeschlossen, dessen Zweck auch darin besteht, den Umsatz der einzelnen Mitglieder durch das Angebot ihrer Produkte unter einem gemeinsamen Zeichen zu fördern, so sind nicht die einzelnen Unternehmen, sondern der Verband als Kollektiv Inhaber des Markenrechts (BGH GRUR 2002, 616 (617 f.) – Verbandsausstattungsrecht; GRUR 1964, 381 (384) – WKS Möbel). Es handelt sich aber nicht um eine Kollektivmarke gemäß § 97 Abs. 1; eine solche kann nur durch Anmeldung und Eintragung erworben werden.

Der BGH verlangt in seiner jüngeren Rechtsprechung für eine solche **Kollektivbenutzungs-** **131** **marke** zusätzlich die „**Zeichenhoheit**" des Verbandes, die erforderlich sei, um die Einheitlichkeit der Zeichenbenutzung auf dem Markt zu gewährleisten (BGH GRUR 2002, 616 (618) – Verbandsausstattungsrecht). So liegt es etwa, wenn der Verband an dem Zeichen auch aus einer Eintragung das Markenrecht hat und den Mitgliedern die Benutzung gestattet (BGH GRUR 2002, 616 (618) – Verbandsausstattungsrecht). Nicht erforderlich ist hingegen eine satzungsmäßige Regelung der Nutzung des Zeichens durch die Verbandsmitglieder (BGH GRUR 2002, 616 (617) – Verbandsausstattungsrecht).

D. Entstehung der Notorietätsmarke (Nr. 3)

I. Zweck und praktischer Anwendungsbereich

§ 4 Nr. 3 knüpft die Entstehung des Markenschutzes allein an die Erlangung der notorischen **132** Bekanntheit iSd Art. 6bis PVÜ (zum internationalen Markenrecht → Einleitung Rn. 175 ff.). Diese muss zwar im Inland bestehen, aber nicht das Ergebnis einer inländischen Benutzung der Marke sein. Geschützt wird ein im Inland bestehender **Besitzstand** unabhängig davon, wie er dort entstanden ist. Dem Gesetzgeber war es in erster Linie darum zu tun, den Schutz ausländischer Inhaber einer notorisch bekannten Marke zu gewährleisten. Zwar war die notorische Marke ein von Amts wegen zu berücksichtigendes Eintragungshindernis (§ 4 Abs. 2 Nr. 5 WZG); ein eigenständiger Schutz von Notorietätsmarken als solche war dem WZG jedoch unbekannt.

Der **praktische Anwendungsbereich** des § 4 Nr. 3 entspricht im Ergebnis dem Ziel des **133** Gesetzgebers. Eine Marke, die im Inland infolge der dort erfolgten Benutzung notorisch bekannt ist, erfüllt auch die Anforderungen an die Benutzungsmarke und wird daher schon nach § 4 Nr. 2 geschützt, wenngleich der Schutz aus § 4 Nr. 3 in solchen Fällen selbständig daneben tritt. Seit der Erweiterung der Widerspruchsgründe des § 42 Abs. 2 durch das PatRModG spielt der eigenständige Schutz von Benutzungsmarken als Notorietätsmarke aber selbst für das Widerspruchsverfahren keine Rolle mehr, weil der Widerspruch nunmehr auch auf eine Benutzungsmarke gestützt werden kann (§ 42 Abs. 2 Nr. 4). Für im **Inland nicht benutzte Marken** scheidet ein Schutz als Benutzungsmarke jedoch aus, weil § 4 Nr. 2 eine Benutzung im inländischen Geschäftsverkehr voraussetzt (→ Rn. 41). Hier kommt ohne Eintragung allein ein Schutz als Notorietätsmarke in Betracht, sofern die notorische Bekanntheit im Inland besteht.

134 Die **MRL** regelt den Schutz notorisch bekannter Marken nicht, lässt ihn aber zu. Nach Art. 5 Abs. 2 lit. d MRL gehören zudem Marken, die im Eintragungsstaat iSd Art. 6bis PVÜ notorisch bekannt sind, zu den älteren Marken iSd Art. 5 Abs. 1 MRL und können daher bei gegebener Priorität der Eintragung einer Marke entgegenstehen bzw. zu deren Löschung führen. Eine gleichsinnige Regelung enthält Art. 8 Abs. 2 lit. c UMV.

II. Verhältnis zu anderen Vorschriften

1. Art. 6bis PVÜ

135 Art. 6bis Abs. 1 S. 1 PVÜ verpflichtet die Verbandsländer, die Eintragung einer Marke zurückzuweisen, eine eingetragene Marke zu löschen oder den Gebrauch einer Marke zu untersagen, wenn sie mit einer anderen Marke verwechslungsfähig ist, für die „notorisch feststeht, dass sie bereits zu einer den Vergünstigungen dieser Übereinkunft zugelassenen Person gehört", sofern die Benutzung im Warenähnlichkeitsbereich erfolgt (→ Einleitung Rn. 269 ff.). Während mit dieser Regelung lediglich ein passiver Schutz vor Beeinträchtigungen durch Markenanmeldungen und -benutzungen verwirklicht und der Weg zur Schutzerlangung durch Registrierung offen gehalten werden soll, sorgt § 4 Nr. 3 für einen aktiven, vollwertigen und gleichberechtigten Schutz von Notorietätsmarken. Es handelt sich um einen **eigenständigen Schutzentstehungstatbestand,** der auf Inund Auslandssachverhalte gleichermaßen Anwendung findet.

136 § 4 Nr. 3 knüpft die Schutzentstehung nur daran an, dass notorische Bekanntheit iSd Art. 6bis PVÜ gegeben ist. Die **weiteren Voraussetzungen des Art. 6bis PVÜ,** wie das Vorliegen einer ausländischen Marke, Verwechslungsfähigkeit und Warenähnlichkeit, sind keine Schutzentstehungsvoraussetzungen des § 4 Nr. 3. Der Schutz der notorischen Marke ist darüber hinaus auch nicht, wie von Art. 6bis PVÜ vorgesehen, auf Warenmarken beschränkt; auch Dienstleistungsmarken können Notorietätsmarken iSd § 4 Nr. 3 sein. Diese Ausweitung entspricht Art. 16 Abs. 2 S. 1 TRIPS (→ Einleitung Rn. 271).

137 Infolge des Verweises ist die notorische Bekanntheit **kein eigenständiger Begriff des deutschen Rechts,** sondern ergibt sich unmittelbar und ausschließlich aus Art. 6bis PVÜ. Insoweit ist § 4 Nr. 3 konventionsrechtlich auszulegen (BT-Drs. 12/6581, 66). Es handelt sich um einen **dynamischen Verweis,** so dass sich Änderungen des Begriffs der notorischen Bekanntheit in Art. 6bis PVÜ unmittelbar auf den Schutzentstehungstatbestand auswirken (BT-Drs. 12/6581, 66). Vorbehaltlich einer Änderung der Norm unterliegt die Reichweite der Schutzentstehung daher nicht dem inländischen Recht des MarkenG, sondern externen Einflüssen.

2. § 14 Abs. 2 S. 1 Nr. 3

138 Der in § 14 Abs. 2 S. 1 Nr. 3 normierte Schutz im Inland bekannter Marken kommt nicht nur für Notorietätsmarken, sondern für alle Marken unabhängig von ihrem Entstehungstatbestand in Betracht. Inhaltlich sind die **Bekanntheitsbegriffe** vom Ausgangspunkt her **nicht identisch:** Die notorische Bekanntheit ist ein konventionsrechtlicher Begriff, während die Bekanntheit iSd § 14 Abs. 2 S. 1 Nr. 3 richtlinienkonform anhand Art. 10 Abs. 2 lit. c MRL auszulegen ist (→ § 14 Rn. 536). Zudem erfordert die notorische Bekanntheit einen höheren Bekanntheitsgrad (→ Rn. 151).

III. Allgemeine Entstehungsvoraussetzungen

1. Markenfähigkeit

139 Schon nach dem Wortlaut entsteht der Schutz durch notorische Bekanntheit „einer Marke". Als Notorietätsmarke können daher nur nach § 3 **markenfähige Zeichen** Schutz genießen. Demgegenüber bedarf es wie bei der Benutzungsmarke und aus den gleichen Gründen nicht der graphischen Darstellbarkeit nach § 8 Abs. 1 (→ Rn. 30).

2. Bedeutung der absoluten Schutzhindernisse

140 Bei den für Registermarken geltenden absoluten Schutzhindernissen des Art. 8 Abs. 2 ist wie bei der Benutzungsmarke zu **differenzieren** (→ Rn. 32). **§ 8 Abs. 2 Nr. 4–14** finden danach unmittelbar auch auf die Notorietätsmarke Anwendung, da diese Schutzhindernisse der Wahrung öffentlicher Interessen dienen und eine Besserstellung der Notorietätsmarke mit der vom Gesetzgeber gewollten Gleichberechtigung der Entstehungstatbestände (BT-Drs. 12/9581, 65) nicht zu vereinbaren ist. Liegt hingegen eines der Schutzhindernisse des **§ 8 Abs. 2 Nr. 1–3** vor, wird es vielfach an der notorischen Bekanntheit fehlen. Soweit diese aber gegeben ist, kommt die Entstehung des Markenschutzes in Betracht, sofern zugleich die Anforderungen an die Verkehrsdurchsetzung nach § 8 Abs. 3 erfüllt sind. Das ist angesichts der herrschenden Auslegung des Begriffs der Notorietät (→ Rn. 151) praktisch gesehen stets der Fall.

3. Marke

Abweichend von § 4 Nr. 1, 2 verlangt § 4 Nr. 3 nicht nur ein Zeichen, sondern eine Marke. **141** Da der Markenschutz freilich erst mit der Erlangung der notorischen Bekanntheit entsteht, ist damit zum Ausdruck gebracht, dass das Zeichen nicht nur geeignet sein muss, eine Marke zu sein, sondern dass es die **Markenfunktion** bereits haben muss. Das ist sachlich ohne weiteres gerechtfertigt, denn das MarkenG verleiht Zeichen nicht als solches, sondern nur als Marken rechtlichen Schutz. Notwendig ist daher eine **Benutzung des Zeichens zur Unterscheidung der betrieblichen Herkunft** einer Ware oder Dienstleistung (EuG GRUR Int 2010, 63 Rn. 55 – JOSE PADILLA; GRUR Int 2010, 50 Rn. 22, 31 – Dr. No; BPatG BeckRS 2009, 07649 – medi; Ströbele/Hacker/Thiering/Hacker Rn. 82; Fezer Rn. 228; v. Bomhard/Geier MarkenR 2016, 497 (498)).

Daran fehlt es, wenn das Zeichen als **Firmenkennzeichen** (BPatG BeckRS 2009, 7649 – medi) oder **141.1** als **Filmtitel** oder für mit dem Film in Zusammenhang stehende Artikel wie die Filmmusik, ein Filmposter oder ein Buch über eine Hauptfigur des Films verwendet wird (EuG GRUR Int 2010, 50 Rn. 25, 27 – Dr. No), nur eine **Vertriebsmethode** gekennzeichnet wird (BGH GRUR 2003, 973 (974) – Tupperwareparty) oder es sich um den Namen eines bekannten Komponisten handelt, mit dem lediglich die **Urheberschaft** von Musikwerken bezeichnet wird (EuG GRUR Int 2010, 63 Rn. 54 – JOSE PADILLA).

Hingegen ist **keine inländische Benutzung erforderlich** (BT-Drs. 12/6581, 66). Allein **142** entscheidend ist, dass das Zeichen überhaupt Marke ist. Ebenso wenig kommt es darauf an, ob das Zeichen dort, wo es als Marke benutzt wird, auch als Marke Schutz genießt. Auch ein nur im Ausland als Marke genutztes Zeichen kann daher unabhängig von der ausländischen Schutzsituation als Notorietätsmarke im Inland Schutz erlangen.

IV. Notorische Bekanntheit

1. Inländische Bekanntheit

Art. 6bis Abs. 1 S. 1 PVÜ, der für die notorische Bekanntheit maßgeblich ist, stellt darauf ab, **143** ob im Land der Eintragung oder des Gebrauchs notorisch feststeht, dass eine Marke einem anderen als dem Zeichenanmelder bzw. -benutzer gehört. Allein entscheidend ist daher die **Bekanntheit im Inland** (BGH GRUR 1969, 607 (608 f.) – Recrin; OLG Frankfurt BeckRS 2012, 21368 – Moody's; Ital. Corte di Cassatione GRUR Int 1967, 74 (75); aA wohl OLG Köln BeckRS 2001, 30181784 – Babe: im Inland oder in einem der Verbandsländer der PVÜ).

Für Art. 4 Abs. 2 lit. d MRL 2008 (Art. 5 Abs. 2 lit. d MRL) hat der EuGH entschieden, dass **144** die dort verlangte notorische Bekanntheit in einem Mitgliedstaat nicht erfordert, so dass sie sich auf das **gesamte Hoheitsgebiet** des Mitgliedstaats erstreckt (EuGH C-328/06, GRUR 2008, 70 Rn. 17 – Nuño/Franquet). Damit ist zwar nur die unionsrechtliche Formulierung „in einem Mitgliedstaat" ausgelegt, während § 4 Nr. 3 anders als Art. 4 Abs. 2 lit. d MRL 2008 das räumliche Bekanntheitsgebiet nicht selbst regelt, sondern auch insoweit auf Art. 6bis PVÜ verweist. Im Ergebnis ergibt sich aber kein Unterschied, wie insbesondere ein Blick auf die klarer formulierte englische Fassung zeigt, wonach es darauf ankommt, dass die Marke „well known in that country" (dh im Staat der Eintragung oder des Gebrauchs bekannt) ist. Damit ist jedenfalls nicht ausdrücklich verlangt, dass im gesamten Inland notorische Bekanntheit besteht. Das entspricht dem Zweck des Art. 6bis PVÜ, der – wie die Begrenzung auf verwechslungsfähige Zeichen und Warenähnlichkeit zeigt – das Hervorrufen von Verwechslungsgefahren durch Aneignung einer fremden, notorisch bekannte Marke verhindern will (vgl. dazu Bodenhausen PVÜ Art. 6bis Anm. d; Kur GRUR 1994, 330 (337)). Diese Gefahr besteht aber schon in relevantem Maße, wenn zumindest **in wesentlichen Teilen des maßgeblichen Staates** notorische Bekanntheit besteht. Eine nur lokale Bekanntheit etwa in einer Stadt oder deren Umland genügt dann aber nicht (vgl. EuGH C-328/06, GRUR 2008, 70 Rn. 18 – Nuño/Franquet). Der hier vom EuGH vertretene Bekanntheitsbegriff dürfte hinsichtlich der Anforderungen etwas strenger sein als derjenige, der für den Bekanntheitsschutz nach Art. 10 Abs. 2 lit. c MRL und Art. 9 Abs. 2 lit. c UMV gilt (v. Bomhard/

Geier MarkenR 2016, 497 (498) unter Verweis auf EuGH C-301/07, GRUR 2009, 1158 Rn. 27 –
PAGO; → UMV Art. 9 Rn. 36 ff.).

145 Nicht erforderlich, aber auch nicht ausreichend ist eine **ausländische Notorietät.**

2. Bekanntheit als Marke

146 Das Zeichen muss **notorische Bekanntheit als Marke** genießen. Bloße Zeichenbekanntheit
im Inland genügt nicht, sondern das Zeichen muss in den beteiligten Verkehrskreisen **als Herkunftshinweis** verstanden werden. Dieses Verständnis muss allerdings nicht auf einem **inländischen Zeichengebrauch** beruhen, sondern kann auch **andere Ursachen** haben. Gleichwohl
wird sich bei Zeichen, die im Inland nicht benutzt werden, nur ausnahmsweise eine notorische
Bekanntheit ergeben.

146.1 Immerhin aber ist zu bedenken, dass durch die **weltweite Vernetzung** durch das Internet und andere
Medien wie Fernsehen oder Kino heutzutage im Ausland benutzte Marken deutlich häufiger im Inland
auch dann bekannt sein können, wenn sie hier (noch) nicht benutzt werden. Allein aus der Bekanntheit
einer Fernsehserie und einer dort verwendeten fiktiven Marke ergibt sich aber noch nicht die notorische
Bekanntheit der identischen, tatsächlich verwendeten Marke (BPatG BeckRS 2009, 00175 – Duff Beer).

V. Kriterien der notorischen Bekanntheit

1. Gesteigerte Bekanntheit

147 Notorietät bedeutet gesteigerte Bekanntheit (für die Schweiz: BG GRUR Int 2005, 542 (528) –
Tripp Trapp III). Dies bringt die engl. Fassung „well known" sinnfällig zum Ausdruck. Welche
Anforderungen hierzu erfüllt sein müssen, ergibt sich aus Art. 6bis PVÜ nicht. In Ermanglung
einer verbindlich für alle Verbandsmitglieder entscheidenden Auslegungsinstanz obliegt die **Ausle-
gung den Verbandsstaaten** (vgl. Schweiz. BG GRUR Int 1986, 215 (216) – Golden Lights:
Verweis auf das nationale Recht).

2. WIPO-Empfehlungen

148 Ein **einheitliches Begriffsverständnis** hat sich international bislang **nicht** herausbilden können. Allerdings hat die **WIPO** 1999 „Gemeinsame Empfehlungen betreffend die Bestimmung
über den Schutz notorisch bekannter Marken" vorgelegt (Joint Recommendation Concerning
Provisions on the Protection of Well-Known Marks, https://www.wipo.int/edocs/pubdocs/en/
marks/833/pub833.pdf, zuletzt abgerufen am 5.1.2023; → Einleitung Rn. 279 ff.; ferner Kur
GRUR 1999, 866 ff.; Kunz-Hallstein GRUR Int 2015, 7 ff.; Busche/Stoll/Wiebe/Schmidt-Pfitz-
ner/Schneider, 2013, TRIPS Art. 16 Rn. 49 ff.). Danach soll die notorische Bekanntheit nicht
nur unter Berücksichtigung des Bekanntheitsgrads im Schutzland (Art. 2 Abs. 1 lit. b Nr. 1 WIPO-
Empfehlungen), sondern auch unter Beachtung qualitativer Kriterien wie Dauer, Umfang und
Ausdehnung des globalen Markengebrauchs, der Markenpromotion, der Markeneintragungen und
anmeldungen und des Werts der Marke (Art. 2 Abs. 1 lit. b Nr. 2–5 WIPO-Empfehlungen)
ermittelt werden. Nach Art. 2 Abs. 2 WIPO-Empfehlungen soll es ferner genügen, wenn notorische Bekanntheit in einem der dort genannten Verkehrskreise besteht.

149 Diese Empfehlungen sind **für die Verbandsländer unverbindlich;** aufgrund ihres Empfeh-
lungscharakters lassen sie sich auch nicht als spätere Übereinkunft zwischen den Vertragsparteien
über die Auslegung iSd Art. 31 Abs. 3 lit. a WRV verstehen (im Ergebnis wie hier Busche/Stoll/
Wiebe/Schmidt-Pfitzner/Schneider TRIPS, 2013, Art. 16 Rn. 55; Ströbele/Hacker/Thiering/
Hacker Rn. 86; aA für die Schweiz: BG GRUR Int 2005, 524 (527) – Tripp Trapp III; sic! 2010,
26 (27) – Swatch Group/watch.ag; v. Bomhard/Geier MarkenR 2016, 497 (499); Kunz-Hallstein
GRUR Int 2015, 7 (11)).

150 Trotz der für Veränderungen offenen Regelungstechnik des § 4 Nr. 3 haben die WIPO-
Empfehlungen auch **im Hinblick auf das deutsche Recht keine Bindungswirkung.** Zwar
wollte der Gesetzgeber, dass sich künftige Entwicklungen bei der Auslegung des Art. 6bis PVÜ
unmittelbar auf das staatliche Recht auswirken (BT-Drs. 12/6581, 66). Eine bloß unverbindliche
Auslegungsempfehlung wird sich aber nicht als eine solche Entwicklung verstehen lassen, solange
sie nicht tatsächlich zu einer Veränderung der internationalen Rechtspraxis geführt hat (aA Kur
GRUR 1999, 866 (875)). Das wird sich derzeit noch nicht konstatieren lassen, obschon etwa das
EuG und das Schweizer BG die WIPO-Empfehlungen bei der Notorietätsbeurteilung anwenden
(vgl. EuG GRUR Int 2009, 39 Rn. 79 f. – BOOMERANG; ferner EuG BeckEuRS 2016,

469626 Rn. 56 – Coyote Ugly; BeckEuRS 2016, 467574 Rn. 56 – MOTO B; BeckRS 2018, 7137 Rn. 49 – MASSI; für die Schweiz: BG GRUR Int 2005, 524 (527) – Tripp Trapp III; sic! 2010, 26 (27) – Swatch Group/watch.ag; Beurteilung nach qualitativen Kriterien auch in EuG GRUR Int 2012, 453 Rn. 69 – Pollo Tropical CHICKEN ON THE GRILL).

Immerhin aber hat sich die EU im **CARIFORUM-EPA** verpflichtet, die Anwendung der WIPO-Empfehlungen anzustreben (Art. 144 B CARIFORUM-EPA, Abl. EU 2008 L 289, 3). Gleichwohl ist es jedenfalls zweifelhaft, ob eine weitgehende Loslösung der Notorietätsbeurteilung von den Verhältnissen im Schutzland, wie sie durch die WIPO-Empfehlung vorgesehen ist, noch vom Willen des deutschen Gesetzgebers erfasst ist, zumal es nach den Empfehlungen schon ausreichend sein kann, dass die Marke in einem Verkehrskreis (zB Importeure) lediglich „known", aber nicht „well-known" ist (vgl. Kur GRUR 1999, 866 (868 f.)). Die danach mögliche Entstehung einer Notorietätsmarke weit unterhalb der für Benutzungsmarken geltenden Voraussetzungen dürfte vom Gesetzgeber kaum gewollt sein. **150.1**

3. Bekanntheitsgrad

In Deutschland werden seit jeher sehr hohe Anforderungen an die notorische Bekanntheit gestellt; verlangt wird **allgemeine Kenntnis innerhalb der (dh aller) beteiligten inländischen Verkehrskreise** (vgl. BGH GRUR 1969, 607 (608 f.) – Recrin; Fezer Rn. 227; Miosga, S. 50; s. auch Span. Tribunal Supremo GRUR Int 2005, 741 (742) – ADAC-Reisen). Ganz überwiegend wird ein weit überdurchschnittlicher **Bekanntheitsgrad zwischen 60 und 70%** gefordert (so Ingerl/Rohnke/Nordemann/Nordemann-Schiffel Rn. 31; BPatG BeckRS 2008, 26432 – DORAL; ferner Noelle-Neumann/Schramm GRUR 1966, 70 (81): 63%; OLG Frankfurt BeckRS 2012, 21368 – Moody's: nicht unter 60%; vgl. auch OLG Köln BeckRS 2001, 30181784 – Babe; gegen Prozentsätze EuG BeckRS 2018, 7137 Rn. 53 – MASSI). **151**

Bei einer **schutzzweckorientierten Betrachtung** ergibt sich indessen ein Wert, der zwar höher liegt als jener, der für einfache Verkehrsgeltung (→ Rn. 76) erforderlich ist (aA Kur GRUR 1994, 330 (337): 20–25%), aber doch unter den überwiegend geforderten Werten liegt. Ausreichend ist danach in der Regel ein **Bekanntheitsgrad von über 50%** (für die Schweiz: BG GRUR Int 2005, 524 (528) – Tripp Trapp III; HK-MarkenR/F. Ekey Rn. 117). Vorrangig ist auf den Zweck des Art. 6bis PVÜ abzustellen, der die Aneignung fremder Zeichen deshalb verhindern will, weil bei hinreichender Bekanntheit die Gefahr von Verwechslungen besteht. Diese Gefahr besteht jedenfalls dann, wenn die beteiligten Verkehrskreise die Marke mehrheitlich kennen. Sie mag ferner auch schon dann vorliegen, wenn die Marke lediglich einem nicht unerheblichen Teil der beteiligten Verkehrskreise bekannt ist (dafür Kur GRUR 1994, 330 (337)). Gegen eine **Anlehnung an die einfache Verkehrsgeltung** spricht jedoch, dass der Wortlaut des Art. 6bis PVÜ nicht bloße Bekanntheit, sondern Notorietät verlangt. Von einer gesteigerten Bekanntheit wird aber noch nicht die Rede sein können, wenn lediglich 20-25% der beteiligten Verkehrskreise die Marke kennen. **152**

Für den hier vertretenen Bekanntheitsgrad von über 50% spricht auch ein **Vergleich zur Benutzungsmarke** (aA Kur GRUR 1994, 330 (337)). Für diese genügt – bei normaler Kennzeichnungskraft – ein Verkehrsgeltungsgrad von nicht unter 20% (→ Rn. 76), dh es liegt bereits ein schutzwürdiger Besitzstand vor, wenn ein Fünftel der beteiligten Verkehrskreise in dem Zeichen einen Herkunftshinweis sieht. Das ist gerechtfertigt, weil die Verkehrsgeltung das Ergebnis der inländischen Benutzung und damit ein im Inland durch Benutzung geschaffener Besitzstand ist. Die Entstehung der Notorietätsmarke setzt jedoch keine wettbewerbliche Leistung im Inland voraus, sondern knüpft allein an die gegebene Bekanntheit an. Es ist daher gerechtfertigt, die Schutzstehung an ein höheres Bekanntheitserfordernis zu knüpfen; andernfalls bliebe die Leistung desjenigen, der einem Zeichen durch inländische Benutzung Verkehrsgeltung verschafft hat, ohne Honorierung. Die aus dem höheren Bekanntheitsgrad resultierende Benachteiligung ausländischer, im Inland nicht benutzter Marken ist konventionsrechtlich unbedenklich, weil Art. 6bis PVÜ keine Gleichbehandlung ausländischer Marken verlangt, sondern nur einen Schutz bei besonderer Bekanntheit. **152.1**

Die **abweichende Auffassung von Kur** (GRUR 1994, 330 (337)) knüpft nicht an den Belohnungsgedanken, sondern lediglich daran an, dass das Notorietätserfordernis die Eintragung ersetzt, dh eine entsprechende Signalwirkung im geschäftlichen Verkehr entfalten muss. Wenn insoweit bei inländischen (dh im Inland benutzten) Marken davon ausgegangen werde, dass die Erlangung von Verkehrsgeltung einen der Eintragung gleichwertigen, den Publizitäts- und Rechtssicherheitsinteressen der Öffentlichkeit genügenden Entstehungstatbestand darstelle, sei nicht ersichtlich, warum für Marken konventionsangehöriger Ausländer eine andere Bewertung gelten sollte, zumal in diesem Fall die Erzielung eines hinreichenden Bekanntheitsgrades wesentlich schwerer fallen dürfte als dann, wenn die Marke im inländischen Markt benutzt wird. **152.2**

153   Die notorische Bekanntheit ist für den **konkreten Einzelfall** zu ermitteln; der hier verlangte Bekanntheitsgrad von mehr als 50% ist daher nur ein Orientierungswert, der unter besonderen Umständen auch unterschritten werden kann.

4. Verkehrskreise

154   Der Bekanntheitsgrad muss **in allen beteiligten Verkehrskreisen** gegeben sein, wobei sich die maßgeblichen Verkehrskreise und die Zugehörigkeit einer Person zu einem Verkehrskreis nach den gleichen Kriterien bestimmt wie bei der Benutzungsmarke (→ Rn. 54). Bei Angeboten an Verbraucher bestehen notwendigerweise mehrere Verkehrskreise (Verbraucher, Weiterverkäufer).

5. Ermittlung

155   Der Bekanntheitsgrad wird durch eine **Verkehrsbefragung** ermittelt. Bei besonders berühmten Zeichen (insbesondere Weltmarken) kann auf einen Nachweis der Notorietät verzichtet werden (vgl. OLG Frankfurt GRUR-RR 2003, 274 (275) – Vier-Streifen-Kennzeichnung; BeckRS 2012, 21368 – Moody's). Werden zudem die qualitativen Kriterien der WIPO-Empfehlung angewandt (→ Rn. 148), kommt eine Feststellung der notorischen Bekanntheit auch **ohne demoskopische Erhebung** in Betracht (vgl. Schweiz. BG GRUR Int 2005, 524 (529) – Tripp Trapp III).

VI. Schutzzeitraum

156   Der Schutz als Notorietätsmarke entsteht, sobald die Marke im Inland notorische Bekanntheit erlangt. Das Markenrecht erlischt wieder, wenn die Notorietät verloren geht, weil die Marke zB im Ausland nicht oder nur noch vermindert genutzt wird.

VII. Inhaberschaft

157   Für die Markenrechtsfähigkeit gilt wie für die Benutzungsmarke § 7 analog (→ § 7 Rn. 4). Inhaber des Markenrechts ist derjenige, zu dessen Gunsten die notorische Bekanntheit erworben wurde (BT-Drs. 12/6581, 66; OLG Frankfurt BeckRS 2012, 21368 – Moody's; aA zu Art. 8 Abs. 2 lit. c UMV EuG T-249/15, GRUR-RR 2018, 189 Rn. 42 – QUILAPAYÚN: Erwerb durch Benutzung). Das ist jenes Unternehmen bzw. der Unternehmensinhaber, als dessen Marke das Zeichen im Verkehr bekannt ist. Der Inhaber muss weder Angehöriger eines Verbandsstaats noch eine nach Art. 3 PVÜ gleichgestellte Person sein.

§ 5 Geschäftliche Bezeichnungen

(1) **Als geschäftliche Bezeichnungen werden Unternehmenskennzeichen und Werktitel geschützt.**

(2) **[1]Unternehmenskennzeichen sind Zeichen, die im geschäftlichen Verkehr als Name, als Firma oder als besondere Bezeichnung eines Geschäftsbetriebs oder eines Unternehmens benutzt werden. [2]Der besonderen Bezeichnung eines Geschäftsbetriebs stehen solche Geschäftsabzeichen und sonstige zur Unterscheidung des Geschäftsbetriebs von anderen Geschäftsbetrieben bestimmte Zeichen gleich, die innerhalb beteiligter Verkehrskreise als Kennzeichen des Geschäftsbetriebs gelten.**

(3) **Werktitel sind die Namen oder besondere Bezeichnungen von Druckschriften, Filmwerken, Tonwerken, Bühnenwerken oder sonstigen vergleichbaren Werken.**

Überblick

§ 5 regelt die Entstehung des Schutzes geschäftlicher Bezeichnungen iSd § 1 Nr. 2. Abs. 1 gliedert diese Kennzeichen in Unternehmenskennzeichen und Werktitel. Die in Abs. 2 geregelten Unternehmenskennzeichen dienen der Identifizierung und Unterscheidung von Unternehmen und Geschäftsbetrieben (→ Rn. 10). Aus der Norm ergibt sich, welche Zeichen geschützt sind (→ Rn. 18); in eingeschränktem Umfang sind auch die weiteren Voraussetzungen der Schutzentstehung, nämlich Unterscheidungskraft (→ Rn. 64 ff.) und Ingebrauchnahme (→ Rn. 106 ff.) geregelt. Nicht geregelt ist hingegen, wer Inhaber des Unternehmenskennzeichens ist (→ Rn. 127), in welchem räumlichen Bereich der Schutz wirkt (→ Rn. 128 ff.) und in welchen Fällen das Schutzrecht wieder erlischt (→ Rn. 137 ff.). Die in

Abs. 3 näher definierten Werktitel dienen der Identifizierung und Unterscheidung von bezeichnungsbedürftigen immateriellen Arbeitsergebnissen (→ Rn. 158). Vom Regelungsgehalt her beschränkt sich die Norm auf die Festlegung, welche Zeichen geschützt werden (Namen und besondere Bezeichnungen, → Rn. 161 ff.) und auf welche Werke sich diese Zeichen beziehen müssen (→ Rn. 174 ff.). Auch wenn dies nicht ausdrücklich geregelt ist, bedarf es für den Schutz von Werktiteln aber auch der Unterscheidungskraft (→ Rn. 202 ff.) sowie ihrer Ingebrauchnahme (→ Rn. 212 ff.) Wer Inhaber des Werktitels ist, ist vom MarkenG nicht geregelt worden (→ Rn. 247 ff.). Das Gleiche gilt für den räumlichen Schutzbereich (→ Rn. 254) und das Erlöschen des Schutzrechts (→ Rn. 255 ff.).

Übersicht

A. Überblick

I. Regelungsgehalt

1   § 5 bestimmt, welche Zeichen **geschäftliche Bezeichnungen iSd § 1 Nr. 2** sind, nämlich **Unternehmenskennzeichen** und **Werktitel.** Abs. 2 regelt, welche Zeichen Unternehmenskennzeichen sein können. Die Norm unterscheidet zwischen Zeichen mit Namensfunktion (Name, Firma, besondere Bezeichnung eines Geschäftsbetriebs oder Unternehmens, § 5 Abs. 2 S. 1) und solchen, denen die Namensfunktion fehlt (Geschäftsabzeichen und sonstige zur Unterscheidung des Geschäftsbetriebs von anderen Geschäftsbetrieben bestimmte Zeichen, die innerhalb beteiligter Verkehrskreise als Kennzeichen des Geschäftsbetriebs gelten, § 5 Abs. 2 S. 2). Was Werktitel sind, ist in Abs. 3 geregelt.

2   In seinen unmittelbaren Gehalt ist § 5 vor allem eine **Definitionsnorm,** die die Schutzgegenstände Unternehmenskennzeichen und Werktitel konkretisiert. Die **Entstehung des Schutzes** geschäftlicher Bezeichnungen ist nur unvollständig in § 5 geregelt. Der Inhalt des Schutzes ergibt sich aus § 15.

II. Schutzzweck

3   § 5 schützt geschäftliche Bezeichnungen aufgrund ihrer **Kennzeichnungsfunktion.** Anders als Marken kennzeichnen Unternehmenskennzeichen und Werktitel jedoch nicht unmittelbar die Herkunft einer Ware oder Dienstleistung, sondern ein Unternehmen bzw. eine geistige Leistung. Sie dienen der **Identifizierung** und **Unterscheidung** von Unternehmen bzw. geistigen Leistungen. Dieser Schutz dient wie der Markenschutz allein dem Inhaber der Kennzeichenrechte, nicht aber dem Verkehr (aA bzgl. Werktitel Fleischer/Friedrichs/Ammelburger ZUM 2016, 853 (854)).

III. Anwendung und Auslegung

1. Auslegung im System des MarkenG

Der Schutz geschäftlicher Bezeichnungen teilt mit dem Markenschutz zwar die Kennzeich- **4** nungsfunktion als Ausgangspunkt, unterscheidet sich jedoch im konkreten Inhalt. Aufgrund der Funktionsdivergenz handelt es sich um eine **selbständige Rechtsmaterie,** die historisch aus der lauterkeitsrechtlichen Norm des § 16 UWG 1909 hervorgegangen ist, während § 24 WZG lediglich die kennzeichenmäßige Verwendung von Firmen und Namen auf Waren, Verpackungen und Dokumenten regelte. Der Funktionsdivergenz entsprechend ist die Auslegung des § 5 sowie der weiteren, dem Schutz geschäftlicher Bezeichnungen gewidmeten Normen grundsätzlich **unabhängig** von derjenigen der originär markenrechtlichen Vorschriften. Das gilt jedoch nicht, soweit eine Vorschrift für Marken und geschäftliche Bezeichnungen zugleich gilt (insbesondere §§ 18–24). Ferner verlangt der Grundsatz der **Einheitlichkeit der Kennzeichenrechte** bei der Anwendung originär dem Schutz geschäftlicher Bezeichnungen gewidmeter Normen die Berücksichtigung originär markenrechtlicher Wertungen (zB Berücksichtigung von § 3 Abs. 1 oder § 8 Abs. 2 hinsichtlich der Schutzfähigkeit von Unternehmenskennzeichen, vgl. BGH GRUR 2001, 344 (345) – DB Immobilienfonds; BlPMZ 2001, 210 (211) = BeckRS 2001, 02949 – WINDSURFING CHIEMSEE; OLG München GRUR-RR 2009, 307 (308) – Der Seewolf).

2. Verhältnis zur MRL

Die MRL regelt den Schutz geschäftlicher Bezeichnungen nicht; daher besteht grundsätzlich **5** auch keine Notwendigkeit zu einer richtlinienkonformen Auslegung (BGH GRUR 1995, 825 (827) – Torres). Soweit aber Vorschriften des MarkenG, die der Umsetzung der MRL dienen, nicht nur für Marken, sondern auch für geschäftliche Bezeichnungen gelten, sind sie **richtlinienkonform** auszulegen (BGH GRUR 1999, 992 (995) – BIG PACK). Das Gleiche gilt für originär markenrechtliche Vorschriften, die wegen der Einheitlichkeit des Kennzeichenschutzes auch beim Schutz geschäftlicher Bezeichnungen zu berücksichtigen sind (→ Rn. 4).

3. Rückgriff auf die Rechtsprechung zu § 16 UWG 1909

Mit §§ 5, 15 wurde der bis dahin in § 16 UWG 1909 geregelte Schutz geschäftlicher Bezeich- **6** nungen in das MarkenG aufgenommen. Eine sachliche Änderung des Schutzes, wie er bei Übernahme insbesondere aufgrund der Rechtsprechung bestand, war nicht gewollt (BT-Drs. 12/6581, 67; BGH GRUR 2008, 1104 Rn. 32 – Haus & Grund II; GRUR 2001, 1164 (1165) – buendgens mwN). Grundsätzlich bleibt daher der **Rückgriff auf die Rechtsprechung** zu § 16 UWG 1909 auch bei der Anwendung und Auslegung der §§ 5, 15 offen (vgl. zB BGH GRUR 2000, 70 (72) – SZENE; GRUR 1999, 492 (493) – Altberliner; GRUR 1997, 749 (751) – L'Orange; GRUR 1996, 68 (69) – COTTON LINE). Mit der Übernahme aus § 16 UWG 1909 war aber **keine Zementierung des damals erreichten Rechtszustands** gewollt, sondern der Schutz geschäftlicher Bezeichnungen sollte wie bestehend übernommen und sodann aber in das neu geschaffene System des Kennzeichenschutzes integriert werden. Diese Integration bedingt nicht nur aufgrund des Umstands, dass manche Vorschriften für mehrere Kennzeichenformen gelten, Wechselwirkungen, die auch zu einer Veränderung des Schutzes von geschäftlichen Bezeichnungen führen können.

Prominentes **Beispiel** ist die Anerkennung von Buchstabenkombinationen als schutzfähige Unterneh- **6.1** menskennzeichnungen aufgrund der Erweiterung des Markenbegriffs (BGH GRUR 2001, 344 f. – DB Immobilienfonds; → Rn. 12).

IV. Verhältnis zwischen Unternehmenskennzeichen und Werktitel

Unternehmenskennzeichen und Werktitel haben gänzlich unterschiedliche Kennzeichnungsob- **7** jekte (Unternehmen einerseits, geistige Leistungen andererseits). Ein als Werktitel geschützter **Titel eines Reihenwerks** kann aber zugleich ein Unternehmenskennzeichen sein, soweit das Reihenwerk ein besonderes Unternehmen bzw. einen abgrenzbaren Teil eines Unternehmens darstellt (BGH GRUR 1990, 218 (219) – Verschenktexte; GRUR 1980, 227 (232) – Monumenta Germaniae Historica).

V. Verhältnis zu Marken

8 Geschäftliche Bezeichnungen können sowohl als Unternehmenskennzeichen wie auch als Werktitel zugleich Schutz als Marke genießen, sofern einer der Entstehungstatbestände des § 4 gegeben ist (vgl. zu Werktiteln BGH GRUR 2001, 1043 (1044) – Gute Zeiten – Schlechte Zeiten; GRUR 2001, 1042 – REICH UND SCHÖN; GRUR 2000, 882 – Bücher für eine bessere Welt, mN zur abweichenden früheren Rechtsprechung; BPatG BeckRS 2018, 6398 Rn. 14 – Mein Tierheilpraktiker; V. Deutsch MarkenR 2006, 185 ff.). Die jeweiligen Rechte sind in ihrer Entstehung, ihrem Fortbestand, Schutz und Erlöschen **selbständig** und **voneinander unabhängig.** Wird der Anspruch wegen Verletzung eines Zeichens auf den Schutz als Marke und als geschäftliche Bezeichnung gestützt, liegen unterschiedliche Streitgegenstände vor (BGH GRUR 2012, 1145 Rn. 18 – Pelikan; GRUR 2001, 755 (757) – Telefonkarte; GRUR 1999, 498 (599) – Achterdiek). Zur Herkunftsfunktion von Werktiteln → Rn. 159.

B. Geschäftliche Bezeichnungen (Abs. 1)

9 § 5 Abs. 1 beschränkt sich darauf, den Begriff der geschäftlichen Bezeichnungen, die nach § 1 Nr. 2 zu den geschützten Kennzeichen gehören, dahingehend zu konkretisieren, dass damit **Unternehmenskennzeichen und Werktitel** gemeint sind. Ein weiterer unmittelbarer Regelungsgehalt ergibt sich nicht. Immerhin aber kann der Norm entnommen werden, dass die beiden Arten der geschäftlichen Bezeichnung **gleichgestellt** sind. Dementsprechend verhalten sich die Normen zum Schutz, zu den Rechtsfolgen von Schutzverletzungen und zu den Schutzgrenzen (§§ 15–24) nur allgemein zu geschäftlichen Bezeichnungen, ohne zwischen Unternehmenskennzeichen und Werktitel zu unterscheiden. Das gilt jedoch nicht für die **Schutzentstehung,** die schon äußerlich in zwei Absätze (Abs. 2, 3) aufgeteilt ist. Sie folgt jeweils eigenen, im Grundsatz voneinander unabhängigen Regeln.

C. Unternehmenskennzeichen (Abs. 2)

I. Regelungsüberblick

1. Schutzobjekte

10 § 5 Abs. 2 eröffnet Zeichen den Schutz als Unternehmenskennzeichen, wenn sie **Identifizierungs- und Unterscheidungsfunktion** haben. Hierbei differenziert die Norm zwischen **zwei Formen** des Unternehmenskennzeichens. S. 1 regelt Zeichen, die im geschäftlichen Verkehr als Name (→ Rn. 18), als Firma (→ Rn. 29) oder als besondere Bezeichnung eines Geschäftsbetriebs oder eines Unternehmens (→ Rn. 44) benutzt werden. Diese Zeichen haben **Namensfunktion,** dh ihnen ist die Eignung zur Individualisierung des Unternehmens aufgrund ihrer Art bereits immanent. **Zeichen ohne Namensfunktion** werden nach § 5 Abs. 2 S. 2 als Geschäftsabzeichen und sonstige zur Unterscheidung des Geschäftsbetriebs bestimmte Zeichen nur geschützt, wenn sie innerhalb beteiligter Verkehrskreise als Kennzeichen des Geschäftsbetriebs gelten, also Verkehrsgeltung erlangt haben.

2. Schutzentstehung

11 Die Schutzentstehung ist in § 5 Abs. 2 nur unvollständig geregelt. Für **Zeichen mit Namensfunktion** verlangt S. 1 die **Ingebrauchnahme** im geschäftlichen Verkehr (→ Rn. 106). Da aus der Namensfunktion nur die Fähigkeit zur Individualisierung, nicht aber zur Unterscheidung von Unternehmen folgt, setzt die Schutzentstehung die **Unterscheidungskraft** des Zeichens voraus (→ Rn. 64); sie kann originär bestehen (→ Rn. 69) oder durch Verkehrsgeltung erworben werden (→ Rn. 94). Für **Zeichen ohne Namensfunktion** verlangt S. 2, dass sie innerhalb beteiligter Verkehrskreise als Kennzeichen des Geschäftsbetriebs gelten. Hier genügt die ebenfalls notwendige Ingebrauchnahme noch nicht, der Schutz entsteht erst mit der Erlangung der **Verkehrsgeltung** als Kennzeichen (→ Rn. 94).

II. Schutzfähige Zeichenformen mit Namensfunktion (Abs. 2 S. 1)

1. Zeichenfolgen

12 Die Namensfunktion der in § 5 Abs. 2 S. 1 geregelten Zeichen schließt bei der Frage nach den schutzfähigen Zeichenformen eine Orientierung an § 3 aus, da der Verkehr nur bestimmten

Zeichenformen die Eignung zumisst, ein Unternehmen namensmäßig zu kennzeichnen. Schutzfähig sind in erster Linie **Buchstabenfolgen,** die nach jüngerer, zutreffender Rechtsprechung jedoch **nicht als Wort aussprechbar** sein müssen (BGH GRUR 2001, 344 – DB Immobilienfonds, vgl. auch BGH GRUR 2014, 506 Rn. 11 – sr.de; GRUR 2013, 294 Rn. 12 – dlg.de; GRUR 2009, 685 Rn. 18 – ahd.de; GRUR 2005, 430 – mho.de; OLG Düsseldorf MMR 2012, 563 (564); zum Zeitrang → §6 Rn. 26). Das gilt auch für die **Firma,** für die eine Artikulierbarkeit genügt (BGH NJW-RR 2022, 760 Rn. 12; GRUR-RR 2009, 102 Rn. 11 ff. – HM & A; aA Lange MarkenR Rn. 1376). **Sonderzeichen** hindern die Firmeneignung daher nicht, wenn sie aussprechbar sind (zB „&", „+" oder „@", nicht aber „//", BGH NJW-RR 2022, 760 Rn. 13), ebenso wenig Satzzeichen, die nicht ausgesprochen werden (BGH NJW-RR 2022, 760 Rn. 15). Ein nicht ausschließlich aus lateinischen Buchstaben bestehendes Zeichen kann jedoch nicht Firma sein (BGH GRUR-RR 2009, 102 Rn. 10 – HM & A; BayObLG NJW 2001, 2337 (2338); OLG Braunschweig MMR 2001, 541 – Met@box). Dieses weite Verständnis entspricht der Verkehrsauffassung, die in Abkürzungen und Buchstabenkombinationen Identifizierungszeichen sieht und sie auch entsprechend verwendet. Aus diesem Grund kann auch eine **Kombination von Buchstaben und Zahlen** ein Name sein (zB „PC69", vgl. BGH GRUR 2004, 790 (791) – Gegenabmahnung). Das Gleiche gilt für **Zahlenfolgen,** soweit diese nach ihrer Länge und Zusammensetzung noch zur Identifizierung geeignet sind (vgl. Fezer §15 Rn. 204; Lange MarkenR Rn. 1381; aA Ströbele/Hacker/Thiering/Hacker Rn. 23). Einzelnen Buchstaben oder Zahlen fehlt es hingegen an der Eignung, eine Person zu identifizieren und von anderen zu unterscheiden; sie können daher keine Namen sein.

2. Bildzeichen

Bei Bildzeichen ist zu differenzieren. **Wappen** (zB einer Stadt) oder **Siegel** bzw. **Embleme** **13** (zB einer Universität) haben Namensfunktion und sind schutzfähig (BGH GRUR 2002, 917 (919) – Düsseldorfer Stadtwappen; GRUR 1994, 844 (845) – Rotes Kreuz; GRUR 1993, 151 (153) – Universitätsemblem; GRUR 1976, 644 (646) – Kyffhäuser). Das Gleiche gilt bei einer einfachen graphischen Gestaltung einer Zeichenfolge, wenn diese weiterhin im Vordergrund steht (vgl. BPatG GRUR-RS 2020, 36000 Rn. 43 – Atlas; BeckRS 2018, 34097 Rn. 45 – Lezzo) oder bei einer Kombination eines Wortzeichens mit Namensfunktion mit einem Bildzeichen (vgl. OLG Nürnberg GRUR-RS 2020, 35066 Rn. 35 – Fränkischer Albverein; LG München I GRUR-RS 2021, 20342 Rn. 33 – Dschingis Khan).

Einem Schutz **anderer Bildzeichen** steht die jüngere Rechtsprechung skeptisch gegenüber, **14** weil es ihnen zumindest originär an der Namensfunktion fehle (vgl. BGH GRUR 2005, 419 (422) – Räucherkate; OLG Stuttgart NJWE-WettbR 2000, 165 – Kanzleilogo). Während die ältere Rechtsprechung noch eine Entwicklung vom Bildzeichen zum Firmenzeichen für möglich hielt (BGH GRUR 1956, 172 (175) – Magirus), sieht der BGH heute nur noch im von der Verkehrsgeltung abhängigen Schutz als Geschäftsabzeichen nach §5 Abs. 2 S. 2 eine Option. Die Rechtsprechung verdient im Grundsatz Zustimmung. Ein Schutz als Name scheidet aus, weil der Verkehr ein Bildzeichen nicht als Identifizierungszeichen einer konkreten natürlichen oder juristischen Person, sondern allenfalls als Hinweis auf ein bestimmtes Unternehmen versteht (Ingerl/Rohnke/Nordemann/Nordemann-Schiffel Rn. 17; Ströbele/Hacker/Thiering/Hacker Rn. 19; Goldmann Unternehmenskennzeichen §3 Rn. 3; Schricker GRUR 1998, 310 (312)). So lässt sich etwa der Mercedes-Stern nicht als Name der Daimler AG oder Mercedes-Benz AG verstehen.

Aus den gleichen Gründen können Bildzeichen auch keine **Firma** sein (BGH GRUR-RR 2009, 102 **14.1** Rn. 10 – HM & A; BayObLG NJW 2001, 2337 (2338); OLG Braunschweig MMR 2001, 541 – Met@box; KG NJW-RR 2001, 173; zum @-Zeichen zweifelnd Ströbele/Hacker/Thiering/Hacker Rn. 23).

Als **besondere Bezeichnungen des Geschäftsbetriebs** können Bildzeichen nur dann schutz- **15** fähig sein, wenn sie nachträglich durch Verkehrsgeltung Namensfunktion erworben haben (Ingerl/Rohnke/Nordemann/Nordemann-Schiffel Rn. 30; Ströbele/Hacker/Thiering/Hacker Rn. 34; Goldmann Unternehmenskennzeichen §3 Rn. 207; aA Fezer §15 Rn. 189; Lange MarkenR Rn. 1383; Schricker GRUR 1998, 310 (312)). Zwar ist der Gebrauch von Bildzeichen und insbesondere Logos heute stark verbreitet, weshalb der Verkehr in ihnen durchaus auch einen Hinweis auf ein Unternehmen sieht. Diese Assoziation ist aber das Ergebnis des Gebrauchs des Bildzeichens in namensmäßiger Weise, dh typischerweise im Zusammenhang mit dem Namen oder der Firma des Unternehmensträgers oder einer sprachlichen besonderen Unternehmensbezeichnung. Vor der namensmäßigen Benutzung fehlt es solchen Zeichen regelmäßig an einer

Namensfunktion, weil ihnen – anders als einem aus Buchstaben bestehenden Namen – gleichsam nicht anzusehen ist, dass sie ein Unternehmen identifizieren sollen. Fehlt die Namensfunktion jedoch originär, kommt ein Schutz als besondere Bezeichnung nur in Betracht, wenn die Schwelle der Verkehrsgeltung überschritten wurde; andernfalls würde die gewollte Differenzierung zwischen besonderen Bezeichnungen, die mit Benutzungsaufnahme geschützt sind und Geschäftsabzeichen, bei denen der Schutz erst mit Erlangung der Verkehrsgeltung entsteht, verwischt werden.

3. Andere Zeichen

16   **Hör-, Tast-, Bewegungs- Form- oder Geruchszeichen** sind mangels Namensfunktion nicht als Unternehmenskennzeichen iSd § 5 Abs. 2 S. 1 schutzfähig (aA Lange MarkenR Rn. 1385 ff.); ein nachträglicher Erwerb der Namensfunktion durch Verkehrsgeltung dürfte bei diesen Zeichen ausgeschlossen sein. Eine Darstellbarkeit iSd § 8 Abs. 1 ist aber aus den gleichen Gründen, wie sie für § 4 Nr. 2 gelten (→ § 4 Rn. 30), nicht erforderlich (aA Lange MarkenR Rn. 1374).

III. Schutzfähige Zeichenformen ohne Namensfunktion (Abs. 2 Nr. 2)

17   Da die von § 5 Abs. 2 Nr. 2 erfassten Zeichen keine Namensfunktion haben, kommen **alle Zeichenformen des § 3 Abs. 1** als Geschäftsabzeichen und sonstige Unterscheidungszeichen in Betracht (Ströbele/Hacker/Thiering/Hacker Rn. 60; Goldmann Unternehmenskennzeichen § 4 Rn. 36; aA HK-MarkenR/Eisfeld Rn. 43: visuelle Wahrnehmbarkeit; Ingerl/Rohnke/Nordemann/Nordemann-Schiffel Rn. 31: visuell wirkende oder wahrnehmbare Zeichen; einschränkend Lange MarkenR Rn. 1374: graphische Darstellbarkeit).

IV. Name (Abs. 2 S. 1 Alt. 1)

1. Namensbegriff

18   Der von § 5 Abs. 2 verwendete Namensbegriff entspricht im Grundsatz dem des § 12 BGB. Ein Name ist die **sprachliche Kennzeichnung einer Person,** die dazu dient, sie zu identifizieren und von anderen Personen zu unterscheiden (MüKoBGB/Säcker § 12 Rn. 1). Anders als im bürgerlichen Recht sind die Firma und besondere Geschäftsbezeichnungen aber durch besondere Erwähnung dem Namensbegriff ausgeschlossen.

19   Im bürgerlich-rechtlichen Sinn individualisiert der Name eine Person. Für den kennzeichenrechtlichen Schutz folgt daraus, dass (nur) der **Name des Unternehmensträgers** erfasst wird, nicht aber der „Name" eines Unternehmens oder Geschäftsbetriebs (OLG Hamburg GRUR-RR 2005, 223 – WM 2006; Ingerl/Rohnke/Nordemann/Nordemann-Schiffel Rn. 27; aA LG Düsseldorf BeckRS 2012, 06210). Im geschäftlichen Verkehr wird allerdings nicht der Unternehmensträger, sondern das handelnde Unternehmen als solches wahrgenommen. Name und Firma dienen daher im Ergebnis ebenso wie besondere Bezeichnungen der **Identifizierung und Unterscheidung von Unternehmen** bzw. Geschäftsbetrieben (vgl. BGH GRUR-RR 2010, 205 Rn. 27 – Haus & Grund IV; GRUR 2008, 1108 Rn. 44 – Haus & Grund III; Ströbele/Hacker/Thiering/Hacker Rn. 7 mit Fn. 12). Das ändert jedoch nichts am personalen Bezugsobjekt des Namens.

20   Die Rechtsprechung zu § 12 BGB billigt **Gebäudenamen** namensrechtlichen Schutz zu, wenn daran ein schutzwürdiges Interesse wirtschaftlicher oder nicht-wirtschaftlicher Art besteht (BGH GRUR 2012, 534 Rn. 23 – Landgut Borsig; GRUR 1976, 311 (312) – Sternhaus; → § 13 Rn. 25). Auf § 5 Abs. 2 S. 1 Alt. 1 lässt sich diese Erweiterung jedoch nicht übertragen, weil die Norm nur die Namen von Unternehmensträgern erfasst (zust. Goldmann Unternehmenskennzeichen § 3 Rn. 46; jetzt auch Ströbele/Hacker/Thiering/Hacker Rn. 17). In Betracht kommt aber ein Schutz als besondere Geschäftsbezeichnung (→ Rn. 49).

2. Namen natürlicher Personen

21   Der **bürgerliche Name,** bestehend aus Vor- und Nachnamen einer **natürlichen Person,** ist ohne weiteres schutzfähig, da er das von der Rechtsordnung vorgesehene Instrument zur Identifizierung und Unterscheidung eines Menschen ist. Das Gleiche gilt für den **Nachnamen** in Alleinstellung, weil er im Verkehr zur Individualisierung einer Person Verwendung findet (OLG Düsseldorf GRUR-RR 2013, 384 (385) – Der Wendler). Bei **Namensteilen** und **nicht-**

bürgerlichen Namen kommt es auf die Eignung zur Identifizierung einer konkreten Person im Einzelfall an.

Ein **Vorname** in Alleinstellung ist nur schutzfähig, wenn der Verkehr mit ihm eine konkrete 22 Person in Verbindung bringt (BGH GRUR 2008, 1124 Rn. 12 – Zerknitterte Zigarettenschachtel; WRP 2008, 1527 Rn. 13 – Zwei Zigarettenschachteln; GRUR 2000, 709 (715) – Marlene Dietrich; GRUR 1983, 262 (263) – Uwe; OLG München WRP 2013, 1257 – mauricius.de; OLG München GRUR 1960, 394 – Romy; LG Düsseldorf NJW-RR 1998, 747 (748)́ – Berti). Das setzt entweder eine überragende Bekanntheit der betreffenden Person oder eine erhebliche Kennzeichnungskraft des Vornamens voraus (BGH GRUR 2009, 608 Rn. 12 – raule.de: bejaht für den besonders ausgefallenen weiblichen Vornamen „Raule", sehr zweifelhaft; OLG München WRP 2013, 1257 – mauricius.de: verneint für den Vornamen Mauricius; aA Recke K&R 2009, 400 (401); kritisch Marly LMK 2009, 282034).

Für **Spitznamen** gelten die gleichen Kriterien wie für Vornamen (vgl. BGH GRUR 2003, 23 897 (898) – maxem.de; Ströbele/Hacker/Thiering/Hacker Rn. 12; aA OLG Hamburg GRUR 2002, 450 (451) – Quick Nick; LG München I GRUR-RR 2007, 214 (215) – Schweini; LG München I ZUM-RD 2001, 359 (361) – nominator.de; Ingerl/Rohnke/Nordemann/Nordemann-Schiffel Rn. 19). Das Gleiche gilt für **Pseudonyme, Künstlernamen** oder im Internet verwendete **Aliasnamen** (BGH GRUR 2003, 897 (898) – maxem.de; OLG Rostock MMR 2009, 417 (418) – braunkohle-nein.de; OLG Düsseldorf GRUR-RR 2013, 384 (385) – Der Wendler; LG Hamburg NJOZ 2009, 4694 (4696) – Stadtwerke; LG München I ZUM-RD 2009, 168 (169 f.) – Bully; LG Düsseldorf NJW 1987, 1413 – Heino; offen lassend OLG Stuttgart GRUR-RR 2002, 55 (56) – Ivan Rebroff; aA Goldmann Unternehmenskennzeichen § 3 Rn. 16: keine Verkehrsgeltung erforderlich).

3. Namen juristischer Personen, Gesellschaften, Vereine und Stiftungen

Der Name einer **juristischen Person des privaten oder öffentlichen Rechts** ist schutzfähig. 24 Soweit sie Kaufmann ist, genießt ihr Name bereits Schutz als Firma. Rein namensmäßiger Schutz kommt aber den Namen von **rechtsfähigen Vereinen** zu, sofern sie im geschäftlichen Verkehr verwendet werden (BGH GRUR 2010, 1020 Rn. 13 – Verbraucherzentrale; GRUR 2008, 1108 Rn. 29 – Haus & Grund III; GRUR 2008, 1104 Rn. 14 – Haus & Grund II; GRUR 2008, 1102 Rn. 12 – Haus & Grund I; GRUR 2005, 517 – Literaturhaus; GRUR 1994, 844 (845) – Rotes Kreuz; GRUR 1976, 644 (645) – Kyffhäuser; GRUR 1970, 481 (482) – Weserklause; OLG Nürnberg GRUR-RS 2020, 35066 Rn. 24 – Fränkischer Albverein). Ebenso geschützt ist der Name einer **rechtsfähigen Stiftung** (OLG Jena BeckRS 2013, 06043), einer **Gebietskörperschaft** (BGH GRUR 2002, 917 (918 f.) – Düsseldorfer Stadtwappen; GRUR 1965, 38 (39) – Dortmund grüßt …; zum Schutz bei Verwendung als Domainname → § 15 Rn. 137) sowie der zu ihr gehörenden organisatorisch selbständigen Einrichtungen wie zB Gerichte (LG Köln MMR 2014, 770 – bag.de) oder Polizei (OLG Hamm MMR 2016, 691 Rn. 30 – Polizei-Jugendschutz.de), einer Personal- oder Realkörperschaft wie zB einer **Universität** (BGH GRUR 1993, 151 (153) – Universitätsemblem) oder Rundfunkanstalt (vgl. BGH GRUR 2014, 506 Rn. 11 – sr.de) sowie einer **Religionsgemeinschaft** als Körperschaft des öffentlichen Rechts (BGH GRUR 2005, 357 f. – Pro Fide Catholica; OLG München GRUR-RR 2007, 211 (212) – Kloster Andechs).

Der Name einer **Personengesellschaft** genießt, soweit sie Kaufmann ist, bereits als Firma 25 Schutz. Geschützt wird aber auch der Name der **Gesellschaft bürgerlichen Rechts** (BGH GRUR 2002, 706 (707) – vossius.de; OLG Hamm BeckRS 2012, 10094; OLG München ZUM 1999, 159 (160) – Reblaus Trio; NJW-RR 1993, 621; KG WRP 1990, 37 – Streichquartett).

Werden mehrere Personen tätig, **ohne einen gemeinsamen Zweck iSd § 705 BGB zu verfolgen** 25.1 (zB Auftritt mehrerer wechselnder Musiker im Rahmen eines vom Produzenten gesteuerten Projekts), so handelt es sich bei einer zur Kennzeichnung verwendeten Bezeichnung nicht um den Namen einer GbR, sondern um die besondere Bezeichnung eines Unternehmens (OLG München NJWE-WettbR 1996, 229 (231) – Boney M). Inhaber des Unternehmenskennzeichens ist dann Unternehmensträger, zB der Produzent (LG München I GRUR-RS 2021, 20342 Rn. 37 – Dschingis Khan).

Schutzfähig ist aber derjenige **Name einer Musikgruppe,** den sie beim Wechsel des Produzenten oder 25.2 des Tonträgerunternehmens behält (vgl. OLG Köln GRUR-RR 2008, 243 (244) – VANILLA NINJA).

Die Rechtsfähigkeit des Namensträgers ist nicht Voraussetzung der Schutzfähigkeit (BGH 26 GRUR 1993, 404 – Columbus). Erfasst sind auch die Namen **nicht-rechtsfähiger Vereine oder Stiftungen** (BGH GRUR 1988, 560 (561) – Christophorus-Stiftung; RGZ 78, 101 (102) –

Gesangverein Germania), Vorgesellschaften (BGH GRUR 1993, 404 – Columbus), Verbände (OLG Köln GRUR 1993, 584 – VUBI), Parteien (BGH GRUR 2012, 539 – Freie Wähler; NJW 1981, 914 (915) – Aktionsgemeinschaft Vierte Partei; zum Namensschutz Schmitt-Gaedke/Arz NJW 2013, 2729 ff.), Gewerkschaften (BGH GRUR 1965, 377 (379) – GdP) und nicht rechtsfähige Sondervermögen des Bundes (OLG München BeckRS 2012, 07095 – edw-info.de).

4. Vom Namen abgeleitete Kurzbezeichnungen (Namensschlagworte)

27   Neben dem vollständigen Namen sind einzelne Bestandteile als **abgeleitete Kurzbezeichnung** schutzfähig, wenn sie für sich genommen unterscheidungskräftig sind (→ Rn. 64) oder Verkehrsgeltung genießen (→ Rn. 94) und entweder vom Namensträger selbst benutzt werden oder geeignet sind, dem Verkehr als Kurzbezeichnung oder Schlagwort zu dienen (BGH GRUR 2010, 1020 Rn. 13 – Verbraucherzentrale; GRUR 2008, 1108 Rn. 29 – Haus & Grund III; GRUR 2008, 1104 Rn. 14 – Haus & Grund II; GRUR 2008, 1102 Rn. 12 – Haus & Grund I; OLG Düsseldorf MMR 2012, 563 (564); OLG Frankfurt GRUR-RR 2017 Rn. 13 – Fitnessgeräte-Domain; OLG Nürnberg GRUR-RS 2020, 35066 Rn. 22 – Fränkischer Albverein).

28   Der Schutz solcher **Namensschlagworte** leitet sich aus dem Schutz des vollständigen Namens ab; für den Zeitrang kommt es daher auf diesen an (BGH GRUR-RR 2010, 205 Rn. 26 – Haus & Grund IV; GRUR 2008, 1104 Rn. 30 – Haus & Grund II). Im Einzelnen gelten die gleichen Grundsätze wie für den Schutz von Firmenbestandteilen als Firmenschlagworte (→ Rn. 33).

V. Firma (Abs. 2 S. 1 Alt. 2)

1. Handelsrechtliche Zulässigkeit

29   Die Firma ist der **Name eines Kaufmanns,** unter dem er seine Geschäfte betreibt und die Unterschrift abgibt (§ 17 Abs. 1 HGB). Für ihren Schutz bedarf es weder handels- noch kennzeichenrechtlich der Eintragung in das Handelsregister (BGH GRUR 1954, 271 (273) – DUN), soweit nicht ausnahmsweise die Begründung der Kaufmannseigenschaft hiervon abhängt (→ Rn. 31).

30   Voraussetzung des kennzeichenrechtlichen Schutzes einer Bezeichnung als Firma ist jedoch deren **handelsrechtliche Zulässigkeit nach §§ 18 ff. HGB** (vgl. BGH GRUR 1968, 702 (704) – Hamburger Volksbank; Ströbele/Hacker/Thiering/Hacker Rn. 21). Eine danach unzulässige Firma kann aber als Name oder besondere Bezeichnung geschützt sein (BGH GRUR 1960, 93 f. – Martinsberg; HK-MarkenR/Eisfeld Rn. 24; Ströbele/Hacker/Thiering/Hacker Rn. 21). Umgekehrt folgt aus der handelsrechtlichen Zulässigkeit der Firma noch nicht deren kennzeichenrechtlicher Schutz; hierzu müssen die weiteren Entstehungsvoraussetzungen vorliegen.

2. Träger der Firma

31   Träger einer Firma kann nur ein **Kaufmann** iSd §§ 1–6 HGB sein. Der Firmenschutz kann daher an sich nicht vor der Erlangung der Kaufmannseigenschaft entstehen. Hierfür bedarf es nur bei juristischen Personen der Eintragung in das Handelsregister (§ 11 Abs. 1 GmbHG, § 41 Abs. 1 S. 1 AktG). Die durch den Gesellschaftsvertrag gegründete, aber noch nicht eingetragene **Vorgesellschaft** ist jedoch ebenfalls namens- und firmenfähig (BGH GRUR 1993, 404 – Columbus). Verwendet sie die Firma der nachfolgend entstandenen Gesellschaft im geschäftlichen Verkehr, wirkt die Benutzungsaufnahme prioritätsbegründend auch für die spätere Gesellschaft (BGH GRUR 1997, 749 (751) – L'Orange). Die vor dem Abschluss des Gesellschaftsvertrages bestehende **Vorgründungsgesellschaft** ist regelmäßig nicht firmenfähig, weil sie nicht am Handelsverkehr teilnimmt (HK-MarkenR/Eisfeld Rn. 27).

3. Schutz der vollständigen Firma

32   § 5 Abs. 2 S. 1 gewährt der **vollständigen Firma** Schutz. Dies ist der vollständige Name des Kaufmanns. Hierzu gehört nach § 19 HGB auch der Rechtsformzusatz. Der Schutz erstreckt sich aber auch ohne weitere Voraussetzungen auf die ansonsten vollständige Firma ohne den **Rechtsformzusatz.** Ihm fehlt die Namensfunktion, weil der Verkehr im Allgemeinen bei der Identifizierung und Unterscheidung von Unternehmen nicht auf die Rechtsform achtet (vgl. OLG München MD 2011, 60; OLG Düsseldorf GRUR-RR 2003, 342 (343) – Clever Reisen; OLG Dresden GRUR 1997, 846 (847) – Bauland; OLG Düsseldorf GRUR 1967, 314 –

Schmidt & Sohn; aA iE BPatG Beschl. v. 23.2.2022 – 29 W (pat) 25/19 Rn. 48 – AESCULAP). Zum Schutz von Firmenbestandteilen → Rn. 33.

VI. Firmenbestandteile

1. Schutz von Firmenschlagworten

Der Verkehr greift zur Identifizierung eines Unternehmens häufig auf einzelne **Bestandteile** **33** **einer Firma** zurück. Firmenbestandteile sind in gleichem Maße wie die vollständige Firma schutzwürdig, wenn sie im Verkehr Namensfunktion aufweisen, dh für sich genommen kennzeichnungskräftig sind. Diese Einordnung als **Firmenschlagwort** setzt nach neuerer Rechtsprechung neben der für alle Unternehmenskennzeichen erforderlichen Unterscheidungskraft (→ Rn. 64) voraus, dass der Bestandteil seiner Art nach im Vergleich zu den übrigen Firmenbestandteilen geeignet erscheint, sich im Verkehr als **schlagwortartiger Hinweis** auf das Unternehmen oder als Kurzbezeichnung für das Unternehmen durchzusetzen (BGH GRUR 2018, 935 Rn. 28 – goFit; GRUR 2016, 705 Rn. 19 – ConText; GRUR 2013, 68 Rn. 28 – Castell/VIN CASTEL; GRUR 2011, 831 Rn. 16 – BCC; GRUR 2009, 772 Rn. 75 – Augsburger Puppenkiste; GRUR 2007, 65 Rn. 13 – Impuls; GRUR 2005, 873 (874) – Star Entertainment; GRUR 2004, 865 (867) – Mustang; GRUR 2004, 779 (783) – Zwilling/Zweibrüder; GRUR 2004, 515 (515) – Telekom; GRUR 2002, 898 – defacto; GRUR 2000, 605 (607) – comtes/ComTel; GRUR 1999, 492 (493) – Altberliner mwN; Ingerl/Rohnke/Nordemann/Nordemann-Schiffel Rn. 25; Ströbele/Hacker/Thiering/Hacker Rn. 27; aA Plaß WRP 2001, 661 (666 ff.)).

In einigen Entscheidungen verlangt die Rechtsprechung neben Schlagworteignung und Unter- **34** scheidungskraft zudem, dass der Firmenbestandteil seiner Natur nach geeignet ist, als ein **Name** **des Unternehmens zu wirken** (BGH GRUR 2018, 935 Rn. 28 – goFit; GRUR 2016, 705 Rn. 19 – ConText; GRUR 2013, 68 Rn. 33 – Castell/VIN CASTEL; GRUR 1996, 68 (69) – COTTON LINE; ebenso Ströbele/Hacker/Thiering/Hacker Rn. 27). Das Verhältnis zur Schlagworteignung ist allerdings unklar, da diese ohnehin nur dann bestehen kann, wenn der Bestandteil so beschaffen ist, dass er sich zur Identifizierung des Unternehmens eignet – dann aber hat er auch die verlangte Namenswirkung. Die Rechtsprechung ist ohnehin nicht widerspruchsfrei; in anderen Entscheidungen sieht sie die Eignung, als Name zu wirken, als Voraussetzung der Unterscheidungskraft (→ Rn. 64). Beispiele für Bestandteile mit Schlagworteignung → Rn. 34.1.

Beispiele für Firmenbestandteile mit Schlagworteignung: „Absolut" für „Absolut Personalmana- **34.1** gement GmbH" (LG Hamburg BeckRS 2016, 11162); „Altberliner" für „Altberliner Verlag GmbH" (BGH GRUR 1999, 492 (494)); „Anson's" für „Anson's Herrenhaus KG" (OLG Hamburg GRUR-RR 2015, 373 (374)); „berlin location" für „berlin location Produktions- und Service GmbH für Film, Werbung und Event" (OLG Hamburg GRUR-RR 2002, 226 (227)); „bsw" für „bsw Bundesverband Schwimmbad & Wellness e.V." (OLG Köln GRUR-RR 2008, 9 (10)); „Charité" für „Charité – Universitätsmedizin Berlin" (OLG Düsseldorf GRUR-RR 2013, 21); „CompuNet" für „CompuNet Computer AG & Co. OHG" (BGH GRUR 2001, 1161); „ConText" für „ConText Communication" (BGH GRUR 2016, 705 Rn. 21); „Creditsafe" für „Creditsafe Deutschland GmbH" (OLG Hamburg WRP 2015, 911 (915)); „defacto" für „defacto marketing GmbH" (BGH GRUR 2002, 898); „eberth" für „eberth Maschinen und Anlagenbau" und „eberth Group" (BPatG BeckRS 2018, 4915 Rn. 19); „Flüssiggas-Bayern" für „Flüssiggas-Bayern GmbH & Co. KG" (OLG München MMR 2003, 397 (398)); „Galileo" für „Galileo Deutschland GmbH (OLG München BeckRS 2015, 20259); „Gauff" für „H.P. Gauff Ingenieure GmbH & Co. KG – JBG –" (OLG Nürnberg BeckRS 2018, 25967 Rn. 41); „GEFA" für „GEFA Gesellschaft für Absatzfinanzierung mbH" (BGH GRUR 1985, 461 (462)); „Haus & Grund" für „Haus & Grund Deutschland – Zentralverband der Deutschen Haus-, Wohnungs- und Grundeigentümer e.V." (BGH GRUR-RR 2010, 205 Rn. 23; GRUR 2008, 1108 Rn. 34); „Hanseata" für „Hanseata Theofil Zuther GmbH & Co." (BPatG BeckRS 2019, 26278 Rn. 12); „Hufelandklinik" für „Gabriele Wöppel HUFELANDKLINIK für ganzheitliche immunbiologische Therapie" (BGH GRUR 2006, 159 Rn. 11); „Impuls" für „Impuls Medienmarketing GmbH" (BGH GRUR 2007, 65 Rn. 13); „INTER CONTROL" für „INTER CONTROL W. (Vorname) M. (Nachname) Elektrik GmbH & Co. KG" (OLG Frankfurt GRUR-RR 2018, 411 Rn. 18); „IPF" für „IPF Gesellschaft für elektronische Datenverarbeitung mbH & Co. KG" (OLG Köln MMR 2000, 161 (162)); „Joop!" für „Joop! GmbH" (OLG Hamburg BeckRS 2010, 26161); „KlaFlü" für „KlaFlü Klavier- und Flügeltransporte" (OLG Bremen WRP 1999, 215 (216 f.)); „Laverana" für „Laverana GmbH & Co. KG" (OLG Nürnberg GRUR-RR 2022, 315 Rn. 13); „Leasing Partner" für „Leasing Partner LPG GmbH & Co. Anlagegüter KG" (BGH GRUR 1991, 556 (557)); „Lezzo" für „Lezzo Gida Paz. San. Ve Tic. AS (BPatG BeckRS 2018, 34097 Rn. 25); „MARITIM" für „MARITIM Hotelgesellschaft mbH" (BGH GRUR 1989, 449 (450)); „Maxx Bikes" für „Maxx Bikes & Components

GmbH" (OLG München InstGE 13, 54); „Mingan-Labrador" für „Labrador Retriever Zucht Mingan-Labrador" (OLG Köln WRP 2015, 630); „Mustang" für „Mustang Bekleidungswerke GmbH & Co." (BGH GRUR 2004, 865 (867)); „NetCom" für „NetCom Sicherheitstechnik GmbH" (BGH GRUR 1997, 468 (469)); „NeD Tax" für „Ned Tax Günter Heenen" (BPatG BeckRS 2016, 07091); „Nr. 1" für „Squash-Center Nr. 1 GmbH" (OLG Saarbrücken NJWE-WettbR 1996, 179; sehr zweifelhaft); „Pflege-helden" für „Pflegehelden Franchise GmbH" (LG Hamburg GRUR-RS 2021, 18309 Rn. 25); „Prolac" für „Prolac Products Ltd." (OLG Jena GRUR-RR 2009, 104 (105)); „Prüm" für „Joh. Jos. Prüm" (LG Mannheim GRUR-RS 2020, 23523 Rn. 26); „Segnitz" für „A-Segnitz GmbH & Co." (BGH GRUR 2006, 158 Rn. 14); „SeniVita" für „SeniVita Sozial gGmbH" (OLG München BeckRS 2016, 11751); „Sieh an!" für „Sieh an! Handelsgesellschaft mbH" (OLG Hamburg MMR 2002, 682 (683)); „SoCo" für „SoCo Software + Computersysteme" (BGH GRUR 2005, 262 (263)); „Speck Pumpen" für „Speck Verkaufsgesellschaft Karl Speck GmbH & Co. KG" (OLG Nürnberg GRUR-RS 2021, 5859 Rn. 61, 67); „t 3" für „t 3-Medien GmbH" (OLG Köln GRUR-RR 2002, 293); „Telekom" für „Deutsche Telekom AG", aber nur kraft Verkehrsgeltung (BGH GRUR 2007, 888 Rn. 19; GRUR 2004, 515 (515)); „U Trockenbausysteme" für „U Gesellschaft für Trockenbausysteme GmbH" (OLG Hamm MMR 2013, 791); „Völkl" für „Völkl GmbH & Co. KG" (BGH GRUR 2013, 638 Rn. 24); „XCOM" für „XCOM BCC GmbH" (OLG Düsseldorf BeckRS 2010, 01271); „X Filme" für „X Filme Creative Pool GmbH" (BPatG BeckRS 2019, 31703 Rn. 25). Beispiele für Firmenbestandteile mit fehlender Schlagworteignung → Rn. 35.1.

35   **Firmenbestandteile, denen die Schlagworteignung fehlt** (Beispiele → Rn. 35.1), können nur als besondere Geschäftsbezeichnung iSd § 5 Abs. 2 S. 1 Alt. 3 geschützt sein; dazu bedarf es jedoch – anders als bei Firmenschlagworten (→ Rn. 42) – ihrer Benutzung in Alleinstellung (vgl. BGH GRUR 1996, 68 (69) – COTTON LINE; Ströbele/Hacker/Thiering/Hacker Rn. 31).

35.1   **Beispiele für Firmenbestandteile ohne Schlagworteignung:** „deejay" für „deejay.de" (OLG Dresden K&R 2007, 269 (270)); „en Vogue" für „en Vogue Sculptured Nails Systems" (BPatG BeckRS 2019, 20917 Rn. 56); „Erdinger" für „Privatbrauerei Erdinger Weißbräu Werner Brombach GmbH" (LG München I, Urt. v. 9.8.2006, 1 HKO 22662/05: nur „Erdinger Weißbräu" schlagwortgeeignet); „Europa Möbel" für „Europa Möbel-Verbund GmbH" (KG BeckRS 2008, 23351); „FASHION TV" für „fashiontv.com GmbH" (BPatG BeckRS 2016, 03922); „Parkhotel" für „Park Hotel Post" (OLG Karlsruhe WRP 2012, 1293); „Puppenkiste" für „Augsburger Puppenkiste" (BGH GRUR 2009, 772 Rn. 75); „Weinbörse" für „Erzeugergemeinschaft Mainzer Weinbörse w.V." (OLG Koblenz GRUR 1993, 989 (990).

36   Ebenfalls keine Firmenschlagworte sind aus der Firma oder ihren Bestandteilen gebildete und benutzte **Abkürzungen** oder **Wortschöpfungen,** die selbst nicht Bestandteil der Firma sind; sie können gleichfalls nur als besondere Geschäftsbezeichnung geschützt sein (BGH GRUR 1992, 329 (331) – AjS-Schriftenreihe; GRUR 1955, 299 (300) – Koma; GRUR 1954, 195 – KfA; wohl auch OLG Nürnberg GRUR-RS 2020, 35066 Rn. 29 – Fränkischer Albverein (Abkürzung war allerdings bereits Teil des Namens); offenlassend BGH GRUR 2009, 685 Rn. 17 – ahd.de; anders jetzt wohl (jeweils zu § 12 BGB) BGH GRUR 2014, 506 Rn. 10 – sr.de; OLG Frankfurt MMR 2016, 763 Rn. 12 – ki.de; OLG München BeckRS 2012, 07095 – edw-info.de; LG Köln CR 2018, 254 (255) – wir-sind-afd.de; GRUR-Prax 2016, 408 – fc.de; aA wohl auch LG Düsseldorf NJW-RR 1999, 629 – JPNW; kritisch Plaß WRP 2001, 661 (670); → Rn. 60).

2. Schlagworteignung

37   Die Schlagworteignung eines Firmenbestandteils ergibt sich vor allem aus der **Unterscheidungskraft des Bestandteils** sowie aus der **Kennzeichnungsschwäche der übrigen Firmenbestandteile.** Sind diese rein beschreibend, erlangt ein unterscheidungskräftiger Firmenbestandteil Schlagworteignung, weil der Verkehr dazu neigt, **griffige Begriffe** zur schlagwortartigen Kurzbeschreibung des Unternehmens zu verwenden (BGH GRUR 1997, 468 (469) – NetCom; OLG Düsseldorf GRUR-RR 2003, 8 (9) – START). Sind die übrigen Bestandteile ebenfalls kennzeichnungskräftig und haben sie für die Kennzeichnungskraft der gesamten Firma zumindest gleichgewichtige Bedeutung, kann jeder dieser Bestandteile zum Schlagwort geeignet sein (aA OLG Karlsruhe WRP 2012, 1293 – Parkhotel; wohl auch OLG Frankfurt GRUR-RR 2018, 411 Rn. 21 – INTER CONTROL). Mit Recht hat der BGH daher die Schlagworteignung eines abstrakten Begriffs bejaht, der in der Firma einem namensmäßigen und damit ebenfalls unterscheidungskräftigen Bestandteil vorangestellt wurde (BGH GRUR 1995, 505 (506) – APISERUM). Eine schwache Kennzeichnungskraft des Bestandteils schließt nicht aus, dass er sich im Verkehr als Schlagwort durchsetzt (BGH GRUR 2018, 935 Rn. 36 – goFit; vgl. auch BGH GRUR 2011,

831 Rn. 16, 18 – BCC). Anders ist dies, wenn dem Firmenbestandteil jegliche Unterscheidungskraft fehlt (zB „FASHION TV" für ein Unternehmen, das sich mit Herstellung, Vertrieb und Ausstrahlung von Fernsehspots über Mode beschäftigt, BPatG BeckRS 2016, 03922).

Wird **neben der vollständigen Firma** auch noch eine **gekürzte Fassung** verwendet, ist bei **38** der Feststellung der Schlagworteignung in erster Linie die vollständige Firma zugrunde zu legen (BGH GRUR 2013, 68 Rn. 29 – Castell/VIN CASTEL). Dabei ist allerdings zu bedenken, dass die Verwendung der gekürzten Fassung dazu führen kann, dass in ihr enthaltene Bestandteile (die zugleich Firmenbestandteile sind) die Schlagworteignung verlieren können, weil der Verkehr schon an die Verwendung der gekürzten Firma gewöhnt ist und kein Bedürfnis für eine weitere Verkürzung durch Rückgriff auf ein Schlagwort hat.

Die Eignung als Schlagwort hängt nicht davon ab, dass der Firmenbestandteil eine aussprechbare **39** **Buchstabenkombination** darstellt (BGH GRUR 2001, 344 – DB Immobilienfonds; OLG Düsseldorf MMR 2012, 563 (564); OLG Köln GRUR-RR 2008, 9 (10) – bsw/BSW Bundesverband Solarwirtschaft e.V.; OLG Köln MMR 2000, 161 (162) – IPFNet). Abkürzungen, die Bestandteil der Firma sind und die aus den Anfangsbuchstaben von Begriffen gebildet wurden, die ebenfalls Teil der Firma sind (**Akronyme**), können ebenfalls Schlagworteigenschaft haben (OLG Frankfurt BeckRS 2015, 13386). Zu nicht in der Firma enthaltenen Abkürzungen → Rn. 36. Die Stellung des Bestandteils in der vollständigen Firma kann die Schlagworteignung verstärken; so ist zB ein unterscheidungskräftiger Begriff am **Firmenanfang** auch deshalb schlagwortgeeignet, weil der Verkehr dem Firmenanfang besondere Aufmerksamkeit widmet (OLG Frankfurt GRUR-RR 2018, 411 Rn. 20 – INTER CONTROL).

Familiennamen als Bestandteil der Gesamtfirma fehlt die Schlagworteignung, wenn es in der **40** einschlägigen Branche weitere Unternehmen gibt, die diesen Familiennamen in ihrer Firma oder besonderen Bezeichnung führen; der Verkehr wird dann die übrigen Bestandteile der Firma nicht weglassen (OLG München MD 2012, 945 = BeckRS 2011, 27043 – Strauss; s. aber auch BGH GRUR 2013, 638 Rn. 24 – Völkl; OLG Frankfurt GRUR 1984, 891 (893) – Rothschild; aA LG Mannheim GRUR-RS 2020, 23523 Rn. 29 ff.). Umgekehrt hindert ein Familienname als Firmenbestandteil nicht die Schlagworteignung eines weiteren unterscheidungskräftigen Bestandteils (BGH GRUR 1995, 505 (506) – APISERUM; vgl. ferner BPatG BeckRS 2016, 07091 – ned tax; OLG Frankfurt GRUR-RR 2018, 411 Rn. 21 – INTER CONTROL).

Eine **spätere Änderung der Gesamtfirma** kann sich auf die Schlagworteignung vor allem **41** dann auswirken, wenn unterscheidungskräftige Bestandteile zugefügt oder ausgewechselt werden. Bei der Beurteilung ist jedoch zu berücksichtigen, ob der Verkehr trotz der Veränderung in dem fraglichen Firmenbestandteil weiterhin ein Schlagwort sieht, weil es langjährig und auch in Alleinstellung benutzt wurde (BGH GRUR 1995, 505 (506) – APISERUM; OLG München BeckRS 2016, 11751 – SeniVita). Zum Erlöschen des Schutzes bei Veränderungen → Rn. 149.

3. Schutzentstehung

Firmenschlagworte genießen einen abgeleiteten Schutz. Er folgt aus dem Schutz der **42** vollständigen Firma, der sich auch auf kennzeichnungskräftige Bestandteile erstreckt. Deshalb kommt es nicht darauf an, ob der Firmenbestandteil tatsächlich als Firmenschlagwort in Alleinstellung verwendet worden ist oder als Verkehrsgeltung erlangt hat (BGH GRUR 2018, 935 Rn. 28 – goFit; GRUR 2016, 705 Rn. 19 – ConText; GRUR 2013, 638 Rn. 24 – Völkl; BGH GRUR 2013, 68 Rn. 28 – Castell/VIN CASTEL; GRUR 2009, 772 Rn. 75 – Augsburger Puppenkiste; GRUR 2007, 65 Rn. 13 – Impuls; GRUR 2004, 865 (867) – Mustang; GRUR 2004, 515 – Telekom; GRUR 2002, 898 – defacto; GRUR 2000, 605 (607) – comtes/ComTel).

Ausreichend, aber auch notwendig ist, dass der **kennzeichenrechtliche Schutz der vollstän** **43** **digen Firma entstanden** ist. Mit ihm entsteht zeitgleich der Schutz der Firmenbestandteile als Firmenschlagwort (BGH GRUR 2016, 705 Rn. 19 – ConText; GRUR 2013, 638 Rn. 24 – Völkl; GRUR 2013, 68 Rn. 28 – Castell/VIN CASTEL; GRUR 2011, 831 Rn. 16 – BCC; GRUR-RR 2010, 205 Rn. 26 – Haus & Grund IV; GRUR 2009, 685 Rn. 17 – ahd.de; GRUR 2008, 1104 Rn. 30 – Haus & Grund II; GRUR 2005, 871 (872) – Seicom). Wurde die Bezeichnung jedoch schon benutzt, bevor sie zum Bestandteil der Firma wurde, kann sie einen selbständigen Schutz als besondere Bezeichnung eines Unternehmens oder Geschäftsbetriebs genießen; dieser Schutz beginnt bereits mit Benutzungsaufnahme (BGH GRUR-RR 2010, 205 Rn. 26 – Haus & Grund IV; GRUR 2008, 1108 Rn. 43 – Haus & Grund III).

VII. Besondere Bezeichnung eines Geschäftsbetriebs oder Unternehmens (Abs. 2 S. 1 Alt. 3)

1. Schutzfähigkeit von Geschäftsbezeichnungen

44   Besondere Bezeichnungen dienen der **Benennung von Unternehmen** und weisen damit anders als Name und Firma nicht auf ein Rechtssubjekt, sondern ein Rechtsobjekt hin. Dieses Objekt ist das Unternehmen oder ein einzelner Geschäftsbetrieb (sog. **Etablissementbezeichnung,** zB Namen von Hotels, Gaststätten oder Apotheken). § 5 Abs. 2 S. 1 nennt die besonderen Bezeichnungen in einem Zuge mit Namen und Firma. Hiermit ist nach dem Willen des Gesetzgebers zum Ausdruck gebracht, dass nur solche Bezeichnungen Schutz genießen, die **Namensfunktion** aufweisen (BT-Drs. 12/6581, 67; BGH GRUR 2008, 1108 Rn. 44 – Haus & Grund III; GRUR 2005, 419 (422) – Räucherkate; Ströbele/Hacker/Thiering/Hacker Rn. 33; aA Schricker GRUR 1998, 310 (312 f.); zur Namensfunktion → Rn. 51).

45   Da auch einzelne Unternehmensteile Bezugsobjekt sein können (→ Rn. 47), kann ein Unternehmen **mehrere Geschäftsbezeichnungen nebeneinander für voneinander getrennte Unternehmenseinheiten** führen. Aus dem unterschiedlichen Bezugsobjekt folgt ohne weiteres, dass eine besondere Bezeichnung neben einem Namen oder einer Firma verwendet werden kann.

2. Geschäftsbetrieb oder Unternehmen

46   **Bezugsobjekt** muss ein Unternehmen oder ein Geschäftsbetrieb sein. Beide Begriffe verweisen auf eine wirtschaftliche Einheit. Bei **Unternehmen** besteht diese in der Gesamtheit der geschäftlichen Tätigkeit des Unternehmensträgers, während mit dem **Geschäftsbetrieb** auf einzelne Teile des Unternehmens verwiesen wird.

47   Geschützt sind daher auch **Bezeichnungen abgrenzbarer Teile des Unternehmens** (BGH GRUR 1988, 560 (561) – Christophorus-Stiftung; OLG Dresden MMR 2015, 193 (194) – fluege.de; OLG Düsseldorf GRUR-RR 2016, 237 Rn. 15 – Brauwelt; OLG Köln GRUR-RR 2001, 3 (4) – Sikulu; OLG Koblenz GRUR 1993, 989 – Mainzer Weinbörse; OLG München GRUR 1980, 1003 (1005) – Arena; LG Hamburg BeckRS 2016, 135245 Rn. 40 – Elbphilharmonie; BeckRS 2015, 19278 – poppen.de). Für die Abgrenzbarkeit ist darauf abzustellen, ob sich der Unternehmensteil hinreichend verfestigt und institutionalisiert hat und gegenüber dem übrigen Geschäftsbereich des Unternehmens hinreichend selbständig ist (BGH GRUR 1988, 560 (561) – Christophorus-Stiftung; OLG Düsseldorf GRUR-RR 2006, 265 (266) – Post-DomainPfad). Das setzt nicht zwingend eigene räumliche oder personelle Mittel voraus, sofern diese nach der Art des betriebenen Geschäfts nicht erforderlich sind und gleichwohl ein dauerhaft verselbständigter Wirkungsbereich gegeben ist (BGH GRUR 1988, 560 (561) – Christophorus-Stiftung). Entscheidend für die Abgrenzbarkeit sind letztlich die organisatorische Gestaltung innerhalb des Unternehmens und die Wahrnehmung des Verkehrs. Neben einer **Zweigstelle** (vgl. LG München BeckRS 2008, 23032 – dgh.de) kann deshalb auch ein **Geschäftszweig** etwa im Sinne einer nach außen auftretenden Unternehmenseinheit ausreichend sein (Beispiele → Rn. 47.1). Schutzfähig sind auch die Bezeichnungen offener Investmentfonds, die rechtlich ein vom Vermögen der Kapitelverwaltungsgesellschaft zu unterscheidendes Sondervermögen darstellen (v. Fuchs/Czernik GRUR 2015, 852 f.).

47.1   **Beispiele für schutzfähige Bezeichnungen einzelner Geschäftszweige:** Als „Departement" auftretende Abteilung für Schwimmsportbekleidung und -artikel (OLG München GRUR 1980, 1003 (1005) – Arena); unter der Bezeichnung „The Sikulu Company" auftretender künstlerischer, mit der Aufführung beschäftigter Teil des Geschäftsbetriebs eines Musical-Veranstalters (OLG Köln GRUR-RR 2001, 3 (4) – Sikulu); unter der Domain „fluege.de" auftretender, auf die Flugvermittlung gerichteter Geschäftsbereich eines Reisevermittlers (OLG Dresden MMR 2015, 193 (194) – fluege.de); Herausgabe einer Zeitschrift unter dem Titel „Brauwelt" durch einen Fachverlag (OLG Düsseldorf GRUR-RR 2016, 237 Rn. 15 – Brauwelt; zweifelhaft, da der Verkehr einzelne Zeitschriften eines Verlages auch dann nicht als nach außen auftretende Unternehmenseinheit versteht, wenn der Verlag für die Zeitschrift eine eigene Redaktion unterhält oder zusätzlich noch andere Dienstleistungen wie Seminare und Workshops anbietet); Betrieb eines Gebäudes unter der Bezeichnung „Elbphilharmonie" (LG Hamburg BeckRS 2016, 135245 Rn. 40).

3. Veranstaltungen

48   Ob Veranstaltungen als **abgrenzbarer Unternehmensteil** Bezugsobjekt einer besonderen Bezeichnung sein können, ist zweifelhaft. Die Rechtsprechung tendiert dazu (vgl. OLG Frankfurt MarkenR 2011, 222 = BeckRS 2011, 06136 – J.-C.-Revival; OLG Hamburg GRUR-RR 2005,

223 – WM 2006 (zurückhaltender jedoch OLG Hamburg GRUR-RR 2008, 50 (51) – WM-Marken); OLG Koblenz GRUR 1993, 989 – Mainzer Weinbörse; aA LG Berlin GRUR-RR 2011, 137 (138) – Country Music Messe; s. auch Lerach GRUR-Prax 2012, 23 (25 f.)). Dagegen spricht, dass die Unternehmenskennzeichnung nicht auf eine Tätigkeit, sondern ein Unternehmen als wirtschaftliche Einheit hinweist und einzelne Tätigkeiten nur dann Bezugsobjekt sein können, wenn sie nach außen wie ein selbständiges Unternehmen auftreten (vgl. OLG Düsseldorf GRUR-RR 2020, 254 Rn. 47 – Kiesgrube; Ströbele/Hacker/Thiering/Hacker Rn. 9). Das mag allenfalls bei Großveranstaltungen wie der Fußball-Weltmeisterschaft anzunehmen sein. Ansonsten liegt ein Werktitelschutz (§ 5 Abs. 3) näher (→ Rn. 198). Jedenfalls ist erforderlich, dass der Verkehr die Veranstaltung als eigenes Geschäftsgebiet eines Unternehmens ansieht und nicht nur als einmalige Tätigkeit, sei diese auch außerhalb der üblichen Geschäftstätigkeit. Insoweit muss die Durchführung von Veranstaltungen zumindest eine kontinuierliche Tätigkeit sein, so dass der Schutz nicht schon mit der Durchführung der ersten Veranstaltung im Rahmen einer geplanten Veranstaltungsreihe entsteht (OLG Jena GRUR-RR 2012, 113 (116) – Musikveranstaltung).

4. Gebäudebezeichnungen

Gebäudebezeichnungen können als besondere Bezeichnung geschützt sein, wenn das Gebäude **49** sich als **abgrenzbarer Geschäftsbetrieb** des Unternehmens darstellt (vgl. OLG Frankfurt MMR 2010, 831; LG Hamburg BeckRS 2016, 135245 – Elbphilharmonie; Goldmann Unternehmenskennzeichen § 3 Rn. 46; Ströbele/Hacker/Thiering/Hacker Rn. 17 Eusani MDR 2017, 1276 (1278); zurückhaltender Ahrens FS Ströbele, 2019, 1 (8)). Das ist etwa denkbar bei der Vermarktung mehrerer Gebäude durch eine Projektgesellschaft, sofern die Vermarktungstätigkeit sich für jedes Gebäude als organisatorisch selbständig präsentiert.

5. Dienstleistungsbezeichnungen

Die **Erbringung bestimmter Dienstleistungen unter einer besonderen Bezeichnung** **50** im Rahmen der allgemeinen geschäftlichen Tätigkeit genügt nicht (vgl. BGH GRUR 2002, 544 (547) – BANK 24; KG WRP 1980, 409 – Intercity; LG Köln BeckRS 2019, 17693 Rn. 18 – Apo.de; Ströbele/Hacker/Thiering/Hacker Rn. 8; Ingerl/Rohnke/Nordemann/Nordemann-Schiffel Rn. 29). Das Gleiche gilt, wenn die angebotenen Waren im Internet unter einer besonderen Bezeichnung vertrieben werden, sofern es sich hierbei nicht um eine abgrenzbare und verselbständigte Unternehmenseinheit handelt (OLG Düsseldorf GRUR-RR 2006, 265 (266) – PostDomainPfad; OLG München GRUR 2006, 686 (687) – Österreich.de).

6. Namensfunktion des Zeichens

Ob die für den Schutz erforderliche Namensfunktion gegeben ist, bestimmt sich nach der **51** Verkehrsauffassung. Sie besteht, wenn die Bezeichnung im Verkehr **wie ein Name des Unternehmens** wirkt (BGH GRUR 2008, 1108 Rn. 44, 32 – Haus & Grund III; GRUR 2003, 792 (793) – Festspielhaus II; GRUR 1995, 507 (508) – City-Hotel; GRUR 1977, 165 (166) – Parkhotel). Die Namensfunktion muss entweder **originär** gegeben oder **später durch Verkehrsgeltung** erworben sein (vgl. BGH GRUR 2007, 888 Rn. 17 ff. – Euro Telekom; GRUR 2004, 515 – Telekom). Bei fehlender Namensfunktion kommt nur ein Schutz als Geschäftsabzeichen (§ 5 Abs. 2 S. 2) in Betracht.

Eine Bezeichnung kann auch bei der Verwendung **beschreibender Begriffe** Namensfunktion **52** haben, wenn dem Verkehr nach den Umständen des Einzelfalls gleichwohl bewusst ist, dass zumindest in einem **räumlich begrenzten Bereich** regelmäßig nur ein Unternehmen so bezeichnet wird. Das kommt zB bei Hotels, Restaurants, Apotheken und nicht als Filialen betriebenen Einzelhandelsgeschäften in Betracht. Beispiele → Rn. 69.1.

Beispiele für schutzfähige beschreibende Bezeichnungen räumlich begrenzt tätiger **52.1** **Geschäftsbetriebe:** „Bahnhofsapotheke" und „Bahnhofshotel" (BGH Urt. v. 17.11.1961 – I ZR 57/60); „Bayerischer Hof" (BGH Urt. v. 12.6.1970 – I ZR 98/68); „Parkhotel" (BGH GRUR 1977, 165 (166) – Parkhotel); „Wach- und Schließgesellschaft" (BGH GRUR 1977, 226 (227) – Wach und Schließ); „City-Hotel" (BGH GRUR 1995, 507 (508) – City Hotel); „Haarschmiede" für einen Friseursalon (BPatG BeckRS 2011, 16420 – Haarschmiede); „Herzapotheke" (KG GewArch 2000, 257 f. – Herz-Apotheke); „Johannes Apotheke" (BPatG BeckRS 2008, 22278 – Johannes Apotheke); „Stadt-Apotheke" (OLG Karlsruhe WRP 1974, 422 – Stadtapotheke); „Maximilian-Drogerie" (OLG Nürnberg WRP 1971, 334 (335) – Maximilian-Apotheke); „Uhland-Apotheke" (LG Stuttgart GRUR-RR 2006, 333 (334) – Uhland-Apotheke).

53   Die **Zufügung eines Eigennamens zu einem beschreibenden Begriff** verleiht der
Bezeichnung stets Namensfunktion (vgl. OLG Celle NJWE-WettbR 1996, 206 f. – Grand Hotel
Mussmann). Sie kann aber dazu führen, dass dem beschreibenden Begriff in Alleinstellung die
Namensfunktion fehlt. Bestehen zB in einem Ort zwei Hotels, die sich Parkhotel nennen, aber
diesem Begriff jeweils noch einen Eigennamen oder einen anderen kennzeichnungskräftigen
Bestandteil zufügen (zB Parkhotel Post und Parkhotel Stadt Freiburg), dann ist die Annahme, der
Verkehr schließe allein aus dem Begriff „Parkhotel" auf ein bestimmtes Hotel am Ort, ausgeschlos-
sen (OLG Karlsruhe WRP 2012, 1293 – Parkhotel).

54   Werden **beschreibende Begriffe zu einem in der Umgangssprache unüblichen Gesamtbegriff kombiniert,** kann dieser Begriff Namensfunktion haben (BGH GRUR 2003, 792 (793) –
Festspielhaus II; GRUR 1977, 165 (166) – Parkhotel).

55   **Ortsnamen** fehlt in der Regel die Namensfunktion in Bezug auf ein Unternehmen (vgl. OLG
Jena GRUR 2000, 435 f. – Wartburg). Sie können aber **zusammen mit einem ansonsten
lediglich beschreibenden Begriff** dem Gesamtzeichen Namensfunktion verleihen (vgl. BGH
GRUR 2009, 772 Rn. 75 – Augsburger Puppenkiste). Im Bereich der Bezeichnung von Hotels
oder Restaurants ist die Verwendung eines Städtenamens in Kombination mit dem Begriff „Stadt"
üblich; die Gesamtbezeichnung hat auch dann noch Namensfunktion, wenn der Name der Stadt
verwendet wird, in dem sich das Unternehmen befindet (vgl. OLG Karlsruhe WRP 2012, 1293 –
Parkhotel). **Standortangaben** (bezüglich des Unternehmens oder eines Werks) fehlt die Namensfunktion jedenfalls dann, wenn das Unternehmen unter einer gänzlich anderen Firma auftritt
(OLG Frankfurt GRUR-RR 2017, 404 Rn. 41 – Cassellapark).

56   Ein **Zeichen, das als Marke geschützt ist,** kann eine besondere Bezeichnung sein, sofern
der Verkehr in dem Zeichen nicht (mehr) nur einen Herkunftshinweis auf die Waren oder Dienstleistungen, sondern auf das Unternehmen selbst sieht (BGH GRUR 1957, 87 (88) – Meisterbrand;
GRUR 1955, 299 (300) – Koma).

57   Eine als **Name** oder **Firma** geschützte Bezeichnung kann nicht gleichzeitig eine besondere
Bezeichnung sein, da sie vom Verkehr bereits als Hinweis auf den Unternehmensträger verstanden
wird (OLG Frankfurt GRUR 1984, 891 (893) – Rothschild).

58   **Firmenbestandteile** können besondere Bezeichnungen sein (BGH GRUR 1970, 479 (480) –
Treppchen; Ströbele/Hacker/Thiering/Hacker Rn. 30; Büscher FS Bornkamm, 2014, 543
(545 f.)). Das gilt auch dann, wenn sie zugleich als Firmenschlagwort Schutz genießen, weil dieser
Schutz nur abgeleitet ist (vgl. BGH GRUR 1961, 294 (296) – ESDE). Wurde ein Zeichen bereits
als besondere Bezeichnung verwendet, bevor es zum Bestandteil eines Namens oder einer Firma
wurde, bleibt dieser Schutz mit seinem durch Benutzungsaufnahme begründeten Zeitrang bestehen (BGH GRUR-RR 2010, 205 Rn. 26 – Haus & Grund IV; GRUR 2008, 1108 Rn. 43 –
Haus & Grund III; OLG Hamm GRUR-RR 2009, 257 (258) – Haus & Grund II).

59   **Bestandteile einer besonderen Bezeichnung** genießen unter den gleichen Voraussetzungen,
wie sie für Firmenschlagworte gelten (→ Rn. 33), einen abgeleiteten Schutz (vgl. BGH GRUR
2009, 772 Rn. 75 – Augsburger Puppenkiste; OLG Köln BeckRS 2012, 10666 – Fair Play; OLG
Karlsruhe WRP 2012, 1293 – Parkhotel; OLG Hamm GRUR 1990, 699 – Petite fleur).

60   **Abkürzungen** eines Namens oder einer Firma, die nicht deren Bestandteil sind (→ Rn. 36),
haben als besondere Bezeichnung Namensfunktion, wenn die Abkürzung im geschäftlichen Verkehr als Identifikationszeichen des Unternehmens gesehen wird. Das liegt nahe, wenn sie zB aus
den Anfangsbuchstaben oder -silben einer aus mehreren Wörtern bestehenden Firma gebildet ist.
Namensfunktion kommt auch in Betracht, wenn die Abkürzung nicht in Alleinstellung, sondern
zusammen mit dem Namen oder der Firma verwendet wird, sofern der Verkehr erkennt, dass es
sich um eine Abkürzung handelt (vgl. OLG Nürnberg GRUR-RS 2020, 35066 Rn. 35 – Fränkischer
Albverein).

61   Zahlenkombinationen wie zB eine **Telefon- oder Telefaxnummer** können bei hinreichender
Einprägsamkeit und entsprechender Bewerbung durch Verkehrsgeltung ebenfalls Namensfunktion
erlangen (vgl. OLG Köln GRUR-RR 2006, 191 – 01058/01059). Demgegenüber fehlt **Werbeslogans** regelmäßig die Namensfunktion, da sie im Verkehr nicht zur Identifizierung des werbenden Unternehmens verwendet werden (Stollwerck ZUM 2015, 867 (873)). Zu **Bildzeichen** →
Rn. 13; zu **Domainnamen** → § 15 Rn. 82.

VIII. Geschäftsabzeichen und sonstige Unterscheidungszeichen (Abs. 2 S. 2)

1. Schutzvoraussetzungen

62   Geschäftsabzeichen und sonstigen zur Unterscheidung von Geschäftsbetrieben bestimmten Zeichen fehlt die Namensfunktion. Sie gelten im Verkehr nicht als Name eines Geschäftsbetriebs,

dienen aber dennoch seiner Kennzeichnung iSe **Unterscheidung.** Deshalb entsteht ihr Schutz erst dann, wenn sie innerhalb beteiligter Verkehrskreise als **Kennzeichen des Geschäftsbetriebs** gelten, also **Verkehrsgeltung** als Individualisierungszeichen erlangt haben (zu den Anforderungen → Rn. 94). Geschäftsbetrieb iSd § 5 Abs. 2 S. 2 sind nicht nur einzelne Unternehmensteile, sondern auch das gesamte Unternehmen.

2. Schutzfähige Zeichen

Schutzfähig sind **Wortzeichen** (zB KG GRUR-RR 2009, 61 – Antiquarische Bücher; OLG **63** Hamburg GRUR-RR 2005, 223 – WM 2006); auch in nicht-lateinischer Schrift (vgl. OLG Hamburg GRUR-RR 2005, 45 (46) – Datschnie) oder in der Form von Werbesprüchen (KG WRP 1980, 623 – Jägernummer; OLG Köln WRP 1967, 29 (30); OLG Hamburg WRP 1958, 340 – Blumen in alle Welt; Stollwerck ZUM 2015, 867 (872 f.)); ferner **Bildzeichen** etwa in Form von Logos (vgl. BGH GRUR 1957, 281 (282) – karo-as; OLG Hamburg BeckRS 2017, 159498 – Hela-Logo; OLG Köln GRUR-RR 2008, 9 (10) – bsw/BSW Bundesverband Solarwirtschaft e.V., dort allerdings offen gelassen; OLG Stuttgart NJWE-WettbR 2000, 165 – Kanzleilogo; LG Köln BeckRS 2013, 16800); außerdem zB **Gebäudegestaltungen** (BGH GRUR 2005, 419 (422) – Räucherkate), **Telefonnummern** sowohl in rein numerischer Form (BGH GRUR 1953, 291 (292) – Fernsprechnummer) als auch als Vanity-Nummer (Demmel/Skrobotz MMR 1999, 74 (78)); Fernschreibkennungen (BGH GRUR 1986, 475 (476) – Fernschreibkennung), **Domainnamen** (BPatG GRUR-RS 2021, 9549 Rn. 31 – Modena Neustadt; LG Köln BeckRS 2014, 22949), **Geruchs-, Hör- oder Tastzeichen, Unternehmensfarben** (vgl. BGH GRUR 1997, 754 (755) – grau/magenta; OLG Nürnberg GRUR 2022, 1228 Rn. 31 – Streifen „rot-orange-gelb"), **Aufmachungen** der Mitarbeiter (zB Bekleidung), **Geschäftsraumgestaltungen** (dazu Goldmann MarkenR 2015, 8 ff., 67 ff.) oder die **Farbgestaltung des Preisetiketts** (OLG Nürnberg GRUR 2022, 1228 Rn. 33 – Streifen „rot-orange-gelb"). Grundsätzlich können auch **Produktgestaltungen** als Geschäftsabzeichen schutzfähig sein; im Allgemeinen werden sie im Verkehr aber nicht als Individualisierungszeichen für den Geschäftsbetrieb wahrgenommen (zu Ausnahmen s. Goldmann MarkenR 2015, 67 (77 ff.); Sosnitza MarkenR 2015, 1 (3)).

IX. Unterscheidungskraft

1. Begriff und Funktion

Ungeschriebene **Voraussetzung der Schutzentstehung** ist die Unterscheidungskraft des Zei- **64** chens, da es sonst seine Funktion, Unternehmen voneinander zu unterscheiden, nicht erfüllen kann. Sie kann dem Zeichen bereits seiner Natur nach innewohnen (originäre Unterscheidungskraft, → Rn. 69) oder durch Verkehrsgeltung erworben sein (→ Rn. 94). Unterscheidungskraft liegt nach der Formulierung der Rechtsprechung vor, wenn das Zeichen geeignet ist, bei der Verwendung im Verkehr **als Name des Unternehmens zu wirken** (zB BGH BeckRS 2013, 06018 Rn. 21 – XVIII Plus; GRUR 2008, 1104 Rn. 17 – Haus & Grund II; GRUR 2008, 801 Rn. 12 – Hansen-Bau).

Maßgeblich dafür ist die **Verkehrsauffassung.** Diese orientiert sich einerseits am Charakter **65** des Zeichens etwa als Personenname oder Sachbezeichnung (BGH GRUR 1985, 461 (462) – Gefa/Gewa), andererseits aber auch an der üblichen Bezeichnungspraxis in der maßgeblichen Branche (BGH GRUR 1996, 68 (69) – COTTON LINE; GRUR 1992, 550 – ac-pharma; GRUR 1988, 635 (636) – Grundkommerz; GRUR 1985, 461 (462) – Gefa/Gewa; OLG Köln GRUR-RR 2001, 266 (267) – Printer-Store; OLG Saarbrücken NJWE-WettbR 1999, 258 (259) – Floratec) sowie am Unternehmensgegenstand (BGH BeckRS 2013, 06018 Rn. 21 – XVIII Plus).

2. Namensfunktion und Unterscheidungskraft

Die Rechtsprechung versteht **Namensfunktion und Unterscheidungskraft** als Einheit, die **66** in der Bezeichnung **„namensmäßige Unterscheidungskraft"** ihren sinnfälligen Ausdruck findet. Sie verwischt damit die Unterschiede zwischen diesen beiden Begriffen (für Trennung auch Ingerl/Rohnke/Nordemann/Nordemann-Schiffel Rn. 36; Ströbele/Hacker/Thiering/Hacker Rn. 36). Das ist schon deshalb abzulehnen, weil auch die kraft Verkehrsgeltung geschützten Geschäftsabzeichen iSd § 5 Abs. 2 S. 2 über Unterscheidungskraft verfügen müssen, obwohl ihnen keine Namensfunktion zukommt. Doch auch bei den von § 5 Abs. 2 S. 1 erfassten Zeichen (Name,

Firma, besondere Bezeichnung) ist **zwischen Namensfunktion und Unterscheidungskraft zu differenzieren.**

66.1   Die **Namensfunktion** ist eine **eigenständige Voraussetzung,** die schon gegeben sein muss, damit ein Zeichen überhaupt als Name, Firma oder besondere Bezeichnung eingeordnet werden kann. Ob Namensfunktion besteht, ist zumindest im Grundsatz auch unabhängig davon, ob das Zeichen unterscheidungskräftig ist. Das gilt uneingeschränkt für **Name** und **Firma.** Diese normativ geprägten Begriffe erfassen ein Zeichen unabhängig von seiner Unterscheidungskraft; so verfügt zB auch ein Allerweltsnachname kraft seiner normativen Erfassung als bürgerlich-rechtlicher Name über die Namensfunktion, während die Unterscheidungskraft kontrovers diskutiert wird (→ Rn. 89).

66.2   Während Name und Firma „geborene" Zeichen mit Namensfunktion sind, ist der Begriff der **besonderen Bezeichnung** nicht normativ vorgeprägt; er setzt deshalb die konkrete Feststellung der Namensfunktion voraus. Das lässt sich in der Regel nicht ohne Rückgriff auf die Unterscheidungskraft bewältigen, weil es nicht um Bezeichnungen geht, denen die Rechtsordnung ohne Rücksicht auf die Unterscheidungskraft Namensfunktion beilegt. Nur hier ist die Rede von der „namensmäßigen Unterscheidungskraft" zutreffend.

3. Unterschiede zu § 8 Abs. 2 Nr. 1

67   Die für § 5 Abs. 2 erforderliche Unterscheidungskraft unterscheidet sich von der für die Eintragung von Marken notwendigen **konkreten Unterscheidungskraft iSd § 8 Abs. 2 Nr. 1** (BPatG BeckRS 2019, 20917 Rn. 38 – en Vogue; GRUR-Prax 2016, 147 – Immobilien Lounge; BeckRS 2014, 09568 – Harzer Apparatewerke; BeckRS 2011, 16420 – Haarschmiede; OLG Frankfurt GRUR-RS 2021, 18210 Rn. 5 – Ciao/Ciao Mamma; LG Hamburg BeckRS 2015, 19278 – poppen.de; Ströbele/Hacker/Thiering/Hacker Rn. 38). Sie umfasst auch die Prüfung, ob das Zeichen **beschreibenden Charakter iSd § 8 Abs. 2 Nr. 2, 3** hat. Zudem ergeben sich aus den unterschiedlichen Bezugsobjekten auch unterschiedliche Anforderungen an die Unterscheidungskraft: Während Registermarken dazu in der Lage sein müssen, eine Ware oder Dienstleistung bundesweit zu unterscheiden, genügt für Unternehmenskennzeichen bereits die Fähigkeit zur Unterscheidung von Unternehmen bzw. Geschäftsbetrieben und Unternehmenseinheiten auf einer regionalen Ebene (zum geographischen Schutzbereich → Rn. 128).

4. Bedeutung des § 8 Abs. 2 Nr. 4–9

68   Die für Registermarken geltenden **Schutzhindernisse des § 8 Abs. 2 Nr. 4–9** sind bei der Rechtmäßigkeit der Benutzung zu berücksichtigen (→ Rn. 124).

X. Originäre Unterscheidungskraft

1. Anforderungen

69   Nach der jüngeren Rechtsprechung sind **keine besonderen Anforderungen** an die Unterscheidungskraft zu stellen. Eine besondere Originalität, zB durch eigenartige Wortbildung oder Heraushebung aus der Umgangssprache ist nicht erforderlich; es genügt, wenn eine **bestimmte beschreibende Verwendung nicht festzustellen** ist (BGH GRUR 2018, 935 Rn. 28 – goFit; GRUR 2014, 506 Rn. 11 – sr.de; GRUR-RR 2010, 205 Rn. 22 – Haus & Grund IV; GRUR 2009, 685 Rn. 18 – ahd.de; GRUR 2008, 1108 Rn. 32 – Haus & Grund III; GRUR 2008, 1104 Rn. 17 – Haus & Grund II; GRUR 2001, 1161 – CompuNet/ComNet I; vgl. auch BGH GRUR 2013, 68 Rn. 33 – Castell/VIN CASTEL). Beispiele → Rn. 69.1.

69.1   **Beispiele. Originäre Unterscheidungskraft bejaht:** „ac-pharma" für Arzneimittelvertrieb (BGH GRUR 1992, 550); „Advanced Microwave Systems" für Hersteller von Mikrowellenmesstechnik (OLG Hamburg GRUR-RR 2006, 193 (195)); „AESCULAP" für den Geschäftsbereich Beratung von Krankenhäusern und Kliniken in organisatorischer, betriebswirtschaftlicher und finanzieller Hinsicht (BPatG Beschl. v. 23.2.2022 – 29 W (pat) 25/19 Rn. 48); „Allkraft" für Arbeitnehmerüberlassung (OLG München MD 1995, 459); „ALLNET" für Netzwerk- und Kommunikationstechnologie-Unternehmen (OLG Frankfurt GRUR-RR 2015, 59); „Altberliner" für Verlag (BGH GRUR 1999, 492 (494)); „Altenburger und Stralsunder Spielkarten-Fabriken" für Spielkartenhersteller (BGH GRUR 1995, 754 (758)); „Anson's" für Herrenbekleidungsläden (OLG Hamburg GRUR-RR 2015, 373 (374)); „Arena" für Sportartikelhersteller (OLG München GRUR 1980, 1003 (1004)); „arena-berlin" für kulturelle Veranstaltungen (KG GRUR-RR 2003, 370; aber verneint für „Arena"); „Atlas" für Groß- und Einzelhandel für Lebensmittel (BPatG GRUR-RS 2020, 36000 Rn. 28); „Augsburger Puppenkiste" für Marionettentheater (BGH GRUR 2009, 772 Rn. 75; für „Puppenkiste" wurde hingegen bereits die Schlagwortgeltung verneint); „Barth Acoustic

Systems" für Hersteller von Lautsprechersystemen (BPatG GRUR-RS 2020, 11859 Rn. 24); „Basler Haar-Kosmetik" für Vertrieb von Haarkosmetikprodukten und Friseurbedarf (BGH GRUR 2012, 304 Rn. 35); „Baumann" für Hersteller von Gabelstaplern (BGH GRUR 2013, 1150 Rn. 34); „berlin location" für Dienstleister im Bereich Film, Fernsehen, Werbung und Eventvermarktung (OLG Hamburg GRUR-RR 2002, 226 (227)); „Bierstraße" für Getränkeverlag (OLG Saarbrücken NJWE-WettbR 1998, 62 (63)); „Blitz-Bank" für Gebäudereinigungsunternehmen (OLG Hamburg GRUR 1986, 475); „Brauwelt" für Herausgabe einer Fachzeitschrift für das Brauwesen und Veranstaltung von Brauseminaren (OLG Düsseldorf GRUR-RR 2016, 237 Rn. 16); „bsw" für Bundesverband der Schwimmbad- und Wellnessbranche (OLG Köln GRUR-RR 2008, 9 (10)); „buecher.de" für Internetbuchhandel (OLG München GRUR 2000, 518 (519); aber verneint für „buecher", OLG München ZUM 1999, 582 (583)); „Charité" für Universitätsklinikum (OLG Düsseldorf GRUR-RR 2013, 21); „Charme & Chic" für Modehersteller (BGH GRUR 1973, 265 (266)); „Ciao" für Pizzeria (OLG Frankfurt GRUR-RS 2021, 18210 Rn. 5); „City-Hotel" (BGH GRUR 1995, 507 (508)); „combit" für EDV-Leistungen (OLG Hamburg GRUR-RR 2006, 262 (263)); „Commerzbau" für Bauunternehmen (BGH GRUR 1989, 856 (857)); „CompuNet" für Beschaffung, Wartung und Installation von PC-Netzwerken (BGH GRUR 2005, 61; GRUR 2001, 1161); „Computer-Land" für Computerhändler (OLG München GRUR 1990, 699; sehr zweifelhaft); „Consilia" für Steuerberater (BGH GRUR 1985, 72); „CONTACT" für Werbeagentur (BGH GRUR 1973, 539 (549)); „Creditsafe" für Wirtschaftsinformationen, Firmenauskünfte und Kreditberichte (OLG Hamburg WRP 2015, 911 (915); „Das Klett-Shirt" für Bekleidungshändler (OLG Hamburg GRUR-RR 2007, 152 (153 f.)); „Datacolor" für Hersteller elektronischer, optischer und feinmechanischer Apparate (BGH GRUR 1990, 1042 (1043)); „DB Immobilienfonds" (BGH GRUR 2001, 344 f.); „defacto" für Marketing (BGH GRUR 2002, 898); „DeTeMedien" für Herausgeber von Kommunikationsverzeichnissen (OLG München BeckRS 2000, 3091); „eberth" für Anlagenbau (BPatG BeckRS 2018, 4915 Rn. 18); „Elbphilharmonie" für Gebäude in Hamburg (LG Hamburg BeckRS 2016, 135245 Rn. 36 f.); „E-Spirit" für Entwicklung, Einführung und Vertrieb eines Datenverarbeitungsprogramms für Internet-basierte und mobile Anwendungen (BPatG BeckRS 2014, 12939); „Euphrat" für Restaurantbetrieb (LG Braunschweig BeckRS 2017, 128830 Rn. 25); „Evangelische Kirchenbank" und „Evangelische Bank" für Geldinstitut (vgl. BPatG BeckRS 2017, 106071; 2017, 106047); „Fair Play" für Spielhallen (OLG Köln BeckRS 2012, 10666; s. aber OLG Frankfurt MDR 1984, 148 f.: Fehlende Unterscheidungskraft für auf dem Gebiet von Spiel und Sport tätigem Unternehmen); „Felgenretter" für Veredelung von Autofelgen (LG Düsseldorf BeckRS 2019, 17829 Rn. 32); „Floratec" für Garten- und Landschaftsbauer (OLG Saarbrücken NJWE-WettbR 1999, 258 (259)); „flowconsultinggmbh" für Beratungsunternehmen (BPatG GRUR-Prax 2017, 462); „Fränkischer Albverein" sowie „FAV" für Verein zur Förderung des Wanderns, des Natur- und Umweltschutzes und der Kultur- und Heimatpflege (OLG Nürnberg GRUR-RS 2020, 35066 Rn. 31); „Frommia" für Maschinenhersteller (BGH GRUR 2002, 982 (973)); „Flüssiggas-Bayern" für Flüssiggasanbieter (OLG München MMR 2003, 397 (398); zweifelhaft, → Rn. 74); „Frühstücks-Drink GmbH" für Hersteller gleichnamigen Getränks (BGH GRUR 2002, 809 (812); zweifelhaft, → Rn. 71); „Garant-Möbel" für Innenarchitekt und Handelsagentur für Möbel (BGH GRUR 1995, 156 (157)); „GARONOR" für Entwicklung und Betrieb von Güterverkehrszentren (BGH GRUR 1997, 903 (905)); „Gauff" für Ingenieurleistungen (OLG Nürnberg BeckRS 2018, 25967 Rn. 41); „GEFA" für Finanzdienstleister (BGH GRUR 1985, 461 (462)); „Germania" für Kapital- und Vermögensanlageunternehmen (BGH GRUR 1991, 472 (473)); „goFit" für Fußreflexzonenmassagematten (BGH GRUR 2018, 935 Rn. 29); „Grand Hotel Mussmann" (OLG Celle NJWE-WettbR 1996, 206 f.); „Hansen" für Bauunternehmen (BGH GRUR 2008, 801 Rn. 14); „Haus & Grund" für Zentralverband von Haus-, Wohnungs- und Grundeigentümern (BGH GRUR-RR 2010, 205 Rn. 23; GRUR 2008, 1108 Rn. 34; GRUR 2008, 1105 Rn. 19); „HD+" und „HD plus" für Vertrieb von Smartcards und CI-Modulen (OLG Hamburg GRUR-RR 2020, 304 Rn. 38); „Holger's Objektservice" (OLG Frankfurt NZG 2016, 1079); „HomeCompany" für Vermittlung von Mitwohngelegenheiten (OLG Frankfurt GRUR-RR 2018, 345 Rn. 35); „Hotel Garni am Stadtpark" (OLG Nürnberg NJWE-WettbR 1996, 110); „holz Art" für Handel mit Fenstern, Türen und Holzbauelementen (OLG Schleswig BeckRS 1999, 17398); „Hufelandklinik" (BGH GRUR 2006, 159 Rn. 12); „Immo-Data" für Immobilienvermittler (BGH GRUR 1997, 845 f.); „Impuls" für Versicherungsdienstleister (BGH GRUR 2007, 65 Rn. 13); „INTEC" für Beratung und EDV-Leistungen im Bereich der Industrie- und Fertigungstechnik (OLG München BeckRS 1999, 6942); „INTER CONTROL" für Hersteller thermischer Regelungstechnik (OLG Frankfurt GRUR-RR 2018, 411 Rn. 19); „Interglas" für Hersteller von Glasgeweben (BGH GRUR 1976, 643 (644)); „Interprint" für Druckerei (OLG Hamm WRP 1990, 345 (347)); „IPF" für Datenverarbeitung (OLG Köln MMR 2000, 161, (162)); „Jim Clarke Revival" für Automobilsportveranstaltung (OLG Frankfurt MarkenR 2011, 222 = BeckRS 2011, 6136); „Joh. Jos. Prüm" für Weinerzeuger (LG Mannheim GRUR-RS 2020, 23523 Rn. 26); „Laverana" für Naturkosmetikunternehmen (OLG Nürnberg GRUR-RR 2022, 315 Rn. 13); „KlaFlü" für Klavier- und Flügeltransportunternehmen (OLG Bremen WRP 1999, 215 (217)); „Kraftwerk" für Musik- und Performance-Projekt (BPatG BeckRS 2019, 20887 Rn. 29); „Kulturwerbung Nord" für Werbedienstleistungen für kulturelle Veranstaltungen (OLG

Hamburg NJWE-WettbR 2000, 237); „LH" für EDV-Unternehmen (KG GRUR 2000, 902); „MARI-TIM" für Hotelbetriebsunternehmen (BGH GRUR 1989, 449 (450)); „LS Plan" für Entwicklung und Planung von Bau- und Anlageprojekten (OLG Frankfurt BeckRS 2019, 19184 Rn. 6); „MEBATEC" für Metallbauunternehmen (OLG Hamm BeckRS 2013, 07148); „Med. Needle" für Tätowier- und Piercing-studio (OLG Jena GRUR-RR 2003, 111); „MHO" für Krankenhaus (BGH GRUR 2005, 430); „Mingan-Labrador" für Zucht von Labrador- und Retrieverhunden (OLG Köln WRP 2015, 630); „Multicolor" für Druckerei (OLG Frankfurt WRP 1982, 420 (421)); „Mustang" für Bekleidungshersteller (BGH GRUR 2004, 865 (867)); „NetCom" für Computer- und Softwarehandel (BGH GRUR 1997, 468 (469)); „NeD Tax" für Steuerberatungskanzlei (BPatG BeckRS 2016, 07091); „Park Hotel Post" (OLG Karlsruhe WRP 2012, 1293; für „Parkhotel" hingegen Schlagworteignung verneint); „PATMONDIAL" für Patentanwalts-sozietät (OLG Hamburg GRUR-RR 2011, 168 (169)); „Petite fleur" für Modegeschäft (OLG Hamm GRUR 1990, 699); „Pflegehelden" für Vermittlung von Pflegepersonal (LG Hamburg GRUR-RS 2021, 18309 Rn. 25),„Pic Nic" für Imbissbetrieb (BGH GRUR 1993, 923); „POINT WERBEAGENTUR" (OLG Hamm BeckRS 2010, 28139); „poppen.de" für Erotik-Kontaktplattform im Internet (LG Hamburg BeckRS 2015, 19278); „Prolac" für Entwicklung von Vertrieb von Lacken (OLG Jena GRUR-RR 2009, 104 (105)); ProVITA Heimbetriebsgesellschaft" und „ProVITA" für Betreiber von Seniorenpflegeheimen (LG Düsseldorf BeckRS 2018, 19382 Rn. 24 f.); „Realfundus" für Immobilienhandlung und -verwaltung (BPatG GRUR-Prax 2017, 324); „Rhein-Chemie" für Chemieunternehmen (BGH GRUR 1957, 561 (562)); „Rialto" für Eiscafé (BGH GRUR 1991, 155 (156)); „Schlachthof Brasserie" für Gaststätte (OLG Saarbrücken BeckRS 2006, 13468); „Seicom" für EDV-Unternehmen (BGH GRUR 2005, 871 (872)); „Shindy" für Darbietung deutschsprachiger Rap-Musik (BPatG GRUR-RS 2021, 36796 Rn. 60); „Sieh an!" für Versandhandel (OLG Hamburg MMR 2002, 682 (683)); „Skyline Records" für Musiklabel (OLG Frankfurt GRUR-RR 2020, 134 Rn. 21); „Slow Food" für Verein von Lebensmittelherstellern (OLG München GRUR-RR 2002, 230); „SoCo" für EDV-Unternehmen (BGH GRUR 2005, 262 (263)); „Sport1" für Fernsehsender (BPatG BeckRS 2017, 123214); „spotted.de" für Kontakt- und Flirtportal (BPatG BeckRS 2019, 8864 Rn. 18); „Squash-Center-Nr. 1" (OLG Saarbrücken NJWE-WettbR 1996, 179); „SR" für Rundfunkanstalt (BGH GRUR 2014, 506 Rn. 11); „Stadtwerke Uetersen" (OLG Hamburg GRUR-RR 2010, 208 (209) (zu § 12 BGB)); „START" für Arbeitsvermittlung (OLG Düsseldorf GRUR-RR 2003, 8 (9)); „START Ticket" für Computerreservierungs- und Vertriebssystem für Eintrittskarten (OLG Stuttgart NJWE-WettbR 1996, 111 (112)); „t 3" für Hersteller von Kommunikationsmitteln und EDV-Programmen (OLG Köln GRUR-RR 2002, 293); „tabu" für Gaststätten (BGH GRUR 1957, 547 (548)); „T-Box" für Teehandel (OLG Düsseldorf GRUR-RR 2002, 20); „t-net" für Internetdienstleister (OLG München ZUM 2000, 71 (72)); „Torres" für Weinhandel (BGH GRUR 1995, 825); „Transcom-merce" für Im- und Export (OLG Köln WRP 1977, 733); „Traumfabrik" für Unternehmen, das sich mit Umsetzung künstlerischer Projekte befasst (OLG München OLGR München 2002, 320); „Volks-Feuerbestattung" für Versicherungsunternehmen (BGH GRUR 1960, 434 (435)); „Video Land" für Video-vermietung (OLG Oldenburg WRP 1986, 508 (509); sehr zweifelhaft); „Wach- und Schließgesellschaft" für Bewachungsunternehmen (BGH GRUR 1977, 226 (227)); „Wheel Clean Tec" für Felgenreinigung (OLG Schleswig GRUR-RR 2017, 398 Rn. 19); „Windsurfing Chiemsee" für Herstellung und Vertrieb von Sport- und Modeartikeln (BGH BlPMZ 2001, 210 (211) = BeckRS 2001, 02949); „XCOM" für EDV-Unternehmen (OLG Düsseldorf BeckRS 2010, 1271); „X Filme" für Filmproduktionsgesellschaft (BPatG BeckRS 2019, 31703 Rn. 26); „Yok Yok" (türkisch für „Gibt nicht gibt's nicht") für Kiosk (OLG Frankfurt GRUR-RS 2021, 37931 Rn. 4).

69.2   **Originäre Unterscheidungskraft verneint:** „alta moda" für Modegeschäft (OLG Frankfurt WRP 1986, 339); „Areal" für Bauträger- und Immobiliengesellschaft (OLG Köln WRP 1974, 503 (504); „Arena" für kulturelle Veranstaltungen (KG GRUR-RR 2003, 370; aber bejaht für „arena-berlin"); „Bauland" für Immobilientätigkeiten (OLG Dresden GRUR 1997, 846 f.); „berlinOnline" für Informationsportal (KG ZUM 2001, 74); „buecher" für Internetbuchhandel (OLG München GRUR 2000, 518 (519); aber bejaht für „buecher.de", OLG München ZUM 1999, 582 (583)); „Bücherdienst" für Buchvertrieb (BGH GRUR 1957, 428 (429)); „Business-Radio" für Produktion von Hörfunksendungen für Verkaufsstellen (OLG Brandenburg WRP 1996, 308 (309 f.)); „Campingplatz Seehamer See" für einen am Seehamer See gelege-nen Campingplatz (LG München I BeckRS 2014, 20408); „Castell" für Weingut (BGH GRUR 2013, 68 Rn. 33 ff.); „Chemotechnik" für Flüssigkunststoffhersteller (OLG Hamm GRUR 1979, 67); „Clever Rei-sen" für Reisevermittlung und -veranstaltung (OLG Düsseldorf GRUR-RR 2003, 342 (343); zweifelhaft, weil „Clever" auch ein zumindest regional verbreiteter Familienname ist); „COTTON LINE" Beklei-dungsherstellung und -vertrieb (BGH GRUR 1996, 68 (69)); „en Vogue Sculptured Nail Systems" für Herstellung und Handel von/mit chemischen Erzeugnissen, Kosmetikprodukten, dazu erforderlichen Gerä-ten und Anwendungsschulung (BPatG BeckRS 2019, 20917 Rn. 36 ff.); „Europa Möbel" für Möbelein-kaufsverband (KG BeckRS 2008, 23351); „Fair Play" für auf dem Gebiet von Spiel und Sport tätigem Unternehmen (OLG Frankfurt MDR 1984, 148; s. aber OLG Köln BeckRS 2012, 10666: unterschei-dungskräftig für Spielhallen); „Festspielhaus" für kulturelle Darbietungen (BGH GRUR 2003, 792 (793));

„Flock-Technik" für Beflockungsunternehmen (OLG Hamm GRUR 1979, 862 (863)); „fluege.de" für Flugvermittlung im Internet (OLG Dresden MMR 2015, 193 (194); „Flugplatz Speyer" für Betrieb eines Flugplatzes (OLG Frankfurt GRUR-RR 2011, 216 (217), abzulehnen, → Rn. 85); „Fußballweltmeister-schaft" oder „Fußball-WM" für die FIFA (OLG Hamburg GRUR 1997, 297 (298)); Gebäudegestaltung als sog. „Räucherkate" für Räucherei und Fischverkauf (BGH GRUR 2005, 419 (422)); „Getränke Industrie Darmstadt" für Getränkeherstellung und vertrieb (BGH GRUR 1957, 426 (427)); „hairfree" für Haarent-fernung (OLG München BeckRS 2015, 14078); „Hausbücherei" für Bücherdienst (BGH GRUR 1957, 25 (26)); „Herstellerkatalog" für Herstellung und Vertrieb von Hersteller- und Lieferantenkatalogen (OLG Stuttgart MMR 2002, 754 (755)); „Immobilien-Börse" für Immobilienvermittler (KG NJOZ 2002, 2289 (2291)); „Kettenzüge" für Veranstaltungstechnik (OLG Dresden MMR 2006, 685); „Leasing Partner" für Durchführung von Leasinggeschäften (BGH GRUR 1991, 556 (557 f.)); „Literaturhaus" für literarische und kulturelle Veranstaltungen (BGH GRUR 2005, 517 (518)); „Mainzer Weinbörse" für Weinhandels-messe (OLG Koblenz GRUR 1993, 989 f.); „Management-Seminare Heidelberg" für Schulungskurse (BGH GRUR 1976, 254 (255)); „Mitwohnzentrale" für Maklerunternehmen (OLG Frankfurt GRUR 1991, 251 (252)); „Motorland" für Motorradhandel (OLG Düsseldorf GRUR-RR 2001, 307); „Öster-reich.de" für Reiseinformationen (OLG München GRUR 2006, 686 (687)); „Online" für Messe- und Kongressveranstalter (OLG Köln GRUR 2001, 525 (527)); „Palästinensische Ärzte- und Apothekervereini-gung Deutschland e.V." (KG NJOZ 2013, 1294); „Paris Tours" für Reiseveranstalter (OLG München WRP 1996, 238 (239)); „pneus-online.com" für Internet-Reifenhandel (OLG München BeckRS 2010, 7531); „Printer-Store" für Handel mit Druckern und EDV-Hardware (OLG Köln GRUR-RR 2001, 266 (267)); „Schwarzwald-Sprudel" für Mineralwasserproduktion (BGH GRUR 1994, 905 (906)); „Seetours" für Kreuzfahrten (OLG Köln GRUR-RR 2005, 16 (18)); „Sicherheit + Technik" für Vertrieb von Sicher-heitsanlagen (OLG Hamburg GRUR 1987, 184 f.); „Snowboardschule" mit beigefügter Ortsbezeichnung (OLG Jena GRUR-RR 2011, 181); „Star Entertainment" für Veranstaltungsdienstleistungen (BGH GRUR 2005, 873 (874)); „Taxi Rent" für Vermietung von Taxifahrzeugen (OLG Karlsruhe NJOZ 2002, 1571 (1572 f.)); „Telecom" für Herstellung und Vertrieb von Film- und Fernsehproduktionen (OLG München NJWE-WettbR 1998, 113 (114)) und für Telekommunikation (OLG Köln GRUR-RR 2006, 191); „Tele-kom" für Telekommunikation (BGH GRUR 2007, 888 Rn. 19; GRUR 2004, 515 (515); aber Unterschei-dungskraft durch Verkehrsgeltung); „toolshop" für Werkzeugversandhandel (KG NJWE-WettbR 2000, 234); „US Dental" für Import und Handel mit Dentalartikeln (OLG München NJWE-WettbR 2000, 238 f.); „VIDEO-RENT" für Vertrieb von Videokassetten und Unterhaltselektronik (BGH GRUR 1988, 319 (329)); „Volksbank" für genossenschaftliches Kreditinstitut (BGH GRUR 1992, 865; OLG Frankfurt WRP 2007, 671 (673)); „WaffelWerk" für Betrieb von Gaststätten, Durchführung von Veranstaltungsser-vice, Fullcatering (BPatG GRUR-RS 2021, 5708 Rn. 28); Partyservice „WetterOnline" für im Internet angebotene Informationen und Dienstleistungen zum Thema „Wetter" (BGH GRUR 2014, 393 Rn. 19); „Woodstix" für Vertrieb von Holzpellets und -briketts (OLG Naumburg BeckRS 2008, 4356; zweifelhaft); „Zentrales Verzeichnis Antiquarischer Bücher" für Onlinehandel mit antiquarischen Büchern (KG GRUR-RR 2009, 61); 1-800-FLOWERS.COM für Blumenversand (OLG München GRUR-RR 2005, 375 (378)).

An der Unterscheidungskraft fehlt es nur, wenn das Zeichen im Verkehr ausschließlich als **70** **Beschreibung der Tätigkeit des Unternehmens** erscheint (entsprechend § 8 Abs. 2 Nr. 2 bei Bezeichnungen der Art, Beschaffenheit, Menge, Bestimmung, des Wertes, der geographischen Herkunft, Herstellungs- oder Erbringungszeit, sonstige Merkmale). Erforderlich, aber auch ausrei-chend ist die auf das **konkrete Unternehmen** bezogene Unterscheidungskraft; ist das Zeichen für dessen Tätigkeit nicht rein beschreibend, besteht Unterscheidungskraft auch dann, wenn der Begriff als solcher einen beschreibenden, aber eben mit der Tätigkeit des Unternehmens nicht in Beziehung stehenden Inhalt hat (vgl. BGH BlPMZ 2001, 210 (211) = BeckRS 2001, 02949 – WINDSURFING CHIEMSEE; Ingerl/Rohnke/Nordemann/Nordemann-Schiffel Rn. 38; Strö-bele/Hacker/Thiering/Hacker Rn. 41). Eine gattungsmäßige Bezeichnung des Geschäftsbetriebs genügt hingegen nicht (BGH GRUR 2018, 935 Rn. 28 – goFit).

Für ein Zeichen, das ein vom Unternehmen **angebotenes Produkt beschreibt,** nimmt die **71** Rechtsprechung ebenfalls Unterscheidungskraft an, weil es für das Unternehmen keinen beschrei-benden Inhalt habe (BGH GRUR 2002, 809 (812) – FRÜHSTÜCKS-DRINK I; aA OLG Koblenz GRUR-RR 2007, 81 (82) – PRO). Das ist zweifelhaft, weil mit der Produktbeschreibung gleichzeitig auch der Tätigkeitsbereich des Unternehmens umrissen wird (Herstellung, Angebot oder Vertrieb des beschriebenen Produkts) und der Verkehr in produktbeschreibenden Begriffen auch dann, wenn sie als Firma Namensfunktion haben, regelmäßig kein Unterscheidungszeichen von Unternehmen, sondern allenfalls von Waren oder Dienstleistungen sieht (kritisch auch Ingerl/ Rohnke Rn. 37; dem BGH zustimmend Ingerl/Rohnke/Nordemann/Nordemann-Schiffel Rn. 38).

2. Beschreibende Begriffe

72   Rein beschreibende Begriffe können in ihrer **Verbindung zu einem einheitlichen Begriff** unterscheidungskräftig sein, wenn sich gerade aus der Zusammensetzung eine Kennzeichnung von individueller Eigenart ergibt. So verhält es sich, wenn der **gebildete Begriff einprägsam** ist und das **Tätigkeitsgebiet des Unternehmens schlagwortartig umreißt,** ohne es konkret zu beschreiben (BGH GRUR 2008, 1108 Rn. 34 – Haus & Grund III; GRUR 2008, 1104 Rn. 19 – Haus & Grund II); ferner allgemein bei **eigenartigen, phantasievollen Zusammensetzungen,** sofern sie auch in ihrer Zusammensetzung nicht lediglich einen beschreibenden Inhalt haben (BGH GRUR 1996, 68 (69) – COTTON LINE).

3. Geographische Angaben

73   Ein den **Tätigkeitsbereich beschreibender Begriff** kann Unterscheidungskraft haben, wenn ihm eine **geographische Angabe beigefügt** wird, die den Ort des Unternehmenssitzes oder der Leistungserbringung anzeigt. Das kommt insbesondere in Betracht, wenn die Zufügung von geographischen Angaben branchenüblich ist (vgl. BGH GRUR 1957, 561 (562) – REI-Chemie/ Rhein-Chemie; KG GRUR-RR 2003, 370 (372) – arena-berlin.de), die geographische Bezeichnung stark individualisierenden Charakter hat (zB aufgrund ihrer Seltenheit als Straßenname, vgl. BGH GRUR 1960, 296 (297) – Reiherstieg) oder der beschreibende Begriff schon für sich genommen so speziell ist, dass von vornherein nur wenige Unternehmen erfasst sein können, so dass die Zufügung einer Ortsangabe zur Unterscheidung ausreicht (vgl. BGH GRUR 1995, 754 (758) – Altenburger Spielkartenfabrik; OLG Hamburg GRUR-RR 2010, 208 (209) – stadtwerke-uetersen.de, zu § 12 BGB; OLG Hamburg NJWE-WettbR 2000, 237 – Kulturwerbung Nord).

74   Begriffe, die Leistungen beschreiben, die üblicherweise von mehreren Unternehmen auch innerhalb eines Orts oder einer Region angeboten werden, erlangen durch die Zufügung von Angaben zum Ort des Sitzes oder der Leistungserbringung hingegen keine Unterscheidungskraft (vgl. BGH GRUR 1976, 254 (255) – Management-Seminare; GRUR 1957, 426 (427) – Getränke Industrie; OLG Jena GRUR-RR 2011, 187 (188) – Snowboardschule; LG München I BeckRS 2014, 20408 – Campingplatz Seehamer See; zweifelhaft daher OLG München MMR 2003, 397 (398) – flüessiggas-bayern.de: Flüssiggas-Bayern unterscheidungskräftig für in Bayern tätigen Flüssiggasanbieter). Wohl aber kann ein beschreibender Begriff durch Hinzufügung einer Ortsangabe, die mit der Art der Leistung oder dem Ort ihrer Erbringung nichts zu tun hat, Unterscheidungskraft erlangen (vgl. OLG Hamm NJWE-WettbR 2000, 214 – Rhodos Grill).

75   **Geographischen Begriffen in Alleinstellung** fehlt im Allgemeinen jede Unterscheidungskraft; das gilt auch für Bezeichnungen bekannter Gebäude (OLG Jena GRUR 2000, 435 (436) – Wartburg; vgl. auch BGH GRUR 2013, 68 Rn. 42 – Castell/VIN CASTEL: Castell als geographische Herkunftsangabe für Wein; BPatG BeckRS 2014, 01359 – sailing-chiemsee/CHIEMSEE). Anders ist dies aber, wenn der Begriff für das konkrete Unternehmen nicht als Herkunftsbezeichnung aufgefasst wird (BGH GRUR 1991, 155 (156) – Rialto).

4. Rechtsformzusatz, Top-Level-Domain

76   Wird ein **Rechtsformzusatz** einem beschreibenden Begriff zugefügt, erlangt die Gesamtbezeichnung keine Unterscheidungskraft, weil der Verkehr bei der Unterscheidung von Unternehmen nicht auf die Rechtsform achtet (OLG Dresden GRUR 1997, 846 (847) – Bauland).

77   Ähnliches gilt für die Zufügung einer **Top-Level-Domain** wie .de oder .com, da sie nur funktionale Bedeutung hat und im Verkehr nicht zur Unterscheidung von Unternehmen dient (BGH GRUR 2005, 262 (263) – soco.de; OLG Dresden MMR 2015, 193 (194) – fluege.de; OLG München GRUR-RR 2005, 375 (378) – 800-FLOWERS; aA OLG München GRUR 2000, 518 (519) – buecherde.com: Verwendung der Top-Level-Domain „.de" als Bestandteil einer Firma noch ungewöhnlich).

5. Abweichung vom üblichen Sprachgebrauch

78   Da es darauf ankommt, ob das Zeichen für die Tätigkeit des konkreten Unternehmens beschreibend ist, können auch **Begriffe aus der Umgangssprache, die als solche beschreibenden Charakter haben,** unterscheidungskräftig sein, wenn sie **abweichend vom üblichen Gebrauch** verwendet werden und deshalb für das Unternehmen keinen beschreibenden Charakter haben (vgl. BGH GRUR 1995, 156 (157) – Garant-Möbel; GRUR 1993, 923 – Pic Nic; GRUR 1991, 155 (156) – Rialto).

Die bloße **Mehrdeutigkeit** eines Zeichens genügt noch nicht zur Verneinung des rein beschrei- **79** benden Charakters, sofern sich die verschiedenen Bedeutungsinhalte lediglich auf verschiedene Möglichkeiten beziehen, wie eine damit bezeichnete Dienstleistung erbracht werden kann (BGH GRUR 2005, 873 (874) – Star Entertainment). Ist hingegen nur eine der mehreren möglichen Bedeutungen beschreibend für das Unternehmen, dann kann jedenfalls dann, wenn die anderen Bedeutungen nicht völlig fernliegend sind, eine rein beschreibende Verwendung nicht festgestellt werden (vgl. BGH GRUR 2002, 898 – defacto; GRUR 1997, 468 (469) – NetCom; OLG Hamburg GRUR-RR 2007, 152 (153 f.) – Das Klett-Shirt/klettSHIRTS; OLG Koblenz GRUR-RR 2007, 81 (82) – PRO).

Eine **falsche Syntax** bei aus mehreren Worten bestehenden Zeichen ist jedenfalls dann, wenn **80** diese Unkorrektheit im allgemeinen Sprachgebrauch üblich ist, für sich genommen nicht zur Begründung originärer Unterscheidungskraft geeignet (vgl. KG NJOZ 2013, 1294: „Palästinensische Ärzte- und Apothekervereinigung" statt sprachrichtig „Vereinigung palästinensischer Arzte und Apotheker"; BPatG BeckRS 2019, 20917 Rn. 47 – en Vogue).

Eine von den Regeln der Rechtsschreibung oder der Üblichkeit **abweichende Schreibweise 81** kann nur dann Unterscheidungskraft begründen, wenn die Abweichung weitgehend vorbildlos ist und den angesprochenen Verkehrskreisen sonst nicht begegnet (ebenso BPatG BeckRS 2019, 20917 Rn. 47 – en Vogue). Das ist zB nicht der Fall, wenn Umlaute aufgelöst werden (OLG Dresden MMR 2015, 193 (194) – fluege.de) oder statt Groß- eine Kleinschreibung (oder umgekehrt) verwendet wird.

Fremdsprachige Begriffe genießen nicht per se Unterscheidungskraft, da sie in die deutsche **82** Sprache als beschreibende Begriffe eingegangen sein können (BGH GRUR 1996, 68 (69) – COTTON LINE; GRUR 1991, 556 (557) – Leasing Partner; GRUR 1988, 319 (320) – VIDEORENT).

6. Aussprechbarkeit

Der Möglichkeit originärer Unterscheidungskraft steht nicht entgegen, dass das Zeichen **nicht 83 als Wort aussprechbar** ist; auch **Buchstabenkombinationen** können unterscheidungskräftig sein (BGH GRUR 2009, 685 Rn. 18 – ahd.de; GRUR 2005, 430 – mho.de; GRUR 2001, 344 f. – DB Immobilien; OLG Köln GRUR-RR 2008, 9 (10) – bsw/BSW Bundesverband Solarwirtschaft e.V.; OLG Düsseldorf GRUR-RR 2001, 106 – GVP; OLG Köln MMR 2000, 161 (162) – IPFNet; KG GRUR 2000, 902 – LH). **Farben** sind hingegen in der Regel nicht originär unterscheidungskräftig und daher nur bei Verkehrsgeltung als Unternehmenskennzeichen schutzfähig (LG München I BeckRS 2011, 12204).

7. Örtlich üblicherweise einmalige Bezeichnung

Entspricht es der Üblichkeit, dass in einem **umgrenzten örtlichen Bereich** regelmäßig **nur 84 ein Unternehmen eine bestimmte Bezeichnung verwendet,** dann ist dieses Zeichen im Verkehr auch dann noch zur Unterscheidung geeignet, wenn es rein beschreibend ist. Das kommt insbesondere bei Hotels, Restaurants und Gaststätten in Betracht (BGH GRUR 1995, 507 (508) – City-Hotel; GRUR 1977, 165 (166) – Parkhotel; OLG Frankfurt GRUR-RS 2021, 18210 Rn. 5 – Ciao/Ciao Mamma; LG Braunschweig BeckRS 2017, 128830), aber auch bei Wachunternehmen (BGH GRUR 1977, 226 (227) – Wach und Schließ) und Veranstaltungsplätzen (KG GRUR-RR 2003, 370 (372) – arena-berlin.de); bei Piercing- und Tätowierstudios soll dies jedoch ausscheiden (OLG Jena GRUR-RR 2003, 111 (113) – Med.Needle; zweifelhaft).

Beschreibt das Zeichen eine **Tätigkeit,** die als solche üblicherweise **nur von einem Unter- 85 nehmen im örtlichen Bereich erbracht wird** (zB Betrieb eines Flughafens), genügt dies für die Unterscheidungskraft jedenfalls dann, wenn die Ortsbezeichnung hinzugefügt wird (LG München I BeckRS 2014, 20408 – Campingplatz Seehamer See; Ströbele/Hacker/Thiering/Hacker Rn. 43; aA OLG Frankfurt GRUR-RR 2011, 216 (217) – Flugplatz Speyer).

8. Namen

Bei hinzugefügten **Familiennamen** ist eine rein beschreibende Verwendung in der Regel von **86** vornherein ausgeschlossen. Nach den Maßstäben der neueren Rechtsprechung ist regelmäßig originäre Unterscheidungskraft gegeben. Allerdings können Familiennamen **mit beschreibenden Begriffen identisch** sein. In solchen Fällen kommt es darauf an, ob der Verkehr den Namen als solchen erkennt oder ob er in ihm lediglich eine beschreibende Angabe sieht. Dabei genügt es, wenn der Verkehr den Begriff zumindest auch als Eigenname versteht; bei Identität mit einer geographischen Angabe ist hiervon jedenfalls dann auszugehen, wenn nicht nur ein regional begrenzter Schutz besteht, da der Verkehr in solchen Fällen den Begriff nicht nur als Ortsbezeichnung versteht wird (vgl. BGH GRUR 2012, 304 Rn. 35 – Basler Haar-Kosmetik: wird insbesondere außerhalb der Stadt oder des Kantons Basel nicht lediglich als beschreibende Bezugnahme auf die Stadt Basel gesehen).

87   Bei nur **klanglicher Ähnlichkeit** des Namens mit einem beschreibenden Begriff (zB „Billich" für „billig") wird eine rein beschreibende Verwendung von vornherein ausscheiden, weil nur ein Teil des Verkehrs das Zeichen seinem Klangbild nach zur Kenntnis nimmt (BGH GRUR 1979, 642 (643) – Billich).

88   Wird nur eine **verkürzte Fassung des bürgerlichen Namens** als Unternehmensbezeichnung verwendet, soll es an der Unterscheidungskraft fehlen, wenn diese Kurzfassung mit einer geografischen Herkunftsangabe für die vertriebenen Produkte identisch ist (BGH GRUR 2013, 68 Rn. 38 – Castell/VIN CASTEL).

89   Die Rechtsprechung billigt mittlerweile auch sog. **Allerweltsnamen** (zB Müller, Meier, Schmidt, Schulz) Unterscheidungskraft zu, weil jeder Familienname dazu geeignet und bestimmt ist, seinen Namensträger individuell zu bezeichnen und damit von anderen Personen zu unterscheiden (BGH GRUR 2008, 801 Rn. 12 ff. – Hansen-Bau, unter Aufgabe von GRUR 1995, 825 – Torres, GRUR 1991, 472 (473) – Germania und GRUR 1979, 642 (643) – Billich; ferner BGH GRUR 2013, 1150 Rn. 34 – Baumann I; OLG Zweibrücken GRUR-RR 2008, 346 (347) – namensgleiche Neugründung; zustimmend Goldmann Unternehmenskennzeichen § 5 Rn. 230; Büscher/Dittmer/Schiwy/Schalk Rn. 4; Ingerl/Rohnke/Nordemann/Nordemann-Schiffel Rn. 39; Schoene FD-GewRS 2008, 265166; aA Fezer § 15 Rn. 78). Dem ist im Grundsatz zuzustimmen (zur Begründung → Rn. 89.1).

89.1   Bei Allerweltsnamen ist danach zu fragen, ob der Name des Unternehmensträgers geeignet ist, ein Unternehmen von einem anderen zu unterscheiden. Das folgt jedenfalls nicht zwingend aus dem Umstand, dass der Verkehr daran gewöhnt ist, natürliche Personen auch dann nach ihrem Nachnamen zu unterscheiden, wenn dieser weit verbreitet ist, weil für die Bezeichnung von Unternehmen eine wesentlich größere Bandbreite an Begriffen zur Verfügung steht, die zudem noch – anders als Familiennamen – frei gewählt werden können. Tatsächlich jedoch werden gerade kleine und mittlere Unternehmen häufig mit dem Familiennamen des Unternehmensgründers oder -inhabers bezeichnet, selbst wenn dieser weit verbreitet ist. Diese Praxis, die durch das frühere Firmenrecht (§ 19 HGB aF) befördert wurde, ist im Verkehr bekannt. Es trifft daher nicht zu, dass Familiennamen sich bei Verwendung als Unternehmenskennzeichen nicht von anderen, frei erfundenen Bezeichnungen unterscheiden (so HK-MarkenR/Eisfeld Rn. 53). Zudem gerät die generelle Verneinung der Unterscheidungskraft von Allerweltsnamen in einen normativen Konflikt, weil Nr. 34 NamÄndVwV bei solchen Namen lediglich von einer Einbuße, nicht aber einem Verlust der Unterscheidungskraft ausgeht. Das betrifft zwar nur das öffentliche Namensrecht und die Möglichkeit einer Änderung von Allerweltsnamen nach § 3 NamÄndG. Gibt die Rechtsordnung aber hier zu erkennen, dass Allerweltsnamen nach wie vor geeignet sind, natürliche Personen zu unterscheiden, bedarf es einer besonderen Begründung, warum solchen Namen die Fähigkeit zur Unterscheidung von Unternehmen fehlen soll.

90   Die Hinzufügung eines **Vornamens** zu einem beschreibenden Begriff führt ebenfalls zur originären Unterscheidungskraft. Wie bei den Nachnamen kommt es nicht darauf an, ob es sich um einen häufigen oder seltenen Vornamen handelt (OLG Frankfurt NZG 2016, 1079 Rn. 12 – Holger's Objektservice).

91   Bei dem **Namen eines Verbandes** wird ein großzügiger Maßstab angelegt, weil der Verkehr daran gewöhnt ist, dass diese Bezeichnungen aus einem Sachbegriff gebildet sind und sich an den jeweiligen Tätigkeitsbereich anlehnen; ein bloß beschreibender Anklang steht der originären Unterscheidungskraft nicht entgegen (BGH GRUR 2012, 276 Rn. 14 – Institut der Norddeutschen Wirtschaft e.V.; GRUR 2010, 1020 Rn. 17 – Verbraucherzentrale; GRUR 2008, 1108 Rn. 33 – Haus & Grund III; GRUR 2008, 1104 Rn. 17 – Haus & Grund II). An der Unterscheidungskraft fehlt es jedoch bei bloß gattungsmäßigen Bezeichnungen des Vereinszwecks; so zB, wenn der Begriff „Verbraucherzentrale" vom Verkehr dahin verstanden wird, dass keine Beschränkung auf einen bestimmten Tätigkeitsbereich gegeben ist, sondern die Interessen der Verbraucher allgemein verfolgt werden (BGH GRUR 2010, 1020 Rn. 18 – Verbraucherzentrale).

9. Firmenbestandteile

92   **Bestandteile einer Firma** sind nicht unterscheidungskräftig, wenn sie sowohl für sich betrachtet als auch in ihrer Verbindung mit den übrigen Bestandteilen vom Verkehr nur als beschreibende

Sachbezeichnung verstanden werden (BGH GRUR 2013, 68 Rn. 33 – Castell/VIN CASTEL). Im Übrigen gelten die genannten Kriterien zur Unterscheidungskraft auch für Firmenschlagworte.

10. Farben

Farben, insbesondere **Unternehmensfarben,** beschreiben in der Regel weder die Tätigkeit **93** des Unternehmens noch dieses selbst und haben daher grundsätzlich Unterscheidungskraft. Da es sich aber um Geschäftsabzeichen nach Abs. 2 S. 2 handelt, fehlt ihnen die Namensfunktion, weshalb sie nur Schutz genießen, wenn Verkehrsgeltung erlangt wurde (OLG Nürnberg GRUR 2022, 1228 Rn. 31 – Streifen „rot-orange-gelb"). Dies bemisst sich nach gleichen Grundsätzen, wie sie für Farbzeichen als Benutzungsmarke gelten (→ §4 Rn. 85).

XI. Verkehrsgeltung

1. Bedeutung

Ein Name, eine Firma oder eine besondere Bezeichnung, die **nicht originär unterschei-** **94** **dungskräftig** ist, kann durch die Erlangung von Verkehrsgeltung schutzfähig werden (vgl. zB BGH GRUR 2010, 1020 Rn. 14 – Verbraucherzentrale; GRUR 2007, 888 Rn. 19 – Euro Telekom; GRUR 2005, 517 (518) – Literaturhaus; GRUR 2005, 514 (515) – Telekom). Bei **Geschäftsabzeichen** und anderen zur Unterscheidung des Geschäftsbetriebs bestimmten Zeichen iSd §5 Abs. 2 Nr. 2 ist die Verkehrsgeltung als Kennzeichen des Geschäftsbetriebs stets Voraussetzung für die Schutzentstehung. Maßgeblich ist, auch bei Kennzeichen ausländischer Unternehmen, stets die **inländische Verkehrsgeltung.**

2. Anforderungen

Dem Zweck von Unternehmenskennzeichen entsprechend setzt Verkehrsgeltung voraus, dass **95** der Verkehr das Zeichen tatsächlich als ein solches zur Identifizierung und Unterscheidung eines Unternehmens von einem anderen Unternehmen wahrnimmt und versteht. Dieses Verständnis muss, wie §5 Abs. 2 S. 2 für die Geschäftsabzeichen bestimmt, innerhalb der beteiligten Verkehrskreise bestehen; für die von §5 Abs. 2 S. 1 erfassten nicht unterscheidungskräftigen Zeichen gilt nichts anders. Ebenso wie bei §4 Nr. 2, der die Schutzentstehung bei Benutzungsmarken ebenfalls von der Verkehrsgeltung abhängig macht, genügt es, dass ein **nicht unerheblicher Teil der beteiligten Verkehrskreise** das Zeichen als **Bezeichnung eines bestimmten Unternehmens** versteht (BGH GRUR 1992, 329 (331) – AjS-Schriftenreihe; GRUR 1957, 426 (427) – Getränke Industrie; GRUR 1955, 95 (96) – Buchgemeinschaft; KG GRUR 2000, 902 (905) – LH; OLG Nürnberg GRUR 2022, 1228 Rn. 29 – Streifen „rot-orange-gelb"; aA Büscher FS Fezer, 2016, 701 (703 f.)). Das ist auszuschließen, wenn das Zeichen nur mit Hilfe technischer Mittel einem bestimmten Unternehmen zugeordnet werden kann (zB Barcode, vgl. OLG Köln GRUR-RR 2015, 291 – Barcode-Label).

Wegen der Einheit des Kennzeichenrechts ist die Verkehrsgeltung nach den gleichen **Maßstä-** **96** **ben** zu bestimmen, wie sie für die Entstehung des Schutzes von Benutzungsmarken nach §4 Nr. 2 gelten (→ §4 Rn. 74). Maßgeblich sind daher vor allem **qualitative Beurteilungskriterien** wie der Marktanteil des Unternehmens, Intensität, geographische Verbreitung und Dauer der Nutzung des Unternehmenskennzeichens, seine Verwendung in der Werbung einschließlich des Werbeaufwands und Erklärungen der IHK und anderer Berufsverbände (→ §4 Rn. 79). Das schließt eine Ermittlung der Verkehrsgeltung durch empirische Mittel und damit einen an Prozentsätzen orientierten Verkehrsgeltungsgrad nicht aus. Er ist aber nur eines von mehreren Beurteilungskriterien, so dass die üblicherweise genannten Prozentsätze (→ Rn. 100) nur relative Bedeutung haben; ihre Unterschreitung steht im Einzelfall der Annahme von Verkehrsgeltung nicht entgegen, wenn diese sich aus den genannten qualitativen Kriterien ergibt; umgekehrt folgt aus ihrer Überschreitung nicht automatisch das Bestehen von Verkehrsgeltung.

Zu den **weiteren** für die Verkehrsgeltung wesentlichen **Kriterien** → §4 Rn. 74; zu den **97** maßgeblichen Verkehrskreisen → §4 Rn. 54; zur Ermittlung und zum Nachweis der Verkehrsgeltung → §4 Rn. 89.

3. Zuordnung zu einem bestimmten Unternehmen

Verkehrsgeltung setzt voraus, dass der Verkehr das Zeichen einem bestimmten Unternehmen **98** zuordnet, da es andernfalls nicht der Identifizierung und Unterscheidung dient. Die **bloße**

Bekanntheit eines Zeichens genügt nicht. Die Zuordnung muss sich auf das **konkrete Zeichen** beziehen. Der Erlangung von Verkehrsgeltung steht nicht entgegen, dass neben dem fraglichen Zeichen auch eine unterscheidungskräftige Firma benutzt wird (BGH GRUR 1992, 329 (331) – AjS-Schriftenreihe). Denkbar ist es sogar, dass eine aus der Firma gebildete, in ihr aber nicht enthaltene Abkürzung an der hohen Verkehrsgeltung der Firma teilnimmt, wenn die Abkürzung vielfach zusammen mit der Firma verwendet wird (vgl. BGH GRUR 1992, 329 (331) – AjS-Schriftenreihe).

99   Die Zuordnung muss sich auf ein **bestimmtes Unternehmen** beziehen. Benutzen mehrere zu einer **Unternehmensgruppe** oder einer **Verbandsorganisation** gehörende Unternehmen ein einheitliches Kennzeichen (dazu Büscher FS Fezer, 2016, 701 ff.), so hat das Zeichen nur dann für ein einzelnes dieser Unternehmen Verkehrsgeltung, wenn der Verkehr es gerade auch ihm zuordnet; die bloße Angehörigkeit zu einer gemeinsamen Organisation genügt nicht (BGH GRUR 2010, 1020 Rn. 21 – Verbraucherzentrale; GRUR 2008, 1108 Rn. 46 – Haus & Grund III; GRUR 2005, 61 (62) – CompuNet/ComNet II mwN). Das gilt auch für die Unternehmensgruppe oder Verbandsorganisation selbst: Die Verkehrsgeltung für nur regional oder örtlich tätige Mitglieder der Organisation erstreckt sich nur dann auf die Unternehmensgruppe oder den Dachverband, wenn der Verkehr das Zeichen nicht nur dem jeweiligen Mitglied, sondern der gesamten Organisation zurechnet (BGH GRUR 2010, 1020 Rn. 21 – Verbraucherzentrale; GRUR 2008, 1108 Rn. 46 – Haus & Grund III).

4. Verkehrsgeltungsgrad

100   Beim Verkehrsgeltungsgrad ist zu differenzieren. Bei **originär unterscheidungskräftigen Geschäftsabzeichen** iSd § 5 Abs. 2 S. 2 genügt wie bei unterscheidungskräftigen Benutzungsmarken **einfache Verkehrsgeltung,** die in der Regel einen Zuordnungsgrad von nicht unter 20% erfordert (→ § 4 Rn. 76, vgl. ferner HK-MarkenR/Eisfeld Rn. 65: 20–25%; Goldmann Unternehmenskennzeichen § 6 Rn. 82, 91; aA Ströbele/Hacker/Thiering/Hacker Rn. 54: qualifizierte Verkehrsgeltung; wohl auch KG GRUR-RR 2009, 61 (62) – Antiquarische Bücher; BeckRS 2008, 23351 – Europa Möbel).

101   Bei **nicht originär unterscheidungskräftigen Kennzeichen** iSd § 5 Abs. 2 S. 1 und Geschäftsabzeichen bedarf es ebenso wie bei nicht unterscheidungskräftigen Benutzungsmarken einer **qualifizierten Verkehrsgeltung** (vgl. BGH GRUR 2013, 68 Rn. 39 – Castell/VIN CASTEL: Verkehrsdurchsetzung gemäß § 8 Abs. 3; Büscher FS Fezer, 2016, 701 (703 f.)). In seiner Rechtsprechung zu § 5 Abs. 2 hat der BGH bislang anders als bei Benutzungsmarken (→ § 4 Rn. 78) bei den Anforderungen an die Verkehrsgeltung noch nicht auf das Freihaltebedürfnis zurückgegriffen. So wurde zB für den Begriff „Telekom" Verkehrsgeltung bei einem Verkehrsgeltungsgrad von 60% angenommen (BGH GRUR 2007, 888 Rn. 19 – Euro Telekom).

101.1   Die **Rechtsprechung zu § 16 UWG 1909** hat sich bei der notwendigen Verkehrsgeltung am Freihalteinteresse des Verkehrs orientiert (BGH GRUR 1992, 865 – Volksbank; GRUR 1979, 470 (471) – RBB/RBT; zustimmend HK-MarkenR/Eisfeld Rn. 66). Danach konnte bei glatt beschreibenden Begriffen, bei denen ein besonderes Freihaltebedürfnis besteht, unter Umständen sogar eine nahezu einhellige Durchsetzung als Kennzeichen eines bestimmten Unternehmens notwendig sein (BGH GRUR 1992, 865 – Volksbank). Immerhin aber war anerkannt, dass ein Freihaltebedürfnis der Entstehung von Verkehrsgeltung nicht grundsätzlich entgegensteht (BGH GRUR 1992, 865 – Volksbank) und dass eine tatsächlich vorliegende Verkehrsgeltung nicht wieder durch ein Freihalteinteresse in Frage gestellt werden darf (BGH GRUR 1979, 470 (472) – RBB/RBT).

102   Wie bei einer nicht unterscheidungskräftigen Benutzungsmarke kann auch für Unternehmenskennzeichen für die qualifizierte Verkehrsgeltung ein **Zuordnungsgrad von mindestens 50% als Untergrenze** angenommen werden (OLG Dresden MMR 2015, 193 (194) – fluege.de; OLG Nürnberg GRUR 2022, 1228 Rn. 32 – Streifen „rot-orange-gelb"; Goldmann Unternehmenskennzeichen § 6 Rn. 93; HK-MarkenR/Eisfeld Rn. 66: über 50%; vgl. auch KG ZUM 2001, 74 (76) – berlin-online: 37,1% nicht ausreichend; KG NJOZ 2013, 1294 (1295) – Palästinensische Ärzte- und Apothekervereinigung: deutlich mehr als 50 % (zu § 12 BGB); OLG Karlsruhe NJW 2014, 706 (707) – Grün: 50 % (zu § 12 BGB).

5. Regional begrenzte Verkehrsgeltung

103   Die Verkehrsgeltung kann regional begrenzt sein (BGH GRUR 1979, 470 (472 f.) – RBB/RBT; GRUR 1957, 426 (427) – Getränke Industrie; GRUR 1954, 195 (197) – KfA). Allerdings hindern Enklaven, in denen keine Verkehrsgeltung besteht, die Entstehung eines bundesweiten

Schutzes noch nicht (vgl. zu § 4 Nr. 2 BGH GRUR 1967, 482 (485) – WKS-Möbel II). Besteht hingegen **nur in einer abgegrenzten Region Verkehrsgeltung,** kann ein regional begrenzter Schutz des Unternehmenskennzeichens bestehen. Das kommt insbesondere in Betracht bei Etablissementbezeichnungen für Hotels und Gaststätten, aber auch für Einzelhandelsgeschäfte (zB Apotheken) sowie Dienstleister (zB Kinos, Ärzte, Kliniken) und Produktionsbetriebe, die ihre Leistung regional begrenzt anbieten oder erbringen (vgl. OLG Frankfurt GRUR-RR 2015, 372 – Neuro Spine Center).

Die Schutzentstehung setzt – wie bei § 4 Nr. 2 (→ § 4 Rn. 66) – voraus, dass die Verkehrsgel- **104** tung in einem hinreichend abgegrenzten und **einheitlichen Wirtschaftsgebiet** besteht (BGH GRUR 1979, 470 (472) – RBB/RBT; KG ZUM 2001, 74 (76) – berlin-online). Daran fehlt es nach der Rechtsprechung, wenn die räumlich begrenzte Verkehrsgeltung eines an sich bundesweit tätigen Unternehmens nur darauf beruht, dass das Unternehmen in dem fraglichen Gebiet seinen Sitz hat und dort eine gewisse Bedeutung als Herstellungs- und/oder Vertriebsunternehmen erlangt hat (BGH GRUR 1979, 470 (472) – RBB/RBT). Das passt zwar für die Benutzungsmarke, weil dort die Verkehrsgeltung eine markenmäßige Benutzung und damit entsprechende Absatzaktivitäten verlangt, so dass die bloße Unternehmensbekanntheit ohne entsprechend intensive Zeichennutzung in der fraglichen Region nicht ausreicht (→ § 4 Rn. 69). Bei Unternehmenskennzeichen kommt es hingegen darauf an, ob der Verkehr das Zeichen als Hinweis auf das Unternehmen sieht. Dazu kann es auch dann kommen, wenn in der fraglichen Region zwar keine gesteigerte Unternehmensaktivität auf dem Markt zu verzeichnen ist, das Unternehmen aber etwa aufgrund seiner Größe und Mitarbeiterzahl ein in der Region bekannter Wirtschaftsfaktor ist (Goldmann Unternehmenskennzeichen § 6 Rn. 62).

Auch bei Anknüpfung an das Tätigkeitsgebiet schließt die **Nutzung des Unternehmenskenn- 105 zeichens im Internet** eine regional begrenzte Verkehrsgeltung nicht aus (BPatG GRUR-RS 2022, 34907 Rn. 15 – Engelbrecht; OLG Frankfurt GRUR-RR 2015, 372 (373) – Neuro Spine Center; aA KG ZUM 2001, 74 (76) – berlin-online). Trotz weltweiter Zugänglichkeit kann sich die Webseite an einen regional begrenzten Adressatenkreis richten, weil die vom Unternehmen erbrachten Leistungen einen regionalen Bezug haben oder in dieser Region erbracht werden (ähnlich Ingerl/Rohnke/Nordemann/Nordemann-Schiffel Rn. 56; → § 4 Rn. 70).

XII. Ingebrauchnahme

1. Bedeutung der Benutzungsaufnahme

Die Ingebrauchnahme des Zeichens ist sowohl für Name, Firma und besondere Bezeichnung **106** als auch für Geschäftsabzeichen **Voraussetzung der Schutzentstehung.** Allerdings entsteht der Schutz von Firmenschlagworten mit der Ingebrauchnahme der Firma, so dass es keiner eigenständigen Ingebrauchnahme des Firmenschlagworts bedarf (→ Rn. 42). Wird ein Firmenbestandteil jedoch bereits vor der Ingebrauchnahme der Firma als besondere Bezeichnung benutzt, erlangt er bereits mit dieser Benutzungsaufnahme Schutz, sofern er unterscheidungskräftig ist (→ Rn. 42).

Bei originär unterscheidungskräftigen Namen, Firmen oder besonderen Bezeichnungen ergibt **107** sich der **Zeitpunkt der Schutzentstehung** aus der Ingebrauchnahme. Für Zeichen iSd § 5 Abs. 2 S. 1, denen die originäre Unterscheidungskraft sowie für Geschäftsabzeichen iSd § 5 Abs. 2 S. 2 genügt die Ingebrauchnahme hingegen nicht für die Schutzentstehung, da Verkehrsgeltung erforderlich ist. Deren Erlangung erfolgt in aller Regel später als die Ingebrauchnahme, wobei die Zeitspanne vom Einzelfall und insbesondere der Benutzungsintensität abhängt (vgl. BGH GRUR 1957, 426 (428) – Getränke Industrie: regional beschränkte Verkehrsgeltung binnen sechs Monaten). Zwischen Ingebrauchnahme und Erlangung der Verkehrsgeltung besteht kein kennzeichenrechtlicher Schutz. Ein lauterkeitsrechtlicher Schutz der sog. Verkehrsgeltungsanwartschaft wird in der Regel ausscheiden (→ § 2 Rn. 70).

2. Namensmäßige Ingebrauchnahme

Bei den Anforderungen an die Ingebrauchnahme ist zu unterscheiden. **Geschäftsabzeichen 108** und andere Unterscheidungszeichen iSd § 5 Abs. 2 S. 2 haben von vornherein keine Namensfunktion und erlangen Schutz erst, wenn sie als Kennzeichen Verkehrsgeltung erlangt haben. Deshalb genügt hier jede Ingebrauchnahme (Lange MarkenR Rn. 1394).

Für Zeichen iSd § 5 Abs. 2 S. 1 verlangt die Norm jedoch eine Benutzung des Zeichens **109** *als* **Name, Firma** oder **besondere Bezeichnung.** Damit ist zum Ausdruck gebracht, dass die Schutzentstehung – wie dies schon zu § 16 Abs. 1 UWG 1909 anerkannt war – eine namensmäßige

Ingebrauchnahme, dh **zur Kennzeichnung des Unternehmens** (bei Name und Firma) **bzw. Geschäftsbetriebs** (bei besonderen Bezeichnungen) erfordert (BGH GRUR 2016, 705 Rn. 19 – ConText; GRUR 2012, 832 Rn. 44 – ZAPPA; GRUR 2009, 685 Rn. 17 – ahd.de; GRUR 1995, 825 (826) – Torres; GRUR 1989, 626 (627) – Festival Europäischer Musik; GRUR 1973, 661 (662) – Metrix; Ströbele/Hacker/Thiering/Hacker Rn. 50; HK-MarkenR/Eisfeld Rn. 55; Goldmann Unternehmenskennzeichen § 8 Rn. 6). Dazu ist eine Verwendung erforderlich, in der der Verkehr eine **Bezeichnung des Unternehmens bzw. Geschäftsbetriebs** sieht.

110   Hierzu genügt die **bloße markenmäßige Verwendung** nicht, weil § 4 Nr. 2 für die Schutzentstehung nur markenmäßig genutzter Zeichen stets die Erlangung von Verkehrsgeltung verlangt (Goldmann Unternehmenskennzeichen § 8 Rn. 15 ff.; Ströbele/Hacker/Thiering/Hacker Rn. 51). Ist das Zeichen mit einer vom Unternehmen verwendeten Marke identisch, schließt das den Schutz zwar nicht aus; da die gleichzeitige markenmäßige Verwendung aber das Risiko birgt, dass der Verkehr nicht erkennt, dass es sich auch um ein Unternehmenskennzeichen handelt, dürfen die Anforderungen an die namensmäßige Benutzung nicht zu sehr herabgesetzt werden (BGH GRUR 1973, 661 (662) – Metrix).

111   An einer **eigenständigen namensmäßigen Benutzung** fehlt es zB, wenn das Zeichen nur als Name einer vom Unternehmen durchgeführten Veranstaltung verwendet wird (BGH GRUR 1989, 626 (627) – Festival Europäischer Musik). Namensmäßiger Gebrauch kommt hingegen bei einer Verwendung des Zeichens auf **Geschäftspapieren** wie Rechnungen, Lieferscheinen, Preislisten oder Katalogen in Betracht. Nicht genügend ist hierbei aber eine Verwendung als bloße **Adressbezeichnung,** weil damit zwar der Adressat identifiziert, aber noch nicht auf das Unternehmen hingewiesen wird (BGH GRUR 2005, 871 (873) – Seicom; GRUR 2005, 262 (263) – soco.de; zu **Domainnamen** → § 15 Rn. 82). Das liegt nahe bei Zeichen wie E-Mail-Adresse oder Telefaxkennung, die auf Geschäftspapieren ausschließlich in unmittelbarem Zusammenhang mit Adressangaben verwendet werden (OLG Hamburg GRUR-RR 2011, 168 (169) – Patmondial). Eine bloße Adressbezeichnung liegt auch vor, wenn das Kennzeichen nur auf den Standort des Unternehmens oder eines Werkes hinweist und diese Standortbezeichnung neben der Firma verwendet wird (OLG Frankfurt GRUR-RR 2017, 404 Rn. 41 – Cassellapark). Nicht ausreichend ist ferner die Verwendung eines Domainnamens nur noch im Sinne einer Nachsendeadresse, zB durch Umleitung auf die unter dem neuen Unternehmenskennzeichen erreichbare Webseite (BGH GRUR 2005, 871 (873) – Seicom; OLG Hamburg GRUR-RR 2011, 168 (169) – Patmondial). Die Benutzung des Zeichens in der **Werbung** kann namensmäßig erfolgen, sofern nicht der Eindruck erweckt wird, es handele sich lediglich um eine Produktbezeichnung (weitergehend OLG Frankfurt BeckRS 2017, 148037 Rn. 21: Verwendung in der Werbung zur Bezeichnung der Produkte ausreichend). Für namensmäßige Verwendung spricht bei der Benutzung von Firmen oder Firmenbestandteilen die Beifügung des Rechtsformzusatzes oder die Verwendung in Verzeichnissen, in denen Unternehmen und nicht etwa Waren aufgelistet werden (KG GRUR-RR 2011, 67 (68) – Ring Deutscher Makler).

3. Benutzung im geschäftlichen Verkehr

112   Für eine Benutzung im geschäftlichen Verkehr genügt eine **nach außen in Erscheinung tretende Tätigkeit,** die auf den **Beginn einer dauernden wirtschaftlichen Betätigung** schließen lässt; ob das Zeichen bereits eine gewisse Anerkennung im Verkehr gefunden hat, ist irrelevant (BGH GRUR 2016, 1066 Rn. 23 – mt-perfect; GRUR 2012, 304 Rn. 34 – Basler Haar-Kosmetik; GRUR-RR 2010, 205 Rn. 27 – Haus & Grund IV; GRUR 2009, 1099 Rn. 16 – afilias.de; GRUR 1997, 903 (905) – GARONOR; GRUR 1969, 357 (359) – Sihl). Hierzu genügt grundsätzlich die **tatsächliche Aufnahme der Geschäfte,** wobei es jedoch nicht erforderlich ist, dass das Unternehmen bereits gegenüber allen Marktbeteiligten und insbesondere seinen zukünftigen Kunden in Erscheinung getreten ist (BGH GRUR 2016, 1066 Rn. 23 – mt-perfect; GRUR 2008, 1099 Rn. 36 – afilias.de; GRUR 1980, 114 (115) – Concordia-Uhren; GRUR 1971, 517 (519) – SWOPS). Soweit eine hinreichende tatsächliche Nutzung gegeben ist, hindert das Fehlen einer auf den Gegenstand des Geschäfts bezogenen behördlichen Genehmigung nicht die Entstehung des Unternehmenskennzeichens (BGH GRUR 2016, 1066 Rn. 23 – mt-perfect). Anders ist dies nur, wenn die Erteilung der Erlaubnis in absehbarer Zeit ausgeschlossen ist (vgl. zu § 16 UWG 1909 RG GRUR 1943, 349 (350 f.); Goldmann GRUR-Prax 2016, 437).

113   Die Eintragung der Firma in das Handelsregister ist nicht Schutzvoraussetzung. Die vor Aufnahme der Geschäftstätigkeit erfolgte **Handelsregistereintragung** genügt hinsichtlich der Firma und mitgeschützter Firmenschlagworte, weil mit ihr die Firma bereits nach außen zur Bezeichnung des Unternehmens verwendet wird (vgl. BGH GRUR 2008, 1104 Rn. 31 – Haus & Grund II;

GRUR 1966, 38 (41) – Centra; OLG Frankfurt MMR 2010, 831 (832); OLG Hamm BeckRS 2013, 16874; LG Düsseldorf BeckRS 2015, 12250 – PRO VITA; LG Köln GRUR-RS 2020, 24061 Rn. 43; aA BPatG Beschl. v. 23.2.2022 – 29 W (pat) 25/19 Rn. 51 – AESCULAP; OLG Hamburg GRUR-RR 2005, 381 (382) – abebooks; für indizielle Wirkung OLG Düsseldorf GRUR-RR 2003, 240 (341) – Impuls; aA Goldmann Unternehmenskennzeichen § 8 Rn. 73). Das kann nur dann anders sein, wenn zwischen Handelsregistereintragung und Aufnahme der Geschäftstätigkeit ein so großer Zeitraum liegt, dass von einem Beginn der wirtschaftlichen Betätigung allein mit Handelsregistereintragung noch keine Rede sein kann. Soweit die Eintragung in das Handelsregister nicht konstitutiv ist, genügt auch schon die **Anmeldung zum Handelsregister** (BGH GRUR 1966, 38 (41) – Centra; aA Goldmann Unternehmenskennzeichen § 8 Rn. 73).

Auch andere **Vorbereitungshandlungen** können genügen, sofern sie – wie zB die Anmietung **114** eines Geschäftslokals – nach außen erkennbar sind (vgl. BGH GRUR 1980, 114 (115) – Concordia-Uhren; GRUR 1971, 517 (519) – SWOPS; LG Düsseldorf BeckRS 2018, 19382 Rn. 23 – ProVITA). Dabei kommt es allerdings nicht darauf an, ob Dritte das Zeichen in zumutbarer Weise zur Kenntnis nehmen konnten (dafür Campos Nave WRP 2002, 1237 (1240); wie hier Günther WRP 2005, 975 (978)). Der Schutz des Unternehmenskennzeichens beruht allein auf der faktischen Ingebrauchnahme und hängt insoweit allein von einer Tatsache ab; damit verträgt sich die Hinzufügung eines auf die Zumutbarkeit abstellenden wertenden Kriteriums nicht. Intern gebliebene Vorbereitungshandlungen wie die Kommunikation zwischen Gesellschaftern oder Konsortiumspartnern oder die Ausarbeitung von Geschäftskonzepten genügen nicht (BGH GRUR 2008, 1108 Rn. 42 – Haus & Grund III; GRUR 2008, 1099 Rn. 37 – afilias.de), ebenso die Bestellung von Visitenkarten bei einem Gesellschafter des Unternehmens oder die Inanspruchnahme von Beratungsleistungen vor Markteintritt (BPatG BeckRS 2019, 8864 Rn. 20, 28 – spotted.de). Erst recht nicht ausreichend ist zB eine Berichterstattung durch Dritte über das Unternehmen unter Verwendung des Zeichens (BGH GRUR 2008, 1099 Rn. 37 – afilias.de). Ebenfalls nicht genügend ist die bloße **Registrierung als Domainname** (BGH GRUR 2009, 1055 Rn. 40 – airdsl; GRUR 2009, 685 Rn. 30 – ahd.de; OLG Frankfurt MMR 2010, 831 (832)) oder der Kauf des Domainnamens (BPatG BeckRS 2019, 8864 Rn. 24 – spotted.de). Zur Schutzentstehung durch Benutzung eines Domainnamens → § 15 Rn. 81.

4. Inländische Benutzungsaufnahme

Die Benutzung im geschäftlichen Verkehr erfordert eine **Benutzungsaufnahme im Inland. 115** Das gilt auch für **ausländische Kennzeichen.** Sie erlangen ebenso wie Kennzeichen inländischer Unternehmen Schutz, wenn im Inland unter namensmäßiger Verwendung des Zeichens eine dauernde wirtschaftliche Tätigkeit aufgenommen wird und die Tätigkeitsaufnahme nach außen in Erscheinung tritt; eine gewisse Anerkennung als Hinweis auf das ausländische Unternehmen ist nicht erforderlich (BGH GRUR 2008, 1099 Rn. 16 – afilias.de; GRUR 1997, 903 (905) – GARANOR; GRUR 1987, 292 (294) – KLINT; GRUR 1980, 114 (115) – Concordia-Uhren; GRUR 1971, 517 (519) – SWOPS; GRUR 1969, 357 (359) – Sihl; GRUR 1967, 199 (202) – Napoléon II).

Da die Tätigkeit nicht gegenüber allen Marktteilnehmern aufgenommen werden muss, genügt **116** es zB schon davon, dass das Unternehmen unter seiner Firma **im Inland Waren einkauft,** die sie sodann ausschließlich im Ausland absetzt (BGH GRUR 1980, 114 (115 f.) – Concordia-Uhren). Ausreichend ist die **unternehmerische Zusammenarbeit mit einem anderen Unternehmen im Inland** oder die Durchführung inländischer Informationsveranstaltungen (BGH GRUR 1997, 903 (905) – GARANOR); ebenso die Verwendung des Zeichens auf Rechnungen (OLG Frankfurt GRUR-RR 2006, 93 – NEWS).

Auch **nach außen erkennbar gewordene Vorbereitungshandlungen** genügen, wenn sie **117** einen nahe bevorstehenden Beginn der Ausdehnung der Tätigkeit auf das Inland zum Ausdruck bringen (BGH GRUR 1980, 114 (115) – Concordia-Uhren; GRUR 1971, 517 (519) – SWOPS; OLG Hamm GRUR 1994, 742 f. – PLANEX). Ein einmaliger Auftritt mit einem Ausstellungsstand genügt jedoch noch nicht (BGH GRUR 2003, 428 (431) – BIG BERTHA); ebenso wenig die Anmeldung des Zeichens als Marke (OLG Hamburg GRUR-RR 2005, 251 (254) – The Home Depot).

Die Benutzung im **Internet** stellt nur dann eine inländische Benutzungsaufnahme dar, wenn **118** sich das Angebot gerade auch auf das Inland richtet; die bloße Zugriffsmöglichkeit im Inland genügt nicht (OLG Hamburg GRUR-RR 2005, 381 (383) – abebooks; OLG München GRUR-RR 2005, 375 (376 f.) – 800-FLOWERS). Auch eine vereinzelte tatsächliche Nutzung des Angebots durch inländische Marktteilnehmer genügt nicht, weil es auf eine inländische Benutzung durch das Unternehmen ankommt. Dazu bedarf es eines gewissen wirtschaftlich relevanten Inlandsbezugs (OLG München GRUR-RR 2005, 375 (376 f.) – 800-FLOWERS; LG Düsseldorf BeckRS 2015, 05512 – ASOS). Hierfür ist es nicht zwingend erforderlich, dass sich das Angebot spezifisch an den inländischen Markt richtet, aber der Inlandsmarkt muss nach den Umständen des Internetauftritts und dem sonstigen Geschäftsgebaren als Tätigkeitsgebiet des Unternehmens erscheinen. Das kann zB beim Angebot eines Marktplatzes der Fall sein, auf dem Anbieter und Nachfrager aus beliebigen Staaten tätig werden können und auf dem international nachgefragte Produkte angeboten worden (vgl. OLG Hamburg GRUR-RR 2005, 381 (383) – abebooks: Vermittlung des An- und Verkaufs antiquarischer Bücher).

118.1   Das entspricht der Sache nach Art. 2 der **Empfehlungen der WIPO** über den Schutz von Marken und anderen Kennzeichenrechten im Internet (http://www.wipo.int/edocs/pubdocs/en/marks/845/pub845.pdf, zuletzt abgerufen am 30.6.2020; auf Deutsch abgedruckt in WRP 2001, 833 ff.), wonach auf den „commercial effect" abzustellen ist (dazu Bettinger WRP 2001, 789 (792 f.); Kur WRP 2000, 935 (937)).

119   Die **ausländische Schutzlage** spielt keine Rolle, da der inländische Schutz nicht akzessorisch zum ausländischen Schutz und dessen Voraussetzungen oder Schranken ist (BGH GRUR 1995, 825 (827) – Torres; OLG Frankfurt GRUR 1984, 891 (894) – Rothschild). Etwas anderes ergibt sich auch nicht aus Art. 8 PVÜ (dazu Beier/Kunz-Hallstein GRUR Int 1992, 362 ff.), der die Verbandsländer verpflichtet, den Handelsnamen ohne Verpflichtung zur Hinterlegung oder Eintragung zu schützen; zudem verlangt der Grundsatz der Inländerbehandlung (Art. 2 Abs. 1 PVÜ) eine Beurteilung der Schutzentstehung allein nach den für inländische Kennzeichen geltenden Vorschriften (BGH GRUR 1995, 825 (827) – Torres; OLG Frankfurt GRUR 1984, 891 (894) – Rothschild).

5. Eigene Benutzung

120   Die Ingebrauchnahme erfordert im Grundsatz eine Benutzung durch den Rechtsträger, dh den **Inhaber des Unternehmenskennzeichens** (→ Rn. 127). Ausreichend ist aber die Benutzung durch eine **Vorgesellschaft** (BGH GRUR 1993, 404 (405) – Columbus: Benutzung durch Vor-GmbH).

121   Eine Benutzung durch **beliebige Dritte** genügt nicht. Ausreichend kann aber die Benutzung durch einen Dritten sein, wenn er als **Repräsentant** des Rechtsinhabers das Kennzeichen für diesen, also als Hinweis auf dessen Unternehmen nutzt, so dass der Verkehr den namensmäßigen Gebrauch dem Rechtsinhaber zurechnet (BGH GRUR 1994, 652 (654) – Virion; GRUR 1973, 661 (662) – Metrix; OLG Düsseldorf GRUR-RR 2003, 8 (10) – START; OLG Karlsruhe GRUR 1992, 460 (461) – McChinese; OLG München GRUR 1980, 1003 (1004) – Arena; BPatG BeckRS 2018, 34097 Rn. 29 – Lezzo; LG Hamburg BeckRS 2016, 135245 Rn. 42 – Elbphilharmonie). Das kommt vor allem bei **abhängigen Vertriebsunternehmen** ausländischer Unternehmen in Betracht. Letztlich ist aber die Art der Benutzung – nämlich als Hinweis auf das Unternehmen eines anderen – entscheidend; eine hinreichende Benutzung kann daher auch dann noch vorliegen, wenn es an einer rechtlichen Verbindung zwischen Repräsentant (zB selbständiger Eigenhändler) und Kennzeicheninhaber fehlt (BGH GRUR 1994, 652 (654) – Virion; GRUR 1973, 661 (662) – Metrix; OLG München GRUR 1980, 1003 (1004) – Arena). Umgekehrt genügt die bloße Zugehörigkeit zur selben Unternehmensgruppe nicht (OLG Düsseldorf GRUR-RR 2003, 8 (10) – START).

122   Ob für einen anderen gehandelt wird, muss nach den **Umständen der Benutzung** beurteilt werden; dies kann zB zu bejahen sein, wenn die Stellung als bloßes Vertriebsunternehmen klar erkennbar gemacht worden ist. Bei sehr bekannten ausländischen Unternehmenskennzeichen liegt es nahe, dass der Verkehr die Verwendung durch ein inländisches Tochterunternehmen zumindest auch als eine solche für das ausländische Mutterunternehmen sieht (vgl. OLG Karlsruhe MMR 2002, 814 (815) – Intel; OLG Karlsruhe GRUR 1992, 460 (461) – McChinese). Umgekehrt jedoch liegt es fern, dass ein ausländisches Unternehmen bei seiner Tätigkeit im Inland ein Unternehmenskennzeichen nicht für sich selbst, sondern für ein inländisches (Tochter-)Unternehmen verwendet (BGH GRUR 1997, 903 (905) – GARONOR).

6. Befugter Gebrauch

123   § 16 Abs. 1 UWG 1909 gewährte nur solchen geschäftlichen Bezeichnungen Schutz, derer sich der Inhaber „befugterweise bediente". Diese Formulierung ist in § 5 Abs. 2 nicht übernommen worden. Da der Gesetzgeber jedoch ausdrücklich keine Änderung der Rechtslage durch die Überführung in das MarkenG wollte (BT-Drs. 12/6581, 67), bedarf es auch im geltenden Recht schon für die Schutzentstehung als **ungeschriebene Tatbestandsvoraussetzung** des **befugten Gebrauchs des Kennzeichens** (BGH GRUR 2010, 156 Rn. 23 – EIFEL-ZEITUNG; GRUR 2002, 706 (707) – vossius.de; BPatG BeckRS 2016, 07091 – ned tax; OLG Frankfurt BeckRS 2017, 148037 Rn. 15; OLG München GRUR-RR 2006, 89 (90 f.) – DSI; NJOZ 2003, 836 (837) – fluessiggas-bayern.de).

An einem befugten Gebrauch als Entstehungsvoraussetzung fehlt es nur, wenn der Zeichenge- **124** brauch **absolut unbefugt** ist. Das ist der Fall, wenn die Rechtsordnung den Gebrauch allgemein, dh unabhängig von der Rechtslage im Verhältnis zu anderen Personen untersagt. So verhält es sich, wenn das Zeichen, würde es als Marke angemeldet, nach **§ 8 Abs. 2 Nr. 4–9 eintragungsunfähig** wäre oder im Gebrauch eine **irreführende geschäftliche Handlung iSd §§ 3, 5 UWG** liegt (Ingerl/Rohnke/Nordemann/Nordemann-Schiffel Rn. 35; Ströbele/Hacker/Thiering/Hacker Rn. 56; Goldmann Unternehmenskennzeichen § 7 Rn. 2 ff.; Lange MarkenR Rn. 1422).

Unbefugt ist **zB** der Gebrauch eines geschützten Firmenbestandteils, der geeignet ist, beim Verkehr **124.1** unzutreffende Vorstellungen über die geschäftlichen Verhältnisse des Unternehmens hervorzurufen (vgl. BGH GRUR 2007, 1079 Rn. 24 – Bundesdruckerei; GRUR 2003, 448 (449) – Gemeinnützige Wohnungsbaugesellschaft; OLG München GRUR-RR 2006, 89 (90 f.) – DSI). Die Zufügung des ®-Zeichens zum Unternehmenskennzeichen trotz fehlendem Markenschutz soll noch keine unbefugte Verwendung darstellen, wenn diese Bezeichnungsform nicht ausschließlich verwendet wird (OLG Frankfurt BeckRS 2017, 148037 Rn. 17). Ist der Gebrauch der Gesamtfirma wegen Irreführung unzulässig, besteht auch für darin enthaltene Firmenschlagworte kein Schutz, weil dieser nur abgeleitet ist (OLG Frankfurt BeckRS 2017, 148037 Rn. 17; OLG München GRUR-RR 2006, 89 (90 f.) – DSI; → Rn. 42). Bei Nutzung in Alleinstellung kommt aber ein eigenständiger Schutz als besondere Bezeichnung in Betracht, sofern nicht auch das Firmenschlagwort selbst irreführend ist.

Bei einem **Verstoß gegen das materielle Firmenrecht** der §§ 18 ff. HGB ist zwar der **125** Gebrauch als Firma unbefugt (vgl. zu § 22 HGB BGH GRUR 1998, 391 (393) – Dr. St. … Nachf.); in Betracht kommt jedoch ein zulässiger Gebrauch von in der Firma enthaltenen Bestandteilen als Name oder besondere Bezeichnung (vgl. BGH GRUR 1960, 93 (94) – Martinsberg; OLG Frankfurt BeckRS 2017, 148037 Rn. 16; Fezer § 15 Rn. 173; Ingerl/Rohnke/Nordemann/Nordemann-Schiffel Rn. 35; Goldmann Unternehmenskennzeichen § 7 Rn. 25 f.).

Ist der Gebrauch nur aufgrund der **Rechte anderer** untersagt und daher **relativ unbefugt, 126** hindert dies die Schutzentstehung nicht (aA OLG Frankfurt BeckRS 2017, 148037 Rn. 15). Zwar genügte nach der Geltung des § 16 UWG 1909 auch ein nur relativ (zB im Verhältnis zum Verletzten) unbefugter Gebrauch für einen Schutzausschluss. Anders als bei § 16 UWG 1909 differenziert das geltende Recht jedoch zwischen Schutzentstehung (§ 5) und der Verletzung geschäftlicher Bezeichnungen (§ 15). Für die Entstehung des absolut wirkenden Rechts an einem Unternehmenskennzeichen können relative, nur im Verhältnis zu bestimmten Personen bestehende Benutzungsverbote jedoch keine Rolle spielen. Dogmatisch zumindest unscharf ist es daher, wenn der BGH davon spricht, es könnte im Verhältnis zum Beklagten kein Recht an einer geschäftlichen Bezeichnung erworben werden (vgl. BGH GRUR 2010, 156 Rn. 22 – EIFEL-ZEITUNG). Richtigerweise wirkt sich ein nur relativ unbefugter Gebrauch erst bei der Frage der Verletzung des Kennzeichenrechts aus, indem er die Geltendmachung von Rechten aus dem bestehenden Kennzeichen gegenüber demjenigen, dessen Rechte durch den Gebrauch verletzt werden, ausschließt (BPatG BeckRS 2016, 07091 – ned tax; Ingerl/Rohnke/Nordemann/Nordemann-Schiffel Rn. 35, vgl. auch BGH GRUR 2004, 512 (513) – Leysieffer). Andere Verletzer können sich hingegen nicht auf den relativ unbefugten Gebrauch berufen (BGH GRUR 1957, 547 (548) – Tabu I; GRUR 1954, 271 (274) – DUN).

XIII. Inhaber des Unternehmenskennzeichens

Inhaber des Unternehmenskennzeichens ist der **Träger des Unternehmens,** zu dessen **127** Bezeichnung es von diesem Unternehmen in Gebrauch genommen wurde. Ist das Unternehmen verpachtet, erwirbt der Verpächter als Unternehmensträger das Kennzeichenrecht (BGH GRUR 1959, 87 (88 f.) – Fischl; BPatG GRUR 2014, 780 (783) – Liquidrom; OLG Frankfurt GRUR-RR 2016, 448 Rn. 17 – Apfelweinlokal). Bei einem anderen Unternehmen bzw. Unternehmensträger als jenem, der es in Gebrauch genommen hat, entsteht das Unternehmenskennzeichen nur, wenn es für das andere Unternehmen verwendet wird (→ Rn. 120) oder wenn die für den Schutz erforderliche Verkehrsgeltung (→ Rn. 94) für einen anderen (insbesondere einen Franchisegeber;

Goldmann MarkenR 2015, 67 (71)) erworben wurde. Kein Kennzeichenrecht hat daher zB ein Vermieter, der im Verkehr mit Handwerkern in Bezug auf die zu renovierenden leerstehenden Räume von der „Uhland-Apotheke" spricht, weil er die Räume an einen Apotheker vermietet hat, der nach dem Einzug die Apotheke unter diesem Namen betreiben will (LG Stuttgart GRUR-RR 2006, 333 (334) – Uhland-Apotheke).

127.1   Zum Rechtsinhaber bei Musikgruppen → Rn. 25.1; zur Inhaberschaft an Zeichen einer Unternehmensgruppe oder eines **Dachverbands** → Rn. 99; zum Innenverhältnis zwischen **Lizenznehmer und Lizenzgeber** → § 4 Rn. 124.

XIV. Räumlicher Schutzbereich

1. Bundesweiter Schutz

128   Der Schutz des Unternehmenskennzeichens erstreckt sich grundsätzlich auf das **gesamte Bundesgebiet** (BGH GRUR 2014, 506 Rn. 23 – sr.de; GRUR 2007, 884 Rn. 29 – Cambridge Institute; GRUR 2005, 262 (263) – soco.de; GRUR 1995, 754 (757) – Altenburger Spielkartenfabrik; GRUR 1983, 182 (193) – Concordia-Uhren). Bei nicht originär unterscheidungskräftigen Zeichen iSd § 5 Abs. 2 S. 2 sowie bei Geschäftsabzeichen kann sich der Schutzbereich allerdings auf ein territorial **begrenztes Verkehrsgeltungsgebiet** beschränken (→ Rn. 103). Zur Ausdehnung des Schutzbereichs infolge der Wiedervereinigung → Rn. 128.1.

128.1   Ein vor der **Wiedervereinigung** im gesamten alten Bundes- oder Beitrittsgebiet bestehender Schutz eines Unternehmenskennzeichens erstreckt sich mit der Herstellung der Einheit auf das gesamte neue Bundesgebiet (BGH GRUR 2006, 159 Rn. 13 – hufeland.de; für nur kraft bundesweiter Verkehrsgeltung geschützte Zeichen noch offen lassend BGH GRUR 1995, 754 (757) – Altenburger Spielkartenfabrik). War der Schutzbereich wegen eines örtlich begrenzten Tätigkeitsbereichs oder aufgrund räumlich beschränkter Verkehrsgeltung hingegen eingeschränkt, ist mit der Einheit keine Erstreckung auf das gesamte neue Bundesgebiet eingetreten (BGH GRUR 2006, 159 Rn. 15 – hufeland.de; GRUR 1995, 754 (757) – Altenburger Spielkartenfabrik).

2. Örtlich oder regional begrenzter Tätigkeitsbereich

129   Bei allen Unternehmenskennzeichen kann sich der räumliche Schutzbereich auf einen örtlich oder regional begrenzten Tätigkeitsbereich beschränken, weil das Unternehmen nach Zweck und Zuschnitt nur in diesem Gebiet tätig ist und nicht auf eine Ausdehnung auf weitere Gebiete gerichtet ist (BGH GRUR 2014, 506 Rn. 23 – sr.de; GRUR 2007, 884 Rn. 29 – Cambridge Institute; GRUR 2005, 262 (263) – soco.de; zu Beispielen → Rn. 136.1).

130   Die Begrenzung auf einen territorialen Tätigkeitsbereich kann sich vor allem aus der Art der unternehmerischen Tätigkeit, insbesondere der **Ortsgebundenheit** der angebotenen Leistungen ergeben (Beispiele → Rn. 84). Verwenden in der Branche des Kennzeicheninhabers eine Reihe weiterer Unternehmen das gleiche Schlagwort, spricht dies für einen begrenzten Schutzbereich (BGH GRUR 2005, 262 (263) – soco.de). Ist nach der Art des Unternehmens Ortsgebundenheit gegeben, bleibt es auch dann bei einem begrenzten Schutzbereich, wenn das Unternehmen über eine besondere Eigenart verfügt (zB betont künstlerisches o. existenzialistisches Gepräge einer Gaststätte) und die verwendete Bezeichnung auch darauf hinweisen soll (BGH GRUR 1957, 550 (551) – Tabu II).

131   Eine **über das lokale Tätigkeitsgebiet hinausgehende Bekanntheit** etwa infolge intensiver Werbung oder besonderer Eigenarten des Geschäftsbetriebs genügt für eine Ausdehnung des Schutzbereichs in der Regel nicht, weil der Verkehr wegen der Ortsgebundenheit des Betriebs das Zeichen bei Verwendung durch einen branchengleichen anderen Betrieb in einem anderen Wirtschaftsgebiet nicht als Hinweis auf das ihm bekannte Unternehmen auffasst (BGH GRUR 1957, 550 (551) – Tabu II).

3. Ausdehnungstendenz

132   Der Schutzbereich ist auch bei örtlich oder regional begrenztem Tätigkeitsbereich nicht auf diesen begrenzt, wenn er auf eine **zukünftige Ausdehnung gerichtet** ist (BGH GRUR 1993, 923 (924) – Pic Nic; GRUR 1985, 72 – Consilia). Das ist zB anzunehmen, wenn das Unternehmen darauf ausgerichtet ist, Filialbetriebe in anderen Orten zu eröffnen und dies auch bereits jetzt (dh im Kollisionszeitpunkt) mit einer gewissen Wahrscheinlichkeit zu erwarten war (BGH GRUR 1993, 923 (924) – Pic Nic; GRUR 1979, 642 (643) – Billich).

Ein schutzwürdiges Interesse, auch bereits für Gebiete Kennzeichenschutz zu erlangen, in denen **133** noch keine unternehmerische Tätigkeit ausgeübt wird, kann aber nur anerkannt werden, wenn sich die **Ausdehnungsabsicht bereits manifestiert hat** (aA OLG Bremen WRP 1999, 215 (217) – Kla-Flü: bei bestehender Ausdehnungsabsicht genügt fehlendes Interesse des Bekl. an Zeichenbenutzung). Es genügt daher nicht, wenn ein Einzelhandelsgeschäft lediglich die Absicht hat, in Zukunft die angebotenen Waren auch im Internet zu vertreiben (aA OLG Düsseldorf GRUR-RR 2002, 20 (21) – T-Box). Erforderlich ist eine bereits sichtbare, wenn auch noch nicht abgeschlossene Verwirklichung etwa durch Eröffnung mehrerer verstreut liegender Betriebe im Bundesgebiet oder einem abgegrenzten Wirtschaftsgebiet (BGH GRUR 1993, 923 (924) – Pic Nic; OLG Köln BeckRS 2012, 10666 – Fair Play) oder zumindest eine auf Ausdehnung angelegte Unternehmensstruktur und Geschäftsbeziehungen (vgl. BGH GRUR 1985, 72 (73) – Consilia). Ist dem so, dann erstreckt sich der Schutz räumlich auch auf Teilgebiete, in denen die Ausdehnung geplant, aber noch nicht verwirklicht ist (BGH GRUR 1993, 923 (924) – Pic Nic).

4. Bestimmung des Schutzgebiets

Das **konkret geschützte Gebiet** richtet sich nach der tatsächlichen Zeichenbenutzung, der **134** Unternehmensführung (zB bestehende geschäftliche Kontakte, Werbung, Vertriebsstruktur, Absatzgebiet), aber auch dem potentiellen Kundenkreis (vgl. OLG Frankfurt GRUR-RS 2021, 37931 Rn. 6 – Yok Yok; OLG München BeckRS 2016, 11751 – SeniVita; OLG Koblenz GRUR-RR 2008, 195 (196) – Club P).

Die Nutzung des Zeichens im **Internet** führt bei ortsgebundenen Unternehmen für sich **135** genommen nicht zu einem erweiterten Schutzbereich, sofern aus ihr nicht erkennbar wird, dass Leistungen tatsächlich bundesweit oder jedenfalls über den bisherigen räumlichen Tätigkeitsbereich hinaus erbracht werden (BPatG GRUR-Prax 2017, 324 – Realfundus; BeckRS 2015, 02948 – Lehmitz; OLG Koblenz GRUR-RR 2008, 195 (196) – Club P; Ingerl/Rohnke/Nordemann/Nordemann-Schiffel Rn. 16; Ströbele/Hacker/Thiering/Hacker Rn. 71; vgl. zur Kennzeichenverletzung auch BGH GRUR 2006, 159 Rn. 18 – hufeland.de; GRUR 2005, 262 (263) – soco.de; aA OLG Koblenz GRUR-RR 2007, 81 (82) – PRO). Das kommt zB in Betracht, wenn auf der Webseite auch ein Versand an auswärtige Kunden angeboten wird und nach der Art des Angebots und des Unternehmens eine Nutzung durch solche Kunden auch tatsächlich zu erwarten ist (vgl. BPatG BeckRS 2015, 02948 – Lehmitz: „commercial effect" erforderlich; → Rn. 118.1).

Bei einem **ortsgebundenen Angebot** können über den konkreten Ort hinaus auch angren- **136** zende Wirtschaftsgebiete erfasst sein. Soweit sich die Tätigkeit an Marktteilnehmer im **gesamten Gebiet des Orts** (zB Gemeinde, Kreis, Stadt) richtet, wird der Verkehr mit dem Unternehmenskennzeichen nur ein Unternehmen in Verbindung bringen; der Schutz ist dann nicht etwa nur auf den Stadtteil, in dem das Unternehmen sein Geschäftslokal hat, beschränkt (vgl. für Gaststätte in Köln BGH GRUR 1970, 479 (480) – Treppchen; für Imbissbetrieb OLG Hamm NJWE-WettbR 2000, 214 – Rhodos Grill; anders jedoch KG GewArch 2000, 257 (258) – Herz-Apotheke: Schutz nur in einem Stadtteil Berlins).

Beispiele für einen räumlichen begrenzten Schutzbereich: Apotheken (KG GewArch 2000, **136.1** 257 (258) – Herz-Apotheke; OLG Karlsruhe WRP 1974, 422 – Stadtapotheke; LG Stuttgart GRUR-RR 2006, 333 (334) – Uhland-Apotheke), **Gaststätten und Restaurants** (BGH GRUR 1993, 923 (924) – Pic Nic; GRUR 1991, 155 (156) – Rialto; GRUR 1970, 479 (480) – Treppchen; GRUR 1957, 550 (551) – Tabu II; OLG Hamm NJWE-WettbR 2000, 214 – Rhodos Grill; OLG Hamburg GRUR 1990, 634 – Zur feurigen Bratwurst; OLG Saarbrücken BeckRS 2006, 13468 – Schlachthof Brasserie), **Hotels** (BGH GRUR 1995, 507 (508) – City Hotel; LG Leipzig BeckRS 2015, 09218 – Cult Hotel Frankfurt), **örtlich tätige Dienstleister** wie Friseure (BPatG BeckRS 2011, 16420 – Haarschmiede), Sprachschulen ohne Fernkurse (BGH GRUR 2007, 884 Rn. 29 – Cambridge Institute), EDV-Vertrieb und Beratung (BGH GRUR 2005, 262 (263) – soco.de), Immobilienmakler (BPatG GRUR-Prax 2017, 324 – Realfundus), Immobilienprojektgesellschaften, soweit sie nur in einer Stadt Projekte realisieren (KG BeckRS 2017, 131991 Rn. 81 – LAGRANDE), Steuerberater (vgl. BGH GRUR 1985, 72 – Consilia), Kreiskrankenhäuser (BGH GRUR 2006, 159 Rn. 15 – hufeland.de), Seniorenheime (OLG München BeckRS 2016, 11751 – SeniVita), Bordelle (OLG Koblenz GRUR-RR 2008, 195 (196) – Club P), Spielhallen (OLG Köln BeckRS 2012, 10666 – Fair Play) oder Bewachungsunternehmen (vgl. BGH GRUR 1977, 226 (227) – Wach und Schließ); nicht im Filialbetrieb geführte **örtliche Einzelhändler** wie ein Getränkemarkt (vgl. OLG Saarbrücken NJWE-WettbR 1998, 62 (63) – Bierstraße), ein Weinhändler (BPatG BeckRS 2014, 11330 – Weinhandlung Müller) oder ein Kiosk (OLG Frankfurt GRUR-RS 2021, 37931 Rn. 6 – Yok Yok), **Produktionsbetriebe mit stark regionalem Bezug** wie eine Regionalbrauerei (OLG München WRP 1994, 326).

XV. Erlöschen des Schutzes

1. Aufgabe der Benutzung

137   Da der Schutz des Unternehmenskennzeichens erst durch die Ingebrauchnahme entsteht, kommt es bei einer Aufgabe der Benutzung wieder zum Erlöschen des Schutzes. Ein Erlöschen durch **faktische Nichtbenutzung** wird vor allem bei besonderen Bezeichnungen und Geschäftsabzeichen in Betracht kommen. Genügend ist die Nichtbenutzung im **Inland;** eine weiter fortgesetzte Nutzung im Ausland kann das Erlöschen nicht verhindern, sofern die inländische Nichtbenutzung dauerhaft ist (OLG Frankfurt BeckRS 2017, 148037 Rn. 20).

138   Bei Namen und Firmen kann in einer **Umfirmierung** eine Benutzungsaufgabe liegen, wenn eine gänzlich andere Firma angenommen wird (BGH GRUR 2005, 871 (873) – Seicom; OLG Düsseldorf GRUR-RR 2009, 80 f. – Mannesmann; zu Änderungen des Zeichens → Rn. 149). Bei einer Weiternutzung des alten Zeichens neben der neuen Firma bleibt der Schutz jedoch mit dem ursprünglich begründeten Zeitrang bestehen, sofern der Verkehr dem Zeichen nach wie vor Namensfunktion beilegt, so dass es nunmehr als besondere Bezeichnung eines Geschäftsbetriebs geschützt wird (KG GRUR-RR 2011, 67 – Ring Deutscher Makler; vgl. auch BGH GRUR 2005, 871 (872 f.) – Seicom).

139   Der Schutz als Unternehmenskennzeichen erlischt ferner, wenn die Benutzung **nicht mehr namensmäßig** erfolgt, sondern zB nur noch als Marke (BGH GRUR 2013, 1150 Rn. 30 – Baumann I; OLG Düsseldorf BeckRS 2012, 21145) oder als Domainname, dem nur noch Adressfunktion zukommt (BGH GRUR 2005, 871 (873) – Seicom; → § 15 Rn. 82).

140   Erforderlich ist eine **dauerhafte Benutzungsaufgabe.** Eine nur vorübergehende Nichtbenutzung schadet nicht; mit der Wiederaufnahme der Benutzung lebt der Kennzeichenschutz mit seiner ursprünglichen Priorität wieder auf. Zu den Kriterien für eine unschädliche Unterbrechung → Rn. 144. Keine Benutzungsaufgabe liegt vor, wenn das Zeichen nur noch durch einen Repräsentanten des Rechtsinhabers genutzt wird (→ Rn. 121). Hingegen genügt es nicht, wenn das bisherige Zeichen nur noch verwendet wird im Sinne einer Nachsendeadresse, da es dann nicht mehr wie ein Name, sondern nur als Hinweis auf einen Namen verwendet wird (vgl. BGH GRUR 2005, 871 (873) – Seicom: Domainname als bloße Nachsendeadresse). Erst recht nicht ausreichend ist eine Weiterbenutzung nur durch Dritte wie zB Kunden (BGH GRUR 2005, 871 (873) – Seicom). Auch rein geschäftsinterne Vorgänge wie etwa Beschlussfassungen auf Gesellschafterversammlungen über Anträge, das bisher genutzte Zeichen als Registermarke schützen zu lassen, genügen nicht (KG BeckRS 2017, 131991 Rn. 56 – LAGRANDE).

2. Aufgabe des Geschäftsbetriebs

141   Der Schutz erlischt, wenn das Unternehmen sich nicht mehr am geschäftlichen Verkehr beteiligt (BGH GRUR 2013, 1150 Rn. 29 – Baumann I; GRUR 2005, 871 (872) – Seicom; GRUR 2002, 967 (969) – Hotel Adlon; GRUR 1997, 749 (752) – L'Orange; KG BeckRS 2017, 131991 Rn. 48 – LAGRANDE). Dazu bedarf es der **endgültigen Aufgabe des Geschäftsbetriebs,** dh der tatsächlichen Einstellung der geschäftlichen Tätigkeit, für die die Unternehmensbezeichnung verwendet wird. Dabei gelten die gleichen Maßstäbe wie für die schutzbegründende Benutzungsaufnahme (→ Rn. 112). Soweit noch Benutzungshandlungen vorgenommen werden, die für eine Entstehung des Schutzes genügen würden, liegt daher keine Aufgabe des Geschäftsbetriebs vor (BGH GRUR 2016, 1066 Rn. 23 – mt-perfect; KG BeckRS 2017, 131991 Rn. 55 – LAGRANDE; OLG Frankfurt BeckRS 2019, 19184 Rn. 7 – LS Plan).

142   Maßgeblich ist, ob die Handlungen nach dem **Verständnis der angesprochenen Verkehrskreise** auf einer Fortsetzung der dauerhaften, inhaltlich unveränderten wirtschaftlichen Betätigung schließen lassen (BGH GRUR 2016, 1066 Rn. 28 f. – mt-perfect). Die Handelsregisterlage ist irrelevant; insbesondere folgt allein aus dem Fortbestand der Eintragung nicht derjenige des Unternehmens (BGH GRUR 1997, 749 (752) – L'Orange; GRUR 1961, 420 (422 f.) – Cuypers; OLG Düsseldorf GRUR-RR 2003, 8 (10) – START). Mit der Handelsregisterlöschung entfällt jedoch das Schutzobjekt „Firma"; das Zeichen kann nach diesem Zeitpunkt nur noch als besondere Bezeichnung oder – bei Verkehrsgeltung – als Geschäftsabzeichen geschützt sein.

143   Für eine Weiterbenutzung genügt es nicht, dass das Zeichen nach Einstellung des Geschäftsbetriebs noch jahrelang am ehemaligen Verwaltungsgebäude angebracht war (OLG Frankfurt GRUR-RR 2017, 404 Rn. 42 – Cassellapark). War das Unternehmen auf die Errichtung eines Gebäudes mit Eigentumswohnungen und deren anschließenden Verkauf gerichtet, soll die Verteidigung gegen Gewährleistungsansprüche nach dem Verkauf sämtlicher Einheiten nicht mehr genü-

gen (KG BeckRS 2017, 131991 Rn. 59 – LAGRANDE). Sicherlich nicht genügend ist allein die klageweise Durchsetzung kennzeichenrechtlicher Ansprüche (KG BeckRS 2017, 131991 Rn. 59 Rn. 61 – LAGRANDE). Bei einem künstlerischen Geschäftsbetrieb liegt in einer zweijährigen Schaffenspause noch keine endgültige Aufgabe (BPatG GRUR-RS 2021, 36796 Rn. 68 – Shindy).

Wird der Geschäftsbetrieb aufgrund eines **Liquidationsbeschlusses** eingestellt, liegt keine endgültige **143.1** Aufgabe vor, wenn der Beschluss angefochten wird und hierüber noch nicht rechtskräftig entschieden ist (BGH GRUR 1985, 567 f. – Hydair).

Eine Aufgabe liegt auch vor, wenn der Geschäftsbetrieb bei rechtlichem Fortbestand des Unternehmens **143.2** **in ein übernehmendes Unternehmen eingegliedert** und das Zeichen fortan nur noch als Marke für die Produkte des übernommenen Unternehmens verwendet wird (BGH GRUR 2013, 1150 Rn. 30 – Baumann I).

3. Unterbrechungen des Geschäftsbetriebs

Eine Unterbrechung des Geschäftsbetriebs lässt den Bestand des Kennzeichenrechts mit seiner **144** ursprünglichen Priorität unberührt, wenn sie lediglich **vorübergehend** ist. Ob dies der Fall ist, bestimmt sich nach der Verkehrsauffassung im Zeitpunkt der wieder aufgenommenen Betätigung im geschäftlichen Verkehr (BGH GRUR 2013, 1150 Rn. 29 – Baumann I; GRUR 2002, 972 (974) – FROMMIA; GRUR 2002, 967 (969) – Hotel Adlon). Entscheidend ist, ob der Verkehr den jetzt neu begründeten, in seinem wesentlichen Bestand erhalten gebliebenen Geschäftsbetrieb noch als Fortsetzung des ursprünglichen Geschäftsbetriebs sieht (BGH GRUR 2005, 871 (872) – Seicom; GRUR 2002, 972 (974) – FROMMIA; GRUR 2002, 967 (969) – Hotel Adlon). Wesentliche Kriterien der einzelfallabhängigen Beurteilung sind insbesondere **Anlass und Dauer der Unterbrechung** sowie ein **Fortsetzungswille** des Rechtsträgers, der sich in entsprechenden Handlungen manifestiert oder doch aufgrund besonderer Umstände für den Verkehr nahe gelegen haben muss (BGH GRUR 2016, 1066 Rn. 22 – mt-perfect; GRUR 1997, 749 (752) – L'Orange).

Das Gewicht der **Unterbrechungsdauer** hängt von der Dauer und Intensität der Zeichennut- **145** zung und dem erreichten Bekanntheitsgrad ab. Eine langjährige Nutzung, bei der die Annahme einer nur vorübergehenden Unterbrechung näher liegt, ist aber bei einer nur vierjährigen Nutzung noch nicht gegeben (BGH GRUR 2002, 972 (974 f.) – FROMMIA). Eine dreimonatige Unterbrechung ist jedenfalls unbeachtlich, wenn zuvor ein jahrzehntelanger Betrieb gegeben war (OLG Frankfurt GRUR-RR 2016, 448 Rn. 19 – Apfelweinlokal; s. auch LG Köln GRUR-RS 2020, 24061 Rn. 43: Unterbrechung für zweieinhalb Monate bei fortbestehender Handelsregistereintragung und unveränderten Geschäftsbetrieb unschädlich). Kommt es während der Betriebsunterbrechung zur Nutzung des Zeichens durch andere Unternehmen, kann für den Verkehr die Zuordnung des Zeichens zum ursprünglichen Geschäftsbetrieb entfallen (BGH GRUR 2002, 972 (975) – FROMMIA).

Beim **Anlass der Unterbrechung** kommt es darauf an, ob die Aufgabe freiwillig erfolgte **146** (dann wird der Verkehr eher von einer endgültigen Aufgabe ausgehen, BGH GRUR 1962, 419 (422) – Leona; vgl. auch OLG Düsseldorf GRUR-RR 2005, 281 (282 f.) – ATLAS: sechsjährige Unterbrechungsphase führt bei freiwilliger Benutzungsaufgabe zum Schutzverlust) oder durch staatliche Maßnahmen (zB Enteignung) oder kriegsbedingte Umstände erzwungen wurde.

Bei einer **unfreiwilligen Aufgabe** kann zu **differenzieren** sein: Ist das Hindernis in den Augen des **146.1** Verkehrs nur vorübergehender Natur, so wird er auch eher von einer nur vorübergehenden Einstellung des Geschäftsbetriebs ausgehen. Das hat die Rechtsprechung zB mit Blick auf die Maßnahmen in der sowjetischen Besatzungszone zunächst bejaht (vgl. BGH GRUR 1961, 420 (422 f.) – Cuypers; GRUR 1960, 137 (139) – Astra). Auch hier kommt es jedoch allein darauf an, ob der Verkehr das Zeichen nach der Unterbrechung noch dem Unternehmen zuordnet; das ist zB für eine infolge von Krieg und Devisenbewirtschaftung für die Dauer von 18 Jahren eingestellte Zeichenbenutzung verneint worden (BGH GRUR 1967, 199 (202) – Napoléon II). Sieht der Verkehr staatliche Maßnahmen als dauerhaft an, liegt trotz Unfreiwilligkeit keine nur vorübergehende Unterbrechung vor (vgl. BGH GRUR 1997, 749 (752) – L'Orange: Schutzverlust infolge 1972 erfolgter Enteignung in der DDR).

An einer hinreichenden **Manifestation des Fortführungswillens** fehlt es, wenn tatsächlich **147** keine Fortführungsmöglichkeit bestand (vgl. BGH GRUR 2002, 967 (969) – Hotel Adlon: Schutzverlust bei Aufgabe des Hotelbetriebs infolge Kriegseinwirkung und fehlender Fortsetzungsmöglichkeit in der DDR). Fehlt die Möglichkeit einer – an der Art des Hindernisses bemessen – zeitnahen Fortsetzung, dann sieht der Verkehr die Unterbrechung auch dann nicht als nur vorübergehend, wenn tatsächlich Fortsetzungsanstrengungen unternommen wurden (BGH GRUR 1997, 749 (752) – L'Orange). Ebenso kann es für den Verkehr am Fortführungswillen fehlen, wenn der

Geschäftsbetrieb nach Beseitigung des Hindernisses nicht wieder zeitnah aufgenommen wird (BGH GRUR 2002, 419 (421) – Leona; GRUR 1961, 420 (422 f.) – Cuypers) oder die Möglichkeit einer Betriebsfortführung an anderer Stelle (zB West-Berlin) ungenutzt bleibt (BGH GRUR 2002, 967 (969) – Hotel Adlon). Der Wille zur Fortführung im Ausland genügt nicht, weil die Schutzentstehung eine Benutzung im Inland voraussetzt (BGH GRUR 1992, 972 (975) – FROMMIA).

148   Trotz endgültiger Unterbrechung und damit verbundenem Erlöschen des Kennzeichenrechts kann an die **ursprüngliche Priorität angeknüpft** werden, wenn die Unterbrechung auf staatlichen Zwangsmaßnahmen oder der kriegs- und teilungsbedingten Unmöglichkeit der Fortführung des Geschäftsbetriebs am früheren Ort beruht und das Unternehmenskennzeichen aufgrund seiner Geltung oder Berühmtheit im Verkehr in Erinnerung geblieben ist und es dem wiederbelebten Unternehmen zugeordnet wird (BGH GRUR 2002, 967 (969) – Hotel Adlon; GRUR 1997, 749 (753) – L'Orange).

4. Wesentliche Änderung des Zeichens

149   Eine Änderung des Unternehmenskennzeichens kann zum Erlöschen des Schutzes für das bisher benutzte Kennzeichen führen, wenn sie die **Unterscheidungskraft und Identität der Gesamtbezeichnung berührt** (BGH GRUR 1995, 754 (756) – Altenburger Spielkartenfabrik: Zufügung des Worts „Vereinigte" vor die bisherige Bezeichnung „Altenburger und Stralsunder Spielkarten-Fabriken" und Nachstellung der Abkürzung „ASS" keine wesentliche Änderung; GRUR 1995, 505 (507) – APISERUM; GRUR 1973, 661 (662) – Metrix: Schutzverlust bei Änderung von „Metrix" zu „Matrix"; OLG Hamburg NJOZ 2002, 1465 (1466): kein Schutzverlust durch Änderung von „UpSolut Agentur für Sport und Marketing GmbH" zu „Upsolut Sports AG"). Das kann nicht nur durch Weglassung unterscheidungskräftiger Bestandteile erfolgen. Auch die Hinzufügung weiterer, ebenfalls unterscheidungskräftiger Bestandteile kann zum Schutzverlust für das bisherige Zeichen führen, wenn es dadurch ein neues Gesamtgepräge erlangt und deshalb vom Verkehr nunmehr anstelle des bisherigen Zeichens als Hinweis auf das Unternehmen verstanden wird (vgl. Ströbele/Hacker/Thiering/Hacker Rn. 81).

150   Der abgeleitete Schutz eines Firmenbestandteils als **Firmenschlagwort** bleibt mit seiner ursprünglichen Priorität auch bei einer **wesentlichen Änderung der Gesamtfirma** bestehen, wenn das Schlagwort auch in der neuen Firma enthalten ist und nach wie vor Schlagworteignung und Unterscheidungskraft aufweist (BGH GRUR 1995, 505 (507) – APISERUM; OLG Nürnberg GRUR-RS 2021, 5859 Rn. 68 – Speck Pumpen; Ströbele/Hacker/Thiering/Hacker Rn. 29; aA Büscher FS Bornkamm, 2014, 543 (545)). Ist das Schlagwort in der neuen Firma nicht mehr enthalten, erlischt der abgeleitete Schutz (OLG Nürnberg GRUR-RS 2021, 5859 Rn. 71 – Speck Pumpen; LG Frankfurt a.M. GRUR-RS 2020, 45336 Rn. 69). Fortan kommt nur noch ein selbständiger Schutz als besondere Bezeichnung oder Geschäftsabzeichen in Betracht, sofern die jeweiligen Entstehungsvoraussetzungen (insbesondere Ingebrauchnahme in Alleinstellung) vorliegen.

5. Wesentliche Änderung des Geschäftsbetriebs

151   Wird der Geschäftsbetrieb so geändert, dass er dem Verkehr **nicht mehr als Fortführung des bisherigen Geschäftsbetriebs** erscheint (zB wesentliche inhaltliche Änderung der geschäftlichen Tätigkeit), so liegt nach der Sache nach eine endgültige Einstellung des Geschäftsbetriebs vor, die zum Erlöschen des Schutzes für das Zeichen führt (BGH GRUR 2016, 1066 Rn. 22 – mt-perfect; GRUR 1957, 550 (552 f.) – Tabu II; KG BeckRS 2017, 131991 Rn. 61 – LAGRANDE; OLG Köln Urt. v. 5.10.2018 – 6 U 84/18). Sind die Schutzvoraussetzungen gegeben, entsteht der Schutz dann neu für den geänderten Geschäftsbetrieb, ohne dass an den bisherigen Zeitrang angeknüpft werden kann.

152   **Änderungen der Rechtsform** sind irrelevant, wenn der Verkehr mit ihnen nicht die Vorstellung eines neuen Geschäftsbetriebs verbindet (vgl. BGH GRUR 2013, 1150 Rn. 32 – Baumann I; GRUR 1993, 404 (405) – Columbus; GRUR 1990, 1042 (1044) – Datacolor; GRUR 1983, 182 f. – Concordia-Uhren; OLG Hamm BeckRS 2010, 28139, allerdings unter unzutreffender Einordnung als Benutzung durch Vorgesellschaft).

6. Trennung von Unternehmenskennzeichen und Geschäftsbetrieb

153   Das Unternehmenskennzeichen kann nicht **isoliert auf einen anderen übertragen** werden, weil dadurch die Zuordnung des Zeichens zu einem bestimmten Unternehmen, welches das

Zeichen namensmäßig benutzt und damit den Schutz erworben hat, aufgehoben wird (→ § 27 Rn. 77 ff.). Die **Trennung des Unternehmenskennzeichens vom bisherigen Geschäftsbetrieb** führt daher zu seinem Erlöschen (vgl. BGH GRUR 2002, 972 (975) – FROMMIA; BPatG BeckRS 2019, 20887 Rn. 39 – Kraftwerk; Ingerl/Rohnke/Nordemann/Nordemann-Schiffel Rn. 73; Ströbele/Hacker/Thiering/Hacker Rn. 76; HK-MarkenR/Eisfeld Rn. 76).

Beim **Erwerber** entsteht der Schutz mit **eigenem Zeitrang** neu, wenn er das Zeichen namens- **154** mäßig für seinen Geschäftsbetrieb in Gebrauch nimmt und die übrigen Schutzvoraussetzungen vorliegen. Der Schutz besteht hingegen mit **ursprünglicher Priorität** fort, wenn das Unternehmenskennzeichen zusammen dem Geschäftsbetrieb übertragen wird, da es dann weiter zur Kennzeichnung des gleichen Unternehmens dient. Dazu müssen diejenigen Werte übertragen werden, die nach wirtschaftlichen Gesichtspunkten den Schluss rechtfertigen, die mit dem Zeichen verbundene Geschäftstradition werde vom Erwerber fortgesetzt (BGH GRUR 2002, 972 (975) – FROMMIA; GRUR 1990, 1042 (1044) – Datacolor). Ist der Verpächter des Grundstücks, auf dem das Unternehmen betrieben wird, Rechtsinhaber (→ Rn. 127), geht das Unternehmenskennzeichen auf den Grundstückserwerber über (OLG Frankfurt GRUR-RR 2016, 448 Rn. 18 – Apfelweinlokal; krit. Ahrens FS Ströbele, 2019, 1 ff.).

7. Verlust der Unterscheidungskraft

Der Schutz endet, wenn das Zeichen durch **Veränderungen in seinen unterscheidungskräf-** **155** **tigen Teilen** oder infolge einer **veränderten Verkehrsauffassung** seine Fähigkeit verloren hat, das Unternehmen von anderen zu unterscheiden. Bei einer Umwandlung in einen Gattungsbegriff tritt der Schutzverlust jedoch erst ein, wenn nur noch ein zu vernachlässigender Teil des angesprochenen Verkehrs in dem Zeichen einen Hinweis auf das Unternehmen sieht (BGH GRUR 1977, 226 (227) – Wach und Schließ). Zu einer Veränderung der Verkehrsauffassung kann es auch kommen, wenn der Zeicheninhaber nicht gegen die Zeichenbenutzung durch andere vorgeht.

8. Verlust der Verkehrsgeltung

Geschäftsabzeichen iSd § 5 Abs. 2 S. 2 verlieren ihren Schutz, wenn die **bestehende Verkehrs-** **156** **geltung entfällt** (BGH GRUR 2012, 534 Rn. 33 – Landgut Borsig). Das Gleiche gilt für nicht originär unterscheidungskräftige Kennzeichen nach § 5 Abs. 2 S. 1. Die bloße Veränderung des Kennzeichens oder des Geschäftsbetriebs führt nicht notwendigerweise zum Verlust der Verkehrsgeltung; bei wesentlichen Änderungen entfällt der Schutz hingegen ohne Rücksicht auf die Verkehrsgeltung (→ Rn. 149).

Ob eine **Unterbrechung der Benutzung** zum Verlust der Verkehrsgeltung geführt hat, ist **157** nach den gleichen Maßstäben zu beurteilen, wie sie allgemein für die Unterbrechung des Geschäftsbetriebs gelten (→ Rn. 144); insbesondere bei bis zur Benutzungseinstellung bestehender hoher Verkehrsgeltung oder bei unfreiwilliger Einstellung kann die Verkehrsgeltung auch über einen längeren Zeitraum der Nichtbenutzung fortbestehen (vgl. BGH GRUR 1957, 25 (27) – Hausbücherei: Fortbestand der Verkehrsgeltung trotz vierjähriger Nichtbenutzung aufgrund nachkriegsbedingter Umstände).

D. Werktitel (Abs. 3)

I. Regelungsüberblick

1. Schutzobjekt

§ 5 Abs. 3 schützt als Werktitel die Namen oder besonderen Bezeichnungen einer geistigen **158** Leistung. Schutzobjekt ist ein Zeichen, das geeignet ist, eine geistige Leistung zu identifizieren und sie von anderen zu unterscheiden. Anders als bei den Unternehmenskennzeichen ist eine **Namensfunktion nicht erforderlich** (Fezer § 15 Rn. 268 f.; Baronikians Werktitel Rn. 6; Deutsch/Ellerbrock Titelschutz Rn. 114; vgl. auch Schricker FS Vieregge, 1995, 775 (783 f.); aA Ströbele/Hacker/Thiering/Hacker Rn. 84; Lange MarkenR Rn. 1791). Zwar wurde eine solche von der Rechtsprechung zu § 16 Abs. 1 UWG 1909 verlangt (BGH GRUR 1958, 354 (357) – Sherlock Holmes) und der Gesetzgeber ging hiervon ebenfalls aus (BT-Drs. 12/6581, 67). Gegen das Erfordernis einer Namensfunktion – das sich vor allem bei den schutzfähigen Zeichenformen begrenzend auswirkend würde – spricht jedoch, dass Werktitel die Bezeichnungen geistiger Leistungen sind und daher von vornherein nicht Träger eines Namens im Rechtssinne sein können.

Deshalb kann für die Namensfunktion auch nicht darauf verwiesen werden, dass § 5 Abs. 3 mit der Formulierung „Namen und besondere Bezeichnungen" an die in § 5 Abs. 2 S. 1 genannten Unternehmenskennzeichen mit Namensfunktion anknüpft – der dort verwandte Rechtsbegriff „Name" ist inhaltlich ein anderer als der des § 5 Abs. 3. Das gilt auch für die „besondere Bezeichnung": Sie ist bei § 5 Abs. 2 S. 1 ein namensmäßiges Äquivalent für den Namen iSd § 12 BGB und die handelsrechtliche Firma; bei § 5 Abs. 3 scheidet dieses Verständnis jedoch aufgrund des abweichenden Bezugsobjekts aus.

159   Ausreichend, aber auch erforderlich ist eine Bezeichnung mit **Individualisierungs- und Unterscheidungsfunktion.** Werktitel haben hingegen grundsätzlich nicht die Funktion eines betrieblichen Herkunftshinweises (ständige Rechtsprechung, vgl. zB BGH GRUR 2016, 1300 Rn. 22 – Kinderstube; GRUR 2014, 483 Rn. 29 – test; GRUR 2005, 264 (265 f.) – Das Telefon-Sparbuch; GRUR 2002, 1083 (1085) – 1, 2, 3 im Sauseschritt; GRUR 2000, 504 (505) – FACTS). Sie können diese Funktion aber im Einzelfall aufweisen, soweit der Verkehr mit dem Werktitel eine bestimmte betriebliche Herkunft verbindet. Das ist von der Rechtsprechung bislang vor allem für bekannte Titel regelmäßig erscheinender Zeitschriften oder außerordentlich bekannter Fernsehserien angenommen worden (BGH GRUR 2014, 483 Rn. 29 – test; GRUR 2000, 70 (72 f.) – SZENE mwN; GRUR 1993, 692 (693) – Guldenburg; kritisch zum Bekanntheitserfordernis Baronikians Werktitel Rn. 14; A. Deutsch GRUR 2013, 113; v. Gamm FS Büscher, 2018, 157 (163); näher → § 14 Rn. 98 ff.; → § 15 Rn. 51).

2. Schutzentstehung

160   § 5 Abs. 3 regelt die Entstehung des Schutzes als Werktitel nur rudimentär; normiert ist lediglich, dass es sich um einen **Namen** oder eine **besondere Bezeichnung** handeln muss (→ Rn. 161) und welche **Werke** als Bezugsobjekt in Betracht kommen (Druckschriften, Film-, Ton- und Bühnenwerke, sonstige vergleichbare Werke, → Rn. 169 ff.). Als ungeschriebene Schutzentstehungsvoraussetzungen kommen die **Unterscheidungskraft** (→ Rn. 202) – entweder originär (→ Rn. 203 ff.) oder kraft Verkehrsgeltung (→ Rn. 211) – sowie eine **Ingebrauchnahme** des Titels (→ Rn. 212 ff.) hinzu.

II. Name oder besondere Bezeichnung

1. Titel

161   Werktitel können nur Namen oder besondere Bezeichnungen sein. Diese Begriffe sind synonym; rechtspraktisch ist schlicht vom **Titel** die Rede. Der Individualisierungsfunktion entsprechend können nur solche Bezeichnungen einen Titel darstellen, in denen der Verkehr einen das Werk individualisierenden Hinweis sieht. Das bestimmt sich nach der Verkehrsauffassung. Danach ist in erster Linie der **Haupttitel** geschützt, dh jene Bezeichnung, die der Verkehr primär der Identifizierung und Unterscheidung zugrunde legt. Welche das ist, wenn mehrere Bezeichnungen nebeneinander verwendet werden, hängt vor allem von der graphischen Gestaltung und der dadurch ausgelösten Wahrnehmung des Verkehrs ab (vgl. OLG Frankfurt GRUR-RR 2001, 5 – MediaFacts).

161.1   Die **Bezeichnung einer App für Smartphones** ist in der Regel ein individualisierender Hinweis auf das Werk. Anders als bei Domainnamen werden sie im Rechtsverkehr auch dann nicht als bloße Adressbezeichnung verstanden, wenn sie ihrer Funktion nach lediglich den Inhalt einer Webseite in einer für Smartphones besonders geeigneten Form wiedergeben (anders wohl OLG Köln GRUR 2014, 1111 f. – wetter.de; für die fragliche App wie hier BGH GRUR 2016, 939 Rn. 17 – wetter.de). Der Inhalt des Werkes ändert nichts daran, dass der Verkehr die Bezeichnung einer solchen Software als individualisierenden Hinweis auf ein besonders, zur Anzeige dieser Webseite fähiges Programm versteht (zweifelnd aber OLG Köln GRUR 2014, 1111 (1112) – wetter.de). Allerdings kann bei beschreibenden Begriffen die notwendige Unterscheidungskraft fehlen (→ Rn. 208).

161.2   Eine in einem **Design** iSd § 1 Abs. 1 DesignG (Bild auf einem T-Shirt) enthaltene Wortfolge soll als Titel des Bildes und damit des Werkes aufzufassen sein, da es üblich sei, zur Bezeichnung von Bildern Teile des Bildes und insbesondere Wortteile aufzugreifen und damit schlagwortartig zu bezeichnen (BPatG GRUR-RS 2019, 36779 Rn. 18). Diese allgemein gehaltene Annahme erscheint indessen recht weitgehend; jedenfalls dürfte es davon abhängen, wie sehr die Wortfolge das Bild prägt (ebenso Ingerl/Rohnke/Nordemann/J. B. Nordemann Rn. 93).

161.3   **Werbeslogans** sind selbst dann, wenn sie sich auf ein Werk iSd § 5 Abs. 3 beziehen, keine Titel, da sie im Verkehr nicht als individualisierender Hinweis auf das Werk, sondern als Anpreisung der Werkeigenschaften verstanden werden (anders wohl Stollwerck ZUM 2015, 867). Der Verkehr pflegt Werke auch nicht nach den für sie verwendeten Werbeslogans zu identifizieren und zu unterscheiden.

Nach diesen Maßstäben ist auch zu beurteilen, ob ein dem Haupttitel beigefügter **Untertitel** 162 ebenfalls als besondere Bezeichnung des Werks verstanden wird. Soweit dies der Fall ist, ist auch ein Untertitel selbständig schutzfähig (BGH GRUR 2010, 156 Rn. 15 – EIFEL-ZEITUNG; GRUR 1990, 218 (219) – Verschenktexte; OLG Nürnberg NJWE-WettbR 1999, 256 – Der Schweinfurter; OLG Hamburg GRUR-RR 2006, 408 (411) – OBELIX).

2. Titelbestandteile

Unterscheidungskräftige **Bestandteile des Titels** können als **Titelschlagwörter** geschützt 163 sein (BGH GRUR 1992, 547 (549) – Morgenpost; OLG Frankfurt GRUR-RR 2021, 364 Rn. 7 – Rezepturtipp; OLG Hamburg GRUR-RR 2006, 408 (411) – OBELIX; OLG München MMR 2001, 696 – weltonline.de; OLG Köln NJWE-WettbR 2000, 214 (215) – Blitzrezepte; LG Nürnberg-Fürth AfP 2016, 180 (182); Ingerl/Rohnke/Nordemann/J. B. Nordemann Rn. 75; Baronikians Werktitel Rn. 18). Ob Schutz besteht, ist nach den gleichen Kriterien, wie sie für den Schutz von Firmenbestandteilen als Firmenschlagworte gelten (→ Rn. 33), zu bestimmen. Geschützt sind daher Titelbestandteile, die geeignet sind, als Schlagwort anstelle des vollständigen Titels im Verkehr zur Unterscheidung des Werks verwendet zu werden und die über hinreichende Unterscheidungskraft verfügen. Wie bei den Firmenbestandteilen handelt es sich um einen abgeleiteten Schutz (→ Rn. 42). Es bedarf daher keiner Benutzung des Titelschlagworts in Alleinstellung (OLG Hamburg GRUR-RR 2006, 408 (411) – OBELIX; Ingerl/Rohnke/Nordemann/J. B. Nordemann Rn. 75; aA Baronikians Werktitel Rn. 16).

3. Abkürzungen

Aus dem Titel gebildete Abkürzungen, die selbst aber nicht Bestandteil des Titels sind (zB 164 „NZ" für „Nürnberger Zeitung"), können nur dann als **besondere Bezeichnung** geschützt sein, wenn der Verkehr sie wie einen Titel versteht, dh in ihnen einen das Werk individualisierenden Hinweis sieht (aA Ingerl/Rohnke/Nordemann/J. B. Nordemann Rn. 75). Dazu bedarf es der **Verkehrsgeltung** (BGH GRUR 1968, 259 – NZ; GRUR 1952, 418 (419) – DUZ; Lange MarkenR Rn. 1816).

4. Autoren- oder Herausgebernamen

Autoren- oder Herausgebernamen können insbesondere dann, wenn der Titel **rein beschrei-** 165 **bend** ist, ausnahmsweise Individualisierungsfunktion haben (Baronikians Werktitel Rn. 20); zB „Palandt", „Pschyrembel".

III. Schutzfähige Zeichenformen

Schutzfähig sind alle Zeichenformen, die geeignet sind, das konkrete Werk zu individualisieren. 166 Da keine Namensfunktion erforderlich ist (→ Rn. 158), können dies auch Zeichenformen sein, die im Verkehr nicht als Name verstanden werden, aber gleichwohl der individualisierenden Bezeichnung dienen. In Betracht kommen daher neben **Wortzeichen**, aussprechbaren und nicht aussprechbaren **Buchstabenfolgen** (BGH GRUR 1997, 902 (903) – FTOS; GRUR 1997, 661 f. – B.Z./Berliner Zeitung), **Buchstaben-/Zahlenkombination** und **Zahlenfolgen** (Baronikians Werktitel Rn. 26; Fezer § 15 Rn. 269; Ströbele/Hacker/Thiering/Hacker Rn. 91; zB „1984" für den Roman von George Orwell) auch **Bildzeichen** (Baronikians Werktitel Rn. 31; Ströbele/Hacker/Thiering/Hacker Rn. 89; Fezer § 15 Rn. 269; Lange MarkenR Rn. 1771; aA Ossing GRUR 1992, 85 (87)) sowie – etwa bei Filmen und Fernsehsendungen – **Hörzeichen** in Form von Titelmelodien oder Erkennungsjingles (Baronikians Werktitel Rn. 31; Fezer § 15 Rn. 269).

Grundsätzlich können **alle Zeichenformen des § 3 Abs. 1** auch als Titel schutzfähig sein 167 (vgl. Fezer § 15 Rn. 269; Baronikians Werktitel Rn. 29; Lange MarkenR Rn. 1772; aA Ströbele/Hacker/Thiering/Hacker Rn. 89). Entscheidend ist jedoch, ob das Zeichen in seiner konkreten Form vom Verkehr als **Individualisierungsmerkmal einer geistigen Leistung** verstanden wird. Das ist zu verneinen, wenn er das Zeichen überhaupt nicht als Kennzeichen, sondern zB als **Gestaltungselement** sieht. Das wird etwa bei Tast-, Bewegungs- und Geruchszeichen der Fall sein (aA für Bewegungszeichen Fezer § 15 Rn. 269). Auch die **Form des Werks** (zB runde oder sonst ausgefallene Buchform) dient im Verkehr im Allgemeinen nicht der Werkidentifizierung

(Baronikians Werktitel Rn. 33). Demgegenüber kann die **Aufmachung des Werks** (zB Farbgestaltung des Einbands) in Einzelfällen individualisierende Funktion haben (vgl. OLG Hamm BeckRS 2005, 3657 – Das Örtliche: Werktitelschutz für die auch farblich besonders gestaltete Titelseite eines Telefonbuchs).

168 Bei allen Zeichen, die sich einer **nicht-sprachlichen Ausdrucksform** bedienen, wird die Individualisierungsfunktion originär zunächst noch fehlen, weil der Verkehr das Zeichen erst nach einer gewissen Zeit der Wahrnehmung und Gewöhnung so mit dem Werk in Verbindung bringen wird, dass es für ihn identifizierende Funktion hat. In solchen Fällen wird das Zeichen erst dann als Titel schutzfähig, wenn es als individualisierender Hinweis auf das Werk **Verkehrsgeltung** erlangt hat (Ströbele/Hacker/Thiering/Hacker Rn. 89; Baronikians Werktitel Rn. 32). Eine graphische Darstellbarkeit ist aus den zu § 4 Nr. 2 genannten Gründen (§ 4; → Rn. 26) nicht erforderlich (aA Lange MarkenR Rn. 1769).

IV. Kennzeichenrechtlicher Werkbegriff

1. Irrelevanz des Urheberrechts

169 § 5 Abs. 3 verwendet für die Bezugsobjekte des Titels einen **eigenständigen Werkbegriff,** der normativ nur insoweit bestimmt ist, als bestimmte Werkformen nicht abschließend aufgezählt werden (Druckschriften, Film-, Ton- und Bühnenwerke) und diese Aufzählung ergänzt wird durch die „sonstigen vergleichbaren Werke". Der kennzeichenrechtliche Werkbegriff ist vom **Urheberrecht unabhängig** (BT-Drs. 12/6581, 67; BGH GRUR 2019, 535 Rn. 30 – Das Omen; GRUR 2016, 1300 Rn. 17 – Kinderstube; GRUR 2012, 1265 Rn. 13 – Stimmt's?). Es kommt nicht darauf an, ob das bezeichnete Werk nach § 2 UrhG urheberrechtlich geschützt ist (BPatG GRUR 2014, 780 (784) – Liquidrom; OLG Frankfurt GRUR-RR 2020, 515 Rn. 26 – Titelschutz für Fortbildungsveranstaltungen; zum urheberrechtlichen Titelschutz → § 2 Rn. 132). Das entspricht den unterschiedlichen Schutzrichtungen: Das Urheberrecht schützt die geistige Schöpfung als solche, während das Werktitelrecht nur die Bezeichnung des Werks schützt.

170 Vor diesem Hintergrund hat der BGH zu Recht angenommen, dass der Eintritt der urheberrechtlichen **Gemeinfreiheit** durch Ablauf der Schutzfrist auf den Bestand des Titelrechts keinen Einfluss hat (BGH GRUR 2003, 440 (441) – Winnetous Rückkehr; LG Nürnberg-Fürth AfP 2016, 180 (182)). Allerdings beschränkt sich das Titelrecht dann auf die Befugnis, anderen die Benutzung des Titels für ein anderes Werk zu untersagen (BGH GRUR 2003, 440 (441) – Winnetous Rückkehr; LG Nürnberg-Fürth AfP 2016, 180). Das kann dazu führen, dass an dem Titel des gemeinfreien Werks mehrere Personen unabhängig voneinander ein Titelrecht erwerben. Gleiches gilt für Software, die unter einer **Open-Source-Lizenz** steht (vgl. OLG Düsseldorf MMR 2012, 760 – Enigma).

2. Bezeichnungsfähige immaterielle Arbeitsergebnisse

171 Der **Inhalt des kennzeichenrechtlichen Werkbegriffs** lässt sich der Norm selbst nur in sehr eingeschränktem Maße entnehmen. Zwar zeigt die Aufzählung von Druckschriften, Film-, Bühnen- und Tonwerken, dass es um geistige Leistungen geht; nicht zu übersehen ist insoweit auch ein gewisser sprachlicher Anklang an die Aufzählung der urheberrechtsschutzfähigen Werke in § 2 Abs. 1 UrhG. Die Rechtsprechung stellt im Interesse eines umfassenden Immaterialgüterschutzes geringe Anforderungen; Werke sind danach **alle immateriellen Arbeitsergebnisse,** die als Gegenstand des Rechts- und Geschäftsverkehrs nach der Verkehrsanschauung **bezeichnungsfähig** sind (BGH GRUR 2019, 535 Rn. 30 – Das Omen; GRUR 2016, 1300 Rn. 17 – Kinderstube; GRUR 2016, 939 Rn. 15 – wetter.de; GRUR 2012, 1265 (1266) – Stimmt's?; GRUR 2005, 959 (960) – FACTS II; GRUR 1998, 155 (156) – PowerPoint; NJW 1997, 3315 (3316) – FTOS (insoweit nicht abgedruckt in GRUR 1997, 902)). Damit ist im Ergebnis die frühere einschränkende Rechtsposition, derzufolge es um einen Bezeichnungsschutz für Kommunikationsmittel geht, deren gedanklicher Inhalt für andere erst durch geistige Umsetzung existent wird (BGH GRUR 1993, 767 (768) – Zappel-Fisch), aufgegeben (für Fortführung Ströbele/Hacker/Thiering/Hacker Rn. 97).

3. Bezeichnungsfähigkeit des Werks

172 Angesichts der Weite des aktuellen Werkverständnisses des BGH, mit dem alle immateriellen Arbeitsergebnisse erfasst werden, kommt der **Bezeichnungsfähigkeit** entscheidende Bedeutung bei. Sie ist – wie auch der Verweis auf die Verkehrsanschauung belegt – im Sinne einer **Bezeich-**

nungsbedürftigkeit zu verstehen (vgl. HK-MarkenR/Eisfeld Rn. 91; Berberich WRP 2006, 1431 (1434); aA Ingerl/Rohnke/Nordemann/J. B. Nordemann Rn. 78). § 5 Abs. 3 gewährt nur solchen Bezeichnungen geistiger Leistungen Schutz, die das Werk individualisieren und unterscheiden können. Zu fragen ist daher, ob im Verkehr das Bedürfnis besteht, die gekennzeichnete geistige Leistung von anderen geistigen Leistungen zu unterscheiden. Das ist der Fall, wenn Produkte gerade nach ihrem geistigen Inhalt voneinander unterschieden werden und der Verkehr daher ein Interesse daran hat, die Unterscheidung mit Hilfe des Titels auf einfache und verlässliche Art zu vollziehen.

Nach ihrem geistigen Inhalt unterscheidet der Verkehr aber nur solche Produkte, bei denen **173** gerade die **geistige Leistung in der Wahrnehmung im Vordergrund** steht (ähnlich Ingerl/Rohnke/Nordemann/J. B. Nordemann Rn. 85; HK-MarkenR/Eisfeld Rn. 91; Baronikians Werktitel Rn. 108; Fuchs GRUR 1999, 460 (464)). Ganz ähnlich hat der BGH schon in der Zappel-Fisch-Entscheidung davon gesprochen, es komme darauf an, ob das fragliche Spiel eine geistige Leistung in einer Weise verkörpere, die für den Verkehr nicht den Warencharakter, sondern das immaterielle geistige Wesen des Spiels als vorherrschend erscheinen lasse (BGH GRUR 1993, 767 (768) – Zappel-Fisch). Das hat freilich nichts damit zu tun, ob es eines geistigen Umsetzungsaktes bedarf; insoweit hat der BGH gut daran getan, dieses Kriterium in nachfolgenden Entscheidungen beiseite zu lassen. Kommt es aber auf die Wahrnehmung des Verkehrs an, dann sind **keine besonderen qualitativen Anforderungen an den geistigen Inhalt** zu stellen (aA Ströbele/Hacker/Thiering/Hacker Rn. 97; A. Deutsch GRUR 2013, 113 (114)), solange sich das Werk überhaupt als Ergebnis einer eigenständigen geistigen Leistung darstellt. Die Abgrenzung erfolgt vielmehr gleichsam quantitativ im Hinblick auf die **Bedeutung des geistigen Inhalts für die Produktwahrnehmung und -unterscheidung** und damit auf die Bezeichnungsbedürftigkeit.

V. Werke

1. Druckschriften

Druckschriften sind alle **Printmedien** unabhängig vom presserechtlichen Begriff des Druck- **174** werks. Ausgehend vom allgemeinen Werkbegriff ist die Druckschrift eine Ausdrucksform einer geistigen Leistung im Sinne einer sprachlichen oder optischen Manifestation auf Papier, mit der das Werk anderen zugänglich und wahrnehmbar gemacht wird. Das bedingt nur eine Vervielfältigung des Werkes gleich mit welcher Technik. Erfasst sind **Bücher** (zB BGH GRUR 2005, 264 (265) – Das Telefon-Sparbuch; GRUR 2003, 440 – Winnetous Rückkehr; GRUR 2002, 1083 – 1, 2, 3 im Sauseschritt; GRUR 1991, 153 – Pizza & Pasta) und **Zeitungen** und **Zeitschriften** (zB BGH GRUR 2000, 504 – FACTS I; GRUR 2000, 70 (72) – SZENE).

Ein **Warenkatalog** soll ebenfalls ein Werk sein, weil Auswahl, Zusammenstellung und Präsenta- **175** tion der abgebildeten Waren eine geistige Leistung darstellten (BGH GRUR 2005, 959 (960) – FACTS II; zweifelhaft, weil der Verkehr Kataloge eher nicht wegen der geistigen Leistung der Warenzusammenstellung wahrnimmt und unterscheidet, sondern aufgrund der angebotenen Waren und ihrer Herkunft von einem bestimmten Händler; ablehnend auch Baronikians Werktitel Rn. 122; A. Deutsch GRUR 2013, 113 (114); s. auch KG NJWE-WettbR 2000, 234 f. – toolshop). Ein **Kalender** wird in der Form eines Tages-, Wochen- oder Monatskalenders für schutzfähig gehalten, nicht jedoch bei einer Gestaltung als Advents- oder Osterkalender (OLG München GRUR 1992, 327 (328) – Osterkalender; Baronikians Werktitel Rn. 121; kritisch A. Deutsch GRUR 2013, 113 (114)). Die geistige Leistung muss nicht in Schriftzeichen Ausdruck gefunden haben; eine **Partitur** ist deshalb unabhängig davon, ob sie erläuternde Texte aufweist, ein Druckwerk (vgl. OLG Frankfurt WRP 1978, 892 – Das bisschen Haushalt).

Schutz genießen nicht nur die Titel einzelner Werke, sondern auch solche von **Buchreihen,** **176** **Sammelwerken** und **Serien,** wenn sie vom Verkehr in ihrer Gesamtheit als eine zusammenhängende verlegerische Leistung verstanden werden; hierzu genügt schon die Einordnung nach bestimmten Kriterien, ein inhaltlicher Zusammenhang ist nicht erforderlich (BGH GRUR 1990, 218 (220) – Verschenktexte; GRUR 1980, 227 (232) – Monumenta Germaniae Historica). Erforderlich ist aber stets ein Reihentitel. Nicht genügend ist, dass ein bestimmtes Wort in den Titeln aller Einzelwerke vorkommt; erforderlich ist eine von den Einzeltiteln abgehobene Bezeichnung wie zB ein gemeinsamer Untertitel (OLG Düsseldorf GRUR-RR 2015, 10 (11) – Die Wanderhure). Ein in allen Titeln vorkommender Begriff kann aber ein geschützter Titelbestandteil (→ Rn. 163) sein (vgl. für „Winnetou" LG Düsseldorf BeckRS 2018, 16626 Rn. 18; LG Nürnberg-Fürth AfP 2016, 180 (182)).

2. Teile von Druckschriften

177   Werktitelschutz kann auch für Teile von Druckschriften bestehen, sofern es sich um ein insoweit schutzfähiges eigenständiges Werk handelt. Dazu bedarf es innerhalb des Gesamtwerks nach Aufmachung, Gegenstand und Inhalt einer gewissen Selbständigkeit (BGH GRUR 2012, 1265 Rn. 16 – Stimmt's?; GRUR 2000, 70 (72) – SZENE). Schutzfähig sind zB die Titel regelmäßig erscheinender **Zeitungsbeilagen** oder **Regionalteile** (BGH GRUR 2010, 156 Rn. 15 – EIFEL-ZEITUNG; OLG Hamburg GRUR-RR 2003, 281 – DVD & Video Markt; OLG Hamburg WRP 1977, 649 – Metall) oder anderer **Rubriken** (OLG Hamburg GRUR-RR 2009, 309 (310) – Agenda; OLG München GRUR-RR 2008, 402 (403) – Leichter Leben; OLG München NJWE-WettbR 1999, 257 – Dr. Sommer). Auch eine einzelne, thematisch besonders ausgerichtete **Zeitungsseite** kann genügen (BGH GRUR 2012, 1265 Rn. 16 – Stimmt's?; RGZ 133, 189 (191) – Kunstseiden-Kurier).

178   Selbst eine **Kolumne,** die seit vielen Jahren zu einem bestimmten Themengebiet in einer Zeitung oder Zeitschrift erscheint, ist in ihrem Titel schutzfähig, wenn sie sich durch die drucktechnische Gestaltung von anderen Beiträgen abgrenzt (zB durch einen Trennstrich); das gilt auch dann, wenn sie regelmäßig nur wenige Absätze umfasst und der Kolumnentitel deutlich kleiner gestaltet ist als die jeweilige aktuelle Überschrift des Beitrags (BGH GRUR 2012, 1265 Rn. 16 – Stimmt's?). Ein **einzelner Artikel** stellt hingegen kein schutzfähiges eigenständiges Werk dar; seine Überschrift ist kein Werktitel (BGH GRUR 2012, 1265 Rn. 21 – Stimmt's?). Das gilt jedenfalls dann, wenn es im Verkehr nach der Art des Artikels nicht üblich ist, ihn durch seinen Titel von anderen zu unterscheiden (etwa bei Artikeln in Tages- oder Wochenzeitungen oder journalistisch wenig anspruchsvollen Magazinen). Das kann bei journalistisch anspruchsvollen Publikationen oder fachwissenschaftlichen Zeitschriften aber anders sein. Soweit es bei einzelnen Artikeln an der Bezeichnungsbedürftigkeit fehlt, wird von einer titelschutzfähigen Kolumne daher in der Regel erst gesprochen werden können, wenn diese mehrere Male und mit gewisser Regelmäßigkeit erschienen ist, da sie erst dann im Verkehr als eigenständiges Werk wahrgenommen wird (BGH GRUR 2012, 1265 Rn. 21 – Stimmt's?). Dies hat zur Konsequenz, dass die Schutzentstehung der Benutzungsaufnahme nachfolgt.

3. Filmwerke

179   Filmwerke sind **Filme** jeglicher Art (zB OLG München GRUR-RR 2009, 307 – Der Seewolf; zu § 16 UWG 1909 bereits im Wege der Analogie BGH GRUR 1958, 354 (357) – Sherlock Holmes; OLG Düsseldorf NJW-RR 1986, 1095 – Mädchen hinter Gittern) sowie **Fernsehsendungen** (zB BGH GRUR 2001, 1054 (1055) – Tagesreport; GRUR 2001, 1050 (1051) – Tagesschau; dazu auch Meinberg/Engels ZUM 1999, 391 (393 ff.)). Geschützt sind auch die Titel von **Film- und Fernsehreihen und -serien,** ein inhaltlicher Zusammenhang der einzelnen Werke ist nicht erforderlich (BGH GRUR 1993, 692 (693) – Guldenburg; GRUR 1988, 377 – Apropos Film I; GRUR 1977, 543 (545) – Der 7. Sinn; BPatG BeckRS 2017, 118117 – Länder-Menschen-Abenteuer; KG GRUR-RR 2001, 133 – Alex; KG GRUR 2000, 906 (907) – Gute Zeiten, Schlechte Zeiten; OLG Koblenz ZUM-RD 1997, 117 (119)).

180   Einzelne **Teile einer Fernsehsendung,** zB ein **Sketch** im Rahmen einer Comedy-Show, können ein schutzfähiges Werk darstellen, wenn sie sich innerhalb der Sendung so abheben, dass nach dem für Teile von Druckwerken geltenden Maßstäben (→ Rn. 177) von einer hinreichenden Selbständigkeit gesprochen werden kann (offenlassend LG Düsseldorf NJOZ 2013, 361 (363); wie hier auch Ingerl/Rohnke/Nordemann/J. B. Nordemann Rn. 82).

4. Tonwerke

181   Tonwerke sind **akustisch wahrnehmbare geistige Leistungen;** auf die Form der Verkörperung (zB Audio-CD, digitales Speichermedium, Downloadmöglichkeit) kommt es nicht an (zB BGH GRUR 2019, 535 Rn. 15 – Das Omen; KG GRUR-RR 2004, 137 – Omen; OLG Köln NJWE-WettbR 2000, 93 – European Classics). Erfasst sind selbstverständlich nicht nur Musik-, sondern auch Sprachwerke (zB Hörbücher und Hörspiele). Das Werk muss nicht zur unmittelbaren akustischen Wahrnehmung geeignet sein; geschützt ist zB auch der Titel einer Partitur. Zu den Tonwerken gehören auch **Rundfunksendungen** beliebigen Inhalts und **Rundfunksendereihen,** die durch Sendezeiten, inhaltliche Gestaltung und Interessentenkreis eine zusammengehörige Sendefolge darstellen (BGH GRUR 1993, 769 (770) – Radio Stuttgart; GRUR 1982, 431 (432) – POINT).

Bei **Musikwerken** differenziert der BGH zwischen der Komposition und der Interpretation 182
als unterschiedliche immaterielle Arbeitsergebnisse, wobei im Regelfall der Titel die Komposition
bezeichnet, auch wenn sie von verschiedenen Künstlern in unterschiedlicher Weise interpretiert
wird (BGH GRUR 2019, 535 Rn. 39 – Das Omen). Die Interpretation soll ein eigenständiges
Arbeitsergebnis sein, wenn sie in besonderem Maße die Darbietung oder Aufnahme prägt, etwa
durch einen bestimmten Musiker, eine bestimmte Musikgruppe, einen charakteristischen Klang
(zB „unplugged") oder eine besondere Aufführungsart (BGH GRUR 2019, 535 Rn. 39 – Das
Omen; für Einordnung als Regelfall jedenfalls bei Popmusik oder Jazz Stieper jurisPR-WettbR
4/2019 Anm. 2). Von einem solchen gleichsam zweiten Arbeitsergebnis (neben der Komposition)
ist nur auszugehen, wenn es sich um eine herausragende künstlerische Leistung handelt, die sich
deutlich von anderen Interpretationen abhebt und unterscheidet (Homann WRP 2019, 989 Rn. 6;
anders für Popmusik oder Jazz Stieper jurisPR-WettbR 4/2019 Anm. 2: Regelfall). Andernfalls
droht die Gefahr, dass es durch jede Interpretation zu einem weiteren geschützten Werktitel
kommt, was mit der Individualisierungs- und Unterscheidungsfunktion nicht vereinbar ist.

Tonträger sind bezeichnungsfähige Werke, wenn sie ein von ihrem Inhalt unterscheidbares 183
Arbeitsergebnis sind. So liegt es, wenn eine Auswahl der enthaltenen Musikstücke nach bestimmten
Kriterien getroffen wurde, zB größte Erfolge, bestimmtes Konzept, bestimmte Musikrichtung
(KG GRUR-RR 2004, 137 – Omen; Homann WRP 2019, 989 Rn. 8; ohne Einschränkung
Baronikians Werktitel Rn. 130). Das gilt nicht nur für physische Tonträger, sondern auch für
digitale Zusammenstellungen (Homann WRP 2019, 989 Rn. 9). Wie bei Druckwerken (→
Rn. 176) kommt außerdem ein Schutz von Reihentiteln in Betracht (Homann WRP 2019, 989
Rn. 10). Die bloße Verwendung der Bezeichnung auf mehreren Tonträgern eines Musiklabels
genügt aber nur, wenn der Verkehr die Tonträger als Teil eines inhaltlich zusammenhängenden
Gesamtwerks oder einer Werkreihe sieht (aA wohl OLG Frankfurt GRUR-RR 2020, 134
Rn. 21).

5. Bühnenwerke

Bühnenwerke sind **Aufführungen geistiger Leistungen** wie zB Theaterstücke, Opern, Ope- 184
retten, Ballettstücke, Musicals und Kabarett- oder Comedyprogramme (zB RGZ 135, 209 (210) –
Der Brand im Opernhaus; RG GRUR 1937, 953 – Leichte Kavallerie; LG München I UFITA
43 (1964), 370 (371) – Annie get your gun).

Die Zusammenstellung mehrerer Bühnenwerke zu einer einheitlichen Aufführungsveranstal- 185
tung iSe **Musikfestivals,** bei dem die einzige programmatische Besonderheit darin besteht, dass
sie sich auf eine bestimmte Musikart (zB europäische Musik) bezieht, ist vom BGH nicht als
Werk, sondern als Dienstleistung qualifiziert worden (BGH GRUR 1989, 626 (627) – Festival
Europäischer Musik; ebenso OLG Jena GRUR-RR 2013, 113 (116) – Musikveranstaltung; kritisch Ingerl/Rohnke/Nordemann/J. B. Nordemann Rn. 91; Baronikians Werktitel Rn. 138). Das
ist nicht zweifelsfrei; entscheidend ist, ob der Verkehr nicht nur die einzelnen zur Aufführung
gebrachten Werke, sondern auch die Zusammenstellung, Organisation und Präsentation in der
Gesamtveranstaltung als geistige Leistung und nicht nur als Dienstleistung wahrnimmt. Dabei ist
zu fragen, ob die Auswahl der präsentierten Einzelstücke sich nur von der Zugehörigkeit zu einem
bestimmten Thema leiten lässt oder ob sie darauf gerichtet ist, einen eigenständigen künstlerischen
Gesamteindruck der Veranstaltung hervorzurufen. Das ist für das Festival „Rock am Ring" bejaht
worden (OLG Koblenz BeckRS 2014, 16858 – Rock am Ring); ebenso für das Techno- und
Elektromusikevent „Kiesgrube" (OLG Düsseldorf GRUR-RR 2020, 254 Rn. 60 – Kiesgrube).
Davon zu unterscheiden sind Aufführungen, bei denen **Teile mehrere Werke** zu einem neuen
Gesamtwerk zusammengefügt werden und die der Verkehr deshalb als eigenständige geistige
Leistung wahrgenommen werden (zB aus Ausschnitten verschiedener Musicals bestehende Büh-
nenshow, vgl. OLG Köln GRUR-RR 2008, 82 – Nacht der Musicals). Zu Veranstaltungen →
Rn. 198.

6. Digitale Werke

Computerprogramme sind unabhängig von der Art ihrer Verkörperung schutzfähige geistige 186
Leistungen (BGH GRUR 2006, 594 – SmartKey; GRUR 1998, 1010 (1011 f.) – WINCAD;
GRUR 1998, 155 (156) – PowerPoint; GRUR 1997, 902 (903) – FTOS; OLG Köln GRUR-
RR 2015, 239 Rn. 33 – Farming Simulator 2013; OLG Hamburg GRUR-RR 2012, 154 (155) –
Luxor; KG MarkenR 2003, 367 (368) = NJOZ 2003, 2773 – No Peace Beyond The Line). Sind
sie **Teil einer Hardware** (zB Betriebssystem einer Set-Top-Box; fest in Spielekonsole integriertes
Computerspiel), kommt es darauf an, ob der Verkehr sie als eigenständige geistige Leistungen

sieht. Das ist zu bejahen, wenn die Software auch hardwareungebunden verfügbar ist (vgl. OLG Düsseldorf MMR 2012, 760 – Enigma) oder wenn die Software in der Wahrnehmung des Gesamtprodukts so dominiert, dass die Hardware gleichsam als Beigabe erscheint (ähnlich Ingerl/Rohnke/Nordemann/J. B. Nordemann Rn. 87). Auch **Apps für Smartphones und Tablets** sind als Computerprogramme immaterielle Arbeitsergebnisse (BGH GRUR 2016, 939 Rn. 16 – wetter.de; Zöllner/Lehmann GRUR 2014, 431 (435): diff. Baronikians GRUR 2016, 943 (944); Strobl MarkenR 2017, 22 (23)). Es genügt schon, dass sie im Internet verfügbare Daten so aufmachen und aufbereiten, dass dies sich als eigenständige und charakteristische Leistung darstellt (zutreffend OLG Köln GRUR 2014, 1111 – wetter.de).

187   **Datenbanken** sind als immaterielle Arbeitsergebnisse, denen die Rechtsordnung sogar ein eigenes Schutzrecht zuordnet (§ 4 UrhG), schutzfähige Werke (Ströbele/Hacker/Thiering/Hacker Rn. 99; Baronikians Werktitel Rn. 155; Deutsch/Ellerbrock Titelschutz Rn. 43).

188   Die Titel von Büchern, die nur als **ebook** erschienen sind, genießen nach den für Druckwerke geltenden Maßstäben Schutz.

189   Ähnliches gilt für **im Internet veröffentlichte Werke,** die bei einer konventionellen Veröffentlichung Druckschrift, Film-, Ton- oder Bühnenwerk wären. Schutzfähig sind daher neben **Newslettern** auch Bezeichnungen, die auf **Webseiten** für ein Webangebot verwendet werden, sofern dieses Angebot seinem Inhalt nach ein Werk darstellt (vgl. BGH GRUR 2009, 1055 Rn. 41 – airdsl; KG ZUM 2001, 74 (76) – berlin-online; OLG München GRUR 2001, 522 (524) – Kuechenonline; BPatG BeckRS 2018, 15697 Rn. 21 – Visora; Baronikians Werktitel Rn. 142). Da auch Werkteile, insbesondere Teile von Druckschriften, Schutz genießen, können auch Bezeichnungen für einen **Teil eines Internetangebots,** das unter einer anderen Bezeichnung steht (insbesondere Unterseiten, auch auf Social-Media-Webseiten wie Facebook), Werktitel sein (vgl. OLG Köln GRUR 2015, 596 Rn. 18 – Kinderstube; Lehmann MarkenR 2014, 371 (375); aA OLG Frankfurt GRUR-RR 2021, 364 Rn. 7 – Rezepturtipp). Das gilt unabhängig davon, ob dieser Teil nur unter der mit dem Titel nicht übereinstimmenden Internetadresse des Gesamtangebots oder auch zusätzlich unter einer mit dem Titel übereinstimmenden Internetadresse erreichbar ist. In letzterem Fall unterstreicht die unmittelbare Erreichbarkeit aber die Selbständigkeit des Werktitels (vgl. OLG Köln GRUR 2015, 596 Rn. 18 – Kinderstube).

190   Werden Werke **sowohl in gedruckter Form als auch auf einer Internetseite** veröffentlicht, liegt bzgl. letzterer ein eigenständiges Werk vor, wenn der Verkehr über das Internet zugängliche journalistische oder literarische Angebote als gegenüber namensähnlichen Druckerzeugnissen getrennte Angebote wahrnimmt, sofern das Internetangebot nicht als inhaltsgleiche Erscheinungsform des Druckwerks angelegt ist (BGH GRUR 2016, 1300 Rn. 18 – Kinderstube). Es kommt mithin darauf an, ob sich Druckwerk und Internetangebot lediglich als unterschiedliche Vertriebswege eines einheitlichen Produkts oder als nur miteinander verwandte, aber nach Inhalt und Erscheinungsbild eigenständige Angebote präsentieren (BGH GRUR 2016, 1300 Rn. 18 – Kinderstube). Allein eine auf das jeweils andere Angebot bezogene Werbung im Internetangebot oder dem Druckwerk führt noch nicht zu einer Wahrnehmung als einheitliches Werk (BGH GRUR 2016, 1300 Rn. 18 – Kinderstube).

7. Domainnamen

191   Die Domainnamen, unter denen Webseiten zu erreichen sind, können nur dann einen Werktitel darstellen, wenn die **Webseite selbst eine bezeichnungsbedürftige geistige** Leistung darstellt und der Domainname vom Verkehr als **Titel des Werks** und nicht nur als Adressbezeichnung verstanden wird (BGH GRUR 2016, 939 Rn. 17 – wetter.de; GRUR 2010, 156 Rn. 20 – EIFEL-ZEITUNG; vgl. auch OLG München GRUR 2001, 522 (524) – Kuechenonline; zu weitgehend OLG Dresden NJWE-WettbR 1999, 130 (131) – dresden-online.de: Werktitelschutz für Informationsangebot der Stadt Dresden; OLG München GRUR 2006, 686 (687) – Österreich.de: Werktitelschutz für Informationsangebot über Österreich). Es ist zweifelhaft, ob dieses Verkehrsverständnis bei jeder Webseite, die von ihrem Inhalt her die Anforderungen an eine bezeichnungsbedürftige Leistung erfüllt, gegeben ist (in diesem Sinne Ströbele/Hacker/Thiering/Hacker Rn. 99; Ingerl/Rohnke/Nordemann/J. B. Nordemann Rn. 86; Hackbarth CR 2009, 805; wie hier Eichelberger K&R 2009, 778 (779)). Wird zB die Webseite selbst unter einen besonderen Titel gestellt, der von der Domain abweicht, dann liegt es nahe, dass der Verkehr in der Domain nur einen Hinweis darauf sieht, wo er das Werk finden kann (vgl. LG Hamburg BeckRS 2012, 65660 – fliesen24).

192   Auch sonst kommt es stets auf den **Inhalt der Webseite** an; es gibt jedenfalls keine Verkehrsgewohnheit dahingehend, Webseiteninhalte nach ihren Domainnamen zu unterscheiden (vgl.

Eichelberger K&R 2010, Beiheft 3, 22 (23)). Für Webseiten, die Wettervorsagen und -daten bereithalten, wird sich eine solche Gepflogenheit aber feststellen lassen (vgl. BGH GRUR 2016, 939 Rn. 17 – wetter.de). Zum Schutz von Domainnamen als Werktitel → § 15 Rn. 86.

Stellt der **Inhalt der Webseite schon kein Werk** dar, dann scheidet ein Schutz des Domainna- **193** mens als Titel von vornherein aus. Das Gleiche gilt, wenn der Domainname lediglich auf eine Seite führt, mittels derer der Benutzer auf eine weitere, unter einem anderen Domainnamen betriebene Webseite weitergeleitet wird, auf der sich ein schutzfähiges Werk befindet, weil dann der Domainname nur Adressfunktion hat (LG Hamburg NJOZ 2010, 2109 (2110 f.) – Dildoparty; aA OLG Düsseldorf ZUM-RD 2001, 446 (447) – claro.de).

8. Spiele

Bei Spielen hat der BGH in seiner Rechtsprechung zu § 16 Abs. 1 UWG 1909 darauf abgestellt, **194** ob sie eines geistigen Umsetzungsprozesses bedürfen, für den es jedoch schon genügt, wenn eine Umsetzung bzw. ein Nachvollzug eines als geistige Leistung anzusehenden Gedankens und Regelwerks notwendig ist (BGH GRUR 1993, 767 (768) – Zappel-Fisch; zustimmend Ströbele/ Hacker/Thiering/Hacker Rn. 98; aA V. Deutsch GRUR 1994, 673 (675): keine Schutzfähigkeit). Vor dem Hintergrund des mittlerweile weiteren kennzeichenrechtlichen Werkbegriffs ist jedoch allein darauf abzustellen, ob das **Spiel selbst das Ergebnis einer geistigen Leistung** ist, also die Ebene absoluter Trivialität verlassen hat (ähnlich Ingerl/Rohnke/Nordemann/J. B. Norde- mann Rn. 89; vgl. auch OLG Hamburg GRUR-RR 2012, 154 (156) – Luxor: Werktitelschutz für Brettspiel). Daran kann es insbesondere bei einfachem Spielzeug fehlen.

9. Anleitungen, Pläne, Konzepte

Schutzfähig können die Titel von **Koch- oder Getränkerezepten** (Ingerl/Rohnke/Norde- **195** mann/J. B. Nordemann Rn. 93; Baronikians Werktitel Rn. 156; aA Ströbele/Hacker/Thiering/ Hacker Rn. 102; Deutsch/Ellerbrock Titelschutz Rn. 46; A. Deutsch GRUR 2013, 113 (114)) oder anderen **Rezepturen** (zB Herstellung von Kosmetika) sowie von **Plänen und Programm- en** zur Erreichung bestimmter persönlicher Ziele (zB Diät- oder Fitnessprogramm) sein, sofern sie über das bloß Handwerkliche hinausgehend ein immaterielles Arbeitsergebnis darstellen und nach außen manifest geworden sind (Fezer § 15 Rn. 265; aA Ströbele/Hacker/Thiering/Hacker Rn. 100; Deutsch/Ellerbrock Titelschutz Rn. 46; A. Deutsch GRUR 2013, 113 (114); Kröner FS Hertin, 2000, 565 (574)). Die Schutzfähigkeit folgt hier schon aus dem Umstand, dass bei einer Zusammenstellung mehrerer Rezepte oder Pläne in Buchform ein schutzfähiges Druckwerk vorliegt (vgl. zu Kochbüchern BGH GRUR 1991, 153 (154) – Pizza & Pasta); der geistige Gehalt solcher Bücher liegt für den Verkehr jedoch nicht in seiner Zusammenstellung, sondern im jeweiligen Inhalt. Dann aber macht es keinen Unterschied, ob Rezepte gesammelt oder einzeln herausgegeben werden. Zudem ist es im Verkehr durchaus üblich, die unterschiedlichen geistigen Inhalte von Rezepten nach ihrem Titel zu unterscheiden.

Ein **technisches Konzept** wird vom Verkehr regelmäßig nicht als bezeichnungsbedürftiges **196** immaterielles Arbeitsergebnis verstanden; so ist zB ein Unterwasser-Klang-Licht-Multimediasys- tem kein schutzfähiges Werk (offenlassend, aber zweifelnd BPatG GRUR 2014, 780 (784) – Liquidrom); ebenso wenig der Entwurf eines Bauwerks (OLG Stuttgart BeckRS 2007, 16318). Ein **Aktien-Index** ist zwar ein immaterielles Arbeitsergebnis, weil die Festlegung der Berech- nungskriterien und der Gewichtung ein schöpferischer Prozess ist. Im Verkehr wird er jedoch nicht in erster Linie als geistige Leistung eines Schöpfers, sondern als Indikator einer Wertentwicklung verstanden. Solche Indices werden nicht nach ihrem geistigen Inhalt, sondern danach unterschie- den, welches Aktiensegment sie wiedergeben. Ihre Bezeichnungen sind daher keine Werktitel (ähnlich Hoene K&R 2013, 692 (693); offenlassend LG Hamburg BeckRS 2013, 14198 – Natur- Aktien-Index). Ähnlich liegt es bei **Investmentfonds** (v. Fuchs/Czernik GRUR 2015, 852 (853)).

10. Bilder, Werke der Bildhauerei, Figuren

Bilder und **Werke der Bildhauerei** sind immaterielle Arbeitsergebnisse, die im Verkehr auch **197** als solche und nicht als bloße Waren wahrgenommen werden; ihre Titel sind daher schutzfähig (Baronikians Werktitel Rn. 151; Ströbele/Hacker/Thiering/Hacker Rn. 102; aA Deutsch/Eller- brock Titelschutz Rn. 50; A. Deutsch GRUR 2013, 113 (114)). Ebenso liegt es bei **Designs** iSd § 1 DesignG (BPatG GRUR-RS 2019, 36779 Rn. 18; für **Designmöbel** auch Heine GRUR- Prax 2021, 21) sowie bei **Figuren und Charakteren** aus Romanen, Comics, Zeichentrickserien oder Computerspielen (OLG Hamburg GRUR-RR 2006, 408 (411) – OBELIX; Ströbele/

Hacker/Thiering/Hacker Rn. 100; Fezer § 15 Rn. 260; Baronikians Werktitel Rn. 153; diff. Ingerl/Rohnke/Nordemann/J. B. Nordemann Rn. 90; Deutsch/Ellerbrock Titelschutz Rn. 49; A. Deutsch GRUR 2013, 113 (114); V. Deutsch MarkenR 2006, 185 (187 f.); Kröner FS Hertin, 2000, 565 (575)). Das setzt allerdings eine gewisse Bekanntheit und Loslösung vom Werk, in dem sie Verwendung finden, voraus, da sie erst dann gleichsam ein vom Werk trennbares „Eigenleben" entwickeln können, so dass sie im Verkehr nunmehr etwa aufgrund ihrer optischen Ausgestaltung oder der ihnen beigegebenen Charaktereigenschaften selbständig wahrgenommen werden.

11. Veranstaltungen

198 Für **Titel von Veranstaltungen** ist ein Werktitelschutz nach der Rechtsprechung nicht generell ausgeschlossen; sie spricht aber zu Recht von „besonderen Voraussetzungen", die vorliegen müssen (BGH GRUR 2010, 642 Rn. 33 – WM-Marken; großzügiger OLG Düsseldorf GRUR-RR 2020, 254 Rn. 59 – Kiesgrube; OLG Frankfurt GRUR-RR 2020, 515 Rn. 16 – Titelschutz für Fortbildungsveranstaltungen; LG Berlin BeckRS 2011, 8365 – Berlin Tattoo; grundsätzlich bejahend Berberich WRP 2006, 1431 (1434); Fezer GRUR 2001, 369 (371); Fezer WRP 2012, 1173 (1181 f.); Groh WRP 2012, 143 (146 ff.); s. auch Lerach GRUR-Prax 2012, 23 ff.; kritisch Ströbele/Hacker/Thiering/Hacker Rn. 101; Deutsch/Ellerbrock Titelschutz Rn. 48; V. Deutsch GRUR 2000, 126 (128 f.)). In Betracht kommt dies vor allem für **Veranstaltungsreihen oder -serien,** die dem Verkehr in ihrer Gesamtheit als bezeichnungsfähiges Werk erscheinen oder für Veranstaltungen, die durch stark individualisierende Elemente geprägt sind (vgl. BGH GRUR 1989, 626 (627) – Festival Europäischer Musik; KG GRUR-RR 2016, 505 Rn. 14 ff. – Casual Concerts; OLG Düsseldorf GRUR-RR 2020, 254 Rn. 59 – Kiesgrube; OLG Frankfurt GRUR-RR 2020, 515 Rn. 16 – Titelschutz für Fortbildungsveranstaltungen; OLG Koblenz BeckRS 2014, 16858 – Rock am Ring; LG Hamburg BeckRS 2015, 11145 – Krimidinner). Zu **Musikveranstaltungen** → Rn. 185.

199 Die Schutzfähigkeit der Bezeichnungen von **Messen** (bejahend LG Berlin GRUR-RR 2011, 137 (138) – Country Music Messe; LG Stuttgart BeckRS 2008, 19663 – ITeG; LG Düsseldorf WRP 1996, 156 (159) – Paracelsus-Messe; Baronikians Werktitel Rn. 146 (anders. Baronikians Werktitel, 1. Aufl. 2007, Rn. 133); Wilhelm WRP 2008, 902 (904 f.); verneinend OLG Düsseldorf GRUR 1993, 989 (990) – Mainzer Weinbörse; LG Berlin BeckRS 2012, 01092 – ITeG) ist hingegen zweifelhaft. Entscheidend ist darauf abzustellen, ob die Konzeption der Messe als eigenständige geistige Leistung wahrgenommen wird. Das kommt zB aufgrund des Rahmenprogramms oder einer bestimmten Schwerpunktsetzung in Betracht; demgegenüber wird bei Verbrauchermessen, bei denen die Leistung des Veranstalters nur in der Auswahl der Aussteller liegt, Werktitelschutz ausscheiden (ähnlich differenzierend Baronikians Werktitel Rn. 146; aA Fezer § 15 Rn. 257; Groh WRP 2012, 143 (147); Wilhelm WRP 2008, 902 (905)).

200 **Preisverleihungen,** die auf einer an bestimmten Kriterien orientierten Auswahlentscheidung beruhen, werden im Verkehr nicht als bloße Dienstleistung, sondern auch als eigenständige geistige Leistung verstanden und unterschieden (OLG Stuttgart BeckRS 2011, 26669 – Balthasar-Neumann-Preis; Hoene K&R 2012, 710; aA LG Berlin AfP 2011, 497 (498) – Osgar; Baronikians Werktitel Rn. 149).

201 Für die Schutzfähigkeit spielt es hingegen keine Rolle, ob die Veranstaltung **einmalig oder wiederkehrend** durchgeführt wird, weil es allein darauf ankommt, ob sie vom Verkehr ihrem geistigen Inhalt nach wahrgenommen wird; das kann bei entsprechender Nutzung des Titels (zB in der Werbung) auch schon bei der erstmaligen Durchführung so sein (wie hier Groh WRP 2012, 143 (148); aA wohl OLG Stuttgart BeckRS 2011, 26669 – Balthasar-Neumann-Preis; LG Stuttgart BeckRS 2008, 19663 – ITeG; LG Düsseldorf WRP 1996, 156 (159) – Paracelsus-Messe).

VI. Unterscheidungskraft

202 Ein Titel kann nur dann schutzfähig sein, wenn er die Funktion des Werktitels erfüllt. Dazu muss er geeignet sein, ein Werk als solches zu **individualisieren** und von einem anderen Werk zu **unterscheiden** (BGH GRUR 2016, 939 Rn. 17 – wetter.de; GRUR 2012, 1265 Rn. 19 – Stimmt's?; OLG Köln GRUR-RR 2015, 292 (295) – Ich bin dann mal weg; OLG Frankfurt GRUR-RR 2020, 515 Rn. 20 – Titelschutz für Fortbildungsveranstaltungen). Die Unterscheidungskraft wird in der Regel originär vorliegen (→ Rn. 203); in diesem Fall entsteht der Schutz mit der Benutzungsaufnahme. Fehlt dem Titel die Unterscheidungskraft, kommt ein Schutz nur noch in Betracht, wenn er sie nachträglich durch Verkehrsgeltung erworben hat (→ Rn. 211). Wie bei den Unternehmenskennzeichen beurteilt sich das Vorliegen der Unterscheidungskraft nach der **Verkehrsauffassung,** an die von der Rechtsprechung bei Werktiteln allerdings deutlich geringere Anforderungen gestellt werden. Keine Rolle spielt es hingegen, ob der Titel auch in der Lage ist, das Werk nach seiner betrieblichen Herkunft zu unterscheiden. Wegen der geringeren Anforderungen an die Unterscheidungskraft ist es möglich, dass ein Zeichen als Werktitel schutzfähig ist, während es ihm als Marke an der Unterscheidungskraft fehlt (vgl. zB BGH GRUR 2009, 949 Rn. 17 – My World; GRUR 1988, 211 (212) – Wie hammas denn?; BPatG BeckRS 2009, 4844 – Traunsteiner Wochenblatt; OLG Frankfurt GRUR-RR 2020, 515 Rn. 20 – Titelschutz für Fortbildungsveranstaltungen).

VII. Originäre Unterscheidungskraft

1. Anforderungen

Einem Titel fehlt die originäre Unterscheidungskraft, wenn er sich zum Zeitpunkt der Benutzungsaufnahme nach Wortwahl, Gestaltung und vom Verkehr zugemessener Bedeutung in einer **werkbezogenen Inhaltsangabe** erschöpft (BGH GRUR 2019, 535 Rn. 19 – Das Omen; GRUR 2016, 939 Rn. 19 – wetter.de; GRUR 2012, 1265 Rn. 19 – Stimmt's?). Nach welchen Maßstäben das zu bestimmen ist, hängt wesentlich von der Werkart ab, da dem Verkehr bekannte Besonderheiten bestehen können (BGH GRUR 2019, 535 Rn. 19 – Das Omen; GRUR 2016, 939 Rn. 23 – wetter.de). Auch innerhalb einer Werkart kann eine unterschiedliche Beurteilung angezeigt sein, sofern auf bestimmten Teilmärkten (zB Fachzeitschriften für bestimmte Berufs- oder Interessengruppen) eine spezielle Verkehrsanschauung besteht (BGH GRUR 2016, 939 Rn. 29 – wetter.de). Beispiele zu gegebener und fehlender originärer Unterscheidungskraft → Rn. 203.1.

Beispiele. Originäre Unterscheidungskraft bejaht: Anzeigenblätter: „hallo – Sonntag im Eichsfeld" (OLG Jena GRUR-RR 2012, 350 (351)); „Motorradmarkt" (GRUR-RR 2002, 393; zweifelhaft); **Bühnenwerke:** „DIE NACHT DER MUSICALS" für Aufführungen von Ausschnitten aus Musicals (OLG Köln GRUR-RR 2008, 82; zweifelhaft); **Fernsehsendungen:** „Aber Hallo" für Unterhaltungsshow (OLG Hamburg NJWE-WettbR 1999, 282 (283)); „Alex" für Berliner Talkshow (KG GRUR-RR 2001, 133 (134)); „Der 7. Sinn" (BGH GRUR 1977, 543 (546)); „Die PS-Profis" für Sendung über Automobile (BPatG Urt. v. 7.12.2016 – 28 W (pat) 50/14; BPatG GRUR-RS 2019, 40518 Rn. 61); „Länder-Menschen-Abenteuer" für Sendereihe über Reisen in ferne Länder und außergewöhnliche Reiseziele und Menschen (BPatG BeckRS 2017, 118117); „Nie wieder keine Ahnung!" für Fernsehserie zu Malerei und Architektur (OLG Frankfurt GRUR-RS 2022, 859 Rn. 8); „Tagesschau" (BGH GRUR 2001, 1050; GRUR 2001, 1054 (1055 f.), dort jeweils offen gelassen für „Tagesthemen"; OLG Hamburg GRUR-RR 2018, 286 Rn. 45); **Designs:** „THE GOOD THE BAD AND THE WHITE" als Teil eines auf T-Shirts gedruckten Bildes, das außerdem die Köpfe dreier Menschen in vertikaler Anordnung zeigt (BPatG GRUR-RS 2019, 36779 Rn. 19); **Filme:** „Bericht einer Siebzehnjährigen" (OLG Hamburg GRUR 1956, 475 (477)); „Der Seewolf" (OLG München GRUR-RR 2009, 307 f.); „Eine Nervensäge gegen alle" (KG AfP 1986, 342); „Mädchen hinter Gittern" (OLG Düsseldorf NJW-RR 1986, 1095); **Musikstücke:** „Das Omen (Teil 1)" (BGH GRUR 2019, 535 Rn. 18); „Skyline Records" als Sammelbezeichnung für Musikwerke eines Musiklabels (OLG Frankfurt GRUR-RR 2020, 134 Rn. 21); **Romane:** „Die goldene Stimme" (KG Ufita 48 (1965), 274 (279)); „Die Wanderhure", „Die Rache der Wanderhure", „Das Vermächtnis der Wanderhure", „Die Tochter der Wanderhure" (OLG Düsseldorf GRUR-RR 2015, 10 (11)); „Winnetou", „Winnetous Tod", „Winnetou und Old Shatterhand", „Old Shatterhand", „Der Schatz im Silbersee" (LG Nürnberg-Fürth AfP 2016, 180 (182)); „Winnetou I", „Winnetou II" und „Winnetou III" (LG Düsseldorf BeckRS 2018, 16626 Rn. 19); **Rundfunksendungen:** „Radio Stuttgart" für zu einer zusammengehörigen Sendefolge verbundene Sendungen (BGH GRUR 1993, 769 (770)); **Sachbücher:** „Abenteuer heute" als Serientitel für Beschreibungen von Abenteuerreisen (OLG Karlsruhe GRUR 1986, 554 (555)); „Blitzgerichte für jeden Tag" und „Blitzgerichte" (OLG Köln GRUR 2000, 1073 (1074)); „Das authentische Reiki" (KG NJOZ 2003, 2776 (2779)); „Das große Buch der Blitzrezepte" und „Blitzrezepte" (OLG Köln NJWE-WettbR 2000, 214 (215)); „Das Telefon-Sparbuch" (BGH GRUR 2005, 264); „Deutsch im Alltag" für Sprachlehrbuch (OLG München GRUR 1993, 991 (992); bedenklich); „Hören und Spielen" für Blockflötenschule (OLG Köln WRP 1995, 133); „Ich bin dann mal weg" für einen Reisebericht (OLG Köln GRUR-RR 2015, 292 (295)); „Pizza & Pasta" (BGH GRUR 1991, 153 (154)); „Schlemmer Atlas" für kulinarischen Reiseführer (BGH BeckRS 1981, 05211); **Software:** „America" für Computerspiel (KG MarkenR 2003, 367 (368)); Reihentitel „Druckerei" wie zB in „Foto-Druckerei", „Visitenkarten-Druckerei" (LG Düsseldorf GRUR-RR 2006, 133); „Farming Simulator 2013" für Landwirtschafts-Simulationsspiel (OLG Köln GRUR-RR 2015, 239 Rn. 34); „PowerPoint" (BGH GRUR 1998, 155 (157)); „SmartKey" für Software zum Erstellen von Textbausteinen und Makros (BGH GRUR 2006, 594 f.); „Visora" (BPatG BeckRS 2018, 15697 Rn. 24); **Veranstaltungen:** „Baltha-

203

203.1

sar-Neumann-Preis" für Preisverleihung für Bauleistungen (OLG Stuttgart BeckRS 2011, 26669); „Casual Concerts" für Konzertreihe in ungezwungener Atmosphäre mit Moderation durch den Dirigenten, Gesprächsmöglichkeit mit den Künstlern und anschließender Tanzmöglichkeit (KG GRUR-RR 2016, 505 Rn. 29 ff.; zweifelhaft); „Country Music Messe" (LG Berlin GRUR-RR 2011, 137; abzulehnen, da rein beschreibend); „ITeG" für Branchenmesse, die auf IT-Lösungen und Dienstleistungen im Gesundheitswesen spezialisiert ist (LG Stuttgart BeckRS 2008, 19663); „Kiesgrube" für Techno- und Elektromusikevent (OLG Düsseldorf GRUR-RR 2020, 254 Rn. 61); „Krimi-Dinner" für Theaterstücke mit Beteiligung des Publikums, das bei einem Abendessen sitzt (LG Hamburg BeckRS 2015, 11145); „Rock am Ring" für Musikfestival (OLG Koblenz BeckRS 2014, 16858); **Webseiten:** „claro.de" für Sammlung von Artikeln, die Jugendliche besonders ansprechen (OLG Düsseldorf MarkenR 2001, 413); „Österreich.de" für Informationsportal über Österreich (OLG München GRUR 2006, 686 (687), abzulehnen); **Zeitschriften:** „art" für Kunstmagazin (BPatG BeckRS 2017, 144332); „Auto Magazin" (BGH GRUR 2002, 176); „Blitz" für Stadtmagazin (OLG Hamburg ZUM-RD 1999, 116 (117)); „Börse Online" (OLG Hamburg NJWE-WettbR 1998, 225 (226)); „Capital" für Wirtschaftsmagazin (BGH GRUR 1980, 247 (248)); „Computer-Partner" für Computerzeitschrift (LG Düsseldorf MMR 2006, 121); „Der Allgemeinarzt" für Fachzeitschrift (LG Hamburg MMR 2006, 252; zweifelhaft); „Der Spiegel" (BGH GRUR 1957, 29 (31); GRUR 1958, 141 (142); GRUR 1975, 604 (605)); „Der DVD Markt" (OLG Hamburg GRUR-RR 2003, 281 (282)); „ELTERN" (OLG Hamburg GRUR-RR 2004, 104 (105)); „die geschäftsidee" (OLG Köln GRUR 1994, 386); „Die neue Masche" für Strickzeitschrift (OLG Hamburg AfP 1989, 677); „FACTS" für Magazin für Bürokommunikation (BGH GRUR 2000, 504 (505)); „FAMILY" für Zeitschrift, in der Familienprobleme behandelt werden (OLG Köln GRUR 1997, 663 f.); „Festivalplaner" (OLG Köln WRP 2010, 1413 (1414 f.)); „FOCUS MONEY" (OLG München GRUR-RR 2005, 191 (192)); „foto Magazin" (OLG Hamburg ZUM-RD 2004, 514); „Funkuhr" für Fernsehzeitschrift (KG BeckRS 2012, 14415); „high Tech" für Technologie-Magazin (OLG Köln GRUR 1989, 690 (691)); „Hobby" (BGH GRUR 1961, 232 (233 f.)); „Internet World" (OLG München ZUM-RD 1998, 52 (54)); „Kinderstube" für Zeitschrift zum Thema Gesundheitserziehung in der Familien (BGH GRUR 2016, 1300 Rn. 18); „Leichter leben" für Rubrik einer Frauenzeitschrift (OLG München GRUR-RR 2008, 402 (403)); „Logistik heute" (OLG München AfP 1986, 250); „modern LIVING" für Lifestyle-Magazin (OLG Köln ZUM-RD 2002, 210 (212)); „Multimedia" für Fachzeitschrift (OLG München CR 1995, 394 f.); „NEWS" für wöchentliches Nachrichtenmagazin (OLG Hamburg GRUR-RR 2005, 312 (313); sehr bedenklich); „Nudel-Hits" (LG Hamburg AfP 2010, 280 = BeckRS 2010, 15940); „Nussknacker" für Rätselzeitschrift (BGH GRUR 1959, 541 (542)); „OFF ROAD" für Autozeitschrift (OLG Hamburg GRUR-RR 2005, 50 (51)); „PC WELT" und „MAC WELT" (OLG Köln GRUR 1997, 63 f.); „Power Systems Design" für Fachmagazin (OLG München GRUR-RR 2008, 400 f.); „Screen" für Computerzeitschrift (OLG Hamburg GRUR-RR 2001, 31); „Snow" für Snowboard-Magazin (OLG Hamburg ZUM 1990, 41); „Sports life" (OLG Köln GRUR 1995, 508); „St. Pauli Zeitung" (OLG Hamburg GRUR 1986, 555); „SUPERillu" (OLG Naumburg GRUR-RR 2011, 127 (133); OLG München BeckRS 2011, 4711); „SZENE Hamburg" für Stadtmagazin (BGH GRUR 2000, 70 (72)); „test" und „FINANZtest" (OLG Hamburg BeckRS 2009, 09903; GRUR-RR 2004, 303 f.; für „test" offen lassend OLG Braunschweig GRUR-RR 2010, 287 (288)); „Tierfreund – Das junge Wissensmagazin" für Wissensmagazin für Kinder (LG Hamburg MarkenR 2014, 227 = BeckRS 2014, 11084); „TV Spielfilm" für TV-Programmzeitschrift (LG Hamburg AfP 1993, 670); „Uhren Magazin" (LG Frankfurt/M. GRUR-RR 2002, 68; zweifelhaft); „Western Horse" für Zeitschrift für Pferdeliebhaber (OLG Köln WRP 1994, 322); „Wheels Magazine" für Autozeitschrift (BGH GRUR 1999, 325 (237)); „WHO'S WHO INTERNATIONAL MAGAZINE" (LG Frankfurt BeckRS 2009, 4542); **Zeitungen:** „Agenda" für Teil einer Tageszeitung (OLG Hamburg GRUR-RR 2009, 309 (310); LG München I GRUR-RR 2010, 334); „Berliner Morgenpost" (BGH GRUR 1992, 547 (548)); „Berliner Zeitung" (BGH GRUR 1997, 661 (662)); „Deutsche Zeitung" (BGH GRUR 1963, 378 f.); „Deutsches Allgemeines Sonntagsblatt" (OLG Oldenburg GRUR 1987, 127); „EIFEL-ZEITUNG" für Regionalteil (BGH GRUR 2010, 156 Rn. 14); „Express" (OLG Köln GRUR 1984, 751 (752)); „Karriere" für Zeitungsbeilage oder Rubrik (LG Köln AfP 1990, 330 (331)); „Offenburger Zeitung" (OLG Freiburg GRUR 1951, 78); „Rheinische Post" (OLG Düsseldorf GRUR 1983, 794 (795)).

203.2   **Originäre Unterscheidungskraft verneint: Apps:** „wetter.de" für Wetter-App (BGH GRUR 2016, 939 Rn. 18 ff.); **Fernsehsendungen:** „Hessenschau" (OLG Frankfurt NJW-RR 1992, 549); **Filme:** „Der 20. Juli" (OLG München GRUR 1955, 588); „Hausfrauen Report" für Sexfilm (LG München I Ufita 64 (1972), 342 f.); „Helga" (OLG München Ufita 56 (1970), 322 (323)); „Patricia" (OLG München GRUR 1960, 301); **Sachbücher:** „Curveball" als Titel eines Enthüllungsbuches über einen Informanten mit dem Decknamen „Curveball" (KG GRUR-RS 2022, 10152 Rn. 34); „Der Schweinfurter" als Untertitel bei Verwendung mit dem Haupttitel „Gelbe Seiten" für ein Branchentelefonbuch (OLG Nürnberg NJWE-WettbR 1993, 256); „Die Helferin des Zahnarztes" (KG GRUR 1952, 421); „Die Prüfung des Bilanzbuchhalters" (OLG Zweibrücken AfP 2010, 492 = BeckRS 2010, 26483); „Geschichte der arabischen Völker" (LG Hamburg AfP 1993, 775 (776)); „Internetrecht" (LG Berlin MMR 2008, 842 (843)); „Wellness" (LG

München I GRUR 1991, 931 (933)); „Who's Who in Germany" (KG GRUR 1988, 158); **Software:** „Trek Service" für auf Datenträger gespeichertes Informationsangebot über Star Trek (OLG Köln GRUR 2000, 906); **Tonwerke:** „European Classics" und „European Classic" für CD mit klassischer Musik europäischer Komponisten (OLG Köln NJWE-WettbR 2000, 93 (94); **Veranstaltungen:** „Berlin Tattoo" für Militärmusikfestival (LG Berlin BeckRS 2011, 8365); **Zeitschriften:** „automobil" (BGH GRUR 2010, 646 Rn. 17); „Das Auto" (OLG Stuttgart GRUR 1951, 38); „Deutsche Illustrierte" (BGH GRUR 1959, 45 (47)); „Snow Board" für Snowboard-Magazin (OLG Hamburg AfP 1992, 160); **Zeitungen:** „Morgenpost" (BGH GRUR 1992, 547 (549)); „Sonntagsblatt" (OLG Oldenburg GRUR 1987, 127 – Sonntagsblatt; zustimmend BGH GRUR 1992, 547 (549) – Morgenpost).

2. Druckwerke

Insbesondere bei **Zeitungs- oder Zeitschriftentiteln** sind nach der Rechtsprechung nur **204** geringe Anforderungen zu stellen, weil der Verkehr seit Langem daran gewöhnt ist, dass solche Werke mit mehr oder weniger farblosen und nur inhaltlich oder räumlich konkretisierten Gattungsbezeichnungen gekennzeichnet werden (BGH GRUR 2016, 939 Rn. 23 – wetter.de; GRUR 2012, 1265 Rn. 19 – Stimmt's?; GRUR 2010, 156 Rn. 14 – EIFEL-ZEITUNG; GRUR 2000, 70 (72) – SZENE; GRUR 1997, 661 (662) – B.Z./Berliner Zeitung; GRUR 1992, 547 (548) – Morgenpost). Das Gleiche gilt für den Regionalteil oder andere in sich geschlossene Beilagen (BGH GRUR 2010, 156 Rn. 14 – EIFEL-ZEITUNG). Für die Individualität genügt bei Zeitungen in der Regel die Beifügung einer geographischen Angabe oder die Kombination zweier beschreibender Begriffe. Keine reine Inhaltsbeschreibung liegt auch vor, wenn der Titel nur einen Teil des Zeitschrifteninhalts abdeckt (BGH GRUR 1999, 235 (237) – Wheels Magazine; KG GRUR-RR 2004, 303 f. – automobil Test) oder der eigentliche Sinngehalt des Begriffs durch die Verwendung als Titel auf einen anderen Gegenstand übertragen wird (BGH GRUR 1980, 247 (248) – Capital-Service).

An die Unterscheidungskraft eines **Kolumnentitels** werden strengere Anforderungen gestellt, **205** weil hier von vornherein ein größerer Gestaltungsspielraum besteht (BGH GRUR 2012, 1265 Rn. 19 – Stimmt's?). Gleiches gilt für **Untertitel,** zumal der Verkehr hier nicht in gleichem Maße wie bei Haupttiteln an beschreibende Begriffe gewöhnt ist (vgl. BGH GRUR 1990, 218 (219) – Verschenktexte; OLG Nürnberg NJWE-WettbR 1999, 256 – Der Schweinfurter).

Bei **belletristischen Büchern** scheidet die Annahme, der Titel sei inhaltsbeschreibend, in der **206** Regel aus (aA Ingerl/Rohnke/Nordemann/J. B. Nordemann Rn. 120). Bei **Sachbüchern** muss die Gewöhnung des Verkehrs an beschreibende Titel spartenabhängig ermittelt werden; sie ist zB bei Kochbüchern gegeben (BGH GRUR 1991, 153 (154) – Pizza & Pasta), während in anderen Sparten (zB Bücher zur Zeitgeschichte) rein beschreibende Titel nicht vorherrschend sind. Allein aus der Gewöhnung des Verkehrs folgt aber noch nicht stets die Unterscheidungskraft beschreibender Titel; entscheidend ist vielmehr, ob der Verkehr in einer solchen Sparte Bücher dennoch nach ihrem Titel unterscheidet. Das ist zB bei juristischen oder wirtschaftswissenschaftlichen Lehrbüchern, die lediglich das behandelte Gebiet beschreiben, nicht der Fall (vgl. OLG Zweibrücken AfP 2010, 492 = BeckRS 2010, 26483 – Die Prüfung des Bilanzbuchhalters; LG Berlin MMR 2008, 842 (843) – Internetrecht).

3. Andere Werke

Geringe Anforderungen können auch bei **Fernseh- und Rundfunksendungen** gelten, da **207** sich auch hier für viele Formate eine rein beschreibende Bezeichnung durchgesetzt hat, zB für Nachrichtensendungen (BGH GRUR 2016, 939 Rn. 23 – wetter.de; GRUR 2001, 1054 (1055) – Tagesreport; GRUR 2001, 1050 (1051) – Tagesschau; OLG Hamburg GRUR-RR 2018, 286 Rn. 47 – Tagesschau) oder Sendungen über Automobile (BPatG Urt. v. 7.12.2016 – 28 W (pat) 50/14). Bei Fernsehserien, Spielfilmen und Fernsehspielen wird es in der Regel nicht möglich sein, den Werkinhalt mit dem Titel so erschöpfend zu beschreiben, dass es ihm an jeder Unterscheidungskraft fehlt. Ähnlich dürfte es bei **Musikstücken** liegen, wobei neben dem Inhalt des Stücks auch zu fragen ist, ob der Titel wegen der Musikrichtung oder des Genres rein beschreibend ist (vgl. BGH GRUR 2019, 535 Rn. 21 ff. – Das Omen). Dass der Titel bei den angesprochenen Verkehrskreisen Assoziationen hinsichtlich des Inhalts oder der Art der Musik weckt, nimmt dem Titel nicht die Unterscheidungskraft. Musik wird regelmäßig nicht nach ihrem Titel ausgesucht, sondern nach dem musikalischen Eindruck oder Klang sowie nach ihrer Herkunft von einem bestimmten Musiker oder Komponisten (aus revisionsrechtlichen Gründen offen lassend BGH GRUR 2019, 535 Rn. 24 – Das Omen).

208   Für die „**sonstigen vergleichbaren Werke**" müssen die Anforderungen an die Unterscheidungskraft durch Vergleich innerhalb der jeweiligen Werkgruppe ermittelt werden; für **Software** ist zB keine überwiegend beschreibende Bezeichnung festzustellen (Ingerl/Rohnke/Nordemann/ J. B. Nordemann Rn. 123). Allerdings kann dabei nach der Art der Software zu differenzieren sein. Für Simulationsspiele hat sich zB die Gewohnheit herausgebildet, den Inhalt schlagwortartig zusammen mit einem Versionshinweis wiederzugeben (OLG Köln GRUR-RR 2015, 239 Rn. 35 – Farming Simulator 2013; aA Hoene K&R 2016, 16 (17 f.)). Die für Zeitungen und Zeitschriften geltenden geringen Anforderungen lassen sich auf andere Werkarten angesichts der abweichenden Bezeichnungsverhältnisse nicht ohne weiteres übertragen. So fehlt es zB bei **Apps** in der Regel (noch) an einer Gewöhnung des Verkehrs an beschreibende Bezeichnungen, weil diese nicht allgemein üblich sind (iErg auch BGH GRUR 2016, 939 Rn. 26 ff. – wetter.de; Hoene K&R 2016, 16 (17); Klett/Gärtner WRP 2016, 1094 (1096); anders Baronikians GRUR 2016, 943 (944); Strobl MarkenR 2017, 22 (23); wohl auch A. Deutsch GRUR-Prax 2014, 438). Die Bezeichnung „wetter.de" ist daher für eine Wetter-App nicht originär unterscheidungskräftig (BGH GRUR 2016, 939 Rn. 18 – wetter.de; Zöllner/Lehmann GRUR 2014, 431 (436)). Ähnliches gilt für Werke auf **Social Media-Webseiten;** auch hier ist der Verkehr (noch) nicht an die Verwendung beschreibender Bezeichnungen gewöhnt (Lehmann MarkenR 2014, 371 (375). Nicht anders liegt es bei Domainnamen; insbesondere rechtfertigt allein der Umstand, dass teilweise generische **Domainnamen** verwendet werden, nicht die Annahme, es bestehe eine Verkehrsgewohnheit dahingehend, generell bei solchen Domainnamen anhand kleinster Abweichungen zu unterscheiden (BGH GRUR 2016, 939 Rn. 36 – wetter.de). Anders mag dies liegen, wenn der Domainname mit der Bezeichnung einer Printversion des Werkes identisch ist (vgl. BGH GRUR 2016, 939 Rn. 38 – wetter.de). Die **Hinzufügung einer Top-Level-Domain** zu einem Werktitel (zB bei Apps) ist nicht geeignet, einer beschreibenden Bezeichnung Unterscheidungskraft zu verleihen (BGH GRUR 2016, 939 Rn. 37 – wetter.de).

209   Bei **Messen und Fortbildungsveranstaltungen** werden häufig beschreibende Bezeichnungen (zB Buchmesse, Internationale Automobil-Ausstellung, Deutscher Juristentag) verwendet, an die der Verkehr gewöhnt sein dürfte (OLG Frankfurt GRUR-RR 2020, 515 Rn. 2 – Titelschutz für Fortbildungsveranstaltungen; aA Löffler GRUR-Prax 2020, 481).

4. Für anderes Werk benutzte Zeichen

210   Eine bereits bestehende **Benutzung des gleichen Zeichens durch einen anderen** für ein anderes Werk kann dazu führen, dass dem Zeichen bei Benutzungsaufnahme die originäre Unterscheidungskraft fehlt. Das gilt aber nicht, wenn das Zeichen für das gleiche gemeinfreie Werk benutzt wird. Die Unterscheidungskraft bleibt auch unberührt, wenn das Zeichen für eine andere Werkart benutzt wird (zB Benutzung des gleichen Titels für Buch und Verfilmung, OLG München GRUR-RR 2009, 307 – Der Seewolf). Ob ein Filmtitel, der bereits für frühere Verfilmungen der gleichen Originalvorlage benutzt wurde, noch unterscheidungskräftig ist, hängt davon ab, inwieweit bei Benutzungsaufnahme der Verkehr dem Titel noch eine der früheren Verfilmungen zuordnet (vgl. OLG München GRUR-RR 2009, 307 f. – Der Seewolf).

VIII. Unterscheidungskraft infolge Verkehrsgeltung

211   Eine bei Benutzungsaufnahme fehlende Unterscheidungskraft kann durch Verkehrsgeltung überwunden werden (BGH GRUR 2016, 939 Rn. 40 – wetter.de; GRUR 2001, 1054 (1056) – Tagesreport; GRUR 2001, 1050 (1051) – Tagesschau; GRUR 1988, 638 f. – Hauer's Auto-Zeitung; GRUR 1959, 45 (47) – Deutsche Illustrierte; GRUR 1957, 275 (276) – Star Revue; KG GRUR-RR 2004, 303 (304) – automobil TEST; OLG Hamburg GRUR-RR 2018, 286 Rn. 48 – Tagesschau). Sie ist gegeben, wenn ein nicht unbeträchtlicher Teil des Verkehrs in dem Zeichen einen **Hinweis auf ein bestimmtes Werk** sieht (BGH GRUR 1959, 45 (47) – Deutsche Illustrierte), es also durch den Werktitel von anderen Werken unterscheidet (BGH GRUR 2016, 939 Rn. 42 – wetter.de). Es genügt hingegen nicht, wenn der Verkehr mit dem Zeichen nur eine bestimmte Werkart in Verbindung bringt (Ingerl/Rohnke/Nordemann/J. B. Nordemann Rn. 124; Ströbele/Hacker/Thiering/Hacker Rn. 102). Da es um die Überwindung fehlender Unterscheidungskraft geht, bedarf es wie bei nicht unterscheidungskräftigen Unternehmenskennzeichen einer **qualifizierten Verkehrsgeltung** (Ossing GRUR 1992, 85 (91); → Rn. 100). Für eine glatt beschreibende Bezeichnung verlangt die Rechtsprechung einen Zuordnungsgrad von über 50 % (BGH GRUR 2016, 939 Rn. 41 – wetter.de). Auch im Übrigen gelten die für Unternehmenskennzeichen geltenden Maßstäbe (→ Rn. 94 ff.).

IX. Ingebrauchnahme

1. Bedeutung der Benutzungsaufnahme

Die Ingebrauchnahme des Titels ist **Voraussetzung der Schutzentstehung.** Das lässt sich **212** dem Wortlaut des § 5 Abs. 3 allerdings nicht entnehmen; anders als § 5 Abs. 2 S. 1 spricht er an keiner Stelle davon, dass der Werktitel benutzt wird (kritisch deshalb Graf von der Gröben GRUR 2000, 172 (173); s. auch Deutsch MarkenR 2006, 185 (189)). Das Benutzungserfordernis ergibt sich jedoch aus dem Umstand, dass auch bei § 16 Abs. 1 UWG 1909 eine Benutzung der besonderen Bezeichnung einer Druckschrift für erforderlich gehalten wurde und der Gesetzgeber bei der Entstehung des Werktitelschutzes keine Abweichung vom bisherigen Rechtszustand wollte (vgl. BT-Drs. 12/6581, 67 f.).

Aus der Ingebrauchnahme ergibt sich bei originär unterscheidungskräftigen Titeln auch der **213** **Zeitpunkt der Schutzentstehung.** Der Zeitrang kann jedoch durch eine Titelschutzanzeige auf einen Zeitpunkt vor der Benutzungsaufnahme vorverlegt werden (→ Rn. 229). Für nicht originär unterscheidungskräftige Titel ist die Benutzungsaufnahme notwendige, aber nicht hinreichende Voraussetzung der Schutzentstehung, weil es zusätzlich der Erlangung von Verkehrsgeltung bedarf.

2. Benutzung als Werktitel

Für eine Benutzungsaufnahme ist eine **Benutzung als Werktitel** erforderlich (BGH GRUR **214** 2010, 642 Rn. 36 – WM-Marken; GRUR 2010, 156 Rn. 15 – EIFEL-ZEITUNG; GRUR 2005, 959 (960) – FACTS II). Dazu muss das Zeichen in einer Weise benutzt werden, dass ein nicht unerheblicher Teil der angesprochenen Verkehrskreise in ihm die **Bezeichnung eines Werks** sieht (BGH GRUR 2000, 70 (72) – SZENE; OLG Köln WRP 2010, 1413 (1415) – Festivalplaner; ZUM-RD 2002, 210 (212) – modern LIVING).

Eine **titelmäßige Verwendung** liegt noch nicht vor, wenn das Zeichen nur als Marke oder **215** Unternehmenskennzeichen, also als Hinweis auf die Herkunft eines Produkts oder auf ein Unternehmen verwendet wird. An ihr fehlt es auch bei einer nur beschreibenden oder ornamentalen Benutzung. Nicht ausreichend kann zB die Benutzung als Domainname sein, weil diese in erster Linie als Adressen, unter denen ein Werk auffindbar ist, verstanden werden (→ § 15 Rn. 88). Bei einer Benutzung auf dem Werk selbst kommt es darauf an, ob das Zeichen nach Gestaltung und Stellung vom Verkehr als Titel wahrgenommen wird. Daran kann es fehlen, wenn weitere Zeichen zB auf der Titelseite einer Druckschrift benutzt werden, die eher als Titel wahrgenommen werden (vgl. BGH GRUR 2005, 959 – FACTS II) oder wenn das Zeichen auf einer Webseite nur als bloße Artikelüberschrift, Gliederungspunkt oder Teil des Fließtexts erscheint (OLG Köln WRP 2010, 1413 (1415) – Festivalplaner; ZUM-RD 2002, 210 (213) – modern LIVING); OLG Dresden NJWE-WettbR 1999, 130 (132) – dresden-online.de).

Der Verkehr kann die Verwendung eines Zeichens nur dann als titelmäßige Verwendung verste- **216** hen, wenn er erkennt, dass mit dem Zeichen ein Werk iSe eigenständigen geistigen Inhalts gekennzeichnet werden soll. Dazu muss ihm der **Werkcharakter** bewusst werden. Bei Kolumnen in einer Zeitung oder Zeitschrift kann es daher erforderlich sein, dass sie bereits mehrfach und mit einiger **Regelmäßigkeit** erschienen ist (BGH GRUR 2012, 1265 Rn. 21 – Stimmt's?). Eine titelmäßige Verwendung liegt folglich nicht schon bei der ersten Benutzung des Kolumnentitels vor.

3. Benutzung im geschäftlichen Verkehr

Der Titel muss im **geschäftlichen Verkehr** benutzt werden (BGH GRUR 2010, 642 **217** Rn. 36 – WM-Marken). Das erfordert eine nach außen gerichtete Benutzung des Zeichens als Titel. Hierzu bedarf es des Inverkehrbringens des Werks, dh bei Druckschriften ist auf das **Erscheinen** unter dem fraglichen Titel abzustellen (BGH GRUR 1989, 760 (761) – Titelschutzanzeiger; OLG Hamburg GRUR-RR 2004, 104 (105) – ELTERN; OLG München NJOZ 2003, 1023 (1026) – ENDURO ABENTEUER; OLG Hamburg GRUR-RR 2002, 393 – motorradmarkt.de); bei Filmen, Fernsehsendungen und Bühnenwerken auf die erstmalige Aufführung bzw. Ausstrahlung (kritisch Fleischer/Friedrichs/Ammelburger ZUM 2016, 853 (855 ff.); aA Peschel-Mehner FS W. Schwarz, 1999, 187 (190 f.): Beginn der Dreharbeiten); bei Tonwerken auf die Verbreitung von Notenwerken, Veröffentlichung auf Tonträgern oder Musikportalen bzw. Aufführung (Homann WRP 2019, 989 Rn. 11); bei anderen Werken (zB Software) auf den **Beginn des Vertriebs,** wobei allerdings in allen Fällen eine **unmittel-**

bar vorausgehende werbende Ankündigung** genügt (BGH GRUR 1998, 155 (157) – PowerPoint; GRUR 1997, 902 (903) – FTOS; OLG Hamburg ZUM 2001, 514 (516) – Sumpfhuhn; BPatG BeckRS 2018, 15697 Rn. 25 – Visora; Ströbele/Hacker/Thiering/Hacker Rn. 116). Der Vertrieb muss unter dem fraglichen Titel erfolgen; ein früherer Vertrieb unter einem anderen Titel genügt nicht (BGH GRUR 1998, 1010 (1013) – WINCAD). Eine spätere Änderung der Vermarktung (zB Wechsel von kostenlosem zu kostenpflichtigem Werkzugang) lässt die bereits aufgenommene Benutzung unberührt (OLG Hamburg ZUM 2001, 514 (516) – Sumpfhuhn). Bei **Webseiten** kommt es auf den Zeitpunkt der Abrufbarkeit für die Öffentlichkeit an (vgl. BGH GRUR 2010, 156 Rn. 19 – EIFEL-ZEITUNG).

218   **Vorbereitungs- und Herstellungsmaßnahmen** reichen nicht aus; mit der Rechtsprechung lassen sich nur dem Vertrieb unmittelbar vorausgehende werbende Ankündigungen noch als hinreichende Benutzung qualifizieren. Zwar lässt sich nicht leugnen, dass vielfach ein Interesse daran besteht, auch schon vorher Schutz zu erlangen. Entscheidend muss jedoch sein, dass das Werktitelrecht durch bloße Ingebrauchnahme des Titels entsteht und es daher im Interesse des Verkehrs und insbesondere der Wettbewerber einer hinreichenden Erkennbarkeit bedarf. Diese kann – ungeachtet der Möglichkeit einer Vorverlagerung des Zeitrangs durch eine Titelschutzanzeige (→ Rn. 229) – nur durch ein **Tätigwerden auf dem Markt** sichergestellt werden, denn nur dieser kann von den Mitbewerbern entsprechend beobachtet werden (ähnlich Baronikians Werktitel Rn. 172 ff.; Oelschlägel WRP 1998, 469 (471); im Ergebnis auch Lange MarkenR Rn. 1781, 1783; weniger streng jedoch HK-MarkenR/Eisfeld Rn. 95; V. Deutsch WRP 1998, 14 (17); Fezer GRUR 2001, 369 (370); v. Gierke FS Ullmann, 2006, 207 (213); vgl. auch Nordemann FS Erdmann, 2002, 437 (442): Vorverlegung der Priorität; für vorverlegten Filmtitelschutz auch Fleischer/Friedrichs/Ammelburger ZUM 2016, 853 (855 ff.)).

219   **Nicht genügend** ist daher zB die Registrierung eines titelschutzfähigen Domainnamens (BGH GRUR 2009, 1055 Rn. 40 – airdsl) oder die vor dem Vertriebsbeginn erfolgte Zugänglichmachung für einen begrenzten Kreis von Test-Benutzern oder Pilotkunden (BGH GRUR 1997, 902 (903) – FTOS; Ströbele/Hacker/Thiering/Hacker Rn. 115; Lange MarkenR Rn. 1783; Oelschlägel WRP 1998, 469 (472); kritisch HK-MarkenR/Eisfeld Rn. 96; Baronikians Werktitel Rn. 166, 175; Deutsch/Ellerbrock Titelschutz Rn. 72; v. Gierke FS Ullmann, 2006, 207 (211); Ingerl WRP 1997, 1127 (1130)). Mangels Erkennbarkeit für Mitbewerber genügt auch nicht der Abschluss von Verträgen, die für die Veröffentlichung notwendig sind (ebenso Ingerl/Rohnke/Nordemann/J. B. Nordemann Rn. 112; aA OLG Hamburg GRUR 1986, 555 – St. Pauli Zeitung; OLG Düsseldorf NJW-RR 1986, 1095 – Mädchen hinter Gittern; Homann WRP 2019, 989 Rn. 13; Kröner FS Hertin, 2000, 565 (578)).

220   Es kann auch nicht auf den bei Unternehmenskennzeichen geltenden weiteren Begriff der Benutzung im geschäftlichen Verkehr abgestellt werden (aA OLG Hamburg GRUR 1986, 555 – St. Pauli Zeitung; Deutsch/Ellerbrock Titelschutz Rn. 73; V. Deutsch WRP 1998, 14 (17); v. Gierke FS Ullmann, 2006, 207 (213)). Dass dort schon eine nach außen in Erscheinung tretende Tätigkeit, die auf den Beginn einer dauernden wirtschaftlichen Betätigung schließen lassen, ausreicht (→ Rn. 112), erklärt sich daraus, dass damit nach außen bereits das Unternehmen als Bezugsobjekt des Unternehmenskennzeichens hervortritt und wahrnehmbar wird. Der Werktitelschutz wird jedoch nicht für wirtschaftliche Tätigkeiten, sondern nur die Ergebnisse einer (geistigen) Tätigkeit gewährt; anzuknüpfen ist deshalb an die **Wahrnehmbarkeit des Werks auf dem Markt.** Dazu muss es entweder bereits auf den Markt gebracht sein oder der unmittelbar bevorstehende Marktzutritt muss für den Verkehr hinreichend erkennbar sein.

4. Schutzfähiges Werk

221   Titelschutz setzt die **Existenz eines schutzfähigen Werkes** voraus. Das gilt nicht nur für den eigentlichen Verwechslungsschutz nach § 15, sondern auch für die Schutzentstehung (Baronikians Werktitel Rn. 172; Teplitzky GRUR 1993, 645 (646)). Während der BGH in seiner früheren Rechtsprechung ein gänzlich fertig gestelltes Werk verlangte (vgl. BGH GRUR 1998, 1010 (1011 f.) – WINCAD; GRUR 1997, 902 (903) – FTOS; zustimmend Ströbele/Hacker/Thiering/Hacker Rn. 115; wohl auch Baronikians Werktitel Rn. 172), begnügt er sich nunmehr mit einem **weitgehend fertig gestellten Werk** (BGH GRUR 2009, 1055 Rn. 41 – airdsl; BPatG BeckRS 2018, 15697 Rn. 20 – Visora; ähnlich auch V. Deutsch WRP 1998, 14 (17): fortgeschrittenes Stadium (weitergehend aber V. Deutsch GRUR 1994, 673 (677): ernstlich in der Entstehung begriffen); Teplitzky GRUR 1993, 645 (647): Stadium konkreter, fortgeschrittener Verkörperung; aA Fezer GRUR 2001, 372; HK-MarkenR/Eisfeld Rn. 96).

Von einem schutzfähigen Werk kann noch nicht gesprochen werden, wenn lediglich eine **222** **Werkkonzeption** vorliegt (aA Fezer GRUR 2001, 372) oder mit den Dreharbeiten begonnen wurde (vgl. BGH GRUR 1993, 692 (693) – Guldenburg: fragwürdig; aA V. Deutsch GRUR 1994, 673 (678)). Die von der Rechtsprechung gemachte Einschränkung, derzufolge eine weitgehende Fertigstellung ausreichend ist, nimmt hingegen mit Recht auf den Umstand Rücksicht, dass nicht alle Werkarten einen endgültigen Abschluss kennen; insbesondere bei Computerprogrammen und Webseiten sind ständige Werkverbesserungen nicht selten. Der Herstellungsprozess selbst ist hingegen schon kein schutzfähiges Werk, sondern eine dem Werktitelschutz nicht zugängliche Dienstleistung (vgl. BPatG BeckRS 2018, 15697 Rn. 20 – Visora).

Bei einer **Webseite,** die auf Ergänzung, Aktualisierung und auch Auswechslung des Inhalts **223** angelegt ist, muss nach der Verkehrsauffassung bestimmt werden, wann diese weitgehend fertig gestellt ist. Zu fragen ist, ob der Verkehr in der Webseite, so wie sie sich zum fraglichen Zeitpunkt dem Publikum präsentiert, bereits ein bezeichnungsdürftiges Werk sieht. Dabei ist eine durch den Titel oder erläuternde Texte geweckte Erwartungshaltung zu berücksichtigen; wird zB auf einer Webseite ein Lexikon zu einem bestimmten Themengebiet angeboten, dann wird der Verkehr erst dann ein bezeichnungsbedürftiges Werk sehen, wenn zumindest schon so viele Artikel eingestellt sind, dass erkennbar ist, dass hier tatsächlich ein weiter zu ergänzendes Nachschlagewerk zur Verfügung gestellt wird.

Die bloße **Präsentation einer Idee** für ein erst zu schaffendes Werk genügt ebenso wenig **224** wie bei Bereitstellung nur kleiner Bausteine (OLG München GRUR 2001, 522 (524) – kuechenonline) oder die **Ankündigung eines Werks** (LG Hamburg NJOZ 2010, 2109 (2110 f.) – Dildoparty).

5. Inländische Benutzung

Die Benutzung muss im **Inland** erfolgen. Bei Webseiten kommt es darauf an, ob sie sich auch **225** an das Inland richten; die bloße Zugriffsmöglichkeit im Inland genügt nicht (→ Rn. 118). Die bloße Möglichkeit des Erwerbs im Ausland erschienener Werke etwa über das Internet genügt für eine inländische Benutzung nicht; ebenso wenig liegt in der bloßen Möglichkeit, sich das Werk über das Internet zu verschaffen, schon ein inländischer Vertrieb.

6. Benutzungsumfang

An den Benutzungsumfang sind keine besonderen Anforderungen zu stellen; allerdings muss **226** die Benutzung von einem **ernsthaften Benutzungswillen** getragen sein (BGH GRUR 2010, 156 Rn. 16 f. – EIFEL-ZEITUNG).

Die **Zahl der Werkstücke** (zB Druckauflage), für die der Titel verwendet wird, spielt nur **227** eine untergeordnete Rolle, weil der Verkehr auch in Kleinauflagen ohne weiteres bezeichnungsbedürftige Werke sehen kann (vgl. auch v. Gierke FS Ullmann, 2006, 207 (212); aA Oelschlägel WRP 1998, 469 (470): Angebot in genügender Zahl). Allenfalls bei Kleinstauflagen, bei denen das Werk nahezu keine Verbreitung gefunden hat (zB nur Verteilung im Familienkreis), wird es an einer hinreichenden Benutzung im geschäftlichen Verkehr fehlen. Beispiele für ausreichenden Benutzungsumfang: 600 Exemplare einer monatlich erscheinenden französischsprachigen Kinozeitschrift (OLG Hamburg WRP 1991, 184 (186) – Premiere), zwei Jahre später zwischen 1.000 und 3.000 Exemplare einer englischsprachigen Zeitschrift (OLG München ZUM-RD 1998, 52 (54)); 150 gelieferte und 50 verkaufte Exemplare eines österreichischen Nachrichtenmagazins und deutsche Anzeigenkunden genügen jedenfalls, wenn zugleich eine umfangreiche Benutzung im Ausland und die Benutzung im Inland ernsthaft und auf Dauer erfolgt (OLG Hamburg GRUR-RR 2005, 312 (313) – NEWS; in der Begründung zweifelhaft, da allein die inländische Benutzung entscheidend ist); 100 gedruckte und 20–30 an Schüler der eigenen Musikschule verkaufte Exemplare einer Blockflötenschule (OLG Köln WRP 1995, 133 (134) – Hören und Spielen).

7. Befugte Benutzung

Erforderlich ist, wie bei Unternehmenskennzeichen, eine **befugte Benutzung** des Titels (BGH **228** GRUR 2010, 156 Rn. 23 – EIFEL-ZEITUNG). Zur notwendigen Unterscheidung zwischen absolut und relativ unbefugtem Gebrauch und zu den jeweiligen Voraussetzungen → Rn. 123 ff.

X. Vorverlagerung des Zeitrangs durch Titelschutzanzeige

1. Funktion der Titelschutzanzeige

229   Die Ingebrauchnahme des Titels lässt das Schutzrecht nicht nur entstehen, sondern ist auch für dessen Zeitrang maßgeblich (§ 6 Abs. 3). Im Interesse des Verkehrs ist jedoch eine **Vorverlagerung des Zeitrangs auf einen Zeitpunkt vor der Benutzungsaufnahme** möglich; dies hat zur Konsequenz, dass für das erst mit der Ingebrauchnahme entstandene Schutzrecht eine frühere Priorität in Anspruch genommen werden kann.

230   Voraussetzung dafür ist die **öffentliche Ankündigung** des Werks unter seinem Titel in **branchenüblicher Weise,** sofern das Werk in **angemessener Frist** unter dem angekündigten Titel **erscheint** (BGH GRUR 2009, 1055 Rn. 43 – airdsl; GRUR 1998, 1010 (1012) – WINCAD; GRUR 1989, 760 (761) – Titelschutzanzeige; OLG Naumburg GRUR-RR 2011, 127 (128) – SUPERillu; OLG Köln BeckRS 2003 30306978 – netnight; OLG München NJOZ 2003, 1023 (1024) – ENDURO ABENTEUER; Ingerl/Rohnke/Nordemann/J. B. Nordemann Rn. 103; Ströbele/Hacker/Thiering/Hacker Rn. 117; Baronikians Werktitel Rn. 201; aA HK-MarkenR/ Eisfeld Rn. 99).

231   Die **Ankündigung ist keine Ingebrauchnahme** des Titels; sie führt nicht zur Entstehung des Schutzrechts, sondern bestimmt **nur den Zeitrang** des später mit der Benutzungsaufnahme entstehenden Rechts (BGH GRUR 2001, 1054 (1055) – Tagesreport; KG GRUR-RR 2004, 303 (305) – automobil TEST; Ingerl/Rohnke/Nordemann/J. B. Nordemann Rn. 104; Lange MarkenR Rn. 1825; Heim AfP 2004, 19 f.; aA Teplitzky AfP 1997, 450 (453): auflösend bedingter Schutz).

232   Zwischen Ankündigung und Erscheinen kann es mangels bereits bestehenden Schutzrechts nicht zu einer **Kennzeichenverletzung** kommen (OLG Hamburg ZUM 2002, 295 – Bremer Branchen; GRUR-RR 2001, 182 (183) – startup.de; Deutsch/Ellerbrock Titelschutz Rn. 77; V. Deutsch GRUR 2002, 308 (313); Heim AfP 2004, 19 (23 f.); v. Linstow FS Erdmann, 2002, 375 (378 ff.); Schmid FS Erdmann, 2002, 469 (476 ff.); Wirth AfP 2002, 303; aA Bosten/Prinz AfP 1989, 666 (667); Oelschlägel AfP 1999, 117 (124); Teplitzky AfP 1997, 450 (453)). Zur **Kennzeichenrechtsverletzung durch Titelschutzanzeige** → § 15 Rn. 30.

2. Öffentliche Ankündigung

233   Für die branchenübliche **öffentliche Ankündigung** stellt die Rechtsprechung strenge Anforderungen. Sie verlangt, soweit das für die fragliche Werkart branchenüblich ist, eine **formalisierte Titelschutzanzeige** in einem **branchenüblichen Medium** (BGH GRUR 1998, 1010 (1012) – WINCAD). Solche Medien stehen heute für alle konventionellen Werkarten zur Verfügung und auch bei Software ist mittlerweile die Nutzung von Titelschutzanzeigen möglich und üblich (OLG Hamburg ZUM 2001, 514 (516) – Sumpfhuhn; Baronikians Werktitel Rn. 192).

233.1   **Geeignete Medien** sind – teils abhängig von der Werkart – zB „Der Titelschutz-Anzeiger" mit der Beilage „Der Software Titel"; „rundy Titelschutz-Journal", „Titelschutzreport", für Druckschriften insbesondere das „Börsenblatt des deutschen Buchhandels" (vgl. BGH GRUR 1998, 1010 (1012) – WINCAD; GRUR 1989, 760 (761) – Titelschutzanzeige; OLG Hamburg NJW-RR 1995, 562 – handicap); ferner die Zeitschriften „text intern" (vgl. OLG München NJOZ 2003, 1023 (1026) – ENDURO Abenteuer), „Horizont", „Werben & Verkaufen" (vgl. KG WRP 1992, 105 (107)) und „Kontakter", für Filme auch „filmecho/filmwoche" sowie „Blickpunkt: Film", in der die Eintragungen in das Filmtitelregister der Spitzenorganisation der Filmwirtschaft e.V. (SPIO) veröffentlicht werden. Die SPIO führt ferner ein elektronisches Titelregister unter www.spio-fsk.de.

233.2   Das gewählte Medium muss für die Werkart, für die Titelschutz in Anspruch genommen wird, **typisch** sein; die Ankündigung eines Romantitels in einer Zeitschrift der Filmbranche bewirkt keine Vorverlegung der Priorität.

234   Ob es für **Webseiten** ein branchenübliches Medium für Titelschutzanzeigen gibt, ist zweifelhaft (verneinend OLG München GRUR 2001, 522 (524) – kuechenonline; s. aber OLG Dresden NJWE-WettbR 1999, 130 (132) – dresden-online.de). Hier – aber auch bei anderen Werkarten – stellt sich die Frage, ob auch **auf andere Weise** als durch formalisierte Titelschutzanzeige eine Vorverlagerung des Zeitrangs zu erreichen ist. Die Rechtsprechung steht insoweit auf einem sehr restriktiven Standpunkt. Sie verlangt die Möglichkeit einer einfach zu erlangenden und breiten Kenntnisnahme durch interessierte Mitbewerber; von ihnen könne nicht verlangt werden, dass sie in der allgemeinen Presse oder in anderen Medien nach entsprechenden Ankündigungen suchen (BGH GRUR 1998, 1010 (1012) – WINCAD; OLG München NJOZ 2003, 1023 (1027 f.) –

ENDURO ABENTEUER). Für nicht ausreichend gehalten wird zB die Ankündigung des Werks unter dem beabsichtigten Titel nur auf der eigenen Internetseite (BGH GRUR 2009, 1055 Rn. 45 – airdsl); Einladungen zu Schulungskursen, nicht besonders umfangreiche Werbung und Pressemitteilungen (BGH GRUR 1998, 1010 (1012) – WINCAD); Berichte im redaktionellen Teil von Zeitungen und Zeitschriften (BGH GRUR 1989, 760 (762) – Titelschutzanzeige); Ankündigung einer Veranstaltung bei Facebook (BPatG GRUR-RS 2019, 41682 Rn. 83 – German Comic Con); Werbemaßnahmen vor der Fertigstellung des Werks (OLG Hamburg ZUM 2001, 514 (516) – Sumpfhuhn); Versand von Dispositionsrundschreiben an Händler und Grossisten, da sie interessierte Mitbewerber nicht erreichen (OLG München NJOZ 2003, 1023 (1028) – ENDURO ABENTEUER); Ankündigungen gegenüber potentiellen Lesern (OLG München NJW-RR 1995, 562 – handicap).

Dieser restriktiven Haltung ist **zuzustimmen** (Ströbele/Hacker/Thiering/Hacker Rn. 121; **235** Oelschlägel AfP 1999, 117 (122); aA Ingerl/Rohnke/Nordemann/J. B. Nordemann Rn. 111). Dem Interesse des Werkherstellers, eine zu Behinderungszwecken vorgenommene Registrierung des Titels als Marke durch einen Dritten zu verhindern, könnte ohnehin nur durch einen Verzicht auf die öffentliche Ankündigung Genüge getan werden. Im Interesse des Rechtsverkehrs ist aber eine Publizität erforderlich, weil Mitbewerber sonst Gefahr laufen, ihnen unbekannte Titelrechte anderer zu verletzen. An die Publizität sind im Interesse der Mitbewerber, denen keine umfassende Marktbeobachtung zugemutet werden kann, hohe Anforderungen zu stellen, zumal der Werkhersteller sich den Vorteil des vorverlagerten Zeitrangs mit einer formalisierten Titelschutzanzeige leicht und kostengünstig verschaffen kann.

3. Notwendiger Inhalt

Aus dem **Inhalt der Titelschutzanzeige** muss sich ergeben, für welchen Titel Schutz in **236** Anspruch genommen wird (vgl. aber zu einer nicht eindeutig gefassten Anzeige OLG München NJW-RR 1995, 562 – handicap).

Sammeltitelanzeigen, in denen mehrere Titel für ein einzelnes Werk angekündigt werden, **237** sind zulässig, weil sie noch nicht zur Entstehung des Titelschutzes führen und daher nur demjenigen Titel, der dann tatsächlich für das Werk bei Erscheinen benutzt wird, eine frühere Priorität sichern (BGH GRUR 1989, 760 (761) – Titelschutzanzeige; Ingerl/Rohnke/Nordemann/J. B. Nordemann Rn. 106; Baronikians Werktitel Rn. 215; aA OLG Hamburg WRP 1981, 30 (32) – WOCHE aktuell; LG Stuttgart GRUR 1985, 230 (231) – CHIP; Deutsch/Ellerbrock Titelschutz Rn. 83; Heim AfP 2004, 19 (24 f.); Oelschlägel AfP 1999, 117 (123 f.); Ossing GRUR 1992, 85 (89)). Die Grenze wird erreicht, wenn sich die Sammeltitelanzeige als unzumutbare Mitbewerberbehinderung (§ 4 Nr. 4 UWG) darstellt. Dazu genügt wegen des großen Gestaltungsspielraums bei der Titelwahl in der Regel noch nicht die Registrierung einer größeren Zahl von Titeln, solange es nicht erkennbar an jedem Bedürfnis dafür fehlt. Davon wird erst auszugehen sein, wenn eine so große Anzahl von Titeln angekündigt wird, dass dies nur Blockadezwecken dienen kann (sog. Titelhamsterei, BGH GRUR 1989, 760 (761) – Titelschutzanzeige: zulässige Anzeige von neun Titeln für Ärztezeitschrift).

Zum Inhalt der Anzeige gehört an sich auch die **Angabe der Werkart,** sofern sie sich nicht **238** bereits aus der Branchenzugehörigkeit des Veröffentlichungsmediums ergibt. In der Praxis wird jedoch häufig Schutz für „alle Werkarten" in Anspruch genommen oder ganz auf die Angabe der Werkart verzichtet. Das ist bedenklich: Einerseits fehlt es vielfach an einem entsprechenden Interesse des Werkherstellers, weil er von vornherein den Titel nur für eine Werkart verwenden will; andererseits wird Mitbewerbern, die ein Werk in einer bestimmten Werkart herausbringen wollen, nicht hinreichend deutlich, ob es bei der Entstehung des Rechts für den Werkhersteller zu einer Verletzung kommen wird (kritisch auch Ströbele/Hacker/Thiering/Hacker Rn. 127; Baronikians Werktitel Rn. 223; Heim AfP 2004, 19 (22); Peschel-Mehner FS W. Schwarz, 1999, 187 (192); Schmidt FS Erdmann, 2002, 469 (474 f.)). Selbst wenn die Ankündigung dennoch für wirksam gehalten wird, kann die Formulierung „alle Medien" oder „alle Werkarten" keine Vorverlagerung des Zeitrangs rechtfertigen, wenn das in Benutzung genommene Werk ein anderes ist als jenes, zu dessen Vorbereitung die Titelschutzanzeige veranlasst wurde (OLG Hamburg NJW-RR 1996, 879 (880) – Live TV).

Die **Angabe des Werkherstellers bzw. Titelberechtigten** ist nicht erforderlich, da die Titel- **239** schutzanzeige nicht die Aufgabe hat, den Inhabern prioritätsälterer Rechte ihre Rechtswahrnehmung zu erleichtern; ihrem geschützten Interesse, nicht selbst rechtsverletzend zu handeln, wird durch die Angabe des Titels und der Werkart Genüge getan. **Anonyme Titelschutzanzeigen** durch beauftragte Dritte sind daher ausreichend (BGH GRUR 1989, 760 (763) – Titelschutzanzeige); der Beauftragte muss nicht Rechts- oder Patentanwalt sein, da er keine fremde Rechtsangelegenheit wahrnimmt (BGH GRUR 1998, 956 (957) – Titelschutzanzeigen für Dritte; aA Baronikians Werktitel Rn. 212).

4. Ingebrauchnahme des Titels

240   Die Vorverlagerung der Priorität setzt die Ingebrauchnahme des Titels durch **Erscheinen oder Vertrieb des Werks innerhalb angemessener Frist** voraus. Das bedingt **dreifache Identität:** Sowohl Titel als auch das Werk müssen mit der Ankündigung übereinstimmen und die Benutzung muss durch denjenigen erfolgen, der die Titelschutzanzeige geschaltet hat oder hat schalten lassen (vgl. zur Werkidentität OLG Hamburg NJW-RR 1996, 879 (380) – Live TV; zur Benutzeridentität OLG Köln BeckRS 2003, 30306978 – netnight).

241   Die **Frist** beginnt mit der Titelschutzanzeige. Ihre **Angemessenheit** hängt von der Werkart ab und ist **objektiv** nach der Verkehrsauffassung zu bestimmen (vgl. OLG Hamburg AfP 1997, 815 – Ergo; NJW-RR 1996, 879 (380) – Live TV; Ströbele/Hacker/Thiering/Hacker Rn. 122; Baronikians Werktitel Rn. 187; Oelschlägel AfP 1999, 117 (122); großzügiger Teplitzky AfP 1997, 450 (453): Berücksichtigung unverschuldeter Verzögerungen). Maßgeblich ist die übliche Vorbereitungszeit für diese Werkart, wobei zu beachten ist, dass auch innerhalb einer Werkart abhängig vom Werkinhalt unterschiedlich lange Vorbereitungszeiten üblich sind. So ist zB die Erstellung eines Rätselhefts in kürzerer Zeit zu bewältigen als die eines Nachrichtenmagazins.

242   Bei **Zeitschriften** wird im Allgemeinen ein Zeitraum von sechs Monaten noch als angemessen erachtet (vgl. OLG München NJOZ 2003, 1023 (1026) – ENDURO ABENTEUER: fünf Monate ausreichend; OLG Hamburg AfP 1997, 815 (816) – Ergo: zehn Monate zu lang; OLG Köln GRUR 1989, 690 (691 f.) – High Tech: zehn bis zwölf Monate zu lang; OLG Hamburg WRP 1981, 30 (32 f.) – WOCHE aktuell: fünf Monate ausreichend; LG München I AfP 2009, 170 (172) – MEINE BUNTE WOCHE: bis sechs Monate ausreichend, acht Monate zu lang); ähnliches wird für **Webseiten** und ähnliche **elektronische Werke** gelten (vgl. OLG Hamburg NJW-RR 1996, 879 (880) – Live TV: zehn Monate zu lang für elektronischen Programmführer).

243   Bei **Sachbüchern** und **Filmen** ist von einer längeren Vorbereitungszeit auszugehen; hier können auch Fristen von zwölf Monaten und mehr noch angemessen sein (Ingerl/Rohnke/ Nordemann/J. B. Nordemann Rn. 105: ein bis fünf Jahre für Filme; Baronikians Werktitel Rn. 185: ein Jahr für Filme; Fleischer/Friedrichs/Ammelburger ZUM 2016, 853 (858): mindestens 18 Monate für Filme; s. aber auch OLG Hamburg AfP 2004, 135: allgemein wenige Wochen oder Monate; Peschel-Mehner FS W. Schwarz, 1999, 187 (193): sechs Monate bei Schutz mit Beginn der Dreharbeiten). Bei Werken, die in **unterschiedlichen Werkarten** erscheinen sollen (zB Branchenverzeichnis in gedruckter Form und online), sind unterschiedliche Herstellungszeiten zu berücksichtigen (vgl. OLG Hamburg ZUM 2002, 295 – Bremer Branchen: zwölf Monate für Druckversion, neun für Internetfassung; teils aA OLG Hamburg NJW-RR 1996, 879 (380) – Live TV; Ströbele/Hacker/Thiering/Hacker Rn. 122; Baronikians Werktitel Rn. 188).

244   Die Begrenzung der Prioritätsvorverlegung auf Fälle, in denen der Titel innerhalb angemessener Frist in Gebrauch genommen wurde, nimmt auf das Interesse der Mitbewerber Rücksicht. Eine **Verlängerung der Frist** und damit ein weiteres Abhalten der Mitbewerber von der Titelbenutzung durch eine **Wiederholungsankündigung** ist daher nicht möglich; die nachfolgenden Ankündigungen sind wirkungslos (Ströbele/Hacker/Thiering/Hacker Rn. 123; aA Baronikians Werktitel Rn. 226: Priorität der letzten Ankündigung; ebenso Ingerl/Rohnke/Nordemann/J. B. Nordemann Rn. 108; Heim AfP 2004, 19 (21)).

5. Keine Vorbereitungsarbeiten erforderlich

245   Es ist nicht erforderlich, dass zum Zeitpunkt der Titelschutzanzeige bereits **ernsthafte Vorbereitungsarbeiten** für die Erstellung des Werks vorgenommen wurden (Ströbele/Hacker/Thiering/Hacker Rn. 124; Baronikians Werktitel Rn. 190; Lange MarkenR Rn. 1834; offenlassend BGH GRUR 1989, 760 (762) – Titelschutzanzeige; aA OLG Köln GRUR 1989, 690 (691 f.) – High Tech; Heim AfP 2004, 19 (20); Herrmann K&R 2006, 168 (169); Oelschlägel AfP 1999, 117 (122); Teplitzky AfP 1997, 450 (452)). Entscheidend dafür ist, dass eine Titelschutzanzeige nur die Priorität des später mit der Ingebrauchnahme des Titels entstandenen Schutzrechts vorverlagert und gerade kein Schutzrecht für ein noch nicht bestehendes Werk begründet. Allenfalls dann, wenn unsicher ist, ob das Werk in angemessener Frist erschienen ist, kann es darauf ankommen, ob zum Zeitpunkt der Titelschutzanzeige schon an der Werkherstellung gearbeitet wurde (BGH GRUR 1989, 760 (762) – Titelschutzanzeige).

Auf Vorbereitungsarbeiten kommt es auch deshalb nicht an, weil die **Angemessenheit der** 246 **Frist** objektiv zu bestimmen ist. Nach der Verkehrsauffassung spielt die Vorbereitungszeit für die Werkerstellung eine wesentliche Rolle. In der Konsequenz beruht die Prüfung der Angemessenheit auf der Erwartung, dass mit der Titelschutzanzeige auch die Arbeit am Werk begonnen wurde. Ist dem nicht so, ändert dies nichts an der Wirksamkeit der Titelschutzanzeige; der Werkersteller kann sich jedoch im Hinblick auf die Angemessenheit der Frist nicht darauf berufen, diese sei angesichts des Umstands, dass er mit den Vorbereitungsarbeiten noch nicht begonnen habe, zu kurz bemessen gewesen.

XI. Inhaber des Werktitels

1. Standpunkt der Rechtsprechung

§ 5 Abs. 3 regelt nicht, wem das Recht am Werktitel zusteht. Die Rechtsprechung hat sich 247 bislang an unterschiedlichen dogmatischen Ansätzen orientiert. Nunmehr hat der BGH sich indes der hier vertretenen Auffassung (→ Rn. 252) angeschlossen, dass die Titelinhaberschaft der **Werk-zuordnung** folgt und darauf abzustellen ist, wessen immaterielles Arbeitsergebnis mit dem Titel gekennzeichnet wird (BGH GRUR 2019, 535 Rn. 31 – Das Omen; OLG Düsseldorf GRUR-RR 2020, 254 Rn. 64 – Kiesgrube; OLG Frankfurt GRUR-RR 2020, 515 Rn. 35 – Titelschutz für Fortbildungsveranstaltungen). Das ist grundsätzlich der **Verfasser des Werkes** unabhängig davon, ob der Titel originär unterscheidungskräftig war oder die Unterscheidungskraft erst durch die vom Verleger veranstaltete Benutzung erlangt hat (BGH GRUR 2019, 535 Rn. 32 – Das Omen; KG GRUR-RS 2022, 10152 Rn. 26, 43 – Curveball). Irrelevant ist hingegen, wer die Idee für den Titel hatte, wer durch die Benutzung die anfänglich fehlende Unterscheidungskraft geschaffen hat oder wer lediglich mit der Produktion, der Vermarktung oder dem Vertrieb eines Werkes beschäftigt ist, sofern dadurch nicht ein eigenständiges schützenswertes immaterielles Arbeitsergebnis (zB Zeitung, Sammelwerk) geschaffen wird (BGH GRUR 2019, 535 Rn. 32 f. – Das Omen). Nicht mit der Inhaberschaft verwechselt werden darf zudem die Frage, ob jemand, der den Titel rechtmäßig nutzt, zur Geltendmachung von Ansprüchen berechtigt ist (BGH GRUR 2019, 535 Rn. 35 – Das Omen). Das ist eine Frage der Aktivlegitimation, von der nicht auf die Inhaberschaft geschlossen werden darf. Die dahingehende Instanzrechtsprechung (→ Rn. 247.1) ist abzulehnen und steht auch im Widerspruch zur jüngsten Rechtsprechung der BGH.

Die Instanzrechtsprechung hat bislang angenommen, der Werktitel stehe demjenigen zu, der ihn für 247.1 das Werk **rechtmäßig nutze** (BPatG BeckRS 2017, 118117 – Länder-Menschen-Abenteuer; GRUR 2014, 780 (784 f.) – Liquidrom; OLG München GRUR-RR 2009, 307 – Der Seewolf; KG GRUR-RR 2004, 137 (139) – Omen; V. Deutsch WRP 2000, 1375 (1378)). Der in diesem Zusammenhang übliche Verweis auf die BGH-Entscheidung „Winnetous Rückkehr" (GRUR 2003, 440) trägt diesen Ausgangspunkt jedoch nicht, weil der BGH dort nur über die Aktivlegitimation entschieden hat, die mit der Rechtsinhaberschaft nicht identisch ist (ebenso Fezer § 15 Rn. 308; aA V. Deutsch MarkenR 2006, 185 (188); wie der BGH LG Nürnberg-Fürth AfP 2016, 180 (181)).

Bei **Büchern** ist der **Autor** Werktitelinhaber (BGH GRUR 2005, 264 (265) – Das Telefon- 248 Sparbuch; GRUR 1990, 218 (220) – Verschenktexte; OLG Köln GRUR-RR 2015, 239 Rn. 29 – Farming Simulator 2013; offenlassend OLG Köln GRUR-RR 2015, 292 (294) – Ich bin dann mal weg; OLG Düsseldorf GRUR-RR 2015, 10 (11) – Die Wanderhure; aA (aber von der Titelberechtigung sprechend) LG Nürnberg-Fürth AfP 2016, 180 (181): Verlag und Herausgeber).

Bei **Zeitschriften** und **Zeitungen** hat der BGH den Titel dem **Verleger** zugeordnet (BGH 249 GRUR 1997, 661 (662) – B.Z./Berliner Zeitung; OLG Köln GRUR-RR 2015, 239 Rn. 29 – Farming Simulator 2013), wobei er nunmehr maßgeblich darauf abstellt, dass der Verleger der Schöpfer eines eigenständigen immateriellen Arbeitsergebnisses ist (BGH GRUR 2019, 535 Rn. 33 – Das Omen). Ebenso liegt es bei einem Reihentitel (BGH GRUR 1990, 218 (220) – Verschenktexte; GRUR 1980, 227 (232) – Monumenta Germaniae Historica; vgl. auch OLG Hamburg GRUR-Prax 2016, 407 – Mira).

Für **Fernsehsendungen** und **Filme** hält die Instanzrechtsprechung jedenfalls auch die Produk- 250 tionsgesellschaft für einen Rechtsinhaber (BPatG BeckRS 2017, 118117 – Länder-Menschen-Abenteuer; OLG Köln GRUR-RR 2015, 239 Rn. 29 – Farming Simulator 2013; OLG München GRUR-RR 2009, 307 – Der Seewolf; KG GRUR 2000, 906 (907) – Gute Zeiten, Schlechte Zeiten). Bei **Tonwerken** kommen nach der Rechtsprechung des BGH grundsätzlich zwei bezeichnungsfähige Arbeitsergebnisse in Betracht, nämlich Komposition bzw. Textdichtung einerseits und Interpretation andererseits (→ Rn. 182). Inhaber des Titelrechts an dem durch eine bestimmte Komposition unterscheidbaren Tonwerk soll der Komponist und ggf. der Textdichter sein (BGH GRUR 2019, 535 Rn. 39 – Das Omen). Soweit der Verkehr in einem Tonwerk aber wegen der unterscheidungskräftigen Interpretation ein eigenständiges Arbeitsergebnis sieht, ordnet der BGH das Titelrecht an diesem Werk den Musikern zu (BGH GRUR 2019, 535 Rn. 39 – Das Omen; ohne diese Unterscheidung für Zuordnung sowohl zum Interpreten, Urheber als auch Produzenten KG GRUR-RR 2004, 137 (139) – Omen). Bei einem **Spiel** soll der Hersteller Titelinhaber sein, wenn er das Werk mit einem Herkunftshinweis versehen hat, weil die Titelrechte demjenigen zustünden, der sie bei ihrem Entstehen nach außen erkennbar in Anspruch nehme (OLG Hamburg GRUR-RR 2012, 154 (156) – LUXOR; vgl. auch OLG Köln GRUR-RR 2015, 239 Rn. 30 – Farming Simulator 2013; OLG Hamburg GRUR-RR 2003, 269 (272) – SNOMED; Ingerl/Rohnke/Nordemann/J. B. Nordemann Rn. 131: nur für Sonderfälle wie Ghostwriter). Bei **Veranstaltungen** wird das Recht dem Veranstalter, also demjenigen, der über Werkinhalt und -titel bestimmt, zugeordnet (OLG Düsseldorf GRUR-RR 2020, 254 Rn. 64 – Kiesgrube; OLG Frankfurt GRUR-RR 2020, 515 Rn. 37 – Titelschutz für Fortbildungsveranstaltungen; OLG Stuttgart BeckRS 2011, 26669 – Balthasar-Neumann-Preis; LG Koblenz BeckRS 2014, 13263 – Rock am Ring (offenlassend OLG Koblenz BeckRS 2014, 16858 – Rock am Ring); LG Berlin GRUR-RR 2011, 137 (138) – Country Music Messe). Inhaber des Werktitels an einem **Design** ist der Designer (BPatG GRUR-RS 2019, 36779 Rn. 21).

2. Dogmatik der Inhaberschaft

251   Dogmatisch scheint es nahe zu liegen, sich bei der Rechtszuordnung daran zu orientieren, wer den **Titel befugterweise in Benutzung genommen hat,** weil diese Handlung rechtsbegründend ist (in diesem Sinne zB Baronikians Werktitel Rn. 304; Deutsch/Ellerbrock Titelschutz Rn. 65; Ströbele/Hacker/Thiering/Hacker, 12. Aufl. 2018, Rn. 132 (anders jetzt 13. Aufl. 2021, Rn. 128); ferner zB Schricker FS Vieregge, 1995, 775 (790); aA Fezer § 15 Rn. 304: Werkschöpfer als Titelinhaber; ähnlich LG Koblenz BeckRS 2014, 13263 – Rock am Ring (offenlassend OLG Koblenz BeckRS 2014, 16858 – Rock am Ring); Lange MarkenR Rn. 2340; Graf von der Gröben GRUR 2000, 172 (173)). Dann wäre bei Büchern zB der Verleger, bei Filmen der Verleih Rechtsinhaber (Baronikians Werktitel Rn. 312 f.).

252   Das ist jedoch **verfehlt.** Die Benutzungsaufnahme ist zwar Entstehungsvoraussetzung, sagt aber nichts über die Rechtszuordnung. Wie bei Benutzungsmarken und Unternehmenskennzeichen hat sich die Zuordnung des Rechts in erster Linie daran zu orientieren, auf wen das Kennzeichen verweist. Das gelingt freilich nicht ohne weiteres, weil Werktitel keine Herkunftsfunktion haben und stets nur auf ein Rechtsobjekt, nämlich das Werk, verweisen. Letztlich kann die Zuordnung der Titelinhaberschaft daher nur der **Werkzuordnung** folgen (ebenso jetzt BGH GRUR 2019, 535 Rn. 31 – Das Omen; OLG Frankfurt GRUR-RR 2020, 515 Rn. 34 – Titelschutz für Fortbildungsveranstaltungen; Ingerl/Rohnke/Nordemann/J. B. Nordemann Rn. 126). Auf der Grundlage des kennzeichenrechtlichen Werkbegriffs sollte dazu darauf abgestellt werden, wessen immaterielle Arbeitsergebnisse mit dem Titel gekennzeichnet werden (ebenso BGH GRUR 2019, 535 Rn. 31 – Das Omen; OLG Frankfurt GRUR-RR 2020, 515 Rn. 34 – Titelschutz für Fortbildungsveranstaltungen). Dabei erscheinen zB Bücher im Verkehr nicht allein als Werk des Autors oder der Autoren, sondern auch als solche des Verlags; Filme als solche der Produktionsgesellschaft und des Regisseurs; Fernsehsendungen hingegen nicht nur als Werke der Produktionsgesellschaft, sondern auch der Fernsehanstalt; Bühnen- und Tonwerke nicht nur als solche des Komponisten oder Stückeschreibers, sondern auch des Regisseurs; Computerspiele als Werke des Entwicklungs- und des Vertriebsunternehmens. Bei Musikstücken ist das Werk jedenfalls dann, wenn es sich durch die Art der Interpretation klar von anderen Interpretationen unterscheidet, auch ein Arbeitsergebnis des Interpreten oder Produzenten, aber auch des Komponisten als Schöpfer (enger BGH GRUR 2019, 535 Rn. 39 – Das Omen: nur Interpret; ebenso Homann WRP 2019, 989 Rn. 21 ff.; wohl auch Stieper jurisPR-WettbR 4/2019 Anm. 2). In der Konsequenz kann ein Werktiteln mehreren berechtigten Personen zustehen (BGH GRUR 2019, 535 Rn. 35 – Das Omen). Bei Tonträgern, die ausschließlich Werke eines Komponisten oder eines Interpreten beinhalten, ordnet der Verkehr dieses in der Auswahl liegende Arbeitsergebnis in der Regel dem Komponisten oder Musiker zu, wenn der Auswahl erkennbar ein künstlerisches Konzept zugrunde liegt. Daran fehlt es typischerweise bei einer Zusammenstellung der größten Hits; hier sieht der Verkehr ebenso wie bei Tonträgern, die Werke unterschiedlicher Komponisten oder Musiker enthalten, im herausgebenden Unternehmen den Schöpfer des Arbeitsergebnisses (ebenso Homann WRP 2019, 989 Rn. 26).

Bei dieser Betrachtungsweise spielt es bei nicht unterscheidungskräftigen Titeln auch keine 253
Rolle, auf wessen Handlungen die **Verkehrsgeltung** zurückzuführen ist (BGH GRUR 2019,
535 Rn. 31 – Das Omen). Ebenfalls ohne Bedeutung ist es, wer den **Titel „erfunden"** hat, da
der Werktitelschutz nicht an die schöpferische Leistung der Titelschaffung anknüpft (jetzt BGH
GRUR 2019, 535 Rn. 31 – Das Omen).

XII. Räumlicher Schutzbereich

Der Schutz des Werktitels erstreckt sich grundsätzlich auf das **gesamte Bundesgebiet** (vgl. 254
BGH GRUR 1997, 661 (662) – B.Z./Berliner Zeitung). Anders kann dies sein, wenn die Unter-
scheidungskraft auf Verkehrsgeltung beruht und diese räumlich auf ein Gebiet begrenzt ist (BGH
GRUR 1968, 259 (260) – NZ). Eine **räumliche Beschränkung** auch unterscheidungskräftiger
Titel kommt ferner in Betracht, wenn die Unterscheidungsfunktion des Titels nur in einem
räumlich begrenzten Gebiet besteht, zB bei Regional- und Lokalzeitungen, Stadtmagazinen oder
Büchern mit ausschließlich regionalem Bezug und Verbreitungsgebiet (vgl. OLG Hamburg ZUM-
RD 1999, 116 (119) – Blitz: bundesweiter Schutz des Titels eines Stadtmagazins mit überregiona-
lem Teil). Allein die Zugänglichkeit regional beschränkter Werke über das **Internet** verleiht den
Domainnamen, über die das Werk erreicht wird und die als Titel geschützt sind, noch keinen
bundesweiten Schutz (Lange MarkenR Rn. 1819; aA Baronikians Werktitel Rn. 326; A. Deutsch
GRUR 2013, 113 (116)). Im Übrigen geltend für den räumlichen Schutzbereich die gleichen
Grundsätze wie bei Unternehmenskennzeichen (→ Rn. 128 ff.).

XIII. Erlöschen des Schutzes

1. Aufgabe der Benutzung

Das Recht am Werktitel erlischt, wenn seine **Benutzung endgültig aufgegeben** wird. Ausge- 255
hend vom Benutzungsbegriff ist zu fragen, ob sich das Werk unter dem Titel noch im Vertrieb
befindet oder für die Nutzung vom Rechtsinhaber zugänglich gehalten wird (zB Fortbestand der
Webseite). Das ist zu verneinen, wenn entweder das **Werk aufgegeben** wurde (zB Einstellung
einer Zeitschrift; Löschen einer Webseite) oder wenn bei fortbestehendem Werk ein **anderer
Titel benutzt** wird (zB Umbenennung einer Zeitschrift).

Solange das Werk im Handel noch erworben werden kann, liegt allein in der **Einstellung des** 256
Vertriebs, dh der weiteren Belieferung des Handels, noch keine Aufgabe der Benutzung, da der
Titel im Verkehr so lange der Unterscheidung dient, wie er zur Grundlage von Kaufentscheidungen gemacht wird (Hoene K&R 2012, 710 (712); aA OLG Hamburg GRUR-RR 2012, 154
(156 f.) – LUXOR). Das gilt so lange, wie das Werk noch als neu erworben werden kann; bei
einer bloßen Verfügbarkeit in Antiquariaten oder bei gewerblichen oder privaten Gebrauchtwaren-
händlern erlischt der Schutz, sofern nach der Verkehrsauffassung nicht nur eine vorübergehende
Unterbrechung vorliegt (→ Rn. 257).

2. Benutzungsunterbrechungen

Ob eine endgültige Aufgabe der Benutzung vorliegt oder lediglich eine **vorübergehende,** 257
schutzrechtsunschädliche Unterbrechung, bestimmt sich nach der Verkehrsauffassung im
Zeitpunkt der Wiederaufnahme der Benutzung. Wesentliche Kriterien sind die Werkart, der Anlass
der Benutzungsaufgabe und ein erkennbarer **Fortführungswille.** Die Unterbrechung ist daher
endgültig, wenn der Inhaber die Absicht, den Titel zB durch Neuherausgabe des Werks weiter
zu benutzen, erkennbar aufgegeben hat oder aus rechtlichen oder tatsächlichen Gründen die
Möglichkeit der weiteren Benutzung nicht gegeben ist (BGH GRUR 1960, 346 (348) – Naher
Osten; GRUR 1959, 541 (543) – Nußknacker; LG Berlin GRUR-RR 2011, 137 (138) – Country
Music Messe: Erlöschen aufgrund Meinungsverschiedenheiten der Titelinhaber).

Für einen **Fortführungswillen** spricht es, wenn der Titel des derzeit vergriffenen Werks 258
rechtlich verteidigt wird (OLG Köln GRUR 2000, 1073 (1075) – Blitzgerichte). Wird der Titel
hingegen bewusst aufgegeben, spricht das gegen die Annahme, der Titel habe später wieder für das
gleiche Werk aufgenommen werden sollen (vgl. OLG Köln GRUR 1997, 63 (64) – PC WELT).
Erst recht liegt eine endgültige Aufgabe vor, wenn der Titel später für ein anderes Werk benutzt
wird oder werden soll (BGH GRUR 1993, 769 (770) – Radio Stuttgart). Bei einer durch Krieg
oder staatliche Maßnahmen **erzwungenen Aufgabe** der Benutzung kann wie bei Unternehmenskennzeichen (→ Rn. 146) auch ein längerer Unterbrechungszeitraum unschädlich sein (BGH
GRUR 1991, 331 – Ärztliche Allgemeine: Nichtbenutzung aufgrund gerichtlicher Untersagungs-

verfügung; GRUR 1959, 541 (543) – Nußknacker: Nichtbenutzung aufgrund nachkriegsbedingter Umstände).

259   Entscheidende Bedeutung kommt der **Werkart** zu. Bei **Büchern** ist dem Verkehr bewusst, dass diese aufgrund beschränkter Auflagen zeitweise vergriffen sein können; hieraus schließt er auch dann, wenn noch keine Neuauflage angekündigt ist, noch nicht auf eine endgültige Aufgabe der Benutzung (BGH GRUR 1960, 346 (348) – Naher Osten; KG NJOZ 2003, 2776 (2779) – Das authentische Reiki; OLG Köln GRUR 2000, 1073 (1074 f.) – Blitzgerichte: Unterbrechung von einem Jahr bei Kochbuch unschädlich; LG Nürnberg-Fürth AfP 2016, 180 (182)). Der Unterbrechungszeitraum kann daher durchaus lang sein. Gleichwohl kommt auch bei gemeinfrei gewordenen Werken ein Erlöschen des Schutzes durch Unterbrechung in Betracht (aA Peschel-Mehner FS M. Schwarz, 2017, 269 (278)). Die noch unschädliche Dauer der Nichtbenutzung hängt aber vom Bekanntheitsgrad des Werkes ab; je höher dieser ist, desto näher liegt für den Verkehr eine erneute wirtschaftliche Nutzung und damit die Wiederaufnahme der Benutzung auch nach längerer Unterbrechung. Bei Büchern über zeitgebundene Themen oder solche mit schnell veraltendem Inhalt (zB biographisches Nachschlagewerk) kann ein kürzerer Unterbrechungszeitraum zum Schutzwegfall führen (BGH GRUR 1960, 346 (348) – Naher Osten; KG GRUR 1988, 158 – Who's who); bei solchen mit ganz spezifischem kleinen Interessenkreis können auch längere Unterbrechungen nur vorübergehend sein (KG NJOZ 2003, 2776 (2779) – Das authentische Reiki: vier Jahre unschädlich).

260   Bei **periodischen Druckschriften** wertet der Verkehr eine Unterbrechung schnell als endgültige Einstellung (vgl. BGH GRUR 1960, 346 (347 f.) – Naher Osten; OLG Köln GRUR 1997, 63 (64) – PC WELT: vier Jahre zu lang; OLG München NJOZ 2003, 1023 (1027) – ENDURO ABENTEUER: acht Jahre bei Sonderheft zu lang; LG Düsseldorf BeckRS 1997, 5818: 18 Monate zu lang bei Magazin auf CD-ROM; kritisch Deutsch/Ellerbrock Titelschutz Rn. 89; Kröner FS Hertin, 2000, 565 (576 f.)). Bei bekannteren Titeln wird er aber nicht so schnell zu dem Schluss kommen, dieser solle endgültig nicht mehr benutzt werden (vgl. zum Titel einer Fernsehsendung OLG Hamburg NJWE-WettbR 1999, 282 (283) – Aber Hallo; Ströbele/Hacker/Thiering/Hacker Rn. 135; Baronikians Werktitel Rn. 261).

261   Bei **Filmen,** die nicht nach Technik oder Inhalt so veraltet sind, dass sie kein Publikumsinteresse mehr hervorrufen, liegt auch bei längerer Nichtausstrahlung bzw. -vorführung noch keine endgültige Aufgabe vor, weil der Verkehr an Wiederholungen auch nach längerer Zeit gewöhnt ist (vgl. OLG München GRUR-RR 2009, 307 – Der Seewolf: solange noch Wiederholungen gesendet werden; OLG Düsseldorf NJW-RR 1986, 1095 (1096) – Mädchen hinter Gittern). Gleiches gilt für Fernsehspiele und serien sowie **Bühnen- und Tonwerke.**

262   Bei **Spielen** ist eine Unterbrechungsdauer von fünf Jahren als schutzrechtsschädlich eingeordnet worden (OLG Hamburg GRUR-RR 2012, 154 (156 f.) – LUXOR); bei **Computerprogrammen** aufgrund der raschen Fortentwicklung und der schnellen Veralterung auf diesem Markt auch schon nach vier Jahren (LG Hamburg BeckRS 2009, 20598). Bei einer alle zwei Jahre stattfindenden Preisverleihung erlischt der Schutz nicht, wenn die **Veranstaltung** einmal ausfällt, aber der Wille zur Fortführung besteht (OLG Stuttgart BeckRS 2011, 26669 – Balthasar-Neumann-Preis; OLG Koblenz BeckRS 2014, 16858 – Rock am Ring).

3. Wesentliche Änderung des Titels

263   Eine wesentliche Änderung des Titels führt zum Erlöschen des Schutzes für den ursprünglichen Titel. Wie bei den Unternehmenskennzeichen (→ Rn. 149) ist die Änderung wesentlich, wenn sie **Identität und Unterscheidungskraft des Titels berührt** (vgl. OLG München NJWE-WettbR 1999, 257 (258) – Dr. Sommer). Das wurde zB bejaht für den Wechsel von „Kiesgrube" zu „Kiesgrube-Club" als Bezeichnung eines Musikevents (OLG Düsseldorf GRUR-RR 2020, 254 Rn. 73 – Kiesgrube). Der Wechsel des Untertitels lässt die Unterscheidungskraft des Haupttitels unberührt (OLG Hamburg GRUR-RR 2001, 31 – Screen/Screen basics).

4. Wesentliche Änderung des Werks

264   Der Titelschutz besteht nur für das bestimmte Werk, für das er in Benutzung genommen wurde. Er erlischt, wenn das Werk so geändert wird, dass es sich nach der Verkehrsauffassung nunmehr um ein **anderes Werk** handelt. Gerade bei länger erscheinenden Werken wie Zeitungen, Zeitschriften oder Fernsehserien ist der Verkehr aber an Anpassungen und auch größere Umgestaltungen gewohnt (Ingerl/Rohnke/Nordemann/J. B. Nordemann Rn. 141). Bei Sachbüchern erwartet der Verkehr bei Neuauflagen sogar Veränderungen; Schutzverlust tritt erst ein, wenn der Gesamt-

charakter des Buches verändert wird (Baronikians Werktitel Rn. 281; vgl. auch BGH GRUR 1960, 346 (348) – Naher Osten).

5. Trennung von Titel und Werk

Zwischen Werktitel und Werk besteht **Akzessorietät** dahingehend, dass der Titel nicht ohne **265** das Werk selbst veräußert und übertragen werden kann (BGH GRUR 2019, 535 Rn. 44 ff. – Das Omen; OLG Düsseldorf GRUR-RR 2020, 254 Rn. 71 – Kiesgrube; zust. Baronikians MarkenR 2019, 233 (237); Hoene K&R 2019, 336 (337); diff. Ingerl/Rohnke/Nordemann/J. B. Nordemann Rn. 133; aA Stieper jurisPR-WettbR 4/2019 Anm. 2). Dafür spricht nicht nur, dass Gleiches für das Unternehmenskennzeichen gilt (→ Rn. 153) und Werktitel und Unternehmenskennzeichen vom Gesetz gemeinsam als geschäftliche Bezeichnung geschützt werden. Entscheidend ist, dass die Inhaberschaft am Titel der Werkzuordnung folgt (→ Rn. 247). Der Titel kann daher nicht ohne das Werk einer anderen Person neu zugeordnet werden, andernfalls entstünde ein abstrakter, mit dem Wesen des Werktitels nicht vereinbarer Schutz (BGH GRUR 2019, 535 Rn. 47 – Das Omen).

Für **urheberrechtlich geschützte Werke,** bei denen das Urheberrecht selbst nicht übertragen **266** werden kann (§ 29 UrhG), bedeutet dies, dass es aus Rechtsgründen nicht zu einer Trennung von Titel und Werk kommen kann. Eine Übertragung der urheberrechtlichen Nutzungsrechte am Werk führt weder zu einem Übergang des Titels vom bisherigen Inhaber auf den Erwerber noch zu einem Erlöschen des Titelrechts (BGH GRUR 2019, 535 Rn. 47 – Das Omen). Eine isolierte Übertragung nur des Werktitels läuft ins Leere; der Inhaber kann lediglich Nutzungsrechte einräumen (BGH GRUR 2019, 535 Rn. 47 – Das Omen; krit. Ströbele/Hacker/Thiering/Hacker § 27 Rn. 81).

Bei **urheberrechtlich nicht geschützten Werken,** deren Übertragung an Dritte rechtlich **267** möglich ist, kann es hingegen zu einer Trennung von Werk und Titel kommen, wenn entweder nur das Werk oder nur der Titel übertragen wird; in beiden Fällen erlischt das Recht am Werktitel (vgl. OLG Düsseldorf GRUR-RR 2020, 254 Rn. 72 – Kiesgrube). Hierzu kommt es schließlich auch, wenn zwar Titel und Werk gemeinsam übertragen werden, anschließend aber das Werk vom Erwerber so wesentlich geändert wird, dass es sich als anderes Werk darstellt (→ Rn. 264).

6. Verlust der Unterscheidungskraft

Wie bei Unternehmenskennzeichen (→ Rn. 155) ist es auch bei Titeln denkbar, dass sie im **268** Laufe der Zeit an Unterscheidungskraft verlieren und zu **rein beschreibenden Begriffen** werden. Da aber die Anforderungen an die Unterscheidungskraft bei vielen Werkarten sehr gering sind (→ Rn. 204 ff.), wird dies nur in Ausnahmefällen in Betracht kommen (vgl. BGH GRUR 2003, 440 (441) – Winnetous Rückkehr). Es reicht jedenfalls auch, wenn die Unterscheidungskraft in einem nicht ganz unerheblichen Teil der maßgeblichen Verkehrskreise fortbesteht (BGH GRUR 1958, 354 (357) – Sherlock Holmes).

7. Verlust der Verkehrsgeltung

Bei nicht originär unterscheidungskräftigen Titeln, die nur aufgrund Verkehrsgeltung geschützt **269** sind, führt deren Verlust zum Erlöschen des Rechts. Das ist insbesondere bei nachlassender Benutzung oder vorübergehender Nichtbenutzung denkbar.

§ 6 Vorrang und Zeitrang

(1) Ist im Falle des Zusammentreffens von Rechten im Sinne der §§ 4, 5 und 13 nach diesem Gesetz für die Bestimmung des Vorrangs der Rechte ihr Zeitrang maßgeblich, wird der Zeitrang nach den Absätzen 2 und 3 bestimmt.

(2) Für die Bestimmung des Zeitrangs von angemeldeten oder eingetragenen Marken ist der Anmeldetag (§ 33 Abs. 1) oder, falls eine Priorität nach § 34 oder nach § 35 in Anspruch genommen wird, der Prioritätstag maßgeblich.

(3) Für die Bestimmung des Zeitrangs von Rechten im Sinne des § 4 Nr. 2 und 3 und der §§ 5 und 13 ist der Zeitpunkt maßgeblich, zu dem das Recht erworben wurde.

(4) Kommt Rechten nach den Absätzen 2 und 3 derselbe Tag als ihr Zeitrang zu, so sind die Rechte gleichrangig und begründen gegeneinander keine Ansprüche.

Überblick

§ 6 knüpft an den im Kennzeichenrecht geltende Prioritätsgrundsatz an (→ Rn. 1) und regelt, wie sich der Zeitrang der in §§ 4, 5 und 13 genannte Rechte bestimmt, wenn es zu einem Zusammentreffen dieser Rechte kommt und der Zeitrang für die Bestimmung des Vorrangs maßgeblich ist (Abs. 1; → Rn. 6). Bei angemeldeten oder eingetragenen Marken bestimmt sich der Zeitrang nach dem Anmeldetag oder einem abweichenden Prioritätstag (Abs. 2; → Rn. 11), während es bei allen anderen Rechten auf den Tag der Rechtsentstehung ankommt (Abs. 3; → Rn. 19). Für den Fall, dass Rechte den gleichen Zeitrang aufweisen, ordnet Abs. 4 deren Gleichrangigkeit und die Koexistenz beider Rechte an (→ Rn. 28).

Übersicht

A. Überblick

I. Prioritätsgrundsatz

1   Treffen **Kennzeichenrechte verschiedener Inhaber** aufeinander, kommt es darauf an, ob das eine Recht vor dem anderen Recht Vorrang genießt. Im Recht der Kennzeichen bestimmt sich der Vorrang grundsätzlich nach dem Zeitrang der Rechte (BT-Drs. 12/6581, 68). Diesem Prioritätsgrundsatz zufolge setzt sich das ältere Recht gegenüber dem jüngeren durch. Der **Vorrang des älteren Rechts** findet sich ausdrücklich in §§ 9, 10, 12, 13, 42, 51, 55; er gilt aber auch für § 11 (→ § 11 Rn. 36) und die Kennzeichenverletzung nach §§ 14, 15 (→ § 14 Rn. 32; → § 15 Rn. 8).

II. Regelungsüberblick

2   § 6 regelt nicht den Prioritätsgrundsatz, sondern nur die **Bestimmung des Zeitrangs.** Die **Geltung des Prioritätsgrundsatzes** ist vielmehr nach § 6 Abs. 1 **Anwendungsvoraussetzung** der Norm. Nach ihr bestimmt sich der Zeitrang, wenn es nach der im konkreten Fall maßgeblichen Kollisionsregelung (§§ 9–15) auf einen Vorrang ankommt und dieser sich nach dem Zeitrang der Rechte bestimmt.

3   Wonach sich der Zeitrang bestimmt, hängt von der Art des Kennzeichenrechts ab. Für **angemeldete oder eingetragene Marken** bestimmt er sich nach § 6 Abs. 2 nach dem Anmeldetag oder, soweit Priorität nach §§ 34, 35 in Anspruch genommen wird, nach dem Prioritätstag. Für alle **anderen Rechte** iSd §§ 4, 5 und 13 (Benutzungsmarken, Notorietätsmarken, Unternehmenskennzeichen, Werktitel und sonstige Rechte iSd § 13) ist nach § 6 Abs. 3 der Zeitpunkt des Rechtserwerbs maßgeblich.

4   Die Anwendung von § 6 Abs. 2, 3 kann im Einzelfall ergeben, dass für beide Rechte derselbe Tag für den Zeitrang maßgeblich ist. Für diesen Fall des **gleichen Zeitrangs** ordnet § 6 Abs. 4 Gleichrangigkeit der Rechte an.

5   Die **MRL** normiert den Vorrang älterer Marken nur für die Eintragung bzw. Ungültigkeit von Registermarken in Art. 5 Abs. 1 MRL. Die Definition älterer Marken in Art. 5 Abs. 2 MRL

wird durch § 6 umgesetzt. Da die Norm aber nicht nur im Zusammenhang mit den richtlinienumsetzenden §§ 9, 10, 12, 13 Anwendung findet, sondern darüber hinaus insbesondere auch für das Verletzungsverfahren und Kollisionen zwischen nicht eingetragenen Marken gilt, ist sie **einheitlich richtlinienkonform auszulegen** (vgl. BGH GRUR 2002, 1063 (1065) – Aspirin; GRUR 1999, 992 (995) – BIG PACK).

B. Anwendungsbereich (Abs. 1)

I. Zusammentreffen von Rechten iSd §§ 4, 5 und 13

Rechte iSd §§ 4, 5 und 13 sind die Rechte an Registermarken (§ 4 Nr. 1), Benutzungsmarken **6** (§ 4 Nr. 2), Notorietätsmarken (§ 4 Nr. 3), Unternehmenskennzeichen (§ 5 Abs. 1, 2) und Werktiteln (§ 5 Abs. 1, 3) sowie die sonstigen Rechte iSd § 13, also insbesondere Namensrechte, das Recht an der eigenen Abbildung, Urheberrechte, Sortenbezeichnungen, geographische Herkunftsangaben und sonstige gewerbliche Schutzrechte.

Ob ein **Zusammentreffen** solcher Rechte vorliegt, bestimmt sich nach der jeweiligen Kollisi- **7** onsnorm. Das sind im Löschungsverfahren die §§ 9–13, im Verletzungsprozess die §§ 14 und 15 und im Widerspruchsverfahren die §§ 9–12 (§ 42 Abs. 2). Die gemeinsame Nennung von §§ 4, 5 und 13 zeigt, dass es zwischen allen Kennzeichenarten zu Kollisionen kommen kann. Trotz der damit zum Ausdruck gebrachten **Gleichwertigkeit aller Kennzeichen** bemisst es sich nach den Voraussetzungen der jeweiligen Kollisionsnorm, ob ein Zusammentreffen von Kennzeichenrechten gegeben ist.

II. Bestimmung des Vorrangs nach dem Zeitrang

§ 6 gilt nur, sofern es für die Bestimmung des Vorrangs auf den Zeitrang der miteinander **8** kollidierenden Rechte ankommt. Ob das der Fall ist, ergibt sich aus der fraglichen Kollisionsnorm. Da dies freilich für §§ 9, 10, 12, 13 ausdrücklich vorgesehen ist und sich für §§ 11, 14, 15 im Wege der Auslegung ergibt, ist der Vorrang des älteren Rechts der **Grundsatz** des MarkenG; es wird vom Prioritätsprinzip beherrscht (BT-Drs. 12/6581, 68).

Ausnahmen ergeben sich bei Gleichnamigkeit (→ § 23 Rn. 15; zu den Besonderheiten bei **9** Domainnamen Gleichnamiger → § 15 Rn. 166), ferner im Fall der Verwirkung (§ 21), der Ausweitung des Schutzbereichs durch nachträglichen Erwerb der Bekanntheit (§ 22 Abs. 1 Nr. 1) oder durch Ausweitung des geographischen Schutzgebiets, infolge von Zwischenrechten (§ 22 Abs. 2 Nr. 2) und bei fehlender Verwechslungsgefahr (§ 22 Abs. 2 Nr. 3). Darüber hinaus hielt der Gesetzgeber es auch für möglich, dass eine Interessenabwägung im Einzelfall eine Abkehr vom Prioritätsgrundsatz erfordert (BT-Drs. 12/6581, 68). Das bedeutet jedoch nicht, dass in jedem Fall eine Interessenabwägung der Anwendung des Prioritätsgrundsatzes vorauszugehen hat, sondern es bedarf besonderer Umstände, aufgrund derer ausnahmsweise ein Abgehen von diesem Prinzip geboten ist (vgl. OLG Köln GRUR-RR 2002, 290 – T- is money; Fezer Rn. 24).

Eine Sonderregelung gilt für Marken, die nach §§ 1, 4 ErstrG im Zuge der **Wiedervereinigung** **10** auf das jeweils andere Gebiet erstreckt worden sind. Soweit sie mit anderen Kennzeichenrechten zusammentreffen, dürfen sie nach §§ 30, 31 ErstrG ungeachtet ihrer jeweiligen Priorität im Erstreckungsgebiet nur mit Zustimmung des Inhabers des anderen Zeichens benutzt werden; Ausnahmen vom Zustimmungserfordernis finden sich in § 30 Abs. 2 ErstrG (→ Einleitung Rn. 38; BGH GRUR 2003, 1047 (1048) – Kellogg's/Kelly's; v. Mühlendahl/Mühlens GRUR 1992, 725 (742 ff.); Süchting GRUR 1992, 481 (482 ff.)).

C. Zeitrang eingetragener Marken (Abs. 2)

I. Anmeldetag

Für **angemeldete oder eingetragene Marken** bestimmt sich der Zeitrang nach dem Anmel- **11** detag (§ 6 Abs. 2). Welcher Tag das ist, richtet sich nach § 33; er wird in das Register eingetragen (§ 25 Nr. 1 MarkenV). Der Tag der Eintragung spielt keine Rolle, so dass die Priorität der Registermarke vor dem Recht selbst entsteht (BPatG BeckRS 2018, 16863 Rn. 16 – White Smoke). Eine vor der Anmeldung bereits erfolgte Benutzung des Zeichens als Marke ist für die Priorität der Registermarke ohne Bedeutung; ist durch die Benutzung schon vor der Anmeldung Verkehrsgeltung erlangt worden, ist eine Benutzungsmarke entstanden (§ 4 Nr. 2), deren Zeitrang sich nach § 6 Abs. 3 bestimmt.

II. Prioritätstag

1. Inanspruchnahme ausländischer Priorität

12   Unter den Voraussetzungen des § 34 kann die Priorität einer früheren ausländischen Anmeldung in Anspruch genommen werden. Sofern dies geschehen ist, bestimmt sich der Zeitrang der eingetragenen Marke nicht nach ihrem Tag der inländischen Anmeldung, sondern nach dem **Tag der ausländischen Anmeldung** (§ 6 Abs. 2 Alt. 2).

13   Für **IR-Marken** kommen zwei Prioritätstage in Betracht. Wurde innerhalb der Sechsmonatsfrist des Art. 4 C Abs. 1 PVÜ, die gemäß Art. 4 Abs. 2 MMA bzw. Art. 4 Abs. 2 PMMA auch für IR-Marken gilt, die Priorität der Heimatanmeldung in Anspruch genommen, ist für die Priorität der **Tag der Anmeldung im Ursprungsland** maßgeblich (Art. 4 A Abs. 1 PVÜ, Art. 4 Abs. 2 MMA, Art. 4 Abs. 2 PMMA). Ist dies nicht geschehen, bestimmt sich der Prioritätstag gemäß Art. 4 Abs. 1 PMMA iVm §§ 112 nach dem **Tag der internationalen Registrierung,** der sich wiederum nach Art. 3 Abs. 4 PMMA richtet.

2. Inanspruchnahme einer Ausstellungspriorität

14   Nach § 35 kann unter den dort genannten Voraussetzungen eine Ausstellungspriorität in Anspruch genommen werden. Ist dies geschehen, dann ist für den Zeitrang der Tag der **erstmaligen Zurschaustellung** maßgeblich (§ 6 Abs. 2 Alt. 3).

3. Umwandlung einer Unionsmarke

15   Die Priorität einer Unionsmarke ist für die Priorität einer identischen nationalen Registermarke ohne Bedeutung. Wird allerdings eine Unionsmarke oder Anmeldung einer Unionsmarke gemäß Art. 139 Abs. 1 UMV, § 121 in eine nationale Marke bzw. Markenanmeldung umgewandelt, genießt sie nach Art. 139 Abs. 3 UMV, § 121 Abs. 2, 3 den **Anmelde- oder Prioritätstag der Unionsmarke** bzw. der Anmeldung der Unionsmarke sowie ggf. einen nach Art. 39, 40 UMV beanspruchten Zeitrang. Eine Ansprüche auslösende Verletzung der nationalen Marke kommt aber erst nach ihrer Eintragung in das Register in Betracht, da erst diese gemäß § 4 Abs. 1 zur Entstehung des Markenrechts führt (BGH GRUR 2016, 83 Rn. 27 – Amplidect/ampliteq; Eisenführ FS Mühlendahl, 2005, 341 (357); vgl. für Österreich auch OGH GRUR Int 2016, 574 (575); aA Hofmann MarkenR 2016, 23 (26 f.)).

III. Verschiebung des Zeitrangs

1. Eintragungsfähigkeit kraft Verkehrsdurchsetzung nach Anmeldung

16   Ist eine Marke zum Anmeldetag nicht eintragungsfähig, weil ihr ein **Eintragungshindernis nach § 8 Abs. 2 Nr. 1–3** entgegensteht und ist dieses Hindernis nach der Anmeldung durch Erreichung der Verkehrsdurchsetzung gemäß § 8 Abs. 3 überwunden worden, kommt es nach § 37 Abs. 2 zu einer Verschiebung des Zeitrangs auf den **Tag der Erlangung der Verkehrsdurchsetzung,** wenn der Anmelder sich damit einverstanden erklärt hat, dass dieser Tag als Anmeldetag gilt und für die Bestimmung des Zeitrangs nach § 6 Abs. 2 maßgeblich ist (→ § 37 Rn. 19 ff.). Erklärt der Anmelder sein Einverständnis nicht, wird die Anmeldung zurückgewiesen. War das Eintragungshindernis bereits zum Anmeldetag durch Verkehrsdurchsetzung überwunden, bleibt es bei der Regelung des § 6 Abs. 2. Für die Priorität der IR-Marke scheidet eine Verschiebung des Zeitrangs aus, weil § 37 Abs. 2 gemäß § 113 Abs. 1 S. 2 nicht anwendbar ist (vgl. BPatG BeckRS 2008, 26080).

2. Spätere Erlangung der Markenrechtsfähigkeit

17   Wenn dem Anmelder die nach § 7 zu bestimmende **Markenrechtsfähigkeit fehlt,** wird die Anmeldung vom Patentamt zurückgewiesen (§ 36 Abs. 5). Wird die Anmeldung jedoch auf eine markenrechtsfähige Person oder Personengesellschaft übertragen, kommt § 37 Abs. 2 analog zur Anwendung (BPatG GRUR 2005, 955 (956) – Courage; → § 36 Rn. 32.1). Gibt der jetzige Anmelder die Erklärung ab, dass er mit der Verschiebung des Zeitrangs einverstanden ist, so ist für den Zeitrang der **Tag des Eingangs des Umschreibungsantrags** maßgeblich.

3. Beseitigung von Anmeldemängeln

Bei Mängeln der Anmeldung iSd § 36 Abs. 1 setzt das Patentamt dem Anmelder zur Beseitigung **18** eine Frist. Kommt der Anmelder dem fristgerecht nach, verschiebt sich der Anmeldetag nach § 36 Abs. 2 S. 2 auf den **Tag der Beseitigung der festgestellten Mängel.**

D. Zeitrang anderer Rechte (Abs. 3)

I. Tag des Rechtserwerbs

Für Rechte iSd § 4 Nr. 2, 3 und der § 5 und § 13 bestimmt sich der Zeitrang gemäß § 6 **19** Abs. 3 nach dem Tag des Rechtserwerbs. Die **Benutzungsmarke** (§ 4 Nr. 2) entsteht mit dem Erreichen der Verkehrsgeltung (→ § 4 Rn. 105); die **Notorietätsmarke** mit der Erlangung der Notorietät (→ § 4 Rn. 156).

Bei **Unternehmenskennzeichen** (§ 5 Abs. 1, 2) ist zu differenzieren (→ § 5 Rn. 11). Unter- **20** nehmenskennzeichen mit Namensfunktion (Name, Firma, besondere Bezeichnung, § 5 Abs. 2 S. 1) entstehen, sofern sie über originäre Unterscheidungskraft verfügen, mit der Benutzungsaufnahme, ansonsten mit Erlangung der Verkehrsgeltung. Firmenbestandteile, die als Firmenschlagworte abgeleiteten Schutz genießen, nehmen den gleichen Zeitrang in Anspruch wie die vollständige Firma (→ § 5 Rn. 43). Sie haben aber einen eigenen, sich aus der Benutzungsaufnahme ergebenden Zeitrang, wenn sie schon vor der vollständigen Firma benutzt wurden und als besondere Bezeichnung geschützt sind (→ § 5 Rn. 43). Für Firmenbestandteile, die kein Firmenschlagwort darstellen sowie für aus der Firma gebildete, in ihr aber nicht enthaltene Abkürzungen oder Wortschöpfungen kommt es für den Zeitrang – sofern überhaupt Schutz als Unternehmenskennzeichen besteht (→ § 5 Rn. 33) – auf die Aufnahme der Benutzung in Alleinstellung an. Geschäftsabzeichen und andere zur Unterscheidung von Geschäftsbetrieben bestimmten Zeichen (§ 5 Abs. 2 S. 2) entstehen ebenfalls erst mit Erlangung der Verkehrsgeltung.

Bei **Werktiteln** (§ 5 Abs. 1, 3) hängt der Entstehungszeitpunkt ebenfalls davon ab, ob der Titel **21** originär unterscheidungskräftig ist (→ § 5 Rn. 160). Ist das der Fall, entsteht das Recht mit der Ingebrauchnahme des Titels, sonst mit Erlangung der Verkehrsgeltung. Zur Vorverlagerung der Priorität durch eine Titelschutzanzeige → Rn. 27.

Zur Entstehung der **Rechte iSd § 13** → § 13 Rn. 28 (Namensrecht), → § 13 Rn. 45 (Recht **22** am eigenen Bild), → § 13 Rn. 54 (Urheberrecht), → § 13 Rn. 55 (Sortenschutzrecht) und → § 13 Rn. 73 (Designrecht); zu geographischen Herkunftsbezeichnungen → § 126 Rn. 9; → § 130 Rn. 28.

Zum Fortbestand der Priorität bei nur **vorübergehender Unterbrechung** der Benutzung **23** von Unternehmenskennzeichen und Werktiteln → § 5 Rn. 144, → § 5 Rn. 257.

Abs. 3 gilt für alle Rechte iSd § 4 Nr. 2, 3 und der §§ 5 und 13. Soweit ein **Domainname 24** Schutz als Benutzungsmarke, Unternehmenskennzeichen, Werktitel oder Name genießt (→ § 15 Rn. 78), spielt der Zeitpunkt der Domainregistrierung für die Priorität keine Rolle. Abs. 2 ist nicht entsprechend anwendbar, da der Domaininhaber anders als der Anmelder einer Registermarke den Zeitpunkt der Domainregistrierung (iSd Eintragung) selbst bestimmen kann (vgl. OLG Köln GRUR 2015, 596 Rn. 32 – Kinderstube).

II. Verschiebung des Zeitrangs

1. Kennzeichen des Lizenznehmers

Wird ein **eigenes Kennzeichen im Inland nur aufgrund eines Lizenzvertrages genutzt,** **25** dann ist der Lizenznehmer im Verhältnis zum Lizenzgeber nach der Rechtsprechung so zu stellen, als ob sein Kennzeichen erst mit einer Priorität zum Ende des Lizenzverhältnisses entstanden wäre (BGH GRUR 2013, 1150 Rn. 46 – Baumann). Dahinter steht die Erwägung, dass der Lizenznehmer sich gegenüber dem Lizenzgeber auf während der Lizenzzeit erworbene Kennzeichenrechte nicht berufen kann (→ § 4 Rn. 124) und er deshalb im Verhältnis zum Lizenzgeber keine Rechte ableiten darf, die während der Lizenzzeit entstanden sind (BGH GRUR 2013, 1150 Rn. 46 – Baumann). Das gilt aber nur, wenn die Zeichennutzung vertraglich durch einen Gestattungs- oder Lizenzvertrag erlaubt war. Liegt hingegen eine einseitige, konkludente Gestattung vor, bleibt es beim nach § 6 Abs. 3 bestimmten Zeitrang (BGH GRUR 2013, 1150 Rn. 50 – Baumann).

2. Unternehmenskennzeichen

26   Bei Unternehmenskennzeichen ist durch das MarkenG die Schutzfähigkeit mit Blick auf die möglichen Zeichenformen im Vergleich zu § 16 UWG 1909 erheblich ausgedehnt worden; insbesondere sind nunmehr auch **nicht aussprechbare Buchstabenkombinationen** schutzfähig (→ § 5 Rn. 12). Soweit solche Zeichen schon vor dem 1.1.1995 benutzt wurden, aber erst an diesem Tage mit dem Inkrafttreten des MarkenG als Unternehmenskennzeichen Schutz erlangt haben (dh nicht vorher bereits kraft Verkehrsgeltung geschützt waren), ist für den Zeitrang auf den **1.1.1995** abzustellen (OLG Düsseldorf GRUR-RR 2001, 106 (108) – GVP; Ingerl/Rohnke/Nordemann/Nordemann-Schiffel § 5 Rn. 41; Ströbele/Hacker/Thiering/Hacker § 5 Rn. 19; aA Goldmann § 3 Rn. 20). Das ergibt sich aus dem Grundsatz der Einheit der Kennzeichenrechte. War dieser Tag vor dem Inkrafttreten des MarkenG nicht eintragungsfähigen Registermarken gemäß § 156 Abs. 1 aF für den Zeitrang maßgeblich, so hat dies auch für bis dahin nicht dem Schutz des § 16 UWG 1909 unterfallende Unternehmenskennzeichen zu gelten.

27   Bei einer nicht nur vorübergehenden **Aufgabe des Geschäftsbetriebs** erlischt das Unternehmenskennzeichen (→ § 5 Rn. 141). Wird die Benutzung des Unternehmenskennzeichens wieder aufgenommen, ist seine Priorität grundsätzlich nach § 6 Abs. 3 zu bestimmen, dh maßgeblich ist der Zeitpunkt der erneuten Benutzungsaufnahme. Beruht die Unterbrechung jedoch auf staatlichen Zwangsmaßnahmen oder der kriegs- und teilungsbedingten Unmöglichkeit der Fortführung des Geschäftsbetriebs am früheren Ort und ist das Unternehmenskennzeichen aufgrund seiner Geltung oder Berühmtheit im Verkehr in Erinnerung geblieben, sodass es dem wiederbelebten Unternehmen zugeordnet wird, dann ist für den Zeitrang des jetzt wieder benutzten Kennzeichens an die **ursprüngliche Priorität anzuknüpfen** (BGH GRUR 2002, 967 (969) – Hotel Adlon; GRUR 1997, 749 (753) – L'Orange).

3. Werktitel

28   Bei einem Werktitel, für den grundsätzlich die Ingebrauchnahme des Titels maßgeblich ist (→ Rn. 21), kann der Zeitrang durch eine **Titelschutzanzeige** vorverlagert werden. Voraussetzung dafür ist die öffentliche Ankündigung des Werks unter seinem Titel in branchenüblicher Weise und das Erscheinen des Werks in angemessener Frist nach der Titelschutzanzeige unter dem angekündigten Titel (ausführlich → § 5 Rn. 229 ff.).

E. Gleichrangigkeit bei gleichem Zeitrang (Abs. 4)

I. Gleicher Zeitrang

29   Rechte, denen nach § 6 Abs. 2, 3 der gleiche Zeitrang zukommt, sind gleichrangig. Gleicher Zeitrang besteht, wenn für beide Rechte der **gleiche Tag** (Anmelde- oder Prioritätstag oder Tag des Rechtserwerbs) maßgebend ist. Eine Differenzierung nach der Uhrzeit findet nicht statt (BT-Drs. 12/6581, 68). Praktischer Hauptanwendungsfall sind unter der Geltung des WZG angemeldete, aber erst mit dem Inkrafttreten des MarkenG schutzfähig gewordene Registermarken, da sie nach dem mittlerweile aufgehobenen § 156 Abs. 1 alle den 1.1.1995 als Anmeldetag haben. Das gleiche gilt für unter der Geltung des § 16 UWG 1909 schutzunfähige Unternehmenskennzeichen, die vor dem Inkrafttreten des MarkenG benutzt wurden; für sie ist der 1.1.1995 der maßgebliche Tag des Rechtserwerbs (→ Rn. 25).

II. Bestand der Rechte

30   § 6 Abs. 4 setzt voraus, dass die Rechte mit gleichem Zeitrang **tatsächlich bestehen** (BGH GRUR 2000, 888 (889) – MAG-LITE; Fezer Rn. 25). Das kann bei Registermarken problematisch werden, da hier schon vor der Eintragung durch die Anmeldung Priorität begründet wird. Solange aber die Eintragung nicht erfolgt und dadurch das Markenrecht entstanden ist, tritt der von § 6 Abs. 4 vorgesehene Gleichrang nicht ein. Trotz gleichen Zeitrangs ist in dieser Konstellation die noch nicht eingetragene Registermarke als prioritätsjünger zu werten.

III. Gleichrangigkeit der Rechte

31   Rechtsfolge des gleichen Zeitrangs ist, dass die Rechte gleichrangig sind und gegeneinander keine Ansprüche begründen. Diese **Koexistenzlage** beider Rechte wirkt im Widerspruchs-, Löschungs- und Verletzungsverfahren, freilich nur zwischen den Rechtsinhabern. Dritten gegenüber wird die Rechtsposition durch die Koexistenz nicht eingeschränkt.

Abschnitt 2. Voraussetzungen für den Schutz von Marken durch Eintragung

§ 7 Inhaberschaft

Inhaber von eingetragenen und angemeldeten Marken können sein:
1. **natürliche Personen,**
2. **juristische Personen oder**
3. **Personengesellschaften, sofern sie mit der Fähigkeit ausgestattet sind, Rechte zu erwerben und Verbindlichkeiten einzugehen.**

Überblick

§ 7 regelt die Markenrechtsfähigkeit. Das ist die Fähigkeit, Inhaber einer Registermarke zu sein (→ Rn. 1). Die Regelung gilt analog für Benutzungs- und Notorietätsmarken sowie geschäftliche Bezeichnungen (→ Rn. 5). Markenrechtsfähigkeit kommt natürlichen (→ Rn. 8) und juristischen Personen (→ Rn. 9) sowie rechtsfähigen Personengesellschaften (→ Rn. 16) zu. Das gilt auch für ausländische Markeninhaber (→ Rn. 26). Nicht hier geregelt ist hingegen, wer Inhaber einer Marke ist.

Übersicht

A. Regelungsgehalt

I. Markenrechtsfähigkeit

§ 7 regelt die **Fähigkeit, Inhaber einer eingetragenen und angemeldeten Marke sein zu** **1** **können.** Die Markenrechtsfähigkeit ist Voraussetzung für den Erwerb der in der Marke liegenden ausschließlichen Rechtsposition. Eine trotz fehlender Markenrechtsfähigkeit eingetragene Marke unterliegt nach § 50 Abs. 1 der Löschung, sofern die Markenrechtsfähigkeit auch im Zeitpunkt der Entscheidung über den Löschungsantrag noch fehlt (§ 50 Abs. 2 S. 1). Der Wegfall der Markenrechtsfähigkeit nach Registereintragung ist nach § 49 Abs. 2 ein Verfallsgrund. § 7 regelt trotz der Paragraphenüberschrift nicht, wer Inhaber einer konkreten Marke ist, sondern bestimmt nur die **Fähigkeit zur Inhaberschaft.** Die tatsächliche Inhaberschaft ergibt sich aus den materiell-rechtlichen Vorschriften.

Markenrechtsfähig sind natürliche und juristische Personen sowie rechtsfähige Personengesell- **2** schaften. Es muss eine Zuordnung zu einer der drei Kategorien möglich sein. Ist das nicht der Fall, kann die Person nicht Markeninhaber werden (zB Einzel-Patentanwaltskanzlei, BPatG GRUR-RS 2022, 21533 Rn. 24). Die Regelung knüpft allein an die **Rechtsfähigkeit** an. Ein **Geschäfts-** **betrieb,** wie er unter der Geltung des WZG für die Inhaberschaft noch notwendig war, ist nicht erforderlich (BT-Drs. 12/6581, 69). Auch wenn diesem Verzicht keine Rückwirkung beikommt (vgl. zu § 47 EStrG, mit dem noch unter der Geltung des WZG an mehreren Stellen auf das Erfordernis eines Geschäftsbetriebs verzichtet wurde, BGH GRUR 1998, 699 (701) mwN – SAM), unterliegen Marken, die nach altem Recht trotz fehlenden Geschäftsbetriebs eingetragen wurden, nach § 50 Abs. 2 S. 1 nicht der Löschung, weil das Schutzhindernis unter der Geltung des MarkenG nicht mehr besteht (Ströbele/Hacker/Thiering/Miosga Rn. 2).

Die **MRL** enthält keine Regelung zur Markenrechtsfähigkeit. Für Unionsmarken gilt Art. 5 **3** UMV.

II. Anwendungsbereich

4   § 7 gilt seinem Wortlaut nach nur für **eingetragene und angemeldete Marken,** nicht jedoch für Benutzungsmarken und Notorietätsmarken. Das war eine bewusste Entscheidung (BT-Drs. 12/6581, 66). Die Beschränkung auf Registermarken beruht allerdings auf einem Missverständnis des Gesetzgebers, der gemeint hat, auf eine Regelung der Markenrechtsfähigkeit für Benutzungs- bzw. Notorietätsmarke verzichten zu können, weil diese Marke demjenigen zustehe, der die Verkehrsgeltung bzw. notorische Bekanntheit erworben habe (BT-Drs. 12/6581, 66). Tatsächlich jedoch ergibt sich hieraus nur der materiell-rechtliche Erwerb des Rechts, nicht jedoch die Fähigkeit dazu.

5   Auf **Benutzungs- und Notorietätsmarken** ist § 7 analog anzuwenden (Fezer Rn. 11; Ingerl/ Rohnke/Nordemann/Boddien Rn. 5). Bei den Registermarken knüpft die Markenrechtsfähigkeit richtigerweise an die allgemeine Rechtsfähigkeit an, weil die Marke ein Ausschließlichkeitsrecht ist, das schon nach allgemeinen Grundsätzen nur einem rechtsfähigen Rechtssubjekt zustehen kann. Da das MarkenG im Hinblick auf die Rechtsposition nicht zwischen den verschiedenen Markenformen unterscheidet (vgl. § 14 Abs. 1), kann für die Benutzungs- und Notorietätsmarke nichts anders gelten.

6   Für **geschäftliche Bezeichnungen** iSd § 5 ist § 7 ebenfalls analog anzuwenden, weil auch sie ein Ausschließlichkeitsrecht darstellen (Fezer Rn. 13; Ingerl/Rohnke/Nordemann/Boddien Rn. 5).

7   Werden **geographische Herkunftsbezeichnungen** als Individualrechte eingeordnet (→ § 126 Rn. 10 ff.), ist § 7 analog anzuwenden. Für **Kollektivmarken** ist die Markenrechtsfähigkeit in § 98 eigenständig geregelt; § 7 gilt insoweit nicht.

B. Markenrechtsfähige Rechtssubjekte

I. Natürliche Personen (Nr. 1)

8   Natürliche Personen erlangen die Markenrechtsfähigkeit mit dem **Eintritt der Rechtsfähigkeit** durch Vollendung der Geburt (§ 1 BGB). Sie endet mit dem Tod. Die **Geschäftsfähigkeit** ist nicht Voraussetzung der Markenrechtsfähigkeit; auch ein Geschäftsunfähiger oder beschränkt Geschäftsfähiger kann Inhaber einer Marke sein. Auf § 7 Nr. 1 kann sich aber nur stützen, wer die Marke als natürliche Person anmeldet.

8.1   Die **Anmeldung der Registermarke** durch einen **Geschäftsunfähigen** ist als Willenserklärung jedoch nach § 105 Abs. 1 BGB nichtig und der beschränkt Geschäftsfähige bedarf hierzu gemäß § 107 BGB der Einwilligung des gesetzlichen Vertreters, da es sich schon wegen der mit der Anmeldung ausgelösten Gebührenpflicht (§ 64a; § 3 Abs. 1 PatKostG) nicht um ein lediglich rechtlich vorteilhaftes Geschäft handelt. Für den rechtsgeschäftlichen Erwerb einer Marke ist die Wirksamkeit der Willenserklärung nicht voll Geschäftsfähiger nach allgemeinen Regeln zu bestimmen (§§ 104 ff. BGB), wobei zwischen Verpflichtungs- und Verfügungsgeschäft zu trennen ist (→ § 27 Rn. 15).

II. Juristische Personen (Nr. 2)

1. Juristische Personen des Privatrechts

9   Markenrechtsfähige juristische Personen des Privatrechts sind eingetragene nicht wirtschaftliche **Vereine** (§ 21 BGB), wirtschaftliche Vereine mit Rechtsfähigkeit kraft Verleihung (§ 22 BGB), rechtsfähige **Stiftungen** (§ 80 BGB), **Aktiengesellschaften** (§ 1 Abs. 1 AktG), **Kommanditgesellschaften auf Aktien** (§ 278 Abs. 1 AktG); **Gesellschaften mit beschränkter Haftung** (§ 13 Abs. 1 GmbHG), eingetragene **Genossenschaften** (§ 17 Abs. 1 GenG), **Europäische Gesellschaften** (Societas Europaea, SE, Art. 1 Abs. 3 VO (EG) Nr. 2157/2001), **Europäische Genossenschaften** (SCE, Art. 1 Abs. 5 VO (EG) 1435/2003) sowie **Versicherungsvereine auf Gegenseitigkeit** (§ 15 VAG). Die Entstehung der Markenrechtsfähigkeit richtet sich nach den für diese Gesellschaftsformen jeweils geltenden Vorschriften zur Erlangung der Rechtsfähigkeit.

10   **Vorgesellschaften** von juristischen Personen, die bereits mit dem Abschluss des Gesellschaftsvertrages entstehen (zB Vor-GmbH, Vor-AG), sind Personenvereinigungen eigener Art; auf sie finden die Vorschriften der juristischen Person Anwendung, soweit diese nicht die Rechtsfähigkeit voraussetzen. Da sie noch nicht juristische Person sind, ist § 7 Nr. 2 unanwendbar. Die Markenrechtsfähigkeit folgt jedoch aus § 7 Nr. 3, da sie rechtlich schon so weit verselbständigt sind, dass sie bereits über die Fähigkeit verfügen, Rechte zu erwerben und Verbindlichkeiten einzugehen (vgl. zum Namens- und Firmenrecht BGH GRUR 1993, 404 – Columbus; zur Markenrechtsfähigkeit Ingerl/Rohnke/Nordemann/Boddien Rn. 10; Fezer Rn. 62; HK-MarkenR/Fuchs-Wissemann Rn. 2; B. Schmidt GRUR 2001, 653 (654)).

Vorgründungsgesellschaften, die durch die gemeinsame Verpflichtung zum Abschluss eines **11** Gesellschaftsvertrags entstehen, sind als Außen-GbR oder handelsrechtliche Personengesellschaft ebenfalls nach § 7 Nr. 3 markenrechtsfähig (Fezer Rn. 65).

Das **Ende der Markenrechtsfähigkeit** ergibt sich aus den für die jeweilige juristische Person **12** geltenden Regelungen zu deren Beendigung.

Bei der **GmbH** führt die Auflösung der Gesellschaft nicht zu deren Beendigung; sie besteht als Liquidati- **12.1** onsgesellschaft fort (vgl. § 69 Abs. 1 GmbHG) und ist daher weiterhin markenrechtsfähig (BPatG BeckRS 2016, 11419 – e-cademy; BPatGE 41, 160 (162) – ETHOCYN/Entoxin; BPatG BeckRS 2009, 15257 – Tati/Taki); das Gleiche gilt für eine Vor-GmbH, deren Gründer die Eintragungsabsicht aufgegeben haben (vgl. BGH NJW 2008, 2441 Rn. 6). Auch die Löschung der GmbH im Handelsregister führt nur dann zur Vollbeendigung und dem Verlust der Markenrechtsfähigkeit, wenn die Liquidation abgeschlossen, dh kein verteilbares Vermögen mehr vorhanden ist (Noack/Servatius/Haas/Haas GmbHG § 60 Rn. 7; BeckOK GmbHG/Lorscheider GmbHG § 60 Rn. 19a). Dem ist in der Regel nicht so, wenn die Gesellschaft noch Inhaberin einer Marke ist; sie besteht dann trotz Löschung im Handelsregister fort und bleibt weiter markenrechtsfähig. Für das registerrechtliche Löschungsverfahren nach § 53 aF wurde angenommen, dass die GmbH nicht nur partei- sondern auch prozessfähig ist (BPatG BeckRS 2013, 11968 – Zamek; BeckRS 2009, 15460 – DR. JAZZ; BeckRS 2007, 07647 – SILIFLOOR). Für das nunmehr kontradiktorisch ausgestaltete patentamtliche Verfalls- und Nichtigkeitsverfahren sowie für das Widerspruchsverfahren fehlt es der gelöschten GmbH mangels gesetzlichem Vertreter jedoch an der Prozessfähigkeit (BPatG GRUR-RS 2021, 7314 Rn. 18 – REMA soft). War die GmbH bei Markenanmeldung bereits gelöscht und gab es auch kein anschließendes Liquidationsverfahren, fehlt es an der Markenrechtsfähigkeit (BPatG BeckRS 2016, 123543 – BARTON).

Allgemein gilt, dass derjenige, dessen **Markenrechtsfähigkeit** in einem Verfahren **bestritten** **13** wird, als rechts- und parteifähig zu behandeln ist (BGH GRUR 2012, 315 Rn. 14 – akustilon).

2. Juristische Personen des öffentlichen Rechts

Markenrechtsfähige juristische Personen des öffentlichen Rechts sind **Körperschaften** **14** (Gebietskörperschaften wie Bund, Länder, Kreise und Gemeinden sowie Personal- und Realkörperschaften wie Gemeindeverbände, IHK, Handwerkskammern und je nach rechtlicher Ausgestaltung auch Universitäten), **Anstalten** (zB Rundfunkanstalten) und **Stiftungen** des öffentlichen Rechts. Entstehung und Beendigung der Markenrechtsfähigkeit richten sich nach den entsprechenden öffentlich-rechtlichen Vorschriften.

Das BPatG erachtet darüber hinaus auch **teilrechtsfähige Verwaltungseinheiten** des öffentli- **15** chen Rechts als markenfähig, sofern sie zur eigenverantwortlichen Wahrnehmung bestimmter Verwaltungsaufgaben berufen und insoweit mit eigenen Rechten und Pflichten ausgestattet sind und der Zweck der Verleihung der Teilrechtsfähigkeit nicht dem Erwerb eines Markenrechts widerspricht; als Beispiele werden Fakultäten, Schulen, Landkreistage, Städtetage oder in der Form teilrechtsfähiger Verwaltungseinheiten geführte Stadtwerke genannt (BPatG BeckRS 2009, 29872 – Stadtwerke Dachau; Hoffmann/Albrecht NVwZ 2013, 896 (897); grundlegend Fezer Rn. 30).

III. Personengesellschaften (Nr. 3)

1. Rechtsfähige Personengesellschaften

Personengesellschaften sind nur markenrechtsfähig, wenn sie mit der Fähigkeit ausgestattet sind, **16** Rechte zu erwerben und Verbindlichkeiten einzugehen. Markenrechtsfähig sind die handelsrechtlichen Personengesellschaften, also die **offene Handelsgesellschaft** (§ 124 Abs. 1 HGB) und die **Kommanditgesellschaft** (§ 161 Abs. 2 HGB, § 124 Abs. 1 HGB); außerdem die **Partnerschaftsgesellschaft** (§ 7 Abs. 2 PartGG, § 124 Abs. 1 HGB) und die **Europäische wirtschaftliche Interessenvereinigung** (EWIV, Art. 1 Abs. 2 VO (EWG) 2137/85 iVm § 1 EWIVAG, § 124 Abs. 1 HGB). Hierher gehören außerdem die **Vorgesellschaften** wie die Vor-GmbH oder der Vor-Verein (BPatG BeckRS 2017, 152577 Rn. 51 – Lit. Eifel; Fezer Rn. 62) sowie Vorgründungsgesellschaften, soweit sie oHG sind (Fezer Rn. 65). Zur Wohnungseigentümergemeinschaft → Rn. 16.1.

16.1   Die **Wohnungseigentümergemeinschaft** ist nach § 10 Abs. 6 S. 1 WEG zwar rechtsfähig, stellt aber weder eine juristische Person noch eine Personengesellschaft dar, sondern ist ein rechtsfähiger Verband sui generis (BGH NJW 2015, 3228 Rn. 32 mwN). Da § 7 ausschließlich an die Rechtsfähigkeit anknüpft (→ Rn. 2), erscheint eine analoge Anwendung geboten.

17   Die **Gesellschaft bürgerlichen Rechts** gehört nach dem Willen des Gesetzgebers nicht zu den markenrechtsfähigen Personengesellschaften (BT-Drs. 12/6581, 69; BGH GRUR 2000, 1028 (1030) – Ballermann). Dieser Standpunkt ist durch die zwischenzeitliche Rechtsentwicklung überholt, soweit es um die **Außen-GbR** geht, da diese nunmehr von der Rechtsprechung als rechtsfähig (BGH NJW 2001, 1056) und darauf aufbauend auch als markenrechtsfähig erachtet wird (BPatG BeckRS 2019, 22743 Rn. 21 – sd&m; BeckRS 2017, 152577 Rn. 55 – Lit. Eifel; BeckRS 2014, 15513 – REXO; GRUR 2004, 1030 (1031 f.) – Markenregisterfähigkeit einer GbR). Hierzu gehört auch die Vorgründungsgesellschaft, die auf die Errichtung eines rechtsfähigen Vereins gerichtet ist (BPatG BeckRS 2017, 152577 Rn. 55 – Lit. Eifel).

17.1   Die **Eintragung der Marke** erfolgt für die GbR, nicht für die Gesellschafter. Bei der **Anmeldung** ist zusätzlich zum Namen der Gesellschaft Name und Anschrift mindestens eines vertretungsberechtigten Gesellschafters anzugeben (§ 5 Abs. 2 Nr. 2 S. 3 MarkenV); diese Angaben werden auch in das Register eingetragen (§ 25 Nr. 15 MarkenV). Soweit vor der Änderung der Rechtslage nur die Gesellschafter einer GbR als Markeninhaber eingetragen wurden, ist nunmehr die GbR selbst Inhaberin der Marke (BPatG GRUR 2008, 448 (449 f.) – Pit Bull).

18   Nach wie vor ist aber die nicht nach außen auftretende **Innen-GbR** nicht markenrechtsfähig. Das gleiche gilt für die **stille Gesellschaft,** da bei ihr nur der Inhaber des Handelsgeschäfts berechtigt und verpflichtet wird (§ 230 Abs. 2 HGB). Dessen Markenrechtsfähigkeit richtet sich nach § 7 Nr. 1–3.

19   Die **Markenrechtsfähigkeit endet** erst mit der vollständigen Beendigung der Personengesellschaft. Wie bei den Kapitalgesellschaften (→ Rn. 12) führt die Auflösung nur zur Umwandlung in eine Liquidationsgesellschaft (vgl. Hopt/Hopt HGB § 131 Rn. 2; BeckOK BGB/Schöne BGB § 730 Rn. 3). Die Markenrechtsfähigkeit bleibt dabei erhalten.

19.1   Die **Löschung** der handelsrechtlichen Personengesellschaften aus dem **Handelsregister** führt gleichfalls nur dann zur Vollbeendigung, wenn kein verteilbares Vermögen mehr vorhanden ist (Hopt/Roth HGB § 157 Rn. 3).

20   Solange aber der Personengesellschaft **noch eine Marke zusteht** (diese also nicht etwa infolge Verzichts gelöscht oder auf einen anderen übertragen wurde), hat sie verteilbares Vermögen; sie bleibt bestehen und verliert auch ihre Markenrechtsfähigkeit nicht (BPatG GRUR 2011, 362 (363) – akustilon).

2. Nicht rechtsfähige Zusammenschlüsse

21   **Nicht rechtsfähige Vereine** können markenrechtsfähig sein. Auf sie finden nach § 54 S. 1 BGB die Vorschriften über die Gesellschaft bürgerlichen Rechts Anwendung. Da diese aber, soweit sie Außen-GbR ist, markenrechtsfähig ist (→ Rn. 17), muss das auch für den nach außen auftretenden nicht rechtsfähigen Verein gelten (Fezer Rn. 68; Ströbele/Hacker/Thiering/Miosga Rn. 7; Büscher/Dittmer/Schiwy/Schalk Rn. 4; vgl. auch BPatG GRUR 2005, 955 (956) – Courage: bedenkenswert zumindest für nicht eingetragene Vereine, die wie Gewerkschaften über eine feste organisatorische Struktur verfügen; aA Ingerl/Rohnke Rn. 13). Für die Parteifähigkeit hat auch der BGH diese Konsequenz bereits anerkannt (BGH NJW 2008, 69 Rn. 55).

22   Die **Erbengemeinschaft** ist nach hM ungeachtet der Rechtsentwicklung bei der GbR nicht rechtsfähig (BGH NJW 2006, 3715 Rn. 7; NJW-RR 2004, 1006; NJW 2002, 3389 (3390)). Da § 7 Nr. 3 jedoch klar auf die Rechtsfähigkeit abstellt, fehlt es ihr auch an der Markenrechtsfähigkeit (Ingerl/Rohnke/Nordemann/Boddien Rn. 16; aA Fezer Rn. 70).

23   Melden mehrere eine Marke zur Eintragung an, ohne dass zwischen ihnen eine Gesellschaft bürgerlichen Rechts besteht, liegt eine **Bruchteilsgemeinschaft** vor (BGH GRUR 2014, 1024 Rn. 9 – VIVA FRISEURE/VIVA; BPatG GRUR 2004, 685 (688) – LOTTO; Haedicke GRUR 2007, 23; zu den Nutzungsbefugnissen der Inhaber auch Lorenz WRP 2013, 31 ff.). Diese ist jedoch nicht selbst markenrechtsfähig; auch wenn die Marke den Anmeldern gemeinschaftlich zusteht, sind doch nur diese selbst Markeninhaber und es kommt auf ihre Markenrechtsfähigkeit an (vgl. BPatG GRUR 2004, 685 (688) – LOTTO; Ingerl/Rohnke/Nordemann/Boddien Rn. 16; einschränkend Fezer Rn. 71).

C. Mehrheit von Markeninhabern

§ 7 kann nicht entnommen werden, dass nur eine einzelne natürliche oder juristische Person 24
bzw. rechtsfähige Personengesellschaft Inhaber einer Marke sein kann. Vielmehr ist es ohne weiteres möglich, dass eine Marke **mehrere Inhaber** hat, die nicht Rechtssubjekte gleicher Art (zB gemeinsame Inhaberschaft von natürlicher Person und GmbH) sein müssen (BPatG GRUR 2004, 685 (688) – LOTTO). In solchen Fällen ist die Markenrechtsfähigkeit für jeden Inhaber getrennt zu ermitteln.

Wird eine Marke von mehreren angemeldet, so ist diese **Anmeldermehrheit** vorbehaltlich 25
anderweitiger vertraglicher Bestimmung Bruchteilsgemeinschaft iSd § 741 BGB (→ Rn. 23). In der Anmeldung sind Name sowie Anschrift bzw. Sitz jedes Anmelders anzugeben (§ 5 Abs. 3 MarkenV).

D. Ausländische Markeninhaber

§ 7 gilt auch für ausländische Markeninhaber. Ob die Anforderungen der Norm erfüllt werden, 26
richtet sich nach dem anwendbaren Recht, das wiederum unter Anwendung des deutschen IPR zu ermitteln ist. Die **Rechtsfähigkeit einer natürlichen Person** unterliegt dem Recht des Staates, dem sie angehört (Art. 7 Abs. 1 S. 1 EGBGB). Für **ausländische Gesellschaften** ist auf das gesetzlich nicht geregelte **Gesellschaftsstatut** abzustellen. Keine Rolle spielt mehr das unter § 35 WZG noch geltende Prinzip der Gegenseitigkeit, da es nicht in das MarkenG übernommen wurde.

§ 8 Absolute Schutzhindernisse

(1) Von der Eintragung sind als Marke schutzfähige Zeichen im Sinne des § 3 ausgeschlossen, die nicht geeignet sind, in dem Register so dargestellt zu werden, dass die zuständigen Behörden und das Publikum den Gegenstand des Schutzes klar und eindeutig bestimmen können.

(2) Von der Eintragung ausgeschlossen sind Marken
1. denen für die Waren oder Dienstleistungen jegliche Unterscheidungskraft fehlt,
2. die ausschließlich aus Zeichen oder Angaben bestehen, die im Verkehr zur Bezeichnung der Art, der Beschaffenheit, der Menge, der Bestimmung, des Wertes, der geographischen Herkunft, der Zeit der Herstellung der Waren oder der Erbringung der Dienstleistungen oder zur Bezeichnung sonstiger Merkmale der Waren oder Dienstleistungen dienen können,
3. die ausschließlich aus Zeichen oder Angaben bestehen, die im allgemeinen Sprachgebrauch oder in den redlichen und ständigen Verkehrsgepflogenheiten zur Bezeichnung der Waren oder Dienstleistungen üblich geworden sind,
4. die geeignet sind, das Publikum insbesondere über die Art, die Beschaffenheit oder die geographische Herkunft der Waren oder Dienstleistungen zu täuschen,
5. die gegen die öffentliche Ordnung oder die gegen die guten Sitten verstoßen,
6. die Staatswappen, Staatsflaggen oder andere staatliche Hoheitszeichen oder Wappen eines inländischen Ortes oder eines inländischen Gemeinde- oder weiteren Kommunalverbandes enthalten,
7. die amtliche Prüf- oder Gewährzeichen enthalten,
8. die Wappen, Flaggen oder andere Kennzeichen, Siegel oder Bezeichnungen internationaler zwischenstaatlicher Organisationen enthalten,
9. die nach deutschem Recht, nach Rechtsvorschriften der Europäischen Union oder nach internationalen Übereinkünften, denen die Europäische Union oder die Bundesrepublik Deutschland angehört, und die Ursprungsbezeichnungen und geografische Angaben schützen, von der Eintragung ausgeschlossen sind,
10. die nach Rechtsvorschriften der Europäischen Union oder von internationalen Übereinkünften, denen die Europäische Union angehört, und die dem Schutz von traditionellen Bezeichnungen für Weine dienen, von der Eintragung ausgeschlossen sind,
11. die nach Rechtsvorschriften der Europäischen Union oder nach internationalen Übereinkünften, denen die Europäische Union angehört, und die dem Schutz von traditionellen Spezialitäten dienen, von der Eintragung ausgeschlossen sind,

12. die aus einer im Einklang mit deutschem Recht, mit den Rechtsvorschriften der Europäischen Union oder mit internationalen Übereinkünften, denen die Europäische Union oder die Bundesrepublik Deutschland angehört, zu Sortenschutzrechten eingetragenen früheren Sortenbezeichnung bestehen oder diese in ihren wesentlichen Elementen wiedergeben und die sich auf Pflanzensorten derselben Art oder eng verwandter Arten beziehen,

13. deren Benutzung ersichtlich nach sonstigen Vorschriften im öffentlichen Interesse untersagt werden kann, oder

14. die bösgläubig angemeldet worden sind.

(3) Absatz 2 Nr. 1, 2 und 3 findet keine Anwendung, wenn die Marke sich vor dem Zeitpunkt der Entscheidung über die Eintragung infolge ihrer Benutzung für die Waren oder Dienstleistungen, für die sie angemeldet worden ist, in den beteiligten Verkehrskreisen durchgesetzt hat.

(4) ¹Absatz 2 Nr. 6, 7 und 8 ist auch anzuwenden, wenn die Marke die Nachahmung eines dort aufgeführten Zeichens enthält. ²Absatz 2 Nr. 6, 7 und 8 ist nicht anzuwenden, wenn der Anmelder befugt ist, in der Marke eines der dort aufgeführten Zeichen zu führen, selbst wenn es mit einem anderen der dort aufgeführten Zeichen verwechselt werden kann. ³Absatz 2 Nr. 7 ist ferner nicht anzuwenden, wenn die Waren oder Dienstleistungen, für die die Marke angemeldet worden ist, mit denen, für die das Prüf- oder Gewährzeichen eingeführt ist, weder identisch noch diesen ähnlich sind. ⁴Absatz 2 Nr. 8 ist ferner nicht anzuwenden, wenn die angemeldete Marke nicht geeignet ist, beim Publikum den unzutreffenden Eindruck einer Verbindung mit der internationalen zwischenstaatlichen Organisation hervorzurufen.

Überblick

§ 8 erfasst – ebenso wie Art. 7 UMV – die Gründe, die der Eintragung einer Marke im öffentlichen Interesse entgegenstehen. Den Inhalt von § 8 gibt Art. 3 MRL 2008 (jetzt Art. 4 MRL) vor. Der Wortlaut der Vorschrift orientiert sich weitgehend am internationalen Recht (insbesondere Art. 6^{quinquies} Abschn. B PVÜ; → § 8 Rn. 9).

Die absoluten Schutzhindernisse unterliegen der Amtsprüfung (§ 59). Diese Prüfung ist dem DPMA und BPatG vorbehalten; die Eintragung bindet im deutschen Recht die Zivilgerichte (→ § 8 Rn. 91). Zum Umfang und Inhalt der Prüfung → § 8 Rn. 19 ff.

Die für die Praxis bedeutsamsten Eintragungshindernisse finden sich in § 8 Abs. 2 Nr. 1–3, die Art. 7 Abs. 1 lit. b–d UMV entsprechen. Dabei ist jeweils auf den Zeitpunkt der Anmeldung abzustellen (→ § 8 Rn. 55). Marken können nicht eingetragen werden, wenn ihnen jede Unterscheidungskraft fehlt (→ § 8 Rn. 96 ff.) oder wenn sie für die Waren oder Dienstleistungen, für die die Eintragung erfolgen soll, beschreibend sein können (→ § 8 Rn. 161 ff.) oder wenn sie üblich geworden sind (→ § 8 Rn. 532 ff.). Marken, die aufgrund dieser Hindernisse vom Schutz ausgeschlossen sind, können jedoch eingetragen werden, wenn sie sich durch Benutzung im geschäftlichen Verkehr durchgesetzt bzw. Unterscheidungskraft erworben haben (→ § 8 Rn. 1096 ff.) sowie zum Teil als Kollektivmarke (§§ 97 ff.; → § 8 Rn. 310 ff.; → § 8 Rn. 539).

Von der Eintragung ausgeschlossen sind ferner markenfähige Zeichen iSv § 3, die nicht den gesetzlichen Anforderungen an ihre Darstellbarkeit im Register genügen (→ § 8 Rn. 19 ff.), täuschende (→ § 8 Rn. 580 ff.) oder sittenwidrige Zeichen (→ § 8 Rn. 704 ff.), Hoheitszeichen (→ § 8 Rn. 811 ff.), Prüf und Gewährzeichen (→ § 8 Rn. 841 ff.) sowie Kennzeichen zwischenstaatlicher Organisationen (→ § 8 Rn. 853 ff.). Zurückzuweisen sind ferner Zeichen, die nach deutschem, Unions- oder internationalem Recht zum Schutz von geografischen Herkunftsangaben und Ursprungsbezeichnungen (→ § 8 Rn. 872), traditionellen Weinbezeichnungen (→ § 8 Rn. 912), garantiert traditionellen Spezialitäten (→ § 8 Rn. 915) sowie Sortenbezeichnungen (→ § 8 Rn. 919 ff.) von der Eintragung auszuschließen sind. Auch gesetzwidrige (→ § 8 Rn. 923) oder bösgläubig angemeldete Marken (→ § 8 Rn. 957) sind von Amts wegen zurückzuweisen. Eine Überwindung dieser Eintragungshindernisse durch Verkehrsdurchsetzung bzw. Erwerb von Unterscheidungskraft ist nicht möglich; eine spätere Löschung der den genannten Schutzhindernissen zuwider eingetragenen Marken ist jedoch unter Umständen ausgeschlossen (→ § 8 Rn. 16).

Trotz des Bestehens von Eintragungshindernissen nach Abs. 2 Nr. 1–3 kann ein Zeichen Schutz als eingetragene Marke erwerben, wenn es sich auf dem Markt als Kennzeichen für den Markenanmelder durchgesetzt hat (→ § 8 Rn. 79; → § 8 Rn. 1096) und es dem Anmelder gelingt, den Nachweis der Verkehrsdurchsetzung im Anmeldeverfahren zu führen (→ § 8 Rn. 1132).

Die MRL hat den Katalog zwingender absoluter Schutzhindernisse erweitert und führt damit zu einer stärkeren Angleichung nationaler Rechtsordnungen an die UMV (→ § 8 Rn. 3).

Übersicht

A. Grundsätzliches

I. Nationales und europäisches Recht

1. Zwingende und optionale Umsetzung der MRL; Verhältnis zur UMV

Die in § 8 Abs. 1 sowie Abs. 2 Nr. 1–5 enthaltenen Schutzhindernisse entsprechen den Bestimmungen von Art. 4 Abs. 1 lit. a–d, f und g RL (EU) 2015/2436 (= MRL; ebenso schon früher: Art. 3 Abs. 1 lit. a–d, f und g RL 2008/95/EG = MRL 2008) und dienen damit wie bereits zuvor der **Umsetzung zwingenden Unionsrechts.** Dem international gemäß Art. 6ter PVÜ und europarechtlich gemäß Art. 4 Abs. 1 lit. h MRL (früher: Art. 3 Abs. 1 lit. h MRL 2008) zwingenden Schutz der Hoheits- und Prüfzeichen fremder Staaten sowie der Zeichen zwischenstaatlicher Organisationen wird in § 8 Abs. 2 Nr. 6–8 (→ § 8 Rn. 811 ff.; → § 8 Rn. 853 ff.) Rechnung getragen; darüber hinaus wird auch die in Art. 4 Abs. 3 lit. c MRL (früher: Art. 3 Abs. 2 lit. c MRL 2008) enthaltene Option zum Schutz anderer als der in der PVÜ genannten Hoheits- und Gewährzeichen in § 8 Abs. 2 Nr. 6 und 7 umgesetzt (→ § 8 Rn. 819 ff.; → § 8 Rn. 841 ff.). Auf Marken, die nach dem 14.1.2019 angemeldet werden, finden die in Art. 4 Abs. 1 lit. i–l MRL für zwingend erklärten, in § 8 Abs. 2 Nr. 9–12 umgesetzten Schutzhindernisse Anwendung. Dies betrifft Vorschriften des Unionsrechts oder des internationalen Rechts zum Schutz geografischer Angaben und Ursprungsbezeichnungen (→ § 8 Rn. 872 ff.), traditioneller Weinbezeichnungen (→ § 8 Rn. 912), garantiert traditioneller Spezialitäten (→ § 8 Rn. 915) sowie Sortenbezeichnungen (→ § 8 Rn. 919), durch die Marken von der Eintragung ausgeschlossen werden. Die bisherigen Nr. 9 und 10 – Zurückweisung wegen Benutzungsverboten (→ § 8 Rn. 923 ff.) sowie wegen bösgläubiger Anmeldung (→ § 8 Rn. 957 ff.) – werden durch die Einfügung der vorgenannten Vorschriften zu Nr. 13 und 14. Dabei entspricht Nr. 13 der in Art. 4 Abs. 3 lit. a MRL genannten Option, wobei der Ausschluss auf „ersichtliche" Verstöße begrenzt ist. Bei der zuletzt genannten Vorschrift handelt es sich um einen nach Art. 4 Abs. 2 MRL zwingenden Nichtigkeitsgrund, dessen Berücksichtigung im Eintragungsverfahren den Mitgliedstaaten freigestellt bleibt. **1**

Im Hinblick auf die zwingend im Eintragungsverfahren zu beachtenden Schutzhindernisse entspricht der in Art. 7 Abs. 1 lit. b–i UMV enthaltene Katalog absoluter Schutzhindernisse dem Sinne nach – wenn auch nicht immer im exakten Wortlaut – demjenigen von Art. 4 Abs. 1 MRL. Die bösgläubige Anmeldung wird in der UMV lediglich als Löschungsgrund in Art. 59 Abs. 1 lit. b UMV geregelt. **2**

Wie auch in anderen Bereichen des Markenrechts hat die Markenrechtsreform im Bereich der Schutzhindernisse zu einer Verstärkung des Gleichlaufs von UMV und nationalen Rechtsordnungen geführt. Dies betrifft vor allem die übereinstimmende Regelung der Schutzhindernisse von Art. 7 Abs. 1 lit. j und k UMV und § 8 Abs. 2 Nr. 9–12 (Art. 4 Abs. 1 lit. k–l MRL), die dem Ziel einer lückenlosen Abstimmung des nationalen und des Unionsrechts mit den nationalen, unionsrechtlichen und internationalrechtlichen Verpflichtungen zum Schutz von geografischen Angaben, garantiert traditionellen Spezialitäten, traditionellen Weinbezeichnungen, sowie von Sortenbezeichnungen dienen. **3**

Eintragungsverbote für geographische Herkunftsangaben (geschützte geographische Angaben (g.g.A.) und geschützte Ursprungsbezeichnungen (g.U.)) ergeben sich im europäischen Recht aus der VO (EU) 1151/2012. Besondere Vorschriften gelten für geographische Angaben und Ursprungsbezeichnungen von Weinbauerzeugnissen (Art. 92 ff. VO (EU) 1308/2013) und Spirituosen (Art. 21 ff. VO (EU) 787/2019); die zuvor geltenden Spezialregelungen in der VO (EU) 251/2014 über aromatisierte Weinbauerzeugnisse wurden durch Reg. VO (EU) 2021/2117 aufgehoben und in den Schutzbereich der VO (EU) 2012/1151 aufgenommen; im Einzelnen → § 8 Rn. 877 ff.; eingehend zur VO (EU) 1151/2012 → § 130 Rn. 1 ff.). Der Schutz garantiert traditioneller Spezialitäten (Art. 17 ff. VO (EU) 1151/2012) sowie traditioneller Weinbezeichnungen (Art. 112 ff. VO (EU) 1308/2013) richtet sich ebenfalls nach den einschlägigen EU- **3.1**

Vorschriften. Der Schutz von Sortenbezeichnungen ergibt sich auf europäischer Ebene aus Art. 63, 17 f. VO (EG) 2100/1994.

3.2   Da sich § 8 Abs. 2 Nr. 9 nur auf „geographische Angaben und Ursprungsbezeichnungen" bezieht, werden „einfache" geographische Herkunftsangaben nach § 126 ff. nicht erfasst (→ § 8 Rn. 875). Grundsätzlich erfasst werden jedoch nationale Sortenbezeichnungen (§ 37 Abs. 1 Nr. 2 SortSchG).

3.3   Auf internationaler Ebene sind im Hinblick auf geographische Angaben und Ursprungsbezeichnungen vor allem Art. 22–24 TRIPS sowie das Lissabonner Herkunftsabkommen (LUA; → § 8 Rn. 887 ff.) von Bedeutung; hinzu treten noch Verpflichtungen aus bilateralen Verträgen, die von Seiten der EU (→ § 8 Rn. 884) oder der Bundesrepublik Deutschland abgeschlossen wurden (→ § 8 Rn. 886; → § 126 Rn. 3.1). Den internationalen Schutz von Sortenbezeichnungen regelt Art. 20 Internationales Übereinkommen zum Schutz von Pflanzenzüchtungen (UPOV).

4   Soweit sich entsprechende Eintragungshindernisse aus dem nationalen oder europäischen ergeben (bzw. eine entsprechende Verpflichtung in einer im internationalen Recht verankerten statuiert wird) waren diese Hindernisse bereits unter Geltung des früheren Rechts unter dem Aspekt der Benutzungsverbote (sowie ggf. auch als relative Schutzhindernisse → § 9 Rn. 2; → § 13 Rn. 55 (Sortenbezeichnungen); → § 13 Rn. 60 (geographische Herkunftsangaben)) zu berücksichtigen. Allerdings galt insoweit die Einschränkung, dass der Verstoß „ersichtlich" sein und die Verbotsvorschrift „im öffentlichen Interesse" bestehen muss (s. jetzt § 8 Abs. 2 Nr. 13). Nach der jetzigen Formulierung muss hingegen eine volle und umfassende Amtsprüfung erfolgen. Da in diesem Kontext zum Teil hochkomplexe Rechtsfragen aufgeworfen werden, kann diese Prüfung die Ämter unter Umständen deutlich stärker als bisher belasten (Hacker GRUR 2019, 113 (115 ff.); → § 8 Rn. 896 ff.; zum Unionsrecht → UMV Art. 7 Rn. 187 ff.).

4.1   Problematisch ist insbesondere der weite Tatbestand der „Anspielung" iSv Art. 13 VO (EU) 1151/2012; → § 135 Rn. 11 ff.

4.2   Eine erhebliche Belastung der Prüfung im Amtsverfahren hätte sich aus den Kommissionsvorschlägen zur Änderung der MRL insoweit ergeben, als die Mitgliedsländer verpflichtet werden sollten, absolute Schutzhindernisse auch dann zu beachten, wenn sie lediglich in anderen Mitgliedsländern der Union bestehen. Ferner sollte zu berücksichtigen sein, ob sich ein solches Schutzhindernis aus der Übersetzung oder Transkription einer fremdsprachlichen oder in fremden Schriftzeichen ausgedrückten Marke in die Amtssprache eines Unionslandes ergeben würde. Dem zuletzt genannten Grundsatz entsprechend sollte ein absolutes Schutzhindernis für eine Unionsmarke auch dann bestehen, wenn es sich lediglich aus der Transkription einer in einer Fremdsprache oder fremden Schrift ausgedrückten Marke in einem Teil der Union ergibt. Diese Vorschläge sind jedoch auf nahezu einhellige Kritik gestoßen, zumal sie im Fall nationaler Markenanmeldungen als disproportional zum territorialen Umfang des gewährten Schutzes erschienen und zu erheblichen Mehrbelastungen für die nationalen Ämter geführt hätten; sie wurden daher nicht verwirklicht (→ Rn. 51). Dies schließt allerdings nicht aus, dass – wie in Deutschland ohnehin üblich – auch die fremdsprachige Bedeutung angemeldeter Marken im Einzelfall berücksichtigt wird (→ § 8 Rn. 280 ff.).

4.3   Im Verhältnis zu geographischen Angaben und Ursprungsbezeichnungen werden sich voraussichtlich weitere Änderungen durch die geplante Änderung der VO (EU) 1151/2012 sowie den Erlass einer Verordnung zum Schutz von geographischen Angaben für Industrie- und handwerkliche Erzeugnisse ergeben. Entsprechende Vorschläge wurde von der Kommission am 31.3.2022 (KOM(2022) 134 (endg.)) bzw. am 16.4.2022 (KOM(2022) 174 (endg.)) veröffentlicht.

2. Ausschluss nicht markenfähiger Formgebungen

5   Eine deutliche **Abweichung** des deutschen Rechts von den europäischen Vorgaben besteht darin, dass § 8 keine dem Art. 4 Abs. 1 lit. e MRL und Art. 7 Abs. 1 lit. e UMV entsprechende Ausschlussklausel im Hinblick auf Zeichen enthält, die durch die Art der Ware selbst bedingt oder zur Erreichung einer technischen Wirkung erforderlich sind oder die der Ware einen wesentlichen Wert verleihen. Der deutsche Gesetzgeber hat es vorgezogen, diese Regelung in § 3 Abs. 2 aufzunehmen und damit als ein Kriterium der Markenfähigkeit („als Marke schutzfähige Zeichen") zu kennzeichnen. Dadurch wird klargestellt, dass es sich um eine grundlegende Voraussetzung des Markenschutzes handelt, die unabhängig vom jeweiligen Entstehungstatbestand erfüllt sein muss – auch Zeichen, die Schutz als Benutzungsmarke oder notorisch bekannte Marke in Anspruch nehmen wollen, müssen diesen Erfordernissen genügen (→ § 3 Rn. 2).

5.1   Dass der europäische Gesetzgeber den Schutzausschluss für waren- und technikbedingte sowie für wertbestimmende Warenformen gerade nicht, wie die sonstigen Erfordernisse der Markenfähigkeit, in

Art. 3 MRL und Art. 4 UMV geregelt, sondern als absolute Schutzhindernisse ausgestaltet hat, steht nur scheinbar in Widerspruch zur Systematik der Regelung im europäischen Markenrecht (→ § 3 Rn. 2 ff.).

Praktische Unterschiede in der patentamtlichen Prüfung ergeben sich durch den abweichenden **6** Aufbau nicht. Durch die Verweisung in § 8 Abs. 1 auf § 3 wird das Erfordernis der Markenfähigkeit im Sinne beider Absätze des § 3 zum **verbindlichen Prüfungsstoff** für das Eintragungsverfahren. Entsprechende Verweisungen auf die Definition schutzfähiger Markenformen in Art. 3 MRL und Art. 4 UMV findet sich auch in Art. 4 Abs. 1 lit. a MRL und Art. 7 Abs. 1 lit. a UMV.

Die Eigenständigkeit der im deutschen Recht gewählten Lösung zeigte sich bisher darin, dass **7** das in Art. 2 MRL 2008 verankerte Kriterium der **grafischen Darstellbarkeit** keine Voraussetzung der Markenfähigkeit iSv § 3 bildete, sondern in § 8 Abs. 1 lediglich als Voraussetzung für die Eintragbarkeit der Marke genannt wurde. Daraus ließ sich folgern, dass **Benutzungsmarken** und notorisch bekannte Marken diesem Erfordernis nicht genügen müssen, sondern auch bei fehlender grafischer Darstellbarkeit Markenschutz erlangen können (BGH GRUR 2009, 783 – UHU; → § 3 Rn. 28; zu IR-Marken → § 3 Rn. 117 ff.).

Das Erfordernis der grafischen Darstellbarkeit ist seit dem 14.1.2019 durch die Prüfung ersetzt **8** worden, ob das Zeichen „in dem Register so dargestellt werden kann, dass die zuständigen Behörden und das Publikum den Gegenstand des Schutzes klar und eindeutig bestimmen können" (§ 8 Abs. 1; s. auch Art. 3 lit. b MRL). Dies unterstreicht, dass es sich grundsätzlich um allein für das Registerverfahren geltende Anforderungen handelt. Auf der anderen Seite finden dieselben Kriterien auch für Benutzungsmarken sinngemäß Anwendung, soweit sie übergeordnete Rechtsgrundsätze zum Ausdruck bringen, die nicht nur die im Einzelfall gewählte Form der Darstellung, sondern das Zeichen als solches betreffen, und die nicht allein den besonderen Anforderungen des Registerrechts geschuldet sind (näher → § 3 Rn. 30 ff.; zum Bestimmtheitsgrundsatz → § 3 Rn. 16).

II. Internationales Recht

1. Art. 6^quinquies Abschn. B Nr. 2 PVÜ

Der Einfluss des internationalen Rechts auf das deutsche und europäische Markenrecht wird **9** bei § 8 MarkenG und Art. 7 UMV besonders deutlich. So sind die für die Praxis wichtigsten Teile der Vorschrift, § 8 Abs. 2 Nr. 1–3 (Art. 4 Abs. 1 lit. b–d MRL) und Art. 7 Abs. 1 lit. b–d UMV, praktisch wörtlich aus Art. 6^quinquies Abschn. B Nr. 2 PVÜ übernommen worden (zur Vorgeschichte Beier in Beier/Schricker (Hrsg.), Die Neuordnung des Markenrechts in Europa, 1997, 59 (72)).

Um den Vorgaben der PVÜ in vollem Umfang gerecht zu werden, weicht der Wortlaut von § 8 Abs. 2 **9.1** Nr. 1 leicht von der deutschen Fassung des Art. 4 Abs. 1 lit. b MRL ab: Während es in der MRL heißt: „Marken, die keine Unterscheidungskraft haben" (ebenso wie früher in § 4 Abs. 2 Nr. 1 WZG), liegt die Formulierung von § 8 Abs. 2 Nr. 1 näher bei dem Wortlaut von Art. 6^quinquies Abschn. B Nr. 2 PVÜ, wobei die besonders liberale (und als Originalfassung rechtlich maßgebliche) französische Fassung des Konventionstextes als Vorbild gedient hat („marques qui sont dépourvues de tout charactère distinctif"; zu den unterschiedlichen Fassungen der Vorschrift und ihre mögliche Bedeutung für die Rechtsanwendung Beier GRUR Int 1992, 243 (246 ff.)). Maßgeblich geblieben ist der Wortlaut der PVÜ auch für das Schutzhindernis der beschreibenden Angaben (§ 8 Abs. 2 Nr. 2 bzw. Art. 4 Abs. 1 lit. c MRL und Art. 7 Abs. 1 lit. c UMV). Hier hatte es zunächst den Vorschlag gegeben, in Abweichung vom Wortlaut der PVÜ nur solche Angaben vom Schutz auszuschließen, die zu diesem Zweck „benötigt werden". Diese, im Vorentwurf zur GMV noch enthaltene Formulierung wurde jedoch auf Arbeitsgruppenebene abgelehnt (Beier in Beier/Schricker (Hrsg.), Die Neuordnung des Markenrechts in Europa, 1997, 59 (72)).

Das darin liegende eindeutige Bekenntnis zur Maßgeblichkeit international verbindlicher Vor **10** gaben ist zu begrüßen. Auf der anderen Seite hat die vom europäischen Gesetzgeber gewählte Regelungstechnik den Nachteil, dass sie sich im Hinblick auf Formulierung und Systematik an eine Vorschrift bindet, die ihrerseits nicht das Ergebnis sorgfältiger gesetzgeberischer Tätigkeit gewesen ist, sondern als Kompromissformel zustande kam. Die in Art. 6^quinquies Abschn. B Nr. 2 PVÜ enthaltenen Rechtfertigungsgründe für die Zurückweisung sog. „telle quelle"-Marken, die in einem anderen Mitgliedsland der PVÜ für ihren dort ansässigen Inhaber rechtsgültig eingetragen sind, führen die unterschiedlichen, in den maßgeblichen Mitgliedsländern üblichen Prüfungskriterien nebeneinander auf, ohne dass über das Verhältnis dieser Kriterien zueinander Klarheit geschaffen worden wäre (→ Einleitung Rn. 263). Während dies für ein internationales Instrument wie die PVÜ unproblematisch ist, wirkt sich der **Mangel eines klaren strukturellen Konzepts** im

Kontext des europäischen Rechts tendenziell nachteilig aus. Dies gilt jedenfalls dann, wenn zu weitreichende Folgerungen aus Wortlaut und systematischer Anordnung der Schutzversagungsgründe in Art. 6^{quinquies} B Nr. 2 PVÜ gezogen werden (→ Rn. 63.1 f. zum Verhältnis von Unterscheidungskraft und Freihaltungsbedürfnis).

2. Sonstige Vorschriften der PVÜ und des TRIPS-Abkommens

11 Ebenfalls als Schutzversagungsgründe anerkannt und als solche in der PVÜ verankert sind Verstöße gegen die **öffentliche Ordnung und guten Sitten** sowie die Täuschungseignung der Marke (Art. 6^{quinquies} B Nr. 3 PVÜ). Auch der Schutz amtlicher Hoheits- und Prüfzeichen sowie der Schutz von Zeichen zwischenstaatlicher Organisationen finden ihre Grundlage in der PVÜ. Der Umsetzung von Verpflichtungen aus (ua) internationalen Abkommen dienen auch Art. 7 Abs. 1 lit. j–m UMV sowie Art. 4 Abs. 1 lit. i–l MRL → Rn. 3).

12 **Keine ausdrückliche Grundlage** in internationalen Rechtsnormen finden die Vorschriften von § 8 Abs. 2 Nr. 9 und Nr. 10. Dabei dürfte die Schutzversagung für Marken, deren Benutzung „ersichtlich nach sonstigen Vorschriften im öffentlichen Interesse" verboten werden kann, wohl regelmäßig in den Bereich des „ordre public" fallen; sie ist somit ebenso wie § 8 Abs. 2 Nr. 5 von Art. 6^{quinquies} B Nr. 3 PVÜ umfasst. Auch die bösgläubige Markenanmeldung lässt sich hier einordnen; zudem greift – je nach Fallgestaltung – auch Art. 10bis PVÜ, dessen Anwendung in Art. 6^{quinquies} B Nr. 3 S. 3 PVÜ ausdrücklich vorbehalten bleibt.

12.1 Problematisch bleibt die Ausschlussregelung von § 3 Abs. 2 und Art. 7 Abs. 1 lit. e UMV, für die sich keine glatte Entsprechung im internationalen Recht findet (→ § 3 Rn. 65.1). Vom BGH wird argumentiert, dass es sich um eine Konkretisierung des Ausschlussgrundes für nicht unterscheidungskräftige bzw. beschreibende Marken handelt (BGH GRUR 2006, 588 – Scherkopf). Dieses Argument ist jedoch schon deswegen fragwürdig, weil es sich um einen eigenständigen Ausschlussgrund handelt, der neben die aus Art. 6^{quinquies} Abschn. B Nr. 2 PVÜ übernommenen Schutzhindernisse tritt (Kunz-Hallstein MarkenR 2006, 487 (492)). Ferner ergeben sich gerade dann, wenn man der Argumentation des BGH folgt, Bedenken gegen die Rechtsfolgen einer auf Art. 7 Abs. 1 lit. e UMV und § 3 Abs. 2 gestützten Schutzversagung: Nach Art. 6^{quinquies} Abschn. C PVÜ sind für die Würdigung der Schutzfähigkeit der Marke alle Tatumstände, insbesondere die Dauer der Benutzung, zu berücksichtigen. Die Berücksichtigung solcher Umstände wird nach Art. 7 Abs. 1 lit. e UMV iVm Art. 7 Abs. 3 UMV und § 3 Abs. 2 iVm § 8 Abs. 3 jedoch gerade ausgeschlossen. Hieraus ergibt sich, dass die Nichtberücksichtigung erworbener Unterscheidungskraft im Fall waren- oder technisch bedingter sowie wertbestimmender Warenformen nur dann mit Buchstaben und Geist des internationalen Rechts vereinbar ist, wenn sie auf Fälle beschränkt bleibt, die nach Art und Schwere den in Art. 6^{quinquies} Abschn. B Nr. 3 PVÜ genannten Schutzhindernissen ebenbürtig sind, die ebenfalls nicht im Wege der Verkehrsdurchsetzung überwunden werden können (→ § 3 Rn. 122).

III. Eintragungs- und Löschungsverfahren

1. Überblick

13 Nach Anmeldung der Marke (§ 32; Art. 31 UMV) werden die absoluten Schutzhindernisse vom DPMA von Amts wegen geprüft → § 37 Rn. 3 ff.; für Unionsmarken → UMV Art. 42 Rn. 2 ff.). Beanstandungen, die im Verfahren nicht behoben werden können, führen zur Zurückweisung der Anmeldung.

14 Soweit eine Marke entgegen den Vorschriften von § 8 (sowie entgegen § 3 oder § 7) eingetragen worden ist, kann sie auf Antrag für nichtig erklärt und **gelöscht** werden (§ 50 Abs. 1; entsprechend: Art. 59 UMV). Im deutschen Recht ist nach § 50 Abs. 3 in Fällen des § 8 Abs. 2 Nr. 4–14 auch die Amtslöschung möglich (→ § 50 Rn. 42). Im Unionsmarkenrecht entscheidet über die Löschung der Marke das EUIPO oder, soweit Nichtigkeitswiderklage im Verletzungsverfahren vor den Unionsmarkengerichten erhoben wurde (Art. 124 lit. d UMV; Art. 128 UMV), das angerufene Gericht. Im nationalen Recht sind Anträge auf Erklärung der Nichtigkeit wegen Bestehens absoluter Schutzhindernisse iSv § 50 beim DPMA anhängig zu machen (§ 53 Abs. 1). Anders als im Fall der Nichtigerklärung wegen älterer Schutzrechte (§ 51) oder des Verfalls (§ 49) besteht keine Möglichkeit zur Klageerhebung (einschließlich der Widerklage) vor den ordentlichen Gerichten (vgl. § 55 Abs. 1); anders als im Fall der Verfallsgründe kann das Bestehen absoluter Schutzhindernisse (mit Ausnahme der bösgläubigen Anmeldung) auch nicht als Einrede im Verletzungsverfahren geltend gemacht werden (→ § 50 Rn. 3). Die Eintragung der Marke entfaltet insoweit formelle Bindungswirkung im Verletzungsverfahren (→ Rn. 91 ff.).

Grundsätzlich werden im Löschungsverfahren wegen absoluter Schutzhindernisse die gleichen **15** Gründe berücksichtigt, die der Eintragung der Marke nach § 8 Abs. 1 und 2 sowie Art. 7 Abs. 1 UMV entgegenstehen. Die UMV macht insoweit eine Ausnahme, als die **bösgläubige Anmeldung** nur im Löschungsverfahren berücksichtigt wird (Art. 58 Abs. 1 lit. b UMV), während sie keinen Grund für die Versagung der Eintragung darstellt. Die gleiche Regelung galt bis zum 1.6.2004 auch im MarkenG; nachdem jedoch das Schutzhindernis der bösgläubigen Eintragung seit jenem Zeitpunkt ein von Amts wegen zu berücksichtigendes Schutzhindernis darstellt, wird es in § 50 nicht mehr gesondert erwähnt. Die Änderung der Gesetzeslage bewirkt allerdings nicht, dass vor dem 1.6.2004 bösgläubig angemeldete Marken nicht gelöscht werden könnten (Ströbele/ Hacker/Thiering/Miosga § 50 Rn. 3).

2. Keine Löschung bei Bestandskraft

Unionsmarken, die entgegen Art. 7 Abs. 1 lit. b–d UMV eingetragen worden sind, können **16** nicht für nichtig erklärt und gelöscht werden, wenn sie zwischenzeitlich durch Benutzung **Unterscheidungskraft erworben** haben (Art. 59 Abs. 2 UMV). Nach Art. 3 Abs. 3 MRL 2008 blieb es den Mitgliedstaaten freigestellt, ob sie die nach (der Anmeldung oder) Eintragung erworbene Unterscheidungskraft zugunsten der Bestandsfähigkeit berücksichtigen wollen. Hingegen bestimmt Art. 4 Abs. 4 S. 2 MRL nunmehr mit zwingender Wirkung, dass eine Marke nicht wegen der in Art. 4 Abs. 1 lit. b–d MRL geregelten Schutzhindernisse für nichtig erklärt wird, wenn sie vor dem Antrag auf Nichtigerklärung infolge ihrer Benutzung Unterscheidungskraft erworben hat. Die seit dem 14.1.2019 geltende Fassung von § 50 Abs. 2 S. 1 folgt dieser Regelung insoweit, als für Anträge, die nach dem 14.1.2019 gestellt wurden (§ 158 Abs. 8) das Datum des **Antrags auf Nichtigerklärung,** und nicht wie bisher das Datum der Entscheidung über den Antrag, für die Frage maßgeblich ist, ob die Schutzhindernisse gemäß § 8 Abs. 2 Nr. 1, 2 und 3 durch den Erwerb von Unterscheidungskraft überwunden wurden. Beibehalten wurde hingegen die Regelung, dass von der Möglichkeit der Überwindung der Schutzhindernisse auch solche Marken profitieren können, die entgegen §§ 3, 7 und 8 Abs. 2 Nr. 4–13 eingetragen worden sind. Maßgeblich ist insoweit nach wie vor der Zeitpunkt der **Entscheidung** über den Nichtigkeitsantrag, da Art. 4 Abs. 4 S. 2 MRL insoweit nicht gilt. Ob diese Regelung mit europäischem Recht vereinbar ist, kann bezweifelt werden (→ Rn. 17).

Möglich ist ferner nach wie vor die Löschung von Amts wegen, wenn eine Marke entgegen § 8 Abs. 1 **16.1** Nr. 1–14 eingetragen wurde, das Verfahren innerhalb von zwei Jahren nach der Eintragung eingeleitet wird, das/die Schutzhindernis(se) gemäß § 8 Abs. 2 Nr. 4–13 zum Entscheidungszeitpunkt noch fortbestehen und ihr Vorliegen offensichtlich ist.

Dass § 8 Abs. Nr. 14 von dieser Regelung ausgenommen ist, ergibt sich zwangsläufig daraus, dass es **16.2** insoweit nur um die Bösgläubigkeit zum Zeitpunkt der Anmeldung gehen kann.

Die Einbeziehung von §§ 3, 7 und 8 Abs. 2 Nr. 4–13 in die Regelung des § 50 Abs. 2 S. 1 **17** könnte gegen Art. 45 Abs. 3 lit. a MRL verstoßen: Danach ist im Verwaltungsverfahren zur Erklärung der Nichtigkeit vorzusehen, dass eine Marke **zumindest dann** zu löschen ist, wenn sie nicht hätte eingetragen werden dürfen, weil sie den Erfordernissen des Art. 4 MRL nicht genügt. Das bedeutet, dass die Löschung **zwingende Folge** des Vorliegens jedes einzelnen der in Art. 4 MRL genannten absoluten Eintragungshindernisse ist, während sich die **Heilungsmöglichkeit** wegen späteren Wegfalls des jeweiligen Hindernisses gemäß Art. 4 Abs. 4 S. 2 MRL auf Art. 4 Abs. 1 Nr. b–d MRL, dh auf die Fälle des § 8 Abs. 2 Nr. 1–3 beschränkt. Falls – was allerdings in der Praxis äußerst selten vorkommen dürfte – die Regelung im konkreten Fall entscheidungserheblich wird, müsste die Frage ihrer Richtlinienkonformität dem EuGH vorgelegt werden.

Nach § 50 Abs. 2 S. 2 bleibt es dabei, dass Marken, die entgegen § 8 Abs. 2 Nr. 1–3 eingetragen **18** worden sind, nach Ablauf von zehn Jahren nach dem Tag der Eintragung, **„unanfechtbar"** werden, in dem Sinne, dass nach diesem Zeitpunkt kein Löschungsantrag mehr gestellt werden kann.

Als Begründung für diese Regelung wurde seinerzeit auf die pragmatische Erwägung verwiesen, dass **18.1** sich nach Ablauf eines längeren Zeitraums keine zuverlässig nachprüfbaren Tatsachen mehr feststellen lassen dürften, die die Löschung rechtfertigen, so dass der mit einem – im Ergebnis ohnehin regelmäßig vergeblichen – Löschungsverfahren verbundene verwaltungsmäßige Aufwand nicht mehr zu rechtfertigen sei (Amtl. Begr. zu § 50; → § 50 Rn. 28).

Unter Geltung der MRL 2008 war die Frage nach der **Vereinbarkeit** dieser Regelung **mit dem** **18.2** **europäischen Recht** von allenfalls theoretischem Interesse, da verfahrensrechtliche Regelungen und Ausschlussfristen von der Harmonisierung grundsätzlich ausgenommen waren (Erwägungsgrund 6 MRL 2008). Zwar sieht auch die MRL keine Vollharmonisierung vor; es werden jedoch zumindest die Grundzüge des Verfahrens vereinheitlicht. Da ferner Art. 4 Abs. 4 S. 2 MRL die zulässigen Ausnahmen von der Nichtigerklärung bei Bestehen absoluter Schutzhindernisse auf den Fall beschränkt, dass die Marke entgegen Art. 4 Abs. 1 lit. b–d MRL eingetragen wurde (→ Rn. 16), hatte § 50 Abs. 2 S. 2 MaMoG-RefE idF vom 31.1.2017 die Streichung der Bestandsklausel vorgesehen. Dem wurde ua in der GRUR-Stellungnahme entgegengehalten, dass es nach wie vor keine einheitliche, zwingende Regelung von Ausschlussfristen gebe, so dass die Richtlinienkonformität von § 50 Abs. 2 S. 2 keinen zwingenden Bedenken begegne (GRUR-Stellungnahme zum MaMoG-RefE des BMJV, Stand 31.1.2017, GRUR 2017, 366 (369)).

IV. Umfang und Inhalt der Prüfung; Prüfungsmaßstab

1. Eignung zur Darstellung im Register (Abs. 1)

19   **a) Allgemeine Grundsätze.** Soweit der Markenschutz durch Eintragung erworben wird – nicht jedoch für die Markenfähigkeit von Zeichen als solche (→ § 3 Rn. 28) – ist die Art und Weise, wie die Marke im Register dargestellt wird, von entscheidender Bedeutung. Dem bis zum 14.1.2019 geltenden Recht lag die Vorstellung zugrunde, dass der genaue Gegenstand des Schutzes, den die eingetragene Marke ihrem Inhaber gewährt, allein durch die **grafische Darstellung** bestimmt werden kann. Die grafische Darstellbarkeit stellte daher ein unverzichtbares Kriterium der Schutzfähigkeit als Marke dar (EuGH C-273/00, GRUR 2003, 145 Rn. 48 – Sieckmann). Zu den Anforderungen an eine solche Darstellung hat der EuGH ausgeführt, dass die zuständigen Behörden aus dieser klar und eindeutig die Ausgestaltung der Zeichen erkennen können müssen, aus denen eine Marke besteht, um ihren Verpflichtungen in Bezug auf die Vorprüfung der Markenanmeldungen sowie auf die Veröffentlichung und den Fortbestand eines zweckdienlichen und genauen Markenregisters nachzukommen (EuGH C-273/00, GRUR 2003, 145 Rn. 50 – Sieckmann). Zudem müssen auch die Wirtschaftsteilnehmer klar und eindeutig in Erfahrung bringen können, welche Eintragungen oder Anmeldungen ihre gegenwärtigen oder potenziellen Wettbewerber veranlasst haben, um auf diese Weise einschlägige Informationen über die Rechte Dritter zu erlangen (EuGH C-273/00, GRUR 2003, 145 Rn. 51 – Sieckmann). Aus alledem wurde der Grundsatz abgeleitet, dass die (grafische) Darstellung den Anforderungen an die Eintragbarkeit einer Marke nur dann genügt, wenn sie **klar, eindeutig, in sich abgeschlossen, leicht zugänglich, verständlich, dauerhaft und objektiv ist** (EuGH C-273/00, GRUR 2003, 145 Rn. 55 – Sieckmann).

20   Das Erfordernis der grafischen Darstellbarkeit von Marken ist durch die Reform von 2016 abgeschafft worden. In Art. 3 lit. b MRL (ebenso: Art. 4 lit. b UMV) wird stattdessen formuliert, dass die Marke „in einer Weise dargestellt werden muss, dass die zuständigen Behörden und das Publikum den Gegenstand des dem Inhaber einer solchen Marke gewährten Schutzes klar und eindeutig bestimmen können"; dieselbe Formulierung findet sich seit dem 14.1.2019 in § 8 Abs. 1. In der Praxis bedeutet dies, dass die materiellen Kriterien, die der EuGH in seiner Rechtsprechung zum Erfordernis der grafischen Darstellung von Marken entwickelt hat, **auch für die künftige Praxis maßgeblich bleiben.** Im Unterschied zu bisher können sie jedoch auch durch andere als grafische Formen der Darstellung erfüllt werden. Entsprechend heißt es in Erwägungsgrund 13 MRL: „Um die mit den Markeneintragungsverfahren verfolgten Ziele, nämlich Rechtssicherheit und ordnungsgemäße Verwaltung, zu erreichen, muss das Zeichen in eindeutiger, präziser, in sich abgeschlossener, leicht zugänglicher, verständlicher, dauerhafter und objektiver Weise darstellbar sein. Ein Zeichen sollte daher in jeder geeigneten Form unter Verwendung allgemein zugänglicher Technologie dargestellt werden dürfen und damit nicht notwendigerweise mit grafischen Mitteln, solange die Darstellung mit Mitteln erfolgt, die ausreichende Garantien bieten."

20.1   Die fortdauernde Gültigkeit der „Sieckmann"-Kriterien (→ Rn. 19) führt nach überwiegender Auffassung dazu, dass für Geruchsmarken ebenso wie für Geschmacksmarken der Weg in das Markenregister ungeachtet der Änderung von Art. 3 MRL und Art. 4 UMV verschlossen bleibt (→ § 3 Rn. 47 ff.). Zur Praxis des EUIPO in Bezug auf Duftmarken sowie zur Rechtsprechung des EuG → UMV Art. 4 Rn. 8.1. Die restriktive Praxis von Behörden und Gerichten wird in der Literatur zum Teil kritisiert (dazu Fezer § 3 Rn. 608).

20.2   Der Fortfall des Erfordernisses der grafischen Darstellbarkeit ist im Unionsmarkenrecht am 1.10.2017 wirksam geworden, nachdem die Durchführungsverordnung (UMDV) mit den entsprechenden Änderungen erarbeitet worden war. Die Vorschriften über die Wiedergabe von Marken finden sich in Art. 3 UMDV (zu Einzelheiten s. Art. 4 UMV und Art. 31 UMV).

Schon wegen der Fortgeltung der materiellen Grundsätze der EuGH-Rechtsprechung – und **21** weil auch künftig die grafische Darstellung von Marken die weitaus wichtigste Form der Darstellung bleiben dürfte – bleiben die Ausführungen von Interesse, die der EuGH unter der Geltung der GMV sowie der MRL 2008 zur grafischen Darstellung verschiedener Kennzeichenformen gemacht hat:

- Bei Hörzeichen (bzw. nach neuer Terminologie: Klangmarken) in Form von Melodien kann ein in Takte gegliedertes Notensystem mit einem Notenschlüssel, Noten- und Pausenzeichen und ggf. Vorzeichen – die alle zusammen die Höhe und die Dauer der Töne bestimmen – eine getreue Darstellung der Tonfolge sein, aus der die zur Eintragung angemeldete Melodie besteht (EuGH C-283/01, GRUR 2004, 54 Rn. 62 – Shield Mark/Kist). Diese Möglichkeit bleibt auch im geltenden Recht möglich und bedeutsam; allerdings dürften andere Formen der Darstellung, wie insbesondere Tonträger, künftig bedeutsamer sein (→ § 32 Rn. 50 ff.).

- Die grafische Darstellung abstrakter Farbmarken kann unter Umständen durch ein Farbmuster iVm einer Beschreibung, oder, falls sich insoweit Zweifel an der Genauigkeit ergeben, durch Hinzufügung der Bezeichnung der Farbe nach einem international anerkannten Kennzeichnungscode erfolgen. Die Angabe eines solchen Kennzeichnungscodes kann auch für sich allein die Voraussetzung der grafischen Darstellung erfüllen (EuGH C-104/01, GRUR 2003, 604 Rn. 36, 38, 68 – Libertel).

- Bei Farbkombinationen ist der den allgemeinen Anforderungen genügenden Darstellung der einzelnen Farben eine systematische Anordnung hinzuzufügen, in der die betreffenden Farben in vorher festgelegter und beständiger Weise verbunden sind (EuGH C-49/02, GRUR 2004, 858 Rn. 42 – Heidelberger Bauchemie, für die Farbkombination blau/gelb). Im Fall der von Red Bull beim EUIPO angemeldeten Farbkombination Blau/Silber wurden folgende Angaben als unzureichend angesehen: „Das Verhältnis der beiden Farben ist ungefähr 50 %–50 %" bzw. „die Farben werden in gleichem Verhältnis und nebeneinander verwendet" (EuGH C-124/18 P, BeckRS 2019, 15894 – Blau-Silber mAnm Viefhues GRUR-Prax 2019, 377).

Zur grafischen Darstellung von Geräuschen hatte sich der EuGH in der Entscheidung C-283/01, **21.1** GRUR 2004, 54 – Shield mark/Kist nicht geäußert. Zwar war die Frage nach Sonagrammen als geeignete Form der grafischen Darstellung gestellt worden; sie wurde vom EuGH jedoch nicht beantwortet, da der Anmelder der betreffenden Marke (Hahnenschrei) kein Sonagramm eingereicht hatte und der Frage daher keine Relevanz für die konkrete Entscheidung zukam. Vom EUIPO wurden Sonagramme bereits unter Geltung des bisherigen Rechts als hinreichende grafische Darstellung anerkannt (zur Praxis des EUIPO → UMV Art. 4 Rn. 20); in Deutschland galt die Eintragung von Geräuschmarken nach früherem Recht jedoch als ausgeschlossen.

Wird eine aus einer bildlichen Darstellung in der Form eines geschwungenen Bandes in blau mit grauen **21.2** Rändern als „Farbmarke" angemeldet, kann die Anmeldung als widersprüchlich erscheinen und die Marke daher wegen unzureichender (grafischer) Darstellung zurückzuweisen sein. Da dem EuGH zufolge die an die Unterscheidungskraft zu stellenden Anforderungen bei allen Markenformen die gleichen sind (→ Rn. 35), kann allerdings eine Zurückweisung wegen fehlender Unterscheidungskraft nicht allein mit der Begründung erfolgen, dass die Marke in der Kategorie „Farbmarken" angemeldet wurde (EuGH GRUR 2019, 511 – Oy Hartwall).

b) Einzelheiten zur Darstellung (§ 8 Abs. 1, §§ 6 ff. MarkenV). Ob eine Marke die **22** Voraussetzungen des § 8 Abs. 1 erfüllt, wird im Rahmen der Prüfung der absoluten Schutzhindernisse vom DPMA beurteilt. Die Anforderungen werden in §§ 6–13 MarkenV präzisiert. Dies betrifft ua Wortmarken (§ 7 MarkenV; → § 32 Rn. 33); Bild- und Wort-Bild-Marken (§ 8 MarkenV; → § 32 Rn. 35 ff.); dreidimensionale Marken (§ 9 MarkenV; → § 32 Rn. 45); Einzel- und Mehrfarbenmarken (§ 10 MarkenV; → § 32 Rn. 38 ff., → § 32 Rn. 42 ff.); Klangmarken (§ 11 MarkenV; → § 32 Rn. 50 ff.); die in § 12 MarkenV geregelten Markenformen: Positionsmarken (→ § 32 Rn. 53 ff.), Kennfadenmarken, Mustermarken, Hologrammmarken, Bewegungsmarken, Multimediamarken (→ § 32 Rn. 56); sowie schließlich die „sonstigen Marken", § 12a MarkenV, zu denen ua Tastmarken zählen (→ § 32 Rn. 58). Aufgrund der offenen Formulierung der Vorschrift können jedenfalls dem Grunde nach auch olfaktorische sowie gustatorische Zeichen darunter subsumiert werden. Zumindest nach derzeitiger Praxis scheitern solche Anmeldungen jedoch an der mangelnden Zugänglichkeit bzw. Präzision alternativer Darstellungsformen (→ § 32 Rn. 60).

Nach den seit dem 14.1.2019 geltenden Bestimmungen kann die Markendarstellung in Papierform **22.1** oder auf einem Datenträger eingereicht werden, der vom DPMA auslesbar sein muss (§ 6a Abs. 1 MarkenV). Soweit mehrere Ansichten eines Zeichens eingereicht werden, müssen diese auf demselben Datenträger gespeichert sein. Marken, die sich anders nicht darstellen lassen, können auch durch einen maximal 150 Wörter umfassenden Text dargestellt werden, soweit dieser den Anforderungen des § 8 Abs. 1 genügt (§ 6a Abs. 2 MarkenV). Sind mehrere Darstellungsformen möglich, kann der Anmelder zwischen ihnen wählen. Wird dieselbe Anmeldung in Papierform sowie auf einem Datenträger eingereicht, gilt letzter als maßgeblich. Von der Markendarstellung durch Text ist die (schon bisher mögliche) Beschreibung der Marke zu unterscheiden, die mit der Anmeldung eingereicht werden kann bzw. eingereicht werden muss, wenn sich der Schutzgegenstand aus einer zweidimensionalen grafischen Wiedergabe nicht hinreichend bestimmen lässt (§ 6b MarkenV). Dies ist vor allem für die in § 12 MarkenV geregelten Markenformen sowie für „sonstige Marken" gemäß § 12a MarkenV von Bedeutung.

23   Gemeinsamer Nenner der in der MarkenV enthaltenen Vorgaben ist die **Präzision** der Darstellung sowie die Beachtung einheitlicher Rahmenbedingungen für das Format der Darstellungen. Die Darstellungen müssen insbesondere klar und dauerhaft sowie zur Reproduktion in den vom DPMA verwendeten Medien (Printmedien sowie Wiedergabe in digitaler Form) geeignet sein.

24   Für den Sonderfall von **Tastmarken** (→ § 32 Rn. 58) hat der BGH festgestellt, dass es grundsätzlich ausreicht, „wenn der den Wahrnehmungsvorgang auslösende Gegenstand in seinen maßgeblichen Eigenschaften objektiv hinreichend bestimmt bezeichnet wird". Es ist daher nicht notwendig, dass die dadurch beim Publikum ausgelösten haptischen Reize beschrieben werden. Soweit ein Zeichen einen Herkunftshinweis durch eine bestimmte, aus Vertiefungen bestehende Oberflächenstruktur über den Tastsinn vermittelt werden soll, kann daher die Angabe der Größenverhältnisse der Vertiefungen und Erhebungen sowie ihrer Anordnung zueinander genügen (BGH GRUR 2007, 148 Rn. 14 – Tastmarke; im konkreten Fall jedoch als nicht hinreichend bestimmt abgelehnt; ebenso auch BPatG GRUR 2008, 348 – Tastmarke: „das Gefühl von feinem Sandpapier").

24.1   Obwohl nach der Rechtsprechung des BGH (und des EuGH) auch indirekte Formen der Darstellung wie insbesondere Beschreibungen grundsätzlich ausreichend sein können, um den Schutzgegenstand mit der notwendigen Bestimmtheit wiederzugeben, werden entsprechende Anmeldungen in der Praxis regelmäßig wegen fehlender Objektivität zurückgewiesen. Das gilt für Tastmarken, aber auch für olfaktorische und gustatorische Zeichen (Geruchs- und Geschmacksmarken). Kritisch dazu Geiregat IIC 2022, 219 (222 ff.).

25   Der EuGH hat festgestellt, dass Dienstleistungsmarken für die **Aufmachung von Ladenlokalen** („Flagship-Stores") in der Form einer Abbildung schutzfähig sind, ohne dass es darauf ankäme, ob die Abbildung Angaben zur Größe und zu den Proportionen der abgebildeten Verkaufsstätte enthält (EuGH C-421/13, GRUR 2014, 866 Rn. 19 – Apple mAnm Knaak GRUR 2014, 868).

25.1   Der Formulierung des EuGH, dass „eine Darstellung …, die die Ausstattung einer Verkaufsstätte mittels einer Gesamtheit aus Linien, Konturen und Formen abbildet, eine Marke sein (kann)" (EuGH C-421/13, GRUR 2014, 866 Rn. 20 – Apple) lässt sich allerdings nicht eindeutig entnehmen, ob sich der so erworbene Schutz – wie vom Anmelder beantragt – auf die Aufmachung der Dienstleistung oder nur auf die Abbildung des Ladenlokals bezieht.

2. Prüfung absoluter Schutzhindernisse: europaweit einheitliche Grundsätze

26   Im Hinblick auf die Durchführung der Prüfung absoluter Schutzhindernisse ist das DPMA ebenso wie andere nationale Ämter an die Beachtung **europaweit einheitlicher Vorgaben** gebunden. Wie der EuGH festgestellt hat, ist es mit dem Ziel der Rechtsvereinheitlichung nicht vereinbar, wenn der Prüfungsmaßstab der einzelnen Ämter unterschiedlich festgelegt wird (EuGH C-363/99, GRUR 2004, 674 Rn. 122 – Postkantoor). Der deutsche Gesetzgeber kann daher ebenso wie andere nationale Gesetzgebungen nicht eigenständig darüber bestimmen, ob ein eher großzügiger oder restriktiver Maßstab bei der Prüfung Anwendung findet (so Ströbele/Hacker/Thiering/Ströbele Rn. 2).

27   Als Leitmotiv für die Prüfung nach Art. 4 MRL (früher: Art. 3 MRL 2008) und Art. 7 UMV hat der EuGH wiederholt die Gewährleistung von „unverfälschtem Wettbewerb" bezeichnet (EuGH C-517/99, GRUR 2001, 1148 Rn. 21 – Merz & Krell („Bravo"); C-104/01, GRUR 2003, 604 Rn. 56 – Libertel). Eine Amtsprüfung, die sich darauf beschränkt, nur die offensichtlich unzulässigen Anmeldungen zurückzuweisen, wobei die Lösung etwaiger Interessenkonflikte, im Wege der Anwendung der Schrankenbestimmungen, in das Verletzungsverfahren verschoben wird, ist danach nicht mit den Vorgaben des europäischen Rechts vereinbar. Die Prüfung darf sich daher nicht auf ein Mindestmaß beschränken, sondern muss **streng** (bzw. eingehend) **und umfassend** sein, um eine ungerechtfertigte Eintragung von Marken zu verhindern und um aus Gründen der Rechtssicherheit und der ordnungsgemäßen Verwaltung sicherzustellen, dass Marken, deren

Benutzung vor Gericht mit Erfolg entgegengetreten werden könnte, nicht eingetragen werden (EuGH C-39/97, GRUR Int 1998, 875 Rn. 21 – Canon; C-104/01, GRUR Int 2003, 638 Rn. 59 – Libertel; C-363/99, GRUR 2004, 674 Rn. 123 – Postkantoor; C-265/09 P, GRUR 2010, 1096 Rn. 45 – Borco; Ströbele/Hacker/Thiering/Ströbele Rn. 11).

Da die RL 89/104/EWG (= MRL 1989) und die MRL 2008 die Ausgestaltung des Anmelde-, Eintra- **27.1** gungs- und Löschungsverfahren nicht regelten, hätte allerdings auch ein reines Hinterlegungsverfahren, wie es früher in einigen Mitgliedsländern üblich war, als mit dem europäischen Recht kompatibel gelten können. Der insoweit theoretisch bestehende Freiraum blieb jedoch gegenstandslos, da sämtliche Mitglieds- länder Amtsprüfungsverfahren (zumindest) im Hinblick auf absolute Schutzhindernisse vorsehen. Da und soweit dies der Fall ist, müssen den Grundsätzen der EuGH-Rechtsprechung zufolge auch die dabei angewandten Maßstäbe dem europäischen Standard einer strengen und umfassenden Prüfung genügen, wobei Abweichungen von diesem Standard nur in engen Ausnahmefällen zulässig sind (→ Rn. 33 f.).

3. Prüfungsmaßstab: Allgemeines

Das Erfordernis einer strengen und umfassenden Prüfung bezieht sich vor allem auf Umfang **28** und Intensität der Prüfung, die sich **nicht mit einer groben Sichtung der Schutzhindernisse** begnügen darf. Dies ist nicht mit der Aussage gleichzusetzen, dass nur ein besonders hohes Maß an Unterscheidungskraft für die Eintragung genügen würde: Ein in diesem Sinne strenger Maßstab ließe sich angesichts des Wortlauts von MRL und UMV nicht begründen.

Durch die vom BGH wie auch vom EuG regelmäßig verwendete Formulierung, dass bereits **29** ein **Mindestmaß an Unterscheidungskraft** zur Überwindung des Schutzhindernisses von § 8 Abs. 2 Nr. 1 bzw. Art. 7 Abs. 1 lit. b UMV ausreicht, wird statt dessen ein eher großzügiger Maßstab signalisiert (→ § 8 Rn. 99).

Unterschiedliche Positionen im Hinblick auf die Großzügigkeit des Prüfungsmaßstabs wurden (und **29.1** werden zum Teil noch) zwischen BGH und BPatG vertreten. In der Literatur sind es vor allem Fezer (Fezer Rn. 30 ff.) einerseits und Ströbele/Hacker/Thiering/Ströbele Rn. 8 ff. andererseits, die zu Protagonisten unterschiedlicher Auffassungen wurden (zu diesem Meinungsstreit, ua unter Hinweis auf die historischen Wurzeln der Schutzausschlussgründe, Hacker GRUR 2001, 630; s. aus jüngerer Zeit auch BPatG BeckRS 2016, 08048 – Schokoladenstäbchen III, wo beklagt wird, dass die „nationale Rechtsprechung" (im Klartext: der BGH) durch die Betonung des Eintragungsanspruchs und der angeblich zu beachtenden Großzügigkeit der Prüfungsmaßstäbe nicht unerheblich dazu beitrage, dass in nennenswertem Maße schutzunfähige Zei- chen in das Register gelangten).

Nach der hier vertretenen Auffassung sollte dieser Streit nicht überbewertet werden. Es sollte grundsätz- **29.2** lich möglich sein, Einigkeit darüber zu erzielen, dass weder ein besonders großzügiger noch ein betont restriktiver Maßstab anzuwenden sind. Auszurichten ist die Beurteilung stets an den Zielen des Marken- rechts, das einen unverfälschten Wettbewerb gewährleisten soll und das daher den Interessen aller Beteiligten angemessen Rechnung tragen muss. Nach der hier vertretenen Auffassung bedeutet dies insbesondere, dass die Wettbewerberinteressen bei der Prüfung keines Schutzhindernisses völlig außer Acht gelassen werden dürfen, ebenso wie umgekehrt auch die Interessen der beteiligten Verkehrskreise stets mit zu berücksichti- gen sind (→ Rn. 63 ff.).

Im deutschen Recht entspricht die Anwendung eines großzügigen Maßstabs auch dem erklärten **30** Willen des Gesetzgebers, der in der Amtlichen Begründung zum MarkenG ausgeführt hat, „dass jede, wenn auch noch so geringe Unterscheidungskraft ausreicht" (Amtl. Begr. zu § 8). Dieser Aussage kommt jedoch angesichts der Vorrangigkeit des europäischen Rechts keine Verbindlichkeit zu (→ Rn. 59).

Primär maßgeblich bleibt insoweit die **Rechtsprechung des EuGH.** Von diesem wurde die **31** vom EuG regelmäßig verwendete Formel, es genüge ein „Mindestmaß" bzw. „Minimum" an Unterscheidungskraft bisher, soweit ersichtlich, nur in eher beiläufiger Form aufgegriffen (EuGH C-398/08 P, GRUR 2010, 228 Rn. 39 – Vorsprung durch Technik); sie zählt jedenfalls nicht zum festen Bestand der vom EuGH selbst regelmäßig wiederholten Wendungen. Auf der anderen Seite wird der entsprechende, vom EuG verwendete Maßstab auch nicht als unangemessen bean- standet. Statt sich mit der Bemessung des Prüfungsmaßstabs in allgemeiner Form auseinanderzuset- zen, stellt der EuGH in seinen Entscheidungen regelmäßig darauf ab, ob sich die Auslegung der Schutzhindernisse durch das EuG in hinreichend konkreter Weise am **Warenbezug** einerseits und den **Adressatenkreisen** andererseits orientiert; soweit das der Fall ist, wird den Entscheidun- gen mit wenigen Ausnahmen attestiert, dass sie nicht rechtsfehlerhaft gewesen seien.

Allerdings bleibt anzumerken, dass in den Verfahren, in denen der Gerichtshof selbst über die Schutzfä- **31.1** higkeit von Unionsmarkenanmeldungen entschieden hat, die Schutzschwelle zum Teil sehr niedrig angesetzt wurde. Dies gilt vor allem für die erste dieser EuGH-Entscheidungen (EuGH C-383/99 P, GRUR 2001, 1145 – BABY DRY zu Art. 3 Abs. 1 lit. c MRL 1989), die allerdings kaum noch als wegweisend gelten kann; ähnlich großzügig aber auch EuGH C-329/02 P, GRUR 2004, 943 – SAT.1; C-398/08 P, GRUR Int 2010, 225 – Vorsprung durch Technik). Deutlich zurückhaltender äußert sich der Gerichtshof hingegen zum Schutz von Warenformmarken (s. insbesondere EuGH C-136/02 P, GRUR Int 2005, 135 Rn. 31 – Maglite; → Rn. 36).

32   Dies lässt sich in dem Sinne deuten, dass formelhafte Festlegungen im Hinblick auf die Bemessung der Schutzschwelle nach Ansicht des EuGH wenig hilfreich sind. Sicher ist allerdings, dass extreme Ausschläge in die eine wie auch die andere Richtung vermieden werden sollten. Schlagwortartig ausgedrückt, sollte es sich weder um einen betont „großzügigen" noch um einen „strengen", sondern um den „korrekten" Maßstab handeln (zustimmend Ströbele/Hacker/Thiering/Ströbele Rn. 12). Wesentlich wichtiger als die Beachtung eines schematisch festgelegten Prüfungsmaßstabs ist es für die Erreichung dieses Ziels, im Einzelfall die Interessen des Markenanmelders sowie diejenigen der Allgemeinheit so **konkret und umfassend** wie möglich festzustellen und zu würdigen. Dabei darf man sich hinsichtlich der Präzision des Prüfungsmaßstabs ohnehin keine Illusionen machen: Da und soweit die Feststellungen und Prognosen im Rahmen des Eintragungsverfahrens spekulativ bleiben müssen, kann es immer nur darum gehen, eine gewisse Annäherung an die Bedürfnisse der Praxis und die ggf. bestehenden Risiken zu erreichen.

4. Einschränkung des Prüfungsmaßstabs bei einzelnen Schutzhindernissen

33   Das vom EuGH betonte Erfordernis der einheitlichen Auslegung des Prüfungsmaßstabs gilt grundsätzlich uneingeschränkt; es gilt somit auch für die anderen im Eintragungsverfahren von Amts wegen zu prüfenden Schutzhindernisse. Für das deutsche Recht ergeben sich jedoch **Abweichungen** im Hinblick auf die Schutzhindernisse für täuschende und bösgläubig angemeldete Marken (§ 8 Abs. 2 Nr. 4 und 14): Nach § 37 Abs. 3 beschränkt sich insoweit die Zurückweisung der Marke im Eintragungsverfahren auf Fälle, in denen das Schutzhindernis „ersichtlich" ist. Obwohl diese Regelung dem Gebot der strengen und umfassenden Prüfung (→ Rn. 27) bei wörtlicher Auslegung widerspricht, ist an der Europarechtskonformität der Regelung nicht zu zweifeln, zumal sie eindeutig sachgerecht ist: Anders als bei der Prüfung fehlender Unterscheidungskraft, Beschreibungseignung oder Handelsüblichkeit, auf die sich die Ausführungen des EuGH in erster Linie bezogen haben, werden dem Amt in der Regel geeignete Anhaltspunkte für eine gründliche Prüfung der Bösgläubigkeit von Markenanmeldungen oder die Täuschungseignung von Marken fehlen. In diesen Fällen sollten daher die Anforderungen an die Prüfungspflicht des Amtes nicht überspannt werden; insoweit reicht es aus, wenn den Interessen der Allgemeinheit sowie auch den Interessen desjenigen, der sich auf die bösgläubige Anmeldung einer Marke beruft, im Löschungsverfahren Genüge getan wird.

33.1   Bei Marken, deren Benutzung ersichtlich gegen ein aus anderen gesetzlichen Vorschriften folgendes, im öffentlichen Interesse stehendes Verbot verstoßen würde (§ 8 Abs. 2 Nr. 13), ist die Rechtslage ohnehin eine andere: Hier geht es nicht um eine Relativierung des Prüfungsmaßstabs, sondern um eine materielle Einschränkung des Schutzhindernisses, die sich bereits aus der Formulierung des Schutzhindernisses selbst ergibt (→ § 8 Rn. 934). In dieser Hinsicht weicht Abs. 2 Nr. 9 von der Formulierung der optionalen Richtlinienbestimmung (Art. 4 Abs. 3 lit. a MRL) ab, die keine solche Einschränkung vorsieht. Zur fehlenden Unionsrechtskonformität der Regelung → Rn. 33.2.

33.2   Die Einschränkung von Abs. 2 Nr. 13 auf „ersichtliche" und „im öffentlichen Interesse liegende" Benutzungsverbote einen Verstoß gegen die MRL dar, da der nationale Gesetzgeber keinen Regelungsspielraum besitzt, soweit er sich zur Umsetzung einer vom Unionsgesetzgeber vorgegebenen optionalen Regelung entschließt (EuGH C-408/01, GRUR 2004, 58 Rn. 20 - Adidas/Fitnessworld; unzutr. daher Ströbele/Hacker/Thiering/Ströbele Rn. 1010: die Beschränkung sei wegen des nur fakultativen Charakters der Vorschrift möglich gewesen). Zumindest im Eintragungsverfahren wirken sich aber die naturgemäß eingeschränkten Prüfungsmöglichkeiten des Amtes ohnehin auf den insoweit angewendeten Maßstab aus (ebenso → Rn. 33). Im Löschungsverfahren sollte jedoch trotz des Wortlauts von Abs. 2 Nr. 13 eine vollständige und umfassende Prüfung des Benutzungsverbots stattfinden.

34   In der UMV gilt für den Fall des Schutzhindernisses für täuschende Marken (Art. 7 Abs. 1 lit. g UMV) **keine explizite Beschränkung** auf Fälle der ersichtlichen Täuschungseignung. Aus den zuvor genannten praktischen Gründen kann jedoch auch im Verfahren vor dem EUIPO keine intensive Überprüfung möglicher Täuschungsgefahren erwartet werden; auch insoweit wird die Anwendung des Schutzhindernisses daher im Ergebnis auf Fälle der Ersichtlichkeit beschränkt. Fälle der bösgläubigen Eintragung werden im System der UMV ohnehin nicht im Eintragungsver-

fahren, sondern nur als Löschungsgrund berücksichtigt, der keiner Einschränkung der Prüfungsintensität unterliegt.

Ebenso wie im deutschen Recht (→ § 8 Rn. 594) ist nach der UMV nur dann von der Täuschungseig- **34.1** nung einer Marke auszugehen, wenn eine rechtmäßige Benutzung ausgeschlossen ist. Der Anmelder einer auf eine bestimmte geografische Herkunft hinweisenden Marke muss daher das Warenverzeichnis nicht auf Waren dieser Herkunft beschränken (EuG GRUR-RS 2022, 14844 – La Irlandesca 1943 mAnm Schoene GRUR-Prax 2022, 434).

5. Gleicher Prüfungsmaßstab für alle Markenformen

Keine Unterschiede für den Prüfungsmaßstab ergeben sich im nationalen wie im Unionsrecht **35** aus der **Form des Zeichens,** für das in der Anmeldung Schutz begehrt wird. Vom EuGH wird insoweit in ständiger Rechtsprechung betont, dass für sämtliche schutzfähigen Zeichenformen einheitliche Prüfungsmaßstäbe gelten (EuGH verb. Rs. C-53/01 – C-55/01, GRUR 2003, 514 Rn. 42 – Linde, Winward und Rado; C-64/02 P, GRUR 2004, 1027 Rn. 33 f. – Das Prinzip der Bequemlichkeit).

Auf der anderen Seite schließt die Anwendung einheitlicher Maßstäbe nicht aus, dass verschie- **36** dene Zeichenformen von den Abnehmern unterschiedlich wahrgenommen werden. So ist dem EuGH zufolge grundsätzlich davon auszugehen, dass die Abnehmer die **Form einer Ware** primär in dieser Eigenschaft, dh als Gebrauchsgegenstand, wahrnehmen und nicht als Ausdruck der wesentlichen Funktion einer Marke, die kommerzielle Herkunft der Ware zu identifizieren und von Waren anderer Herkunft zu unterscheiden (EuGH verb. Rs. C-53/01, C-55/01, GRUR 2003, 514 Rn. 48 – Linde, Winward und Rado; C-218/01, GRUR 2004, 428 Rn. 38 – Henkel (Flüssigwaschmittel)). Das Gleiche gilt für **Farben oder Farbkombinationen,** die vorwiegend als Gestaltungsmittel von Waren, und nicht als Mittel zur Identifizierung der kommerziellen Herkunft, betrachtet werden (EuGH C-104/01, GRUR Int 2003, 638 Rn. 27, 66 f. – Libertel; ähnlich für Slogans, die in erster Linie als Werbebotschaften aufgefasst werden, EuGH C-64/02 P, GRUR 2004, 1027 Rn. 35 f. – Das Prinzip der Bequemlichkeit). Dieser Rechtsprechung zufolge wird bei solchen Zeichenformen die Eignung zur Herkunftskennzeichnung iSv § 8 Abs. 2 Nr. 1 und Art. 7 Abs. 1 lit. b UMV **eher zu verneinen** sein als bei traditionellen Zeichenformen (Wort- und Bildmarken), die von den Abnehmern ohne weiteres als Herkunftshinweis erkannt werden.

Bei Zeichen, die aus der **Form der Ware** bestehen, wird grundsätzlich davon ausgegangen, dass diese **36.1** nur dann Unterscheidungskraft besitzen, wenn sie erheblich von der Norm oder der Branchenüblichkeit abweichen. Umgekehrt gilt, dass umso eher zu erwarten ist, dass dem Zeichen die Unterscheidungskraft fehlt, je mehr sich die angemeldete Form der Form annähert, in der die betreffende Ware am wahrscheinlichsten in Erscheinung tritt, iSv Art. 7 Abs. 1 lit. b VO (EG) 40/94 fehlt. (EuGH C-546 und 457/02, GRUR Int 2004, 631 Rn. 39 – Henkel/HABM (Tabs); C-136/02, GRUR Int 2005, 135 Rn. 31 – Mag Instrument/HABM; zu Einzelheiten → § 8 Rn. 471 ff.). Entsprechendes gilt für **Positionsmarken,** soweit diese mit dem Erscheinungsbild der Ware verschmelzen (EuG T-547/08, BeckEuRS 2010, 90732 Rn. 25 ff. – X Technologies/HABM mAnm Bogatz GRUR-Prax 2010, 412; T-434/12, BeckRS 2014, 80046 Rn. 20; zu Einzelheiten → § 8 Rn. 506 ff.). Dabei ist unerheblich, ob das Zeichen in der Anmeldung als „Bildzeichen", „dreidimensionales" Zeichen oder als „anders Zeichen" bezeichnet wird (T-434/12, BeckRS 2014, 80046 Rn. 21).

Bei **abstrakten Farbmarken** ist für die Frage der Unterscheidungskraft nicht allein zu berücksichtigen, **36.2** dass die Verbraucher nicht daran gewöhnt sind, die Waren eines Unternehmens anhand der Farbe von denen anderer zu unterscheiden, sondern auch, dass die Anzahl der verfügbaren Farben begrenzt ist. Anders als bei anderen Zeichenformen muss daher bereits im Rahmen von Abs. 2 Nr. 1 das Freihaltebedürfnis von Mitbewerbern Berücksichtigung finden (EuGH C-104/01, GRUR 2009 604 Rn. 65, 54 ff.; näher zur Farbmarke als Sonderfall → Rn. 62; zu Einzelheiten → § 8 Rn. 446 ff.). Da sich die anzulegenden Maßstäbe unterscheiden, wirkt sich die Qualifikation des Zeichens und Unterscheidungskraft aus; sie ist jedoch nur einer der zu beachtenden Faktoren (EuGH C-578/17, GRUR 2019, 511 Rn. 35 – Oy Hartwall; zu der zur Zurückweisung wegen mangelnder Bestimmtheit führenden Gefahr der Widersprüchlichkeit → § 3 Rn. 23.3).

6. Konkreter (waren- und dienstleistungsbezogener) Maßstab

Bei der Prüfung der Schutzhindernisse gemäß § 8 und Art. 7 UMV ist ein konkreter Maßstab **37** anzulegen. Anders als bei der Beurteilung der abstrakten Markenfähigkeit im Rahmen des § 3 und Art. 4 UMV geht es nicht darum, die Schutzfähigkeit der angemeldeten Marke unter allgemeinen, produktübergreifenden Aspekten zu beurteilen. Insbesondere bei den wichtigen Schutzhindernissen von § 8 Abs. 2 Nr. 1–3 und Art. 7 Abs. 1 lit. b–d UMV ist allein die Feststellung von Bedeutung, ob die angemeldete Marke **für die angegebenen Waren und/oder Dienstleistungen** hinreichend unterscheidungskräftig ist oder aber beschreibend wirkt oder sprachüblich geworden ist.

37.1   Im Hinblick auf § 8 Abs. 2 Nr. 3 war dies zunächst umstritten. In der Tat enthält die entsprechende Vorschrift der MRL, Art. 4 Abs. 1 lit. d MRL, nach wie vor keinen Hinweis darauf, dass die Marke für die betreffenden Waren oder Dienstleistungen üblich geworden sein muss; dasselbe gilt für Art. 7 Abs. 1 lit. d UMV sowie für das Vorbild der Regelungen in Art. 6^{quinquies} B Nr. 2 PVÜ. Der EuGH hat jedoch in „Merz & Krell" (EuGH C-517/99, GRUR Int 2002, 145 – Bravo) klargestellt, dass ein Waren- und Dienstleistungsbezug auch bei Art. 4 Abs. 1 lit. d MRL vorhanden sein muss; die Umsetzung durch den deutschen Gesetzgeber, der dieses Kriterium in § 8 Abs. 2 Nr. 3 ausdrücklich aufgeführt hat, entspricht daher dem auch vom europäischen Recht intendierten Ergebnis (→ § 8 Rn. 568).

38   Bei sehr umfangreichen Waren- und Dienstleistungsverzeichnissen bedeutet die Notwendigkeit einer konkret waren- und dienstleistungsbezogenen Prüfung für das Amt unter Umständen einen erheblichen Arbeitsaufwand. Dennoch ist es nicht statthaft, auf die konkrete Einzelprüfung zu verzichten (BPatG BeckRS 2018, 13489 – Harald Juhnke). Dies schließt jedoch nicht aus, dass bestimmte Schlagworte, die üblicherweise zur Anpreisung beliebiger Waren oder Dienstleistungen verwendet werden – wie „neu" oder „Super" – ungeachtet des jeweiligen Waren- und Dienstleistungsverzeichnisses wegen absoluter Schutzhindernisse zurückgewiesen werden (→ § 8 Rn. 177).

38.1   Die Notwendigkeit einer konkreten Prüfung bedeutet der Rechtsprechung des EuGH zufolge nicht, dass sich die Prüfung auf andere Formen der Verwendung von Marken erstrecken muss als diejenigen, die von der zur Entscheidung zuständigen Behörde aufgrund eigener Sachkunde als die jeweils naheliegendste identifiziert worden ist (EuGH C-307/11 P, GRUR Int 2013, 134 Rn. 55 – Deichmann/OHIM; → UMV Art. 7 Rn. 35). Darin wurde zum Teil ein Widerspruch zur Rechtsprechung des BGH gesehen, der vorsichtiger und prinzipiell eintragungsfreundlicher formuliert, dass es für die Bejahung der Eintragbarkeit genügt, wenn es praktisch bedeutsame und naheliegende Möglichkeiten gibt, das angemeldete Zeichen bei den Waren und Dienstleistungen, für die es eingetragen werden soll, so zu verwenden, dass es vom Verkehr ohne Weiteres als Marke verstanden wird (BGH GRUR 2008, 1093 Rn. 22 – Marlene-Dietrich-Bildnis I; GRUR 2010, 825 Rn. 21 – Marlene-Dietrich-Bildnis II; GRUR 2010, 1100 Rn. 28 – Tooor!). In der Entscheidung EuGH C-541/18, GRUR 2019, 1194 – #darferdas? wird der Ansatz des BGH vom EuGH bestätigt: Zu prüfen sind sämtliche wahrscheinlichen Verwendungsarten der angemeldeten Marke, wobei es sich mangels anderer Anhaltspunkte um die Verwendungsarten handelt, die angesichts dessen, was in der betreffenden Branche üblich ist, praktisch bedeutsam sein können. Als irrelevant auszuschließen sind danach nur praktisch nicht bedeutsame Verwendungsarten (→ § 8 Rn. 130).

38.2   Zu den Fragen, die in Konsequenz dieser Rechtsprechung im Verletzungsverfahren auftreten können, s. Wagner GRUR 2020, 498.

38.3   Da der Anmelder zum Zeitpunkt der Markenanmeldung weder angeben noch genau wissen muss, wie die Marke verwendet werden soll, müssen auch künftige Verwendungsmöglichkeiten berücksichtigt werden. Soweit es sich dabei jedoch um eine im Vergleich zu den Branchenverhältnissen abweichende Verwendungsform handelt, obliegt es dem Anmelder, konkrete Anhaltspunkte dafür zu liefern, warum und in welcher Weise eine herkunftshinweisende Form der Benutzung im gegebenen Einzelfall wahrscheinlich ist (BGH GRUR-RS 2020, 26482 Rn. 20 – Lichtmiete).

38.4   Im Fall einer Bildmarke, die aus einer sich wiederholenden Sequenz von gleichen Bestandteilen besteht, wohnt dem Zeichen die Wahrscheinlichkeit inne, dass es nur als Oberflächenmuster verwendet wird (BPatG GRUR-RS 2022, 14458 mAnm Müller-Broich GRUR-Prax 2022, 435; im gleichen Sinne bereits EuGH C-26/17 P, GRUR-RR 2018, 507 – Birkenstock/HABM).

7. Maßgebliche Verkehrskreise

39   Wie bei anderen markenrechtlichen Tatbeständen ist auch bei den Schutzhindernissen von dem Verständnis der **relevanten Abnehmerkreise** auszugehen. Diese sind unter Berücksichtigung des Waren- und Dienstleistungsverzeichnisses zu ermitteln, das den Referenzrahmen für die materielle Beurteilung vorgibt (→ § 8 Rn. 103 ff.). Bedeutung kommt diesen Grundsätzen vor allem für die Beurteilung der Schutzhindernisse gemäß § 8 Abs. 2 Nr. 1–3 und Art. 7 Abs. 1 lit. b–d UMV zu; sie sind jedoch auch für die anderen Schutzhindernisse – mit wenigen Ausnahmen – von Relevanz.

39.1   Bei den auf Art. 6ter PVÜ zurückgehenden Vorschriften von § 8 Abs. 2 Nr. 6–8 sowie Art. 7 Abs. 1 lit. h UMV ist darauf zu achten, dass nicht die üblichen Beurteilungsmaßstäbe wie bei der Verwechslungsgefahr zu berücksichtigen sind, sondern dass es um den heraldischen Ausdruck des Zeichens geht (EuGH Rs. C-202/08 und 208/08, GRUR Int 2010, 45 Rn. 47 f. – American Clothing (Ahornblatt); GRUR-RR 2013, 428 f. – Schweizer Kreuz; → § 8 Rn. 827 ff.).

Keine Bedeutung kommt der Verkehrsauffassung bei der Anwendung von Art. 7 Abs. 1 lit. j UMV **39.2** bzw. Art. 4 Abs. 1 lit. i MRL zu, soweit Marken betroffen sind, die geografische Bezeichnungen von Weinen oder Spirituosen enthalten oder aus diesen bestehen. Dabei geht es um den in Art. 23 TRIPS verankerten, international verbindlichen Schutz solcher Bezeichnungen, der mit absoluter Wirkung ausgestattet ist (bisher noch nicht in § 8 umgesetzt; s. insoweit allgemein § 13 und zu den Auswirkungen der Markenreform → § 13 Rn. 64 ff.). Besonderheiten gelten auch für Bezeichnungen, deren Schutz sich nach Art. 13 VO (EU) 2012/1151 bestimmt: Danach ist die Eintragung konfligierender Bezeichnungen auch dann zu versagen, wenn der Anmelder „entlokalisierende Zusätze" anbringt, ohne dass es darauf ankommt, in welcher Weise die beteiligten Verkehrskreise die Angabe insgesamt auffassen (→ § 13 Rn. 60 ff.).

Soweit es auf die Wahrnehmung der Marke durch die relevanten Verkehrskreise ankommt, ist **40** auf die Sicht eines **durchschnittlich aufmerksamen und informierten Adressaten** innerhalb des Territoriums abzustellen, auf das sich der Schutz bezieht bzw. beziehen soll (zu fremdsprachlichen Zeichen → § 8 Rn. 280 ff.).

Dieser Maßstab des durchschnittlich aufmerksamen und informierten Adressaten wurde vom EuGH **40.1** zunächst für das Wettbewerbsrecht entwickelt (EuGH C-210/96, GRUR Int 1998, 795 – Gut Springenheide), wo er dem traditionell an der Wahrnehmung des flüchtigen Verbrauchers ausgerichteten Verbraucherleitbild des deutschen Rechts entgegengesetzt wurde. Nach ständiger Rechtsprechung sind auch im Markenrecht entsprechende Grundsätze anzuwenden. Es dürfen daher weder zu hohe noch zu niedrige Anforderungen an Wissen und Aufmerksamkeit der Abnehmer sowie sonstiger Teile der beteiligten Verkehrskreise gestellt werden (→ § 8 Rn. 108 f.).

Zu berücksichtigen ist ggf. auch, in welcher Weise die Sehgewohnheiten des angesprochenen Publikums **40.2** durch die in bestimmten Produktbereichen üblichen Formen der Markenverwendung beeinflusst werden. Die Wahrnehmung des Verkehrs ist nicht statisch, sondern nimmt an der Dynamik des Marktgeschehens teil.

Für die Frage der Schutzfähigkeit der Marke „Vromage" für ein Käseersatzprodukt ist daher zu berück- **40.3** sichtigen, dass im Marktsektor für vegane Produkte die Vertauschung der Anfangsbuchstaben „F" und „V" üblich geworden ist („Vleisch", „Vurst", „Visch") und von einem entscheidungserheblichen Teil der beteiligten Verkehrskreisen daher als Hinweis auf ein veganes Lebensmittel-Ersatzprodukt verstanden wird. Da die angesprochenen Verbraucher zudem mit der Bedeutung des französischen Worts „Fromage" vertraut sind – zumal wegen der Beliebtheit von französischem Käse Produkte häufig unter ihrer Originalbezeichnung im Handel angeboten werden – erschließt sich die sachliche Bedeutung von „Vromage" zumindest für entscheidungserhebliche Teile der beteiligten Verkehrskreise (BPatG GRUR-RS 2020, 40367 Rn. 11 – Vromage; dazu Molle GRUR-Prax 2021, 171).

Dabei ergibt sich aus der Notwendigkeit der Prüfung im Kontext eines konkreten Waren- und **41** Dienstleistungsbezugs (→ Rn. 37), dass bei Waren und Dienstleistungen, durch die vorwiegend Fachleute angesprochen werden, die Perspektive dieses Personenkreises ausschlaggebend ist, während bei Waren oder Dienstleistungen des täglichen Bedarfs von der Wahrnehmung eines durchschnittlichen Angehörigen der Gesamtbevölkerung auszugehen ist. Der EuGH-Rechtsprechung zufolge zählt zudem grundsätzlich **auch der Handel** zu den beteiligten Verkehrskreisen, deren Auffassung für die Beurteilung der Schutzfähigkeit von Markenanmeldungen zu berücksichtigen ist (EuGH C-421/04, GRUR 2006, 411 f. Rn. 24 – Matratzen Concord/Hukla; zu weiteren Einzelheiten → § 8 Rn. 108 f.).

8. Konvergenz und Transparenz der Prüfung als Ziel der Rechtsangleichung

Obwohl die Beurteilung der Eintragungsvoraussetzungen im nationalen und im Unionsrecht **42** übereinstimmenden Prüfungsmaßstäben unterliegt, können sich im Verhältnis zwischen dem EUIPO und dem nationalen Recht ebenso wie im Vergleich des deutschen Rechts mit anderen nationalen Rechtsordnungen Unterschiede in der Prüfungspraxis ergeben.

Unterschiede im Prüfungsergebnis, die sich aus der „naturgegebenen" Unschärfe der Prüfungs- **43** kriterien ergeben (→ Rn. 32), lassen sich kaum vermeiden. Soweit sich solche Unterschiede zu deutlichen Tendenzen verfestigen, die die Prüfungspraxis des jeweiligen Amtes prägen, liegt darin jedoch ein Widerspruch zur Intention der Rechtsvereinheitlichung. Insbesondere lassen sich solche Abweichungen nicht als Ausdruck gewollter Vielfalt im Sinne eines „Wettbewerbs der Systeme" auffassen, sondern sie sind ein Symptom der mangelnden Verwirklichung des Harmonisierungsziels auf faktischer Ebene und sollten daher möglichst überwunden oder zumindest verringert werden.

Dem Zweck einer solchen Fortschreibung der faktischen Vereinheitlichung durch eine verbesserte Synchronisierung der Systeme dienen der regelmäßige Informationsaustausch zwischen den verschiedenen nationalen Ämtern und dem EUIPO sowie weitere Instrumente, die im Rahmen des **Konvergenzprogramms** weiter ausgebaut werden.

43.1   Durch die Reform von 2016 wird der Zusammenarbeit von EUIPO und nationalen Ämtern ein fester institutioneller Rahmen verliehen. Nach Art. 152 UMV (für Einzelheiten → UMV Art. 152 Rn. 1 ff.) soll die bessere Abstimmung von Verfahren und Instrumentarien im Markenrecht (sowie im Geschmacksmusterrecht) folgende Themen betreffen: (a) Entwicklung gemeinsamer Prüfstandards, (b) Errichtung gemeinsamer oder vernetzter Datenbanken und Portale, die eine unionsweite Abfrage, Recherche und Klassifizierung ermöglichen, (c) kontinuierliche Bereitstellung und Austausch von Daten sowie Belieferung der unter (b) genannten Portale mit Material; (d) Festlegung gemeinsamer Standards und Verfahren, um die Interoperabilität von Verfahren und Systemen in der gesamten EU zu verbessern und deren Konsistenz und Kohärenz zu verbessern, (e) wechselseitige Informationen und Unterstützung von Helpdesks und Informationsstellen, (f) Austausch von technischem Know-how und Hilfestellung in den zuvor genannten Bereichen. Zur Ausfüllung dieser Aufgaben werden vom EUIPO Gelder im Rahmen gemeinsamer Projekte bereitgestellt. Diese Gelder dürfen 15% der jährlichen Einnahmen des Amtes nicht übersteigen.

43.2   Ungeachtet eines weiteren Ausbaus der Kooperationsprojekte wird es allerdings auch künftig zumal in Grenzfällen dazu kommen können, dass die Entscheidungen der einzelnen Behörden unterschiedlich ausfallen. Dies liegt in der Natur der Sache und ließe sich allenfalls dann verhindern, wenn jeglicher Anspruch auf Eigenständigkeit der nationalen Systeme aufgegeben würde. Da und solange dies nicht geplant ist, kann die Aufgabe nur darin bestehen, durch engen wechselseitigen Informationsaustausch und Abstimmung von Praktiken einer einheitlichen Lösung auf der Grundlage transparenter Kriterien so nahe wie möglich zu kommen.

9. Berücksichtigung von Voreintragungen

44   Angesichts der Eigenständigkeit der Markensysteme auf nationaler und Unionsebene bleibt die Prüfung der Eintragungsvoraussetzungen der innerhalb des jeweiligen Systems zuständigen Behörde allein überlassen. Eintragungen desselben Zeichens in anderen Mitgliedsländern oder durch das EUIPO binden die nationalen Ämter daher ebenso wenig wie Schutzversagungen. Dies ergibt sich bereits aus der Natur der Sache, wenn eine Marke aus linguistischen Gründen in einem Mitgliedsland zurückgewiesen wird, während sie im anderen keine erkennbare Bedeutung besitzt, oder wenn sonst die für Wahrnehmung und Verständnis der Marke bedeutsamen, konkreten Umstände voneinander abweichen. Grundsätzlich gilt dies jedoch auch, wenn die sachlichen Kriterien der Beurteilung übereinstimmen und die Behörden lediglich zu einem unterschiedlichen Ergebnis gelangen: auch insoweit bleibt es bei der **Autonomie der Systeme,** die grundsätzlich ausschließt, dass Voreintragungen in anderen Systemen für die Entscheidung über die Eintragung als maßgeblich betrachtet werden (ständige Rechtsprechung des EuG und des EuGH, s. etwa EuGH C-104/00 P, GRUR 2003, 58 Rn. 39 – Companyline; EuG T-129/04, GRUR-RR 2006, 216 Rn. 68 – Develey; → UMV Art. 1 Rn. 6).

45   Der Eintragung bzw. Ablehnung einer angemeldeten Marke in anderen Mitgliedsländern kann allerdings ein gewisser **informatorischer Wert** zukommen, auch wenn er sich nicht im Sinne einer rechtlich relevanten Indizwirkung verfestigt (dazu Ströbele/Hacker/Thiering/Ströbele Rn. 83 mit Hinweis auf die Ablehnung der insoweit früher vom BGH (und unter Berufung auf diesen von der Kommission) vertretenen Position in EuGH C-218/01, GRUR 2004, 428 Rn. 63 f. – Henkel).

46   Auch innerhalb der gleichen Behörde entfalten Vorentscheidungen keine Präjudizwirkung in dem Sinne, dass das Amt in gleich gelagerten Fällen zwingend zum gleichen Ergebnis kommen müsste. Auf der anderen Seite können frühere Entscheidungen nicht völlig unberücksichtigt bleiben, sondern der Prüfer muss sich im Einzelfall mit den **Gründen für die abweichende Beurteilung** auseinandersetzen und seine eigene Entscheidung im Lichte dieser Erwägungen begründen und rechtfertigen (grundlegend EuGH verb. Rs. C-39/08, C-43/08, GRUR 2009, 667 – Bild T.Online und ZVS).

10. Sprachen

47   Für das Verständnis der beteiligten Verkehrskreise bedeutsam sind grundsätzlich alle Elemente einer Marke, die der Kommunikation dienen können. Besondere Bedeutung für die Beurteilung der Schutzfähigkeit wird jedoch in aller Regel den bildlichen sowie vor allem den sprachlichen Elementen zukommen. Den Hintergrund für die Beurteilung bilden insoweit im Fall der Unionsmarke **sämtliche offiziellen Sprachen** der EU, von denen es derzeit 21 gibt. Hingegen werden die Sprachen gesonderter Gruppen innerhalb der Mitgliedsländer – zB nationale Minderheiten oder Personen aus dem EU-Ausland – unabhängig von der Größe der Sprachgruppe vom EUIPO grundsätzlich nicht für die Prüfung berücksichtigt.

Im deutschen Recht ist die Prüfung grundsätzlich auf der Grundlage der deutschen Sprache **48** durchzuführen; allerdings werden unter Umständen auch andere Sprachen berücksichtigt. Dies gilt insbesondere für Englisch, das von weiten Teilen der einheimischen Bevölkerung zumindest rudimentär verstanden wird; es gilt ferner auch für andere Sprachen, vor allem soweit in dem einschlägigen Waren- und Dienstleistungssektor intensive Handelsbeziehungen mit dem betreffenden Land unterhalten werden (s. etwa BPatG GRUR-RS 2020, 419 – Unico; zu erhöhter Vertrautheit mit den einschlägigen Begriffen kann auch die Beliebtheit der betreffenden Produkte aus dem jeweiligen Land führen; s. BPatG GRUR-RS 2020, 40367 Rn. 11 – Vromage). Wird – was regelmäßig der Fall sein dürfte – davon ausgegangen, dass das Zeichen den am Handelsverkehr beteiligten Kreisen begegnet, dann sind deren Sprachkenntnisse zu berücksichtigen. Dies schließt auch Russisch ein (BPatG GRUR-RS 2016, 10737 – Plombir; bestätigt durch BPatG GRUR 2020, 1210; BeckRS 2018, 4114 mAnm Haberer GRUR-Prax 2018, 231). Dies gilt ungeachtet des Umstands, dass es sich in um Bildmarken mit kyrillischen Buchstaben handelt und die entsprechenden Begriffe (zB „Plombir" für eine Eisspezialität) dem überwiegenden Teil der inländischen Verkehrskreise nicht bekannt ist (BPatG GRUR-RS 2020, 1270 Rn. 16). Ähnliches gilt für Türkisch, wobei die Rechtsprechung des BPatG in diesem Punkt nicht einheitlich ist und eine Bestätigung durch den BGH noch aussteht.

Soweit nicht die Voraussetzungen für die Annahme einer gespaltenen Verkehrsauffassung vorliegen (→ **48.1** Rn. 48.2) ist grundsätzlich auf inländische Verkehrskreise abzustellen. Insoweit sind ausgeprägte Türkischkenntnisse – jedenfalls bei Verbrauchern – grundsätzlich nicht zu erwarten (BPatG BeckRS 2013, 9904 – Ipek/IPEK YUFKA). Auch insoweit sind jedoch die Ebene des Handels sowie die vor allem bei geografischen Bezeichnungen und deren Bedeutung im Hinblick auf Lebensmittel und gastronomische Spezialitäten zunehmende Kenntnisse der Verbraucher zu beachten. Der 25. sowie der 28. Senat des BPatG haben daher mehrfach entschieden, dass beschreibende Angaben in türkischer Sprache von einem rechtlich relevanten Teil der einheimischen Verkehrskreise – türkischsprachige Verbraucher sowie Personen, die des Türkischen jedenfalls in gewissem Maße mächtig sind – verstanden werden und daher ggf. der Unterscheidungskraft entbehren (BPatG (25. Senat) BeckRS 2008, 12506 – Kanal Avrupa; BPatG (28. Senat) BeckRS 2011, 27379 – has Antep; aA der – inzwischen aufgelöste – 27. Senat: BPatG (27. Senat) BeckRS 2019, 12452).

Im Fall der objektiven Unterscheidbarkeit der beteiligten Verkehrskreise iSe gespaltenen Verkehrsauffas- **48.2** sung (→ § 14 Rn. 350) soll es bereits ausreichen, wenn der Begriff einem Teil dieser Verkehrskreise als beschreibend geläufig ist bzw. keine Unterscheidungskraft besitzt. Insoweit finden die zur Verwechslungsgefahr entwickelten Grundsätze Anwendung (BPatG BeckRS 2019, 10782 – Kasap mAnm Albrecht GRUR-Prax 2019, 306; GRUR-RS 2021, 35509 – GUSTUL ROMANIEI mAnm Albrecht GRUR-Prax 2022, 10).

Auch im Übrigen gilt, dass fremdsprachige Begriffe – auch solche in „exotischen" Sprachen – **49** die einem fachkundigem Publikum in ihrer beschreibenden Bedeutung geläufig sind, in dieser Eigenschaft rechtlich gewürdigt werden können (s. EuG GRUR 2008, 1040 – PRANAHAUS; bestätigt durch EuGH GRUR 2010, 534; zu diesem und weiteren Fällen → § 8 Rn. 286 ff.).

Soweit es ungeachtet dieser Grundsätze wegen der fehlenden systematischen Berücksichtigung fremder **49.1** Sprachen im Eintragungsverfahren vor dem DPMA zur Eintragung von Begriffen kommt, die im Verständnis fremdsprachiger Verkehrskreise beschreibend oder sonst nicht unterscheidungskräftig sind, muss im Verletzungsfall eine Lösung über die Schrankenbestimmungen (§ 23 Nr. 2) erfolgen (BGH GRUR 2004, 947 – Gazoz; s. auch OLG Hamburg GRUR 2006, 400 f. – Stolitschnaja).

Die Beschränkung der Prüfung auf die deutsche Sprache sowie die Welthandelssprachen muss **50** ohnehin insoweit Grenzen finden, als eine angemessene, durch die Rechtsordnung gebotene Berücksichtigung schützenswerter Interessen dadurch verhindert würde. So kann zB die Eintragung einer Marke, die eine **Diskriminierung oder Verunglimpfung** nationaler Minderheiten bewirkt, nicht deswegen als eintragungsfähig angesehen werden, weil sie in der Sprache dieser Minderheit gefasst und für die Mehrheit der Bevölkerung nicht verständlich ist (→ § 8 Rn. 800).

Die Beschränkung des nationalen Prüfungsverfahrens auf die Amtssprache(n) des jeweiligen **51** Landes oder deren lediglich begrenzte Erweiterung auf die im jeweiligen Inland oder jedenfalls von den konkret angesprochenen Verkehrskreisen verstandenen Sprachen sollte nach den Kommissionsvorschlägen zur Reform des europäischen Markenrechts nicht mehr zulässig sein. Die nationalen Ämter sollten Markenanmeldungen zurückweisen, wenn in irgendeinem dieser Länder ein Schutzhindernis vorliegen würde (Art. 4 Abs. 2 lit. a MRL-E, KOM(2013) 162 endg.). Ferner sollte die Marke dann von der Eintragung ausgeschlossen sein, wenn bei Übersetzung oder Transkription aus einer fremden Sprache bzw. Schrift in eine Amtssprache der EU bzw. dort verwandte Schrift ein Schutzhindernis ergibt. (Art. 7 Abs. 2 lit. b UMV-E, KOM(2013) 161 endg.; Art. 4 Abs. 2 lit. b MRL-E, KOM(2013) 162 endg.). Die Vorschläge stießen jedoch auf starken Widerstand im Rat sowie im Europäischen Parlament und sind daher nicht Gesetz geworden. Die Ablehnung ändert jedoch nichts an der bereits unter geltendem Recht etablierten Praxis des DPMA, nach der außereuropäische Sprachen zumindest dann zu berücksichtigen sind, wenn sie von den konkret angesprochenen Zielgruppen verstanden werden (→ § 8 Rn. 816 ff.).

51.1 Die Kommissionsvorschläge waren als Reaktion auf Fälle zu verstehen, in denen ein in einem Mitgliedsland rein beschreibender Begriff in einem anderen Mitgliedsland als Marke angemeldet und geschützt wurde. So konnte die Bezeichnung „Matratzen" in Spanien als nationale Marke für ebensolche Produkte eingetragen werden (EuGH C-3/03P, GRUR Int 2004, 843 – Matratzen Concord/EUIPO). Nach der Rechtsprechung des EuGH stellt die Eintragung solcher Marken, wenn sie unter Berücksichtigung des maßgeblichen Verkehrsverständnis erfolgt ist, kein unzulässiges Hindernis für den freien Waren- und Dienstleistungsverkehr dar (EuGH C-421/04, GRUR 2006, 411 – Matratzen Concord/Hukla). Zur Verhinderung solcher in der Tat wenig wünschenswerten Ergebnisse bedarf es jedoch nicht eines so weitgehenden Schritts, wie ihn die Kommissionsvorschläge vorsahen.

11. Kombinationsmarken

52 Soweit Marken aus **mehreren Elementen** zusammengesetzt sind, kann die Eintragung in der Regel erfolgen, soweit eines der Elemente die für die vom Anmelder beanspruchte Zeichenkategorie erforderliche Schutzfähigkeit aufweist; zu Ausnahmen → Rn. 52.2. So können Bezeichnungen, die für sich genommen beschreibend oder nicht unterscheidungskräftig sind, zusammen mit unterscheidungskräftigen Bildbestandteilen oder in grafischer Gestaltung als Bild- oder Wort/Bildmarke eingetragen werden. Die schutzunfähigen Bestandteile sind dann zwar Teil der Marke und partizipieren insoweit an deren Schutz. Übereinstimmungen in Bestandteilen, die an sich schutzunfähig sind, können jedoch nach (bisheriger) deutscher Rechtsauffassung keine Verwechslungsgefahr begründen (BGH GRUR 2003, 1040 (143) – Kinder; GRUR 2007, 1071 Rn. 34 ff. – Kinder II; s. auch BGH GRUR 2011, 148 Rn. 25 – Goldhase II; s. jedoch BGH GRUR 2020, 870 Rn. 69 – INJEKT/INJEX im Anschluss an EuGH C-705/17, GRUR 2020, 52 Rn. 46 – Hansson (Roslagspunsch/ROSLAGSÖL); → § 9 Rn. 35).

52.1 Für das Unionsmarkenrecht geht das EuG in ständiger Rechtsprechung davon aus, dass zwar die Kennzeichnungsstärke einzelner Merkmale im Rahmen der anzustellenden Gesamtbetrachtung zu berücksichtigen sei, dass aber auch dann, wenn Marken lediglich in für sich genommen schutzunfähigen Bestandteilen übereinstimmen, eine Verwechslungsgefahr nicht ausgeschlossen werden könne. Diese Grundsätze werden vom EuGH regelmäßig bestätigt (EuGH C-705/17, GRUR 2020, 52 Rn. 46 – Hansson (Roslagspunsch/ROSLAGSÖL); C-235/05, BeckEuRS 2006, 441044 Rn. 45 – L'Oréal/EUIPO (FLEX/FLEXI AIR); C-42/12 P, BeckRS 2012, 6282678 Rn. 62 – Vaclav Hrbek/EUIPO (Alpine/ALPINE PRO SPORTSWEAR); C-171/06 P, BeckRS 2007, 70219 Rn. 41 – T.I.M.E. ART/EUIPO. Näher zum Gegensatz zwischen den Ansätzen der deutschen Rechtsprechung und den EU-Gerichten → § 14 Rn. 409 f.).

52.2 Auch neben für sich schutzfähigen Bestandteilen können irreführende Bestandteile (→ § 8 Rn. 700) die Schutzunfähigkeit des Gesamtzeichens bewirken; gleiches gilt für sittenwidrige (→ § 8 Rn. 802) und verbotene (→ § 8 Rn. 953) Bestandteile, Hoheitszeichen (→ § 8 Rn. 837), Prüfzeichen (→ § 8 Rn. 851), Organisationssymbole (→ § 8 Rn. 868) sowie für Bestandteile, deren Aufnahme auf Bösgläubigkeit bei der Anmeldung schließen lässt (→ § 8 Rn. 957).

53 Unter Geltung der GMV konnte für den Fall, dass eine Markenanmeldung schutzunfähige Bestandteile enthält, ein ausdrücklicher **Verzicht** (Disclaimer) auf den Schutz solcher Bestandteile verlangt und die Eintragung von der Abgabe einer entsprechenden Erklärung abhängig gemacht werden (Art. 37 Abs. 2 GMV). Diese Möglichkeit besteht nach Art. 37 UMV nicht mehr. Dies berührt nicht die Gültigkeit bereits zuvor abgegebener Disclaimer, denen allerdings im Verletzungsverfahren ohnehin praktisch keine Wirkung zukommt (EuGH C-705/17, GRUR 2020, 52 Rn. 46 – Hansson (Roslagspunsch/ROSLAGSÖL zu einem nach nationalem (schwedischem) Recht erklärten Disclaimer im Hinblick auf generische bzw. geographisch beschreibende Bestandteile einer Marke).

53.1 Der Entscheidung des EuGH im Fall Roslagspunsch/ROSLAGSÖL zufolge verstößt eine nationale Vorschrift gegen EU-Recht, wenn diese vorsieht, dass ein Disclaimer den davon erfassten Bestandteil einer zusammengesetzten Marke von der Gesamtprüfung der für die Beurteilung von Verwechslungsgefahr relevanten Faktoren auszuschließt oder ihm im Rahmen dieser Prüfung von vornherein und dauerhaft eine begrenzte Bedeutung beimisst (EuGH C-705/17, GRUR 2020, 52 Rn. 46 – Hansson). Es ist davon auszugehen, dass dasselbe auch für Unionsmarken gilt, die nach früher geltendem Recht nur aufgrund eines Disclaimers eingetragen werden konnten und eingetragen worden sind. Es ist allerdings zweifelhaft, ob und wie viele Fälle dieser Art es gegeben hat; dem Vernehmen nach hat Art. 31 Abs. 2 GMV in der Praxis kaum eine Rolle gespielt.

Wenn sich eine Marke aus mehreren nicht unterscheidungskräftigen oder beschreibenden bzw. **54** üblich gewordenen Angaben zusammensetzt, ist sie häufig auch in der Zusammensetzung nicht schutzfähig, es sei denn, dass sich durch die Zusammensetzung Besonderheiten ergeben, die die Schutzfähigkeit begründen (EuGH C-363/99, GRUR 2004, 674 – Postkantoor). Dies ist jedoch nicht als starre Vermutungsregel aufzufassen; vielmehr ist die Schutzfähigkeit in jedem Einzelfall anhand des **Gesamteindrucks** zu beurteilen, den die Marke als Ganzes bei den Adressaten hervorruft (EuGH C-329/02, GRUR 2004, 943 – SAT.2).

Unklar ist, ob diese Grundsätze auch im Hinblick auf andere Arten von absoluten Schutzhindernissen **54.1** gelten. So wird im deutschen Recht davon ausgegangen, dass schon ein einzelner täuschender Bestandteil eines mehrteiligen Zeichens dessen Eintragung nach § 8 Nr. 4 entgegenstehen kann (→ § 8 Rn. 802 mit Hinweis auf BPatG BeckRS 2011, 28145 – Ready to Faak; bestätigt durch BGH GRUR 2013, 729).

Dagegen schützen § 8 Abs. 2 Nr. 6, 7 und 8 bzw. Art. 8 Abs. 1 lit. h UMV Hoheits-, Gewähr und **54.2** internationale Organisationszeichen vor unbefugter Anmeldung als bzw. **in einer Marke** (EuGH verb. Rs. C-202/08 und 208/08, GRUR Int 2010, 45 Rn. 47 – American Clothing Associates), solange sie nicht im Gesamtzeichen untergehen.

12. Maßgeblicher Zeitpunkt für die Beurteilung der Schutzfähigkeit

Da die Schutzwirkungen von Marken nach erfolgter Eintragung vom Anmeldetag an gelten, **55** ist es grundsätzlich folgerichtig, dass der Anmeldetag auch den maßgeblichen Zeitpunkt für die Beurteilung der Schutzfähigkeit bildet. Im deutschen Recht wird hiervon jedoch eine **Ausnahme** gemacht, wenn die Marke zwar am Tag der Anmeldung wegen fehlender Unterscheidungskraft oder wegen ihres beschreibenden oder üblichen Charakters nicht schutzfähig gewesen wäre, zum Zeitpunkt der Eintragung jedoch kein solches Hindernis mehr vorliegt: In diesem Fall ist auf den Eintragungszeitpunkt abzustellen (§ 37 Abs. 2). Dies setzt allerdings voraus, dass sich der Anmelder damit einverstanden erklärt, dass der Zeitrang der Eintragung auf den Zeitpunkt verschoben wird, an dem das Schutzhindernis weggefallen ist (→ § 37 Rn. 15 ff.).

Wenn Anmelder und Amt davon ausgingen, dass die Marke zum Zeitpunkt der Anmeldung Unterschei- **55.1** dungskraft besaß, fehlt es regelmäßig an einer Einverständniserklärung des Anmelders mit der Prioritätsverschiebung; für diese bestand ja nach Ansicht der Beteiligten kein Anlass. Dies hat zur Konsequenz, dass die Berücksichtigung einer ggf. zum Zeitpunkt der Eintragung erworbenen Unterscheidungskraft in einem späteren Löschungsverfahren nicht in Betracht kommt (EuGH verb. Rs. C-217/13 und C-218/13, GRUR 2014, 776 Rn. 57 ff. – Oberbank und Banco Santander/DSGV).

Der Nachweis, dass die Marke zum maßgeblichen Zeitpunkt die erforderliche Unterscheidungskraft **55.2** aufwies, ist im Rahmen eines späteren Löschungsverfahrens vom Anmelder zu führen (EuGH verb. Rs. C-217/13 und C-218/13, GRUR 2014, 776 Rn. 68 – Oberbank und Banco Santander/DSGV; unter Berufung auf Oberbank sowie auf EuGH GRUR 2020, 1301 – Ferrari (testarossa); zum Nachweis der rechterhaltenden Benutzung nunmehr auch BGH GRUR 2021, 1526 Ls. 2 – NJW-Orange; kritisch dazu Fischoeder GRUR 2022, 364 (367 ff.)).

Maßgeblich ist allein das **Datum der Anmeldung** (EuGH C-332/09 P, BeckRS 2010, 91251 – **56** EUIPO/Frosch Touristik; BGH GRUR 2013, 1143 Rn. 15 – „Aus Akten werden Fakten"; GRUR 2014, 483 Rn. 22 – test; GRUR 2014, 872 Rn. 10 – Gute Laune Drops; GRUR 2016, 1167 Rn. 30 – Sparkassen-Rot; GRUR 2018, 404 Rn. 30 – Quadratische Tafelschokoladenverpackung; GRUR 2021, 1526 Rn. 13 – NJW Orange; zur früheren Rechtspraxis → Rn. 56.1). Bei Wegfall der Schutzhindernisse muss der Anmelder somit eine Neuanmeldung vornehmen, um die Marke eintragen zu können.

Der **BGH** ging früher davon aus, dass der Zeitpunkt der Entscheidung über die Eintragung auch für **56.1** die Zurückweisung einer Anmeldung maßgeblich ist: Wenn ein Zeichen zwar am Anmeldetag schutzfähig war, diese Schutzfähigkeit jedoch bis zum Tag der Eintragung verloren hatte, konnte keine Eintragung erfolgen (BGH GRUR 2009, 411 – STREET-BALL; GRUR 2010, 138 – Rocher-Kugel). Diese Praxis wurde damit begründet, dass das Vorliegen von Schutzhindernissen zum Zeitpunkt der Entscheidung zuverlässiger festgestellt werden könne, ohne dass schwierige, auf den Anmeldetag rückbezogene Ermittlungen angestellt werden müssten (Ströbele/Hacker/Thiering/Ströbele Rn. 19). Mit der Entscheidung „Aus Akten werden Fakten" (BGH GRUR 2013, 1143) gab der BGH jedoch seine bisherige Rechtsansicht auf und schloss sich der Entscheidungspraxis des EuGH an. Begründet wurde dies vor allem damit, dass sich die unter Umständen lange Dauer des Eintragungsverfahrens nicht zulasten des Anmelders auswirken sollte; hinzu tritt das Interesse der Öffentlichkeit an einem inhaltlichen Gleichlauf der Rechtspraxis im Unionsrecht und im nationalen Recht.

56.2　　Für die vom EuGH und nunmehr auch vom BGH vertretene Auffassung spricht der Aspekt des Vertrauensschutzes: Der Anmelder hat mit der Einreichung seines Antrags alle von ihm zu erwartenden Schritte unternommen, um zu einem gültigen Recht zu gelangen; er kann die weitere Entwicklung nicht mehr beeinflussen. Dies gilt zum einen für die Dauer des Prüfungsverfahrens; es gilt aber auch für die Verwendung der als Marke angemeldeten Bezeichnung durch Dritte, der der Anmelder nicht unter Berufung auf ein eigenes Recht entgegentreten kann.

V. Unterscheidungskraft und Freihaltungsbedürfnis

1. Ausgangspunkt

57　　Die bedeutsamsten absoluten Schutzhindernisse sind § 8 Abs. 2 Nr. 1–3 (entsprechend: Art. 7 Abs. 1 lit. b–d UMV). Vor allem fehlende Unterscheidungskraft und beschreibender Charakter der Angabe dominieren in der Praxis und stehen auch im Fokus wissenschaftlicher Erörterungen.

58　　Dabei geht es neben der Frage des Prüfungsmaßstabs (→ Rn. 28 f.) vor allem darum, das **Verhältnis der Schutzhindernisse zueinander** zu bestimmen sowie Klarheit über Legitimität und Ausmaß der Berücksichtigung des sog. Freihaltungsbedürfnisses (oder Freihalteinteresses) zu gewinnen.

59　　Für beide Fragen gilt gleichermaßen, dass sie der Deutungshoheit nationaler Rechtsprechung und Rechtstraditionen entzogen sind und nur der autonomen Auslegung auf der Grundlage des europäischen Rechts unterliegen (→ Rn. 26).

2. Interessenbezogener Ansatz des EuGH

60　　Der EuGH hält in ständiger Rechtsprechung daran fest, dass die Schutzhindernisse des Art. 4 Abs. 1 Nr. 1–3 MRL und Art. 7 Abs. 1 Nr. 1–3 UMV unabhängig und getrennt voneinander zu prüfen sind, wobei sie nicht ausgeschlossen ist, dass sie sich in einem weiten Bereich überschneiden (EuGH C-517/99, GRUR Int 2002, 145 Rn. 68 – Merz & Krell („Bravo"); C-363/99, GRUR 2004, 674 Rn. 67 – Postkantoor). Vor allem aber sind sie im Licht des Allgemeininteresses auszulegen, wobei dieses dem EuGH zufolge je nach Eintragungshindernis in **unterschiedlichen Erwägungen** zum Ausdruck kommt: Beim Schutzhindernis fehlender Unterscheidungskraft geht es um das Allgemeininteresse daran, Marken vom Schutz auszuschließen, die nicht ihre Hauptfunktion erfüllen, dem Verbraucher oder Endabnehmer die Ursprungsidentität der betreffenden Waren oder Dienstleistungen zu garantieren, indem sie ihm ermöglichen, diese Waren oder Dienstleistung ohne die Gefahr einer Verwechslung von denen anderer Herkunft zu unterscheiden (EuGH C-456/01 P und C-457/01 P, GRUR Int 2004, 631 Rn. 46 – Henkel; s. auch EuGH C-53/01, C-55/01, GRUR 2003, 514 Rn. 73 – Linde, Winward und Rado). Unterscheidungskraft liegt daher vor, wenn die Marke geeignet ist, die Ware, für die die Eintragung beantragt wird, als von einem bestimmten Unternehmen stammend zu kennzeichnen und diese Ware somit von denjenigen anderer Unternehmen zu unterscheiden (EuGH C-329/02 P, GRUR 2004, 943 Rn. 27 – SAT.1). Demgegenüber verfolgt das Schutzhindernis für beschreibende Marken das im Allgemeininteresse liegende Ziel, dass Zeichen oder Angaben, die die Waren- oder Dienstleistungsgruppen beschreiben, für die die Eintragung beantragt wird, von allen frei verwendet werden können (EuGH verb. Rs. C-108/97, C-109/97, GRUR 1999, 723 Rn. 25 – Windsurfing Chiemsee).

61　　Die unter Hinweis auf **unterschiedliche Ausprägungen des Allgemeininteresses** vorgenommene Trennung zwischen den Schutzhindernissen des § 8 Abs. 2 Nr. 1 und 2 (entsprechend: Art. 7 Abs. 1 lit. b und c UMV) führt dazu, dass in Verfahren, die lediglich eines der beiden Schutzhindernisse betreffen, Erwägungen des Allgemeininteresses, die im jeweils anderen Schutzhindernis zum Ausdruck kommen, nicht angeführt und geprüft werden können. Damit wird insbesondere ausgeschlossen, dass im Rahmen der Prüfung fehlender Unterscheidungskraft berücksichtigt wird, inwieweit ein allgemeines Interesse an der Freihaltung der angemeldeten Marke besteht. Dieser Grundsatz gilt sowohl für Wortmarken (EuGH C-329/02 P, GRUR 2004, 943 – SAT.1; s. auch EuGH C-304/06 P, GRUR 2008, 608 – Eurohypo) als auch für Warenformmarken (EuGH C-173/04 P, GRUR 2006, 233 – SiSi) und Slogans (EuGH C-64/02, GRUR

2004, 1027 Rn. 37 – Erpo Möbelwerke: „Das Prinzip der Bequemlichkeit") vom EuGH ausdrücklich bestätigt worden. Auch der BGH folgt dieser Systematik in ständiger Rechtsprechung (→ § 8 Rn. 253).

3. Sonderfall abstrakte Farbmarke

Abweichend von dem üblicherweise angewandten Beurteilungsschema hat sich der EuGH in **62** der Entscheidung „Libertel" im Sinne einer Berücksichtigung des Freihaltebedürfnisses im Rahmen der Unterscheidungskraft ausgesprochen (EuGH C-104/01, GRUR Int 2003, 638 – Libertel). Die Entscheidung betraf den Schutz des Farbtons Orange als abstrakte Farbmarke für Waren und Dienstleistungen im Bereich der Telekommunikation. Da kaum geltend gemacht werden konnte, dass es sich um eine zur Beschreibung der angemeldeten Waren und Dienstleistungen geeignete Marke handelte, kam es allein auf das Schutzhindernis fehlender Unterscheidungskraft iSv Art. 4 Abs. 1 lit. b MRL (seinerzeit: Art. 3 Abs. 1 lit. b MRL 2008) an. Insoweit stellt der EuGH ua auf das an der Farbe bestehende **Freihaltungsbedürfnis** ab. Die geringe Zahl der tatsächlich verfügbaren Farben kann dazu führen, dass mit wenigen Eintragungen als Marken für bestimmte Dienstleistungen oder Waren der ganze Bestand an verfügbaren Farben erschöpft wird. Um die Entstehung unzulässiger Wettbewerbsvorteile für einzelne Wirtschaftsteilnehmer zu verhindern, wird gefolgert, dass „bei der Beurteilung der Unterscheidungskraft einer bestimmten Farbe als Marke das Allgemeininteresse an der Freihaltung von Farben zu berücksichtigen ist" (EuGH C-104/01, GRUR Int 2003, 638 Rn. 54, 60 – Libertel).

4. Kritik am systematischen Ansatz der EuGH-Rechtsprechung

Der in Libertel vorgenommenen, wettbewerbsorientierten Betrachtung ist zuzustimmen. Sie **63** macht zugleich deutlich, dass die vom EuGH in anderen Fällen vorgenommene – und vom BGH in ständiger Rechtsprechung nachvollzogene – starre und ausschließliche Deutung der Schutzhindernisse fehlender Unterscheidungskraft und Beschreibungseignung als Ausprägung unterschiedlicher Formen des Allgemeininteresses **nicht sachgerecht** ist. Ein solches „Schubladendenken" läuft dem Ziel der vom EuGH selbst angemahnten strengen und umfassenden Prüfung der Schutzhindernisse zuwider; sie findet auch keine tragfähige Begründung in Wortlaut und Systematik des Gesetzes.

Eine konkrete Begründung für die Auffassung, dass die Interessen an der Freihaltung einer Marke (mit **63.1** Ausnahme abstrakter Farbmarken) allein und ausschließlich dem in Art. 4 Abs. 1 lit. c MRL und Art. 7 Abs. 1 lit. c UMV normierten Schutzhindernis zuzuordnen sind, hat der EuGH nicht gegeben. Die wahrscheinlichste Erklärung dafür lautet jedoch, dass sich der Gerichtshof für verpflichtet hielt, konkrete Trennlinien zwischen den einzelnen Schutzhindernissen zu identifizieren, da sie ausweislich der Struktur der Vorschrift gleichrangig nebeneinander stehen, so dass nicht eines davon – die Unterscheidungskraft – zugleich alle Elemente enthalten kann, die auch das andere – die Eignung zur Beschreibung – prägen. Diese Sichtweise entspricht der bereits unter der Geltung des WZG in Deutschland hM, die sich vor allem auf die Wurzeln der Schutzhindernisse in Art. 6quinquies Abschn. B Nr. 2 PVÜ berief (s. statt aller Beier GRUR Int 1992, 243): Dem französisch-liberal geprägten Ausschlussgrund der fehlenden Unterscheidungskraft steht danach das an den Interessen der Wettbewerber ausgerichtete Freihaltebedürfnis gegenüber, das zwar einen strikteren Maßstab normiert, dafür jedoch in seiner Geltung auf den Ausschlussgrund der beschreibenden (und üblichen) Angaben zu begrenzen ist.

Dabei kann offenbleiben, ob diese Deutung tatsächlich den historischen Gegebenheiten sowie einem **63.2** allgemeinen Verständnis von Art. 6quinquies Abschn. B Nr. 2 PVÜ entspricht, das sich nicht auf die hM in Deutschland beschränkt: Für das europäische Recht wäre die abschließende Verortung der Wettbewerberinteressen beim Schutzhindernis beschreibender Angaben (sowie bei den üblichen Angaben und funktionalen Zeichenformen) nur dann bindend, wenn sie im Wortlaut der Vorschrift eindeutig zum Ausdruck gekommen wäre. Dafür lässt sich jedoch aus Art. 4 Abs. 1 lit. c MRL und Art. 7 Abs. 1 lit. c UMV nichts entnehmen, zumal der Begriff des Freihaltungsinteresses ohnehin nicht gesetzlich fixiert ist. Auch die Schlussfolgerung, dass das Freihaltungsinteresse bei der Prüfung der Unterscheidungskraft unberücksichtigt bleiben muss, wäre nur dann als ein vom Wortlaut des Gesetzes vorgegebenes Postulat aufzufassen, wenn der Begriff der „Unterscheidungskraft" jedem normativen Verständnis entzogen wäre. Dafür gibt es jedoch keine Anhaltspunkte; im Gegenteil: Es handelt sich um einen Rechtsbegriff, dessen sinnvolle Auslegung erfordert, dass er in den Kontext der Aufgaben und Ziele eines ausgewogenen Markensystems gestellt wird. Dies entspricht grundsätzlich auch der Rechtsprechung des EuGH: Ausweislich der „Libertel"-Entscheidung geht auch der Gerichtshof nicht davon aus, dass das Kriterium der „Unterscheidungskraft" ausschließlich eindimensional zu verstehen ist und keinerlei Raum für normative Erwägungen lässt (→ Rn. 64).

64   Wie der EuGH selbst betont, liegt die Grundlage für die Beurteilung der Schutzhindernisse im Ziel der **Gewährleistung des unverfälschten Wettbewerbs.** Wie ferner zurecht ausgeführt wird, sollten daher Wettbewerber nicht bereits durch die Eintragung von Marken gegenüber anderen einen (spürbaren) Wettbewerbsvorteil erzielen (EuGH C-104/01, GRUR Int 2003, 638 Rn. 54 ff. – Libertel; s. auch EuGH C-49/02, GRUR 2004, 858 Rn. 24 – Heidelberger Bauchemie; C-321/03, GRUR 2007, 231 Rn. 34 – Dyson; zu Art. 2 MRL 2008). Die Eintragung soll lediglich dazu dienen, den Wettbewerb um die betreffenden Waren oder Dienstleistungen zu ermöglichen und zu lenken; sie muss jedoch im Übrigen wettbewerbsneutral sein (→ Einleitung Rn. 156 f.). Diese Wettbewerbsneutralität ist – wie der EuGH am Beispiel abstrakter Farbmarken feststellt – vor allem dann nicht gegeben, wenn die Anzahl der frei verfügbaren und unter wettbewerblichen Aspekten gleichwertigen Zeichen begrenzt ist.

65   Aus diesen Erwägungen erschließt sich zugleich der **Denkfehler,** der der starren Systematik des EuGH zugrunde liegt. Wettbewerbsvorteile, deren Zuwendung im Wege der Markeneintragung das prinzipielle Gebot der wettbewerblichen Neutralität des Markenerwerbs beeinträchtigen würde, entstehen nicht allein bei Eintragung beschreibender Bezeichnungen – für die das Freihaltungsinteresse in § 8 Abs. 2 Nr. 2 und in Art. 7 Abs. 1 lit. c UMV speziell normiert ist – oder bei konturlosen Farben, für die die EuGH-Rechtsprechung eine entsprechende Ausnahme vorsieht (→ Rn. 62): Solche Wettbewerbsvorteile können typischerweise auch beim Schutz von Warenformmarken relevant werden; ferner gelten sie beim Schutz simpler grafischer Gestaltungen, einzelner Buchstaben oder bei sonstigen Zeichenformen, bei denen der Vorrat an gleichwertigen Marken in ähnlicher Weise von vornherein beschränkt ist.

65.1   Zumindest für den Fall von Waren, die mit dem Erscheinungsbild der Ware übereinstimmt, wird die hier vertretene Auffassung von Generalanwalt Szpunar geteilt: In seinen (zweiten) Schlussanträgen im Fall Louboutin legt er dar, dass und warum „im Rahmen der Prüfung der Unterscheidungskraft eines Zeichens, das mit dem Erscheinungsbild der betreffenden Ware übereinstimmt, zu prüfen ist, ob seine Eintragung nicht dem Allgemeininteresse zuwiderlaufe, die Verfügbarkeit seiner Merkmale für die anderen Wirtschaftsteilnehmer, die Waren oder Dienstleistungen der gleichen Art anbieten, nicht ungerechtfertigt zu beschränken" (EuGH C-163/16 Schlussanträge Generalanwalt Szpunar vom 6.2.2018, BeckRS 2018, 973 Rn. 66 – Louboutin; s. auch in gleicher Sache Schlussanträge vom 22.6.2018, BeckRS 2017, 116316 Rn. 44, 45).

5. Nachteilige Konsequenzen der EuGH-Rechtsprechung

66   **a) Warenformmarken.** Neben den systematischen Bedenken spricht gegen den Ansatz der EuGH-Rechtsprechung, dass die ausschließliche Berücksichtigung von Wettbewerberinteressen im Rahmen von Art. 4 Abs. 1 lit. c MRL (= § 8 Abs. 2 Nr. 2) und Art. 7 Abs. 1 lit. c UMV sich in ihrer **praktischen Umsetzung** als umständlich und unrealistisch erweist.

67   So verweist der EuGH für das **Freihaltungsinteresse an Warenformen** zum einen auf Art. 4 Abs. 1 lit. e MRL (§ 3 Abs. 2) und Art. 7 Abs. 1 lit. e UMV (EuGH verb. Rs. C-53/01, C-55/01, GRUR 2003, 514 – Linde, Winward und Rado; s. auch EuGH C-299/99, GRUR 2002, 804 – Philips; C-48/09 P, GRUR 2010, 1008 – LEGO), zum anderen aber auch auf Art. 4 Abs. 1 lit. c MRL (EuGH verb. Rs. C-53/01, C-55/01, GRUR 2003, 514 Rn. 69 – Linde, Rado und Winward). Dies bedeutet, dass das Wettbewerberinteresse an der Freihaltung von Warenformmarken, die nicht ohnehin mit unüberwindbarer Wirkung vom Schutz ausgeschlossen sind, jedenfalls dann – aber dem EuGH zufolge auch nur dann – berücksichtigt werden kann, wenn die Form zur Beschreibung der Ware geeignet ist.

68   Damit wird die Beurteilung des Schutzes von Warenformmarken in ein Beurteilungsschema gezwängt, das seinem Gegenstand **nicht angemessen** ist und das bei konsequenter Beachtung in ein argumentatives Dilemma führt. Wird dem Grundsatz nach – im Einklang mit dem EuGH – akzeptiert, dass eine Formgebung der Beschreibung einer Ware dienen kann (so EuGH C-53/01, 55/01, GRUR 2003, 514 Rn. 66 – Linde, Rado und Winward), so lässt sich nicht plausibel begründen, warum dies nicht mehr der Fall sein soll, wenn sich die konkrete Warenform von verkehrsüblichen Formen derselben Ware unterscheidet: Auch ungewöhnliche Formen machen ja die Ware in ihren Besonderheiten ebenso wie in ihrer Zugehörigkeit zu einer konkreten Warengattung kenntlich und „beschreiben" sie dadurch; insoweit sollte eigentlich nichts anderes gelten als dann, wenn eine spezielle Produktvariante mit Worten charakterisiert wird, die auf die Besonderheiten der Ware hinweisen. Die Folge einer solchen konsequenten Fortführung des vom EuGH gewählten gedanklichen Ansatzes wäre jedoch ein genereller Schutzausschluss von Warenformmarken, der nur durch Erwerb von Unterscheidungskraft überwunden werden könnte – eine Konsequenz, die der EuGH eindeutig ablehnt (EuGH verb. Rs. C-53/01, C-55/01, GRUR 2003, 514 Rn. 75 – Linde, Rado und Winward).

Angesichts solcher Ungereimtheiten hätte die Frage der Anwendbarkeit von Art. 4 Abs. 1 lit. c MRL **68.1** und Art. 7 Abs. 1 lit. c UMV auf Warenformmarken größere Aufmerksamkeit verdient, als sie ihr in der Entscheidung Linde, Rado und Winward zuteil geworden ist. Das vom EuGH als ausreichend erachtete Argument, der Wortlaut der Vorschrift schließe ihre Anwendung auf Warenformmarken nicht aus, ist nicht gleichbedeutend damit, dass dies auch eine sinnvolle Lösung darstellt – insbesondere wenn sich damit die Konsequenz verbindet, dass andere Lösungswege womöglich versperrt bleiben. Ebenso wie bei abstrakten Farbmarken – bei denen ja eine beschreibende Wirkung grundsätzlich ebenfalls nicht von vornherein ausgeschlossen werden kann, ohne dass dies den EuGH zu einer anderen Bewertung veranlasst hat – hätte es daher nahegelegen, den zwar theoretisch möglichen, aber wenig gangbaren Umweg über Art. 4 Abs. 1 lit. c MRL und Art. 7 Abs. 1 lit. c UMV zu vermeiden und die vom Gerichtshof postulierte umfassende und strenge Prüfung der Schutzhindernisse in ihrer Gesamtheit, einschließlich der Berücksichtigung der Freihalteinteressen, bei Art. 4 Abs. 1 lit. b MRL und Art. 7 Abs. 1 lit. b UMV anzusiedeln.

Durch die Eröffnung der Möglichkeit, die Wettbewerberinteressen im Rahmen der Unterscheidungs- **68.2** kraft umfassend zu berücksichtigen, ließe sich auch die vom EuGH ua in der Entscheidung „Hauck/ Stokke" (C-205/213, GRUR 2014, 1097 mAnm Kur) artikulierte Notwendigkeit einer weiten Auslegung der unüberwindbaren Ausschlussgründe für Formmarken, § 3 Abs. 2 reduzieren; → § 3 Rn. 82.1.

Für eine Berücksichtigung des Freihaltungsinteresses bei Zeichen, die die Erscheinungsform der Ware **68.3** wiedergeben, spricht sich auch Generalanwalt Szpunar aus (→ Rn. 65.1).

In der Rechtsprechung scheint das Schutzhindernis der Beschreibungseignung für Warenform- **69** marken keine größere Rolle zu spielen. Falls daraus zu schließen wäre, dass Wettbewerberinteressen im Eintragungsverfahren weitgehend vernachlässigt werden, wäre dies ein alarmierendes Signal; möglicherweise deutet es jedoch darauf hin, dass Belange des Wettbewerbs stillschweigend unter dem Aspekt fehlender Unterscheidungskraft in die Prüfung einbezogen werden und dass sich somit in der Praxis ohnehin eine **realitätsgerechtere Beurteilung** durchsetzt.

Soweit Behörden oder Gerichte im Verfahren allerdings auf der getrennten Betrachtung bestehen, kann **69.1** dies unter Umständen zu nicht unerheblichen (und sachlich unnötigen) **Verzögerungen** führen. (s. die Verfahren „Linde", „Rado" und „Winward" in ihrer Fortführung durch den BGH GRUR 2004, 502 – Gabelstapler II; GRUR 2004, 506 – Stabtaschenlampen II; GRUR 2004, 505 – RADO Uhr II, in denen der Fall zur Überprüfung des Schutzhindernisses von § 8 Abs. 2 Nr. 2 an das BPatG zurückverwiesen wurde; s. auch die erneute Entscheidung des BGH im „RADO"-Fall, BGH GRUR 2007, 973 – RADO Uhr III sowie insbesondere das Auf und Ab im Instanzenzug im Fall „Käse in Blütenform", BGH GRUR 2004, 329; 2008, 1000).

b) Andere Markenformen. Während im Fall der Warenformmarken bereits die Anwendung **70** von § 8 Abs. 2 Nr. 2 und Art. 7 Abs. 1 lit. c UMV gewissen Vorbehalten begegnet, sind bei anderen Markenformen beschreibende Verwendungen grundsätzlich eher denkbar; auch diese erschöpfen jedoch nicht immer das gesamte Spektrum der im Interesse der Allgemeinheit für die Freihaltung des Zeichens sprechenden Gesichtspunkte. So bestehen Bedenken gegen die Eintragung des griechischen Buchstabens „α" (alpha) oder des Zeichens „@" ja nicht allein oder vorwiegend deswegen, weil diese im Hinblick auf konkrete Waren oder Dienstleistungen beschreibend sind oder sein können, sondern auch und vor allem wegen der relativen Seltenheit solcher Kennzeichnungsmittel und der damit erzielbaren Aufmerksamkeitswirkung, die sich im Wettbewerb erzielen lässt. Noch deutlicher wird dies bei den sog. „Eventmarken" (→ § 8 Rn. 802): Dass der werbemäßige Hinweis auf Großereignisse möglich bleiben sollte, soweit dadurch nicht der unzutreffende Eindruck eines wirtschaftlichen oder rechtlichen Zusammenhangs mit dem Organisator erzeugt wird, ist nicht allein im Hinblick auf Waren oder Dienstleistungen relevant, für die die Bezeichnung konkret beschreibend wirken kann, sondern stellt ein generelles Postulat der Wettbewerbsfreiheit dar. Auch insoweit muss daher darauf geachtet werden, dass die vom EuGH vorgenommene Kategorisierung der Allgemeininteressen samt ihrer Zuweisung an einzelne Schutzhindernisse und der damit verbundenen Ausschlusswirkung nicht zu einer unangemessenen Verkürzung des Prüfungsstoffs führt.

c) Ergebnis. Der Ansatz der EuGH-Rechtsprechung ist abzulehnen, da und soweit er verhin- **71** dert, dass substanzielle Freihaltungsinteressen bei der Prüfung der Schutzhindernisse berücksichtigt werden können. Dies bedeutet insbesondere, dass Aspekte des Freihaltungsinteresses auch jenseits der in § 8 Abs. 2 Nr. 2 genannten Tatbestände berücksichtigt werden können, soweit dafür ein besonderer Anlass besteht (→ Rn. 73; zur Frage der Verortung → Rn. 73.1). Mit den Vorgaben des EuGH ist diese Auffassung zwar nicht dem Buchstaben, wohl aber in Zielen und Inhalt vereinbar, zumal auch der EuGH die Gewährleistung unverfälschten Wettbewerbs als eine **verbindliche Zielvorgabe** seiner Rechtsprechung bezeichnet.

72 Gegenüber dieser Zielsetzung wiegen die (angeblichen) strukturellen Besonderheiten der Schutzhindernisse mit ihrer Verwurzelung im internationalen Recht nicht schwer, zumal es sich bei der strukturellen Gleichordnung der Schutzhindernisse im Rahmen von Art. 6^{quinquies} Abschn. B Nr. 2 PVÜ ohnehin um ein Produkt der **politischen Konvenienz** und nicht um ein bewusst auf unterschiedlichen Interessenkonstellationen aufbauendes, in sich schlüssiges Gesamtkonzept handelt.

6. Konsequenzen der hier vertretenen Auffassung

73 Nach der hier vertretenen Auffassung ist die von der hM postulierte, kategorische Trennung zwischen den einzelnen Schutzhindernissen des § 8 Abs. 2 Nr. 1–3 und Art. 7 Abs. 1 lit. b–d UMV zugunsten eines **flexibleren Ansatzes** aufzugeben. Dieser Ansatz versteht alle drei Schutzhindernisse als Teilelemente einer umfassenden Prüfung, deren Ergebnis als „konkrete Markenfähigkeit" – in Entsprechung zur „abstrakten Markenfähigkeit" von § 3 Abs. 1 und Art. 4 UMV – bezeichnet werden kann. Die einzelnen Schutzversagungsgründe behalten ihre Eigenständigkeit insoweit, als sie jeweils eigene Schwerpunkte für die Prüfung setzen. So bleibt für die Beurteilung der Unterscheidungskraft maßgeblich, inwieweit die Marke generell geeignet ist, von den beteiligten Verkehrskreisen als Hinweis auf die betriebliche Herkunft der Ware oder Dienstleistung wahrgenommen zu werden, während für die Schutzhindernisse der beschreibenden oder üblichen Angaben die entsprechenden Besonderheiten im Vordergrund stehen. Bei Einschlägigkeit der zuletzt genannten Schutzhindernisse ist ferner zu berücksichtigen, dass ein wettbewerbliches Interesse an der Freihaltung der entsprechenden Angabe besteht. Liegen weder Beschreibungseignung noch handelsüblicher Charakter im Wortsinne vor, schließt dies die Annahme eines Freihaltungsinteresses nicht von vornherein aus; dieses bleibt vielmehr in den Fällen relevant, in denen die Zuweisung des Markenrechts dem Erwerber **aus konkret zu benennenden Gründen einen Wettbewerbsvorteil** verschafft. Dies ist in der Regel der Fall, wenn der Vorrat an entsprechenden Zeichen begrenzt und das Zeichen per se geeignet ist, einen besonderen Aufmerksamkeitseffekt hervorzurufen oder wenn es funktionale Vorzüge besitzt, ohne dadurch „technikbedingt" iSv § 3 Abs. 2 Nr. 2 bzw. Art. 7 Abs. 1 lit. e Ziff. ii UMV zu sein.

73.1 Ob die Prüfung dieser Aspekte bei § 8 Abs. 2 Nr. 1 bzw. Art. 7 Abs. 1 lit. b UMV (so Ingerl/Rohnke/Nordemann/Wirtz Rn. 117) oder bei § 8 Abs. 2 Nr. 2 bzw. Art. 7 Abs. 1 lit. c UMV verortet wird, ist demgegenüber von zweitrangiger Bedeutung. Unter dem Aspekt einer möglichst gleichförmigen Rechtsanwendung in der EU erscheint allerdings die zuerst genannte Lösung erfolgversprechender: Ein mit dem Wortlaut kaum noch zu vereinbarendes, weites Verständnis des Schutzhindernisses für zur Beschreibung geeignete Angaben lässt sich europaweit weniger leicht vermitteln als ein normativ-wertendes Verständnis von "Unterscheidungskraft", wie es bereits in der Libertel-Entscheidung zum Ausdruck kommt. Dem Argument, die Interessen des Wettbewerbs seien nach dem Willen des Gesetzgebers bei § 8 Abs. 2 Nr. 2 angesiedelt (so die Kommentierung bei → § 8 Rn. 252 ist entgegenzuhalten, dass es sich hier nicht um einen vom (deutschen oder europäischen) Gesetzgeber autonom im Hinblick auf konkrete Interessen und Zielvorstellungen formulierten Text handelt, sondern um die Übernahme einer aus dem Jahre 1911 stammenden Kompromissformel des internationalen Rechts, die im Laufe ihres Bestehens in verschiedenen Ländern sehr unterschiedlich interpretiert worden ist und sich daher kaum als verbindliche Richtschnur für die Verortung konkreter Interessen eignet.

74 Umgekehrt sind auch die Interessen der beteiligten Verkehrskreise an der Nutzung der Marke im Einklang mit ihrer Hauptfunktion zu berücksichtigen, soweit eine Marke dem Grunde nach unter die Schutzhindernisse der beschreibenden oder üblichen Angaben fällt: Bei eindeutig vorhandener Unterscheidungskraft kann eine Marke unter Umständen auch dann eingetragen werden, wenn sie für einen Teil der Fachkreise von beschreibender Bedeutung ist. Ausschlaggebend ist in diesem wie auch in dem zuvor genannten Fall eine **Abwägung der konkreten Interessen** aller Beteiligten, wobei auf der Seite des Freihaltungsinteresses vor allem ins Gewicht fällt, wie akut und konkret das Bedürfnis für die freie Verwendung der als Marke angemeldeten Bezeichnung ist.

75 Da und solange der EuGH und ihm folgend der BGH an der Aufspaltung der Prüfung unter dem Aspekt der Unterscheidungskraft einerseits und der beschreibenden Angaben andererseits festhalten, müssen allerdings in der Praxis die überkommen Argumentationsmuster beachtet werden. An diesen orientiert sich auch die Kommentierung zu den Einzelheiten des deutschen Rechts und des Unionsrechts.

7. Keine Rückkehr zum Konzept des Freihaltebedürfnisses unter dem WZG

Die Forderung nach einer umfassenderen Berücksichtigung von Freihaltungsinteressen im Rah- **76** men der Prüfung absoluter Schutzhindernisse dürfte vor allem deswegen auf Widerstände stoßen, weil sich für die interessierten Kreise nach wie vor negative Erfahrungen mit diesem Begriff verbinden. Ursächlich dafür war ua die „Polyestra"-Entscheidung (BGH GRUR 1968, 694), die eine **Phase sehr restriktiver Praxis** von DPMA und BPatG auslöste: Um jede Gefahr späterer Konflikte auszuschließen, wurden sämtliche Marken von der Eintragung ausgeschlossen, die einer beschreibenden Angabe oder einer Gattungsbezeichnung verwechselbar ähnlich waren. Demgegenüber wurde vom BGH später erklärt, es sei allein darum gegangen, Abwandlungen von Fachausdrücken von der Eintragung auszuschließen (BGH GRUR 1984, 815 (817) – Indorektal I).

Die hier vertretene Auffassung führt schon deswegen nicht zu einer Rückkehr zu der vor **77** BGH GRUR 1984, 815 – Indorektal I herrschenden Praxis, weil sie sich darauf beschränkt, die wettbewerbsrechtlichen Auswirkungen einer Zuerkennung des Ausschließlichkeitsrechts an einem konkreten Zeichen zu betrachten, ohne den Ähnlichkeitsbereich einzubeziehen. Auch sonst ergeben sich für den Markeninhaber aus dieser Betrachtung keine erheblichen Nachteile; insbesondere soll die Marke keiner „doppelten Prüfung" unterworfen werden. Es geht lediglich darum, sicherzustellen, dass alle Arten von Marken **einheitlichen Maßstäben** unterworfen werden, soweit es um die Berücksichtigung der Allgemeininteressen geht, ohne dass dabei künstliche, die anzustrebende umfassende Prüfung erschwerende oder sogar verhindernde Trennlinien gezogen werden.

Dabei ergibt sich bereits aus der Natur der Interessenabwägung, dass Art und Gewicht der für **78** oder gegen den Markenschutz sprechenden Aspekte in einem **komplementären Verhältnis** zueinander stehen, in dem Sinne, dass bei sehr gering ausgeprägter Unterscheidungskraft der Schutz zu versagen sein kann, wenn das Freihalteinteresse nicht als insubstanziell qualifiziert werden kann, während bei erheblicher Unterscheidungskraft nur ein substanzielles bzw. besonders stark ausgeprägtes Freihalteinteresse in der Gesamtabwägung zur Schutzversagung führt. Dabei handelt es sich keineswegs um eine „Einbahnstraße" zulasten des Anmelders: Die hier vorgeschlagene holistische Betrachtung liefert zugleich die Begründung dafür, dass eine Markeneintragung ggf. erfolgen kann, obwohl sich die betreffende Bezeichnung zur Beschreibung eignet – nämlich dann, wenn das betreffende Freihaltungsbedürfnis gering, die Eignung zur Unterscheidung jedoch deutlich ausgeprägt ist.

VI. Überwindung anfänglicher Schutzhindernisse kraft Benutzung

1. Verkehrsdurchsetzung und erworbene Unterscheidungskraft

Die Schutzhindernisse von Art. 4 Abs. 1 lit. b–d MRL und Art. 7 Abs. 1 lit. b–d UMV können **79** gemäß Art. 4 Abs. 4 MRL und Art. 7 Abs. 3 UMV überwunden werden, wenn die Marke durch ihre Benutzung im geschäftlichen Verkehr **Unterscheidungskraft erworben** hat. Sprachlich hiervon abweichend lässt § 8 Abs. 3 die Eintragung ursprünglich gemäß § 8 Abs. 2 Nr. 1–3 schutzunfähiger Marken zu, wenn diese sich im Verkehr **durchgesetzt** haben. Mit dieser Formulierung knüpft § 8 Abs. 3 an die frühere Rechtspraxis an, die zu § 4 Abs. 3 WZG entwickelt wurde. Für die Überwindung anfänglicher Schutzhindernisse war dabei zum einen entscheidend, ob ein gewisses Mindestmaß an Verkehrsbekanntheit erreicht worden war, sowie zum anderen, ob und in welchem Maße ein Freihaltebedürfnis an der Bezeichnung bestand.

Ohne dass sich die Rechtsprechung auf bestimmte Werte festgelegt hätte, wurde davon ausgegangen, **79.1** dass anfänglich nicht schutzfähige Marken von mindestens 50% der beteiligten Verkehrskreise als betriebliches Herkunftskennzeichen erkannt werden müssen, um die Eintragung rechtfertigen zu können. Bei besonders freihaltebedürftigen Bezeichnungen wurde zum Teil der Nachweis einer „nahezu einhelligen" Verkehrsauffassung als Voraussetzung für die Eintragung verlangt (BGH GRUR 1960, 83 – Nährbier).

Im europäischen Recht findet eine autonome Auslegung des Begriffs der erworbenen Unter- **80** scheidungskraft statt. In der Chiemsee-Entscheidung hat der EuGH insoweit erklärt, wenn eine ursprünglich beschreibende Marke die Eignung erlangt habe, die jeweiligen Waren als von einem bestimmten Unternehmen stammend zu kennzeichnen und damit von denjenigen anderer Unternehmen zu unterscheiden, sei ihr eine neue Bedeutung zugewachsen, die nicht mehr nur beschreibend sei. Im Gegensatz zum früheren deutschen Recht sei eine Differenzierung der so erworbenen Unterscheidungskraft nach dem festgestellten Interesse daran, die geografische Bezeichnung für die Benutzung durch andere Unternehmen freizuhalten, **nicht zulässig** (EuGH verb. Rs. C-108/97, C-109/97, GRUR 1999, 723 Rn. 47 f. – Windsurfing Chiemsee/Huber und Attenberger). Soweit daher durch den Ausdruck „Verkehrsdurchsetzung" die Fortgeltung der bisherigen Rechtsprechung zum Ausdruck gebracht werden sollte, kann dies nach der EuGH-Rechtsprechung nicht mehr ohne weiteres aufrechterhalten werden.

2. Differenzierung nach der Art der Marke

81　　Andere Formen der Differenzierung als diejenige nach der Stärke des Freihaltebedürfnisses sind hingegen im Rahmen von Art. 4 Abs. 4 MRL bzw. § 8 Abs. 3 und Art. 7 Abs. 3 UMV zulässig oder sogar notwendig. Für geografische Herkunftsangaben, wie sie dem „Chiemsee"-Entscheid zugrunde lagen, kommt es insoweit auf den Grad der Bekanntheit an: Sehr bekannte geografische Bezeichnungen können nur dann Unterscheidungskraft erlangen, wenn eine **lange und intensive Benutzung** der Marke durch das Unternehmen vorliegt, das die Eintragung beantragt hat. Dies gilt umso mehr, wenn die Bezeichnung dem relevanten verkehr bereits als geografische Herkunftsangabe für eine bestimmte Warengruppe geläufig ist: In diesem Fall ist von einem Unternehmen, das die Eintragung für eine gleichartige Ware beantragt, eine offenkundig besonders langfristigen und intensiven Benutzung der Marke zu verlangen (EuGH verb. Rs. C-108/97, C-109/97, GRUR 1999, 723 Rn. 50 – Windsurfing Chiemsee/Huber und Attenberger). Mit dieser Art der Differenzierung lässt sich den Belangen der Wettbewerber im konkreten Fall durchaus in angemessener Weise Rechnung tragen.

82　　Entsprechend dieser Betrachtung kann die Formel der Chiemsee-Rechtsprechung auch in anderen Fällen zu einer angemessenen Berücksichtigung differierender Schutzinteressen führen: Die Anforderungen sind umso höher, je weniger sich das betreffende Zeichen nach seinem spezifischen Charakter als **Herkunftshinweis** eignet (BGH GRUR 2014, 483 Rn. 34 – test). Je eindeutiger der zB beschreibende Charakter der Bezeichnung und je größer der Umfang der Verkehrskreise, in deren Verständnis sich die Angabe als beschreibend darstellt, desto höhere Anstrengungen sind erforderlich, um den Nachweis erworbener Unterscheidungskraft zu führen. Zu sinnvollen Ergebnissen führt dies insbesondere dann, wenn sich die Beurteilung an allen Teilen der beteiligten Verkehrskreise gleichermaßen ausrichtet und der Grundsatz Beachtung findet, dass nicht allein die Endabnehmer, sondern auch ggf. auch die Fachkreise sowie der Handel einzubeziehen sind (→ Rn. 41).

82.1　　Defizite sind hingegen denkbar, soweit sich Schutzhindernisse nicht allein aus der Wahrnehmung der beteiligten Verkehrskreise erschließen, sondern aus funktionalen Erwägungen resultieren. So unterliegt im Fall „Käse in Blütenform" (BGH GRUR 2004, 329) die spezifische, mit Einkerbungen versehene Form des Käses nicht wegen ihrer Banalität und Üblichkeit für die Gestaltung von Käselaiben einem Eintragungshindernis, sondern weil sie sich zur Portionierung eignet. Die Anforderungen an die Überwindung dieses Schutzhindernisses müssen sich daher folgerichtigerweise an der Stärke der insoweit bestehenden Interessen orientieren. Diese Überlegungen lassen sich nur dann widerspruchsfrei in das markenrechtliche System einordnen, wenn mit dem zuvor dargelegten Ansatz (→ Rn. 73 ff.) von einem umfassenden, interessenübergreifenden Verständnis von „Unterscheidungskraft" iSv § 8 Abs. 2 Nr. 1 und Art. 7 Abs. 1 lit. b UMV ausgegangen wird und dieses Verständnis auch für die Auslegung von § 8 Abs. 3 und Art. 7 Abs. 3 UMV maßgeblich bleibt. Damit behält auch das rechtliche Konzept, das dem Begriff der Verkehrsdurchsetzung zugrunde liegt, seine Gültigkeit. Dies bedeutet allerdings nicht, dass an die unter der Geltung des WZG herrschende Praxis bruchlos angeknüpft werden könnte – insoweit bleiben vielmehr die inhaltlichen Vorgaben des europäischen Rechts mit Vorrang zu beachten.

3. Nachweis der Verkehrsdurchsetzung

83　　Im früheren deutschen Recht stellte der Nachweis hinreichender Bekanntheit bei den beteiligten Verkehrskreisen die wichtigste oder sogar einzige Voraussetzung für die Eintragung kraft Verkehrsdurchsetzung dar. Diese relativ **einseitige Ausrichtung auf den Durchsetzungsgrad** ist im europäischen Recht **nicht mehr statthaft;** die Entscheidung darf nicht allein auf generelle und abstrakte Angaben, wie zB Prozentsätze, gestützt werden. Der Anteil der beteiligten Verkehrskreise, der die Ware aufgrund der Marke als von einem bestimmten Unternehmen stammend erkennt, zählt jedoch nach wie vor zu den für die Feststellung erworbener Unterscheidungskraft heranzuziehenden Kriterien. Soweit dies nach den einschlägigen verfahrensrechtlichen Bestimmungen möglich ist, kann dieser Anteil auch durch Verbraucherumfragen festgestellt werden (EuGH verb. Rs. C-108/97, C-109/97, GRUR 1999, 723 Rn. 52 f. – Windsurfing Chiemsee/Huber und Attenberger; bestätigt durch EuGH verb. Rs. C-217/13 und C-218/13, GRUR 2014, 776 Rn. 40 ff. – Oberbank und Banco Santander/DSGV; s. dazu v. Mühlendahl GRUR 2014, 1040; Samwer EuZW 2014, 711; Steinbeck WRP 2014, 1003; Harte-Bavendamm/Goldmann

MarkenR 2014, 480). Starre Prozentsätze sind dabei abzulehnen (EuGH verb. Rs. C-217/13 und C-218/13, GRUR 2014, 776 – Oberbank und Banco Santander/DSGV); allerdings kann die untere Grenze für die Verkehrsdurchsetzung nicht unter 50% angesetzt werden (BGH GRUR 2015, 581 Rn. 42 – Langenscheidt-Gelb).

Vom BPatG war in einem Rechtsstreit zwischen zwei Bankunternehmen dem EuGH die Frage vorgelegt **83.1** worden, ob bei einer abstrakten Farbmarke (im konkreten Fall: Rot HKS 13), die für Dienstleistungen des Finanzwesens beansprucht wird, eine Verbraucherbefragung einen bereinigten Zuordnungsgrad von mindestens 70 % ergeben muss. Im Einklang mit der Entscheidung Windsurfing Chiemsee/Huber und Attenberger (EuGH GRUR 1999, 723) lehnte der EuGH eine solche Festlegung auf Mindestprozentsätze ab und erklärte, dass auch bei konturlosen Farbmarken wie denen der Ausgangsverfahren, selbst wenn eine Verbraucherbefragung zu den Gesichtspunkten gehören kann, anhand deren sich prüfen lässt, ob eine solche Marke Unterscheidungskraft infolge Benutzung erworben hat, das Ergebnis einer solchen Verbraucherbefragung nicht den allein maßgebenden Gesichtspunkt darstellen darf, der den Schluss zulässt, dass eine infolge Benutzung erworbene Unterscheidungskraft vorliegt (EuGH GRUR 2014, 776 Rn. 48 – Oberbank und Banco Santander/DSGV).

Im Fall der Farbmarke Gelb (Langenscheidt-Wörterbücher) wurde vom BGH ein Verkehrsdurchset- **83.2** zungsgrad von 63% als ausreichend angesehen (BGH GRUR 2015, 581 – Langenscheidt-Gelb; im Fall Sparkassen-Rot genügten 64,1% (BGH GRUR 2016, 1167 – Sparkassen-Rot).

Der für die Annahme der Verkehrsdurchsetzung von abstrakten Farbmarken regelmäßig ausreichende **83.3** Zuordnungsgrad von 50% genügt erst recht für die Annahme von Verkehrsgeltung gemäß § 4 Abs. 2 (BGH GRUR 2021, 1199 Rn. 37 – Goldhase III).

Als **weitere relevante Kriterien** zur Feststellung des Erwerbs von Unterscheidungskraft sind **84** der von der Marke gehaltene Marktanteil, die Intensität, geografische Verbreitung und Dauer der Markenbenutzung, der Werbeaufwand des Unternehmens für die Marke sowie Erklärungen von Industrie- und Handelskammern oder von anderen Berufsverbänden zu berücksichtigen (→ § 8 Rn. 1126 ff.).

Für den Nachweis des Marktanteils genügt es nicht, generelle Angaben zum Umsatz zu machen; **85** es muss vielmehr dargelegt werden, welche Marktposition **im Verhältnis zu Wettbewerbern** eingenommen wird (EuGH C-24/05, GRUR Int 2006, 842 – Storck). Für die Größenordnungen, die im Hinblick auf Intensität, Verbreitung oder Dauer der Markenbenutzung sowie beim Werbeaufwand erreicht werden muss, gibt es allerdings keine festen, einheitlichen Richtwerte; dies bestimmt sich vielmehr nach der Art des Produktes und den Besonderheiten des Marktes.

Bekanntheit, Investitionen, Marktanteil sowie Dauer und Umfang der Benutzung führen ferner **86** nur dann zur Überwindung anfänglicher Schutzhindernisse, wenn die Benutzung „als Marke" erfolgt, dh, wenn für die Adressaten aus der Art und Weise der Benutzung hervorgeht, dass es sich um die Kennzeichnung der betrieblichen Herkunft der Ware oder Dienstleistung handelt. Allerdings schadet es nicht zwingend, wenn die Marke regelmäßig zusammen mit anderen Kennzeichnungsmerkmalen verwendet wird (EuGH C-353/03, GRUR 2005, 763 – Nestlé – Have a break). Die Nachweise für die erworbene Unterscheidungskraft müssen sich in diesem Fall jedoch auf das konkrete Zeichen **in Alleinstellung** beziehen (BGH GRUR 2011, 65, 67 – Buchstabe T mit Strich; GRUR 2014, 1011 Rn. 47 – gelbe Wörterbücher (Langenscheidt-Gelb)). Durch Angaben, die sich auf Benutzung und Bewerbung einer Kennzeichnung beziehen, bei der regelmäßig mehrere Elemente gemeinsam in Erscheinung treten, lässt sich der Nachweis, dass eines dieser Elemente auch für sich allein Unterscheidungskraft erworben hat, grundsätzlich nicht führen (BGH GRUR 2008, 710 Rn. 38 – VISAGE; GRUR 2010, 138 Rn. 39 – Rocher-Kugel; näher → § 8 Rn. 1119 ff.; ebenso wohl EuGH C-215/14, GRUR 2015, 1198 Rn. 66 f. – Nestlé/Cadbury (str., → Rn. 86.1).

Die dem EuGH im Verfahren Nestlé/Cadbury vom britischen High Court vorgelegte Frage lautete: **86.1** „Reicht es aus, wenn der Anmelder einer Marke, um darzutun, dass sie infolge ihrer Benutzung Unterscheidungskraft iSv Art. 3 Abs. 3 MRL 2008 erworben hat, nachweist, dass zum maßgeblichen Zeitpunkt ein erheblicher Teil der beteiligten Verkehrskreise die Marke erkennt und in dem Sinne mit den Waren des Anmelders verbindet, dass sie, wenn sie angeben sollten, wer die mit der Marke gekennzeichneten Waren vermarktet, den Anmelder nennen würden, oder muss er nachweisen, dass ein erheblicher Teil der beteiligten Verkehrskreise die Marke (und keine anderen etwa vorhandenen Marken) als Hinweis auf die Herkunft der Waren wahrnimmt?" (Nestlé SA v Cadbury UK Ltd (2014) EWHC 16 (Ch)). Nach englischem Verständnis bedeutet die an zweiter Stelle genannte Alternative, dass sich die beteiligten Verkehrskreise praktisch ausschließlich an dem beanspruchten Zeichen orientieren, die sonstige Kennzeichnungsmittel daher allenfalls von sekundärer Bedeutung sind. Die Antwort des EuGH, dass „die beteiligten Verkehrskreise allein die mit dieser Marke – und nicht die mit anderen etwa vorhandenen Marken – gekennzeichnete Ware oder Dienstleistung als von einem bestimmten Unternehmen stammend wahrnehmen" müssen (EuGH C-215/14, GRUR 2015, 1198 Rn. 67 – Nestlé/Cadbury) wurde im Vereinigten Königreich überwiegend als Bestätigung dieser Ansicht verstanden.

86.2   Im Verfahren T-112/13 hatte das EuG hingegen festgestellt, dass der KitKat-Schokoriegel Unterscheidungskraft im Vereinigten Königreich (sowie in Dänemark, Deutschland, Spanien, Frankreich, Italien, den Niederlanden, Österreich, Finnland und Schweden; allerdings nicht in der (gesamten) EU) erlangt hat (EuG T-112/13, BeckRS 2016, 115119 Rn. 177 – Mondelez (Kit Kat); bestätigt durch EuGH verb. Rs. C-84/17 P bis C-85/17 P und C-95/17 P GRUR 2018, 1141 (→ Rn. 90); die Feststellung der Verkehrsdurchsetzung der Form im Vereinigten Königreich war im Verfahren nicht streitig gestellt). Die Beurteilung seitens des EuG wurde als reine Tatsachenfeststellung vom Court of Appeal nicht beachtet ((2017) EWCA Civ 358, Rn. 100 – Société des produits Nestlé SA v. Cadbury UK Ltd). Es ist fraglich, ob das auch dann noch gelten kann, wenn der EuGH die Grundlagen der Entscheidung des EuG unbeanstandet lässt und damit implizit zu erkennen gibt, dass die von den Gerichten des Vereinigten Königreichs propagierte Vorgehensweise nicht den Standards des europäischen Rechts entspricht. Mit dem Brexit ist diese Frage jedoch ohnehin hinfällig geworden.

87   Die Beweislast im Sinne der Beweisführungs- und Feststellungslast für das Vorliegen von Verkehrsdurchsetzung zum maßgeblichen Zeitpunkt liegt beim Markenanmelder, bzw. im Löschungsverfahren beim Markeninhaber (EuGH GRUR 2014, 776 Rn. 70 – Oberbank ua (Farbmarke-Rot); GRUR 2020, 1301 – Ferrari (testarossa)). Die früher vom BGH vertretene Auffassung, dass im Löschungsverfahren verbleibende Zweifel über die Verkehrsdurchsetzung zum Zeitpunkt der Anmeldung bzw. Eintragung zu Lasten des Löschungsantragstellers gehen, wurde im Anschluss an die EuGH-Entscheidungen aufgegeben (BGH GRUR 2021, 736 Rn. 22 – STELLA; GRUR 2021, 1526 – NJW Orange).

4. Zeitpunkt des Schutzerwerbs

88   Der Zeitpunkt, zu dem die Marke zu einem vollwertigen Recht erstarken kann, ist im deutschen Recht und im Unionsrecht **unterschiedlich geregelt:** Im Unionsmarkenrecht ist insoweit der Zeitpunkt der Anmeldung maßgeblich, während im deutschen Recht die Verkehrsdurchsetzung bis zum Zeitpunkt der Entscheidung über die Eintragung berücksichtigt werden kann (§ 37 Abs. 2; → Rn. 55). Damit besitzt die deutsche Regelung den Vorzug der Flexibilität und ist realitätsnäher, da sie der Dynamik des Marktes Rechnung trägt. Um unbillige Rechtsfolgen zu vermeiden, führt sie allerdings zu einer Verschiebung des Prioritätstages auf den Zeitpunkt, zu dem die Verkehrsdurchsetzung nachgewiesen wurde (→ § 8 Rn. 1096 ff.). Demgegenüber hat die Regelung der UMV den Vorzug der Transparenz und Rechtssicherheit, da der Prioritätstag mit dem Zeitpunkt der Anmeldung identisch bleibt, soweit nicht nach allgemeinen Regeln eine frühere Priorität in Anspruch genommen wurde.

5. Territoriale Aspekte des Schutzerwerbs

89   Die Verkehrsdurchsetzung bzw. der Erwerb von Unterscheidungskraft müssen sich auf das Territorium beziehen, in dem der Schutz gelten soll. Praktisch bedeutsam ist dies vor allem für Unionsmarken, bei denen der Erwerb von Unterscheidungskraft „in der Union" nachgewiesen werden muss. Grundsätzlich gilt, dass sich der Nachweis gerade auf den Teil der EU beziehen muss, in dem das Schutzhindernis besteht. Bei Wortmarken, die in der Amtssprache einer oder mehrerer Mitgliedsländer zur Beschreibung der Ware oder Dienstleistung dienen können, kommt es daher auf den Erwerb von Unterscheidungskraft **in dem betreffenden Teil der EU** an (EuG T-91/99, BeckEuRS 2000, 352012 – Options). Das Gleiche gilt im Rahmen der MRL, soweit in dem jeweiligen Schutzgebiet mehrere amtliche Sprachen gebräuchlich sind (EuGH C-108/05, GRUR 2007, 234 – Europolis).

90   Bei Marken, die in keinem Mitgliedsland als Hinweis auf die betriebliche Herkunft der zu kennzeichnenden Waren oder Dienstleistungen aufgefasst werden, bezieht sich der Schutzerwerb hingegen notwendigerweise auf das **gesamte Gebiet** der EU. Dies gilt insbesondere für Marken, die im Allgemeinen nicht als unterscheidungskräftig aufgefasst werden, wie **abstrakte Farbmarken und Warenformmarken.** Das EuG hatte in einer Reihe von Entscheidungen sehr hohe Anforderungen an den Nachweis erworbener Unterscheidungskraft gestellt (zB EuG T-141/06, Slg. 2007, II-114 Rn. 40 – Glaverbel/EUIPO; EuG verb. Rs. T-28-08, BeckRS 2009, 70778 Rn. 46 – Mars/EUIPO). Auch der EuGH hält es für unverzichtbar, dass erworbene Unterscheidungskraft für das gesamte Gebiet der EU, und nicht lediglich für einen bedeutenden Teil dieses Gebiets nachgewiesen wird (EuGH verb. Rs. C-84/17 P, C-85/17 P, C-95/17 P, GRUR 2018,

1141 Rn. 76 ff. – Nestlé/Mondelez (KitKat). Auf der anderen Seite wird erklärt, dass es zu weit ginge, den Nachweis erworbener Unterscheidungskraft für jeden Mitgliedstaat getrennt zu führen (EuGH C-98/11 P, GRUR 2012, 925 Rn. 62 = EuZW 2012, 589 – Goldhase II, mAnm Grundmann). So sollen sich die Nachweise auf mehrere Mitgliedsländer zugleich beziehen können, wenn diese im gleichen Vertriebsnetz zusammengefasst werden oder Zielgebiet einheitlicher Marketingstrategien sind, oder wenn aufgrund der geografischen, kulturellen oder sprachlichen Nähe zweier (oder mehrerer) Mitgliedstaaten „die maßgeblichen Verkehrskreise des einen Mitgliedstaats über ausreichende Kenntnisse der Waren oder Dienstleistungen verfügen, die es auf dem nationalen Markt des anderen Mitgliedstaats gibt" (EuGH verb. Rs. C-84/17 P, C-85/17 P, C-95/17 P, GRUR 2018, 1141 Rn. 81 f. – Nestlé/Mondelez (KitKat). Zu den Konsequenzen für die Praxis → UMV Art. 7 Rn. 223 ff.

VII. Bindungswirkung der Eintragung

Die Eintragung einer Marke entfaltet im deutschen Recht im Hinblick auf die in § 8 genannten **91** Schutzvoraussetzungen **formelle Bindungswirkung.** Soweit die Rechtsgültigkeit der Eintragung wegen des Vorliegens absoluter Schutzhindernisse zum maßgeblichen Zeitpunkt bestritten wird, kann dies nur im Löschungsverfahren vor dem DPMA geltend gemacht werden (→ Rn. 14).

Bei Unionsmarken besteht dagegen neben der Durchführung eines Löschungsverfahrens vor **92** dem EUIPO die Möglichkeit, im Rahmen eines vor den Unionsmarkengerichten geführten Verletzungsverfahrens die Rechtsungültigkeit der Markeneintragung im Wege der Widerklage geltend zu machen (Art. 100 UMV). Soweit jedoch auf die Verletzungsklage des Inhabers einer Unionsmarke hin kein Löschungsantrag gestellt bzw. keine Widerklage erhoben wird, ist die Eintragung **als gültig** zu erachten (Art. 99 UMV); sie kann also in diesem Fall nicht vom Unionsmarkengericht inzident überprüft werden.

Von der Bindungswirkung im Hinblick auf die Eintragung der Marke zu unterscheiden ist die **93** Beurteilung der **Schutzfähigkeit einzelner Elemente** bzw. Bestandteile der Marke im Rahmen von Verletzungsverfahren. So werden Bestandteile, die für sich genommen nicht schutzfähig sind, da ihnen jegliche Unterscheidungskraft fehlt oder weil sie zur Beschreibung der Waren oder Dienstleistungen oder deren Besonderheiten geeignet oder üblich geworden sind, zwar im Rahmen der Ähnlichkeitsprüfung als Teil des Gesamteindrucks berücksichtigt; Übereinstimmungen in solchen Bestandteilen können jedoch eine Verwechslungsgefahr grundsätzlich nicht begründen (→ Rn. 52). Bei Unionsmarken können insoweit die linguistischen Besonderheiten in verschiedenen Mitgliedstaaten eine Rolle spielen; ggf. führt dies zu einer territorialen Beschränkung des Verbotsausspruchs (EuGH C-235/09, GRUR 2011, 518 Rn. 32 ff. – DHL).

Dies gilt allerdings nur, solange davon auszugehen ist, dass der betreffende Bestandteil keine (eigenstän- **93.1** dige) Unterscheidungskraft durch Benutzung im geschäftlichen Verkehr erworben hat.

Bei komplexen Marken, deren Gesamteindruck maßgeblich von schutzunfähigen Bestandteilen **94** geprägt ist, wird in Verletzungsverfahren ferner regelmäßig die Frage relevant, ob die Benutzung ähnlicher Gestaltungen im geschäftlichen Verkehr im Sinne einer **Benutzung als Marke** aufgefasst wird. Dies entspricht jedenfalls der Rechtsprechung des BGH (s. etwa BGH GRUR 2005, 514 f. – Russisches Schaumgebäck; GRUR 2011, 148 Rn. 32 – Goldhase II; GRUR 2010, 1103 Rn. 24 ff. – Pralinenform II; GRUR 2008, 793 Rn. 15 ff. – Rillenkoffer; GRUR 2008, 505 Rn. 16 – TUC Salzcracker; → § 14 Rn. 434).

In diesem Zusammenhang sind die aufgrund der europäischen Markenrechtsreform erfolgten **95** Änderungen von Interesse: Das zuvor in § 23 Nr. 1 (Art. 6 Abs. 1 lit. b MRL 2008) und Art. 12 lit. b GMV verankerte Schutzhindernis wird danach auf die Benutzung von **Zeichen ohne Unterscheidungskraft** erweitert (Art. 14 Abs. 1 lit. b MRL; Art. 12 Abs. 1 lit. b UMV). Soweit sich daher die Benutzung eines anderen Zeichens auf Elemente beschränkt, denen für sich genommen keine Unterscheidungskraft zukommt, kann im Regelfall keine Verletzung angenommen werden.

Das Gleiche gilt, wenn ein Zeichen, das lediglich aufgrund von erworbener Unterscheidungskraft **95.1** eingetragen worden ist, den dafür benötigten Grad an Bekanntheit bzw. Intensität und Ausmaß der Benutzung nicht aufrecht erhalten hat: Zwar würde keine Löschung der eingetragenen Marke erfolgen; sie wäre jedoch in ihrer Durchsetzung gegenüber den Verwendern gleicher oder ähnlicher Zeichen gehemmt, soweit nicht im Einzelfall ein Verstoß gegen die anständigen Gepflogenheiten im geschäftlichen Verkehr vorliegt (zu diesen und weiteren Anwendungsfällen des neuen Schrankentatbestandes Kur FS Fezer, 2008, 649 (651 ff.)).

B. Wortmarken

I. Fehlende Unterscheidungskraft (Abs. 2 Nr. 1)

1. Normzweck

96   Von der **Eintragung** als Marke **ausgeschlossen** sind Zeichen, denen für die Waren oder Dienstleistungen **jegliche Unterscheidungskraft fehlt** (§ 8 Abs. 2 Nr. 1). Dem liegt das **Allgemeininteresse** zugrunde, eine rechtliche Monopolisierung eines Zeichens zugunsten eines Einzelnen durch Eintragung als Marke nur insoweit zuzulassen, wie dies zur **Gewährleistung der Ursprungsidentität** der mit der Marke gekennzeichneten Ware oder Dienstleistung **notwendig** ist (EuGH C-104/01, GRUR 2003, 604 Rn. 60 – Libertel; C-456/01 P und C-457/01 P, GRUR Int 2004, 631 Rn. 47 f. – Dreidimensionale Tablettenform I; BGH GRUR 2018, 932 Rn. 7 – #darferdas?; GRUR 2014, 565 Rn. 17 – smartbook; BPatG BeckRS 2016, 12105 – Flatline; Fezer Rn. 48; Ströbele/Hacker/Thiering/Ströbele Rn. 95; zur Irrelevanz der weiteren Markenfunktionen → Rn. 139). Im Interesse der Allgemeinheit sollen Zeichen, die keine herkunftsweisende Funktion erfüllen, nicht monopolisiert werden können (BGH GRUR 2014, 565 Rn. 17 – smartbook; ferner EuGH C-104/01, GRUR 2003, 604 Rn. 60 – Libertel).

97   Ein **ursprünglich nicht unterscheidungskräftiges Zeichen** kann Unterscheidungskraft dadurch erlangen, dass es sich infolge der Benutzung für die beanspruchten Waren oder Dienstleistungen in den beteiligten Verkehrskreisen **durchgesetzt** hat (§ 8 Abs. 3; → § 8 Rn. 1096 ff.). Zum Normzweck des § 8 Abs. 2 Nr. 2 (beschreibender Charakter) → Rn. 162, zum Verhältnis der beiden Eintragungshindernisse zueinander → Rn. 253.

2. Definition

98   Unterscheidungskraft ist die **konkrete Eignung** eines Zeichens, vom Verkehr als **Unterscheidungsmittel** aufgefasst zu werden, das die beanspruchten Waren oder Dienstleistungen als von einem **bestimmten Unternehmen stammend** kennzeichnet und dadurch diese Waren oder Dienstleistungen von denjenigen anderer Unternehmen **unterscheidet** (EuGH C-217/13, GRUR 2014, 776 Rn. 38 – Oberbank/DSGV (Sparkassen-Rot); C-344/10 P, C-345/10 P, GRUR 2012, 610 Rn. 42 – Freixenet; C-398/08 P, GRUR 2010, 228 Rn. 33 – Vorsprung durch Technik; C-53/01 bis C-55/01, GRUR 2003, 514 Rn. 40 – Linde, Winward u. Rado; C-299/99, GRUR 2002, 804 Rn. 35 – Philips; C-108/97 und C-109/97, GRUR 1999, 723 Rn. 47 – Chiemsee; BGH GRUR 2018, 932 Rn. 7 – #darferdas?; GRUR 2018, 301 Rn. 11 – Pippi-Langstrumpf-Marke; GRUR 2017, 186 Rn. 29 – Stadtwerke Bremen; GRUR 2016, 934 Rn. 9 – OUI; GRUR 2015, 581 Rn. 9 – Langenscheidt-Gelb; GRUR 2015, 1012 Rn. 10 – Nivea-Blau; GRUR 2014, 565 Rn. 12 – smartbook; GRUR 2012, 1143 Rn. 7 – Starsat; GRUR 2012, 270 Rn. 8 – Link economy; BPatG GRUR 2012, 277 (279) – Volks.Hähnchen).

99   Für Unterscheidungskraft bedarf es **keiner Neuheit** (→ Rn. 345 ff.), **Originalität, Kreativität,** sprachlichen oder künstlerischen „**Schöpfungshöhe**" etc des Zeichens (EuGH C-51/10 P, GRUR 2011, 1035 Rn. 31 – 1000; C-265/09 P, GRUR 2010, 1096 Rn. 38 – HABM/BORCO; C-329/02 P, GRUR 2004, 943 Rn. 40 f. – SAT.2; EuG T-434/12, GRUR 2014, 285 Rn. 32 – Margarete Steiff/HABM; T-695/14, BeckRS 2015, 81945 Rn. 17, 35 – Omega/HABM). Umgekehrt folgt Unterscheidungskraft nicht schon daraus, dass das Zeichen neu ist (BGH GRUR 2011, 158 Rn. 12 – Hefteinband; BPatG GRUR 2011, 430 (431) – PowerTeacher) bzw. bisher nicht für die beanspruchten Waren oder Dienstleistungen verwendet wurde (BGH GRUR 2008, 1002 Rn. 30 – Schuhpark; s. auch BGH GRUR 2010, 640 Rn. 13 – hey!) oder originell ist (EuG T-434/12, GRUR 2014, 285 Rn. 32 – Margarete Steiff/HABM). Solche Merkmale können jedoch ebenso **Indizien** für ein unterscheidungskräftiges Zeichen sein, wie dessen **Mehrdeutigkeit** (näher → Rn. 150 f.), **Interpretationsbedürftigkeit** oder Eignung, beim angesprochenen Verkehr einen **Denkprozess** auszulösen (vgl. EuGH C-398/08 P, GRUR 2010, 228 Rn. 57 – Vorsprung durch Technik; BGH GRUR 2013, 522 Rn. 9 – Deutschlands schönste Seiten; GRUR 2009, 949 Rn. 12 – My World; GRUR 2010, 640 Rn. 14 – hey!; GRUR 2001, 413 (415) – Swatch; BPatG GRUR 2019, 733 Rn. 15 – Wir steuern Ihre Steuern; zu Werbeslogans → Rn. 353). Es kann deshalb auch einer für sich genommen eher einfachen Aussage nicht von vornherein die Eignung als Herkunftshinweis abgesprochen werden (BGH GRUR 2013, 522 Rn. 9 – Deutschlands schönste Seiten; GRUR 2009, 949 Rn. 12 – My World).

3. Notwendiger Grad der Unterscheidungskraft

a) Mindestmaß an Unterscheidungskraft. Zur Überwindung dieses Schutzhindernisses **100** genügt **jede noch so geringe Unterscheidungskraft** (s. Begr. RegE MarkenG, BT-Drs. 12/ 6581, 70; ebenso – ausgehend vom Wortlaut des § 8 Abs. 2 Nr. 1: „jegliche Unterscheidungskraft fehlt" – der BGH in ständiger Rechtsprechung, s. BGH GRUR-RS 2021, 30850 Rn. 17 – NJW-Orange; GRUR 2018, 932 Rn. 7 – #darferdas?; GRUR 2018, 301 Rn. 11 – Pippi-Langstrumpf-Marke; GRUR 2017, 186 Rn. 29 – Stadtwerke Bremen; GRUR 2016, 934 Rn. 9 – OUI; GRUR 2015, 581 Rn. 9 – Langenscheidt-Gelb; GRUR 2015, 1012 Rn. 10 – Nivea-Blau; GRUR 2009, 949 Rn. 10 – My World; GRUR 2008, 1093 Rn. 13 – Marlene-Dietrich-Bildnis I; ebenso BPatG GRUR-RS 2020, 6954 Rn. 9 – Unser täglich; BeckRS 2018, 16710 Rn. 23 – Kulinarisches Nationenfest; ebenso wohl auch der EuGH C-398/08 P, GRUR 2010, 228 Rn. 39 – Vorsprung durch Technik: „Minimum an Unterscheidungskraft"; C-456/01 P und C-457/01 P, GRUR Int 2004, 631 Rn. 44 – Dreidimensionale Tablettenform I: **„Mindestmaß an Unterscheidungskraft";** EuG T-441/05, GRUR Int 2007, 856 Rn. 55 – IVG Immobilien/HABM (Buchstabe I in der Farbe Königsblau): „minimale Unterscheidungskraft"; vorsichtiger insoweit und insbesondere für die umfassende und konkrete Berücksichtigung der Interessen des Markenanmelders sowie der Allgemeinheit plädierend Kur → § 8 Rn. 28 ff.). Da allein das Fehlen jeglicher Unterscheidungskraft ein Eintragungshindernis begründet, ist ein **großzügiger Maßstab** anzulegen (BGH GRUR-RS 2021, 30850 Rn. 17 – NJW-Orange; GRUR 2018, 301 Rn. 11 – Pippi-Langstrumpf-Marke; GRUR 2015, 581 Rn. 9 – Langenscheidt-Gelb; GRUR 2009, 949 Rn. 10 – My World; GRUR 2015, 1012 Rn. 10 – Nivea-Blau; GRUR 2008, 1093 Rn. 13 – Marlene-Dietrich-Bildnis I; BPatG GRUR-RS 2020, 6954 Rn. 9 – Unser täglich). Der **Grad der Unterscheidungskraft** hat lediglich für den **Schutzbereich** der Marke im **Kollisionsfall** Bedeutung (Ingerl/Rohnke Rn. 119).

b) Prüfungsmaßstab vs. Prüfungsumfang. Dass materiell, dh beim **Prüfungsmaßstab 101** (→ Rn. 103), ein Mindestmaß an Unterscheidungskraft zur Überwindung des Schutzhindernisses genügt und dabei ein großzügiger Maßstab anzulegen ist, bedeutet weder, dass die Beurteilung des Zeichens im Eintragungsverfahren nur summarisch zu vorzunehmen sei (BGH GRUR 2017, 1262 Rn. 17 – Schokoladenstäbchen III; GRUR 2010, 138 Rn. 23 – ROCHER-Kugel; GRUR 2009, 949 Rn. 11 – My World), noch, dass sie auf ein Mindestmaß beschränkt wäre (EuGH C-104/01, GRUR 2003, 604 Rn. 59 – Libertel). Vielmehr muss die Prüfung der Unterscheidungskraft **„streng und vollständig"** erfolgen, um eine ungerechtfertigte Eintragung von Marken zu vermeiden (EuGH C-541/18, GRUR 2019, 1194 Rn. 21 – AS/DPMA (#darferdas); C-51/10 P, GRUR 2011, 1035 Rn. 77 – 1000; C-64/02 P, GRUR 2004, 1027 Rn. 45 – DAS PRINZIP DER BEQUEMLICHKEIT; C-104/01, GRUR 2003, 604 Rn. 59 – Libertel; BGH GRUR 2017, 1262 Rn. 17 – Schokoladenstäbchen III; GRUR 2010, 138 Rn. 23 – ROCHER-Kugel). Dazu bedarf es einer **umfassenden Würdigung aller maßgeblichen Gesichtspunkte** (BGH GRUR 2017, 1262 Rn. 17 – Schokoladenstäbchen III; GRUR 2010, 138 Rn. 23 – ROCHER-Kugel; GRUR 2009, 949 Rn. 11 – My World). Eine lediglich summarische Prüfung würde dem nicht gerecht (BGH GRUR 2010, 138 Rn. 23 – ROCHER-Kugel; GRUR 2009, 949 Rn. 11 – My World). Im Rahmen dieser „strengen und umfassenden", „nicht auf ein Mindestmaß beschränkten" Prüfung (= **Prüfungsumfang**) genügt dann aber zur Überwindung des Eintragungshindernisses, dass ein Mindestmaß an Unterscheidungskraft (= **Prüfungsmaßstab**) festgestellt wird (BGH GRUR 2010, 138 Rn. 23 – ROCHER-Kugel; GRUR 2009, 949 Rn. 11 – My World; Ingerl/Rohnke Rn. 24; aA BPatG GRUR 2008, 430 (431) – My World: der Rechtsprechung des EuGH sei auch strenger Prüfungsmaßstab zu entnehmen). Vor diesem Hintergrund ist auch für eine Alternative zwischen einer „anmelderfreundlichen" und einer „restriktiven" Eintragungspraxis kein Raum (EuGH C-64/02 P, GRUR 2004, 1027 Rn. 45 – DAS PRINZIP DER BEQUEMLICHKEIT; BGH GRUR 2009, 949 Rn. 11 – My World; Ströbele/Hacker/ Thiering/Ströbele Rn. 200).

4. Relevanter Zeitpunkt

Das Zeichen muss nach dem zum **Zeitpunkt der Anmeldung** bestehenden **Verkehrsver- 102 ständnis** unterscheidungskräftig sein (BGH GRUR 2015, 581 Rn. 56 – Langenscheidt-Gelb; GRUR 2015, 1012 Rn. 8 – Nivea-Blau; GRUR 2014, 565 Rn. 10 – smartbook; GRUR 2013, 1143 Rn. 15 – Aus Akten werden Fakten, unter Aufgabe der früheren differenzierenden Rechtsprechung; näher → Rn. 102.1 ff.; → § 8 Rn. 55 ff.; BPatG GRUR-RS 2020, 6954 Rn. 10 – Unser täglich). Anders als bei § 8 Abs. 2 Nr. 2, der einer Eintragung bereits dann entgegensteht, wenn ein beschreibendes Verständnis vernünftigerweise in Zukunft zu erwarten ist (→ Rn. 169 f.), ist es für § 8 Abs. 2 Nr. 1 **unerheblich,** ob das Zeichen möglicherweise **zukünftig** vom Verkehr **nicht mehr herkunftshinweisend** verstanden wird (Ingerl/Rohnke Rn. 115). Das Schutzhindernis besteht demnach nur bei **gegenwärtig fehlender Unterscheidungskraft.** In diesem Fall besteht es aber auch unabhängig davon, ob möglicherweise zukünftig ein herkunftshinweisendes Verständnis zu erwarten ist, etwa aufgrund der Gewöhnung des Verkehrs an das Zeichen durch dessen Nutzung etc; dies ist allein bei der Verkehrsdurchsetzung (§ 8 Abs. 3) zu berücksichtigen (Ingerl/Rohnke Rn. 34).

102.1 Während der **EuGH** im **Unionsmarkenrecht** schon immer den **Zeitpunkt der Anmeldung** als den für die Beurteilung der Schutzhindernisse im Eintragungsverfahren maßgeblichen Zeitpunkt zugrunde legt (s. nur EuGH C-332/09 P, BeckRS 2010, 91251 Rn. 53 – HABM/Frosch Touristik (FLUGBOERSE); BeckRS 2005, 70092 Rn. 39 f. – Alcon/HABM (BSS); ferner EuG BeckRS 2013, 82197 Rn. 47 – Heede/HABM (Matrix-Energetics); für Eintragungszeitpunkt hingegen Eisenführ/Schennen/Eisenführ UMV Art. 7 Rn. 31 f.), war im **deutschen Recht** nach früherer **hM** auf den **Eintragungszeitpunkt** abzustellen (s. Begr. RegE MarkenG, BT-Drs. 12/6581, 90; BGH GRUR 2009, 411 Rn. 14 – STREETBALL; Fezer § 37 Rn. 18; Ingerl/Rohnke Rn. 32; Ströbele/Hacker/Ströbele, 9. Aufl. 2009, Rn. 14; zum WZG s. BGH GRUR 1993, 744 (745) – MICRO CHANNEL). Die Eintragung habe dadurch der aktuellen Sach- und Rechtslage entsprochen; Schutzhindernisse hätten zuverlässiger festgestellt werden können, ohne dass rückbezogene Ermittlungen notwendig gewesen wären (s. Ströbele/Hacker/Thiering/Ströbele Rn. 19). Mit den Entscheidungen „Aus Akten werden Fakten" (BGH GRUR 2013, 1143 Rn. 15) und „test" (BGH GRUR 2014, 483 Rn. 21 f.; nachfolgend BGH GRUR 2014, 872 Rn. 10 – Gute Laune Drops; GRUR 2014, 565 Rn. 10 – smartbook) hat der **BGH** seine Rechtsprechung zu dem für die Schutzhindernisse maßgeblichen Beurteilungszeitpunkt **geändert** und der ständigen Rechtsprechung des **EuGH angepasst** (dafür bereits Bölling GRUR 2011, 472 ff.)., Seither gilt, dass sowohl im Eintragungs- als auch im Löschungsverfahren für die Beurteilung der Schutzhindernisse des § 8 Abs. 2 Nr. 1–9 auf das **Verkehrsverständnis im Zeitpunkt der Anmeldung** abzustellen ist. Dafür spreche nicht nur das Interesse des Anmelders, durch die Dauer des Eintragungsverfahrens keine Nachteile zu erleiden, sondern auch das Interesse der Allgemeinheit an einer grundsätzlich einheitlichen Auslegung dieser miteinander übereinstimmenden Regelungen der UMV einerseits und des MarkenG andererseits (BGH GRUR 2013, 1143 Rn. 15 – Aus Akten werden Fakten). Der Anmelder muss somit weder im Eintragungs- noch im Löschungsverfahren eine nach dem Zeitpunkt der Anmeldung eingetretene nachteilige Veränderung seiner Marke, wie etwa den Verlust ihrer Unterscheidungskraft oder ihre Umwandlung in eine gebräuchliche Bezeichnung, gegen sich gelten lassen.

102.2 Der **Zeitpunkt der Anmeldung** gilt allerdings auch für die **Verkehrsdurchsetzung** (EuGH C-217/13, GRUR 2014, 776 Rn. 56–61 – Oberbank ua/DGSV (Sparkassen-Rot); BGH GRUR 2015, 581 Rn. 56 – Langenscheidt-Gelb; GRUR 2014, 483 Rn. 22 – test). Um eine erst nach dem Anmeldezeitpunkt eingetretene Verkehrsdurchsetzung im noch laufenden Eintragungsverfahren berücksichtigen zu können, bedarf es deshalb einer **Verschiebung des Zeitrangs** der Anmeldung nach § 37 Abs. 2 (BGH GRUR 2015, 581 Rn. 56 – Langenscheidt-Gelb; GRUR 2014, 483 Rn. 22 – test).

102.3 Unabhängig von Vorstehendem bleibt es aber dabei, dass die Eintragung eines **nicht unterscheidungskräftigen** oder **beschreibenden** Zeichens **nur gelöscht** werden kann, wenn das **Schutzhindernis noch im Zeitpunkt der Entscheidung über den Löschungsantrag** besteht (§ 50 Abs. 2 S. 1; BGH GRUR 2018, 301 Rn. 9 – Pippi-Langstrumpf-Marke; GRUR 2014, 872 Rn. 10 – Gute Laune Drops; GRUR 2014, 483 Rn. 21 – test). Ist zu diesem Zeitpunkt kraft Verkehrsdurchsetzung (§ 8 Abs. 3) das Eintragungshindernis überwunden, kommt eine Löschung nicht mehr in Betracht (BGH GRUR 2014, 483 Rn. 21 – test).

5. Prüfungsmaßstab

103 Prüfungsmaßstab für die Beurteilung der Unterscheidungskraft ist die **Auffassung** (→ Rn. 108) **des angesprochenen** (→ Rn. 104) **inländischen** (→ Rn. 106) **Verkehrs** im Hinblick auf die **beanspruchten Waren und Dienstleistungen** (→ Rn. 114) (EuGH C-217/13, GRUR 2014, 776 Rn. 39 – Oberbank/DSGV (Sparkassen-Rot); C-344/10 P, C-345/10 P, GRUR 2012, 610 Rn. 43 – Freixenet; C-398/08 P, GRUR 2010, 228 Rn. 34 – Vorsprung durch Technik; C-304/06 P, GRUR 2008, 608 Rn. 67 – EUROHYPO; C-363/99, GRUR 2004, 674 Rn. 34 – Postkantoor; BGH GRUR 2018, 301 Rn. 11 – Pippi-Langstrumpf-Marke; GRUR 2014, 1204 Rn. 9 – DüsseldorfCongress; GRUR 2014, 569 Rn. 29 – HOT; GRUR 2014, 565 Rn. 13 – smartbook; GRUR 2012, 1143 Rn. 7 – Starsat).

104 **a) Angesprochene Verkehrskreise.** Maßgeblich für die Beurteilung der Verkehrsauffassung sind **sämtliche Verkehrskreise,** die als **Abnehmer** oder **Interessenten** der beanspruchten Waren oder Dienstleistungen in Betracht kommen oder mit deren **Vertrieb** befasst sind (EuGH C-421/ 04, GRUR 2006, 411 Rn. 24 – Matratzen Concord; C-371/02, GRUR 2004, 682 Rn. 24 f. – Bostongurka; C-108/97 und C-109/97, GRUR 1999, 723 Rn. 29 – Chiemsee; BGH GRUR 2009, 411 Rn. 12 – STREETBALL; GRUR 2008, 900 Rn. 18 – SPA II), **einschließlich** solcher, die nur **gelegentlich** mit diesen in Berührung kommen (BGH GRUR 2006, 760 Rn. 22 – LOTTO, zur Verkehrsdurchsetzung). Es können dabei auch **mehrere Verkehrskreise** mit ggf. jeweils unterschiedlicher Verkehrsauffassung **zugleich** maßgeblich sein, mit der Folge, dass das Zeichen dann nach Auffassung **aller relevanten Verkehrskreise unterscheidungskräftig** sein muss (BGH GRUR 2008, 900 Rn. 18 – SPA II; GRUR 2006, 760 Rn. 22 – LOTTO; Ingerl/ Rohnke Rn. 74). Dagegen ist es unerheblich, wenn ausschließlich nicht angesprochene (und damit irrelevante) Verkehrskreise dem Zeichen keinen Herkunftshinweis entnehmen (BGH GRUR 1999, 495 (496) – Etiketten, für Endverbraucher im Gegensatz zu den ausschließlich angesprochenen Fachkreisen).

Welche Verkehrskreise angesprochen sind, bestimmt sich **objektiv** nach den **dauerhaften, 105 charakteristischen Merkmalen der beanspruchten Waren oder Dienstleistungen** und nicht subjektiv nach den individuellen – jederzeit änderbaren – Werbekonzeptionen und Vermarktungsstrategien des Markeninhabers (BGH GRUR 2008, 710 Rn. 32 – VISAGE; GRUR 2002, 340 (341) – Fabergé; ferner BGH GRUR 2013, 725 Rn. 33 – Duff Beer, zu § 26 Abs. 3). Nicht objektiv durch die beanspruchten Waren oder Dienstleistungen vorgegebene, sondern lediglich subjektiv durch den Markeninhaber vorgenommene Beschränkungen der Adressatenkreise oder Vertriebswege sind deshalb unbeachtlich (s. auch Ströbele/Hacker/Thiering/Ströbele Rn. 47).

Im nationalen Markenrecht sind ausschließlich **inländische** Verkehrskreise relevant (EuGH C- **106** 421/04, GRUR 2006, 411 Rn. 25 f. – Matratzen Concord; C-218/01, GRUR 2004, 428 Rn. 65 – Henkel; BGH GRUR 2013, 731 Rn. 16 – Kaleido; GRUR 2012, 270 Rn. 14 – Link economy; GRUR 2000, 502 – St. Pauli Girl; GRUR 1999, 995 (997) – HONKA; GRUR 1995, 408 (409) – PROTECH). Für den Erwerb einer nationalen Marke ist es deshalb unerheblich, ob ausländische Verkehrskreise das Zeichen beschreibend oder nicht unterscheidungskräftig ansehen; nur im Ausland bestehende Schutzhindernisse sind unbeachtlich (zu fremdsprachlichen Zeichen → Rn. 280 ff.).

Die alleinige Maßgeblichkeit der inländischen Verkehrskreise korrespondiert mit der auf das Inland **106.1** beschränkten Wirkung der nationalen Marke (BGH GRUR 1995, 408 (409) – PROTECH; Ströbele/ Hacker/Thiering/Ströbele Rn. 45; kritisch bezüglich der Beschränkung auf die inländischen Verkehrskreise angesichts der zunehmenden Internationalisierung und deshalb für eine „internationale Verkehrsauffassung" Fezer Rn. 59). Der Kommissionsvorschlag im Zuge der Reform der MRL, auch lediglich in anderen Mitgliedstaaten bestehende Schutzhindernisse zu berücksichtigen, wurde mit Recht nicht umgesetzt (näher → Rn. 282.1).

Entscheidungspraxis: **107**

VISAGE (BGH GRUR 2008, 710): Die ausschließlich an Frauen gerichtete Bewerbung und Vermark- **107.1** tung von „VISAGE"-Produkten (während die Produktlinie für Herren unter „NIVEA for Men" beworben und vermarktet wird) hat keine Einschränkung der angesprochenen Verkehrskreise auf Frauen zur Folge, da nicht auf objektiven Merkmalen der beanspruchten Waren („Seifen, Mittel zur Körper- und Schönheitspflege, Mittel zur Pflege, Reinigung und Verschönerung der Haare"), sondern lediglich auf der individuellen Vermarktungsstrategie und Werbekonzeption beruhend.

b) Verständnis der angesprochenen Verkehrskreise. Prüfungsmaßstab für die Beurteilung **108** der Unterscheidungskraft ist die mutmaßliche Wahrnehmung eines **normal informierten, angemessen aufmerksamen** und **verständigen Durchschnittsverbrauchers** (EuGH C-541/18, GRUR 2019, 1194 Rn. 20 – AS/DPMA (#darferdas); C-217/13, GRUR 2014, 776 Rn. 39 – Oberbank/DSGV (Sparkassen-Rot); C-421/04, GRUR 2006, 411 Rn. 24 – Matratzen Concord; BGH GRUR-RS 2021, 30850 Rn. 17 – NJW-Orange; GRUR 2018, 301 Rn. 11 – Pippi-Langstrumpf-Marke; GRUR 2017, 186 Rn. 29 – Stadtwerke Bremen; GRUR 2016, 934 Rn. 10 – OUI; GRUR 2014, 1206 Rn. 9 – ECR-Award; GRUR 2012, 1143 Rn. 7 – Starsat; GRUR 2009, 411 Rn. 8 – STREETBALL; BPatG GRUR-RS 2020, 6954 Rn. 10 – Unser täglich), sofern der Durchschnittsverbraucher – wie zumeist – nach den vorstehend erläuterten Grundsätzen (→ Rn. 104) als Abnehmer oder Interessent der beanspruchten Waren oder Dienstleistungen angesprochen ist. Sind daneben bzw. stattdessen Fachkreise, namentlich der Handel, angesprochen, kommt es zusätzlich resp. allein (s. BPatG GRUR 2014, 79 (84) – MARK TWAIN; ferner BPatG BeckRS 2007, 07394 – UMAMI; BGH GRUR 1999, 495 (496) – Etiketten; Ströbele/Hacker/

Thiering/Ströbele Rn. 48) auf deren mutmaßliche Wahrnehmung mit einem **möglicherweise** aufgrund ihrer beruflichen Tätigkeit **abweichendem Zeichenverständnis** an (vgl. BGH GRUR 2012, 64 Rn. 9 – Maaloy/Melox-GRY, zur Verwechslungsgefahr).

109   Die „normative Kunstfigur" (Hacker MarkenR Rn. 120) des normal informierten, angemessen aufmerksamen und verständigen Durchschnittsverbrauchers entspricht dem vom EuGH ursprünglich zur wettbewerbsrechtlichen Irreführung entwickelten (s. EuGH C-210/96, GRUR Int 1998, 795 Rn. 31 mwN – Gut Springenheide) Verbraucherleitbild (s. BGH GRUR 2002, 160 (162) – Warsteiner III; Ströbele/Hacker/Thiering/Ströbele Rn. 49). Er hat den generell „flüchtigen Verkehr", dh den „oberflächlichen und unaufmerksamen Verbraucher" des früheren WZG (s. BGH GRUR 1982, 111 (113) – Original-Maraschino) verdrängt (vgl. BGH GRUR 2000, 506 (508 f.) – ATTACHÉ/TISSERAND). Gleichwohl kann die **Aufmerksamkeit** des Durchschnittsverbrauchers **je nach Art der betreffenden Waren oder Dienstleistungen unterschiedlich hoch** sein (EuGH C-456/01 P und C-457/01 P, GRUR Int 2004, 631 Rn. 48 – Dreidimensionale Tablettenform I; BGH GRUR 2000, 506 (508) – ATTACHÉ/TISSERAND; ferner – zur Verwechslungsgefahr – GRUR Int 2004, 639 Rn. 53 – Dreidimensionale Tablettenform III; EuGH C-342/97, GRUR Int 1999, 734 Rn. 26 – Lloyd). **Spezielle Kenntnisse,** über die nur ein kleiner Teil des angesprochenen Verkehrs verfügt, können vom Durchschnittsverbraucher **nicht erwartet** werden (s. Ströbele/Hacker/Thiering/Ströbele Rn. 50; vgl. BGH GRUR 2013, 631 Rn. 65 – AMARULA/Marulablu, zur Verwechslungsgefahr; s. auch EuGH C-281/10 P, GRUR 2012, 506 Rn. 53 – PepsiCo, zur Abgrenzung zum „informierten Benutzer im Design- bzw. Geschmacksmusterrecht).

110   **Entscheidungspraxis:**

110.1   Der Aufmerksamkeitsgrad des Durchschnittsverbrauchers in Bezug auf Form, Farbe und Muster von Wasch- und Geschirrspülmitteln, bei denen es sich um Waren des täglichen Verbrauchs handelt, ist „nicht hoch" (EuGH C-473/01 P, C-474/01 P, GRUR Int 2004, 639 Rn. 53 – Dreidimensionale Tablettenform III; C-456/01 P und C-457/01 P, GRUR Int 2004, 631 Rn. 48 – Dreidimensionale Tablettenform I).

111   **c) Herkunftshinweisendes Verständnis innerhalb der angesprochenen Verkehrskreise.** Nicht notwendig ist, dass sämtliche Mitglieder der angesprochenen Verkehrskreise dem Zeichen einen Herkunftshinweis entnehmen (vgl. BGH GRUR 1991, 136 (137) – NEW MAN, zum WZG), denn dies würde kaum jemals erreicht werden können und damit die Schutzvoraussetzungen zu hoch legen. Umgekehrt genügt es aber ebenso wenig, dass nur einige das Zeichen herkunftshinweisend verstehen (BPatG GRUR 1998, 577 (578) – Schmerz-ASS; GRUR 1996, 978 (979) – CIAO; GRUR 1995, 734 (735 f.) – While You Wait; ferner BGH GRUR 1990, 453 (455) – L-Thyroxin, zum WZG), weil auch dies kaum jemals zu verneinen wäre (BPatG GRUR 1996, 978 (979) – CIAO; GRUR 1995, 734 (736) – While You Wait) und damit praktisch jedes Zeichen als Marke schutzfähig wäre. Vielmehr muss ein **„erheblicher"** (EuGH C-108/97 und C-109/97, GRUR 1999, 723 Rn. 52 – Chiemsee) bzw. **„wesentlicher"** (EuGH C-299/99, GRUR 2002, 804 Rn. 65 – Philips) **Teil** der angesprochenen Verkehrskreise das Zeichen als betrieblichen Herkunftshinweis für die beanspruchten Waren und Dienstleistungen erkennen.

112   Es liegt nahe, hier **dieselben Anforderungen** wie bei der **Verkehrsdurchsetzung** (§ 8 Abs. 3; → § 8 Rn. 1096 ff.) zu stellen (deutlich nunmehr EuGH C-217/13, GRUR 2014, 776 Rn. 39 – Oberbank/DSGV (Sparkassen-Rot): Beurteilung der „Unterscheidungskraft einer Marke, ob sie nun originär vorhanden ist oder durch Benutzung erworben wurde …"; ferner BPatG GRUR 1996, 489 (490) – Hautactiv; Ingerl/Rohnke Rn. 72; Ströbele/Hacker/Thiering/Ströbele Rn. 202; HK-MarkenR/Fuchs-Wissemann Rn. 16). **Feste Prozentsätze** lassen sich deshalb zwar **nicht** angeben (vgl. EuGH C-217/13, GRUR 2014, 776 Rn. 48 – Oberbank/DSGV (Sparkassen-Rot)), jedoch wird man mindestens ein herkunftshinweisendes Verständnis beim **überwiegenden Teil der Mitglieder** der angesprochenen Verkehrskreise, dh bei **mehr als 50%,** verlangen müssen (Ströbele/Hacker/Thiering/Ströbele Rn. 202; HK-MarkenR/Fuchs-Wissemann Rn. 16; kritisch Fezer Rn. 56).

113   **d) Unerheblichkeit der Person des Anmelders.** Die Beurteilung der originären Unterscheidungskraft (§ 8 Abs. 2 Nr. 1) erfolgt **unabhängig** von der **Person des Anmelders** (BGH GRUR 2009, 411 Rn. 14 – STREETBALL; GRUR 2006, 850 Rn. 18 – FUSSBALL WM 2006; GRUR 2006, 503 Rn. 10 – Casino Bremen; BPatG GRUR 2008, 518 (521) – Karl May; GRUR 2005, 675 (676) – JIN SHIN JYUTSU; ferner BGH GRUR 2012, 276 Rn. 17 – Institut der Norddeutschen Wirtschaft e.V., zu § 8 Abs. 2 Nr. 2; Ströbele/Hacker/Thiering/Ströbele Rn. 149). So bleiben etwa für diesen bestehende **Voreintragungen** (BGH GRUR 2009, 411 Rn. 14 – STREETBALL; BPatG GRUR 2005, 675 (676) – JIN SHIN JYUTSU; BeckRS

2009, 24790 – Fr. Marc) ebenso **außer Betracht** wie zu seinen Gunsten bestehende **sonstige** (Immaterialgüter-)**Rechte** (insbesondere Urheber- oder Namensrechte) an dem Zeichen (BPatG GRUR 2008, 518 (521) – Karl May; GRUR 2008, 512 (516) – Ringelnatz; BeckRS 2009, 24790 – Fr. Marc; BPatGE 33, 12 – IRONMAN TRIATHLON, zum WZG; Ströbele/Hacker/Thiering/Ströbele Rn. 150, 180, 314; Ingerl/Rohnke Rn. 43; → Rn. 322). Gleiches gilt für **sonstige Monopolstellungen** und daher ein möglicherweise fehlendes Freihalteinteresse der Mitbewerber (BGH GRUR 2006, 850 Rn. 26, 35 – FUSSBALL WM 2006, für alleinigen Ausrichter einer Fußball-Weltmeisterschaft; GRUR 2006, 503 Rn. 10 – Casino Bremen, für Inhaberin einer Spielbankkonzession; BPatGE 37, 44 – VHS, für Inhaber von Patenten auf das damit bezeichnete Videoaufzeichnungssystem; Ströbele/Hacker/Thiering/Ströbele Rn. 150; → Rn. 171).

6. Bedeutung des Waren-/Dienstleistungsverzeichnisses

a) Waren-/dienstleistungsbezogene Prüfung. Die **Beurteilung der Unterscheidungs-** **114** **kraft** erfolgt stets in Bezug auf die konkret **beanspruchten Waren und Dienstleistungen** (EuGH C-541/18, GRUR 2019, 1194 Rn. 20 – AS/DPMA (#darferdas); C-217/13, GRUR 2014, 776 Rn. 39 – Oberbank/DSGV (Sparkassen-Rot); C-363/99, GRUR 2004, 674 Rn. 34 – Postkantoor; C-517/99, GRUR 2001, 1148 Rn. 29 – Bravo; BGH GRUR 2016, 934 Rn. 10 – OUI; GRUR 2014, 1204 Rn. 9 – DüsseldorfCongress; GRUR 2014, 376 Rn. 11 – grill meister; GRUR 2013, 731 Rn. 11 – Kaleido; GRUR 2006, 850 Rn. 18 – FUSSBALL WM 2006; GRUR 1999, 988 (989) – HOUSE OF BLUES). Schutzhindernisse nur in Bezug auf Waren oder Dienstleistung, die den beanspruchten lediglich ähnlich sind, sind unerheblich (BGH GRUR 1999, 988 (990) – HOUSE OF BLUES; GRUR 1997, 634 (636) – Turbo II). Aufgrund dieser waren-/dienstleistungsbezogenen Prüfung kann das Urteil **differenziert** ausfallen und Unterscheidungskraft für die eine Ware oder Dienstleistung zu bejahen, für die andere hingegen zu verneinen sein (EuGH C-239/05, GRUR 2007, 425 Rn. 32 – MT&C/BMB; C-363/99, GRUR 2004, 674 Rn. 73 – Postkantoor; vgl. auch BGH GRUR 2014, 1204 Rn. 9 – DüsseldorfCongress); entsprechend kommt eine **teilweise Zurückweisung** im Eintragungsverfahren in Betracht (EuGH C-239/05, GRUR 2007, 425 Rn. 33 – MT&C/BMB).

Das Waren-/Dienstleistungsverzeichnis hat damit zwar **Einfluss** auf die maßgeblichen **Ver-** **115** **kehrskreise** sowie auf deren konkretes **Zeichenverständnis** und den **Aufmerksamkeitsgrad** (→ Rn. 109). Dessen Inhalt darf aber nicht zur Ermittlung des Verkehrsverständnisses herangezogen werden, da dieser dem die Marke wahrnehmenden regelmäßig nicht bekannt ist (BGH GRUR 2014, 1206 Rn. 13 – ECR-Award). Wenn etwa der beschreibende Charakter eines angemeldeten Akronyms dem angesprochenen Verkehr nicht bekannt ist, sondern sich erst aus der Lektüre des Waren-/Dienstleistungsverzeichnisses ergibt, steht dies der Unterscheidungskraft nicht entgegen (BGH GRUR 2014, 1206 Rn. 13 – ECR-Award; nachfolgend BPatG GRUR 2015, 899 – ECR-Award II).

Grundsätzlich sind sämtliche beanspruchten Waren und/oder Dienstleistungen zu würdigen (s. **116** EuGH C-494/08 P, GRUR 2010, 534 Rn. 46 – PRANAHAUS; C-238/06 P, GRUR 2008, 339 Rn. 91 – Develey/HABM; C-239/05, GRUR 2007, 425 Rn. 32, 36 – MT&C/BMB; BGH GRUR 2009, 952 Rn. 9 – DeutschlandCard; BPatG BeckRS 2018, 11402 Rn. 9 – Heimatversorger). Die Notwendigkeit zu einer waren-/dienstleistungsbezogenen Prüfung und Begründung der Eintragungshindernisse schließt es indes nicht aus, die verneinende behördliche bzw. gerichtliche **Entscheidung** für alle oder einen Teil der betroffenen Waren oder Dienstleistungen „**global**" zu **begründen,** vorausgesetzt, diese Waren und Dienstleistungen weisen einen so direkten und konkreten Zusammenhang untereinander auf, dass sie eine **hinreichend homogene Kategorie oder Gruppe** von Waren oder Dienstleistungen bilden, und das Eintragungshindernis betrifft alle diese Waren und/oder Dienstleistungen gleichermaßen (EuGH C-253/14 P, BeckRS 2015, 80003 Rn. 42 – BigXtra; C-494/08 P, GRUR 2010, 534 Rn. 46 – PRANAHAUS; C-282/09, Rn. 40 – P@YWEB CARD u. PAYWEB CARD; C-238/06 P, GRUR 2008, 339 Rn. 91 – Develey/HABM; C-239/05, GRUR 2007, 425 Rn. 37 – MT&C/BMB; EuG T-501/13, GRUR Int 2016, 447 Rn. 68 – WINNETOU; T-118/06, GRUR Int 2009, 741 Rn. 28 – Zuffa/HABM (ULTIMATE FIGHTING CHAMPIONSHIP); BGH GRUR 2012, 272 Rn. 19 – Rheinpark-Center Neuss). Eine solche Homogenität folgt aber nicht schon daraus, dass die betroffenen Waren oder Dienstleistungen zu derselben Klasse des Nizzaer Abkommens gehören, denn diese Klassen umfassen oft eine große Bandbreite von Waren oder Dienstleistungen, die untereinander nicht notwendig einen solchen hinreichend direkten und konkreten Zusammenhang aufweisen (EuGH C-282/09, Rn. 40 – P@YWEB CARD u. PAYWEB CARD; EuG T-81/13, BeckRS 2014,

80610 Rn. 43 – BigXtra; T-171/11, BeckRS 2012, 82523 Rn. 45 – Hopf/HABM (Clampflex); T-118/06, GRUR Int 2009, 741 Rn. 28 – Zuffa/HABM – ULTIMATE FIGHTING CHAMPIONSHIP).

117   **b) Verwendung von Oberbegriffen und Beschränkung des WDVz.** Bei unter einem weiten **Oberbegriff** beanspruchten Waren oder Dienstleistungen ist die Eintragung insgesamt zu versagen, wenn das Zeichen auch nur hinsichtlich eines Teils der von diesem Begriff erfassten (s. dazu EuGH C-307/10, GRUR 2012, 822 – IP TRANSLATOR) Waren oder Dienstleistungen nicht unterscheidungskräftig ist (BGH GRUR 2015, 1012 Rn. 44 – Nivea-Blau; GRUR 2012, 1044 Rn. 17 – Neuschwanstein; GRUR 2011, 65 Rn. 26 – Buchstabe T mit Strich; GRUR 2002, 261 (262) – AC; BPatG BeckRS 2019, 17004 Rn. 24 – reggae jam; BeckRS 2014, 22200 – CHEFS TROPHY; BeckRS 2011, 25994 – Löss; ferner BGH GRUR 2005, 578 (580 f.) – LOKMAUS). Gegebenenfalls muss hier eine **Beschränkung** des für das Zeichen beanspruchten Waren-/Dienstleistungsverzeichnisses **durch den Anmelder** (vgl. BGH GRUR 2005, 513 (514) – MEY/Ella May; GRUR 2005, 326 (327) – il Padrone/Il Portone, für Schutzhindernis des § 9 Abs. 1 Nr. 2; BPatG GRUR 1998, 725 (727) – Plantapret; BeckRS 1998, 10198 – SMP; EuG GRUR Int 2002, 600 Rn. 61 – ELLOS, zur UMV; unter Geltung des WZG wurde dagegen eine Beschränkung von Amts wegen praktiziert, s. Baumbach/Hefermehl WZG § 5 Rn. 149) erfolgen.

118   Inhaltlich muss die Beschränkung im Interesse der Rechtssicherheit namentlich für die Mitbewerber **klar nachvollziehbar** sein und ist grundsätzlich nur hinsichtlich der **konkret beanspruchten Waren oder Dienstleistungen** möglich (EuGH C-363/99, GRUR 2004, 674 Rn. 114 f. – Postkantoor; BGH GRUR 2008, 710 Rn. 33 – VISAGE; BPatG BeckRS 2011, 22024 – escapulario.com; BeckRS 2007, 07998 – BAGNO; näher Ströbele/Hacker/Thiering/Ströbele Rn. 472 ff.), **nicht** hingegen in Bezug auf vorhandene oder nicht vorhandene **Merkmale** der beanspruchten Waren oder Dienstleistungen (EuGH C-363/99, GRUR 2004, 674 Rn. 114 f. – Postkantoor; BGH GRUR 2009, 778 Rn. 9 – Willkommen im Leben; BPatG GRUR-RS 2020, 18523 Rn. 15 – e; GRUR-RS 2020, 9308 Rn. 22 – Popcorn; GRUR 2008, 518 (521) – Karl May), deren **Zweckbestimmung,** bestimmte **Zeichennutzungsmodalitäten** etc (vgl. Ströbele/Hacker/Thiering/Ströbele Rn. 127). Beachtlich sind Ausnahmevermerke indes im Einzelfall, soweit die von ihnen beanspruchte An- oder Abwesenheit bestimmter Merkmale zugleich objektiv die Art der Ware oder Dienstleistung bestimmt. So sind **Beschränkungen des Abnehmerkreises** nur beachtlich, wenn sie auf objektiven Merkmalen der beanspruchten Waren oder Dienstleistungen beruhen, und nicht nur von der subjektiven, jederzeit abänderbaren Entschließung desjenigen abhängen, der über die fraglichen Waren oder Dienstleistungen verfügungsberechtigt ist (BGH GRUR 2008, 710 Rn. 33 – VISAGE; GRUR 1961, 181 – Mon Chérie).

119   **Entscheidungspraxis:**

119.1   **Willkommen im Leben** (BGH GRUR 2009, 778): Beschränkung der jeweils weiten Waren- und Dienstleistungsbegriffe „Bild- und Tonträger", „Druckereierzeugnisse" und „Anbieten und Mitteilen von auf einer Datenbank gespeicherten Informationen" auf bestimmte Inhalte zulässig.

escapulario.com (BPatG BeckRS 2011, 22024), **e** (BPatG GRUR-RS 2020, 18523) und **Popcorn** (BPatG GRUR-RS 2020, 9308): Beschränkung des W/DL-Verz. mit dem Zusatz „ausgenommen zwei an einer Schnur befestigte medaillonförmige Heiligenbilder" bzw. auf „alle vorgenannten Waren ohne elektrische oder elektronische Bestandteile" bzw. „ausgenommen Popcorn und Waren, die Popcorn enthalten und/oder zur Herstellung von Popcorn bestimmt sind" (insoweit sind die Zeichen jeweils beschreibend) unzulässig.

120   Eine **Beschränkung** des Waren-/Dienstleistungsverzeichnisses ist **in jeder Lage des Verfahrens,** einschließlich des Rechtsmittelverfahrens, **möglich** (für das Eintragungsverfahren BGH GRUR 2002, 884 – B-2 alloy; BPatG BeckRS 2012, 18480 – print24; für das Löschungsverfahren BGH GRUR 1997, 634 – Turbo II). Ein späterer **Widerruf** der Beschränkung ist nicht möglich, ggf. aber eine **Anfechtung** nach §§ 119 ff. BGB (BPatG BeckRS 2010, 22003 – OKAGEL).

121   Die Beschränkung des Waren-/Dienstleistungsverzeichnisses im **Widerspruchs- oder Löschungsverfahren** ist ein **Teilverzicht** iSd § 48 (BGH GRUR 2012, 1044 Rn. 18 – Neuschwanstein; GRUR 2008, 719 Rn. 32 – idw Informationsdienst der Wissenschaft; GRUR 2008, 719 Rn. 32 – idw) der die Marke in seinem Umfang unmittelbar zum Erlöschen bringt, und als solcher bedingungsfeindlich (BGH GRUR 2011, 654 Rn. 14 – Yoghurt-Gums; GRUR 2008, 719 Rn. 32 – idw Informationsdienst der Wissenschaft; GRUR 2008, 714 Rn. 35 – idw). Dagegen soll im **Anmeldeverfahren** eine **hilfsweise Einschränkung** für den Fall, dass das DPMA die Schutzfähigkeit des Zeichens mit dem ursprünglichen Waren-/Dienstleistungsverzeichnis verneint, zulässig sein (BPatG BeckRS 2009, 2044 – Experte für GMP; Ingerl/Rohnke § 39 Rn. 2; ausdrücklich offenlassend BPatG BeckRS 2012, 24229 – Toffee to go; BeckRS 2010, 22003 – OKAGEL; kritisch Ströbele/Hacker/Thiering/Miosga § 39 Rn. 7: geboten sei eine Gleichbehandlung mit dem Verzicht im Widerspruchs- und Löschungsverfahren; näher → § 39 Rn. 16; im Unionsmarkenrecht ist der Verzicht „ausdrücklich und unbedingt" zu erklären, s. EuG GRUR Int 2005, 317 Rn. 33 f. – Bonbonverpackung; GRUR Int 2002, 600 Rn. 60 f. – ELLOS).

Das **BPatG** ist **nicht zur Erteilung** eines auf die sachgerechte Beschränkung des Verzeichnisses **122** gerichteten **Hinweises** verpflichtet (BGH GRUR 2012, 1044 Rn. 18 – Neuschwanstein; GRUR 2008, 710 Rn. 33 – VISAGE). Im Gegenteil verletzte es mit einem solchen Hinweis seine Pflicht zur Unparteilichkeit gegenüber den Beteiligten, da die aus § 139 ZPO folgende Pflicht des Richters zur Prozessleitung keine Hinweise zur Änderung der materiell-rechtlichen Grundlagen der Entscheidung umfasst, wie dies bei einem Hinweis zur Einschränkung des Waren-/Dienstleistungsverzeichnisses aber der Fall wäre (BGH GRUR 2012, 1044 Rn. 18 – Neuschwanstein).

7. Prüfungsgegenstand

Prüfungsgegenstand ist stets **das Zeichen als Ganzes,** wie es in der Anmeldung wiedergegeben **123** ist, und nicht jeder seiner Bestandteile für sich (EuGH C-453/11 P, BeckRS 2012, 81266 Rn. 40 – Timehouse; C-304/06 P, GRUR 2008, 608 Rn. 41 – EUROHYPO; BGH GRUR 2017, 186 Rn. 30 – Stadtwerke Bremen; GRUR 2014, 1206 Rn. 10 – ECR-Award; GRUR 2014, 565 Rn. 13 – smartbook; GRUR 2011, 65 Rn. 9 f. – Buchstabe T mit Strich; GRUR 2002, 884 (885) – B-2 alloy; BPatG GRUR-RS 2020, 28298 Rn. 19 – AGEID). Dementsprechend darf sich bei **zusammengesetzten Zeichen** die Prüfung nicht darauf beschränken, ob Eintragungshindernisse hinsichtlich eines oder mehrerer Zeichenbestandteile bestehen (EuGH C-90/11, C-91/11, GRUR 2012, 616 Rn. 23 – MMF/NAI; BGH GRUR 2014, 1206 Rn. 10 – ECR-Award). Vielmehr kann solches Zeichen insgesamt unterscheidungskräftig sein, selbst wenn sämtliche Bestandteile isoliert dies nicht sind (EuGH C-253/14 P, BeckRS 2015, 80003 Rn. 30 – BigXtra; C-304/06 P, GRUR 2008, 608 Rn. 41 – EUROHYPO; C-37/03 P, GRUR 2006, 229 Rn. 29 – BioID; C-329/02 P, GRUR 2004, 943 Rn. 35 – SAT.2; BGH GRUR 2017, 186 Rn. 32 – Stadtwerke Bremen; GRUR 2014, 1206 Rn. 10 – ECR-Award; GRUR 2011, 65 Rn. 10 – Buchstabe T mit Strich). Die Schutzunfähigkeit einzelner oder sogar sämtlicher Bestandteile begründet **keine Vermutung** für die **Schutzunfähigkeit** des Gesamtzeichens (vgl. EuGH C-304/06 P, GRUR 2008, 608 Rn. 41 – EUROHYPO; C-329/02 P, GRUR 2004, 943 Rn. 35 – SAT.2; BPatG BeckRS 2017, 112830 Rn. 24 – FRASSFOOD). Allerdings spricht nichts dagegen, zunächst die einzelnen Bestandteile separat zu betrachten, sofern die Beurteilung der Unterscheidungskraft auf einer sich anschließenden Prüfung der Gesamtheit dieser Bestandteile beruht (vgl. EuGH C-37/03 P, GRUR 2006, 229 Rn. 31 – BioID; BPatG GRUR-RS 2022, 25354 Rn. 20 – Huckleberry Gin). Schließlich darf das zusammengesetzte Zeichen der Prüfung auf Schutzhindernisse **nicht in einer anderen Schreibweise** (zB mit hinzugefügten oder weggelassenen Binnenmajuskeln, Bindestrichen, Trennungen etc) unterzogen werden (BPatG GRUR-RS 2020, 28298 Rn. 19 – AGEID: schutzfähig, auch wenn die (nicht angemeldete) Schreibweise „AgeID" möglicherweise beschreibend wäre).

Die **Zusammensetzung ausschließlich nicht unterscheidungskräftiger Bestandteile 124** wird indes meist zu einem ebenfalls **nicht unterscheidungskräftigen Gesamtzeichen** führen, denn es wird dann in der Regel an einem merklichen Unterschied des Gesamtzeichens gegenüber der „bloßen Summe der Bestandteile" fehlen, der dem angesprochenen Verkehr einen Herkunftshinweis vermitteln könnte (EuGH C-37/03 P, GRUR 2006, 229 Rn. 34 – BioID; BGH GRUR 2009, 949 Rn. 13 – My World; BPatG GRUR-RS 2019, 33398 Rn. 27 – dermaArchitect; BeckRS 2014, 09566 – vital4age; BeckRS 2013, 16660 – SILVER EDITION; bezüglich § 8 Abs. 2 Nr. 2 → Rn. 178 ff.). **Generell ausgeschlossen** ist Unterscheidungskraft **aber nicht** (zB BPatG GRUR 2022, 915 – Landjuwel; BeckRS 2018, 11232 – goRecht; BeckRS 2018, 3446 – SecureGo; BeckRS 2017, 112830 Rn. 24 – FRASSFOOD; → Rn. 127.1).

Demgegenüber führt ein **unterscheidungskräftiger Bestandteil** oft zu einem ebenfalls **125** **unterscheidungskräftigen Gesamtzeichen** (→ Rn. 155). Indes ist es nicht ausgeschlossen, dass für sich genommen unterscheidungskräftige Bestandteile diese Eigenschaft in einer Zusammensetzung verlieren, etwa weil sie in Kombination dadurch beschreibend verstanden werden, dass der eine Bestandteil den anderen erläutert (zB EuGH C-90/11, C-91/11, GRUR 2012, 616 – MMF/NAI; BPatG GRUR 2011, 524 – NAI – Der Natur-Aktien-Index und BPatG GRUR 2011, 527 – Multi Markets Fund MMF (= Vorlagebeschlüsse zu EuGH – MMF/NAI); → Rn. 182, eingehend → Rn. 258; ferner BPatG BeckRS 2007, 8035; bestätigt durch BGH BeckRS 2008, 20933 – Christkindles Glühwein).

126 Es ist nicht ausgeschlossen, dass eine **regelwidrige Zeichenbildung** einem ansonsten nicht unterscheidungskräftigen Zeichen Unterscheidungskraft verleiht. Dies setzt aber bei den hier in Rede stehenden Wortmarken zunächst voraus, dass diese Besonderheiten überhaupt wahrgenommen werden (BGH GRUR 2003, 882 (883) – Lichtenstein), und zwar sowohl visuell als auch akustisch (EuGH C-265/00, GRUR 2004, 680 Rn. 40 – BIOMILD; EuG T-81/13, BeckRS 2014, 80610 Rn. 40 f. – FTI/HABM (BigXtra); GRUR Int 2008, 1037 Rn. 30 – ratiopharm/ HABM (BioGeneriX); BPatG GRUR-RS 2019, 33398 Rn. 31 – dermaArchitect), und sie nicht nur für einen Druck- oder Hörfehler (BPatG GRUR-RS 2019, 33398 Rn. 31 – dermaArchitect) oder eine zulässige Schreibvariante (BPatG BeckRS 2012, 20400 – Laz Vegas) gehalten werden. Damit kommen insoweit in der Regel lediglich **grammatikalisch regelwidrige Zeichenbildungen** in Betracht, da diese – im Gegensatz zu nur orthografisch abweichenden Schreibweisen – auch akustisch wahrnehmbar sein können. Zumeist sind solche Abweichungen allein aber nicht geeignet, ein Zeichen unterscheidungskräftig zu machen (s. EuG BeckRS 2012, 80760 Rn. 33 – Leifheit/HABM (EcoPerfect); BPatG BeckRS 2012, 22902 – MehrBank; BeckRS 2012, 18486 – SeasonStart; BeckRS 2009, 01410 – Quick Dial; BeckRS 2009, 01169 – Schwäbische High-Tech; BeckRS 2008, 11601 – Colour Candle Collection). Bei grafisch ausgestalteten Wortzeichen, dh bei als Wort-/Bildmarke angemeldeten Zeichen, können weitere Besonderheiten bei der Zeichenbildung in die Prüfung einbezogen werden (s. BGH GRUR 2001, 1153 antiKALK; BPatG BeckRS 2013, 17749 – GoldHouSe24; BeckRS 2013, 11074 – FrancoMusique). Gleichwohl lässt sich aber auch hier Unterscheidungskraft **nicht allein stützen** auf eine **orthografisch regelwidrige Schreibweise** des Zeichens (s. EuG T-81/13, BeckRS 2014, 80610 Rn. 40 f. – FTI/HABM (BigXtra); GRUR Int 2009, 516 Rn. 19 – En Route International/HABM (FRESHHH); GRUR Int 2005, 839 Rn. 37 – Münchener Rückversicherungs-Gesellschaft/HABM (MunichFinancial-Services)), namentlich die Verwendung von **Binnenmajuskeln** (EuG GRUR Int 2008, 1037 Rn. 30 – ratiopharm/HABM (BioGeneriX); BPatG GRUR-RS 2019, 33398 Rn. 31 – dermaArchitect; BeckRS 2013, 17749 – GoldHouSe24; BeckRS 2013, 11074 – FrancoMusique; BeckRS 2008, 24364 – CyAn) bzw. eine sonst **regelwidrige Groß-/Kleinschreibung** (s. EuGH C-37/03, GRUR Int 2005, 1012 Rn. 71 – BioID; BGH GRUR 2001, 1153 (1154) – antiKALK) oder eine **regelwidrige Zusammenschreibung** (s. EuG T-81/13, BeckRS 2014, 80610 Rn. 41 – FTI/HABM (BigXtra); GRUR Int 2005, 919 – DigiFilm; BeckEuRS 2001, 353827 – Mitsubishi/ HABM (Giroform); BPatG GRUR-RR 2010, 9 (11) – Saugauf; BeckRS 2007, 07744 – Renteclassic; BeckRS 2009, 03114 – CUSTOMERCONNECT; BeckRS 2009, 06191 – MYPHOTO-BOOK) bzw. **regelwidrige Getrenntschreibung** (BPatG BeckRS 1999, 15285 – Vita-Min).

127 **Entscheidungspraxis:**

127.1 **– schutzfähig:**

Landjuwel (BPatG GRUR 2022, 915): schutzfähig für ua Fleisch, Obst und Gemüse (Kl. 29), darauf bezogene Handels- (Kl. 35) und weitere Dienstleistungen (Kl. 44), da trotz der mitschwingenden Assoziationen an ein hochwertiges ländliches Produkt für diese W/DL vom Verkehr nicht als bloßer Sachhinweis verstanden.

goRecht (BPatG BeckRS 2018, 11232): schutzfähig für verschiedene juristische Dienstleistungen der Kl. 35, 36 und 45, da unklar bleibt, wie die sprachlich ungewöhnliche und inhaltlich diffuse Aufforderung konkret zu verstehen sein soll; neben der Aufforderungen, „sich dem Recht zuzuwenden", kommt auch ein Verständnis als (diffuse) Anpreisung – in Analogie zu „Coffee to go" – „Recht zum Mitnehmen" oder „Rechtsberatung im Vorübergehen" in Betracht oder als Anfeuerungsruf (wie „go sports") in Betracht.

SecureGo (BPatG BeckRS 2018, 3446): schutzfähig für ua Computerhard- und -software (Kl. 9) und verschiedene Dienstleistungen (Kl. 35–38, 40–43), da kein eindeutiger Aussagegehalt erkennbar, insbesondere der Bezug des Worts „go" zu „Sicherheit" unklar ist.

FRASSFOOD (BPatG BeckRS 2017, 112830): schutzfähig für Futtermittel, Tiernahrung (Kl. 31) und Gesundheitspflege für Tiere etc (Kl. 44), da in Zusammensetzung (jedenfalls für die beanspruchten Waren und Dienstleistungen) ungewöhnlich, selbst wenn die beiden Bestandteile „FRASS" (iSv „Fraß") und „FOOD" für sich genommen beschreibend verstanden würden.

127.2 **– nicht schutzfähig:**

dermaArchitect (BPatG GRUR-RS 2019, 33398): nicht unterscheidungskräftig ua für Mittel zur Körper- und Schönheitspflege etc (Kl. 3) sowie auf deren Anwendung bezogene Dienstleistungen (Kl. 44), da ohne weiteres als Sachangabe iSv „Hautarchitekt" bzw. „die Haut aufbauend" verstanden.

PUR HEREFORD RIND VOM FEINSTEN (BPatG BeckRS 2018, 26569): nicht unterscheidungskräftig für ua Fleisch und weitere Lebensmittel (Kl. 29) sowie verschiedene darauf bezogene Dienstleistungen der Kl. 35 und 44, da „PUR" als im Lebensmittelsektor vielfach nachweisbares, auf eine reine, unverfälschte Zusammensetzung hinweisendes Adjektiv verstanden wird, und damit das Zeichen insgesamt vom Verkehr lediglich als naheliegende Sachaussage zur Abstammung und Beschaffung des Handelsguts (Hereford-Rind) wahrgenommen wird.

partnerguide24 (BPatG BeckRS 2017, 104713): nicht unterscheidungskräftig für ua verschiedene Dienstleistungen aus dem Bereich Telekommunikation (Kl. 38), Unterhaltung und sportliche Aktivitäten (Kl. 41), Partnerschaftsberatung und -vermittlung (Kl. 45), weil verstanden als „rund um die Uhr (erreichbarer) Partnerführer/-leitfaden/-ratgeber".

vital4you (BPatG BeckRS 2014, 09566): nicht unterscheidungskräftig für ua medizinische und pharmazeutische Waren und Dienstleistungen (Kl. 5, 35), da bloße Aneinanderreihung zweier beschreibender Begriffe verbunden mit einer Zahl als Synonym zu einem verständlichen, schlagwortartigen Sachbegriff („lebenswichtig fürs Alter" bzw. „leistungsstark fürs Alter"); weder unterschiedliche Struktur noch syntaktische oder semantische Besonderheiten.

Multi Markets Fund MMF und **NAI – Der Natur-Aktien-Index** (EuGH C-90/11, C-91/11, GRUR 2012, 616 – MMF/NAI sowie BPatG GRUR 2011, 524; GRUR 2011, 527): beschreibend für Versicherungswesen, Finanzwesen, Geldgeschäfte, Immobilienwesen (Kl. 36), weil die Abkürzung durch den weiteren Bestandteil erläutert wird (→ Rn. 258).

8. Berücksichtigung der Kennzeichnungsgewohnheiten

128 Bei der Beurteilung der Unterscheidungskraft eines Zeichens sind schließlich auch die **Kennzeichnungsgewohnheiten** auf dem in Rede stehenden Waren-/Dienstleistungssektor zu berücksichtigen (EuGH C-541/18, GRUR 2019, 1194 Rn. 24, 33 – AS/DPMA (#darferdas); BGH GRUR 2020, 411 Rn. 13 – #darferdas? II; GRUR 2018, 932 Rn. 18 – #darferdas?; BPatG GRUR-RS 2020, 37687 Rn. 26 – #darferdas?), etwa die Art und Weise, in der Kennzeichnungsmittel bei den betreffenden Waren oder Dienstleistungen üblicherweise verwendet werden, und insbesondere die Stelle, an der sie angebracht werden (BGH GRUR 2020, 411 Rn. 13 – #darferdas? II; GRUR 2018, 932 Rn. 18 – #darferdas?; GRUR 2012, 1044 Rn. 20 – Neuschwanstein; GRUR 2010, 1100 Rn. 28 – TOOOR!; GRUR 2008, 1093 Rn. 22 – Marlene-Dietrich-Bildnis I). Dies ist freilich lediglich die Konsequenz daraus, dass die Unterscheidungskraft nach dem Verständnis des angesprochenen Verkehrs beurteilt wird.

129 Es kann daher **in tatsächlicher Hinsicht** von der Art und Weise der Anbringung des Zeichens an oder im Zusammenhang mit der betreffenden Ware oder Dienstleistung abhängen, ob ein Zeichen von den angesprochenen Verkehrskreisen im konkreten Fall als betrieblicher Herkunftshinweis verstanden wird oder nicht (BGH GRUR 2020, 411 Rn. 13 – #darferdas? II; GRUR 2018, 932 Rn. 18 – #darferdas?; GRUR 2012, 1044 Rn. 20 – Neuschwanstein; GRUR 2010, 1100 Rn. 28 – TOOOR!; GRUR 2010, 825 Rn. 21 – Marlene-Dietrich-Bildnis II, mit Bsp.). Ein Zeichen wird eher als Herkunftshinweis aufgefasst werden, wenn es an einer Stelle angebracht ist, wo üblicherweise Marken vermutet werden, als wenn es an einer Stelle verwendet wird, an der normalerweise kein Herkunftshinweis erwartet wird (Ströbele MarkenR 2012, 455; vgl. BGH GRUR 2010, 838 Rn. 20 – DDR-Logo, dekoratives Element). So wird etwa bei **Bekleidungsstücken** der Verkehr in Zeichen, die sich auf eingenähten Etiketten auf der Innenseite von Bekleidungsstücken befinden, regelmäßig einen Herkunftshinweis sehen (BGH GRUR 2020, 411 Rn. 13 – #darferdas? II; GRUR 2018, 932 Rn. 18 – #darferdas?; GRUR 2010, 825 Rn. 21 – Marlene-Dietrich-Bildnis II; s. auch GRUR 2017, 730 Rn. 22 – Sierpinski-Dreieck; GRUR 2010, 838 Rn. 20 – DDR-Logo; BeckRS 2010, 16047 Rn. 20 – CCCP; BPatG BeckRS 2019, 17004 Rn. 32 – reggae jam, in concreto verneint). Bei Bildern, Motiven, Symbolen und Wörtern, die außen auf der Vorder- oder Rückseite angebracht sind, ist dies hingegen nicht ohne weiteres der Fall, sondern bedarf der Beurteilung im jeweiligen Einzelfall (BGH GRUR 2020, 411 Rn. 13 – #darferdas? II; GRUR 2018, 932 Rn. 18 – #darferdas?; s. auch GRUR 2017, 730 Rn. 22 – Sierpinski-Dreieck; GRUR 2010, 838 Rn. 20 – DDR-Logo).

130 Im Eintragungsverfahren ist **Unterscheidungskraft** schon dann **zu bejahen,** wenn es „**praktisch bedeutsame und naheliegende Möglichkeiten** gibt, das Zeichen für die beanspruchten Waren und Dienstleistungen so zu verwenden, dass es vom Verkehr **ohne Weiteres als Marke verstanden wird**" (BGH GRUR 2018, 932 Rn. 21 – #darferdas?; GRUR 2012, 1044 Rn. 20 – Neuschwanstein; GRUR 2010, 1100 Rn. 28 – TOOOR!; GRUR 2008, 1093 Rn. 22 – Marlene-Dietrich-Bildnis I). In den Worten des EuGH ist die Unterscheidungskraft „unter Berücksichtigung aller relevanten Tatsachen und Umstände, einschließlich **sämtlicher wahrscheinlicher Verwendungsarten** der angemeldeten Marke, zu prüfen", wobei es sich „(m)angels anderer Anhaltspunkte (…) um die Verwendungsarten (handelt), die angesichts dessen, was in der **betreffenden Branche üblich** ist, **praktisch bedeutsam** sein können" (EuGH C-541/18, GRUR 2019, 1194 Rn. 33 – AS/DPMA (#darferdas); BGH GRUR 2020, 411 Rn. 15 – #darferdas? II).

Es muss folglich **nicht jede denkbare Verwendung** des Zeichens **markenmäßig** sein (EuGH C-541/18, GRUR 2019, 1194 Rn. 30 – AS/DPMA (#darferdas); BGH GRUR 2020, 411 Rn. 16 – #darferdas? II; GRUR 2018, 932 Rn. 21 – #darferdas?; GRUR 2012, 1044 Rn. 20 – Neuschwanstein; GRUR 2010, 1100 Rn. 28 – TOOOR!; GRUR 2008, 1093 Rn. 22 – Marlene-Dietrich-Bildnis I; GRUR 2001, 240 (242) – SWISS ARMY; BPatG BeckRS 2012, 15672 – SACHSEN!). So ist ein Anmelder beispielsweise nicht darauf beschränkt, eine Positionsmarke für eine bestimmte, unterscheidungskräftige Anbringungsform des Zeichens an der Ware oder Dienstleistung anzumelden (BGH GRUR 2010, 1100 Rn. 29 – TOOOR!). Das Interesse der Allgemeinheit sowie der übrigen Marktteilnehmer, das angemeldete Zeichen in einer Art und Weise benutzen zu dürfen, in der es vom Verkehr nicht als Herkunftshinweis verstanden wird, sondern beispielsweise dekorativ, erfordert keine Beschränkung des Markenschutzes bereits im Eintragungsverfahren, sondern wird dadurch hinreichend gewährleistet, dass bei einer solchen Verwendung eine (markenmäßige) Benutzung und damit eine Markenverletzung zu verneinen sei (BGH GRUR 2010, 1100 Rn. 30 – TOOOR!). Davon **unberührt** bleibt freilich der **Grundsatz,** dass Unterscheidungskraft schon dann zu verneinen ist, wenn das Zeichen auch nur in **einer** Verwendung beschreibend verstanden wird (→ Rn. 150). Unschädlich sind also letztlich nur nicht unterscheidungskräftige Verwendungsvarianten, die nicht zugleich auch beschreibend sind (vgl. BGH GRUR 2010, 1100 Rn. 30 – TOOOR!).

130.1 Die Rechtsprechung des BGH war durch die Rechtsmittelentscheidung **„Deichmann (Umsäumter Winkel)"** des EuGH (EuGH C-307/11 P, GRUR 2013, 519 Rn. 55) zu Art. 7 Abs. 1 lit. b UMV zweifelhaft geworden (näher Ströbele MarkenR 2012, 455 (457 ff.) und Ströbele/Hacker/Thiering/Ströbele Rn. 157 ff.). Dort hatte der EuGH eine Entscheidung des HABM gebilligt, mit der die Eintragung einer Bildmarke mangels Unterscheidungskraft verweigert wurde, weil diese vom Verkehr in ihrer „wahrscheinlichsten Verwendungsform" als lediglich branchenübliche Verzierung, nicht aber als Herkunftshinweis aufgefasst werde. Das HABM sei nicht verpflichtet, die „ihm obliegende konkrete Prüfung der Unterscheidungskraft auf andere Verwendungen der angemeldeten Marke zu erstrecken als diejenige, die er mit Hilfe seiner Sachkunde auf diesem Gebiet als die wahrscheinlichste erkennt.". Das BPatG hatte daraus in mehreren Entscheidungen abgeleitet, dass Unterscheidungskraft nur vorliege, wenn das Zeichen bei seiner „wahrscheinlichsten Verwendungsform" einen Herkunftshinweis vermittelt; eine Prüfung von möglichen oder naheliegenden anderen Verwendungen habe demgegenüber in Abweichung von der bisherigen Rechtsprechung zu unterbleiben (BPatG BeckRS 2017, 119017 Rn. 32 – #darferdas?; BeckRS 2013, 16660 – SILVER EDITION; BeckRS 2012, 17556 – Wildeshauser Schützengilde). Der BGH hingegen verstand in „#darferdas" den EuGH in dessen Entscheidung „Deichmann (umsäumter Winkel)" so, dass bei der Beurteilung der Unterscheidungskraft die Prüfung nur dann auf die wahrscheinlichste Verwendungsform zu beschränken ist, wenn die übrigen in Betracht kommenden Verwendungsformen nicht praktisch bedeutsam oder naheliegend sind; es sei nicht gerechtfertigt, einer Marke die Eintragung wegen fehlender Unterscheidungskraft zu versagen, wenn es praktisch bedeutsame oder naheliegende Möglichkeiten gibt, die Marke als Herkunftshinweis für die beanspruchten Waren oder Dienstleistungen zu verwenden (BGH GRUR 2018, 932 Rn. 21 – #darferdas?).

130.2 Der EuGH hat dieses Verständnis seiner Entscheidung „Deichmann (umsäumter Winkel)" nun ausdrücklich bestätigt (EuGH C-541/18, GRUR 2019, 1194 Rn. 32 – AS/DPMA (#darferdas)). Der EuGH begründet seine Entscheidung damit, dass der Anmelder einer Marke zum Zeitpunkt seiner Markenanmeldung und im Eintragungsverfahren weder angeben noch genau wissen müsse, wie er die angemeldete Marke im Fall ihrer Eintragung benutzen wird, und er selbst nach Eintragung der Marke die fünfjährige Benutzungsschonfrist habe, um eine tatsächliche markenmäßige Benutzung aufzunehmen. Außerdem könne es Anmeldungen von Marken geben, die vor diesem Zeitpunkt nicht markenmäßig verwendet wurden. Dann könnten die zuständigen Behörden mangels anderer Beurteilungsgesichtspunkte ihrer Prüfung auf Unterscheidungskraft nur das zugrunde legen, was in der betreffenden Branche üblich ist (EuGH C-541/18, GRUR 2019, 1194 Rn. 24 – AS/DPMA (#darferdas)).

131 **Verwendungsarten,** die in der betreffenden Branche zwar denkbar, aber **praktisch nicht bedeutsam** sind und deshalb wenig wahrscheinlich erscheinen, bleiben bei der Prüfung auf Unterscheidungskraft außer Betracht (EuGH C-541/18, GRUR 2019, 1194 Rn. 26 – AS/DPMA (#darferdas); BGH GRUR 2020, 411 Rn. 15 – #darferdas? II; BPatG GRUR-RS 2020, 37687 Rn. 26 – #darferdas?). Dem Anmelder steht es aber offen, **konkrete Anhaltspunkte** dafür zu liefern, die eine in der fraglichen Branche unübliche Verwendungsart in seinem Fall wahrscheinlich machen, und damit diese – unübliche – Verwendungsart dadurch gleichwohl in die Prüfung auf Unterscheidungskraft einzubeziehen (EuGH C-541/18, GRUR 2019, 1194 Rn. 26 – AS/DPMA (#darferdas); BGH GRUR 2020, 411 Rn. 15 – #darferdas? II). Welchen Anforderungen der dafür notwendige Vortrag genügen muss, ist derzeit noch ungeklärt. Bloße (gar formelhafte)

Behauptungen dürften wohl nicht genügen, ein Vermarktungskonzept und Vorbereitungshandlungen hingegen schon (vgl. Viefhues GRUR-Prax 2019, 459). Zu hoch sollten die Anforderungen im Eintragungsverfahren allerdings nicht gesetzt werden. Immerhin hat der EuGH ausdrücklich hervorgehoben, dass der Anmelder zu diesem Zeitpunkt weder angeben noch genau wissen müsse, wie er die Marke später nutzen möchte, ihm außerdem die fünfjährige Benutzungsschonfrist zustehe und es Marken geben könne, die vor ihrer Eintragung nicht markenmäßig verwendet wurden (→ Rn. 130.2). Daraus lässt sich außerdem wohl zumindest ableiten, dass es dem Anmelder jedenfalls nicht zuzumuten ist, vor Eintragung mit einem noch ungeschützten Zeichen in den Markt zu gehen.

Entscheidungspraxis und Literaturhinweise: 132

#darferdas (EuGH C-541/18, GRUR 2019, 1194 – AS/DPMA (#darferdas)): Wenn es in der Bekleidungsbranche üblich ist, die Marke sowohl auf der Außenseite der Ware als auch auf dem eingenähten Etikett auf der Innenseite anzubringen, sind im Eintragungsverfahren beide Verwendungsarten zu berücksichtigen. Es genügt dann (im Eintragungsverfahren), wenn der Durchschnittsverbraucher das in Rede stehende Zeichen zumindest in einer Art der Anbringung als Marke (und nicht nur als dekoratives Element oder als Botschaft sozialer Kommunikation) wahrnimmt. – Der BGH (GRUR 2020, 411 – #darferdas? II) hat daraufhin die dem Zeichen unter Zugrundelegung nur der wahrscheinlichsten Verwendungsform jegliche Unterscheidungskraft absprechende Entscheidung des BPatG (BeckRS 2017, 119017) aufgehoben und zur anderweitigen Verhandlung und Entscheidung zurückverwiesen. Das BPatG (GRUR-RS 2020, 37687) hat daraufhin entschieden, dass im hier maßgeblichen Warensektor (Bekleidung, Schuhwaren, Kopfbedeckungen) mit Blick auf die Art und den Sinngehalt des angemeldeten Zeichens eine dekorative Verwendung des Zeichens (auf der Vorder- oder Rückseite eines T-Shirts, auf dem Schirm einer Kappe oder auf der Außenseite eines Schuhs etc) zwar die praktisch bedeutsamste und wahrscheinlichste Verwendungsform sein dürfte, jedoch – jedenfalls im hier relevanten Anmeldezeitpunkt – auch eine Verwendung im Etikett eines Kleidungsstückes bzw. auf der Innenseite einer Kappe oder im Inneren eines Schuhs und damit eine als Herkunftshinweis verstandene Verwendung in Betracht komme.

Marlene-Dietrich-Bildnis (Bildmarke) (BGH GRUR 2008, 1093): unterscheidungskräftig für Bekleidung, Schuhe und Kopfbedeckungen, da auf einem eingenähten Etikett als Herkunftshinweis verstanden.

SWISS ARMY (BGH GRUR 2001, 240): unterscheidungskräftig für „modische Armbanduhren Schweizer Ursprungs", da, wenngleich vielfach als allgemeiner Hinweis auf die Qualität oder die Herstellung nach Vorgaben der Schweizer Armee verstanden, doch Möglichkeiten bestehen, das Zeichen dort so zur Kennzeichnung zu verwenden, dass es vom Verkehr ohne weiteres als Marke verstanden wird, etwa auf dem Zifferblatt an einer Stelle, an der bei solchen Uhren üblicherweise eine Marke zu finden ist.

Literatur: Lerach, „… die TOOOR macht weit" – Relevanz der Benutzungsmodalitäten für die   132.2
Schutzfähigkeit sprachlicher Zeichen?, GRUR 2011, 872-879; Ströbele, Unterscheidungskraft und markenmäßige Verwendungsmöglichkeit – Anmerkung zur „Deichmann"-Entscheidung des EuGH vom 26.4.2012, C-307/11 P, MarkenR 2012, 455.

9. Identische Grundsätze bei sämtlichen Markenkategorien sowie bei Warenmarken und Dienstleistungsmarken

Die **Kriterien** für die **Beurteilung** der **Unterscheidungskraft** sind für **sämtliche Marken-**   133
kategorien gleich, jedoch ist denkbar, dass nicht jede von den maßgeblichen Verkehrskreisen notwendig in gleicher Weise wahrgenommen wird und es daher bei **bestimmten Zeichenformen** schwieriger sein kann, die **Unterscheidungskraft** nachzuweisen (EuGH C-398/08 P, GRUR 2010, 228 Rn. 35 f. – Vorsprung durch Technik; BGH GRUR 2010, 935 Rn. 9 – Die Vision, beide zu Werbeslogans; EuGH C-404/02, GRUR 2004, 946 Rn. 25 f. – Nichols, für Namensmarken; für die nichtkonventionellen Markenformen s. zB EuGH C-344/10 P, C-345/10 P, GRUR 2012, 610 Rn. 45 – Freixenet, für 3D-Marken; BGH GRUR 2015, 1012 Rn. 11 – Nivea-Blau; GRUR 2015, 581 Rn. 10 – Langenscheidt-Gelb; EuGH C-447/02 P, GRUR Int 2005, 227 Rn. 78 – KWS Saat/HABM, alle zur abstrakten Farbmarke). Obwohl also theoretisch ein **stets identischer Prüfungsmaßstab** besteht, hat die Zeichenkategorie bzw. die konkrete Art des Zeichens innerhalb einer Zeichenkategorie im Ergebnis doch Einfluss auf die Beurteilung der Unterscheidungskraft im Einzelfall. Bei den hier behandelten Wortmarken betrifft dies insbesondere Werbeslogans (näher → Rn. 353 ff.) und Namensmarken (→ Rn. 314 ff.).

Desgleichen gelten die Grundsätze zur Beurteilung der Unterscheidungskraft unterschiedslos   134
für Marken, die für Waren eingetragen werden sollen, wie für solche, deren Anmeldung sich auf Dienstleistungen bezieht, denn das Markengesetz geht wie das Unionsmarkenrecht grundsätzlich von der **rechtlichen Gleichbehandlung von Waren- und Dienstleistungsmarken** aus (BGH

GRUR 2014, 1204 Rn. 10 – DüsseldorfCongress; im Ergebnis ebenso EuGH C-45/11 P, GRUR Int 2012, 333 Rn. 39 – Deutsche Bahn/HABM).

10. Feststellung der Unterscheidungskraft

135   Zur **Überwindung** des Schutzhindernisses der **fehlenden Unterscheidungskraft** genügt bereits die **Eignung** des Zeichens, als betrieblicher Herkunftshinweis zur Unterscheidung der beanspruchten Waren oder Dienstleistungen von denjenigen anderer Unternehmen zu dienen; anders als bei § 8 Abs. 3 (Verkehrsdurchsetzung) ist folglich **nicht erforderlich,** dass das angemeldete Zeichen **schon verwendet** und bereits tatsächlich vom Verkehr als betrieblicher Herkunftshinweis **aufgefasst wird** (BGH GRUR 2010, 825 Rn. 17 – Marlene-Dietrich-Bildnis II). Entscheidend ist stattdessen die im Wege einer **Prognose** zu ermittelnde **mutmaßliche Auffassung** der maßgeblichen Verkehrskreise (EuGH C-136/02 P, GRUR Int 2005, 135 Rn. 49, 53, 56 – Maglite; BGH GRUR 2010, 825 Rn. 17 – Marlene-Dietrich-Bildnis II).

136   Soweit die Entscheidung über die Schutzfähigkeit (auch) auf **Erkenntnisse aus dem Internet** gestützt werden sollen, ist zu prüfen, ob die betreffenden Internetseiten geeignet sind, das inländische Verkehrsverständnis zu prägen (BGH GRUR 2013, 731 Rn. 17 – Kaleido; GRUR 2012, 270 Rn. 14 – Link economy), woran es insbesondere fehlen kann, wenn sich diese nicht an das inländische Publikum richten (BGH GRUR 2012, 270 Rn. 14 – Link economy). Aufgrund der fehlenden Dauerhaftigkeit von Internetseiten empfiehlt es sich, diese in geeigneter Weise zu **archivieren,** namentlich **auszudrucken,** sowie sie zur Wahrung des **Anspruchs auf rechtliches Gehör** sämtlichen Verfahrensbeteiligten (rechtzeitig) zugänglich und zum Bestandteil der Verfahrensakte zu machen (BGH GRUR 2004, 77 (78 f.) – PARK & BIKE; EuG T-317/05, GRUR Int 2007, 330 Rn. 34–44 – Kustom Musical Amplification/HABM, zur Form einer Gitarre; Ströbele/Hacker/Thiering/Ströbele Rn. 174). Die bloße Nennung der Internetadressen (URLs) genügt in der Regel nicht, da sich der darunter abrufbare Inhalt jederzeit ändern kann (EuG T-317/05, GRUR Int 2007, 330 Rn. 40 f. – Kustom Musical Amplification/HABM, zur Form einer Gitarre).

137   Die **Beurteilung der Unterscheidungskraft** auf der Grundlage der festgestellten Tatsachen ist eine **revisionsgerichtlich überprüfbare Rechtsfrage** (BGH GRUR 2018, 301 Rn. 13 – Pippi-Langstrumpf-Marke; GRUR 2013, 731 Rn. 22 – Kaleido; Fezer Rn. 53; Ingerl/Rohnke Rn. 113; Ströbele/Hacker/Thiering/Ströbele Rn. 139). Die Ermittlung der dafür notwendigen **tatsächlichen Grundlagen,** insbesondere der Verkehrsauffassung, ist hingegen den **Tatsacheninstanzen** (DPMA und BPatG bzw. EUIPO und EuG) vorbehalten (EuGH C-488/16 P, GRUR 2018, 1146 Rn. 29 f. – Neuschwanstein; C-173/04 P, GRUR 2006, 233 Rn. 35, 47 – Standbeutel; C-104/00 P, GRUR 2003, 58 Rn. 22 – Companyline; BGH GRUR 2018, 301 Rn. 13 – Pippi-Langstrumpf-Marke; Ingerl/Rohnke Rn. 71; Ströbele/Hacker/Thiering/Ströbele Rn. 136 ff.). Ein **demoskopisches Gutachten** kann sich nur auf solche tatsächliche Umstände beziehen, nicht aber auf die daraus zu ziehenden rechtlichen Schlüsse (BPatG GRUR 2013, 72 (74) – smartbook; GRUR 1996, 489 (490) – Hautactiv; Ströbele/Hacker/Thiering/Ströbele Rn. 139; Hacker MarkenR Rn. 120; wohl auch BGH GRUR 2014, 565 Rn. 26 – smartbook: „Es sei nicht ausgeschlossen, dass aus den „Ergebnissen einer Verkehrsbefragung im Einzelfall Anhaltspunkte für die Frage entnommen werden können, ob der angesprochene Verkehr ein Zeichen als unterscheidungskräftig auffasst."; zur UMV EuGH C-136/02 P, GRUR Int 2005, 135 Rn. 76 – Maglite).

138   Hinsichtlich der **Tatsachengrundlagen** besteht für das DPMA und das BPatG **Amtsermittlungspflicht** (§ 59 Abs. 1, § 73 Abs. 1; Ingerl/Rohnke Rn. 16; EuGH C-273/05 P, C-273/05, BeckRS 2008, 70163 Rn. 38 – CELLTECH, zur UMV). Bloße Mutmaßungen hinsichtlich der Unterscheidungskraft eines Zeichens genügen nicht (EuGH C-265/09 P, GRUR 2010, 1096 Rn. 47 – HABM/BORCO).

11. Unterscheidungskraft und weitere Markenfunktionen

139   Für die **Unterscheidungskraft** eines Zeichens bei der Schutzentstehung ist **allein** dessen **herkunftshinweisende Funktion** maßgeblich; andere Markenfunktionen (zB die Werbefunktion, s. EuGH C-236/08 bis C-238/08, GRUR 2010, 445 Rn. 77 – Google; C-487/07, GRUR 2009, 756 Rn. 58 – L'Oréal/Bellure; → Einleitung Rn. 120 ff.) sind bei der Beurteilung dieses Schutzhindernisses irrelevant und **können** einen **fehlenden Herkunftshinweis nicht kompensieren** (Ingerl/Rohnke Rn. 108; Ströbele/Hacker/Thiering/Ströbele Rn. 94; Hacker MarkenR 2009, 333 (337 f.)). Sie stehen der Unterscheidungskraft aber auch nicht entgegen, sodass es **unschädlich** ist, wenn ein herkunftshinweisendes Zeichen **zugleich** oder sogar **in erster Linie** als Werbung verstanden wird (EuGH C-398/08 P, GRUR 2010, 228 Rn. 44 f. – Vorsprung durch

Technik; BGH GRUR 2000, 722 (723) – LOGO; strenger dagegen noch EuGH C-64/02 P,
GRUR 2004, 1027 Rn. 35 – DAS PRINZIP DER BEQUEMLICHKEIT: Werbefunktion dürfe
nur von offensichtlich untergeordneter Bedeutung sein).

12. Unterscheidungskraft und Freihaltebedürfnis

Das MarkenG (ebenso die MRL und die UMV) kennt **kein allgemeines Freihaltebedürfnis** **140**
als selbständiges Schutzhindernis neben den Tatbeständen des § 8 Abs. 2 (→ Rn. 244). Gleichwohl
stellen EuGH und BGH im Einzelfall bei der Beurteilung der Unterscheidungskraft auf das Allgemeininteresse an der freien Verfügbarkeit eines Zeichens für die anderen Wirtschaftsteilnehmer
ab (für die die **abstrakte Farbmarke** EuGH C-104/01, GRUR 2003, 604 Rn. 60 – Libertel;
BGH GRUR 2010, 637 Rn. 12 – Farbe gelb; ablehnend dagegen in Bezug auf **Wortzeichen**
EuGH C-108/97 und C-109/97, GRUR 1999, 723 Rn. 48 – Chiemsee; BGH GRUR 2012,
1044 Rn. 28 – Neuschwanstein; GRUR 2001, 1042 (1043) – REICH UND SCHOEN) und
anerkennen damit (partiell) im Ergebnis doch ein ungeschriebenes Schutzhindernis im Sinne des
früheren warenzeichenrechtlichen **Freihaltebedürfnisses** (näher → Rn. 242 ff.).

13. Unterscheidungskraft bei Wortzeichen

Ein Wortzeichen ist grundsätzlich **unterscheidungskräftig,** wenn ihm **kein im Vordergrund** **141**
stehender beschreibender Begriffsinhalt zugeordnet werden kann und es sich auch sonst **nicht**
um ein gebräuchliches Wort der deutschen oder einer bekannten Fremdsprache handelt,
das vom Verkehr – etwa auch wegen einer entsprechenden Verwendung in der Werbung – stets
nur als solches und nicht als Unterscheidungsmittel verstanden wird (EuGH C-304/06 P, GRUR
2008, 608 Rn. 69 – EUROHYPO; BGH GRUR 2016, 934 Rn. 9 – OUI; GRUR 2013, 731
Rn. 13 – Kaleido; GRUR 2012, 270 Rn. 11 – Link economy; GRUR 2009, 778 Rn. 11 –
Willkommen im Leben; BPatG GRUR 2012, 277 (279) – Volks.Hähnchen).

Unterscheidungskraft fehlt indes nicht schon dann, wenn das Zeichen **neben seiner Funktion** **142**
als Herkunftshinweis auch als Werbeslogan, Qualitätshinweis oder Aufforderung zum Kauf der
beanspruchten Waren oder Dienstleistungen verwendet werden kann (EuGH C-398/08 P, GRUR
2010, 228 Rn. 45 – Vorsprung durch Technik; EuG BeckRS 2013, 80121 – Premium XL u.
Premium L; GRUR Int 2008, 853 Rn. 19 – Substance for Success; s. auch EuGH C-517/99,
GRUR 2001, 1148 Rn. 40 – Bravo; BGH GRUR 1999, 1089 (1091) – YES; → Rn. 355 f.).

Weitere Gründe fehlender Unterscheidungskraft sind nicht ausgeschlossen, bei Wortzeichen **143**
indes kaum denkbar. Einem Zeichen, das vom Verkehr weder beschreibend noch ausschließlich
als gebräuchliches Wort ohne Herkunftshinweis verstanden wird, dürfte kaum das notwendige,
aber eben auch ausreichende Mindestmaß an Unterscheidungskraft (→ Rn. 100) abzusprechen
sein.

a) Beschreibender Inhalt. aa) Unmittelbar beschreibender Inhalt. Einem Zeichen fehlt **144**
Unterscheidungskraft, wenn es für die beanspruchten Waren oder Dienstleistungen einen **unmit-**
telbar beschreibenden Begriffsinhalt aufweist, der vom Verkehr **ohne Weiteres** und **ohne**
Unklarheiten als solcher **erfasst** wird (EuGH C-51/10 P, GRUR 2011, 1035 Rn. 33 – 1000;
C-304/06 P, GRUR 2008, 608 Rn. 69 f. – EUROHYPO; BGH GRUR 2018, 932 Rn. 8 –
#darferdas?; GRUR 2017, 186 Rn. 32 – Stadtwerke Bremen; GRUR 2014, 1204 Rn. 12 –
DüsseldorfCongress; GRUR 2014, 872 Rn. 16 – Gute Laune Drops; GRUR 2013, 731 Rn. 13 –
Kaleido; GRUR 2012, 1143 Rn. 9 – Starsat; GRUR 2009, 952 Rn. 10 – DeutschlandCard;
GRUR 2006, 850 Rn. 19 – FUSSBALL WM 2006). Ein solches Zeichen wird vom Verkehr
wegen des beschreibenden Inhalts nicht als Herkunftshinweis verstanden (BGH GRUR 2017,
186 Rn. 32 – Stadtwerke Bremen; GRUR 2014, 1204 Rn. 12 – DüsseldorfCongress; GRUR
2009, 952 Rn. 10 – DeutschlandCard; GRUR 2006, 850 Rn. 19 – FUSSBALL WM 2006; s.
auch EuGH C-304/06 P, GRUR 2008, 608 Rn. 69 f. – EUROHYPO; Ströbele/Hacker/Thie-
ring/Ströbele Rn. 205; Ingerl/Rohnke Rn. 115). Daraus folgt, dass nur ein **gegenwärtig**
beschreibendes Zeichen zwangsläufig keinen Hinweis auf die betriebliche Herkunft vermitteln
kann. Demgegenüber geht der EuGH in ständiger Rechtsprechung (EuGH C-90/11, C-91/11,
GRUR 2012, 616 Rn. 21 – MMF/NAI; C-51/10 P, GRUR 2011, 1035 Rn. 33 – 1000; C-
363/99, GRUR 2004, 674 Rn. 86 – Postkantoor) davon aus, dass ein iSd Art. 7 Abs. 1 lit. c
UMV (= § 8 Abs. 2 Nr. 2) beschreibendes Zeichen, und damit auch ein lediglich zukünftig
beschreibendes Zeichen, stets keine Unterscheidungskraft besitzt (zur Kritik → Rn. 254).

Für die Frage, wann ein Zeichen beschreibend ist, kann auf die Ausführungen und die Entschei- **145**
dungspraxis zu § 8 Abs. 2 Nr. 2 zurückgegriffen werden (→ Rn. 161 ff.), nach hier vertretener

Auffassung jedoch mit der Maßgabe, dass nur ein **gegenwärtig** beschreibendes Zeichen stets nicht unterscheidungskräftig ist, einem lediglich zukünftig beschreibenden Zeichen hingegen durchaus gegenwärtig Unterscheidungskraft zukommen kann.

146   **bb) Enger beschreibender Bezug.** Ebenfalls nicht unterscheidungskräftig sind **Angaben,** die sich zwar nicht unmittelbar auf Umstände beziehen, die die beanspruchten Waren oder Dienstleistungen betreffen, die jedoch gleichwohl einen **engen beschreibenden Bezug** zu diesen aufweisen, und deshalb die Annahme rechtfertigen, dass der Verkehr den beschreibenden Begriffsinhalt als solchen ohne weiteres und ohne Unklarheiten erfasst und in der Bezeichnung nicht ein Unterscheidungsmittel für die Herkunft der Waren oder Dienstleistungen sieht (BGH GRUR 2018, 932 Rn. 8 – #darferdas?; GRUR 2017, 186 Rn. 32 – Stadtwerke Bremen; GRUR 2014, 1204 Rn. 12 – DüsseldorfCongress; GRUR 2014, 872 Rn. 16 – Gute Laune Drops; GRUR 2009, 952 Rn. 10 – DeutschlandCard; GRUR 2006, 850 Rn. 19 – FUSSBALL WM 2006; GRUR 1998, 465 (467) – BONUS; vgl. auch EuGH C-512/06 P, GRUR-RR 2008, 47 Rn. 32 – MAP & GUIDE).

147   Beschreibend in diesem Sinne sind Zeichen, die lediglich als **Hinweis auf die Verkaufsstätte** der beanspruchten Waren bzw. den Erbringungsort der beanspruchten Dienstleistungen und nicht auf deren betriebliche Herkunft verstanden werden (BPatG GRUR-RS 2013, 21044 – Fashion Tower; GRUR 2007, 61 (62) – Christkindlesmarkt; BeckRS 2010, 5288 – CHOCOLATERIA; BeckRS 2009, 3859 – Technomarkt).

148   Gleiches gilt für Zeichen, die als Hinweise beispielsweise auf den **Verwendungszweck** bzw. die **Bestimmung** (BGH GRUR 2009, 411 Rn. 13 – STREETBALL; GRUR 2009, 952 Rn. 15 – DeutschlandCard; BPatG GRUR-RS 2022, 718 Rn. 17 – MAKE MONDAY SUNDAY), den **Abnehmerkreis** (BGH GRUR 2007, 1071 Rn. 25 – Kinder II), bestimmte **Eigenschaften** etc der beanspruchten Waren und Dienstleistungen verstanden werden (BPatG GRUR-RS 2021, 3977 – Slim; BeckRS 2016, 16659 – Gold), selbst wenn sie nicht die Schwelle zur merkmalsbeschreibenden Angabe iSv § 8 Abs. 2 Nr. 2 überschreiten.

149   **Entscheidungspraxis:**

149.1   **– schutzfähig:**
     COLOR HOTEL (BPatG Beschl. v. 28.11.2016 – 26 W (pat) 59/16): unterscheidungskräftig für Hotelleriedienstleistungen (Kl. 43), da sich im Anmeldezeitpunkt (2011) noch kein Trend entwickelt hatte, wonach Hotels mit der besonderen farblichen Ausgestaltung ihrer Räume und deren positiver Wirkung auf die Stimmung ihrer Gäste oder mit der Veranstaltung von Farbseminaren werben.

149.2   **– nicht schutzfähig:**
     STREETBALL (BGH GRUR 2009, 411): nicht unterscheidungskräftig für Sportschuhe und Sportbekleidung (Kl. 25), da als Hinweis auf den Verwendungszweck verstanden; Mehrdeutigkeit steht dem nicht entgegen.
     Slim (BPatG GRUR-RS 2021, 3977): nicht unterscheidungskräftig für ua Insektenschutzgitter (Kl. 6, 19) und Beschläge (Kl. 20), weil iSv „dünn" und damit als möglicher Hinweis auf eine besondere Eigenschaft des Produkts verstanden.
     MÄDELSABEND (BPatG GRUR-RS 2020, 14390): nicht unterscheidungskräftig für Zuckerwaren, Fruchtgummi, Schaumzucker, Lakritz und Kaubonbons (Kl. 30), da verstanden als für einen „Mädelsabends" bestimmte und geeignete Produkte, weil es bei einem Mädelsabend üblich sei, Süßigkeiten und/oder Knabbersachen anzubieten oder solche als Gastgeschenk oder Mitbringsel zu nutzen.
     Gold (BPatG BeckRS 2016, 16659): nicht unterscheidungskräftig für zahlreiche Dienstleistungen der Kl. 38 und 41, da stets nur als eine Auszeichnung der Dienstleistungen oder als eine rein werbliche Anpreisung deren besonderer Qualität und damit als Prämierungsattribut, aber nicht als Herkunftshinweis verstanden.
     KOKSER (BPatG BeckRS 2016, 130344): nicht unterscheidungskräftig für Waren und Dienstleistungen aus der Medienbranche (Kl. 9 und 41), da als Bezeichnung für eine Kokain konsumierende Person verstanden und insoweit als beschreibende Angabe des Themas, geistigen Inhalts oder Werks oder als Hinweis auf eine Zielgruppe (bspw. im Zusammenhang mit Suchtprävention oder Rehabilitation) denkbar.
     Flatline (BPatG BeckRS 2016, 12105): für Radiatoren und Heizkörper etc (Kl. 11) nicht unterscheidungskräftig, weil auch als Bezeichnung für flach gestaltete bzw. ausgeführte Produkte bzw. eine Produktlinie flach gestalteter bzw. ausgeführter Waren zu verstehen.
     KIDZ ONLY (Wort-/Bildzeichen) (BPatG BeckRS 2014, 18615): als Sachhinweis auf die angesprochene Zielgruppe nicht unterscheidungskräftig für zahlreiche Waren aus den Kl. 14, 24, 25 und 28, außer für „Atomuhren"; daran vermochte auch die grafische Ausgestaltung nichts zu ändern, da diese nicht „derart ungewöhnlich" sei, als dass sie von der beschreibenden Bedeutung der Wortfolge wegführe, zumal dieser „Überschuss" umso größer ausfallen müsse, je deutlicher der beschreibende Charakter ist.

Fashion Tower (BPatG GRUR-RS 2013, 21044): nicht unterscheidungskräftig für verschiedene immobilienbezogene Dienstleistungen (Kl. 35, 36 und 42), da verstanden als Präzisierung des Unternehmenszwecks auf Gebäude für die Modebranche.

CHOCOLATERIA (BPatG BeckRS 2010, 5288): nicht unterscheidungskräftig für ua Schokolade (Kl. 30), da als Hinweis auf die Verkaufsstätte verstanden. – Ebenso **Technomarkt** (BPatG BeckRS 2009, 3859) für ua Elektro- und Elektronikgeräte (Kl. 7 und 9); **rheuma-world** (BPatG GRUR 2003, 1051); **Gardinenland** (BPatG BeckRS 2009, 03819) für Herstellung und Verkauf von Textilgardinen und Zubehör, Dienstleistung, Montage, Verkauf von Textilstoffen (Kl. 24); **Tabakwelt** (BPatG BeckRS 2008, 26449).

Christkindlesmarkt (BPatG GRUR 2007, 61): nicht unterscheidungskräftig für Waren und Dienstleistungen im Zusammenhang mit Weihnachtsmärkten (Kl. 32, 33, 42), weil ohne weiteres als Hinweis auf den Ort des Angebots der Waren und Dienstleistung bzw. ihrer Bestimmung oder als reine Warenanpreisung (die dem Verkehr „eine das Gemüt und damit die Kaufbereitschaft ansprechende vorweihnachtliche Stimmung vermitteln soll") verstanden.

Kinder (Wort-/Bildmarke) (BGH GRUR 2007, 1071 – Kinder II): nicht unterscheidungskräftig, da als Hinweis auf den möglichen Abnehmerkreis verstanden.

cc) Mehrdeutigkeit. Bei Mehrdeutigkeit des Zeichens ist zu **differenzieren.** Einem mehrdeutigen Zeichen **fehlt Unterscheidungskraft** bereits dann, wenn es in **einer** seiner möglichen **Bedeutungen** beschreibend ist (EuGH C-265/00, GRUR 2004, 680 Rn. 38 – BIOMILD; GRUR 2004, 148 Rn. 33 – DOUBLEMINT (unter Aufhebung von EuG GRUR-RR 2001, 158 Rn. 30 f.); BGH GRUR 2014, 1206 Rn. 11 – ECR-Award; GRUR 2014, 569 Rn. 20 – HOT; GRUR 2010, 825 Rn. 15 f. – Marlene-Dietrich-Bildnis II; GRUR 2009, 952 Rn. 15 – DeutschlandCard; GRUR 2008, 900 Rn. 15 – SPA II; BPatG GRUR-RS 2019, 46802 Rn. 28 – CHECK24). In diesem Fall begründet auch der durch **verschiedene Deutungsmöglichkeiten** hervorgerufene **Interpretationsaufwand** des angesprochenen Verkehrs allein **keine Unterscheidungskraft** (BGH GRUR 2014, 1206 Rn. 11 – ECR-Award; GRUR 2014, 569 Rn. 24 – HOT; BPatG GRUR-RS 2019, 35936 Rn. 31 f. – Only God Can Judge Me). **150**

Ist hingegen das Zeichen in **keiner seiner Bedeutungen beschreibend, kann** die Mehrdeutigkeit des Zeichens oder dessen Interpretationsbedürftigkeit gerade umgekehrt ein **Indiz für Unterscheidungskraft** sein (BGH GRUR 2013, 522 Rn. 9 – Deutschlands schönste Seiten; GRUR 2010, 1100 Rn. 17 – TOOOR!; GRUR 2010, 640 Rn. 14 – hey!; GRUR 2009, 778 Rn. 17 – Willkommen im Leben; s. auch EuGH C-398/08 P, GRUR 2010, 228 Rn. 57 – Vorsprung durch Technik). Von Bedeutung ist dies insbesondere bei Zeichen, die sich in gebräuchlichen Wörtern der Umgangssprache erschöpfen (→ Rn. 157 ff.) sowie bei Werbeslogans und sonstigen Wortfolgen (→ Rn. 353 ff.). **151**

Entscheidungspraxis: **152**

HOT (Wort-/Bildzeichen) (BGH GRUR 2014, 569): für viele beanspruchte Waren (ua Parfums oder Kosmetika, Druckerzeugnisse, diätetische Lebensmittel) in seiner ursprünglichen Bedeutung als „heiß" zwar nicht beschreibend, wohl aber in seinem weiteren vom Verkehr erkannten Sinngehalt „sexy, scharf, angesagt, großartig, echt geil" bzw. (geschmacklich) „scharf, pikant, gewürzt". **152.1**

HOT ((von ihrem Textbestandteil dominierte) Bildmarke) (EuG BeckRS 2015, 80963): beschreibend in Bezug auf Massageöle, Gele (Kl. 3) und Gleitmittel für pharmazeutische Zwecke (Kl. 5), weil diese Waren dazu bestimmt seien, durch mehr oder weniger wiederholte Bewegungen, die ein Gefühl von Hitze erzeugen, auf die Haut aufgetragen zu werden; jedoch nicht beschreibend in Bezug auf Wasch- und Bleichmittel, Seifen sowie Nahrungsergänzungsmittel für medizinische Zwecke, da weder die Temperatur dieser Waren selbst noch die Verwendungstemperatur bezeichnet werde, ferner der Anklang an „aktuell", „attraktiv" oder „sexy" viel zu vage bleibe; insoweit sei das Zeichen aufgrund seiner Mehrdeutigkeit auch unterscheidungskräftig. – Zweifelhaft (s. auch Tenkhoff GRUR-Prax 2015, 370).

CHECK24 (BPatG GRUR-RS 2019, 46802): nicht schutzfähig für ua Online-Vergleichsportale (Kl. 35), Dienstleistungen eines Versicherungs-, Finanz- und Kreditmaklers (Kl. 36), Vermittlung von Pauschalreisen (Kl. 39) bzw. Unterkünften (Kl. 43), da diesbezüglich jedenfalls verstanden als „checken" im Sinne von prüfen etc und damit beschreibend; deshalb unerheblich, dass auch ein Verständnis iSv von „rempeln, behindern" oder „begreifen, kapieren" möglich ist.

dd) „Sprechende" Zeichen. Zeichen, die zwar über einen **beschreibenden Anklang** verfügen, jedoch die beanspruchten Waren und Dienstleistungen nicht unmittelbar beschreiben („**sprechende Zeichen**"), **fehlt nicht** schon deshalb die **Unterscheidungskraft,** weil sie bestimmte Assoziationen mit den beanspruchten Waren und Dienstleistungen zu wecken versuchen (EuG GRUR 2001, 332 Rn. 23 – VITALITE; BGH GRUR 2018, 301 Rn. 18 – Pippi-Langstrumpf-Marke; GRUR 2013, 731 Rn. 22 – Kaleido; GRUR 2012, 1143 Rn. 10 – Starsat; **153**

BPatG BeckRS 2014, 07054 – you smile we care; GRUR 2004, 333 – ZEIG DER WELT DEIN SCHÖNSTES LÄCHELN). Es verhält sich hier nicht anders als bei der Verwendung nicht beschreibender Zeichen als Werbemittel etwa in Form von Werbeslogans, Qualitätshinweisen oder Aufforderungen zum Kauf bzw. zur Inanspruchnahme der Waren oder Dienstleistungen (BGH GRUR 2018, 301 Rn. 18 – Pippi-Langstrumpf-Marke; → Rn. 353). Ohnehin **unerheblich** ist ein **erst nach mehreren gedanklichen Schritten erkennbarer beschreibender Gehalt** (BGH GRUR 2016, 934 Rn. 18 – OUI; GRUR 2012, 1143 Rn. 10 – Starsat; GRUR 2012, 270 Rn. 12 – Link economy; BPatG BeckRS 2014, 07054 – you smile we care; GRUR 2006, 155 (156) – Salatfix; BeckRS 2019, 3119 Rn. 12 – LE SOMMELIER DE LA BEAUTE; ebenso in Bezug auf § 8 Abs. 2 Nr. 2 → Rn. 166). Auch können sprachwissenschaftliche Erkenntnisse, die auf der Annahme einer assoziativen Ergänzung von als Abkürzung erkannten Begriffen in einem vom Kontext vorgegebenen Sinn beruhen, nicht ohne Weiteres für die als Rechtsfrage zu beantwortende Beurteilung der Unterscheidungskraft herangezogen werden (BGH GRUR 2013, 731 Rn. 22 – Kaleido).

154   **Entscheidungspraxis:**

154.1   **Pippi Langstrumpf** (BGH GRUR 2018, 301 – Pippi-Langstrumpf-Marke): unterscheidungskräftig und nicht beschreibend für „Beherbergung von Gästen" (Kl. 42), und zwar auch dann, wenn der Verkehr von der Romanfigur hervorgerufene Assoziationen auf die unter ihrem Namen angebotene Beherbergungsdienstleistungen überträgt (aA die Vorinstanz, BPatG BeckRS 2016, 18764).

LE SOMMELIER DE LA BEAUTE (BPatG BeckRS 2019, 3119): unterscheidungskräftig für Kosmetika (Kl. 3), da das naheliegende Begriffsverständnis als „Sommelier der Schönheit" (→ Rn. 280.1) allenfalls nach mehreren Gedankenschritten mit Kosmetika in Verbindung gebracht wird und auch dann diesbezüglich keine Sachangabe darstellt.

you smile we care (BPatG BeckRS 2014, 07054): schutzfähig für Zahnspangen etc und Dienstleistungen eines Zahntechnikers oder Zahnarztes etc, da der angesprochene Verkehr das Zeichen zwar als „Du lächelst/Sie lächeln wir pflegen" versteht, diesem jedoch weder einen unmittelbar beschreibenden Bezug zumisst noch darin eine bloße allgemeine Anpreisung oder Werbeaussage sieht.

155   **ee) Zusammensetzungen.** Bei zusammengesetzten Wörtern oder Wortfolgen ist – wie stets – das **Gesamtzeichen** entscheidend, sodass ein beschreibender Sinngehalt der Einzelbestandteile für die Beurteilung (und Verneinung) der Unterscheidungskraft des Gesamtzeichens für sich genommen unbeachtlich ist (EuGH C-304/06 P, GRUR 2008, 608 Rn. 41 – EUROHYPO; C-37/03 P, GRUR 2006, 229 Rn. 29 – BioID; BGH GRUR 2017, 186 Rn. 32 – Stadtwerke Bremen; GRUR 2014, 1204 Rn. 16 – DüsseldorfCongress; GRUR 2012, 270 Rn. 16 – Link Economy; GRUR 2011, 65 Rn. 10 – Buchstabe T mit Strich; BPatG BeckRS 2014, 16915 – GASTROSMART; s. auch BPatG GRUR 2012, 277 (279 f.) – Volks.Hähnchen). Zu den Einzelheiten → Rn. 123 f., hinsichtlich § 8 Abs. 2 Nr. 2 → Rn. 178 ff. Die fehlende Unterscheidungskraft eines Bestandteils begründet **keine Vermutung** für fehlende Unterscheidungskraft des Gesamtzeichens (EuGH C-304/06 P, GRUR 2008, 608 Rn. 41 – EUROHYPO; C-329/02 P, GRUR 2004, 943 Rn. 35 – SAT.2).

156   **Entscheidungspraxis:**

156.1   **– schutzfähig:**

Kaleido (BGH GRUR 2013, 731): schutzfähig für ua Spielwaren (Kl. 28), da vom Verkehr nicht als Abkürzung für Kaleidoskope oder deren spezifische Eigenschaften verstanden.

My World (BGH GRUR 2009, 949): schutzfähig für Werbung uÄ (Kl. 35), da insoweit kein konkret beschreibender Zusammenhang besteht.

HEADS (BPatG BeckRS 2011, 1031): schutzfähig für Werbedienstleistungen (Kl. 35), weil es nicht den Branchengewohnheiten entspricht, dass solche Dienstleistungen durch ihre Adressaten charakterisiert werden, weil eine solche Festlegung auf einen bestimmten Inhalt oder eine bestimmte Zielgruppe eine nicht gewollte Beschränkung bedeuten würde; nicht unterscheidungskräftig dagegen für Geschäftsführung, Unternehmensverwaltung, Personaldienstleistungen (Kl. 35), weil insoweit vom Verkehr verstanden als „Köpfe" im Sinne von Führungskräften.

156.2   **– nicht schutzfähig:**

My World (BGH GRUR 2009, 949): nicht unterscheidungskräftig für Druckereierzeugnisse, Druckschriften, Zeitschriften, Zeitungen, Bücher uÄ (Kl. 16), da diesbezüglich als Inhaltsangabe geeignet.

FUSSBALL WM 2006 (BGH GRUR 2006, 850; → Rn. 265 ff.): nicht unterscheidungskräftig als sprachübliche Bezeichnung von Ereignissen nicht nur für das Ereignis selbst, sondern auch für Waren und Dienstleistungen, die vom Verkehr mit diesem Ereignis in Zusammenhang gebracht werden; das aktuelle Ereignis macht dessen umgangssprachliche Benennung nicht zur Marke.

Cleverle (BPatG BeckRS 2008, 4830): nicht unterscheidungskräftig für ua Werbung, Geschäftsführung, Unternehmensberatung (Kl. 35); da „Cleverle" im Verkehr allgemein als Umschreibung für besonders pfiffige Menschen gebraucht werde, rufe das Zeichen die Vorstellung hervor, die Dienstleistungen würden von einer ausgesprochen geschickten und gewitzten Person angeboten.

b) Gebräuchliche Wörter. Gebräuchlichen Wörtern oder **Wendungen** der deutschen **157** oder einer bekannten Fremdsprache fehlt die Unterscheidungskraft, wenn sie – zB aufgrund einer entsprechenden Verwendung in der Werbung oder in den Medien – vom Verkehr **nur** in dieser Weise und **nicht** zumindest **auch als Herkunftshinweis** für die beanspruchten Waren und Dienstleistungen verstanden werden (BGH GRUR 2018, 932 Rn. 8 – #darferdas?; GRUR 2014, 569 Rn. 26 – HOT; GRUR 2012, 270 Rn. 11 – Link economy; GRUR 2010, 1100 Rn. 20 – TOOOR!; GRUR 2006, 850 Rn. 19 – FUSSBALL WM 2006; GRUR 2001, 1043 (1044) – Gute Zeiten – Schlechte Zeiten). Es gibt dagegen **keinen Grundsatz,** dass bekannten Wörtern der deutschen Sprache generell und ohne weiteres **jegliche Unterscheidungskraft fehle** (so deutlich BPatG GRUR-RS 2020, 20381 Rn. 12 – Schwiegermonster, gegen eine wohl dahingehende Auffassung einer Markenstelle des DPMA).

Bedeutung erlangt die Fallgruppe der gebräuchlichen Wörter oder Wendungen insbesondere **158** bei **werblichen Angaben** und **Anpreisungen** (EuGH C-64/02 P, GRUR 2004, 1027 Rn. 45 – DAS PRINZIP DER BEQUEMLICHKEIT; EuG BeckRS 2015, 80581 Rn. 21–24 – EXTRA; BeckRS 2015, 81251 Rn. 17 – ULTIMATE; BeckRS 2012, 82034 Rn. 39 – CLIMA COMFORT; BGH GRUR 2010, 1100 Rn. 20 – TOOOR!; GRUR 2001, 1151 (1152) – marktfrisch), **allgemeinen Sachaussagen** (BGH GRUR 2009, 778 Rn. 16 – Willkommen im Leben) oder **Gebrauchshinweisen** (BPatG BeckRS 1999, 15253 – TAKE IT – SHAKE IT – USE IT; s. Fezer Rn. 222), jeweils vorausgesetzt, der Verkehr versteht die Zeichen **ausschließlich** in solch einem **nicht herkunftshinweisenden Sinn.** So schließt allein ein werblich-anpreisender Inhalt eines Zeichens, selbst wenn dieser gegenüber dem ebenfalls enthaltenen Herkunftshinweis im Vordergrund steht, die Unterscheidungskraft nicht aus (EuGH C-398/08 P, GRUR 2010, 228 Rn. 45 – Vorsprung durch Technik; EuG BeckRS 2013, 80121 – Premium XL u. Premium L; GRUR Int 2008, 853 Rn. 19 – Substance for Success; BGH GRUR 1999, 1089 (1091) – YES; auch bei „Werbeschlagwörtern" → Rn. 364).

Mehrdeutigkeit, inhaltliche Unschärfe oder **Interpretationsbedürftigkeit** können für **159** Unterscheidungskraft eines Zeichens sprechen (BGH GRUR 2010, 1100 Rn. 17 – TOOOR!; GRUR 2010, 640 Rn. 14 – hey!; GRUR 2009, 778 Rn. 17 – Willkommen im Leben; BeckRS 1999, 30053339 – PREMIERE II; BPatG BeckRS 2016, 05355 – Fräuleinwunder), sofern nicht eine beschreibende Deutung darunter ist (→ Rn. 150). Auch kann ein ehemals gebräuchlicher Begriff diese Eigenschaft im Laufe der Zeit verloren haben und damit (jedenfalls) nunmehr Unterscheidungskraft aufweisen (BPatG BeckRS 2016, 05355 – Fräuleinwunder).

Entscheidungspraxis: **160**

– schutzfähig: **160.1**
for you (BGH GRUR 2015, 173): schutzfähig für verschiedenste Waren aus dem Produktsektor Gesundheit und Ernährung, da für die beanspruchten Waren nicht als Hinweis auf eine individuelle Anpassung an die persönlichen Bedürfnisse der Abnehmer (so aber das BGH) verstanden.
Fräuleinwunder (BPatG BeckRS 2016, 05355): schutzfähig für Uhren und Zeitmessinstrumente (Kl. 14), da der in den 1950er Jahren in den USA aufgekommene Begriffsinhalt für „junge, attraktive, moderne, selbstbewusste und begehrenswerte Frauen des Nachkriegsdeutschlands" verloren gegangen ist.
– nicht schutzfähig: **160.2**
CLIMA COMFORT (EuG BeckRS 2012, 82034): nicht unterscheidungskräftig für Wärmedämmplatten (Kl. 17), da lediglich Hinweis auf eine besondere Eigenschaft der Ware dahingehend, dass diese dazu beiträgt, ein besonderes Raumklima zu schaffen, das behaglich und angenehm ist.
Gute Laune Drops (BGH GRUR 2014, 872): nicht unterscheidungskräftig für Bonbons etc (Kl. 30), da vom Verkehr verbunden mit speziellen Bonbons, die „Drops" seien, oder Waren, die mit „Drops" garniert seien, oder eine „Drops"-Form im Sinne von „Drops-Bonbon" oder eine „Tropfen-Form" aufweisen könnten, und „Gute Laune" zum Ausdruck bringe, dass die so bezeichneten Waren zur Herbeiführung oder Aufrechterhaltung der guten Laune dienten. Da der Verkehr angesichts der Vielzahl von Werbeslogans mit der Wortfolge „gute Laune" darin ausschließlich eine werbliche Produktanpreisung erkenne, komme es nicht darauf an, ob dieser Effekt wissenschaftlich belegt sei.
HOT (BGH GRUR 2014, 569): nicht unterscheidungskräftig, da vom Verkehr allein als gebräuchliche Wendung im Sinne einer werblich anpreisenden Aufforderung und nicht als individualisierenden Herkunftshinweis verstanden.

VORHER NACHHAIR (BPatG GRUR-RS 2020, 13140): nicht unterscheidungskräftig für Dienstleistungen eines Friseursalons/Schönheitssalons (Kl. 44), da insoweit lediglich verstanden als gängige, werblich anpreisende Sachaussage „vorher nachher" in zwar abgewandelter Form, die aber ihrerseits „werbeüblich und abgegriffen" sei. Die Ersetzung klangidentischer oder klangähnlicher Silben eines Wortzeichens durch „Hair" werde – wie zahlreiche (auch in der Entscheidung angeführte) Beispiele zeigten – werblich genutzt und diene dazu, auf einen sachlichen Zusammenhang mit Friseur-Dienstleistungen bzw. mit Haaranwendungen (im weitesten Sinn) hinzuweisen.

SCHEISS DRAUF (Wort-/Bildmarke) (BPatG BeckRS 2015, 10473): nicht unterscheidungskräftig für Textilien, Veranstaltungen, Musik (CD/elektronische Medien), sondern bloßer „Fun-Spruch", der „als Ausdruck von Selbstironie und groteskem Humor geeignet ist, Aufmerksamkeit zu wecken".

MIR REICHT'S. ICH GEH SCHAUKELN (BPatG BeckRS 2014, 18970): als „typischer ‚Fun-Spruch'" auf insbesondere Kleidung und Schuhen (Kl. 30) für solche Waren nicht unterscheidungskräftig.

Mark Twain (BPatG GRUR 2014, 79): nicht unterscheidungskräftig für Schreibgeräte (Kl. 16), da wegen der Besonderheiten in der Branche der Schreibgeräte nicht als betrieblicher Herkunftshinweis, sondern als Hinweis auf eine Ehrung der Person durch Widmung des Schreibgerätes an den berühmten Schriftsteller im Rahmen von Hommage-Editionen aufgefasst.

Schoko-Träume bzw. **Schokoladen-Träume** (BPatG BeckRS 2012, 23518; BeckRS 2012, 22505): lediglich sachbezogene, werbeübliche Hinweise für Genussmittel der Kl. 29 und 30 in dem Sinne, dass der Konsument „mit Schokolade zum Träumen gebracht wird" oder ihm „Träume von Schokolade erfüllt werden".

Der Klartext-Experte (BPatG BeckRS 2012, 2757): nicht unterscheidungskräftig für Druckereierzeugnisse (Kl. 16) und darauf bezogene Dienstleistungen (Kl. 35), da dem Verkehr aus der umgangssprachlichen Redewendung „Klartext reden" für „nicht verschlüsselt, jedermann verständlich, unverhüllt seine Meinung sagen, ganz offen sprechen" vertraut.

hot edition und **cool edition** (BPatG BeckRS 2007, 17960; 2007, 18175): lediglich die besondere Qualität anpreisende Angaben für Wasch- und Bleichmittel, Mittel zur Körper- und Schönheitspflege (Kl. 3).

II. Beschreibende Angaben (Abs. 2 Nr. 2)

161   Von der **Eintragung ausgeschlossen** sind Zeichen, die im Verkehr **zur Bezeichnung** der **Art,** der **Beschaffenheit,** der **Menge,** der **Bestimmung,** des **Wertes,** der **geografischen Herkunft,** der **Zeit** der Herstellung der Waren oder der Erbringung der Dienstleistungen oder zur Bezeichnung **sonstiger Merkmale** der Waren oder Dienstleistungen **dienen können** (§ 8 Abs. 2 Nr. 2), es sei denn, sie haben sich infolge ihrer Benutzung für die beanspruchten Waren oder Dienstleistungen in den beteiligten Verkehrskreisen als Herkunftshinweis durchgesetzt (§ 8 Abs. 3).

1. Normzweck

162   Dem Schutzhindernis liegt das **Allgemeininteresse** zugrunde, dass merkmalsbeschreibende Zeichen oder Angaben allen Wirtschaftsteilnehmern **zur freien Verfügung** stehen und **nicht** durch Eintragung als Marke **monopolisiert** werden sollen, damit jeder die Merkmale seiner Waren und Dienstleistungen frei beschreiben kann (EuGH C-488/16 P, GRUR 2018, 1146 Rn. 36 – Neuschwanstein; C-126/13 P, GRUR-RR 2014, 448 Rn. 19 – ecoDoor; C-90/11, C-91/11, GRUR 2012, 616 Rn. 31 – MMF/NAI; C-51/10 P, GRUR 2011, 1035 Rn. 37 – 1000; C-173/04 P, GRUR 2006, 233 Rn. 62 – Standbeutel; C-108/97 und C-109/97, GRUR 1999, 723 Rn. 25 – Chiemsee; BGH GRUR 2021, 1195 Rn. 14 – Black Friday; GRUR 2017, 186 Rn. 38 – Stadtwerke Bremen; GRUR 2012, 272 Rn. 9 – Rheinpark-Center Neuss; GRUR 2006, 850 Rn. 35 – FUSSBALL WM 2006; BPatG GRUR-RS 2022, 25354 Rn. 16 – Huckleberry Gin). Zum Normzweck des § 8 Abs. 2 Nr. 1 (fehlende Unterscheidungskraft) → Rn. 96, zum Verhältnis der beiden Eintragungshindernisse zueinander → Rn. 253.

2. Definition

163   **a) Beschreibend.** Ein Zeichen ist **beschreibend,** wenn es nach Auffassung der angesprochenen Verkehrskreise in zumindest einer seiner möglichen Bedeutungen (→ Rn. 167) die beanspruchten Waren oder Dienstleistungen entweder **unmittelbar oder** durch Hinweis auf eines ihrer **wesentlichen Merkmale** (→ Rn. 184) bezeichnen kann (vgl. EuGH C-494/08 P, GRUR 2010, 534 Rn. 28 – PRANAHAUS; C-265/00, GRUR 2004, 680 Rn. 38 – BIOMILD; C-191/01, GRUR 2004, 146 Rn. 32 – DOUBLEMINT; GRUR 2001, 1145 Rn. 39 – Baby-dry; BGH GRUR 2008, 900 Rn. 15 – SPA II). Es ist dabei **nicht erforderlich,** dass das Zeichen der üblichen Art und Weise der Bezeichnung solcher Waren oder Dienstleistungen bzw. ihrer Merkmale entspricht (EuGH C-51/10 P, GRUR 2011, 1035 Rn. 40 – 1000; unter ausdrücklicher Abkehr von der auf ein solches Erfordernis hindeutenden Formulierung „… Übereinstimmung mit der üblichen Art und Weise, die betroffenen Waren oder Dienstleistungen oder ihre Merkmale zu bezeichnen …" aus EuGH C-383/99 P, GRUR 2001, 1145 Rn. 37 – Baby-dry). **Ebenso wenig ist erforderlich,** dass das Zeichen das Produkt **„erschöpfend",** dh hinsichtlich aller seiner relevanten Merkmale umfassend beschreibt (BGH GRUR 2014, 569 Rn. 17 – HOT).

Beschreibend ist ein Zeichen auch dann, wenn durch die Angabe ein **enger beschreibender** 164 **Bezug** zu den beanspruchten Waren oder Dienstleistungen hergestellt wird und deshalb die Annahme gerechtfertigt ist, der Verkehr werde den beschreibenden Inhalt des Begriffs als solchen ohne Weiteres und ohne Unklarheiten erfassen (BGH GRUR 2021, 1195 Rn. 29 – Black Friday; GRUR 2012, 272 Rn. 14 – Rheinpark-Center Neuss). Ein solcher fehlt beispielsweise, wenn mit der Angabe eine von der Ware oder Dienstleistung selbst verschiedene Zusatzleistung und damit eine bloße Vertriebsmodalität bezeichnet wird (BGH GRUR 2021, 1195 Rn. 29 – Black Friday; GRUR 2012, 272 Rn. 14 – Rheinpark-Center Neuss; GRUR 1998, 465 (467) – BONUS; → Rn. 191).

Beschreibend kann auch ein Begriff sein, der (noch) **keine festen begrifflichen Konturen** 165 im Sinne einer einhelligen Auffassung zum Sinngehalt hat, sondern nur einen **vagen Inhalt** aufweist (BGH GRUR 2017, 520 Rn. 32 – MICRO COTTON; GRUR 2014, 569 Rn. 18 – HOT; GRUR 2012, 276 Rn. 12 – Institut der Norddeutschen Wirtschaft e.V.; GRUR 2008, 900 Rn. 15 – SPA II; GRUR 2000, 882 (883) – Bücher für eine bessere Welt), **begrifflich unscharf** (BGH GRUR 2012, 1040 Rn. 31 – pjur/pure) oder **mehrdeutig** ist (EuGH C-191/01, GRUR 2004, 146 Rn. 33 f. – DOUBLEMINT; BGH GRUR 2008, 900 Rn. 15 – SPA II). Ebenso wenig schließt allein die **Neuartigkeit, Ungewohntheit** oder **Fremd- oder Fachsprachlichkeit** des Zeichens ein beschreibendes Verständnis aus (Ströbele/Hacker/Thiering/Ströbele Rn. 436; näher → Rn. 345 ff., → Rn. 280 ff.).

Lediglich **beschreibende Anklänge** und Andeutungen, wie sie etwa für „sprechende Zeichen" 166 charakteristisch sind (→ Rn. 153), **stehen der Eintragung** jedoch **nicht entgegen,** denn der Verkehr nimmt ein Zeichen in der Regel so wahr, wie es ihm entgegentritt, und unterwirft es keiner analysierenden, möglichen beschreibenden Begriffsinhalten nachgehenden Betrachtung (BGH GRUR 2002, 261 (262) – AC; GRUR 2001, 162 (163) – RATIONAL SOFTWARE CORPORATION; s. auch BGH GRUR 1999, 735 (736) – MONOFLAM/POLYFLAM). Ein merkmalsbeschreibender Inhalt, der erst **nach mehreren Gedankenschritten** erkennbar wird, ist daher unschädlich (BGH GRUR 2013, 729 Rn. 14 – READY TO FUCK; BPatG GRUR-RS 2021, 38711 Rn. 43: „fucking hell" wird nicht iSv „verdammt hell" verstanden). Vielmehr müssen die angesprochenen Verkehrskreise **sofort** und ohne weiteres Nachdenken **einen konkreten und direkten Bezug** zwischen dem Zeichen und den beanspruchten Waren oder Dienstleistungen herstellen können (EuGH C-306/11 P, GRUR Int 2012, 754 Rn. 79 – XXXLutz/HABM: Linea Natura Natur hat immer Stil; C-494/08 P, GRUR 2010, 534 Rn. 29 – PRANAHAUS; BGH GRUR 2012, 272 Rn. 14 – Rheinpark-Center Neuss; GRUR 2008, 900 Rn. 15 – SPA II).

b) Mehrdeutigkeit. Das Schutzhindernis liegt bereits vor, wenn das Zeichen **in einer seiner** 167 **möglichen Bedeutungen** beschreibend ist (EuGH C-80/09 P, GRUR Int 2010, 503 Rn. 37 – Patentconsult; C-265/00, GRUR 2004, 680 Rn. 38 – BIOMILD; C-363/99, GRUR 2004, 674 Rn. 97 – Postkantoor; C-191/01, GRUR 2004, 146 Rn. 32 – DOUBLEMINT; BGH GRUR 2010, 825 Rn. 15 – Marlene-Dietrich-Bildnis II; GRUR 2009, 669 Rn. 11 – POST; GRUR 2008, 900 Rn. 15 – SPA II). Das „ausschließlich" im Gesetzestext bezieht sich auf das Zeichen, nicht auf dessen mögliche Bedeutungen (vgl. EuGH C-191/01, GRUR 2004, 146 Rn. 32 – DOUBLEMINT; Ströbele/Hacker/Thiering/Ströbele Rn. 457). Zur **Mehrdeutigkeit** im Rahmen der Unterscheidungskraft → Rn. 150 f.

Entscheidungspraxis: 168

POST (BGH GRUR 2009, 669): bezeichnet einerseits die Einrichtung, die Briefe, Pakete, Päckchen 168.1 und andere Waren befördert und zustellt, und andererseits die beförderten und zugestellten Güter selbst, zB Briefe, Karten, Pakete und Päckchen; ist deshalb in der letztgenannten Bedeutung eine beschreibende Angabe über ein Merkmal der Dienstleistung.

c) Eignung zur Beschreibung ausreichend. Das Schutzhindernis nach § 8 Abs. 2 Nr. 2 169 besteht nicht nur, wenn das Zeichen nach dem zum **Zeitpunkt der Anmeldung** bestehenden Verkehrsverständnis (→ Rn. 173) bereits **tatsächlich** (gegenwärtig) für die Waren oder Dienstleistungen **beschreibend verwendet wird,** sondern schon dann, wenn es zu diesem Zweck **verwendet werden kann** (sich also dazu eignet) **und** eine solche beschreibende Verwendung **vernünftigerweise zu erwarten** ist (EuGH C-629/17, GRUR 2019, 163 Rn. 20 – J. Portugal Ramos Vinhos/Adega Cooperative de Borba; C-51/10 P, GRUR 2011, 1035 Rn. 38 – 1000; C-494/08 P, GRUR 2010, 534 Rn. 53 – PRANAHAUS; C-363/99, GRUR 2004, 674 Rn. 56 – Postkantoor; C-108/97 und C-109/97, GRUR 1999, 723 Rn. 31, 33 – Chiemsee; EuG BeckRS 2015, 81993 Rn. 26 – Foodsafe; BGH GRUR 2021, 1195 Rn. 19 – Black Friday; GRUR 2017, 186 Rn. 42 f. – Stadtwerke Bremen; GRUR 2003, 343 (344) – Buchstabe „Z"; GRUR 2003, 882 (883) – Lichtenstein; ohne explizite Hervorhebung, dass eine beschreibende Verwendung „vernünftigerweise" zu erwarten sein muss auch BGH GRUR 2012, 276 Rn. 8 – Institut der Norddeutschen Wirtschaft e.V.; GRUR 2008, 900 Rn. 12 – SPA II; BPatG BeckRS 2018, 7604 Rn. 11 – LÜNEGAS).

170   Neben einem **aktuellen beschreibenden Charakter** genügt somit auch ein **zukünftig beschreibender Charakter** (auch „**zukünftiges Freihaltebedürfnis**", zum Begriff → Rn. 242 f.). Eine solche Entwicklung muss jedoch aufgrund der gegenwärtigen objektiven Umstände **vernünftigerweise** zu erwarten sein; eine nur theoretisch denkbare Entwicklung (die ja kaum jemals auszuschließen wäre) und damit ein nur rein hypothetisch oder potentiell beschreibender Charakter steht einer Eintragung deshalb nicht entgegen (BGH GRUR 2017, 186 Rn. 43 – Stadtwerke Bremen; BPatG BeckRS 2019, 8040 Rn. 43 – Jazz in den Ministergärten; Fezer Rn. 301; Ingerl/Rohnke Rn. 211; zu Besonderheiten bei geografischen Angaben → Rn. 306 f.).

171   Unerheblich ist, ob andere, **inhaltsgleiche Zeichen** – ggf. sogar gebräuchlichere – für Wettbewerber verfügbar sind; es bedarf also **keines konkreten, gegenwärtigen oder ernsthaften Freihaltebedürfnisses** (EuGH C-51/10 P, GRUR 2011, 1035 Rn. 39 – 1000; GRUR Int 2010, 503 Rn. 38 – Patentconsult; C-363/99, GRUR 2004, 674 Rn. 57, 101 – Postkantoor; C-108/97 und C-109/97, GRUR 1999, 723 Rn. 35 – Chiemsee; BPatG BeckRS 2012, 22572 – my diary). Es genügt, dass (abstrakt) ein Freihaltebedürfnis entstehen könnte. Demgemäß ist auch unerheblich, ob überhaupt an dem beschreibenden Zeichen interessierte **Mitbewerber** existieren (EuGH C-363/99, GRUR 2004, 674 Rn. 58 – Postkantoor; BGH GRUR 2008, 900 Rn. 22 – SPA II; GRUR 2006, 760 Rn. 13 – LOTTO), sodass auch **Monopolisten** für merkmalsbeschreibende Zeichen keinen Schutz erlangen können (BGH GRUR 2006, 503 Rn. 10 – Casino Bremen; GRUR 2006, 760 Rn. 13 – LOTTO; BPatG BeckRS 2010, 19675 – Heringsdorfer Jod Sole; GRUR-RR 2009, 391 (293) – Oddset), und ebenso **Anmelder,** die jedem anderen (zB aus ihrem Namensrecht oder aus anderen Kennzeichenrechten) die **Nutzung des Zeichens untersagen** könnten (BGH GRUR 2012, 276 Rn. 17 – Institut der Norddeutschen Wirtschaft e.V.; GRUR 2008, 900 Rn. 22 – SPA II), da sich solch eine Situation in der Zukunft im Grundsatz jederzeit ändern kann (→ Rn. 113, → Rn. 232).

172   **Entscheidungspraxis:**

172.1   **– nicht (zukünftig) beschreibend:**
Quinté + (BPatG GRUR 2012, 1152) für Pferdewetten; zwar ist „Tiercé" („Dreierwette") lexikalisch nachgewiesen, jedoch kann nicht unterstellt werden, dass sich auch Quinté im Sinne von „Fünferwette" etablieren wird.

Stadtwerke Bremen (BGH GRUR 2017, 186) für ua Leistungen der Daseinsvorsorge; zwar zeichne sich im Zuge der Liberalisierung und Privatisierung solcher Leistungen ab, dass diese zukünftig auch von anderen Unternehmen angeboten würden, die ausschließlich oder überwiegend in privater Hand sind, jedoch dürften diese die auf eine öffentliche Trägerschaft hindeutende Bezeichnung „Stadtwerke" aus Gründen des Lauterkeitsrechts (§ 5 Abs. 1 S. 1 UWG, § 2 Nr. 1 und 3 UWG) nicht benutzen, sodass auch kein entsprechendes Freihaltebedürfnis bestehe.

172.2   **– (zukünftig) beschreibend:**
Black Friday (BGH GRUR 2021, 1195) für ua Einzelhandelsdienstleistungen (Kl. 35), da mit Blick auf bereits im Anmeldezeitpunkt und bis fünf Jahre davor (insbesondere von Apple-Vertragshändlern) unter dieser Bezeichnung durchgeführte und beworbene Rabattaktionen hinreichende Anhaltspunkte vorliegen, dass sich das Zeichen als Schlagwort für Rabattaktionen im Handel mit Elektro- und Elektronikwaren entwickeln wird.

Huckleberry Gin (BPatG GRUR-RS 2022, 25354) für ua Spirituosen (Kl. 33), „huckleberry" (engl. lokal für Heidelbeere), da zwar in Verbindung mit Gin im Inland bislang nicht verwendet, dies jedoch mit Blick darauf, dass bereits Gin-Spezialitäten mit Fruchtaromen, die oft auch in englischer Sprache bezeichnet seien, zukünftig zu erwarten sei.

3. Relevanter Zeitpunkt

Die Beurteilung des beschreibenden Charakters erfolgt auf Grundlage des im **Zeitpunkt der** 173 **Anmeldung** bestehenden **Verkehrsverständnisses** (BGH GRUR 2014, 565 Rn. 10 – smart-book; BPatG GRUR-RS 2022, 2534 Rn. 16 – Huckleberry Gin; → Rn. 102.1 ff.; → § 8 Rn. 55 ff.). Im Gegensatz zu § 8 Abs. 2 Nr. 1, der einer Eintragung nur entgegensteht, wenn das Zeichen bereits in diesem Zeitpunkt nicht unterscheidungskräftig ist (→ Rn. 102), ist bei § 8 Abs. 2 Nr. 2 **auch ein zukünftig beschreibender Charakter zu berücksichtigen** (→ Rn. 169). Jedoch ist auch diese Prognose auf Grundlage des Verkehrsverständnisses zum Zeitpunkt der Anmeldung zu treffen (vgl. BGH GRUR 2008, 900 Rn. 26 – SPA II), sodass **spätere Änderungen** des Verkehrsverständnisses **zu Lasten des Anmelders nicht berücksichtigt** werden. Ein im Zeitpunkt der Anmeldung nicht zukünftig zur Beschreibung geeignetes Zeichen unterfällt auch dann nicht § 8 Abs. 2 Nr. 2, wenn sich bis zur Eintragung ein anderes Verkehrsverständnis herausbildet.

4. Prüfungsmaßstab und Bedeutung des Waren-/Dienstleistungsverzeichnisses

Hinsichtlich des **Prüfungsmaßstabes** und der **Bedeutung** des **Waren-/Dienstleistungsver-** 174 **zeichnisses** gelten die Ausführungen zu § 8 Abs. 2 Nr. 1 entsprechend (→ Rn. 103 ff., → Rn. 114 ff.). Maßgeblich sind deshalb **sämtliche inländische** (EuGH C-421/04, GRUR 2006, 411 Rn. 26 – Matratzen Concord) **Verkehrskreise,** die als **Abnehmer** oder **Interessenten** der beanspruchten Waren oder Dienstleistungen in Betracht kommen oder mit deren **Vertrieb** befasst sind (EuGH C-421/04, GRUR 2006, 411 Rn. 24 – Matratzen Concord; C-108/97 und C-109/97, GRUR 1999, 723 Rn. 29 – Chiemsee; BGH GRUR 2021, 1195 Rn. 14 – Black Friday; GRUR 2009, 669 Rn. 16 – POST; GRUR 2006, 760 Rn. 22 – LOTTO; BPatG GRUR 2011, 922 (923) – Neuschwanstein). Sind mehrere Verkehrskreise maßgeblich, liegt das Schutzhindernis schon dann vor, wenn einer dem Zeichen beschreibenden Charakter beimisst (EuG BeckRS 2016, 81641 – SUEDTIROL), mag dies auch ein im Verhältnis zu allen ein kleiner Teil des Verkehrs sein (Ströbele/Hacker/Thiering/Ströbele Rn. 443; vgl. auch EuGH C-363/99, GRUR 2004, 674 Rn. 58 – Postkantoor).

Die **Prüfung** erfolgt **waren-/dienstleistungsbezogen** (EuGH C-494/08 P, GRUR 2010, 175 534 Rn. 46 – PRANAHAUS; C-239/05, GRUR 2007, 425 Rn. 34 – MT&C/BMB; C-363/99, GRUR 2004, 674 Rn. 33 – Postkantoor; BGH GRUR 2012, 272 Rn. 19 – Rheinpark-Center Neuss; GRUR 2005, 578 (580) – LOKMAUS; GRUR 2002, 261 (262) – AC). Das Schutzhindernis besteht nur hinsichtlich solcher Waren und Dienstleistungen, für die das Zeichen beschreibend ist, nicht auch für lediglich ähnliche Waren oder Dienstleistungen; deren Berücksichtigung erfolgt allein im Verletzungsverfahren (BGH GRUR 1999, 988 (989 f.) – HOUSE OF BLUES; GRUR 1997, 634 (636) – Turbo II; GRUR 1977, 717 (718) – Cokies, zum WZG). Zur Begründung der behördlichen oder gerichtlichen Entscheidung, insbesondere den Anforderungen an ein „Globalbegründung" → Rn. 116.

Bei unter einem **Oberbegriff** beanspruchten Waren oder Dienstleistungen besteht das Schutz- 176 hindernis allerdings bereits dann, wenn das Zeichen für eine unter diesen Begriff fallende Ware oder Dienstleistung (s. dazu EuGH C-307/10, GRUR 2012, 822 – IP TRANSLATOR) beschreibend ist (BGH GRUR 2015, 1012 Rn. 44 – Nivea-Blau; GRUR 2011, 65 Rn. 26 – Buchstabe T mit Strich; GRUR 2006, 850 Rn. 36 – FUSSBALL WM 2006; GRUR 2005, 578 (580 f.) – LOKMAUS; GRUR 2002, 261 (262) – AC; BPatG BeckRS 2019, 17004 Rn. 24 – reggae jam → Rn. 117). Zur möglichen und notwendigen **Beschränkung des Waren-/Dienstleistungsverzeichnisses** → Rn. 118.

Schließlich sind Zeichen denkbar, die aufgrund ihres **allgemeingültigen Aussagegehaltes** 177 für sämtliche Waren und Dienstleistungen beschreibend sind. Solchen Angaben – meist handelt es sich um Beschaffenheits- oder Wertangaben wie „super", „extra" usw – sind beschreibend; ferner fehlt ihnen in der Regel jegliche konkrete (§ 8 Abs. 2 Nr. 1) oder sogar bereits abstrakte (§ 3 Abs. 1) Unterscheidungskraft (Fezer Rn. 383).

5. Prüfungsgegenstand; insbesondere zusammengesetzte Zeichen

Prüfungsgegenstand ist auch bei § 8 Abs. 2 Nr. 2 das **Zeichen in seiner angemeldeten** 178 **Form** (BGH GRUR 2011, 65 Rn. 9 f. – Buchstabe T mit Strich; in Bezug auf § 8 Abs. 2 Nr. 1 → Rn. 123 ff.). Dass Abwandlungen des angemeldeten Zeichens oder ähnliche Zeichen beschreibend sind, besagt nichts über Schutzfähigkeit des zu prüfenden Zeichens.

179   **Zusammengesetzte Zeichen** sind deshalb stets in ihrer Gesamtheit auf das Schutzhindernis zu untersuchen; der Schluss von der Schutzunfähigkeit einzelner oder aller Bestandteile auf die Schutzunfähigkeit auch des Gesamtzeichens ist unzulässig (EuGH C-90/11, C-91/11, GRUR 2012, 616 Rn. 23 – MMF/NAI; C-363/99, GRUR 2004, 674 Rn. 96 – Postkantoor; EuG T-475/12, BeckRS 2014, 80029 Rn. 16 – WorkFlowPilot; BGH GRUR 2017, 186 Rn. 38 – Stadtwerke Bremen; GRUR 2011, 65 Rn. 10 – Buchstabe T mit Strich; BPatG BeckRS 2012, 693 – Stern Tours). Allerdings spricht nichts dagegen, zunächst die einzelnen Bestandteile separat zu betrachten, sofern die Beurteilung des Schutzhindernisses auf einer sich anschließenden Prüfung der Gesamtheit dieser Bestandteile beruht (BPatG GRUR-RS 2022, 25354 Rn. 20 – Huckleberry Gin).

180   **a) Ausschließlich beschreibende Bestandteile.** Ungeachtet der alleinigen Maßgeblichkeit des Gesamtzeichens für das Schutzhindernis ist eine **Kombination aus jeweils beschreibenden Angaben** in der Regel selbst **beschreibend,** es sei denn, es besteht **ein merklicher Unterschied** zwischen dem **Wort** und der **bloßen Summe seiner Bestandteile;** dies setzt voraus, dass das Wort wegen der Ungewöhnlichkeit der Kombination im Hinblick auf die fraglichen Waren oder Dienstleistungen einen Eindruck erweckt, der hinreichend weit von dem Eindruck abweicht, der bei bloßer Zusammenfügung der seinen Bestandteilen zu entnehmenden Angaben entsteht, und dadurch über die Summe dieser Bestandteile hinausgeht (EuGH C-408/08 P, GRUR 2010, 931 Rn. 62 – COLOR EDITION; C-363/99, GRUR 2004, 674 Rn. 100 – Postkantoor; GRUR 2004, 680 Rn. 41 – Biomild; EuG T-475/12, BeckRS 2014, 80029 Rn. 17 – WorkFlowPilot; BGH GRUR 2017, 186 Rn. 38 – Stadtwerke Bremen; GRUR 2014, 1204 Rn. 16 – Düsseldorf-Congress; GRUR 2009, 949 Rn. 13 – My World; BPatG BeckRS 2012, 69 – Stern Tours; in Bezug auf § 8 Abs. 2 Nr. 1 → Rn. 124).

181   Dass es sich um eine **sprachliche Neuschöpfung** handelt, genügt dazu für sich genommen ebenso wenig (EuGH C-265/00, GRUR 2004, 680 Rn. 39 – BIOMILD; EuG T-475/12, BeckRS 2014, 80029 Rn. 16 – WorkFlowPilot; BGH GRUR 2012, 272 Rn. 12 – Rheinpark-Center Neuss; BPatG BeckRS 2012, 11943 – iNanny; → Rn. 345 f.), wie eine **grammatikalisch falsche Bildung** (BGH GRUR 2014, 1204 Rn. 16 – DüsseldorfCongress; BPatG BeckRS 2022, 25108 Rn. 22 – smart2future; BeckRS 2011, 3154 – Cut-Metall) oder eine **Kombination mit fremdsprachlichen Begriffen** (BGH GRUR 2014, 1204 Rn. 9 – DüsseldorfCongress; BPatG BeckRS 2011, 3154 – CutMetall). Im Einzelfall kann sich jedoch gerade aus solchen Umständen die Schutzfähigkeit ergeben (zB BPatG BeckRS 2012, 693 – Stern Tours; BeckRS 2010, 5795 – derma fit, für Wort-/Bildzeichen).

182   **b) Zusammensetzung beschreibender und nicht beschreibender Elemente.** Ebenfalls beschreibend kann eine **Zusammensetzung** aus einer **beschreibenden Wortfolge** und einem für sich genommen **nicht beschreibenden Bestandteil** sein, etwa wenn dieser aus den Anfangsbuchstaben der (beschreibenden) Wortfolge besteht und deshalb in der Zusammensetzung ebenfalls beschreibend wirkt und nur noch eine akzessorische Stellung einnimmt (EuGH C-90/11, C-91/11, GRUR 2012, 616 Rn. 38 – MMF/NAI, für „Multi Markets Fund MMF" und „NAI – Der Natur-Aktien-Index"; BPatG GRUR 2011, 524 – NAI – Der Natur-Aktien-Index und BPatG GRUR 2011, 527 – Multi Markets Fund MMF (= Vorlagebeschlüsse zu EuGH – MMF/NAI); eingehend → Rn. 258).

6. Feststellung des beschreibenden Charakters

183   Für die **Beurteilung** des **beschreibenden Charakters** gelten die zur Unterscheidungskraft getroffenen Aussagen (→ Rn. 144 ff.). Da bereits die **Eignung zur Beschreibung** von Produktmerkmalen genügt (→ Rn. 169 ff.), **bedarf** es namentlich **keines lexikalischen** (einschließlich Wikipedia) oder sonstigen (insbesondere Internet-Suchmaschine) Nachweises für die gegenwärtige beschreibende Verwendung des Zeichens für die beanspruchten Waren und Dienstleistungen (vgl. EuG GRUR Int 2008, 151 Rn. 27 – VOM URSPUNG HER VOLLKOMMEN; Ströbele/Hacker/Thiering/Ströbele Rn. 431 f.). Ebenso wenig folgt umgekehrt der beschreibende Charakter des Zeichens zwangsläufig aus einem solchen Nachweis (EuG BeckRS 2010, 91465 – Hallux); dieser kann aber ein **Indiz** dafür sein (vgl. Ströbele/Hacker/Thiering/Ströbele Rn. 432). Dazu auch → Rn. 136 f. Beschreibend kann ein Begriff auch in einer übertragenen Bedeutung sein, wie etwa „green" bzw. „grün" für ökologisch, umweltfreundlich etc. (s. BPatG GRUR-RS 2020, 26157 Rn. 19 – GreenClean).

7. Merkmalsbeschreibende Angaben

§ 8 Abs. 2 Nr. 2 steht dem Schutz nur solcher Zeichen entgegen, die **Merkmale** der bean- **184** spruchten **Waren** oder **Dienstleistungen** beschreiben. Die Norm nennt hierfür ausdrücklich die **Art,** die **Beschaffenheit,** die **Menge,** die **Bestimmung,** den **Wert,** die **geografische Herkunft,** die **Zeit** der Herstellung der Waren oder der Erbringung der Dienstleistungen. Wie sich aus der Einbeziehung **„sonstiger Merkmale"** ergibt, ist dieser Katalog **nicht abschließend** (EuGH C-629/17, GRUR 2019, 163 Rn. 18 – J. Portugal Ramos Vinhos/Adega Cooperative de Borba; C-126/13 P, GRUR-RR 2014, 448 Rn. 20, 24 – ecoDoor; C-51/10 P, GRUR 2011, 1035 Rn. 49 – 1000), sondern bezeichnet nur exemplarisch mögliche „Merkmale", auf die sich der beschreibende Charakter des Zeichens beziehen kann. Entscheidend für das Schutzhindernis ist demnach allein, dass das Zeichen ein **Merkmal der Ware oder Dienstleistung** beschreiben kann.

a) Merkmal der Ware oder Dienstleistung – „Produktbezug". Im Hinblick auf das mit **185** dem Schutzhindernis verfolgte Allgemeininteresse (→ Rn. 162) ist es **unerheblich,** ob das vom Zeichen beschriebene **Merkmal** der Ware oder Dienstleistung für diese **wesentlich** ist (vgl. EuGH C-51/10 P, GRUR 2011, 1035 Rn. 49 – 1000: „jedes … Merkmal"; C-363/99, GRUR 2004, 674 Rn. 102 – Postkantoor: unerheblich, ob „wirtschaftlich wesentlich oder nebensächlich"; Ingerl/Rohnke Rn. 208; Ströbele/Hacker/Thiering/Ströbele Rn. 551; soweit teilweise gleichwohl von „wesentlichen" Merkmalen" die Rede ist, zB EuGH C-494/08 P, GRUR 2010, 534 Rn. 28 – PRANAHAUS; GRUR 2001, 1145 Rn. 39 – Baby-dry, dürfte dies nur auf einer unglücklichen Formulierung beruhen).

Ebenso **unerheblich** ist, ob der beschriebene Umstand für die beanspruchten Waren und **186** Dienstleistungen einen (technischen) **Sinn** hat (EuG GRUR Int 2008, 151 Rn. 35 – VOM URSPUNG HER VOLLKOMMEN) und ob diese das Merkmal **tatsächlich aufweisen;** es genügt, dass der Verkehr die Angabe als **möglicherweise merkmalsbeschreibend** ansieht (vgl. EuGH C-488/16 P, GRUR 2018, 1146 Rn. 43 – NEUSCHWANSTEIN; BGH GRUR 2007, 1066 Rn. 31 – Kinderzeit). Ob ein Zeichen ein Merkmal der Ware oder Dienstleistung beschreibt, ist demnach (auch) eine Frage der Verkehrsauffassung (Fezer Rn. 379). Es kann deshalb auch eine **vom Anmelder selbst eingeführte und etablierte Angabe** merkmalsbeschreibend und somit schutzunfähig sein (BPatG BeckRS 2011, 3984 – Cotto, für erfundene Farbbezeichnung für Anstrichmittel; GRUR 2007, 1078 – MP3 Surround; GRUR 2005, 675 (676) – JIN SHIN JYUTSU; s. auch BGH GRUR 2005, 578 (580) – LOKMAUS).

Es muss sich jedoch stets um ein **Merkmal der Ware oder Dienstleistung** handeln. Beschrei- **187** bend iSd § 8 Abs. 2 Nr. 2 können deshalb nur Angaben sein, die die Ware oder Dienstleistung selbst oder unmittelbar mit dieser in Beziehung stehende Umstände bezeichnen (EuGH C-629/17 – GRUR 2019, 163 Rn. 19 – J. Portugal Ramos Vinhos/Adega Cooperative de Borba; C-126/13 P, GRUR-RR 2014, 448 Rn. 21 – ecoDoor; C-51/10 P, GRUR 2011, 1035 Rn. 50 – 1000: „Eigenschaft der Waren oder Dienstleistungen"; BGH GRUR 2000, 231 (232) – FÜNFER; GRUR 1999, 1093 (1094) – FOR YOU; Fezer Rn. 311, 330: **„Produktbezug"**), mit anderen Worten: sämtliche Angaben, die für den Warenverkehr wichtige und für die umworbenen Abnehmerkreise irgendwie bedeutsame **Umstände in Bezug auf die Ware oder Dienstleistung** beschreiben (BGH GRUR 2000, 231 (232) – FÜNFER; GRUR 1998, 813 (814) – CHANGE; GRUR 1996, 770 (771) – MEGA; BPatG BeckRS 2018, 6375 Rn. 10 – Schanzer Autohaus; BeckRS 2011, 25994 – Löss). Dass eine beschreibende Angabe nur angedeutet wird und allenfalls aufgrund gedanklicher Schlussfolgerungen erkennbar ist, genügt dagegen nicht (BPatG BeckRS 2018, 3541 Rn. 7 – DUO, → Rn. 188.1).

Entscheidungspraxis: **188**

DUO (BPatG BeckRS 2018, 3541): nicht merkmalsbeschreibend für Wand- und Deckenschalungen **188.1** aus Kunststoff (Kl. 19), weil keine ausreichenden Anhaltspunkte dafür bestehen, dass das Zeichen auf einen zweilagigen Aufbau solcher Produkte hinweisen kann, da ein solcher regelmäßig als „zweihäuptig" bezeichnet wird, woran der angesprochene Fachverkehr gewöhnt ist.

Ein **Merkmal** idS kann sich auch auf einen **Teil der Ware** beziehen, etwa ein Ausstattungsdetail **189** oder ein sonstiges in die Ware integriertes Element, **sofern** es sich dabei in der Wahrnehmung der maßgeblichen Verkehrskreise um eine **bedeutende Eigenschaft** dieser Ware handelt (EuGH C-126/13 P, GRUR-RR 2014, 448 Rn. 24 – ecoDoor).

Entscheidungspraxis: **190**

ecoDoor (EuGH C-126/13 P, GRUR-RR 2014, 448): beschreibend für Kühlschränke, da die Eigen- **190.1** schaften des damit beschriebenen Teils der Ware – der Tür – bedeutend für die gesamte Ware seien (Energieeffizienz, Umweltfreundlichkeit etc).

191   Der notwendige Produktbezug **fehlt** bei nur **mittelbar** mit der Ware oder Dienstleistung in Beziehung stehenden Angaben über **Vertriebsmodalitäten** oder sonstigen die **Ware nicht unmittelbar beschreibenden Umständen** (vgl. BGH GRUR 2021, 1195 Rn. 29 – Black Friday; GRUR 2012, 272 Rn. 14 – Rheinpark-Center Neuss; GRUR 2002, 816 (817) – Bonus II; GRUR 1998, 465 (467) – BONUS). Das schließt freilich nicht aus, dass auch solche Angaben, namentlich aufgrund ihrer Bedeutung, vom Verkehr als Eigenschaften der Ware oder Dienstleistung selbst aufgefasst werden und damit dem § 8 Abs. 2 Nr. 2 unterfallen (ebenso Fezer Rn. 331). Auch wird solchen nur mittelbar „beschreibenden" Angaben oft jedenfalls die Unterscheidungskraft iSv § 8 Abs. 2 Nr. 1 fehlen (→ Rn. 146 ff.).

192   **Entscheidungspraxis:**

192.1   **Black Friday** (BGH GRUR 2021, 1195): beschreibend für eine Dienstleistung des Groß- und Einzelhandels in den Bereichen Elektro- und Elektronikwaren, da verstanden als Bezeichnung für eine Rabattaktion.

   Rheinpark-Center Neuss (BGH GRUR 2012, 272): beschreibend für zahlreiche Dienstleistungen, da verstanden als der Ort, an dem diese erbracht oder angeboten werden, und damit als Bezeichnung der geografischen Herkunft und nicht bloß als Angabe einer Vertriebsmodalität.

   BONUS II (BGH GRUR 2002, 816): nicht beschreibend Schädlingsbekämpfungsmittel (Kl. 5), da ausschließlich als Angabe zu Vertriebsmodalitäten, nicht aber als Eigenschaft oder Wert der Ware selbst verstanden.

193   **b) Art.** Artangaben bezeichnen grundlegende, **wesensbestimmende Merkmale** der Ware oder Dienstleistung (Fezer Rn. 370), um diese **selbst** oder die **Gattung,** der sie angehören, zu **identifizieren** (Ströbele/Hacker/Thiering/Ströbele Rn. 486 f.). Beschreibend sind demnach sämtliche Bezeichnungen, mit denen der angesprochene Verkehr die beanspruchten Waren oder Dienstleistungen zu bezeichnen pflegt.

194   Häufig sind mit solchen Angaben über die Art einer Ware oder Dienstleistung zugleich Aussagen über deren Beschaffenheit, dh über bestimmte Eigenschaften, ihre Herstellung oder Erbringung etc (→ Rn. 196), verbunden. Eine trennscharfe Unterscheidung ist deshalb meist nicht möglich, jedoch aufgrund der nur exemplarischen Aufzählung in § 8 Abs. 2 Nr. 2 auch nicht notwendig. Es ist deshalb beispielsweise ohne Bedeutung, ob man Angaben über die Art der Herstellung einer Ware oder der Erbringung einer Dienstleistung als Artangabe (so Fezer Rn. 372) oder als Beschaffenheitsangabe (so Ingerl/Rohnke Rn. 229) behandelt.

195   **Entscheidungspraxis:**

195.1   **myschwiegermutterkäse** (BPatG BeckRS 2014, 17622): beschreibend für Käse, Käsezubereitungen etc (Kl. 29), da vom Verkehr ungeachtet des Possessivpronomens „my" ohne weiteres als „Schwiegermutterkäse" und damit als Hinweis auf eine bestimmte Käsezubereitung, ähnlich dem Liptauer erkannt; für Wurst, Fleisch-, Fisch- und Gemüsekonserven, Fertiggerichte, Backwaren etc (Kl. 29), Kochbücher etc (Kl. 41) dagegen zwar nicht beschreibend, jedoch infolge eines engen beschreibenden Charakters ohne Unterscheidungskraft.

196   **c) Beschaffenheit.** Beschaffenheitsmerkmale sind sämtliche **sichtbaren und unsichtbaren Eigenschaften** einer Ware oder Dienstleistung oder eines nach der Verkehrsauffassung wesentlichen Elements davon (→ Rn. 189). Hierzu zählen zB Angaben über das **Herstellungsverfahren** einer Ware bzw. die **Erbringung** einer Dienstleistung (vgl. BGH GRUR 2008, 900 Rn. 16 – SPA II; GRUR 2001, 732 (733) – BAUMEISTER-HAUS; weitere Beispiele bei Fezer Rn. 374 f.), die Zugehörigkeit zu einer **Produktreihe** oder -**serie** (BPatG GRUR 2005, 590 – COLLECTION), **ökologische Eigenschaften** (EuGH C-126/13 P, GRUR-RR 2014, 448 – ecoDoor) usw. Zur Beschaffenheit einer Ware kann auch deren äußere **Form** gehören, zumindest dann, wenn die benannte Warenform eine wesentliche oder jedenfalls eine wichtige Produkteigenschaft verkörpert (BPatG BeckRS 2018, 26963 Rn. 14 – BRATWURST STERN; BeckRS 2016, 14480 – FRITTEN; BeckRS 2010, 29751 – Schwarze Eulen). Entsprechendes gilt für die **Farbe** einer Ware (BPatG BeckRS 2019, 8178 Rn. 25– Samtfarben; BeckRS 2010, 29751 – Schwarze Eulen) oder ihre (haptisch wahrnehmbare) **Oberfläche** (BPatG BeckRS 2019, 8178 Rn. 25 – Samtfarben).

197   Dreidimensionale Zeichen, die die äußere Gestaltung der Ware wiedergeben (sog. **Produktformmarken**), sollen sogar grundsätzlich beschreibend iSv § 8 Abs. 2 Nr. 2 sein (BGH GRUR 2008, 1000 Rn. 16 – Käse in Blütenform II; GRUR 2008, 71 Rn. 28 – Fronthaube; GRUR 2007, 973 Rn. 12 – Rado-Uhr III; GRUR 2006, 679 Rn. 21 – Porsche Boxster; mit Recht kritisch die Lit., s. Ingerl/Rohnke Rn. 225; Ströbele/Hacker/Thiering/Ströbele Rn. 632 ff.; fer-

ner Schumacher → § 8 Rn. 491). Ausnahmsweise soll das Schutzhindernis nicht vorliegen, wenn aufgrund der unübersehbar großen Zahl von Gestaltungsmöglichkeiten kein überwiegendes Interesse der Allgemeinheit an der Freihaltung der vom Anmelder beanspruchten Form besteht (BGH GRUR 2007, 973 Rn. 15 – Rado-Uhr III). Auch sind nicht alle Wörter, die darstellbare Dekorationselemente, Gegenstände oder Lebewesen benennen, sogleich für alle verzierbaren und bedruckbaren Waren als beschreibend anzusehen, wenn nicht weitere Aspekte hinzutreten, die zeigen, dass es um die Beschreibung eines Dekors geht (BPatG GRUR-RR 2013, 428 – Fruit, für Bekleidung etc).

Allgemeine, **produktunabhängige Angaben** über die Beschaffenheit (zB „super", „extra", **198**
„Premium" usw) sind ebenfalls beschreibend, sofern ungeachtet ihrer Unbestimmtheit ein hinreichender Produktbezug besteht; davon abgesehen fehlt ihnen zumeist jegliche Unterscheidungskraft (→ Rn. 177).

Entscheidungspraxis: **199**

ecoDoor (EuGH C-126/13 P, GRUR-RR 2014, 448): beschreibend für Kühlschränke, da die Beschaf- **199.1** fenheit eines in eine Ware integrierten, für die Verkehrsauffassung wesentlichen Teils – die Tür – beschreibend.

BRATWURST STERN (BPatG 2018, 26963): nicht beschreibend für Bratwürste, da keine Anhalts- **199.2** punkte dafür bestehen, dass eine sternförmige Form oder Anordnung ein im Verkehr bedeutsamer Umstand ist oder in Zukunft sein kann.

d) Menge. Mengenangaben kommen hauptsächlich in Form von **Zahlen** vor. Zahlen sind **200** zwar nicht von vornherein vom Markenschutz ausgeschlossen, doch liegt hier ein beschreibender Charakter nicht selten nahe (vgl. EuGH C-51/10 P, GRUR 2011, 1035 Rn. 52 – 1000; → Rn. 268 ff.). Das gleiche gilt für **Maßeinheiten,** zumindest für solche, die gebräuchlich sind (vgl. Ingerl/Rohnke Rn. 213; Ströbele/Hacker/Thiering/Ströbele Rn. 545), selbst wenn nicht (mehr) offiziell vorgesehen, wie zB „Zoll" für die Bildschirmdiagonale von Computerbildschirmen und Kfz-Felgen.

Entscheidungspraxis: **201**

1000 (EuGH C-51/10 P, GRUR 2011, 1035): beschreibend für Zeitschriften (Kl. 16), da als Angabe **201.1** des Seitenumfangs oder als Hinweis auf Ranglisten oder Sammlungen denkbar.
Watt (sowohl als Wort- als auch als Bildzeichen) (EuG T-494/13, T-495/13, BeckRS 2014, 82513): beschreibend für Dienstleistungen eines Energieversorgungsunternehmens (Kl. 35 und 39), technische Beratung Dritter auf den Gebieten der Erzeugung, Umwandlung und Anwendung elektrischer Energie (Kl. 42), da als Maßeinheit im Zusammenhang mit Energie verstanden; auf die Kenntnis des genauen physikalischen Aussagegehaltes der Einheit kommt es ebenso wenig an wie auf den Umstand, dass beim Verkauf von Energie nicht Watt, sondern Kilowattstunde verwendet wird.
Modul (BPatG Mitt. 1975, 114): beschreibend für Möbel, da diesbezüglich als Maßangabe denkbar.

e) Bestimmung. Bestimmungsangaben sind Angaben über die typischerweise vorgesehene **202** **Verwendung** der Ware oder **Inanspruchnahme** der Dienstleistung (BGH GRUR 2001, 1046 (1047) – GENESCAN; BPatG GRUR-RR 2010, 9 – Saugauf; s. auch EuG BeckRS 2012, 80073 Rn. 20 – Atrium; BeckRS 2010, 91077 Rn. 59 – HUNTER; GRUR Int 328 Rn. 35 – TDI; GRUR 2001, 332 Rn. 25 – VITALITE; GRUR Int 2004, 324 Rn. 44 – HERON Robotunits/ HABM (ROBOTUNITS)). Dabei ist unerheblich, ob es sich um die einzige Nutzungsmöglichkeit handelt oder ob daneben weitere in Betracht kommen (Ingerl/Rohnke Rn. 232; Ströbele/Hacker/ Thiering/Ströbele Rn. 497). Bestimmungsangaben in diesem Sinne sind auch Angaben über die intendierten **Abnehmerkreise** (EuG BeckRS 2010, 91077 Rn. 39 f., 59 – HUNTER; GRUR Int 2002, 600 Rn. 33 – ELLOS, für span. ugs. „Männer"; vgl. auch BGH GRUR 2007, 1071 Rn. 25 – Kinder II), den **Ort** des Vertriebs, der Nutzung oder der Erbringung einer Ware oder Dienstleistung (zB EuG GRUR Int 2008, 851 – THE COFFEE STORE; BPatG GRUR 2011, 922 (923) – Neuschwanstein) etc.

Entscheidungspraxis: **203**

RESTORE (EuGH C-21/12 P, BeckRS 2013, 80173): beschreibend für chirurgische und ärztliche **203.1** Instrumente und Apparate; Stents; Katheter; Führungsdrähte (Kl. 10), da von den angesprochenen Fachkreisen ohne weiteres verstanden iSv „heilen, wiederherstellen (der Gesundheit)".
NOTFALL (EuG T-188/13, BeckRS 2014, 82347): beschreibend für Mittel zur Körper-, Gesundheits- und Schönheitspflege etc (Kl. 3), Diätetische Lebensmittel und Nahrungsergänzungsmittel etc (Kl. 5), Süßwaren (Kl. 30), da als Hinweis verstanden, dass diese Waren nützlich oder notwendig sein können,

um einem dringlichen Ernährungs-, Pflege- oder Gesundheitsproblem vorzubeugen, dieses Problem zu entschärfen oder es zu lösen, sei es, weil diese Waren aufgrund ihrer Zusammensetzung, ihrer Beschaffenheit oder ihrer Wirkungen an solche Situationen besonders angepasst sind, oder sei es, weil sie über die Nichtverfügbarkeit der üblicherweise verwendeten Waren hinweghelfen können. S. auch EuG T-504/12, BeckRS 2014, 82348 – NOTFALL CREME (Bildzeichen).

Hallux (EuG T-286/08, BeckRS 2010, 91465): beschreibend für „Bequemschuhe".

GENESCAN (BGH GRUR 2001, 1046): beschreibend für chemische Apparaturen und Verfahren zur DNS-Sequenzierung.

Valentin (BPatG BeckRS 2012, 3631): beschreibend für Süßwaren (Kl. 30) als Hinweis auf die Verwendung als Geschenkartikel am Valentinstag.

EXPAT (BPatG BeckRS 2011, 8560): beschreibend für Dienstleistungen aus den Bereichen der Versicherungs-, Finanz-, Rechts- und Steuerberatung, weil vom Verkehr verstanden als Dienstleistungen, die speziell für ins Ausland entsandte Arbeitskräfte bestimmt und geeignet bzw. spezialisiert sind.

HAMBURGER OKTOBERFEST und **OKTOBERFEST HAMBURG** (BPatG BeckRS 2010, 10289 bzw. BeckRS 2010, 10290): beschreibend ua für Sirupe und andere Präparate für die Zubereitung von Getränken (Kl. 32) als Bestimmungsangabe insoweit, als andere Getränke damit gemischt werden.

Saugauf (BPatG GRUR-RR 2010, 9): beschreibend für Staubsauger und Zubehör.

18+ (BPatG BeckRS 2011, 22947): beschreibend für zahlreiche Waren und Dienstleistungen als Hinweis darauf, dass diese für Menschen der Altersgruppe der über 18-Jährigen bestimmt oder geeignet sind, oder dass der Erwerb der Waren bzw. die Inanspruchnahme der Dienstleistungen an die Volljährigkeit der Konsumenten geknüpft ist.

ASTHMA-BRAUSE (BPatG GRUR 1997, 640): beschreibend für Arzneimittel (Kl. 5).

204   **f) Wert. Wertbeschreibende** Angaben sind zum einen **allgemeine Aussagen** wie „echt", „wertvoll", „preiswert", „exklusiv", „billig" etc (Ingerl/Rohnke Rn. 233; Ströbele/Hacker/Thiering/Ströbele Rn. 546). Solchen lediglich anpreisenden Angaben fehlt freilich in aller Regel bereits die Unterscheidungskraft (→ Rn. 158). Wie stets kann das Verkehrsverständnis je nach beanspruchten Waren und Dienstleistungen höchst unterschiedlich ausfallen, sodass auch vordergründig auf den Wert abzielende Angaben im Einzelfall eintragungsfähig sein können (am Beispiel „Gold" und „golden" zB BPatGE 38, 113 – Goldener Zimt: eintragungsfähig für Spirituosen; BPatG BeckRS 2008, 26802 – Goldener Riesling: nicht eintragungsfähig für Wein, da Qualitätshinweis). Auch muss der Verkehr die Angabe auf ein Merkmal der Ware oder Dienstleistung beziehen (→ Rn. 185 ff.), sodass beispielsweise auf Vertriebsmodalitäten bezogene „Wertangaben" der Eintragung nicht entgegenstehen (vgl. BGH GRUR 2002, 816 (817) – Bonus II; GRUR 1998, 465 (467) – BONUS; Ströbele/Hacker/Thiering/Ströbele Rn. 546).

205   **Entscheidungspraxis:**

205.1   **– schutzfähig:**
BONUS (BGH GRUR 2002, 816 – BONUS II): schutzfähig, da nicht merkmalsbeschreibend für die beanspruchten Waren und Dienstleistungen, sondern bloße Angabe zu Vertriebsmodalitäten.

205.2   **– nicht schutzfähig:**
Premium XL und **Premium L** (EuG BeckRS 2013, 80121): beschreibend für Solaranlagen (Kl. 9, 11), da der Bestandteil „Premium" einen Hinweis auf besondere Wertigkeit gibt.
GG (EuG BeckRS 2012, 82434): beschreibend für alkoholische Getränke (außer Biere) (Kl. 33), da als Abkürzung für „Großes Gewächs" im Weinsektor bekannt als Hinweis auf Wein höherer Qualität.

206   Als Wertangaben werden darüber hinaus **Währungsbezeichnungen** angesehen, in der Regel jedoch nur, soweit diese im (ggf. internationalen) Wirtschaftsverkehr noch Bedeutung haben bzw. im Umlauf sind (Ingerl/Rohnke Rn. 233; Ströbele/Hacker/Thiering/Ströbele Rn. 547). Inwieweit **veraltete Währungsbezeichnungen** (Taler, Gulden etc) beschreibend sind, hängt davon ab, ob diese im Verkehr noch Verwendung finden können (bejaht für „Deutsche Mark" und „DM", BPatG Beschl. v. 10.10.1990 – 28 W (pat) 271/88, BlPMZ 1992, 111 Ls. – DM).

207   **Entscheidungspraxis:**

207.1   **Vreneli** (BPatG GRUR 1993, 48): obwohl umgangssprachliche Bezeichnung einer Schweizer 20-Franken-Goldmünze nicht beschreibend, da zwar noch gesetzliches Zahlungsmittel, jedoch aufgrund eines ihren Nennwert weit übersteigenden Material- und Sammlerwertes nicht mehr im Umlauf.

208   **g) Geografische Herkunft.** Erhebliche Bedeutung kommt dem Schutzhindernis der **geografischen Herkunftsangabe** zu (→ Rn. 306 f.). Zahlreiche Markenanmeldungen bestehen aus derartigen Angaben oder enthalten diese. Das Merkmal der geografischen Herkunft ist dabei **weit zu verstehen,** und zwar sowohl hinsichtlich seines Aussagegehaltes in Bezug auf die beanspruchten

Waren und Dienstleistungen als auch hinsichtlich der dafür in Betracht kommenden Angaben, wobei wiederum die Verkehrsauffassung entscheidend ist.

aa) Aussagegehalt. Neben dem **Ursprungsort** der Ware oder Dienstleistung, dh dem Ort 209
ihrer **Herstellung** bzw. **Erbringung** (EuGH C-629/17, GRUR 2019, 163 Rn. 22 – J. Portugal
Ramos Vinhos/Adega Cooperative de Borba; BGH GRUR 2012, 272 Rn. 14 f. – Rheinpark-
Center Neuss; EuG GRUR Int 2005, 839 Rn. 33 – Münchener Rückversicherungs-Gesellschaft/
HABM) können geografische Herkunftsangaben beispielsweise auch den **Ort des Entwurfs** einer
Ware (EuGH C-488/16 P, GRUR 2018, 1146 Rn. 48 – Neuschwanstein; C-108/97 und C-109/
97, GRUR 1999, 723 Rn. 37 – Chiemsee) oder der **Herkunft ihrer Rohstoffe** (BPatG BeckRS
2008, 26557 – JAVA, für Schokolade; GRUR 2000, 149 (150) – WALLIS) oder den **Ort des
Unternehmenssitzes** (EuGH C-108/97 und C-109/97, GRUR 1999, 723 Rn. 37 – Chiemsee)
bezeichnen. Prinzipiell kommt auch der **Vertriebsort** einer Ware oder Dienstleistung als Angabe
über ihre geografische Herkunft in Betracht. Dazu muss dieser Ort aber – über die bloße Bezeichnung des geografischen Orts des Vertriebs hinaus – nach der maßgeblichen Verkehrsauffassung
geeignet sein, Merkmale, Beschaffenheiten oder Besonderheiten der Waren oder Dienstleistungen
zu bezeichnen, indem er beispielsweise für ein Handwerk, eine Tradition oder ein Klima steht
(EuGH C-488/16 P, GRUR 2018, 1146 Rn. 50, 53 – Neuschwanstein; in diese Richtung auch
BPatG BeckRS 2013, 00617 – Samoa: Angesichts des Erfahrungssatzes, dass die häufig vielfältigen
Vertriebsstätten für die Eigenschaften der fraglichen Waren meist ohne entscheidende Bedeutung
sind, bedürfe es spezieller branchenbezogener Erörterungen, um im Vertriebsort eine geografische
Herkunftsangabe sehen zu können.).

Generell deutet die Neuschwanstein-Entscheidung (EuGH C-488/16 P, GRUR 2018, 1146) 210
auf ein **engeres Verständnis** des EuGH von „Angaben der geografischen Herkunft" von Waren
und Dienstleistungen und damit einen schmaleren Anwendungsbereich des Eintragungshindernisses hin. Ob der Ort, an dem Dienstleistungen erbracht oder angeboten werden, keine bloße
Vertriebsmodalität, sondern die Bezeichnung der geografischen Herkunft darstellt (so noch BGH
GRUR 2012, 272 Rn. 14 – Rheinpark-Center Neuss), erscheint damit nunmehr zweifelhaft.

Entscheidungspraxis: 211

adegaborba.pt (EuGH C-629/17, GRUR 2019, 163 – J. Portugal Ramos Vinhos/Adega Cooperativa 211.1
de Borba): (herkunfts-)beschreibend für Weinbauerzeugnisse, weil „adega" von den angesprochenen Verkehrskreisen (auch) als Verweis auf die Einrichtung, in der Wein hergestellt und gelagert wird, verstanden.

Neuschwanstein (EuGH C-488/16 P, GRUR 2018, 1146): keine Angabe der geografischen Herkunft
der damit bezeichneten Souvenirartikel, weil das Schloss Neuschwanstein nicht wegen der dort verkauften
Souvenirartikel oder angebotenen Dienstleistungen, sondern wegen seiner architektonischen Einzigartigkeit
bekannt sei, außerdem nicht nachgewiesen sei, dass das Zeichen für den Vertrieb spezieller Souvenirartikel
und das Angebot besonderer Dienstleistungen genutzt wird, für die es traditionell bekannt wäre.

Lancaster (BPatG BeckRS 2009, 89062) und **Newcastle** (BPatG GRUR 2005, 677): in Bezug auf
Tee (Kl. 5 und 30) als Angabe der geografischen Herkunft; wenngleich in Großbritannien bzw. England
Tee nicht angebaut wird, sei den relevanten Verkehrskreisen allgemein bekannt, dass Großbritannien in
der Verarbeitung von Tee sowie im Handel damit seit jeher eine bedeutende Stellung einnimmt. (Mit Blick
auf EuGH – Neuschwanstein dürfte dies inzwischen ein zu weites Verständnis des Eintragungshindernisses
sein.)

bb) Geografische Angaben. Als geografische Herkunftsangaben kommen in Betracht in- 212
und ausländische **Ortsnamen**, dh die Namen von (politischen) **Gemeinden** (Städten und Dör-
fern) (BPatG BeckRS 2013, 04678 – ILMTALER), Namen von **Ortsteilen** (BGH GRUR 2009,
994 Rn. 16 – Vierlinden, für Stadtteil von Duisburg; BPatG BeckRS 2010, 14892 – Speicherstadt;
GRUR 2009, 1175 (1177 f.) – Burg Lissingen), Namen von **Verwaltungsgebieten** (BPatG
BeckRS 2015, 20566 – Yukon), **Gegenden** (BGH GRUR 2000, 149 (150) – WALLIS; BPatG
BeckRS 2012, 23270 – Ahrtaler; BeckRS 2008, 26557 – JAVA, eine der Hauptinseln Indonesiens)
und **Ländern** (BGH GRUR 2003, 882 (883) – Lichtenstein; BPatG BeckRS 2009, 8155 –
CCCP), bei entsprechender Bekanntheit ferner Namen von **Straßen** (BPatG GRUR 2011, 918
(919) – STUBENGASSE MÜNSTER; BeckRS 2009, 16963 – 5th Avenue, konkret aber verneint;
BeckRS 2009, 16763 – Unter den Linden, konkret aber verneint; BeckRS 2007, 07724 – Kö-
Blick; zum WZG BPatG GRUR 1972, 652 – Parkavenue; GRUR 1966, 209 – Broadway; GRUR
1964, 313 – Champs Elysées) und **Plätzen** (BPatG BeckRS 2008, 17882 – SANTA MONICA
PIER, für die bekannte Landungsbrücke der südkalifornischen Stadt Santa Monica). Dass die
genauen (geografischen) Grenzen eines Gebiets nicht eindeutig festzulegen sind, steht einem

Verständnis als geografische Angabe nicht entgegen (BPatG BeckRS 2018, 8402 Rn. 8 – Abendland, in concreto geografische Angabe verneint, → Rn. 220.2).

213 Denkbar als geografische Herkunftsangabe sind grundsätzlich auch Namen von **Gewässern** (EuGH C-108/97 und C-109/97, GRUR 1999, 723 Rn. 34 – Chiemsee; BPatG BeckRS 2015, 20566 – Yukon) und **Gebirgen,** entweder als unmittelbare Herkunftsangabe (zB „Alpenmilch") oder als mittelbarer Hinweis auf ein geografisches Gebiet, in dem das Gewässer oder Gebirge liegt oder an das es angrenzt (zB EuGH C-108/97 und C-109/97, GRUR 1999, 723 Rn. 34 – Chiemsee; BPatG GRUR 1965, 606 – Rigi, für Hinweis auf Getränke aus der Schweiz), sofern ein entsprechendes Verkehrsverständnis besteht (→ Rn. 221), ferner von **Weinlagen** (vgl. BGH GRUR 2001, 73 (75) – Stich den Buben).

214 Namen von **Bauwerken** (BPatG GRUR 2009, 1175 (1177 f.) – Burg Lissingen; BeckRS 2010, 19755 – leuchtenburg; BeckRS 2012, 6390 – KOUTOUBIA, für Namen der größten Moschee in Marrakesch; BeckRS 2007, 13166 – MORITZBURGER, für Hinweis auf Schloss Moritzburg) oder **Gebäudekomplexen** (BPatG GRUR 2012, 838 – DORTMUNDER U; BeckRS 2012, 12472 – Bundeshaus Berlin; BeckRS 2010, 14892 – Speicherstadt) können als (mittelbare) geografische Angabe beschreibend sein. Das setzt allerdings voraus, dass der Verkehr sie als geografische Angabe auffasst (→ Rn. 221 ff.), etwa weil es sich um ein (nach BPatG sogar das „offizielle") Wahrzeichen einer Stadt handelt oder das Gebäude für die Leistungserbringung wesentlich ist und der Verkehr deshalb eine geografische Angabe erwartet (BPatG GRUR 2013, 17 (19) – Domfront, verneint für eine Abbildung des Kölner Doms, unter ausdrücklicher Einschränkung von BPatG BeckRS 2007, 7537 – Silhouette des Kölner Doms).

215 Letztlich können sogar augenscheinlich **ortsneutrale** Bezeichnungen zur geografischen Herkunftsangabe werden, sofern der Verkehr sie mit einer bestimmten Stadt oÄ in Verbindung bringt, ihr also eine Bedeutung als geografische Angabe beimisst (zB BPatG BeckRS 2010, 14892 – Speicherstadt).

216 Bei entsprechendem Verkehrsverständnis kommen auch **veraltete, nicht mehr amtliche,** jedoch lebendig gebliebene **Namen** und **Bezeichnungen** als geografische Herkunftsangabe in Betracht (BPatG GRUR 1972, 652 – Gaststätten Rixdorf Hähnchenhaus, für den ehemaligen Berliner Stadtteil Rixdorf; BeckRS 2009, 8155 – CCCP, transkribierte Abkürzung der ehemaligen Sowjetunion).

217 **Adjektivische Formen** geografischer Herkunftsangaben stehen hinsichtlich des Schutzhindernisses der entsprechenden substantivischen Form gleich (EuG GRUR 2004, 148 Rn. 39 – OLDENBURGER; BPatG BeckRS 2018, 17384 Rn. 16 – Berliner Stadtwerke; BeckRS 2013, 04678 – ILMTALER; BeckRS 2012, 23270 – Ahrtaler; BeckRS 2010, 19675 – Heringsdorfer Jod Sole; BeckRS 2009, 2307 – NÜRNBERGER; BeckRS 2009, 20824 – Schweizer Rechtsanwälte; BeckRS 2007, 13166 – MORITZBURGER). Gleiches gilt für **personifizierte Formen** geografischer Angaben (EuG GRUR 2004, 148 Rn. 41 – OLDENBURGER; BPatG BeckRS 2012, 23449 – Der Grieche; BeckRS 2012, 23269 – Der Sizilianer; BeckRS 2012, 23317 – Der Toskaner; BeckRS 2012, 23270 – Ahrtaler; BeckRS 2008, 18273 – Der Konstanzer).

218 **Bildliche Darstellungen** von Bauwerken und Wahrzeichen können bei hinreichender Bekanntheit als mittelbare geografische Herkunftsangabe beschreibend sein (BPatG GRUR-RR 2013, 17 (19) – Domfront, hier aber verneint; BeckRS 2010, 9410 – Quadriga, für Hinweis auf Berlin; BPatG BeckRS 2010, 16685 – Ulmer Münster, hier aber verneint für das Ulmer Münster in Bezug auf Bier uÄ; BeckRS 2008, 8492 – historische Ansicht des Dresdner Stadtzentrums, beschreibend für Backwaren; BeckRS 2007, 7537 – Silhouette des Kölner Doms). Gleiches gilt für (aktuelle wie ehemalige) **Hoheitszeichen** (BPatG BeckRS 2009, 8155 – CCCP; GRUR-RR 2009, 19 – Ehemaliges DDR-Staatswappen; insoweit können außerdem die Schutzhindernisse nach Nr. 5, 6 oder 8 greifen: → § 8 Rn. 704 ff., → § 8 Rn. 808 ff., → § 8 Rn. 923 ff.).

219 In jedem Fall ist aber notwendig, dass der angesprochene **Verkehr** in dem Zeichen überhaupt eine **geografische Angabe sieht** (BPatG GRUR-RS 2021, 12858 Rn. 11 – IZON). Daran kann es insbesondere bei im Inland unbekannten geografischen Angaben fehlen (zB BPatG GRUR-RS 2022, 5214 – Cambon, für Namen zweier Gemeinden in den USA sowie einer Gemeinde in Frankreich; GRUR-RS 2021, 12858 – Izon, für kleine Gemeinde in Frankreich; BeckRS 2011, 21634 – Salva, für Ort in Nordsiebenbürgen; BeckRS 2014, 01375 – Whyte River, für Fluss in Tasmanien). Ein solches Zeichen fällt nicht unter das Schutzhindernis der geografischen Herkunftsangabe.

220 **Entscheidungspraxis:**

220.1 **– geografische Angabe:**
LÜNEGAS (BPatG BeckRS 2018, 7604): „LÜNE" werde als geografischer Herkunftshinweis auf die Stadt bzw. die Region Lüneburg verstanden, weil eine Google-Anfrage nach dem Begriff „Lüne" nahezu ausschließlich Fundstellen angezeigt habe, die mit der Stadt Lüneburg in Zusammenhang stehen.

Schanzer Autohaus (BPatG BeckRS 2018, 6375): „Schanzer" bezeichne (jedenfalls regional) die Bewohner von Ingolstadt, werde umgangssprachlich als Synonym für „Ingolstädter" verwendet und sei deshalb für ein Autohaus eine geografische Angabe.

– keine geografische Angabe: 220.2
Abendland (BPatG BeckRS 2018, 8402): nicht bzw. nur mittelbar als Angabe eines geografischen Raums, sondern vorwiegend metaphorisch im Sinn eines religiösen, kulturellen und politischen Einheit oder Zusammengehörigkeit und eines entsprechenden Selbstverständnisses verstanden.

cc) Verkehrsverständnis als geografische Herkunftsangabe für die beanspruchten 221 **Waren und Dienstleistungen. (1) Grundsatz.** Eine geografische Angabe (→ Rn. 212) unterfällt § 8 Abs. 2 Nr. 2, wenn sie vom Verkehr mit den beanspruchten Waren oder Dienstleistungen **gegenwärtig in Verbindung gebracht wird** oder dies **vernünftigerweise für die Zukunft zu erwarten ist** (EuGH C-488/16 P, GRUR 2018, 1146 Rn. 38 – Neuschwanstein; C-363/99, GRUR 2004, 674 Rn. 56 – Postkantoor; C-108/97 und C-109/97, GRUR 1999, 723 Rn. 31 – Chiemsee; EuG GRUR-RR 2015, 143 Rn. 49 – Monaco; GRUR 2006, 240 Rn. 36, 38 – Cloppenburg; BGH GRUR 2009, 994 Rn. 14 – Vierlinden; GRUR 2003, 882 (883) – Lichtenstein; BPatG BeckRS 2015, 20566 – Yukon; BeckRS 2013, 00617 – Samoa). Dafür genügt es nicht, dass der Verkehr dem Zeichen allgemein und überhaupt eine geografische Angabe entnimmt; vielmehr muss sich das Zeichen gerade in Bezug auf die beanspruchten Waren und Dienstleistungen als geografische Angabe darstellen (s. BPatG BeckRS 2015, 20566 – Yukon).

Von einer beschreibenden Angabe der geografischen Herkunft iSd § 8 Abs. 2 Nr. 2 ist auch 222 dann auszugehen, wenn der Verkehr mit der Angabe eine **besondere Wertschätzung oder positive Vorstellungen** mit den damit gekennzeichneten Waren oder Dienstleistungen verbindet (EuGH C-108/97 und C-109/97, GRUR 1999, 726 Rn. 26 – Chiemsee; EuG GRUR-RR 2015, 143 Rn. 47 – Monaco; GRUR 2006, 240 Rn. 33 – Cloppenburg; BPatG BeckRS 2015, 20566 – Yukon; GRUR 2012, 838 (839) – DORTMUNDER U; BeckRS 2010, 19675 – Heringsdorfer Jod Sole; GRUR 2006, 509 (510) – PORTLAND; Ströbele/Hacker/Thiering/ Ströbele Rn. 510), beispielsweise einen bestimmten Lebensstil, ein besonderes Flair, Tradition oder Modernität etc (s. BPatG BeckRS 2013, 00625 – Narni; BeckRS 2013, 00632 – Viterbo; anders noch BPatG BeckRS 1997, 14408 – BROADWAY).

Unerheblich ist, ob an dem bezeichneten Ort **gegenwärtig** die beanspruchten Waren oder 223 Dienstleistungen **hergestellt oder erbracht** werden, ob also bereits ein aktueller Bezug der geografischen Angabe zu den beanspruchten Waren oder Dienstleistungen besteht (EuGH C-108/97 und C-109/97, GRUR 1999, 723 Rn. 35 – Chiemsee, unter ausdrücklicher Ablehnung des bis dahin von der deutschen Rechtsprechung geforderten aktuellen Freihaltebedürfnisses; BGH GRUR 2012, 272 Rn. 17 – Rheinpark-Center Neuss; GRUR 2003, 882 (883) – Lichtenstein; BPatG BeckRS 2015, 20566 – Yukon; GRUR 2012, 838 (839) – DORTMUNDER U). Ein solcher Bezug spricht allerdings als Indiz für einen geografischen Herkunftshinweis und damit gegen die Schutzfähigkeit (BGH GRUR 2003, 882 (883) – Lichtenstein; BPatG BeckRS 2015, 20566 – Yukon). Erst recht muss keine **Wohnbevölkerung** ansässig sein (BPatG GRUR 2012, 838 – DORTMUNDER U; BeckRS 2010, 14892 – Speicherstadt).

Soweit (lediglich) ein zukünftig beschreibender Charakter (→ Rn. 169) im Raume steht, 224 bedarf es wie stets einer **konkreten, realitätsbezogenen,** nicht außerhalb der Wahrscheinlichkeit liegende zukünftige wirtschaftliche Entwicklungen berücksichtigenden **Prognose** (BGH GRUR 2003, 882 (883) – Lichtenstein; BPatG GRUR 2000, 149 (150) – WALLIS). Dabei kann die **Bekanntheit** der Angabe im Zusammenhang mit den beanspruchten Waren und Dienstleistung eine Rolle spielen (EuGH C-108/97 und C-109/97, GRUR 1999, 723 Rn. 32 f. – Chiemsee; EuG GRUR 2006, 240 Rn. 38; GRUR 2004, 148 Rn. 31 – OLDENBURGER; GRUR Int 2009, 242 Rn. 35 – PORT LOUIS; BGH GRUR 2009, 994 Rn. 14 – Vierlinden). Weitere Kriterien können sein, ob die für die beanspruchten Waren oder Dienstleistungen notwendigen **Grund- und Rohstoffe** oder potentielle **Zulieferindustrien** vorhanden sind sowie eine entsprechende **Infrastruktur** oder **verkehrsgünstige Lage** (BPatG BeckRS 2013, 00632 – Viterbo; BeckRS 2013, 00621 – Barletta). Bei Namen von **Ländern, Regionen, größeren Städten** oder sonst **wirtschaftlich bedeutenden Örtlichkeiten** besteht grundsätzlich eine **Vermutung** für ein Verkehrsverständnis als geografische Angabe für zahlreiche, unter Umständen nahezu alle, Waren und Dienstleistungen (BPatG BeckRS 2013, 617 – Samoa; BeckRS 2012, 17309 – Liegnitzer; BeckRS 2011, 7243 – Madrid; BeckRS 2011, 7242 – Gizeh). Demgegenüber rechtfertigt eine – letztlich wohl niemals zu verneinende – bloß theoretische Möglichkeit der der Ansiedlung von Unternehmen oder Betrieben die Zurückweisung einer Anmeldung nicht (vgl. BPatG GRUR 2015, 900 (901) – Lönneberga; BeckRS 2013, 00633 – Ney; BeckRS 2011, 23580 – Grönwohlder). Ebenso wenig führt allein die Verwendung einer Bezeichnung im Bebauungsplan zwangsläufig zu einer geografischen Angabe (BPatG BeckRS 2014, 22199 – P. Ferienpark).

225   Die **Schwelle** zur beschreibenden und damit originär nicht schutzfähigen geografischen Herkunftsangabe wird von der deutschen Rechtsprechung **niedrig** angesetzt. Konträr zur früheren Praxis ist daher de facto nicht die künftige Verwendbarkeit einer Ortsbezeichnung als geographische Herkunftsangabe begründungsbedürftig, sondern umgekehrt ihre Nichteignung als Angabe über die geografische Herkunft der beanspruchten Waren und Dienstleistungen (vgl. BPatG BeckRS 2013, 00617 – Samoa; GRUR 2011, 918 (919) – STUBENGASSE MÜNSTER; BeckRS 2009, 89062 – Lancaster; GRUR 2000, 149 (150) – WALLIS). Das EuG scheint demgegenüber liberaler zu verfahren (s. EuG GRUR Int 2009, 242 Rn. 40 ff. – PORT LOUIS; GRUR 2006, 240 Rn. 41 ff. – Cloppenburg).

225.1   Eine **beschreibende geografische Angabe** liegt insbesondere vor, **wenn (1)** die beanspruchten Waren oder Dienstleistungen an dem betreffenden Ort bereits hergestellt bzw. erbracht werden, **oder (2)** die beanspruchten Waren oder Dienstleistungen zwar noch nicht am betreffenden Ort hergestellt bzw. erbracht werden, dies jedoch vernünftigerweise, dh. nicht nur theoretisch, zu erwarten ist, **oder (3)** der Verkehr mit dem Zeichen in Bezug auf die beanspruchten Waren und Dienstleistungen positiv besetzte Vorstellungen (bestimmter Lebensstil, besonderes Flair, Tradition, Modernität etc) verbindet.

225.2   Das BPatG hat in einer Serie von 14 Entscheidungen (26. Senat) und einer weiteren Entscheidung (27. Senat) die derzeitige Rechtsprechung anhand von für Möbel etc (Kl. 20) angemeldeten Zeichen (fast alles Namen italienischer Orte) deutlich gemacht (nachgewiesen bei Jacobs GRUR-Prax 2013, 60): **Nicht schutzfähig,** weil derzeit bereits Möbelindustrie beheimatend ist **Sopron** (Ungarn) (BPatG BeckRS 2013, 00630). **Nicht schutzfähig,** weil eine solche Industrie nicht nur theoretisch zu erwarten ist, sind **Viterbo** (BPatG BeckRS 2013, 00632: Nähe zu Rom, gute Verkehrsanbindung, Erwartung verstärkter Ansiedlung von Unternehmen), **Barletta** (BPatG BeckRS 2013, 00621: Vorhandensein des Rohstoffs Holz, ansässige Chemieindustrie lässt die Herstellung von Kunststoffteilen für die Möbelproduktion nicht unwahrscheinlich sein), **Novara** (BPatG BeckRS 2013, 00623: Stadt mittlerer Größe mit guter Verkehrsanbindung), **Chieti** und **Umbria** (BPatG BeckRS 2013, 00627 und BeckRS 2013, 00619: gute Verkehrsanbindung, Vorhandensein von Holz). Demgegenüber sind **schutzfähig,** weil konkret kein Aufkommen von Möbelindustrie zu erwarten ist, **Norcia** (BPatG BeckRS 2013, 00624: durch die Lage im Nationalpark Monti Sibillini, einer bergigen, baumlosen Landschaft, weitgehend vom Tourismus geprägte Infrastruktur, schlechte Verkehrsanbindung, weder Rohstoffe noch Zulieferindustrie vor Ort) und **Orvieto** (BPatG BeckRS 2013, 00624: weder Rohstoffe noch Zulieferindustrie vorhanden, durch Tourismus und Landwirtschaft/Weinbau geprägt).

MITO (BPatG BeckRS 2016, 14776): beschreibend für Nahrungsergänzungsmittel (Kl. 5) und verschiedene Lebensmittel und alkoholfreie Getränke (Kl. 30, 32); da mit Eisenbahnlinien und Autobahnen gut erschlossen und über eine Universität sowie Tabak- und Textilindustrie verfügend, nur 140 km von Tokio und dem dortigen Hafen entfernt liegend, außerdem in Japan als Herstellungsort einer Speise aus fermentierten Sojabohnen („Natto") bekannt, liege die zukünftige Ansiedlung weiterer Lebensmittelindustrie nicht fern.

226   Das **Schutzhindernis** besteht **nicht** für Zeichen, bei denen es wegen der geografischen Eigenschaften des betreffenden Ortes aus Sicht der beteiligten Verkehrskreise **wenig wahrscheinlich** ist, dass die beteiligten Verkehrskreise annehmen könnten, die beanspruchten Waren oder Dienstleistungen stammten von dort oder würden dort gehandelt (EuGH C-488/16 P, GRUR 2018, 1146 Rn. 39 – Neuschwanstein; C-108/97 und C-109/97, GRUR 1999, 723 Rn. 33 – Chiemsee; möglicherweise enger BPatG BeckRS 2015, 20566 – Yukon u. BeckRS 2013, 617 – Samoa: „völlig unwahrscheinlich"; SchweizBG GRUR Int 2003, 1037 (1038 f.) – YUKON: „offensichtlich"), namentlich weil er nicht als Produktions-, Fabrikations- oder Handelsort der damit gekennzeichneten Erzeugnisse oder entsprechend bezeichneter Dienstleistungen in Frage kommt (vgl. Schweiz. BG GRUR Int 2003, 1037 (1038 f.) – YUKON). Somit dürften insbesondere unbesiedelte Gegenden, Berge und Gewässer oft nicht als geografische Herkunftsangabe erscheinen (Schweiz. BG GRUR Int 2003, 1037 (1038 f.) – YUKON). Anderes kann gelten, wenn der angesprochene Verkehr auch die Umgebung einbezieht, etwa das Ufer eines Gewässers (EuGH C-108/97 und C-109/97, GRUR 1999, 723 Rn. 34 – Chiemsee).

227   **(2) Mehrdeutigkeit.** Weder **Mehrdeutigkeit** des Zeichens (BGH GRUR 2008, 900 – SPA II, sowohl für Stadt in Belgien als auch Bezeichnung für Gesundheits- bzw. Wellness-Angebot; HABM BK GRUR-RR 2006, 332 Rn. 14 – Schweizer Rechtsanwälte und BPatG BeckRS 2009, 20824 – Schweizer Rechtsanwälte, sowohl für Hinweis auf die Schweiz als auch für Nachnamen; BPatG BeckRS 2019, 9221 Rn. 10 – Rehberg Resort, sowohl für Namen zahlreicher Orte etc als auch für Familiennamen; anders noch BPatG Mitt 1993, 349 – Jackson, sowohl für Namen zahlreicher Städte als auch für Nachnamen; BPatGE 8, 71 = GRUR 1967, 428 – Paola, sowohl für Stadt in Kalabrien sowie auf Malta als auch für Vornamen) noch das mehrfache geografische Vorkommen des benannten Ortes, dh **fehlende Einmaligkeit** (BGH GRUR 2003, 882 (883) – Lichtenstein; BPatG BeckRS 2019, 9221 Rn. 10 – Rehberg Resort; BeckRS 2013, 00626 – Kimberley; GRUR 2006, 509 (510) – PORTLAND; GRUR 2005, 677 (678) – Newcastle) sprechen per se gegen ein Verständnis als beschreibende und damit schutzunfähige geografische Herkunftsangabe. Im Gegenteil: Sobald auch nur eine Deutung als geografische Angabe für die beanspruchten Waren oder Dienstleistungen verstanden wird, ist der Markenschutz ausgeschlossen (vgl. BPatG BeckRS 2013, 00626 – Kimberley, hier aber für alle Orte dieses Namens in Bezug auf Möbel verneint).

(3) Fremdsprachliche Herkunftsangaben. Bei **fremdsprachlichen Herkunftsangaben** **228** ist entscheidend, ob diese vom **inländischen Verkehr** als solche verstanden werden. Insofern ist auf die Grundsätze zu fremdsprachlichen Zeichen zurückzugreifen (→ Rn. 280 ff.). Eine allgemeine Regel, ein ausländischer Ort werde nur in der konkreten Landessprache, nicht aber in einer Drittsprache beschreibend verstanden (so BPatGE 32, 82 – Girondia, ital. für das franz. Departement Gironde; BPatG Mitt 1993, 351 – JUTLANDIA, span. für die dän. Region Jylland), lässt sich **nicht** (mehr) **aufstellen** (ähnlich Ströbele/Hacker/Thiering/Ströbele Rn. 528).

(4) Abwandlungen und Zusammensetzungen. Für **Abwandlungen** geografischer Anga- **229** ben gelten ebenfalls die allgemeinen Grundsätze (→ Rn. 260 ff.). Es ist daher entscheidend, ob der Verkehr auch in dem abgewandelten Zeichen lediglich eine geografische Herkunftsbeschreibung sieht, was beispielsweise bei sog. verstärkenden Zusätzen wie „Alt-" oder „Original-" in der Regel der Fall sein wird, oder ob der beschreibende Charakter infolge der Abwandlung in den Hintergrund tritt (vgl. BPatG GRUR 1989, 825 (826) – MARILUND/Merryland; ferner BPatG BeckRS 2010, 06996 – In Kölle jebore).

Gleiches gilt für **Zusammensetzungen.** Es ist also zu prüfen, ob das Gesamtzeichen ungeach- **230** tet der enthaltenen geografischen Angabe vom angesprochenen Verkehr aufgrund der weiteren Bestandteile nicht mehr als Herkunftsangabe iSd § 8 Abs. 2 Nr. 2 verstanden wird (vgl. BPatG BeckRS 2009, 03147 – STRONG EUROPE; s. auch BPatG BeckRS 2010, 19797 – Konstanzer Konzilgespräch). Allein die Kombination zweier für sich genommen die beanspruchten Waren oder Dienstleistungen beschreibender Begriffe genügt dafür nicht (BeckRS 2019, 9221 Rn. 12 – Rehberg Resort).

Entscheidungspraxis: **231**

Rheinpark-Center Neuss (BGH GRUR 2012, 272): beschreibend für zahlreiche Dienstleistungen. **231.1** **STRONG EUROPE** (BPatG BeckRS 2009, 03147): schutzfähig für Geräte und Vorrichtungen zur Projektion von Film, Bild und Ton; Beleuchtungsmittel und -produkte; aufgrund eines werbenden Überschusses („starkes" Produkt) und damit als werbliche Anpreisung wegführend vom Verständnis als rein beschreibende Angabe über einen denkbaren Produktionsort innerhalb Europas.

dd) Monopolstellung des Anmelders. Gegen die Einordnung als beschreibende geografi- **232** sche Herkunftsangabe lässt sich in der Regel nicht einwenden, der Anmelder sei allein berechtigt, diese Bezeichnung zu führen, er habe eine rechtliche oder tatsächliche Monopolstellung (zB als Eigentümer einer **Weinlage** oder einer **Mineral-, Heil- oder Thermalwasserquelle** oder als **Inhaber exklusiver Ausbeutungsrechte**) und es gebe deshalb weder ein aktuelles noch künftiges Freihaltebedürfnis zugunsten anderer Marktteilnehmer (wie hier BPatG BeckRS 2010, 19675 – Heringsdorfer Jod Sole; BeckRS 2008, 22273 – Spiegelau; angedeutet auch in BGH GRUR 2008, 900 Rn. 24 – SPA II; Ströbele/Hacker/Thiering/Ströbele Rn. 530 f. – Für eine Berücksichtigung aber BPatG GRUR 2015, 496 (497) – Kloster Wettenhausen; BeckRS 2011, 26692 – Kloster Beuerberger Naturkraft, für Wort-/Bildmarke; BeckRS 2008, 17248 – Gut Darß; GRUR 1994, 627 (628) – ERDINGER; BeckRS 2007, 07461 – Lichtenauer Wellness; zum WZG: BGH GRUR 1991, 210 (211) – Drachenblut; BPatG GRUR 1993, 395 (396) – RÖMIGBERG II; GRUR Int 1992, 63 – Vittel; → Rn. 233.1; für **Lagenamen** (für Weine) Fezer Rn. 449). Dies folgt heute schon daraus, dass eine Marke frei und ohne den Geschäftsbetrieb übertragen werden kann (BGH GRUR 2008, 900 Rn. 24 – SPA II; GRUR 1993, 43 – RÖMIGBERG, zum WZG nach Abschaffung der Warenzeichenbindung an den Geschäftsbetrieb; BPatG BeckRS 2010, 19675 – Heringsdorfer Jod Sole), ferner daraus, dass in Bezug auf die jeweilige Monopolstellung im Grundsatz jederzeit Änderungen denkbar sind (BPatG BeckRS 2010, 19675 – Heringsdorfer Jod Sole; BeckRS 2008, 22273 – Spiegelau; GRUR 2009, 1175 (1178) – Burg Lissingen; Omsels Herkunftsangaben Rn. 747; Ströbele/Hacker/Thiering/Ströbele Rn. 531). Vielmehr ist auch hier nach den allgemeinen Grundsätzen zu prüfen, ob vernünftigerweise in Zukunft mit einer beschreibenden Verwendung zu rechnen ist. Dies mag freilich im Einzelfall aufgrund außergewöhnlicher Umstände zu verneinen sein.

233   **Entscheidungspraxis:**

233.1   **Kloster Wettenhausen** (BPatG GRUR 2015, 496): schutzfähig für ua Druckereierzeugnisse, Nahrungs- und Genussmittel, Organisation und Durchführung von Veranstaltungen, Betrieb von Altenheimen, Hotels, Restaurant etc

Kloster Beuerberger Naturkraft (Wort-/Bildmarke) (BPatG BeckRS 2011, 26692): schutzfähig für alkoholische Getränke (ausgenommen Biere), Spirituosen, nämlich Heilkräutertrank (Kräuterlikör) (Kl. 33); Allgemeininteresse an der freien Verwendbarkeit des Namens des Klosters zur Kennzeichnung der beanspruchten Waren sei weder aktuell gegeben, noch lägen hinreichende tatsächliche Anhaltspunkte für ein zukünftiges Freihaltungsbedürfnis vor, da den seit 1846 bis heute das Kloster Beuerberg betreibenden Salesianerinnen eine langjährige, gegenwärtig noch bestehende und künftig nicht ohne weiteres in Frage zu stellende Monopolstellung zukomme.

Lichtenauer Wellness (BPatG BeckRS 2007, 07461): schutzfähig für Mineralwasser; der Anmelder habe eine Monopolstellung, da er Eigentümer der (bis dato einzigen) Quelle sei und natürliches Mineralwasser aufgrund lebensmittelrechtlicher Vorschriften am Quellort abgefüllt werden muss, sodass Dritte dort auch kein ortsfremdes Mineralwasser abfüllen könnten.

Gut Darß (BPatG BeckRS 2008, 17248): schutzfähig für ua verschiedene Nahrungs- und Genussmittel und Dienstleistungen; aufgrund sehr spezieller tatsächlicher Umstände (fast die Hälfte des Darß gehöre dem Anmelder, der Rest verteile sich im Wesentlichen auf Strände und Wald) könne ausgeschlossen werden, dass sich weitere hinreichend große landwirtschaftliche Betriebe im Sinne von Gutshöfen auf Darß ansiedeln werden und dadurch ein entsprechendes Verwendungsinteresse eines Dritten gerade an der Bezeichnung „Gut Darß" entstehen könnte.

234   **ee) Kollektivmarken.** Zu den Besonderheiten in Bezug auf geografische Herkunftsangaben bei Kollektivmarken → Rn. 310 ff.

235   **Entscheidungspraxis:**

235.1   **– schutzfähig:**

Yukon (BPatG BeckRS 2015, 20566): im Inland zwar als geografische Angabe (durch Alaska und Kanada fließender Strom sowie Verwaltungsgebiet in Kanada) und als Reiseziel bekannt, gleichwohl schutzfähig für ua Werbung, Einzel- und Großhandel (Kl. 35), da solche Dienstleistungen vielfach persönliche Präsenz im Inland erforderten, die von einer so weit entfernten Region aus nur mit unverhältnismäßigem Aufwand realisiert werden könnte.

KOUTOUBIA (BPatG BeckRS 2012, 6390): schutzfähig für Nahrungs- und Genussmittel (Kl. 29, 30, 31), da der Verkehr den Namen der größten Moschee in Marrakesch nicht als Hinweis auf die geografische Herkunft dieser Waren versteht.

AKSARAY-Döner (BPatG GRUR-RR 2012, 6) und **ORDU-Döner** (BPatG BeckRS 2011, 21113): schutzfähig für ua Fleisch- und Wurstwaren sowie Gerichte daraus, Verpflegung von Gästen, Partyservice, da keine typischen Dönerspezialitäten aus den türkischen Städten Aksaray bzw. Ordu zu ermitteln sind und ferner Dönerprodukte wie allgemein bekannt in aller Regel direkt auf Bestellung der Kunden vor Ort zubereitet werden und zudem ein Import unwirtschaftlich ist.

Syltsilber (BPatG BeckRS 2011, 22949): schutzfähig für „Fantasiewaren, nämlich Flaschenöffner" (Kl. 14) und Briefbeschwerer (Kl. 16), da bekanntermaßen auf Sylt weder Silbervorkommen existieren, noch die Insel eine eigenständige Silberwarenindustrie bzw. eine „inseltypische" Form der Silberbearbeitung besitzt.

Kloster Beuerberger Naturkraft (BPatG BeckRS 2011, 26692): schutzfähig für alkoholische Getränke (ausgenommen Biere), „Spirituosen, nämlich Heilkräutertrank (Kräuterlikör)" (Kl. 33), da vom Verkehr nicht als Hinweis auf eine geografische Herkunft iSd § 8 Abs. 2 Nr. 2 verstanden, sondern als nicht unter diese Vorschrift fallender Hinweis auf die Herkunft der Ware aus einem bestimmten klösterlichen Betrieb.

Rheinpark-Center Neuss (BGH GRUR 2012, 272): werden die Dienstleistungen „Betrieb von Heilbädern (Thermalbädern)" und „Dienstleistungen einer Kurklinik" für das angesprochene Publikum erkennbar in einem anerkannten Heilbad oder Kurort erbracht, fasst das Publikum „Neuss" nicht als Hinweis auf die Stadt, sondern als Fantasiebegriff oder Eigenname auf (zu § 8 Abs. 2 Nr. 4).

235.2   **– nicht schutzfähig:**

Monaco (EuG GRUR-RR 2015, 143): beschreibend für ua Druckereierzeugnisse, Fotografien (Kl. 16), Transportwesen, Veranstaltung von Reisen (Kl. 39), Unterhaltung, sportliche Aktivitäten (Kl. 41), Beherbergung von Gästen (Kl. 43), weil insoweit als Hinweis auf das (Schutzstreckung der IR-Marke beantragende) Fürstentum Monaco verstanden.

h) Zeit der Herstellung der Ware oder der Erbringung der Dienstleistung. Zeitanga- 236
ben kommen meist in Form von **Zahlen** vor, insbesondere solchen, die als **Jahreszahl** verstanden
werden können. Ob diese beschreibend sind, hängt davon ab, ob der Verkehr einen Bezug des
Jahres zur Ware oder Dienstleistung herstellt (BPatG BeckRS 2007, 13758 – 1308; Beschl. v.
12.6.2001 – 24 W (pat) 201/99 – 1928). Eine **generelle Schutzunfähigkeit** von als Jahreszahlen
verständlichen Zeichen **besteht nicht** (aA Ströbele/Hacker/Thiering/Ströbele Rn. 544, 576:
Vermutung für beschreibende Verwendbarkeit, wenn die Angabe eine sachliche Bedeutung für
die Ware/DL haben kann, unter Verweis auf BPatG BeckRS 2009, 17013 – 2001).

Als beschreibende Angaben sind auch **wörtliche Zeitangaben** denkbar (vgl. BPatG GRUR 237
1970, 136 – Sonniger September).

Entscheidungspraxis: 238

– schutzfähig: 238.1
1308 (BPatG BeckRS 2007, 13758): schutzfähig für Bier, da ohne weitere Angaben wie „anno" oder
„seit" vom Verkehr nicht als Hinweis auf zB das Gründungsjahr des Brauhauses verstanden.
MILLENIUM (BPatG GRUR-RS 2022, 6886): schutzfähig für Spielsoftware (Kl. 9) und Spielzeug
(Kl. 28), da zwar verstanden auch iSv „Jahrtausend", „eine Zeitspanne von tausend Jahren" oder als Begriff
für die Jahrtausendwende, jedoch jeweils nicht in Bezug auf die beanspruchten Waren.
– nicht schutzfähig: 238.2
2001 (BPatG BeckRS 2009, 17013): beschreibend für ua Mittel zur Körper- und Schönheitspflege und
Arzneimittel, da das Zeichen für den Verkehr ohne weiteres verständlich zum Ausdruck bringe, dass es
sich bei den damit gekennzeichneten Waren und Dienstleistungen um moderne, zukunftsorientierte und
hochaktuelle Artikel handele, die auf der Höhe der Zeit liegen und dem neuesten Stand der Entwicklungen
und Erkenntnisse entsprechen (zweifelhaft).
Sonniger September (BPatG GRUR 1970, 136): beschreibend für Weine und Schaumweine, da
Hinweis auf Trauben, die in einem sonnigen September gereift sind.

i) Sonstige Merkmale. Wie bereits ausgeführt, ist der **Katalog** merkmalsbeschreibender 239
Angaben in § 8 Abs. 2 Nr. 2 **nicht abschließend** (→ Rn. 184), sondern zur Gänze vom
Oberbegriff der „sonstigen" Merkmale umfasst. In der Praxis ist eine genaue Einordnung letztlich
nicht notwendig und oft auch gar nicht möglich, da sich die einzelnen Tatbestände teils erheblich
überschneiden (Fezer Rn. 369). Anders als bei dem zu eng formulierten § 4 Abs. 2 Nr. 1 Hs. 2
WZG, der zur Entwicklung eines allgemeinen Freihaltebedürfnisses zwang (→ Rn. 242), fallen
nunmehr **sämtliche merkmalsbeschreibenden Angaben** unter das Schutzhindernis des § 8
Abs. 2 Nr. 2, dessen letzte Tatbestandsvariante somit den Charakter eines Auffangtatbestandes
erlangt. Es muss sich allerdings stets um Angaben über **Merkmale der Ware oder Dienstleistung**
handeln (→ Rn. 187). Sonstige Merkmale sind mithin alle solchen, die für den Waren- und
Dienstleistungsverkehr irgendwie bedeutsame, nicht völlig nebensächliche Umstände mit Bezug
auf die Ware oder Dienstleistung beschreiben (BPatG GRUR-RS 2022, 2534 Rn. 15 – Huckleberry Gin).

Ein Rekurs auf ein außerhalb der gesetzlichen Regelung stehendes Freihaltebedürfnis ist daher 240
heute im Grundsatz nicht mehr notwendig (Ströbele/Hacker/Thiering/Ströbele Rn. 411, 548;
→ Rn. 244 ff.). Gleichwohl sind Ausnahmefälle denkbar, bei denen nach den genannten Kriterien
eigentlich ein beschreibender Charakter verneint werden müsste, aber dennoch ein Allgemeininteresse besteht, das Zeichen vom Markenschutz auszunehmen. Dies gilt zB für Bezeichnungen von
Waren, die zur Ausführung einer Dienstleistung benötigt werden, wie dies das BPatG (BPatGE
24, 64) etwa für das Zeichen „Pfeffer & Salz" für die Bewirtung von Gästen angenommen hat.
In Bezug auf die Dienstleistung „Bewirtung von Gästen" fehlt dem Zeichen „Pfeffer & Salz"
jedoch ein konkreter, unmittelbarer Produktbezug (ebenso Fezer Rn. 327). Sofern hier nicht
die Unterscheidungskraft zu verneinen ist, muss man solche Fälle mit einem weit verstandenen
Merkmalsbegriff lösen, wenn man nicht ausnahmsweise auf ein außergesetzliches Freihaltebedürfnis abstellen möchte (eingehend → Rn. 250 ff.).

Entscheidungspraxis: 241

Löss (BPatG BeckRS 2011, 25994): beschreibend für Wein (Kl. 33), da als Hinweis darauf verstanden, 241.1
dass die Reben auf Lössboden gewachsen sind.

8. Beschreibender Charakter und Freihaltebedürfnis

a) Begriff des Freihaltebedürfnisses. Das **Freihaltebedürfnis** als ungeschriebenes **Schutz-** 242
hindernis hat seinen Ursprung im früheren Warenzeichenrecht. Weil dessen gesetzliche Schutz-

hindernisse, namentlich in Bezug auf beschreibende Zeichen (§ 4 Abs. 2 Nr. 1 Alt. 2 WZG), als zu eng erschienen, stellte die Praxis entscheidend darauf ab, ob die Monopolisierung durch Eintragung als Warenzeichen im Widerspruch zu den Interessen der Mitbewerber an der freien Verfügbarkeit des Zeichens stand, was insbesondere bei Zeichen der Fall war, die wichtige und für die umworbenen Abnehmerkreise irgendwie bedeutsame Umstände mit Bezug auf die Ware beschrieben (BGH GRUR 1993, 746 – Premiere; Busse/Starck WZG § 4 Rn. 40; Althammer WZG § 4 Rn. 26; Baumbach/Hefermehl WZG § 4 Rn. 62). Das Freihaltebedürfnis bildete somit einen flexiblen, praktikablen Maßstab (Ströbele FS Ullmann, 2006, 425 (426 f.)), der eine Abwägung der widerstreitenden Interessen im Einzelfall ermöglichte.

243   Rechtsprechung und Literatur halten verbreitet auch unter der Geltung des neuen Markenrechts an diesem Terminus fest, der indes weder im MarkenG noch in der MRL oder der UMV verwendet wird. Dagegen ist nichts einzuwenden, solange er nur – wie dies oft der Fall ist – als „griffigere" Bezeichnung für den vom EuGH stattdessen bei Art. 3 Abs. 1 lit. c MRL und Art. 7 Abs. 1 lit. c UMV verwendeten „beschreibenden Charakter" eines Zeichens und damit für das Schutzhindernis des § 8 Abs. 2 Nr. 2 verwendet wird (ebenso Ströbele/Hacker/Thiering/Ströbele Rn. 409; Hacker MarkenR Rn. 127). Gerade für einen zukünftig beschreibenden Inhalt (→ Rn. 170) eines Zeichens bietet „zukünftiges Freihaltebedürfnis" eine elegante Formulierung. Ferner umschreibt „Freihaltebedürfnis" das dem § 8 Abs. 2 Nr. 2 zugrunde liegende Allgemeininteresse (Ströbele/Hacker/Thiering/Ströbele Rn. 409; vgl. EuGH C-102/07, GRUR 2008, 503 Rn. 23 – adidas/Marca Mode; → Rn. 162).

244   **b) Grundsatz: keine separate Prüfung eines Freihaltebedürfnisses.** Ein Freihaltebedürfnis ist jedoch **weder** ein **selbstständiges** (ungeschriebenes) **Schutzhindernis** noch ein **Tatbestandsmerkmal** des § 8 Abs. 2 Nr. 1 oder des § 8 Abs. 2 Nr. 2, das zusätzlich oder anstelle der dort genannten Kriterien zu prüfen wäre und über die Eintragungsfähigkeit entschiede (vgl. BGH GRUR 2012, 1044 Rn. 28 – Neuschwanstein; Ströbele/Hacker/Thiering/Ströbele Rn. 409 f., 413; → § 8 Rn. 76 ff.; dagegen erwogen, mangels Entscheidungserheblich aber letztlich offengelassen von BPatG GRUR 2007, 61 (63) – Christkindlesmarkt).

244.1   In Randbereichen scheint das Freihaltebedürfnis indes zumindest als Argumentationstopos weiterhin auf, und zwar sowohl für als auch gegen die Schutzfähigkeit eines Zeichens. So sollen nach Auffassung des BGH Bildzeichen, die die äußere Gestaltung der Ware abbilden (sog. **Produktformmarken**), grundsätzlich merkmalsbeschreibend für die Ware und damit nach § 8 Abs. 2 Nr. 2 von der Eintragung ausgeschlossen sein, weil die Freiheit der Gestaltung von Produkten nicht über Gebühr eingeschränkt werden dürfe (BGH GRUR 2008, 1000 Rn. 16 – Käse in Blütenform II; GRUR 2006, 679 Rn. 21 – Porsche Boxster). Anderes gelte allerdings, wenn aufgrund der unübersehbar großen Zahl von Gestaltungsmöglichkeiten kein überwiegendes Interesse der Allgemeinheit an der Freihaltung der vom Anmelder beanspruchten Form besteht (BGH GRUR 2007, 973 Rn. 15 – Rado-Uhr III; mit Recht kritisch Ingerl/Rohnke Rn. 225). Der EuGH wiederum rekurriert ausdrücklich auf das Freihalteinteresse bei der Prüfung der Unterscheidungskraft abstrakter Farbmarken (EuGH C-104/01, GRUR 2003, 604 Rn. 60 – Libertel; mit Recht kritisch Viefhues/Klauer GRUR Int 2004, 584 (592): dogmatisch inkonsequent; → Rn. 249.1). Auch → Rn. 197.

244.2   Letztlich zeigt sich an diesen – im Ergebnis zutreffenden – Entscheidungen, dass die gesetzlichen Schutzhindernisse in Randbereichen zu eng ausgefallen sind (→ Rn. 250 ff.).

245   **aa) § 8 Abs. 2 Nr. 2.** Ein iSd § 8 Abs. 2 Nr. 2 **beschreibendes Zeichen** ist **stets von der Eintragung ausgeschlossen,** auch wenn im Einzelfall kein konkretes Freihaltebedürfnis besteht (Ströbele/Hacker/Thiering/Ströbele Rn. 413; insoweit inkonsequent BGH GRUR 2007, 973 Rn. 15 – Rado-Uhr III). Ein solches Zeichen kann deshalb nicht mit dem Argument zur Eintragung gebracht werden, es fehle im konkreten Fall ein Freihaltebedürfnis (so ausdrücklich gegen die damalige deutsche Praxis EuGH C-108/97 und C-109/97, GRUR 1999, 723 Rn. 35 – Chiemsee; ferner C-51/10 P, GRUR 2011, 1035 Rn. 39 – 1000).

246   Umgekehrt kann einem Zeichen, das **nicht beschreibend** iSd § 8 Abs. 2 Nr. 2 ist, vorbehaltlich fehlender Unterscheidungskraft, die **Eintragung** grundsätzlich (zu möglichen Ausnahmen → Rn. 250 ff.) **nicht** mit Hinweis auf ein gleichwohl bestehendes Freihaltebedürfnis **verweigert** werden (BGH GRUR 2012, 1044 Rn. 28 – Neuschwanstein). Ebenso wenig dürfen in diesem Fall höhere Anforderungen an die Unterscheidungskraft gestellt werden (BGH GRUR 2012, 1044 Rn. 28 – Neuschwanstein; GRUR 2006, 850 Rn. 17 – FUSSBALL WM 2006; GRUR 2001, 1042 (1043) – REICH UND SCHÖN; GRUR 2001, 1043 (1045) – Gute Zeiten – Schlechte Zeiten; → Rn. 253).

Dies schließt es freilich nicht aus, dem Freihaltebedürfnis, das bei genauer Betrachtung das dem **247** Schutzhindernis des § 8 Abs. 2 Nr. 2 zugrunde liegende Allgemeininteresse beschreibt, bei der **Auslegung** und **Anwendung** des Schutzhindernisses zu **berücksichtigen,** namentlich bei der Bestimmung der Verkehrsauffassung (vgl. Ströbele/Hacker/Thiering/Ströbele Rn. 414).

bb) § 8 Abs. 2 Nr. 1. Entsprechendes gilt für § 8 Abs. 2 Nr. 1. Nach (zutreffender) Auffassung **248** des **BGH** rechtfertigt ein mögliches Freihalteinteresse **keine erhöhten Anforderungen** bei der Beurteilung der Unterscheidungskraft (BGH GRUR 2012, 1044 Rn. 28 – Neuschwanstein; GRUR 2006, 850 Rn. 17 – FUSSBALL WM 2006; GRUR 2001, 1042 (1043) – REICH UND SCHÖN; GRUR 2001, 1043 (1045) – Gute Zeiten – Schlechte Zeiten; → Rn. 253).

Demgegenüber hat der **EuGH** bei der Beurteilung der Unterscheidungskraft im Einzelfall **249** ausdrücklich auf das Allgemeininteresse an der freien Verfügbarkeit eines Zeichens für die anderen Wirtschaftsteilnehmer abgestellt (EuGH C-104/01, GRUR 2003, 604 Rn. 60 – Libertel, für die abstrakte Farbmarke; ablehnend BGH GRUR 2009, 411 Rn. 7 – STREETBALL; GRUR 2001, 1042 (1043) – REICH UND SCHOEN) und damit im Ergebnis doch ein ungeschriebenes Schutzhindernis iSd früheren warenzeichenrechtlichen **Freihaltebedürfnisses** anerkannt.

Selbst wenn ausnahmsweise das Freihaltebedürfnis als ungeschriebenes Schutzhindernis notwendig **249.1** erscheinen sollte (→ Rn. 250 ff.), ist § 8 Abs. 2 Nr. 1 dogmatisch der falsche Anknüpfungspunkt. Nach der Konzeption der MRL (sowie der UMV) und damit des MarkenG spielt das Interesse an der Freihaltung eines Zeichens für dessen Unterscheidungskraft keine Rolle (BGH GRUR 2009, 411 Rn. 7 – STREET-BALL; GRUR 2001, 1042 (1043) – REICH UND SCHOEN; Fezer Rn. 50; aA EuGH C-104/01, GRUR 2003, 604 Rn. 60 – Libertel). Auch ein für andere Wirtschaftsteilnehmer freizuhaltendes Zeichen kann dem angesprochenen Verkehr einen Hinweis auf die betriebliche Herkunft der damit gekennzeichneten Waren und Dienstleistungen geben und damit unterscheidungskräftig sein. Da solche Zeichen jedoch in der Regel zugleich beschreibend sind, steht deren Eintragung jedenfalls § 8 Abs. 2 Nr. 2 entgegen. Jedoch sind Zeichen denkbar, die zwar freihaltebedürftig, aber nicht beschreibend sind (→ Rn. 250).

Hier zeigt sich, dass die Schutzhindernisse der MRL (und der UMV) in Randbereichen zu eng ausgefal- **249.2** len sind. Aufgrund seiner restriktiven Auslegung des Merkmalsbegriffs (→ Rn. 187) bei Art. 3 Abs. 1 lit. c MRL (= § 8 Abs. 2 Nr. 2), kommt der EuGH deshalb nicht umhin, das Freihalteinteresse dogmatisch ungenau bei der Beurteilung der Unterscheidungskraft zu berücksichtigen. Auch die überwiegende Literatur (Ingerl/Rohnke Rn. 117; Ströbele/Hacker/Thiering/Ströbele Rn. 411) plädiert – mit Bedenken – für diese Lösung. Nach hier vertretener Ansicht ist dagegen § 8 Abs. 2 Nr. 2 der richtige Ort (ebenso Fezer Rn. 50), weil das dort geregelte Schutzhindernis für beschreibende Zeichen gerade entscheidend auf dem Anliegen, solche Zeichen für die Mitbewerber freizuhalten (→ Rn. 252), beruht, sofern man nicht das Freihaltebedürfnis ausnahmsweise als ein ungeschriebenes Schutzhindernis berücksichtigen (→ Rn. 250 ff.) oder dem von Kur (→ § 8 Rn. 73 ff.) vorgeschlagenen flexiblen Ansatz folgen möchte.

c) Ausnahmsweise Berücksichtigung eines Freihaltebedürfnisses als ungeschriebenes 250 Schutzhindernis?. Obwohl das Freihaltebedürfnis als ungeschriebenes Schutzhindernis des alten Warenzeichenrechts aufgrund der deutlich weiter gefassten Schutzhindernisse des neuen Markenrechts weitestgehend obsolet geworden ist, sind auch heute noch Zeichen denkbar, an deren Freihaltung für alle Wirtschaftsteilnehmer ein Interesse besteht, denen jedoch nicht ohne weiteres Unterscheidungskraft abgesprochen und/oder beschreibender Charakter zugemessen werden kann, deren Eintragung also an sich erfolgen müsste. Insbesondere § 8 Abs. 2 Nr. 2 erscheint mit der Beschränkung auf Merkmale der Ware oder Dienstleistung im Einzelfall noch immer zu eng.

Dem könnte mit der ausnahmsweisen Berücksichtigung eines ungeschriebenen Schutzhinder- **251** nisses, das außerhalb der gesetzlichen Regelung des § 8 Abs. 2 angesiedelt ist, abgeholfen werden. Dies begegnet freilich insoweit Bedenken, als dass die Schutzhindernisse des MarkenG sowie der zugrunde liegenden MRL abschließend sind (EuGH C-363/99, GRUR 2004, 674 Rn. 78 – Postkantoor; BGH GRUR 2002, 64 (65) – INDIVIDUELLE). Der BGH hat es deshalb ausdrücklich abgelehnt, die Eintragung eines nicht unter § 8 Abs. 2 Nr. 2 fallenden Zeichens unter Annahme eines allgemeinen Freihaltebedürfnisses (sowie einer aus dem Urheberrecht entlehnten Gemeinfreiheit) zu verweigern (BGH GRUR 2012, 1044 Rn. 28 – Neuschwanstein; s. auch BGH GRUR 2001, 231 (232) – FÜNFER).

Die Rechtsprechung berücksichtigt ein Freihaltebedürfnis vielmehr innerhalb der gesetzlichen **252** Schutzhindernisse: der EuGH bei der Beurteilung der Unterscheidungskraft (→ Rn. 249), der BGH hingegen bei § 8 Abs. 2 Nr. 2 (→ Rn. 248). Obwohl beide Gerichte damit zum selben Ergebnis – keine Eintragung des Zeichens – kommen, ist unter dogmatischem Blickwinkel (und unter der zu überprüfenden Prämisse, dass strikt zwischen Nr. 1 und Nr. 2 zu trennen sei, → Rn. 253) die Position des BGH vorzugswürdig (→ Rn. 249.1). Denn das Freihalteinteresse der

Mitbewerber ist die rechtspolitische Begründung für den Ausschluss merkmalsbeschreibender Angaben durch § 8 Abs. 2 Nr. 2 (→ Rn. 162).

252.1   Schließlich kann man darüber nachdenken, die strikte Trennung zwischen § 8 Abs. 2 Nr. 1 und § 8 Abs. 2 Nr. 2 zugunsten eines flexiblen Ansatzes aufzugeben (eingehend → § 8 Rn. 73). Fehlende Unterscheidungskraft und beschreibender Charakter wären danach zusammen mit der Üblichkeit eines Zeichens (§ 8 Abs. 2 Nr. 3) lediglich Elemente einer Prüfung des Zeichens auf seine „konkrete Unterscheidungskraft". Wettbewerbsfunktionale Argumente könnten hier ohne dogmatische Brüche einbezogen werden. Ob dies die konkrete Beurteilung in der Praxis erleichtert, bliebe freilich abzuwarten; sie wäre aber zumindest „ehrlicher", weil sie nicht zu zahlreichen Ausnahmen im Einzelfall nötigt. Auch dürften die damit zu erzielenden Ergebnisse weitestgehend identisch sein.

9. Verhältnis von § 8 Abs. 2 Nr. 1 zu § 8 Abs. 2 Nr. 2

253   Die Schutzhindernisse des § 8 Abs. 2 Nr. 1 und des § 8 Abs. 2 Nr. 2 sind **voneinander unabhängig** und **gesondert zu prüfen** und im Hinblick auf das ihnen jeweils zugrunde liegende **Allgemeininteresse** (→ Rn. 96, → Rn. 162) **auszulegen** (EuGH C-90/11, C-91/11, GRUR 2012, 616 Rn. 20, 22 – MMF/NAI; C-304/06 P, GRUR 2008, 608 Rn. 54 f. – EUROHYPO; C-363/99, GRUR 2004, 674 Rn. 85 – Postkantoor; BGH GRUR 2012, 1044 Rn. 28 – Neuschwanstein; GRUR 2009, 411 Rn. 7 – STREETBALL; GRUR 2006, 850 Rn. 17 – FUSSBALL WM 2006). So ist es beispielsweise unzulässig, unter Hinweis auf Anhaltspunkte für ein Schutzhindernis nach § 8 Abs. 2 Nr. 2 (oder Nr. 3) oder ein mögliches „Freihaltebedürfnis" (→ Rn. 242) erhöhte Anforderungen an die Unterscheidungskraft zu stellen (BGH GRUR 2015, 173 Rn. 23 – for you; BGH GRUR 2012, 1044 Rn. 28 – Neuschwanstein; GRUR 2006, 850 Rn. 17 – FUSSBALL WM 2006; GRUR 2001, 1042 (1043) – REICH UND SCHÖN; GRUR 2001, 1043 (1045) – Gute Zeiten – Schlechte Zeiten; GRUR 2001, 735 (736) – Test it; GRUR 2000, 722 (723) – LOGO), denn dies verletzte den Grundsatz der voneinander unabhängigen Prüfung der einzelnen Schutzhindernisse. Der Grundsatz der gesonderten Prüfung ist dagegen zum Beispiel verletzt, wenn eine Entscheidung die Unterscheidungskraft eines Zeichens ausschließlich anhand einer Prüfung des beschreibenden Charakters beurteilt (s. EuGH C-304/06 P, GRUR 2008, 608 Rn. 58 f., 62 – EUROHYPO).

253.1   Grund hierfür sind die unterschiedlichen Allgemeininteressen, die den beiden Schutzhindernissen zugrunde liegen (→ Rn. 96, → Rn. 162) und daraus folgend eine zumindest teilweise verschiedene Perspektive bei der Auslegung und Anwendung. So dient § 8 Abs. 2 Nr. 1 in erster Linie den Interessen der angesprochenen Verkehrskreise an herkunftshinweisenden Zeichen, § 8 Abs. 2 Nr. 2 hingegen den Interessen der Mitbewerber an der freien Verfügbarkeit merkmalsbeschreibender Angaben (ebenso Fezer Rn. 48; Ingerl/Rohnke Rn. 200; BPatG Mitt 1997, 70 (71) – UHQ II).

253.2   Ob diese strikte Trennung zwischen § 8 Abs. 2 Nr. 1 und § 8 Abs. 2 Nr. 2 durchweg sinnvoll ist oder nicht möglicherweise zugunsten einer beide Aspekte zusammenfassenden, flexibleren Prüfung aufgegeben werden sollte (dafür Kur → § 8 Rn. 73 ff.), kann hier dahinstehen. Angesichts der eindeutigen ständigen Rechtsprechung des EuGH ist die **Rechtspraxis gut beraten,** zumindest begrifflich **an der separaten Prüfung festzuhalten.** Dass wesentliche Fälle der beschreibenden Zeichen (§ 8 Abs. 2 Nr. 2) bereits im Rahmen der Unterscheidungskraft (§ 8 Abs. 2 Nr. 1) relevant werden und für § 8 Abs. 2 Nr. 2 nur noch ein relativ kleiner originärer Anwendungsbereich verbleibt, ist demnach hinzunehmen und dem legislatorischen Konzept und dessen wortgemäßer Anwendung durch den EuGH geschuldet.

253.3   Zur Behandlung nicht beschreibender und an sich unterscheidungskräftiger Zeichen, an deren Freihaltung gleichwohl ein Interesse besteht, → Rn. 250 ff.

254   Gleichwohl gibt es offensichtliche (und erhebliche) **Überschneidungen** der jeweiligen Anwendungsbereiche (EuGH C-307/11 P, GRUR 2013, 519 Rn. 47 – Deichmann (Umsäumter Winkel); C-90/11, C-91/11, GRUR 2012, 616 Rn. 20, 22 – MMF/NAI; C-363/99, GRUR 2004, 674 Rn. 85 – Postkantoor; BGH GRUR 2009, 411 Rn. 7 – STREETBALL). Der **EuGH** geht sogar so weit, dass er einem nach § 8 Abs. 2 Nr. 2 **beschreibenden Zeichen zwangsläufig auch die Unterscheidungskraft** iSv § 8 Abs. 1 Nr. 1 **abspricht** (EuGH C-90/11, C-91/11, GRUR 2012, 616 Rn. 21 – MMF/NAI; C-51/10 P, GRUR 2011, 1035 Rn. 33 – 1000; C-265/00, GRUR 2004, 680 Rn. 19 – BIOMILD; C-363/99, GRUR 2004, 674 Rn. 86 – Postkantoor; ebenso EuG GRUR-RR 2015, 143 Rn. 67 – Monaco; BeckRS 2012, 81190 Rn. 39 – 3D eXam; GRUR Int 2010, 520 Rn. 53 – Deutsche BKK; ebenso das EuG, s. BeckRS 2016, 80202 Rn. 25 – ΧΑΛΛΟΥΜΙ; GRUR Int 2005, 833 Rn. 59 – Naipes Heraclio Fournier/HABM; etwas **vorsichtiger** der BGH: bei beschreibenden Angaben gebe es keinen tatsächlichen Anhaltspunkt für Unterscheidungskraft, s. GRUR 2013, 731 Rn. 13 – Kaleido; GRUR 2009, 411 Rn. 9 – STREETBALL; GRUR 2006, 850 Rn. 19 – FUSSBALL WM 2006).

In der Regel mag dies in tatsächlicher Hinsicht zutreffen und praktisch ist es unerheblich, ob der **254.1** Eintragung nur § 8 Abs. 2 Nr. 2 oder **aus denselben Gründen zusätzlich** § 8 Abs. 2 Nr. 1 entgegensteht; dogmatisch geht dies indes zu weit (ebenso Ingerl/Rohnke Rn. 115; Ströbele/Hacker/Thiering/Ströbele Rn. 105). § 8 Abs. 2 Nr. 2 steht einer Eintragung schon dann entgegen, wenn das Zeichen (erst) zukünftig merkmalsbeschreibend für die beanspruchten Waren oder Dienstleistungen sein kann (→ Rn. 170). Ein solches Zeichen kann jedoch gegenwärtig dem Verkehr gleichwohl (noch) einen Herkunftshinweis vermitteln und deshalb (noch) unterscheidungskräftig iSv § 8 Abs. 2 Nr. 1 sein (Ingerl/Rohnke Rn. 115; → Rn. 102). Dass ein unterscheidungskräftiges Zeichen diese Eigenschaft möglicherweise zukünftig verliert, löst deshalb das Schutzhindernis des § 8 Abs. 2 Nr. 1 nicht aus (→ Rn. 102). Entscheidend ist stattdessen allein, ob der Verkehr **wegen** des objektiv beschreibenden Charakters iSv § 8 Abs. 2 Nr. 2 **subjektiv** dem Zeichen keinen Herkunftshinweis entnimmt (Ingerl/Rohnke Rn. 115; Ströbele/Hacker/Thiering/ Ströbele Rn. 105; im Ergebnis BGH GRUR 2013, 731 Rn. 13 – Kaleido; GRUR 2009, 411 Rn. 9 – STREETBALL; GRUR 2006, 850 Rn. 19 – FUSSBALL WM 2006; ebenso in einer singulären Entscheidung der EuGH C-304/06 P, GRUR 2008, 608 Rn. 61 f. – EUROHYPO). Das aber kann bei einem nur künftig beschreibenden Zeichen, dh bei nur künftigem Freihaltebedürfnis, zu verneinen und damit Unterscheidungskraft zu bejahen sein. Ein solches Zeichen wäre einzutragen, doch kann dem im Einzelfall ausnahmsweise ein ungeschriebenes Freihaltebedürfnis entgegenstehen (→ Rn. 250 ff.). Außerdem widerspricht der Automatismus des EuGH seiner (zutreffenden) Auffassung, dass das Schutzhindernis der fehlenden Unterscheidungskraft separat zu prüfen ist und nicht allein anhand einer Prüfung des beschreibenden Charakters beurteilt werden darf (EuGH C-304/06 P, GRUR 2008, 608 Rn. 58 f., 62 – EUROHYPO; → Rn. 253).

Einem nicht iSd § 8 Abs. 2 Nr. 2 beschreibenden Zeichen kann **aus anderen Gründen** **255** die Unterscheidungskraft fehlen (EuGH C-307/11 P, GRUR 2013, 519 Rn. 46 – Deichmann (Umsäumter Winkel); C-51/10 P, GRUR 2011, 1035 Rn. 46 – 1000; C-265/00, GRUR 2004, 680 Rn. 19 – BIOMILD; s. auch BPatG GRUR 2014, 293 (294) – for you; → Rn. 143). Es ist deshalb **unzulässig**, die **Unterscheidungskraft** eines Zeichens **allein** damit zu **begründen,** dass diesem **kein beschreibender Inhalt** innewohne (EuGH C-304/06 P, GRUR 2008, 608 Rn. 62 – EUROHYPO; C-363/99, GRUR 2004, 674 Rn. 69 – Postkantoor; unzutreffend daher EuGH C-90/11, C-91/11, GRUR 2012, 616 Rn. 21 – MMF/NAI; C-51/10 P, GRUR 2011, 1035 Rn. 33 – 1000; C-363/99, GRUR 2004, 674 Rn. 86 – Postkantoor; ebenso EuG GRUR-RR 2015, 143 Rn. 67 – Monaco; BeckRS 2012, 81190 Rn. 39 – 3D eXam; GRUR Int 2010, 520 Rn. 53 – Deutsche BKK).

III. Fallgruppen

Im Folgenden werden **ausgewählte Fallgruppen** von praktisch bedeutsamen **Wortzeichen** **256** (für andere Markenformen → § 8 Rn. 373 ff.) auf ihre Schutzfähigkeit nach § 8 Abs. 2 Nr. 1 und § 8 Abs. 2 Nr. 2 hin untersucht. Zu weiteren Schutzhindernissen → § 8 Rn. 531 ff. Zur Überwindung der Schutzhindernisse durch Verkehrsdurchsetzung → § 8 Rn. 1096 ff.

1. Abkürzungen

Bei **Abkürzungen** ist nicht die Schutzfähigkeit der einzelnen Buchstaben, sondern die der **257** Abkürzung als solcher zu prüfen (EuG GRUR Int 2004, 328 Rn. 32 – TDI). Soweit die Abkürzung vom relevanten Verkehr **als solche erkannt und verstanden** wird, beurteilt sich ihre Schutzfähigkeit nach der des abgekürzten Begriffs. Fehlt diesem die Unterscheidungskraft oder handelt es sich um eine beschreibende Angabe, unterliegt auch die Abkürzung dem entsprechenden Schutzhindernis (vgl. EuG BeckRS 2011, 81066 Rn. 18 f. – TDI; BPatG BeckRS 2011, 26895 – B & P; EuG GRUR-RS 2020, 9849 – XOXO). Das gilt auch, wenn die Abkürzung für verschiedene Begriffe verwendet wird, also keinen eindeutigen Begriffsinhalt aufweist (EuG GRUR Int 2004, 328 Rn. 36 – TDI; BPatG BeckRS 2014, 17352 – XMG; BeckRS 2011, 26895 – B & P). Ferner ist das Zeichen schon dann iSd § 8 Abs. 2 Nr. 2 beschreibend, wenn es nach einem seiner ihm vom angesprochenen Verkehr beigelegten möglichen Begriffsinhalte beschreibend ist (EuG GRUR Int 2008, 838 Rn. 30 – Enercon/HABM (E); GRUR Int 2004, 328 Rn. 36 – TDI). Ordnet dagegen der angesprochene Verkehr der Abkürzung **keine unmittelbare Bedeutung** zu, ist die Abkürzung selbst auf die Schutzhindernisse zu prüfen. **Allein** die **lexikalische Nachweisbarkeit** der Abkürzung **genügt** dabei noch **nicht** als Beleg für eine entsprechende

Kenntnis des angesprochenen Verkehrs (EuG BeckRS 2010, 91465 – Hallux; BPatG BeckRS 2014, 17352 – XMG; BeckRS 2013, 07140 – LAPD).

258   Eine für sich genommen **unterscheidungskräftige** und **nicht beschreibende Abkürzung** (insbesondere, weil sie dem relevanten Verkehr in ihrer Bedeutung unbekannt ist) **kann in Kombination** mit der Wortfolge, für die sie steht und aus deren Anfangsbuchstaben sie gebildet ist, insgesamt **beschreibend** sein, weil ihr der Verkehr nunmehr insgesamt eine beschreibende Bedeutung beimisst, da er die ihm bislang unbekannte Abkürzung versteht (EuGH C-90/11, C-91/11, GRUR 2012, 616 Rn. 32 – MMF/NAI; BPatG GRUR 2011, 527 – Multi Markets Fund MMF und GRUR 2011, 524 – NAI – Der Natur-Aktien-Index (= Vorlagebeschlüsse zu EuGH – MMF/NAI); BPatG GRUR 2012, 637 – ZVS Akronym; BPatG BeckRS 2007, 11225 – TRM Tenant Relocation Management; → Rn. 155, → Rn. 182). Die Beifügung des schutzunfähigen abgekürzten Begriffs kann folglich der in Alleinstellung schutzfähigen Abkürzung durch die damit verbundene Erläuterung ihres Begriffsinhalts die Schutzfähigkeit nehmen. Es kann sich deshalb empfehlen, auch die Abkürzung separat als Marke anzumelden (näher zu den Praxisfolgen Haberer GRUR-Prax 2013, 130 ff.). Keine Probleme ergeben sich dagegen, wenn das aus den Anfangsbuchstaben der (beschreibenden) Wortfolge gebildete Akronym vom Verkehr nicht als Abkürzung dieser Wortfolge, sondern (weiterhin) als Marke verstanden wird (BPatG GRUR 2015, 271 – ume). Der beschreibenden Beifügung der Erläuterung der Abkürzung steht es **nicht** gleich, dass sich die Erläuterung des Akronyms (nur) aus dem beanspruchten **Waren-/Dienstleistungsverzeichnis** ergibt (→ Rn. 115).

259   **Entscheidungspraxis und Literaturhinweise:**

259.1   **– schutzfähig:**
     AC (BGH GRUR 2002, 261): schutzfähig für Vitaminpräparate, da „AC" nicht als Hinweis auf die enthaltenen Vitamine A und C verstanden (so aber BPatG GRUR 1999, 743).
     XMG (BPatG BeckRS 2014, 17352): schutzfähig für Notebooks etc, da die mittels eines über das Internet zugänglichen „Acronymfinders" auffindbaren Nachweise zur Verwendung als Abkürzung „XMG" für „Cross-Media Gaming" (sowie den Namen „Crossmagien" (eine „British army base"), „Xavier Media Group" und „Xtreme Music Group Inc.") insoweit nicht gebräuchlich sind.
     EHD (BPatG BeckRS 2014, 16255): schutzfähig für ua Antriebe (Kl. 7, 12) und technische Konstruktions- und Entwicklungsdienstleistungen im Bereich allg. Maschinenbau, Werkzeugmaschinenbau etc (Kl. 42), obschon als Abkürzung für „Elektrohydrodynamik" nachweisbar, die jedoch mit den beanspruchten Waren und Dienstleistungen nichts zu tun hat.
     LAPD (BPatG BeckRS 2013, 07140): nicht beschreibend für ua Bekleidung, da ungeachtet der Nachweisbarkeit bei Wikipedia vom angesprochenen Verkehr nicht als Abkürzung für Los Angeles Police Department verstanden.
     SX5E (BPatG BeckRS 2012, 5255): unterscheidungskräftig für einen Wertpapierindex; SX5E ist dem Verkehr zwar als Abkürzung für den Aktienindex Euro STOXX 50 bekannt, beschreibt jedoch insoweit keine Eigenschaften einer Ware oder Dienstleistung, sondern bezeichne diesen Index markenmäßig.
     B & P (BPatG BeckRS 2011, 26895): schutzfähig für bestimmte Dienstleistungen auf dem Gebiet des gewerblichen Rechtsschutzes (Kl. 45); zwar als Abkürzung für verschiedene (insbesondere englischsprachliche) Begriffe nachweisbar, jedoch letztlich von solcher Unbestimmtheit, als dass noch von beschreibendem Verständnis ausgegangen werden kann.

259.2   **– nicht schutzfähig:**
     Multi Markets Fund MMF und **NAI – Der Natur-Aktien-Index** (EuGH C-90/11, C-91/11, GRUR 2012, 616 Rn. 32 – MMF/NAI sowie BPatG GRUR 2011, 527 bzw. GRUR 2011, 524): MMF bzw. NAI in Alleinstellung mangels Bekanntheit beim Verkehr schutzfähig, durch Beifügung der erläuternden und beschreibenden abgekürzten Wortfolge insgesamt dagegen nicht schutzfähig. Ebenso BPatG GRUR 2012, 637 – **ZVS Akronym** und BPatG BeckRS 2007, 11225 – **TRM Tenant Relocation Management.** – Schutzfähig ist hingegen **ume unique media entertainment** (BPatG GRUR 2015, 271 – ume), weil „ume" nicht als Akronym von „unique media entertainment", sondern vielmehr als Marke verstanden wird, die zu Werbezwecken mit einem auf die Einzelbuchstaben Bezug nehmenden Text angereichert ist, wie etwa das ebenfalls nicht als beschreibend angesehene „AEG – aus Erfahrung gut".
     TDI (EuG BeckRS 2011, 81066): beschreibend für Kraftfahrzeuge wegen des damit verbundenen Hinweises auf eine bestimmte Motorenart.

259.3   **Literatur:** Reinholz, Mit freundlichen Grüßen vom BPatG: Dauerprobleme beim Markenschutz von Akronymen, GRUR-Prax 2016, 115.

2. Abwandlungen beschreibender Angaben

Bei Zeichen, die durch **Abwandlung beschreibender Angaben** gebildet sind, ist zu differen- **260** zieren: Wird die Abwandlung vom angesprochenen Verkehr schon **nicht bemerkt** oder ohne weiteres **mit der beschreibenden Angabe gleichgesetzt,** dann ist auch das abgewandelte Zeichen nicht schutzfähig (EuG BeckRS 2014, 80922 Rn. 29 – HIPERDRIVE, als Abwandlung von Hyperdrive; GRUR Int 2009, 516 Rn. 19 – En Route International/HABM (FRESHHH); GRUR Int 2008, 1037 Rn. 30 – BioGeneriX; BGH GRUR 2003, 882 (883) – Lichtenstein, als Abwandlung von Liechtenstein; BPatG GRUR-RS 2021, 3985 Rn. 13 – Das Prot, statt Brot; GRUR-RR 2015, 333 (335) – AppOtheke; BeckRS 2013, 10406 – Happyness, statt richtig Happiness; BeckRS 2012, 11308 – Dogz; BeckRS 2012, 9304 – Fahrad; BeckRS 2012, 20400 – Laz Vegas; BeckRS 2011, 24151 – Produktwal; GRUR-RR 2010, 9 (11) – Saugauf; BeckRS 2010, 16255 – mobiLotto; BeckRS 2010, 16287 – MOCCAS, als österreichische Schreibweise von „Mokkas"; BeckRS 2009, 21578 – NATURLICH; BeckRS 2009, 21970 – Schlüsel; BeckRS 1999, 15285 – Vita-Min, statt Vitamin; s. BGH GRUR 2001, 1153 – antiKALK, für Wort-/ Bildmarke; ferner BGH GRUR 2008, 1002 Rn. 35 – Schuhpark: „jello" als Abwandlung von „yellow"; BGH GRUR 1040 Rn. 30 – pjur/pure: „pjur" als lautschriftliche Wiedergabe von „pure"). Eine solche Gleichsetzung kann auch auf (ggf. dialektspezifischen) Besonderheiten bei der Aussprache beruhen, etwa einem nicht oder kaum vorhandenen Unterschied bei der Aussprache von „harten" und „weichen" Buchstaben (Bohne GRUR-Prax 2021, 226; zu § 9 Abs. 1 Nr. 2 BPatG BeckRS 2012, 22588 – b2/p2).

Gleiches gilt für Abwandlungen, die zwar als solche ohne weiteres erkennbar sind, sich aber **261** (insbesondere durch verbreiteten Gebrauch) im Laufe der Zeit **selbst** zu einer **beschreibenden Angabe entwickelt** haben (EuG T-81/13, BeckRS 2014, 80610 Rn. 30 f. – Xtra, als Abwandlung zu extra; GRUR Int 2002, 604 Rn. 33 – LITE, als Abwandlung zu light; BPatG Beschl. v. 24.7.1996 – 32 W (pat) 355/95 – LITE, mit Hinweis auf Entsprechendes für nite/night, brite/ bright und hi/high). Dann führt auch ein vom Ausgangsbegriff abweichender beschreibender Inhalt der als solches erkannten Abwandlung nicht aus dem Schutzhindernis hinaus. So sei es seit einiger Zeit geläufig, vegetarische oder vegane Ersatzprodukte für nicht vegetarische/nicht vegane Produkte mit einem „V" am Wortanfang zu bezeichnen, etwa „Vleisch", „Vurst" oder „Visch", was als entsprechender beschreibender Hinweis verstanden würde (BPatG GRUR-RS 2020, 40367 Rn. 11 – VROMMAGE).

Entscheidungspraxis: **262**

VROMMAGE (BPatG GRUR-RS 2020, 40367): nicht schutzfähig für ua. Käseersatz (Kl. 29) und **262.1** Verpflegung von Gästen mit vegan verarbeiteten Produkten (Kl. 43), da dem Verkehr „Frommage" als franz. Begriff für Käse bekannt sei und dieser deshalb der Bezeichnung „VROMMAGE" einen Hinweis auf eine vegane Variante entnähme.

Dagegen führt eine vom Verkehr als solche **erkannte** bloße **Anlehnung** an eine beschreibende **263** Angabe allein nicht zur Schutzunfähigkeit (BGH GRUR 2013, 731 Rn. 18 ff. – Kaleido; Ströbele/ Hacker/Thiering/Ströbele Rn. 220, 622; in diese Richtung aber die frühere Rechtsprechung unter Anwendung der „Polyestra-Doktrin", nach der ohne weiteres verwechselbare Abwandlungen von beschreibenden Angaben freihaltebedürftig waren, s. GRUR 1968, 694 – Polyestra; dazu → § 8 Rn. 76; Fezer Rn. 308).

Großzügig (und insoweit nicht verallgemeinerungsfähig) verfährt die Rechtsprechung mit **Arz-** **264** **neimittelmarken.** Hier genügt oft bereits die **Abweichung in einem Buchstaben** oder (erst recht) in einer Silbe von den International Nonproprietary Names (INN) (s. BGH GRUR 2002, 540 f. – OMEPRAZOK, als Abwandlung des Wirkstoffes Omeprazol; GRUR 1995, 48 – Metoproloc, als Abwandlung des Wirkstoffes Metoprolol; GRUR 2005, 259 f. – Roximycin, als Abwandlung des Wirkstoffes Roxithromycin; zum WZG BGH GRUR 1994, 805 (806 f.) – Alphaferon, als Abwandlung von Interferon-alpha; GRUR 1994, 803 (803 f.) – TRILOPIROX, als Abwandlung von rilopirox) oder einem sonstigen Fachbegriff (BGH GRUR 1984, 815 – Indorektal I), um die Schutzhindernisse **§ 8 Abs. 2 Nr. 1** und **§ 8 Abs. 2 Nr. 2** zu **überwinden,** da eine solche – auch kleinste – Abweichung dem Fachpublikum nicht verborgen bleibe (Ingerl/ Rohnke Rn. 56; Fezer Rn. 116, jeweils mwN).

3. Bezeichnungen von Veranstaltungen und Ereignissen, „Eventmarke"

Die sprachübliche Bezeichnung sportlicher oder kultureller (Groß-)Veranstaltungen (Fußball **265** WM, Olympische Spiele, Preisverleihungen) oder sonstiger Ereignisse ist in der Regel **weder für das Ereignis selbst** unterscheidungskräftig, noch für **Waren und Dienstleistungen, die vom**

Verkehr mit diesem Ereignis in Zusammenhang gebracht werden, sei es als Sonderanfertigung, als Sonderangebot oder als notwendige oder zusätzliche Leistung aus Anlass dieses Ereignisses (BGH GRUR 2006, 850 Rn. 20 – FUSSBALL WM 2006 und parallel BeckRS 2006, 9470 – WM 2006; kritisch dazu Fezer Rn. 104 ff.; Lange MarkenR Rn. 788; im Ergebnis parallel die Entscheidungen der HABM BK R 1466/2005-1 – WORLD CUP 2006; R 1468/2005-1 – WM 2006; R 1469/2005-1 – WORLD CUP GERMANY und R 1470/2005-1 – WORLD CUP 2006 GERMANY, jeweils Rn. 49; dazu Lerach MarkenR 2008, 461 ff.). Der Verkehr versteht solche Bezeichnungen ungeachtet des Wissens um die Möglichkeit einer Nutzung durch Sponsoren etc in der Regel lediglich beschreibend (BGH GRUR 2006, 850 Rn. 22 – FUSSBALL WM 2006). Es bestehen keine geringeren Anforderungen an die Schutzvoraussetzungen derartiger Bezeichnungen; ihre begriffliche Kategorisierung als „Ereignismarken" oder „Eventmarken" ist insoweit bedeutungslos (BGH GRUR 2006, 850 Rn. 20 – FUSSBALL WM 2006). Schutzfähig sind nur von der bloßen Beschreibung des Ereignisses unterscheidungskräftig abweichende oder diese ergänzende Zeichen (BGH GRUR 2006, 850 Rn. 22 – FUSSBALL WM 2006). In Betracht kommt ferner Schutz für in Bezug auf die Veranstaltung und entsprechendes Merchandising **völlig atypische Waren und Dienstleistungen** (BPatG GRUR-RS 2020, 21730 Rn. 19 – Deutsches Down-Sportlerfest; BeckRS 2009, 3770 – Klassik am Odeonsplatz, hier bejaht für elektronische Geräte).

265.1   **Teile der Literatur** (namentlich Fezer FS Tilmann, 2003, 321 ff., Fezer Mitt 2007, 193 ff.; ferner Gaedertz WRP 2006, ff.; de lege ferenda befürwortend Jaeschke MarkenR 2008, 141 ff.) plädieren dagegen für eine **besondere Markenkategorie**, die sog. **„Eventmarke"** oder „Veranstaltungsmarke", für den Kennzeichenschutz des Sponsorings („Veranstaltungsdienstleistungsmarke") und Merchandisings („Veranstaltungswarenmarke") im Zusammenhang mit (Groß-)Veranstaltungen, um die umfassende wirtschaftliche Verwertung und Finanzierung des Events durch derartige Marketingmaßnahmen zu ermöglichen. Die Eventmarke garantiere „die Eventidentität im Sinne einer vom Markeninhaber als Veranstalter des Events autorisierten und legitimierten Benutzung der Eventmarke" (Fezer FS Tilmann, 2003, 321 (327)). Ihre konkrete Unterscheidungskraft beziehe sich auf die Organisation und Finanzierung des Events als solchem, dessen Verantwortung und Kontrolle dem Markeninhaber als dem Veranstalter des Events obliegt. Die Benutzung der Eventmarke durch einen Sponsor – auf einer Ware, die er herstellt oder für eine Dienstleistung, die er erbringt – verweise nicht auf die betriebliche Herkunft dieser Ware oder Dienstleistung als von ihm stammend, sondern garantiere die Ursprungsidentität der Ware oder Dienstleistung als Produkt des Merchandisings und Sponsorings (Fezer FS Tilmann, 2003, 321 (323)). – Diese Auffassung ist durch die BGH-Rechtsprechung überholt.

265.2   Das mit der Eventmarke verfolgte Anliegen, dem Veranstalter die möglichst umfassende wirtschaftliche Auswertung der Veranstaltung zu sichern, ist indes nicht von der Hand zu weisen ist. Solche Veranstaltungen sind oft allein durch Eintrittsgelder nicht (mehr) zu finanzieren und damit auf Sponsoring und ähnliche Maßnahmen angewiesen. Sponsoren wird man indes in nennenswertem Umfang meist nur finden, wenn man ihnen Exklusivität als Gegenleistung für die finanzielle Unterstützung bieten kann. Dazu bedarf es Möglichkeiten, gegen „Trittbrettfahrer" und das sog. „Ambush Marketing" vorzugehen.

266   Veranstaltungsbezeichnungen können **Schutz** als **Werktitel** (§ 5 Abs. 1, 3; → Rn. 266.1) oder als **besondere Geschäftsbezeichnungen** (§ 5 Abs. 2 S. 1 Var. 3; → Rn. 266.2) genießen. Die **olympischen Symbole** sind **spezialgesetzlich** umfassend geschützt (→ Rn. 266.3).

266.1   Für Veranstaltungsbezeichnungen kommt **Werktitelschutz** als „sonstiges vergleichbares Werk" nach **§ 5 Abs. 1, 3** in Betracht (BGH GRUR 2010, 642 Rn. 33 – WM-Marken). So kann zB die wiederkehrende Verleihung eines Preises nach bestimmten Kriterien für spezifische Leistungen (OLG Stuttgart BeckRS 2011, 26669 – Balthasar-Neumann-Preis), eine Messeveranstaltung (vgl. LG Stuttgart BeckRS 2008, 19663; LG Berlin GRUR-RR 2011, 137 – Country-Music-Messe/CMM; generell ablehnend Deutsch/Ellerbrock Rn. 48), ein regelmäßig durchgeführtes Open-Air-Musik-Event (OLG Düsseldorf GRUR-RR 2020, 254 – Kiesgrube) oder eine Konzertreihe (KG GRUR-RR 2016, 505 – Casual Concerts) eine für den Werktitelschutz ausreichende gedankliche Leistung mit kommunikativem Gehalt sein. Zum titelschutzfähigen Werk wird eine Veranstaltung, die eine immanente thematische Idee verfolgt, die sie visuell, organisatorisch und inhaltlich prägt und sich so den angesprochenen Verkehrskreisen präsentiert (OLG Frankfurt GRUR-RR 2020, 515 Rn. 13 – Unternehmensjuristen; OLG Düsseldorf GRUR-RR 2020, 254 Rn. 59 – Kiesgrube; Groh WRP 2012, 143 (147); Lerach GRUR-Prax 2012, 23; Wilhelm WRP 2008, 902 (904); Berberich WRP 2006, 1431 (1435)). Dieser Schutz entsteht mit Aufnahme der Benutzung eines unterscheidungskräftigen Titels im inländischen geschäftlichen Verkehr für das im Wesentlichen fertig gestellte Werk (BGH GRUR 2009, 1055 Rn. 41 – airdsl). Die Anforderungen an die titelmäßige Unterscheidungskraft, die sich auf den Inhalt des Werkes beziehen muss und nicht auf dessen betriebliche Herkunft (s. Fezer § 15 Rn. 271 f.), sind meist geringer als diejenigen an die herkunftshinweisende Unterscheidungskraft bei Marken (vgl. BGH GRUR 2009, 949 Rn. 17 – My World; OLG Frankfurt GRUR-RR 2020, 515 Rn. 20 ff. – Unternehmensjuristen; näher Ingerl/Rohnke § 5 Rn. 92 ff.)).

Denkbar ist ferner ein Schutz der Veranstaltungsbezeichnung als **besondere Geschäftsbezeichnung** **266.2** nach **§ 5 Abs. 2 S. 1 Var. 3,** vorausgesetzt, die Veranstaltung ist als ausreichend abgegrenzter und damit selbstständig kennzeichnungsfähiger Geschäftsbereich anzusehen (s. OLG Frankfurt BeckRS 2011, 6136 – Jim-Clark-Revival (Motorsportveranstaltung); OLG Hamburg GRUR-RR 2005, 223 – WM 2006; Ingerl/Rohnke § 5 Rn. 28; Lerach GRUR-Prax 2012, 23 (25 f.)).

Die Begriffe „Olympiade", „Olympia" und „olympisch" sowie die Olympischen Ringe sind spezialge- **266.3** setzlich durch das Gesetz zum Schutz des olympischen Emblems und der olympischen Bezeichnungen **(OlympSchG)** vom 31.3.2004 (BGBl. I 479) umfassend geschützt (näher Rieken, Der Schutz olympischer Symbole, 2008; ferner Adolphsen/Berg GRUR 2015, 643 ff.; Heermann, GRUR 2014, 233 ff.; Rieken MarkenR 2013, 334; Röhl GRUR-RR 2012, 381 ff.; Kairies WRP 2004, 297 ff.; Knudsen GRUR 2003, 750 ff.; zum Schutz der olympischen Symbole im Ausland s. Craig 9 S. C. J. Int'l L. & Bus. 375 ff. (2013); zum Vertrag von Nairobi über den Schutz des Olympischen Symbols s. Baeumer GRUR Int 1983, 466). – Das OlympSchG ist **kein verfassungswidriges Einzelfallgesetz** (BGH GRUR 2014, 1215 Rn. 11 ff. – Olympia-Rabatt; zuvor bereits OLG Schleswig BeckRS 2013, 14380; OLG Düsseldorf BeckRS 2013, 13023; LG Kiel GRUR-RR 2012, 390 (391); LG Düsseldorf BeckRS 2012, 19233; kritisch hingegen LG Darmstadt NJOZ 2006, 1487). – Zum **(engen) Schutzumfang** des OlympSchG s. BGH GRUR 2014, 1215 Rn. 9 f. – Olympia-Rabatt. – Zwischen dem OlympSchG und dem MarkenG besteht **echte** **Anspruchskonkurrenz,** s. BGH GRUR 2021, 482 – RETROLYMPICS. – **Kein Verstoß** gegen das OlympSchG ist es, mit fünf in Form der Olympischen Ringe angeordneten Grillpatties für Grillprodukte zu werben (OLG Stuttgart BeckRS 2017, 142378), oder die Bezeichnung „Bauernhofolympiade" für gewerblich auf einem Bauernhof und unter Einsatz dort typischerweise vorhandener Materialien und Gerätschaften durchgeführte sportliche Wettkämpfe zu verwenden (OLG München BeckRS 2017, 140648). Zur (in casu zulässigen) Bewerbung von Sporttextilien mit den Aussagen „olympiaverdächtig" und „einfach olympiareif" s. BGH GRUR 2019, 648 – Olympiareif.

Entscheidungspraxis und Literaturhinweise: **267**

FUSSBALL WM 2006 (GRUR 2006, 850): nicht unterscheidungskräftig für verschiedenste Waren **267.1** und Dienstleistungen, da als sprachübliche Bezeichnung für das Ereignis nicht geeignet, als Unterscheidungsmittel für Waren und Dienstleistungen als von einem bestimmten Unternehmen stammend, zu dienen.

Literatur: Fezer, Immaterialgüterrechtlicher und lauterkeitsrechtlicher Veranstaltungsschutz, WRP **267.2** 2012, 1173 und 1321; Lerach, Neue Perspektiven für den Schutz von Veranstaltungsnamen, GRUR-Prax 2012, 23; Wilhelm, Zum Werktitelschutz einer Messeveranstaltung, WRP 2008, 902; Lerach, Nachspiel für die Veranstaltungsmarke, MarkenR 2008, 461; Jaeschke, Markenschutz für Sportgroßveranstaltungen?, MarkenR 2008, 141; Fezer, Kennzeichenschutz des Sponsoring – Der Weg nach WM 2006, Mitt 2007, 193; Berberich, Werktitelschutz für Veranstaltungen und Geschäftskonzepte, WRP 2006, 1431; Gaedertz, Die Eventmarke in der neueren Rechtsprechung, WRP 2006, 526; Rieken, Die Eventmarke, MarkenR 2006, 439; Fezer, Die Eventmarke FS Tilmann, 2003, 321.

4. Buchstaben/Zahlen/Sonderzeichen

a) Buchstaben und Zahlen. Buchstaben und **Zahlen** sind **abstrakt markenfähig** iSv § 3 **268** (BGH GRUR 2000, 608 (609) – ARD-1; zu Art. 4 UMV: EuGH C-265/09 P, GRUR 2010, 1096 Rn. 28 – HABM/BORCO; C-51/10 P, GRUR 2011, 1035 Rn. 29 f. – 1000). Das besagt allein zwar noch nichts über ihre **konkrete Schutzfähigkeit** in Bezug auf die beanspruchten Waren und Dienstleistungen (EuGH C-265/09 P, GRUR 2010, 1096 Rn. 29 – HABM/BORCO), zeigt aber, dass sie das Markenrecht grundsätzlich als dazu geeignet ansieht, als Marke zu fungieren. **Weder fehlt** Buchstaben und Zahlen **per se Unterscheidungskraft** (vgl. EuGH C-265/09 P, GRUR 2010, 1096 Rn. 37, 39 – HABM/BORCO; EuG GRUR Int 2008, 1035 Rn. 39 – Paul Hartmann/HABM (E); GRUR Int 2007, 856 Rn. 40 – IVG Immobilien/HABM (Buchstabe I in der Farbe Königsblau); BGH GRUR 2003, 343 (344) – Buchstabe „Z"; GRUR 2002, 970 (971) – Zahl „1"; GRUR 2001, 161 (163) – Buchstabe „K"; BPatG GRUR-RS 2019, 33395 Rn. 10 – EINS), **noch** besteht ein **generelles Freihalteinteresse** (BGH GRUR 2003, 343 (344) – Buchstabe „Z"; BPatG GRUR 2003, 347 (348) – Buchstabe „E"; s. auch EuGH C-51/10 P, GRUR 2011, 1035 Rn. 29 – 1000; EuG BeckRS 2018, 9566 Rn. 25 – 1000). Dies gilt auch für die **Grundzahlen** 0 bis 9 (BGH GRUR 2002, 970 (971) – Zahl „1", klarstellend zu BGH GRUR 2000, 608 (610) – ARD-1; aA HK-MarkenR/Fuchs-Wissemann Rn. 50: Vermutung für

Freihaltebedürfnis, ebenso für runde Zahlen; zumindest für strengere Maßstäbe bei Zahlen auch BPatG BeckRS 2018, 19828 Rn. 15 – 1o1; Ströbele/Hacker/Thiering/Ströbele Rn. 574).

268.1 Die insoweit deutlich restriktivere Rechtslage unter Geltung des **WZG,** das Zahlen und Buchstaben aufgrund eines generellen (abstrakten) Freihaltebedürfnisses von der Eintragung ausschloss und eine solche nur bei verkehrsdurchgesetztem oder fantasievoll ausgestaltetem Zeichen zuließ (§ 4 Abs. 2 Nr. 1 Hs. 2, Abs. 3 WZG; BGH GRUR 1996, 202 (203) – UHQ), ist überholt.

269 Die Prüfung auf Schutzhindernisse folgt vielmehr den **allgemeinen Grundsätzen,** ohne dass hier besondere, namentlich strengere Anforderungen zu stellen sind (EuGH C-265/09 P, GRUR 2010, 1096 Rn. 33–35 – HABM/BORCO; BGH GRUR 2003, 343 (344) – Buchstabe „Z"; GRUR 2002, 970 (971) – Zahl „1"). Die Schutzhindernisse sind deshalb – wie stets – konkret für das angemeldete Zeichen und bezogen auf die beanspruchten Waren und Dienstleistungen zu prüfen (EuGH C-265/09 P, GRUR 2010, 1096 Rn. 37, 39 – HABM/BORCO; BGH GRUR 2002, 970 (972) – Zahl „1"). Gleichwohl kann bei aus einem einzigen Buchstaben gebildeten Zeichen bzw. bei Zahlen als Zeichen ein herkunftshinweisendes Zeichenverständnis des angesprochenen Verkehrs schwieriger festzustellen sein als bei anderen Wortzeichen (EuGH C-265/09 P, GRUR 2010, 1096 Rn. 33, 39 – HABM/BORCO; BGH GRUR 2012, 930 Rn. 31 – Bogner B/Barbie B; BPatG GRUR-RS 2019, 33395 Rn. 11 – EINS). So dürfte es bei Buchstaben und Zahlen nicht selten naheliegen, dass diese vom angesprochenen Verkehr nicht als Hinweis auf die betriebliche Herkunft, sondern (zumindest auch) als Sachangaben wie zB als Angabe des **Preises,** der **Menge** oder der **Verpackungsgröße,** des **Typs,** des **Modells,** der **Größe** (S, L, M etc zB für Kleidung), einer **Serie** oder einer **Ausstattungsvariante,** einer bestimmten **Qualität,** als (physikalische, chemische etc) **Einheiten** oder **Prüfzeichen** oder als **Bestellnummer,** als **Zeit-angabe** (insbesondere Jahreszahlen) etc verstanden werden (ebenso Ströbele/Hacker/Thiering/ Ströbele Rn. 253, 255; BPatG GRUR-RS 2019, 33395 Rn. 11 – EINS). Insoweit kommt der jeweiligen Waren- oder Dienstleistungsbranche und den dortigen Verwendungsgewohnheiten im Einzelfall erhebliche Bedeutung zu (BGH GRUR 2012, 930 Rn. 35 – Bogner B/Barbie B). So ist zB im Bereich der elektronischen Datenverarbeitung „128", da siebte Potenz von 2, beschreibend für verschiedene Merkmale (BPatG GRUR 2000, 330 – Zahl 128), „9000" hingegen nicht (BPatG GRUR 1998, 572 (572) – 9000).

270 **Entscheidungspraxis und Literaturhinweise:**

270.1 **– schutzfähig:**
α (EuGH C-265/09 P, GRUR 2010, 1096 – HABM/BORCO): schutzfähig für Alkoholische Getränke, ausgenommen Biere, Weine, Schaumweine und weinhaltige Getränke (Kl. 33).
E (EuG GRUR Int 2008, 1035): schutzfähig für verschiedene medizinische Produkte (Kl. 5, 10, 25).
Z (BGH GRUR 2003, 343): schutzfähig für Tabak, Tabakerzeugnisse, Raucherartikel und Streichhölzer (Kl. 34).
1 (BGH GRUR 2002, 970 – Zahl „1"; ebenso BGH BeckRS 2002, 6033 – Zahl „6"): schutzfähig für Tabakwaren und Raucherartikel (Kl. 34), da weder Bezeichnung einer Produktserie noch Angabe der Verkaufsmenge.
EINS (BPatG GRUR-RS 2019, 33395): schutzfähig für verschiedene Dienstleistungen (ua Werbung, Versicherungs- und Finanzdienstleistungen etc) der Kl. 35, 36 und 45.
M (BPatG BeckRS 2018, 10202): schutzfähig für Sportwagen (Kl. 12): zwar lexikalisch als Abkürzung für „medium", „mittel", „Mark", „Modell", „Mega" bzw. „Mille" nachweisbar sowie Verwendung als Zeichen für die römische Zahl 1000 und als Kfz-Kennzeichen der Stadt München, insoweit aber kein Bezug zu Sportwagen; Verwendung oder Verständnis als Abkürzung für „Motor" oder „Motorsport" dagegen nicht nachweisbar.
M (BPatG GRUR-RR 2013, 288): schutzfähig für Sportwagen (Kl. 12), obwohl nach einer EU-Richtlinie „Fahrzeuge zur Personenbeförderung mit mindestens vier Rädern" als „Klasse M" bezeichnet werden.
M (BPatG BeckRS 2009, 2972): schutzfähig für Messsucher für Messsucherkameras.
9000 (BPatG GRUR 1998, 572): schutzfähig im Bereich der Datenverarbeitung, da keine Anhaltspunkte bestehen, dass die Zahl 9000 nach Art eines Fachbegriffs einen Sinngehalt aufweist, wie dies beispielsweise der Fall ist für die Zahlen 80286 und 80386 bzw. 286 und 386 (Bezeichnungen früherer Prozessoren) oder die Zahlen 33, 66, 100, 133, 166 und 200 als Hinweis auf die Taktfrequenz in MHz (im Jahre 1997).

270.2 **– nicht schutzfähig:**
1000 (EuG T-299/17, BeckRS 2018, 9566): nicht schutzfähig für Farbspritzpistolen (Airbrushpistole) (Kl. 7), da vom Verkehr als Hinweis auf den Betriebsdruck verstanden, und zwar auch ohne Angabe einer Maßeinheit (hier bspw. „psi"), und auch für Farbspritzpistolen die mit deutlich geringeren Drücken oder gar ohne Druckluft arbeiten, denn die Eignung zur Beschreibung genügt. – Parallel EuG T-301/17, BeckRS

2018, 9563 – 2000; T-300/17, BeckRS 2018, 9564 – 3000; T-303/17, BeckRS 2018, 9557 – 4000; T-304/17, BeckRS 2018, 9555 – 5000; T-302/9561, BeckRS 2018, 9561 – 6000.

Premium XL u. **Premium L** (EuG T-582/11, T-583/11, BeckRS 2013, 80121): beschreibend für Solaranlagen (Kl. 9, 11), da Bestandteil „XL" bzw. „L" einen Hinweis auf die Größe der Anlage gibt.

E (EuG T-329/06, GRUR Int 2008, 838): beschreibend für Windkraftanlagen und deren Teile (Kl. 7, 9, 19) als Abkürzung für „Energie" (anders noch BPatG GRUR 2003, 347 (348) – Buchstabe „E").

M, L (BPatG BeckRS 2009, 16726; BeckRS 2009, 16725): beschreibend als Größenangabe (hier UV-Lampen, insbesondere Bräunungsstrahler und Bräunungsröhren, Kl. 11), nicht nur für Kleidung.

K (BPatG GRUR 2003, 345): nicht unterscheidungskräftig sowie beschreibend für Waren aus dem Baubereich (Kl. 6, 17, 19), da dort als Fachbegriff verwendet (k-Wert, Kelvin, Kompressionsmodul).

1000 (EuGH C-51/10 P, GRUR 2011, 1035): beschreibend für Zeitschriften (Kl. 16), da es die Anzahl der Seiten oder der beinhalteten Kreuzworträtsel bezeichnen oder auf die Veröffentlichung von Ranglisten und Sammlungen hinweisen kann.

1 (BGH GRUR 2000, 608 – ARD-1): nicht unterscheidungskräftig sowie beschreibend für Rundfunk- und Fernsehsendungen (das „erste" Programm).

4 (BPatG BeckRS 2009, 02454): nicht unterscheidungskräftig sowie beschreibend für Kraftfahrzeuge und deren Teile (Kl. 12) sowie Fahrzeugmodelle und deren Teile (Kl. 28), da in diesen Bereichen Zahlen von überragender Bedeutung sind, etwa für den Hubraum, die Verdichtung, die Anzahl der Zylinder und der Ventile pro Zylinder, die Bauart, die Anzahl der Gänge usw.

128 (BPatG GRUR 2000, 330): für Waren und Dienstleistungen im Bereich EDV, da als siebte Potenz von 2 vielfach eigenschaftsbeschreibend.

Literatur: Berlit, Zum Schutzumfang von Buchstabenmarken, WRP 2012, 1342; Albrecht, Buchstaben **270.3** und Zahlen im Kollisionsfall, GRUR 1996, 246.

b) Satz- und Sonderzeichen. Dieselben Grundsätze gelten für **Satzzeichen** (BPatG **271** BeckRS 2009, 2095 – ???, für Verlagserzeugnisse uÄ) und für **Sonderzeichen** (EuGH C-541/18, GRUR 2019, 1194 Rn. 18 f. – AS/DPMA (#darferdas)). So steht etwa das **@**-Zeichen häufig als Hinweis darauf, dass damit gekennzeichnete Waren und Dienstleistungen im Internet angeboten werden oder darüber zugänglich sind (BPatG BeckRS 2017, 121706 – @; BeckRS 2012, 13875 – @Domain; bereits GRUR 2003, 794 – @-Zeichen; auch BeckRS 2008, 25775 – BOS@net: „@" als Symbol für den elektronischen Datenaustausch), als Hinweis auf das Internet generell (BPatG BeckRS 2017, 121706 – @) oder als ein Symbol für die neue Technologie und das elektronische Zeitalter schlechthin (BPatG GRUR 2003, 796 (798) – @ctiveIO; GRUR 2001, 166 (169) – VISIO) oder das **§**-Zeichen für juristische Dienstleistungen (BPatG BeckRS 2009, 166 – §-Zeichen, für ein Bildzeichen; s. auch EuG GRUR Int 2003, 829 Rn. 34 – Best Buy, für das Zeichen „®"). **Ausrufezeichen** („!") dienen regelmäßig lediglich dazu, den Inhalt des Wortes bzw. der Wortfolge werbemäßig hervorzuheben bzw. dessen Aussage besonders zu unterstreichen, bzw. als werbeüblicher „Eyecatcher" (BPatG BeckRS 2018, 1233 Rn. 17 – W¡R).

Entscheidungspraxis und Literaturhinweis: **272**

@ (BPatG BeckRS 2017, 121706): umfangreiche Nachweise zur Verwendung und Bedeutung des @- **272.1** Zeichens.

@ (BPatG BeckRS 2015, 124449): nicht unterscheidungskräftig für mehr als 4.000 (!) beanspruchte Waren und Dienstleistungen, da als „omnipräsentes Internetsymbol" (s. die Verwendungsnachweise im Beschluss) vom Verkehr stets nur als solches und nicht (auch) als betrieblicher Herkunftshinweis verstanden; in Bezug auf einen Teil der Waren und Dienstleistungen außerdem im Vordergrund stehender Begriffsinhalt (zB iSv „internetfähig" oder „im Internet verfügbar") bzw. enger sachlicher Bezug.

(BPatG 25 W (pat) 549/19): #-Zeichen sei derart allgegenwärtig, dass es stets nur als technisches Symbol und nicht als Herkunftshinweis verstanden würde.

Literatur: Töbelmann, :-) @ ME – Der Schutz von Emoticons als Marken, MarkenR 2015, 178. **272.2**

c) Zusammensetzungen. Bei Aufnahme von Buchstaben, Zahlen oder Sonderzeichen in ein **273** zusammengesetztes Zeichen ist wie üblich auf das **Gesamtzeichen** abzustellen (BGH GRUR 2002, 261 (262) – AC; GRUR 2002, 884 (885) – B-2 alloy; → Rn. 123 f., → Rn. 178 f.) und dessen Schutzfähigkeit in Bezug auf die beanspruchten Waren und Dienstleistungen zu prüfen. Dabei ist zu berücksichtigen, dass der Verkehr an die Verwendung von Buchstabenkombinationen als Unternehmensbezeichnung gewöhnt ist und solchen Zeichen daher oft einen entsprechenden Herkunftshinweis entnimmt (BGH GRUR 2001, 344 f. – DB Immobilienfonds, zu § 5 Abs. 2).

Anderes gilt, wenn die Buchstaben, Zahlen oder Sonderzeichen als **Abkürzung beschreiben- 274 der Angaben** (→ Rn. 257 ff.) verstanden werden, wie beispielsweise **„5D"** aufgrund der verbreiteten Verwendung von „2D" und „3D" als Hinweis auf „fünfdimensional" (BPatG BeckRS 2008,

22275 – 5D), „**24**" als Kürzel und Synonym für „rund um die Uhr", „24 Stunden", „24-Stunden-Service", „ständige Verfügbarkeit" (BPatG GRUR-RS 2019, 46802 Rn. 31 – CHECK24; BeckRS 2017, 104713 – partnerguide24; BeckRS 2012, 18480 – print24; BeckRS 2012, 21701 – Station24; BeckRS 2009, 2042 – design24; BeckRS 2007, 13899 – adress24; BeckRS 2009, 02102 – auskunft24; GRUR 2004, 336 (337) – beauty24.de), **2.0** als Hinweis auf eine fortschrittliche Version von etwas (BPatG BeckRS 2015, 18873 – Kommune 2.0), „**2 in 1**" beschreibend für „zwei Funktionen in einem Gerät" (BPatG BeckRS 2007, 13769 – 2 in 1), „**1 2 3**" als Hinweis auf „einen schnellen bzw. sich zügig abspielenden Vorgang" (BPatG BeckRS 2008, 22142 – 1 2 3 dabei; BeckRS 2012, 11610 – 123pool; ferner BeckRS 2013, 14108 – BLUT123) oder angefügten **Hochzahlen** (zB „.²") als bloße Verstärkung der vorstehenden Aussage (BPatG GRUR-RS 2021, 3975 Rn. 11 – EASY²). Sofern sich der Herkunftshinweis hier nicht aus anderen Zeichenteilen ergibt, fehlt dem Gesamtzeichen die Unterscheidungskraft. Außerdem liegt ein beschreibender Charakter nahe.

275 Aufgrund der Gesamtbetrachtung kann ein zunächst schutzunfähiges Wortzeichen durch die Ein- oder Beifügung von Buchstaben, Zahlen oder Sonderzeichen insgesamt **schutzfähig** werden, namentlich weil sich daraus eine **ungewöhnliche Struktur** des Gesamtzeichens oder eine **syntaktische oder semantische Besonderheit** ergibt, die vom rein sachbezogenen Aussagegehalt wegführt (**bejaht**: BPatG BeckRS 2009, 16078 – S.I.M.P.L.E.; BeckRS 2009, 1142 – B.I.G., für Bildmarke; **verneint**: EuG BeckRS 2010, 91079 Rn. 42 – packaging, für das dem beschreibenden Begriff „packaging" vorangestellte Zeichen „>"; BPatG BeckRS 2009, 18251 – Turbo P.O.S.T.; GRUR 1998, 1023 – K.U.L.T.; BPatG BeckRS 2014, 09566 – vital4age).

276 **Entscheidungspraxis:**

276.1 **– schutzfähig:**

S09 (BPatG BeckRS 2016, 14887; Nachweise zu weiteren Zeichen aus Parallelverf. bei Jacobs GRUR-Prax 2016, 442): schutzfähig für elektrische Motoren, ausgenommen für Landfahrzeuge; Getriebe, ausgenommen für Landfahrzeuge (Kl. 7); zwar verwenden verschiedene Anbieter solcher Waren Kombinationen aus Buchstaben und Zahlen zur Bezeichnung ihrer jeweiligen Produkte, jedoch gebe es kein einheitliches oder etabliertes System, in das sich das Zeichen einreihen könnte.

276.2 **– nicht schutzfähig:**

EASY² (BPatG GRUR-RS 2021, 3975): nicht unterscheidungskräftig für ua Insektenschutzgitter (Kl. 6, 19), Beschläge (Kl. 20), weil insoweit lediglich als Sachhinweis auf „besonders einfach" zu montieren, nachzurüsten etc. verstanden.

CHECK24 (BPatG GRUR-RS 2019, 46802): nicht (originär) schutzfähig für ua Online-Vergleichsportale (Kl. 35), Dienstleistungen eines Versicherungs-, Finanz- und Kreditmaklers (Kl. 36), Vermittlung von Pauschalreisen (Kl. 39) bzw. Unterkünften (Kl. 43), da verstanden als Vermittlungs- oder Beratungsservice („CHECK"), der rund um die Uhr erreichbar ist („24").

Kommune 2.0 (BPatG BeckRS 2015, 18873): der Zusatz „2.0" verhilft dem für die beanspruchten Dienstleistungen der Kl. 35, 38, 41, 42 nicht unterscheidungskräftigen Begriff „Kommune" nicht zu Unterscheidungskraft, da branchenübergreifend als ein Ausdruck für eine fortgeschrittene, zukunftstaugliche Ausstattung/Ausführung etabliert, die im Zusammenhang mit einer Sachangabe als Hinweis auf eine fortgeschrittene, moderne Version dieser Sache verstanden wird.

vital4age (BPatG BeckRS 2014, 09566): nicht unterscheidungskräftig für ua medizinische und pharmazeutische Waren und Dienstleistungen (Kl. 5, 35, 44), weil „4" für „for" (engl. „für") steht, sodass sich die beschreibende Aussage „lebenswichtig oder leistungsstark fürs Alter" ergibt; unterscheidungskräftig jedoch für Babykost (Kl. 5), da hierfür ein sachbezogener Hinweis iSv „vital" bzw. „lebenswichtig fürs Alter" nicht naheliegend erscheine (zweifelhaft).

277 **d) „Leetspeak".** Manche Zeichen werden allerdings in bestimmtem Zusammenhang **stellvertretend für Wörter** verstanden, so etwa „**cu**" und „**4u**" für „see you" bzw. „for you" (BPatG BeckRS 2018, 1233 Rn. 18 – W¡R; BeckRS 2014, 09566 – vital4age; BeckRS 2012, 07919 – Do it 4 you; BeckRS 2009, 16069 – 4students (alle mwN); ferner BPatG GRUR-RS 2019, 33395 Rn. 11 – EINS) oder „**2**" für „to" (GRUR-RS 2022, 25108 Rn. 18 – smart2future; BeckRS 2019, 25953 Rn. 9 – Ready2Ride; BeckRS 2018, 27428 Rn. 19 – Drink2Go; BeckRS 2008, 25744 – b2b-open) oder „**4**" für „for" (BPatG BeckRS 2014, 9566 – vital4age). Das kann einer ungewöhnlichen Struktur und damit der Schutzfähigkeit eines zusammengesetzten Zeichens entgegenstehen. Entsprechendes gilt für die Ersetzung von Buchstaben durch (ähnlich aussehende) Ziffern oder Sonderzeichen (sog. „leetspeak"), wie beispielsweise für das Zeichen „**@**", das verbreitet anstelle des Buchstabens „a" (BPatG GRUR 2003, 796 (798) – @ctiveIO; BeckRS 2009, 00444 – XtraW@P; BeckRS 2014, 19985 – sm@rt c@rd; s. auch BPatG BeckRS 2009, 01113 – €urologistic) oder lautmalerisch für das englische „at" (BPatG BeckRS 2017, 122185 –

Safe@Work; BeckRS 2010, 143668 – consulting@work; BeckRS 2007, 07664 – safe@work) steht, für das „€"-Zeichen anstelle des Buchstabens „e" bzw. „E" (BPatG BeckRS 2011, 26682 – Kapital€s Vertrauen; BeckRS 2009, 01113 – €urologistic; BeckRS 2007, 07540 – T€DI) oder für ein umgekehrtes Ausrufezeichen („¡") anstelle des Buchstaben „i" (BPatG BeckRS 2018, 1233 Rn. 18 – W¡R).

e) „Disemvoweling". „Disemvoweling" bezeichnet das Phänomen, dass Wörter und Texte **278** oft auch nach Eliminierung der (oder einiger) Vokale verständlich sind, weil das menschliche Gehirn aus den verbliebenen Konsonanten in recht weitem Umfang auf den Inhalt des ursprünglichen Wortes oder Textes schließen kann. Wenn das für ein Zeichen so ist, dann folgt dessen markenrechtliche Schutzfähigkeit denselben Maßstäben, die für das komplette, dh die weggelassenen Vokale enthaltende Zeichen gelten würden. Ein nicht unterscheidungskräftiges oder ein beschreibendes Zeichen wird also allein durch Eliminierung der Vokale schutzfähig, wenn der angesprochene Verkehr das nunmehr nur noch aus Konsonanten bestehende Zeichen gedanklich gleichwohl um die fehlenden Vokale ergänzt und so doch als das nicht unterscheidungskräftige oder beschreibende Ausgangszeichen wahrnimmt (BPatG GRUR-RS 2021, 3976 Rn. 15 ff. – Cndy Brz). Ob ein solches nur noch oder größtenteils aus Konsonanten bestehendes Zeichen tatsächlich gedanklich ergänzt wird, ist im jeweiligen Einzelfall konkret und – wie üblich – mit Blick auf die angesprochenen Verkehrskreise, die beanspruchten Waren und Dienstleistungen und die Kennzeichnungsgewohnheiten zu beurteilen (Bsp. → Rn. 279.1).

Entscheidungspraxis: **279**

Cndy Brz (BPatG GRUR-RS 2021, 3976): von mit Tabakwaren und Raucherartikeln befassten Ver- **279.1** kehrskreisen angesichts einer in der Raucherbranche zur Umgehung von Kennzeichnungsvorschriften verbreiteten Praxis zur Beschreibung des Aromas von Wasserpfeifentabaken ohne weiteres verstanden als „Candy Breeze" und damit als Geschmacksangabe („Kandis Hauch/Brise"). Deshalb zwar beschreibend für (Wasserpfeifen-)Tabak etc (Kl. 34), nicht aber für „Holzkohle für Wasserpfeifen" (Kl. 4), denn aromatisierte Holzkohle sei auf dem Markt nicht zu ermitteln und würde vom angesprochenen Verkehr auch nicht erwartet.

5. Fremdsprachliche Zeichen

a) Fremdsprachliche Wortzeichen bzw. Zeichenbestandteile. Fremdsprachliche **280** **Wortzeichen** bzw. fremdsprachliche **Bestandteile** von Zusammensetzungen unterliegen den allgemeinen Schutzvoraussetzungen. Viele ursprünglich aus einer anderen Sprache stammende Begriffe sind ohnehin **in die deutsche Sprache eingegangen** und werden nicht mehr als solche erkannt (zB BGH GRUR 2008, 710 Rn. 18 – VISAGE; GRUR 2003, 1051 – Cityservice; BPatG GRUR-RS 2022, 25108 – smart2future; GRUR-RS 2019, 46802 Rn. 27 – CHECK24; GRUR 2011, 430 – PowerTeacher: „Power" als allgemeiner „Verstärkerhinweis; BeckRS 2019, 3119 Rn. 7 – LE SOMMELIER DE LA BEAUTE; Beispiele → Rn. 280.1). Hier bestehen schon deshalb keine Besonderheiten gegenüber Zeichen in deutscher Sprache.

Beispiele: **280.1**
„Sommelier" ist ein ins Deutsche eingegangenes Lehnwort aus dem Französischen, dessen Inhalt nicht nur den Besuchern von Luxusrestaurants, sondern auch breitesten Bevölkerungskreisen bekannt und geläufig ist; entsprechendes gilt für „BEAUTE", nicht zuletzt auch wegen dessen Nähe zum allseits bekannten englischen Begriff „beauty" (BPatG BeckRS 2019, 3119 Rn. 7 – LE SOMMELIER DE LA BEAUTE; → Rn. 152.1).
„Smart" steht im Deutschen für „alert, clever, einfallsreich, taktisch schlau, chic, elegant", bezeichnet Geräte oder Maschinen, die lernen, sich automatisch anpassen und ihr Verhalten auf das Umfeld einstellen können, sowie die zunehmende Anzahl vernetzter Technologien, die das Leben leichter machen (BPatG GRUR-RS 2022, 25108 Rn. 15–17 – smart2future).

Jenseits dessen ist entscheidend, ob und wie der **angesprochene Verkehr** den (begrifflichen) **281** Inhalt des fremdsprachlichen Zeichens versteht, wobei allein der **inländische** Verkehr relevant ist (s. EuGH C-421/04, GRUR 2006, 411 Rn. 24 – Matratzen Concord; BGH GRUR 2000, 502 – St. Pauli Girl; BPatG BeckRS 2016, 19026 – BADASS EBIKES; → Rn. 106). Dabei müssen weder alle Mitglieder des angesprochenen Verkehrs den fremdsprachlichen Begriff verstehen, noch genügt es, dass ihm Einzelne eine inhaltliche Bedeutung zumessen (→ Rn. 111). Jedoch zählen zu den maßgeblichen Kreisen oft neben den **Endverbrauchern** auch **Fachkreise** mit unter Umständen aufgrund ihrer Tätigkeit **erweiterten Sprachkenntnissen** oder zumindest **Fachkenntnissen,** namentlich (nach BPatG BeckRS 2011, 21840 – BOA: immer) der mit den fraglichen Waren und Dienstleistungen befasste Handel (BPatG BeckRS 2018, 13303 Rn. 19 – Scala; BeckRS 2016, 08845 – Lille Smuk; BeckRS 2014, 16781 Rn. 11 – Секрет красоты; BeckRS 2014, 01342 – ТАЙГА; BeckRS 2011, 21840 – BOA; BeckRS 2008, 3299 – Chicco; BeckRS 2007, 7998 – BAGNO; → Rn. 104 und → Rn. 174).

281.1   **IV.5.5. RL-Markenanmeldung.** Fremdsprachige Wörter stehen grundsätzlich den entsprechenden deutschen Ausdrücken gleich und sind nicht schutzfähig iSd § 8 Abs. 2 Nr. 2, wenn sie eine beschreibende Angabe darstellen und
– entweder von beachtlichen deutschen Verkehrskreisen ohne weiteres als solche verstanden und benötigt werden
– oder für die am Import und Export bzw. am inländischen Absatz beteiligten Verkehrskreise freizuhalten sind.

282   Versteht der maßgebliche Verkehr das fremdsprachliche Zeichen nicht, misst er diesem also **keinen konkreten Begriffsinhalt** bei, ist es in der Regel **unterscheidungskräftig.** Seiner Eintragung als nationale Marke steht jedenfalls nicht entgegen, dass das fremdsprachliche Zeichen im Herkunftsstaat oder im sonstigen Ausland keine Unterscheidungskraft besitzt oder beschreibend ist (EuGH C-421/04, GRUR 2006, 411 Rn. 32 – Matratzen Concord; s. auch BPatG GRUR 1996, 408 (410) – DOTTY; Mitt. 1990, 121 – TINY; Mitt. 1989, 153 – DOTTY). Ebenso wenig kann Unterscheidungskraft allein mit dem Argument verneint werden, der maßgebliche Verkehr ordne ein Zeichen – ohne es inhaltlich zu verstehen – einer bestimmten Fremdsprache zu, an deren Verwendung er in der der Branche der beanspruchten Waren oder Dienstleistungen gewöhnt sei (BPatG BeckRS 2019, 18492 Rn. 16 – églantine; → Rn. 289.1).

282.1   Der Kommissionsvorschlag vom 27.3.2013 (KOM(2013) 162 endg.) sah dagegen vor, dass die absoluten Schutzhindernisse der Eintragung der nationalen Marke auch dann entgegen stehen (Art. 4 Abs. 2 MRL-E; s. auch Art. 7 Abs. 2 GMV-E), wenn sie (lit. a) in anderen Mitgliedstaaten als den Mitgliedstaaten vorliegen, in denen die Marke zur Eintragung angemeldet wurde oder (lit. b) nur dadurch entstanden sind, dass eine in einer Fremdsprache ausgedrückte Marke in eine Amtssprache der Mitgliedstaaten übersetzt oder transkribiert wurde (→ § 8 Rn. 51). Entgegen derzeitiger Praxis (→ Rn. 281 f.) wären dadurch sämtliche im Ausland beschreibende oder sonst nicht unterscheidungskräftige Zeichen auch im Inland von der Eintragung (vorbehaltlich einer Verkehrsdurchsetzung) einer nationalen Marke ausgeschlossen, und zwar ungeachtet des inländischen Verkehrsverständnisses. Die Änderung hätte zwar insoweit einen Gleichlauf mit der Unionsmarke gebracht und sich möglicherweise im Hinblick auf den gemeinsamen Binnenmarkt rechtfertigen lassen; sie hätte der nationalen Marke jedoch einen durchaus bedeutenden Anwendungsbereich genommen, insbesondere die Möglichkeit der nationalen Aufrechterhaltung einer aufgrund sprachlicher Hindernisse nicht eintragungsfähigen Unionsmarke nach Art. 112 UMV (Bender MarkenR 2013, 129 (133)). Der Vorschlag wurde aufgrund starken Widerstands fallen gelassen (→ § 8 Rn. 51).

283   Demgegenüber nach § 8 Abs. 2 Nr. 2 schutzunfähig (und zugleich nicht unterscheidungskräftig) sind fremdsprachliche Zeichen, die der maßgebliche inländische Verkehr in Bezug auf die beanspruchten Waren und Dienstleistungen als **beschreibende Angabe versteht.** Dabei ist unerheblich, ob das Zeichen im Herkunftsland denselben oder überhaupt einen beschreibenden Begriffsinhalt aufweist, sondern allein entscheidend ist, ob es im Inland für die beanspruchten Waren und Dienstleistungen beschreibend verstanden wird (BGH GRUR 1999, 238 (239 f.) – Tour de culture). Scheinentlehnungen (zB „Handy" für Mobiltelefon anstelle der zutreffenden Bedeutung von engl. für „praktisch, nützlich" etc) können deshalb ebenso beschreibend bzw. nicht beschreibend sein wie falsch übersetzte und deshalb mit einem vom Herkunftsland abweichenden Inhalt versehene Begriffe (Albrecht GRUR 2001, 470 (471 f.); zweifelhaft insoweit BPatG BeckRS 1999, 15289 – Delicado: keine Gleichsetzung mit „delikat" und daher nicht beschreibend).

284   Die **Schutzfähigkeit** fremdsprachlicher Zeichen **hängt** damit **entscheidend** von den **Sprachkenntnissen** der maßgeblichen Verkehrskreise ab (→ Rn. 289.3). Dabei ist zu berücksichtigen, dass zwar einerseits die Sprachkenntnisse, auch hinsichtlich „exotischer" Sprachen, zunehmen; indizielle Bedeutung mag insoweit der Umfang haben, den die betreffende Fremdsprache im Schulunterricht einnimmt (so für Französisch BPatG BeckRS 2012, 22904 – le Flair). Andererseits gaben 2005 mehr als 30% der Deutschen ab 14 Jahre an, über **keine Fremdsprachenkenntnisse** zu verfügen (s. Europäische Kommission: Eurobarometer Spezial 243: Die Europäer und ihre Sprachen, Februar 2006). Dies macht es schwer, allgemein gültige Aussagen hinsichtlich der vom Verkehr verstandenen Sprachen zu treffen (dazu Kochendörfer GRUR 2020, 949 (951 ff.); Kurtz GRUR 2004, 32 ff.). Hier allein auf die Zugehörigkeit zu „den **Welthandelssprachen**" abzustellen (zB BPatG BeckRS 2011, 4425 – MULTITUBO: dies seien Englisch, Französisch, Italienisch, Portugiesisch und Spanisch), überzeugt angesichts der Unschärfe des Begriffs und der nicht unerheblichen tatsächlichen Veränderungen (zB die Verbreitung der chinesischen – namentlich Mandarin – Sprache, die neben Russisch und Arabisch zu den Amtssprachen der Vereinten Nationen zählt und als Erst- oder Zweitsprache von mehr Menschen gesprochen wird, als Spanisch und Englisch zusammen) indes ebenso wenig (BPatG BeckRS 2012, 19618 – REMEDIAN), wie der Verweis auf im Inland **„bekannte" Fremdsprachen** (BGH GRUR 2012, 270 Rn. 11, 14 – Link economy; GRUR 2009, 949 Rn. 27 – My World) oder „Hauptfremdsprachen" (BPatG BeckRS 2012, 22904 – le Flair: für Französisch). Dass 4,2 Mio. türkische bzw. türkischstämmige Abnehmer einen „kleinen, letztlich nicht mehr relevanten Teil des inländischen deutschen Verkehrs" bilden sollen, mit der Folge, dass es auf ihr Sprachverständnis nicht ankäme (so BPatG BeckRS 2016, 10030 – Mangal), überzeugt nicht. Zum einen dürfte die Grenze zum nicht mehr relevanten Anteil (deutlich) zu hoch angesetzt sein, zum anderen hatte das BPatG zuvor 3,4 Mio. Muttersprachler des Russischen und 105.000 Sprachschüler als „beachtlichen Teil der Endverbraucher" angesehen (s. BPatG BeckRS 2014, 16781 – Секрет красоты; s. auch BPatG BeckRS 2018, 27719 Rn. 20 – Priroda). In „Kasap" (türk. für „Metzger/Fleischer") genügten dem BPatG (BeckRS 2019, 10782 Rn. 21) dann auch drei Mio. der türkischen Sprache Mächtige als relevanter inländischer Verkehrskreis.

Angesichts der weiten Verbreitung der englischen Sprache auch und gerade im täglichen Leben **285** erscheint es allerdings naheliegend, dass zumindest dem Grundwortschatz zugehörige beschreibende **englischsprachliche Begriffe** oft als solche verstanden werden (BPatG GRUR-RS 2019, 35936 Rn. 23 – Only God Can Judge Me; anders zB für den Verkehr in Spanien EuG BeckRS 2012, 82036 Rn. 63 ff. – BIMBO DOUGHNUTS); für Angaben aus **anderen verbreiteten Sprachen,** wie dem Französischen (BPatG BeckRS 2019, 18492 Rn. 17 – églantine), Spanischen (BPatG BeckRS 2013, 21078 – Primera) oder Italienischen, dürfte dies dagegen schon nicht mehr allgemein, sondern nur für bestimmte Begriffe gelten (ebenso Ingerl/Rohnke Rn. 87–89 mwN). Demgegenüber hat das BPatG für **Russisch** einen erheblichen Verbreitungsgrad in Deutschland angenommen (3,4 Mio. Muttersprachler und 105.000 Sprachschüler (Zahlen für 2010), zusätzlich die Bürger der ehemaligen DDR, die Russisch als erste Fremdsprache lernten), sodass „Секрет красоты" für Kosmetika von einem nicht zu vernachlässigenden Teil der angesprochenen allgemeinen Verkehrskreise als „Geheimnis der Schönheit" verstanden würde (BPatG BeckRS 2014, 16781 – Секрет красоты; in diese Richtung bereits BPatG BeckRS 2010, 01228 – Российская; BeckRS 2007, 08029 – ЖИГУЛЁВСКОЕ; in BPatG GRUR-RS 2021, 37924 – Горная gar nicht mehr näher thematisiert). Für **Dänisch** hingegen schätzt das BPatG, dass allenfalls eine niedrige sechsstellige Zahl an Personen im Inland des Grundwortschatzes mächtig sind (BPatG BeckRS 2016, 08845 – Lille Smuk).

Auch Angaben aus **„exotischeren" Sprachen** können vom inländischen Verkehr verstanden **286** werden, selbst wenn er die Sprache nicht spricht (zB EuG T-226/07, GRUR Int 2008, 1040 Rn. 31 – PRANAHAUS: prana als Wort der Sanskritsprache für Leben, Lebenskraft etc; bestätigt durch EuGH C-494/08 P, GRUR 2010, 534; BPatG GRUR 2005, 675 – JIN SHIN JYUTSU: Bezeichnung einer japanischen Heilmethode; BeckRS 2009, 24779 – Zeffir: Bezeichnung eines russischen Schaumgebäckes). So können auch Wörter aus **toten Sprachen** (namentlich Latein und Alt-Griechisch) zumindest innerhalb bestimmter Fachkreise und für entsprechende Waren und Dienstleistungen beschreibend verstanden werden (zB EuG BeckRS 2010, 91465 Rn. 48, 56 – hallux: eigenschaftsbeschreibend für „Bequemschuhe") und damit, sofern es sich um die relevanten Verkehrskreise handelt, schutzunfähig sein (zu großzügig BPatG GRUR 1998, 58 – JURIS LIBRI: Freihaltebedürfnis auch für juristische Literatur verneint).

Außerdem ist zu prüfen, ob nicht auch inländische **Fachkreise,** selbst wenn diese im Verhältnis **287** zum allgemeinen Verkehr klein sind, angesprochen werden, die – beispielsweise aufgrund ihrer Im- oder Exporttätigkeit – das fremdsprachliche Zeichen inhaltlich und damit gegebenenfalls beschreibend verstehen (BPatG BeckRS 2018, 4114 – Национальное достояние; BeckRS 2014, 08018 – Бабушкины огурцы; BeckRS 2014, 01342 – ТАЙГА; BeckRS 2010, 01228 – Российская; BeckRS 2007, 08029 – ЖИГУЛЁВСКОЕ; BeckRS 2010, 01228 – Российская; s. auch EuG T-226/07, GRUR Int 2008, 1040 Rn. 35 – PRANAHAUS; bestätigt durch EuGH C-494/08 P, GRUR 2010, 534; Ströbele/Hacker/Thiering/Ströbele Rn. 582, 598 f.). Bejahendenfalls kommt es auf das (Nicht)Verständnis des allgemeinen Verkehrs nicht mehr an (BPatG BeckRS 2018, 4114 Rn. 18 – Национальное достояние).

Schließlich können auch bestimmte **Kennzeichnungsgewohnheiten** das Schutzhindernis **288** nach § 8 Abs. 2 Nr. 2, insbesondere im Hinblick auf ein zukünftiges Freihaltebedürfnis, begründen, obwohl die Bedeutung des konkreten fremdsprachlichen Begriffs im Inland (noch) nicht hinreichend präsent ist (zB BPatG BeckRS 2007, 8054 – SABBIA).

289   **Entscheidungspraxis und Literaturhinweise:**

289.1   **– schutzfähig:**

églantine (BPatG BeckRS 2019, 18492): schutzfähig für Kosmetika etc (Kl. 3), da vom Verkehr inhaltlich nicht verstanden; dass es als Wort der französischen Sprache erkannt wird und der Verkehr im Kosmetiksektor an französischsprachige Begriffe gewöhnt ist, ändert daran nichts.

LE SOMMELIER DE LA BEAUTE (BPatG BeckRS 2019, 3119): schutzfähig für Kosmetika (Kl. 3), da das naheliegende Begriffsverständnis als „Sommelier der Schönheit" (→ Rn. 271.1) allenfalls nach mehreren Gedankenschritten mit Kosmetika in Verbindung gebracht wird und auch dann diesbezüglich keine Sachangabe darstellt.

BADASS EBIKES (BPatG BeckRS 2016, 19026): schutzfähig für ua (E-)Fahrräder, Fahrradteile und -zubehör (Kl. 7, 9, 11 und 12) sowie darauf bezogene Dienstleistungen (Kl. 35 und 37), da „badass" zwar mit „krass" oder „harter Typ" übersetzt werden kann, als Slang-Begriff der amerikanischen Umgangssprache aber dem inländischen Verkehr nicht hinreichend geläufig ist.

UNITED VEHICLES (BPatG BeckRS 2016, 00110): schutzfähig für verschiedene Dienstleistungen der Kl. 35, 36, 37; zwar vom inländischen Verkehr ohne weiteres als „Vereinigte Fahrzeuge" übersetzt, jedoch mangels Vereinigungsmöglichkeit von Fahrzeugen für ihn ohne konkrete Bedeutung im Zusammenhang mit Fahrzeugen.

Lille Smuk (BPatG BeckRS 2016, 08845): schutzfähig für ua Leder und Lederimitationen sowie Waren daraus (Kl. 18), Bekleidung (Kl. 25), da von der großen Mehrzahl der angesprochenen Verkehrskreise mangels Kenntnis wenigstens des dänischen Grundwortschatzes nicht als „klein schön" oder „klein hübsch" verstanden.

Primera (BPatG BeckRS 2013, 21078): schutzfähig für verschiedene Dienstleistungen der Kl. 35, 36, 38, weil keine Anhaltspunkte bestehen, dass der angesprochene Verkehr das spanische Wort übersetzen kann, da Spanisch – anders als Englisch – nicht als Pflichtfremdsprache in Schulen angeboten und nur von einigen Schülern erlernt werde.

specs (BPatG BeckRS 2012, 11306): schutzfähig für ua Sehhilfen (Kl. 9) und Augenoptikerdienstleistungen (Kl. 44); zwar im Englischen als ugs. Abkürzung für „spectacles" – Brille nachweisbar, jedoch nicht zum englischen Grundwortschatz gehörend, der den überwiegenden Teilen der inländischen Verkehrskreise, insbesondere den Durchschnittsverbrauchern, geläufig ist.

OPTIMO (BPatG BeckRS 2011, 182): schutzfähig für Sand Zement, Kies, Beton (Kl. 19), obwohl span./port. für „bestmöglich, vortrefflich, optimal".

kuro (BPatG BeckRS 2011, 20042): schutzfähig für Bekleidungsstücke (Kl. 25); die Bedeutung des aus dem Japanischen stammenden Wortes „kuro" iSv „schwarz" ist weder dem deutschen Durchschnittsverbraucher noch den inländischen Fachkreisen bekannt; „kuro" erscheint eher als Fantasiewort.

Terrado (BPatG BeckRS 2010, 3241): schutzfähig für Sonnenschutz (Kl. 6, 19, 22), obwohl span. für „flaches Dach".

JURIS LIBRI (BPatG GRUR 1998, 58): schutzfähig für Veröffentlichung und Herausgabe von Büchern, Zeitung und Zeitschrift; das Zeichen werde auch für juristische Literatur nicht inhaltsbeschreibend verstanden (zweifelhaft).

289.2   **– nicht schutzfähig:**

PRANAHAUS (EuG GRUR Int 2008, 1040; bestätigt durch EuGH C-494/08 P, GRUR 2010, 534): beschreibend für bespielte Bild- und Tonträger (Kl. 9), Druckereierzeugnisse (Kl. 16) und verschiedene Einzelhandelsdienstleistungen (Kl. 35), da von an der hinduistischen Lehr und an Yoga Interessierten als Wort aus der Sanskritsprache für „Leben, Lebenskraft oder Lebensenergie" verstanden.

AdvancedShear (BPatG GRUR-RS 2020, 31005): für land-, garten- und forstwirtschaftliche Geräte und Werkzeuge (Kl. 7, 8) verstanden iSv „fortgeschritten scheren" bzw. „fortgeschritten abschneiden", insbesondere, weil im einschlägigen Warenbereich bereits verwendet.

FLAT TUMMY TEA (BPatG GRUR-RS 2020, 28584): beschreibend für ua Tee, Nahrungsergänzungsmittel (Kl. 5), da verstanden als „Tee für einen flachen Bauch"; „tummy" (engl. kindersprachl. „Bäuchlein") zwar möglicherweise nicht ohne weiteres dem Endverbraucher bekannt, aber jedenfalls dem über qualifizierte Sprachkenntnisse verfügenden Handel.

Only God Can Judge Me (BPatG GRUR-RS 2019, 35936): nicht schutzfähig, da als aus „Wörtern des einfachsten englischen Grundwortschatzes" sprachüblich und grammatikalisch korrekt gebildetes Zeichen ohne weiteres verständlich und verstanden nur als Statement oder Ausdruck von Selbstbestimmtheit, Unabhängigkeit oder auch Selbstironie.

Scala (BPatG BeckRS 2018, 13303): ital. für „Treppe"; von den damit befassten (Fach-)Verkehrskreisen beschreibend verstanden für Waren und Dienstleistungen im Zusammenhang mit dem Bau oder der Ausgestaltung von Treppen; außerdem in diesem Sektor aus der seit Jahrzehnten eingeführten Bezeichnung „Scalalogie" für die Treppenkunde. Ebenfalls beschreibend für Messgeräte und Messkarten für Farbtöne

(Kl. 9), weil insoweit als im Messwesen gebräuchliche Bezeichnung für eine Maßeinteilung oder einen Maßstab verstanden.

CHEFS TROPHY (BPatG BeckRS 2014, 22200): nicht unterscheidungskräftig für Lehr- und Unterrichtsmittel und Druckereierzeugnisse (Kl. 16), Reisen (Kl. 39), Schulung, Ausbildung, Veranstaltungen, Durchführung von Seminaren (Kl. 41) und Verpflegung und Beherbergung von Gästen (Kl. 43), da „Chef" als „Küchenchef" und damit unmittelbar beschreibend oder als bloße Werbeanpreisung verstanden.

Lupanar (BPatG BeckRS 2014, 06594): span., franz., port. und rumän. für „Bordell" und deshalb nicht unterscheidungskräftig sowie beschreibend für ua Unternehmensverwaltung (Kl. 35), Dienstleistungen zur Verpflegung und Beherbergung von Gästen (Kl. 43) und von Dritten erbrachte persönliche und soziale Dienstleistungen betreffend individuelle Bedürfnisse (Kl. 45).

MIOD (BPatG BeckRS 2014, 09805): poln. für „Honig" (klanglich identisch der transkribierte russische Begriff), beschreibend für Kosmetika, Pharmazeutika (Kl. 3 und 5), da von den Fachkreisen (ua der Handel mit Drogeriewaren) als Sachhinweis auf Honig als Inhalts- und Wirkstoff verstanden.

TIME RELEASE (BPatG BeckRS 2014, 04235): beschreibend für Mittel zur Körper- und Schönheitspflege (Kl. 3), Parfümeriewaren, Zahnputzmittel (Kl. 3), weil jedenfalls vom Fachverkehr in der lexikalisch nachweisbaren Bedeutung „mit Depotwirkung" verstanden.

LAVANDA (BPatG BeckRS 2013, 03194): nicht unterscheidungskräftig sowie beschreibend für alkoholische Getränke (ausgenommen Biere) (Kl. 33), da span., port., ital., slowen., ferner poln. und franz. für „Lavendel" und damit das mögliche Aroma beschreibend.

VENTAS (BPatG BeckRS 2012, 19743): beschreibend für alle Waren und Dienstleistungen, mit denen Handel getrieben werden kann, da als span. für „Käufe, Verkäufe, Absatzleistung, Umsätze" dem insoweit maßgeblichen Verkehr geläufig und deshalb freihaltebedürftig.

BOA (BPatG BeckRS 2011, 21840): port. für „gut", beschreibend für verschiedene Waren der Kl. 12 (Fahrzeuge etc), da insoweit von einem Außenhandel in relevantem Umfang auszugehen ist; nicht beschreibend hingegen für verschiedene Dienstleistungen der Kl. 37 und 39 (Bauwesen, Reparaturwesen, Veranstaltung von Reisen, Vermietung von Fahrzeugen usw.), weil sich dort Portugiesisch nicht als Fachsprache etabliert hat.

WindowTainment (BPatG BeckRS 2011, 6013; ähnlich BeckRS 2009, 866 – EduTainment): nicht unterscheidungskräftig für verschiedene Waren/Dienstleistungen der Kl. 9, 35, 42, da der Zeichenbestandteil „tainment" vom Verkehr als Hinweis auf unterhaltsame, spielerische Elemente in den verschiedensten Wortzusammensetzungen gebraucht und ohne weiteres verstanden werden.

Porco (BPatG BeckRS 2010, 16687): ital. für „Schwein", beschreibend für Futtermittel, Tiernahrung (Kl. 31).

Avanti (BPatG BeckRS 2010, 22002): nicht unterscheidungskräftig für zahlreiche Waren und Dienstleistungen, da allgemein verständliche schlichte Kaufaufforderung, wegen ital. für „vorwärts!, los!, weiter!".

Chicco (BPatG BeckRS 2008, 3299): ital. für „Bohne", beschreibend für Kaffee (Kl. 30).

SABBIA (BPatG BeckRS 2007, 8054): freihaltebedürftig für Farben und Lacke (Kl. 2) sowie Kraftfahrzeuge und deren Teile (Kl. 12), da zwar die Bedeutung „gelb" (ital.) nicht allgemein bekannt ist, das Zeichen jedoch als Farbangabe benutzt wird und außerdem die Verwendung italienischer Farbbegriffe im Automobilsektor verbreitet ist.

BAGNO (BPatG BeckRS 2007, 7998): ital. für „Bad", beschreibend für ua Bade- und Duschwannen (Kl. 11) sowie Badzubehör (Kl. 21) etc

Diese Beispiele – etwa Primera einerseits und LAVANDA andererseits – zeigen, dass die **Entscheidungspraxis** bei fremdsprachlichen Zeichen oft **wenig vorhersehbar** ist, weil die Auffassungen über die Sprachkenntnisse des angesprochenen inländischen Verkehrs doch bisweilen recht weit auseinandergehen.   **289.3**

Literatur: Kochendörfer, Englische Markenwörter – Wer versteht sie?, GRUR 2020, 949; Kurtz, Markenschutz für beschreibende Angaben in fremder Sprache, GRUR 2004, 32; Albrecht, Fremdsprachige Wörter im Markenrecht, GRUR 2001, 470.   **289.4**

b) Nichtlateinische Schriftzeichen. Denselben Grundsätzen unterliegen Zeichen, die aus   **290** nichtlateinischen Schriftzeichen, etwa dem **griechischen** oder **kyrillischen** Alphabet oder **fernöstlichen** Schriftzeichen, gebildet sind. Können die angesprochenen Verkehrskreise sie lesen und verstehen, entscheidet folglich der ihnen zugemessene Begriffsinhalt über die Schutzfähigkeit. Für entsprechende **Transliterationen** in lateinische Schriftzeichen gilt das Gleiche (EuG BeckRS 2010, 91464 Rn. 34 – CHROMA; s. auch BPatG BeckRS 2009, 29874 – Kasatzkaja).

Entscheidungspraxis: **291**

Горная (BPatG GRUR-RS 2021, 37924): russ. für ua „Berg-"/„Gebirgs-"; beschreibend für aus einer   **291.1** Bergregion stammende Lebensmittel.

Национальное достояние (BPatG BeckRS 2018, 4114): russ. für „nationales Gut" oder „Nationalgut"; beschreibend für ua Nahrungs- und Genussmittel (Kl. 29–33), weil zumindest von den im internationalen Handelsverkehr tätigen inländischen Fachleuten verstanden als Hinweis auf traditionelle, authentische oder nach Originalrezept hergestellte Produkte.

Секрет красоты (BPatG BeckRS 2014, 16781): russ. für „Geheimnis der Schönheit", nicht unterscheidungskräftig, sondern lediglich rein werbliche Anpreisung für Kosmetika (Kl. 3).

Бабушкины огурцы (BPatG BeckRS 2014, 08018): russ. für „Omas Gurken"; beschreibend für frisches und konserviertes Gemüse (Kl. 31, 29) sowie Groß- und Einzelhandelsdienstleistungen diesbezüglich (Kl. 35).

ТАЙГА (BPatG BeckRS 2014, 01342): „Taiga", beschreibend für „Schnittholz" (Kl. 19).

Российская (BPatG BeckRS 2010, 01228): „die Russische", beschreibend für Lebensmittel (Kl. 29, 30).

ЖИГУЛЁВСКОЕ (BPatG BeckRS 2007, 08029): „Shiguljowskoje", sehr verbreitete, von zahlreichen Brauereien hergestellte russische Biersorte, deshalb beschreibend für Bier.

292   Nichtlateinische Schriftzeichen, die der maßgebliche Verkehr nicht lesen kann, können als Bildmarke schutzfähig sein. Deren Merkfähigkeit – iSd Wiedererkennbarkeit eines Zeichens aus der regelmäßig eher unsicheren Erinnerung heraus – ist für die Unterscheidungskraft solcher Zeichen unerheblich (BGH GRUR 2000, 502 (503) – St. Pauli Girl (in chinesischen Schriftzeichen); BPatG GRUR 1997, 53 – Chinesische Schriftzeichen).

293   **c) Jugendsprache.** Beschreibend oder sachbezogen verstandene Begriffe der **Jugendsprache** sind nicht schutzfähig, wenn mit den beanspruchten Waren und Dienstleistungen (auch) Jugendliche angesprochen werden, oft aber auch, wenn die maßgeblichen Verkehrskreise (nur) Erwachsene bilden, da unter ihnen viele sind, die mit Jugendlichen und damit mit deren Sprache zu tun haben (BPatG GRUR-RS 2022, 19605 Rn. 27 – Swag; BeckRS 2014, 20864 – Hakuna Matata). Unerheblich ist, ob das – weiterhin beschreibend oder sachbezogen verstandene – Zeichen noch „in" ist (BPatG GRUR-RS 2022, 19605 Rn. 26 – Swag).

294   **Entscheidungspraxis:**

294.1   **HUQQA** (BPatG GRUR-RS 2021, 16758): nicht schutzfähig für ua Raucherartikel (Kl. 34) und Verpflegung von Gästen, Betrieb von Clubs etc. (Kl. 43), da insbesondere für Jugendliche und junge Erwachsene als Synonym für „Wasserpfeife" verstanden.

Swag (BPatG GRUR-RS 2022, 19605): nicht schutzfähig für ua Kosmetika/Drogeriewaren (Kl. 3 und Kl. 21) sowie Dienstleistungen im Bereich Handel (Kl. 35), Druckereierzeugnisse (Kl. 41) und Beratung im Bereich Makeup (44), da verstanden als Bezeichnung einer Person oder Sache als hip, trendy, cool. Zeichen.

Hakuna Matata (BPatG BeckRS 2014, 20864): aus Suaheli in die Jugendsprache eingegangen für „kein Problem, alles in bester Ordnung, keine Sorgen, alles wird gut"; nicht unterscheidungskräftig für verschiedene Waren und Dienstleistungen der Kl. 35, 41, 42 und 43, da kein betrieblicher Herkunftshinweis vermittelt, sondern lediglich ein Flair erzeugt, ein gelassenes Verbraucherverhalten eingefordert oder ein problemloses Inanspruchnehmen einer Dienstleistung versprochen wird.

CoolMix (Wort-Bildmarke) (BPatG BeckRS 2010, 19782): nicht unterscheidungskräftig für verschiedene Lebensmittel, Kaffee und alkoholfreie Getränke (Kl. 29, 30, 32), da aufgrund der Bedeutung von „cool" – insbesondere in der Jugendsprache – als „(stets) die Ruhe bewahrend, keine Angst habend, nicht nervös (werdend), sich nicht aus der Fassung bringen lassend; kühl u. lässig, gelassen", aber auch „in hohem Maße gefallend, der Idealvorstellung entsprechend" verstanden und daher als Sachhinweis auf eine „sehr gute, hervorragende Mischung".

Cool (BPatG BeckRS 2009, 10798): nicht unterscheidungskräftig für die Organisation und Durchführung von Events, sportlichen Aktivitäten, Unterhaltungsveranstaltungen etc, weil in der Jugendsprache als „hervorragend" verstanden und damit anpreisend für die beanspruchten Dienstleistungen.

XOXO (EuG GRUR-RS 2020, 9849): nicht unterscheidungskräftig für verschiedene Waren aus den Kl. 3, 9, 14, 25 und 25, da XOXO in der englischen Jugendsprache für „hugs and kisses" stehe und lediglich als Ausdruck von „Liebe und Zuneigung" nicht aber herkunftshinweisend verstanden würde.

295   **d) Dialektausdrücke.** Für Zeichen, die aus **Dialektausdrücken** bestehen, gelten die zu fremdsprachlichen Zeichen entwickelten Grundsätze entsprechend: Entscheidend ist, ob sie von einem nicht nur unerheblichen Teil des angesprochenen Publikums verstanden und deshalb mit einem für die beanspruchten Waren oder Dienstleistungen schutzhindernden Inhalt belegt werden; bejahendenfalls fehlt ihnen die Unterscheidungskraft (BPatG BeckRS 2019, 25589 Rn. 21 – LAUSDEANDL; BeckRS 2019, 26677 Rn. 14 – GAMSIG). Das liegt näher bei Dialektausdrücken, die sich nur als **dialektbedingte Abwandlung**, etwa durch Lautverschiebung, hochdeutscher (nicht schutzfähiger) Begriffe darstellen, und deshalb allgemein noch verstanden werden (zB BPatG BeckRS 2019, 28605 Rn. 19 – Mir all sin Kölle), und erst recht bei Begriffen, die ohne weiteres verstanden und möglicherweise sogar außerhalb ihres eigentlichen „Verbreitungsgebiets" benutzt werden (BPatG GRUR 2022, 917 Rn. 20 f. – GRANTLER), hingegen ferner bei Ausdrücken, die **ausschließlich in einer bestimmten Region beheimatet** sind oder bei denen die Abweichung vom Hochdeutschen so stark ist, dass sie von den übrigen Mitgliedern der maßgeblichen Verkehrskreise nicht mehr wiedererkannt werden (BPatG BeckRS 2019, 25589 Rn. 21 – LAUSDEANDL; BeckRS 2019, 26677 Rn. 14 – GAMSIG). Somit ist auch hier die Frage zu beantworten, wie groß der Anteil derer an den angesprochenen Verkehrskreisen werden darf, die den Dialektausdruck verstehen (BPatG BeckRS 2019, 25589 Rn. 22 – LAUSDEANDL; BeckRS 2019, 26677 Rn. 15 – GAMSIG) Hierzu kann und muss das DPMA im Wege der Amtsermittlung (§ 59 Abs. 1) auf eigene Kosten tätig werden, beispielsweise in Form einer Verkehrsbefragung (BPatG BeckRS 2019, 25589 Rn. 22 – LAUSDEANDL; BeckRS 2019, 26677 Rn. 15 – GAMSIG).

Entscheidungspraxis: 296

– schutzfähig: 296.1

LAUSDEANDL (BPatG BeckRS 2019, 25589) und **GAMSIG** (BPatG BeckRS 2019, 26677): zwar nur den des Bayerischen mächtigen Bevölkerungsteilen verständlich, sodass an sich Ermittlungen des DPMA dazu notwendig sind, wie groß dieser Anteil innerhalb der angesprochenen Gesamtbevölkerung ist; dies konnte indes letztlich offenbleiben, weil mit Blick auf die konkrete Verwendungsform des Zeichens auch bei Verstehen des Sinngehalts nicht jeder Herkunftshinweis ausgeschlossen ist.

– nicht schutzfähig: 296.2

GRANTLER (BPatG GRUR 2022, 917): nicht unterscheidungskräftig für Taschen (Kl. 18) und Bekleidungsstücke; Kopfbedeckungen (Kl. 25), da vom inländischen Verkehr ohne weiteres verstanden als Bezeichnung einer männlichen Person, die zum Granteln neigt, und damit auf den genannten Waren als bloßes Statement des Trägers. Schutzfähig dagegen für zB Gepäck; Brieftaschen (Kl. 18), Stoffe; Textilwaren; Haushaltswäsche; Bettwäsche; Handtücher etc. (Kl. 24) und Gürtel; Schuhwaren (Kl. 25), da diese Waren üblicherweise als Plattform für Meinungsäußerungen/Statements/Stimmungsangaben des Trägers nach außen genutzt würden.

Ischa Freimaak (BPatG BeckRS 2019, 6403): nicht unterscheidungskräftig für verschiedene Waren und Dienstleistungen im Zusammenhang mit Volksfesten etc, da als werbender Hinweis auf das Volksfest „Bremer Freimarkt" auch über die Region Bremen hinaus verstanden.

Mir all sin Kölle (BPatG BeckRS 2019, 28605): nicht unterscheidungskräftig, weil als einfache, vom Hochdeutschen nur leicht abgewandelte spruchartige Wortfolge vom angesprochenen Publikum wegen der klanglichen Nähe trotz des Dialekts inhaltlich ohne weiteres erfasst und als bloße „bekenntnishafte Aussage" (Vergleich mit „Ich bin ein Berliner" von J.F. Kennedy und „Je suis Charlie"), nicht aber als Herkunftshinweis verstanden (→ Rn. 365.2).

6. Fachsprachliche Zeichen

Fachausdrücke sind hinsichtlich ihrer Schutzfähigkeit im Grunde wie fremdsprachliche Zeichen zu behandeln. Sie sind beschreibend und nicht unterscheidungskräftig, wenn zum angesprochenen Verkehrskreis Fachleute gehören, die den Fachausdruck als solchen erkennen oder ihm beschreibende Bedeutung beimessen (zB BPatG BeckRS 2011, 26695 – Venustas Immobilien; BeckRS 2012, 23318 – INTRABEAM, für Radiotherapiegeräte; BeckRS 2012, 04512 – Meso). Im Einzelfall sind die Kenntnisse eines relativ kleinen Kreises inländischer Fachleute maßgeblich, wenn Waren oder Dienstleistungen betroffen sind, mit deren Vertrieb, Leistung oder Inanspruchnahme nur ein begrenzter Kreis inländischer Spezialisten befasst ist (BPatG BeckRS 2011, 26695 – Venustas Immobilien; s. auch BPatG BeckRS 2019, 18492 Rn. 15 – églantine). 297

Abwandlungen eines Fachbegriffs teilen dessen Schicksal, wenn der Verkehr sie ohne weiteres für diesen hält oder bei Kenntnis des Fachbegriffs halten würde (BGH GRUR 2005, 258 (259) – Roximycin; BPatG BeckRS 2008, 26767 – ENDERMOTHERAPIE; → Rn. 260 f.). 298

Ein dem angesprochenen Verkehr **zunächst unbekannter** (und damit mangels beschreibenden Verständnisses ggf. schutzfähiger) Fachbegriff kann durch tatsächliche Benutzung als Kennzeichnung für die beanspruchten Waren oder Dienstleistung oder aufgrund einer erläuternden Werbung beschreibenden Charakter erlangen (s. EuG BeckRS 2011, 81395 Rn. 27–29 – SCOMBER MIX, bestätigt durch EuGH BeckEuRS 2012, 687621). 299

Entscheidungspraxis: 300

– schutzfähig: 300.1

bionic (BPatG BeckRS 2010, 24271): schutzfähig für Mittel zur Körper- und Schönheitspflege (Kl. 3); Taschen (Kl. 18); Bekleidung (Kl. 25); die Bedeutung des Begriffs als Fachausdruck einer ingenieur-

bzw. naturwissenschaftlichen Disziplin (Erkenntnisgewinn durch systematisches Erkennen von Lösungen der belebten Natur) ist nur einem kleinen Fachpublikum geläufig.

300.2 – **nicht schutzfähig:**

PRANAHAUS (EuG T-226/07, GRUR Int 2008, 1040; bestätigt durch EuGH C-494/08 P, GRUR 2010, 534): beschreibend für bespielte Bild- und Tonträger (Kl. 9), Druckereierzeugnisse (Kl. 16) und verschiedene Einzelhandelsdienstleistungen (Kl. 35), da von an der hinduistischen Lehr und an Yoga Interessierten als Hinweis auf „Leben, Lebenskraft oder Lebensenergie" verstanden.

Meso (BPatG BeckRS 2012, 04512): beschreibend für ua. Waren- und Dienstleistungen aus dem Gesundheitsbereich (Kl. 20, 41, 44), da als Behandlungsmethode („Mesotherapie") verstanden.

Venustas Immobilien (BPatG BeckRS 2011, 26695): beschreibend für Dienstleistungen im Baubereich (Kl. 35, 37), da „venustas", lat. für „Schönheit, Anmut", zwar nicht ohne weiteres übersetzt, jedoch als eines der drei Prinzipien des römischen Architekten Vitruv zumindest von einem Teil des angesprochenen (Fach-)Verkehrs erkannt wird.

SCOMBER MIX (EuG T-201/09, BeckRS 2011, 81395, bestätigt durch EuGH BeckEuRS 2012, 687621): „Scomber", lat. für Makrele, wird vom Verkehr nicht zuletzt durch die von der Anmelderin verwendete Werbung „Das Wort Scomber kommt aus dem Lateinischen und bedeutet Makrele" für konservierter Fisch; Fischkonserven; Fischzubereitung (Kl. 29) beschreibend verstanden.

7. Gemeinfreie Werke als Zeichen

301 Kontrovers wird diskutiert, ob **gemeinfreie geistige Leistungen** – dh namentlich Werke iSd Urheberrechts, deren Urheberrechtsschutz infolge Zeitablaufs (§ 64 UrhG) erloschen ist – als Marke schutzfähig sind. In der Praxis geht es hier zumeist um Bildmarken, die Abbildungen berühmter Gemälde zeigen (zB BPatG GRUR 1998, 1021 – Mona Lisa; Gerechtshof Den Haag BeckRS 2017, 131013 – Rembrandts „Die Nachtwache"). Denkbar sind aber auch Wörter oder Wortfolgen aus literarischen Werken, Namen von Romanfiguren (BPatG BeckRS 2009, 17856 – Winnetou) usw und sogar Melodien (EuGH C-283/01, GRUR 2004, 54 – Shield Mark/Kist), zur Anmeldung der ersten neun Töne von Beethovens „Für Elise").

302 Die überwiegende Literatur geht mit Recht von der **grundsätzlichen Schutzfähigkeit** solcher Zeichen aus (Fezer Rn. 290; Ströbele/Hacker/Thiering/Ströbele Rn. 320; Seifert WRP 2000, 1014 ff.; mit Bedenken Osenberg GRUR 1996, 101 (104); Wandtke/Bullinger GRUR 1997, 573 (jedoch zugleich für einen ausdrücklichen Ausschluss plädierend); für Schutzfähigkeit auch BGH GRUR 2012, 618 Rn. 15 – Medusa (in einem obiter dictum); implizit EUIPO-BK R 2401/2014-4 – Le journal d'Anne Frank; die Schutzfähigkeit generell verneinend dagegen Klinkert/Schwab GRUR 1999, 1067 ff.; Senftleben IIC 2017, 683). Es gelten die allgemeinen Schutzvoraussetzungen; die **Gemeinfreiheit** als solche stellt also **nicht per se** ein **Schutzhindernis** dar (Fezer Rn. 290; Frommeyer GRUR 2003, 919 (920); Kur GRUR 2017, 1082 (1083); Ströbele/Hacker/Thiering/Ströbele Rn. 320; Ingerl/Rohnke Rn. 275; HK-MarkenR/Fuchs-Wissemann Rn. 45; BPatG BeckRS 2009, 3591 – Pinocchio; s. auch BPatG GRUR 1998, 1021 (1023) – Mona Lisa; ferner BGH GRUR 2003, 440 (441) – Winnetous Rückkehr und GRUR 2002, 882 – Bücher für eine bessere Welt (beide zum Werktitelschutz); EFTA-Gerichtshof BeckRS 2017, 108930 Rn. 73-76 – Vigeland; aA Klinkert/Schwab GRUR 1999, 1067 (1070)). Dies gilt auch, wenn sich ein gemeinfreies Werk zum Kulturgut entwickelt hat (→ Rn. 338).

303 Das Markenrecht verfolgt **andere Schutzzwecke** als insbesondere das Urheberrecht und stellt deshalb keine unzulässige Verlängerung des (abgelaufenen) urheberrechtlichen Schutzes dar (Fezer Rn. 290). Dementsprechend sind sogar gegenwärtig bestehende Drittrechte am Zeichen im Hinblick auf die hier interessierenden Schutzhindernisse der fehlenden Unterscheidungskraft (§ 8 Abs. 2 Nr. 1) und des beschreibenden Charakters (§ 8 Abs. 2 Nr. 2) unerheblich; diese begründen vielmehr ein eigenes (relatives) Schutzhindernis (§ 13). Einer nicht zu rechtfertigenden (Re-)Monopolisierung von Allgemeingut wird dadurch entgegengewirkt, dass markenrechtlicher Schutz nur in Bezug auf bestimmte, in der Anmeldung ausdrücklich beanspruchte Waren und Dienstleistungen erworben werden kann, dieser Schutz nur im geschäftlichen Verkehr besteht (→ § 14 Rn. 64 ff.), dort der Schranke des § 23 unterliegt, sich nur gegen markenfunktionsbeeinträchtigenden Gebrauch des Zeichens richtet (→ § 14 Rn. 128 ff.) und schließlich durch einen Benutzungszwang der Marke für die beanspruchten Waren und Dienstleistungen (§ 26) beschränkt wird.

304 **Wörter** oder **Passagen** aus ehemals urheberrechtlich geschützten Sprachwerken können deshalb als Wortmarke schutzfähig sein, sofern sie für die beanspruchten Waren und Dienstleistungen unterscheidungskräftig und nicht beschreibend sind. Gerade bekannte Wortfolgen aber wird der Verkehr oft nicht als Herkunftshinweis auffassen (zu Werbeslogans → Rn. 353 ff.).

Literaturhinweise: 305

Kur, Gemeinfreiheit und Markenschutz, GRUR 2017, 1082; Seifert, Markenschutz und urheberrechtli- **305.1** che Gemeinfreiheit, WRP 2000, 1014; Klinkert/Schwab, Markenrechtlicher Raubbau an gemeinfreien Werken – ein richtungsweisendes „Machtwort" durch den Mona Lisa-Beschluß des Bundespatentgerichts?, GRUR 1999, 1067; Osenberg, Markenschutz für urheberrechtlich gemeinfreie Werkteile, GRUR 1996, 101; Senftleben, Vigeland and the Status of Cultural Concerns in Trade Mark Law – The EFTA Court Develops More Effective Tools for the Preservation of the Public Domain, IIC 2017, 683.

8. Geografische Angaben

Geografische Angaben haben bei der Kennzeichnung und Vermarktung von Waren (namentlich **306** im Lebens- und Genussmittelbereich) und (in geringerem Maße) Dienstleistungen eine **erhebliche Bedeutung.** So verbindet der Verkehr mit einer solchen Angabe oft bestimmte Eigenschaften (Zusammensetzung, Herstellungsverfahren etc), eine bestimmte Qualität oder sonstige Merkmale oder auch (nur) bestimmte (positive) Assoziationen (EuGH C-488/16 P, GRUR 2018, 1146 Rn. 37 – Neuschwanstein; C-108/97 und C-109/97, GRUR 1999, 723 Rn. 26 – Chiemsee; BPatG GRUR 2005, 677 (678) – Newcastle; GRUR 2006, 509 (510) – PORTLAND, für Fleisch etc Hinweis auf eine „typische amerikanische Lebensgewohnheit bzw. einen Lebensstil"; GRUR 2012, 838 – DORTMUNDER U). Solche Angaben genießen unter Umständen durch das MarkenG (§§ 126 ff.) sowie durch Verordnungen der EU **sonderrechtlichen Schutz.**

Daneben kommt zwar grundsätzlich auch **Schutz als Marke** in Betracht. Jedoch stellt sich hier **307** in besonderem Maße das Problem, dass im Ausgangspunkt jeder Marktteilnehmer ein berechtigtes Interesse an der freien Nutzung solcher Angaben für seine Waren und Dienstleistungen hat (EuGH C-488/16 P, GRUR 2018, 1146 Rn. 37 – Neuschwanstein; C-108/97 und C-109/97, GRUR 1999, 723 Rn. 26 – Chiemsee). Geografische Angaben sind deshalb häufig beschreibend (→ Rn. 208 ff.) und aufgrund dessen vorbehaltlich einer Verkehrsdurchsetzung (§ 8 Abs. 3) wegen § 8 Abs. 2 Nr. 1 und § 8 Abs. 2 Nr. 2 nicht eintragungsfähig. Ferner ist stets an das Schutzhindernis der Irreführung (§ 8 Abs. 2 Nr. 4) zu denken, das auch durch Verkehrsdurchsetzung nicht überwunden werden kann.

9. Internetdomains

Die markenrechtliche Schutzfähigkeit einer **Internetdomain,** genauer: der sog. **Second-** **308** **Level-Domain** („SLD") (bei „www.beck-online.beck.de" ist das „beck" – die auf Deutschland hinweisende Endung, „de" ist die Top-Level-Domain („TLD")), folgt den allgemeinen Grundsätzen, ungeachtet des Umstands, dass jede Second-Level-Domain unterhalb einer Top-Level-Domain aus technischen Gründen nur einmal vergeben werden kann (EuG BeckRS 2013, 80954 Rn. 29 – Unister/HABM (fluege.de); GRUR Int 2008, 330 Rn. 44 – DeTeMedien (suchen.de); BPatG BeckRS 2012, 4279 – fashion.de; GRUR 2004, 336 (338) – beauty24.de). Es muss also der Domainname in Bezug auf die mit der Markenanmeldung beanspruchten Waren und Dienstleistungen unterscheidungskräftig sein und darf diese nicht beschreiben. Aus der Inhaberschaft an der SLD lässt sich dafür nichts ableiten (EuG BeckRS 2013, 80954 Rn. 29 – Unister/HABM (fluege.de); GRUR Int 2008, 330 Rn. 44 – DeTeMedien/HABM (suchen.de)).

Die tatsächliche **Nutzung** einer Internetdomain kann darüber hinaus Schutz als Benutzungsmarke (§ 4 **308.1** Nr. 2), als Unternehmenskennzeichen (§ 5 Abs. 2; BGH GRUR 2009, 685 Rn. 20 – ahd; GRUR 2005, 871 (873) – seicom; GRUR 2005, 262 – soco.de) oder als Werktitel (§ 5 Abs. 3; s. BGH GRUR 2016, 939 Rn. 17 – wetter.de; GRUR 2009, 1055 – airdsl; dazu Eichelberger K&R 2009, 778 ff.) begründen. Im Zusammenhang mit Domainnamen kommt ferner dem bürgerlich-rechtlichen Namensschutz nach § 12 BGB erhebliche Bedeutung zu (s. BGH GRUR 2014, 506 Rn. 8 – sr.de; GRUR 2012, 304 Rn. 32 – Basler Haar-Kosmetik; GRUR 2008, 1099 Rn. 10 – afilias.de; GRUR 2002, 622 – shell.de).

Zur rechtserhaltenden Benutzung einer Marke durch ihre Verwendung als Domainname s. BGH GRUR **308.2** 2012, 832 – ZAPPA; → § 26 Rn. 70.

Durch die **Registrierung** eines Domainnamens erlangt der Inhaber kein absolutes Recht an der **308.3** Bezeichnung, sondern lediglich schuldrechtliche Ansprüche gegen die Registrierungsstelle (BVerfG GRUR 2005, 261 – ad-acta.de; BGH GRUR 2012, 417 – gewinn.de; GRUR 2009, 1055 Rn. 55 – airdsl; GRUR 2008, 1099 Rn. 21 – afilias.de). Die Registrierung kann aber bereits eine Namensrechtsverletzung (§ 12 BGB) sein (BGH GRUR 2012, 651 Rn. 19 – regierung-oberfranken.de; GRUR 2002, 622 (624) – shell.de).

Zum Domainrecht insgesamt → § 15 Rn. 71. **308.4**

309   Entscheidungspraxis und Literaturhinweise:

309.1   fluege.de (EuG BeckRS 2013, 80954): beschreibend für ua Tourismusdienstleistungen (Kl.39, 43), da vom Verkehr als Domänenname verstanden, der auf die Adresse einer Internetseite im Bereich des Luftverkehrs und von Flügen hinweist.

   diegesellschafter.de (EuG BeckRS 2010, 91178): nicht unterscheidungskräftig für Werbung (Kl. 35) und Veranstaltung von Event, Herausgabe von Verlags- und Druckereierzeugnisse etc (Kl. 41), da verstanden als Hinweis auf ein Internetportal von Gesellschaftern oder für Gesellschafter.

   suchen.de (EuG GRUR Int 2008, 330): nicht unterscheidungskräftig für verschiedene Waren und Dienstleistungen, weil vom Verkehr diesbezüglich verstanden entweder als Hinweis darauf, dass diese Waren und Dienstleistungen die Ausführung einer deutschsprachigen Internetrecherche ermöglichen, oder als Hinweis darauf, dass die im Anmeldung beanspruchten Waren und Dienstleistungen durch eine deutschsprachige Internetrecherche gesucht werden können.

   RadioCom (EuG GRUR Int 2008, 840): beschreibend für Dienstleistungen im Bereich Rundfunk (Kl. 35, 38, 41).

   DOTKÖLN (BPatG BeckRS 2013, 11947): nicht unterscheidungskräftig für verschiedene Dienstleistungen aus dem EDV- und TK-Bereich (Kl. 35, 38, 42, 45); der angesprochene Verkehr (neben dem IT-Fachverkehr auch der „allgemeine Endverbraucher") versteht den Zeichenbestandteil „DOT" als englisch ausgesprochen „Punkt" und das Gesamtzeichen deshalb als eine (künftige) regionale TLD für die Stadt Köln und damit beschreibend iSv Dienstleistungen im und für den Kölner Raum.

   schmutz.de (BPatG BeckRS 2012, 6206): nicht unterscheidungskräftig für verschiedene Dienstleistungen im Computersektor (Kl. 35, 38, 41), da von den angesprochenen Verkehrskreisen ohne weiteres als Sachhinweis auf irgendein Internetangebot in Deutschland rund um das Thema „Schmutz", entweder unmittelbar oder im Sinne von minderwertigen oder moralisch verwerflichen geistigen Produkten, verstanden.

309.2   Literatur: Eichelberger, Werktitelschutz für Domainnamen, K&R 2009, 778.

10. Kollektivmarken

310   Kollektivmarken iSv § 97 unterliegen im Ausgangspunkt denselben Eintragungsvoraussetzungen wie Individualmarken (§ 97 Abs. 2). So muss auch ein als Kollektivmarke angemeldetes Zeichen **Unterscheidungskraft** iSv § 8 Abs. 2 Nr. 1 aufweisen (BGH GRUR 1996, 270 (271) – MADEIRA; BPatG BeckRS 2009, 17331 – Deutscher Honig; GRUR 1998, 148 – SAINT MORIS/St. Moritz) und darf **nicht beschreibend** iSv § 8 Abs. 2 Nr. 2 sein. Insoweit besteht lediglich die Besonderheit, dass aufgrund der ausdrücklichen Anordnung in § 99 Kollektivmarken auch aus Angaben bestehen dürfen, die im Verkehr zur Bezeichnung der **geografischen Herkunft** der Waren oder Dienstleistungen dienen können. Das diesbezügliche Schutzhindernis des § 8 Abs. 2 Nr. 2 gilt also **insoweit** nicht (BPatG BeckRS 2012, 17899 – trend check; HABM BeckRS 2006, 5767 – Grosses Gewächs, zu Art. 66 Abs. 2 S. 1 UMV). Einer übermäßigen Monopolisierung solcher Angaben wirkt § 100 entgegen (Ströbele/Hacker/Thiering/Ströbele Rn. 543).

311   Ein als Kollektivmarke angemeldetes Zeichen kann aber **aus allen anderen Gründen** des § 8 Abs. 2 Nr. 2 als der geografischen Herkunft **beschreibend** bzw. **nicht unterscheidungskräftig** und deshalb von der Eintragung ausgeschlossen sein (BGH GRUR 1996, 270 (271) – MADEIRA; BPatG BeckRS 2012, 17899 – trend check; zu Art. 66 Abs. 2 S. 1 UMV: HABM BeckRS 2006, 5767 – Grosses Gewächs; implizit auch EuG BeckRS 2012, 82434 – GG). Schwierigkeiten bereiten insoweit geografische Angaben, die zugleich eine Art- oder Beschaffenheitsangabe für die beanspruchten Waren oder Dienstleistungen darstellen. Das BPatG hält solche Zeichen für eintragungsfähig, es sei denn, das Zeichen werde nur noch als Gattungsbezeichnung verstanden, was jedoch nur unter strengen Voraussetzungen der Fall sei (BPatG BeckRS 1996, 12419 – MADEIRA: eintragungsfähig für Dessertwein).

312   Im Gegensatz zur Individualmarke ist die **Unterscheidungskraft** bei Kollektivmarken nicht auf die Individualisierungs- und Herkunftsfunktion für die beanspruchten Waren oder Dienstleistungen aus einem individuellen Unternehmen bezogen, sondern auf die Individualisierung und Unterscheidung der Waren der Mitglieder des Inhabers der Kollektivmarke nach ihrer betrieblichen oder geografischen Herkunft, ihrer Art, ihrer Qualität oder ihren sonstigen Eigenschaften von denjenigen anderer Unternehmen (BGH GRUR 1996, 270 (271) – MADEIRA; BPatG GRUR 1998, 148 – SAINT MORIS/St. Moritz). Wegen § 99 kann einem Kollektivzeichen die Unterscheidungskraft nicht mit dem Argument abgesprochen werden, es handele sich um eine beschreibende geografische Angabe (ebenso zu Art. 66 UMV Eisenführ/Schennen/Schennen UMV Art. 66 Rn. 24).

Entscheidungspraxis:　　　　　　　　　　　　　　　　　　　　　　　313

St. Moritz (BPatG GRUR 1998, 148 – SAINT MORIS/St. Moritz): nicht unterscheidungskräftig 313.1 für Kleidung (Kl. 25), da vom Verkehr allein als Hinweis und Bezeichnung für eine Kollektion oder einen Modestil verstanden; ferner begegnen dem Verbraucher in der Werbung häufig Bezeichnungen von Waren mit Ortsnamen, die für ihn an sich nur allgemein die Vorstellung von Luxus und Exklusivität erweckten (unter Bezug auf BGH GRUR 1963, 482 – Hollywood Duftschaumbad).

Grosses Gewächs (HABM BeckRS 2006, 5767): nicht unterscheidungskräftig sowie beschreibend als Unionskollektivmarke (Art. 66 UMV) für alkoholische Getränke (ausgenommen Biere) (Kl. 33).

11. Namen (natürlicher Personen)

a) Grundsatz. Im Ausgangspunkt besitzen (Familien-)**Namen natürlicher Personen** von 314 Haus aus **Unterscheidungskraft** (vgl. BGH GRUR 2018, 301 Rn. 12 – Pippi-Langstrumpf-Marke; GRUR 2008, 801 Rn. 13 – Hansen-Bau, zu § 5; BPatG BeckRS 2019, 4278 Rn. 10 – Franziska van Almsick; BeckRS 2017, 107507 Rn. 28 – Pippi Langstrumpf; BeckRS 2016, 18764 – Pippi Langstrumpf; BeckRS 2016, 18762 – Langstrumpf; GRUR-RR 2014, 286 – August-Macke-Haus; GRUR 2014, 79 (80) – Mark Twain; GRUR 2012, 1148 (1149) – Robert Enke; BeckRS 2009, 01895 – Rainer Werner Fassbinder), und zwar grundsätzlich unabhängig davon, ob es sich um Namen lebender oder bereits verstorbener, bekannter oder unbekannter realer oder fiktiver Personen handelt (BPatG BeckRS 2017, 107507 Rn. 28 – Pippi Langstrumpf; GRUR 2008, 522 (523) – Percy Stuart; BeckRS 2002, 15821 – Captain Nemo; vgl. auch zu Phantasietiteln: BPatG GRUR 2006, 593 – Der kleine Eisbär). Der Verkehr ist daran gewöhnt, dass Personen durch ihren Namen bezeichnet und von anderen Personen unterschieden werden und sieht daher in Namen ein geradezu **klassisches Kennzeichnungsmittel** (BGH GRUR 2018, 301 Rn. 12 – Pippi-Langstrumpf-Marke; GRUR 2012, 832 Rn. 22 – ZAPPA; GRUR 2008, 801 Rn. 13 – Hansen-Bau; BPatG GRUR-RS 2020, 9972 Rn. 14 – HELMUT RAHN; BeckRS 2019, 4278 Rn. 10 – Franziska van Almsick). Personennamensmarken waren hierzulande ursprünglich gar der Regelfall (BPatG GRUR 2012, 1148 (1149) – Robert Enke; Onken, Die Verwechslungsgefahr bei Namensmarken, 2011, 91 f.; v. Bassewitz GRUR Int 2005, 660 f.; Kohler, Das Recht des Markenschutzes, 1884, § 5 (S. 157): „Name und Firma sind die natürlichen Warenbezeichnungen").

Die Schutzfähigkeit von Namen ist indes nicht selbstverständlich. So gelten nach der „surname-rule" 314.1 (Sec. 2 (e)(4) Lanham Act = 15 U.S.C. § 1052; Restatement (Third) of Unfair Competition § 14 (1995); Überblick bei von Bassewitz GRUR Int 2005, 660 ff.) im US-amerikanischem Markenrecht Nachnamen (nach common law auch Vornamen) in der Regel als beschreibend und im Interesse anderer Namensträger freihaltebedürftig und damit als erst aufgrund durch Benutzung erlangter Unterscheidungskraft („secondary meaning") schutzfähig (Christopher Brooks v. Creative Arts By Calloway, LLC, 93 U.S.P.Q.2d 1823 (USPTO Trademark Trial and Appeal Board, 2010); zur Vereinbarkeit mit der PVÜ s. In Re Rath, 402 F.3d 1207 (Fed. Cir. 2005)). Ob ein Zeichen „primarily merely" ein Nachname ist und damit der surname rule unterfällt (zu den möglichen Kriterien s. In re Benthin Management GmbH, 37 U.S.P.Q.2d 1332, 1333 ff.), wird nicht selten anhand der Einträge im Telefonbuch ermittelt (s. zB In Re J. J. Yeley, 85 U.S.P.Q.2d 1150 (USPTO Trademark Trial and Appeal Board, 2007): 147 Einträge für den Namen „Yeley" (eines bekannten NASCAR-Rennfahrers) innerhalb der USA sei hinreichend selten). – Eine ähnliche Eintragungspraxis bestand ungeachtet des anderslautenden Trade Mark Act 1994 auch im Vereinigten Königreich; dies war, wie der EuGH (EuGH C-404/02, GRUR 2004, 946 – Nichols) aufgrund eines Vorabentscheidungsersuchens des High Court of Justice entschieden hat, mit der MRL nicht vereinbar.

Die **Beurteilung der Unterscheidungskraft** von Personenmarken erfolgt nach den für sämtli- 315 che Markenformen geltenden Grundsätzen (EuGH C-404/02, GRUR 2004, 946 Rn. 25 – Nichols; BGH GRUR 2018, 301 Rn. 12 – Pippi-Langstrumpf-Marke; BPatG GRUR-RS 2021, 7311 Rn. 11 – Mozart Kaffee; GRUR-RS 2020, 9972 Rn. 14 – HELMUT RAHN; BeckRS 2016, 18764 – Pippi Langstrumpf; BPatG GRUR 2014, 79 (80) – Mark Twain; GRUR 2008, 518 (520) – Karl May). Es sind weder strengere (EuGH C-404/02, GRUR 2004, 946 Rn. 26 – Nichols; BPatG GRUR 2012, 1148 (1149) – Robert Enke) noch andere Kriterien (EuGH C-404/02, GRUR 2004, 946 Rn. 26 – Nichols, mit Beispielen für unzulässige zusätzliche Kriterien) anzuwenden.

Die Verwendung von Personennamen zur Bezeichnung von Waren und Dienstleistungen ist in bestimm- 315.1 ten Branchen besonders verbreitet und dem Verkehr bewusst, nach BPatG GRUR 2008, 512 (513) – Ringelnatz, etwa für Mode, Parfümerie- und Schuhwaren (Bogner, Joop, Jil Sander, Gabor, Lloyd), Kosmetik (Estée Lauder, Lancaster, Helena Rubinstein, Dr. Hauschka), im Lebensmittelbereich (Dr. Oetker, Hipp, Müller, Knorr), für Dienstleistungen von Werbeagenturen (Jung von Matt, Schaffhausen, Fischer Appelt) und Unternehmensberatern (Arthur Andersen, Roland Berger, McKinsey), nach BPatG GRUR 2012, 1148 (1150) – Robert Enke, auch im Verlagswesen (C.H. Beck, Beltz, Fischer, Walter de Gruyter, Heymanns, Huber, Ernst Klett, W. Kohlhammer, Langenscheidt, Luchterhand, Ernst Rowohlt, Dr. Otto Schmidt, Suhrkamp, Klaus Wagenbach, Ullstein etc).

316 Unterscheidungskräftig können neben **ungebräuchlichen Namen** und **Pseudonymen** auch **Allerweltsnamen** sein (EuGH C-404/02, GRUR 2004, 946 Rn. 30 – Nichols; BPatG BeckRS 2017, 107507 – Pippi Langstrumpf; GRUR 2008, 522 (523) – Percy Stuart), denn die Namensfunktion wird nicht dadurch beeinträchtigt, dass es mehrere Träger dieses Namens gibt (BGH GRUR 2008, 801 Rn. 13 – Hansen-Bau; BPatG BeckRS 2017, 107507 – Pippi Langstrumpf; GRUR 2008, 522 (523) – Percy Stuart). Die Häufigkeit des Namens beeinflusst allenfalls die **Kennzeichnungskraft** und damit den **Schutzumfang** (BGH GRUR 2008, 801 Rn. 13 – Hansen-Bau, für eine geschäftliche Bezeichnung).

317 Entscheidungspraxis und Literaturhinweise:

317.1 **– schutzfähig:**
Sir Peter Ustinov (BPatG BeckRS 2009, 937): schutzfähig für die Dienstleistungen Sammeln von Spenden, finanzielle Förderung und Sponsoring (Kl. 36); unabhängig davon, dass auch die Person Peter Ustinov mit solchen Tätigkeiten in Verbindung gebracht wird, besteht keine Verkehrsüblichkeit, solche Aktivitäten mit Namen von Personen zu benennen.
Franz Beckenbauer (BPatG BeckRS 2009, 16892): schutzfähig für Nahrungs- und Genussmittel (Kl. 29, 30), landwirtschaftliche Erzeugnisse (Kl. 31), Werbung (Kl. 35) uÄ.
Hansen-Bau (BGH GRUR 2008, 801): schutzfähig als geschäftliche Bezeichnung (§ 5 Abs. 1, 2 MarkenG) für ein Bauunternehmen.

317.2 **– nicht schutzfähig:**
Richard-Wagner-Barren (BPatG GRUR 2014, 667): nicht unterscheidungskräftig für Seifen (Kl. 3), Büroartikel (Kl. 16), Back-, Konditorei-, Schokolade- und Zuckerwaren (Kl. 30); dabei sei auch zu berücksichtigen, dass die Allgemeinheit einen Anspruch auf Teilhabe am kulturellen Leben hat, wozu auch die Möglichkeit der Beteiligung am Leben, den Werken und dem Wirken überragender Persönlichkeiten aus Kunst und Kultur gehört.

317.3 **Literatur:** v. Bassewitz, Der Name als Marke: Prototyp des Warenzeichens oder non-inherently distinctive term? – Zugleich eine Anmerkung zur US-amerikanischen Entscheidung In re Dr. Matthias Rath, GRUR Int 2005, 660; Der Mensch als Marke, 2005; Götting, Der Mensch als Marke, MarkenR 2014, 229; Götting, Persönlichkeitsmerkmale von verstorbenen Personen der Zeitgeschichte als Marke, GRUR 2001, 615; Onken, Die Verwechslungsgefahr bei Namensmarken, 2011; Sahr, Die Marken- und Eintragungsfähigkeit von Persönlichkeitsmerkmalen – Zugleich Anmerkung zu BPatG „Porträtfoto Marlene Dietrich" und „GEORG-SIMON-OHM", GRUR 2008, 461.

318 Zur Eintragungsfähigkeit von Namen s. auch unter „Persönlichkeitsmerkmale als Zeichen" (→ Rn. 349 ff.).

319 **b) Namen Prominenter und historischer Persönlichkeiten.** Ob es sich um den Namen einer in der Öffentlichkeit **bekannten** und in den Medien häufig genannten – lebenden oder verstorbenen – Person handelt **oder** um den Namen einer Person, die **keine öffentliche Aufmerksamkeit** genießt, ist grundsätzlich **unerheblich** (BPatG GRUR-RS 2020, 9972 Rn. 16 – HELMUT RAHN; GRUR 2014, 79 (80) – Mark Twain; BeckRS 2017, 107507 – Pippi Langstrumpf; GRUR 2008, 512 (513) – Ringelnatz). Weder schließt eine dem Verkehr bekannte werbliche Nutzung von Namen, insbesondere solcher **Prominenter,** deren Unterscheidungseignung schon deshalb aus (BPatG GRUR 2012, 1148 (1149) – Robert Enke; BeckRS 2009, 16892 – Franz Beckenbauer) noch steht der Unterscheidungskraft von Namen **historischer Persönlichkeiten** deren verbreitete Verwendung zur Benennung öffentlicher Einrichtungen (Bildungseinrichtungen etc, dazu BPatG GRUR 2006, 591 – GEORG-SIMON-OHM), Straßen und Plätzen grundsätzlich entgegen (BPatG GRUR 2012, 1148 (1149) – Robert Enke; GRUR-RR 2013, 460 (462) – Annette von Droste zu Hülshoff Stiftung). Es würde den Markenschutz in unbilliger Weise einschränken, wenn man Markennamen mit einem Personennamen als Bestandteil nur eine ehrende bzw. erinnernde Funktion zubilligte (BPatG GRUR-RR 2014, 286 – August-Macke-Haus; GRUR-RR 2013, 460 (462) – Annette von Droste zu Hülshoff Stiftung; GRUR-RR 2011, 260 (261) – Dürer-Hotel). Nach aA in der Literatur (HK-MarkenR/Fuchs-Wissemann Rn. 21; Götting MarkenR 2014, 229 (231 f.) und GRUR 2001, 615 (620); Gauß, Der Mensch als Marke, 2005, 137) sind die Namen historischer Persönlichkeiten dagegen grundsätzlich nicht schutzfähig.

Es besteht deshalb **kein allgemeines Schutzhindernis** im Interesse der Freihaltung solcher **320** Eigennamen; entscheidend ist vielmehr auch hier (wie stets), welche konkrete Bedeutung der Verkehr dem Namenszeichen im Hinblick auf die beanspruchten Waren oder Dienstleistungen entnimmt (ebenso Ingerl/Rohnke Rn. 147; Rohnke FS 50 Jahre BPatG, 2011, 707 (716); BPatG GRUR-RS 2021, 7311 Rn. 9, 12 – Mozart Kaffee, unter ausdrücklicher Aufgabe der früheren gegenteiligen Senatsrechtsprechung; GRUR-RS 2020, 9972 Rn. 15 f. – HELMUT RAHN; GRUR 2014, 79 (80) – Mark Twain; GRUR-RR 2011, 260 (261) – Dürer-Hotel; GRUR-RR 2013, 460 (462) – Annette von Droste zu Hülshoff Stiftung; aA BPatG GRUR 2006, 591 (592) – GEORG-SIMON-OHM: mit Ausnahme von Bildungseinrichtungen). Ein Schutzhindernis besteht deshalb nur dann, wenn das Zeichen zu den beanspruchten Waren und Dienstleistungen einen hinreichend direkten und konkreten Bezug aufweist, der es dem betreffenden Publikum ermöglicht, unmittelbar und ohne weitere Überlegung eine Beschreibung ihrer Merkmale zu erkennen (BPatG GRUR-RR 2013, 460 (462) – Annette von Droste zu Hülshoff Stiftung).

Entscheidungspraxis: **321**

Mozart Kaffee (BPatG GRUR-RS 2021, 7311 – Wort-/Bildmarke): für Kaffee (Kl. 30) grundsätzlich **321.1** schutzfähig. Unterscheidungskraft kann nicht allein mit dem Hinweis auf ein Interesse der Allgemeinheit am Schutz des kulturellen Erbes bzw. eines bedeutenden Kulturguts vor einer markenrechtlichen Monopolisierung verneint werden (Aufgabe von BPatG GRUR 2011, 992 – Neuschwanstein, unter Übertragung von BGH GRUR 2012, 1044 Rn. 26 ff. – Neuschwanstein). Außerhalb des Umfelds von Konzerten und Musikfestivals kommt dem Zeichen auch keine beschreibende Bedeutung zu, da weder im allgemeinen Sprachgebrauch noch in der Gastronomie oder Lebensmittelindustrie entsprechend verwendet; schließlich steht der Komponist auch nicht in einer besonderen Verbindung zu Kaffee und bloße „diffuse Assoziationen" genügen nicht.

c) Unerheblichkeit der Berechtigung zur Namensführung. Für die **Unterscheidungs- 322 kraft** (§ 8 Abs. 2 Nr. 1) ist **unerheblich,** ob der Anmelder zur Nutzung des Namens **berechtigt** ist (BPatG GRUR 2008, 518 (521) – Karl May; GRUR 2008, 512 (516) – Ringelnatz; BPatGE 42, 275 (281) = BeckRS 2009, 24790 – Fr. Marc; Ingerl/Rohnke Rn. 147; Ströbele/Hacker/ Thiering/Ströbele Rn. 314). Ob ein Zeichen vom angesprochenen Verkehr als Herkunftshinweis aufgefasst wird, hängt nicht von der Berechtigung des Anmelders zur Benutzung dieses Zeichens ab (Ströbele/Hacker/Thiering/Ströbele Rn. 314).

Der **Eintragung** regelmäßig **nicht entgegen stehen § 8 Abs. 2 Nr. 4,** da es nicht Aufgabe des Amtes **322.1** ist, die Berechtigung zur Namensverwendung zu überprüfen (BPatG GRUR 2012, 1148 (1150) – Robert Enke; BPatGE 42, 275 (281) = BeckRS 2009, 24790 – Fr. Marc; → § 8 Rn. 641 ff.), **§ 8 Abs. 2 Nr. 5** (BPatG GRUR 2012, 1148 (1151) – Robert Enke; BPatGE 42, 275 (281) = BeckRS 2009, 24790 – Fr. Marc; → § 8 Rn. 780) sowie **§ 8 Abs. 2 Nr. 13** (BPatG GRUR 2012, 1148 (1151 f.) – Robert Enke; → § 8 Rn. 948). Auch enthalten weder MarkenG noch MRL oder UMV ein selbständiges Schutzhindernis gegen die Eintragung von Personennamen oder Persönlichkeitsmerkmalen ohne Zustimmung der Person oder ihrer Erben bzw. Angehörigen, wie dies einige ausländische Rechtsordnungen (etwa Art. 8 Codice della proprietà industriale Italien bzw. Art. 21 MarkenG Italien aF (abgedruckt in GRUR Int 1994, 218) und Art. 1483 Punkt 9 Unterpunkt 2 ZGB Russische Föderation (s. Dück GRUR Int 2012, 618 (624)) bzw. Art. 7 Abs. 3 MarkenG Russische Föderation aF (abgedruckt in BlPMZ 2003, 411 ff.)) unter bestimmten Voraussetzungen kennen (s. BPatG GRUR 2008, 512 (516) – Ringelnatz; für das Erfordernis eines solchen Nachweises plädierend Götting MarkenR 2014, 229 (233)).

Entgegenstehende Rechte des Namensträgers – insbesondere das Namensrecht (§ 12 BGB), einschließ- **322.2** lich des postmortalen Namensschutzes (vgl. BGH GRUR 2007, 168 Rn. 8 – kinski-klaus.de; BPatG GRUR 2010, 1015 (1016 f.) – Schumpeter School) sowie das allgemeine Persönlichkeitsrecht – **können** aber **Bösgläubigkeit** des Anmelders iSd **§ 8 Abs. 2 Nr. 14 begründen** und damit ein bereits im Eintragungsverfahren zu berücksichtigendes Schutzhindernis begründen (BPatG GRUR 2012, 1148 (1151 f.) – Robert Enke; BPatG GRUR 2010, 1015 (1016 f.) – Schumpeter School, jeweils aber im konkreten Fall verneint; Ströbele/Hacker/Thiering/Ströbele Rn. 314; ferner BPatGE 42, 275 (281) = BeckRS 2009, 24790 – Fr. Marc; BPatG BeckRS 2008, 26492 – Lady Di; § 50 Abs. 1 Nr. 4 aF; → § 8 Rn. 9439 ff.). Ansonsten ist der Namensträger in der Regel auf die im Widerspruchs- oder Löschungsverfahren geltend zu machenden relativen Schutzhindernisse verwiesen.

d) Fälle fehlender Unterscheidungskraft. aa) Sachangabe. Einem Personennamen **fehlt** **323** die notwendige **Unterscheidungskraft,** wenn der Verkehr darin (zumindest auch) eine im Vordergrund stehende **Sachangabe** bezüglich der beanspruchten Waren oder Dienstleistung sieht (vgl. EuGH C-404/02, GRUR 2004, 946 Rn. 30 – Nichols; BPatG GRUR-RR 2014, 286 – August-Macke-Haus). Hieran ist beispielsweise zu denken, wenn ein Namensträger mit der Ware oder Dienstleistung in Verbindung steht oder gebracht wird, etwa als deren Erfinder bzw. Entwickler, wie zB „Otto" und „Wankel" für Motoren, „Diesel" zusätzlich für Kraftstoffe, „Stresemann" für einen Gesellschaftsanzug „Montessori-Schule", „Mozart" für Pralinen, „Röntgen" für medizinische Untersuchungsmethoden (vgl. GRUR-RS 2020, 9972 Rn. 20 – HELMUT RAHN; BPatG BeckRS 2017, 107507 – Pippi Langstrumpf; GRUR-RR 2014, 286 (287) – August-Macke-Haus; BeckRS 2008, 05314 – Maya Plisetskaya).

324   **Entscheidungspraxis:**

324.1   **– schutzfähig:**

Pippi Langstrumpf (BGH GRUR 2018, 301 – Pippi-Langstrumpf-Marke): kein enger beschreibender Bezug zu „Beherbergung von Gästen" (Kl. 42), da weder der Inhalt der Romane noch die Romanfigur einen inhaltlichen Bezug zum Beherbergungsgewerbe aufweisen; die etwaige Annahme, es handele sich um eine speziell an Kinder gerichtete, auf deren Bedürfnisse zugeschnittene Beherbergungsdienstleistung, begründet allenfalls einen (der Unterscheidungskraft nicht entgegenstehenden) beschreibenden Anklang.

August-Macke-Haus (BPatG GRUR-RR 2014, 286): nicht beschreibend für den thematischen Gegenstand eines Museums; zwar erwartet der Verkehr in einem „August Macke Haus" benannten Museum auch Kunstwerke von August Macke, doch werden selbst Museen durchaus nach Personen benannt, die nur mit dem Gebäude in Beziehung stehen („Lenbachhaus" und „Schack Galerie" in München), Kunstwerke gesammelt haben (Guggenheim Museum, Museum der Phantasie – auch Buchheim-Museum genannt) oder Vertreter einer Kunstrichtung sind, ohne dass dort nur ihre Werke gezeigt werden (Münter Haus, das auch Bilder von Kandinsky zeigt); insofern liegt es anders als bei den Zeichen **Deutsches Rockmuseum** (BPatG BeckRS 2009, 16806) und **Deutsches Currywurst Museum** (BPatG BeckRS 2007, 19371), die den thematischen Gegenstand eindeutig beschreiben.

Egon Erwin Kisch-Preis (BPatG GRUR 2010, 421): schutzfähig für Preisverleihungen etc. (Kl. 41), da ein „Kisch-Preis" nicht zwangsläufig für journalistische Leistungen stehen muss; nicht unterscheidungskräftig aber für bespielte Datenträger und Bücher, da insoweit als Inhaltsangabe denkbar (anders inzwischen BPatG BeckRS 2012, 15412 – Adolf Loos Preis); schutzfähig dagegen für verlegerische Tätigkeiten, da nicht zu erwarten ist, dass ein Verlagshaus sich nur dem Schaffen eines Journalisten bzw. der Verleihung eines nach diesem benannten Preises widmet und sich dann auch noch nach dem Preis benennt.

Adolf Loos Preis (BPatG BeckRS 2012, 15412): schutzfähig für ua die Durchführung von Preisverleihungen etc (Kl. 41); Aufgabe der strengeren Grundsätze aus BPatG BeckRS 2009, 10799 – **Balthasar-Neumann-Preis**.

Schumpeter School (BPatG GRUR 2010, 1015): für ua Bildungsdienstleistungen (Kl. 41), denn der Name eines Wissenschaftlers ist nicht automatisch ein beschreibender Fachbegriff diesbezüglich.

GEORG-SIMON-OHM (BPatG GRUR 2006, 591): schutzfähig für ua Erziehungs- und Ausbildungsdienstleistungen im Hochschulbereich (Kl. 41), auch auf den Gebieten der Technik und Naturwissenschaft.

Maya Plisetskaya (BPatG BeckRS 2008, 05314): für Druckereierzeugnisse (Kl. 16) und Unterhaltung, sportliche und kulturelle Aktivitäten (Kl. 41), weil zwar von tanzinteressierten Kreisen als Name einer früheren berühmten Balletttänzerin erkannt, jedoch nicht als Sachbezeichnung, etwa für eine bestimmte Stilrichtung des Balletttanzes, gebräuchlich.

324.2   **– nicht schutzfähig:**

Mozart (EuG GRUR Int 2009, 410), **Mozartkugel** (BPatG Mitt. 1985, 119), **Mozart-Stäbchen** (BPatG Mitt. 1987, 33): nicht schutzfähig für Süßwaren, da vom Verkehr als Sachhinweis auf eine bestimmte Rezeptur verstanden, wenngleich der Komponist mit den Mozartkugeln lediglich die „Geburtsstadt" gemein hat und diese wohl zu seinem bevorstehenden 100. Todestages (1891) 1890 als „Mozartbonbon" auf den Markt gebracht wurden.

WANKEL (BPatG BeckRS 2007, 11441): für Motoren.

Max Mustermann (BPatG BeckRS 2007, 12260): für ua Dienstleistungen im Bereich Werbung, Geschäftsführung, Unternehmensverwaltung, Büroarbeiten (Kl. 35), Versicherungs- und Finanzwesen, Geldgeschäfte Immobilienwesen (Kl. 36), da es sich bekanntermaßen fiktive Person, die beispielhaft ua in Formularen, Hinweisen und Datenbanken genannt wird; aus der fehlenden lexikalischen Nachweisbarkeit folgt nichts anderes.

325   **bb) Inhaltsangabe für Druckschriften etc.** Den Namen einer (realen) **bekannten Person** wird der Verkehr oft nicht nur mit dieser selbst verbinden, sondern regelmäßig auch mit dem Lebenserfolg, auf dem die Bekanntheit beruht, etwa mit der schöpferischen bzw. künstlerischen Leistung bei Schriftstellern, Komponisten und Schauspielern, dem sportlichen Erfolg bei Sportlern, dem regelmäßigen medialen Auftritt eines Fernsehmoderators oder der ausgeübten Funktion bei Politikern und Würdenträgern (BPatG GRUR-RS 2020, 9972 Rn. 16 – HELMUT RAHN; GRUR 2008, 512 (513) – Ringelnatz; GRUR-RR 2013, 460 (462) – Annette von Droste zu Hülshoff Stiftung; s. auch BGH GRUR 2008, 1093 Rn. 15 – Marlene-Dietrich-Bildnis; Sahr GRUR 2008, 461 (467)). Einem solchen Namen kann deshalb für **Druckschriften** und ähnliche Medien, die neben ihrem Charakter als handelbare Güter auch einen bezeichnungsfähigen gedanklichen Inhalt aufweisen oder aufweisen können, die **Unterscheidungskraft fehlen,** weil und soweit er als **Inhaltangabe** erscheint (BPatG GRUR-RS 2020, 9972 Rn. 21 – HELMUT RAHN; BeckRS 2017, 107507 – Pippi Langstrumpf; GRUR 2008, 518 (520) – Karl May; GRUR 2008, 512 (513) – Ringelnatz; aA Götting MarkenR 2014, 229 (230); → Rn. 368 ff.), zum Beispiel für eine Publikation **(Biografie)** oder einen **Film** über den Namensträger oder einer **Werkschau** (Retrospektive). Es gilt aber auch hier, dass bereits ein Mindestmaß an Unterscheidungskraft genügt (→ Rn. 100); dementsprechend ist genau zu prüfen, ob der Verkehr im konkreten Fall wirklich von einer Inhaltsangabe ausgeht (vgl. BPatG BeckRS 2019, 4278 Rn. 11 – Franziska van Almsick). Nicht auf einen Sachtitel deutet beispielsweise das Zeichen „August-Macke-Haus" hin, weil für eine Publikation über Leben oder Werk von August Macke dessen Namen nicht „Haus" hinzugefügt worden wäre (BPatG GRUR-RR 2014, 286 (287) – August-Macke-Haus). Desgleichen können die – auch hier zu berücksichtigenden – Kennzeichnungsgewohnheiten gegen ein alleiniges Verständnis als bloße Sachangabe sprechen, denn diese prägen das Zeichenverständnis des Publikums (BPatG BeckRS 2019, 4278 Rn. 12 – Franziska van Almsick und GRUR-RS 2019, 35662 Rn. 30 – Hugo Strasser, näher → Rn. 325.1). Bei medienbezogenen **Dienstleistungen** wie der Publikation von Zeitschriften etc bzw. Veröffentlichung und Herausgabe von Druckereierzeugnissen oder der Audio- und Videoproduktion (Kl. 41) liegt ein inhaltsbeschreibendes Verständnis eher fern, denn das Publikum wird einem bei der Erbringung solcher Dienstleistungen verwendeten Namen in der Regel nur einen Hinweis auf den Erbringer entnehmen, nicht aber auf den Gegenstand der aufgrund dieser Dienstleistung später angebotenen Produkte; hinsichtlich dieser Produkte handelt es sich allenfalls um – unschädlich – mittelbare Sachangaben (BPatG BeckRS 2019, 4278 Rn. 17 – Franziska van Almsick; GRUR-RS 2019, 35662 Rn. 36 – Hugo Strasser).

Das BPatG hat sich in „Franziska van Almsick" (BeckRS 2019, 4278 Rn. 14 ff.) eingehend mit den **325.1** **Kennzeichnungsgewohnheiten** und dem daraus folgenden **Zeichenverständnis für Verlagsprodukte** auseinandergesetzt. So sei das Publikum bei Bild-, Ton- und Datenträgern (Kl. 9) sowie bei Druckereierzeugnissen (Kl. 16) daran gewöhnt, dass sowohl das Thema oder der Gegenstand dieser Produkte (Werktitel, Autoren, Darsteller, Regisseure, Drehbuchautoren, Komponisten oder Musiker) als auch die Herkunftsangabe (bei Büchern der Verlag, bei Ton- und Bildträgern das sog. Musiklabel, dh das Produktions- und Vertriebsunternehmen) parallel angegeben würden und sich diese Angaben nahezu durchgängig überwiegend an bestimmten Stellen an oder auf dem Produkt befänden. So sei es bei Büchern allgemein üblich, Autor und Werktitel besonders grafisch herauszustellen und in der Regel in den oberen zwei Dritteln des Buchcovers zu platzieren, während sich die Verlagsangabe – also der Herkunftshinweis – nahezu durchgängig immer in einer meist kleineren Schrift am unteren Rand wiederfindet. Ähnliches gelte auch für Bild- und Tonträger, bei denen sich der Herkunftshinweis entweder wie bei Büchern deutlich kleiner als Titel und Autor auf der Vorderseite oder sogar nur auf der Rückseite des jeweiligen Trägers befinde. Letztlich schließe das Publikum bei diesen Produkten erst aus der Platzierung, ob es sich um eine Autoren-, eine Titel- oder eine Verlagsangabe handelt. Wer „Suhrkamp" am unteren Rand eines Buches lese, werde dem nur einen Hinweis auf den Verlag und damit auf die betriebliche Herkunft des Buches sehen; ihm käme nicht in den Sinn, dass damit auch auf den Inhalt des Buches hingewiesen würde, obwohl zahlreiche Bücher über Peter Suhrkamp als einem berühmten Nachkriegsverleger publiziert wurden. Entsprechende Ausführungen für Tonträger finden sich bei BPatG GRUR-RS 2019, 35662 – Hugo Strasser. Danach sei es bei CDs allgemein üblich, Musiker und Werktitel besonders grafisch herauszustellen und in der Regel mittig, jedenfalls blickfangmäßig auf der Frontseite zu platzieren, während sich die Produzentenangabe – also der Herkunftshinweis – nahezu durchgängig immer in einer meist kleineren Schrift auf der Rückseite und ggf. ausnahmsweise am unteren Rand wiederfinde.

Entscheidungspraxis: **326**

– schutzfähig: **326.1**
Franziska van Almsick (BPatG BeckRS 2019, 4278): schutzfähig für ua bespielte Ton-, Bild- und Datenträger aller Art (Kl. 9) und Druckereierzeugnisse (Kl. 16), da es naheliegende Verwendungsmöglichkeiten des Zeichens auf dem Produkt gibt, die vom Verkehr als Herkunftshinweis aufgefasst werden (→ Rn. 325.1).

Hugo Strasser (BPatG GRUR-RS 2019, 35662): schutzfähig für zahlreiche Waren und Dienstleistungen.

Robert Enke (BPatG GRUR 2012, 1148 – Robert Enke): schutzfähig für ua bespielte Ton-, Bild- und Datenträger aller Art (Kl. 9) und Druckereierzeugnisse (Kl. 16), da der Verkehr von der Marke nicht auf einen konkreten Inhalt des damit gekennzeichneten Mediums schließen kann.

Fürst von Metternich (BPatG BeckRS 2011, 18991): schutzfähig (insbesondere keine Inhaltsangabe) für Kochbücher, Restaurantführer und Weinführer; Zeitungen (Kl. 16) sowie für Unterhaltungsdienstleistungen (Kl. 35), da die historische Person nicht mit Esskultur und kulturellen Veranstaltungen in Verbindung gebracht wird, sondern lediglich mit politischen Ereignissen.

Rainer Werner Fassbinder (BPatG BeckRS 2009, 01895 – Rainer Werner Fassbinder): schutzfähig für ua Bild- und Tonträger, Film- und Fernsehproduktion, Filmverleih und Filmvorführung.

Percy Stuart (BPatG GRUR 2008, 522): unterscheidungskräftig für mediale Produkte.

326.2   **– nicht schutzfähig:**

Mirabeau (BPatG GRUR 2008, 517): beschreibend für Druckereierzeugnisse im Allgemeinen, nicht aber für Versandhauskataloge.

RINGELNATZ (BPatG GRUR 2008, 512): beschreibend für Bücher, Zeitschriften uÄ, da als bloßer Hinweis auf den Autor verstanden.

327   **Fiktive oder unbekannte Personennamen** sind dagegen in der Regel auch für mediale Produkte ohne weiteres unterscheidungskräftig (BPatG BeckRS 2017, 107507 – Pippi Langstrumpf; BeckRS 2016, 18762 – Langstrumpf; GRUR 2008, 522 – Percy Stuart; s. auch BPatG GRUR 2006, 593 – Der kleine Eisbär; BeckRS 2009, 02544 – Petterson und Findus; BeckRS 2012, 12120 – Captain Nemo). Anderes soll (ausnahmsweise) gelten, wenn sich der Name als Bezeichnung einer Romanfigur im Laufe der Zeit zum Synonym für einen bestimmten Charaktertyp (hier des edlen, rechtschaffenen Indianerhäuptlings) entwickelt hat (BGH GRUR 2003, 342 – Winnetou; BPatGE 42, 250 – Winnetou; mit Recht ablehnend Rohnke FS 50 Jahre BPatG, 2011, 707 (714 f.)). Näher zu Namen als Werktitel → Rn. 368 ff.

328   **Entscheidungspraxis:**

328.1   **Winnetou** (BGH GRUR 2003, 342; BPatGE 42, 250): nicht unterscheidungskräftig für Druckereierzeugnisse und Dienstleistungen im Medienbereich, da der Name der Romanfigur aufgrund ihrer Bekanntheit vom Verkehr als Synonym für einen bestimmten Charakter verstanden werde (zweifelhaft).

329   **cc) Merchandising.** Einem Namen fehlt jegliche Unterscheidungskraft, wenn er vom Verkehr **ausschließlich als Werbemittel** im Sinne einer Sympathie- oder Werbebotschaft oder eines Imagetransfers angesehen wird **(Merchandising).** Wird er dagegen von den maßgeblichen Verkehrskreisen (zumindest auch) als Hinweis auf die betriebliche Herkunft der damit versehenen Waren und Dienstleistungen verstanden, kann seine Unterscheidungskraft nicht allein deshalb verneint werden, weil er gleichzeitig oder sogar in erster Linie als Werbemittel aufgefasst wird (BGH GRUR 2010, 825 Rn. 15 – Marlene-Dietrich-Bildnis II; GRUR 2008, 1093 Rn. 21 f. – Marlene-Dietrich-Bildnis; BPatG BeckRS 2017, 107507 – Pippi Langstrumpf; GRUR 2012, 1148 (1149) – Robert Enke; BeckRS 2009, 16892 – FRANZ BECKENBAUER; im Ergebnis ebenso EuGH C-398/08 P, GRUR 2010, 228 Rn. 35, 45 – Vorsprung durch Technik, zu Werbeslogans; GRUR 2001, 1148 Rn. 40 – Bravo, zu Werbeschlagwörtern; zu eng BPatG GRUR 2008, 512 (513 f.) – Ringelnatz). Die Verwendung eines Namens zum Zwecke des Merchandisings, des Imagetransfers, der Erzeugung eines bestimmten Flairs etc steht deshalb dessen markenrechtlicher Schutzfähigkeit nicht entgegen, solange er auch noch als Herkunftshinweis verstanden wird.

330   Darüber hinaus kann auch der Annahme einer **Lizenzbeziehung** zum Namensträger ein Herkunftshinweis zu entnehmen sein und Unterscheidungskraft des Namenszeichens begründen (Ingerl/Rohnke Rn. 147; Götting MarkenR 2014, 229 (231); vgl. BPatG BeckRS 2009, 01895 – Rainer Werner Fassbinder; kritisch Sahr GRUR 2008, 461 (463); aA Ströbele/Hacker/Thiering/ Ströbele Rn. 315).

12. Namen (sonstige) und namensähnliche Bezeichnungen als Marke

331   Neben Personennamen kommen auch sonstige Namen und namensähnliche Bezeichnungen als Marken für Waren und Dienstleistungen zur Anwendung.

332   **a) Namen von juristischen Personen und Vereinigungen des Privatrechts. Namen** oder sonstige Bezeichnungen von **juristischen Personen** und **Vereinigungen des Privatrechts** können **unterscheidungskräftig** sein, denn der Verkehr versteht ein solches Zeichen nicht stets nur als Namen, sondern unter Umständen auch als Hinweis darauf, dass die damit gekennzeichneten Waren und Dienstleistungen unter der Produktverantwortung des Namensträgers stehen und somit als betrieblichen Herkunftshinweis (BPatG GRUR-RR 2008, 4 – FC Vorwärts Frankfurt (Oder)). Zu „sprechenden Vereinsnamen" → Rn. 336 f.

b) Namen von Behörden und sonstigen öffentlichen Einrichtungen. Auch **Namen** 333 oder sonstige Bezeichnungen von **Behörden** und sonstigen **öffentlichen Einrichtung** können **konkret unterscheidungskräftig** sein (BGH GRUR 2001, 240 (241) – SWISS ARMY). Das BPatG (GRUR 1999, 58 f. – SWISS ARMY) hatte dies insbesondere mit dem Argument verneint, der Verkehr sehe Behörden nicht als Gewerbetreibende und ihren Namen nicht als Hinweis auf die betriebliche Herkunft von Waren oder Dienstleistungen an, da staatliche Stellen weder Hersteller von Waren seien noch mit ihnen – von gewissen Ausnahmen abgesehen – handelten. Dem hielt der BGH entgegen, dass Unterscheidungskraft nicht meine, dass das Zeichen einen bestimmten Hinweis auf die betriebliche Herkunft der Ware oder Dienstleistung gibt, sondern lediglich, dass es diese von Waren und Dienstleistungen anderer Unternehmen unterscheide; dies könne auch ein vom Verkehr als Bezeichnung einer staatlichen Einrichtung verstandenes Zeichen leisten.

Derartige Bezeichnungen sind nicht deshalb von vornherein beschreibend und freihaltebedürftig 334 (§ 8 Abs. 2 Nr. 2), weil sie beim Verkehr **allgemeine Vorstellungen** über die Qualität, die Herstellung nach bestimmten behördlichen Vorgaben etc auslösen (BGH GRUR 2001, 240 (242) – SWISS ARMY; aA wiederum BPatG GRUR 1999, 58 (59) – SWISS ARMY).

Entscheidungspraxis: 335

SWISS ARMY (BGH GRUR 2001, 240): schutzfähig für „modische Armbanduhren Schweizer 335.1 Ursprungs".

Stadtwerke Dachau und **Stadtwerke Augsburg** (BPatG BeckRS 2009, 29872 und BeckRS 2012, 22897): schutzfähig für ua Dienstleistungen im Bereich der Daseinsvorsorge (Energie, Wasser, Abfall, Telekommunikation, Infrastruktur etc, Kl. 37–41), da vom Verkehr als Bezeichnung eines wirtschaftlichen Betriebs einer Kommune und damit als betriebliche Herkunftsangabe aufgefasst; Verkehr ist an eine entsprechende Kennzeichenbildung gewöhnt.

c) „Sprechende" Namen von Verbänden und Vereinigungen. Namentlich bei Berufs- 336 und Interessenverbänden und -vereinigungen finden sich der Verbandszweck und/oder der örtliche Wirkungskreis häufig bereits im Namen wieder. Solche **„sprechende" Verbandsnamen** sind nach bislang ganz überwiegender Rechtsprechung in der Regel **nicht unterscheidungskräftig** für mit dem Verbandszweck in Verbindung stehende Waren und Dienstleistungen (BPatG GRUR 2012, 69 (71) – Deutsches Institut für Menschenrecht; BeckRS 2011, 2894 – German Pain Association e.V.; BeckRS 2009, 23234 – Hausärztliche Vereinigung Deutschland; BeckRS 2007, 7698 – Deutsche Gesellschaft für Schmerztherapie e.V.) bzw. jedenfalls freihaltebedürftig (BGH GRUR 2012, 276 Rn. 16 ff. – Institut der Norddeutschen Wirtschaft e.V.; BPatG BeckRS 2010, 23078 – Institut der Norddeutschen Wirtschaft e.V.; BeckRS 2009, 23234 – Hausärztliche Vereinigung Deutschland). Lediglich einzelne Verbandsnamen wurden als schutzfähig erachtet (zB BPatG GRUR 2010, 342 – German Poker Players Association; BeckRS 2008, 25528 – Deutsche Venen-Liga e.V.). Unerheblich ist insoweit, ob das Zeichen zur Bezeichnung des Verbandes selbst (als Unternehmenskennzeichen iSd § 5 Abs. 2 oder Name iSd § 12 BGB) unterscheidungskräftig ist (BGH GRUR 2014, 1204 Rn. 19 – DüsseldorfCongress; → Rn. 336.1).

Soweit ein Schutz als **Unternehmenskennzeichen** nach § 5 Abs. 2 in Rede steht, ist für die Unter- 336.1 scheidungskraft ein großzügiger(er) Maßstab anzulegen, weil der Verkehr daran gewöhnt ist, dass diese Bezeichnungen aus einem Sachbegriff gebildet sind, der an den jeweiligen Tätigkeitsbereich angelehnt ist und der häufig mit einer geografischen Angabe kombiniert wird (BGH GRUR 2014, 1204 Rn. 18 – DüsseldorfCongress; GRUR 2012, 276 Rn. 14 – Institut der Norddeutschen Wirtschaft e.V.; GRUR 2008, 1108 Rn. 33 f. – Haus & Grund III; GRUR 2010, 1020 Rn. 17 – Verbraucherzentrale). Dieser großzügigere Maßstab des § 5 Abs. 2 und § 12 BGB gilt jedoch nicht für die markenrechtliche Beurteilung (BGH GRUR 2014, 1204 Rn. 18 – DüsseldorfCongress; GRUR 2012, 276 Rn. 16 – Institut der Norddeutschen Wirtschaft e.V.).

Dennoch ist es **nicht ausgeschlossen,** dass die in einer bestimmten Branche bestehenden 337 **Kennzeichnungsgewohnheiten** das Verkehrsverständnis des Publikums in einem Maße bestimmen, dass der angesprochene Verkehr derartige Bezeichnungen auch als Produktkennzeichen ansieht und diese deshalb über originäre **Unterscheidungskraft** verfügen (BGH GRUR 2014, 1204 Rn. 19 – DüsseldorfCongress). So habe sich in bestimmten Branchen die Übung herausgebildet, Unternehmenskennzeichnungen bzw. Betriebsbezeichnungen zu verwenden, die sich aus dem Namen einer Region oder Gemeinde und einem weiteren, am Unternehmensgegenstand orientierten Begriff zusammensetzen, sodass Verbraucher daran gewöhnt seien, in dieser Form einen betrieblichen Herkunftshinweis vermittelt zu bekommen (BPatG BeckRS 2012, 22897 – Stadtwerke Augsburg; BeckRS 2011, 7794 – Nordhessenhalle; BeckRS 2009, 26921 – Bodensee-Arena; BeckRS 2009, 06058 – Halle Münsterland; BeckRS 2008, 17248 – Gut Darß). S. auch → Rn. 343.

338   **d) Namen von Sehenswürdigkeiten, Kulturgütern, Gebäuden etc.** Auch Namen von **Sehenswürdigkeiten, Kulturgütern, besonderen Gebäuden** oder **Gebäudekomplexen** kommen grundsätzlich als eintragungsfähige Zeichen in Betracht. Selbst bedeutende Kulturgüter, die zum nationalen oder gar zum Weltkulturerbe zählen, sind nicht schon deshalb einer marken-rechtlichen Monopolisierung und Kommerzialisierung entzogen (BGH GRUR 2012, 1044 Rn. 29 – Neuschwanstein; BPatG GRUR-RR 2013, 460 (461 f.) – Annette von Droste zu Hülshoff Stiftung; aA noch BPatG GRUR 2011, 922 (925) – Neuschwanstein, unter Bezug auf OLG Dresden BeckRS 2000, 30105047 – Johann Sebastian Bach; BPatG GRUR 2010, 1015 (1016) – Schumpeter School; BeckRS 2007, 19195 – Leonardo da Vinci).

339   Oft sind solche Zeichen freilich als **geografische Herkunftsangabe** für die beanspruchten Waren und Dienstleistungen beschreibend und damit nach § 8 Abs. 2 Nr. 2 schutzunfähig (→ Rn. 208 ff.).

340   Gerade für die oft beanspruchten Waren und Dienstleistungen aus dem Bereich Reise, Reisean-denken, Merchandising etc wird der Verkehr solche Zeichen ohnehin nicht als Herkunftshinweis, sondern lediglich als allgemeinen Hinweis auf die Sehenswürdigkeit etc (zB im Sinne eines Reise-ziels oder des Ortes der Erbringung der Dienstleistung) auffassen, namentlich, wenn diese sehr bekannt ist (BGH GRUR 2012, 1044 Rn. 15 – Neuschwanstein; s. aber auch EuG BeckRS 2016, 81444 – Neuschwanstein; → Rn. 341.1 f.).

341   **Entscheidungspraxis und Literaturhinweise:**

341.1   **– schutzfähig:**
Neuschwanstein (BGH GRUR 2012, 1044): Unterscheidungskraft nicht per se ausgeschlossen für pharmazeutische Produkte (Kl. 5), Finanzwesen und Telekommunikation (Kl. 36) etc, selbst wenn diese auch an Touristen vertrieben werden, da keine verbreitete Übung besteht, solche Waren und Dienstleistun-gen mit den Namen von Sehenswürdigkeiten zu versehen (→ Rn. 341.2). – Für die Unionsmarke **Neu-schwanstein** hat der EuGH (EuGH C-488/16 P, GRUR 2018, 1146 Rn. 29) ein weit darüber hinausrei-chendes Waren-/Dienstleistungsverzeichnis anerkannt. Insbesondere folge ein beschreibender Charakter des Zeichens nicht schon daraus, dass die damit gekennzeichneten Waren als Souvenirartikel verkauft werden. Dass einer Ware die Funktion als Souvenir zugedacht wird, sei kein objektives, dem Wesen der Ware innewohnendes Merkmal, da diese Funktion vom freien Willen des Käufers abhänge und allein an seinen Intentionen ausgerichtet sei.

      telespargel event (BPatG GRUR-RR 2013, 20): schutzfähig für Veranstaltung und Organisation von Partys und Events zu Unterhaltungszwecken; Catering; Dienstleistungen zur Verpflegung und Beherber-gung von Gästen.

      KOUTOUBIA (BPatG BeckRS 2012, 6390): schutzfähig für Nahrungs- und Genussmittel (Kl. 29, 30, 31), da der Verkehr den Namen der größten Moschee in Marrakesch nicht als Hinweis auf die geografi-sche Herkunft dieser Waren versteht.

      Burg Eltz (BPatG BeckRS 2009, 958): schutzfähig für ua Verpflegung und Beherbergung von Gästen; aufgrund der Eigentümerstellung des Anmelders hinsichtlich der Burg sei eine beschreibende Verwendung des Zeichens vernünftigerweise in der Zukunft nicht zu erwarten (bedenklich, → Rn. 171).

341.2   **– nicht schutzfähig:**
Neuschwanstein (BGH GRUR 2012, 1044): nicht unterscheidungskräftig für als Reiseandenken und zur Deckung des Bedarfs der Touristen an Speisen, Getränken und sonstigen Artikeln im Umfeld touristi-scher Sehenswürdigkeiten vertriebene Waren (zahlreiche Kl.) (→ Rn. 341.1). – Deutlich großzügiger der EuGH (EuGH C-488/16 P, GRUR 2018, 1146 Rn. 29 – Neuschwanstein).

      Neuschwanstein (BPatG GRUR 2011, 922): beschreibend für Veranstaltung von Reisen; Dienstleis-tungen zur Verpflegung und Beherbergung von Gästen.

341.3   **Literatur:** Schlaffge/Harmsen, „Neuschwanstein" – Markenschutz für berühmte Bauwerke, MarkenR 2019, 189; Lerach, „Der neue Stein des Schwans" – Markenschutz für Sehenswürdigkeiten, GRUR Prax 2018, 461; Albrecht/Hoffmann, Markenrechtlich schützenswerter Besitzstand in öffentlicher Hand, Mar-kenR 2017, 399; Markfort/Albrecht, Möglichkeiten des Markenschutzes für regionale Wahrzeichen sowie deren Schutz vor Kommerzialisierung und Missbrauch, BayVBl. 2013, 686.

342   **e) Namen von Orten.** Namen von **Orten** als Zeichen oder Zeichenbestandteil etc sind in erster Linie ein Problem des § 8 Abs. 2 Nr. 2 (→ Rn. 212 ff.). Wird das Zeichen nach den dortigen Grundsätzen nicht als (beschreibende) geografische Herkunftsangabe verstanden, ist nicht selten Unterscheidungskraft (§ 8 Abs. 2 Nr. 1) und damit Schutzfähigkeit zu bejahen (vgl. BPatG BeckRS 2013, 00626 – Kimberley; BeckRS 2013, 00620 – Albufeira).

f) Etablissementbezeichnungen. Namen und sonstige Bezeichnungen eines **Etablisse- 343 ments** sind nach Rechtsprechung des BPatG für die **dort erbrachten Waren und Dienstleistungen unterscheidungskräftig,** wenn die Zeichen für das Etablissement selbst unterscheidungskräftig sind (BPatG BeckRS 2014, 08383 – Schloss Neubeuern; GRUR-RR 2013, 20 f. – telespargel event; BeckRS 2011, 07794 – Nordhessenhalle; BeckRS 2011, 07033 – Stadion An der Alten Försterei; BeckRS 2011, 03279 – Ruhrstadion; BeckRS 2010, 19797 – Konstanzer Konzilgespräch). Bezüglich der Unterscheidungskraft solcher Etablissementbezeichnungen habe sich in einzelnen Branchen (unter anderem bei Veranstaltungs- und Sportstätten) eine Übung herausgebildet hat, Kennzeichen zu verwenden, die sich aus dem Namen eines Ortes, einer Region oder einer sonstigen geografischen Angabe und einer Einrichtungsbezeichnung (Stadion, Arena usw) zusammensetzen, sodass das Publikum daran gewöhnt sei, darin einen betrieblichen Herkunftshinweis zu sehen (BPatG BeckRS 2014, 08383 – Schloss Neubeuern; BeckRS 2011, 07794 – Nordhessenhalle; BeckRS 2011, 7033 – Stadion An der Alten Försterei; BeckRS 2011, 3279 – Ruhrstadion; BeckRS 2010, 19797 – Konstanzer Konzilgespräch; BeckRS 2009, 6058 – Halle Münsterland; BeckRS 2009, 26921 – Bodensee-Arena). Für Dienstleistungen und Veranstaltungen, die dort nur im Einverständnis mit dem Inhaber des Hausrechts stattfinden können, seien solche Etablissementbezeichnungen auch nicht freihaltebedürftig (BPatG BeckRS 2014, 08383 – Schloss Neubeuern; GRUR-RR 2013, 20 (21) – telespargel event; BeckRS 2011, 07794 – Nordhessenhalle; BeckRS 2011, 7033 – Stadion An der Alten Försterei; BeckRS 2011, 03279 – Ruhrstadion; BeckRS 2010, 19797 – Konstanzer Konzilgespräch).

Nicht unterscheidungskräftig sollen solche Zeichen dagegen sein für **Waren,** die einen 344 **bezeichnungsfähigen Inhalt** aufweisen können, so insbesondere für Druckereierzeugnisse (Kl. 16), denn diese könnten Berichte Dritter, die nicht Inhaber der Marke sind, über das Etablissement oder über dort stattfindende oder für dort angekündigte Ereignisse enthalten, wofür die Zeichen dann inhaltsbeschreibend wären (BPatG BeckRS 2011, 07794 – Nordhessenhalle; BeckRS 2011, 07033 – Stadion An der Alten Försterei). Für **Dienstleistungen** im Zusammenhang mit der Herausgabe solcher Waren gälte dies hingegen nicht, weil sich Verleger, Herausgeber und Anbieter solcher im weiteren Sinn produzierenden Dienstleistungen weder nur einem bestimmten Etablissement widmeten noch sich danach benannten (BPatG BeckRS 2011, 07794 – Nordhessenhalle).

13. Neologismen

Markenschutz setzt – anders als das Design-/Geschmacksmusterrecht sowie das Patent- und 345 Gebrauchsmusterrecht – **keine Neuheit** des zu schützenden Zeichens voraus (EuG GRUR 2014, 285 Rn. 32 – Margarete Steiff/HABM; s. auch EuGH C-329/02 P, GRUR 2004, 943 Rn. 40 f. – SAT.2). Umgekehrt folgt die Schutzfähigkeit aber auch nicht schon daraus, dass das Zeichen neu ist (BGH GRUR 2011, 158 Rn. 12 – Hefteinband; BPatG GRUR 2011, 430 (431) – PowerTeacher). Der lexikalische oder (zB mittels einer Internetsuchmaschine erbrachte; → Rn. 136) tatsächliche Nachweis des Zeichens bzw. dessen Fehlen sprechen daher für sich genommen **weder gegen noch für die Schutzfähigkeit** (vgl. EuGH C-265/00, GRUR 2004, 680 Rn. 37–39 – BIOMILD; EuG GRUR Int 2008, 151 Rn. 27 – VOM URSPRUNG HER VOLLKOMMEN; BGH GRUR 2012, 272 Rn. 12 – Rheinpark-Center Neuss; GRUR 2010, 640 Rn. 13 – hey!; BPatG GRUR-RS 2020, 6954 Rn. 11 – Unser täglich; Ströbele/Hacker/Thiering/Ströbele Rn. 173, 222).

Die Prüfung der Schutzhindernisse folgt stattdessen auch bei **Wortneuschöpfungen** – einerlei, 346 ob es sich um völlig neue Begriffe oder lediglich ungewöhnliche Zusammenstellungen bekannter Elemente handelt – den **allgemeinen Grundsätzen.** Ein beschreibender Charakter der Neuschöpfung folgt deshalb nicht allein schon daraus, dass deren sämtlichen Bestandteile beschreibend sind (EuGH C-363/99, GRUR 2004, 674 Rn. 96 – Postkantoor; C-265/00, GRUR 2004, 680 Rn. 37 – BIOMILD; EuG BeckRS 2017, 102153 Rn. 20 – Limbic® Sales; BeckRS 2015, 80723 Rn. 15 – gel nails at home; T-475/12, BeckRS 2014, 80029 Rn. 16 – WorkFlowPilot; BGH GRUR 1995, 408 (409) – PROTECH). Maßgeblich ist – wie stets – das Zeichen als Ganzes (→ Rn. 123, → Rn. 178). Jedoch bleibt die Zusammensetzung einer beschreibenden Angabe mit einem weiteren Bestandteil zu einer Neuschöpfung im Allgemeinen beschreibend, wenn sich nicht im Einzelfall aufgrund einer ungewöhnlichen Änderung insbesondere syntaktischer oder semantischer Art anderes ergibt (EuGH C-363/99, GRUR 2004, 674 Rn. 98 – Postkantoor; C-265/00, GRUR 2004, 680 Rn. 39 – BIOMILD; EuG BeckRS 2017, 102153 Rn. 21 – Limbic®

Sales; T-475/12, BeckRS 2014, 80029 Rn. 17 – WorkFlowPilot; BGH GRUR 2012, 272 Rn. 12 – Rheinpark-Center Neuss). Insoweit gelten die Ausführungen zu Zusammensetzungen → Rn. 124, → Rn. 155 und → Rn. 179. Eine beschreibend verstandene Wortneuschöpfung wird nicht dadurch schutzfähig, dass sie für ein vom Anmelder/Nutzer dieses Zeichens entwickeltes Produkt verwendet wird (BPatG GRUR-RS 2020, 31530 Rn. 35 – Exergiemaschine).

347 Gleichwohl ist es nicht ausgeschlossen, der (fehlenden) **Neuheit,** ebenso wie der (fehlenden) besonderen **Eigenart** oder **Originalität** des Zeichens, **indizielle Bedeutung** bei der Beurteilung der Schutzfähigkeit – positiv wie negativ – zuzumessen (→ Rn. 357 für Werbeslogans). So kann ein beschreibender Sinngehalt eines Zeichens durch eine hinreichend fantasievolle Wortbildung so weit überlagert sein, dass ihm in seiner Gesamtheit die erforderliche Unterscheidungskraft nicht mehr abzusprechen ist (BGH GRUR 2017, 520 Rn. 32 – MICRO COTTON; GRUR 2008, 258 Rn. 24 – INTERCONNECT/T-InterConnect; BPatG BeckRS 2018, 6028 Rn. 17 – JurFirm; BeckRS 2014, 16915 – GASTROSMART; BeckRS 2012, 18833 – lipoweg; BeckRS 2010, 05796 – HELIOCARE; BeckRS 2007, 07710 – linguadict; BeckRS 2010, 05795 – derma fit).

348 **Entscheidungspraxis:**

348.1 **– schutzfähig:**
smartbook (BGH GRUR 2014, 565): „smartbook" (in der Wortfolge „smartbook for smart people") schutzfähig für Computer etc, da in den maßgeblichen Jahren 2006/2007 zwar „smart" im Sinne einer „gerätetechnischen Intelligenz", „book" aber nicht als beschreibend für einen tragbaren Computer verstanden wurde. Gegenteiliges ergibt sich weder aus dem Umstand, dass „Notebook" bereits 2005 in die deutsche Sprache eingegangen sei, noch daraus, dass Notebooks mit Markennamen versehen wurden, die mit dem Bestandteil „book" gebildet waren (zB „MacBook", „iBook" und „PowerBook"), noch daraus, dass das Markenwort Bestandteile aus den Bezeichnungen der Gerätetypen „Smartphone" einerseits und „Notebook" oder „Netbook" andererseits kombiniert (keine analysierende Betrachtungsweise).
JurFirm (BPatG BeckRS 2018, 6028): unterscheidungskräftig auch für Rechtsdienstleistungen (Kl. 35, 41, 45); aufgrund einer sprachregelwidrigen Bildung und erkennbaren Abweichung von „Lawfirm" ungeachtet des jeweils beschreibenden Charakters der beiden Bestandteile hinreichend originelles und deshalb unterscheidungskräftiges Kunstwort.
Schuhbiläum (BPatG BeckRS 2014, 16009): schutzfähig für ua Schuhe (Kl. 25), da zwar unschwer als verkürzte Form von „Schuhjubiläum" verstanden, herkunftshinweisend aber infolge der unüblichen und klar erkennbaren sprachlichen Komprimierung, die den angemeldeten Ausdruck zudem mit einem spielerischen, beinahe scherzhaften Unterton versieht.

348.2 **– nicht schutzfähig:**
WorkFlowPilot (EuG T-475/12, BeckRS 2014, 80029 Rn. 16): beschreibend für ua Computer und Computerprogramme zur Datenverarbeitung (Kl. 9), Erziehung, Ausbildung, Unterhaltung (Kl. 41), weil vom Verkehr unmittelbar als Pilot, der einen Ablauf steuert, aufgefasst, und damit beschreibend verstanden zB auch für ein Computerprogramm, das einen Strom verschiedener Daten kanalisiert oder steuert.
ApoCheck (BPatG BeckRS 2014, 03250): nicht unterscheidungskräftig für verschiedene pharmazeutische und medizinische Waren und Dienstleistungen (Kl. 5, 9, 10, 44) aufgrund des Verständnisses als Hinweis auf eine Untersuchung („Check") in bzw. an einer Apotheke oder der Apotheke selbst („Apo").
glucowatch (BPatG BeckRS 2014, 16004): beschreibend für medizinisch-technische Waren und Dienstleistungen (Kl. 9, 10, 44), weil vom Verkehr iSv „Blutzuckeruhr" bzw. „Blutzuckerwache" bzw. „Blutzuckerüberwachung" verstanden.
FLATRATE (BPatG BeckRS 2012, 21834): beschreibend für Kraftfahrzeuge und deren Teile (Kl. 12) sowie damit verbundene Finanzdienstleistungen (Kl. 36), da in den deutschen Sprachgebrauch als Bezeichnung eines Pauschaltarifs eingegangen.

14. Persönlichkeitsmerkmale als Zeichen

349 **Persönlichkeitsmerkmalen** (insbesondere **Namen** und **Bildnisse**) als Zeichen kommt in der Praxis erhebliche Bedeutung zu. Für den Träger des Persönlichkeitsmerkmals geht es meist um das Merchandising mit der eigenen Bekanntheit; Dritte wollen die Bekanntheit des Trägers für den eigenen Absatz nutzen.

350 Aus Persönlichkeitsmerkmalen gebildeten Zeichen **fehlt nicht** grundsätzlich **jegliche Unterscheidungskraft** (BPatG GRUR 2012, 1148 (1149) – Robert Enke; aA für historische Persönlichkeiten im Gegensatz zu kürzlich verstorbenen Personen der Zeitgeschichte Götting GRUR 2001, 615 (620); Götting MarkenR 2014, 229 (232)). Entscheidend ist allein, ob sich das Zeichen nach mutmaßlicher Auffassung der maßgeblichen Verkehrskreise als betrieblicher Herkunftshinweis eignet (BGH GRUR 2010, 825 Rn. 17 ff. – Marlene-Dietrich-Bildnis II). Das liegt bei Waren und Dienstleistung ohne Bezug zum Träger des Persönlichkeitsmerkmals oft nicht fern.

Die **Berechtigung zur Nutzung** des Persönlichkeitsmerkmals spielt für § 8 Abs. 2 Nr. 1 und **351** Nr. 2 **keine Rolle;** entsprechende Konflikte sind insbesondere mit § 13 zu lösen (BPatG GRUR 2012, 1148 (1149) – Robert Enke; → Rn. 322). Im Übrigen gelten die allgemeinen Grundsätze (zur Namensmarke → Rn. 314 ff.; zur Portraitmarke → § 8 Rn. 436 ff.).

Entscheidungspraxis und Literaturhinweise: **352**

Robert Enke (BPatG GRUR 2012, 1148): schutzfähig für zahlreiche Waren und Dienstleistungen, **352.1** einschließlich Druckereierzeugnissen.

Literatur: Götting, Der Mensch als Marke, MarkenR 2014, 229; Götting, Persönlichkeitsmerkmale **352.2** von verstorbenen Personen der Zeitgeschichte als Marke, GRUR 2001, 615; Boeckh, Markenschutz an Namen und Bildnissen realer Personen, GRUR 2001, 29.

15. Werbeslogans

Werbeslogans unterliegen **keinen strengeren Schutzvoraussetzungen** als sonstige Wort- **353** marken (EuGH C-311/11 P, GRUR Int 2012, 914 Rn. 25 – WIR MACHEN DAS BESON-DERE EINFACH; C-398/08 P, GRUR 2010, 228 Rn. 35 f. – Vorsprung durch Technik; BGH GRUR 2015, 173 Rn. 17 – for you; GRUR 2014, 565 Rn. 14 – smartbook; GRUR 2013, 522 Rn. 9 – Deutschlands schönste Seiten; GRUR 2010, 935 Rn. 9 – Die Vision; BPatG GRUR 2019, 733 Rn. 15 – Wir steuern Ihre Steuern; GRUR 2014, 293 (294) – for you; GRUR 2012, 532 – Deutschlands schönste Seiten). Sie bedürfen **keiner zusätzlichen Originalität** (BPatG GRUR 2012, 532 – Deutschlands schönste Seiten; GRUR 2019, 733 Rn. 15 – Wir steuern Ihre Steuern), müssen **weder „fantasievoll"** sein **noch „ein begriffliches Spannungsfeld, das einen Überraschungs- und damit Merkeffekt zur Folge ha(t)",** aufweisen (EuGH C-64/02 P, GRUR 2004, 1027 Rn. 31 f. – DAS PRINZIP DER BEQUEMLICHKEIT (gegen HABM BK Entsch. v. 23.3.2000 – R 392/1999-3 = NJWE-WettbR 2000, 301 Ls.); EuGH C-311/11 P, GRUR Int 2012, 914 Rn. 26 f. – Smart Technologies; ebenso BGH GRUR 2000, 321 (322) – Radio von hier; BPatG GRUR 2014, 293 (295) – for you) oder über einen **selbständig kenn-zeichnenden Bestandteil** verfügen (BGH GRUR 2002, 1070 (1071) – Bar jeder Vernunft; GRUR 2000, 321 (322) – Radio von hier; BPatG GRUR 2019, 733 Rn. 15 – Wir steuern Ihre Steuern; anders noch BPatG GRUR 1998, 57 – Nicht immer, aber immer öfter; BPatGE 39, 85 – MIT UNS KOMMEN SIE WEITER). Solche Umstände sprechen aber **indiziell für Unterscheidungskraft** (→ Rn. 99).

Unter Geltung des **WZG** waren Werbeslogans nach anfänglich großzügiger Eintragungspraxis des RPA **353.1** seit Mitte der 1930 Jahre nur unter der Voraussetzung eintragungsfähig, dass sie entweder einen selbständig schutzfähigen, auf einen bestimmten Geschäftsbetrieb hinweisenden Bestandteil, etwa die Firma oder den Produktnamen, beinhalteten oder sich der Slogan für das werbende Unternehmen im Verkehr durchgesetzt hatte (näher mit Beispielen Traub GRUR 1973, 186 (187)). Werbende Anpreisungen sollten im Interesse der Allgemeinheit freigehalten werden (RPA GRUR 1935, 958 – Kleine Geräte – große Hilfen). Schutzfähig waren zB **Genießer trinken DOORNKAAT** für Spirituosen (BPatGE 5, 188), **Stets mobil mit forbil** für Arzneisalbe (BPatGE 9, 240). Überwiegend wurden Slogans indes als nicht unterscheidungskräftig angesehen (Baumbach/Hefermehl WZG § 4 Rn. 54 mit Beispielen). Diese Rechtsprechung ist seit Inkraft-treten des MarkenG überholt.

Wie stets ist notwendig, dass der angesprochene Verkehr den Slogan als Herkunftshinweis für **354** die beanspruchten Waren und Dienstleistungen wahrnimmt (EuGH C-398/08 P, GRUR 2010, 228 Rn. 44 – Vorsprung durch Technik), wobei freilich ein aufgrund der Markenkategorie **abwei-chendes Verkehrsverständnis** gelten kann (EuGH C-398/08 P, GRUR 2010, 228 Rn. 37 – Vorsprung durch Technik; C-64/02 P, GRUR 2004, 1027 Rn. 34 – DAS PRINZIP DER BEQUEMLICHKEIT; BGH GRUR 2013, 522 Rn. 9 – Deutschlands schönste Seiten; GRUR 2010, 935 Rn. 11 – Die Vision; BPatG BeckRS 2016, 16662 – Keine Tränchen beim ersten Zähnchen; GRUR 2014, 293 (295) – for you; → Rn. 133).

Wird der **Werbeslogan als Herkunftshinweis wahrgenommen,** steht der Unterscheidungs- **355** kraft nicht entgegen, dass er gleichzeitig oder sogar in erster Linie als Werbeslogan aufgefasst wird oder er sich von anderen Unternehmen ebenfalls zu Eigen gemacht werden könnte (EuGH C-398/08 P, GRUR 2010, 228 Rn. 44 f. – Vorsprung durch Technik; BGH GRUR 2000, 722 (723) – LOGO; strenger dagegen noch EuGH C-64/02 P, GRUR 2004, 1027 Rn. 35 – DAS PRINZIP DER BEQUEMLICHKEIT: Werbefunktion dürfe nur von offensichtlich untergeord-neter Bedeutung sein; → Rn. 139). Auch **sprechende Zeichen,** die suggestive Andeutungen vermitteln, können unterscheidungskräftig sein (BPatG BeckRS 2014, 07054 – you smile we care: schutzfähig für zahnmedizinische Produkte und Dienstleistungen; BeckRS 2012, 22501 – Aus

Akten werden Fakten: schutzfähig für Computersoftware; GRUR 2004, 333 – ZEIG DER WELT DEIN SCHÖNSTES LÄCHELN: schutzfähig unter anderem für Zahnputzmittel). Der Grat zur bloßen (nicht unterscheidungskräftigen) Werbeanpreisung ist aber schmal (s. etwa BPatG BeckRS 2016, 16662 – Keine Tränchen beim ersten Zähnchen; → Rn. 360.1).

356   Nach Auffassung des EuGH **schadet** schließlich auch eine im Werbeslogans mit **enthaltene Sachaussage nicht** grundsätzlich, denn diese sei Werbeslogans oft immanent (EuGH C-398/08 P, GRUR 2010, 228 Rn. 56 f. – Vorsprung durch Technik). Angesichts der zugleich in st. Rechtsprechung betonten rechtlichen Gleichbehandlung aller Markenformen dürfte dies indes **nicht** dahingehend zu verstehen sein, dass damit von dem **Grundsatz,** dass bereits der beschreibende Charakter **einer möglichen Deutung** des Zeichens der Unterscheidungskraft entgegensteht (→ Rn. 150), für Werbeslogans **abgewichen** werden soll.

357   Ein Herkunftshinweis kann insbesondere darin liegen, dass ein Slogan nicht nur in einer gewöhnlichen Werbemitteilung besteht, sondern eine **gewisse Originalität** oder **Prägnanz** aufweist, ein Mindestmaß an **Interpretationsaufwand** erfordert oder bei den angesprochenen Verkehrskreisen einen **Denkprozess** auslöst (EuGH C-398/08 P, GRUR 2010, 228 Rn. 57 – Vorsprung durch Technik; BPatG GRUR 2019, 733 Rn. 15 – Wir steuern Ihre Steuern). Der BGH (GRUR 2014, 565 Rn. 14 – smartbook; GRUR 2002, 1070 (1071) – Bar jeder Vernunft; GRUR 2000, 321 (322) – Radio von hier; GRUR 2000, 323 (324) – Partner with the Best; ebenso BPatG GRUR 2019, 733 Rn. 15 – Wir steuern Ihre Steuern) nennt als **Indizien** (nicht: notwendige Voraussetzungen) **für Unterscheidungskraft** die **Kürze,** eine gewisse **Originalität** und **Prägnanz** sowie eine **Mehrdeutigkeit** und **Interpretationsbedürftigkeit** einer Werbeaussage. Zugleich betont er stets, dass die Anforderungen an die Eigenart im Rahmen der Bewertung der Unterscheidungskraft von Wortfolgen **nicht überspannt** werden dürfen und deshalb auch einer für sich genommen eher einfachen Aussage nicht von vornherein die Eignung zur Produktidentifikation abgesprochen werden kann (BGH GRUR 2009, 949 (950) – My World; GRUR 2001, 1043 (1044 f.) – Gute Zeiten – Schlechte Zeiten; GRUR 2000, 720 (721) – Unter uns). Dies gilt auch für **fremdsprachliche Slogans,** soweit sie der inländische Verkehr entsprechend versteht (BGH GRUR 2001, 1047 (1048 f.) – LOCAL PRESENCE, GLOBAL POWER).

358   **Nicht unterscheidungskräftig** sind dagegen Werbeslogans, die **lediglich beschreibende Angaben** oder **Anpreisungen** und **Werbeaussagen** allgemeiner Art darstellen (BGH GRUR 2010, 935 Rn. 9 – Die Vision; GRUR 2009, 778 Rn. 12 – Willkommen im Leben; GRUR 2002, 1070 (1071) – Bar jeder Vernunft; GRUR 2001, 735 (736) – Test it; GRUR 2000, 323 (324) – Partner with the Best; BPatG GRUR-RS 2021, 33425 RN. 22 – Billig? Will ich!; GRUR 2019, 733 Rn. 15 – Wir steuern Ihre Steuern; GRUR 2014, 293 (295) – for you; s. auch EuGH C-64/02 P, GRUR 2004, 1027 Rn. 35 – DAS PRINZIP DER BEQUEMLICHKEIT) oder als **gebräuchliche Wortfolge** vom Verkehr stets nur in ihrem Wortsinn und nicht als Unterscheidungsmittel verstanden werden (BPatG GRUR 2012, 532 f. – Deutschlands schönste Seiten; GRUR 2004, 333 – ZEIG DER WELT DEIN SCHÖNSTES LÄCHELN: Schutzfähigkeit hier aber bejaht).

359   Nach der Rechtsprechung des BGH und des BPatG sind **„längere" Wortfolgen** grundsätzlich nicht unterscheidungskräftig, weil diese dem Verkehr in der Regel nicht den Eindruck eines betrieblichen Herkunftshinweises vermitteln (BGH GRUR 2015, 173 Rn. 17 – for you; GRUR 2014, 565 Rn. 14 – smartbook; GRUR 2010, 935 Rn. 11 – Die Vision; GRUR 2002, 1070 (1071) – Bar jeder Vernunft; GRUR 2000, 323 (324) – Partner with the Best; BPatG GRUR-RS 2019, 35936 Rn. 25 – Only God Can Judge Me; GRUR 2019, 733 Rn. 22 – Wir steuern Ihre Steuern). Unklar bleibt insoweit freilich, wo hier die Grenze zu ziehen ist (ebenso Ingerl/Rohnke Rn. 144). In der Tendenz trifft es aber zu, dass die Annahme eines Herkunftshinweises umso ferner liegt, je länger die Wortfolge ist.

360   **Entscheidungspraxis:**

360.1   **– schutzfähig:**
Vorsprung durch Technik (EuGH C-398/08 P, GRUR 2010, 228): für technikbezogene Waren und Dienstleistungen unterscheidungskräftig; ggf. enthaltene Sachaussage, die Herstellung und Lieferung besserer Waren und Dienstleistungen werde durch technische Überlegenheit erreicht, steht Unterscheidungskraft nicht entgegen, da eine solche Aussage, so einfach sie auch wäre, nicht als so gewöhnlich eingestuft werden könne, dass unmittelbar und ohne weitere Prüfung eine herkunftshinweisende Funktion ausgeschlossen wäre.
DAS PRINZIP DER BEQUEMLICHKEIT (EuGH C-64/02 P, GRUR 2004, 1027): schutzfähig für handbetätigte Werkzeuge, Messerschmiedewaren, Gabeln und Löffel (Kl. 8), Landfahrzeuge (Kl. 12). Wohn- und Büromöbel (Kl. 20).

smartbook for smart people (BGH GRUR 2014, 565): für Computer etc (→ Rn. 348.1).

Keine Tränchen beim ersten Zähnchen (BPatG BeckRS 2016, 16662): unterscheidungskräftig für „Erzeugnisse für medizinische oder veterinärmedizinische Zwecke, Zahnfüllmittel und Abdruckmassen für zahnärztliche Zwecke", da diese Produkte nicht dazu bestimmt und geeignet sind, Beschwerden eines Kleinkindes beim „Zahnen" zu lindern, sodass insoweit auch ein Verständnis der angemeldeten Wortfolge als werblich-anpreisendes Versprechen auf die Wirkungsweise der Produkte fernliegt. Zu fehlender Unterscheidungskraft → Rn. 360.2.

you smile we care (BPatG BeckRS 2014, 07054): schutzfähig für zahnmedizinische Produkte und Dienstleistungen.

Es ist Deine Zeit (BPatG BeckRS 2014, 08378): schutzfähig für zahlreiche Waren und Dienstleitungen der Kl. 9, 35, 38 und 42.

V.-Apotheke – weil Lebensfreude Gesundheit braucht! (BPatG BeckRS 2014, 02924): schutzfähig für ua Waren und Dienstleistungen einer Apotheke (Kl. 5, 35, 44), da dem Bestandteil V. (im Gegensatz zu den anderen Bestandteilen) Unterscheidungskraft zukommt.

Hallo Erde (BPatG GRUR-RR 2013, 150): → Rn. 365.1.

BE WHAT YOU ARE AND EVERYTHING YOU WANT TO BE (BPatG BeckRS 2012, 21153): unterscheidungskräftig für Tabakwaren (Kl. 34), da weder beschreibend noch naheliegender sachlicher Inhalt und zudem ungewöhnliche Bildung („what" anstelle des näherliegenden „who").

VIVA LA MONEY (BPatG BeckRS 2011, 7895): schutzfähig für Finanzdienstleistungen (Kl. 36); zwar versteht der Verkehr den Inhalt („Es lebe das Geld"), dieser beschreibt aber keine konkrete Eigenschaft der beanspruchten Dienstleistung.

Wir machen morgen möglich (BPatG BeckRS 2011, 16240): schutzfähig für Waren und Dienstleistungen aus der Elektronik- und IT-Branche; der beschreibende Anklang steht nicht im Vordergrund, das Zeichen erfordert ein Mindestmaß an Interpretationsaufwand und besitzt mit der Alliteration zudem eine gewisse Originalität und Prägnanz.

ZEIG DER WELT DEIN SCHÖNSTES LÄCHELN (BPatG GRUR 2004, 333): schutzfähig auch für Zahnputzmittel (Kl. 3).

– nicht schutzfähig:

360.2

WIR MACHEN DAS BESONDERE EINFACH (EuGH C-311/11 P, GRUR Int 2012, 914): nicht unterscheidungskräftig für Waren aus dem Bereich elektronische Bildverarbeitung (Kl. 9).

Wash & Coffee (EuG BeckRS 2014, 81182): keine Unterscheidungskraft, da „wash" die Dienstleistungen der Kl. 37, „coffee" die der Kl. 43 bezeichnet, das Zeichen deshalb die sloganartige Aussage vermittelt, dass beide Dienstleistungen zusammen angeboten werden, dh. Dienstleistungen eines Waschsalons oder einer Wäscherei und Reinigung mit dem Angebot von Kaffee verbunden sind. Dabei ist unerheblich, dass dieses Dienstleistungskonzept ungewöhnlich ist.

Die Vision: EINZIGARTIGES ENGAGEMENT IN TRÜFFELPRALINEN. Der Sinn: Jeder weiß WAS wann zu tun ist und was NICHT zu tun ist. Der Nutzen: Alle tun das RICHTIGE zur richtigen Zeit (BGH GRUR 2010, 935 – Die Vision): zwar weder in Bezug auf die beanspruchten Waren und Dienstleistungen beschreibend noch lediglich gebräuchliche Wortfolge, jedoch als längere Wortfolge grundsätzlich nicht unterscheidungskräftig.

Billig? Will ich! (BPatG GRUR-RS 2021, 33425): für alle gegen Entgelt erwerbbare Waren und Dienstleistungen als ausschließlich werbliche Anpreisung verstanden.

Wir steuern Ihre Steuern (BPatG GRUR 2019, 733): für Dienstleistungen, die einen steuerlichen oder steuerrechtlichen Bezug aufweisen, aus sich heraus als sachbezogener werbeüblicher Spruch ohne Weiteres dahingehend verständlich, dass der so bezeichnete Dienstleister mit „wir steuern" zum Ausdruck bringt, „Wir handhaben/lenken/beeinflussen/leiten/gehen an/ergreifen Maßnahmen" in Bezug auf die „Steuern" (= Steuerverpflichtungen) des Kunden; ebenso nicht unterscheidungskräftig für im Zusammenhang mit Werbung und Marketing stehende Dienstleistungen, da insoweit auf einen fachlichen und inhaltlichen Schwerpunkt oder Projekte einer Werbe- und Marketingagentur hingewiesen werden kann; ebenso in Bezug auf „Erstellung und Entwicklung von Computerprogrammen"; unabhängig davon für sämtliche beanspruchten Dienstleistungen der Kl. 35, 36, 41, 42) nicht unterscheidungskräftig, da auch ohne werblichen Sachzusammenhang zu den jeweiligen Dienstleistungen stets nur als Wortfolge und nicht als betrieblicher Herkunftshinweis verstanden (die insoweit zugelassene Rechtsbeschwerde wurde eingelegt, aber zurückgenommen.

Bewusster leben, bewusster wohnen (BPatG GRUR-RS 2019, 33394): nicht unterscheidungskräftig für ua Farben etc (Kl. 2), Baumaterialien (Kl. 19), da vom Verkehr ohne weiteres als „(noch) nachhaltiger leben, (noch) nachhaltiger wohnen" im Sinne eines (noch) „umweltverträglicheren/-schonenderen und/oder gesundheitlich unbedenklicheren Lebens und/oder Wohnens" und damit lediglich anpreisend verstanden.

Keine Tränchen beim ersten Zähnchen (BPatG BeckRS 2016, 16662): nicht unterscheidungskräftig für Pharmazeutische Erzeugnisse etc der Kl. 5 sowie humangesundheitsbezogene Dienstleistungen der Kl.

41 und 44, da ungeachtet der Reimform und der verwendeten Diminutiva als Hinweis auf die Bestimmung bzw. Wirkungsweise der beanspruchten Waren und Dienstleistungen beim „Zahnen" von Kleinkindern verstanden. Zu Unterscheidungskraft → Rn. 360.1.

MIR REICHT'S. ICH GEH SCHAUKELN (BPatG BeckRS 2014, 18970): als „typischer ‚Fun-Spruch'" auf insbesondere Kleidung und Schuhen (Kl. 25) für solche Waren nicht unterscheidungskräftig.

ICH DENK AN MICH (Wort-/Bildzeichen) (BPatG BeckRS 2014, 11336 und BeckRS 2014, 11335): nicht unterscheidungskräftig für verschiedenste Waren und Dienstleistungen, da lediglich in sprachlich und konzeptionell geläufiger Weise dem Publikum ein Kaufmotiv in Erinnerung gerufen wird, das Zeichen damit als konventionelle Werbemitteilung lediglich der Verkaufsförderung dient, deren Zweck sogar deutlicher hervortritt als in anderen anerkannten Fällen einer allgemeinen Werbeaussage, etwa eines als Zuruf, Ausrufs oder einer Grußformel verständlichen Begriffs (unter Verweis auf BGH GRUR 2010, 640 Rn. 13 – hey!).

Besser gut bei Stimme (BPatG BeckRS 2016, 12537): nicht unterscheidungskräftig für pharmazeutische und veterinärmedizinische Erzeugnisse (Kl. 5), weil hinsichtlich der umfassten diversen Mittel gegen Erkrankung der Atemwege, insbesondere Mittel gegen Erkältungskrankheiten und deren Symptome, also auch Mittel gegen Heiserkeit und Husten „überaus naheliegend" die sachlich-werbliche Botschaft zum Ausdruck bringend, dass die entsprechend gekennzeichneten Mittel zur Wiederherstellung bzw. Besserung der „Stimme" führen bzw. beitragen.

VORFAHRT VIA BUS für Hamburg (Bildzeichen) (BPatG BeckRS 2014, 04247): nicht unterscheidungskräftig für Computerprogramme etc (Kl. 9), Öffentlichkeitsarbeit (Kl. 35) und Personenbeförderung, ÖPNV etc (Kl. 39), weil „via" in dem sich aufdrängenden Zusammenhang „mittels" heißt und außerdem auf Straße/Weg, als Verkehr, anspielt.

Aus Akten werden Fakten (BPatG BeckRS 2012, 22501): für Computersoftware (Kl. 9) verschiedene Dienstleistungen im Bereich der betrieblichen Organisation fehlt zwar nicht von Hause aus jegliche Unterscheidungskraft, jedoch aufgrund umfangreicher Verwendung als Werbespruch.

Du bist nicht von der Stange (BPatG BeckRS 2012, 20399): für Bekleidung etc (Kl. 25) nicht unterscheidungskräftig, sondern sachliche Aussage und Werbeanpreisung, es handele sich um etwas Besonderes, das nicht der Masse entspricht.

von jeder Bewegung profitieren (BPatG BeckRS 2012, 19745): für Therapiegeräte (Kl. 10), insbesondere Sitz- und Ruhemöbel (Kl. 20) und Turn- und Sportgeräte, Geräte für Körperübungen (Kl. 28) nicht unterscheidungskräftig, da Verkehrsverständnis, der Verwender dieser Waren profitiere gesundheitlich von jeder Bewegung, die er auf oder mit ihnen vollzieht.

Deutschlands schönste Seiten (BPatG GRUR 2012, 532): für Verlagserzeugnisse (Kl. 16) und Veröffentlichung und Herausgabe von Zeitschriften, Büchern und Zeitungen (Kl. 41) nicht unterscheidungskräftig, da Verkehr auf den ersten Blick eine allgemein verständliche Aussage erkennt, die lediglich in gebräuchlicher und werbeüblich anpreisender Art und Weise auf die schönsten Seiten Deutschlands hinweist.

Bitterfeld Wolfen – Wir haben den Bogen raus (BPatG BeckRS 2012, 11849): nicht unterscheidungskräftig für verschiedenste Waren und Dienstleistungen, da bloßer Hinweis auf den Herkunfts- und Vertriebsort bzw. den Erbringungsort der Waren bzw. Dienstleistungen sowie auf deren damit verbundene besondere Qualität.

Im richtigen Kino bist Du nie im falschen Film (BPatG BeckRS 2011, 7797): nicht unterscheidungskräftig für verschiedene Waren und Dienstleistungen der Kl. 9, 16, 35, 41, 43, da die sprachüblich aufgebaute Aussage vom angesprochenen Verkehr lediglich als anpreisende Werbeaufforderung verstanden wird.

lieblings Eis wie frisch verliebt (BPatG BeckRS 2011, 634): nicht unterscheidungskräftig (und wohl auch beschreibend) für Eis; der Bestandteil „lieblings" (abgeleitet von der Firma des Unternehmens) ist ein im deutschen Sprachgebrauch vielfach verwendetes Wortbildungselement, welches in Bildungen mit Substantiven wie zB „Lieblingsblume", „Lieblingsbuch" „Lieblingsschauspieler" ausdrückt, dass jemand oder etwas in höchster Gunst steht, den Vorzug vor allen anderen Personen oder Sachen erhält.

Welcome to man's paradise (BPatG BeckRS 2009, 5623): beschreibend für Druckereierzeugnisse, Zeitungen, Zeitschrifte etc (Kl. 16) ungeachtet der Tatsache, dass es sich bei dem Begriff „um ein sehr breites und vages Themengebiet handelt, mit dem die angesprochenen Verkehrskreise möglicherweise unterschiedliche Vorstellungen verbinden.

mittendrin im alter (BPatG BeckRS 2009, 761): für Druckereierzeugnisse (Kl. 16); Vermittlung von Finanzanlagen und Versicherungsverträgen, Beratung und Durchführung von Seminaren zu finanziellen Belangen (Kl. 36, 41) allgemeine Werbeaussage, nämlich dass man durch die Inanspruchnahme dieser Dienstleistungen für das Alter vorsorgt bzw. in den Druckereierzeugnissen entsprechende Informationen nachlesen kann.

Fit for Mobile-Service (BPatG BeckRS 2009, 2219): Werbeaussage allgemeiner Art für sämtliche Waren und Dienstleistungen, die bei einem mobilen Dienst eingesetzt bzw. als mobiler Dienst erbracht werden können.

CREATE (Y)OUR FUTURE! (BPatG GRUR 1999, 1088): für Marketing, Personalanwerbung, Unternehmensberatung, Ausbildung und Nachwuchsförderung etc anpreisender Werbespruch, der in typisch übertriebener Ausdrucksweise wunschgemäße Verhältnisse in der Zukunft verspricht.

Technik, die mit Sicherheit schützt (BPatG BeckRS 1998, 14607): für Türen, Tore aller Art, Rolltore auf die sicherheitstechnische Ausrüstung hinweisender und damit rein beschreibender Werbespruch.

Praxishinweis: Da DPMA und BPatG in Bezug auf die Schutzfähigkeit von Werbeslogans einer eher **360.3** restriktiveren Haltung zuneigen, während sich das HABM bisweilen großzügiger zeigt, kann es sinnvoll sein, einen Werbeslogan parallel auch als Unionsmarke anzumelden (ebenso Blind GRUR-Prax 2014, 325; Löffel GRUR-Prax 2011, 115 (118)).

Werbeslogans können **urheberrechtlichen Schutz** genießen. **361**

In Betracht kommt **urheberrechtlicher Schutz** als Sprachwerk iSd § 2 Abs. 1 Nr. 1 UrhG (grundle- **361.1** gend OLG Köln GRUR 1934, 758 – Biegsam wie ein Frühlingsfalter bin ich im Forma-Büstenhalter; OLG Düsseldorf DB 1964, 617 – Ein Himmelbett als Handgepäck, für Schlafsäcke; näher mit zahlreichen Beispielen aus der Rechtsprechung Erdmann GRUR 1996, 550 (551 ff.); s. auch LG Mannheim GRUR-RR 2010, 462 – Thalia verführt zum Lesen – Urheberrechtsschutz mangels hinreichender Gestaltungshöhe verneint). Allerdings werden sie oft nicht den notwendigen Grad der Individualität, die sog. Gestaltungshöhe, erreichen (Schricker/Loewenheim/Loewenheim UrhG § 2 Rn. 140). Je länger, einfallsreicher, ausgefallener, Fantasie anregender, einprägsamer etc ein Slogan ist, desto eher ist aber im Einzelfall gleichwohl Urheberrechtsschutz denkbar und sollte nicht zuletzt im Hinblick auf seinen umfassenden und langen Schutz in Betracht gezogen werden. – Markenrechtliche Unterscheidungskraft folgt allein daraus aber nicht, denn die urheberrechtlichen Schutzvoraussetzungen (sowie die Voraussetzungen für einen wettbewerbsrechtlichen Leistungsschutz) unterscheiden sich von den Anforderungen an die Unterscheidungskraft (BGH GRUR 1995, 732 (734) – Füllkörper; BPatG BeckRS 2016, 16662 – Keine Tränchen beim ersten Zähnchen; → Rn. 113).

Zum **lauterkeitsrechtlichen Schutz** s. Erdmann GRUR 1996, 550 (555 ff.) und Kaulmann **362** GRUR 2008, 854 (859 ff.).

Literaturhinweise: **363**

Stollwerck, Der rechtliche Schutz von Werbeslogans, ZUM 2015, 867; Löffel, Markenschutz für Slo- **363.1** gans – Nicht immer, aber immer öfter?, GRUR-Prax 2011, 115; Ritzmann, Der Markenschutz von Werbeslogans, 2009; Kaulmann, Der Schutz des Werbeslogans vor Nachahmungen, GRUR 2008, 854; Kaulmann, Der Schutz des Werbeslogans vor Nachahmungen, 2006; Kothes, Der Schutz von Werbeslogans im Lichte von Urheber-, Marken- und Wettbewerbsrecht, 2006; Dallmann, Nachahmungsschutz für Werbeschlagwörter und Werbeslogans, 2005; Heermann, Rechtlicher Schutz von Slogans, WRP 2004, 263; Berlit, Der Schutz von Werbeslogans im Lichte des Markenrechts FS Hertin, 2000, 489; Erdmann, Schutz von Werbeslogans, GRUR 1996, 550; Traub, Der Schutz von Werbeslogans im gewerblichen Rechtsschutz, GRUR 1973, 186.

16. Werbeschlagwörter, Aufforderungen, Grußformeln, „Fun-Sprüche"

Die vorstehenden Grundsätze gelten auch für **sonstige Werbeschlagwörter, Aufforderun-** **364** **gen, Grußformeln, „Fun-Sprüche"** usw. Entscheidend ist für § 8 Abs. 2 Nr. 1 wie stets, dass diese vom angesprochenen Verkehr **(auch) als Herkunftshinweis** und nicht ausschließlich als Anpreisung, Werbeaussage oder Sachaussage allgemeiner Art aufgefasst werden (BGH GRUR 2016, 934 Rn. 23 – OUI; GRUR 2015, 173 Rn. 28 – for you; GRUR 2010, 1100 Rn. 20 – TOOOR!; BeckRS 2010, 11843 Rn. 12 – hey!; GRUR 2009, 949 Rn. 27 – My World; GRUR 2001, 735 (736) – Test it; BPatG GRUR-RS 2020, 18994 Rn. 10 – DENKEN. SCHÜTZEN. HANDELN; GRUR 2014, 293 – for you). Dass mit dem Werbeschlagwort daneben oder sogar in erster Linie Waren oder Dienstleistungen angepriesen und Kaufanreize geweckt werden sollen, steht der Unterscheidungskraft entgegen früherer Rechtsprechung (BGH GRUR 1992, 514 – Ole; GRUR 2001, 725 (726) – Test it; BPatG GRUR 2002, 699 (700) – select iT) nicht per se entgegen (EuGH C-398/08 P, GRUR 2010, 228 Rn. 45 – Vorsprung durch Technik; BGH GRUR 2018, 301 Rn. 18 – Pippi-Langstrumpf-Marke; GRUR 2010, 825 Rn. 15 – Marlene-Dietrich-Bildnis II). Gleichwohl werden solche Werbeschlagwörter oft nicht als Herkunftshinweis aufgefasst (BGH GRUR 2010, 1100 Rn. 20 – TOOOR!; ferner EuG GRUR Int 2003, 834 Rn. 30 – BEST BUY; s. auch EuGH C-92/10, GRUR Int 2011, 255 Rn. 51 f. – BEST BUY). Insbesondere ist ein schlagwortartig anpreisendes Zeichen, dem kein unmittelbar beschreibender Inhalt zugeordnet werden kann, nicht allein deshalb unterscheidungskräftig (so aber noch BGH GRUR 2000, 722 – LOGO; GRUR 1999, 1089 (1091) – YES; GRUR 1999, 1093 (1094 f.) –

FOR YOU; wie hier BPatG GRUR 2014, 293 (296) – for you; Ingerl/Rohnke Rn. 143). Auch einem erkennbar als „Statement" im Sinne einer Auskunft über die Haltung, Außendarstellung oder Selbstwahrnehmung des Trägers oder Nutzers einer damit versehenen Ware oder Dienstleistung verstandenen Zeichen wird oft die herkunftshinweisende Funktion und damit die Unterscheidungskraft fehlen (BPatG GRUR-RS 2019, 35936 Rn. 27 ff. – Only God Can Judge Me).

364.1   Oft hängt hier die Schutzfähigkeit in besonderem Maße von den beanspruchten Waren und Dienstleistungen und den für sie üblichen Kennzeichnungsgepflogenheiten ab. So ist das Wortzeichen **„My World"** **schutzfähig** für Dienstleistungen der Kl. 35, ungeachtet des Umstandes, dass „World" einer der am häufigsten verwendeten Begriffe in Werbeslogans und das Pronomen „My" iVm Sachangaben, etwa als Titel von Zeitschriften, gebräuchlich ist (BGH GRUR 2009, 949 Rn. 26 ff. – My World). Der Verkehr erkennt darin für diese Dienstleistungen eine schlagwortartige Aussage, die seine Aufmerksamkeit wecken und diese auf die so gekennzeichneten Dienstleistungen lenken und sie so von anderen Dienstleistungen unterscheiden soll. Dagegen ist „My World" **nicht schutzfähig** (nicht unterscheidungskräftig) für Druckereierzeugnisse etc (Kl. 16), da unter dieser Bezeichnung über prominente Personen in ihrem persönlichen Umfeld ebenso wie über Tiere in ihrem Lebensraum und über die Erde unter verschiedenen Aspekten, wie beispielsweise Klima, Umweltschutz, Demografie oder Wirtschaft berichtet werden könne (BGH GRUR 2009, 949 Rn. 14 ff. – My World).

364.2   Demgegenüber fehlt dem Zeichen **„hey!"** jegliche Unterscheidungskraft (BGH BeckRS 2010, 11843 – hey!; s. demgegenüber BPatG BeckRS 2012, 4039 – EY, schutzfähig, da vom Verkehr nicht als Appellinterjektion verstanden). Es werde vielfach als Grußformel verwendet und vom Verkehr deshalb nur mit diesem Bedeutungsinhalt erfasst und als Kundenansprache oder Grußformel angesehen, die die Aufmerksamkeit des Publikums auf die beanspruchten Waren und Dienstleistungen lenken soll. An derartige Aufforderungen sei der Verkehr gewöhnt und werte sie im Zusammenhang mit den angebotenen Waren und Dienstleistungen nur als Versuch, ein freundliches Klima zu schaffen, die Abnahmebereitschaft zu wecken und damit als werbliche Anpreisung und nicht als Herkunftshinweis.

365   **Entscheidungspraxis:**

365.1   **– schutzfähig:**
OUI (BGH GRUR 2016, 934): schutzfähig für Bekleidung (Kl. 25), da vom Verkehr nicht ausschließlich als Werbeanpreisung, sondern auch als Unterscheidungsmittel verstanden.
DENKEN. SCHÜTZEN. HANDELN (BPatG GRUR-RS 2020, 18994): schutzfähig für ua Werbung (Kl. 35) und Kommunikation etc (Kl. 38), da ein beschreibender oder sachbezogener Aussagegehalt sich dem Verkehr nicht sofort und ohne weiteres erschließe, sondern dem Publikum „in eher vager und unterschwelliger Form nahegebracht" werde.
Unser täglich (BPatG GRUR-RS 2020, 6954): schutzfähig für alkoholische und nicht alkoholische Getränke (Kl. 32, 33) sowie für Dienstleistungen im Bereich Unterhaltung, Kultur etc (Kl. 41); zwar verstanden iSv „jeden Tag Gemeinschaftliches" oder „wiederkehrend auf individuelle Kundenbedürfnisse Zugeschnittenes", jedoch mangels zusätzlichen Bestimmungsworts und grammatikalisch zutreffender Deklination weder beschreibend noch reine Werbeanpreisung.
Herrschafts' Zeiten (BPatG BeckRS 2012, 22497): schutzfähig ua für Werbung (Kl. 35) und Unterhaltung (Kl. 41), obgleich Verkehrsverständnis als Zeitabschnitt oder bayerischer Ausruf von Unmut, Unzufriedenheit, Ärger, Unwillen oder ungeduldiger Entrüstung, jedoch kein Sachhinweis für die beanspruchten Dienstleistungen.
Hallo Erde (BPatG GRUR-RR 2013, 150): schutzfähig (Kl. 35, 39, 41), da von den angesprochenen Verkehrskreisen im Sinne einer nachdrücklichen Begrüßung des Planeten „Erde" oder der „irdischen Welt im Sinne eines von der Menschheit bewohnten Gebiets" verstanden, was mangels Konversationsmöglichkeit mit dem Adressaten des Grußes (Erde oder irdische Welt) keinen Sinn ergibt und daher ungewöhnlich wirkt.

365.2   **– nicht schutzfähig:**
executive edition (EuG GRUR-RR 2011, 250): für Haushaltsgeräte anpreisende Aussage oder Werbebotschaft, die dem englischsprachigen Durchschnittsverbraucher signalisiert, dass er sich einer besonderen, von der Standard-, Normal- oder Basisware unterscheidenden Ausgabe einer Ware mit bestimmten Qualitätsmerkmalen gegenübersieht.
Test it. (BGH GRUR 2001, 735): nicht unterscheidungskräftig für Raucherartikel (Kl. 34), da lediglich als Aufforderung zum Testkauf verstanden.
Mir all sin Kölle (BPatG BeckRS 2019, 28605): nicht unterscheidungskräftig, weil als bloße „bekenntnishafte Aussage" (Vergleich mit „Ich bin ein Berliner" von J.F. Kennedy und „Je suis Charlie"), nicht aber als Herkunftshinweis verstanden (→ Rn. 296.2).
Only God Can Judge Me (BPatG GRUR-RS 2019, 35936): nicht unterscheidungskräftig für verschiedenste Waren der Kl. 18, 24 und 25 (insbesondere Taschen, Textilwaren und Bekleidungsstücke), da als

bloßes Statement oder Ausdruck einer persönlichen Haltung des Trägers eines damit versehenen Produkts oder Mittel zum Wecken von Aufmerksamkeit verstanden.

Nullkommanix (BPatG BeckRS 2016, 130346): nicht unterscheidungskräftig für verschiedene Dienstleistungen der Kl. 35, 36 und 37, da verstanden als werbliche Anpreisung dahingehend, dass die Dienstleistungen im Bedarfsfall sehr schnell erbracht werden bzw. sehr schnell zur Verfügung stehen.

for you (BPatG GRUR 2014, 293): nicht unterscheidungskräftig, da eine aus allgemein geläufigen, zum Grundwortschatz der englischen Sprache gehörende Wortfolge, deren Bedeutung „für dich/für Sie/für euch" sich einem großen Teil des Verkehrs ohne weiteres erschließt, sodass sich das Zeichen in einem „anpreisend offerierenden allgemeinen Qualitätsversprechen" erschöpft. Das BPatG wendet sich ausdrücklich gegen die in „der Anfangszeit des damals neu gestalteten Markenrechts" ergangene gegenteilige Entscheidung des BGH (GRUR 1999, 1092 – FOR YOU).

GIB DIR DEN KICK (BPatG BeckRS 2012, 15401): nicht unterscheidungskräftig für Süßwaren (Kl. 30), da bloßer Kaufappell, „nämlich die Aufforderung, sich die anregende oder berauschende Wirkung und damit das besondere Erlebnis, das mit der Konsumierung bzw. dem Genuss der so beworbenen Produkte verbunden ist, durch den Kauf der Produkte zu verschaffen."

For me (BPatG BeckRS 2012, 17900): nicht unterscheidungskräftig für Körperpflegemittel, da es als sprachregelgemäß gebildete Wortfolge des Grundwortschatzes vom Verkehr in der Bedeutung „für mich" und damit im Sinne eines Hinweises auf Angebote verstanden wird, die speziell an die persönlichen Bedürfnisse der Abnehmer angepasst sind.

Komm zum Punkt (BPatG BeckRS 2012, 08680): nicht unterscheidungskräftig für ua Druckereierzeugnisse, Unterrichts- und Lehrmaterial (Kl. 16), Publikation von Druckereierzeugnissen (Kl. 35), Ausbildung, Erziehung, Unterricht (Kl. 41), weil es vom angesprochenen Verkehr als bloße Aufforderung, sich kurz zu fassen bzw. das Wesentliche darzustellen, verstanden wird und damit für die beanspruchten Waren und Dienstleistungen einen Sachhinweis darstellt.

17. Werktitel

Werktitel, dh Namen oder besondere Bezeichnungen von **Druckschriften, Filmwerken, Tonwerken, Bühnenwerken** oder sonstigen **vergleichbaren Werken,** dienen primär dazu, Werke voneinander zu unterscheiden (BGH GRUR 2005, 264 (265 f.) – Das Telefon-Sparbuch). In dieser **werkunterscheidenden** Funktion bestimmt sich ihr Schutz allein nach den §§ 5, 15. **366**

Sofern der Verkehr einen Werktitel (auch) als **Hinweis auf die betriebliche Herkunft** der damit gekennzeichneten Werke versteht, kommt daneben aber auch Schutz als Marke in Betracht (BGH GRUR 2010, 1100 Rn. 14 – TOOOR!; GRUR 2009, 949 Rn. 17 – My World; GRUR 2003, 342 – Winnetou; GRUR 2000, 882 – Bücher für eine bessere Welt; BPatG BeckRS 2009, 2095 – ???). Hier gelten die allgemeinen markenrechtlichen Voraussetzungen; insbesondere beurteilt sich die Unterscheidungskraft in Bezug auf die beanspruchten Waren und Dienstleistungen nicht nach den (geringeren) Anforderungen für Werktitel (→ § 5 Rn. 67), sondern nach markenrechtlichen Grundsätzen (BGH GRUR 2009, 949 Rn. 17 – My World; GRUR 2001, 1043 (1045) – Gute Zeiten – Schlechte Zeiten). **367**

Unter Geltung des **WZG** wurde Werktiteln Kennzeichenschutz weitgehend versagt (RGSt 28, 275 – Manufakturist; RGZ 40, 19 (21) – Die Modenwelt; RGZ 44, 99 (101) – Armen-Seelen-Blatt; später bejahend zumindest für Zeitungs- und Zeitschriftentitel BGH GRUR 1974, 661 (662) – St. Pauli-Nachrichten; GRUR 1970, 141 (142) – Europharma). Insbesondere Buchtitel galten als nicht auf die Herkunft aus einem bestimmten Verlagsunternehmen, sondern auf die enthaltene Leistung des jeweiligen Autors hinweisend (BGH GRUR 1994, 191 (201) – Asterix-Persiflagen; GRUR 1958, 500 (502) – Mecki-Igel I; anders bereits Baumbach/Hefermehl WZG § 1 Rn. 61). **367.1**

Einem Werktitel **fehlt** die notwendige markenrechtliche **Unterscheidungskraft,** wenn er vom angesprochenen Verkehr zumindest auch als **Hinweis auf den Inhalt** des damit gekennzeichneten Werkes verstanden wird (BGH GRUR 2010, 1100 Rn. 14 – TOOOR!; GRUR 2009, 949 Rn. 17 – My World; BPatG GRUR-RS 2021, 49040 Rn. 15 – Die OberpfälzerIn). Dies liegt zB bei der Verwendung von **Namen von bekannten Personen** nahe (näher → Rn. 325). Gleiches gilt für **sachbezogene Titel,** die naheliegend und branchenüblich den Inhalt des Werkes bezeichnen können (BPatG GRUR-RS 2021, 49040 Rn. 15 – Die OberpfälzerIn; Ingerl/Rohnke Rn. 141). Demgegenüber sind **Fantasietitel** in der Regel unterscheidungskräftig, selbst wenn sie sich auf den Inhalt des Werkes beziehen, etwa den Namen einer Figur aufgreifen (BPatG GRUR 2006, 593 – Der kleine Eisbär; s. auch BPatG BeckRS 2009, 2095 – ???; strenger, aber nicht überzeugend BGH GRUR 2003, 342 (343) – Winnetou: der Name der Romanfigur werde vom Verkehr als Synonym für einen bestimmten Charakter verstanden; dazu BPatG GRUR 2008, 522 **368**

(523) – Percy Stuart). Allein die Bekanntheit der als Werktitel genutzten Romanfigur begründet kein Freihaltebedürfnis (BPatG GRUR 2008, 522 (523) – Percy Stuart).

369   Da § 8 Abs. 2 Nr. 2 nicht nur gattungsbezeichnende Angaben („Buch"), sondern auch qualifizierende Eigenschaften, wie das Thema des Buches, umfasst, und einer Eintragung schon dann entgegensteht, wenn jedenfalls eine von mehreren möglichen Bedeutungen beschreibend ist (EuGH C-191/01, GRUR 2004, 146 Rn. 32 – DOUBLEMINT; BGH GRUR 2009, 952 Rn. 15 – DeutschlandCard; → Rn. 167), wäre an sich nahezu jeder aussagekräftige Werktitel als beschreibend und damit jedenfalls nach § 8 Abs. 2 Nr. 2 von der Eintragung ausgeschlossen anzusehen (BPatG GRUR 2012, 1148 – Robert Enke). Dem gleichwohl bestehenden Schutzbedürfnis ist dadurch Rechnung zu tragen, dass eine genaue Prüfung erfolgt, ob der Verkehr in dem Werktitel tatsächlich eine konkret beschreibende Angabe erblickt, dieser also **naheliegend und branchenüblich** den Inhalt beschreibt (Ströbele/Hacker/Thiering/Ströbele Rn. 299). Daran fehlt es beispielsweise bei offenen, unklaren Bezeichnungen, die ohne Kontext für alles stehen können (BPatG GRUR 2012, 1148 (1150) – Robert Enke, unter Bezug auf Rohnke FS 50 Jahre BPatG, 2011, 707 (711 f.)).

370   Gegebenenfalls ist eine Beschränkung des Waren-/Dienstleistungsverzeichnisses (zB „ausgenommen Sachtitel/Biografien"; nicht aber „ausgenommen Werke zu Person X", s. BPatG GRUR 2008, 512 (515) – Ringelnatz, unter Bezug auf EuGH C-363/99, GRUR 2004, 674 Rn. 114 – Postkantoor) in Betracht zu ziehen (aA BPatG GRUR 2012, 1148 (1150) – Robert Enke: „unklar und zu weit gehend"), wodurch sich die Prüfung auf Schutzhindernisse auf die verbleibenden Waren und Dienstleistungen beschränkt (näher zur Beschränkung des Waren-/Dienstleistungsverzeichnisses → Rn. 117 f.).

371   Entscheidungspraxis:

371.1   **Gute Zeiten – Schlechte Zeiten** (BGH GRUR 2001, 1043): nicht schutzfähig für ua Tonträger, Bücher, Zeitschriften, Fernsehunterhaltung, da insoweit lediglich Hinweis auf die Darstellung der jeweiligen Personen in den Wechselfällen ihres Lebens, die in schicksalhaft-ausgleichender Folge guter und schlechter Lebensphasen wiedergegeben werden.

   Willkommen im Leben (BGH GRUR 2009, 778): nicht unterscheidungskräftig für ua Bild- und Tonträger, Druckereierzeugnisse, da allgemeine Redewendung, die im Zusammenhang mit der Begrüßung von Neugeborenen und mit schwierigen Lebenssituationen zur Bezeichnung eines positiven Neubeginns verwendet wird.

   Die Oberpfälzerin (BPatG GRUR-RS 2021, 49040): nicht schutzfähig für elektronische Publikationen (Kl. 9) und der Veröffentlichung (Kl. 41), da diesbezüglich verstanden als Sachhinweis auf Zielgruppe, Inhalt oder geografische Herkunft.

372   Werktitel können **urheberrechtlichen Schutz** genießen.

372.1   Werktitel sind grundsätzlich dem **Urheberrechtsschutz** zugänglich (zB KG GRUR 1923, 20 (21) – Zum Paradies der Damen; GRUR 1929, 123 – Wien, du Stadt meiner Träume; tendenziell BGH GRUR 1990, 218 (219) – Verschenktexte), jedoch dürften oft gerade angesichts der bei Werktiteln typischen Kürze die Schutzvoraussetzungen nicht erfüllt sein (Schricker/Loewenheim/Loewenheim UrhG § 2 Rn. 88 ff.; für eine großzügigere Anwendung Berlit MarkenR 2007, 285 ff.). Die Ausführungen zu den Werbeslogans gelten entsprechend (→ Rn. 361.1).

C. Weitere Markenformen

I. Wort-/Bildmarken

1. Unterscheidungskraft

373   **a) Prüfungsmaßstab.** Entsprechend den allgemeinen Grundsätzen ist auch bei Wort-/Bildmarken die Unterscheidungskraft, also die Eignung, als Unterscheidungszeichen die Waren und Dienstleistungen als von einem bestimmten Unternehmen stammend zu kennzeichnen, zu prüfen (zur Maßgeblichkeit eines einheitlichen Prüfungsmaßstabs für alle Markenformen → § 8 Rn. 35). Die in diesem Zusammenhang maßgeblichen Grundsätze gelten unterschiedslos für Marken, die für Waren eingetragen werden sollen, wie für solche, deren Anmeldung für Dienstleistungen erfolgt (BGH GRUR 2014, 1204 – DüsseldorfCongress).

374   Da allein das **Fehlen jeglicher Unterscheidungskraft** ein Eintragungshindernis nach § 8 Abs. 2 Nr. 1 begründet, ist im Rahmen der Prüfung der Schutzfähigkeit ein **großzügiger Maßstab** anzulegen (BGH GRUR 2018, 301 Rn. 11 – Pippi-Langstrumpf-Marke; GRUR 2011, 158

Rn. 7 – Hefteinband; GRUR 2010, 825 Rn. 13 – Marlene-Dietrich-Bildnis; GRUR 2009, 778 Rn. 11 – Willkommen im Leben; GRUR 2010, 640 Rn. 10 – hey!); grundlegend zum Prüfungsmaßstab → § 8 Rn. 29 ff.). Dabei ist auf die mutmaßliche Wahrnehmung eines normal informierten, angemessen aufmerksamen und verständigen Durchschnittsverbrauchers der fraglichen Waren oder Dienstleistungen abzustellen (BGH GRUR 2017, 1262 Rn. 17 – Schokoladenstäbchen III).

Bei der Prüfung der Schutzfähigkeit von Wort-/Bildmarken sind die allgemeinen Grundsätze **375** für zusammengesetzte Zeichen anzuwenden (→ Rn. 377 ff.; → § 8 Rn. 123 ff.; s. auch Ingerl/ Rohnke/Wirtz Rn. 45 ff., 149).

Dies hindert in prüfungsmethodischer Hinsicht freilich nicht daran, zunächst die einzelnen **376** Bestandteile nach den für Wörter bzw. Bildzeichen geltenden Kriterien jeweils auf ihre Unterscheidungskraft hin zu beurteilen, um hierauf aufbauend die Schutzfähigkeit des Gesamtzeichens zu untersuchen.

b) Schutzfähigkeit einzelner Bestandteile. Aus der Maßgeblichkeit des Gesamteindrucks **377** des in Rede stehenden Gesamtzeichens folgt, dass aus der **Schutzunfähigkeit der einzelnen Bestandteile** nicht ohne Weiteres auf die fehlende Schutzfähigkeit des Gesamtzeichens geschlossen werden kann (BGH GRUR 2011, 65 Rn. 19 – Buchstabe T mit Strich; EuGH C-37/03 P, GRUR 2006, 229 Rn. 29 – BioID; C-329/02 P, GRUR 2004, 943 Rn. 35 – Sat.2; C-363/99, GRUR 2004, 674 Rn. 96 – Postkantoor; zu Wortmarken → § 8 Rn. 123; Ströbele/Hacker/ Thiering/Ströbele Rn. 232). Es ist vielmehr stets zu untersuchen, ob **gerade die Kombination** als solche die Voraussetzung der Eintragungsfähigkeit erfüllt oder nicht, wobei die Beziehung zwischen Wort und Bild einer näheren Betrachtung bedarf.

Entscheidend ist dabei die **Gesamtwahrnehmung** der Marke durch die maßgeblichen Ver **378** kehrskreise. Diese kann im konkreten Einzelfall dazu führen, dass das komplexe Zeichen gerade durch die Kombination seiner nicht schutzfähigen Bestandteile Unterscheidungskraft erlangt (BGH GRUR 2009, 949 Rn. 13 – My World; BPatG BeckRS 2012, 11039 – foodartists).

Der Kombination eines beschreibenden Wortbestandteils mit einem seinerseits ebenfalls nicht **379** schutzfähigen (beschreibenden) Bildelement wird auch in seiner **Gesamtheit** indes in der Regel die Unterscheidungskraft abzusprechen sein (vgl. auch Ströbele/Hacker/Thiering/Ströbele Rn. 232).

Kann bei einer zusammengesetzten Wortmarke, die aus für sich genommen schutzunfähigen **380** Wortelementen besteht, der Gesamteindruck der Marke durchaus über die bloße Summe seiner Bestandteile hinausreichen und aufgrund der Ungewöhnlichkeit gerade der Zusammensetzung beider Wortelemente die Schutzfähigkeit des Kombinationszeichen begründen, so wird bei Wort-/ Bildmarken die Kombination eines nicht unterscheidungskräftigen Wortbestandteils mit einem nicht schutzfähigen Bildbestandteil wohl kaum zu der Annahme hinreichender Unterscheidungskraft führen.

Ist **ein Bestandteil** der Wort-/Bildmarke – gleich ob das Wort- oder Bildelement – bereits **381** für sich genommen **schutzfähig,** so ist in aller Regel auch von der Schutzfähigkeit des Gesamtzeichens auszugehen (BGH GRUR 2008, 710 Rn. 20 – VISAGE; GRUR 2001, 1153 f. – antiKALK; GRUR 1991, 136 f. – NEW MAN).

Zwar ist insbesondere bei Wortkombinationsmarken nicht ausgeschlossen, dass sich zwei an **382** sich schutzfähige Bestandteile in ihrer Zusammensetzung dergestalt neutralisieren, dass ihnen im Einzelfall gerade in ihrer Kombination die Unterscheidungskraft fehlt (vgl. Ingerl/Rohnke/Wirtz Rn. 49). Auch wenn Gleiches aufgrund des für alle Zeichenarten geltenden einheitlichen Prüfungsmaßstabs dem Grunde nach auch für Wort-/Bildmarken gilt, so wird es allerdings praktisch kaum vorkommen, dass ein schutzfähiger Wortbestandteil durch ein zusätzliches Bildelement seine Unterscheidungskraft verliert oder umgekehrt.

Ausnahmen sind theoretisch dann denkbar, wenn der schutzunfähige Bestandteil seiner Größe **383** und Stellung nach dem Gesamteindruck des Kombinationszeichens vollständig dominiert, wobei jedoch wiederum zu beachten ist, dass sich die Wahrnehmung der angesprochenen Verkehrskreise grundsätzlich auf die unterscheidungskräftigen Elemente eines Zeichens, und nicht etwa auf seine rein dekorativ oder beschreibend empfundenen Bestandteile fokussiert.

Daher muss dem für sich betrachtet unterscheidungskräftigen Wortbestandteil **nicht notwendi 384 gerweise eine prägende oder selbständig kennzeichnende Stellung** im Sinne der zu Prüfung einer Verwechslungsgefahr entwickelten Grundsätze zukommen, um die Eintragungsfähigkeit des Gesamtzeichens zu begründen. Ob dies der Fall ist oder nicht, spielt erst für die Frage seiner kollisionsbegründenden Bedeutung im Verletzungsprozess eine Rolle. Er muss jedoch seiner Stellung in dem Gesamtzeichen nach zumindest **so deutlich hervortreten,** dass er vom Verkehr bei Wahrnehmung der Marke nicht vernachlässigt wird, sondern als eigenständiger betrieblicher Herkunftshinweis aufgefasst werden kann (BPatG GRUR-RS 2021, 33933 – BURNING HOT).

385   **c) Schutzfähigkeit aufgrund von Bildbestandteilen. aa) Unterscheidungskraft des Gesamtzeichens.** Ist das Wortelement als solches nicht unterscheidungskräftig, so kann die Schutzunfähigkeit durch die **bildliche oder grafische Ausgestaltung des Gesamtzeichens** bzw. durch weitere separate Bildelemente überwunden werden. Hierfür ist erforderlich, dass die bildliche Ausgestaltung aufgrund ihrer charakteristischen Merkmale zu einem Gesamteindruck der kombinierten Wort-/Bildmarke führt, aufgrund dessen der Verkehr in dem Gesamtzeichen einen Herkunftshinweis erblickt (EuGH C-37/03 P, GRUR 2006, 229 – BioID; BGH GRUR 2008, 710 Rn. 20 – VISAGE; GRUR 2001, 1153 f. – antiKALK; GRUR 1991, 136 f. – NEW MAN; BPatG GRUR-RS 2019, 41682 – GERMAN COMIC CON; GRUR 1997, 283 f. – TAX FREE). Um in dieser Weise schutzbegründend wirken zu können, müssen die betreffenden Bildbestandteile ein **hinreichendes Gewicht** innerhalb des Gesamtzeichens aufweisen, da sie andernfalls nicht zu einer Wahrnehmung des Kombinationszeichens durch den Verkehr als Unterscheidungszeichen führen. Hierbei finden zwar die von der Rechtsprechung für die Beurteilung der Verwechslungsgefahr mehrgliedriger Kombinationszeichen entwickelten Grundsätze über die prägende bzw. selbständig kennzeichnende Stellung einzelner Bestandteile keine unmittelbare Anwendung. Allerdings wird es an einem eigenständig schutzbegründenden **„bildlichen Überschuss"** dann fehlen, wenn die grafischen Elemente hinter dem schutzunfähigen Wortbestandteil dergestalt zurücktreten, dass ausschließlich letzterer das Gesamtzeichen prägt (BGH GRUR 2008, 710 Rn. 20 – VISAGE; GRUR 2001, 1153 (1154) – antiKALK; BPatG BeckRS 2009, 15008 – Cool-Mint; Hildebrandt § 4 Rn. 120; Ingerl/Rohnke/Wirtz Rn. 149; Ströbele/Hacker/Thiering/Ströbele Rn. 234). An den erforderlichen „Überschuss" sind im Rahmen der Prüfung des Gesamtzeichens **umso strengere Anforderungen** zu stellen, je deutlicher der schutzunfähige, beschreibende Charakter des Wortbestandteils selbst hervortritt (BGH GRUR 2001, 1153 – antiKALK; GRUR 2009, 954 Rn. 17 – Kinder III; BPatG BeckRS 2014, 18613 – küche; BeckRS 2015, 18874 – Kommune 2.0; BeckRS 2016, 04349 – matratzen direct; GRUR-RS 2019, 37015 – SHOE4YOU; GRUR-RS 2021, 5380 – DIE WASSER BESSER MACHER).

386   Die Schutzunfähigkeit des Wortbestandteils überwinden können grundsätzlich nur solche grafischen Elemente, die ihrerseits **hinreichende charakteristische Merkmale** aufweisen, aufgrund derer der Verkehr in ihnen einen Herkunftshinweis sieht. Nicht ausreichend sind daher von vornherein einfache grafische Gestaltungen, gewöhnliche Verzierungen bzw. solche Elemente, an die sich die angesprochenen Verkehrskreise durch häufige werbemäßige Verwendung gewöhnt haben und die daher nicht als Unterscheidungsmerkmal geeignet sind (BGH GRUR 2009, 954 Rn. 16 – Kinder III; GRUR 2008, 710 Rn. 20 – VISAGE; GRUR 2001, 1153 – antiKALK; BPatG BeckRS 2013, 11971 – FASTFIX; BeckRS 2011, 23014 – RevierAdvokaten). Wäre dem Bildbestandteil als solchem der Schutz als eigenständige Marke zu versagen, so kann er grundsätzlich auch nicht innerhalb eines Kombinationszeichens die fehlende Unterscheidungskraft weiterer Wortstandteile aufwiegen (BGH GRUR 2001, 1153 – antiKALK). Weist das betreffende Zeichen hingegen nicht nur bloß dekorative oder warenbeschreibende Wirkung, sondern charakteristische Merkmale auf, in denen der Verkehr einen Hinweis auf die betriebliche Herkunft sieht, so ist die Unterscheidungskraft zu bejahen.

387   In diesem Zusammenhang kommt nicht nur der Art des Bildbestandteils als solcher Bedeutung zu, sondern auch **Größe, Stellung und Gewicht** innerhalb des Gesamtzeichens. Die grafischen Elemente müssen so innerhalb des Gesamterscheinungsbildes des Kombinationszeichens im Verhältnis zu dem Wortbestandteil in einem **ausreichenden Maße hervortreten,** so dass der Verkehr ihnen tatsächlich auch eine herkunftshinweisende Bedeutung beimisst. Dabei wird man an die qualitative Bedeutung des Bildelements umso höhere Anforderungen zu stellen haben, je deutlicher die fehlende Unterscheidungskraft, etwa bei glatt beschreibenden Wortbestandteilen, zu Tage tritt (BGH GRUR 2014, 872 Rn. 36 – Gute Laune Drops; GRUR 2001, 1153 – antiKALK; BPatG GRUR-RS 2019, 41682 – GERMAN COMIC CON; BeckRS 2009, 15008 – Cool-Mint; BeckRS 2008, 21489 – Kölsch Night).

388   **bb) Schriftbildliche Ausgestaltung.** Die Schutzfähigkeit an sich nicht unterscheidungskräftiger Wortbestandteile kann zunächst durch ihre schriftbildliche Ausgestaltung begründet werden. Dabei dürfen die Anforderungen an die charakteristische Besonderheit des Schriftbildes jedoch nicht zu niedrig angesetzt werden. Der Verkehr ist daran gewöhnt, dass ihm Schriftzüge in der Werbung in vielfacher grafischer oder farblicher Gestaltung entgegentreten, ohne dass er diesen einen über die dekorative bzw. aufmerksamkeitsheischende Funktion hinausgehende Unterscheidungseignung beimessen würde. Der Umstand, dass der grafischen Ausgestaltung eines Zeichens

zugleich auch die Aufgabe zukommen soll, als **Blickfang** zu dienen, kann für sich genommen jedoch nicht die fehlende Schutzfähigkeit begründen, da eine solche Eye-Catcher-Wirkung eine nicht unwesentliche Funktion der Markengestaltung ist. Die Wahrnehmung darf sich allerdings nicht hierin erschöpfen.

Eine fehlende Unterscheidungskraft der Wortelemente wird daher in aller Regel nicht durch **389** **einfache grafische Gestaltungen** oder übliche **Verzierungen** des Schriftbilds aufgewogen (BGH GRUR 2014, 569 Rn. 32 – HOT; GRUR 2001, 1153 – antiKALK; BPatG BeckRS 2009, 706 – NETPILOT; GRUR 2011, 918 (921) – Stubengasse; s. aber auch BPatG BeckRS 2009, 436 – Quality Partner). Damit vermögen beispielsweise allein eine **farbige Schrift** (grundsätzlich nur werbeübliche dekorative Funktion, vgl. BPatG BeckRS 2009, 161 – Paragraphenzeichen; BeckRS 2010, 1500 – Linuxwerkstatt, s. aber zu Ausnahmen BPatG GRUR 1997, 283 – TAX FREE), **werbeübliche Schrifttypen** (BGH GRUR 2008, 710 Rn. 20 – VISAGE; BPatG GRUR-RS 2022, 3030 – Amper-Bote; BeckRS 2016, 111395 – Wacholder; GRUR-RR 2009, 426 – Yoghurt-Gums; GRUR 1998, 401 ff. – Jean's etc), **Binnengroß- oder Kleinschreibung** (BPatG GRUR-RS 2020, 28589 – EcoMatt; BeckRS 2019, 3213 – WundTherapieZentrum; BeckRS 2016, 19472 – GrandFoods; BPatG BeckRS 2009, 442 – YOUNG FAMiLY), **Klein-schreibung des ersten Buchstabens** bei Substantiven (BPatG BeckRS 2016, 04349 – matratzen direct) oder durchgängige **Klein- oder Großschreibung** (BPatG GRUR-RS 2019, 25594 – GOLDSCHATZ; BeckRS 2019, 25353 – vereinfacher); **Fettdruck oder Unterstreichungen** (BPatG BeckRS 2015, 10473 – scheiss drauf; BeckRS 2015, 10472 – rauchfreispritze), **unter-schiedliche Farbgebung** einzelner Buchstaben oder Wortteile (BGH GRUR 2009, 954; BPatG BeckRS 2019, 3213 – WundTherapieZentrum; GRUR-RS 2021, 5380 – DIE WASSER BES-SER MACHER), **Weglassen von Querstrichen** bei Buchstaben (BPatG GRUR-RS 2020, 13253 – DEIN PLANUNGSZENTRUM); die Verwendung einer wie **Handschrift** wirkenden Schrifttype (BGH GRUR 2014, 872 – Gute Laune Drops; BPatG BeckRS 2009, 23894 – Bolly-wood macht glücklich; BeckRS 2012, 13199 – Design&More), spiegelbildliche **Umkehrung** einzelner Buchstaben, die Verwendung **unterschiedlicher Schrifttypen** nebeneinander (BPatG GRUR-RS 2022, 3940 – MISSION geiles HANDWERK; GRUR-RS 2021, 5504 – EINMAL Camping IMMER Camping!; BeckRS 2013, 9897 – BriefLOGISTIK OBERFRANKEN; BeckRS 2013, 14165 – my WORLD OF HEARING; GRUR 1996, 410 (411) – Color Collec-tion; s. aber auch BeckRS 2014, 18619 – my Stadtwerk), **Buchstabenwiederholungen** (EuG T-147/06, GRUR Int 2009, 516 Rn. 18–21 – FRESHHH; BGH GRUR 2010, 1100 Rn. 17 – TOOOR), die **zweizeilige Anordnung** der Begriffe (BPatG GRUR-RS 31688 – HERZ-BLATT; GRUR-RS 2019, 25594 – GOLDSCHATZ), die Erzeugung eines **3D-Effekts** durch Schattierung der Buchstaben (BPatG GRUR-RS 2021, 5504 – EINMAL Camping IMMER Camping!) oder das **Zusammenschreiben** von Worten oder **Getrenntschreibung** innerhalb eines Wortes (BPatG BeckRS 2016, 07476 – DERBÜROEINRICHTER; BeckRS 2012, 16514 – DieJugendherbergen; GRUR-RR 2010, 9 (11) – saugauf; vgl. BPatG BeckRS 2009, 15005 – edel weiss, wo die Getrenntschreibung nach Auffassung des Gerichts den beschreibenden Charakter des Wortbestandteils sogar noch unterstreicht) für sich genommen die Schutzfähigkeit in der Regel noch nicht zu begründen. Zu fordern ist vielmehr ein **prägnantes, charakteristi-sches und eigenartiges Schriftbild**, welches sich aus der Masse üblicher werbemäßiger Gestal-tungen abhebt und insoweit tatsächlich die Eignung, die betriebliche Herkunft der beanspruchten Waren und Dienstleistungen zu kennzeichnen, mit sich bringt (vgl. BGH GRUR 1991, 136 f. – NEW MAN; GRUR 1983, 243 f. – Beka Robusta; BeckRS 1983, 31066806 – MSI; sehr großzü-gig BPatG BeckRS 2014, 18619 – my Stadtwerk). Hierzu können die vorgenannten Gestaltungs-merkmale selbstverständlich innerhalb der Gesamtwirkung der Marke ihren Teil beitragen, auch wenn sie für sich genommen noch nicht schutzbegründend wirken würden. Führen sie in ihrer Kombination mit den weiteren Elementen zu einem hinreichend charakteristischen Gesamtbild der Marke, so ist die Unterscheidungskraft zu bejahen. Dabei können für sich genommen nicht zur Schutzfähigkeit ausreichende (schrift-)bildliche Elemente auch dadurch zur Unterscheidungs-kraft des Gesamtzeichens beitragen, dass sie bei mehrdeutigen Wortbestandteilen, die auch ein beschreibendes Begriffsverständnis zulassen, durch ihre konkrete Anordnung bzw. Ausgestaltung von dieser Wahrnehmung als beschreibender Begriff wegführen (vgl. BPatG BeckRS 2019, 32217 – Ünlü-Market).

Entscheidungspraxis **389.1**
Unterscheidungskraft verneint: **389.2**
EuGH C-92/10, GRUR Int 2011, 255 – BEST BUY: Die Wortfolge „BEST BUY" wird primär als Werbeslogan im Sinne eines Hinweises auf das günstige Verhältnis zwischen Qualität und Preis und nicht

als Herkunftshinweis aufgefasst. Hieran ändern auch ein einfacher schwarzer Rahmen sowie die grafische Ausgestaltung nichts, bei der sich die beiden untereinander angeordneten Bestandteile „Best" und Buy" ein großes „B" als Anfangsbuchstaben teilen;

BGH GRUR 2009, 954 – Kinder III: Die grafische Ausgestaltung des beschreibenden Bestandteils „Kinder" (der Eingangsbuchstabe K in schwarzer und der weitere Wortbestandteil in roter Farbe in gängiger Schrifttype) führt nicht zur Schutzfähigkeit;

BGH GRUR 2008, 710 – VISAGE: Rein beschreibende Bedeutung des Wortelements für Mittel zur Körper- und Schönheitspflege wird nicht durch schlichte rechteckige blaue Unterlegung des in normalen weißen Großbuchstaben wiedergegebenen Wortbestandteils ausgeglichen;

BGH GRUR 2001, 1153 – AntiKALK: Schreibweise in Groß- und Kleinbuchstaben sowie Trennung der beiden Bestandteile „Anti" und „KALK" führt als gängige, werbeübliche grafische Ausgestaltung nicht zur Schutzfähigkeit;

BPatG GRUR-RS 2021, 5504 – EINMAL Camping IMMER Camping!: Die Darstellung des nicht unterscheidungskräftigen Wortbestandteils in verschiedenen Schriftarten und -farben und der durch Schattierung der Buchstaben hervorgerufene „3D-Effekt" führen als einfache und werbeübliche Stilmittel nicht zu einem für die Schutzbegründung hinreichenden bildlichen Überschuss;

BPatG GRUR-RS 2021, 5380 – DIE WASSER BESSER MACHER: Die Wiedergabe der vier Wortelemente untereinander angeordnet und in unterschiedlichen Blautönen bis hin zu Schwarz entspricht einer gewöhnlichen werblichen Gestaltung und führt damit nicht in ausreichendem Maß von dem beschreibenden Charakter des Wortbestandteils des angemeldeten Zeichens weg;

BPatG BeckRS 2019, 27716 – claims guard: Die zweizeilige Darstellung der schutzunfähigen Wortbestandteile in unterschiedlichen (Standard-)Schriftarten und -größen entspricht werbegrafischen Standards und vermag insoweit nicht zur Bejahung hinreichender Unterscheidungskraft führen;

BPatG BeckRS 2019, 21531 – Wedding Team: Wiedergabe der Wortbestandteile in pinkfarbiger geschwungener Schrift, bei der die oberen Enden des doppelten Buchstabens „d" zu verschlungenen Trauringen geformt sind, ist – gerade im Zusammenhang mit dem Thema Hochzeit – werbeüblich und begründet keine Unterscheidungskraft;

BPatG BeckRS 2017, 131259 – AKTIVplan 4 u: Ausgestaltung des Begriffs „Aktivplan" in Groß- und Kleinbuchstaben sowie Verwendung des Bestandteils „4 u" als einer weit verbreiteten werblich-umgangssprachlichen Abkürzung des Ausdrucks „for you" führt nicht zur Unterscheidungskraft der angemeldeten Marke;

BPatG BeckRS 2017, 107098 – MUSIC STORE professional: Die Darstellung in breiten roten Großbuchstaben und einer mittels einer Schattierung unterlegten Schriftart (zur Erzeugung eines „3D-Effekts") ist ein in der Produktwerbung weit verbreitetes Gestaltungsmittel und reicht nicht aus, um einem beschreibenden Begriff eine herkunftshinweisende Funktion zuzuordnen;

BPatG BeckRS 2016, 111395 – Wacholder: Wiedergabe des Wortzeichens „Wacholder" in Frakturschrift für Eintragungsfähigkeit nicht ausreichend, zumal Frakturschrift gerade im Bereich Spirituosen häufig Verwendung findet;

BPatG BeckRS 2016, 11045 – Trauminsel Reisen: Grafische Gestaltung des Buchstabens „i" in dem Wort „Trauminsel" in Form einer Palme ist nicht geeignet, von der beschreibenden Bedeutung des Wortzeichens „Trauminsel Reisen" für Reisedienstleistungen wegzuführen, auch wenn die Palme abweichend von den natürlichen Farben in Blau mit goldener Baumkrone gehalten ist;

BPatG BeckRS 2014, 18613 – küche: Inverse Farbkombination aus hellgrauer Schrift vor dunklem Hintergrund und Verwendung roter Umlautpunkte bewegt sich im Rahmen der werbeüblichen Grafik und vermag der anmeldeten Gestaltung nicht die erforderliche eigentümliche Charakteristik zu vermitteln;

BPatG BeckRS 2012, 22493 – BioJäger: Bei einer werbeüblichen schriftbildlichen Ausgestaltung des schutzunfähigen Wortbestandteils vermag auch der Zeichenbestandteil ® als Hinweis auf eine eingetragene Marke nichts zur Individualisierung des angemeldeten Zeichens beizutragen;

BPatG GRUR-RR 2009, 426 – JOGHURT-GUMS: Schattierte Schrift vermag als übliches Gestaltungselement die Schutzunfähigkeit des Wortbestandteils „JOGHURT-GUMS" für Süßwaren nicht zu begründen;

BPatG GRUR 2004, 336 – beauty24.de: Darstellung in Form einer mit Lippenstift gezeichneten Handschrift zur Schutzbegründung nicht ausreichend;

389.3   **Unterscheidungskraft bejaht:**

BGH GRUR 1991, 136 – NEW MAN: Das besondere Schriftbild und der hierdurch gewonnene Effekt, wonach das Zeichen auch bei einer Drehung um 180 Grad als „New Man" gelesen werden kann, sind für die Feststellung einer von der üblichen Werbegrafik abweichenden und deshalb hinreichend unterscheidungskräftigen Gestaltung ausreichend;

BPatG GRUR-RS 2019, 41682 – GERMAN COMIC CON: Comicartige Schrifttype des Wortbestandteils bewirkt in Kombination mit der zeichnerischen Hintergrunddarstellung von Wolken, aus denen

Blitze heraustreten, infolge der Komplexität und Anordnung des Gesamtzeichens einen charakteristischen und eigenartigen Gesamteindruck, der zu einer hinreichenden Unterscheidungskraft führt;

BPatG GRUR-RS 2019, 37015 – SHOE4YOU: Unterscheidungskraft für ein schildförmiges blaues Quadrat bejaht, auf dem in zwei Zeilen in weißer Blockschrift die Wörter „Shoe" und „You" abgebildet sind, und letzterem eine in weiß gehaltene Ziffer „4" auf einem roten Punkt vorangestellt ist. Unter Anlegung eines recht großzügigen Maßstabs stellt das BPatG fest, dass das angemeldete Zeichen mit dem einfarbig blauen Hintergrund und farblich und typographisch unterschiedlich gestalteten Wörtern und der Ziffer in seinem Gesamteindruck trotz seiner für sich genommen eher schlichten Gestaltungsmittel derart prägnant wirke, dass ihm hierdurch ein hoher Wiedererkennungseffekt verliehen werde.

BPatG BeckRS 2018, 34086 – gesundheit4friends: Unterscheidungskraft bejaht aufgrund der zwischen den Wortbestandteilen „gesundheit" und „friends" platzierten und größenmäßig gegenüber den Wortbestandteilen deutlich hervortretenden Ziffer 4, bei der die sich kreuzenden und farblich abgesetzten Linien aufgrund ihrer Trennung gegenüber der senkrechten und waagerechten Linie der Ziffer 4 sowie wegen ihr farblichen Absetzung in einem deutlich helleren Grauton als Darstellung eines Kreuzes wahrgenommen werden;

BPatG BeckRS 2014, 22805 – the italian: Zurückgenommene Schriftgröße und Anordnung der Wortbestandteil „the italian" auf burgunderroter Hintergrundfläche genügt angesichts konkreter Ausgestaltung der Farbfläche mit zwei rechtwinkligen und zwei runden Ecken, die nicht als werbeübliche Gestaltung oder sonst als bloße Umrahmung wirkt, aufgrund des eigenständigen bildsprachlichen Eindrucks noch den Mindestanforderungen an die Unterscheidungskraft;

BPatG BeckRS 2012, 10552 – FREIZEIT Rätsel Woche: Unterscheidungskraft aufgrund der grafischen Ausgestaltung der Wortbestandteile bejaht, da die Kombination verschiedener Gestaltungsmittel wie etwa die versetzte Anordnung der Wortelemente und oder vierfarbige Gestaltung einen charakteristischen Gesamteindruck vermittele;

BPatG BeckRS 2010, 25559 – TIP der Woche: Schutzfähigkeit trotz fehlender Unterscheidungskraft der Wortelemente bejaht wegen grafischer Ausgestaltung (farblicher Hervorhebung, kursiver Schreibweise und versetzter Anordnung der Wortbestandteile);

BPatG BeckRS 2010, 9414 – Getränke Star: Schutzfähig bejaht jedenfalls aufgrund der Kombination der grafischen Gestaltung in weißer Schrift auf rotem Grund mit zueinander versetzten Wortbestandteilen und der Trennung derselben durch Sternsymbol;

BPatG BeckRS 2010, 24676 – VideoWeb: Auch wenn der Wortbestandteil „VideoWeb" für Waren der Klasse 9 als rein beschreibend zu bewerten sei, wurde die Schutzfähigkeit der Wort-/Bildmarke bejaht, da die konkrete Farbgebung sowie die Ausgestaltung eines Rahmens um das Element „web" mit einer perspektivischen Darstellung eines Bildschirms hinreichend eigentümlich sei, um sich den angesprochenen Verbrauchern als betriebliches Unterscheidungsmittel einzuprägen;

390 Zu solchen einfachen grafischen Gestaltungen (→ Rn. 416), die nicht zur Unterscheidungskraft des Zeichens beitragen, gehören auch **Umrandungen** und **Unterlegungen** des Wortbestandteils (vgl. BPatG BeckRS 2012, 640 – WESER KURIER: keine Schutzbegründung durch einfache trapezförmige Fläche, die den Wortbestandteil unterlegt; sehr weitgehend BPatG BlPMZ 2006, 179 f. – schwarz-blaues Quadrat, wo einer einfachen geometrischen Abbildung noch ein Mindestmaß an Unterscheidungskraft zugesprochen wurde). Gleiches gilt etwa für die Darstellung der Wortbestandteile in **Sprechblasen** (BPatG GRUR-RS 2021, 16712 – Hamma alles! Hamma Günstig!; BeckRS 2014, 18620 – my stadtwerk).

390.1 **Entscheidungspraxis:**
BGH GRUR 2014, 1204 – DüsseldorfCongress: Platzierung eines schutzunfähigen Wortbestandteils im unteren Rand eines einfarbigen Quadrats kann als einfache, werbeübliche graphische Gestaltung das Eintragungshindernis nicht überwinden;

BPatG BPatG GRUR-RS 2021, 16712 – Hamma alles! Hamma Günstig!: Ausgestaltung des Zeichens mittels Schrift in Signalfarben vor dem Hintergrund zweier schattierter, dreidimensionaler Sprechblasen reicht nicht aus, eine hinreichende Unterscheidungskraft zu begründen;

BPatG GRUR-RS 2021, 5510 – LUDWIGSBURG24.COM: Unterlegung der in den Farben Weiß und Orange wiedergegebenen Wordelemente durch ein schwarzes rechteckiges Hintergrundfeld begründet keine Unterscheidungskraft;

BPatG BeckRS 2018, 9322 – Kulinarisches Messe Marketing: Die Schutzfähigkeit der Gesamtdarstellung wird nicht dadurch herbeigeführt, dass der (nicht kennzeichnenden) Schriftzug mit einem an eine Plakette erinnernden, in roter Farbe ausgefüllten Kreis mit gezackter Außenlinie unterlegt ist; ebenso BPatG BeckRS 2018, 26569 – PUR HEREFORD RIND VOM FEINSTEN unter Hinweis darauf, dass die den Wortbestandteil unterlegende Etikettendarstellung lediglich als blickfangmäßige Aufmachung wahrgenommen wird;

BPatG BeckRS 2018, 3749 – esales: Hinterlegung des gelben Eingangsbuchstabens mit schwarzem Hintergrund hält sich im Rahmen des Werbeüblichen und wird von dem an entsprechende Gestaltungen gewöhnten Verkehr als rein dekoratives Element wahrgenommen;

BPatG BeckRS 2015, 18874 – Kommune 2.0: Platzierung des nicht schutzfähigen Wortbestandteils „Kommune 2.0" auf einem gelben Rechteck mit schwarzem Rahmen, das erkennbar einem Ortsschild nachempfunden ist, begründet keine hinreichende Unterscheidungskraft.

BPatG BeckRS 2014, 08019 – einfache Umrahmung in Dreiecksform mit abgerundeten Spitzen, in deren Zentrum sich die Grundzahl „1" befindet, führt nicht zur Schutzfähigkeit;

BPatG BeckRS 2010, 10871 – pflegezeit: keine Unterscheidungskraft durch Hinzufügung einer wellenförmigen, wie eine Rahmung des nicht schutzfähigen Wortbestandteils wirkenden Linie oberhalb des Schriftzugs;

BPatG BeckRS 2009, 1800 – Frühstücksbrot: Unterscheidungskraft der Kombination des beschreibenden Wortbestandteils mit einer Darstellung eines blauen Ovals unterhalb der Schrift bejaht. Zwar sei das Oval eine einfache geometrische Grundform, es behaupte sich jedoch von der Größe her innerhalb der angemeldeten Marke neben dem Wort, so dass es auch keine völlig unwesentliche Zutat darstelle. Gerade wegen des beschreibenden Charakters des Wortbestandteils werde sich die Aufmerksamkeit des Verkehrs auf das mitprägende Bildelement richten, so dass ein Mindestmaß an Unterscheidungskraft des Gesamtzeichens nicht ausgeschlossen werden könne (zweifelhaft);

BPatG GRUR 2000, 805 – Immo-Börse: schwarzes nach unten weisendes Dreieck, in dem die Buchstaben in verschiedenen Größen mit einem unregelmäßig bogenförmigen Schriftbild angeordnet sind, ist ausreichend, um Unterscheidungskraft herbeizuführen.

391   **cc) Zeichen und Symbole.** Die bloße Ein- oder Beifügung gewöhnlicher **grammatikalischer Zeichen** oder einfacher **Symbole** ohne prägnante grafische Ausgestaltung wird für sich genommen regelmäßig nicht ausreichend sein, die Schutzfähigkeit des Gesamtzeichens zu begründen. Dies gilt etwa für **Fragezeichen** (BPatG GRUR-RS 2021, 33425 – BILLIG? WILL ICH!), **Ausrufzeichen** (BPatG BeckRS 2009, 10621 – hey!, bestätigt durch BGH GRUR 2010, 640 – hey!; BPatG BeckRS 2013, 3030 – Solid; GRUR-RS 2021, 5504 – EINMAL Camping IMMER Camping!), **Punkte** (BGH GRUR 2001, 735 f. – Test it.; BPatG GRUR 1998, 1023 – K.U.L.T.; BeckRS 2010, 28365 – After.Work), **Doppelpunkte** (BPatG BeckRS 2012, 13927 – Baden-Württemberg: Connected; s. aber auch BPatG BeckRS 2009, 566 – Care:manager), **Kommata** (BPatG BeckRS 2009, 8428 – ALLES), **Plus-Zeichen** (BPatG BeckRS 2017, 120669 – POS Mehr als Service), kaufmännische **&-Zeichen** (EuG T-302/03, GRUR Int 2006, 1021 – MAP & GUIDE, bestätigt durch EuGH C-512/06 P, GRUR-RR 2008, 47; BPatG BeckRS 2012, 20839 – Comfort&Colours), **Paragraphenzeichen** § (beschreibend hinsichtlich juristischer Inhalten bzw. Themen, vgl. BPatG BeckRS 2018, 21669 – Rechtssprache; BeckRS 2009, 161 – Paragraphenzeichen), **Dollarzeichen** $ (s. dazu BPatG BeckRS 2009, 17049), **Eurozeichen** € (zB zur Ersetzung des Buchstabens e, vgl. BPatG BeckRS 2011, 26682 – Kapital€s Vertrauen), **Pfeile** (BPatG BeckRS 2016, 04349 – matratzen direct), **Trennstriche** (BPatG BeckRS 2009, 442 – YOUNG FAMiLY), **@-Zeichen** (als bloßer Hinweis auf Online-Bezug, vgl. BPatG GRUR 2003, 794 – @-Zeichen; BeckRS 2009, 22967 – Schw@bische Datentechnik) oder **Herz-Symbole** (BeckRS 2009, 3783 – Jesus loves you). Etwas anderes gilt nur dann, wenn hierdurch der Charakter des Wortbestandteils ausnahmsweise dergestalt verändert wird, dass es für die angesprochenen Verkehrskreise den beschreibenden Charakter in den Hintergrund treten lässt (so etwa BPatG BeckRS 2009, 1142 – B.I.G.; s. auch BPatG BeckRS 2009, 16078 – S.I.M.P.L.E.). Das **Symbol ®** vermag als bloßer Hinweis auf eine eingetragene Marke („registered") dem Zeichen, dem es beigefügt ist, grundsätzlich keine Unterscheidungskraft zu verleihen (EuGH C-37/03 P, GRUR 2006, 229 Rn. 72 – BioID; BPatG BeckRS 2012, 22493 – BioJäger).

391.1   **Entscheidungspraxis:**

BPatG GRUR-RS 2021, 28334 – AusbildungsOffensive-Bayern.de: Die Darstellung eines (Mauszeiger-) Pfeils neben der (in dem Zeichen wiedergegebenen) Domain wird lediglich als werbliche Aufforderung verstanden, die betreffende Homepage aufzusuchen;

BPatG GRUR-RS 2019, 41682 – GERMAN COMIC CON: Ein hochgestelltes Ausrufezeichen in einem kleinen orangefarbigen Rechteck am Ende des in üblicher grauer Schrift gehaltenen Wortes „achtung" verleiht keine Unterscheidungskraft, es verstärkt lediglich die anpreisende Botschaft, betont den vorausgehenden Begriff und wirkt als werbeüblicher Blickfang;

BPatG BeckRS 2017, 120669 – POS Mehr als Service: Das Plus-Zeichen (+) – dort mit einem blauen ellipsenförmigen Hintergrund hinterlegt – zählt als gängige Anpreisung und Qualitätsberühmung zum elementaren Grundwortschatz der Werbesprache im Sinne eines irgendwie gearteten positiven Überschusses oder zusätzlichen Vorteils im Vergleich zum üblichen Standard und kann daher keine Unterscheidungskraft begründen

BPatG BeckRS 2013, 7973 – I love Döner: Auch in Zusammensetzung mit dem das Wort „love" ersetzenden Herzsymbol allgemein übliche Werbeaussage, welche nicht als Herkunftshinweis auf ein bestimmtes Unternehmen verstanden wird;

BPatG BeckRS 2011, 26682 – Kapital€s Vertrauen: Typografische Wortbildung unter Ersetzung des Buchstaben „e" durch das Eurosymbol vermag als werbeübliches Mittel keine Unterscheidungskraft zu bewirken;

BPatG BeckRS 2010, 9806 – Appartements for Living: Hinzufügung von fünf Sternen wird lediglich als werbeüblicher Hinweis auf eine gehobene Qualität angesehen, so dass hierdurch keine Unterscheidungskraft der Marke für Dienstleistungen der Klasse 43 begründet werden kann;

BPatG 27 W (pat) 1978/76, Mitt 1978, 230 – Herzdarstellung mit Slogan: Herzdarstellung führt als lediglich bildliche Ergänzung des warenanpreisenden Slogans „Schenk Musik mit Herz verpackt" nicht zu Unterscheidungskraft.

dd) Farbige Ausgestaltung. Die farbige Ausgestaltung eines Wort-/Bildzeichens wird für **392** sich allein genommen in aller Regel lediglich als **gewöhnliches, werbeübliches Gestaltungselement** aufgefasst, dem keine charakteristische Wirkung zukommt, die zu einer Unterscheidungskraft des Anmeldezeichens führen könnte. Da der Verkehr eine farbliche Ausgestaltung des Schriftbilds allein nicht als Herkunftshinweis auffasst, wirkt sie daher nicht schutzbegründend (BGH GRUR 2009, 954 – Kinder III; BPatG; GRUR 1998, 401 f. – Jean's etc; BeckRS 2012, 640 – Weser-Kurier BeckRS 2010, 1500 – Linuxwerkstatt; BeckRS 2009, 1329 – CLIP it; GRUR-RS 2020, 13253 – DEIN PLANUNGSZENTRUM).

Entscheidungspraxis: **392.1**
BGH GRUR 2009, 954 – Kinder III: Darstellung des beschreibenden Bestandteils „Kinder" mit dem Eingangsbuchstabe K in schwarzer und den weitern Buchstaben in roter Farbe in gängiger Schriftype führt nicht zu einer hinreichenden Unterscheidungskraft;

BPatG BeckRS 2018, 29749: Unterschiedliche Farbigkeit der Bestandteile „top" und „print" führt nicht zur Schutzfähigkeit, da Zweifarbigkeit lediglich eine rein dekorative Funktion ausübt;

BPatG BeckRS 2018, 4116 – isoputz: Unterscheidungskraft verneint, da die Wiedergabe der beschreibenden Wortbestandteile in zwei unterschiedlichen Farben (Schwarz und Orange) gängigen Werbestandards entspricht und nicht über eine dekorative bzw. aufmerksamkeitsheischende Funktion hinausgeht;

BPatG BeckRS 2016, 04349 – matratzen direct: Darstellung des beschreibenden Begriffs „matratzen direct" in weißer und orangener Schrift vor schwarzem rechteckigem Hintergrund nicht ausreichend, um Unterscheidungskraft zu begründen;

BPatG BeckRS 2013, 85 – beactive: Darstellung der Wortbestandteile „be" in Türkis und „active" in Grau eignet sich nicht als Herkunftshinweis;

BPatG GRUR 1998, 401 (402 f.) – Jean's etc: farbliche Gestaltung der angemeldeten Bezeichnung (helle cremefarbige Schrift auf dunkelblauem Untergrund) kann die Schutzfähigkeit nicht begründen, da sie sich im Rahmen des Werbeüblichen hält.

Lediglich in seltenen **Ausnahmefällen** wird der Farbgebung des Zeichenbildes als solche ein **393** hinreichender Grad an eigenständig kennzeichnender Wirkung zukommen, der die fehlende Unterscheidungskraft der beschreibenden Wortelemente ausgleichen und insoweit als selbständiger Herkunftshinweis dienen kann (vgl. BPatG GRUR 1997, 283 – TAX FREE). Eine solche Eignung können insbesondere **„Hausfarben"** von Unternehmen aufweisen, die aufgrund ihrer hohen Bekanntheit bzw. Verkehrsdurchsetzung von den Verkehrskreisen diesen Unternehmen zugeordnet werden und damit auch einem ansonsten nicht unterscheidungskräftigen Wortzeichen eine herkunftshinweisende Wirkung vermitteln können. Um diesen Zweck erfüllen zu können, müssen die Hausfarben im Gesamterscheinungsbild der Marke zudem so prominent hervortreten, dass sie als solche und damit als Mittel der betrieblichen Herkunftskennzeichnung wahrgenommen werden (BPatG BeckRS 2009, 25175 – Gesundhei(t) in magenta/grau; s. auch BPatG BeckRS 2011, 7572 – Volks Rabatt). Da von diesen Ausnahmefällen abgesehen Farben als solchen keine Unterscheidungskraft zukommt, sind sie jedoch in aller Regel auch nicht geeignet, einem nicht schutzfähigen Zeichen zur Eintragung zu verhelfen.

Entscheidungspraxis: **393.1**
BPatG Beschl. v. 17.8.2021, 26 W (pat) 533/18 – STREAM ON: Das in der Farbe Magenta gehaltene Wort-/Bildzeichen „STREAM ON" werde, so das Gericht, im Hinblick auf die (u.a.) beanspruchten Datenübertragungs- und Telekommunikationsdienstleistungen von den angesprochenen Verkehrskreisen lediglich als schlagwortartige, werblich anpreisende Aufforderung ohne Unterscheidungskraft verstanden.

Allerdings war die Anmelder gleichzeitig bereits Inhaberin der seit 2001 aufgrund Verkehrsdurchsetzung eingetragenen Farbmarke „magenta RAL 4010" sei. Da diese Farbmarke nach Ansicht des BPatG auch in dem Anmeldezeichen als Betriebskennzeichen hervortrat, konnte in diesem Fall die Farbgebung ausnahmsweise zu einer hinreichenden Unterscheidungseignung der Wort-/Bildmarke führen.

394   Außerhalb dieser Sonderfälle wird Voraussetzung für eine ausnahmsweise schutzbegründende Wirkung zumindest sein, dass die in Rede stehende Farbe bzw. Farbkombination keinen beschreibenden Bezug zu den in Anspruch genommenen Waren oder Dienstleistungen aufweist (beispielsweise die Farbe Grün als Hinweis auf ökologische Produkte, vgl. BPatG BeckRS 2017, 124632 – Green IT), dass sie in dem betreffenden Marktsegment nicht den üblichen Gewohnheiten bezüglich der Farbgebung von Waren oder Verpackung entspricht und dass sie auch sonst nicht als bloß ästhetisch bzw. dekorativ wirkender Zeichenbestandteil wahrgenommen wird (zur Schutzfähigkeit abstrakter Farben ausführlich → Rn. 444).

395   Die hier dargestellte Beschränkung der eigenständig herkunftshinweisenden Wirkung der Farbgestaltung auf besondere Ausnahmefälle schließt es natürlich nicht aus, dass der Farbgebung jedenfalls **im Zusammenspiel** mit weiteren Elementen schutzbegründende Wirkung zukommen kann, etwa wenn durch die Farbigkeit andere Zeichenbestandteile optisch hervorgehoben oder betont werden, so dass diese im Rahmen des durch die Kombinationsmarke hervorgerufenen Gesamteindrucks eine hinreichend unterscheidungskräftige Wirkung entfalten (zu Nachweisen aus der Rechtsprechung → Rn. 389.1 ff.).

396   **ee) Sonstige separate Bildelemente.** Die fehlende Unterscheidungskraft der Wortbestandteile der Wort-/Bildmarke kann auch durch die Aufnahme von **separaten Bildelementen** des Zeichens überwunden werden, sofern diese geeignet sind, aufgrund ihrer charakteristischen Merkmale als eigenständiger Hinweis auf die betriebliche Herkunft der Waren oder Dienstleistungen wahrgenommen zu werden. Dabei sind an den erforderlichen „Überschuss" umso größere Anforderungen zu stellen, je deutlicher der schutzunfähige, beschreibende Charakter des Wortbestandteils selbst hervortritt (s. BGH GRUR 2001, 1153 – antiKALK; weitere Rechtsprechungsnachweise → Rn. 385).

397   **Fehlt** dem in Rede stehenden Bildbestandteil nach allgemeinen Grundsätzen selbst die Unterscheidungskraft (zur Unterscheidungskraft von reinen Bildzeichen ausführlich → Rn. 404 ff.), könnte er also auch in Alleinstellung keinen Schutz als eingetragene Marke beanspruchen, so führt er grundsätzlich auch **in Kombination** mit einem ebenfalls schutzunfähigen, rein beschreibenden Begriff nicht zur Eintragungsfähigkeit des Gesamtzeichens (BGH GRUR 2009, 954 – Kinder III; GRUR 2001, 1153 – antiKALK; BPatG BeckRS 2014, 13196 – der-Alltagshelfer), es sei denn aus der Kombination resultiert ein Spannungsverhältnis zum beschreibenden Verständnis des Wortbestandteils. Dies gilt beispielsweise für einfach gestaltete **Darstellungen der in der Anmeldung beanspruchten Waren** (zB BPatG GRUR 2013, 737 f. – Grillmeister: die Abbildung einer (Grill-)Wurst ergänzt ausschließlich die sachbezogenen Aussagen des Wortbestandteils „Grillmeister" und erschöpft sich in dessen bildlicher Unterstützung; bestätigt durch BGH GRUR 2014, 376 Rn. 18) oder **Dienstleistungen** (BPatG GRUR 2004, 873 – FRISH: Hinzufügung des Piktogramms „Messer und Gabel" bei Dienstleistungen im Gastronomiebereich wirkt aufgrund seines glatt beschreibenden Aussagegehalts nicht schutzbegründend). Gleiches gilt für Bildelemente, die als rein beschreibender Hinweis auf die **Qualität** der Waren oder Dienstleistungen (BPatG BeckRS 2017, 106840 – Meisterschrank: Das Symbol einer Faust mit nach oben gestrecktem Daumen wird allgemein im Sinne von „okay" oder „gut" verstanden und unterstreicht damit lediglich die sachbezogene Aussage des Wortbestandteils „**Meister**schrank") oder die geografische Herkunft bzw. den Ort der Erbringung der Waren oder Dienstleistungen anzusehen sind (BPatG BeckRS 2015, 126282 – Schloss Shop Heidelberg – Beifügung eines Schattenrisses des Heidelberger Schlosses unterstützt lediglich den beschreibenden Aussagegehalt des Wortbestandteils; s. andererseits BPatG BeckRS 2015, 08218 – Prager Philharmoniker, wo der beschreibende Charakter des Wortbestandteils durch die zusätzliche Darstellung einer nicht naturgetreuen, sondern stark stilisierten Silhouette des Prager St. Veit-Doms überwunden wurde).

397.1   Entscheidungspraxis:
BPatG GRUR-RS 2021, 33933 – BURNING HOT: Darstellung einer mit branchenüblichen Spielzeichen ausgestatteten (Online-)Spielfläche eines Geldspielautomaten als warenbeschreibendes Bildelement nicht zur Herkunftsindividualisierung geeignet;
BPatG GRUR-RS 2020, 12979 – radio player.de: Das in dem Anmeldezeichen enthaltene Piktogramm eines „Play-Buttons" (Wiedergabetaste) unterstreicht lediglich die Bedeutung der beschreibenden Wortbestandteile „radio player.de" und vermag daher keine Schutzfähigkeit des Gesamtzeichens zu begründen;

BPatG BeckRS 2019, 11534 – Paletas: Die grafische Gestaltung erschöpft sich in der stilisierten Abbildung der beanspruchten Ware selbst (Speiseeis) bzw. des rein sachbeschreibenden Wortbestandteils „Paletas" (aus dem Mexikanischen stammender Begriff für Eis am Stiel), weshalb mangels eines bildlichen Überschusses ein Verkehrsverständnis im Sinne eines betrieblichen Herkunftshinweises ausgeschlossen ist;

BPatG BeckRS 2018, 24866 – Cloud für den Mittelstand: Darstellung einer Wolke ist im Zusammenhang mit dem Thema des Cloud Computing ein absolut gängiges Motiv, das lediglich den Begriffsgehalt der „Cloud" versinnbildlicht, so dass kein schutzbegründender bildlicher Überschuss gegenüber dem Wortbestandteil „Cloud für den Mittelstand" festzustellen ist;

BPatG BeckRS 2015, 18874 – Kommune 2.0: Darstellung eines üblichen gelb/schwarzen Ortsschildes als Hintergrund für das schutzunfähige Wortelement „Kommune 2.0" unterstreicht bloß den sachlichen Bezug der angemeldeten Dienstleistungen zur kommunalen Verwaltung;

BPatG BeckRS 2015, 02935 – stoff4you: Abbildung einer Stoffrolle illustriert lediglich die Art der angebotenen Waren „Stoffe, Planen, Segel" und wird deshalb von den Verkehrskreisen nicht als Hinweis auf ein bestimmtes Unternehmen, sondern als Hinweis auf die Art der angebotenen Waren verstanden;

BPatG BeckRS 2014, 03249 – Face Clinic: Die Hinzufügung der bildlichen Darstellung von zwei Teilausschnitten klassischer Kunstwerke (konkret: Michelangelos David und Botticellis Venus) führt trotz des rein beschreibenden Charakters des Wortbestanteils zur Schutzfähigkeit des Gesamtzeichens.

ff) Hinreichendes Gewicht des schutzfähigen Bestandteils. Zudem muss der schutzbegründende Bildbestandteil innerhalb des Gesamtzeichens **hinreichend deutlich hervortreten,** um die für die kennzeichnende Prägung des Gesamteindrucks notwendige Bedeutung zu erlangen und vom Verkehr überhaupt als eigenständiger Herkunftshinweis wahrgenommen zu werden (vgl. auch Ingerl/Rohnke/Wirtz Rn. 50; für den Wortbestandteil BPatG GRUR-RS 2021, 33933 – BURNING HOT). Hierfür ist nicht erforderlich, dass das schutzbegründende Element das Gesamtzeichen dominiert. Je stärker allerdings der in Rede stehende Bildbestandteil aufgrund seiner relativen Größe bzw. seiner Anordnung in dem Gesamterscheinungsbild des Kombinationszeichens zurücktritt, desto weniger wird ihn der Betrachter als einen eigenständigen Herkunftshinweis denn als unselbständige dekorative Ergänzung des schutzunfähigen Wortbestandteils wahrnehmen. **398**

2. Beschreibende Angaben

a) Prüfungsmaßstab. Nach § 8 Abs. 2 Nr. 2 sind solche Zeichen von der Eintragung ausgeschlossen, die **ausschließlich** aus Angaben bestehen, die im Verkehr zur Bezeichnung der Art, der Beschaffenheit, der Menge, der Bestimmung, des Wertes, der geografischen Herkunft, der Zeit der Herstellung der Waren oder der Erbringung der Dienstleistung oder zur Bezeichnung sonstiger Merkmale der Waren oder Dienstleistungen dienen können (im Einzelnen → § 8 Rn. 161 ff. zu Wortmarken; näher zum Verhältnis der Schutzhindernisse der beschreibenden Angaben nach § 8 Abs. 2 Nr. 2 und der fehlenden Unterscheidungskraft iSv § 8 Abs. 2 Nr. 1 zueinander → § 8 Rn. 57 ff.). **399**

b) Bedeutung für Wort-/Bildmarken. Ist das Wortelement eines zusammengesetzten Wort-/Bildzeichens bereits für sich genommen schutzfähig, weil unterscheidungskräftig und nicht freihaltebedürftig, so führt dies grundsätzlich zur Eintragungsfähigkeit des Gesamtzeichens (ausführlich zur Schutzfähigkeit von Wortzeichen → § 8 Rn. 141 ff.). Eine „Neutralisierung" des schutzfähigen Wortbestandteils durch die Hinzufügung eines für sich besehen schutzunfähigen Bildbestandteils dürfte kaum in Betracht kommen, sofern letzterer aufgrund seiner Größe und Stellung in dem Kombinationszeichen nicht den Gesamteindruck völlig dominiert (→ Rn. 381 ff.). Jedoch ist auch hier zu beachten, dass der durch ein Zeichen vermittelte Gesamteindruck regelmäßig vor allem durch seine **kennzeichnungsstarken** Bestandteile **geprägt** wird, auch wenn diese hinsichtlich ihrer relativen Größe eher zurücktreten. Auch ein relativ kleiner und auf der mit der Anmeldung eingereichten Darstellung nicht in den Vordergrund tretender Bestandteil kann daher schutzbegründend wirken, solange bei verkehrsüblicher Verwendung dieser Form zu erwarten ist, dass dieser Bestandteil als betrieblicher Hinweis erkannt wird (BPatG GRUR 2002, 163 (165) – BIC-Kugelschreiber). **400**

Eigenständige Bedeutung kommt dem Bildbestandteil im Rahmen der Prüfung der Schutzhindernisse vor allem in den Fällen zu, in denen der Wortbestandteil als das den Gesamteindruck nach allgemeinen Grundsätzen regelmäßig prägende Element dem Gesamtzeichen selbst noch nicht zur Eintragungsfähigkeit verhelfen kann. Nach dem insoweit maßgeblichen Wortlaut des § 8 Abs. 2 Nr. 2 ist lediglich solchen Zeichen die Eintragung zu versagen, die **ausschließlich** aus **401** beschreibenden Angaben bestehen. Dies ist indes nicht als Abkehr von dem allgemeinen Grundsatz zu verstehen, dass im Rahmen der Prüfung der Schutzfähigkeit nicht auf die singuläre Betrachtung der einzelnen Bestandteile, sondern auf den durch das Kombinationszeichen vermittelten **Gesamteindruck** abzustellen ist (ebenso zur Unterscheidungskraft nach § 8 Abs. 2 Nr. 1 → Rn. 377; zu Wortmarken → § 8 Rn. 123; s. auch EuGH C-363/99, GRUR 2004, 674 (678) – Postkantoor). Allerdings führt die Kombination eines beschreibenden Wortbestandteils mit Bildelementen, die ihrerseits ebenfalls Merkmale der Waren oder Dienstleistungen beschreiben, dazu, dass auch das angemeldete Zeichen in seiner Gesamtheit als beschreibend und damit schutzunfähig anzusehen ist (vgl. zu Wortmarken EuGH C-363/99, GRUR 2004, 674 Rn. 98 ff. – Postkantoor).

402   Als beschreibend und damit nicht selbständig schutzfähig wurden in der Rechtsprechung beispielsweise **schlichte bildliche Abbildungen** des in Rede stehenden Produkts selbst angesehen (BGH GRUR 1989, 510 (512) – Teekanne II: einfache Abbildung einer Teekanne hat im Zusammenhang mit der Ware „Tee" von Haus aus eine rein beschreibende Funktion, an deren Freihaltung ein Bedürfnis des Verkehrs besteht) oder aber einfache grafische Wiedergaben der Beschaffenheit oder der Funktionsweise des Produkts (BPatG GRUR 1979, 242 f. – Visuelles Gesamtbild: Abbildung von Früchten für die Waren „Fruchtbonbons" als beschreibender bildlicher Hinweis auf die geschmackliche Richtung der Waren). Ebenso kann die **Abbildung von Personen** unter Umständen als beschreibender Hinweis auf die Herkunft oder einen sonstigen Bezug der Waren zu dieser Person wahrgenommen werden (so auch Ingerl/Rohnke/Wirtz Rn. 223; zu Portraitmarken ausführlich → Rn. 436).

403   Dabei ist jedoch stets zu beachten, dass sich ein zu prüfendes Freihaltebedürfnis nicht nur generell auf den allgemeinen Gegenstand der Darstellung, sondern tatsächlich auf die in Rede stehende Abbildung in ihrer **konkreten Gestalt** beziehen muss.

II. Bildmarken

1. Unterscheidungskraft

404   **a) Prüfungsmaßstab. aa) Unterscheidungseignung.** Die allgemeinen Grundsätze zur Bestimmung der Unterscheidungskraft (→ § 8 Rn. 96 ff., dort zu Wortmarken) finden grundsätzlich auch auf Bildmarken Anwendung. Auch eine Bildmarke ist daher dann als unterscheidungskräftig anzusehen, wenn der angesprochene Verkehr in ihr im Zeitpunkt der Anmeldung (BGH GRUR 2013, 1143 – Aus Akten werden Fakten) einen **Hinweis auf die betriebliche Herkunft** der konkret beanspruchten Waren und Dienstleistungen erblickt (BGH GRUR 2011, 158 Rn. 7 – Hefteinband; GRUR 2010, 138 Rn. 23 – ROCHER-Kugel; GRUR 2008, 1093 Rn. 13 – Marlene-Dietrich-Bildnis; GRUR 2005, 257 f. – Bürogebäude; GRUR 2001, 734 f. – Jeanshosentasche; GRUR 2001, 239 f. – Zahnpastastrang).

405   Unter Anlegung des gebotenen **großzügigen Maßstabs** (→ § 8 Rn. 29 ff. sowie zu Wortmarken → § 8 Rn. 99 f.) ist die Unterscheidungskraft damit vor allem naturgetreuen bildlichen Wiedergaben der im Warenverzeichnis genannten Ware als bloß beschreibende Angabe, einfachsten geometrischen Formen oder sonstigen einfachen grafischen Gestaltungselementen, die in der Werbung, auf Warenverpackungen, Geschäftsbriefen oÄ üblicherweise in bloß ornamentaler, schmückender Weise verwendet werden und die daher nicht geeignet sind, vom Verkehr als Unterscheidungsmerkmal wahrgenommen zu werden (BGH GRUR 2001, 502 (504) – St. Pauli Girl; vgl. auch Ingerl/Rohnke/Wirtz Rn. 166 ff.), abzusprechen. Auch hier gilt, dass grundsätzlich ein Mindestmaß an Unterscheidungskraft ausreicht, die Schutzfähigkeit des Zeichens zu begründen.

406   **bb) Wahrnehmungsgewohnheiten.** Der theoretische Grundsatz, dass für sämtliche Markenkategorien der gleiche allgemeine Prüfungsmaßstab heranzuziehen ist, bedeutet indes nicht, dass in der Praxis nicht **unterschiedliche tatsächliche Anforderungen** an den **Nachweis der Unterscheidungskraft** der konkret in Rede stehenden Zeichen zu stellen sein können. So wurde insbesondere in der Rechtsprechung des EuGH wiederholt betont, dass für die verschiedenen Zeichenarten durchaus unterschiedliche Verkehrsauffassungen bzw. Wahrnehmungsgewohnheiten bestehen können, dass also Zeichen der einen Kategorie möglicherweise leichter als Unterscheidungszeichen und damit als Marke aufgefasst werden als Zeichen einer anderen. Trotz prinzipieller Geltung des gleichen Ausgangsmaßstabs kann daher der Nachweis der hinreichenden Unterscheidungskraft bei den unterschiedlichen Markenformen in unterschiedlichem Maße Schwierigkeiten bereiten.

So wird insbesondere eine bildliche Darstellung, die aus dem **Erscheinungsbild der Ware** 407
selbst besteht (zu dieser Fallgruppe ausführlich → Rn. 419), von den maßgeblichen Verkehrskreisen nicht notwendig in gleicher Weise wahrgenommen wie eine Wort- oder Bildmarke, die vom Erscheinungsbild der mit der Marke gekennzeichneten Waren völlig unabhängig ist. Fehlen grafische oder Wortelemente, so wird der durchschnittliche Verbraucher die bloße bildliche Wiedergabe **Form der Waren** (oder ihrer Verpackung) gewöhnlich nicht als Hinweis auf die Herkunft dieser Waren erfassen (vgl. EuGH C-344/10 P, C-345/10 P, GRUR 2012, 610 Rn. 46 – Freixenet; C-144/06, GRUR Int 2008, 43 Rn. 36 – Rot-weiße rechteckige Tablette; verb. Rs. C-53/01 bis C-55/01, GRUR 2003, 514 Rn. 46 – Linde, Winward und Rado). Gleiches gilt etwa für Zeichen, die sich in einer **Farbe** oder Farbkombination erschöpfen. Auch hier sind Verbraucher nicht unbedingt gewöhnt, allein aus der Farbe einer Ware bzw. ihrer Verpackung ohne weitere Wort- oder Bildelemente auf ihre betriebliche Herkunft zu schließen, da eine Farbe als solche nach den derzeitigen Gepflogenheiten des Handels in aller Regel nicht als Mittel der Identifizierung verwendet wird (grundlegend EuGH C-104/01, GRUR 2003, 604 Rn. 65 – Libertel; GRUR 2004, 858 Rn. 23 – Heidelberger Bauchemie). Trotz prinzipieller Geltung des gleichen Ausgangsmaßstabs kann daher der Nachweis der hinreichenden Unterscheidungskraft bei den unterschiedlichen Markenformen in unterschiedlichem Maße Schwierigkeiten bereiten.

cc) Verzierungs- und Werbefunktion. Die Unterscheidungskraft eines Bildzeichens ist 408
bereits dann zu bejahen, wenn ihm neben anderen Funktionen zumindest auch ein gewisses Mindestmaß an Unterscheidungseignung zukommt. Die Unterscheidungsfunktion braucht folglich nicht die einzige Funktion des Zeichens zu sein, so dass der Umstand, dass ein Zeichen **auch** als Verzierung aufgefasst wird, dem Markenschutz daher nicht entgegensteht. So hat der EuGH in seiner Entscheidung EuGH C-408/01, GRUR 2004, 58 (60) – Adidas/Fitnessworld betreffend einen Kollisionsfall zu der ihm vorgelegten Frage nach der Reichweite des Schutzes bekannter Marken festgestellt, dass der Umstand, dass ein Zeichen von den beteiligten Verkehrskreisen als Verzierung aufgefasst wird, für sich genommen dem durch die MRL 2008 (RL 2008/95/EG) gewährten Schutz nicht entgegensteht. Wird es hingegen allein als Verzierung aufgefasst, so stelle der Verkehr naturgemäß keine gedankliche Verknüpfung mit der eingetragenen Marke her, so dass eine Verletzung ausscheide. Eine (ggf. kollisionsbegründende) Unterscheidungseignung wird daher durch eine gleichzeitig festzustellende **Verzierungsfunktion** nicht ausgeschlossen. Lediglich dann, wenn die beteiligten Verkehrskreise das Zeichen **ausschließlich als Verzierung** wahrnehmen und ihm daneben keinerlei herkunftshinweisende Bedeutung zumessen, ist die Unterscheidungskraft zu verneinen (BGH GRUR 2000, 502 (502) – St. Pauli Girl; GRUR 2001, 734 (735) – Jeanshosentasche; BPatG BeckRS 2019, 14766 – stilisierte Blume; EuGH C-307/11 P, GRUR 2013, 519 – Umsäumter Winkel; C-408/01, GRUR 2004, 58 (60) – Adidas/Fitnessworld). In gleicher Weise schließt auch eine anpreisende, aufmerksamkeitsheischende oder lobende Wirkung des in Rede stehenden Bildzeichens (zur **Werbefunktion** von Marken auch → § 8 Rn. 139 → § 8 Rn. 139) die Annahme einer zur Unterscheidungskraft führenden Herkunftshinweisfunktion nicht aus (ebenso für Wortmarken EuGH C-398/08 P, GRUR 2010, 228 Rn. 65 – Vorsprung durch Technik; GRUR 2001, 1148 Rn. 40 – Bravo).

dd) Farbe. Lediglich in seltenen Ausnahmefällen wird eine an sich nicht unterscheidungskräf- 409
tige Bildmarke durch ihre bloße **farbige Ausgestaltung** Schutzfähigkeit erlangen können. Dies dürfte regelmäßig vorauszusetzen, dass in der in Rede stehenden Branche eine gewisse Übung dahingehend festzustellen ist, Farben bzw. Farbkombinationen tatsächlich als Herkunftshinweis einzusetzen bzw. wahrzunehmen, und dass auch die spezifische Farbgebung eine gewisse Eigentümlichkeit besitzt, aufgrund derer sie als Unterscheidungszeichnung empfunden werden kann (BPatG GRUR 1997, 285 f. – VISA-Streifenbild; Ströbele/Hacker/Thiering/Ströbele Rn. 244).

ee) Eigentümlichkeit und Originalität. Nicht erforderlich zur Bejahung der Eintragungsfä- 410
higkeit ist eine besondere gestalterische bzw. grafische Eigentümlichkeit oder eine originelle Wirkung des Bildzeichens. **Neuheit, Eigentümlichkeit** und **Originalität** sind nach der Rechtsprechung keine zwingenden Erfordernisse für das Vorliegen von Unterscheidungskraft und können deshalb auch nicht zum selbstständigen Prüfungsmaßstab erhoben werden (vgl. BGH GRUR 2001, 734 f. – Jeanshosentasche; GRUR 2001, 239 – Zahnpastastrang; GRUR 2000, 723 – LOGO; GRUR 2001, 56 – Likörflasche; BPatG BeckRS 2018, 1048 Rn. 13 – Herz; ebenso EuG T-336/08, GRUR 2011, 425 Rn. 24 – Goldhase: Neuheit oder Originalität sind keine maßgeblichen Kriterien für die Beurteilung der Unterscheidungskraft einer Marke; und EuG T-857/16, BeckRS 2017, 142571 – Bierglas). Dies schließt es indes nicht aus, dass diese Merkmale, sofern sie bei einem Zeichen positiv festzustellen sind, als Indizien zur Begründung der Unterschei-

dungskraft herangezogen werden können (vgl. BGH GRUR 2001, 413 (415) – SWATCH; GRUR 2001, 334 (336) – Gabelstapler; s. auch BGH GRUR 2010, 935 – Die Vision, zu längeren Wortfolgen; GRUR 2000, 321 f. – Radio von hier, zu Werbeslogan).

411   **ff) Merkfähigkeit.** Ebenso wenig wie Originalität und Eigentümlichkeit zum selbstständigen Prüfungsmaßstab erhoben werden dürfen ist die Eignung des Zeichens, vom Verkehr **erinnert** zu werden, bei der Prüfung der Unterscheidungskraft als notwendiges Kriterium zugrunde zu legen. Selbst bei komplexen Zeichen bedarf es keiner Beurteilung der **Merkfähigkeit,** zumal die Erinnerungseignung bei den Angehörigen der maßgeblichen Verkehrskreise individuell recht unterschiedlich ausfallen wird und sich daher einer Feststellung im registermäßigen Eintragungs- verfahren weitgehend entzieht (vgl. BGH GRUR 2000, 502 (504) – St. Pauli Girl; BPatG GRUR 1997, 53 – Chinesische Schriftzeichen; anders noch BPatG GRUR 1997, 830 f. – St. Pauli Girl; s. auch Ingerl/Rohnke/Wirtz Rn. 165).

411.1   In seiner Entscheidung vom 10.4.1997 (BGH GRUR 1997, 527 (529) – Autofelge) führte der BGH zur Begründung der fehlenden Unterscheidungskraft der angemeldeten bildlichen Darstellung einer Auto- felge noch aus, die Abweichungen in den Gestaltungsmerkmalen gegenüber marktüblichen Formen beschränkten sich „auf wenig einprägsame Nuancen, denen darüber hinaus ein hohes Maß von Beliebigkeit anhaftet und die sich der Verkehr deshalb regelmäßig nicht wird merken können". Sofern hierdurch ein eigenständiges Prüfungsmerkmal der Merkbarkeit statuiert werden sollte, ist dieses durch die spätere ausdrückliche Absage des BGH an ein solches Eintragungserfordernis in seiner Entscheidung „St. Pauli Girl" vom 8.12.1999 (BGH GRUR 2000, 502 (504)) überholt.

412   **gg) Branchenübung.** Ob einer bildlichen Gestaltung eine herkunftshinweisende Bedeutung zukommt ist jeweils auch unter Berücksichtigung der spezifischen **Kennzeichnungsgewohnhei- ten** – und damit einhergehend der hierdurch geprägten Wahrnehmung der maßgeblichen Ver- kehrskreise – in dem **konkreten Waren- und Dienstleistungssektor** zu beurteilen (BGH GRUR 2008, 1093 Rn. 22 – Marlene-Dietrich-Bildnis I; GRUR 2004, 502 (504) – Gabelstapler II; GRUR 2004, 507 (509) – Transformatorengehäuse; GRUR 2004, 583 f. – Farbige Arzneimit- telkapsel; GRUR 2004, 329 f. – Käse in Blütenform I). Aus den tatsächlich vorhandenen Gestal- tungsformen und -gewohnheiten lassen sich Rückschlüsse darauf ziehen, ob der Verkehr geneigt sein wird, einer bestimmten Gestaltung einen Hinweis auf die betriebliche Herkunft beizulegen (vgl. BGH GRUR 2004, 507 (509) – Transformatorengehäuse). So hat der BGH in der Entschei- dung „Farbige Arzneimittelkapsel" (BGH GRUR 2004, 583 f.) die fehlende Unterscheidungskraft einer grün/cremefarbenen Arzneimittelkapsel mit Verweis darauf abgelehnt, dass derartige zweifar- bige Gestaltungen den seit langer Zeit bestehenden Gestaltungsgepflogenheiten auf dem Arznei- mittelsektor entsprächen. In der Entscheidung „Etiketten" (BGH GRUR 1999, 495 f.) hat der BGH ebenfalls den besonderen Gewohnheiten des konkret angesprochenen Fachhandels Rech- nung getragen. Dieser sei daran gewöhnt, Etiketten bezüglich ihrer Herkunft vor allem nach ihrer äußeren Form zu unterscheiden, und werde daher trotz einfachster Rahmendarstellung der in Rede stehenden Etikettengestaltung in der zeichnerischen Wiedergabe einen Hinweis auf die betriebliche Herkunft sehen. Für den Bereich der Getränkeindustrie schließlich stellte der BGH in der Entscheidung „Likörflasche" (BGH GRUR 2001, 56 (57)) darauf ab, dass der Verkehr daran gewöhnt sei, dass alkoholische Getränke von bestimmten Herstellern in Flaschen bestimmter Form vertrieben werden. Angesichts der in diesem Warenbereich anzutreffenden weiten Verbrei- tung besonderer, von genormten oder üblichen Formen abweichender Flaschenformen für ver- schiedene Getränke müsse davon ausgegangen werden, dass sich der Verkehr grundsätzlich hin- sichtlich der Herkunft des Inhalts auch an der Flaschenform herkunftshinweisend orientiert.

413   Abhängig von dem in Rede stehenden Warengebiet ist zudem auch der **Grad der zu erwar- tenden Aufmerksamkeit,** mit der der angesprochene Durchschnittsverbraucher einem Zeichen entgegentritt und der je nach Art der betreffenden Waren oder Dienstleistungen unterschiedlich hoch sein kann. Dieser Aufmerksamkeitsgrad ist insoweit von Bedeutung, als dass auch er Einfluss auf die Wahrnehmung eines Zeichens als Marke haben kann. So wird der Verbraucher bei **Produk- ten des täglichen Bedarfs,** bei denen erfahrungsgemäß mit einer geringen Aufmerksamkeit zu rechnen ist, möglichen Abweichungen von der marküblichen Durchschnittsgestaltung ggf. weniger Beachtung schenken als bei exklusiven Produkten, die eine genauere Beachtung erwarten lassen, und ihnen daher keinen Herkunftshinweis entnehmen (EuGH C-473/01 P, GRUR Int 2004, 639 Rn. 53 – Dreidimensionale Tablettenform III).

414   **hh) Bedeutung der Verwendungsform.** Gerade bei Bildzeichen kann es für die Frage, ob ein Zeichen als Marke wahrgenommen wird, in besonderer Weise auf die **konkrete Verwen-**

dungsform bzw. **Positionierung** des Zeichens ankommen. So ist durchaus denkbar, dass das gleiche Bildzeichen an „markentypischer" Stelle als Herkunftshinweis, im Fall seiner Anbringung an anderer Stelle hingegen als lediglich dekoratives Element wahrgenommen wird. In der Rechtsprechung ist insoweit anerkannt, dass ein Zeichen nicht bereits dann wegen fehlender Unterscheidungskraft von der Eintragung ausgeschlossen ist, wenn bestimmte Formen der Verwendung denkbar sind, bei denen das Zeichen nicht als Marke aufgefasst wird (BGH GRUR 2010, 110 Rn. 28 – TOOOR!; ebenso BGH GRUR 2010, 825 Rn. 23 – Marlene-Dietrich-Bildnis II). Nach Auffassung des BGH ist es im Rahmen des Eintragungsverfahrens ausreichend, wenn es **praktisch bedeutsame** oder **naheliegende Anbringungsmöglichkeiten** gibt, bei denen das Zeichen von den angesprochenen Verkehrskreisen ohne weiteres als Marke aufgefasst wird. Dass es sich dabei tatsächlich um die **wahrscheinlichste** Verwendungsform handelt, ist grundsätzlich nicht erforderlich (BGH GRUR 2020, 411 Rn. 15 – #darferdas?; GRUR 2012, 1044 Rn. 20 – Neuschwanstein; GRUR 2010, 825 Rn. 21 – Marlene-Dietrich-Bildnis II; GRUR 2008, 1093 Rn. 22 – Marlene-Dietrich-Bildnis I; GRUR 2001, 240 (242) – Swiss Army). In diesem Zusammenhang sind auch die branchenspezifischen Kennzeichnungsgewohnheiten zu berücksichtigen. Sind in der maßgeblichen Branche mehrere Verwendungsarten praktisch bedeutsam, müssen bei der Prüfung der Unterscheidungskraft alle diese verschiedenen Verwendungsarten berücksichtigt werden, um zu klären, ob der Durchschnittsverbraucher der erfassten Waren oder Dienstleistungen das Zeichen als Herkunftshinweis wahrnehmen kann. Bestehen solche Möglichkeiten, so kann die Eintragung des Zeichens nicht abgelehnt werden. Auf die wahrscheinlichste Verwendungsform des Zeichens sei nur dann abzustellen, wenn andere mögliche Verwendungsformen in der betreffenden Branche nicht praktisch bedeutsam sind (BGH GRUR 2020, 411 Rn. 15 – #darferdas?). Verwendungsarten, die in der Branche zwar denkbar, aber praktisch nicht bedeutsam sind und somit unwahrscheinlich erscheinen, sind dagegen für die Prüfung der Unterscheidungskraft irrelevant. Allein aus der Ausgestaltung eines Zeichens kann indes ohne weitere Hinweise nicht darauf geschlossen werden, dass bestimmte Verwendungsformen irrelevant sind (so nun auch BPatG GRUR-RS 2020, 37687 Rn. 27 – #darferdas? II).

Mit dem Erfordernis der Berücksichtigung üblicher oder naheliegender Verwendungsformen verwarf **414.1** der BGH die Auffassung des Bundespatentgerichts, das sich in den Verfahren „Marlene Dietrich" (BPatG GRUR 2006, 333 – Marlene-Dietrich-Bildnis I; GRUR 2010, 73 – Marlene-Dietrich-Bildnis II), „TOOOR!" (BPatG BeckRS 2008, 25384 und BeckRS 2011, 4979) und „Neuschwanstein" (BPatG GRUR 2011, 922) gegen das Anstellen gerichtlicher Mutmaßungen über übliche oder fernliegende Verwendungsformen ausgesprochen hatte. Seiner Auffassung nach sind solche tatsächlichen Erwägungen hinsichtlich möglicher Benutzungsvarianten und deren Auswirkung auf die Wahrnehmung des angesprochenen Verbrauchers im Rahmen des formellen Eintragungsverfahrens nicht anzustellen. Die Beurteilung der Unterscheidungskraft habe vielmehr losgelöst von einer unterstellten Positionierung und Präsentation des Zeichens allein auf Grundlage des konkreten Sinngehalts und der beanspruchten Waren und Dienstleistungen zu erfolgen, zumal eine Beurteilung der verschiedenen Verwendungsmöglichkeiten – was nicht von der Hand zu weisen sein dürfte – oftmals rein spekulativer Natur und im Registerverfahren auch nicht abschließend zu überblicken sei. Das Bundespatentgericht hat sich dieser Rechtsprechung mittlerweile angeschlossen (BPatG GRUR-RS 2020, 37687 Rn. 27 – #darferdas? II).

Demgegenüber hatte die europäische Rechtsprechung zunächst offenbar einen strengeren Prü- **415** fungsmaßstab zugrunde gelegt, soweit es der EuGH bei der Prüfung der Unterscheidungskraft für rechtlich zutreffend erachtet hatte, allein auf die nach der Sachkunde des Amtes festzustellende **wahrscheinlichste Verwendungsmöglichkeit** abzustellen (vgl. EuGH C-307/11 P, GRUR 2013, 519 Rn. 55 – Umsäumter Winkel, unter Bestätigung der Feststellungen der Vorinstanz, EuG T-202/09, BeckRS 2011, 80404). Den Verweis auf die deutsche höchstrichterliche Rechtsprechung und deren großzügigere Berücksichtigung nicht nur der „wahrscheinlichsten", sondern der „üblichen und naheliegenden" Verwendungsformen stufte der EuGH unter Hinweis darauf, dass das Unionsmarkenrecht ein autonomes und von den nationalen Rechtssystemen unabhängiges System darstellt, als irrelevant ein. An diese Interpretation des Eintragungshindernisses sah sich aufgrund der Auslegungsdirektive des EuGH auch das BPatG gebunden und folgerte insoweit, dass die bisherige, oben dargestellte Rechtsprechung des BGH in dieser Form nicht aufrechtzuerhalten sei (vgl. BPatG BeckRS 2013, 16660 – Silver Edition; ebenso abstellend auf die wahrscheinlichste Verwendungsform BPatG GRUR-Prax 2012, 376 – Wildeshauser Schützengilde; BeckRS 2013, 7048 – Düsseldorf und Congress, GRUR 2018, 932 – #darferdas). Mit Beschluss vom 21.6.2018 hat der BGH die Streitfrage dem **EuGH** zur Klärung vorgelegt (BGH GRUR 2018, 932 – #darferdas?). Dieser ist in seiner daraufhin ergangenen Entscheidung **nun offenbar auf die Linie des BGH umgeschwenkt.** Die § 8 Abs. 2 Nr. 1 zugrundeliegende Vorschrift des

Art. 3 Abs. 1 lit. b MRL 2008 sei dahingehend auszulegen, dass die Unterscheidungskraft unter Berücksichtigung aller relevanten Tatsachen und Umstände einschließlich **sämtlicher wahrscheinlicher Verwendungsarten** der angemeldeten Marke zu prüfen ist. Mangels anderer Anhaltspunkte handele es sich dabei um die Verwendungsarten, die **angesichts dessen, was in der betreffenden Branche üblich ist, praktisch bedeutsam** seien (EuGH GRUR 2019, 1194 Rn. 33 – #darferdas?; ebenso EuGH GRUR-RS 2020, 21408 – achtung!).

416   **b) Einfache geometrische Formen und grafische Gestaltungen.** Manche Zeichen sind bereits ihrer Natur nach nicht unterscheidungskräftig. So kann insbesondere einfachsten geometrischen Formen bzw. grafischen Gestaltungen, an die sich der Verkehr etwa durch häufige werbemäßige Verwendung gewöhnt hat, die Eignung zur Individualisierung der Waren oder Dienstleistungen fehlen (BGH GRUR 2008, 710 Rn. 20 – VISAGE; 2001, 1153 – antiKALK; GRUR 2001, 56 f. – Likörflasche; GRUR 2000, 502 f. – St. Pauli Girl; Hildebrandt MarkenR § 4 Rn. 120). Die Rechtsprechung legt hier einen eher großzügigen Maßstab an.

416.1   **Entscheidungspraxis:**
EuG T-449/18, BeckRS 2019, 10552 – einfarbige Darstellung eines achteckigen Polygons weist keine visuell auffälligen oder für die maßgeblichen Verkehrskreise einprägsamen Elemente auf und ist daher nicht geeignet, den Verbrauchern eine Botschaft zu vermitteln, die als Hinweis auf die betriebliche Herkunft der betreffenden Waren wahrgenommen werden kann;
EuG T-209/14, BeckRS 2015, 81228 – Achteckiger grüner Rahmen: Die äußerst einfache geometrische Grundfigur eines achteckigen Rahmens in grüner Farbe ist nicht geeignet, der Anmeldung ein Mindestmaß an erforderlicher Unterscheidungskraft zu verleihen;
EuG T-499/09, BeckRS 2011, 81119 – Evonik/HABM (Purpurnes Rechteck): Darstellung eines purpurfarbenen, von der geometrischen Grundform nur marginal abweichenden Rechtecks nicht unterscheidungskräftig, da das Zeichen aufgrund der Einfachheit der rechteckigen Form den angesprochenen Verkehrskreisen keine eindeutige Aussage vermittele, diese werden vielmehr annehmen, dass es sich um ein mit den Waren oder Dienstleistungen im Zusammenhang stehendes Etikett, eine Dekoration oder eine ästhetischen Zwecken dienende Verzierung handele, nicht aber um einen Hinweis auf die betriebliche Herkunft der beanspruchten Waren und Dienstleistungen;
BPatG BeckRS 2018, 29938 – orangefarbenes Rechteck: Unterscheidungskraft eines Bildzeichens, das allein aus einem orangefarbenen, einfachen Rechteck besteht, unter Hinweis auf das Allgemeininteresse, die Allgemeinheit vor ungerechtfertigten Rechtsmonopolen zu bewahren, verneint;
BPatG BeckRS 2018, 1048 Rn. 13 – Herz: Schutzfähigkeit einer grafischen Darstellung eines Herzens unter Anlegung eines sehr großzügigen Beurteilungsmaßstabs bejaht, da Asymmetrie und die pinselstrichartige Schraffierung zu einer stark abstrahierten Darstellung führten (allerdings mit dem ausdrücklichen Hinweis, dass der Schutzumfang des verfahrensgegenständlichen Zeichens auf die ganz konkrete graphische Gestaltung in Alleinstellung beschränkt sei);
BPatG BeckRS 2009, 17816 – Rosette: Unterscheidungskraft eines radförmigen Symbols mit insgesamt drei verschieden segmentierten Kreisen bejaht, da es insbesondere durch die nach außen zunehmende Unterteilung der Ringe eine gewisse Komplexität bzw. charakteristische Erscheinung aufweise;
BPatG BeckRS 2009, 01117 – Dreieck: Schutzfähigkeit eines schrägwinkligen einfarbigen Dreiecks unter Hinweis auf ein Abweichen von einfachen Grundformen und Farbgebung bejaht (sehr weitgehend);
BPatG BlPMZ 2006, 179 f. – schwarz-blaues Quadrat: Darstellung eines blauen Quadrats mit schwarzer gleichförmiger Umrahmung noch als hinreichend unterscheidungskräftig beurteilt, da ihr eine „gewisse charakteristische Erscheinung als differenzierte Darstellung" nicht abgesprochen werden könne;
BPatG BeckRS 2001, 16264: Der stilisierten Abbildung eines unterbrochen gezeichneten Kreises wird ein noch ausreichender und damit schutzbegründender Abstand zur reinen fotografischen oder naturgetreuen Abbildung beigemessen.

417   Zum Sonderfall der **Kennfadenmarken** → Rn. 529 ff.
418   Durch die **Verbindung** mehrerer auch **einfacher Figuren** kann in ihrer Kombination hingegen eine Gestaltung erzielt werden, der ein hinreichendes Mindestmaß an Eigentümlichkeit zukommt und die insoweit die erforderliche Eignung als betrieblicher Herkunftshinweis begründen kann (HABM BK GRUR Int 1999, 966 f. – Dreiecke, unter Bezugnahme auf die weiteren Entscheidungen der Ersten Beschwerdekammer R 182/1998-1 – sedici quadrati, zu sechzehn im Quadrat angeordneten kleinen Quadraten, und der 2. BK R 199/1998-2, zu einer sechseckigen Gitterform; zur UMV s. auch HABM BK 3. BK GRUR Int 1999, 966 Rn. 17 – Dreiecke (Dual Triangles Design).

419   **c) Produktabbildende Bildmarken.** Bildzeichen, die sich in der bloßen Abbildung der in der Anmeldung in Anspruch genommenen Ware erschöpfen, **fehlt in der Regel** die erforderliche

Unterscheidungskraft (EuGH C-144/06 P, GRUR Int 2008, 43 Rn. 38 – Rot-weiße rechteckige Tablette; BGH GRUR 1995, 732 – Füllkörper, zum telle-quelle-Schutz nach Art. 6 B Nr. 2 PVÜ; GRUR 1999, 495 – Etiketten, dort allerdings Unterscheidungskraft bejaht). Der durchschnittliche Verbraucher schließt aus der bloßen Form der Waren oder ihrer Verpackung gewöhnlich nicht auf die betriebliche Herkunft der Produkte. Dies gilt unabhängig von der konkreten Markenform. Daher gilt die Rechtsprechung, die für dreidimensionale, aus dem Erscheinungsbild der Ware selbst bestehende Marken entwickelt wurde, in gleicher Weise für Bildmarken, die aus der zweidimensionalen Darstellung der Ware bestehen (EuGH C-26/17 P, GRUR-RR 2018, 507 – Birkenstocksohle; BPatG GRUR-RS 2022, 14458 Rn. 48 – Birkenstocksohle-Oberflächenmuster; zur Schutzfähigkeit von die Form der Ware wiedergebenden Bildmarken auch → Rn. 407; ausführlich zu dreidimensionalen Produktform- und Verpackungsformmarken → Rn. 469 ff.).

Dies gilt nicht nur dann, wenn es sich bei der in Rede stehenden Abbildung um eine fotografische oder zeichnerische, tatsächlich naturgetreue Wiedergabe der betreffenden Ware handelt. **420** Solange der Verbraucher in der betreffenden Darstellung ohne weiteres die üblichen Grundmerkmale der betreffenden Ware ohne darüber hinausgehende stilisierte oder verfremdete Elemente erblickt, wird er in ihr lediglich die Ware als solche, jedoch keinen Hinweis auf ihre Herkunft aus einem bestimmten Unternehmen erkennen (Ingerl/Rohnke/Wirtz Rn. 170; BGH GRUR 2013, 158 Rn. 8 – Hefteinband; BPatG GRUR-RS 2021, 24025 Rn. 27; s. auch EuGH C-136/02 P, GRUR Int 2005, 135 Rn. 32 – Maglite Stabtaschenlampe, unter Hinweis darauf, dass der Umstand, dass die wiedergegebene Form eine „Variante" der üblichen Formen dieser Warengattung darstellt, noch nicht als ausreichend anzusehen ist, um der angemeldeten Marke die Unterscheidungskraft zuzusprechen). Je weiter sich die **Darstellung** hingegen von der **tatsächlichen Produktform entfernt,** umso mehr wird der Verkehr geneigt sein, sie als Mittel zur betrieblichen Unterscheidung der Waren wahrzunehmen. Maßgeblich ist damit, ob das Zeichen sich in der Darstellung von Merkmalen, die für die betreffende Ware typisch oder lediglich von dekorativer Art sind, erschöpft, ohne darüber hinaus gehende charakteristische Unterscheidungsmerkmale aufzuweisen (BGH GRUR 2011, 158 Rn. 8 – Hefteinband; GRUR 2001, 239 f. – Zahnpastastrang; GRUR 2004, 683 f. – Farbige Arzneimittelkapsel). Wird Schutz für eine **andere Ware** als die abgebildete beansprucht, so kann selbstverständlich auch einer naturgetreuen unverfremdeten Sachdarstellung die erforderliche Unterscheidungskraft zukommen, sofern die dargestellte Ware nicht mittelbar Merkmale der beanspruchten Ware wie etwa deren Verwendungszweck beschreibt.

Eine ausreichende Unterscheidungskraft ist daher dann zu bejahen, wenn das Zeichen zwar für **421** den Verkehr erkennbar eine Abbildung der Ware beinhaltet, die bildliche Darstellung jedoch **stilisiert, abstrahierend** bzw. **verfremdet** ist oder sonstige **zusätzliche charakteristische Merkmale** nicht nur warentypischer oder lediglich dekorativer Art aufweist, denen der angesprochene Verkehr einen Hinweis auf die betriebliche Herkunft entnehmen kann (BGH GRUR 2011, 158 Rn. 18 – Hefteinband; GRUR 2004, 507 (508) – Transformatorengehäuse; GRUR 2004, 583 (584) – Farbige Arzneimittelkapsel; GRUR 2001, 734 f. – Jeanshosentasche; GRUR 2001, 334 (336) – Gabelstapler; BPatG BeckRS 2014, 20240 – piktogrammartige Abstraktion eines Damenschuhs).

Unter Anwendung der oben dargestellten Grundsätze hat der BGH in seiner Entscheidung **422** „Farbige Arzneimittelkapsel" beispielsweise die Unterscheidungskraft einer naturgetreuen Abbildung einer zweifarbigen Arzneimittelkapsel für pharmazeutische Zubereitungen verneint (BGH GRUR 2004, 683). Nach Auffassung des Gerichtshofs entsprach die abgebildete Kapsel in Form und Farbgebung der auch dem beanspruchten Warengebiet üblichen Produktgestaltung. Auch hielt sich die unterschiedliche farbliche Gestaltung der beiden Hälften der Kapsel nach den gerichtlichen Feststellungen im Rahmen der üblichen Aufmachungen, so dass der Verkehr auch diesem Merkmal keinen Herkunftshinweis entnehme. Ebenso verneint wurde die Unterscheidungskraft eines Zeichens, welches aus einer naturalistischen Abbildung einer Autofelge bestand, da für die Ablehnung der Schutzfähigkeit auch nicht erforderlich sei, dass die Marke das Produkt fotografisch genau oder maßstabsgerecht wiedergebe (BGH GRUR 1997, 527 (529) – Autofelge). Demgegenüber erachtete der BGH in seiner Entscheidung „Zahnpastastrang" die zweidimensionale Darstellung eines Strangs Zahnpasta als schutzfähig, da sie mit der zweifarbige Ausgestaltung, der dominierenden hellgrünen Farbe und der stilisierten Formgebung über die rein beschreibende Wiedergabe der Ware hinausgehende charakteristische Gestaltungsmerkmale aufweise (BGH GRUR 2001, 239; anders noch die Vorinstanz BPatG GRUR 1998, 713 (714), wo in der Farbgebung lediglich eine werbemäßige Hervorhebung oder allenfalls eine unmittelbar warenbezogene Aussage gesehen wurde).

422.1   Entscheidungspraxis:
BPatG GRUR-RS 2022, 14458 – Birkenstocksohle-Oberflächenmuster: Unterscheidungskraft verneint, da sich die Marke auf die Darstellung eines üblichen dekorativen, ornamentalen Musters beschränke, das von den angesprochenen Verkehrskreisen nicht als betrieblicher Herkunftshinweis verstanden werde.

BPatG GRUR-RS 2021, 24025 – Autowaschanlage: Unterscheidungskraft einer bildlichen Darstellung einer Autowaschanlage verneint, da die sachbezogene Darstellung lediglich die typischen Elemente einer solche Anlage zeigte und insoweit keine Besonderheiten aufwies. Auch die farbliche Gestaltung ändere hieran nichts. Zur Begründung zog das BPatG die strengen Anforderungen der „Libertel"-Rechtsprechung des EuGH und betonte, dass im Bereich der Autowaschanlagen keine sog. „Hausfarben" etabliert seien, die der Verkehr als betrieblichen Herkunftshinweis wahrnimmt.

BPatG BeckRS 2009, 3398 – Rasiererscherkopf: Unterscheidungskraft bejaht, da die betroffenen Verkehrskreise nach Auffassung des Gerichts die Abbildung nicht als Wiedergabe einer lediglich technisch bedingten Form auffassen, da die Darstellung keine naturgetreue Wiedergabe, sondern rein flächenhaft gehalten und dermaßen stilisiert sei, dass darin nur über mehrere analytische Gedankenschritte eine Produktform ermittelt werden könne.

BGH GRUR 1995, 732 (734) – Füllkörper (zum telle-quelle-Schutz): Naturgetreue, wenn auch nicht fotografisch genaue oder maßstabgerechte Wiedergabe der Ware (dort: dämpfende Füllkörper und Verpackungsmaterial) nicht als geeignet angesehen, die Ware ihrer Herkunft nach zu individualisieren, da alle zeichnerischen Elemente des Bildzeichens zum Wesen der Ware selbst gehörten und die Marke keine über die technische Gestaltung der Ware hinausreichenden Elemente aufweise.

423   Eine weitere Ausnahme von dem Grundsatz, dass die bildliche Darstellung von Waren keine hinreichende Unterscheidungskraft aufweist, gilt für den Fall, dass bereits die **abgebildete Ware als solche als unterscheidungskräftig** anzusehen ist (BGH GRUR 2008, 505 Rn. 25 – TUC-Salzcracker). Entnimmt der Verkehr schon der Form der Ware als solcher einen Hinweis auf ihre betriebliche Herkunft, so kann nichts anderes für eine naturgetreue Abbildung dieser Ware gelten. Voraussetzung für eine solche herkunftshinweisende Wirkung der Warenform ist jedoch, dass es sich um eine vom **Üblichen erheblich abweichende Gestaltung** handelt, die für den Verkehr die Herkunft aus einem bestimmten Unternehmen nahelegt. Insoweit gelten die von der Rechtsprechung zu dreidimensionalen Formmarken entwickelten Grundsätze (ausführlich → Rn. 469 ff.), auf die hier daher verwiesen werden kann, für **zweidimensionale Abbildungen der Ware bzw. ihrer Verpackung** (EuGH C-26/17 P, GRUR-RR 2018, 507 – Birkenstocksohle; C-417/16, GRUR-Prax 2017, 301 – Bild einer Warenverpackung; C-144/06 P, GRUR Int 2008, 43 Rn. 38 – Rot-weiß rechteckige Tablette; C-25/05 P, GRUR 2006, 1022 Rn. 29 – Wicklerform; BGH GRUR 2001, 56 f. – Likörflasche; BPatG GRUR-RS 2022, 14458 Rn. 48 – Birkenstocksohle-Oberflächenmuster) oder eines **Warenteils** (EuG T-326/10, BeckRS 2012, 81912 – Karomuster) entsprechend. Denn in beiden Fällen besteht die Marke aus einem Zeichen, das nicht vom Erscheinungsbild der mit ihr gekennzeichneten Waren losgelöst wahrgenommen werden kann, sondern mit diesem verschmilzt, unabhängig davon, ob die Darstellung nun zwei- oder dreidimensionaler Natur ist. Die gleichen Grundsätze gelten, wenn es sich bei der angemeldeten Marke um ein Zeichen handelt, das aus einem **auf der Oberfläche einer Ware angebrachten Muster** besteht (EuGH T-278/21, GRUR-RS 2022, 5764 – Mustermarke mit Mercedesstern; C-26/17 P, GRUR-RR 2018, 507 – Birkenstocksohle; BPatG GRUR-RS 2022, 14458 – Birkenstocksohle-Oberflächenmuster). Die (häufig anzutreffende) Abbildung grafischer Elemente auf der (zweidimensional) dargestellten Verpackung ändert als solche nicht per se etwas an dieser Feststellung. Denn wenn ein solches auf der Verpackung dargestelltes Bildelement von den angesprochenen Verkehrskreisen nicht als ein vom Produkt unabhängiges Zeichen, sondern lediglich als dekoratives Element der Verpackung aufgefasst wird, besteht kein Anlass, anstatt der für Verpackungsformmarken entwickelten Grundsätze die allgemeinen Maßstäbe für Bildzeichen anzulegen (EuGH C-417/16, GRUR-Prax 2017, 301 – Bild einer Warenverpackung).

423.1   Entscheidungspraxis:
In der einen Verletzungsfall betreffenden Entscheidung „TUC-Salzcracker" hatte der BGH zu dem Schutzumfang der Klagemarke zu befinden, die aus der Abbildung eines Salzgebäcks mit der Aufschrift „TUC" bestand (BGH GRUR 2008, 505 Rn. 25). Das BPatG hatte in der Vorinstanz der Form des abgebildeten Crackers keine maßgebliche Bedeutung für den Schutzumfang des Klagezeichens beigemessen, da es sich insoweit in der reinen Warenform erschöpfe. Hierzu stellte der BGH fest, dass Berufungsgericht sei zwar rechtlich zutreffend von dem Grundsatz ausgegangen, dass der bloßen Abbildung der Ware im Allgemeinen wegen ihres bloß beschreibenden Inhalts die konkrete Unterscheidungseignung fehlt. Werde allerdings die betreffende Form der Ware als solche vom Verkehr als Herkunftshinweis verstanden,

könne, so der BGH, „auch der **Abbildung** der Form die Kennzeichnungskraft nicht mit der Begründung abgesprochen werden, sie erschöpfe sich in der Wiedergabe der gekennzeichneten Ware".

Die vorgenannten Ausführungen gelten entsprechend für Abbildungen der **Warenverpa-** 424
ckung. Stellt die Abbildung lediglich eine handelsübliche Verpackung von normalerweise verpackt angebotenen Waren dar und wird sie daher nur als Hinweis auf die verpackte Ware selbst, nicht jedoch auf die betriebliche Herkunft der Ware wahrgenommen, so ist ihr die Unterscheidungskraft abzusprechen. Weist die Gestaltung hingegen nicht nur warentypische oder rein dekorative, sondern hierüber hinausgehende besondere charakteristische Merkmale auf, so steht der Eintragung der Abbildung der Verpackungsform nichts entgegen. Nach der zu dreidimensionalen Marken ergangenen Rechtsprechung ist dabei grundsätzlich erforderlich, dass die in Rede stehende Gestaltung von der branchenüblichen Verpackungsform **erheblich abweicht** (EuGH C-238/06 P, GRUR 2008, 339 Rn. 81 – Form einer Kunststoffflasche; C-25/05 P, GRUR 2006, 1022 Rn. 28 – Wicklerform; C-173/04 P, GRUR 2006, 233 Rn. 31 – Standbeutel; BGH GRUR 2001, 737 (739) – Waschmittelflasche). Da die gleichen Grundsätze unterschiedslos auch auf zweidimensionale Wiedergaben der Waren- oder Verpackungsform übertragbar sind, sei hier auf die Darstellung der Schutzfähigkeit dreidimensionaler Gestaltungen unter → Rn. 469 ff. verwiesen.

d) Merkmalsbeschreibende Bildzeichen. Auch **beschreibenden Bildelementen** oder 425
Piktogrammen, die auf die Art, die Funktion, die Beschaffenheit, den Gebrauchszweck oder die geografische Herkunft des in Rede stehenden Produkts hinweisen, fehlt regelmäßig die Unterscheidungskraft. So ist etwa die Abbildung des ehemaligen Staatswappens der DDR als bloßer Hinweis auf die geografische Herkunft der Waren nicht schutzfähig (vgl. BGH GRUR-RR 2009, 19 (20 f.) – Ehemaliges DDR-Staatswappen). Gleiches gilt für die naturgetreue Abbildung eines Hundekopfes als einem jeden gedanklichen Zwischenschritt erkennbaren Hinweis darauf, dass es sich bei dem entsprechend gekennzeichneten Produkt um Hundefutter handelt (BGH GRUR 2004, 331 f. – Westie-Kopf; vgl. auch BGH GRUR 2005, 257 f. – Bürogebäude: fotografische Abbildung eines Bürogebäudes erschöpft sich in der Darstellung des wesentlichen Aspekts der Dienstleistung „Immobilienwesen").

Entscheidungspraxis: 425.1
BPatG BeckRS 2019, 31776: Unterscheidungskraft für die dargestellte Kombination aus einem Euro-Zeichen und einer SIM-Karte, die zudem in der ungewöhnlichen Farbe Rot gehalten ist, entgegen der vorausgegangenen Entscheidung des DPMA bejaht. Nach Ansicht des BPatG erschließe sich aus dem Gesamtzeichen für den Verkehr nicht ohne Weiteres eine konkrete beschreibende Bedeutung. Zur Symbolisierung mobiler Bezahlsysteme werden üblicherweise die Darstellungen der Geräte oder Karten verwendet, die der Kunde bzw. die Zahlstelle bedient (also zB Mobiltelefone, Kreditkarten, Kartenlesegeräte etc.), nicht jedoch innenliegende Teile solcher Geräte, wie SIM-Karten. Die Darstellung eines €-Symbols zusammen mit einer SIM-Karte ohne weitere Erläuterungen lasse zahlreiche Fragen offen, sodass keine klar beschreibende Gesamtbedeutung feststellbar sei.

Abzusprechen ist die Unterscheidungskraft Abbildungen, die zwar nicht die Ware selbst oder 426
deren Verpackung wiedergeben, die aber lediglich für die **Ware typische** oder zur **Erreichung einer technischen Wirkung erforderliche Merkmale** der Ware abbilden und denen aufgrund ihres beschreibenden Charakters daher die Eignung als Herkunftshinweis fehlt (BGH GRUR 2004, 507 f. – Transformatorengehäuse; GRUR 2001, 413 (415) – SWATCH; GRUR 2001, 239 f. – Zahnpastastrang; Ingerl/Rohnke/Wirtz Rn. 167; s. auch EuG T-386/08, BeckRS 2010, 90889 – Darstellung eines Pferds, wo zu der Silhouette eines schwarzen Pferds in Seitenansicht im Hinblick auf die beanspruchten Waren der Klassen 18 und 25 festgestellt wurde, die maßgeblichen Verkehrskreise würden in dem betreffenden Zeichen unmittelbar und ohne weitere Überlegung einen direkten Bezug zwischen dem Zeichen und den beanspruchten Waren im Sinne einer Sortenangabe bzw. einer Angabe der Art und Bestimmung der Waren erkennen).

Weist das in Rede stehende Zeichen dagegen nicht nur die Darstellung von Merkmalen, die für 427
die Ware typisch oder rein dekorativer Art sind, sondern darüber hinausgehend **charakteristische Merkmale** auf, in denen der Verkehr einen Hinweis auf die betriebliche Herkunft sieht, so ist die Unterscheidungskraft hingegen zu bejahen (BGH GRUR 2011, 158 Rn. 8 – Hefteinband; GRUR 2005, 257 f. – Bürogebäude; BPatG BeckRS 2018, 1048 Rn. 13 – Herz).

Für eine Schutzversagung nicht ausreichend ist es, wenn sich der sachlich-beschreibende Bezug 428
zwischen dem Bildzeichen und den betreffenden Merkmalen der in Rede stehenden Ware oder Dienstleistung erst als Folge verschiedener **gedanklicher Zwischenschritte** ergibt (Ingerl/Rohnke/Wirtz Rn. 167 mit kritischem Hinweis auf BPatGE 18, 90, wo die Unterscheidungskraft für eine bildliche Darstellung stilisierter Wassertropfen unter Hinweis darauf verneint wurde, dass

sie sich beschreibend auf die in der Markenanmeldung beanspruchten Wasseraufbereitungsgeräte beziehe). Da jede auch noch so geringe Unterscheidungskraft zur Überwindung des Schutzhindernis ausreicht und der Verkehr ein als Marke verwendetes Zeichen in aller Regel keiner analysierenden Betrachtungsweise unterzieht, muss die unmissverständliche warenbezogene Sachaussage und damit der beschreibende Charakter des Zeichens offen zu Tage treten (vgl. BPatG GRUR-RS 2019, 36782 – Auto in Sprechblase; BeckRS 2009, 15035 – Gepäckwagen; BPatG BeckRS 2015, 15104 – Buntes Zelt: Erforderlichkeit mehrerer gedanklicher Zwischenschritte spricht für die Bejahung der Unterscheidungskraft).

428.1   **Entscheidungspraxis:**
428.2   **Unterscheidungskraft verneint:**
BGH GRUR 1997, 529 – Autofelge: Nur leicht stilisierte, weitgehend naturgetreue zeichnerische Darstellung einer Automobilfelge nicht schutzfähig, zumal sich Autofelgen regelmäßig nur in wenig einprägsame und hochgradig beliebigen Nuancen unterscheiden, die sich der Verkehr, wenn er sie überhaupt wahrnimmt, regelmäßig nicht merken und als Herkunftshinweis auffassen wird;
EuG T-458/08, BeckRS 2010, 91076 – Wilfer/HABM (Gitarrenkopf): Unterscheidungskraft einer bildlichen Darstellung eines Gitarrenkopfs unter Hinweis darauf verneint, dass die betreffenden Gestaltungsmerkmale von den angesprochenen Verbrauchern lediglich mit technischen, funktionellen oder dekorativen Aspekten in Verbindung gebracht werden;
EuG T-297/07, GRUR Int 2009, 244 Rn. 37 – Intelligent Voltage Guard: Archetypische Darstellung eines Voltmeters zur Messung der elektrischen Spannung wird von den maßgeblichen Verkehrskreisen nicht als Hinweis auf eine bestimmte betriebliche Herkunft, sondern allein auf die Funktion als intelligenter Spannungsschutz verstanden.

428.3   **Unterscheidungskraft bejaht:**
BPatG GRUR-RS 2019, 36782 – Auto in Sprechblase: Der piktogrammartigen Darstellung eines Autos in einer es umgebenden Sprechblase werde der Verkehr nicht mehr unmittelbar und ohne gedankliche Zwischenschritte einen bestimmten Aussagegehalt entnehmen, der Merkmale der so gekennzeichneten Waren oder Dienstleistungen beschreiben kann oder zu diesen einen engen beschreibenden Bezug aufweise. Die Bedeutung und Funktion der Sprechblase bleibe im Zusammenhang mit der Darstellung des Autos mangels erkennbaren Sinngehaltes völlig unklar, so dass der Marke das erforderliche Mindestmaß an Unterscheidungskraft nicht abgesprochen werden könne.
BPatG BeckRS 2015, 15104 – Buntes Zelt: Darstellung eines Zirkuszeltes mit mehreren farbigen Stoffbahnen weist keine sich für den Verkehr in den Vordergrund drängende, ohne weiteres ersichtliche Beschreibung von Eigenschaften der beanspruchten Dienstleistungen auf. Für die Herstellung einer solchen Beziehung sind mehrere gedankliche Zwischenschritte erforderlich, was für eine hinreichende Unterscheidungskraft spricht.
BPatG BeckRS 2013, 2299 – Lotuseffekt: Unterscheidungskraft einer Abbildung eines grünen Blatts mit abperlenden Tau- oder Wassertropfen für Waren der Farb- und Lackindustrie bejaht, da der Verkehr erst mehrerer analysierender Gedankenschritte bedürfe, um die Abbildung als Beschreibung der schutz- bzw. wasserabweisenden Wirkung der Waren („Lotuseffekt") zu erkennen.

429   Als lediglich den Anwendungszweck bzw. die Gebrauchsweise der Ware darstellende Bildzeichen sind auch gewöhnliche **Piktogramme** oder vergleichbare **beschreibende Darstellungen** in der Regel vom Markenschutz ausgeschlossen, da sie vom Verkehr regelmäßig nicht im Sinne eines Herkunftshinweises verstanden werden. Weist das Zeichen indes eine darüber hinausgehende **Verfremdung,** ungewöhnliche bildliche Verbindungen oder sonstige charakteristische Merkmale auf, die über die gewöhnliche und unmittelbar wahrnehmbare Aussagevermittlung hinausgehen, so ist von einer hinreichenden Unterscheidungskraft auszugehen, um das Schutzhindernis zu überwinden. Eine farbige Ausgestaltung allein ist hierfür in aller Regel noch nicht ausreichend, da die Farbgebung üblicherweise den beschreibenden Aussagegehalt nicht nachhaltig verändert (ebenso Ströbele/Hacker/Thiering/Ströbele Rn. 333).

429.1   **Entscheidungspraxis:**
BPatG BeckRS 2015, 09315 – Seepferdchen: keine Eintragungsfähigkeit des „Seepferdchens" (Frühschwimmerabzeichen), da es vom Publikum als beschreibender Hinweise auf die Eignung der angemeldeten Druckereierzeugnisse für Schwimmanfänger bzw. auf einen diesbezüglichen Inhalt der Waren werde;
BPatG BeckRS 2012, 20384 – Fischsymbol: Unterscheidungskraft eines stilisierten Fischsymbols in Bezug auf Eiweißpräparate aus tierischen Produkten unter Hinweis darauf abgelehnt, dass die Darstellung des stilisierten Fischs in ihrer Gestaltung stark an geläufige Piktogramme angelehnt und das Publikum an die vereinfachte und werbeübliche Darstellung von Fischen der betreffenden Branche gewöhnt sei; s. auch BPatG BeckRS 2009, 88554 – Farbe, Boden, Tapete, Werkzeug;

BPatG BeckRS 1997, 14419 – weißes Ausrufezeichen auf schwarzem Untergrund: Unterscheidungskraft verneint, da Ausrufezeichen ein übliches Mittel darstellen, die Aufmerksamkeit des Publikums auf bestimmte Werbeaussagen bzw. Produkte zu richten;

BPatG BeckRS 2011, 12287 – Äskulapnatter: Darstellung einer sog. Äskulapnatter, die sich um die Mittelachse einer Waage mit zwei Waagschalen wie um einen Äskulapstab windet, jegliche Unterscheidungskraft abgesprochen, da die piktogrammartige Darstellung der Symbole Äskulapnatter und Waage der Justitia im Bereich der Rechtsmedizin als gebräuchliche Darstellung bzw. Hinweis anzusehen sei, dass gleichzeitig medizinische und rechtliche Fragestellungen betroffen sind (s. andererseits BPatG BeckRS 2009, 5240 – Äskulapstab, wo das Gericht die Schutzfähigkeit des abgebildeten Äskulapstabs ua mit der Begründung bejahte, dass es sich weder um eine einfache geometrische Form noch um einen piktogrammartigen Hinweis auf das Heil- und Gesundheitswesen handele, da das beanspruchte Zeichen deutliche Unterschiede zu der in dem internationalen Standard Unicode festgelegten Darstellung des Äskulapstab-Symbols aufweise);

BPatG GRUR 2013, 379 – Gehendes Ampelmännchen: Unterscheidungskraft der Bildmarkeneintragung für das aus den neuen Bundesländern bekannte gehende Ampelmännchen für Waren der Klasse 16 mangels im Vordergrund stehenden beschreibenden Begriffsinhalts bejaht, zumal nicht alle Motive, die einen bestimmten Inhalt vermitteln bzw. „eine Geschichte erzählen könnten", vom Markenschutz ausgeschlossen werden dürften;

EuG T-414/07, BeckRS 2009, 71367 – Hand mit Magnetkarte: stilisierte Darstellung einer eine Magnetkarte haltenden Hand nicht unterscheidungskräftig, da sie lediglich als Gebrauchshinweis zur Vornahme einer Transaktion mittels Magnetkarte wahrgenommen wird;

EuG T-530/14, BeckRS 2015, 81100 – Schwarze Schleife: Abbildung einer schwarzen Schleife wird als üblicher Hinweis auf Trauer bzw. Solidarität mit Angehörigen, nicht aber als betrieblicher Herkunftshinweis verstanden.

e) Bildliche Hinweise auf die geografische Herkunft. Die Unterscheidungskraft kann **430** auch solchen sachbezogenen Abbildungen fehlen, die lediglich als Hinweis auf die **geografische Herkunft** der Waren oder Dienstleistungen verstanden werden. So können beispielsweise Abbildungen **bekannter Bauwerke, Wahrzeichen** oder sonstige **Symbole** von Orten und Ländern als mittelbare Herkunftsangaben zur Beschreibung dienen. In der Rechtsprechung wurde daher etwa der Darstellung einer Quadriga als Hinweis auf Berlin (BPatG BeckRS 2010, 9410), einer historischen Stadtansicht Dresdens (BPatG BeckRS 2008, 8492) oder der Silhouette des Kölner Doms (BPatG BeckRS 2007, 7537; s. aber die gegenteilige Entscheidung BPatG GRUR-RR 2013, 17 betreffend eine stärker stilisierte Darstellung des Kölner Doms mit graphisch charakteristischen Merkmalen) eine hinreichende Unterscheidungskraft abgesprochen. Voraussetzung ist jedoch, dass die angesprochenen Verkehrskreise die Abbildung eindeutig und ohne weiteres mit dem in Rede stehenden geografischen Gebiet identifizieren, was in der Regel eine gewisse Bekanntheit des Gebäudes als Wahrzeichen oder des Ortes als solchen voraussetzt (BPatG BeckRS 2010, 9410 – Quadriga).

Entscheidungspraxis: **430.1**
BPatG BeckRS 2008, 5291 – Hofbräuhaus: Anmeldung einer Zeichnung der Fassade des Münchner Hofbräuhauses ua für „Biere; Mineralwässer; Beherbergung und Verpflegung von Gästen" zur Eintragung zugelassen, da es sich nicht um eine naturgetreue, sondern stark stilisierte Darstellung mit charakteristischen grafischen Merkmalen in Form dreier versetzter Gebäudeteile mit unterschiedlichen Dach- und Fassadentypen handele, die vom Eindruck eines tatsächlich existierenden Gebäudes wegführten. Zudem sei kein Gasthaus oder Geschäft, sondern ein „neutrales"" Gebäude abgebildet, so dass der angesprochene Verkehr dem Zeichen keinen im Vordergrund stehenden Aussagegehalt entnehme.

Gleiches gilt für aktuelle oder ehemalige **Hoheitszeichen,** die der Verkehr als bloßen Hinweis **431** auf die geografische Herkunft der Waren oder Dienstleistungen versteht, ohne ihnen einen Hinweis auf deren betriebliche Herkunft beizumessen (vgl. BGH GRUR-RR 2009, 19 – Ehemaliges DDR-Staatswappen: Abbildung des ehemaligen Staatswappens der DDR als bloßer Hinweis auf die geografische Herkunft der Waren nicht unterscheidungskräftig; s. auch BPatG BeckRS 2009, 8155 – CCCP: Buchstabenfolge „CCCP" stellt die in kyrillischen Buchstaben dargestellte Staatsbezeichnung der ehemaligen UdSSR dar, so dass sich die angegriffene Marke zur Bezeichnung der geografischen Herkunft der betreffenden Waren eignet).

Gibt die Bildmarke nur die Form eines dem Verkehr nicht ortsbezogen bekannten und daher **432** gleichsam als fotografische Ortsangabe dienenden **Gebäudes** oder eines **Verkaufsstandes** wieder, so wird sie von den angesprochenen Verkehrskreisen regelmäßig nur in ihrer technischen Funktion und ästhetischen Gestaltung und nicht als Hinweis auf die Herkunft von Waren oder Dienstleistungen wahrgenommen (vgl. zu einem Verletzungsfall BGH GRUR 2005, 419 (421) – Räucherkate; GRUR 2005, 257 f. – Bürogebäude). Etwas anderes gilt nur dann, wenn die Darstellung in grafischer Hinsicht über besondere charakteristische Merkmale verfügt, die für den Verkehr einen Herkunftshinweis nahelegen (vgl. zu einer dreidimensionalen Darstellung eines Verkaufsstands auch BPatG BeckRS 2013, 11075, wo für die Annahme einer Unterscheidungskraft sogar vorausgesetzt wurde, dass die grafischen Merkmale erheblich von der Norm oder Branchenüblichkeit abweichen).

433   **f) Bildliche Abbildungen in Bezug auf Dienstleistungen.** Auch für unkörperliche **Dienstleistungen** können Bildmarken als beschreibend und damit nicht unterscheidungskräftig anzusehen sein. Bezeichnet das in Rede stehende Zeichen seiner Bildsprache nach die **Dienstleistung selbst,** ihre **typischen Merkmale** oder **den Ort ihrer Erbringung,** ohne darüber hinausgehend charakteristische grafische Gestaltungselemente aufzuweisen, in denen der Verkehr einen Hinweis auf die betriebliche Herkunft der Dienstleistungen sieht, so ist ihm die erforderliche Unterscheidungskraft abzusprechen (Ingerl/Rohnke/Wirtz Rn. 174).

434   So wurde etwa für den Bereich der Dienstleistung „Immobilienwesen" die fotografische Abbildung eines **Bürogebäudes** als typischer Gegenstand des Immobiliengeschäfts als nicht unterscheidungskräftig erachtet, da der angesprochene Verkehr in der Abbildung der Immobilie lediglich eine Bezeichnung des Gegenstands der Dienstleistung „Immobilienwesen" erblicke, nicht jedoch einen Hinweis auf deren betriebliche Herkunft (BGH GRUR 2005, 257 f. – Bürogebäude; ebenso in der Vorinstanz BPatG GRUR 2004, 334 f. – Bürogebäude). Für die ebenfalls in Anspruch genommenen Dienstleistungen „Geschäftsführung, Unternehmensverwaltung, Büroarbeiten, Versicherungswesen, Finanzwesen, Rechtsberatung und Vertretung" wurde die Unterscheidungskraft der gleichen Darstellung hingegen bejaht, da sie insoweit keine sich für den Verkehr in den Vordergrund drängende, ohne weiteres ersichtliche Beschreibungen von Eigenschaften dieser Dienstleistungen darstelle (zur Unterscheidungskraft dreidimensionaler Darstellungen eines Ladengeschäfts → Rn. 489).

434.1   **Entscheidungspraxis:**
        EuG T-123/18, GRUR-RS 2019 – Herzkontur: Einer Anmeldemarke, die in der stilisierten Darstellung eines Herzens besteht, fehlt für medizinische Dienstleistungen die erforderliche Unterscheidungskraft, da sie sich darauf beschränkt, die maßgeblichen Verkehrskreise darauf hinzuweisen, dass die fraglichen Dienstleistungen das Herz betreffen;
        BPatG GRUR-RS 2021, 24025 – Autowaschanlage: Unterscheidungskraft einer bildlichen Darstellung einer Autowaschanlage verneint, da sie lediglich auf den Ort hinweise, an dem die beanspruchten Dienstleistungen der Fahrzeugwäsche und -pflege erbracht werden.
        BPatG BeckRS 2016, 18306 – Scherenschnittartige Darstellung einer Gruppe von drei Geschäftsleuten in „lockerer Haltung" für Rechtsanwalts- und andere Dienstleistungen der Klasse 41, 42, und 45 hinreichend unterscheidungskräftig, da weder die Dienstleistung in typischer Form wiedergegeben noch deren typische Merkmale dargestellt werden.

435   Der Umstand, dass ein Bildzeichen in Bezug auf die in der Anmeldung beanspruchten Dienstleistungen lediglich **positive Assoziationen** bei dem Betrachter („professionell", „kompetent", „innovativ", „hochwertig" oÄ) erweckt, ohne die Dienstleistung darüber hinaus eindeutig zu beschreiben, steht der Annahme der Unterscheidungskraft des Zeichens nicht entgegen. Auch hier gilt, dass sich Unterscheidungsfunktion und Werbewirkung nicht gegenseitig ausschließen (BGH GRUR 2005, 257 f. – Bürogebäude; GRUR 2000, 323 f. – Partner with the Best).

436   **g) Portraitmarken. Bildnisse von Personen** können als Marke eintragungsfähig sein, wie bereits die Regelung des § 13 Abs. 2 Nr. 2 zeigt. Auch ist die grundsätzliche Eignung einer solchen Personenabbildung, im Verkehr als Unterscheidungszeichen hinsichtlich der betrieblichen Herkunft der mit ihr gekennzeichneten Waren oder Dienstleistungen zu dienen, unzweifelhaft zu bejahen (BGH GRUR 2008, 1093 – Marlene-Dietrich-Bildnis I; Fezer Rn. 135; s. auch BPatG NJWE-WettbR 1999, 153 f. – Michael Schumacher, wonach das Bild einer bestimmten Person sogar „von Haus aus die denkbar stärkste Unterscheidungskraft" besitzen soll; s. auch (ein Widerspruchsverfahren zwischen Bildmarken mit Darstellungen Ludwigs II betreffend) BPatG BeckRS 2014, 16252, wonach den Bildnissen berühmter Persönlichkeiten (dort: Ludwig II) im Regelfall durchschnittliche Unterscheidungskraft zukommt). Die für die tatsächliche Verwendung solcher Personenabbildungen relevanten Bildnisrechte oder, im Fall Verstorbener, postmortalen Persönlichkeitsrechte, sind für die Frage der markenrechtlichen Eintragungsfähigkeit ohne Bedeutung. Insbesondere begründet ein Recht am eigenen Bild des konkret Abgebildeten kein allgemeines Freihaltebedürfnis iSd § 8 Abs. 2 Nr. 2. Auch ein etwaiges Interesse der Allgemeinheit an der freien

Verfügbarkeit als kulturelles Erbe führt nicht zu einem Schutzausschluss für konkrete Darstellungen berühmter Persönlichkeiten (BPatG BeckRS 2014, 16252, ein Widerspruchsverfahren betreffend).

Besondere Beachtung ist bei dieser Markenkategorie indes der Frage zu schenken, ob die **437** betreffende Abbildung gerade mit Blick auf die konkret beanspruchten Waren und Dienstleistungen tatsächlich als Herkunftshinweis verstanden wird oder ob bei den angesprochenen Verkehrskreisen nicht vielmehr mit einer Wahrnehmung als **Inhaltsbeschreibung** zu rechnen ist. Gerade bei sehr bekannten Persönlichkeiten kann es naheliegend sein, dass der Verkehr je nach Produktbereich in dem Personenportrait einen beschreibenden Hinweis auf **Inhalt** oder **thematischen Bezugspunkt** der Waren und Dienstleistungen erblickt. So wurde in der Rechtsprechung etwa die Unterscheidungskraft eines Portraits Marlene Dietrichs für CDs, DVDs, Filme, Bücher, Zeitschriften, Poster oÄ abgelehnt, da die Abbildung der Schauspielerin für diese Waren als bloßer inhaltsbeschreibender Hinweis auf das Thema „Marlene Dietrich" wahrgenommen werde. Zur Eintragung zugelassen wurde die Marke hingegen beispielsweise für Bekleidungsstücke, da ein beschreibender Charakter insoweit nicht feststellbar sei (BGH GRUR 2008, 1093 Rn. 14 ff. – Marlene-Dietrich-Bildnis I).

Weitere Entscheidungspraxis: **437.1**
BPatG BeckRS 2016, 4615 – Mona Lisa: Wiedergabe des weltbekannten Gemäldes von Leonardo da Vinci nebst Schriftzug „Mona Lisa" in der typischen Form eines Etiketts, angemeldete für „Weine" in Klasse 33, wird von den angesprochenen Verkehrskreisen auch angesichts der Gestaltungsgewohnheiten in der Weinbranche lediglich als künstlerisch gestaltetes Weinetikett (als wahrscheinlichste Verwendungsform) und nicht als Hinweis auf die betriebliche Herkunft wahrgenommen.

Nicht zuletzt vor dem Hintergrund omnipräsenter Darstellungen prominenter Persönlichkeiten **438** in der Werbung ist zudem sorgfältig zu prüfen, ob das in Rede stehende Bildzeichen nicht ausschließlich als bloß **dekoratives** bzw. **verzierendes Gestaltungselement** wahrgenommen wird (zum Nebeneinander von Unterscheidungswirkung und Verzierungsfunktion → Rn. 408). In diesem Zusammenhang hat der BGH bisher einen großzügigen Maßstab angelegt, da es seiner Auffassung nach für die Bejahung der Unterscheidungskraft ausreichen sollte, wenn praktisch **bedeutsame oder naheliegende Möglichkeiten** einer Verwendung des Zeichens bestehen, bei denen das angemeldete Bildnis vom Verkehr als Marke verstanden wird (vgl. BGH GRUR 2008, 1093 Rn. 22 – Marlene-Dietrich-Bildnis I; GRUR 2012, 1044 Rn. 20 – Neuschwanstein). Auf lediglich theoretisch denkbare, aber praktisch nicht bedeutsame Einsatzmöglichkeiten dürfe allerdings nicht abgestellt werden (BGH GRUR 2008, 1093 Rn. 15 – Marlene-Dietrich-Bildnis I; GRUR 2005, 414 (416) – Russisches Schaumgebäck). Dieser Sichtweise hat sich nunmehr wohl auch der EuGH in seiner auf Vorlage des BGH ergangenen Entscheidung zur Auslegung von Art. 3 Abs. 1 lit. b MRL 2008 angeschlossen (EuGH GRUR 2019, 1194 – #darferdas?). Zur Frage der Bedeutung unterschiedlicher **Verwendungsmöglichkeiten** für die Beurteilung der Schutzfähigkeit von Positionsmarken ausführlich → Rn. 501 ff.).

Denkbar ist, dass ein Portrait vom Verkehr lediglich als **Hommage** an eine berühmte Persön- **439** lichkeit aufgefasst und damit nicht als Unterscheidungszeichen interpretiert wird. Dies setzt jedoch voraus, dass in dem konkret betroffenen Warensegment eine spezifische Verwendungsübung besteht, aufgrund derer der Verkehr die Benutzung solcher Portraitzeichen nicht auf ein bestimmtes Unternehmen zurückführt (vgl. auch BPatG BeckRS 2013, 11954, wo einer Wortmarkenanmeldung für „Mark Twain" aufgrund der Besonderheiten auf dem Markt der Schreibgeräte, der Namen bedeutender historischer Persönlichkeiten üblicherweise als Hommage-Editionen kennt, die Unterscheidungskraft abgesprochen wurde).

Die vorgenannten Grundsätze zu Personenbildnissen gelten entsprechend auch für die ebenfalls **440** werbeübliche Verwendung von **Unterschriften** prominenter Personen (vgl. Ingerl/Rohnke/ Wirtz Rn. 176; BPatG BeckRS 2009, 24790 – Fr. Marc). Bei diesen ist indes genau zu prüfen, ob der angesprochene Verkehr in der Unterschrift tatsächlich einen betrieblichen Herkunftshinweis oder lediglich ein für diese Art der Werbung typisches Bekenntnis des Testimonials zu dem beworbenen Produkt erblickt.

2. Beschreibende Angaben

Auch Bildmarken unterliegen grundsätzlich dem Eintragungshindernis für beschreibende Anga- **441** ben nach § 8 Abs. 2 Nr. 2. Erfasste die Vorgängervorschrift des § 4 Abs. 1 Nr. 1 Alt. 2 WZG ihrem Wortlaut nach nur „Zahlen, Buchstaben oder Wörter", so wird die Einbeziehung sämtlicher Zeichenarten durch den insoweit geänderten Wortlaut des § 8 Ab. 2 Nr. 2 klargestellt, wonach die Schutzschranke allgemein auf **„Zeichen und Angaben"** jeglicher Art Anwendung findet.

441.1   Allerdings war schon unter Geltung des WZG anerkannt, dass es nach Sinn und Zweck der Vorschrift, zu verhindern, dass dem freien Wettbewerb Bezeichnungen entzogen werden, die der Verkehr als natürliches Werbemittel zur Kennzeichnung der Waren benötigt und in deren Verwendung er daher auch billigerweise nicht beschränkt werden darf, einer wortlauterweiternden Auslegung des Begriffs „Wörter" § 4 Abs. 1 Nr. 1 Alt. 2 WZG bedürfe, die auch reine Bildzeichen mit einbeziehe (vgl. BGH GRUR 1955, 421 (423) – Forellenzeichen, wonach für den Fall, dass es sich bei dem in Rede stehenden Zeichen um einfache und eindeutig auf den Bestimmungszweck in der Weise hinweisende Motive handelt, die von den Betrachtern ohne Zuhilfenahme der Fantasie oder weiterer Überlegungen als reine Bestimmungsangaben aufgefasst werden, grundsätzlich keine Bedenken bestünde, auch Bilder dieser Art von der Eintragung auszuschließen).

442   **Rein beschreibend** und damit von einer Eintragung ausgeschlossen sind beispielsweise Bildzeichen, die vom Verkehr lediglich als Hinweis auf die geografische Herkunft der Waren aufgefasst werden (s. etwa BGH GRUR-RR 2009, 19 – Ehemaliges DDR-Staatswappen: Abbildung des ehemaligen Staatswappens der DDR als rein beschreibendes Zeichen bewertet, das im Verkehr zur Bezeichnung der Art und Beschaffenheit sowie der geografischen Herkunft der beanspruchten Waren dienen kann; ebenso BPatG BeckRS 2008, 8492: historische Abbildung des Stadtzentrums Dresdens nicht schutzfähig, da als mittelbare geografische Herkunftsangabe erkennbar geeignet, einen Hinweis auf die geografische Herkunft der so gekennzeichneten Produkte des Backwarensektors zu geben). Solchen Zeichen **fehlt zugleich auch die Unterscheidungskraft** iSd § 8 Abs. 2 Nr. 1 (→ Rn. 430), da sie gerade aufgrund ihrer ausschließlichen Wahrnehmung als herkunftsbeschreibende Hinweise nicht geeignet sind, als Unterscheidungszeichen hinsichtlich der betrieblichen Herkunft der Waren und Dienstleistungen zu dienen (zum Verhältnis von Unterscheidungskraft und Freihaltebedürfnis ausführlich → § 8 Rn. 57 ff.). Gleiches gilt für Piktogramme oder vergleichbare Bildzeichen, die Informationen über den Gebrauchszweck, die Anwendungsweise oder sonstige Merkmale der Waren vermitteln (→ Rn. 425 ff.) und die insoweit ebenfalls unter das Eintragungshindernis des § 8 Abs. 2 Nr. 2 fallen können.

443   Auch Bildzeichen, die sich in der **Darstellung der Ware oder Warenverpackung** als solcher erschöpfen und insoweit lediglich deren äußere Merkmale beschreiben, sind als freihaltebedürftige Zeichen von Markenschutz ausgeschlossen (in der Rechtsprechung wurden solche Bildmarken bislang jedoch überwiegend unter dem Gesichtspunkt der fehlenden Unterscheidungskraft beurteilt, → Rn. 419 ff.). Dabei gelten für zweidimensionale Abbildungen die gleichen Grundsätze, die die Rechtsprechung für dreidimensionale Warenformmarken entwickelt hat (BGH GRUR 2006, 679 Rn. 17 – Porsche Boxster), so dass auf die ausführliche Darstellung unter → Rn. 469 ff. verwiesen werden kann.

III. Farbmarken

1. Grundlagen

444   Die abstrakte Farbmarke beansprucht Schutz für einen bestimmten Farbton oder eine bestimmte Farbkombination ohne Festlegung auf eine bestimmte Konturierung, Form, räumliche Begrenzung oder Gestaltung (zum Schutzgegenstand der Farbmarke ausführlich Grabrucker GRUR 1999, 850 ff.). War unter Geltung des WZG ein solcher markenrechtlicher Schutz noch ausgeschlossen (vgl. BGH GRUR 1979, 853 (855) – LILA; GRUR 1968, 371 (374) – Maggi; NJW 1970, 139 – Streifenmuster), so erfasst die Aufzählung in § 3 Abs. 1 des am 1.1.1995 in Kraft getretenen MarkenG ausdrücklich auch „**Farben**" als grundsätzlich markenfähige Zeichen. Auch der EuGH hat die grundsätzliche Markenfähigkeit von Farben als Marken iSd Art. 2 MRL 2008 (Art. 3 MRL) anerkannt (vgl. EuGH C-104/01, GRUR 2003, 604 Rn. 42 – Libertel). Zu den formalen Anforderungen bei der Anmeldung von abstrakten Farbmarken → § 32 Rn. 22 ff.).

2. Entwicklung der Rechtsprechung

445   War die Rechtsprechung des BGH und teils auch des BPatG zur Eintragbarkeit von abstrakten Farbmarken unter Geltung des MarkenG zunächst durch eine gewisse Liberalität geprägt (vgl. hierzu die Entscheidungen BGH GRUR 1999, 730 f. – Farbmarke magenta/grau; GRUR 2001, 1154 f. – Farbmarke violettfarben; GRUR 2002, 427 (429) – Farbmarke gelb/grün; BPatG BeckRS 2009, 25099 – Farbmarke magenta), so hat der EuGH in seiner Grundsatzentscheidung „Libertel" vom 6.5.2003 (EuGH C-104/01, GRUR 2003, 604; ebenso EuGH C-49/02, GRUR 2004, 858 – Heidelberger Bauchemie) unter Verweis auf die unterschiedliche Wahrnehmung von Farben gegenüber klassischen Markenformen wie Wort- oder Bildmarken der originären **Eintragungsfähigkeit** abstrakter Farbmarken sehr **enge Grenzen** gesteckt.

In der Entscheidung „Farbmarke Gelb" stellt der BGH fest, der Beschwerdeführer könne sich zur **445.1** Begründung der Eintragungsfähigkeit seiner Farbmarke nicht auf eine zeitlich vor der „Libertel"-Entscheidung des EuGH liegende großzügigere Rechtsprechung des BPatG berufen, da die zu einer Zeit ergangen sei, „in der an die Prüfung des Schutzhindernisses mangelnder Unterscheidungskraft bei konturlosen Farbmarken noch nicht die jetzt maßgeblichen Anforderungen gestellt wurden" (BGH GRUR 2010, 637 Rn. 15 – Farbmarke Gelb).

Der Verbraucher ist nach den Feststellungen des EuGH **nicht daran gewöhnt,** aus der Farbe **446** von Waren oder ihrer Verpackung ohne weitere Wort- oder Bildelemente auf die Herkunft der Waren zu schließen, da eine Farbe als solche nach den Gepflogenheiten des Handels grundsätzlich **nicht als Mittel der Identifizierung** verwendet wird. In diesem Zusammenhang ist auch zu berücksichtigen, dass die Zahl der Farben bzw. Farbabstufungen, die der durchschnittliche Verbraucher unterscheiden kann, eher niedrig ist, da sich ihm selten die Gelegenheit zum unmittelbaren Vergleich von Waren mit unterschiedlichen Farbtönen bietet. Insoweit besitze eine Farbe von Hause aus gewöhnlich nicht die Eigenschaft, die Waren eines bestimmten Unternehmens von denen anderer zu unterscheiden (EuGH C-104/01, GRUR 2003, 604 Rn. 65 – Libertel; ebenso EuGH C-49/02, GRUR 2004, 858 Rn. 23 – Heidelberger Bauchemie; C-447/02 P, GRUR Int 2005, 227 Rn. 78 – Farbe Orange; EuG T-168/21, GRUR-RS 2022, 26113 Rn. 62 – Farbzeichen Lichtblau).

Bereits im Zusammenhang mit dem Eintragungshindernisses der fehlenden Unterscheidungs- **447** kraft berücksichtigt der EuGH – in gewisser Abweichung von dem üblichen Beurteilungsmaßstab – insbesondere auch das **Allgemeininteresse** an der **freien Verfügbarkeit von Farben** (vgl. hierzu EuGH C-447/02 P, GRUR Int 2005, 227 Rn. 79 – Farbe Orange; C-104/01, GRUR 2003, 604 Rn. 54 ff. – Libertel; C-49/02, GRUR 2004, 858 Rn. 41 – Heidelberger Bauchemie; C-578/17, BeckRS 2019, 4243 Rn. 40 – Hartwall; auch → §8 Rn. 62). Die geringe Zahl der tatsächlich verfügbaren und von den Verbrauchern unterscheidbaren Farben habe zur Folge, dass mit wenigen Markeneintragungen das komplette Spektrum der zur Verfügung stehenden Farben erschöpft werden könnte. Eine derart weitgehende Monopolisierung wäre indes mit dem System eines **unverfälschten Wettbewerbs** unvereinbar. Von daher gebiete es das in diesem Zusammenhang zu berücksichtigende Allgemeininteresse, dass die freie Verfügbarkeit der Farben für die Allgemeinheit nicht ungerechtfertigt beschränkt wird (EuGH C-104/01, GRUR 2003, 604 Rn. 54–60 – Libertel). Der Berücksichtigung dieses Allgemeininteresses im Rahmen der Prüfung der Unterscheidungskraft haben sich **BGH und BPatG** ausdrücklich **angeschlossen** (vgl. BGH GRUR 2010, 637 Rn. 12 – Farbe Gelb; GRUR 2016, 1167 Rn. 14 – Sparkassen-Rot; BPatG GRUR 2014, 1106 (1108) – Farbe Rapsgelb; BeckRS 2014, 16243 – Farbmarke Blau; GRUR 2015, 796 (798) – Farbmarke Rot – HKS 13 (Sparkassen-Rot II); GRUR 2020, 878 – Farbmarke Orange; GRUR 2022, 1333 Rn. 30 – Farbkombination orange/hellgrau; aus gesetzessystematischen Gründen kritisch zur Berücksichtigung des Freihalteinteresses im Kontext des Schutzhindernisses der fehlenden Unterscheidungskraft Ingerl/Rohnke/Wirtz Rn. 180 und Bölling MarkenR 2004, 386; generell – und zustimmungswürdig – für ein integriertes Prüfungsschema iSd Libertel-Entscheidung, in dem Wettbewerber- und Allgemeininteresse gleichermaßen Berücksichtigung finden, Kur unter → §8 Rn. 63 ff.).

Unter Geltung dieser Rechtsprechung ist eine originäre Unterscheidungskraft bei abstrakten **448** Farben oder Farbkombinationen nur unter **außergewöhnlichen Umständen** anzunehmen, wenn etwa der Kreis der Waren oder Dienstleistungen, für die die Markenanmeldung Schutz beansprucht, sehr beschränkt und der maßgebliche Markt sehr spezifisch ist (dazu im Einzelnen sogleich). Vorbehaltlich solcher Ausnahmefälle ist daher **im Allgemeinen** von der originären **Schutzunfähigkeit abstrakter Farbmarken** auszugehen (EuGH C-104/01, GRUR 2003, 604 Rn. 66 – Libertel; C-447/02 P, GRUR Int 2005, 227 Rn. 79 – Farbe Orange; BGH GRUR 2016, 1167 Rn. 15 – Sparkassen-Rot; GRUR 2010, 637 Rn. 13 – Farbe Gelb; BPatG GRUR 2022, 1333 Rn. 24 – Farbkombination orange/hellgrau). Markenschutz für eine Farbe oder Farbkombination kommt danach regelmäßig nur im Falle einer durch umfangreiche Benutzung erworbenen Verkehrsdurchsetzung iSv §8 Abs. 3 in Betracht (→ §8 Rn. 1120.3; zu Art. 7 Abs. 3 UMV → UMV Art. 7 Rn. 206 ff.).

3. Feststellung der Unterscheidungskraft

Zur Prüfung der Frage, ob unter Berücksichtigung der höchstrichterlichen Vorgaben ausnahms- **449** weise von einer originären Schutzfähigkeit der angemeldeten Farbmarke auszugehen ist, hat sich in der Rechtsprechung ein **Katalog verschiedener Kriterien** herausgebildet, anhand derer zu beurteilen ist, ob als Ausnahme von dem Grundsatz der Schutzunfähigkeit abstrakter Farbmarken in dem konkreten Fall eine Unterscheidungskraft von Haus aus doch in Betracht kommt, die die Eintragungsfähigkeit zu begründen vermag. Von Bedeutung für die Beurteilung des Schutzhindernisses mangelnder Unterscheidungskraft ist in diesem Zusammenhang, ob sich die Markenmeldung auf einen engen spezifischen Markt bezieht, in dem eine entsprechende Verkehrsgewöhnung an den markenmäßigen Einsatz von Farben besteht und ob auch die konkret in Rede stehende Farbe ihrerseits geeignet ist, in Bezug auf die beanspruchten Waren und Dienstleistungen als Herkunftshinweise zu dienen (vgl. BPatG GRUR 2005, 585 (589) – Farbmarke Gelb; GRUR 2009, 161 f. – Farbmarke Gelb-Yellow; GRUR 2009, 170 f. – Farbmarke Rapsgelb; BeckRS 2011, 14899 – Transparent grün; BeckRS 2012, 23315 – Aral-Blau; GRUR 2015, 796 (798) – Farbmarke Rot – HKS 13 (Sparkassen-Rot II); BeckRS 2016, 15840 – Pantone 2567C (lila); GRUR 2022, 1333 Rn. 24 – Farbkombination orange/hellgrau; Ingerl/Rohnke/Wirtz Rn. 182 ff.; vgl. zum Prüfungsgang des BPatG eingehend Grabrucker/Fink GRUR 2008, 371 f.). Diese Kriterien sind nach Auffassung des BGH indes nicht im Sinne zwingend kumulativ zu erfüllender Voraussetzungen zu verstehen, da eine solche starre Betrachtung dem Gebot, das Schutzhindernis mangelnder Unterscheidungskraft umfassend anhand aller relevanten Umstände des Einzelfalls vorzunehmen, zuwiderlaufen würde (BGH GRUR 2015, 1012 – Nivea-Blau).

450   **a) Spezifischer Markt.** Für die Annahme außergewöhnlicher Umstände, die eine Beschränkung des Allgemeininteresses an der freien Verfügbarkeit von Farben rechtfertigen können, ist zunächst von Bedeutung, dass sich die Markenanmeldung auf einen engen **spezifischen Markt** sowie auf eine **geringe Anzahl an Waren oder Dienstleistungen** bezieht (EuGH C-104/01, GRUR 2003, 604 Rn. 66 – Libertel; ebenso BGH GRUR 2016, 1167 Rn. 15 – Sparkassen-Rot; GRUR 2015, 2012 Rn. 12 – Nivea-Blau; BPatG GRUR 2022, 1333 Rn. 24 – Farbkombination orange/hellgrau; GRUR 2020, 878 – Farbmarke Orange). Eine Veränderung in der Wahrnehmung abstrakter Farben über den ihnen gewöhnlich beigemessenen rein dekorativen Charakter hinausgehend als betrieblicher Herkunftshinweis wird nur dann feststellbar sein, wenn eine überschaubare Zahl von Waren oder Dienstleistungen betroffen ist. Denn nur in diesem Fall kann eine Feststellung **besonderer Kennzeichnungsgewohnheiten** dahingehend getroffen werden, dass sich diese spezifischen Waren und Dienstleistungen hinsichtlich ihrer Präsentation am Markt vom üblichen Werbeauftritt und damit von der üblichen nicht-kennzeichnenden Verwendung von Farben abheben (BPatG GRUR 2009, 161 f. – Farbmarke Gelb-Yellow, bestätigt durch BGH GRUR 2010, 637 Rn. 13 – Farbe Gelb; BPatG BeckRS 2014, 16243 – Farbmarke Blau; BeckRS 2016, 130490 – Farbkombination schwarz/orange/silber; kritisch hinsichtlich der Beschränkung auf ein eng gefasstes Waren- und Dienstleistungsverzeichnis Viefhues/Klauer GRUR Int 2005, 588). Zugleich trägt das Erfordernis einer Beschränkung auf einen engen spezifischen Markt bzw. eine geringe Zahl an Waren und Dienstleistungen dem Postulat einer nicht übermäßigen Beeinträchtigung des **Interesses der Allgemeinheit** an einer Vermeidung weitgehender Monopolisierungen von Farben Rechnung (vgl. Lange MarkenR § 3 Rn. 879).

451   Maßgebliches Kriterium für die Feststellung eines spezifischen Marktes ist, ob die beanspruchten Waren Teil eines **in sich abgeschlossenen,** von den Kennzeichnungsgewohnheiten anderer Branchen **unabhängigen** und nach wirtschaftlichen Gesichtspunkten **abgrenzbaren** Marktsegments sind, für das sich belastbare Feststellungen zu eigenständigen Kennzeichnungs- und Wahrnehmungsgewohnheiten treffen lassen (vgl. BPatG BeckRS 2015, 09646 – Farbmarke RAL 3020 (rot); BeckRS 2013, 14164 – Farbmarke Gelb; BeckRS 2009, 18245 – Farbmarke magenta). Eine geringe Anzahl von beanspruchten Waren oder Dienstleistungen allein führt dabei für sich genommen noch nicht automatisch zur Annahme eines spezifischen Markts (vgl. BPatG BeckRS 2016, 15840 – Pantone 2567C lila).

451.1   Bejaht wurde ein spezifischer Markt in der Rechtsprechung zB hinsichtlich des Markts für Kabel für Haushaltsstrom (BPatG GRUR 2022, 1333 – Farbkombination orange/hellgrau), für Mineralölprodukte (BPatG BeckRS 2012, 23315 – Aral-Blau), für Branchentelefonbücher (BPatG GRUR 2009, 170 f. – Farbmarke Rapsgelb), für Schnappschalter für die industrielle Anwendung (BPatG BeckRS 2011, 14899 – transparent grün), für zweisprachige Wörterbücher (BPatG BeckRS 2013, 14164 – Farbmarke Gelb), für Spülmaschinen (BPatG GRUR 2005, 1056 – Zweifarbige Kombination Dunkelblau/Hellblau) oder für den Flugrettungsdienst (BPatG BeckRS 2012, 5703 – 3D-Marke mit der Farbangabe rot-weiß).

452   Der EuGH hat das Vorliegen eines spezifischen Marktes bislang nicht als unabdingbare Voraussetzung, sondern nur als einen **Beispielsfall** solcher außergewöhnlichen Umstände benannt, die zu einer originären Schutzfähigkeit der abstrakten Farbmarke führen können. Insoweit bleibt es dabei, dass auch bei Farbmarken die Prüfung des Schutzhindernisses mangelnder Unterscheidungskraft umfassend anhand **aller relevanten Umstände des Einzelfalls** zu erfolgen hat. Bezieht sich die Anmeldung nicht auf einen spezifischen Markt sowie eine sehr geringe Anzahl von Waren oder Dienstleistungen, sondern beansprucht sie vielmehr Schutz für eine breite Produktpalette, so werden sich die den Ausnahmefall darstellende Gewöhnung des Verkehrs an eine herkunftshinweisende Verwendung von Farben und damit die erforderlichen außergewöhnlichen Umstände für die Annahme einer Unterscheidungskraft abstrakter Farben jedoch im Regelfall nicht feststellen bzw. nachweisen lassen (vgl. BGH GRUR 2010, 637 Rn. 29 – Farbe Gelb; Lange MarkenR § 3 Rn. 879).

b) Üblichkeit herkunftshinweisender Verwendung von Farben. Ist ein spezifischer Markt **453** in diesem Sinne gegeben, so ist in einem weiteren Schritt festzustellen, ob **in diesem Marktsegment** die Verwendung von konturlosen Farben als Herkunftshinweis **üblich** ist und der Verkehr aus diesem Grunde daran **gewöhnt** ist, in der abstrakten Farbverwendung bzw. der Einfärbung von Ware ein Unterscheidungsmerkmal zu sehen (BGH GRUR 2010, 637 Rn. 17 – Farbe Gelb; BeckRS 2008, 13627 – Farbmarke Cadmium-Gelb; BeckRS 2014, 16243 – Farbmarke Blau; GRUR 2015, 796 (798) – Farbmarke Rot – HKS 13 (Sparkassen-Rot II); BeckRS 2016, 130490 – Farbkombination schwarz/orange/silber; BPatG GRUR 2020, 878 – Farbmarke Orange).

Dies ist insbesondere bei sog. **Hausfarben** der Fall, mit denen die Unternehmen ihre Waren **454** aus einem abgesteckten Produktsegment üblicherweise kennzeichnen bzw. die sie im Zusammenhang mit der Erbringung von spezifischen Dienstleistungen als Herkunftshinweis verwenden. Bejaht wurde eine solche Kennzeichnungspraxis in der Rechtsprechung etwa für den Markt der Pflanz- und Gartengeräte (BPatG GRUR 2009, 164 – Farbmarke Gelb-Rot), für die produktkennzeichnende Verwendung von Farben durch Mineralölkonzerne (BPatG BeckRS 2012, 23315 – Aral-Blau), für den Fachmarkt für Rohrmotoren (BPatG BeckRS 2014, 16243 – Farbmarke Blau) oder aber mit Blick auf die Gewöhnung des Verkehrs an Farben als Kennzeichnungsmittel im Bereich Medien/Telekommunikation (BPatG GRUR-RR 2013, 62 f. – Farbmarke Rot-Gelb-Blau).

Nicht festgestellt werden konnte hingegen eine entsprechende Praxis der Verwendung von Farben als **454.1** betriebliches Unterscheidungsmittel und eine hierauf gründende entsprechende Wahrnehmungsgewohnheit des Verkehrs beispielsweise für den Markt für Gaskartuschen und -nagler (BPatG BeckRS 2016, 130490 – Farbkombination schwarz/orange/silber), für pharmazeutische Inhalatoren (BPatG BeckRS 2016, 15840), für juristische Fachzeitschriften (BPatG GRUR 2020, 878 – Farbmarke Orange), für Heizungs- und Sanitärpumpen (BPatG BeckRS 2010, 8182 – Farbe Grün), für Loseblattsammlungen von Gesetzen (BPatG GRUR 2008, 428 f. – Farbmarke Rot) oder für Tapetenkleister (BPatG GRUR 2010, 71 f. – Farbe LILA), unter Hinweis darauf, dass der Umstand, dass verschiedene Hersteller von Tapetenkleister gleiche oder sehr ähnliche Farbtöne bei der Aufmachung ihrer Verpackungen verwenden, dafür spricht, dass Farben auch auf diesem Warengebiet in einem rein dekorativen Sinne verwendet und deshalb gerade nicht in einem herkunftshinweisenden Sinne verstanden werden.

Eine herkunftshinweisende Funktion von Farben ist zudem in solchen Marktsegmenten naheliegend, in denen die Verwendung von **Farben überhaupt ungewöhnlich** ist. Dort wird der **455** Verkehr aufgrund der Abweichung von der Branchennorm schneller geneigt sein, in der Farbe nicht nur ein dekoratives Element, sondern ein Abgrenzungsmerkmal gegenüber Produkten anderer Hersteller zu erkennen. So hat das BPatG für den spezifischen Markt der Geschirrspülmaschinen (sog. „weiße Ware"), in dem neben der dominierenden Farbe üblicherweise keinerlei bunte Farben Verwendung finden, festgestellt, dass das angesprochene Publikum weder an farbige Waren noch an farbige Verpackungen und umso weniger an Farbkombinationen gewöhnt ist. Es sei daher davon auszugehen, dass der Verkehr die beanspruchte Farbkombination Dunkelblau/Hellblau ohne weiteres als im Erscheinungsbild von der Ware unabhängig und damit als betriebliches Unterscheidungsmittel auffasst (BPatG GRUR 2005, 1056 (1058) – Zweifarbige Kombination Dunkelblau/Hellblau).

Eine Wahrnehmung von Farben als Herkunftshinweis wird hingegen von vornherein in solchen **456** Marktsegmenten **ausscheiden,** in denen Farben umfassend und ausschließlich zur Gestaltung des äußeren **ästhetischen Erscheinungsbildes** von Produkten oder der Produkte selbst verwendet werden. So nimmt der Verkehr etwa im Bekleidungs- und Modesektor Farben grundsätzlich nur als Element der (dekorativen) Gestaltung der Waren wahr und entnimmt ihnen keinen Hinweis auf einen bestimmten Hersteller, so dass eine Monopolisierung bestimmter Farben in solchen Branchen nicht in Betracht kommt.

457   **c) Unterscheidungseignung der konkreten Farbe. aa) Bedeutung der konkreten Farbe.** Ist eine Gewöhnung des Verkehrs an eine markenmäßige Verwendung von Farben als Herkunftshinweis innerhalb des engen spezifischen Markts festzustellen, so ist in einem letzten Schritt zu prüfen, ob auch der **konkret begehrten Farbe bzw. Farbkombination** als solcher eine hinreichende **Unterscheidungseignung** zukommt (EuGH C-104/01, GRUR 2003, 604 Rn. 76 – Libertel; C-49/02, GRUR 2004, 858 Rn. 41 – Heidelberger Bauchemie). Bei dieser Prüfung sind alle maßgeblichen Umstände des Einzelfalls, zu denen ggf. auch die Benutzung des als Marke angemeldeten Zeichens gehört, zu berücksichtigen.

458   Die Annahme einer solchen Unterscheidungskraft setzt regelmäßig voraus, dass die in Rede stehende Farbe in Bezug auf die in Anspruch genommenen Waren und Dienstleistungen oder deren Eigenschaften **keinen beschreibenden Begriffsgehalt** (zB die Farbe „Gelb" für Biere als bloße Wiedergabe der gewöhnlichen Produktfärbung oder „Grün" für Kaugummis als beschreibender Hinweise auf Pfefferminzaroma) und keine **technische Funktion** aufweist (BPatG GRUR 2022, 1333 – Farbkombination orange/hellgrau; GRUR 2009, 164 (166) – Farbmarke Gelb-Rot; vgl. auch BPatG GRUR 2004, 870 (872) – Zweifarbige Kombination Grün/Gelb II, wo der Farbkombination grün-gelb in der Mineralölbranchen ein beschreibender Bezug im Hinblick auf Biodiesel (Bio – grün) aus Rapsöl (gelb) beigemessen wurde; andererseits BPatG GRUR 2022, 1333 – Farbkombination orange/hellgrau, mit der Feststellung, dass es in dem Segment der Stromkabel nicht üblich ist, durch Farbkombinationen auf bestimmte Merkmale hinzuweisen).

459   Fehlen wird die Unterscheidungskraft häufig auch klassischen **Signalfarben,** wie etwa der Farbe „Rot" als üblicher Warn- oder Hinweisfarbe (vgl. BPatG GRUR 2015, 796 (798) – Farbmarke Rot – HKS 13 (Sparkassen-Rot II), unter Hinweis darauf, dass es sich bei der Farbe Rot um eine der beliebtesten Grundfarben mit starker Signalwirkung und einer hohen Symbolik in den verschiedensten Bereichen handelt, bestätigt durch BGH GRUR 2016, 1167 Rn. 18 – Sparkassen-Rot; ebenso BPatG BeckRS 2015, 09646 – Farbmarke RAL 3020 (rot); EuG T-404/09, GRUR Int 2011, 259 Rn. 303 – Farbkombination Grau/Rot I, bestätigt durch EuGH C-45/11 P, GRUR Int 2012, 333 Rn. 49 – Farbkombination Lichtgrau/Verkehrsrot: „Verkehrsrot" werde in der Regel als Warnfarbe für Verkehrsschilder oder als Farbe verwendet, die die Aufmerksamkeit des Verbrauchers auf Werbebotschaften lenken soll) oder aber der Farbe „Hellgrün" als werbeüblichem Hinweis auf Frische und Natürlichkeit der Produkte (HABM BK GRUR Int 1999, 543 (545) – Hellgrün). Ob einer Farbe tatsächlich eine solche Signalwirkung zukommt, ist jedoch jeweils im Einzelfall zu prüfen und hängt maßgeblich von den konkret beanspruchten Waren und Dienstleistungen ab.

460   Auch darf es sich nicht um eine Farbe handeln, die regelmäßig und üblicherweise im Zusammenhang mit den beanspruchten Waren und Dienstleistungen verwendet wird. Denn der Verkehr wird regelmäßig nur bei in der betreffenden Branche **ungewöhnlichen Farben** oder Farbkombinationen dazu tendieren, diese als Unterscheidungszeichen aufzufassen (vgl. EuG T-400/07, GRUR Int 2009, 513 Rn. 41 – Kombination von 24 Farbkästchen; EuGH C-447/02 P, GRUR Int 2005, 227 Rn. 80 f. – Farbe Orange; vgl. auch einen Verletzungsfall betreffend BGH GRUR 2005, 427 (429) – Lila-Schokolade: Lila als für Schokoladenwaren ungewöhnlicher Farbton). Ist der Verkehr daran gewöhnt, dass eine betreffende Farbe und größerem Umfang von verschiedensten Unternehmen im Zusammenhang mit den betreffenden Produkten verwendet wird, so ist von vornherein ausgeschlossen, dass er diese Farbe als Herkunftshinweis auf ein bestimmtes Unternehmen auffassen kann.

460.1   **Entscheidungspraxis:**
BPatG GRUR 2022, 1333 – Farbkombination orange/hellgrau: Schutzfähigkeit bejaht, da der Farbkombination für die spezifischen Waren in dem engen Markt der Elektroinstallationsartikel überdies beschreibende, insbesondere keine technisch-funktionale oder dekorative Funktion zukommt.
BPatG BeckRS 2018, 29580 – rosa-grau: Schutzfähigkeit verneint, da die beanspruchte Farbe (Rosa-Grau-Mischung) der materialbedingten farblichen Erscheinung der in Rede stehenden Ware Vergussmörtel in einer Weise nahekommt, dass auch das in erster Linie angesprochene Fachpublikum darin lediglich eine Variation der natürlichen Farbe eines entsprechenden Vergussmörtels sieht;
BPatG BeckRS 2014, 16243 – Farbmarke Blau: Da nach den Feststellungen des BPatG auf dem Markt für Rohrmotoren farbliche Produktgestaltungen in betriebskennzeichnender Form üblich waren und der Farbe Blau insoweit auch keine beschreibende Wirkung zukommt, wurde Schutzfähigkeit bejaht;
BPatG BeckRS 2012, 23315 – Aral-Blau: Unterscheidungskraft bejaht, da auf dem engen spezifischen Markt der Mineralölprodukte das Publikum an die Verwendung bestimmter Hausfarben gewöhnt sei und der Farbe Blau keine beschreibende Wirkung im Hinblick auf die im Warenverzeichnis beanspruchten Kfz-Kraftstoffe und Additive zukomme;

BPatG BeckRS 2008, 13627 – Cadmium-Gelb: Unterscheidungskraft für die blassgelbe Färbung von Röntgenröhrenhauben bejaht. Eine Einfärbung als dekoratives Gestaltungsmittel liege bei den hier beanspruchten speziellen Röntgenröhrenhauben, die üblicherweise in silbriger Naturfarbe des Ausgangsmaterials (Aluminium oder Edelstahl) hergestellt würden, auf Grund der Art der Produkte und ihres Einsatzes fern. Zudem weise die konkret in Rede stehende Farbe keinen beschreibenden Charakter auf. Soweit Gelb als internationale Erkennungsfarbe für Gefahrstoffe verwendet wird, gelte dies nicht für die hier in Rede stehenden Produkte.

bb) Bedeutung des Waren- und Dienstleistungssektors. Im Rahmen der Prüfung der **461** Unterscheidungseignung der beanspruchten Farbe ist jedoch zu beachten, dass **keine Verallgemeinerungen** in Bezug auf vermeintlich übliche Farbwahrnehmungen zulässig sind. Vielmehr ist auf die spezifischen Kennzeichnungs- und Wahrnehmungsgewohnheiten in dem konkret in Rede stehenden **Waren- und Dienstleistungssektor** abzustellen. So kann ein und dieselbe Farbe in einem Warenbereich offensichtlich beschreibend, in einer anderen Branche hingegen als unterscheidungskräftig anzusehen sein. Deutet also beispielsweise die Farbe „Grün" im Lebensmittelbereich häufig auf eine ökologische bzw. naturnahe Herstellung hin, kommt ihr hingegen im Zusammenhang mit der Einfärbung von Prozessorengehäusen keine Beschreibungsfunktion hinsichtlich bestimmter Eigenschaften der Prozessoren zu (BGH GRUR 2002, 538 f. – Grün eingefärbte Prozessorengehäuse). Insoweit bedarf es einer genauen Prüfung der Farbwirkung gerade in dem konkreten spezifischen Markt.

Entscheidungspraxis: **461.1**
In der eine 3D-Markenanmeldung eines in den Farben Rot und Weiß gestalteten Helikopters betreffenden Entscheidung BPatG BeckRS 2012, 5703 stellte das BPatG fest, dass es sich bei der Farbe „Rot" zwar um eine Signalfarbe handelt, die im Straßenverkehr eine Warn- und Sicherheitsfunktion erfüllt und die von den angesprochenen Verkehr daher nicht als Herkunftshinweis wahrgenommen wird. Dies gelte jedoch nicht für den Flugverkehr, insbesondere nicht für Luftfahrzeuge. Beim Flugrettungsdienst handele es sich um einen sehr speziellen Markt mit nur wenigen Anbietern, denen der Verkehr bestimmte bekannte Farbgestaltungen zuordnet und die Farbgestaltung auf Rettungshubschraubern der Kennzeichnung der unterschiedlichen Rettungsorganisationen diene.
BPatG BeckRS 2011, 14899 – transparent grün: Unterscheidungskraft einer Markenanmeldung für eine transparent-grüne Gehäuseeinfärbung für elektrische Schalter bejaht, da in diesem engen Marktsegment Farbkombinationen vom angesprochenen Verkehr als betrieblicher Herkunftshinweis bewertet werden und die verwendete Farbe auch nicht als Hinweis auf ökologische Ware aufgefasst werde. Auch wenn die Farbe „Grün" häufig als Symbol für den ökologischen Bereich eingesetzt werde, so sei für die vorliegende Warengattung ein solcher Bezug nicht erkennbar. Auch könne nicht jede Grüntönung ohne Weiteres mit dieser Symbolwirkung verbunden werden. Zumindest die beanspruchte blassgrüne Farbe weiche insoweit stark von den eher sattgrünen Farbgebungen ab, mit denen üblicherweise Hinweise auf ökologische Tatbestände signalisiert würden.

cc) Farbkombinationen. Für die Beurteilung der Unterscheidungskraft von Farbkombinati- **462** onen gelten grundsätzlich die gleichen Maßstäbe wie für abstrakte Einzelfarben (EuGH C-49/ 02, GRUR 2004, 858 Rn. 39 ff. – Heidelberger Bauchemie; BPatG GRUR 2022, 1333 Rn. 24 – Farbkombination orange/hellgrau). Für eine erleichterte Schutzfähigkeit lässt sich auch nicht die größere Anzahl verfügbarer Farbkombinationen im Vergleich zu Einzelfarben anführen. Ebenso wenig wie der Verkehr daran gewöhnt ist, in einer einzelnen Farbe einen Herkunftshinweis auf ein bestimmtes Unternehmen zu erblicken, ist es dies im Falle von Farbzusammenstellungen, zumal bei Letzteren auch nicht von einer leichteren Erinnerbarkeit auszugehen ist (zutr. Ströbele/ Hacker/Thiering/Ströbele Rn. 390).
Bei der Prüfung der Schutzfähigkeit der Farbkombination ist nicht auf die gesonderte Wahrneh- **463** mung der jeweiligen Einzelfarben, sondern darauf abzustellen, ob gerade dem durch ihre **Zusammenstellung gebildeten Ganzen** Unterscheidungskraft zukommt (EuGH C-49/02, GRUR 2004, 858 – Heidelberger Bauchemie; EuG T-316/00, GRUR Int 2003, 59 Rn. 61 – Farben Grau und Grün; BPatG BeckRS 2016, 130490 – Farbkombination schwarz/orange/silber). Ist festzustellen, dass bereits jede Einzelfarbe für sich genommen keine für die maßgeblichen Verkehrskreise wahrnehmbare Abweichung von den Farben aufweist, die üblicherweise für die beanspruchten Dienstleistungen verwendet werden, so wird häufig auch für die Kombination beider Farben nichts anderes gelten (vgl. hierzu die Feststellungen in EuGH C-45/11 P, GRUR Int 2012, 333 Rn. 49 – Farbkombination Lichtgrau/Verkehrsrot).
Bei Zusammenstellungen vieler unterschiedlicher Farbennuancen kann gegen die Annahme **464** einer Unterscheidungskraft sprechen, dass es dem Verkehr angesichts der **Komplexität** des Zei-

chens schwerfallen wird, sich dessen besonderen Details zu merken oder zuverlässig die genauen Farben des angemeldeten Zeichens oder deren Anordnung zu erinnern (EuG T-400/07, GRUR Int 2009, 513 Rn. 47 – Kombination von 24 Farbkästchen).

465   **d) Dienstleistungsfarbmarken.** In der Vergangenheit wurde häufig die Ansicht vertreten, eine originäre Unterscheidungseignung von Farben komme eher im Bereich von **unkörperlichen** und daher per se „farblosen" Dienstleistungen in Betracht als bei Waren (vgl. Ingerl/Rohnke/Wirtz Rn. 184). Dies ist insoweit zutreffend, als dass bei Dienstleistungen seltener davon auszugehen sein wird, dass die Farbe auf wesentliche Merkmale der Dienstleistung hinweist als dies bei Waren der Fall ist. Auch wird der Verkehr Dienstleistungen im Gegensatz zu Waren nicht so häufig mit einer üblichen Farbe verknüpfen. Diese Ansicht ist mittlerweile überholt. In der Entscheidung „Farbkombination Lichtgrau/Verkehrsrot" (EuGH C-45/11 P, GRUR Int 2012, 333) hat der EuGH klargestellt, dass bei der Beurteilung der Unterscheidungskraft einer Farbmarke für Dienstleistungen **grundsätzlich die gleichen Kriterien** anzuwenden sind wie im Fall von Farbmarken für Waren (ebenso BGH GRUR 2016, 1167 Rn. 15 – Sparkassen-Rot; GRUR 2014, 1204 – DüsseldorfCongress). Denn ein Erfahrungssatz, dass der Verkehr im Falle von Dienstleistungen eine bestimmte Farbe eher als Herkunftshinweis verstehe als bei Waren, ist nicht ersichtlich. Eine genaue und einzelfallbezogene Prüfung, ob die angemeldete Marke für die Übermittlung eindeutiger Informationen insbesondere über die betriebliche Herkunft der Dienstleistungen geeignet ist, ist danach im Fall von Warenmarken ebenso geboten wie im Fall von Dienstleistungsmarken.

465.1   Mit Blick auf das eigene frühere Urteil in Sachen „KWS Saat/HABM" (EuG T-173/00, GRUR Int 2003, 168; nachfolgend EuGH C-447/02 P, GRUR Int 2005, 227 – Farbe Orange), wo die in Rede stehende Farbmarke zwar für die in der Anmeldung angegebenen Dienstleistungen, nicht hingegen für die beanspruchten Waren als eintragungsfähig angesehen wurde, stellte das EuG in der Entscheidung EuG T-404/09, GRUR Int 2011, 259 – Deutsche Bahn/HABM (Farbkombination Grau/Rot I) ausdrücklich klar, dass diese Entscheidung nicht im Sinne einer verallgemeinerungsfähigen Regel zur leichteren Eintragbarkeit von Farbdienstleistungsmarken interpretiert werden dürfe.

466   **e) Verkehrsdurchsetzung.** Fehlt es an einer der oben beschriebenen Voraussetzungen und damit an dem Vorliegen außergewöhnlicher Umstände, die ausnahmsweise die Schutzfähigkeit der abstrakten Farbe oder Farbkombination begründen können, so kommt ein Schutz als Marke nur noch aufgrund einer Verkehrsdurchsetzung iSd § 8 Abs. 3 in Betracht, was regelmäßig des Nachweises der tatsächlichen Durchsetzung der Farbe als Herkunftshinweis durch ein demoskopisches Gutachten bedarf. Diese Praxis, die Frage, ob eine Farbmarke in Folge Benutzung Unterscheidungskraft erworben hat, durch eine Verbraucherbefragung klären zu lassen, hat der EuGH in der Entscheidung „Sparkassen-Rot" (EuGH C-217/13, GRUR 2014, 776 Rn. 43) grundsätzlich als mit dem EU-Recht vereinbar erklärt (zu den demoskopischen Anforderungen BGH GRUR 2016, 1167 – Sparkassen-Rot; zur Verkehrsdurchsetzung von Farbmarken → § 8 Rn. 1120.3; ausführlich zur Entwicklung der Rechtsdemoskopie Pflüger GRUR 2014, 423 ff.).

4. Beschreibende Angaben

467   In der Rechtsprechungspraxis stand bei Farbmarken bislang das Eintragungshindernis der fehlenden Unterscheidungskraft iSd § 8 Abs. 2 Nr. 1, in dessen Rahmen auch ein etwaiger **beschreibender Charakter** der betreffenden Farbe zu berücksichtigen ist (→ Rn. 458 ff.), im Vordergrund. Weist die Farbe jedoch einen beschreibenden Bezug zu **Eigenschaften, Bestimmungszweck oder sonstigen Merkmalen** der Waren oder Dienstleistungen auf, so kann auch bei Farbmarken das Eintragungshindernis des § 8 Abs. 2 Nr. 2 greifen (vgl. BPatG GRUR 2009, 164 (166) – Farbmarke Gelb-Rot; EuGH C-104/01, GRUR 2003, 604 – Libertel). In diesem Zusammenhang kommt insbesondere dem – von der Rechtsprechung auch im Rahmen der Prüfung der Unterscheidungskraft berücksichtigten – **Allgemeininteresse** daran, dass angesichts der begrenzten Zahl der tatsächlich verfügbaren Farben mit der Eintragung von Farbmarken ohne räumliche Begrenzung und Zuordnung nicht der gesamte Bestand an verfügbaren Farben erschöpft bzw. monopolisiert wird, ein großes Gewicht zu (EuGH C-104/01, GRUR 2003, 604 Rn. 54 – Libertel; BPatG GRUR 2005, 1049 (1052) – zweifarbige Kombination Grün/Gelb II).

468   **Beschreibend** ist eine Farbe insbesondere dann, wenn sie unmittelbar und bezogen auf das Produkt das Äußere der Ware beschreibt, zB Grün für Pflanzen, Braun für Schokolade, Weiß für bestimmte Milchprodukte etc (Grabrucker WRP 2000, 1331 (1338)). Darüber hinaus kann Farben eine beschreibende Wirkung auch dann zukommen, wenn sie auf die Beschaffenheit oder besondere (ästhetische, dekor-, material-, sicherheits- oder funktionsbedingte) Merkmale der Waren und Dienstleistungen hinweisen (zB ein helles Grün als werbeüblicher Hinweis auf Frische und Natürlichkeit der Produkte, vgl. HABM BK GRUR Int 1999, 543 – Hellgrün). Gleiches gilt für Signalfarben, denen bezogen auf die konkret in Anspruch genommenen Waren und Dienstleistungen ein bestimmter Aussagegehalt beizumessen ist. In Branchen, in denen Farben naturgemäß ein wesensbestimmendes Merkmal der Waren sind (wie insbesondere im Bereich der Bekleidung und Textilwaren, wo Farben in aller Regel allein eine gestalterische Bedeutung zugeschrieben wird), wird grundsätzlich allen Farben das Eintragungshindernis beschreibender Angaben ihrer Monopolisierung entgegenstehen (vgl. BPatG GRUR 1999, 60 f. – Rechteck in Pink).

Entscheidungspraxis: 468.1

BPatG GRUR 2004, 870 (872) – Zweifarbige Kombination Grün/Gelb II: Bejaht wurde ein beschreibender Charakter der Farbkombination Gelb-Grün im Zusammenhang mit Kraft- und Treibstoffen, da die Verwendung der Farben Gelb und Grün (sowohl einzeln wie auch in Kombination) in der Mineralölbranche im Zusammenhang mit Biodiesel, der aus Rapsöl gewonnen wird, gebräuchlich und insoweit die gedankliche Assoziation Raps (Gelb) und Natur (Grün) offensichtlich sei.

BPatG BeckRS 2012, 21033 – Farben Verkehrsrot und Weiß: Freihaltebedürfnis iSd § 8 Abs. 2 Nr. 2 für die Farbe „Verkehrsrot" im Zusammenhang mit Waren und Dienstleistungen eines Rettungsdienstes bejaht, da sie als Symbol- bzw. Warnfarbe beschreibend auf konkrete Merkmale der beanspruchten Dienstleistungen hinweise.

BPatG GRUR 2009, 164 (167) – Farbmarke Gelb-Rot: Beschreibender Charakter der Farbkombination Gelb-Rot für Garten-, Pflanz- und Bodengeräte verneint, da sie weder Angaben zu Eigenschaften der Waren noch zu ihrem Bestimmungszweck oder sonstigen Merkmalen aufweisen.

IV. Dreidimensionale Marken

Gegenstand dreidimensionaler Marken kann grundsätzlich jede Form räumlich-plastischer 469 Gestaltungen sein. Im Gegensatz zu der früheren Rechtslage unter Geltung des WZG (vgl. Fezer § 3 Rn. 578) ist die Markenfähigkeit dreidimensionaler Marken in § 3 Abs. 1 ausdrücklich anerkannt (→ § 3 Rn. 40; zum Schutzausschluss für Formmarken nach § 3 Abs. 2 → § 3 Rn. 64 ff.; für eine gegenüber der bisherigen deutschen Rechtsprechung erheblich weitergehende Anwendung des Schutzausschlusses nach Art. 3 Abs. 1 lit. e MRL 2008, der auch durch Verkehrsdurchsetzung nicht überwunden werden kann, EuGH C-205/13, GRUR 2014, 1097 – Tripp Trapp; näher → § 3 Rn. 101; in diese Richtung gehend auch BPatG GRUR 2017, 275 – Quadratische Schokoladenverpackung). In der Praxis dominieren dabei seit jeher Markenanmeldungen, mit denen Schutz für die Form der im Warenverzeichnis beanspruchten Waren oder aber deren Verpackung begehrt wird (zu produktunabhängigen Formmarken → Rn. 500).

1. Unterscheidungskraft

a) Entwicklung der Rechtsprechung. Die **frühere Rechtsprechung des BGH** zu dreidi- 470 mensionalen Waren- oder Verpackungsformmarken war zunächst von einem eher großzügigen Standpunkt hinsichtlich der Bejahung der Unterscheidungskraft geprägt. Danach sollte das erforderliche Mindestmaß an Unterscheidungskraft der angemeldeten Formmarke nur dann fehlen, wenn die Form einen im Vordergrund stehenden beschreibenden Begriffsinhalt verkörpert oder sie aus sonstigen Gründen nur als solche und nicht als Herkunftshinweis verstanden wird. Verpackungsformmarken sollte danach die Schutzfähigkeit nur dann abgesprochen werden können, wenn sie lediglich einen Hinweis auf ihren Inhalt geben oder durch ganz einfache geometrische Formen oder sonst bloß schmückende Elemente bestimmt sind (BGH GRUR 2001, 56 f. – Likörflasche; GRUR 2001, 334 (336 f.) – Gabelstapler; GRUR 2001, 416 f. – Montre, zum tellequelle-Schutz).

In der Entscheidung „Likörflasche" hatte der BGH noch den strengeren Prüfungsansatz des BPatG 470.1 gerügt (BGH GRUR 2001, 56), welches in der Vorinstanz für die Bejahung der Unterscheidungskraft eine eigentümliche und originale Form gefordert hatte, da sich der Verkehr nur bei einer „ganz besonders auffälligen, vom Gängigen abweichenden Gestaltung" an der Form als Herkunftshinweis orientiere. Mit dieser Vorgabe, die in ihrer Formulierung den später durch den EuGH aufgestellten Grundsätzen nicht ganz unähnlich ist, habe das BPatG, so der BGH, die „Anforderungen an die Unterscheidungskraft bei Formmarken überspannt" (vgl. BGH GRUR 2001, 56 f. – Likörflasche).

Der **EuGH,** der sich mit der Problematik der dreidimensionalen Warenformmarken erstmals 471 auf Vorlage des BGH zu beschäftigen hatte (EuGH verb. Rs. C-53/01 bis C-55/01, GRUR 2003,

514 – Linde, Winward u. Rado; C-218/01, GRUR 2004, 428 – Henkel), vertritt im Hinblick auf dreidimensionale Marken, die die Warenform oder die Form ihrer Verpackung wiedergeben, in ständiger Rechtsprechung einen **restriktiven Ansatz.** Zwar geht auch der EuGH jedenfalls dem Grundsatz nach davon aus, dass die **gleichen Kriterien** für die Beurteilung der Unterscheidungskraft dreidimensionaler Marken Anwendung finden wie diejenigen, die für die übrigen Markenkategorien Geltung beanspruchen (EuGH verb. Rs. C-53/01 bis C-55/01, GRUR 2003, 514 – Linde, Winward u. Rado).

472   Im Rahmen der Anwendung dieser Kriterien sei jedoch zu berücksichtigen, dass im Fall einer dreidimensionalen Marke, die aus der Form und den Farben der Ware oder der Verpackung selbst besteht, die **Wahrnehmung durch die angesprochenen Verkehrskreise** nicht notwendig die gleiche ist wie bei einer Wort- oder Bildmarke, die aus einem Zeichen besteht, das vom Erscheinungsbild der mit der Marke bezeichneten Waren unabhängig ist. Während diese Marken von den angesprochenen Verkehrskreisen gewöhnlich unmittelbar als herkunftskennzeichnende Zeichen wahrgenommen werden, schließen die Durchschnittsverbraucher aus der **Form der Waren** oder der ihrer **Verpackung** gewöhnlich **nicht auf die Herkunft** dieser Waren. Daher kann es schwieriger sein, die Unterscheidungskraft einer dreidimensionalen Formmarke **nachzuweisen** als diejenige einer Wort- oder Bildmarke (EuGH C-238/06 P, GRUR 2008, 339 Rn. 80 – Form einer Kunststoffflasche; C-25/05 P, GRUR 2006, 1022 Rn. 27 – Wicklerform). Nach den Vorgaben des EuGH setzt die Annahme einer zur Eintragbarkeit führenden Unterscheidungskraft bei Waren- oder Verpackungsformmarken aus den vorgenannten Gründen voraus, dass es sich um eine Gestaltung handelt, die **erheblich** von der **Norm** oder der **Branchenüblichkeit abweicht,** da sie nur dann von den beteiligten Verkehrskreisen als Hinweis auf die betriebliche Herkunft wahrgenommen wird (ständige Rechtsprechung seit EuGH verb. Rs. C-53/01 bis C-55/01, GRUR 2003, 514 – Linde, Winward u. Rado; GRUR Int 2004, 631 Rn. 38 ff. – Dreidimensionale Tablettenform I; GRUR Int 2004, 639 Rn. 36 ff. – Dreidimensionale Tablettenform III; C-136/02 P, GRUR Int 2005, 135 Rn. 24 f. – Maglite Stabtaschenlampe; C-25/05 P, GRUR 2006, 1022 Rn. 24 f. – Wicklerform; C-238/06 P, GRUR 2008, 339 Rn. 80 – Form einer Kunststoffflasche; C-98/11 P, GRUR 2012, 925 Rn. 42 – Goldhase; C-344/10 P, C-345/10 P, GRUR 2012, 610 Rn. 47 – Freixenet; C-417/16, BeckRS 2017, 114341). Ob diese Voraussetzungen, die zur Annahme einer hinreichenden Unterscheidungskraft führen, im konkreten Einzelfall ausnahmsweise vorliegen, ist **positiv festzustellen** (dies folgt auch aus der Formulierung des EuGH, dass die Unterscheidungskraft einer aus der Form einer Ware bestehenden Marke „nachzuweisen" ist, vgl. EuGH verb. Rs. C-53/01 bis C-55/01, GRUR 2003, 514 Rn. 48 – Linde, Winward und Rado). Unter Anwendung dieser strengen Vorgaben wurde in der Rechtsprechung des EuGH die Unterscheidungskraft der angemeldeten Waren- und Verpackungsformmarken bislang in der ganz überwiegenden Zahl der Fälle verneint.

473   Diese für dreidimensionale Warenformmarken entwickelten Grundsätze wendet der EuGH auch auf die Beurteilung von Bildmarken an, die aus der **zweidimensionalen** Darstellung der Ware bestehen, da in beiden Fällen Zeichen in Rede stehen, die nicht vom äußeren Erscheinungsbild der mit ihnen gekennzeichneten Waren unabhängig sind (EuGH C-26/17 P, GRUR-RR 2018, 507 – Birkenstocksohle; C-25/05 P, GRUR 2006, 1022 Rn. 27 – Wicklerform; C-144/06, BeckRS 2007, 70781 Rn. 38 – Rot-weiße rechteckige Tablette; zu zweidimensionalen Produktformmarken → Rn. 419 ff.). Gleiches gilt für Marken, die nur einen **Teil der Ware** abbilden (EuGH C-97/12 P, BeckRS 2014, 80878 Rn. 54 – Schließvorrichtung) oder Schutz für ein **Oberflächenmuster** einer Ware beanspruchen (EuGH C-26/17 P, GRUR-RR 2018, 507 – Birkenstocksohle; BPatG GRUR-RS 2022, 14458 Rn. 48 – Birkenstocksohle-Oberflächenmuster).

474   Der **BGH** hat seine Entscheidungspraxis den in der Rechtsprechung des EuGH entwickelten strengen Anforderungen an die Unterscheidungskraft von dreidimensionalen Waren- und Produktformmarken angepasst und fordert ebenfalls ein erhebliches Abweichen von der Norm oder Branchenüblichkeit zur Begründung der Eintragungsfähigkeit (vgl. BGH GRUR 2006, 679 Rn. 16 – Porsche Boxster; GRUR 2008, 71 Rn. 26 – Fronthaube; GRUR 2010, 138 Rn. 27 f. – Rocher-Kugel; ebenso BPatG BeckRS 2019, 14776 – Baby-Body; BeckRS 2017, 134945 – Kanister; BeckRS 2015, 20099 – Schaltmatten; BeckRS 2014, 16785 – Buchdeckel; Hildebrandt, § 4 Rn. 137 erkennt unter Hinweis auf eine Reihe großzügigerer Entscheidungen lediglich eine Annäherung des BGH an die Rechtsprechung des EuGH). Dabei betont auch er, dass zumindest dem Grunde nach auch bei der Beurteilung der Unterscheidungskraft dreidimensionaler Marken, die aus der Form der Ware bestehen, nach dem unterschiedslos für alle Markenkategorien geltenden großzügigen Prüfungsmaßstab davon auszugehen ist, dass jede auch noch so geringe Unterscheidungskraft ausreicht, um das Schutzhindernis zu überwinden (BGH GRUR 2008, 71

Rn. 23 – Fronthaube; GRUR 2010, 138 Rn. 23 – Rocher-Kugel). Im Hinblick auf Waren- und Verpackungsformmarken ist nach Auffassung des BGH jedoch zu berücksichtigen, dass die dreidimensionale naturgetreue Wiedergabe eines der Gattung nach im Warenverzeichnis genannten Erzeugnisses **im Allgemeinen** nicht geeignet ist, die Ware ihrer Herkunft nach zu individualisieren (vgl. BGH GRUR 2006, 679 Rn. 17 – Porsche Boxster; GRUR 2008, 71 Rn. 24 – Fronthaube). Denn Verbraucher schließen im Allgemeinen aus der Form der Ware oder ihrer Verpackung nicht auf die betriebliche Herkunft. Der Verkehr entnimmt einer bestimmten Formgestaltung nur dann einen Herkunftshinweis, wenn er diese Form nicht – wie im Regelfall – einer konkreten **technischen** Funktion der Ware oder allein dem Bemühen zuschreibt, ein **ästhetisch** ansprechendes Produkt zu schaffen (BGH GRUR 2006, 679 Rn. 17 – Porsche Boxster; GRUR 2004, 329 f. – Käse in Blütenform I; GRUR 2003, 332 (334) – Abschlussstück). Dies schließt es natürlich nicht aus, dass auch der ästhetische Aspekt einer Marke jedenfalls neben anderen Gesichtspunkten berücksichtigt werden kann, um einen Unterschied gegenüber der Norm und der Branchenüblichkeit zu ermitteln, sofern dieser ästhetische Aspekt so verstanden wird, dass er auf die objektive und ungewöhnliche visuelle Wirkung verweist, die durch die spezifische Gestaltung der Marke entsteht (so zutr. EuGH GRUR-RS 2019, 31325 Rn. 32 – Flaschenform).

b) Feststellung der Unterscheidungskraft. aa) Maßgeblichkeit des Gesamteindrucks. 475
Maßgeblich für die Prüfung der Unterscheidungskraft ist stets der durch das angemeldete Zeichen hervorgerufene **Gesamteindruck.** Dies schließt indes nicht aus, im Zuge der Prüfung zunächst die einzelnen Gestaltungselemente nacheinander für sich besehen zu untersuchen und dies zur Grundlage der Beurteilung des Gesamteindrucks zu machen (EuGH C-238/06 P, GRUR 2008, 339 Rn. 82 – Form einer Kunststoffflasche; C-286/04 P, GRUR Int 2005, 823 Rn. 23 – Eurocermex; C-453/11 P, BeckRS 2012, 81266 Rn. 40 – Form einer Uhr).

Aus der Maßgeblichkeit des von dem Zeichen hervorgerufenen Gesamteindrucks für die Frage, 476
ob eine Anmeldemarke Unterscheidungskraft besitzt, folgt zugleich, dass ein erhebliches Abweichen lediglich eines **einzelnen Gestaltungsmerkmals** von der üblichen Form nicht notwendigerweise als zur Bejahung der Unterscheidungskraft ausreichend anzusehen ist (EuGH C-238/06 P, GRUR 2008, 339 Rn. 87 – Form einer Kunststoffflasche). Kommt dem in Rede stehenden Einzelmerkmal hingegen ein **bestimmendes Gewicht** im Verhältnis zu den sonstigen Merkmalen für den Gesamteindruck zu, so kann es im konkreten Einzelfall einen hinreichend charakteristischen Eindruck der Gesamtform und damit die Schutzfähigkeit der angemeldeten Marke begründen (vgl. BPatG BeckRS 2008, 26073 – Kelly-Bag, das im Rahmen der Prüfung der Unterscheidungskraft einem Vorhängeschlosses an einer Damenhandtasche als überraschendem Stilelement maßgebliche Bedeutung für das Gesamterscheinungsbild beigemessen hat; s. auch BPatG BeckRS 2019, 21734 – Form eines Sportwagens). Besteht die Gesamtform aus Einzelelementen, die allesamt im geschäftlichen Verkehr gewöhnlich zur Aufmachung der Waren verwendet werden können, so fehlt häufig auch der Kombination dieser Elemente die Unterscheidungskraft, sofern nicht gerade der durch die Zusammenstellung hervorgerufene Gesamteindruck eine besondere, über die Summe der Einzelteile hinausgehende Charakteristik hervorruft.

Der EuGH hat in der Entscheidung Eurocermex betont, dass sich die Prüfung der Schutzfähigkeit 476.1
nicht auf die Vermutung gründen darf, dass Bestandteile, die isoliert betrachtet nicht unterscheidungskräftig sind, auch im Fall ihrer Kombination nicht unterscheidungskräftig werden (EuGH T-399/02, GRUR Int 2005, 823 Rn. 26 f. – Eurocermex). Abzustellen ist allein auf die Gesamtwahrnehmung der Marke durch den angesprochenen Verkehr, die auch nicht nur „hilfsweise" geprüft werden darf (ebenso EuGH C-453/11 P, BeckRS 2012, 81266 Rn. 40 – Form einer Uhr).

Das BPatG hat die Schutzfähigkeit einer dreidimensionalen Marke für die äußere Gestaltung eines 476.2
BMW-Sportwagens in einer neueren Entscheidung (BPatG BeckRS 2019, 21734) maßgeblich auf die Unterscheidungskraft eines Einzelelements gestützt. Es könne offenbleiben, ob die dreidimensionale Gestaltung im Rahmen der auf dem Gebiet der Fahrzeuge üblichen Formenvielfalt liegt. Denn die beanspruchte Form bestehe zumindest nicht ausschließlich aus unmittelbar beschreibenden Angaben. Neben anderen Gestaltungselementen weise sie auch die gut erkennbare, als Marke geschützte sog. „BMW-Niere" auf. Diese begründe einen schutzfähigen „Überschuss", aus dem der Schutz des angemeldeten Zeichens hergeleitet werden könne. Die Entscheidung ist insoweit nicht unproblematisch, als die bloße Bemerkung, die BMW-Niere sei „gut erkennbar", nicht die Feststellungen zu der Frage ersetzt, ob ihr im Verhältnis zu den weiteren Elementen tatsächlich ein solches Gewicht zukommt, dass sie auch einen hinreichend charakteristischen Eindruck der Gesamtform begründet. Im Kollisionsfall dürfte sich zudem der Schutzumfang eines solchen Zeichens auf das konkrete Element, das zu Eintragungsfähigkeit geführt hat, beschränken (sehr bedenklich insoweit BPatG GRUR-RS 2021, 16727 – mlight/CMlight zu Wort-/Bildmarken).

477   **bb) Prüfungskriterien.** Der Beurteilung, ob dem Gesamterscheinungsbild der dreidimensionalen Formmarke ausnahmsweise eine hinreichende Unterscheidungskraft beizumessen ist, legt der BGH eine zweistufige Prüfung zugrunde. In einem **ersten Schritt** ist zu prüfen, ob die in Rede stehende Form lediglich einen **im Vordergrund stehenden beschreibenden Begriffsinhalt** verkörpert (BGH GRUR 2010, 138 Rn. 25 – Rocher-Kugel; GRUR 2008, 71 Rn. 24 – Fronthaube). Dies ist der Fall, wenn der angesprochene Verkehr in der Gestaltung lediglich ein Beispiel einer bestimmten Ware oder Warenkategorie (gleiches gilt für Verpackungen) sieht (vgl. Ingerl/Rohnke/Wirtz Rn. 188; BPatG GRUR-RS 2020, 30553: fehlende Unterscheidungskraft der Abbildung eines roten Werkzeugkoffers). Geht die Form hingegen darüber hinaus, zeichnet sie sich also durch besondere Gestaltungsmerkmale aus, so ist in einem **zweiten Schritt** festzustellen, ob der Verkehr diese Merkmale nur als bloße Gestaltungsmerkmale sieht oder ob er sie als Herkunftshinweis wahrnimmt. Dies wird regelmäßig dann nicht der Fall sein, wenn er die Form einer **technischen** oder sonstigen **Funktion** der Ware zuschreibt oder sie als bloßes **ästhetisches** bzw. dekoratives **Element** auffasst (BGH GRUR 2010, 138 Rn. 25 – Rocher-Kugel; GRUR 2006, 679 Rn. 17 – Porsche Boxster; BPatG BeckRS 2014, 16785 – grafisch gestalteter Bucheinband).

478   Im Rahmen dieser Prüfung bezieht sich auch der BGH ausdrücklich auf die Vorgaben des EuGH, wonach einer Waren- oder Verpackungsformmarke nur dann Unterscheidungskraft zukommt, wenn sie **erheblich von der Norm oder Branchenüblichkeit** abweicht (BGH GRUR 2017, 1262 Rn. 19 – Schokoladenstäbchen III; GRUR 2010, 138 Rn. 28 – Rocher-Kugel; ebenso das BPatG, s. nur BPatG GRUR-RS 2022, 29434 – Fliegender Kragen; BeckRS 2019, 14776 – Baby-Body; BeckRS 2016, 18761 – Abdeckkappe für Atemtherapiegerät). Die Abweichung muss **hinreichend deutlich erkennbar** sein, damit der durchschnittliche Verbraucher die betreffende Ware **ohne analysierende und vergleichende Betrachtungsweise** sowie ohne besondere Aufmerksamkeit von den Waren anderer Unternehmen zu unterscheiden vermag. Eine solche erhebliche Abweichung ist nicht gegeben, wenn sich die angemeldete Warenform nur als Variante der bekannten und auf dem betreffenden Warensektor üblichen Grundformen darstellt, da auch **Varianten handelsüblicher Formen** in der Regel nicht als Herkunftshinweis aufgefasst werden (EuGH C-136/02 P, GRUR Int 2005, 135 Rn. 32 – Maglite Stabtaschenlampe; C-20/08 P, BeckRS 2009, 70115 Rn. 23 – Windenergiekonverter; BGH GRUR 2010, 138 Rn. 27 – Rocher-Kugel; BPatG BeckRS 2016, 18761l – Abdeckkappe für Atemtherapiegerät). Je mehr sich die als Marke angemeldete Form derjenigen Form annähert, in der die betreffende Ware auf dem Markt am wahrscheinlichsten in Erscheinung tritt, umso eher ist davon auszugehen, dass dieser Form die notwendige Unterscheidungskraft fehlt (EuGH C-136/02 P, GRUR Int 2005, 135 Rn. 32 – Maglite Stabtaschenlampe; EuG T-489/17, GRUR-RS 2019, 77 – 3-D-Positionsmarke Flaschenverschluss; T-654/13, BeckRS 2015, 80859 – Form eines zylindrischen, weiß-roten Gefäßes). Die vorgenannten Grundsätze gelten in gleicher Weise auch dann, wenn das Anmeldezeichen nur **einen Teil der beanspruchten Waren** darstellt (BPatG GRUR-RS 2022, 29434 – Fliegender Kragen).

479   **c) Branchengewohnheiten.** In diesem Zusammenhang können insbesondere auch die spezifischen **Gewohnheiten** der konkret in Rede stehenden **Branche** von Bedeutung sein, da sie maßgeblichen Einfluss darauf haben können, ob der Verkehr bei der betreffenden Warenart daran gewöhnt ist, dass die Warenform auf die Herkunft hindeutet (vgl. BGH GRUR 2004, 329 (330) – Käse in Blütenform I). So hat der BGH etwa für die Automobilbranche festgestellt, dass der Verkehr seit langem daran gewöhnt ist, in der äußeren Form des Fahrzeugs auch einen Herkunftshinweis zu sehen. Denn Automobilhersteller seien im Allgemeinen darum bemüht, verschiedenen Automodellen durch gleichbleibende herstellertypische Gestaltungsmerkmale ein Aussehen zu verleihen, das die Zugehörigkeit zu einer bestimmten Modellfamilie erkennen lässt und die Zuordnung zu einem bestimmten Hersteller erleichtert (BGH GRUR 2006, 679 Rn. 18 – Porsche Boxster; ebenso BPatG BeckRS 2016, 19029 und BeckRS 2016, 19028 – VW Bulli, wo unter Hinweis auf die überragende Bekanntheit des „Bullis" zeichnerischen Darstellungen des VW Transporters T1 Markenschutz auch für viele nicht fahrzeugbezogene Waren zugebilligt wurde). Zur Bedeutung der Produktkategorie → Rn. 481.

480   **d) Unerheblichkeit außermarkenrechtlicher Kriterien.** Ob die betreffende Gestaltung **geschmacksmusterrechtlichen Schutz** genießt, ist für die markenrechtliche Beurteilung der Unterscheidungskraft ohne Relevanz, da sich die Prüfungskriterien für die beiden Schutzrechtsarten grundlegend unterscheiden (vgl. EuG C-286/04 P, BeckRS 2007, 70924 Rn. 30 – Gondelverkleidung). Gleiches gilt grundsätzlich auch für einen Schutz der Warengestaltung nach dem **Urheberrecht** (BPatG BeckRS 2008, 17240 – Faltschachtel Prisma), zumal mit der Entscheidung

„Geburtstagszug" des BGH vom 13.11.2013 auch das bis dahin für das Gebiet des angewandten Produktdesign von der Rechtsprechung aufgestellte Erfordernis des „deutlichen Überragens der Durchschnittsgestaltung" aufgegeben wurde (BGH GRUR 2014, 175). Die **Originalität** oder die **Neuheit** eines Anmeldezeichens stellen keine maßgeblichen Kriterien für die Beurteilung der Unterscheidungskraft dar (EuGH GRUR 2012, 925 – Goldhase; BPatG GRUR-RS 2022, 29434 – Fliegender Kragen).

Ohne Bedeutung ist zudem, ob die Gestaltung von einem renommierten Designer stammt oder „inter- **480.1** nationale Anerkennung genießt" (vgl. EuGH C-136/02 P, GRUR Int 2005, 135 Rn. 24 f. – Maglite Stabtaschenlampe): „Hinsichtlich der Anerkennung, die das Design der fraglichen Taschenlampen nach den Angaben der Rechtsmittelführerin auf internationaler Ebene genießt, (ist) darauf zu verweisen, dass der Umstand, dass die Waren ein Qualitätsdesign aufweisen, nicht zwangsläufig bedeutet, dass eine in der dreidimensionalen Form dieser Waren bestehende Marke von vornherein eine Unterscheidung dieser Waren von denen anderer Unternehmen im Sinne von Artikel 7 Absatz 1 Buchstabe b der Verordnung Nr. 40/94 ermöglicht"; ebenso EuG T-695/14, BeckRS 2015, 81945 – weißer Kreis und schwarzes Rechteck in schwarzem Rechteck: „Allein daraus, dass das hier in Rede stehende Zeichen von einem Grafikdesigner entworfen wurde, lässt sich demnach nicht schließen, dass es unterscheidungskräftig ist, ja nicht einmal, dass es zu diesem Zweck entworfen wurde"; s. auch EuG T-351/07, BeckEuRS 2008, 488270 – Sonnen-dach, mit der Feststellung, dass auch der Umstand, dass die Gestaltung bereits Gegenstand zahlreicher Produktnachahmungen war, für den Nachweis der Unterscheidungskraft irrelevant ist.

e) Relevanz der Warenkategorie. Für die Beurteilung der Unterscheidungskraft ist von **481** ausschlaggebender Bedeutung, ob die angesprochenen Verkehrskreise aus der konkret in Rede stehenden Warenform auf die Herkunft der Ware aus einem bestimmten Unternehmen schließen oder die Form lediglich der funktionellen und ästhetischen Ausgestaltung der Ware selbst zuord-nen. Diese Frage nach der zu erwartenden Verkehrswahrnehmung hängt maßgeblich von der **Art der betreffenden Ware** bzw. der **tatsächlichen Übung in dem jeweiligen Produktsegment** und dem hierdurch bedingten Verkehrsverständnis ab, mit dem die beteiligten Kreise einer Waren-gestaltung entgegentreten (BGH GRUR 2004, 329 (330) – Käse in Blütenform I; BPatG BeckRS 2019, 21734 – Sportwagen; BeckRS 2014, 16785 – grafisch gestalteter Bucheinband; Ingerl/Rohnke/Wirtz Rn. 190). Auch wenn für die Beurteilung der Frage, ob der Verkehr eine Produkt-gestaltung als branchenüblich ansieht, ist in erster Linie auf den betroffenen Warenbereich abzustel-len ist, können aber auch Gestaltungsformen aus benachbarten Warengebieten berücksichtigt werden, wenn aufgrund der konkreten Umstände mit einer Übertragung der Verkehrsanschauung auf den betroffenen Warenbereich zu rechnen ist (vgl. BGH GRUR 2010, 138 Rn. 26 f. – ROCHER-Kugel; GRUR 2017, 730 Rn. 25 – Sierpinski-Dreieck; BPatG GRUR-RS 2022, 29434 – Fliegender Kragen).

In der Entscheidung BPatG BeckRS 2014, 16785 hat das BPatG der grafischen Gestaltung eines **481.1** Bucheinbandes die erforderliche Unterscheidungskraft unter Hinweis darauf abgesprochen, dass die Gestal-tung bzw. Verzierung von Bucheinbanden eine lange Tradition hat und gerade darauf angelegt ist, Büchern jenseits ihres inhaltlichen Werts einen gewissen gestalterischen Eigenwert zu verleihen. Aufgrund der umfangreichen Verwendung der betreffenden, ihrer Natur nach einfachen grafischen Mittel habe das Publikum in diesem Produktsegment keinen Anlass, die angemeldete Gestaltung in anderer Weise als eine beliebige Zusammensetzung von grafischen Elementen aufzufassen, die lediglich der ästhetischen Einbandgestaltung dient.

In der Entscheidung BPatG BeckRS 2019, 21734 – Sportwagen stellt das BPatG dagegen für den **481.2** Automobilsektor fest, dass das allgemeine Publikum dort häufig von der äußeren Form eines Kraftfahrzeugs oder eines Teils von ihm auf den Hersteller schließe. Der Automobilsektor sei ein klassisches Beispiel für eine Warenkategorie, bei der charakteristische Gestaltungen bestimmten Herstellern zugeordnet werden.

In diesem Zusammenhang ist auch der Umstand von Bedeutung, ob in dem betreffenden **482** Produktbereich eine **große Vielfalt an Formen und Gestaltungen** anzutreffen ist (BGH GRUR 2001, 416 (418) – Montre; EuGH C-136/02 P, GRUR Int 2005, 135 Rn. 37 – Maglite Stabtaschenlampe; vgl. auch BGH GRUR 2003, 521 (526) – Farbige Arzneimittelkapsel, zu einer zweidimensionalen Warenform-Bildmarke). Je höher die Gestaltungsdichte in dem jeweiligen Marktsegment, desto weniger wird eine Kombination üblicher Gestaltungselemente für den Ver-kehr einen Hinweis auf die betriebliche Herkunft der Waren begründen können.

In der Entscheidung BGH GRUR 2003, 521 (526) hat der BGH unter Hinweis auf die im Arzneimittel- **482.1** sektor anzutreffende unübersehbare Gestaltungs- bzw. Farbenvielfalt für Medikamentenkapseln festgestellt, dass es dort auch nicht darauf ankomme, ob es sich bei der angemeldeten Gestaltung um eine erstmalige oder einmalige Kombination üblicher Gestaltungselemente handelt, da auch die beliebige, wenn auch eventuell erstmalige Kombination üblicher Gestaltungselemente in ihrer Gesamtheit für den Verkehr regelmäßig keinen Hinweis auf die betriebliche Herkunft der Waren begründet.

483   In Branchen wie dem **Bekleidungssektor** nimmt der Verkehr ein bestimmtes Design in aller Regel allein in seiner Funktion als produktbestimmendes Element wahr und erblickt insoweit in seiner Formgebung nichts anderes als eine allein funktionell oder ästhetisch bedingte Warengestaltung (BGH GRUR 2004, 329 f. – Käse in Blütenform I; Lange MarkenR § 3 Rn. 855). Auch bei **technischen Geräten** wird die Annahme einer hinreichenden Unterscheidungskraft regelmäßig fernliegend sein. Da der Verkehr bei dieser Produktgruppe häufig davon ausgehen wird, dass sich die Form der Waren in erster Linie an der technischen Funktion orientiert, fasst er konkrete Gestaltungsmerkmale eher als funktionell bedingt und damit nicht als Herkunftshinweis auf, und zwar unter Umständen auch dann, wenn diese Merkmale tatsächlich keinen technischen Zweck erfüllen (BGH GRUR 2004, 507 (509) – Transformatorengehäuse; GRUR 2004, 329 f. – Käse in Blütenform I; GRUR 2001, 413 (415) – SWATCH; BPatG BeckRS 2010, 15699 – Abbildung einer Schusswaffe). In Bezug auf **Lebensmittel** geht der BGH schließlich davon aus, dass für den Verkehr, dem die Ware in einer bestimmten willkürlich gestalteten, nicht funktionsbezogenen Form begegnet, ein Herkunftshinweis nach der Lebenserfahrung näherliegend sei. Eine solche Form werde vom Verbraucher regelmäßig einem bestimmten Hersteller zugeordnet, weil der Verkehr bei solchen Waren keine um ihrer selbst willen geschaffenen Phantasiegestaltungen erwarte (BGH GRUR 2004, 329 f. – Käse in Blütenform I).

483.1   In der Praxis werden indes auch bei Lebensmitteln Warenformmarken bislang ganz überwiegend als nicht unterscheidungskräftig zurückgewiesen. Als nicht eintragungsfähig angesehen wurden die Form von russischem Schaumgebäck mit leichten Wellen (BGH GRUR 2005, 414), die Gestaltung einer braunen Praline (Rocher-Kugel) in runder Form (BGH GRUR 2010, 138), ein Mini-Leberkäse in rechteckiger Form (BPatG BeckRS 2008, 1884), die Form eines länglichen Schokoladenriegels mit mittiger Einkerbung (BPatG BeckRS 2010, 26251), ein rot-weißes Bonbon in runder Form (BPatG GRUR 2010, 1017) oder eine quadratische Waffelschnitte mit Schokoladenüberzug (BPatG BeckRS 2007, 15221) sowie für das Unionsmarkenrecht die Form eines sitzenden Schokoladenhasen mit rotem Halsband (EuGH C-98/11 P, GRUR 2012, 925 – Goldhase), die Gestaltung eines Bonbons in leicht ovaler Form (EuGH C-24/05 P, GRUR Int 2006, 842 – Form eines Bonbons II), eine längliche und gewundene Wurstform (EuG T-15/05, GRUR Int 2006, 746), Wurstwaren in Anordnung einer Bretzel (EuG T-449/07, GRUR Int 2009, 861).

484   **f) Verpackungsformmarken.** Die für Warenformmarken geltenden Grundsätze sind auch auf solche Marken anzuwenden, die Schutz für die dreidimensionale Gestaltung der Verpackungsform beanspruchen.

484.1   Der EuGH hat die Gleichstellung von Waren- und Verpackungsformmarken jedenfalls im Rahmen von § 3 Abs. 2 und § 8 Abs. 2 Nr. 2 bisher nur hinsichtlich solcher Waren angenommen, die, wie zB Getränke oder Waschpulver, ihrer Natur nach notwendigerweise in verpackter Form vertrieben werden, da in diesen Fällen die gewählte Verpackung dem Produkt seine Form verleihe und daher für die Prüfung der Anmeldung die Verpackung der Form der Ware gleichzusetzen sei (vgl. EuGH C-218/01, GRUR 2004, 428 Rn. 33 – Henkel). Die Geeignetheit dieser Differenzierung erscheint zweifelhaft, da der Verbraucher auch bei anderen üblicherweise verpackten Waren (Waren, die üblicherweise unverpackt vertrieben werden, dürften heute eher einen Ausnahmefall darstellen) die bloße Verpackung vorbehaltlich besonderer, vom Branchenstandard abweichender Gestaltungen regelmäßig nicht als Herkunftshinweis auffassen wird (kritisch auch Ströbele/Hacker/Thiering/Ströbele Rn. 362).

485   Der Durchschnittsverbraucher ist nach der Lebenserfahrung **nicht daran gewöhnt,** aus der **Form der Verpackung auf die Herkunft** dieser Waren zu **schließen.** Einem Zeichen, dass sich für ihn als handelsübliche Verpackungsgestaltung darstellt, entnimmt der Verkehr daher lediglich einen **Hinweis auf die Ware** selbst, nicht jedoch auf einen bestimmten Hersteller (vgl. EuGH C-344/10 P, C-345/10 P, GRUR 2012, 610 Rn. 46 – Freixenet; C-173/04 P, GRUR 2006, 233 Rn. 31 – Standbeutel; C-25/05 P, GRUR 2006, 1022 Rn. 27 – Wicklerform). Dementsprechend wurde die Schutzfähigkeit von Warenverpackungen in der Rechtsprechung ganz überwiegend verneint.

485.1   **Entscheidungspraxis:**
     Als **schutzunfähig** beurteilt wurden in der Rechtsprechung beispielsweise ein Joghurtbecher mit Bördelkappe (BPatG BeckRS 2012, 12453), eine Mundwasserlasche in asymmetrischer Form mit einer Einker-

bung an einer Seite (BPatG BeckRS 2008, 18257), eine grüne Bocksbeutelflasche mit seitlich verschobener Positionierung eines gelben Etiketts (BPatG BeckRS 2008, 9923), die Gestaltung einer Schokoladenverpackung in Form eines Goldbarrens (BGH GRUR 2003, 712), eine Zigarettenschachtel mit abgeflachten Kanten (BGH GRUR 2008, 1027) sowie für das Unionsmarkenrecht eine Getränkeverpackung in Form eines Standbeutels mit bauchiger Gestalt und verbreitertem Boden (EuGH C-173/04 P, GRUR 2006, 233 – Standbeutel), eine Plastikflasche mit langgestrecktem Hals und seitlichen Mulden in ihrem Hauptteil (EuGH C-238/06 P, GRUR 2008, 339 – Form einer Kunststoffflasche), eine goldfarbene zusammengedrehte Bonbonverpackung (EuGH C-25/05 P, GRUR 2006, 1022 – Wicklerform), eine Wasserflasche, auf deren Oberfläche am Flaschenhals Wellenlinien sowie eine einen Gebirgszug darstellende Linie angebracht sind (EuG T-347/10, GRUR Int 2013, 641 – Adelholzener), eine dreidimensionale Flaschenform in grün-gelber Farbgebung, in deren Hals eine Zitronenscheibe steckt (EuGH C-286/04 P, GRUR Int 2005, 823 – Eurocermex), eine Getränkeflasche mit einem durchsichtig glattem Mittelteil und einem gemasert ausgestalteten oberen und unteren Flaschenbereich (EuG T-12/04, GRUR Int 2006, 136 – Almdudler) oder die dreidimensionale Wiedergabe von zwei kelchförmigen, in einem Pappgehäuse mit ausgeschnittenen Öffnungen verpackten Gläsern (EuG T-474/12, BeckRS 2014, 81973 – Form zweier verpackter Kelchgläser). Als **schutzfähig** angesehen wurde die branchenübliche Gestaltung eines Kanisters für Betriebs- und Reinigungsmittel für Maschinen, die sich durch die dreidimensionale, verfremdete Wiedergabe eines Kolbens, an dem unten die Pleuelstange befestigt sei, auszeichnete (BPatG BeckRS 2017, 134945 – Kanister).

486   Wie bei Warenformmarken setzt die Annahme einer hinreichenden Unterscheidungskraft der angemeldeten Gestaltung voraus, dass diese erheblich von den **branchenüblichen Verpackungsgrundformen abweicht** (EuGH C-218/01, GRUR 2004, 428 Rn. 49 – Henkel; C-173/04 P, GRUR 2006, 233 Rn. 31 – Standbeutel; EuG T-347/10, GRUR Int 2013, 641 Rn. 21 – Adelholzener; T118/20, GRUR-RS 2020, 35162 – Verpackung für Dentalprodukt; vgl. auch BGH GRUR 2004, 329 f. – Käse in Blütenform I, wonach auch bei Verpackungen darauf abzustellen ist, ob sich die Formgestaltung in der Funktion erschöpft, als – möglicherweise ästhetisch ansprechendes – Behältnis für eine bestimmte Ware zu dienen, oder ob die Gestaltung vom Üblichen abweichende, herkunftshinweisende Merkmale aufweist). Die Verpackung darf sich auch nicht lediglich als eine bloße typische **Variante** der verkehrsüblichen Formen darstellen (s. aber auch EuG T-654/13, BeckRS 2015, 80859 – Form eines zylindrischen, weiß-roten Gefäßes, unter Hinweis darauf, dass allein die Feststellung, dass es sich um eine Variante einer üblichen Form handelt, umgekehrt auch noch nicht zwingend das Fehlen von Unterscheidungskraft belegt). Bei der Feststellung der Branchenüblichkeit ist regelmäßig nicht nur auf den identischen Warenbereich, sondern weitergehend auf übliche Verpackungsgestaltungen auch in angrenzenden Produktbereichen abzustellen, da diese in vergleichbarer Weise die Wahrnehmung des Verkehrs beeinflussen (Ingerl/Rohnke/Wirtz Rn. 191).

487   In diesem Zusammenhang kann auch von Bedeutung sein, ob der Verkehr infolge einer bestimmten **Übung** in dem betreffenden Warenbereich ausnahmsweise daran gewöhnt ist, dass Verpackungen von den Herstellern als Hinweis auf die Herkunft der Waren verwendet werden (vgl. BGH GRUR 2003, 712 (714) – Goldbarren). Ist eine solche Übung auf dem betreffenden Warensektor festzustellen, so kann dies den Nachweis erleichtern, dass die angesprochenen Verkehrskreise aufgrund der Entwicklung der Wahrnehmungsgewohnheiten auch der in Rede stehenden Verpackungsgestaltung einen Herkunftshinweis entnehmen.

488   Aufgrund der Maßgeblichkeit des von der Marke hervorgerufenen **Gesamteindrucks** (vgl. BPatG BeckRS 2017, 134945 – Kanister) reicht es für die Feststellung der Unterscheidungseignung grundsätzlich noch nicht aus, dass sich die Verpackungsgestaltung nur durch **eines ihrer Merkmale** von der üblichen Form abhebt (EuGH C-238/06 P, GRUR 2008, 339 Rn. 87 – Form einer Kunststoffflasche). Etwas anderes gilt nur dann, wenn das Einzelmerkmal den Gesamteindruck in derart maßgeblicher Weise bestimmt, dass sich die Marke hierdurch insgesamt erheblich von der Norm oder der Branchenüblichkeit abhebt und deshalb ihre wesentliche herkunftskennzeichnende Funktion erfüllen kann.

489   **g) Dreidimensionale Dienstleistungsmarken.** Auf Vorlagefrage des BPatG (BPatG GRUR 2013, 932) hat der EuGH die grundsätzliche Markenfähigkeit einer Anmeldung, mit der Schutz für eine dreidimensionale Darstellung eines Ladengeschäfts in Bezug auf spezielle Einzelhandelsdienstleistungen begehrt wurde, bejaht (EuGH C-421/13, GRUR 2014, 866 – Apple Flagship Store). Dies bedeutet freilich noch nicht, dass einer solchen Darstellung zwangsläufig auch eine hinreichende Unterscheidungskraft zukommt. Für diese Beurteilung dürften grundsätzlich die gleichen Erwägungen Geltung beanspruchen, die die Rechtsprechung bei der Frage nach der Unterscheidungskraft von Warenformmarken anstellt (→ Rn. 471 ff.). Denn auch insoweit gilt der Grundsatz, dass solche dreidimensionalen Darstellungen von Geschäftseinrichtungen von den relevanten Verkehrskreisen nicht notwendig in gleicher Weise wie beispielsweise Wort- oder Bildmarken wahrgenommen werden. Häufig wird sich für den Verkehr ein entsprechendes Zeichen in der bloßen Abbildung einer Verkaufsstätte erschöpfen, ohne dass er dieser einen Hinweis auf die betriebliche Herkunft entnimmt. Insoweit ist davon auszugehen, dass ähnlich wie bei Marken, die die Warenform wiedergeben, auch bei Anmeldungen dreidimensionaler Darstellung eines Ladengeschäfts für Dienstleistungen vorbehaltlich einer Verkehrsdurchsetzung eine hinreichende, zur Eintragung führende Unterscheidungskraft nur dann anzunehmen sein wird, wenn die gezeigte Ausstattung erheblich von der Branchennorm oder -üblichkeit abweicht. Dass der EuGH in seiner Entscheidung, wenn auch im Rahmen der Prüfung von Art. 2 MRL 2008, auf die zu dreidimensionalen Warenformmarken ergangene Rechtsprechung Bezug nimmt (s. EuGH C-421/13, GRUR 2014, 866 Rn. 20 – Apple Flagship Store), legt zumindest die Vermutung nahe, dass auch er wohl von der grundsätzlichen Anwendbarkeit entsprechend strenger Beurteilungsmaßstäbe ausgeht.

2. Beschreibende Angaben

490   **a) Anwendbarkeit.** Das Eintragungshindernis für beschreibende Angaben ist auch auf dreidimensionale Marken, die Schutz für die Form von Waren oder deren Verpackung beanspruchen, **anwendbar,** wie der EuGH auf Vorlagen von BGH und BPatG ausdrücklich bestätigt hat (EuGH verb. Rs. C-53/01 bis C-55/01, GRUR 2003, 514 Rn. 66 ff. – Linde, Winward u. Rado, zu Warenformmarken; C-218/01, GRUR 2004, 428 Rn. 39 – Henkel, zu der Verpackungsformmarken betreffenden Vorlagefrage des BPatG). Danach sind auch dreidimensionale Formmarken von der Eintragung ausgeschlossen, wenn sie ausschließlich aus Zeichen oder Angaben bestehen, die im Verkehr zur Bezeichnung der Merkmale der beanspruchten Waren oder Dienstleistungen dienen können. Zugrunde liegt diesem Schutzhindernis das **Allgemeininteresse** daran, dass solche Formen vorbehaltlich ihrer Verkehrsdurchsetzung von allen frei verwendet werden können und die Gestaltungsfreiheit nicht zugunsten Einzelner übermäßig beschränkt wird (EuGH verb. Rs. C-53/01 bis C-55/01, GRUR 2003, 514 Rn. 73 ff. – Linde, Winward u. Rado; BGH GRUR 2007, 973 Rn. 12 – Rado-Uhr III).

491   **b) Beschreibende Warenformmarken.** Im Gegensatz zum EuGH, der dreidimensionale Waren- bzw. Verpackungsformmarken in der Vergangenheit fast ausschließlich unter dem Eintragungshindernis der fehlenden Unterscheidungskraft geprüft hat, misst der BGH dem Schutzausschluss beschreibender Angaben nach § 8 Abs. 2 Nr. 2 größere Bedeutung bei. Nach Auffassung des BGH muss sich die beschreibende Wirkung des Zeichens nicht auf besondere, über die bloße Gestaltung der Ware hinausgehende Merkmale beziehen. Vielmehr soll eine dreidimensionale Marke bereits dann im Sinne der Vorschrift beschreibend sein, wenn sie die Form der Ware wiedergibt, da sie in diesem Fall eine Eigenschaft der beanspruchten Ware, nämlich ihre äußere Gestaltung, beschreibe (vgl. BGH GRUR 2008, 71 Rn. 28 – Fronthaube; GRUR 2007, 973 Rn. 12 – Rado-Uhr III; GRUR 2010, 138 Rn. 29 – Rocher-Kugel; kritisch hierzu Ingerl/Rohnke/Wirtz Rn. 225; ebenso Hildebrandt MarkenR § 4 Rn. 79 f. unter zutreffendem Hinweis darauf, dass es bereits in sprachlicher Hinsicht wenig überzeugend erscheint, in der bildlichen Warenabbildung eine Beschreibung von Merkmalen der Ware zu sehen).

492   Folge eines solchen weiten Normverständnisses ist, dass jede dreidimensionale Warenformmarke in den Anwendungsbereich des Eintragungshindernisses fällt. Getrieben ist die Spruchpraxis des BGH dabei offensichtlich von dem Bestreben, dreidimensionale Formmarken unabhängig von der Frage der Unterscheidungskraft allgemein einer **Einzelfallprüfung** mit Blick auf ein etwaiges **Freihaltebedürfnis** zu unterziehen (vgl. BGH GRUR 2006, 679 – Porsche Boxster, wo zwar die Unterscheidungskraft der angemeldeten Automobilform bejaht, die Eintragung aber unter Hinweis auf ein gleichwohl bestehendes Freihaltebedürfnis verweigert wurde). Hierdurch soll sichergestellt werden, dass Produktgestaltungen grundsätzlich frei verwendet werden können und nicht einem Unternehmen vorbehalten bleiben. Andernfalls würde sich, so der BGH, eine **übermäßige Beschränkung der Gestaltungsfreiheit** ergeben, da sich jede neue Gestaltung nicht nur von den Produkten der Wettbewerber auf dem Markt, sondern auch von möglicherweise unzähligen Formgebungen unterscheiden müsste, um einer Registereintragung zugebilligt wurde (BGH GRUR 2008, 1000 Rn. 16 – Käse in Blütenform II).

493   Eine konsequente Anwendung dieser weiten Auslegung des Schutzhindernisses des § 8 Abs. 2 Nr. 2 würde zu einem umfassenden, und damit gegen die gemeinschaftsrechtlichen Vorgaben verstoßenden Ausschluss dreidimensionaler Warenformen vom Markenschutz führen, da derartige

Zeichen nach Auffassung des BGH stets die Form der Ware und damit eines ihrer Merkmale beschreiben. Insoweit formuliert der BGH in seinen Entscheidungen denn auch lediglich, dass bei formbeschreibenden und damit grundsätzlich unter den Wortlaut des Eintragungshindernisses fallenden Marken ein besonderes Freihalteinteresse bestehen **könne,** welches ein Eintragungshindernis nach § 8 Abs. 2 Nr. 2 begründen **kann.** Bei der Prüfung, ob ein solches die Eintragung ausschließendes Allgemeininteresse tatsächlich durchgreift, stellt der BGH insbesondere darauf ab, ob die beanspruchte Form **im Rahmen** einer **auf diesem Warengebiet üblichen Formenvielfalt** liegt und ob die Möglichkeiten, die Produktgestaltung im Interesse einer Individualisierung zu variieren, **beschränkt** sind. Ist das der Fall, so soll dies nach Auffassung des BGH dafür sprechen, dass die als Marke beanspruchte Form im Interesse der Allgemeinheit freizuhalten ist (BGH GRUR 2007, 973 f. – Rado-Uhr III; ebenso BeckRS 2009, 10527 – Bleistift mit Kappe; BeckRS 2011, 27798 – Parfümflasche). Ist umgekehrt das Warengebiet durch eine große Zahl von Gestaltungsmöglichkeiten gekennzeichnet und gehört die beanspruchte Form nicht zu den üblichen Gestaltungen, so ist nicht von einem überwiegenden Interesse der Allgemeinheit an der Freihaltung des angemeldeten Zeichens auszugehen (BPatG BeckRS 2009, 10527 – Bleistift mit Kappe).

c) Beschreibende Verpackungsformmarken. Auch dreidimensionale Markenanmeldungen, die Schutz für die Form der **Verpackung** einer Ware beanspruchen, können durch § 8 Abs. 2 Nr. 2 vom Schutz ausgeschlossen sein (EuGH C-218/01, GRUR 2004, 428 Rn. 42 – Henkel). Dabei differenziert der EuGH allerdings danach, ob es sich um die Verpackung einer Ware handelt, die notwendigerweise verpackt vertrieben wird oder nicht. Besitzt die Ware keine ihr innewohnende eigene Form (wie etwa bei Waren in flüssiger, körniger oder puderiger Konsistenz) und verlangt die Vermarktung der Ware daher notwendigerweise eine Verpackung, so könne für die Prüfung der Anmeldung die **Verpackung der Form der Ware gleichgesetzt** werden. Hat die Ware dagegen eine Eigenform, die sich aus den Merkmalen der Ware selbst ergibt, so dass diese Waren auch ohne eine besondere Verpackungsform vermarktet werden können, so bestehe grundsätzlich kein hinreichend enger Zusammenhang zwischen der Verpackung und der Ware. Für die Prüfung der angemeldeten Marke kann daher nach Auffassung des EuGH in diesen Fällen die Verpackung der Form der Ware nicht gleichgestellt werden. Dementsprechend beschränkt der EuGH seine Aussage zur Anwendbarkeit des Eintragungshindernisses des Art. 3 Abs. 1 lit. c MRL 2008 (entspricht Art. 4 Abs. 1 lit. c MRL) auf solche dreidimensionalen Verpackungsmarken, die aus einer der Form der Ware gleichzusetzenden Verpackung bestehen (EuGH C-218/01, GRUR 2004, 428 Rn. 32 f., 42 – Henkel). Überzeugend ist diese Differenzierung nicht, da auch bei Waren mit eigener Form die Verpackung die Form der Ware wiedergeben und insoweit von der Warenform abhängig sein kann.

Hinsichtlich der Bedeutung des Eintragungshindernisses beschreibender Angaben auf Verpackungsformmarken ist der **EuGH** im Vergleich zu der deutschen Rechtsprechung deutlich zurückhaltender. So formuliert der EuGH lediglich, dass Art. 3 Abs. 1 lit. c MRL 2008 (entspricht Art. 4 Abs. 1 lit. c MRL) es nicht ausschließe, dass eine Marke, die aus einer der Form der Ware gleichzusetzenden Verpackung in dreidimensionaler Form besteht, zur Bezeichnung bestimmter Merkmale der verpackten Ware dienen kann. Auch wenn sich solche Merkmale möglicherweise nur schwer identifizieren ließen, sei es **nicht auszuschließen,** dass die Verpackung Merkmale der Ware einschließlich ihrer Beschaffenheit beschreibt (EuGH C-218/01, GRUR 2004, 428 Rn. 42 – Henkel).

Demgegenüber geht die **deutsche Rechtsprechung** mit Blick auf das Interesse der Allgemeinheit an einer freien Verwendung von Formen wie bei Warenformmarken davon aus, dass auch Verpackungsformmarken grundsätzlich merkmalsbeschreibend sind (vgl. BPatG BeckRS 2011, 27798 – Parfümflasche; tendenziell ebenso schon die Vorlagefrage des BPatG GRUR 2001, 737 (739) – Henkel). Steht allerdings eine große Bandbreite an Gestaltungsmöglichkeiten zur Verfügung und fällt die bewährte Form aus dem Kreis der auf dem betreffenden Warengebiet **üblichen Formgestaltungen** heraus, so soll allerdings auch bei Verpackungsformmarken kein überwiegendes Interesse an der Freihaltung der beanspruchten Verpackungsform bestehen, so dass das Eintragungshindernis des § 8 Abs. 2 Nr. 2 nicht greift (BPatG BeckRS 2011, 27798 – Parfümflasche). Zu berücksichtigen ist indes, dass im Gegensatz zu Markenanmeldungen, die eine unmittelbare Wiedergabe der Warenform enthalten, eine Verpackung die Ware eben nicht abbildet und daher einen allenfalls mittelbaren Bezug zu der Ware aufweist. Insoweit wird man bei einer Verpackungsform nur dann davon ausgehen können, dass sie Merkmale der Ware selbst beschreibt, wenn auf dem Markt tatsächlich eine entsprechende Branchennorm bzw. Branchenüblichkeit hinsichtlich bestimmter Verpackungsgestaltungen herrscht, aufgrund derer der Verkehr in der Form der in

494

495

496

diese Übung fallenden Verpackung einen beschreibenden Hinweis auf ihren Inhalt erblickt (zurückhaltend auch BPatG Beschl. v. 29.3.2006 – 32 W (pat) 157/03 – Nutellaglas; Ingerl/Rohnke/Wirtz Rn. 226).

3. Kombination mit Wort- oder Bildbestandteilen

497   Dreidimensionale Marken können mit weiteren Zeichen, insbesondere **mit Wort- und/oder Bildelementen kombiniert** werden. So waren in der Rechtsprechung immer wieder Marken Verfahrensgegenstand, die die Form der beanspruchten Ware nebst auf dem Produkt angebrachter Wortmarke bzw. Unternehmenszeichen abbildeten (vgl. EuGH C-136/02 P, GRUR Int 2005, 135 – Maglite Stabtaschenlampe; BPatG GRUR 2001, 737 – Waschmittelflasche; GRUR 2002, 163 – BIC-Kugelschreiber; s. auch BGH GRUR 2008, 505 – TUC-Salzcracker, zu einer zweidimensionalen Bildmarke; GRUR 2007, 235 – Goldhase, zu einem Verletzungsfall). Für solche Marken gelten die **allgemeinen Grundsätze** für zusammengesetzte Zeichen (vgl. die Ausführungen hierzu betreffend zusammengesetzte Wortbildmarken in → Rn. 377 ff.). Ist das auf der dargestellten Ware angebrachte Wort- oder Bildzeichen **für sich genommen unterscheidungskräftig**, so kann es auch ohne Hinzuziehung der weiteren Elemente zur Eintragungsfähigkeit der Gesamtmarke führen (BGH GRUR 2005, 158 – Maglite Stabtaschenlampe, wo das auf der Taschenlampe angebrachte unterscheidungskräftige Wortzeichen „MAGLITE" zur Eintragungsfähigkeit der kombinierten 3D-Marke führte; BPatG BeckRS 2019, 14776 – Baby-Body; GRUR 2002, 163 (165) – BIC-Kugelschreiber). Dies setzt nicht voraus, dass der unterscheidungskräftige Wort- oder Bildbestandteil im Verhältnis zu der dreidimensionalen Warenabbildung eine prägende bzw. selbständig kennzeichnende Stellung im Sinne der für Kollisionsfälle entwickelten Vorgaben einnimmt (Ingerl/Rohnke/Wirtz Rn. 192). Er muss jedoch seiner Stellung und relativen Größe nach für den durchschnittlichen Verbraucher zumindest unschwer erkennbar sein, da er nur dann ein hinreichendes Gewicht innerhalb des nach allgemeinen Grundsätzen maßgeblichen Gesamterscheinungsbilds der Marke aufweisen wird (verneint etwa in EuG T-580/15, BeckRS 2017, 123128 – Feuerzeug). Kommt dem Wortelement bereits an sich **keine Unterscheidungseignung** zu, so wird es auch dem Gesamtzeichen in aller Regel nicht zur Eintragungsfähigkeit verhelfen (vgl. EuG T-66/13, GRUR-Prax 2014, 376 – Echte Kroatzbeere; T-209/13, BeckRS 2014, 81412 – Olive Line; BPatG BeckRS 2019, 14776 – Baby-Body).

498   Ist eine dreidimensionale Kombinationsmarke, die eine branchenübliche Waren- bzw. Verpackungsgestaltung wiedergibt, allein aufgrund eines für sich genommenen schutzfähigen Wort- oder Bildbestandteils eingetragen, so ist dies jedoch im **Kollisionsfall** von Bedeutung. Aus einer solchen Marke lassen sich keine Rechte gegenüber anderen Formmarken herleiten, da die schutzunfähige Warenform insoweit innerhalb der Kombination mit den unterscheidungskräftigen Elementen keinen eigenständigen Schutzumfang ausbildet.

499   Eine dreidimensionale Warenformmarke kann ihre Eintragungsfähigkeit jedenfalls dem Grunde nach auch durch Einbeziehung einer ihrerseits **schutzfähigen Farbe oder Farbkombination** in die angemeldete Gestaltung erlangen. Auch in diesem Fall besteht die in Rede stehende Marke aus einem für sich besehen unterscheidungskräftigen Element, welches nach den allgemeinen Regeln die Schutzfähigkeit des Gesamtzeichens begründen kann (BPatG BeckRS 2013, 8719 – Fineliner). Hierfür darf die betreffende Farbgestaltung, was häufig der Fall sein dürfte, nicht nur als bloße Wiedergabe des Aussehens der Waren wahrgenommen werden. Auch ohne im Sinne der Kollisionsgrundsätze prägend sein zu müssen, ist zumindest erforderlich, dass die Farbgebung im Rahmen der dreidimensionalen Warenform hinreichend deutlich hervortritt, da nur dann von einer markenmäßigen Wahrnehmung der Farbe als Unterscheidungszeichen ausgegangen werden kann (s. hierzu auch Ingerl/Rohnke/Wirtz Rn. 192 mit dem zutreffenden Hinweis, dass Farben, da sie an sich nicht unterscheidungskräftig sind, auch in Kombination mit einem schutzunfähigen Zeichen in aller Regel nicht geeignet sind, diesem zur Eintragungsfähigkeit zu verhelfen).

499.1   In der Entscheidung Fineliner bejahte das BPatG die Schutzfähigkeit einer angemeldeten Warenformmarke für einen Filzstift mit einem sechseckigen langgestreckten Schaft, dessen Kanten weiß und dessen breitere Seitenflächen orange eingefärbt waren (BPatG BeckRS 2013, 8719 – Fineliner). Da diese Farbausgestaltung bereits zugunsten der Anmelderin durch zwei eingetragene Farbmarken geschützt war und das schutzfähige Farbelement auch in dem Gesamtzeichen deutlich sichtbar als betriebliches Kennzeichen hervortrat, verlieh es auch dem Gesamtzeichen die erforderliche Unterscheidungskraft.

4. Nicht produktbezogene dreidimensionale Marken

500   Von geringerer praktischer Relevanz sind Formmarken, die nicht die im Warenverzeichnis beanspruchten Waren, Teile dieser Waren oder deren Verpackung wiedergeben und insoweit

keinen konkreten Produktbezug aufweisen. Gegenstand solcher selbstständiger dreidimensionaler Marken kann jede räumlich darstellbare Form, Figur oder Gestaltung sein (zB Kühlerfiguren von Automobilen, sonstige figürliche Gestaltungen wie der „Oscar", Anhänger etc.). Im Gegensatz zu warenbezogenen Formmarken werden solche selbständigen dreidimensionalen Marken als von der in Anspruch genommenen Ware getrennt wahrgenommen und unterscheiden sich damit nicht von zweidimensionalen Bildzeichen (vgl. BPatG BeckRS 2009, 15266 – dreidimensionale Marke in Kugelform). Unterscheidungskraft ist daher zu bejahen, wenn der angesprochene Verkehr die dreidimensionale Gestaltung nicht nur als ein einfaches **dekoratives** oder die Merkmale der Ware **beschreibendes** Element wahrnimmt, sondern aufgrund ihrer darüber hinausgehenden charakteristischen Gestaltung von einem Herkunftshinweis ausgeht. Einfachsten **geometrischen Grundformen** oder sonstigen einfachen grafischen Gestaltungselemente wird diese Eignung, als Herkunftshinweis zu dienen, ebenfalls regelmäßig fehlen. Insoweit gelten die **gleichen Beurteilungsgrundsätze** wie bei **zweidimensionalen Bildmarken** (→ Rn. 404 ff.).

V. Positionsmarken

1. Grundlagen

Im Gegensatz zu anderen Markenformen besteht die Besonderheit der Positionsmarke darin, **501** dass sie nicht nur aus einem isolierten Zeichen besteht, sondern Schutz für ein Zeichen **in einer bestimmten Positionierung bzw. Anbringung** beansprucht. Da die Position des Zeichens auf der Ware begriffsnotwendig Teil des Schutzgegenstands ist, muss im Rahmen der Markenanmeldung die begehrte Art und Weise der Anbringung genau bestimmt sein (BPatG GRUR 1998, 819 – Ausrufezeichen; GRUR 2008, 416 (419) – Variabler Strichcode; BeckRS 1999, 15292 – Blaue Linie auf Rohr; ausführlich → § 32 Rn. 40 ff.; zur Abgrenzung von Positionsmarken zu normalen Bildmarken s. auch EuG T-307/17, BeckRS 2019, 11610 – Drei parallele Streifen). Als Positionsträger kommen dabei **nicht nur Waren oder Warenteile,** sondern auch Repräsentanten einer **Dienstleistung** in Betracht, etwa Werbemaßnahmen, Arbeitskleidung, Prospekte, Geschäftspapier und Rechnungen, so dass Positionszeichen auch für Dienstleistungen angemeldet werden können (zu einer Positionsmarkenanmeldung für Dienstleistungen s. BPatG BeckRS 2016, 15124 – Flasche auf Autodach). Nach § 6b Abs. 2 MarkenV ist der Positionsmarkenanmeldung eine – für sonstige Marken nur fakultativ vorgesehene – Beschreibung beizufügen, wenn nur durch sie die erforderliche wesensmäßige Beschränkung auf die Position des Zeichens vorgenommen werden kann (s. auch BPatG BeckRS 2016, 15124 – Flasche auf Autodach, mwN aus Rechtsprechung und Literatur; MarkenR 2009, 569 – Schultütenspitze; s. auch Ingerl/Rohnke/Nordemann-Schiffel § 3 Rn. 30; Ströbele/Hacker/Thiering/Miosga § 3 Rn. 85). Die mit Hilfe von Figuren, Linien oder Schriftzeichen wiedergegebene Darstellung muss dabei klar, eindeutig, in sich abgeschlossen, leicht zugänglich, verständlich, dauerhaft und objektiv sein (EuGH GRUR 2003, 604 Rn. 28 f. – Libertel; BPatG BeckRS 2016, 15124 – Flasche auf Autodach).

Uneinheitlich beurteilt wurde die Frage, ob es sich bei der Positionsmarke um eine Unterform der **501.1** zwei- bzw. dreidimensionalen Marke (so zB Schork in Handbuch Marken- und Designrecht, 3. Aufl. 2011, S. 117; vgl. auch EuG T-547/08, BeckRS 2010, 90732 – X Technology Swiss/HABM (Orange Einfärbung des Zehenbereichs einer Socke), wo die Positionsmarke als den Kategorien der Bildmarken und dreidimensionalen Marken nahestehend angesehen wird) handele oder ob sie als sonstige Markenform iSd § 12 MarkenV aF (so insbesondere die Rechtsprechung des BPatG, vgl. BPatG BeckRS 1999, 15292 – Blaue Linie auf Rohr; GRUR 1998, 390 f. – Roter Streifen im Schuhabsatz; BPatGE 40, 76 (79 f.) – Zick-Zack-Linie) zu qualifizieren sei. Mittlerweile ist die Positionsmarke in §§ 6 Nr. 6, 12 MarkenV als **eigenständige Markenform** anerkannt.

Keine Besonderheiten gegenüber den sonstigen Markenformen bestehen demnach für die Beur- **502** teilung der Schutzfähigkeit der Positionsmarke dann, wenn das betreffende Zeichen auch **unabhängig** von einer in Anspruch genommenen Positionierung **bereits für sich genommen** nach allgemeinen Grundsätzen schutzfähig ist. Bezieht sich die Positionsmarkenanmeldung also beispielsweise auf ein Bildzeichen oder eine dreidimensionale Form, so ist die Anmeldung grundsätzlich dann zur Eintragung zuzulassen, wenn nach den **für isolierte Bildmarken bzw. dreidimensionale Marken geltenden Grundsätzen** von einer originären Schutzfähigkeit des Zeichens auszugehen ist (vgl. BPatG BeckRS 2016, 15124 – Flasche auf Autodach; Ströbele/Hacker/Thiering/Ströbele Rn. 396; Bingener MarkenR 2004, 377 (380)). Auch der BGH hat in seiner Entscheidung „Marlene-Dietrich-Bildnis II" festgestellt, dass es keiner Beschränkung einer Markenanmeldung auf die Anbringung des Zeichens an einer genau festgelegten Stelle (also einer

Anmeldung als Positionsmarke) bedürfe, wenn praktisch bedeutsame und naheliegende Möglichkeiten der Anbringung des Zeichens in Betracht kommen, bei denen das Zeichen vom Verkehr als Herkunftshinweis aufgefasst wird (BGH GRUR 2010, 825 Rn. 22 – Marlene-Dietrich-Bildnis II; ebenso BGH GRUR 2010, 1100 Rn. 30 – TOOOR!). Hierdurch wird deutlich, dass es auf die konkreten Besonderheiten der Positionsmarke und ihrer inhaltlichen Schutzbeschränkung auf eine konkrete Positionierung des Zeichens nicht ankommt, wenn dem Zeichen bereits nach den allgemeinen Grundsätzen die Schutzfähigkeit zuzusprechen ist. Dies ändert freilich nichts daran, dass durch die Wahl der Anmeldung einer Marke als Positionsmarke und die dadurch bewirkte Festlegung auf eine bestimmte Positionierung der **Schutzumfang** entsprechend dieser Festlegung in gewissem Umfang **beschränkt** wird (bei der Prüfung der Verwechslungsgefahr ist neben der Identität oder Ähnlichkeit des reinen Zeichengegenstandes dann auch die konkrete Positionierung zu berücksichtigen), und zwar auch dann, wenn das Zeichen auch als „normale" Marke mit entsprechend weiterem Schutzumfang eintragbar gewesen wäre.

503 **Eigenständige Bedeutung** kommt der Markenkategorie der Positionsmarke im Rahmen der Prüfung der absoluten Schutzhindernisse des § 8 Abs. 2 Nr. 1 und Nr. 2 insbesondere dann zu, wenn das zugrundeliegende Bezugszeichen **isoliert betrachtet** nach den allgemeinen Kriterien **schutzunfähig** weil nicht unterscheidungskräftig oder beschreibend ist (wobei nach der Rechtsprechung des BGH für die Bejahung der Unterscheidungskraft ausreichend ist, dass eine übliche oder naheliegende Verwendungsform vorstellbar ist, bei der der Verkehr das Zeichen als Hinweis auf die betriebliche Herkunft auffasst; → Rn. 502).

503.1 Nach einem Teil der Literatur ist dem Zeichen in diesen Fällen der Schutz als Marke generell zu versagen, da es im Rahmen der zu prüfenden Unterscheidungskraft grundsätzlich nur auf die angemeldete Marke als solche ankommen dürfe und sich die Schutzfähigkeit daher nicht aus Umständen ergeben könne, die nicht **aus dem angemeldeten Zeichen selbst,** sondern aus zusätzlichen, von dem Zeichen getrennten Merkmalen herrührten (vgl. Ingerl/Rohnke/Wirtz Rn. 39). In diesem Zusammenhang ist indes zu berücksichtigen, dass es durchaus Fälle gibt, in denen der Positionsmarke ihre eigenständige Existenzberechtigung nicht abgesprochen werden kann. So kann im Falle einer ungewöhnlichen Positionierung eines ansonsten schutzunfähigen Zeichens der Verkehr gerade aufgrund eben dieser Abweichung vom Verkehrsüblichen Anlass haben, dem Zeichen nicht nur dekorative, sondern herkunftshinweisende Funktion beizumessen.

2. Beurteilung der Schutzfähigkeit

504 **a) Berücksichtigung der Positionierung.** Stellt die Positionsmarke damit eine eigenständige Markenkategorie dar, so ist bei der Bestimmung ihrer Unterscheidungskraft auch die in Anspruch genommene **Positionierung** zur Ware in die Prüfung **mit einzubeziehen.** Dem steht auch nicht der allgemeine Grundsatz entgegen, dass Prüfungsgegenstand nur das betreffende Zeichen als solches ist und sich die Unterscheidungskraft daher nur aus Merkmalen ergeben kann, die aus dem Zeichen selbst ersichtlich sind. Denn das der Prüfung zugrunde zu legende Zeichen in seiner angemeldeten Form erstreckt sich im Falle der Positionsmarke gerade auch auf die räumliche Beziehung des Zeichens zu seinem Bezugsobjekt. Das Gebot, allein das angemeldete Zeichen als Prüfungsgegenstand zu bewerten, zwingt daher keineswegs zu einem Außerachtlassen der konkret beantragten Positionsvorgaben, sondern gebietet vielmehr deren Berücksichtigung.

505 **b) Behandlung in der Rechtsprechung.** Bei der Prüfung der Unterscheidungskraft einer Positionsmarke ist folglich danach zu fragen, ob das in Rede stehende Zeichen **gerade** (und ausschließlich) **in seiner konkreten Position** geeignet ist, den angesprochenen Verkehrskreisen als Hinweis auf die betriebliche Herkunft der Waren und Dienstleistungen zu dienen. Die Unterscheidungskraft einer Positionsmarke ist also aufgrund einer **Gesamtbetrachtung ihrer beiden Komponenten,** also des (positionierten) Zeichens und seiner Position, unter Berücksichtigung der bestehenden Kennzeichnungsgewohnheiten zu ermitteln. Eine hinreichende Unterscheidungskraft liegt vor, wenn entweder das positionierte Zeichen oder dessen Positionierung oder die Kombination danach auf einen bestimmten Anbieter hinwiesen und sich nicht in einer beschreibenden oder dekorativen Funktion erschöpften (BPatG BeckRS 2019, 17086 – Mähdrescher; BeckRS 2016, 15124 – Flasche auf Autodach; zu Schuh-Applikationen BPatG BeckRS 2014, 20241 = GRUR-Prax 2014, 547 (Lerach)). Die Unterscheidungskraft ist dagegen regelmäßig zu verneinen, wenn das Zeichen aus Sicht eines von der jeweiligen Ware angesprochenen Durchschnittsverbrauchers nicht über technisch funktionelle oder über die typische Gestaltung der Ware hinausreichende charakteristische Merkmale verfügt, **die aus dem verkehrsüblichen Rahmen der Gestaltungsvielfalt** auf dem jeweiligen Warengebiet **herausfallen** (vgl. BPatG GRUR-RS 2021, 29375 – Zehenkappe bei Schuhwaren; BeckRS 2019, 17086 – Mähdrescher;

BeckRS 2014, 20240 – Winkelförmiges Motiv auf Schuhen; BPatG BeckRS 2013, 5980 – Roter Halbrahmen; ebenso BPatG BeckRS 2009, 25613 – Schultütenspitze, wo der Positionsmarkenanmeldung für ein rot gefärbtes Endstück für Schultüten die Unterscheidungskraft abgesprochen wurde, da eine solche Gestaltung nicht von der Norm oder Branchenüblichkeit erheblich abweiche und die angesprochenen Verkehrskreise ihr daher rein ästhetische bzw. dekorative Zwecke beimessen, sie jedoch nicht als betrieblichen Herkunftshinweis auffassen würden). Bei der Beurteilung, ob die als Positionsmarke angemeldete Gestaltung von den angesprochenen Verkehrskreisen ausschließlich als Ausstattungsmerkmal und nicht zumindest daneben auch als Herkunftshinweis angesehen wird, sind dabei – wie bei anderen Markenformen auch – insbesondere **auch die jeweiligen Kennzeichengewohnheiten für die betreffende Warenkategorie** zu berücksichtigen (BPatG GRUR-RS 2019, 36781 – Positionsmarke für Sportschuhe).

Ähnliche Erwägungen finden sich auch in der **europäischen Rechtsprechung.** Für Positions- **506** marken, die nicht **von der Ware getrennt wahrgenommen** werden, sondern (wie häufig der Fall) **mit dem Erscheinungsbild der entsprechend gekennzeichneten Ware verschmelzen,** werden die vom EuGH zur Beurteilung der Unterscheidungskraft dreidimensionaler Warenformmarken entwickelten Vorgaben entsprechend herangezogen. In diesen Fällen setzt die Annahme einer hinreichenden Unterscheidungskraft demnach voraus, dass sie ihrer Gestaltung nach **erheblich von der Norm oder der Branchenüblichkeit abweichen** (vgl. zum Unionsmarkenrecht EuGH C-429/10 P, GRUR Int 2011, 720 Rn. 25 ff. – X Technology Swiss/HABM, für orange Einfärbung des Zehenbereichs einer Socke; EuG T-365/20, GRUR-RS 2021, 13910 – Birkenstock/EUIPO, für Schuhsolenmuster als Positionsmarke; T-489/17, GRUR-RS 2019, 77 – Windspiel Manufaktur GmbH/EUIPO, für 3-D-Positionsmarke für Flaschenverschluss; T-433/12, BeckRS 2014, 80046 – Steiff/HABM, für Knopf im Ohr eines Stofftieres; T-152/07, BeckEuRS 2009, 501205 – Lange Uhren/HABM, für geometrische Felder auf dem Ziffernblatt einer Uhr). Ein solches schutzbegründendes Abweichen von der Norm bzw. dem Branchenüblich wurde in der Rechtsprechung beispielsweise verneint für Positionsmarkenanmeldungen, die Schutz für eine orange Einfärbung des Zehenbereichs von Socken (vgl. EuGH C-429/10 P, GRUR Int 2011, 720 – X Technology Swiss/HABM), für rote Schnürsenkelenden für Schuhe (EuG T-208/12, BeckRS 2013, 81459 – Think Schuhwerk/HABM) oder für die Anordnung von vier ausgefüllten Löchern im Sieb eines Wasserstrahlreglers (EuG T-669/18, BeckRS 2019, 27837 – Neoperl/EUIPO) beanspruchten. Letztlich kommt damit jedenfalls für solche Markenformen auch der Rechtsprechung wiederholt als unmaßgeblich bezeichneten Kriterium der Originalität bzw. der Eigentümlichkeit doch eine gewisse Bedeutung im Rahmen der Feststellung der Unterscheidungskraft zu.

c) Maßgeblichkeit der konkreten Art des angemeldeten Zeichens. Letztlich ist davon **507** auszugehen, dass für die Beurteilung der Unterscheidungskraft einer Positionsmarke die gleichen grundlegenden Kriterien gelten, die auch auf andere Kategorien von Marken Anwendung finden. Allerdings richten sich die Anwendung dieser Grundsätze und damit die tatsächlichen Anforderungen, die im Einzelfall an den Nachweis der Unterscheidungskraft zu stellen sind, in erheblichem Maße danach, ob ein bestimmtes Zeichen von den angesprochen Verkehrskreisen auch wirklich als Herkunftshinweis aufgefasst wird. Diese zu prognostizierende Wahrnehmung kann je nach Markenkategorie verschieden ausfallen (vgl. zu Warenformmarken EuGH C-25/05 P, GRUR 2006, 1022 Rn. 27 – Wicklerform; C-96/11 P, GRUR Int 2012, 1017 Rn. 35 – Schokoladenmaus; zu abstrakten Farbmarken EuGH C-104/01, GRUR 2003, 604 Rn. 65 – Libertel; zu Slogans EuGH C-64/02 P, GRUR 2004, 1027 Rn. 34 – Das Prinzip der Bequemlichkeit). In Anbetracht der Vielgestaltigkeit möglicher Positionsmarken wird man indes **keine allgemeingültigen Vorgaben** darüber machen können, nach welchen Regeln sich die Bestimmung ihrer Schutzfähigkeit zu richten hat. Vielmehr muss darauf abgestellt werden, für welche Art von Zeichen die Positionsmarke konkret Schutz begehrt. Handelt es sich dabei um ein Zeichen, welches sich – was wohl dem häufigsten Anwendungsfall der Positionsmarken entspricht – dem Verkehr als **Ausgestaltung der Ware** als solcher, eines Warenteils oder der Verpackung entgegentritt, erscheint es sachgerecht, die für die Beurteilung dreidimensionaler Warenformmarken entwickelten Grundsätze entsprechend heranzuziehen. Denn in diesen Fällen präsentiert sich das Zeichen dem Betrachter ungeachtet seiner formalen Kategorisierung als besondere Gestaltung der Ware, mit der es insoweit verschmilzt. Eine solche Positionsmarke, die sich als unselbständiges Gestaltungselement der Ware darstellt, wird daher ebenso wie eine dreidimensionale oder zweidimensionale Marke, die lediglich das Erscheinungsbild der Warenform widerspiegelt, von den maßgeblichen Verkehrskreise nur dann als unterscheidungskräftiger Hinweis auf die betriebliche Herkunft aufgefasst, wenn sie – und sei es auch aufgrund der konkret beanspruchten Positionierung – erheblich von der Norm oder der Üblichkeit in der Branche abweicht. Ob die Marke dabei als Positionsmarke, als Bildmarke oder als dreidimensionale Marke angemeldet oder eingeordnet wird, ist für die Beurteilung der Unterscheidungskraft dagegen ohne Bedeutung (zutreffend insoweit die in → Rn. 506 zitierte Rechtsprechung der Gemeinschaftsgerichte; zur Schutzfähigkeit dreidimensionaler Formmarken ausführlich → Rn. 469). Beansprucht die Positionsmarke hingegen Schutz für eine bestimmte **Farbgestaltung,** so wird man unter Beachtung des Allgemeininteresses an der freien Verwendbarkeit von Farben auch die strengen Rechtsprechungsgrundsätze zur Schutzfähigkeit von abstrakten Farbmarken entsprechend zu berücksichtigen haben. Dies gilt jedenfalls dann, wenn durch die Positionsmarke für die farbige Ausgestaltung des Produktes eine der abstrakten Farbmarke vergleichbare umfassende Schutzposition beansprucht wird.

507.1   Entscheidungspraxis:
War die Rechtsprechung zur Schutzfähigkeit von Positionsmarken in Deutschland zunächst von einer eher eintragungsfreundlichen Linie geprägt, so ist in den letzten Jahren eine zunehmend restriktive Eintragungspraxis zu beobachten (vgl. insoweit auch die Nachweise aus der jüngeren Spruchpraxis bei Ströbele/Hacker/Thiering/Ströbele Rn. 399).

507.2   Schutzfähigkeit bejaht:
BPatG Beck-RS 2019, 36781 – Positionsmarke auf Sportschuhen: Da der Verkehr bei Sport- und Freizeitschuhen daran gewöhnt sei, dass an der Außenseite der Schuhe angebrachte Element in der Regel nicht nur dekorative, sondern eine herkunftshinweisende Funktion haben, komme selbst einer grafisch einfachen Zwei-Streifen-Kennzeichnung die erforderliche Unterscheidungskraft zu.

BPatG BeckRS 2014, 20240 – Winkelförmiges Motiv auf Schuhen: Unterscheidungskraft eines asymmetrischen winkelförmigen Motivs bejaht, da es über rein dekoratives Gestaltungselement hinausgehe und das Publikum an betriebliche Herkunftskennzeichnungen bei Schuhaußen- und/oder -innenseite gewöhnt sei, so dass eine markenmäßig naheliege.

BPatG BeckRS 2013, 5980 – Roter Halbrahmen: Unterscheidungskraft für eine Positionsmarke, die Schutz beansprucht für eine Rotfärbung zweier Außenkanten von Druckerzeugnissen, positioniert entlang des oberen und des rechten Randes des Titelblatts eines hochformatigen Druckerzeugnisses, für gedruckte Telefonverzeichnisse bejaht, da das Zeichen jedenfalls für den engen Markt der Telefonverzeichnisse charakteristische Merkmale jenseits der technisch funktionellen oder branchenüblichen Gestaltungen aufweise.

BPatG GRUR 1998, 390 – Roter Streifen im Schuh: Unterscheidungskraft eines in den Absatz von Herrenschuhen integrierten, in Querrichtung verlaufenden roten Streifens bejaht, da ein rechtserheblicher Teil der angesprochenen Endverbraucher gerade auch angesichts der im Verkehr feststellbaren Übung, auf Schuhsohlen Symbole oder geometrische Gebilde anzubringen, dem farbig abgesetzten Streifen einen markenmäßigen Hinweis auf den Produzenten der betreffenden Schuhe entnehmen wird. Auch ein Freihaltebedürfnis iSd § 8 Abs. 2 Nr. 2 wurde verneint, da nicht ersichtlich sei, aus welchen Gründen Wettbewerber auf eine Verwendung dieser konkreten Gestaltung angewiesen sein sollten.

BPatGE 40, 76 – ZickZack-Linie: Einer am Sattel eines Sportschuhs positionierten, den Buchstaben „N" oder „Z" ähnlichen Zick-Zack-Linie komme aufgrund ihrer konkreten Position hinreichende Unterscheidungskraft zu, auch wenn dem betreffenden Zeichen als solchem ohne festgelegte Anbringung das erforderliche Maß an Unterscheidungskraft im Einzelfall möglicherweise abzusprechen wäre.

507.3   Schutzfähigkeit verneint:
EuG T-365/20, GRUR-RS 2021, 13910 – Birkenstock/EUIPO: keine Unterscheidungskraft des als Positionsmarke angemeldeten Schuhsolenmusters aus sich kreuzenden Wellenlinien (Knochenmuster), da das Muster nach Auffassung des Gerichts nicht ungewöhnlich sei und der Verkehr in ihm daher keinen Herkunftshinweis erblicke.

BPatG BeckRS 2019, 17086 – Mähdrescher: Einer an ein stilisiertes „Y" erinnernden grünen Fläche, die auf der Fahrzeugkabine eines Mähdreschers positioniert ist, fehlt die erforderliche Unterscheidungseignung: Es sei davon auszugehen, dass die angesprochenen Verkehrskreise aus dem Bereich der Landwirtschaft das gegenständliche lediglich als farbliches Zier- bzw. Gestaltungselement und nicht als einen Hinweis auf das dahinterstehende Unternehmen auffassen.

BPatG BeckRS 2016, 15124 – Flasche auf Autodach und BeckRS 2016, 15268 – Tube auf Autodach: Der Anmeldung einer Positionsdienstleistungsmarke, die eine auf einem Autodach angeordnete Flasche/Tube zum Gegenstand hat, fehlt die erforderliche Unterscheidungskraft, da diese als (vergrößert wiedergegebene) Alltagsgegenstände nicht von den allgemein gebräuchlichen Formen abwichen und das Publikum angesichts der Üblichkeit von auf dem Dach eines Fahrzeugs angebrachter Werbung (zB in Form von Schrift- oder Bildtafeln oder dreidimensionalen Abbildungen wie Dosen, Flaschen, Pillen etc) an derart angeordnete Werbeträger gewöhnt sei.

EuG T-208/12, BeckRS 2013, 81459 – Think Schuhwerk/HABM: Keine Unterscheidungskraft einer Markenanmeldung, die Schutz für rote Schnürsenkelenden für Schuhe beansprucht, zumal es auf dem Markt eine große gestalterische Vielfalt gebe, die auch die farbige Gestaltung von Schnürsenkeln einschließe. Die roten Schnürsenkelenden weichen daher nicht erheblich von der Norm oder dem Üblichen in der Branche ab, so dass sie von den Verbrauchern nicht als Herkunftshinweis aufgefasst werden.

EuGH C-429/10 P, GRUR Int 2011, 720 – X Technology Swiss/HABM: Kein Schutz für die orange-farbene Einfärbung des Zehenbereichs von Socken, da die Verwendung einer Grundfarbe regelmäßig nicht herkunftshinweisend wirke und die Verbraucher die Einfärbung entweder als dekoratives Element oder als Hinweis auf ein funktionales Merkmal (Verstärkung des Zehenbereichs) wahrnehmen werden.

BPatG BeckRS 2009, 3865 – Tasche auf Schuhseitenfläche: Bei der auf der Seitenfläche eines Schuhs angebrachten, durch eine Lasche verschließbaren Tasche handelt es sich um ein nicht schutzbegründendes Element, dem der Verkehr eine ausschließlich funktionale, den Gebrauchszweck des Schuhs fördernde Bedeutung beimisst.

BPatG GRUR 2008, 416 – Variabler Strichcode: Anbringung eines Strichcodes auf dem Rücken von Druckereierzeugnissen nicht eintragungsfähig, da der Verbraucher Strichcodes aus seiner alltäglichen Erfahrung auf nahezu allen Waren kennt und sie daher nur als eine Art der technischen Identifikation, nicht hingegen als Herkunftshinweis wahrnimmt.

VI. Sonstige Markenformen

Bei vielen nicht-konventionellen Markenformen (wie etwa Riechmarken oder gustatorischen Marken) scheiterte die Eintragung trotz anerkannter grundsätzlicher Markenfähigkeit nach bisheriger Rechtslage an dem Erfordernis der **grafischen Darstellbarkeit** gemäß § 8 Abs. 1. Im Zuge der europäischen Markenrechtsreform wurden indes UMV und Richtlinienvorgaben (MRL) dahingehend geändert, dass das Eintragungserfordernis der grafischen Darstellbarkeit von Marken entfallen ist. Nach Auffassung der Kommission waren die bisherigen Anforderungen überholt, da sie gerade mit Blick auf die Wiedergabe nichtkonventioneller Markenformen zu einer erheblichen Erschwernis bzw. Rechtsunsicherheit führten. Als Beispiel wurde zB angeführt, dass etwa bei Hörmarken die Wiedergabe mittels neuerer technologischer Mittel (zB durch eine Audiodatei) einer grafischen Darstellung als präziserer Bestimmung der Marke vorzuziehen sein. Infolge des am 14.1.2019 in Kraft getretenen Markenrechtsmodernisierungsgesetzes enthält § 8 Abs. 1 nicht mehr die Beschränkung der zulässigen Darstellungsmittel auf eine grafische bzw. visuelle Darstellung. Um jedoch auf zukünftig eine hinreichende Rechtssicherheit in Bezug auf den Gegenstand des begehrten Markenschutzes zu gewährleisten, sind nach den Vorgaben des neuen § 8 Abs. 1 auch weiterhin solche Zeichen von der Eintragung als Marke ausgeschlossen, die **nicht geeignet sind,** in dem Register **so dargestellt zu werden,** dass die zuständigen Behörden und das Publikum den **Gegenstand des Schutzes klar und eindeutig bestimmen können.** Von Bedeutung dürften damit auch weiterhin die insbesondere in der Sieckmann-Entscheidung des EuGH (EuGH C-273/00, GRUR 2003, 145) entwickelten Anforderungen an die Bestimmtheit der Marke sein, denen zufolge die Wiedergabe der Marke klar, eindeutig, in sich abgeschlossen, leicht zugänglich, verständlich, dauerhaft und objektiv sein muss, wobei diese Vorgaben allerdings zukünftig auch durch andere als grafische Formen der Darstellung erfüllt werden können. Vor diesem Hintergrund bleibt abzuwarten, in welchem Umfang die Gesetzesreform zukünftig tatsächlich zu einer großzügigeren Eintragungspraxis bei nichtkonventionellen Markenformen führen wird.

508

1. Hörmarken

Die grundsätzlichen Markenfähigkeit von Hörmarken (auch Klangmarken, Geräuschmarken, Schallmarken oder akustische Marken genannt) ist heute anerkannt (s. EuGH C-283/01, GRUR 2004, 54 – Shield Mark; → § 3 Rn. 44 ff.). Nach bisheriger Rechtspraxis fehlte es jedoch solchen Hörmarken, die sich nicht vermittels eines Notensystems wiedergeben lassen, bereits an der bislang für die Registereintragung erforderlichen **grafischen Darstellbarkeit** gemäß § 8 Abs. 1 (eingehend → § 32 Rn. 34 ff.). Hinsichtlich solcher Geräuschzeichen wurden die Fragen nach Unterscheidungskraft und fehlendem Freihaltebedürfnis daher bislang nur für den Sonderfall der Benutzungsmarken relevant. Infolge des Wegfalls des Erfordernisses der grafischen Darstellbarkeit durch das am 14.1.2019 in Kraft getretene MoMaG (→ Rn. 508; nach der aktuellen Richtlinie für die Prüfung von Markenanmeldungen des DPMA ist die Darstellung von Klangmarken nunmehr auch mittels mp3-Datei möglich) steht zu vermuten, dass sich die Rechtsprechung in Zukunft vermehrt mit der Frage der Anwendbarkeit der Schutzhindernisse des § 8 auf Hörmarken beschäftigen wird.

509

Die Unterscheidungskraft von Hörmarken ist grundsätzlich nach den **allgemeinen Prüfungsmaßstäben** zu beurteilen, wie sie für alle Markenformen Geltung beanspruchen (→ § 8 Rn. 35). Demnach sind Hörmarken konkret unterscheidungskräftig, wenn sie vom Verkehr als Unterscheidungsmittel aufgefasst werden, mithin geeignet sind, die beanspruchten Waren oder Dienstleistun-

510

gen als von einem bestimmten Unternehmen stammend zu kennzeichnen und dadurch diese Waren oder Dienstleistungen von denjenigen anderer Unternehmen zu unterscheiden.

511   Die Frage, unter welchen Voraussetzungen eine Hörmarke von den angesprochenen Verkehrskreisen als geeigneter Herkunftshinweis verstanden wird, ist bislang in der **deutschen Rechtsprechung nicht behandelt** worden (zur UMV EuG T-668/19, GRUR 2021, 17242 – Geräusch des Öffnens einer Getränkedose). Zumindest dem Grunde nach gilt damit auch für Hörmarken der allgemeine, sämtliche Zeichenkategorien übergreifende Maßstab, dass nur das Fehlen jeglicher Unterscheidungskraft ein Eintragungshindernis begründet (→ § 8 Rn. 29 ff.; s. auch die eingehende Darstellung bei Krimphove GRUR 2022, 46).

512   Der Grundsatz, dass für sämtliche Markenkategorien der gleiche allgemeine Prüfungsmaßstab heranzuziehen ist, bedeutet indes nicht, dass gerade bei nichtkonventionellen Markenformen in der Praxis nicht unterschiedliche tatsächliche Anforderungen an den **Nachweis der Unterscheidungskraft** des konkret in Rede stehenden Zeichens zu stellen sein können bzw. müssen (→ § 8 Rn. 36). Im Hinblick auf Hörmarken ist zu berücksichtigen, dass es sich um **visuell nicht wahrnehmbare Zeichen** handelt, bei denen der Verkehr (zumindest bislang) nicht in gleicher Weise daran gewöhnt ist, ihnen eine Unterscheidungsfunktion beizumessen. Insoweit ist bei der Prüfung der Eintragungsfähigkeit einer angemeldeten Hörmarke vor allem zu untersuchen, ob das Zeichen tatsächlich geeignet ist, von den angesprochenen Verkehrskreise als Unterscheidungszeichen wahrgenommen bzw. wiedererkannt zu werden, und nicht als bloße akustische Untermalung oder ein mit der Ware oder Dienstleistung im Zusammenhang stehendes Geräusch aufgefasst wird. Eine gewisse **Wiedererkennungseignung** oder **charakteristische Individualität** der Hörmarke dürfte dabei für die Eignung als herkunftshinweisendes Kennzeichen unabdingbar sein (so auch Ströbele/Hacker/Thiering/Ströbele Rn. 400; ebenso die Richtlinie für die Prüfung von Markenanmeldungen des DPMA, Teil 2 IV Ziffer 8, wonach „reine akustische Untermalungen ohne Wiedererkennungswert" nicht unterscheidungskräftig sind). Hieran fehlt es in der Regel, wenn es sich bei dem Hörzeichen um ein **Alltagsgeräusch** oder ein **alltägliches Tonsignal** (Polizeisirene, Geräusch eines Sekundenzeigers, das Schließen einer Autotür, das Geräusch beim Öffnen einer Getränkedose (zu letzterem vgl. EuG T-668/19, GRUR 2021, 17242) usw) handelt. Der Verkehr nimmt solche Geräusche nicht als herkunftshinweisende Unterscheidungszeichen wahr.

513   Das in der Rechtsprechung zur Unterscheidungskraft dreidimensionaler Warenformmarken entwickelte Kriterium des erheblichen **Abweichens von der Norm** oder Branchenüblichkeit lässt sich auf die Beurteilung der Schutzfähigkeit von Hörmarken **nicht übertragen** (ebenso EuG T-668/19, GRUR 2021, 17242 – Geräusch beim Öffnen eine Getränkedose).

514   Voraussetzung für die Unterscheidungskraft von **Tönen und Tonfolgen** ist eine eigentümliche Prägung oder Ausgestaltung des Tones bzw. eine zumindest ansatzweise eingängige Melodie der Tonfolge, so dass dem Ton oder der Tonfolge eine Eigenart anhaftet, die dem Verbraucher eine Individualisierung von Waren oder Dienstleistungen im Sinne der Herkunftsfunktion ermöglicht. Je länger die Tonfolge oder Melodie ist, desto eher wird ihr diese Unterscheidungseignung abzusprechen sein, da sie für die angesprochenen Verkehrskreise, bei denen nicht auf solche mit musikalischen Vorkenntnissen abzustellen ist, weniger einprägsam sind. Je kürzer, melodiöser oder eingängiger der Ton oder die Tonfolge hingegen ist, desto eher kann der Hörer diese unterscheiden und ihr einen Herkunftshinweis bezüglich der Ware oder Dienstleistung aus einem bestimmten Unternehmen entnehmen, wenngleich andererseits einem Hörzeichen, das lediglich aus einem einzelnen Ton oder mehreren identischen Tönen besteht, die Unterscheidungskraft in der Regel abzusprechen sein wird. Da die „Merkbarkeit" eines Zeichens nicht Voraussetzung für die Bejahung einer hinreichenden Unterscheidungskraft ist (BGH GRUR 2000, 502 (504) – St. Pauli Girl), wird man indes auch bei der Hörmarke nicht verlangen können, dass sie von den angesprochenen Verkehrskreise eindeutig wiedergeben oder beschrieben werden kann.

515   **Geräusche,** die einen **unmittelbaren Bezug zu den jeweiligen Waren oder Dienstleistungen** bzw. ein **typisches (zB technisch bedingtes) Geräusch eines bestimmten Vorgangs** aufweisen (zB Motorengeräusch für Personenkraftwagen, Babyschreien für Kleinkindbedarfsartikel, Hundebellen für Tiernahrung, das Knallen eines Sektkorkens für alkoholische Getränke, usw.) werden vom Verkehr in der Regel nicht als Herkunftshinweis aufgefasst und sind für die entsprechenden Waren und Dienstleistungen nicht unterscheidungskräftig iSd § 8 Abs. 2 Nr. 1, weil sie lediglich auf die Produkte oder Leistungen hinweisen und keinen darüber hinausgehenden, kennzeichnenden Inhalt haben (vgl. EuG T-668/19, GRUR 2021, 17242: keine Unterscheidungskraft eines Hörzeichens, das aus einer Kombination von Klängen beim Öffnen einer Dose mit kohlensäurehaltigem Getränk besteht). Sofern sie Eigenschaften oder Merkmale der betreffenden Waren oder Dienstleistungen vermittels ihrer Klang- bzw. Lautsprache beschreiben (zB das knackende Kaugeräusch als Hinweis auf Frische und Knusprigkeit von Kartoffelchips), wird zudem das Eintragungshindernis des Freihaltebedürfnisses iSd § 8 Abs. 2 Nr. 2 greifen. Insoweit stellt auch die Richtlinie für die Prüfung von Markenanmeldungen des DPMA, Ziffer IV. 8, fest, dass sachbezogenen Geräuschen für die beanspruchten Produkte die notwenige Unterscheidungskraft fehlt.

Grundsätzlich können auch **gesprochene Texte** als Hörmarke unterscheidungskräftig sein. **516** Dabei ist jedoch zu beachten, dass aufgrund der Einordnung als Hörmarke und nicht als Wortmarke bei der Prüfung der Schutzfähigkeit nicht auf den gesprochenen Text als solchen, sondern auf die Schallabfolge der zu schützenden Hörmarke im Sinne ihrer konkreten akustischen Wiedergabe abzustellen ist. Aus diesem Grunde kann grundsätzlich auch ein als Wortmarke schutzunfähiges Zeichen als Hörmarke Unterscheidungskraft besitzen. So hat das EUIPO in der Entscheidung „Arzneimittel Ihres Vertrauens: Hexal" der Schallabfolge, also der rein phonetischen Abfolge des vorbenannten Slogans, eine noch hinreichende Unterscheidungskraft zugesprochen und dies mit der Häufung unmelodischer Konsonanten zu Beginn und am Ende von weniger als drei Sekunden Sprechdauer sowie insbesondere damit begründet, dass der gesprochene Name „Hexal" ein Eigenname sei und in der deutschen Sprache kein ebenso ausgesprochenes anderes Wort existiere (HABM BK GRUR 2006, 343 (344) – Arzneimittel Ihres Vertrauens: Hexal). Zu beachten ist indes, dass Hörmarken ausschließlich aufgrund der jeweiligen unterscheidungskräftigen Schallfolge geschützt sind. Der Schutzbereich einer solchen Marke erstreckt sich daher gerade nicht auf die geschriebene Aussage oder den Inhalt. Die fehlende Schutzfähigkeit oder Unterscheidungskraft eines Wortzeichens kann also nicht durch seine Anmeldung als Hörmarke umgangen oder geheilt werden.

Ein **nicht unterscheidungskräftiger Text** wird in der Regel nicht allein durch seine schlichte **517** akustische Wiedergabe Markenschutz erlangen (so auch Ströbele/Hacker/Thiering/Ströbele Rn. 406). Insoweit ist eine besondere Eigenart und Individualität durch phonetische Effekte oder Besonderheiten (so auch HABM BK GRUR 2006, 343 – Arzneimittel Ihres Vertrauens: Hexal) zu fordern, die dem Text durch die Klangfärbung einen eigenständigen Charakter verleihen. Ebenso wie bei Wortmarken beispielsweise allein aufgrund der Veränderung der Schrifttype oder Schriftgröße eine fehlende Unterscheidungskraft nicht herbeigeführt werden kann, wird man auch bei Hörmarken annehmen müssen, dass die Wiedergabe des Textes in einem bestimmten Dialekt, mit einer besonderen Stimme oder einer ungewöhnlichen Aussprache von den angesprochenen Verkehrskreisen zumindest in der Regel nicht als herkunftshinweisendes, unterscheidungskräftiges Merkmal der Hörmarke verstanden wird.

2. Tastmarken

Die abstrakte **Markenfähigkeit** (→ § 3 Rn. 52) von Tastmarken (auch haptische Marken **518** genannt) iSd § 3 ist in der Rechtsprechung mittlerweile anerkannt. Der BGH hat in der Entscheidung „Tastmarke" festgestellt, dass auch ein über den Tastsinn wahrnehmbares Zeichen grundsätzlich Markenfunktion ausüben könne, da sich die Elemente oder Eigenschaften einer Gestaltung, deren Wahrnehmung über den Tastsinn als Marke beansprucht werden soll, gedanklich jedenfalls prinzipiell von der Ware selbst abstrahieren ließen (BGH GRUR 2007, 148 Rn. 12 – Tastmarke; anders noch BPatG GRUR 2005, 770 – Tastmarke). Regelmäßig fehlt es bei Tastmarken jedoch an der Möglichkeit einer hinreichend bestimmten Wiedergabe im Register, die den Schutzgegenstand tatsächlich klar und eindeutig festlegt. Ob sich hieran nach dem Wegfall des Erfordernisses der grafischen Darstellbarkeit infolge des am 14.1.2019 in Kraft getretenen MaMoG etwas ändern wird (→ § 32 Rn. 37 f.), bleibt abzuwarten (zur Reform von MRL und UMV → Rn. 508).

Mit Blick auf die Frage der konkreten **Unterscheidungskraft** von Tastmarken iSd § 8 Abs. 2 **519** Nr. 1, mit der sich der BGH in dieser Entscheidung allerdings nicht zu befassen hatte, führt er lediglich aus, es sei „jedenfalls nicht grundsätzlich auszuschließen", dass sich die Eignung als betrieblicher Herkunftshinweis bereits aus einzelnen Eigenschaften des betreffenden Gegenstands und nur im Hinblick auf bestimmte, aus der Wahrnehmung mit dem Tastsinn folgende Empfindungen ergeben könne (BGH GRUR 2007, 148 Rn. 15 – Tastmarke). Auch welche Anforderungen konkret an den Nachweis der Unterscheidungskraft oder des fehlenden Freihaltebedürfnisses nach § 8 Abs. 2 Nr. 2 bei haptischen Zeichen zu stellen sind, war bislang kaum Gegenstand gerichtlicher Entscheidungen (hierzu BPatG GRUR 2008, 348 – Das rauhe Gefühl von feinem Sandpapier).

Im Rahmen der Prüfung der Unterscheidungskraft von haptischen Marken ist davon auszuge- **520** hen, dass die Kriterien für die Beurteilung der Unterscheidungskraft zwar für alle Markenkategorien grundsätzlich die gleichen sind, dass sich aber im Zusammenhang mit der Anwendung dieser Kriterien auf die jeweilige Markenform zeigen kann, dass nicht jede dieser Kategorien von den maßgeblichen Verkehrskreisen notwendig in gleicher Weise als Herkunftshinweis wahrgenommen wird (so für Warenformmarken EuGH C-25/05 P, GRUR 2006, 1022 Rn. 27 – Wicklerform; GRUR Int 2012, 1017 Rn. 35 – Schokoladenmaus; für abstrakte Farbmarken EuGH C-104/01, GRUR 2003, 604 Rn. 65 – Libertel; für Slogans EuGH C-64/02 P, GRUR 2004, 1027 Rn. 34 – Das Prinzip der Bequemlichkeit).

521   Ähnlich wie der Verkehr etwa bei Abbildungen, die die Form der Ware wiedergeben, nicht in gleicher Weise wie bei Wort- oder Bildzeichen daran gewöhnt ist, diesen einen Hinweis auf die betriebliche Herkunft der Waren zu entnehmen (→ Rn. 472), ist auch bei haptischen Empfindungen im Zusammenhang mit einer Ware zu beachten, dass diese regelmäßig **nicht von der Ware abstrahiert** wahrgenommen werden, sondern vielmehr mit ihr verschmelzen und daher von den maßgeblichen Verkehrskreisen nicht notwendig in gleicher Weise als Herkunftshinweis aufgefasst werden wie eine Wort- oder Bildmarke, die sich von der Ware trennen lässt. Vor diesem Hintergrund dürften auch bei Tastmarken jedenfalls in **tatsächlicher** Hinsicht die gleichen strengeren Anforderungen an den Nachweis der hinreichenden Unterscheidungskraft anzulegen sein, wie sie der EuGH auch für andere nicht-konventionelle Markenformen statuiert (→ Rn. 520). Dabei ist jeweils mit Blick auf die konkret in Bezug genommenen Waren und Dienstleistungen zu prüfen, ob die angesprochenen Verkehrskreise in der allein über den Tastsinn wahrzunehmenden Empfindung tatsächlich einen Herkunftshinweis oder lediglich eine Folge der spezifischen **praktischen** oder **ästhetischen Produktgestaltung** erblicken werden.

522   Ebenfalls unter Rückgriff auf die Rechtsprechung des EuGH zu nichtkonventionellen Marken hat das BPatG die Unterscheidungskraft der angemeldeten Tastmarke mit der Beschreibung „Das raue Gefühl von feinem Sandpapier" für verschiedene alkoholische und nicht-alkoholische Getränke verneint (BPatG GRUR 2008, 348). Auch wenn der durchschnittlich informierte, aufmerksame und verständige Durchschnittverbraucher daran gewöhnt sei, Wort- oder Bildmarken als Zeichen aufzufassen, die auf eine bestimmte Herkunft der Ware hinweisen, gelte dies nicht zwingend für Zeichen, die mit dem Erscheinungsbild der Ware, für die die Eintragung des Zeichens als Marke begehrt wird, verschmelzen. Nach Auffassung des BPatG seien die angesprochenen Verkehrskreise auf dem Sektor von alkoholischen und nichtalkoholischen Getränken **nicht daran gewöhnt,** ohne Wort- oder Bildelemente allein aus den haptischen Eindrücken auf die Herkunft dieser Waren zu schließen. Eine derartige Praxis, auf dem Gebiet der beanspruchten Waren haptische Gestaltungsmittel als Mittel der betrieblichen Kennzeichnung einzusetzen, sei nicht nachweisbar. Da vielmehr zu vermuten sei, dass die Verbraucher als Empfänger des haptischen Reizes den vermittelten Tasteindruck allein als zweckdienliche oder ästhetisch ansprechende Gestaltung der Warenverpackung ansehen würden, sei dem angemeldeten Zeichen die Unterscheidungskraft abzusprechen (BPatG GRUR 2008, 348 – Das raue Gefühl von feinem Sandpapier).

523   Bei Zugrundelegung dieser Rechtsprechung dürfte der Nachweis der Unterscheidungskraft von Tastmarken wohl regelmäßig die Darlegung voraussetzen, dass – ähnlich den Vorgaben des EuGH zu abstrakten Farbmarken – in den konkret in Rede stehenden Warenbereichen eine entsprechende **Kennzeichnungspraxis** besteht, aufgrund derer der Verkehr bereits daran gewöhnt ist, in der haptischen Aufmachung von Waren einen Hinweis auf deren betriebliche Herkunft zu sehen. Ein derartiger Nachweis dürfte indes regelmäßig kaum zu erbringen sein (kritisch daher zur Rechtsprechung des BPatG Ingerl/Rohnke/Wirtz Rn. 194 unter zutreffendem Hinweis darauf, dass für Tastmarken keine strengeren Anforderungen an den Nachweis der Unterscheidungskraft zu stellen sein sollten als diejenigen, die von der Rechtsprechung für dreidimensionale Warenformmarken entwickelt wurden; → Rn. 472 ff.). Inwieweit die zu einer als „sonstige Marke" angemeldeten Oberflächengestaltung einer Flasche ergangene Entscheidung des EuGH C-344/10 P, C-345/10 P, GRUR 2012, 610 – Freixenet, zu einer Eintragungserleichterung auch für Tastmarken führen wird, bleibt abzuwarten.

3. Geruchsmarken

524   Als visuell nicht wahrnehmbares Zeichen stellte sich bei der Geruchsmarke (auch Riechmarke oder olfaktorische Marke) bisher in erster Linie die Frage, unter welchen Voraussetzungen die Markenanmeldung das Erfordernis der **grafischen Darstellbarkeit** erfüllen kann. Der EuGH hat in seiner Grundsatzentscheidung „Sieckmann" (EuGH C-273/00, GRUR 2003, 145) zwar die abstrakte Markenfähigkeit olfaktorischer Zeichen iSv § 3 Abs. 1 grundsätzlich anerkannt (→ § 3 Rn. 47 f.), jedoch an die Darstellbarkeit der Marke erfüllbare Anforderungen gestellt (hierzu Ingerl/Rohnke/Wirtz Rn. 104; Ströbele/Hacker/Thiering/Miosga § 3 Rn. 76). Nach diesen Vorgaben soll weder die Angabe der chemischen Formel des Geruchsträgers, noch eine Beschreibung des beanspruchten Geruchs, die Hinterlegung einer Geruchsprobe oder schließlich

eine Kombination dieser Möglichkeiten die Voraussetzung der grafischen Darstellung der Marke in hinreichend präziser und dauerhafter Form erfüllen können (vgl. EuGH C-273/00, GRUR 2003, 145 Rn. 70 ff. – Sieckmann). Auch nach dem **Wegfall** des Erfordernisses der grafischen Darstellbarkeit infolge der Umsetzung der MRL in deutsches Recht wird es bei Tastmarken in aller Regel an einer klaren und eindeutigen Wiedergabefähigkeit der Marke fehlen (zur Reform von MRL und UMV auch → Rn. 508).

Die Frage der Unterscheidungskraft oder des beschreibenden Charakters von Geruchsmarken **525** stellt sich daher derzeit nur hinsichtlich des (wohl eher theoretischen) Bereichs olfaktorischer Benutzungsmarken, die Markenschutz ohne Eintragung kraft Verkehrsgeltung erlangen. Aufgrund der Einheitlichkeit des Prüfungsmaßstabs für sämtliche Zeichenkategorien gilt auch für Geruchsmarken, dass diese dann als unterscheidungskräftig anzusehen sind, wenn das Zeichen nach seiner zu erwartenden Wahrnehmung durch die angesprochenen Verkehrskreise geeignet ist, die in Rede stehende Ware oder Dienstleistung als von einem bestimmten Unternehmen stammend zu kennzeichnen und diese Ware oder Dienstleistung somit von denjenigen anderer Unternehmen zu unterscheiden. Wie bei anderen nichtkonventionellen Markenformen wird man jedoch auch bei Geruchsmarken zu beachten haben, dass der durchschnittliche Verbraucher Gerüche anders als etwa klassische Wort- oder Bildmarken in aller Regel nicht als Hinweis auf die betriebliche Herkunft der Waren auffassen wird. Der Geruch wird der Ware selbst zugeordnet bzw. als Merkmal der Ware selbst und nicht als von ihr unabhängiges, abstrahiertes Element wahrgenommen.

Zu fordern ist daher, dass die Geruchsmarke **einen gegenüber den Waren funktional unab-** **526** **hängigen und eigenständigen Charakter** haben muss (zutreffend HABM BK GRUR 2002, 348 Rn. 40 – Der Duft von Himbeeren; die Beschwerdekammer sah hier in der Angabe „Der Duft von Himbeeren" eine für die grafische Darstellbarkeit ausreichende mittelbare Beschreibung, was allerdings durch die nachfolgende „Sieckmann"-Entscheidung des EuGH als überholt anzusehen ist, → Rn. 524). Hieran wird es offensichtlich fehlen, wenn es sich bei dem Geruch um eine **wesentliche Wareneigenschaft** handeln kann (so beispielsweise HABM BK GRUR 2002, 348 Rn. 41 hinsichtlich des beanspruchten Zeichens „Duft einer Himbeere" für Duftkerzen und Duftpetroleum). Gleiches gilt, wenn der Verbraucher – was häufig der Fall sein wird – den Duft nur als eine **besondere Art der Gestaltung der Waren** bzw. als **Verbesserung des Erscheinungsbilds** ähnlich einem dekorativen Element wahrnimmt. Gerade aufgrund des umfangreichen Einsatzes von Düften und Gerüchen im Zusammenhang mit der Bewerbung und dem Vertrieb von Waren wird der Verbraucher in vielen Fällen einen Geruch lediglich als ästhetisch sinnliches Element bzw. bloße „Parfümierung" der Ware auffassen und ihm keinen darüber hinausgehenden Hinweis auf deren betriebliche Unterscheidung entnehmen. An der erforderlichen Herkunftshinweis- und Unterscheidungseignung wird es schließlich regelmäßig bei einem Bezug zu solchen Waren oder Dienstleistungen fehlen, für die der beanspruchte Geruch typisch oder branchenüblich ist oder mit denen er üblicherweise in Zusammenhang steht. Als nicht unterscheidungskräftig wird man daher beispielsweise den Geruch von Gras für Rasenmäher, den Geruch bestimmter Obstsorten für Fruchtsäfte, der Geruch von Motoröl für im Zusammenhang mit Kraftfahrzeugen stehende Waren oder Dienstleistungen oder den Geruch von Früchten oder ätherischen Ölen für Shampoos oder Duftöle anzusehen haben.

Entscheidungspraxis: **526.1**
BPatG GRUR 2000, 1044 (1046) – Riechmarke: In dem Vorlagebeschluss des BPatG zu den Anforderungen an die Darstellbarkeit einer olfaktorischen Marke hat das BPatG angenommen, dass einem olfaktorischen Zeichen, das für Dienstleistungen der Klassen 35, 41 und 42 Riechmarkenschutz für den chemische Duftstoff Reinsubstanz Methylcinnamat beanspruchte, nicht pauschal die Eignung als betrieblichen Herkunftshinweis iSd § 8 Abs. 2 Nr. 1 abgesprochen werden könne, wenn es etwa auf Prospekten, Katalogen, Preislisten oder sonstigen bei der Erbringung der Dienstleistung verwendeten Geschäftspapieren oder Gegenständen angebracht wird. Ebenso wenig könne es in Bezug auf die in Rede stehenden Dienstleistungen als rein beschreibend iSd § 8 Abs. 2 Nr. 2 angesehen werden.

HABM BK GRUR 2002, 348 – Der Duft von Himbeeren: Geruchsmarkenanmeldung für den „Duft von Himbeeren" für die Waren „Brennstoffe, einschließlich Motorentreibstoffe, insbesondere Diesel als Heiz-, Brenn- und Kraftstoff" ist zwar grundsätzlich markenfähig, aber nach Ansicht der Beschwerdekammer nicht unterscheidungskräftig. Der Verbraucher nehme den beigemischten Himbeerduft nicht getrennt von der Ware auf, sondern werde ihn als einen der vielfältigen Versuche der Industrie werten, den Geruch der Ware angenehmer zu machen. Der Verkehr werde in dem Geruch damit lediglich eine „Parfümierung" der Ware – ähnlich einem dekorativen Element – erblicken und ihn nicht als Marke erkennen. Die Beimischung von Himbeerduft eigen sich daher nicht als Zeichen, welches eine Herkunfts- und Unterscheidungsfunktion gewährleisten kann.

Zurückgewiesen wurden laut Datenbank des HAMB ferner Anmeldungen für den „Geruch von Vanille" für Waren der Klassen 3, 5, 14, 16, 21, 25, 26, 30 (Unionsmarkenanmeldung Nr. 001807353) oder für Zitronenduft für Schuhwaren (Unionsmarkenanmeldung Nr. 001254861).

4. Geschmacksmarken

527   Ebenso wie die Geruchsmarke erfüllte auch die Geschmacksmarke (gustatorische Marke) bereits nicht die von der Rechtsprechung an die vormals gesetzlich geforderte grafische Darstellbarkeit von Marken zu stellenden Anforderungen (→ § 3 Rn. 49). Auch nach dem Wegfall dieses Erfordernisses im Zuge der Umsetzung der MRL in das deutsche MarkenG (zur Markenrechtsreform → Rn. 508) dürfte der Geschmacksmarke unabhängig von der – vermutlich nach wir vor fehlenden – klaren und eindeutigen Bestimmtheit des Schutzgegenstanden iSd § 8 Abs. 1 regelmäßig auch die für die Eintragung **erforderliche Unterscheidungskraft fehlen,** da der Verkehr nicht daran gewöhnt ist, den Geschmack von Waren als Hinweis auf ihre betriebliche Herkunft und damit als Unterscheidungszeichen wahrzunehmen. Zudem wäre hier je nach Warenkategorie sicherlich auch ein relevantes Allgemeininteresse daran zu berücksichtigen, dass Geschmacksempfindungen, die vom Menschen ohnehin in lediglich überschaubarer Zahl voneinander unterscheidbar wahrgenommen werden können, frei verfügbar bleiben und nicht zugunsten Einzelner monopolisiert werden.

5. Weitere nicht-konventionelle Markenformen

528   Als weitere nicht-konventionelle Markenkategorien kommen – insbesondere nach Wegfall des Erfordernisses der grafischen Darstellbarkeit (→ Rn. 508) – etwa **Multimediamarken,** die aus der Kombination von Bild und Ton bestehen (nunmehr in § 12 MarkenV ausdrücklich anerkannt), **Lichtmarken,** zB für den Schutz von Lichtinszenierungen oder Lichtinstallationen aus dem künstlerischen Bereich oder der Unterhaltungsindustrie, **virtuelle Marken** für computergenerierte elektronische Darstellungen bzw. Grafiken, **Hologrammmarken** (unter der früheren Rechtslage noch wegen fehlender grafischer Darstellbarkeit zurückgewiesen durch BPatG BeckRS 2005, 05767, jetzt in § 12 MarkenV anerkannt) oder **Bewegungsmarken** (ebenfalls in § 12 MarkenV genannt) in Betracht, die Schutz für eine durch ein oder mehrere Bilder (bzw. zukünftig mittels Videodatei) wiedergegebene Bewegungsabfolge beanspruchen. Mit Blick auf die Beurteilung der Unterscheidungskraft bzw. der Prüfung eines etwaigen Freihaltebedürfnisses gelten indes auch für diese Markenformen die allgemeinen Grundsätze. Eine gefestigte Amtspraxis zur Beurteilung der Schutzfähigkeit solcher Markenformen besteht noch nicht (so ausdrücklich auch die aktuelle Richtlinie für die Prüfung von Markenanmeldungen des DPMA, Teil 2 Ziffer IV. Nr. 11). Bei der Prognose der zu erwartenden Zeichenwahrnehmung durch die beteiligten Verkehrskreise wird man der Frage besondere Beachtung schenken müssen, inwieweit der durchschnittliche Verbraucher solche nichtkonventionellen neuen Zeichen tatsächlich als Hinweis auf die betriebliche Herkunft der Waren oder Dienstleistungen und nicht etwa als bloß dekoratives Element wahrnehmen wird (vgl. zu diese Markenformen auch Fezer § 3 Rn. 628 ff., 632 f.; zu – unbestimmten – sog. variablen Marken BGH GRUR 2013, 1046 – Variable Bildmarke). In der Entscheidung „Flagship Store" hat der EuGH auf Vorlage des BPatG die zeichnerische Darstellung der Ausstattung eines Ladengeschäfts, angemeldet für Einzelhandelsdienstleistungen, grundsätzlich als markenfähig angesehen (EuGH C-421/13, GRUR 2014, 866 – Apple Flagship Store). Eine eigenständige neue Kategorie von „Geschäftsausstattungsmarken" wird hierdurch allerdings nicht begründet (zutreffend Goldmann GRUR-Prax 2014, 349). Vielmehr handelt es sich um ein Zeichen, dessen Unterscheidungskraft grundsätzlich nach den für dreidimensionale (Dienstleistungs-) Marken entwickelten Maßstäben zu beurteilen ist (→ Rn. 489).

VII. Kennfadenmarken

529   Als eigene Markenform anerkannt sind schließlich Kennfadenmarken, die Schutz für zumeist farbige Streifen, Bänder, Fäden oder Ringe auf Kabeln, Drähten, Schläuchen, Glasstäben (Thermometern) oder ähnlichen Gegenständen beanspruchen. Diese Kennfäden sind dabei regelmäßig in das Produkt eingewirkt, eingegossen, eingewoben oder in sonstiger Weise mit diesem verbunden. In der Rechtsprechung ist die grundsätzliche Schutzfähigkeit von Kennfadenmarken bereits seit langem anerkannt (vgl. insbesondere BGH GRUR 1975, 550 f. – Drahtbewehrter Gummischlauch; s. auch BPatG BeckRS 2015, 02927; 2012, 19898; 2008, 25772). Nach Aufhebung der „Verordnung über den Warenzeichenschutz für Kabelkennfäden" vom 29.11.1939 durch Art. 48

Nr. 2 MarkenRRefG im Jahre 2004 ist die Kennfadenmarke zwischenzeitlich in § 12 MarkenV gesetzlich anerkannt.

Die Prüfung der Unterscheidungskraft dieser Markenkategorie orientiert sich an den besonde-   **530** ren tatsächlichen Gegebenheiten in besagtem Produktbereich sowie den dort festzustellenden Kennzeichnungsgewohnheiten. Diese ergeben sich daraus, dass bei den hier in Rede stehenden Waren, die wie im Falle etwa von Kabeln oder Schläuchen häufig als Meterware verkauft werden, kaum eine andere Form der Produktkennzeichnung möglich ist. Denn Kennzeichnung der betrieblichen Herkunft aller potentiellen Teilstücke kann insoweit regelmäßig nur durch ein fortlaufendes Muster wie die hier in Rede stehenden Kennfäden gewährleistet werden. Nach der zu erwartenden Verkehrswahrnehmung ist daher nicht davon auszugehen, dass einfache Gestaltungen wie Streifen, Bänder oder Ringe – wie bei den meisten anderen Warenkategorien der Fall – grundsätzlich lediglich als dekorative Verzierung angesehen werden (vgl. BPatG BeckRS 2015, 02927; 2008, 26360). Voraussetzung für die Bejahung einer hinreichenden Unterscheidungskraft ist jedoch auch hier, dass sich die zur Eintragung angemeldete Gestaltung erheblich von den im Bereich der jeweils beanspruchten Waren üblichen Gestaltungen unterscheidet (vgl. BPatG BeckRS 2012, 19898, wo einem goldenen Faden im Fadenverlauf der textilen Ummantelung, der gleichmäßig diagonal an deren Oberfläche verlief, ein hinreichend charakteristisches Gepräge beigemessen wurde, aufgrund dessen der angesprochene Verkehr branchenbedingt auf die betriebliche Herkunft der Waren schließen könne).

Entscheidungspraxis: **530.1**
BPatG BeckRS 2008, 25772: Eine Kennfadenmarke bestehend aus zwei in die Oberfläche eines mit Drahtbewehrung versehenen Schlauches eingeflochtenen Kennfäden, die geneigt zu dessen Längsachse, phasenversetzt um den Umfang des Schlauches über dessen gesamte Länge verlaufende, mit regelmäßigen Unterbrechungen versehene Streifen erzeugen, ist schutzfähig, da sie mit ihrer charakteristischen Gestaltung erheblich über die einfachen geometrischen Formen, wie sie auf dem betreffenden Warensektor üblicherweise als dekoratives Element verwendet werden, hinausgeht und deshalb zur Erfüllung der Herkunftsfunktion geeignet ist.
BPatG BeckRS 2015, 02927: Anmeldung für Kennfäden mit der „Farbfolge blau, weiß, weiß, weiß, weiß, blau" als branchenunüblich und damit als schutzwürdig erachtet.

D. Erläuterung zu § 8 Abs. 2 Nr. 3–5

I. Übliche Zeichen (Abs. 2 Nr. 3)

1. Allgemeines

Für dieses Schutzhindernis gelten keine unterschiedlich strengen Maßstäbe im Vergleich zu   **531** denen nach § 8 Abs. 2 Nr. 1 und Nr. 2. Die Üblichkeit hat das DPMA darzulegen; die Anmelderin hat nicht das Gegenteil zu beweisen.

Das Schutzhindernis erfasst entsprechend Art. 4 Abs. 1 lit. d MRL richtliniengerecht verstanden   **532** alle **bei Anmeldung** üblichen Zeichen (→ Rn. 564), unabhängig davon, wann die Üblichkeit eingetreten ist (BPatG GRUR 1999, 170 – Advantage). Erst nach der Markenanmeldung üblich gewordene Zeichen können allerdings nur über § 49 Abs. 2 Nr. 1 **wegen Verfalls** gelöscht werden (→ Rn. 564). Anders als beim nachträglichen Verfall (→ § 49 Rn. 30) kommt es im Eintragungs- und im Nichtigkeitsverfahren nicht darauf an, wem die Umstände, aufgrund derer ein Zeichen als üblich anzusehen ist, zuzurechnen sind.

Bingener rät, bei entsprechenden Entgegenhaltungen seitens des DPMA darauf zu drängen, dass die   **532.1** Markenstelle die Üblichkeit für den Anmeldetag darlegt und nicht nur behauptet (Bingener MarkenR Kap. 3 Rn. 283, 295).

Wegen des erforderlichen **Warenbezugs** (→ Rn. 619 ff.; → UMV Art. 7 Rn. 113) hat die   **533** Vorschrift nur eine geringe Bedeutung (s. aber → § 8 Rn. 73); Werbeschlagworten etc. ohne Warenbezug wird der Markenschutz mangels Unterscheidungskraft versagt (→ § 8 Rn. 157 ff.).

Alle Zeichenformen können „üblich" werden; zu **Kollektivmarken** → § 99 → § 99 Rn. 7.   **534** Geräusche, die nicht in Notenschrift festgehalten sind (→ § 3 Rn. 46; → § 8 Rn. 509 ff.), werden zwar oft als nicht unterscheidungskräftig vom Markenschutz ausgeschlossen, aber **Alltagsgeräusche**, wie etwa das Öffnen einer Dose mit kohlensäurehaltigem Getränk (→ § 8 Rn. 515) könnten durchaus auch als üblich gelten. Zu virtuellen Motorengeräuschen für elektrisch betriebene Automobile → Rn. 699.

535   Eine **grafische Ausgestaltung** kann ein an sich übliches Zeichen verfremden (→ Rn. 577).

536   **Bild- und 3D-Marken** können nur in der konkreten Gestaltung üblich werden, da das Markenrecht keinen Motivschutz kennt. So ist der Frosch kein übliches Umweltschutzsymbol (Bugdahl MarkenR 2003, 259 (272)). Auch das Herz ist vor allem in Kombinationen üblich, wo es ein „love" ersetzt, in Alleinstellung dagegen und individueller Gestaltung ist es durchaus als Marke geeignet (BPatG BeckRS 2018, 1048 – rot schraffiertes Herz).

537   Nicht allgemein als übliche **Piktogramme** gelten Bilder, die nur in einem bestimmten Kontext (Straßenverkehr) eine Aussage vermitteln (BPatG GRUR 2013, 379 – Ampelmännchen).

538   Sogar Zeichen, die der Anmelder selbst kreiert hat, können üblich werden. Auch Bilder oder Figuren, an denen ein **Urheberrecht** besteht oder bestand, können üblich werden.

539   **Verkehrsdurchsetzung** kommt auch bei diesem Schutzhindernis in Betracht; geht sie nach der Eintragung verloren, ist eine Löschung wegen Verfalls möglich (→ § 49 Rn. 29). Eine **Benutzungsmarke** kann nur entstehen, wenn die Benutzung zur Verkehrsdurchsetzung geführt hat (aA Fezer § 4 Rn. 100).

540   Für die Beurteilung der Üblichkeit kommt es nicht darauf an, ob und inwieweit allgemein auf **fremde Sprachen** abzustellen ist (→ § 8 Rn. 51.1, → § 8 Rn. 280). Auch fremdsprachige Wörter und Phantasiebegriffe können üblich werden.

541   Bei **Mehrdeutigkeit** genügt es, wenn eine einzige nicht fernliegende Bedeutung üblich ist.

542   Von üblichen Bezeichnungen, Formen oder Bildern **abgeleitete Zeichen** werden wohl gerade im Hinblick auf die übliche Form als aliud erkannt, was zum Markenschutz führt (zu Abwandlungen allgemein → § 8 Rn. 260; zu Sonderzeichen und Fehlern → Rn. 575). Gleiches gilt für bildliche Darstellungen von üblichen Bezeichnungen und umgekehrt für verbale Be oder Umschreibungen üblicher Bilder (aA Schrader WRP 2000, 69 (79)).

2. Üblichkeit

543   Üblich sein setzt voraus, dass das Zeichen bereits verwendet wird (BPatG BeckRS 2019, 8865 – POSTMAXX). Eine unangefochtene Benutzung ist ein Indiz gegen die Üblichkeit (BPatG GRUR 2013, 72 – smartbook; nachfolgend BGH BeckRS 2014, 565).

544   Wird eine Marke häufig beschreibend verwendet, zeigt das für sich genommen noch nicht, dass sie sich zu einer gebräuchlichen Bezeichnung entwickelt hat (vgl. BGH GRUR 2011, 1043 – TÜV II; ebenso EuG T-878/19, GRUR-RS 2021, 4429 – K9).

545   Das **@-Zeichen** (Klammeraffe) ist ein allgemeiner Hinweis auf das Internet (BPatG BeckRS 2017, 121706 – Klammeraffe; BeckRS 2003, 04981 – @). Ein **vorangestelltes i** weist ebenfalls auf eine Verbindung zum Internet hin; dabei kommt es aber darauf an, ob auch der nachfolgende Zeichenbestandteil üblich ist (BPatG GRUR-RS 2020, 17265 – iFunded). Das **#-Zeichen** wirkt stets nur als technisches Symbol und nicht als betrieblicher Herkunftshinweis (BPatG GRUR-RS 2020, 46445 – Hashtag). Entsprechendes gilt für **QR-Codes** (BPatG BeckRS 2016, 4300). Ein Doppelschrägstrich wird firmenrechtlich nur als Bildbestandteil ohne Wortersatzfunktion verstanden (BGH BeckRS 2022, 5965 – //). Firmenrechtlich gilt ein strengerer Maßstab gilt als bei Marken (Bings GRUR-Prax 2022, 342).

546   Die **Winkelangabe** „360 Grad" bzw. 360° hat sich in der Werbesprache in Anlehnung an ihre mathematische Bedeutung als gebräuchliches Synonym für „allumfassend, vollständig, komplett" etabliert und wirkt ohne Zusammenhang mit Geometrie als dementsprechender Hinweis (BPatG GRUR-RS 2020, 28908 - 360° Psychotherapie; BeckRS 2016, 9905 – 360 Grad; EuG T-0467/11, BeckRS 2014, 80279 - 360° Sonic Energy/Sonic power). Ähnlich wirkt die **Zahl 24** als Synonym für „rund um die Uhr" bzw. „24-Stunden" und als Hinweis auf eine ständige Verfügbarkeit (BPatG GRUR-RS 2020, 29336 – OPF24; GRUR-RS 2019, 46802 – CHECK24; BeckRS 2017, 137899 – HEADLINE 24; BeckRS 2017, 104713 – partnerguide24; EuG T-651/19, GRUR-RS 2020, 13518 – Credit24). In Kombination damit wird die 7 dann zu einer Angabe, dass es keinen Ruhetag gibt, und 365 weitet das aufs Jahr aus.

547   Bei bekanntem **Kulturgut** ist ohne Berücksichtigung von Urheberrechten oder gar des künstlerischen Wertes allein zu fragen, ob die Bezeichnung oder Darstellung üblich ist und einen Waren bzw. Dienstleistungsbezug aufweist (BGH GRUR 2012, 1044 – Neuschwanstein; Schlaffge/Harmsen MarkenR 2019, 189 (195); → § 8 Rn. 338). Das gilt ebenso für bekannte **gemeinfreie oder urheberrechtlich geschützte Werke** (→ § 8 Rn. 301 ff.) und Redensarten. Die Aufnahme in UNESCO-Listen als Weltkulturerbe und Dokumentenliste sichert nur einen behutsamen Umgang mit den Originalen, macht die Bezeichnungen dafür bzw. Abbildungen davon aber nicht zu üblichen Zeichen. Gleiches gilt für die Aufnahme in das Verzeichnis national wertvollen Kulturgutes nach § 14 KGSG (→ § 8 Rn. 1009; aA Lerach GRUR-Prax 2018, 461).

Der Gerechtshof Den Haag hat mangels Rechtsschutzbedürfnis die Frage der Gemeinfreiheit an Rem- **547.1** brandts „Nachtwache" offengelassen und in einem obiter dictum die Unterscheidungskraft in Frage gestellt (Gerechtshof Den Haag BeckRS 2017, 131013 = GRUR-Prax 2017, 561 (Lerach); Lerach FS Harte-Bavendamm, 2020, 61 f.).

Possessivpronomen, wie „mein" oder **„my"**, sind übliche Hinweise auf individuell für die **548** Bedürfnisse der Kunden zugeschnittene Angebote (BPatG GRUR-RS 2020, 28591 - my sandstone).

Ohne eine tatsächlich einheitliche oder systematische Bezeichnungspraxis (→ Rn. 549 ff.) sind **549** Angaben aus **Buchstaben und Zahlen** keine üblichen Zeichen (zur Unterscheidungskraft BPatG GRUR-Prax 2016, 442 – SO9).

Die Buchstabenfolge rcd bzw. RCD hat aber für Waren, die mit Unionsgeschmacksmustern **550** und Designs zu tun haben können, die übliche Bedeutung „eingetragenes Geschmacksmuster" (BPatG BeckRS 2015, 13973 – rcd). **XO** steht für „hugs and kisses" = „Liebe und Zuneigung" (EuG T-503/19, GRUR-Prax 2020, 335).

Der Einzelbuchstabe **Q** ist dagegen keine übliche Abkürzung von „Qualität" oder Typenbe- **551** zeichnung (BPatG BeckRS 2017, 129580). Der Einzelbuchstabe **E/e** ist kein üblicher Hinweis auf elektronische oder elektrische Bestandteile (BPatG GRUR-RS 2020, 18523 – e).

ONE ist nicht im Sinn einer Nummerierung von Kraftfahrzeugen üblich (LG Hamburg **552** GRUR-RS 2021, 3735 – One/Lightyear One).

Tonfolgen und **Melodien** können üblich sein, wenn sie, wie etwa geläufige Weihnachtslieder **553** für Christbaumschmuck oÄ, einen Produktbezug aufweisen (Liebau S. 135). Anderen allgemein anzutreffenden **Geräuschen** ohne besondere Eigenarten (Wellengang, Vogelgezwitscher etc.) dürfte die Unterscheidungskraft fehlen (EuG T-668/19, GRUR-RS 2021, 17242 Rn. 32 – Geräusch beim Öffnen einer Getränkedose).

Die Nennung einer Marke in **Wörterbüchern, Lexika** und dergleichen ist für sich allein kein **554** Beweis für die Umwandlung eines Begriffs in eine Gattungsbezeichnung. Sonst liefen § 16 MarkenG und Art. 12 UMV, die den Inhabern eingetragener Marken formale Rechte einräumen, ins Leere. Aus der Aufnahme in ein Abkürzungswörterbuch schließt der BGH nicht auf die Zugehörigkeit zum gängigen Sprachgebrauch (BGH GRUR 2015, 1127 – Iset/Isetsolar). Dagegen zeigt die Nennung in Verzeichnissen, wie dem INN (International Non-Proprietary Names), ein Verständnis als **Gattungsbezeichnung.** Zu Beispielen aus der Rechtsprechung des EuG → UMV Art. 7 Rn. 121.

Auch wenn zahlreiche **Kochbücher** und Internetseiten für **Rezepte** Zutaten mit ihrem Markennamen nennen, macht das diese nicht zwingend zur generischen Bezeichnung (BPatG BeckRS **555** 2018, 11825 – Tasco/Tabasco). Trotzdem sollten betroffene Markeninhaber einer Entwicklung zum üblichen Begriff entgegenwirken.

(Rn. 556–559 nicht belegt)

Markennamen werden oft zu **Gattungsbezeichnungen** (s. aber → Rn. 543), wenn sie neue **560** Produkte oder Dienstleistungen benennen, wie „Nylon", „Plexiglas" (Römer Muttersprache 1963, 108), „Auriculomedizin" (BPatG BeckRS 2009, 17771), „Cellophan", „Frigidaire", „einwecken" (Bugdahl MarkenR 2003, 259), „Flip-Flop" für „Zehentrennersandalen" (OLG Zweibrücken GRUR-RS 2022, 10829 – Flip Flop II). Dabei darf allerdings der meist unüberlegte Umgang mit Marken in den Medien keine zu hohe Bedeutung erhalten (BPatG GRUR 2013, 72 – smartbook; OGH GRUR Int 2003, 358 – Sony walkman II).

Ein Begriff ist nicht schon dann als üblich anzusehen, wenn er bestimmte Produkte oder **561** Leistungen eines einzelnen Herstellers bzw. Anbieters in gängiger Weise bezeichnet; das Schutzhindernis erfasst nur Bezeichnungen, die **unabhängig vom Anbieter** allgemein gebräuchlich sind (BPatG BeckRS 2011, 25019 – Bulli). Sogar die Benutzung durch verschiedene Anbieter macht ein Zeichen nicht üblich, wenn Beziehungen dieser Anbieter zueinander bekannt sind (BGH GRUR 1957, 350 (352) – Raiffeisensymbol; EuG T-237/01, GRUR Int 2003, 751 – BSS).

Eine umfangreiche **dekorative Benutzung** eines Zeichens macht dieses allein nicht zu einem **562** üblichen (BPatG GRUR 2013, 379 – Ampelmännchen; BeckRS 2013, 08352 – Fruit). Dagegen ist die Entwicklung zu sog. **Emojis** strenger zu beurteilen.

Farben sind vom Markenschutz ausgenommen, wenn sie Warengattungen in üblicher Weise **563** kenntlich machen, wie etwa bei Marmeladen die Fruchtgrundlage, bei Mineralwässern den Kohlensäuregehalt (Lange MarkenR Rn. 1001).

a) Zeitpunkt. Trotz des in der Vergangenheitsform formulierten „üblich geworden sind" (→ **564** Rn. 532) sind die Verhältnisse am Anmeldetag maßgeblich. Fundstellen, die keine zuverlässigen

Rückschlüsse auf den Anmeldezeitpunkt zulassen, bleiben außer Betracht (zur Unterscheidungs-kraft BPatG GRUR-RS 2019, 40172 – Black Friday). Erst nach der Eintragung üblich gewordene Zeichen unterliegen ausschließlich dem **Verfall** nach § 49 Abs. 2 Nr. 1 (→ Rn. 532).

565   Einmal nach Nr. 3 zurückgewiesene Zeichen können nach **erneuter Anmeldung** Marken-schutz erhalten, wenn sie nicht mehr üblich sein sollten.

566   **b) Maßgebliches Verständnis.** Für die Beurteilung, ob ein Zeichen üblich ist, kommt es auf die angesprochenen sowie sämtliche am Vertrieb der beanspruchten Waren Beteiligten in Deutsch-land an (→ § 8 Rn. 39 ff.). Auf deren Fremdsprachenkenntnisse kommt es hier nicht an (→ Rn. 540). Eine **regionale Üblichkeit** genügt als Schutzhindernis (BPatG GRUR 2013, 379 – Ampelmännchen; Fezer Rn. 498; Schrader WRP 2000, 69 (77 f.)). Maßgeblich ist, wie die bean-spruchten Waren und Dienstleistungen üblicherweise vertrieben bzw. erbracht werden; eine nur momentane Branchenübung ist ebenso unbeachtlich, wie ein geplanter Einsatz der Marke (BPatG GRUR-RS 2019, 40172 – Black Friday, rkr). Bloße Vermarktungsstrategien und Werbekonzepte, die jederzeit geändert werden können, sind nicht maßgeblich (BGH GRUR 2008, 710 – Visage; anders EuGH C-409/12, GRUR 2014, 373 – Kornspitz).

567   Solange noch Teile der angesprochenen Kreise ein Wort als Hinweis auf die Herkunft von Waren und Dienstleistungen verstehen, liegt kein übliches Zeichen vor (BGH GRUR 2019, 1058 – Kneipp; GRUR 1964, 82 (85) – Lesering; BPatG BeckRS 2011, 4880 – Teflon/Teflexan mAnm Koch GRUR-Prax 2011, 144). Für die Annahme einer gebräuchlichen Gattungsbezeich-nung genügt es, wenn bei einer Verkehrsbefragung in einer der befragten Verkehrskreise (Verbrau-cher oder Händler) eine entsprechende **Quote** (→ Rn. 567.1) erreicht wird (OLG Zweibrücken GRUR-RS 2022, 10828 – Flip-Flop).

567.1   Für „Flip-Flop" hatte ein Verkehrsgutachten ergeben, dass die Bezeichnung bei Händlern äußerst bekannt war (95,3 %). Der Kennzeichnungsgrad, dh die Bekanntheit für nur ein Unternehmen, lag aber bei nur 23,3 %. Zudem gaben 52 % aller Befragten an, in der Bezeichnung „Flip-Flop" im Kontext mit Schuhwaren gar keinen Hinweis auf irgendein Unternehmen zu sehen. Der Zuordnungsgrad in Bezug auf das Unternehmen des Markeninhabers fiel mit 14 % noch niedriger aus. Von den Verbrauchern kannten ca. 90 % der Befragten die Bezeichnung. Der Kennzeichnungsgrad lag um 4,0 %. Ferner zeigte das Gutachten, dass mehr als 49 % in der Bezeichnung „Flip-Flop" im Zusammenhang mit Schuhwaren keinen Unternehmenshinweis erkannten (OLG Zweibrücken GRUR-Prax 2022, 380 – Flip-Flop).

3. Waren und Dienstleistungsbezug

568   Ein Bezug zu den beanspruchten Waren und Dienstleistungen ist für eine Schutzversagung erforderlich; er muss aber nicht unmittelbar beschreibend sein (→ UMV Art. 7 Rn. 115; BPatG GRUR 2000, 424 – Bravo; EuGH C-517/99, GRUR 2001, 1148). Begriffe, die für bestimmte Waren und/oder Dienstleistungen üblich sind, können für anderes durchaus als Marke geeignet sein (BGH GRUR 2000, 720 – Unter Uns). Das Schutzhindernis nach Nr. 3 umfasst nicht **Angebote im Ähnlichkeitsbereich** von Waren und Dienstleistungen, für die das zu beurteilende Zeichen üblich ist (BPatG GRUR 1976, 588 f. – Apollo). Ebenso umfasst es nicht Hinweise auf Vertriebsmodalitäten (→ § 8 Rn. 191, → Rn. 572). Ohne Warenbezug (→ Rn. 568) kommt allenfalls eine Schutzversagung nach Nr. 1 in Betracht. Ob es andere, alternativ verwendbare Bezeichnungen gibt, ist nicht relevant (EuGH C-409/12, GRUR 2014, 373 Rn. 39 – Kornspitz).

569   **Werbeschlagwörter,** Aufforderungen zum Kauf und Hinweise auf Qualität (→ § 8 Rn. 142) erfasst Nr. 3 nur, wenn sie gerade hinsichtlich der beanspruchten Waren und Dienstleistungen üblich sind (→ UMV Art. 7 Rn. 117; EuGH C-517/99, GRUR 2001, 1148 Rn. 31, 39 – Bravo; BGH GRUR 1998, 465 (468) – Bonus; sehr weitgehend Bingener MarkenR Kap. 3 Rn. 282). Der Bezug ist im Einzelnen festzustellen (→ § 8 Rn. 38); dabei ist ein strenger Maßstab anzulegen.

569.1   Das Wort „heidewitzka" ist weder als Ausruf des Erstaunens bzw. der Bewunderung noch als Aufforde-rung im Sinn von „auf geht's" üblich (BPatG GRUR-RS 2020, 9829).

570   Ohne ein zusätzliches Bestimmungswort enthält „Milieu" keine Werbeaussage für bestimmte Waren und Dienstleistungen, denn es lässt völlig offen, um was für ein soziales Umfeld oder um welche Menschen prägende Umgebung es sich handeln soll. Erst zusätzliche konkretisierende Angaben, wie zB „Rotlicht-", „konservatives" oder „linkes", verdeutlichen den betroffenen Lebensbereich. „Lifestyle" ist für Schmuckwaren und Uhren nur einen nicht näher spezifizier-ten, werbenden Kaufanreiz (OLG Karlsruhe BeckRS 2004, 07016).

571   Das Wort „Standard" hat ohne einen Zusatz, der die Bedeutungskontur (Maß) erkennbar macht, keinen für die Annahme der Üblichkeit erforderlichen Warenbezug (BPatG GRUR-Prax 2016, 480 – derStandard.at).

Vertriebsmodalitäten, wie Rabattaktionen und Sonderveranstaltungen, sind keine Merkmale 572 von Waren, wohl aber von Handelsdienstleistungen und im Einzelfall auch von Werbedienstleistungen (BGH GRUR-RS 2021, 20038; BPatG GRUR-RS 2019, 40172, jeweils zu Black Friday).

Zu den allgemeinen verkehrsüblichen Hinweisen mit Produktbezug zählt Bingener neben Qua- 573 litätshinweisen und Werbeschlagwörtern, wie „Super, Billig, Rabatt, Selbstbedienung", auch **gängige Kaufaufforderungen,** wie zB „Zugreifen", „für Sie", „einmalige Gelegenheit". In all diesen Fällen fehlt allerdings ohnehin die Unterscheidungskraft (Bingener MarkenR Kap. 3 Rn. 282).

4. Kombinationsmarken

Es muss das gesamte Zeichen üblich sein. Enthält ein Zeichen nur unter anderem und nicht 574 so dominant, dass dahinter alle anderen Bestandteile zurücktreten, ein übliches Zeichen, berührt dies die Eignung als Marke im Ganzen nicht.

Ebenso genügt es nicht als Schutzhindernis, wenn ein Zeichen nur in Kombination mit in dem 575 angemeldeten Zeichen nicht enthaltenen Bestandteilen üblich ist (BPatG BeckRS 2007, 08461 – Prego; BeckRS 2009, 03756 – Advantage).

In übliche Begriffe eingefügte Sonderzeichen und Fehler, die eine informationstechnische 576 Verarbeitung (Recherche) automatisch unterdrückt oder die der Betrachter nicht beachtet, führen nicht zum Markenschutz; das gilt auch für Tippfehler (→ §8 Rn. 991). Allgemein zu Abwandlungen → Rn. 542; → §8 Rn. 260.

Eine **grafische Ausgestaltung** kann auch üblichen Zeichen, wie etwa Konfektionsgrößenbe- 577 zeichnungen, zur Eintragung als Marke verhelfen (vgl. EUIPO GRUR-RS 2021, 45035 – S mit Punkt).

II. Täuschung, Irreführung (Abs. 2 Nr. 4)

Dieses Schutzhindernis dient ua der durchsichtigen Marktgestaltung (→ Einleitung Rn. 8). 578 Markenrechtliche Vorschriften können durchaus auch dem Verbraucherschutz dienen (Sosnitza ZGE 2013, 176 ff.; Lange MarkenR Rn. 1057, 1088). Dass etwas eine Irreführung nach §18 Abs. 2 HGB und §§3, 5 UWG sein kann, kann auf die Beurteilung der markenrechtlichen Täuschungsgefahr nicht ohne Weiters übertragen werden. Im UWG ist die Marke in ihrer konkreten Benutzung für konkrete Waren bzw. Dienstleistungen Prüfungsgegenstand, im Markenrecht allein die angemeldete Marke als solche in Bezug auf alle beanspruchten Angebote. Auf sonstige Umstände, wie etwa die Inhaberschaft oder die tatsächliche Verwendung, kommt es hier nicht an (BGH GRUR 2012, 272 – Rheinpark-Center Neuss; GRUR 2014, 376 – grillmeister).

Umgekehrt hat eine Markeneintragung keine rechtfertigenden Auswirkungen auf andere Irrefüh- 579 rungsverbote; Markenrecht und wettbewerbsrechtliche Beurteilung sind konsequent voneinander zu trennen (Menebröcker GRUR-Prax 2010, 561 zu BGH „Praxis aktuell"; Ströbele/Hacker/Thiering/ Ströbele Rn. 952; Ingerl/Rohnke/Nordemann/Schork Rn. 253).

1. Allgemeines

Es fehlt eine abschließende Aufzählung aller Fallgruppen der Täuschungseignung (BGH GRUR 580 2017, 186 Rn. 12 – Stadtwerke Bremen). Das Schutzhindernis ist im PVÜ verankert (→ §8 Rn. 11) und besteht im öffentlichen Interesse. Es steht neben §127 MarkenG sowie §5 UWG (→ §2 Rn. 78 ff.). Es erfasst keine Täuschung über private Rechte (→ Rn. 638 ff.) oder über Umstände, wie den Geschäftsbetrieb (→ Rn. 644). Ein Bezug zu den Waren und Dienstleistungen muss immer gegeben sein (→ Rn. 619).

Verwechslungsgefahr ist nicht gleichzusetzen mit Täuschungsgefahr. Letztere ist auch von der 581 lauterkeitsrechtlichen Irreführungsgefahr zu trennen; die markenrechtliche Beurteilung findet auf einer anderen Ebene statt. Das Markenrecht schützt individuell die Markeninhaber und stellt allein auf die Eintragung ab. Wettbewerbs- und Lauterkeitsrecht schützen dagegen Konkurrenten und Verbraucher, wobei alle Begleitumstände des Marktauftritts eine Rolle spielen. Ferner ist Nr. 4 kein Auffangtatbestand für nicht unter Nr. 13 und Nr. 14 subsumierbare Tatbestände.

Keine Irreführungsgefahr besteht, wenn Zeichen lediglich Assoziationen zu fremden Marken 582 oder Leistungen mit besonderem Ruf auslösen (Heermann, **Ambush Marketing** bei Sportveranstaltungen, 2001, 79). Dies kann nur §14 verhindern, zumal die Ersichtlichkeit (→ Rn. 592) fehlt, wenn Lizenzen möglich sind.

Täuschungsgefahr setzt **keine Absicht** zu täuschen voraus (BPatG GRUR-Prax 2022, 686 – 583 Livevil). Umgekehrt bewirkt eine solche bei einer dafür nicht geeigneten Marke kein Schutzhindernis nach Nr. 4 (EuGH C-259/04, GRUR 2006, 416 Rn. 50 – Elizabeth Emanuel; Ströbele/Hacker/Thiering/Ströbele Rn. 876).

584 Täuschungsgefahr kann **im Schrift- oder Klangbild oder bildlich** jeweils selbständig gegeben sein. So kann ein **Bildbestandteil,** der nicht gesprochen wird, irreführend wirken (OLG Naumburg NJWE-WettbR 1996, 121 – Oettinger; vgl. hierzu auch BGH GRUR 1999, 733 – Lion Driver; GRUR 1999, 241 – Lions; EuGH C-614/17, GRUR-Prax 2019, 277 – Manchego; C-251/95, GRUR Int 1998, 56 – Springende Raubkatze).

585 **Töne und Geräusche** können irreführend sein; Hühnergegacker etwa weist auf die Verwendung frischer Eier hin (BGH GRUR 1961, 544). Für gesprochene oder gesungene Wörter kommt es auf deren Sinngehalt an; insoweit besteht kein Unterschied zu geschriebenen Wörtern. Nationalhymnen bzw. regionsspezifische Musik können über die geografische Herkunft täuschen (→ Rn. 667; Kortbein Hörzeichen S. 209). Für typische Weisen und fremdsprachige Lieder gilt das gleiche wie für fremdsprachige Ausdrücke (→ Rn. 676). Weisen Tierlaute (mähende Schafe für Wolle, muhende Rinder für Leder) auf maßgebende Kriterien hin, können sie täuschend sein (Kortbein Hörzeichen S. 205).

586 Die Darstellung angeblicher **Inhaltsstoffe** kann täuschen, wenn sie im Hinblick auf das Warenverzeichnis im Einzelfall ersichtlich ist. Dass die Darstellung von Nüssen und Früchten für Salzgebäck grundsätzlich täuschend sein soll (so BPatG BeckRS 2015, 14021 – Nußwürfel), muss allerdings bezweifelt werden, da solche Kombination durchaus üblich geworden ist.

587 Da die Schreibweise mit V statt F (Vleisch, Visch, Vromage, Vurst, Vayonaise) als Hinweis auf vegane Ersatzprodukte beschreibend geworden ist (BPatG GRUR-Prax 2021, 171 (Molle) – Vromage), kann eine Irreführung gegeben sein, wenn sie im Hinblick auf das Warenverzeichnis im Einzelfall ersichtlich ist.

588 Eine **dreidimensionale Verpackungsform** kann irreführend wirken, wenn sie einen Inhalt vorgibt, der nicht zu den beanspruchten Waren gehört (BPatG BeckRS 2017, 134944 Rn. 26 – Kolben-Pleuelstangen-Ölkanister).

589 Geringfügige **Abwandlungen** täuschender Angaben sind ihrerseits täuschend (BPatG BeckRS 2012, 11308 – Dogz, für Katzenspielzeug). Wie **Disemvoweling,** das Weglassen von Vokalen, fehlende Unterscheidungskraft oder eine beschreibende Bedeutung nicht überwinden kann (BPatG GRUR-RS 2021, 3976 – Cndy Brz; → § 8 Rn. 278), führt es auch nicht von einer täuschenden Bedeutung weg.

590 **Verkehrsdurchsetzung** kommt bei diesem Schutzhindernis nur ausnahmsweise in Betracht (BGH GRUR 2013, 729 – Ready to fuck; → § 8 Rn. 1097), um eine Täuschungsgefahr zu widerlegen (→ Rn. 605). Eine Irreführung liegt aber nicht mehr vor, wenn sich das Verkehrsverständnis so geändert hat, dass die Angabe den tatsächlichen Verhältnissen entspricht (zum UWG BGH GRUR 2020, 299 – IVD-Gütesiegel).

591 Eine Eintragung entgegen Nr. 4 gibt dem Markeninhaber **kein positives Benutzungsrecht,** das wettbewerbsrechtlichen oder anderen Verboten vorgehen könnte. Umgekehrt enthält die Schutzversagung kein Benutzungsverbot; ein solches folgt jedoch regelmäßig aus § 5 UWG. Zum Verhältnis von Marken- und Wettbewerbsrecht → Einleitung Rn. 21 ff., → Einleitung Rn. 151 ff.

2. Ersichtlichkeit

592 Die Relevanz der Täuschungsgefahr ist im Eintragungsverfahren wie auch bei der Löschung von Amts wegen (→ § 50 Rn. 42) auf ersichtliche Tatbestände beschränkt (§ 37 Abs. 3), die das DPMA darlegen muss (Kurtz MarkenR 2006, 295 (296)). Bingener betont, dass „ersichtlich" nicht mit „offensichtlich" verwechselt werden darf. Für Ersichtlichkeit komme es darauf an, was der Entscheiderin aus den Akten, ihrer Sachkunde, Prüfungs- und Recherchematerial sowie üblichen Informationsquellen ohne Weiteres erkennbar ist (Bingener MarkenR Kap. 3 Rn. 294).

593 Das betrifft auch die Erkennbarkeit der Unrichtigkeit. Diese darf keine analytischen Anstrengungen erfordern; die Unrichtigkeit muss deutlich und unmissverständlich hervortreten (Ströbele/Hacker/Thiering/Ströbele Rn. 899, 903).

594 Solange die **Möglichkeit einer nicht irreführenden Verwendung** besteht, ist keine ersichtliche Täuschungsgefahr gegeben (BPatG GRUR-Prax 2012, 283 – Gürzenich Orchester Köln; EuG T-306/20, GRUR-RS 2022, 14844 – Irlandesa; → UMV Art. 7 Rn. 172 f.). Die Marke muss in jedem denkbaren Fall ihrer registermäßigen Verwendung irreführend sein (BPatG GRUR 2022, 1530 – Bayerische Rauten).

595 Das **Produktverzeichnis** einer Marke, die als Hinweis auf die geografische Herkunft der damit gekennzeichneten Produkte verstanden wird, muss nicht auf Produkte aus der benannten Region beschränkt sein. Die Anmeldung kann aber bösgläubig sein, wenn bei der Anmeldung die Absicht besteht, die Marke für Produkte zu benutzen, die nicht aus der benannten Region stammen. Auf eine solche Absicht kann geschlossen werden, wenn schon vor und nach der Anmeldung ein mit der Marke übereinstimmendes Zeichen für regionsfremde Produkte benutzt wurde (Schoene GRUR-Prax 2022, 434 zu EuG T-306/20, GRUR-RS 2022, 14844 – Irlandesa).

Auf die **persönlichen** bzw. **rechtlichen Verhältnisse** des Anmelders und die ihm mögliche **596** Verwendung kommt es nicht an, weil Marken übertragen werden können (BPatG GRUR-RS 2022, 21353; aA zu kirchlicher Trägerschaft: Ruess GRUR 2017, 32, der in seiner Fn. 24 auf die Zurückverweisung der Anmeldung „Johanniter" durch das DPMA (A 35093) verweist und eine Parallele zu Hoheitsansprüchen (→ Rn. 661) zieht. Wo es auf Mehrheitsbeteiligung der öffentlichen Hand ankommt, fehlt die Ersichtlichkeit, weil Gesellschaftsbeteiligungen verändert werden können (BGH GRUR 2017, 186 – Stadtwerke Bremen; nachgehend BPatG BeckRS 2017, 144322).

Die **olympischen Symbole** sowie Bezeichnungen werden umfangreich lizenziert, so dass **597** keine ersichtliche Täuschung möglich ist.

Maßgeblich ist im Eintragungsverfahren allein die Irreführung durch den Zeicheninhalt selbst **598** (BGH GRUR 2012, 272 – Rheinpark Center Neuss). Auf eine eventuell beigefügte Markenbeschreibung kommt es, unabhängig von deren Zulässigkeit, nicht an. Mögliche **klarstellende Zusätze** bei der tatsächlichen Verwendung sind unbeachtlich (BPatG GRUR 1962, 242 – Ei-Nuss; GRUR 1963, 30 – Winzerdoktor); zu in der Marke enthaltenen Zusätzen (KG GRUR-RR 2013, 487 – berlin.com; → Rn. 702). Auch Angaben im Waren- und Dienstleistungsverzeichnis sind für die Täuschungsgefahr irrelevant (BPatG GRUR 1992, 516 – Egger Natur-Bräu).

Meier GRUR 2022, 1185 (1188) Fn. 44, 45 sieht in klarstellenden Zusätzen einen „information over- **598.1** load" und die Gefahr irreführender Wirkungen.

In Zeichen enthaltene **Berühmungen** können DPMA und BPatG im Eintragungsverfahren **599** nicht auf ihren Wahrheitsgehalt hin prüfen; zu unternehmensbezogenen Angaben → Rn. 644 ff.

(nicht belegt) **600**

Die Anmeldung einer **Sortenbezeichnung** für Waren, die zu einer anderen Sorte gehören, **601** ist irreführend (→ § 8 Rn. 920.1).

Bei **Abkürzungen** muss deren Bedeutung feststehen, damit sich daraus eine eindeutig irreführ- **602** rende Angabe ergeben kann (BPatG BeckRS 2018, 19284 – KS-Bau).

3. Beurteilung der Täuschungs bzw. Irreführungsgefahr

Eine tatsächliche Irreführung muss nicht nachgewiesen sein (Brömmelmeyer WRP 2006, 1275 **603** (1278) Fn. 33, 34). Auch ist es unerheblich, wenn das Zeichen nur bei einer bestimmten Art der Verwendung irreführende Vorstellungen hervorrufen kann (BPatG BeckRS 2010, 10244 – Gelbe Seiten), solange es sich dabei nicht um eine unwahrscheinliche Verwendungsart handelt.

Keine Berücksichtigung finden der bisherige Marktauftritt (BGH GRUR 2017, 186 – Stadt- **604** werke Bremen; nachgehend BPatG BeckRS 2017, 144322) und eine evtl. bekannte konkrete oder geplante Verwendungsform (BPatG GRUR 2007, 789 f. – Miss Cognac).

Eine problemlose **Benutzung** in der Vergangenheit ist nur soweit erheblich, als sie ein Indiz **605** gegen Täuschungsgefahr sein kann.

Trotz eines richtigen Markeninhalts mögliche **Fehlvorstellungen** der Verbraucher sind nicht **606** zu berücksichtigen (BPatG BeckRS 2013, 02997 – Medsimulation).

Eine **zukünftige Täuschungsgefahr,** etwa im Hinblick auf mögliche neue Herstellungsme- **607** thoden, ist nicht hier zu berücksichtigen, sondern beim Freihaltungsbedürfnis (→ § 8 Rn. 243).

Für eine relevante Irreführung muss ein **erheblicher Teil der angesprochenen Kreise** **608** getäuscht werden (so zum UWG BGH GRUR 2009, 888 – Thermoroll; EuGH C-129/91, GRUR Int 1993, 951 Rn. 16 – neue Kraftfahrzeuge). Missverständnisse einzelner Verbraucher, die für die Kaufentscheidung nur von geringer Bedeutung sind, nimmt der BGH hin (BGH GRUR-RR 2013, 184 – über 400 Jahre Brautradition). Es ist dabei immer auf die Wahrnehmung der für eine Irreführung anfälligsten Gruppe abzustellen (→ Rn. 618; vgl. BVG GRUR Int 2017, 511 – Bond St. 22 London). Eine **quantitative Festlegung ist nicht möglich** (Ingerl/Rohnke/Nordemann/Schork Rn. 259).

Maßgeblich ist die Auffassung des Handels und der **normal informierten sowie angemessen** **609** **aufmerksamen und verständigen Durchschnittsverbraucher** (→ § 8 Rn. 40; → UMV Art. 7 Rn. 32; → § 8 Rn. 109; BGH GRUR 2014, 376 – grill meister; Ströbele/Hacker/Thiering/Ströbele Rn. 883); „Publikum" meint nicht nur Endverbraucher (EuGH C-421/04, GRUR 2006, 411 – Matratzen Concord; Bugdahl MarkenR 2006, 314 (317)). Die für die Annahme einer

Irreführungsgefahr **maßgeblichen Kreise** müssen nicht identisch sein mit den für Unterscheidungskraft und Freihaltungsbedürfnis maßgebenden, da sich die Irreführung aus Umständen ergeben kann, die nur für bestimmte Verbraucher von Interesse sind und nur diesen auffallen (zum ® etwa → Rn. 682).

609.1   Meier GRUR 2022, 1185 sieht den Durchschnittsverbraucher als Personifizierung einer ökonomischen Mikroabwägung und fragt nach dem Aufwand, mit dem irreführende Wirkungen zu vermeiden wären, und stellt diesen dem Schaden auf Seiten des getäuschten Verbrauchers gegenüber.

610   Dem Publikum darf nicht generalisierend ein zu hohe oder zu geringe Verständnisfähigkeit unterstellt werden (Peifer FS Harte-Bavendamm, 2020, 406 f.; EuG T-230/08, BeckRS 2010, 144326 – Wiener Werkstätten). Es sind auch Täuschungen relevant, die das Publikum nur bei größter Aufmerksamkeit bemerkt, auch wenn situativ nur flüchtige Aufmerksamkeit erwartet werden kann (BGH GRUR 2002, 550 – Elternbriefe; Bingener MarkenR Kap. 3 Rn. 293; allg. zum Aufmerksamkeitsgrad → § 8 Rn. 109).

611   Sprechen Angebote spezielle, nicht unerhebliche und abgrenzbare Kreise an, so ist deren Irreführung ausreichend (zur **gespaltenen Verkehrsauffassung** bezüglich Unterscheidungskraft: BPatG GRUR-RS 2021, 35509 – GUSTUL ROMANIEI; BeckRS 2019, 10782 – Kasap; zum UWG OLG Karlsruhe GRUR-RR 2013, 327 – Erzincan); zu Angaben in Fremdsprachen → § 8 Rn. 49.1 ff., → § 8 Rn. 280 ff., zu Angaben in fremden Schriften → § 8 Rn. 290 ff.). Ähnliches gilt im Rahmen der Verwechslungsgefahr (→ § 14 Rn. 352). Es kann also auch eine nicht gängige Fremdsprache zu berücksichtigen sein, wenn die Waren gerade Verbraucher ansprechen, die dieser Sprache überwiegend mächtig sind.

612   Bei am internationalen Handelsverkehr Beteiligten unterstellt das BPatG allgemein Kenntnisse fremder Sprachen und Schriften (BPatG GRUR-RS 2021, 9561 – Osobaja; BeckRS 2014, 8018 – Omas Gurken; GRUR 2020, 1210 - Plombir).

613   Ein (fremdsprachiges) Wortzeichen, das ein Gattungsbegriff für bestimmte Lebensmittel ist (→ Rn. 540), kann bei anderen Nahrungsmitteln, für die es keine beschreibende Bedeutung hat, zur Täuschung über die Art und Zusammensetzung geeignet sein (BPatG GRUR-RS 2021, 12656 – Pufuleti (rumänische Maisflips)).

614   Das Sprachverständnis in der ehemaligen DDR sieht das VG Neustadt im Lebensmittelrecht als nicht mehr maßgeblich an (VG Neustadt GRUR-Prax 2016, 426 (Schulteis) – Faßbrause), was im Markenrecht in Frage zu stellen ist.

615   § 15 Abs. 2 S. 2 MarkenV hilft mit seinem Gebot der Transliteration (buchstabengetreue Umschrift), Transkription (lautgetreue Umschrift) und Übersetzung, Fremdes daraufhin zu prüfen, ob es irreführen kann.

616   Es fördert die Täuschungsgefahr, dass die angesprochenen Verbraucher kaum Gelegenheit zu Rückfragen haben, weil Marken meist in einer monologischen Einweg-Kommunikation auftreten (Albrecht GRUR 2003, 385 f.; Fikentscher NJW 1998, 1337).

617   Täuschungsgefahr beurteilen die Richterinnen und Richter des BPatG ohne Beweiserhebung nach eigener **Lebenserfahrung**, die nicht auf dem Konsum der betroffenen Waren beruhen muss; zur Prüfung solcher tatrichterlichen Feststellungen durch den BGH ist die Entscheidungsgrundlage aktenkundig zu machen (→ § 89 Rn. 5; BGH GRUR 2013, 1052 – Einkaufswagen III; GRUR 2004, 244 – Marktführerschaft).

618   Sprechen die angemeldeten Waren und Dienstleistungen besonders Kinder und **Jugendliche** an, ist die Eignung zur Irreführung erhöht (→ Rn. 608; zur Sittenwidrigkeit → Rn. 792).

618.1   Dies zeigen auch Werbebeschränkungen (vgl. § 3 UWG mit Anh. Nr. 28; BGH GRUR-Prax 2014, 59 sowie I ZR 34/12, GRUR 2014, 1211 – Runes of Magic I und II; vgl. dazu Jahn/Palzer GRUR 2014, 332). Die Sprachwissenschaft belegt, dass Kinder und Jugendliche besonders leicht einer Irreführung unterliegen und daher besonders schutzbedürftig sind. Maßstab sind nicht durchschnittliche Kinder und Jugendliche, sondern auch und gerade gefährdungsgeneigte (BGH NJW-RR 2003, 404 – Preis ohne Monitor; NJW 2002, 3403 – Koppelungsangebot I; Gerecke NJW 2015, 3185 (3187)).

4. Waren und Dienstleistungsbezug

619   Das Schutzhindernis umfasst nur die Waren und Dienstleistungen, für die das Zeichen eine ersichtlich falsche sowie irreführende Information enthält (BPatG BeckRS 2014, 16833 – stadtwerke hamburg; EuG T-844/16, BeckRS 2017, 132086 – Klosterstoff). Die Bezeichnung „Käse" für nicht tierische Milcherzeugnisse wäre irreführend (LG Trier BeckRS 2016, 07331; vgl. auch EuGH C-101/98, BeckRS 2004, 74042 – Diätkäse; C-422/16, GRUR-Prax 2017, 777 – Tofu-Town; Kiontke GRUR-Prax 2017, 320), nicht jedoch die Bezeichnung einer Wurst („Bierkugel") für Milcherzeugnisse, die sich durch ihre äußere Beschaffenheit deutlich von einer Wurst unterscheiden. Dabei darf auch nicht unterstellt werden, dass die Warenform im Vertrieb, insbesondere Online-Bestellungen, nicht erkennbar ist. Solche spezifischen Vertriebsgegebenheiten liegen im Hinblick auf regelmäßig strukturierte und bebilderte Darstellungen auch im Onlinevertrieb eher fern (BPatG BeckRS 2017, 107271 – Bierkugel).

Bezeichnungen für Zusätze und deren bildliche Darstellung (→ Rn. 586) sind bei unver- **620** mischten Nahrungsmitteln, wie konserviertes, getrocknetes und gekochtes Obst und Gemüse, Milch, Kakao, Zucker, Reis, Tapioka, Sago, Kaffee-Ersatzmittel und Mehle, eine ersichtlich täuschende Angabe (BPatG GRUR-RS 2021, 31956; GRUR-RS 2021, 31957 – Die Nuss/Pistazie mit dem Schwips); „mit Schwips" bezeichnet nämlich den Alkoholgeschmack von Lebensmitteln.

Umgekehrt kann das Wort „Frei" bei bestimmten Waren täuschend sein, wenn die Verbraucher **621** bei den Produkten daran gewöhnt sind, dass das Fehlen bestimmter Eigenschaften damit angezeigt wird. Das nächstliegende Verständnis von „frei" im Zusammenhang mit Bieren ist der eines Hinweises auf alkoholfreies Bier (BPatG BeckRS 2010, 28364 – Frei).

Für entalkoholisierte Getränke enthalten Spirituosen-VO der EG spezielle lebensmittelrechtli- **622** che Regelungen (Böhler GRUR 2022, 689). Bezeichnungen, wie GINzero, VirGIN, RUMish etc, mögen auf Grund von EG-Verordnungen lebensmittelrechtlich unzulässig sein, ersichtlich täuschend sind sie in der Regel nicht, es denn das Warenverzeichnis wäre sehr unglücklich formuliert. In mit GINzero oder VirGIN uä bezeichneten Getränken erwarten die Verbraucher keinen Gin; auch erwarten sie keinen ganz bestimmten (Mindest-)Alkoholgehalt.

Oberbegriffe im Waren und Dienstleistungsverzeichnis müssen nicht so eingeschränkt werden, **623** dass sie ausschließlich Angebote umfassen, bei denen eine Täuschung ausgeschlossen ist (BGH GRUR 2002, 540 (542) – Omeprazok; BPatG GRUR 1991, 145 – Mascasano; BeckRS 2013, 18417 – Geotherm).

Import- und Exportvermerke sollen vor allem bei fremdsprachigen Marken oder Markenbe- **624** standteilen Täuschungsgefahr verhindern (BPatG GRUR 1972, 712 – Freshys; Ströbele/Hacker/Thiering/Ströbele Rn. 914). Das ist heute kaum noch erforderlich (→ Rn. 676) und kann zudem als Möglichkeit einer nicht irreführenden Verwendung (→ Rn. 594) gelten; zur rechtserhaltenden Benutzung im Inland trotz solcher Vermerke → § 26 Rn. 96.

Umsicht ist bei der **Einschränkung des Waren- und Dienstleistungsverzeichnisses** gebo- **625** ten, denn wo eine beschreibende Bedeutung entfällt, kann Irreführungsgefahr entstehen (→ § 39 Rn. 20 f.). **Disclaimer,** die erstmals Täuschungsgefahr als absolutes Schutzhindernis begründen, sind unzulässig (BPatG GRUR-RS 2020, 18523 – rotes E; BeckRS 1997, 14480 – PGI). Erfolgt die Einschränkung im Beschwerdeverfahren, wäre an sich eine Zurückverweisung ans DPMA geboten (§ 70 Abs. 3 Nr. 1), aber oft begnügen sich die Senate des BPatG aber mit einer Aufhebung des angefochtenen Beschlusses und beim DPMA erfolgt keine Nachbeanstandung (→ § 59 Rn. 15; HK-MarkenR/Fuchs-Wissemann Rn. 90), so dass nur noch ein Antrag nach § 50 Klärung bringen kann.

Auch die Systematik der Nizza-**Klassifizierung** kann hier von Bedeutung sein (Ströbele/ **626** Hacker/Thiering/Ströbele Rn. 877). Der Ausdruck „medizinisch" etwa ist in Klasse 25 für Schuhe irreführend, da medizinische Schuhe in Klasse 10 gehören (HABM 4.11.2010 – R 778/2010-1). Auch Hinweise auf eine medikamentöse Wirkung im Markennamen selbst können für Waren ohne eine solche Wirkung irreführend sein (BPatG 25 W (pat) 76/88, Mitt 1992, 58 – Kardiakon; dazu Anders/Schade/Ströbele GRUR 1991, 483 unter D.I.7.b Fn. 152).

Das Reinheitsgebot für Bier macht Angaben wie „Sanddorn" nicht irreführend, weil Bier- **627** mischgetränke auf dem Markt sind (BPatG BeckRS 2013, 14386 – Sanddorn). Dass es sich bei Bier um ein Lebensmittel handelt, das mit einem Zutatenverzeichnis zu versehen ist (EuGH C-51/94, BeckRS 2004, 77519 – Sauce Bernaise), schließt eine Irreführung nicht aus (BPatG BeckRS 2009, 15097 – Kombucha; → Rn. 703).

Cannabis kann als Heilpflanze **Zutat** von Getränken sein (EuG T-234/06, GRUR-RR 2010, **628** 99; EuGH C-5/10 P, BeckEuRS 2011, 601114).

Vegane Imitate dürfen nicht „Käse, Joghurt, Quark, Milch etc." heißen (→ Rn. 587); der **629** EuGH hat dazu auf formale Regelungen abgestellt und nicht auf Täuschung der Verbraucher (EuGH C-422/16, GRUR-Prax 2017, 315 – TofuTown; BeckRS 2004, 74042 – Diätkäse; Kiontke GRUR-Prax 2017, 320; zum § 3a UWG LG Stuttgart GRUR-Prax 2022, 296 – Hanfsamengetränk).

Die Angaben „Pur Hereford – Rind vom Feinsten" ist für **Wild** in Klasse 29 und Handelsdienst- **630** leistungen mit Wildfleisch in Klasse 35 irreführend, weil „Wild" ein Sammelbegriff für jagdbare Säugetiere und Vögel ist, wozu das Hereford-Rind nicht gehört (BPatG BeckRS 2018, 26569 – Pur Hereford).

5. Beeinflussung wirtschaftlicher Entschlüsse

631   Die hM (BPatG BeckRS 1990, 30732909 – Bartels & James) verlangt eine Eignung der täuschenden Angabe dazu, das Publikum in seinen wirtschaftlichen Entschlüssen zu beeinflussen **(Relevanz);** zum ® (R im Kreis) → Rn. 685. Grundsätzlich spricht die Verwendung in einer Marke dafür, dass sich der Markeninhaber davon einen Vorteil verspricht, also selbst von Relevanz ausgeht (zur Traditionswerbung Slopek WRP 2016, 678 Rn. 41 ff.; zu religiöser Symbolik Ruess GRUR 2017, 32).

632   Veranlassen einer geschäftlichen Entscheidung erfasst nach dem EuGH jede Entscheidung eines Verbrauchers darüber, ob, wie und unter welchen Bedingungen er einen Kauf tätigen will (EuGH C-281/12, BeckRS 2013, 82378 Rn. 36 – Trento Sviluppo/AGCM). Dies umfasst nicht nur die Entscheidung über den Erwerb oder Nichterwerb eines Produkts, sondern auch damit unmittelbar zusammenhängende Entscheidungen, wie das Aufsuchen des Geschäfts.

633   Selbst geringfügige Fehler bei der **Traditionswerbung** („seit 1760" statt „seit 1762") sind von Bedeutung, wenn es darum geht, Konkurrenten zu überholen oder mit ihnen gleichzuziehen (→ Rn. 658; OLG Jena BeckRS 2010, 00489; Slopek WRP 2016, 678 Rn. 43).

634   Dem Doktor-Titel und entsprechenden **akademischen Titeln** (auch mit dem Zusatz h.c.) bringen die Verbraucher besonderes Vertrauen in Bezug auf intellektuelle Fähigkeiten, Ruf, Seriosität und Zuverlässigkeit entgegen (BPatG GRUR 2021, 746 – Dr. Z). Im Anmeldeverfahren wird die Ersichtlichkeit einer Irreführung fehlen (→ Rn. 655). Selbst beim Ausscheiden des promovierten Namensgebers einer Partnerschaft von Anwälten ist die Fortführung des bisherigen Namens mit dem Doktortitel des Ausgeschiedenen keine unzulässige Irreführung; alle Partner müsse ja ohnehin eine akademische Ausbildung abgeschlossen haben (BGH NJW-RR 2018, 998). Strenger sieht das Berlit, der die Verbraucher in ihrem Vertrauen auf ein Mitwirken der benannten Person schützen will (Berlit Rn. 118).

635   Erfundene Namen mit **Adelsprädikaten** sind heutzutage nicht geeignet, die Verbraucher als Qualitätsangaben zu täuschen (BPatG BeckRS 2009, 24795 – Marquis de St. Ambre; Fezer Rn. 570). Namen mit Adelsprädikaten lebender Personen sind wie bürgerliche Namen zu behandeln, so dass eine ersichtliche Täuschungsgefahr in der Regel fehlen dürfte (→ Rn. 638).

636   Nicht irreführend sind **sinnlose Informationen;** zu erfundene Kriterien → Rn. 663, zu Gewährleistungsmarken → Rn. 689. Berühmungen sind nicht irreführend, wenn die Verbraucher sie nicht ernst nehmen („Lack-Doktor" für Kfz-Reparaturbetriebe), auch weil sie allgemein an **Übertreibungen,** Sprachinflation und Euphemismen im Marketing gewöhnt sind. Selbst als unglaubwürdig eingestufte Aussagen rufen jedoch eine positive Einstellung hervor, da Verstehensprozesse mit ungewollter Akzeptanz verbunden sind (Assaf GRUR Int 2015, 426 (427)); das EuG spricht aber vom erlaubten Bereich der Suggestion (EuG T-24/00, GRUR 2001, 332 – Vitalite).

636.1   Zum Wettbewerbsrecht: OLG Köln GRUR 1983, 135 – König-Pilsener; OLG Bamberg GRUR-RR 2003, 344 – Deutschlands bestes Einrichtungshaus; zum Verlust der Reputation des Professorentitels: BGH GRUR 1992, 525; GRUR 1991, 144; GRUR 1989, 445; GRUR 1987, 839.

636.2   Hier spielen auch die Urteilsfähigkeit der Verbraucher und das Sprachverständnis einer Gesellschaft eine Rolle. Es kommt daher darauf an, wie ernst Sprache genommen wird; können und wollen die Verbraucher auf Sprache „bauen" oder ist der verlassen, der sich auf sie verlässt, wie Großfeld fragt (Großfeld, Kernfragen der Rechtsvergleichung, 1996, 47 (49); Großfeld, Unsere Sprache: Die Sicht des Juristen, 1990). Unterschiedliche Kulturen messen der Sprache unterschiedlich Bedeutung zu. In unserer Kultur steht schon am Anfang das Wort; Schöpfung war Sprechen. Man steht bei uns im Wort. Vielleicht ist unsere Kultur von daher zu sprachoptimistisch (Diesselhorst, Die Lehre des Hugo Grotius vom Versprechen, 1959, 50; Kilian, Rechtssoziologische und rechtstheoretische Aspekte des Vertragsabschlusses, in Broda/Deutsch (Hrsg.), FS Wassermann, 1985, 715), also auch die Rechtsprechung, Schmieder NJW 1992, 1257; Schmieder GRUR 1992, 672). Bei Marken geht es um Wettbewerb und Werbung, wo das Wort nicht im Dienst der Wahrheit, sondern des Interesses steht. Die dort gebotene Skepsis muss daher die Täuschungseignung mindern (Albrecht, Sprachwissenschaftliche Erkenntnisse im markenrechtlichen Registerverfahren, 1999, 52 IV.).

637   Hinweise auf Qualitätskontrollen, Zertifizierungen etc. sind für die Verbraucher von erheblichem Interesse (BGH GRUR 2016, 1076 – LGA tested).

6. Täuschungseignung verschiedener Angaben

638   **a) Persönlichkeitsrechte.** Bei der Verwendung des Namens (→ Einleitung Rn. 13 f., → § 8 Rn. 314 ff., → § 2 Rn. 127; → § 13 Rn. 19 ff.), der Stimme (OLG Hamburg NJW 1990, 1995 – Heinz Erhard) oder Bildes (→ § 13 Rn. 45) einer (prominenten) Person unterstellt das angesprochene Publikum im Allgemeinen ein (entgeltliches) Einverständnis (auch nach DS-GVO und KUG) dazu. Es erwartet nicht zwingend sachliche Beziehungen des Dargestellten bzw. Namensträgers zu den einzelnen Produkten oder Dienstleistungen (vgl. BPatG BeckRS 2016, 12918 – Boris; BeckRS 2009, 16892 – Franz Beckenbauer). Daher tritt insoweit keine relevante (→ Rn. 631) und ersichtliche (→ Rn. 592) Täuschung ein, zumal das Einverständnis und sogar der sachliche Bezug jederzeit – auch noch nach Eintragung der Marke – hergestellt werden können. Die **Vorlage einer Gestattung,** Lizenz oÄ kann das DPMA daher im Anmeldeverfahren nicht verlangen (→ Rn. 641; → § 8 Rn. 949; → § 8 Rn. 1078.1).

Zur Rechtsprechung BPatG BeckRS 2009, 24790 – Fr. Marc; NJWE-WettbR 1999, 153 – Michael **638.1** Schumacher; zum Diskussionsstand Onken Namensmarken S. 112; Rohnke FS 50 Jahre BPatG, 2011, 718; anders wohl BPatG BeckRS 2011, 26692 – Kloster Beuerberger Naturkraft mAnm Hilger GRUR-Prax 2011, 553; Steinbeck JZ 2005, 552; Boeckh GRUR 2001, 29 (34); Götting GRUR 2001, 615 (620 f.); Sosnitza FS Ullmann, 2006, 387 (393) unterscheidet Namen von Personen, die eine Kompetenz für die Herstellung des Markenprodukts beanspruchen können, und nur bekannten Personen, bei denen keine Irreführungsgefahr auftreten soll.

Der EuGH beschäftigt sich in Elizabeth Emanuel mit der Frage, ob eine ursprüngliche Kreation genügt **638.2** oder ob der Benannte weiterhin mitwirken muss (EuGH C-259/04, GRUR 2006, 416 – Elizabeth Emanuel).

Urheberrechte sind sonstige Rechte iSv § 13. Urheber können daher eine Löschung der **639** Marke nach §§ 51, 55 beantragen (→ § 13 Rn. 49); zum Verhältnis Markenrecht-Urheberrecht → Einleitung Rn. 2.1, → Einleitung Rn. 160, → § 8 Rn. 303, → § 8 Rn. 480, → § 8 Rn. 1070 ff. Eingeschränkt sind Urheberrechte durch die **Panoramafreiheit** nur hinsichtlich zweidimensionaler Abbildungen (→ Rn. 643; Ebling/Bullinger KunstR-HdB II 5 347), also nicht bei 3D-Marken.

Eine Verletzung von Persönlichkeitsrechten kann allerdings im Rahmen der Nr. 5 (→ **640** Rn. 780 ff.) relevant werden.

b) Schutzrechte, Eigentum. Ebenso wie bei Persönlichkeitsrechten nicht nach der Berechti- **641** gung zur Markenanmeldung zu fragen ist (→ Rn. 638), ist auch nicht nach Lizenzen für Patente und entsprechende Schutzrechte zu fragen. Zu Sortenbezeichnungen → § 13 Rn. 55. Patente oder entsprechende Schutzrechte können aber einen **Besitzstand** begründen, den eine Markenanmeldung bösgläubig stören kann (→ § 8 Rn. 1021). Das Gleiche gilt für **Werktitel,** die mit der Übertragung der Nutzungsrechte am Werk (anders als das Urheberrecht, Ebling/Bullinger KunstR-HdB II 2 92 ff.) übergehen (OLG Köln GRUR-Prax 2015, 191 – Ich bin dann mal weg).

Es ist nicht nach der Berechtigung zur Markenanmeldung von Zeichen zu fragen, die Sachen **642** benennen oder zeigen, an denen erkennbar **Eigentumsrechte** bestehen (Gebäude, Tiere etc). Der Eigentümer kann – wenn überhaupt erforderlich – jederzeit eine erforderliche Genehmigung erteilen. Eine Markenverwendung erhebt keine Eigentumsansprüche und kann damit darüber auch nicht täuschen; zum Fehlen von Verbotsvorschriften → § 8 Rn. 950.

Ohnehin ist es – unabhängig vom Eigentum – über die **Panoramafreiheit** nach § 59 UrhG **643** erlaubt, Werke, die sich bleibend (nicht zwingend ortsfest) an öffentlichen Wegen, Straßen oder Plätzen sowie in der allgemein zugänglichen Natur (→ Rn. 643.1) und (schwimmend) auf dem Wasser (Ebling/Bullinger KunstR-HdB II 5 346 ff.; Koch FS Büscher, 2018, 197 (203 f.); BGH GRUR 2017, 798 – AIDA Kussmund) befinden, in zweidimensionaler Form (→ Rn. 639) zu vervielfältigen, zu verbreiten und öffentlich wiederzugeben – auch im Rahmen gewerblicher Verwertung (zum Verbotsvorbehalt → § 8 Rn. 947). Selbst Verletzungen des Hausrechts bei der Anfertigung von Bildern verhindern den Markenschutz nicht, geben aber dem Inhaber des Hausrechts Beseitigungsansprüche (→ § 8 Rn. 951).

Panoramafreiheit erfordert nicht, dass das Werk für Menschen ohne besondere Anstrengung oder Hilfs- **643.1** mittel wahrnehmbar sein muss (LG Frankfurt a.M. GRUR-RS 2020, 34004 zu Aufnahmen einer Brücke per Drohne aus der Luft).

c) Unternehmensbezogene Angaben, Berühmung. Das Schutzhindernis erfasst die Täu- **644** schung über den **Geschäftsbetrieb** im Eintragungsverfahren nicht (BGH GRUR 2017, 186 – Stadtwerke Bremen; (nachgehend) BPatG BeckRS 2017, 144322; ebenso BPatG BeckRS 2018, 31585 – Berliner Stadtwerke; BeckRS 2017, 130048 – Stadtwerke Bremerhaven; BeckRS 2008, 15451 – DRSB Deutsche Volksbank). Auch unternehmensbezogene Angaben, die einen Verstoß gegen **Firmenwahrheit** enthalten, können markenrechtlich keine Täuschungsgefahr bewirken

(BPatG BeckRS 1990, 30732909 – Bartels & James). Dafür spricht schon die fehlende Bindung der Marke an einen bestimmten Geschäftsbetrieb. Zur Wiederbelebung alter Marken → § 8 Rn. 1008.

645   Etwas anderes gilt aber, wenn das Publikum mit dem hinter der Marke vermuteten Unternehmen eine besondere **Qualität** verbindet, die die Ware tatsächlich nicht mehr aufweisen kann. Insbesondere bei einer Verknüpfung von **Familiennamen** und Traditionsangaben und bei einer **handwerklichen Herstellung** erwartet das Publikum oft eine besondere Qualität (OGH BeckRS 2021, 10437 – Pauscha Austria – since 1875; → Rn. 659 f.). Mit dem Begriff „Manufaktur" etwa verbindet das Publikum im Gegensatz zur industriellen Herstellung von Produkten eine Herstellungsstätte mit langer Tradition und Handfertigung in hoher Qualität. Die Firmierung „Manufaktur" ist irreführend, wenn nicht überwiegend in Handarbeit gefertigt wird (OLG Frankfurt GRUR-RS 2021, 22131 – nostalgische Blechschilder). Das Fehlen regelmäßiger Qualitätskontrollen erzeugt keine hier zu berücksichtigende Täuschungsgefahr (Thiering GRUR 2018, 33; Grabrucker GRUR 2018, 53).

646   Ist erkennbar, dass eine Benutzung der Marke UWG-Grundsätzen widerspricht (zu religiöser Symbolik Ruess GRUR 2017, 32), stellt sich die Frage, ob die Anmeldung nicht lediglich als Einschüchterungspotential oder Sperrmarke gedacht ist, so dass dem Markenschutz Bösgläubigkeit entgegenstehen könnte (→ § 8 Rn. 978, → § 8 Rn. 1058). Das alles gilt auch für die Berechtigung, Firmennamen, Etablissementsbezeichnungen (→ § 8 Rn. 343) oÄ zu benutzen (BPatG BeckRS 2012, 11035 – Gürzenich Orchester Köln; Anm. dazu Stelzenmüller GRUR-Prax 2012, 283), sowie für das Vortäuschen einer Handelsbeziehung oder der Eingliederung in ein fremdes Vertriebsnetz.

646.1   Die Bezeichnung als „Klinik" hat nur im Bereich medizinischer Dienstleistungsangebote den Inhalt, dass ein stationärer Aufenthalt möglich ist, und kann deshalb für eine Zahnarztpraxis wettbewerbsrechtlich unzulässig sein (OLG Hamm BeckRS 2018, 7852 – Praxisklinik), dagegen wird der Begriff im Zusammenhang mit Reparaturdienstleistungen etc. als nicht ernst zu nehmende Übertreibung gesehen (→ Rn. 636); eine irreführende Wirkung kommt ihm daher nicht zu (vgl. Lackdoktor → Rn. 636).

647   Die Anmeldung von Marken, die in urheberrechtlich geschützten Werken vorkommenden **„fiktiven Marken"** (→ § 8 Rn. 1076) entsprechen, kann zwar zu Fehlvorstellungen dahingehend führen, der Schöpfer des Werks nutze nun selbst das von ihm geschaffene Image aus, aber dies fällt als Täuschung über den Geschäftsbetrieb eben nicht unter den Tatbestand des § 8 Abs. 2 Nr. 4 und ist im Anmeldeverfahren nicht ersichtlich.

648   Ebenso bewirken (allgemeine) Berühmungen, **Qualitätshinweise** sowie Hinweise auf Größe, Bedeutung und Marktstellung, adlige bzw. wissenschaftlich ausgezeichnete Anbieter, auf eine Stellung als offizieller Sponsor usw im Eintragungsverfahren keine ersichtliche Täuschungsgefahr. Ambush-Marketing ist erst im Rahmen des tatsächlichen Marktauftritts auf seine Zulässigkeit zu prüfen (Kloth GRUR-Prax 2019, 245). Nicht zu fragen ist, ob in Marken enthaltene Begriffe wie Euro, Inter, .com, Institut, Center, Zentrum, Klinik (→ Rn. 646.1), Großmarkt etc oder Sterne (bei Hotelnamen und anderen Angaben, → Rn. 648.2) den tatsächlichen Verhältnissen entsprechen.

648.1   „**Zentrum**" verstehen die Verbraucher in der Regel als Hinweis auf eine gewisse Größe und Marktbedeutung; nach §§ 3, 5 UWG ist es daher irreführend, wenn das Unternehmen solche Erwartungen nicht erfüllt (OLG Frankfurt BeckRS 2017, 120823 – Hörzentrum).

648.2   Oval angeordnete Sterne an einem **Wappen** sind nicht einmal bei Hotelbezeichnungen nach § 5 UWG irreführend (LG Freiburg BeckRS 2016, 11441 – Hotel Schwarzenberg), während sonst **sternenähnliche Symbole** Komfort- und Qualitätskategorien signalisieren (OLG Stuttgart GRUR-RS 2021, 26714; Bugdahl, Sonne, Mond und Marken, MarkenR 2021, 418; OLG Celle BeckRS 2018, 1306; → § 8 Rn. 846).

649   Bei Behauptungen zu Klima- und **Umweltverträglichkeit** sieht Peifer eine sensiblere Wahrnehmung und Bevorzugung sog. green claims (Peifer FS Harte-Bavendamm, 2020, 410 f. (415)), was zu einer schärferen Kontrolle durch die Zivilgerichte führt (OLG Schleswig GRUR-RS 2022, 15295 – Klimaneutrale Müllbeutel II; OLG Stuttgart GRUR-RS 2018, 30129 – schadstofffreie Matratze; BeckRS 2018, 36668 – Ocean Bottle). Dementsprechend ist die Bezeichnung BIO-INSECT Shocker mit dem darin enthaltenen Bestandteil „bio" für Biozidprodukte geeignet, den falschen Eindruck entstehen zu lassen, das Produkt sei natürlich, nicht gesundheitsschädlich oder umweltfreundlich (EuG T-86/19, GRUR-RS 2020, 9858).

650   Anders als der unscharfe Begriff der „Umweltfreundlichkeit" enthält der der „Klimaneutralität" eine eindeutige Aussage, die aber nicht per se irreführend ist; zumal die **Klimaneutralität** durch

Kompensationsmaßnahmen erreicht werden kann OLG Schleswig GRUR-RS 2022, 15295 – Klimaneutrale Müllbeutel II).

Eine unberechtigte Verwendung oder Nachahmung des **Ökokennzeichens** nach § 1 Öko- **651** KennzV fällt unter Nr. 7 (→ § 8 Rn. 849). Der Markenanmelder muss auch nicht nachweisen, sich (bereits) dem Kontrollsystem nach der zwischenzeitlich aufgehobenen Öko-VO unterstellt zu haben, um eine Täuschung auszuschließen.

Hinweise auf angebliche **Auszeichnungen,** auch durch grafische Darstellungen (Medaillen, **652** Pokale etc.), können täuschen. Ströbele erwartet im Hinblick auf die BGH-Entscheidung zum IVD-Gütesiegel (BGH GRUR 2020, 299 mAnm Berlit) einen Wandel in der Beurteilung der Verkehrsauffassung (Ströbele/Hacker/Thiering/Ströbele Rn. 919). Danach bietet eine solche Angabe aus der Sicht des Publikums nämlich die Gewähr, dass ein so gekennzeichnetes Produkt bestimmte, als wesentlich angesehene Eigenschaften aufweist (vgl. auch BGH GRUR 2016, 1076 Rn. 39 – LGA tested).

Dass allein der Umstand, dass es seit dem 1.10.2017 eine gesetzliche Regelung zur Anmeldung **653** einer Unionsgewährleistungsmarke und seit dem 14.1.2019 zur Anmeldung einer deutschen Gewährleistungsmarke gibt, zu einer Änderung des allgemeinen Verkehrsverständnisses führt, bezweifelt Berlit GRUR 2020, 299. Diese möge für Fachkreise ein so großes Gewicht haben, dass dort unmittelbar nach Inkrafttreten der gesetzlichen Regelungen von dem Wissen über die Voraussetzungen von Gewährleistungsmarken ausgegangen werden könne. Diese Einschätzung treffe aber auf das allgemeine Publikum nicht zu. Mit der Einführung von Gewährleistungsmarken werde aber die Benutzung anderer Siegel, die die Voraussetzungen einer Gewährleistungsmarke nicht erfüllen, deutlich erschwert. Je mehr Gewährleistungsmarken auf dem Markt seien, umso mehr werde das Verständnis von Gütesiegeln von den Gewährleistungsmarken geprägt. Der Verbraucher werde sich daran gewöhnen, dass ihm Gütesiegel nur noch dann begegnen, wenn diese Siegel als Gewährleistungsmarken Eingang in das deutsche oder europäische Markenregister gefunden haben. Die Verwendung von Gütesiegeln, deren Vergabe nicht den Voraussetzungen einer eingetragenen Gewährleistungsmarke entspricht, werde dann mit hoher Wahrscheinlichkeit regelmäßig dem Vorwurf der Irreführung ausgesetzt sein.

Dass nach wie vor Individual-Dienstleistungsmarken für Qualitätssicherungsmaßnahmen in Klasse 42 **653.1** möglich sind, zeigt Schöne GRUR-Prax 2020, 316 und nennt dies das unbürokratischere Mittel.

Im Bereich nicht öffentlicher Bildung sagen Einrichtungsbezeichnungen (Akademie, **Institut,** **654** College, Center, School bzw. Schule) wenig aus, weil der Zugang zu diesen Einrichtungen und der Inhalt ihres Angebots der freien Gestaltung durch den Träger unterliegen (BPatG BeckRS 2016, 130056 – Cosmetic College Hannover). Dagegen gilt die Bezeichnung „Deutsches Vorsorgeinstitut" für ein Inkassounternehmen wegen **Verschleierung des Betätigungsfeldes** als irreführend iSv § 18 Abs. 2 HGB (OLG Hamm BeckRS 2017, 105796).

Ob die Benutzung einer Marke am Markt wettbewerbs oder standesrechtlich (BPatG BeckRS **655** 2009, 00954 – Rechtsberatung) erlaubt ist, ist dort zu prüfen, zumal im Eintragungsverfahren die Ersichtlichkeit fehlen dürfte (→ Rn. 634). Unrichtige Hinweise auf ein Monopol oder eine Alleinstellung auf dem Markt können da anders zu beurteilen sein (Ströbele/Hacker/Thiering/Ströbele Rn. 926).

„Primero" gilt nicht als Alleinstellungsmerkmal (BPatG BeckRS 2013, 02573 – Primero Schiefer). **655.1**

Angaben, etwa zum **Gründungsdatum,** sind jedenfalls dann täuschend, wenn sie in der Marke **656** selbst fälschlich auf einen darin bezeichneten Betrieb bezogen sind (BPatG GRUR 1995, 411 – seit 1895; BPatG BeckRS 1999, 15270 zu einer Magenbitter-Rezeptur) oder sonstige überprüfbare unveränderbare Vorgänge in der Vergangenheit vortäuschen. Eine **Sortimentserweiterung,** Vergrößerung der Produktpalette, die sich im Rahmen des Geschäftsfeldes hält, führt nicht zu einer Täuschung (BGH GRUR 1960, 563 – Sektwerbung). Zur Beeinflussung wirtschaftlicher Entscheidungen → Rn. 631.

Die Rechtsprechung dazu bezieht sich meist auf wettbewerbsrechtliche Verbote (Slopek WRP 2016, **656.1** 678). Sie unterscheidet zwischen Namens und Geschäftstradition, weshalb auch ein neu gegründetes Unternehmen unter Umständen auf eine Namenstradition seines Gründers hinweisen darf (OLG München GRUR-RR, 300 – Degussa).

Den Verbrauchern ist zwar geläufig, dass sich die Produktpalette eines Betriebs wandelt. Eine Angabe **656.2** wie „seit 1908" verlangt also nicht, dass gerade die beanspruchten Waren und Dienstleistungen seit 1908 angeboten bzw. erbracht werden (OLG München BeckRS 2013, 08768 – Andechser), neue Angebote müssen aber in das traditionelle Geschäftsfeld passen. Da kann je nach Branche unterschiedlich zu beurteilen sein (Slopek WRP 2016, 678 Rn. 20 ff.). Tradition für Wein kann nicht auf Sekt übertragen werden (BGH GRUR 1960, 563 – Sektwerbung), während es die Kontinuität einer Glaserei unberührt lässt, auch Rollläden anzubieten (OLG Frankfurt BeckRS 2015, 17487).

656.3 Unternehmensfusionen und -übernahmen sind nach den Größenverhältnissen zu beurteilen, weniger streng ist die Rechtsprechung bei Zwangsunterbrechungen durch Krieg (BGH GRUR 1056, 212 – Deutsches Wirtschaftsarchiv), die deutsche Teilung (OLG Dresden GRUR 1998, 171) und sogar durch Insolvenz (OLG Stuttgart BeckRS 2001, 10402) sowie bei Rechtsformenwechsel (BGH GRUR 1981, 69 – Alterswerbung für Filialen) oder Verpachtung (BGH GRUR 1974, 340 – Privat-Handelsschule).

657 Angaben zum **Herstellungsort** können irreführend sein, dürften aber nur selten im Anmeldeverfahren ersichtlich sein. Bei dem Hinweis, ein Produkt sei „aus" einem bestimmten Ort/Land, geht der Verbraucher grundsätzlich davon aus, dass das Produkt dort hergestellt und nicht lediglich dort entwickelt wurde (KG GRUR-Prax 2022, 97 – aus Berlin). Die Verbraucher messen der regionalen Herkunft auch eine große Bedeutung bei. Regionale Abgaben haben in Zeiten eines stark zunehmenden Bewusstseins der Verbraucher für Klima- und Umweltschutz an Bedeutung gewonnen. Verbraucher versuchen ganz gezielt, regionale Produkte zu kaufen, um lange Transportwege und die damit einhergehenden Klimabelastungen zu vermeiden. Insofern fallen irreführende geografische Angaben zu Produkten unter das Stichwort **„Greenwashing"** (Mallick GRUR-Prax 2022, 97).

658 Angaben zum Alter eines Unternehmens wecken bei den angesprochenen Verbrauchern positive Assoziationen und geben besondere Erfahrungen auf dem betreffenden Gebiet, wirtschaftliche Leistungskraft, Zuverlässigkeit und Solidität vor. Damit enthält der **Hinweis auf Tradition** Qualitätssignale, die Kaufentscheidungen beeinflussen (BGH GRUR 2003, 628 (630) – Klosterbrauerei; OLG München GRUR-RR 2014, 300 – Degussa). Den guten Ruf klösterlicher Weingüter – auch in heute privater Hand – erklärt Patricia Böhm (SZ vom 7./8.9.2019, Nr. 207, 64) ua mit dem Vorsprung, sich über viele Jahrhunderte die besten Lagen gesichert zu haben.

658.1 Selbst geringfügig falsche Altersangaben können Markenschutz verhindern (→ Rn. 633).

659 Ist die wirtschaftliche **Kontinuität des Unternehmens** gegeben, führen Inhaberwechsel, Rechtsnachfolge sowie Änderungen des Firmennamens oder der Rechtsform nicht in die Irre (BGH GRUR-RS 2020, 25400 – seit 1997; OLG Frankfurt BeckRS 2016, 17062 – Geburtsjahr der Unternehmensgruppe; GRUR-Prax 2021, 355; OLG Hamburg GRUR-Prax 2020, 561 – seit 1997). Eine bloße Namenskontinuität verhindert Täuschungsgefahr dagegen nicht (OLG Frankfurt BeckRS 2016, 17062 – Geburtsjahr der Unternehmensgruppe; Held GRUR-Prax 2020, 561; → Rn. 645). Das OLG München prüft, ob die Traditionsträger eine Kontinuität zeigen (OLG München BeckRS 2013, 8768 - Andechser). Auch indirekte Bezugnahmen auf Tradition können täuschen (BGH GRUR 1992, 66 – Königl.-Bayerische Weiße; Held GRUR-Prax 2020, 561), aber dies ist im Eintragungsverfahren selten ersichtlich (BPatG GRUR-RS 2022, 21353).

659.1 Zur Änderung der Rechtsform OLG Dresden GRUR 1998, 171 – seit 1460; zum Wechsel des Betriebsinhabers bei unverändertem Geschäftsgegenstand OLG Hamm BeckRS 2012, 6497 – Geburtstagsrabatt; OLG Düsseldorf BeckRS 2000, 9785.

660 Verwendet eine Gesellschaft die Marke eines Traditionsunternehmens, das geschlossen wurde, für Holzfässer, die sich in Herstellungsart, Aussehen sowie Beschaffenheit von denen der ursprünglichen Markeninhaberin unterscheiden, hat der ÖOGH einen Verfall wegen Irreführung nach Art. 58 Abs. 1 lit. c UMV angenommen und dabei auf die Vorstellung des Publikums über den Aussagegehalt der Marke abgestellt. Die Kombination aus dem Familiennamen mit „since 1875" nimmt fälschlich auf eine **Handwerkstradition** Bezug (OGH BeckRS 2021, 10437 – Pauscha Austria – since 1875); → Rn. 645.

661 Angaben mit dem **Anspruch hoheitlicher Rechte,** eines offiziellen Status oder kirchlicher Trägerschaft (Orden) fehlt nach der Entscheidung des BGH zu Stadtwerke Bremen nicht schon im Eintragungsverfahren wegen Täuschungsgefahr die Schutzfähigkeit (BGH GRUR 2017, 186 – Stadtwerke Bremen; nachgehend BPatG BeckRS 2017, 144322; BPatG BeckRS 2017, 130048 – Stadtwerke Bremerhaven; zu religiösen Symbolen Ruess GRUR 2017, 32; s. auch → UMV Art. 7 Rn. 175).

661.1 Bei „Bundesdruckerei" nahm der BGH GRUR 2007, 1079 nur unter den Gesichtspunkten der §§ 3, 5 UWG eine Täuschungsgefahr an. Das BPatG sah dagegen in „Staatsballett" 2012 noch eine Täuschung über die Qualität (BPatG BeckRS 2012, 14376 – Petersburger Staatsballett).

Umgekehrt schließt das BPatG bei Staatsunternehmen allein aus den Eigentumsverhältnissen **662** im Rahmen des § 8 Abs. 2 Nr. 6 und Nr. 8 auf die Berechtigung zur Verwendung stattlicher Symbole (BPatG BeckRS 2009, 26974 – Trikolore; → § 8 Rn. 839).

Angaben zu frei erfundenen Methoden, die in Bezug auf die beanspruchten Waren besondere **663** Qualität vorgeben, wie etwa „methode royale" für Bier, oder zu nicht existenten Sorten, wie etwa „Piemont Kirsche", sind nicht nur wettbewerbsrechtlich bedenklich, sondern auch markenrechtlich. Gleiches gilt für erfundene Auszeichnungen und Kontrollzeichen oÄ (BPatG GRUR 1998, 1042 – GS-Zeichen), zu Gewährleistungsmarken → Rn. 689.

Nach der Art eines **Prüfzeichens** gebildete Zeichen fallen nur dann unter Nr. 4, wenn sie **664** eine autorisierte Vergabe vortäuschen und diese in dem Zeichen auf eine dafür nicht in Frage kommende Institution beziehen (zu weitgehend BPatG GRUR-Prax 2011, 492 – Deutsches Hygienezertifikat zur Unterscheidungskraft). Zwar ist es eine unzulässige geschäftliche Handlungen iSd § 3 Abs. 3 UWG iVm Anh. Ziff. 2 UWG, Gütezeichen, Qualitätskennzeichen oÄ ohne die erforderliche Genehmigung zu verwenden; da eine Genehmigung noch erteilt werden kann, ist bei der Anmeldung eine Irreführung aber nicht ersichtlich (Ströbele GRUR 1987, 325 unter C.I.4.a). Bei Gewährleistungsmarken regelt dies speziell § 106e Abs. 2, bei Kollektivmarken § 103 Abs. 2 (→ UMV Art. 7 Rn. 177).

Markenanmeldungen, bei denen Kollektiv- und Gewährleistungsmarken oder Siegel für geogra **665** fische Herkunftsangaben, Ursprungsbezeichnungen und Spezialitäten **Bestandteile** der Marke sind, sind wie Marken mit einem ® zu behandeln (→ Rn. 682 ff.). Außerdem müssen die Regeln der Schutzerteilung für solche Bezeichnungen an sich (→ § 8 Rn. 872 ff.) Beachtung finden. Dass danach ein absolutes Eintragungshindernis nur dann besteht, wenn die mit der Marke beanspruchten Waren zur Erzeugnisklasse der g.U. oder g.g.A. gehören könnten (→ § 8 Rn. 875 ff.), kann für die Beurteilung einer Täuschungsgefahr durch Verwendung entsprechender Siegel in Kombinationsmarken nicht gelten. Die Verbraucher wissen oft nicht genau Bescheid über den Geltungsbereich solcher Bezeichnungen, wie die Beschränkung auf Agrarerzeugnisse und Lebensmittel. Sie übertragen die ihnen dafür bekannten Aussagen daher fälschlich auch auf andere Produkte und Dienstleistungen und sehen sie irrigerweise als Berühmung.

Bei **Modeartikeln** führen weder **fiktive Personennamen** zu einer ersichtlichen Täuschung **666** (Berlit MarkenR Rn. 119), noch sonstige Namen, da das Mitwirken eines Designers jedenfalls denkbar ist (vgl. EuGH C-259/04, GRUR 2006, 416 – Elizabeth Emanuel; → Rn. 638).

d) Ortsangaben. Keine ersichtliche Täuschungsgefahr liegt vor, wenn eine Markenbenutzung **667** möglich ist, die nicht in die Irre führt (aber → Rn. 594). Bei geografischen Angaben genügt hierzu, dass (auch) Waren oder Dienstleistungen beansprucht sind, bei denen eine nicht täuschende Verwendung möglich ist. Dazu gehört es auch, dass wenigstens einzelne Verarbeitungsschritte in einem nach dem Markeninhalt erwarteten Land erfolgen können (OLG Frankfurt GRUR-RS 2020, 24228 - Italian Rosé).

Keine Täuschungsgefahr ist gegeben, wenn an einem in der Marke genannten Ort ersichtlich **668** kein für das Angebot der beanspruchten Waren und Dienstleistungen notwendiger Betrieb möglich ist (→ § 8 Rn. 219 ff.; OLG München BeckRS 2018, 7265 – Neuschwanstein; Schlaffge/Harmsen MarkenR 2019, 189 (196); aA Böhler GRUR-RR 2018, 324). Generalanwalt Wathelet weist zu „Neuschwanstein" im Verfahren vor dem EuGH (EuGH C-488/16 P, BeckRS 2018, 644 Rn. 42, s. auch becklink 2008773) darauf hin, dass die Angabe des **Vertriebsortes** keine geografische Herkunft beschreibt (EuGH C-488/16 P, GRUR-Prax 2018, 424).

Biermann GRUR-Prax 2018, 317 konstatiert zu Recht, dass sich die Frage, ob der Durchschnittsver **668.1** braucher die Bezeichnung eines Bieres mit dem Namen eines berühmten Bauwerkes als geografischen Herkunftshinweis versteht, nicht pauschal beantworten lässt. Je abwegiger die Nutzung des Bauwerks als Brauort ist, umso eher ist der Name oder das Bild des Bauwerks als Marke geeignet.

Es kann gegen eine Täuschungsgefahr sprechen, wenn die Verbraucher den geografischen **669** Zeichenbestandteil nicht (mehr) mit einem Ort gleichsetzen (BGH GRUR 1981, 57 – Jenaer Glas; zu § 8 Abs. 2 Nr. 2 bei der Dienstleistung eines Kurbades: BGH GRUR 2012, 272 – Rheinpark Center Neuss; BPatG GRUR-Prax 2013, 60 (Jacobs) – Ney).

Wappen von Adelsfamilien deuten auf Tradition und Qualität hin (BPatG GRUR-RS 2022, **670** 21353), was zur Täuschung führen kann (→ Rn. 645), sonst sind sie wie Namen zu behandeln, so dass eine ersichtliche Täuschungsgefahr in der Regel fehlen dürfte (→ Rn. 638).

Nicht mehr geführte **Hoheitszeichen** bzw. solche nicht mehr existierender Träger können **671** immer noch als Beschreibung der geografischen Herkunft wirken und als solche täuschend sein (zur Sittenwidrigkeit → Rn. 747).

672   Dass der Verbraucher aus **Namen historischer Persönlichkeiten** auf eine Herkunft aus dem Land schließt, aus dem die Person stammt (Garibaldi für italienische Nudeln: BPatG GRUR 1995, 739; BGH GRUR 1999, 158), ist als überholt anzusehen, zumal wenn der Verbraucher dazu historisches Wissen haben müsste.

673   Für **Lagenamen** von Weinen gelten rechtliche Besonderheiten. Soweit sie nicht nach Nr. 9 zu berücksichtigen sind, verneint die Rechtsprechung unter Berücksichtigung des Leitbildes vom verständigen Durchschnittsverbraucher (EuGH C-303/97, GRUR Int 1999, 345 (348) – Sektkellerei Kessler) eine Täuschungsgefahr als **Scheinlage** in der Regel (BPatG BeckRS 2009, 24796 – Herrenstein; BeckRS 2009, 7128 – ACHKARRER CASTELLO). Das gilt erst recht für fremdsprachige Bezeichnungen (BPatG 26 W (pat) 17/89, BPatGE 31, 262 – Monte Gaudio, zitiert nach Anders/Schade/Ströbele GRUR 1991, 483 unter D.I.7.a Fn. 148). Heiligennamen gelten nicht automatisch als Lagebezeichnung (BPatG GRUR 2007, 791 f. – St. Jacob; GRUR 1999, 931 f. – St. Ursula), können aber unter Nr. 5 fallen (→ Rn. 754).

674   Nichtexistierende geografische Angaben können **Qualität versprechen** (Loschelder MarkenR 2015, 225) und damit die Verbraucher irreführen.

675   Die Bezeichnung „Chiemseer" für in Rosenheim gebrautes Bier galt als unzulässig (OLG München GRUR-Prax 2016, 227 (Schoene)), weil Rosenheim weder am Chiemsee noch im Chiemgau liegt. Zu Randgebieten s. LG Mannheim GRUR-Prax 2017, 388 (Schulteis) – Schwarzwaldmarie. Dagegen galt „Himalaya KönigsSalz" als eine täuschende geografische Herkunftsbezeichnung und Hinweis auf das Himalaya Hochgebirge; daran änderte auch der Hinweis „aus Pakistan/Punjab" (einem 200 km entfernten Mittelgebirgszug) nichts – auch wenn der Punjab noch zum Himalaya im geografischen Sinn zählt (OLG Köln GRUR-Prax 2022, 639).

676   Dass die Verwendung einer **Fremdsprache** eine bestimmte Produktherkunft nahelegt, ist ohne konkrete Anhaltspunkte für ein solches (eventuell branchenspezifisches) Verständnis angesichts der Globalisierung sowie der zu berücksichtigenden Import- und Exportgeschäfte heute kaum noch zu unterstellen (BGH GRUR 1994, 310 – Mozzarella II; BPatG GRUR 1973, 267 – Dreamwell/ Dreamwave), selbst bei fremden Schriftzeichen (BPatG GRUR 1997, 53 – Chinesische Schriftzeichen). Täuschend kann eine Fremdsprache allenfalls bei Waren sein, deren geografische Herkunft für den Verbraucher von besonderer Bedeutung ist, wie dies in anderem Zusammenhang auch § 127 Abs. 2 und 3 berücksichtigt. Dazu können Weine, Tee, Käse, Schokolade und Whiskey gehören – wobei oft nur spezielle Herkunftsländer von Interesse sind; zB Schweyzerdütsch für Schokolade (Albrecht GRUR 2003, 385 (389)). „Glen" (gälisch für enge Täler) ruft in „Glen Buchenbach" im Zusammenhang mit in Schwaben produziertem Whisky einen falschen Eindruck über den Ursprung des Erzeugnisses hervor und ist eine unzulässige Anspielung (OLG Hamburg GRUR-Prax 2022, 436 sowie GRUR-Prax 2020, 211 (Schulteis); EuGH C-44/17, GRUR 2018, 843).

677   Eine Wortfolge in kyrillischen Buchstaben mit der Bedeutung „nationales Gut" wurde als Hinweis auf den Ursprung verstanden (BPatG BeckRS 2018, 4114; ähnlich OLG Frankfurt GRUR 2016, 1180 – satte Schwiegermutter; OLG Stuttgart GRUR-Prax 2019, 139 – РЫЖИК; aA EuG T-363/20, GRUR-Prax 2022, 404; → Rn. 677.1).

677.1   Knitter betont zu EuG T-363/20, GRUR-Prax 2022, 404, dass das EuG in vorangegangen Entscheidungen (EuG T-432/16, BeckRS 2017, 117448 – медведь; T-830/16, BeckRS 2018, 32735 – PLOMBIR) lediglich festgestellt habe, dass es ua in Deutschland russischsprachige Konsumenten gibt, aber nicht, dass es sich dabei um einen signifikanten Anteil an den Konsumenten handle.

678   Soweit bei Lebensmitteln Vorschriften, wie etwa § 11 LFGB, spezielle Aufmachungen oder fremdsprachige Bezeichnungen verbieten, ist neben § 5 UWG auch § 8 Abs. 2 Nr. 13 (→ § 8 Rn. 923 ff., → § 8 Rn. 940) zu prüfen. Allgemein zu Fremdsprachen → § 8 Rn. 284 ff.

679   Die **Form eines Produkts,** Behälters etc kann als mittelbare Herkunftsangabe wirken und dann unter den in → Rn. 667 genannten Voraussetzungen täuschend wirken (BGH GRUR 1971, 313 – Bocksbeutelflasche; → § 3 Rn. 65.1).

680   **Farben** können über die geografische Herkunft täuschen, wenn die beanspruchten Waren/ Dienstleistungen einen Bezug zu Ländern oder Städten haben können, die durch die Farben symbolisiert werden (→ § 8 Rn. 824; BPatG GRUR-Prax 2012, 484 – RTL) und dies einem nicht unerheblichen Teil des Verbraucherkreises bekannt ist.

681   Auch **Bildelemente** können über die örtliche Herkunft täuschen oder Wortbestandteile in dieser Wirkung unterstützen (→ § 8 Rn. 397; OLG Karlsruhe GRUR-Prax 2014, 342 – Schwarzwaldhaus; LG Mannheim GRUR-Prax 2017, 388 – Schwarzwald Madl).

682   **e) Registrierungshinweise.** Das ® darf die Anmelderin bereits in der Anmeldung hinzufügen. Dabei darf das ®-Logo aber nicht nur einem Bestandteil zugeordnet sein, der in Alleinstellung nicht eintragbar wäre (Bingener MarkenR Kap. 3 Rn. 297; BGH GRUR 2014, 662 Rn. 25 – Probiotik; GRUR 2013, 840 Rn. 35 – Proti II; GRUR 2009, 888 – Thermoroll; GRUR 1990, 364 – Baelz; BPatG BeckRS 2013, 17848 – Diclodolor/Diclac dolo; EuGH C-238/89, GRUR Int 1991, 215 Rn. 5 – Pall/Dahlhausen).

Dies soll nicht gelten, wenn das „R im Kreis" innerhalb eines Unternehmenskennzeichens **683** und damit innerhalb eines anderen Kennzeichens als einer Marke steht (BGH GRUR 2013, 925 Rn. 47 – Voodoo). Das ist jedoch kritisch zu hinterfragen, da es darüber irreführen kann, mit welcher Marke ein Unternehmen tätig ist.

Das muss ebenso für den Registerhinweis bei Unionsgeschmackmustern **rcd** bzw. RCD gelten **684** (→ Rn. 549; BPatG BeckRS 2013, 17848 – Diclodolor/Diclac dolo; GRUR 1992, 704 – Royals; GRUR 2000, 805 (807) – © Immo-Börse; OLG Stuttgart BeckRS 2011, 03734 – D Architektursysteme; LG München I Urt. v. 17.1.2012 – 1 HK O 1924/11 – Andechser).

Umstritten ist allerdings die Eignung solcher Hinweise dazu, das Publikum in seinen wirtschaft- **685** lichen Entschlüssen zu beeinflussen (→ Rn. 631), weil die angesprochenen Verbraucher es dazu überhaupt zur Kenntnis nehmen und sich Gedanken über den genauen Schutzgegenstand machen müssen (aA BGH GRUR 2009, 888 – Thermoroll; ähnlich KG GRUR-Prax 2013, 319 – TM-Symbol). Dass sie sich durch die Positionierung des Zeichens ® in ihrem Marktverhalten beeinflussen lassen, erscheint dem OLG München wenig wahrscheinlich (OLG München BeckRS 2013, 08768 – Andechser; aA BGH GRUR 2014, 376 – Grillmeister; BPatG GRUR-Prax 2022, 686 – Livevil). Dem widerspricht es, das ® im Rahmen der Beurteilung, ob ein Zeichenbestandteil prägend oder für sich genommen kennzeichnend sowie benutzt ist, für die Verwechslungsgefahr heranzuziehen (BPatG GRUR-RS 2022, 5848 – EM blond/EM; aA BGH GRUR 2017, 1043 – Dorzo; GRUR 2014, 662 Rn. 24 f. – Probiotik; OLG Frankfurt GRUR-RR 2015, 236 Rn. 24 – Lactec; BeckRS 2015, 12200 – tea exclusive). Die Verbraucher erwarten, dass so Gekennzeichnetes für den Verwender als Marke eingetragen ist oder dass ihm der Markeninhaber eine Lizenz erteilt hat (OLG Frankfurt BeckRS 2017, 123992). Ferner kann ein Zeichen, wie das ®, auch Mitbewerber täuschen und dazu veranlassen, bestimmte Zeichen nicht für eigene Geschäfte zu verwenden (Tresper MarkenR 2014, 409 (412)). Das muss auch für abgewandelte Bestandteile von Marken gelten, wenn die Abweichungen den kennzeichnenden Charakter der Marke zu stark verändern.

OLG München BeckRS 2013, 08768 – Andechser spricht von philologischer Akribie, mit der sich **685.1** nur Rechtsanwälte als Klägervertreter in Wettbewerbssachen den werblichen Verlautbarungen der Konkurrenz ihrer Mandanten widmen. Selbst Wettbewerber auf der Suche nach möglichen Marken und potentielle Lizenznehmer werden vorzugsweise das Register konsultieren. Wird das Zeichen einem bislang nicht registrierten Teil zugeordnet, kann ein nicht täuschender Zustand hergestellt werden, so dass die Ersichtlichkeit der Täuschung im Eintragungsverfahren in Frage zu stellen ist (aA BPatG GRUR 2013, 737 – Grillmeister; von BGH GRUR 2014, 376 bestätigt).

Ein im EU-Ausland bestehender Markenschutz reicht aus, eine Täuschungsgefahr durch das ® auszu- **685.2** schließen (EuGH C-238/89, GRUR Int 1991, 215 – Pall). Irrt der Verbraucher hinsichtlich des Landes, in dem der Schutz besteht, ist dies nicht ausschlaggebend (OLG Köln GRUR-Prax 2010, 134 – Medisoft).

Das OLG Hamburg sah im ® ein gewisses Qualitätsversprechen (OLG Hamburg NJW-RR 1986, **685.3** 716 – Reál Sangria; BeckRS 2003, 01183 – Selenhefe/Selenium-ACE). Das KG sah darin einen Hinweis auf eine gewisse Alleinstellung, die das Angebot wertvoll erscheinen lasse (KG GRUR-RR 2003, 372 – Titelschutz bei rein beschreibenden Bezeichnungen „Das authentische Reiki").

Anders als beim ®, dessen Wahrheit aus einem Register hervorgeht, lässt sich das Bestehen **686** von durch ein © angezeigten **Urheberrechten** im Anmeldeverfahren wohl selten so prüfen, dass Ersichtlichkeit vorliegt.

Auch Lizenzverträge über vermeintliche Werke gelten wegen der schwierigen Feststellung, ob Urheber- **686.1** rechte tatsächlich gegeben sind, als grundsätzlich wirksam (BGH GRUR 2012, 910 – Delcantos Hits). Zu den Problemen mit verwaisten Werken vgl. Grünberger ZGE 2012, 321.

Das im angloamerikanischen Rechtskreis für angemeldete, noch nicht eingetragene Zeichen **687** stehende ᵀᴹ begründet keine Täuschungsgefahr (KG GRUR-Prax 2013, 319 – **TM-Symbol**). Bei Hinweisen auf **Patentschutz** (D.B.G.M., DBP, DBGM, Pat.Pend) schließt eine denkbare Verwendung für patentierte Waren oder Dienstleistungen eine ersichtliche Täuschungsgefahr aus (OLG Düsseldorf BeckRS 9998, 00536 – Montagekissen).

Keinesfalls kann das Element, das eine Täuschung hervorruft, beseitigt werden (BPatG GRUR- **688** Prax 2022, 686 – Livevil); dazu ist vielmehr eine erneue Anmeldung erforderlich.

f) Gewährleistungshinweise. Gewährleistungs- und Kollektivmarken als solche sind hinsicht- **689** lich des Schutzhindernisses nach Nr. 4 nicht anders zu behandeln als Individualmarken. § 106e

Abs. 2 und § 103 Abs. 2 definieren weitere Irreführungstatbestände (→ § 106e Rn. 2, → UMV Art. 85 Rn. 5, → § 103 Rn. 1.2). Sie verschärfen das allgemeine Irreführungsverbot, indem sie nicht nur auf Täuschungen über die Waren und Dienstleistungen abstellen, sondern Täuschungen über den Charakter oder die Bedeutung der Marke erfassen, etwa weil diese eine Qualität versprechen, die in der Satzung keine Grundlage findet (→ UMV Art. 76 Rn. 3).

690   Sinnlose Garantien selbstverständlicher oder erfundener Eigenschaften können eine besondere Qualität vortäuschen (→ Rn. 695). Bei **Selbstverständlichkeiten** ist aber zu fragen, ob die Verbraucher tatsächlich darum wissen, oder ob sie nicht doch eine sinnvolle Information erhalten, wie etwa bei „laktosefreiem Gouda" (OLG Düsseldorf BeckRS 2015, 4597; Meier GRUR 2022, 1185 (1190)).

691   Gewährleistungsmarken dürfen beim Publikum nicht den Eindruck erwecken, als wären sie Kollektivmarken. Auch dürfen sie nicht als staatliches Gütesiegel wirken (Dissmann/Somboonvong GRUR 2016, 657 (659); → Rn. 661). Umgekehrt dürfen Individualmarken nicht den Eindruck erwecken, Eigenschaften zu gewährleisten, wie es etwa der Bestandteil „Gütezeichenverband" vorgibt (BPatG 29 W (pat) 156/84, zitiert nach Ströbele GRUR 1987, 325 Fn. 59); zur Relevanz solcher Angaben → Rn. 637.

692   Auch wenn das äußere Erscheinungsbild einer Individualmarke den in Deutschland verbreiteten und bekannten Siegeln, Stempeln und Plaketten, die als Gütezeichen, Unternehmens- oder Verbandszeichen und als Amtssiegel vorkommen, entspricht, ist es ohne **Hinweise auf eine neutrale Zertifizierungsstelle,** die das BPatG in IPE nicht gesehen hat, nicht ersichtlich täuschend (BPatG GRUR-RS 2022, 7762 – Qualitätsmedizin IPE).

693   Führt erst die tatsächliche Benutzung zur Irreführung, sind Gewährleistungs- und Kollektivmarken nachträglich gemäß § 106g Abs. 1 Nr. 3, Abs. 2 bzw. § 105 Abs. 1 Nr. 3, Abs. 2 (→ § 105 Rn. 7) für verfallen zu erklären (→ UMV Art. 91 Rn. 4). Irreführungen kann der Inhaber allerdings jeweils durch **Satzungsänderung** beseitigen.

694   Die Benutzung einer Individualmarke wie ein Prüfzeichen ist in der Regel keine rechtserhaltende Benutzung der Marke (EuGH C-689/15, GRUR 2017, 816 – Baumwollblüte; OLG Düsseldorf GRUR 2018, 193; EuG T-72/17, BeckRS 2016, 131673 – steirisches Kürbiskernöl; → § 8 Rn. 895.1). Schilde und Schoene raten daher dazu, bei Individualmarken, die für Produkte eingetragen sind, auf die sich eine in der Marke enthaltene Qualitätsaussage bezieht, eine **Neuanmeldung** als Kollektiv- oder Gewährleistungsmarken zu erwägen (Schilde GRUR-Prax 2017, 99; Schoene GRUR-Prax 2017, 300).

695   **g) Wahre Angaben.** Missverständnisse in den angesprochenen Kreisen können in seltenen Fällen sogar richtige Angaben zu irreführenden machen und noch seltener zu ersichtlich irreführenden. Solche Fälle zeigt die Rechtsprechung zum UWG, wobei den Verbrauchern aber eine hohe Eigenverantwortung abverlangt wird: KG GRUR-Prax 2013, 319 – TM-Symbol; BGH GRUR 2013, 401 – Biomineralwasser; GRUR 1996, 985 – PVC-frei; GRUR-Prax 2010, 466 LS 3 – Master of Science Kieferorthopädie (s. dazu Meier GRUR 2022, 1185 (1191)). Zu sinnlosen Garantien → Rn. 690. Bei Ersatzprodukten, wie entalkoholisierten Getränken, können unter Umständen solche Missverständnisse auftreten (→ Rn. 622).

696   **h) Geräusche.** Nachdem auch Geräusche als Marke geschützt werden können, die nicht in Notenschrift festgehalten sind (→ § 3 Rn. 46; → § 8 Rn. 509 ff.), und Audiobranding immer mehr als ein wichtiges Instrument der Markenführung gesehen wird (Svenja Schwandt Zeitschrift creativ verpacken 8/2022), dürften immer mehr Geräusche zur Prüfung auf eine täuschende Aussage hin anstehen.

697   Geräusche bestimmter Tiere können ebenso auf Zutaten, wie etwa Milch, Eier (BGH GRUR 1961, 544 – Hühnergegacker) oder auf Materialien, die bestimmten Klängen zugeordnet werden (Glas, Bronze etc), hinweisen.

698   Gleiches gilt für **regionstypische Geräusche,** etwa Jodeln, Kuhschellen etc., oder für Geräusche, die auf eine bestimmte Art von Produktion hinweisen, wie zB die einer Saftpresse oder eines Schmiedehammers.

699   Ein virtuelles Motorengeräusch für elektrisch betriebene Automobile muss allerdings nicht täuschend sein, gibt es doch sogar gesetzliche Vorgaben dafür (AVAS; VO (EU) 540/2014).

7. Bestandteile

700   Schon ein einzelner täuschender Bestandteil eines mehrteiligen Zeichens kann dessen Eintragung entgegenstehen (→ § 8 Rn. 52 f.). Allerdings kann der Gesamteindruck aller Markenelemente in Einzelfällen die Täuschungseignung eines Bestandteils auch verhindern (BGH GRUR

1981, 57 – Jenaer Glas). Nordische Ausdrücke oder Bilder konnten jedenfalls 1975 vom Eindruck einer Weinlage noch wegführen (BPatG BeckRS 1975, 00285 – Schloß Janson); das könnte mit dem Klimawandel anders zu beurteilen sein. Bilder oder Vornamen können Bedeutungen (Tina York) verändern.

Das Einfügen von Sonderzeichen, die eine informationstechnische Verarbeitung (Recherche) **701** automatisch unterdrückt (→ Rn. 575) oder Betrachter nicht beachten, führen nicht von der Täuschungsgefahr weg. Das gilt auch für Tippfehler (→ § 8 Rn. 991).

Zusätze, die zur Unstimmigkeit des Zeichens führen, verhindern die markenrechtliche Täu- **702** schungsgefahr nicht (BPatG BeckRS 2016, 12916 – Original Klosterpforte; OLG Naumburg NJWE-WettbR 1996, 121 – Oettinger; zu geografischen Herkunftsangaben → § 127 Rn. 14 f.).

Erst recht gilt dies für die stets denkbare Möglichkeit, die Marke mit einem die Täuschungsge- **703** fahr ausschließenden Zusatz zu benutzen, auch wenn dies einen Verstoß gegen § 3 UWG ausschlie- ßen würde. Der EuGH ist hier großzügiger, labelling approach (EuGH C-362/88, GRUR Int 1990, 955 (956); kritisch dazu Assaf GRUR Int 2015, 426 (429)).

III. Öffentliche Ordnung (Abs. 2 Nr. 5)

Von der Eintragung ausgeschlossen sind Marken, die gegen die öffentliche Ordnung bzw. die **704** guten Sitten verstoßen; zu Gesetzesverstößen, die Art. 7 Abs. 1 lit. f UMV zur öffentlichen Ord- nung zählt, das Markengesetz aber in Nr. 13 regelt, → Rn. 718. Zu bösgläubigem Handeln → § 8 Rn. 957 ff. Das Schutzhindernis gilt gleichermaßen für **Benutzungsmarken** (BGH GRUR 2013, 729 Rn. 8 – Ready to fuck; Fezer § 4 Rn. 101). § 8 Abs. 2 Nr. 5 MarkenG entspricht § 3 Abs. 1 Nr. 3 DesignG. Begleitumstände des **Marktauftritts** spielen keine Rolle; die Marke selbst muss Anstoß erregen.

Die guten Sitten bezeichnet Berlit als Fremdkörper in UMV und MarkenG, als einen Zopf, der **704.1** abgeschnitten werden müsse (Berlit GRUR-Prax 2017, 544; zustimmend Brtka GRUR-Prax 2020, 148 sowie Lerach GRUR-Prax 2020, 228 (230)). Brtka gibt zu bedenken, dass die Bestimmung der grundlegen- den moralischen Werte und Normen von Subjektivität geprägt ist und der unbestimmte Rechtsbegriff der „guten Sitten" einer sicheren Umgrenzung entbehrt, was letztlich die Rechtsanwendung erschwert. Noch schwerer wiegt für Brtka die Gefahr, dass einzelne Personen ihre eigenen Vorstellungen als Werte und Normen einer Gesellschaft ausgeben. Die engen EuGH-Vorgaben für die Auslegung der „guten Sitten" seien daher ein Schritt in die richtige Richtung.

Draheim/Fromlowitz MarkenR 2020, 426 und 431 nennen den Gesetzeswortlaut wenig aufschlussreich **704.2** und gestehen der Abschaffung des Eintragungshindernisses „Verstoß gegen die guten Sitten" einen gewissen Charme zu, zumal die „Gesetze des Marktes" zeigten, was die Marktteilnehmer für zumutbar erachteten. Sie geben aber zu bedenken, dass das „race to the bottom" der Geschmacklosigkeit einen unschönen Trend verursache.

Die Vorschriften des § 8 Abs. 2 Nr. 6, 7, 8 und 13 gehen als speziellere Regelungen der Nr. 5 **705** vor. Das treuwidrige Vorgehen eines Handelsvertreters regelt § 42 Abs. 2 Nr. 3. Zu telle-quelle- Marken → Einleitung Rn. 246.

Eine auf Verstoß gegen die öffentliche Ordnung gestützte Zurückweisung von Marken beruht **706** nach dem EFTA auf fassbaren Kriterien, während hinsichtlich der guten Sitten subjektive Werte maßgeblich sind (EFTA-Gerichtshof E-5/16, GRUR-Prax 2017, 232 – Vigeland; nachfolgend KFIR BeckRS 2017, 136096; ähnlich Bobek BeckRS 2019, 12828); s. dazu auch → Einleitung Rn. 11.2.

Nach § 33 Abs. 3 S. 2 kann ein Verstoß gegen die öffentliche Ordnung in Extremfällen die **707** **Veröffentlichung** (→ § 33 Rn. 9 f.) und nach § 62 Abs. 4 Nr. 3 die **Akteneinsicht** verhindern.

1. Allgemeines

Das Schutzhindernis geht zurück auf Art. 3 Abs. 1 lit. f MRL und ist richtlinienkonform **708** auszulegen. Da sich Art. 3 MRL (Erwägungsgrund 13) in Übereinstimmung mit den Bestimmun- gen der PVÜ befinden soll, ist auch Art. 6^{quinquies} B Nr. 3 PVÜ bei der oft schwierigen Auslegung einzubeziehen (BGH GRUR 2013, 729 – Ready to fuck). Ziel des Schutzhindernisses ist es nicht, Begriffe oder Zeichen zurückzuweisen, die nicht benutzt werden dürfen. Es kommt aber gerade in Zeiten elektronischer Suchmöglichkeiten darauf an, dass der Staat Begriffen oder Darstellungen, die gegen die öffentliche Ordnung verstoßen, keinen offiziellen Stauts vermittelt. Wer nach solchen Dingen im Internet sucht, soll nicht auf Registereinträge stoßen. § 33 Abs. 3 S. 2 kann deshalb schon die Veröffentlichung (→ § 33 Rn. 9 f.) verhindern.

709   Der **Sachverhalt** ist von Amts wegen zu ermitteln und hinreichend nachzuweisen.

710   **Verkehrsdurchsetzung** kann das im öffentlichen Interesse bestehende Schutzhindernis nicht überwinden (→ § 8 Rn. 1097).

711   Markenschutz darf gegen die öffentliche Ordnung verstoßende Zeichen weder banalisieren noch ihnen eine Bühne geben, sie gebräuchlich machen, also perpetuieren und das Publikum daran gewöhnen, zumal der Einzelne im Bereich der Werbung oft nicht ausweichen kann **(captive audience).**

711.1   Verbraucher können der Werbung oft nicht ausweichen; der Supreme Court der USA spricht deshalb von „captive audience" (zB in Frisby v. Schultz 487 U.S. 474; Cohen v. California, 403 U.S. 15, 21 (1971); Erznoznik v. City of Jacksonville, 422 U.S. 205, 209-10 (1975); Fikentscher NJW 1998, 1337). Bugdahl zitiert dazu Ringelnatz, den Reklame ins Auge gezwickt und ins Gedächtnis gebissen hat (Bugdahl MarkenR 2015, 350; Bugdahl MarkenR 2011, 199; Bugdahl/Piratzka MarkenR 2000, 246 (249)). Das kompensiert auch ein (unterstellter) kritischer Umgang mit Werbung nicht. Die Eigendynamik von Bewusstseinsinhalten führt nämlich dazu, dass diese unbewusst weiterwirken und sich dabei der Kontrolle der Vernunft entziehen (Szlezák, Was Europa den Griechen verdankt, 2010, S. 249 f.).

712   Werbung darf aber störend sein (→ Rn. 737; BPatG BeckRS 2011, 05951 – Arschlecken24; GRUR 2013, 739 – headfuck).

713   Auch in der Marke zum Ausdruck kommende **Ablehnungen** können diskriminierend wirken (→ Rn. 738), politisch (→ Rn. 745) bzw. religiös (→ Rn. 754) unkorrekt sein und Menschen herabwürdigen (→ Rn. 780); dies kann zB die Anlehnung an ein Verbotszeichen sein (BPatG BeckRS 2014, 01384 – durchgestrichene Moschee). Die **Parodie einer anderen Marke** kann unter dieses Schutzhindernis nur fallen, wenn der Inhalt der parodierenden Marke für sich genommen gegen die öffentliche Ordnung verstößt. Die Bezugnahme auf die parodierte Marke kann deren Inhaber nur über § 9 Abs. 1 Nr. 1–3 verhindern (Gietzelt/Grabrucker MarkenR 2015, 333 (334) sub II.1) oder über § 8 Abs. 2 Nr. 14 (→ § 2 Rn. 48; → § 8 Rn. 1029; s. auch → § 14 Rn. 205). Parodien können zwar eine **erlaubte Bearbeitung** iSd § 23 Abs. 1 S. 2 UrhG sein (OLG Hamburg GRUR-RR 2022, 116 – Ottifanten in the City); auch das rechtfertigt aber in der Regel keine Markenanmeldung (s. aber → § 9 Rn. 92.1).

714   Abkürzungen sind wie die ursprüngliche Bezeichnung zu behandeln. Die **Abkürzungen** „FCK CPS" und „ACAB" sind wie „fuck Cops" bzw. „all cops are bastards" zu behandeln (BVerfG NJW 2015, 2022; NJW 2016, 2643); zu rcqt → Rn. 748.1. Gleiches gilt für Disemvoweling, das Weglassen von Vokalen. Was eine fehlende Unterscheidungskraft oder eine beschreibende Bedeutung nicht überwinden kann (BPatG GRUR-RS 2021, 3976 – Cndy Brz; → § 8 Rn. 278), führt auch nicht von einer gegen die öffentliche Ordnung verstoßenden Bedeutung weg. Das Weglassen einzelner Buchstaben verhindert den Verstoß gegen die öffentliche Ordnung nicht, wenn die Verbraucher das ganze Wort unschwer rekonstruieren können (Martin/Ringelhann MarkenR 2017, 445).

714.1   Der Verbraucher nimmt (ungewollt und in unterschiedlicher Intensität) immer alles wahr (Bugdahl MarkenR 2013, 268 (272) mit Hinweis auf Pöppel, Grenzen des Bewusstseins, 2000, 70, 72; Scheier/Lubberger MarkenR 2014, 453 II.2.b). Was einmal in die Seele hineingekommen ist, kann man nicht wieder entfernen wie einen Gegenstand aus einem Behälter, konstatiert schon Platon (Protagoras 314b, Politeia 378 d8).

715   **Geräusch- und Hörmarken** sind wie Symbole oder Texte zu behandeln. So kann es von Menschen und Tieren ausgehende Geräusche geben, die als gegen die guten Sitten verstoßend angesehen werden (Kortbein Hörzeichen S. 212).

716   Dass die Benennung oder Darstellung von Menschen eines einzigen Geschlechts – ohne Vorgabe aus der Art der Waren bzw. Dienstleistungen – ein Verstoß gegen das Gleichstellungsgebot des Art. 3 Abs. 2 S. 2 GG sein könnte, hat bisher in der Handhabung des DPMA oder in der Rechtsprechung keinen Widerhall gefunden. Das BPatG ist darauf im Zusammenhang mit der Darstellung von drei Männern als Marke für Dienstleistungen der Klassen 41, 42 und 45 (ua Seminare, Anwaltsdienstleistungen) ebenso wenig eingegangen wie die Autorinnen des dieses kommentierenden Jahresberichts (BPatG BeckRS 2016, 18306; Kortge/Mittenberger-Huber GRUR 2017, 451 II.10.a; kritisch dazu Grabrucker IP Academy-Bardehle, Markenrecht – Absolute Schutzfähigkeit, vom 23.3.2022).

717   Dem **Wandel gesellschaftlicher Moral- und Wertevorstellungen** trägt Nr. 5 nur rückblickend Rechnung. Führt dieser Wandel nach der Eintragung einer Marke dazu, dass sie dann als anstößig gilt, wird sie der öffentliche Druck aus dem Markt verbannen (Werner/Thole GRUR 2021, 1024 Fn. 3 f.). Markenrechtlich bleibt dies für den Bestand der Marke unbeachtlich.

2. Öffentliche Ordnung und gute Sitten

Die Begriffe „öffentliche Ordnung" und „gute Sitten" sind unbestimmte Rechtsbegriffe. Die **718**
öffentliche Ordnung umfasst als normativer Bezugsrahmen nicht alle nationalen gesetzlichen
Regelungen, sondern nur die zu den wesentlichen Grundsätzen zählenden (BPatG GRUR 2013,
379 – Ampelmännchen; → UMV Art. 7 Rn. 162; Fezer Rn. 585). Andernfalls wäre § 8 Abs. 2
Nr. 13 überflüssig. Außerdem würde die Prüfung aller Gesetze den Rahmen des Eintragungsverfahrens sprengen.

Zur öffentlichen Ordnung gehören die Grundrechte, die freiheitliche und demokratische **719**
Grundordnung (BPatG BeckRS 2009, 25173 – Tasse mit Gelddarstellungen) sowie andere Prinzipien, die zwar Verfassungsrang haben (Fezer Rn. 585), aber nicht kodifiziert sind; zur Grundrechtecharta, EMRK → Einleitung Rn. 164 ff.). Nach Ansicht des EuG (T-178/20, GRUR-RS 2021,
10489 – BavariaWeed; T-683/18, BeckRS 2019, 31604 – Cannabis Store Amsterdam) gehört die
Bekämpfung des Rauschmittelkonsums zum Schutz der öffentlichen Gesundheit und damit zur
öffentlichen Ordnung (Sachs GRUR-Prax 2020, 202). Im deutschen Recht fallen entsprechende
Tatbestände eher unter § 8 Abs. 2 Nr. 13 (→ § 8 Rn. 923 ff.). Die (kontrollierte) Freigabe einzelner Rauschmittel zeigt aber, dass dies nicht uneingeschränkt gelten kann (→ Rn. 628). Ströbele
weist zudem darauf hin, dass schon viele einstmals als unverzichtbare geltende Grundsätze später
ohne Weiteres aufgegeben wurden. Auch das spricht für eine sehr enge Auslegung (Ströbele/
Hacker/Thiering/Ströbele Rn. 937).

Der EuGH will die guten Sitten über gesellschaftlichen Konsens, aktuelle grundlegende morali- **720**
sche Werte und Normen einer Gesellschaft bestimmen und neben der abstrakten Beurteilung der
Marke den konkreten **sozialen Kontext** einbeziehen, um die tatsächliche Wahrnehmung der
Marke aus Sicht einer vernünftigen Person zu beurteilen (EuGH C-240/18 P, GRUR 2020, 395 –
Fack Ju Göhte). So hat er in dem Erfolg des Films „Fack Ju Göhte" ein Indiz gesehen, dass das
deutsche Publikum den Titel nicht für sittenwidrig hält. Draheim/Fromlowitz erscheint es im
Hinblick auf das Götz-von-Berlichingen-Zitat sogar fraglich, ob Goethe selbst Anstoß genommen
hätte (Draheim/Fromlowitz MarkenR 2020, 426 (428)).

Es kommt für den EuGH also darauf an, was die Gesellschaft bei Verwendung als Marke für **721**
moralisch hinnehmbar hält (Berlit GRUR 2020, 395; GRUR-Prax 2020, 148 – Fack Ju Göhte
≠ Fuck You; Endrich-Laimböck/Schenk EuZW 2020, 574; Lerach GRUR-Prax 2020, 228). Zu
berücksichtigen ist das soziale und kulturelle Umfeld (EuGH C-377/98, BeckRS 9998, 155813 –
Niederlande; ähnlich Lerach GRUR-Prax 2018, 461).

Der Verstoß gegen die öffentliche Ordnung bzw. die guten Sitten ist nach bisher hM durch **722**
Auslegen der unbestimmten Rechtsbegriffe festzustellen. Dabei besteht kein Ermessensspielraum
mit eingeschränkter Überprüfung, sondern ein **Beurteilungsspielraum,** da unterschiedliche
Wertungen möglich sind.

Die EuGH-Entscheidung zu „Fack Ju Göhte" enthält eine Abkehr von der bisherigen Recht- **723**
sprechung (zB EuG T-1/17, BeckRS 2018, 2915 – la Mafia se sienta a la mesa), außerhalb der
Marke liegender Umstände, wie das bekannte Konzept einer Restaurantkette, außer Acht zu
lassen. Die Maßgeblichkeit eines breiten Publikumserfolgs hatte schon das HABM berücksichtigt
(HABM R 2889/14-4, BeckRS 2015, 9781 – Die Wanderhure).

Zum UWG entwickelte Grundsätze sind hier nur bedingt heranzuziehen, da das UWG vorran- **724**
gig dem Schutz der Mitbewerber dient.

Der Begriff „öffentliche Ordnung" entspricht nicht dem **„ordre public"** aus dem internatio- **725**
nalen Privatrecht (BGH GRUR 1987, 525 – Litaflex) und nicht der öffentlichen Ordnung aus dem
Polizeirecht. Es muss also unberücksichtigt bleiben, wie das Publikum reagiert; ausschlaggebend
ist, wie es empfindet. Die **Reaktion der Betroffenen** kann in die Bewertung einfließen. Sie
muss sich nicht handgreiflich manifestieren. Sonst würden die Werte als besonders friedfertig
geltender Gruppen keinen Schutz erfahren. Andererseits dürfen einzelne Gruppen nicht autonom
festlegen, wie rasch sie als verletzt zu gelten haben (Isensee AfP 2013, 189 (196); Cornils AfP
2013, 199 (207)).

Für **Kulturgut** stellt der EFTA-Gerichtshof auf den Status und die Wahrnehmung des Kunst- **726**
werks im jeweils betroffenen Staat ab (EFTA-Gerichtshof E-5/16, GRUR-Prax 2017, 232 –
Vigeland; nachfolgend KFIR BeckRS 2017, 136096; Lerach FS Harte-Bavendamm, 2020, 59;
Grabrucker MarkenR 2018, 96; Kur GRUR 2017, 1082; → Einleitung Rn. 11.2). Dies erinnert
an die Begründung zur Schutzversagung für „Atatürk" durch das HABM (→ § 8 Rn. 948.2).

Das Interesse die Gemeinfreiheit zu schützen, spricht nach dem EFTA-Gerichtshof und der NIPO- **726.1**
BK gegen individuellen Schutz, wenn das Kunstwerk eine besondere Stellung als bedeutender Teil des
nationalen Kulturerbes hat oder Symbol für die Souveränität oder der nationalen Grundlagen und Werte

ist (ähnlich Lerach GRUR-Prax 2018, 461). Eine Markeneintragung darf nicht zur Entfremdung oder Schändung des Werkes führen – etwa durch einen Bezug zu Waren oder Dienstleistungen, welche den Werten des Künstlers oder der Botschaft, die das Kunstwerk vermittelt, widersprechen. Hier spielen wohl Bedenken eine Rolle, ein Bild wie Guernica von Picasso könnte für Kriegsgerät als Marke angemeldet werden (Kur GRUR 2017, 1082 Fn. 36).

726.2   Zeichen, die zum kulturellen Allgemeingut zählen, wollen viele nicht für trivial-kommerzielle Zwecke vereinnahmen lassen (Lerach GRUR-Prax 2018, 461). Zu den Anfangsnoten von Beethovens Klavierstück „Für Elise" als Klang bzw. Hörmarke erklärte Generalanwalt Ruiz-Jarabo Colomer in seinen Schlussanträgen (GA BeckEuRS 2003, 277714 – Shield mark/Kist), es falle ihm schwer, hinzunehmen, dass sich jemand ein geistiges Werk, das Teil des Weltkulturerbes ist, unbegrenzt aneignen könne, um es auf dem Markt zur Unterscheidung der von ihm hergestellten Waren oder erbrachten Dienstleistungen zu verwenden.

727   **Urheberrechte** geben den Schöpfern nur über § 13 Rechte; ebenso gehört **Gemeinfreiheit** nicht zur öffentlichen Ordnung (kritisch Lerach FS Harte-Bavendamm, 2020, 64 ff.). Auch der Schutz von **Kulturgut** gehört nicht hierher, zumal Marken nicht den Zugang zu Kunstwerken, sondern nur produktbezogene Verwendungen beeinträchtigen können (BGH GRUR 2012, 1044 – Neuschwanstein; Schlaffge/Harmsen MarkenR 2019, 189 (195); → § 8 Rn. 338, → § 8 Rn. 1072). Lerach spricht daher zurecht von einem Bauchgefühl, das juristisch nicht präzise verortet werden kann (Lerach FS Harte-Bavendamm, 2020, 52). Die Definition von Kulturgut erweist sich ohnehin als schwierig und müsste letztlich alle Werke umfassen (Schiwy FS Büscher, 2018, 671 (672 f.)).

728   Ob auch die **Gefährdung der öffentlichen Sicherheit** einen Verstoß gegen die öffentliche Ordnung begründen kann, erscheint fraglich. Gefahrenzeichen sollten aber nicht als Marken verwässert und damit letztlich entwertet werden; Unterscheidungskraft dürfte ihnen allerdings ohnehin fehlen.

729   Marken verstoßen gegen die guten Sitten, wenn sie geeignet sind, das Empfinden eines **beachtlichen Teils des Publikums** (→ Rn. 797) zu verletzen, indem sie sittlich, politisch und/oder religiös anstößig wirken oder eine grobe Geschmacksverletzung enthalten (Lerach GRUR-Prax 2020, 228; kritisch dazu Sosnitza MarkenR § 8 Rn. 34).

730   Die Wahrnehmung **fremdsprachlicher Ausdrücke** ist, auch wenn der Begriff und seine Bedeutung bekannt sind, nicht zwangsläufig dieselbe wie die des Publikums, zu dessen Muttersprache sie gehören. In der Muttersprache kann die Empfindlichkeit nämlich anders als in einer Fremdsprache sein (EuGH C-240/18 P, GRUR 2020, 395 Rn. 68 – Fack Ju Göhte). S. aber zu fremdsprachlicher Diskriminierung → Rn. 800. Jedenfalls dürfte die nationale Eintragung einer Marke in dem Land, in dem das Publikum die Sprache versteht, ein Indiz zugunsten der Anmelderin sein.

731   Dass an einer Schutzversagung wegen eines Verstoßes gegen die guten Sitten **Meinungsfreiheit** nichts ändern soll, weil Marken kein Schutz nach Art. 5 Abs. 1 GG und Art. 10 EMRK zukommt (BGH NJW 1995, 2488 – ölverschmutzte Ente; BPatG BeckRS 2011, 13266 – Schenkelspreizer), lehnt der EuGH zu „Fack Ju Göhte" (EuGH C-240/18 P, GRUR 2020, 395 Rn. 56; s. auch EGMR GRUR-Prax 2018, 131 – Jesus und Maria) wohl ab (→ Einleitung Rn. 165; → Einleitung Rn. 170 ff.; → UMV Art. 7 Rn. 154; vgl. zur Rechtsprechung des US Supreme Courts Kuhlmann GRUR-Prax 2019, 352 – FUCT). Das BPatG sieht in der Ablehnung der Eintragung einer Marke nur die Versagung ausschließlicher Rechte an dem Zeichen, aber keine Beeinträchtigung der Meinungsäußerungsfreiheit (BPatG GRUR-RS 2021, 23546 – absurd).

731.1   Die Auffassung des EuGH wird sowohl durch Erwägungsgrund 21 VO (EU) 2015/2424 (die die VO (EG) Nr. 207/2009 geändert hat) als auch durch Erwägungsgrund 21 VO (EU) 2017/1001 gestützt, die jeweils ausdrücklich das Erfordernis betonen, diese Verordnungen so anzuwenden, dass den Grundrechten und Grundfreiheiten, insbesondere dem Recht auf freie Meinungsäußerung, in vollem Umfang Rechnung getragen wird (Endrich-Laimböck/Schenk EuZW 2020, 574). Nach dem US Supreme Court GRUR Int 2017, 873; 2019, 1074 – FUCT verstößt das Eintragungsverbot der Abkürzung FUCT für „Friend U Can't Trust" gegen den ersten Verfassungsgrundsatz „free speech" (15 U.S.C. § 1052(a))

(Rn. 732–734 nicht belegt)

735   Die Verwendung von **Vulgärsprache** in vielen Bereichen (Medien, Kunst etc) hat nicht immer mit „Liberalisierung" zu tun. Meist wirkt eine derartige Ausdrucksweise auch dort – wie anstrebt – provozierend (BPatG BeckRS 2013, 02303 – headfuck; BeckRS 2011, 28145 – Ready to Faak); Isensee (AfP 2013, 189 (192)) spricht vom Überbietungswettbewerb in Tabubrüchen.

735.1   Ein altbekanntes Mittel dafür, Aufmerksamkeit zu erregen, ist der Einsatz von Anstößigem in allen Formen, denn für das Wahrnehmen ist der Aktivierungsgrad ausschlaggebend. Er ist beim Verbraucher niedrig, solange die Marke nicht besondere Reize auslöst (zur Aufmerksamkeitsknappheit Becker ZUM

2013, 829). Marken, die Empörung, erotische Vorstellungsbilder hervorrufen oder Tabus berühren, sind ebenso aktivierend wie kognitive Konflikte, Maria und Joseph in Jeans, „Goliath" für einen Kleinwagen oder eine Nonne mit VISA-Card (BPatG BeckRS 2014, 10750 – bunte Zebras); zu religiösen Bezügen → Rn. 762; vgl. auch Bugdahl MarkenR 2015, 350.

Eine langjährige unbeanstandete Benutzung – auch im Ausland (BPatG 29 W (pat) 222/86, **736** Mitt 1988, 75 – Espirito Santo, zitiert nach Schade GRUR 1988, 413 unter C.I.7.a, Fn. 92) – ist ein Indiz für eine tolerante Auffassung des Publikums. Das kann auch die Verwendung entsprechender Begriffe in einer bestimmten Branche betreffen, wie zB religiöse Begriffe bei Wein, Bier und Arzneien (→ Rn. 754, → Rn. 764, → Rn. 789).

Schockierendes oder Probleme Aufzeigendes gilt, obwohl das angesprochene Publikum oft **737** nicht ausweichen kann (→ Rn. 711), nicht als ärgerniserregend; für Angst Machendes vgl. Schnorbus GRUR 1994, 15. Werbung hat schließlich immer einen aufmerksamkeitserregenden und oft sogar einen belästigenden Charakter. Becker (ZUM 2013, 829) spricht von Aufmerksamkeitsräubern. Sittenwidrig ist nicht schon, das subjektive Wohlempfinden zu beeinträchtigen (BPatG GRUR 2013, 76 – Massaker). Art. 10 Abs. 2 EMRK schützt nicht nur Informationen oder Ideen, die gesellschaftlich positiv aufgenommen oder als harmlos oder gleichgültig angesehen werden, sondern auch solche, die beleidigen, schockieren oder stören. Nur so kann diese Norm die Forderungen von Pluralismus, Toleranz und Offenheit berücksichtigen, ohne die es keine demokratische Gesellschaft gibt (EGMR 69317/14, LSK 2018, 01149 = GRUR Int 2018, 589).

a) Diskriminierung. Marken dürfen Menschen(gruppen) nicht wegen ihres Geschlechts, **738** ihrer Abstammung, ihrer Sprache, ihrer körperlichen oder psychischen Verfassung, ihrer Heimat und Herkunft, ihres Glaubens sowie ihrer religiösen oder politischen Anschauungen diskriminieren (zur Werbung Fezer JZ 1998, 265).

Schmitz-Scholemann (Blumen vor Gericht, 2022, S. 174) gibt zu bedenken, dass Wortbildungen mit **738.1** „Afro-…" ebenso rassistisch verwendet werden können wie „Neger" und formuliert: „Die rechtliche Beurteilung sprachlicher Äußerungen ist mindestens so unsicher wie die Auslegung eines Gedichts …". Es kommt also nicht auf das Wort an sich an, sondern auf die Vorstellungen, die Sprecher und Schreiber damit verbinden. Solange die Missachtung bestimmter Personen(gruppen) besteht, werden auch neue Bezeichnungen über kurz oder lang diskriminierend.

Während das Wort „Neger" als Bezeichnung einer Person nach gefestigtem allgemeinem Sprachver- **738.2** ständnis eindeutig als diskriminierend gilt (OLG Köln NJW 2010, 1676; LG Karlsruhe BeckRS 2016, 13439; LG Berlin GRUR-RS 2019, 6320 – Halbneger), hat das LVerfG Mecklenburg-Vorpommern BeckRS 2019, 32968 das Wort „Neger" nicht zu den Begriffen gezählt, die ausschließlich der Provokation oder der Herabwürdigung anderer dienen.

Ob der Begriff „Schwiegermonster" die Grenzen der Sittenwidrigkeit überschreitet, hatte das DPMA **738.3** nach Zurückverweisung durch das BPatG GRUR-RS 2020, 20381 zu prüfen und verneint (DE 30 2019 105 259.5).

Bei „Jewish Monkeys" hat die 4. BK den breiten Publikumserfolg der gleichnamigen Musikgruppe **738.4** berücksichtigt und ermittelt, dass die an jüdischer Musik und Kultur interessierte Öffentlichkeit einschließlich der Angehörigen der Jüdischen Kultusgemeinde in Deutschland an dem Namen keinen Anstoß nehme (HABM BK 2.9.2015 – R 519/2015-4, zitiert nach Martin/Ringelhann MarkenR 2017, 445 Fn. 59).

Zeichen mit einem Begriffsinhalt, der eine **rassistische Beleidigung** ist, verstoßen auf- **739** grund ihres herabwürdigenden Charakters gegen die guten Sitten oder gegen die öffentliche Ordnung. Die Bekämpfung jeder Form von Diskriminierung ist ein grundlegender Wert der EU, wie sich aus § 46 Abs. 2 StGB, Art. 2 EUV und Art. 3 Abs. 3 EUV, Art. 9 AEUV, Art. 10 AEUV sowie Art. 21 GRCh ergibt (EuG T-526/09, GRUR Int 2012, 247 – Paki; Bender MarkenR 2012, 41 (49)). Dementsprechend hat das OLG Köln BeckRS 2020, 13032 § 130 StGB (Volksverhetzung) nach Wortlaut, Sinn und Zweck auf **alle Angriffe gegen die Menschenwürde** ausgedehnt.

Die Übertragung technischer Begriffe auf den Umgang mit Menschen führt nicht von einer **740** beschreibenden Bedeutung weg und vermittelt keine Unterscheidungskraft. Auch eine Diskriminierung von Menschen ist darin nicht in jedem Fall zu sehen. Menschen können heutzutage umgangssprachlich und in markenrechtlich nicht zu beanstandender Weise „upgedatet" und „upgegradet" werden; wo allerdings technische Begriffe Hass zum Ausdruck bringen oder zur Gewalt aufrufen, ist das anders zu sehen (EuG T-102/18, GRUR-Prax 2019, 7 – upgrade; Albrecht/Bugdahl MarkenR 2019, 238 (241, 245)).

741   Die Wort-/Bildgestaltung der Marke „absurd", Teil des Logos einer rechtsextremistischen Band:

gilt als Symbol und Erkennungszeichen für eine menschenverachtende, rassistische und rechtsextreme Gesinnung (BPatG GRUR-RS 2021, 23546 – absurd).

741.1   „ABSURD" ist der Name einer Band, die 1992 gegründet wurde und sich zu der sog. Black-Metal-Subkultur zählt. Sie gilt als Kultband des deutschen „National Socialist Black Metal (NSBM) (vgl. Verfassungsschutzbericht 2007, S. 105). Ihre Texte und Coverbilder enthalten nationalsozialistische, rassistische und antisemitische Themata. Die Bekanntheit der Band in Zusammenhang mit rechtsextremistischen Bestrebungen ergibt sich ua daraus, dass sie bereits im Jahr 2007 im Verfassungsschutzbericht namentlich als Mitglied einer Plattform, die eine nationalistische und antisemitische Ideologie propagiert, aufgeführt ist. Unter dem Kapitel „Rechtsextremistische Bestrebungen und Verdachtsfälle" befasst sich der Verfassungsschutzbericht ausführlich mit dem Thema rechtsextremistische Musik und beschreibt unter dem Punkt „rechtsextremistische Bands und Liedermacher" den „National Socialist Black Metal" (NSBM), wobei die Band „ABSURD" explizit genannt wird. Rechtsextremistische Äußerungen der Szene-Protagonisten finden sich in Internetbeiträgen und auf der Homepage. Auf internationaler Ebene haben sich NSBM-Bands ua in „The Pagan Front" zusammengeschlossen, die über eine englischsprachige Homepage verfügt, auf der eine rassistische, antisemitische und antichristliche Ideologie propagiert wird. Mitglied dieser Plattform ist ua die deutsche Band „Absurd" (BPatG GRUR-RS 2021, 23546 – absurd).

742   Die **Herabwürdigung** eines „Denkmals" der deutschen Sprache, haben EUIPO und EuG in „Fack Ju Göhte" gesehen (EuG T-69/17, BeckRS 2018, 267; kritisch dazu Douglas GRUR-Prax 2018, 71; Berlit GRUR-Prax 2017, 544). Dies scheint zu weit gegriffen, steht „Göhte" in dem Kontext doch nur für ungeliebten Unterrichtsstoff. Auch der EuGH hat darauf nicht mehr abgestellt, zumal sogar das Goethe-Institut den Film „Fack Ju Göhte" als Lehrmittel verwendet (EuGH C-240/18 P, GRUR 2020, 395 Rn. 52 – Fack Ju Göhte; kritisch Lerach GRUR-Prax 2020, 228 (230)).

743   Marken, die Menschen diskriminieren, als verfügbare Sexualobjekte oder als Opfer zeigen, können keinen Markenschutz erfahren. Das ist **unabhängig von der Einwilligung erkennbarer Personen.**

743.1   Ausgangspunkt muss – wie für nahezu alle Betrachtungen zur Menschenwürde – Kants kategorischer Imperativ (Zweck/Mittel) sein: „Handle so, dass du die Menschheit sowohl in deiner Person, als in der Person eines jeden anderen jederzeit zugleich als Zweck, niemals bloß als Mittel brauchst." Auch derjenige, der solche Marken ansieht und sich dabei amüsiert oder auch nur sensationsgierig reagiert, gebraucht Menschen bzw. deren Schicksal und entwürdigt sie damit. Das Gebrauchen einer Person als Mittel bedeutet nämlich nicht unbedingt etwas, was direkte Auswirkungen auf diese Person hat, sie verletzt. Die Einwilligung einer dargestellten Person ändert nichts an der Bewertung. Die Entwürdigung liegt nämlich darin, dass es ein Mensch ist, der da vorgeführt wird. Der Zürcher Ethiker Peter Schaber schreibt: Die eigene Würde entspricht der des anderen und deshalb kann der Einzelne auf seine eigene Würde nicht verzichten, sie nicht zur Disposition stellen. Sie ist unveräußerlich (Erlinger SZ-Magazin 2012/35 v. 31.8.2012, Die Gewissensfrage). Das USPTO hat die Registrierung der Marke „The Slants" als Name einer Band abgelehnt, obwohl deren Mitglieder asiatischer Herkunft sind und den Namen selbst gewählt haben, da es die Bezeichnung „Schlitzaugen" als verunglimpfend iSd 15 U.S.C. § 1052(a) bewertete. Dies wurde vom Trademark Trial and Appeal Board wie auch von einem Panel des bereits zuvor angerufenen Federal Circuits bestätigt; anders allerdings der Court of Appeals for the Federal Circuit Washington in seiner en banc-Entscheidung GRUR Int 2016, 358 – The Slants.

744   Die oft betonte fortschreitende **Liberalisierung** der Anschauungen über Sitte und Moral betrifft jedenfalls nicht diffamierende und rassistische oder sonst die Menschenwürde beeinträchtigende Aussagen (BPatG BeckRS 2011, 13266 – Schenkelspreizer; GRUR-RR 2011, 311 – rcqt; VerfGH Sachsen Beschl. v. 25.2.2014 – Vf. 62-I-12; OLG Dresden BeckRS 2008, 05676, jeweils zu Runen (Thor Steinar); BGH NJW 2009, 928 – Keltenkreuz; vgl. Stegbauer NStZ 2010, 129). Soweit eine Liberalisierung der Anschauungen des angesprochenen Publikums eine Verwendung vulgärer, obszöner oder beleidigender Worte allgemein erlaubt, muss dem Rechnung getragen

werden. Eine noch nicht eingetretene, sondern sich nur in Ansätzen abzeichnende Liberalisierung oder Banalisierung ist jedoch nicht vorwegzunehmen (BGH GRUR 2013, 729 – Ready to fuck) oder gar zu fördern.

b) Politisch Unkorrektes. § 90a StGB, der die Verunglimpfung von Hoheitszeichen betrifft, **745** verhindert den Markenschutz zwar im Rahmen der Nr. 6 nicht, weil einer erkennbaren Verunglimpfung der hoheitliche Charakter fehlt (→ § 8 Rn. 834), aber über Nr. 13 (→ § 8 Rn. 939) und eventuell über Nr. 5 (BPatG BeckRS 2003, 14067 – Polizei-Teddy; → Rn. 794; EUIPO GRUR-Prax 2019, 460 (Cordes) – Brexit).

Bei Symbolen verbotener Parteien und verfassungswidriger Organisationen (vgl. §§ 84 ff. StGB) **746** greift vorrangig § 8 Abs. 2 Nr. 13 (→ § 8 Rn. 923). Anmeldungen von Marken mit verfassungswidrigem Inhalt fallen hingegen (auch) unter die Nr. 5 (sehr streng Ingerl/Rohnke/Nordemann/Schork Rn. 282).

Symbole untergegangener Diktaturen oder verbrecherischer Organisationen verletzen als Mar- **747** ken unter Umständen die Opfer und deren Nachkommen (BPatG GRUR 2009, 68 (70 f.) – DDR-Sicherheitskräfte; vgl. auch EuG T-232/10, GRUR Int 2012, 364 zum Sowjetwappen; → UMV Art. 7 Rn. 165). Dies betrifft jedoch nur Zeichen, die mit Handlungen, die ein System zu einem Unrechtssystem gemacht haben, in einer konkreten Beziehung stehen bzw. standen; dagegen genügt es nicht, dass ein Zeichen (ausschließlich) in einem Unrechtsstaat verwendet wurde (BPatG GRUR 2013, 379 – Ampelmännchen). Im Zug der „Ostalgie" wurde neben vielen in der DDR gebräuchlichen Marken auch das Emblem der Jungen Pioniere („Seid bereit") als Marke eingetragen (Bugdahl MarkenR 2018, 475). Zu FDJ → § 8 Rn. 940.1.

Auch Bezeichnungen historischer Ereignisse, die (Anlass zu) Gräueltaten oÄ waren oder zur **748** Nachahmung anregen, und Namen oder Bilder von dabei zum Einsatz kommenden Gegenständen bzw. daran beteiligten oder gar davon betroffenen Personen sind nach Nr. 5 vom Markenschutz auszuschließen (BPatG GRUR-RR 2011, 311 – rcqt, → Rn. 748.1; HABM 2. BK 29.9.2004 – R 176/2004-2 – Bin Ladin; → Rn. 748.2). Das betrifft alle Umstände solcher Ereignisse, wie die Flugnummern MH.17 und MH.370 (→ Rn. 748.3, zum postmortalen Persönlichkeitsschutz → Rn. 781) oder die öffentliche Reaktion (Je suis Charlie, → Rn. 748.4). Das betrifft auch Ab- oder Nachbildungen eines Galgens mit Beschriftung, für wen er bestimmt sein soll (anders die Staatsanwaltschaft Chemnitz zur Einstellung von diesbezüglichen Ermittlungen unter dem Az. 250 Js 28707/17).

Die Abkürzung „rcqt" steht für „Reconquista". Wohl weil es dabei um den Kampf zwischen Parteien **748.1** ging, die unterschiedliche Religionen hatten, steht RCQT im heutigen Sprachgebrauch bestimmter Kreise für islamfeindliche Botschaften.

Usāma ibn Muhammad ibn Awad ibn Lādin, allgemein bekannt als Osama bin Laden, war Gründer **748.2** und Anführer der Gruppe al-Qaida und plante ua die Terroranschläge vom 11.9.2001 auf Gebäude in den USA, bei denen mehr als 3.000 Menschen getötet wurden.

Die Flugnummern MH.17 bezieht sich auf einen Flug der Malaysia-Airlines. Die Maschine stürzte am **748.3** 17.7.2014 nach Beschuss durch pro-russische Rebellen über der Ukraine ab. Dabei fanden alle 298 Insassen den Tod. Die Flugnummer MH.370 bezeichnete einen Flug der gleichen Fluggesellschaft, der am 8.3.2014 nach einer unerklärlichen Kursänderung offenbar führerlos über dem Indischen Ozean endete. Dabei starben fast 240 Menschen.

Der Slogan „Je suis Charlie" war zunächst eine Solidaritätsbekundung für die am 7.1.2015 wegen einer **748.4** Mohammed-Karikatur ermordeten Redaktionsmitglieder der Satire-Zeitschrift „Charlie Hebdo". Er wird seither (auch in abgewandelter Form) als Solidaritätsbekundung bei ähnlichen Verbrechen verwendet.

Die Namensgebung einer Pizzeria „Falcone & Borsellino" (zwei 1992 ermordete italienische Mafiaer- **748.5** mittler) wäre für sich wohl nicht diskussionswürdig gewesen, wenn nicht Plakate, Homepage etc. in reißerischer Aufmachung Einschusslöcher gezeigt hätten (LG Frankfurt a.M. GRUR-Prax 2021, 288 – Mafia-Opfer).

Das EUIPO weist in seinen Prüfungsrichtlinien darauf hin, dass die **Absicht, aus Unglückser- 749 eignissen finanziellen Gewinn zu ziehen,** Markenschutz über Art. 7 Abs. 1 lit. f UMV verhindert. Das gilt im Zusammenhang mit Pandemien (Corona) sowie dem Ukrainekrieg, der Anfang 2022 begann, auch dann, wenn die Marke den Eindruck unterstützenswerter Aktionen erweckt (Schmitt GRUR-Prax 2022, 274 (275 f.)).

Die Verwendung eines Zeichens als Name einer fiktiven Roman- oder Filmfigur aus der NS- **750** Zeit führt nicht zwangsläufig dazu, dass es den Charakter der Figur oder des Werkes teilt, wenn es von Hause aus einen neutralen Aussagegehalt hat und kein zu beanstandendes Gedankengut vermittelt (BPatG GRUR-RS 2021, 25095 – Quex).

751   Was eine Unterstützung oder Verherrlichung **terroristischer Gruppierung** und Einzelpersonen ist, zeigt die Liste des Gemeinsamen Standpunkts des Rates der EU zur Terrorismusbekämpfung. Wie bisher IRA und ETA nicht als Marken eingetragen wurden (Martin/Ringelhann MarkenR 2017, 445 unter III.10), wird heutzutage auch IS kaum Markenschutz erlangen können. Ob erläuternder Kontext, wie in „ETA Earth To Air Systems" (Martin/Ringelhann MarkenR 2017, 445 Fn. 168), sozusagen in Umkehr der Rechtsprechung zu erläuterten Akronymen (→ § 8 Rn. 182) zum Markenschutz führen kann, muss im Einzelfall sehr behutsam geprüft werden (Albrecht/Albrecht MarkenR 2018, 61 (63)).

752   Die Namen **krimineller Vereinigungen** als Marke zu schützen, verstieße gegen die öffentliche Ordnung; dass sie als Titel von Büchern und Filmen vorkommen, ändert daran nichts (EuG T-1/17, BeckRS 2018, 2915 – La Mafia). Dagegen verstößt die Verwendung eines Motivs historischer Verbrecher (Wilderer, Piraten, Freibeuter etc) als Marke nicht gegen die öffentliche Ordnung. Sie stehen in aller Regel nicht auf einer Stufe mit den Namen oder Bildern von Verbrechern, deren Verwendung als Marken politisch anstößig wäre oder bei den Opfern und deren Angehörigen (heute noch) Empörung hervorrufen müsste (BPatG BeckRS 2012, 20932 – Wildschütz Jennerwein).

753   Für Putzmittel galt „Tag der deutschen Reinheit" dem DPMA (306 286 793) als witzige Assoziation, während es im Zusammenhang mit Druckschriften einen Hinweis auf politisch anstößigen Inhalt sah (Bingener MarkenR Kap. 3 Rn. 303).

754   **c) Religiöse Zeichen.** Die Verwendung religiöser Begriffe für Waren und Dienstleistungen gilt erheblichen Teilen der Bevölkerung als anstößig (BPatG GRUR 1994, 377 – Messias; BeckRS 2009, 14629 – Dalailama). Art. 4 Abs. 3 lit. b MRL behält es den Mitgliedstaaten sogar vor, Marken, die religiöse Symbole enthalten, wie Hoheitszeichen generell von der Eintragung auszuschließen. Über § 8 Abs. 2 Nr. 5 finden die Wertungen des Art. 4 GG bei der Beurteilung von Marken Anwendung. Dabei muss berücksichtigt werden, wenn religiöse Symbole und Namen bereits intensiv (auch durch Glaubensgemeinschaften und kirchliche Einrichtungen selbst) vermarktet werden und das angesprochene Publikum daran gewöhnt ist (Ruess GRUR 2017, 32; Bugdahl MarkenR 2001, 289 (293); Dönch GRUR-Prax 2012, 457). Die Nizzaklassifikation enthält sogar „religiöse" Produkte und Dienstleistungen. Vornamen, wie Jesus, Martin Luther etc., und Künstler oder Nachnamen (Madonna; EGMR GRUR-Prax 2018, 131 – Jesus und Maria) können durch Hinzufügen weiterer (grafischer) Bestandteile (St. Hildegard, → Rn. 764) anstößig werden.

755   Die Ansicht des Österreichischen Verfassungsgerichtshofs (Urt. v. 30.6.2022 – V 312/2021, becklink 2024185), dass es keine sachliche Rechtfertigung für eine kategoriale Ungleichbehandlung von Kunst und Religion geben dürfe, kann nur im Kontext mit Zulassungsbeschränkungen zu Veranstaltungen während einer Pandemie gesehen werden (vgl. Tschirf Academia 2022, 05 S. 8 f.).

756   Nur eine herabwürdigende Verwendung religiöser Begriffe fällt unter das Schutzhindernis der Nr. 5. Aus der Religion stammende Begriffe (Himmel, Hölle, Gott, Heilig etc.) und Namen sind in positiven wie negativen Zusammenhängen allgegenwärtig ohne Anstoß zu erregen (BPatG GRUR-Prax 2014, 354 – Gottesrache (Ziegelmayer); UM 7433154 – Oh my god; Ströbele/Hacker/Thiering/Ströbele Rn. 957).

757   Das EuG stellt zu „Osho" darauf ab, dass die breite Öffentlichkeit, die dem Zeichen im Alltag zufällig begegnet, den spirituellen Lehrer Osho nicht so gut kennt, dass sie die Eintragung des Zeichens als Verstoß gegen die öffentliche Ordnung wahrnehmen könnte (EuG T-670/15, GRUR-Prax 2017, 528).

758   Die Tolerierung, Achtung und staatliche Förderung aller Religionen ist eine Grundvoraussetzung für das gedeihliche Zusammenleben in einer pluralistischen Gesellschaft (BVerfG NJW 2015, 1359 – Kopftuch; Traub NJW 2015, 1338 (1340)). Sie gehören zu deren tragenden, unabdingbaren Grundsätzen. Das enthält die staatliche Verpflichtung, praktizierende Gläubige, gleich welcher Glaubensrichtung, vor das religiöse Empfinden beeinträchtigenden Markenregistrierungen auch dann zu schützen, wenn sie keine Mehrheit innerhalb des maßgeblichen Verbraucherkreises repräsentieren (BPatG GRUR-RR 2012, 8 – Dakini; BeckRS 2007, 11446 – Budha; Beschl. v. 17.5.1968, 24 W (pat) 1290/65 – mosaic; BeckRS 2016, 12842 – Coran; BeckRS 2008, 16106 – Pontifex; GRUR 1994, 377 – Messias; Ingerl/Rohnke/Nordemann/Schork Rn. 280). Der säkulare Rechtsstaat kennt jedoch kein Blasphemieverbot. Schutzgut des § 166 StGB ist nicht die Ehre Gottes, sondern der öffentliche Friede und die Pflege der gegenseitigen Toleranz. Dementsprechend kann die Verwendung religiöser Symbole für weltliche Zwecke nicht nur die Gefühle der Gläubigen beleidigen, sondern auch der Menschen, für die religiöse Riten und Symbole allgemein Teil des kulturellen Erbes sind (Martin/Ringelhann MarkenR 2017, 445 unter III.2).

Nach der Präambel des EU-Vertrags haben sich aus dem kulturellen, religiösen und humanisti- **759** schen Erbe Europas unverletzliche und unveräußerliche Rechte entwickelt (→ Rn. 739). Nach Art. 10 AEUV sind Diskriminierungen aller Art zu bekämpfen. Nach Art. 22 GRCh ist die Vielfalt der Kulturen, Religionen und Sprachen zu achten. Ferner ist die Religionsfreiheit in Art. 10 Abs. 1 GRCh verankert, und nach Art. 9 Abs. 1 EMRK hat jedermann Anspruch auf Gedanken, Gewissens und Religionsfreiheit (Martin/Ringelhann MarkenR 2017, 445 unter III.2).

Es muss verhindert werden, dass Verbraucher bei sakralen Handlungen und für sie heiligen Begriffen **760** an Produkte denken. Sie dürfen weder profaniert, trivialisiert noch verspottet werden (BPatG BeckRS 2008, 26595 – urbi et orbi; EGMR 69317/14, GRUR Int 2018, 589; Ave-Maria (zitiert nach Martin/ Ringelhann MarkenR 2017, 445 Fn. 69); anders BeckRS 2014, 17283 – agnus dei spezial; für Kunst- werke und unerwünschte Assoziationen vgl. Jankowski S. 85; Sahr GRUR 2008, 461 (469); Wandtke/ Bullinger GRUR 1997, 573 f.; Assaf GRUR Int 2015, 431).

Die Tendenz zur Lockerung religiöser Bindungen und die wachsende Unkenntnis führen dazu, dass **760.1** die Bedeutung von „agnus dei" als „Lamm Gottes" wenig verstanden wird bzw. nicht als Bezeichnung für Jesus Christus (Bingener MarkenR Kap. Rn. 302).

Für religionskritische Zeichen, die als Kunst oder Meinung (Isensee AfP 2013, 189 (192)) **761** durchaus geschützt sein können, müssen die Grundsätze, die für den Schutz staatlicher Symbole gelten (§ 145 MarkenG, § 90a StGB; → § 8 Rn. 811 ff., → § 8 Rn. 834, → § 8 Rn. 853 ff.; BVerfG NJW 1990, 1982), jedenfalls ansatzweise herangezogen werden.

Religiöse Symbolik und Sprache sind so bedeutungsvoll und allgemein verständlich, dass sie auch **762** im trivialen Bereich der Konsumgüter funktionieren. „Jakobs Linsengericht" verspricht bei Büchsen- gerichten Qualität. Wer also nach starken Wörtern und Bildern mit Werbe und Wiedererkennungsef- fekt sucht, findet sie besonders leicht in religiösen Traditionen. Religiöse Symbole sind besonders „sinn-trächtig". Der Schöpfer der Kern-Werbung für Jeans, die von biblischen Personen getragen wer- den, bestätigt dies, wenn er auf die Kritik daran entgegnet, er sei auf Spuren gewandert und in Hirnfur- chen eingedrungen, die im kollektiven Bildergedächtnis fest verankert seien (Ruess GRUR 2017, 32; Schulz, Glaube, Hoffnung, Werbung, BR B2, 22.6.1997, Evangelische Perspektiven).

Untergegangene religiöse Vorstellungen, wie etwa der griechisch-römische oder germanische **763** Götterglaube, stehen Markenschutz, wie zB Freya-Lingerie, Manitou-Radlader, Ganters Wodan- Starkbier, Apollo-Optik, Penaten-Creme, Aurora, Apollinaris, Merkur, Nike, nicht entgegen (Bugdahl MarkenR 2001, 289 (294)).

Zwar hat das EuG Voodoo als Religion bezeichnet (EuG T-50/13, BeckRS 2014, 82384 Rn. 25 ff.), **763.1** aber unter dem Gesichtspunkt des § 8 Abs. 2 Nr. 5 fand dies bislang keine Berücksichtigung (s. BGH GRUR 2013, 925 Rn. 47 – Voodoo). Auch die Ásatrú-Gemeinden sind bislang lediglich in Island als „neuheidnische" Religion anerkannt.

Die Marken Hermes und Mars gehen auf die Firmengründer Thierry Hermès und Frank Mars zurück **763.2** (Bugdahl MarkenR 2001, 289 (294)). Das Ganter Wodan-Starkbier wurde als Reaktion angemeldet, nach- dem Paulaner mit Einführung des Markenschutzes die bislang für Starkbiere allgemein verwendete Bezeich- nung „Salvator", einen Ehrennamen für Jesus Christus, als Marke schützen ließ.

Heiligenkult ist Ausdruck einer religiösen Haltung, was Markenschutz verhindern kann **764** (BPatG GRUR-RR 2012, 8 – Dakini für erotische Massagen; sehr streng GRUR-Prax 2012, 457 – St. Hildegard-Karikatur für Brot (Dönch).

Die wertneutrale Benennung Heiliger ist aber unbedenklich (Sosnitza MarkenR § 8 Rn. 34; BPatG GRUR 1975, 75 – Marie Celeste für Likör).

765   **Sakralbauten** haben oft auch kunst- sowie kulturhistorische Bedeutung und sind deshalb Sehenswürdigkeiten, die intensiv vermarktet werden sowie als „Namensgeber" für Restaurants, Hotels etc. in ihrer Umgebung dienen. Dies spricht dagegen, dass eine markenrechtliche Verwendung des Namens oder einer Abbildung generell für alle Waren und Dienstleistungen (→ Rn. 789) als religiös anstößig empfunden wird (BPatG GRUR-Prax 2012, 190 Rn. 29 – Koutoubia), zumal der Bauunterhalt eine Vermarktung geradezu erfordert (BGH GRUR 2012, 534 Rn. 29 – Landgut Borsig; BPatG BeckRS 2012, 17027 – Domfront).

766   **d) Grobe Geschmacklosigkeit.** Hier müssen die Grenzen des Anstands in unerträglicher Weise überschritten sein (BPatG 26 W (pat) 5/82, Mitt 1983, 156 – Schoasdreiber), um Markenschutz zu verhindern. Das sind obszöne Wörter und Bilder, grob sexuelle Motive, Verletzung des Schamgefühls etc, wobei die Waren bzw. Dienstleistungen (wie zB Kondome oder Kinderspielzeug) sowie die angesprochenen Verbraucher (Erwachsene oder Jugendliche, Kinder → Rn. 792, → Rn. 618) manchmal mehr und manchmal weniger Spielraum geben (BPatG BeckRS 2011, 28558 – Flaschenform Sperma; BeckRS 2011, 25440 – Schlumpfwichse; GRUR 2004, 160 f. – Vibratoren-Design). Das DPMA hat die Bildmarke Putzpimmel (DPMA DE 30 2012 028 917, zitiert nach Bingener MarkenR Kap. 3 Rn. 301) zurückgewiesen. Auch das den weiblichen Intimbereich zeigende Design galt als geeignet, das Scham- und Sittlichkeitsgefühl eines beachtlichen Teils des Publikums zu verletzen, und wurde schon im Verfahrenskostenhilfeverfahren vom Designschutz ausgeschlossen (BPatG BeckRS 2017, 144335; BeckRS 2017, 144336).

767   Haben die beanspruchten Waren und Dienstleistungen keinen Bezug zur Erotikbranche oder zum Rotlichtmilieu, dient die **Grafik** einer spärlich bekleideten Frau mit großen, nackten Brüsten in aufreizender Pose ausschließlich als Blickfang und damit nicht unterscheidungskräftig sowie als wegen Sittenwidrigkeit vom Markenschutz ausgeschlossen (BPatG BeckRS 2019, 10787 – Modelle Hamburg.de).

768   Darstellungen eines Menschen als verfügbares Sexualobjekt verstoßen gegen die guten Sitten (BPatG BeckRS 2010, 24870 – gefesselte Frau; GRUR-RS 2021, 29374 – Lick her).

769   Bei der Beurteilung, ob Kinder und Jugendliche angesprochen werden, kommt es auf den Gesamteindruck an. Während die Anrede mit Du das allein nicht erkennen lässt, können Begrifflichkeiten und bei Kindern und Jugendlichen gebräuchliche Formulierungen Indizien dafür sein (BGH GRUR-Prax 2014, 59; GRUR 2014, 1211 – Runes of Magic I und II; kritisch dazu Krüger/Apel K&R 2014, 196; vgl. dazu Jahn/Palzer GRUR 2014, 332). Abbildungen können ebenfalls

zeigen, dass Kinder und Jugendliche angesprochen sein sollen (BGH GRUR 2009, 71 – Sammel-
aktion für Schokoriegel; Gerecke NJW 2015, 3185 (3187)).

Keinen Markenschutz erhalten Ausdrücke, die eine Sexualpraktik beschreiben, deren Erwäh- **770**
nung das Sittlichkeitsgefühl eines erheblichen, zu respektierenden Personenkreises verletzt, zumal
wenn dies durch vulgäre Ausdrücke geschieht (BPatG GRUR 2013, 739 – headfuck; BeckRS
2016, 01738 – headfuck statement fashion; BeckRS 2011, 05951 – Arschlecken24). Zwar sind
zahlreiche Verwendungen entsprechender Ausdrücke in literarischen oder filmischen Zusammenhängen festzustellen, dies zeigt aber keine Abnutzung, die dazu führen könnte, dass es kaum noch
als anstößig empfunden wird. Vielmehr soll der Einsatz dort bewusst provozieren, was Anstoß-
nahme einkalkuliert (→ Rn. 735).

Nicht jeder sexuelle Bezug verletzt das sittliche Empfinden eines maßgeblichen Kreises. Als **771**
pornographisch ist anzusehen, was unter Ausklammerung aller sonstigen menschlichen Bezüge
sexuelle Vorgänge in grob aufdringlicher, aufreißerischer Weise in den Vordergrund rückt und/
oder überwiegend auf die Erregung sexueller Reize bzw. lüsterne Interessen abzielt (BGH NJW
1990, 3026 – opus pistorum; BPatG BeckRS 2017, 144336; GRUR 2004, 160 – schlangenförmi-
ges Vibratorendesign).

Dem englischen „fuck" steht der deutsche Ausdruck „ficken" weder ohne Weiteres noch voll **772**
umfänglich gleich, da letzterer sprachlich vielseitig ist und einen Wandel durchlaufen hat (BPatG
BeckRS 2009, 02893 – Ficke; BeckRS 2011, 21631 – Ficken; Holzbach GRUR-Prax 2013, 535;
Schmitt GRUR-Prax 2022, 274 (275)). Auch gibt es im Inland eine nicht unbedeutende Anzahl
von Trägern entsprechender Nachnamen. „Poppen" gilt als ein zur Provokation ungeeigneter,
weil eher harmloser Begriff der Jugend- und Umgangssprache (LG Hamburg BeckRS 2015,
19278).

Das EuG hat maßgeblich auf den deutschsprachigen Durchschnittsverbrauchern abgestellt und das Wort **772.1**
„ficken" als vulgäre Ausdrucksweise bewertet (EuG T-54/13, GRUR-Prax 2013, 535; ebenso EuG T-52/
13, BeckRS 2013, 82162). Ein Wort müsse nicht diskriminieren, beleidigen oder herabsetzen, damit ein
Teil der maßgeblichen Kreise Anstoß daran nehme. Ein Wort, das sich in einer derben Ausdrucksweise
eindeutig auf die Sexualität beziehe und als vulgär eingestuft werde, wirke auf die Verbraucher anstößig,
obszön und abstoßend. Das Wort sei aus sich heraus geeignet, bei jeder normalen Person, sie höre oder
lese und seine Bedeutung verstehe, Anstoß zu erregen. Ein bewusst hergestellter Zusammenhang zwischen
Alkohol und Geschlechtsverkehr erwecke den Eindruck, das Getränk sei einer sexuellen Beziehung förderlich. Die maßgeblichen Verkehrskreise verstünden das Wort in seiner primären Bedeutung; daher sei es
unerheblich, dass dieses Wort weitere Bedeutungen haben oder auch ein Familienname sein könne.

Derbe und geschmacklose Ausdrücke können eintragbar sein, da eine **ästhetische Prüfung** **773**
auf Anforderungen des guten Geschmacks nicht Gegenstand des markenrechtlichen Eintragungsverfahrens ist. Das BPatG hat aber in einem obiter dictum zu „Fucking Hell" (BPatG GRUR-RS
2021, 38711 Rn, 28) zu erkennen gegeben, an seiner liberalen Rechtsprechung (BPatG BeckRS
2011, 21631 – Ficken; BeckRS 2012, 00692 – FICKEN LIQUORS) nicht mehr festhalten zu
wollen (ähnlich schon BPatG BeckRS 2015, 10473 – Scheiss drauf).

Vulgäre Begriffe sind – vor allem in der Jugendsprache als diastratisch niedrig markierte **774**
Lexeme – durchaus alltäglich und zeigen dabei oft nur Unwillen, Wut, Enttäuschung, Missachtung
oder eine negative oder positive **Bekräftigung.** Das kann ein solches Ausmaß annehmen, dass
darin nur noch ein umgangssprachlicher Kraftausdruck, der zwar ohne Bezug zu einem pornogra-
phischen Ursprung gesehen wird, aber vulgär bleibt (EuGH C-240/18 P, GRUR 2020, 395
Rn. 46 f. – Fack Ju Göhte; BPatG BeckRS 2013, 02514 – abgefuckt; GRUR-Prax 2022, 81 –
Fucking Hell; BeckRS 2013, 07970 – Fucking Hell; s. hierzu Schlussantrag des Generalanwalts
Bobek BeckRS 2019, 12828 Rn. 116 Fn. 71; ebenso BPatG GRUR-RS 2021, 38711; aA noch
BeckRS 2014, 06592; dazu Werndt GRUR-Prax 2014, 180). Ob die angesprochenen Kreise
daran Anstoß nehmen, ist aber auch bei an sich vulgären Ausdrücken anhand des gesellschaftlichen
Konsenses (→ Rn. 720) gesondert zu prüfen. Bei den Marken „DE PUTA MADRE" (UM
3798469; UM 4781662; UM 5028477) hat das HABM den **Bedeutungswandel** zu „sehr gut"
(vergleichbar mit „fucking good") berücksichtigt und die Marke eingetragen (Martin/Ringelhann
MarkenR 2017, 445 unter II.11). Das BPatG hat zu „fucking sweet" festgestellt, „fucking" stelle
einen Sachverhalt als extrem dar und sei dabei nicht mehr sittlich anstößig (BPatG BeckRS
2017, 129319; vgl. auch die Marken 302009042864 und 302009015796 „fucking freezing" für
Pelzbekleidung).

Während bei „Fack Ju Göhte" ein humoristischer Kontext eine Beleidigung Göthes ausschloss, **775**
sind Kombinationen mit anderen Personen-, Länder- oder Organisationsbezeichnungen herab-

würdigend, selbst wenn damit eine allgemein anerkannte Kritik verbunden ist (Schmitt GRUR-Prax 2022, 274 (275) zu „Fuck Putin" uÄ)

776   Levenson begrüßt es, wenn die Modernisierung der Ansichten des Publikums in die Bewertung der Schutzfähigkeit eines Zeichens umfassend einfließe (Levenson GRUR-Prax 2022, 81). Auch sei der Ansicht zuzustimmen, dass bei Übernahme von Anglizismen die Empfindlichkeit des angesprochenen Verkehrs reduziert sei. Trotz Liberalisierung der Anschauungen sei allerdings nicht damit zu rechnen, dass jedem derben Ausdruck die Eintragungsfähigkeit zugesprochen werde. So stelle das BPatG darauf ab, ob der fluchende Ausdruck auch eine positive Bekundung sein könne. Eine Grenze dürfte überschritten sein, wenn der fragliche Begriff (Fuck) nicht als Steigerungswort verstanden werde, sondern einen sexuellen Bezug aufweise.

777   Bezeichnen Wörter im übertragenen Sinn etwas unverfängliches, wie „headfuck" eine Verstandes- oder Sinnestäuschung (BPatG GRUR 2013, 739 – headfuck; BeckRS 2016, 01738 – headfuck statement fashion) oder „Fuck no hand" eine Sportübung für Biker, führt dies nur dann zur Eintragung, wenn der unverfängliche Sinn die obszöne Bedeutung überlagert.

778   Beschränkungen des Warenverzeichnisses durch einen **Disclaimer,** wie „ausgenommen Waren mit pornographischem oder sittlich anstößigem Inhalt", erfassen keine fassbaren Kriterien (→ § 32 Rn. 74), auch die Einschränkung eines Warenverzeichnisses durch die Formulierungen „insbesondere Textilien mit politik-, gesellschafts-, sozialkritischen Motiven oder satirischem Bezug" ist nicht geeignet, die sittliche Anstößigkeit des Begriffs entfallen zu lassen. Es geht hier nämlich nicht um eine inhaltsbeschreibende Verwendung, bei der Einschränkungen den beschreibenden Charakter verhindern können (BPatG BeckRS 2016, 01738 – headfuck statement fashion).

779   (nicht belegt)

780   **e) Persönlichkeitsmerkmale.** Allein die unberechtigte Abbildung oder Benennung eines Menschen in einer Marke führt nur über § 13 zu einem Abwehranspruch (ebenso Jankowski S. 240 f.; aA Boeckh GRUR 2001, 29 (33)). Ein (offensichtlicher) Verstoß gegen die guten Sitten kommt in Betracht, wenn Persönlichkeitsmerkmale in einer Marke oder im Zusammenhang mit den beanspruchten Waren und Dienstleistungen in einem herabwürdigenden Kontext stehen (Götting GRUR 2001, 615; Jankowski S. 229). Zur Bedeutung der Einwilligung → Rn. 742, → § 8 Rn. 949.

781   Der **postmortale Persönlichkeitsschutz** ist allgemein (OLG Köln GRUR-Prax 2018, 197 – Das Gift des Geldes) und auch markenrechtlich eng bemessen (→ § 8 Rn. 1078 ff.; Ebling/Bullinger KunstR-HdB II 2 193 ff.). Bei der Markenanmeldung „Lady Di" manifestierte sich der Verstoß gegen die guten Sitten sowohl im Zeitpunkt der Anmeldung kurz nach dem Ableben als auch in der sofort anschließenden Vermarktung des Formalrechts (BPatG BeckRS 2008, 26492; GRUR 2012, 1148 – Robert Enke). Auch die pietätlose Erinnerung an Unglücke und Verbrechen, die Menschenleben gefordert haben, kann unter dieses Eintragungshindernis fallen (→ Rn. 748 ff.; LG Frankfurt a.M. GRUR-Prax 2021, 288 (Hauck) – Mafia-Opfer). Bezüglich des Slogans „Je suis Charlie" griff das EUIPO mit der Pressemeldung vom 16.1.2015 eventuellen Anmeldungen vor (→ Rn. 748.4). Sonst ist es Sache der Hinterbliebenen, aus Namensrechten oÄ vorzugehen (BGH GRUR 2016, 749 – Landgut A. Borsig; GRUR 2012, 534 – Landgut Borsig).

781.1   Götting, der das Persönlichkeitsrecht als über dem Markenrecht stehend betont, will auf die 70 Jahre post mortem des Urheberrechts abstellen (Götting MarkenR 2014, 229 (231 f., 234)). Die Erinnerung an Personen hält in der Mediengesellschaft sogar länger an. Trotzdem zieht das BPatG in entsprechender Anwendung des § 22 S. 3 KunstUrhG die dort genannte Frist von zehn Jahre heran (→ § 8 Rn. 1080; BGH GRUR 2007, 168 – kinski.klaus.de; LG Frankfurt a.M. GRUR-Prax 2021, 288 – Mafia-Opfer).

781.2   Anerkannt wurde ein Schutzhindernis für Merkmale eines Staatsoberhaupts (RPA JW 1936, 2110 – Prince of Wales); zu dem in der Türkei gesetzlich geschützten Namen Atatürk → § 8 Rn. 948.2 sowie → UMV Art. 7 Rn. 166.

781.3   Geht man davon aus, dass der postmortale Schutz mit Ablauf der Zeit abnimmt (Ebling/Bullinger KunstR-HdB II 2 155), muss es sich um ein subjektives Recht handeln, denn die Menschenwürde böte eine Ewigkeitsgarantie (kritisch dazu Spilker DÖV 2014, 637 f.).

781.4   Bei „Lady Di" ist zu fragen, inwieweit von den Betroffenen selbst nie verwendete und sogar abgelehnte Namen, Karikaturen oder Schimpfwörter, wie „Old Schwurhand" für einen ehemaligen Bundesinnenminister, unter den Persönlichkeitsschutz fallen. Soweit Bezeichnungen Personen eindeutig erkennen lassen, ist dies wohl zu bejahen.

782   Für eine Verletzung allgemeiner Persönlichkeitsrechte bedarf es immer eines Bezugs zu Menschen. Das ist bei abgebildeten **Sachen** (Gebäuden, Tieren etc) nur gegeben, wenn die Bilder Rückschlüsse auf Eigentümer und Besitzer zulassen (→ Rn. 641 ff.; BVerfG NJW 2005, 883 zu

Betriebsräumen; OLG Köln GRUR 2003, 1066 – Wayangfiguren; AG Köln BeckRS 2010, 17936 – Bilder des Rinderkalbs Anita).

Persönlichkeitsrechte stehen auch juristischen Personen des Privatrechts zu (Art. 19 Abs. 3 GG, **783** **Unternehmenspersönlichkeitsrecht** (LG München I GRUR-RS 2021, 26908 – Hängt die Grünen; OLG Köln BeckRS 2019, 14461).

3. Ernsthaftigkeit

Ein Verstoß gegen die guten Sitten liegt bei erkennbar nicht ernst, sondern witzig gemeinten **784** Aussagen oft fern (BPatG BeckRS 2009, 19569 – schwarz gebrannt). Zur Irreführungsgefahr → Rn. 636.

Marken treten meist in einer monologischen Einweg-Kommunikation auf (Albrecht GRUR **785** 2003, 385 f.; Fikentscher NJW 1998, 1337), was keinen bestimmten Kontext und auch selten ein Erkennen von Ironie erwarten lässt.

Wo Menschen zu Opfern werden oder wurden, erregen auch witzige Aussagen Anstoß (BPatG **786** GRUR 2013, 76 – Massaker; anders aber BPatG BeckRS 2011, 24050 – Berliner Reichstagsbrand; BeckRS 1995, 122382 – KGB im Kampf gegen den Durst). Erst recht gilt das für verharmlosende Kombinationen (EuG T-1/17, BeckRS 2018, 2915 – La Mafia se sienta a la mesa).

4. Waren und Dienstleistungen

Die Frage, ob eine Marke gegen die guten Sitten verstößt, ist in der Regel ohne Differenzierung **787** hinsichtlich der beanspruchten Waren und Dienstleistungen zu beantworten. Entweder ist die Marke per se anstößig oder nicht (BGH GRUR 2013, 729 – Ready to fuck). Im Einzelfall kann der Bezug zu den angemeldeten Waren und Dienstleistungen aber einen entscheidungserheblichen Unterschied in jeder Richtung bewirken (→ Rn. 804; BPatG GRUR-RS 2021, 29374 – Lick her).

Soweit der Anmelder im Waren und Dienstleistungsverzeichnis Formulierungen verwendet, **788** die diskriminierend wirken, dürfte dies in vielen Fällen schon eine unzulässige Beschränkung, etwa zum Verwendungszweck und Kundenkreis, sein (→ § 32 Rn. 49). Sonst muss Nr. 5 auch hier greifen, wenn sich keine neutrale Formulierung finden lässt.

Die vom Inhalt einer Marke hervorgerufene anstößige Wirkung kann sich auf bestimmte **789** Produktbereiche beschränken. Religiöse Ausdrücke und Zeichen können für rituell verwendete Waren anders zu beurteilen sein, als für sonstige. In manchen Branchen können sie sogar üblich geworden sein (→ Rn. 736, → Rn. 754, → Rn. 764). Beim Namen einer Religionsgemeinschaft bewertet das BPatG eine **Kommerzialisierung** als Marke für Handelsbetriebe oder eine Bar als anstößig (BPatG BeckRS 2012, 15413 – Vineyard). Angesichts des durch Kirchen und Glaubensgemeinschaften geförderten oder jedenfalls tolerierten Handels mit Devotionalien ist der Gebrauch religiöser Begriffe für „unverfängliche" Waren und Dienstleistungen aber nicht immer anstößig (→ Rn. 765). Für Waren, die in Sexshops verkauft werden, wird bis auf religiös Anmutendes allgemein mehr toleriert als für überall erhältliche Waren (HABM Große BK 6.7.2006 – R 495/ 2005-G Rn. 21, 29 – screw you).

(nicht belegt) **790**

Ob die Marke „Not und Elend" für **Spielhallen** ein Verstoß gegen die guten Sitten wäre, weil **791** in diesem Zusammenhang die Selbstironie entfällt, diskutiert Juretzek GRUR-Prax 2020, 131.

Bei für **Jugendliche** bestimmten Produkten (Computerspielen) sind strengere Maßstäbe anzule- **792** gen (BPatG BeckRS 2008, 16906 – Kill your darling – unter Hinweis auf BVerfG GRUR 2001, 170 (174) – Schockwerbung). Dies gilt in besonderem Maße für Waren und Dienstleistungen, wie Spiele und Sport, wo Kinder und Jugendliche einen fairen Wettbewerb einüben sollen. Hier sind Wörter, die zu grobem, brachialem Verhalten animieren oder auch nur den Eindruck vermitteln, dies sei erwünscht oder jedenfalls möglich, fehl am Platz (BPatG GRUR 2013, 76 – Massaker).

Ähnlich wie bei der Irreführung (→ Rn. 618.1) ist hier zu berücksichtigen, dass Kinder und **793** Jugendliche mit Sprache anders umgehen als Erwachsene. Ihre Empfindungen, Naivität, Unerfahrenheit und ihr Nachahmungsdrang lassen sie Relativierungen, Ironie oder Überspitzungen oft nicht erkennen. Dem trägt auch § 3 UWG mit Anh. Nr. 28 UWG Rechnung.

Während auf Spielwaren bei der Verwendung von **Hoheitszeichen** der dekorative Zweck im **794** Vordergrund stehen dürfte (BPatG BeckRS 2003, 14067 – Polizei-Teddy), hat eine Verwendung auf anstößigen Waren einen verunglimpfenden Charakter, so dass Nr. 5 greifen kann (→ Rn. 745).

Mehrdeutige Begriffe können im Zusammenhang mit verschiedenen Waren und Dienstleis- **795** tungen unterschiedliche Charaktere haben (BPatG BeckRS 2009, 28910 – Hello Pussy).

5. Maßgebliche Kreise

796   Maßgeblich ist die Auffassung nicht nur der durch die beanspruchten Waren und Dienstleistungen Angesprochenen, sondern aller, die dem Zeichen im Anmeldezeitpunkt begegnen können (EuG T-69/17, BeckRS 2018, 267 – Fack Ju Göhte; Bender MarkenR 2012, 41 (49)). Dabei ist weder eine übertrieben laxe noch eine besonders feinfühlige Ansicht entscheidend.

796.1   Die hier maßgeblichen Verkehrskreise müssen also nicht identisch sein mit den für Unterscheidungskraft und Freihaltebedürfnis maßgebenden (→ Rn. 711.1; BGH GRUR 2013, 729 – Ready to Fuck; BPatG GRUR 2013, 739 – headfuck; 26 W (pat) 5/82, Mitt 1983, 156 – Schoasdreiber; BeckRS 2009, 14629 – Dalailama; Bender MarkenR 2012, 41 (49) mit Verweis auf EuG T-526/09, GRUR Int 2012, 247 – Paki; Rohnke GRUR 2013, 1073 (1075)).

797   Für die Beurteilung der Verkehrsauffassung kommt es nicht auf eine Mehrheit im rechnerischen Sinn an. Entscheidend ist vielmehr, ob ein beachtlicher Teil der Kreise, die dem Zeichen begegnen können, dessen Verwendung als anstößig betrachtet (BGH GRUR 2013, 729 – Ready to fuck; BPatG BeckRS 2011, 05951 – Arschlecken24; GRUR 2013, 739 – headfuck; BeckRS 2012, 15413 – Vineyard; GRUR-RR 2011, 311 Ls. 4 – rcqt; Ingerl/Rohnke/Nordemann/Schork Rn. 278).

798   Wenn viele den (genauen) Sinn anstößiger (fremdsprachiger) Begriffe nicht kennen, kann dies ebenso wenig zum Markenschutz führen wie die Annahme, dass diejenigen, die mit dem Ausdruck vertraut sind, auf Grund „aus dem Rahmen fallender Robustheit" (BPatG BeckRS 2014, 01384 – durchgestrichene Moschee) keinen Anstoß nehmen. Andernfalls käme man zu dem Ergebnis, dass ein Ausdruck, der so obszön ist, dass ihn kaum jemand kennt, Markenschutz erlangen könnte.

799   (nicht belegt)

800   Eine eingetragene Marke darf nicht einen fremdsprachlichen Kreis in seiner Muttersprache oder in seiner Schrift beleidigen, diskriminieren etc. Hetzparolen dürfen in keiner **Sprache** Markenschutz erfahren (→ § 8 Rn. 50 ff.). § 15 MarkenV hilft mit seinem Gebot der Transliteration (buchstabengetreue Umschrift), Transkription (lautgetreue Umschrift) und Übersetzung, zu prüfen, ob Fremdsprachiges gegen die öffentliche Ordnung verstößt.

801   (nicht belegt)

6. Kombinationszeichen

802   Der Verstoß gegen die guten Sitten bzw. die öffentliche Ordnung kann sich aus einzelnen Bestandteilen eines Zeichens ergeben, wenn der Bestandteil im Gesamteindruck nicht untergeht oder in seiner Aussage nicht relativiert, konterkariert oder negiert wird. Das ist noch nicht der Fall, wenn ein „Ready to Fuck" mittels Durchstreichens und erkennbaren Überschreibens zu „Ready to Faak" wird (BPatG BeckRS 2011, 28145 – Ready to Faak; BGH GRUR 2013, 729 – Ready to fuck).

803   Schutzfähigkeit fehlt, wenn eine **Grafik** die obszöne Aussage illustriert (BPatG GRUR 2013, 739 – headfuck). Der 26. Senat hat sogar eine nachweisbare Verwendung und die dabei wesensbestimmenden Eigenschaften der Waren (Viskosität und trübe Farbe eines Sahnelikörs) berücksichtigt (BPatG BeckRS 2011, 25440 – Schlumpfwichse). Mehrdeutige Begriffe, die an sich unverfänglich verstanden werden, können als Wortmarke eintragbar sein; Illustrationen oder Kontext können sie auf eine gegen die öffentliche Ordnung verstoßende Bedeutung festlegen (BPatG BeckRS 2013, 17740 – Zur Ritze, bzw. BeckRS 2013, 17739 – Zur Ritze neben der Darstellung gespreizter Beine in Damenstrümpfen).

804   (nicht belegt)

7. Farben

Grundsätzlich gelten für Farben hier keine Besonderheiten. Soweit Farben für Staaten oder **805** Organisationen stehen, in denen oder durch die Menschen misshandelt wurden, können die Farben deren Andenken und deren Angehörige verletzen (→ Rn. 747).

Gleiches gilt für Farben, die zur Diskriminierung dienen oder gedient haben; das betrifft vor **806** allem farbige Embleme. Das steht aber meist in Zusammenhang mit einer bestimmten Form (gelber Judenstern).

8. Kollektiv- und Gewährleistungsmarken

Eine Kollektivmarke kann auch wegen des Inhalts der Satzung oder Spezifikation gegen die **807** öffentliche Ordnung verstoßen (→ § 103 Rn. 1; → UMV Art. 76 Rn. 2). Für Gewährleistungsmarken regeln dies § 106e Abs. 1 MarkenG sowie Art. 85 Abs. 1 UMV (→ UMV Art. 85 Rn. 4). Dafür dürften vor allem ungerechtfertigte wettbewerbliche Beschränkungen in Frage kommen.

E. Erläuterung zu § 8 Abs. 2 Nr. 6–14

I. Staatssymbole (Abs. 2 Nr. 6)

Diese Vorschrift soll verhindern, dass Hoheitszeichen für geschäftliche Zwecke ausgenutzt, **808** missbraucht oder dass sie Gegenstand von Ausschließlichkeitsrechten einzelner Privater werden (BPatG BeckRS 2013, 11038 – Schweizer Kreuz; GRUR 2005, 679 f. – Bundesfarben; Lange FS Büscher, 2018, 75).

Zum soziologischen Hintergrund verweist Lange auf EuGH C-202/08 P und C-208/08 P, GRUR Int **808.1** 2010, 45 – Ahornblatt und Schlussanträge GA Ruiz-Jarabo GRUR Int 2010, 45 Rn. 61 ff. zur identifikationsstiftenden Kraft von Hoheitszeichen und anderen staatlichen Symbolen (Lange FS Büscher, 2018, 75).

Die Vorschrift setzt Art. 4 Abs. 1 lit. h MRL um, der seinerseits anordnet, dass **Art. 6ter Abs. 1** **809** **PVÜ** in die nationalen Markenrechte implementiert wird. Nach Art. 6ter Abs. 1 PVÜ sind die Verbandsländer verpflichtet, die **Eintragung von Hoheitszeichen** als Marken zurückzuweisen und die Benutzung zu verbieten, sofern die zuständigen Stellen den Gebrauch nicht erlaubt haben. Zweck ist es, das Recht des Staates auf Kontrolle seiner Souveränitätssymbole zu wahren und die Öffentlichkeit vor einer Täuschung über die Herkunft damit gekennzeichneter Waren zu bewahren (BGH GRUR 2003, 705 – Euro-Billy).

Das Eintragungsverbot für irreführende Zeichen (§ 8 Abs. 2 Nr. 4) greift in Fällen der Nr. 6 **810** nicht notwendigerweise ein, weil die Registrierung/Benutzung des Hoheitszeichens vom Staat erlaubt sein kann, in welchem Falle die für Nr. 4 erforderliche Irreführungsgefahr fehlen würde (→ § 8 Rn. 592).

Die unbefugte Benutzung staatlicher Symbole ahndet § 145 Abs. 1 Nr. 1 als Ordnungswidrig- **811** keit. § 8 Abs. 2 Nr. 6 statuiert das Eintragungsverbot. Während § 145 Vorsatz verlangt (→ § 145 Rn. 3), sind für das Eintragungsverbot die Motive und Absichten des Anmelders ohne Belang. Es kommt allein darauf an, ob das angemeldete Zeichen ein Staatssymbol oder dessen Nachahmung (→ Rn. 827) enthält. Da das Eintragungshindernis ungerechtfertigte Monopole verhindern soll, kommt es auch nicht darauf an, ob das angemeldete Zeichen hoheitliche Befugnisse vortäuscht, wie dies § 124 Abs. 1 Nr. 1 OWiG verlangt (Lange FS Büscher, 2018, 75 (88); aA BPatG GRUR 2009, 495 – Flaggenball).

Eine Verbindung zwischen dem den beanspruchten **Waren und Dienstleistungen** und dem **812** geschützten Zeichen ist hier – anders als bei Symbolen internationaler Organisationen der Nr. 8 (→ Rn. 857) – nicht erforderlich, arg. e contrario aus § 8 Abs. 4 S. 3.

Die einer Eintragung entgegenstehenden Kennzeichen müssen bei Anmeldung der fraglichen **813** Marke bereits Staatssymbole sein. Werden sie das erst nach der Anmeldung, ist das kein Grund für die Löschung der Marke (→ § 50 Rn. 11).

1. Allgemeines

§ 8 Abs. 2 Nr. 6 schützt ebenso wie Art. 7 Abs. 1 lit. h UMV iVm Art. 6ter PVÜ (→ § 8 Rn. 11) **814** Staatswappen, Staatsflaggen und andere staatliche Hoheitszeichen sowie Wappen inländischer Orte, Gemeinde- und Kommunalverbände vor unbefugter (→ Rn. 838 ff.) Anmeldung als Marke oder der Anmeldung als Teil einer Marke (EuGH C-202/08 und 208/08, GRUR Int 2010, 45 Rn. 47 – American Clothing Associates). Verboten ist auch die Nachahmung iSd Abs. 4 S. 1 (→

Rn. 827 ff.). Das Eintragungshindernis greift auch ein, wenn das staatliche Zeichen nur wenige typisch heraldische Merkmale hat. Denn der staatliche Gebrauch führt auch dann zu einer schützenswerten Identifikation von Zeichen und Staat (Lange FS Büscher, 2018, 75 (89 f.) mit Verweis auf Schlussanträge GA Ruiz-Jarabo C-202/08 P und C-208/08 P, GRUR Int 2010, 45 – Ahornblatt).

815   Das Namensrecht am Gemeindenamen fällt nicht unter Nr. 6 und auch nicht unter Nr. 5 (→ § 8 Rn. 780) oder Nr. 13 (→ Rn. 943 ff.), sondern nur unter § 13. Der Gemeindename ist also nur ein relatives Eintragungshindernis. Bei der Anmeldung von Wappen ausländischer Kommunen ist zu fragen, ob Nr. 2 (Ortsangabe, → § 8 Rn. 212, → § 8 Rn. 342) oder Nr. 4 (Irreführung, → § 8 Rn. 667 ff.) der Eintragung entgegenstehen.

816   Nicht mehr geführte Hoheitszeichen sowie Zeichen von nicht mehr existierenden Hoheitsträgern fallen nicht unter Nr. 6. Sie können jedoch immer noch als Beschreibung der geografischen Herkunft iSd Nr. 2 wirken und damit ggf. täuschend iSd Nr. 4 sein (→ § 8 Rn. 667) oder gegen die öffentliche Ordnung iSd Nr. 5 verstoßen (→ § 8 Rn. 747; → UMV Art. 7 Rn. 159; EuG T-232/10, GRUR Int 2012, 364 zum Sowjetwappen).

817   Die teilweise vertretene, auf den Wortlaut des Art. 6ter Abs. 1 lit. a PVÜ gestützte Auffassung, **Dienstleistungsmarken** würden nicht erfasst (→ UMV Art. 7 Rn. 182), hat der EuGH verworfen (EuGH C-202/08 und C-208/08, GRUR Int 2010, 45 Rn. 71 ff. – American Clothing Associates).

818   Eine analoge Anwendung auf **Benutzungsmarken** ist im Hinblick auf den Schutzgegenstand „Souveränität" geboten (→ § 3 Rn. 17.1; → § 4 Rn. 34 f.), weshalb Markenschutz auch bei Verkehrsdurchsetzung ausscheidet (→ § 8 Rn. 1097; Szalai MarkenR 2012, 8; Ingerl/Rohnke § 4 Rn. 9; Fezer § 4 Rn. 99 ff.; Dück GRUR 2015, 546 (550)).

2. Hoheitszeichen

819   Der Begriff „Hoheitszeichen" ist gesetzlich nicht definiert. Er kann gleichgesetzt werden mit „Staatssymbol". Der Nr. 6 liegt dem Art. 6ter PVÜ zugrunde. Die darunter fallenden Hoheitszeichen finden sich auf http://www.wipo.int/ipdl/en/6ter/ (zuletzt abgerufen am 5.10.2022). Flaggen von Staaten sind allerdings auch ohne Aufnahme in diese Liste geschützt (Art. 6ter Abs. 3 lit. a S. 3 PVÜ). Die **Bundesflagge** ist farblich in Art. 22 Abs. 2 GG beschrieben; die genauen Farbtöne sind nicht festgelegt. Die Anordnung der Farben (drei gleichgroße Querstreifen) definiert die „Anordnung über die deutschen Flaggen" vom 7.6.1950 (BGBl. I 205; BPatG GRUR 2015, 790 – DE). Den **Bundesadler** definiert die „Bekanntmachung betreffend das Bundeswappen und den Bundesadler" vom 1.2.1950, BGBl. I 26; vgl. Gross NJW 2011, 718). Zu den wichtigsten von der Bundesrepublik Deutschland unter Schutz gestellten Symbolen s. Lange FS Büscher, 2018, 75 (76 f.).

819.1 Der Bundesadler ist als Hoheitszeichen so beschrieben: „ein einköpfiger schwarzer Adler auf goldgelbem Grund, den Kopf nach rechts gewendet, die Flügel geöffnet, mit geschlossenem Gefieder, Schnabel, Zunge und Fänge in roter Farbe" (Bekanntmachung vom 1.2.1950, BGBl. I 26). Die historisch bedingte Ungenauigkeit der grafischen Definition dieses Staatssymbols (Gross FS Gerda Müller, 2009, 599 (604)) kann Argument dafür sein, auch abgewandelte Formen als Staatssymbole zu sehen (Gross NJW 2011, 718 (720); BGH NJW 2003, 3633 – Gies-Adler).

820   Unter Staatsflaggen fallen unabhängig von der heraldischen Definition alle in der Anordnung über die deutschen Flaggen (BlPMZ 1997, 13) genannten Zeichen (BPatG GRUR 2005, 679 f. – Bundesfarben). Bingener MarkenR Teil 3 Rn. 291 verweist hierzu auf die im Internet angebotene Datenbanken: www.wipo.int/ipdl/en/6ter/search-struct.jsp sowie www.flaggenlexikon.de (jeweils zuletzt abgerufen am 6.10.2022).

821   **Andere staatliche Hoheitszeichen** sind Staatssymbole, die der Selbstdarstellung des Staates dienen, integrierende Kraft haben, die Würde eines Staates erkennbar (BPatG BeckRS 2009, 15055 – Kampfschwimmer; EuGH C-202/08 und C-208/08, GRUR Int 2010, 45 Rn. 40 – American Clothing Associates; Fezer Rn. 601) und hoheitliche Rechte deutlich machen, wie zB Siegel, Nationalhymnen, Orden und andere Ehrenzeichen, Amtsschilder, Amtstrachten und Uniformen, Münzen oÄ. Als gegenständliche, sichtbare Zeichen symbolisieren sie Präsenz und Identität des Staates (BPatG GRUR 2003, 710 – Verkehrszeichen; GRUR 2002, 337 – Schlüsselanhänger). Ein solches nach Nr. 6 geschütztes Siegel ist **nicht** das Zeichen der Union für geschützte geografische Abgaben. Es fällt in der UMV „nur" unter Art. 7 Abs. 1 lit. i UMV, nicht unter lit. h (EuG T-700/20, GRUR-RS 2021, 36702 mAnm Schulteis GRUR Prax 2022, 5) und im MarkenG „nur" unter Nr. 7 (BGH GRUR 2013, 401 – Bio Kristall).

Der Schutz aus Art. 6ter Abs. 1 lit. a PVÜ gewährte Schutz ist sehr weitgehend. Es greift schon **822** ein, wenn ein einziger Bestandteil der angemeldeten Marke ein staatliches Hoheitszeichen oder eine heraldische Nachahmung desselben darstellt. Auf den Gesamteindruck der Marke kommt es nicht an (EuGH C-202/08, BeckRS 2009, 70812 Rn. 47 – Ahornblatt). Darum greift das Eintragungshindernis auch ein, wenn die Marke mehrere Hoheitszeichen enthält. Denn Art. 6ter Abs. 1 lit. c S. 2 PVÜ erlaubt bei Kennzeichen internationaler Organisationen die Eintragung und die Benutzung, wenn dies keine Verbindung zwischen der Marke und der Organisation suggeriert. Eine solche Erlaubnis besteht aber bei Hoheitszeichen nicht. Darum kommt es dort auch nicht darauf an, ob die Marke eine Verbindung zwischen Hoheitsträger und Markeninhaber suggeriert (EuGH C-202/08, BeckRS 2009, 70812 Rn. 44, 45 – Ahornblatt). Darum ist auch eine Marke, die groß das Wort „Almtaler" und darunter die Wappen von fünf Alpenanrainerstaaten zeigt, nicht eintragungsfähig (EUIPO GRUR-RS 2020, 60119 Rn. 16–18; dies sicher im Widerspruch zu BPatG BeckRS 2013, 07889 – G8-Strandkorb und eventuell im Konflikt mit BPatG GRUR 2009, 495 – Flaggenball; → Rn. 837).

Als Hoheitszeichen gelten auch gesetzliche **Zahlungsmittel** (BGH GRUR 2003, 705 f. – **823** Euro-Billy; GRUR 2003, 707 – Tasse mit Gelddarstellungen; BPatG BeckRS 2012, 22881 – Folienbeutelaufdrucke).

Das EUIPO prüft gemäß den Richtlinien die Verwendung des €-Symbols grundsätzlich unter Art. 7 **823.1** Abs. 1 Ziff. i UMV. Gleiches dürfte für vergleichbare Bezeichnungen gesetzlicher Zahlungsmittel wie das \$-Symbol gelten. Das EuG hat allerdings bei den **Währungssymbolen** sogar nur den etwaigen beschreibenden Charakter (Nr. 2), etwa für Geldwechselgeschäfte geprüft (EuG T-665/16, BeckRS 2018, 2626).

Verkehrszeichen sind keine Hoheitszeichen (BPatG GRUR 2003, 710; 2013, 379 – Ampel- **824** männchen); Gleiches gilt wohl auch für **Briefmarken** bzw. Postwertzeichen (BGH GRUR 2004, 771; BPatG BeckRS 2003, 12215 – Ersttagssammelblätter).

Auch wenn sich ein Hoheitszeichen aus dem **hergebrachten Wappen einer Adelsfamilie** **825** entwickelt hat, kann die Familie ihr Wappen nicht als Marke eintragen. Zwar besteht an einem solchen Wappen womöglich Namensschutz iSv § 12 BGB. Das rechtfertigt aber nicht dessen Eintragung als Marke (→ UMV Art. 7 Rn. 183; EuG T-397/09, BeckRS 2011, 80909 mAnm Ruess GRUR-Prax 2011, 263 zum Wappen des Hauses Hannover, das heraldisch sehr dem Wappen des Vereinigten Königreiches ähnelt und darum nicht eintragbar ist).

Die grundsätzlich bestehende Pflicht zur **Amtsermittlung**, ob ein Hoheitszeichen vorliegt, **826** muss nur mit vertretbarem Aufwand erfüllt werden. Dazu gehört es, das Verzeichnis der diesbezüglichen Rundschreiben der Mitgliedstaaten der PVÜ und der WTO zu sichten. In steigendem Maße wird dazu auch das Ausnutzen informationstechnischer Möglichkeiten, wie automatischer Bildabgleich, gehören. Legen Art und Gestaltung eines angemeldeten Zeichens nahe, dass es sich um ein Hoheitszeichen handelt, kann das DPMA vom Anmelder die Erklärung verlangen, dass die Darstellung nach seinem besten Wissen kein derartiges Zeichen ist (BPatG BeckRS 1975, 00284 – Wappenerklärung). Zur **Mitwirkungspflicht** des Anmelders → § 59 Rn. 3 ff.

3. Nachahmung

Verboten ist auch die Eintragung von **Nachahmungen** im heraldischen Sinn (→ § 8 Rn. 39.1, **827** → UMV Art. 7 Rn. 181, **Art. 6ter Abs. 1 lit. a PVÜ**). „Nachahmung" ist nicht dasselbe wie „ähnliches Zeichen" iSd § 9 und § 14 (Lange FS Büscher, 2018, 75 (84); BPatG BeckRS 2013, 11038 – Schweizer Kreuz; GRUR 2005, 679 (681 f.) – Bundesfarben; EuG T-127/02, GRUR 2004, 773 Rn. 40–51 – ECA). Eine Nachahmung liegt vor, wenn im angemeldeten Zeichen der (farbliche) **Charakter** oder die wesentlichen Merkmale des Hoheitszeichens, die sich ua aus dessen amtlicher, heraldischer Beschreibung (nicht aus seiner bildlichen Darstellung: EuG T-430/12, GRUR-Prax 2014, 151) ergeben, erhalten bleiben (OLG München GRUR 2015, 590 Rn. 64 – Adler im Kreis). Das darf nicht eng ausgelegt werden (BPatG GRUR-Prax 2015, 404; Ingerl/Rohnke Rn. 285; enger Fezer Rn. 599, 612; Ströbele/Hacker/Thiering/Ströbele Rn. 974). Auch Stilisierungen sind solche Nachahmungen. Liegt keine Nachahmung vor, wird trotzdem oft die Unterscheidungskraft fehlen, so dass auch dann keine Eintragung erfolgt. Begrifflich kann kein Nachahmen vorliegen, wenn eine Marke schon vor Einführung des Staatssymbols verwendet wurde (Dück GRUR 2015, 546 (548); → Rn. 813).

Die heraldische Beschreibung ist aus Sicht des heraldischen Laien meist sehr ungenau. Sie definiert nur **827.1** bestimmte Elemente und kaum Details. Diese Details können künstlerisch interpretiert werden – ohne dass dies den heraldischen Ausdruck in Frage stellt. Dies zeigt die offizielle Bekanntmachung vom 20.1.1950 (BGBl. I 26) zu Bundeswappen und Bundesadler, die ausdrücklich künstlerische Ausgestaltungen für besondere Zwecke erlaubt (instruktiv Lange FS Büscher, 2018, 75 (80 f.); EuG T-430/12, GRUR-Prax 2014, 151; BPatG GRUR 2015, 790 – DE-Flagge). Dass zB der Wappenschild des Hoheitszeichens im angemeldeten Zeichen Herzformat hat, ändert nichts an der Nachahmung (BPatG BeckRS 2014, 08387 – Stadtwappen Köln).

828   Die **Aufmerksamkeit** der Verbraucher darf, was Hoheitszeichen angeht, nicht als hoch eingestuft werden (Lange FS Büscher, 2018, 75 (88)). Von Fachleuten der Heraldik (dazu Dück GRUR 2015, 546 unter II.1.c) festgestellte Unterschiede zwischen der Marke und dem Hoheitszeichen nimmt das angesprochene Publikum nicht unbedingt wahr. Darum verlangt das EuG zwar eine heraldische Konnotation, stellt aber nicht auf Fachleute der Heraldik ab (EuG T-413/11, GRUR Int 2013, 250 – EDS; zur Parodie vgl. EuGH C-201/13, GRUR 2014, 972 – de wilde Weldoener). Zur Verunglimpfung → Rn. 834.

829   Die Wahl der **Farbtöne** hat für die Frage, ob eine heraldische Nachahmung vorliegt, kaum Auswirkungen (EuG T-430/12, GRUR Int 2014, 681 – European Network Rapid Manufacturing; T-413/11, GRUR Int 2013, 250 – EDS; T-127/02, GRUR 2004, 773 – ECA; BPatG GRUR 2015, 790 – DE-Flagge; zum Bundesadler → Rn. 819; Marz GRUR-Prax 2015, 126; Dück GRUR 2015, 546 unter II.1.d). Eine Nachahmung liegt auch vor, wenn in der Marke die Streifen der Bundesflagge unterschiedlich breit und gebogen gestaltet sind (BPatG GRUR 2015, 790 – DE-Flagge). Die spiegelverkehrte (umgedrehte) Bundesflagge ist eine als Design nicht schutzfähige Nachahmung (BPatG BeckRS 2018, 25740 zum ähnlichen Schutzhindernis aus § 3 Abs. 1 Nr. 4 DesignG, was auf das markenrechtliche Eintragungshindernis übertragbar sein dürfte).

830   Eine Nachahmung kann auch vorliegen, wenn nur **Bestandteile** eines Hoheitszeichens übernommen werden. Hoheitszeichen enthalten oft prägende Elemente, die separat Schutz genießen können. Häufige Verwendungen eines Elements in den Hoheitszeichen verschiedener Staaten oder in Marken mindern dessen heraldischen Ausdruck nicht (Lange FS Büscher, 2018, 75, 82 f., 86 f., 89).

831   **Schwarzweiße Anmeldungen** können **farbige Hoheitszeichen** verletzen. Es kann dann dem Vergleich eine Darstellung der Markenanmeldung in den Farben des Hoheitszeichens zu Grunde gelegt werden (BPatG BeckRS 2013, 11038 – Schweizer Kreuz; BeckRS 2016, 15839 – Eurokurier; Albrecht/Albrecht MarkenR 2018, 61 (63)). Die US-amerikanische Flagge, die tschechische mit ihrem auffallenden Dreieck und andere Nationalflaggen mit komplexer Gestaltung werden oft auch in farblich abweichender Darstellung als Hoheitszeichen angesehen (Albrecht/Albrecht MarkenR 2018, 61 (63); zum Sternenkranz der EU → Rn. 865; BGH GRUR-Prax 2010, 361 – Malteserkreuz II; BeckRS 2006, 10487 Rn. 23 – Malteserkreuz; BPatG BeckRS 2013, 11038 – Schweizer Kreuz; EuG T-215/06, BeckRS 2008, 70354 – Ahornblatt). Bei sehr schlichten Gestaltungen wie schwarz/weißen Streifen kann man nicht unterstellen, dass der Verkehr darin Nationalfarben sieht (BPatG BeckRS 2013, 11038 – Schweizer Kreuz; BeckRS 2012, 19612 Ls. 4–6 – RTL).

831.1   Eine **geringfügige Veränderung** der heraldisch vorgegebenen Breite und Länge der Arme des Schweizer Kreuzes ist eine **Nachahmung** (BPatG BeckRS 2013, 11038 – Schweizer Kreuz). Entspricht ein gestaucht wirkendes Kreuz in Balkenlänge und Balkenbreite nicht dem quadratischen Kreuz in der Staatsflagge der Schweiz, verneint das BPatG eine Nachahmung, zumal das Kreuzsymbol, anders als etwa das Ahornblatt in der kanadischen Flagge, vielfältige Bedeutungen hat (Symbol des Christentums, Rotes Kreuz, Mathematik, Symbol für Hilfsleistungen). Daher fielen Abwandlungen stärker ins Gewicht als bei eindeutig zuzuordnenden Symbolen (BPatG BeckRS 2014, 22807 – medipresse). Ist hingegen in der Marke Silber als Hintergrund eines weißen Kreuzes bestimmt, liegt keine Nachahmung des Schweizer Kreuzes mehr vor (BPatG GRUR-Prax 2012, 282 – swiss eye (Stutz)).

831.2   Bei einer in schwarz-weiß eingetragenen Marke kann die konkrete Benutzungsform, wenn sie in National- oder Stadtfarben erfolgt, unter Umständen **wettbewerbsrechtlich untersagt** werden.

832   Ist ein grafisches Element des Hoheitszeichens in der Marke nur **unvollständig** enthalten, schließt dies eine Nachahmung nicht aus, wenn die Unvollständigkeit zB auf einer Überlagerung des grafischen Elements durch ein anderes grafisches Element beruht und der Verkehr deshalb das Hoheitszeichen doch als insgesamt übernommen wahrnimmt (BPatG BeckRS 2014, 22807 – medipresse).

833   Wortelemente **mit Bezug** zum Hoheitsträger unterstützen den Eindruck einer Nachahmung, während Elemente ohne einen solchen Bezug davon wegführen können (Bender ELR 2012, 61 f.; BPatG BeckRS 2009, 87083 – Vital Life Europe; BeckRS 2012, 12096 – Kanaltechnik).

834   Gegen eine **Verunglimpfung** von Hoheitszeichen schützt ua § **90a StGB,** was ggf. zum Eintragungsverbot über Nr. 13 (→ Rn. 939) führt. Bei Verunglimpfungen in **Karikaturen** liegt

aber in der Regel keine Nachahmung vor, weil die karikierende Darstellung den Hoheitsanspruch ausschließt. Die als Nachahmung eingestufte umgedrehte Anordnung der Bundesfarben (→ Rn. 827) hat das BPatG nicht als Ausdruck einer ablehnenden Protesthaltung und darum nicht als herabsetzende Verwendung angesehen (BPatG GRUR-Prax 2018, 556).

Das wird meist auch für eine **scherzhafte** Abbildung von Waren in einer Anordnung gelten, 835 die auf ein Emblem anspielt (vgl. OLG Stuttgart GRUR-Prax 2018, 127 – Grillpatties als olympische Ringe).

Ein Eintragungsverbot für Bilder erstreckt sich nicht ohne Weiteres auf deren wörtliche Benen- 836 nung (BPatG GRUR 1993, 47 – Shamrock für das irische Kleeblatt; Fezer Rn. 601). Das EuG spricht allerdings davon, dass wörtliche Beschreibungen eines Zeichens immer unterschiedliche künstlerische Interpretationen zulassen, die zu verschiedenen konkreten grafischen Ausgestaltungen führen, aber allesamt Nachahmungen des Wappens sein können (EuG T-413/11, GRUR Int 2013, 250 – EDS).

4. Kombinationszeichen

Das Eintragungsverbot erfasst ausweislich des Wortlauts von Nr. 8 auch Marken, die außer dem 837 Hoheitszeichen auch schutzfähige Bestandteile enthalten (BPatG GRUR 2010, 77 – BSA; GRUR-Prax 2015, 404 – Europas Sternenkranz auf Bundesflagge; → §8 Rn. 39.1). Auch bei einer bloßen Nachahmung hilft das Hinzufügen weiterer Bestandteile nicht gegen das Eintragungs- verbot (§8 Abs. 4 S. 1). Das Hoheitszeichen muss allerdings, damit das Eintragungsverbot noch eingreift, noch als solches in Erscheinung treten (BPatG 26 W (pat) 296/87, BlPMZ 1990, 77 – Moet: zu starke Verkleinerung). Es darf nicht in der sonstigen Aufmachung (→ Rn. 822) oder in einer Vielzahl solcher Symbole untergehen (BPatG GRUR 2009, 495 – Flaggenball; dies eventuell im Konflikt mit EUIPO GRUR-RS 2020, 60119 Rn. 16–18 – fünf Wappen der Alpen- anrainerstaaten; BeckRS 2011, 26011 – Konsensuskonferenz). Es darf auch nicht nur dekorativ wirken, ein Themengebiet beschreiben oder „internationales Flair" erzeugen (BPatG BeckRS 2013, 07889 – G8-Strandkorb; dies sicher im Konflikt mit EUIPO GRUR-RS 2020, 60119 Rn. 16–18 – fünf Wappen der Alpenanrainerstaaten; BeckRS 2011, 26011 – Konsensuskonferenz; BeckRS 2014, 22807 – medipresse). Zusätzliche Merkmale dürfen den amtlichen Anschein nicht zerstreuen (BPatG GRUR-Prax 2015, 404). Letztlich kommt es immer darauf an, ob das Zeichen trotz der weiteren Bestandteile noch einen Hoheitsanspruch (auch mehrerer Träger, BPatG GRUR 2010, 77 – BSA) vermittelt (BPatG BeckRS 2014, 22807 – medipresse; → Rn. 833; bejaht in EuG T-700/20, GRUR-RS 2021, 36702 mAnm Schulteis GRUR Prax 2022, 5 für die Integration des EU-Zeichens „geschützte geografische Angabe" in ein komplexeres Zeichen, weil das Gesamt- zeichen suggerierte, es enthalte das Hoheitszeichen aufgrund einer Verleihung).

5. Befugnis

Markenschutz an Hoheitszeichen ist möglich, wenn der Anmelder zur Eintragung besonders 838 befugt ist (§8 Abs. 4 S. 2, → UMV Art. 7 Rn. 180, Art. 6ter Abs. 8 PVÜ). Die bloße Möglichkeit der Befugniserteilung schließt generell das Schutzhindernis von Nr. 13 aus, da deshalb die Ersicht- lichkeit fehlt (→ Rn. 937). Die Befugniserteilung muss nicht nur das Recht umfassen, das Hoheitszeichen zu benutzen, sondern auch, es als (Bestandteil einer) Marke anzumelden (HABM GRUR 2005, 684 Rn. 21 ff. – efcon). Verwendungsrechte enthalten nicht automatisch auch das Recht zur Markenanmeldung (vgl. HABM GRUR-RR 2008, 164 – Most Innovative Product) oder zur Verwendung als Marke in jedem Zusammenhang (Dück GRUR 2015, 546 (549)). Die Befugnis ist – anders als bei Nr. 4, 5 und 13 (→ §8 Rn. 638 ff.) – **im Anmeldeverfahren zu prüfen.** Für deutsche Hoheitszeichen scheidet eine generelle Eintragungsbefugnis mangels einer gesetzlichen Grundlage aus (Lange FS Büscher, 2018, 75 (90); Pieroth WRP 2016, 794).

Das BPatG scheint allerdings bei Staatsunternehmen allein aus den **Eigentumsverhältnissen** 839 auf eine Anmeldeberechtigung zu schließen (BPatG BeckRS 2009, 26974 – Trikolore). Das ist gefährlich, da nach einem Rechtsübergang die Anmeldebefugnis womöglich evident fehlt (→ §8 Rn. 662). Dagegen kann **Bestandsschutz** einer Befugnis gleichgesetzt werden (Köttker becklink 1033697 zum DFB-Adler). Bestandsschutz kann wohl nicht auf einer Verwendung einer nicht eingetragenen Marke beruhen (OLG München NJWE-WettbR 1999, 156), zumal das Schutzhin- dernis auch einer Benutzungsmarke entgegensteht (→ Rn. 818). Außerdem dürfen dem Bestands- schutz keine öffentlichen Interessen entgegenstehen (BGH GRUR 1965, 146 (151) – Rippen- streckmetall II), was bei Staatssymbolen im Regelfall gegeben sein dürfte (Dück GRUR 2015, 546 (549)).

840   Eine Befugnis kann erteilen, wer in § 7 Nr. 3 genannt ist oder den dort genannten Gesellschaften gleichzustellen ist, nicht aber eine übergeordnete Körperschaft in Bezug auf Hoheitszeichen ihrer Mitglieder. Die Befugnis kann auch **nachträglich mit Rückwirkung** erteilt werden (BPatG BeckRS 2015, 121605 − Einander Hessen; DPMA BeckRS 2015, 19419 − DFB-Adler; Dück GRUR 2015, 546 (550); kritisch Lange FS Büscher, 2018, 75 (91)). Die Befugnis zur Ermächtigung erfährt keine Einschränkung, wenn das Hoheitszeichen, an dem Rechte eingeräumt werden sollen, anderen Hoheitszeichen oder privaten Zeichen (→ Rn. 825) ähnlich ist.

II. Amtliche Prüf- und Gewährzeichen (Abs. 2 Nr. 7)

841   Die unbefugte Benutzung von amtlichen Prüf- bzw. Gewährzeichen ahndet § 145 Abs. 1 Nr. 2 als Ordnungswidrigkeit. Vorliegend geht es um die Versagung der Eintragung als Marke.

842   Während § 145 Vorsatz verlangt (→ § 145 Rn. 3), sind bei der Prüfung des Schutzhindernisses Motive und Absichten des Anmelders ohne Belang. Es kommt allein darauf an, ob das angemeldete Zeichen ein Prüf bzw. Gewährzeichen oder dessen Nachahmung (→ Rn. 848) enthält.

1. Allgemeines, Waren-/Dienstleistungsähnlichkeit erforderlich

843   Geschützt sind in- und ausländische amtliche Prüf- oder Gewährzeichen vor einer Monopolisierung als Marke, und zwar auch gegen bloße Nachahmungen (→ Rn. 848; → UMV Art. 7 Rn. 180 ff.). Das Eintragungsverbot greift wegen § 8 Abs. 4 nicht ein, wenn die Waren/Dienstleistungen nicht mit denen, für die das Prüfzeichen steht, ähnlich sind. Anders ist es bei Nr. 6, deren Eintragungshindernis auch bei Unähnlichkeit der Waren/Dienstleistungen eingreift (arg. e contrario aus § 8 Abs. 4 S. 3). Voraussetzung für eine Verletzung ist zudem, dass die fragliche Marke **irreführend auf eine Verbindung** mit der **zeichenführenden staatlichen Stelle** hinweist, so dass der Verkehr glauben kann, die gekennzeichneten Produkte rührten von dieser Stelle her (EuG T 3/12, BeckRS 2013, 81436 Rn. 40, 77; T-700/20, GRUR-RS 2021, 36702 Rn. 23; → UMV Art. 7 Rn. 182, alle für die Parallelvorschrift in Art. 7 Abs. 1 lit. i UMV).

844   Das die Eintragung hindernde Zeichen muss bereits ein amtliches Prüf- oder Gewährzeichen sein. Wenn es dazu erst nach der Anmeldung der strittigen Marke wird, ist das kein Löschungsgrund (→ § 50 Rn. 11).

845   Eine analoge Anwendung des Eintragungsverbotes „Qualitätszeichenverletzung" auf **Benutzungsmarken** erscheint geboten (→ § 3 Rn. 17.1; → § 4 Rn. 34), zumal das Schutzhindernis nicht über Verkehrsdurchsetzung (→ § 8 Rn. 1097) überwunden werden kann, was zeigt, dass auch eine massive Benutzung dieses Eintragungshindernis nicht ausschaltet und dafür spricht, dass die Benutzung auch keine Benutzungsmarke entstehen lassen kann (Szalai MarkenR 2012, 8 (13 f.)).

846   **Amtliche Gewährzeichen** sind zB Eichstempel, Legierungsangaben, die die Einhaltung amtlich vorgegebener Kriterien gewährleisten. Sterne (in Marken für Hotels) sind keine solchen Qualitätskennzeichen einer bestimmten Zertifizierungsstelle (OLG Celle WRP 2014, 1216 Rn. 5). Reihenförmig angeordnete, sternenähnliche Symbole sieht der durchschnittlich informierte und verständige Verbraucher aber als **Hotelklassifizierung** durch einen neutralen Dritten mit entsprechender Kompetenz nach objektiven Prüfkriterien (OLG Celle BeckRS 2018, 1306 − Goldene Blüten). Die in EU-Verordnungen festgelegten **Zeichen** für **geschützte Ursprungsbezeichnungen und geschützte geografische Angaben** (EuG T-700/20, GRUR-RS 2021, 36702) sowie **für ökologische Erzeugnisse** (BGH GRUR 2013, 401 − Bio Kristall) sind ebenfalls amtliche Gewährzeichen.

846.1   Das Seepferdchen-Logo als Schwimmabzeichen ist zwar kein Prüfzeichen. Es kann aber trotzdem nicht eingetragen werden, denn ihm fehlt die Unterscheidungskraft (BPatG BeckRS 2015, 09315) ebenso wie dem Wort „Seepferdchen" als die Bezeichnung für dieses Schwimmabzeichen (BPatG BeckRS 2015, 09314).

847   Einen **Überblick** über Prüf- und Gewährzeichen gibt Fezer Rn. 629; eine Zusammenstellung enthält auch das TaBu DPMA unter Nr. 218. Die WIPO unterhält auf ihrer Internetseite eine Datenbank mit den unter Art. 6ter PVÜ fallenden geschützten Zeichen (http://www.wipo.int/ipdl/en/6ter, zuletzt abgerufen am 6.10.2022); im TaBu DPMA unter Nr. 219. Über deren Berücksichtigung hinaus ist eine **Amtsermittlung** im Eintragungsverfahren nicht geboten. Legen Art und Gestaltung eines angemeldeten Zeichens nahe, dass es sich um ein amtliches Prüf- oder Gewährzeichen handeln könnte, kann das DPMA nach Fezer Rn. 627 wie bei Hoheitszeichen vom Anmelder die Erklärung verlangen, dass es keines ist (→ Rn. 826).

2. Nachahmung

Auch Zeichen, die bloß eine Nachahmung eines von Nr. 7 erfassten Zeichens enthalten, können **848** nicht eingetragen werden (§ 8 Abs. 4 S. 1). Zur Nachahmung allgemein → Rn. 827 ff.

Eine Nachahmung des **Ökokennzeichens** nach § 1 ÖkoKennzV liegt schon vor, wenn das **849** Zeichen eine geometrische, farbige Umrandung aufweist und von dem Schriftzug „Bio" geprägt ist, unter dem ein kleingedruckter Text steht. Die Farbgebung des staatlichen Biosiegels muss nicht übernommen sein (§ 1 Abs. 4 ÖkoKennzV; BGH GRUR 2013, 401 – Bio Kristall; OLG Nürnberg GRUR-RR 2012, 224 Rn. 48 ff. – Biomineralwasser; → § 8 Rn. 648.1).

Dass das EuG in B!O das Ausrufezeichen nicht als i liest, sondern als dekoratives Element sieht, **850** mag für die klangliche Ähnlichkeit von B!O und BO relevant sein (EuG T-364/14, BeckRS 2016, 80377 – B!O/BO), eine Nachahmung von „Bio" ist „B!O" aber trotz des Rufzeichens.

3. Kombinationszeichen

Das Eintragungsverbot erfasst auch Zeichen, die neben schutzfähigen Bestandteilen ein oder **851** mehrere Prüf bzw. Gewährzeichen enthalten. Das folgt auch aus § 8 Abs. 4 S. 1, wonach ein Zeichen schon dann eintragungsunfähig ist, wenn es bloß eine Nachahmung „enthält", dh wenn es außer aus der Nachahmung noch aus anderen Bestandteilen besteht (EuG T-700/20, GRUR-RS 2021, 36702 mAnm Schulteis GRUR Prax 2022, 5 für Gesamtzeichen, das Eindruck der Verleihung des darin enthaltenen Hoheitszeichens erweckt; → Rn. 837).

4. Befugnis

Markenschutz ist möglich, wenn der Anmelder befugt ist, das Zeichen als (Bestandteil einer) **852** Marke anzumelden (→ Rn. 838). Die Befugnis ist **im Anmeldeverfahren zu prüfen.** Die Möglichkeit einer Befugniserteilung schließt das Schutzhindernis des Nr. 13 aus, da die Ersichtlichkeit fehlt (→ Rn. 937).

III. Symbole internationaler Organisationen (Abs. 2 Nr. 8)

Verhindert werden soll die Eintragung von Wappen, Flaggen und anderen Kennzeichen, Siegeln **853** oder Bezeichnungen internationaler zwischenstaatlicher Organisationen und deren Nachahmungen für damit in Bezug stehende Waren und Dienstleistungen (→ Rn. 817). Voraussetzung ist eine Notifikation des geschützten Zeichens nach Art. 6ter Abs. 3 lit. b PVÜ. Eine amtliche Bekanntmachung ist hingegen nicht erforderlich. Recherchemöglichkeiten bietet die WIPO unter www.wipo.int/ipdl/en/6ter/search-struct.jsp (zuletzt abgerufen am 6.10.2022).

1. Allgemeines

Die unbefugte Benutzung solcher Kennzeichen ahndet § 145 Abs. 1 Nr. 3 als Ordnungswidrig- **854** keit. Vorliegend geht es um die Versagung der Eintragung. Während § 145 Vorsatz verlangt (→ § 145 Rn. 3), sind bei der Prüfung des Schutzhindernisses die Motive und Absichten des Anmelders ohne Belang. Es kommt allein darauf an, ob das angemeldete Zeichen ein solches Kennzeichen oder dessen Nachahmung (→ Rn. 827) enthält.

Die einer Eintragung nicht zugängliche Symbole müssen bei der Anmeldung der Marke bereits **855** Symbole internationaler Organisationen sein. Werden sie das erst nach der Anmeldung, liegt kein Löschungsgrund vor (→ § 50 Rn. 11). Eine Zusammenstellung findet sich im TaBu DPMA Nr. 219. Die WIPO unterhält auf ihrer Internetseite eine Datenbank, mit der die unter Art. 6ter PVÜ fallenden geschützten Zeichen abgefragt werden können (http://www.wipo.int/ipdl/en/6ter/, zuletzt abgerufen am 6.10.2022).

Das **Rote Kreuz** fällt unter dieses Schutzhindernis (BPatG BeckRS 2018, 34086 – gesund- **856** heit4friends; anders noch BPatG BeckRS 2014, 18123). Nach § 3 Abs. 3 DRKG steht das Recht auf Verwendung des Zeichens „Rotes Kreuz auf weißem Grund" allein dem Deutschen Roten Kreuz zu. Wer es unbefugt benutzt, handelt zudem ordnungswidrig (§ 125 Abs. 1 OWiG). Bei dem Zeichen „Rotes Kreuz auf weißem Grund" handelt es sich außerdem um ein berühmtes und bekanntes Zeichen iSv § 14 Abs. 2 Nr. 3 (LG Hamburg GRUR-Prax 2016, 41).

Heitmann sah den Schutz durch völkerrechtliche Verträge wie die Genfer Konvention immer schon **856.1** als Schutzhindernis (→ UMV Art. 7 Rn. 186; ähnlich OVG Bautzen GRUR-Prax 2016, 444 – Deutsches Totes Kreuz). Dazu wurde zunächst das I. Genfer Abkommen (GenfAbk) vom 12.8.1949 zur Verbesserung des Loses der Verwundeten und Kranken der Streitkräfte im Felde (BGBl. 1954 II 781, insbesondere 799 ff.)

berücksichtigt, in dem sich Deutschland völkerrechtlich verpflichtet hat, die erforderlichen Maßnahmen zum Schutz des Roten Kreuzes zu treffen und alle Nachahmungen zu verhindern (vgl. Kap. XII und IX GenfAbk).

857   Das Schutzhindernis betrifft nicht die dekorative Verwendung des geschützten Zeichens. Anders als Nr. 6 betrifft es nur Formen, die den Eindruck einer Verbindung zwischen der betreffenden Organisation und dem Zeichen sowie den dafür beanspruchten **Waren und Dienstleistungen** hervorrufen (§ 8 Abs. 4 S. 4; Weiser GRUR-Prax 2011, 447 zu Euro Toques; Bender ELR 2012, 61). Auch darf das Publikum nicht über das Bestehen einer **Verbindung** zwischen dem Benutzer des angemeldeten Zeichens und der Organisation irregeführt werden. Ein sachlicher Bezug ist bei einer Marke „ONU" für Gastronomie- ua Dienstleistungen gegeben, weil die UNO (französisch: ONU) insbesondere mit Blick auf den Verbraucherschutz lenkend, regulierend und informierend tätig ist, insoweit eigene Kompetenzen hat und dazu Regeln aufstellen kann (BPatG BeckRS 2017, 112632 – ONU/UN; BeckRS 2009, 87083 – Vital Life Europe). Ob in diesem Sinne eine Verbindung suggeriert wird, kann von weiteren Zeichenbestandteilen (→ Rn. 822, → Rn. 858, → Rn. 868) sowie von den beanspruchten Waren und Dienstleistungen abhängen (BPatG GRUR-Prax 2011, 447 – Euro Toques). Das Schutzhindernis greift schon dann ein, wenn eine Marke nicht über die Herkunft der mit ihr bezeichneten Waren und Dienstleistungen irreführt, sondern das Publikum glauben lässt, dass die Waren oder Dienstleistungen mit einer Genehmigung oder Garantie der Stelle ausgestattet sind, auf die das Emblem verweist (EuG T-3/12, GRUR Int 2014, 164 – Kreyenberg/HABM, zum Euro-Zeichen; → UMV Art. 7 Rn. 181). Dabei kommt es bei einer Marke, die eine Freigabe durch EU-Stellen suggeriert, nicht darauf an, ob im konkreten Fall tatsächlich unionsrechtliche Vorgaben bestehen (BPatG BeckRS 2011, 21637 – Euro Leergut).

858   Die **weiteren Bestandteile** des angemeldeten Zeichens können den hier erforderlichen Bezug zu einer nach Nr. 8 geschützten Organisation **nahelegen oder als unwahrscheinlich** erscheinen lassen (BPatG GRUR-Prax 2011, 447 – Euro Toques). Elemente, die einen Bezug zur Organisation schaffen oder verstärken, unterstützen den Eindruck einer Nachahmung (BPatG BeckRS 2016, 15839 – Eurokurier; BeckRS 2009, 87083 – Vital Life Europe; HABM 18.1.2008 – R 1058/07-2 – Euro-Farmers; 19.11.2008 – R 1414/07 – ESA; R 325/2004-2, GRUR 2005, 684 – efcon; Bender ELR 2012, 61 f.). Dagegen führen Elemente ohne einen solchen Bezug davon weg (BPatG BeckRS 2012, 12096 – Kanaltechnik; BeckRS 2009, 00635 – EPA plus; EuG T-127/02, GRUR 2004, 773 – ECA). **Fremdsprachige Bezeichnungen** internationaler Organisationen fallen unter das Eintragungsverbot, auch wenn sie die deutschen Verbraucher nicht als solche erkennen (BPatG BeckRS 2017, 112632 – ONU zur französischen, italienischen und spanischen Bezeichnung der Vereinten Nationen – UN; kritisch dazu Barth MarkenR 2018, 9 (13)).

859   Ein das Eintragungshindernis begründender Bezug liegt auch vor, wenn das Publikum glauben kann, die von der fraglichen Marke erfassten Waren oder Dienstleistungen würden mit Genehmigung oder Garantie der jeweiligen Organisation angeboten oder in anderer Weise mit ihr in Verbindung stehen (EuG T-413/11, GRUR Int 2013, 250 Rn. 61 – EDS). Die beanspruchten Waren und Dienstleistungen können eine solche Beziehung aber auch als (un)wahrscheinlich erscheinen lassen (BPatG BeckRS 2009, 00635 – EPA plus; BeckRS 1997, 14402 – Europa Hölzer; HABM GRUR-RR 2008, 164 – Most Innovative Product). Insoweit kommt es darauf an, ob das angesprochene Publikum die beanspruchten Waren und Dienstleistungen einem Tätigkeitsbereich der betreffenden Institution zuordnet. Für einen Bezug zur EU spricht es zB, dass die EU und ihre Institutionen sich oft mit Fragen der Standardisierung sowie Sicherheit befassen und entsprechende Gütesiegel vergeben (BPatG BeckRS 2011, 24861 – World Toques). Die EU-Behörde für Lebensmittelsicherheit (EFSA) ist dafür ein Beispiel (vgl. Ströbele GRUR 1989, 84 (86 f.)). Sowohl der Europarat als auch die EU sind in mannigfaltige Projekte eingebunden und unterstützen diese finanziell, was den Verbraucher einen Bezug herstellen lassen kann (HABM GRUR 2005, 684 – efcon).

859.1   Barth MarkenR 2018, 9 (12) unter III. bezweifelt, dass das BPatG seine Entscheidung BeckRS 1997, 14402 zu Europa Hölzer heutzutage wiederholen würde, weil die EU den Tabakmarkt inzwischen stark reguliert habe. Er verweist dazu auf die Entwicklung der Zigarettenverpackungen nach der Tabak-RL (RL 2014/40/EU). Auch bezweifelt Barth, dass der durchschnittliche Verbraucher immer denke, dass die EU alle Produkte maßgeblich mitbestimme. Nur bei technischen Produkten liege dies nahe, weil das Publikum durch die Medien und die Regulierung von Konsumverhalten den Einfluss der EU spüre (zB bei der Abschaffung der herkömmlichen Glühbirnen). Aber gerade bei technischen Waren kennen die

Fachkreise die regulatorischen Zusammenhänge sehr genau und können beurteilen, ob die konkret im Streit stehende Ware bzw. Dienstleistung einen EU-Bezug aufweist (ähnlich Barth MarkenR 2018, 9 (12)).

Die allgemeinen Verkehrskreise dagegen empfinden Hinweise auf Europa, wie den vom Kfz- **860** Kennzeichen bekannten Sternenkranz, als geografische Herkunftsangabe gegenüber Angeboten aus Übersee oder Asien (ähnlich Barth MarkenR 2018, 9 (12)).

Zu den Zeichen der EU gehört auch das Emblem der Europäischen Zentralbank, dies trotz **861** der Tatsache, dass nicht alle Mitgliedstaaten der EU auch Mitgliedstaaten der Europäischen Währungsunion sind; Gleiches gilt für das **Euro-Zeichen,** auch wenn es ein „Geldzeichen" ist (EuG T-3/12, GRUR-Prax 2013, 355 – Kreyenberg).

Eine analoge Anwendung auf **Benutzungsmarken** erscheint auch hier (→ Rn. 845) geboten. **862**

2. Amtsermittlung

Die grundsätzlich bestehende Pflicht zur Amtsermittlung muss nur mit dem vertretbaren Auf- **863** wand erfüllt werden (zur Verkehrsdurchsetzung BPatG GRUR 1966, 442). Zumutbar ist es, die genannten Quellen (→ Rn. 826) zu sichten.

3. Nachahmung

Zur Nachahmung allgemein → Rn. 827 ff. **864**

Beim **Europa-Emblem** kommt es nicht auf die Anzahl und Größe der gezeigten Sterne **865** und den quadratischen Untergrund und auch nicht auf die Vollständigkeit und den Radius des Sternenkranzes an (BPatG BeckRS 2013, 16010 – Car Chek Day; EuG T-413/11, GRUR Int 2013, 250 – EDS; T-430/12, GRUR Int 2014, 681 – European Network Rapid Manufacturing; T-127/02, GRUR 2004, 773 Rn. 39, 40, 46 – ECA; Bender ELR 2012, 61 ff.; vgl. auch BPatG GRUR 2015, 790 – DE-Flagge). Der als vollständiger angedeutete Sternenkranz darf durch Grafik durchbrochen sein (BPatG BeckRS 2016, 15839 – Eurokurier). Bei einem nicht geschlossenen Sternenkreis kommt es darauf an, ob das Publikum die Lücke gedanklich schließt oder ob die Sterne aus anderen Gründen als zusammengehörig wirken (BPatG BeckRS 2012, 12096 – Kanaltechnik; Bender MarkenR 2012, 50 Fn. 73; EuG T-413/11, GRUR Int 2013, 250 – EDS).

Ein Eintragungsverbot für Bilder erstreckt sich nicht ohne weiteres auf deren wörtliche Benen- **866** nung (→ Rn. 836).

Eine Nachahmung liegt nicht vor, wenn der karikierende Charakter des Zeichens einen **867** Hoheitsanspruch ausschließt (→ Rn. 834).

4. Kombinationszeichen

Das Eintragungsverbot erfasst auch Marken, die außer Zeichen internationaler Organisationen **868** auch weitere eigentlich schutzfähige Bestandteile enthalten (→ Rn. 837) oder nur „internationales Flair" erzeugen (EuG T-3/12, GRUR Int 2014, 164 – Kreyenberg, zum Euro-Zeichen).

Bei **Wörtern** wie Nato erwecken Kombinationen wie „natocorner" oÄ nicht den Eindruck einer **868.1** Verbindung mit der internationalen Organisation, weil sich der Bestandteil „nato" mit dem weiteren Bestandteil „corner" zu einem einheitlichen Gesamtbegriff verbindet, den das Publikum nicht als Hoheitszeichen auffasst (BPatG BeckRS 2007, 19369). Auf dieselbe Weise gebildete Ausdrücke ohne hoheitlichen Bezug (Natopause für morgendliche Pause, Natozebra für „Oberstabsgefreiter" etc) legen dies nahe.

Dass nach Art von Autokennzeichen gebildete Zeichen mit Europaflagge und dem Länderzei- **869** chen vom Markenschutz ausgeschlossen sind (BPatG BeckRS 2013, 16010 – Car Check Day), kann wohl nicht gelten, wenn der in der Nummernschildabbildung stehende weitere Text unterscheidungskräftig ist, weil dann die Form „Kfz-Nummernschild" nur als Dekoration wirkt (→ Rn. 857).

5. Befugnis

Bereits im Anmeldeverfahren ist zu prüfen, ob der Anmelder befugt ist, das Zeichen in einer **870** Marke zu führen und es als (Bestandteil einer) Marke anzumelden (→ Rn. 838 ff.).

Eine Befugnis kann erteilen, wer in § 7 Nr. 3 genannt ist oder den dort genannten Gesellschaften **871** gleichzustellen ist. Eine übergeordnete Körperschaft hat diese Befugnis in Bezug auf Zeichen ihrer Mitglieder nicht.

IV. Ursprungsbezeichnungen und geografische Angaben (Abs. 2 Nr. 9)

1. Vorbemerkung

872 Das Eintragungshindernis stellt sicher, dass Zeichen, deren Benutzung eine Verletzung von geschützten geografischen Angaben (g.g.A.) oder geschützten Ursprungsbezeichnungen (g.U.) wäre, nicht als Marke eingetragen werden können.

873 Der eigenartige Charakter von g.g.A./g.U., die ein registriertes subjektives Recht begründen, aber keinen konkret benennbaren Inhaber haben, spiegelt sich darin wider, dass der Schutz einer g.g.A./g.U. nicht nur ein absolutes Eintragungshindernis und, darauf aufbauend, auch einen absoluten Löschungsgrund darstellt (§ 50 Abs. 2), sondern zugleich von „berechtigten Personen" auch als relatives Eintragungshindernis im Rahmen eines Widerspruchsverfahren geltend gemacht werden kann (Art. 5 Abs. 3 MRL und die Umsetzung in § 42 Abs. 1). Allerdings können mit dem relativen Eintragungshindernis mehr Marken angegriffen werden als mit dem absoluten Schutzhindernis (→ Rn. 892). Die Regelungssituation in der UMV entspricht derjenigen im MarkenG (vgl. zum absoluten Eintragungshindernis Art. 7 Abs. 1 lit. j UMV, zum relativen Eintragungshindernis Art. 8 Abs. 6 UMV).

2. Historie

874 § 8 Abs. 2 Nr. 9 ist gleichzeitig mit den Nr. 10–12 im Jahre 2019 durch das MaMoG in das MarkenG gelangt. Die Norm ist die fast wortlautgetreue Umsetzung von Art. 4 Abs. 1 lit. i MRL, der wiederum wörtlich Art. 7 Abs. 1 lit. j UMV entspricht. Im MarkenG fehlen nur die Worte „nach Maßgabe von (Vorschriften geschützt)" aus der MRL und der UMV, was keinen inhaltlichen Unterschied darstellt. In der UMV findet sich das Eintragungsverbot für g.g.A./g.U bei Weinen schon seit 1994 (ehemaliger Art. 7 Abs. 1 lit. j GMV), für die anderen g.g.A./g.U. bei Lebensmitteln seit 2004 (ehemaliger Art. 7 lit. j, k GMV). Die zu den Eintragungsverboten der GMV/ UMV ergangene Rechtsprechung gilt weitgehend für das MarkenG, da dies die Identität des Wortlauts von UMV und MRL erzwingt und zudem Erwägungsgrund 15 MRL ausdrücklich klarstellt, dass durch Art. 4 Abs. 1 lit. i ff. MRL die aus der GMV/UMV schon bekannten Eintragungsverbote in die MRL übernommen werden. Zu beachten sind allerdings Unterschiede zwischen den von § 8 Abs. 2 Nr. 9 in Bezug genommenen Eintragungsverboten der bisher vier, seit der Novelle durch die VO (EU) 2021/2117 nur noch drei EU-Verordnungen, deren Wortlaut überdies im Laufe der Zeit geändert wurde (→ Rn. 892 ff.).

3. Schutzgegenstand: nur g.g.A. und g.U., nicht geografische Herkunftsangaben

875 Die Begriffe „geschützte geografische Angabe" und „geschützte Ursprungsbezeichnung" haben erst 1992 in Form der damaligen VO (EG) 2081/2092 Eingang ins deutsche Recht gefunden. Man darf diese Angaben nicht mit den „geografischen Herkunftsangaben" in § 126 ff. verwechseln. G.g.A. und g.U. zeichnen sich dadurch aus, dass sie in ein Register eingetragen sind und dass dieser Eintragung eine Spezifikation zugrunde liegt, dh ein Katalog von Anforderungen, die ein Produkt erfüllen muss, um den geschützten Namen zu tragen. Bei geografischen Herkunftsangaben iSv §§ 126 ff. gibt es beides nicht. Sie sind darum ein qualitativ anderes Schutzrecht als g.g.A./ g.U. (zu den eindeutigen semantischen Unterschieden zwischen den so ähnlich klingenden Begriffen der g.g.A./g.U., der geografischen Herkunftsangabe und der zollrechtlichen Ursprungsangabe s. Gloy/Loschelder/Danckwerts WettbR-HdB/Schoene § 73 Rn. 9 ff.; s. außerdem zum Verhältnis zwischen g.g.A./g.U. und §§ 126 ff. sowie dem UWG und der LMIV ausführlich Schoene MarkenR 2014, 273 ff.).

876 Angesichts der klaren Wortwahl in MRL und UMV (noch klarer früher Art. 7 Abs. 1 lit. j, k GMV) gilt dieses Eintragungshindernis nicht für geografische Herkunftsangaben iSv §§ 126 ff., sondern nur für Namen, die nach den bisher vier, seit der Novelle durch die VO (EU) 2021/ 2117 nur noch drei EU-Spezialverordnungen geschützt sind (in diesem Sinne wohl EuG T-696/ 15, BeckRS 2017, 136298 Rn. 17, 60 – Tempos Vega Sicilia; ebenso für §§ 126 ff. mit anderer Begründung Hacker GRUR 2019, 113 (118)) oder einen Schutz genießen, der dem gleichkommt. Für die Beschränkung auf g.g.A./g.U. spricht auch, dass das Eintragungshindernis erstmals in der GMV unter Berufung auf das TRIPS auftauchte (letzter Erwägungsgrund VO (EG) 3288/94 aF und Art. 1 Nr. 3 VO (EG) 3288/94 aF). Art. 23 Abs. 2 TRIPS verlangt, dass die WTO-Mitglieder bei geschützten geografischen Angaben für Weine und Spirituosen ein Eintragungsverbot aufstellen. Aus der Definition in Art. 22 TRIPS ergibt sich, dass dies nicht die „einfachen" geografischen Herkunftsangaben von §§ 126 ff. meint, sondern nur solche, bei denen das Produkt mit dem

geografischen Namen eine besondere Eigenschaft oder ein besonderes Ansehen hat, also im EU-rechtlichen Sprachgebrauch die g.g.A. und die g.U.

4. Relevante Regelungssysteme

Das Eintragungsverbot kann aus deutschen, europäischen oder Vorschriften aus internationalen **877** Abkommen folgen. Dabei müssen diese den Schutz von g.g.A./g.U bezwecken und die Eintragung verletzender Marken verbieten oder zumindest inzident (in diesem Sinne Hacker GRUR 2019, 213 (217)) ein solches Eintragungsverbot vorsehen.

a) Unionsregelungen. Alle geschützten Namen und, soweit bereits vorhanden, die Spezifika- **878** tionen, sind im Internet zugänglich. Zugriff auf die registrierten Namen erhält man über das Portal eAmbrosia (https://ec.europa.eu/info/food-farming-fisheries/food-safety-and-quality/cer-tification/quality-labels/geographical-indications-register/, zuletzt abgerufen am 6.10.2022) und zugleich auf der vom EUIPO betreuten, sehr komfortablen Datenbank GIView (https://www.tmdn.org/giview/, zuletzt abgerufen am 6.10.2022); zum größeren Umfang von GIView → Rn. 917.1. § 8 Abs. 2 Nr. 9 ist eine dynamische Rechtgrundverweisung; er muss also nicht geändert werden, wenn die EU-Spezialverordnungen geändert oder neu kodifiziert werden.

Es gibt einen **Verordnungsvorschlag** der Kommission, der die Regelungen zum Schutz geografischer **878.1** Namen aus drei der derzeit vier Verordnungen in einer einzigen zusammenfassen soll (letzte Fassung vom 31.3.2022, COM (2022) 134 final, s. dazu Schoene ZLR 2022, 537 ff., wo allerdings übersehen ist, dass der Entwurf zwar die VO 251/2014 nicht erwähnt, dass deren Regelungen zu geografischen Namen aber bereits durch Art. 2 VO (EU) 2021/2117 in die VO (EU) 1151/2012 inkorporiert wurden). Die VO (EU) 1151/2012 erfasst nunmehr auch den Schutz geografischer Namen von aromatisierten Weinen und weinhaltigen Getränken (vgl. Art. 2 VO (EU) 2021/2117, vgl. jetzt Art. 2 VO (EU) 1151/2012 mit einem erweiterten Geltungsbereich, der nur noch Spirituosen und Weinbauerzeugnisse ausnimmt, außerdem Art. 16a VO (EU) 1151/2012 zu den bereits nach der VO 251/2014 geschützten geografischen Namen).

Ein **Eintragungsverbot** für geschützte geografische Weinnamen ist in Art. 102 VO (EU) **879** 1308/2013 geregelt, für Spirituosennamen in Art. 36 Spirituosen-VO (VO (EU) 2019/787; vor-her: Art. 23 Abs. 1 VO (EU) 110/2008). Für aromatisierten Wein und weinhaltige Getränke enthielt Art. 19 VO (EU) 251/2014 das Eintragungsverbot, bei sonstigen Lebensmitteln und Agrarerzeugnissen ist es Art. 14 VO (EU) 1151/2012. Alle **bisher vier, jetzt nur noch drei Verordnungen sind gleich auszulegen,** sodass Erkenntnisse, die für die eine Verordnung gewon-nen sind, in der Regel auf die Anwendung der anderen übertragen werden können (EuGH C-393/16, GRUR 2018, 327 Rn. 32 – Champagner Sorbet; zuvor bereits EuGH C-56/16 P, GRUR 2018, 89 Rn. 78, 80, 85 – Instituto dos Vinhos do Douro e do Porto). Zu Einzelfragen der Eintragungsverbote aus den EU-Verordnungen → Rn. 892 ff. Eine besondere Art geschützter Bezeichnungen enthält die Spirituosen-VO mit den Spirituosenkategorien. Dies sind gemäß Art. 7 Spirituosen-VO Bezeichnungen, die nicht die geografische Herkunft angeben, sondern den Typ der Spirituose (Rum, Whiskey, Obstbrand, Likör etc) bezeichnen. Auch sie können Eintragungs-verbote begründen, dies aber, da sie keine geografischen Angaben sind, nur über § 8 Abs. 2 Nr. 13 (ersichtlich verbotene Benutzung, → Rn. 928).

b) Deutsche Vorschriften. § 5 UWG sowie §§ 126 ff. schützen Angaben zur geografischen **880** Herkunft von Produkten. Dies sind keine g.g.A./g.U. iSv § 8 Abs. 2 Nr. 9 (→ Rn. 853 ff.). Solche Angaben zur geografischen Produktherkunft sind zwar in der Regel ebenfalls nicht als Individualmarken eintragungsfähig. Dieses Eintragungsverbot ergibt sich aber aus § 8 Abs. 2 Nr. 3, der zudem die Eintragung wegen Verkehrsdurchsetzung gestattet (§ 8 Abs. 3), was es bei Nr. 9 nicht gibt.

Eine deutsche Regelung zum Schutz von g.g.A./g.U. ist die **SolingenV,** die einen besonderen, **881** öffentlich-rechtlich konkretisierten (dh gleichsam registermäßigen) Schutz des Namens „Solingen" für Schneidwaren vorsieht. § 1 SolingenV enthält auch eine rudimentäre Spezifikation. Demzu-folge müssen alle wesentlichen Herstellungsschritte der Schneidware (Definition in § 3 SolingenV) im „Solinger Industriegebiet" (Definition in § 2 SolingenV)) erfolgen. Außerdem gibt es die **GlashütteV,** die auf Grundlage von § 137 erlassen wurde. Nach dem **Benutzungsverbot des § 1 GlashütteV** darf der Name des sächsischen Ortes Glashütte nur für Uhren verwendet werden, die in Glashütte und angrenzenden Gebieten hergestellt wurden. § 2 GlashütteV definiert die (diversen) Gebiete und schreibt vor, welche Fertigungsschritte dort erfolgen müssen. § 3 Glashüt-teV definiert, was „Uhren" im Sinne der Verordnung sind, § 5 GlashütteV definiert mit „Herstel-lung" die Produktionsschritte, die im Gebiet erfolgen müssen.

882   Sowohl die **SolingenV** als auch die **GlashütteV** begründen **kein Eintragungsverbot** aus § 8 Abs. 2 Nr. 9. Denn die Nr. 9 greift nur ein, wenn nach dem Rechtsakt, der die geografische Angabe schützt, die Marke „von der Eintragung ausgeschlossen" ist. Das ist hier nicht der Fall, weil die beiden Verordnungen nur Benutzungs-, aber keine Eintragungsverbote aufstellen. Das Eintragungshindernis ergibt sich darum nur aus der allgemeinen Regel des § 8 Abs. 2 Nr. 13 (→ Rn. 925). Außerdem stellen diese Benutzungsverbote einen **Löschungsgrund** in Gestalt eines „sonstigen älteren Rechts" iSv § 13 Abs. 2 Nr. 5 und einen **Widerspruchsgrund** iSv § 42 Abs. 2 Nr. 5 dar.

883   **c) Internationale Übereinkommen.** Art. 23 TRIPS sieht vor, dass geografische Angaben für Weine und Spirituosen auch gegen Markeneintragungen zu schützen sind. Dies ist eine Regelung iSv § 8 Abs. 2 Nr. 9.

883.1   Das TRIPS-Abkommen war in der Tat der Anlass für die Einführung der Vorgängerregelung der Nr. 9 in die GMV (s. Erwägungsgrund 19 VO (EG) 3288/94 aF und Art. 1 Nr. 3 VO (EG) 3288/94 aF, die das Eintragungsverbot erstmals in der GMV implantierte (Hacker GRUR 2019, 113 (116)).

884   Die EU hat Übereinkommen mit **Australien, Canada, Chile, Mazedonien, Mexiko, der Republik Südafrika und den USA** geschlossen. Darin ist manchmal nur allgemein vorgesehen, dass Bezeichnungen wechselseitig geschützt werden, so dass die Anwendung von Art. 8 Abs. 2 Nr. 9 zweifelhaft ist (Hacker GRUR 2019, 113 (117)). Eine Liste der für g.g.A./.g.U. bei Wein relevanten Verhandlungen und Abkommen der EU mit Drittstaaten (darin sind oft auch Regelungen für die anderen Produktgattungen enthalten) findet sich hier https://ec.europa.eu/agriculture/wine/third-countries_en.

884.1   Die Marke „Lemberger Land" wurde nicht eingetragen, weil sie gegen den Schutz des Weinnamens „Lemberg" im Abkommen zwischen der EU und Südafrika verstößt (EuG T-55/14, BeckRS 2015, 80962 – Lemberger Land).

885   Das **MMA** (→ Einleitung Rn. 180.1, → § 126 Rn. 3) enthält keine speziellen Gründe, die eine Eintragung verhindern sollen, so dass es nicht unter § 8 Abs. 2 Nr. 9 fällt (Hacker GRUR 2019, 113 (118)).

886   **Bilaterale Abkommen** (→ § 126 Rn. 3.1) können ebenfalls unter § 8 Abs. 2 Nr. 9 fallen, dass Marken zurückgewiesen werden müssen, die eine darin genannte, ausländische g.g.A. oder g.U. verletzen.

887   **Lissabonner Abkommen (LUA):** Das LUA ermöglichte **bis vor kurzem** den internationalen Schutz **nur von Ursprungsbezeichnungen,** die als solche im Herkunftsstaat geschützt waren, in den je anderen LUA-Mitgliedstaaten; g.g.A. waren nicht erfasst. Das sollte durch eine Novelle des LUA geändert werden (EuGH C-389/15, BeckRS 2017, 128915 Rn. 25 = Schoene GRUR-Prax 2017, 550), und das ist nun auch erfolgt.

887.1   Weder die EU noch Deutschland waren bis vor kurzem Mitglied des LUA. Nachdem der EuGH ein Verhandlungsmandat der Kommission für nichtig erklärt hatte (EuGH C-389/15, BeckRS 2017, 128915 = Schoene GRUR-Prax 2017, 550), ist der Kommission ein neues Mandat erteilt worden, aufgrund dessen der Beitritt erfolgt ist.

888   Nach Abschluss der Verhandlungen ist die EU am 26.11.2019 mit Wirkung zum 26.2.2020 dem LUA, genauer dessen novellierter Fassung in Gestalt der **Genfer Akte des Lissabonner Abkommens über Ursprungsbezeichnungen und geografische Angaben (GenfA-LUA)** beigetreten (Art. 1 Beschluss (EU) 2019/1754 des Rates vom 7.10.2019).

888.1   Die GenfA-LUA sieht vor, dass die Abkommensstaaten die aus ihrem Gebiet stammenden und dort als g.U./g,g,A. geschützten Namen an das internationale Büro melden. Dieses unterrichtet die anderen Abkommensstaaten. Diese können innerhalb bestimmter Frist eine Schutzverweigerung aussprechen (Art. 15 LUA, zu den Fristen in der EU s. Art. 5 Beschluss (EU) 2019/1754 des Rates vom 7.10.2019). Tun sie das nicht, müssen sie den Namen auch in ihrem Gebiet schützen.

889   Die wegen des Beitritts erforderlichen **Maßnahmen sind in der VO (EU) 2019/1753 geregelt.** Diese Verordnung enthält die Regeln, nach denen die EU-Namen, die ihr über die GenfA-LUA gemeldet werden, schützt oder ihnen den Schutz verweigert und wie sie dabei durch Einspruchsrechte jeweils die Beteiligung der betroffenen Kreise sichert (im Einzelnen → Rn. 890.1).

890   Während das LUA und auch die **GenfA-LUA geografische Namen für alle Waren** (nicht: Dienstleistungen) **erfasst** (Art. 2 GenfA-LUA), **beschränkt Art. 1 Abs. 2 VO (EU) 2019/1753 sich auf die Waren der** bisher vier, jetzt nur noch drei **EU-Verordnungen,** also Lebensmittel

und Agrarerzeugnisse aller Art. **Non-agri-Waren sind** von der Umsetzung der GenfA-LUA in der EU **nicht erfasst.** In der Veröffentlichung der VO (EU) 2019/1753 ist hinter dem Verordnungstext eine „Erklärung der Kommission" abgedruckt, der zufolge diese den Schutz von non-agri-Waren nach dem Muster der vier existierenden Lebensmittel-VOen prüfen will. Festzuhalten ist, dass die **GenfA-LUA** im non-agri-Bereich für die EU als solche und auch für Deutschland bis auf weiteres **keine Bedeutung** hat.

Die GenfA-LUA sieht vor, dass die Kommission regelmäßig Namen aus Gebieten in der EU an das **890.1** Internationale Büro meldet, damit dafür Schutz in den anderen Abkommensstaaten herbeigeführt wird (Art. 2 VO (EU) 2019/1753). Außerdem prüft die Kommission die ihr vom Internationalen Büro gemeldeten Namen aus Drittstaaten auf Schutzfähigkeit (Art. 5 VO (EU) 2019/1753) und räumt mitgliedsstaatlichen Behörden und Drittstaaten sowie auch Privatpersonen, wenn diese ein berechtigtes Interesse haben, eine viermonatige Einspruchsfrist ein (Art. 6 VO (EU) 2019/1753). Danach wird in einem Durchführungsrechtsakt der Schutz des Namens beschlossen oder abgelehnt (Art. 7 VO (EU) 2019/1753). EU-Mitgliedstaaten, die schon dem alten LUA angehörten, müssen für ihre Agrarerzeugnis-Namen, die nicht nach einer der vier EU-Verordnungen eingetragen sind, beim Internationalen Büro entweder die Transformation des Schutzes auf die ganze EU nach der GenfA-LUA oder die Löschung des Namens beantragen (Art. 11 VO (EU) 2019/1753).

Betrifft ein geschützter Name aus einem EU-Mitgliedstaat, der schon dem Alt-LUA angehörte, ein **890.2** Erzeugnis, das unter keine der EU-Verordnungen fällt („non-agri Erzeugnis"), dann kann der Mitgliedstaat seinen nationalen Schutz für den Namen beibehalten (Art. 11 Abs. 3 VO (EU) 2019/1753). Mitgliedstaaten, die schon dem Alt-LUA angehörten, dürfen unter bestimmten Voraussetzungen auch weiterhin Schutzanträge für ihre non-agri-Namen bewilligen (Art. 11 Abs. 3 UAbs. 2 VO (EU) 2019/1753). EU-weiter Schutz aber ist für solche non-agri-Namen nicht nach der GenfA-LUA möglich.

Die EU-Mitgliedstaaten, die schon dem Alt-LUA angehörten, dürfen unter ähnlichen Voraussetzungen **890.3** auch den Schutz von Namen aus Drittstaaten in den EU-weiten Schutz nach der GenfA-LUA umwandeln (Art. 12 VO (EU) 2019/1753).

Ist ein Name nach der GenfA-LUA in der EU geschützt, gelten zu seinen Gunsten materiell **891** dieselben Eintragungsverbote wie für g.g.A./g.U. aus einem Mitgliedstaat der EU, so dass insoweit auf die folgenden Ausführungen verwiesen werden kann.

5. Einzelfragen zu den drei EU-Verordnungen

Die Eintragungsverbote in den (nachdem die g.gA.-Regelungen der VO (EU) 251/2014 in **892** der VO (EU) 1151/2012 aufgegangen sind nur mehr) drei Verordnungen knüpfen jeweils an deren Verletzungstatbestände an, welche den Schutz eingetragener Namen gegen die Benutzung im realen Marktgeschehen regeln. Diese Verletzungstatbestände betreffen also Verletzungen in Etikettierung und Werbung. Die Eintragungsverbote transponieren durch die Verweisungen diesen Schutz ins Register. Die Verletzungstatbestände entsprechen sich im Wesentlichen. Sie sind darum in allen drei Verordnungen gleich auszulegen (EuGH C-393/16, GRUR 2018, 327 Rn. 32 – Champagner Sorbet; zuvor bereits EuGH C-56/16 P, GRUR 2018, 89 Rn. 78, 80, 85 – Instituto dos Vinhos do Douro e do Porto). Ebenso entsprechen sich auch die Eintragungsverbote im Wesentlichen, so dass auch sie gleich auszulegen sind (EuGH C-56/16 P, GRUR 2018, 89 Rn. 78, 80, 85 – Instituto dos Vinhos do Douro e do Porto). Im Folgenden soll ausschließlich auf das System der VO (EU) 1151/2012 eingegangen werden, soweit es nicht doch im Einzelfall abweichende Regelungen in einer der anderen zwei Verordnungen gibt. Da in Deutschland für Verfahren auf Eintragungs von geografischen Namen und auf Änderung des Schutzes bereits eingetragener Namen nach der VO (EU) 1151/2012 das DPMA zuständig ist, werden die Einzelheiten dieser Verfahren in der Kommentierung zu §§ 130 ff. besprochen. Die anderen Verordnungen sind der BLE bzw. dem Landwirtschaftsressort zugeordnet, so dass deren Verfahrensrecht in diesem Kommentar nur kursorisch behandelt werden kann, auch wenn es im Wesentlichen dem der VO (EU) 1151/2012 entspricht. Das Recht der Verletzung geschützter Namen und demzufolge auch der Umfang der Eintragungshindernisse ist aber bei allen Verordnungen identisch.

Die Zuständigkeitsverteilung ist einigermaßen arbiträr. Genauso gut könnten alle oder keine einzige **892.1** der Verordnungen vom DPMA verwaltet werden. Der Sache nach gehören sie allesamt nicht zum BMJV (dem das DPMA nachgeordnet ist), sondern zum Landwirtschaftsressort, dem die Verordnungen für Wein, Spirituosen und aromatisierte Weine auch zugeordnet sind. Denn alle drei (früher vier) Verordnungen regeln mit dem Schutz von geografischen Namen dem Schwerpunkt nach kein Kennzeichenrecht, sondern sind Agrarförderung (Anm. Schoene zu VG Köln ZLR 2015, 229 (236 ff.) – „Uhlen"; Gloy/Loschelder/ Danckwerts WettbR-HdB/Schoene § 73 Rn. 76). Allerdings will der Entwurf zur Novellierung des g.g.A./

g.U.-Rechts die Verfahren allesamt beim EUIPO ansiedeln und bildet so die DPMA-Zuständigkeit für die Verfahren der VO (EU) 1151/2012 nach. Ob das dafür spricht, mittelfristig auch die deutschen Abschnitte aller g.gA./g.U.- Eintragungs- und Änderungsverfahren bei einer einzigen Stelle zu konzentrieren, wobei dann wohl das DPMA die größte Erfahrung hätte, wäre genauer zu überlegen. Ob aber das DPMA auch die richtige Stelle wäre, etwa über den Dispens von Spezifikationsregelungen z. B. bei extremen Wetterlagen zu entscheiden (wovon in anderen Mitgliedstaaten reger Gebrauch gemacht wird, in Deutschland aber nur im Weinbereich), erscheint angesichts der erforderlichen agrartechnischen Kenntnisse und der notwendigen Reaktionsschnelligkeit zweifelhaft.

893   **a) Verletzungstatbestand.** Das Eintragungsverbot greift ein, wenn erstens bei Verwendung der Marke die g.gA./g.U. verletzt würde (s. Art. 14 VO (EU) 1151/2012 iVm Art. 13 VO (EU) 1151/2012), wenn zweitens die Marke dieselbe Erzeugnisklasse betrifft und wenn drittens die Marke nicht von einem Privileg profitiert, das ihre Fortexistenz ermöglicht.

894   Art. 14 VO (EU) 1151/2012 verbietet die Eintragung der Marke dann, wenn deren Verwendung eine g.gA./g.U.-Verletzung iSv Art. 13 Abs. 1 VO (EU) 1151/2012 darstellen würde.

895   Eintragungsfähig sind darum grundsätzlich Zeichen, die zwar eigentlich im Schutzbereich der g.gA./g.U. liegen, aber nur Waren beanspruchen, welche die Spezifikation erfüllen. Unberührt davon bleibt allerdings die Frage, ob die Marke so ausgestaltet ist, dass sie den irreführenden Eindruck erweckt, zwischen ihr bzw. ihrem Inhaber/Verwender und der Europäischen Union bestehe eine besondere Verbindung (mögliches Eintragungshindernis aus § 8 Nr. 7; → Rn. 843).

895.1   Eintragungsfähig und zu Recht eingetragen ist zB bei der Unionsmarke 1422898 der Fall, die eine Etikettengestaltung von Veuve Clicquot zeigt, auf der ua. auch das Wort „Champagne" zu lesen ist. Da die Marke ausschließlich „Weine mit kontrollierter Herkunftsbezeichnung Champagne" beansprucht, ist sie schutzfähig. Umgekehrt hat das EUIPO eine Gewährleistungsmarkenanmeldung (UTM 017277245) zu Recht zurückgewiesen, weil sie den Wortbestandteil „Steirisches Kürbiskernöl" enthielt (der als g.gA. eingetragen ist), aber generell „Öle und Fette" beanspruchte, statt nur „Öl, das die Spezifikation von Steirisches Kürbiskernöl g.gA. erfüllt".

896   Die **Verletzungstatbestände** der (jetzt aus noch) drei Verordnungen sind nach **Intensität gestaffelt.** Es gibt danach die direkte Verwendung des eingetragenen Namens, die indirekte Verwendung, die Anspielung und irreführende Handlungen. Die **„Verwendung"** verlangt eine an **Identität grenzende Ähnlichkeit** zwischen dem geschützten Namen und dem Verletzerzeichen. Dies hat der EuGH bei „Konjakki" (dem finnischen Ausdruck für „Cognac") inzident bejaht (EuGH C-4/10 und C-27/10, GRUR 2011, 926 Rn. 54, 55 – BNIC, für Cognac/ Konjakki; s. Anm. Schoene GRUR 2021, 1394 zu EuGH C-783/19, GRUR 2021, 1390 – Champanillo). Die Spirituosen-Marke „PORTWO GIN" ist eine Benutzung der g.U. „Porto" (EuG T-417/20, GRUR-RS 2021, 29111 Rn. 39 ff.). In „Champanillo" sieht der EuGH keine direkte/indirekte Verwendung von „Champagne", sondern nur eine Anspielung (EuGH C-783/ 19, GRUR 2012, 1390 Rn. 41 – Champanillo).

897   „Direkte" und „indirekte" Verwendung unterscheiden sich darin, dass die **direkte Verwendung** eine Benutzung des **Zeichens auf dem Produkt** selbst erfordert, während die **indirekte Verwendung auch in der Werbung** oder sonst in Dokumenten stattfinden kann (EuGH C-44/17, GRUR 2018, 843 Rn. 32 – Glen Buchenbach, unter Bezugnahme auf Schlussanträge GA C-44/17, BeckRS 2018, 1766 Rn. 30, mAnm Schoene).

898   Eine **Anspielung** liegt schon vor, wenn der fragliche Name im Verbraucher eine **unmittelbare Assoziation** zum geschützten Namen hervorruft. Während bei der „direkten/Indirekten Verwendung" hohe klangliche oder visuelle Ähnlichkeit erforderlich ist, ist das für eine Anspielung nicht nötig (EuGH C-132/05, GRUR 2008, 524 Rn. 45 – Kommission/Deutschland, für „Parmesan" als Anspielung auf „Parmigiano Reggiano"; C-75/15, GRUR 2016, 388 Rn. 21 – Viiniverla/ Behörde, für „Calvados" als Anspielung auf „Verlados". Auch die bloße begriffliche Nähe kann für eine Anspielung ausreichen (EuGH C-44/17, GRUR 2018, 843 Ls. 2 – Glen Buchenbach). Der EuGH sieht in „Champanillo" keine direkte/indirekte Verwendung von „Champagne", sondern nur eine Anspielung (EuGH C-783/19, GRUR 2012, 1390 Rn. 41 – Champanillo). Das OLG Hamburg hat für die Whisky-Bezeichnung „Glen Els" eine Anspielung auf „Scotch Whisky" bejaht, weil das Wort „Glen" die erforderliche enge Assoziation zu Scotch Whisky auslöse (OLG Hamburg GRUR-RR 2020, 351 Rn. 45 ff. – Glen Els). Das LG Hamburg hat für „Glen Buchenbach" die Anspielung verneint und nur eine Irreführung bejaht (LG Hamburg BeckRS 2019, 5866 Rn. 33). Wenn eine Anspielung bejaht ist, dies stellt der Wortlaut der Verletzungstatbestände mit „selbst wenn der wahre Ursprung angegeben ist" klar, spielen klarstellende Zusätze („Deut-

scher Parmesan") keine Rolle mehr (EuGH C-44/17, GRUR 2018, 843 Ls. 2 – Glen Buchenbach).

Art. 13 Abs. 1 lit. c Spirituosen-VO verbietet die Verwendung von Angaben, die den Verbraucher über die **Herkunft des Erzeugnisses irreführen** können. **Klarstellende Zusätze helfen nicht.** Ein in Paderborn gebrautes Bier mit der Marke „Warsteiner" begründet zwar eine Irreführung, aber diese wird für die Zwecke des UWG irrelevant, wenn auf der Flasche groß genug steht „gebraut in Paderborn" (BGH GRUR 2002, 160 Ls. – Warsteiner III). Diese Korrekturmöglichkeit gibt es bei der irreführenden g.g.A.-Verletzung nicht. Wenn ein Kennzeichnungselement irreführend ist, dann ist dessen Umfeld nicht zu berücksichtigen (EuGH C-44/17, GRUR 2018, 843 Ls. 3 – Glen Buchenbach). Es kommt also, wenn das Wort „Glen" als irreführender Bezug auf „Scotch Whisky" angesehen wird, auf den klarstellenden Zusatz „Swabian Whisky" (und weitere Zusätze wie „Deutsches Erzeugnis" etc) nicht mehr an. Das OLG Hamburg hat in „Glen Els" eine Anspielung auf „Scotch Whisky" und auch eine Irreführung gesehen (OLG Hamburg GRUR-RR 2020, 351 Rn. 62 – Glen Els). Das LG Hamburg bejaht für „Glen Buchenbach" ebenfalls eine Irreführung (LG Hamburg BeckRS 2019, 5866 Rn. 34). **899**

Der EuGH hat auf Vorlage des BGH (BGH BeckRS 2018, 13007) festgestellt, dass der Schutz des Namens „Aceto Balsamico di Modena" nicht die Einzelbestandteile „Aceto" und „Balsamico" oder „Aceto Balsamico" erfasst. Der EuGH stützt dies zum einen darauf, dass in der Begründung der VO (EU) 583/2009 ergibt, dass die Eintragung von „Aceto Balsamico di Modena" keinen Schutz von „Aceto" und „Balsamico" bewirken sollte (EuGH C-432/18, GRUR 2020, 69 Rn. 29). Außerdem verweist der EuGH darauf, dass er in einer Vorentscheidung bereits festgestellt habe, dass „Aceto" ein üblicher Begriff sei (EuGH C-432/18, GRUR 2020, 69 Rn. 34; 193/80, NJW 1982, 1212 Rn. 25, 26 – Kommission/Italien) und dass „balsamico" nichts als „balsamisch" bedeute, also nicht schutztragend sei (im Anschluss daran ebenso BGH GRUR-RS 2020, 13965 Rn. 22 ff. – Deutscher Balsamico II, mit Zurückverweisung; nunmehr hat das OLG Karlsruhe die Verletzung auch im Hinblick auf die sonstige Etikettengestaltung verneint, OLG Karlsruhe GRUR-RS 2021, 4896). Folglich ist eine Kennzeichnung wie „Deutscher Balsamico" erlaubt, wenn nicht andere Umstände hinzukommen, die eine Verletzung von „Aceto Balsamico di Modena" begründen. Möglich bleibt natürlich auch immer ein Verstoß gegen Irreführungsverbote wegen Täuschung über die Herkunft aus Italien durch Verwendung der italienischen Flagge oÄ. Solche unzulässigen Hinweise auf Italien wären aber keine Verletzung der g.g.A., sondern nur ein Verstoß gegen das allgemeine Irreführungsverbot aus Art. 7 Abs. 1 lit. a LMIV Schoene ZLR 2020, 35 (45); zustimmend Ströbele/Hacker/Thiering/Hacker § 135 Rn. 53). Die unterschiedliche dogmatische Anknüpfung in Art. 13 VO (EU) 1151/2012 oder Art. 7 LMIV ist auch praktisch relevant, weil im Rahmen von Art. 7 LMIV Raum ist für klarstellende Hinweise, im Rahmen von Art. 13 VO (EU) 1151/2012 aber idR nicht (Schoene ZLR 2020, 35 (45); zustimmend Ströbele/Hacker/Thiering/Hacker § 135 Rn. 53). **900**

Omsels WRP 202, 287 (288) meint zwar, eine Irreführung allein wegen Verwendung der „gemeinfreien Wörter" „Aceto" oder „balsamico" komme nicht in Betracht. Das ist auch richtig. Aber wenn zusätzlich italienische Farben oder dergleichen verwendet werden, kann die Schwelle des Art. 7 Abs. 1 lit. a LMIV überschritten sein. **900.1**

Die Entscheidung des EuGH ist im Ergebnis richtig, in der Begründung aber kritisch. Der Verweise auf den Disclaimer in der Eintragungsverordnung und auf die EuGH-Vorentscheidung zum Wort „Aceto" sind nicht unproblematisch. Man könnte sie so verstehen, dass es stets solch klarer Vorgaben bedürfe, wenn zu prüfen ist, ob ein Bestandteil eines eingetragenen Namens schutztragend ist oder nicht. In diese Richtung argumentierte in der Tat der Generalanwalt, der meinte, er hätte ohne den Disclaimer nicht genügend Tatsachenmaterial um zu entscheiden, ob die Wörter „Aceto" und „Balsamico" vom Schutz des Namens umfasst sind oder nicht. Diese Überlegung greift der EuGH nicht auf. Jedenfalls beim Wort „balsamico" bezieht er sich nicht auf rechtliche Vorgaben, sondern hält vielmehr die Bedeutung des Wortes in der italienischen Sprache für maßgeblich. Dies muss man als das zukunftsweisende Argument dieser Entscheidung ansehen. Denn käme es immer auf Disclaimer in den Eintragungsverordnungen oder auf Präjudize an, die jedoch bei vielen Namensbestandteilen fehlen, hätte man bei fast allen eingetragenen Namen genau die Rechtsunsicherheit, die den EuGH zur „Aceto Balsamico"-Entscheidung genötigt hat. Denn nahezu jede g.g.A./g.U. ruft vergleichbare Probleme auf. Wer nicht slowenisch oder eine verwandte slawische Sprache versteht, kann nicht erkennen, was zB in der g.g.A. „Jajca izpod Kamniških planin" (slowenisch: „Eier vom Berg Kamnik") die Angabe der Produktgattung „Eier" ist, welches Wort „Berg" bedeutet und was der eigentliche geografische Teil „Kamnik" ist. In solchen Fällen, das zeigt das EuGH-Urteil, hilft es auf die Bedeutung des Wortes in der **901**

Herkunftssprache abzustellen und danach zu entscheiden, ob es vom Schutz des geografischen Namens umfasst ist oder nicht. Letztlich dürfte dies auch mit der Exportur-Entscheidung (EuGH C-3/91, BeckRS 2004, 76478 – Exportur) zu rechtfertigen sein. Danach ist ein geografischer Name, der im Herkunftsgebiet generisch geworden ist, auch außerhalb des Herkunftsgebietes nicht mehr als geografischer Name geschützt. Das gilt erst recht, wenn das fragliche Wort im Herkunftsgebiet niemals eine geografische Bedeutung hatte, denn dann kann es keinesfalls geschützt sein. Zum Spezialproblem der Verletzung einer g.g.A./g.U. durch ähnliche, aber traditionelle, Namen aus demselben Gebiet s. Schoene AUR 2019, 260 ff. mit einem Lösungsvorschlag gegen OLG Köln GRUR-RR 2019, 251 – Culatello di Parma und Abgleich mit EuGH C-614/17, GRUR 2019, 737 – Manchego (zustimmend Hacker GRUR 2020, 587 ff.).

901.1   Das OLG Köln begründet ausführlich, aber im Ergebnis zweifelhaft, dass „Culatello di Parma" für ein aus Parma stammendes Fleischerzeugnis mit jahrhundertelanger Tradition eine Verletzung von „Prosciutto di Parma g.U." sei (OLG Köln GRUR-RR 2019, 251 – Culatello di Parma, bestätigt von BGH GRUR 2020, 294 ff.). Auch diese Frage sollte, da davon massenweise traditionelle, redlich verwendete Lebensmittelnamen betroffen sind, dem EuGH vorgelegt werden. Dazu sah der BGH in der Revision von „Culatello di Parma" keinen Anlass, da die Traditionalität der Bezeichnung nicht dargelegt worden sei (BGH GRUR 2020, 294 Rn. 48–51 – Culatello di Parma; kritisch dazu mit Verweis auf andere tatsächliche Feststellungen des OLG Köln in der Vorinstanz Hacker GRUR 2020, 587 (590)). Die **Lösung kann darin bestehen, die Regelung, welche die Koexistenz der Eintragung von geografischen Namen ermöglicht** (Art. 6 Abs. 3 VO (EU) 1151/2012, die Parallel-Verordnungen enthalten ebensolche Regeln) auch **auf die Koexistenz eines bereits eingetragenen mit den noch nicht eingetragenen Namen aus derselben Region analog anzuwenden** (Schoene AUR 2019, 260 (264 ff.); Schoene ZLR 2020, 35 (43 f.)). Hacker stimmt dem Ergebnis zu, will es aber unmittelbar Art. 34 AEUV herleiten, aus dem sich ohne weiteres ergebe, dass eine im Ursprungsstaat rechtmäßige Benutzung des geografischen Namens wie „Parma" auch in anderen Mitgliedstaaten erlaubt sein müsse (Ströbele/Hacker/Thiering/Hacker § 135 Rn. 35). Richtig ist, dass das Problem der Koexistenz von Namen wie „Prosciutto di Parma g.U." mit „Culatello di Parma" in Art. 34 AEUV wurzelt (Schoene GRUR-Prax 2018, 328 zur Exportur-Rechtsprechung und zum Wort „Balsamico"; ausführlich Schoene AUR 2019, 260 (261)). Es muss zur Not auch über das Primärrecht gelöst werden, wie es Hacker vorschlägt. Die analoge Anwendung von Art. 6 Abs. 3 VO (EU) 1151/2012 bietet aber Vorteile, nämlich Ansätze dafür, die Anforderungen des Primärrechts zu konkretisieren, ebenso wie Art. 7 Abs. 1 lit. e VO (EU) 1151/2012 der Spezifikationsanforderungen an die Aufmachung das Primärrecht konkretisiert (dazu EuGH C-367/17, BeckRS 2018, 32745 – Schwarzwälder Schinken, der auf Grundlage des Primärrechts entwickelte EuGH-Anforderungen übergangslos auf die danach erfolgte Normierung in Art. 7 Abs. 1 lit. e VO (EU) 1151/2012 anwendet).

901.2   Der EuGH streift das Problem der Koexistenz von Namen mit demselben geografischen Bestandteil erstmals in der Aceto-Balsamico-Entscheidung. Er stellte fest, dass die Wörter „Aceto" und „Balsamico" auch deshalb schutzlos sein müssten, weil nur so die Koexistenz der drei geschützten Namen „Aceto balsamico di Modena", „Aceto balsamico tradizionale di Modena" und „Aceto balsamico tradizionale di Reggio Emilia" gerechtfertigt werden könne (EuGH C-432/18, GRUR 2020, 69 Rn. 35 – Aceto Balsamico). Wenn das aber ein Anhaltspunkt sein sollte, dann müsste auch „di Modena" schutzlos sein, weil nur das die Koexistenz der beiden Namen „Aceto balsamico di Modena" und „Aceto balsamico tradizionale di Modena" erklärt. So kann man folglich nicht argumentieren. Entscheidend muss vielmehr sein, dass auch die eigentlich schutztragenden geografischen Bestandteile eingetragener Namen gegenüber bestimmten Verwendungen für Produkte aus demselben Gebiet nicht denselben Schutz genießen wie gegenüber der Verwendung des geografischen Wortes für gebietsfremde Produkte. Für welche lokalen Verwendung der geografische Bestandteil eingetragener Namen „frei" ist, kann man anhand der Vorgaben von Art. 6 Abs. 3 VO (EU) 1151/2012 näher definieren.

901.3   Im Manchego-Fall des EuGH könnte es angemessen sein, in den grafischen und wörtlichen Anspielungen auf die spanische Landschaft La Mancha und den dort spielenden Roman Don Quichote auch eine Anspielung auf „Queso Manchego" g.U. zu sehen, weil jedenfalls nach dem mitgeteilten Sachverhalt keine allgemeine, redliche Tradition vorliegt, einen in der Mancha hergestellten Käse, der kein Manchego ist, so auszuloben (umfassend zu alledem Schoene AUR 2019, 260 ff.; Schoene ZLR 2020, 35 (43); zustimmend Hacker GRUR 2020, 587 (589 ff.)).

902   **b) Dieselbe Erzeugnisklasse.** Außer der im Falle einer Benutzung der Marke eintretenden Verletzung der g.g.A./g.U. ist für das Eintragungsverbot aus Art. 14 Abs. 1 VO (EU) 1151/2012 erforderlich, dass die Marke dieselbe Erzeugnisklasse wie die g.g.A./g.U. betrifft. Die Erzeugnisklassen (Fleisch, Käse, Fette etc) sind in Anhang XI Durchführungs-VO (EU) 668/2014 zur VO (EU) 1151/2012 aufgezählt und werden gemäß Art. 14 Abs. 1 VO (EU) 668/2014 auch in der Eintragung der g.g.A./g.U. vermerkt. In der VO (EU) 251/2014 bezog sich das Eintragungsverbot ebenfalls nur auf Marken für aromatisierte Weine, es ist durch die Novelle in der VO (EU) 2021/2117 in Art. 14 Abs. 1 VO (EU) 1151/2012 (erweiterter Geltungsbereich, s. Art. 2) aufgegangen. Auch in der VO (EU) 1308/2013 greift das Eintragungshindernis nur ein, wenn sich die Marke auf Wein bezieht (Art. 102 VO (EU) 1308/2013 verweist auf Anh. VII Teil II VO (EU) 1308/2013). Das wird in der deutschen Fassung der Vorschrift zwar nicht ganz deutlich, weil sich dort der Halbsatz „und die eine in Anh. VII Teil II VO (EU) 1308/2013 aufgeführte Art von Erzeugnis betrifft" grammatisch nur auf die davor stehende Variante „oder deren Verwendung unter Art. 103 Abs. 2 fällt" beziehen könnte. In der französischen, der englischen und der italienischen Sprachfassung wird aber durch ein Komma vor dem „und" klar, dass dieselbe Erzeugniskategorie bei allen Varianten des Eintragungsverbots vorliegen muss. Diese Voraussetzung des absoluten Eintragungshindernisses ist der wesentliche Unterschied zum relativen Eintragungshindernis „g.g.A./g.U." aus § 42 Abs. 2 iVm § 13. Das relative Eintragungshindernis greift immer dann, wenn die Benutzung der fraglichen Marke gegen Art. 13 VO (EU) 1151/2012 verstoßen würde, also auch dann, wenn die Marke andere Erzeugnisklassen betrifft. Die Regelungen der UMV differenzieren genauso (vgl. zum absoluten Eintragungshindernis Art. 7 Abs. 1 lit. J UMV, zum relativen Eintragungshindernis Art. 8 Abs. 6 UMV).

Folglich resultiert aus der g.U. „Champagne" kein absolutes Eintragungshindernis gegen eine Kosmetik- **902.1** marke „Champagnerschaumbad", wohl aber ein relatives (mit diesem Beispiel Hacker GRUR 2019, 113 (129)). Ebenso wenig würde die g. U. „Champagne" ein absolutes Eintragungshindernis gegen das für Restaurant-Dienstleistungen angemeldete Zeichen „Champanillo" (Spanisch: „Kleiner Champagne") begründen, da eine andere Erzeugnisklasse iSv Art. 14 Abs. 1 VO (EU) 1151/2012 betroffen ist. Sehr wohl aber kann ein relatives Eintragungshindernis bestehen.

In Art. 36 Spirituosen-VO, welcher bereits seit 8.6.2019 heranzuziehen ist (→ Rn. 879), fehlt **903** ein Verweis auf Erzeugnisklassen (ebenso früher Art. 23 VO (EU) 110/2008). Hier ist das absolute Eintragungshindernis also umfassender als in den anderen Verordnungen, da es genauso weit geht wie das relative Eintragungshindernis.

Der Marke „Port Charlotte" für Whisky steht also aus der g.U. „Port" kein absolutes Eintragungshinder- **903.1** nis entgegen (Whisky ist kein Weinbauerzeugnis, es greift also kein Eintragungshindernis aus Art. 102 VO (EU) 1308/2013; zu prüfen wäre nur das relative Eintragungshindernis; Eintragungsfähigkeit bejaht von EuGH C-56/16 P, GRUR 2018, 89 – Port Charlotte). Hingegen müsste bei einer fiktiven Weinmarke „Scotch Burgundy" das absolute Eintragungshindernis aus der Whisky-g.g.A. „Scotch" umfassend geprüft werden, weil der Unterschied in den Erzeugnisklassen bei einer Spirituosen-g.g.A. auch beim absoluten Eintragungshindernis eben keine Rolle spielt. Ein sachlicher Grund für den strengeren Schutz von Spirituosen-g.g.A. ist nicht ersichtlich, wenn man nicht annehmen will, dass bei Spirituosen die Ansehensausnutzung leichter möglich oder schädlicher ist als bei anderen Produktkategorien. Auch das leuchtet aber nicht unmittelbar ein.

Die bloße Verletzung durch Marken **für andere Erzeugnisklassen** begründet also bei **zwei** **904** **der drei Verordnungen kein Eintragungshindernis** iSv § 8 Abs. 2 Nr. 9. Immerhin ist aber auch dort die ansehensausnutzende oder sonst verletzende **Benutzung** eines solchen Zeichens **verboten.** Das enger definierte Eintragungsverbot in der VO für Wein und derjenigen für sonstige Lebensmittel entlastet so das von Amts wegen zu beachtende Registerverfahren. Erst auf Tätigwerden des an der g.g.A./g.U. berechtigten Privaten muss geprüft werden, ob die g.U./g.g.A. auch außerhalb ihrer Erzeugnisklasse vor der Eintragung der jüngeren Marke geschützt werden muss.

6. Privilegierte Marken

Art. 14 VO (EU) 1151/2012 und die Parallelvorschriften gestatten unter Umständen die Eintra- **905** gung einer Marke, die eigentlich unter das Eintragungsverbot fällt. Gestattet ist zum einen die Eintragung, wenn die Markenanmeldung erfolgte, bevor der Antrag auf Eintragung der g.g.A./g.U. bei der Kommission einging (Art. 14 Abs. 1 UAbs. 1 VO (EU) 1151/2012, Art. 102 Abs. 2 VO (EU) 1308/2013). Dabei muss die Markenanmeldung obendrein alle anderen Anforderungen, also insbesondere § 8, erfüllen. Daran kann es fehlen. Zwar wird man nicht sagen können, dass eine kurz vor dem Schutz der g.g.A./g.U. erst angemeldete Marke unter § 8 Abs. 2 Nr. 13 fällt (Eintragungsverbot, wenn Benutzung gegen öffentliches Interesse verstößt). Zwar ist das Eintragungsverbot anwendbar. Das ergibt sich aus dem Verweis in Art. 14 Abs. 1 UAbs. 1 VO (EU) 1151/201 auf die frühere MRL 2008 (RL 2008/95/EG), der die fragliche Markenanmeldung entsprechen muss. Allerdings ist Art. 14 VO (EU) 1151/2012, der eben die Koexistenz von Marken und g.g.A./g.U. regelt, eine Spezialvorschrift zu § 8 Abs. 2 Nr. 13 (Hacker GRUR 2019, 113 (117)).

906   Die verletzende, aber „gerade noch rechtzeitige" Markenanmeldung kann indes bösgläubig sein, § 8 Abs. 2 Nr. 14. Dieses Eintragungsverbot ist anwendbar. Es kann eingreifen, wenn die Markenanmeldung in zeitlichem Zusammenhang mit dem nationalen Abschnitt des Verfahrens auf Eintragung der g.g.A./g.U. erfolgt, was ein starkes Indiz für Bösgläubigkeit sein wird.

7. Altmarken, Altanträge – Europarechtswidrigkeit von § 158 Abs. 8 und § 50 Abs. 3

907   Das MaMoG setzt der Anwendung des neuen Eintragungshindernisses und der darauf beruhenden Löschungsmöglichkeit in mehrfacher Hinsicht Grenzen.

908   Das Eintragungsverbot soll gemäß § 158 Abs. 7 nicht für Marken gelten, die vor dem 14.1.2019 beim DPMA angemeldet wurden. Es gibt aber in der MRL keine Ermächtigung, solche Altanmeldungen zu privilegieren. Soweit also diese Regelungen so verstanden werden soll, dass Altmarken nicht aus g.g.A./g.U. angegriffen werden können, wäre dies unionsrechtlich nicht zulässig. Denn zwar erlaubt Art. 5 Abs. 6 MRL den Mitgliedstaaten bei relativen Eintragungshindernissen die Anwendung des alten Rechts auf Altmarken aus der Zeit vor der ersten von 1989 (!) MRL 89/104/EWG. Für absolute Eintragungshindernisse gibt es aber in Art. 4 MRL keine solche Übergangsregelung. Da die neue MRL anders als ihre Vorgängerinnen auch das Verfahrensrecht harmonisieren soll (Erwägungsgrund 15 MRL) und da Art. 4 Abs. 4, 5 MRL bestimmte Ausnahmen von den Eintragungsverboten zulassen, nicht aber eine Ausnahme iSv § 158 Abs. 7, ist davon auszugehen, dass diese Norm europarechtswidrig ist, wenn sie so verstanden werden soll, dass Altmarken nicht aus g.g.A./g.U. angegriffen werden können. Vielmehr können Altmarken mit den Löschungsgründen der Spezialverordnungen angegriffen werden.

908.1   Es gibt auch keinerlei Anlass für Vertrauensschutz bei solchen Altanmeldern. Denn die Verordnungen zum Schutz von g.g.A./g.U. sahen schon lange vor dem 14.1.2019 vor, dass g.g.A./g.U.-verletzende Marken nicht eingetragen werden dürfen bzw. gelöscht werden müssen (s. statt aller Art. 14 VO (EU) 1151/2012 und dieselbe Norm in den Vorgängerverordnungen 2081/92 und 510/2006). Das DPMA hat diese Löschungsbefugnis nie wahrgenommen. Das hätte es aber sollen und – Effizienzgrundsatz im Europarecht – auch müssen. Es ist also seit langem unmittelbar geltendes Recht in Deutschland, dass g.g.A./g.U.-verletzende Marken nicht eintragbar sind und gelöscht werden müssen.

909   Folglich sind auch auf Altanmeldungen und -marken die Eintragungshindernisse bzw. Löschungsgründe anwendbar. Dabei ist für das Ergebnis gleichgültig, dass man das Eintragungsverbot auf den schon immer unmittelbar geltenden Art. 14 VO (EU) 1151/2012 (oder seine Vorgängerregelungen in den früheren Verordnungen (EU) 2081/92 und (EU) 510/2006 bzw. die entsprechenden Regelungen in den Parallelverordnungen zu Weinen und zu Spirituosen) stützen muss. Eine g.g.A./g.U-verletzende Marke darf, auch wenn sie am 14.1.2019 bereits angemeldet war, nicht eingetragen werden; ist sie schon eingetragen, muss sie löschbar sein – es sei denn, es liegt einer der Ausnahmetatbestände von Art. 14 VO (EU) 1151/2012 vor.

910   Auch das EUIPO ist der Auffassung, dass zwar die neuen g.g.A.-etc.-relevanten Löschungsgründe der UMV auf Altmarken (d.h. auf Marken aus der Zeit vor Einfügung dieser Löschungsgründe in die GMV bzw. UMV) nicht anwendbar sind, dass aber für solche Altmarken die Löschungsgründe aus den Spezialverordnungen für Weine, Spirituosen bzw. alle anderen Lebensmittel gelten (EUIPO Guidelines, Part D, Section 2, Annex 1). Auch das EUIPO macht darauf aufmerksam, dass es angesichts dieser alten, bloß redaktionell aus der GMV ausgelagert gewesenen Löschungsgründe keinen Anlass gibt, verletzenden Altmarken Bestandsschutz zu gewähren (s. ausführlichere Darstellung der Guidelines-Erwägungen im Paper der EUIPO-Abteilung International Cooperation and Legal Affairs, Department Legal Affairs „Temporal scope of the application of the new grounds for refusal of EUTMR", das über die Google-Suche nach diesem Titel gefunden wird.

V. Traditionelle Bezeichnungen für Weine (Abs. 2 Nr. 10)

911   Die Vorschrift ist mit dem MaMoG ins Markengesetz gelangt. Sie ist die fast wortlautgetreue Umsetzung von Art. 4 Abs. 1 lit. j MRL, der wiederum wörtlich Art. 7 Abs. 1 lit. k UMV entspricht. Im MarkenG fehlen nur die Worte „nach Maßgabe von (Vorschriften geschützt)" aus der MRL und der UMV, was keinen inhaltlichen Unterschied darstellt. Die traditionellen Bezeichnungen zeigt die Datenbank eAmbrosia in einem gesonderten Fach, außerhalb der eingetragenen geografischen Weinnamen. Auf der vom EUIPO betreuten, sehr komfortablen Datenbank GIView (https://www.tmdn.org/giview/) sind diese Bezeichnungen nicht zu finden.

Das Eintragungsverbot knüpft an Eintragungsverbote aus Rechtsvorschriften der EU oder inter- **912** nationale Übereinkommen, denen die EU angehört, und die dem Schutz von traditionellen Bezeichnungen für Weine dienen.

Ein delegierter Rechtsakt der EU-Kommission, der das Verhältnis von traditionellen Bezeich- **913** nungen für Weine und kollidierenden Marken regelt, ist Art. 32 Abs. 1 VO (EU) 2019/33 (ABl. EU 2019 L 9, 2). Er verbietet die Eintragung von Marken, die einen traditionellen Begriff enthalten, wenn sie sich nicht auf einen Wein beziehen, der die Bezeichnung tragen darf. Auch hier greift das Eintragungsverbot also nicht, wenn die Marke unterscheidungskräftige Bestandteile enthält (Schmidts Federweißer) und die Marke nur für Waren beansprucht wird, die die Voraussetzungen der traditionellen Bezeichnung erfüllen.

Das Eintragungshindernis gilt nicht für Marken, die vor dem 14.1.2019 beim DPMA angemeldet **913.1** wurden (§ 158 Abs. 7). Da hier das Eintragungshindernis erst mit der Durchführungs-VO (EU) 2019/33 realisiert wurde, ist § 158 Abs. 7 insofern, anders als bei g.g.A./g.U., europarechtskonform.

Auch internationale Übereinkünfte, denen die EU angehört, sind hier heranzuziehen. Dazu **914** gehören Art. 6 Abs. 4 Abkommen mit Australien (ABl. EU 1994 L 86, 1), Art. 10 Abkommen mit Chile betreffend Weine (ABl. EU 2002 L 352, 3) und Art. 6 Abkommen mit Mazedonien (ABl. EU 2001 L 342, 31 = Zusatzprotokoll zum Assoziierungsabkommen).

VI. Traditionelle Spezialitäten (Abs. 2 Nr. 11)

Die Vorschrift ist mit dem MaMoG ins Markengesetz gelangt. Sie ist die fast wortlautgetreue **915** Umsetzung von Art. 4 Abs. 1 lit. k MRL, der wiederum wörtlich Art. 7 Abs. 1 lit. l UMV entspricht. Im MarkenG fehlen nur die Worte „nach Maßgabe von (Vorschriften geschützt)" aus der MRL und der UMV, was keinen inhaltlichen Unterschied darstellt.

Diese dynamische Rechtsgrundverweisung (→ Rn. 911) erfasst Eintragungsverbote aus EU- **916** Rechtsvorschriften sowie internationalen Übereinkünften mit EU-Angehörigkeit, die dem Schutz von traditionellen Spezialitäten dienen.

Geschützte traditionelle Spezialitäten (g.t.S., zB Jamòn Iberico) sind in Titel III der VO (EU) **917** 1151/2012 geregelt. Auch die Namen der geschützten traditionellen Spezialitäten sind auf eAm-brosia https://ec.europa.eu/info/food-farming-fisheries/food-safety-and-quality/certification/quality-labels/geographical-indications-register/ und auf der vom EUIPO betreuten, sehr komfortablen Datenbank GIView (https://www.tmdn.org/giview/) abrufbar.

Auf GIView sind auch die 1.595 Drittstaat-Namen auffindbar, die nicht durch Eintragungsanträge, **917.1** sondern direkt durch Listen in internationalen Abkommen der EU geschützt sind. Außerdem findet man dort die 40.000 Registrierungen, welche den rund 3.400 europäischen Namen Schutz in Drittstaaten gewähren. Das EUIPO benötigt eine solche Datenbank, weil nach der Unionsmarkenverordnung g.g.A., g.U. und g.t.S. absolute, von Amts wegen zu berücksichtigende Eintragungshindernisse sind (Art. 7 Abs. 1 lit. j–l UMV).

Auch hier greift das Eintragungsverbot nicht, wenn die Marke unterscheidungskräftige Bestand- **918** teile enthält (zB „Schmidts Jamòn Iberico") und nur Waren beansprucht, die die Spezifikation der g.t.S. erfüllen.

Das Eintragungshindernis gilt nicht für Marken, die vor dem 14.1.2019 beim DPMA angemeldet **918.1** wurden (§ 158 Abs. 7). Gegen diese Beschränkung bestehen dieselben Bedenken wie gegen die bei g.g.A./g.U. (→ Rn. 907 ff.).

VII. Sortenbezeichnung (Abs. 2 Nr. 12)

Die Vorschrift ist mit dem MaMoG ins Markengesetz gelangt. Sie ist die fast wortlautgetreue **919** Umsetzung von Art. 4 Abs. 1 lit. l MRL, der wiederum Art. 7 Abs. 1 lit. m UMV entspricht. Im MarkenG fehlen nur die Worte „nach Maßgabe von (Vorschriften geschützt)" aus der MRL und der UMV, was keinen inhaltlichen Unterschied darstellt.

Von der Eintragung ausgeschlossen sind Marken, die aus einer im Einklang mit deutschem **920** Recht mit den Rechtsvorschriften der EU oder mit internationalen Übereinkünften, denen die EU oder die Bundesrepublik Deutschland angehören, zu Sortenschutzrechten eingetragenen früheren Sortenbezeichnung bestehen oder diese in ihren wesentlichen Elementen wiedergeben und die sich auf Pflanzensorten derselben botanischen Art oder eng verwandter Arten beziehen.

Das Eintragungshindernis gilt nicht für Marken, die vor dem 14.1.2019 beim DPMA angemeldet **920.1** wurden (§ 158 Abs. 7). Allerdings gab es in § 5 Abs. 4 S. 1 Nr. 3 WZG und § 13 Abs. 2 Nr. 4 MarkenG aF auch früher schon relative Schutzhindernisse für Sortenbezeichnungen (Ströbele/Hacker/Thiering/ Ströbele Rn. 1172 auch zur Rechtslage in der Erstfassung des WZG, damals war dies zunächst ein absolutes Schutzhindernis). Darüber hinaus konnten Sortenbezeichnungen schon bisher regelmäßig als schutzunfähig gelten. Denn die Anmeldung der Sortenbezeichnung für die betreffende Sorte scheitert an Nr. 2 oder Nr. 3, da die Sortenbezeichnung bestimmungsgemäß die Sorte, also die Beschaffenheit, der Ware und nicht deren kommerziellen Herkunft kennzeichnet. Insofern die Sortenbezeichnung (auch) für Waren angemeldet wird, die zur fraglichen oder einer eng verwandten Pflanzenart, aber zu anderen Sorten gehören, war und ist die Anmeldung zurückzuweisen, weil sie insofern ersichtlich irreführend ist (Nr. 4).

920.2   Auch weiterhin können prioritätsbessere Sortenschutzrechte als relative Schutzhindernisse geltend gemacht werden (§ 13 Abs. 2 Nr. 4).

920.3   Allgemein zum Sortenschutz nach deutschem Recht → § 8 Rn. 56 (Unterlassungsanspruch) und nach europäischem Recht → § 13 Rn. 57.

920.4   Bei der Anmeldung einer Pflanzenzüchtung nach dem SortSchG oder nach der (nur alternativ, nicht kumulativ anwendbaren) VO (EG) 2100/94 muss der Anmelder eine Sortenbezeichnung vorschlagen, die von dem zuständigen Amt nach Prüfung von Unterscheidungskraft sowie möglicher Rechte Dritter zusammen mit dem Sortenschutzrecht erteilt bzw. bekanntgemacht wird (zum deutschen Recht: § 7 SortSchG, § 22 Abs. 2 SortSchG, § 24 Abs. 1 SortSchG; zum europäischen Recht: Art. 50 Abs. 3, 63 VO (EG) 2100/ 94). Vermehrungsmaterial einer geschützten Sorte darf nur in den kommerziellen Verkehr gebracht werden, wenn hierbei die Sortenbezeichnung deutlich erkennbar angegeben ist; dies gilt auch, wenn der Sortenschutz abgelaufen ist. (§ 14 SortSchG; Art. 17 VO (EG) 2100/94). Dem Inhaber der Sorte steht ein Unterlassungsanspruch zu, wenn die Sortenbezeichnung für eine verwandte Sorte derselben Art verwendet wird; die Verwendung der Bezeichnung für dieselbe Sorte steht hingegen jedem Dritten sowohl vor wie auch Ablauf des Sortenschutzes frei (zum SortSchG → § 13 Rn. 58).

920.5   Für den internationalen Sortenschutz ist vor allem das Internationale Übereinkommen zum Schutz von Pflanzenzüchtungen (UPOV) in der Fassung von 1991 einschlägig. Das UPOV-Übereinkommen enthält Mindestregelungen, denen die Gesetzgebung der Mitgliedsländer entsprechen muss; ferner wird ein System der Notifizierung geschützter Sorten und ihrer Bezeichnungen seitens der Mitgliedsländer etabliert. Vorschriften zur Sortenbezeichnungen finden sich in Art. 20 UPOV-Übereinkommen; auch dort wird hervorgehoben, dass die Benutzung der Sortenbezeichnung im Zusammenhang mit der Sorte weder während noch nach Bestehen des Sortenschutzes behindert werden darf (Art. 20 Abs. 1 lit. b UPOV-Übereinkommen).

921   Bei Nr. 12 handelt es sich anders als bei den Nr. 9–11 nicht um eine Rechtsgrundverweisung, sondern um ein eigenständiges Schutzhindernis. Eine Rechtsgrundverweisung kommt nicht in Betracht, da die einschlägigen Rechtsakte kein Eintragungsverbot, sondern lediglich Abwehr- bzw. Freihalteansprüche regeln. Diese Vorschriften verfolgen das im Allgemeininteresse liegende Ziel, dass Sortenbezeichnungen von allen frei verwendet werden können. Sie verhindern die Monopolisierung und sichern das Recht, die fraglichen Sortenbegriffe zur Beschreibung von Waren zu verwenden (EuG T-569/18, BeckRS 2019, 11457 Rn. 27 zu Art. 7 Abs. 1 lit. m UMV).

922   Ob das Eintragungsverbot nur für die in der EU oder in Deutschland eingetragene frühere Sortenbezeichnungen gilt, ist str. (in diesem Sinne Ströbele/Hacker/Thiering/Ströbele Rn. 1175 unter Berufung auf die Amtl. Begr. zu Art. 1 Nr. 4 lit. b MaMoG; anders jedoch – zu Art. 7 Abs. 1 lit. m UMV – die Prüfungsrichtlinien des EUIPO; s. auch → UMV Art. 7 Rn. 197). Für letzteres spricht, dass die EU gegenüber UPOV ihre Bereitschaft zum Schutz sämtlicher Arten und Sorten seit dem 27.4.1995 notifiziert hat (GEN/EU/001, Notifizierung vom 29.5.2005).

VIII. Eintragungsverbot wegen öffentlich-rechtlichen Benutzungsverbots (Abs. 2 Nr. 13)

1. Allgemeines

923   Verhindert werden soll die **Eintragung** von Marken, deren **Benutzung** für die beanspruchten Waren und Dienstleistungen **im öffentlichen Interesse untersagt** ist. Dieses Schutzhindernis transponiert ua Kennzeichnungsverbote des Lebens- und Heilmittelrechts in das Registerrecht (Fezer Rn. 653 ff.; Lange MarkenR Rn. 1116; Sosnitza MarkenR § 8 Rn. 37: „Gelenkworm"). Beispielsweise enthält § 3a UWG iVm der Health-Claim-VO spezielle Auslobungsverbote. Darum wäre eine für Bier beanspruchte Bildmarke, die prominent das Wort „bekömmlich" enthält, nicht eintragbar. Denn für Getränke mit mehr als 4% Alkohol dürfen keine gesundheitsbezogenen Angaben gemacht werden. Da hiernach das Wort „bekömmlich" für Bier nicht benutzt werden darf, dürfte es auch als Marke für Bier nicht eingetragen werden (vgl. zur Bierwerbung mit „bekömmlich" OLG Stuttgart GRUR-Prax 2017, 29 – bekömmlich). Hier sind nur Vorschriften zu beachten, die im öffentlichen Interesse eine Benutzung untersagen und in Deutschland unmittelbar Geltung beanspruchen. **Nach der Eintragung** in Kraft tretende Verbote sind auch im Löschungsverfahren nicht zu berücksichtigen. Der Staat müsste hier über andere Vorschriften (zB auf Grundlage der LMIV oder der Health-Claim-VO) Benutzungsverbote aussprechen, sofern diese Spezialvorschriften keine Weiterbenutzungsrechte geben. Auch wenn erkennbar ist, dass die Benutzung der Marke wettbewerbswidrig sein würde, kann dies nicht über Nr. 13 berücksichtigt werden. Es kann nur ein Indiz für Bösgläubigkeit sein (→ Rn. 1004).

Sosnitza spricht von einer „Gelenknorm", da die hier relevanten Benutzungsverbote selten direkt auf **923.1** ein Eintragsverbot abzielen (Sosnitza MarkenR § 8 Rn. 37).

Eine (unvollständige) Übersicht über wichtige Benutzungsverbote enthält das TaBu DPMA unter **923.2** Nr. 250.

Eine verbotene Benutzung kann auch bei nur für den **Export** bestimmten Waren vorliegen **924** (→ § 26 Rn. 96).

Da eine § 8 Abs. 4 S. 1 entsprechende, auch **Abwandlungen** erfassende Regelung für die **925** Nr. 13 fehlt, kommt es darauf an, ob die jeweilige Verbotsvorschrift auch Abwandlungen der verbotenen Kennzeichnung erfasst (BGH GRUR 2005, 957 f. – Champagner Bratbirne).

2. SolingenV, GlashütteV

Sowohl die **SolingenV** (→ § 137 Rn. 8) als auch die **GlashütteV** (→ § 137 Rn. 9) fallen **926** nicht unter § 8 Abs. 2 Nr. 9 (zum Inhalt → Rn. 881), weil sie die dafür erforderlichen Eintragungsverbote nicht enthalten (→ Rn. 882). Anwendbar ist vielmehr § 8 Abs. 2 Nr. 13. Die Voraussetzungen der Nr. 13 liegen auch vor. Denn die beiden Verordnungen sind materiell Gesetze, so dass die Benutzungsverbote zumindest auch im **öffentlichen Interesse** bestehen. Es ist auch **„ersichtlich"**, dass die Benutzung einer **Marke, die das Wort „Glashütte"** bzw. **„Solingen" enthält,** aber nur Uhren bzw. Schneidwaren beansprucht, die nicht den Vorgaben der betreffenden VO entsprechen, verboten ist. Die Eintragung von Marken, die das Wort Glashütte bzw. Solingen enthalten, ist darum **nur möglich,** wenn das Warenverzeichnis auch erfasst **„Uhren/Schneidwaren, die den Vorgaben der GlashütteV/SolingenV entsprechen".** Man wird aber nicht verlangen können, dass das Warenverzeichnis auf exakt diese Waren beschränkt wird. Denn eine Schneidwaren-/Uhrenmarke mit dem Wort Solingen/Glashütte **kann** ja für verordnungskonforme Waren benutzt werden, so dass ihr kein generelles Benutzungsverbot entgegensteht. Das wird bei den Eintragungsverboten der EU-Verordnungen zu g.g.A./g.U. anders gesehen. Dort wird eine Beschränkung von Marken, die eine g.g.A./g.U. enthalten, auf spezifikationskonforme Waren für erforderlich gehalten (→ Rn. 895).

Die Eintragung von Marken mit dem Wort **Glashütte/Solingen für andere Waren/Dienst-** **927** **leistungen** als Uhren/Schneidwaren kann **nicht über Nr. 13 verhindert** werden. Ein Eintragungshindernis kann sich aus § 8 Abs. 2 Nr. 4 ergeben, wenn das Warenverzeichnis auch Waren zulässt, die nicht aus dem Gebiet stammen (Irreführung über geografische Herkunft, greift aber dann nicht ein, wenn auch Waren aus dem geografischen Gebiet erfasst sind). Wenn die Waren nach dem Verzeichnis aus Solingen/Glashütte stammen müssen, kann trotzdem noch eine Irreführung über deren Beschaffenheit vorliegen (ebenfalls Eintragungshindernis aus § 8 Abs. 2 Nr. 4), wenn sie Uhren/Schneidwaren ähneln und der Verkehr die durch die SolingenV und die GlashütteV begründeten Qualitätsvorstellungen auf die anderen Waren überträgt. Wenn solche Umstände nicht vorliegen, können Marken mit Solingen/Glashütte außerhalb des Bereichs von Schneidwaren/Uhren durchaus eingetragen werden.

Eine Individualmarke für Schneidwaren/Uhren, die aus dem Wort „Solingen" bzw. „Glashütte" besteht, **927.1** kann natürlich gar nicht eingetragen werden. Das ergibt sich aber bereits aus ihrem beschreibenden Charakter (§ 8 Abs. 2 Nr. 2).

3. Eintragungshindernis Spirituosenkategorie

Eine besondere Art geschützter Bezeichnungen enthält die **Spirituosen-VO** mit den Spirituo- **928** senkategorien. Dies sind gemäß Art. 7 Spirituosen-VO Bezeichnungen, die nicht die geografische Herkunft angeben, sondern den **Typ der Spirituose** bezeichnen (Rum, Whiskey, Obstbrand, Likör etc). Die Spirituosenkategorien sind in Anh. I Spirituosen-VO mit Vorschriften zu ihrer Herstellungsweise (Rohstoffe, Destillation, Alkoholgehalt etc) aufgelistet. Gemäß Art. 10 Abs. 2 Spirituosen-VO dürfen die Kategoriebezeichnungen nur für Getränke verwendet werden, die die Anforderungen der Kategorie erfüllen. Auch Anspielungen sind verboten. Art. 11–13 Spirituosen-VO sehen **Ausnahmen** davon vor. Danach darf zB bei Mischgetränken die Spirituosenkategorie genannt werden, wenn der Alkohol ausschließlich aus der Kategorie stammt. „Gin-Tonic" ist also erlaubt, wenn Gin und kein anderer Alkohol enthalten ist (s. im Einzelnen zum Umfang des Schutzes die Leitlinien der Kommission zu bestimmten Kennzeichnungsvorschriften der VO (EU) 2019/787 vom 18.2.2022, ABl. EU 2022 C 78, 3; Böhler GRUR 2022, 689 ff.).

929   Die Benutzungsverbote der Art. 10 ff. Spirituosen-VO sind zwar systematisch kompliziert, aber präzise, so dass sie das Erfordernis der Nr. 13 „Benutzungsverbot ist ersichtlich" erfüllen. Danach darf eine (fiktive) Marke wie „Schmidts Gin Tonic" nur für „alkoholische Mischgetränke auf Basis von Gin" benutzt werden. In diesem Umfang darf sie wegen Nr. 13 folglich auch eingetragen werden, nicht aber zB für alkoholfreie Getränke.

929.1   Man könnte auf den Gedanken kommen, das Eintragungshindernis (auch) aus Nr. 4 (Täuschungseignung) und Nr. 9 (geografische Angabe) herzuleiten (so Böhler GRUR 2022, 689 (693)). Indes ist das Verbot, den Kategorienamen zu benutzen, von einer Irreführungsgefahr unabhängig, auch klarstellende Zusätze helfen nicht (→ Rn. 929 zu „alkoholfreier Gin"). Die Täuschungseignung ist darum kein Kriterium. Nr. 9 kommt nicht in Betracht, weil dieses Eintragungshindernis nur geografische Angaben/ Ursprungbezeichnungen betrifft. Spirituosenkategorien wie Gin, Rum etc haben aber keine geografische Bedeutung. Darum ist Nr. 13 der richtige Anknüpfungspunkt.

930   Da auch Anspielungen grundsätzlich verboten sind (Art. 12 Spirituosen-VO), darf die Bezeichnung „Veierlikör" für einen vegetarischen Eierlikör nicht benutzt (LG Trier WRP 2019, 531 = LMuR 2020, 136; zustimmend Böhler GRUR 2022, 689) und folglich dafür auch nicht eingetragen werden. Für „Eierlikör" wäre die Eintragung natürlich möglich. Generell dürfte es ein Verbot geben, die Namen von Spirituosenkategorien für alkoholfreie Getränke zu benutzen oder einzutragen, auch nicht mit klarstellenden Zusätzen. „Alkoholfreier Gin" ist, obwohl nicht irreführend, verboten (so ausdrücklich die Leitlinien der Kommission vom 18.2.2022, ABl. 2022 C 78, 10; ebenso Böhler GRUR 2022, 689 ff.). Angesichts dieses Benutzungsverbots besteht über Nr. 13 ein paralleles Eintragungsverbot.

931   Man wird nicht verlangen können, dass das Warenverzeichnis einer Marke wie „Schmidt Rum" explizit so eingeschränkt wird, dass sie nur kategoriekonforme Waren erfasst. Denn wenn die Marke zumindest auch Waren beansprucht, für die der Kategoriename verwendet werden darf, dann ist ihre Benutzung nicht ersichtlich verboten. Das wird zwar bei den Eintragungsverboten zu g.g.A./g.U. anders gesehen (→ Rn. 895, → Rn. 926). Der Wortlaut von Art. 10 ff. Spirituosen-VO gibt aber keinen Anlass, dies auf Marken zu übertragen, die einen Kategorienamen enthalten. Die Marke „Schmidt Rum" darf also umfassend für „Spirituosen" eingetragen werden, eine Beschränkung schon der Eintragung auf „Rum im Sinne der VO (EU) 787/2019" wird man nicht verlangen können.

4. Einzelfragen

932   **a) Bezug zwischen Zeichen und Produkt.** Auf den Bezug des fraglichen Zeichens zu den beanspruchten Waren und Dienstleistungen kommt es nicht in jedem Fall an. Ein Hakenkreuz ist auf Kinderspielzeug ebenso verboten wie auf Stiefeln. Dabei spielt es auch keine Rolle, ob das verbotene Zeichen nur dekorativ eingesetzt ist; zu einer kritisch-ablehnenden Verwendungsform → Rn. 956. Das Hakenkreuz kann auch nicht deshalb eingetragen werden, weil es in anderen Kulturkreisen womöglich unverfänglich ist. Denn es kommt für die Nr. 13 auf den inländischen Verkehr an (Martin/Ringelhann MarkenR 2017, 445 unter III.9).

932.1   Soweit die zuständigen Behörden und die Prüfstelle für Unterhaltungssoftware (USK) verbotene Symbole auf Spielfiguren als sozialadäquat einstufen, etwa weil die Träger solcher Symbole in dem Spiel „die Bösen" sind, ist das für Nr. 13 irrelevant. Auch die Marken solcher Spiele dürfen keine verbotenen Zeichen enthalten.

933   Zu fragen ist, inwieweit ein Anmelder darauf spekulieren darf, dass ein Benutzungsverbot fällt und er dann mit seinem Produkt unter der gewünschten Marke auf den Markt gehen kann (ähnlich → Rn. 1004 zum Auslaufen eines Konkurrenzverbotes). Ohne konkrete Anhaltspunkte für eine Gesetzesänderung reichen eine „liberalere" Handhabung der Strafverfolgung oder die kontrollierte Abgabe von Rauschgift in einem Modellversuch nicht aus, Markenschutz zuzulassen. Das Absehen von Strafverfolgung nach §§ 153, 153a StPO und § 29 Abs. 5 BtMG sowie § 31a BtMG macht eine Handlung nicht erlaubt (BPatG BeckRS 2016, 12905 – Reefer).

934   **b) Ersichtlichkeit.** Jede Möglichkeit einer erlaubten markenmäßigen Benutzung schließt die Schutzversagung im Eintragungsverfahren aus (→ § 8 Rn. 38.1; BGH GRUR 2005, 258 – Roximycin; BPatG GRUR 2012, 1148 – Robert Enke). Soweit eine Verbotsnorm also **Erlaubnisvorbehalte** enthält, ist in der Regel keine Ersichtlichkeit gegeben; zum zwischen DDR und BRD „gespaltenen" FDJ-Zeichen → Rn. 940.1. Im **Löschungsverfahren** gilt das Erfordernis der Ersichtlichkeit nur bei der Amtslöschung (→ § 50 Rn. 25).

Soweit Vorschriften ein grundsätzliches Verbot der Benutzung bestimmter Angaben wegen **935** Täuschungsgefahr enthalten, ist nicht zu prüfen, ob eine tatsächliche **Irreführung** zu befürchten ist und ob diese das Kaufverhalten der getäuschten Verbraucher beeinflusst. Es ist allein maßgeblich, ob ein Verstoß gegen eine Verbotsvorschrift vorliegt.

Nicht ernst zu nehmende Bezeichnungen wie „Kokain-Ball" für Veranstaltungen sind nicht **936** ersichtlich verboten und darum als Marke eintragbar (BPatG GRUR 2004, 875 f. – Kokain Ball; BeckRS 1998, 14432 – Cannabis für Feuerzeuge etc). Dazu müsste der Straftatbestand der Verherrlichung oder Verharmlosung des Gebrauchs von Drogen (vgl. §§ 29, 29a, 30 BtMG) gegeben sein.

c) Hoheitszeichen. Vorschriften, die eine Benutzung bzw. Nachahmung von Hoheitszeichen **937** und Organisationszeichen unter Strafe stellen (§ 145 MarkenG, §§ 124, 125 OWiG), lassen jeweils eine **Befugnisverleihung** zu; also fehlt im Eintragungsverfahren die Ersichtlichkeit des Benutzungsverbots.

Art. 6ter Abs. 1 PVÜ enthält keinen allgemeinen Grundsatz, dass staatliche Hoheitszeichen von **938** einer gewerblichen Nutzung ausgeschlossen sind. Über die markenmäßige Verwendung hinaus sieht Art. 6ter Abs. 9 PVÜ nur ein Verbot des unbefugten Gebrauchs von Staatswappen vor, wenn dieser Gebrauch zur Irreführung über den Ursprung der Erzeugnisse geeignet ist. Staatliche Hoheitszeichen sind damit nicht generell jeder gewerblichen Verwertung entzogen (BGH GRUR 2003, 705 Rn. 17, 19 – Euro-Billy). Auch ein allgemeines Verbot, gesetzliche Zahlungsmittel auf Produkten abzubilden und diese Produkte zu vertreiben, gibt es nicht. Zu Münzen → Rn. 940.2.

§ 90a StGB, der die **Verunglimpfung** von Hoheitszeichen betrifft, verhindert den Marken- **939** schutz zwar im Rahmen der Nr. 6 nicht, weil einer erkennbaren Verunglimpfung der hoheitliche Charakter fehlt (→ Rn. 834). § 90a StGB kann aber über Nr. 13 oder über Nr. 5 (→ § 8 Rn. 794; BPatG BeckRS 2003, 14067 – Polizei-Teddy) zu einem Eintragungsverbot werden. Dies gilt auch für Regelungen wie Art. 87f Abs. 2 S. 1 GG iVm Art. 143 Abs. 2 S. 1 GG, die den Wettbewerb im Bereich ehemals staatlicher Monopole betreffen.

d) Allgemeine Verbotsvorschriften. Benutzungsverbote müssen ein allgemeines, umfassen- **940** des Verwendungs- und Werbeverbot enthalten (BPatG BeckRS 1997, 14432; 1997, 14433; 1997, 14434 – Verbotsverfügungen nach § 9 VereinsG bezüglich Hells Angels). Gesetzliche **Werbeverbote** (BPatG GRUR 2011, 633 – Biotabak) verbieten selbst eine werbemäßige Benutzung oft nur partiell, zB nicht für eine Verwendung im Fachhandel oder nur für eine gezielt auf Jugendliche ausgerichtete Werbung (§ 5 GlüStV; BGH GRUR 2013, 956 – Glückspäckchen im Osternest); damit ist jeweils formaler Markenschutz möglich (zu sog. Kinder-Claims OLG Koblenz GRUR-Prax 2014, 48 – Lernstark).

Eine **Besonderheit** bieten hierbei die Zeichen der Freien Deutschen Jugend (FDJ). Die westdeutsche **940.1** FDJ wurde 1954 als verfassungswidrig verboten (BVerwG NJW 1954, 1947). Nach der Wiedervereinigung blieb die in der DDR bestehende FDJ bestehen. Ihre Wappen sehen sich jedoch zum Verwechseln ähnlich.

Nach § 2 MedaillenV dürfen Medaillen und Marken weder das Bundeswappen noch den Bundesadler **940.2** oder einen diesem zum Verwechseln ähnlichen Adler tragen oder ein Münzbild, das mit einem gültigen Münzbild übereinstimmt. Der Begriff „Marken" meint dort münzähnliche Gegenstände, deren Durchmesser, Materialbeschaffenheit und Gestaltung die §§ 3, 4 MedaillenV vorgeben. Dies ist also weder eine Verbotsnorm iSd § 8 Abs. 2 Nr. 13 (BPatG BeckRS 2009, 25173 – Tasse mit Gelddarstellungen), noch können die Kriterien für eine Verwechslungsgefahr für die Beurteilung der Nachahmung iSd § 8 Abs. 2 Nr. 6 bzw. Nr. 13 herangezogen werden. Ein Eintragungsverbot könnte daraus nur für 3D-Marken folgen.

Sind von einer unter einem einheitlichen Namen agierenden Gruppe von Vereinigungen (Bandidos) **940.3** nur einzelne örtliche Vereinigungen verboten, kann eine zusätzliche Ortsbezeichnung als Hinweis auf eine nicht verbotene örtliche Organisation sowohl gegen die Strafbarkeit (BGH NJW 2015, 3590 – Bandidos/Fat Mexican) als auch gegen das Eintragungsverbot als Marke sprechen.

Das **Olympiaschutzgesetz** (OlympSchG) enthält neben dem Schutz der olympischen Zeichen **941** auch Gründe, die deren Benutzung rechtfertigen. Die Zeichen werden auch umfangreich lizenziert, so dass Nr. 13 nicht greifen kann (BPatG GRUR-Prax 2018, 467 – Olympia; BeckRS 2014, 16010 – Retrolympics; Hans/Nilgen MarkenR 2016, 440); zur Irreführungsgefahr → § 8 Rn. 597.

941.1   Der Aufbau des OlympSchG entspricht mehr dem UWG (Rieken MarkenR 2013, 334). Das OlympSchG ist kein verfassungswidriges Einzelfallgesetz und verstößt auch nicht gegen das aus dem Rechtsstaatsprinzip folgende Bestimmtheitsgebot (BGH GRUR 2014, 1215 – Olympia-Rabatt/Olympische Preise; Rieken MarkenR 2015, 173; Adolphsen/Berg GRUR 2015, 643).

941.2   Zum Schutz durch das Nairobi-Abkommen s. Baeumer GRUR Int 1983, 466.

942   Bei einer Bezeichnung wie „Bauernhofolympiade" besteht keine Gefahr, dass sie mit den Olympischen Spielen oder der Olympischen Bewegung in Verbindung gebracht wird (OLG München BeckRS 2017, 140648; OLG Stuttgart GRUR-Prax 2018, 127 – Grillpatties als olympische Ringe). Gleiches gilt für die Anpreisung „olympiareif" (BGH BeckRS 2019, 5366). Insoweit kommt es aber auch jeweils auf die Waren und die grafische Ausgestaltung an (BPatG GRUR-Prax 2018, 467 – Olympia, für elektronische Geräte).

943   **e) Persönlichkeits-, Urheber- und Eigentumsrechte.** Ein Prinzip mit Verfassungsrang, das bei Namen (→ Einleitung Rn. 14 f., → Einleitung Rn. 91), Porträts etc die Eintragung als Marken verbietet, gibt es nicht (BPatG GRUR 2012, 1148 – Robert Enke; Steinbeck JZ 2005, 551 (555)). Die grundsätzliche Eintragbarkeit bestätigt § 13 Abs. 2 Nr. 2, wonach der Abgebildete gegen eine Eintragung seines Bildes vorgehen kann; zur Prüfung auf absolute Schutzhindernisse (→ § 8 Rn. 314, → § 8 Rn. 349). Zu dem in der Türkei gesetzlich geschützten Namen Atatürk (→ Rn. 948.2).

943.1   Literatur zu diesem Thema: Ingerl/Rohnke § 13 Rn. 9, 15; Gauß WRP 2005, 570 (574 f.); Christine Kaufmann, Die Personenmarke, GEW Bd. 3, Rn. 164, 165, 192; Sahr GRUR 2008, 461 (468); Sosnitza FS Ullmann, 2006, 387 (393 f.); Steinbeck JZ 2005, 552 (555); Götting GRUR 2001, 615 (621) sowie MarkenR 2014, 229; Boeckh GRUR 2001, 29 (33); Schmidt MarkenR 2003, 1 (5).

944   Gemeinfrei gewordene Werke und **Kulturgüter** als Marke zu nutzen, ist grundsätzlich nicht verboten (→ § 8 Rn. 301). Ein Eintragungshindernis besteht also in der Regel nur, wenn derartige Zeichen üblich geworden sind (→ § 8 Rn. 547), ihre Anmeldung gegen die öffentliche Ordnung verstößt (→ § 8 Rn. 727) oder wenn sie bösgläubig war (→ Rn. 1072); weitergehend Lerach GRUR-Prax 2018, 461.

945   Werke fallen nach Ablauf der Schutzfristen in den Zustand weitgehender Schutzlosigkeit. Also darf sie jedermann frei – auch als Marke – verwerten (Meister WRP 1995, 1005 f.; Nordemann WRP 1997, 389 ff.; aA Götting GRUR 2001, 615 (621)). Gemeinfreiheit enthält nämlich keine Zuordnung an die Allgemeinheit, sondern bringt lediglich zum Ausdruck, dass nun jedermann das Werk ohne Zustimmung des Urhebers verwerten kann. Die Rspr. hat daher allen Bedenken gegen eine „ReMonopolisierung" durch Markenschutz eine Absage erteilt (zunächst BPatG BeckRS 2009, 24790 – Fr. Marc; später BGH GRUR-Prax 2012, 234 Rn. 15 – Medusa; Osenberg GRUR 1996, 101; Wandtke/Bullinger GRUR 1997, 573; vgl. auch Brömmelmeyer WRP 2006, 1275 (1280 f.)).

945.1   Seifert verweist zutreffend darauf, dass bei sehr alten Werken nicht einmal sprachlich eine „Re-Monopolisierung" in Betracht kommt (Seifert WRP 2000, 1014), da Urheberrechte früher nicht bekannt waren und dass die Rechte des Eigentümers nach Eintritt der Gemeinfreiheit sogar weitergehende Einschränkungen gegenüber der Allgemeinheit erlauben als vorher, da zB niemand mehr Zugang oder Vervielfältigungsstücke nach § 25 UrhG verlangen kann. Ein eventuelles Recht auf Zugang zur Kultur (BVerfG NJW 1994, 1781) wird nämlich durch eine Eintragung als Marke nicht verletzt, da diese ausschließlich eine markenmäßige Verwendung durch andere verhindert (§§ 23 ff.).

946   Stellt der Urheber selbst eine Art von Gemeinfreiheit her, indem er sein Werk ausdrücklich zur Verwendung durch jedermann freigibt, begibt er sich nicht seiner Rechte aus § 13. Eine Markenanmeldung durch einen anderen würde ja seiner Intention zuwiderlaufen, das Werk der Allgemeinheit zur Verfügung zu stellen (zur Bösgläubigkeit → Rn. 1073).

947   Auch die von der **Panoramafreiheit** gedeckte Abbildungen (→ § 8 Rn. 643) stehen nicht außerhalb des Markenschutzes; es kann aber bösgläubig sein, solche Abbildungen als Marke anzumelden (→ Rn. 988; → Rn. 1070.1). Panoramafreiheit erlaubt allerdings nur zweidimensionale Markenformen. (Dreidimensionale) Nachbildungen sind – unabhängig vom verwendeten Material – als 3D-Marken nicht ohne Zustimmung des Eigentümers eintragbar (BGH GRUR 2017, 390 – East Side Gallery). Das Fehlen diese Zustimmung dürfte allerdings meist nicht ersichtlich sein (→ Rn. 934).

947.1   Koch wirft die Frage auf, ob die Einschränkung auf zweidimensionale Wiedergabe mit Art. 5 RL 2001/29/EG vereinbar ist (Koch FS Büscher, 2018, 197 (201)).

Für den Vigeland-Park in Oslo kann sich die Stadt anders als bei einem in festen Mauern untergebrach- **947.2** ten Museum nicht auf ihr Hausrecht berufen, um eigenmächtiges Fotografieren zu untersagen und so die Anfertigung und gewerbliche Nutzung von Reproduktionen zu kontrollieren bzw. dafür Lizenzzahlungen zu verlangen. Dennoch ist es nach Kur der falsche Weg, die Kunstwerke als Marken eintragen zu lassen (Kur GRUR 2017, 1082 (1090)). Es bleibe der Stadt unbenommen, eine Marke – insbesondere als Kollektivmarke für einen entsprechenden Verband – unter Verwendung bekannter Motive des Skulpturenparks eintragen zu lassen, und deren Führung denjenigen zu gestatten, die sich zu einem verantwortungsvollen Umgang mit dem Erbe Vigelands verpflichteten.

Die aus Persönlichkeits-, Urheber und Eigentumsrechten resultierenden Verbietungsrechte sind **948** keine Vorschriften im öffentlichen Interesse. Gleiches gilt für Designrechte (→ § 2 Rn. 134) und für Rechte an Patenten und Gebrauchsmustern (→ Einleitung Rn. 8 ff.). Zudem fehlt dabei auf jeden Fall die Ersichtlichkeit, denn es ist nicht auszuschließen, dass die Anmeldung berechtigt erfolgt (strenger HK-MarkenR/Fuchs-Wissemann Rn. 90). Deshalb ist ja auch § 8 Abs. 2 Nr. 4 nicht anwendbar (→ § 8 Rn. 638 f.). Das BPatG nimmt gelegentlich Bösgläubigkeit an (→ Rn. 1078). Für die Feststellung einer Verletzung solcher Rechte wäre außerdem oft eine Abwägung der betroffenen Interessen und der Umstände des Einzelfalls geboten, für die im Registerverfahren kein Raum ist (BPatG BeckRS 2009, 24790 – Fr. Marc; dies gilt insbesondere für **postmortale Persönlichkeitsrechte** → § 8 Rn. 781, → Rn. 1080).

Die Darstellung fremder Werke kann das Werk als geistiges Eigentum nicht berühren (BGH NJW **948.1** 1966, 542 f. – Apfelmadonna). Gegen die in der Markenanmeldung liegende Vervielfältigung kann der Urheber nur über § 13 vorgehen. Der EuGH beachtet Urheberrechte im Rahmen der Prüfung, ob ein schutzwürdiger Besitzstand vorliegt, der durch eine bösgläubige Anmeldung gestört werden könnte (→ Rn. 1021).

Dass der in der Türkei mit Gesetz Nr. 2587 vom 24.11.1934 an den Staatspräsidenten Mustafa Kemal **948.2** verliehene Name Atatürk (Vater der Türken) durch Gesetz Nr. 2622 vom 17.12.1934 geschützt ist, wurde als Schutzhindernis angesehen. Der unter diesem Namen bekannte Kemal Pascha hat in der Türkei eine herausragende historische Rolle gespielt, so dass seinem Namen eine symbolische Bedeutung zukommt, deren Profanisierung durch die Eintragung für diverse Waren und Dienstleistungen die Gefühle europäischer Verbraucher türkischer Herkunft empfindlich verletzen könnte (HABM 17.9.2012 – R 2613/2011-2).

DS-GVO und KunstUrhG enthalten jeweils eine Möglichkeit der Einwilligung. Der Anmelder **949** muss eine solche aber nicht vorlegen.

Enthalten angemeldete Zeichen Hinweise auf Sachen, an denen erkennbar **Eigentumsrechte** **950** bestehen (Gebäude, Tiere etc), fehlt sowohl ein Verbot im öffentlichen Interesse als auch die Ersichtlichkeit, da der Eigentümer jederzeit erforderliche Genehmigungen erteilen kann oder die Panoramafreiheit des § 59 UrhG greift (→ § 8 Rn. 643).

Die Darstellung fremden Eigentums verletzt weder die Substanz noch die Herrschaftsmacht (BGH **950.1** GRUR 1990, 390 – Friesenhaus; GRUR 2011, 323 f. – Preußische Gärten und Parkanlagen). Selbst Verbotsvorschriften, wie § 22 KunstUrhG, enthalten einen Einwilligungsvorbehalt; es gibt allerdings ohnehin keine privaten Rechte am Bild der eigenen Sache (BVerfG NJW 2005, 883 zu Betriebsräumen; OLG Köln GRUR 2003, 1066 – Wayangfiguren; AG Köln BeckRS 2010, 17936 – Bilder des Rinderkalbs Anita; → § 8 Rn. 782). Für die Himmelsscheibe von Nebra hat das LG Magdeburg ein Verbot aus § 71 UrhG abgeleitet (LG Magdeburg GRUR 2004, 672; zur Kritik daran Eberl GRUR 2006, 1009 f.; Götting/Lauber-Rönsberg GRUR 2007, 303 f.; Jankowski Markenschutz S. 63 f.).

Eine **Verletzung des Hausrechts** beim Erstellen von Abbildungen kann Markenschutz nicht **951** verhindern (Euler AfP 2009, 459 (461); Lehment zu BGH GRUR 2011, 323 (327)).

Der Eigentümer bzw. Vertragspartner kann aber den Verzicht auf die Marke über §§ 280, 249 BGB **951.1** verlangen (Jankowski Markenschutz S. 92). Abbildungen von Eigentum und urheberrechtlich gemeinfreien Werken kann nämlich der Inhaber des Hausrechts über das Recht am eingerichteten und ausgeübten Gewerbebetrieb (§ 826 BGB), über § 1 UWG oder über Betretungsverträge (AGB) verhindern (BGH NJW 1990, 2815 – Sportübertragungen; NJW 2011, 1811 Rn. 21 ff. – Hartplatzhelden; GRUR 1975, 500 (502) – Schloß Tegel; NJW 2013, 1809; GRUR 2011, 323 f. – Preußische Gärten und Parkanlagen).

Spezielle Fragen werfen in urheberrechtlich geschützten Werken vorkommende **Phantasie-** **952** **Marken** auf (Slopek/Napiorkowski GRUR 2012, 337; BGH GRUR 2013, 725 – Duff Beer). Allein das Verbot der Schleichwerbung begründet keinen ersichtlichen Verstoß der Anmeldung gegen sonstige Vorschriften, zumal denkbar ist, dass der an den Filmen berechtigte Urheber (zum Urheberrecht an fiktionalen Figuren vgl. Haberstumpf ZGE 2012, 284; an **fiktionalen Marken** dürfte nicht mehr Schutz bestehen als an solchen Figuren) künftig lieber das von ihm aufgebaute

Markenimage ausnutzen will als weiterhin Filme zu produzieren. Inwieweit alte Filme dann noch gezeigt werden dürfen, ist jedenfalls nicht so klar zu beantworten, dass daraus Verstöße iSd Nr. 13 ersichtlich werden könnten; zur Bösgläubigkeit iSd Nr. 14 → Rn. 1076 (Albrecht VPP-Rundbrief 2013, 164 (169)).

953   **f) Kombinationszeichen.** Das Eintragungsverbot kann sich, auch wenn das Zeichen rechtmäßige Bestandteile enthält, aus anderen, verbotenen Bestandteilen ergeben (→ § 8 Rn. 52 f.; BPatG 26 W (pat) 296/87, BlPMZ 1990, 77 – Moet, zu starke Verkleinerung; GRUR 2009, 495 – Flaggenball; BeckRS 2011, 26011 – Konsensuskonferenz).

954   Dass dem verbotenen Bestandteil neben den übrigen Zeichenbestandteilen bloß dekorativer Charakter zukommt, schließt das Eintragungshindernis aus Nr. 13 nicht aus.

955   Es ist für Nr. 13 irrelevant, wenn in einen Wortbestandteil, der eigentlich zum Eingreifen von Nr. 13 führt, Sonderzeichen oder Tippfehler eingebaut werden, die eine Internetsuchmaschine unterdrückt (→ Rn. 991) oder die der Betrachter nicht beachtet.

956   Wenn ein Zeichenbestandteil, der eigentlich zum Eingreifen von Nr. 13 führt, im Zeichen kritisch kommentiert, dann kann dies zur Eintragungsfähigkeit führen. Das bloße Durchstreichen eines verbotenen Zeichens genügt dafür allerdings noch nicht, wenn daraus keine eindeutige Ablehnung hervorgeht. Dies gilt insbesondere, wenn der durchgestrichene Teil durch einen anderen ersetzt wird, der die gedankliche Verbindung zu dem verbotenen Bestandteil erzeugen soll (→ Rn. 857; BPatG BeckRS 2011, 28145 – „Ready to fuck" bzw. „Ready to Faak"; nachfolgend BGH GRUR 2013, 729).

IX. Bösgläubigkeit (Abs. 2 Nr. 14)

957   Dieses Eintragungshindernis soll Anmeldungen von Marken erfassen, die nicht für lautere Zwecke bestimmt sind. Das hat nichts damit zu tun, ob die angemeldete Marke freihaltungsbedürftig oder als Gattungsbezeichnung vom Markenschutz ausgeschlossen ist. Dieses Eintragungshindernis ist wie alle andren auch zugleich ein Löschungsgrund. Andere Vorschriften, die zur Löschung missbräuchlicher Marken führen können, bleiben unberührt. So haben Konkurrenten Rechte aus §§ 22, 50, 51 MarkenG, §§ 3, 4 Nr. 4 UWG sowie §§ 826, 242 BGB gegen bösgläubig angemeldete Marken. Bösgläubigkeit kann kumulativ mit anderen Eintragungshindernissen vorliegen. Ihr Vorliegen kann auch bei einer Zurückweisung, die eigentlich auf anderen Eintragungshindernissen beruht, Anlass für die Auferlegung von **Kosten** sein (so bei BPatG Beschl. v. 12.11.2012 – 26 W (pat) 64/08, BeckRS 2013, 494; → § 71 Rn. 64).

957.1   Die UMV enthält kein solches Eintragungshindernis (→ Einleitung Rn. 86; → § 8 Rn. 12, → § 8 Rn. 15), sondern lediglich einen **Nichtigkeitsgrund** (→ UMV Art. 59 Rn. 12 ff.).

957.2   Ursprünglich war Bösgläubigkeit auch im deutschen Recht nur ein Löschungstatbestand. Dass die Bösgläubigkeit nun auch ein Eintragungshindernis ist, berührt die Löschungsreife von bösgläubig angemeldeten Altmarken nicht, da es den Löschungsgrund ja eben schon länger gibt (→ § 8 Rn. 15). Auch der Löschungsgrund erfasst allerdings nur Marken, die nach dem 1.1.1995 eingetragen wurden, da das WZG kein entsprechendes Schutzhindernis enthielt (BPatG BeckRS 2017, 106544 – Merci).

958   Soweit die Benutzung einer Marke gegen das UWG verstoßen würde, kann bereits deren Anmeldung als bösgläubig zurückgewiesen werden (→ § 8 Rn. 644). Außerdem kann Bösgläubigkeit **im Verletzungsprozess als Einrede oder Widerklage** geltend gemacht werden (Ingerl/ Rohnke § 50 Rn. 1; BGH GRUR 2008, 917 – Eros).

959   Die Anmeldung freihaltungsbedürftiger Begriffe kann zugleich bösgläubig sein (BPatG GRUR-Prax 2013, 10 – hop on hop off, da die Anmeldung des für „Stadtrundfahrten" beschreibenden und darum freihaltebedürftigen Begriffs auch von Behinderungsabsicht getragen war, zur Kostenauferlegung → Rn. 957). Bei freihaltebedürftigen Begriffen greift aber vorrangig das Eintragungshindernis aus § 8 Abs. 2 Nr. 2, das auch weniger Prüfungsaufwand erfordert. Bösgläubigkeit grundsätzlich bei Anmeldung von freihaltungsbedürftigen Zeichen anzunehmen kommt nicht in Betracht, weil selbst die Anmeldung einer von Dritten bereits intensiv verwendeten Bezeichnung nicht als bösgläubig gilt (BPatG GRUR-RR 2012, 6 – Aksaray-Döner). Ebenso ist es nicht bösgläubig, eine Marke ohne Verfügbarkeitsrecherche anzumelden, auch wenn die Marke andere beeinträchtigt (Bugdahl MarkenR 2007, 298 unter III.3).

960   Dass der Anmelder Zweifel an der Schutzfähigkeit seines Zeichens hat, begründet keine Bösgläubigkeit. Er darf vielmehr die Eintragungsfähigkeit durch die Behörde prüfen lassen (BPatG BeckRS 2017, 141107 – H 15).

1. Allgemeines

Bösgläubigkeit kann **zeitlich unbegrenzt** geltend gemacht werden, was eine Verwirkung **961** ausschließt (BPatG BeckRS 2015, 16941 – BiM–Markt). Nur für die Löschung von Amts wegen gilt eine Frist von zwei Jahren seit Eintragung (§ 50 Abs. 3; näher → § 50 Rn. 43).

Widersprüchliches Verhalten des Löschungsantragstellers ist unbeachtlich. Es kommt auch **962** nicht darauf an, ob der Antragsteller selbst über ein Zeichen verfügt, das mit denselben Argumenten angegriffen werden könnte (BPatG BeckRS 2018, 18757 – Netzwerk Joker; BeckRS 2009, 06191 – MYPHOTOBOOK).

Die Prüfung der Bösgläubigkeit verlangt es, Pläne, Motive etc des Anmelders zu berücksichti- **963** gen, während bei anderen absoluten Schutzhindernissen ausschließlich Eigenschaften der angemeldeten Zeichen Prüfungsgegenstand sind. Diese subjektiven Elemente werden anhand der verfügbaren objektiven Tatsachen festgestellt. Dabei wird die **Gutgläubigkeit des Anmelders vermutet,** der Löschungsantragsteller muss die **Bösgläubigkeit beweisen** (EuG T-663/19, GRUR-RS 2021, 8097 Rn. 47 ff. – Monopoly, dazu und zur Wiederholungsmarke → Rn. 1082 ff.). Wenn allerdings objektive Umstände für die Bösgläubigkeit sprechen, so muss der Angegriffene seine Gutgläubigkeit dartun (EuG T-663/19, GRUR-RS 2021, 8097 Rn. 43 f. – Monopoly; BGH GRUR 2001, 242 Rn. 38 – Classe E; GRUR 2009, 780 Rn. 19 – Ivadal; EuG T-227/09, GRUR Int 2012, 651 – FS).

Minderjährigen ist die Bösgläubigkeit gesetzlicher Vertreter zuzurechnen (BPatG BeckRS **964** 2016, 12541; 2009, 17278 – Ismaqua).

Bei **juristischen Personen** ist auf die handelnden natürlichen Personen abzustellen (BPatG **965** BeckRS 2017, 139576 – DPV). Juristische Personen müssen sich zudem die Bösgläubigkeit eines alleinvertretungsberechtigten Gesellschafters gemäß § 166 Abs. 1 BGB zurechnen lassen (BPatG BeckRS 2016, 12541 – Ismaqua).

Ein **Strohmann** ist so zu behandeln, als hätte der Hintermann, für dessen Zwecke er sich hat **966** instrumentalisieren lassen, die Marke angemeldet (BPatG BeckRS 2016, 15461 – yogiMerino; zur Beweislast hinsichtlich der Strohmanneigenschaft → Rn. 981.1).

Zur Beurteilung der Bösgläubigkeit bezieht das EuG auch die Herkunft des Zeichens, seine **967** bisherige Verwendung, die unternehmerische Logik, in die sich die Anmeldung einfügt, und die Geschehensabfolge bei der Anmeldung ein (EuG T-107/16, GRUR-Prax 2017, 506 mAnm Ebbecke – AIR HOLE, face masks you idiot).

Der mit **Widerspruch** angegriffene Markeninhaber kann der **Widerspruchsmarke nicht** **968** **Bösgläubigkeit entgegenhalten,** da die Rechtsgültigkeit der Marke vermutet wird (BGH GRUR 1963, 626 – sunsweet; BPatG GRUR-Prax 2015, 125 – Lehmitz; EuGH C-357/12 P, GRUR Int 2013, 924 – Kindertraum). Er muss vielmehr, wie immer, wenn er gegen die ältere Marke ein Eintragungshindernis aus § 8 Abs. 2 geltend machen will, Antrag auf Nichterklärung und Löschung stellen und zudem beantragen, das Widerspruchsverfahren auszusetzen (→ § 70 Rn. 14 ff.). Dasselbe gilt für die Abwehr von Anträgen auf Nichterklärung und Löschung wegen älterer Rechte. Im Verletzungsprozess, der aus einer bösgläubigen Marke geführt wird, kann der Angegriffene Löschungswiderklage stellen. Bei Widersprüchen aus nicht eingetragenen **Benutzungsmarken** ist das anders (→ § 42 Rn. 100; BGH GRUR 2013, 729 Rn. 18 – „Ready to fuck"; GRUR 2013, 830 – Bolerojäckchen). Ihnen fehlt ja die Amtsprüfung, die zur Vermutung der Rechtsgültigkeit führt. Zudem ist gegen sie kein Verfalls- oder Nichtigkeitsverfahren möglich. Daher muss der angegriffene Markeninhaber gegen die Benutzungsmarke absolute Schutzhindernisse ebenso einwenden dürfen wie Rechtsmissbrauch (Ingerl/Rohnke § 4 Rn. 6 ff.; Ingerl/Rohnke § 43 Rn. 35). Die bösgläubig aufgenommene Benutzung darf nicht gegenüber der mit „offenem Visier" erfolgten Anmeldung privilegiert werden (Szalai MarkenR 2012, 8 (14)).

2. Zeitpunkt, keine Heilungsmöglichkeit

Für das Vorliegen der Bösgläubigkeit kommt es nur auf den Zeitpunkt der Anmeldung an, bei **969** Benutzungsmarken auf den Zeitpunkt der Benutzungsaufnahme (§ 37 Abs. 3; BGH GRUR 2016, 378 – Liquidrom). Ob in diesem Zeitpunkt Bösgläubigkeit vorlag, kann sich auch aus Indizien ergeben, die erst später bekannt werden (BGH GRUR 2016, 380 – Glückspilz). Ein späterer Rechtsmissbrauch ist aber unerheblich (Jankowski Markenschutz S. 250). Stellt die Markenabteilung bei der Prüfung der Bösgläubigkeit einer Anmeldung auf den Zeitpunkt der Eintragung der angegriffenen Marke ab, ist dies unschädlich, wenn sich seit dem an sich maßgeblichen Anmeldezeitpunkt nichts geändert hatte (BPatG BeckRS 2017, 121706 – Klammeraffe; BeckRS 2016, 01748 – delikat).

970   § 50 Abs. 2 verlangt für die Löschungsreife einer Marke generell, dass die Schutzhindernisse noch im Zeitpunkt der Entscheidung über den Antrag auf Erklärung der Nichtigkeit bestehen. Bei Bösgläubigkeit kommt es aber nur auf den Zeitpunkt der Anmeldung an.

971   **Bösgläubigkeit** ist **nicht heilbar.** Dies zeigt sich auch daran, dass § 50 Abs. 2 die Geltendmachung der Bösgläubigkeit anders als bei anderen Eintragungshindernissen nicht befristet. Eine nachträglich aufgenommene Benutzung(sabsicht) oder die Aufgabe einer ursprünglich bestehenden Behinderungsabsicht beseitigt die ursprüngliche Bösgläubigkeit nicht (BPatG GRUR 2000, 812 Rn. 19 – tubeXpert; vgl. auch OLG Düsseldorf GRUR-RR 2011, 211 – Spekulationsmarke, die Unheilbarkeit begründet ein wertungsmäßiges Problem bei der Beurteilung von benutzten Wiederholungsmarken, → Rn. 1081 ff.). Auch nachträgliche **Vereinbarungen** beseitigen die Bösgläubigkeit nicht (BPatG BeckRS 2007, 11834 – DO), sogar wenn der daran mitwirkt, der selbst zur Anmeldung berechtigt gewesen wäre oder dessen Besitzstand der Anmelder in unredlich beeinträchtigen wollte. All dies ist bei Unionsmarken genauso.

972   Der Übertragungsanspruch des Geschäftsherrn gegen den **ungetreuen Agenten** nach § 17 darf nicht leerlaufen, auch wenn der Agent die Marke bösgläubig angemeldet hat. Nach Übertragung auf den Geschäftsherrn ist der **Makel der Bösgläubigkeit geheilt.** Denn die vom Agenten angemeldete Marke aber etwa Besitzstände Dritter beeinträchtigt oder das Gebot zur Rücksichtnahme unter Gleichnamigen verletzt, kann der Geschäftsherr sie zwar übernehmen, ist aber nicht vor Löschungsanträgen Dritter geschützt (Albrecht FS Ströbele, 2019, unter II).

973   Näher → UMV Art. 27 Rn. 10.

3. Auslandsbezug

974   Bösgläubige Motive können sich auch im Ausland manifestieren. Die Begrenzung des örtlichen Geltungsbereichs einer Marke spricht nicht dagegen, die Bösgläubigkeit eines Anmelders an Umstände zu knüpfen, die sich im Ausland ereignen, solange sie ersichtlich sind (BGH GRUR 2008, 621 Rn. 21 – Akademiks; GRUR 2008, 160 Rn. 19 – Cordarone; OLG München BeckRS 2009, 12818 – Wangzhihe; vgl. auch Beier/Kur FS Fikentscher, 1998, 477 (490 f.)) und sich daraus ergibt, dass die Anmeldung verwerfliche Zwecke verfolgt, die den deutschen Markt betreffen.

975   Ebenso können missbräuchliche Anmeldungen darauf abzielen, im Ausland zu wirken, und dürfen dann keinen Erfolg haben. Zu Anmeldungen von Marken aus Beitrittsländern s. Bugdahl Mitt. 2008, 108 (109).

4. Ersichtlichkeit, Bemerkungen Dritter

976   Ersichtlichkeit spielt nur im Anmeldeverfahren und bei der Löschung von Amts wegen eine Rolle (→ § 50 Rn. 25; Lerach GRUR 2009, 107 (110)). Ersichtlich ist, was sich aus Anmeldeakten, Prüfungs- und Recherchematerial sowie üblichen Informationsquellen ohne Weiteres ergibt. Im Nichtigkeits-/Löschungsverfahren trifft die Feststellungslast für eine bösgläubige Markenanmeldung den Antragsteller; ist die Feststellung nicht möglich, bleibt die Marke bestehen (BGH GRUR 2010, 138 – Rocher-Kugel; BPatG BeckRS 2017, 139576 – DPV). Spekulative oder pauschalierende Überlegungen sind hier nicht angebracht (Schmieder GRUR 1992, 672 f.; Boeckh GRUR 2001, 29; Götting GRUR 2001, 615; Klinkert/Schwab GRUR 1999, 1067).

977   Die Zurückweisung einer Markenanmeldung wegen Bösgläubigkeit kommt nur in Betracht, wenn die Bösgläubigkeit im Zeitpunkt der Anmeldung ersichtlich ist. Kann sie ohne weitere Ermittlungen nicht festgestellt werden, bleibt nur die Überprüfung im Rahmen eines ex-parte-Nichtigkeitsverfahrens nach §§ 54, 50, das keine Ersichtlichkeit erfordert (BPatG BeckRS 2018, 1048 – Herz).

978   Im Eintragungsverfahren wird in der Regel die fehlende Absicht zur markenmäßigen Benutzung nicht ersichtlich sein (EuGH C-529/07, GRUR 2009, 763 Rn. 45 – Chocoladefabriken Lindt & Sprüngli/Franz Hauswirth; Klinkert/Schwab GRUR 1999, 1067 (1072); Helm GRUR 1996, 593 (596); BGH GRUR 2016, 380 Rn. 29 – Glückspilz). Das kann anders sein, wenn eine frühere Anmeldung der gleichen Marke bereits als bösgläubig angesehen wurde (BPatG BeckRS 2016, 12541 – Ismaqua). Ebenso ist die erneute Anmeldung eines Zeichens, zu dessen Löschung ein früherer Inhaber bereits rechtskräftig verurteilt wurde, bösgläubig (BPatG BeckRS 2016, 12541 – Ismaqua; GRUR 2015, 902 – rot, blau und weiß/Bayern-Event). Zur Beweislast hinsichtlich der Strohmanneigenschaft → Rn. 981.1. – Außerdem kann ersichtlich sein, dass eine Benutzung nicht in Frage kommt, wenn Konkurrenten sie über das UWG verhindern können (→ § 8 Rn. 644, → § 8 Rn. 661, → Rn. 1059).

979   Bösgläubigkeit kann nicht ohne weitere Anhaltspunkte unterstellt werden, wo Berechtigungsverhältnisse denkbar sind, also Lizenzen, Unterlizenzen oder die faktische Duldung einer früheren

Benutzung (→ Rn. 1018; BPatG GRUR-Prax 2012, 283 mAnm Stelzenmüller – Gürzenich Orchester Köln).

Zu unterscheiden ist davon die spätere Duldung einer bösgläubig angemeldeten Marke. Dies soll keinen **979.1** Verlust an Rechten mit sich bringen (Standpunkt des Rates vom 28.10.2015, 2013/0089 (COD) Tz. 29).

Das wettbewerbliche Verhalten vor der Anmeldung ist eher nicht maßgeblich. Bösgläubigkeit **980** wird schon bei der Anmeldung ersichtlich, wenn der Anmelder schon vor der Eintragung unredlich aus der angemeldeten Marke vorgeht, etwa indem er bereits Forderungen geltend macht, Abmahnungen ausspricht oder Angebote macht, die Anmeldung bzw. die daraus resultierende Marke abzutreten oder Lizenzen daran zu erteilen. Die Marke gegen rein dekorative Verwendungsformen ins Feld zu führen, soll allein noch nicht den Vorwurf einer bösgläubigen Anmeldung begründen (BGH GRUR 2016, 380 Rn. 29 – Glückspilz).

Bei der Prüfung von Bösgläubigkeit im Registerverfahren ist es besonders geboten, **Hinweise** **981** **Dritter** aufzugreifen. Ein Hinweis steht zufällig erlangtem Wissen gleich und kann keine Pflicht zu weiteren Ermittlungen begründen (Ticic Bösgläubige Markenanmeldung S. 82–85). Das BPatG kann auch Wissen aus anderen Verfahren berücksichtigen.

So kann etwas bei unveränderter Sachlage, die eine in einem anderen Verfahren unstreitig gestellte **981.1** Strohmanneigenschaft des Markeninhabers auch bei der neuen Anmeldung die Strohmanneigenschaft angenommen werden (BPatG BeckRS 2016, 15461 – yogiMerino). Im Übrigen trifft die Darlegungs- und Beweislast für das Vorliegen einer Strohmanneigenschaft den Löschungsantragsteller bzw. Inhaber der angegriffenen Marke (BGH GRUR 2011, 409 – Deformationsfelder; BPatG BeckRS 2016, 11049). Für den Nachweis, dass jemand als Strohmann für einen anderen auftritt, genügt ein Anscheinsbeweis nicht, wenn es an der sich aus der Lebenserfahrung ergebenden Typizität fehlt (BPatG BeckRS 2013, 16061 – Kontakt eines auf Substrat angeordneten Drahtleiters; BGH BeckRS 2008, 18621).

Bei **Kollektiv-** und **Gewährleistungsmarken** kann sich die Bösgläubigkeit auch aus dem **982** Satzungsinhalt ergeben (→ § 103 Rn. 1), etwa weil bestimmte Geschäftsmodelle behindert werden sollen (zu einer behinderungsträchtigen Gestaltung der Spezifikation geografischer Herkunftsangaben: BPatG GRUR 2014, 192 – Zoigl; → § 127 Rn. 20.1).

5. Böser Wille

Eine exakte Definition des Begriffs „Bösgläubigkeit" ist nicht möglich. Maßgeblich sind die **983** Ziele und Motive des Anmelders, wie sie auf Grund aller bekannten Indizien feststellbar sind (→ UMV Art. 59 Rn. 12 ff.). Es gibt daher keine abschließende Liste der Indizien für Bösgläubigkeit.

Das Fehlen einer exakten Definition soll sogar die Bestimmtheit der Vorschrift in Frage stellen (vgl. **983.1** Osterloh FS Ullmann, 2006, 354; Meessen GRUR 2003, 672 (673, 675)); Bösgläubigkeit sei die „Mutter aller Einzelfälle" (Matthes GRUR-Prax 2012, 188 f.).

Das MarkengG knüpft zwar an die Rechtsprechung zum außerkennzeichenrechtlichen Anspruch aus **983.2** UWG und § 826 BGB an. Der Begriff „Bösgläubigkeit" ist aber ein eigenständiger Begriff des Kennzeichenrechts, der auch in § 21 Verwendung findet und dem Art. 59 Abs. 1 lit. b UMV entspricht (BGH GRUR 2000, 1032 f. – Equi 2000; GRUR 2005, 581 f. – The Colour of Elégance). Der Begriff „Bösgläubigkeit" ist nicht Gegenstück zur „Gutgläubigkeit" nach § 932 BGB oder im Sinne des WG und des ScheckG zu verstehen (Osterloh FS Ullmann, 2006, 347 f.).

Bei dem Begriff „bösgläubig" handelt es sich um einen in der gesamten Union **einheitlich** **984** **auszulegenden Begriff** (Rohnke/Thiering GRUR 2013, 1073 (1075); Stauder ELR 2013, 231).

Die Rechtsprechung hat zwar **Fallgruppen** der bösgläubigen Anmeldung entwickelt (→ § 23 **985** Rn. 25): Sperrmarken (→ Rn. 1058), Defensivmarken (→ Rn. 1057), Wiederholungsanmeldungen (→ Rn. 1081), Nachanmeldungen (→ Rn. 1061), Spekulationsmarken und Hinterhaltsmarken (→ Rn. 1064), Marken mit dem Ziel, fremden Besitzstand zu stören (→ Rn. 1007 ff.) oder ausschließlich andere zu behindern (→ Rn. 1033) sowie Markenerschleichung (→ Rn. 1060). Wie sich auch aus dem Wort „insbesondere" in der EuGH-Entscheidung Chocoladefabriken Lindt & Sprüngli/Franz Hauswirth ergibt (EuGH C-529/07, GRUR 2009, 763 Rn. 38), handelt es sich dabei um keine abschließende Aufzählung (s. auch EuG T-227/09, GRUR Int 2012, 651 – FS; T-33/11, GRUR Int 2012, 647 Rn. 20 – BIGAB; BPatG BeckRS 2011, 00178 – Sachsendampf; BeckRS 2013, 00479 – Krystallpalast II; EuG T-663/19, GRUR-RS 2021, 8097 Rn. 34 ff. – Monopoly, mit Darstellung der Rechtsprechungsentwicklung).

Maßgeblich ist, ob der Anmelder ersichtlich einen **zweckfremden Einsatz** der Marke beab- **986** sichtigt (BGH GRUR 2000, 1032 f. – Equi 2000; BPatG GRUR 2000, 809 – SSZ; Steinbeck

FS 50 Jahre BPatG, 2011, 777). Was „zweckfremd" ist, bedarf wertender Ausfüllung (Ullmann GRUR 2009, 364 (366)).

987   Dabei muss die bösgläubige Absicht nicht das alleinige Motiv der Anmeldung sein, sondern nur ein wesentliches (BGH GRUR 2008, 917 Rn. 23 – Eros). Dient eine Markenanmeldung auch dazu, Verpflichtungen aus Vereinbarungen zu unterlaufen, spricht dies für eine Bösgläubigkeit des Anmelders (EuG T-456/15, GRUR-Prax 2017, 428 – Tiger Energy Drink).

988   Selbst wenn der Anmelder (auch) ehrenwerte oder gar gemeinnützige Zwecke verfolgt, kann Bösgläubigkeit vorliegen (BPatG BeckRS 2008, 18511 Rn. 19, 20 – Hooschebaa; EuG T-204/10, BeckRS 2012, 82100 Rn. 59 f. – Color Focus; Loschelder FS Bornkamm, 2014, 637 (638); BGH GRUR 2008, 917 f. – Eros; GRUR 1995, 117 (121) – Neutrex). Auch wenn ein Museumsträger demnächst gemeinfrei werdende bildhauerische Werke als Marke anmeldet, um primär die Verwertung der Werke des verstorbenen Künstlers in einer Hand zu halten und sein Andenken vor kitschigen Souvenirs zu schützen, kann dies wegen Behinderungsabsicht bösgläubig sein, wenn und weil die Marke Dritte eben am Vertrieb von Reproduktionen und Souvenirs der gemeinfreien Werke hindern soll (Kur GRUR 2017, 1082 (1090) zum „Vigeland"-Fall; EFTA-Gerichtshof E-5/16, BeckRS 2017, 108930 – Vigeland; dazu knapp GRUR-Prax 2017, 232 (Lerach)).

989   Böser Wille erfordert kein Wettbewerbsverhältnis. Bösgläubige Markenanmeldungen sind allerdings oft auch eine **Behinderung von Mitbewerbern** iSd § 4 Nr. 4 UWG (→ § 2 Rn. 73).

990   Ein weiterer Faktor für die Beurteilung der Bösgläubigkeit ist die Gestalt der angemeldeten Marke. Sie darf weder die Wahlfreiheit der Mitbewerber hinsichtlich Form und Aufmachung ihrer Produkte missbräuchlich einschränken (EuGH C-529/07, GRUR 2009, 763 – Chocoladefabriken Lindt & Sprüngli/Franz Hauswirth; → § 3 Rn. 62) noch deren Möglichkeiten zur Benennung ihrer Produkte hinsichtlich Form, Dekor oÄ (BPatG BeckRS 2013, 10403 – Margerite).

991   Die Anmeldung von Wörtern mit **Sonderzeichen** oder **Tippfehlern,** die Internet-Suchmaschinen automatisch unterdrücken oder die der Betrachter nicht beachtet, kann bösgläubig sein, wenn damit missbilligenswerte Zwecke verfolgt werden (zum Missbrauch im Domainvergabeverfahren EuGH C-569/08, GRUR 2010, 733 – www.reifen.eu, angemeldet war die Marke „&R& E&I&F&E&N&", auf deren Grundlage gemäß Art. 11 VO (EG) 874/2004 unter Ausblendung der „&"die Domain www.reifen.eu hätte registriert werden können).

992   **a) Eigene Interessen des Anmelders.** Bösgläubigkeit scheidet aus, wenn die Markenanmeldung vorrangig die redliche Geschäftstätigkeit des Anmelders fördern soll. Dazu gehört die Erweiterung seiner schon bestehenden **Markenreihe,** der gesonderte Schutz durch Eintragung von Bestandteilen durchgesetzter Zeichen oder die Deckung häufigen Markenbedarfs durch die Anmeldung sog. Vorratsmarken (zu missbräuchlichen Defensivmarken → Rn. 1057 ff.). Wenn das Zeichen dem Markenbildungsprinzip entspricht, das bereits andere Marken des Anmelders aufweisen, kann das ein Indiz gegen Bösgläubigkeit sein. Dies hat der Anmelder aufzuzeigen, wenn sonstige Umstände für Bösgläubigkeit sprechen (BPatG BeckRS 2014, 08375 – Evonic).

992.1   „Der Kampf um die Macht am Markt wird vernünftigerweise auch mit dem Markenrecht geführt" (Ullmann GRUR 2009, 364). Wettbewerb rechtfertigt es nämlich, eigenen Besitzstand zu wahren und zu mehren, also den Konkurrenten Marktanteile zu entziehen bzw. vorzuenthalten – solange dies mit fairen Mitteln geschieht (→ Einleitung Rn. 2; → § 3 Rn. 60 ff.).

993   Es spricht gegen Bösgläubigkeit, wenn die für das Zeichen beanspruchten Waren und Dienstleistungen eine sinnvolle **Sortimentserweiterung** zur bisherigen Geschäftstätigkeit ergeben (→ Rn. 1051).

993.1   So ist vorstellbar, dass ein Unternehmen, das auf Herstellung und Wartung von Lackieranlagen spezialisiert ist, sein Geschäftsfeld auf die Herstellung von für diese Maschinen geeigneten Lacken ausdehnt (BPatG BeckRS 2014, 15833 – Lactec).

994   Es kommt darum grundsätzlich nicht darauf an, ob der Anmelder die neu beanspruchten Waren und Dienstleistungen bislang gar nicht oder unter anderen Marken angeboten hat (EuG T-33/11, GRUR Int 2012, 647 Rn. 25, 28 – BIGAB). Das mit dem Erstreckungsgesetz 1992 abgeschaffte Geschäftsbetriebserfordernis darf nicht über die Bösgläubigkeit wieder eingeführt werden.

995   Wenn der Anmelder das Zeichen schon benutzt oder dies vorbereitet, ist das ein Indiz gegen Bösgläubigkeit. Das gilt auch, wenn die Benutzung erst nach rechtskräftigem Abschluss etwaiger Widerspruchsverfahren beginnen soll (BPatG GRUR 2010, 435 – Käse in Blütenform III; GRUR-RR 2008, 49 f. – lastminit).

995.1   Die Rechtsprechung dazu ist weitgehend einhellig: BPatG BeckRS 2013, 00479 – Krystallpalast II; BeckRS 2012, 02969 – Limes Logistik; BeckRS 2011, 23133 – BEFA; BeckRS 2010, 10244 – Gelbe

Seiten; OLG Karlsruhe GRUR-RR 2004, 73 f. – Flixotide; OLG Hamburg GRUR-Prax 2010, 317 – Metro; nachfolgend BGH GRUR 2012, 180; Jordan FS Helm, 2002, 187 (192 f.).

So wie die Störung eines fremden Besitzstandes für Bösgläubigkeit spricht (→ Rn. 1007 ff.), **996** so spricht umgekehrt ein **Besitzstand des Anmelders** gegen Bösgläubigkeit.

Wer an einer gemeinsamen, untereinander Treuepflichten (§ 276 BGB) begründenden Benut- **997** zung nicht bestimmend beteiligt war oder wer eine Bezeichnung für eigene Erzeugnisse genutzt hat, ohne dass er daran Rechte hatte, die nicht auch anderen Interessenten zustanden, hat kein vorrangiges Interesse an der Markenanmeldung (BPatG BeckRS 2011, 00178 – Sachsendampf; GRUR 2013, 379 – Ampelmännchen). Das gilt auch, wenn der Anmelder zunächst mit anderen zusammen eine Veranstaltung unter einem Titel durchgeführt hatte und er sodann darauf mit einer neu angemeldeten, mit dem Titel übereinstimmenden Marke Einfluss nehmen will (BPatG BeckRS 2016, 07082 – Ratsherren-Runde). Keinen eigenen Besitzstand erlangt, wer in einer Kooperation für die Vermarktung der von anderen entwickelten Zeichen verantwortlich war (LG Berlin BeckRS 2015, 15004 – Eis am Stiel; nachfolgend KG BeckRS 2017, 134582). Zu Treuepflichten im Konzern → Rn. 1034.

Wer mit anderen eine fremde Marke gemeinsam benutzt hat, handelt nicht bösgläubig, wenn **998** er erst nach Ablauf des Markenschutzes das Zeichen selber als Marke anmeldet (BPatG BeckRS 2018, 14388 – Pfefferspray).

Auch das **Lizenzieren** oder Veräußern von Marken kann zu einem redlichen Geschäft gehören. **999** Der Benutzungswille muss nämlich nicht auf eine Verwendung für eigene Erzeugnisse gerichtet sein.

Die Anmeldung eines oder mehrerer Zeichen für sehr zahlreiche Waren und Dienstleistungen **1000** reicht nicht aus, eine bösgläubige Anmeldung anzunehmen (BPatG BeckRS 2018, 13489 – Harald Juhnke).

Markendesigner, **Werbeagenturen** etc entwerfen auf Vorrat Marken für andere (BPatG **1001** BeckRS 2013, 00479 – Krystallpalast II; OLG Hamburg GRUR-Prax 2010, 317 – Metro; Helm GRUR 1996, 593 (599)). Das OLG Frankfurt verlangt für den Ausschluss der Bösgläubigkeit ein nachvollziehbares Geschäftsmodell, OLG Frankfurt GRUR-RR 2013, 211 – Furio; ebenso OLG Frankfurt BeckRS 2014, 04648 – Spekulationsmarke). Ob es ein derartiges Geschäftsmodell gibt, ist im Eintragungsverfahren kaum erkennbar. Die Vermutung spricht für ein redliches Vorgehen und müsste widerlegt werden (→ Rn. 963; Lerach GRUR 2009, 107 (109)).

Gegen Bösgläubigkeit spricht es, wenn die Marken für noch unbestimmte Interessenten geeig- **1002** net sein können (BPatG GRUR 2007, 240 – Seid bereit; GRUR-RR 2008, 4 – FC Vorwärts; Ingerl/Rohnke Vor §§ 14–19 Rn. 350). Für Bösgläubigkeit spricht es, wenn erkennbar ist, wen eine Marke behindern könnte (BGH BeckRS 2009, 13397 – Flixotide; GRUR 2009, 780 Rn. 18, 20 – Ivadal; BPatG BeckRS 2013, 00479 – Krystallpalast II).

Eigener Benutzungswille schließt Bösgläubigkeit zB nicht aus, nicht, wenn der Benutzung **1003** rechtskräftig titulierte Unterlassungsansprüche entgegenstehen (BPatG BeckRS 2014, 17331 – Bionator/Bionade; BeckRS 2013, 00479 – Krystallpalast II; → § 3 Rn. 18.1).

Zeitlich begrenzte Hindernisse für eigene Geschäftstätigkeiten stehen einem zu berücksichti- **1004** genden Eigeninteresse nur bedingt entgegen. So sind zB **Wettbewerbsverbote** jedenfalls dann nicht zu berücksichtigen, wenn der Ablauf absehbar ist (BPatG BeckRS 2012, 02969 – Limes Logistik); zu auslaufenden Schutzrechten → Rn. 1022.

Bösgläubig ist die Anmeldung eines im Ausland für dort hergestellte Waren verwendeten Zei- **1005** chens durch einen **Importeur**, wenn er weiß, dass auch andere diese Produkte nach Deutschland importieren (BGH GRUR 2005, 414 (417) – Russisches Schaumgebäck; GRUR 2008, 160 Rn. 18 – Cordarone).

Gleiches gilt für **Händler** im Verhältnis zum Hersteller und für den, der im Auftrag eines **1006** anderen nach dessen Anweisungen **produziert,** selbst wenn er dabei auftragsgemäß entsprechende Kennzeichnungen anbringt (EuG T-227/09, GRUR Int 2012, 651 – FS).

b) Störung fremden Besitzstandes. Wenn eine Vorbenutzung des angemeldeten Zeichens **1007** oder ein sonstiges Verhalten eines Dritten für diesen einen Besitzstand begründet, dann kann die Anmeldung eines identischen oder ähnlichen Zeichens als **Eingriff in diesen Besitzstand bösgläubig** sein. Da die Bösgläubigkeit ein absolutes Eintragungshindernis darstellt, kann dies **jedermann rügen,** nicht nur der Inhaber des Besitzstandes. Auch die öffentliche Hand kann Inhaberin eines Besitzstandes sein (BPatG BeckRS 2009, 17278 – Ismaqua; → § 7 Rn. 14 f.).

llerdings ist nicht jede Anmeldung eines Zeichens, das Dritte schon benutzen oder an dem auch Dritte **1007.1** Interesse haben können, automatisch bösgläubig. Denn Wachsamkeit im geschäftlichen Leben darf nicht mit dem Makel unlauterer Behinderung versehen werden (Ullmann GRUR 2009, 364 (367)). Wer aufgrund seines legal erworbenen Wissens (anders bei Treupflichten, → Rn. 1034) eine legale Chance zum Erwerb von Markenschutz nutzt, obwohl er weiß, dass das Zeichen auch für einen anderen von (größerem) Vorteil sein könnte, handelt nicht grundsätzlich unlauter. Darum handelt der Anmelder nicht allein deswegen unlauter, weil er weiß, dass ein anderer bereits das gleiche oder ein verwechselbar ähnliches Zeichen für gleiche oder ähnliche Waren und Dienstleistungen im Inland oder Ausland benutzt, ohne hierfür einen formalen Kennzeichenschutz erworben zu haben (BPatG BeckRS 2017, 110663 – Toxic twins; EuG T-33/11, GRUR Int 2012, 647 – BIGAB).

1008　　Die Darlegung eines schutzwürdigen Besitzstandes verlangt substantiierten Tatsachenvortrag zum Zeitraum, zu den Waren und Dienstleistungen, zur Art und Weise sowie zum Umfang der Verwendung des Zeichens (BPatG BeckRS 2013, 05065 – stilisierter Tacho). Der Besitzstand muss sich aus Marktpräsenz und daraus resultierender Bekanntheit ergeben (EuGH C-529/07, GRUR 2009, 763 – Lindt & Sprüngli/Franz Hauswirth zum „Goldhasen"; BPatG GRUR 2010, 431 (434) – Flasche mit Grashalm).

1009　　Gibt der ursprüngliche Inhaber durch Nichtverlängerung der Anmeldung oder Beendigung der Benutzung die Marke frei, so kann sie grundsätzlich jeder Dritte anmelden. Dass das Markenrecht kein **Vorbenutzungsrecht** kennt, gilt also auch im Rahmen von Nr. 14 (BGH GRUR 1998, 412 (414) – Analgin; Steinberg/Jaeckel MarkenR 2008, 296 (301).

1009.1　　Die **Wiederbelebung historischer Marken** durch einen Dritten ist darum nicht schlechthin rechtsmissbräuchlich (Bösgläubigkeit verneint in EuG T-250/21, GRUR-RS 2022, 15538 – Jan Nehera, für eine unbenutzte und vom Verkehr vergessene Marke). Sie kann aber dann bösgläubig sein, wenn es dem Anmelder darum geht, die Restbekanntheit der früher verwendeten Marke „parasitär" auszubeuten (EuG T-327/12, GRUR-RS 2014, 80869 – Simca; anders wegen der bereits erfolgten eigener Benutzung von „Simca" durch den Anmelder für „Fahrräder" und Löschungsreife der unbenutzten Kfz-Marke „Simca" BPatG BeckRS 2011, 08553 – Simca). Weiß (GRUR-Prax 2014, 277) kritisiert die EuG-Entscheidung und stimmt dem BPatG zu. Zweck des Benutzungszwangs sei es, die löschungsreife Marke „Simca" Dritten zu öffnen. Das dürfe man nicht über die Bösgläubigkeit und einen dadurch vermittelten Restschutz konterkarieren (ua damit argumentiert auch BPatG BeckRS 2011, 08553 – Simca). Das Argument überzeugt indes nicht so recht. Denn die fehlende Benutzung und dadurch eintretende Schutzlosigkeit der Simca-Marken macht ja auch nach der EuG-Entscheidung viele Marken wieder für Dritte verfügbar, nämlich ähnliche Zeichen wie Sinca, Symca, Zimka etc. Ob aber auch das identische und eben noch restbekannte Zeichen „Simca" noch einen Restschutz genießen kann, und zwar nur speziell gegen bösgläubige Dritte, ist eine andere Frage. Dieser Restschutz kann dann ja nicht nur vom Inhaber der Simca-Marken geltend gemacht werden, sondern von jedem Dritten. Er spielt also auch in Rechtsverhältnissen eine Rolle, in denen es auf den Benutzungszwang gar nicht ankommt, so dass dieser auch nicht konterkariert werden kann.

1010　　Ein schutzwürdiger Besitzstand, durch Marktpräsenz und Bekanntheit setzt in der Regel eine **Benutzung über Jahre** voraus (BPatG BeckRS 2017, 112830 – Frassfood). Auch Unternehmenskennzeichen oder Logos können einen schutzwürdigen Besitzstand begründen (→ Rn. 1019). Aber auch schon eine zehntägige Benutzung (BPatG BeckRS 2011, 06540 mAnm Czernik GRUR-Prax 2011, 168 – Xpress) und sogar Gründungsaktivitäten sollten ausreichen, einen schützenswerten Besitzstand zu begründen (aA BPatG GRUR 2006, 1032 f. – E2; BeckRS 2012, 02969 – Limes Logistik). Eine Jahre zurückliegende Benutzung kann einen aktuell zu berücksichtigenden Besitzstand mehr begründen, weil eine eingetragene Marke nach fünf Jahren der Nichtbenutzung gemäß § 49 verfällt (BPatG BeckRS 2013, 05065; 2013, 05490). An originär **nicht schutzfähigen Bezeichnungen kann nur bei Verkehrsdurchsetzung** ein rechtlich schutzwürdiger Besitzstand entstehen (BPatG BeckRS 2017, 137164 – Kö-Bogen).

1011　　Ein **regional beschränkter Besitzstand** reicht aus (Albrecht/Hoffmann MarkenR 2017, 399 (401 f.); aA BGH GRUR 2016, 378 Rn. 18 ff. – Liquidrom; nachgehend BPatG GRUR-Prax 2016, 530).

1011.1　　Ein Anspruch aus § 12 kann auf ein bloß regionales Recht nicht gestützt werden. Denn er setzt voraus, dass die Benutzung der Marke im gesamten Bundesgebiet untersagt werden kann. Für die Bösgläubigkeit entscheidend sind aber die „Anmaßung des Besitzstandes" und der darin verkörperte Unrechtsgehalt, die auch bei Störung eines nur regional beschränkten Besitzstands vorliegen können.

1012　　Allein die Entwicklung eines medizinischen Behandlungsprogramms und des Namens dafür begründet ohne die markenmäßige Verwendung des Programmnamens keinen Besitzstand (BPatG BeckRS 2017, 123215 – Goldenstream).

Das EuG berücksichtigt bei der Frage der örtlichen Ausdehnung eines Kennzeichenrechts auch **1013** referentielle Nennungen in Restaurantführern etc (EuG T-223/15, GRUR-Prax 2017, 530 mAnm George – Morton's/Morton's Club), was auch im Rahmen des Besitzstands eine Rolle spielen kann.

Betrifft der Besitzstand nur einen Teil der Waren und Dienstleistungen, für welche die beanstan- **1014** dete Marke angemeldet wurde, liegt nur insoweit Bösgläubigkeit vor (BPatG BeckRS 2015, 14904 – ChemSeal; BeckRS 2018, 2626 – Stylo & Koton); bezüglich der anderen Waren und Dienstleistungen kommt allenfalls ein Unterlassungsbegehren nach § 14 in Betracht (→ § 14 Rn. 531 ff.).

Vorbereitungen, die Marke zu benutzen, können einen Besitzstand begründen (→ Rn. 995). **1015** Der nach § 12 BGB geschützte Name eines Fußballers, den ein Dritter anmeldet, während der Sportler noch in Brasilien spielt, aber bereits international umworben ist, kann auch in der EU schon ein geschützter Besitzstand sein (EuG T-795/17, BeckRS 2019, 8413 – NEYMAR, Bösgläubigkeit in casu bejaht). Aufwendungen dafür, einen Besitzstand zu erwerben (Bewerbung um eine Lizenz), begründen hingegen noch keinen Besitzstand. Wer um ein Lizenzvergabeverfahren weiß und die für den späteren Lizenznehmer nützlichen Bezeichnungen durch Markenanmeldungen sperrt, handelt jedenfalls dann bösgläubig, wenn er selbst an dem Vergabeverfahren nicht teilnimmt oder sowieso nicht teilnehmen darf (BPatG GRUR 2006, 1032 – E2).

Erfolgte die Nutzung eines Zeichens unter **Verletzung fremder Rechte** (etwa Urheber- **1016** rechte), kann sie nicht zu einem schützenswerten Besitzstand führen (BGH GRUR-RR 2012, 96 – Krystallpalast).

Ein **Lizenznehmer** erwirbt durch Benutzung keinen Besitzstand, den er dem Lizenzgeber **1017** entgegenhalten könnte (BGH GRUR 1963, 485 (488) – Micky Maus Orangen; BPatG BeckRS 2014, 22607 – STERN jugend forscht); dies ist anders bei einer Gestattung (BGH GRUR 2013, 1150 – Baumann). Eigene Rechte hat der Lizenznehmer insbesondere, wenn er eine ausschließli- che Lizenz hat (→ § 66 Rn. 65 ff., → UMV Art. 25 Rn. 32; zur Wiederholungsanmeldung → Rn. 1081).

Ein Besitzstand ist nicht zu berücksichtigen, wenn sein Inhaber bislang eine der Anmeldung **1018** entsprechende Zeichennutzung (durch den Anmelder) **geduldet** hat (→ § 51 Rn. 13) oder der Markenanmeldung sogar zugestimmt hatte (→ § 51 Rn. 17).

Nach einer für längere Zeit geduldeten Nutzung darf der Nutzer unter Umständen glauben, auch eine **1018.1** Marke anmelden zu dürfen. Dabei kommt es allerdings darauf an, was der Besitzstandsinhaber geduldet hat; nicht jede Duldung ist nämlich ein Freibrief für jegliche Nutzung (BGH GRUR 2012, 928 Rn. 20 ff. – Honda-Grauimport). Einer Duldung steht es gleich, wenn der Inhaber des Besitzstandes sein Recht, einen Löschungsantrag zu stellen, nach § 51 Abs. 2 S. 3 verloren hat (→ § 51 Rn. 17). Die Beweislast für eine Berechtigung auch zur Markenanmeldung liegt beim Anmelder (→ § 21 Rn. 65).

Es besteht eine Wechselwirkung zwischen Umfang und Bedeutung des Besitzstandes einerseits und **1018.2** Dauer sowie Umfang der geduldeten Benutzung andererseits. Was zu einer Zuordnungsverwirrung führt, wird im Zweifel nicht geduldet sein (Lange MarkenR Rn. 5316 f.).

Auch **Geschäfts- und Unternehmenskennzeichen** sowie Produktbezeichnungen kommen **1019** als Besitzstand in Frage (BPatG BeckRS 2018, 13305 – ACL Staticide; BeckRS 2017, 139576 – DPV). Gleiches gilt für Nutzungsrechte an einem Logo (BPatG BeckRS 2017, 139576 – DPV; BeckRS 2015, 123438 – Nationale Volksarmee der Deutschen Demokratischen Republik FILM STUDIO; BGH BeckRS 2011, 25607 – Krystallpalast; aA LG Hamburg GRUR-RR 2005, 106 – SED). Ebenso kann die Benutzung von **Domain-Namen** zu einem Besitzstand führen, wenn ihr Inhaber damit Umsatz erzielt hat; die bloße Registrierung reicht nicht (BPatG BeckRS 2017, 112830 – Frassfood).

Der Besitzstand an der Bezeichnung eines Geschäftsbetriebs iSv § 5 Abs. 2 S. 1 geht nicht **1020** automatisch auf den Pächter der Geschäftsräume über.

Die Verpachtung eines Unternehmens gibt dem Pächter lediglich ein Nutzungsrecht (§ 581 Abs. 1 S. 1 **1020.1** BGB, §§ 99 f. BGB), überträgt jedoch nicht den Geschäftsbetrieb nebst zugehöriger Marke iSd § 27 Abs. 2. Auch der Betrieb des Geschäfts während des Pachtverhältnisses führt nicht zum Erwerb des Geschäftsbe- triebs nebst Marke (BGH GRUR 2002, 967 (969) – Hotel Adlon; GRUR 2004, 868 f. – Dorf Münster- land II; BPatG GRUR-Prax 2016, 530 – Liquidrom).

Zu Geschäfts und Unternehmenskennzeichen vgl. ferner BPatG BeckRS 2009, 00722 – Queer Beet; **1020.2** BeckRS 2013, 00479 – Krystallpalast II; aA noch BPatG BeckRS 2010, 22009 – Cali Nails; BeckRS 2012, 02969 – Limes Logistik; weniger streng BPatG BeckRS 2011, 23133 – BEFA), wobei es bei Unternehmens- kennzeichen auf deren Wirkungsgebiet ankommt (BPatG BeckRS 2011, 19562 – Kaupmann).

1020.3   Das OPMS sah am 14.3.2012 (Om2/12) beim Pächter eines Traditionskaffeehauses Loyalitätspflichten und erachtete eine kurz vor Ablauf des Pachtverhältnisses angemeldete Marke als bösgläubig.

1020.4   Das BPatG hat nicht abschließend entschieden, wer an dem Logo des Filmstudios der Nationalen Volksarmee der DDR, wie es zuletzt seit 1984 in den Produktionen des Filmstudios Verwendung gefunden hat, Nutzungsrechte und damit einen schutzwürdigen Besitzstand hat. Jedenfalls hat es gemeint, dass die mit der Eintragung eines Zeichens entstehende Sperrwirkung zweckfremd als Mittel des Wettbewerbskampfes eingesetzt worden sei, so dass die Marke wegen Bösgläubigkeit zu löschen war (BPatG BeckRS 2015, 123438 Rn. 47 – Nationale Volksarmee der Deutschen Demokratischen Republik FILM STUDIO).

1021   Auch **Patente** (BGH GRUR 1967, 304 – Siroset) und andere Schutzrechte, wie **Urheberrechte** (BGH BeckRS 2011, 25607 – Krystallpalast; nachfolgend BPatG BeckRS 2013, 00479 – Krystallpalast II) und Rechte an eingetragenen **Designs** bzw. Unionsgeschmacksmustern, können einen Besitzstand begründen, der gegen bestimmte Eingriffe geschützt ist (vgl. Kur MarkenR 2017, 185 unter II.1.a). Während § 69a UrhG an Software Urheberrechte anerkennt, kommt dies für therapeutische Methoden nicht in Betracht. Deshalb ist es auch nicht bösgläubig, eine von anderen geschaffene, noch nicht markenmäßig verwendete Bezeichnung einer **Therapieform** als Marke anzumelden (BPatG BeckRS 2017, 123215 – Goldenstream).

1022   Auf solchen Schutzrechten basierende Besitzstände erlöschen unter Umständen auch mit dem Ablauf des urheber- oder patentrechtlichen Schutzes. So kann eine ehemals unter Patentschutz stehende technische Lösung weiter wettbewerbsrechtlichen Schutz genießen (BGH GRUR-Prax 2015, 350 – Exzenterzähne). Die Störung solchen nachwirkenden Schutzes durch eine Markenanmeldung kann auch bösgläubig sein.

1023   Eine **Benutzung im Ausland** kann trotz des eigentlich geltenden Territorialitätsgrundsatzes (→ Einleitung Rn. 44) auch einen in Deutschland relevanten Besitzstand begründen (EuG T-335/14, BeckRS 2016, 80710 – DoggiS). Dies setzt voraus, dass das Zeichen auch im Inland durch seine überragende ausländische Verkehrsgeltung eine gewisse Bekanntheit erreicht hat (BGH GRUR 2008, 621 Rn. 22 – Akademiks; GRUR 1967, 298 (301) – Modess; GRUR 2009, 780 Rn. 24 – Ivadal). Die Anforderungen sind sehr hoch; Verkehrsbekanntheit setzt eine langjährige Benutzung, hohe Umsatzzahlen, Marktanteile und entsprechende Werbeaufwendungen voraus (BPatG BeckRS 2016, 128379 – E-Bar).

1023.1   Art. 5 Abs. 4 lit. c MRL stellt es den Mitgliedstaaten frei, ob sie die bösgläubige Anmeldung einer Marke, die mit einer älteren im Ausland geschützten Marke verwechselbar ist, als relatives Eintragshindernis behandeln wollen.

1023.2   Zu dem Bekanntheitsgrad, der für die Unlauterkeit der unbefugten Anmeldung erforderlich ist, s. Beier/Kur FS Fikentscher, 1998, 477 (484) Fn. 29, 30; sehr streng BPatG BeckRS 2012, 23519 – Sa Trincha.

1023.3   Eine hohe Bekanntheit in der Türkei impliziert keinen schutzwürdigen Besitzstand in Deutschland, jedenfalls wenn sich das Angebot unter der deutschen Marke nicht ausschließlich an die türkische bzw. türkischstämmige Bevölkerung wendet (BPatG BeckRS 2015, 16941 – BiM-Markt).

1024   Je klarer erkennbar ist, dass die bislang nur im Ausland genutzte Marke auch im Inland genutzt werden soll, und je klarer das Motiv des Anmelders hervortritt, dies zu verhindern, umso weniger an Bekanntheit des ausländischen Zeichens ist zu fordern, da insoweit eine Wechselwirkung eintritt (→ Rn. 1056; BGH GRUR 2004, 510 f. – S 100); zu **Importsperren** s. Lange MarkenR Rn. 1144 ff.

1025   Selbst wenn ein Marktzutritt im Inland naheliegt, verlangt das BPatG in der VCV-Entscheidung konkrete Hinweise zur Marktrelevanz (BPatG BeckRS 2014, 13256). Sogar das abstrakte Interesse, später einmal von einer **Mehrmarkenstrategie** abzurücken und in verschiedenen Ländern unter derselben Marke auf den Markt zu gehen, kann in bestimmten Branchen schützenswert sein (BGH BeckRS 2009, 13397 Rn. 18 – Flixotide). Während dies der BGH in „Akademiks" im Modebereich angenommen hat, hat das BPatG dies für Einzelhandelsketten verneint (BGH BeckRS 2015, 16941 – BiM-Markt).

1026   Maßgeblich ist auch, ob in der Branche zu erwarten ist, dass ein Trend aus einem bestimmten Land auf Deutschland übergreifen wird; verfolgt der ausländische Markeninhaber eine Zwei- oder Mehr-Markenstrategie, ist er daran festzuhalten (BGH BeckRS 2009, 13398 Rn. 15, 24 – Ivadal; BeckRS 2007, 65038 Rn. 21 – Cordarone).

1027   Dass auch im Ausland geschützte Zeichen zu beachten sind, gilt in besonderem Maße für den Binnenmarkt, also das Gebiet der EU und des EWR (OLG Düsseldorf GRUR-Prax 2010, 553 – Hawk).

1028   Bei der Anmeldung einer Reihe im Ausland etablierter Marken (Hawk, Stealth, PowerAngle, Red Baron und Miami Vice) spricht einiges dafür, dass sie in Kenntnis dieser Marken erfolgt

(OLG Düsseldorf GRUR-Prax 2010, 553 – Hawk; ähnlich EuG T-335/14, BeckRS 2016, 80710 – DoggiS). Dies gilt vor allem, wenn die Marke ein reines Phantasiewort enthält, denn dass eine solche Übereinstimmung auf bloßem Zufall beruht, ist nicht anzunehmen (so zu „Staticide" BPatG BeckRS 2018, 13305; weniger lebensnah EuG T-291/09, BeckRS 2012, 80219 – Unionsbildmarke Pollo Tropical Chicken on the Grill).

Auch die zielbewusste Annäherung an bekannte Merkmale fremder Zeichen kann eine Besitzstandsstörung sein (Loschelder FS Bornkamm, 2014, 637 (641); vgl. dazu EuGH C-383/12 P, GRUR Int 2014, 1038 – Wolfskopf/Wolf Jardin/Outils Wolf). Das kann auch für eine **Markenparodie** gelten. Zwar kann die Benutzung einer Markenparodie von der Kunst- und Meinungsfreiheit gedeckt sein, so dass sie der Markeninhaber hinnehmen muss. Das muss aber nicht mehr gelten, wenn der Parodist seine Parodie des fremden Zeichens auch eintragen lassen will. **1029**

Allerdings hat der EuGH darauf hingewiesen, dass das Markenrecht und auch dessen **Eintragungsverbote im Lichte der Kunst- und Meinungsfreiheit auszulegen** sind, da diese in Art. 11 GRCh gewährleistet ist und Erwägungsgrund 21 UMV auf diese höherrangige Vorschrift obendrein Bezug nimmt (EuGH C-240/18 P, GRUR-RS 2020, 2236 Rn. 56 – Fack ju Göhte). Das gilt für das deutsche MarkenG genauso, dies ua schon deswegen, weil auch Erwägungsgrund 27 MRL auf die Grundrechte und Grundfreiheiten Bezug nimmt. Trotzdem wird **Art. 11 GRCh bei Markenparodien** und der Frage „bösgläubig wegen Besitzstandsstörung?" wohl **anders zu berücksichtigen sein als** bei **Eintragungshindernissen,** die **ausschließlich das öffentliche Interesse gewährleisten.** Denn bei der Frage, ob eine Markenparodie bösgläubig ist, geht es – auch wenn die Bösgläubigkeit von jedermann geltend gemacht werden kann – materiell eigentlich nicht um das Allgemeininteresse, sondern darum, ob der Markeninhaber trotz seines Besitzstandes nicht nur die Benutzung der Parodie, sondern auch deren Eintragung hinnehmen muss, und dies um der Meinungs- oder Kunstfreiheit des Parodisten willen. Es geht also um eine Drittwirkung der Grundrechte. Weiter ist zu bedenken, dass zwar die Benutzung der Markenparodie von Fall zu Fall von der Meinungs- oder Kunstfreiheit gedeckt sein kann, insbesondere wenn die Markenparodie satirischen Zwecken dient. Im Markenregister ist es aber nicht möglich, der Eintragung der Parodie die Beschränkung „nur zu satirischen Zwecken" einzubeschreiben. Darum wird, wenn sich die Anmeldung einer parodistischen Marke ohne Berücksichtigung von Art. 11 GRCh als bösgläubige Besitzstandsstörung darstellt, dies auch unter Berücksichtigung von Art. 11 GRCh und der „Fack ju Göhte"-Entscheidung in der Regel so sein. Die sicher berechtigten Schutzinteressen des Parodisten kann auch dann noch das Urheberrecht oder der Titelschutz gewährleisten. **1029.1**

Ein abgeschafftes gesetzliches Monopol ist kein Besitzstand. Der BGH nimmt es sogar hin, wenn das Verhalten des Dritten bei der Verwendung des früheren Monopolkennzeichens Irreführungsgefahr begründet (→ § 8 Rn. 662), um abgeschaffte Monopole nicht zu perpetuieren. **1030**

Das **Ruhen** eines Betriebs (etwa im Zuge einer Insolvenz) beseitigt den Besitzstand nicht, solange die Geschäftsbetrieb in einem für die Wiedereröffnung wesentlichen Bestand erhalten bleibt und die Absicht, den Betrieb fortzusetzen, erkennbar ist (BGH GRUR 2002, 967 f. – Hotel Adlon; GRUR 1957, 25 (27) – Hausbücherei; BPatG BeckRS 2014, 09356 – Liquidrom). **1031**

Da positive **Kenntnis des fremden Besitzstandes** durch den Markenanmelder regelmäßig nur schwer nachweisbar ist, reicht es für Bösgläubigkeit aus, wenn sich der Anmelder der Kenntnis nicht ernsthaft verschließen konnte, weil sie sich ihm förmlich aufdrängte. **1032**

Dass der Anmelder von der Verwendung des Zeichens durch einen anderen Kenntnis hätte haben müssen, lässt sich zB aus der (Dauer der) Verwendung durch den Dritten schließen (EuGH C-529/07, GRUR 2009, 763 – Chocoladefabriken Lindt & Sprüngli/Franz Hauswirth) und ebenso aus den Kontakten des Anmelders (EuG T-132/16, GRUR-Prax 2017, 277 – Venmo). Es kann unterstellt werden, dass Marktteilnehmer jedenfalls ansatzweise Kenntnis von Aktivitäten der Konkurrenten haben (zu überschaubaren Märkten: BPatG BeckRS 2011, 21114 – Berjozka; allgemein BGH GRUR 2008, 621 Rn. 28 f. – Akademiks; BPatG GRUR 2001, 744 (748) – S 100; nachfolgend BGH GRUR 2004, 510; BPatG GRUR 2000, 809 (811) – SSZ; OLG München NJWE-WettbR 1999, 156 – Rialto; Ingerl/Rohnke § 50 Rn. 16). **1032.1**

Kenntnis hat das BPatG dem Anmelder unterstellt, der gleichzeitig vier Bezeichnungen, die Konkurrenten verwendeten, als Marken anmeldete (BPatG BeckRS 2013, 10403 – Margerite). Kenntnis liegt vor beim Aktionär, der das seit langem von der Gesellschaft verwendete Zeichen anmeldet (EUIPO, GRUR-RS 2021, 33090 – ZSOLNAY Friday mAnm Albrecht GRUR-Prax 2022, 4). **1032.2**

c) Behinderungsabsicht. Die Anmeldung einer Marke ist unabhängig vom Bestehen eines Besitzstandes wettbewerbs- und sittenwidrig, wenn das Verhalten des Anmelders in erster Linie auf die Beeinträchtigung der wettbewerblichen Entfaltung anderer gerichtet ist, also eine Behinderungsabsicht besteht (BPatG BeckRS 2017, 113862 – Expodome). Wer eine **Marke alle 6 Monate neu anmeldet,** aber **nie die Amtsgebühr bezahlt** (so dass die Anmeldungen nach Zahlungsfrist- **1033**

ablauf als zurückgenommen gelten) und so dauerhaft das Register blockiert, handelt bösgläubig, weil er kein „legitimes Geschäftsgebaren" zeigt, sondern sich eine illegitime Sperrposition verschaffen will (EuG T-627/21, GRUR-RS 2022, 22458 Rn. 35, 36 – Monsoon). Auch die Vernichtung anderer Erwerbsmöglichkeiten durch eine eigene Markenanmeldung kann bösgläubig sein, so die **gezielte Entwertung eigener Marken,** auf die **Dritte berechtigterweise zugreifen.** Wenn ein Gläubiger bereits **Zwangsvollstreckungsmaßnahmen** in nationale Marken einer **Konzerngesellschaft** betreibt, kann es bösgläubig sein, wenn eine andere Konzerngesellschaft eine identische/ähnliche Unionsmarke anmeldet, obwohl sie weiß oder gar weil sie will, dass diese Unionsmarke die Erlöse aus der Verwertung der nationalen Marken schmälern wird (EuG T-283/21, GRUR-RS 2022, 16388– Pejovic (Talis) mAnm Schoene GRUR-Prax 2022, 462).

1034 Für das Vorliegen einer **Behinderungsabsicht** spricht ein **Beschäftigungsverhältnis mit dem Besitzstandsinhaber** oder wenn eine Markenanmeldung innerhalb einer engen, langjährigen Geschäftsbeziehung, die auch durch die langjährige Benutzung des Zeichens geprägt war, erfolgt. Hier muss der Markenanmelder die Benutzungsabsicht des anderen kennen (BGH GRUR 2008, 917 Rn. 23 – Eros). Maßgeblich ist, ob der Geschäftspartner darauf vertrauen darf, dass der andere seine Kenntnis vom Fehlen registerrechtlichen Markenschutzes nicht zu seinem Schaden verwendet (BPatG BeckRS 2017, 113862 – Expodome). Auch wenn der Anmelder Informationen über fremde Geschäftsideen auf korrektem Weg erhalten hat, kann er aus einem **Vertrauensverhältnis** an einer Markenanmeldung gehindert sein (HABM C000479899/1, LSK 2001, 450481 – be natural; BPatG BeckRS 2007, 11834 – DO; EuG T-456/15, BeckEuRS 2016, 484869 – T.G.R. Energy Drink). Markenanmeldungen entgegen einer **vertraglichen Abrede** sind allerdings **nicht** zwangsläufig bösgläubig (BPatG BeckRS 2016, 128378 – Jonhy Wee).

1034.1 Dem EuG genügt es für die Annahme einer Kenntnis nicht allein, dass der Markenanmelder finanziell am Gesellschaftskapital der Inhaberin der älteren Marke in erheblichem Umfang beteiligt oder in ihren Leitungsorganen tätig war (EuG T-321/10, GRUR Int 2014, 172 Rn. 30 – Gruppo Salini).

1035 Auch wer im Rahmen eines Arbeitsverhältnisses eine Markenidee selbst entwickelt oder maßgeblich daran mitgewirkt hat, hat Treuepflichten über sein Ausscheiden hinaus (BPatG BeckRS 2018, 32337 – Ecomax; BeckRS 2018, 34091 – Ecosis). **Mitglieder einer GbR,** die mit einem Grafiker ein Logo erstellen sollen, haben gegenüber den anderen Gesellschaftern die schuldrechtliche Pflicht (§§ 713, 667 BGB) zur Übertragung der Rechte; dieser Anspruch gehört zum Gesellschaftsvermögen und kann durch eine Markenanmeldung bösgläubig beeinträchtigt werden. Bei Auflösung der GbR muss eine Auseinandersetzung (§ 730 BGB) stattfinden; der unterliegt auch der Name der GbR. Die GbR-Gesellschafter haben zu klären, wem künftig das Recht zur Verwendung der Bezeichnung zustehen soll. Gelingt dies nicht, bleibt (nur) die Möglichkeit der Durchsetzung angeblicher Ansprüche in einem gerichtlichen Verfahren vor den ordentlichen Gerichten (OLG Düsseldorf BeckRS 2012, 11648). Die Anmeldung einer Marke in dieser Phase zeigt eine Behinderungsabsicht (BPatG BeckRS 2018, 18757 – Netzwerk Joker). Zeitverlust eröffnet unbeteiligten Dritten die Möglichkeit, Prioritätsvorteile zu erlangen. Um dies zu verhindern, könnte die Abwicklungsgesellschaft selbst eine Marke anmelden; sie kann aber eigentlich keine Vermögenswerte neu erwerben. Der anmeldewillige Gesellschafter kann aber jedenfalls andere informieren, dass er zur Sicherung gegenüber Dritten eine Marke anmeldet und diese nach der Auseinandersetzung dem Berechtigten übertragen wird (Albrecht FS Ströbele, 2019, unter I.4.). Markenanmeldung **in Kenntnis des fremden Kennzeichenbestandes unter Verletzung von Loyalitätspflichten** kann bösgläubig sein. So, wenn ein verärgerter Aktionär die ihm bekannte nationale Marke der Gesellschaft ohne sonstiges eigenes Interesse als Unionsmarke anmelde (EUIPO GRUR-RS 2021, 33090 – ZSOLNAY Friday mAnm Albrecht GRUR-Prax 2022, 4; zu Treuepflichten im Konzern → Rn. 1034).

1036 Schon **Vertragsverhandlungen** erhöhen (auch für Geschäftsführer daran beteiligter Firmen: BPatG BeckRS 2014, 09356 – Liquidrom) die Treuepflicht nach § 276 BGB (BGH GRUR 1967, 304 – Siroset; BPatG BeckRS 2017, 110663 – Toxic twins), wenn sie eine „gemeinsame Vorgeschichte" geschaffen haben. Erforderlich ist eine Beurteilung der Rolle und Position jedes Beteiligten, seiner Kenntnis von der Benutzung der älteren Marke, vertragliche, vor- oder nachvertragliche Beziehungen, der gegenseitigen Pflichten und Verpflichtungen einschließlich Loyalitäts- und Redlichkeitspflichten (EuG T-321/10, GRUR Int 2014, 172 – SA.PAR; T-340/16, GRUR-Prax 2018, 349 – Outsource2India).

1037 Anmeldungen **nach Abschluss eines Alleinvertriebsvertrags** oder während laufender Geschäftsbeziehungen sind meist bösgläubig, zeigen sie doch eine „Absetzbewegung" aus dem Vertrag (BPatG BeckRS 2016, 128378 – Jonhy Wee). Das gilt insbesondere für Anmeldungen kurz vor Beendigung einer Zusammenarbeit (BGH GRUR 2008, 917 – Eros).

Auch Markenanmeldungen, die dazu dienen, Verpflichtungen aus Vereinbarungen zu unterlaufen, sind bösgläubig (EuG T-456/15, GRUR-Prax 2017, 428 – Dariusz Michalczewski). Auch die Entwertung von Marken, die bereits Gegenstand der Vollstreckung sind, durch eine Neuanmeldung kann bösgläubig sein (→ Rn. 1034). **1038**

Für Bösgläubigkeit spricht es, wenn der Markeninhaber einen Geschäftspartner über die Anmeldung im Dunkeln lässt und ihn erst im Rahmen eines Antrags auf Erlass einer einstweiligen Verfügung mit dieser konfrontiert (BPatG BeckRS 2016, 128378 – Jonhy Wee). **1039**

Wer aus einer Gesellschaft ausgeschieden ist und (konkludent) auf eine Auseinandersetzung verzichtet hat, kann einer Markenanmeldung der Gesellschaft, die ein in der Gesellschaft entwickeltes Produkt betrifft, keine Bösgläubigkeit vorwerfen (LG Berlin BeckRS 2015, 15004 – Eis am Stiel; nachfolgend KG BeckRS 2017, 134582). **1040**

Eine markenrechtlich zu missbilligende Behinderungsabsicht ergibt sich nicht schon aus Angriffen aus der Marke, da sie zur Wahrnehmung der Rechtsposition gehören (EuG T-33/11, GRUR Int 2012, 647 Rn. 33 – BIGAB). Für eine bösgläubige Anmeldung spricht es, wenn der Markeninhaber damit Druck ausübt, um finanzielle sowie sonstige Gegenleistungen zu erzwingen (BPatG BeckRS 2010, 22009 – Cali Nails; BeckRS 2013, 00479 – Krystallpalast; Müller GRUR Int 2012, 417 (422)). Gegen eine bösgläubige Anmeldung spricht es, wenn der Markeninhaber erst Jahre nach der Anmeldung Abmahnungen ausspricht (BPatG GRUR-Prax 2018, 189 – MUC). **1041**

Das mit der Markenanmeldung verfolgte Ziel, einem (ausländischen) Anbieter den Marktzutritt nur gegen die Einräumung ausschließlicher Vertriebsrechte, einer Lizenz oder andere Gegenleistungen u ermöglichen, kann die Anmeldung bösgläubig machen (OLG Hamburg BeckRS 2018, 24851 – Remitite; Sack GRUR 1995, 81 (97)). Es spricht nämlich für Unlauterkeit, anderen **wirtschaftliches Handeln aufzuzwingen** (BGH GRUR 1967, 304 – Siroset; Lange MarkenR Rn. 1149). **1042**

Indiz für eine Behinderungsabsicht ist die Übernahme von Farbe, grafischen Bestandteilen und Schriftarten aus fremden Unternehmens- oder Produktbezeichnungen (BPatG BeckRS 2018, 13305 – ACL Staticide). **1043**

Entscheidend ist zwar, wie der Anmelder seine Informationen über fremde Pläne erlangt hat, aber auch an (öffentliche) Informationen über eine beabsichtigte Nutzung anknüpfende Anmeldungen können bösgläubig sein (BGH GRUR 2015, 1214 Rn. 56 – Goldbären). **1044**

Dass der Anmelder auf nicht korrektem Weg Informationen über fremde Geschäftsideen erworben hat, wird im Registerverfahren wohl nur ersichtlich, wenn Hinweise Dritter berücksichtigt werden (HABM C000479899/1, LSK 2001, 450481 – be natural; BPatG BeckRS 2007, 11834 – DO; → Rn. 981). **1044.1**

Erhält der Anmelder Informationen von einem Dritten und begeht dieser einen Vertragsbruch, indem er die Informationen weitergibt, so ist die dadurch veranlasste Anmeldung nicht automatisch bösgläubig. Das Ausnutzen eines (bekannten) fremden Vertragsbruchs ist keine unerlaubte Handlung und kein Verstoß gegen § 816 BGB (BGH GRUR 2000, 724 – Außenseiteranspruch II; Köhler GRUR Int 2014, 1006). Anders ist das, wenn der Anmelder den Dritten zum Vertragsbruch anstiftet (BGH GRUR 2002, 795 Rn. 63 – Titelexklusivität; GRUR 2007, 800 – Außendienstmitarbeiter). **1045**

Auseinandersetzungen um Rechte (etwa um ein Alleinvertriebsrecht) können zeigen, dass eine Anmeldung unlauter ist (BPatG GRUR 2000, 812 (814) – tubeXpert; GRUR 2000, 809 (811) – SSZ; OLG München BeckRS 2009, 12818 – Wangzhihe; Steinbeck FS 50 Jahre BPatG, 2011, 777 (786 f.); zur Anmeldung während bereits laufender Vollstreckung in andere Marken desselben Konzerns → Rn. 1034). Ebenso können frühere erfolgreiche Löschungsverfahren zeigen, dass die erneute Anmeldung nur den zu missbilligenden Zweck verfolgt, den damaligen Gegner zu einer weiteren Klage zu zwingen (BPatG BeckRS 2016, 12541 – Ismaqua). Bei der Anmeldung einer fremden Bezeichnung spricht die **Eskalation eines längeren Konflikts** ebenso für Bösgläubigkeit, wie die Anmeldung weiterer vom Gegner verwendeter Bezeichnungen (BPatG BeckRS 2016, 15461 – yogiMerino). **1046**

Mitglieder eines Verbandes können keine bösgläubige Störung ihrer Geschäfte geltend machen, wenn die vom Verband angemeldete Kollektivmarke der Förderung der gemeinsamen Wettbewerbssituation dienen soll (BPatG BeckRS 2012, 15586 – Wasserkraft). **1047**

d) Gleichnamigkeit, konkurrierende Besitzstände. Der Prioritätsgrundsatz des § 6 Abs. 1 gilt nur eingeschränkt bei Gleichnamigen, da jeder von beiden das Recht hat, den Namen zu benutzen (BGH GRUR 2011, 623 Rn. 36 – Peek & Cloppenburg II). Dennoch muss der spätere Anmelder alles tun, um Störungen zu vermeiden (Schmitt-Gaedke/Arz GRUR 2012, 565 ff.). Wer **Namensidentität** ausnutzt und eine verwechselbare Marke anmeldet, handelt bösgläubig, wenn er sich durch einen zumutbaren Zusatz absetzen könnte (→ Rn. 1050). Zu Markenanmeldungen im Konzern bei **Zwangsvollstreckungsmaßnahmen** in nationale Marken → Rn. 1034. **1048**

1048.1   Die sehr strenge Rechtsprechung zum Domain-Grabbing (BGH GRUR 2002, 622 (625)) kann hier nicht ohne Weiteres herangezogen werden.

1048.2   Zu Gleichgewichtslagen BGH GRUR 1966, 499 – Merck; GRUR 1967, 355 – Rabe; GRUR 1970, 315 (317) – Napoléon III; BeckRS 2013, 03989 Rn. 18; GRUR 2011, 623 – Peek & Cloppenburg II und III; kritisch dazu Schmitt-Gaedke/Arz GRUR 2012, 565 (569 f.), die vorrangig auf § 242 BGB abstellen wollen.

1048.3   Die vom BGH entwickelten Grundsätze zur Beurteilung einer Gleichgewichtslage hat das EuG T-507/11, BeckRS 2013, 80817 übernommen (Knaak GRUR-Prax 2013, 171; Ziegenaus GRUR-Prax 2013, 220; kritisch dazu Schmitt-Gaedke/Arz GRUR 2012, 565). Sie gelten auch für Ansprüche aus § 12 auf Einwilligung in die Löschung der Marke (OLG Nürnberg BeckRS 2015, 123747 – Gauff).

1049   Als Ursache einer Gleichgewichtslage gelten neben der langjährigen unbeanstandeten Parallelnutzung gleicher Marken auch **Abgrenzungsvereinbarungen** und Unternehmensaufspaltungen oder das Ausscheiden aus einer (gemeinsamen) Firma (Schmitt-Gaedke/Arz GRUR 2012, 565 (567); OLG Düsseldorf GRUR-RR 2008, 80 Rn. 37 ff. – Mannesmann).

1050   In der Regel muss der Prioritätsjüngere alles ihm Zumutbare tun, um einen ausreichenden **Abstand herzustellen** (BGH GRUR 1991, 475 (478) – Caren Pfleger); auch der Prioritätsältere kann in Ausnahmefällen dazu verpflichtet sein (Ingerl/Rohnke § 23 Rn. 39; BGH GRUR 1990, 364 (366) – Baelz; GRUR 1985, 389 f.). Zusätze wie „Gruppe" verstärken die Störung einer Gleichgewichtslage. Grafische Elemente mindern sie nicht, wenn die Gleichgewichtslage Wortzeichen betrifft (OLG Nürnberg BeckRS 2015, 123747 – Gauff). Die Interessensabwägung dient vorrangig dazu, den einzuhaltenden Abstand zu definieren, wobei auch das Interesse der Allgemeinheit an der Klarheit der Zeichenlage für den Prioritätsälteren streiten soll (Schmitt-Gaedke/Arz GRUR 2012, 565 ff.).

1051   Eine Markenanmeldung darf nicht in der Absicht erfolgen, eine bestehende kennzeichenrechtliche Gleichgewichtslage in unzulässiger Weise zu verändern. Die grundsätzlich erlaubte Sortimentserweiterung durch Ausweitung des Waren und Dienstleistungsverzeichnisses kann eine Gleichgewichtslage stören. Gleiches kann für die Anmeldung weiterer Marken im Umfeld der eigenen gelten (BGH GRUR 2011, 835 Rn. 20 – Gartencenter Pötschke; Scholz GRUR 1996, 679 (681)). Änderungen der Marktverhältnisse können es jedoch rechtfertigen, eine Marke auf ein breiteres Sortiment auszudehnen, solange damit nicht der Kernbereich des Geschäfts dessen berührt wird, dem gegenüber wegen der Gleichnamigkeit Rücksicht zu nehmen ist (BGH GRUR 2013, 638 Rn. 45 ff. – Völkl). Die Wiederbelebung eines nur vorübergehend stillgelegten Arbeitsgebietes ist keine Störung der Gleichgewichtslage (OLG Nürnberg BeckRS 2018, 25967 – Gauff).

1052   Die rechtlichen Unterschiede zwischen Unternehmenskennzeichen und Marken rechtfertigen bei gleichlautenden Unternehmenskennzeichen keine Markenanmeldung durch einen der beiden Gleichnamigen. Denn gerade die durch die Markenanmeldung eintretende Verbesserung der Rechtsposition stört die (OLG Nürnberg BeckRS 2015, 123747 – Gauff).

1053   Der Erwerb des Kennzeichen oder Namensrechts von einem der Namensgleichen erlaubt dem selbst nicht namensgleichen Erwerber nur das, wozu auch der Veräußerer berechtigt gewesen wäre (BGH GRUR 2012, 534 – Landgut Borsig).

1054   Keine bösgläubige Veränderung einer Gleichgewichtslage bei Namensgleichen oder konkurrierenden Besitzständen liegt vor, wenn die Anmeldung nur gegenüber Dritten eine gesicherte Rechtsposition schaffen soll (EuGH C-529/07, GRUR 2009, 763 – Chocoladefabriken Lindt & Sprüngli/Franz Hauswirth; EuG T-507/08, GRUR Int 2011, 1081 – Psytech International).

1054.1   Nicht als missbräuchlich gilt die Anmeldung eines Zeichens, das bislang auch andere verwendet haben, wenn diesen Benutzungsrechte zugestanden werden sollen und die Anmeldung nur weitere Nutzer ausschließen soll (BPatG BeckRS 2013, 05490 zu einem alten in der DDR verwendeten stilisierten Tacho). Gleiches gilt, wenn mehrere Nutzer bislang parallel Kombinationszeichen aus einer Grundform mit unterschiedlichen Zusätzen verwendet haben und nunmehr einer von ihnen die Grundform ohne Zusatz schützen lässt, um eine gesicherte Rechtsposition an der Grundform für alle bisherigen Nutzer zu schaffen (BPatG BeckRS 2013, 07972 – Renz). Der bessere Weg wäre hier aber unter Umständen eine Kollektivmarke oder eine gemeinsame Anmeldung.

1055   Tritt ein bösgläubiger Anmelder seine Marke an den ab, der Anspruch auf Beibehaltung einer Gleichgewichtslage hatte, bleibt die Marke weiterhin angreifbar (→ Rn. 972 ff.). Wenn der Erwerber die Marke seinerseits erneut anmeldet, kann ihm der Veräußerer nicht entgegenhalten, dass dies die Gleichgewichtslage störe. Bei Übertragung darf der Erwerber davon ausgehen, die Marke erneut anmelden zu dürfen. Bei einem bloßen Verzicht bleibt die Gleichgewichtslage erhalten. Auf einen böswilligen Versuch der Störung einer Gleichgewichtslage durch eigene Anmeldungen zu reagieren, ist ebenfalls bösgläubig (Albrecht FS Ströbele, 2019, unter I.3.a.bb).

e) Wechselwirkung. Die Kriterien der Bösgläubigkeit stehen in einer Wechselbeziehung zuei- **1056** nander (BPatG GRUR 2013, 379 – Ampelmännchen). So sind etwa bei einem besonders schutzwürdigen Besitzstand an die Nutzungsmöglichkeit des Neuanmelders höhere Anforderungen zu stellen, wenn die Bösgläubigkeit verneint werden soll (Steinbeck FS 50 Jahre BPatG, 2011, 777 (787 f.)). Je leichter der Anmelder die Marke sinnvoll für seine eigenen Geschäfte verwenden kann, desto weniger kommt eine Behinderungsabsicht in Betracht (BPatG BeckRS 2009, 03472 – 601 deluxe; BeckRS 2008, 10995 – Martin's BO-Disco; BGH GRUR 1984, 210 f. – Arostar).

6. Weitere missbräuchliche Anmeldungen

Die Anmeldung einer **Defensivmarke,** die das Umfeld einer Kernmarke abdecken sollen, ist **1057** bösgläubig, weil der Benutzungswille fehlt (→ § 3 Rn. 18.1; Lerach GRUR 2009, 107 (110) mit Verweis auf ähnliche Lage bei Sperrpatenten). Es wäre systemgerechter, auch hier allein auf die Behinderung fremder Besitzstände abzustellen und die Frage der Benutzung im Rahmen der Benutzungsfristen zu lösen.

Da solche Marken während der Benutzungsschonfrist kaum frühzeitig zu beseitigen sind, ist Bösgläubig- **1057.1** keit der einzige Ausweg. Dabei muss man die langfristige Markenstrategie und die bisherige Anmeldepraxis berücksichtigen (Lerach GRUR 2009, 107 (110)).

EuG und EuGH lehnen allerdings die Schutzbeschränkung für Defensivmarken ab, jedenfalls solange **1057.2** keine weiteren Unlauterkeitsmerkmale hinzutreten (EuG T-194/03, GRUR Int 2006, 404 Rn. 42, 46; EuGH C-234/06 P, GRUR 2008, 343 Rn. 97, 101 jeweils zu Il Ponte Finanziaria Spa = Bainbridge; C-533/11, BeckRS 2013, 81990 – Proti).

Zu Defensivmarken für Veranstaltungen Lerach GRUR 2009, 107. **1057.3**

Als **Sperrmarken** werden Konstellationen bezeichnet, in denen hinter einer Markenanmel- **1058** dung die Absicht steht, Dritte von der Aufnahme oder Fortführung der kennzeichnenden oder beschreibenden (BGH GRUR 2005, 581 f. – The Colour of Elégance) Benutzung einer Bezeichnung oder eines Domainnamens auszuschließen. Auch hier muss entweder auf Seiten des Anmelders die Behinderungsabsicht (→ Rn. 1033 ff.) oder auf Seiten des Dritten ein Besitzstand ersichtlich sein (→ Rn. 1007 ff.).

Das Verwerfliche liegt allenfalls darin, dass ein Markenanmelder die mit der Eintragung der **1059** Marke verbundene – an sich unbedenkliche – Sperrwirkung **zweckfremd** einsetzt (BGH GRUR 2008, 621 Rn. 21 – Akademiks). Das gilt auch für den Anmelder, der zunächst mit anderen zusammen Veranstalter war und über eine Marke bestimmenden Einfluss nehmen will (BPatG BeckRS 2016, 07082 – Ratsherren-Runde). Dabei ist die maßgebliche Grenze zur Bösgläubigkeit nur überschritten, wenn das Verhalten des Markenanmelders bei objektiver Würdigung aller Umstände in erster Linie auf die Beeinträchtigung der wettbewerblichen Entfaltung eines Mitbewerbers und nicht auf die Förderung des eigenen Wettbewerbs gerichtet ist (BGH GRUR 2005, 581 f. – The Colour of Elégance). Letzteres kann man den Veranstaltern, die im Vorfeld eines Events eine Vielzahl an Bezeichnungen anmelden, um **Ambush-Marketing** zu behindern, nicht vorwerfen (BGH NJW 2006, 3002 – Fußball WM 2006; GRUR 2010, 642 Rn. 51 – WM-Marken; Ingerl/Rohnke Rn. 312; Ingerl/Rohnke Vor §§ 14–19d Rn. 351), obwohl Heermann (Heermann GRUR 2006, 359) von einem Abschreckungseffekt spricht.

Näher dazu: BGH GRUR 1967, 304 – Siroset; OLG Karlsruhe GRUR 1997, 373 – NeutralRed; **1059.1** Fezer § 50 Rn. 29; Ingerl/Rohnke § 50 Rn. 14; Helm GRUR 1996, 593 (597)

Markenerschleichung umfasst den Versuch, sich eine Marke durch falsche Angaben oder **1060** Verheimlichen relevanter Umstände zu erschleichen (BPatG GRUR 2006, 1032 Rn. 19 – E2).

Kann der Anmelder auf Grund einer besonderen Stellung seine Interessen gegenüber den für das DPMA **1060.1** politisch verantwortlichen Stellen nachdrücklich vertreten, begründet das noch kein Erschleichen (BPatG BeckRS 2008, 11607 – Fußball WM). Anders wäre eine nachweisbare Einflussnahme auf das Ergebnis des Prüfungsverfahrens vor dem DPMA zu beurteilen (Lerach GRUR 2009, 107 f.).

Bösgläubig ist es, bekannte Kennzeichen anderer zu usurpieren. Hierzu zählen manche auch **1061** Nachanmeldungen von (wegen Nichtbenutzung) löschungsreifen Marken (OLG Köln NJWE-WettbR 2000, 38 f. – Diarstop) oder das Hinzufügen von Bestandteilen, die auf eine Verbindung des Anmelders mit den bekannten Zeichen hinweisen (Gruppo Salini statt Salini; EuG T-321/10, GRUR-Prax 2013, 333).

Die direkte Berücksichtigung dieser Umstände im Eintragungsverfahren von Amts wegen würde die **1061.1** Frage aufwerfen, ob das DPMA den Inhalt seines eigenen Markenregisters als übliche Informationsquelle ansehen muss. §§ 9 und 10 zeigen, dass bei relativen Schutzhindernissen der Rechteinhaber aktiv werden muss, so dass dem DPMA enge Grenzen gesetzt sind. Außerdem dürfte im Hinblick auf die Möglichkeit einer Lizenz Ersichtlichkeit fehlen.

1062   Während die für einen einzigen Mitgliedstaat festgestellte Bösgläubigkeit einer Unionsmarke entgegensteht (Art. 7 Abs. 3 UMV), sperrt sie nicht notwendig nationale Marken in anderen Mitgliedstaaten, da die Verhältnisse von Mitgliedstaat zu Mitgliedstaat verschieden sein können.

1063   Wer eine bösgläubige Markenanmeldung mit einem Hinweis an das DPMA (→ Rn. 981) oder einem Löschungsantrag bekämpft hat, kann bösgläubig handeln, wenn er anschließend das gleiche Zeichen für sich anmeldet.

1064   **Spekulationsmarken,** auch **Hinterhaltsmarken** sind Marken, die ohne eigenen Benutzungswillen dazu dienen, von anderen Lizenzgebühren für die Nutzung des Zeichens verlangen zu können (BPatG BeckRS 2013, 05490; OLG Düsseldorf GRUR-Prax 2010, 553 – Hawk).

1065   Ein für sich genommen sehr schwaches Indiz für solche Absichten kann es sein, wenn ein Anmelder eine **Vielzahl** von Marken für eine Vielzahl von Waren und Dienstleistungen hat.

1066   Das alles reicht nicht aus, die Bösgläubigkeit zu belegen (EuG T-167/15, GRUR-Prax 2016, 301 – Neuschwanstein; EuGH C-488/16 P, BeckRS 2018, 20528; BPatG GRUR 2012, 840 – soulhelp; BeckRS 2011, 11393 – LEV; OLG Frankfurt GRUR-RR 2013, 211 – Furio; OLG Düsseldorf GRUR-Prax 2010, 553 – Hawk).

1067   Eine Vielzahl von Waren und Dienstleistungen zu beanspruchen, kann auch eine legitime Reaktion auf die IP Translator-Entscheidung des EuGH sein (EuGH C-307/10, BeckRS 2012, 81267); → Rn. 1085. Anmeldungen von 3D-Marken für eine große Zahl von Waren und Dienstleistungen können die Formenvielfalt bei Produktgestaltungen behindern (Körner/Gründig-Schnelle GRUR 1999, 535 (541)).

1068   Die Bösgläubigkeit ist erwiesen, wenn das im Wesentlichen dem Zweck dient, Dritte mit rechtsmissbräuchlichen Unterlassungs- oder Schadensersatzansprüchen zu überziehen (BPatG BeckRS 2017, 137230 – YOU & ME). Ebenso ist es, wenn ersichtlich Nichtberechtigte Namen oder Abbildungen bekannter lebender oder verstorbener Personen als Marke anmelden (Ströbele/Hacker/Thiering/Ströbele Rn. 1069). Der Versuch, **Typenbezeichnungen zu monopolisieren,** legt Bösgläubigkeit nahe. Geht der Anmelder kurz nach Ablauf der Widerspruchsfrist massiv gegen eine Vielzahl von Händler wegen Markenverletzung vor, so erhärtet dies den Verdacht (BPatG BeckRS 2018, 8409 – CE4 Plus).

1069   Trotz der Benutzungsschonfrist verlangt jede Markenanmeldung einen generellen **Benutzungswillen.** § 25 begründet lediglich eine Vermutung der Benutzungsabsicht; diese ist widerleglich (BGH GRUR 2001, 242; OLG Düsseldorf GRUR-Prax 2010, 553 – Hawk). Bösgläubigkeit der Markenanmeldung kann folglich auch schon vor dem Ablauf der Benutzungsschonfrist festgestellt werden (EuG T-132/16, GRUR-Prax 2017, 277 – Venmo). Es muss aber schlüssige und übereinstimmende objektive Indizien dafür geben, dass der Anmelder bei Anmeldung die Absicht hatte, entweder in einer den redlichen Handelsbräuchen widersprechenden Weise Drittinteressen zu schaden oder ohne Bezug zu einem konkreten Dritten ein ausschließliches Recht zu anderen als zu den zur Funktion einer Marke gehörenden Zwecken zu verschaffen. Es reicht nicht aus, dass der Anmelder bei Anmeldung keinen Geschäftsbetrieb mit den Waren/Dienstleistungen entspricht. Die Bösgläubigkeit kann dann auch nur einige der Waren/Dienstleistungen betreffen, andere nicht (EuGH C-371/18, GRUR 2020, 288 Rn. 77–80 – Sky).

7. Urheber und Persönlichkeitsrechte

1070   Persönlichkeitsrechte können einen Besitzstand begründen (→ Rn. 1007, → Rn. 1021). Der Urheber eines Zeichens, das auch ein Werk im Sinne des Urheberrechts darstellt, kann aus § 13 gegen Anmeldungen dieses Zeichens vorgehen (→ Rn. 948 ff.). Zum Verhältnis Markenrecht – Urheberrecht allgemein → Einleitung Rn. 2; → § 8 Rn. 303; → § 2 Rn. 7, → § 2 Rn. 132.

1070.1   Ohne Anhaltspunkte für eine vom Urheber nicht hinzunehmende Nutzung, kann ihm nicht einmal zugutegehalten werden, mit der Markenanmeldung (rechtlich unzureichend) versucht zu haben, seine Rechte zu wahren, was Bösgläubigkeit ausschließen könnte (BPatG BeckRS 2013, 00479 – Krystallpalast II; → Rn. 988).

1071   Hat ein Dritter ein urheberrechtsfähiges Logo für den Markeninhaber entwickelt, so liegt dem üblicherweise ein Vertrag zugrunde, der dem Auftraggeber ua Nutzungsrechte einräumt (OLG Düsseldorf GRUR 1991, 334; OLG Dresden BeckRS 2011, 25634 – Krystallpalast; dem folgend BPatG BeckRS 2013, 00479 – Krystallpalast II). Dies erfolgt regelmäßig im größtmöglichen Umfang, also ausschließlich sowie zeitlich und inhaltlich unbeschränkt, wenn nicht ausdrücklich, so jedenfalls nach dem **Übertragungszweck** (§ 31 Abs. 5 UrhG; vgl. LG Stuttgart GRUR-Prax 2010, 275 – Stuttgarter Hauptbahnhof). Das Urheberrecht berechtigt darum einen beauftragten Designer nicht generell, sein Werk (Logo etc) selbst als Marke anzumelden, da dies wie die kennzeichnungsmäßige Nutzung dem Auftraggeber möglich sein muss.

Mangels einer positivrechtlichen Zuweisung an die Allgemeinheit (→ § 8 Rn. 301) ist die Anmel- **1072** dung **gemeinfreier Werke** als Marke nicht bösgläubig (Bugdahl/Felchner MarkenR 2009, 349 (358 f.); Klinkert/Schwab GRUR 1999, 1067 (1071 f.)). Markenschutz ist nur dann nicht zulässig, wenn die Anmeldung nach den allgemeinen Kriterien bösgläubig ist oder wenn derartige Zeichen üblich geworden sind (→ § 8 Rn. 547) oder ihre Anmeldung gegen die öffentliche Ordnung verstößt (→ § 8 Rn. 727). Profanisierung ist nur bei religiösen Zeichen (→ § 8 Rn. 760) und in ihrer Heimat gesetzlich geschützte Ehrentitel (Atatürk, → Rn. 948.2) als Eintragungshindernis anerkannt.

Der Bildmarke Mona Lisa hat das BPatG die Eintragung noch wegen fehlender Unterscheidungskraft **1072.1** versagt (BPatG GRUR 1998, 1021), dem Schokoladenmädchen von Liotard immerhin einen geringen Schutzumfang (BPatG BeckRS 2009, 23404) und der Medusa von Phidias schon umfassenden Schutz zugesprochen (BPatG GRUR 2012, 618). Auch der Gerichtshof Den Haag hat neben dem Rechtsschutzbe-dürfnis zu Rembrandts „Nachtwache" in einem obiter dictum allein die Unterscheidungskraft in Frage gestellt (Gerechtshof Den Haag BeckRS 2017, 131013 = GRUR-Prax 2017, 561 mAnm Lerach).

Auch die allgemeine Freigabe eines Werks durch den Urheber zur Verwendung für jedermann **1073** macht Markenanmeldungen nicht bösgläubig, solange niemand anderweitig einen schützenswerten Besitzstand (→ Rn. 1010) erworben hat. Stört den Urheber die Monopolisierung für einen Einzelnen, muss er seine Rechte nach § 13 geltend machen (→ Rn. 946). Dritte könnten die Monopolisierung durch eine Person, die nicht der Urheber ist, nur verhindern, wenn die Anmel-dung entgegen der Intention des Schöpfers, sein Werk zur freien Verfügung zu stellen, missbräuch-lich gegenüber dem Urheber oder Behinderung der Allgemeinheit und damit bösgläubig ist.

Die allgemein vertretene Auffassung, Namensrechte und Eigenschaften als **Kulturgut** im Rah- **1074** men der Nr. 14 nicht zu berücksichtigen, steht im Widerspruch zu den gesetzgeberischen Motiven. Der Gesetzgeber wollte ein Korrektiv zum Wegfall des Erfordernisses eines Geschäftsbetriebs schaffen (Begründung zum MarkenG, BT-Drs. 12/6581, 96). Dass dies nur in beschränktem Umfang gelungen ist, mag bedauerlich sein (Bugdahl/Felchner MarkenR 2009, 349 (359)), ist aber im Hinblick auf § 13 dogmatisch richtig. Für das amtliche Prüfungsverfahren ermöglicht dies eine stringente Beurteilung ohne die Notwendigkeit zu Spekulationen, was eine anwaltliche Beratung im Markenrecht erleichtert. Zu Namensrechten allgemein in Bezug auf Unterschei-dungskraft → § 8 Rn. 314 ff.

Kur betont, dass pauschale Lösungen abzulehnen sind (Kur GRUR 2017, 1082 (1083) unter **1075** II.1.): Eine urheberrechtliche geschützte Gestaltung könne kennzeichnungskräftig sein, so dass dem Markenschutz eigenständige Bedeutung zukommen könne (vgl. auch Kur in Schricker/ Dreier/Kur, Geistiges Eigentum im Dienst der Innovation, 2001, 23 ff.).

Spezielle Fragen werfen in urheberrechtlich geschützten Werken vorkommende Phantasie- **1076** Marken auf (Slopek/Napiorkowski GRUR 2012, 337 sprechen von „fiktiven Marken"; vgl. DPMA Beschl. v. 27.3.2003 – 399 01 100 – Duff Beer; nachfolgend BPatG BeckRS 2009, 00175; der BGH spricht von „reverse product placement", BGH BeckRS 2013, 06518 – Duff Beer; Löffler FS Büscher, 2018, 208; v. Fuchs GRUR-Prax 2019, 104). Nur wenn zu erwarten war, dass die fiktive Marke auch real verwendet werden sollte, kann Bösgläubigkeit vorliegen (Hauch, Übernahme fiktiver Marken in die Realität, 2015, 87 ff., 96 mit dem Beispiel von Produkten).

Dass die Anmeldung des Zeichens die Verwendung der Phantasie-Marke in Filmen unmöglich machen **1076.1** könnte, ist nicht zu erwarten. Die Markenanmeldung macht aus der Nutzung im Film keine verbotene Schleichwerbung, da § 2 Abs. 2 Nr. 11 RStV auf eine Gegenleistung für Absatzförderung abstellt (VG Düsseldorf BeckRS 2010, 48913 – Tiefkühlspinat). Außerdem werden die Werbevorschriften durch die Novellierung der AVMD-RL liberalisiert (Jäger GRUR-Prax 2017, 371). Zur Täuschung über den Herstel-ler bzw. Geschäftsbetrieb → § 8 Rn. 647.

Anders als beim „character merchandising", der Übernahme literarischer Figuren (vgl. BGH **1077** GRUR 2014, 258; 2016, 725 zu Pippi Langstrumpf), kommt bei der Übernahme fiktiver Marken in Registermarken in ihrem Wortlaut und ihrer Aufmachung auch wettbewerbsrechtlicher Leis-tungsschutz nach § 4 Nr. 3 UWG in Betracht, jedenfalls nach der Generalklausel des § 3 Abs. 1 UWG. Es geht hier nicht mehr um Handlungsunrecht, sondern um die **Herausbildung eines neuen Schutzrechts** (s. dazu Löffler FS Büscher, 2018, 219 ff.). Die getätigten Investitionen und der Eigenwert der Gestaltung führen zur Verwertbarkeit außerhalb des urheberrechtlichen Kontextes (Kur GRUR 1990, 1 (11)). Der Verweis des BGH auf die Möglichkeit für den Urheber, selbst Marken und Designs anzumelden (BGH GRUR 2017, 79 – Segmentstruktur), geht wegen des Benutzungszwangs ins Leere, wenn der Urheber selbst nicht mit den fiktiven Marken auf den Markt will. Zu Ersatzteilen und Zubehör besteht hier keine Parallele, da die Hersteller der originären Produkte, diese in aller Regel auch selbst anbieten.

1078   Wird der Name oder das Abbild einer realen Person von einem Dritten angemeldet, so berührt dies **Namen und Bilder** von realen Personen, die nicht ersichtlich fremden **Persönlichkeits-rechte** (→ Einleitung Rn. 14, → Einleitung Rn. 91). Die direkte Berücksichtigung dieses Umstands von Individualgütern im Eintragungsverfahren widerspräche § 13 Abs. 2 Nr. 1 und Nr. 2, wonach Persönlichkeitsrechte relative Schutzhindernisse sind. Sie sind von der amtlichen Prüfung ausgenommen (BPatG BeckRS 2016, 07853 – Snowden für Backwaren). Zum postmortalen Schutz → Rn. 1080.

1078.1   Auch die nach **DS-GVO** erforderliche Einwilligung, wenn als Marke angemeldete Bildnisse personen-bezogene Daten zeigen, muss der Anmelder nicht vorlegen; gleiches gilt hinsichtlich des KunstUrhG.

1079   Hinweise Dritter (→ Rn. 981) die nur besagen, dass der Hinweisgeber dem Markenanmelder keine Genehmigung erteilt hat, sind irrelevant. Denn damit ist ja nicht ausgeschlossen, dass andere dem Anmelder solche Rechte eingeräumt haben. Auch ist denkbar, dass der Anmelder zumindest erst glauben darf, die Markenanmeldung vornehmen zu dürfen (→ Rn. 1018).

1080   Beim **postmortalen Persönlichkeitsschutz** (→ § 8 Rn. 781, → Rn. 948) mindert es die Ersichtlichkeit der Bösgläubigkeit, dass dieser Schutz nur eingeschränkt gilt (OLG Köln GRUR-Prax 2018, 197 – Das Gift des Geldes). Die Anmeldung „Lady Di" (BPatG BeckRS 2008, 26492) einen Tag nach deren Tod galt als offensichtliche Verletzung des postmortalen Persönlichkeitsrechts (Gauß WRP 2005, 570; aA wohl Steinbeck JZ 2005, 552 (556); zu Spitznamen, Karikaturen oder Schimpf-wörtern → § 8 Rn. 781.2). Stellt das Zeichen nicht auf konkrete Personen, sondern ein Ereignis ab, kommt eine Zurückweisung nach § 8 Abs. 2 Nr. 5 in Betracht (→ § 8 Rn. 748, → § 8 Rn. 786). Der aus dem allgemeinen Persönlichkeitsrecht (Art. 1 GG und Art. 2 Abs. 1 GG) abgeleitete postmortale Namensschutz ist in entsprechender Anwendung des § 22 S. 3 KunstUrhG auf zehn Jahre nach dem Tod der betreffenden Person begrenzt. Das gilt wohl für das BPatG auch bei sehr bekannten Namen (BPatG GRUR-Prax 2018, 379 mAnm Albrecht GRUR-Prax 2018, 379).

8. Umgehung von Verwirkung, Benutzungszwang und Schutzablauf

1081   Das **Problem der Wiederholungsmarke** ist seit langem erkannt (s. zB Heydt FS Hefermehl, 1976, 59 (61); instruktiv Klein GRUR Int 2015, 539; Slopek GRUR Int 2013, 101; Zecher GRUR 2010, 981). Es gibt mehrere Lösungsvorschläge, die alle gravierende Nachteile haben.

1082   Das EuG löst das Problem der Wiederholungsmarke über den offenen Tatbestand der Bösgläu-bigkeit (EuG T-663/19, GRUR-RS 2021, 8097 Rn. 34 ff. – Monopoly mAnm Schoene jurisPR-WettbR 6/2021). Dort hatte im Löschungsverfahren gegen eine Neuanmeldung der Marke des berühmten Spiels „Monopoly" ein als Zeuge vernommener Mitarbeiter des Spielherstellers bekun-det, Wiederholungsmarken seien eine verbreitete Praxis, die Widerspruchsverfahren erleichtere, weil sie die Vorlage von Benutzungsbelegen erspare. Das EuG bejahte Bösgläubigkeit, weil die Anmeldung den Benutzungszwang umgehe.

1082.1   In der Tat ist die Umgehung des Benutzungszwangs ökonomisch von erheblicher Bedeutung. Der Vorrat an unterscheidungskräftigen Zeichen, insbesondere an reinen Wortmarken, ist begrenzt (s. dazu mit statistischem Material für die USA und beeindruckender Auswertung Beebe/Fromer Harvard Law Review 131, 2018, 946-1045). Die Erschöpfung des Vorrats an kennzeichnungskräftigen Marken unter anderem durch (Neu-)Eintragung unbenutzter Marken wird zu Handelshemmnissen führen (EuG T-663/19, GRUR-RS 2021, 8097 Rn. 50 – Monopoly).

1083   Das Problem der Wiederholungsmarke ist nicht, dass sie zum Entstehen mehrerer, bis auf die Priorität identischer Marken führt. Das Markenrecht setzt die Wiederholungsmarke sogar voraus, indem dieselbe Benutzungshandlung rechtserhaltend für zwei separat eingetragene Marken wirkt, wenn sie sich nur geringfügig unterscheiden (§ 26 Abs. 3 MarkenG, Art. 18 Abs. 1 UAbs. 2 lit. a UMV). Das einzige Problem ist, dass die vorbehaltlose Anerkennung von Wiederholungsmarken die fünfjährige Benutzungsschonfrist aus § 25 MarkenG, Art. 18 Abs. 1 UAbs. 1 UMV leerlaufen lässt, wenn man jeder Wiederholungsmarke eine neue Schonfrist zugesteht.

1084   Nicht die Existenz von Wiederholungsmarken, sondern nur die Benutzungsschonfrist also ist das Problem. Wenn man aber dieses Problem lösen will, dann muss klipp und klar sein, dass keine Wiederholungsmarke eine neue Benutzungsschonfrist auslöst. Wenn das aber rechtspolitisch das Ziel sein muss, dann ist schon klar, dass die Lösung über Bösgläubigkeit nicht das richtige ist.

Denn Bösgläubigkeit braucht Indizien, wie die Monopoly-Entscheidung zeigt. Indizien wie die Aussage des Mitarbeiters „wir umgehen den Benutzungszwang" wird es nur sehr selten geben (hinreichende Indizien verneint bei EuG T-136/11, BeckRS 2012, 82710 – Pelikan). Das Erfordernis solcher Indizien aber macht die Sache unklar. Das Register kann nicht klar signalisieren, dass die Wiederholungsmarke keine eigene Benutzungsschonfrist hat. Außerdem ist die einzige Sanktion bei Bösgläubigkeit die Nichtigerklärung. Denn „Bösgläubigkeit" ist weder im MarkenG noch der UMV als bloßer Einwand zugelassen (zur GMV s. EuGH C-357/12 P, GRUR Int 2013, 924 Rn. 41 f. – Harald Wohlfahrt, gilt für UMV ebenso), möglich sind nur Nichtigkeitsantrag oder Widerklage. Bösgläubigkeit kann außerdem nicht geheilt werden (Ströbele/Hacker/Thiering/Miosga Rn. 15), so dass der bösgläubig angemeldeten Marke die spätere Benutzungsaufnahme entgegen des dafür eigentlich vorgesehenen § 49 Abs. 1 S. 3 MarkenG, Art. 58 Abs. 1 Hs. 2 UMV niemals hilft. Die mangelnde Flexibilität auf der Rechtsfolgenseite und die registermäßig unerwünschte Unklarheit durch das Indizienerfordernis sind gravierende Nachteile der EuG-Lösung.

Andere wollen Wiederholungsmarken über das Fehlen des (generellen) Benutzungswillens erfassen. **1084.1** Dies mache die Markenanmeldung rechtsmissbräuchlich und damit bösgläubig (Ströbele/Hacker/Thiering/Ströbele § 26 Rn. 335 ff.; Loschelder FS Bornkamm, 2014, 637 (641, 647 ff.)). Diese Auffassung hat den Nachteil, dass man damit die benutzte Wiederholungsmarke wie „Monopoly" und ihren Zweck, in Widerspruchsverfahren keine Benutzungsnachweise vorlegen zu müssen, nicht erfasst. Das spricht dagegen, den Begriff „Benutzungswillen" in die Diskussion um die Wiederholungsmarke überhaupt einzuführen.

Wieder andere wollen der Wiederholungsanmeldung grundsätzlich den Verbrauch der Benutzungs- **1084.2** schonfrist durch die Erstmarke zurechnen. Nur wenn zwischen dem Ablauf der Erstanmeldungs-Benutzungsschonfrist und der Zweitanmeldung eine gewisse Frist liegt, soll die Wiederholungsmarke eine eigene Benutzungsschonfrist haben. Für die Sperrfrist werden Zeiträume zwischen zwei Monaten und fünf Jahren vorgeschlagen (Fischötter/Rheineck GRUR 1980, 385 f.: zwei Monate; Ingerl/Rohnke, 3. Aufl. 2010, § 25 Rn. 42: mindestens sechs Monate; Hackbarth, Grundfragen des Benutzungszwangs im Gemeinschaftsmarkenrecht, 1993, 197 f.: fünf Jahre). Das Problematische an solchen Fristen ist natürlich, dass das Gesetz für deren Länge keinerlei Vorgabe enthält. Außerdem spricht rechtspolitisch gegen solche Fristen, dass es keinen Grund gibt, dem Markeninhaber, der seine erste Benutzungsschonfrist genossen hat, irgendwann einmal eine zweite zu geben. Das „Ausdenken" der Marke könnte man zwar als Rechtfertigung dafür anführen (so Heydt FS Hefermehl, 1976, 59 (61)), aber Kreativität ist nicht konstitutiv für Marken (s. Familiennamenmarken wie „Otto" uva) und wird darum zwar durch das geistige Eigentum geschützt, aber gerade nicht durch das Markenrecht. Das Markenrecht belohnt die Benutzung des Zeichens, nicht dessen Schöpfung (Benutzungszwang, Verkehrsgeltung, Verkehrsdurchsetzung, bekannte und berühmte Marke).

Richtigerweise sollte man darum der Wiederholungsmarke in analoger Anwendung von § 26 **1085** Abs. 3 MarkenG, Art. 18 Abs. 1 UAbs. 2 lit. a UMV niemals eine neue Benutzungsschonfrist geben. Damit erreicht man das rechtspolitisch richtige Ergebnis: Die Wiederholungsmarke kann, auch wenn sie unbenutzt ist, eingetragen bleiben, solange kein Verfallsantrag gestellt wird. Das Register aber signalisiert eindeutig, dass sie keine Benutzungsschonfrist genießt (zu Einzelfragen wie Zeichenidentität, Warenidentität, Verfahrensfragen ua, die sich ebenso bei den anderen Lösungen stellen, Schoene Benutzungszwang 170 ff.; im Ergebnis auch → UMV Art. 127 Rn. 32).

Allerdings ist die Analogie zu § 26 Abs. 3 MarkenG, Art. 18 Abs. 1 UAbs. 2 lit. a UMV nicht proble- **1085.1** matisch. Die Interessenlagen sind zwar vergleichbar: wenn die Benutzung der einen Marke die andere miterhält, dann ist es angemessen, auch die Nichtbenutzung der Erstmarke der Wiederholungsmarke zuzurechnen. Die weiter erforderliche Regelungslücke besteht, da es für Wiederholungsmarken eben keine gesetzliche Vorschrift gibt. Allerdings ist die ebenfalls notwendige Planwidrigkeit der Regelungslücke angesichts der zahlreichen Novellen des europäischen Markenrechts zweifelhaft. Man kann aber anführen, dass das Schweigen des Gesetzgebers bewusst ist, weil er der Rechtsprechung die Lösung des Problems überlassen will, und dies womöglich auch im Wege einer Analogie.

Zur Wiederbelebung früher verwendeter fremder (berühmter) Marken → Rn. 1008. **1085.2**

Die Lösung über die generelle Verweigerung der neuen Schutzfrist erspart auch die bei der **1086** Bösgläubigkeitslösung im **DPMA-Eintragungsverfahren** (in der UMV ist Bösgläubigkeit kein Eintragungshindernis, sondern nur Löschungsgrund, Art. 59 Abs. 1 lit. b UMV) sonst erforderliche Prüfung auf Missbräuchlichkeit der „Wiederholungsmarke" (gegen Prüfung der Bösgläubigkeit einer Wiederholungsanmeldung aber auch BPatG GRUR 2005, 773 Rn. 28 – Blue Bull/Red Bull wegen des summarischen Charakters des Eintragungsverfahrens).

Den **Begriff der Wiederholungsmarke** zu definieren, ist schwierig. Das Institut dient nach **1087** der hier vertretenen Auffassung nur dazu, dem Benutzungszwang Geltung zu verschaffen. Der Benutzungszwang wiederum soll verhindern, dass ein Zeicheninhaber sich dauerhaft den Schutzbereich um sein unbenutztes Kennzeichen herum sichert. Wenn aber dieser (gesamte) Schutzbereich frei werden soll, dann liegt eine Wiederholungsanmeldung immer dann vor, wenn die Neuanmeldung im verletzungsrechtlichen Schutzbereich der Erstanmeldung liegt. Es muss also nach der hier vertretenen Lösung als **Wiederholungsmarke jedes Zeichen angesehen werden, dessen Schutzbereich sich mit dem der Erstanmeldung auch nur überlappt.** Also ist jedes Zeichen, das mit der Erstanmeldung im verletzungsrechtlichen verwechselt werden kann, als Wiederholungsmarke anzusehen und erhält demzufolge keine eigene Benutzungsschonfrist.

1088   Wenn man die **Lösung über Bösgläubigkeit** wählt, muss man, um die sonst einzig mögliche, aber oft völlig unangemessene Sanktion der Löschung sogar benutzter Wiederholungsmarken (s. EuG T-663/19, GRUR-RS 2021, 8097 Rn. 34 ff. – Monopoly) zu vermeiden, **viel liberaler** sein. Dann liegt schon bei Zusammenfassung zweier älterer Marken in einer Neuanmeldung keine bösgläubige Wiederholungsanmeldung mehr vor (EuG T-136/11, BeckRS 2012, 82710 – Pelikan, aber warum soll die neue, zusammengefasste Marke Widerspruchsverfahren ohne Benutzungsnachweis ermöglichen?; BGH GRUR 1975, 434 – Jules Bouchet/Bouchet: kein Wiederholungszeichen wegen Weglassung des Vornamens; aber warum soll „Bouchet" ein Widerspruchsverfahren ohne Benutzungsnachweis ermöglichen?; OLG Hamburg GRUR-Prax 2010, 317 – Metro: Pflege der Markenfamilie spricht gegen Wiederholungsmarke mit Behinderungsabsicht; aus prozessualen Gründe aufgehoben: BGH GRUR 2021, 180 – Werbegeschenke; warum soll „Pflege der Markenfamilie" Widerspruchverfahren ohne Benutzungsnachweise ermöglichen?; OLG Frankfurt GRUR 1992, 445 – Wiederholungszeichen).

1089   Die **Anmeldung einer Unionsmarke** als Wiederholung einer nationalen Marke ist zutreffenderweise nicht als (bösgläubige) Wiederholungsanmeldung anzusehen (BGH GRUR 2006, 333 – Galileo; Schoene Benutzungszwang 180 f.).

1090   Die **nationale Wiederholung einer Unionsmarke** ist eine Wiederholungsanmeldung und hat keine eigene Benutzungsschonfrist (Schoene Benutzungszwang S. 181; Loschelder FS Bornkamm, 2014, 637 (649 f.); aA Klein GRUR Int 2015, 539 (544): die Unionsmarke musste nicht zwingend in Deutschland benutzt werden, so dass auch kein deutscher Benutzungszwang umgangen wird). Für den Wiederholungscharakter spricht, dass die nationale Marke einen Ausschnitt des Monopols der Unionsmarke vermittelt, so dass dieses Überlappen der verletzungsrechtlichen Schutzbereiche von Erst- und Zweitanmeldung es angemessen erscheinen lässt, der Zweitanmeldung eine neue Schonfrist zu versagen. Dafür spricht auch, dass die Erklärung des Verfalls der Unionsmarke dazu führt, dass sie nicht mehr in eine nationale Marke umgewandelt werden kann, es sei denn, sie ist im Zielstaat benutzt (Art. 139 Abs. 2 lit. a UMV). Das Umwandlungsrecht sieht also die Zurechnung der Nichtbenutzung hier vor.

1091   Dagegen ist eine Kette nationaler Anmeldungen, für die die Anmeldegebühr erst bezahlt wird, wenn ein Angriff daraus lohnend erscheint, nicht über das Institut der Wiederholungsmarke zu erfassen, wenn die Schutzbereiche der Einzelmarken territorial alle verschieden sind. Eine solche Kettenanmeldung und auch die die Kette abschließende Unionsmarke, welche die Priorität einer der Voranmeldungen in Anspruch nimmt, ist aber bösgläubig (EuG T-82/14, BeckRS 2016, 81483 – Lucea LED).

1092   Da ein Verzicht auf eine Marke (§ 48) auf unterschiedlichen Erwägungen beruhen kann, ist eine **erneute Anmeldung nach einem Verzicht** (die nach der hier vertretenen Lösung sowieso unproblematisch ist, allerdings keine neue Schonfrist auslöst), auch nach der Bösgläubigkeitslösung nicht von vornherein missbräuchlich. Diente der Verzicht zur Beilegung eines Streits (→ § 48 Rn. 1), hatten es die Beteiligten in der Hand, die erneute Anmeldung zu verbieten und zu sanktionieren (§ 48; → UMV Art. 57 Rn. 21). Dagegen ist die erneute Anmeldung einer Marke **nach einer Verurteilung zur Löschung** bösgläubig, wenn die im Urteil festgestellten Löschungsgründe fortbestehen (→ Rn. 978).

9. Kumulation von Immaterialgüterrechten

1093   Kumulation von Immaterialgüterrechten an einem Gegenstand (hier: einem Zeichen) ist möglich, da die Immaterialgüterrechte unterschiedlichen Zielen dienen und unterschiedliche Schutzvoraussetzungen haben (→ Einleitung Rn. 8 ff.). Der EuGH hat die Zulässigkeit von Kumulationen bezüglich 3D-Marke und Design bestätigt (EuGH C-631/19, GRUR-RS 2020, 6608 Rn. 51 ff. – Gömböc). Dass **parallele Schutzrechte komplementär** wirken und in Summe einen stärkeren Schutz gewährleisten, muss nicht verhindert werden (Albrecht VPP-Rundbrief 2013, 164 (169)). Sie können zudem einen Besitzstand begründen (→ Rn. 1021). Auch ergänzender Leistungsschutz ist für früher patentgeschützte Erzeugnisse möglich (OLG Frankfurt BeckRS 2013, 09724 – Steckdübel; BGH GRUR 2015, 909 – Exzenterzähne).

Körner/Gründig-Schnelle halten es für eine bösgläubige Absicht, zeitlich begrenzten Schutz für Designs **1093.1** etc. über eine Markenanmeldung zu verlängern (Körner/Gründig-Schnelle GRUR 1999, 535 (541); ebenso Helm GRUR 1996, 593 (598)). Dem ist die Rechtsprechung nicht gefolgt.

Grafisch ausgestaltete Marken können unter Umständen den Schutz des **Urheberrechts** genie- **1094** ßen. Aktuelles oder früheres Bestehen von Urheberrecht schließt Markenschutz nicht aus, obwohl die Marke zeitlich unbegrenzt Schutz gewährt. Art. 3 Abs. 1 lit. e MRL 2008 beruht allerdings ua auf dem Rechtsgedanken, dass Markenschutz nicht dazu dienen darf, die zeitliche Begrenzung anderer Immaterialgüterrechte zu umgehen (EuGH C-48/09 P, GRUR 2010, 1008 Rn. 45 f. – Lego; C-205/13, GRUR 2014, 1097 Rn. 19 – Hauck/Stokke). Insoweit kann dieser Ausschlussgrund als spezielle Ausprägung des ordre public verstanden werden. Nach Kur (Kur GRUR 2017, 1082 (1086)) kommt dies in erster Linie – wenn nicht sogar ausschließlich – in Betracht, soweit die Wiedergabe der Kunstwerke für Waren geschützt werden soll, die diese Werke selbst darstellen, insbesondere also in der Form von Miniaturen oder sonstigen **Designobjekten;** für Dienstleistungen ist Art. 3 Abs. 1 lit. e MRL 2008 ohnehin nicht unanwendbar (EuGH C-421/13, GRUR 2014, 866 Rn. 24 – Apple-Store).

Wohl alle Immaterialgüterrechte können einen Besitzstand begründen, in den bösgläubige **1095** Markenanmeldungen eingreifen können (→ Rn. 1019 ff.).

F. Verkehrsdurchsetzung

I. Überblick

1. Regelungszweck

Gemäß § 8 Abs. 3 können die Eintragungshindernisse der § 8 Abs. 2 Nr. 1–3 überwunden **1096** werden, wenn dem Anmelder der Nachweis der Verkehrsdurchsetzung des Zeichens gelingt. Besondere praktische Bedeutung hat diese Regelung für Farbmarken, denen im Regelfall die erforderliche Unterscheidungskraft fehlt (Jänich WRP 2018, 261 ff.).

Eine Anwendung dieser Vorschrift auf die übrigen Eintragungshindernisse der § 8 Abs. 2 Nr. 4– **1097** 10 (→ § 8 Rn. 531 ff.) findet grundsätzlich nicht statt, da hier das öffentliche Interesse überwiegt. Nur ausnahmsweise kommt eine entsprechende Anwendung des § 8 Abs. 3 daher auch im Rahmen anderer Eintragungshindernisse, wie beispielsweise der Täuschungsgefahr nach § 8 Abs. 2 Nr. 4 in Betracht, wenn das Verfahren zum Nachweis der Verkehrsdurchsetzung ergeben hat, dass die zu prüfende Angabe bei den Verkehrskreisen keine unrichtigen Vorstellungen auslöst (BPatG GRUR 1967, 489 f. – Atlanta-Extra).

Ebenfalls keine Anwendung findet § 8 Abs. 2 auf das Schutzhindernis des § 3 Abs. 2 Nr. 2 (→ **1098** § 3 Rn. 58 ff.), wonach Marken der Schutz versagt wird, die ausschließlich aus einer Form bestehen, die zur Erreichung einer technischen Wirkung erforderlich ist (zuletzt BPatG GRUR-Prax 2017, 430; kritisch dazu Sattler GRUR 2018, 565 ff.).

Wird ein Zeichen aufgrund von Verkehrsdurchsetzung eingetragen, ist dieser Markenschutz **1099** gleichwertig mit dem einer aufgrund originärer Kennzeichnungskraft eingetragenen Marke (BGH GRUR 2006, 701 f. – Porsche 911).

Insbesondere stellt die Eintragung einer Marke auf Grund der Überwindung absoluter Schutzhindernisse **1099.1** durch Verkehrsdurchsetzung auch keine Beschwer iSv § 84 da. So hat ein Anmelder bei erfolgreicher Eintragung einer Marke aufgrund von Verkehrsdurchsetzung, auf die sich ein Anmelder hilfsweise beruft, keinen Anspruch darauf, dass in dem Eintragungsverfahren auch über die originäre Kennzeichnungskraft des Zeichens höchstrichterlich entschieden wird (BGH GRUR 2006, 701 f. – Porsche 911).

2. Europarechtliche Vorgaben

Die Vorschrift des § 8 Abs. 3 geht auf Art. 4 Abs. 4 MRL zurück, wobei sich der deutsche **1100** Gesetzgeber bei der Umsetzung nicht für den in Art. 4 Abs. 4 MRL enthaltenen Begriff der „Unterscheidungskraft", sondern für den Begriff der „Verkehrsdurchsetzung" entsprechend dem früheren § 4 Abs. 3 WZG entschieden hat, um insoweit eine kontinuierliche Formulierung und Rechtsprechung zu gewährleisten. Zudem ist der Begriff der Unterscheidungskraft nach deutschem Verständnis durch § 8 Abs. 2 Nr. 1 mit einer anderen, nämlich engeren Bedeutung belegt, so dass der unzutreffende Eindruck vermieden werden sollte, dass ein Zeichen, welches „Unterscheidungskraft" aufweist, zugleich alle Schutzhindernisse nach § 8 Abs. 2 Nr. 1–3 überwindet. Inhaltlich ergeben sich jedoch keine Unterschiede aus der verschiedenen Wortwahl.

3. Abgrenzung zur Verkehrsgeltung

1101 Von der Verkehrsdurchsetzung zu unterscheiden ist die Verkehrsgeltung iSd § 4 Nr. 2 (→ § 4 Rn. 17), die erforderlich ist, damit ein Zeichen Schutz als Benutzungsmarke erwirbt. Während die Verkehrsdurchsetzung voraussetzt, dass grundsätzlich mindestens 50% der beteiligten Verkehrskreise das Zeichen als Hinweis auf ein bestimmtes Unternehmen verstehen, kann für die Verkehrsgeltung bereits ein deutlich geringerer Zuordnungsgrad innerhalb der beteiligten Verkehrskreise ausreichend sein (Fezer Rn. 683). Damit setzt die Verkehrsdurchsetzung nicht nur einen prozentual höheren Zuordnungsgrad voraus, sondern erfordert darüber hinaus, dass dieser Zuordnungsgrad bei der Mehrheit sämtlicher für den Absatz der betreffenden Waren und Dienstleistungen relevanter Verkehrskreise vorliegt. Für die Verkehrsgeltung ist es dagegen ausreichend, dass der erforderliche Zuordnungsgrad innerhalb, also nur bei einem Teil der beteiligten Verkehrskreise vorliegt. Da die Verkehrsdurchsetzung zur Eintragung einer Marke mit bundesweitem Schutz führt, muss auch die Verkehrsdurchsetzung im gesamten Bundesgebiet vorliegen (BGH GRUR 1988, 211 f. – Wie hammas denn?). Dagegen kann Schutz nach § 4 Nr. 2 auch nur für ein territorial beschränktes Gebiet innerhalb der Bundesrepublik beansprucht werden, so dass insoweit der Nachweis der Verkehrsgeltung in diesem Gebiet ausreicht. Da der erforderliche Zuordnungsgrad für eine Verkehrsgeltung innerhalb beteiligter Verkehrskreise iSv § 4 Nr. 2 demnach niedriger liegen kann als bei der Verkehrsdurchsetzung, genügt ein Zuordnungsgrad von über 50 % aber erst recht für eine Verkehrsgeltung gemäß § 4 Nr. 2 MarkenG (BGH GRUR 2021, 1199 – Goldhase III).

1102 Der Begriff der Verkehrsdurchsetzung ist weiterhin zu unterscheiden von der **bekannten Marke** iSv § 14 Abs. 2 Nr. 3, die neben der allgemeinen Verwechslungsgefahr auch gegen eine weitere Verwässerung des Markenschutzes geschützt ist, so dass aus ihr auch gegen die Benutzung von Zeichen für nicht ähnliche Waren und Dienstleistungen vorgegangen werden kann. Obgleich in der Praxis viele durch Nachweis der Verkehrsdurchsetzung zur Eintragung gelangte Marken auch Bekanntheitsschutz iSd § 14 Abs. 2 Nr. 3 genießen, ist dieser Gleichlauf nicht zwingend (Ingerl/Rohnke Rn. 315). So weist nicht jede im Verkehr durchgesetzte Marke auch die für die Inanspruchnahme des Bekanntheitsschutzes im Einzelfall erforderlichen Merkmale, wie insbesondere eine gesteigerte Kennzeichnungskraft auf (OLG Köln GRUR-RR 2005, 155 (157) – DIE BLAUE POST; offengelassen von BGH GRUR 2009, 678 (682) – POST/RegioPost). Zudem ist das Merkmal der Bekanntheit nicht rein quantitativ im Sinne der Auswertung von demoskopischen Gutachten zu verstehen, sondern umfasst auch qualitative Aspekte (BPatG BeckRS 2019, 8774). In der Rechtsprechung wurde diese Frage bislang nicht abschließend geklärt. So spricht der BGH teilweise ausdrücklich von einer erforderlichen über den Mindestgrad der Verkehrsdurchsetzung von 50% deutlich hinausgehenden Bekanntheit (BGH GRUR-Prax 2016, 33 – Bounty). Andere Entscheidungen deuten dagegen auf eine gewisse Gleichsetzung hin (BGH GRUR 2017, 75 – Wunderbaum II; Jänich WRP 2018, 261 ff.). In dem Verletzungsverfahren Sparkassen-Rot/Santander wurde dagegen auf diese Thematik überhaupt nicht eingegangen (BGH GRUR 2015, 1201 – Sparkassen-Rot/Santander-Rot). Zum Verhältnis „Verkehrsdurchsetzung" und „Bekanntheit" ausführlich Jänicke WRP 2018, 261 ff.).

II. Anwendungsbereich

1. Prüfung im Eintragungsverfahren

1103 **a) Amtlicher Prüfungsumfang.** Die Feststellung der Verkehrsdurchsetzung erfolgt im amtlichen Eintragungsverfahren im Rahmen der Prüfung der absoluten Schutzhindernisse. Erforderlich ist zunächst eine **Anfangsglaubhaftmachung** durch den Anmelder, die einen schlüssigen Sachvortrag dazu verlangt, in welcher Form, für welche Waren, von wem, in welchem Gebiet und Umfang sowie seit wann das Zeichen im Verkehr nach Art einer Marke eingesetzt worden ist (BPatG GRUR-RS 2022, 3026 Rn. 29c; vgl. zu den Anforderungen auch Ströbele/Hacker/Thiering Rn. 667, 806, 809, 810). Dazu sind geeignete Unterlagen einzureichen, aus denen sich ergibt, dass der Antrag auf Eintragung der Marke aufgrund von Verkehrsdurchsetzung Aussichten auf Erfolg hat (zu den einzelnen Voraussetzungen auch Ströbele GRUR 1987, 75 f.).

1104 Nach erfolgreicher Anfangsglaubhaftmachung nimmt das Amt die Ermittlungen von Amts wegen auf. Aus dem Sachvortrag des Anmelders müssen sich Form, Umfang, Zeitraum und Gebiet der markenmäßigen Benutzung eines Zeichens für bestimmte Waren und Dienstleistungen ergeben (BPatG BeckRS 2019, 7911; GRUR-RS 2022, 8032 Rn. 36). Unbestimmte Hinweise, dass benannte Waren mit der Anmelderin in Verbindung gebracht werden, stellen keine schlüssige Darstellung einer Verkehrsdurchsetzung iSv § 8 Abs. 3 dar (BPatG GRUR-RS 2020, 32527 – Donautaler).

Die Verkehrsdurchsetzung kann auch von der **Rechtsnachfolgerin** der Anmelderin geltend **1105** gemacht werden, da die Benutzungshandlungen der (ursprünglichen) Anmelderin der Rechtsnachfolgerin zugerechnet werden (BPatG GRUR-RS 2022, 8032 Rn. 38a).

b) Maßgeblicher Zeitpunkt. Grundsätzlich müssen die nach § 8 Abs. 3 für die Eintragung des **1106** Zeichens infolge seiner Benutzung erforderlichen Voraussetzungen zum Zeitpunkt des **Anmeldetages** vorliegen (EuG T-378/07, BeckRS 2010, 91155 – Farbkombinationen eines Traktors; BGH GRUR 2014, 483 f. – test; GRUR 2015, 1012 (1013) – Nivea Blau). Dies folgt aus einer richtlinienkonformen Auslegung des § 8 Abs. 3. Die Vorschrift dient der Umsetzung des Art. 3 Abs. 3 MRL 2008, wonach eine Marke dann nicht gemäß Art. 3 Abs. 1 lit. b, c oder d MRL 2008 von der Eintragung ausgeschlossen oder für ungültig erklärt wird, wenn sie vor der Anmeldung infolge ihrer Benutzung Unterscheidungskraft erworben hat. Allerdings können die Mitgliedstaaten gemäß Art. 3 Abs. 2 S. 2 MRL 2008 vorsehen, dass eine Eintragung aufgrund von Verkehrsdurchsetzung auch dann möglich sein soll, wenn die Unterscheidungskraft erst nach der Anmeldung erworben wurde. Der deutsche Gesetzgeber hat von der Option des Art. 3 Abs. 3 S. 2 MRL 2008 durch § 37 Abs. 2 Gebrauch gemacht. Bei einer solchen nachträglich festgestellten Verkehrsdurchsetzung ist ein Einverständnis des Anmelders zur Zeitrangverschiebung erforderlich, da es zu einer Verschiebung der Priorität nach § 37 Abs. 2 (→ § 37 Rn. 15) kommt. Denn der Marke wird üblicherweise der Tag der Anmeldung als Zeitrang zugewiesen. Liegen aber nicht alle Eintragungsvoraussetzungen vor, verschiebt sich der Zeitrang (Fezer Rn. 686), wobei unter bestimmten Voraussetzungen eine **Rückrechnung** mit der Folge einer früheren Priorität stattfinden kann.

Da die Feststellung der Verkehrsdurchsetzung regelmäßig erst im weiteren Verlauf des Eintragungsver- **1106.1** fahrens durch Einholung demoskopischer Gutachten und somit oftmals erst Jahre nach Einreichung der Markenanmeldung erfolgt, stellt sich die Frage, ob auch eine Feststellung der Verkehrsdurchsetzung für die Vergangenheit mit der Folge einer früheren Priorität der Marke möglich ist (vgl. Ingerl/Rohnke Rn. 334). Diese Möglichkeit wird von der Rechtsprechung überwiegend mit der Begründung abgelehnt, dass eine zuverlässige Feststellung der in der Vergangenheit liegenden Verkehrsauffassung jedenfalls über einen längeren Zeitraum nicht möglich sei (BPatG GRUR 1997, 833 (835) – digital; BPatGE 28, 44 (50) – BUSINESS WEEK; OLG Köln GRUR-RR 2005, 155 (156) – DIE BLAUE POST). Im Einzelfall kann eine Rückrechnung möglich sein, wenn der im Zeitpunkt der Entscheidung über die Eintragung nachgewiesene Benutzungsgrad deutlich über der Mindestgrenze liegt (so BGH GRUR 1985, 550 (552) – Dimple) oder die Benutzung nachgewiesenermaßen seit Jahren in gleicher Weise und in gleichem Umfang erfolgt (BPatG GRUR 2004, 61 (63) – BVerwGE).

2. Prüfung im Widerspruchsverfahren

Eine Prüfung der Verkehrsdurchsetzung findet im Rahmen eines Widerspruchsverfahrens **1107** grundsätzlich nicht statt (→ § 42 Rn. 82). Insbesondere kann der Widerspruchsführer nicht mit der Behauptung gehört werden, dass sich ein von Hause aus schutzunfähiger Bestandteil der Widerspruchsmarke im Verkehr als Kennzeichen für die Waren des Widerspruchsführers durchgesetzt habe (BGH GRUR 1965, 183 (186) – derma). Eine solche Prüfung durch das DPMA bzw. das BPatG würde zu einer erheblichen Erschwerung und ungewollten Verlängerung des Widerspruchsverfahrens führen. Eine Ausnahme ist nach der Rechtsprechung nur dann gerechtfertigt, wenn die Verkehrsdurchsetzung des schutzunfähigen Teils der Widerspruchsmarke in einem gesonderten Eintragungsverfahren bereits rechtskräftig festgestellt wurde und diese Feststellung nach dem zeitlichen Zusammenhang unbedenklich auf den Zeitpunkt der Anmeldung desjenigen Zeichens bezogen werden kann, gegen welches Widerspruch eingelegt wurde (BGH GRUR 1965, 183 (187) – derma).

3. Prüfung im Nichtigkeitsverfahren

a) Erklärung der Nichtigkeit nach § 50 Abs. 2 S. 1 wegen absoluter Eintragungshin- **1108** **dernisse.** Da die Erklärung der Nichtigkeit einer Marke nach § 50 Abs. 2 S. 1 nur vollzogen wird, wenn das Bestehen eines Eintragungshindernisses sowohl zum Zeitpunkt ihrer Anmeldung als auch zum Zeitpunkt der Entscheidung über den Nichtigkeitsantrag nachgewiesen werden kann, scheidet eine Erklärung der Nichtigkeit der angegriffenen Marke auch dann aus, wenn das ggf. ursprüngliche bestehende Eintragungshindernis durch nachträgliche Verkehrsdurchsetzung überwunden wird (BGH GRUR 2016, 1167 – Sparkassen-Rot; GRUR 2015, 1012 – Nivea Blau; BPatG GRUR 2007, 324 (327) – Kinder schwarz-rot; → § 50 Rn. 12). In diesem Fall findet eine Prüfung der nachträglichen Verkehrsdurchsetzung im Rahmen des Nichtigkeitsverfahrens statt (vgl. Ströbele/Hacker/Thiering/Ströbele § 50 Rn. 24). Gegebenenfalls sind die Voraussetzungen der Verkehrsdurchsetzung vom BPatG – auch erstmalig – selbst zu prüfen, denn die Geltendmachung der Verkehrsdurchsetzung ist sowohl erstmalig im Beschwerdeverfahren als auch erneut möglich, wenn sie zunächst im Verfahren vor der Markenabteilung nicht weiterverfolgt wurde (BPatG GRUR 2005, 948 (954) – FUSSBALL WM 2006). Zu beachten ist aber, dass durch die Änderungen des Markenrechtsmodernisierungsgesetzes eine nachträgliche Verkehrsdurchsetzung zur Überwindung der Schutzhindernisse nach § 8 Abs. 2 Nr. 1–3 gemäß § 50 Abs. 2 S. 2 nur berücksichtigt werden kann, wenn die Verkehrsdurchsetzung vor dem Antrag auf Nichtigerklärung erworben wurde (zum MaMoG vgl. Hacker GRUR 2019, 113).

1109   **b) Erklärung der Nichtigkeit nach § 50 Abs. 1 wegen zu Unrecht angenommener Verkehrsdurchsetzung.** Anlass zur Prüfung der Verkehrsdurchsetzung im Rahmen eines Nichtigkeitsverfahrens kann ebenfalls bestehen, wenn der Antragsteller die Erklärung der Nichtigkeit der Marke wegen zu Unrecht angenommener Verkehrsdurchsetzung beantragt. In dieser Konstellation wird zunächst lediglich geprüft, ob das betreffende Schutzhindernis zum Zeitpunkt der Eintragung tatsächlich vorlag und durch Verkehrsdurchsetzung überwunden wurde (vgl. Ströbele/Hacker/Thiering/Ströbele Rn. 592). Nicht geprüft wird, ob die Feststellung der Verkehrsdurchsetzung (Umfrage) lege arte erfolgt ist. Solange die fälschlich einer Eintragung zu Grunde gelegte Umfrage nicht das Gegenteil belegt, also dass keine Verkehrsdurchsetzung vorlag, obliegt es dem Löschungsantragsteller, dies nachzuweisen (→ Rn. 1114).

1110   Allerdings erfolgt die Erklärung der Nichtigkeit der Marke auch bei nachgewiesener fehlender Verkehrsdurchsetzung im Zeitpunkt der Entscheidung über die Eintragung im Hinblick auf § 50 Abs. 2 im Ergebnis nur dann, wenn das betreffende Eintragungshindernis nicht zum Zeitpunkt der Entscheidung über die Erklärung der Nichtigkeit der Marke durch nachträgliche Verkehrsdurchsetzung überwunden wurde (→ Rn. 1108).

1111   Die Rücknahme des Löschungsantrags entzieht dem Löschungsverfahren die Grundlage, so dass in diesem Fall keine Feststellungen zu Löschungsgründen und Verkehrsdurchsetzung mehr zu treffen sind (BPatG BeckRS 2019, 26091).

1112   **c) Beweislast im Nichtigkeitsverfahren.** Zunächst gilt für die Ermittlung der für die Vornahme der rechtlichen Wertung erforderlichen tatsächlichen Fakten der Amtsermittlungsgrundsatz nach § 59 bzw. § 73. Soweit es sich dabei allerdings um schwierige, weil beispielsweise schon länger zurückliegende Tatsachenermittlungen handelt, geht die Rechtsprechung von einer eingeschränkten Geltung des Amtsermittlungsgrundsatzes aus (BPatG GRUR 1997, 833 (835) – digital), so dass sich die Frage stellt, wer in solchen Konstellationen die Beweislast für das Vorliegen bzw. Nichtvorliegen der für die Annahme der Verkehrsdurchsetzung erforderlichen Tatsachen trägt (→ § 73 Rn. 12).

1113   Nach allgemeinen Grundsätzen obliegt demjenigen die Beweislast, der sich auf das Nichtvorliegen der für die Annahme der Verkehrsdurchsetzung erforderlichen Tatsachen beruft, somit dem Löschungsantragsteller. Aus Billigkeitserwägungen im Hinblick auf etwaige Beweisvorteile des Markenanmelders bei länger zurückliegenden Sachverhalten (BPatG GRUR 1997, 833 (835) – digital) sowie die den Markeninhaber privilegierende, unter → Rn. 1108 dargestellte Rechtsprechung, wonach eine Erklärung der Nichtigkeit der Marke nur stattfindet, wenn das Eintragungshindernis weder im Zeitpunkt der Eintragung noch im Zeitpunkt der Entscheidung über die Nichtigkeit der Marke durch Verkehrsdurchsetzung überwunden wurde, vertritt das BPatG die Auffassung, dass den Markeninhaber die Beweislast für derartige Sachverhaltskonstellation treffe (BPatG GRUR 2008, 420 (425) – ROCHER-Kugel; GRUR 2011, 232 (234) – Gelbe Seiten; zuletzt offengelassen in BPatG GRUR-RS 2020, 3432 – Farbmarke Orange).

1114   Dagegen lehnte der BGH die Rechtsprechung des BPatG bislang ab und ging stattdessen von einer Beweislast der Antragstellers für das Vorliegen eines absoluten Schutzhindernisses zum Eintragungszeitpunkt im Rahmen eines Nichtigkeitsverfahrens aus (BGH GRUR 1965, 146 f. – Rippenstreckmetall II; GRUR 2009, 669 (672) – POST II; GRUR 2010, 138 (142) – ROCHER-Kugel; GRUR 2014, 483 Rn. 38 – test). Danach gingen verbleibende Zweifel zu Lasten des Löschungsantragstellers, wenn sich im Nachhinein nicht mehr mit der erforderlichen Sicherheit aufklären lässt, ob ein Schutzhindernis im Eintragungszeitpunkt bestand. Ausdrücklich widersprach der BGH dabei auch den Erwägungen des BPatG, wonach es unbillig erscheinen würde, dem Antragsteller die Beweislast aufzubürden, denn die aus dem Zeitablauf resultierenden Schwierigkeiten, die Voraussetzungen der Verkehrsdurchsetzung im Eintragungszeitpunkt zu beurteilen, würde beide Parteien des Nichtigkeitsverfahrens gleichermaßen treffen. Anders als der Markeninhaber, habe es der Antragsteller jedoch in der Hand, den Zeitpunkt des Löschungsantrags – zeitnah nach Eintragung der Marke – selbst zu bestimmen (BGH GRUR 2010, 138 (142) –

ROCHER-Kugel). Allerdings ging auch der BGH schon bislang davon aus, dass an den Antragssteller keine nahezu unüberwindbaren Beweisanforderungen gestellt werden dürfen und ihm ggf. Beweiserleichterungen zukommen können. Und die fehlende Verkehrsdurchsetzung im Zeitpunkt der Entscheidung im Löschungsverfahren kann unter Umstände Rückschlüsse auf das Fehlen der Verkehrsdurchsetzung im Zeitpunkt ihrer Eintragung zulassen (BGH GRUR 2009, 669 (672) – POST II).

Angesichts der neueren Entscheidung des EuGH in Sachen „Sparkassen-Rot" (EuGH C-217/13, GRUR 2014, 776 – Sparkassen-Rot) hat der BGH aber zunächst seine Rechtsprechung, dass die Darlegungs- und Beweislast für die Voraussetzungen des Verfalls den Antragsteller und nicht den Inhaber der angegriffenen Marke trifft, aufgegeben (BGH GRUR 2021, 736 Rn. 22 – STELLA). Das BPatG hatte als Konsequenz in seinem Verfahren um die Löschung der Farbmarke „orange" diese Frage ebenfalls unter Hinweis auf die Diskrepanz offengelassen und die Rechtsbeschwerde zugelassen (BPatG GRUR-RS 2020, 3432 – Farbmarke Orange, mAnm Albrecht GRUR-Prax 2020, 151). **1115**

Konsequenterweise hat der BGH nun festgestellt, dass für Frage, wer im Löschungsverfahren die Feststellungslast dafür trägt, dass sich das in Rede stehende Zeichen im Verkehr infolge Benutzung durchgesetzt hat, nichts anderes gelten kann als im Verfallsverfahren. In diesem Sinn hatte auch der EuGH in Sachen „Sparkassen-Rot" (EuGH C-217/13, GRUR 2014, 776 – Sparkassen-Rot) sowie in der nachfolgenden „Testarossa-Entscheidung" (EuGH C-720/18, C-721/18, GRUR 2020, 1301 Rn. 81 – Ferrari) bereits entschieden, dass der Markenanmelder die Tatsache nachzuweisen hat, dass eine Marke Unterscheidungskraft infolge Benutzung erworben hat, weil es sich dabei sowohl im Anmelde- als auch im Löschungsverfahren um eine Ausnahme von den Eintragungshindernissen handelt. Der BGH gab daraufhin mit Beschluss vom 22.7.2021 seine bisherige Rechtsprechung ausdrücklich auf (BGH GRUR 2021, 1526 – NJW-Orange). Mit Beschluss vom 28.3.2022 hat das BPatG diese Rechtsprechung nochmals dahingehend konkretisiert, dass ein von der Anmelderin unterbreitetes Beweisangebot in Form eines gerichtlich einzuholenden demoskopischen Sachverständigengutachtens nicht ausreichend ist, da sie die alleinige Beweislast für das Vorliegen einer Verkehrsdurchsetzung trifft (BPatG GRUR-RS 2022, 10348 Rn. 28; 2022, 8032; vgl. auch Ströbele/Hacker/Thiering Rn. 667 mwN, 806). **1116**

III. Voraussetzungen für die Eintragung kraft Verkehrsdurchsetzung

1. Bestehen eines absoluten Schutzhindernisses

Voraussetzung für den Erwerb des Markenschutzes aufgrund von Verkehrsdurchsetzung ist zunächst das im amtlichen Prüfungsverfahren festgestellte Vorliegen eines absoluten Schutzhindernisses nach § 8 Abs. 2 Nr. 1–3. Dies bedeutet, dass auch bei einer von vornherein auf Verkehrsdurchsetzung gestützten Markenanmeldung das Vorliegen absoluter Schutzhindernisse nach § 8 Abs. 2 Nr. 1–3 geprüft und positiv festgestellt werden muss (EuGH C-108/05, GRUR 2007, 234 f. – EUROPOLIS; anders BGH GRUR 2006, 701 f. – Porsche 911), wonach es bei festgestellter Verkehrsdurchsetzung auf diese Prüfung gerade nicht mehr ankommen soll). Andersrum besteht kein Raum für die Prüfung und Feststellung der Verkehrsdurchsetzung, wenn bereits die originäre Unterscheidungskraft der Marke bejaht wird. Die Verkehrsdurchsetzung nach § 8 Abs. 3 beseitigt demnach lediglich bestehende Eintragungshindernisse, stellt aber keinen eigenständigen Eintragungsgrund dar (BGH GRUR 2010, 138 f. – ROCHER-Kugel). Weitere Schutzhindernisse nach § 8 können mittels Verkehrsdurchsetzung nach § 8 Abs. 3 nicht überwunden werden (vgl. Lerach GRUR-Prax 2018, 461 zum Markenschutz von Sehenswürdigkeiten). **1117**

2. Markenfähigkeit

Durch Verkehrsdurchsetzung können nur markenfähige Zeichen iSv § 3, dh solche Zeichen zur Eintragung gelangen, die eine abstrakte Eignung zur Unterscheidung aufweisen (→ § 3 Rn. 13). Denn anders als das Fehlen der konkreten Unterscheidungskraft iSd § 8 Abs. 2 Nr. 1, kann das Eintragungshindernis der fehlenden abstrakten Unterscheidungskraft nicht durch § 8 Abs. 3 überwunden werden (Fezer Rn. 681). Daher müssen die allgemeinen Kriterien der Markenfähigkeit wie Selbständigkeit, Einheitlichkeit und grafische Darstellbarkeit der Marke iSd § 3 Abs. 1 (→ § 3 Rn. 27) und § 8 Abs. 1 (→ § 8 Rn. 22) erfüllt sein (Fezer Rn. 681). Im Hinblick auf den weiten Markenbegriff des § 3 (→ § 3 Rn. 17; vgl. Ströbele/Hacker/Thiering/Ströbele Rn. 597) sowie die Rechtsprechung des EuGH wonach jede markenfähige Gestaltung der Eintragung aufgrund von Verkehrsdurchsetzung zugänglich sein soll (EuGH C-299/99, GRUR 2002, **1118**

804 Rn. 39 – Philips), ist diese Voraussetzung jedoch regelmäßig erfüllt. Zu beachten ist in diesem Zusammenhang, dass dreidimensionale Gestaltungen, denen die Markenfähigkeit nach § 3 Abs. 2 Nr. 2 versagt wird, weil sie ausschließlich Merkmale aufweisen, die zur Erreichung einer technischen Wirkung erforderlich sind, auch nicht aufgrund von nachgewiesener Verkehrsdurchsetzung eintragungsfähig sind (BPatG GRUR-Prax 2017, 74 – Traubenzuckertäfelchen; GRUR-Prax 2018, 522 Rn. 37 – Nespresso-Kaffeekapsel). Ebenso wenig schützt die Verkehrsdurchsetzung vor einer nachträglichen Löschung aufgrund technischer Bedingtheit. Nicht abschließend geklärt ist bislang die Frage, ob die nach Art. 28 Abs. 1 MRL bzw. in §§ 106a–106h idF des MaMoG-RegE vorgesehene Gewährleistungsmarke in dem Fall, dass sie als Zeichen nicht zur Unterscheidung von Produkten nach der Gewährleistung bestimmter Eigenschaften konkreter Waren oder Dienstleistungen geeignet ist, dieses Schutzhindernis nach § 8 Abs. 2 überwinden kann oder ob ihr in diesem Fall bereits die spezifische Markenfähigkeit zu versagen ist (vgl. Fezer GRUR 2017, 1188 (1195)).

3. Benutzung „als Marke"

1119   Nach dem Wortlaut des § 8 Abs. 3 ist nicht nur die Verkehrsdurchsetzung an sich erforderlich, sondern diese muss gerade durch Benutzung des betreffenden Zeichens „als Marke" erlangt worden sein (BGH GRUR 2014, 483 (485) – test; BPatG GRUR-RS 2022, 10348 Rn. 27). Eine auf andere Weise gewonnen Bekanntheit des Zeichens ist im Rahmen des § 8 Abs. 3 irrelevant (EuGH C-299/99, GRUR 2002, 804 Rn. 64 – Philips; BGH GRUR 2008, 710 Rn. 23 – VISAGE). Die Benutzung „der Marke als Marke" erfordert nach der Rechtsprechung des EuGH eine herkunftshinweisende Benutzung, die es den angesprochenen Verkehrskreisen ermöglicht, die Waren und Dienstleistungen eines Unternehmens von solchen anderer Unternehmen zu unterscheiden (EuGH C-299/99, GRUR 2002, 804 Rn. 62, 63 – Philips; C-353/03, GRUR 2005, 763 Rn. 36 – Nestlé/Mars; BGH GRUR 2008, 710 Rn. 23 – VISAGE). Dabei ist zu beachten, dass die von der Rechtsprechung entwickelten Anforderungen an die erforderliche markenmäßige Benutzung bei den verschiedenen Markenformen unterschiedlich sein können. Zu den Besonderheiten der für die Verkehrsdurchsetzung erforderliche markenmäßige Benutzung von Farbmarken (→ Rn. 1120.3) und dreidimensionalen Marken (→ Rn. 1120.4). Die konkrete Benutzungsform eines Zeichens, die zu einer Markeneintragung wegen Verkehrsdurchsetzung geführt hat, muss auch nach Markeneintragung als rechtserhaltende Benutzung (→ § 26 Rn. 40) angesehen werden (OLG Hamm GRUR-RR 2019, 157).

4. Verkehrsdurchsetzung der konkret angemeldeten Marke

1120   Für die Verkehrsdurchsetzung ist nur das Zeichen in seiner konkret angemeldeten Form maßgeblich (EuG GRUR-Prax 2017, 398 – Pirelli Tyre SpA/EUIPO). Gerade für dieses Zeichen in seiner konkret angemeldeten Form und nicht lediglich für ein nur ähnliches Zeichen muss auch die Verkehrsdurchsetzung nachgewiesen werden (EuGH C-353/03, GRUR 2005, 763 Rn. 27 – Nestlé/Mars; BGH GRUR 2010, 1103 Rn. 35 – Pralinenform II). Diese Frage kann in der Praxis insbesondere bei der Eintragung von originär schutzunfähigen Kombinationsmarken eine Rolle spielen, wenn entweder die Verkehrsdurchsetzung eines einzelnen Bestandteils eines im Verkehr stets nur in Kombination verwendeten Zeichens nachgewiesen werden muss (→ Rn. 1120.1) oder es um die Eintragung eines mehrgliedrigen Zeichens geht, bei dem die Verkehrsdurchsetzung nur für einen Bestandteil nachgewiesen wurde (→ Rn. 1120.2). Zudem können sich besondere Probleme beim Nachweis der Verkehrsdurchsetzung abstrakter Farbmarken (→ Rn. 1120.3) und dreidimensionaler Marken (→ Rn. 1120.4) ergeben. Fraglich ist, ob sich die im Zusammenhang mit dem Nachweis des Bekanntheitsschutzes einer Unionsmarke ergangene Rechtsprechung, wonach sich der Markeninhaber zum Nachweis seiner Bekanntheit und Wertschätzung einer Marke beim Verkehr auch auf Beweise für ihre Benutzung in anderer Form oder als Teil einer anderen eingetragenen und bekannten Marke berufen kann, solange die betroffenen Verkehrskreise die Produkte als von demselben Unternehmen stammend wahrnehmen (vgl. EuG T-201/14, GRUR-Prax 2016, 193 – SPA/SPA WISDOM) auch auf die Beurteilung der Erlangung von Unterscheidungskraft bzw. auf nationaler Ebene auf die Frage der Verkehrsdurchsetzung auswirken wird.

1120.1   Wird ein isolierter Bestandteil eines im Verkehr stets nur in Kombination mit weiteren Zeichenbestandteilen oder weiteren eigenständigen Zeichen verwendeten Zeichens als Marke angemeldet, muss sich gerade dieser Bestandteil im Verkehr durchgesetzt haben (BGH GRUR 2008, 710 Rn. 23 – VISAGE; EuGH C-353/03, GRUR 2005, 763 Rn. 27 – Nestlé/Mars; BPatG BeckRS 2019, 7911). Demzufolge müssen die angesprochenen Verkehrskreise gerade in dem angemeldeten Zeichen einen eigenständigen Herkunftshinweis sehen, was jedoch nicht zwingend eine isolierte Verwendung dieses Bestandteils voraussetzt (EuGH C-353/03, GRUR 2005, 763 Rn. 30 – Nestlé/Mars). So kann das angemeldete Zeichen beispielsweise als Teil einer komplexen Kennzeichnung (EuGH C-353/03, GRUR 2005, 763 Rn. 30 – Nestlé/Mars) oder iVm anderen Marken, insbesondere in Kombination mit einer Dach- oder Herstellermarke Unterscheidungskraft (BGH GRUR 2009, 954 (956) – Kinder III; GRUR 2008, 710 Rn. 38, 39 – VISAGE) erlangen. Zu beachten ist, dass der Nachweis der Verkehrsdurchsetzung gerade für den als Marke angemeldeten Bestandteil erbracht wird, so dass Umsätze und Marktanteile eines mit dem Kombinationszeichen gekennzeichneten Produktes keine Rückschlüsse über die Verkehrsdurchsetzung des angemeldeten Bestandteils zulassen (Ingerl/Rohnke Rn. 321). Deswegen sind nur Verkehrsbefragungen, bei denen nach einzelnen aus einer Kombination herausgelösten Bestandteilen gefragt wird, geeignet, den Nachweis der Verkehrsdurchsetzung dieser Bestandteile zu erbringen (BGH GRUR 2008, 710 Rn. 38 – VISAGE). Etwas anderes kann allerdings dann gelten, wenn den übrigen Bestandteilen des Kombinationszeichens keine eigene Herkunftsfunktion zukommt, weil es sich um Zusätze ohne eigenständig kennzeichnenden Charakter handelt (BPatG MarkenR 2010, 505 (510) – Post II).

Die unter → Rn. 1120.1 dargestellten Grundsätze gelten entsprechend für den umgekehrten Fall **1120.2** der Eintragung eines originär schutzunfähigen Kombinationszeichens aufgrund von Verkehrsdurchsetzung (Ströbele/Hacker/Thiering/Ströbele Rn. 605 ff.). Somit muss der Anmelder die Verkehrsdurchsetzung grundsätzlich für das angemeldete Kombinationszeichen nachweisen. Allerdings kommt auch die Eintragung eines originär schutzunfähigen Kombinationszeichens aufgrund der Verkehrsdurchsetzung eines einzelnen Bestandteils in Betracht, wenn gerade der im Verkehr durchgesetzte Bestandteil im Gesamtbild der Marke deutlich hervortritt und ihr die erforderliche Unterscheidungskraft verleiht (BGH GRUR 2009, 954 (956) – Kinder III).

Den abstrakten Farbmarken fehlt regelmäßig die originäre Unterscheidungskraft, da der Verkehr nach **1120.3** der Rechtsprechung nur im geringen Maße an die Benutzung abstrakter Farben als Herkunftshinweis gewöhnt sei (EuGH C-104/01, GRUR 2003, 604 (608) – Libertel; BGH GRUR 2010, 637 (638) – Farbe gelb; BPatG GRUR 2014, 1106 (1108) – Farbe Rapsgelb). Zudem sei dem Allgemeininteresse an der freien Verfügbarkeit der Farben ausreichend Rechnung zu tragen (EuGH C-104/01, GRUR 2003, 604 (608) – Libertel; BPatG GRUR 2014, 1106 (1108) – Farbe Rapsgelb). Daher spielt gerade bei der Eintragung von Farbmarken die Verkehrsdurchsetzung eine wichtige Rolle. Allerdings ist zu beachten, dass der Nachweis der Verkehrsdurchsetzung insoweit erfordert, dass die angesprochenen Verkehrskreise die Farbe an sich, unabhängig von einer konkreten Aufmachung (problematisch bei der Frage der Verkehrsdurchsetzung von „Nivea Blau" (BGH GRUR 2015, 1012 – Nivea-Blau) als Herkunftshinweis auf einen bestimmten Hersteller verstehen (BPatG GRUR 2000, 428 (431) – Farbmarke gelb/schwarz). Dies kann im Einzelfall problematisch sein, wenn abstrakte Farbmarken tatsächlich nur in Verbindung mit einem bestimmten Gegenstand benutzt werden (Ströbele/Hacker/Thiering/Ströbele Rn. 617). Allerdings hat der BGH beispielsweise für den Markt zweisprachiger Wörterbücher entschieden, dass insoweit eine Übung bestehe, konturlose Farbmarke als Herkunftshinweise zu verstehen (BGH GRUR 2014, 1101 (1103) – Gelbe Wörterbücher; GRUR 2015, 581 – Langenscheidt-Gelb). Dabei stehe der markenmäßigen Benutzung im konkreten Fall von Langenscheidt auch nicht entgegen, dass die Farbe ausschließlich in Kombination mit weiteren Kennzeichen wie dem Buchstaben „L" oder der Wortmarke „Langenscheidt" verwendet würde (BGH GRUR 2015, 581 Rn. 23 – Langenscheidt-Gelb).

Auch bei dreidimensionalen Zeichen kann der Nachweis der Verkehrsdurchsetzung Schwierigkeiten **1120.4** bereiten, da Zweifel daran bestehen können, dass die bestimmte Form einer Ware – trotz nachgewiesener Bekanntheit – als Herkunftshinweis auf einen bestimmten Hersteller und nicht als bloßes Gestaltungselement verstanden wird. Zwar kann nach der Rechtsprechung aus dem Ergebnis einer Verkehrsbefragung, bei welcher der überwiegende Anteil der angesprochenen Verkehrskreise ein Produkt einem bestimmten Hersteller zuordnet auf die Bekanntheit der Form des Produktes geschlossen werden (BGH GRUR 2008, 510 (512) – Milchschnitte); es sollte aber stets bei der Formulierung der konkreten Fragestellung im Rahmen der Verkehrsbefragung darauf geachtet werden, dass nicht nur der Bekanntheit des Produktes als solches, sondern auch nach der Herkunftsfunktion der Produktform gefragt wird (BGH GRUR 2007, 780 Rn. 31 – Pralinenform; s. auch Ströbele/Hacker/Thiering/Ströbele Rn. 740).

5. Verkehrsdurchsetzung für bestimmte Waren und Dienstleistungen

Erforderlich ist, dass die Verkehrsdurchsetzung genau für diejenigen Waren und Dienstleistungen **1121** nachgewiesen wird, für welche die Marke eingetragen werden soll (EuGH C-299/99, GRUR 2002, 804 Rn. 59 – Philips; BPatG GRUR 1996, 494 f. – PREMIERE III; GRUR-RS 2020, 13536). Ein Nachweis der Verkehrsdurchsetzung für Waren im Ähnlichkeitsbereich reicht nicht aus (BGH GRUR 2001, 1042 f. – REICH UND SCHOEN; BPatG GRUR 1996, 490 f. – PREMIERE I). Die Feststellung der Unterscheidungskraft erfolgt für jede einzelne von der

Anmeldung beanspruchte Ware und Dienstleistung. Auch die Eintragung der Marke erfolgt demzufolge nur für die konkret nachgewiesenen Waren und Dienstleistungen, während eine Ausdehnung auf die Oberbegriffe nicht in Betracht kommt (BGH GRUR 2001, 65 Rn. 26 – Buchstabe T mit Strich; Ingerl/Rohnke Rn. 326). Wird die Eintragung einer Marke für einen Oberbegriff von Waren und Dienstleistungen begehrt, muss die Verkehrsdurchsetzung für die einzelnen Waren- und Dienstleistungsgruppen nachgewiesen werden, die der Oberbegriff umfasst (BGH GRUR 2015, 1012 – Nivea Blau; GRUR 2017, 320 – Sparkassen-Rot). Daher sollten Verkaufszahlen, Umsätze, Marktanteile, Werbeaufwendungen etc. einzelnen Waren und Dienstleistungen exakt zugeordnet werden können (Grabrucker jurisPR-WettbR 11/2015 Anm. 5 D zu BPatG GRUR-RR 2015, 468 – senkrechte Balken; krit. gesehen vom BPatG in Bezug auf „handgemachtes Eis" bzw. „Eis am Stiel" als Nachweis für den Oberbegriff „Speiseeis", BPatG BeckRS 2019, 11536). Zulässig soll eine Ausdehnung allerdings auf solche Waren und Dienstleistungen sein, die **wirtschaftlich als gleichartig** gesehen werden (BGH GRUR 2008, 510 Rn. 26 – Milchschnitte). Aktualität der Gutachten fordert der BGH in BGH GRUR 2017, 320 – Sparkassen-Rot.

6. Personenbezogene Verkehrsdurchsetzung

1122   Das zur Markeneintragung angemeldete Zeichen muss sich für die in Anspruch genommenen Waren und Dienstleistungen gerade als Zeichen des **Anmelders** durchgesetzt haben (EuGH C-299/99, GRUR 2002, 804 Rn. 65 – Philips). Eine **allgemeine Bekanntheit** des Zeichens ohne konkrete Zuordnung zum Anmelder reicht dagegen nicht aus. Nicht erforderlich ist allerdings, dass die befragten Verkehrskreise den Namen des Anmelders kennen (BGH GRUR 2009, 954 Rn. 27 – Kinder III; GRUR 2007, 235 Rn. 25 – Goldhase; BPatG MarkenR 2010, 505 (508) – Post II). Es reicht vielmehr aus, dass die befragten Verkehrskreise in der angemeldeten Marke den Hinweis auf einen bestimmten Geschäftsbetrieb sehen, auch wenn sie diesen nicht konkret benennen können (BGH GRUR 2011, 232 (238) – Gelbe Seiten; GRUR 2009, 954 Rn. 27 – Kinder III; GRUR 2008, 505 Rn. 29 – TUC-Salzcracker). Schädlich sind dagegen solche Befragungsergebnisse, welche die angemeldete Marke fälschlicherweise einem anderen konkreten Unternehmen zuordnen, welches in keiner rechtlichen oder tatsächlichen Verbindung zum Anmelder steht (BGH GRUR 2011, 732 (738) – Gelbe Seiten; GRUR 2010, 138 Rn. 53 – ROCHER-Kugel; GRUR 2007, 1066 Rn. 36 – Kinderzeit). Als aus Sicht des Anmelders positive Nennungen im Rahmen der Verkehrsbefragung sind auch Nennungen der Marke selbst als **Firmenbezeichnung** (BGH GRUR 2008, 505 Rn. 30 – TUC-Salzcracker; BPatG GRUR 2007, 593 (596) – Ristorante), unter Umständen Nennungen anderer Marken desselben Unternehmens (BGH GRUR 2009, 954 Rn. 27 – Kinder III; BPatG GRUR 2010, 71 (73) – Farbe Lila) sowie Nennungen von **Lizenznehmern** als autorisierte Drittbenutzer (BGH GRUR 2008, 505 Rn. 29 – TUC-Salzcracker), **verbundene Unternehmen,** wobei es unbeachtlich sein soll, wenn die Marke mit mehreren Unternehmen (zB Mutter-Tochtergesellschaft) und **Rechtsvorgängern** in Verbindung gebracht wird (BGH GRUR 2011, 232 (238) – Gelbe Seiten). Besonderheiten können sich bei der Verkehrsdurchsetzung eines Zeichens ergeben, dessen Anmelder eine Monopolstellung genießt (→ Rn. 1122.1) oder innehatte.

1122.1   Auszugehen ist zunächst von der Rechtsprechung des EuGH, der entschieden hat, dass grundsätzlich auch die Benutzung einer Marke durch ein Unternehmen in Monopolstellung – etwa aufgrund bestehender Sonderschutzrechte – zu einer Anerkennung der Verkehrsdurchsetzung führen kann (EuGH C-299/99, GRUR 2002, 804 Rn. 64, 65 – Philips), wenn infolge der Benutzung ein wesentlicher Teil der befragten Verkehrskreise das Zeichen mit dem Anmelder in Verbindung bringt. Erforderlich ist allerdings die Benutzung des Zeichens als Marke (→ Rn. 1119), so dass der Nachweis erforderlich ist, dass die befragten Verkehrskreise das Zeichen nicht nur mit dem Anmelder in Verbindung bringen, sondern das angemeldete Zeichen gerade als Herkunftshinweis auf ein bestimmtes Unternehmen verstehen (BGH GRUR 2009, 669 Rn. 27 – Post II; Ströbele/Hacker/Thiering/Ströbele Rn. 742).

7. Verkehrsdurchsetzung in den beteiligten Verkehrskreisen

1123   **a) Begriffsbestimmung.** Im Unterschied zur Verkehrsgeltung gemäß § 4 Abs. 2 innerhalb der beteiligten Verkehrskreise (→ Rn. 1101) muss die Durchsetzung eines Zeichens nach § 8 Abs. 3 in den beteiligten Verkehrskreisen, also in allen beteiligten Verkehrskreisen erfolgen (BGH GRUR 2008, 710 Rn. 35 – VISAGE; EuG T-801/17, BeckRS 2018, 32422), wobei nach der Rechtsprechung des EuGH aber ein erheblicher Teil der beteiligten Verkehrskreise ausreichend sein soll (EuGH C-108/97 und C-109/97, GRUR 1999, 723 Rn. 52 – Chiemsee). Nach dem BPatG kommt es auf eine Durchsetzung in den maßgeblichen Verkehrskreisen an, worunter die

Kreise zu verstehen seien, in denen das Zeichen Verwendung finden oder Auswirkungen haben könne (BPatG BeckRS 2019, 14766). Nicht als ausreichend anerkannt wurde aber insbesondere der Fall der nachgewiesenen Durchsetzung bei den gewerblichen Abnehmern aber nicht bei den privaten Endkunden (BGH GRUR 2008, 710 Rn. 35 – VISAGE; BPatG GRUR 2004, 61 f. – BVerwGE). Für die Festlegung der beteiligten Verkehrskreise sind die im Rahmen des § 8 Abs. 2 Nr. 1 und 2 entwickelten Grundsätze heranzuziehen, da es gerade um die Beseitigung dieser Eintragungshindernisse geht (vgl. Ströbele/Hacker/Thiering/Ströbele Rn. 655; zur Auswahl der beteiligten Verkehrskreise s. auch LG Köln GRUR-RS 2020, 13010 Rn. 38, 39).

b) Gebiet der Verkehrsdurchsetzung. Maßgeblich ist eine Durchsetzung in den beteiligten **1124** inländischen Verkehrskreisen (Ingerl/Rohnke Rn. 329) und zwar im – im Unterschied zur Verkehrsgeltung (→ Rn. 1101) im gesamten Bundesgebiet (BGH GRUR 1988, 211 f. – Wie hammas denn?; vgl. zum räumlichen Erfordernis der erlangten Unterscheidungskraft von Unionsmarken EuG BeckRS 2016, 80388 – Form einer Konturflasche ohne Rillen), weil durch die Eintragung, anders als beim Schutzumfang einer Benutzungsmarke nach § 4 Nr. 2 (→ Rn. 1102) oder eines Unternehmenskennzeichens nach § 5 (→ § 5 Rn. 9), ein bundesweites Schutzrecht entsteht (EuGH C-108/05, GRUR 2007, 234 Rn. 23 – EUROPOLIS) zu den Anforderungen auf Unionsebene vgl. EuG T-801/17, BeckRS 2018, 32422).

c) Beteiligte Verkehrskreise. Zu den beteiligten Verkehrskreisen zählen neben Mitbewerbern **1125** und Händlern vor allem auch die Endabnehmer, die sowohl gewerbliche Kunden als auch private Verbraucher sein können (EuGH C-421/04, GRUR 2006, 411 Rn. 12 – Matratzen Concord; C-371/02, GRUR 2004, 682 Rn. 26 – Bostongurka). Welche Verkehrskreise im Einzelfall maßgeblich sind, bestimmt sich vorrangig nach der objektiven Art und den dauerhaften charakteristischen Kriterien der in Anspruch genommenen Waren und Dienstleistungen in deren üblicher Verwendungsart, während subjektiv angelegte Werbekonzeptionen bezüglich bestimmter Verkehrskreise außer Acht bleiben sollen, da diese jederzeit abänderbar sind (BGH GRUR 2002, 340 f. – Fabergé; BPatGE 24, 67 (73); BPatG BeckRS 2019, 14766). Unberücksichtigt können dagegen diejenigen Verkehrskreise bleiben, die mit den fraglichen Waren oder Dienstleistungen weder tatsächlich noch nach einer vernünftigen Prognose in Berührung kommen (v. Schultz Rn. 235).

8. Umfang der Verkehrsdurchsetzung

a) Kriterien für die Verkehrsdurchsetzung. Ob eine Marke infolge ihrer Benutzung Unter- **1126** scheidungskraft erlangt hat, ist nach der Rechtsprechung des EuGH in einer Gesamtschau der Gesichtspunkte zu prüfen, die zeigen können, ob sich das angemeldete Zeichen tatsächlich im Verkehr als Marke durchgesetzt hat (EuGH C-108/97 und C-109/97, GRUR 1999, 723 – Chiemsee; C-375/97, GRUR Int 2000, 70 (73) – Chevy). Alleine die Anerkennung einer jahrelangen Benutzung oder allgemeinen Bekanntheit reicht für sich allein nicht aus, um eine Verkehrsdurchsetzung der Angabe als Marke anzunehmen (BPatG BeckRS 2019, 14766). Neben dem quantitativen Kriterium des **Anteils** der beteiligten Verkehrskreise, der die Ware aufgrund der Marke als von einem bestimmten Unternehmen stammend erkennt, wurden dabei vom EuGH ausdrücklich auch mögliche qualitative Kriterien für den Nachweis der Verkehrsdurchsetzung, wie der von der Marke gehaltene **Marktanteil,** die **Intensität,** die **geografische Verbreitung,** die **Dauer** der Benutzung der Marke, der **Werbeaufwand** (weniger als ein Jahr wird als nicht ausreichend angesehen laut BPatG GRUR-RS 2020, 18680) des Unternehmens sowie Erklärungen von Industrie- und Handelskammern und anderen Berufsverbänden, genannt, die sog. **Chiemsee-Kriterien** (EuGH C-108/97 und C-109/97, GRUR 1999, 723 Rn. 51 – Chiemsee; bestätigt in EuGH C-353/03, GRUR 2005, 763 Rn. 31 – Nestlé/Mars). Die deutsche Rechtsprechung wendet die genannten Kriterien im Grundsatz entsprechend an (vgl. nur BPatG BeckRS 2019, 25595; BGH GRUR 2009, 954 Rn. 24 – Kinder III; GRUR 2008, 710 Rn. 26 – VISAGE; BPatG BeckRS 2015, 02952; 2012, 23318; Ingerl/Rohnke Rn. 335 mwN) und beurteilt die Frage, ob sich eine Marke infolge ihrer Benutzung im Verkehr durchgesetzt hat, anhand einer Gesamtschau von Gesichtspunkten (BGH GRUR 2016, 1169 Rn. 31 – Sparkassen-Rot). Allerdings geht die deutsche Spruchpraxis noch immer davon aus, dass für den Nachweis der Verkehrsdurchsetzung in der Regel auch die Vorlage demoskopischer Gutachten erforderlich ist, wobei insoweit eine Gesamtabwägung aller Umstände des Einzelfalls erforderlich ist (BPatG BeckRS 2019, 7911) und legt – sofern nicht besondere Umstände eine andere Beurteilung rechtfertigen – die untere Grenze für eine Annahme von Verkehrsdurchsetzung auf nicht unterhalb von 50% fest, was im Hinblick auf die Rechtsprechung des EuGH nicht ganz unbedenklich ist. So ist es ausreichend, aber eben auch erforderlich für eine Verkehrsdurchsetzung nach der Rechtsprechung des BGH, dass der überwiegende Teil des Publikums in der Farbe ein Kennzeichen für die Waren oder Dienstleistungen sieht, für welche die Marke Geltung beansprucht (BGH GRUR 2016, 1167 – Sparkassen-Rot; Grabrucker GRUR-Prax 2016, 93 ff.; das BPatG zuletzt etwas einschränkender, wonach eine Verbraucherbefragung nur dann erforderlich sein soll, wenn die Beurteilung der Verkehrsdurchsetzung besondere Schwierigkeiten aufwirft. Anders kann die Notwendigkeit eines demoskopischen Gutachtens im Rahmen eines Nichtigkeitsverfahrens beurteilt werden (vgl. BPatG GRUR-RS 2020, 3432 – Farbmarke Orange). Die Vorlage einer eidesstattlichen Versicherung beispielsweise bezüglich erreichter Marktanteile stellt ohne weitere ergänzende Dokumente nur eine Vermutung da und reicht nicht als Nachweis der Verkehrsdurchsetzung (BPatG GRUR-RS, 18680).

1127   Ungeeignet sind die in der „Chiemsee"-Rechtsprechung des EuGH entwickelten Kriterien (→ Rn. 1126) dann, wenn sich die ermittelten Umsätze, Werbeaufwendungen immer nur auf eine bestimmte Zeichenkombination aber nicht auf das einzelne zur Anmeldung eingereichte Zeichen beziehen (v. Schultz Rn. 240). Dies kann beispielsweise der Fall sein, wenn das angemeldete Zeichen tatsächlich nur in Kombination mit einer unterscheidungskräftigen Dachmarke (BGH GRUR 2008, 710 Rn. 37 – VISAGE) oder statt als angemeldete Wortmarke tatsächlich nur in einer bestimmten grafischen Ausgestaltung benutzt wird (BGH GRUR 2007, 1066 Rn. 37 – Kinderzeit).

1128   **b) Prozentualer Durchsetzungsgrad.** Nach der Chiemsee-Rechtsprechung des EuGH ist für die Annahme der Verkehrsdurchsetzung erforderlich, dass ein „erheblicher Teil" der beteiligten Verkehrskreise in dem angemeldeten Zeichen einen kennzeichnenden Hinweis auf ein bestimmtes Unternehmen sieht (EuGH C-108/97 und C-109/97, GRUR 1999, 723 Rn. 52 – Chiemsee). Daher kann für die Feststellung des im Einzelfall erforderlichen Durchsetzungsgrades nicht von festen Prozentsätzen ausgegangen werden, wobei die untere Grenze für die Annahme einer Verkehrsdurchsetzung jedoch – wenn nicht besondere Umstände eine andere Beurteilung rechtfertigen (BPatG GRUR 2007, 593 (596) – Ristorante – bei einem Marktanteil von 25% wurde ein Durchsetzungsgrad von 49,9% als ausreichend angesehen) – nicht unterhalb von 50% anzusetzen ist (BGH GRUR 2014, 483 (487) – test; GRUR 2010, 138 Rn. 41 – ROCHER-Kugel; GRUR 2009, 954 Rn. 24) – Kinder III; GRUR 2008, 510 Rn. 23 – Milchschnitte; GRUR 2007 1071 Rn. 30 – Kinder II; GRUR 2001, 1042 f. – REICH UND SCHOEN; BPatG BeckRS 2012, 23318; LG Köln GRUR-RS 2019, 6795). Dagegen wurde ein Durchsetzungsgrad von weniger als 35%, unabhängig von anderen Faktoren, als nicht ausreichend angesehen.

1129   Handelt es sich allerdings um ein glatt beschreibendes Zeichen, muss der notwendige Bedeutungswandel zu einem als Herkunftshinweis tauglichen Zeichen größer sein, so dass nach der Rechtsprechung in diesen Fällen höhere Durchsetzungsgrade bis zu einer „nahezu einhelligen Durchsetzung" als Nachweis für den Bedeutungswandel bzw. die Verkehrsdurchsetzung erforderlich sind (BGH GRUR 2006, 760 Rn. 20 – LOTTO). So wurde ein Durchsetzungsgrad von 59% für die vom BGH als „glatt beschreibende Angabe" qualifizierte Bezeichnung „LOTTO" nicht als ausreichend anerkannt. Ebenso wurde ein Durchsetzungsgrad von 43% für das Wortzeichen „test" als nicht ausreichend erachtet (BGH GRUR 2014, 483 Rn. 36 – test). Bei Wort-/Bildmarken sollen die Anforderungen nach dem BGH nicht ganz so hoch sein wie bei reinen Wortzeichen, da die grafische Ausgestaltung die Unterscheidungskraft stärken kann (BGH GRUR 2009, 954 Rn. 39 – Kinder III). Allerdings erkennt der BGH an, dass auch bezüglich der glatt beschreibenden Begriffe die Voraussetzungen für eine Verkehrsdurchsetzung nicht so hoch angesiedelt werden dürfen, dass die Eintragung aufgrund von Verkehrsdurchsetzung für solche Zeichen in der Praxis quasi ausgeschlossen ist (BGH GRUR 2009, 669 Rn. 27 – POST II: ausreichender Durchsetzungsgrad von 84,6%; anders noch BPatG GRUR 2007, 714 – POST; BGH GRUR 2007, 1071 – Kinder II).

1130   Hinsichtlich der Höhe des Durchsetzungsgrades von **Farbmarken** gelten keine Unterschiede im Verhältnis zu anderen Markenformen. Insbesondere besteht nach der Rechtsprechung keine Notwendigkeit, stets Zuordnungsgrade von über 70% zum Nachweis der Verkehrsdurchsetzung zu verlangen (EuGH EuZW 2014, 707 – Sparkassenrot II). Auch der BGH und das BPatG lehnen insoweit feste Prozentsätze ab und fordern keinen „deutlich über 50% liegenden" Durchsetzungsgrad (BGH GRUR 2015, 581 Rn. 41 – Langenscheidt-Gelb), haben allerdings in ihren letzten Entscheidungen stets Leitlinien vorgegeben (BGH GRUR 2015, 1012 (1015) – Nivea-Blau: 50% sind ausreichend, wohingegen das BPatG im konkreten Fall wesentlich höhere Anforderungen gestellt und mindestens 75 % gefordert hatte; BPatG GRUR 2015, 796 – Sparkassenrot, in Annäherung an den BGH wurden ebenfalls 50% als Untergrenze festgesetzt; BGH GRUR 2016, 1167 –

Sparkassen-Rot). Es herrscht demnach insoweit eine gewisse Divergenz zwischen nationaler und europäischer Rechtsprechung zur Frage von Durchsetzungsgraden, so dass eine Vorlage an den EuGH wünschenswert wäre.

Eine Monopolstellung (aber → Rn. 1131.1) lässt für sich allein keinen Rückschluss auf eine **1131** Verkehrsdurchsetzung zu (BPatG GRUR-RR 2009, 128 (131) – Stadtwerke Bochum).

Allerdings führt die Monopolstellung eines Unternehmens auf einem bestimmten Markt nach der **1131.1** „Philips"-Rechtsprechung des EuGH auch nicht mehr per se zu einer Versagung des Markenschutzes durch Verkehrsdurchsetzung, wie dies früher der Fall war (sog. „Monopoleinwand"; EuGH C-299/99, GRUR 2002, 804 Rn. 34, 35 – Philips). Der Nachweis der Verkehrsdurchsetzung erfolgt anhand der üblichen Kriterien, insbesondere muss das betreffende Zeichen auch als Marke, also in herkunftshinweisender Funktion verwendet werden (BGH GRUR 2006, 850 Rn. 26 – Fußball WM 2006).

9. Durchführung demoskopischer Befragungen

Für die Durchführung demoskopischer Befragungen zum Nachweis der Verkehrsdurchsetzung **1132** hat sich ein standardisiertes Verfahren etabliert, welches einem **dreistufigen Aufbau** unterliegt (Ingerl/Rohnke Rn. 350). So wird innerhalb der beteiligten Verkehrskreise (→ Rn. 1122) zunächst die Bekanntheit des Zeichens iVm den beanspruchten Waren und Dienstleistungen (**„Bekanntheitsgrad"**) festgestellt. Diejenigen, die das Zeichen kennen, werden in einem zweiten Schritt befragt, ob sie das Zeichen als Hinweis auf ein bestimmtes Unternehmen (**„Kennzeichnungsgrad"**) also als Marke verstehen, wobei auf dieser Stufe noch keine Identifizierung des Unternehmens erforderlich ist. Auf dritter Stufe wird dann ermittelt, ob die beteiligten Verkehrskreise, welche die Marke kennen und einem bestimmten Unternehmen zuordnen können, das betreffende Unternehmen auch identifizieren können (**„Zuordnungsgrad"**) (zur Durchführung des Verfahrens und zu Abzügen der Fehlertoleranz näher Ingerl/Rohnke Rn. 350 ff.; Ströbele/Hacker/Thiering/Ströbele Rn. 743 ff. und zuletzt BGH GRUR 2021, 1199 Rn. 59 – Goldhase III). Für die Gutachten zum Beleg einer Verkehrsdurchsetzung hat das DPMA einen Mindestfragenkatalog veröffentlicht (DPMA BlPMZ 2005, 245 (255 f.)). Zur Fragetechnik vgl. auch BGH GRUR 2017, 320 – Sparkassen-Rot; Pflüger GRUR 2017, 992; Pflüger GRUR 2004, 652; Pflüger GRUR 2006, 818; Eichmann GRUR 1999, 939; Noelle-Neumann/Schramm GRUR 1966, 70; Ingerl/Rohnke Rn. 350 ff.; → §4 Rn. 94 ff.; → UMV Art. 97 Rn. 52; BPatG BeckRS 2014, 08224 – Rapsgelb (Rechtsbeschwerde zurückgenommen). Kritisch zur aktuellen Vorgehensweise äußerte sich das BPatG (BPatG GRUR 2015, 796 – Sparkassenrot), welches die Fragen als suggestiv kritisierte. Aktualität der Gutachten fordert der BGH in BGH GRUR 2017, 320 – Sparkassen-Rot. Soll die Verkehrsdurchsetzung für abstrakte Farbmarken Eintragungshindernisse überwinden, darf die bei der Befragung vorgelegte Farbkarte keinerlei weiteren Farben (auch keine Umrandung) aufweisen (BGH GRUR 2015, 1012 – Nivea-Blau). Ebenso muss die Farbkarte eine neutrale Form aufweisen.

Noch existiert keine einheitliche Terminologie für die relevanten Befragtenanteile. Bislang **1133** wurde der für die Verkehrsdurchsetzung maßgebliche Wert, d.h. der Kennzeichnungsgrad abzüglich namentlich falscher Zuordnungen häufig als „Durchsetzungsgrad" bezeichnet. Diesen „Durchsetzungsgrad" setzt der BGH in seiner Entscheidung „Goldhase III" (BGH GRUR 2021, 1199 – Goldhase III) nun mit dem Begriff „Zuordnungsgrad" gleich. Der Begriff „Zuordnungsgrad" wird allerdings regelmäßig zur Bezeichnung des auf Stufe drei des Befragungsschemas ermittelten Anteils der namentlich richtigen Zuordnungen verwendet (siehe oben), weswegen es schlüssiger erscheint, den Begriff „Durchsetzungsgrad" zu verwenden (so auch Fischoeder GRUR 2022, 364 – Licht und Schatten bei den jüngsten Entscheidungen des BGH zu Farbmarken).

10. Wirkung einer Marke mit Verkehrsdurchsetzung

Kann die Verkehrsdurchsetzung nachgewiesen werden, sind Schutzhindernisse nach §8 Abs. 2 **1134** Nr. 1, 2 und 3 überwunden und die Marke wird kraft Verkehrsdurchsetzung eingetragen und veröffentlicht, soweit keine weiteren Schutzhindernisse nach §8 Abs. 2 Nr. 4–10 vorliegen (→ Rn. 1097). Es gelten die allgemeinen materiellen und verfahrensrechtlichen Regeln. In der Regel ist bei Marken, die Kraft Verkehrsdurchsetzung eingetragen werden, von durchschnittlicher Kennzeichnungskraft auszugehen (BGH GRUR 2010, 1103 Rn. 40 – Pralinenform II; GRUR 1991, 609 f. – SL; GRUR 1986, 72 (73) – Tabacco d'Harar). Im Einzelfall können Ergebnisse, die im Rahmen der Verkehrsbefragung gewonnen wurden, auch dazu führen, dass von einer überdurchschnittlichen Kennzeichnungskraft auszugehen ist (BGH GRUR 1990, 367 (370) – alpi/Alba moda).

§ 9 Angemeldete oder eingetragene Marken als relative Schutzhindernisse

(1) Die Eintragung einer Marke kann gelöscht werden,

1. wenn sie mit einer angemeldeten oder eingetragenen Marke mit älterem Zeitrang identisch ist und die Waren oder Dienstleistungen, für die sie eingetragen worden ist, mit den Waren oder Dienstleistungen identisch sind, für die die Marke mit älterem Zeitrang angemeldet oder eingetragen worden ist,
2. wenn wegen ihrer Identität oder Ähnlichkeit mit einer angemeldeten oder eingetragenen Marke mit älterem Zeitrang und der Identität oder der Ähnlichkeit der durch die beiden Marken erfaßten Waren oder Dienstleistungen für das Publikum die Gefahr von Verwechslungen besteht, einschließlich der Gefahr, daß die Marken gedanklich miteinander in Verbindung gebracht werden, oder
3. wenn sie mit einer angemeldeten oder eingetragenen Marke mit älterem Zeitrang identisch ist oder dieser ähnlich ist, falls es sich bei der Marke mit älterem Zeitrang um eine im Inland bekannte Marke handelt und die Benutzung der eingetragenen Marke die Unterscheidungskraft oder die Wertschätzung der bekannten Marke ohne rechtfertigenden Grund in unlauterer Weise ausnutzen oder beeinträchtigen würde.

(2) Anmeldungen von Marken stellen ein Schutzhindernis im Sinne des Absatzes 1 nur dar, wenn sie eingetragen werden.

(3) ¹Waren und Dienstleistungen werden nicht schon deswegen als ähnlich angesehen, weil sie in derselben Klasse gemäß dem in der Genfer Fassung vom 13. Mai 1977 des Abkommens vom 15. Juni 1957 von Nizza über die internationale Klassifikation von Waren und Dienstleistungen für die Eintragung von Marken (BGBl. 1981 II S. 358, 359) festgelegten Klassifikationssystem (Nizza-Klassifikation) erscheinen. ²Waren und Dienstleistungen werden nicht schon deswegen als unähnlich angesehen, weil sie in verschiedenen Klassen der Nizza-Klassifikation erscheinen.

Überblick

§ 9 regelt die registerrechtlichen Folgen der (Doppel-)Identität (Nr. 1; → Rn. 10 ff.) und die der Ähnlichkeit (Nr. 2; → Rn. 18 ff.) einer eingetragenen Marke mit einer älteren eingetragenen oder angemeldeten Marke. Ohne jede Ähnlichkeit der Waren und Dienstleistungen kann nur ein unlauteres Ausnutzen oder Beeinträchtigen bekannter Marken (Nr. 3) zur Löschung führen (→ Rn. 75 ff.).

Eine Markenanmeldung ist nach **Abs. 2** nur bei einer späteren Eintragung ein Löschungsgrund (→ Rn. 93).

Abs. 3 stellt klar, dass sich die Einteilung von Waren und Dienstleistungen nach dem Nizzaer Klassifikationssystem weder in positivem noch in negativem Sinne auf den materiellen Schutzbereich von Marken auswirkt. Dies entspricht dem bereits zuvor geltenden Recht (→ Rn. 100).

Übersicht

A. Allgemeines

Für Widersprüche bzw. Löschungsansprüche aus einem älteren Recht – soweit es sich dabei **1** um eine angemeldete oder eingetragene Marke handelt – auf die auch in § 14 Abs. 2 enthaltenen Tatbestände ab. Zu einer rechtserheblichen Kollision kommt es bei Doppelidentität (Abs. 1 Nr. 1), einer durch Identität oder Ähnlichkeit erzeugten Verwechslungsgefahr (Abs. 1 Nr. 2) oder im Fall des erweiterten Schutzes bekannter Marken (Abs. 1 Nr. 3). Diese Tatbestände sind **grundlegend bei § 14 kommentiert.** Da die Löschungsgründe des § 9 Abs. 1 dem nahezu vollständig (→ Rn. 3) entsprechen, wird darauf **weitgehend verwiesen.**

Weitere relative Schutzhindernisse sind in §§ 10–13 geregelt (im Einzelnen → § 10 **2** Rn. 1 ff.). Dabei können notorisch bekannte Marken (§ 10), Agentenmarken iSv § 11, Benutzungsmarken (§ 4 Nr. 2 iVm § 12), geschäftliche Bezeichnungen (§ 5 iVm § 12) sowie Ursprungsbezeichnungen oder geografische Angaben mit älterem Zeitrang iVm § 13 im Widerspruchsverfahren geltend gemacht werden (§ 42 Abs. 2 Nr. 1–5; im Einzelnen → § 42 Rn. 91), während die sonstigen in § 13 Nr. 1–4 und 6 genannten älteren Rechte nur im Löschungsverfahren Berücksichtigung finden (§ 51 Abs. 1; → § 51 Rn. 1). Notorisch bekannte Marken iSv § 10 stellen zudem ein absolutes Schutzhindernis dar (→ § 10 Rn. 1).

Zum Zeitpunkt des Inkrafttretens des MarkenG konnte Widerspruch nur in den Fällen des § 9 Abs. 1 **2.1** Nr. 1 und 2 erhoben werden; auch Benutzungsmarken und geschäftliche Bezeichnungen konnten nicht im Widerspruchsverfahren geltend gemacht werden. Diese Beschränkungen sind mit Wirkung zum 1.10.2009 aufgehoben worden (näher → § 42 Rn. 5); das MarkenG wurde damit der Systematik der GMV (jetzt: UMV) angepasst.

Durch die Markenrechtsreform ist mit Wirkung zum 14.1.2019 der Satzteil „...und für Waren und **2.2** Dienstleistungen eingetragen worden ist, die nicht denen ähnlich sind, für die die Marke angemeldet oder eingetragen worden ist" in § 9 Abs. 1 Nr. 3 gestrichen worden. Dadurch wird klargestellt, dass der Schutz bekannter Marken gegen Rufausbeutung und -beeinträchtigung unabhängig von der Identität, Ähnlichkeit oder Unähnlichkeit der Waren oder Dienstleistungen zur Anwendung kommen kann. Die umständlichere Formulierung der Richtlinie („unabhängig davon, ob die Waren oder Dienstleistungen, für die sie eingetragen werden soll oder eingetragen worden ist, mit denen identisch, denen ähnlich oder nicht denen ähnlich sind, für die die ältere Marke eingetragen ist") wurde zurecht für verzichtbar gehalten. Eine entsprechende Änderung findet sich auch in § 14 Abs. 2 Nr. 3. In der Sache hat sich durch die Streichung des Hinweises nichts geändert, da die entsprechende Auslegung des Bekanntheitstatbestandes bereits zuvor – seit der Entscheidung EuGH C-292/00, GRUR 2003, 240 Rn. 30 – Davidoff/Gofkid – der herrschenden Praxis entsprach (→ Rn. 76; → § 14 Rn. 546).

Darüber hinaus wurde § 9 im Zuge der Markenrechtsreform um einen Abs. 3 ergänzt, der besagt, dass **2.3** die Ähnlichkeit oder Unähnlichkeit von Waren oder Dienstleistungen nicht davon abhängt, ob sie in derselben oder verschiedenen Klassen der Nizza-Klassifikation (→ Einleitung Rn. 213 ff.) aufgeführt sind (→ Rn. 100). Dies entspricht der in Art. 39 Abs. 7 MRL enthaltenen Regelung. Eine entsprechende Ergänzung findet sich auch in § 14 Abs. 2 (→ § 14 Rn. 10).

Relative und absolute Schutzhindernisse können sich zum Teil überschneiden (→ Rn. 2 zu notorisch **2.4** bekannten Marken). Zu einem Sonderfall s. BPatG GRUR-RS 2020, 288 – RETROLYMPICS/OLYMPIC: Der Umstand, dass im Beschwerdeverfahren gegen die Zurückweisung der Anmeldung nach § 8 Abs. 2 Nr. 9 (jetzt: § 8 Abs. 2 Nr. 13) festgestellt wurde, dass die angemeldete Wort/Bild-Marke (RETROLYMPICS) nicht gegen das Gesetz zum Schutz des olympischen Emblems und der olympischen Bezeichnungen (Olympia-Schutzgesetz) verstößt, hindert den Inhaber der prioritätsälteren Marke OLYMPIC nicht daran, Widerspruch und ggf. Beschwerde einzulegen. Obwohl es sich um zum Teil parallel gelagerte Fragestellungen handelt, kann ein Rechtsschutzbedürfnis des Inhabers der älteren Marke nicht verneint werden, da die Regelungen unterschiedliche Schutzrichtungen haben und der Rechtsschutz nach dem Olympia-Schutzgesetz insgesamt hinter § 9 zurückbleibt.

Ein gewisser **Unterschied** zwischen den Tatbeständen des § 14 Abs. 2 und den relativen Schutz- **3** hindernissen des § 9 wurde durch das MaMoG – im Einklang mit der MRL – insoweit begründet, als bei § 14 Abs. 2 Nr. 2 kein Kausalitätszusammenhang zwischen den Parametern der Identität bzw. Ähnlichkeit und der Verwechslungsgefahr mehr gefordert wird, während der Wortlaut von § 9 Abs. 1 Nr. 2 unverändert geblieben ist. Die Gesetzgebungsgeschichte ergibt keinen Aufschluss darüber, ob diese Abweichung beabsichtigt war oder ob es sich eher um ein Redaktionsversehen handelt (→ § 14 Rn. 8). Unklar ist ferner, welche Auswirkungen sich daraus ergeben; insbesondere, ob es auf längere Sicht zu einer Auseinanderentwicklung der Beurteilungskriterien im administrativen bzw. Verletzungsverfahren kommen wird, oder ob es lediglich um eine Klarstellung von Unterschieden geht, die bereits im bisher geltenden Recht angelegt waren (→ § 14 Rn. 9).

4   Ungeachtet des (weitgehenden; → Rn. 3) Gleichlaufs im Wortlaut ist zu beachten, dass § 9 und § 14 in unterschiedlichen Situationen Anwendung finden: Während im Fall von § 9 keines der beiden kollidierenden Zeichen benutzt sein muss und sich die Beurteilung daher nur auf die **Registerlage** stützen kann, geht es bei § 14 um die (unter Umständen auch drohende) Benutzung eines Zeichens. Die unterschiedlichen Rahmenbedingungen können das Ergebnis der Beurteilung beeinflussen. So führt der EuGH in der Entscheidung O2/Hutchinson aus, dass bei der Eintragung einer Marke – die dem Inhaber das Recht verleiht, diese nach seinem Belieben zu benutzen – die relativen Eintragungshindernisse im Hinblick auf sämtliche Umstände zu überprüfen seien, unter denen die Marke benutzt werden könnte, während im Fall von § 14 Abs. 2 der Dritte das Zeichen nur punktuell benutzt, so dass sich die Prüfung auf diese Form der Benutzung konzentrieren kann (EuGH C-533/06, GRUR 2008, 698 Rn. 66 f.).

4.1   Ströbele/Hacker/Thiering/Hacker Rn. 6 weist darauf hin, dass sich jedenfalls die Tatbestände des § 9 Abs. 1 Nr. 2 und 3 nicht ohne eine zumindest fiktive Nutzung denken lassen. Dabei sei regelmäßig von einer markenmäßigen Benutzung im engeren Sinne einer rechtserhaltenden Benutzung auszugehen (Ströbele/Hacker/Thiering/Hacker Rn. 9).

5   § 119 Nr. 1 stellt **Unionsmarken** als Widerspruchsrechte im Rahmen des § 9 den nationalen Marken gleich (näher → § 119 Rn. 1 ff.). Wenn die Unionsmarke nach Widerspruchseinlegung für nichtig oder verfallen erklärt wird, bleibt dies ohne Folgen, soweit ein Antrag auf Umwandlung in eine nationale Marke nach Art. 139 UMV gestellt wurde und die Hinderungsgründe des Art. 139 Abs. 2 UMV nicht einschlägig sind (Ingerl/Rohnke/Nordemann/Boddien Rn. 5 noch unter Hinweis auf § 125d aF (jetzt § 121); Ingerl/Rohnke/Nordemann/Kouker § 119 Rn. 7 mit Hinweisen auf die insoweit bestehende Kontroverse zwischen dem 32. Senat (BPatG GRUR 2008, 451 f. – WEB VIP/VIP) und dem 27. Senat (BPatG BeckRS 2009, 3572 – TAXI MOTO)).

5.1   Die Gleichstellung von nationalen und Unionsmarken war ursprünglich in § 125b aF geregelt. Durch Art. 5 Nr. 12 Zweites Gesetz zur Vereinfachung und Modernisierung des Patentrechts vom 10.8.2021 (BGBl. I 3490) wurde die Nummerierung der Norm zu § 119 geändert, ohne dass dies zu wesentlichen inhaltlichen Änderungen geführt hätte.

6   Auf Deutschland erstreckte **IR-Marken** sind den nationalen Marken gleichgestellt; für sie gelten die relativen Schutzhindernisse des § 9 als Gründe für eine Schutzverweigerung bzw. Schutzentziehung (§ 107, § 112, §§ 114 ff., § 119, § 124).

7   § 9 gilt (ebenso wie § 14) auch für **Kollektiv- und Gewährleistungsmarken,** unabhängig davon, dass diese andere Schutzzwecke verfolgen als Individualmarken. So erfüllt eine Kollektivmarke ihre wesentliche Funktion nicht dadurch, dass sie die betriebliche Herkunft der so gekennzeichneten Waren oder Dienstleistungen garantiert, sondern sie weist auf die Mitgliedschaft desjenigen, der die Marke benutzt, in dem Verband hin, der Inhaber der Marke ist (→ Einleitung Rn. 17). Das schließt jedoch nicht aus, dass die gleichen Maßstäbe Anwendung finden, wenn es zB um die Feststellung von Verwechslungsgefahr geht (EuGH C-766/18 P, GRUR-RR 2020, 199 Rn. 66 ff. – Halloumi/BBQLOUMI mAnm Schoene GRUR-Prax 2021, 168; s. auch BPatG GRUR 2020, 1216 – Halloumi/Falloumi).

8   Der für das Bestehen eines älteren Rechts maßgebliche **Zeitrang** ergibt sich allgemein aus § 6 (Anmeldetag § 33, Prioritätstag § 34, § 35), bei IR-Marken nach § 112, § 124, § 125, bei Unionsmarken aus Art. 31 UMV (Anmeldetag), Art. 34–38 UMV (Priorität) bzw. bei Umwandlung aus Art. 139 Abs. 3 UMV. Zur Inanspruchnahme von Seniorität s. Art. 39 und 40 UMV. IR-Marken-Inhaber können sich auf die Priorität einer älteren, identischen deutschen Paralleleintragung berufen (Ingerl/Rohnke/Nordemann/Boddien Rn. 6).

9   Betrifft die Kollision nur einen Teil der Waren/Dienstleistungen, für die die jüngere Marke eingetragen ist, wird diese nur insoweit gelöscht (§ 43 Abs. 2, § 51 Abs. 5). Soweit Oberbegriffe verwendet werden (→ § 32 Rn. 71), können diese allerdings weder vom DPMA noch vom BPatG von sich aus aufgegliedert werden; auch der Widerspruchsführer kann insoweit keinen beschränkten Antrag stellen. Der Schutz ist damit insgesamt zu versagen, wenn auch nur für einen Teil der unter den Oberbegriff fallenden Waren/Dienstleistungen eine Verwechslungsgefahr gegeben ist. Will der Inhaber des angegriffenen Zeichens dies vermeiden, muss er Oberbegriffe von sich aus einschränken und damit auf die Marke teilweise verzichten (s. auch Ströbele/Hacker/Thiering/Hacker Rn. 72).

9.1   Da Widerspruchsführer bzw. Löschungsantragsteller oft nicht zu erkennen geben, ob sie nur einzelne unter einen Oberbegriff fallende Waren/Dienstleistungen als störend empfinden, empfiehlt es sich für den Inhaber des angegriffenen Zeichens, mit dem Gegner Kontakt aufzunehmen, um dies abzuklären.

B. Doppelidentität (Abs. 1 Nr. 1)

§ 9 Abs. 1 Nr. 1 setzt eine **zweifache Identität** voraus, nämlich die der Zeichen und die **10** der Waren und/oder Dienstleistungen. Hier ist keine Verwechslungsgefahr erforderlich (→ § 14 Rn. 265). Ohne Identität von Marken **und** Waren/Dienstleistungen kommt allein die Anwendung von § 9 Abs. 1 Nr. 2 oder Nr. 3 in Betracht.

Identität der Zeichen verlangt grundsätzlich **vollständige Übereinstimmung** und toleriert **11** allenfalls Abweichungen, die so geringfügig sind, dass sie einem Durchschnittsverbraucher entgehen können (→ § 14 Rn. 269; EuGH C-291/00, GRUR 203, 422 Rn. 50 – Arthur/Arthur et Félicie; BGH GRUR 2010, 835 Rn. 32 – Powerball). Wie weit dies in Einzelfällen gehen kann – und inwieweit die Rechtspraxis des EuGH eine gewisse Erweiterung des Zeichenidentitätsbegriffs zulässt (→ Rn. 15.1) – ist zum Teil unklar.

Zeichenidentität wird nicht durch Groß- bzw. Kleinschreibung innerhalb ansonsten identischer **12** Buchstabenfolgen ausgeschlossen; → § 14 Rn. 268.

Grundsätzlich ist keine Identität zwischen Zeichen unterschiedlicher Art (Wortmarke, Bild- **13** marke, Wort-Bild-Marke, 3D-Marke etc.) möglich. Dies gilt jedoch nicht, soweit sich die graphische Gestaltung eines als Wort-Bild-Marke angemeldeten Zeichens auf geringfügige Abweichungen von üblichen Schriftzeichen – etwa eine besondere Strichstärke – beschränkt. In diesem Fall kann eine Wort-Bild-Marke als identisch mit einer Wortmarke betrachtet werden, die dieselbe Buchstabenfolge aufweist (BPatG GRUR-RS 2022, 8503 Rn. 14 – MY-My/My-My).

Marken mit Farbanspruch sind mit solchen ohne Farbanspruch nicht identisch. Während nach **14** früherem Recht von ohne Farbanspruch („Schwarz-Weiß") eingetragenen Marken auch farbige Wiedergaben erfasst wurden, hat sich der BGH der in Konsultationen von Vertretern europäischer Markenämter mit dem EUIPO vereinbarten Praxis angeschlossen, nach der Gegenstand des Schutzes in Schwarz-Weiß eingetragener Marken nur die konkrete Gestaltung ist (→ § 14 Rn. 371; BGH GRUR 2015, 1009 Rn. 14 ff. – BMW-Emblem).

Bei der Beurteilung von Kollisionen im Bereich der Doppelidentität können grundsätzlich alle **15** vom EuGH anerkannten **Markenfunktionen** (→ § 14 Rn. 267) zu berücksichtigen sein. Im Eintragungsverfahren spielen diese Erwägungen jedoch keine Rolle. So findet der Fall, dass ein Dritter eine Marke (etwa in der vergleichenden Werbung) in referierendem Sinne und daher in funktionskonformer Weise benutzt, im Eintragungsverfahren keine Entsprechung; mit der Anmeldung oder Eintragung eines „doppelidentischen" Zeichens für einen Dritten ist stets eine Beeinträchtigung der Herkunftsgarantiefunktion verbunden.

Wohl als Folge der Ausdehnung des Doppelidentitätstatbestands des § 14 Abs. 2 Nr. 1 lockert der **15.1** EuGH die Anforderungen an die Zeichenidentität im Verletzungsverfahren (EuGH C-278/08, GRUR 2010, 451 Rn. 27 – BergSpechte/trekking.at Reisen; Ingerl/Rohnke/Nordemann/Boddie § 14 Rn. 280); anderenfalls könnte die Verwendung leicht abgewandelter Zeichen, die erkennbar und eindeutig diejenige des Markeninhabers repräsentieren (zB in einer vergleichenden Werbung), nur unter dem Aspekt der Verwechslungsgefahr (sowie nach UWG) beurteilt werden (EuGH C-533/06, GRUR 2008, 698 mAnm Ohly – O2/Hutchinson).

Inwieweit entsprechende Ausdehnungstendenzen auch für das Widerspruchs- bzw. Löschungsverfahren **15.2** gelten, ist unklar; es kann jedoch dahinstehen, da in Fällen hochgradiger Zeichenähnlichkeit bei Identität von Waren/Dienstleistungen stets Verwechslungsgefahr gegeben sein wird.

Abweichend von dem zuvor genannten Grundsatz, dass bei Doppelidentität jedenfalls im Rahmen der **15.3** relativen Schutzhindernisse stets von einer Beeinträchtigung der Herkunftsgarantiefunktion auszugehen ist, hat es der EuGH für zulässig erachtet, dass die Marke Budweiser nicht nur von zwei unterschiedlichen Unternehmen für identische Waren (Bier) benutzt wird, sondern dass sie auch für beide Unternehmen eingetragen ist (und bleibt), da davon auszugehen war, dass wegen der seit langem bestehenden gleichzeitigen redlichen Benutzung der Marken für identische Waren die Hauptfunktion der Marke, dh die Gewährleistung der Herkunft der Ware gegenüber den Verbrauchern, nicht beeinträchtigt war (EuGH C-482/09, GRUR 2012, 519 Rn. 82 – Anheuser Busch). Bei dieser Entscheidung handelt es sich jedoch um einen absoluten Sonderfall, der sich kaum auf andere Konstellationen übertragen lässt. Zur Berücksichtigung von Koexistenzen im Fall der Verwechslungsgefahr → Rn. 20.3; Ströbele/Hacker/Thiering/Hacker Rn. 26.

Die Waren bzw. Dienstleistungsidentität wird weniger streng beurteilt als die Zeichenähnlichkeit **16** (→ § 14 Rn. 270; vgl. auch Ingerl/Rohnke/Nordemann/Boddien § 14 Rn. 288). Maßgeblich ist insoweit, ob die Waren/Dienstleistungen ihrer Art nach übereinstimmen (→ § 14 Rn. 311). Waren-/Dienstleistungsidentität liegt nicht nur vor, wenn sich die Begriffe decken, sondern kann auch gegeben sein, wenn die Waren und Dienstleistungen unter einen gleichen Oberbegriff fallen (vgl. BGH GRUR 2009, 484 Rn. 45 – Metrobus; GRUR 2009, 1055 Rn. 64 – airdsl; GRUR

2008, 909 Rn. 14 – Pantogast; GRUR 2008, 903 Rn. 11 – Sierra antiguo). Einzelhandelsdienstleistungen umfassen nicht das Angebot eigener Waren (BPatG GRUR-Prax 2020, 129 mAnm Mandel); Identität scheidet insoweit aus.

17 Weitgehend ungeklärt ist derzeit noch, wie die Warenähnlichkeit bei Marken zu beurteilen ist, die – regelmäßig in Klasse 09 – für sog. non-fungible token (NFT) oder zur Benutzung im Metaverse im Hinblick auf Waren eingetragen werden, die mit analogen Produkten identisch oder diesen ähnlich sind. Bei Berücksichtigung allgemeiner Grundsätze wird sich Ähnlichkeit – und eine daraus resultierende Verwechslungsgefahr – nicht ohne weiteres annehmen lassen; in Betracht kommt jedoch unter Umständen der erweiterte Schutz bekannter Marken (sowie generell der Schutz aufgrund von UWG); ferner ist zumindest grundsätzlich denkbar, dass für diese Sonderfälle eigene Maßstäbe entwickelt werden (zur derzeitigen Rechtslage s. Tann GRUR 2022, 1644).

C. Verwechslungsgefahr (Abs. 1 Nr. 2)

I. Allgemeines

18 Ausreichend ist die **abstrakte Gefahr** von Verwechslungen (BGH GRUR 1960, 130 (133) – Sunpearl II); tatsächliche Verwechslungen sind allenfalls ein Indiz für das Vorliegen einer Verwechslungsgefahr im Rechtssinne (BGH GRUR 1960, 296 (298) – Reiherstieg) und begründen allein für sich noch keine Verwechslungsgefahr (BGH GRUR 1995, 507 f. – City-Hotel; GRUR 1992, 48 (52) – frei öl, zu § 15).

19 Die Frage der Verwechslungsgefahr gilt im deutschen Recht als **Rechtsfrage** (BGH GRUR 2009, 1055 Rn. 62 – airdsl); Beweisaufnahmen dazu scheiden also aus (BGH GRUR 1992, 48 (52) – frei öl; Ströbele/Hacker/Thiering/Hacker Rn. 17). Dagegen liegen die für die Beurteilung maßgeblichen Umstände auf tatsächlichem Gebiet (zur Verkehrsauffassung → Rn. 29 ff.).

19.1 Dass es sich um auf tatsächlichem Gebiet liegende Umstände handelt, bedeutet nicht, dass die Tatsacheninstanz insoweit auf ggf. von den Parteien angebotene Beweismittel wie Sachverständigengutachten zurückgreifen muss. Der Tatrichter kann diese Fragen vielmehr auf der Grundlage eigenen Erfahrungswissens entscheiden, soweit er über ein solches Wissen verfügt (BGH GRUR 2006, 937 Rn. 27 – Ichtyol;) → Rn. 22. Ob das Gericht seine eigene Sachkunde zurecht bejaht hat, ist in der Revisionsinstanz lediglich daraufhin zu überprüfen, ob der Prozessstoff verfahrensfehlerfrei ausgeschöpft wurde und die Beurteilung der Verkehrsauffassung frei von Widersprüchen mit Denkgesetzen und Erfahrungssätzen erfolgt ist (BGH GRUR 2006, 937 Rn. 27 – Ichtyol; GRUR 1990, 1053 f. – Versäumte Meinungsumfrage; GRUR 2002, 552 (527) – Elternbrief).

19.2 Es geht jedoch zu weit, daraus zu folgern, dass es sich bei der Verkehrsauffassung grundsätzlich nicht um eine empirisch zu ermittelnde Frage handelt, sondern dass insoweit allein typisierende Erfahrungssätze zur Anwendung kommen (so aber Ströbele/Hacker/Thiering/Hacker Rn. 18). Bei der Ermittlung der Verkehrsauffassung muss es dem Normzweck zufolge darum gehen, die Wahrnehmung der beteiligten Verkehrskreise nicht nur in abstrakt-typisierter Form, sondern so konkret wie möglich festzustellen. Dass dies in der Praxis anders gehandhabt wird, hat – zumal im Widerspruchsverfahren – gute Gründe; es ändert jedoch nichts daran, dass die Heranziehung von Erfahrungssätzen lediglich ein aus pragmatischen Gründen verwendetes Ersatzmittel für die empirische Ermittlung der Entscheidungsgrundlagen darstellt. Das bedeutet allerdings nicht, dass die ggf. empirisch ermittelte Verkehrsauffassung den Tatrichter bei der Beurteilung der Verletzungsgefahr binden würde; insoweit bleibt es dabei, dass es sich nach zutreffendem Rechtsverständnis um eine Rechtsfrage handelt, für die auch andere, normative Gesichtspunkte eine Rolle spielen (zur abweichenden Auffassung der EuGH und den Konsequenzen → Rn. 20.1 ff.).

20 Die Verwechslungsgefahr kann der BGH in der **Rechtsbeschwerde** vollständig überprüfen, wobei er an den vom BPatG festgestellten Sachverhalt gebunden ist. Dies schließt die Überprüfung der vom Tatrichter angewandten Erfahrungssätze (→ Rn. 23) ein, die der Feststellung der Verkehrsauffassung zugrunde liegen (zB BGH GRUR 2002, 167 (169) – Bit/Bud; Ströbele/Hacker/Thiering/Hacker Rn. 18 mwN).

20.1 Der EuGH betrachtet die Beurteilung der Verwechslungsgefahr dagegen als nicht revisible Tatfrage → § 14 Rn. 273 aE). Ströbele/Hacker/Thiering/Hacker Rn. 17 geht davon aus, dass dies der Behandlung der Verwechslungsgefahr als Rechtsfrage schon deswegen nicht entgegensteht, weil die MRL die Art und Weise der Feststellung der Verwechslungsgefahr dem nationalen Recht überlässt. Ob dies auch für die hier angesprochene Frage gilt, ist jedoch zweifelhaft, zumal sich die rechtsdogmatische Einordnung auch in materieller Hinsicht auswirken kann (→ Rn. 20.3).

20.2 Im Kern geht es hier um eine grundlegende Frage des Markenrechts, nämlich inwieweit sich der Rechtsbegriff der markenrechtlichen Verwechslungsgefahr dem eher tatsachengeprägten Begriff der Irreführung bzw. Verwechslungsgefahr iSv § 5 Abs. 1 und Abs. 2 UWG annähert (zum Verhältnis von Irreführungs- und Verwechslungsgefahr s. bereits Kur GRUR 1989, 240 (245 f.); Ströbele/Hacker/Thiering/ Hacker Rn. 31 f.). Dass das europäische Recht den Mitgliedstaaten in diesem grundlegenden Aspekt tatsächlich freie Hand lassen will, erscheint eher zweifelhaft. Angesichts der Bedenken, die gegen die Übernahme der EuGH-Rechtsprechung in diesem Punkt bestehen, ist es jedoch unabhängig von der Frage der Europarechtskonformität zu begrüßen, dass der BGH an seiner Rechtsprechung bisher jedenfalls weitgehend festgehalten hat (s. aber → Rn. 20.3; → Rn. 35).

Dass der EuGH (ebenso das EuG) die Verwechslungsgefahr als Tatfrage betrachtet, wirkt sich ua darin **20.3** aus, dass faktisch bestehende Koexistenzen im Kontext der Prüfung relativer Schutzhindernisse herangezogen werden können (→ UMV Art. 8 Rn. 135; ausnahmsweise sogar im Fall der Doppelidentität, → Rn. 15.3; zu den Voraussetzungen für die Berücksichtigung von Koexistenzen im unionsrechtlichen Widerspruchsverfahren EuG T-633/19, GRUR-RS 2021, 3753 - Kerrygold/Kerrymaid mAnm Schoene GRUR-Prax 2021, 222). Dadurch wird das Ziel des Markenrechts konterkariert, nicht allein gegen konkret drohende Irreführungsgefahren zu schützen, sondern durch die Zuweisung eines ausreichenden Schutzbereichs den ordnungspolitischen Rahmen für einen rechtssicheren und entwicklungsfähigen Bestand des Markenwesens zu setzen (hierzu bereits Kur GRUR 1989 240, 245 f.; zur anders gelagerten Situation im Verletzungsverfahren, in dem die Gegebenheiten des Einzelfalles einschließlich von Art und Umständen der Benutzung eine größere Rolle spielen; → § 14 Rn. 9.1 ff.). Kritisch zu betrachten ist ferner, dass sich der EuGH auch im Hinblick auf die Frage, inwieweit aus Übereinstimmungen im Hinblick auf schwach unterscheidungskräftige sowie beschreibende Zeichenelemente eine die Verwechslungsgefahr begründende Zeichenähnlichkeit hergeleitet werden kann, allein an der Verbraucherwahrnehmung orientiert und normativ wertende Überlegungen zur Berücksichtigungsfähigkeit solcher Übereinstimmungen prinzipiell ausschließt (→ Rn. 35; → Rn. 35.1 ff.). Dabei muss alarmieren, dass sich der BGH der zuletzt genannten Rechtsprechung nunmehr anzuschließen scheint (BGH GRUR 2020, 870 Rn. 69 – INJEKT/INJEX). Kritisch zu den „Verwässerungstendenzen" des markenrechtlichen Schutzbereichs durch den EuGH sowie neuerdings auch den BGH Ströbele/Hacker/Thiering/Hacker Rn. 32; Ströbele/Hacker/Thiering/Hacker § 14 Rn. 320 ff., 322 f.; Hacker FS Fezer, 587 ff.).

Für die Beurteilung der Verwechslungsgefahr ist grundsätzlich der **Zeitpunkt** der Entscheidung **21** über den Widerspruch bzw. der Zeitpunkt der letzten mündlichen Verhandlung maßgeblich (BGH GRUR 2002, 544 (546) – Bank 24). Die Frage ist jedoch strittig (aA unter Hinweis auf § 51 Abs. 4 S. 2 Ströbele/Hacker/Thiering/Hacker Rn. 81: maßgeblich sind Anmelde- bzw. Prioritätszeitpunkt der angegriffenen Marke). Die insoweit bestehenden Unklarheiten sind jedoch ohne größere praktische Relevanz, da für das in diesem Kontext primär bedeutsame Kriterium der Kennzeichnungskraft der älteren Marke ohnehin eine andere Regelung gilt (→ Rn. 37). Zu möglichen Änderungen hinsichtlich der tatsächlichen Verhältnisse, auf denen die Annahme einer Ähnlichkeit von Zeichen oder Waren/Dienstleistungen beruht, → § 14 Rn. 281.

Die erforderlichen Feststellungen trifft das Gericht auf Grund seiner eigenen Sachkunde, die **22** kein Fachwissen voraussetzt. Ein Rückgriff auf demoskopische Gutachten ist selbst im Verletzungsverfahren unüblich (→ § 14 Rn. 337).

Daneben greifen DPMA, BPatG und BGH zur Feststellung der Markenähnlichkeit auf **Erfah- 23 rungssätze** zurück (→ § 14 Rn. 338). Von Hacker werden diese als „Rechtsanwendungshilfen bei der Bildung des aus dem Gesetz zu gewinnenden Obersatzes, also Hilfsmittel bei der Gesetzesauslegung" bezeichnet (Hacker GRUR 2004, 537 (545); dazu auch → Rn. 19.2).

II. Voraussetzungen der Verwechslungsgefahr

Verwechslungsgefahr ist gegeben, wenn die angesprochenen Kreise annehmen können, die mit **24** den jeweiligen Marken bezeichneten Waren oder Dienstleistungen stammten aus demselben oder jedenfalls aus wirtschaftlich miteinander verbundenen Unternehmen. Dies ist unter **Berücksichtigung aller Umstände des Einzelfalls** umfassend zu beurteilen (grundlegend EuGH C-251/95, GRUR 1998, 387 Rn. 22 – Sabèl/Puma; BGH GRUR 2010, 235 Rn. 15 – AIDA/AIDU).

Zur Maßgeblichkeit des Gesamteindrucks → § 14 Rn. 373. **25**

Außer von der Identität bzw. vom Grad der Ähnlichkeit der Zeichen und der Waren bzw. **26** Dienstleistungen hängt die Verwechslungsgefahr von der Kennzeichnungskraft der älteren Marke ab (→ Rn. 33; BGH GRUR 2006, 859 Rn. 16 – Malteserkreuz; → § 14 Rn. 282).

Die verschiedenen Kriterien sind zwar voneinander unabhängig zu beurteilen (BGH GRUR **27** 2002, 544 (546) – Bank 24), stehen aber in einer **Wechselwirkung** zueinander (→ § 14 Rn. 276). Deshalb kann ein höherer Grad eines Faktors einen niedrigeren Grad eines anderen Faktors ausgleichen (BGH GRUR 2010, 833 Rn. 12 – Malteserkreuz II). Diese Wechselwirkung kann jedoch das völlige Fehlen einer der Komponenten nicht ausgleichen (→ Rn. 55; vgl. BGH GRUR 2008, 714 Rn. 42 – idw); es bleibt dann allenfalls Nr. 3 (→ Rn. 75).

III. Arten der Verwechslungsgefahr

28   Der BGH unterscheidet drei Arten der Verwechslungsgefahr, von denen die erste vorrangig zu prüfen ist:

- Eine **unmittelbare Verwechslungsgefahr** liegt vor, wenn die Gefahr besteht, dass die Zeichen miteinander verwechselt werden und das eine Zeichen fälschlicherweise für das andere gehalten wird.
- Die Gefahr des gedanklichen Inverbindungbringens (**mittelbare Verwechslungsgefahr** bzw. Verwechslungsgefahr unter dem Aspekt des **Serienzeichens**) ist gegeben, wenn das Publikum die Zeichen zwar als unterschiedlich erkennt, aber aufgrund gemeinsamer Zeichenbildung demselben Unternehmen zuordnet (→ Rn. 73).
- Bei einer Verwechslungsgefahr **im weiteren Sinne** werden die Zeichen nicht verwechselt und nicht denselben Unternehmen zugeordnet; aufgrund besonderer Umstände entsteht jedoch der unzutreffende Eindruck, dass die Waren oder Dienstleistungen aus wirtschaftlich miteinander verbundenen Unternehmen stammen (→ Rn. 74).

IV. Maßgebliche Verkehrsauffassung

29   Welche Verkehrsauffassung im Einzelfall zugrunde zu legen ist, beurteilt sich im Wesentlichen nach drei Kriterien: den beteiligten Verkehrskreisen (→ § 14 Rn. 340 ff.), deren Aufmerksamkeit (→ § 14 Rn. 347) und dem maßgeblichen Verbraucherleitbild (→ § 14 Rn. 346). Letzterem zufolge bilden durchschnittlich informierte, aufmerksame und verständige Durchschnittsverbraucher der betreffenden Waren und Dienstleistungen den Maßstab (soweit sich die Waren/Dienstleistungen an Verbraucher richten; entsprechendes gilt für Fachkreise). Der Aufmerksamkeitsgrad kann nach der Art der Waren und Dienstleistungen variieren (→ § 14 Rn. 349: zB besonders hoher Aufmerksamkeitsgrad bei Arzneimitteln; s. auch BPatG GRUR-RS 2022, 21957 Rn. 32 mwN – Konfor/Koinor: erhöhte Aufmerksamkeit beim Kauf von Möbeln). Die beteiligten Verkehrskreise können sowohl Fachkreise (→ § 14 Rn. 348) als auch die Allgemeinheit umfassen (→ § 14 Rn. 349), wenn beide als Abnehmer in Frage kommen.

30   Zu berücksichtigen ist, dass sich den Abnehmern nur selten die Möglichkeit bietet, zwei Marken unmittelbar miteinander zu vergleichen. Sie müssen sich daher auf ihre (unvollkommene) **Erinnerung** verlassen (→ § 14 Rn. 377; BGH GRUR 2003, 1047 (1049) – Kellogg's/Kelly's), die wiederum vom **Grad der Aufmerksamkeit** abhängt, die sie der Marke auf dem entsprechenden Gebiet entgegenbringen (→ § 14 Rn. 347 ff.).

31   Nach früher herrschender Auffassung spielen **Übereinstimmungen** für die Annahme einer Verwechslungsgefahr eine größere Rolle als **Abweichungen;** BGH GRUR 2004, 783 (785) – Neuro-Vibolex/Neuro-Fibraflex; GRUR 1999, 735 f. – Monoflam/Polyflam). Der EuGH wendet diesen Erfahrungssatz nicht an (→ § 14 Rn. 373; in der Rechtsprechung des BGH wird daran jedoch grundsätzlich festgehalten (→ § 14 Rn. 378).

32   Eine **gespaltene Verkehrsauffassung** ist nur in **Ausnahmefällen** praxisrelevant (→ § 14 Rn. 350); sie kommt insbesondere bei **fremdsprachigen Marken** in Betracht. Waren bzw. Dienstleistungen, die mit fremdsprachigen Marken gekennzeichnet werden, richten sich häufig gezielt an Kreise, die die betreffende Sprache bzw. Schrift beherrschen und in entsprechend spezialisierten Geschäften ihren Bedarf decken. (Nur) soweit diese Kreise sich objektiv voneinander abgrenzen lassen, reicht es für eine Verwechslungsgefahr aus, wenn diese bei einem der angesprochenen Verkehrskreise besteht (BGH GRUR 2012, 64 Rn. 9 – Maalox/Melox-GRY; GRUR 2013, 631 Rn. 64 – AMARULA/Marulablu; zur Anwendung derselben Grundsätze bei § 26 Abs. 3 s. BGH GRUR 2015, 587 Rn. 23 ff. – PINAR; zur gespaltenen Verkehrsauffassung bei der Beurteilung der Unterscheidungskraft BPatG GRUR-RS 2021, 35509 – GUSTUL ROMANIEI, mAnm Albrecht GRUR-Prax 2022, 10). Für die Frage der Kennzeichnungskraft bleibt in diesen Fällen neben der Sicht der fremdsprachigen auch diejenige der deutschsprachigen Kreise relevant (OLG Hamburg GRUR-RR 2006, 400 f. – Stolitschnaja; GRUR-RR 2005, 45 (48) – Datschnie). Es reicht somit grundsätzlich aus, dass in einer der relevanten Gruppen eine Verwechslungsgefahr besteht (BGH GRUR 2013, 631 Rn. 64 – AMARULA/Marulablu; GRUR 2012, 64 Rn. 9 aE – Maalox/Melox-GRY; BPatG GRUR-RS 2022, 21957 Rn. 50 – my Konfor/Koinor). Zu beachten sind auch die Sprachkenntnisse der am Handel beteiligten **Fachkreise** neben denen der allgemeinen Verkehrskreise (BGH GRUR 2015, 244 – PINAR; GRUR 2014, 1013 Rn. 33 – Original Bach Blüten; GRUR 2012, 54 Rn. 9 – Maalox/Melox-GRY; BPatG BeckRS 2014,

16781 – Secret Krasoti/Geheimnis der Schönheit). Zu den im Rahmen von § 8 Abs. 2 Nr. 5 geltenden Grundsätzen → § 8 Rn. 797.

Entscheidungserhebliche Teile der allgemeinen inländischen Bevölkerung sollen kyrillische Buchstaben **32.1** lesen und russische Wörter ohne Mühe erfassen können (BPatG BeckRS 2014, 16781 – Secret Krasoti/ Geheimnis der Schönheit; BeckRS 2007, 08029 – Shiguljowskoje (Biersorte); BeckRS 2010, 01228 – Rossijskaja; BeckRS 2014, 01342 – Taiga).

Der 25. sowie der 28. Senat des BPatG haben mehrfach entschieden, dass beschreibende Angaben in **32.2** türkischer Sprache von einem rechtlich relevanten Teil der einheimischen Verkehrskreise – türkischsprachige Verbraucher sowie Personen, die des Türkischen jedenfalls in gewissem Maße mächtig sind – verstanden werden und daher ggf. der Unterscheidungskraft entbehren (BPatG (25. Senat) BeckRS 2008, 12506 – Kanal Avrupa; BeckRS 2011, 27379 – has Antep; (28. Senat) BeckRS 2019, 10782 – Kasap (Rechtsbeschwerde zugelassen, aber nicht eingelegt); aA der – inzwischen aufgelöste – 27. Senat; 27 W (pat) 555/ 17, BeckRS 2019, 12452). Dementsprechend wird das Zeichen „Köz Urfa" von den relevanten Verkehrskreisen im Sinne von „Grillrestaurant nach Art (der Stadt) Urfa" verstanden und besitzt daher unterdurchschnittliche Kennzeichnungskraft für Waren und Dienstleistungen der Klassen 29, 30 und 43. Trotz teilweiser Identität von Waren und Dienstleistungen wurde daher keine Verwechslungsgefahr mit dem Zeichen „KÖZ HAS URFA Holzkohle Grill Restaurant" angenommen (BPatG (25. Senat) GRUR-RS 2020, 293941 – Köz Urfa). Zu beachten ist dabei allerdings, dass nach neuerer Rechtsprechung fehlende Verwechslungsgefahr nicht pauschal mit dem Hinweis darauf verneint werden kann, dass sich die Übereinstimmung auf beschreibende oder sonst nicht unterscheidungskräftige Zeichenbestandteile beschränkt (→ Rn. 35).

V. Kennzeichnungskraft der älteren Marke

Die Kennzeichnungskraft der älteren Marke wird in § 9 Abs. 2 Nr. 2 nicht ausdrücklich als **33** Kriterium der Verwechslungsgefahr erwähnt (innerhalb der Wechselwirkung, → Rn. 26), sie ist aber dennoch ein wichtiges Kriterium für die Beurteilung der Verwechslungsgefahr. Marken mit erhöhter Kennzeichnungskraft genießen nämlich einen erweiterten **Schutzumfang** (ausführlich → § 14 Rn. 282; grundlegend auch insoweit EuGH C-251/95, GRUR 1998, 387 Rn. 24 – Sabèl/Puma). Umgekehrt gilt, dass die schwache Kennzeichnungskraft beschreibender Angaben oder sonst am Rande der Schutzfähigkeit liegender Marken zu einem geringeren Schutzumfang führt (BPatG Beschl. v. 3.2.2015 – 27 W (pat) 67/14 – Legacy Open Air/Open Air; BeckRS 2017, 107096 – N4Life/4Life mAnm Ebbecke GRUR-Prax 2017, 234; BeckRS 2018, 1228 – Photon/Phntnn Power Plant; BeckRS 2019, 4078 – Rösta/barösta kaffeebar (Wortbildmarke); BPatG GRUR-RS 2021 37402 – dental.h/DENTAL X; GRUR-RS 2022, 28301 – Edition/ Edition H); zum Erkennen einer beschreibenden Bedeutung in fremden Sprachen → Rn. 32.

Bei weitgehend beschreibenden Angaben konzentriert sich die Prüfung der Verwechslungsge- **34** fahr auf die **Eigenprägung,** der solche Zeichen ihre (schwache) Unterscheidungskraft verdanken (BGH GRUR 1989, 264 f. – REYNOLDS R 1/EREINTZ; GRUR 1999, 238 (240) – Tour de culture; GRUR 2013, 833 Rn. 34 – Culinaria/Villa Culinaria; GRUR 2013, 631, Rn. 59 – AMARULA/MARULABLU; GRUR 2012, 1040 Rn. 39 – pjur/pure). Zu einer relevanten Zeichenähnlichkeit kann es daher führen, wenn die jüngere Marke gerade diejenigen Elemente übernimmt, auf denen die Eigenprägung beruht, da der Schutzumfang der Marke nur im Verhältnis zu der beschreibenden Angabe, nicht jedoch im Verhältnis zu Zeichen eingeschränkt ist, die sich in gleicher oder ähnlicher Weise an den beschreibenden Begriff anlehnen (BGH GRUR 2008, 803 Rn. 22 – Heitec/Haitec). Die Eigenprägung eines an eine beschreibende Angabe angelehnten Zeichens kann jedoch nicht aus Elementen hergeleitet werden, die ihrerseits seinerseits banal und üblich sind (BGH GRUR 2003, 963 (965) – AntiVir/AntiVirus (im Hinblick auf das groß geschriebene „Binnen-V").

Eingehend zu den Auswirkungen eingeschränkter Kennzeichnungskraft bzw. Schutzfähigkeit im Amts- **34.1** verfahren Ströbele/Hacker/Thiering/Hacker Rn. 193 ff.; bei mehrteiligen Zeichen Ströbele/Hacker/Thiering/Hacker Rn. 354 ff.

Bei der Prüfung der Verwechslungsgefahr dürfen schwache oder schutzunfähige Bestandteile **35** einer Marke allerdings nicht von vornherein aus der Beurteilung der Zeichenähnlichkeit ausgeschlossen werden (EuGH C-705/17, GRUR 2020, 52 Rn. 46 – Hansson (Roslagspunsch/ ROSLAGSÖL); BGH GRUR 2020, 870 Rn. 69 – INJEKT/INJEX; GRUR 2020, 1202 Rn. 26 – YO/YOOFOOD; für das Widerspruchsverfahren BPatG GRUR-RS 2021, 22006 – BURGER-MEISTER; s. aber → Rn. 35.4). Der vom EuGH regelmäßig betonte Charakter der Beurteilung von Verwechslungsgefahr als Einzelfallprüfung, bei der die Kriterien der Ähnlichkeiten von Zeichen bzw. von Waren und Dienstleistungen sowie der Kennzeichnungskraft miteinander in Wechselwirkung stehen, steht dieser Rechtsprechung zufolge der Anwendung allgemeiner Vermutungen entgegen (EuGH C-705/17, GRUR 2020, 52 Rn. 54 – Hansson (Roslagspunsch/ROSLAGSÖL); BGH GRUR 2020, 870 Rn. 69 – INJEKT/INJEX). Die Ausrichtung der Entscheidung an diesen Grundsätzen erscheint allerdings dann verfehlt, wenn sie dazu führt, dass die Verwechslungsgefahr **ausschließlich** mit Übereinstimmungen im Hinblick auf **rein beschreibende** Zeichenelemente begründet wird.

35.1   Als unbeachtlich für die Beurteilung der Verwechslungsgefahr wurde es in EuGH C-705/17, GRUR 2020, 52 Rn. 62 – Hansson (Roslagspunsch/ROSLAGSÖL) bezeichnet, dass im konkreten Fall die ältere Wort-/Bildmarke mit dem Disclaimer eingetragen worden war, dass dadurch keine ausschließlichen Rechte an dem Wort „Roslagspunsch" (zusammengesetzt aus der geografischen Angabe „Roslags-" und der Bezeichnung der von der Eintragung erfassten Waren) verliehen wurden.

35.2   Dem Einwand, dass schutzunfähige Zeichenbestandteile auf diese Weise einen Schutz erlangen können, der ihnen im System des Markenrechts nicht zukommt, wird vom EuGH entgegengehalten, dass der betreffende Bestandteil zum einen nicht isoliert, sondern nur in Kombination mit weiteren (allerdings im vorliegenden Fall nicht prägenden) Bestandteilen geschützt werde, dass ferner bei Schutzunfähigkeit des gesamten Zeichens die Möglichkeit der Löschung bestünde und dass schließlich die Benutzung beschreibender Zeichenbestandteile im Rahmen der Schrankenbestimmungen zulässig sei (EuGH C-705/17, GRUR 2020, 52 Rn. 57-60 – Hansson (Roslagspunsch/ROSLAGSÖL)).

35.3   Die Argumente des EuGH überzeugen nicht. So ändert der Umstand, dass lediglich Schutz für die gesamte, Wort- sowie (im Gesamteindruck eher untergeordnete) Bildbestandteile umfassende Marke erworben wurde, nichts daran, dass es im konkreten Fall allein um die Übereinstimmung des auf die geografische Herkunft hinweisenden Zeichenbestandteils „Roslags-" ging. Wenn dies als ausreichend für die Bejahung von Verwechslungsgefahr betrachtet wird, widerspricht das so erzielte Ergebnis den dem Markenrecht zugrundeliegenden Wertungen, nach denen ein solcher Schutz prinzipiell (vorbehaltlich ggf. erworbener Unterscheidungskraft) ausgeschlossen ist. Für diese Feststellung bedarf es keiner Einzelfallbewertung; sie ergibt sich aus dem Gesetz, das insoweit zwingend ist und nicht lediglich eine „Kann"-Vorschrift darstellt. Der Hinweis auf die Löschbarkeit beschreibender Marken geht regelmäßig ins Leere, wenn die Voraussetzungen wegen des Vorhandenseins zumindest schwach kennzeichnungskräftiger Bestandteile nicht erfüllt sind. Ferner ist zwar richtig, dass dem Inhaber des jüngeren Zeichens im konkreten Fall nicht verwehrt werden kann, seine Waren als „Öl frän Roslagen" (Bier aus der Region Roslag) zu bezeichnen; dies kann jedoch kaum als gleichwertig mit der Möglichkeit der Benutzung des kürzeren, prägnanteren Kennzeichens gelten. Der EuGH selbst hat in seiner Rechtsprechung zu den absoluten Eintragungshindernissen darauf hingewiesen, dass der Hinweis auf die Zulässigkeit einer beschreibenden Benutzung die Auslegung von (damals) Art. 3 Abs. 1 lit. a RL 104/98/EWG nicht beeinflussen darf, zumal Dritten dadurch nicht das Recht eingeräumt wird, eine solche Bezeichnung als Marke zu verwenden (EuGH verb. Rs. C-107/97 und C-109/97, GRUR 1999, 723 Rn. 28 – Windsurfing Chiemsee/Huber und Attenberger). Entsprechendes muss auch hier gelten: Durch die Anwendung der Schranken können die durch eine verfehlte, grundlegende Prinzipien des Markenrechts nicht hinreichend beachtende Beurteilung der Verwechslungsgefahr verursachten Nachteile nicht ausgeglichen werden.

35.4   Der 25. Senat des BPatG hält ungeachtet der EuGH-Rechtsprechung an dem Grundsatz fest, dass eine markenrechtlich relevante, dh zur Verwechslungsgefahr führende Zeichenähnlichkeit aus Rechtsgründen zu verneinen ist, soweit sich die Übereinstimmungen auf die beschreibende oder sonst schutzunfähige Angabe selbst beschränken (BPatG GRUR-RS 2021, 5708 Rn. 22 – Waffelwerk; im Ergebnis ebenso („kommt kein entscheidendes Gewicht zu"), dabei allerdings die Vereinbarkeit mit der Rechtsprechung des BGH betonend, der 30. Senat, GRUR-RS 2021, 37402 Rn. 26 ff. – dental.h/DENTAL X; GRUR-RS 2021, 46055 Rn. 49 – Äskulapstab). Der 29. Senat übernimmt hingegen unter Berufung auf die BGH-Rechtsprechung den Grundsatz, dass auch schutzunfähigen Bestandteilen eingetragener Marken im Widerspruchsverfahren der Schutz gegen Verwechslungsgefahr nicht ohne weiteres versagt werden kann (BPatG GRUR-RS 2021, 22006 Rn. 26 – BURGERMEISTER). Im konkreten Fall kam es darauf jedoch nicht an, da der mit dem Wortbestandteil der angemeldeten Wort-/Bildmarke identischen Wortmarke „BURGERMEISTER" eine zumindest unterdurchschnittliche Kennzeichnungskraft zugesprochen wurde.

36   Für die Beurteilung der Kennzeichnungskraft gelten zum einen dieselben Kriterien wie für die originäre Unterscheidungskraft im Rahmen des § 8 Abs. 2 Nr. 1 (→ § 8 Rn. 98); zu ihrer Ermittlung → § 14 Rn. 286 ff. Von großer Bedeutung ist daneben die im Verkehr erworbene Bekanntheit → § 14 Rn. 305.

36.1   Auch ein Hinweis auf ein regionales Angebot zu einem bestimmten Thema hat einen beschreibenden Anklang und somit nur eine geringe Kennzeichnungskraft (BPatG BeckRS 2015, 00684 – DaliDesign/DaliBerlin). Ebenso können Bestimmungsangaben zum Verwendungsort beschreibend sein (BPatG GRUR-

Prax 2015, 278 – Avus); dasselbe gilt für populäre Sprachwendungen, die naheliegende Dekorationsmotive sind (BPatG BeckRS 2015, 00540 – Plan B; aA BPatG GRUR 2015, 73 – Bavarian Bohème).

Der Umstand, dass eine Ware in der Form der Marke hergestellt wird, schwächt jedoch nicht die **36.2** originäre Kennzeichnungskraft der Marke wegen beschreibender Anklänge im Hinblick auf die Waren, für die sie Schutz beansprucht, wenn die Form des Produkts nicht funktionsbedingt vorgegeben oder die Ware beschreibend ist (BGH GRUR 2017, 75 – Wunderbaum II).

Zur **Schwächung der Kennzeichnungskraft** kann auch die Verwendung von **Drittzeichen** führen. **36.3** Dabei handelt es sich jedoch um einen Ausnahmetatbestand; er setzt voraus, dass die Benutzung der entsprechenden Zeichen in erheblichem Umfang erfolgt, der das Publikum zu erheblicher Aufmerksamkeit zwingt; ferner muss sie im gleichen oder in eng benachbarten Waren- und Dienstleistungsbereich(en) erfolgen. Zu einer Schwächung kommt es ferner nur dann, wenn die Drittmarken der älteren Marke näherkommen als der angegriffenen (BGH GRUR 1990, 367 f. – Alpi/Alba Moda; GRUR 1991, 472 (474) – Germania; GRUR 2001, 1161 f. – CompuNet/ComNet I; GRUR 2002, 626 (628) – IMS; GRUR 2008, 1104 Rn. 25 – Haus & Grund II; GRUR 2012, 930 Rn. 40 – Bogner B/Barbie B; Ströbele/ Hacker/Thiering/Hacker Rn. 184 ff. Die Benutzung der Drittzeichen vor dem Anmeldezeitpunkt der angegriffenen Marke muss liquide sein; anderenfalls muss eine wesentlich größere Anzahl von Drittmarken bestehen; BPatG GRUR-RS 2022, 512 Rn. 33 – Silver Horse/Power Horse, mAnm Albrecht GRUR Prax 2022, 512.

Die die Verwechslungsgefahr begründende Kennzeichnungskraft der älteren Marke muss bereits **37** zum Anmelde- (bzw. Prioritäts-)zeitpunkt bestanden haben (→ § 14 Rn. 289; BGH GRUR 2006, 859 Rn. 32 – Malteserkreuz). Diese bereits der bisherigen Rechtsprechung entsprechende Regelung wurde durch das MaMoG in § 51 Abs. 4 S. 2 aufgenommen (Umsetzung von Art. 8 lit. b MRL; für das Verletzungsverfahren s. § 22 Abs. 1 Nr. 3). Erst nach dem Prioritätszeitpunkt der jüngeren Marke eingetretene **Steigerungen** der Kennzeichnungskraft sind daher unbeachtlich (BGH BeckRS 2008, 17700 Rn. 14 – Sierra antiguo; GRUR 2002, 1067 (1069) – DKV/OKV).

Da es bei der Entscheidung im Widerspruchsverfahren um eine Regelung des Zeichenkonflikts **38** für die Zukunft geht, muss die zum Anmeldezeitpunkt ggf. vorliegende Kennzeichnungskraft auch noch zum Zeitpunkt der Entscheidung bestehen (Ströbele/Hacker/Thiering/Hacker Rn. 225). Zum Verletzungsverfahren → § 14 Rn. 290 f.

Eine nach dem Prioritätszeitpunkt eintretende **Schwächung** der Widerspruchsmarke ist daher **39** zu berücksichtigen (BGH GRUR 1963, 626 (628) – Sunsweet; GRUR 2008, 903 Rn. 14 – Sierra antiguo). Dies gilt unabhängig davon, ob die Schwächung auf das Verhalten oder ein Unterlassen des Markeninhabers (wie etwa die Duldung von Drittzeichen, die ausnahmsweise zu einer Schwächung führen kann, → Rn. 36.3, → § 14 Rn. 300 ff.), zurückzuführen ist.

In der Entscheidung Levi Strauss/Casucci hatte der EuGH erklärt, die Benutzung eines Zeichens dürfe **39.1** nicht untersagt werden, wenn die Klagemarke zum Entscheidungszeitpunkt „ihre Unterscheidungskraft infolge eines Tuns oder Unterlassens ihres Inhabers verloren hat, so dass sie zu einer gebräuchlichen Bezeichnung i.S. von Art. 12 II der Richtlinie 89/104/EG geworden und deshalb verfallen ist" (EuGH C-145/05, GRUR 2006, 495 Rn. 37). Das vorlegende Gericht hatte gefragt, ob dies (auch dann) zutrifft, wenn die Marke ihre Unterscheidungskraft ganz **oder teilweise** verloren hat. Auf den letzten Teil der Frage, der sich auf die bloße **Schwächung** (nicht den Verlust) von Unterscheidungskraft bezieht, geht der EuGH nicht ein. Es wäre jedoch zu weitgehend, aus dem Umstand, dass sich der EuGH in seiner Antwort auf die Voraussetzungen der Entwicklung zur Gattungsbezeichnung beschränkt hat, die generelle Schlussfolgerung zu ziehen, dass auch eine Schwächung der Marke im Verletzungs- (und Löschungs-)verfahren **nur dann** berücksichtigt werden darf, wenn sie auf das Verhalten des Markeninhabers zurückgeht (so aber Ströbele/Hacker/Thiering/Hacker Rn. 222, der dies allerdings im Gegensatz zur Vorauflage insoweit einschränkt, als sich aus der Begründung des EuGH ergeben soll, dass dies nur für die aus der Verletzung selbst folgende Schwächung gilt).

Hat eine ursprünglich nicht unterscheidungskräftige Marke infolge von Benutzung **Unter-** **40** **scheidungskraft erlangt,** ist regelmäßig von einer mindestens durchschnittlichen Kennzeichnungskraft auszugehen (BGH GRUR 2007, 780 Rn. 35 – Pralinenform I). Handelt es sich um eine aufgrund erworbener Unterscheidungskraft eingetragene Unionsmarke, so gilt das allerdings nur dann, wenn im Verfahren der Nachweis geführt wird, dass der Erwerb von Unterscheidungskraft gerade für Deutschland erfolgt ist (BGH GRUR 2017, 79 Rn. 21 ff. – Oxford Club).

Für die Beurteilung gesteigerter Kennzeichnungskraft aufgrund von Benutzung ist grundsätzlich **41** die Lage innerhalb Deutschlands maßgeblich. Es kann jedoch nicht ausgeschlossen werden, dass die originäre Kennzeichnungskraft einer Marke bei inländischen Verkehrskreisen dadurch gesteigert wird, dass die Marke nicht nur im Inland, sondern **in zahlreichen weiteren Ländern** präsent ist und inländische Verkehrskreise der Marke bei Reisen ins Ausland begegnen (BGH GRUR 2017, 75 Rn. 42 – Wunderbaum II).

41.1 Die erhöhte Verkehrsbekanntheit eines Zeichens kann auch auf der Benutzung ausschließlich als Teil eines Gesamtzeichens beruhen (EuGH C-488/06 P, GRUR-RR 2008, 335 Rn. 49 ff. – Aire Limpio; BPatG GRUR-RS 2014, 06403).

42 Veränderungen in der Kennzeichnungskraft betreffen jeweils nur die eingetragenen Waren und Dienstleistungen, für die eine entsprechend nachhaltige Benutzung erfolgt (BGH GRUR 2004, 239 f. – Donline) bzw. ein Verlust an Kennzeichnungskraft eingetreten ist. Beides kann allenfalls im Einzelfall auf eng verwandte Waren/Dienstleistungen ausstrahlen (BPatG GRUR 2006, 338 (342) – DAX-Trail/DAX; GRUR 2005, 773 (776) – Blue Bull/Red Bull; GRUR-RS 2020, 29498 Rn. 16 – Zeiss/Zeising).

43 Im Rahmen des Widerspruchsverfahrens ist die **Glaubhaftmachung** einer intensiven Benutzung des älteren Zeichens ausreichend (BGH GRUR 2006, 859 Rn. 33 – Malteserkreuz). Sofern die relevanten Tatsachen nicht gerichtsbekannt sind, findet keine Amtsermittlung zur Feststellung einer erhöhten Kennzeichnungskraft statt (→ § 73 Rn. 12); zur Unionsmarke → UMV Art. 95 Rn. 60.

44 Unter Umständen können für die Beurteilung der Kennzeichnungskraft des älteren Zeichens auch die Waren und Dienstleistungen der **angegriffenen Marke** zu berücksichtigen sein. So soll es den Schutzumfang einer originär über durchschnittliche Kennzeichnungskraft verfügenden Marke schmälern, wenn sich der Widerspruch gegen eine Marke richtet, die für ähnliche Waren und Dienstleistungen eingetragen ist, für die die Widerspruchsmarke nicht eingetragen worden wäre oder allenfalls über eine sehr geringe Kennzeichnungskraft verfügen würde (BGH GRUR 2004, 949 (950) – Regiopost/Regional Post; BeckRS 2008, 05275 – gap it!/GAP).

44.1 Der BGH hat in einem Verletzungsfall für die erneut vorzunehmende Prüfung der Verwechslungsgefahr darauf hingewiesen, Ansprüche aus der für die Waren „Papier, Pappe (Karton), Verpackungsmaterial" eingetragenen Marke „Regiopost" gegen die für die Dienstleistung „Transportwesen" eingetragene Marke „Regional Post" kämen in Betracht, wenn „Regiopost" im Bereich des Transportwesens als beschreibend anzusehen sei (BGH GRUR 2004, 949 (950)). Der BGH verweist dabei auf seine Entscheidung zu „AntiVir/AntiVirus" (BGH GRUR 2003, 963), die Abwandlungen beschreibender Angaben betrifft. Konnten sie nur wegen (geringfügiger) Veränderung gegenüber der Originalangabe als Marke eingetragen werden, ist ihr Schutzumfang eng zu bemessen, weil ein weitergehender Schutz dem markenrechtlichen Schutz der beschreibenden Angabe selbst gleichkommen würde.

44.2 Das BPatG billigt aus rechtlichen Gründen Widerspruchsmarken keinen markenrechtlichen Schutz gegenüber einer Ware und/oder Dienstleistung der angegriffenen Marke zu, für die sie selbst schutzunfähig sind (BPatG BeckRS 2008, 05275 – gap it!/GAP). Unerheblich ist dabei, ob die angegriffene Marke sich gleichfalls als schutzunfähig erweisen würde, denn für die Frage der Verwechslungsgefahr ist nur der Schutzumfang der Widerspruchsmarke, die ihren Schutzbereich verteidigt, von Bedeutung. Ströbele/Hacker/Thiering/Hacker Rn. 215 formuliert „es versteht sich, dass der Schutzumfang ... nicht auf solche Waren/DL ausgedehnt werden kann, für welche die ältere Marke einen beschreibenden Sinngehalt aufweist oder sonst schutzunfähig ist".

VI. Ähnlichkeit der Waren und Dienstleistungen

45 Ähnlichkeit der Waren/Dienstleistungen ist gegeben, wenn diese so enge Berührungspunkte aufweisen, dass die beteiligten Kreise davon ausgehen, dass die betroffenen Waren/Dienstleistungen aus demselben oder jedenfalls aus wirtschaftlich miteinander verbundenen Unternehmen stammen. Zu den insoweit maßgeblichen Faktoren zählen insbesondere die Art der Waren oder Dienstleistungen, Verwendungszweck und Nutzung sowie ihre Eigenart als miteinander konkurrierende oder einander ergänzende Waren oder Dienstleistungen (grundlegend EuGH GRUR 1998, 922 – Canon/CANNON; näher → Rn. 23, → § 14 Rn. 311 ff.).

45.1 Hinweise zur Feststellung von Ähnlichkeit (sowie Identität) und deren Grad gibt die Fundstellensammlung von Richter/Stoppel, Die Ähnlichkeit von Waren und Dienstleistungen. Da dort angegebene Entscheidungen keine Präjudizwirkung haben, kann nicht mit entsprechenden Hinweisen, sondern nur mit der dort gefundenen Begründung argumentiert werden.

46 Als Element der Verwechslungsgefahr ist die Ähnlichkeit der Waren/Dienstleistungen nach deutscher Rechtsauffassung ebenfalls eine **Rechtsfrage** (→ § 14 Rn. 314).

47 Das wichtigste Kriterium ist die **betriebliche Herkunft** der Waren/Dienstleistungen (→ § 14 Rn. 315), nicht die Übereinstimmung in den Vertriebs- oder Erbringungsstätten (→ § 14

Rn. 317). Zunehmend wichtiger werden **funktionelle Zusammenhänge** der betreffenden Waren/Dienstleistungen, die einen gemeinsamen betrieblichen Verantwortungsbereich nahelegen. Die deutsche Rechtsprechung nimmt dabei eine für Ähnlichkeit sprechende „ergänzende Anwendung" bzw. „funktionelle Ergänzung" leichter an als das EUIPO ($\rightarrow$ § 14 Rn. 316; BPatG GRUR-Prax 2014, 383 – Lotusan, mAnm Töbelmann; s. aber BPatG GRUR-RS 2021, 31950 Rn. 37 – CRETE/CRET: Ware muss für die Verwendung der anderen unentbehrlich oder wichtig sein). Irrelevant sind Umstände der tatsächlichen Markenbenutzung (Preis, Vertriebsmodalitäten etc; $\rightarrow$ § 14 Rn. 320).

Für die Beurteilung der Warenähnlichkeit ist auch eine nach Abschluss der mündlichen Verhandlung **47.1** des Warenverzeichnisses erfolgende Beschränkung des Warenverzeichnisses beachtlich (BPatG GRUR-RS 2021, 31950 Rn. 25 – CRETE/CRET).

Eine in der Praxis im Verhältnis zwischen verschiedenen Produktbereichen (etwa: Bekleidung **48** und Parfum oder Kosmetik) bestehende Übung der **Lizenzierung** von Kennzeichen ist nicht geeignet, die Grenzen der Warenähnlichkeit zu überwinden. Für die Annahme von Warenähnlichkeit ist erforderlich, dass die Waren zumindest funktionsverwandt sind, so dass der Verkehr nicht lediglich von einem Imagetransfer, sondern von einem Transfer von Know-How ausgehen kann (BGH GRUR 2009, 941 Rn. 12, 14 – TOSCA BLU; GRUR 2021, 721 Rn. 48 – PEARL/ PURE PEARL; BPatG GRUR-RS 2022, 8492 Rn. 30 – Coachella mAnm Böhm GRUR-Prax 2022, 346).

Unklar ist (noch), inwieweit Warenähnlichkeit zwischen physischen Waren und den zur digita- **49** len Darstellung solcher Produkte als non-fungible token (NFT) oder zur Verwendung im Metaverse bestimmten Datenmengen besteht. Bei Anlegen der üblichen Maßstäbe ergeben sich insoweit keine eindeutigen Ergebnisse (s. dazu sowie zur Frage der Ähnlichkeit von virtuellen Gütern mit bestimmten Softwareprodukten Tann GRUR 2022, 1644, der jedenfalls im Konsumgüterbereich von schwacher Warenähnlichkeit ausgehen will). Diese Fragen befinden sich derzeit noch in der Entwicklung.

Ähnlichkeit zwischen **Waren einerseits und Dienstleistungen andererseits** ist möglich ($\rightarrow$ **50** § 14 Rn. 323; s. auch BPatG BeckRS 2017, 132749 zur Ähnlichkeit zwischen Dienstleistungen eines medizinischen Labors und Arzneipräparaten; zur Ähnlichkeit zwischen den **Dienstleistungen von Einzelhändlern** und den entsprechenden Waren BPatG BeckRS 2017, 133836 – Reflex/Reflects; GRUR-RS 2021, 20796 – Teana/Teavana; dazu Albrecht GRUR-Prax 2021, 517; BPatG GRUR-RS 2022, 12977 Rn. 19 – VinoMonte/Montes); generell $\rightarrow$ § 14 Rn. 324). Es gibt keinen allgemeinen Grundsatz, dem zufolge stets von einer Ähnlichkeit zwischen Einzelhandelsdienstleistungen und den auf sie bezogenen Waren auszugehen ist (s. aber zur Rechtsprechung des EuG $\rightarrow$ UMV Art. 8 Rn. 38). Zu prüfen ist vielmehr, inwieweit die beteiligten Verkehrskreise der Auffassung sind, dass die Waren- und Dienstleistungen aus demselben Unternehmen stammen (BGH GRUR 2014, 378 Rn. 39 – OTTO CAP). Dies ist jedenfalls dann der Fall, wenn in bestimmten Branchen entweder Händler in größerem Umfang Waren unter ihrer Einzeldienstleistungsmarke oder einem ersichtlich davon abgeleiteten Kennzeichen vertreiben, oder umgekehrt, soweit Warenhersteller in einem die Verkehrsauffassung prägenden Umfang zB über Outlets auch den Einzelhandel mit Waren dieser Marken betreiben oder zumindest organisieren (BPatG BeckRS 2019, 24060 – Carrera; Ströbele/Hacker/Thiering/Hacker Rn. 126; insoweit weitergehend als BGH GRUR 2014, 378 Rn. 39 – OTTO CAP, wo lediglich darauf abgestellt wird, dass große Handelshäuser im betroffenen Warensektor (Bekleidung und Kopfbedeckungen) häufig neben dem Verkauf fremder Waren auch Waren mit eigenen Handelsmarken anbieten).

Auf Seiten der älteren Marke sind bei eingetragenen Marken (§ 4 Nr. 1) grundsätzlich nur die **51** Waren/Dienstleistungen für den Vergleich ausschlaggebend, für welche die Marke im Register eingetragen ist (BGH GRUR 2007, 1066 Rn. 26 – Kinderzeit). Zur Auslegung des Waren-/ Dienstleistungsverzeichnisses $\rightarrow$ § 14 Rn. 329 f.

Wenn der Inhaber des angegriffenen Zeichens die Benutzung der älteren Marke zulässigerweise **52** bestritten hat, dürfen gemäß § 43 Abs. 1 S. 3, § 25 Abs. 2 S. 3, § 55 Abs. 3 S. 4 nur die Waren bzw. Dienstleistungen aus dem registrierten Verzeichnis der Beurteilung der Verwechslungsgefahr zugrunde gelegt werden, für welche die Widersprechende eine Benutzung iSd § 26 glaubhaft gemacht hat.

Auf Seiten der **jüngeren Marke** sind im Rahmen des Widerspruchsverfahrens die registrierten **53** Waren und Dienstleistungen zu berücksichtigen, es sei denn, der Widerspruch ist auf einzelne Waren und/oder Dienstleistungen beschränkt. Eine solche Beschränkung findet in Widerspruchsverfahren vor dem DPMA häufig nicht statt, da sie kostenmäßig keine Vorteile bringt. Sie könnte aber helfen, Konflikte unstreitig zu lösen ($\rightarrow$ Rn. 9.1).

54   Oberbegriffe sind zu löschen, auch wenn innerhalb eines Oberbegriffs tatsächlich nur teilweise Identität bzw. Warenähnlichkeit vorliegt (→ Rn. 9; → § 14 Rn. 326; → § 14 Rn. 332).

55   Soweit die Waren/Dienstleistungen ähnlich sind, kommt es auf den konkreten **Grad der Ähnlichkeit** an. Unterschieden wird zwischen geringer, mittlerer, großer oder hochgradiger Ähnlichkeit (BGH GRUR 2002, 626 (628) – IMS). Aufgrund der Wechselwirkung kann der Grad der Ähnlichkeit von Waren/Dienstleistungen kann je nach Grad an Markenähnlichkeit und an Kennzeichnungskraft der älteren Marke für die Annahme einer Verwechslungsgefahr ausreichen oder nicht (→ Rn. 27). Bei völligem Fehlen von Waren-/Dienstleistungsähnlichkeit (= absoluter Unähnlichkeit) kommt eine Löschung nach Abs. 1 Nr. 2 nicht in Betracht, sondern allenfalls nach Nr. 3 (BPatG BeckRS 2013, 15248 – TÜV/TÜg; BPatG GRUR-RS 2021, 36796 – Shindy, für Tabak- und Raucherwaren/Medien- und Unterhaltungsprodukte bzw. -dienstleistungen; zu den Voraussetzungen von Nr. 3 → Rn. 75 ff.).

VII. Ähnlichkeit der Marken

56   Der Vergleich zweier Marken zur Feststellung ihrer Ähnlichkeit hat in **drei Kategorien** zu erfolgen: im Klang, im Bild und in der Bedeutung (→ § 14 Rn. 379).

57   Die **allgemeinen Voraussetzungen der Markenähnlichkeit** (→ § 14 Rn. 335 ff.) stimmen weitgehend mit denjenigen der Verwechslungsgefahr (→ Rn. 18 ff.) überein.

57.1   Die Markenähnlichkeit gilt ebenso wie die Verwechslungsgefahr als Rechtsbegriff (→ § 14 Rn. 335 f.). Zu ihrer Feststellung wird auf die Sachkunde des Tatrichters (→ § 14 Rn. 337) sowie auf Erfahrungssätze zurückgegriffen (→ § 14 Rn. 338). Ebenso wie für die Verwechslungsgefahr (→ Rn. 29) ist auch für die Feststellung der Markenähnlichkeit die **Verkehrsauffassung** von entscheidender Bedeutung (→ § 14 Rn. 339 ff.). Dies erfordert insbesondere die Identifizierung der für die jeweiligen Waren/Dienstleistungen relevanten Verkehrskreise (→ § 14 Rn. 340 ff.; zu möglichen Mitgliedern → § 14 Rn. 340; zur Art der Waren/Dienstleistungen → § 14 Rn. 341 ff.; zu Arzneimitteln → § 14 Rn. 345). Es gilt das Leitbild des durchschnittlich informierten und aufmerksamen Abnehmers (→ § 14 Rn. 346), wobei der Aufmerksamkeitsgrad variieren kann (→ § 14 Rn. 347 ff.).

57.2   Bei Waren/Dienstleistungen, die sich sowohl an die Allgemeinheit wie auch an Fachkreise richten, sind beide in die Betrachtung einzubeziehen (→ § 14 Rn. 348 f.); nur im Ausnahmefall ist der Beurteilung eine gespaltene Verkehrsauffassung zugrunde zu legen (→ § 14 Rn. 350 ff.). Soweit sich die unter dem Zeichen angebotenen Waren/Dienstleistungen ausschließlich an Fachkreise richten, ist deren Auffassung zugrundezulegen, was in der Regel zu einer engeren Beurteilung der Markenähnlichkeit führt; s. etwa BPatG GRUR-RS 2021, 17504 – METRO/MetroIntegrator.

58   Dem Zeichenvergleich sind die Marken stets **in der Form** zugrunde zu legen, in der sie **im Register eingetragen** bzw. zu diesem angemeldet sind. Anders als im Verletzungsverfahren (→ § 14 Rn. 354 ff.) gilt dies im Widerspruchs- und Löschungsverfahren auch für die prioritätsjüngere Marke (BGH GRUR 2012, 64 Rn. 15 – Maalox/Melox-GRY; GRUR 1996, 977 – DRANO/ P3-drano; vgl. ferner EuG T-211/03, GRUR Int 2005, 600 Rn. 37 – Faber).

58.1   Außerhalb des Registers liegende Umstände werden – wenn überhaupt – nur ausnahmsweise berücksichtigt. Ob dazu auch die Farbe zählt, in der eine Marke am Markt verwendet wird, ist für das Widerspruchsverfahren noch offen (für das Verletzungsverfahren s. insoweit EuGH C-252/12, GRUR 2013, 922 Rn. 41 – Specsavers/Asda Stores; → Rn. 58.2). Auf außerregisterrechtliche Umstände kann es hingegen bei der Kennzeichnungskraft ankommen, für die ua die ggf. im geschäftlichen Verkehr erworbene Bekanntheit eine Rolle spielt (→ Rn. 36; → § 14 Rn. 305).

58.2   Dem EuGH zufolge (EuGH C-252/12, BeckRS 2013, 81512 Rn. 41 – Specsavers/Asda Stores) soll sich der Inhaber einer älteren, ohne Farbanspruch eingetragenen Marke auf eine vielfach benutzte Farbgestaltung berufen können, wenn sie von einem erheblichen Teil des Publikums gedanklich mit dieser Farbgestaltung in Verbindung gebracht wird (→ § 14 Rn. 360). Entschieden wurde dies bisher allerdings nur für den Verletzungsfall.

58.3   Unter Hinweis auf die Maßgeblichkeit der Form, in der eine Marke angemeldet bzw. eingetragen ist, hat es das EuG abgelehnt, die Überlegung zu berücksichtigen, dass die vom Widerspruchsgegner angemeldete Bildmarke in der Praxis auch dimensionenvertauscht benutzt und wahrgenommen werden könnte und in diesem Fall erhebliche Ähnlichkeit mit der bekannten Marke des Widerspruchsführers aufweisen würde (EuG T-44/20, GRUR-RS 2021, 8059 – Huawei/Chanel).

58.4   Auf die Rahmenbedingungen der Zeichenbenutzung – etwa den Präsentationshintergrund oder den Hinweis darauf, dass es sich nicht um „echte" Ware handelt – kommt es weder für die Beurteilung der Zeichenähnlichkeit noch für die Verwechslungsgefahr an (BGH GRUR 2004, 860 (863) – Internet-Versteigerung; GRUR-RR 2010, 205 Rn. 37 – Haus & Grund IV; s. auch EuGH C-206/01, GRUR

2003, 55 Rn. 57 – Arsenal London/Reed (mit Hinweis auf die Möglichkeit einer „post sale confusion"); s. dazu Ohly FS Fezer, 615).

Wortmarken sind nicht auf eine bestimmte Schrift oder sonstige Darstellungsform festgelegt. **59** Sie genießen Schutz für jede verkehrsübliche Wiedergabeform (→ § 14 Rn. 367 ff.).

Bei einer Eintragung mit **Farbanspruch** ist die Marke grundsätzlich auf die betreffende Farbe **60** beschränkt (→ § 14 Rn. 370). Bei Markeneintragungen ohne Farbfestlegung (in schwarz/weiß bzw. Grautönen) bezieht sich der Schutzgegenstand nach der neueren Rechtsprechung des BGH nur noch auf die betreffenden Farben; er erstreckt sich also nicht mehr auf das gesamte Farbspektrum (BGH GRUR 2015, 1009 Rn. 14 ff. – BMW-Emblem; → § 14 Rn. 371).

In der Praxis wird zwischen verschiedenen **Ähnlichkeitsgraden** differenziert (→ § 14 **61** Rn. 372).

Maßgeblich ist stets der **Gesamteindruck;** eine zergliedernde Betrachtung ist zu vermeiden **62** (→ § 14 Rn. 373 ff.).

Zu den Grundsätzen zur Beurteilung des Gesamteindrucks → § 14 Rn. 373. **62.1**

Die Ermittlung des Gesamteindrucks ist eine Tatsachenfrage (→ § 14 Rn. 375). Auszugehen ist dabei **62.2** von einem unvollkommenen Erinnerungsbild bei den Abnehmern (→ § 14 Rn. 377). Ob nach wie vor der Grundsatz Anwendung findet, dass sich Übereinstimmungen zwischen den Marken stärker auf den Gesamteindruck auswirken als Abweichungen, ist fraglich (→ § 14 Rn. 378).

Die konkrete Auswirkung von Übereinstimmungen bzw. Abweichungen im Gesamteindruck **63** der Marken kann von der **Ähnlichkeitskategorie** abhängen, in der sie besteht bzw. besonders ausgeprägt ist (oder umgekehrt: in der keine solche Ähnlichkeit besteht); → § 14 Rn. 379 ff.

Nach deutscher Rechtsprechung genügt grundsätzlich die Markenähnlichkeit in einer dieser Katego- **63.1** rien. Deshalb sind Unähnlichkeiten der Marken in einer Hinsicht grundsätzlich **nicht geeignet,** die Ähnlichkeit der Marken in anderer Hinsicht zu **neutralisieren** (→ § 14 Rn. 382 ff.). Eine Ausnahme von diesem Grundsatz macht die deutsche Rechtsprechung lediglich bei Unterschieden in der Bedeutung der Zeichen (→ § 14 Rn. 384). Die insoweit zum Teil gegenüber der Handhabung durch das EuG und den EuGH konstatierten Unterschiede sollten jedenfalls im Ergebnis nicht überschätzt werden (→ § 14 Rn. 383).

Dem unterschiedlichen Sinngehalt von Zeichen kommt keine Bedeutung zu, wenn die akustische **63.2** Ähnlichkeit sehr hoch (fast identisch) ist; BPatG GRUR-RS 2022 11929 – Cruz/Crux.

Zur Gewichtung der Ähnlichkeit in den einzelnen Kategorien, insbesondere zur Bedeutung der klangli- **63.3** chen Ähnlichkeit, → § 14 Rn. 387.

Zu Einzelheiten zur **klanglichen Ähnlichkeit** → § 14 Rn. 389 ff. **64**

Klangliche Ähnlichkeit ist vor allem bei Wortmarken und Wortbestandteilen von Wort/Bildmarken **64.1** von Bedeutung (→ § 14 Rn. 389 f.).

Allgemeine Beurteilungskriterien leiten sich ua aus dem Klang von Vokalfolgen, der Anzahl der Silben, **64.2** dem Sprachrhythmus sowie der Wirkung von Dental- und Labiallauten ab (→ § 14 Rn. 391).

Wortanfängen kommt grundsätzlich größere Bedeutung zu als anderen Wortelementen; dies gilt jedoch **64.3** nicht uneingeschränkt (→ § 14 Rn. 393 f.). Bei kurzen Wörtern und Buchstabenfolgen können auch kleinere Unterschiede bedeutsam sein (→ § 14 Rn. 396) Das gilt jedoch nicht, wenn die übereinstimmenden Bestandteile einer aus einer kurzen Buchstabenfolge bestehenden Marke stärker betont werden als der abweichende Bestandteil (BPatG GRUR-RS 2022, 9095 – MCM/MCMV). Bei Rotation von Markenteilen ist insbesondere die Auswirkung auf den Sinngehalt beachtlich (→ § 14 Rn. 398). Da es für die klangliche Ähnlichkeit auf die Aussprache der Zeichen ankommt, sind allgemeine Sprachregeln zu beachten. Besonderheiten gelten insoweit auch für fremdsprachige Begriffe (→ § 14 Rn. 399 ff.).

Für die klangliche Ähnlichkeit vom Wort/Bildmarken gilt der Erfahrungssatz, dass sich die beteiligten **64.4** Verkehrskreise (abgesehen von Ausnahmefällen) eher an dem Wortbestandteil orientieren (→ § 14 Rn. 404).

Übereinstimmung in beschreibenden Angaben begründet grundsätzlich keine (klangliche) Ähnlichkeit **64.5** (→ § 14 Rn. 405 ff.); anders jedoch die EuGH-Rechtsprechung → § 14 Rn. 409.

Einzelheiten zur **bildlichen Ähnlichkeit** → § 14 Rn. 411 ff. **65**

Bildliche Ähnlichkeit spielt primär bei Bildmarken und Bildelemente von Wort/Bildmarken eine Rolle; **65.1** unter Umständen ist bildliche Ähnlichkeit jedoch auch im Hinblick auf das Schriftbild bei Wortmarken relevant (→ § 14 Rn. 411).

Bei Bildmarken und -elementen gründet sich die Ähnlichkeit vorwiegend auf Besonderheiten der **65.2** Darstellung (→ § 14 Rn. 412; zu schutzunfähigen Bestandteilen → § 14 Rn. 420; s. jedoch → § 14

Rn. 409). Bei Wortmarken und -elementen besteht unter Umständen bildliche Ähnlichkeit wegen Übereinstimmungen wegen der Länge der Wörter sowie Anzahl und Stellung übereinstimmender Buchstaben (→ § 14 Rn. 413 f.). Farbliche Abweichungen in den Bildbestandteilen beseitigen die Ähnlichkeit grundsätzlich nicht (→ § 14 Rn. 415).

65.3 Markenanfänge haben grundsätzlich auch im Hinblick auf die bildliche Ähnlichkeit größeres Gewicht (→ § 14 Rn. 416). Bei Rotation von Markenteilen gilt Entsprechendes wie bei der klanglichen Ähnlichkeit (→ § 14 Rn. 417).

65.4 Anders als im Fall der klanglichen Ähnlichkeit (→ Rn. 64.4) besteht für die bildliche Ähnlichkeit von Wort/Bildmarken kein Erfahrungssatz im Hinblick auf die Gewichtung der Bild- bzw. Wortelemente; ausschlaggebend sind die Umstände des Einzelfalls (→ § 14 Rn. 418 f.).

65.5 Nach deutscher sowie europäischer Rechtspraxis ist bildliche Ähnlichkeit in der Regel entscheidend, soweit es um (Einzel)Buchstabenmarken geht. S. den Überblick zur Praxis bei Hilger/Zickler GRUR-Prax 2022, 338.

66 Zu Einzelheiten zur **begrifflichen Ähnlichkeit** → § 14 Rn. 421 ff.

66.1 Begriffliche Ähnlichkeit setzt übereinstimmenden Sinngehalt zweier Marken im Verständnis der relevanten Verkehrskreise voraus (→ § 14 Rn. 421). Soweit Zeichen vom Verkehr lediglich als Fantasiemarken wahrgenommen werden, leibt die begriffliche Ähnlichkeit bzw. Unähnlichkeit außer Betracht (BPatG GRUR-RS 2022, 12588 – Pillopaul/Polipol).

66.2 Begriffliche Ähnlichkeit kommt primär bei Wortmarken vor (→ § 14 Rn. 423), sie kann jedoch auch für Bildmarken (→ § 14 Rn. 424) sowie Wort/Bildmarken (→ § 14 Rn. 425) eine Rolle spielen. Ebenso wie bei anderen Ähnlichkeitskategorien begründen Übereinstimmungen in beschreibenden Begriffen grundsätzlich keine Ähnlichkeit (→ § 14 Rn. 428); zur Rechtsprechung des EuGH s. jedoch → § 14 Rn. 409.

66.3 Begriffliche Ähnlichkeit zwischen einer Wortmarke und anderen Markenkategorien ist anzunehmen, wenn die Wortmarke aus Sicht der beteiligten Verkehrskreise die naheliegende, ungezwungenen und erschöpfende Bezeichnung der zu vergleichenden Marke darstellt (BGH GRUR 2015, 1214 Rn. 35 – Goldbären mwN; zu Einzelheiten → § 14 Rn. 426).

67 **Besondere Markenformen** (abstrakte Farbmarken, 3D-Marken, Positionsmarken) unterliegen grundsätzlich denselben Beurteilungsgrundsätzen wie Wort- und Wort/Bildmarken. Im **Verletzungsverfahren** wird es jedoch häufig darauf ankommen, ob die Verwendung solcher Markenformen markenmäßig (dh „in Bezug auf Waren oder Dienstleistungen") erfolgt, oder ob das als verletzend angegriffene Zeichen von Verkehr lediglich als dekorative oder sachdienliche Gestaltung aufgefasst wird (iE zur markenmäßigen Benutzung → § 14 Rn. 92 ff.; zur markenmäßigen Benutzung bei abstrakten Farbmarken → § 14 Rn. 170 f.; zur markenmäßigen Benutzung von 3D-Marken → § 14 Rn. 176 ff.; zur Ähnlichkeit bei abstrakten Farbmarken → § 14 Rn. 429 ff.; zur Ähnlichkeit bei 3D-Marken → § 14 Rn. 433 ff.; zur Ähnlichkeit bei Positionsmarken → § 14 Rn. 439 f.).

68 Bei **mehrteiligen Marken** kann die Prüfung der Markenähnlichkeit besondere Probleme aufwerfen (→ § 14 Rn. 441 ff.).

68.1 Komplexe, mehrteilige Zeichen sind von Kennzeichnungen durch mehrere, voneinander unabhängige Zeichen, sog. Mehrfachkennzeichnung (→ § 14 Rn. 363), abzugrenzen.

68.2 Kennzeichnungsschwache oder schutzunfähige Bestandteile mehrteiliger Marken sind für die Ermittlung des maßgeblichen Gesamteindrucks ebenfalls zu berücksichtigten. Auf der anderen Seite war jedenfalls bisher anerkannt, dass – abgesehen von Ausnahmefällen – Übereinstimmungen in kennzeichnungsschwachen oder schutzunfähigen Bestandteilen keine zur Annahme von Verwechslungsgefahr führende Zeichenähnlichkeit begründen können (Ströbele/Hacker/Thiering/Hacker Rn. 356). Dieser Grundsatz wird jedoch in den Entscheidungen EuGH C-705/17, GRUR 2020, 52 Rn. 46 – Hansson (Roslagspunsch/ ROSLAGSÖL) sowie BGH GRUR 2020, 870 Rn. 69 – INJEKT/INJEX insoweit relativiert, als nur noch davon gesprochen wird, dass Übereinstimmung in lediglich beschreibenden Bestandteilen „häufig" dazu führt, dass eine Verwechslungsgefahr nicht festgestellt werden kann; sie soll jedoch nicht prinzipiell ausgeschlossen sein (kritisch → Rn. 35.1 ff.).

68.3 Die Rechtsprechung von EuG und EuGH war schon bisher stärker als diejenige des BGH bereit, relevante Zeichenähnlichkeit auch bei Übereinstimmung in kennzeichnungsschwachen Bestandteilen mehrgliedriger Marken anzunehmen (s. EuGH C-42/12 P, BeckRS 2012, 82678 Rn. 62 – Hrbek/HABM (ALPINE PRO SPORTSWEAR); C-91/14 P, BeckRS 2014, 82500 22 ff. – GLUE/SUPER GLUE; C-43/15 P, BeckRS 2016, 82618 Rn. 61 ff. – BSH Bosch (compressor technology/KOMPRESSOR PLUS); ebenso bei 3D-Marken: EuG T-622/19, GRUR RS2020, 34178 – Champagne Prestige mAnm Graber-von Boehm GRUR Prax 2021, 77). Zur Begründung wird darauf hingewiesen, dass die Stärke bzw.

Schutz(un)fähigkeit des Zeichens bzw. des Zeichenbestandteils nur einer von mehreren Faktoren sei, der in Wechselwirkung mit anderen zu prüfen und dabei nicht höher als andere zu gewichten sei; ferner wird erklärt, dass – wenn Übereinstimmung in schutzunfähigen Bestandteilen keine relevante Zeichenähnlichkeit begründen könnte – die Verwechslungsgefahr unter Umständen auf (nahezu) identische Zeichen beschränkt würde; dies dürfe nicht sein. Eingehend zur Rechtsprechung des EuGH → UMV Art. 8 Rn. 105; kritisch Ströbele/Hacker/Thiering/Hacker Rn. 358.

Soweit Zeichen nur in einem von mehreren Bestandteilen übereinstimmen, kommt es grund-   **69** sätzlich darauf an, ob der gemeinsame Bestandteil den Gesamteindruck des Zeichens prägt (**Präge-theorie;** eingehend → § 14 Rn. 445 ff.).

Die Anwendung der Prägetheorie kommt nur bei **mehrgliedrigen Marken** (also nicht bei Mehrfach-   **69.1** kennzeichnung) in Betracht (→ § 14 Rn. 447).

Für die Frage der Prägung ist grundsätzlich ist allein darauf abzustellen, ob der übereinstimmende   **69.2** Bestandteil die jeweilige Marke prägt. In Sonderfällen können jedoch auch Art und Besonderheiten der Gegenmarke von Bedeutung sein (→ § 14 Rn. 448 f.). Besonderheiten bestehen insbesondere dann, wenn das ältere der beiden Zeichen eingliedrig ist und über eine gesteigerte Bekanntheit verfügt (→ § 14 Rn. 450 f.).

Üblicherweise orientiert sich der Verkehr an den kennzeichnungskräftigen Bestandteilen einer Marke   **69.3** (→ § 14 Rn. 453 f.). Schutzunfähige Markenelemente prägen den Gesamteindruck von Zeichen grund- sätzlich nicht; die Markenähnlichkeit wird durch insoweit bestehende Abweichungen daher nicht berührt. Dies kann jedoch anders sein, wenn das beschreibende Element Teil eines Gesamtbegriffs mit eigenständi- gem Bedeutungsgehalt ist oder die anderen Kennzeichenbestandteile ebenfalls schwach sind (→ § 14 Rn. 455 f.).

Übereinstimmung in schutzunfähigen Markenelementen begründet grundsätzlich keine Markenähn-   **69.4** lichkeit. Zu Ausnahmen → § 14 Rn. 459 ff.; zur abweichenden Position der EuGH-Rechtsprechung → Rn. 68.2; → § 14 Rn. 409.

Von Bedeutung kann auch die Art der grafischen Darstellung, dh die Hervorhebung des jeweiligen   **69.5** Merkmals, sein (→ § 14 Rn. 462). Im Übrigen finden die Grundsätze Anwendung, die auch für die klangliche (→ Rn. 64) oder bildliche (→ Rn. 65) Ähnlichkeit gelten.

Farbelementen wird üblicherweise keine prägende Bedeutung beigemessen (→ § 14 Rn. 464); dasselbe   **69.6** gilt für dreidimensionale Elemente (→ § 14 Rn. 465 f.).

Die Annahme, dass ein Wortbestandteil den Gesamteindruck der Marke prägt, scheidet aus, wenn er   **69.7** mit einem anderen Wortelement zu einem Gesamtbegriff verschmilzt. Über die Frage, wann dies der Fall ist, bestehen noch Unklarheiten (→ § 14 Rn. 467 f.).

Grundsätzlich wird davon ausgegangen, dass (als solche erkannte) Unternehmenskennzeichen (→ § 14   **69.8** Rn. 469 f.), Stammbestandteile von Serienzeichen (→ § 14 Rn. 472) sowie Top-Level-Domains (→ § 14 Rn. 473) im Gesamteindruck eher zurücktreten als eine prägende Stellung einzunehmen. Dabei sind jedoch wie stets die Umstände des Einzelfalls zu beachten.

Inwieweit und unter welchen Umständen für die Prägung des Gesamteindrucks auf eine im Publikum   **69.9** ggf. bestehende Verkürzungsneigung zurückgegriffen werden kann, ist nicht zweifelsfrei geklärt (→ § 14 Rn. 476).

Eine zur Bejahung von **Verwechslungsgefahr im weiteren Sinne** (→ Rn. 74) genügende   **70** Ähnlichkeit ist gegeben, wenn ein mit einer Marke übereinstimmender Bestandteil in eine jüngere Marke aufgenommen wird und innerhalb dieser eine **selbständig kennzeichnende Stellung** besitzt (grundlegend EuGH C-120/04, GRUR 2005, 1042 Rn. 30 f. – Medion (LIFE/THOM- SON LIFE)); zu Einzelheiten → § 14 Rn. 477 ff.

Dass der entsprechende Bestandteil den Gesamteindruck der jüngeren Marke dominiert, ist dabei nicht   **70.1** erforderlich (EuGH C-120/04, GRUR 2005, 1042 Rn. 30 – Medion (LIFE/THOMSON LIFE)). Soweit es sich um einen prägenden Zeichenbestandteil handelt, kommt diesem jedoch stets eine selbständig kenn- zeichnende Stellung zu. Im Übrigen gilt bei dieser Fallgruppe in besonderem Maße, dass es auf die Umstände des Einzelfalls ankommt (→ § 14 Rn. 479 ff.). Wichtig ist der Grad der Übereinstimmung zwischen dem älteren Zeichen und dem in die jüngere Marke übernommenen Bestandteil; Identität ist jedoch nicht zu fordern (→ § 14 Rn. 481).

Auf die umgekehrte Konstellation – ein Bestandteil einer älteren Marke wird als jüngere Marke verwen-   **70.2** det bzw. angemeldet – ist die Rechtsprechung von der Verwechslungsgefahr aufgrund selbständig kenn- zeichnender Stellung bisher nicht angewandt worden (→ § 14 Rn. 483).

Es ist nicht erforderlich, dass die ältere Marke gesteigerte Kennzeichnungskraft besitzt (→ § 14   **70.3** Rn. 484 ff.).

Die Rechtsprechung von der Verwechslungsgefahr aufgrund selbständig kennzeichnender Stellung kann   **70.4** auch dann Anwendung finden, wenn nicht die gesamte ältere Marke, sondern nur ein einzelnes Element davon in die jüngere, mehrgliedrige Marke aufgenommen werden. In diesem Fall ist jedoch erforderlich, dass das betreffende Element die ältere Marke prägt (→ § 14 Rn. 487 ff.).

70.5   Die Anwendung der Rechtsprechung kommt insbesondere dann in Betracht, wenn es sich bei dem abweichenden Bestandteil der jüngeren Marke um ein Unternehmenskennzeichen handelt (→ § 14 Rn. 492 ff.). Von Bedeutung ist dabei auch, in welchem Verhältnis die Bestandteile des jüngeren Zeichens zueinander stehen, dh ob sie als eigenständige Bestandteile erkennbar sind oder zu einem Gesamtzeichen verschmelzen (→ § 14 Rn. 497 ff.). Regelmäßig als eigenständiger Bestandteil eines Zeichens werden zB Top-Level-Domains wahrgenommen (→ § 14 Rn. 501); zu sonstigen Faktoren → § 14 Rn. 502.

71   Für **Namensmarken** gelten grundsätzlich die allgemeinen Regeln; es sind jedoch gewisse Besonderheiten zu beachten (→ § 14 Rn. 503 ff.). Markenähnlichkeit aufgrund identischer/ähnlicher Vornamen kommt nur im Ausnahmefall in Betracht (→ § 14 Rn. 505 f.); bei identischen/ähnlichen Nachnamen wird grundsätzlich nicht davon ausgegangen, dass dieser (bei unterschiedlichen Vornamen) das Zeichen prägt. Zu Besonderheiten und Ausnahmen → § 14 Rn. 507 ff.

71.1   Zur Entwicklung der Rechtsprechung vgl. BPatG BeckRS 2014, 23416 – Vincent Motega/Montego; BPatG BeckRS 2009, 03574 – leni baldessari/Baldessarini; BeckRS 2009, 03814 – Georgio Valentino/Valentino; BeckRS 2014, 17685 – T.Hahn/Peter Hahn.

VIII. Verschiedene Arten der Verwechslungsgefahr

72   Gemäß § 9 Abs. 1 Nr. 2 schließt die Verwechslungsgefahr die Gefahr ein, dass die einander gegenüberstehenden Marken **gedanklich miteinander in Verbindung gebracht** werden (→ § 14 Rn. 511 ff.).

73   Die **mittelbare Verwechslungsgefahr** oder Verwechslungsgefahr unter dem Aspekt des **Serienzeichens** greift begrifflich dann ein, wenn die Zeichen in einem Bestandteil übereinstimmen, den das Publikum als Stamm mehrerer Zeichen eines Unternehmens sieht und deshalb die nachfolgenden Bezeichnungen, die einen wesensgleichen Stamm aufweisen, dem gleichen Zeicheninhaber zuordnet (→ § 14 Rn. 514 ff.).

74   Auch bei der **Verwechslungsgefahr im weiteren Sinne** erkennt das Publikum die Unterschiede der einander gegenüberstehenden Zeichen, geht wegen ihrer teilweisen Übereinstimmungen aber davon aus, dass (zB lizenz-)vertragliche, (zB konzern-)organisatorische oder wirtschaftliche Verbindungen zwischen den Zeicheninhabern bestehen (BGH GRUR 2010, 729 Rn. 43 – Mixi). Im Unterschied zur mittelbaren Verwechslungsgefahr werden die beiden Kennzeichen aber als solche verschiedener Unternehmen aufgefasst. Eine Verwechslungsgefahr kann hier nur bei Vorliegen besonderer Umstände angenommen werden (→ § 14 Rn. 528).

D. Schutz bekannter Marken (Abs. 1 Nr. 3)

I. Voraussetzungen des Schutzes

75   Bekannte Marken genießen im Eintragungsverfahren ebenso wie im Fall der Verletzung einen erweiterten Schutz, der **keine Verwechslungsgefahr** voraussetzt. Der Tatbestand ist erfüllt, wenn der Fortbestand der kollidierenden jüngeren Marke ohne rechtfertigenden Grund zu einer unlauteren Ausnutzung oder Beeinträchtigung der Unterscheidungskraft oder der Wertschätzung der älteren Marke führen würde.

75.1   Bei der Umsetzung der MRL 1989/104/EWG war der Schutz bekannter Marken (optional geregelt in Art. 4 Abs. 4 lit. b MRL 1989; ebenso: Art. 4 Abs. 4 lit. b MRL 2008) zunächst nur als Löschungsgrund ausgestaltet worden, da das auf rasche Erledigung einer großen Zahl von Fällen angelegte Widerspruchsverfahren auf liquide Sachverhalte beschränkt bleiben sollte (Begründung MarkenG, BT-Drs. 12/6581, 73). Das Markenrechtsreformgesetz von 2009 hat diese Einschränkung beseitigt. Marken, die **vor** dem 1.10.2009 angemeldet wurden, können sich im Widerspruchsverfahren nicht auf Abs. 1 Nr. 3 berufen (§ 158 Abs. 2; s. etwa BPatG BeckRS 2015, 15337 – Frosch; BeckRS 2013, 01504 – Frutasol/FRUTASOL).

75.2   Art. 5 Abs. 3 lit. a MRL macht dieses Schutzhindernis allgemein verbindlich (ebenso im Verletzungsverfahren; → § 14 Rn. 6).

75.3   Die Bedeutung der Vorschrift im Widerspruchs- und Löschungsverfahren scheint bisher gering zu sein; auf Abs. 1 Nr. 3 gestützte Widersprüche bzw. Löschungsklagen sind (den veröffentlichten Entscheidungen nach zu urteilen) überwiegend erfolglos. Zu den Ausnahmen zählen die Entscheidungen BPatG GRUR-RR 2016, 331) – Adlon Bauservice/Adlon; BeckRS 2015, 09309 – Super Bayern; → Rn. 87.1; s. auch BPatG BeckRS 2013, 15248 – TÜV/Tüg; BeckRS 2017, 101406 – Malteser; GRUR-Prax 2016, 441 – Tiger carbon; GRUR 2018, 932 – YouPot/YouTube.

In Entscheidungen des BPatG wird § 9 Abs. 1 Nr. 3 zum Teil jedenfalls terminologisch der Verwechslungsgefahr zugeordnet, obwohl diese gerade keine Bedeutung für den Tatbestand der Rufausbeutung und -beeinträchtigung hat. S. etwa BPatG GRUR-RS 2020, 29498 Rn. 32 – ZEISS/Zeising: „Verwechslungsgefahr iSv § 9 Abs. 1 Nr. 3". **75.4**

Zur reichhaltigen Entscheidungspraxis von EuG und EuGH → UMV Art. 8 Rn. 252 ff. **75.5**

Nach dem früheren Wortlaut des Gesetzes galt der erweiterte Markenschutz nur gegenüber **76** Waren/Dienstleistungen, die nicht denjenigen ähnlich sind, für die die bekannte Marke geschützt ist; dies entsprach dem Wortlaut von Art. 4 Abs. 4 lit. a MRL 2008. Der EuGH hat jedoch im Hinblick auf den entsprechenden Verletzungstatbestand (Art. 5 Abs. 2 MRL 2008) festgestellt, dass der Schutz gegen Rufausbeutung und beeinträchtigung auch gegenüber der Benutzung für identische oder ähnliche Waren/Dienstleistungen gilt (EuGH C-292/00, GRUR 2003, 240 – Davidoff/Durffee; BPatG GRUR-Prax 2015, 277 – Super Bayern; → § 14 Rn. 546.1). Dieser Grundsatz war daher bisher schon auch im Eintragungsverfahren zu beachten und ist jetzt ausdrücklich im Gesetz verankert.

Für die Feststellung der Bekanntheit gelten die gleichen Maßstäbe wie im Verletzungsverfahren. **77** Ebenso wie dort ist das Vorliegen eines **bedeutenden Bekanntheitsgrades** bei den beteiligten Verkehrskreisen eine notwendige Voraussetzung für die Zuerkennung des Schutzes (EuGH C-375/97, GRUR Int 2000, 73 Rn. 26 f. – General Motors/Yplon; → § 14 Rn. 536). Für ein Ausbeuten oder Beeinträchtigen der Wertschätzung kommt es zudem auch auf qualitative Aspekte an und nicht allein auf die Bekanntheit. So genießt nicht jede bekannte Marke zugleich ein besonderes Ansehen (EuG T-215/03, GRUR Int 2007, 730, 734 Rn. 57 – VIPS).

Grundsätzlich ist auf den konkreten Markt abzustellen, für den Bekanntheit beansprucht wird (in diesem **77.1** Sinne bereits C-375/97, GRUR Int 2000, 73 Rn. 24 – General Motors/Yplon). Nachweise, die lediglich die Bekanntheit in einem umfangmäßig geringen Teilsegment des beanspruchten Marktes betreffen, sind dabei nicht ausreichend; s. BPatG GRUR-RS 2021, 36796 – Shindy (Bekanntheit bei ca. einem Viertel der Konsumenten deutscher Rap-Musik reicht nicht aus, um Bekanntheit auf dem Markt für Unterhaltungsdienstleistungen in Anspruch zu nehmen, an dem Rap- oder Hip Hop-Musik nur einen Anteil von unter 10% besitzt).

Um den erweiterten Schutz in Anspruch nehmen zu können, muss sich die Bekanntheit auf **78** den Bereich der Waren/Dienstleistungen beziehen, für die er geltend gemacht wird. Auch ein sehr bekanntes Unternehmen kann daher keinen Schutz nach Abs. 1 Nr. 3 beanspruchen, wenn die Bekanntheit nicht auf den Bereich der unter dem angegriffenen Zeichen angebotenen Waren/ Dienstleistungen ausstrahlt (BPatG GRUR-RS 2021, 17504 Rn. 72 – METRO/MetroIntegrator; GRUR-RS 2022, 8492 Rn. 36 – Coachella; GRUR 2022, 1753, Rn. 28 – dOCUMENTA (im konkreten Fall bejaht)).

Dies entspricht der Rechtsprechung des EuGH, der die „Nähe oder Unähnlichkeit" der einander **78.1** gegenüberstehenden Waren oder Dienstleistungen zu den Faktoren zählt, die für die Frage der gedanklichen Verknüpfung zu berücksichtigen sind (→ Rn. 82.1).

Der Begriff der **Wertschätzung** ist gleichzusetzen mit dem guten Ruf oder dem positiven **79** Image einer Marke (→ § 14 Rn. 554).

Der **gute Ruf** einer Marke muss durch eigene Aktivitäten des Markeninhabers oder seines **80** Rechtsvorgängers entstanden sein (BGH GRUR 1995, 697 (700) – funny paper); der Erwerb eines guten Rufes allein durch Anstrengungen Dritter genügt nicht. Zu den Ursachen für den guten Ruf → § 14 Rn. 554.1.

Für die Tatbestände der Beeinträchtigung ebenso wie für die Rufausbeutung ist es eine notwen- **81** dige, aber **nicht hinreichende** Voraussetzung, dass die Zeichen von den angesprochenen Verkehrskreise **gedanklich miteinander verknüpft** werden (EuGH C-252/07, GRUR 2009, 56 Rn. 30, 32, 70 – Intel/CPM; → § 14 Rn. 544). Für die weiteren Voraussetzungen ist zwischen der Beeinträchtigung von Unterscheidungskraft oder Wertschätzung sowie der Rufausbeutung zu unterscheiden (→ Rn. 84 f.; → Rn. 86 f.).

Damit die angesprochenen Verkehrskreise eine gedankliche Verknüpfung vornehmen, ist erfor- **82** derlich, dass die Zeichen zumindest einen **gewissen Grad an Ähnlichkeit** aufweisen (EuGH C-252/07, GRUR 2009, 56 Rn. 30 – Intel/CPM mwN; zu weiteren Faktoren → Rn. 82.1). Je höher der Grad der Ähnlichkeit ist, desto eher ist von einer Verknüpfung auszugehen.

Neben dem Grad der Zeichenähnlichkeit sowie der Ähnlichkeit von Waren und Dienstleistungen **82.1** werden als weitere Faktoren vom EuGH genannt: Die Art der Waren und Dienstleistungen, für die die einander gegenüberstehenden Marken jeweils eingetragen sind, einschließlich des Grades der Nähe oder

der Unähnlichkeit dieser Waren und Dienstleistungen sowie die Nähe der betreffenden Verkehrskreise; das Ausmaß der Bekanntheit der älteren Marke; der Grad der der älteren Marke innewohnenden oder von ihr durch Benutzung erworbenen Unterscheidungskraft; das Bestehen einer Verwechslungsgefahr für das Publikum (EuGH C-252/07, GRUR 2009, 56 Rn. 42 – Intel/CPM).

82.2   Als Beispiele für die Herbeiführung einer gedanklichen Verbindung aufgrund von klanglicher und begrifflicher Ähnlichkeit s. BPatG GRUR-RR 2020, 280 – Apple/apfel&i; s. auch BPatG GRUR 2022, 1753 – dOCUMENTA: Herbeiführung von gedanklicher Verbindung aufgrund der überragenden Bekanntheit des Widerspruchszeichens sowie wegen Übernahme grafischer Gestaltungselemente.

83   In der Entscheidung EuGH C-552/09 P, BeckRS 2011, 80284 Rn. 54 – kinder/TiMi Kinderjoghurt hat der EuGH ausgeführt, dass die Zeichenähnlichkeit im Rahmen von Art. 8 Abs. 1 lit. b und Abs. 5 UMV (dh im Hinblick auf Verwechslungsgefahr und Bekanntheitsschutz) nicht „auf unterschiedliche Art zu beurteilen" ist (so auch BGH GRUR 2004, 594 (596 f.) – Ferrari-Pferd; GRUR 2009, 672 Rn. 49 – OSTSEE-POST). Absolute Unähnlichkeit der Zeichen kann daher nicht durch eine erhöhte Bekanntheit oder Wertschätzung der älteren Marke ausgeglichen werden (EuGH C-552/09 P, BeckRS 2011, 80284 Rn. 54 – kinder/TiMi Kinderjoghurt). Dies ändert jedoch nichts daran, dass die Anwendung des Bekanntheitsschutzes nicht bereits daran scheitern darf, dass die Vergleichszeichen bei der Prüfung der Verwechslungsgefahr als nicht hinreichend ähnlich angesehen wurden (zutreffend BPatG (DPMA) BeckRS 2018, 22139 – YouPot/YouTube; Deutsch GRUR-Prax 2018, 501; s. auch BPatG GRUR-Prax 2016, 441 – Tiger carbon; für das Verletzungsverfahren s. OLG Frankfurt GRUR-RR 2022, 435 – The North Face/The Dog Face).

83.1   Dem BGH zufolge besteht eine zur Herbeiführung einer gedanklichen Verbindung ausreichende Zeichenähnlichkeit nicht bereits dann, wenn „ein Zeichen geeignet ist, durch bloße Assoziationen an ein fremdes Kennzeichen Aufmerksamkeit zu erwecken" (BGH GRUR 2004, 779 (783) – Zwilling/Zweibrüder; bestätigt in GRUR 2015, 1214 Rn. 34 ff. – Goldbär (durch Billigung der entsprechenden Ausführungen von OLG Köln GRUR-RS 2014, 7734 Rn. 55). Dies lässt sich jedoch schwerlich mit der Aussage des EuGH in Einklang bringen, dass es für das Vorliegen einer gedanklichen Verknüpfung ausreicht „dass die jüngere Marke dem normal informierten und angemessen aufmerksamen und verständigen Durchschnittsverbraucher die ältere Marke in Erinnerung ruft" (EuGH C-252/07, GRUR 2009, 56 Rn. 60): Wenn überhaupt ein Unterschied zwischen „bloßer Assoziation" und „in Erinnerung rufen" besteht, dann ist eher letzteres die Voraussetzung für ersteres: Ohne dass das fremde Zeichen in Erinnerung gerufen wird, kann keine Assoziation begründet werden. Die BGH-Rechtsprechung lässt sich daher kaum logisch, sondern nur aus dem Bemühen nachvollziehen, einer Ausuferung des Markenschutzes vorzubeugen (BGH GRUR 2015, 1214 Rn. 35 – Goldhase II). Dazu kommt es jedoch nicht, wenn die weiteren Voraussetzungen des Schutzes, insbesondere die Frage nach dem rechtfertigenden Grund, ernst genommen werden.

83.2   Zur Entscheidungspraxis des EuG → UMV Art. 8 Rn. 248 ff. Danach wird vom EuG ebenfalls häufig mangelnde Markenähnlichkeit als Grund für die Versagung des Bekanntheitsschutzes im Eintragungs- bzw. Löschungsverfahren angeführt.

83.3   Auch bei hochgradiger Ähnlichkeit der Marken reicht die Bekanntheit der Widerspruchsmarke nicht bereits aus, um eine Verletzung zu bejahen; es muss vielmehr eine Gesamtbetrachtung unter Berücksichtigung sämtlicher Faktoren erfolgen, die für das Vorliegen der Verletzungstatbestände von Bedeutung sind (so - für das Unionsmarkenrecht - EuG T-510/19, GRUR-RS 2021, 11224 – Grenzkatze mAnm Amschewitz GRUR-Prax 2021, 338).

II. Beeinträchtigen von Unterscheidungskraft oder Wertschätzung

84   Beeinträchtigung der **Unterscheidungskraft** liegt vor, wenn „die Benutzung der jüngeren Marke zur Auflösung der Identität der älteren Marke und ihrer Bekanntheit beim Publikum führt" (EuGH C-252/07, GRUR 2009, 56 Rn. 78 – Intel/CPM). Dies entspricht dem früheren Tatbestand der Verwässerung. Zu Einzelheiten → § 14 Rn. 551.

85   Beeinträchtigung der **Wertschätzung** (→ § 14 Rn. 554 ff.) kommt insbesondere in Betracht, wenn die Anziehungskraft der älteren Marke durch das jüngere Zeichen geschmälert wird, etwa weil die Waren und Dienstleistungen, für die die Marke eingetragen ist, Merkmale oder Eigenschaften aufweisen, die sich auf das Bild der bekannten älteren Marke negativ auswirken können.

85.1   Der Inhaber der älteren Marke ist nicht verpflichtet, das Vorliegen einer tatsächlichen und gegenwärtigen Beeinträchtigung seiner Marke nachzuweisen, zumal dies auf die Notwendigkeit hinauslaufen würde, das tatsächliche Eintreten dieser Beeinträchtigung abzuwarten. Es müssen allerdings Gesichtspunkte dargelegt werden, aus denen auf die **ernsthafte Gefahr einer künftigen Beeinträchtigung** geschlossen werden kann (EuGH C-252/07, GRUR 2009, 56 Rn. 38 – Intel/CPM). Der Nachweis einer Beeinträchtigung (oder der Gefahr einer solchen) setzt voraus, „dass dargetan wird, dass sich das wirtschaftliche Verhalten des Durchschnittsverbrauchers der Waren oder Dienstleistungen, für die die ältere Marke eingetragen ist, in Folge der Benutzung der jüngeren Marke geändert hat oder dass die ernsthafte Gefahr einer künftigen Änderung dieses Verhaltens besteht" (so EuGH C-252/07, GRUR 2009, 56 Rn. 77 für den Fall der Beeinträchtigung von Unterscheidungskraft; für die Beeinträchtigung der Wertschätzung dürfte nichts anderes gelten).

Das Führen eines solchen Nachweises – auch wenn er sich auf die bloße Gefahr einer Verhaltensände- **85.2** rung beschränkt – ist sehr schwierig. Das gilt nicht zuletzt für das Eintragungsverfahren, in dem es unter Umständen um noch unbenutzte Marken geht. Der EuGH hat jedoch (in recht scharfer Form) gegenüber dem EuG deutlich gemacht, dass er keine Abschwächung der Maßstäbe duldet; es seien „erhöhte Beweisan- forderungen" zu stellen, um die (drohende) Beeinträchtigung nachzuweisen. „Logische Ableitungen" seien zwar erlaubt; es dürfe sich aber **nicht um bloße Vermutungen** handeln, sondern sie müssten auf einer Wahrscheinlichkeitsprognose beruhen, für die die Gepflogenheiten der fraglichen Branche sowie alle ande- ren Umstände des Einzelfalls berücksichtigt werden (EuGH C-383/12 P, GRUR Int 2014, 1238 Rn. 40, 43 – Environmental Manufacturing/HABM (Wolf)).

Das OLG Frankfurt sieht den Tatbestand der Beeinträchtigung bereits dadurch als erfüllt an, dass sich **85.3** die Bekl. in parasitärer Weise an die Bekanntheit und Wertschätzung der klägerischen Marke anlehne (OLG Frankfurt GRUR-RR 2022, 345 Rn. 19 – The North Face/The Dog Face). Den Maßstäben der EuGH-Rechtsprechung wird die Entscheidung damit nicht gerecht.

III. Ausnutzen von Unterscheidungskraft oder Wertschätzung (Rufausbeutung)

Nach der Rechtsprechung des EuGH liegt ein Ausnutzen vor, wenn ein Dritter sich in die **86 Sogwirkung** der bekannten Marke begibt, um von deren Anziehungskraft, Ansehen und Ruf zu **profitieren,** und damit ohne finanzielle Gegenleistung die **wirtschaftlichen Anstrengungen des Markeninhabers** zur Schaffung und Aufrechterhaltung des Images dieser Marke auszunutzen. Erforderlich sind weder eine Verwechslungsgefahr noch die Gefahr einer Beeinträchtigung von Unterscheidungskraft oder Wertschätzung (EuGH C-487/07, GRUR 2009, 756 Rn. 43, 50 – L'Oréal/Bellure).

Näher zu den Voraussetzungen der Rufausbeutung → § 14 Rn. 551. Danach ist ua erforderlich, **87** dass das ältere Zeichen bei den durch das jüngere Zeichen angesprochenen Kreisen bekannt ist und dass die Waren und Dienstleistungen sowie deren Abnehmer keinen zu großen Abstand voneinander haben. Diese Voraussetzungen gelten jedoch bereits für die Annahme einer gedankli- chen Verknüpfung, die dem EuGH zufolge noch kein hinreichendes Merkmal einer (Beeinträchti- gung und/oder) Rufausbeutung darstellt (→ Rn. 81). Hinzutreten muss noch die **wirtschaftliche Dimension** der Zeichennutzung, die dem Inhaber des jüngeren Zeichens einen (deutlichen) kommerziellen Vorteil verschafft.

Um das Erzielen solcher Vorteile ging es in den Fällen BPatG GRUR-RR 2016, 331 – Adlon Bauser- **87.1** vice/Adlon; BeckRS 2015, 09309 – Super Bayern. Im ersten Fall wurde erklärt, die Verwendung der Bezeichnung „Adlon" könne den Eindruck hervorrufen, die von der Inhaberin der jüngeren Marke angebotenen Wohngebäude bzw. Wohnungen wiesen eine Qualität auf, die hinsichtlich Komfort und Wertigkeit mit dem hier in Rede stehenden bekannten Luxushotel vergleichbar sei, so dass die Aufmerksam- keit des Verkehrs auf die angegriffene Marke gelenkt wird (BPatG GRUR-RR 2016, 331 Rn. 39 – Adlon/ Adlon Bauservice). Im Fall Super Bayern wurde festgestellt, das Zeichen „Super Bayern", dessen primäre Merkmale ein kreisförmig angeordneter Schriftzug „Super Bayern", weiß auf rotem Grund umfasst von einem blauen Ring sowie eine blaue Raute mit einem rot-weißen Fußball waren, nutze im Bereich Druckereierzeugnisse, Werbung, Unterhaltung die Wertschätzung der bekannten Bildmarke „FC Bayern München" unlauter aus (BPatG BeckRS 2015, 09309 Ls. – Super Bayern; s. ferner auch BPatG GRUR- RR 2020, 280 – Apple/apfel&i); GRUR 2022, 1753 – dOCUMENTA).

Ob auch die reine Aufmerksamkeitsausbeutung („Ausnutzung der Unterscheidungskraft") zu einer **87.2** Markenverletzung führen kann, ist unklar. Der EuGH erwähnt diese Fallgruppe nicht gesondert; er geht offenbar von einem lediglich dreigliedrigen Tatbestand aus: Die von ihm unterschiedslos mit dem Oberbe- griff „Beeinträchtigung" versehenen Fallgruppen umfassen „erstens die Beeinträchtigung der Unterschei- dungskraft der Marke, zweitens die Beeinträchtigung der Wertschätzung dieser Marke und drittens das unlautere Ausnutzen der Unterscheidungskraft oder der Wertschätzung dieser Marke" (EuGH C-252/07, GRUR 2009, 56 Rn. 27 – Intel/CPM; GRUR 2009, 756 Rn. 38 – L'Oréal/Bellure).

Der BGH nimmt dagegen an, dass auch das Erzeugen von Aufmerksamkeit durch das Ausnutzen der **87.3** Bekanntheit einer Marke, ohne hinzutretende Ausnutzung der Wertschätzung, den Tatbestand des § 14 Abs. 1 Nr. 3 erfüllen kann (BGH GRUR 2005, 583 (584) – Lila Postkarte; → § 14 Rn. 550). Für das Amtsverfahren kann diese Frage kaum bedeutsam werden, da bei reiner Aufmerksamkeitserzeugung, die weder zu Verwechslungsgefahr noch zur Ausnutzung oder Beeinträchtigung der Wertschätzung (oder zur Beeinträchtigung von Unterscheidungskraft) führt, wohl ohnehin kein Eintragungshindernis bzw. Löschungsgrund angenommen werden dürfte.

IV. In unlauterer Weise

88   Den Tatbeständen der Beeinträchtigung ist die Unlauterkeit immanent. Bei der **Rufausbeutung** sind hingegen jedenfalls nach der Rechtsprechung des BGH zusätzliche Unlauterkeitsmerkmale erforderlich, wie etwa die Behinderung des Markeninhabers in der eigenen Verwertung seines Markenrechts oder die Verwendung der bekannten Marke gerade mit dem Ziel, von deren Ruf zu profitieren (→ § 14 Rn. 559). In der EuGH-Rechtsprechung findet diese Differenzierung allerdings keine Stütze; dieser zufolge ist bereits der Vorteil, der sich aus einer Verwendung der Marke iSd Ausbeutungstatbestandes ergibt, als unlautere Ausnutzung der Unterscheidungskraft oder der Wertschätzung der Marke anzusehen (EuGH C-487/07, GRUR 2009, 756 Rn. 49 – L'Oréal/Bellure). Eine Korrektur ggf. zu weitgehender Annahmen führt über das Ausschlusskriterium „ohne rechtfertigenden Grund" (→ Rn. 91 ff.).

89   Ob die Ausnutzung der Wertschätzung ohne rechtfertigenden Grund in unlauterer Weise erfolgt, ist auf Grund einer umfassenden Interessenabwägung zu beurteilen (BGH GRUR 2001, 1050 – Tagesschau; BPatG BeckRS 2015, 09309 – Super Bayern). Im Eintragungsverfahren ist insoweit auf die (hohe) Wahrscheinlichkeit einer (auch unter Berücksichtigung möglicher Rechtfertigungsgründe; → Rn. 91) rufausbeutenden und damit unlauteren Benutzung abzustellen.

90   Im Löschungsverfahren muss die Unlauterkeit – ebenso wie eine bösgläubige Markenanmeldung – auch Kostenfolgen haben (→ § 71 Rn. 68).

V. Ohne rechtfertigenden Grund

91   Eine Rechtfertigung der Eintragung kommt aus unterschiedlichen Gründen in Betracht (→ § 14 Rn. 560). Im Fall der rechtsverletzenden Benutzung sind insoweit die Meinungs und Kunstfreiheit, die Waren- und Dienstleistungsfreiheit innerhalb des gemeinsamen Marktes (Fezer § 14 Rn. 814) oder die berechtigte Wahrnehmung eigener Interessen (→ § 8 Rn. 980) zu beachten. Auch bei Vorliegen von Gründen, die – bei anderen als bekannten Marken – zur Anwendung der **Schrankentatbestände des § 23** führen (→ § 23 Rn. 1 ff.) ist die Benutzung einer bekannten Marke regelmäßig gerechtfertigt.

92   Da durch die Eintragung Beeinträchtigungen in Permanenz erwachsen und registerrechtlich keine Beschränkung der Benutzung auf eine konkrete Form möglich ist, kann es schwierig sein, Gründe aufzuzeigen, die eine solche, fortdauernde und umfassende Beeinträchtigung bzw. Ausnutzung rechtfertigen. Es gibt jedoch Ausnahmefälle. So wurde in der Entscheidung BPatG BeckRS 2019, 26275 – JOOP!/JOPP angenommen, dass die über 100-jährige Geschäftstätigkeit der Anmelderin unter dem Kennzeichen dessen markenrechtliche Absicherung rechtfertigt, sodass eine ggf. festzustellende Anlehnung an die bekannte Marke „JOOP!" hinzunehmen sei (ebenso BPatG GRUR-RS 2020, 21059 Rn. 68).

92.1   Es ist ferner vorstellbar, dass ein beschreibender Charakter der älteren Marke ihre Eintragung für andere Waren rechtfertigen kann (fiktives Beispiel: „Microsoft" als Marke für Trikotagen aus weicher Mikrofaser) oder dass – in besonders gelagerten Fällen – die gezielte satirische Verfremdung einer Marke auch dann hinzunehmen ist, wenn sie nicht als einmaliger „Gag", sondern zur dauerhaften Verwendung erfolgt (s. LG Nürnberg-Fürth BeckRS 2010, 19265 – Thor Steinar/Storch Heinar (Verletzungsverfahren)). Nicht zum Tragen kam dies bei der Parodie des springenden Pumas (BGH GRUR 2015, 1114 mAnm Thiesen – Springender Pudel).

92.2   Als Beispiel aus dem Amtsverfahren s. ferner BPatG BeckRS 2017, 140258 – Kneipp/Internationale Kneipp Aktionstage, mAnm Albrecht GRUR-Prax 2018, 150, wo der Schutz nach § 9 Abs. 1 Nr. 3 ua wegen des beschreibenden Charakters der jüngeren Marke abgelehnt wurde.

E. Widerspruch im Anmeldestatus (Abs. 2)

93   Über einen **Widerspruch aus einer angemeldeten Marke** darf im Hinblick auf § 9 Abs. 2 nicht abschließend entschieden werden. Dasselbe gilt grundsätzlich dann, wenn die Marke zwar eingetragen, aber noch nicht bestandskräftig ist, da gegen sie selbst ein Widerspruchsverfahren anhängig ist. Das Widerspruchverfahren muss in diesem Fall ggf. ausgesetzt werden (BPatG GRUR-RS 2021, 25660 Rn. 19 f.; Ströbele/Hacker/Thiering/Miosga § 43 Rn. 112).

Eine **Klage auf Rücknahme der Anmeldung** ist möglich, da § 9 eine Löschung erst nach **94** der Eintragung ermöglicht (Ingerl/Rohnke/Nordemann/Bröcker § 55 Rn. 23, 58). Das ist bei Anmeldungen von Unionsmarken anders (Ingerl/Rohnke/Nordemann/Kouker § 122 Rn. 20).

F. Löschungsreife

Während im Widerspruchsverfahren eine (teilweise) Löschung sofort erfolgt (§ 43 Abs. 2), muss **95** der Inhaber der älteren Marke in anderen Verfahren die Löschungsreife des jüngeren Zeichens erst geltend machen. Den Löschungsanspruch und seine Durchsetzung regeln insoweit die §§ 51, 55.

IR-Marken wird in entsprechenden Fällen der Schutz für Deutschland (teilweise) verweigert **96** (§ 114 Abs. 3) bzw. (teilweise) entzogen (§ 115 Abs. 1).

Im Verletzungs- und Löschungsverfahren kann der in Anspruch Genommene die Löschungs- **97** reife der älteren Marke durch Einrede oder Widerklage auf Löschung geltend machen.

Im Widerspruchsverfahren ist eine Einrede nicht möglich, so dass der Inhaber des angegriffenen **98** Zeichens eine Klage auf Widerspruchsrücknahme oder auf Löschung der Widerspruchsmarke erheben muss. Im Widerspruchsverfahren kann er dann Aussetzung (→ § 70 Rn. 1 ff.) beantragen. Zur Kostenpflicht des Widersprechenden, der sich auf eine bösgläubig angemeldete Marke berufen hat, → § 71 Rn. 64.

Auch in einer Eintragungsbewilligungsklage nach § 44 kann der Inhaber des angegriffenen **99** Zeichens die Löschungsreife geltend machen.

G. Wirkung der Klassifikation (Abs. 3)

Die Einfügung von Abs. 3 in das MarkenG beruht auf Art. 39 Abs. 7 MRL. Die Vorschrift **100** bekräftigt den bereits nach früherem Recht feststehenden Grundsatz, dass die systematische Einordnung einer Marke in das Schema der Nizzaer Klassifikation keine materiellen Rechtswirkungen zeitigt (BGH GRUR 2020, 870 Rn. 24 – INJEKT/INJEX; zum bisherigen Recht s. etwa BPatG GRUR 2010, 441 (443) – pn printnet/PRINECT). Die Einteilung der Waren- und Dienstleistungsklassen dient primär Verwaltungs- und Gebührenzwecken; sie kann allenfalls insoweit mittelbare Bedeutung für die Beurteilung der Ähnlichkeit von Waren oder Dienstleistungen gewinnen, als sie für die Auslegung der verwendeten Begriffe relevant ist (Ströbele/Hacker/Thiering/Hacker Rn. 94). Dies ändert jedoch nichts daran, dass weder die Eintragung in derselben Klasse besagt, dass die Waren oder Dienstleistungen ähnlich sind, noch dass umgekehrt die Eintragung in verschiedenen Klassen bedeutet, dass die Waren oder Dienstleistungen unähnlich sind.

§ 10 Notorisch bekannte Marken

(1) Von der Eintragung ausgeschlossen ist eine Marke, wenn sie mit einer im Inland im Sinne des Artikels 6bis der Pariser Verbandsübereinkunft notorisch bekannten Marke mit älterem Zeitrang identisch oder dieser ähnlich ist und die weiteren Voraussetzungen des § 9 Abs. 1 Nr. 1, 2 oder 3 gegeben sind.

(2) Absatz 1 findet keine Anwendung, wenn der Anmelder von dem Inhaber der notorisch bekannten Marke zur Anmeldung ermächtigt worden ist.

Überblick

§ 10 Abs. 1 verbietet die Eintragung einer Marke, wenn sie mit einer im Inland notorisch bekannten Marke mit älterem Zeitrang identisch oder dieser ähnlich ist (→ Rn. 3) und die weiteren Voraussetzungen des § 9 Abs. 1 Nr. 1, 2 oder 3 gegeben sind (→ Rn. 9).

A. Allgemeines

Mit § 10 kommt der deutsche Gesetzgeber seiner Pflicht aus Art. 6bis PVÜ und Art. 4 Abs. 2 **1** lit. d MRL 2008 nach. Eine vergleichbare Regelung enthält Art. 8 Abs. 1, 2 lit. c UMV. Auch Nicht-EU- und Nicht-PVÜ-Staaten, die der WTO angehören, sind zur Einhaltung der PVÜ-Regelungen über Art. 2 Abs. 1 TRIPS verpflichtet (Fezer Rn. 7; Ströbele/Hacker/Thiering/Hacker Rn. 1); dies gilt auch für die EU, die als supranationale Organisation der PVÜ nicht beitreten kann. Die notorische Bekanntheit einer Marke ist als eigentlich nur **relatives Schutz-**

hindernis auf Grund der zwingenden Vorgabe von Art. 6bis PVÜ durch § 10 als **absolutes Schutzhindernis** ausgestaltet worden (zum Begriff absolutes bzw. relatives Schutzhindernis → § 8 Rn. 1 ff.; Ingerl/Rohnke/Nordemann/Wirtz § 8 Rn. 8). Die Prüfung erfolgt nach § 37 Abs. 1 daher **von Amts wegen.** Eingetragene Marken (§ 4 Nr. 1) und aufgrund von Verkehrsgeltung geschützte Marken (§ 4 Nr. 2) stellen im Gegensatz dazu nur ein relatives Schutzhindernis dar. Im Fall der Kollision mit einer anderen Marke ist der Inhaber daher auf das Widerspruchsverfahren nach § 42 oder die Nichtigkeitsklage nach den §§ 51, 55 beschränkt. Seit dem 1.5.2020 ist zudem auch das patentrechtliche Nichtigkeitsverfahren nach §§ 51, 53 eröffnet (Ströbele/Hacker/Thiering/Hacker Rn. 2; Ingerl/Rohnke/Nordemann/Schork Rn. 5). Die notorisch bekannte Marke nach § 4 Nr. 3 genießt somit im Ergebnis einen höheren Schutz als die gemäß § 4 Nr. 1 und § 4 Nr. 2 geschützten Marken.

2   Lässt der Inhaber einer über § 4 Nr. 3 geschützten Marke die Marke nachträglich eintragen, verliert er den Schutz über § 10 nicht. Entscheidend ist nur die **amtliche Kenntnis** über die notorische Bekanntheit im **Inland** zum **Zeitpunkt des Antrags** einer anderen kollidierenden Marke. Der Anwendungsbereich von § 10 ist in der **Praxis** eher klein, da gerade die im Inland bekannten Marken regelmäßig längst eingetragen worden sind.

B. Voraussetzungen

I. Notorietät im Inland

1. Notorietät

3   Notorietät ist die **Allbekanntheit** einer Marke im Verkehr. Verlangt wird somit **allgemeine Kenntnis** von ihrer Existenz und Präsenz als Marke (eingehend zu den Schutzvoraussetzungen → § 4 Rn. 143 ff.; Fezer § 14 Rn. 753).

4   Die PVÜ selbst enthält **keine Legaldefinition** des Begriffs der Notorietät. Der Begriff wird daher allein durch die nationale Rechtsprechung bestimmt. Der Schutz von Art. 6bis PVÜ bezieht sich eigentlich nur auf **Warenmarken.** § 4 Nr. 3 erfasst demgegenüber auch **Dienstleistungsmarken.** Dies ergibt sich eindeutig aus der Legaldefinition des Begriffs Marke iSd MarkenG aus § 3. Über § 10 sind Dienstleitungsmarken daher ebenfalls gleichwertig geschützt. Mit der Anknüpfung von § 10 Abs. 1 an den Begriff der Notorietät aus Art. 6bis PVÜ wollte der Gesetzgeber erreichen, dass sich zukünftige Entwicklungen zur Auslegung dieses Begriffes unmittelbar innerstaatlich auswirken (BT-Drs. 12/6581 vom 14.1.1994, 66), nicht aber Dienstleistungsmarken diskriminieren (Kur GRUR 1994, 330 (335)).

5   Da allein das **quantitative** Kriterium der **Bekanntheit** der Marke herangezogen wird, spielen **qualitative** Maßstäbe wie ein gutes **Image** oder der kommerzielle **Wert** der Marke keine Rolle. Entscheidend ist nur, ob einer hinreichenden Zahl von Personen des beteiligten Verkehrskreises bekannt ist, dass die Marke bereits einem anderen gehört (Kur GRUR 1994, 330 (336)). Wie hoch der Prozentsatz der Bekanntheit sein muss, bleibt dagegen ungeklärt und ist somit von den nationalen Gerichten zu entscheiden (Kur GRUR 1994, 330 (336)).

6   Die Notorietät muss zum **Zeitpunkt** des Eintragungsantrages bestehen. Ehemals notorisch bekannte Marken die aktuell keinen Schutz über § 4 Nr. 3 genießen, stellen mithin kein Eintragungshindernis mehr dar.

2. Im Inland

7   Entscheidend ist die notorische Bekanntheit der Marke im Geltungsbereich des MarkenG. Keine Voraussetzung dagegen ist die **tatsächliche Benutzung** der Marke im geschäftlichen Verkehr (Fezer Rn. 8). So können auch im Inland nicht benutzte **ausländische Marken** ipso iure der Eintragung einer Marke entgegenstehen, soweit inländische Notorietät vorliegt (Fezer § 14 Rn. 782).

II. Älterer Zeitrang

8   Die nach § 4 Nr. 3 geschützte Marke stellt gegenüber einer einzutragenden Marke nur dann ein Eintragungshindernis dar, wenn erstere den älteren Zeitrang genießt. Das in § 6 allgemein verankerte **Prioritätsprinzip** kommt mithin auch im Rahmen von § 10 zur Anwendung.

III. Kollision

Die einzutragende Marke müsste mit der notorisch bekannten Marke kollidieren. Der Wortlaut **9** von § 10 Abs. 1 erweckt den Eindruck, dass hierfür zunächst **Identität** oder **Ähnlichkeit** vorliegen muss und nur im Weiteren die **zusätzlichen Voraussetzungen** nach § 9 Abs. 1 Nr. 1, Nr. 2 oder Nr. 3 zu prüfen sind. Der Wortlaut ist an dieser Stelle missverständlich. Die drei dort aufgeführten Tatbestände verwenden die Begriffe Identität und Ähnlichkeit eigenständig. Zu prüfen ist daher in nur einem Schritt, ob einer der drei Tatbestände aus § 9 Abs. 1 vorliegt (→ § 9 Rn. 1 ff.).

C. Verhältnis zu § 8 Abs. 2 Nr. 4

In der Vergangenheit wurde der theoretische Streit geführt, ob eine mit einer im Inland noto- **10** risch bekannten kollidierenden Marke nicht auch als Täuschung des Verkehrs unter § 8 Abs. 2 Nr. 4 fällt. Es wurde der Fall diskutiert, dass eine Marke zwar Identität oder Ähnlichkeit zu einer notorisch bekannten Marke aufweist, jedoch die für den Löschungsgrund des § 10 Abs. 1 erforderlichen zusätzlichen Voraussetzungen der § 9 Abs. 1 Nr. 1, Nr. 2 oder Nr. 3 nicht vorliegen. In diesem Fall wäre dennoch denkbar, dass das absolute Eintragungshindernis nach § 8 Abs. 2 Nr. 4 eingreift, weil der Markt ansonsten über die Herkunft der Waren oder Dienstleistungen getäuscht würde. Ein Rückgriff auf § 8 Abs. 2 Nr. 4 bliebe aber verwehrt, wenn man in § 10 eine abschließende Regelung zur Kollision mit einer notorisch bekannten Marke sähe.

Inzwischen herrscht Einigkeit, dass der Fall der Kollision mit einer notorisch bekannten Marke **11** gemäß § 10 einen Spezialtatbestand darstellt, der für die absoluten Eintragungshindernisgründe aus § 8 keinen Raum mehr lässt. Greift § 10 aus den oben genannten Gründen jedoch nicht, steht die Prüfung der sonstigen Eintragungshindernisse aus § 8 frei (Fezer Rn. 13; Ingerl/Rohnke/Nordemann/Schork Rn. 5).

D. Rechtsfolgen

I. Beanstandung von Amts wegen

Rechtsfolge von § 10 Abs. 1 ist zunächst die **von Amts wegen** zu prüfende **Kollision** der **12** einzutragenden Marke mit einer im Inland notorisch bekannten Marke. Stellt das DPMA eine Kollision fest, muss der Antrag auf Eintragung gemäß § 37 Abs. 4 abgewiesen werden. Soweit von der Prüfung über das Vorliegen einer möglichen Kollision mit einer nach § 4 Nr. 3 geschützten Marke die Rede ist, ist damit jedoch keine echte **Prüfungspflicht** gemeint. Das DPMA wird nicht etwa recherchieren oder die Marktlage näher erforschen. Die Prüfung beschränkt sich auf die Frage, ob eine Kollision nach § 10 amtlich bekannt ist. Eine anzudenkende **Amtspflichtverletzung** wegen einer mit § 10 eigentlich unvereinbaren Eintragung liegt daher grundsätzlich nicht vor.

II. Widerspruch und Nichtigkeitsklage

Da § 37 Abs. 4 allein auf die amtliche Kenntnis der Kollision abstellt, ist eine § 10 entgegenste- **13** hende Eintragung im Fall einer unzureichenden Prüfung durch das DPMA möglich. Der Inhaber der nach § 4 Nr. 3 geschützten Marke kann in einem solchen Fall sowohl gemäß § 42 Abs. 2 Nr. 2 **Widerspruch** erheben, als auch unmittelbar eine **Nichtigkeitsklage** gemäß den §§ 51, 55 anstrengen. Seit dem 1.5.2020 ist zudem auch das patentrechtliche Nichtigkeitsverfahren nach §§ 51, 53 eröffnet Ströbele/Hacker/Thiering/Hacker Rn. 2; Ingerl/Rohnke/Nordemann/Schork Rn. 5). Daneben steht die bei jeder Form der Kennzeichenverletzung statthafte **Verletzungsklage** nach den §§ 14 ff.

1. Widerspruch

Der Widerspruch gemäß § 42 Abs. 2 Nr. 2 ist an das DPMA zu richten und kann nur die **14** Rüge der Verletzung von § 10 Abs. 1 geltend machen. Liegen die Voraussetzungen von § 10 und § 9 (einschließlich § 9 Abs. 1 Nr. 3) vor, ist die zu Unrecht eingetragene Marke **löschungsreif**.

2. Nichtigkeitsklage

Die Nichtigkeitsklage gemäß §§ 51, 55 ist auf diesen Rügegrund dagegen nicht beschränkt. **15** Hier kann – wie im Widerspruchsverfahren – auch auf den Tatbestand der unlauteren Ausnutzung oder der Beeinträchtigung der Unterscheidungskraft oder Wertschätzung abgestellt werden.

E. Ermächtigung durch den Inhaber

16   Die Rechtsfolgen von § 10 Abs. 1 **entfallen,** wenn der die Eintragung einer Marke Beantragende dem DPMA nachweisen kann, dass er von dem Inhaber der kollidierenden notorisch bekannten Marke zur Eintragung **ermächtigt** worden ist. Die Ermächtigung muss daher im **Zeitpunkt** der Anmeldung vorliegen. Kommt es ohne Ermächtigung aufgrund fehlender amtlicher Kenntnis zur Eintragung, kann die Eintragung auch gemäß § 51 Abs. 2 S. 3 **nachträglich** genehmigt werden (Fezer Rn. 17). Das Recht auf Widerspruch und Löschungsklage ist damit verwirkt.

§ 11 Agentenmarken

Die Eintragung einer Marke kann gelöscht werden, wenn die Marke ohne die Zustimmung des Inhabers der Marke für dessen Agenten oder Vertreter eingetragen worden ist, es sei denn, es liegt ein Rechtfertigungsgrund für die Handlungsweise des Agenten oder des Vertreters vor.

Überblick

§ 11 begründet (→ Rn. 1 ff.) Ansprüche (→ Rn. 14) des Inhabers einer Marke („Geschäftsherr"; → Rn. 31 ff.) gegen den Agenten oder Vertreter (→ Rn. 15 ff.), der diese Marke (→ Rn. 27 ff., → Rn. 38 ff.) im Inland für sich unberechtigt (→ Rn. 41 ff.) eintragen lässt. Der Löschungsgrund des § 11 ist im Weg der Klage geltend zu machen (§§ 51, 55; → Rn. 52 ff.). Weitergehende Ansprüche des Geschäftsherrn ergeben sich aus anderen Rechtsgrundlagen (→ Rn. 10 ff.) sowie § 17 (Übertragungs-, Unterlassungs-, Schadensersatz- und Nebenansprüche) sowie aus § 42 Abs. 2 Nr. 3 (Widerspruchsgrund; → Rn. 14).

Übersicht

A. Entstehungsgeschichte, Verhältnis zu internationalen Normen

1   Die gesetzliche Regelung setzt **Art. 6septies PVÜ** in das deutsche Recht um, der mit der Stockholmer Fassung in die PVÜ eingefügt wurde. § 11 entspricht inhaltlich Art. 6septies PVÜ, geht aber in mehrfacher Hinsicht darüber hinaus, beispielsweise gilt sie auch für reine Inlandsfälle. Die frühere Regelung des § 11 WZG verwandte eine eigenständigere Definition; die Regelung des MarkenG hält sich eng an die Vorgabe der PVÜ durch Verwendung der Begriffe „Agent oder Vertreter".

2   Die **MRL 2008** (RL 2008/95/EG) regelte die Agentenmarke nicht, sondern stellt den Mitgliedstaaten diesbezügliche Regelungen frei (vgl. Erwägungsgrund 3 MRL 2008). Soweit § 11 der Erfüllung von Verpflichtungen aus der PVÜ dient, bleibt die MRL unberührt (Erwägungsgrund 13 MRL 2008). Soweit sie darüber hinausgeht, ist sie als nicht harmonisierter Ungültigkeitsgrund zulässig (Erwägungsgrund 8 MRL 2008). Die Neufassung der MRL regelt die Agentenmarke als zwingendes relatives Schutzhindernis (Art. 5 Abs. 3 lit. b MRL). Für das deutsche Recht führt dies grundsätzlich zu keiner materiellen Änderung; allerdings werden künftig Entscheidungen des EuGH zu Voraussetzungen und Umfang des nach Art. 5 Abs. 3 lit. b MRL gewährten Schutzes auch im deutschen Recht zu beachten sein und damit zu einer Angleichung der Praxis auf nationaler und EU-Ebene führen (zur UMV → Rn. 3). Das ist vor allem dort bedeutsam, wo die Praxis derzeit Unterschiede aufweist (so im Hinblick auf den Schutzumfang; → UMV Art. 8 Rn. 172 f.; → Rn. 38.1).

Abgesehen von der künftig bestehenden Möglichkeit, Zweifelsfragen dem EuGH vorzulegen, wird die **2.1** auch zu einem möglichen Thema für die Gespräche über die Angleichung der administrativen Rechtspraxis im Rahmen des Konvergenzprogramms.

Die **UMV** gestaltet den Schutz gemäß Art. 6^{septies} PVÜ. Daher ist ein Einfluss der Rechtspre- **3** chung des EuGH auf die Auslegung möglich. § 11 entspricht Art. 8 Abs. 3 UMV, der die Rechtfer- tigungsmöglichkeit des Agenten ausdrücklich erwähnt (→ UMV Art. 8 Rn. 171 ff.).

B. Normzweck, Anwendungsbereich

I. Regelungsbedürfnis

Warenherstellende Unternehmen arbeiten häufig mit anderen Unternehmen zusammen, um **4** ihre Waren effektiv zu vertreiben, insbesondere wenn dabei auch räumlich neue Gebiete erschlos- sen werden. Dabei werden mit unterschiedlichen rechtlichen Konstruktionen beispielsweise Repräsentanten, Handelsvertreter, selbstständige Distributeure und dergleichen („Agenten") ein- geschaltet. In der **Praxis** haben sich die Fälle, in welchen die Agenten Gelegenheiten zum Eigener- werb der Marke oder Marken des Herstellerunternehmens („Geschäftsherr") nutzten, als häufig und unbefriedigend genug erwiesen, um die Regelung über den „agent illoyal" in das internatio- nale Vertragswerk über gewerbliche Schutzrechte (PVÜ) aufzunehmen. Die Sonderregelung privi- legiert den Geschäftsherrn gegenüber anderen Markeninhabern durch Gewährung eines überterri- torialen relativen Schutzes für seine Marke, obwohl er sich auch durch vertragliche Regelungen oder frühere Markenanmeldung schützen könnte (von Ingerl/Rohnke/Nordemann/Schork Rn. 4 als fragwürdige Privilegierung angesehen).

Die Marke des Geschäftsherrn im Besitz zu haben, kann für den Agenten oder Vertreter ein **5** „Faustpfand" sein, um besondere Vertragsbedingungen auszuhandeln und den Wettbewerb mit anderen Agenten zu beschränken; es kann darin ein Druckmittel für die Erlangung einer Verlänge- rung des Vertragsverhältnisses und anderer Konditionen liegen; der Agent könnte den Geschäfts- herrn auch auf Dauer von dem inländischen Markt ausschließen. Da der Geschäftsherr ohne den Besitz der Marke in seiner unternehmerischen Aktivität wesentlich behindert werden kann, ist der Fall der vom Agenten gehaltenen Marke regelmäßig eine **wirtschaftlich sehr bedrohliche Situation** für die Interessen des Geschäftsherrn.

Die Praxis zeigt immer wieder, dass adäquater Rechtsschutz für den Geschäftsherrn schwer zu **6** erlangen ist, da die notwendige unternehmerische Bewegungsfreiheit ohne den Besitz der Marke nicht gewährleistet ist und auch ein letztlich erfolgreicher gerichtlicher Streit einen oft unakzeptab- len Zeitfaktor darstellt. Die einschlägigen Fälle müssen daher in der Praxis weit überwiegend wirtschaftlich gelöst werden, wobei der Geschäftsherr häufig mit überhöhten Forderungen kon- frontiert ist.

Vertragliche Regelungen sind nicht selten nach dem **Recht eines anderen Landes** geschlossen, **7** zB nach dem Recht des Sitzlandes des Geschäftsherrn. Insoweit schafft die gesetzliche Regelung des § 11 eine klarer durchsetzbare Rechtssituation nach dem Recht des Inlands. Das Recht des Ursprungslandes kann jedoch für Vorfragen eine Rolle spielen, zB für die Frage, ob der Geschäfts- herr im Fall einer Rechtsübertragung tatsächlich Inhaber der Marke geworden ist, oder ob eine vom früheren Markeninhaber erklärte Gestattung der Markeneintragung auch nach der Rechts- übertragung weiter gilt (zum Unionsmarkenrecht s. insoweit EuG T-6/05, GRUR Int 2007, 51 Rn. 48 f. – DEF-TEC Defense Technology/HABM).

Im konkreten Fall brauchte auf die Anwendung des ausländischen Rechts nicht abgestellt zu werden, **7.1** da nach Zurückverweisung an das EUIPO vom EuG unbeanstandet festgestellt wurde, dass kein Agenten- verhältnis vorlag (EuG T-262/09, GRUR Int 2011, 612 Rn. 63 ff. – Safariland/HABM).

II. Normzweck

Die **gesetzliche Privilegierung des Geschäftsherrn** bei unberechtigter Anmeldung seiner **8** Marke beruht auf der auch ohne ausdrückliche Vereinbarung geltenden („statusimmanenten")

Verpflichtung des Agenten oder Vertreters zur Wahrnehmung der Interessen des Geschäftsherrn (BGH GRUR 2008, 611 Rn. 20 – audison). Diese Pflicht schließt nach der gesetzgeberischen Wertung regelmäßig die Pflicht des Agenten gegenüber dem Geschäftsherrn ein, sich nicht zum Schaden des Geschäftsherrn dessen Kennzeichen anzueignen oder zu beeinträchtigen, die der Geschäftsherr bereits für sich in Anspruch genommen hat. Wegen der regelmäßig oder zumindest sehr häufig existenzwichtigen Bedeutung „der Marke" für das Unternehmen des Geschäftsherrn ist über die Möglichkeiten vertraglicher Regelung und deren Durchsetzung hinaus eine gesetzliche Regelung der Fälle des agent illoyal als erforderlich angesehen worden.

9   Um dem Zweck des internationalen Schutzstandards des Art. 6^{septies} PVÜ und der inländischen gesetzlichen Regelung zur Durchsetzung zu verhelfen, hat es sich als erforderlich erwiesen, deren Tatbestandsvoraussetzungen nicht zu engherzig auszulegen, zB bei Anwendung der Vorschrift auf Fälle der Anbahnung eines Agentenverhältnisses (→ Rn. 25) oder auf Strohmannfälle (→ Rn. 20).

III. Verhältnis zu anderen Normen, Rechtsgrundlagen

10   Von § 8 Abs. 2 Nr. 10 (bösgläubige Anmeldung) unterscheidet sich § 11 durch fehlende subjektive Tatbestandskomponente; ggf. sind beide Vorschriften anwendbar, aber in verschiedenen Verfahren (§ 50).

11   Eine ergänzende Berufung auf §§ 3, 4 Nr. 4 UWG ist bei Behinderungsabsicht möglich.

12   Das Agentenverhältnis ist als **Vertragsverhältnis** zwischen den Parteien vertraglich zu regeln, wobei eine umfassende Regelung der markenrechtlichen Aspekte zu empfehlen ist, da die gesetzliche Regelung nicht alle Facetten abdeckt (zB andere Kennzeichenarten). Die gesetzliche Regelung lässt vertragliche Regelungen unberührt und stellt eine eigenständige, von der vertragsrechtlichen Situation grundsätzlich unabhängige Rechtsquelle dar, obwohl sie an die Existenz eines Vertrags oder eines vertragsähnlichen Zustands zwischen den Parteien anknüpft. Maßgeblich für § 11 ist somit weder die Gültigkeit des Vertrages noch andere Vertragsbestandteile, sondern diese können allenfalls die nach § 11 autonom vorzunehmenden Qualifizierungen (wie Vorliegen eines Agentenverhältnisses, einer Zustimmung usw) beeinflussen. Eine im Vertrag vereinbarte Zustimmung zur Anmeldung von Marken durch den Agenten auf dessen Namen ist im Zweifel als Verpflichtungsgeschäft zu verstehen, nicht als Verfügung, und ist dann für die Anwendung von § 11 unbeachtlich (→ Rn. 42 f.). Dementsprechend ist auch eine vertragliche Rückübertragungspflicht hinsichtlich erworbener Kennzeichenrechte des Agenten keine ausreichende Erklärung (Verfügung), die dem Geschäftsherrn zur Inhaberschaft an diesen Rechten verhilft.

13   Vertragliche Ansprüche stehen in Konkurrenz zu den **gesetzlichen Ansprüchen** aus §§ 11, 17. Bei Unterstellung der Interessenwahrnehmungspflicht des Agenten oder zumindest einer allgemeinen vertraglichen **Treuepflicht** im Vertragsverhältnis ist nach deutschem Recht sowohl die Eintragung der Marke des Geschäftsherrn als auch sonst beeinträchtigender Marken als Verletzung mindestens vertraglicher Nebenpflichten und damit als **Vertragsverletzung** anzusehen. Ein § 11 entsprechender Anspruch kann sich in diesem Fall aus dem Gesichtspunkt des Beseitigungsanspruchs ergeben. Sofern die Regelung des § 11 eine Anwendung auf den konkreten Fall nicht erlaubt, weil zwingend notwendige Tatbestandsmerkmale nicht erfüllt sind, bleibt grundsätzlich die Durchsetzung einer Löschung aus vertragsrechtlichem Grund möglich.

IV. Systematik

14   Eine amtsseitige Berücksichtigung der Agentenmarke im Prüfungsverfahren findet nicht statt, aber der Geschäftsherr kann bei rechtzeitiger Entdeckung **Widerspruch** erheben (§ 42 Abs. 2 Nr. 3). § 11 gibt dem Geschäftsherrn einen **Löschungsanspruch** gegen die Agentenmarke. Aus § 17 ergibt sich ferner ein **Übertragungsanspruch** des Geschäftsherrn auf die Agentenmarke. Ansprüche auf Unterlassung, Schadensersatz, Vernichtung, Auskunft begründen § 17 iVm § 18, § 19.

C. Begriffsdefinitionen, Voraussetzungen

I. Agent oder Vertreter, Zeitpunkt

15   Der Anmelder muss Agent oder Vertreter des Anspruchstellers (der dann als Geschäftsherr zu bezeichnen ist) sein. Die Begriffe sind **wirtschaftlich,** nicht rechtlich zu verstehen (hM), dh es ist zB keine Vertretungsmacht im Rechtssinne erforderlich. Dies ist der Fall bei Handelsvertretern oder Vertragshändlern. Eine Alleinvertretung ist grundsätzlich nicht erforderlich. Nach dem Wortlaut sind auch Personen erfasst, die berechtigt bzw. verpflichtet sind, in Vertretung der (geschäftli-

chen) Interessen des Anspruchstellers zu handeln und diese zu wahren (zB auch Anwälte). Es muss sich nicht um markenspezifische Pflichten handeln. Die Interessenwahrungspflicht als vertragliche Nebenpflicht (Treue- oder Loyalitätspflicht) genügt; sie muss nicht im Mittelpunkt des Vertragsverhältnisses stehen (BGH GRUR 2008, 611 Rn. 21 – audison). Unter den Begriff fallen auch Einkaufsagenten (vgl. OLG Schleswig NJWE-WettbR 2000, 119 (120) – LUXIS) oder andere Beauftragte. Sehr weitgehend wäre die Einbeziehung des Auftragsherstellers, weil dies vom klassischen Begriffsverständnis des Agenten oder Vertreter nicht umfasst ist, aber eine Erweiterung der Anwendung auf diesen wäre nach dem Gesetzeszweck denkbar. Eine einseitige Interessenbindung des Anmelders reicht aus (BGH GRUR 2008, 611 Rn. 21 – audison), ebenso eine Einigung auf Funktion als Alleinvertriebspartner oÄ, auch wenn schriftlicher Vertriebsvertrag (noch) nicht abgeschlossen (BGH GRUR 2008, 611 Rn. 29 – audison). Obwohl der Wortlaut „Agent oder Vertreter" den Eigenhändler begrifflich nicht bzw. nicht eindeutig einschließt, wird die Regelung jedenfalls auf Eigenhändler angewandt.

Auch ein lediglich **faktisches Agentenverhältnis** sollte für die Anwendung von § 11 ausrei- **16** chen, da der Begriff wirtschaftlich zu verstehen ist, jedenfalls wenn das Verhalten der Parteien als konkludente und sich deckende Willenserklärungen in diesem Sinne anzusehen ist.

Wesentlich ist die **Abgrenzung zu bloßen Kunden,** dh es ist eine über den bloßen Güteraus- **17** tausch hinausgehende Geschäftsbeziehung erforderlich (BGH GRUR 2008, 611 – audison); nicht ausreichend ist daher der reine Kauf von Produkten seitens des Anmelders.

Es wird teilweise, wohl zu restriktiv, auch gefordert, dass der Anmelder eine **Funktion im** **18** **Warenabsatzbereich des Geschäftsherrn** besitzt (BGH GRUR 2008, 611 – audison) und dass ein Unterordnungsverhältnis bzw. ein Abhängigkeitsverhältnis (BGH GRUR 2008, 611 – audison) besteht. Eine **Kooperation Gleichrangiger** will der BGH nicht einbeziehen (BGH GRUR 2008, 611 – audison; aA OLG Hamburg GRUR-RR 2003, 269 (271) – SNOMED). Ingerl/Rohnke/Nordemann/Schork Rn. 5 wollen dem nicht folgen, soweit es sich um mächtige Absatzmittler handelt; die reine Titulierung eines Vertragsverhältnisses als „partnerschaftlich" soll jedoch nicht schädlich sein.

Nach dem **Zweck der gesetzlichen Regelung** wird der Anwendungsbereich erweitert auf **19** folgende Fallgestaltungen, die nicht unter den wörtlichen Anwendungsbereich fallen:

Die Anwendbarkeit auf eine **vorgeschobene Person (Strohmann)** ist gegeben, wenn die **20** Anmeldung der Marke auf Veranlassung des Agenten durch einen nach Weisungen handelnden Dritten erfolgt (BGH GRUR 2008, 611 Rn. 17 – audison); typische Fälle können sein: Anmeldung durch Geschäftsführer des Agenten, da Agent Vorteile aus der Anmeldung ziehen kann, oder wenn Agent und Anmelder unterschiedliche (Rechts-) Personen sind, aber von der gleichen Rechtsperson geleitet oder kontrolliert werden;

Wenn der **Markeninhaber nicht der Geschäftsherr** selbst ist, sondern diesem nahestehende **21** Dritte, kann die Regelung des § 11 dennoch greifen, wenn die anderweitige Inhaberschaft als lediglich formal erscheint, zB wenn der Inhaber Gesellschafter des Geschäftsherrn ist (vgl. Ingerl/Rohnke/Nordemann/Schork Rn. 11; Ströbele/Hacker/Thiering/Hacker Rn. 14). Eine bloße Lizenz des Markeninhabers an den Geschäftsherrn reicht nicht aus, jedoch können Ansprüche in Prozessstandschaft geltend gemacht werden.

Auf **Agenten des Lizenznehmers** des Inhabers der älteren Marke sollte die Regelung ange- **22** wandt werden können, da insoweit eine gleichgerichtete Interessenlage besteht und dem Markeninhaber die Rechte nach § 11 durch Lizenzvergabe nicht versagt bleiben sollten, selbst wenn sein Lizenznehmer untätig bleibt.

Gegen **Rechtsnachfolger des Agenten** vor Eintragung ist der Löschungsanspruch nach wohl **23** hM ebenfalls zu gewähren, obwohl nach dem Wortlaut die Eintragung für den Agenten vorausgesetzt wird (Ströbele/Hacker/Thiering/Hacker Rn. 12; Ingerl/Rohnke/Nordemann/Schork Rn. 21). Gegen Rechtsnachfolger nach der Eintragung kann § 11 allgemein gemäß § 55 Abs. 1 geltend gemacht werden.

Nach Beendigung des Agentenverhältnisses eingereichte Anmeldungen: der Wortlaut **24** des § 11 zwingt nicht dazu, Ansprüche gegen den Agenten nach Vertragsablauf auszuschließen; Ansprüche sind möglich, „sofern noch Verstoß gegen fortwirkende Verpflichtungen" aus dem Agentenverhältnis besteht (Amtl. Begr. RegE zum MarkenG, BT-Drs. 12/6581, 73), was allgemein für angemessene Zeit nach dem Ende des Vertragsverhältnisses anzunehmen ist; das kann auch noch Jahre nach Vertragsende der Fall sein (vgl. Munzinger FS Pagenberg, 2006, 173 (184); aA Ingerl/Rohnke/Nordemann/Schork Rn. 8, die einen Zeitraum von Jahren ausschließen möchten). Richtigerweise ist die Agenteneigenschaft auch in zeitlicher Hinsicht nicht vertragsrechtlich zu beurteilen, sondern generalisierend und mit Rücksicht auf die Treuebindung, die mit Vertragsende nicht vollständig wegfällt.

25   **Vor Begründung eines Agentenverhältnis:** Auch **vorläufig praktizierte Absprachen,** in Erwartung einer detaillierteren Vereinbarung reichen aus, zB die Übereinkunft, nach der zumindest vorläufig die Absatzinteressen des Geschäftsherrn im Inland wahrgenommen werden sollen (BGH GRUR 2008, 611 Rn. 33, 34 – audison). Eine heimliche Anmeldung während Anbahnung eines Agentenvertragsverhältnisses stellt regelmäßig eine Verletzung einer vorvertraglichen Pflicht zur Interessenwahrung dar (BGH GRUR 2008, 611 Rn. 24 – audison). Das setzt aber die nachfolgende tatsächliche Begründung eines Agentenverhältnisses voraus (BGH GRUR 2008, 611 Rn. 24, 25 – audison; Grüneberg/Grüneberg BGB § 311 Rn. 23 ff.).

26   Die **Beweislast** für ein Agenten/Vertreter-Auftragsverhältnis liegt beim Prinzipal (vgl. zur Unionsmarke (→ UMV Art. 21 Rn. 3).

II. Eingetragene Marke des Agenten, Anmeldezeitpunkt

27   Nach dem Wortlaut des § 11 ist der Löschungsanspruch nur gegen eine **eingetragene Marke** gegeben; nach der Vorstellung des MarkenG ist ein Anspruch erst notwendig, wenn die Marke für den Agenten eingetragen wurde; relative Eintragungshindernisse sollen nach der Systematik des deutschen Rechts erst nach der Eintragung behandelt werden; vorher kommt dennoch ein **vorbeugender Beseitigungsanspruch** gegen den drohenden Eintritt eines rechtswidrigen Störungszustandes in Betracht. Nach der Fassung der PVÜ kommt es nur darauf an, dass der Agent die Eintragung auf sich beantragt hat; das schließt nach dem dortigen Wortlaut außer der Anmeldung durch den Agenten auch den Fall ein, dass der Agent die Marke oder die Markenanmeldung nach dem Anmeldezeitpunkt erwirbt, denn er beantragt in diesem Fall die Eintragung der Marke in seinem Namen.

28   Der Wortlaut des § 11 schließt den Fall ein, dass die Marke **vor der Begründung eines Agentenverhältnisses** vom Agenten oder einem Dritten angemeldet wurde, entscheidend ist nur die letztliche Eintragung für oder der Erwerb durch den Agenten zum Zeitpunkt seiner Agenteneigenschaft oder zur Zeit der Anbahnung des Agentenverhältnisses (aA Ingerl/Rohnke/ Nordemann/Schork Rn. 7, die mit beachtlichen Argumenten, jedoch de lege ferenda, dafür plädiert, auf den Anmeldezeitpunkt abzustellen). Damit wird dem Agenten die Pflicht auferlegt, seine vor der Begründung oder Anbahnung eines Agentenverhältnisses angemeldete Marke gegenüber dem Geschäftsherrn offenzulegen und eine besondere vertragliche Regelung hierfür zu treffen. Andernfalls unterliegt auch die mögliche freie Anmeldung des späteren Agenten grundsätzlich dem Löschungsanspruch (zu beachten ist aber das erforderliche **Anterioritätsverhältnis** zur Marke des Geschäftsherrn; → Rn. 36), sofern nicht ein Rechtfertigungsgrund eingreift, was allerdings nicht der Fall sein sollte, wenn der Agent die ältere eigene Markenanmeldung nicht offengelegt hat. Insoweit geht die deutsche Regelung über die Regelung der PVÜ hinaus.

29   Ebenfalls sollte dem Löschungsanspruch des § 11 auch die geschäftliche Bezeichnung des Agenten gemäß § 5 Abs. 2 bzw. die in den Firmennamen des Agenten aufgenommene Marke des Geschäftsherrn in analoger Anwendung des § 11 unterworfen werden, da die entsprechenden Rechte entgegen dem Gesetzeszweck ebenfalls zu einer markenrechtlichen Blockade des Geschäftsherrn führen könnten (so auch Ingerl/Rohnke/Nordemann/Schork § 17 Rn. 24).

30   Da eine **Benutzungsmarke** nicht gelöscht werden kann, ist § 11 nicht direkt anwendbar. Zur Zuordnungsproblematik → § 17 Rn. 29.

III. Marke des Geschäftsherrn, Zeitpunkt und Priorität

1. Markenrecht

31   Nach dem Wortlaut der PVÜ, der sich in der Fassung des § 11 wiederfindet, muss es sich um „die Marke" des Geschäftsherrn handeln. Dies setzt eine zumindest wirtschaftliche Zuordnung der Marke zum Geschäftsherrn voraus, rechtlich kann dieses Tatbestandsmerkmal nicht strikt erfüllt werden. Die deutsche Rechtsprechung verlangt ein Markenrecht zugunsten des Geschäftsherrn, das auch in der Form einer (inländischen) Benutzungsmarke, einer notorisch bekannten Marke (Art. 6bis PVÜ) oder auch aufgrund einfacher Benutzung (in Ländern, die ein Markenrecht bei einfacher Benutzung im Geschäftsverkehr gewähren, zB den USA, vgl. BGH GRUR 2010, 1088 – DISC) gegeben sein kann. Für den Schutzumfang ist nicht auf das Ursprungsland abzustellen (BGH GRUR 2010, 1088 – DISC). Auch inländische oder Unionsmarken reichen aus.

32   Eine **Markenanmeldung** des Geschäftsherrn, die (noch) nicht zum Markenrecht erstarkt ist, sollte als ausreichend erachtet werden, da der Zeitpunkt der Eintragung aus verschiedenen Gründen, beispielsweise auch wegen der Bearbeitungsdauer durch Markenbehörden, einen eher zufälli-

gen Charakter haben kann. Eine **einfache Benutzung** der Marke durch den Geschäftsherrn dürfte nach hM **nicht** genügen; jedoch kann nach hier vertretener Auffassung eine eindeutige Zuordnung der Marke zum Geschäftsherrn nach den redlichen Gepflogenheiten des Handels bereits durch einfache Benutzung erfolgt sein; rechtsbegründende Benutzung im Inland als Firmenschlagwort oder Hausmarke, wenn die benutzte Kennzeichnung zB auch das Unternehmen oder einen selbständigen Unternehmensteil bezeichnet (gemäß § 5 ggf. iVm Art. 8 PVÜ) sollte als ausreichend angesehen werden. Der Begriff der Marke ist in der PVÜ ursprünglich im Sinne der „marque" verwendet und schließt daher ursprünglich zwar nicht den vollständigen Firmennamen, aber doch ein Unternehmensschlagwort ein. Die restriktivere Praxis sollte daher in markenähnlicher Weise verwendete **Unternehmenskurzbezeichnungen** im Wege konventionskonform erweiternder Auslegung ausreichen lassen.

2. Validität der Marke

Widerspruchs- oder Löschungsverfahren, Löschungsreife wegen Nichtbenutzung oder älteren **33** Rechten sind grundsätzlich **unbeachtlich,** da es nach der Regelung der PVÜ auf die Zuordnung der Marke zum Geschäftsherrn ankommt, nicht auf die Rechtsbeständigkeit im Schutzland; der Begriff „Inhaber" der PVÜ ist wie der Begriff des Agenten nicht strikt rechtlich, sondern wirtschaftlich zu verstehen. Ohne hinreichende Begründung wird vielfach eine Gültigkeit der Marke des Geschäftsherrn verlangt (vgl. zB Ströbele/Hacker/Thiering/Hacker Rn. 14 ff.). Eine eindeutige Zuordnung der Marke zum Geschäftsherrn kann aber auch bei einer löschungsreifen Marke oder sogar im Fall einer gelöschten Marke gegeben sein.

3. Inhaber, Rechtsnachfolger

Der Geschäftsherr muss **Inhaber** der Marke sein. Im Hinblick auf den Gesetzeszweck kann es **34** ausreichen, wenn der Inhaber im Konzernverhältnis mit dem Geschäftsherrn steht (str.) oder er Gesellschafter des Geschäftsherrn ist. Dies ist wohl nicht als erfüllt anzusehen, wenn der Inhaber Lizenzgeber des Geschäftsherrn ist. Insoweit bleibt eine Geltendmachung der Rechte des § 11 in Prozessstandschaft möglich.

Rechtsnachfolger des Geschäftsherrn hinsichtlich der Markeninhaberschaft sind nicht generell **35** berechtigt, sondern nur bei gleichzeitigem Übergang des Agentenverhältnisses, weil die Ansprüche der §§ 11, 17 grundsätzlich das Zusammenfallen der Inhaberschaft und der Geschäftsherrneigenschaft voraussetzen. Jedenfalls bei Übertragung der Marke „mit Goodwill" ist davon auszugehen, dass dem Rechtsnachfolger auch die Ansprüche gegen den Agenten abgetreten wurden.

4. Anteriorität

Nach der PVÜ muss der Geschäftsherr Inhaber der Marke sein, wenn der Agent die Eintragung **36** der Marke für sich beantragt; dies setzt weder eine strikte Priorität der Marke des Geschäftsherrn voraus, noch ist ausschließlich auf den Anmelde- oder Eintragungszeitpunkt abzustellen, aber auf die Zuordnung der Marke zum Geschäftsherrn zum Zeitpunkt des Tätigwerdens des Agenten. § 11 geht in seinem Wortlaut darüber weit zugunsten des Geschäftsherrn hinaus, indem er auf den Zeitpunkt der Geltendmachung des Anspruchs abstellt, und für diesen Zeitpunkt verlangt, dass die Marke dem Geschäftsherrn gehört. Dadurch werden auch Fälle, in welchen der Agent einen zeitlichen Vorsprung gegenüber dem Geschäftsherrn bei der Beantragung von Markenschutz hat, zugunsten des Geschäftsherrn geregelt. Bei konventionskonformer Auslegung wird man im Zweifel fordern müssen, dass die relevante Zuordnung der Marke zum Geschäftsherrn bereits zum Zeitpunkt des ersten Tätigwerdens des Agenten vorlag („Anteriorität"). Dies ist jedenfalls bei älterer Priorität der Marke des Geschäftsherrn gegeben (BGH GRUR 2008, 917 – EROS; GRUR 2008, 611 – audison), dh eine ältere Markenanmeldung im Ausland reicht aus, jedenfalls wenn zum Zeitpunkt der Geltendmachung des Löschungsanspruchs die Eintragung der Marke des Geschäftsherrn bereits erfolgt ist, aber nach hier vertretener Auffassung (→ Rn. 33) auch bei sonst gegebener Zuordnung. Es reicht auch aus, wenn der Agent eine ältere Marke erwirbt, die mit der Marke des Geschäftsherrn übereinstimmt, weil in diesem Fall auf den Zeitpunkt des Erwerbs abzustellen ist.

5. Schutzgebiet

Die Marke des Geschäftsherrn kann in beliebigem Territorium bestehen, nicht notwendiger- **37** weise in Konventionsländern (BGH GRUR 2008, 611 – audison; GRUR 2008, 917 – EROS;

OLG Hamburg GRUR-RR 2003, 269 – SNOMED), da § 11 keine solche Anforderung stellt; es muss auch nicht das Heimatland des Geschäftsherrn sein (OLG Schleswig NJWE-WettbR 2000, 119 – LUXIS).

IV. Übereinstimmung der Zeichen und der Waren/Dienstleistungen

38 Nach dem Wortlaut des § 11 setzt der Löschungsanspruch voraus, dass der Agent „die Marke" des Geschäftsherrn für sich eintragen lässt. § 11 kehrt insoweit zum Wortlaut der PVÜ zurück, während das WZG auf übereinstimmende Zeichen und Waren/Dienstleistungen abstellte. „Die Marke" bedeutet zunächst identische Zeichen für identische Waren/Dienstleistung und beruht scheinbar auf der Vorstellung, dass der Geschäftsherr nur eine Marke besitzt. Die Anwendung auf mehrere Marken des Geschäftsherrn ist jedoch nicht ausgeschlossen. Die Praxis wendet die Vorschrift richtigerweise auch auf ähnliche Zeichen und Waren/Dienstleistungen an, wobei eine hypothetische Kollisionsprüfung auf alle Kollisionstatbestände des § 9 Abs. 1 durchzuführen ist (BGH GRUR 2008, 611 – audison; Ingerl/Rohnke/Nordemann/Schork Rn. 15). Grund für diese **Erweiterung des Anwendungsbereichs** ist vor allem die sonst erfolgende Vereitelung des Gesetzeszwecks, denn der Agent könnte die Marke des Geschäftsherrn durch Anmeldung ähnlicher Marken „sperren". Es kommt darauf an, welchen Markenschutz der Geschäftsherr hätte beanspruchen können, wenn er den Markenschutz aufs Inland ausgedehnt hätte (BGH GRUR 2010, 1088 (1091) – DISC).

38.1 Deutlich zurückhaltender hat sich hingegen die Rechtsprechung des EuG zu Art. 8 Abs. 3 UMV positioniert: Vom Schutz umfasst sind danach nur „hauptsächlich identische oder ähnliche" Zeichen sowie Waren (EuG T-262/09, GRUR Int 2011, 612 Rn. 61 – First Defense). In der Praxis des EUIPO wird Art. 8 Abs. 3 UMV daher (nur) angewendet, wenn die Unterschiede so geringfügig sind, dass sie die Unterscheidungskraft der Marke nicht berühren (→ UMV Art. 8 Rn. 172 f.). Da die Agentenmarke durch die Markenrechtsreform in Art. 5 Abs. 3 lit. b MRL einheitlich geregelt wurde, sind solche Fragen künftig dem EuGH vorzulegen. Dies gilt umso mehr für den Schutz der Agentenmarke außerhalb des von § 9 Abs. 1 erfassten Bereichs (→ Rn. 39 f.).

39 Die Erweiterung des Anwendungsbereichs auf Agentenmarken außerhalb des Ähnlichkeitsbereichs muss indessen nicht auf die Kollisionstatbestände des § 9 Abs. 1 beschränkt bleiben, da der Gesetzeszweck im Kern die Ahndung des Verstoßes gegen die Interessenswahrungspflicht des Agenten in Bezug auf die Marke des Geschäftsherrn ist und daher auch die pflichtwidrige Beeinträchtigung der Marke des Geschäftsherrn verhindert werden soll. Die Anwendung auf eigenmächtig angemeldete Marken des Agenten außerhalb des Ähnlichkeitsbereichs, zB bei Einbindung des Zeichens des Geschäftsherrn in eine nicht verwechselbare komplexe Marke, ist daher nicht ausgeschlossen (aA Ingerl/Rohnke/Nordemann/Schork Rn. 15, die die Anwendung der Kollisionstatbestände des § 9 Abs. 1 als einzig sinnvolle Ausfüllung der Regelungslücke ansehen).

40 Das Gleiche gilt bei Agentenmarken, die wegen eines relativ hohen Ähnlichkeitsgrades mit der Marke des Geschäftsherrn geeignet sind, eine erhebliche Rechtsunsicherheit für eine später angemeldete oder lediglich benutzte Marke des Geschäftsherrn zu schaffen. Hinsichtlich der Ähnlichkeit der Waren/Dienstleistungen ist ebenfalls darauf abzustellen, ob es sich um eine pflichtwidrige Beeinträchtigung der markenmäßigen Interessen des Geschäftsherrn handelt. Ansprüche können sich demgemäß auf unähnliche Waren/Dienstleistungen erstrecken, sofern eine Beeinträchtigung der Interessen des Geschäftsherrn nicht ausgeschlossen erscheint.

V. Ohne Zustimmung

41 Nach dem Wortlaut stehen dem Geschäftsherrn die Ansprüche aus § 11 nur zu, wenn keine Zustimmung zur Eintragung der Marke des Geschäftsherrn vorliegt; die Zustimmung des Geschäftsherrn schließt einen Löschungsanspruch ebenso aus wie andere Rechtfertigungen des Agenten, und scheint als jedenfalls durchgreifender Rechtfertigungsgrund in die Vorschrift aufgenommen zu sein. Zu beachten ist die Gesetzessystematik, wonach § 11 eine quasi-dingliche Rechtsposition des Geschäftsherrn begründet, denn die Rechte aus § 11 stehen dem Geschäftsherrn grundsätzlich ohne Rücksicht auf die konkreten Bestimmungen des Vertragsverhältnisses zwischen den Beteiligten zu. Eine Zustimmung iSd § 11 liegt daher noch nicht vor, wenn sich der Geschäftsherr im Verpflichtungsgeschäft des Agenturvertrages gebunden hat, einer Markenanmeldung des Agenten zuzustimmen, sondern erst, wenn er der konkreten Marke bzw. Markenanmeldung im Sinne eines Verfügungsgeschäfts zugestimmt hat. Grundsätzlich kann der Rechtsinhaber im Rahmen der Vertragsfreiheit auf die ihm zustehenden Rechte aus § 11 ganz oder teilweise verzichten. Insoweit ist ggf. ein Erklärungsinhalt zu verlangen, der unzweideutig auf die Rechte aus §§ 11 und 17 Bezug nimmt und den Umfang des Verzichts angibt, sonst ist eine im Rahmen des § 11 unbeachtliche Zustimmung im Sinne eines Verpflichtungsgeschäfts anzunehmen.

Die in § 11 gemeinte Zustimmung ist **rechtsgeschäftliche Verfügung** im Wege der (emp- **42** fangsbedürftigen) Willenserklärung und kann daher grundsätzlich formlos, also zB auch konkludent, gegenüber dem Agenten erteilt werden. Dies setzt jedoch den erkennbaren Willen des Geschäftsherrn voraus, gerade auf die Rechte aus §§ 11, 17 in einem bestimmten Umfang zu verzichten. Auch wegen der häufigen Existenzwichtigkeit von Markenrechten für Unternehmen sind etwaige Verzichtserklärungen grundsätzlich eng auszulegen. Voraussetzung der Zustimmung ist, dass sich die Parteien des Verfügungsgeschäfts – wie bei der Abtretung von Rechten – über das Recht zur Eintragung einer **bestimmten Marke** geeinigt haben. Eine bloße **Duldung** ist keine Zustimmung, kann aber zur Verwirkung führen, wenn nach den Umständen ein Verzicht auf die Rechte der §§ 11, 17 sicher anzunehmen ist.

Pauschale Anweisungen an den Agenten, wie zB alles Nötige für den Markenschutz zu veranlas- **43** sen, sind nicht als Verzicht auf die Rechte aus § 11 anzusehen (aA Ströbele/Hacker/Thiering/ Hacker Rn. 22). Ist der Geschäftsherr zur Erteilung der Zustimmung vertraglich verpflichtet, kann die mangelnde oder unvollständige Erfüllung vertragliche Schadensersatzansprüche auslösen.

Eine Erteilung der Zustimmung ist zu jedem Zeitpunkt vor der Geltendmachung des Anspruchs **44** aus § 11 möglich und relevant.

Die Beweislast für das Vorliegen der Zustimmung trägt, nach allgemeinen Grundsätzen, der **45** Agent (Ströbele/Hacker/Thiering/Hacker Rn. 24; aA v. Schultz/v. Schultz Rn. 9, wonach der Geschäftsherr das Fehler der Zustimmung darlegen und ggf. beweisen muss).

VI. Widerruf der Zustimmung

Der Widerruf der Zustimmung soll nach der Amtlichen Begründung möglich sein und zur **46** Löschungsreife der Agentenmarke führen (Amtl. Begr. RegE zum MarkenG, BT-Drs. 12/6581, 73). Die Zustimmung des § 11 ist nach der hier vertretenen Auffassung als Verfügungsgeschäft grundsätzlich **bedingungsfeindlich** und **unwiderruflich;** eine spätere Geltendmachung der Rechte aus §§ 11, 17 setzt daher voraus, dass der Verzicht auf diese Rechte von vornherein im Umfang begrenzt war (so im Ergebnis Ströbele/Hacker/Thiering/Hacker Rn. 22; Ingerl/ Rohnke/Nordemann/Schork Rn. 18). Da vernünftigerweise nicht anzunehmen ist, dass ein Verzicht des Geschäftsherrn auf die Rechte der §§ 11, 17 über den Zeitraum des Agentenverhältnisses hinaus erstreckt werden soll, ist ein Aufleben des Löschungsanspruchs mit Beendigung des Agentenverhältnisses im Regelfall einer erteilten Zustimmung anzunehmen, sofern der Verzicht nicht ausdrücklich über die Dauer des Agentenverhältnisses hinaus erklärt wurde.

VII. Bösgläubigkeit des Agenten

Entscheidend ist die objektive Lage; ein subjektiver Tatbestand wird von § 11 nicht vorausge- **47** setzt.

VIII. Rechtfertigung des Agenten

Ein Ausschluss der Ansprüche aus §§ 11, 17 im Falle der Rechtfertigung des Agenten ist seit **48** der Novellierung des MarkenG durch das MaMoG auch im MarkenG – wie im Unionsrecht in Art. 8 Abs. 3 UMV – ausdrücklich in § 11 und § 17 Abs. 3 geregelt.

Es bleibt die Frage, welche **Gründe** zur Rechtfertigung ausreichen können; es geht nicht um **49** eine rein subjektive Schuldlosigkeit des Agenten, sondern darum, ob der Agent zu Recht die Inhaberschaft an der Marke auf Dauer beanspruchen kann. Als Anwendungsfall wird genannt, dass der Agent die Marke schon vor der Aufnahme seiner Tätigkeit für den Geschäftsherrn benutzt hat (so Ströbele/Hacker/Thiering/Hacker Rn. 25). Doch die reine Benutzung dürfte für das dauerhafte Behalten der Marke nicht ausreichen. Der klassische Einwand des Agenten besteht darin, sich auf die Schaffung eines **Goodwill** im Inland durch Marktbearbeitung (insbesondere Werbung und Vertriebsaktivität) für die Agentenmarke zu berufen. Dieser Grund greift allerdings **nicht** durch, denn die genannten Leistungen berechtigen nur zu einem Ausgleichsanspruch des Handelsvertreters nach § 89b HGB oder äquivalenten Ansprüchen. Sofern sich diese nicht aus dem Gesetz ergeben, bleiben sie der vertraglichen Regelung zwischen den Parteien überlassen.

Auch die **Aufgabe des Geschäftsbetriebs** seitens des Geschäftsherrn dürfte keinen ausrei- **50** chenden Rechtfertigungsgrund darstellen, da nach heutigem deutschen Recht keine Abhängigkeit der Marke vom Geschäftsbetrieb besteht und der Geschäftsherr daher grundsätzlich über die Markenrechte separat verfügen kann.

51   Denkbar wäre eine Rechtfertigung jedenfalls hinsichtlich **eines markenmäßigen Besitz-stands,** über den der Agent schon bei Anbahnung des Agentenverhältnisses verfügte, soweit von ihm nicht die Offenlegung bei Vertragsschluss mit dem Geschäftsherrn zu verlangen war (die dann im Allgemeinen zu einer vertraglichen Regelung der Ansprüche führen würde). Sofern der Agent die Marke eines Dritten in vertragstreuer Absicht erwirbt, um sie an den Geschäftsherrn weiter zu veräußern, unterliegt sie grundsätzlich ebenfalls dem Löschungsanspruch des § 11. Es besteht in diesem Fall zwar keine rechtswidrige Absicht, aber auch keine Rechtfertigung iSd § 11; ein solche wäre nur dann gegeben, wenn der Agent die Marke als Folge behalten dürfte. Dem Agenten steht ggf. nach den Grundsätzen der Geschäftsführung ohne Auftrag ein Aufwendungsersatz zu.

IX. Sonstiges

52   Den markenrechtlichen Ansprüchen des Agenten gegen neue Agenten des Geschäftsherrn kann vom neuen Agenten die Löschungsreife der Agentenmarke mit Ermächtigung des Geschäftsherrn entgegengehalten werden (§ 242 BGB: „dolo agit, qui petit, quod statim redditurus est").

D. Rechtsfolgen, Verfahren

53   Der Löschungsanspruch ist durch **Klage** gemäß §§ 51, 55 geltend zu machen, wobei der **Löschungsanspruch aus § 11 selbständig neben den Nichtigkeitsgründen des § 51** steht (→ § 51 Rn. 1, → § 55 Rn. 5); bei Entdeckung der Agentenmarke vor Ablauf der Widerspruchs-frist kann der Löschungsanspruch gemäß § 42 Abs. 2 Nr. 3 bereits im **Widerspruchsverfahren** geltend gemacht werden; ferner ist die **einredeweise** Geltendmachung der Löschungsreife im Verletzungsprozess möglich, da es gegen den Grundsatz „dolo agit, qui petit, quod statim redditurus est" (§ 242 BGB) verstoßen würde, aus der löschungsreifen Agentenmarke gegen den Geschäfts-herrn vorzugehen. Eine mögliche Frist für Geltendmachung gemäß PVÜ wurde nicht in deutsches Recht aufgenommen, so dass es grundsätzlich keine zeitliche Begrenzung für die Geltendmachung gibt.

54   Geltendmachung gegenüber **Rechtsnachfolgern des Agenten:** Übertragung der Agenten-marke auf Dritten führt nicht zu „Heilung", auch ist kein lastenfreier gutgläubiger Erwerb der Marke möglich, denn das Schutzhindernis (des Löschungsgrundes) haftet der Marke als solcher an (BGH GRUR 2008, 611 – audison); auch vor der Eintragung der Agentenmarke möglich (→ Rn. 23).

55   Geltendmachung durch **Rechtsnachfolger des Geschäftsherrn:** der Löschungsanspruch kann zusammen mit der Marke und dem Agentenvertrag auf Dritte übertragen werden. In diesem Fall ist der Rechtsnachfolger zur Geltendmachung berechtigt.

56   Zur Geltendmachung gegen den **Strohmann** → Rn. 20.

§ 12 Durch Benutzung erworbene Marken und geschäftliche Bezeichnungen mit älterem Zeitrang

Die Eintragung einer Marke kann gelöscht werden, wenn ein anderer vor dem für den Zeitrang der eingetragenen Marke maßgeblichen Tag Rechte an einer Marke im Sinne des § 4 Nr. 2 oder an einer geschäftlichen Bezeichnung im Sinne des § 5 erworben hat und diese ihn berechtigen, die Benutzung der eingetragenen Marke im gesamten Gebiet der Bundesrepublik Deutschland zu untersagen.

Überblick

§ 12 enthält ein relatives Schutzhindernis für eingetragene Marken, nämlich prioritätsältere Benutzungsmarken und geschäftliche Bezeichnungen (→ Rn. 1). Sie führen zur Löschungsreife der eingetragenen jüngeren Marke (→ Rn. 9 f.), wenn der Inhaber des älteren Rechts (→ Rn. 11 ff.) einen Anspruch auf Unterlassung der Benutzung der jüngeren Marke im gesamten Bundesgebiet hat (→ Rn. 14 ff.). Die Geltendmachung erfolgt durch Nichtigkeitsklage (→ Rn. 21) und gegen jüngere Marken, deren Anmeldung ab dem 1.10.2009 erfolgt ist, auch durch Widerspruch (→ Rn. 24).

Übersicht

A. Regelungsgehalt

I. Relatives Schutzhindernis

§ 12 regelt ein relatives Schutzhindernis für eingetragene Marken, nämlich **prioritätsältere** 1 **Benutzungsmarken** (§ 4 Nr. 2) und **geschäftliche Bezeichnungen** (§ 5: Unternehmenskennzeichen und Werktitel). Sie führen zur **Löschungsreife** der eingetragenen Marke, wenn der Inhaber des prioritätsälteren Kennzeichens im Fall der Benutzung der eingetragenen Marke gegen deren Inhaber einen bundesweit wirkenden Anspruch auf Unterlassung gemäß §§ 14, 15 hätte. Die Geltendmachung der Löschungsreife erfolgt im Wege der Nichtigkeitsklage (§§ 51, 55; → Rn. 21) und gegen jüngere Marken, deren Anmeldung ab dem 1.10.2009 eingereicht wurde, auch durch Widerspruch gegen die Eintragung (§ 42 Abs. 2 Nr. 4; § 165 Abs. 2, → Rn. 24). Im patentamtlichen Nichtigkeitsverfahren kann die Löschungsreife erst seit 1.5.2020 geltend gemacht werden, da die Neufassung des § 53 erst an diesem Tag in Kraft getreten ist (Art. 5 Abs. 3 MaMoG). Eine Berücksichtigung von Amts wegen schon im Eintragungsverfahren findet nicht statt.

II. Verhältnis zum europäischen Recht

1. Art. 5 Abs. 4 lit. a MRL

§ 12 ist eine von der MRL zugelassene **fakultative Vorschrift.** Nach Art. 5 Abs. 4 lit. a MRL 2 kann jeder Mitgliedstaat vorsehen, dass eine Marke von der Eintragung ausgeschlossen ist oder im Fall ihrer Eintragung der Ungültigkeitserklärung unterliegt, wenn und soweit prioritätsältere Rechte an einer nicht eingetragenen Marke oder einem sonstigem im geschäftlichen Verkehr benutzten Kennzeichen bestehen und der Inhaber das Recht hat, die Benutzung der jüngeren Marke zu untersagen.

Mit dem Ziel der **Reform der MRL,** die nationalen Markenrechte weiter anzugleichen, ist 3 die Fortführung dieser schon unter der früheren MRL bestehenden Fakultativlösung (Art. 4 Abs. 4 lit. b MRL 2008) schwerlich zu vereinbaren. Die Forderung, dieses Schutzhindernis verbindlich auszugestalten (dafür GRUR-Stellungnahme GRUR 2013, 800 (803)), hat sich indessen nicht durchsetzen können.

2. Vereinbarkeit mit der MRL

Nach der Rechtsprechung des EuGH zu Art. 5 Abs. 2 MRL 2008 unterliegt auch eine fakulta- 4 tive Vorschrift dem Gebot der **richtlinienkonformen Auslegung** (EuGH C-408/01, GRUR 2004, 58 Rn. 18, 20 – Adidas/Fitnessworld; → § 14 Rn. 532). Dies gilt auch für § 12.

Die **Richtlinienkonformität** des § 12 steht nur insoweit in Frage, als prioritätsältere Benut- 5 zungsmarken und geschäftliche Bezeichnungen nur dann ein relatives Schutzhindernis darstellen, wenn der **Unterlassungsanspruch bundesweit besteht.** Das ist aber mit der MRL vereinbar. Zwar stellt Art. 5 Abs. 4 lit. a MRL nur darauf ab, dass dem Inhaber das Recht verliehen ist, die Benutzung der jüngeren Marke zu untersagen; dieses Recht hat grundsätzlich auch der Inhaber einer räumlich beschränkten Benutzungsmarke oder geschäftlichen Bezeichnung, freilich begrenzt auf den beschränkten räumlichen Schutzbereich. Mit der Inkorporation des Unterlassungsanspruchs als Voraussetzung für ein Eintragungshindernis bzw. eine Nichtigkeitserklärung gestaltet die Richtlinie die Nichteintragung bzw. Löschung jedoch als Folgeanspruch aus. Dieser kann aber nicht weiter gehen als die materiell-rechtliche Rechtsposition. Dazu würde es aber kommen, wenn der Inhaber eines räumlich begrenzt wirkenden Kennzeichenrechts die Löschung der Marke verlangen könnte, da hiermit notwendigerweise die Rechtsposition des Markeninhabers im gesamten Gebiet des Mitgliedstaats beseitigt wird.

5.1   Allerdings hat der **EuGH** in einer Entscheidung zu Art. 4 Abs. 2 lit. d MRL 2008, in der es um die Frage ging, ob die notorische Bekanntheit im gesamten Gebiet eines Mitgliedstaats bestehen muss, zunächst festgehalten, nicht genügend sei eine notorische Bekanntheit nur in einer Stadt und deren Umland; sodann heißt es ohne erkennbaren Zusammenhang, „(j)edenfalls ist festzustellen, dass eine nicht eingetragene ältere Marke ggf. geschützt sein kann, insbesondere durch Art. 4 Abs. 4 lit. b MRL" (EuGH C-328/06, GRUR 2008, 70 Rn. 18 – Nuño/Franquet). Ob hiermit gesagt sein soll, dass die streitgegenständliche Marke, die nur in einer Stadt und deren Umland benutzt wurde und die danach jedenfalls unter der Geltung des MarkenG nur aufgrund dort bestehender Verkehrsgeltung räumlich begrenzt geschützt wäre, zur Löschungsreife der jüngeren Marke führt, bleibt jedoch im Dunkeln. Vor dem geschilderten Hintergrund der Löschungsreife als Folgeanspruch wäre dies jedenfalls abzulehnen.

6   Für **Art. 8 Abs. 4 UMV,** der die Geltendmachung von prioritätsälteren Rechten im Widerspruchsverfahren regelt, hat der **EuGH** allerdings entschieden, dass der von der Norm vorausgesetzte Unterlassungsanspruch sich nicht auf das gesamte Hoheitsgebiet eines Mitgliedstaates beziehen muss (EuGH verb. Rs. C-325/13 P und C-326/13 P, GRUR Int 2014, 952 Rn. 50 – Peek & Cloppenburg). Dies stützt sich auf den Umstand, dass Art. 8 Abs. 4 UMV Zeichen von nicht mehr als lediglich örtlicher Bedeutung genügen lässt; hieraus zieht der EuGH den Schluss, im Hinblick auf die geographische Schutzausdehnung werde nur verlangt, dass sie nicht lediglich örtlich sei (EuGH verb. Rs. C-325/13 P und C-326/13 P, GRUR Int 2014, 952 Rn. 53 – Peek & Cloppenburg). Auf den abweichend formulierten Art. 5 Abs. 4 lit. a MRL lässt sich dies nicht übertragen.

3. UMV

7   Im Unionsmarkenrecht sind prioritätsältere Benutzungsmarken und sonstige im Verkehr benutzte Kennzeichenrechte ebenfalls als **relative,** im Widerspruchsverfahren geltend zu machende **Eintragungshindernisse** ausgestaltet (Art. 8 Abs. 4 UMV); daneben stellen sie einen relativen Nichtigkeitsgrund dar (Art. 60 Abs. 1 lit. c UMV; → UMV Art. 60 Rn. 13).

III. Gleichwertigkeit der Kennzeichenrechte

8   Die Berücksichtigung prioritätsälterer Benutzungsmarken und geschäftlicher Bezeichnungen als relative Schutzhindernisse eingetragener Marken verleiht der Gleichwertigkeit der Kennzeichenrechte Ausdruck und verwirklicht vor diesem Hintergrund den Prioritätsgrundsatz (→ § 6 Rn. 1). Das ändert jedoch nichts daran, dass der Löschungsanspruch davon abhängig ist, dass im Fall der Benutzung ein Unterlassungsanspruch nach §§ 14, 15 bestehen würde. Ob die Benutzungsmarke oder geschäftliche Bezeichnung im Kollisionsfall tatsächlich gleichwertig ist, dh ob durch sie eine Marke oder geschäftliche Bezeichnung verletzt werden kann, bestimmt sich daher allein nach diesen Vorschriften.

B. Voraussetzungen der Löschungsreife

I. Eingetragene Marke mit jüngerem Zeitrang

9   Erfasst sind nur **bereits eingetragene Marken** (einschließlich IR-Marken mit Schutz in Deutschland). Vor der Eintragung begründet die Markenanmeldung allerdings die Erstbegehungsgefahr (→ § 14 Rn. 618). Darüber hinaus billigt die Rechtsprechung dem Inhaber eines prioritätsälteren Kennzeichens einen lauterkeitsrechtlichen Anspruch auf Rücknahme der Markenanmeldung zu, wenn der Eintritt eines rechtswidrigen Störungszustands droht, dh wenn bei Benutzung des Zeichens ein markenrechtlicher Unterlassungsanspruch bestünde (BGH GRUR 2010, 642 Rn. 24 – WM-Marken; GRUR 1993, 556 (558) – TRIANGLE).

Die Marke muss **prioritätsjünger** sein; ihr Zeitrang bestimmt sich nach § 6 Abs. 2 (→ § 6 **10** Rn. 11 ff.). Soweit keine Priorität nach §§ 34, 35 in Anspruch genommen wird, ist danach der **Anmeldetag** (§ 33 Abs. 1) maßgeblich.

II. Benutzungsmarke oder geschäftliche Bezeichnung mit älterem Zeitrang

§ 12 verlangt den Erwerb eines Rechts an einer Benutzungsmarke (§ 4 Nr. 2) oder geschäftlichen **11** Bezeichnung (§ 5) vor dem für den Zeitrang der eingetragenen Marke maßgeblichen Tag. Erfasst ist ausschließlich der **originäre Erwerb,** dh die Entstehung des Kennzeichenrechts (für Benutzungsmarken → § 4 Rn. 105, für Unternehmenskennzeichen → § 5 Rn. 11 und für Werktitel → § 5 Rn. 160).

Der Rechtserwerb ist gemäß § 6 Abs. 3 auch für die Bestimmung des Zeitrangs maßgeblich **12** (→ § 6 Rn. 19). Benutzungsmarke bzw. geschäftliche Bezeichnung sind **prioritätsälter,** wenn ihr Zeitrang mindestens einen Tag vor dem der jüngeren Marke liegt; ist für den Zeitrang der gleiche Tag maßgeblich, sind die Kennzeichenrechte gleichrangig und es kann keine Löschung verlangt werden (§ 6 Abs. 4).

Bei **Werktiteln** kann der Zeitrang abweichend von § 6 Abs. 3 durch eine Titelschutzanzeige **13** vorverlegt sein (→ § 5 Rn. 229). Die Titelschutzanzeige bewirkt aber keine Vorverlegung des Rechtserwerbs vor den Zeitpunkt der tatsächlichen Ingebrauchnahme. Zudem wird der Zeitrang nur vorverlegt, wenn die Ingebrauchnahme innerhalb einer angemessenen Frist nach der Titelschutzanzeige erfolgt (→ § 5 Rn. 240). Bis zur Ingebrauchnahme des Werktitels kann auch bei vorausgehender Titelschutzanzeige keine Löschungsreife der jüngeren Marke eintreten.

III. Unterlassungsanspruch

1. Untersagungsberechtigung

Die Löschungsreife setzt die Berechtigung voraus, die Benutzung der eingetragenen Marke zu **14** untersagen. Diese Berechtigung besteht materiell-rechtlich, wenn ein **Unterlassungsanspruch gemäß § 14 Abs. 5, § 15 Abs. 4** gegeben ist. In diesem Sinne **inkorporiert § 12 die Voraussetzungen des Unterlassungsanspruchs** gemäß § 14 Abs. 2, § 15 Abs. 2, 3, aber auch die für den Unterlassungsanspruch geltenden **Schrankenregelungen.** Ungeachtet der Prioritätslage tritt daher zB keine Löschungsreife ein, wenn die zum Recht der Gleichnamigen geltenden Grundsätze, die im Rahmen des § 23 Abs. 1 zu berücksichtigen sind, Anwendung finden (BGH GRUR 2011, 835 Rn. 14 – Gartencenter Pötschke).

Ausreichend ist ein **hypothetischer Unterlassungsanspruch,** dessen Bestand auf der Grund- **15** lage einer **fiktiven Benutzung der jüngeren Marke** zu ermitteln ist. Zwar setzen die markenrechtlichen Verletzungstatbestände eine Benutzung des Zeichens voraus; die bloße Anmeldung oder Eintragung der Marke genügt hierfür nicht. Daraus folgt jedoch nicht, dass die Marke erst dann löschungsreif ist, wenn eine rechtsverletzende Benutzung erfolgt ist. Mit dem Wortlaut des § 12, der nicht auf den Unterlassungsanspruch, sondern die Unterlassungsberechtigung abstellt, sollte zum Ausdruck gebracht werden, dass Löschungsreife schon dann eintritt, wenn bei einer Benutzung der Marke ein Anspruch auf Unterlassung entstehen würde (BPatG Beschl. v. 23.2.2022 – 29 W (pat) 25/19 Rn. 41 – AESCULAP; GRUR-RS 2020, 36000 Rn. 20 – Atlas; GRUR-RS 2020, 15786 Rn. 20 – FIRMAMENT BERLIN; BeckRS 2019, 31703 Rn. 18 – X Filme; Fezer Rn. 9; Ingerl/Rohnke/Nordemann/Nordemann-Schiffel Rn. 4; Ströbele/Hacker/ Thiering/Hacker Rn. 4).

Dieses Verständnis liegt im Übrigen auch **Art. 5 Abs. 5 lit. a MRL** zugrunde, da diese Regelung es **15.1** den Mitgliedstaaten auch erlaubt, prioritätsältere Benutzungsmarken und geschäftliche Bezeichnungen als Eintragungshindernis auszugestalten; sie erlangen damit schon zu einem Zeitpunkt Relevanz, in dem das Zeichen noch nicht einmal eingetragen, geschweige denn notwendigerweise benutzt wurde.

2. Fiktion markenmäßiger Benutzung

Soweit es an einer rechtsverletzenden Benutzung der Registermarke fehlt und deshalb auf die **16** fiktive Benutzung abzustellen ist (→ Rn. 15), ist eine **Benutzung als Marke** zu fingieren und dann zu ermitteln, ob ein Verletzungstatbestand erfüllt ist (BPatG BeckRS 2018, 25463 Rn. 14 – Die Mace Energy Method; Ingerl/Rohnke/Nordemann/Nordemann-Schiffel Rn. 4; Ströbele/ Hacker/Thiering/Hacker Rn. 7). Die Beschränkung auf eine markenmäßige Benutzung kann zwar insbesondere gegenüber prioritätsälteren Werktiteln zu einer erheblichen Einschränkung der Löschungsreife führen, sofern dem Werktitel nur Schutz vor unmittelbarer Verwechslungsgefahr gewährt (→ § 15 Rn. 48) und hierauf gestützt eine titelmäßige Verwendung verlangt wird (→ § 15 Rn. 26). Sie folgt jedoch notwendig aus dem Umstand, dass die Benutzung nur fingiert wird (überzeugend Ströbele/Hacker/Thiering/Hacker Rn. 7). Grundlage dieser Fiktion kann aber nur das übliche Verhalten eines Markeninhabers sein. Diesem kann ohne weiteres unterstellt werden, dass er die Marke zu dem Zweck, zu dem er sie angemeldet hat, auch nutzen wird – also als Herkunftshinweis und damit markenmäßig.

17   Es ist nicht notwendig, die Fiktion auf eine nur **rechtserhaltende Benutzung** zu beschränken (aA BPatG BeckRS 2018, 25463 Rn. 14 – Die Mace Energy Method; Ströbele/Hacker/Thiering/ Hacker Rn. 6), da es keinen Erfahrungssatz dahin gehend gibt, dass Markeninhaber sich überwiegend darauf beschränken, den Verfall der Marke zu verhindern und sie über die Benutzungsschonfrist hinaus zu sichern. Ebenso aber gibt es auch keinen Erfahrungssatz, dass Markeninhaber die Marke auch in anderer Weise als zur Kennzeichnung der Herkunft von Waren und Dienstleistungen verwenden. Zwar mag eine darüber hinausgehende Verwendung nicht fern liegen, aber angesichts der Vielfalt der Verwendungsmöglichkeiten ist eine tragfähige nähere Konkretisierung nicht möglich.

3. Bundesweite Unterlassungsberechtigung

18   Der Inhaber des prioritätsälteren Rechts muss berechtigt sein, die Benutzung der Marke im **gesamten Bundesgebiet** zu untersagen. Hieran fehlt es bei räumlich beschränkten Kennzeichenrechten, wie sie sowohl bei der Benutzungsmarke aufgrund räumlich begrenzter Verkehrsgeltung (→ § 4 Rn. 65) als auch bei Unternehmenskennzeichen (→ § 5 Rn. 129) und Werktiteln (→ § 5 Rn. 254) möglich sind. Da in solchen Fällen auch nur ein **räumlich begrenzter Unterlassungsanspruch** bestehen kann, würde es über die Rechtsposition des Inhabers hinausgehen, wenn er die bundesweit wirkende Löschung der Marke verlangen könnte (BT-Drs. 12/6581, 74; BGH GRUR 2016, 378 Rn. 19 – LIQUIDROM).

19   Maßgeblicher **Zeitpunkt** für das Bestehen der bundesweiten Unterlassungsberechtigung ist nach der Rechtsprechung der Anmeldetag der prioritätsjüngeren Marke (BPatG GRUR-Prax 2017, 324 – Realfundus; GRUR-Prax 2015, 125 – Lehmitz; OLG Koblenz GRUR-RR 2006, 184 (186) – Rosenmondnacht; Büscher/Dittmer/Schiwy/v. Gamm Rn. 4). Richtigerweise ist jedoch auf den Zeitpunkt der Entscheidung über den auf die Löschungsreife gestützten Widerspruch bzw. die Löschungsklage abzustellen, weil der Zeitrang nach dem Wortlaut der Norm nur für den Erwerb des Kennzeichenrechts, nicht jedoch für den bundesweiten Unterlassungsanspruch maßgeblich ist.

19.1   **Bestand zunächst bundesweiter Schutz** (am Anmeldetag der Registermarke), ist es aber später zu einer räumlichen Beschränkung des Schutzbereichs (insbesondere durch Schrumpfung des Verkehrsgeltungsgebiets einer Benutzungsmarke; → § 4 Rn. 115), gekommen, besteht kein Grund, dem Inhaber des älteren Rechts nur deshalb die Löschung zuzubilligen, weil er am Anmeldetag der jüngeren Registermarke einen bundesweiten Unterlassungsanspruch hatte.

19.2   Ist der **bundesweite Schutz erst später entstanden** (nach dem Anmeldetag der Registermarke), rechtfertigt der dann bestehende bundesweite Unterlassungsanspruch die Löschung auch, wenn sie zunächst nicht möglich war.

20   Bezieht sich der Unterlassungsanspruch nicht auf das gesamte Bundesgebiet und ist die jüngere Marke deshalb nicht löschungsreif, bleibt die **Rechtsstellung** sowohl des Inhabers der prioritätsjüngeren Marke als auch der prioritätsälteren Benutzungsmarke oder geschäftlichen Bezeichnung **unberührt;** der Inhaber der jüngeren Marke kann insbesondere auch im räumlichen Schutzgebiet des älteren Kennzeichenrechts gegen Dritte vorgehen, die seine Marke verletzen (Ingerl/Rohnke/ Nordemann/Nordemann-Schiffel Rn. 6; Ströbele/Hacker/Thiering/Hacker Rn. 17). Gegen eine Inanspruchnahme aus der jüngeren Marke steht dem Inhaber des älteren Zeichenrechts die Einrede wettbewerbswidriger Behinderung (§ 4 Nr. 4 UWG) zur Seite (BGH GRUR 2016, 378 Rn. 21 – LIQUIDROM). Eine Benutzung der jüngeren Marke im räumlich begrenzten Schutzbereich des älteren Zeichens kann zudem zu einem wettbewerbsrechtlichen Anspruch wegen unlauterer gezielter Behinderung gemäß § 4 Nr. 4 UWG führen (BGH GRUR 2016, 378 Rn. 21 – LIQUIDROM).

C. Geltendmachung der Löschungsreife

I. Nichtigkeitsklage

Der Inhaber der prioritätsälteren Benutzungsmarke bzw. geschäftlichen Bezeichnung kann die 21 bestehende Löschungsreife im Wege der **Nichtigkeitsklage gemäß § 51 Abs. 1, § 55 Abs. 1** geltend machen. Dieser Weg steht auch offen, wenn noch die Möglichkeit besteht, wegen der Löschungsreife Widerspruch gegen die Eintragung gemäß § 42 Abs. 2 Nr. 4 zu erheben oder dies bereits geschehen ist und das Widerspruchsverfahren noch läuft oder der Widerspruch bereits zurückgewiesen wurde (vgl. BGH GRUR 1967, 94 (95) – Stute; BPatG BeckRS 2016, 19679 – Main-PostLogistik; OLG Karlsruhe Mitt 2010, 529 (536) = BeckRS 2010, 28496 – PORTA; Ingerl/Rohnke/Nordemann/Bröcker § 55 Rn. 23; Ströbele/Hacker/Thiering/Thiering § 55 Rn. 12; → § 55 Rn. 5). Der Widerspruch ist allerdings kostengünstiger und sollte daher in der Regel einer Nichtigkeitsklage vorgeschaltet werden, sofern die Widerspruchsfrist noch nicht abgelaufen ist. Gegenüber jüngeren IR-Marken tritt an die Stelle der Nichtigkeitsklage die Klage auf Schutzentziehung (§ 115 Abs. 1). Die Nichtigkeitsklage ist unzulässig, wenn über denselben Streitgegenstand ein amtliches Nichtigkeitsverfahren, das seit 1.5.2020 möglich ist (→ Rn. 23), anhängig ist (§ 55 Abs. 1 S. 2).

Aktivlegitimiert für die Nichtigkeitsklage ist nur der Inhaber des älteren Rechts (§ 55 Abs. 2 22 Nr. 2); eine Popularklage ist ausgeschlossen (→ § 55 Rn. 21). Die Löschung ist **ausgeschlossen,** wenn der Inhaber des älteren Rechts die Benutzung der jüngeren Marke für die eingetragenen Waren oder Dienstleistungen während eines Zeitraums von fünf aufeinanderfolgenden Jahren in Kenntnis der Benutzung geduldet hat, es sei denn, die Anmeldung der jüngeren Marke war bösgläubig (§ 51 Abs. 2 S. 2, 1; → § 51 Rn. 13). Kein Löschungsanspruch besteht ferner, wenn der Inhaber des älteren Rechts der Eintragung der Marke vor dem Nichtigkeitsantrag zugestimmt hat (§ 51 Abs. 2 S. 3; → § 51 Rn. 17).

II. Amtliches Nichtigkeitsverfahren

Eine aus § 12 folgende Löschungsreife kann gemäß **§ 51 Abs. 1 S. 1, § 53** auch im patentamtli- 23 chen Nichtigkeitsverfahren geltend gemacht werden (dazu Albrecht/Hoffmann MarkenR 2020, 1 (4 ff.); Hacker FS Ströbele, 2019, 119 ff.). Dies ist unabhängig von einem laufenden oder abgeschlossenen Widerspruchsverfahren möglich (Hacker FS Ströbele, 2019, 119 (128); → § 51 Rn. 8). Eine wegen des gleichen Streitgegenstands anhängige Nichtigkeitsklage sperrt das amtliche Nichtigkeitsverfahren jedoch (§ 53 Abs. 1 S. 5).

III. Widerspruch

Nach **§ 42 Abs. 2 Nr. 4** kann ein Widerspruch auch auf die nach § 12 eingetretene Löschungs- 24 reife gestützt werden. Eine bereits erhobene Nichtigkeitsklage steht der Erhebung des Widerspruchs innerhalb der dreimonatigen Widerspruchsfrist nicht entgegen; eine während des Widerspruchsverfahrens ergehende Abweisung der Nichtigkeitsklage bindet das DPMA nicht (vgl. OLG Karlsruhe Mitt 2010, 529 (536) = BeckRS 2010, 28496 – PORTA). Kommt es aber aufgrund einer erfolgreichen Nichtigkeitsklage zur Löschung der jüngeren Marke, so wird das Widerspruchsverfahren gegenstandslos (→ § 42 Rn. 39). Zur in Ausnahmefällen möglichen Aussetzung des Widerspruchsverfahrens wegen einer anhängigen Nichtigkeitsklage → § 43 Rn. 1 ff.

Widerspruchsbefugt ist der Inhaber des älteren Rechts (§ 42 Abs. 1 S. 1). Der Antrag ist nur 25 **zulässig,** wenn er die von § 30 Abs. 1 S. 2 MarkenV verlangten zusätzlichen Angaben enthält, die für nicht angemeldete und eingetragene Widerspruchskennzeichen zu deren Identifizierung erforderlich sind (Art, Wiedergabe, Form, Zeitrang, Gegenstand und Inhaber des Rechts aus einer Benutzungsmarke bzw. geschäftlichen Bezeichnung). Diese Angaben müssen innerhalb der Widerspruchsfrist erfolgen, andernfalls wird der Widerspruch als unzulässig zurückgewiesen (→ § 42 Rn. 26).

Im **Widerspruchsverfahren** hat das DPMA zu prüfen, ob die geltend gemachte Benutzungs- 26 marke nach § 4 Abs. 2 bzw. die geschäftliche Bezeichnung nach § 5 entstanden ist, ob sie dem Widerspruchsführer zusteht und ob er bei unterstellter markenmäßiger Benutzung der jüngeren Marke einen bundesweit wirkenden Unterlassungsanspruch hat. Zu den verfahrensrechtlichen Fragen, die aus dem im Vergleich zum früheren Recht deutlich erweiterten Prüfungsumfang folgen → § 42 Rn. 59 ff.

IV. Einrede der Löschungsreife

27   Im **Verletzungsprozess** gegen den Inhaber des älteren Kennzeichenrechts kann dieser die Löschungsreife der jüngeren Marke im Wege der Einrede geltend machen. Gleiches gilt in einem gegen ihn geführten **Löschungsprozess**.

§ 13 Sonstige ältere Rechte

(1) Die Eintragung einer Marke kann gelöscht werden, wenn ein anderer vor dem für den Zeitrang der eingetragenen Marke maßgeblichen Tag ein sonstiges, nicht in den §§ 9 bis 12 aufgeführtes Recht erworben hat und dieses ihn berechtigt, die Benutzung der eingetragenen Marke im gesamten Gebiet der Bundesrepublik Deutschland zu untersagen.

(2) Zu den sonstigen Rechten im Sinne des Absatzes 1 gehören insbesondere:
1. **Namensrechte,**
2. **das Recht an der eigenen Abbildung,**
3. **Urheberrechte,**
4. **Sortenbezeichnungen,**
5. **geographische Herkunftsangaben,**
6. **sonstige gewerbliche Schutzrechte.**

Überblick

§ 13 regelt prioritätsältere sonstige Rechte als relatives Schutzhindernis für eingetragene Marken (→ Rn. 1). Das sind absolute Rechte (→ Rn. 14 ff.), die dem Inhaber bei zumindest unterstellter markenmäßiger Benutzung der Registermarke einen bundesweit wirkenden Unterlassungsanspruch geben (→ Rn. 18). Abs. 2 enthält eine nicht abschließende Aufzählung sonstiger Rechte und nennt Namensrechte (→ Rn. 19 ff.), das Recht an der eigenen Abbildung (→ Rn. 45 ff.), Urheberrechte (→ Rn. 49 ff.), Sortenbezeichnungen (→ Rn. 55 ff.), geographische Herkunftsangaben (→ Rn. 60 ff.) und sonstige gewerbliche Schutzrechte, zu denen insbesondere das Designrecht gehört (→ Rn. 71 ff.). Darüber hinaus erfasst § 13 auch andere, nicht dem gewerblichen Rechtsschutz zugehörige absolute Rechte wie insbesondere das allgemeine Persönlichkeitsrecht (→ Rn. 77). Ältere sonstige Rechte führen zur Löschungsreife der eingetragenen jüngeren Marke (→ Rn. 2), die Geltendmachung erfolgt durch Nichtigkeitsklage (→ Rn. 78) und im Fall der geographischen Herkunftsangaben auch durch Widerspruch (→ Rn. 80).

Übersicht

A. Regelungsgehalt

I. Relatives Schutzhindernis

§ 13 regelt ein relatives Schutzhindernis für eingetragene Marken, nämlich **prioritätsältere** **1** **sonstige, nicht in §§ 9–12 aufgeführte Rechte.** Abs. 2 nennt beispielhaft und nicht abschließend Namensrechte, das Recht an der eigenen Abbildung, Urheberrechte, Sortenbezeichnungen, geographische Herkunftsangaben und sonstige gewerbliche Schutzrechte.

Die von § 13 erfassten Rechte führen zur **Löschungsreife** der eingetragenen Marke, wenn **2** der Inhaber des prioritätsälteren Rechts im Fall der Benutzung der eingetragenen Marke gegen deren Inhaber einen bundesweit wirkenden Anspruch auf Unterlassung hätte. Ob dies der Fall ist, bestimmt sich mit Ausnahme der Kollision mit älteren geographischen Herkunftsangaben nicht nach dem MarkenG, sondern nach den in der übrigen Rechtsordnung enthaltenen Vorschriften zum Schutz dieser Rechte. Die Geltendmachung der Löschungsreife kann im Wege der Nichtigkeitsklage (§§ 51, 55; → Rn. 78) und im patentamtlichen Nichtigkeitsverfahren erfolgen. Ferner eröffnet § 42 Abs. 2 Nr. 5 die Möglichkeit, sich im Widerspruchsverfahren auf ältere Ursprungsbezeichnungen und geographische Angaben zu stützen. Für andere ältere Rechte bleibt es dabei, dass sie nicht zum Widerspruch berechtigen. Bestimmte Ursprungsbezeichnungen, geographische Angaben, traditionelle Bezeichnungen von Weinen und traditionellen Spezialitäten sowie Sortenbezeichnungen sind durch das MaMoG zu absoluten Schutzhindernissen gemacht worden (§ 8 Abs. 2 Nr. 9–12). Sie sind bereits im Eintragungsverfahrungen zu berücksichtigen.

II. Verhältnis zum europäischen Recht

1. MRL

Mit § 13 hat der Gesetzgeber von der durch Art. 4 Abs. 4 lit. c MRL 2008 eingeräumten und **3** durch **Art. 5 Abs. 4 lit. b MRL** unverändert gebliebenen Möglichkeit Gebrauch gemacht. Diese Fortführung des Fakultativprinzips im Rahmen der Reform der MRL widerspricht dem Ziel einer größeren Angleichung der nationalen Markenrechte. Eine Ausgestaltung als verbindlich zu regelnde relative Schutzhindernisse wäre dem besser gerecht geworden (dafür GRUR-Stellungnahme, GRUR 2013, 800 (803)). Diesem Wunsch kommt das deutsche Recht mit § 13 jedenfalls nach.

4   Da nach der Rechtsprechung des EuGH zu Art. 5 Abs. 2 MRL 2008 auch eine fakultative Vorschrift dem Gebot der **richtlinienkonformen Auslegung** unterliegt (EuGH C-408/01, GRUR 2004, 58 Rn. 18, 20 – Adidas/Fitnessworld; → § 14 Rn. 532), gilt dies auch für § 13. Indessen wird die Norm den Vorgaben des Unionsrechts gerecht (→ Rn. 4.1 f.).

4.1   Eine Abweichung liegt auf den ersten Blick darin, dass § 13 die Aufzählung der Rechte um **Sortenbezeichnungen** und geographische Herkunftsangaben ergänzt. Das ist im Grundsatz richtlinienkonform, weil auch die Aufzählung des Art. 5 Abs. 4 lit. b MRL ausdrücklich nicht abschließend ist und sich das Recht an einer Sortenbezeichnung ohne weiteres als gewerbliches Schutzrecht iSd Art. 5 Abs. 4 lit. b Ziff. iv MRL verstehen lässt.

4.2   Die **Hinzunahme der geographischen Herkunftsangaben** ist nicht ganz unproblematisch, wenn man ihren Schutz mit Teilen der Literatur nur als lauterkeitsrechtlich einordnet (→ § 126 Rn. 10 ff.), da die Richtlinie nur subjektive Rechte nennt (Namensrecht, Recht an der eigenen Abbildung, Urheberrecht und gewerbliches Schutzrecht). Indessen überwiegt mittlerweile die Einordnung als Kennzeichenrecht (vgl. zuletzt BGH GRUR 2016, 741 Rn. 11 ff. – Himalaya-Salz; → § 126 Rn. 11). Dessen ungeachtet lassen sich geographische Herkunftsangaben auch als gewerbliches Schutzrecht iSd Art. 5 Abs. 4 lit. b Ziff. iv MRL 2008 verstehen. Dafür spricht, dass der EuGH Ursprungsbezeichnungen iSd VO (EG) 510/2006 (jetzt VO (EU) 1151/2012) zu den Rechten des gewerblichen und kommerziellen Eigentums rechnet (EuGH C-478/07, GRUR 2010, 143 Rn. 110 – Budějovický Budvar). Zudem sind die unionsrechtlich geschützten geographischen Angaben sogar als absolute Schutzhindernisse ausgestaltet (→ Rn. 66). Angesichts der Ähnlichkeit des Schutzes, den § 127 einerseits und Art. 13 VO (EU) 1151/2012 andererseits gewähren, ist die Einordnung als gewerbliches Schutzrecht auch auf geographische Herkunftsangaben iSd § 126 zu erstrecken.

5   **Ursprungsbezeichnungen und geographische Angaben,** die nach Unions- oder nationalem Recht geschützt sind, stellen nunmehr ein **zwingendes relatives Eintragungshindernis** dar (Art. 5 Abs. 3 lit. c MRL). Allerdings gilt dies nur, wenn ein Antrag auf Eintragung der Ursprungsbezeichnung oder geographischen Angabe gestellt worden ist. § 126 unterfallende Kennzeichen werden daher mangels Register nicht erfasst. Für durch ein Register geschützte Bezeichnungen und Angaben genügt es hingegen, dass der Antrag auf Eintragung bereits vor der Anmeldung zur Eintragung als Marke oder der für die Anmeldung in Anspruch genommenen Priorität gestellt wurde, es später zur Eintragung der Ursprungsbezeichnung oder geographischen Angabe kam und das Bezeichnungsrecht dem Inhaber das Recht verleiht, die Benutzung der jüngeren Marke zu untersagen (→ Rn. 62). Diese Schutzrechte müssen nach Art. 43 Abs. 1, Abs. 2 MRL in einem Widerspruchsverfahren geltend gemacht werden können.

6   Das **MaMoG** hat auf eine Umsetzung des Art. 5 Abs. 3 lit. c MRL im Rahmen der relativen Schutzhindernisse verzichtet. Geändert wurde lediglich § 42 Abs. 2, indem als weiterer Widerspruchsgrund „Ursprungsbezeichnung(en) oder geografische Angabe(n) mit älterem Zeitrang in Verbindung mit § 13" aufgenommen wurde (§ 42 Abs. 2 Nr. 5). Ob das richtlinienkonform ist, kann bezweifelt werden, weil Art. 5 Abs. 3 lit. c MRL eine spezifische Regelung trifft, die auch den maßgeblichen Zeitpunkt (Anmeldung zur Eintragung) regelt. Hieran fehlt es in § 13 Abs. 2 Nr. 5, der zudem mit dem Erwerb auf einen anderen Zeitpunkt abstellt (aber → Rn. 69). Zudem spricht diese Norm nicht von Ursprungsbezeichnungen und geographischen Angaben, sondern von geographischen Herkunftsangaben; insoweit wäre eine terminologische Anpassung sinnvoll gewesen.

7   Ob **andere geographische Herkunftsangaben,** die Art. 5 Abs. 3 lit. c MRL nicht unterfallen, mit Blick auf den Wortlaut des geänderten § 42 Abs. 2 Nr. 5 ebenfalls zum Widerspruch berechtigen, ist noch unklar (bejahend v. Mühlendahl FS Ströbele, 2019, 555 (569); verneinend Hacker GRUR 2019, 113 (119); → § 42 Rn. 106). Dies wäre unionsrechtlich jedenfalls unbedenklich. Art. 43 Abs. 2 MRL ist nicht abschließend („zumindest") und in Abs. 1 der Norm wird verlangt, dass für einen Widerspruch „aus den in Artikel 5 genannten Gründen" ein Verfahren zur Verfügung steht. Damit sind auch Widersprüche, die auf die in Art. 5 Abs. 4 MRL genannten Rechte (zu denen geographische Herkunftsangaben als gewerbliche Schutzrechte gehören, → Rn. 4.2) gestützt sind, zulässig.

8   Einige Bezeichnungsrechte hat die reformierte MRL zusätzlich als **absolute Eintragungshindernisse** ausgestaltet. Das betrifft **Ursprungsbezeichnungen, geographische Angaben und Bezeichnungen von Weinen und traditionellen Spezialitäten,** soweit die einschlägigen Vorschriften des Unionsrechts, das nationale Recht oder internationale Übereinkünfte vorsehen, dass sie nicht als Marke eingetragen werden können (Art. 4 Abs. 1 lit. i bis k MRL; kritisch bzgl. traditioneller Spezialitäten GRUR, GRUR 2013, 800 (801); Fezer GRUR 2013, 1185 (1189)). Ältere geschützte **Sortenbezeichnungen** stellen ebenfalls ein absolutes Schutzhindernis dar, soweit sie nach Unionsrecht, dem nationalen Recht oder internationalen Übereinkünften geschützt sind, die Marke aus der Sortenbezeichnung besteht oder sie in ihren wesentlichen Elementen wiedergibt und sie sich auf Pflanzensorten derselben Art oder eng verwandte Arten bezieht (Art. 4 Abs. 1 lit. l MRL). Diese Einordnung als absolute Eintragungshindernisse ist durch § 8 Abs. 2 Nr. 9-12 umgesetzt worden.

Art. 43 Abs. 1 MRL verlangt, dass die in Art. 5 MRL genannten Gründe in einem **Wider-** 9 **spruchsverfahren** geltend gemacht werden können. Ob das auch für die fakultativen relativen Eintragungshindernisse nach Art. 5 Abs. 4 MRL gilt, ist noch unklar. Dagegen könnte sprechen, dass Art. 43 Abs. 2 MRL nur für Personen, denen ein Recht iSd Art. 5 Abs. 2, Abs. 3 lit. a und c MRL zusteht, die Einräumung einer Widerspruchsberechtigung verlangt. Diese Bestimmung ist jedoch als Mindestvorschrift gestaltet („zumindest"); es dürfte den Mitgliedstaaten daher freistehen, auch für andere ältere Rechte einen Widerspruch zuzulassen. Durch § 42 Abs. 2 Nr. 5 hat das MaMoG die Widerspruchsgründe indessen nur um Ursprungsbezeichnungen und geographische Angaben erweitert.

2. UMV

Im **Unionsmarkenrecht** sind geschützte Herkunftsbezeichnungen ein absolutes Eintragungs- 10 hindernis (Art. 7 Abs. 1 lit. j, k UMV). Im Übrigen stellen ältere Kennzeichenrechte ein relatives Eintragungshindernis dar, das im Widerspruchsverfahren geltend gemacht werden kann (Art. 8 Abs. 4 UMV, → UMV Art. 8 Rn. 175 ff.). Das gilt seit der Neufassung der UMV ausdrücklich auch für Ursprungsbezeichnungen und geographische Angaben (Art. 8 Abs. 4a UMV). Es handelt sich nur um eine Klarstellung, da diese Bezeichnungsrechte auch bislang schon als Kennzeichenrechte iSd Art. 8 Abs. 4 UMV erfasst waren (→ UMV Art. 8 Rn. 182). Allerdings verlangt die Neuregelung keine Benutzung (Marten GRUR Int 2016, 114 (120); Walicka GRUR-Prax 2016, 161 (163)). Andere prioritätsältere Rechte bilden lediglich einen relativen Nichtigkeitsgrund (Art. 60 Abs. 2 UMV, → UMV Art. 60 Rn. 12).

III. Ergänzung des außermarkenrechtlichen Schutzes sonstiger Rechte

§ 13 stellt eine unmittelbare **Verknüpfung** her zwischen dem Kennzeichenrecht, soweit es dem 11 Schutz der Registermarke dient, und den **absoluten Rechten der übrigen Rechtsordnung,** mit denen das Kennzeichenrecht in Konflikt kommen kann. Zugleich erstreckt die Regelung den Prioritätsgrundsatz über das Markenrecht hinaus, indem es nur prioritätsältere sonstige Rechte als relative Schutzhindernisse anerkennt. Da es für das Vorliegen eines Unterlassungsanspruchs auf die jeweilige außerhalb des Markenrechts stehende Schutzvorschrift ankommt, unterwirft sich das Markenrecht insoweit systemkonform dem Schutz anderer absoluter Rechte unter dem Aspekt der Priorität. In diesem Sinne ist § 13 eine **schutzergänzende Vorschrift,** mit der die außermarkenrechtliche Schutzposition des Inhabers eines absoluten Rechts mittels eines markenrechtlichen Löschungsanspruchs vervollständigt wird.

B. Voraussetzungen der Löschungsreife (Abs. 1)

I. Eingetragene Marke mit jüngerem Zeitrang

Erfasst sind nur bereits **eingetragene Marken** (einschließlich IR-Marken mit Schutz in 12 Deutschland). Vor der Eintragung kommt nach der Rechtsprechung aber ein auf Rücknahme der Anmeldung gerichteter Anspruch in Betracht, wenn infolge der Anmeldung der Eintritt eines rechtswidrigen Störungszustands droht, dh wenn bei der Benutzung der Marke ein Anspruch auf Unterlassung aus dem prioritätsälteren Recht bestehen würde (BGH GRUR 2010, 642 Rn. 24 – WM-Marken; GRUR 2001, 420 (422) – SPA I; GRUR 1993, 556 (558) – TRIANGLE).

Die Marke muss **prioritätsjünger** sein; ihr Zeitrang bestimmt sich nach § 6 Abs. 2 (→ § 6 13 Rn. 11 ff.).

II. Sonstiges Recht mit älterem Zeitrang

1. Sonstiges Recht

§ 13 erfasst als relative Schutzhindernisse alle sonstigen Rechte, die nicht bereits in §§ 9–12 14 genannt sind. Nicht unter § 13 fallen deshalb Rechte an älteren eingetragenen Marken (§ 9), notorisch bekannten Marken iSd § 4 Nr. 3 (§ 10), Marken iSd § 11 sowie Benutzungsmarken iSd § 4 Nr. 2 und geschäftliche Bezeichnungen iSd § 5 (§ 12).

2. Absolutes Recht

15   Abs. 1 definiert die sonstigen Rechte nicht näher; Abs. 2 enthält eine nicht abschließende Aufzählung. Es muss sich jedenfalls um ein **absolutes Recht** handeln (BGH GRUR 2000, 1032 (1033) – EQUI 2000; Ingerl/Rohnke/Nordemann/A. Nordemann Rn. 18; Ströbele/Hacker/ Thiering/Hacker Rn. 5; HK-MarkenR/Ekey Rn. 5; aA Fezer Rn. 8). Das folgt schon aus der Gesamtsystematik der relativen Schutzhindernisse. §§ 9–12 gewähren dem Inhaber eines absolut geschützten Kennzeichenrechts einen Löschungsanspruch; wertungsgleichgewichtig erstreckt § 13 den Löschungsanspruch auf den Inhaber eines sonstigen absoluten Rechts. Das wird durch die Aufzählung des Abs. 2 bestätigt, denn die dort genannten Rechte sind mit Ausnahme der geographischen Herkunftsangaben gleichfalls absolute Rechte. Aus der Hinzunahme der geographischen Herkunftsangaben (§ 13 Abs. 2 Nr. 5) kann nicht geschlossen werden, dass auch andere zB lauterkeitsrechtlich geschützte Positionen zur Löschungsreife der jüngeren Marke führen, zumal der Schutz dieser Herkunftsangaben heute überwiegend als kennzeichenrechtlich eingeordnet wird (→ § 126 Rn. 11).

16   Nicht als sonstige Rechte geschützt sind insbesondere **lauterkeitsrechtliche Unterlassungsansprüche** (BGH GRUR 2000, 1032 (1033) – EQUI 2000; Ingerl/Rohnke/Nordemann/A. Nordemann Rn. 18; Ströbele/Hacker/Thiering/Hacker Rn. 5; HK-MarkenR/Ekey Rn. 6; aA Fezer Rn. 8). Das Gleiche gilt für **vertragliche Ansprüche,** seien diese inhaltlich auch auf Unterlassung oder Beseitigung oder speziell auf Löschung gerichtet (Ingerl/Rohnke/Nordemann/ A. Nordemann Rn. 19; Ströbele/Hacker/Thiering/Hacker Rn. 5; aA OLG Stuttgart NJWE-WettbR 2000, 165 (166); Fezer Rn. 10). Solche nicht erfassten Ansprüche können selbstverständlich ohne weiteres selbständig geltend gemacht werden, zB nach §§ 3, 4 Nr. 4 UWG, § 8 UWG wegen gezielter Mitbewerberbehinderung (BGH GRUR 2010, 642 Rn. 51 ff. – WM-Marken; GRUR 2008, 621 Rn. 21 – AKADEMIKS; GRUR 2004, 790 (793) – Gegenabmahnung; GRUR 2000, 1032 (1034) – EQUI 2000). Es handelt sich dann aber nicht um Kennzeichenstreitsachen iSd § 140. Kein absolutes Recht ist ferner ein **Domainname** als solcher (BGH GRUR 2008, 1099 Rn. 21 – afilias.de).

3. Älteres Recht

17   Ob das sonstige Recht einen älteren Zeitrang aufweist, hängt nach § 6 Abs. 3 vom **Tag des Rechtserwerbs** ab; § 13 Abs. 1 wiederholt dies noch einmal. Maßgeblich ist allein der **originäre Erwerb** des Rechts, also dessen ursprüngliche Entstehung. An welchem Tag der Rechtserwerb stattgefunden hat, bestimmt sich nach den für das jeweilige Recht geltenden Regeln. Der so ermittelte Zeitrang ist älter, wenn er mindestens einen Tag vor dem Zeitrang der eingetragenen Marke liegt. Bei gleichem Zeitrang besteht nach § 6 Abs. 4 Gleichrangigkeit und es gibt keinen Löschungsanspruch (vgl. LG Düsseldorf GRUR-RR 2001, 311 (313) – Skylight).

III. Unterlassungsanspruch

18   Die Löschungsreife setzt die Berechtigung voraus, die Benutzung der eingetragenen Marke zu untersagen. Diese Berechtigung besteht, wenn nach den für das fragliche sonstige Recht geltenden Vorschriften ein Anspruch auf Unterlassung besteht. Ebenso wie bei § 12 genügt ein **hypothetischer Unterlassungsanspruch,** für dessen Ermittlung eine markenmäßige Benutzung der eingetragenen Marke zu unterstellen ist (→ § 12 Rn. 15; Fezer Rn. 2; Ströbele/Hacker/Thiering/ Hacker Rn. 2). Der Anspruch muss auf **Unterlassung im gesamten Bundesgebiet** gehen (→ § 12 Rn. 18); daran fehlt es bei einem nur räumlich begrenzten Schutzbereich des sonstigen Rechts. Das kommt vor allem beim Namensrecht in Betracht (→ Rn. 42).

C. Namensrecht (Abs. 2 Nr. 1)

I. Anwendbarkeit des § 13

1. Gleichzeitiger Schutz als Marke oder Unternehmenskennzeichen

19   Das Namensrecht wird durch **§ 12 BGB** geschützt. Soweit nach dieser Norm geschützte Namen jedoch **zugleich auch als Marke oder Unternehmenskennzeichen** geschützt sind, stellt sich die Frage, ob in solchen Fällen § 13 neben den §§ 9–12 Anwendung finden kann. Eine gleichzeitige Anwendbarkeit würde insbesondere bedeuten, dass ein Löschungsanspruch aus § 13 MarkenG iVm § 12 BGB auch dann bestehen könnte, wenn trotz unterstellter markenmäßiger Benutzung der eingetragenen jüngeren Marke etwa mangels Verwechslungsgefahr oder Branchennähe kein Unterlassungsanspruch aus §§ 14, 15 gegeben wäre.

Gegen diese Möglichkeit spricht, dass die Rechtsprechung einen **Vorrang der §§ 14, 15** **20** **MarkenG vor § 12 BGB** annimmt (BGH GRUR 2014, 506 Rn. 8 – sr.de; GRUR 2014, 393 Rn. 16 – wetteronline.de; GRUR 2010, 1020 Rn. 11 – Verbraucherzentrale; GRUR 2009, 685 Rn. 32 – ahd.de; GRUR 2008, 1099 Rn. 10 – afilias.de; GRUR 2002, 706 (707) – vossius.de; GRUR 2002, 622 (623) – shell.de; OLG Frankfurt MarkenR 2015, 594 (595) = BeckRS 2015, 18529; OLG Hamburg WRP 2015, 911 (914) – creditsafe.de; → § 2 Rn. 127). Sind aber im Verletzungsprozess Ansprüche des Namensinhabers aus § 12 BGB ausgeschlossen, so muss sich diese Beschränkung des Schutzes auch auf den Löschungsanspruch auswirken, da dieser wiederum explizit vom Bestehen eines Unterlassungsanspruchs abhängig gemacht ist (ebenso Ströbele/ Hacker/Thiering/Hacker Rn. 7; Büscher/Dittmer/Schiwy/v. Gamm Rn. 6).

Bei gleichzeitigem Schutz eines Namens als Marke oder Unternehmenskennzeichen ist für § 13 **21** daher nur Raum, soweit **§ 12 BGB im Verletzungsfall ausnahmsweise anwendbar** wäre. Das wird vor allem angenommen, wenn es auf Verletzerseite an einem Handeln im geschäftlichen Verkehr fehlt – das spielt für § 13 jedoch keine Rolle, da eine markenmäßige Benutzung der jüngeren Marke zu unterstellen ist und damit auch ein Handeln im geschäftlichen Verkehr. § 12 BGB ist nach der bislang auf Domainnamen beschränkten Rechtsprechung jedoch auch anwendbar, wenn ein **Unternehmenskennzeichen,** das auch als Name geschützt ist, **außerhalb der Branche** des Kennzeicheninhabers verwendet wird und es dadurch an der nach § 15 Abs. 2 notwendigen Verwechslungsgefahr fehlt (BGH GRUR 2014, 506 Rn. 8 – sr.de; GRUR 2014, 393 Rn. 16 – wetteronline.de; GRUR 2012, 304 Rn. 32 – Basler Haar-Kosmetik; GRUR 2008, 1099 Rn. 10 – afilias.de; GRUR 2005, 430 f. – mho.de; GRUR 2002, 622 (624) – shell.de; OLG Frankfurt MarkenR 2015, 594 (595) = BeckRS 2015, 18529; OLG Hamburg WRP 2015, 911 (914) – creditsafe.de; OLG Hamm MMR 2013, 791 (793) – U-Trockenbausysteme). Soweit in solchen, praktisch nur selten auftretenden Fällen auch kein Schutz nach § 15 Abs. 3 besteht, kann der Löschungsanspruch auf § 13 gestützt werden.

2. Fehlender markenrechtlicher Kennzeichenschutz

§ 13 ist uneingeschränkt anwendbar, wenn der **Name nicht als von §§ 9–12 erfasstes Kenn- 22 zeichen geschützt** ist. Bei der dann notwendigen Prüfung, ob aus § 12 BGB ein Unterlassungsanspruch besteht, können aber zur Vermeidung von Wertungswidersprüchen zu §§ 14, 15 Einschränkungen angebracht sein, sofern der Name bereits im geschäftlichen Verkehr verwendet wird, aber die Anforderungen für die Entstehung eines kennzeichenrechtlichen Schutzrechts noch nicht erfüllt sind (Ingerl/Rohnke/Nordemann/Dustmann/Engels Nach § 15 Rn. 4; Ströbele/Hacker/ Thiering/Hacker Rn. 7).

II. Name

1. Natürliche Personen

Ein Name ist die **sprachliche Kennzeichnung einer Person,** die dazu dient, sie zu identifi- **23** zieren und von anderen Personen zu unterscheiden (MüKoBGB/Säcker BGB § 12 Rn. 1). Bei natürlichen Personen schützt § 12 BGB den **bürgerlichen Namen,** bestehend aus Vor- und Nachnamen sowie den Nachnamen in Alleinstellung (BGH GRUR 2003, 897 (898) – maxem.de). Zum Schutz von Vornamen, Spitznamen, Pseudonymen, Künstler- und Aliasnamen → § 5 Rn. 22 f. Das Namensrecht steht nur lebenden Personen zu; der **postmortale Namensschutz** wird durch das postmortale Persönlichkeitsrecht verwirklicht (BGH GRUR 2007, 168 Rn. 8 – kinski-klaus.de), das wiederum ein sonstiges älteres Recht sein kann (→ Rn. 77).

2. Juristische Personen und Personengesellschaften

Nach § 12 BGB geschützt sind die Namen von **juristischen Personen** des privaten oder **24** öffentlichen Rechts sowie von **Personengesellschaften** und anderen Personenvereinigungen wie zB nicht-rechtsfähigen Vereinen oder Verbänden oder Parteien (→ § 5 Rn. 24). Soweit sie zugleich als **Unternehmenskennzeichen** geschützt sind, ist § 12 vorrangig; soweit es am notwendigen Unterlassungsanspruch gemäß § 15 fehlt, kommt § 13 nur ausnahmsweise zur Anwendung

(→ Rn. 21). Das Gleiche gilt für andere Unternehmenskennzeichen (insbesondere besondere Bezeichnungen iSd § 5 Abs. 2 S. 1 und Geschäftsabzeichen iSd § 5 Abs. 2 S. 2), die grundsätzlich auch dem Namensbegriff des § 12 BGB unterfallen. Zu **Namensbestandteilen** → § 5 Rn. 27; zu **Firmenbestandteilen** → § 5 Rn. 33; zu **Domainnamen** → § 15 Rn. 81.

3. Gebäude und Grundstücke, andere Objekte

25 Die Rechtsprechung billigt auch **Gebäude- und Grundstücksnamen** Schutz nach § 12 BGB zu, wenn ein schutzwürdiges Interesse wirtschaftlicher oder nicht-wirtschaftlicher Art besteht (BGH GRUR 2012, 534 Rn. 23 – Landgut Borsig; GRUR 1976, 311 (312) – Sternhaus; KG NJW 1988, 2892 (2893) – Esplanade; OLG Frankfurt GRUR-RR 2020, 4 Rn. 53 – Cassellapark II; OLG Düsseldorf BeckRS 2012, 212453 Rn. 15 – Spoerl Fabrik; LG Hamburg BeckRS 2016, 135245 – Elbphilharmonie; LG München K&R 2008, 633 – Schloß E.; LG Düsseldorf GRUR-RR 2001, 311 f. – Skylight: auch für nur in Planung befindliches Gebäude; aA Goldmann § 3 Rn. 47; MüKoBGB/Säcker BGB § 12 Rn. 36; Staudinger/Habermann, 2013, § 12 Rn. 105; zum Ganzen Eusani MDR 2017, 1276 (1278 ff.); Zerhusen FS Koeble, 2010, 603 ff.). Der namensrechtliche Schutz setzt ein objektiv berechtigtes Interesse an der Benennung und eine hinreichende Unterscheidungs- und Identitätsfunktion der Bezeichnung voraus (BGH GRUR 2012, 534 Rn. 27 ff. – Landgut Borsig). Inhaber des Namensrechts ist, abhängig von den Umständen des Einzelfalls, der Erbauer, jeweilige Eigentümer oder ein sonst Berechtigter (BGH GRUR 2012, 534 Rn. 23 – Landgut Borsig; OLG Düsseldorf BeckRS 2012, 212453 Rn. 22 – Spoerl Fabrik: Mieter).

26 Da für den Schutz die Interessenlage maßgeblich sein soll, erscheint eine Ausweitung auf **andere Objekte** (zB Namen individueller Tiere) nicht ausgeschlossen (Koos LMK 2012, 332198). Für einen Windpark wurde der namensmäßige Schutz verneint (OLG Frankfurt GRUR 2017, 936 Rn. 30 – Windpark). Gleiches hat für die Namen fiktiver Personen (zB Romanfiguren) zu gelten (v. Gamm FS Ströbele, 2019, 527 (532)).

4. Zulässige Zeichenformen

27 Als sprachliche Kennzeichnung einer Person handelt es sich bei Namen grundsätzlich um **Buchstabenfolgen,** die nach neuerer Rechtsprechung zu §§ 5, 15, die auch für § 12 BGB Geltung hat (BGH GRUR 2014, 506 Rn. 11 – sr.de), nicht aussprechbar sein muss (→ § 5 Rn. 12, auch zu Buchstaben/Zahlenkombinationen und reinen Zahlenfolgen). **Bildzeichen** sind als Name nur in Form von Wappen, Siegeln oder Emblemen (zB einer Stadt oder Universität) geschützt (BGH GRUR 2002, 917 (919) – Düsseldorfer Stadtwappen; GRUR 1994, 844 (845) – Rotes Kreuz; GRUR 1993, 151 (153) – Universitätsemblem; GRUR 1976, 644 (646) – Kyffhäuser; → § 5 Rn. 13).

III. Erwerb und Zeitrang

1. Namen natürlicher Personen

28 **Natürliche Personen** erwerben ihren **Nachnamen** im Regelfall entweder bereits mit der Geburt als Geburtsnamen (§§ 1616–1617a BGB) oder später mit der Eheschließung bzw. Eingehung der Lebenspartnerschaft als Ehenamen (§ 1355 BGB) bzw. Lebenspartnerschaftsnamen (§ 3 LPartG).

28.1 **Andere Erwerbstatbestände** können sich aus **Namensänderungen** ergeben (zB §§ 1617b–1618 BGB oder nach NamÄndG), die dann auch für den Zeitrang maßgeblich sind. **Adoptivkinder** erhalten als Geburtsnamen den Familiennamen des Annehmenden (§ 1757 Abs. 1 BGB); freilich nur mit Wirkung für die Zukunft (BeckOK BGB/Pöcker BGB § 1757 Rn. 3).

29 Der **Vorname** wird erst durch die Namensgebung der sorgeberechtigten Person (in der Regel die Eltern gemäß § 1626 Abs. 1 S. 1 BGB, § 1626a BGB, sonst der Vormund, § 1789 BGB, früher § 1793 BGB aF) erworben. Für den Zeitrang ist der Tag maßgeblich, an dem die berechtigte Person den Namen endgültig erteilt hat; die Eintragung in das Geburtenbuch (§ 21 PStG) hat nur deklaratorische Bedeutung (BeckOK BGB/Pöcker BGB § 1616 Rn. 7.1; Staudinger/Habermann, 2013, BGB § 12 Rn. 210). Das Namensrecht an **Spitznamen,** Pseudonymen, Künstler- und Aliasnamen entsteht erst mit Erlangung der Verkehrsgeltung als Name (BGH GRUR 2003, 897 (898) – maxem.de; aA OLG Hamburg GRUR 2002, 450 (451) – Quick Nick; LG Berlin BeckRS 2011, 09044).

2. Andere Namen

Juristische Personen, Personengesellschaften und andere Personenvereinigungen erwerben 30
das Namensrecht mit der Benutzungsaufnahme, sofern hinreichende namensmäßige Unterscheidungskraft gegeben ist; andernfalls erst mit Erlangung der Verkehrsgeltung (BGH GRUR 2005, 517 (518) – Literaturhaus); das gleiche gilt für **Gebäudenamen** (BGH GRUR 2012, 534 Rn. 30 f. – Landgut Borsig). Zur namensmäßigen Unterscheidungskraft → § 5 Rn. 64 ff., zu ihrem originären Vorliegen → § 5 Rn. 69 ff. und zum Erwerb kraft Verkehrsgeltung → § 5 Rn. 94 ff.

3. Ausländische Namensträger

Ausländische Namensträger erlangen den Schutz aus § 12 BGB, wenn sie ihren Namen im 31
Inland in einer Weise in Gebrauch genommen haben, die auf den Beginn einer dauernden inländischen wirtschaftlichen Betätigung schließen lässt (BGH GRUR 1971, 517 (519) – SWOPS; → § 5 Rn. 115).

IV. Unterlassungsanspruch wegen Namensleugnung

§ 12 BGB schützt den Namen vor Namensleugnung und Namensanmaßung. Eine **Namens-** 32
leugnung liegt vor, wenn das Recht des Namensträgers zum Gebrauch des Namens bestritten wird (BGH GRUR 2003, 897 (898) – maxem.de). Das wird im Rahmen des § 13 keine Rolle spielen, weil durch die Benutzung einer mit einem Namen identischen jüngeren Marke zur Kennzeichnung der Herkunft von Waren oder Dienstleistungen das Recht des Namensinhabers zum Namensgebrauch nicht bestritten wird.

V. Unterlassungsanspruch wegen Namensanmaßung

1. Voraussetzungen

Ein Unterlassungsanspruch wegen **Namensanmaßung** ist gegeben, wenn ein Dritter unbefugt 33
(→ Rn. 36) den gleichen Namen gebraucht (→ Rn. 34), dadurch eine Zuordnungsverwirrung auslöst (→ Rn. 35) und schutzwürdige Interessen des Namensträgers verletzt (→ Rn. 39) (BGH GRUR 2022, 1694 Rn. 14 – Reizdarmsyndrom; GRUR 2022, 665 Rn. 78 – SIMPLY THE BEST; GRUR 2016, 1093 Rn. 13 – grit-lehmann.de; GRUR 2016, 810 Rn. 40 – profitbricks.es; GRUR 2016, 749 Rn. 15 – Landgut A. Borsig; GRUR 2014, 506 Rn. 14 – sr.de; GRUR 2014, 393 Rn. 21 – wetteronline.de; GRUR 2012, 534 Rn. 8 – Landgut Borsig; GRUR 2012, 304 Rn. 37 – Basler Haar-Kosmetik).

2. Namensgebrauch

Ein Namensgebrauch liegt stets bei einer **namens- bzw. kennzeichenmäßigen Verwendung** 34
vor, dh wenn der Name als Firmenname, Etablissementbezeichnung oder als sonstige Bezeichnung eines Unternehmens verwendet wird (BGH GRUR 2022, 1694 Rn. 15 – Reizdarmsyndrom; GRUR 2022, 665 Rn. 78 – SIMPLY THE BEST; GRUR 2012, 534 Rn. 12 – Landgut Borsig). Es genügt jedoch auch schon, dass der Namensträger durch den Gebrauch des Namens **mit bestimmten Einrichtungen, Gütern und Erzeugnissen in Beziehung gesetzt** wird, mit denen er nichts zu tun hat (BGH GRUR 2022, 1694 Rn. 15 – Reizdarmsyndrom; GRUR 2016, 749 Rn. 24 – Landgut A. Borsig; GRUR 2012, 534 Rn. 12 – Landgut Borsig; GRUR 2006, 957 Rn. 16 – Stadt Geldern). Die (ggf. zu unterstellende) markenmäßige Benutzung einer eingetragenen jüngeren Marke, die mit einem geschützten Namen identisch oder verwechslungsfähig ist, ist daher stets ein Namensgebrauch. Für einen Gebrauch kann es genügen, dass ein **einzelner wesentlicher Bestandteil** des vollständigen Namens benutzt wird, insbesondere der Familienname (BGH GRUR 2016, 749 Rn. 17 – Landgut A. Borsig; NJW 1953, 577 (578)). Wird dem Familienname ein anderer Vorname hinzugefügt, ändert dies nichts am Namensgebrauch (BGH GRUR 2016, 749 Rn. 21 – Landgut A. Borsig).

3. Zuordnungsverwirrung

Für eine Zuordnungsverwirrung lässt es die Rechtsprechung schon genügen, dass im Verkehr 35
der **falsche Eindruck** entsteht, der Namensträger habe dem **Benutzer ein Recht zur Verwendung des Namens** in der geschehenen Weise erteilt (BGH GRUR 2022, 1694 Rn. 15 – Reiz-

darmsyndrom; GRUR 2022, 665 Rn. 78 – SIMPLY THE BEST; GRUR 2016, 749 Rn. 24 – Landgut A. Borsig; GRUR 2012, 534 Rn. 12 – Landgut Borsig). Das ist bei der Verwendung als Marke oder als jedenfalls nicht ganz unwesentlicher Teil einer Marke regelmäßig der Fall (vgl. OLG München GRUR-RR 2007, 211 (212 f.) – Kloster Andechs; OLG Frankfurt Mitt 2003, 285 – Franziskaner OFM; OLG München ZUM-RD 1998, 128 (129) – Brice; LG München I GRUR-RR 2007, 214 (215) – Schweini; in einem Sonderfall – Benutzung nur des Nachnamens eines unter seinem vollständigen Namen bekannten Künstlers für alkoholische Getränke – verneinend OLG Stuttgart GRUR-RR 2002, 55 (56) – Ivan Rebroff). Nur ganz ausnahmsweise kann eine rein beschreibende Verwendung eines Namens vorliegen (vgl. BPatG BeckRS 2012, 15412 – Adolf Loos Preis), die für eine Zuordnungsverwirrung nicht ausreichend ist (vgl. BGH GRUR 2005, 357 (358) – Pro Fide Catholica; LG Düsseldorf GRUR 2000, 334 (335) – Dr. Brügger).

4. Unbefugter Namensgebrauch

36   Unbefugt ist der Namensgebrauch, wenn der Markeninhaber **kein eigenes (originäres oder abgeleitetes) Benutzungsrecht** hat. Verfügt er über eine Gestattung zum Gebrauch des Namens, muss ggf. durch Auslegung ermittelt werden, ob diese auch die Benutzung als Marke umfasst (vgl. OLG München GRUR-RR 2007, 211 (213) – Kloster Andechs; OLGR 1996, 36; BeckOK BGB/Förster BGB § 12 Rn. 68; MüKoBGB/Säcker BGB § 12 Rn. 86). Unbefugt ist der Namensgebrauch aber auch, wenn er zB gemäß §§ 3 ff. UWG oder § 823 Abs. 1 BGB, § 826 BGB widerrechtlich ist (BGH GRUR 1960, 550 (552) – Promonta).

37   Bei einem **eigenen Benutzungsrecht des Markeninhabers** kommt es auf dessen Zeitrang an; nur wenn es **prioritätsälter** ist, liegt eine befugte Benutzung vor. Beruht das Benutzungsrecht auf einer wirksamen Gestattung eines anderen, kann der Markeninhaber dessen Priorität in Anspruch nehmen (BGH GRUR 2012, 534 Rn. 18 – Landgut Borsig; GRUR 2002, 967 (970) – Hotel Adlon; GRUR 1993, 574 (576) – Decker).

38   Bei **Gleichnamigkeit** insbesondere bürgerlicher Namen kommen hingegen die Grundsätze des Rechts der Gleichnamigen zur Anwendung. Danach ist eine Benutzung als Marke in der Regel nicht zulässig (→ § 23 Rn. 17). Beruht das Namensrecht des Markeninhabers zudem nicht auf seinem bürgerlichen Namen, sondern einem **Wahlnamen** (zB Firma), kann schon fraglich sein, ob die Gleichnamigkeitsgrundsätze überhaupt gelten.

5. Interessenverletzung

39   Der **unbefugte Gebrauch indiziert** eine Interessenverletzung (BGH GRUR 2022, 665 Rn. 80 – SIMPLY THE BEST; GRUR 2012, 534 Rn. 45 – Landgut Borsig), sofern der Nichtberechtigte nicht seinerseits über ein namensrechtlich geschütztes Interesse an der Verwendung der Bezeichnung verfügt (BGH GRUR 2016, 749 Rn. 33 – Landgut A. Borsig). Im Übrigen gilt ein sehr weiter Begriff, der **Interessen jeglicher Art** (wirtschaftliche, persönliche, ideelle Interessen sowie ein bloßes Affektionsinteresse) erfasst (BGH GRUR 2022, 1694 Rn. 16 – Reizdarmsyndrom; GRUR 2016, 749 Rn. 32 – Landgut A. Borsig; GRUR 2012, 534 Rn. 43 – Landgut Borsig).

40   Für eine **Beeinträchtigung** genügt es, wenn **Verwechslungsgefahr** begründet (BGH GRUR 2016, 749 Rn. 32 – Landgut A. Borsig; GRUR 2012, 534 Rn. 43 – Landgut Borsig; GRUR 1994, 844 (845) – Rotes Kreuz) oder der Eindruck eines irgendwie gearteten Zusammenhangs geweckt wird (BGH NJW 1994, 245 (247) – röm.-kath.). Das wird bei der Verwendung eines Namens als Marke nahe liegen, weil die Marke Kennzeichnungsfunktion hat und daher gerade auf die Herstellung eines Zusammenhangs gerichtet ist.

41   Bei **juristischen Personen und Personenvereinigungen** verlangt die Rechtsprechung eine Interessenverletzung in ihrem **Funktionsbereich** (BGH GRUR 2005, 430 (431) – mho.de; GRUR 1998, 696 (697) – Rolex-Uhr mit Diamanten; GRUR 1991, 157 8158) – Johanniter-Bier; GRUR 1976, 379 (381) – KSB). Mit dieser Eingrenzung soll vor allem der private Gebrauch eines Unternehmensnamens durch andere möglich bleiben. Sie spielt für § 13 keine Rolle, weil hier stets ein markenmäßiger Gebrauch der Registermarke zu unterstellen ist.

VI. Räumlicher Schutzbereich

42   Eine Verletzung des Namensrechts spielt für die Löschungsreife der jüngeren Marke nur dann eine Rolle, wenn der aus § 12 BGB folgende Unterlassungsanspruch **bundesweit** besteht. Dazu bedarf es in räumlicher Hinsicht eines entsprechenden Schutzbereichs des Namensrechts.

Bürgerliche Namen genießen bundesweit Schutz (BeckOK BGB/Förster BGB § 12 Rn. 57; **43** MüKoBGB/Säcker BGB § 12 Rn. 63; Soergel/Heinrich BGB § 12 Rn. 33), so dass an sich auch ein bundesweiter Unterlassungsanspruch bei Namensanmaßung durch Gebrauch einer jüngeren Marke besteht. Hier wird jedoch an eine Einschränkung zu denken sein, wenn die Interessen des Namensträgers nicht bundesweit durch die Benutzung der Marke beeinträchtigt werden (ähnlich Ströbele/Hacker/Thiering/Hacker Rn. 25; Büscher/Dittmer/Schiwy/v. Gamm Rn. 6; v. Schultz/v. Schultz Rn. 4). Davon ist jedenfalls dann auszugehen, wenn der Namensträger nicht über bundesweite Bekanntheit verfügt, weil in einem solchen Fall die zur Interessenbeeinträchtigung führende Herstellung eines Zusammenhangs zwischen dem Namensträger und der mit der Marke gekennzeichneten Waren oder Dienstleistungen nur in einem räumlich begrenzten Gebiet stattfinden wird.

Anerkannt ist ein territorial beschränkter Schutzbereich bei **Namen juristischer Personen** **44** und Personengesellschaften; hier gelten für das Namensrecht die gleichen Grundsätze wie für Unternehmenskennzeichen (→ § 5 Rn. 128). Auch **Gebäudenamen** haben oft keinen sich auf das gesamte Bundesgebiet erstreckenden Schutzbereich (LG Düsseldorf GRUR-RR 2001, 311 (313) – Skylight; Eusani MDR 2017, 1276 (1280)). Die Namen von Gemeinden, Städten, Parteien oder Gewerkschaften genießen hingegen bundesweiten Schutz.

D. Recht an der eigenen Abbildung (Abs. 2 Nr. 2)

I. Schutzvoraussetzungen

Das Recht am eigenen Bild ist spezialgesetzlich als Ausprägung des allgemeinen Persönlichkeits- **45** rechts in **§§ 22–24 KUG** geregelt (vgl. BeckOK UrhR/Engels KunstUrhG §§ 22 ff.; Dreier/ Schulze/Specht-Riemenschneider KUG §§ 22 ff.; Wandtke/Bullinger/Fricke KunstUrhG §§ 22 ff.). Nach § 22 S. 1 KUG dürfen Bildnisse nur mit Einwilligung des Abgebildeten verbreitet oder öffentlich zur Schau gestellt werden. Ein **Bildnis** ist die Darstellung einer natürlichen Person, die deren äußere Erscheinung in einer für Dritte erkennbaren Weise wiedergibt (BGH GRUR 2011, 647 Rn. 13 – Markt & Leute; GRUR 2000, 709 (714) – Marlene Dietrich). **Rechtsinhaber** ist der Abgebildete; er **erwirbt** das Recht mit der Entstehung des Bildnisses. Nach seinem **Tod** bedarf es für eine Frist von zehn Jahren der Einwilligung der Angehörigen (§ 22 S. 3 KUG). Soweit das für die Marke verwendete Bild nicht die Anforderungen des § 22 S. 1 KUG erfüllt (insbesondere mangels Erkennbarkeit des Abgebildeten), kommt ein Schutz im Rahmen des **allgemeinen Persönlichkeitsrechts** in Betracht, das ebenfalls ein sonstiges Recht iSd § 13 Abs. 1 ist (→ Rn. 77). Das gleiche gilt für die Wiedergabe anderer Persönlichkeitsmerkmale als der äußeren Erscheinung.

II. Schutzschranken

Das Recht am eigenen Bild unterliegt **normativen Schranken** gemäß §§ 23, 24 KUG, auf- **46** grund derer eine Verbreitung oder öffentliche Zurschaustellung zulässig sein kann. Sie spielen im Zusammenhang mit § 13 in der Regel jedoch keine Rolle: § 24 KUG ist inhaltlich ohnehin nicht einschlägig bei einer Benutzung eines Bildnisses als Marke und von den in § 23 KUG genannten Ausnahmen wird in aller Regel nur die des § 23 Abs. 1 Nr. 1 KUG – **Bildnisse aus dem Bereich der Zeitgeschichte** – in Betracht kommen. Diese Schranke greift jedoch nicht, wenn die Veröffentlichung keinem schutzwürdigen Informationsinteresse der Allgemeinheit nachkommt, sondern mit der Verwertung des Bildnisses eines anderen **allein eigene geschäftliche Interessen** befriedigt werden (BGH GRUR 2021, 636 Rn. 38 – Clickbaiting; GRUR 2021, 643 Rn. 26 – Urlaubslotto; GRUR 2011, 647 Rn. 15 – Markt & Leute; GRUR 2010, 546 Rn. 15 – Der strauchelnde Liebling; GRUR 2007, 139 Rn. 15 – Rücktritt des Finanzministers; GRUR 2002, 690 (691); GRUR 2000, 709 (714) – Marlene Dietrich). Das gilt nicht nur bei einer Verwendung zu Werbezwecken, sondern auch bei einer Benutzung als Marke, da diese ihrer Funktion nach darauf gerichtet ist, im geschäftlichen Interesse des Markeninhabers eine Verbindung zwischen der Ware bzw. Dienstleistung und ihm selbst herzustellen.

Anders als bei der Verwendung in der Werbung stellt sich bei der Benutzung eines Bildnisses **47** als Marke auch nicht das Problem einer Abwägung mit der Meinungsfreiheit (vgl. zB BGH GRUR 2007, 139 Rn. 15 – Rücktritt des Finanzministers); erst recht keine Rolle spielt die Pressefreiheit, die sonst die Anwendung des § 23 Abs. 1 Nr. 1 KUG beherrscht. Zudem stehen alle Ausnahmetatbestände des § 23 Abs. 1 KUG nach § 23 Abs. 2 KUG unter dem Vorbehalt, dass **keine berechtigten Interessen des Abgebildeten bzw. seiner Angehörigen verletzt** werden; auch das ist nicht nur bei einer Verwendung in der Werbung (vgl. BGH GRUR 2007, 139 Rn. 19 – Rücktritt des Finanzministers; GRUR 1997, 125 (126) – Bob-Dylan-CD), sondern auch bei einer Benutzung als Marke anzunehmen (RGZ 74, 308 (312 f.) – Graf Zeppelin; Ströbele/Hacker/Thiering/ Hacker Rn. 37).

III. Unterlassungsanspruch

48   Aus der Verletzung des Rechts am eigenen Bild, die vor allem bei der Benutzung von geschützten Bildnissen durch Bildmarken oder dreidimensionale Marken möglich ist, folgt ein bundesweit geltender **Unterlassungsanspruch** des Rechtsinhabers. Eine auf die Reichweite der Interessenbeeinträchtigung gestützte Beschränkung, wie sie für das Recht am Namen erwogen werden kann (→ Rn. 43), kommt nicht in Betracht, weil ein Bild im Gegensatz zu einem Namen eine deutlich höhere Identifizierungseignung aufweist und deshalb die Interessen des Abgebildeten stets bundesweit betroffen sind.

E. Urheberrecht (Abs. 2 Nr. 3)

I. Urheberrechtsschutzfähiges Werk

1. Erforderlichkeit des urheberrechtlichen Schutzes

49   Ein auf das Urheberrecht gestützter Unterlassungsanspruch kommt nur in Betracht, wenn das prioritätsältere Zeichen (im Ganzen oder hinsichtlich eines Teils) ein **urheberrechtlich geschütztes Werk** iSd § 2 UrhG darstellt. Die Schutzfähigkeit ist allein nach urheberrechtlichen Grundsätzen zu ermitteln; so lässt etwa die markenrechtliche Unterscheidungskraft noch nicht den Schluss zu, dass es sich um eine persönliche geistige Schöpfung iSd 2 Abs. 2 UrhG handelt – und umgekehrt.

2. Wortzeichen

50   Wortzeichen werden nur **selten** Sprachwerke iSd § 2 Abs. 1 Nr. 1 UrhG sein, weil einzelne Wörter allenfalls in seltenen Ausnahmefällen, in denen in einem Wort ein außergewöhnlich hoher Gedankengehalt zu finden ist, persönliche geistige Schöpfungen darstellen (OLG Stuttgart GRUR 1956, 481 (482 f.) – JA … JACoBI; OLG Frankfurt WRP 1973, 162 (163) – Orgware; LG Mannheim ZUM 1999, 659 – Heidelbär; BPatG GRUR 2014, 780 (784) – Liquidrom; ausführlich Gabel/v. Lackum ZUM 1999, 629 ff.; Sadacharam/Albrecht MarkenR 2020, 365 (368 f.); zum Vervielfältigungsbegriff des Art. 2 InfoSoc-RL (RL 2001/29/EG) ebenso EuGH C-5/08, GRUR 2009, 1041 Rn. 46 – Infopaq/DDF; kritisch zur impliziten Harmonisierung des Werkbegriffs durch diese Entscheidung Schulze GRUR 2009, 1019 ff.). Auch die urheberrechtliche Schutzfähigkeit von **Werbeslogans** wird kontrovers diskutiert, im Ergebnis aber wohl nur in Ausnahmefällen zu bejahen sein (vgl. OLG Braunschweig GRUR 1955, 205 – Hamburg geht zu E…; LG München I ZUM 2001, 722 (723 f.) – Find your own Arena; Dreier/Schulze/Schulze UrhG § 2 Rn. 106; Möhring/Nicolini/Ahlberg UrhG § 2 Rn. 82; Schricker/Loewenheim/Loewenheim/ Leistner UrhG § 2 Rn. 140; Erdmann GRUR 1996, 550 (551 ff.); Heermann WRP 2004, 263 (264 f.); Sadacharam/Albrecht MarkenR 2020, 365 (368 f.); Stollwerck ZUM 2015, 867 ff.; Wandtke/v. Gerlach ZUM 2011, 788 ff.; nach EuGH C-5/08, GRUR 2009, 1041 Rn. 46 können einzelne Sätze oder Satzteile schutzfähig sein).

3. Hörzeichen

51   Hörzeichen können als **Werke der Musik** (§ 2 Abs. 1 Nr. 2 UrhG) urheberrechtlichen Schutz genießen; allerdings setzt die Schutzfähigkeit eine individuelle Komposition voraus. Akustische Signale, Pausenzeichen oder in der Werbung verwendete Erkennungszeichen werden daher nicht als schutzfähig erachtet (LG Köln ZUM-RD 2010, 698 (701); Dreier/Schulze/Schulze UrhG § 2 Rn. 137; Wandtke/Bullinger/Wandtke UrhG § 2 Rn. 73; großzügiger A. Nordemann in Loewenheim UrhR-HdB § 88 Rn. 44; Sadacharam/Albrecht MarkenR 2020, 365 (370)). Im Einzelfall hängt der Urheberrechtschutz indessen von der Länge und Komplexität des Hörzeichens ab. Immerhin billigt die Rechtsprechung manchen Handy-Klingeltönen durchaus die Eigenschaft eines Werkes der Musik zu (vgl. OLG Hamburg ZUM 2002, 480).

4. Bildzeichen und dreidimensionale Zeichen

Bildzeichen oder Wort-/Bildzeichen können Lichtbildwerke (§ 2 Abs. 1 Nr. 5 UrhG) oder **52** Darstellungen wissenschaftlicher oder technischer Art (§ 2 Abs. 1 Nr. 7 UrhG), vor allem aber **Werke der bildenden Kunst** einschließlich der Werke der Baukunst und der angewandten Kunst (§ 2 Abs. 1 Nr. 4 UrhG) sein. Diese Werkform der angewandten Kunst kann ferner bei dreidimensionalen Zeichen gegeben sein.

Einem urheberrechtlichen Schutz stand lange Zeit allerdings regelmäßig entgegen, dass für die **53** **Schutzfähigkeit** von Werken der angewandten Kunst besonders hohe Anforderungen zu erfüllen waren (vgl. BGH GRUR 1995, 581 (582) – Silberdistel; GRUR 2004, 941 (942) – Metallbett; offenlassend BGH GRUR 2012, 58 Rn. 36 – Seilzirkus). Diese Rechtsprechung hat der BGH jedoch mittlerweile aufgegeben (BGH GRUR 2014, 175 Rn. 26 – Geburtstagszug; dazu Klawitter GRUR-Prax 2014, 30 ff.; Obergfell GRUR 2014, 621 ff.; Rauer/Ettig WRP 2014, 135 ff.; Schack JZ 2014, 207 f.; Szalai ZUM 2014, 231 ff.). Nunmehr gelten für den Urheberschutz von Werken der angewandten Kunst grundsätzlich **keine anderen Anforderungen** als bei Werken der zweckfreien bildenden Kunst oder des literarischen und musikalischen Schaffens. Genügend ist danach eine Gestaltungshöhe, die es nach Auffassung der für Kunst empfänglichen und mit Kunstanschauungen einigermaßen vertrauten Kreise rechtfertigt, von einer „künstlerischen" Leistung zu sprechen (BGH GRUR 2014, 175 Rn. 26 – Geburtstagszug). Das gilt auch für Werke der angewandten Kunst, die vor dem Inkrafttreten des GeschmMG 2004 (das Anlass für die Rechtsprechungsänderung war) geschaffen wurden (Strauß GRUR-Prax 2014, 17).

II. Erwerb, Zeitrang und Unterlassungsanspruch

Das Urheberrecht **entsteht** mit der Schöpfung des geschützten Werks in der Person des Urhe- **54** bers; dieser Zeitpunkt ist auch für den Zeitrang maßgeblich (OLG Hamburg BeckRS 2016, 13894 Rn. 73 – La Sepia). Die (ggf. zu unterstellende) Benutzung eines urheberrechtlich für einen anderen geschützten Werks als Marke ist eine **Verletzung des Vervielfältigungs- und Verbreitungsrechts** des Urhebers (§§ 16, 17 UrhG), sofern dem Markeninhaber vom Urheber kein Nutzungsrecht eingeräumt wurde und keine der Schranken des Urheberrechts (§§ 44a ff. UrhG) eingreift. Die Verletzung begründet nach § 97 Abs. 1 UrhG einen bundesweiten **Unterlassungsanspruch**.

F. Sortenbezeichnungen (Abs. 2 Nr. 4)

I. Deutsches Recht

1. Schutzvoraussetzungen

Auf nationaler Ebene gewährt das **SortG** einen Sortenschutz für Pflanzensorten (§ 1 SortG), **55** der durch das Bundessortenamt erteilt wird. Eintragungsfähig in die Sortenschutzrolle ist auch eine **Sortenbezeichnung** (§ 7 Abs. 1 SortG, § 28 Abs. 1 Nr. 1 SortG). Das Recht an der Sortenbezeichnung steht wie das übrige Sortenschutzrecht demjenigen zu, dem es auf Antrag erteilt wurde (Leßmann/Würtenberger, Deutsches und europäisches Sortenschutzrecht, 2. Aufl. 2009, § 4 Rn. 3). Materiell-rechtlich ordnet § 8 Abs. 1 das Recht zwar dem Ursprungszüchter oder Entdecker der Sorte zu. Ist einem Nichtberechtigten Sortenschutz erteilt worden, ist dies dennoch wirksam. Der Berechtigte kann lediglich vom Rechtsinhaber die Übertragung verlangen (§ 9 Abs. 1 S. 1 SortG); gegenüber einem gutgläubigen Inhaber muss dies innerhalb einer Frist von fünf Jahren nach Eintragung in die Sortenschutzrolle geschehen (§ 9 Abs. 1 S. 2 SortG). Dritte wie etwa der Markeninhaber können sich nicht auf die Nichtberechtigung des Sortenschutzinhabers, der sich auf § 13 Abs. 2 Nr. 4 stützt, berufen. Für die Bestimmung des Zeitrangs gilt nicht § 23 SortG, weil es nach § 13 Abs. 1 auf den Erwerbszeitpunkt ankommt. Das ist auch für die Sortenbezeichnung der Tag der Zustellung der Erteilungsentscheidung (Keukenschrijver Sortenschutz § 37 Rn. 8; Metzger/Zech/Lorenzen, Sortenschutzrecht, 2016, SortG § 13 Rn. 6; Ströbele/Hacker/Thiering/Hacker Rn. 36; aA wohl Leßmann/Würtenberger, Deutsches und europäisches Sortenschutzrecht, 2. Aufl. 2009, § 7 Rn. 11: Eintragung); die Eintragung in die Sortenschutzrolle ist nur deklaratorisch, enthält aber auch den Zeitpunkt des Beginns des Sortenschutzes (§ 28 Abs. 1 Nr. 4 SortG).

2. Unterlassungsanspruch

56   Eine für § 13 relevante und einen **bundesweiten Unterlassungsanspruch** auslösende **Verletzung des Sortenschutzrechts** liegt nach § 37 Abs. 1 Nr. 2 SortG vor, wenn die Sortenbezeichnung einer geschützten Sorte oder eine mit ihr verwechselbare Bezeichnung für eine andere Sorte derselben oder einer verwandten Art verwendet wird. Der Schutzbereich ist mithin sehr eng; keine Verletzung liegt vor, wenn eine mit der Sortenbezeichnung identische Marke für eine Ware verwendet wird, die zwar auch eine Pflanzensorte ist, aber einer anderen, nicht verwandten Art angehört.

II. Europäisches Recht

1. Schutzvoraussetzungen

57   Auf europäischer Ebene ist der Sortenschutz in der **VO (EG) 2100/94 über den gemeinschaftlichen Sortenschutz** (Sortenschutz-VO) geregelt. Das vom Gemeinschaftlichen Sortenamt erteilte Sortenschutzrecht unterfällt ebenfalls § 13 Abs. 2 Nr. 4, da es einheitliche Wirkung im gesamten Gebiet der Union hat (Art. 2 Sortenschutz-VO) und daher auch im Geltungsbereich des MarkenG ein absolut geschütztes gewerbliches Schutzrecht ist. Mit der Erteilung des Sortenschutzes wird auch eine **Sortenbezeichnung** genehmigt (Art. 63 Abs. 1 Sortenschutz-VO). Inhaber ist derjenige, dem das Recht erteilt wurde. Wie im deutschen Recht steht das Sortenschutzrecht materiell-rechtlich nur bestimmten Personen, nämlich dem Züchter zu (Art. 11 Abs. 1 Sortenschutz-VO). Ist es einem anderen erteilt worden, besteht nur ein Übertragungsanspruch (Art. 98 Sortenschutz-VO); ein Dritter kann sich auf die Nichtberechtigung nicht berufen. Maßgeblich für den Zeitrang ist nicht Art. 52 Sortenschutz-VO, sondern der Tag des Zugangs des nach Art. 62 Sortenschutz-VO ergehenden Erteilungsbescheids. Er wird als Tag des Schutzbeginns in das Register für gemeinschaftliche Sortenschutzrechte eingetragen (Art. 87 Abs. 2 lit. e Sortenschutz-VO).

2. Unterlassungsanspruch

58   Die Sortenbezeichnung oder eine mit ihr **verwechselbare Bezeichnung** darf im Gebiet der Union nicht **für eine andere Sorte** derselben oder einer verwandten botanischen Art verwendet werden (Art. 18 Abs. 3 Sortenschutz-VO); ein Verstoß dagegen führt gemäß Art. 94 Abs. 1 lit. c Sortenschutz-VO zu einem bundesweiten **Unterlassungsanspruch** für den Inhaber. Die Verwendung der Sortenbezeichnung durch Dritte im Zusammenhang mit der Sorte, für die der Schutz erteilt wurde, kann vom Inhaber hingegen weder während der Laufzeit des Schutzrechts noch nach dessen Ablauf untersagt werden (Art. 18 Abs. 1 Sortenschutz-VO).

III. Reform der MRL

59   Art. 4 Abs. 1 lit. l MRL gestaltet ältere Sortenbezeichnungen nunmehr als **absolute Schutzhindernisse** aus, sofern die Marke in der Sortenbezeichnung besteht oder diese in ihren wesentlichen Elementen wiedergibt und sie sich auf Pflanzensorten derselben Art oder eng verwandte Arten bezieht. Das gilt nicht nur für unionsrechtliche geschützte Sortenbezeichnungen, sondern auch für solche, die Schutz nach nationalem Recht oder nach einem internationalen Übereinkommen (zB UPOV-Übereinkommen) genießen, dem die Union oder der betreffende Mitgliedstaat angehört. Diese Vorgaben sind in § 8 Abs. 2 Nr. 12 umgesetzt worden. § 13 Abs. 2 Nr. 4 musste nicht geändert werden, da Art. 5 Abs. 4 lit. b Ziff. iv MRL es weiterhin zulässt, gewerbliche Schutzrechte als relative Eintragungshindernisse zu regeln; hierunter fallen auch die Rechte an Sortenbezeichnungen.

G. Geographische Herkunftsangaben (Abs. 2 Nr. 5)

I. Schutz nach § 126

60   § 13 Abs. 2 Nr. 5 erfasst die **nach § 126 geschützten geographischen Herkunftsangaben** (vgl. OLG Frankfurt GRUR-RR 2004, 17 – ChamPearl; GRUR-RR 2003, 306 – Champ).

II. Unionsrechtlich geschützte Herkunftsangaben

1. Stand der Rechtsprechung

Unionsrechtlich geschützte Herkunftsangaben (zB für **Agrarerzeugnisse und Lebensmittel** 61 nach Art. 4 ff. VO (EU) 1151/2012, für **Weine** nach Art. 92 ff. VO (EU) 1308/2013, für **aromatisierte Weinerzeugnisse** nach Art. 10 ff. VO (EU) 251/2014 und für **Spirituosen** nach Art. 15 ff. VO (EG) 110/2008) werden nach hM ebenfalls von § 13 Abs. 2 Nr. 5 erfasst (BGH GRUR 2012, 394 Rn. 21 – Bayerisches Bier II; Ingerl/Rohnke/Nordemann/A. Nordemann Rn. 12; Ströbele/Hacker/Thiering/Hacker Rn. 38; kritisch hingegen Büscher/Dittmer/Schiwy/v. Gamm Rn. 12). Dem ist zuzustimmen, soweit es um die Anwendung des § 13 Abs. 2 Nr. 5 auf Marken, die **ab dem 14.1.2019 angemeldet** worden sind, geht (→ Rn. 62 ff.). Für bis dahin bereits angemeldete Marken ist § 13 Abs. 2 Nr. 5 hingegen teleologisch so zu reduzieren, dass unionsrechtlich geschützte Herkunftsangaben nicht erfasst werden (→ Rn. 65 ff.).

2. Ab 14.1.2019 angemeldete Marken

Bei der Anwendung gegenüber Marken, die ab dem 14.1.2019 angemeldet wurden, ist § 13 62 Abs. 2 Nr. 5 dahin auszulegen, dass auch unionsrechtliche Herkunftsangaben als ältere Rechte erfasst werden. Diese Auslegung ist notwendig, um Art. 5 Abs. 3 lit. c MRL gerecht zu werden. Danach stellen Ursprungsbezeichnungen und geographische Angaben ein **relatives Eintragungshindernis** dar, wenn sie nach dem Unionsrecht oder den einschlägigen Vorschriften des nationalen Rechts des Mitgliedstaats vor der Markenanmeldung zur Eintragung angemeldet wurden und die Eintragung der Herkunftsangabe das Recht verleiht, die Benutzung einer jüngeren Marke zu untersagen (also ein Unterlassungsanspruch besteht). Während die nach § 126 national geschützten geographischen Herkunftsangaben dieser Regelung mangels Eintragungsmöglichkeit nicht unterfallen, werden sämtliche nach Unionsrecht geschützten Ursprungsbezeichnungen und geographischen Angaben erfasst, da sie stets eine Eintragung voraussetzen.

Der Gesetzgeber des **MaMoG** hat indessen auf eine gesonderte Umsetzung des Art. 5 Abs. 3 63 lit. c MRL verzichtet (etwa in § 9) und lediglich den Kreis der Widerspruchsgründe erweitert. Nach § 42 Abs. 2 Nr. 5 kann der **Widerspruch** nunmehr auch darauf gestützt werden, dass die Marke „wegen einer Ursprungsbezeichnung oder geografischen Angabe mit älterem Zeitrang in Verbindung mit § 13" gelöscht werden kann. Die Richtlinienkonformität dieser Lösung ist zwar zweifelhaft (→ Rn. 6). Sie wäre aber sicherlich nicht gegeben, wenn unionsrechtlich geschützte Herkunftsangaben nicht von § 13 Abs. 2 Nr. 5 erfasst wären. Sie könnten dann mangels Umsetzung in § 9 und wegen des ausdrücklichen Verweises auf § 13 in § 42 Abs. 2 Nr. 5 nicht als relative Schutzhindernisse berücksichtigt werden. Das stünde im Widerspruch zu Art. 5 Abs. 3 lit. c MRL und auch zu Art. 43 Abs. 2 S. 1 MRL, wonach die zur Ausübung der aus einer geschützten Ursprungsbezeichnung oder geographischen Angabe iSd Art. 5 Abs. 3 lit. c MRL berechtigten Personen zur Erhebung eines Widerspruchs berechtigt sind. Den unionsrechtlichen Vorgaben kann daher nur durch eine vom Wortlaut her mögliche richtlinienkonforme Auslegung des § 13 Abs. 2 Nr. 5, die auch unionsrechtlich geschützte Angaben erfasst, Genüge getan werden.

Das gilt unabhängig davon, dass Ursprungsbezeichnungen und geographische Angaben auch 64 ein **absolutes Schutzhindernis** darstellen können (Art. 4 Abs. 1 lit. i–k MRL, umgesetzt in § 8 Abs. 2 Nr. 9–11), da die reformierte MRL insoweit auf einen doppelten Schutz zielt, der nur durch Anwendung des § 13 Abs. 2 Nr. 5 verwirklicht werden kann.

3. Bis 14.1.2019 angemeldete Marken

Bei der Anwendung gegenüber Marken, die bis zum 14.1.2019 angemeldet wurden, ist § 13 65 Abs. 2 Nr. 5 **teleologisch zu reduzieren.** Ein doppelter Schutz sowohl als absolutes wie als relatives Eintragungshindernis ist unionsrechtlich nicht erforderlich, weil für diese Marken Art. 5 Abs. 3 lit. c MRL nicht gilt. Dementsprechend kann bei diesen Marken der Widerspruch auch nicht auf diese Schutzrechte gestützt werden (§ 158 Abs. 2, 3).

Die teleologische Reduktion ist hingegen notwendig, weil § 13 nur relative Schutzhindernisse 66 regeln will, die nicht bereits im Wege der Amtslöschung gemäß § 50 Abs. 2, 3 berücksichtigt werden. Dies aber ist oder aber bei unionsrechtlich geschützten Herkunftsangaben der Fall. Sie sind ihrer Ausgestaltung nach **absolute Schutzhindernisse.** Art. 14 Abs. 1 VO (EU) 1151/2012 bestimmt ebenso wie die Vorgängernorm Art. 14 Abs. 1 VO (EG) 510/2006, dass die Eintragung einer Marke, deren Verwendung im Widerspruch zu Art. 13 Abs. 1 VO (EU) 1151/2012 stehen würde, abgelehnt wird, wenn der Antrag auf Eintragung der Marke jünger ist als der Antrag auf

Eintragung der geographischen Herkunftsangabe; bei dennoch erfolgter Eintragung erfolgt eine Löschung. Eine ähnliche Regelung enthalten Art. 102 Abs. 1 VO (EU) 1308/2013 (Weine), Art. 19 Abs. 1 VO (EU) 251/2014 (aromatisierte Weinerzeugnisse) und Art. 23 VO (EG) 110/ 2008 (Spirituosen). Als absolute Schutzhindernisse sind sie bereits im Eintragungsverfahren von Amts wegen zu berücksichtigen (Omsels Herkunftsangaben Rn. 797). In der Konsequenz unterliegen dennoch eingetragene Marken der Amtslöschung nach § 50 Abs. 2, 3 (ebenso Lange MarkenR Rn. 2425; Omsels Herkunftsangaben Rn. 797; iErg auch Ströbele/Hacker/Thiering/Miosga § 50 Rn. 5; Büscher/Dittmer/Schiwy/v. Gamm Rn. 13; HK-MarkenR/Ekey Rn. 29; → § 50 Rn. 31).

66.1   Gegen dieses Verständnis spricht nicht, dass die genannten unionsrechtlichen Vorschriften zunächst nicht als absolute Schutzhindernisse in das MarkenG aufgenommen wurden (s. jetzt § 8 Abs. 2 Nr. 9–11). Hierzu hatte der Gesetzgeber vor der Reform der MRL keine Veranlassung, da sie **unmittelbar geltendes Unionsrecht** sind und eine Umsetzung solcher Regelungen in nationales Recht sogar unzulässig ist, weil sonst der unionsrechtliche Charakter verschleiert würde und das Auslegungsmonopol des EuGH gefährdet wäre (vgl. Streinz/Schroeder EUV/AEUV, 3. Aufl. 2018, AEUV Art. 288 Rn. 43). Insoweit ist das bis 14.1.2019 bestehende Schweigen des MarkenG zu diesen unionsrechtlich absoluten Schutzhindernissen ohne Aussagewert.

66.2   Freilich waren dem Gesetzgeber die schon bei der Schaffung des MarkenG geltenden absoluten Schutzhindernisse des Unionsrechts bekannt. Dass er vor diesem Hintergrund die geographischen Herkunftsangaben dennoch nur in § 13 Abs. 2 Nr. 5 genannt und sie weder bei § 8 Abs. 2 noch bei § 50 erwähnt hat, steht einer teleologischen Reduktion jedoch nicht entgegen; sie ist aus **unionsrechtlichen Gründen sogar geboten.** Art. 14 Abs. 1 VO (EU) 1151/2012 lässt den Mitgliedstaaten nicht etwa die Wahl, ob sie jüngere kollidierende Marken als absolute, schon im Eintragungsverfahren zu berücksichtigende Schutzhindernisse regeln wollen oder lediglich als relative Schutzhindernisse, auf die eine Löschungsklage gestützt werden kann. Art. 14 Abs. 1 UAbs. 1 VO (EU) 1151/2012 ordnet vielmehr ausdrücklich an, dass die Eintragung einer kollidierenden Marke abgelehnt wird. Auch die in § 14 Abs. 1 UAbs. 2 VO (EU) 1151/ 2012 vorgesehene Löschung eingetragener Marken greift schon dem Wortlaut nach nur, wenn die Marke entgegen Abs. 1 der Regelung eingetragen wurde, betrifft also nur eine rechtswidrige Markeneintragung. Dadurch ist die vorgesehene Löschung, die zudem schon dem Wortlaut nach nicht als Löschungsanspruch, sondern als Anweisung an die Eintragungsbehörde formuliert ist („werden gelöscht"; „shall be invalidated", „sont annulées"), lediglich ein **Annex des absoluten Eintragungshindernisses.** Aufgrund dieses systematischen Zusammenhangs sind die Mitgliedstaaten durchaus nicht frei in der Gestaltung des Löschungsverfahrens (aA BGH GRUR 2012, 394 Rn. 20 – Bayerisches Bier II).

67   Als Annexregelung (→ Rn. 66.2) muss die Löschung dem absoluten Eintragungshindernis auch im Hinblick auf das Verfahren und die daran beteiligten Personen gleichgestellt werden. Das kann nur erreicht werden, wenn eine **Amtslöschung** möglich ist. Der naheliegende Weg hierfür liegt in der analogen Anwendung des § 50 auf die unmittelbar geltenden unionsrechtlichen absoluten Eintragungshindernisse. Die dafür notwendige planwidrige Regelungslücke ist aber zu verneinen, soweit die unionsrechtlichen Vorschriften bereits über **§ 8 Abs. 2 Nr. 9 aF** (jetzt § 8 Abs. 2 Nr. 13) Anwendung finden. Trotz des auf die Benutzung abstellenden Wortlauts spricht dafür ein Erst-recht-Schluss: Wenn schon Vorschriften, die im öffentlichen Interesse die Benutzung der Marke untersagen, ein absolutes Eintragungshindernis darstellen, dann muss das erst recht für solche Vorschriften gelten, die schon die Eintragung im öffentlichen Interesse verbieten.

III. Erwerb und Zeitrang

1. Nach § 126 geschützte Herkunftsangaben

68   Da es sich bei den geographischen Herkunftsangaben nicht um Individualrechte handelt, kommt der von § 13 Abs. 1 verlangte Erwerb des Rechts an sich nicht in Betracht. Weil aber jedenfalls die **von §§ 126 ff. erfassten geographischen Herkunftsangaben** der Norm unterfallen, ist auf den Zeitpunkt der Entstehung des Schutzes abzustellen. Maßgeblich ist daher nach § 126 Abs. 1 die erstmalige **Benutzungsaufnahme,** die nicht durch denjenigen erfolgt sein muss, der Löschung verlangt (Ströbele/Hacker/Thiering/Hacker Rn. 34). Wie bei allen anderen von Abs. 2 genannten Rechten ist hingegen nicht maßgeblich, in welchem Zeitpunkt der Unterlassungsanspruch zur Entstehung gelangt ist (Ingerl/Rohnke/Nordemann/A. Nordemann Rn. 12).

2. Unionsrechtlich geschützte Herkunftsangaben

Bei den unionsrechtlich geschützten Herkunftsangaben kommt es nach § 13 Abs. 1 an sich auf **69** den Zeitpunkt des Erwerbs an; das ist der Tag der **Eintragung** in das jeweilige Register (→ § 130 Rn. 28). Demgegenüber stellt das Unionsrecht für die Frage der Priorität bei geographischen Herkunftsangaben für Agrarerzeugnisse und Lebensmittel sowie Weine und aromatisierte Weinerzeugnisse darauf ab, ob der Antrag auf Eintragung der Marke nach dem Antrag auf Eintragung der geographischen Herkunftsangabe gestellt wurde (Art. 14 Abs. 1 UAbs. 1 VO (EU) 1151/2012, Art. 102 Abs. 1 VO (EU) 1308/2013, Art. 19 Abs. 1 VO (EU) 251/2014; zu Spirituosen → Rn. 69.2). Das gilt auch markenrechtlich, denn Art. 5 Abs. 3 lit. c Ziff. i MRL erkennt Ursprungsbezeichnungen und geographische Angaben, deren Schutz von einer Eintragung abhängig ist, schon dann als relative Eintragungshindernisse für die Marke an, wenn der Eintragungsantrag vor der Anmeldung der Marke oder der für die Anmeldung in Anspruch genommenen Priorität gestellt worden ist. In richtlinienkonformer Auslegung ist § 13 Abs. 1 im Hinblick auf die unionsrechtlich geschützten Herkunftsangaben dahin auszulegen, dass ein **Erwerb des Rechts schon mit der Anmeldung** bei der EU-Kommission eintritt, sofern es später tatsächlich zur Eintragung gekommen ist. In der Konsequenz besteht Schutz vor kollidierenden Marken schon vor dem Zeitpunkt der Eintragung der Herkunftsangabe.

Im Bereich der **Agrarerzeugnisse und Lebensmittel** galt bis zum **23.4.2003** allerdings eine abwei- **69.1** chende Regelung (Art. 14 Abs. 1 UAbs. 1 VO (EWG) 2081/92), nach der für die Priorität der geographischen Angabe die Veröffentlichung des Antrags maßgeblich war; die ab 24.4.2003 bis heute geltende Neuregelung findet keine rückwirkende Anwendung auf schon vorher bestehende Kollisionen (EuGH C-120/08, GRUR 2011, 240 Rn. 39 ff. – Bayerischer Brauerbund; BGH GRUR 2012, 394 Rn. 25 – Bayerisches Bier II).

Bei **Spirituosen** kommt es nach Art. 23 Abs. 1 VO (EG) 110/2008 darauf an, ob die geographische **69.2** Angabe zum Zeitpunkt der Entscheidung über die Eintragung der Marke bereits in Anhang III der Verordnung eingetragen war. Der nach Art. 17 Abs. 1 VO (EG) 110/2008 mögliche Antrag auf Eintragung einer geographischen Angabe in den Anhang III hat mangels entsprechender Regelung keine prioritätsbegründende Wirkung. Dennoch kommt es auch bei Spirituosen auf den Zeitpunkt dieses Eintragungsantrags an, da Art. 5 Abs. 3 lit. c Ziff. i MRL auch geographische Angaben für Spirituosen unterfallen.

IV. Inhaber und Unterlassungsanspruch

„Inhaber" einer geographischen Herkunftsangabe ist, wer im Fall der Verletzung Ansprüche **70** gegen den Verletzer geltend machen kann. Das ist bei nach § 126 geschützten geographischen Herkunftsangaben jeder, der nach § 128 Abs. 1 iVm **§ 8 Abs. 3 UWG** Unterlassung verlangen kann, also Mitbewerber iSd § 2 Nr. 3 UWG, Verbände Gewerbetreibender, Verbraucherschutzverbände sowie die Kammern. Das gilt auch für die Geltendmachung der Löschungsreife im Wege der Löschungsklage (§ 55 Abs. 2 Nr. 3). Ebenso verhält es sich gemäß § 135 Abs. 1 S. 1 bei der Verletzung von geographischen Herkunftsangaben, die nach der VO (EU) 1151/2012 geschützt sind. Das gleiche gilt hinsichtlich der „Inhaberschaft" an geographischen Herkunftsangaben nach Art. 92 ff. VO (EU) 1308/2013, Art. 10 ff. VO (EU) 251/2014 und Art. 15 ff. VO (EG) 110/2008. Die Voraussetzungen des bundesweiten **Unterlassungsanspruchs** ergeben sich aus § 127 MarkenG bzw. Art. 13 Abs. 1 VO (EU) 1151/2012, Art. 103 Abs. 2 VO (EU) 1308/2013, Art. 20 Abs. 2 VO (EU) 251/2014 und Art. 16 VO (EG) 110/2008. Unionsrechtlich geschützte Angaben genießen EU-weiten Schutz, weshalb stets auch **bundesweit** Unterlassung verlangt werden kann. Bei nach § 126 geschützten Angaben kann bei nur regionaler Bekanntheit ein bundesweiter Anspruch zu verneinen sein (v. Mühlendahl FS Ströbele, 2019, 555 (571)).

H. Sonstige gewerbliche Schutzrechte (Abs. 2 Nr. 6)

I. Designs

1. Anwendbarkeit des § 13 Abs. 2 Nr. 6

Als sonstige gewerbliche Schutzrechte kommen insbesondere nach DesignG oder GGV **71** geschützte **Designs bzw. Geschmacksmuster** in Betracht. Trotz seines vornehmlich wettbewerbsrechtlich gestalteten Schutzes ist auch das nicht eingetragene Gemeinschaftsgeschmacksmuster von § 13 Abs. 2 Nr. 6 erfasst (Gottschalk/Gottschalk GRUR Int 2006, 461 (467); Lewalter/Schrader Mitt 2004, 202 (207 f.)).

2. Inhaberschaft

72   Die Inhaberschaft ergibt sich bei den eingetragenen Designs aus der **Eintragung**. Inhaber des nicht eingetragenen Geschmacksmusters (Art. 11 GGV) ist der **Entwerfer** (Art. 14 Abs. 1 GGV); das gilt nach hM auch, wenn ein anderer das Geschmacksmuster der Öffentlichkeit in der Gemeinschaft erstmals zugänglich gemacht hat (BGH GRUR 2013, 830 Rn. 15 – Bolerojäckchen; KG ZUM 2005, 203 (232) – Natursalz; Eichmann/Jestaedt/Fink/Meiser/Eichmann/Jestaedt VO (EG) 6/2002 Art. 11 Rn. 5; aA Klawitter CR 2005, 672 (674)).

3. Zeitrang

73   Beim für den Zeitrang maßgeblichen **Erwerb** ist zu differenzieren. Das **deutsche Designrecht** entsteht mit der Eintragung in das Register (§ 27 Abs. 1 DesignG). Im **Unionsrecht** ordnet Art. 12 S. 1 GGV demgegenüber für das eingetragene Gemeinschaftsgeschmacksmuster einen rückwirkenden Schutzbeginn an; maßgeblich ist danach der Anmeldetag. Für nicht eingetragene Gemeinschaftsgeschmacksmuster kommt es gemäß Art. 11 Abs. 1 GGV auf den Tag an, an dem es der Öffentlichkeit in der Gemeinschaft erstmals zugänglich gemacht wurde.

74   Besondere Bedeutung kommt der Priorität in denjenigen Fällen zu, in denen der Markeninhaber das Zeichen von einem **selbständigen Designer** hat entwerfen lassen. Soweit das Zeichen die Anforderungen an den Designschutzschutz erfüllt (→ § 2 Rn. 136), kommt vor allem die Entstehung eines nicht eingetragenen Gemeinschaftsgeschmacksmusters durch öffentliche Zugänglichmachung in Betracht (Art. 11 Abs. 1 GGV). Inhaber dieses Rechts ist der Designer (Art. 14 Abs. 1 GGV), sofern er nicht als Arbeitnehmer iSd Art. 14 Abs. 3 GGV zu qualifizieren ist. Sein Recht ist jedoch nicht prioritätsälter, wenn die erstmalige öffentliche Zugänglichmachung erst durch die Veröffentlichung der Markenanmeldung erfolgt ist, weil für den Zeitrang der Registermarke der Anmeldetag maßgeblich ist (§ 6 Abs. 2) und die Veröffentlichung der Anmeldung bestenfalls am gleichen Tag erfolgen kann, da hierzu der Anmeldetag feststehen muss (§ 33 Abs. 3).

4. Unterlassungsanspruch

75   Ob die Benutzung einer eingetragenen Marke ein **Design verletzt,** bestimmt sich nach § 38 Abs. 1 S. 1 DesignG bzw. Art. 19 Abs. 1 S. 1, Abs. 2 GGV. Im Fall einer Verletzung besteht ein bundesweiter **Unterlassungsanspruch** gemäß § 42 Abs. 1 DesignG bzw. Art. 89 GGV.

II. Patent- und Gebrauchsmuster

76   Bei **Bildmarken** und **dreidimensionalen Marken** kann in seltenen Ausnahmefällen auch eine Verletzung eines Patentrechts (§ 9 PatG) oder Gebrauchsmusterrechts (§ 5 GebrMG) in Betracht kommen.

I. Andere sonstige Rechte

77   § 13 Abs. 2 ist keine abschließende Aufzählung. § 13 Abs. 1 erfasst daher auch absolute Rechte, die sich nicht als sonstige gewerbliche Schutzrechte iSd § 13 Abs. 2 Nr. 6 einordnen lassen. Das gilt vor allem für das **allgemeine Persönlichkeitsrecht.** Es kann durch die Verwendung von Bildern, die § 22 S. 1 KUG nicht unterfallen (→ Rn. 45), sowie von anderen Persönlichkeitsmerkmalen (zB Stimme bei Hörzeichen; unverkennbare Gehweise einer Person für ein Bewegungszeichen; Unterschrift als Bildzeichen) verletzt sein. Im Verletzungsfall besteht nach § 823 Abs. 1 BGB, § 1004 Abs. 1 BGB ein bundesweiter Unterlassungsanspruch. Nach dem Tod kommt auch ein auf das **postmortale Persönlichkeitsrecht** gestützter Unterlassungsanspruch in Betracht, aus dem die Löschungsreife folgen kann (vgl. BPatG BeckRS 2018, 13489 Rn. 25 – Harald Juhnke; BeckRS 2013, 06657 – Willi Ostermann Wanderweg; GRUR 2012, 1148 (1152) – Robert Enke; BeckRS 2012, 15412 – Adolf Loos Preis; Boeckh GRUR 2001, 29 (36 f.); Götting GRUR 2001, 615 (621); Sahr GRUR 2008, 461 (469)). Schutz besteht analog § 22 S. 3 KunstUrhG aber nur für zehn Jahre (vgl. BGH GRUR 2007, 168 Rn. 16 – kinski-klaus.de).

J. Geltendmachung der Löschungsreife

I. Nichtigkeitsklage

78   Die Geltendmachung der Löschungsreife kann im Wege der **Nichtigkeitsklage** gemäß § 51 Abs. 1, § 55 Abs. 1 bzw. bei IR-Marken durch Klage auf Schutzentziehung (§ 115 Abs. 1) erfolgen.

Aktivlegitimiert ist der Inhaber des älteren sonstigen Rechts (§ 55 Abs. 2 Nr. 2). Da es einen solchen bei älteren geographischen Herkunftsangaben nicht gibt, weist § 55 Abs. 2 Nr. 3 die Aktivlegitimation den nach § 8 Abs. 3 UWG Anspruchsberechtigten zu. Handelt es sich bei dem älteren Recht um eine Sortenbezeichnung, ist die Löschung ausgeschlossen, wenn deren Inhaber die Benutzung der jüngeren Marke für die eingetragenen Waren oder Dienstleistungen während eines Zeitraums von fünf aufeinanderfolgenden Jahren in Kenntnis der Benutzung geduldet hat, es sei denn, die Anmeldung der jüngeren Marke war bösgläubig (§ 51 Abs. 2 S. 2, 1). Für alle von § 13 erfassten sonstigen Rechte gilt, dass kein Löschungsanspruch besteht, wenn der Inhaber des älteren Rechts der Eintragung der Marke vor dem Löschungsantrag zugestimmt hat (§ 51 Abs. 2 S. 3). Die Nichtigkeitsklage ist unzulässig, wenn über denselben Streitgegenstand ein amtliches Nichtigkeitsverfahren (→ Rn. 79) anhängig ist (§ 55 Abs. 1 S. 2).

II. Amtliches Nichtigkeitsverfahren

Eine aus § 13 folgende Löschungsreife kann auch im patentamtlichen Nichtigkeitsverfahren **79** geltend gemacht werden (dazu Albrecht/Hoffmann MarkenR 2020, 1 (4 ff.); Hacker FS Ströbele, 2019, 119 ff.). Dies ist unabhängig von einem laufenden oder abgeschlossenen Widerspruchsverfahren möglich (Hacker FS Ströbele, 2019, 119 (128); → § 51 Rn. 8). Eine wegen des gleichen Streitgegenstands anhängige Nichtigkeitsklage sperrt das amtliche Nichtigkeitsverfahren jedoch (§ 53 Abs. 1 S. 5).

III. Widerspruchsverfahren

Nach § 42 Abs. 2 Nr. 5 ist es möglich, einen Widerspruch auch auf eine **Ursprungsbezeich-** **80** **nung** oder **geographische Angabe** mit älterem Zeitrang „in Verbindung mit § 13" zu stützen. Ob hiervon auch geographische Herkunftsangaben nach § 126 erfasst sind, ist noch unklar (→ Rn. 7). Die Widerspruchsmöglichkeit besteht zudem nur für Marken, die ab dem 14.1.2019 angemeldet wurden (§ 158 Abs. 2, 3). Für alle anderen älteren Rechte iSd § 13 ist der Inhaber auf die Nichtigkeitsklage oder das patentamtliche Nichtigkeitsverfahren verwiesen (zur Richtlinienkonformität → Rn. 9).

Widerspruchsbefugt sind gemäß § 42 Abs. 2 S. 2 Personen, die berechtigt sind, Rechte **81** aus einer geschützten Ursprungsbezeichnung oder einer geschützten geographischen Angabe mit älterem Zeitrang geltend zu machen (näher → Rn. 70). Zu weiteren Anforderungen → § 12 Rn. 25; zum Verhältnis zur Nichtigkeitsklage → § 12 Rn. 24.

Abschnitt 3. Schutzinhalt; Rechtsverletzungen

§ 14 Ausschließliches Recht des Inhabers einer Marke; Unterlassungsanspruch; Schadensersatzanspruch

(1) Der Erwerb des Markenschutzes nach § 4 gewährt dem Inhaber der Marke ein ausschließliches Recht.

(2) [1]Dritten ist es untersagt, ohne Zustimmung des Inhabers der Marke im geschäftlichen Verkehr in Bezug auf Waren oder Dienstleistungen
1. ein mit der Marke identisches Zeichen für Waren oder Dienstleistungen zu benutzen, die mit denjenigen identisch sind, für die sie Schutz genießt,
2. ein Zeichen zu benutzen, wenn das Zeichen mit einer Marke identisch oder ihr ähnlich ist und für Waren oder Dienstleistungen benutzt wird, die mit denjenigen identisch oder ihnen ähnlich sind, die von der Marke erfasst werden, und für das Publikum die Gefahr einer Verwechslung besteht, die die Gefahr einschließt, dass das Zeichen mit der Marke gedanklich in Verbindung gebracht wird, oder
3. ein mit der Marke identisches Zeichen oder ein ähnliches Zeichen für Waren oder Dienstleistungen zu benutzen, wenn es sich bei der Marke um eine im Inland bekannte Marke handelt und die Benutzung des Zeichens die Unterscheidungskraft oder die Wertschätzung der bekannten Marke ohne rechtfertigenden Grund in unlauterer Weise ausnutzt oder beeinträchtigt.
[2]Waren und Dienstleistungen werden nicht schon deswegen als ähnlich angesehen, weil sie in derselben Klasse gemäß dem in der Nizza-Klassifikation festgelegten Klassifikati-

onssystem erscheinen. ³Waren und Dienstleistungen werden nicht schon deswegen als unähnlich angesehen, weil sie in verschiedenen Klassen der Nizza-Klassifikation erscheinen.

(3) Sind die Voraussetzungen des Absatzes 2 erfüllt, so ist es insbesondere untersagt,

1. das Zeichen auf Waren oder ihrer Aufmachung oder Verpackung anzubringen,
2. unter dem Zeichen Waren anzubieten, in den Verkehr zu bringen oder zu den genannten Zwecken zu besitzen,
3. unter dem Zeichen Dienstleistungen anzubieten oder zu erbringen,
4. unter dem Zeichen Waren einzuführen oder auszuführen,
5. das Zeichen als Handelsnamen oder geschäftliche Bezeichnung oder als Teil eines Handelsnamens oder einer geschäftlichen Bezeichnung zu benutzen,
6. das Zeichen in Geschäftspapieren oder in der Werbung zu benutzen,
7. das Zeichen in der vergleichenden Werbung in einer der Richtlinie 2006/114/EG des Europäischen Parlaments und des Rates vom 12. Dezember 2006 über irreführende und vergleichende Werbung (ABl. L 376 vom 27.12.2006, S. 21) zuwiderlaufenden Weise zu benutzen.

(4) Dritten ist es ferner untersagt, ohne Zustimmung des Inhabers der Marke im geschäftlichen Verkehr

1. ein mit der Marke identisches Zeichen oder ein ähnliches Zeichen auf Aufmachungen oder Verpackungen oder auf Kennzeichnungsmitteln wie Etiketten, Anhängern, Aufnähern oder dergleichen anzubringen,
2. Aufmachungen, Verpackungen oder Kennzeichnungsmittel, die mit einem mit der Marke identischen Zeichen oder einem ähnlichen Zeichen versehen sind, anzubieten, in den Verkehr zu bringen oder zu den genannten Zwecken zu besitzen oder
3. Aufmachungen, Verpackungen oder Kennzeichnungsmittel, die mit einem mit der Marke identischen Zeichen oder einem ähnlichen Zeichen versehen sind, einzuführen oder auszuführen,

wenn die Gefahr besteht, daß die Aufmachungen oder Verpackungen zur Aufmachung oder Verpackung oder die Kennzeichnungsmittel zur Kennzeichnung von Waren oder Dienstleistungen benutzt werden, hinsichtlich deren Dritten die Benutzung des Zeichens nach den Absätzen 2 und 3 untersagt wäre.

(5) ¹Wer ein Zeichen entgegen den Absätzen 2 bis 4 benutzt, kann von dem Inhaber der Marke bei Wiederholungsgefahr auf Unterlassung in Anspruch genommen werden. ²Der Anspruch besteht auch dann, wenn eine Zuwiderhandlung erstmalig droht.

(6) ¹Wer die Verletzungshandlung vorsätzlich oder fahrlässig begeht, ist dem Inhaber der Marke zum Ersatz des durch die Verletzungshandlung entstandenen Schadens verpflichtet. ²Bei der Bemessung des Schadensersatzes kann auch der Gewinn, den der Verletzer durch die Verletzung des Rechts erzielt hat, berücksichtigt werden. ³Der Schadensersatzanspruch kann auch auf der Grundlage des Betrages berechnet werden, den der Verletzer als angemessene Vergütung hätte entrichten müssen, wenn er die Erlaubnis zur Nutzung der Marke eingeholt hätte.

(7) Wird die Verletzungshandlung in einem geschäftlichen Betrieb von einem Angestellten oder Beauftragten begangen, so kann der Unterlassungsanspruch und, soweit der Angestellte oder Beauftragte vorsätzlich oder fahrlässig gehandelt hat, der Schadensersatzanspruch auch gegen den Inhaber des Betriebs geltend gemacht werden.

Überblick

Die in § 14 Abs. 2 Nr. 1–3 genannten Verletzungstatbestände entsprechen (mit Ausnahme der in Abschnitt B behandelten Voraussetzungen einer tatbestandsmäßigen Benutzung) denen einer Kollision nach § 9 und werden hier für beides konzentriert dargestellt.

Grundzüge und Struktur der Regelung zeigt **Abschnitt A** (→ § 14 Rn. 1 ff.).

In **Abschnitt B** (→ § 14 Rn. 13 ff.) wird die rechtsverletzende Benutzung behandelt. Erforderlich ist eine im geschäftlichen Verkehr (→ § 14 Rn. 64 ff.) ohne Zustimmung des Inhabers (→ § 14 Rn. 50) erfolgende Benutzung für Waren und Dienstleistungen (→ § 14 Rn. 92 ff.). Ausgenommen bleiben Benutzungen, die ausschließlich andere Kennzeichnungsobjekte (insbesondere Unternehmen; → § 14 Rn. 93 ff.) betreffen oder rein beschreibend sind (→ § 14 Rn. 103). Als Benutzung für die Waren oder Dienstleistungen des Verletzers ist auch eine Benutzung als Hinweis auf die Waren oder Dienstleistungen des Markeninhabers anzusehen, die dem Angebot des Verletzers kommerziell zugute kommt (→ § 14 Rn. 117 ff.). Hinzutreten muss ferner die Beeinträchtigung oder potenzielle Beeinträchtigung der geschützten Funktionen der Marke (→ § 14 Rn. 128 ff.), wobei im Fall der Doppelidentität neben der Hauptfunktion der Marke, die Herkunft der Waren/Dienstleistungen vom Markeninhaber zu garantieren, auch die weiteren Markenfunktionen (Qualitäts-, Werbe-, Investitions- und Kommunikationsfunktion zu beachten) sind. Anschließend werden typische Benutzungsformen von Marken und ihre Behandlung im Kontext von § 14 behandelt (→ § 14 Rn. 144 ff.). Eingegangen wird ferner auf die in Abs. 3 und Abs. 4 beispielhaft genannten verbotenen Benutzungsarten (→ § 14 Rn. 232 ff.).

In **Abschnitt C** (→ § 14 Rn. 265 ff.) werden die Voraussetzungen der Doppelidentität behandelt

Abschnitt D (→ § 14 Rn. 271 ff.) befasst sich mit Begriff und Voraussetzungen der Verwechslungsgefahr. Der BGH sieht in der Beurteilung der Markenähnlichkeit im Gegensatz zum EuGH eine Rechtsfrage (→ § 14 Rn. 273; → § 14 Rn. 335) und stellt dabei auf Erfahrungssätze (→ § 14 Rn. 338) ab. Im Verletzungsverfahren ist die Klagemarke in ihrer eingetragenen Form maßgeblich (→ § 14 Rn. 358); auf Verletzerseite ist auf das tatsächlich benutzte Zeichen abzustellen (→ § 14 Rn. 354). Die für die Beurteilung der Verwechslungsgefahr zu Grunde zu legende maßgebliche Verkehrsauffassung (→ § 14 Rn. 280; → § 14 Rn. 339) hängt von der Art der Waren und Dienstleistungen ab. Die Verwechslungsgefahr hängt ferner von der Kennzeichnungskraft der älteren Marke (→ § 14 Rn. 282) und vom Grad der Ähnlichkeit der Waren und Dienstleistungen (→ § 14 Rn. 311) ab.

Abschnitt E (→ § 14 Rn. 335 ff.) kommentiert die Grundsätze, nach denen die für die Feststellung einer Verwechslungsgefahr maßgebliche Markenähnlichkeit beurteilt wird. Die Darstellung legt die verschiedenen Ähnlichkeitskategorien zugrunde (zur klanglichen Ähnlichkeit → § 14 Rn. 389 ff., zur bildlichen → § 14 Rn. 411 ff., zur begrifflichen → § 14 Rn. 421 ff.; zum Verhältnis der Ähnlichkeitskategorien zueinander → § 14 Rn. 379). Abstrakte Farbmarken (→ § 14 Rn. 429) und 3D-Marken (→ § 14 Rn. 433) werden gesondert dargestellt. Dargestellt werden ferner die Besonderheiten der Ähnlichkeitsbeurteilung bei mehrteiligen Marken (zur Prägung → § 14 Rn. 445; zur selbständig kennzeichnenden Stellung → § 14 Rn. 477; zur Kombinationen aus Vor- und Nachnamen → § 14 Rn. 503).

Abschnitt F (→ § 14 Rn. 511) behandelt die Verwechslungsgefahr durch gedankliche Verbindung, dh mittelbare Verwechslungsgefahr (Hauptanwendungsfall: Serienmarken → § 14 Rn. 514) und Verwechslungsgefahr im weiteren Sinne (→ § 14 Rn. 528).

Der erweiterte Schutz bekannter Marken folgt in **Abschnitt G** (→ § 14 Rn. 531 ff.). Soweit die Voraussetzungen der Bekanntheit (→ § 14 Rn. 536 ff.) vorliegen, besteht bei Ähnlichkeit der Zeichen (→ § 14 Rn. 543) ein Anspruch gegen die Benutzung der Marke für Waren oder Dienstleistungen des Verletzers ohne Rücksicht auf deren Ähnlichkeit oder Identität (→ § 14 Rn. 545 ff.), wenn dies zur Ausnutzung oder Beeinträchtigung der Unterscheidungskraft (→ § 14 Rn. 549 ff.) oder Wertschätzung (→ § 14 Rn. 554 f.) oder aber zur Rufschädigung (→ § 14 Rn. 560) führt und keine Rechtfertigungsgründe (→ § 14 Rn. 560) vorliegen.

Aus alledem resultierende Unterlassungs und Schadensersatzansprüche behandeln **Abschnitt H** (→ § 14 Rn. 562 ff.) und **Abschnitt I** (→ § 14 Rn. 692 ff.). Der **Unterlassungsanspruch** soll Verletzungen unterbinden (→ § 14 Rn. 562). Er verlangt daher eine Wiederholungsgefahr (→ § 14 Rn. 567), kann aber gemäß Abs. 5 S. 2 auch vorbeugend sein (→ § 14 Rn. 609), etwa wenn eine Erstbegehungsgefahr durch Berühmung (→ § 14 Rn. 613) oder Anmeldung einer Marke (→ § 14 Rn. 618) besteht. Dieser Anspruch kann auch Störer treffen (→ § 14 Rn. 676). Der Schadensersatzanspruch ist Folge einer Markenverletzung und richtet sich wie der Unterlassungsanspruch gegen Täter und Teilnehmer (→ § 14 Rn. 648), nicht aber gegen Störer; zu Rechtsnachfolgern → § 14 Rn. 682.

Der **Schadensersatz** bei der Verletzung von Kennzeichenrechten ist für Marken in **Abs. 6** und für geschäftliche Bezeichnungen in **§ 15 Abs. 5** als deliktischer Anspruch geregelt. Einleitend wird das Rechtsinstitut vorgestellt (→ § 14 Rn. 692) und seine Verankerung im Unionsrecht erörtert (→ § 14 Rn. 693 f.). Dem folgt eine Darstellung der Aktivlegitimation (→ § 14 Rn. 695 ff.) und der Passivlegitimation (→ § 14 Rn. 699 ff.). Die Voraussetzungen des Schadensersatzanspruches sind eine vollendete Verletzungshandlung (→ § 14 Rn. 705 f.) und deren schuldhafte Begehung (→ § 14 Rn. 707 ff.), also ein vorsätzliches (→ § 14 Rn. 708 ff.) oder fahrlässiges (→ § 14 Rn. 715 ff.) Handeln sowie ein Schaden (→ § 14 Rn. 733 ff.), der dadurch verursacht (→ § 14 Rn. 738 ff.) wurde, wobei das Eintreten eines Schadens sich bereits aus der Rechtsverletzung selbst ergibt (→ § 14 Rn. 735). Für den Ersatz des Schadens kann der Verletzte zwischen drei Berechnungsarten wählen (→ § 14 Rn. 737, → § 14 Rn. 765). Er kann zum einen seinen konkreten Schaden (→ § 14 Rn. 737) ersetzt verlangen, der aus dem positiven Schaden (→ § 14 Rn. 747 ff.) und dem entgangenen Gewinn (→ § 14 Rn. 765 ff.) besteht. Zum anderen kann er einen Pauschalbetrag auf der Grundlage einer angemessenen Lizenzgebühr (→ § 14 Rn. 770 ff.) oder die Abschöpfung des Gewinns verlangen, den der Verletzer aufgrund der Kennzeichenverletzung erzielt hat (→ § 14 Rn. 747 ff.). Besonders erörtert wird, in welchem Verhältnis diese drei Berechnungsarten zueinander stehen und wie und wann der Verletzte genau zwischen ihnen wählen kann (→ § 14 Rn. 837 ff.). Zwischen dem deliktischen Schadensersatzanspruch wegen Kennzeichenverletzung und Ansprüchen, die als pauschalierter Schadensersatz im Wege einer Vertragsstrafe bestehen, findet eine Anrechnung statt (→ § 14 Rn. 847 f.). Abschließend werden die Besonderheiten bei einer Mehrheit von Verletzern dargestellt (→ § 14 Rn. 849 ff.).

Abschnitt J: Ein Anspruch auf **Bereicherungsausgleich** ist im MarkenG nicht gesondert geregelt. Er ergibt sich aus den allgemeinen Bestimmungen der §§ 812 ff. BGB. Nach einem Überblick (→ § 14 Rn. 843 ff.) werden zunächst die Aktivlegitimation (→ § 14 Rn. 864 ff.) und die Passivlegitimation (→ § 14 Rn. 867 ff.) erläutert. Dann werden die Voraussetzungen (→ § 14 Rn. 873 ff.) und der Umfang der Herausgabe (→ § 14 Rn. 876 ff.) einer ungerechtfertigten Bereicherung dargestellt, die sich auf eine angemessene Lizenzgebühr beschränkt (→ § 14 Rn. 877) und bei der ein Wegfall der Bereicherung grundsätzlich nicht in Betracht kommt (→ § 14 Rn. 878 ff.). Abschließend wird auf die Besonderheiten bei einer Mehrheit von Verletzern eingegangen (→ § 14 Rn. 881).

Abschnitt K: Eine dem § 12 Abs. 1 S. 2 UWG entsprechende Regelung für **Abmahnkosten** fehlt im MarkenG. Der Anspruch auf Erstattung der Abmahnkosten bei einer Kennzeichenverletzung ergibt sich aus den allgemeinen Grundsätzen der GoA (→ § 14 Rn. 882). Nach der Aktivlegitimation (→ § 14 Rn. 884 ff.) und der Passivlegitimation (→ § 14 Rn. 887 ff.) wird auf Voraussetzungen (→ § 14 Rn. 894 ff.) und die Höhe der Kostenerstattung (→ § 14 Rn. 907 ff.) sowie auf die Besonderheiten bei einer Mehrheit von Verletzern eingegangen (→ § 14 Rn. 918).

Abschnitt L befasst sich mit der **Abwehr unberechtigter Verletzungsansprüche.** Der zu Unrecht Angegriffene kann sich durch eine Gegenabmahnung (→ § 14 Rn. 920), die Hinterlegung einer Schutzschrift (→ § 14 Rn. 921), die Erhebung einer Klage auf Feststellung der Nichtverletzung (→ § 14 Rn. 927) sowie schließlich mit einem Angriff auf das Registerrecht des Anspruchstellers zur Wehr setzen (→ § 14 Rn. 933). In materiellrechtlicher Hinsicht können **Kostenerstattungs- und Schadensersatzansprüche** (→ § 14 Rn. 937 ff.) sowie unter Umständen ein Anspruch auf Urteilsveröffentlichung (→ § 14 Rn. 953) geltend gemacht werden.

Übersicht

A. Grundzüge und Struktur der Regelung

I. Nationales und Unionsrecht

Die ab 14.1.2019 geltende Fassung von § 14 setzt Art. 10 MRL um (zuvor: Art. 5 MRL 2008). **1** Im Gegensatz zum früher geltenden Recht, das den erweiterten Schutz bekannter Marken (§ 14 Abs. 2 Nr. 3) lediglich als Option vorsah, handelt es nunmehr bei allen Verletzungstatbeständen des § 14 Abs. 2 um zwingendes Unionsrecht (vgl. Art. 10 Abs. 1 lit. a–c MRL; s. auch Art. 9 Abs. 2 lit. a–c UMV).

Die Gewährung von Schutz jenseits der (eng verstandenen) Verwechslungsgefahr entspricht auch den **1.1** internationalen Verpflichtungen der EU und ihrer Mitgliedstaaten: Nach Art. 16 Abs. 3 TRIPS sind die Mitgliedsländer der WTO verpflichtet, notorisch bekannten Marken (unter dem Vorbehalt der Eintragung; → Einleitung Rn. 278) Schutz gegen die Benutzung für nicht-ähnliche Waren oder Dienstleistungen zu gewähren, wenn die Benutzung der Marke im Zusammenhang mit den Waren oder Dienstleistungen auf eine Verbindung mit dem Inhaber schließen lassen und dadurch dessen Interessen beeinträchtigen würde.

Da sich die MRL ebenso wie die Vorgängerregelungen nur auf eingetragene Marken bezieht, ist die **1.2** Anwendung auf die anderen Markenformen des § 4 zwar nicht rechtlich zwingen; in der Sache ist eine Gleichbehandlung aber geboten. Unterschiede können lediglich in den (äußerst seltenen) Fällen auftreten, in denen eine Benutzungsmarke innerhalb eines örtlich begrenzten Gebietes Verkehrsgeltung besitzt und daher nur dort geschützt ist (→ § 4 Rn. 65), während der Schutz eingetragener Marken stets im gesamten Territorium Deutschlands besteht.

Keinen Gebrauch hat der deutsche Gesetzgeber von Art. 10 Abs. 6 MRL gemacht, der es **2** gestattet, die Benutzung von Zeichen zu anderen Zwecken als der Unterscheidung von Waren und Dienstleistungen dem Anwendungsbereich des Markenrechts zuzurechnen, wenn die Benutzung des Zeichens die Unterscheidungskraft oder Wertschätzung der Marke ohne rechtfertigenden Grund in unlauterer Weise ausnutzt oder beeinträchtigt (so auch bereits unter Geltung des früheren Rechts, als die gleiche Option in Art. 5 Abs. 5 MRL 2008 enthalten war). Soweit die Benutzung eines mit einer Marke übereinstimmenden oder ihr ähnlichen Zeichens daher nicht der Unterscheidung von Waren und Dienstleistungen dient, können ggf. nur **andere Rechtsgrundlagen** zur Anwendung kommen (→ § 14 Rn. 93 ff.), falls nicht ausnahmsweise nach der EuGH-Rechtsprechung der Anwendungsbereich des Markenrechts eröffnet ist (so bei der Entfernung von Marken bei in das Zolllagerverfahren überführten Waren; EuGH C-129/17 GRUR 2018, 917 – Mitsubishi). Vom BGH befürwortet wird ferner eine analoge Anwendung von Art. 5 Abs. 5 MRL 2008, wenn bekannte Marken für andere Zwecke als zur Unterscheidung von Waren oder Dienstleistungen verwendet werden (BGH GRUR 2015, 1201 Rn. 76 – Sparkassen-Rot, unter Hinweis auf Büscher FS Ullmann, 2006, 129 (151); Büscher/Dittmer/Schiwy/Büscher Rn. 143, 511); → § 14 Rn. 94.

Die Markenrechtsreform hat zu einer Erweiterung des Beispielkatalogs in Abs. 3 geführt → **3** Rn. 6 ff. Die Änderungen beruhen auf Art. 10 Abs. 3 lit. a–f MRL und entsprechen den Regelungen in Art. 9 Abs. 3 lit. a–f UMV.

II. Verhältnis zu § 15

In § 15 ist der Schutzbereich der von § 5 erfassten **geschäftlichen Bezeichnungen** geregelt. **4** Anders als bei § 14 bestehen insoweit keine Vorgaben des europäischen Rechts. Die beiden Regelungen verlaufen jedoch – bei Unterschieden im Einzelnen – im Wesentlichen parallel, was dazu führen kann, dass Ausstrahlungseffekte von § 14 – und damit auch des europäischen Rechts – beim Schutz geschäftlicher Kennzeichen zu verzeichnen sind.

III. Verhältnis zu Widerspruchs- und Löschungsgründen

5   Wird aus einem älteren Recht Widerspruch erhoben oder die Löschung der Marke verlangt, finden – soweit es sich bei dem älteren Recht um eine angemeldete oder eingetragene Marke handelt – die Kollisionstatbestände des § 9 (sowie unter Umständen §§ 10–13) Anwendung. § 9 beruht auf den Vorgaben von Art. 5 Abs. 1, Abs. 3 lit. a MRL (entsprechend: Art. 8 Abs. 1 und 5 UMV). Dabei entspricht die Formulierung der rechtserheblichen Kollisionsfälle derjenigen der Verletzungstatbestände, dh, auch dort wird – wie in § 14 Abs. 2 Nr. 1–3 – zwischen der Doppelidentität, der durch Identität oder Ähnlichkeit erzeugten Verwechslungsgefahr und dem erweiterten Schutz bekannter Marken unterschieden. Die Rechtsgrundsätze, die in den jeweiligen Verfahren zur Anwendung kommen, sind daher prinzipiell dieselben. Auf der anderen Seite bleibt die **unterschiedliche Beurteilungssituation** nicht ohne Auswirkungen auf die Praxis. Insbesondere sind im Verletzungsverfahren die konkreten Umstände der Markenbenutzung insoweit zu beachten, als sie für den Eingangstatbestand (Benutzung im geschäftlichen Verkehr → § 14 Rn. 36 ff.; in Bezug auf Waren oder Dienstleistungen → § 14 Rn. 92 ff.; Beeinträchtigung der Markenfunktionen → § 14 Rn. 128 ff.) oder für die Anwendung von Schranken (insbesondere § 23 Abs. 1 Nr. 2 und 3) von Bedeutung sind. Bei der Beurteilung im Widerspruchs- und Löschungsverfahren ist hingegen zu berücksichtigen, dass die Eintragung einer Marke deren Benutzung in jeglicher Form erlaubt; entsprechend umfassend muss die Prüfung daher erfolgen (EuGH C-533/06, GRUR 2008, 698 Rn. 65 f. – O2/Hutchinson; → § 9 Rn. 4). Die Aussage „in jeglicher Form" ist dabei so zu verstehen, dass jedenfalls von einer Benutzung „in markenmäßiger Weise" (iSv rechtserhaltender Benutzung, → § 9 Rn. 4.1) auszugehen ist; andere prinzipiell denkbare Formen der Markenbenutzung sind im Eintragungs- und Löschungsverfahren ohne Belang (s. auch Ströbele/Hacker/Thiering/Hacker § 9 Rn. 9).

5.1   Im Gegensatz zu § 14 Abs. 2 Nr. 2 (→ Rn. 8 f.) ist die Formulierung von § 9 im Hinblick auf den Verwechslungstatbestand unverändert geblieben. Der Gesetzestext verlangt nach wie vor, dass die Verwechslungsgefahr aus der Identität/Ähnlichkeit der Waren/Dienstleistungen sowie der Marken resultiert.

IV. Markenrechtsreform

6   Die **Änderung der europäischen Markengesetzgebung** hat sich auch auf die Formulierung der Verletzungstatbestände ausgewirkt. Dabei geht es ganz überwiegend und bei zutreffender Auslegung um Klarstellungen bzw. Bekräftigungen der bisherigen Rechtslage; nur im Hinblick auf den Transit hat die MRL zu einer Änderung des materiellen Rechts geführt (→ Rn. 12).

7   So ergibt sich keine materielle Änderung daraus, dass im „Chapeau" von Art. 10 Abs. 2 MRL ein ausdrücklicher Vorbehalt zugunsten älterer Rechte Dritter aufgenommen wurde: Dies bestätigt lediglich das Prioritätsprinzip, das das Kennzeichenrecht allgemein beherrscht. Keine Änderung folgt ferner daraus, dass in Abs. 2 Nr. 3 nicht mehr auf die fehlende Ähnlichkeit der Waren und Dienstleistungen hingewiesen wird, auf die sich das mit der bekannten Marke identische oder ihr ähnliche Zeichen bezieht. Die damit zum Ausdruck gebrachte Klarstellung, dass der Schutz unabhängig davon zu gewähren ist, ob die Benutzung für nicht-ähnliche oder aber für identische oder ähnliche Waren oder Dienstleistungen erfolgt, war bereits seit der EuGH-Entscheidung C-292/00, GRUR 2003, 240 – Davidoff/Durffee (→ § 14 Rn. 546.1) allgemein anerkannt. Auch dass die Benutzung von Marken in einer vergleichenden Werbung, die nicht den Anforderungen der Werbe-RL 2006/114/EG genügt, eine Markenverletzung darstellt (Abs. 3 Nr. 7; Art. 10 Abs. 3 lit. f MRL und Art. 9 Abs. 3 lit. f UMV), entsprach bereits vor der Verankerung in § 14 Abs. 3 Nr. 7 geltendem Recht (EuGH C-533/06 GRUR 2008, 698 mAnm Ohly – O2/Hutchinson; C-487/07, GRUR 2009, 756 – L'Oréal/Bellure; → § 14 Rn. 120 ff.; → § 8 Rn. 253 ff.). Dies gilt grundsätzlich auch für die in Bezug auf Waren oder Dienstleistungen erfolgende Verwendung eines Zeichens als Handelsname (EuGH C-17/06, GRUR 2007, 971 – Céline; → § 14 Rn. 93). Allerdings dürfte durch die ausdrückliche Verankerung in § 14 Abs. 3 Nr. 5 (s. auch Art. 10 Abs. 3 lit. d MRL; Art. 9 Abs. 3 lit. d UMV) die Darlegungslast des Markeninhabers deutlich erleichtert worden sein (→ § 14 Rn. 93; → UMV Art. 9 Rn. 47).

8   Inwieweit materielle Änderungen beabsichtigt waren, bleibt ferner für § 14 Abs. 2 Nr. 2 fraglich, der Art. 10 Abs. 2 lit. b MRL wortgetreu umsetzt: Die bisher geforderte **Kausalitätsbeziehung** zwischen Verwechslungsgefahr und Ähnlichkeit/Identität von Waren/Dienstleistungen sowie zwischen geschützter Marke und dem verwendeten Zeichen wurde aufgegeben, bzw. sie wird nicht mehr explizit zum Ausdruck gebracht (s. Begründung MaMoG, BT-Drs. 19/2898, 65). Dasselbe gilt für Art. 9 Abs. 2 lit. b UMV. Soweit ersichtlich war es jedoch im Zuge der europäischen Markenreform niemals angedacht worden, in dieser Hinsicht materielle Änderungen einzuführen; die entsprechenden Erwägungsgründe sind daher auch nicht geändert worden (ebenso: Ströbele/Hacker/Thiering/Hacker Rn. 318; s. auch Hacker GRUR 2019, 235 f., wo zurecht festgestellt wird, dass dieser Aspekt bisher erstaunlich wenig Aufmerksamkeit erregt hat). Die Erklärung könnte in der Umformulierung des Tatbestandes zu suchen sein; es ist dennoch verwunderlich, dass dieses – unterstellt – redaktionelle Versehen niemandem aufgefallen ist. An der Gültigkeit der jetzt Gesetz gewordenen Fassung ändern diese Überlegungen ohnehin nichts.

Auswirkungen könnten – theoretisch – in **zweifacher Hinsicht** auftreten: Zum einen könnte **9** sich die Verwechslungsgefahr aus Umständen ergeben, die außerhalb der Ähnlichkeit des eingetragenen Marke und des benutzten Zeichens liegen, zB dann, wenn sich Zeichen und Marke zwar ähnlich sind, dies aber zur Begründung einer Verwechslungsgefahr nicht ausreicht. Im umgekehrten Fall könnte sich der Beklagte ggf. darauf berufen, dass Zeichen und Marke nicht verwechselt werden, weil am Verkaufsort deutlich auf die wahre Herkunft der Ware hingewiesen wird. Beide Beispielsfälle zeigen jedoch auch, dass allenfalls bereits bekannte Grundsätze bestätigt werden bzw. dass mit dem Markenrecht nicht zu vereinbarende Auswirkungen, wie im zweiten Beispielsfall, definitiv ausgeschlossen werden können. Dass in Verletzungsverfahren gewisser Raum für die Berücksichtigung außerregisterrechtlicher Gesichtspunkte besteht, hat der EuGH in der Entscheidung Specsavers (EuGH C-252/12, GRUR 2013, 922) klargestellt: Für eine umfassende Beurteilung der Verwechslungsgefahr ist nicht allein auf die eingetragene Form der geschützten Marke (im konkreten Fall: Schwarz/Weiß) abzustellen, sondern es ist auch zu berücksichtigen, dass sie der Markeninhaber in der Praxis ausschließlich in einer Farbe (Grün) benutzt, die auch der Beklagte verwendet. Sollte es beabsichtigt sein, diese Rechtsprechung zu bestätigen, würde es sich somit um nichts Neues handeln, bzw. umgekehrt: Auch wenn der Gesetzesänderung keine Wirkung beigemessen wird, würde es bei dieser Rechtsprechung bleiben. Nicht berücksichtigungsfähig bleiben hingegen auch künftig Aspekte, die nicht die Form betreffen, in der die Marke benutzt wird, sondern die sich auf extrinsische Gesichtspunkte beziehen. Hinweise am Verkaufsort wie „kein Original" oä können eine Markenverletzung ebenso wenig ausschließen wie ein niedriger Preis. Insoweit kann und wird sich nichts an der Feststellung des EuGH ändern, dass ungeachtet solcher Hinweise eine Beeinträchtigung der Herkunftsfunktion bestehen bleibt (EuGH C-206/01, GRUR 2003, 55 Rn. 57 – Arsenal London).

Die Berücksichtigung außerregisterrechtlicher Umstände für die Frage, ob eine Verletzung vorliegt, ist **9.1** dem schon bisher geltenden Recht nicht fremd; sie wird lediglich anders – nämlich (im deutschen Recht) bei der markenmäßigen Benutzung – verortet. Für diese Frage kommt es typischerweise (auch) auf die konkrete Form der Benutzung und damit auf Elemente an, die über eine rein kennzeichenrechtlich geprägte Beurteilung hinausgehen bzw. das Ergebnis einer solchen Beurteilung unter Berücksichtigung der faktischen Benutzungslage korrigieren können.

Es ist allerdings richtig, dass die EuGH-Rechtsprechung mit ihrer umfassenden Einbeziehung sämtlicher **9.2** geschützter Markenfunktionen (durch die der markenrechtliche Schutzbereich auf Tatbestände ausgedehnt wurde, die von der zuvor herrschenden Rechtsauffassung ausschließlich im Lauterkeitsrecht verortet wurden → § 14 Rn. 142) erkennbare Rückwirkungen auf das Markenrecht hat: Der Verletzungstatbestand ist dadurch insgesamt offener und einer kontextsensitiven Auslegung leichter zugänglich geworden („trojanisches Pferd"-Effekt; Kur/Ohly GRUR 2020, 457 f.). Dies zeigt sich nicht zuletzt bei der Handhabung neuer Formen der Markenbenutzung wie dem Keyword Advertising (→ § 14 Rn. 220 ff.). An der einschlägigen Rechtsprechung macht auch Ströbele/Hacker/Thiering/Hacker Rn. 320, 322 sein Unbehagen an der „Verwässerung" des markenrechtlichen Schutzbereichs fest.

Die Flexibilisierung des Verletzungstatbestandes erfolgt beim EuGH vor allem durch das Instrument **9.3** der Funktionslehre; die Schrankentatbestände sind daran bisher nur in geringerem Maß beteiligt. Das Merkmal der „markenmäßigen Benutzung", das im deutschen Recht nach wie vor eine erhebliche Rolle spielt, soweit es um Markenbenutzungen außerhalb des Kernbereichs der Produktkennzeichnung geht, hat hingegen in der EuGH-Rechtsprechung seine „Filterfunktion" weitgehend eingebüßt (s. dazu Kur/Ohly GRUR 2020, 457 (459 f.)).

Lediglich klarstellende Bedeutung hat der an die Verletzungstatbestände des § 2 Nr. 1–3 ange- **10** fügte Satz, dass die Beurteilung der Ähnlichkeit von Waren oder Dienstleistungen unabhängig von der Klasseneinteilung nach dem NKA erfolgt. Dies ist für das Verletzungsverfahren noch offensichtlicher als im Eintragungsverfahren, wo der gleiche Grundsatz gesetzlich verankert wurde (→ § 9 Rn. 99).

Keine Änderung war ferner im Hinblick auf die nach § 14 Abs. 4 untersagten **Vorbereitungs- 11 handlungen** erforderlich. Das MarkenG hat insoweit Vorbildcharakter für die entsprechende Regelung von Art. 11 MRL gehabt.

11.1   Der Gefährdung von Markenrechten durch den Online-Vertrieb sollte nach den Kommissionsvorschlägen ferner dadurch Rechnung getragen werden, dass im Fall der Bestellung rechtsverletzender Waren eine Verletzung innerhalb des Schutzrechtsterritoriums auch dann vorliegt, wenn nur der (außerhalb des Territoriums ansässige) Lieferant, nicht jedoch der Besteller im geschäftlichen Verkehr handelt. Diese Regelung erschien jedoch als überflüssig und wurde gestrichen, nachdem der EuGH ohnehin festgestellt hat, dass der im Ausland ansässige kommerzielle Anbieter gefälschter Waren eine Markenverletzung in der EU begeht, so dass die Zollbeschlagnahme der Ware stattfinden kann und diese dem privaten Besteller nicht ausgehändigt werden muss (EuGH C-98/13, GRUR 2014, 283 – Blomqvist; → § 14 Rn. 81).

12   Die einzige materiell bedeutsame Änderung im Bereich des Verletzungstatbestandes wird durch die Umsetzung von Art. 10 Abs. 4 MRL bewirkt, der als Antwort auf die Risiken des internationalen Handelsverkehrs konzipiert wurde. Die Umsetzung erfolgte nicht innerhalb von § 14, sondern in einem eigenständigen Tatbestand: Gemäß § 14a ist das Verbringen von Waren in das Zollgebiet der EU rechtsverletzend, soweit es sich um Piratewaren handelt, dh um Waren, die ohne Zustimmung des Inhabers mit Marken versehen sind, die mit einer eingetragenen Marke identisch oder in ihren wesentlichen Merkmalen nicht von einer solchen Marke zu unterscheiden sind (→ § 14a Rn. 15). Auf die Frage, ob konkrete Anzeichen für ein Inverkehrbringen in der EU vorhanden sind (so EuGH C-446/09 und C-495/09, GRUR Int 2012, 134 (139) – Nokia und Philips; → § 14 Rn. 251) kommt es dabei grundsätzlich nicht an. In dem der Beschlagnahme folgenden Verletzungsverfahren kann die gegnerische Partei allerdings den Nachweis dafür antreten, dass der Markeninhaber das Inverkehrbringen der beschlagnahmten Güter im Bestimmungsland nicht verbieten könnte; in diesem Fall entfällt der Anspruch des Markeninhabers.

B. Rechtsverletzende Benutzung

I. Allgemeines

13   Ansprüche aus § 14 setzen eine der in § 14 Abs. 2–4 genannten Verletzungshandlungen voraus. Erforderlich ist die Benutzung (→ Rn. 56 ff.) eines Zeichens durch einen Dritten (→ Rn. 19 ff.) im geschäftlichen Verkehr (→ Rn. 64 ff.), die ohne Zustimmung des Inhabers (→ Rn. 23 ff.) einer geschützten Marke (→ Rn. 16 ff.) erfolgt und durch die einer der in § 14 Abs. 2 Nr. 1–3 genannten Tatbestände verwirklicht wird. Eine Verletzung ist ausgeschlossen, wenn sich der Dritte für seine Nutzung auf eigene prioritätsältere Rechte stützen kann (→ Rn. 32 ff.) oder wenn die Nutzung durch die gesetzlichen Schrankentatbestände (insbesondere §§ 23, 24) gedeckt ist.

14   Eine Markenverletzung erfordert ferner, dass das Zeichen „als Marke", dh in markenrechtlich relevanter Weise verwendet wird (vgl. EuGH C-63/97, GRUR Int 1999, 438 Rn. 38 ff. – BMW; BGH GRUR 2000, 506 (508) – ATTACHÉ/TISSERAND; GRUR 2002, 171 (173) – Marlboro-Dach). Es muss sich um eine Benutzung der Marke zur Unterscheidung von Waren und Dienstleistungen handeln; die Benutzung zu rein beschreibenden Zwecken (→ Rn. 103 ff.) sowie die Benutzung zur Unterscheidung anderer Kennzeichnungsobjekte – insbesondere von Unternehmen (→ Rn. 93) – werden nicht von § 14 erfasst. Es handelt sich auch dann um eine Benutzung zur Unterscheidung von Waren und Dienstleistungen, wenn Waren oder Dienstleistungen (grundsätzlich korrekt) als vom Markeninhaber stammend bezeichnet werden (→ Rn. 118 ff.).

15   Erforderlich ist außerdem, dass die Benutzung des Zeichens die durch die Marke geschützten Interessen (Markenfunktionen) verletzt oder zu verletzen droht (zur Entwicklung der EuGH-Rechtsprechung zu diesem Erfordernis → Einleitung Rn. 120 ff.). Dabei ist zwischen den einzelnen Tatbeständen zu unterscheiden: Im Fall der Doppelidentität (§ 14 Abs. 2 Nr. 1) ist der Markenschutz absolut; neben der wesentlichen Funktion der Marke, die Herkunft der Waren oder Dienstleistungen vom Markeninhaber zu gewährleisten, erfasst er daher auch die (mögliche) Beeinträchtigung weiterer Markenfunktionen (→ Rn. 133 ff.). Im Fall der Verwechslungsgefahr (§ 14 Abs. 2 Nr. 2) geht es hingegen allein um den Schutz der Herkunftsfunktion, und bei § 14 Abs. 2 Nr. 3 genügt für die Anwendung des Verletzungstatbestandes die Gefahr, dass das Zeichen mit der Marke gedanklich in Verbindung gebracht wird, die zu einer Rufausbeutung oder beeinträchtigung führt.

II. Eigenes Recht des Gläubigers

16   Nach § 14 Abs. 1 wird demjenigen, der ein Recht an einer Marke erworben hat, ein ausschließliches Recht gewährt. Daraus folgt zugleich, dass sich nur Inhaber einer Marke auf § 14 berufen können. Für Inhaber **anderer Kennzeichen** finden die jeweils dafür geltenden Verletzungstatbestände Anwendung (für Unternehmenskennzeichen und Werktitel → § 15 Rn. 20, → § 15

Rn. 26; für geografische Herkunftsangaben → § 128 Rn. 1 ff.; für (Personen)namen → § 15 Rn. 129 ff.).

Auf die **Art der Marke** kommt es für die Anwendung von § 14 nicht an. Der Schutz von **17** Benutzungsmarken und notorisch bekannten Marken (→ § 4 Rn. 17 ff., → § 4 Rn. 132 ff.) entspricht demjenigen der eingetragenen Marken.

Auch aus einer **löschungsreifen Marke** können grundsätzlich Ansprüche hergeleitet werden. **18** In diesem Fall kann der Beklagte die Löschungseinrede wegen Verfalls (§ 49) oder Rechtsungültigkeit (§ 50, § 51) erheben. Ob es zu einer Fortführung des Verletzungsverfahrens kommt oder das Verfahren bis zur Entscheidung über den Löschungsantrag ausgesetzt wird, ist vom Verletzungsgericht zu entscheiden. Eine Aussetzung kommt in Betracht, wenn eine gewisse Wahrscheinlichkeit für die Löschung der Marke im registerrechtlichen Verfahren besteht, die die mit der Aussetzung verbundene Prozessverzögerung rechtfertigt (BGH GRUR 2014, 1101 Rn. 17 – Gelbe Wörterbücher).

III. „Dritter" im Sinne der Norm

§ 14 stellt klar, dass eine rechtsverletzende Benutzung nur durch einen „Dritten" erfolgen kann. **19** Dritter im Sinne der Norm kann auch ein **Lizenznehmer** sein. Dies ergibt sich unter anderem **20** aus § 30 Abs. 2.

Umgekehrt ist der Markeninhaber gegenüber seinem ausschließlichen Lizenznehmer auch dann **21** nicht „Dritter" iSv § 14, wenn der Markeninhaber entgegen der Lizenzvereinbarung selbst unter seiner lizenzierten Marke Produkte vertreibt. Ansprüche des Lizenznehmers aus § 14 Abs. 5 nebst entsprechenden Folgeansprüchen scheiden daher aus. Etwaige Ansprüche wegen Vertragsverletzung bleiben unberührt (so auch Ingerl/Rohnke/Nordemann/Nordemann Rn. 51).

Steht das Recht an einer Marke mehreren **Markenmitinhabern** gemeinsam zu, so können **22** diese gegeneinander keine Ansprüche wegen Markenverletzung aus § 14 geltend machen, denn Mitinhaber sind keine „Dritten" im Sinne der Norm. Da jedoch die Inhaberschaft an einer Marke grundsätzlich unabhängig von der Registerlage zu beurteilen ist, stellt sich bei solchen Streitigkeiten regelmäßig die Vorfrage, ob einem im Register eingetragener Mitinhaber, der als Verletzer in Anspruch genommen wird, in Wahrheit keine Rechte an der Marke (mehr) zustehen, so dass er letztlich doch als Dritter zu behandeln ist. Nach der Vermutungsregel des § 28 Abs. 1 muss in einem solchen Fall der Kläger den Nachweis erbringen, dass die Registerlage nicht mehr der tatsächlichen Rechtslage entspricht (zum umgekehrten Fall der Vermutungsregel zugunsten des als Markeninhaber eingetragenen Klägers BGH GRUR 2002, 190 f. – DIE PROFIS). Im Übrigen kommen bei Mitinhaberschaft primär Ansprüche aus Verletzung von vertraglichen oder gesellschaftsrechtlichen Treuepflichten in Betracht.

IV. Ohne Zustimmung des Inhabers

1. Rechtsnatur der Zustimmung

Die Benutzung einer Marke, die von einer Zustimmung des Markeninhabers gedeckt ist, kann **23** nicht rechtswidrig sein. Die Rechtsprechung setzt daher das Merkmal „ohne Zustimmung des Markeninhabers" mit „widerrechtlich" gleich (vgl. BGH GRUR 2000, 879 f. – stüssy I).

Die Zustimmung ist **schuldrechtlicher Natur.** Anders als bei der Lizenz, zu deren Wirksam- **24** keit es nach hM zusätzlich zu dem die Zustimmung zur Nutzung enthaltenden schuldrechtlichen Vertrag auch eines Verfügungsgeschäfts bedarf (Ingerl/Rohnke/Nordemann/Czychowski § 30 Rn. 12; aA Ströbele/Hacker/Thiering/Hacker § 30 Rn. 24 ff.), ist für die Ausräumung der Widerrechtlichkeit iSv § 14 eine auf die Zustimmung zur Nutzung gerichtete Willenserklärung des Markeninhabers ausreichend.

An das Vorliegen einer solchen Willenserklärung sind allerdings **strenge Anforderungen** zu **25** stellen, denn die Zustimmung kommt gegenüber dem Erklärungsempfänger einem **Verzicht** des Markeninhabers auf sein ausschließliches Recht iSv § 14 gleich (BGH GRUR 2012, 928 Rn. 15 – Honda-Grauimport). Der Wille zum Verzicht auf dieses Recht muss daher mit Bestimmtheit erkennbar sein. Dies schließt jedoch nicht aus, dass die Zustimmung unter Umständen auch konkludent erteilt werden kann (BGH GRUR 2012, 928 Rn. 15 – Honda-Grauimport; GRUR 2011, 820 Rn. 21 – Kuchenbesteck-Set).

Die zitierte Rechtsprechung erging zur Zustimmung als Erfordernis der Erschöpfung iSv § 24 MarkenG **25.1** bzw. Art. 15 UMV. Sie ist gleichwohl auch für die Beurteilung des Vorliegens einer Zustimmung iSv § 14 heranzuziehen, da insoweit Überschneidungen bestehen.

25.2   Zwar liegt zwischen der Zustimmung zur Nutzung eines Zeichens iSv § 14 einerseits und der Zustimmung zum Inverkehrbringen einer bereits gekennzeichneten Ware (die zur Erschöpfung der Markenrechte des Inhabers führen kann) andererseits insoweit ein Unterschied vor, als letztere nicht zwingend zur Bejahung ersterer führt (vgl. nur BGH GRUR 2012, 626 Rn. 22 – CONVERSE I: nicht nur der Vertreiber von Produktfälschungen handelt widerrechtlich, sondern auch derjenige, der nicht erschöpfte Originalmarkenerzeugnisse des Markeninhabers vertreibt, wenn die Benutzung ohne Zustimmung des Markeninhabers erfolgt). Umgekehrt ist natürlich nicht ausgeschlossen, dass der Markeninhaber dem Vertrieb an sich nicht erschöpfter Ware im Einzelfall zustimmt und selbst das Inverkehrbringen von Produktfälschungen gestattet.

25.3   Da das Gesetz jedoch vorsieht, dass es bei erschöpfter Ware (von den Ausnahmen in § 24 Abs. 2 abgesehen) keiner weiteren Zustimmung des Markeninhabers gegenüber dem konkreten Verwender bedarf, und daher beide Formen der Zustimmung im Ergebnis dazu führen, dass in ihnen der Wille zum Verzicht auf das markenrechtliche Ausschließlichkeitsrecht zum Ausdruck kommen soll, sind die strengen Anforderungen der Rechtsprechung an beide Formen in gleicher Weise zu stellen.

2. Dauer und Beendigung

26   Für welche **Dauer** sich der Begünstigte auf eine ihm gegenüber erteilte Zustimmung berufen kann, ist in erster Linie Sache der vertraglichen Abrede mit dem Markeninhaber. Gibt es insoweit keine Vereinbarung, stellt sich die Frage nach der **Kündbarkeit**. Dabei ist davon auszugehen, dass – wie bei jedem Dauerschuldverhältnis – eine Kündigung aus wichtigem Grund immer möglich sein muss (Ingerl/Rohnke/Nordemann/Nordemann Rn. 55). In besonders gelagerten Fällen kann auch ohne entsprechende Abrede eine ordentliche Kündigung mit angemessener Frist möglich sein (vgl. BGH GRUR 2006, 56 Rn. 42 – BOSS-Club, bei einem auf unbestimmte Zeit geschlossenen Gestattungsvertrag mit unentgeltlicher Nutzungseinräumung). Maßgeblich sind insoweit die allgemeinen Grundsätze der Vertragsauslegung gemäß §§ 133, 157 BGB.

27   Bei der Würdigung der Interessenlage ist einerseits darauf abzustellen, inwieweit der Begünstigte darauf **vertrauen** durfte, in Zukunft ohne Beanstandung des Markeninhabers mit der Zeichennutzung fortfahren zu können. Auf der anderen Seite ist zu berücksichtigen, dass ein dauerhafter, irreversibler Verzicht auf die Durchsetzung seiner Markenrechte vom Markeninhaber kaum erwartet werden kann. Letzteres gilt insbesondere dann, wenn es sich um die identische Benutzung der Marke handelt.

28   Dementsprechend dürfte zu unterscheiden sein: Bei einer lizenzvertraglichen Regelung wird regelmäßig von einer zeitlich beschränkten Gestattung auszugehen sein. Die Annahme einer zeitlich unbeschränkten, „unkündbaren" Nutzungsgestattung wurde mit EuGH außerdem auch in einem Fall zurückgewiesen, in dem aufgrund eines faktischen Kooperationsverhältnisses ein mit der geschützten Marke identisches Zeichen jahrelang unbeanstandet benutzt worden war: Der bisherige Nutzer kann sich den markenrechtlichen Ansprüchen des Inhabers nicht unter Berufung auf das Kooperationsverhältnis widersetzen, selbst wenn der Widerruf der vorherigen Gestattung unrechtmäßig war; insoweit kommen allenfalls andere Sanktionen in Betracht (EuGH C-661/11, GRUR 2013, 1140 Rn. 60 f. – Martin Y Paz/Gauquie).

29   Im Fall von **Abgrenzungsvereinbarungen,** bei denen die Parteien regelmäßig darauf achten, dass die jeweils benutzten Zeichen genügend Abstand voneinander wahren, um im geschäftlichen Verkehr nicht zu Verwechslungen zu führen, kommt hingegen dem Vertrauensschutz der Beteiligten grundsätzlich größeres Gewicht zu als dem Interesse daran, sich von der ursprünglichen Vereinbarung lösen zu können, um die jeweiligen Marken uneingeschränkt zu nutzen bzw. durchzusetzen. Dennoch bleibt die Kündigung aus wichtigem Grund möglich (Fezer Rn. 1101; Knaak GRUR 1981, 386 (394)). In Betracht kommt ferner die Anwendung der Grundsätze über die Störung der Geschäftsgrundlage, § 313 BGB, die in erster Linie zur Anpassung der Vereinbarung, unter Umständen jedoch auch zu deren Beendigung führen können.

30   Da die Zustimmung eine rein schuldrechtliche Willenserklärung ist, begründet sie auf Seiten des Begünstigten **keine eigenen absoluten Rechte** (vgl. BGH GRUR 1993, 151 f. – Universitätsemblem). Unter Umständen führt sie jedoch dazu, dass sich auch andere als der unmittelbar von der Zustimmungserklärung Begünstigte gegenüber dem Markeninhaber auf diese Zustimmung berufen können, weil die Zustimmung entweder letztlich zur Erschöpfung der dann vom Erklärungsempfänger in Verkehr gebrachten Ware führt, oder weil sich ein Dritter analog § 986 Abs. 1 BGB auf die erteilte Zustimmung berufen kann (zB BGH GRUR 2002, 967 (970) – Hotel Adlon; → Rn. 35, → Rn. 45).

3. Darlegungs- und Beweislast

Die Darlegungs- und Beweislast für die Erteilung einer Zustimmung trifft denjenigen, der sich **31** auf die Zustimmung beruft, auch wenn der Markeninhaber grundsätzlich die Voraussetzungen des § 14 Abs. 2 für das Vorliegen einer Benutzung im Sinne der dortigen Nr. 1–3 darzulegen und im Streitfall zu beweisen hat (BGH GRUR 2012, 626 Rn. 20 – CONVERSE I; GRUR 2000, 879 f. – stüssy I). Dies folgt daraus, dass die erteilte Zustimmung und der damit verbundene Verzicht auf die dem Inhaber der Marke zustehenden ausschließlichen Rechte Voraussetzung für die **Beseitigung der ansonsten grundsätzlich gegebenen Widerrechtlichkeit** der Zeichennutzung sind. Die wirksame Beendigung einer einmal erteilten Zustimmung hat wiederum der Markeninhaber darzulegen und zu beweisen.

V. Ohne eigene prioritätsältere Rechte

1. Grundsätze

Die Zeichennutzung durch den in Anspruch genommenen Dritten ist trotz fehlender Zustim- **32** mung des Markeninhabers nicht zu beanstanden, wenn dem Dritten für diese Zeichennutzung gegenüber dem Markeninhaber **eigene** oder **abgeleitete** und hinsichtlich des vermeintlich verletzten Markenrechts **vorrangige** Rechte zustehen. Dies ist zwar nicht ausdrücklich in § 14 geregelt, folgt aber aus § 6, der für das gesamte Kennzeichenrecht bestimmt, dass ältere Rechte gegenüber jüngeren Vorrang genießen.

Eine ausdrückliche Regelung ist in der reformierten MRL vorgesehen (Art. 10 Abs. 2 MRL). Im **32.1** MaMoG ist diese Klarstellung nicht enthalten und hat somit keinen Eingang in das deutsche Markenrecht gefunden.

Als ältere Rechte kommen sowohl eigene Rechte des Zeichennutzers als auch Rechte Dritter **33** in Betracht.

Eigene Rechte können der Klagemarke **einredeweise** entgegengehalten werden (vgl. zB BGH **34** GRUR 2013, 1150 Rn. 25 – Baumann; GRUR 2009, 1055 Rn. 52 – airdsl). Es ist insbesondere **nicht erforderlich,** dass der im Prozess per Unterlassungsklage in Anspruch genommene Dritte **Widerklage** auf Einwilligung in die Löschung der Klagemarke erhebt (EuGH C-561/11, GRUR 2013, 516 – FCI/FCIPPR; im Falle einer Benutzungsmarke wäre dies ohnehin nicht möglich). Dies kann aus prozesstaktischer Sicht aus Kostengründen relevant sein und darüber hinaus die Attraktivität einer einvernehmlichen Regelung steigern.

Unter Umständen kann sich der in Anspruch Genommene auch auf ältere Rechte eines Dritten **35** berufen, wobei § 986 Abs. 1 BGB analog angewendet wird (zB BGH GRUR 2002, 967 (970) – Hotel Adlon). Zu den Voraussetzungen → Rn. 30.

Diesen Rechten, die gegenüber der Verletzungsmarke in Anspruch genommen werden, kann **36** allerdings ggf. auch der Markeninhaber wiederum ein älteres Kennzeichenrecht entgegenhalten, das es ihm ermöglicht, die Benutzung seines Zeichens verbieten zu lassen (vgl. BGH GRUR 2013, 1150 Rn. 27 – Baumann).

2. Anforderungen an das entgegengehaltene Recht

Der Dritte kann sich erfolgreich nur auf solche Rechte berufen, die die Klagemarke entweder **37** zu Fall bringen können oder aber zumindest die Koexistenz beider Zeichen zur Folge haben (vgl. BGH GRUR 2009, 1055 Rn. 52 – airdsl). Darunter fallen insbesondere alle prioritäts**älteren** Kennzeichenrechte sowie solche, die gemäß § 13 ebenfalls zu einem Löschungsbewilligungsanspruch führen können.

Auf ein – auch eingetragenes – prioritäts**jüngeres** Recht kann sich der Dritte naturgemäß **38** nicht berufen. Daher kommt es für den Verletzungsanspruch nicht darauf an, ob zuvor oder zeitgleich ein Löschungsverfahren (bzw. im Fall einer jüngeren Unionsmarke die Nichtigerklärung) betrieben wird (EuGH C-561/11, GRUR 2013, 516 – FCI/FCIPPR).

Da das MarkenG **kein Vorbenutzungsrecht** kennt, kann sich der in Anspruch Genommene **39** grundsätzlich nicht darauf berufen, das angegriffene Zeichen bereits vor dem für die Klagemarke maßgeblichen Zeitrang wie eine Marke benutzt zu haben (BGH GRUR 1998, 412 – Analgin). Unter besonderen Umständen kann eine derartige Vorbenutzung aber dennoch einer Inanspruchnahme durch den Markeninhaber entgegengehalten werden, etwa wenn die Voraussetzungen der Verwirkung vorliegen (§ 21 MarkenG bzw. § 242 BGB) oder die Anmeldung der Klagemarke in Kenntnis der Vorbenutzung rechtsmissbräuchlich ist (→ § 8 Rn. 957 ff.); → Rn. 42.

40   Auch die bloße **Domainregistrierung** vor dem maßgeblichen Zeitrang der Klagemarke genügt regelmäßig nicht (BGH GRUR 2009, 1055 Rn. 55 – airdsl); zu den Einzelheiten sowie zu den Besonderheiten in Bezug auf nach einer Domainregistrierung entstehende **Namensrechte** → § 15 Rn. 78 ff.

41   Ferner darf das einredeweise geltend gemachte Recht **nicht** seinerseits **löschungsreif** sein (Ingerl/Rohnke/Nordemann/Nordemann Rn. 34). Dies gilt auch im Hinblick auf eine wegen Verfalls löschungsreife Marke: Zwar bestimmt § 52 Abs. 1 grundsätzlich für eine Löschungsbewilligungsklage, dass eine Löschung wegen Verfalls im Regelfall nur auf den Zeitpunkt der Klageerhebung zurückwirkt, die Marke trotz ihrer Löschungsreife daher bis zu einer entsprechenden Klageerhebung noch Schutz gewährt. Aus § 55 Abs. 3 ergibt sich jedoch, dass eine aufgrund Verfalls löschungsreife Marke ein Löschungsverfahren nicht tragen kann, ebenso wie auf eine wegen Verfalls löschungsreife Marke keine Ansprüche aus § 14 und §§ 18–19c gestützt werden können (vgl. § 25). Mithin können aus einer derartigen Marke im Fall der Inanspruchnahme aus § 14 Rechte auch nicht einredeweise geltend gemacht werden.

42   Zudem kann der Markeninhaber gegenüber dem Erwerb des in Bezug genommenen Rechts und/oder dessen Geltendmachung unter Umständen **Rechtsmissbrauch** einwenden (vgl. BGH GRUR 2009, 515 Rn. 26 – Motorradreiniger; GRUR 2008, 621 Rn. 35 – AKADEMIKS).

43   Da bereits ein Recht genügt, welches zur Koexistenz berechtigt, ist für eine erfolgreiche einredeweise Geltendmachung eigener Rechte durch den Dritten nicht die Feststellung erforderlich, ob etwaige Löschungsbewilligungsansprüche aus dem Recht des Dritten gegen die Klagemarke zum Zeitpunkt der Geltendmachung noch durchsetzbar sind. Deshalb ist es unschädlich, wenn einem solchen Löschungsbewilligungsanspruch erfolgreich der **Verwirkungseinwand** entgegengehalten werden kann (vgl. BGH GRUR 2009, 1055 Rn. 52 – airdsl; Ingerl/Rohnke/Nordemann/Nordemann Rn. 37).

44   **Unschädlich** ist es auch, wenn das in Bezug genommene Recht nur einen **räumlich begrenzten Schutzbereich** hat, etwa weil es im Gegensatz zur Klagemarke nur ein in eng begrenztem geografischen Umfang genutztes Unternehmenskennzeichen ist (Ströbele/Hacker/Thiering/Hacker Rn. 35), denn auch insoweit gilt, dass ein koexistenzbegründendes Recht auf Seiten des Dritten genügt. Zum umgekehrten Fall der Geltendmachung eigener Verbietungsrechte aus einem Schutzrecht mit regionaler Reichweite gegen eine bundesweite Zeichenverwendung → § 15 Rn. 14.

3. Berufung auf fremde Gegenrechte

45   Der vom Markeninhaber in Anspruch genommene Dritte kann sich gemäß § 986 Abs. 1 BGB analog unter Umständen auch auf prioritätsältere **Fremdrechte** berufen (BGH GRUR 1993, 574 (576) – Decker).

46   Dies gilt jedoch nicht uneingeschränkt. Schließlich ist es denkbar, dass es den Interessen des Inhabers der Fremdrechte überhaupt nicht entspricht, den Markeninhaber an der Geltendmachung von Ansprüchen gegenüber dem Dritten zu hindern. Es muss daher grundsätzlich dem Inhaber der Fremdrechte überlassen bleiben zu entscheiden, ob Dritte seine Rechte zur Rechtfertigung eigener Nutzungshandlungen heranziehen können.

47   Die Möglichkeit der Berufung auf Fremdrechte, die der Klagemarke entgegenstehen oder zumindest zur Koexistenz berechtigen, ist daher an die weiteren Voraussetzungen geknüpft, dass der Inhaber des Fremdrechts dem Dritten die Benutzung dieses Rechts **gestattet hat,** dass die Gestattung die streitgegenständliche Benutzung abdeckt und dass die Klagemarke in den Schutzbereich des anderen Kennzeichenrechts eingreift (BGH GRUR 2013, 1150 Rn. 25 – Baumann; GRUR 2009, 1055 Rn. 52 – airdsl; Ströbele/Hacker/Thiering/Hacker Rn. 37).

48   Soweit zwischen dem Inhaber der Fremdrechte und dem anspruchstellenden Markeninhaber lediglich eine Koexistenzlage besteht, ist darüber hinaus erforderlich, dass der Inhaber des Fremdrechts gegenüber dem Markeninhaber auch **berechtigt** war, seine Rechtsposition an den in Anspruch genommenen Dritten weiterzugeben (vgl. BGH BeckRS 2002, 30252284 – Net Com II).

4. Sonstige Einwendungen

49   Auch wenn sich der in Anspruch genommene Zeichennutzer gegenüber Ansprüchen aus der Klagemarke nicht auf eigene oder fremde ältere Rechte berufen kann, können sich aus der Vorbenutzung oder Benutzung eines Zeichens ausnahmsweise Einwendungen gegen die aus der Marke hergeleiteten Verletzungsansprüche ergeben. Dies gilt insbesondere bei **Löschungsreife der Klagemarke wegen Bösgläubigkeit** bzw. bösgläubiger Geltendmachung der Rechte aus der Klagemarke (zB BGH GRUR 2008, 917 Rn. 19 – EROS; GRUR 2005, 414 (417) – Russisches Schaumgebäck; Ströbele/Hacker/Thiering/Hacker Rn. 29, 46). Darüber hinaus kommt ggf. Verwirkung (§ 21) in Betracht oder das Eingreifen der Schutzschranken in §§ 23, 24, was ebenfalls zu einer Benutzungsberechtigung gegenüber dem Markeninhaber führen kann (→ § 23 Rn. 1 ff.).

VI. Räumlicher Schutzbereich der Marke

Eine Benutzung durch den in Anspruch genommenen Dritten kann nur dann Ansprüche des **50** Markeninhabers aus der Klagemarke begründen, wenn sich die Benutzung auf den räumlichen Schutzbereich der Marke auswirkt. Dies entspricht der Interessenlage und folgt aus dem Territorialitätsprinzip, das den Schutz eines inländischen Kennzeichens auf das Schutzland beschränkt (vgl. zB BGH GRUR 2012, 621 Rn. 34 – OSCAR).

Ausländische Marken können nur auf Grund von Sonderregelungen oder zwischenstaatlicher Aner- **50.1** kennung in Deutschland Schutz genießen (vgl. BGH GRUR 2012, 1263 Rn. 17 – Clinique happy, auch zur Frage der Anwendbarkeit ausländischen Markenrechts in Deutschland als Schutzgesetz iSv § 823 Abs. 2 BGB, die der BGH unter Aufgabe seiner früheren Rechtsprechung (BGH GRUR 1957, 352 – Taeschner/Pertussin II) nunmehr verneint).

Von einer Benutzung im Geltungsbereich des Gesetzes ist auszugehen, wenn die Ware in den zollrecht- **50.2** lich freien Verkehr des Schutzlandes überführt wird, auch wenn sich daran noch nicht das Inverkehrbringen, sondern ein Verfahren zur Steuerbefreiung anschließt (EuGH C-379/14, GRUR 2015, 897 Rn. 49, 50 – TOP Logistics). Solange sich die Ware hingegen im Nichterhebungsverfahren zum Zweck des Transits im Zollbereich der EU befindet, ist der Tatbestand der Rechtsverletzung nur dann erfüllt, wenn Hinweise darauf vorliegen, dass die Ware in der Union in den Verkehr gebracht werden soll (EuGH C-495/11 (Marken) und C-446/11 (Designs), GRUR 2012, 828 Rn. 56, 57 – Philips und Nokia), → Rn. 251 ff. Um solche Waren zu erfassen, bedurfte es daher der Sonderregel des § 14a (→ § 14a Rn. 1 ff.).

Von § 14 erfasst wird auch die Entfernung der Marke innerhalb des Zolllagerverfahrens, wenn die Ware **50.3** später unter einer anderen Marke im Schutzgebiet in Verkehr gebracht wird (EuGH C-129/17, GRUR 2018, 917 – Mitsubishi/Duma).

Besonderheiten gelten für das Bewerben von Waren im Internet mit grenzüberschreitenden **51** Auswirkungen. Ob in solchen Fällen Ansprüche des Markeninhabers entstehen, hängt von den Umständen des konkreten Einzelfalls ab.

Neben der an dieser Stelle nicht weiter zu behandelnden Frage, wann bei einer behaupteten **52** Schutzrechtsverletzung eine internationale Zuständigkeit der deutschen Gerichte gegeben ist (→ § 140 Rn. 114 ff.), kommt es in materiellrechtlicher Hinsicht darauf an, ob eine das Markenrecht verletzende **Benutzungshandlung im Inland** zu bejahen ist (BGH GRUR 2012, 621 Rn. 34 – OSCAR).

Für die Annahme einer von § 14 erfassten Benutzungshandlung muss ein **relevanter Inlands-** **53** **bezug** vorliegen. Durch diese Einschränkung soll der Gefahr einer uferlosen Ausdehnung des Schutzes nationaler Kennzeichenrechte und einer unangemessenen Beschränkung der wirtschaftlichen Entfaltung ausländischer Unternehmen entgegengewirkt werden (vgl. BGH GRUR 2012, 621 Rn. 35 – OSCAR). Als Richtlinie dienen insoweit die Empfehlungen der WIPO zur Benutzung von Zeichen im Internet (Article 2 Joint Recommendation Concerning Provisions On The Protection Of Marks And Other Industrial Property Rights In Signs, On The Internet aus 2001), die als Voraussetzung für die Annahme einer Verletzung im jeweiligen Schutzrechtsterritorium das Vorliegen eines „commercial effect" fordern (vgl. BGH GRUR 2005, 431 (433) – MARITIME).

Die Feststellung eines relevanten Inlandsbezugs ist regelmäßig unproblematisch, wenn entspre- **54** chend gekennzeichnete Produkte in Deutschland vertrieben oder mit in Deutschland verteilten Werbemitteln beworben werden. Hat das beanstandete Verhalten seinen Schwerpunkt im Ausland, ist der Inlandsbezug im Wege einer Gesamtabwägung der konkreten Umstände des Einzelfalls festzustellen (BGH GRUR 2012, 621 Rn. 36 – OSCAR; GRUR 2018, 417 Rn. 37 – Resistograph; GRUR 2020, 647 Rn. 28 – Club Hotel Robinson; → Rn. 55). Fehlt es an einem solchen ausländischen Schwerpunkt, kann eine Verletzungshandlung im Inland nach den allgemeinen Grundsätzen auch in Fällen mit Auslandsberührung regelmäßig bereits dann gegeben sein, wenn im Inland unter dem Zeichen Waren oder Dienstleistungen angeboten werden, ohne dass es einer Gesamtabwägung der konkreten Umstände des Einzelfalls bedarf (BGH GRUR 2020, 647 Rn. 28, 30 – Club Hotel Robinson).

Bei der im Falle eines Auslandsschwerpunkts gebotenen **Gesamtabwägung** ist nicht nur auf **55** die Auswirkungen auf die wirtschaftlichen Interessen des Kennzeichenrechtsinhabers abzustellen, sondern auch darauf, ob und inwieweit die Rechtsverletzung **unvermeidbare Begleiterschei-**

nung technischer oder organisatorischer Sachverhalte ist, auf die der in Anspruch Genommene keinen Einfluss hat, oder aber ob der vermeintliche Verletzer – zB durch die Schaffung von Bestellmöglichkeiten aus dem Inland oder die Lieferung auch ins Inland – **zielgerichtet** von der inländischen Erreichbarkeit profitiert und die dadurch eintretende Beeinträchtigung des Zeicheninhabers nicht nur unerheblich ist (BGH GRUR 2012, 621 Rn. 36 – OSCAR; vgl. auch EuGH C-324/09, GRUR 2011, 1025 Rn. 64 – L'Oréal/eBay).

VII. (Aktive) Benutzung durch den Verletzer

56   Die Annahme einer Markenverletzung setzt eine Benutzung der Marke durch den als Verletzer in Anspruch Genommenen voraus. Dies erfordert ein **aktives Verhalten** und eine **unmittelbare oder mittelbare Herrschaft** über die Benutzungshandlung (EuGH C-684/19 GRUR 2020, 868 Rn. 23 – mk advokaten/MBK Rechtsanwälte). An einer Benutzung fehlt es insbesondere dann, wenn der Verletzer die Marke nicht in der **eigenen kommerziellen Kommunikation** verwendet, sondern lediglich die (technischen) Voraussetzungen dafür schafft, dass andere die Marke verwenden können (EuGH C-236/08 bis C-238/08, GRUR 2010, 445 Rn. 56 – Google France und Google). Soweit keine Benutzung vorliegt, kommt lediglich die Haftung als Teilnehmer oder Störer in Betracht (→ § 14 Rn. 658 ff., → § 14 Rn. 681 ff.).

57   Keine Benutzung von Marken in der eigenen kommerziellen Kommunikation ist in dem Angebot von **„Adwords"** durch eine Suchmaschine („Internet-Referenzierungsdienst") zu sehen. Zwar lässt der Suchmaschinenbetreiber dadurch zu, dass seine Kunden Zeichen benutzen, die mit Marken identisch oder ihnen ähnlich sind, er benutzt diese Zeichen jedoch nicht selbst (EuGH C-236/08 bis C-238/08, GRUR 2010, 445 Rn. 56 f. – Google France und Google; EuGH C-324/09, GRUR 2011, 1025 Rn. 101 f. – L'Oréal/eBay). Etwas anderes gilt jedoch, wenn von der internen Suchmaschine eines Online-Shops bei Eingabe einer Marke Ergebnisse angezeigt werden, die sowohl Produkte der betreffenden Marke als auch Produkte Dritter umfassen. Da in diesem Fall die Anzeige der Ergebnisse nicht von den Anbietern der Drittwaren, sondern von dem Betreiber des Online-Shops bzw. dem von diesem zur Auswertung des Nutzerverhaltens eingesetzten Logarithmus gesteuert wird, liegt eine Benutzung durch den Betreiber des Online-Shops vor (BGH GRUR 2018, 924 – Ortlieb mAnm Kur).

58   Unklar blieb zunächst, ob für die Frage der Markenbenutzung durch **hybride Plattformen** – dh Verkaufsplattformen, die sowohl eigene als auch Produkte Dritter vertreiben – lediglich objektive Umstände maßgeblich sind, oder auch der **bei den Abnehmern erzeugte Eindruck** eine Rolle spielt. In den verb. Rs. C-148/21 und C-184/21, BeckRS 2022, 37018 Rn. 54 – Louboutin/Amazon hat sich der EuGH im zuletzt genannten Sinn geäußert. Danach wird die Marke vom Plattformbetreiber selbst benutzt, wenn Drittanbieter „ohne die Zustimmung des Inhabers dieser Marke solche mit diesem Zeichen versehenen Waren auf dem betreffenden Marktplatz zum Verkauf anbieten, sofern ein normal informierter und angemessen aufmerksamer Nutzer dieser Plattform eine Verbindung zwischen den Dienstleistungen dieses Betreibers und dem fraglichen Zeichen herstellt, was insbesondere dann der Fall ist, wenn ein solcher Nutzer in Anbetracht aller Umstände des Einzelfalls den Eindruck haben könnte, dass dieser Betreiber derjenige ist, der die mit diesem Zeichen versehenen Waren im eigenen Namen und für eigene Rechnung selbst vertreibt".

58.1   In den fraglichen Fällen waren über die Verkaufsplattform von Amazon hochhackige Schuhe mit roter Sohle (für die Louboutin Markenschutz besitzt) angeboten worden. Amazon berief sich darauf, dass die Plattform in den betroffenen Fällen von Dritten lediglich als Mittler eingesetzt worden sei und daher keine eigene Benutzung vorliege. Dem wurde jedoch entgegengehalten, dass die Präsentation von eigenen und von Produkten Dritter nach außen hin nicht erkennbar war, und dass in der Kopfzeile der jeweiligen Anzeigen stets das Logo Amazons oder verbundener Unternehmen erschien.

59   Lediglich in die **Schaffung der technischen Voraussetzungen** für die Markenbenutzung einbezogen ist ein Dienstleistender, der im Auftrag und nach den Anweisungen eines Dritten **Getränkedosen abfüllt,** die der Dritte ihm zur Verfügung gestellt hat und die bereits mit dem markenverletzenden Zeichen versehen waren. Insoweit liegt keine eigene Benutzung dieses Zeichens vor (EuGH C-119/10, GRUR 2012, 268 – Frisdranken/Red Bull).

60   Auch die ohne Kenntnis der Rechtsverletzung begründeten Umstände vorgenommene **Lagerung von Waren** stellt keine relevante Benutzungshandlung dar (EuGH C-567/18, GRUR 2020, 637 – Coty/Amazon). Das gilt auch dann, wenn vom Lagerhalter zusätzliche Dienstleistungen (Versand der Ware) angeboten werden, da es auch in diesem Fall an einem faktischen Eigenvertrieb fehlt (BGH GRUR 2021, 730 Rn. 29 ff., 31 – Davidoff Hot Water IV).

Von einer rechtserheblichen Benutzung iSv § 14 ist ferner dann nicht (mehr) auszugehen, wenn **61** ein Werbender den Betreiber einer Webseite **auffordert,** eine ursprünglich von ihm geschaltete Anzeige oder die in ihr enthaltene Nennung der Marke zu **löschen,** dieser Aufforderung jedoch nicht Folge geleistet wird (EuGH C-179/15, GRUR 2016, 375 Rn. 34 – Daimler/Együd Garage). Gleiches gilt, wenn **Betreiber anderer Websites** eine (später vom Werbenden geänderte) Anzeige übernehmen, indem sie sie auf eigene Initiative und im eigenen Namen auf diesen anderen Websites veröffentlichen (EuGH C-684/19, GRUR 2020, 868 Rn. 31 – mk advokaten/MBK Rechtsanwälte; s. auch EuGH C-179/15, GRUR 2016, 375 Rn. 44 – Daimler/Együd Garage). Wenn allerdings der Werbende Kenntnis davon hat, dass von ihm geschaltete Angaben durch Dritte verändert werden können, kommt eine Haftung als Störer in Betracht, wenn er die fortbestehende Richtigkeit seiner Angaben nicht in hinreichendem Maße überprüft (BGH GRUR 2016, 936 Rn. 24 ff. – Angebotsmanipulation bei Amazon; zur Störerhaftung → § 14 Rn. 681 ff.).

Eingehend zu Fragen der Haftung von Plattformbetreibern und anderen Internet-Dienstleitern im **61.1** Markenrecht im Vergleich zu UWG und Urheberrecht: Hofmann, Markenrechtliche Aspekte der Plattformregulierung – Hat die klassische Störerhaftung auch im Markenrecht ausgedient?, MarkenR 2022, 149.

Eine den rechtlichen Anforderungen genügende Benutzung der Marke setzt **nicht** voraus, dass **62** diese **gegenüber den Abnehmern** erfolgt. So wird eine Marke auch dann iSv § 14 benutzt, wenn zunächst nur Maßnahmen zur Durchführung des Verfahrens zur Steuerbefreiung vorgenommen werden mit dem Ziel der späteren Verbringung in den geschäftlichen Verkehr der EU (EuGH C-379/14, GRUR 2015, 897 Rn. 40 – TOP Logistics). Sogar die **Entfernung** einer Marke kann dem EuGH zufolge eine tatbestandsmäßige Handlung sein. Zwar liegt darin keine Benutzung der Marke – eher das Gegenteil – aber immerhin eine „aktive Handlung", die der EuGH für die Zwecke der Anwendung des Verletzungstatbestands genügen lässt (EuGH C-129/17, GRUR 2018, 917 Rn. 41, 48 – Mitsubishi/Duma; kritisch dazu Knaak/Kur GRUR 2018, 1120; → Rn. 235).

Ob auch rein **innerbetriebliche Handlungen,** wie interne Anweisungen an Mitarbeiter oder **63** Beauftragte, bereits an dem Erfordernis einer rechtserheblichen Benutzung scheitern (vgl. Ströbele/Hacker/Thiering/Hacker Rn. 61) ist hingegen fraglich. Jedenfalls handelt es sich nicht um einen allgemein gültigen Grundsatz. Vielmehr stellen etwa der rein betriebsinterne Zustand des Besitzens sowie die interne Zeichenanbringung nach § 14 Abs. 3 und 4 ausdrücklich Verletzungshandlungen dar (hierzu Ingerl/Rohnke/Nordemann/Nordemann Rn. 87 ff.). In den meisten Fällen lassen sich die in diesem Zusammenhang relevanten Fragen in sachgerechter Weise unter dem Aspekt der Handlung „im geschäftlichen Verkehr" (→ Rn. 64 ff.) oder der Benutzung „im Rahmen des Produktabsatzes" behandeln (→ Rn. 125 ff.).

VIII. Benutzung im geschäftlichen Verkehr

1. Grundsätze

Das dem Markeninhaber gemäß § 14 Abs. 1 zugewiesene Ausschlussrecht richtet sich nur gegen **64** Benutzungshandlungen, die im geschäftlichen Verkehr vorgenommen werden (§ 14 Abs. 2). Gegen eine Benutzung des als Marke geschützten Zeichens kann der Inhaber jedenfalls nicht aufgrund seines Markenrechts vorgehen, wenn diese außerhalb des geschäftlichen Verkehrs erfolgt (BGH GRUR 1998, 696 – Rolex-Uhr mit Diamanten).

Da die MRL die Grundsätze der zivilrechtlichen Haftung einheitlich regelt, gilt dies auch in den anderen **64.1** europäischen Ländern; anderes gilt jedoch unter Umständen für strafrechtliche oder verwaltungsrechtliche Sanktionen. Auf die Unbedenklichkeit von Markenverletzungen im privaten Bereich sollte man sich daher im (europäischen) Ausland nicht verlassen: So stellen der Erwerb oder auch der Besitz gefälschter Markenwaren in Frankreich und Portugal eine Straftatbestand dar, und auch in anderen Ländern (zB in Italien) kann der Käufer von Piratieriewaren mit Ordnungsgeld belegt werden.

Ein Zeichen wird im geschäftlichen Verkehr benutzt, wenn die Benutzung im Zusammenhang **65** mit einer **auf einen wirtschaftlichen Vorteil gerichteten kommerziellen Tätigkeit** und nicht lediglich im privaten Bereich erfolgt (EuGH C-236/08 bis C-238/08, GRUR 2010, 445 Rn. 50 – Google France und Google; BGH GRUR 2019, 79 Rn. 19 – Tork), also wenn die Benutzung einem beliebigen eigenen oder fremden Geschäftszweck dient (BGH GRUR 2004, 241 f. – GeDIOS).

66   Dabei ist bei der Beurteilung des konkreten Einzelfalls zu berücksichtigen, dass an das Vorliegen einer markenrechtlich relevanten Handlung im geschäftlichen Verkehr **keine allzu hohen Anforderungen** zu stellen sind (BGH GRUR 2009, 871 Rn. 23 – Ohrclips). Insbesondere bedarf es keiner Gewinnerzielungsabsicht; es kommt auch nicht auf die Entgeltlichkeit der angebotenen Waren/Dienstleistungen oder darauf an, ob zwischen dem Markeninhaber und dem in Anspruch genommenen Dritten ein Wettbewerbsverhältnis besteht (vgl. zB BGH GRUR 1987, 438 (440) – Handtuchspender).

67   Vom Anwendungsbereich des § 14 ausgeschlossen sind daher insbesondere **ausschließlich** private Handlungen, ferner unter Umständen Benutzungen **für rein** wissenschaftliche, ideelle, politische oder ähnliche Zwecke (→ Rn. 72 ff., → Rn. 115).

68   Für die Abgrenzung kann zum einen auf die **Person des Benutzers** (→ Rn. 69 f.) und zum anderen auf die **Benutzungshandlung** (→ Rn. 71 ff.) selbst abgestellt werden.

69   An der Person des Benutzers lässt sich die Unterscheidung von geschäftlichem und privatem Handeln jedoch nicht zweifelsfrei festmachen. Zwar wird bei **Gewerbetreibenden** ein Handeln im geschäftlichen Verkehr regelmäßig vermutet. Diese Vermutung ist jedoch widerlegbar (BGH GRUR 1993, 761 f. – Makler-Privatangebot).

70   Für **Privatpersonen** lässt sich eine umgekehrte Regel ohnehin nicht aufstellen, zumal es für ein Handeln im geschäftlichen Verkehr nicht auf äußerliche Merkmale wie einen Gewerbeschein, ein Ladenlokal oder einen Beruf ankommt. Auch bei **Idealvereinen** kann ein Handeln im geschäftlichen Verkehr nicht von vornherein ausgeschlossen werden (vgl. BGH GRUR 2008, 1102 Rn. 12 – Haus & Grund I).

71   Maßgeblich bleibt daher stets die jeweils konkret zu beurteilende **Benutzungshandlung.** Dabei ist nicht die Intention des Benutzers maßgeblich, sondern es kommt allein auf die erkennbar nach außen tretende Zielrichtung des Handelnden an (BGH GRUR 2002, 622 (624) – shell.de).

2. Einzelfälle

72   **a) Privatverkäufe im Internet. aa) Beurteilungskriterien.** Verkäufe gebrauchter Waren im privaten Umfeld oder durch Kleinanzeigen (sog. Gelegenheitsverkäufe) werden von § 14 grundsätzlich nicht erfasst. Durch das Internet hat diese Form des Warenvertriebs jedoch eine neue Dimension erreicht: Angebote „von Privat" richten sich nicht mehr nur an einen relativ eng beschränkten Kreis von Abnehmern, sondern sind ohne großen Aufwand **für eine große Anzahl potenzieller Kunden zugänglich** und stehen damit geschäftlichen Vertriebsformen tendenziell näher als traditionelle Formen von Privatverkäufen. Damit bietet das Internet auch solchen Personen ein attraktives Betätigungsfeld, deren Handlungen nach Art und Zuschnitt eher als geschäftlich zu qualifizieren sind. Solche angeblichen Privatverkäufe werden daher immer häufiger von Markeninhabern beanstandet.

73   Allein die Tatsache, dass jemand Gegenstände bei eBay oder einem entsprechenden Internetportal zum Verkauf anbietet, macht aus diesem Angebot noch kein Handeln im geschäftlichen Verkehr (anders noch OLG Köln GRUR-RR 2006, 50 f.). Weder dass es sich um ein entgeltliches Warenangebot handelt, noch dass sich das Angebot an eine faktisch unbegrenzte Zahl potenzieller Kaufinteressenten richtet, sind insoweit entscheidend. Es kommt vielmehr stets auf die konkreten Umstände des Einzelfalls, wie insbesondere auf den Umfang und die Häufigkeit der Verkäufe an (EuGH C-324/09, GRUR 2011, 1025 Rn. 54 – L'Oréal/eBay).

74   Es ist also stets eine **Gesamtschau** unter Berücksichtigung aller maßgeblichen Gesichtspunkte vorzunehmen. Maßgeblich sind in diesem Zusammenhang etwa die Anzahl gleichgelagerter Angebote (BGH GRUR 2009, 871 Rn. 23 – Ohrclips), der Schwerpunkt des Angebots (Neuwaren und/oder Gebrauchtwaren; BGH GRUR 2009, 871 Rn. 23 – Ohrclips), die Einordnung als sog. Powerseller, die zeitliche Dimension der entsprechenden Tätigkeit, die Anzahl der Bewertungen von Kunden, die Verwendung von AGB sowie die Einräumung von Widerrufsrechten, der Betrieb eines „Shops" unter dem Verkaufsportal sowie das weitere Auftreten des Verkäufers im Internet (zB weitere, insbesondere gewerbliche Homepages im gleichen Segment; BGH GRUR 2008, 702 Rn. 43 – Internetversteigerung III). Auch die Art des **Erwerbs von Waren** und die darin zutage tretende Gewinnerzielungsabsicht kann unter Umständen für die Bejahung einer geschäftlichen Handlung sprechen, insbesondere bei einer Weiterveräußerung, die im eigenen Namen oder als Kommissionsgeschäft erfolgen kann (BGH GRUR 2004, 860 (863) – Internetversteigerung; GRUR 2009, 871 Rn. 25 – Ohrclips).

75   Ausschlaggebend sind immer die Umstände des Einzelfalls. Während bei einer Wohnungsauflösung trotz des Umfangs der Angebote noch von einem privaten Verkauf auszugehen sein kann (BGH GRUR 2007, 708 (710) – Internetversteigerung II), genügen unter Umständen bereits

wenige Angebote spezieller Produkte, die üblicherweise nicht privat gehandelt werden (wie zB Medizinprodukte oder Arzneimittel), um ein Handeln im geschäftlichen Verkehr anzunehmen (vgl. hierzu auch BGH GRUR 2009, 871 – Ohrclips).

Wie im Gewerbesteuerrecht muss wohl auch hier gelten, dass die Verwertung des eigenen Vermögens **75.1** nicht als geschäftlicher Verkehr gilt (BFH NJW 2002, 1518). Die Tätigkeit von Kapitalgesellschaften sowie sonstigen juristischen Personen des privaten Rechts und nichtrechtsfähigen Vereinen gilt nach § 2 Abs. 2 und 3 GewStG aber stets als Gewerbebetrieb, soweit ein wirtschaftlicher Geschäftsbetrieb unterhalten wird.

Das Anbieten von Markenpiratteriewaren ist markenrechtlich ebenfalls nur dann zu beanstanden, **76** wenn ein Handeln im geschäftlichen Verkehr vorliegt. Allerdings ist insoweit eine strenge Betrachtung angebracht, der in solchen Fällen erhöhten Gefährdung der Interessen des Markeninhabers Rechnung trägt.

bb) Zurechnung von Handlungen Dritter. Soweit es um die Haftung für eine von Dritten **77** begangene Verletzung geht, ist für die Frage, ob geschäftliches Handeln vorliegt, auf die Person des Dritten abzustellen. Handelsplattformen wie eBay, die selbst zweifellos geschäftlich tätig sind, können daher nur dann als **Störer** haftbar gemacht werden, wenn der Anbieter selbst im geschäftlichen Verkehr handelt (BGH GRUR 2008, 702 Rn. 31 – Internetversteigerung III).

Umgekehrt gilt, dass auch der Inhaber eines privaten eBay-Accounts unter Umständen für **78** geschäftliche Handlungen haftbar gemacht werden kann, die über diesen Account abgewickelt werden. Dies gilt dem BGH zufolge dann, wenn der Account-Inhaber seine **Zugangsdaten nicht hinreichend sichert** (BGH GRUR 2009, 597 – Halzband; bestätigt in GRUR 2012, 304 Rn. 46 – Basler Haar-Kosmetik). Ob eine Haftung alleine aufgrund eines so weitreichenden Zurechnungsgrundes begründet werden kann, ist umstritten (anders bei unzureichender Sicherung des Zugangs zu einem WLAN-Anschluss; BGH GRUR 2010, 633 Rn. 15, 18 ff. – Sommer unseres Lebens; generell zu Fragen der (Mit-)Haftung für Handlungen Dritter → § 14 Rn. 648 ff.). Eine Haftung für einen Link von einer privaten auf eine kommerzielle rechtsverletzende Homepage soll jedenfalls in der Regel nicht erfolgen (OLG Schleswig GRUR-RR 2015, 529 – mobilcomonline.de).

Die Haftung von Informationsmittlern bei Bereitstellung ungesicherter WLAN-Anschlüsse ist auch im **78.1** Urheberrecht von großer Bedeutung. Mit den damit zusammenhängenden Fragen hat sich der EuGH im Vorabentscheidungsverfahren C-484/14 – McFadden (EuGH C-484/14, GRUR 2016, 1146 – McFadden/ Sony Music) befasst. Demnach haftet der Betreiber eines ungeschützten WLAN zwar grundsätzlich nicht für fremde Rechtsverletzungen und kann daher nicht auf Schadensersatz in Anspruch genommen werden. Es könne von dem Betreiber eines WLAN-Netzwerks aber erwartet werden, dass er den Zugang zum WLAN-Netz mit einem Passwort sichert, das Drittnutzer nur bei Offenlegung ihrer Identität erhalten. Anderenfalls können Rechteinhaber weiterhin Unterlassungsansprüche gegen den WLAN-Betreiber durchsetzen und auch die Erstattung der in diesem Zusammenhang entstandenen Abmahnkosten und Gerichtskosten verlangen.

b) Private Einfuhr. Ebenso wie der Privatverkauf ist auch die private Einfuhr von Waren, **79** deren Vertrieb innerhalb Deutschlands bzw. der EU unzulässig wäre, grundsätzlich erlaubt. Davon erfasst werden jedoch nur private „Mitbringsel": Die zum **Privatgebrauch** am Urlaubsstrand erworbene „Luxushandtasche" **ist hinzunehmen;** die Einfuhr rechtsverletzender Waren durch Dritte bleibt hingegen verboten, selbst wenn sie auf einer privaten Bestellung beruht (→ Rn. 80).

Auch bei den in Deutschland unproblematischen privaten Mitbringseln ist im europäischen Ausland **79.1** Vorsicht geboten: Dort steht unter Umständen auch die private Einfuhr unter Strafe. Die in Fernost billig gekaufte Uhren-Kopie kann daher zB nicht gefahrlos nach Frankreich mitgebracht werden (→ Rn. 50.1).

Ob die Einfuhr mitgebrachter Waren für private Zwecke erfolgt oder als Handeln im geschäftli- **80** chen Verkehr zu qualifizieren ist, hängt von den Umständen des Einzelfalls ab. Im Interesse eines effektiven Markenschutzes sind strenge Anforderungen an die Verneinung des Handelns im geschäftlichen Verkehr zu stellen (ebenso Ströbele/Hacker/Thiering/Hacker Rn. 55). Abzustellen ist wie stets bei der Abgrenzung von privatem und geschäftlichem Handeln auf die **nach außen erkennbare Zielrichtung** des Handelns (BGH GRUR 2002, 622 (624) – shell.de), mithin vor allem auf Art und Anzahl der eingeführten Gegenstände sowie die Person des Einführenden und dessen berufliche Tätigkeit. Letztere kann zB darüber Auskunft geben, ob eingeführte Gegenstände als Privatgeschenke oder als Werbegeschenke (dann liegt in der Regel ein Handeln im geschäftlichen Verkehr nahe) anzusehen sind. Nimmt eine Privatperson Waren in Empfang und überführt diese in den zollrechtlich freien Verkehr, so liegt eine Benutzung im geschäftlichen Verkehr vor, wenn die Waren zB aufgrund ihrer Art oder Quantität offensichtlich nicht zur privaten Nutzung bestimmt sind (vgl. EuGH C-772/18, GRUR 2020, 744 – A/B).

81   Werden die einzuführenden Waren nicht vom Erwerber mitgebracht sondern im Ausland – insbesondere über das Internet – bestellt und sodann von dem Anbieter der Ware oder einem von diesem beauftragten Unternehmen ausgeliefert, ändert dies nichts daran, dass der privat handelnde Besteller keine Markenverletzung begeht. Da und soweit der Anbieter jedoch gewerblich handelt und die Einfuhr der Waren durch ihn eine Rechtsverletzung darstellt, unterliegen die Waren der **Zollbeschlagnahme** nach der VO (EU) 608/2013 (früher: VO (EG) 1383/2003) und müssen dem (privaten) Besteller auf dessen Antrag hin nicht ausgeliefert werden (EuGH C-98/13, GRUR 2014, 283 – Blomqvist).

81.1   Zum gleichen Ergebnis konnte das deutsche Recht bereits vor dieser Entscheidung gelangen: Im Fall einer – in den hier interessierenden Fällen regelmäßig vorliegenden – Bring- oder Schickschuld bringt der Versender regelmäßig die Waren im Schutzbereich der Marke in Verkehr (so Weber WRP 2005, 961 (964)). Etwas anderes ergibt sich auch nicht aus EuGH C-16/03, GRUR 2005, 507 – Peak Holding): Dort wurde zwar festgestellt, dass der Import von Waren von ihrem Inverkehrbringen zu unterscheiden ist. Dies betraf jedoch die anders gelagerte Frage, ob der Import bereits zu einer Erschöpfung des Markenrechts führt; es ging zudem um Waren, deren Verkauf erst innerhalb der EU stattfinden sollte. Hingegen ist eine Einfuhr, die der Abwicklung eines Verkaufs an einen Dritten innerhalb der EU dient, eindeutig markenverletzend (EuGH C-16/03, GRUR 2005, 507 Rn. 39 – Peak Holding).

82   **c) Private Herstellung.** Privates und damit markenrechtlich nicht zu beanstandendes Handeln kann auch bei der Herstellung von an sich zur Markenverletzung geeigneten Produkten vorliegen, etwa bei der privaten Gestaltung von Kleidungsstücken oder Taschen mit kennzeichenrechtlich geschützten Bildzeichen für den Privatgebrauch oder als Geschenk. Dies gilt auch dann, wenn gewerblich handelnde Dritte mit der Ausführung entsprechender Wünsche von Privatpersonen beauftragt werden (BGH GRUR 1998, 696 – Rolex-Uhr mit Diamanten). Auch hier sind im Rahmen einer Abgrenzung zum markenrechtlich relevanten Verhalten die Umstände des Einzelfalls maßgeblich.

83   **d) Privat genutzte Website.** Bei privat genutzten Websites ist zum einen bei der Verwendung des Domainnamens (→ § 15 Rn. 102 ff.) sowie zum anderen bei der Verwendung des Zeichens auf der Website selbst zwischen geschäftlichem und privatem Handeln abzugrenzen.

84   Für die Beurteilung ist auch insoweit die erkennbar **nach außen tretende Zielrichtung** des Handelnden maßgeblich (BGH GRUR 2002, 622 (624) – shell.de). Dabei kann entweder auf die Nutzung der Website insgesamt oder nur auf einzelne Teilbereiche abzustellen sein.

85   Unproblematisch sind in der Regel diejenigen Fälle, in denen der Internetauftritt ersichtlich im Zusammenhang mit einer auf einen wirtschaftlichen Vorteil gerichteten kommerziellen Tätigkeit erfolgt. Hier stellt sich lediglich die Frage, ob auf einer derartigen Website einzelne **Teilbereiche** auszuklammern sind. Dies gilt zB für Internetportale wie eBay, die von ihrem Betreiber im geschäftlichen Verkehr genutzt werden, während einzelne dort eingestellte Angebote nach den in → Rn. 80 ff. genannten Kriterien als private Handlungen einzustufen sein können (mit der Folge, dass der Portalbetreiber für solche Angebote markenrechtlich nicht einstehen muss, vgl. BGH GRUR 2008, 702 Rn. 31 – Internetversteigerung III).

86   Schwieriger ist die markenrechtliche Einstufung einer an sich **privaten Website.** Hier ist primär auf die Inhalte der Seite selbst abzustellen, wobei nicht allein die Gestaltung durch den Betreiber selber, sondern auch der gesamte Kontext zu berücksichtigen ist, in dem sich die Seite dem Betrachter präsentiert. Erscheint auf der Seite zB **Banner-Werbung,** wird man häufig den Internetauftritt insgesamt als Handlung im geschäftlichen Verkehr anzusehen haben, denn eine solche Benutzung dient regelmäßig einem eigenen oder fremden Geschäftszweck (so auch Ingerl/Rohnke/Nordemann/Dustmann/Engels Nach § 15 Rn. 125; zurückhaltend Ströbele/Hacker/Thiering/Hacker Rn. 54).

87   Soweit Dritte für die auf einer Website eingestellten Inhalte in Anspruch genommen werden, kommt es für die Frage der geschäftlichen bzw. privaten Markenbenutzung auf das Verhalten des unmittelbar Handelnden an (→ § 14 Rn. 649). Ob dem Dritten die Handlung des mutmaßlichen Verletzers zuzurechnen ist, richtet sich nach den allgemeinen Grundsätzen der Störerhaftung (→ § 14 Rn. 676 ff.) oder nach besonderen Zurechnungsgründen (s. BGH GRUR 2009, 597 – Halzband, zur Haftung aufgrund von unzureichender Sicherung der Zugangsdaten eines eBay-Accounts; anders bei Zugriff Dritter auf ungesicherten WLAN-Anschluss BGH GRUR 2010, 633 Rn. 15 – Sommer unseres Lebens; zur Frage der Haftung des Domainnameninhabers für

Handlungen des Betreibers der Webseite → §15 Rn. 171; zur Haftung bei Links auf kommerzielle Homepages OLG Schleswig GRUR-RR 2015, 529).

e) Private Markenanmeldung?. Eine private Markenanmeldung scheidet bereits begrifflich **88** aus, denn die Anmeldung einer Marke bringt regelmäßig (vgl. BGH GRUR 2008, 912 Rn. 30 – Metrosex) zum Ausdruck, dass der Anmeldende das entsprechende Zeichen als Marke und damit im geschäftlichen Verkehr nutzen will. Die Anmeldung begründet damit – nach der genannten Entscheidung „im Regelfall" – eine **Erstbegehungsgefahr** für eine Benutzung des Zeichens im geschäftlichen Verkehr für die beanspruchten Waren und/oder Dienstleistungen.

Ob die Einschränkung des BGH in der Metrosex-Entscheidung (vgl. BGH GRUR 2008, 912 Rn. 30) **88.1** auf den Regelfall erforderlich ist, ist fraglich. Im Gegensatz zur bloßen Registrierung eines Domainnamens, bei dem tatsächlich völlig offen ist, in welchen Bereich eine darunter irgendwann eingerichtete Website anzusiedeln ist, ergibt die Anmeldung einer Marke nur für denjenigen einen Sinn, der dieses Zeichen bestimmungsgemäß und damit im geschäftlichen Verkehr verwenden will. Eine andere Art der Benutzung führt – nach Ablauf der Schonfrist – zwangsläufig zur Löschungsreife, da eine nach §26 zum Erhalt der Marke erforderliche ernsthafte Benutzung stets voraussetzt, dass sie dazu dient, einen Absatzmarkt für die gekennzeichneten Waren oder Dienstleistungen zu erschließen oder zu sichern (EuGH C-495/07, GRUR 2009, 410 Rn. 18 – Silberquelle).

f) Weitere Fälle. Als Handlungen außerhalb des geschäftlichen Verkehrs kommen zudem **89** **politische** sowie **rein hoheitliche „Amtshandlungen"** und rein **wissenschaftliche Tätigkeiten** in Betracht (BGH GRUR 2004, 241 f. – GeDIOS). Auch hier kann die Abgrenzung im Einzelfall schwierig sein.

Eine **redaktionelle Tätigkeit** stellt hingegen ein Handeln im geschäftlichen Verkehr dar (so **90** auch Ingerl/Rohnke/Nordemann/Nordemann Rn. 83; zur Frage der markenmäßigen Benutzung → Rn. 114).

3. Feststellung geschäftlichen Handelns im Prozess

Das Handeln im geschäftlichen Verkehr ist Tatbestandsvoraussetzung für eine Markenverletzung **91** und daher **vom Anspruchssteller** darzulegen sowie im Zweifelsfall zu beweisen (BGH GRUR 2008, 702 Rn. 46 – Internet-Versteigerung III). Dies kann jedoch schwierig sein, wenn nach den objektiven Umständen sowohl eine private als auch eine geschäftliche Handlung denkbar ist (insbesondere bei eBay-Verkäufen oder der Einfuhr an sich markenverletzender Produkte). Da es aber grundsätzlich weder auf die tatsächliche Intention noch die Einordnung des Benutzers maßgeblich ankommt, sondern allein auf die erkennbar nach außen tretende Zielrichtung des Handelnden (BGH GRUR 2002, 622 (624) – shell.de), trifft den Handelnden in Zweifelsfällen eine **sekundäre Darlegungslast** zu den näheren Umständen, sofern er sich auf eine private Nutzung berufen will (BGH GRUR 2009, 871 Rn. 27 – Ohrclips).

IX. Benutzung zur Unterscheidung von Waren und Dienstleistungen

1. Grundsätze

Eine rechtlich relevante Benutzung iSd MarkenG setzt voraus, dass die beanstandete Bezeich- **92** nung **zur Unterscheidung von Waren oder Dienstleistungen** nach ihrer kommerziellen Herkunft benutzt wird (→ Rn. 129 ff.; EuGH C-63/97, GRUR Int 1999, 244 Rn. 39 – BMW/ Deenik; s. auch BGH GRUR 2013, 1239 Rn. 20 – VOLKSWAGEN/Volks.Inspektion: Die Marke muss „im Rahmen des Produkt- oder Leistungsabsatzes jedenfalls auch der Unterscheidung der Waren oder Dienstleistungen eines Unternehmens von denen anderer dienen"). Die Benutzung für andere Kennzeichnungsobjekte, insbesondere für Unternehmen, wird davon grundsätzlich nicht erfasst (→ Rn. 93 ff., → Rn. 98 ff.); das Gleiche gilt für Benutzungen, die lediglich beschreibend sind und nicht als Hinweis auf die kommerzielle Herkunft der Waren oder Dienstleistungen aufgefasst werden (→ Rn. 103 ff.). Erforderlich ist schließlich, dass das Zeichen für Waren oder Dienstleistungen des Verletzers benutzt wird (→ Rn. 117 ff.).

2. Andere Kennzeichnungsobjekte

a) Unternehmenskennzeichen. Die Verwendung von Unternehmenskennzeichen stellt nach **93** der EuGH-Rechtsprechung (nur) dann eine Benutzung für Waren oder Dienstleistungen dar, wenn sie den Eindruck aufkommen lässt, dass eine **konkrete Verbindung** im geschäftlichen Verkehr zwischen den Waren des Dritten und dem Unternehmen besteht, von dem diese Waren stammen (EuGH C-245/02, GRUR 2005, 153 Rn. 59 f., 63 ff. – Anheuser Busch; C-17/06, GRUR 2007, 971 Rn. 23 – Celine). Diese Grundsätze legt auch der BGH seiner Rechtsprechung zugrunde (BGH GRUR 2008, 254 Rn. 22 – THE HOME STORE; GRUR 2008, 1002 Rn. 22 – Schuhpark; GRUR 2009, 772 Rn. 48 – Augsburger Puppenkiste; GRUR 2015, 1201 (1209) – Sparkassen-Rot/Santander-Rot). Ein rein firmenmäßiger Gebrauch stellt danach keine relevante Benutzungshandlung iSv § 14 Abs. 2 Nr. 1 und 2 dar. Etwas anderes kann nach der Rechtsprechung des BGH jedoch dann gelten, wenn bekannte Marken als Unternehmenskennzeichen verwendet werden, da in diesen Fällen eine analoge Anwendung des § 14 Abs. 2 Nr. 3 in Betracht kommt (BGH GRUR 2015, 1201 Rn. 76 – Sparkassen-Rot/Santander-Rot, unter Hinweis auf Büscher FS Ullmann, 2006, 129 (151); Büscher/Dittmer/Schiwy/Büscher Rn. 143, 511; → § 14 Rn. 548).

93.1   Der BGH ging zuvor davon aus, dass eine Marke auch dadurch verletzt werden kann, dass ein Dritter, der ähnliche Waren oder Dienstleistungen anbietet, ein identisches oder ähnliches Zeichen als Bezeichnung seines Unternehmens verwendet. Diese Rechtsprechung wurde damit begründet, dass infolge der allen Kennzeichenrechten gemeinsamen Herkunftsfunktion firmen- und markenmäßiger Gebrauch ineinander übergehen und die Unternehmensbezeichnung zumindest mittelbar auch die Herkunft der aus dem Betrieb stammenden Waren kennzeichnet (BGH GRUR 2004, 512 (514) – Leysieffer).

94   Die Anforderungen an eine (zumindest auch) markenmäßige Benutzung eines Unternehmenskennzeichens werden nicht allzu hoch angesetzt. Bereits die objektiv nicht völlig fernliegende Möglichkeit, dass der Verbraucher in dem streitgegenständlichen Zeichen einen Herkunftshinweis erkennt, reicht für die Annahme einer Benutzung für Waren oder Dienstleistungen aus (so allgemein für die Voraussetzungen einer markenrechtlich relevanten Benutzung Ingerl/Rohnke/Nordemann/Nordemann Rn. 143 f.). In den meisten Fällen wird daher das Bestehen einer Verbindung zwischen dem angegriffenen Unternehmenskennzeichen und den Waren oder Dienstleistungen, die der Dritte vertreibt, bejaht werden können, zumal die Verwendung eines Unternehmenskennzeichens im geschäftlichen Verkehr in aller Regel so erfolgt, dass das Unternehmenskennzeichen in unmittelbarer Beziehung zu den angebotenen Produkten steht (BGH GRUR 2012, 1145 Rn. 29, 30 – Pelikan). Bei Dienstleistungen muss für den Verkehr aus der Benutzungshandlung selbst ersichtlich sein, auf welche konkreten Dienstleistungen sich die Kennzeichnung bezieht (BGH GRUR 2015, 1201 (1209) – Sparkassen-Rot/Santander-Rot). Ein hinreichender Bezug zwischen Zeichen und konkreten Waren und Dienstleistungen liegt im Falle einer reinen Imagewerbung oftmals nicht vor (BGH GRUR 2015, 1201 (1209) – Sparkassen-Rot/Santander-Rot). Bei bekannten Marken kommt in diesen Fällen nach der Rechtsprechung des BGH jedoch eine analoge Anwendung des § 14 Abs. 2 Nr. 3 in Betracht (BGH GRUR 2015, 1201 Rn. 76 – Sparkassen-Rot/Santander-Rot, unter Hinweis auf Büscher FS Ullmann, 2006, 129 (151); Büscher/Dittmer/Schiwy/Büscher Rn. 143, 511; → § 14 Rn. 548).

94.1   Zu einem Ausnahmefall zB OLG München Beschl. v. 15.4.2011 – 29 W 561/11: bei Verwendung des fraglichen Zeichens mit als Anschrift erkennbarer Ortsangabe für ein Friseurgeschäft liegt die Annahme eines reinen Unternehmenskennzeichens nahe.

95   Auch bei großzügiger Handhabung zugunsten des Markeninhabers gilt jedoch, dass aus einer Marke **nicht generell** die Verwendung einer Bezeichnung zur Kennzeichnung eines Geschäftsbetriebs untersagt werden kann. Ein darauf gerichteter Unterlassungsantrag hat keinen Erfolg (BGH GRUR 2011, 1140 Rn. 15 – Schaumstoff Lübke), da er keinen Raum für eine weitergehende Wertung der tatsächlich angegriffenen Benutzung ließe. Insoweit ergeben sich jedoch ggf. Hinweispflichten des angerufenen Gerichts (BGH GRUR 2011, 1140 Rn. 19 ff., 22 – Schaumstoff Lübke).

96   Nach bisherigem Recht war zudem zu beachten, dass das Privileg der Namensverwendung nach der Rechtsprechung des EuGH zu Art. 6 Abs. 1 lit. a MRL 2008 auch zugunsten gewillkürter Unternehmenskennzeichen galt (EuGH C-245/02, GRUR 2005, 153 Rn. 77 ff. – Anheuser Busch; → § 23 Rn. 13). Daher konnte selbst die markenmäßig erfolgende Benutzung von Unternehmenskennzeichen nur dann untersagt werden, wenn sie iSv § 23 den anständigen Gepflogenheiten von Handel und Gewerbe zuwiderläuft. Diese Regelung gilt jedoch seit dem 14.1.2019 nicht mehr; auf das Namensprivileg des § 23 Abs. 1 Nr. 1 können sich seither nur noch natürliche Personen berufen.

97   Nach der seit 14.1.2019 geltenden Gesetzeslage wird die Verwendung des Zeichens als Handelsname oder Unternehmensbezeichnung zu den beispielhaft in Abs. 3 aufgeführten Benutzungsformen gezählt (Abs. 3 Nr. 5; s. auch Art. 10 Abs. 3 lit. d MRL). Da dies jedoch nur bei Vorliegen der Voraussetzungen von Abs. 2, und daher nur bei einer Benutzung in Bezug auf Waren und Dienstleistungen gilt, dürfte sich an der bisherigen Situation dem Grundsatz nach nichts ändern. Denn die Neuregelung dient lediglich der Umsetzung der Céline-Rechtsprechung (vgl. auch die Stellungnahme der GRUR in GRUR 2013, 800 (804); kritisch dazu Sack GRUR 2013, 657 (663 f.)). Allerdings dürfte sich die Gesetzesänderung tendenziell im Sinne einer (weiteren) Herabsenkung der Anforderungen auswirken, die an die Darlegung einer markenmäßigen Benutzung von Unternehmenskennzeichen zu stellen sind.

b) Werktitel. Für die Frage, ob die Verwendung eines Zeichens als Werktitel iSv § 5 Abs. 3 **98** eine markenmäßige Benutzung ist, ist von dem Grundsatz auszugehen, dass der Werktitel an sich kein Herkunftshinweis ist, sondern der Unterscheidung des so bezeichneten Werkes von anderen Werken dient (BGH GRUR 2005, 264 f. – Das Telefon-Sparbuch; missverständlich daher BGH GRUR 2004, 512 f. – Leysieffer, wo der BGH von der „allen Kennzeichenrechten gemeinsamen Herkunftsfunktion" spricht).

Dies schließt allerdings nicht aus, dass nach Auffassung der angesprochenen Verkehrskreise in **99** der konkreten Verwendung eines Werktitels ausnahmsweise zugleich ein Herkunftshinweis zu erkennen sein kann (BGH GRUR 2002, 1083 (1085) – 1, 2, 3 im Sauseschritt). Dies gilt insbesondere, wenn der Werktitel zugleich als Domainname benutzt wird und auf der darüber zu erreichenden Homepage Waren oder Dienstleistungen angeboten werden (OLG Köln GRUR 2015, 596 (599) – Kinderstube; bestätigt durch BGH GRUR 2016, 1300 – Kinderstube).

Bei periodisch erscheinenden Zeitschriften nimmt das OLG München in der Regel an, dass **100** der jeweilige Werktitel zugleich einen Herkunftshinweis enthält (vgl. OLG München GRUR-RR 2011, 466 f. – Moulin Rouge Story I; OLG Hamburg GRUR-RR 2008, 296 – Heimwerker-Test), denn der Verbraucher ist daran gewöhnt, dass ein Zeitschriftentitel zugleich auf den jeweiligen Herausgeber hinweisen soll, was insbesondere für Reihentitel gilt. Entsprechendes könne bei Fernsehserien der Fall sein (vgl. OLG München GRUR-RR 2011, 466 f. – Moulin Rouge Story I). Nach dem BGH soll hierfür bei periodisch erscheinenden Druckschriften oder Fernsehserien jedoch zusätzlich ein erhöhte Bekanntheit des Werktitels erforderlich sein (BGH GRUR 1994, 908 (910) – Wir im Südwesten; GRUR 2016, 1300 Rn. 22, 23 – Kinderstube; → § 15 Rn. 50 ff.).

Umgekehrt werden Titel von Büchern, Filmen, Computerspielen oder Musikstücken in der **101** Regel – auch bei Bekanntheit – nicht als Herkunftshinweis aufgefasst, denn diese Titel dienen zumeist allein der Unterscheidung des jeweiligen Werkes von anderen (BGH GRUR 2005, 264 (266) – Das Telefon-Sparbuch; GRUR 2003, 342 (343) – Winnetous Rückkehr; GRUR 2002, 1083 (1085) – 1, 2, 3 im Sauseschritt; zur Bezeichnung eines Computerspiels und im Streitfall verneinend OLG Hamburg GRUR-RR 2012, 154 – Luxor; s. ferner OLG Hamburg BeckRS 2001, 552; zu Software- und Magazintiteln s. Rohnke/Thiering GRUR 2012, 967 (970), die eine „unproblematische Anerkennung der markenmäßigen Benutzung" für diese Titelarten fordern).

Bei Werktiteln für Veranstaltungen nimmt die Rechtsprechung eine Benutzung für Waren oder **102** Dienstleistungen eher zurückhaltend an (OLG München GRUR-RR 2011, 466 f. – Moulin Rouge Story I; KG GRUR 2011, 468 – Moulin Rouge Story II).

3. Beschreibende Benutzung

a) Voraussetzungen. Ansprüche des Markeninhabers nach § 14 scheiden aus, wenn die **103** Benutzung zu **rein beschreibenden Zwecken** erfolgt (EuGH C-487/07, GRUR 2009, 756 Rn. 61 – L'Oréal/Bellure; vgl. auch BGH GRUR 2009, 502 Rn. 29 – pcb).

Ob ein Zeichen rein beschreibend verwendet wird, ist anhand der konkreten Umstände des **104** jeweiligen Einzelfalls unter Berücksichtigung des **Gesamteindrucks** zu beurteilen, der bei den angesprochenen Verkehrskreisen aufgrund der Zeichenverwendung entsteht.

Als Beurteilungsgrundsätze sind dabei neben dem Inhalt des Zeichens (BGH GRUR 2003, **105** 732 – Festspielhaus) unter anderem die **Kennzeichnungsgewohnheiten** im maßgeblichen Warensektor (vgl. BGH GRUR 2010, 838 Rn. 20 – DDR-Logo), die **Positionierung** des zu beurteilenden Zeichens (vgl. zB BGH GRUR 2012, 1040 Rn. 18 – pjur/pure) sowie die **weitere Gestaltung** des Produkts/der Verpackung, insbesondere das Hinzutreten auf Fehlen weiterer Kennzeichen (vgl. BGH GRUR 2002, 809 – Frühstücks-Drink I; GRUR 2002, 812 – Frühstücks-Drink II; GRUR 2012, 1040 – pjur/pure) oder eines ® (aA OLG München BeckRS 2013, 08768 – Andechser; Überprüfung durch den BGH unter X ZR 126/13; → § 8 Rn. 682 ff.) zu beachten.

106   Maßgeblich ist die Auffassung der angesprochenen Verkehrskreise, die der Tatrichter festzustellen hat (BGH GRUR 2010, 838 Rn. 20 – DDR-Logo). Er muss dabei die **Faktoren** berücksichtigen, die das Verkehrsverständnis beeinflussen, wie etwa die Gewöhnung daran, dass in bestimmten Warensektoren üblicherweise Marken gewählt werden, die sich stark an beschreibende Bezeichnungen anlehnen (wie etwa im Arzneimittelsektor die Anlehnung an die generische Bezeichnung des Wirkstoffs). Gleiches gilt für eine unter Umständen sektorspezifische Gewöhnung an die Verwendung einfacher grafischer Symbole oder Farben als Marken (zu Einzelheiten → § 8 Rn. 449 ff.).

107   Abzustellen ist auf die konkrete streitgegenständliche Verwendung des Zeichens und den dadurch hervorgerufenen Gesamteindruck. Dabei kann aufgrund einer bestimmten Art der Darstellung aus einer an sich beschreibenden Angabe ein Herkunftshinweis im Rechtssinne werden (vgl. BGH GRUR 2004, 778 – Urlaub direkt, wo der BGH eine markenmäßige Verwendung für Dienstleistungen im Tourismusbereich nicht weiter in Zweifel zieht; OLG Köln GRUR-RR 2013, 24 (26) – Gute Laune Drops: markenmäßige Verwendung der Bezeichnung „Gute Laune Brause-Taler" bejaht, da es sich um die einzige Wortfolge auf dem Dosendeckel des streitgegenständlichen Produkts handelte, der eine herkunftshinweisende Funktion zukommen konnte; LG Hamburg GRUR-RR 2015, 103 – MINI: markenmäßige Verwendung der Bezeichnung „MINI" auf Merchandising-Produkten aufgrund blickfangmäßiger Herausstellung bejaht). Dies gilt zB dann, wenn die konkrete Art der Verwendung die Annahme eines Produktnamens nahelegt (BGH GRUR 2012, 1040 Rn. 19 – pjur/pure; GRUR 2003, 963 f. – AntiVir/AntiVirus).

107.1   Im Hinblick auf Angaben, die prinzipiell geeignet sind, als beschreibende Angaben eingestuft zu werden, ist der Antrag in Verletzungsprozessen stets konkret zu formulieren. Denn eine Inanspruchnahme des Verwenders einer beschreibenden Angabe in isolierter Form kann dann scheitern, während die konkrete Verwendung zumindest den Anwendungsbereich des § 14 eröffnet – s. hierzu beispielhaft BGH GRUR 2002, 809 – Frühstücks-Drink I; GRUR 2002, 812 – Frühstücks-Drink II.

108   Problematisch sind die Fälle, in denen die angesprochenen Verkehrskreise eine objektiv beschreibende Angabe nicht verstehen, oder wenn ein solches Verständnis nur bei (geringen) Teilen der Verkehrskreise anzunehmen ist, wie dies bei **Fremd- oder Lehnwörtern** oder Fachbegriffen der Fall sein kann. Auch hier ist zunächst festzustellen, wie der Durchschnittsverbraucher die konkrete Zeichennutzung auffasst. Erkennt dieser bzw. – soweit eine Aufspaltung der angesprochenen Verkehrskreise nach objektiven Kriterien (zB bei Fach- oder unterschiedlichen Sprachkreisen) möglich ist (zur Verwechslungsgefahr BGH GRUR 2013, 631 Rn. 64 f. – AMARULA/Marulablu) – ein abgrenzbarer Teil davon den beschreibenden Gehalt nicht, ist regelmäßig von einer markenmäßigen Benutzung auszugehen (vgl. BGH GRUR 2004, 947 f. – Gazoz). Auch der Umstand, dass ein Begriff im europäischen Ausland als beschreibende Verwendung verstanden wird, steht der Annahme einer markenmäßigen Verwendung im Inland nicht entgegen; insbesondere ist eine solche Annahme kein Verstoß gegen die unionsrechtliche Dienstleistungsfreiheit (BGH GRUR 2012, 621 Rn. 40, 45 – OSCAR).

108.1   In solchen Fällen ist allerdings besondere Aufmerksamkeit auf die Prüfung von § 23 Nr. 2 zu richten, der bei Importen aus dem betreffenden Mitgliedsland im Licht der Grundsätze des freien Warenverkehrs auszulegen ist.

109   Der Annahme einer markenmäßigen Benutzung kann auf der anderen Seite entgegenstehen, dass das angesprochene Publikum den verwendeten (und nicht besonders hervorgehobenen) Begriff als solchen zwar nicht kennt, seine Bedeutung jedoch aufgrund der konkreten Umstände des Falles ohne weiteres herleiten kann. Wenn auf **Fachpublikum** abzustellen ist, können daher im Einzelfall die Anforderungen an die Bejahung einer beschreibenden Verwendung geringer anzusetzen sein (vgl. OLG Hamburg BeckRS 2007, 14907 – Metro Ethernet).

110   Eine beschreibende Benutzung kann unter Umständen auch vorliegen, wenn die Marke zwar nicht selbst beschreibend ist, aber in (eindeutig) beschreibendem Sinne verwendet wird. So liegt in der unter Nennung der Marke erfolgenden Bezugnahme auf ein Produkt zu dem Zweck, die Merkmale dieses Produkts zu beschreiben, keine vom Markenrecht erfasste Form der Markenverwendung (EuGH C-2/00, GRUR 2002, 692 Rn. 16 – Hölterhoff/Freiesleben).

110.1   In dem der EuGH-Entscheidung „Hölterhoff/Freiesleben" zugrunde liegenden Fall hatte sich ein Schmuckhändler in einem mündlichen Verkaufsgespräch auf die für einen Schmuckstein eingetragene Marke bezogen, um den Schliff des Steins zu beschreiben; der EuGH sah darin keine markenrechtlich relevante Handlung. Auf einer ähnlichen Überlegung beruht die Entscheidung OLG Hamm GRUR-RR 2012, 384 f. – Sipari: An einer markenmäßigen Benutzung (bezogen auf eine Dienstleistung) fehle es, wenn die Dienstleistung nur durch die Nennung identifizierbar werde, ohne dass dies mit ihrer betrieblichen Herkunft zu tun habe („SIPARI-Methode nach J."). Dies war der Fall, da die Dienstleistung erst durch den Markeninhaber geschaffen und danach durch ihn auch benannt wurde, so dass keine „neutralen" Begriffe für die Benennung verfügbar waren.

Soweit es lediglich um die Prüfung einer **Erstbegehungsgefahr** für eine Markenverletzung **111** (etwa aufgrund einer Markeneintragung) geht, spielt auch das Verkehrsverständnis lediglich eines Teilbereichs der angesprochenen Kreise eine Rolle. Kann aufgrund dessen nicht von vornherein ausgeschlossen werden, dass eine zukünftige Verwendung, die vom Unterlassungsantrag erfasst wäre, als beschreibende Angabe verstanden wird, kommen Unterlassungsansprüche nicht in Betracht (vgl. BGH GRUR 2008, 912 Rn. 20, 21 – Metrosex).

b) Verhältnis zu § 23. Wird ein objektiv beschreibendes Zeichen von den beteiligten Ver- **112** kehrskreisen zugleich als Hinweis auf die kommerzielle Herkunft aufgefasst, bleibt zu prüfen, ob die Schutzschranke des § 23 Nr. 2 zugunsten des Verwenders eingreift. Dies wird nicht bereits dadurch ausgeschlossen, dass das angegriffene Zeichen markenmäßig benutzt wird (BGH GRUR 2011, 134 Rn. 59 – Perlentaucher).

Systematisch korrekt ist insoweit ein **stufenförmiger Prüfungsaufbau,** bei dem zunächst die **113** markenrechtlich relevante Benutzung von einer rein beschreibenden Benutzung abgegrenzt und sodann das Eingreifen der Schutzschranke geprüft wird (vgl. zur Abgrenzung v. Linstow GRUR 2009, 111). In der Praxis ist eine solche Prüfungsabfolge jedoch kaum durchführbar, da sich deren einzelne Schritte nur schwer voneinander trennen lassen (vgl. BGH GRUR 2005, 581 f. – The Colour of Elégance). Die Rechtsprechung begnügt sich daher in entsprechenden Fällen häufig mit der Feststellung, es könne dahinstehen, ob eine markenmäßige Verwendung vorliegt, wenn jedenfalls § 23 Nr. 2 eingreift (vgl. zB BGH GRUR 2009, 1162 Rn. 26 – DAX, wo der BGH insbesondere die Frage offen lässt, ob die erkennbare Benennung eines nicht vom Verwender stammenden Produkts als beschreibende Angabe ohne denkbare Funktionsbeeinträchtigung angesehen werden kann).

4. Redaktionelle Benutzung

Ob auch die **rein redaktionelle Verwendung** der Marke als Benutzung zur Unterscheidung **114** von Waren oder Dienstleistungen iSd Verletzungstatbestandes anzusehen ist, ist fraglich (ablehnend Ströbele/Hacker/Thiering/Hacker Rn. 79). Wenn Presseorgane über eine Marke berichten und diese beim Namen nennen, liegt eher eine Benutzung in rein beschreibendem Sinne vor (ähnlich wie in EuGH C-2/00, GRUR 2002, 692 – Hölterhoff/Freiesleben; → Rn. 110 f.). Zwar ist die Rechtsprechung des EuGH in diesem Punkt nicht eindeutig, denn auch die Verwendung von Marken zur Bezeichnung der Waren oder Dienstleistungen ihres Inhabers kann als rechtserhebliche Benutzung anzusehen sein, wenn sie dem Absatz eigener Waren oder Dienstleistungen dient (so bei der Markenbenutzung in der vergleichenden Werbung; → Rn. 120). Bei der redaktionellen Verwendung steht jedoch regelmäßig der Informationszweck im Vordergrund, der zudem von dem übergeordneten **Grundsatz der Pressefreiheit** gedeckt ist; eine Behinderung der Berichterstattung aus rein markenrechtlichen Erwägungen ist daher nicht zulässig.

Entsprechendes gilt für die Auseinandersetzung mit Marken in **wissenschaftlichen Darstel-** **115** **lungen oder Lexika** (vgl. aber § 16).

Etwas anderes gilt jedoch, soweit es sich nicht um die Berichterstattung durch neutrale Dritte **116** oder um Lexika-Einträge handelt, sondern um **Pressemitteilungen eines produzierenden oder vertreibenden Unternehmens,** welches auf diese Weise seine Produkte unter Nennung der entsprechenden Kennzeichen der Öffentlichkeit präsentiert. In diesem Fall wird es sich regelmäßig um eine Verwendung für Waren oder Dienstleistungen dieses Dritten handeln. Gleiches gilt für ein als Nachschlagewerk ausgestaltetes **Glossar** auf der Internetseite eines solchen Unternehmens.

5. Benutzung des Zeichens für die Waren/Dienstleistungen des Verletzers

Als Voraussetzung einer Rechtsverletzung ist grundsätzlich erforderlich, dass es sich um eine **117** Benutzung des Zeichens für die Waren/Dienstleistungen **des Verletzers** handelt (vgl. EuGH C-690/17, GRUR 2019, 622 Rn. 30, 31 – ÖKO-Test Verlag/Dr. Liebe; C-119/10, GRUR 2012, 268 Rn. 31 – Winters/Red Bull; C-48/05, GRUR 2007, 318 Rn. 28 f. – Adam Opel/Autec; Ströbele/Hacker/Thiering/Hacker Rn. 81; zu der Ausnahme von diesem Grundsatz → Rn. 124). Nach dieser Voraussetzung bestimmt sich zum einen die Breite des Verletzungstatbestandes; zum anderen ist sie für die Frage der **Ähnlichkeit bzw. Identität** der von der geschützten Marke umfassten Waren oder Dienstleistungen mit denjenigen des Verletzers von Bedeutung.

118   **a) Bezug zu den Waren/Dienstleistungen des Verletzers.** Unter der Benutzung für die Waren oder Dienstleistungen des Verletzers ist **nicht** allein eine Benutzung zu verstehen, die zur Kennzeichnung „seiner", dh der von ihm bzw. unter seiner Kontrolle hergestellten Waren oder der von ihm angebotenen Dienstleistungen erfolgt und auf diese Weise auf die Herkunft dieser Waren/Dienstleistungen aus seinem Geschäftsbetrieb hinweist. So benutzt auch der **Händler** die Marke des Herstellers für sein eigenes Angebot, wenn er die Ware unter ihrer Marke anbietet, vertreibt oder bewirbt (so auch zu § 24 BGH GRUR 2019, 76 Rn. 17 ff. – beauty for less). Dabei ist unerheblich, ob es sich um Originalwaren oder Fälschungen handelt: Sowohl derjenige, der mit der Marke versehene Produktfälschungen absetzt, als auch derjenige, der Originalmarkenerzeugnisse des Markeninhabers vertreibt, benutzt die Marke für eigene Waren (BGH GRUR 2012, 626 Rn. 22 – CONVERSE I).

119   Auch der Anbieter von Waren, die als **Ersatzteil oder Zubehör** zu den Produkten des Markeninhabers verwendet werden können, benutzt die fremde Marke für seine eigenen Produkte, wenn er unter Nennung der Marke auf den Verwendungszweck seiner Waren hinweist (EuGH C-228/03, GRUR 2005, 509 Rn. 28 – Gillette/LA Laboratories). Das gleiche gilt für die Nennung der Marke in der Werbung eines Dienstleisters, der Leistungen an den Produkten des Markeninhabers erbringt (EuGH C-63/07, GRUR Int 1999, 438 – BMW/Deenik).

120   Auch die Benutzung in der **vergleichenden Werbung** stellt nach der Rechtsprechung des EuGH eine Benutzung für (bzw. in Bezug auf) die Waren oder Dienstleistungen des Verletzers dar. Zur Begründung wird erklärt, der Werbende, der die von ihm vermarkteten Waren und Dienstleistungen mit denen eines Mitbewerbers vergleicht, ziele darauf ab, den Absatz der eigenen Waren und Dienstleistungen zu fördern. Der Werbende wolle mit einer solchen Werbung seine Waren und Dienstleistungen unterscheiden, indem er ihre Eigenschaften mit denen konkurrierender Waren und Dienstleistungen vergleicht (EuGH C-533/06, GRUR 2008, 698 Rn. 35 – O2 und O2 (UK)/H3G). Zu einer Markenverletzung führt diese Benutzung dann, wenn die in der RL 2006/114/EG festgelegten Voraussetzungen nicht eingehalten werden (Abs. 3 Nr. 7).

121   Mit der Begründung, dass die Benutzung der Marke der Förderung des Absatzes eigener Waren oder Dienstleistungen des Werbenden dient, wird auch beim **Keyword-Advertising** von einer Benutzung für die Waren/Dienstleistungen des Verletzers ausgegangen (EuGH C-236/08 bis C-238/08, GRUR 2010, 445 Rn. 70 – Google France und Google; BGH GRUR 2013, 290 Rn. 13 ff. – MOST-Pralinen; GRUR 2019, 165 Rn. 60 – keine-vorwerk-vertretung).

122   Im Ergebnis genügt es daher für die Annahme einer Benutzung für die Waren oder Dienstleistungen des Verletzers, dass die Benutzung zwar primär dazu dient, die Waren/Dienstleistungen **des Markeninhabers** zu identifizieren, dabei jedoch letztlich den Waren/Dienstleistungen des Verletzers kommerziell zugutekommt.

122.1   Die aus deutscher Sicht sehr weitreichende Auffassung des EuGH lässt sich auf der Grundlage des englischen Wortlauts der MRL 2008 und der UMV eher nachvollziehen; dort wird nicht von der Benutzung „für" Waren oder Dienstleistungen, sondern lediglich von der Benutzung „in relation to goods or services" gesprochen. Diese Terminologie wurde durch das MaMoG zumindest teilweise auch in das deutsche Recht übernommen: So heißt es im ersten Satz von Abs. 2 „in Bezug auf Waren oder Dienstleistungen"; in den einzelnen Tatbeständen wird allerdings wieder von der Benutzung „für" Waren oder Dienstleistungen gesprochen (ebenso die deutsche Fassung von Art. 10 MRL, während in der englischen Fassung auch bei den einzelnen Tatbeständen von „use in relation to goods or services" gesprochen wird). Nachdem der Anwendungsbereich der Vorschrift hinlänglich geklärt ist, sind solche terminologischen Abweichungen unschädlich.

122.2   Die EuGH-Rechtsprechung und die in deren Folge vorgenommene Einbeziehung unzulässiger vergleichender Werbung in die potenziell verletzenden Benutzungsarten gemäß Abs. 3 führen nicht zu einer sachlichen Erweiterung der Verbotsansprüche des Markeninhabers, da die vergleichende Werbung lediglich innerhalb des lauterkeitsrechtlich erfassten und harmonisierten Bereichs verboten werden kann. Materielle Konsequenzen ergeben sich jedoch insoweit, als die Einbeziehung der vergleichenden Werbung (sowie des Keyword-Advertising) in den markenrechtlichen Verletzungstatbestand die Anwendung der auf der Grundlage der Enforcement-RL (RL 2004/48/EG) vereinheitlichten Sanktionen bewirkt, während diese Vorschriften auf lauterkeitsrechtliche Regelungen keine Anwendung finden. Ferner liegt im Hinblick auf die UMV ein Vorteil darin, dass durch die Einbeziehung in das Markenrecht ein einheitlicher Tatbestand geschaffen wurde, auf den sich der Inhaber bei Verwendung einer Unionsmarke in der vergleichenden Werbung stützen kann, statt im Wege eines „Mosaik-Ansatzes" auf die jeweiligen nationalen Vorschriften zurückgreifen zu müssen, durch die die RL 2004/116/EG in den Mitgliedstaaten umgesetzt wurde.

123   **b) Bedeutung für das Merkmal der Produktidentität bzw. -ähnlichkeit.** Welcher der in § 14 Abs. 2 genannten Tatbestände zur Anwendung kommt, richtet sich unter anderem danach,

ob die Waren oder Dienstleistungen, für die der mutmaßliche Verletzer das Zeichen benutzt, mit denjenigen, für die die Marke geschützt ist, identisch oder nur ähnlich (bzw. sogar unähnlich) sind. Sind die vom Verletzer angebotenen Waren/Dienstleistungen nicht mit den Waren/Dienstleistungen identisch, für die die Marke Schutz in Anspruch nehmen kann, kommt allein die Anwendung von § 14 Abs. 2 Nr. 2 – oder ggf. § 14 Abs. 2 Nr. 3 – in Betracht.

Von diesem Grundsatz macht der EuGH eine Ausnahme für den Fall, dass ein Dienstleister die **124** Marke nennt, um auf die von ihm an den entsprechenden Waren erbrachten Dienstleistungen hinzuweisen. In diesem Fall ist für die Frage der Produktidentität nicht auf die vom mutmaßlichen Verletzer erbrachte Dienstleistung, sondern auf deren **Objekt,** dh auf die durch die Marke bezeichneten Waren abzustellen. Der Inhaber einer Marke für Kfz kann sich daher gegenüber deren Verwendung im Zusammenhang mit Reparaturdienstleistungen unabhängig davon auf § 14 Abs. 2 Nr. 1 berufen, ob die Marke auch für die entsprechenden Dienstleistungen geschützt ist (EuGH C-63/07, GRUR Int 1999, 438 – BMW/Deenik; s. auch C-48/05, GRUR 2007, 318 Rn. 27 f. – Adam Opel/Autec; → Rn. 19). Auf diese Besonderheit kommt es allerdings nicht an, wenn – wie in dem vom BGH entschiedenen Fall der Werbung einer Kfz-Werkstatt für ihre Dienstleistungen mit „GROSSE INSPEKTION FÜR ALLE" – das Zeichen auch für Wartungs- und Reparaturarbeiten eingetragen ist; in diesem Fall reicht die Feststellung aus, dass die Kfz-Werkstatt die Marke für ihre Dienstleistung verwendet (BGH GRUR 2011, 1135 Rn. 12 – GROSSE INSPEKTION FÜR ALLE).

Keine Anwendung finden die in BMW/Deenik (EuGH C-63/07, GRUR Int 1999, 438) aufgestellten **124.1** Grundsätze im Fall von Modellnachbildungen der vom Markeninhaber angebotenen Waren: Die Frage, ob sich die Benutzung für die Modelle (auch) auf die darin verkörperten Originalwaren bezieht, hat der EuGH verneint (EuGH C-48/05, GRUR 2007, 318 Rn. 27 ff. – Adam Opel/Autec). Daraus folgt, dass es in solchen Fällen für die Anwendbarkeit des Doppelidentitätstatbestandes darauf ankommt, ob die Marke auch für Spielzeug geschützt ist. Das gleiche gilt für die Benutzung von Marken auf Bekleidung oder Merchandising-Artikeln: Soweit nicht ohnehin eine lediglich dekorative Benutzung vorliegt (→ Rn. 166) können Abwehrrechte aus § 14 Abs. 2 Nr. 1 nur hergeleitet werden, wenn der Markeninhaber seine für die entsprechenden Waren eingetragen hat. Ist dies nicht der Fall, kann Schutz nur unter dem Aspekt der Verwechslungsgefahr, § 14 Abs. 2 Nr. 2 oder – vor allem – aus § 14 Abs. 2 Nr. 3 geltend gemacht werden.

6. Benutzung im Rahmen des Produktabsatzes

In einer Reihe von Entscheidungen des BGH (vgl. zB BGH GRUR 2013, 1239 Rn. 20 – **125** VOLKSWAGEN/Volks.Inspektion; GRUR 2012, 1040 Rn. 16 – pjur/pure; GRUR 2009, 1055 Rn. 49 – airdsl; GRUR 2009, 116 Rn. 55 – DAX) findet sich die Formulierung, dass eine Benutzung für Waren oder Dienstleistungen **im Rahmen des „Waren- oder Leistungsabsatzes"** bzw. des Produktabsatzes bzw. des „Produkt- oder Leistungsabsatzes" erfolgen muss, um vom Anwendungsbereich des § 14 erfasst zu sein.

In der EuGH-Rechtsprechung ist dieses Tatbestandsmerkmal hingegen bisher nicht aufgetreten. Eine **125.1** Parallele besteht allenfalls insoweit, als dem EuGH zufolge die Marke in der „eigenen kommerziellen Kommunikation" des Markenverwenders benutzt werden muss (EuGH C-236/08 bis C-238/08, GRUR 2010, 445 Rn. 56 – Google France und Google; → Rn. 65). In der Regel ist eine solche Kommunikation mit dem nach außen tretenden Produkt- oder Leistungsabsatz verbunden.

Der praktische Nutzen dieses ungeschriebenen Tatbestandsmerkmals erscheint gering (es könnte **126** aber im Einzelfall Relevanz bei rein innerbetrieblichen Vorgängen haben; → Rn. 63). Insbesondere sollte es nicht zu der Annahme verleiten, dass damit eine wesentliche Einschränkung des Anwendungsbereichs der Vorschrift verbunden ist. So kann dieses Merkmal nicht dahingehend verstanden werden, dass zB die Verwendung eines mit der geschützten Marke verwechslungsfähigen Zeichens auf einer Internetseite eines Unternehmens, die lediglich dem „Support" für Kunden, die bereits entsprechend gekennzeichnete Waren erworben haben, dient, nunmehr freigestellt ist, weil eine derartige dem Absatz nachgelagerte Seite nicht mehr im Rahmen des Produktabsatzes verwendet wird. Vielmehr sind sämtliche **vor- und nachvertraglichen** Zeichenverwendungen, die in Beziehung zum Vertrieb entsprechend gekennzeichneter Waren/Dienstleistungen stehen, als solche „im Rahmen des Produktabsatzes" einzustufen (s. auch EuGH C-379/14, GRUR 2015, 897 Rn. 40 – TOP Logistics: für die Frage der rechtserheblichen Benutzung im geschäftlichen Verkehr kann nicht nur auf unmittelbare Beziehungen zwischen einem Händler und einem Verbraucher abgestellt werden, weil die Verbotstatbestände von Art. 5 Abs. 3 MRL 2008 sonst ihre praktische Wirksamkeit verlieren würden).

126.1   Relevant ist das Merkmal „im Rahmen des „Waren- oder Leistungsabsatzes" bzw. des „Produktabsatzes" aber in den Fällen, in denen der Zeichenverwender nicht mit dem Produktabsatz wirbt, sondern den **Ankauf** konkret genannter und so bezeichneter Markenware anbietet (etwa die Werbung eines Juweliers, der mit dem Ankauf von Rolex-Uhren wirbt). Wenn man in einem solchen Fall nicht ohnehin zu dem Ergebnis kommt, dass der angesprochene Verkehr in der Verwendung des Zeichens allein eine (unschädliche) referierende Nennung der Marke des Markeninhabers sieht, sondern darin zugleich die Kennzeichnung der eigenen Ankaufs-Dienstleistungen erkennen wollte, so wäre diese jedenfalls nicht als eine **Produktabsatz**handlung angesehen werden, so dass – falls die Auffassung des BGH zutreffen sollte – § 14 nicht einschlägig wäre. Da es dazu keine eindeutigen Vorgaben des europäischen Rechts gibt, müsste diese Frage jedoch, soweit sie entscheidungserheblich werden sollte, dem EuGH vorgelegt werden.

127   Die Entfernung einer Marke und deren Ersetzung durch ein anderes Zeichen kann dem EuGH zufolge eine Verletzungshandlung darstellen, obwohl die Verwendung der Marke beim Produktabsatz dadurch gerade **verhindert wird** (EuGH C-129/17, GRUR 2018, 917 – Mitsubishi/Duma; kritisch Knaak/Kur GRUR 2018, 1120). Es ist noch offen, ob dies nur für den der Entscheidung zugrunde liegenden Fall der Markenentfernung bei einer in das Zolllagerverfahren verbrachten Ware gilt, oder ob es sich um einen Grundsatz von allgemeiner Gültigkeit handelt.

X. Funktionsbeeinträchtigung

1. Grundsätze

128   Die Verwirklichung der Verletzungstatbestände des § 14 Abs. 2 Nr. 1 und 2 hängt grundsätzlich von einer Beeinträchtigung der jeweils geschützten Markenfunktionen ab (→ Rn. 15). Bei § 14 Abs. 2 Nr. 2 fällt die Prüfung der Beeinträchtigung der Herkunftsfunktion mit derjenigen der Verwechslungsgefahr zusammen: Der Anwendungsbereich des Markenrechts ist in diesen Fällen stets eröffnet, wenn eine solche Gefahr zumindest plausibel behauptet werden kann, dh immer dann, wenn eine identische oder ähnliche Marke für identische oder ähnliche Waren/Dienstleistungen verwendet wird. Auch der Tatbestand des § 14 Abs. 2 Nr. 1 ist bei einer Beeinträchtigung der Herkunftsfunktion stets erfüllt (→ Rn. 129 ff.); hinzu tritt jedoch ggf. die Beeinträchtigung weiterer Markenfunktionen (→ Rn. 133 ff.), die jeweils für sich genommen zur Verwirklichung des Tatbestands der Doppelidentität führen kann.

2. Funktionsbeeinträchtigung bei Doppelidentität

129   **a) Herkunftsfunktion.** Die Herkunftsfunktion – die Funktion der Marke, den Abnehmern gegenüber die Herkunft der Ware/Dienstleistung vom Markeninhaber zu gewährleisten – ist die wesentliche Funktion der Marke. Ihr Schutz ist für das Funktionieren des Markenrechts essentiell. Bei einer Beeinträchtigung der Herkunftsfunktion liegt daher stets eine Verletzung iSv § 14 Abs. 2 Nr. 1 vor (das Gleiche gilt für § 14 Abs. 2 Nr. 2). Da die Benutzung identischer Marken für identische Waren/Dienstleistungen jedenfalls dann, wenn diese nicht vom Markeninhaber stammen, regelmäßig die ernsthafte Gefahr hervorruft, dass die Marke gegenüber den Abnehmern nicht ihre wesentliche Funktion der Herkunftsgewährleistung erfüllen kann, ist in solchen Fällen grundsätzlich von einer Markenverletzung auszugehen. Das Vorliegen einer Verwechslungsgefahr braucht in diesem Fall nicht gesondert dargelegt oder geprüft werden (s. insoweit auch Art. 16 Abs. 1 TRIPS, der die WTO-Mitgliedstaaten dazu verpflichtet, bei Vorliegen von Doppelidentität Verwechslungsgefahr zu vermuten).

130   Dieser Grundsatz findet nur in Ausnahmefällen keine Anwendung, etwa wenn die angesprochenen Verkehrskreise in der Anbringung der Marke auf einer Ware aus besonderen Gründen **keinen Hinweis auf deren kommerzielle Herkunft** sehen (EuGH C-48/05, GRUR 2007, 318 Rn. 24 – Opel/Autec; abgelehnt in EuGH C-206/01, GRUR 2003, 55 Rn. 56 – Arsenal/Reed).

131   Bei der Benutzung von Marken als **Keywords** liegt im Fall von § 14 Abs. 2 Nr. 1 (ebenso wie bei § 14 Abs. 2 Nr. 2) eine Beeinträchtigung der Herkunftsfunktion vor, wenn aus der Anzeige für einen normal informierten und angemessen aufmerksamen Internetnutzer **nicht oder nur schwer zu erkennen ist,** ob die in der Anzeige beworbenen Waren oder Dienstleistungen von dem Inhaber der Marke oder einem mit ihm wirtschaftlich verbundenen Unternehmen oder vielmehr von einem Dritten stammen (EuGH C-236/08 bis C-238/08, GRUR 2010, 445 Rn. 84 – Google und Google France; eingehend → Rn. 223 ff.).

131.1   In EuGH C-129/17, GRUR 2018, 917 Rn. 44 – Mitsubishi/Duma nimmt der EuGH eine Beeinträchtigung der Herkunftsfunktion auch für den Fall an, dass eine Ware unter einer anderen Marke als derjenigen in den geschäftlichen Verkehr gebracht wird, die vom Markeninhaber ursprünglich – außerhalb des EWR – darauf angebracht worden war. Dabei beruft er sich auf die Entscheidung EuGH C-379/14, GRUR 2015, 897 Rn. 40 – TOP Logistics, der zufolge „jede Handlung eines Dritten, die den Inhaber einer in einem oder mehreren Mitgliedstaaten eingetragenen Marke an der Ausübung seines Rechts, das erste Inverkehrbringen von mit dieser Marke versehenen Waren im EWR zu kontrollieren, hindert, naturgemäß eine Beeinträchtigung dieser Hauptfunktion der Marke darstellt". Dabei wird übersehen, dass im konkreten Fall die Waren beim ersten Inverkehrbringen im EWR gerade **nicht** mit der geschützten Marke versehen waren (s. dazu Knaak/Kur GRUR 2018, 1120 (1122)). Auf die angebliche Beeinträchtigung der Herkunftsfunktion hat sich der EuGH bereits in der Entscheidung C-558/08, GRUR 2010, 841 Rn. 86 – Portakabin/ Primakabin berufen; allerdings lag der Sachverhalt insoweit anders, als die Marke in der Werbung für ein Produkt verwendet wurde, von dem die Marke entfernt worden war.

In **Ausnahmefällen** kann bei Verwendung identischer Marken zur Kennzeichnung identischer **132** Waren durch nicht miteinander verbundene Unternehmen eine Beeinträchtigung der Herkunftsfunktion zu verneinen sein. Ein solcher Ausnahmefall lag der Entscheidung Budweiser zugrunde: Beide Parteien des Markenkonflikts hatten die Marke „Budweiser" seit 30 Jahren im Vereinigten Königreich parallel genutzt, außerdem war nach den Feststellungen des vorlegenden Gerichts davon auszugehen, dass die Verbraucher ungeachtet der Identität der Bezeichnungen den Unterschied zwischen den entsprechend gekennzeichneten Bieren deutlich wahrnehmen, „weil sich diese seit jeher im Geschmack, im Preis und in der Aufmachung unterscheiden" (EuGH C-482/ 09, GRUR 2012, 519 Rn. 75 ff. – Budvar/Anheuser-Busch).

Ob diese Beurteilung auf den Fall übertragen werden kann, dass sich die von den Parteien genutzten **132.1** Kennzeichen nicht unterscheiden und die beteiligten Verkehrskreise sich der Unterschiedlichkeit der beiden Unternehmen nicht bewusst sind, erscheint hingegen höchst zweifelhaft. Der EuGH will jedoch offenbar ein solches Ergebnis nicht von vornherein ausschließen und überlässt die Entscheidung insoweit dem nationalen Gericht (EuGH C-661/11, GRUR 2013, 1140 Rn. 60 – Martin Y Paz/Gauquie; der Generalanwalt geht hingegen von einer Beeinträchtigung der Herkunftsfunktion aus; Schlussanträge in BeckRS 2013, 80816 Rn. 70, 75 – Martin Y Paz/Gauquie).

b) Werbefunktion. Eine Beeinträchtigung der Werbefunktion liegt vor, wenn die beanstan- **133** dete Benutzung die Möglichkeit des Markeninhabers beeinträchtigt, die Marke als Element der Verkaufsförderung oder als Instrument der Handelsstrategie einzusetzen (EuGH C-236/08 bis C-238/08, GRUR 2010, 445 Rn. 92 – Google und Google France). Insbesondere bei bekannten Marken tritt eine solche Beeinträchtigung regelmäßig ein, wenn der Werbende ein mit einer bekannten Marke identisches Zeichen benutzt, um sich in den Bereich der Sogwirkung dieser Marke zu begeben, um von ihrer Anziehungskraft, ihrem Ruf und ihrem Ansehen zu profitieren. Darin liegt zum einen regelmäßig eine Ausnutzung der Unterscheidungskraft oder der Wertschätzung der Marke iSv § 14 Abs. 2 Nr. 3; zugleich bewirkt der mit der Ausnutzung der Wertschätzung oder der Unterscheidungskraft verbundene Imagetransfer im Allgemeinen auch eine Schwächung der Kennzeichnungskraft der bekannten älteren Marke und damit eine Beeinträchtigung ihrer Werbefunktion (BGH GRUR 2011, 1135 Rn. 15 – GROSSE INSPEKTION FÜR ALLE).
Praktisch relevant wird diese Funktion insbesondere in Fällen der **vergleichenden Werbung 134** (EuGH C-487/07, GRUR 2009, 756 – L'Oréal/Bellure) sowie bei der Verwendung fremder Kennzeichnungen als Bestimmungsangabe iSv § 23 Nr. 3 (BGH GRUR 2011, 135 – GROSSE INSPEKTION FÜR ALLE). Insoweit kann eine Markenverletzung auch ohne Beeinträchtigung der Herkunftsfunktion grundsätzlich auch dann eintreten, wenn es sich bei dem benutzten Zeichen nicht um eine bekannte Marke handelt. Die Maßstäbe für die konkrete Beurteilung solcher Fälle ergeben sich aus den einschlägigen Vorschriften, dh aus § 6 Abs. 2 UWG (sowie § 5 Abs. 1 Nr. 1– 3 UWG; → § 2 Rn. 147) bzw. aus § 23 Abs. 1 Nr. 2 unter Beachtung der Vereinbarkeit mit den anständigen Gepflogenheiten in Gewerbe oder Handel nach § 23 Abs. 2. Sie sind daher nicht unmittelbar aus der Werbefunktion abzuleiten.
Keine praktische Bedeutung hat die Werbefunktion hingegen für die Beurteilung der Benut- **135** zung von Marken beim **Keyword-Advertising.** Der EuGH führt dazu aus, dass die Benutzung zwar geeignet sei, auf die Möglichkeit des Inhabers, die Marke für Werbung einzusetzen, und auf seine Handelsstrategie Auswirkungen zu entfalten. Darin allein liege jedoch keine Beeinträchtigung der Werbefunktion, da die Website des Markeninhabers normalerweise an einer der ersten Stellen der Suchergebnisse erscheine und somit die Sichtbarkeit der Waren oder Dienstleistungen des Markeninhabers für den Internetnutzer gewährleistet sei (EuGH C-236/08 bis C-238/08, GRUR 2010, 445 Rn. 93, 95–97 – Google und Google France; C-278/08, GRUR 2010, 451 Rn. 33 – Bergspechte; bestätigt in EuGH C-323/09, GRUR 2011, 1124 – Interflora).

136 Geprüft und abgelehnt wurde die Beeinträchtigung der Werbefunktion (ebenso wie die Beeinträchtigung weiterer Markenfunktionen) in BGH GRUR 2010, 726 Rn. 25 – Opel Blitz II: Durch die vom Kläger beanstandete Benutzung der Marke „Opel Blitz" auf **Spielzeugmodellen** (→ Rn. 198 ff.) seien Qualitäts-, Werbe-, Investitions- und Kommunikationsfunktion der Marke nicht betroffen. In ihrer konkreten Verwendung werde die Marke von den Verbrauchern lediglich auf Spielzeug bezogen; insoweit werde keine Verbindung zu entsprechenden Produkten der Markeninhaberin hergestellt. Ob eine Beeinträchtigung der Interessen im Hinblick auf die Benutzung der Marke für Kraftfahrzeuge vorliege, sei für § 14 Abs. 2 Nr. 1 unerheblich; diese Frage könne nur bei der Anwendung von § 14 Abs. 2 Nr. 3 rechtserheblich werden.

137 Mit Ausnahme der in → Rn. 134 genannten Fälle dürfte die Werbefunktion im Rahmen von § 14 Abs. 2 Nr. 1 eine sehr geringe Rolle spielen. Soweit eine Ausnutzung der Werbewirkung einer Marke überhaupt von Interesse ist, wird es sich regelmäßig um eine bekannte Marke handeln, deren Schutz ohnehin einer umfassenden Beurteilung nach § 14 Abs. 2 Nr. 3 unterliegt.

138 **c) Investitionsfunktion.** Die Investitionsfunktion einer Marke wird dem EuGH zufolge beeinträchtigt, wenn ein Dritter ein mit der Marke identisches Zeichen für identische Waren oder Dienstleistungen benutzt, und es dadurch dem Markeninhaber wesentlich erschwert wird, seine Marke zum Erwerb oder zur Wahrung seines Rufs einzusetzen (EuGH C-323/09, GRUR 2011, 1124 Rn. 60, 62 – Interflora; → Rn. 225).

139 Es lassen sich kaum Fälle vorstellen, in denen diese Funktion neben der Werbefunktion eine eigenständige Bedeutung haben soll (s. aber → Rn. 143; s. auch OLG Frankfurt GRUR-RR 2018, 512 Rn. 14 – birki, wonach die isolierte Beeinträchtigung der Investitionsfunktion bei Verwendung der Marke für eine andere Produktlinie des Markeninhabers in Frage komme; aA OLG Hamburg GRUR-RS 2020, 47321 – Pantolette, wonach in solchen Fällen bereits eine Beeinträchtigung der Werbefunktion vorliege). Auch der EuGH geht davon aus, dass sich Werbefunktion und Investitionsfunktion in der Regel überschneiden. Die Notwendigkeit, neben der Werbefunktion trotzdem auch auf die Investitionsfunktion abzustellen, begründet er damit, dass der Einsatz einer Marke zum Erwerb oder zur Wahrung eines Rufs nicht nur durch Werbung, sondern auch durch verschiedene Geschäftsmethoden erfolgt (EuGH C-323/09, GRUR 2011, 1124 Rn. 61 – Interflora). Das enge Verständnis der Werbefunktion, das dieser Aussage zugrunde liegt, erscheint jedoch ohnehin als verfehlt.

140 **d) Sonstige Markenfunktionen; Fazit.** Ausdrücklich genannt hat der EuGH bisher noch die **Qualitätsfunktion** und die **Kommunikationsfunktion,** ohne diese jedoch näher zu definieren. Auf beide Funktionen geht Generalanwältin Kokott in den Schlussanträgen zu EuGH C-46/10 – Viking Gas/Kosan ein (BeckRS 2011, 80370). Ein über die Herkunftsfunktion hinausgehender Schutz für die Qualitätsfunktion wird von ihr nur für Sonderfälle wie insbesondere Kollektivmarken befürwortet. Die Kommunikationsfunktion wird von ihr der Werbe- und Investitionsfunktion zugeordnet. Für diese gilt gleichermaßen, dass ihr Schutz grundsätzlich über die Herkunftsfunktion hinausgehen kann, ohne dass jede nachteilige Auswirkung auf diese Funktionen die Anwendung von Art. 5 Abs. 1 MRL 2008 (§ 14 Abs. 2 Nr. 1 und 2) rechtfertigt: „Der Schutz dieser Funktionen auf Basis dieser Bestimmungen darf nämlich – erstens – nicht die Voraussetzungen spezieller Schutzvorschriften aushöhlen und muss – zweitens – überwiegende andere Interessen respektieren." Entscheidend für die Reichweite des Schutzes aller Markenfunktionen (mit Ausnahme der Herkunftsfunktion) sei letztlich eine Interessenabwägung (Schlussanträge, EuGH C-46/10, BeckRS 2011, 80370 Rn. 38 ff., 47, 59, 64 – Viking-Gas/Kosan).

141 Derzeit kann nicht abgesehen werden, ob und welchen Inhalt der EuGH den genannten oder anderen rechtlich relevanten Funktionen zuweisen wird (die Aufzählung in L'Oréal ist nicht abschließend; EuGH C-487/07, GRUR 2009, 756 Rn. 58 – L'Oréal/Bellure). Mit Generalanwältin Kokott (→ Rn. 140; sinngemäß ebenso BGH GRUR 2010, 726 Rn. 25 – Opel Blitz II) ist jedoch davon auszugehen, dass sich durch die Bezeichnung der jeweiligen Markenfunktionen nichts am Gesamtbefund ändert: Zu einer Markenverletzung kann es immer nur dann kommen, wenn entweder eine Beeinträchtigung der Herkunftsfunktion vorliegt oder die Benutzung der Marke aus anderen Gründen **grob interessenwidrig** und nicht durch andere, überwiegende Interessen gedeckt ist.

142 Im sachlichen Ergebnis werden damit Tatbestände, die anderenfalls nur lauterkeitsrechtlich erfasst werden könnten, (auch) in das Markenrecht einbezogen. Da und soweit die normativen Wertungen in den betroffenen Grenzfällen parallel laufen, kommt es somit nicht zu einem unkontrollierbaren Ausufern des Markenschutzes. Die Verantwortung dafür liegt bei den nationalen Gerichten, denen die konkrete Beurteilung im Einzelfall überlassen bleibt. Gerade für die lauterkeitsrechtlich erfahrenen deutschen Gerichte dürften sich daraus keine unüberwindbaren Schwierigkeiten ergeben, zumal es sich in der Regel um Fälle handeln wird, die ohnehin zumindest in den Grenzbereich der Schrankenbestimmungen fallen, so dass die entsprechenden Regelungen als Richtschnur dienen können (so in BGH GRUR 2011, 1135 Rn. 17 ff. – GROSSE INSPEKTION FÜR ALLE). Insoweit besteht für die Praxis deutlich geringerer Grund zur Sorge, als es die Diskussion um die Markenfunktionen bisweilen erscheinen lässt (s. auch Ströbele/Hacker/Thiering/Hacker Rn. 107).

142.1 Die zumindest anfangs durchaus verständliche Kritik an der EuGH-Rechtsprechung zu den Markenfunktionen wurde auch von der EU-Kommission geteilt. Den ersten Reformvorschlägen zufolge sollte der Schutz im Anwendungsbereich des Doppelidentitätstatbestandes nur bei Beeinträchtigung der Herkunftsfunktion greifen (Art. 10 Abs. 2 lit. a MRL-E, KOM (2013) 162 endg.). Gegen diesen Vorschlag bestanden jedoch gravierende sachliche Bedenken (so auch die Stellungnahme von GRUR, GRUR 2013, 800 (803)) und letztlich wurde er innerhalb des Reformprozesses nicht weiterverfolgt. In der Praxis hätte er aber ohnehin kaum zu abweichenden Ergebnissen geführt, zumal mit der vergleichenden Werbung der wichtigste Tatbestand, der unter Berufung auf die Funktionslehre in das Markenrecht einbezogen wurde, dort sogar explizit verankert ist und auch die referierende Benutzung von Marken durch ihre Aufnahme in den Schrankenkatalog im Anwendungsbereich des Markenrechts enthalten bleibt.

143 Bemerkenswert ist allerdings, dass sich der EuGH in seiner Entscheidung C-129/17, GRUR 2018, 917 – Mitsubishi/Duma auf die Beeinträchtigung der Markenfunktionen bezogen hat, um trotz Fehlens einer Benutzung für Waren oder Dienstleistungen iSd bisheriger Rechtsprechung zu einer Rechtsverletzung zu gelangen. Dabei ist die Behauptung einer Beeinträchtigung der Herkunftsfunktion sicher verfehlt (→ Rn. 131.1), die Annahme einer Beeinträchtigung der Werbe- und insbesondere der Investitionsfunktion entbehrt jedoch nicht einer gewissen Plausibilität: Durch die Entfernung der Marke wird es dem Inhaber in der Tat erschwert, die Marke zum Erwerb oder zur Festigung seines Rufs einzusetzen. Dass dies auch dann als rechtserheblich gelten soll, wenn die Marke gerade nicht zur Unterscheidung von Waren und Dienstleistungen dient – mit der Folge, dass der ausweislich des Art. 5 Abs. 5 MRL 2008 bzw. Art. 10 Abs. 6 MRL harmonisierte Bereich verlassen wird – bedeutet letztlich nichts anderes, als dass der EuGH seine eigene Funktionsrechtsprechung als Vehikel für eine Harmonisierung wettbewerbsrechtlicher Tatbestände extra legem benutzt (in diesem Sinne – eine einheitliche Regelung sei dem Gesetzgeber vorbehalten – s. Schlussanträge des Generalanwalts Sanchez Bordona BeckRS 2018, 6460 Rn. 67 – Mitsubishi/Duma; Knaak/Kur GRUR 2018, 1120 f.).

XI. Typische Benutzungsformen

144 Während unter → Rn. 92 ff. die generellen Anforderungen an das Vorliegen einer markenmäßigen Benutzung dargestellt sind, werden im Folgenden typische Benutzungsformen und deren rechtliche Einordnung vertiefend behandelt, aufgegliedert nach dem jeweiligen Zusammenhang, in dem die zu beurteilende Zeichenbenutzung erfolgt:
- Verwendung mit unmittelbarem Produktbezug (→ Rn. 145 ff.),
- Zeichenverwendung im weiteren Kontext der Vermarktung (→ Rn. 185 ff.),
- Markenparodien; satirische Zeichenverwendung (→ Rn. 205 ff.),
- Zeichenverwendung im Internet (→ Rn. 211 ff.),
- Verwendung iSv § 14 Abs. 3 und 4 (→ Rn. 232 ff.).

1. Zeichenverwendung mit unmittelbarem Produktbezug

145 **a) Grundsätze.** Da die Marke die Aufgabe hat, Produkte zu kennzeichnen, ist auf den konkreten Zusammenhang der Benutzung abzustellen: je deutlicher insoweit ein **Produktbezug** feststellbar ist, desto eher wird man eine markenmäßige Benutzung annehmen können. Ist überhaupt kein Produktbezug erkennbar, liegt auch keine Benutzung für Waren oder Dienstleistungen vor (vgl. Ingerl/Rohnke/Nordemann/Nordemann Rn. 175).

146 Die Produktart legt dabei die natürlichen Möglichkeiten der maximalen Nähe des Zeichens zum Produkt fest. Während eine Ware oder zumindest deren Verpackung mit der Marke unmittelbar versehen werden kann, ist dies bei Dienstleistungen nicht möglich. Eine Zeichenverwendung „auf" dem Produkt ist nur bei Waren denkbar.

147 Eine (prominent) auf der Ware selbst bzw. ihrer Verpackung angebrachte Bezeichnung wirkt **zumeist** als Produktkennzeichen (vgl. zB BGH GRUR 2012, 1040 Rn. 18 – pjure/pure; GRUR 2003, 963 f. – AntiVir/AntiVirus).

148   Dies gilt jedoch nicht uneingeschränkt. Da es auch insoweit maßgeblich auf die Auffassung der angesprochenen Verkehrskreise ankommt, ist im jeweiligen Einzelfall zu prüfen, ob die Zeichenverwendung auf dem Produkt die Anforderungen an eine markenmäßige Benutzung erfüllt. Abzugrenzen sind hier insbesondere **rein beschreibende Angaben** (→ Rn. 103 ff.) oder **Dekor** (→ Rn. 166). Ferner ist zu prüfen, ob die Marke gegenüber der zu kennzeichnenden Ware begrifflich selbstständig ist, dh von den angesprochenen Verkehrskreisen nicht nur als Ware, sondern zugleich als Herkunftshinweis aufgefasst wird (vgl. BGH GRUR 2002, 1072 (1073) – SYLT-Kuh). Dies wirft etwa dann Schwierigkeiten auf, wenn die Marke und die Ware identisch sind. In der Wiedergabe einer Wort-/Bildmarke oder Bildmarke auf einer Plakette, einem Schlüsselanhänger oder einem Aufkleber wird der Verkehr in der Regel einen zeichenmäßigen Hinweis auf deren Herkunft aus einem bestimmten Unternehmen erkennen (BGH GRUR 2015, 1009 Rn. 28 – BMW-Emblem; GRUR 2002, 1072 (1073) – SYLT-Kuh).

149   **b) Verwendung auf der Verpackung.** Im Regelfall macht es keinen relevanten Unterschied für die Beurteilung eines hinreichenden Produktbezugs, ob das zu prüfende Zeichen auf der Ware direkt angebracht ist oder nur auf der das Produkt umgebenden Verpackung, denn viele Waren werden in der Verkaufssituation nur in einer Verpackung angeboten.

150   Unterschiede ergeben sich jedoch dann, wenn sich auf der Ware selbst andere Zeichen befinden als auf der Verpackung bzw. die Ware selbst als Herkunftshinweis dienen soll oder aber wenn Zweifel bestehen, ob das, worauf sich das Zeichen befindet, überhaupt als Verpackung angesehen werden kann.

151   Ersteres spielt vor allem dann eine Rolle, wenn das unverpackte Produkt eine eingetragene **3D-Marke** verletzen soll (→ Rn. 172 ff.). Hier kommt es für die Beurteilung der markenmäßigen Benutzung für das Produkt auf zwei unterschiedliche Zeitpunkte an: Im Zeitpunkt des Erwerbs nimmt der Kunde lediglich die Zeichen auf der Verpackung wahr, während die Warenform selbst allenfalls im Zeitpunkt der bestimmungsgemäßen Verwendung eine Rolle spielt (vgl. BGH GRUR 2007, 780 Rn. 25 – Pralinenform).

152   Eine weitere Fallgruppe erfasst die Fälle von **„Nachfüllpacks"** im weiteren Sinne (zB Handtuchspender, wiederbefüllbare Gasflaschen, Automaten etc). Hier stellt sich insbesondere die Frage, ob der Verbraucher den Spender/das Behältnis selbst als „Verpackung" bzw. die dort angebrachten Zeichen als Hinweis auf die darin enthaltene Ware sieht (vgl. BGH GRUR 2019, 79 – Tork, wonach dann eine rechtsverletzende Nutzung vorliegen kann) oder es sich bei dem Warenbehältnis seinerseits um eine eigenständig gekennzeichnete Ware handelt. In letzterem Fall wird die herkunftshinweisende Funktion der Marke auf dem Behältnis durch die Zweitkennzeichnung der Nachfüllware entkräftet (vgl. EuGH C-46/10, BeckRS 2011, 80370 Rn. 39 ff. – Viking-Gas/Kosan; BGH GRUR 2005, 162 (163) – SodaStream; GRUR 2006, 763 Rn. 17 – Seifenspender; verneint von BGH GRUR 2019, 79 Rn. 31, 33 – Tork).

153   Die Abgrenzung hängt maßgeblich von den Umständen des jeweiligen Einzelfalls ab und lässt sich nicht pauschal vornehmen. In Betracht zu ziehen sind dabei, ob als den für die Beurteilung der Benutzungshandlung heranzuziehenden Endverbraucher nur die nachgefüllte Ware oder aber auch das Behältnis selbst verkauft wird, sowie die Sichtweise ggf. unterschiedlicher Verkehrskreise (Erwerber des Behältnisses einerseits und Nutzer der Ware in der Verbrauchssituation andererseits). Relevant wird außerdem sein, unter welchen Bedingungen die Nachfüllware ausgetauscht wird (näher → Rn. 154 ff.), wobei auch die Praktiken im jeweiligen Wirtschaftszweig zu berücksichtigen sind sowie der Umstand, ob die Verbraucher es gewohnt sind, dass das Behältnis mit Ware anderer Hersteller bestückt wird (BGH GRUR 2019, 79 Rn. 31 – Tork). Auch die Relevanz von Marken im streitgegenständlichen Produktbereich kann sich auf die Verkehrsauffassung auswirken (BGH GRUR 2019, 79 Rn. 37 – Tork). So soll der Verbraucher die auf einem wiederbefüllbaren Behältnis angebrachte Marke nicht als Marke auch der nicht-gekennzeichneten Nachfüllware empfinden, wenn ihm sowohl das Behältnis als auch die Nachfüllware (im konkreten Fall Papierhandtücher) aufgrund ihrer Alltäglichkeit und Banalität gleichgültig sind (OLG München GRUR-RS 2021, 26940 – Tork II).

154   Bringt der Verbraucher selbst die (leere) Umhüllung mit und begehrt lediglich eine Befüllung, ist darauf abzustellen, inwieweit der Befüller den Eindruck vermittelt, mit Originalware aufzufüllen (vgl. BGH GRUR 2005, 162 – SodaStream).

155   Eine andere Erwartungshaltung kann vorliegen, wenn der Verbraucher die an sich gewollte Ware einem Behältnis lediglich entnehmen muss (etwa aus einer Zapfsäule, einem Getränkeautomaten, einem Schaukasten oder einem Handtuchrollenspender), wobei es auch hier auf die Umstände des Einzelfalls ankommt. Findet die Befüllung (wie bei Handtuchspendern in öffentlichen Waschräumen) außerhalb des Erfahrungsbereichs des Verbrauchers statt, ist ihm nicht bereits aus dem Nachfüllprozess selbst bekannt, dass es sich nicht um die Originalnachfüllware des Herstellers des Behältnisses handelt (BGH GRUR 2019, 79 Rn. 34 – Tork). Je nach Einzelfall kann dann eine rechtsverletzende Benutzung vorliegen (für den Bereich der Papierhandtuchspender in öffentlichen Waschräumen aber ablehnend OLG München GRUR-RS 2021, 26940 – Tork II).

In der Kommentarliteratur wird die Frage, ob die Kennzeichnung auf einem Schaukasten, einer Zapf-   **155.1**
säule für Benzin oder einem Bierzapfhahn ein auf der Ware bzw. ihrer Verpackung aufgebrachtes Zeichen iSv § 14 Abs. 3 Nr. 1 (so Ströbele/Hacker/Thiering/Hacker Rn. 161) oder ein sonstiger entweder werbender oder nicht im Katalog des § 14 Abs. 3 erfasster Gebrauch (Ingerl/Rohnke/Nordemann/Nordemann Rn. 222) ist, unterschiedlich bewertet. Jedenfalls soweit eindeutig ist, dass sich die aufgebrachte Kennzeichnung nur auf eine einzige jeweils im Inneren befindliche Ware bezieht (anders etwa bei einer mit einer Eismarke gekennzeichnete Eistruhe, in der verschiedenste Sorten enthalten sind, oder dem Zeichen des Aufstellers auf einem Zigarettenautomaten, welches ersichtlich nichts mit den darin zum Verkauf angebotenen Marken zu tun hat), streiten für beide Auffassungen gute Argumente, die aber – so oder so – im Ergebnis nicht zu einer unterschiedlichen Einordnung einer konkreten Verwendung als markenrechtlich relevant führen dürften.

c) Wortzeichen. Bei Wortzeichen kommt der **Abgrenzung zu einer beschreibenden**   **156**
Angabe besonderes Gewicht zu (→ Rn. 103 ff.). Abzustellen ist dabei stets auf die jeweils streitgegenständliche Verwendung und den dadurch hervorgerufenen Gesamteindruck, wobei die Kennzeichnungsgewohnheiten innerhalb des betreffenden Warensektors und deren Einfluss auf die Wahrnehmung und Erwartungshaltung der beteiligten Verkehrskreise zu berücksichtigen sind (vgl. auch BGH GRUR 2019, 1289 Rn. 25 – Damen Hose MO; BPatG GRUR 2014, 79 (80) – Mark Twain; OLG Nürnberg GRUR 2023, 75 – Torjägerkanone).

In bestimmten Warenbereichen ist selbst die Verwendung rein beschreibender Wortzei-   **157**
chen nicht automatisch als markenmäßige Benutzung einzuordnen. So ist vor allem im **Modebereich** zu beachten, dass die **dekorative Gestaltung** der Ware eine wesentliche Bedeutung für die Kaufentscheidung hat. Dabei kommen auch Wortzeichen als dekorative Elemente in Betracht (vgl. BGH GRUR 2010, 838 Rn. 20 – DDR-Logo; → Rn. 165.1), so dass – allerdings unter Berücksichtigung strenger Maßstäbe – auch hier eine Einzelfallprüfung stattzufinden hat. Denn ob der Verkehr ein auf einem Kleidungsstück angebrachtes Zeichen als Herkunftshinweis oder als bloßes dekoratives Element auffasst, kann nach der Art und der Platzierung des Zeichens variieren (BGH GRUR 2019, 1289 Rn. 25 – Damen Hose MO).

In der Regel werden Wortzeichen an prominenter Stelle von Bekleidungsstücken (zB auf   **158**
der Frontseite von T-Shirts) markenmäßig verwendet, da der Verkehr auf herkunftshinweisende Kennzeichnungen auf der Außenseite der Kleidung gewohnt ist und entsprechenden Kennzeichen deshalb häufig einen Herkunftshinweis entnimmt (vgl. BGH GRUR 2010, 838 Rn. 20 – DDR-Logo). Bei der gebotenen Einzelfallbeurteilung spielt jedoch eine nicht unerhebliche Rolle, dass in Einnähern wie Nackenlabels nahezu regelmäßig Herkunftshinweise zu finden sind (vgl. BGH GRUR 2018, 932 Rn. 18 – #darferdas?; OLG Frankfurt GRUR-RR 2018, 339 (342) – Hudson), aber nicht zwingend auf der Frontseite der Ware. Es gibt deshalb Fälle, in denen auch Wortzeichen auf der Frontseite der Ware nicht als Herkunftshinweis, sondern ausschließlich als dekoratives Element verstanden werden. Bei der Abgrenzung ist auf die konkrete Art und Verwendung des betreffenden Wortzeichens abzustellen. Fantasiebezeichnungen und Bezeichnungen, denen der Verkehr keine bestimmte Bedeutung beimisst, werden auch auf der Frontseite eines T-Shirts regelmäßig als Herkunftshinweis aufgefasst. Gleiches gilt für Wortzeichen, die der Verkehr bereits aus anderen Bereichen als Marke kennt. Zeichen, denen der Verkehr von vornherein eine andere Bedeutung beimisst und die daher eine Verwendung als Marke als unwahrscheinlich erscheinen lassen, wird er hingegen als reine Dekoration ansehen (zB Verwendung der Abkürzung eines untergegangenen Staates, BGH GRUR 2010, 838 Rn. 20 – DDR-Logo).

Im Einzelfall kann die Abgrenzung schwierig sein: Während ein Gruß oder Zuruf eher als   **159**
Dekoration verstanden werden dürfte, können vermeintliche Botschaften, besonders wenn sie nur aus einem Wort bestehen, als markenmäßig eingestuft werden (vgl. auch LG Hamburg GRUR-RR 2015, 103 – MINI). Hier gilt es letztlich, einen praktikablen und der Realität entsprechenden Ausgleich zu finden zwischen den berechtigten Interessen des Markeninhabers einerseits, sein geschütztes Zeichen ausschließlich nutzen zu dürfen und gegen eine Schwächung der Kennzeichnungskraft durch Nutzung Dritter schützen zu können, und dem andererseits ebenfalls bestehenden Allgemeininteresse, Produkte und deren Erscheinung dekorativ zu gestalten. Beispiele zur Abgrenzung finden sich etwa in der Rechtsprechung des OLG Hamburg BeckRS 2009, 18502 – Zicke I; BeckRS 2009, 18504 – Zicke II; BeckRS 2009, 18505 – Angel; GRUR-RR 2009,

300 – Baby-Body-Slogan sowie in LG Köln GRUR-RR 2013, 106 – Scheiß RTL; OLG Frankfurt GRUR-RS 2022, 22858 – BLESSED; s. auch KG BeckRS 2011, 16729 – Held der Arbeit.

160   Typische Kennzeichnungsgewohnheiten finden sich auch in anderen Warenbereichen. So finden sich bei **Uhren** Marken üblicherweise auf dem Ziffernblatt (OLG Frankfurt BeckRS 2013, 11433 – F.T.C.). Zu den Kennzeichnungsgewohnheiten bei Schreibgeräten s. BPatG GRUR 2014, 79 – Mark Twain, wonach Namen berühmter historischer Personen in dieser Branche üblicherweise nicht als Marke aufgefasst werden, sondern ihnen zur Ehrung oder als Widmung dienen.

161   Im **Arzneimittelbereich** sind Verwendungsformen von Wortzeichen auf der Ware bzw. der Verpackung denkbar, die nicht als markenmäßige Benutzung anzusehen sind. Markenrechtlich unbeanstandet bleiben etwa solche Bezeichnungen, die lediglich als Wiedergabe des verwendeten Wirkstoffs wirken. Ob dies der Fall ist, hängt wieder maßgeblich vom Einzelfall ab, insbesondere vom Hinzutreten oder Fehlen weiterer als Herkunftshinweis in Betracht kommender Zeichen.

162   Bei Wortzeichen auf Bekleidungsstücken, die auf bestimmte **Sportvereine oder Musikgruppen** hinweisen, dürfte es sich regelmäßig um einen Herkunftshinweis auf den entsprechenden Verein/die entsprechende Band handeln (in diesem Sinne EuGH C-206/01, GRUR 2003, 55 Rn. 56 – Arsenal Football Club). Handelt es sich bei dem Wortzeichen um eine eingetragene Marke, liegt jedoch auch ein Hinweis auf die Herkunft der damit gekennzeichneten Waren vor, auch wenn das betreffende Zeichen im Rahmen der konkreten Benutzung als Ausdruck der Unterstützung, der Treue oder der Zugehörigkeit gegenüber dem Markeninhaber aufgefasst wird (EuGH C-206/01, GRUR 2003, 55 Rn. 56 – Arsenal Football Club).

163   Zur Verwendung eines **Unternehmenskennzeichens auf einer Ware (**die in aller Regel als Herkunftshinweis verstanden wird) → Rn. 94.

164   Demgegenüber ist das **auf einem Werk** iSv § 5 Abs. 3 angebrachte Wortzeichen häufig keine markenmäßige, sondern lediglich eine titelmäßige Verwendung, es sei denn, der Werktitel wirkt zugleich als Herkunftshinweis (wie zB bei periodisch erscheinenden Zeitschriften; → Rn. 100).

165   Fraglich kann im Einzelfall sein, inwieweit bestimmte **Typen-, Modell- oder Sortenbezeichnungen** als Herkunftshinweis verstanden werden. Solche Zeichen sollen nicht als Herkunftshinweis erkannt werden, wenn sie lediglich zur Unterscheidung und Identifizierung von Waren desselben Unternehmens verwendet werden (vgl. Ströbele/Hacker/Thiering/Hacker Rn. 140). Dies gilt jedoch nur dann, wenn der Verbraucher das Zeichen ausschließlich in diesem Sinne (etwa als reines Bestellzeichen) versteht (so OLG Düsseldorf GRUR-RR 2009, 100 – Bierbeisser; OLG Frankfurt GRUR 2015, 279 – SAM). Ist es in einer Branche jedoch üblich, bestimmte Zeichen als Modellbezeichnungen zu verwenden (zB Vornamen in der Modebranche), kann ihre Anbringung jedenfalls an der Ware selbst oder auf dem Etikett als Herkunftshinweis verstanden werden (BGH GRUR 2019, 522 – SAM). Bei der Beurteilung, ob der Verkehr eine Bezeichnung im konkreten Fall als Herkunftshinweis versteht, ist nach der Rechtsprechung auf die Kennzeichnungsgewohnheiten in dem maßgeblichen Warensektor abzustellen (zB BGH GRUR 2019, 522 Rn. 26 – SAM).

165.1   Im **Modebereich** ist zu beachten, dass der Verkehr häufig in der Herstellerangabe den (alleinigen) Herkunftshinweis sehen wird, so dass nicht ohne Weiteres davon ausgegangen werden kann, dass ein Zeichen, das neben dieser Herstellerangabe als Modellbezeichnung verwendet wird, ebenfalls als Herkunftshinweis verstanden wird (BGH GRUR 2019, 1289 Rn. 38 – Damen Hose MO). Bei Benutzung des Zeichens in einem Verkaufsangebot ist nach dem BGH die Gestaltung des Angebots in seiner Gesamtheit in den Blick zu nehmen, wobei ein Verständnis der Modellbezeichnung als Herkunftshinweis umso eher in Betracht kommt, je bekannter die Herstellermarke ist (BGH GRUR 2019, 522 – SAM). Ist die verwendete Modellbezeichnung mit einer bekannten Marke identisch (zB das Zeichen „501" für Jeanshosen), spricht dies dafür, dass der angesprochene Verkehr die Modellbezeichnung unabhängig von der Art ihrer Verwendung in einem Angebot als Marke auffassen wird (vgl. BGH GRUR 2019, 522 Rn. 55 – SAM; GRUR 2019, 1289 Rn. 31, 34 – Damen Hose MO). Sind weder der Hersteller noch die Modellbezeichnung selbst bekannt, muss die Gestaltung des Angebots näher betrachtet werden. Die konkrete Art der Verwendung kann dann dafür sprechen, dass der Verkehr die Modellbezeichnung als Marke auffasst (BGH GRUR 2019, 522 – SAM; vgl. auch OLG Frankfurt GRUR-RS 2021, 28594 Rn. 9 – Rundhalspullover Sam). Dies kann insbesondere dann der Fall sein, wenn die Modellbezeichnung in unmittelbarem Zusammenhang mit der Hersteller- oder Dachmarke verwendet wird, zB in einer Angebotsüberschrift (zB OLG Frankfurt GRUR-RS 2021, 28594 Rn. 10, 11 – Rundhalspullover Sam; OLG Frankfurt GRUR-RS 2021, 28034 – MO; OLG Frankfurt GRUR-RS 2021, 19125 – ENNA; OLG Frankfurt GRUR-RR 2021, 360 – TOMMY HILFIGER MO LOGO SCARF; OLG Hamburg GRUR-RR 2020, 359 – MYMMO MINI), während eine markenmäßige Verwendung bei der Nutzung des Zeichens an einer unauffälligen Stelle in der Angebotsbeschreibung regelmäßig nicht zu sehen ist (vgl. BGH GRUR 2019, 522 Rn. 54 – SAM). Insbesondere wenn im Zusammenhang mit der Modellbezeichnung weitere Buchstaben oder Zahlen erscheinen, kann dies dafür sprechen, dass der Verkehr alleine in der der Modellbezeichnung vorangestellten Herstellerangabe den Herkunftshinweis sieht (BGH GRUR 2019, 1289 Rn. 39 – Damen Hose MO; vgl. auch OLG Frankfurt GRUR-RS 2021, 3150 – Barbour Steppjacke Sam; OLG Hamburg GRUR-RR 2020, 355 – Rock Isha). Gleiches gilt, wenn die Herstellermarke prominent ins Blickfeld gerückt ist, während die Modellbezeichnung weder blickfangmäßig noch auf andere Weise hervorgehoben ist (vgl. OLG Frankfurt GRUR-RS 2021, 37728 – Stoffhosen SAM SHORTS Uni).

Im **Automobilbereich** ist die Verwendung von herkunftshinweisenden Modellbezeichnungen üblich. **165.2** Neben der Herstellermarke verwenden Automobilhersteller regelmäßig verschiedene weitere Marken wie Bezeichnungen der Fahrzeugtypen (zB „Golf", „A-Klasse" oder „A4") und Bezeichnungen der Ausstattungslinien und Sondermodelle (zB „Trendline" von VW oder „Avant" von Audi). Der Verkehr ordnet Erst-, Zweit- und Drittkennzeichen deshalb entsprechend zu und erkennt darin den jeweiligen Herkunftshinweis (vgl. BGH GRUR 2021, 724 Rn. 28, 32 – PEARL/PURE PEARL).

Wird in der **Möbelbranche** nicht eine Produktpalette, sondern jedes einzelne Möbelstück mit einem **165.3** individuellen Modellnamen bezeichnet, sieht der Verkehr in diesen Modellnamen keinen Herkunftshinweis (OLG München GRUR-RR 2021, 24 – Silence).

Bei technischen Geräten wie Pumpen ist der angesprochene Verkehr an die Verwendung einer kurzen **165.4** aus zwei bis drei Buchstaben bestehenden Typen- oder Modellbezeichnung in Verbindung mit einer Ziffernfolge gewöhnt und sieht in einer solchen Buchstaben- und Zahlenkombination nach OLG Düsseldorf GRUR-RS 2022, 18931 – FSP – keinen Herkunftshinweis.

d) (Wort-)Bildzeichen. Bei reinen Bildzeichen ist unter Berücksichtigung der Kennzeichnungsgewohnheiten im jeweils maßgeblichen Warensektor darauf zu achten, ob der Verbraucher diese als Produkthinweis erkennt oder lediglich als Dekor oder **Verzierung** auffasst. Je mehr es beim Kauf eines Produkts auf dekorative Elemente in Form von Bildern ankommt (wie im Modebereich, bei Geschirr oder Bettwäsche im Gegensatz zu Waren, die zum sofortigen Verbrauch bestimmt sind), desto eher erscheinen Bildzeichen nicht als Marke. Anders kann dies jedoch sein, wenn das im Streit stehende Zeichen seinerseits aufgrund seiner Bekanntheit als Marke wiedererkannt wird (BGH GRUR 2012, 618 – Medusa). **166**

Besondere Bedeutung kommt der **Positionierung** von Bildzeichen zu. Sind die angesprochenen Verkehrskreise durch die entsprechende Übung vieler Hersteller daran gewöhnt, an bestimmten Stellen auf der Ware ein (Bild-)Zeichen als Herkunftshinweis zu finden, werden sie auch ein dort verwendetes unbekanntes Zeichen eher als Marke auffassen, als wenn dieses Zeichen an einer anderen Position auf der Ware angebracht ist. So erscheinen bei Bekleidung (T-Shirts, Pullover etc) Marken häufig entweder großflächig auf der Vorderseite oder in verkleinerter Form in Höhe der linken Brust oder – bei Jeanshosen – auf den Gesäßtaschen; bei entsprechender Anbringung geht der Verkehr daher grundsätzlich von einem Herkunftshinweis aus (vgl. OLG Hamburg GRUR 2015, 272 – Arcuate, nicht rechtskräftig; OLG München GRUR 2015, 590 – Adler im Kreis). Anders ist es jedoch, wenn etwa die Vorderseite des Pullovers mit einem sehr kleinformatig erscheinenden, relativ einfachen grafischen Zeichen „übersät" ist (BGH GRUR 2017, 730 – Sierpinski-Dreieck; wobei diese Entscheidung unter Umständen bei einem überragend bekannten Zeichen anders ausgefallen wäre). Verneint wurde eine markenmäßige Verwendung ferner in einem Fall, in dem auf der Vorderseite eines Pullovers zahlreiche Marken nebeneinander aufgedruckt waren (BGH GRUR 1994, 635 – Pulloverbeschriftung). **167**

Im Zusammenhang mit der Prüfung markenrechtlicher Unterlassungsansprüche kommt der **168** Frage, ob das zu beurteilende Element **urheberrechtlich** schutzfähig ist oder aber ein zunächst urheberrechtlich geschütztes Werk aufgrund Zeitablaufs zwischenzeitlich **gemeinfrei** geworden ist, keinerlei Bedeutung zu (zum Letzteren BGH GRUR 2012, 618 Rn. 19, 20 – Medusa).

Bei Wort-/Bildzeichen gelten die gleichen Grundsätze. Insoweit ist jedoch von Bedeutung, **169** wie das Zeichen den angesprochenen Verbrauchern gegenübertritt. Sehen diese gerade keine Verbindung zwischen dem Wort- und dem Bildbestandteil, so kann die Einzelfallprüfung zu dem Ergebnis führen, dass als markenmäßig benutzt nur der Wortbestandteil angesehen wird, nicht jedoch das Bildzeichen.

e) Farben. Konturlose Farbmarken sind gemäß § 3 Abs. 1 grundsätzlich schutzfähig. Kennzeichenrechtliche Ansprüche aus Farbmarken bestehen jedoch ebenfalls nur gegen solche Verwendungsformen, in denen die vermeintlich markenverletzende Verwendung einer Farbe durch einen Dritten als markenmäßig aufgefasst wird. Da die Abnehmer daran gewöhnt sind, dass in nahezu allen Bereichen Farben auf Produkten oder Verpackungen allein der **Produktgestaltung** dienen und nicht der Kennzeichnung (vgl. zB BGH GRUR 2005, 1044 (1046) – Dentale Abformmasse), ist dies nur sehr selten der Fall. **170**

171   Nur in **Ausnahmefällen** liegt daher in der Verwendung einer Farbe eine markenrechtlich relevante Benutzung, etwa wenn einerseits die geschützte Farbe über eine durch Benutzung erworbene gesteigerte Kennzeichnungskraft verfügt und die Verbraucher aus diesem Grund daran gewöhnt sind, bei Waren der in Rede stehenden Art in der verwendeten Farbe einen Herkunftshinweis zu sehen (BGH GRUR 2010, 637 Rn. 28 – Farbe gelb), oder wenn die angegriffene Farbe in der angegriffenen Verwendungsform durch herkömmliche Herkunftshinweise nicht in den Hintergrund gedrängt wird und daher als Herkunftshinweis in Betracht kommt (BGH GRUR 2005, 427 – Lila Schokolade; OLG Hamburg NJOZ 2009, 1776 – NIVEA-Blau; OLG Köln GRUR-RR 2013, 213 – Wörterbuch-Gelb; zur markenmäßigen Verwendung eines auf der Verpackung einer Sprachlernsoftware verwendeten Gelbtons; anders aber BGH GRUR 2015, 581 – Langenscheidt-Gelb, wonach der Umstand, dass die Farbe zusammen mit weiteren Kennzeichen verwendet wird, einer markenmäßigen Verwendung nicht entgegensteht, sofern die Farbe langjährig und durchgängig im gesamten Produktsortiment des Marktführers verwendet wurde). Eine gesteigerte Kennzeichnungskraft der Farbmarke ist jedoch nicht zwingende Voraussetzung für die Annahme einer markenmäßigen Benutzung (BGH GRUR 2014, 1101 – Gelbe Wörterbücher). Vielmehr kann auch den Kennzeichnungsgewohnheiten auf dem betroffenen Waren- und Dienstleistungssektor Bedeutung für die Frage nach einer markenmäßigen Benutzung zukommen (BGH GRUR 2014, 1101 Rn. 29 – Gelbe Wörterbücher; markenmäßige Benutzung der Farbe Gelb bejaht, da im Bereich zweisprachiger Wörterbücher die Kennzeichnungsgewohnheiten durch die Verwendung von Farben geprägt sind und diese Kennzeichnungsgewohnheiten auf den Markt von Sprachlernsoftware ausstrahlen).

172   **f) Dreidimensionale Zeichen. aa) Dreidimensionale Gestaltungselemente.** Dreidimensionale **Elemente, die sich auf oder an einer Ware befinden** (Kühlerfiguren auf Autos, Buchstaben-Zeichen an Reißverschlüssen, Anhänger an Taschen etc), können ebenfalls als Herkunftshinweis und somit als Marke aufgefasst werden. Auch insoweit kommt es maßgeblich auf die Kennzeichnungsgewohnheiten im jeweils konkreten **Warensektor** an sowie auf die **Positionierung** und den **effektiven Nutzen** des Elements. So wird man gerade im Modebereich solchen Elementen, die keine eigene Funktion haben, aber auch nicht als bloße Verzierung erscheinen, im Zweifel eine markenmäßige Verwendung zuschreiben (zB eine als Schließe einer Tasche gestaltete ungewöhnliche Applikation). Gleiches gilt für die Gestaltung eines funktionalen Elements, die zur Funktion nicht beiträgt (Gürtelschließen, Kühlergrill etc; zu letzterem s. EuG T-128/01, GRUR Int 2003, 462 – DaimlerChrysler/HABM).

173   Ferner spielt auch hier die Kennzeichnungskraft der Klagemarke insofern eine Rolle, als sie aufgrund einer umfangreichen Verwendung in der Vergangenheit das Verständnis des angesprochenen Verkehrs im Warensektor insgesamt beeinflusst (BGH GRUR 2008, 793 Rn. 18 – Rillenkoffer).

174   Im Vergleich zu den Fällen, in denen die **Warenform** selbst ein Herkunftshinweis sein soll (→ Rn. 176 ff.), erscheint es jedenfalls im Grundsatz eher denkbar, dass dreidimensionale Zeichen an oder auf der Ware als Marke erkannt werden (zurückhaltender Ingerl/Rohnke/Nordemann/Nordemann Rn. 184).

175   Erkennen die angesprochenen Verkehrskreise in dem dreidimensionalen Zeichen einen Herkunftshinweis, so kann gegen dessen Benutzung nicht nur aus einer 3D-Marke vorgegangen werden, sondern ggf. auch aus einer zweidimensionalen Bildmarke (zB BGH GRUR 2008, 505 Rn. 19 – TUC-Salzcracker), vorausgesetzt, es besteht Verwechslungsgefahr bzw. die Voraussetzungen des § 14 Abs. 2 Nr. 3 sind erfüllt. § 14 Abs. 2 Nr. 1 kommt hingegen nicht in Betracht, da es an der Identität zwischen einem 3D-Zeichen und einer zweidimensionalen Marke fehlt.

176   **bb) Warenformen.** Bereits in der **Gestaltung des Produkts** selbst oder der **Form der Verpackung** kann ein Herkunftshinweis liegen.

177   Der BGH ist aber sehr zurückhaltend bei der Annahme, in der Verwendung einer Warenform könne zugleich ein Herkunftshinweis gesehen werden. Damit trägt er dem Umstand Rechnung, dass sich der Schutz des Markenrechts vor allem gegen die Beeinträchtigung der Herkunftsfunktion der Marke richtet und nicht gegen die Übernahme technischer Lösungen, von Gebrauchseigenschaften oder ästhetischen Gestaltungsgedanken durch Mitbewerber für deren Waren (BGH GRUR 2007, 780 Rn. 22 – Pralinenform I). Er konstatiert deshalb, dass der Verbraucher nach der Lebenserfahrung die **Formgestaltung einer Ware** regelmäßig **nicht** in gleicher Weise wie Wort- und Bildmarken **als Herkunftshinweis** auffasse, weil es bei der Warenform zunächst um eine funktionelle und ästhetische Ausgestaltung der Ware selbst gehe. Auch eine besondere Gestaltung der Ware selbst werde danach eher diesem Umstand zugeschrieben als der Absicht, auf die

Herkunft der Ware hinzuweisen (BGH GRUR 2007, 780 Rn. 26 – Pralinenform I; GRUR 2010, 1103 Rn. 30 – Pralinenform II; GRUR 2016, 197 Rn. 27 – Bounty).

Es ist daher bei der Frage, ob der Verbraucher **ausnahmsweise** in der Warenform einen **178** Herkunftshinweis erkennt, besonders auf die jeweiligen **Gepflogenheiten im maßgeblichen Warensektor** abzustellen. So kann ggf. in der Gestaltung eines Fahrzeugs ein Herkunftshinweis eher erkannt werden als bei Waren des täglichen Bedarfs.

S. BGH GRUR 2006, 679 Rn. 18 – Porsche Boxster einerseits und BGH GRUR 2005, 414 (416) – **178.1** Russisches Schaumgebäck andererseits; OLG Köln BeckRS 2012, 1115 in Umsetzung von BGH GRUR 2007, 780 – Pralinenform I; GRUR-RR 2012, 341– Ritter-Sport; OLG Frankfurt GRUR-RR 2012, 255 – Goldhase III; andererseits aber LG Köln BeckRS 2012, 25462 – Goldbär – interessant auch vor allem zur möglichen Kollision zwischen Wortmarke einerseits und 3D-Zeichen andererseits; s. auch OLG Köln BeckRS 2014, 18530 – Schogetten-Stück; wonach die Benutzung eines mit einer 3D-Marke identischen Schokoladenstück markenmäßig ist, wenn der Verkehr aufgrund der Besonderheiten und der Abweichung von der üblichen Form der Ware von der Warenform auf deren Herkunft schließt.

Ob die angesprochenen Verkehrskreise in der Warenform einen Herkunftshinweis erkennen, **179** hängt unter Umständen auch von der **Kennzeichnungskraft der Klagemarke** ab (BGH GRUR 2010, 1103 Rn. 33 – Pralinenform II; GRUR 2008, 793 Rn. 18 – Rillenkoffer; GRUR 2016, 197 Rn. 29 – Bounty; vgl. auch LG Hamburg BeckRS 2013, 495 – Capri-Sonne – markenmäßige Benutzung bejaht; OLG Hamburg BeckRS 2014, 09531 – Transdermales Pflaster – markenmäßige Benutzung bejaht): Verbindet der Verbraucher etwa aufgrund der Bekanntheit der Gestaltung des Produkts des Markeninhabers mit dieser zugleich einen Herkunftshinweis, wird er im selben Warensektor auch in ähnlichen Gestaltungsformen eher eine markenmäßige Benutzung erkennen als in solchen Warenbereichen, in denen ihm keine entsprechende Kennzeichnungspraxis geläufig ist. Besteht zwischen einer verkehrsdurchgesetzten dreidimensionalen Klagemarke und der beanstandeten, für identische Waren verwendeten Form eine hochgradige Ähnlichkeit, so ist daher im Regelfall davon auszugehen, dass der Verkehr nicht nur die Form der Klagemarke, sondern auch die angegriffene Gestaltung als herkunftshinweisend wahrnimmt (BGH GRUR 2016, 197 Rn. 33 – Bounty).

Allerdings spielt dabei – ähnlich wie bei der Verwendung von Farben (→ Rn. 170 f.) – das **180** Hinzutreten bzw. Fehlen weiterer als Herkunftshinweis in Betracht kommender Zeichen eine nicht unerhebliche Rolle (OLG Köln GRUR-RR 2012, 341– Ritter-Sport; OLG Frankfurt GRUR-RR 2012, 255 – Goldhase III), so dass im Einzelfall selbst bei Bekanntheit der Klagemarke im Rechtssinne das Hinzutreten anderer Kennzeichen zu einer „Überlagerung" im Gesamteindruck führen kann mit der Folge, dass der Verbraucher im Hinblick auf andere übliche Zeichenformen (Wortmarken etc) die ihm aus einem anderen Zusammenhang bekannte Warenform nicht mehr als Herkunftshinweis ansieht.

g) Tonfolgen. Da gemäß § 3 Abs. 1 auch Hörzeichen als Marke eingetragen werden können, **181** kommt ggf. auch Tönen oder Geräuschen im Zusammenhang mit einer Ware herkunftshinweisende Bedeutung zu. Auch insoweit ist auf die Kennzeichnungsgewohnheiten im jeweiligen Warensektor sowie auf das Verkehrsverständnis abzustellen. Denkbar sind zB wiedererkennbare Tonfolgen, Melodien oder Geräusche beim Öffnen einer Produktverpackung, beim Verwenden des Produkts oder beim Anschalten technischer Geräte (zB typischer Klang eines Benzinfeuerzeugs beim Öffnen, Erkennungsmelodie beim Anschalten einer Spielkonsole, eines Mobiltelefons). Abgrenzungsprobleme ergeben sich jedoch zu solchen Geräuschen, die technisch bedingt sind oder so beurteilt werden, bzw. bei Melodien, denen der Verbraucher lediglich ästhetische Bedeutung beimisst.

h) Kombinationszeichen. Da einem Markeninhaber nicht nur die Wortmarke zur Kenn- **182** zeichnung seiner Produkte zur Verfügung steht, sondern Zeichen unterschiedlicher Art gleichzeitig auf oder in Zusammenhang mit einem Produkt verwendet werden können, stellt sich die Frage, welche Zeichen der Verbraucher tatsächlich als Herkunftshinweis wahrnimmt, denn nur diese Zeichen können im Rahmen der Markenverletzung eine Rolle spielen (fraglich demgegenüber der Ansatz des OLG Frankfurt GRUR-RR 2012, 255 – Goldhase III, wo der Senat eine markenmäßige Benutzung des beanstandeten Riegelein-Hasen **insgesamt** wegen des auf dem Produkt angebrachten Wortzeichens bejaht hat; mit dieser Argumentation würde die Benutzung jedes Gegenstands, auf dem ein Zeichen angebracht ist, als markenmäßige Verwendung des Gesamtgegenstands anzusehen sein).

Dabei gilt auch insoweit der Grundsatz einer konkreten und einzelfallbezogenen Betrachtungs- **183** weise, wobei jeweils in Bezug auf die Klagemarke festzustellen ist, ob das mit dieser identische oder ähnliche Zeichen trotz seiner Verwendung **im Zusammenhang mit anderen Zeichen oder Zeichenbestandteilen** als eigenständiger Herkunftshinweis erkannt wird (vgl. zB OLG Hamm BeckRS 2011, 9552 – Unser Schiff/Mein Schiff). Schwierigkeiten ergeben sich dabei insbesondere, soweit es um Bestandteile von zusammengesetzten Wortzeichen geht (BGH GRUR 2009, 1162 – DAX) sowie bei der Beurteilung von Farben, Bildern oder dreidimensionalen Gestaltungsformen (vgl. BGH GRUR 2009, 766 – Stofffähnchen; GRUR 2002, 171 – Marlboro-Dach; instruktiv auch die Goldhasen-Rechtsprechung des BGH GRUR 2007, 235 – Goldhase und GRUR 2011, 148 – Goldhase II; ferner – zu einer Beurteilung im Rahmen des § 14 Abs. 2 Nr. 3 – OLG Köln GRUR-RR 2012, 341 – Ritter Sport).

184   Grundsätzlich kann bei untypischen Markenformen (Farbe, 3D-Marke) das Hinzutreten typischer Markenformen (insbesondere Wortzeichen) dazu führen, dass der Verkehr nur in letzterem einen Herkunftshinweis erkennt. Wichtig ist insoweit jedoch vor allem, auf die für den jeweiligen Produktbereich typischen Kennzeichnungsgewohnheiten zu achten (BGH GRUR 2002, 171 – Marlboro-Dach).

2. Zeichenverwendung im weiteren Kontext der Vermarktung

185   Auch soweit Dritte das Zeichen bei der Vermarktung ihres Angebots ohne unmittelbaren Produktbezug verwenden, kann eine markenrechtlich relevante Benutzung vorliegen. Bei Dienstleistungsmarken ist dies ohnehin die einzige praktisch mögliche Form der Zeichenbenutzung. Dabei kann die Zeichenverwendung auf unterschiedliche Weise erfolgen, wie die Benutzungsbeispiele in § 14 Abs. 3 zeigen, zB in der Werbung, in Angeboten, in Geschäftspapieren, auf Merchandising-Artikeln etc. Im Folgenden sollen die unterschiedlichen, hauptsächlich relevanten Verwendungsmöglichkeiten behandelt werden. Große Bedeutung kommt insbesondere einer Zeichennutzung vor (→ Rn. 186 ff.) und nach Verkauf eines Produkts (→ Rn. 190 ff.) sowie bei Erbringung einer Dienstleistung (→ Rn. 193 ff.) zu. Ferner wird auf die Besonderheiten der werbenden Verwendung von Zeichen Dritter im Rahmen von Gewinnspielen (→ Rn. 201 ff.) sowie der Zeichenverwendung beim Merchandising (→ Rn. 195 f.) und bei Produktnachbildungen (→ Rn. 198 f.) eingegangen.

186   **a) Verwendung im Vorfeld des Produktabsatzes.** Wesentliche Bedeutung hat die markenmäßig relevante Verwendung von Zeichen in der Werbung für die entsprechend gekennzeichneten Produkte, wobei der Begriff der Werbung sehr weit zu fassen ist (so auch Ingerl/Rohnke/Nordemann/Nordemann Rn. 256). Darunter fällt nicht nur die bildliche Darstellung einer Ware mit der entsprechenden Kennzeichnung, sondern auch die isolierte Verwendung von als Marken geeigneten Zeichen, sei es in bildlicher, sei es in akustischer Darstellung (Radiospot). Entsprechendes gilt für das ebenfalls als Werbemaßnahme einzustufende Verkaufsgespräch und die hierbei mündlich wiedergegebenen Herkunftshinweise (so auch Ingerl/Rohnke/Nordemann/Nordemann Rn. 176; vgl. LG Hamburg GRUR-RR 2005, 198; anders noch BGH GRUR 1959, 240 f. – Nelkenstecklinge – zur mündlichen Benennung).

187   Maßgeblich ist dabei auch hier, ob und welche Zeichen die angesprochenen Verkehrskreise als Herkunftshinweis und damit als Marke erkennen. Da jedoch der Werbende ein elementares Interesse daran hat, den angesprochenen Verkehrskreisen eindeutig zu vermitteln, unter welcher Marke sein Produkt erhältlich ist, dürften sich insoweit regelmäßig keine Schwierigkeiten ergeben.

188   Werden **Slogans** in der Werbung verwendet, ist zu unterscheiden: Wird eine fremde Wortmarke in den Slogan einbezogen, so ist dies eine markenmäßige Benutzung dieses Zeichens in der Werbung, es sei denn, der Verbraucher erkennt das – fremde – Zeichen in dem Slogan ausnahmsweise nicht als Zeichen (wieder), sondern versteht diesen insgesamt als Sachaussage für das Produkt des Dritten (ähnlich Ingerl/Rohnke/Nordemann/Nordemann Rn. 195; zurückhaltender Ströbele/Hacker/Thiering/Hacker Rn. 139). Enthält der fremde Slogan hingegen eine fremde Wortmarke nicht, sondern übernimmt lediglich die darin enthaltene Aussage (typischerweise in leicht abgewandelter Form), ist darauf abzustellen, ob die angesprochenen Verkehrskreise der zu beurteilenden Werbeaussage einen Herkunftshinweis und nicht lediglich eine werbliche Anpreisung oder eine sonstige Aussage entnehmen (vgl. OLG Hamburg GRUR-RR 2009, 300 – Baby Body mit dem Aufdruck „Mit Liebe gemacht"; generell für eine zurückhaltende Betrachtung Ströbele/Hacker/Thiering/Hacker Rn. 155). Dies gilt umso mehr, wenn sich ein Slogan nicht auf ein konkretes Produkt bezieht, sondern generell in der Form einer Unternehmensimage-Werbung verwendet wird (s. hierzu OLG Hamburg GRUR-RR 2009, 302 – Answer of Life).

189   Nach zutreffender Auffassung ist in der bei eBay-Angeboten typischen Artikelüberschrift dann ein markenmäßiger Gebrauch zu erkennen, wenn in der Überschrift Begriffe verwendet werden, die der Verbraucher nicht als bloße Beschreibung des Angebots wahrnimmt. Dabei kommt ggf.

auch der Frage Bedeutung zu, ob die gesamte Artikelüberschrift als kennzeichenmäßige Verwendung anzusehen ist – und daher der Klagemarke insgesamt gegenüberzustellen ist – oder nur ein Teil. Letzteres wird zB anzunehmen sein, wenn Bestandteil der Artikelüberschrift eine bekannte Marke ist (BGH GRUR 2009, 871 Rn. 20 – Ohrclips, wobei die entsprechende Tatsachenfeststellung des OLG von der Revision nicht angegriffen wurde; problematisch OLG Hamm BeckRS 2012, 22994 – Iced Out; vgl. auch LG München I 31.8.2012 – 33 O 4395/12 – Swarovski).

b) Zeichenverwendung nach Absatz des Produktes. Auch **nach dem Verkauf** eines   **190** Produkts bzw. der Erbringung einer Leistung kommt eine markenrechtlich relevante Zeichenverwendung iSv § 14 Abs. 2 in Betracht.

Dies betrifft zum einen Fälle, in denen das angesprochene Publikum mit dem Zeichen erst   **191** beim **Verbrauch** in Berührung kommt, zB beim Verzehr des eingepackten Produkts, dessen Form ein Herkunftshinweis sein soll (vgl. BGH GRUR 2007, 780 Rn. 25 – Pralinenform). Ob es sich dabei im Einzelfall um eine markenmäßige Verwendung handelt, ist nach den allgemeinen Kriterien zu beurteilen, und zwar vornehmlich unter Berücksichtigung der zu beurteilenden Zeichenform, der Gepflogenheiten im maßgeblichen Produktsegment, der Kennzeichnungskraft der Klagemarke und nicht zuletzt der Zeitdauer, die dem Verbraucher zur Wahrnehmung beim Gebrauch regelmäßig zur Verfügung steht: ein nach dem Auspacken zum sofortigen Verzehr gedachtes Produkt wird daher regelmäßig eher weniger Anlass geben, in diesem eine markenmäßige Verwendung zu sehen, als ein für den dauerhaften Gebrauch vorgesehenes Computerspiel, das nach dem Einschalten im Vorspann auf dem Bildschirm oder – auch für Hörmarken relevant – über Lautsprecher die Marke wiedergibt.

Zum anderen fällt hierunter auch die Verwendung von Zeichen in **Geschäftspapieren,** insbe-   **192** sondere Rechnungen, oder Gebrauchsanweisungen. Dabei ist in besonderem Maße auf die Unterscheidung von reinen Unternehmenskennzeichen und markenmäßigen Verwendungsformen zu achten (→ Rn. 93 ff.).

c) Zeichenverwendung bei Erbringung einer Dienstleistung. Zeichen auf der **Kleidung**   **193** oder den **Fahrzeugen** von Dienstleistern werden in der Regel als Herkunftshinweis wahrgenommen (zur Kennzeichnung einer Dienstleistung durch Anbringen einer Aufschrift auf einem Regal OLG Köln GRUR-RR 2012, 71 – Das gesunde Plus). Relevant ist dies zB für Reinigungspersonal, Transportunternehmen, Logistikdienstleister, die jeweils unkörperliche Produkte anbieten und vermarkten.

Maßgeblich kann in diesem Zusammenhang auch die Frage sein, inwieweit die angesprochenen   **194** Verkehrskreise die Zeichen zumindest auch als Marke und nicht nur als Unternehmenskennzeichen auffassen (zur Bedeutung dieser Abgrenzung → Rn. 93 ff.). Dabei ist zu berücksichtigen, dass dem Verkehr bekannt ist, dass die unkörperliche Dienstleistung selbst nicht gekennzeichnet sein kann; die Verbraucher erwarten daher, dass der Dienstleister seine Marke auf andere Weise sichtbar macht (vgl. in diesem Sinne BGH GRUR 2008, 616 – AKZENTA). Dies gilt jedoch nicht uneingeschränkt und wird unter anderem maßgeblich von den Gepflogenheiten im jeweiligen Dienstleistungssektor abhängen.

d) Verwendung auf Fanartikeln oÄ. Beim Kauf von Fanartikeln steht für die beteiligten   **195** Verkehrskreise regelmäßig die Motivation im Vordergrund, die Anhängerschaft zu einem bestimmten Verein oder einer Person etc zum Ausdruck zu bringen; der Aspekt der betrieblichen Herkunft spielt dagegen eine allenfalls geringe Rolle. Dies führt jedoch nicht zum Ausschluss einer markenmäßigen Benutzung. Bei einer für Fanartikel typischen Zeichenverwendung (Anbringung der ggf. für Fußballverein eingetragenen Marken und Logos auf Mützen oder Schals etc) ist vielmehr regelmäßig davon auszugehen, dass die Benutzung des Zeichens den Eindruck erweckt, dass im geschäftlichen Verkehr eine Verbindung zwischen den betroffenen Waren und dem Markeninhaber besteht (EuGH C-206/01, GRUR 2003, 55 Rn. 55 f. – Arsenal/Reed).

Die nicht autorisierte Benutzung von Marken auf Fanartikeln führt somit regelmäßig zu einer   **196** **Beeinträchtigung der Herkunftsfunktion,** die – falls die Marke für die betreffenden Artikel eingetragen ist – nach § 14 Abs. 2 Nr. 1 geltend gemacht werden kann.

Besteht keine entsprechende Eintragung, kommt regelmäßig ein Verbietungsanspruch aus § 14 Abs. 2   **196.1** Nr. 3 in Betracht, da es sich typischerweise um bekannte Marken handeln wird, deren Wertschätzung durch die nicht autorisierte Benutzung ausgebeutet wird. Inwieweit daneben auch eine Verwechslungsgefahr iSv § 14 Abs. 2 Nr. 2 anzunehmen wäre, kann hingegen offenbleiben; es wird regelmäßig ohne praktische Bedeutung sein.

197   Wesentlich weniger naheliegend ist die Annahme einer Herkunftskennzeichnung bei der Darstellung von Marken oder Markenprodukten in **Kalendern** oder ähnlichen Druckwerken sowie auf **Blechschildern** oder „Buttons" etc (vgl. OLG Frankfurt GRUR-RR 2011, 170 f. – Blechschilder). Dies gilt insbesondere, wenn andere auf den Herausgeber/Hersteller des Kalenders/ Blechschildes hinweisende Kennzeichen vorhanden sind. Der Verbraucher sucht bei einer bildlichen Darstellung eines ersichtlich fremden Markenprodukts den Herkunftshinweis nicht in dem Motiv, sondern auf dem Deckblatt oder der Kopfzeile des Kalenders oder einer begleitenden Verpackung. Allerdings kommen dann ggf. Ansprüche aus § 14 Abs. 2 Nr. 3 in Betracht, da insoweit das Herstellen einer gedanklichen Verbindung zum Markeninhaber ausreicht (BGH GRUR 2005, 583 – Lila-Postkarte; vgl. auch OLG Frankfurt GRUR-RR 2011, 170 – Blechschilder).

198   **e) Verwendung als Teil einer Nachbildung.** Dass eine Marke als Teil einer Produktnachbildung verwendet wird, kommt insbesondere bei **Spielzeugmodellen** oder anderen Formen maßstabsgetreuen Modellbaus vor. In der Entscheidung Opel/Autec (EuGH C-48/05, GRUR 2007, 318) hat der EuGH dazu ausgeführt, eine Beeinträchtigung der Herkunftsfunktion liege nur dann vor, wenn die Abnehmer von der Anbringung der Marke auf die Herkunft des Modells von der Markeninhaberin oder aus einem mit ihr verbundenen Unternehmen schließen. Der BGH führt in seiner Entscheidung in Bezug auf denselben Fall aus, die Annahme einer Beeinträchtigung der Herkunftsfunktion könne nicht damit begründet werden, dass die Abnehmer ggf. eine Lizenzbeziehung zwischen der Markeninhaberin und der Modellherstellerin vermuten. Denn diese Annahme entstehe nur aufgrund der Markennutzung für die „Originalprodukte" (also Kraftfahrzeuge), und nicht aufgrund der – für die Beurteilung im Rahmen des Tatbestandes der Doppelidentität maßgeblichen – Verwendung für Spielzeugmodelle, für die die Marke ebenfalls eingetragen war. Ferner sei die Annahme einer Verbindung – wenn sie denn bestünde – auf die Nachbildung insgesamt, und nicht speziell auf die Anbringung der Marke zurückzuführen (BGH GRUR 2010, 726 Rn. 24 – Opel-Blitz II).

198.1   Auch bei Fanartikeln (bei denen regelmäßig von einer Beeinträchtigung der Herkunftsfunktion ausgegangen wird; → Rn. 196) gründet sich die Annahme einer wirtschaftlichen Verbindung zwischen dem Inhaber der Marke und dem mutmaßlichen Verletzer vor allem auf die Aktivitäten des Markeninhabers auf seinem Primärmarkt. Allerdings weisen die beiden Fallkonstellationen deutliche Unterschiede auf, die unterschiedliche Ergebnisse rechtfertigen könnten: So ist den beteiligten Verkehrskreisen im Zusammenhang mit Fanartikeln bewusst, dass Sportvereine etc einen Großteil ihrer Einnahmen aus dem Merchandising ihrer Namen und Symbole beziehen. Sie gehen daher regelmäßig davon aus, dass der Zeichennutzung wirtschaftliche Beziehungen zugrunde liegen. Bei Kraftfahrzeugen – den klassischen Vorbildern für Spielzeugmodelle – ist dies jedoch nicht der Fall: Das Berufungsgericht hatte insoweit darauf hingewiesen, dass sich im Zusammenhang mit Angaben in Bezug auf den Modellhersteller regelmäßig Lizenzhinweise finden, die in dem der Entscheidung zugrunde liegenden Fall jedoch fehlten.

199   Der BGH verneint zudem die Beeinträchtigung weiterer Markenfunktionen; ebenso abgelehnt wird das Vorliegen einer Rufausbeutung und -beeinträchtigung iSv § 14 Abs. 2 Nr. 3. Letzteres setze voraus, dass sich die Ausnutzung oder Beeinträchtigung der Wertschätzung der Marke aus anderen Elementen als der Nachbildung als solcher herleite (BGH GRUR 2010, 726 Rn. 30 – Opel-Blitz II; s. auch bereits BGH GRUR 1994, 732 – McLaren).

200   Die Verwendung von Marken auf Spielzeugmodellen ist somit **zulässig,** sofern die Marke der naturgetreuen Nachbildung des Originals dient und soweit auf Verpackung und Zubehör deutliche Hinweise auf den Hersteller gegeben werden. Eine originalgetreue Nachbildung liegt nach dem OLG Frankfurt nicht mehr vor, wenn die Form des Modells vom Original abweicht, wenn die wiedergegebenen Marken abweichend gestaltet sind oder wenn dem Modell weitere Marken hinzugefügt werden (OLG Frankfurt GRUR-RS 2019, 16601 – Spielzeugmodellauto Cartronic, Revision anhängig). Unzulässig ist die Verwendung von Marken auf Spielzeugmodellen hingegen nach dem LG Düsseldorf insbesondere, wenn die Marke zwar der naturgetreuen Nachbildung des Originals dient, es sich aber nicht um die Marke des Fahrzeugherstellers, sondern um eine Drittmarke (im konkreten Fall: die bekannte Wort-/Bildmarke „DHL") handelt (LG Düsseldorf Urt. v. 11.12.2019 – 2a O 252/18, nicht rechtskräftig). Anders als im Fall „Opel-Blitz II" verstünden die angesprochenen Verkehrskreise die Drittmarke auf den Fahrzeugmodellen jedenfalls auch als Hinweis darauf, dass die Modelle vom Markeninhaber oder von einem Lizenznehmer stammen, denn die Drittmarke sei nicht integraler Bestandteil des Fahrzeugs, sondern werde auf dem Fahrzeug vielmehr in werbender Weise verwendet. Das OLG Köln vertritt hinsichtlich der Verwendung von Drittmarken auf Fahrzeugmodellen die entgegengesetzte Auffassung und hält den Aufdruck der Dienstleistungsmarke eines Logistikunternehmens im Sinne einer realitätsnahen Nachbildung von LKWs und Lagerhallen selbst bei geringfügigen Abweichungen vom Original noch für zulässig (OLG Köln GRUR-RS 2022, 10448 – DACHSER, Revision zugelassen).

f) Auslobung als Preis von Gewinnspielen. Eine Sonderstellung nehmen Fälle ein, in denen **201** ein Dritter Originalprodukte des Markeninhabers als Preis eines Gewinnspiels auslobt. Während jedenfalls diejenigen Konstellationen faktisch unproblematisch sind, in denen der Markeninhaber seine Waren selbst als Preise zur Verfügung stellt, stellt sich die Frage, inwieweit der Markeninhaber aufgrund seines Markenrechts gegen die ohne Zustimmung erfolgte Auslobung seiner Waren als Preis vorgehen kann. Der BGH hat in einem einschlägigen Fall eine Markenverletzung im Ergebnis zutreffend verneint. Zur Begründung führte er aus, dass die ausgelobten Waren gemäß § 24 Abs. 1 **erschöpft** seien und die Voraussetzungen des Ausschlusses der Erschöpfungswirkung nicht vorlägen (BGH GRUR 2006, 329 Rn. 24 ff. – Gewinnfahrzeug mit Fremdemblem). Eine markenmäßige Benutzung hat der BGH in der genannten Entscheidung jedoch bejaht: die Klagemarken seien zur Kennzeichnung der Herkunft des ausgelobten Preises und daher herkunftshinweisend verwendet worden (BGH GRUR 2006, 329 Rn. 23 – Gewinnfahrzeug mit Fremdemblem). Als Rechtsgrundlage wurde dabei § 14 Abs. 2 Nr. 3 herangezogen. Da für die Frage der Produktidentität neben den Waren des Gewinnspielveranstalters auf die Waren/Dienstleistungen des Werbenden abzustellen ist, kann § 14 Abs. 2 Nr. 1 nur in den Ausnahmefällen angewandt werden, in denen die Marke des ausgelobten Produkts auch für die beworbenen Waren/Dienstleistungen eingetragen ist. Daran wird es in aller Regel fehlen.

Man könnte auch daran denken, die in BMW/Deenik für Reparaturdienstleistungen angenommene **201.1** Ausnahme, nach der für die Frage der Produktidentität nicht auf die vom Werbenden erbrachte Dienstleistung, sondern auf deren Objekt abzustellen ist (→ Rn. 124), auch auf die Auslobung von Waren anzuwenden (was im Ergebnis sinnvoll wäre). Diese Frage müsste im Zweifelsfall durch Vorlage an den EuGH geklärt werden.

Soweit Produktidentität vorliegt, kommt es – da es regelmäßig an einer Beeinträchtigung der **202** Herkunftsfunktion fehlen wird – darauf an, ob die **Werbe- oder Investitionsfunktion** der Marke beeinträchtigt sein könnte. Dies wird jedoch regelmäßig abzulehnen sein, da und soweit sich das Ausloben fremder Markenprodukte im Rahmen des fairen Wettbewerbs hält (→ Rn. 225).

Handelt es sich bei der ausgelobten Ware um ein **bekanntes Markenprodukt,** kommt es für **203** die Beurteilung zum einen darauf an, inwieweit die Attraktivität der bekannten Marke durch die Gewinnauslobung Ausstrahlungseffekte auf die durch das Gewinnspiel beworbenen Waren oder Dienstleistungen bewirkt sowie zum anderen darauf, ob dies – im Sinne des Vorliegens eines „rechtfertigenden Grundes" iSv § 14 Abs. 1 Nr. 3 – als wettbewerbskonform anzusehen ist.

Ob die Waren als erschöpft anzusehen sind (→ Rn. 201), ist unter Umständen nicht mehr **204** entscheidend, wenn eine Verletzung bereits aus anderen Gründen abzulehnen ist. Allerdings bietet es sich an, den der Erschöpfungsregelung zugrundeliegenden **Rechtsgedanken** in die Beurteilung der Interessenbeeinträchtigung bzw. der Wettbewerbskonformität einzubeziehen. Dass dies auf der Grundlage flexibler Prüfungskriterien (Funktionsbeeinträchtigung bei § 14 Abs. 2 Nr. 1 oder „rechtfertigender Grund" iSv § 14 Abs. 2 Nr. 3) bereits im Rahmen des Verletzungstatbestandes und nicht auf der Basis von § 24 erfolgt, ist insoweit von Bedeutung, als § 24 seinem Wortlaut nach Dienstleistungen nicht erfasst (Ingerl/Rohnke/Nordemann/Boddien § 24 Rn. 14). Im Ergebnis sollte es nämlich keine Rolle spielen, ob als Preis eine Ware (zB ein Auto) oder eine Dienstleistung (zB Kreuzfahrt, Hotelaufenthalt oder Wellnessbehandlung) ausgelobt wird. In der Instanzrechtsprechung wurde dieses Problem zum Teil durch Anwendung von § 23 Nr. 2 gelöst (LG Frankfurt BeckRS 2013, 16223; LG München I BeckRS 2011, 12216).

3. Satirische Verwendung; Parodien

Auch bei der satirischen Verwendung von Zeichen stellt sich die Frage einer markenrechtlich **205** relevanten Benutzungshandlung. Allerdings kann hier bereits die Einordnung als Handeln im geschäftlichen Verkehr problematisch sein (zB bei einer privaten Satire-Seite im Internet unter Verwendung verfremdeter, gleichwohl erkennbarer markenrechtlich geschützter Zeichen oder Slogans; zum Handeln im geschäftlichen Verkehr allgemein → Rn. 64 ff.; zum Problem der Banner-Werbung als Abgrenzung zu einer privat betriebenen Internetseite → Rn. 86).

Eine Beeinträchtigung der Herkunftsfunktion in solchen Fällen erscheint häufig nur dann **206** denkbar, wenn die satirische Aussage/Parodie nicht erkennbar wird. Andernfalls ist davon auszugehen, dass das Publikum die dargestellte, ggf. verfremdete Marke lediglich als Motiv der satirischen

Auseinandersetzung und gerade nicht als Herkunftshinweis ansieht (vgl. die Rechtsprechungsübersicht bei Ingerl/Rohnke/Nordemann/Nordemann Rn. 218).

207   Wann ein Herkunftshinweis angenommen werden kann, richtet sich stets nach den konkreten Umständen des Einzelfalls.

207.1   Beispiele für eine **Bejahung** der Herkunftsfunktionsbeeinträchtigung bei OLG Hamburg GRUR-RR 2006, 224 f. – Trabi 03; **Verneinung** der Herkunftsfunktionsbeeinträchtigung bei OLG Hamburg GRUR-RR 2006, 231 f. – Bildmarke AOL; OLG Köln GRUR-RR 2005, 12 f. – Absolut Luckies; **offengelassen** in BGH GRUR 2010, 161 Rn. 35 – Gib mal Zeitung. Besonders der Vergleich zwischen den Entscheidungen des OLG Hamburg Trabi 03 und Bildmarke AOL, in denen es jeweils um die Verwendung von Marken auf Abi-T-Shirts ging, macht die sehr differenziert vorzunehmende Einzelfallbetrachtung deutlich; zum markenmäßigen Gebrauch von Zeichen auf T-Shirts allgemein → Rn. 157 f.

208   Soweit § 14 Abs. 2 Nr. 1 Anwendung findet, kommt auch die Beeinträchtigung weiterer Markenfunktionen in Betracht. Da Parodien jedoch praktisch regelmäßig mit einer Verfremdung der Marke einhergehen und es somit bereits an der Zeichenidentität fehlt, dürften solche Fälle nur sehr selten vorkommen. Soweit dies jedoch zutrifft, kommt es auf die Vereinbarkeit mit den Grundsätzen des **fairen Wettbewerbs** an (→ Rn. 225), wobei auch die Grundsätze der Kunst- und Meinungsfreiheit zu berücksichtigen sind. Im Ergebnis gilt somit das Gleiche wie für die Anwendung von § 14 Abs. 2 Nr. 3 (→ § 14 Rn. 560; wobei der ggf. unterschiedliche Bekanntheitsgrad der persiflierten Marke als Wertungsfaktor in die Betrachtung einzubeziehen ist).

209   Bei Bekanntheit der Marke kommt § 14 Abs. 2 Nr. 3 als Anspruchsgrundlage in Betracht, wobei die Abgrenzung zur **Kunstfreiheit** eine maßgebliche Rolle spielt (vgl. hierzu BGH GRUR 2005, 583 – Lila-Postkarte); zu beachten ist ferner das Grundrecht der Meinungsäußerungsfreiheit (OLG Köln NJWE-WettbR 2000, 242; BGH GRUR 1984, 684 f. – Mordoro; → § 14 Rn. 560).

210   In Ausnahmefällen kommt trotz des Vorrangs der kennzeichenrechtlichen Vorschriften die Anwendung von §§ 823, 1004 BGB in Betracht, falls der Schutz der kennzeichenrechtlichen Vorschriften bei einer tatsächlich gegebenen Markenbeeinträchtigung lückenhaft ist bzw. „versagt" (BGH GRUR 2009, 871 Rn. 37 – Ohrclips). Auch hier haben jedoch die grundrechtlich geschützte Kunst- und Meinungsfreiheit besondere Bedeutung.

4. Zeichenverwendung im Internet

211   Aufgrund seiner Schnelligkeit und weltweiten Abrufbarkeit sowie geringer Kostenintensität hat sich das Internet zu einem zentralen Medium der privaten sowie geschäftlichen Kommunikation entwickelt, weshalb es größte markenrechtliche Relevanz entfaltet hat. Dabei lassen sich einige Zeichen-Verwendungsformen, die für das Internet typisch sind, nicht ohne Weiteres in das bestehende Gefüge der allgemeinen markenrechtlichen Vorschriften einordnen, die jedoch mangels internetspezifischer markenrechtlicher Vorschriften anwendbar sind. Von zentraler Bedeutung ist dabei die Frage der markenmäßigen Benutzung, die vor allem bei Domainnamen, Metatags, Weiß-auf-Weiß-Schrift und AdWords eine Rolle spielt.

212   **a) Domainnamen.** Da Domainnamen und deren Benutzung eine Reihe sehr spezifischer Fragen aufwerfen, werden die damit zusammenhängenden kennzeichenrechtlichen Aspekte gesondert dargestellt (→ § 15 Rn. 71 ff.).

213   **b) Metatags.** Metatags sind im Quelltext einer Internetseite hinterlegte Schlüsselwörter, die dazu dienen, von Suchmaschinen bei der Eingabe von Suchbegriffen, die den hinterlegten Metatags entsprechen, aufgefunden zu werden und damit zur Nennung in der Trefferliste der Suchmaschine zu führen. Der Seiteninhaber bzw. betreiber ist bei der Wahl „seiner" Metatags grundsätzlich frei, dh er allein entscheidet darüber, ob er allgemeine Begriffe, Namen oder auch Markenbezeichnungen verwendet.

213.1   Lange Zeit war streitig, wie Metatags in kennzeichenrechtlicher Hinsicht zu behandeln sind, insbesondere ob die Verwendung eines Metatags eine kennzeichenrechtlich relevante Benutzung ist. Die dagegen vorgebrachten Argumente stützten sich unter anderem darauf, dass es sich bei Metatags um **nicht sichtbare Zeichen** handelt, eine Benutzung daher ausscheide bzw. überhaupt erst durch denjenigen erfolge, der den Suchbegriff in die Suchmaske seiner Suchmaschine eingibt (eine kennzeichenmäßige Verwendung seinerzeit verneinend zB OLG Düsseldorf GRUR-RR 2004, 353 – Kotte & Zeller; Kaufmann MMR 2005, 348 – Metatagging – Markenrecht oder reformiertes UWG?; Viefhues MMR 1999, 336 – Internet und Kennzeichenrecht – Meta-Tags). Inzwischen (seit BGH GRUR 2007, 65 insbesondere Rn. 17 – Impuls I) ist diese Frage geklärt.

Nach der Rechtsprechung des BGH kann eine **Beeinträchtigung der Herkunftsfunktion** 214
anzunehmen sein, wenn ein als Suchwort verwendetes verwechslungsfähiges Zeichen als Metatag
im HTML-Code auf der Internetseite dazu benutzt wird, das Ergebnis des Auswahlverfahrens in
Gestalt der Trefferliste einer Internetsuchmaschine zu beeinflussen und den Nutzer auf diese Weise
zu der Internetseite des Verwenders zu führen (BGH MMR 2011, 608 Rn. 25 – Impuls II; vgl.
auch EuGH C-657/11, GRUR 2013, 1049 Rn. 53 ff. – BEST/Visys). Bei den Ergebnissen der
Trefferliste (nach BGH in Abgrenzung zu den als solchen erkennbaren werbenden Hinweisen;
→ Rn. 227) wird für den Internetnutzer in der Regel nicht hinreichend deutlich, ob der Verwender eines mit einer geschützten Marke übereinstimmenden Metatags, der identische oder ähnliche
Produkte anbietet, im Verhältnis zum Markeninhaber Dritter oder aber mit dem Markeninhaber
wirtschaftlich verbunden ist. Es besteht daher die Gefahr, dass der Internetnutzer das Angebot in
der Trefferliste auf Grund der dort gegebenen Kurzhinweise mit dem Angebot des Markeninhabers
verwechselt und sich näher mit ihm befasst.

Auf der anderen Seite kann die Verwendung von Metatags im Ergebnis jedenfalls dann nicht 215
verboten werden, wenn der Verwender sachliche Gründe für sein Verhalten anführen kann, wie
insbesondere dann, wenn er Waren unter der betreffenden Marke anbietet oder seine Waren mit
denjenigen des Markeninhabers vergleicht (BGH GRUR 2007, 65 Rn. 21 – Impuls I). Wird der
Begriff im Quelltext allein in einem beschreibenden Zusammenhang verwendet, fehlt es somit
an einer markenmäßigen Benutzung (BGH GRUR 2009, 1167 Rn. 18 – Partnerprogramm). Ein
rein beschreibender Zusammenhang fehlt bei einer Verwendung einer fremden Marke als Metatag,
die aus der sprachunüblichen Darstellung eines Begriffes mit stark beschreibendem Anklang besteht
(OLG Frankfurt MarkenR 2017, 82 – scan2net). Die Betrachtung, ob eine Marke in rechtsverletzender Weise verwendet wird, kann somit **nicht isoliert,** sondern immer nur im Zusammenhang
mit der Seite selbst erfolgen.

Ob es insoweit bereits an einer rechtlich relevanten Benutzung fehlt oder ob (wohl zutreffender) dieses 215.1
Ergebnis primär aus § 23 oder anderen Gründen folgt (§ 6 UWG oder im Hinblick auf Art. 5 GG,
vgl. OLG München GRUR-RR 2012, 346 – Meinungsfreiheit), ist demgegenüber von zweitrangiger
Bedeutung.

Auch das durch den fraglichen Metatag hervorgerufene Suchergebnis selbst kann kennzeichenrechtlich 215.2
(oder wettbewerbsrechtlich) relevant sein. Es kann sich um eine eigenständige, von der kennzeichenrechtlichen Einordnung des Metatags unabhängige Verletzungshandlung handeln, etwa soweit die aufgerufene
Seite eine in Wahrheit nicht bestehende wirtschaftliche Verbindung zum Inhaber der Marke suggeriert.
Auf der anderen Seite können die im Suchergebnis enthaltenen Kurzhinweise unter Umständen ihrerseits
dazu führen, dass die markenmäßige Benutzung eines Metatags im Einzelfall zu verneinen ist (OLG Frankfurt GRUR-RR 2008, 292 – Sandra Escort).

c) Verwendung durch seiteninterne Suchmaschinen. Bei seiteninternen Suchmaschinen, 216
die dazu dienen, das eigene Produktangebot für den Nutzer einer Internetseite nach von diesem
einzugebenden Suchbegriffen zu durchsuchen, sind ähnliche Grundsätze anzuwenden wie bei der
Beurteilung von Metatags (→ Rn. 213 ff.). Für eine markenmäßige Verwendung reicht es hier
aus, dass ein als Suchwort verwendetes Zeichen dazu benutzt wird, das **Ergebnis des Auswahlverfahrens** in der Trefferliste einer Internetsuchmaschine **zu beeinflussen und den Nutzer** zu
einem bestimmten Produktangebot auf einer Internetseite **zu führen** (vgl. BGH GRUR 2010,
835 Rn. 25 – Powerball; GRUR 2009, 1167 Rn. 14 – Partnerprogramm). Dies ist beispielsweise
auch dann der Fall, wenn der Betreiber einer Verkaufsplattform die auf seiner Internetseite vorhandene interne Suchmaschine so programmiert, dass Suchanfragen automatisch in mit der Marke
eines Dritten verwechselbarer Weise in den Quelltext der Internetseite aufgenommen werden und
diese wiederum von einer externen Suchmaschine als Treffer aufgeführt wird (BGH GRUR 2015,
1223 – Posterlounge). Wird die Produktauswahl über einen Algorithmus generiert, muss der
Betreiber der Suchmaschine sich die Ergebnisse zurechnen lassen (OLG Köln GRUR-RR 2016,
240 – Trefferliste bei Amazon; bestätigt durch BGH GRUR 2018, 935 – goFit; OLG München
GRUR-RR 2016, 199 – Ortlieb-Fahrradtasche, bestätigt durch BGH GRUR 2018, 924
Rn. 33 ff. – Ortlieb). Nach dem BGH benutzt der Suchmaschinenanbieter die Marke in seiner
eigenen kommerziellen Kommunikation, wenn er die Auswahl der in einer Trefferliste angezeigten
Suchergebnisse aufgrund einer automatischen Auswertung des Kundenverhaltens veranlasst und
die Anbieter der in den Ergebnislisten angezeigten Waren auf den Inhalt der Trefferliste keinen
Einfluss nehmen können (vgl. BGH GRUR 2018, 924 – Ortlieb; GRUR 2018, 935 – goFit).

Auch bei seiteninternen Suchmaschinen kommt es aber stets auf die konkrete Gestaltung der 217
Seite an. So kann die Nutzung der Marke nach der BGH-Rechtsprechung nur dann untersagt

werden, wenn nach Eingabe der Marke als Suchwort in der Ergebnisleiste Angebote von Produkten gezeigt werden, bei denen der Nutzer nicht oder nur schwer **erkennen** kann, ob sie vom Markeninhaber oder von einem Dritten stammen (BGH GRUR 2018, 924 – Ortlieb). Erscheint als Ergebnis einer Suche eine große Anzahl **unterschiedlicher,** nicht mit dem Suchbegriff gekennzeichneter Produkte sowie das fragliche Zeichen **allein** als Wiedergabe des vom Nutzer eingegebenen Suchbegriffs, kann man regelmäßig keine markenmäßige Benutzung annehmen, weil der Nutzer das fragliche Zeichen nach wie vor als das von ihm selbst eingegebene Zeichen erkennt und keinen konkreten Produktbezug herstellen wird (vgl. hierzu auch OLG Frankfurt GRUR-RR 2019, 365 Rn. 19 – Schwimmende aufblasbare Sitzmöbel). Ebenso erfolgt die Verwendung eines Unternehmenskennzeichens als Schlüsselwort für die Anzeige automatischer Suchwortergänzungen nicht markenmäßig, wenn dadurch den Internetnutzern lediglich eine Alternative zu den Waren oder Dienstleistungen dieses Unternehmens vorgeschlagen werden soll und die Funktion des Unternehmenskennzeichens nicht beeinträchtigt wird, als Hinweis auf das Unternehmen zu dienen. Dies gilt selbst dann, wenn die Waren des Kennzeicheninhabers letztlich überhaupt nicht angezeigt werden (BGH GRUR 2018, 935 Rn. 54 – goFit).

218   Etwas anderes gilt, wenn das fragliche Zeichen einem bestimmten Suchtreffer vom Verwender der Suchmaschine zugewiesen wird (vgl. BGH GRUR 2010, 835 – Powerball). Eine markenmäßige Verwendung ist auch dann zu bejahen, wenn als Suchtreffer ausschließlich Waren oder Dienstleistungen **einer Kategorie** angezeigt werden und der Nutzer daher keinen Anlass hat, anzunehmen, die Treffer hätten nichts mit dem eingegebenen Suchwort zu tun (etwa bei einer Suchmaschine eines Reisedienstleisters, bei der auf die Eingabe eines konkreten Reiseveranstalters hin lediglich Reisen angezeigt werden, vgl. LG München I 4.12.2012 – 33 O 1988/12). Nach dem OLG Köln GRUR-RR 2016, 240 – Trefferliste bei Amazon, soll eine Verletzung hingegen nicht vorliegen, wenn auf die Eingabe von beschreibenden Begriffen, aus denen die Marke zusammengesetzt ist, ein Produkt angezeigt wird, in dessen Beschreibung die eingegebenen Begriffe enthalten sind.

219   **d) Weiß-auf-Weiß-Schrift.** „Weiß-auf-Weiß" meint die Verwendung von Zeichen innerhalb eines Textes auf einer Website, die für den Nutzer nicht sichtbar sein soll, sondern ausschließlich dazu dient, die Ergebnisse von Suchmaschinen zu beeinflussen. Hierzu stellt der BGH zu Recht fest, dass diese Zeichenverwendung rechtlich genauso zu behandeln ist wie die Verwendung von Metatags (→ Rn. 213 ff.; vgl. BGH GRUR 2007, 784 Rn. 18 – AIDOL; bestätigt in MMR 2011, 608 Rn. 25 – Impuls II).

220   **e) Keywords/AdWords.** Bei Keywords (wie etwa die bei Google buchbaren AdWords) handelt es sich ebenfalls (wie bei Metatags; → Rn. 213 ff.) um für Suchmaschinen relevante Schlüsselwörter. Allerdings werden diese nicht im Quelltext der eigenen Seite „versteckt", sondern beim Suchmaschinenbetreiber – zB Google – hinterlegt, verbunden mit dem Auftrag, eine eigene mit dem oder den Keyword(s) verbundene Werbeanzeige (und zwar als solche auch erkennbar) immer dann sichtbar werden zu lassen, wenn ein Nutzer in der Suchmaske der betreffenden Suchmaschine dieses Keyword oder (bei entsprechend weitgehendem Auftrag) einen dem hinterlegten Keyword ähnlichen Begriff als Suchwort eingibt.

221   Soweit es sich bei dem hinterlegten Begriff um eine **beschreibende Bezeichnung** handelt, liegt in der Verwendung als Keyword keine Markenverletzung. Dies gilt auch dann, wenn der Hinterleger bei dem Suchmaschinenbetreiber zugleich die Einstellung „weitgehend passende Keywords" wählt mit der Folge, dass auch bei Eingabe ähnlicher Suchbegriffe – einschließlich geschützter Marken, die das Keyword als Bestandteil enthalten – die hinterlegte Anzeige erscheint (BGH GRUR 2009, 502 Rn. 20 – pcb).

222   Streitig war hingegen längere Zeit, inwieweit die Hinterlegung **fremder Marken** als Keyword eine Markenverletzung darstellt.

223   Nach den grundlegenden Entscheidungen des EuGH ist insoweit in erster Linie entscheidend, ob eine Beeinträchtigung der **Herkunftsfunktion** vorliegt (EuGH C-236/08 bis C-238/08, GRUR 2010, 445 Rn. 52, 65, 73 – Google France und Google; C-278/08, GRUR 2010, 451 Rn. 18 f. – Bergspechte; → Rn. 129 ff.). Bei Vorliegen von „Doppelidentität" iSv Art. 5 Abs. 1 lit. a MRL 2008 (§ 14 Abs. 2 Nr. 1) sind zudem auch die Beeinträchtigung der **Werbefunktion** sowie (laut EuGH C-323/09, GRUR 2011, 1124 Rn. 62 – Interflora) der **Investitionsfunktion** zu prüfen.

224   Dass in der Verwendung einer fremden Marke als Keyword per se eine Beeinträchtigung der **Werbefunktion** zu sehen sein könnte, wird vom EuGH verneint. Dies wird damit begründet, dass eine solche Benutzung zwar geeignet sei, sich auf den Einsatz der Marke in der Werbung sowie auf die Handelsstrategie des Markeninhabers auszuwirken; dies allein stelle jedoch keine

Beeinträchtigung der Werbefunktion dar (EuGH C-236/08 bis C-238/08, GRUR 2010, 445 Rn. 93, 95 – Google France und Google; C-278/08, GRUR 2010, 451 Rn. 33 – Bergspechte; bestätigt in C-323/09, GRUR 2011, 1124 – Interflora). Üblicherweise erscheine bei Eingabe der Marke die Website des Markeninhabers an einer der vordersten Stellen in der Liste der natürlichen Suchergebnisse; insoweit sei die Sichtbarkeit seiner Werbung für den Markeninhaber unabhängig von den Auswirkungen der Keyword-Technik gewährleistet (EuGH C-236/08 bis C-238/08, GRUR 2010, 445 Rn. 97 – Google France und Google).

Im Rahmen der Interflora-Entscheidung (EuGH C-323/09, GRUR 2011, 1124) prüft der **225** EuGH neben der Werbe- und Herkunftsfunktion auch die Beeinträchtigung der **Investitions-funktion** der Marke (→ Rn. 138 f.). Eine Beeinträchtigung soll vorliegen, wenn es durch die Benutzung der Marke für identische Waren/Dienstleistungen durch einen Dritten „dem Marken-inhaber wesentlich erschwert wird, seine Marke zum Erwerb oder zur Wahrung eines Rufs einzu-setzen, der geeignet ist, Verbraucher anzuziehen und zu binden" (EuGH C-323/09, GRUR 2011, 1124 Rn. 62 – Interflora). Ob dies im Einzelfall vorliegt, ist von den nationalen Gerichten zu beurteilen. Allerdings dürfe dies laut EuGH nicht zur Untersagung einer Benutzung führen, die die Herkunftsfunktion nicht berührt und die im Übrigen den Bedingungen eines **fairen Wettbewerbs** entspricht. Dies gilt nach dem EuGH auch dann, wenn die Benutzung dazu führt, dass sich einige Verbraucher von der Marke abwenden. Dem Markeninhaber bleibt es in diesen Fällen überlassen, seine eigenen Marketinganstrengungen entsprechend anzupassen. Damit wird in der Praxis auch die Berufung auf die Investitionsfunktion in Fällen des Keyword-Advertising zumeist folgenlos sein.

Von praktischer Relevanz für das Keyword-Advertising bleibt somit primär die Frage, ob eine **226** Beeinträchtigung der **Herkunftsfunktion** vorliegt. Diese ist unter Berücksichtigung der Gestal-tung der mit dem Keyword verbundenen Anzeige zu prüfen: Wenn aus dieser Anzeige für einen normal informierten und angemessen aufmerksamen Internetnutzer nicht oder nur schwer zu erkennen ist, ob die in der Anzeige beworbenen Waren oder Dienstleistungen von dem Inhaber der Marke oder einem mit ihm wirtschaftlich verbundenen Unternehmen oder vielmehr von einem Dritten stammen, liegt eine Beeinträchtigung vor. Dies gilt auch dann, wenn die Anzeige das Bestehen einer wirtschaftlichen Verbindung zwar nicht suggeriert, aber hinsichtlich der Her-kunft der fraglichen Waren oder Dienstleistungen so vage gehalten ist, dass ein normal informier-ter und angemessen aufmerksamer Internetnutzer aufgrund des Werbelinks und der ihn begleitenden Werbebotschaft nicht erkennen kann, ob der Werbende im Verhältnis zum Markeninhaber Dritter oder vielmehr mit diesem wirtschaftlich verbunden ist (EuGH C-236/08 bis C-238/08, GRUR 2010, 445 Rn. 83, 84, 89, 90 – Google France und Google; C-278/08, GRUR 2010, 451 Rn. 35, 36 – Bergspechte; vgl. auch EuGH C-324/09, GRUR 2011, 1025 Rn. 96 – L'Oréal/eBay; OLG Hamburg GRUR-RR 2015, 282 – partnership). Keine Beeinträchtigung der Herkunftsfunktion liegt hingegen vor, wenn zwischen dem Inhaber des Kennzeichens und dem Verwender der Anzeige eine wirtschaftliche Verbindung besteht, selbst wenn die Unternehmen nur mittelbar wirtschaftlich verknüpft sind (OLG Dresden GRUR-RR 2015, 290 – Hotelvermittlungsplatt-form, wonach für eine mittelbare wirtschaftliche Verknüpfung zwischen einem Hotelbetreiber und dem Betreiber einer Hotelvermittlungsplattform ausreichend war, dass der Kennzeicheninhaber die Vermittlung von Hotelzimmern über die Vermittlungsplattform in Auftrag gab).

Der EuGH hat sich ferner dazu geäußert, ob der Betreiber des Internetreferenzierungsdienstes (also **226.1** insbesondere Google) neben demjenigen, der die Anzeige schaltet, für die Verwendung von Keywords in Anspruch genommen werden kann. Hierzu stellt der EuGH zunächst fest, dass in rein markenrechtlicher Hinsicht nicht von einer Benutzung des Keyword im Geschäftsverkehr ausgegangen werden könne, da der Anbieter des Referenzierungsdienstes zwar im geschäftlichen Verkehr handele, das Zeichen jedoch nicht im geschäftlichen Verkehr im Sinne der markenrechtlichen Bestimmungen benutze (EuGH C-236/08 bis C-238/08, GRUR 2010, 445 Rn. 55, 58 – Google France und Google; → Rn. 121 f.). Aus der E-Commerce-RL könne sich jedoch unter Umständen eine Haftung ergeben, wenn er die Informationen nicht unverzüglich entfernt oder den Zugang zu ihnen gesperrt habe, nachdem er von der Rechtswidrigkeit dieser Informationen oder Tätigkeiten des Werbenden Kenntnis erlangt habe.

In seiner Umsetzung der EuGH-Rechtsprechung stellt der BGH fest, dass – wenn für den **227** Internetnutzer klar erkennbar sei, dass es sich bei AdWords-Anzeigen nicht um reguläre Sucher-gebnisse, sondern um bezahlte Werbung handelt – in der Verwendung des Schlüsselworts nicht von vornherein eine markenmäßige, verletzende Benutzung gesehen werden könne, sondern es auf die konkrete Gestaltung der Anzeige ankomme (BGH MMR 2011, 608 Rn. 26 – Impuls II).

Bei der Prüfung einer Beeinträchtigung der Herkunftsfunktion misst der BGH dem Umstand, **228** dass die durch das verwendete Keyword hervorgerufene Anzeige deutlich als solche gekennzeichnet ist und von den eigentlichen Suchtreffern eindeutig **räumlich getrennt** erscheint, erhebliche Bedeutung zu. Hierin wird ein entscheidender Unterschied zu Metatags gesehen, da bei diesen eine solche visuelle und räumliche Trennung nicht erfolgt (BGH MMR 2011, 608 Rn. 25 – Impuls II; → Rn. 214).

229 Für die Frage, ob **zusätzlich** zu der Kenntlichmachung als Anzeige ein ausdrücklicher Hinweis darauf erfolgen muss, dass keine wirtschaftliche Verbindung mit dem Inhaber der als Keyword verwendeten Marke vorliegt, stellt der BGH auf die **Erwartungshaltung der Nutzer** ab: Im Normalfall erwarte der verständige Internetnutzer in einem deutlich von der Trefferliste räumlich, farblich oder auf andere Weise abgesetzten und mit dem Begriff „Anzeigen" gekennzeichneten Werbeblock nicht ausschließlich Angebote des Markeninhabers oder mit ihm verbundener Unternehmen. Dem Verbraucher sei die Trennung von Werbung und der nachgefragten Leistung aus anderen Bereichen bekannt; er wisse auch, dass Dritte bezahlte Anzeigen bei Suchmaschinen wie Google schalten. Eine Beeinträchtigung der Herkunftsfunktion sei daher grundsätzlich auszuschließen, ohne dass es eines Hinweises auf das Fehlen einer wirtschaftlichen Verbindung zwischen dem Werbenden und dem Markeninhaber bedarf. Dies soll insbesondere (aber nicht nur) dann gelten, wenn der in der Anzeige angegebene Domain-Name auf eine andere betriebliche Herkunft hinweist (BGH GRUR 2011, 828 – Bananabay II; GRUR 2013, 290 Rn. 27, 28 – MOST-Pralinen). Wenn die Anzeige jedoch einen Hinweis auf das Markenwort, den Markeninhaber oder die von ihm angebotenen Waren oder Dienstleistungen enthält, kann die Herkunftsfunktion der Marke allerdings trotz Platzierung in einem deutlich abgesetzten und entsprechend gekennzeichneten Werbeblock beeinträchtigt sein (vgl. BGH GRUR 2013, 290 Rn. 28 – MOST-Pralinen; GRUR 2019, 165 Rn. 63 – keine-vorwerk-vertretung). Dies gilt insbesondere, wenn der Verkehr aufgrund der konkreten Gestaltung der Anzeige (zB mit einer selektiv wiedergegebenen URL) gerade nur mit spezifisch zur Anzeige passenden Angeboten rechnet, und zwar selbst dann, wenn in der mit der Anzeige verlinkten Ergebnisliste auch Produkte des Markeninhabers gezeigt werden (vgl. BGH GRUR 2019, 1053 Rn. 30 – Ortlieb II). Täuschen die angegriffenen Anzeigen hingegen nur darüber, dass die Markeninhaberin die beworbenen (Original-)Waren selbst anbietet, ist die Herkunftsfunktion der Marke nicht berührt. Dies ist nur dann der Fall, wenn über die betriebliche Herkunft der mit der Marke beworbenen Produkte getäuscht wird, nicht aber, wenn die Täuschung allein die Identität des Anbietenden betrifft (BGH GRUR 2020, 1311 Rn. 49 – Vorwerk).

230 Wenn für den angesprochenen Verkehr auf Grund eines ihm bekannten Vertriebssystems des Markeninhabers die Vermutung naheliegt, dass es sich bei dem Dritten um ein **Partnerunternehmen** des Markeninhabers handelt, ist die Herkunftsfunktion der Marke bereits dann beeinträchtigt, wenn in der Werbeanzeige nicht auf das Fehlen einer wirtschaftlichen Verbindung zwischen dem Markeninhaber und dem Dritten hingewiesen wird (BGH GRUR 2014, 182 – Fleurop; vgl. auch OLG Frankfurt BeckRS 2019, 24871 – Polzar).

230.1 Der Fall „Fleurop" betrifft eine ähnliche Konstellation wie diejenige, die auch der Entscheidung Interflora (EuGH GRUR 2011, 1124) zugrunde lag: In beiden Fällen bezeichnet die als Keyword hinterlegte Marke einen Blumenversanddienst, dem zahlreiche eigenständige Unternehmen angeschlossen sind. Dass in einem solchen Fall die Gefahr naheliegt, dass der Verbraucher davon ausgeht, Unternehmen, deren Anzeige bei Eingabe des Suchwort aufscheint, seien dem Versanddienst der Markeninhaberin angeschlossen, wurde auch vom englischen Gericht in der (unter Beachtung des EuGH-Urteils ergangenen) Entscheidung im Fall Interflora angenommen; s. Interflora v. Marks & Spencer (Arnold J.), (2013) EWHC 1291 (Ch).

230.2 Bislang nicht bzw. nicht ausdrücklich entschieden ist die Frage, ob der BGH die Verwendung solcher AdWords, die nicht zu Anzeigen in einem Block rechts neben der Trefferliste erscheinen, sondern unmittelbar oberhalb der Suchtreffer, ebenfalls in diesem Sinne bewertet. Zwar sind auch diese Anzeigenblöcke jedenfalls in der Bildschirmansicht – hingegen nicht zwingend beim Ausdruck eines entsprechenden Screenshots – farblich leicht von den Suchtreffern abgegrenzt und zudem mit dem Wort „Anzeige" überschrieben. Gleichwohl ist noch ungeklärt, ob auch diese Abgrenzung vom BGH als hinreichend eindeutig angesehen wird, was als Grundlage der Erwartungshaltung eines verständigen Internetnutzers Voraussetzung wäre. Zudem ist vom BGH bislang nicht entschieden, welche Bedeutung die bei Google getätigte Praxis hat, dass bei Werbung oberhalb der Suchtreffer keine Überschrift mit dem isolierten Wort „Anzeige" erscheint, sondern die Überschrift lautet „Anzeige(n) für" plus Suchwort, mit der Folge, dass bei einer Suche mit einer geschützten Marke diese in unmittelbarem Zusammenhang mit der geschalteten Werbung sichtbar wird. Das OLG Düsseldorf ist der Auffassung, dass weder die Anordnung über der Trefferliste (in einem farblich abgesetzten Block) noch die oben dargestellte „Anzeigen"-Kennzeichnung eine andere Betrachtungsweise als in den bisher vom BGH entschiedenen Fällen rechtfertige (OLG Düsseldorf BeckRS 2013, 11227).

231 Sowohl nach der Rechtsprechung des EuGH als auch des BGH ist es möglich, dass die Auswahl einer **bekannten Marke** als Keyword zur Bewerbung identischer Waren/Dienstleistungen durch

einen Mitbewerber eine Markenverletzung iSv § 14 Abs. 2 **Nr. 3** begründet (EuGH C-323/09, GRUR 2011, 1124 Rn. 84 ff. – Interflora; BGH GRUR 2013, 1044 Rn. 22 ff. – Beate Uhse). Dabei sei zu berücksichtigen, dass ein Werbender durch diese Art der Keyword-Verwendung darauf abziele, dass die Internetnutzer, die dieses Wort als Suchwort eingeben, nicht nur auf die vom Inhaber dieser Marke herrührenden angezeigten Links klickten, sondern auch auf den Werbe-link des Werbenden. Auch würden bekannte Marken häufiger als Suchwort eingegeben. Daher könne die Auswahl einer bekannten Marke im Rahmen einer Suchmaschine als Schlüsselwort durch Mitbewerber des Markeninhabers dazu dienen, die Unterscheidungskraft und Wertschät-zung auszunutzen. Insoweit bedarf es für die Zulässigkeit der Zeichenbenutzung eines „rechtferti-genden Grundes" iSv Art. 5 Abs. 2 MRL 2008 (§ 14 Abs. 2 Nr. 3). Ein solcher liegt immer dann vor, wenn Alternativen zu den Waren oder Dienstleistungen des Inhabers der bekannten Marke vorgeschlagen werden. Insoweit entspricht die Benutzung einem gesunden und lauteren Wettbe-werb im Bereich der fraglichen Waren oder Dienstleistungen. Die Benutzung kann hingegen unlauter sein, wenn sie dem Angebot von Nachahmungen oder der Verwässerung oder Verun-glimpfung der bekannten Marke dient (EuGH C-323/09, GRUR 2011, 1124 Rn. 91 – Interflora). Die Beurteilung orientiert sich insoweit an den für die vergleichende Werbung geltenden, in der Werbe-RL (RL 2006/114/EG) festgelegten Maßstäben. Selbst wenn die bekannte Marke in der Werbeanzeige nicht genannt wird, kann eine unlautere Benutzung der bekannten Marke außerdem vorliegen, wenn in der Anzeige die unter der Marke angebotenen Waren oder Dienstleistungen in ein negatives Licht gerückt werden, etwa weil das Angebot des Markeninhabers als stark überteuert dargestellt wird (OLG Frankfurt GRUR-RR 2014, 245 – Beate Uhse II).

5. Die Benutzungsarten der § 14 Abs. 3 und 4

In § 14 Abs. 3 und 4 sind **Beispiele für Benutzungsformen** genannt, die eine rechtsverlet- **232** zende Benutzung eines Zeichens sein können. Dabei handelt es sich **nicht** um eine **abschließende Aufzählung** von relevanten Benutzungshandlungen (ausdrücklich zB EuGH C-236/08 bis C-238/08, GRUR 2010, 445 Rn. 65 – Google France und Google).

a) Abs. 3 Nr. 1 (Anbringung auf Waren, ihrer Aufmachung oder ihrer Verpackung). **233** „**Anbringen**" meint jede körperliche Verbindung des Zeichens mit der Ware, die naturgemäß keine dauerhafte sein muss (Ströbele/Hacker/Thiering/Hacker Rn. 160). Da das Anbieten und Inverkehrbringen (→ Rn. 239 ff.) entsprechend gekennzeichneter Waren eigene Verletzungsfor-men sind, ist bereits die Kennzeichnung ausschließlich für den **Export** bestimmter Waren im Inland ein von § 14 Abs. 3 Nr. 1 erfasster Fall (BGH GRUR 2009, 515 – Motorradreiniger). Entsprechendes gilt für Dienstleistungen, die im Ausland erbracht werden sollen, aber vom Inland aus angeboten werden (BGH GRUR 2010, 239 Rn. 44 – BTK). Auch **betriebsinterne Anbrin-gungshandlungen** können den Verletzungstatbestand verwirklichen, wobei allerdings darauf zu achten ist, ob neben der Handlung selbst bereits eine Beeinträchtigung einer für den jeweiligen Verletzungstatbestand maßgeblichen Markenfunktionen eingetreten ist bzw. zumindest im Sinne einer Erstbegehungsgefahr droht. Dies ist insbesondere maßgeblich, soweit es um die Beurteilung von Kennzeichnungsentwürfen geht (vgl. Ingerl/Rohnke/Nordemann/Nordemann Rn. 223; Ströbele/Hacker/Thiering/Hacker Rn. 160).

Im Hinblick darauf, dass es sich beim Anbringen selbst um einen **rein technischen Vorgang** **234** handelt, ist im Einzelfall zu prüfen, wem dieses Anbringen als eigene Verletzungshandlung zuzu-rechnen ist. Dabei ist es denkbar, dass der anbringende Dienstleister, der im Auftrag desjenigen, der eigentlich als Hersteller des Produkts anzusehen ist, ausschließlich für den technischen Vorgang der Zeichenanbringung verantwortlich ist und daher keine eigene Benutzung des Zeichens im markenrechtlichen Sinne vornimmt (in diesem Sinne EuGH C-119/10, GRUR 2012, 268 Rn. 30, 31 – Winters/Red Bull, wobei der Gerichtshof die Frage, ob im konkreten Fall das Befüllen einer bereits gekennzeichneten Dose überhaupt als Anbringen angesehen werden kann, offengelassen hat, vgl. GRUR 2012, 268 Rn. 34).

Das **Entfernen einer fremden Marke** vor dem Inverkehrbringen des gleichen Produkts unter **235** einer anderen Kennzeichnung ist kein Anbringen eines Kennzeichens. Vom BGH wurde daher eine Benutzung der Marke abgelehnt (so BGH GRUR 2004, 1039 (1041) – SB-Beschriftung). Dies entspricht der bislang hM, der zufolge durch die Entfernung der Marke bedingte Täuschun-gen allenfalls lauterkeitsrechtlich geahndet werden (Ingerl/Rohnke/Nordemann/Boddien § 24 Rn. 95; s. auch Ströbele/Hacker/Thiering/Hacker Rn. 167, wonach diese Rechtsprechung durch die EuGH-Entscheidung C-558/08, GRUR 2010, 841 – Portakabin/Primakabin in Frage gestellt werde; diese bezieht sich jedoch auf eine andere Fallkonstellation, → Rn. 238; zum UWG (Mar-

kenbruch als Fallgruppe des Behinderungswettbewerbs) s. etwa Ohly/Sosnitza UWG § 4 Rn. 4/
60 mwN).

236   Dem EuGH zufolge liegt hingegen eine Markenverletzung vor, wenn von einem in das Zolllagerverfahren verbrachten Produkt die darauf befindliche Marke entfernt und durch die Marke desjenigen ersetzt wird, der die Waren unter dieser Marke in den innergemeinschaftlichen Verkehr überführt (EuGH C-129/17, GRUR 2018, 917 – Mitsubishi/Duma). Es ist bisher noch unklar, ob daraus generell zu folgern ist, dass die Markenentfernung als solche, ungeachtet der Frage, ob sie innerhalb oder außerhalb des Geschäftsverkehrs im EWR vorgenommen wird, als rechtsverletzende Handlung anzusehen ist, oder ob es insoweit auf die Umstände des Einzelfalls ankommt (→ Rn. 127).

237   In seiner früheren Rechtsprechung hatte der EuGH bereits festgestellt, dass eine Rufschädigung der Marke nicht in Betracht kommt, wenn zB ein Parallelimporteur die Marke nicht auf dem neuen äußeren Karton anbringt („de-branding") oder wenn er sein eigenes Logo oder Firmenmarkenzeichen, eine Firmenaufmachung oder eine für eine Reihe verschiedener Waren verwendete Aufmachung für den neuen äußeren Karton verwendet („co-branding"); dies soll ebenso gelten, wenn er entweder einen zusätzlichen Aufkleber so anbringt, dass die Marke des Inhabers ganz oder teilweise überklebt wird oder wenn er auf dem zusätzlichen Aufkleber nicht den Inhaber der Marke angibt oder den Namen des Parallelimporteurs in Großbuchstaben schreibt (EuGH C-348/04, GRUR 2007, 586 Rn. 45 – Boehringer Ingelheim/Swingward).

238   Wird die Marke **in der Werbung** für Produkte benutzt, von denen die Marke entfernt oder bei denen sie durch Überkleben unkenntlich gemacht wurde, liegt in jedem Fall eine Benutzung iSv § 14 Abs. 2 Nr. 1 vor. Dem EuGH zufolge wird durch eine solche Benutzung die Herkunftsfunktion beeinträchtigt, da der Verbraucher daran gehindert werde, die Waren des Markeninhabers von denen des Wiederverkäufers oder anderer Dritter zu unterscheiden (EuGH C-558/08, GRUR 2010, 841 Rn. 86 – Portakabin/Primakabin).

239   **b) Abs. 3 Nr. 2 (Anbieten, Inverkehrbringen, Besitz).** Im Interesse eines effektiven Markenschutzes ist der Begriff des **Anbietens** wirtschaftlich und nicht im Sinne eines Angebots als Willenserklärung im Sinne des BGB zu verstehen (vgl. BGH GRUR 2010, 1103 Rn. 22 – Pralinenform II). Deshalb ist der Übergang von der Bewerbung einer Ware zu deren Anbieten fließend.

240   Bei Dienstleistungen kann bereits in einem vom Inland aus vorgenommenen Angebot, die Dienstleistung im Ausland zu erbringen, eine Verletzungshandlung liegen (BGH GRUR 2010, 239 Rn. 44 – BTK; → Rn. 233). Hingegen reicht es nach BGH GRUR 2010, 1103 Rn. 22, 23 – Pralinenform II nicht aus, dass ein ausländisches Unternehmen seine Waren auf einer in Deutschland stattfindenden **Messe** präsentiert, da sich daraus noch nicht ergebe, dass diese Waren im Inland angeboten werden oder auch nur angeboten werden sollen. Angesichts der gebotenen wirtschaftlichen Betrachtungsweise ist jedoch nicht ersichtlich, warum es keine Benutzung im Inland darstellen soll, wenn gegenüber den Messebesuchern vor Ort die eigenen Produkte zum Zweck der Absatzförderung präsentiert werden. Nach OLG Frankfurt GRUR 2015, 903 – Tuppex soll daher ein „Anbieten" vorliegen, wenn ein ausländisches Unternehmen das Zeichen auf dem Stand einer in Deutschland stattfindenden internationalen Fachmesse verwendet, sofern aus Sicht des Messepublikums konkrete Anhaltspunkte dafür bestehen, dass mit der Benutzung in der Werbung zugleich zum Erwerb der Produkte im Inland aufgefordert wird. Dies sei dann der Fall, wenn es sich um eine Verkaufsmesse handelt, die zu einem großen Teil von in Deutschland ansässigen gewerblichen Abnehmern besucht wird, und auf dem Stand auch ein Katalog in englischer Sprache unter Verwendung des Zeichens zu Mitnahme ausliegt. Sofern derartige Anhaltspunkte hingegen nicht vorliegen und man der Auffassung des BGH folgt, sollte der Markeninhaber in Vorbereitung eines etwaigen gerichtlichen Vorgehens am Messestand Verkaufsgespräche über die streitgegenständlichen Produkte führen und zwecks Glaubhaftmachung einer entsprechenden Verletzung ein Angebot einholen.

241   Fraglich ist ferner, wann ein Anbieten von Waren im **Internet** dem deutschen Recht unterliegt. Im Hinblick auf die weltweite Erreichbarkeit nahezu jeder Internetseite kann nur dann von einem Anbieten im Inland ausgegangen werden, wenn sich die Seite bestimmungsgemäß an die deutschen Verkehrskreise richtet. Ob dies der Fall ist, richtet sich nach den jeweiligen Umständen des Einzelfalls. Kriterien hierfür sind neben der verwendeten Sprache insbesondere auch das Vorhalten konkreter Liefermöglichkeiten nach Deutschland (→ Rn. 55).

242   Der Begriff des **Inverkehrbringens** – der auch für die Frage der Erschöpfung iSv § 24 Abs. 1 maßgeblich ist – setzt den tatsächlichen Übergang der Verfügungsgewalt über die entsprechend gekennzeichnete Ware voraus, bzw. beim Inverkehrbringen von Software die – nicht notwendig wirksame – Lizenzierung. Während bei der Erschöpfung wohl eine Übereignung der Ware erforderlich ist (→ § 24 Rn. 23), kann im Rahmen des Verletzungstatbestands unter Umständen etwas anderes gelten, so dass eine Übereignung zur Erfüllung des Verletzungstatbestands durch Inverkehrbringen nicht erforderlich ist.

Verneint wird ein rechtlich relevantes Inverkehrbringen bei entsprechenden Handlungen zwischen konzernverbundenen Unternehmen, jedenfalls wenn die Verfügungsgewalt wegen der Konzernverflechtung unverändert geblieben ist (vgl. Ingerl/Rohnke/Nordemann/Nordemann Rn. 235). Dies ist konsequent, soweit man den Begriff des Inverkehrbringens in § 14 in Übereinstimmung mit § 24 Abs. 1 auslegen will. Letzteres kommt dem Markeninhaber zugute, der sich trotz innerhalb eines Konzerns erfolgter tatsächlicher Übertragungsvorgänge gegenüber Dritten auf noch nicht eingetretene Erschöpfung berufen kann. Im Anwendungsbereich des § 14 scheint es nicht erforderlich zu sein, zugunsten eines effektiven Markenschutzes eine andere Auslegung vorzunehmen, da dem Markeninhaber regelmäßig durch andere bereits verwirklichte oder zumindest drohende Begehungsformen entsprechende Unterlassungsansprüche zustehen dürften. **243**

Wie der Wortlaut des § 14 Abs. 3 Nr. 2 klarstellt, genügt darüber hinaus bereits die tatsächliche Sachherrschaft über entsprechend gekennzeichnete Waren, sofern das **Besitzen** zum Zwecke des Anbietens oder Inverkehrbringens (und zwar jeweils im Inland; zur markenrechtlichen Behandlung der Durchfuhr → Rn. 251) erfolgt. Letzteres festzustellen kann im Einzelfall schwierig sein, insbesondere in den Fällen, in denen der Besitzer (etwa ein Transportunternehmer) keinen eigenen Zweck iSd § 14 Abs. 3 Nr. 2 verfolgt. Der EuGH hat hierzu nun klargestellt, dass eine Person, die für einen Dritten markenrechtsverletzende Waren lagert, ohne Kenntnis von der Markenrechtsverletzung zu haben, diese Waren nicht zum Zweck des Anbietens oder Inverkehrbringens besitzt, wenn sie selbst nicht diese Zwecke verfolgt (EuGH C-567/18, GRUR 2020, 637 – Coty Germany GmbH/Amazon Services Europe Sàrl; übernommen in BGH GRUR 2021, 730 – Davidoff Hot Water IV). In solchen Fällen sind somit allenfalls Ansprüche aus den Grundsätzen der **Störerhaftung** denkbar, sofern man dem Besitzer eine Verletzung von ihm zumutbaren Prüfplichten vorwerfen kann (vgl. BGH GRUR 2021, 730 Rn. 38 f. – Davidoff Hot Water IV; GRUR 1957, 352 (354) – Pertussin; zum Patentrecht BGH GRUR 2009, 1142 Rn. 41 – MP3 Player-Import). Davon wird in der Regel jedoch nicht auszugehen sein. Denn einer generellen Prüfpflicht unterliegt ein Spediteur, Frachtführer oder Lagerhalter nicht, weil die Warenlogistik durch die Annahme einer anlasslosen Prüfpflicht erheblich beeinträchtigt wäre und diese Beeinträchtigung mit Blick auf die weiteren Handlungsoptionen des Markeninhabers nicht gerechtfertigt ist (vgl. BGH GRUR 2021, 730 Rn. 38 f. – Davidoff Hot Water IV; zum Patentrecht BGH GRUR 2009, 1142 Rn. 41 – MP3 Player-Import). **244**

c) Abs. 3 Nr. 3 (Anbieten oder Erbringen von Dienstleistungen). Zum **Anbieten** → Rn. 239 ff.: auch hier kommt es allein auf eine wirtschaftliche Betrachtungsweise an. **245**

Das **Erbringen** einer Dienstleistung betrifft den tatsächlichen Vorgang, bei dem entsprechend → Rn. 193 eine Zeichennutzung nur auf bei der Erbringung der Dienstleistung ebenfalls „zum Einsatz" kommenden körperlichen Gegenständen erfolgen kann (zB Kleidung, Transportfahrzeugen etc). **246**

d) Abs. 3 Nr. 4 (Einfuhr oder Ausfuhr von Waren). Einfuhr im Sinne der Vorschrift meint zunächst eine körperliche Verbringung der Waren unter dem zu beurteilenden Zeichen in den Schutzbereich der Klagemarke (Ingerl/Rohnke/Nordemann/Nordemann Rn. 241). Wann dies verwirklicht ist, wird im Hinblick auf Importe aus Mitgliedstaaten der EU einerseits und aus Drittländern andererseits teilweise unterschiedlich beurteilt. **247**

Entsprechend der EuGH-Rechtsprechung (EuGH C-405/03, GRUR 2006, 146 Rn. 44 ff. – Class International/Colgate-Palmolive; vgl. auch EuGH C-446/09, GRUR 2012, 828 – Philips und Nokia) ist bei Waren aus Drittländern noch keine Einfuhr gegeben, solange die Waren nicht in den freien zollrechtlichen Verkehr überführt sind bzw. sich eine entsprechende Absicht nicht nachweisen lässt, wofür konkrete Anhaltspunkte in Bezug auf die konkreten Waren gegeben sein müssen. **248**

Bei Waren, die aus einem anderen Mitgliedstaat ins Inland verbracht werden, soll nach Ingerl/Rohnke/Nordemann/Nordemann Rn. 243 nichts anderes gelten. Allerdings findet bei derartigen Waren gerade keine zollamtliche Überwachung statt; daher bedarf es nach zutreffender Auffassung keiner weiteren Feststellung, ob über die bereits verwirklichte Einfuhr hinaus eine Absicht zum Inverkehrbringen im Inland besteht (so auch Ströbele/Hacker/Thiering/Hacker Rn. 183). Soweit der EuGH demgegenüber verlangt, dass die Einfuhr in die Gemeinschaft zum Zweck ihres dortigen Inverkehrbringens (EuGH C-405/03, GRUR 2006, 146 Rn. 34 – Class International/Colgate- **249**

Palmolive) zu erfolgen hat, lässt sich dies nicht auf die Fälle übertragen, in denen es sich um Waren im innergemeinschaftlichen Verkehr handelt.

250   Die **Ausfuhr** ist das Gegenstück zur Einfuhr und meint demnach das körperliche Verbringen aus dem Schutzbereich der Klagemarke heraus. Diese Tatbestandsalternative wird insbesondere in den Fällen interessant, in denen ein Importeur markenverletzende Ware an seinen ausländischen Lieferanten zurücksendet (vgl. Ingerl/Rohnke/Nordemann/Nordemann Rn. 246). Den Interessen des Importeurs an einer Rückabwicklung seines Kaufvertrags stehen dabei diejenigen des Markeninhabers entgegen, ein weiteres Kursieren markenverletzender Waren effektiv unterbinden zu können.

251   Streitig war lange Zeit die Frage, wie die (gesetzlich nicht ausdrücklich genannte) **Durchfuhr** zu behandeln ist (zur Historie zB ausführlich Ingerl/Rohnke/Nordemann/Nordemann Rn. 247 ff.; Ströbele/Hacker/Thiering/Hacker Rn. 186 ff.). Inzwischen ist nach der Rechtsprechung von BGH und EuGH entschieden, dass die ungebrochene Durchfuhr von Waren, die mit einer im Inland geschützten Marke versehen sind, keine Benutzungshandlung iSv § 14 Abs. 2 darstellt (vgl. BGH GRUR 2012, 1263 Rn. 29 – Clinique happy). Werden Waren, die mit einer im Inland geschützten Marke versehen sind, im Zollschlussverfahren durch Deutschland transportiert, kann der Markeninhaber nach derzeit geltendem (→ Rn. 252.1) deutschem Markenrecht nur dagegen vorgehen, wenn ein Inverkehrbringen der Waren im Inland droht. Die bloße Gefahr, dass die Waren nicht an ihrem Zielort ankommen und eventuell in Deutschland unbefugt in den Verkehr gebracht werden, reicht nicht für die Annahme einer Markenverletzung aus (vgl. BGH GRUR 2012, 1263 Rn. 30 – Clinique happy, mit Verweis auf EuGH C–281/05, GRUR 2007, 146 Rn. 23 ff. – Montex Holdings/Diesel; C–446/09, GRUR 2012, 828 Rn. 55 ff. – Philips und Nokia; BGH GRUR 2007, 876 Rn. 18 – DIESEL II; GRUR 2007, 875 Rn. 12 – Durchfuhr von Originalware).

252   Als Beweise für ein **bevorstehendes Inverkehrbringen in der EU** sind insbesondere der Verkauf der Waren an einen Kunden in der EU sowie an Verbraucher in der EU gerichtete Verkaufsofferten oder Werbung anzusehen, ferner auch Unterlagen oder Schriftverkehr, die belegen, dass eine Umleitung dieser Waren an Verbraucher in der Union beabsichtigt ist (EuGH C–446/09, GRUR 2012, 828 Rn. 71 – Philips und Nokia). Ferner können die Waren nach zollrechtlichen Bestimmungen auch bereits dann eingezogen werden, wenn der für die Waren verantwortliche Marktteilnehmer seine Identität zu verschleiern versucht oder jedenfalls keine ausreichenden Informationen zu seiner Identität vorliegen (EuGH C–446/09, GRUR 2012, 828 Rn. 75 – Philips und Nokia).

252.1   Zur Erweiterung des Schutzes vor dem Inverkehrbringen gefälschter Waren (bzw. deren Weitervertrieb in Drittländern) ist seit der Reform des europäischen Markenrechts das Verbringen von Waren in die EU, auf denen ohne Zustimmung des Inhabers ein mit der für diesen Inhaber in der EU geschützten Marke identisches oder quasi-identisches Zeichen angebracht ist, als Markenverletzung anzusehen. Allerdings erhält derjenige, der die Waren zollrechtlich angemeldet hat, im nachfolgenden Verletzungsverfahren Gelegenheit zu dem Nachweis, dass der Vertrieb der Waren im Bestimmungsland nicht verboten werden kann (Art. 10 Abs. 4 MRL und der durch das MaMoG eingefügte neue § 14a). Für Unionsmarken galt dies schon früher (Art. 9 Abs. 4 UMV; → UMV Art. 9 Rn. 54 ff.).

253   Beim Warenverkehr **innerhalb** der europäischen Gemeinschaft finden diese Grundsätze keine Anwendung, weil mangels fehlender zollamtlicher Überwachung jede Verbringung von Waren in das jeweilige Schutzrechtsterritorium bereits eine von § 14 Abs. 3 Nr. 4 erfasste Einfuhrhandlung darstellt (vgl. Ströbele/Hacker/Thiering/Hacker Rn. 196). Allerdings kann bei der Durchfuhr von rechtmäßig hergestellten Gemeinschaftswaren in ein anderes Gemeinschaftsland im Transitstaat kein Anspruch wegen Verletzung einer inländischen Marke geltend gemacht werden, da dies den Grundsatz des freien Warenverkehrs verletzen würde (vgl. EuGH C–115/02, GRUR Int 2004, 39 – Rioglass).

254   **e) Abs. 3 Nr. 5 (Benutzung als Handelsname).** Nach der seit 14.1.2019 geltenden Rechtslage stellt die Benutzung als Handelsname einen der beispielhaft aufgeführten Verbotstatbestände dar. Allerdings bleibt es dabei, dass dies nur unter den Voraussetzungen des Abs. 2 gilt; das Zeichen muss daher „in Bezug auf Waren oder Dienstleistungen" verwendet werden (→ Rn. 97). Die Auswirkungen der Gesetzesänderung auf die Praxis dürften daher gering bleiben.

255   **f) Abs. 3 Nr. 6 (Benutzung in Geschäftspapieren und in der Werbung).** Näher → Rn. 186 ff.

256   **g) Abs. 3 Nr. 7 (vergleichende Werbung).** Die Benutzung von Marken in der vergleichenden Werbung ist unzulässig, wenn die in der Werbe-RL 2006/114/EG festgelegten Voraussetzun-

gen nicht erfüllt sind. Es handelt sich um eine dynamische Verweisung; maßgeblich ist daher stets der zum Zeitpunkt der Verletzung gültige Text der Richtlinie.

Ebenso wie die anderen in Abs. 3 aufgeführten Benutzungsarten steht die Regelung unter dem **257** Vorbehalt, dass eine Handlung iSv Abs. 2 vorliegt. Es muss daher zunächst geprüft werden, ob die Voraussetzungen eines der Verletzungtatbestände erfüllt sind. Dies kann problematisch sein, wenn für den Werbevergleich nicht ein mit der geschützten Marke identisches, sondern ein dieser lediglich (sehr) ähnliches Zeichen benutzt wird. Der Rechtsprechung des EuGH zufolge ist in einem solchen Fall lediglich der Tatbestand der Verwechslungsgefahr, dh § 14 Abs. 2 Nr. 2, einschlägig (so in EuGH C-533/06, GRUR 2008, 698 Rn. 52 f. – O2/Hutchinson, mAnm Ohly). Da dieser in der Regel nicht vorliegt, sind die Voraussetzungen für die Anwendung von Abs. 3 Nr. 7 nicht erfüllt. Ein solcher Werbevergleich kann daher bei wortgetreuer Auslegung nicht als markenverletzend angesehen werden, auch wenn er aus sonstigen Gründen – etwa, weil er sachlich unrichtig oder herabsetzend ist – den Anforderungen der Werbe-RL nicht entspricht. Es bleibt offen, ob in solchen (voraussichtlich seltenen) Fällen auf § 6 UWG zurückgegriffen werden muss, was bei Verletzung von Unionsmarke ggf. zu einem Mosaik-Ansatz führen würde.

Der EuGH wendet für die Bejahung der Zeichenidentität im Zusammenhang mit der Anwen- **258** dung des Doppelidentitätstatbestandes in Situationen, in denen ein abgewandeltes Zeichen erkennbar dem Zweck dient, auf die Waren und Dienstleitungen des Markeninhabers (und nicht auf das eigene Angebot) hinzuweisen, relativ großzügige Maßstäbe an; s. etwa EuGH C-278/08, GRUR 2010, 451 Rn. 27 – Bergspechte; eingehend → § 14 Rn. 269).

h) Abs. 4 (mittelbare Markenverletzung). Die Vorschrift erfasst – nicht abschließend – **259** Formen der mittelbaren Markenverletzung (vgl. BGH GRUR 2001, 1038 f. – ambiente.de, wo jedoch klargestellt wird, dass über die Vorschrift hinausgehende Teilnahmehandlungen Vorsatz erfordern), die **Vorbereitungsmaßnahmen** zu der „eigentlichen" Markenverletzung sind und deren Verhinderung vornehmlich im Interesse frühzeitigen Markenschutzes gegen Produktpiraterie erfolgen soll (vgl. Ingerl/Rohnke/Nordemann/Nordemann Rn. 260; Ströbele/Hacker/Thiering/Hacker Rn. 289).

Die Tatbestandsmerkmale sind im Wesentlichen aus sich heraus verständlich (Ströbele/Hacker/ **260** Thiering/Hacker Rn. 290) und decken sich zum großen Teil mit Abs. 3. Dies gilt auch für den in Abs. 4 verwendeten Begriff der „Kennzeichnungsmittel", der durch die beispielhaften Aufzählungen hinreichend erläutert ist.

Eine Verletzung iSv § 14 Abs. 4 setzt die Gefahr voraus, dass die Kennzeichnungsmittel „zur **261** Kennzeichnung von Waren oder Dienstleistungen benutzt werden, hinsichtlich derer Dritten die Benutzung nach den Absätzen 2 und 3 untersagt wäre". Der Systematik der Vorschrift zufolge muss es sich um eine drohende Verletzung im **Inland** handeln; es reicht somit nicht aus, wenn feststeht, dass die konkrete Kennzeichnung sowie der Vertrieb der Ware lediglich im Ausland stattfinden werden. Zwar wird auch der Export als Verletzungstatbestand genannt; auch insoweit muss jedoch die Gefahr hinzutreten, dass die schutzrechtsverletzenden Waren nach der Anbringung des Kennzeichens wieder auf den einheimischen Markt gelangen (LG Hamburg NJOZ 2012, 543 (545) – BMW-Emblem; im konkreten Fall wurde angenommen, dass die Gefahr einer Verletzung im Inland nicht ausgeschlossen werden konnte).

Eine entsprechende Vorschrift findet sich in Art. 11 MRL. **261.1**

XII. Darlegungs- und Beweislast

Grundsätzlich trifft denjenigen, der einen Dritten wegen Verletzung seiner Marke in Anspruch **262** nimmt, die Darlegungs- und Beweislast für das Vorliegen einer Verletzungshandlung (BGH BeckRS 2011, 18676 Rn. 18 – Markenbeeinträchtigung durch „Weiß-auf-Weiß" Schlüsselwort; GRUR 2009, 502 Rn. 17 – pcb).

In Einzelfällen wird diese jedoch so einzuschränken sein, dass den Verletzer dann eine sekundäre **263** Darlegungslast trifft. So kann es nach ständiger Rechtsprechung des BGH der nicht primär darlegungs- und beweispflichtigen Partei obliegen, sich zu den Behauptungen der beweispflichtigen Partei konkret zu äußern, wenn diese keine näheren Kenntnisse der maßgebenden Tatsachen besitzt, ihr Prozessgegner aber die wesentlichen Umstände kennt und es ihm zumutbar ist, dazu nähere Angaben zu machen (BGH GRUR 2009, 1167 Rn. 19 – Partnerprogramm).

Dies betrifft zB die Beurteilung von Suchmaschinentreffern: Erscheint bei der Eingabe eines **264** Suchbegriffs in der Trefferliste einer Suchmaschine ein Text, dem der Verkehr eine markenmäßige Benutzung des für einen Dritten als Marke geschützten Begriffs entnimmt, so genügt der Markeninhaber mit dem Vortrag dieses Geschehens im Regelfall seiner Darlegungslast für eine markenmäßige Benutzung seines Zeichens durch den Inhaber der unterhalb des Textes angegebenen, über einen elektronischen Verweis (Link) zu erreichenden Internetadresse. Macht dieser geltend, er benutze den betreffenden Begriff auf seiner Internetseite nur in einer beschreibenden Bedeutung, trägt er hinsichtlich der dafür maßgeblichen konkreten Umstände die sekundäre Darlegungslast (BGH GRUR 2009, 1167 Ls. 1 – Partnerprogramm). Entsprechendes gilt für die Frage, welches AdWord hinterlegt wurde, das bei Eingabe eines bestimmten Suchwortes zu einer bestimmten Werbeanzeige führte (BGH BeckRS 2011, 18676 Rn. 21 – Markenbeeinträchtigung durch „Weiß-auf-Weiß" Schlüsselwort).

C. Markenverletzung bei Doppelidentität (Abs. 2 Nr. 1)

I. Grundlagen und Bedeutung

265   Gemäß § 14 Abs. 2 Nr. 1 begeht eine Markenverletzung, wer ein mit einer älteren Marke identisches Zeichen für Waren oder Dienstleistungen benutzt, die mit denjenigen identisch sind, für die die Marke geschützt ist. Dieser Tatbestand der Doppelidentität setzt eine **zweifache Identität** voraus, nämlich eine Identität der Zeichen und eine Identität der Waren/Dienstleistungen. In diesen Fällen steht der Marke ein absoluter Schutz zu, so dass insbesondere das Bestehen einer Verwechslungsgefahr nicht erforderlich ist (EuGH C-291/00, GRUR 2003, 422 Rn. 49 – Arthur/Arthur et Félicie; C-487/07, GRUR 2009, 756 Rn. 59 – L'Oréal; BGH GRUR 2004, 860 (863) – Internet-Versteigerung; vgl. auch BGH GRUR 2009, 498 Rn. 12 – Bananabay).

266   Der **Tatbestand der Doppelidentität** spielt in der Praxis vor allem eine Rolle in Markenpiraterieriefällen und beim Weitervertrieb von Originalwaren, die vom Markeninhaber selbst gekennzeichnet und in den Verkehr gebracht wurden. Ein weiterer Anwendungsbereich findet sich bei internetspezifischen Kennzeichenverletzungen durch Metatags (→ § 14 Rn. 213 ff.) und Keywords bzw. Adwords (→ § 14 Rn. 121, → § 14 Rn. 131, → § 14 Rn. 135, → § 14 Rn. 220 ff.) sowie durch seiteninterne Suchmaschinen von Verkaufsplattformen (→ § 14 Rn. 216 ff.). Ebenfalls bedeutsam sind Zeichenverwendungen, die nicht zur Kennzeichnung des eigenen Angebots erfolgen, sondern zur Bezugnahme auf fremde Originalprodukte unter Nennung des von dem Unternehmen selbst verwendeten Originalkennzeichens wie zB in Fällen der vergleichenden Werbung (→ § 14 Rn. 120, → § 14 Rn. 134), der Nennung als Bestimmungsangabe iSv § 23 Nr. 3 (→ § 14 Rn. 112 f.), der Nennung zu redaktionellen Zwecken (→ § 14 Rn. 114 ff.), bei bestimmten Fällen des produktgestaltenden Gebrauchs ohne Änderung des Originalzeichens (insbesondere originaltreue Nachbildungen der Originalware bei Modellen und Replikas; → § 14 Rn. 136, → § 14 Rn. 198) und in geringerem Maße bei Markenparodien (→ § 14 Rn. 205 ff.). Nachdem gemäß der Rechtsprechung des EuGH (EuGH C-487/07, GRUR 2009, 756 Rn. 58 ff. – L'Oréal/Bellure) der Verletzungstatbestand des § 14 Abs. 2 Nr. 1 – anders als der Verletzungstatbestand des § 14 Abs. 2 Nr. 2 – den Markeninhaber nicht nur vor der Beeinträchtigung der Herkunftsfunktion der Marke, sondern auch vor der Beeinträchtigung anderer Funktionen wie insbesondere der Kommunikations-, Investitions- und Werbefunktionen schützt (→ Einleitung Rn. 120 ff.), setzt von diesem Zeichenverwendungen erfasst, bei denen keine Fehlvorstellungen über die betriebliche Herkunft der gekennzeichneten Waren/Dienstleistungen vorhanden sind. Der Identitätsschutz ist daher weiter als der Verwechslungsschutz. Ob die Bedeutung des Tatbestands der Doppelidentität deswegen langfristig zunehmen wird, bleibt abzuwarten. Die praktischen Auswirkungen der Rechtsprechung des EuGH dürften begrenzt sein, jedenfalls sind seither nur wenige entsprechende Entscheidungen ergangen, die maßgeblich auf die Verletzung anderer Markenfunktionen als der Herkunftsfunktion abstellen (→ Rn. 270).

II. Voraussetzungen

267   Bislang wurden die Voraussetzungen der Doppelidentität sehr eng ausgelegt. Dies geschah ohne einschneidende Rechtsfolgen, stand doch mit dem Verwechslungstatbestand des § 14 Abs. 2 Nr. 2 ein Schutz bereit, der seinem Wortlaut nach auch den Identitätsfall umfasst. Mit der Ausdehnung des Schutzes weiterer Markenfunktionen durch den EuGH (→ Einleitung Rn. 120 ff.) bieten sich für den Markeninhaber im Rahmen der Doppelidentität aber nun erweiterte Verteidigungsmöglichkeiten an. Die **Auslegung des Identitätsbegriffs** entscheidet jetzt darüber, ob ein Schutz der Marke gegen die Beeinträchtigung anderer Funktionen als der Herkunftsfunktion überhaupt in Frage kommt. Wird der Identitätsbegriff zu eng verstanden, dann scheidet der Tatbestand des § 14 Abs. 2 Nr. 1 von vornherein aus und es kommt nur ein Schutz gegen Beeinträchtigungen der Herkunftsfunktion nach § 14 Abs. 2 Nr. 2 in Betracht.

Die Identität der einander gegenüberstehenden Zeichen verlangte nach der bisherigen Recht- **268** sprechung eine **vollständige Übereinstimmung** in jeder Hinsicht (EuGH C-291/00, GRUR 2003, 422 Rn. 50 – Arthur/Arthur et Félicie). Nur Abweichungen, die so geringfügig sind, dass sie einem Durchschnittsverbraucher entgehen können, genügten gemäß EuGH noch dem restriktiv verstandenen Begriff der Zeichenidentität (EuGH C-291/00, GRUR 2003, 422 Rn. 54 – Arthur/Arthur et Félicie). Das eine Zeichen muss somit ohne Änderung oder Hinzufügung alle Elemente enthalten, die das andere Zeichen bilden. Insbesondere liegt keine Identität vor, wenn nur ein Bestandteil der älteren Marke identisch übernommen wird oder wenn die angegriffene Marke neben der identischen Übernahme des gesamten älteren Marke weitere Bestandteile aufweist. Ob das Hinzufügen oder Weglassen beschreibender Bestandteile die Bejahung der Zeichenidentität ausschließt oder nicht, ist strittig (verneinend Ströbele/Hacker/Thiering/Hacker Rn. 339; bejahend Ingerl/Rohnke Rn. 285, 287). Ausgeschlossen ist Identität zudem zwischen unterschiedlichen Zeichenarten (zB Wort-/Bildmarke oder reine Bildmarke versus dreidimensionales Zeichen, vgl. OLG Frankfurt GRUR-RR 2011, 170 (171) – Blechschilder). Wohl als Folge der Ausdehnung des Identitätstatbestands des § 14 Abs. 2 Nr. 1 hat der EuGH nun eine Lockerung der Anforderungen an die Zeichenidentität erkennen lassen (vgl. zu den entsprechenden Forderungen der Literatur Ingerl/Rohnke Rn. 276; Ströbele/Hacker/Thiering/Hacker Rn. 340). So hält er bei der Benutzung des Wortbestandteils einer Kombinationsmarke, die zusätzliche Bildelemente enthält, einen Fall der Zeichenidentität jedenfalls für möglich (EuGH C-278/08, GRUR 2010, 451 Rn. 27 – BergSpechte/trekking.at Reisen). Hingegen schloss der BGH bislang Zeichenidentität schon bei bloß unterschiedlicher Schreibweise aus (so BGH GRUR 2010, 835 Rn. 32 – Powerball: keine Zeichenidentität zwischen „POWER BALL" und „power ball"). Nach der aktuellen Rechtsprechung des BGH ist das Kriterium der Zeichenidentität zwar restriktiv auszulegen (BGH GRUR 2015, 605 Rn. 22 – Uhrenverkauf im Internet). Zeichenidentität liegt aber vor, wenn sich die Zeichen nur in ihrer Groß- oder Kleinschreibung unterscheiden (BGH GRUR 2019, 1053 Rn. 25 – Ortlieb II: Zeichenidentität zwischen „Ortlieb" und „ORTLIEB"; GRUR 2019, 522 Rn. 20 – SAM: Zeichenidentität zwischen „SAM" und „Sam"; GRUR 2015, 607 Rn. 21 – Uhrenkauf im Internet: Zeichenidentität zwischen „ROLEX" und „Rolex"; GRUR 2016, 705 Rn. 30 – ConText, zu § 15 Abs. 2: Zeichenidentität zwischen „Context" und „ConText"; ebenso EuGH C-323/09, GRUR 2011, 1124 Rn. 33 – Interflora). Demgegenüber ist eine schwarz-weiß eingetragene Marke nicht mit demselben Zeichen in Farbe identisch, sofern die Farbunterschiede nicht unbedeutend sind (BGH GRUR 2015, 1009 Rn. 16 – BMW-Emblem). Auch bei Unterschieden in der Zusammen- und Getrenntschreibung und deutlichen Unterschieden in der grafischen Gestaltung kann nicht von einer Zeichenidentität ausgegangen werden (BGH GRUR 2016, 1300 Rn. 61 – Kinderstube).

Eine **Lockerung der Auslegung** des Begriffs der Waren/Dienstleistungsidentität (→ § 14 **269** Rn. 311) ist hingegen bislang nicht festzustellen und auch nicht erforderlich, da dieser ohnehin schon bislang vergleichsweise weit gefasst wurde. Maßgeblich ist insoweit, ob die Waren/Dienstleistungen ihrer Art nach übereinstimmen. Waren/Dienstleistungsidentität liegt nicht nur vor, wenn sich die Waren/Dienstleistungsbegriffe vollständig oder teilweise decken, sondern auch, wenn die Ware/Dienstleistung der jüngeren Marke unter einen breiteren Oberbegriff der älteren Marke fällt (vgl. BGH GRUR 2009, 484 Rn. 45 – Metrobus; GRUR 2009, 1055 Rn. 64 – airdsl) oder wenn ein Waren/Dienstleistungsoberbegriff der jüngeren Marke auch eine Ware/Dienstleistung der älteren Marke umfasst (vgl. BGH GRUR 2008, 909 Rn. 14 – Pantogast; GRUR 2008, 903 Rn. 11 – SIERRA ANTIGUO). Vgl. dazu Ingerl/Rohnke/Nordemann/Boddien Rn. 288 ff.

Nach der Rechtsprechung des EuGH kann der Inhaber einer Marke der Benutzung eines mit **270** dieser identischen Zeichens für Waren oder Dienstleistungen, die mit denjenigen identisch sind, für die die Marke eingetragen ist, nur dann widersprechen, wenn die Benutzung eine der **Funktionen der Marke beeinträchtigen** kann. Zu den Funktionen der Marke gehören neben der Hauptfunktion, der Gewährleistung der Herkunft der Ware oder Dienstleistung, auch deren anderen Funktionen wie etwa die Gewährleistung der Qualität der mit ihr gekennzeichneten Ware oder Dienstleistung oder die Kommunikations-, Investitions- oder Werbefunktion (vgl. EuGH GRUR 2009, 756 Rn. 58 – L'Oréal/Bellure; GRUR 2010, 445 Rn. 76 f. – Google France und Google; GRUR 2010, 841 Rn. 29 f. – Portakabin). Nach der Rechtsprechung des BGH liegt eine beeinträchtigende Benutzung des Zeichens vor, wenn es durch Dritte markenmäßig oder – was dem entspricht – als Marke verwendet wird und diese Verwendung die Funktionen der Marke und insbesondere ihre wesentliche Funktion, den Verbrauchern die Herkunft der Waren oder Dienstleistungen zu garantieren, beeinträchtigt oder beeinträchtigen kann (vgl. BGH GRUR 2019, 1053 Rn. 27– Ortlieb II; GRUR 2018, 924 Rn. 25 – ORTLIEB I; GRUR 2019, 522

Rn. 25 – SAM, jeweils mwN). Die Frage, ob die herkunftshinweisende Funktion beeinträchtigt wird, stellte sich zuletzt insbesondere in Fällen von Trefferlisten nach Eingabe von Begriffen in seiteninterne Suchmaschine von Internethandelsplattformen (verneint von BGH GRUR 2018, 924 Rn. 43 ff. – Ortlieb), von Anzeigen mit Drittprodukten nach Eingabe von Begriffen in die Suchmaschine „Google" (bejaht von BGH GRUR 2019, 1053 Rn. 26 ff. – Ortlieb II) oder wenn eine an sich zur betrieblichen Herkunftskennzeichnung geeignete Bezeichnung als Modellbezeichnung zur Benennung von Waren im Bekleidungssektor verwendet wird (im konkreten Fall offengelassen von BGH GRUR 2019, 1289 Rn. 19 ff. – Damen Hose MO; GRUR 2019, 522 Rn. 23 ff. – SAM). Auch wenn nun eine Verletzung anderer Funktionen als der Herkunftsfunktion verfolgt werden kann, spielen diese Funktionen bislang keine große Rolle: Beeinträchtigung der Werbefunktion verneint von EuGH C-236/08 bis C-238/08, GRUR 2010, 445 Rn. 91–98 – Google und Google France; C-278/08, GRUR 2010, 451 Rn. 33 – BergSpechte/trekking.at Reisen; bejaht von BGH GRUR 2011, 1135 Rn. 13–15 – Große Inspektion für alle; verneint dagegen von BGH GRUR 2011, 828 Rn. 30 – Bananabay II; GRUR 2010, 726 Rn. 25 – Opel-Blitz II; Beeinträchtigung der Investitionsfunktion thematisiert in EuGH GRUR 2011, 1124 Rn. 60–65 – Interflora; neben Herkunftsfunktion sind auch die Werbe-, Garantie- und Investitionsfunktion nicht beeinträchtigt: OLG Frankfurt GRUR-RR 2019, 365 Rn. 23–28 – Schwimmende aufblasbare Sitzmöbel und GRUR-RR 2018 512 Rn. 12–14 – birki; Qualitätsfunktion beeinträchtigt: OLG Stuttgart BeckRS 2019, 16939 Rn. 31 ff. – Ersatz von Abmahnkosten; neben Herkunftsfunktion sind auch die Werbe- und Investitionsfunktion nicht beeinträchtigt: OLG Frankfurt GRUR-RR 2020, 70 Rn. 30–32 – SAM im Anschluss an BGH GRUR 2019, 522 – SAM. Näheres zur Funktionsbeeinträchtigung bei Doppelidentität → § 14 Rn. 128 ff.

D. Markenverletzung bei Verwechslungsgefahr: Begriff und Voraussetzungen der Verwechslungsgefahr

I. Begriff und Voraussetzungen der Verwechslungsgefahr

1. Verwechslungsgefahr als Gefahrentatbestand und Rechtsbegriff

271   Nach dem Wortlaut des § 9 Abs. 1 Nr. 2 und dem des § 14 Abs. 2 Nr. 2 sowie ständiger Rechtsprechung des BGH (zB BGH GRUR 1960, 130 (133) – Sunpearl II) und EuGH (zB EuGH C-206/01, GRUR 2003, 55 Rn. 57 – Arsenal Football Club; C-39/97, GRUR 1998, 922 Rn. 29 – Canon) muss nur die **Gefahr von Verwechslungen** bestehen, nicht aber müssen Verwechslungen tatsächlich eingetreten sein. Dies gilt für das Widerspruchsverfahren wie für den Verletzungsprozess gleichermaßen. Sind umgekehrt tatsächliche Verwechslungen nachweisbar, so können diese allein eine Verwechslungsgefahr nicht begründen, vielmehr muss auch eine Gefahr von Verwechslungen im Rechtssinne bestehen (vgl. BGH GRUR 1995, 507 f. – City-Hotel; GRUR 1992, 48 (52) – frei öl, zu § 15). Tatsächliche Verwechslungen stellen jedoch ein Indiz für das Vorliegen einer Verwechslungsgefahr im Rechtssinne dar (BGH GRUR 1960, 296 (298) – Reiherstieg).

272   Da es auf die abstrakt bestehende Gefahr von Verwechslungen ankommt, kann die Beurteilung der Verwechslungsgefahr nicht von Umständen des tatsächlichen Markengebrauchs abhängen. Die konkrete Verkaufssituation ist daher irrelevant; etwaige tatsächlich auftretende Verwechslungen können daher – anders als im Wettbewerbsrecht – auch nicht durch aufklärende Hinweise oder klarstellende Angaben beseitigt werden (BGH GRUR 2004, 860 (863) – Internet-Versteigerung). Nach Auffassung des BGH sind folglich Begleitumstände der Zeichenbenutzung für die Feststellung der Zeichenähnlichkeit unerheblich (zB BGH GRUR-RR 2010, 205 Rn. 37 – Haus & Grund IV). Demgegenüber sind nach Ansicht des EuGH auch außerhalb des Zeichens selbst liegende Umstände zu berücksichtigen (vgl. EuGH C-252/12, GRUR 2013, 922 Rn. 45 – Specsavers-Gruppe; C-533/06, GRUR 2008, 698 Rn. 64 – O2 und O2 (UK)/H3G; s. zu dieser Problematik auch Sack GRUR 2013, 4).

273   Die Frage, ob gemäß § 9 Abs. 1 Nr. 2 bzw. § 14 Abs. 2 Nr. 2 „für das Publikum die Gefahr von Verwechslungen besteht", ist nach der Rechtsprechung des BGH und auch nach ganz überwiegender Ansicht in der Literatur eine **Rechtsfrage** und keine Tatfrage (vgl. BGH GRUR 2013, 833 Rn. 67 – Culinaria/Villa Culinaria; GRUR 2009, 1055 Rn. 62 – airdsl; GRUR 2000, 506 (509) – ATTACHÉ/TISSERAND; zu § 9 Abs. 1 Nr. 2 → § 9 Rn. 19. Die Beurteilung der Verwechslungsgefahr ist daher einer Beweisaufnahme unzugänglich (BGH GRUR 1992, 48 (52) – frei öl) und kann von den Revisions- und Rechtsbeschwerdeinstanzen vollständig – auf der Basis des von den Tatsacheninstanzen festgestellten Sachverhalts – überprüft werden. Es ist folglich zwischen der rechtlichen Bewertung als verwechslungsfähig und den tatsächlichen Umständen, auf denen die Bewertung beruht, zu unterscheiden. Der Einordnung als Rechtsfrage steht daher nicht entgegen, dass die Beurteilung der Verwechslungsgefahr in unterschiedlicher Weise an Tatsachen anknüpfen muss. Daher können Vorfragen wie zB Sprachgebrauch, branchentypische Kennzeichnungspraxis, Bekanntheitsgrad, Verkehrsgeltung oder tatsächliche Marktgegebenheiten im Rahmen einer Beweisaufnahme geprüft werden. Diese Umstände liegen im Wesentlichen auf tatrichterlichem Gebiet, auf deren Grundlage der BGH selbst über die Verwechslungsgefahr entscheiden kann (BGH GRUR 2009, 1055 Rn. 62 – airdsl; GRUR 2005, 61 f. – CompuNet/ ComNet II, zu § 15 Abs. 2; GRUR 2006, 594 Rn. 15 – Smart Key, zu § 15 Abs. 3). Der EuGH hingegen behandelt die Beurteilung der Verwechslungsgefahr als Tatfrage und stuft die Prüfung der einzelnen Faktoren als Tatsachenfeststellungen ein (zB EuGH C-254/09 P, GRUR 2010, 1098 Rn. 50 – Calvin Klein/HABM; C-398/07 P, GRUR Int 2009, 911 Rn. 42 – Waterford Stellenbosch). Der EuGH ist daher daran gehindert, die Tatsachenfeststellungen des EuG zu überprüfen, was zu einer erheblichen Beschränkung seiner Beurteilungskompetenz führt.

Die Verwechslungsgefahr muss einheitlich festgestellt werden. Die Annahme einer **gespaltenen** **274** **Verkehrsauffassung** ist mit dem Begriff der Verwechslungsgefahr als Rechtsbegriff nicht zu vereinbaren (BGH GRUR 2013, 631 Rn. 64 – AMARULA/Marulablu). Eine andere Beurteilung ist nur ausnahmsweise dann gerechtfertigt, wenn die sich gegenüberstehenden Zeichen verschiedene Verkehrskreise ansprechen, die sich – wie etwa der allgemeine Verkehr und Fachkreise oder unterschiedliche Sprachkreise – objektiv voneinander abgrenzen lassen (BGH GRUR 2012, 64 Rn. 9 – Maalox/Melox-GRY). In einem solchen Fall reicht es für die Bejahung eines Verletzungstatbestands aus, wenn Verwechslungsgefahr bei einem der angesprochenen Verkehrskreise besteht.

2. Voraussetzungen der Verwechslungsgefahr

Eine Verwechslungsgefahr liegt vor, wenn das Publikum glauben könnte, dass die betreffenden **275** Waren oder Dienstleistungen aus demselben Unternehmen oder ggf. aus wirtschaftlich miteinander verbundenen Unternehmen stammen (EuGH C-39/97, GRUR 1998, 922 Rn. 29 – Canon; C-102/07, GRUR 2008, 503 Rn. 28 – adidas/Marca Mode). Ob eine solche Gefahr vorliegt, ist nach der stetigen Rechtsprechung des EuGH und des BGH unter der **Berücksichtigung aller** **Umstände des Einzelfalls** umfassend zu beurteilen (vgl. grundlegend EuGH C-251/95, GRUR 1998, 387 Rn. 22 – Sabèl/Puma; C-39/97, GRUR 1998, 922 Rn. 16 – Canon; C-51/09 P, GRUR 2010, 933 Rn. 32 – BARBARA BECKER; C-16/06 P, GRUR-RR 2009, 356 Rn. 45 – Editions Albert René; C-102/07, GRUR 2008, 503 Rn. 29 – adidas/Marca Mode; ständige Rechtsprechung des BGH, vgl. GRUR 2010, 729 Rn. 23 – MIXI; GRUR 2010, 235 Rn. 15 – AIDA/AIDU; GRUR 2009, 484 Rn. 23 – Metrobus; GRUR 2008, 719 Rn. 18 – idw Informationsdienst Wissenschaft). Neben den in § 14 Abs. 2 Nr. 2 explizit genannten Voraussetzungen der Zeichenidentität bzw. -ähnlichkeit und der Waren/Dienstleistungsidentität bzw. -ähnlichkeit hängt das Vorliegen einer Verwechslungsgefahr entscheidend von einem dritten, ungeschriebenen Faktor ab, der Kennzeichnungskraft der älteren Marke (ständige Rechtsprechung, vgl. zB BGH GRUR 1992, 110 (111) – dipa/dib; GRUR 2006, 859 Rn. 16 – Malteserkreuz; EuGH C-16/06 P, GRUR-RR 2009, 356 Rn. 64 – Editions Albert René).

Bei der vorzunehmenden umfassenden Beurteilung ist von einer **Wechselwirkung zwischen** **276** **den in Betracht kommenden Faktoren** auszugehen, und zwar insbesondere zwischen der Identität oder Ähnlichkeit der Zeichen, der Identität oder Ähnlichkeit der Waren/Dienstleistungen und der Kennzeichnungskraft des älteren Zeichens. Das Verhältnis der Wechselwirkung der drei Faktoren äußert sich dahin gehend, dass ein geringer Grad eines Faktors durch einen höheren Grad eines anderen Faktors ausgeglichen werden kann (ständige Rechtsprechung, vgl. EuGH C-39/97, GRUR 1998, 922 Rn. 17–19 – Canon; C-234/06 P, GRUR 2008, 343 Rn. 48 – Il Ponte Finanziaria Spa/HABM; BGH GRUR 2014, 488 Rn. 9 – DESPERADOS/DESPERADO; GRUR 2010, 833 Rn. 12 – Malteserkreuz II; GRUR 2007, 321 Rn. 18 – COHIBA; GRUR 1999, 245 (246) – LIBERO). So reicht zB bei einer Identität der Waren/Dienstleistungen und hoher Kennzeichnungskraft der älteren Marke ggf. bereits eine geringe Ähnlichkeit der Zeichen für die Annahme einer Verwechslungsgefahr aus (EuGH C-342/97, GRUR Int 1999, 734 Rn. 21 – Lloyd; BGH GRUR 2010, 235 Rn. 27 – AIDA/AIDU). Umgekehrt kann die Verwechslungsgefahr zu verneinen sein, wenn die Waren/Dienstleistungen zwar identisch sind, die Kennzeichnungskraft des älteren Zeichens aber nur unterdurchschnittlich ist und der Grad der Ähnlichkeit der Zeichen ebenfalls nur gering ist (zB BGH GRUR 2010, 729 Rn. 38 – MIXI). Bei Zeichenidentität und normaler Kennzeichnungskraft der älteren Marke ist ein sehr weiter Abstand zwischen den von den kollidierenden Marken erfassten Waren und Dienstleistungen erforderlich, um eine Verwechslungsgefahr auszuschließen (BGH GRUR 2008, 714 Rn. 39 – idw). Dasselbe gilt für den erforderlichen Abstand der Zeichen bei Waren/Dienstleistungsidentität und normaler Kennzeichnungskraft (BGH GRUR 2005, 326 (327) – il Padrone/Il Portone). Bei durchschnittlicher Waren/Dienstleistungsähnlichkeit und normaler Kennzeichnungskraft der älteren Marke genügt ein geringer Ähnlichkeitsgrad der Zeichen regelmäßig nicht für eine Bejahung der Verwechslungsgefahr (BGH GRUR 2012, 64 Rn. 24 – Maalox/Melox-GRY).

277   Die Wechselwirkung geht jedoch nicht so weit, dass auf eine der beiden in § 9 Abs. 1 Nr. 2, § 14 Abs. 2 Nr. 2 explizit genannten Voraussetzungen, die Zeichenähnlichkeit sowie die Ähnlichkeit der Waren/Dienstleistungen, verzichtet werden könnte (vgl. BGH GRUR 2008, 714 Rn. 42 – idw; GRUR 1999, 245 (246) – LIBERO; EuGH C-39/97, GRUR 1998, 922 Rn. 22 – Canon; C-398/07 P, GRUR Int 2009, 911 Rn. 34 – Waterford Stellenbosch; C-254/09 P, GRUR 2010, 1098 Rn. 53 – Calvin Klein/HABM). Fehlt es an jeglicher Waren-/Dienstleistungsähnlichkeit, so scheidet eine Verwechslungsgefahr aus. Dasselbe gilt, wenn die Zeichen absolut unähnlich sind. Auch dann kann die gänzlich fehlende Unähnlichkeit des einen Faktors nicht von dem anderen Faktor vollständig kompensiert werden.

278   Vor diesem Hintergrund konzentriert sich die Prüfung der Verwechslungsgefahr in der Regel auf **drei Punkte:** Identität oder Ähnlichkeit der Waren/Dienstleistungen, Kennzeichnungskraft des älteren Zeichens und Identität oder Ähnlichkeit der Zeichen. Dabei sind die drei Faktoren der Verwechslungsgefahr voneinander unabhängig zu beurteilen, so dass für die Frage der Ähnlichkeit der Waren/Dienstleistungen die Ähnlichkeit und Kennzeichnungskraft der Zeichen ohne Belang ist (vgl. grundlegend BGH GRUR 2002, 544 (546) – BANK 24; vgl. auch EuGH C-39/97, GRUR 1998, 922 Rn. 24 – Canon). Abschließend ist aber eine Gesamtabwägung vorzunehmen, bei der die drei Hauptfaktoren zueinander in Wechselbeziehung zu stellen sind.

279   Der BGH unterscheidet zwischen **drei verschiedenen Arten der Verwechslungsgefahr.** Eine unmittelbare Verwechslungsgefahr liegt vor, wenn die Gefahr besteht, dass die Zeichen miteinander verwechselt werden und dass ein Zeichen fälschlicherweise für das andere Zeichen gehalten wird. Ist dies nicht der Fall, kommt noch die Gefahr des gedanklichen Inverbindungbringens in der Form der mittelbaren Verwechslungsgefahr bzw. Verwechslungsgefahr unter dem Aspekt des Serienzeichens (→ § 14 Rn. 514 ff.) oder der Verwechslungsgefahr im weiteren Sinne (→ § 14 Rn. 528 ff.) in Betracht. Diese beiden Formen sind aber erst zweitrangig zu prüfen (→ § 14 Rn. 511). Bei der mittelbaren Verwechslungsgefahr bzw. der Verwechslungsgefahr unter dem Aspekt des Serienzeichens werden die beiden Zeichen als unterschiedlich erkannt, aber aufgrund gemeinsamer Zeichenbildung demselben Unternehmen zugeordnet. Bei der Verwechslungsgefahr im weiteren Sinne werden die Zeichen ebenfalls nicht verwechselt und auch nicht denselben Unternehmen zugeordnet, aufgrund besonderer Umstände aber der unzutreffende Eindruck erweckt, dass die fraglichen Waren oder Dienstleistungen aus wirtschaftlich miteinander verbundenen Unternehmen stammen. Der EuGH hat bislang keine entsprechenden Begriffskategorien entwickelt.

3. Maßgebliche Verkehrsauffassung

280   Bei der Gesamtabwägung aller Umstände des Einzelfalls ist gemäß dem Wortlaut des § 14 Abs. 2 Nr. 2 (und § 9 Abs. 1 Nr. 2) auf das „**Publikum**" abzustellen, das als durchschnittlich informierte, aufmerksame und verständige Durchschnittsverbraucher der betreffenden Waren/Dienstleistungsart definiert wird, wobei die Aufmerksamkeit des Durchschnittsverbrauchers je nach Art der betreffenden Waren/Dienstleistungen unterschiedlich hoch sein kann (vgl. grundlegend EuGH C-342/97, GRUR Int 1999, 734 Rn. 26 – Lloyd; ebenso BGH GRUR 2000, 506 (508 f.) – ATTACHÉ/TISSERAND). Unter „Verbraucher" fallen hierbei nicht nur private Endkunden, sondern auch Fachleute, Zwischenhändler und gewerbliche Endkunden und damit alle aktuellen und potentiellen Abnehmer der maßgeblichen Waren/Dienstleistungen. Die Maßgeblichkeit des Durchschnittsverbrauchers bezieht sich in den Entscheidungen der Gerichte regelmäßig auf die Beurteilung des Gesamteindrucks eines Zeichens als Voraussetzung für die Prüfung der Zeichenähnlichkeit (→ § 14 Rn. 339 ff.). Da das vom EuGH entwickelte Verbraucherleitbild für das gesamte Marken- und Wettbewerbsrecht gilt (vgl. BGH GRUR 2002, 160 (162) – Warsteiner III), muss es auch für die anderen Faktoren der Verwechslungsgefahr gelten, dh für die Waren/Dienstleistungsähnlichkeit und der Kennzeichnungskraft, soweit es jeweils auf das Verständnis des Publikums ankommt (vgl. Ingerl/Rohnke/Nordemann/Nordemann-Schiffel Rn. 458).

4. Maßgeblicher Zeitpunkt

Für die Beurteilung der Rechtsfrage, ob eine Verwechslungsgefahr vorliegt, ist maßgeblicher **281** Zeitpunkt im Widerspruchs- und Nichtigkeitsverfahren ebenso wie im Nichtigkeitsprozess der Kollisionszeitpunkt, dh der Zeitpunkt der Anmeldung bzw. der Priorität der angegriffenen jüngeren Marke, vgl. § 51 Abs. 4 S. 2. Im Verletzungsprozess ist dagegen grundsätzlich der Zeitpunkt der letzten mündlichen Verhandlung maßgeblich (BGH GRUR 2020, 544 (546) – Bank 24). Ein entscheidungserheblicher Wandel hinsichtlich der Zeichenähnlichkeit dürfte von vornherein nur sehr selten sein, zB im Hinblick auf zunehmende Fremdsprachenkenntnisse der Bevölkerung. Hinsichtlich des Faktors der Waren-/Dienstleistungsähnlichkeit können sich die tatsächlichen Verhältnisse, auf denen die Annahme einer Ähnlichkeit beruht, ändern. Relevanz hat die Frage, auf welchen Zeitpunkt es für die Beurteilung ankommt, meist aber nur hinsichtlich des Faktors der Kennzeichnungskraft der älteren Marke (→ Rn. 289 ff.).

II. Kennzeichnungskraft der älteren Marke

1. Grundsätze

a) Bedeutung. Die in § 9 Abs. 2 Nr. 2, § 14 Abs. 2 Nr. 2 nicht ausdrücklich erwähnte **282** Kennzeichnungskraft der älteren Marke ist ein ungeschriebener Faktor der Verwechslungsgefahr. Gemäß EuGH besteht die Verwechslungsgefahr umso eher, je größer die Kennzeichnungskraft des älteren Zeichens ist (EuGH C-251/95, GRUR 1998, 387 Rn. 24 – Sabèl/Puma). Dies bedeutet jedoch nicht, dass aus einer großen Kennzeichnungskraft automatisch eine Verwechslungsgefahr folgt. Vielmehr besagt dies lediglich, dass bei einer großen Kennzeichnungskraft des älteren Zeichens (wie auch bei einer hohen Ähnlichkeit der Waren/Dienstleistungen und/oder der Zeichen) die Wahrscheinlichkeit höher ist, dass man zur Annahme einer Verwechslungsgefahr gelangen kann. Mit der Kennzeichnungskraft korrespondiert der **Schutzumfang einer Marke:** Marken mit erhöhter Kennzeichnungskraft genießen einen umfassenderen Schutz gegen Verwechslungsgefahr als kennzeichnungsschwache Marken, die nur über einen eingeschränkten Schutzumfang verfügen (BGH GRUR 2004, 779 (781) – Zwilling/Zweibrüder; GRUR 2002, 171 (175) – Marlboro-Dach; GRUR 2006, 60 Rn. 14 – coccodrillo; EuGH C-39/97, GRUR 1998, 922 Rn. 18 – Canon; C-398/07 P, GRUR Int 2009, 911 Rn. 32 – Waterford Stellenbosch).

Die Kennzeichnungskraft eines Zeichens ist in jedem Kollisionsfall konkret festzustellen (vgl. **283** BGH GRUR-RR 2010, 205 Rn. 45 – Haus & Grund IV), es sei denn, aufgrund der absoluten Unähnlichkeit der Waren/Dienstleistungen und/oder der Zeichen kommt eine Verwechslungsgefahr ohnehin nicht in Betracht (BGH GRUR 2002, 544 (546) – Bank 24; EuGH C-398/07 P, GRUR Int 2009, 911 Rn. 35 – Waterford Stellenbosch).

Hinsichtlich des Grades der Kennzeichnungskraft wird zwischen **geringer**/schwacher/unter- **284** durchschnittlicher, **normaler**/durchschnittlicher und **erhöhter**/starker/überdurchschnittlicher **Kennzeichnungskraft** unterschieden, die jeweils zu einem entsprechenden normalen, erweiterten oder eingeschränkten Schutzumfang führt. Darüber hinaus kennt die Rechtsprechung noch die Grade der sehr hohen (weit überdurchschnittlichen) und sehr geringen (weit unterdurchschnittlichen) Kennzeichnungskraft (BGH GRUR 2013, 833 Rn. 55 – Culinaria/Villa Culinaria). Eine weitere Abstufung der Durchschnittlichkeit nach „schwach durchschnittlich", „normal durchschnittlich" und „stark durchschnittlich" erscheint schon im Blick auf die ohnehin komplexe Gesamtabwägung der Verwechslungsfaktoren nach Ansicht des BGH weder sinnvoll noch praktikabel (BGH GRUR 2013, 833 Rn. 55 – Culinaria/Villa Culinaria).

b) Beurteilungskriterien. Um die Kennzeichnungskraft einer Marke zu bestimmen, ist **285** umfassend zu prüfen, ob die Marke geeignet ist, die Waren oder Dienstleistungen, für die sie eingetragen worden ist, als von einem bestimmten Unternehmen stammend zu kennzeichnen und damit diese Waren oder Dienstleistungen von denen anderer Unternehmen zu unterscheiden (EuGH C-342/97, GRUR Int 1999, 734 Rn. 22 – Lloyd). Damit folgt die Beurteilung der Kennzeichnungskraft letztendlich denselben Kriterien wie die Unterscheidungskraft im Rahmen des § 8 Abs. 2 Nr. 1.

Für die Ermittlung der Kennzeichnungskraft sind **alle relevanten Umstände des Einzelfalls** **286** heranzuziehen wie insbesondere die Eigenschaften, welche die Marke von Haus aus besitzt, einschließlich des Umstands, ob sie beschreibende Elemente in Bezug auf die Waren oder Dienstleistungen, für die sie eingetragen worden ist, aufweist, der von der Marke gehaltene Marktanteil, die Intensität, geografische Verbreitung und Dauer ihrer Benutzung, der Werbeaufwand des Unternehmens für eine Marke und der Anteil der beteiligten Verkehrskreise, der die Waren oder Dienstleistungen aufgrund der Marke als von einem bestimmten Unternehmen stammend erkennt (EuGH C-342/97, GRUR Int 1999, 734 Rn. 23 – Lloyd; ebenso BGH GRUR 2002, 1067 (1069) – DKV/OKV; GRUR 2003, 1040 (1044) – Kinder; GRUR 2007, 1066 Rn. 33 – Kinderzeit; GRUR 2009, 766 Rn. 30 – Stofffähnchen). Demnach kann nicht allgemein, zB durch Rückgriff auf bestimmte Prozentsätze in Bezug auf den Bekanntheitsgrad der Marke bei den beteiligten Verkehrskreisen, angegeben werden, wann eine Marke eine hohe Kennzeichnungskraft besitzt (EuGH C-342/97, GRUR Int 1999, 734 Rn. 24 – Lloyd; ebenso BGH GRUR 2002, 1067 (1069) – DKV/OKV; GRUR 2003, 1040 (1044) – Kinder).

287   **c) Prüfungsreihenfolge.** Zunächst ist stets die originäre Kennzeichnungskraft eines Zeichens zu prüfen und anschließend, ob durch ein Verhalten des Markeninhabers oder von Dritten eine nachträgliche Änderung eingetreten ist und daher die Kennzeichnungskraft eine Stärkung oder Schwächung erfahren hat. Dabei ist die Kennzeichnungskraft stets **bezogen auf die konkreten Waren/Dienstleistungen,** für die die ältere Marke eingetragen ist, zu bestimmen (BGH GRUR 2009, 484 Rn. 83 – Metrobus; GRUR 2004, 235 (237) – Davidoff II; GRUR 2004, 779 (781) – Zwilling/Zweibrüder; EuGH C-299/99, GRUR 2002, 804 Rn. 59 – Philips) und kann abhängig vom Waren- und Dienstleistungsbereich variieren (BGH GRUR 2019, 1058 Rn. 25 – KNEIPP). So kann eine Marke für einzelne Waren/Dienstleistungen über eine normale Kennzeichnungskraft verfügen, für andere aufgrund intensiver Benutzung gerade (nur) für diese aber über eine erhöhte Kennzeichnungskraft oder aber auch für einzelne Waren/Dienstleistungen kennzeichnungsschwach sein, etwa weil sie insoweit an eine beschreibende Angabe angelehnt ist (zB BGH GRUR 2009, 484 Rn. 29, 46, 82 f. – Metrobus).

288   Die Bestimmung der Kennzeichnungskraft muss sich außerdem auf die **ältere Marke als Ganzes** beziehen und nicht auf einzelne Bestandteile (EuGH C-108/07 P, BeckRS 2008, 70504 Rn. 35 – FERRO/FERRERO; BGH GRUR 1995, 50 (52) – Indorektal/Indohexal). Die Kennzeichnungskraft einzelner Zeichenbestandteile besagt daher nicht unmittelbar etwas über die Kennzeichnungskraft des aus den einzelnen Bestandteilen zusammengesetzten Zeichens (BGH GRUR 1995, 50 (52) – Indorektal/Indohexal). Allerdings besteht regelmäßig auch kein Grund zu der Annahme, die Kennzeichnungskraft des Gesamtzeichens sei niedriger als diejenige seiner einzelnen Bestandteile (BGH GRUR 2008, 505 Rn. 23 – TUC Salzcracker). Verfügt ein Bestandteil über eine erhöhte Kennzeichnungskraft, so kann daraus eine gesteigerte Kennzeichnungskraft des Gesamtzeichens folgen (zB BGH GRUR 2009, 766 Rn. 32 – Stofffähnchen). Die Kennzeichnungskraft einzelner Bestandteile ist hingegen im Rahmen der Prüfung der Ähnlichkeit von mehrteiligen Marken von entscheidender Relevanz (→ § 14 Rn. 453 ff.).

289   **d) Maßgeblicher Zeitpunkt.** Für die Feststellung der originären Kennzeichnungskraft der älteren Marke kommt es **im Widerspruchs- und Nichtigkeitsverfahren sowie im Nichtigkeitsprozess** auf den Anmelde- bzw. Prioritätstag der jüngeren Marke als maßgeblichen Kollisionszeitpunkt an. Eine eventuelle Schwächung der Kennzeichnungskraft ist bis zum Zeitpunkt der Entscheidung zu berücksichtigen (vgl. BGH GRUR 2008, 903 Rn. 14 – SIERRA ANTIGUO). Die Voraussetzungen einer gesteigerten Kennzeichnungskraft müssen bereits im Zeitpunkt der Anmeldung bzw. im Prioritätszeitpunkt der jüngeren Marke vorgelegen haben (so jetzt ausdrücklich der durch das MaMoG eingefügte § 51 Abs. 4 S. 2) und auch noch im Zeitpunkt der Entscheidung bestehen (vgl. BGH GRUR 2020, 870 Rn. 22 – INJEKT/INJEX; GRUR 2019, 1058 Rn. 14 – KNEIPP; GRUR 2017, 75 Rn. 31 – Wunderbaum II).

290   Im **Verletzungsprozess** ist für den in die Zukunft gerichteten **Unterlassungs- und Beseitigungsanspruch** grundsätzlich die letzte mündliche Verhandlung in der Tatsacheninstanz der maßgebliche Zeitpunkt für die Beurteilung der Frage, welche Kennzeichnungskraft der älteren Marke zukommt, sofern für das angegriffenen Zeichen kein Kennzeichenschutz besteht (BGH GRUR 2002, 544 (546 f.) – Bank 24; GRUR 2008, 505 Rn. 27 – TUC-Salzcracker; GRUR 2007, 1066 Rn. 29 – Kinderzeit).

291   Genießt das jüngere Zeichen – als Marke, Unternehmenskennzeichen oder Werktitel – hingegen Kennzeichenschutz, kommt es für die Beurteilung der originären Kennzeichnungskraft des älteren Zeichens zusätzlich auf den Zeitpunkt der Anmeldung bzw. Priorität der jüngeren Marke an (BGH GRUR 2003, 1040 (1044) – Kinder; GRUR 2003, 1044 f. – Kelly). Dies gilt auch für eine eventuelle gesteigerte Kennzeichnungskraft des älteren Zeichens, so dass das ältere Zeichen bereits im Anmelde- bzw. Prioritätszeitpunkt des jüngeren Zeichens über eine erhöhte Kennzeichnungskraft verfügen musste (GRUR 2003, 428 (433) – BIG BERTHA; so jetzt ausdrücklich der durch das MaMoG eingefügte § 22 Abs. 1 Nr. 3). Eine etwaige Schwächung der Kennzeichnungskraft ist bis zum Zeitpunkt der letzten Tatsachenverhandlung zu beachten (BGH GRUR 2003, 1040 (1044) – Kinder).

Sofern **auf die Vergangenheit bezogene Ansprüche,** zB auf Schadensersatz und Auskunft, **292** geltend gemacht werden, ist allein der Kollisionszeitpunkt bzw. -zeitraum maßgeblich (vgl. Ströbele/Hacker/Thiering/Hacker § 9 Rn. 223).

2. Originäre Kennzeichnungskraft

a) Grundsätze. Die originäre Kennzeichnungskraft der älteren Marke beurteilt sich nach den **293** Eigenschaften, die diese von Haus aus besitzt. Die Prüfung der originären Kennzeichnungskraft ist daher unabhängig von einer möglichen Stärkung oder Schwächung durch die Benutzungslage vorzunehmen (BGH GRUR 2016, 1300 Rn. 50 – Kinderstube; GRUR 2009, 766 Rn. 31 – Stofffähnchen). Grundsätzlich wird eine originär durchschnittliche Kennzeichnungskraft vermutet, sofern keine konkreten Anhaltspunkte dafür vorliegen, welche die Annahme einer geringen oder hohen Kennzeichnungskraft von Haus aus rechtfertigen (BGH GRUR 2020, 870 Rn. 41 – INJEKT/INJEX; GRUR 2017, 75 Rn. 19 – Wunderbaum II; GRUR 2012, 930 Rn. 27 – Bogner B/Barbie B; GRUR 2012, 64 Rn. 12 – Malox/Melox-GRY; GRUR 2000, 1031 f. – Carl Link). Eine gesteigerte Kennzeichnungskraft von Haus aus, dh eine solche ohne Benutzung, lässt sich nur in Ausnahmefälle feststellen.

Die **Eintragung einer Marke** bedeutet nicht, dass ihr ein bestimmter Grad an Kennzeich- **294** nungskraft vorgegeben ist, insbesondere nicht, dass ihr in jedem Fall zumindest durchschnittliche Kennzeichnungskraft beizumessen ist (BGH GRUR 2010, 1103 Rn. 40 – Pralinenform II). Die Bindung des DPMA im Widerspruchsverfahren bzw. der Gerichte im Verletzungsprozess an die Eintragung der Marke hat nur zur Folge, dass der älteren Marke nicht jeglicher Schutz versagt werden darf (BGH GRUR 2020, 870 Rn. 49 – INJEKT/INJEX; GRUR 2019, 1058 Rn. 20 – KNEIPP; GRUR 2008, 909 Rn. 21 – Pantogast; GRUR 2007, 1071 Rn. 24 – Kinder II; GRUR 2007, 780 Rn. 35 – Pralinenform; GRUR 2005, 414 (416) – Russisches Schaumgebäck). Dementsprechend hat der Verletzungsrichter den Grad der Kennzeichnungskraft im Verletzungsverfahren selbstständig zu bestimmen (BGH GRUR 2010, 1103 Rn. 40 – Pralinenform II). Er darf einer Marke daher nicht jede Unterscheidungskraft absprechen, auch wenn diese klar schutzunfähig oder die Schutzfähigkeit doch sehr zweifelhaft ist. Zulässig ist es jedoch, in diesen Fällen von einem sehr schwachen Zeichen mit einem sehr geringen Schutzumfang auszugehen, der im Einzelfall nur einen Schutz gegen identische Zeichen gewährt, so dass schon bei geringfügigen Abwandlungen eine Verwechslungsgefahr zu verneinen ist (zB OLG Dresden NJW 2001, 615 (618) – Johann Sebastian Bach). Dagegen muss nach Ansicht des **EuGH** einer Marke stets ein gewisser Grad an Unterscheidungskraft zuerkannt werden (EuGH C-196/11 P, GRUR 2012, 825 Rn. 47 – F1-Live). Das Argument, angesichts einer extrem geringen Unterscheidungskraft der Widerspruchsmarke würden geringe Unterschiede zwischen den Vergleichszeichen ausreichen, um eine Verwechslungsgefahr auszuschließen, geht daher ins Leere (vgl. EuG T-595/13, BeckRS 2014, 82514 Rn. 26 ff. – KOMPRESSOR; anhängig beim EuGH unter C-53/15 P). Der Sichtweise der deutschen Rechtsprechung, den Faktor der Zeichenähnlichkeit zugunsten des Faktors, der auf der Unterscheidungskraft der älteren Marke beruht, zu neutralisieren und Letzterem somit eine übermäßige Bedeutung einzuräumen, erteilt das EuG damit eine klare Absage. Nach Ansicht des EuG hätte eine solche Auffassung zur Folge, dass eine Verwechslungsgefahr, sobald die ältere Marke bloß schwache Unterscheidungskraft besitzt, nur im Fall ihrer vollständigen Reproduktion durch die Anmeldemarke vorläge und dass der Grad der zwischen den Zeichen bestehenden Ähnlichkeit nicht von Bedeutung wäre.

b) Fälle originärer Kennzeichnungsschwäche. Weitaus häufiger als an sich schutzunfähige **295** Marken sind ältere Marken, deren originäre Kennzeichnungskraft geschwächt ist. So verfügt zB ein Zeichen regelmäßig von Haus aus nur über unterdurchschnittliche bzw. geringe originäre Kennzeichnungskraft, das sich für die angesprochenen Verkehrskreise erkennbar **an einen waren- oder dienstleistungsbeschreibenden Begriff anlehnt** (BGH GRUR 2013, 833 Rn. 34 – Culinaria/Villa Culinaria; GRUR 2010, 729 Rn. 27 – MIXI; GRUR 2008, 1002 Rn. 26 – Schuhpark; GRUR 2008, 909 Rn. 17 – Pantogast). Der Schutzumfang eines solchen Zeichens ist eng zu bemessen und beschränkt sich auf die Eigenprägung und Unterscheidungskraft, die dem Zeichen trotz der Anlehnung seine Schutzfähigkeit verleiht (BGH GRUR 2008, 803 Rn. 22 – HEITEC; GRUR 2003, 963 (965) – AntiVir/AntiVirus). Ein darüber hinausgehender Schutz kann nicht beansprucht werden, weil er dem markenrechtlichen Schutz der beschreibenden Angabe gleichkäme (BGH GRUR 2013, 631 Rn. 59 – AMARULA/Marulablu; GRUR 2012,

1040 Rn. 39 – pjur/pure; GRUR 2011, 826 Rn. 29 – Enzymax/Enzymix). Eine relevante Ähnlichkeit liegt folglich nicht vor, soweit sich die Übereinstimmungen der einander gegenüberstehenden Zeichen auf die beschreibende oder sonst schutzunfähige Angabe beschränken (BGH GRUR 2017, 914 Rn. 27 – Medicon-Apotheke/MediCo Apotheker; GRUR 2016, 382 Rn. 37 – BioGourmet). – Allerdings übernimmt der BGH mit seiner jüngeren Entscheidung „INJEKT/ INJEX" (GRUR 2020, 1040) die EuGH-Dogmatik betreffend die Beurteilung schwacher Marken. Der BGH verweist in seiner Entscheidung (vgl. BGH GRUR 2020, 1040 Rn. 69 – INJEKT/ INJEX) auf die EuGH-Rechtsprechung, wonach nicht von vornherein und generell davon ausgegangen werden kann, dass ein Bestandteil einer zusammengesetzten Marke oder ein Teil eines einheitlichen Zeichens wegen seines beschreibenden Charakters oder wegen seiner fehlenden Unterscheidungskraft von der Prüfung der Zeichenähnlichkeit auszuschließen sind (EuGH GRUR 2020, 52 Rn. 49 – Hansson (Roslagspunsch/ROSLAGSÖL)). Würden bei der Beurteilung der Zeichenähnlichkeit beschreibende Bestandteile von vornherein dem Vergleich entzogen, würde der Faktor der Ähnlichkeit der Marken zugunsten des Faktors der Unterscheidungskraft neutralisiert (EuGH GRUR-RS 2016, 82618 Rn. 64 – BSH/EUIPO (compressor technology/KOMPRESSOR)). Dadurch würde die originäre Kennzeichnungskraft einer Marke im Rahmen der Faktoren der Verwechslungsprüfung mehrfach berücksichtigt. Daran anschließend (vgl. BGH GRUR 2020, 1040 Rn. 71 – INJEKT/INJEX) stellt der BGH klar, dass die Beschränkung des Schutzumfangs auf die Eigenprägung nicht bedeuten würde, dass beschreibende Zeichenbestandteile bei der Prüfung der Zeichenähnlichkeit von vornherein außer Betracht zu bleiben haben. Da die einander gegenüberstehenden Kennzeichen bei dieser Prüfung jeweils als Ganzes zu berücksichtigen und in ihrem Gesamteindruck miteinander zu vergleichen sind, sind vielmehr auch beschreibende Zeichenbestandteile in diese Betrachtung einzubeziehen. Soweit die Entscheidung „pjur/pure" (vgl. GRUR 2012, 1040 Rn. 38) dahin zu verstehen sein sollte, aus Übereinstimmungen in beschreibenden Zeichenbestandteilen könne sich von vornherein und generell keine Zeichenähnlichkeit oder –identität ergeben, wird daran nicht festgehalten (BGH GRUR 2020, 870 Rn. 71 – INJEKT/INJEX). Allerdings schränkt der BGH seine vorherigen Annahmen gleich wieder ein (vgl. BGH GRUR 2020, 870 Rn. 72 – INJEKT/INJEX): Bei der Beurteilung der Zeichenähnlichkeit sind allerdings insbesondere die unterscheidungskräftigen und dominierenden Elemente der Kollisionszeichen zu berücksichtigen. Einer beschreibenden Angabe kann daher kein bestimmender Einfluss auf den Gesamteindruck einer Marke zukommen, weil der Verkehr beschreibende Angaben nicht als Hinweis auf die betriebliche Herkunft der Waren oder Dienstleistungen, sondern lediglich als Sachhinweis auffasst. Für den Schutzumfang einer an eine beschreibende Angabe angelehnten Marke sind deshalb nur diejenigen Merkmale bestimmend, die dieser Marke Unterscheidungskraft verleihen. Entsprechend eng ist der Schutzbereich der Marke bei nur wenig kennzeichnungskräftigen Veränderungen gegenüber der beschreibenden Angabe zu fassen, wobei auf BGH GRUR 2012, 1040 Rn. 40 – pjur/pure verwiesen wird (BGH GRUR 2020, 870 Rn. 72 – INJEKT/INJEX). Wirklich klar ist die Bewertung kennzeichnungsschwacher Bestandteile und älterer Marken, die an eine beschreibende Angabe angelehnt sind, damit nicht (ebenso Ströbele/Hacker/Thiering/Hacker § 9 Rn. 194 (Fn. 485)). – Werden hingegen gerade die Merkmale im Klang, im Bild oder in der Bedeutung übernommen, die die Eigenprägung und Unterscheidungskraft der älteren Marke begründen, so ist eine Ähnlichkeit in jedem Fall zu bejahen (bejaht in den Fällen BGH GRUR 2011, 826 Rn. 29 – Enzymax/Enzymix; GRUR 2008, 803 Rn. 24 – HEITEC; verneint in den Fällen BGH GRUR 2013, 631 Rn. 66 – AMARULA/Marulablu; GRUR 2012, 1040 Rn. 42 – pjur/pure; GRUR 2003, 963 (965) – AntiVir/ AntiVirus). Im Übrigen unterliegt der Schutzumfang eines an eine beschreibende oder sonst freizuhaltende Angabe angelehnten Zeichens keiner besonderen Beschränkung, wenn es um das Verhältnis zu anderen Bezeichnungen geht, die sich in gleicher oder ähnlicher Weise an den beschreibenden oder freizuhaltenden Begriff anlehnen und ihn verfremden (vgl. BGH GRUR 2011, 826 Rn. 29 – Enzymax/Enzymix; GRUR 2008, 803 Rn. 22 – HEITEC; vgl. hierzu auch BPatG GRUR 2012, 67 – Panprazol/PANTOZOL).

296   **c) Fälle regelmäßig normaler originärer Kennzeichnungskraft.** Bei **„sprechenden Zeichen",** die eine beschreibende Aussage lediglich andeuten, aber keine beschreibende oder sonst nicht schutzfähige Angabe beinhalten und sich an eine solche auch nicht anlehnen, ist regelmäßig von einer durchschnittlichen Kennzeichnungskraft auszugehen (vgl. zB BGH GRUR 2009, 1055 Rn. 65 – airdsl; GRUR 2008, 254 Rn. 31 – THE HOME DEPOT). Dasselbe gilt bei **Namensmarken,** wenn keine entgegenstehenden Anhaltspunkte bestehen (BPatG GRUR 2014, 387 (388) – SashaFabiani). Der Namenscharakter als solcher vermag die originäre Kennzeichnungskraft einer Namensmarke jedenfalls nicht zu schwächen (BPatG BeckRS 2017, 132751 Rn. 47 – Konrad/Conrad; GRUR 2014, 389 (390) – Manuel Luciano/Luciano).

Bei **aufgrund Verkehrsdurchsetzung eingetragenen Marken** wird regelmäßig von einer **297** mindestens durchschnittlichen Kennzeichnungskraft ausgegangen werden können (BGH GRUR 2014, 1101 Rn. 44 – Gelbe Wörterbücher; GRUR 2007, 780 Rn. 35 – Pralinenform; GRUR 2008, 714 Rn. 36 – idw; GRUR 2007, 1071 Rn. 38 – Kinder II; GRUR 2009, 672 Rn. 26 – OSTSEE-POST). Allerdings gilt auch hier, dass der Verletzungsrichter oder das Amt den Grad der Kennzeichnungskraft im Verletzungs- bzw. Widerspruchsverfahren selbstständig zu bestimmen hat (BGH GRUR 2007, 780 Rn. 35 – Pralinenform; GRUR 2007, 1066 Rn. 30 – Kinderzeit). Zu beachten ist dabei, dass sich die durchschnittliche Kennzeichnungskraft regelmäßig auf die verkehrsdurchgesetzte Marke in der eingetragenen Form und damit in ihrer Gesamtheit bezieht, nicht aber auf einzelne Bestandteile (zB verkehrsdurchgesetzte ältere Marke weist in Gesamtheit eine durchschnittliche Kennzeichnungskraft auf, der in die jüngere Marke übernommene Bestandteil „Kinder" ist aber schutzunfähig und auch nicht verkehrsdurchgesetzt, vgl. BGH GRUR 2007, 1071 – Kinder II; GRUR 2007, 1066 – Kinderzeit; GRUR 2009, 954 – Kinder III). Eine erhöhte Kennzeichnungskraft wird nur in Ausnahmefällen anzunehmen sein (zB verneint bei BGH GRUR 2009, 672 Rn. 30 f. – OSTSEE-POST: 84% Zuordnungsgrad nicht ausreichend; GRUR 2007, 1066 Rn. 36 – Kinderzeit: 62% nicht ausreichend; GRUR 2004, 514 (516) – Telekom: 60% nicht ausreichend). Eine Kennzeichnungsschwäche kann für verkehrsdurchgesetzte Zeichen nur angenommen werden, wenn hierfür besondere tatsächliche Umstände vorliegen (BGH GRUR 2014, 1101 Rn. 44 – Gelbe Wörterbücher; GRUR 2009, 672 Rn. 26 – OSTSEE-POST; GRUR 2003, 1040 (1043) – Kinder I). Etwas anderes soll aber für aufgrund Verkehrsdurchsetzung eingetragenen Unionsmarken gelten: Eine originär schutzunfähige Unionsmarke, deren Eintragung im Register erfolgt ist, weil sie infolge Benutzung Unterscheidungskraft erlangt hat, verfügt im Inland nur dann über durchschnittliche Kennzeichnungskraft, wenn im Eintragungsverfahren der Nachweis geführt wurde, dass das Schutzhindernis im Inland überwunden wurde. Ist ein solcher Nachweis im Eintragungsverfahren nicht erfolgt, verfügt die Marke nur über unterdurchschnittliche Kennzeichnungskraft. Wird gleichwohl eine durchschnittliche Kennzeichnungskraft geltend gemacht, müssend Umstände vorgetragen werden, die eine entsprechende Annahme rechtfertigen (BGH GRUR 2018, 79 Rn. 20 ff. – OXFORD/Oxford Club). Diese Rechtsprechung dürfte aber durch die später ergangene Entscheidung des EuGH „Nestlé (Kit Kat 4 Finger)" (GRUR 2018, 1141 Rn. 66 ff.) überholt sein (vgl. dazu Thiering GRUR 2018, 1185 (1192)).

Zeichen, die aus einzelnen Buchstaben und/oder Zahlen bestehen, sind anders als nach **298** früherem Recht grundsätzlich schutzfähig (vgl. grundlegend BGH GRUR 2001, 344 f. – DB Immobilienfonds). Ihre Kennzeichnungskraft ist daher anhand der Umstände des Einzelfalls zu bestimmen. Eine Buchstabenkombination verfügt im Regelfall von Haus aus über eine normale Kennzeichnungskraft, wenn keine konkreten Anhaltspunkte für eine Schwächung der Kennzeichnungskraft bestehen (BGH GRUR 2015, 1004 Rn. 20 – IPS/ISP; GRUR 2011, 831 Rn. 18 – BBC; GRUR 2002, 626 (628) – IMS; GRUR 2002, 1067 (1069) – DKV/OKV; GRUR 2004, 600 f. – d-c-fix/CD-FIX), wobei es nicht darauf ankommt, ob die Buchstabenkombination aussprechbar ist oder nicht (BGH GRUR 2016, 283 Rn. 11 – BSA/DAS Deutsche Sportmanagementakademie). Eine Schwächung der Kennzeichnungskraft kann sich daraus ergeben, dass die Wortfolge für die angesprochenen Verkehrskreise erkennbar an beschreibende Begriffe angelehnt ist (vgl. BGH GRUR 2015, 1127 Rn. 10 – ISET/ISETsolar; GRUR 2011, 831 Rn. 18 – BBC; GRUR 2001, 1161 (1162) – CompuNet/ComNet I; GRUR 1997, 468 (469) – NetCom) oder eine allgemein erkennbare und verständliche Abkürzung oder ein entsprechendes Akronym beschreibender Angaben (vgl. BPatG BeckRS 2014, 01341 – ISET). Von einer normalen Kennzeichnungskraft ist im Regelfall auch bei Einzelbuchstaben auszugehen, wenn diese über nicht zu vernachlässigende grafische Gestaltungen verfügen und auch im Übrigen kein Anhaltspunkt für eine vom Normalfall abweichende Beurteilung besteht (BGH GRUR 2012, 930 Rn. 27 – Bogner B/Barbie B; OLG München GRUR-RR 2011, 462 f. – Bogner B). Die Tatsache, dass Buchstaben oder Buchstabenzusammenstellungen in einem Waren- oder Dienstleistungssektor weit verbreitet verwendet werden, rechtfertigt für sich nicht den Schluss auf eine Kennzeichnungsschwäche (BGH GRUR 2012, 930 Rn. 35 – Bogner B/Barbie B; GRUR 2002, 1967 f. – DKV/OKV). Zu beachten ist aber, dass es sich bei Buchstabenkombinationen häufig um Kurzzeichen handelt, bei denen schon geringe Abweichungen dazu führen können, dass eine Ähnlichkeit auszuschließen ist (→ § 14 Rn. 396).

3. Nachträgliche Veränderung der Kennzeichnungskraft

299   Die Kennzeichnungskraft eines Zeichens kann nachträglich insbesondere durch die Benutzung von Drittzeichen geschwächt werden oder auch durch intensive Benutzung des eigenen Zeichens gesteigert sein.

300   **a) Schwächung der Kennzeichnungskraft.** Sehr häufig wird in Widerspruchsverfahren und Verletzungsprozessen vom Inhaber der angegriffenen Marke eine (nachträgliche) Schwächung der Kennzeichnungskraft der älteren Marke wegen identischer oder ähnlicher **Drittmarken** geltend gemacht. Der Einwand ist aber nur in den seltensten Fällen erfolgreich. Der BGH spricht explizit von einem „Ausnahmetatbestand" (zB BGH GRUR 2009, 766 Rn. 32 – Stofffähnchen). So könne nur eine erhebliche Anzahl von Drittmarken zu einer Schwächung führen, die dem älteren Zeichen ähnlich sind, eine Schwächung begründen; es müssten die Marken zudem auf gleichen, allenfalls eng benachbarten Waren/Dienstleistungsgebieten tatsächlich verwendet werden (BGH GRUR 2001, 1161 f. – CompuNet/ComNet; GRUR 2002, 898 f. – defacto; GRUR 2008, 1104 Rn. 25 – Haus & Grund II; GRUR 2012, 930 Rn. 40 – Bogner B/Barbie B).

301   Eine Schwächung kann grundsätzlich nur durch **benutzte Drittmarken** herbeigeführt werden, weil nur hier der Verkehr durch das Nebeneinanderbestehen der Zeichen genötigt wird, auch auf geringfügige Unterschiede zu achten bzw. nur so eine Gewöhnung des Verkehrs an die Existenz weiterer Zeichen im Ähnlichkeitsbereich bewirkt werden kann, und daher bereits geringe Unterschiede genügen können, eine Verwechslungsgefahr auszuschließen (BGH GRUR 1967, 246 (248) – Vitapur; GRUR 2001, 1161 f. – CompuNet/ComNet; GRUR 2002, 626 (628) – IMS; GRUR 2009, 685 Rn. 25 – ahd.de). Dabei muss die Benutzung im Widerspruchsverfahren liquide, dh unstreitig oder amtsbekannt sein, oder vom Inhaber des angegriffenen Zeichens glaubhaft gemacht bzw. im Verletzungsprozess im Streitfall nachgewiesen werden. Der Umfang der Benutzung der Drittzeichen ist daher im Einzelnen substantiiert darzulegen (vgl. hierzu zB BGH GRUR 2012, 930 Rn. 40 – Bogner B/Barbie B; GRUR 2008, 1104 Rn. 25 – Haus & Grund II; GRUR 2002, 626 (628) – IMS; GRUR 2001, 1161 f. – CompuNet/ComNet; BPatG GRUR 2001, 166 (169) – VISION).

302   Es muss sich um eine **erhebliche Anzahl von Drittzeichen** handeln, was mehrere Drittzeichen voraussetzt. Bislang lässt sich aus der Rechtsprechung aber leider keine konkreter definierte Anzahl entnehmen. Klar ist nur, dass es sich um mehr als ein Drittzeichen handeln muss (BGH GRUR 2011, 826 Rn. 18 – Enzymax/Enzymix; GRUR 1990, 367 f. – alpi/Alba Moda). Zudem kommen nur Marken als schwächend in Betracht, die auf gleichen, allenfalls eng benachbarten Waren/Dienstleistungsgebieten verwendet werden (BGH GRUR 1955, 579 (582) – Sunpearl; GRUR 1990, 367 f. – alpi/Alba Moda). Außerdem sind nur Marken zu berücksichtigen, die der älteren Marke ähnlich nahekommen und daher ähnlicher sind als das angegriffene Zeichen. Marken hingegen, die den gleichen oder einen größeren Abstand zu dem älteren Zeichen wie das angegriffene Zeichen aufweisen, können keine Schwächung bewirken (vgl. Ströbele/Hacker/Thiering/ Hacker § 9 Rn. 187 unter Hinweis auf BGH GRUR 2012, 930 Rn. 40 – Bogner B/Barbie B; GRUR 1971, 577 (579) – Raupetin; GRUR 1966, 432 (435) – Epigran; GRUR 1955, 579 (583) – Sunpearl; aA Ingerl/Rohnke/Nordemann/Wirtz Rn. 653, wonach auch Drittzeichen mit gleichem Abstand wie die angegriffene Marke eine Schwächung bewirken können).

303   Eingetragene (und gegenüber der älteren Marke prioritätsältere) **Drittmarken, die nicht benutzt werden** (oder deren Benutzung nicht glaubhaft gemacht bzw. nachgewiesen ist), können ein Indiz für eine von Haus aus bestehende Originalitätsschwäche und damit eine geringe originäre Kennzeichnungskraft sein (BGH GRUR 2012, 930 Rn. 31 – Bogner B/Barbie B; GRUR 1999, 241 (243) – Lions; GRUR 1999, 586 (587) – White Lion; grundlegend BGH GRUR 1967, 246 (250 f.) – Vitapur; ablehnend Ingerl/Rohnke/Nordemann/Wirtz Rn. 580). Dabei können auch prioritätsjüngere Eintragungen Bedeutung erlangen, soweit sie Rückschlüsse auf die einem Zeichen von Hause aus zukommende Kennzeichnungskraft zulassen (BGH GRUR 1967, 246 (251) – Vitapur).

304   Zu beachten ist, dass aus der häufigen **Verwendung eines Markenbestandteils** und seiner dadurch bedingten Kennzeichnungsschwäche nicht auf eine geringe Kennzeichnungskraft des Gesamtzeichens geschlossen werden kann (vgl. BGH GRUR 1967, 246 (251) – Vitapur). Bestandteile, die in einer Vielzahl von (nur) eingetragenen oder auch benutzten Marken enthalten (wie zB „-kom"/"-com" im Telekommunikationsbereich) und daher verbraucht sind, sind aber als kennzeichnungsschwache Elemente zu bewerten, die eine Ähnlichkeit nicht zu begründen vermögen (→ § 14 Rn. 453).

305   **b) Stärkung der Kennzeichnungskraft.** Eine Stärkung der Kennzeichnungskraft kann sich aus einer infolge der **Benutzung der älteren Marke** entstandenen **gesteigerten Verkehrsbe-**

kanntheit ergeben. Die Bekanntheit der Marke ist anhand der oben (→ Rn. 286) angeführten allgemeinen Beurteilungskriterien zu ermitteln. Der Bekanntheitsgrad ist dabei das entscheidende Kriterium, wobei aber jeweils auf den konkreten Einzelfall abzustellen ist, so dass nicht allgemein unter Rückgriff auf bestimmte Prozentsätze hinsichtlich des Bekanntheitsgrades angegeben werden kann, wann einer Marke eine hohe Kennzeichnungskraft zukommt (EuGH C-342/97, GRUR Int 1999, 734 Rn. 24 – Lloyd; ebenso BGH GRUR 2002, 1067 (1069) – DKV/OKV; GRUR 2003, 1040 (1044) – Kinder). Neben dem Bekanntheitsgrad, der regelmäßig im Rahmen demoskopischer Gutachten ermittelt wird, können für die Beurteilung aber auch andere Umstände herangezogen werden, und zwar insbesondere der Marktanteil der Marke, die Intensität der Benutzung (Umsatz- und Absatzzahlen) und der Werbeaufwand (vgl. zB BGH GRUR 2002, 544 (547) – BANK 24; GRUR 2010, 1103 Rn. 33 – Pralinenform II; GRUR 2006, 60 Rn. 15 – coccodrillo; BeckRS 2006, 93 – Bullcap). Insoweit gilt also dasselbe wie im Rahmen von § 9 Abs. 1 Nr. 3, § 14 Abs. 2 Nr. 3 hinsichtlich der Feststellung der Bekanntheit einer Marke (→ § 14 Rn. 536 ff., → § 9 Rn. 77).

Der erweiterte Schutzumfang einer Marke beschränkt sich grundsätzlich auf die eingetragenen **306** Waren/Dienstleistungen, für die aufgrund einer entsprechenden Benutzung eine gesteigerte Verkehrsbekanntheit erworben wurde (BGH GRUR 2004, 239 f. – DONLINE; OLG München GRUR-RR 2011, 449 (451) – Volksserie). Eine Bekanntheit kann allenfalls im Einzelfall auf besonders **eng verwandte Waren/Dienstleistungen** ausstrahlen (BGH GRUR 2012, 930 Rn. 71 – Bogner B/Barbie B; Beispiele: BPatG GRUR 2006, 338 (342) – DAX-Trail/DAX; GRUR 2005, 773 (776) – Blue Bull/RED BULL; GRUR 2000, 807 f. – LIOR/DIOR; OLG Hamburg GRUR-RR 2009, 303 ff. – All-in-one; OLG Köln GRUR-RR 2009, 234 (237) – 1 A Pharma/1 Pharma).

Grundsätzlich kommt es bei der Prüfung der Ähnlichkeit der Zeichen zwar auf die **registrierte** **307** **Form** an (→ § 14 Rn. 358). Einer in schwarz/weiß eingetragenen Marke kann allerdings auch die durch die Benutzung in irgendeiner anderen Farbe erworbene Kennzeichnungskraft zugerechnet werden, wenn sich durch die Wiedergabe in der anderen Farbgestaltung die Charakteristik der Marke nicht ändert (BGH GRUR 2006, 859 Rn. 34 – Malteserkreuz; in diesem Sinne auch EuGH C-252/12, GRUR 2013, 922 – Specsavers/Asda Stores). Dies dürfte wohl auch für andere abgewandelte Benutzungsformen gelten (so zB Ströbele/Hacker/Thiering/Hacker § 9 Rn. 169).

Eine Steigerung der Kennzeichnungskraft kann nur erreicht werden, wenn das durch eine **308** Marke geschützte Zeichen auch „als Marke" benutzt worden ist, dh in einer Art und Weise, die dazu dient, dass die angesprochenen Verkehrskreise die Ware als von einem bestimmten Unternehmen stammend identifizieren (BGH GRUR 2003, 332 (334 f.) – Abschlussstück; GRUR 2007, 780 Rn. 36 – Pralinenform; verneint zB vom EuGH C-361/04 P, GRUR 2006, 237 Rn. 32 – PICASSO hinsichtlich des Künstlernamens „PICASSO"). Die Benutzung eines Zeichens auch als Unternehmenskennzeichen kann die Kennzeichnungskraft einer Marke aber steigern, da das Publikum in der Erinnerung nicht nach der rechtlichen Art der Kennzeichen differenziert (BGH GRUR 2014, 382 Rn. 22 – REAL-Chips; GRUR 2009, 484 Rn. 29 – Metrobus). Eine Steigerung der Kennzeichnungskraft kommt vor allem bei Dienstleistungsmarken in Betracht, da der Verkehr bei Dienstleistungen daran gewöhnt ist, dass diese häufiger als Waren mit dem Unternehmensnamen gekennzeichnet werden (BGH GRUR 2009, 484 Rn. 29 – Metrobus).

Die Verkehrsbekanntheit muss sich auf das **Inland** beziehen. Die Bekanntheit einer Unions- **309** marke in einem Mitgliedsland der EU ergibt nicht zwangsläufig eine Bekanntheit auch in Deutschland (BPatG GRUR-RR 2014, 244 (245) – Camper-Bogen). Eine Erhöhung der Kennzeichnungskraft nur im EU-Ausland ist daher nicht ausreichend. Gemäß BGH kommt der Bekanntheitsschutz einer Unionsmarke denn auch nur in dem Gebiet der EU in Betracht, in dem die Unionsmarke die Voraussetzungen der Bekanntheit erfüllt (BGH GRUR 2013, 1239 Ls. 3 – Volkswagen/Volks.Inspektion). Bei Unionsmarken muss die gesteigerte Kennzeichnungskraft daher (auch) in Deutschland vorliegen (BGH GRUR 2018, 79 Rn. 28 – OXFORD/Oxford Club). Hingegen hat der EuGH entschieden, dass der Bekanntheitsschutz auch dann greift, wenn die Unionsmarke nicht im Gebiet der jüngeren Marke, sondern nur in einem oder mehreren anderen Mitgliedstaaten bekannt ist (EuGH C-125/14, BeckRS 2015, 81073 – Iron & Smith kft/Unilever NV). Der BGH hat allerdings auch entschieden, dass die originäre Kennzeichnungskraft einer Marke im Inland dadurch gesteigert werden kann, dass diese nicht nur im Inland, sondern in zahlreichen weiteren Ländern präsent ist und inländische Verkehrskreise der Marke bei Reisen ins Ausland begegnen (BGH GRUR 2017, 75 Rn. 42 – Wunderbaum II).

Darlegungs- und beweispflichtig für die maßgeblichen Tatsachen ist der Inhaber des älteren **310** Rechts, der sich im Verletzungsprozess auf eine Stärkung der Kennzeichnungskraft seines Zeichens beruft. Im Rahmen des Widerspruchsverfahrens ist die Glaubhaftmachung einer ausreichend intensiven Benutzung des älteren Zeichens erforderlich, aber auch ausreichend (BGH GRUR 2006, 859 Rn. 33 – Malteserkreuz). Ausnahmsweise ist kein Beweis bzw. keine Glaubhaftmachung notwendig, sofern die relevanten Tatsachen unstrittig oder amts- bzw. gerichtsbekannt sind (zB BPatG GRUR 2005, 773 (776) – Blue Bull/RED BULL bezüglich der Marke „RED BULL"; OLG Hamburg GRUR-RR 2009, 303 (304 f.) – All-in-one bezüglich der Farbmarke „Magenta" der Deutschen Telekom). Für die Bewertung demoskopischer Gutachten gilt dasselbe wie bei der Feststellung der Verkehrsdurchsetzung (→ § 8 Rn. 1132 ff.).

III. Ähnlichkeit der Waren und Dienstleistungen

1. Grundlagen

311   Nach ständiger Rechtsprechung ist von einer Ähnlichkeit der Waren/Dienstleistungen auszugehen, wenn diese so enge Berührungspunkte aufweisen, dass die beteiligten Verkehrskreise davon ausgehen, dass die betroffenen Waren/Dienstleistungen aus demselben oder ggf. aus wirtschaftlich miteinander verbundenen Unternehmen stammen. Bei der Beurteilung der Ähnlichkeit der Waren/Dienstleistungen sind **alle erheblichen Faktoren** zu berücksichtigen, die das Verhältnis zwischen den Waren/Dienstleistungen kennzeichnen; hierzu gehören insbesondere die Art der Waren/Dienstleistungen, ihr Verwendungszweck, ihre Nutzung sowie die Eigenart als miteinander konkurrierende oder einander ergänzende Waren/Dienstleistungen (grundlegend EuGH C-39/97, GRUR 1998, 922 Rn. 22-29 – Canon; außerdem Rs. C 416/04 P, GRUR 2006, 582 Rn. 85 – VITAFRUIT; BGH GRUR 1999, 245 f. – LIBERO; GRUR 2007, 1066 Rn. 23 – Kinderzeit; GRUR 2008, 714 Rn. 32 – idw; GRUR 2008, 719 Rn. 29 – idw Informationsdienst Wissenschaft; GRUR 2009, 484 Rn. 25 – Metrobus). In die Beurteilung einzubeziehen ist, ob die Waren/Dienstleistungen regelmäßig von denselben Unternehmen oder unter ihrer Kontrolle hergestellt oder erbracht werden oder ob sie beim Vertrieb Berührungspunkte aufweisen (BGH GRUR 2012, 1145 Rn. 34 – Pelikan; GRUR 2008, 714 Rn. 32 – idw; GRUR 2007, 321 Rn. 20 – COHIBA; GRUR 2003, 428 (432) – BIG BERTHA).

312   Dabei wird vom BGH unterstellt, dass die Waren/Dienstleistungen mit identischen Marken gekennzeichnet sind und die ältere Marke über einen größtmöglichen Schutzumfang verfügt (vgl. BGH GRUR 2009, 484 Rn. 25 – Metrobus; GRUR 2008, 714 Rn. 32 – idw; GRUR 2007, 321 Rn. 20, 25 – COHIBA; GRUR 2006, 941 Rn. 13 – TOSCA BLU; GRUR 2001, 507 (508) – EVIAN/REVIAN). Die Unterstellung identischer Marken und eines größtmöglichen Schutzumfangs der älteren Marke bedeutet vor allem, dass der Grad der Zeichenähnlichkeit und der Grad der Kennzeichnungskraft der älteren Marke keinen Einfluss auf die Beurteilung der Waren/Dienstleistungsähnlichkeit haben (zu Letzterem grundlegend BGH GRUR 2002, 544 (546) – BANK 24). Ob Waren/Dienstleistungen ähnlich sind oder nicht, hängt allein von der Art der betroffenen Waren/Dienstleistungen selbst ab. Die beiden Faktoren Ähnlichkeit der Marken und Kennzeichnungskraft sind erst nach Feststellung des Grads der Waren/Dienstleistungsähnlichkeit im Rahmen der Gesamtwürdigung der Verwechslungsgefahr unter Beachtung der Wechselwirkung der drei Faktoren zu berücksichtigen. Dieser **absolute Ähnlichkeitsbegriff** wird im Ergebnis auch vom EuGH vertreten (vgl. Ingerl/Rohnke/Nordemann/Wirtz Rn. 674; zB EuGH C-16/06 P, GRUR-RR 2009, 356 Rn. 67 – Edition Albert René).

313   Von einer Unähnlichkeit der Waren/Dienstleistungen kann nur ausgegangen werden, wenn eine solche trotz (unterstellter) Identität der Marken und einer maximalen Kennzeichnungskraft des älteren Zeichens wegen des Abstands der Waren/Dienstleistungen von vornherein ausgeschlossen ist (BGH GRUR 2014, 488 Rn. 12 – DESPERADOS/DESPERADO). Diese **absolute Waren- und Dienstleistungsunähnlichkeit** kann auch bei Identität der Zeichen nicht durch eine erhöhte Kennzeichnungskraft der prioritätsälteren Marke ausgeglichen werden (BGH GRUR 2015, 176 Rn. 10 – ZOOM/ZOOM; GRUR 2012, 1145 Rn. 34 – Pelikan; GRUR 2008, 719 Rn. 29 – idw Informationsdienst Wissenschaft; GRUR 2007, 321 Rn. 20 – COHIBA). Eine Verwechslungsgefahr kommt nicht in Betracht (BGH GRUR 2021, 724 Rn. 31 – PEARL/PURE PEARL; GRUR 2008, 714 Rn. 42 – idw; GRUR 2006, 941 Rn. 13 – TOSCA BLU; EuGH C-39/97, GRUR 1998, 922 Rn. 22 – Canon; C-398/07 P, GRUR Int 2009, 911 Rn. 34 – Waterford Stellenbosch).

314   Als Element der Rechtsfrage der Verwechslungsgefahr ist die Ähnlichkeit der Waren/Dienstleistungen ebenfalls eine **Rechtsfrage** (→ Rn. 273), die jedoch Tatsachenfeststellungen voraussetzt. Die Würdigung der tatsächlichen Grundlagen ist für die rechtliche Beurteilung der Ähnlichkeit der Waren/Dienstleistungen eine Tatsachenfrage und folglich einer Beweiserhebung und amtlichen Ermittlungen zugänglich (BGH GRUR 1999, 158 (160) – GARIBALDI).

2. Einzelne Kriterien und deren Bedeutung

Die für die Definition der Ähnlichkeit von Waren/Dienstleistungen relevanten einzelnen Krite- **315** rien (→ Rn. 311) haben eine unterschiedliche Bedeutung. Das wichtigste Kriterium ist die **betriebliche Herkunft** der Waren/Dienstleistungen, da bei der Definition der Ähnlichkeit die Herkunftsfunktion der Marke im Vordergrund steht (BGH GRUR 1999, 245 (246 f.) – LIBERO; zu den Markenfunktionen (→ Einleitung Rn. 120 ff., → § 14 Rn. 128 ff.). Dabei kommt es nicht auf die örtliche Identität der jeweiligen Herkunftsstätten, als vielmehr darauf an, ob der Verkehr erwarten kann, dass die Waren/Dienstleistungen unter der Kontrolle desselben Unternehmens hergestellt oder vertrieben bzw. erbracht werden, welches für ihre Qualität verantwortlich ist (EuGH C-39/97, GRUR 1998, 922 Rn. 28 – Canon; C-299/99, GRUR 2002, 804 Rn. 30 – Philips; BGH GRUR 1999, 731 (732) – Canon II). Die gemeinsame betriebliche Herkunft der beiderseitigen Waren/Dienstleistungen ist das einzige Kriterium, das grundsätzlich zur Annahme einer Ähnlichkeit führt, während die übrigen Faktoren von Fall zu Fall unterschiedlich zu gewichten sein können (BGH GRUR 2004, 600 f. – d-c-fix/CD-FIX). Für die Annahme einer Ähnlichkeit ist nicht erforderlich, dass alle oder die meisten Faktoren vorliegen.

Ein zunehmend wichtiges Kriterium sind **funktionelle Zusammenhänge der betreffenden** **316** **Waren/Dienstleistungen,** die einen gemeinsamen betrieblichen Verantwortungsbereich nahelegen. Unter dem Gesichtspunkt der Eigenart von Waren/Dienstleistungen als miteinander konkurrierenden oder einander ergänzenden Produkten und Leistungen sind zB Unterhaltungselektronik und Datenverarbeitungsgeräte (BPatG BeckRS 1997, 30770973 – HIRO/miro), Wein und Mineralwasser (BGH GRUR 2001, 507 f. – EVIAN/REVIAN), Bekleidungsstücke und Schuhwaren (BGH GRUR 2006, 60 Rn. 13 – coccodrillo; BPatG GRUR 2007, 596 (598) – La Martina), Software und Datenverarbeitungsgeräte und Computer (zB BPatG BeckRS 2007, 13718 – MECON/Mecos) sowie Tabakerzeugnisse und Raucherartikel (BGH GRUR 1999, 496 (498) – TIFFANY) von der Rechtsprechung als ähnlich angesehen worden. Dabei kann selbst dann eine Ähnlichkeit bejaht werden, wenn die beiderseitigen Waren/Dienstleistungen tatsächlich nicht dieselbe betriebliche Herkunft aufweisen (BGH GRUR 1999, 731 (733) – Canon II; GRUR 2001, 505 (508) – EVIAN/REVIAN). Auch wenn die funktionelle Ergänzung häufig eine entscheidende Rolle spielt, darf sie nicht schon bei einem thematischen Bezug angenommen werden (verneint zB hinsichtlich Wein und Glaswaren, zu denen auch Weingläser gehören, EuGH C-398/07 P, GRUR Int 2009, 911 Rn. 45 – Waterford Stellenbosch, und hinsichtlich Computerspiele mit Autorennen und Kraftfahrzeugen, BGH GRUR 2004, 594 (596), hinsichtlich Knabberartikel und Bier, BPatG BeckRS 2014, 23676 – DESPERADOS/DESPERADO, sowie Druckereierzeugnisse und Papier für Kopierzwecke, BGH GRUR 2015, 176 Rn. 19–25 – ZOOM/ZOOM). Auch reicht es nicht, dass die Waren/Dienstleistungen für sich genommen einander ergänzen. Es kommt insoweit vielmehr auf eine gegenseitige Ergänzung in dem Sinne an, dass dadurch die Annahme gemeinsamer oder doch miteinander verbundener Herstellungsstätten nahe gelegt wird (BPatG GRUR 2002, 345 (347) – ASTRO/Boy). Dies ist der Fall, wenn die Ware für die Verwendung der anderen unentbehrlich oder wichtig ist (BPatG GRUR-RS 2021, 31950 Rn. 37 – CRETE/ CRET). Der Gesichtspunkt der funktionellen Ergänzung darf nicht zur Vernachlässigung der weiteren Faktoren führen, die im Rahmen der Prüfung der Produktähnlichkeit relevant sein können (BGH GRUR 2014, 488 Rn. 16 – DESPERADOS/DESPERADO). Nach Ansicht des EuGH handelt es sich beim Ergänzungskriterium hingegen um ein selbstständiges Beurteilungskriterium, auf das als solches das Vorliegen der Warenähnlichkeit gestützt werden kann. Einer weiteren Beurteilung der betroffenen Waren im Hinblick auf Herkunft, Vermarktung, Vertriebswege und Verkaufsstätten bedarf es dann nicht (EuGH C-50/15 P, GRUR-RS 2016, 80153 Rn. 23, 25 – Carrera/CARRERA).

Das **Kriterium der identischen Vertriebs- oder Erbringungsstätten** ist hingegen eher **317** von untergeordneter Bedeutung (vgl. BGH GRUR 2015, 176 Rn. 27 – ZOOM/ZOOM; GRUR 2014, 488 Rn. 16 – DESPERADOS/DESPERADO). Insbesondere in Kaufhäusern, Supermärkten und Baumärkten wird der Verkehr mit einer Vielzahl unterschiedlicher Waren/Dienstleistungen konfrontiert, ohne zu glauben, diese würden unter der Kontrolle desselben Unternehmens hergestellt bzw. erbracht (BGH GRUR 1999, 158 – GARIBALDI; GRUR 1999, 164 (166) – JOHN LOBB; vgl. aber auch BPatG GRUR 1997, 651 f. – PUMA). Vertriebsüberschneidungen werden daher regelmäßig nur neben anderen Kriterien zur Begründung einer Waren/Dienstleistungsähnlichkeit herangezogen (zB BGH GRUR 2004, 600 f. – d-c-fix/CD-FIX; GRUR 2003, 428 (432) – BIG BERTHA). Relevanz hat das Kriterium der Vertriebswege aber bei der Frage der Ähnlichkeit der Dienstleistungen eines Einzelhändlers zu Dienstleistungen eines anderen Einzelhändlers (→ Rn. 332).

318   Daneben sind insbesondere der Verwendungs- und Einsatzzweck, die Art und Weise der Nutzung der Waren/Dienstleistungen von Relevanz, die Art der Waren/Dienstleistungen, dh ihre stofflich-technische Beschaffenheit, sowie die Abnehmerkreise.

319   Demgegenüber gibt es eine Reihe bedeutungsloser Kriterien. So ist die **Klasseneinteilung** für die Beurteilung der Ähnlichkeit ohne Belang. Dies wird in § 14 Abs. 2 S. 2 und 3 (ebenso in § 9 Abs. 3) jetzt explizit klargestellt. Daher können Waren/Dienstleistungen derselben Klasse unähnlich sein (zB medizinische Dienstleistungen – Dienstleistungen im Bereich der Landwirtschaft, beide Klasse 44) und umgekehrt Waren/Dienstleistungen, die unterschiedlichen Klassen angehören, ähnlich sein (zB Druckereierzeugnisse, Klasse 16 – bespielte Datenträger, Klasse 09). Die Zuordnung der beiderseitigen Waren/Dienstleistungen zu einem **gemeinsamen sprachlichen Oberbegriff,** der aber als solcher nicht im Waren/Dienstleistungs-Verzeichnis enthalten ist, reicht allein grundsätzlich nicht aus, um eine Ähnlichkeit zu bejahen (anders jedoch, wenn eine Marke für einen Oberbegriff eingetragen ist; → Rn. 332). Dies gilt jedenfalls bei einem Oberbegriff mit hohem Abstraktionsgrad, jedoch nicht bei einem Oberbegriff für ein überschaubares Warengebiet mit einem hervortretenden Charakteristikum (BGH GRUR 1999, 245 (247) – LIBERO, bezüglich „alkoholischer Getränke"). Auch die jeweilige Ähnlichkeit der beiderseitigen Waren/Dienstleistungen zu einem dritten Oberbegriff kann nicht die Ähnlichkeit der betroffenen Waren/Dienstleistungen untereinander begründen.

320   Irrelevant sind außerdem **Umstände der tatsächlichen Markenbenutzung** wie zB Preis, Vertriebsmodalitäten, Produktverpackungen (zB BGH GRUR 1999, 164 (166) – JOHN LOBB; BPatG GRUR 2000, 807 (809) – LIOR/DIOR) sowie Werbemaßnahmen und Marketingkonzepte (BGH GRUR 1999, 245 (247) – LIBERO; EuGH C-171/06 P, BeckRS 2007, 70219 Rn. 59 – T.I.M.E ART). Dies gilt auch grundsätzlich für die branchenübergreifende Vermarktung einzelner Produkte im Wege des Merchandising durch entsprechende Lizenzverträge (grundlegend BGH GRUR 2006, 941 Rn. 14 – TOSCA BLU; GRUR 2004, 594 (596) – Ferrari-Pferd; zB BGH GRUR 2010, 726 Rn. 26 – Opel-Blitz II: keine Ähnlichkeit zwischen Kraftfahrzeuge und Spielzeug- oder Modellautos trotz entsprechender Lizenzierungspraxis der Hersteller von Kraftfahrzeugen) und wird auch für Sponsoringaktivitäten anzunehmen sein, die ebenfalls regelmäßig die Branchengrenzen überschreiten. Die **Lizenzierungspraxis** kann aber einen Faktor darstellen, der im Grenzbereich für die Warenähnlichkeit beziehungsweise bei gegebener Warenähnlichkeit für die Verwechslungsgefahr sprechen kann, wenn bei funktionsverwandten Produkten im Falle einer Lizenzierung der Verkehr nicht nur von einem Imagetransfer, sondern auch von einem Know-how-Transfer ausgeht. Da die Verkehrserwartung im Hinblick auf die angegriffene Verwendung der geschützten Marke zu beurteilen ist, kommt es insoweit darauf an, ob der Verkehr im Falle einer Lizenzierung der für bestimmte Waren (hier: Fahrräder) geschützten Marke zur markenmäßigen Verwendung für andere Waren (hier: Kraftfahrzeuge) von einem Know-how-Transfer ausgeht (Fortführung von BGH GRUR 2006, 941 Rn. 14 – TOSCA BLU; GRUR 2021, 724 Rn. 49 – PEARL/PURE PEARL).

3. Einzelfragen bei der Ähnlichkeit von Waren/Dienstleistungen

321   Hinsichtlich der Ähnlichkeit der Waren gibt es eine Vielzahl an Entscheidungen zu unterschiedlichen Warenkategorien. **Vorprodukte und daraus hergestellte Halbfertig- und Fertigerzeugnisse** sind in der Regel nicht ähnlich, es sei denn, die Vorprodukte bestimmen maßgeblich die Eigenschaften und die Wertschätzung des Endprodukts, und die Marke der Vorprodukte tritt auch den Abnehmern des (Halb-)Fertigerzeugnisses gegenüber (BGH GRUR 2000, 886 f. – Bayer/BeiChem; ebenso jüngst BPatG GRUR-RS 2021, 20794 Rn. 22 – Sritx/Strix zu elektrischen Bauteilen ./. Geräten der Klasse 7 und 10, zB Küchenmaschinen). Man spricht insoweit von einer mittelbaren Warenähnlichkeit. Grundsätzliche Unähnlichkeit besteht auch zwischen **Hauptwaren und Hilfswaren** (zB Verpackung, Werbemittel). Sachgesamtheiten und ihre Einzelteile können dann als ähnlich angesehen werden, wenn die Einzelteile entweder als bestimmend für das Wesen der Sachgesamtheit oder als eigenständige Waren des Herstellers angesehen werden (vgl. Ingerl/Rohnke/Nordemann/Wirtz Rn. 761 mwN). Die Eigenschaft als Zubehör zu einer Hauptware kann nicht allein die Annahme einer Ähnlichkeit rechtfertigen, vielmehr müssen die allgemeinen Kriterien erfüllt sein (BGH GRUR 2004, 594 (596) – Ferrari-Pferd). Substitutionswaren (zB Butter/Margarine) sind regelmäßig ähnlich, sofern ein Austauschverhältnis besteht und daher der Verwendungszweck übereinstimmt (vgl. Ströbele/Hacker/Thiering/Hacker § 9 Rn. 106).

322   Hinsichtlich der Beurteilung der **Ähnlichkeit von Dienstleistungen** untereinander gelten grundsätzlich dieselben Grundsätze wie hinsichtlich der Ähnlichkeit von Waren (EuGH C-39/

97, GRUR 1998, 922 Rn. 23 – Canon; BGH GRUR 2008, 714 Rn. 32–34 – idw; GRUR 2002, 626 f. – IMS). Es sind ebenfalls alle erheblichen Faktoren zu berücksichtigen, die das Verhältnis zwischen den Dienstleistungen kennzeichnen. Hierzu gehören angesichts der fehlenden Körperlichkeit von Dienstleistungen aber insbesondere Art und Zweck der Dienstleistung, dh der Nutzen für den Empfänger der Dienstleistung, und die Vorstellung des Verkehrs, dass die Dienstleistungen unter der gleichen betrieblichen Verantwortung erbracht werden (BGH GRUR 2001, 164 f. – Wintergarten; GRUR 2002, 544 (546) – BANK 24). Die Erbringungsform zB über Internet oder Kabel tritt dabei in den Hintergrund (BPatG GRUR-RS 2019, 20156 Rn. 70 – RIAS-Jugendorchester).

Eine **Ähnlichkeit zwischen Waren und Dienstleistungen** ist ebenfalls möglich. Auch inso-   **323** weit gelten dieselben Kriterien, auf die bei der Beurteilung von Waren (und Dienstleistungen) untereinander abgestellt wird (EuGH C-39/97, GRUR 1998, 922 Rn. 23 – Canon; BGH GRUR 2014, 378 Rn. 38 – OTTO CAP; GRUR 1999, 731 (733) – Canon II). Allerdings ist dem grundlegenden Unterschied zwischen der Erbringung einer unkörperlichen Dienstleistung und der Herstellung bzw. dem Vertrieb einer körperlichen Ware Rechnung zu tragen. Dabei dürfen an eine Ähnlichkeit zwischen Waren und Dienstleistungen keine unüberwindbar hohen Anforderungen gestellt werden (BGH GRUR 2012, 1145 Rn. 35 – Pelikan). Dienstleistungen sind zwar nicht generell mit den zu ihrer Erbringung verwendeten Waren und Hilfsmitteln oder den durch sie erzielten Ergebnissen ähnlich (BGH GRUR 2000, 883 f. – PAPAGALLO; GRUR 1999, 586 f. – White Lion). Jedoch können besondere Umstände die Feststellung einer Ähnlichkeit nahelegen. Solche können vorliegen, wenn der Verkehr unter Beachtung der objektiven Branchenverhältnisse davon ausgeht, dass Warenhersteller bzw. -vertreiber und Dienstleistungsunternehmen sich jeweils auch auf dem anderen Gebiet eigenständig gewerblich betätigen (BGH GRUR 2004, 241 (243) – GeDIOS; grundlegend GRUR 1989, 347 (348) – MICROTONIC) oder die Waren nicht allgemein angeboten und verwendet werden, sondern typischerweise bei der Erbringung der Dienstleistung zur Anwendung kommen (BGH GRUR 2012, 1145 Rn. 35 – Pelikan). Geht der Verkehr hingegen nur von einer unselbstständigen Nebenleistung oder -ware aus, ist eine Ähnlichkeit zu verneinen (EuGH Beschl. v. 9.3.2007 – C-196/06 P Rn. 29 – Alecansan/HABM). Eine Ähnlichkeit wurde zB bejaht zwischen der Dienstleistung „Verpflegung von Gästen" und verschiedenen Lebens- und Genussmitteln (BGH GRUR 2000, 883 f. – PAPPAGALLO), zwischen Software und der Erstellung von Datenverarbeitungsprogrammen (zB BPatG BeckRS 2009, 3560 – T-3D/T-D1), zwischen Lehrmitteln und Musikunterricht (BGH GRUR 2012, 1145 Rn. 33 – Pelikan) und zwischen Installations-, Wartungs- und Reparaturarbeiten und Bauwesen einerseits und Mischventilen andererseits (BPatG GRUR-RS 2021, 43920 Rn. 44–46 – HOT-SPUR/Hotspot).

Zwar ist die Eintragung einer Einzelhandelsmarke seit der „Praktiker"-Entscheidung des EuGH   **324** nunmehr zulässig, nicht grundsätzlich geklärt ist jedoch noch, inwieweit die **Dienstleistungen eines Einzelhändlers** zu anderen Dienstleistungen wie zB Verpflegungs- oder Finanzdienstleistungen, die im Zusammenhang mit dem Einzelhandel angeboten werden, ähnlich sind. Das BPatG hat eine Ähnlichkeit zwischen dem Betrieb von Groß- und Einzelhandelsmärkten und Dienstleistungen des Finanz- und Versicherungswesens verneint (BPatG BeckRS 2013, 11980 – Metro/Immetro). Eine geringe Ähnlichkeit würde auch die Dienstleistungen „Wartung und Reparatur von Kraftfahrzeugen" und „Einzelhandelsdienstleistungen im Bereich technische Öle und Fette" aufweisen (BPatG BeckRS 2017, 132751 Rn. 40 f. – Konrad/Conrad). Im Verhältnis zu Waren, die Gegenstand des Einzelhandels sind (zB Einzelhandelsdienstleistungen im Bereich Möbel zu Möbeln) wird eine Ähnlichkeit in der Rechtsprechung zunehmend bejaht. Während das EuG eine Ähnlichkeit damit begründet, dass die Dienstleistungen eines Einzelhändlers und die Waren in einem notwendigen Ergänzungsverhältnis zueinander stehen würden (vgl. zur Rechtsprechung Art. 8 UMV; → Rn. 332), entschied der BGH, dass eine Ähnlichkeit nur anzunehmen ist, wenn die angesprochenen Verkehrskreise auf Grund des Verhältnisses zwischen Waren und Dienstleistungen annehmen, die Waren und Dienstleistungen stammten aus denselben Unternehmen, was in dem konkreten Fall bejaht werden konnte, weil große Handelshäuser in diesem Warensektor häufig neben dem Verkauf fremder Waren auch Waren mit eigenen Handelsmarken anbieten (so BGH GRUR 2014, 378 Rn. 39 – OTTO CAP betreffend Waren „Bekleidungsstücke" und „Kopfbedeckungen" und Einzelhandelsdienstleistungen mit Waren der Klasse 25; vgl. auch BPatG BeckRS 2014, 09353 – Peak/Peak Elements, mit derselben Begründung hinsichtlich des Verhältnisses von „Einzelhandelsdienstleistungen mit Bekleidungsartikeln, Schuhen und Textilwaren" zu „Bekleidungsstücke", ebenso BPatG GRUR-RS 2020, 3879 Rn. 58 – Alliance Healthcare, hinsichtlich des Verhältnisses von „Dienstleistungen des Einzelhandels und/oder des Großhandels in den Bereichen Pharmazie, Medizin, Gesundheit; Onlineversandhandelsleistungen in den Bereichen Pharmazie, Medizin, Gesundheit; Katalogversandhandelsdienstleistungen in den Bereichen Pharmazie, Medizin, Gesundheit; Zusammenstellung von pharmazeutischen, medizinischen, gesundheitsbezogenen Waren für Dritte zu Präsentations- und Verkaufszwecken" zu „pharmazeutische Präparate, chemische Präparate für pharmazeutische Zwecke", BPatG GRUR-RS 2021, 20796 Rn. 30 – Teana/Teavana betreffend Waren der Klasse 29 und „Einzelhandelsdienstleistungen in Bezug auf Lebensmittel" und BPatG GRUR 2020, 527 Rn. 39 f. – Onlinehandel Carrera betreffend Waren der Körperpflege und Küchengeräte und „Online-Handelsdienstleistungen in Bereichen elektrischer Geräte für Körperpflege und elektrischer Küchengeräte"; dagegen BPatG GRUR-RR 2013, 430 (432) – Konzume/Konsum: Ähnlichkeit zwischen Waren der Klassen 24 und 25 einerseits und Dienstleistungen eines Einzelhändlers mit Waren der Klassen 24 und 25 andererseits wegen eines notwendigen Ergänzungsverhältnisses zwischen Einzelhandelsdienstleistung und gehandelter Ware zueinander; außerdem enge bzw. hochgradige Ähnlichkeit zwischen Waren der Klasse 3 „Duftstoffe, Mittel zur Körper- und Schönheitspflege, Parfüms, Haarpflegepräparate und Mittel zum Färben des Haars" und Dienstleistungen der Klasse 44 „Dienstleistung eines Friseur- und Schönheitssalons; Dienstleistungen eines Visagisten", da die Waren bei diesen Dienstleistungen typischerweise verwendet und im Zusammenhang mit ihnen, teilweise sogar unter derselben Marke, vertrieben werden, vgl. BPatG BeckRS 2013, 05581 – VIVA Friseure/ VIVA; außerdem mittlere Ähnlichkeit der Waren der Klasse 20 (Möbel) mit Einzelhandelsdienstleistungen der Klasse 35 auf dem Gebiet von Möbeln und anderen Einrichtungsgegenständen, vgl. BPatG BeckRS 2013, 00629 – Vivendi/VIVANDA; nur geringe Ähnlichkeit hingegen zwischen Waren „technische Öle und Fette, Schmiermittel" und „Einzelhandelsdienstleistungen im Bereich der technischen Öle und Fette", vgl. BPatG BeckRS 2017, 132751 Rn. 36 ff. – Konrad/ Conrad, sowie zwischen Lederwaren der Klasse 18 und „Betrieb eines Warenhauses, Einzelhandel mit Verbrauchsgütern", vgl. BPatG BeckRS 2016, 05060 – real/POLLO REAL). Diese Rechtsprechung lässt sich nicht dahingehend verallgemeinern, dass stets von einer Ähnlichkeit zwischen Einzelhandelsdienstleistungen und den auf sie bezogenen Waren gegeben ist.

324.1 Im Rahmen des § 15 Abs. 2 hatte der BGH bereits früher entschieden, dass generell eine Branchennähe zwischen dem Betrieb eines Großhandelsmarkts und der Waren, die in einem solchen Großhandelsmarkt vertrieben werden, besteht (BGH GRUR 2009, 484 Rn. 74 f. – Metrobus; ebenso BGH GRUR 2012, 635 Rn. 15 – METRO/Roller's Metro).

324.2 Inwieweit die Dienstleistungen eines Einzelhändlers mit bestimmten Waren zu den Dienstleistungen eines anderen Einzelhändlers mit anderen Waren ähnlich sind, war erstmals Gegenstand der BGH-Entscheidung „BioGourmet". Danach kann zwischen Einzelhandelsdienstleistungen, die auf nicht substituierbare Waren (einerseits Lebensmittel, andererseits Drogerieartikel oder Haushaltswaren) bezogen sind, eine Ähnlichkeit bestehen, wenn der Verkehr wegen Gemeinsamkeiten im Vertriebsweg, etwa Überschneidungen in den jeweiligen Einzelhandelssortimenten, davon ausgeht, dass die jeweiligen Einzelhandelsdienstleistungen unter gleicher unternehmerischer Verantwortung erbracht werden (BGH GRUR 2016, 382 Ls. 3 und Rn. 27 – BioGourmet), obgleich die Waren selbst nicht ähnlich sind. Auch hat das BPatG eine durchschnittliche Ähnlichkeit zwischen Großhandelsdienstleistungen und den Dienstleistungen „Versandhandel und stationärer Einzelhandel", bezogen auf identische Waren bejahen, da eine Trennung zwischen Groß- und Einzelhandel zunehmend aufgegeben wird (BPatG BeckRS 2017, 114574 Rn. 27 – VIVANDA/VIVA-DIA).

324.3 Nach Ansicht des BPatG weisen Online-Handelsdienstleistungen ausreichend sachliche Berührungspunkte zu Einzel- und Versandhandelsdienstleistungen auf. Auch der Einzelhandel bezweckt die Beschaffung von Waren, die Zusammenfügung zu einem Sortiment und den Verkauf. Er unterscheidet sich vom Online-Handel lediglich dadurch, dass kein direkter Kontakt zum Kunden (Präsenzhandel) hergestellt wird. Der Versandhandel wiederum steht dem Online-Handel noch näher, da in beiden Fällen die Ware nicht unmittelbar dem Käufer übergeben und der Kaufpreis unbar entrichtet wird (vgl. BPatG GRUR 2020, 527 Rn. 36 – Onlinehandel Carrera).

4. Maßgebliche Waren/Dienstleistungen

325 **a) Zu berücksichtigende Waren/Dienstleistungen.** Auf Seiten der **älteren Marke** (Widerspruchsmarke oder Klagemarke) sind bei eingetragenen Marken (§ 4 Nr. 1) grundsätzlich die Waren/Dienstleistungen in den Vergleich einzustellen, für welche die Marke im Register eingetragen ist (BGH GRUR 2002, 65 (67) – Ichthyol; GRUR 2007, 1066 Rn. 26 – Kinderzeit). Irrelevant ist hingegen, für welche Waren/Dienstleistungen die Marke tatsächlich benutzt wird (BGH GRUR 2003, 428 (432) – BIG BERTHA; EuG T-346/04, GRUR Int 2006, 144 Rn. 35 – ARTHUR ET FELICIE; T-205/06, GRUR Int 2009, 56 Rn. 31 – Presto! Bizcard Reader). Hierauf kommt es jedoch an, wenn die Benutzung der älteren Marke zulässigerweise bestritten wird. Dann dürfen gemäß § 43 Abs. 1 S. 3, § 25 Abs. 2 S. 3, § 55 Abs. 3 S. 4 nur die Waren/Dienstleistungen berücksichtigt werden, für welche die Benutzung iSd § 26 im Widerspruchsverfahren glaubhaft gemacht bzw. im Verletzungsprozess nachgewiesen worden ist. Andere Waren/Dienstleistungen, für die die fragliche Marke tatsächlich benutzt wird, für die aber kein Markenschutz besteht, sind außer Betracht zu lassen (BGH GRUR 2004, 779 (782) – Zwilling/Zweibrüder). Alle eingetragenen Waren/Dienstleistungen sind allerdings dann nicht heranzuziehen, wenn der Widersprechende/Kläger seinen Widerspruch/seine Klage nicht auf alle Waren/Dienstleistungen stützt. Bei nicht eingetragenen Marken (§ 4 Nr. 2, 3) sind diejenigen Waren/Dienstleistungen dem Vergleich zugrunde zu legen, für welche die Klagemarke Verkehrsgeltung erlangt hat oder notorisch bekannt ist.

Aufseiten der **jüngeren Marke** sind im Rahmen des Widerspruchsverfahrens alle Waren/   **326** Dienstleistungen zu berücksichtigen, für die diese eingetragen ist, es sei denn, der Widerspruch ist auf einzelne Waren/Dienstleistungen beschränkt. Eine solche Beschränkung findet in Widerspruchsverfahren vor dem DPMA häufig nicht statt, da es kostenmäßig keine Rolle spielt, wenn der Widerspruch teilweise wegen fehlender Waren/Dienstleistungsähnlichkeit zurückgewiesen wird. Dies ist aber bei Widersprüchen vor dem HABM nicht der Fall, so dass hier häufig nur gegen die Waren/Dienstleistungen Widerspruch eingelegt wird, bei denen die begründete Aussicht besteht, als ähnlich mit den Waren/Dienstleistungen der Widerspruchsmarke angesehen zu werden.

Im Verletzungsverfahren ist zu unterscheiden: Liegt die Markenverletzung in einer tatsächlichen   **327** Benutzungshandlung, so sind die Waren/Dienstleistungen maßgeblich, für die das angegriffene Zeichen konkret verwendet wird. Wird unter dem Gesichtspunkt der Erstbegehungsgefahr allein eine Markenanmeldung oder -registrierung angegriffen, so sind – wie im Widerspruchsverfahren – die angemeldeten oder registrierten Waren/Dienstleistungen für den Vergleich heranzuziehen (BGH BeckRS 2009, 8604 Rn. 56 – Metro/Metrobus; GRUR 2002, 544 (548) – Bank 24). Die tatsächliche oder beabsichtigte Benutzungslage ist dagegen nicht von Relevanz. In der Praxis häufig ist der Fall, dass eine Markenanmeldung bzw. registrierung vorliegt, die Marke tatsächlich aber nicht für alle eingetragenen Waren/Dienstleistungen benutzt wird. Relevant sind gleichwohl alle Waren/Dienstleistungen, dh auch die Waren/Dienstleistungen, für die keine Benutzung stattfindet. Insoweit besteht zumindest ein vorbeugender Unterlassungsanspruch. Verwendet der Inhaber des angegriffenen Zeichens das Zeichen rechtsverletzend für weitere Waren/Dienstleistungen als in der Marke beansprucht, dann sind auch diese zusätzlichen Waren/Dienstleistungen zu berücksichtigen.

Sowohl bei der älteren als auch bei der jüngeren Marke ist für die Beurteilung der Waren/   **328** Dienstleistungsähnlichkeit allein das **im Zeitpunkt der Entscheidung** eingetragene Waren/Dienstleistungsverzeichnis maßgeblich (BPatG BeckRS 2019, 10319 Rn. 26 – Dispermelt). Folglich haben nach Ansicht des BPatG auf Antrag vorgenommene Änderungen im Verzeichnis keine Auswirkungen, auch wenn sie fehlerhaft sein sollten, weil sie zB nicht zutreffend klassifiziert wurden bzw. eine unzulässige Erweiterung darstellen, da dies im patentamtlichen Widerspruchsverfahren nicht mehr überprüfbar sei.

b) Auslegung des Waren/Dienstleistungsverzeichnisses. Die in den Waren/Dienstleis-   **329** tungsverzeichnissen verwendeten Begriffe sind entsprechend dem allgemeinen Sprachgebrauch auszulegen. Außerdem sind auch die Begriffe der Klassifikation nach Nizza zu berücksichtigen. Die Klasseneinteilung ist zwar für die Frage der Ähnlichkeit irrelevant (→ Rn. 319), die klassenmäßige Einordnung kann jedoch ein wesentliches Indiz für die Auslegung eines Begriffs im Waren/Dienstleistungsverzeichnis sein (vgl. Ströbele/Hacker/Thiering/Hacker § 9 Rn. 68 mit Beispielen). Zu berücksichtigen ist auch, dass sich die Oberbegriffe der amtlichen Klasseneinteilung nicht untereinander ausschließen, sondern sich vielmehr teilweise überlappen oder ergänzen (zB „Mittel zur Körper- und Schönheitspflege" und „Seifen", „Uhren" und „Zeitmessinstrumente", „Hardware für die Datenverarbeitung" und „Computer").

Der **Grundsatz der theoretischen Vollständigkeit der Klasseneinteilung** bedeutet nach   **330** der **Praxis des DPMA** und des BPatG lediglich, dass eine für alle Begriffe einer Klassenüberschrift der amtlichen Klasseneinteilung angemeldete bzw. eingetragene Marke die unter diese Begriffe fallenden Waren und Dienstleistungen abdeckt. Hingegen wird mit der Anmeldung bzw. Eintragung für alle Begriffe in einer Klassenüberschrift der Klasseneinteilung der Schutz nicht für alle Waren oder Dienstleistungen erlangt, die gegenwärtig oder gar zukünftig der fraglichen Klasse zugeordnet werden. Im Rahmen der Prüfung der Waren/Dienstleistungsähnlichkeit (zur Relevanz bei der rechtserhaltenden Benutzung → § 26 Rn. 107 ff.) sind daher nach deutscher Praxis nur die explizit eingetragenen Waren/Dienstleistungen zu berücksichtigen, nicht aber alle denkbaren Waren/Dienstleistungen der relevanten Klassen. Ist eine (ältere) Marke zB für die in der Überschrift der Klasse 35 genannten Dienstleistungen „Werbung; Geschäftsführung; Unternehmensverwaltung; Büroarbeiten" eingetragen, so umfasst der Schutz keine Einzel- oder Großhandelsdienstleistungen und würde folglich keine Identität mit zB „Einzelhandelsdienstleistungen im Bereich Drogeriewaren" der jüngeren Marke bestehen.

331   Dies ist nun auch die **Praxis des EUIPO.** Gemäß Art. 33 Abs. 5 UMV ist die Verwendung von Klassenüberschriften der Nizza-Klassifikation und anderer allgemeiner Begriffe dahin auszulegen, dass diese alle Waren oder Dienstleistungen einschließen, die eindeutig von der wörtlichen Bedeutung des Oberbegriffs oder Begriffs erfasst sind. Die Verwendung derartiger Begriffe ist nicht so auszulegen, dass Waren oder Dienstleistungen beansprucht werden können, die nicht darunter erfasst werden können. Hingegen war es bis zur IP-Translator-Entscheidung des EuGH (C-307/10, GRUR 2012, 822 – IP-Translator; → UMV Art. 31 Rn. 3 3 ff.) Praxis des Amtes, dass bei Verwendung aller Oberbegriffe einer bestimmten Klasse sämtliche in der alphabetischen Liste enthaltenen Waren/Dienstleistungen dieser Klasse beansprucht werden. Diese Waren/Dienstleistungen waren daher auch im Rahmen der Prüfung der Waren/Dienstleistungsähnlichkeit zu berücksichtigen. Infolge der IP-Translator-Entscheidung beschränkte sich der Schutz bei nach dem 21.6.2012 (Tag des Inkrafttretens der entsprechenden Mitteilung Nr. 2 des Präsidenten des HABM) angemeldeten Unionsmarken, die (nur) die in den Klassenüberschriften aufgeführten Oberbegriffe verwenden, auf die Waren oder Dienstleistungen der jeweiligen Klassenüberschriften im wortwörtlichen Sinne. Mit Art. 33 Abs. 5 UMV wird die Änderung der Amtspraxis gesetzlich festgeschrieben.

5. Prüfungsreihenfolge

332   Vor der Prüfung der Frage der Ähnlichkeit der Waren/Dienstleistungen ist zu klären, welche davon überhaupt für den Vergleich relevant sind (→ Rn. 325 ff.). Anschließend ist zu erörtern, ob die einander gegenüberstehenden Waren/Dienstleistungen identisch, ähnlich oder unähnlich sind und welcher Ähnlichkeitsgrad vorliegt. In der Praxis ist oftmals ein Teil der Waren/Dienstleistungen identisch, ein anderer ähnlich und ein weiterer Teil unähnlich. Identität liegt nicht nur dann vor, wenn sich die jeweiligen Waren/Dienstleistungsbegriffe vollständig decken, sondern auch dann, wenn die Waren/Dienstleistungen der jüngeren Marke (zB CDs) unter einen breiteren Oberbegriff der älteren Marke (zB Magnetaufzeichnungsträger) fallen oder wenn umgekehrt ein im Verzeichnis der jüngeren Marke enthaltener Oberbegriff (zB „alkoholische Getränke") auch Spezialwaren/-dienstleistungen der älteren Marke (zB „Weine aus Italien") umfasst. In letzterem Fall ist der gesamte Oberbegriff der jüngeren Marke zu löschen, auch wenn tatsächlich nur teilweise Identität (hinsichtlich „Weine aus Italien") und im Übrigen nur Warenähnlichkeit vorliegt (BGH GRUR 2005, 326 f. – il Padrone/Il Portone; GRUR 2008, 903 Rn. 11 – SIERRA ANTIGUO).

333   Soweit die Waren/Dienstleistungen ähnlich sind, ist der **Grad der Ähnlichkeit** im Einzelfall konkret festzustellen (BGH GRUR 2002, 626 (628) – IMS). Dabei kann zwischen sehr hoher (weit überdurchschnittlicher), hoher (überdurchschnittlicher), normaler (durchschnittlicher), geringer (unterdurchschnittlicher) und sehr geringer (weit unterdurchschnittlicher) Zeichenähnlichkeit unterschieden werden (BGH GRUR 2013, 833 Rn. 55 – Culinaria/Villa Culinaria). Dies ist wichtig, da je nach Lage der anderen Kriterien (insbesondere Markenähnlichkeit und Kennzeichnungskraft der älteren Marke) der festgestellte Grad der Ähnlichkeit der Waren/Dienstleistungen für die Annahme einer Verwechslungsgefahr ausreichen kann oder eben nicht (→ Rn. 276). Fehlt es jedoch an jeglicher Waren-/Dienstleistungsähnlichkeit, so kommt eine Verwechslungsgefahr nicht in Betracht (→ Rn. 277).

334   Zur Feststellung von Identität/Ähnlichkeit und des Ähnlichkeitsgrades der Waren/Dienstleistungen kann auf die Fundstellensammlung von Richter/Stoppel (Richter/Stoppel, Die Ähnlichkeit von Waren und Dienstleistungen, 18. Aufl. 2019) sowie die Entscheidungssammlung PAVIS PROMA zurückgegriffen werden. Da die Entscheidungen der Gerichte keine Präjudizwirkung haben, kann nicht mit entsprechenden Hinweisen, sondern nur mit der dort gefundenen Begründung argumentiert werden.

E. Markenverletzung bei Verwechslungsgefahr: Ähnlichkeit der Marken

I. Rechtsnatur

335   Nach deutscher Auffassung ist die Ähnlichkeit der miteinander zu vergleichenden Marken eine Rechtsfrage (vgl. zB BGH GRUR 2005, 61 (62) – CompuNet/ComNet II). Das bedeutet insbesondere, dass **normative Erwägungen** in ihre Feststellung einfließen können. Besonders

deutlich wird dies beim Vergleich von Marken, die nur in Elementen oder Aspekten übereinstimmen, denen es an Unterscheidungskraft fehlt. In solchen Fällen lehnt der BGH eine Markenähnlichkeit selbst bei hochgradigen Übereinstimmungen ab (vgl. zB BGH GRUR 2012, 1040 Rn. 39 – pjur/pure; GRUR 2013, 631 Rn. 59 – AMARULA/Marulablu). Insoweit unterscheidet sich die Rechtsprechung des BGH von derjenigen des EuGH, welcher die Beurteilung der Markenähnlichkeit als reine Tatsachenfrage ansieht und der Unterscheidungskraft der übereinstimmenden Elemente keine derartige Bedeutung zugesteht (→ UMV Art. 8 Rn. 64 ff.).

Zugrunde zu legen ist der Prüfung der Markenähnlichkeit jedoch auch nach der Rechtsprechung des BGH stets die Auffassung der maßgeblichen Verkehrskreise von der Ähnlichkeit der Marken. Bei letzterer handelt es sich um eine Tatsachenfrage. Davon abgesehen ist die Beurteilung der Zeichenähnlichkeit im deutschen Recht jedoch revisibel (BGH GRUR 2002, 1067 (1070) – DKV/OKV). Darüber hinaus überprüft der BGH auch die tatrichterlichen Feststellungen der Vorinstanz oft ausführlich auf etwaige Widersprüche zu Denkgesetzen und sogenannten Erfahrungssätzen, welche der BGH selbst aufstellt bzw. verwirft (vgl. zB BGH GRUR 2002, 167 (169) – Bit/Bud). **336**

II. Feststellung im Prozess

Soweit der Feststellung der Markenähnlichkeit Tatsachenfragen zugrunde liegen, erfolgt diese im Prozess anhand der eigenen Sachkunde der Richter. Ein Rückgriff auf demoskopische Gutachten ist zwar grundsätzlich nicht unzulässig (vgl. BGH GRUR 2004, 239 – DONLINE; zur wettbewerbsrechtlichen Irreführung EuGH C-220/98, GRUR Int 2000, 354 Rn. 31 – Estée Lauder/Lancaster; C-210/96, GRUR Int 1998, 795 Rn. 35 ff. – Gut Springenheide), in der Praxis aber unüblich. Die Durchführung einer entsprechenden **Beweisaufnahme** zur Feststellung der Verkehrsauffassung wird von den Gerichten in aller Regel für **entbehrlich** gehalten und abgelehnt. Zudem ist es kaum möglich, anhand demoskopischer Untersuchungen zu zuverlässigen Ergebnissen zu gelangen. Davon absehen sind empirische Erhebungen ohnehin nur geeignet, über die faktischen Komponenten der Markenähnlichkeit Aufschluss zu liefern. Das gewonnene Ergebnis könnte immer noch aufgrund normativer Erwägungen ins Gegenteil verkehrt werden. **337**

Daneben hat sich in Deutschland die Übung etabliert, zur Feststellung der Markenähnlichkeit auf sog., von der Rechtsprechung entwickelte **Erfahrungssätze** zurückzugreifen (dazu eingehend Risthaus, Erfahrungssätze im Kennzeichenrecht, 2. Aufl. 2007). Diese Erfahrungssätze enthalten Aussagen darüber, wie der Verbraucher eine Marke normalerweise wahrnimmt. Ihrer Rechtsnatur nach handelt es sich bei den Erfahrungssätzen um „Rechtsanwendungshilfen bei der Bildung des aus dem Gesetz zu gewinnenden Obersatzes, also Hilfsmittel bei der Gesetzesauslegung" (Hacker GRUR 2004, 537 (545)). Allerdings führen im Einzelfall nicht alle anwendbaren Erfahrungssätze notwendigerweise zum gleichen Ergebnis. Häufig deuten verschiedene Erfahrungssätze in unterschiedliche Richtungen, so dass sie gegeneinander abgewogen werden müssen. Die einzelnen Erfahrungssätze werden jeweils in dem Zusammenhang behandelt, in dem sie zum Tragen kommen. **338**

III. Verkehrsauffassung

1. Bedeutung

Markenrecht ist kein Verbraucherschutzrecht. Dennoch ist bei der Bestimmung der Verwechslungsgefahr und insbesondere der dafür erforderlichen Markenähnlichkeit auf die Auffassung der beteiligten Verkehrskreise abzustellen. Welche Verkehrsauffassung im Einzelfall zugrunde zu legen ist, beurteilt sich im Wesentlichen nach den folgenden drei Kriterien: Den beteiligten Verkehrskreisen (→ Rn. 340 ff.), deren Aufmerksamkeitsgrad (→ Rn. 347 ff.) und dem maßgeblichen Verbraucherleitbild (→ Rn. 346). **339**

2. Beteiligte Verkehrskreise

a) Mögliche Mitglieder. Als beteiligte Verkehrskreise kommen alle Angehörigen des Handels und der Verbraucherschaft in dem Gebiet in Betracht, in dem die Klagemarke Schutz genießt (vgl. EuGH C-421/04, GRUR 2006, 411 Rn. 24 – Matratzen Concord/Hukla). Überdies können auch zwischengeschaltete Personen, die an der Vermarktung eines Produktes beteiligt sind, dem maßgeblichen Publikum zuzurechnen sein (so bezüglich medizinischer Fachleute im Hinblick auf die Vermarktung von Arzneimitteln, EuGH C-412/05 P, GRUR Int 2007, 718 Rn. 56 – **340**

TRAVATAN II). Mitglied der beteiligten Verkehrskreise ist jeder, dessen Meinung für die jeweilige Kaufentscheidung zumindest mitursächlich ist. Es ist weder zwingend erforderlich noch allein ausreichend, dass die betreffende Person die Waren oder Dienstleistungen selbst konsumiert oder einkauft (so auch Fezer Rn. 439).

341   **b) Art der Waren/Dienstleistungen.** Die Bestimmung der beteiligten Verkehrskreise richtet sich ferner nach der Art der betroffenen Waren bzw. Dienstleistungen. Zu differenzieren ist insbesondere zwischen Waren und Dienstleistungen, die sich an die Allgemeinheit richten, und solchen, die ausschließlich von Fachkreisen erworben werden.

342   Maßgeblich für die Identifikation der beteiligten Verkehrskreise ist stets die betroffene Produktkategorie im Allgemeinen (BGH GRUR 1998, 1034 (1036) – Makalu). Ob Waren wie zB Kosmetikprodukte oder Bekleidungsstücke eines Herstellers im Vergleich zu den Kosmetikprodukten oder Bekleidungsstücken anderer Hersteller im Hoch- oder Niedrigpreissegment angesiedelt sind, also Luxus- oder Standardprodukte darstellen, spielt keine Rolle (vgl. zur Frage der rechtserheblichen Benutzung, BGH GRUR 2002, 340 (342) – John Lobb). Entsprechend ist allein auf den Stellenwert und das Konsumverhalten in Bezug auf Bekleidungsstücke bzw. Kosmetikprodukte generell abzustellen.

343   Bei Waren und Dienstleistungen des Massenkonsums bestehen die beteiligten Verkehrskreise aus der Gesamtbevölkerung (BGH GRUR 2009, 954 Rn. 24 – Kinder III). Der Begriff der Waren bzw. Dienstleistungen des Massenkonsums ist weit zu verstehen. Dazu zählen sämtliche Waren, die zumindest potentiell für jedermann von Interesse sind (vgl. BGH GRUR 2006, 760 Rn. 22 – LOTTO). Ein Ausschluss bestimmter Abnehmergruppen aus den beteiligten Verkehrskreisen ist nur insoweit möglich, als diese den Erwerb und die Verwendung der betroffenen Waren kategorisch ablehnen (vgl. BGH GRUR 2007, 593 (596) – Ristorante), und zwar auch im Hinblick auf den Konsum durch Dritte.

344   Von Waren und Dienstleistungen des Massenkonsums zu unterscheiden sind solche, die sich ausschließlich an Fachkreise richten. Bei der Beschränkung der beteiligten Verkehrskreise auf Fachkreise ist allerdings insoweit Vorsicht geboten, als in Unternehmen auch Mitarbeiter ohne Fachwissen die maßgebliche Kaufentscheidung treffen können (vgl. Ströbele/Hacker/Thiering/Hacker § 9 Rn. 250).

345   Bei **Arzneimitteln** ist danach zu differenzieren, ob diese über Apotheken an den Endverbraucher abgegeben oder von Ärzten direkt eingesetzt werden. Sind die Arzneimittel in Apotheken für den Endverbraucher erhältlich, zählt dieser neben Ärzten und Apothekern zu den beteiligten Verkehrskreisen. Ungeachtet der Tatsache, dass Ärzte und Apotheker die Wahl eines Präparats durch den Endverbraucher beeinflussen und sogar bestimmen können, ist dessen Auffassung für die Beurteilung der Zeichenähnlichkeit erheblich (EuGH C-412/05 P, GRUR 2007, 718 Rn. 57 – TRAVATAN II). Anders liegt der Fall bei Arzneimitteln, die zur direkten Anwendung am Patienten durch den Arzt bestimmt sind. Die beteiligten Verkehrskreise beschränken sich dann auf den konkret mit der Anwendung befassten medizinischen Fachkreis (EuGH C-412/05 P, GRUR 2007, 718 Rn. 66 – TRAVATAN II; EuG T-237/01, GRUR Int 2003, 751 Rn. 42 – BSS).

3. Verbraucherleitbild

346   Innerhalb der maßgeblichen Verkehrskreise ist – sofern diese aus Angehörigen der Verbraucherschaft bestehen – auf die Perspektive des normal informierten, angemessen aufmerksamen und verständigen Durchschnittsverbrauchers, kurz: des Durchschnittsverbrauchers, abzustellen (EuGH C-498/07, GRUR Int 2010, 129 Rn. 74 – Carbonell/La Española; C-254/09 P, GRUR 2010, 1089 Rn. 45 – Calvin Klein/HABM; BGH GRUR 2012, 64 Rn. 20 – Maalox/Melox-GRY; GRUR 2000, 506 (508 f.) – ATTACHÉ/TISSERAND). Im Einklang mit der EuGH-Rechtsprechung (→ UMV Art. 8 Rn. 44) geht auch der BGH davon aus, dass es sich beim Leitbild des Durchschnittsverbrauchers um dasjenige eines **normativen Referenzverbrauchers** handelt (BGH GRUR 2013, 631 Rn. 65 – AMARULA/Marulablu). Entsprechendes gilt für das Leitbild des durchschnittlichen Mitglieds der angesprochenen Fachkreise.

4. Aufmerksamkeitsgrad

347   Stehen die beteiligten Verkehrskreise fest, ist deren Aufmerksamkeitsgrad zu bestimmen. Dabei ist zunächst danach zu differenzieren, ob die beteiligten Verkehrskreise nur aus Fachleuten bestehen oder (auch) aus Verbrauchern im Allgemeinen. Im Übrigen richtet sich der Grad der Aufmerksamkeit nach der Art der in Rede stehenden Waren und Dienstleistungen. Mit den Worten des EuGH: „Die Aufmerksamkeit des Durchschnittsverbrauchers (kann) je nach Art der betreffenden Waren oder Dienstleistungen unterschiedlich hoch sein" (grundlegend EuGH C-342/97, GRUR Int 1999, 734 Rn. 26 – Lloyd).

a) Fachkreise. Von Fachkreisen kann grundsätzlich ein höherer Aufmerksamkeitsgrad erwartet **348** werden als vom Verbraucher im Allgemeinen (vgl. BGH GRUR 2012, 64 Rn. 9 – Maalox/ Melox-GRY; ebenso EuG T-359/02, GRUR Int 2005, 925 Rn. 29 – STAR TV). Zudem ist häufig eine genauere Kenntnis der Kennzeichnungsgewohnheiten auf dem jeweiligen Marktsektor zu unterstellen (BGH GRUR 2012, 64 Rn. 9 – Maalox/Melox-GRY). Daraus folgt, dass Unterschiede zwischen Marken von Fachkreisen eher wahrgenommen und besser in Erinnerung behalten werden (BGH GRUR 2015, 1004 Rn. 29 – IPS/ISP). Die **Anforderungen an die Markenähnlichkeit** sind bei Spezialwaren daher **tendenziell erhöht.** Hinzu kommt, dass bestimmte Fachkreise über Sonderwissen in Bezug auf fremd- bzw. fachsprachliche Begriffe verfügen (BGH GRUR 2012, 64 Rn. 9 – Maalox/Melox-GRY). Ein hohes Maß an Interesse und Aufmerksamkeit ist nach der Rechtsprechung zB beim Vertrieb von Fernsehprogrammen und damit in Zusammenhang stehenden Dienstleistungen gegeben (EuG T-359/02, GRUR Int 2005, 925 Rn. 29 – STAR TV). Auch nehmen Ärzte und Apotheker Unterschiede zwischen Arzneimittelmarken regelmäßig eher wahr als Verbraucher (BGH GRUR 2012, 64 Rn. 9 – Maalox/Melox-GRY).

b) Allgemeinheit. Bei Waren und Dienstleistungen, die sich an die Allgemeinheit richten, **349** ist vor allem zwischen Waren und Dienstleistungen des täglichen Bedarfs und solchen zu unterscheiden, deren Anschaffung selten bzw. regelmäßig Folge reiflicher Überlegungen ist. Während sich der Verkehr bei Letzteren eingehender mit dem auf dem Markt vorhandenen Angebot und den dazugehörigen Marken befasst, stellt er bei Waren und Dienstleistungen des täglichen Bedarfs keine solchen Überlegungen an. Erhöht ist die Aufmerksamkeit des Verkehrs ferner im Verhältnis von hochpreisigen Gütern zu eher preisgünstigen Waren. Auch die Bedeutung, welche eine Ware oder Dienstleistung für den Konsumenten hat, ist von Belang. Folgende Beispielsfälle aus der Rechtsprechung sind zu nennen:
- preiswerte Getränke des täglichen Bedarfs wie Biere, Mineralwässer und Fruchtsäfte: nicht besonders hoher (BPatG GRUR 2008, 77 (79) – QUELLGOLD/Goldquell) bis geringer Aufmerksamkeitsgrad (EuG T-347/10, GRUR Int 2013, 641 Rn. 17 – Form einer Flasche mit einer reliefartigen Abbildung),
- Einzelhandelsdienstleistungen mit Lebensmitteln und Verbrauchsgütern: eher unterdurchschnittliche Aufmerksamkeit (BPatG BeckRS 2016, 05060 – POLLO REAL),
- Bekleidung: mindestens durchschnittlicher, nach Art und Wert der Waren variierender Aufmerksamkeitsgrad (BGH GRUR 1999, 241 – Lions),
- Lederwaren: leicht überdurchschnittliche Aufmerksamkeit (BPatG BeckRS 2016, 05060 – POLLO REAL),
- Waren der Klassen 18 und 25: mittlerer Aufmerksamkeitsgrad (EuG T-22/10, BeckRS 2011, 81619 Rn. 45–47 – Esprit International LP/HABM),
- Arzneimittel: erhöhte Aufmerksamkeit (EuGH C-412/05 P, GRUR Int 2007, 218 Rn. 61 – TRAVATAN II),
- Nahrungsergänzungsmittel: keine besondere Aufmerksamkeit, da beim Erwerb von Nahrungsergänzungsmitteln nicht medizinische, sondern ernährungsphysiologische Gründe im Vordergrund stehen und diese Produkte frei angeboten werden, so dass bei ihnen nicht von derselben Wahrnehmungsintensität wie bei apothekenpflichtigen Mitteln ausgegangen werden kann (BGH GRUR 2011, 826 Rn. 27 – Enzymax/Enzymix),
- Versicherungen, Immobilien, Finanzprodukte, Rechtsberatungsdienstleistungen: sehr hoher Aufmerksamkeitsgrad (vgl. EuG T-390/03, GRUR Int 2005, 928 Rn. 26 f. – CM),
- Finanzdienstleistungen: erhöhte Aufmerksamkeit (BPatG BeckRS 2014, 01374 – Cordia/CORDIUS),
- Kraftfahrzeuge: besonders hoher Aufmerksamkeitsgrad (EuGH C-361/04 P, GRUR 2006, 237 Rn. 59 – PICASSO).

5. Gespaltene Verkehrsauffassung

Nach der Rechtsprechung von EuGH und BGH kommt Verwechslungsgefahr unter Umstän- **350** den bereits dann in Betracht, wenn für einen Teil des relevanten Publikums Zeichenähnlichkeit besteht (EuGH C-412/05 P, GRUR Int 2007, 718 Rn. 99 – TRAVATAN II; BGH GRUR 2012, 64 – Maalox/Melox-GRY). Dies setzt voraus, dass die maßgeblichen Waren und Dienstleistungen verschiedene, objektiv voneinander abgrenzbare Verkehrskreise ansprechen, wie etwa Verbraucher und Fachkreise oder unterschiedliche Sprachkreise (BGH GRUR 2013, 631 Rn. 64 – AMA-

RULA/Marulablu). Praxisrelevant ist eine derartige „gespaltene Verkehrsauffassung" nur im Ausnahmefall, wie zB bei Arzneimitteln oder Waren, die sich gezielt an ein im Inland lebendes ausländisches Publikum richten (→ Rn. 352; s. bei § 8; zu telle-quelle-Marken → Einleitung Rn. 246).

351   Bei Arzneimitteln, die zumindest auch über Apotheken an den Endverbraucher abgegeben werden, genügt es, wenn die zu vergleichenden Zeichen entweder nach Auffassung von Ärzten und Apothekern oder nach Auffassung der Endverbraucher ähnlich sind (BGH GRUR 2012, 64 Rn. 9 – Maalox/Melox-GRY).

352   Entsprechendes gilt für Waren bzw. Dienstleistungen mit fremd-, zB russisch- oder türkischsprachigen Marken. Diese Waren bzw. Dienstleistungen richten sich häufig gezielt an Verkehrskreise, die die betreffende Sprache aufgrund ihrer Herkunft beherrschen. Sie werden auch oft in entsprechend spezialisierten Geschäften verkauft. Den allgemeinen Grundsätzen (→ Rn. 340 ff.) folgend lassen sich die beteiligten Verkehrskreise jedoch nicht auf Personen beschränken, die der fraglichen Sprache mächtig sind. Vielmehr handelt es sich auch bei Verkehrsteilnehmern, welche die jeweilige Fremdsprache nicht sprechen bzw. verstehen, um potentielle Käufer. Auch insoweit ist Zeichenähnlichkeit bereits dann gegeben, wenn sie entweder aus Sicht der fremdsprachigen oder aus Sicht der deutschsprachigen Verkehrskreise besteht (OLG Hamburg GRUR-RR 2006, 400 (401) – STOLITSCHNAJA; GRUR-RR 2005, 45 (48) – Datschnie).

353   Eine Differenzierung innerhalb eines angesprochenen Verkehrskreises, wie zB dem der Verbraucherschaft im Allgemeinen, verbietet sich indessen. Es kann nicht darauf abgestellt werden, dass ein Teil des von einer Ware angesprochenen Verkehrskreises die Bedeutung eines bestimmten Markenbestandteils versteht, ein anderer aber nicht. Die Annahme einer sogenannten gespaltenen Verkehrsauffassung widerspräche in solchen Fällen dem Grundsatz, dass es bei der Prüfung der Verwechslungsgefahr auf die Auffassung der normativen Figur des normal informierten, angemessen aufmerksamen und verständigen Durchschnittsverbrauchers der in Rede stehenden Waren oder Dienstleistungen ankommt (BGH GRUR 2013, 631 Rn. 64 – AMARULA/Marulablu). Die Auffassung einzelner Mitglieder innerhalb eines Verkehrskreises ist für die Beurteilung der Zeichenähnlichkeit daher irrelevant (EuGH C-323/09, GRUR 2011, 1124 Rn. 50 – Interflora; BGH GRUR 2012, 64 Rn. 20 – Maalox/Melox-GRY). Spezialkenntnisse, die nur bei einem kleinen Teil des Verkehrs anzutreffen sind, müssen ebenso unberücksichtigt bleiben, wie diejenigen Verkehrsteilnehmer, die sich durch ihre Unkenntnis vom Durchschnitt unterscheiden (BGH GRUR 2013, 631 Rn. 65 – AMARULA/Marulablu).

IV. Maßgebliche Marken

1. Grundsatz

354   Die Beurteilung der Markenähnlichkeit erfolgt im Verletzungsverfahren anhand eines Vergleichs des vom Verletzer tatsächlich benutzten Zeichens mit der Klagemarke in ihrer im Register eingetragenen Gestaltung (vgl. BGH GRUR 2012, 930 Rn. 44, 53 – Bogner B/Barbie B; GRUR 2005, 1044, 1046 – Dentale Abformmasse).

2. Verletzungszeichen

355   Im Verletzungsverfahren ist auf die konkrete Fassung der angegriffenen Bezeichnung abzustellen (BGH GRUR 2013, 1239 Rn. 31 – VOLKSWAGEN/Volks.Inspektion). Dies bedeutet insbesondere, dass das mutmaßlich markenrechtsverletzende Zeichen nicht auf einzelne, mit der Klagemarke ggf. besonders ähnliche Teile reduziert werden darf, sondern stets in seiner Gesamtheit in den Vergleich einzustellen ist. Sind nur einzelne Teile des verletzenden Zeichens mit der Klagemarke ähnlich, ist zu prüfen, ob dies für die Annahme von Markenähnlichkeit genügt (hinsichtlich der insoweit geltenden Grundsätze → Rn. 441 ff.). Wird Verwechslungsgefahr nur durch einen Teil der tatsächlich verwendeten Kennzeichnung hervorgerufen, ist dennoch die konkrete Verletzungsform in ihrer Gesamtheit zu verbieten (BGH GRUR 2009, 772 Rn. 29 – Augsburger Puppenkiste).

356   Nur ausnahmsweise kann die Verwendung eines einzelnen Bestandteils des tatsächlich benutzten Zeichens untersagt werden, nämlich dann, wenn es schlechthin ausgeschlossen ist, dass dieser Zeichenbestandteil, in welcher Kombination auch immer, zulässig verwendet wird (BGH GRUR 2009, 772 Rn. 29 – Augsburger Puppenkiste). Die Anforderungen hieran sind hoch. Alle denkbaren Kombinationen und Verwendungsformen des Zeichenbestandteils müssten zum einen der tatsächlichen Verletzungsform im Kern entsprechen und zum anderen in den Schutzbereich der

Klagemarke eingreifen. Lässt sich Entsprechendes aufgrund der Vielzahl denkbarer Kombinationen und Verwendungsformen ausschließen, scheidet ein Abstellen auf einen bloßen Zeichenbestandteil aus (BGH GRUR 2009, 772 Rn. 31 – Augsburger Puppenkiste).

Davon abgesehen folgt aus der Maßgeblichkeit der konkreten Fassung des angegriffenen Zei- **357** chens, dass bei einem verschlüsselt wiedergegebenen Zeichen die verschlüsselte Form und nicht das entschlüsselte Zeichen den Ausgangspunkt des Zeichenvergleichs bildet. Im konkreten, vom OLG Köln entschiedenen Fall wurde ein mit der Klagemarke identisches Zeichen erst bei Auslesen eines aus Strichen und Zahlen bestehenden Barcodes erkennbar (OLG Köln GRUR-RR 2015, 291 – Barcode-Label). Das OLG Köln verglich nicht das ausgelesene Zeichen, sondern den Barcode als solchen mit der Klagemarke (OLG Köln GRUR-RR 2015, 291 Rn. 18 f. – Barcode-Label; zur Beurteilung der begrifflichen Zeichenähnlichkeit durch das OLG Köln → Rn. 425).

3. Klagemarke

Maßgeblich für den Zeichenvergleich ist die Klagemarke in ihrer im Register eingetragenen **358** Form (BGH GRUR 2013, 1239 Rn. 31 – VOLKSWAGEN/Volks.Inspektion; GRUR 2009, 766 Rn. 36 – Stofffähnchen; ebenso EuG T-425/03, GRUR Int 2008, 494 Rn. 90 f. – AMS Advanced Medial Services). Wie die Klagemarke tatsächlich benutzt wird, ist hingegen ebenso ohne Belang (BGH GRUR 2003, 332 (334) – Abschlussstück) wie sonstige, außerhalb der Registrierung liegende Umstände (BGH GRUR 2015, 1214 Rn. 44 – Goldbären). Weiterhin dürfen keinesfalls einzelne Markenelemente aus der Klagemarke herausgefiltert und der verletzenden Marke gegenübergestellt werden.

Ausschlaggebend ist die Registereintragung auch dann, wenn gegen die Marke die Einrede der **359** mangelnden Benutzung erhoben wurde und eine Benutzung der Marke nur in einer von der Eintragung abweichenden, aber rechtserhaltenden Form nachgewiesen ist. Die konkrete Art der Benutzung ist für den Markenvergleich hier ebenfalls irrelevant.

Abweichend von den vorstehenden Grundsätzen soll sich der Inhaber einer älteren, schwarz- **360** weiß eingetragenen Unionsmarke auf eine bestimmte Farbgestaltung seiner Marke berufen können, wenn er die Marke vielfach in dieser Farbe oder Farbkombination benutzt hat und sie deshalb von einem erheblichen Teil des Publikums gedanklich mit der Farbe oder Farbkombination in Verbindung gebracht wird. Die Farbe oder die Farben, welche für die Darstellung des angegriffenen Zeichens verwendet werden, sind dann für die umfassende Beurteilung der Verwechslungsgefahr von Bedeutung (EuGH C-252/12, GRUR 2013, 922 Rn. 41 – Specsavers/Asda Stores). Das bedeutet: Wird die Farbe oder Farbkombination, in der die ältere, schwarz-weiße Marke benutzt wird, in dem jüngeren Zeichen übernommen, vermag dies die Gefahr von Verwechslungen zu erhöhen. Das ist dem EuGH zufolge darauf zurückzuführen, dass die Farbe oder die Farbkombination, in der eine Marke tatsächlich benutzt wird, die Wirkung beeinflusst, die diese Marke auf den Durchschnittsverbraucher ausübt (EuGH C-252/12, GRUR 2013, 922 Rn. 37 – Specsavers/Asda Stores). Eine Verringerung der Verwechslungsgefahr ist laut EuGH demgegenüber möglich, wenn der (vermeintliche) Markenverletzer von einem erheblichen Teil des Publikums selbst gedanklich mit der Farbe oder Farbkombination in Verbindung gebracht wird, die er zur Darstellung seines Zeichens verwendet. Auch dabei handelt es sich, so der EuGH, um einen Gesichtspunkt, dem bei der Prüfung der Verwechslungsgefahr eine gewisse Bedeutung zukommt (EuGH C-252/12, GRUR 2013, 922 Rn. 46, 48 – Specsavers/Asda Stores).

Ob bzw. inwieweit die deutschen Gerichte der Specsavers-Rechtsprechung letztlich folgen **361** werden, bleibt abzuwarten. Der BGH hat die Auswirkungen der Entscheidung bislang als auf den Fall beschränkt angesehen, dass die Klagemarke in einer von der Registereintragung farblich abweichenden Form benutzt wird. Hingegen lässt sich der Specsavers-Entscheidung nach Ansicht des BGH nicht entnehmen, dass der konkrete Kontext der Markenbenutzung auch sonst Einfluss auf die Beurteilung der Markenähnlichkeit habe (BGH GRUR 2015, 1214 Rn. 44 – Goldbären).

Mit der Specsavers-Entscheidung hat der EuGH den Interessen des klagenden Unternehmens Rechnung **361.1** getragen. Nicht unproblematisch ist jedoch, dass der EuGH vom markenrechtlichen Grundsatz der Maßgeblichkeit der Eintragung abweicht und wettbewerbsrechtlichen Erwägungen hohes Gewicht einräumt. Die restriktive Auslegung der Entscheidung durch den BGH ist daher zu begrüßen.

Bei nicht eingetragenen Marken, die aufgrund erlangter Verkehrsgeltung gemäß § 4 Nr. 2, 3 **362** geschützt sind, soll es schließlich auf die Form ankommen, in der die Marke Verkehrsgeltung bzw. Notorietät erlangt hat (vgl. Ingerl/Rohnke/Nordemann/Boddien Rn. 825).

4. Abgrenzung mehrteiliges Zeichen – Mehrfachkennzeichnung

363   Als problematisch erweist sich in der Praxis häufig die Abgrenzung zwischen einer Kennzeichnung von Waren bzw. Dienstleistungen durch ein komplexes, mehrteiliges Zeichen und einer Kennzeichnung durch mehrere, voneinander unabhängige Zeichen (sog. Mehrfachkennzeichnung). Im ersten Fall bilden mehrere Elemente ein einheitliches Gesamtzeichen, das nur als solches angreifbar ist. Im zweiten Fall handelt es sich um verschiedene Einzelzeichen, gegen die gesondert vorgegangen werden kann.

364   Grundsätzlich ist von einer Mehrfachkennzeichnung nur bei Vorliegen besonderer Umstände auszugehen (vgl. BGH GRUR 2004, 865 (866) – Mustang). Die selbständige Angreifbarkeit einzelner Teile einer einheitlichen Aufmachung stellt also den Ausnahmefall dar.

365   Abzustellen ist bei der Differenzierung zwischen mehrteiligem Zeichen und Mehrfachkennzeichnung auf das Verständnis der angesprochenen Verkehrskreise (vgl. BGH GRUR 2008, 254 Rn. 33 – THE HOME STORE; GRUR 2008, 258 Rn. 30 – INTERCONNECT/T-InterConnect; → Rn. 339 ff.). Sind diese auf Grund der Bekanntheit eines Zeichens oder entsprechender Kennzeichnungsgewohnheiten auf dem fraglichen Markt, wie zB häufiger Verwendung von Zweitmarken, daran gewöhnt, in einem bestimmten Gestaltungselement einen Herkunftshinweis zu erblicken, kann dieses Gestaltungselement ein eigenständiges Zweitkennzeichen sein (BGH GRUR 2015, 1201 Rn. 97 – Sparkassen-Rot/Santander-Rot; GRUR 2002, 171 (174) – Marlboro-Dach; GRUR 2021, 724 Rn. 28 – PEARL/PURE PEARL: Drei Ebenen der Mehrfachkennzeichnung bei Automobilen, nämlich Herstellermarke, Modellmarke, Ausstattungslinie). Entsprechend kommt eine Mehrfachkennzeichnung zB beim Nebeneinander von Unternehmensnamen und weiteren kennzeichnenden Elementen in Betracht (vgl. BGH GRUR 2008, 254 Rn. 33 – THE HOME STORE; GRUR 2004, 865 (866) – Mustang). Auch ein größerer räumlicher Abstand, eine abweichende grafische Gestaltung, die Verwendung verschiedener Sprachen oder eine sonstige Zäsur zwischen zwei Elementen sprechen für eine Mehrfachkennzeichnung (vgl. BGH GRUR 2008, 254 Rn. 33 – THE HOME STORE). Unter den folgenden beiden Umständen nimmt der Verkehr laut BGH sogar eine Farbe als eigenständiges Kennzeichen wahr:

- der Verkehrsüblichkeit der Verwendung von Farben als Herkunftshinweis im fraglichen Warenbereich;
- der durchgängigen und großflächigen, nicht ausschließlich im räumlichen Zusammenhang mit Wort- und Bildelementen erfolgten Benutzung der angegriffenen Farbe auf Produktverpackungen und in der Werbung.

Die Verwendung der Farbe kann in solchen Fällen gesondert, also unabhängig von den weiteren, in Kombination mit der Farbe benutzten Kennzeichen angegriffen werden (BGH GRUR 2014, 1101 Rn. 53, 55 – Gelbe Wörterbücher iVm GRUR 2015, 1201 Rn. 100 – Sparkassen-Rot/Santander-Rot).

366   Dagegen wird man von einem einheitlichen Zeichen ausgehen müssen, wenn die Zeichenelemente (einschließlich einer etwaigen Farbe) in ihrem räumlichen Bezug aufeinander als kompakte Einheit erscheinen (BGH GRUR 2015, 1201 Rn. 100 – Sparkassen-Rot/Santander-Rot), semantisch aufeinander Bezug nehmen (vgl. zB BGH GRUR 2008, 1002 Rn. 19 – Schuhpark) bzw. so durch einen Bindestrich oder Bildelemente miteinander verbunden sind, dass sie als zusammengehöriges Ganzes erscheinen (vgl. BGH GRUR 2008, 258 Rn. 30 – INTERCONNECT/T-InterConnect). Entsprechendes gilt, wenn ein Genitiv-s eine Verbindung zwischen zwei Bestandteilen einer Bezeichnung bewirkt. In solchen Fällen hat der Verkehr keinen Anlass, in der Bezeichnung zwei selbständige Zeichen zu erkennen (BGH GRUR 2012, 635 Rn. 21 – METRO/ROLLER's Metro).

5. Schutzgegenstand von Wortmarken

367   Der Grundsatz, dass Marken in ihrer eingetragenen Form in den Vergleich eingestellt werden müssen, ist bei Wortmarken zu relativieren. Charakteristisch für Wortmarken ist, dass sie gerade nicht auf eine bestimmte Schrift oder sonstige Darstellungsform festgelegt und damit beschränkt sind. Andernfalls handelte es sich um eine Wort-/Bildmarke bzw. Bildmarke (→ Rn. 414).

368   Reine Wortmarken genießen daher Schutz für jede verkehrsübliche Wiedergabeform (OLG Hamburg GRUR-RS 2021, 14197 Rn. 98 – Catalox/Katalox; Ingerl/Rohnke/Nordemann/Boddien Rn. 281). Dies schließt alle gängigen Schrifttypen ebenso ein wie Fett- und Kursivdruck, Klein- und Großbuchstaben, gesperrte oder schmale Laufweite (vgl. BPatG GRUR 2008, 74 (77) – focus home collection/FOCUS; GRUR 2008, 77 (79) – QUELLGOLD/Goldquell).

Der BGH schien eine Zeitlang eine andere Auffassung zu vertreten. So sollten im Rahmen **369** der Prüfung von Markenidentität bereits Unterschiede in der Groß- und Kleinschreibung einzelner Buchstaben hinreichende schriftbildliche Unterschiede begründen können, um eine Identität abzulehnen (BGH GRUR 2010, 835 Rn. 32 – POWERBALL; BGH GRUR 2009, 1055 Rn. 34 – airdsl; → § 14 Rn. 269). Zwischenzeitlich hielt der BGH die Marke „ROLEX" und das Zeichen „Rolex" zwar für identisch, dies allerdings ausdrücklich „trotz der unterschiedlichen Groß- und Kleinschreibung" (BGH GRUR 2015, 607 Rn. 21 – Uhrenkauf im Internet). Diese Rechtsprechung begegnete Bedenken, widerspricht es doch dem Charakter der Wortmarke, sich auf eine bestimmte Schreibweise festzulegen. Erfreulicherweise ist der BGH jedoch inzwischen wieder zu der Annahme übergegangen, dass bloße Unterschiede in der Groß- und Kleinschreibung einer Buchstabenfolge regelmäßig nicht aus dem Identitätsbereich hinausführen (BGH GRUR 2019, 1053 Rn. 25 – ORTLIEB II; GRUR 2019, 1058 Rn. 39 – KNEIPP; GRUR 2019, 522 Rn. 19 – SAM; GRUR 2018, 924 Rn. 40 – ORTLIEB I; vgl. außerdem BGH GRUR 2020, 405 Rn. 20 – ÖKO-TEST II).

Damit korrespondiert, dass Wortmarken fälschlich wegen ihrer Schreibweise angemeldet und eingetra- **369.1** gen werden, obwohl sich diese nur auf die Schutzfähigkeit von Wort-/Bildmarken auswirken kann (→ § 8 Rn. 1 ff.).

6. Bedeutung des Farbanspruchs

Ist eine Marke farbig im Register eingetragen, ist sie auf die betreffende Farbgebung beschränkt **370** (BGH GRUR 2004, 683 (684) – Farbige Arzneimittelkapsel). Diese ist zwingender Bestandteil der Marke.

Anders liegt der Fall bei Eintragungen **ohne Farbfestlegung.** Ihr Schutzgegenstand erstreckt **371** sich auf jede farbliche Ausgestaltung, welche die Charakteristik der Marke nicht verändert (BGH GRUR 2006, 859 Rn. 34 – Malteserkreuz; ebenso EuG T-127/02, GRUR 2004, 773 Rn. 45 – Bildmarke ECA). Der BGH vertritt allerdings aktuell eine andere Auffassung. Unter Berufung auf die „Gemeinsame Mitteilung zur gemeinsamen Praxis zum Schutzbereich von schwarz-weißen Marken" des Harmonisierungsamtes für den Binnenmarkt (Marken, Muster und Modelle) und der Markenämter der EU-Mitgliedstaaten vom 15.4.2014 im Rahmen des sog. Konvergenzprogramms hat der BGH in seiner Entscheidung BMW-Emblem (BGH GRUR 2015, 1009 Rn. 14 ff.) festgestellt, dass Schutzgegenstand schwarz-weißer Marken die Marke in der eingetragenen schwarz-weißen Form sei. Eine farbige Wiedergabe der Marke liege daher nicht mehr im Identitätsbereich.

Dieser Standpunkt des BGH hatte sich bereits angekündigt (vgl. zB BGH GRUR 2009, 1055 Rn. 34 – **371.1** airdsl; GRUR 2009, 484 Rn. 33 – Metrobus, wo der BGH annahm, dass die Zeichenähnlichkeit zwischen einer reinen Wortmarke und einer Wort-/Bildmarke, deren figurativen Elemente sich auf eine bestimmte Schriftart und Farbgebung beschränkten, dadurch verringert werde, dass die reine Wortmarke keine der Wort-/Bildmarke vergleichbare grafische und farbliche Gestaltung aufweise). Sowohl der BGH als auch die am Konvergenzprogramm teilnehmenden Markenämter berücksichtigen jedoch nicht, dass ein Unterschied zwischen schwarz-weißen Marken, also Marken mit einem entsprechenden Farbanspruch, und Marken ohne Farbanspruch besteht. Während der Schutzgegenstand ersterer die Verwendung der Farben Schwarz und Weiß umfasst, beanspruchen letztere gerade keinen Schutz für bestimmte Farben. Die Klagemarke im Fall BMW-Emblem wurde ohne Farbanspruch eingetragen (BGH GRUR 2015, 1009). Daneben überrascht es, dass sich der BGH an der „Gemeinsamen Mitteilung zur gemeinsamen Praxis zum Schutzbereich von schwarz-weißen Marken" der Markenämter zu orientieren scheint. Entsprechende Verwaltungsmitteilungen binden die Gerichte nicht, sondern sind von diesen vielmehr auf ihre Rechtmäßigkeit hin zu überprüfen.

V. Grad der Ähnlichkeit

Die Prüfung der Markenähnlichkeit kann zur Feststellung der Markenidentität, der Markenähn- **372** lichkeit oder der Markenunähnlichkeit führen. Im Fall der Markenähnlichkeit ist deren Grad genauer zu bestimmen, wobei zwischen fünf verschieden starken Ausprägungen unterschieden werden kann:
- sehr hoher bzw. weit überdurchschnittlicher Zeichenähnlichkeit,
- hoher bzw. überdurchschnittlicher Zeichenähnlichkeit,
- normaler bzw. durchschnittlicher Zeichenähnlichkeit,
- geringer bzw. unterdurchschnittlicher Zeichenähnlichkeit,
- sehr geringer bzw. weit unterdurchschnittlicher Zeichenähnlichkeit.

Eine weitere Abstufung ist nicht angezeigt (BGH GRUR 2013, 833 Rn. 55 – Culinaria/Villa Culinaria). Gerichtliche Entscheidungen müssen klar erkennen lassen, von welchem Grad der Zeichenähnlichkeit sie ausgehen (BGH GRUR 2015, 1004 Rn. 49 – IPS/ISP).

VI. Maßgeblichkeit des Gesamteindrucks

1. Grundsätze

373   Nach ständiger Rechtsprechung nimmt der Verkehr eine Marke regelmäßig als Ganzes wahr und achtet nicht auf die verschiedenen Einzelheiten (BGH GRUR 2020, 870 Rn. 66 – INJEKT/ INJEX; GRUR 2008, 909 Rn. 13 – Pantogast). Deshalb kommt es beim Vergleich zweier Marken maßgeblich auf den Gesamteindruck an, den diese jeweils hervorrufen (vgl. statt vieler BGH GRUR 2015, 1004 Rn. 23 – IPS/ISP; GRUR 2010, 235 Rn. 18 – AIDA/AIDU). Übereinstimmend formulieren EuGH und BGH in ständiger Rechtsprechung, dass „bei der umfassenden Beurteilung der Verwechslungsgefahr hinsichtlich der Ähnlichkeit der betreffenden Marken in Bild, Klang oder Bedeutung auf den Gesamteindruck abzustellen (ist), den die Marken hervorrufen, wobei insbesondere ihre unterscheidungskräftigen und dominierenden Elemente zu berücksichtigen sind" (EuGH C-498/07, GRUR Int 2010, 129 Rn. 60 – Carbonell/La Española; vgl. auch BGH GRUR 2020, 870 Rn. 58 – INJEKT/INJEX; GRUR 2016, 283 Rn. 13 – BSA/DSA DEUTSCHE SPORTMANAGEMENT AKADEMIE; GRUR 2012, 64 Rn. 9 – Maalox/Melox-GRY). Der Begriff der „sie unterscheidenden" Elemente, der in älteren EuGH-Entscheidungen anstelle von „unterscheidungskräftigen" Elementen verwendet wurde (vgl. zB noch EuGH C-120/04, GRUR 2005, 1042 Rn. 30 – THOMSON LIFE), ist zu vermeiden. Er wurde seinerzeit dahingehend missverstanden, dass der EuGH den Unterschieden zweier Marken größeres Gewicht beimessen wollte als ihren Übereinstimmungen. Tatsächlich beruhte die Verwendung des Wortes „unterscheidend" aber auf einem Fehler bei der Übersetzung des englischen Wortes „distinctive", welches richtigerweise „unterscheidungskräftig" heißt.

374   Die Maßgeblichkeit des Gesamteindrucks bedeutet nicht, dass sämtliche Markenbestandteile stets gleichgewichtig sind. Vielmehr existieren verschiedene Fallkonstellationen, in denen die Übereinstimmung oder Ähnlichkeit zweier Marken in nur einem ihrer Elemente zu Verwechslungsgefahr führen kann (→ Rn. 441 ff.).

2. Rechtsnatur

375   Bei der Beurteilung des von einer Marke ausgehenden Gesamteindrucks handelt es sich nach Auffassung des BGH im Wesentlichen um eine Tatsachenfrage (→ Rn. 336). Mit der Revision bzw. Rechtsbeschwerde kann deshalb lediglich überprüft werden, ob die Vorinstanz den zutreffenden Rechtsbegriff zugrunde gelegt, nicht gegen Erfahrungssätze oder Denkgesetze (→ Rn. 338) verstoßen und alle wesentlichen Umstände umfassend gewürdigt hat (BGH GRUR 2015, 1004 Rn. 27 – IPS/ISP; GRUR 2013, 1239 Rn. 32 – VOLKSWAGEN/Volks.Inspektion; GRUR 2012, 635 Rn. 23 – METRO/ROLLER's Metro; GRUR 2012, 64 Rn. 16 – Maalox/Melox-GRY).

376   In der Praxis ist der BGH deutlich großzügiger als der EuGH, der den Umfang seiner Überprüfung strikt auf die Verfälschung von Tatsachen oder Beweismitteln und die Frage beschränkt, ob alle im Einzelfall relevanten Faktoren der Markenähnlichkeit umfassend gewürdigt wurden (EuGH C-42/12 P, BeckRS 2012, 82678 Rn. 41–44 – ALPINE PRO SPORTSWEAR & EQUIPMENT; C-214/05 P, GRUR 2006, 1054 Rn. 24, 26 – SISSI ROSSI/MISS ROSSI; → UMV Art. 8 Rn. 64).

VII. Unvollkommenes Erinnerungsbild

377   Bei der Beurteilung der Zeichenähnlichkeit ist stets zu berücksichtigen, dass sich dem Durchschnittsverbraucher nur selten die Möglichkeit bietet, zwei Marken unmittelbar miteinander zu vergleichen. Er muss sich daher auf das unvollkommene Bild verlassen, das er von einer der Marken im Gedächtnis behalten hat (vgl. EuGH C-412/05 P, GRUR Int 2007, 718 Rn. 60 – TRAVATAN II; BGH GRUR 2003, 1047 (1049) – Kellogg's/Kelly's). Die Deutlichkeit des Erinnerungsbildes hängt jedoch wiederum von dem Aufmerksamkeitsgrad ab, den der Verbraucher der Marke entgegenbringt (→ Rn. 347 ff.).

VIII. Übereinstimmungen und Abweichungen

In der deutschen Rechtsprechung wurde lange Zeit die Auffassung vertreten, dass der Verkehr **378** beim Vergleich zweier Marken mehr auf Übereinstimmungen achtet als auf Abweichungen. Erstere spielten daher für die Prüfung der Verwechslungsgefahr eine größere Rolle (BGH GRUR 2004, 783 (785) – NEURO-VIBOLEX/NEURO-FIBRAFLEX; GRUR 1999, 735 (736) – MONO-FLAM/POLYFLAM). Nachdem dieser Erfahrungssatz in der Jurisdiktion des EuGH keine Bestätigung fand (→ Rn. 373), schien er zunächst an Bedeutung zu verlieren. Nun hat der BGH aber doch wieder postuliert, dass übereinstimmende Merkmale in einem undeutlichen Erinnerungseindruck häufig stärker ins Gewicht fallen als Unterschiede (BGH GRUR 2015, 1004 Rn. 23 – IPS/ISP; vgl. auch OLG Düsseldorf GRUR-RR 2016, 153 Rn. 15 – Püppi).

IX. Ähnlichkeitskategorien

1. Überblick

Der Vergleich zweier Marken hat in drei Kategorien zu erfolgen: im Klang (→ Rn. 389 ff.), **379** im Bild (→ Rn. 411 ff.) und in der Bedeutung (→ Rn. 421 ff.; EuGH C-498/07, GRUR Int 2010, 129 Rn. 60 – Carbonell/La Española; BGH GRUR 2015, 1004 Rn. 22 – IPS/ISP; GRUR 2010, 235 Rn. 18 – AIDU/AIDA). Sowohl in klanglicher und bildlicher als auch in begrifflicher Hinsicht können Marken auf die von ihnen angesprochenen Verkehrskreise wirken (BGH GRUR 2015, 1009 Rn. 24 – BMW-Emblem; GRUR 2015, 1004 Rn. 22 – IPS/ISP; GRUR 2012, 64 Rn. 14 – Maalox/Melox-GRY). Entscheidend ist jeweils der **Gesamteindruck,** den die Marken hervorrufen (EuGH C-498/07, GRUR Int 2010, 129 Rn. 60 – Carbonell/La Española; BGH GRUR 2012, 64 Rn. 9, 15 – Maalox/Melox-GRY; → Rn. 373 f.).

2. Verhältnis der Ähnlichkeitskategorien zueinander

a) Ähnlichkeit in einer Kategorie ausreichend?. Nach deutscher Rechtsprechung genügt **380** grundsätzlich die Markenähnlichkeit **in einer der maßgeblichen Kategorien,** also in klanglicher, bildlicher **oder** begrifflicher Hinsicht, um Markenähnlichkeit insgesamt zu begründen (BGH GRUR 2020, 870 Rn. 58 – INJEKT/INJEX; GRUR 2020, 1202 Rn. 23 – YOOFOOD/YO; GRUR 2017, 914 Rn. 27 – Medicon-Apotheke/MediCo Apotheke). Mit anderen Worten: Es genügt, wenn zwei Marken sich im (Schrift-)Bild, im Klang oder in der Bedeutung ähnlich sind (BGH GRUR 2017, 914 Rn. 27 – Medicon-Apotheke/MediCo Apotheke; GRUR 2015, 1004 Rn. 22 – IPS/ISP; GRUR 2011, 824 Rn. 26 – Kappa; LG Hamburg GRUR-RS 2021, 41562 Rn. 119 – M Carsharing).

Diese Ansicht sah man in Deutschland zunächst durch die EuGH-Entscheidung Lloyd (EuGH **381** C-342/97, GRUR Int 1999, 734 Rn. 28 – Lloyd) bestätigt (vgl. zB BGH GRUR 2006, 60 Rn. 17 – coccodrillo). Darin hieß es, es lasse sich nicht ausschließen, dass allein die klangliche Ähnlichkeit der Marken eine Verwechslungsgefahr iSv Art. 5 Abs. 1 lit. b MRL 2008 hervorrufen kann. Tatsächlich ist dieser negativen Formulierung aber gerade nicht zu entnehmen, dass der EuGH die Ähnlichkeit zweier Marken in einer der Ähnlichkeitskategorien regelmäßig für ausreichend hält. Vielmehr ist das Gegenteil der Fall. Wie der EuGH mittlerweile mehrfach ausdrücklich festgestellt hat, besteht Verwechslungsgefahr seiner Meinung gerade nicht notwendig immer dann, wenn die Zeichen nur klanglich ähnlich sind (→ UMV Art. 8 Rn. 93). Die klangliche Ähnlichkeit stellt laut EuGH vielmehr nur einen der relevanten Umstände im Rahmen der umfassenden Beurteilung der Zeichenähnlichkeit dar (vgl. EuGH C-234/06 P, GRUR 2008, 343 Rn. 35 – Il Ponte Finanziaria Spa/HABM; C-206/04 P, GRUR Int 2006, 504 Rn. 22 – ZIRH/SIR).

b) Neutralisierung von Übereinstimmungen. Folgt man der von der deutschen Rechtspre- **382** chung vertretenen Auffassung, dass grundsätzlich Markenähnlichkeit in einer Hinsicht genügt, um Markenähnlichkeit insgesamt zu begründen (→ Rn. 380), sind Unähnlichkeiten der Marken in einer Hinsicht grundsätzlich nicht geeignet, die Ähnlichkeit der Marken in anderer Hinsicht mit dem Ergebnis zu neutralisieren, dass eine Markenähnlichkeit insgesamt zu verneinen wäre. Eine Ausnahme von diesem Grundsatz ist in der deutschen Rechtsprechung lediglich bei begrifflichen Unterschieden anerkannt (→ Rn. 384).

Anders als vielfach angenommen steht diese Rechtsprechung zumindest im Ergebnis nicht **383** im Widerspruch zu derjenigen des EuGH. Auch der EuGH hat eine „Neutralisierung" von Übereinstimmungen in einer Ähnlichkeitskategorie durch Unterschiede in einer anderen bisher nur in Fällen angenommen, in denen die **Unterschiede zumindest auch begrifflicher Natur** waren (→ UMV Art. 8 Rn. 95). Der Auffassung des EuG, nach der eine klangliche Ähnlichkeit auch durch nur visuelle Unterschiede neutralisiert werden könne, hat sich der EuGH bisher nicht ausdrücklich angeschlossen. Auch der BGH hat sich mit dem Ansatz des EuG schon befasst (BGH GRUR 2011, 824 Rn. 30 ff. – Kappa; vgl. ferner BGH BeckRS 2018, 33325 Rn. 23 – combit/ Commit), im Ergebnis aber ausdrücklich offengelassen, ob klangliche Ähnlichkeit durch **bildliche Unterschiede** so neutralisiert werden kann, dass eine Zeichenähnlichkeit insgesamt ausscheidet. Entsprechendes komme, so der BGH, allenfalls dann in Betracht, wenn die beteiligten Verkehrs- kreise die betroffenen Waren regelmäßig nur **auf Sicht kaufen** (BGH GRUR 2011, 824 Rn. 31 – Kappa). Werden die mit den Marken gekennzeichneten Waren hingegen (auch) auf Nachfrage gekauft, scheidet eine Neutralisierung klanglicher Übereinstimmungen durch visuelle Unter- schiede aus. Die Verkehrsteilnehmer begegnen den Marken beim Erwerb der Waren dann nicht bzw. nicht zwingend optisch (BGH GRUR 2011, 824 Rn. 33 – Kappa; BPatG GRUR-RS 2021, 13009 Rn. 27 – Oskar/oscare).

384   Die bislang einzige Ausnahme von dem Grundsatz, dass Markenähnlichkeit in einer Kategorie nicht durch Unterschiede in einer anderen Kategorie ausgeschlossen werden kann, bilden **begriff- liche Unterschiede.** Verfügen beide oder auch nur eine der zu vergleichenden Marken über einen ohne Weiteres erkennbaren konkreten Begriffsinhalt, kann eine nach dem Klang und/oder dem Bild grundsätzlich vorhandene Verwechslungsgefahr ausscheiden (EuGH C-361/04 P, GRUR 2006, 237 Rn. 20 – PICASSO; BGH GRUR 2017, 914 Rn. 27 – Medicon-Apotheke/MediCo Apotheke; GRUR 2011, 824 Rn. 28 – Kappa; GRUR 2010, 235 Rn. 19, 21 – AIDA/AIDU).

385   Die Anforderungen an die Annahme eines eindeutigen und bestimmten Begriffsinhalts sind jedoch relativ streng. Erschließt sich der Sinngehalt der Marke(n) erst nach zergliedernder und analysierender Betrachtung, sind die vorstehenden Voraussetzungen nicht erfüllt (BGH GRUR 2017, 914 Rn. 33, 27 – Medicon-Apotheke/MediCo Apotheke). Als hinderlich kann es sich außerdem erweisen, wenn ein Wort über eine große Bandbreite unterschiedlicher Bedeutungen verfügt. Ergibt sich auch aus dem Zusammenhang, in dem das Wort verwendet wird, keine konkrete Bedeutung, kommt dem Wort eben kein eindeutiger und bestimmter, ohne weiteres erfassbarer Sinngehalt zu (BGH BeckRS 2018, 33325 Rn. 26 – combit/Commit).

386   Nur wenn der Verbraucher den Sinngehalt des bzw. der Wörter eindeutig und unmittelbar erfasst, wird er diese(s) nicht mit anderen Wörtern verwechseln, die diese Bedeutung nicht teilen. Das gilt jedoch wiederum nicht, wenn die Marken sich im Klang oder im Schriftbild derartig ähneln, dass sich der angesprochene Verkehrsteilnehmer schlicht verhören oder versehen kann. Die klangliche bzw. (schrift-)bildliche Ähnlichkeit setzt sich hier durch (BPatG BeckRS 2013, 01825 – planama/Panama). Weisen allerdings **beide** Zeichen einen ohne Weiteres erkennbaren konkreten Bedeutungsgehalt auf, steht dies nach Auffassung des OLG Düsseldorf auch der Gefahr eines Verlesens oder Verhörens entgegen (OLG Düsseldorf GRUR-RR 2016, 153 Rn. 17 – Püppi).

387   **c) Gewichtung der einzelnen Kategorien.** In Deutschland herrschte lange die Auffassung, dass der klanglichen Markenähnlichkeit für den Gesamtvergleich besondere Bedeutung zukomme. Diese Auffassung schien zwischenzeitlich ins Wanken zu geraten zu sein. Grund dafür waren wohl die sich auf europäischer Ebene abzeichnenden Tendenzen, der bildlichen Markenähnlichkeit höheres Gewicht einzuräumen. Vor allem gängige Konsumartikel des täglichen Bedarfs werden nach Ansicht des EuGH **im Wesentlichen auf Sicht gekauft** (EuGH C-498/07, GRUR Int 2010, 129 Rn. 75 f. – Carbonell/La Española). Der BGH hat die **besondere Bedeutung der klanglichen Ähnlichkeit** jedoch inzwischen wieder hervorgehoben und zur Begründung ausge- führt, dass der Verkehr einer Klangtäuschung leichter und häufiger unterliege als einer Täuschung durch ein visuell wahrnehmbares Kennzeichen oder durch den ähnlichen Sinngehalt zweier Kenn- zeichnungen. Dies liege daran, dass die Klangwirkung besonders flüchtig sei und vom Hörer meist nicht beliebig oft aufgenommen und vertieft werden könne (BGH GRUR 2015, 1004 Rn. 31 – IPS/ISP). Ob der Verkehr tatsächlich flüchtiger hört als sieht, mag dahingestellt bleiben. Die Ansicht des EuGH, welche dem visuellen Aspekt den Vorrang einräumt, verkennt in jedem Fall, dass mit der visuellen Wahrnehmung einer Marke in aller Regel auch eine Vorstellung von deren Klang einhergeht. Spätestens wenn eine Marke im Hörfunk oder Fernsehen beworben bzw. im Gespräch zwischen Verbrauchern oder Verbrauchern und Verkäufern empfohlen oder kritisiert wird, erhält diese Marke eine klangliche Komponente (vgl. auch BPatG BeckRS 2013, 19180 – VINEA/NIVEA). Kategorisch ausgeschlossen werden kann dies für keine Art von Waren oder Dienstleistungen.

388   **d) Komplexe Markenähnlichkeit.** Kommen sich zwei Marken in klanglicher, bildlicher und begrifflicher Hinsicht sehr nahe, soll das Zusammenwirken der Gemeinsamkeiten nach der Rechtsprechung des BPatG ausnahmsweise zu einer markenrechtlich relevanten „komplexen Marken-ähnlichkeit" führen können (BPatG GRUR-RS 2022, 20194 Rn. 64 – POWER HORSE/SIL-VER HORSE; BeckRS 2019, 14251 Rn. 19 – Hibiskiss/Hibis Kuss; GRUR-RS 2016, 09903 Rn. 31 – Örtliches Telefonbuch). Ob die Marken in einer der Kategorien Klang, Bild und Bedeu-tung für sich gesehen hinreichend übereinstimmen, um Verwechslungsgefahr zu begründen, sei dann unerheblich (so auch, jedoch zutreffend zur Zurückhaltung mahnend, Ströbele/Hacker/Thiering/Hacker § 9 Rn. 317). Vom BGH bestätigt wurde dieses Modell bislang nicht.

X. Klangliche Ähnlichkeit

1. Anwendungsbereich

Nach bislang herrschender Meinung kommt klangliche Ähnlichkeit nur bei Wortmarken bzw. **389** Wortelementen komplexer Marken in Betracht. Reine Bild-, 3D- oder Farbmarken sollen indessen über keine klangliche Komponente verfügen, da sie regelmäßig nicht benannt werden (zu Bildzeichen vgl. BGH GRUR 2006, 60 Rn. 24 – coccodrillo; zu Ausnahmen → Rn. 404). Das EuG teilt die Auffassung im Ergebnis (EuG T-424/10, BeckRS 2012, 80272 Rn. 45 – Dosenbach-Ochsner AG Schuhe und Sport/HABM), liefert allerdings eine andere Begründung: Eine Bild-marke ohne Wortelemente könne zwar als solche nicht ausgesprochen, ihr bildlicher oder begriffli-cher Inhalt aber ggf. mündlich beschrieben werden. Eine solche Beschreibung stimme jedoch zwangsläufig entweder mit der bildlichen oder begrifflichen Wahrnehmung der betroffenen Marke überein. Daher sei es nicht angebracht, die klangliche Wahrnehmung einer Bildmarke, die keine Wortelemente enthalte, eigenständig zu prüfen und sie mit der klanglichen Wahrnehmung anderer Marken zu vergleichen (EuG T-424/10, BeckRS 2012, 80272 Rn. 46 – Dosenbach-Ochsner AG Schuhe und Sport/HABM). Diese wohl normativ motivierte Argumentation des EuG überzeugt. Mäße man der klanglichen Ähnlichkeit von Bildmarken eigenständige Bedeutung zu, würde dadurch der Grundsatz unterlaufen, demzufolge das Markenrecht keinen generellen Motivschutz gewährt. Eine Ähnlichkeit zwischen zwei Bildmarken kann grundsätzlich nicht aufgrund der bloßen Tatsache angenommen werden, dass diese das gleiche Motiv zum Gegenstand haben (EuGH C-251/95, GRUR 1998, 387 Rn. 24, 25 – Springende Raubkatze).

Nach der Rechtsprechung des BGH kann ein klanglicher Zeichenvergleich weiterhin bei Mar- **390** ken ausscheiden, die aus Einzelbuchstaben bestehen. Zumindest in der Modebranche gibt es laut BGH keine Gewohnheit des Verkehrs, aus einem einzelnen Buchstaben gebildete Marken mit dem Lautwert des Einzelbuchstabens ohne weitere Zusätze zu benennen (BGH GRUR 2012, 930 Rn. 47 – Bogner B/Barbie B). Im Einklang mit der bisherigen europäischen Rechtsprechung steht dies allerdings nicht (EuG T-22/10, BeckRS 2011, 81619 Rn. 94 – Esprit International LP/HABM). Eine Äußerung des EuGH steht noch aus.

2. Allgemeine Beurteilungskriterien

Nach älterer sowie aktueller Rechtsprechung des BGH kann vor allem die Vokalfolge zweier **391** Marken beim klanglichen Zeichenvergleich hohes Gewicht haben. Wörtlich führte der BGH aus: „Zeichen, die aus denselben, jedoch in unterschiedlicher Reihenfolge angeordneten Buchstaben oder Silben gebildet sind, erwecken regelmäßig einen klanglich ähnlichen Gesamteindruck, wenn sie bei einer Aussprache der Buchstaben oder Silben dieselbe Vokalfolge aufweisen" (BGH GRUR 2015, 1004 Rn. 43 – IPS/ISP). Daneben sind bei der Prüfung der klanglichen Markenähnlichkeit ua die folgenden Umstände relevant: Die Anzahl, Gliederung und Länge der Silben, die Anzahl und Art der Vokale, die Länge der Markenwörter, deren Betonung, die grundsätzlich allgemeinen Sprachregeln folgt, der Sprachrhythmus (vgl. BGH GRUR 2011, 826 Rn. 24 – Enzymax/Enzy-mix; GRUR 1995, 50 (52) – Indorektal/Indohexal; GRUR 2001, 1161 (1163) – CompuNet/ComNet; BPatG BeckRS 2013, 19180 – VINEA/NIVEA) sowie ggf. die Klangverwandtschaft einzelner Laute.

Dental- und Labiallaute gelten beispielsweise als nicht leicht und deutlich voneinander unter- **392** scheidbar und damit eher ähnlichkeitsfördernd (BGH GRUR 1982, 420 (422) – BBC/DDC; vgl. ferner BGH GRUR 2016, 83 Rn. 56 – Amplidect/ampliteq). Einen Unterschied in sogenannten, leicht überhörbaren Augenblickslauten am Wortanfang hat das BPatG als nicht ausreichend erach-tet, um eine klangliche Ähnlichkeit zwischen ansonsten identischen, aber kurzen Wörtern auszu-schließen (vgl. BPatG GRUR 2006, 496 (499) – PARK/Jean Barth bezüglich der klanglichen Ähnlichkeit zwischen den Marken PARK und LARK). Laut BGH soll auch der Umstand, dass bei Aussprache (nur) bei einer der zu vergleichenden mehrsilbigen Marken zwischen einzelnen

Silben eine Lippenumformung zu erfolgen hat (im zu entscheidenden Fall beim Übergang von „com-" zu „-bit") nicht gegen, sondern für die Ähnlichkeit der Marken sprechen. Grund dafür sei die Möglichkeit einer undeutlichen Aussprache (BGH BeckRS 2018, 33325 Rn. 21 – combit/ Commit). Klangstarke Konsonanten, wie ein „x" am Wortende, können dem Verkehr hingegen in besonderer Weise im Gedächtnis bleiben und so eine bedeutende Rolle für die Feststellung der klanglichen Ähnlichkeit spielen (BGH GRUR 2011, 826 – Enzymax/Enzymix). Fehlt umgekehrt einem der Vergleichszeichen die klangstarke Wortendung, kann gleichwohl hochgradige Zeichenähnlichkeit bestehen (BPatG GRUR-RS 2020, 35999 Rn. 17 – reddo/Redoxx),

3. Wortanfänge und -endungen

393   Beim klanglichen Zeichenvergleich gilt nach bisheriger deutscher Rechtsprechung der Erfahrungssatz, dass der Verkehr dem **Anfang** von Wörtern meist mehr Beachtung schenkt als deren übrigen Bestandteilen, weshalb dem Wortanfang ein größeres Gewicht zukommen kann als den nachfolgenden Wortelementen (BGH GRUR 2021, 482 Rn. 43 – RETROLYMPICS; GRUR 2015, 1004 Rn. 36 – IPS/ISP; GRUR 2004, 783 (785) – NEURO-VIBOLEX/NEURO-FIBRAFLEX). Dies ist insoweit richtig, als der Wortanfang als erstes wahrgenommen wird und damit gerade bei langen, schwer merkbaren Markenwörtern besser in Erinnerung bleibt als der Rest der Marke. Allerdings führt die Übereinstimmung zweier Marken im Wortanfang keineswegs zwingend zur Annahme von Zeichenähnlichkeit (BGH GRUR 2015, 1114 Rn. 25 – Springender Pudel; BGH GRUR 1999, 587 (589) – Cefallone). Dem Wortanfang kommt insbesondere dann kein größeres Gewicht als den übrigen Markenbestandteilen zu, wenn er beschreibend oder sonst kennzeichnungsschwach ist (BGH GRUR 2015, 1004 Rn. 37 – IPS/ISP mwN). Das kann, wie der BGH nunmehr ausdrücklich festgestellt hat, „auch dann der Fall sein, wenn der Anfangsbuchstabe einer Buchstabenfolge für den Verkehr ersichtlich als Abkürzung für eine beschreibende Sachangabe verwendet wird" (BGH GRUR 2015, 1004 Rn. 37 – IPS/ISP). Der Wortanfang kann ferner dadurch an Bedeutung verlieren, dass das Wort nicht am Wortanfang betont wird (BGH GRUR 2015, 1004 Rn. 39 – IPS/ISP).

394   Umgekehrt können auch kongruente Wort**enden** eine Markenähnlichkeit begründen. Das gilt insbesondere bei entsprechender Betonung (BGH GRUR 2001, 507 (508) – EVIAN/REVIAN). Selbst der Einfluss von Silben in der Wortmitte auf den klanglichen Gesamteindruck stellt laut BGH eine Frage des Einzelfalls dar (BGH GRUR 2001, 1161 (1163) – CompuNet/ComNet).

395   Der EuGH lehnt die Existenz eines Grundsatzes, nach dem der Verbraucher dem Anfang eines Wortzeichens mehr Aufmerksamkeit widmet als dessen Ende, zwar ab (EuGH C-599/11 P, BeckRS 2012, 82692 Rn. 31 – TOFUKING; C-16/06 P, GRUR Int 2009, 397 Rn. 92 – OBELIX/MOBILIX), hält dies aber auch nicht für ausgeschlossen (→ UMV Art. 8 Rn. 76). Ein direkter Konflikt mit der Rechtsprechung des BGH, die ebenfalls von keiner starren Regel ausgeht, ergibt sich mithin nicht.

4. Kurze Wörter, Buchstabenfolgen

396   Bei kurzen, insbesondere einsilbigen Wörtern wirken sich Unterschiede grundsätzlich stärker (negativ) auf die Markenähnlichkeit aus als bei längeren Wörtern (BGH GRUR 2015, 1004 Rn. 45 – IPS/ISP; GRUR 2002, 167 (171) – Bit/Bud). Dies wird im Schrifttum zwar bisweilen bezweifelt, überzeugt aber schon deshalb, weil einem einzelnen Buchstaben in einem langen Wort weniger Gewicht in Relation zum Gesamtbegriff zukommt als in einem Wort, das über eine geringere Anzahl von Buchstaben verfügt. Auch die Linguistik bestätigt diese Annahme (Albrecht GRUR 2000, 648 (651)). Überdies wird sich der Verbraucher kurze Wörter meist besser und genauer merken können als lange und Abweichungen daher leichter erkennen.

396.1   Im Markenrecht wird für kurze Wörter oft der Begriff „Kurzwort" verwendet. Dies entspricht nicht dem linguistischen Sinn. Dort entstehen Kurzwörter durch Kürzung (LKW, Uni); das Markenrecht hingegen meint Wörter mit einer oder zwei Silben bis zu vier Buchstaben (Kobler-Trill, Das Kurzwort im Deutschen, 1994, 20 f.; Bußmann, Lexikon der Sprachwissenschaft, 1990; Erben, Einführung in die deutsche Wortbildungslehre, 1983, 22; Wellmann in Duden, Bd. 4 Grammatik, 4. Aufl. 1984, 395 ff.).

397   In kurzen bzw. als solche nicht aussprechbaren Buchstabenfolgen werden Konsonanten regelmäßig um Vokale ergänzt, welche die Aussprache erleichtern (BGH GRUR 2015, 1004 Rn. 42 – IPS/ISP; BPatG GRUR-RS 2021, 22245 Rn. 41, 43 – DLOHN/edlohn). Diese Vokale sind beim klanglichen Zeichenvergleich zu berücksichtigen, und zwar bei der Bestimmung der Anzahl, Art und Folge der Vokale ebenso wie bei der Feststellung der Silbenzahl (BGH GRUR 2015, 1004 Rn. 43, 45 – IPS/ISP; BPatG GRUR 2022, 33097 Rn. 95 – BTK/TBK).

5. Rotation von Markenteilen

Bestehen zwei Marken aus denselben Wörtern bzw. Silben, jedoch in unterschiedlicher Reihen-   **398** folge, gilt nach der Rechtsprechung des BPatG das Folgende: Soweit die einzelnen Wortelemente einen eindeutigen, übereinstimmenden Sinngehalt aufweisen, kommt Zeichenähnlichkeit in Betracht. Dies gilt insbesondere dann, wenn die Bedeutung der jeweiligen Zusammensetzung unklar und verschwommen ist (BPatG GRUR 2008, 77 (79) – QUELLGOLD/Goldquell), aber auch, wenn die Zusammensetzungen in ihrem Sinngehalt übereinstimmen. Angesichts des unvoll-kommenen Erinnerungsbildes, auf das der Verbraucher beim Markenvergleich zurückzugreifen hat (→ Rn. 377), können sich in solchen Fällen Zweifel hinsichtlich der Reihenfolge der einzelnen Teileelemente ergeben, so dass der Verbraucher das eine Zeichen für das andere hält (BPatG GRUR 2008, 77 (79) – QUELLGOLD/Goldquell; ebenso EuG T-484/08, BeckRS 2009, 71391 Rn. 33 – Kids Vits/VITS4KIDS). Hat die Umstellung der Markenteile jedoch zur Folge, dass die Marken einen völlig unterschiedlichen Gesamteindruck erwecken (BPatG BeckRS 2009, 01889 – Cerola/ ACEROL) oder erkennbar über einen abweichenden Sinngehalt verfügen (BPatGE 36, 123 = BeckRS 1996, 12426 – BALUBA/babalu), scheidet Zeichenähnlichkeit aus (BPatG GRUR 2008, 77 Ls. – QUELLGOLD/Goldquell).

6. Aussprache

Grundsätzlich ist davon auszugehen, dass die Wiedergabe eines Markenwortes den allgemeinen   **399** Sprachregeln folgt (BGH GRUR 1995, 50 (52) – Indorektal/Indohexal). Eine sprachregelwidrige Aussprache kommt jedoch vor allem unter den folgenden drei Voraussetzungen in Betracht: Die Lautfolge des angegriffenen Zeichens weicht nur unwesentlich von der Lautfolge der Klagemarke ab. Die Klagemarke verfügt über einen erheblichen Bekanntheitsgrad. Die Klagemarke wird anders ausgesprochen, als dies die allgemeinen Sprachregeln bei dem angegriffenen Zeichen nahelegen. In solchen Fällen ist bei der Beurteilung der Aussprache der angegriffenen Marke zu berücksichti-gen, dass die **bekannte Marke** gewissermaßen „stilbildend" auf die Gewohnheiten des Verkehrs wirkt (BGH GRUR 2004, 239 – DONLINE; BPatG BeckRS 2008, 897 – ADAK-Abschlepp-dienste Auto-Kraft/ADAC). Das kann auch Zahlen, wie etwa 4711, betreffen. Die Regel, dass zusammengeschriebene Wörter auch zusammenhängend ausgesprochen werden, kann dann zu vernachlässigen sein (BGH GRUR 2004, 239 – DONLINE). Rückschlüsse auf die Aussprache der jüngeren Marke sollen sich aus der Aussprache einer bekannten älteren Marke hingegen nicht ziehen lassen, wenn sich die Bekanntheit der älteren Marke nur auf Waren erstreckt, die mit denjenigen der jüngeren Marke unähnlich sind (BPatG BeckRS 2008, 22139 – LUCKY). Dem ist zuzustimmen, soweit der Verkehr aufgrund der Warenunähnlichkeit keine gedankliche Verbin-dung zu der älteren Marke und deren Aussprache herstellt. Ob eine ältere Marke, die nicht Klage oder Widerspruchsmarke ist, stilbildend wirken kann, wurde bislang noch nicht entschieden, wird bei hinreichend hohem Bekanntheitsgrad dieser Marke aber zu bejahen sein (so auch Ströbele/ Hacker/Thiering/Hacker § 9 Rn. 294).

Bei **fremdsprachigen Begriffen** existieren normalerweise zwei verschiedene Aussprachemög-   **400** lichkeiten. Zum einen kann das Wort sprachlich korrekt wiedergegeben werden, zum anderen kann die Aussprache deutschen Sprachregeln folgen. In den Zeichenvergleich sind grundsätzlich beide Aussprachemöglichkeiten einzubeziehen (BPatG GRUR 2020, 194 Rn. 26 – YO/YOO-FOOD). Klangliche Ähnlichkeit kann also immer dann gegeben sein, wenn die Marken auch nur in einer Wiedergabevariante übereinstimmen (BeckRS 2018, 31063 Rn. 25 ff. – Jooby/OBI). Je bekannter und geläufiger ein fremdsprachiges Wort den beteiligten Verkehrskreisen jedoch ist, desto eher wird man auch bzw. nur eine korrekten Aussprache ausgehen dürfen. Handelt es sich bei dem fraglichen Wort um einen Begriff des englischen Grundwortschatzes, welcher dem deutschen Durchschnittsverbraucher aufgrund entsprechender Schulbildung vertraut ist, spricht das für eine richtige Wiedergabe (BGH GRUR 1998, 938 (939) – DRAGON). Weiterhin leistet die häufige Erwähnung eines Wortes im Hörfunk oder Fernsehen einer korrekten Aussprache Vorschub. Auch die Üblichkeit eines Wortes im inländischen Sprachgebrauch bzw. dessen Ähnlich-keit mit einem deutschen Wort vermag eine regelgerechte Aussprache zu begründen bzw. begüns-tigen (BPatG GRUR 2020, 194 Rn. 26 – YO/YOOFOOD bzgl. des Wortelements „FOOD"; EuG T-57/03, GRUR Int 2005, 489 Rn. 58 ff. – HOOLIGAN). Ferner kann der Bildbestandteil einer Marke eine bestimmte Aussprache vorgeben. Der in der Wort-/Bildmarke „iScreen" als Auge gezeichnete iPunkt führte so zur Annahme einer englischen Aussprache, entsprechend „eye-screen" (BPatG BeckRS 2014, 10745). Naheliegend erscheint zudem, dass die Kombination eines Wortelements mit einem oder mehreren bekannten, üblicherweise korrekt ausgesprochenen fremdsprachigen Begriffen zu einer Aussprache aller Wortelemente nach den Regeln der betreffenden Fremdsprache führt.

401   Die Fremdsprachenkenntnisse des Durchschnittsverbrauchers sollten allerdings nicht überschätzt werden (→ § 8 Rn. 284 ff.). Keinesfalls sind sie mit denjenigen der anwaltlichen Vertreter oder Richter gleichzusetzen, die mit dem Fall befasst sind. Diese verfügen in aller Regel über ein überdurchschnittlich hohes Bildungsniveau. Vor allem bezüglich anderer Sprachen als dem Englischen ist große Zurückhaltung bei der Annahme einer korrekten Aussprache geboten.

402   Spricht eine Ware nur Fachkreise an, innerhalb derer eine Fremdsprache als Fachsprache dient, ist davon auszugehen, dass die beteiligten Verkehrskreise das Wort zutreffend wiedergeben.

403   Eine **mundartliche Aussprache** ist beim klanglichen Zeichenvergleich grundsätzlich nicht zu berücksichtigen. Etwas anderes gilt lediglich dann, wenn dies wegen des Wortcharakters nahe liegt oder eine bestimmte Dialektfärbung aus sonstigen Gründen den allgemeinen Sprachgebrauch beherrscht (BPatGE 34, 268 (270) – FOCUS/LOGOS).

7. Wort-/Bildmarken

404   Für den Vergleich von Wort-/Bildmarken miteinander bzw. von Wort-/Bildmarken mit Wortmarken gilt in klanglicher Hinsicht der Erfahrungssatz, dass sich der Verkehr regelmäßig an dem Wortbestandteil orientiert. Jener stellt die einfachste Möglichkeit der Benennung dar (BGH GRUR 2009, 1055 Rn. 28 – airdsl; GRUR 2008, 903 Rn. 25 – SIERRA ANTIGUO) und zwar, so der BGH, auch dann, wenn sich der Bildbestandteil der Marke begrifflich beschreiben lässt (BGH GRUR 2011, 824 Rn. 27 – Kappa; GRUR 2006, 859 Rn. 29 – Malteserkreuz). Voraussetzung ist jedoch stets, dass der betreffende Wortbestandteil über Kennzeichnungskraft verfügt (BGH GRUR 2009, 1055 Rn. 28 – airdsl). Abweichend von dem Grundsatz, dass nur Wortelemente am klanglichen Markenvergleich teilnehmen (→ Rn. 389), kommt laut BGH eine Benennung der fraglichen Produkte anhand von Bildelementen ausnahmsweise dann in Betracht, wenn diese besonders markant sind (BGH GRUR 2008, 903 Rn. 25 – SIERRA ANTIGUO).

8. Beschreibende Angaben

405   **a) Deutsche Rechtsprechung.** Nach bisheriger deutscher Rechtsprechung schied eine an sich bestehende klangliche Zeichenähnlichkeit aus, wenn die maßgeblichen Marken bei klanglicher Wahrnehmung beschreibend waren. Entsprechendes galt allgemein, wenn zwei Marken, die sich an beschreibende Begriffe anlehnen, lediglich in ihren beschreibenden Merkmalen klanglich übereinstimmten. Seine ständige Rechtsprechung zu diesem Thema hat der BGH mit den folgenden Worten zusammengefasst: „Im Fall von Marken oder Markenbestandteilen, die (...) an einen die Waren oder Dienstleistungen beschreibenden Begriff angelehnt sind und nur dadurch Unterscheidungskraft erlangen und als Marke eingetragen werden konnten, weil sie von diesem Begriff (geringfügig) abweichen, ist der **Schutzumfang** der eingetragenen Marke **eng zu bemessen,** und zwar nach Maßgabe der **Eigenprägung** und der Unterscheidungskraft, die dem Zeichen die Eintragungsfähigkeit verleiht. Ein darüberhinausgehender Schutz kann nicht beansprucht werden, weil er dem markenrechtlichen Schutz der beschreibenden Angabe gleichkäme" (vgl. statt vieler BGH GRUR 2012, 1040 Rn. 39 – pjur/pure; ebenso BGH GRUR 2013, 631 Rn. 59 – AMA-RULA/Marulablu, Hervorhebung durch Verf.). An dieser Aussage hält der BGH nach wie vor fest (BGH GRUR 2020, 870 Rn. 70 – INJEKT/INJEX). Er möchte sie jedoch nicht (mehr) dahingehend verstanden wissen, dass sich aus der Übereinstimmung zweier Marken in beschreibenden Zeichenbestandteilen von vornherein und generell keine Zeichenähnlichkeit oder -identität ergeben kann (BGH GRUR 2020, 870 Rn. 71 – INJEKT/INJEX). Nach wie vor dürfte jedoch gelten, dass aus der Übereinstimmung zweier Marken ihrer beschreibenden Ausprägung grundsätzlich keine **Verwechslungsgefahr** hergeleitet werden kann (BGH GRUR 2020, 870 Rn. 71 – INJEKT/INJEX; GRUR 2013, 631 Rn. 66 – AMARULA/Marulablu; vgl. auch BGH GRUR 2012, 1040 Rn. 40 – pjur/pure).

406   In tatsächlicher Hinsicht begründet der BGH dies damit, dass eine beschreibende Angabe keinen bestimmenden Einfluss auf den Gesamteindruck einer Marke habe, weil der Verkehr beschreibende Angaben nicht als Hinweis auf die betriebliche Herkunft der Waren oder Dienstleistungen, sondern lediglich als Sachhinweis auffasse (BGH GRUR 2020, 870 Rn. 72 – INJEKT/INJEX; GRUR 2013, 631 Rn. 59 – AMARULA/Marulablu; GRUR 2012, 1040 Rn. 40 – pjur/pure). Den Schutzumfang von Marken, die an eine beschreibende Angabe angelehnt sind, bestimmen daher nach der Rechtsprechung des BGH diejenigen Merkmale, welche der Marke ihre Unterscheidungskraft verleihen, also von der beschreibenden Angabe abweichen. Je geringer die kennzeichnungskräftigen Veränderungen einer Marke gegenüber einer beschreibenden Angabe sind, desto enger ist ihr Schutzbereich zu fassen (BGH GRUR 2020, 870 Rn. 72 – INJEKT/INJEX; GRUR 2013, 613 Rn. 59 – AMARULA/Marulablu; GRUR 2012, 1040 Rn. 40 – pjur/pure).

Die durch das Urteil BGH GRUR 2020, 870 – INJEKT/INJEX eingeläutete Änderung der Rechtspre- **406.1** chung ist wohl nur dogmatischer Natur. Anstatt eine Verwechslungsgefahr, wie bisher häufig geschehen, bereits an der Zeichenähnlichkeit scheitern zu lassen, verschiebt sich das Problem auf die Ebene der Gesamtbetrachtung und den dort zu berücksichtigenden Schutzumfang der älteren Marke. Dem BGH gelingt es so, seine im Ergebnis zutreffende Rechtsprechung (→ Rn. 408.1) mit den Vorgaben des EuGH (vgl. insbes. GRUR 2020, 52 Rn. 46 ff. – PRV/Hansson) in Einklang zu bringen.

Der Schutzumfang einer Marke, die sich an eine beschreibende Angabe anlehnt, ist allerdings **407** nicht beschränkt gegenüber Zeichen, die sich in gleicher oder ähnlicher Weise an den beschreibenden Begriff anlehnen oder ihn verfremden (BGH GRUR 2011, 826 Rn. 29 – Enzymax/Enzymix; GRUR 2008, 803 Rn. 22 – HEITEC). Dies ist insbesondere dann der Fall, wenn sich das charakteristische Merkmal der schutzbegründenden Gestaltung der älteren Marke auch in der jüngeren Marke findet (BGH GRUR 2011, 826 Rn. 29 – Enzymax/Enzymix). Insoweit kommt Zeichenähnlichkeit durchaus in Betracht. Es gilt lediglich zu vermeiden, dass sich das aus einer Marke fließende Ausschließlichkeitsrecht auf die beschreibende Angabe erstreckt (BGH GRUR 2008, 803 Rn. 22 – HEITEC).

Ob ein Markenelement beschreibend ist, bestimmt sich im Übrigen nicht nach der Intention **408** des Markeninhabers, sondern allein nach der Auffassung der angesprochenen Verkehrskreise (BGH GRUR 2017, 914 Rn. 22 – Medicon-Apotheke/MediCo Apotheke).

Die Rechtsprechung des BGH verdient Zustimmung. Es mag dahingestellt bleiben, ob der Verkehr **408.1** bei ähnlichen, aber an beschreibende Begriffe angelehnten Marken tatsächlich nicht der Gefahr einer Herkunftstäuschung unterliegt. In jedem Fall kann nur durch die vom BGH vorgenommene Beschränkung des Schutzbereichs verhindert werden, dass beschreibende oder sonst nicht schutzfähige Begriffe mithilfe von Marken, die davon nur geringfügig abweichen, entgegen der Vorschrift und dem Sinn und Zweck des § 8 doch zugunsten eines Unternehmers monopolisiert werden.

b) Europäische Rechtsprechung. Lange teilten weder EuG noch EuGH die Auffassung des **409** BGH, nach der die Übereinstimmung zweier Marken in einem beschreibenden Bestandteil keine Verwechslungsgefahr begründen kann. Die EU-Gerichte waren der Meinung, dass zwischen zwei Marken bzw. Markenbestandteilen bestehende Ähnlichkeiten nicht durch deren schwache Kennzeichnungskraft neutralisiert werden können, da diese nicht geeignet sei, die Wahrnehmung der Verbraucher im Hinblick auf die Ähnlichkeit der Zeichen zu beeinflussen. Dem Faktor der Kennzeichnungskraft würde andernfalls übermäßige Bedeutung eingeräumt (vgl. zB EuG T-492/08, BeckRS 2010, 90568 Rn. 56–58 – star foods/STAR SNACKS; bestätigend EuGH C-43/15 P, BeckRS 2016, 82618 Rn. 64 – compressor technology/KOMPRESSOR). Der EuGH wies die Argumente, mit denen zB der BGH seine abweichende Auffassung begründete, wiederholt zurück. Dazu führte der EuGH aus, dass der Faktor der Zeichenähnlichkeit nicht zugunsten desjenigen der Kennzeichnungskraft vernachlässigt werden dürfe, um den Schutz kennzeichnungsschwacher Marken nicht auf einen Schutz gegen identische Verwendungsformen zu beschränken (vgl. EuGH C-235/05 P, BeckRS 2009, 71218 – FlexiAir/Flex; C-171/06 P, BeckRS 2007, 70219 Rn. 41 – T.I.M.E. ART v. OHIM).

Es scheint nun jedoch endlich zu einer gegenseitigen Annäherung der deutschen und europä- **410** ischen Rechtsprechung zu kommen (vgl. auch → Rn. 405 ff.). Jedenfalls hat der EuGH in GRUR 2020, 52 Rn. 55 – PVR/Hansson sowie GRUR-RS 2020, 12960 Rn. 53 – PRIMART eingeräumt, dass die Übereinstimmung zweier Marken in einem schwach unterscheidungskräftigen oder beschreibenden Bestandteil häufig nicht zur Feststellung einer Verwechslungsgefahr führen wird. Auslöser dafür war womöglich das Konvergenzprogramm CP5 (abrufbar unter https://www.tmdn.org/network/converging-practices). Darin kamen die Markenämter überein, dass die bloße Übereinstimmung zweier Marken in nicht unterscheidungskräftigen Elementen keine Verwechslungsgefahr zur Folge haben soll (→ UMV Art. 8 Rn. 110).

XI. Bildliche Ähnlichkeit

1. Anwendungsbereich

Die bildliche oder auch visuelle Ähnlichkeit spielt vor allem bei Bild- bzw. Kombinationsmarken **411** mit Bildelementen eine Rolle. Daneben kommt bildliche Ähnlichkeit auch bei Wortmarken in Betracht, ist jedoch auf etwaige Übereinstimmungen im Schriftbild beschränkt.

2. Bildmarken und -elemente

412   In der Praxis bestehen Bildmarken und Bildelemente mehrteiliger Marken häufig aus Motiven, die der Natur entnommen sind, allgemeinen ästhetischen Grundformen, Darstellungen der Ware selbst, einfachen geometrischen Formen oder grafischen Gestaltungselementen, die in der Werbung üblicherweise in bloß ornamentaler, schmückender Form verwendet werden. Insoweit vorhandene Übereinstimmungen begründen aus Rechtsgründen regelmäßig keine Markenähnlichkeit. Erforderlich ist vielmehr, dass die Bildmarken bzw. -elemente sich in den Besonderheiten der konkreten Darstellung ähneln (BGH GRUR 2003, 332 (335) – Abschlussstück; GRUR 1996, 198 (200) – Springende Raubkatze; GRUR 1989, 425 (427) – Herzsymbol; vgl. ferner BGH GRUR 2004, 594 (597) – Ferrari Pferd; zum Vergleich zweier Bildmarken vgl. zB BPatG GRUR-RS 2021, 5376 Rn. 20 ff. – Apple/Apfeldarstellung).

3. Wortmarken und -elemente

413   Die bildliche Ähnlichkeit von Wortmarken bzw. Wortbestandteilen von Wort-/Bildmarken ist insbesondere anhand der Länge der Wörter, der Anzahl und Stellung identischer Buchstaben sowie der Ähnlichkeit einzelner Buchstaben, zB in ihren Ober- oder Unterlängen, zu beurteilen (EuGH C-412/05 P, GRUR Int 2007, 71 Rn. 20 – TRAVATAN II; zur Wortlänge BGH GRUR 2016, 83 Rn. 56 – Amplidect/ampliteq). Wird ein im Deutschen verhältnismäßig seltener Buchstabe, wie zB das „x", als Endbuchstabe verwendet, kann dieser besondere Aufmerksamkeit hervorrufen mit der Folge, dass ihm für den Zeichenvergleich größeres Gewicht zukommt (BGH GRUR 2011, 826 Rn. 22 – Enzymax/Enzymix). Bei Wortelementen von Wort-/Bildmarken sind zudem die Schrifttype und das Druckbild von Bedeutung (BGH GRUR 2015, 1114 Rn. 37 – Springender Pudel).

414   Indessen spielt es bei reinen Wortmarken keine Rolle, ob die ältere Marke in Klein- und/oder Großbuchstaben registriert ist, da Wortmarken gerade nicht auf eine bestimmte Wiedergabeform festgelegt sind, ihr Schutzgegenstand, jedenfalls aber ihr Schutzumfang also grundsätzlich alle verkehrsüblichen Schrifttypen sowie Groß- und Kleinschreibung erfasst (→ Rn. 367; BPatG GRUR 2005, 777 – NATALLA/nutella; BeckRS 2013, 11074 – FrancoMusiques).

4. Farbelemente

415   Steht eine schwarz-weiß eingetragene Marke einem farbigen Zeichen gegenüber, beseitigt die farbliche Abweichung die Ähnlichkeit üblicherweise nicht (BGH GRUR 2015, 1009 Rn. 25 – BMW-Emblem; GRUR 2006, 859 Rn. 23 – Malteserkreuz). Der Verwechslungsschutz erfasst, so der BGH, regelmäßig auch farbige Wiedergaben schwarz-weißer Marken (BGH GRUR 2015, 1009 Rn. 25 – BMW-Emblem). Entsprechendes gilt bei einer Kontrastumkehr. Es ist für die Frage der Markenähnlichkeit grundsätzlich ohne Bedeutung, ob ein Zeichen hell auf dunklem Grund oder dunkel auf hellem Grund dargestellt wird (GRUR 2006, 859 Rn. 23 – Malteserkreuz).

5. Markenanfänge

416   Wie im Rahmen der klanglichen Ähnlichkeit (→ Rn. 393) gilt auch bei der Frage der visuellen Ähnlichkeit der Erfahrungssatz, dass Markenanfänge größeres Gewicht für den Gesamteindruck haben, da sie vom Betrachter als erstes wahrgenommen werden.

6. Rotation von Markenteilen

417   Hinsichtlich der bildlichen Ähnlichkeit von Marken, die aus den gleichen Bestandteilen, jedoch in unterschiedlicher Zusammensetzung bestehen, wird auf die Ausführungen zur Rotation von Markenteilen im Rahmen der klanglichen Ähnlichkeit verwiesen (→ Rn. 398). Die dort zitierte Rechtsprechung gilt für die bildliche Markenähnlichkeit entsprechend.

7. Wort-/Bildmarken

418   Anders als beim klanglichen Zeichenvergleich besteht in bildlicher Hinsicht kein Erfahrungssatz, nach dem sich der Verkehr in erster Linie am Wort- und nicht am Bildbestandteil der Marke orientiert (BGH GRUR 2008, 505 Rn. 32 – TUC-Salzcracker; GRUR 2006, 859 Rn. 30 – Malteserkreuz). Der Verkehr stellt lediglich dann vorrangig auf den Wortbestandteil ab, wenn es sich bei dem Bildbestandteil um eine nichtssagende oder geläufige und nicht ins Gewicht fallende Verzierung handelt (BGH GRUR 2009, 1055 Rn. 27 – airdsl; GRUR 2008, 903 Rn. 24 –

SIERRA ANTIGUO; s.a. BPatG GRUR-RS 2021, 13009 Rn. 20 – Oskar/oscare). Wann dies der Fall ist, bestimmt sich nach den Umständen des Einzelfalls. Verneint hat der BGH eine allein maßgebende Bedeutung des Wortbestandteils beispielsweise in einem Fall, in dem in zentraler Position der Marke ein Gesicht mit einer roten, herausgestreckten Zunge wiedergegeben war (BGH GRUR 2009, 1055 Rn. 27 – airdsl) oder die Marke eine auffällig gestaltete Flaschenform mit einem Plastikaufsatz enthielt, der an einen Sombrero erinnerte (BGH GRUR 2008, 903 Rn. 24 – SIERRA ANTIGUO).

Von noch größerer Bedeutung sind Bildelemente bei Wort-/Bildmarken, deren Wortelement **419** aus einem einzelnen Buchstaben besteht. Im Hinblick auf die Kürze der Marke haben bildliche Unterschiede hier ein wesentlich größeres Gewicht als bei normalen Wortmarken. Schon Unterschiede in der grafischen Gestaltung eines ansonsten gleichen Buchstabens können nach der Rechtsprechung des BGH dazu führen, dass die bildliche Ähnlichkeit der jeweiligen Marken lediglich gering ist (BGH GRUR 2012, 930 Rn. 51, 52 – Bogner B/Barbie B).

8. Schutzunfähige Angaben

Ebenso wie beim klanglichen Zeichenvergleich gilt in bildlicher Hinsicht der Grundsatz, dass **420** eine Übereinstimmung zweier Marken in schutzunfähigen Elementen keine Markenähnlichkeit begründet (→ Rn. 405). Der Schutzumfang eines Zeichens, das sich an eine beschreibende Angabe anlehnt, ist auf dessen schutzbegründende Eigenprägung beschränkt. Nur insoweit bestehende Übereinstimmungen rechtfertigen die Annahme visueller Zeichenähnlichkeit (BGH GRUR 2012, 1040 Rn. 44 – pjur/pure; bezüglich Bildmarken → Rn. 412).

XII. Begriffliche Ähnlichkeit

1. Voraussetzungen

Begriffliche Ähnlichkeit setzt voraus, dass zwei Marken die gleiche Bedeutung haben oder vom **421** Verbraucher fälschlich so verstanden werden (sog. „false friends"; BPatG GRUR 1998, 399 – Rackwall; Albrecht GRUR 2001, 470 (473 ff.)). Dies kommt wiederum nur dann in Betracht, wenn beide Marken über einen erkennbaren Sinngehalt verfügen. Misst der Verkehr nur einer oder keiner der zu vergleichenden Marken eine bestimmte Bedeutung zu, scheidet begriffliche Ähnlichkeit nach deutscher Rechtsprechung aus (BGH GRUR 2009, 1055 Rn. 29 – airdsl).

2. Anwendungsbereich

Ihren Hauptanwendungsbereich findet die begriffliche Markenähnlichkeit bei Wortmarken. **422** Aber auch bei anderen und zwischen unterschiedlichen Markenformen kann Ähnlichkeit in begrifflicher Hinsicht bestehen (zu Bildmarken → Rn. 424).

3. Wörter

Begriffliche Ähnlichkeit kann zwischen deutschsprachigen Synonymen, einem deutschen und **423** einem fremdsprachigen oder zwei fremdsprachigen Begriffen bestehen. Die beiden zuletzt genannten Fälle setzen voraus, dass das durchschnittliche Mitglied der beteiligten Verkehrskreise die Bedeutung der fremdsprachigen Begriffe kennt. Die Fremdsprachenkenntnisse der deutschen Bevölkerung dürfen allerdings nicht überschätzt werden (→ Rn. 401; → § 8 Rn. 284 ff.). Eine begriffliche Ähnlichkeit kommt daher grundsätzlich nur bei geläufigen Ausdrücken gängiger Fremdsprachen in Betracht (BPatG GRUR-RS 2021, 37248 Rn. 34 – Haferghurt/OATGURT). Fehlen Anderes nahelegende Anhaltspunkte, wird man bei gängigen Wörtern des **englischen** Grundwortschatzes davon ausgehen dürfen, dass der Durchschnittsverbraucher diese versteht. Englischsprachige Phantasiebegriffe sind jedoch selbst dann, wenn sie eine verständliche Aussage vermitteln, grundsätzlich nicht als geläufige Begriffe im vorstehenden Sinn anzusehen (BPatG GRUR-RS 2021, 37248 Rn. 34 – Haferghurt/OATGURT). Bei Begriffen, die nicht zu den gängigen Wörtern des englischen Grundwortschatzes gehören, kann aber ggf. deren häufige Verwendung in den Medien oder der Werbung als Indiz dafür herangezogen werden, dass sie dem Verkehr dennoch geläufig sind. Basisbegriffe der **französischen** Sprache können, sofern sie – wie zB „oui", „merci" oder „bonjour" – im Inland ungezwungen in alltäglichen Zusammenhängen mit Bezug zur französischen Kultur verwendet werden, als bekannt vorausgesetzt werden, ohne dass dafür entwickelte Fremdsprachenkenntnisse erforderlich wären. Das gilt insbesondere dann, wenn die in Rede stehenden Waren bzw. Dienstleistungen einen besonderen Bezug zur französischen Sprache aufweisen, wie es im Bereich der Mode der Fall ist (vgl. BGH GRUR 2016, 934 Rn. 15 f. – OUI). Die Bedeutung **spanischer** Wörter dürfte dem inländischen Publikum hingegen regelmäßig nicht bekannt sein, und zwar auch dann nicht, wenn es sich um Wörter des spanischen Grundwortschatzes handelt (vgl. BPatG GRUR 2020, 194 Rn. 21 – YO/YOOFOOD; anders aber BPatG GRUR-RS 2022, 31875 Rn. 32 – Aura Pura/AURA: Spanien, Italien und Portugal seien beliebte Reiseziele deutscher Touristen, was zunehmend auch zur Verständlichkeit von Grundbegriffen dieser Sprachen führe). Der Sinngehalt sonstiger fremdsprachiger, zB **russischer** oder **türkischer** Wörter, kann unter Umständen bei gespaltener Verkehrsauffassung (vgl. → Rn. 352) begriffliche Ähnlichkeit begründen.

4. Bildmarken

424   Auch Bildmarken können begrifflich ähnlich sein. Es genügt jedoch nicht, dass zwei Marken das gleiche Motiv wiedergeben. Ein sogenannter **Motivschutz ist dem deutschen Markenrecht fremd** (BGH GRUR 2015, 1214 Rn. 35 – Goldbären; BPatG GRUR-RS 2021, 5376 Rn. 18 – Apple/Apfeldarstellung; → Rn. 389). Erforderlich ist vielmehr, dass die ältere Marke von Haus aus oder infolge ihrer Benutzung über eine besondere Kennzeichnungskraft verfügt (BGH GRUR 2004, 594 (597) – Ferrari Pferd).

5. Wortmarken und Bild-/3D-Marken

425   Eine begriffliche Ähnlichkeit zwischen einer **Bildmarke** und einer Wortmarke bzw. dem prägenden Wortbestandteil einer mehrteiligen Marke ist grundsätzlich möglich. Sie setzt voraus, dass die Wortmarke bzw. der Wortbestandteil der Wort-/Bildmarke aus Sicht der beteiligten Verkehrskreise die naheliegende, ungezwungene und erschöpfende Bezeichnung des Bildes darstellt (BGH GRUR 2015, 1214 Rn. 35 – Goldbären; GRUR 2006, 60 Rn. 22 – coccodrillo). Besondere Zurückhaltung ist bei der Annahme begrifflicher Ähnlichkeit zwischen einem Bild und dessen fremdsprachiger Bezeichnung geboten. Nur wenn das fremdsprachige Wort dem durchschnittlichen Mitglied der angesprochenen Verkehrskreise geläufig ist, kommt eine Ähnlichkeit im Sinngehalt in Betracht (BGH GRUR 2006, 60 – coccodrillo; → § 8 Rn. 284 ff.). Besteht die Bildmarke aus einem Barcode, dessen Auslesung durch eine spezielle Software die Wortmarke ergibt, begründet dies nach Auffassung des OLG Köln keine begriffliche Zeichenähnlichkeit, da sich die Bedeutung der Bildmarke dem Verbraucher nicht ohne weitergehenden Denk- und Ermittlungsvorgang erschließt (OLG Köln GRUR-RR 201, 291 – Barcode-Label Rn. 19).

426   Eine Wortmarke und eine **3D-Marke** bzw. dreidimensionale Gestaltung sind ebenfalls dann begrifflich ähnlich, wenn die Wortmarke aus Sicht der angesprochenen Verkehrskreise die naheliegende, ungezwungene und erschöpfende Bezeichnung der Gestaltung darstellt (BGH GRUR 2015, 1214 Rn. 35 – Goldbären). Die Anforderungen an die Annahme entsprechender Markenähnlichkeit sind jedoch hoch. Insbesondere darf der Wortmarke kein dem Markenrecht fremder Motivschutz zuteilwerden. Auch eine uferlose Ausweitung des Schutzbereichs von Wortmarken ist zu vermeiden. Eine Wortmarke bezeichnet eine dreidimensionale Gestaltung nach der Rechtsprechung des BGH daher nur dann naheliegend, ungezwungen und erschöpfend, wenn

• die drei Voraussetzungen (naheliegend, ungezwungen und erschöpfend) kumulativ erfüllt sind und

• sich die Benennung der beanstandeten Gestaltung mit dem Markenwort für den Verkehr aufdrängt, ohne dass hierfür mehrere gedankliche Zwischenschritte notwendig wären.

427 Verfügt die Wortmarke über einen allgemeinen oder beschreibenden Sinngehalt oder beschreibende Anklänge, steht dies einer begrifflichen Ähnlichkeit eher entgegen (zum Ganzen BGH GRUR 2015, 1214 Rn. 35 – Goldbären). Kommen neben der Bezeichnung, aus der die Wortmarke besteht, noch andere, zumindest ebenso naheliegende Bezeichnungen der dreidimensionalen Gestaltung in Betracht, scheidet begriffliche Ähnlichkeit aus. Die bloße Möglichkeit, die dreidimensionale Gestaltung mit der Wortmarke zu benennen, genügt für eine Ähnlichkeit im Sinngehalt nicht (BGH GRUR 2015, 1214 Rn. 38, 41 – Goldbären).

6. Beschreibende Begriffe

428   Ist der Sinngehalt der zu vergleichenden Marken oder Markenbestandteile beschreibend, kann sich aus insoweit bestehenden Übereinstimmungen keine Zeichenähnlichkeit oder –identität ergeben. Der Schutzumfang der älteren Marke reicht nur so weit, wie diese von dem beschreibenden Begriff abweicht. Er ist eng zu bemessen, und zwar nach Maßgabe der Eigenprägung und Unterscheidungskraft, die der Marke ihre Eintragungsfähigkeit verleiht. Ein weiterer Schutz scheidet aus, da er dem Schutz der beschreibenden Angabe gleichkäme (ständige Rechtsprechung, vgl. statt vieler BGH GRUR 2012, 1040 Rn. 38 f. – pjur/pure). Das zur Ähnlichkeit von in klanglicher Hinsicht beschreibenden Marken(-bestandteilen) Gesagte gilt entsprechend (→ Rn. 405 ff.; zur Divergenz der EuGH-Rechtsprechung zu der des BGH → Rn. 409 f.).

XIII. Besondere Markenformen

1. Abstrakte Farbmarken

a) Anwendungsbereich. Der Begriff der abstrakten Farbmarke erfasst nur Marken, die aus- **429** schließlich aus einer Farbe bzw. Farbkombination als solcher bestehen, ohne dass diese räumlich begrenzt wäre. Treten andersartige Elemente wie Wörter, Bilder oder Formen bzw. eine räumliche Begrenzung hinzu, handelt es sich nicht um eine abstrakte Farbmarke, sondern um eine Wort-/ Bild-, Bild- oder 3D-Marke.

b) Beurteilungskriterien. Ebenso wie bei sonstigen Zeichen kommt es beim Vergleich von **430** bzw. mit abstrakten Farbmarken auf den Gesamteindruck an, den die einander gegenüberstehenden Marken hervorrufen (BGH GRUR 2002, 427 (428) – Farbmarke gelb/grün). Aufgrund ihrer im Allgemeinen geringen Kennzeichnungskraft (zur Unterscheidungskraft → § 8 Rn. 445 ff.) verfügen Farbmarken allerdings regelmäßig über einen ebenso geringen Schutzumfang (BGH GRUR 2002, 427 (428) – Farbmarke gelb/grün). Hinzu kommt, dass die Rechtsprechung bei der Annahme einer markenmäßigen Benutzung von Farben, insbesondere bei deren Verwendung in der Werbung oder auf der Verpackung einer Ware, äußerst zurückhaltend ist (BGH GRUR 2021, 1526 Rn. 26 – NJW-Orange; GRUR 2011, 1199 Rn. 58 – Goldhase III; GRUR 2015, 1201 Rn. 93 – Sparkassen-Rot/Santander-Rot; GRUR 2014, 1011 Rn. 23 – Gelbe Wörterbücher, wonach bei der Verwendung einer Farbe in der Werbung oder auf der Ware oder deren Verpackung nur ausnahmsweise von einer markenmäßigen Verwendung ausgegangen werden kann; vgl. auch BGH GRUR 2005, 427 (428) – Lila-Schokolade; GRUR 2004, 151 (153 f.) – Farbmarkenverletzung I; GRUR 2004, 154 (155) – Farbmarkenverletzung II; → § 14 Rn. 170 f.). Entsprechend selten wird in der Praxis eine Verwechslungsgefahr bei Farbmarken bejaht.

Wurden die vorstehenden Hürden überwunden, sind die Anforderungen, welche an die Ähn- **431** lichkeit von Farbmarken untereinander bzw. Farbmarken mit Farbbestandteilen mehrteiliger Marken zu stellen sind, nicht allzu hoch. Dies ist darauf zurückzuführen, dass Verbraucher geringe Unterschiede in Farbtönen kaum feststellen können (EuGH C-104/01, GRUR 2003, 604 Rn. 47 – Libertel; BGH GRUR 2014, 1011 Rn. 56 – Gelbe Wörterbücher; BGH GRUR 2004, 151 (154) – Farbmarkenverletzung I; GRUR 2004, 154 (156) – Farbmarkenverletzung II). Das Erinnerungsvermögen des Verbrauchers umfasst nur verhältnismäßig wenige Farben und Farbtöne (BGH GRUR 2005, 427 (429) – Lila-Schokolade; BGH GRUR 2014, 1011 Rn. 56 – Gelbe Wörterbücher). Dies gilt umso mehr, wenn die in Frage stehenden Farbtöne keine auffällige Farbgebung haben, sondern Standardfarbtöne sind, die nur geringfügig in ihren Helligkeitsgraden voneinander abweichen. Solch spezielle Nuancen bleiben dem Verkehr nicht im Gedächtnis (OLG Köln GRUR-RR 2013, 213 (219) – Wörterbuch-Gelb). Farbtöne wie Gelb/Orange und helles Gelb gelten zB trotz der vorhandenen Unterschiede noch als hochgradig ähnlich (BGH GRUR 2014, 1011 Rn. 56 – Gelbe Wörterbücher). Divergenzen im Farbverlauf oder ein verschieden stark ausgeprägter Rotstich sollen einer Markenähnlichkeit ebenfalls nicht entgegenstehen (BGH GRUR 2005, 427 (429) – Lila-Schokolade).

c) Ähnlichkeit mit anderen Markenformen. Grundsätzlich können Farbmarken nicht nur **432** untereinander ähnlich sein, sondern auch mit anderen Markenformen, wie zB farbigen Bildmarken, dreidimensionalen Marken oder Wortmarken, die aus Farbnamen bestehen (Ingerl/Rohnke/ Nordemann/Boddien Rn. 984a). Voraussetzung ist jedoch, dass die Farbe in solchen Marken eine prägende (→ Rn. 441 ff.; → Rn. 445) oder selbständig kennzeichnende Stellung (→ Rn. 441 ff.; → Rn. 477 ff.) einnimmt.

2. 3D-Marken

a) Anwendungsbereich. Reine 3D-Marken sind in der Praxis relativ selten. Die meisten **433** eingetragenen 3D-Marken erlangen Schutz nur aufgrund der Tatsache, dass sie zusätzlich über schutzfähige Wort- oder Bildelemente verfügen. Oft besteht der dreidimensionale Teil einer Marke aus der Form der Ware oder Warenverpackung selbst, mit der Folge, dass er für sich genommen regelmäßig nicht schutzfähig wäre (→ § 8 Rn. 470 ff.). Der Schutzumfang solcher Marken wird daher im Wesentlichen durch die sonstigen, nicht dreidimensionalen Elemente bestimmt.

434   **b) Beurteilungskriterien.** Werden aus einer 3D-Marke Rechte gegen eine dreidimensionale Form geltend gemacht, scheitert dies häufig bereits am Erfordernis der **markenmäßigen Benutzung** (→ § 14 Rn. 177 ff.). Eine markenmäßige Benutzung setzt voraus, dass der Verkehr die angegriffene Formgestaltung als Hinweis auf die Herkunft der Ware versteht (BGH GRUR 2011, 148 Rn. 32 – Goldhase II; GRUR 2010, 1103 Rn. 24 ff. – Pralinenform II; GRUR 2008, 793 Rn. 15 ff. – Rillenkoffer). Gibt die angegriffene Gestaltung allerdings nur die Form der Ware selbst wieder, schreibt der Verkehr dies regelmäßig dem Bemühen zu, ein funktionelles bzw. ästhetisch ansprechendes Produkt zu schaffen, anstatt hinter der Warenform einen Hinweis auf die Produktherkunft zu erwarten. Dies gilt selbst dann, wenn es sich um eine besondere Warengestaltung handelt (BGH GRUR 2016, 197 Rn. 27 – Bounty; GRUR 2007, 780 Rn. 26 – Pralinenform; GRUR 2003, 332 (334) – Abschlussstück). Die praktisch häufigste Ausnahme kommt bei erhöhter Kennzeichnungskraft der Klagemarke zum Tragen (vgl. zB BGH GRUR 2007, 780 Rn. 30 – Pralinenform). Ferner wirkt die Benutzung einer mit der Klagemarke hochgradig ähnlichen Verwendungsform für identische Waren markenmäßig, wenn die Klagemarke verkehrsdurchgesetzt ist (BGH GRUR 2016, 197 Rn. 38 – Bounty).

435   Bei reinen 3D-Marken ist zu differenzieren, ob diese in der Form der Ware oder deren Verpackung selbst bestehen oder ob sie von dieser unabhängig sind. Im letzten Fall richtet sich der Schutzumfang der Marke nach den allgemeinen Regeln. Für die Beurteilung der Markenähnlichkeit gelten die gleichen Grundsätze wie bei Bildmarken (vgl. vor allem → Rn. 389, → Rn. 412 und → Rn. 424). Im ersten Fall ist indessen zu ermitteln, worauf der Schutz der 3D-Marke gründet. Maßgeblich ist, aufgrund welcher Gestaltungselemente der Verkehr der Marke einen Herkunftshinweis entnimmt. Diese Merkmale definieren den Schutzumfang der Marke. Eine markenrechtlich relevante Ähnlichkeit erfordert Übereinstimmungen in denjenigen Merkmalen, auf denen der Schutz beruht. Ist der Verkehr auf dem fraglichen Waren- bzw. Dienstleistungssektor an eine Vielzahl von Gestaltungen gewöhnt, kommt erschwerend hinzu, dass unübersehbare Abweichungen von der als Marke geschützten Form leicht aus dem Ähnlichkeitsbereich der Marke hinausführen können (BGH GRUR 2010, 1103 Rn. 35 – Pralinenform II).

436   Zwei 3D-Marken können lediglich in bildlicher und begrifflicher, nicht jedoch in klanglicher Hinsicht ähnlich sein (BGH GRUR 2016, 197 Rn. 37 – Bounty).

437   **c) Ähnlichkeit mit anderen Markenformen.** Eine Ähnlichkeit zwischen 3D-Marken und anderen Markenformen ist grundsätzlich möglich. Sie kommt insbesondere bei **Bildmarken** in Betracht, welche aus einer zweidimensionalen Wiedergabe der 3D-Marke bestehen und diese beim Betrachter unmittelbar in Erinnerung rufen (BGH GRUR 2015, 1214 Rn. 52 – Goldbären; GRUR 2008, 505 Rn. 19 – TUC-Salzcracker). Um einen markenrechtlich unzulässigen Motivschutz zu vermeiden, dürfen an die Ähnlichkeit von Bild- und 3D-Marken keine zu geringen Anforderungen gestellt werden (BGH GRUR 2015, 1214 Rn. 53 – Goldbären).

438   Auch **Wortmarken** können mit dreidimensionalen Zeichen ähnlich sein, allerdings nur in begrifflicher, nicht aber in klanglicher oder bildlicher Hinsicht (BGH GRUR 2015, 1214 – Goldbären). Die Voraussetzungen entsprechender Zeichenähnlichkeit sind hoch (→ Rn. 426 f.).

3. Positionsmarken

439   Beim Vergleich zweier Positionsmarken bzw. einer Positionsmarke mit einem tatsächlich benutzten Zeichen kommt es neben der Ähnlichkeit der jeweiligen Zeichen als solcher auch auf deren Position auf der Ware an. Um von der Ähnlichkeit derartiger Zeichen ausgehen zu können, ist es nach der Rechtsprechung des OLG München nicht erforderlich, dass die – im Übrigen ähnlichen – Zeichen an derselben Stelle der Ware angebracht sind. Es soll vielmehr genügen, wenn sich die Positionen der Zeichen in einem nicht nur unerheblichen Teil überschneiden (OLG München GRUR-RR 2016, 336 Rn. 45, 48 – BioWeb-Formstreifen). Bei vollkommen unterschiedlicher Positionierung der Zeichen wird man aber wohl nicht von deren Ähnlichkeit ausgehen können.

440   Anders verhält es sich, wenn eine Positionsmarke im Registerverfahren einer Marke gegenübersteht, die keine Positionsmarke ist und daher an jeder beliebigen Stelle einer Ware angebracht werden könnte. Dann kann es für die Beurteilung der Ähnlichkeit nicht auf die Position des Zeichens in der Positionsmarke ankommen.

XIV. Mehrteilige Marken

Häufig stehen sich Marken gegenüber, von denen mindestens eine aus mehreren Wort-, Bild- **441** oder sonstigen Bestandteilen zusammengesetzt ist. Die Beurteilung der Ähnlichkeit solcher Marken folgt grundsätzlich den allgemeinen Regeln. Weisen die Marken allerdings nicht in allen, sondern nur in einzelnen Bestandteilen Übereinstimmungen auf, führt die undifferenzierte Anwendung dieser Regeln zum Ergebnis der Unähnlichkeit. Dies wird insbesondere dann als unangemessen erachtet, wenn eine kennzeichnungskräftige ältere Marke in ein jüngeres Zeichen übernommen und dort mit weiteren, möglicherweise kennzeichnungsschwachen Elementen kombiniert wird. Entsprechendes gilt für Fälle, in denen der ggf. einzige kennzeichnende Bestandteil aus einer älteren Marke herausgelöst und in Alleinstellung als Marke eingetragen oder in einer anderen mehrteiligen Marke mit wiederum kennzeichenschwachen Bestandteilen zusammengefügt wird.

Zur Beurteilung der Ähnlichkeit solcher Marken hat die Rechtsprechung daher verschiedene **442** Modelle entwickelt. Der BGH prüft derzeit in einem ersten Schritt, ob sich eine Markenähnlichkeit im Wege der sogenannten **Prägetheorie** begründen lässt (→ Rn. 445 ff.). Verneint er dies, wird ggf. in einem zweiten Schritt untersucht, ob zwischen den Marken Übereinstimmungen bestehen, die diese als Teil einer **Zeichenserie** erscheinen lassen (→ § 15 Rn. 74 ff.). Ist auch dies nicht der Fall, eruiert der BGH, ob eine Verwechslungsgefahr im weiteren Sinn gegeben ist, insbesondere ob der übereinstimmende Bestandteil der zu vergleichenden Zeichen in der jüngeren Marke über eine **selbständig kennzeichnende Stellung** verfügt (→ Rn. 477 ff.; vgl. BGH GRUR 2021, 482 Rn. 50 – RETROLYMPICS; GRUR 2018, 79 Rn. 34 ff. – OXFORD/ Oxford Club; GRUR 2012, 635 Rn. 22 – METRO/ROLLER's Metro; GRUR 2012, 64 Rn. 16, 26 – Maalox/Melox-GRY; GRUR 2010, 729 Rn. 37 ff. – MIXI).

Die Maßgeblichkeit des Gesamteindrucks bzw. der Marke als Ganzes (→ Rn. 373) steht dem **443** nicht entgegen. Diese schließt nach übereinstimmender Rechtsprechung von BGH und EuGH nämlich nicht aus, dass unter Umständen ein oder mehrere Bestandteile einer komplexen Marke für deren Gesamteindruck prägend sein können (EuGH C-254/09 P, GRUR 2010, 1098 Rn. 56 – Calvin Klein/HABM; BGH GRUR 2019, 1058 Rn. 34 – KNEIPP; GRUR 2015, 1201 Rn. 96 – Sparkassen-Rot/Santander-Rot; GRUR 2013, 1239 Rn. 32 – VOLKSWAGEN/Volks.Inspektion). Darüber hinaus besteht die Möglichkeit, dass ein Zeichen, das als Bestandteil in eine zusammengesetzte Marke oder komplexe Kennzeichnung aufgenommen wird, in dieser eine selbständig kennzeichnende Stellung behält, ohne deren Gesamteindruck zu dominieren oder zu prägen (EuGH C-120/04, GRUR 2005, 1042 Rn. 30 – THOMSON LIFE; BGH GRUR 2019, 1058 Rn. 34 – KNEIPP; GRUR 2015, 1201 Rn. 96 – Sparkassen-Rot/Santander-Rot; GRUR 2013, 1239 Rn. 33 – VOLKSWAGEN/Volks.Inspektion; GRUR 2012, 833 Rn. 45 – Culinaria/Villa Culinaria).

Auch wenn die von der Rechtsprechung zur Ähnlichkeit komplexer Marken entwickelten **444** Grundsätze in erster Linie auf Marken Anwendung finden, die sich erkennbar aus mehreren Bestandteilen zusammensetzen, können sie im Einzelfall auch eine Ähnlichkeit bei Marken begründen, die jeweils aus nur einem Markenwort bestehen.

1. Prägetheorie

Nach der Prägetheorie des BGH besteht zwischen zwei Marken, die nur in einem von mehreren **445** Bestandteilen übereinstimmen, Ähnlichkeit, wenn die übereinstimmenden Bestandteile den von der jeweiligen Marke ausgehenden Gesamteindruck prägen. Dies setzt wiederum voraus, dass alle anderen Markenbestandteile zumindest weitgehend in den Hintergrund treten und den Gesamteindruck der Marke nicht mitbestimmen (BGH GRUR 2019, 1058 Rn. 38 – KNEIPP; GRUR 2016, 283 Rn. 13 – BSA/DSA DEUTSCHE SPORTMANAGEMENT AKADEMIE; GRUR 2012, 64 Rn. 15 – Maalox/Melox-GRY; GRUR 2008, 903 Rn. 18 – SIERRA ANTIGUO), also zu vernachlässigen sind (BGH GRUR 2011, 824 Rn. 23 – Kappa). Prägen andere Markenbestandteile den von der Marke ausgehenden Gesamteindruck mit, scheidet Zeichenähnlichkeit nach den Grundsätzen der Prägetheorie hingegen aus (BGH GRUR 2012, 64 Rn. 23 – Maalox/Melox-GRY).

Ob der von einer mehrteiligen Marke ausgehende Gesamteindruck durch einen von mehreren **446** Markenbestandteilen so geprägt wird, dass alle anderen Bestandteile in den Hintergrund treten, bestimmt sich nach den konkreten Umständen des Einzelfalls. Die Kriterien, anhand derer sich die Frage der Prägung beurteilt, werden nachfolgend erläutert (→ Rn. 448 ff.).

a) Anwendungsbereich. Die Prägetheorie findet nur auf Marken Anwendung, die aus meh- **447** reren Elementen bestehen, welche gemeinsam eine einheitliche Marke bilden. Ist hingegen eine

Mehrfachkennzeichnung gegeben (→ Rn. 363 ff.), ist jede Marke einzeln in den Vergleich einzustellen. Der Umstand, dass zwei Markenbestandteile in einem Wort zusammengeschrieben oder durch einen Bindestrich verbunden sind, schließt eine Prägung durch einen der Bestandteile nicht generell aus (BGH GRUR 2020, 1202 Rn. 26 – YOOFOOD/YO; GRUR 2009, 1055 Rn. 30 – airdsl). Erforderlich ist jedoch, dass der Verkehr die zusammengeschriebene Marke nicht nur in ihrer Gesamtheit erfasst, sondern ihre einzelnen Bestandteile auch gesondert wahrnimmt (BGH GRUR 2020, 1202 Rn. 27 – YOOFOOD/YO; BPatG GRUR-RS 2022, 26706 Rn. 34 – Wilatools/WIHA).

448   **b) Bedeutung der Gegenmarke.** Ob ein Markenbestandteil den von der Marke ausgehenden Gesamteindruck prägt, ist grundsätzlich allein anhand der Marke selbst zu bestimmen (BGH GRUR 2019, 1058 Rn. 38 – KNEIPP). Dies bedeutet, dass es nicht darauf ankommt, wie die jeweils andere Marke gestaltet ist.

449   Eine Ausnahme hat der BGH jedoch für den Fall zugelassen, dass es sich bei der älteren Marke um eine einteilige Marke mit durch Benutzung gesteigerter Kennzeichnungskraft handelt. Wird eine solche Marke in eine jüngere Marke übernommen und dort mit einem weiteren Bestandteil kombiniert, spricht dies dafür, dass der von der jüngeren Marken ausgehende Gesamteindruck durch den Bestandteil geprägt wird, welcher der älteren Marke entspricht (BGH GRUR 2009, 484 Rn. 34 – Metrobus; GRUR 2007, 888 Rn. 24 – Euro Telekom; GRUR 2003, 880 (881) – City Plus). Entsprechendes setzt nicht voraus, dass die ältere Marke über überdurchschnittliche Kennzeichnungskraft. Es gilt vielmehr auch dann, wenn eine originär kennzeichnungsschwache ältere Marke durch Benutzung im geschäftlichen Verkehr zunehmend eine herkunftshinweisende Funktion erhalten hat (BGH GRUR 2019, 1058 Rn. 38 – KNEIPP; GRUR 2013, 833 Rn. 48 – Villa Culinaria). Maßgeblich sind und bleiben jedoch stets die Umstände des Einzelfalls (BGH GRUR 2019, 1058 Rn. 42 – KNEIPP).

450   **c) Bedeutung der Prioritätslage.** Für die Frage, ob der Gesamteindruck einer Marke durch eines von mehreren Markenelementen geprägt wird, kommt es grundsätzlich nicht darauf an, ob die Marke die ältere oder jüngere ist. Praktisch häufig ist der Fall, dass eine einteilige Marke einer mehrteiligen Marke gegenübersteht, die ein Element enthält, das der einteiligen Marke entspricht. Welche der beiden Marken älter ist, ist in der Regel unerheblich; dies deshalb, weil der Verkehr die Prioritätslage nicht kennt.

451   Etwas anderes kann allerdings gelten, wenn die ältere Marke die einteilige ist und zudem über einen erhöhten Bekanntheitsgrad verfügt. Der Verkehrsteilnehmer, der sich an die bekannte Marke erinnert, kann sie in der jüngeren, mehrteiligen Marke wiederzuerkennen glauben (BGH GRUR 2006, 60 Rn. 19 – coccodrillo). Die Prioritätslage wirkt sich dann insofern aus, als von einer Prägung der jüngeren mehrteiligen Marken durch den Bestandteil auszugehen ist, der der älteren Marke entspricht (BGH GRUR 2005, 513 (514) – Ella May).

452   Eine weitere Ausnahme vom Grundsatz der Unerheblichkeit der Prioritätslage kommt in Betracht, wenn der dominierende Bestandteil der jüngeren Marke schutzunfähig ist, die ältere Marke bzw. deren prägendes Element aber nicht (→ Rn. 460).

453   **d) Kennzeichnungskraft der einzelnen Markenelemente.** Der Verkehr orientiert sich üblicherweise an den unterscheidungskräftigen Elementen eines Zeichens (BGH GRUR 2016, 283 Rn. 13 – BSA/DSA DEUTSCHE SPORTMANAGEMENT AKADEMIE). Welche Bedeutung die einzelnen Markenelemente für den Gesamteindruck haben, hängt maßgeblich davon ab, ob sie vom Verkehr als Herkunftshinweis verstanden werden. Zunächst ist deshalb im Wesentlichen zu untersuchen, ob die einzelnen Markenelemente unterscheidungskräftig und nicht beschreibend sind (→ § 8 Rn. 96 ff., → § 8 Rn. 161 ff., → § 8 Rn. 373 ff.). Häufig genügt es allerdings nicht festzustellen, ob bzw. welche Markenelemente als solche herkunftshinweisend sind. Nicht alle Markenelemente mit herkunftshinweisendem Charakter beeinflussen den Gesamteindruck automatisch in gleichem Maße. Es ist daher ggf. weiter zu prüfen, in welchem Verhältnis die einzelnen Markenelemente im Rahmen des Gesamtzeichens zueinanderstehen. Insoweit gilt, dass kennzeichnungsschwächeren Merkmalen neben kennzeichnungsstärkeren regelmäßig keine maßgebliche Bedeutung für den Gesamteindruck zukommt (BGH GRUR 2011, 148 Rn. 21 f. – Goldhase II; GRUR 2007, 235 Rn. 24 – Goldhase). Glatt beschreibende Bestandteile dürfen beim Zeichenvergleich grundsätzlich sogar vollständig außer Acht gelassen werden (BGH GRUR 2017, 914 Rn. 28 – Medicon-Apotheke/MediCo Apotheke). Verfügen mehrere Elemente über das gleiche Maß an Kennzeichnungskraft, kann ein Element den von der Marke ausgehenden Gesamteindruck aufgrund anderer Eigenschaften, wie zB seiner grafischen Gestaltung, prägen (BGH GRUR 2016,

283 Rn. 17, 19 – BSA/DSA DEUTSCHE SPORTMANAGEMENT AKADEMIE; →
Rn. 462).

Auch die europäischen Gerichte gehen grundsätzlich davon aus, dass bei der Beurteilung der **454**
Ähnlichkeit zweier mehrteiliger Marken zu prüfen ist, welche Unterscheidungskraft die einzelnen
Markenelemente besitzen (vgl. EuGH C-196/11 P, GRUR 2012, 825 Rn. 42 – F1-Live).

e) Abweichungen in schutzunfähigen Markenelementen. Grundsätzlich gilt, dass rein **455**
beschreibende oder sonst nicht unterscheidungskräftige Markenbestandteile vom Verkehr nicht als
Herstellerhinweis, sondern als bloßer Sachhinweis oder reine Verzierung aufgefasst werden. Ihnen
kommt in der Regel keine prägende Bedeutung zu (BGH GRUR 2020, 1202 Rn. 27 – YOO-
FOOD/YO; GRUR 2015, 1004 Rn. 46 – IPS/ISP; GRUR 2009, 772 Rn. 59 – Augsburger
Puppenkiste). Üblicherweise treten solche Elemente sogar derart in den Hintergrund, dass die
anderen, schutzfähigen Markenbestandteile die prägende Rolle einnehmen (OLG Frankfurt
GRUR-RR 2017, 401 Rn. 19 f. – Weinstein/WeinStein ums Eck; vgl. auch BGH GRUR 2020,
1202 Rn. 27 – YOOFOOD/YO). Dies hat zur Folge, dass die Abweichung zweier Marken in
einem schutzunfähigen Element der Annahme von Markenähnlichkeit regelmäßig nicht entgegensteht.

Zwingend ist dies allerdings nicht. Auch ein für sich genommen beschreibender Bestandteil **456**
kann zum Gesamteindruck der Marke beitragen, diesen mitprägen oder sogar dominieren (BGH
GRUR 2009, 1055 Rn. 30 – airdsl; GRUR 2009, 772 Rn. 59 – Augsburger Puppenkiste). Entsprechendes ist zum Beispiel dann der Fall, wenn das beschreibende Element Teil eines Gesamtbegriffs mit eigenständigem Bedeutungsgehalt ist (BGH GRUR 2009, 1055 Rn. 30 – airdsl) oder
die sonstigen Zeichenbestandteile ihrerseits kennzeichnungsschwach sind (BGH GRUR 2009,
772 Rn. 59, 65 – Augsburger Puppenkiste; GRUR 2008, 903 Rn. 22, 26 – SIERRA ANTI-
GUO). Des Weiteren kann die Zusammenfassung zweier Markenbestandteile zu einem Wort, ggf.
kombiniert mit der fehlenden Verkürzungsneigung des Verkehrs auf dem fraglichen Warensektor,
eine ausgeprägte **Klammerwirkung** haben, die dazu führt, dass auch ein kennzeichnungsschwacher Markenbestandteil nicht in den Hintergrund tritt (BGH GRUR 2013, 1239 Rn. 35 –
VOLKSWAGEN/Volks.Inspektion; GRUR 2008, 909 Rn. 29 – Pantogast), sondern der Verkehr
das Markenwort als einheitliches Zeichen auffasst (BGH GRUR 2013, 1239 Rn. 35 – VOLKS-
WAGEN/Volks.Inspektion). Dies kommt insbesondere dann in Betracht, wenn der Verkehr aufgrund der Besonderheiten des betreffenden Warensektors nicht dazu neigt, Marken verkürzt wie-
derzugeben (BGH GRUR 2008, 909 Rn. 29 – Pantogast). Entsprechendes soll beispielsweise im
Arzneimittelsektor aus Sicherheitsgründen der Fall sein (BGH GRUR 2008, 909 Rn. 29 – Pantogast). Vorsicht geboten ist, wenn sich keine Klammerwirkung nur aufgrund (schrift-)bildlicher
Merkmale feststellen lässt. Da die Ähnlichkeit zweier Marken in einem der Wahrnehmungsbereiche
Bild, Klang und Bedeutung genügt, um Markenähnlichkeit insgesamt zu begründen, kann das
Fehlen der Klammerwirkung zB in klanglicher Hinsicht zu einem insgesamt anderen Ergebnis
führen (vgl. dazu BGH GRUR 2020, 1202 Rn. 28 – YOOFOOD/YO).

Übers Ziel hinaus schoss jedoch das BPatG, als es, wie in BPatG GRUR 2020, 194 Rn. 30 ff. – YO/ **456.1**
YOOFOOD geschehen, die Prägetheorie auf Einwortzeichen regelmäßig auch dann nicht anwenden
wollte, wenn sich diese erkennbar aus einem unterscheidungskräftigen („YOO") und einem glatt beschreibenden („FOOD") Wortelement zusammensetzen und keinen Gesamtbegriff mit klar erkennbarem Bedeutungsgehalt bilden. Die betreffende Entscheidung wurde vom BGH daher aufgehoben und zur anderweitigen Verhandlung und Entscheidung an das BPatG zurückzuverweisen (BGH GRUR 2020, 1202 –
YOOFOOD/YO).

Eine geografische Herkunftsbezeichnung tritt im Gesamteindruck dann nicht zurück, wenn sie **457**
von beachtlichen Teilen des Verkehrs nicht nur als beschreibende Angabe, sondern als Kennzeichen
von Waren aufgefasst wird (BGH GRUR 2009, 772 Rn. 59 – Augsburger Puppenkiste). Der
Umstand, dass zwei Marken in ihrem einzigen unterscheidungskräftigen Element übereinstimmen,
reicht in solchen Fällen nicht aus, um Markenähnlichkeit annehmen zu können.

f) Übereinstimmung in schutzfähigen Markenelementen. Grundsätzlich prägen **458**
schutzunfähige Bestandteile den von einer Marke ausgehenden Gesamteindruck nicht (BGH
GRUR 2008, 903 Rn. 19 – SIERRA ANTIGUO; → Rn. 405 ff.). Dies ist insbesondere dann
der Fall, wenn die beteiligten Verkehrskreise das betreffende Element als bloße Sachangabe auffassen (vgl. zB BGH GRUR 2009, 672 Rn. 34 – OSTSEE-POST; OLG Frankfurt GRUR-RR
2019, 11 Rn. 10 – Tactical Polo). Auch kennzeichnungsschwache Elemente, wie zB solche mit
beschreibenden Anklängen, sind zur Prägung eher ungeeignet (BGH GRUR 2009, 484 Rn. 46 –
Metrobus). Daraus folgt, dass Übereinstimmungen in schutzunfähigen bzw. schutzschwachen Ele-

menten regelmäßig keine Markenähnlichkeit begründen (BGH GRUR 2017, 914 Rn. 27 – Medi-con-Apotheke/MediCo Apotheke; GRUR 2016, 283 Rn. 18 – BSA/DSA DEUTSCHE SPORTMANAGEMENT AKADEMIE; OLG Frankfurt GRUR-RR 2019, 11 Rn. 10 – Tactical Polo; vgl. auch → Rn. 405 ff.; → Rn. 420; → Rn. 428; zur abweichenden Auffassung der europäischen Gerichte → Rn. 409). Dies gilt jedoch nicht ausnahmslos.

459   Wird ein schutzschwaches Element mit einem Markenbestandteil kombiniert, dem jegliche Unterscheidungskraft fehlt, spricht vieles für eine prägende Rolle des nur schwachen Elements.

460   Der Grundsatz, dass die Übereinstimmung in einem schutzunfähigen Bestandteil keine Zeichen-ähnlichkeit begründet, gilt ferner dann nicht uneingeschränkt, wenn der übereinstimmende Bestandteil nur in der jüngeren, nicht aber in der älteren Marke schutzunfähig ist (BGH GRUR 2016, 283 Rn. 18 – BSA/DSA DEUTSCHE SPORTMANAGEMENT AKADEMIE; vgl. auch BGH GRUR 2019, 1058 Rn. 41 – KNEIPP). Derartige Konstellationen sind insbesondere infolge der NAI/MMF-Rechtsprechung des EuGH C-90/11 und C-91/11, GRUR 2012, 616; → § 8 Rn. 258 f.) denkbar, nämlich dann, wenn das aus sich heraus nicht verständliche Buchstabenkürzel, aus dem die ältere Marke besteht, als Teil der jüngeren Marke darin erläutert und dort so zur beschreibenden Angabe wird. Das Problem, dass einem schutzunfähigen Markenbestandteil entge-gen den Vorschriften des § 8 MarkenG Schutz zuteilwürde, stellt sich in solchen Fällen nicht. Vielmehr würde die jüngere Marke andernfalls zu Unrecht privilegiert (BGH GRUR 2016, 283 Rn. 18 – BSA/DSA DEUTSCHE SPORTMANAGEMENT AKADEMIE; zur Rechtsprechung des EuGH vgl. EuGH C-20/14, GRUR 2016, 80 – BGW; → UMV Art. 8 Rn. 108). Vorausset-zung für die Zeichenähnlichkeit bleibt selbstverständlich, dass das übereinstimmende Buchstaben-kürzel in der jüngeren Marke mangels anderer schutzfähiger Elemente (→ Rn. 453) sowie zB aufgrund seiner grafischen Hervorhebung (→ Rn. 462) eine prägende Stellung einnimmt (BGH GRUR 2016, 283 Rn. 18 – BSA/DSA DEUTSCHE SPORTMANAGEMENT AKADEMIE).

461   Nach der Rechtsprechung des EuGH kann die prägende Wirkung eines nicht unterscheidungs-kräftigen Bestandteils zudem nicht verneint werden, wenn eben dieser Bestandteil für sich genom-men eingetragen ist, etwa in Form der älteren Marke selbst. Das gilt jedenfalls im unionsmarken-rechtlichen Widerspruchsverfahren. Dort kann die Gültigkeit der älteren Marke nicht in Frage gestellt werden (EuGH C-43/15 P, BeckRS 2016, 82618 Rn. 66 – compressor technology/KOMPRESSOR; C-196/11 P, GRUR 2012, 825 Rn. 40 – F1-Live). Würde man im Rahmen eines solchen Verfahrens von fehlender Unterscheidungskraft des Bestandteils der jüngeren Marke ausgehen, der mit der älteren Marke identisch ist, spräche man der älteren nationalen oder interna-tionalen Registrierung aber die Unterscheidungskraft ab (so EuGH C-43/15 P, BeckRS 2016, 82618 Rn. 66 – compressor technology/KOMPRESSOR; C-196/11 P, GRUR 2012, 825 Rn. 41, 42 ff. – F1-Live).

461.1   Die Überlegung des EuGH, dass der älteren Marke zumindest ein gewisser Grad an Unterscheidungs-kraft zugestanden werden muss, trifft zwar zu (EuGH C-196/11 P, GRUR 2012, 825 Rn. 47 – F1-Live). Auch im deutschen Widerspruchs- und Verletzungsverfahren sind die Behörden bzw. Gerichte grundsätzlich an die Eintragung der älteren Marke gebunden (vgl. zum Verletzungsverfahren BGH GRUR 2010, 1103 Rn. 19 – Pralinenform II und zum Widerspruchsverfahren BGH GRUR 2008, 905 Rn. 20 – Pantohexal). Die Bindung an die Eintragung führt jedoch nicht notwendigerweise dazu, dass bei Über-nahme der eingetragenen Marke in eine jüngere, mehrteilige Marke Markenähnlichkeit besteht (vgl. zB BGH GRUR 2009, 672 – OSTSEE-POST). Vielmehr kann die zulässige Annahme minimaler Kennzeich-nungskraft einer Marke zur Folge haben, dass ihr Schutzumfang auf ein Minimum reduziert wird und sogar eine identische Verwendung der Marke in einem jüngeren Zeichen keine Markenähnlichkeit nach sich zieht (BGH GRUR 2008, 909 Rn. 21 – Pantogast; OLG Dresden NJW 2001, 615 (617) – Johann Sebastian Bach). Eine gewisse Abkehr von diesem Grundsatz verbunden mit einer Annäherung an die Rechtsprechung der EU-Gerichte scheint sich allerdings in der BGH-Entscheidung KNEIPP (BGH GRUR 2019, 1058 Rn. 41 – Kneipp) abzuzeichnen. Es bleibt abzuwarten, wie weit diese Annäherung geht.

462   **g) Art der grafischen Darstellung.** Ein weiterer Aspekt bei der Beurteilung der Frage, ob ein Markenbestandteil den von einer Marke ausgehenden Gesamteindruck prägt, kann die Art seiner grafischen Darstellung sein. Steht er aufgrund seiner Größe, Platzierung, Schriftgestaltung oder Farbe derart im Blickfang der Marke, dass alle anderen Elemente nebensächlich erscheinen, wird man jedenfalls in bildlicher Hinsicht von einer prägenden Stellung ausgehen können (vgl. BGH GRUR 2016, 283 Rn. 17 – BSA/DSA DEUTSCHE SPORTMANAGEMENT AKADE-MIE). Explizit bestätigt hat der BGH zB, dass ein Markenelement durch seine Platzierung an erster Stelle zusätzliches Gewicht für den Gesamteindruck erhalten kann (BGH GRUR 2008,

903 Rn. 26 – SIERRA ANTIGUO; vgl. auch BGH GRUR 2020, 1202 Rn. 30 – YOOFOOD/ YO). Gleichzeitig billigte der BGH aber auch die Annahme, dass die grafische Herausstellung eines nur schwach kennzeichnungskräftigen Wortbestandteils nicht zur Vernachlässigung der übrigen Wortbestandteile führt (BGH GRUR 2008, 903 Rn. 25 – SIERRA ANTIGUO). Sind die übrigen Wortbestandteile allerdings ebenso kennzeichnungsschwach wie der graphisch hervorgehobene, kann letzterer den Gesamteindruck durchaus prägen (BGH GRUR 2016, 283 Rn. 17, 19 – BSA/DSA DEUTSCHE SPORTMANAGEMENT AKADEMIE). Inwiefern sich Größe, Platzierung und Farbe einzelner Markenbestandteile auf ihre Bedeutung für den Gesamteindruck auswirken, ist mithin stets eine Frage des konkreten Einzelfalls.

h) Wort- und Bildelemente. Hinsichtlich der Regeln, die für das Verhältnis von Wort- und **463** Bildelementen in Wort-/Bildmarken gelten, wird auf die Ausführungen zur klanglichen und bildlichen Markenähnlichkeit verwiesen (→ Rn. 404; → Rn. 418 f.).

i) Farbelemente. Der Farbe eines mehrteiligen Zeichens misst der Verkehr regelmäßig keine **464** prägende Bedeutung bei. Grundsätzlich ist davon auszugehen, dass die Farbe einer Marke nicht als Hinweis auf die betriebliche Herkunft der Waren bzw. Dienstleistungen wahrgenommen wird, sondern deren funktionellen und ästhetischen Gestaltung dient (BGH GRUR 2011, 148 Rn. 32 – Goldhase II; BPatG GRUR 2007, 599 (600) – UHU stic; ähnlich OLG Hamburg, GRUR-RR 2004, 198 (200) – Benutzungsmarke „Gelb"). Eine abweichende Beurteilung kommt allenfalls dann in Betracht, wenn die Farbe in ihrer Funktion als betrieblicher Herkunftshinweis verkehrsbekannt ist und die anderen Markenbestandteile weitgehend in den Hintergrund treten.

j) Dreidimensionale Elemente. Stimmen die dreidimensionalen Elemente einer Marke mit **465** der Form der fraglichen Waren überein, sieht der Verkehr darin regelmäßig keinen Herkunftshinweis. Er schreibt sie vielmehr dem Bemühen des Herstellers zu, ein funktionelles bzw. ästhetisch ansprechendes Produkt zu schaffen (BGH GRUR 2011, 148 Rn. 25, 32 – Goldhase II; GRUR 2006, 679 Rn. 17 – Porsche Boxster). Entsprechend treten derartige dreidimensionale Elemente für den Gesamteindruck in den Hintergrund und vermögen grundsätzlich keine Markenähnlichkeit zu begründen.

Anders kann der Fall liegen, wenn die dreidimensionalen Bestandteile von der Form der Ware **466** unabhängig sind oder – zB infolge Bekanntheit – über hohe Kennzeichnungskraft verfügen.

k) Gesamtbegriffe. Eine Prägung des von einer Marke ausgehenden Gesamteindrucks durch **467** einen (Wort-)Bestandteil scheidet aus, wenn dieser mit einem anderen Wortelement zu einem Gesamtbegriff verschmilzt. Es ist noch nicht abschließend geklärt, unter welchen Voraussetzungen dies der Fall ist.

Von einem Gesamtbegriff ist in jedem Fall auszugehen, wenn die fragliche Wortkombination **468** einen eigenständigen (neuen) Bedeutungsgehalt hat (BGH GRUR 2020, 1202 Rn. 27 – YOO-FOOD/YO; GRUR 2009, 1055 Rn. 30 – airdsl). In solchen Fällen liegt es fern, dass der Verkehr die Wortkombination in einzelne Bestandteile aufspaltet (BGH GRUR 2009, 484 Rn. 34 – Metro-bus). Ein weiteres Indiz für die Annahme einer Gesamtbegrifflichkeit stellt die Zusammenschreibung zweier Wörter dar. Zwingend ist dieser Schluss allerdings nicht. So hat der BGH zum Beispiel die Bezeichnung „Pantohexal", wenn auch in anderem Zusammenhang, nicht als Gesamtbegriff betrachtet. Umgekehrt können sich auch auseinander geschriebene Wörter als Gesamtbegriff darstellen, nämlich dann, wenn sie semantisch derart aufeinander bezogen sind, dass dadurch ein eigenständiger Sinngehalt entsteht (BPatG GRUR 2018, 529 Rn. 40 – KNEIPP). Anhaltspunkte dafür, dass eine aus mehreren Wörtern bestehende Marke als Gesamtbegriff wahrgenommen wird, ergeben sich zudem bisweilen aus der Art und Weise, in der die Marke tatsächlich benutzt und wiedergegeben wird. Verfügt eine mehrteilige Marke beispielsweise nur als Ganzes über infolge Benutzung gesteigerte Bekanntheit, ist davon auszugehen, dass sich der Verkehr auch beim Zeichenvergleich an dem Gesamtbegriff orientiert (BGH GRUR 2009, 772 Rn. 64 – Augsburger Puppenkiste). Schließlich steht die Tatsache, dass ein Bestandteil einer Marke beschreibend ist, der Annahme eines Gesamtbegriffs nicht zwingend entgegen. Auch ein für sich genommen beschreibender Bestandteil kann zum Gesamteindruck der Marke beitragen und diesen mitprägen, wenn er Teil eines Gesamtbegriffs mit eigenständigem Bedeutungsgehalt ist (BGH GRUR 2009, 1055 Rn. 30 – airdsl; BPatG GRUR-RS 2021, 1311 Rn. 16 – BlackGorilla/GORILLA; GRUR-RS 2022, 26707 Rn. 34 – Wilatools/WIHA). Gegen die Annahme eines Gesamtbegriffs spricht es hingegen, wenn die Elemente verschiedenen Sprachen entstammen und sprachregelwidrig kombiniert sind (BPatG GRUR-RS 2022, 31875 Rn. 35 – Aura Pura/AURA; vgl. zum Thema Gesamtbegriff auch → Rn. 498).

469   **l) Unternehmenskennzeichen.** Enthält ein zusammengesetztes Zeichen einen Bestandteil, bei dem es sich um das Unternehmenskennzeichen der Markeninhaberin handelt, tritt dieser Bestandteil nach der Rechtsprechung des BGH im Allgemeinen in der Bedeutung für den Gesamteindruck zurück, weil der Verkehr die eigentliche Kennzeichnung in dem anderen Bestandteil der zusammengesetzten Marke erblickt (BGH GRUR 2012, 635 Rn. 25 – METRO/ROLLER's Metro; GRUR 2012, 64 Rn. 17 – Maalox/Melox-GRY; GRUR 2008, 905 Rn. 27 – Pantohexal). Der andere Bestandteil prägt die betreffende Marke allein.

470   Voraussetzung ist allerdings, dass der Verkehr das Unternehmenskennzeichen als solches erkennt (BGH GRUR 2012, 64 Rn. 17 – Maalox/Melox-GRY). Dies wird regelmäßig dann nicht der Fall sein, wenn das Unternehmenskennzeichen den beteiligten Verkehrskreisen mangels nennenswerter Marktpräsenz nicht bekannt ist und diese deshalb keine Veranlassung haben, in dem anderen Bestandteil die eigentliche Produktkennzeichnung zu sehen (BGH GRUR 2012, 64 Rn. 18 ff. – Maalox/Melox-GRY). Kennen die beteiligten Verkehrskreise das Unternehmenskennzeichen nicht, führt auch dessen grafische Hervorhebung nicht dazu, dass sie es als solches erkennen (BGH GRUR 2012, 64 Rn. 21 – Maalox/Melox-GRY).

471   Zudem schließt der eingangs zitierte Erfahrungssatz nicht aus, dass die tatrichterliche Würdigung des Einzelfalls unter Heranziehung aller Umstände zu einem abweichenden Ergebnis gelangt (BGH GRUR 2012, 635 Rn. 25 – METRO/ROLLER's Metro; GRUR 2012, 64 Rn. 17 – Maalox/Melox-GRY; GRUR 2008, 905 Rn. 27 – Pantohexal). So vermag zB der Umstand, dass sich der andere Markenbestandteil an einen beschreibenden Begriff anlehnt und über entsprechend schwache Kennzeichnungskraft verfügt, ein Zurücktreten des Unternehmenskennzeichens im Gesamteindruck nicht zu verhindern (BGH GRUR 2012, 64 Rn. 18, 22 – Maalox/Melox-GRY). Wird die Herstellerbezeichnung dem übereinstimmenden Markenbestandteil in ihrer Genitivform vorangestellt und die beiden Markenbestandteile dadurch zu einer Einheit verbunden, kann die Herstellerbezeichnung dadurch ebenfalls mitprägende Bedeutung gewinnen (BGH GRUR 2012, 635 Rn. 26 – METRO/ROLLER's Metro). Schließlich nimmt ein Unternehmenskennzeichen auch dann am Gesamteindruck der Marke teil, wenn es mit dem weiteren Markenbestandteil zu einem Wort zusammengefasst wird und dadurch eine ausgeprägte Klammerwirkung entsteht (BGH GRUR 2008, 905 Rn. 28 – Pantohexal). Erschwerend kann hinzukommen, dass der Verkehr auf dem fraglichen Warensektor nicht dazu neigt, Marken verkürzt wiederzugeben. Vom BGH gebilligt wurde eine entsprechende Annahme im Hinblick auf den Arzneimittelsektor (BGH GRUR 2008, 905 Rn. 28 – Pantohexal).

472   **m) Stammbestandteile von Serienzeichen.** Nach der Rechtsprechung des BGH gilt bei zusammengesetzten Zeichen der Erfahrungssatz, dass ein Bestandteil, der für den Verkehr erkennbar Serienkennzeichen ist, im Allgemeinen in der Bedeutung für den Gesamteindruck zurücktritt. Der Grund dafür ist der gleiche wie bei Unternehmenskennzeichen (→ Rn. 472): Der Verkehr erblickt die eigentliche Produktkennzeichnung in dem anderen Markenelement (BGH GRUR 2012, 635 – METRO/ROLLER's Metro; GRUR 2008, 258 Rn. 27 – INTERCONNECT/T-InterConnect). Dies bedeutet allerdings nicht, dass eine Würdigung der Umstände des Einzelfalls nicht zu einem anderen Ergebnis führen könnte (BGH GRUR 2012, 635 Rn. 25 – METRO/ROLLER's Metro; GRUR 2008, 258 Rn. 27 – INTERCONNECT/T-InterConnect).

473   **n) Top-Level-Domains, Rechtsformzusätze.** Handelt es sich bei einem Zeichen erkennbar um einen Domainnamen und versteht der Verkehr eine generische Top-Level-Domain wie .de, .at, .com oder .org als solche, hat die Top-Level-Domain nur funktionale Bedeutung. Daraus folgt, dass sie im Verhältnis zu einer unterscheidungskräftigen Second-Level-Domain zurücktritt und für den Gesamteindruck zu vernachlässigen ist (BGH GRUR 2009, 1055 Rn. 28, 66 – airdsl).

474   Auch der Angabe der Rechtsform eines Unternehmens, wie zB GmbH, AG, SARL oder sp. z o.o., kommt als Zeichenbestandteil regelmäßig keine (mit-)prägende Bedeutung zu (BGH GRUR 2015, 1004 Rn. 46 – IPS/ISP).

475   **o) Präsentation und Bewerbung der Marke auf dem Markt.** Für die Beurteilung des Gesamteindrucks einer Marke ist grundsätzlich die Form maßgeblich, in der sie im Register eingetragen ist. Dennoch kann dem Verkehr nach der Rechtsprechung des BGH ein einzelnes Gestaltungsmerkmal eines zusammengesetzten Zeichens als Folge der Präsentation und Bewerbung der Marke als besonders herkunftshinweisend erscheinen (BGH GRUR 2009, 766 Rn. 36 f. – Stofffähnchen; GRUR 2007, 235 Rn. 24 – Goldhase). Entsprechendes dürfte insbesondere dann zutreffen, wenn das fragliche Gestaltungsmerkmal bzw. Zeichenelement dem Verkehr auch in Alleinstellung begegnet und von ihm als Herstellerhinweis erkannt wird (vgl. BGH GRUR 2009, 766 Rn. 39 f. – Stofffähnchen).

p) Verkürzungsneigung?. Bisweilen wird die (klangliche) Ähnlichkeit nur teilweise überein- **476** stimmender Marken mit dem Erfahrungssatz begründet bzw. untermauert, dass der Verkehr dazu neigt, Bezeichnungen in einer die Merkbarkeit und Aussprechbarkeit erleichternden Weise zu verkürzen (BGH GRUR 2015, 1004 Rn. 33 – IPS/ISP; GRUR 2007, 888 Rn. 27 – Euro Telekom; GRUR 2002, 626 (628) – IMS; BPatG GRUR 2022, 32770 Rn. 93 – BTK BELTKE THEADO KANZLEI/TBK). Für eine Verkürzungsneigung spreche es, wenn der Verkehr Schwierigkeiten habe, sich längere Wortbestandteile einer Marke einzuprägen (BGH GRUR 2008, 719 Rn. 37 – idw Informationsdienst Wissenschaft). Ist die in einer Marke enthaltene Buchstabenfolge dem Verkehr als Abkürzung allgemein geläufig, stelle dies einen Anhaltspunkt für die Verkürzung auf die Buchstabenfolge dar (BGH GRUR 2016, 283 Rn. 16 – BSA/DSA DEUTSCHE SPORTMANAGEMENT AKADEMIE; GRUR 2008, 719 Rn. 37 – idw Informationsdienst Wissenschaft). Von einer verkürzenden Wahrnehmung sei hingegen nicht auszugehen, wenn der fragliche Markenbestandteil als Abkürzung der übrigen Bestandteile verstanden wird. Die übrigen Bestandteile seien für den Verkehr dann leicht erfassbar, so dass er keine Schwierigkei- ten bei der Einprägung habe und einer die Merkbarkeit und Aussprechbarkeit erleichternden Verkürzung nicht bedürfe (BGH GRUR 2016, 283 Rn. 16 – BSA/DSA DEUTSCHE SPORT- MANAGEMENT AKADEMIE; GRUR 2008, 719 Rn. 37 – idw Informationsdienst Wissen- schaft).

Mit den strengen Anforderungen, die der BGH sonst an die Annahme von Zeichenähnlichkeit bei **476.1** Übereinstimmung in nur einem Bestandteil stellt, lässt sich der schlichte Verweis auf die Verkürzungsneigung des Verkehrs nur schwer vereinbaren (vgl. auch Ströbele/Hacker/Thiering/Hacker § 15 Rn. 48). Ist der von einer eingetragenen Marke ausgehende Gesamteindruck zu beurteilen, steht der Annahme einer Verkürzungsneigung zudem die Maßgeblichkeit der eingetragenen Form der Marke (→ Rn. 358) entge- gen. Davon abgesehen dürfte die Frage nach einer Verkürzungsneigung nur selten praktisch relevant sein. In den meisten Fällen, die unter Annahme einer Verkürzungsneigung entschieden wurden, hätte sich eine prägende Bedeutung desjenigen Markenbestandteils, auf den verkürzt werden soll, auch anhand der sonst für die Beurteilung des Gesamteindrucks geltenden Kriterien (vor allem → Rn. 453 ff.) begründen lassen.

2. Selbständig kennzeichnende Stellung

a) Anwendungsbereich. Eine Verwechslungsgefahr im weiteren Sinn ist in der folgenden **477** Konstellation gegeben (EuGH C-120/04, GRUR 2005, 1042 Rn. 31 – THOMSON LIFE; BGH GRUR 2021, 482 Rn. 50 – RETROLYMPICS; GRUR 2012, 64 Rn. 16, 25 ff. – Maalox/ Melox-GRY; GRUR 2010, 729 Rn. 43 – MIXI; GRUR 2009, 672 Rn. 33 ff. – OSTSEE-POST; GRUR 2009, 484 Rn. 79 – Metrobus):
- Eine Marke wird in ein jüngeres zusammengesetztes Kennzeichen übernommen.
- In diesem jüngeren zusammengesetzten Kennzeichen behält die Marke eine selbständig kenn- zeichnende Stellung.
- Aufgrund der teilweisen Übereinstimmung des jüngeren Kennzeichens mit der älteren Marke kann bei den angesprochenen Verkehrskreisen der Eindruck hervorgerufen werden, dass die betroffenen Waren und Dienstleistungen aus wirtschaftlich oder organisatorisch miteinander verbundenen Unternehmen stammen.

Ebenso wie bei der Verwechslungsgefahr unter dem Aspekt des Serienzeichens (→ § 14 **478** Rn. 514 ff.) handelt es sich hierbei um einen Fall der Verwechslungsgefahr durch gedankliches Inverbindungbringen (BGH GRUR 2010, 729 Rn. 43 – MIXI; → § 14 Rn. 511 ff.).

b) Besondere Umstände. Einzelne oder mehrere Bestandteile eines zusammengesetzten Zei- **479** chens können nach der Rechtsprechung des BGH nur bei Vorliegen besonderer Umstände als selbständig kennzeichnend angesehen werden (BGH GRUR 2019, 1058 Rn. 34 – KNEIPP; GRUR 2018, 79 Rn. 37 – OXFORD/Oxford Club; anders noch BGH GRUR 2009, 772 Rn. 69 f. – Augsburger Puppenkiste; und zuletzt wieder BGH GRUR 2021, 482 Rn. 50 – RET- ROLYMPICS; GRUR 2020, 1202 Rn. 39 – YOOFOOD/YO, wonach das Vorliegen besonderer Umstände für die Annahme einer Verwechslungsgefahr im weiteren Sinn erforderlich und die selbständig kennzeichnende Stellung des mit der älteren Marke übereinstimmenden Bestandteils des jüngeren Kennzeichens ein solcher besonderer Umstand ist). Jedenfalls führt allein die Tatsache, dass sämtliche Bestandteile eines zusammengesetzten Kennzeichens dessen Gesamteindruck glei- chermaßen bestimmen, weil keiner der Bestandteile das Erscheinungsbild des Kennzeichens domi- niert oder prägt, nicht automatisch dazu, dass diese Bestandteile eine selbständig kennzeichnende Stellung haben (BGH GRUR 2019, 1058 Rn. 34 – KNEIPP; GRUR 2018, 79 Rn. 37 – OXFORD/Oxford Club; GRUR 2013, 833 Rn. 50 – Culinaria/Villa Culinaria). Andernfalls würde der Grundsatz, dass der Verbraucher eine Marke als Ganzes wahrnimmt, zur Ausnahme verkehrt (BGH GRUR 2013, 833 Rn. 50 – Culinaria/Villa Culinaria).

480   Besondere Umstände im Sinne von Anhaltspunkten für eine selbständig kennzeichnende Stellung schienen sich nach der Rechtsprechung des BGH zunächst nur aus den Eigenschaften desjenigen Elements des jüngeren zusammengesetzten Zeichens ergeben zu können, das nicht mit der älteren Marke übereinstimmt. Ein solcher besonderer Umstand ist zum Beispiel, dass das jüngere zusammengesetzte Zeichen neben der älteren Marke die Unternehmensbezeichnung oder ein Serienzeichen seines Inhabers enthält (vgl. BGH GRUR 2013, 833 Rn. 51 – Culinaria/Villa Culinaria; GRUR 2012, 635 Rn. 29 – METRO/ROLLER's Metro; vgl. auch BGH GRUR 2020, 1202 Rn. 39 – YOOFOOD/YO). In der neueren Rechtsprechung des BGH klingt jedoch eine flexiblere Handhabung der Verwechslungsgefahr im weiteren Sinn bzw. der selbständig kennzeichnenden Stellung eines Zeichenbestandteils an. So soll die gesteigerte Kennzeichnungskraft oder Bekanntheit der älteren Marke offenbar auch dann zu einer selbständig kennzeichnenden Stellung der Marke in dem zusammengesetzten jüngeren Zeichen führen können, wenn die Marke dort nicht mit einem Unternehmenskennzeichen oder Serienzeichen kombiniert wurde (BGH GRUR 2001, 482 Rn. 50–53 – RETROLYMPICS). Entsprechend hat das BPatG bereits in der Entscheidung POLLO REAL dem Markenelement „REAL" neben dem Wort „POLLO" eine selbständig kennzeichnende Stellung eingeräumt und allein damit begründet, dass die Widerspruchsmarke „real,-" über gesteigerte Kennzeichnungskraft verfügt (BPatG BeckRS 2016, 05060 – POLLO REAL).

481   **c) Grad der Übereinstimmung.** Nach der Rechtsprechung des BGH setzt eine Verwechslungsgefahr in Folge selbständig kennzeichnender Stellung eines Zeichenbestandteils nicht voraus, dass dieser Zeichenbestandteil mit der älteren Marke identisch ist. Vielmehr kann Verwechslungsgefahr auch zu bejahen sein, wenn insoweit nur Ähnlichkeit besteht (BGH GRUR 2013, 833 Rn. 45 – Culinaria/Villa Culinaria; GRUR 2012, 646 Rn. 15 – OFFROAD; GRUR 2009. 772 Rn. 57 – Augsburger Puppenkiste; GRUR 2009, 672 Rn. 33 – OSTSEE-POST). Welches Ähnlichkeitsgrades es bedarf, ist allerdings noch ungeklärt. In den bislang entschiedenen Fällen standen sich meist eine Marke und ein Zeichenbestandteil gegenüber, die identisch oder zumindest hochgradig ähnlich waren (vgl. zB BGH GRUR 2006, 859 Rn. 23 – Malteserkreuz).

482   Demgegenüber geht das EuG davon aus, dass die Grundsätze der „Medion"-Urteils (EuGH C-120/04, GRUR 2005, 1042 Rn. 31 – THOMSON LIFE) nur anwendbar seien, wenn die ältere Marke vollständig in das angegriffene Zeichen übernommen werde, woran es fehle, wenn (gestalterische) Abweichungen zwischen der älteren Marke und dem betreffenden Element des jüngeren Zeichens festzustellen sind (EuG BeckRS 2016, 114770 Rn. 76 – P PRO PLAYER/P; vgl. auch → UMV Art. 8 Rn. 113). Ob sich diese unnötig restriktive Handhabung durchsetzen wird, bleibt abzuwarten (vgl. auch Rauscher GRUR-Prax 2017, 145). Bloße Unterschiede in der Groß- und Kleinschreibung sollen laut BGH jedenfalls nicht aus dem Identitätsbereich herausführen (BGH GRUR 2019, 1058 Rn. 39 – KNEIPP).

483   **d) Prioritätslage.** Bislang hat der BGH eine Verwechslungsgefahr aufgrund selbständig kennzeichnender Stellung eines Zeichenbestandteils nur in Fällen anerkannt, in denen ein mit der älteren Marke übereinstimmendes Element in ein jüngeres Kennzeichen übernommen wurde (BGH GRUR 2012, 64 Rn. 26 – Maalox/Melox-GRY; GRUR 2010, 646 Rn. 15 – OFFROAD; GRUR 2009, 905 Rn. 38 – Pantohexal). Abweichend von den allgemeinen Grundsätzen (→ Rn. 450) soll die Prioritätslage hier offenbar durchaus eine Rolle spielen.

484   **e) Kennzeichnungskraft der älteren Marke.** Die selbständig kennzeichnende Stellung eines Zeichenbestandteils erfordert nicht, dass die ältere Marke, mit der dieser Bestandteil übereinstimmt, über gesteigerte Kennzeichnungskraft verfügt (BGH GRUR 2006, 859 Rn. 21 – Malteserkreuz).

485   Selbst eine unterdurchschnittliche Kennzeichnungskraft der älteren Marke schließt nicht aus, dass diese in dem jüngeren Zeichen eine selbständig kennzeichnende Stellung behält (BGH GRUR 2018, 79 Rn. 37 – OXFORD/Oxford Club; GRUR 2013 Rn. 50 – Culinaria/Villa Culinaria; GRUR 2009, 905 Rn. 38 – Pantohexal; GRUR 20098, 258 Rn. 35 – INTERCONNECT/T-InterConnect). Jedoch sind bei unterdurchschnittlicher Kennzeichnungskraft strenge Anforderungen an das Vorliegen einer Verwechslungsgefahr im weiteren Sinne zu stellen (BGH GRUR 2018, 79 Rn. 43 – OXFORD/Oxford Club).

486   Ist die Kennzeichnungskraft der älteren Marke erhöht, spricht dies indes dafür, dass der mit ihr übereinstimmende Bestandteil des jüngeren zusammengesetzten Zeichens in diesem eine selbständig kennzeichnende Stellung innehat (BGH GRUR 2021, 482 Rn. 50–53 – RETROLYMPICS; GRUR 2009, 484 Rn. 80 – Metrobus; BPatG BeckRS 2016, 05060 – POLLO REAL).

f) Eigenschaften des übereinstimmenden Elements. Anders als die in ständiger Recht- 487
sprechung wiederholten Grundsätze (→ Rn. 477) ggf. vermuten lassen, ist nicht zwingend erforderlich, dass die gesamte ältere Marke in das jüngere Zeichen übernommen wird. Fasst das jüngere
Zeichen nur ein Element der älteren Marke auf, kann auch diesem in dem jüngeren Zeichen eine
selbständig kennzeichnende Stellung zukommen, die zu Verwechslungsgefahr im weiteren Sinn
führt. Voraussetzung ist allerdings, dass das betreffende Element die ältere Marke dominiert oder
prägt (BGH GRUR 2009, 1055 Rn. 31 – airdsl). Gestünde man auch nicht prägenden bzw.
dominierenden Bestandteilen der älteren Marke in dem jüngeren Zeichen eine selbständig kennzeichnende Stellung zu, würde, so der BGH zutreffend, für die ältere Marke ein selbständiger
Elementenschutz begründet, der dem Kennzeichenrecht grundsätzlich fremd ist (BGH GRUR
2009, 1055 Rn. 31 – airdsl; GRUR 2008, 904 Rn. 34 – SIERRA ANTIGUO).

Weiterhin muss es sich bei dem Element, welches in das jüngere Zeichen übernommen wird, 488
nicht notwendigerweise um ein Wortzeichen handeln. Auch Bildelemente können, soweit sie mit
der älteren Marken identisch oder ähnlich sind, in dem jüngeren zusammengesetzten Zeichen
eine selbständig kennzeichnende Stellung behalten (BGH GRUR 2006, 859 Rn. 21 – Malteserkreuz). Das ist aber nicht der Fall, wenn der Bildbestandteil im jüngeren Zeichen durch ein
Wortelement in zwei Teile unterteilt wird (OLG München GRUR-RR 2021, 20 Rn. 32 –
Borgward).

Ist die in das jüngere Zeichen übernommene ältere Marke zugleich das Unternehmenskennzei- 489
chen des Inhabers der älteren Marke, steht dies einer selbständig kennzeichnenden Stellung nicht
entgegen. Auch ein fremdes Unternehmenskennzeichen kann in einem jüngeren Zeichen selbständig kennzeichnend wirken. Hält der Verkehr das fremde Unternehmenskennzeichen in dem jüngeren Zeichen für die eigentliche Produktkennzeichnung, liegt diese Annahme sogar nahe (BGH
GRUR 2012, 635 Rn. 29 – METRO/ROLLER's Metro).

Des Weiteren kann es für die selbständig kennzeichnende Stellung eines Zeichenbestandteils 490
sprechen, wenn dieser im Sinne eines Serienzeichens für mehrere Modelle eines Produkts verwendet wird. Dadurch wird, so der BGH, die produktkennzeichnende Funktion des Zeichenbestandteils für den Verkehr erhöht (BGH GRUR 2012, 635 Rn. 31 – METRO/ROLLER's Metro).

Eine selbständig kennzeichnende Stellung der in das jüngere Zeichen übernommenen Marke 491
scheidet allerdings aus, wenn der Verkehr dieser Marke in dem jüngeren Zeichen lediglich beschreibende Bedeutung beimisst (BGH GRUR 2012, 635 Rn. 30 – METRO/ROLLER's Metro;
GRUR 2009, 672 Rn. 36 – OSTSEE-POST).

g) Eigenschaften der abweichenden Markenbestandteile. Die Grundlage für die aktuelle 492
Rechtsprechung zur selbständig kennzeichnenden Stellung von Markenbestandteilen bildet das
Medion-(auch THOMSON LIFE-)Urteil des EuGH (EuGH C-120/04, GRUR 2005, 1042). In
diesem erklärte der EuGH eine selbständig kennzeichnende Stellung eines Zeichenbestandteils für
möglich, wenn eine ältere Marken in ein jüngeres zusammengesetztes Zeichen übernommen
wird, welches neben der älteren Marke (a) die Unternehmensbezeichnung eines Dritten, (b) eine
bekannte Marke oder (c) einen bekannten Handelsnamen enthält.

Der BGH nahm eine selbständig kennzeichnende Stellung einer älteren Marke in einem jünge- 493
ren zusammengesetzten Zeichen zunächst nur dann an, wenn es sich bei dem anderen Bestandteil
der jüngeren Marke um das **Unternehmenskennzeichen** oder ein **Serienzeichen** des Inhabers
der jüngeren Marke handelt (BGH GRUR 2012, 833 Rn. 50 f. – Culinaria/Villa Culinaria;
GRUR 2012, 635 Rn. 37 – METRO/ROLLER'S Metro; GRUR 2012, 64 Rn. 26 – Maalox/
Melox-GRY; GRUR 2010, 646 Rn. 15 – OFFROAD; GRUR 2009, 909 Rn. 38 – Pantogast;
GRUR 2008, 258 Rn. 33 – INTERCONNECT/T-InterConnect) und der Verkehr das Unternehmenskennzeichen bzw. Serienzeichen in dem zusammengesetzten Zeichen erkennt (BGH
BeckRS 2011, 29054 Rn. 7 – LIFETEC; GRUR 2008, 905 Rn. 38 – Pantohexal); zur der sich
abzeichnenden Liberalisierung vgl. → Rn. 479 f. Aus dem vom BGH an sich zur Prägetheorie
entwickelten Erfahrungssatz, dass der Verkehr in einem neben dem erkennbaren Unternehmenszeichen oder Serienzeichen vorhandenen, unterscheidungskräftigen Bestandteil im Allgemeinen
die eigentliche Produktkennzeichnung erblickt, folgt in den vorstehenden Fällen laut BGH dessen
selbständig kennzeichnende Stellung (BGH GRUR 2012, 635 Rn. 29 – METRO/ROLLER's
Metro; GRUR 2008, 905 Rn. 38 – Pantohexal; GRUR 2008, 258 Rn. 33, 35 – INTERCON-
NECT/T-InterConnect). Unter dieser Voraussetzung kommt eine selbständig kennzeichnende
Stellung selbst dann in Betracht, wenn die ältere Marke und das Unternehmenskennzeichen bzw.
Serienzeichen des Inhabers bzw. Verwenders des jüngeren Zeichens in letzterem zu einem Wort
verbunden werden (BGH GRUR 2008, 905 Rn. 38 – Pantohexal). Je bekannter das Unterneh-
mens- bzw. Serienkennzeichen, desto stärker ist die selbständig kennzeichnende Stellung des weite-

ren Zeichenbestandteils (BGH GRUR 2008, 258 Rn. 35 – INTERCONNECT/T-InterConnect).

494   Der Kombination der älteren Marke mit einem Unternehmenskennzeichen soll es gleichkommen, wenn sich der betreffende Zeichenbestandteil ersichtlich an das Unternehmenskennzeichen des Verwenders anlehnt (BGH BeckRS 2011, 29054 Rn. 7 – LIFETEC).

495   Ist das Element, mit welchem die ältere Marke in dem jüngeren Zeichen kombiniert wird, für die fraglichen Waren bzw. Dienstleistungen glatt beschreibend, kann hingegen grundsätzlich nicht davon ausgegangen werden, dass der Verkehr dieses Element als Unternehmenskennzeichen oder Stammbestandteil einer Zeichenserie versteht. Eine selbständig kennzeichnende Stellung des mit der älteren Marke übereinstimmenden Zeichenbestandteils scheidet infolgedessen aus (BGH GRUR 2010, 646 Rn. 17 – OFFROAD). Etwas anderes kann allenfalls gelten, wenn sich der Verkehr daran gewöhnt hat, dass der nicht unterscheidungskräftige Zeichenbestandteil als Stammbestandteil einer bereits existierenden Zeichenserie verwendet wird (BGH GRUR 2010, 646 Rn. 17 – OFFROAD). Eine Benutzung des Zeichenbestandteils für nur zwei verschiedene Produkte soll dafür allerdings nicht genügen (BGH GRUR 2010, 646 Rn. 17 – OFFROAD). Führt die glatt beschreibende Eigenschaft des zusätzlichen Bestandteils des jüngeren Zeichens allerdings dazu, dass der andere, mit der älteren Marke übereinstimmende Bestandteil den Gesamteindruck des Zeichens prägt, wird letzterer regelmäßig zugleich eine selbständig kennzeichnende Stellung innehaben.

496   Enthält das jüngere Zeichen neben der älteren Marke und dem Unternehmenskennzeichen des Inhabers bzw. Verwenders weitere, rein beschreibende Bestandteile, stehen diese einer selbständig kennzeichnenden Stellung des mit der älteren Marke übereinstimmenden Bestandteils nicht entgegen (BGH BeckRS 2011, 29054 – LIFETEC).

497   **h) Verhältnis der Bestandteile des jüngeren Zeichens zueinander.** Ist ein Bestandteil eines komplexen Zeichens durch seine grafische Gestaltung oder Anordnung im Gesamtzeichen besonders hervorgehoben bzw. von dem anderen Bestandteil grafisch abgesetzt, genügt dies für sich genommen nicht, um von einer selbständig kennzeichnenden Stellung des anderen Bestandteils auszugehen (BGH GRUR 2010, 646 Rn. 18 – OFFROAD). Erscheint der mit der älteren Marke übereinstimmende Bestandteil des jüngeren Zeichens in letzterem jedoch als in sich geschlossene Gestalt, kann dies durchaus als Indiz für dessen selbständig kennzeichnende Stellung gewertet werden. Sind die einzelnen Bestandteile des jüngeren Zeichens hingegen so aufeinander bezogen, dass der Verkehr von einem einheitlichen Kennzeichen ausgeht, scheidet eine selbständig kennzeichnende Stellung der betreffenden Zeichenbestandteile aus. Für eine solche Betrachtungsweise spricht es insbesondere, wenn der eine Begriff den anderen konkretisiert (BGH GRUR 2010, 646 Rn. 18 – OFFROAD).

498   Stellt sich das jüngere Zeichen als Gesamtbegriff mit einer eigenständigen Bedeutung dar, ist keines der Zeichenelemente selbständig kennzeichnend. Der Verkehr hat keinen Anlass, einen Gesamtbegriff in verschiedene Bestandteile aufzuspalten und einen davon mit der älteren Marke gedanklich in Verbindung zu bringen (BGH GRUR 2009, 484 Rn. 34 – Metrobus). Von einem Gesamtbegriff ist insbesondere dann auszugehen, wenn der mit der älteren Marke identische Bestandteil des jüngeren Zeichens durch die Kombination mit weiteren Elementen eine neue Bedeutung erhält (BGH GRUR 2019, 1058 Rn. 38, 44 – KNEIPP). Ob dies der Fall ist, kann je nach Art der betroffenen Waren und Dienstleistungen variieren (BGH GRUR 2009, 484 Rn. 80 – Metrobus). Bei einer Benutzung des Zeichens „Metrobus" für den Betrieb von Kaufhäusern und Großmärkten erkennt der Verkehr in dem Zeichen „Metrobus" zB die bekannte ältere Marke „METRO" und geht von wirtschaftlichen oder organisatorischen Beziehungen zum Metro-Konzern aus (BGH GRUR 2009, 484 Rn. 80 – Metrobus). Im Zusammenhang mit der Linienbusbeförderung von Personen mit Autobussen wird „Metrobus" hingegen als Gesamtbegriff aufgefasst; eine selbständig kennzeichnende Stellung des Bestandteils „Metro" scheidet aus (BGH GRUR 2009, 484 Rn. 34 – Metrobus; vgl. zum Thema Gesamtbegriff auch → Rn. 502 f.).

499   Nicht zwingend erforderlich ist, dass die Marke, welche in das zusammengesetzte Zeichen übernommen wurde, von dessen weiteren Bestandteilen optisch getrennt ist. Auch in einer aus einem Wort bestehenden Bezeichnung kann ein Wortbestandteil eine selbständig kennzeichnende Stellung haben (BGH GRUR 2010, 729 Rn. 34 – MIXI; GRUR 2008, 905 Rn. 38 – Pantohexal). Grundsätzlich gilt jedoch, dass der Verkehr bei **Einwortzeichen** den einzelnen Wortbestandteilen keine selbständig kennzeichnende Stellung zumisst. Die Zusammenfügung zweier Elemente zu einem Wort entfaltet regelmäßig eine erhebliche Klammerwirkung (BGH GRUR 2010, 729 Rn. 25 – MIXI; GRUR 2008, 909 Rn. 39 – Pantogast). Nur ausnahmsweise kann der Verkehr Veranlassung haben, das zusammengesetzte Zeichen zergliedernd wahrzunehmen und nicht als einheitliche Bezeichnung aufzufassen. Dafür bedarf es besonderer Umstände (BGH GRUR 2010, 729 Rn. 34 – MIXI; GRUR 2013, 631 Rn. 33 – AMARULA/Marulablu; GRUR 2008, 905 Rn. 38 – Pantohexal).

Solche Umstände können beispielsweise gegeben sein, wenn der Inhaber eines bekannten **500** Kennzeichens dieses mit einer älteren Marke zu einem Wort verbindet (BGH GRUR 2010, 729 Rn. 34 – MIXI; GRUR 2008, 905 Rn. 38 – Pantohexal) oder – umgekehrt – das jüngere Zeichen eine bekannte ältere Marke oder eine Marke mit gesteigerter Kennzeichnungskraft enthält (BGH GRUR 2021, 482 Rn. 51–53 – RETROLYMPICS). Ferner sollen besondere Umstände, die zur zergliedernden Wahrnehmung eines Wortes führen, vorliegen, wenn der Verkehr einen Bestandteil des Zeichens als beschreibende Angabe erkennt (BGH GRUR 2013, 631 Rn. 33 – AMARULA/ Marulablu). Wird hingegen eine dem Verkehr nicht bekannte Herstellerangabe mit einer älteren Marke zu einem Wort zusammengefügt, hat der Verkehr keine Veranlassung, die ältere Marke abzuspalten und ihr eine selbständig kennzeichnende Stellung in dem Gesamtzeichen beizulegen (BGH GRUR 2010, 729 Rn. 35 – MIXI).

i) Top-Level-Domains. Handelt es sich bei einem Zeichen erkennbar um einen Domainna- **501** men und versteht der Verkehr eine generische Top-Level-Domain wie .de, .at, .com oder .org als solche, hat die Top-Level-Domain nur funktionale Bedeutung. Daraus folgt nicht nur, dass die Top-Level-Domain für den Gesamteindruck zu vernachlässigen ist (→ Rn. 473), die **Second-Level-Domain** wird auch als selbständig kennzeichnender Bestandteil des Domainnamens wahrgenommen und kann damit eine Verwechslungsgefahr im weiteren Sinn begründen (BGH GRUR 2009, 685 Rn. 26 – ahd.de).

j) Sonstige Faktoren. Ob eine ältere Marke in einem jüngeren zusammengesetzten Zeichen **502** eine selbständig kennzeichnende Stellung behält, kann maßgeblich von dem Produktbereich bzw. Dienstleistungssektor abhängen, in dem die jüngere Marke benutzt wird. Existieren in dem maßgeblichen Waren- bzw. Dienstleistungsgebiet besondere Kennzeichnungsgewohnheiten, können diese die Annahme einer selbständig kennzeichnenden Stellung eines Markenbestandteils fördern oder hemmen. Ist es in einem Sektor beispielsweise üblich, bestimmte Zeichen sowohl in Alleinstellung als auch in Kombination mit dem jeweiligen Unternehmenskennzeichen zu benutzten, spricht vieles dafür, dass die Elemente entsprechend zusammengesetzter Marken jeweils als selbständig kennzeichnend wahrgenommen werden (BGH GRUR 2006, 859 Rn. 22 – Malteserkreuz).

3. Namensmarken

Namensmarken sind Marken, die aus dem Vor- und/oder Nachnamen natürlicher Personen **503** bestehen und als solche wahrgenommen werden. Für den Vergleich von Namensmarken gelten grundsätzlich die allgemeinen Regeln. Besonderheiten können sich jedoch aufgrund geschlechtsspezifischer Unterschiede ergeben. Beispielsweise weichen die Wortmarken „Cordia" und „CORDIUS" nach Auffassung des 29. Senats des BPatG aufgrund der weiblichen bzw. männlichen Endung „-a" bzw. „-US" in klanglicher, bildlicher und begrifflicher Hinsicht so deutlich voneinander ab, dass Markenähnlichkeit ausscheidet (BPatG BeckRS 2014, 01374).

Wie mehrteilige Marken im Übrigen (→ Rn. 441 ff.) stimmen auch Namensmarken in der **504** Praxis häufig nur in einem ihrer Bestandteile, also nur im Vornamen oder nur im Nachnamen überein. Zu unterscheiden sind im Wesentlichen die folgenden Konstellationen:
- Ein Vorname steht einer Kombination aus Vor- und Nachnamen gegenüber; die Vornamen sind identisch oder ähnlich;
- Ein Nachname steht einer Kombination aus Vor- und Nachnamen gegenüber; die Nachnamen sind identisch oder ähnlich;
- Zwei Kombinationen aus Vor- und Nachnamen stehen einander gegenüber; die Vornamen sind identisch oder ähnlich;
- Zwei Kombinationen aus Vor- und Nachnamen stehen einander gegenüber; die Nachnamen sind identisch oder ähnlich.

a) Identischer/ähnlicher Vorname. Eine Markenähnlichkeit aufgrund der Übereinstim- **505** mung zweier Namensmarken, von denen mindestens eine auch einen Nachnamen enthält, im Vornamen wurde von den deutschen Gerichten bislang nur in einem einzigen Ausnahmefall angenommen (BPatG GRUR 1998, 1027 – Boris/BORIS BECKER). Diese Entscheidung beruht im Wesentlichen darauf, dass der Vorname „Boris" seinerzeit auch in Alleinstellung zur Identifizierung des Tennisspielers Boris Becker verwendet und allgemein als Hinweis auf diesen verstanden wurde. Hintergrund dürfte die damals überragende Bekanntheit des Sportlers gewesen sein. Richtigerweise hätte jedoch darauf abgestellt werden müssen, ob die Verbraucher den Namen „Boris" im Zusammenhang mit den konkreten Waren und Dienstleistungen als Hinweis auf Boris Becker verstehen.

506   Im Übrigen gehen sowohl die deutschen als auch die europäischen Gerichte und Behörden übereinstimmend davon aus, dass die Ähnlichkeit zweier Namensmarken im Vornamen keine Markenähnlichkeit begründet. Dies kann anders zu sehen sein, wenn der Nachname beschreibend und damit nicht als Name wirkt.

507   **b) Identischer/ähnlicher Nachname.** Stimmen eine Nachnamensmarke und eine Vor- und Nachnamensmarke nur im Nachnamen überein, besteht nach der Rechtsprechung des BGH kein Erfahrungssatz dahin, dass sich der Verkehr bei letzter allein oder auch nur vorrangig am Nachnamen orientiert (BGH GRUR 2005, 513 (514) – MEY/Ella May; GRUR 2000, 1031 – Carl Link/LINX). Hinzu kommt, dass Vornamen grundsätzlich unterscheidungskräftig und daher für den Gesamteindruck nicht ohne weiteres zu vernachlässigen sind.

508   Eine Verwechslungsgefahr nach den Grundsätzen der Prägetheorie scheidet damit in aller Regel aus. Nur unter besonderen Umständen kann der Nachname geeignet sein, den Gesamteindruck einer aus Vor- und Nachnamen zusammengesetzten Marke zu prägen (BGH GRUR 2005, 513 (514) – MEY/Ella May). Derartige Umstände können sich aus einer Übung auf dem betroffenen Waren- bzw. Dienstleistungsgebiet ergeben, die darin besteht, aus Vor- und Nachnamen gebildete Marken auf den Nachnamen zu verkürzen (BGH GRUR 2000, 1031 – Carl Link). Ferner wird eine jüngere Vor- und Nachnamensmarke laut BGH durch den Nachnamen geprägt, wenn die ältere Nachnamensmarke infolge Benutzung über erhöhte Kennzeichnungskraft verfügt (BGH GRUR 2005, 513 (514) – MEY/Ella May).

508.1   Eine abweichende Auffassung vertritt der BGH im Rahmen des § 12 BGB. In der Verwendung des Namens „A. Borsig" sah er einen Gebrauch des Familiennamens „von Borsig", der geeignet ist, eine namensmäßige Zuordnungsverwirrung hervorzurufen. Zur Begründung führte der BGH aus, dass die Hinzufügung eines Vornamens in der Regel nicht genüge, um eine Kennzeichnung von einer anderen unterscheidbar erscheinen zu lassen, wenn letztere den identischen, normal kennzeichnungskräftigen Familiennamen ohne anderweit kennzeichnungskräftige Bestandteile enthält (BGH GRUR 2016, 749 Rn. 21 – Landgut A. Borsig). Danach genüge, so der BGH weiter, die Voranstellung des Buchstaben „A." nicht, um die Kennzeichnung „A. Borsig" von dem wesentlichen Bestandteil „Borsig" des Familiennamens zu unterscheiden. Der hinzugefügte Buchstabe „A" sei für den Verkehr unschwer als Vornamensinitiale zu erkennen und trete in der Bezeichnung „A. Borsig" hinter dem normal kennzeichnungskräftigen und als Familiennamen erkennbaren Bestandteil „Borsig" zurück (BGH GRUR 2016, 749 Rn. 22 – Landgut A. Borsig).

508.2   Ob diese Grundsätze auf das Markenrecht übertragen werden können, ist angesichts der in → Rn. 507 zitierten, gefestigten BGH-Rechtsprechung fraglich, bleibt jedoch abzuwarten.

509   Nicht entschieden hat der BGH bislang, ob bzw. wann der Nachname einer aus Vor- und Nachnamen zusammengesetzten Marke in dieser eine selbständig kennzeichnende Stellung besitzt (→ Rn. 477 ff.). Ersteres ist nach der Rechtsprechung des EuGH zumindest denkbar (→ UMV Art. 8 Rn. 135 ff.).

510   Neue Bedeutung gewinnen könnte in diesem Zusammenhang das früher verbreitete Argument, der Verbraucher könne glauben, dass der Inhaber des alleinstehenden Nachnamens über den Vornamen verfüge, mit welchem der Nachname in der zusammengesetzten Marke kombiniert wurde (BGH GRUR 1961, 628 (630) – Umberto Rosso; GRUR 1985, 389 f. – Familienname; GRUR 1987, 182 (184) – Stoll; nicht so BPatG BeckRS 2013, 09895 – Albert Ballin/Ballin; BeckRS 2012, 14375 – Peter Green/Green's; GR 2014, 389 – Manuel Luciano/Luciano, wobei aber Luciano nicht eindeutig als Nachname angesehen wurde; Onken MarkenR 2011, 141 (143 f.)).

F. Markenverletzung bei Verwechslungsgefahr: Verwechslungsgefahr durch gedankliche Verbindung

I. Grundlagen

511   Gemäß § 9 Abs. 1 Nr. 2, § 14 Abs. 2 Nr. 2 schließt die Verwechslungsgefahr die Gefahr ein, dass die einander gegenüberstehenden Marken gedanklich miteinander in Verbindung gebracht werden. Der **Begriff der gedanklichen Verbindung** stellt daher – wie der EuGH (C-251/95, GRUR 1998, 387 Rn. 18–21 – Sabèl/Puma) explizit betont – keine Alternative zum Begriff der Verwechslungsgefahr dar, sondern bestimmt lediglich deren Umfang, so dass die Gefahr gedankli-

cher Verbindungen keinen eigenen, über die Verwechslungsgefahr hinausreichenden Markenverletzungstatbestand enthält (BGH GRUR 1999, 735 f. – MONOFLAM/POLYFLAM). Dabei genügt die Möglichkeit bloßer assoziativer gedanklicher Verbindungen zwischen den Marken noch nicht für die Annahme einer Verwechslungsgefahr (EuGH C-251/95, GRUR 1998, 387 Rn. 18 – Sabèl/Puma; BGH GRUR 2009, 772 Rn. 69 – Augsburger Puppenkiste; GRUR 2004, 779 (782) – Zwilling/Zweibrüder; GRUR 2006, 60 (63) – coccodrillo). Bei der Gefahr des gedanklichen Inverbindungbringens erkennt der Verkehr zwar die Unterschiede zwischen den sich gegenüberstehenden Marken, ordnet diese aber aufgrund vorhandener Gemeinsamkeiten in der Markenbildung irrtümlich gleichwohl ein und demselben Unternehmen oder aufgrund besonderer Umstände zumindest wirtschaftlich miteinander verbundenen Unternehmen zu (vgl. BGH GRUR 2000, 608 f. – ARD-1). Die Gefahr des gedanklichen Inverbindungbringens kommt daher nur in Betracht, wenn der Verkehr nicht schon der Gefahr unmittelbarer Verwechslung unterliegt, insbesondere aufgrund der sehr geringen Ähnlichkeit der Zeichen. Diese Art der Verwechslungsgefahr ist daher erst zweitrangig zu prüfen (BGH GRUR 2013, 1239 Rn. 40 – VOLKSWAGEN/ Volks.Inspektion; GRUR 2009, 484 Rn. 30, 37, 77 f. – Metrobus; GRUR 2008, 905 Rn. 25, 31–33, 36 f. – Pantohexal; GRUR 2004, 779 (782) – Zwilling/Zweibrüder; GRUR 2002, 544 (547) – Bank 24).

Häufigste Anwendungsfälle der Gefahr des gedanklichen Inverbindungbringens sind die   **512** mittelbare Verwechslungsgefahr oder Verwechslungsgefahr unter dem Aspekt des Serienzeichens und die Verwechslungsgefahr im weiteren Sinne. Darüber hinaus sind auch noch andere Fallgestaltungen denkbar, in denen eine Gefahr des gedanklichen Inverbindungbringens angenommen werden kann (dazu Ströbele/Hacker/Thiering/Hacker § 9 Rn. 551 mit Beispielen). In der Praxis ist es aber bei Einzelfällen geblieben, die keiner eigenen Oberkategorie zugeordnet werden (können).

Wie bei der unmittelbaren Verwechslungsgefahr kommt es bei der Beurteilung der mittelbaren   **513** Verwechslungsgefahr wie auch der Verwechslungsgefahr im weiteren Sinne maßgeblich auf die Ähnlichkeit der Waren/Dienstleistungen, die Kennzeichnungskraft der älteren Marke und die Zeichenähnlichkeit an, wobei die Faktoren zueinander in einem **Wechselwirkungsverhältnis** stehen (BPatG GRUR 2005, 773 (776) – Blue Bull/Red Bull; für den Fall der mittelbaren Verwechslungsgefahr vgl. BGH GRUR 2000, 886 f. – Bayer/BeiChem; für den Fall der Verwechslungsgefahr im weiteren Sinne vgl. BGH GRUR 2000, 608 (610) – ARD-1). Daher gilt auch hier, dass eine Bejahung der Voraussetzungen einer mittelbaren Verwechslungsgefahr oder einer Verwechslungsgefahr im weiteren Sinne über ein Fehlen insbesondere der Ähnlichkeit der Waren/ Dienstleistungen nicht hinweghilft. Liegt keine Waren-/Dienstleistungsähnlichkeit vor, scheidet daher auch eine Gefahr des gedanklichen Inverbindungbringens aus. Dasselbe gilt bei absoluter Zeichenunähnlichkeit. Bei der mittelbaren Verwechslungsgefahr ist zu beachten, dass es bei der Kennzeichnungskraft des älteren Zeichens auf den in Frage stehenden Stammbestandteil und nicht auf das Gesamtzeichen ankommt (BGH GRUR 2000, 886 (888) – Bayer/BeiChem).

II. Mittelbare Verwechslungsgefahr

1. Begriff

Die mittelbare Verwechslungsgefahr oder Verwechslungsgefahr unter dem Aspekt des Serienzei-   **514** chens greift begrifflich dann ein, wenn die Zeichen in einem Bestandteil übereinstimmen, den der Verkehr als Stamm mehrerer Zeichen eines Unternehmens sieht und deshalb die nachfolgenden Bezeichnungen, die einen wesensgleichen Stamm aufweisen, dem gleichen Zeicheninhaber zuordnet (BGH GRUR 2010, 729 Rn. 40 – MIXI; GRUR 2009, 672 Rn. 39 – OSTSEE-POST; GRUR 2009, 484 Rn. 38 – Metrobus; GRUR 2007, 1071 Rn. 40 – Kinder II). Die Rechtsprechung zum **Serienzeichen** beruht auf der dem Verkehr bekannten Übung mancher Unternehmen, sich eines Stammzeichens für alle ihre Waren zu bedienen und dieses – dabei als solches erkennbar bleibende – Stammzeichen für einzelne Warenarten zu deren Kennzeichnung abzuwandeln (BGH GRUR 2002, 542 (544) – BIG; GRUR 2002, 544 (547) – BANK 24).

2. Voraussetzungen

An das Vorliegen einer mittelbaren Verwechslungsgefahr werden strenge Anforderungen   **515** geknüpft, da andernfalls ein Elementenschutz zuerkannt würde, der dem Markenrecht an sich fremd ist (vgl. BGH GRUR 1974, 93 f. – Räuber).

516   **a) Eignung als Stammbestandteil.** Zunächst muss der als Stammbestandteil in Betracht kommende Markenteil in der älteren Zeichenfamilie und in der angegriffenen Bezeichnung (klanglich, schriftbildlich oder begrifflich) **identisch oder zumindest wesensgleich** vorhanden sein, da andernfalls die Annahme einer Markenserie fernliegt, werden die Stammbestandteile von Markenserien von Unternehmen doch regelmäßig unverändert eingesetzt. Bloße Ähnlichkeit genügt daher nicht, vielmehr genügen umgekehrt bereits geringfügige Abweichungen, um die Annahme eines gemeinsamen Serienzeichens auszuschließen (BGH GRUR 1989, 350 (352) – ABBO/Abo; vgl. auch BGH GRUR 2007, 1066 Rn. 46 – Kinderzeit). Die Wesensgleichheit ist insbesondere zu verneinen, wenn die Zeichenbildungsstruktur voneinander abweicht (zB Nachstellung statt Voranstellung, vgl. BGH GRUR 2010, 729 Rn. 41 – Mixi; OLG München GRUR-RR 2001, 305 f. – FOCUS). Auch nach Ansicht des EuG muss die angegriffene Marke nicht nur zu den Marken der Serie ähnlich sein, sondern auch Merkmale aufweisen, die geeignet sind, sie mit der Markenserie in Verbindung zu bringen (EuG T-63/09, GRUR-RR 2012, 458 Rn. 116 – Swift GTi; T-287/06, GRUR-RR 2009, 167 Rn. 81 – torre albéniz; T-194/03, GRUR Int 2006, 404 Rn. 127 – Bainbridge).

517   Die Anforderung eines identischen oder wesensgleichen Stammbestandteils gilt sowohl im Verhältnis der älteren Zeichenfamilie zur angegriffenen Bezeichnung wie auch für die Feststellung einer Zeichenfamilie selbst. So kann eine unterschiedliche grafischen Gestaltung des als Stammbestandteil in Betracht kommenden Elements in den älteren Marken die Eigenschaft als Stammbestandteil verhindern (zB ist das Element „PROTI" in den Benutzungsformen „PROTI 4-K" und „PROTIPLEX" nicht Stammbestandteil einer Zeichenserie des Klägers, so BGH GRUR 2013, 840 Rn. 24 – PROTI II, zu § 26 Abs. 3).

518   Außerdem ist als Stammbestandteil nur ein Bestandteil geeignet, der nach Art eines **eigenständigen Wortstamms** aus dem Gesamtzeichen hervortritt (Ströbele/Hacker/Thiering/Hacker § 9 Rn. 531; Eichelberger WRP 2006, 316 ff., jeweils mwN). Dies ist in der Regel der Fall, wenn eine Gliederung des Zeichens in diesen Teil und weitere Elemente naheliegt. Eine Eigenständigkeit ist dagegen zu verneinen, wenn der gemeinsame Bestandteil in der Gesamtbezeichnung aufgeht, zB bei unselbstständigen Lautfolgen. Allerdings kommt es auf die Eigenständigkeit nicht an, wenn der Verkehr durch die Benutzung einer Zeichenserie bereits an einen Wortstamm gewöhnt ist (BGH GRUR 2000, 886 (888) – Bayer/BeiChem: kein isoliertes Hervortreten von „Bay" in „Bayer", aber vorhandene Markenserie mit Bestandteil „Bay"; BPatG BeckRS 2019, 10305 Rn. 24 – Vita/Vitalitasia: kein isoliertes Hervortreten von „Vita" in „Vitalitasia", aber vorhandene Zeichenserie mit Bestandteil „Vita" und entsprechendes Firmenschlagwort).

519   An der Erkennbarkeit eines Bestandteils als Serienzeichen in der angegriffenen Bezeichnung mangelt es auch, wenn der gemeinsame Bestandteil zusammen mit dem abweichenden Markenteil einen **Gesamtbegriff** oder eine Gesamtaussage bildet (so zB das Element „Post" in dem angegriffenen Zeichen „OSTSEE-POST", vgl. BGH GRUR 2009, 672 Rn. 40 – OSTSEE-POST, und das Element „Metro" in dem angegriffenen Zeichen „Metrobus", vgl. BGH GRUR 2009, 484 Rn. 40 – Metrobus; vgl. auch BGH GRUR 1999, 735 (737) – MONOFLAM/POLYFLAM; GRUR 1999, 240 f. – STEPHANSKRONE I).

520   **b) Hinweischarakter des Stammbestandteils.** Außerdem ist erforderlich, dass dem identischen/wesensgleichen und im Gesamtzeichen hervortretenden Bestandteil ein Hinweischarakter auf den Inhaber der älteren Marke zukommt. Ein Hinweischarakter des Stammbestandteils kann regelmäßig dann angenommen werden, wenn ein Unternehmen bereits mit mehreren eigenen Zeichen, die denselben Wortstamm aufweisen, im Verkehr aufgetreten ist (BGH GRUR 2002, 544 (547) – BANK 24; BPatG GRUR 2002, 345 f. – ASTRO Boy/Boy). Eine derartige **Zeichenserie** muss tatsächlich **benutzt** werden; die bloße Inhaberschaft zahlreicher Markeneintragungen mit einem identischen bzw. wesensgleichen Stammbestandteil genügt nicht (BGH GRUR 2009, 484 Rn. 39 – Metrobus; BPatG GRUR 2008, 174 (177) – EuroPOSTCOM; EuGH C-234/06 P, GRUR 2008, 343 Rn. 64 – Il Ponte Finanziaria Spa/HABM). Der Inhaber der Serie älterer Eintragungen muss den Nachweis der Benutzung aller zu der Serie gehörenden Marken oder zumindest einer Reihe von Marken, die eine Serie bilden können, erbringen (EuG T-63/09, GRUR-RR 2012, 458 Rn. 116 – Swift GTi; T-194/03, GRUR Int 2006, 404 Rn. 126 – Bainbridge).

521   Nicht erforderlich ist aber, dass aus allen Marken, die zu der fraglichen Serie gehören, ein **Widerspruch** eingelegt wurde (BGH GRUR 2000, 886 – Bayer/BeiChem; wohl anders die Rechtsprechung des EuGH, zB EuGH C-16/06 P, GRUR-RR 2009, 356 Rn. 100 – Editions Albert René; C-234/06 P, GRUR 2008, 343 Rn. 62 – Il Ponte Finanziaria Spa/HABM). Der Schutz einer Zeichenserie kann auch dadurch entstehen, dass der Markeninhaber unmittelbar mit der gesamten Markenserie im Markt auftritt und die Serie nicht erst über einen längeren Zeitraum entwickelt (BGH GRUR 2013, 840 Rn. 23 – PROTI II). Die Frage, wie viele Marken benutzt sein müssen, um von einer Markenserie sprechen zu können, hat der EuGH der Einzelfallbeurteilung überlassen ("genügende Anzahl", vgl. EuGH C-234/06 P, GRUR 2008, 343 Rn. 65 – Il Ponte Finanziaria Spa/HABM; im Fall CITI GATE genügten sieben benutzte Marken, vgl. EuG T-301/09, BeckRS 2012, 82217).

Wird ein Bestandteil bereits als Stammbestandteil für eine existierende Zeichenserie benutzt, **522** kommt es nicht mehr darauf an, ob sich der fragliche Bestandteil theoretisch als Stammbestandteil eignet, insbesondere, ob er über **Kennzeichnungskraft** verfügt (BGH GRUR 2010, 646 Rn. 17 – OFFROAD; GRUR 2002, 542 (544) – BIG). Selbst kennzeichnungsschwache Zeichenteile können daher Grundlage einer mittelbaren Verwechslungsgefahr sein, wenn sie als Bestandteile einer Markenfamilie benutzt werden (BPatG 2003, 61 (63) – T-control/T-Connect). Anders die europäische Rechtsprechung, die die Kennzeichnungskraft des gemeinsamen Bestandteils auch beim Nachweis einer eingetragenen und benutzten Markenserie in die Prüfung einbezieht (so zB EuG T-63/09, GRUR-RR 2012, 458 Rn. 117 – Swift GTi).

Im Einzelfall konnte es nach früherer Ansicht des BGH aber auch ausreichen, dass schon **523** bei **erstmaliger Benutzung einer einzigen Marke** die Nutzung eines gleichen Bestandteils den Eindruck eines Serienzeichens erweckt (BGH GRUR 1996, 200 (202) – Innovadiclophlont; GRUR 1998, 927 (928) – COMPO-SANA). Ob daran in Anbetracht der Rechtsprechung des EuGH, wonach eine Verwechslungsgefahr unter dem Gesichtspunkt des Serienzeichens die tatsächliche Benutzung einer Zeichenserie, dh mehrerer älterer Marken mit einem gemeinsamen Stammbestandteil voraussetzt (EuGH C-234/06 P, GRUR 2008, 343 Rn. 64 – Il Ponte Finanziaria Spa/HABM), festgehalten werden konnte, hat der BGH lange offengelassen (BGH GRUR 2008, 905 Rn. 35 – Pantohexal). Der BGH entschied dann im Jahr 2013, dass er an seiner Rechtsprechung nicht mehr festhalte (BGH GRUR 2013, 1239 Rn. 40 – VOLKSWAGEN/Volks.Inspektion; s. auch BGH GRUR 2013, 840 Rn. 23 – PROTI II, zu § 26 Abs. 3).

Nach Ansicht des BPatG kann auch die **Benutzung der älteren Marke als Stammbestand-** **524** **teil** einer jüngeren Zeichenserie eine Verwechslungsgefahr begründen (BPatG GRUR-RR 2009, 96 (99 f.) – Flow Party/flow). Wenn es anerkanntermaßen zur Verwechslungsgefahr führe, dass eine ältere Marke als Abwandlungsbestandteil in eine fremde Zeichenserie integriert werde, so müsse dies erst recht gelten, wenn die ältere Marke zum Stammbestandteil einer fremden Zeichenserie gemacht werde. Verwechslungsgefahr bestehe jedenfalls dann, wenn die ältere Marke bereits in Benutzung sei und zudem als Firmenbestandteil und Firmenschlagwort Hinweischarakter auf das Unternehmen des älteren Markeninhabers gewonnen habe. Voraussetzung für die Annahme einer Verwechslungsgefahr sei allerdings, dass die Zeichenserie des angegriffenen Markeninhabers insgesamt (und nicht nur die angegriffene Marke für sich gesehen) prioritätsjünger als die Widerspruchsmarke sei. Ob eine derartige Fehlzuordnung einer älteren Marke zu einer Zeichenfamilie eines Dritten mit prioritätsjüngeren Kennzeichen eine Verwechslungsgefahr unter dem Aspekt eines Serienzeichens begründen kann, hat der BGH jüngst offengelassen (vgl. BGH GRUR 2013, 1239 Rn. 43 – VOLKSWAGEN/Volks.Inspektion).

Unklar ist nach der jüngeren EuGH-Rechtsprechung weiterhin, ob eine Verwechslungsgefahr **525** unter dem Gesichtspunkt einer Serienmarke nur bei Benutzung mehrerer Marken mit einem gemeinsamen Stammbestandteil möglich ist oder wie bislang ein **Hinweischarakter des Stamm-** **bestandteils** auf den Inhaber der älteren Marke **auch unter anderen Voraussetzungen** vorliegen kann. So kommt nach bisheriger Praxis ein solcher auch dann in Betracht, wenn der Stammbestandteil als Unternehmenskennzeichen verwendet wird, es sich um einen charakteristisch besonders hervortretenden Bestandteil handelt oder dieser mit erhöhter Verkehrsgeltung ausgestattet ist, sowie aufgrund der abweichenden Markenteile (vgl. dazu im Einzelnen zB Eichelberger WRP 2006, 316 (318 ff.); Sosnitza GRUR 20111, 867 (870 f.)). Sind die weiteren Bestandteile zB kennzeichnungsschwach oder erinnert die Wortbildung an eine Serienmarke, so kommt dem Stammbestandteil nach der bisherigen BGH-Rechtsprechung regelmäßig der nötige Hinweischarakter zu (BPatG GRUR 2002, 438 (440 f.) – WISCHMAX/Max).

Nach der bisherigen Rechtsprechung kommt **schutzunfähigen und kennzeichnungsschwa-** **526** **chen Bestandteilen** der erforderliche Hinweischarakter von vornherein nicht zu (BGH GRUR 2010, 646 Rn. 17 – OFFROAD; GRUR 2003, 1040 (1043) – Kinder; GRUR 2007, 1066 Rn. 47 – Kinderzeit; BPatG GRUR 2004, 433 (435) – OMEGA/OMEGA LIFE; BeckRS 2007, 10928 – 1800 ANTIGUO/SIERRA ANTIGUO), es sei denn, der fragliche Bestandteil wird – wie erwähnt (→ Rn. 522) – aufgrund einer benutzten Zeichenserie tatsächlich als Stammbestandteil aufgefasst. Auch nach der europäischen Rechtsprechung sind beschreibende Elemente mit schwacher Kennzeichnungskraft nicht als Bestandteil zu betrachten, der die Grundlage für eine Markenserie bilden könnte (EuG T-63/09, GRUR-RR 2012, 458 Rn. 117 – Swift GTi; vgl. auch EuGH C-317/10 P, GRUR 2011, 915 Rn. 58 – UNI).

527   Eine mittelbare Verwechslungsgefahr kann sich in besonders gelagerten Fällen auch aus einer **Übereinstimmung der Zeichen im Sinngehalt** ergeben. Dies setzt aber voraus, dass es sich für maßgebliche Teile des Verkehrs aufdrängt, dass die Zeichen wegen ihres Begriffsgehalts und ihrer Zeichenbildung aufeinander bezogen sind (BGH GRUR 1999, 735 (737) – MONOFLAM/POLYFLAM; GRUR 2004, 779 (782) – Zwilling/Zweibrüder).

3. Verwechslungsgefahr im weiteren Sinne

528   Auch bei der Verwechslungsgefahr im weiteren Sinne erkennt der Verkehr die Unterschiede der einander gegenüberstehenden Zeichen, geht wegen ihrer teilweisen Übereinstimmungen aber davon aus, dass (zB lizenz-)vertragliche, (zB konzern-)organisatorische oder wirtschaftliche Verbindungen zwischen den Zeicheninhabern bestehen (BGH GRUR 2010, 729 Rn. 43 – MIXI). Im Unterschied zur mittelbaren Verwechslungsgefahr werden die beiden Kennzeichen aber als solche verschiedener Unternehmen aufgefasst. Eine Verwechslungsgefahr im weiteren Sinne kann jedoch nur bei Vorliegen besonderer Umstände angenommen werden (BGH GRUR 2004, 779 (783) – Zwilling/Zweibrüder; GRUR 2008, 903 Rn. 31 – Sierra Antiguo; GRUR 2009, 772 Rn. 69 – Augsburger Puppenkiste; GRUR 2009, 1055 Rn. 37 – airdsl).

529   Solche **besonderen Umstände** liegen dann vor, wenn sich die ältere Marke zu einem Hinweis auf das Unternehmen der Inhaberin entwickelt hat und daher die ältere Marke zugleich als Unternehmenskennzeichen in Gebrauch ist (BGH GRUR 2002, 171 (175) – Marlboro-Dach; GRUR 2004, 598 f. – Kleiner Feigling; GRUR 2004, 865 (867) – Mustang). Dabei ist zu beachten, dass auch im Rahmen der Verwechslungsgefahr im weiteren Sinne schutzunfähige und kennzeichnungsschwache Bestandteile keinesfalls kollisionsbegründend sein können (BPatG BeckRS 2007, 10928 – 1800 ANTIGUO/SIERRA ANTIGUO). Unter dem Gesichtspunkt, dass die ältere Marke ein im Verkehr bekanntes Unternehmenskennzeichen enthält, ist in der Praxis bislang noch nicht in allzu vielen Fällen eine Verwechslungsgefahr im weiteren Sinne bejaht worden. Dies liegt auch daran, dass im Widerspruchsverfahren die Entwicklung der älteren Marke zu einem bekannten Unternehmenskennzeichen nicht ohne weiteres glaubhaft gemacht werden kann. Jüngst entschied der BGH, dass besondere Umstände auch dann vorliegen würden, wenn die ältere Marke sehr bekannt oder gar berühmt sei: Weist ein Zeichen Ähnlichkeiten mit einer bekannten oder gar berühmten Marke auf, wird das angesprochene Publikum wegen der Annäherung an die bekannte oder berühmte Marke häufig annehmen, zwischen den Unternehmen, die die Zeichen nutzten, lägen wirtschaftliche oder organisatorische Verbindungen vor (BGH GRUR 2013, 1239 Rn. 47 – VOLKSWAGEN/Volks.Inspektion). Da es sich bei „VOLKSWAGEN" auch um ein bekanntes Firmenschlagwort handelt, hätte es freilich keiner neuen Fallgruppe bedurft.

530   Infolge der neuen Rechtsprechung des BGH zu **Bestandteilen mit selbständig kennzeichnender Stellung** (→ § 14 Rn. 477 ff.) hat die Verwechslungsgefahr im weiteren Sinne aber nun einen größeren Anwendungsbereich erfahren. Diese kann um eine neue Fallgruppe erweitert werden und umfasst Fälle, in der eine ältere Marke in eine jüngere Marke übernommen wird und dort eine selbständig kennzeichnende Stellung behält. In diesen Fällen ist die Verwendung der älteren Marke als Unternehmenskennzeichen keine zwingende Voraussetzung, sondern im Gegenteil typisch, dass aufseiten des jüngeren Zeichens dem identisch oder ähnlich übernommenen Bestandteil ein Unternehmenskennzeichen hinzugefügt wurde (→ § 14 Rn. 493). Eine selbständig kennzeichnende Stellung beinhaltet daher für sich genommen die erforderlichen „besonderen Umstände" (BGH GRUR 2010, 729 Rn. 44 – Mixi).

530.1   Der BGH geht aber in seiner neueren Rechtsprechung auch von einer selbständig kennzeichnenden Stellung aus, wenn der im jüngeren Zeichen identisch oder ähnlich übernommene Bestandteil zugleich das bekannte oder zumindest erkennbare Unternehmenskennzeichen des Inhabers des älteren Zeichens ist, so BGH GRUR 2009, 672 Rn. 36 – OSTSEE-POST hinsichtlich des Unternehmenskennzeichens „POST"; GRUR-RR 2010, 205 Rn. 47 – Haus & Grund IV hinsichtlich des Unternehmenskennzeichens „Haus & Grund"; GRUR 2009, 484 Rn. 80 – Metrobus hinsichtlich des Unternehmenskennzeichens „Metro". Fraglich ist daher, welche eigenständige Bedeutung dann noch die vormals alleinige Fallgruppe haben soll.

G. Bekanntheitsschutz

I. Allgemeines

1. Grundlagen

Der markenrechtliche Schutz gegen Verwechslungsgefahr endet bei der fehlenden Waren- und **531** Dienstleistungsähnlichkeit. Vor allem bekannten Zeichen kommt ein eigener wirtschaftlicher Wert zu, der von dem der Waren und Dienstleistungen, für die sie eingetragen sind, zu unterscheiden ist (EuG T-2015/03, GRUR Int 2007, 730 Rn. 35 – VIPS). Daher reicht der Verwechslungsschutz bei bekannten Marken nicht aus. Da die Bekanntheit zumeist auf beträchtlichen Anstrengungen und Investitionen des Inhabers beruht (EuG T-2015/03, GRUR Int 2007, 730 Rn. 35 – VIPS), ist ein Schutz gegen die Ausbeutung des wirtschaftlichen Wertes bekannter Marken erforderlich. Dieser Schutz wurde durch den BGH bereits vor Inkrafttreten des § 14 Abs. 2 Nr. 3 auf Grundlage des BGB und des UWG gewährt.

Vor Inkrafttreten des § 14 Abs. 2 Nr. 3 billigte der BGH bekannten Marken einen gewissen Schutz **531.1** aufgrund Eingriffs in den eingerichteten und ausgeübten Gewerbebetrieb gemäß § 823 Abs. 1 BGB zu (vgl. BGH GRUR 1990, 711 (712) – Telefonnummer 4711; GRUR 1987, 711 – Camel Tours; GRUR 1961, 280 (282) – Tosca), der allerdings an strenge Anforderungen geknüpft war. So waren zur Begründung des Bekanntheitsschutzes eine überragende Verkehrsdurchsetzung der bekannten Marke von mindestens 80%, eine einmalige, ungeschwächte Kennzeichnungskraft sowie eine besondere Wertschätzung durch das angesprochene Publikum erforderlich (BGH GRUR 1991, 863 (865) – Avon; GRUR 1990, 711 (712) – Telefonnummer 4711; GRUR 1961, 280 (282) – Tosca).

Bei einem geringeren Durchsetzungsgrad wurde zusätzlich ein wettbewerbsrechtlicher Schutz nach § 1 **531.2** UWG gegen sittenwidrige Rufausbeutung und Rufschädigung gewährt, wenn die Annäherung an eine fremde Kennzeichnung erfolgte, um Gütevorstellungen, die der Verkehr mit der Marke verband, in unlauterer Weise für sich auszunutzen (BGH GRUR 1991, 465 – Salomon; GRUR 1991, 609 (611) – SL; GRUR 1985, 550 (552) – DIMPLE; GRUR 1983, 247 (248) – Rolls-Royce; GRUR 1987, 711 (713) – Camel Tours).

Der Grund für diesen Rückgriff auf das Wettbewerbsrecht und das allgemeine Zivilrecht lag darin, dass **531.3** der Anwendungsbereich des WZG auf gleichartige Waren und Dienstleistungen beschränkt war und darüber hinaus einen warenzeichenmäßigen Kennzeichengebrauch erforderte. Im Rahmen des § 14 Abs. 2 Nr. 3 kann auf diese Rechtsprechung allerdings nur noch eingeschränkt zurückgegriffen werden (vgl. Fammler MarkenR 2004, 89 (91); Ströbele/Hacker/Thiering/Hacker Rn. 343).

2. Europarechtliche Vorgaben

Mit § 14 Abs. 2 Nr. 3 setzte der Gesetzgeber die Regelung des Art. 5 Abs. 2 MRL 2008 (jetzt **532** **Art. 10 Abs. 4 MRL**) wortgleich um. Obwohl es sich hierbei um eine Regelung mit fakultativem Charakter handelt, bei der das „Ob" einer Umsetzung in das Ermessen der Mitgliedstaaten gestellt wurde, kommt dem EuGH bindende Auslegungskompetenz zu (BGH GRUR 2002, 340 (341) – Fabergé; Fezer Rn. 757; OLG Hamburg GRUR-RR 2005, 76 (78) – Kinder/Kinderzeit; Eichmann GRUR 1998, 201; Piper GRUR 1996, 429 (430); Kur GRUR 1994, 330 (333)).

Nach der Rechtsprechung des EuGH sind die Mitgliedstaaten im Falle einer Umsetzung des **533** Art. 5 Abs. 2 MRL 2008 an die Vorgaben der Richtlinie gebunden, weshalb sich die Wahlmöglichkeit der Mitgliedstaaten nur darauf erstreckt, ob bekannten Marken ein stärkerer Schutz eingeräumt werden soll, aber nicht darauf, welche Sachverhalte von diesem Schutz erfasst werden sollen (EuGH C-408/01, GRUR 2004, 58 (59) – Adidas/Fitnessworld). Bei der Anwendung des nationalen Rechts haben sich die nationalen Gerichte an dem Grundsatz der **richtlinienkonformen Auslegung** zu orientieren (EuGH C-408/01, GRUR 2004, 58 (59) – Adidas/Fitnessworld; BGH GRUR 2002, 340 (341) – Fabergé; BGH GRUR 2019, 165 Rn. 15 – keine-vorwerk-vertretung). Erst recht gilt dies, seit der Bekanntheitsschutz gemäß Art. 10 Abs. 2 lit. c MRL obligatorisch ausgestaltet ist. Dementsprechend hat der BGH die bisherige Rechtsprechung des EuGH zum Bekanntheitsschutz übernommen (BGH GRUR 2002, 340 (341) – Fabergé).

Nach anderer Auffassung sei die Richtlinienbestimmung und deren Auslegung durch den EuGH auf- **533.1** grund des fakultativen Charakters auch in ihrer Auslegung für die Mitgliedstaaten nicht bindend (Ströbele/ Hacker/Thiering/Hacker Rn. 345; Hacker GRUR Int 2002, 502 (506); Sack GRUR 1995, 81). Gegebenenfalls komme aber aus gesetzgebungshistorischen Gründen sowie aufgrund des Zusammenspiels mit der UMV eine nach Maßgabe der Richtlinie eingeschränkte Auslegung in Betracht (vgl. Ingerl/Rohnke/ Nordemann/Nordemann-Schiffel Rn. 1247). Seit der Bekanntheitsschutz gemäß Art. 10 Abs. 2 lit. c MRL obligatorisch ausgestaltet ist, kommt dieser Frage jedoch keine Relevanz mehr zu (Ströbele/Hacker/Thiering/Hacker Rn. 346).

3. Konkurrenz zu außerkennzeichenrechtlichen Schutznormen

534   § 14 Abs. 2 Nr. 3 ist eine in sich geschlossene Regelung, die nach dem **Grundsatz der Spezialität** für eine gleichzeitige Anwendung des UWG oder des § 823 BGB grundsätzlich keinen Raum mehr lässt (BGH GRUR 2005, 163 (165) – Aluminiumräder; GRUR 2003, 973 (974) – Tupperwareparty; GRUR 1999, 161 (162) – MAC Dog; Ingerl/Rohnke/Nordemann/Nordemann-Schiffel Rn. 1295; Sack GRUR 1995, 81 (93); Piper GRUR 1996, 429 (435)). Auch eine parallele Anwendung von § 12 BGB kommt nicht ohne Weiteres in Betracht (BGH GRUR 2008, 1099 Rn. 10 – afilias.de; GRUR 2002, 622 (623) – shell.de; GRUR 2002, 706 (707) – vossius.de). Dasselbe gilt auch für das Verbot der Herabsetzung und Verunglimpfung von Kennzeichen gemäß § 4 Nr. 1 UWG (BGH GRUR 2005, 583 (585) – Lila Postkarte, zu § 4 Nr. 7 UWG aF) sowie den lauterkeitsrechtlichen Nachahmungsschutz gemäß § 4 Nr. 3 UWG (BGH GRUR 2009, 1162 Rn. 40 – DAX, zu § 4 Nr. 9 UWG aF; GRUR 2006, 329 Rn. 36 – Gewinnfahrzeug mit Fremdemblem).

535   Der danach verbleibende Anwendungsbereich des außerkennzeichenrechtlichen Schutzes beschränkt sich somit im Wettbewerbsrecht auf Fälle, in denen zusätzlich zu der markenrechtlichen Verletzungshandlung noch ein von der markenrechtlichen Regelung nicht erfasster **Unlauterkeitstatbestand** hinzukommt (BGH GRUR 2009, 1162 Rn. 40 – DAX; GRUR 2008, 793 Rn. 26 – Rillenkoffer; GRUR 2005, 423 (427) – Staubsaugerfiltertüten; GRUR 2005, 163 (165) – Aluminiumräder). Die Einführung des § 5 Abs. 2 UWG in Umsetzung der UGP-RL, wonach ein Irreführungstatbestand gegeben ist, wenn eine geschäftliche Handlung eine Kennzeichenverwechslungsgefahr hervorruft, lässt allerdings ernsthafte Zweifel daran aufkommen, ob diese Rechtsprechung künftig fortgeführt werden kann, da der bisherige Vorrang des Markenrechts dadurch gerade in seinem Kernbereich aufgegeben wurde (eingehend → § 2 Rn. 14 ff.).

535.1   Folgende **Fallgruppen** der zulässigen Anwendung außerkennzeichenrechtlicher Schutznormen sind nach bislang geltender Rechtsprechung denkbar:
- vorsätzliche Rufschädigung von Kennzeichen, die nicht von dem Bekanntheitsschutz umfasst sind, ohne dass es zu einer Verwechslungsgefahr kommt (OLG München GRUR 2000, 518 (519) – buecherde.com; Ingerl/Rohnke/Nordemann/Nordemann-Schiffel Rn. 1301);
- vorsätzliche sittenwidrige Schädigung des Kennzeicheninhabers gemäß §§ 826, 226 BGB (BGH GRUR 2009, 871 Rn. 38 – Ohrclips);
- Ausnutzung oder Beeinträchtigung eines Kennzeichens durch Handlungen, die nicht unter den kennzeichenrechtlichen Benutzungsbegriff iSv § 14 Abs. 2 fallen (BGH GRUR 2005, 419 (422) – Räucherkate);
- Ausnutzung oder Beeinträchtigung eines Kennzeichens durch Handlungen, die außerhalb des geschäftlichen Verkehrs oder außerhalb der Branche des Kennzeicheninhabers (und somit außerhalb des verwechslungsfähigen Bereichs) stattfinden (BGH GRUR 2008, 1099 Rn. 11 – afilias.de; GRUR 2005, 430 (431) – mho.de; GRUR 2002, 622 (624) – shell.de);
- Schutz bekannter ausländischer Kennzeichen, die im Inland nicht geschützt sind (nach BGH GRUR 1988, 549 – Cats, aber nicht bei bloßer Rufausbeutung, sondern nur bei Behinderungswettbewerb; aA Ingerl/Rohnke/Nordemann/Nordemann-Schiffel Rn. 1305);
- Rufausbeutung oder Rufschädigung unter Anlehnung an Produkt- oder Werbemerkmale, die nicht kennzeichenrechtlich geschützt sind (BGH GRUR 1998, 934 (937) – Wunderbaum), sowie an bekannte Werbeslogans, die keinen kennzeichenrechtlichen Schutz genießen (OLG Frankfurt GRUR-RR 2012, 75 – Schönheit von innen).

II. Bekanntheit der Marke

1. Allgemein

536   Voraussetzung für den erweiterten Schutz einer Marke gegen Ausnutzungen oder Beeinträchtigungen der Unterscheidungskraft oder Wertschätzung ist zunächst das Vorliegen einer **im Inland bekannten Marke** (EuGH C-301/07, GRUR 2009, 1158 Rn. 20 – PAGO). Der Begriff der **„Bekanntheit"** ist dabei eigenständig zu ermitteln und zu unterscheiden von den Begriffen der „Verkehrsgeltung" (→ § 4 Rn. 42 ff.) und der Verkehrsdurchsetzung (→ § 8 Rn. 1096 ff.). Das Merkmal der „Bekanntheit" ist dabei nicht rein quantitativ im Sinne einer Auswertung demoskopischer Gutachten zu verstehen, sondern es umfasst auch qualitative Aspekte, wobei sämtliche Faktoren in eine wertende Gesamtbeurteilung eingehen (EuGH C-375/97, GRUR Int 2000, 73 Rn. 26,

27 – Chevy; BGH GRUR 2003, 1040 (1044) – Kinder; GRUR 2002, 1067 (1069) – DKV/ OKV; vgl. zu den daraus folgenden Konsequenzen für den Bekanntheitsnachweis EuG T-144/ 19, GRUR-RS 2020, 22125 – ADLON). Die Tatsachen, aus denen sich eine Bekanntheit der Marke ergibt, können allgemeinbekannt und deshalb offenkundig iSd § 291 ZPO sein. Dazu zählt auch, ob die Marke während eines längeren Zeitraums in weitem Umfang auf dem Markt erscheint und jedermann gegenübertritt (BGH GRUR 2014, 378 Rn. 22, 27 – OTTO CAP; GRUR 2011, 1043 Rn. 49 – TÜV II).

2. Bekanntheitsgrad

Der EuGH hat sich gegen konkrete Prozentsätze des Bekanntheitsgrads als Nachweis für die **537** Bekanntheit einer Marke ausgesprochen (EuGH C-301/07, GRUR 2009, 1158 Rn. 24 – PAGO; C-375/97, GRUR Int 2000, 73 Rn. 25 – Chevy; BGH GRUR 2011, 1043 – TÜV II). Vielmehr muss die Marke nach der Rechtsprechung des EuGH einem **bedeutenden Teil des Publikums** bekannt sein, welches von den Waren und Dienstleistungen, die von der Marke umfasst sind, betroffen ist (EuGH C-375/97, GRUR Int 2000, 73 Rn. 26 – Chevy; C-690/17, GRUR 2019, 621 Rn. 47 – ÖKO-Test Verlag/Dr. Liebe), wobei das nationale Gericht bei der Prüfung der Bekanntheit alle relevanten Umstände des Falls, also insbesondere den **Marktanteil** der Marke, ihre **geografische Ausdehnung,** die **Intensität** und die **Dauer** ihrer Benutzung sowie den Umfang der **Investitionen,** die das Unternehmen zu ihrer Förderung getätigt hat, zu berücksichtigen hat (EuGH C-301/07, GRUR 2009, 1158 Rn. 25 – PAGO; C-375/97, GRUR Int 2000, 73 Rn. 26, 27 – Chevy). Es ist aber nicht erforderlich, dass der Inhaber der bekannten Marke all diese Gesichtspunkte nachweist (EuG T-144/19, GRUR-RS 2020, 22125 – ADLON). Für eine Berücksichtigung von Investitionen ist es nicht erforderlich, sie der Marke unmittelbar zugutekommen; es genügt vielmehr, dass die Marke mittelbar hiervon profitiert (BGH GRUR 2020, 401 – ÖKO-TEST I). In der Praxis werden Verkehrsbefragungen weiterhin eine wesentliche Rolle spielen (Ingerl/Rohnke/Nordemann/Nordemann-Schiffel Rn. 1252). Erforderlich ist eine Bekanntheit als Kennzeichnungsmittel für bestimmte Waren und Dienstleistungen (BGH GRUR 2004, 235, 238 – Davidoff II). Nicht erforderlich ist hingegen, dass dem Publikum die Eintragung des Zeichens als Marke bekannt ist (EuGH C-690/17, GRUR 2019, 621 Rn. 49 – ÖKO-Test Verlag/Dr. Liebe). Nach der Rechtsprechung des EuG kann sich der Markeninhaber zum Nachweis der Bekanntheit und Wertschätzung seiner Marke beim Verkehr auf Beweise für ihre Benutzung in anderer Form oder als Teil einer anderen eingetragenen Marke berufen, solange die betroffen Verkehrskreise die Produkte weiterhin als von demselben Unternehmen stammend wahrnehmen (EuG T-201/14, BeckRS 2016, 80709 – SPA/SPA WISDOM; T-201/14, BeckEuRS 2015, 436220 Rn. 33 – SPA/SPARITUAL).

Die im Rahmen von § 1 UWG ergangene Rechtsprechung zur Rufausbeutung, welche Bekanntheits- **537.1** grade zwischen 30% und 40% (BGH GRUR 1985, 550 – DIMPLE) forderte, kann bei § 14 Abs. 2 Nr. 3 nicht mehr zugrunde gelegt werden. Selbst feste Untergrenzen können nicht angegeben werden (BGH GRUR 2002, 340 (341) – Fabergé).

3. Beteiligte Verkehrskreise

Die Bekanntheit der Marke muss nicht in der Gesamtbevölkerung, sondern nur – wie auch **538** bei der Verkehrsdurchsetzung iSd § 8 Abs. 3 (→ § 8 Rn. 1096 ff.) – innerhalb der beteiligten Verkehrskreise vorliegen (v. Schultz Rn. 185). Ebenso wie im Rahmen des § 4 Nr. 2 (Verkehrsgeltung) und des § 8 Abs. 3 (Verkehrsdurchsetzung) sind dies diejenigen Kreise, die als Abnehmer für die unter der Marke vertriebenen Waren und Dienstleistungen in Betracht kommen (BGH GRUR 2003, 428 (433) – BIG BERTHA). Zwar ist für die Feststellung der Bekanntheit einer Marke nicht erforderlich, dass die Marke in den Abnehmerkreisen über eine gewisse Bekanntheit verfügt, in denen das kollidierende jüngere Zeichen verwendet wird (EuGH C-375/97, GRUR Int 2000, 73 Rn. 24 – Chevy). Letzteres wird aber regelmäßig im Rahmen der Unlauterkeitstatbestandsmerkmale eine Rolle spielen (→ Rn. 553, → Rn. 555).

4. Territorium

Nach § 14 Abs. 2 Nr. 3 ist es erforderlich, dass es sich um eine im **Inland bekannte Marke** **539** handelt (BGH GRUR 2008, 160 Rn. 25 – CARDARONE). Nicht erforderlich ist hierfür eine Bekanntheit im gesamten Bundesgebiet. Vielmehr reicht es aus, dass die Marke in einem wesentlichen Teil des Mitgliedstaates Bekanntheit genießt (EuGH C-301/07, GRUR 2009, 1158 Rn. 28 –

PAGO; C-328/06, GRUR 2008, 70 – Nuño/Franquet; C-375/97, GRUR Int 2000, 73 Rn. 28 – Chevy). Dieser Teil kann gegebenenfalls dem Gebiet eines einzelnen Mitgliedstaats entsprechen (EuGH C-690/17, GRUR 2019, 621 Rn. 49 – ÖKO-Test Verlag/Dr. Liebe; C-301/07, GRUR 2009, 1158 Rn. 29 – PAGO).

5. Zeitpunkt der Bekanntheit

540   Für welchen Zeitpunkt die Bekanntheit nachgewiesen werden muss, hängt zunächst davon ab, ob das kollidierende Zeichen selbst Kennzeichenschutz genießt und welche Art von Ansprüchen geltend gemacht werden (vgl. im Einzelnen Ströbele/Hacker/Thiering/Hacker Rn. 371 ff.).

541   Bei Unterlassungsansprüchen und sonstigen in die Zukunft gerichteten Ansprüchen muss die Bekanntheit im Zeitpunkt der Entscheidung im Verletzungsverfahren nachgewiesen werden (BGH GRUR 2003, 1040 (1044) – Kinder; GRUR 2002, 544 (546) – BANK 24). Genießt das Zeichen selbst kennzeichenrechtlichen Schutz, muss die Bekanntheit zusätzlich auch für den Zeitpunkt nachgewiesen werden, in dem das kollidierende Recht begründet wurde (BGH GRUR 2003, 1040 (1044) – Kinder; v. Schultz Rn. 190). Gleiches gilt für den Nachweis der Bekanntheit im Widerspruchs- und Löschungsverfahren.

542   Bei Schadensersatzansprüchen kommt es dagegen auf den Kollisionszeitpunkt und ggf. – für den Fall, dass das kollidierende Zeichen selbst Kennzeichenschutz genießt – zusätzlich auf den Zeitpunkt an, in welchem das kollidierende Recht begründet wurde (Ströbele/Hacker/Thiering/Hacker Rn. 375 f.).

III. Voraussetzungen des Bekanntheitsschutzes

1. Zeichenähnlichkeit

543   Voraussetzung des Bekanntheitsschutzes ist nach § 14 Abs. 2 Nr. 3 die Ähnlichkeit der gegenüberstehenden Zeichen. Nach mittlerweile gefestigter Rechtsprechung des BGH sind an die Zeichenähnlichkeit im Rahmen des Bekanntheitsschutzes keine strengeren Anforderungen zu stellen, sondern es ist vielmehr nach den gleichen Maßstäben wie bei Prüfung der Verwechslungsgefahr nach § 14 Abs. 2 Nr. 2 festzustellen, ob eine **klangliche, schriftbildliche** oder **begriffliche Ähnlichkeit** besteht (BGH GRUR 2009, 672 Rn. 49 – OSTSEE-POST; GRUR 2007, 1071 Rn. 45 – Kinder II; GRUR 2007, 1066 Rn. 50 – Kinderzeit; GRUR 2004, 598 (599) – Kleiner Feigling; GRUR 2004, 594 (596) – Ferrari-Pferd; GRUR 2000, 875 (878) – Davidoff; zum Meinungsstreit vgl. Ströbele/Hacker/Thiering/Hacker Rn. 349 ff.; s. auch EuGH C-487/07, GRUR 2009, 756 Rn. 36 – L'Oréal/Bellure: „Es ist … nicht erforderlich, dass der Grad der Ähnlichkeit zwischen der bekannten Marke und dem von dem Dritten benutzten Zeichen so hoch ist, dass für die beteiligten Verkehrskreise eine Verwechslungsgefahr besteht."). Bei absoluter Zeichenunähnlichkeit kann demzufolge kein Bekanntheitsschutz gewährt werden, selbst wenn das angegriffene Zeichen Assoziationen an die bekannte Marke hervorruft (EuG T-350/04 bis T-352/04, GRUR-RR 2007, 5 Rn. 136 – BUD/BIT; BGH GRUR 2004, 779 (783) – Zwilling/Zweibrüder) oder der Verdacht nahe liegt, dass die Wahl des angegriffenen Zeichens nicht zufällig erfolgte (BGH GRUR 2004, 799 (783) – Zwilling/Zweibrüder).

543.1   Davon zu trennen ist jedoch die Frage, welcher Grad der Zeichenähnlichkeit gegeben sein muss, um die Tatbestandsvoraussetzungen des § 14 Abs. 2 Nr. 3 zu bejahen (BGH GRUR 2004, 594 (597) – Ferrari-Pferd). So kann nämlich die nach dem EuGH für § 14 Abs. 2 Nr. 3 maßgebliche gedankliche Verknüpfung (→ Rn. 544) auch bei einem geringeren Grad der Zeichenähnlichkeit vorliegen (EuGH C-603/14 P, GRUR-RR 2016, 147 Rn. 42 – El Corte Inglés/The English Cut; C-552/09 P, MarkenR 2011, 170 Rn. 53 – TiMi Kinderjoghurt; C-487/07, GRUR 2009, 756 Rn. 36 – L'Oréal/Bellure; EuG T-356/18, GRUR-RS 2019, 22876 Rn. 55 – VOLVO/V-WHEELS). Auch nach dem BGH ist es ausreichend, dass die gegenüberstehenden Zeichen gedanklich miteinander in Verbindung gebracht werden (BGH GRUR 2009, 772 Rn. 71 – Augsburger Puppenkiste; GRUR 2004, 779 (783) – Zwilling/Zweibrüder), mithin dass das angegriffene Zeichen infolge einer teilweisen Übereinstimmung in einem wesensgleichen Kern oder einer Übereinstimmung in ihrem Sinngehalt dem Inhaber der älteren Marke zugeordnet wird (BGH GRUR 2004, 779 (782) – Zwilling/Zweibrüder).

2. Ungeschriebenes Tatbestandsmerkmal der gedanklichen Verknüpfung

544   Der EuGH legt bei der Beurteilung des Bekanntheitsschutzes anstelle der Verwechslungsgefahr ein ungeschriebenes Tatbestandsmerkmal der gedanklichen Verknüpfung zu Grunde (EuGH C-

487/07, GRUR 2009, 756 Rn. 36 – L'Oréal/Bellure; C-252/07, GRUR 2009, 56 Rn. 30 – Intel Corporation/CPM United Kingdom; C-102/07, GRUR 2008, 503 Rn. 41 – adidas/Marca Moda ua; C-408/01, GRUR 2004, 58 Rn. 29 – Adidas/Fitnessworld). Danach kann ein **geringerer Grad** an Zeichenähnlichkeit genügen, als er für die Verwechslungsgefahr erforderlich wäre (EuGH C-603/14 P, GRUR-RR 2016, 147 Rn. 42 – El Corte Inglés/The English Cut; C-552/09 P, MarkenR 2011, 170 Rn. 53 – TiMi KiNDERJOGHURT; C-487/07, GRUR 2009, 756 Rn. 36 – L'Oréal/Bellure; EuG T-356/18, GRUR-RS 2019, 22876 Rn. 55 – VOLVO/V-WHEELS), was dazu führt, dass der Begriff der gedanklichen Verknüpfung gegenüber der Verwechslungsgefahr ein Weniger darstellt (EuGH C-552/09 P, MarkenR 2011, 170 Rn. 53 – TiMi KiNDERJOGHURT; C-487/07, GRUR 2009, 756 Rn. 36 – L'Oréal/Bellure; C-102/07, GRUR 2008, 503 Rn. 41 – adidas/Marca Moda ua; C-408/01, GRUR 2004, 58 Rn. 31 – Adidas/Fitnessworld). In der Prüfungsreihenfolge stellt das Tatbestandsmerkmal der gedanklichen Verknüpfung eine Vorstufe der nachfolgenden Prüfung der Beeinträchtigung der Unterscheidungskraft und/oder der Wertschätzung (→ § 14 Rn. 22 ff.) dar (Ingerl/Rohnke/Nordemann/Nordemann-Schiffel Rn. 1256), wobei das Vorliegen einer gedanklichen Verknüpfung nicht automatisch zu einer Beeinträchtigung führt (EuGH C-487/07, GRUR 2009, 756 Rn. 37 – L'Oréal/Bellure; C-252/07, GRUR 2009, 56 Rn. 32 – Intel Corporation/CPM United Kingdom). Vielmehr müssen das Tatbestandsmerkmal der gedanklichen Verknüpfung und ein Beeinträchtigungstatbestand **kumulativ** vorliegen. Allerdings gilt eine gewisse Wechselwirkung: Je unmittelbarer und stärker die gedankliche Verknüpfung, desto größer ist die Gefahr von Beeinträchtigungen (EuGH C-252/07, GRUR 2009, 56 Rn. 67 – Intel Corporation/CPM United Kingdom). Inhaltlich liegt eine gedankliche Verknüpfung dann vor, wenn die jüngere Marke dem normal informierten und angemessen aufmerksamen und verständigen Durchschnittsverbraucher die ältere Marke **in Erinnerung ruft** (EuGH C-252/07, GRUR 2009, 56 Rn. 60 – Intel Corporation/CPM United Kingdom). Die Rechtsprechung des EuGH wurde durch den BGH, der lange an dem Merkmal des „gedanklichen Inverbindungbringens" festhielt (BGH GRUR 2004, 779 (783) – Zwilling/Zweibrüder; GRUR 2009, 772 Rn. 71 – Augsburger Puppenkiste), nunmehr rezipiert (BGH GRUR 2011, 1043 Rn. 54 – TÜV II; GRUR 2015, 1114 – Springender Pudel; GRUR 2019, 165 Rn. 18 – keine-vorwerk-vertretung; vgl. auch OLG Frankfurt GRUR-RR 2012, 340 – Café Merci; OLG Köln GRUR-RR 2012, 341 (343) – Ritter Sport).

In seinem **Grundsatzurteil** Intel/CPM stellte der **EuGH** verschiedene **Kriterien** auf, die für die **544.1** umfassende Beurteilung der gedanklichen Verknüpfung unter Berücksichtigung aller relevanten Umstände des konkreten Einzelfalls von Bedeutung sind (EuGH C-252/07, GRUR 2009, 56 Rn. 41, 42 – Intel Corporation/CPM United Kingdom):

- Der Grad der Ähnlichkeit der gegenüberstehenden Marken, wobei die Wahrscheinlichkeit, dass die jüngere Marke den maßgeblichen Verkehrskreisen die ältere bekannte Marke in Erinnerung ruft, umso größer ist, je ähnlicher die Marken einander sind (EuGH C-252/07, GRUR 2009, 56 Rn. 44 – Intel Corporation/CPM United Kingdom). Die Identität oder Ähnlichkeit der Zeichen genügt aber noch nicht, um auf eine gedankliche Verknüpfung zu schließen (EuGH C-252/07, GRUR 2009, 56 Rn. 45 – Intel Corporation/CPM United Kingdom).
- Die Art der Waren und Dienstleistungen, für die die sich gegenüberstehenden Marken jeweils eingetragen sind, einschließlich des Grades der Nähe oder der Unähnlichkeit dieser Waren und Dienstleistungen sowie die betreffenden Verkehrskreise, da Waren und Dienstleistungen so unähnlich sein können, dass die jüngere Marke allein deshalb nicht geeignet ist, den maßgeblichen Verkehrskreisen die ältere Marke in Erinnerung zu rufen (EuGH C-252/07, GRUR 2009, 56 Rn. 49 – Intel Corporation/CPM United Kingdom; vgl. EuG T-820/19, GRUR-RS 2020, 30028 – Lotto/Lottoland).
- Das Ausmaß der Bekanntheit der älteren Marke, da ein hoher Bekanntheitsgrad bewirken kann, dass die angesprochenen Verkehrskreise einen Zusammenhang zwischen den Marken herstellen, obwohl sie ein anderes Publikum sind, als die von den Waren oder Dienstleistungen der älteren Marke angesprochenen Verkehrskreise (EuGH C-252/07, GRUR 2009, 56 Rn. 52 – Intel Corporation/CPM United Kingdom; C-294/12 P, GRUR Int 2013, 921 – Beatles).
- Der Grad der Unterscheidungskraft der älteren Marke, denn es ist umso wahrscheinlicher, dass sich die maßgeblichen Verkehrskreise bei Konfrontation mit einer identischen oder ähnlichen jüngeren Marke die ältere Marke in Erinnerung rufen, je stärker die der älteren Marke innewohnende oder durch Benutzung erworbene Unterscheidungskraft ist (EuGH C-252/07, GRUR 2009, 56 Rn. 54 – Intel Corporation/CPM United Kingdom).
- Das Bestehen einer Verwechslungsgefahr, da eine gedankliche Verknüpfung jedenfalls dann zwangsläufig hergestellt werde (EuGH C-252/07, GRUR 2009, 56 Rn. 57 – Intel Corporation/CPM United Kingdom).

3. Unähnliche Waren und Dienstleistungen

545   Die Regelung des § 14 Abs. 2 Nr. 3 war in der vor dem 14.1.2019 geltenden Rechtslage nach ihrem Wortlaut auf unähnliche Waren und Dienstleistungen beschränkt. Die hier geforderte absolute Unähnlichkeit der Waren und Dienstleistungen lag dann vor, wenn die Waren und Dienstleistungen so weit voneinander entfernt sind, dass selbst bei unterstellter Zeichenidentität und hoher Kennzeichnungskraft eine Verwechslungsgefahr ausgeschlossen ist (BGH GRUR 2004, 600 (601) – d-c-fix/CD-FIX; GRUR 2004, 594 (596) – Ferrari-Pferd; GRUR 2001, 507 (508) – EVIAN/REVIAN). In Fällen der Waren- und Dienstleistungsähnlichkeit kam nach der vor dem 14.1.2019 geltenden Rechtslage die analoge Anwendung des Bekanntheitsschutzes in Betracht (→ Rn. 546.1).

4. Bekanntheitsschutz bei ähnlichen Waren und Dienstleistungen

546   Nach der seit 14.1.2019 geltenden Rechtslage findet die Regelung des § 14 Abs. 2 Nr. 3 sowohl bei unähnlichen als auch bei ähnlichen Waren und Dienstleistungen Anwendung. Dies wurde in Art. 10 Abs. 2 lit. c MRL (ebenso wie in Art. 9 Abs. 2 lit. c UMV) sowie dann auch in der mit dem MaMoG geschaffenen Neufassung des § 14 Abs. 2 Nr. 3 klargestellt. Nach dem Wortlaut genügt nun eine Verwendung des Zeichens „für Waren und Dienstleistungen" unabhängig von deren Ähnlichkeit oder Unähnlichkeit.

546.1   Auch nach alter Rechtslage kamen aber Fälle in Betracht, in denen der Zeichenabstand für die Annahme einer Verwechslungsgefahr iSd § 14 Abs. 2 Nr. 2 zu groß war, aber dennoch eine gedankliche Verknüpfung mit einer bekannten Marke zu einer Beeinträchtigung führte. Gerade in diesen Fällen der Waren- und Dienstleistungsähnlichkeit konnte für den Markeninhaber ein noch größeres Schutzbedürfnis bestehen als im Falle der Waren- und Dienstleistungsunähnlichkeit (vgl. mwN BGH GRUR 2017, 75 Rn. 37 – Wunderbaum II). Der Bekanntheitsschutz des § 14 Abs. 2 Nr. 3 fand daher unter der alten Rechtslage bei ähnlichen Waren und Dienstleistungen **analoge Anwendung** (vgl. BGH GRUR 2019, 165 Rn. 15 – keine-vorwerk-vertretung). Der EuGH legte Art. 5 Abs. 2 MRL 2008 dahingehend aus, dass auch ähnliche Waren und Dienstleistungen von dem Anwendungsbereich der Norm per se umfasst sind, da der Schutz bekannter Marken im Falle der Benutzung eines Zeichens für identische oder ähnliche Waren oder Dienstleistungen nicht geringer sein könne, als im Fall der Benutzung für nichtähnliche Waren und Dienstleistungen (EuGH C-292/00, GRUR 2003, 240 Rn. 30 – Davidoff/Gofkid; C-408/01, GRUR 2004, 58 Rn. 18– 22 – Adidas/Fitnessworld; C-102/07, GRUR 2008, 503 Rn. 37 – adidas/Marca Moda ua; C-487/07, GRUR 2009, 756 Rn. 35 – L'Orèal/Bellure; C-301/07, GRUR 2009, 1158 Rn. 18, 19 – PAGO/ Tirolmilch; C-236/08 bis C-238/08, GRUR 2010, 445 Rn. 48 – Google und Google France). Sofern die Mitgliedstaaten von der Möglichkeit des Bekanntheitsschutzes Gebrauch machen wollten, mussten die Mitgliedstaaten den Sonderschutz im Produktähnlichkeitsbereich nach dem EuGH sogar vorsehen, da sich der damals noch fakultative Charakter der Richtlinie nur darauf erstrecke, ob bekannte Marken überhaupt stärker geschützt werden sollen, aber nicht darauf, welche Sachverhalte von dem Sonderschutz erfasst werden sollen, wenn er gewährt wird (EuGH C-408/01, GRUR 2004, 58 Rn. 18–22 – Adidas/Fitness-world). Mit Art. 10 Abs. 2 lit. c MRL wurde der Bekanntheitsschutz obligatorisch ausgestaltet.

546.2   Der BGH setzte diese EuGH-Rechtsprechung um, indem er § 14 Abs. 2 Nr. 3 auf Waren und Dienstleistungen im Ähnlichkeitsbereich entsprechend anwendete (BGH GRUR 2004, 235 (238) – Davidoff II; GRUR 2004, 598 (599) – Kleiner Feigling; GRUR 2004, 779 (783) – Zwilling/Zweibrüder; GRUR 2005, 163 (165) – Aluminiumräder; aA Fezer Rn. 785, wonach eine direkte Anwendung der Norm geboten sei, da die Waren- und Dienstleistungsunähnlichkeit kein eigenständiges negatives Tatbestandsmerkmal des § 14 Abs. 2 Nr. 3 aF darstelle).

5. Benutzung, insbesondere markenmäßige Benutzung

547   Der Benutzungsbegriff des § 14 Abs. 2 Nr. 3 umfasst alle tatbestandlichen **Benutzungshandlungen des § 14 Abs. 3 und 4** (OLG Hamburg GRUR 1999, 339 (342) – Yves Roche; Ströbele/ Hacker/Thiering/Hacker Rn. 357). Im Rahmen des inhaltsgleichen Tatbestands des § 9 Nr. 3 (→ § 9 Rn. 1 ff.) wird die Benutzung des bekannten Kennzeichens fingiert (Ingerl/Rohnke/ Nordemann/Nordemann-Schiffel Rn. 1351).

548   Ob im Rahmen des § 14 Abs. 2 Nr. 3 über die bloße Zeichennutzung hinaus eine **markenmä-ßige Benutzung** (→ § 14 Rn. 14) erforderlich ist, war lange Zeit umstritten (zustimmend KG GRUR 1997, 295 (296) – Alles wird Teurer; OLG Hamburg GRUR-RR 2005, 258 (259) – Ahoj-Brause; Ingerl/Rohnke/Nordemann/Nordemann-Schiffel Rn. 1267; Ingerl WRP 2002, 861 (863); Piper GRUR 1996, 429 (434); Sack WRP 2004, 1405 (1407); ablehnend Kraft GRUR 1991, 339 (342); Sosnitza WRP 2003, 1186 (1189); Ohly GRUR 2007, 926 (927); Bornkamm

GRUR 2005, 97 (100)). Diesen Streit hat der EuGH im Sinne einer vermittelnden Auffassung entschieden, wonach zwar grundsätzlich auch im Rahmen des Bekanntheitsschutzes ein **markenmäßiger Gebrauch** erforderlich sei (EuGH C-63/97, GRUR Int 1999, 438 Rn. 38 – BMW/ Deenik). Allerdings kann auch eine etwa nur dekorative Nutzung einer bekannten Marke eine rechtsverletzende Markennutzung darstellen, wenn die beteiligten Verkehrskreise eine **gedankliche Verknüpfung** (→ § 14 Rn. 17) mit der bekannten Marke herstellen (EuGH C-408/01, GRUR 2004, 58 Rn. 39 – Adidas/Fitnessworld). Nicht ausreichend ist aber, wenn das Zeichen ausschließlich als Verzierung aufgefasst wird, da dann keine gedankliche Verknüpfung mit der bekannten Marke hergestellt wird (EuGH C-408/01, GRUR 2004, 58 Rn. 40 – Adidas/Fitnessworld). Eine herkunftshinweisende Zeichennutzung ist nach der Rechtsprechung des EuGH also nicht zwingend erforderlich, wohl aber eine Benutzung, die geeignet ist, eine tatbestandsmäßige Beeinträchtigung der bekannten Marke hervorzurufen.

Der BGH hat sich der Rechtsprechung des EuGH angeschlossen und erachtet grundsätzlich eine markenmäßige Benutzung der bekannten Marke für erforderlich (BGH GRUR 2005, 583 (584) – Lila Postkarte; GRUR 2006, 329 Rn. 32 – Gewinnfahrzeug mit Fremdemblem; GRUR 2008, 912 Rn. 33 – Metrosex; vgl. auch OLG Hamburg GRUR-RR 2006, 231 (232) – Bildmarke AOL), wobei es für den Sonderschutz nach § 14 Abs. 2 Nr. 3 ausreicht, wenn anstelle eines herkunftshinweisenden Gebrauchs eine gedankliche Verknüpfung mit der bekannten Marke entsteht (BGH GRUR 2005, 583 (584) – Lila Postkarte; vgl. BGH GRUR 2015, 1114 Rn. 36 – Springender Pudel). Zudem befürwortet der BGH eine entsprechende Anwendung des § 14 Abs. 2 Nr. 3 bei Verwendung einer bekannten Marke für andere Zwecke als zur Unterscheidung von Waren und Dienstleistungen und insbesondere bei Verwendung als Unternehmenskennzeichen (BGH GRUR 2015, 1201 Rn. 76 – Sparkassen-Rot/Santander-Rot, unter Hinweis auf Büscher FS Ullmann, 2006, 129 (151); Büscher/Dittmer/Schiwy/Büscher Rn. 143, 511; vgl. auch OLG Frankfurt GRUR-RR 2012, 340 – Café Merci, wonach eine rein unternehmenskennzeichenmäßige Verwendung ausreichen soll).

6. Ausnutzung oder Beeinträchtigung der Unterscheidungskraft

a) Unterscheidungskraft. Der Begriff der Unterscheidungskraft iSd § 14 Abs. 2 Nr. 3 ent- **549** spricht nicht demjenigen aus § 3 Abs. 1 (→ § 3 Rn. 9 ff.) oder § 8 Abs. 2 Nr. 1 (→ § 8 Rn. 96 ff.). Unterscheidungskraft gemäß § 14 Abs. 2 Nr. 3 ist die durch **Bekanntheit** vermittelte, durch **Originalität** gesteigerte und/oder durch **Benutzung** erlangte oder gesteigerte **Kennzeichnungs-** und auch **Werbekraft** der Marke (BGH GRUR 2002, 622 (625) – shell.de) und geht daher über die reine Eignung einer Marke als Herkunftshinweis hinaus. Eine einmalige Originalität der Marke ist für die Annahme der Unterscheidungskraft iSv § 14 Abs. 2 Nr. 3 nicht erforderlich (EuGH C-252/07, GRUR 2009, 56 Rn. 72 – Intel Corporation/CPM United Kingdom). Eine fehlende Originalität kann aber dem Bekanntheitsschutz im Einzelfall entgegenstehen. Eine Schwächung der Unterscheidungskraft aus diesen Gründen kommt auch für einen nur bestimmten Kreis von Waren und Dienstleistungen in Betracht. Wenn etwa die bekannte Marke für die betroffenen Waren und Dienstleistungen lediglich beschreibende Anklänge hat, kann aus dieser Marke gegen deren Nutzung für diese Waren und Dienstleistungen ausnahmsweise nicht vorgegangen werden (BGH GRUR 1999, 992 (994) – BIG PACK; GRUR 1990, 37 (39) – Quelle; GRUR 1987, 711 (713) – Camel Tours; GRUR 1957, 87 (88) – Meisterbrand). Ein geringerer Schutz kann auch einer Marke, deren Unterscheidungskraft durch identische oder ähnliche Drittzeichen geschwächt ist, zukommen (OLG Koblenz GRUR-RR 2009, 230 (234) – Fadenkreuz „Tatort"), wobei solche Drittzeichen unschädlich sind, die in völlig unterschiedlichen Geschäftsbereichen oder in vollkommen unterschiedlicher Art und Weise, insbesondere nicht markenmäßig, verwendet werden (BGH GRUR 1991, 863 (865) – Avon).

b) Ausnutzung der Unterscheidungskraft. Für die Verwirklichung des Tatbestandsmerk- **550** mals der Ausnutzung der Unterscheidungskraft ist nicht zwingend die Ausnutzung der Wertschätzung der bekannten Marke erforderlich, sondern es genügt schon eine **Aufmerksamkeitsausbeutung** (BGH GRUR 2005, 583 (584) – Lila Postkarte; OLG Hamburg GRUR-RR 2002, 100 (102) – derrick.de; GRUR-RR 2002, 389 (392) – die tagesschau; GRUR 2001, 838 (841) – 1001 buecher.de; OLG Köln GRUR-RR 2005, 339 (341) – Kleiner Feigling II; vgl. auch OLG Hamburg GRUR-RR 2010, 382 (383) – IPOD/eiPott). Diese Aufmerksamkeitsausbeutung ist immer dann gegeben, wenn aufgrund der Bekanntheit der Marke – etwa aufgrund deren Wiedererkennungswerts – ein **Kommunikationsvorsprung** erreicht wird (OLG Koblenz GRUR-RR

2009, 230 (234) – Fadenkreuz „Tatort", vgl. OLG Hamburg GRUR-RR 2005, 258 (259) – Ahoj-Brause).

550.1   Eine Aufmerksamkeitsausbeutung liegt bei einer ornamentalen Verwendung der bekannten Marke auch dann vor, wenn diese nur zu dekorativen Zwecken ausgenutzt wird (EuGH C-408/01, GRUR 2004, 58 Rn. 39 – Adidas/Fitnessworld; BGH GRUR 1994, 635 (636) – Pulloverbeschriftung; OLG Hamburg 2005 GRUR-RR 2005, 258 (259) – Ahoj-Brause; Berlit GRUR 2002, 572 (577)), ebenso bei einer Markenparodie, durch die der Scherzeffekt oder die Kontrastwirkung der bekannten Marke ausgenutzt wird (BGH GRUR 2005, 583 – Lila Postkarte; GRUR 1994, 808 (811) – Markenverunglimpfung I (Mars); GRUR 1995, 57 (59) – Markenverunglimpfung II (Nivea); Berlit GRUR 2002, 572 (576)). Eine Aufmerksamkeitsausbeutung liegt aber dann eher fern, wenn der Angegriffene selbst ein bekannter Hersteller ist (OLG Hamburg GRUR-RR 2009, 303 (306) – All-in-One).

551   **c) Beeinträchtigung der Unterscheidungskraft.** Der Begriff der Beeinträchtigung der Unterscheidungskraft entspricht dem Begriff der früheren Verwässerung (vgl. EuGH C-487/07, GRUR 2009, 756 Rn. 39 – L'Oréal/Bellure). Eine **Verwässerung** der bekannten Marke liegt dann vor, wenn die Eignung der bekannten Marke, diejenigen Waren und Dienstleistungen zu identifizieren, für die sie eingetragen ist, durch Benutzung identischer oder ähnlicher Zeichen geschwächt wird und dies zu einer **Auflösung** der **Identität** der Marke und ihrer **Bekanntheit** beim Publikum führt (EuGH C-487/07, GRUR 2009, 756 Rn. 39 – L'Oréal/Bellure; C-252/07, GRUR 2009, 56 Rn. 29 – Intel Corporation/CPM United Kingdom). Dies ist etwa dann der Fall, wenn die Marke nicht mehr eine unmittelbare gedankliche Verbindung mit den von ihr erfassten Waren und Dienstleistungen bewirken kann (EuGH C-487/07, GRUR 2009, 756 Rn. 39 – L'Oréal/Bellure; C-252/07, GRUR 2009, 56 Rn. 29 – Intel Corporation/CPM United Kingdom). Der Eintritt dieser Verwässerung oder die ernsthafte Gefahr einer künftigen Beeinträchtigung muss nachgewiesen sein, damit der Tatbestand der Beeinträchtigung der Unterscheidungskraft bejaht werden kann (EuGH C-252/07, GRUR 2009, 56 Rn. 71 – Intel Corporation/CPM United Kingdom; OLG Köln GRUR-RR 2012, 341 (345) – Ritter Sport; aA OLG Hamburg GRUR-RR 2003, 367 (369) – duplo). Jedenfalls verlangt die deutsche Rechtsprechung aber eine „greifbare Beeinträchtigung" der Unterscheidungskraft (OLG Hamburg GRUR-RR 2009, 303 (306) – All-in-One; OLG Köln GRUR-RR 2005, 339 (341) – Kleiner Feigling II; OLG Hamburg GRUR-RR 2003, 367 (369) – duplo; OLG Köln GRUR-RR 2002, 130 (134) – Focus), während nach dem EuGH eine Beeinträchtigung nur bei so wesentlichen Eingriffen vorliegen soll, dass die ernsthafte Gefahr einer künftigen Änderung des wirtschaftlichen Verhaltens des Durchschnittsverbrauchers besteht (EuGH C-252/07, GRUR 2009, 56 Rn. 77 – Intel Corporation/CPM United Kingdom). Allerdings kann eine Beeinträchtigung der Unterscheidungskraft bereits dann vorliegen, wenn dem Publikum suggeriert wird, dass zwischen dem Werbenden und dem Markeninhaber eine wirtschaftliche Verbindung besteht (BGH GRUR 2013, 1239 – VOLKSWAGEN/Volks.Inspektion; EuGH C-236/08 bis C-238/08, GRUR 2010, 445 – Google France/Google; BGH GRUR 2013, 290 Rn. 24 – MOST-Pralinen).

552   Eine Beeinträchtigung der Unterscheidungskraft ist allerdings abzulehnen, wenn der Verkehr dem angegriffenen Zeichen hinsichtlich der Waren und Dienstleistungen, für die das Zeichen verwendet wird, einen **beschreibenden Aussagegehalt** entnehmen kann, da dann kein Anlass für eine gedankliche Verknüpfung mit der bekannten Marke besteht (OLG Hamburg GRUR-RR 2003, 367 (369) – duplo; GRUR 2004, 600 (602) – d-c-fix/CD-FIX; vgl. aber EuG T-59/08, GRUR Int 2011, 324 Rn. 61 ff. – La Perla).

553   Für die Beurteilung der Beeinträchtigung der Unterscheidungskraft sind der Bekanntheitsgrad und der Abstand der betroffenen Waren und Dienstleistungen in ein Verhältnis der Wechselwirkung zu setzen (BGH GRUR 2001, 507 (509) – EVIAN/REVIAN). Bei berühmten Marken kann daher auch eine branchenunabhängige Verwendung zu einer Verwässerung führen (OLG Hamburg MarkenR 2003, 401 (407) – VISA). Darüber hinaus sind für die Beurteilung der Verwässerung die Durchschnittsverbraucher derjenigen Waren und Dienstleistungen relevant, für die die jüngere Marke eingetragen ist (EuGH C-252/07, GRUR 2009, 56 Rn. 35 – Intel Corporation/CPM United Kingdom), da diese das jüngere Zeichen zur Kenntnis nehmen und die Beeinträchtigung daher auch bei diesen Verbrauchern eintritt.

7. Ausnutzung oder Beeinträchtigung der Wertschätzung

554   **a) Wertschätzung.** Der Begriff der Wertschätzung ist gleichzusetzen mit dem guten Ruf (EuG T-215/03, GRUR Int 2007, 730 Rn. 40 – VIPS; Ingerl/Rohnke/Nordemann/Nordemann-

Schiffel Rn. 1366; Ströbele/Hacker/Thiering/Hacker Rn. 395) oder dem positiven Image einer Marke. Allerdings sind die Begriffe der Verkehrsbekanntheit und der Wertschätzung streng voneinander abzugrenzen, da nicht jede bekannte Marke zugleich ein besonderes Ansehen genießt (EuG T-215/03, GRUR Int 2007, 730 Rn. 57 – VIPS). Für die „Bekanntheit" im Sinne der Voraussetzung des erweiterten Schutzes gilt dies wohl nicht, da diese ohnehin mit qualitativen Aspekten angereichert ist und somit auch von der Verkehrsbekanntheit zu unterscheiden ist (→ Rn. 538). Ein anderes Ergebnis wäre schon im Hinblick auf diejenigen Sprachfassungen der MRL kaum zu vertreten, die „Bekanntheit" und „Wertschätzung" mit dem gleichen Begriff bezeichnen, wie etwa „reputation" im Englischen. Der gute Ruf einer Marke muss durch eigene **Aktivitäten des Markeninhabers** oder seines Rechtsvorgängers entstanden sein (BGH GRUR 1995, 697 (700) – FUNNY PAPER); der Erwerb eines guten Rufes allein durch Anstrengungen Dritter genügt nicht.

Ursachen für den guten Ruf einer Marke können sein: besondere Gütevorstellungen, die mit der Marke **554.1** in Verbindung gebracht werden (BGH GRUR 1985, 550 (552) – DIMPLE; OLG Stuttgart GRUR-RR 2007, 313 (315) – CARRERA), der Erfolg des mit der Marke gekennzeichneten Produkts auf dem Markt (KG GRUR 2000, 906 (907) – Gute Zeiten, Schlechte Zeiten), Größe, Alter, Tradition und Erfolg des Unternehmens (BGH GRUR 1966, 623 (624) – Kupferberg) oder eine besondere Exklusivität oder Luxus, den die Marke ausstrahlt (BGH GRUR 1983, 247 (248) – Rolls Royce; GRUR 1985, 550 (552) – DIMPLE).

b) Ausnutzung der Wertschätzung (= Rufausbeutung). Nach der Rechtsprechung des **555** EuGH liegt eine Ausnutzung der Wertschätzung der bekannten Marke, die mit dem Begriff der Rufausbeutung gleichzusetzen ist, vor, wenn ein Dritter sich durch die Zeichenverwendung in die **Sogwirkung** der bekannten Marke begibt, um von deren Anziehungskraft, Ansehen und Ruf zu **profitieren,** ohne eine finanzielle Gegenleistung oder eigene Anstrengungen aufzuwenden (EuGH C-487/07, GRUR 2009, 756 Rn. 49 – L'Oréal/Bellure; C-236/08 bis C-238/08, GRUR 2010, 445 Rn. 102 – Google/Google France; EuG T-59/08, GRUR Int 2011, 324 Rn. 44 – La Perla), mithin die **wirtschaftlichen Wert** der Marke und die Anstrengungen des Inhaber der bekannten Marke zur Schaffung und Aufrechterhaltung des Markenimages **ausnutzt** (EuGH C-487/07, GRUR 2009, 756 Rn. 41, 49 – L'Oréal/Bellure; EuG T-59/08, GRUR Int 2011, 324 Rn. 40 – La Perla), und im Wege des Imagetransfers **Assoziationen** mit der bekannten Marke erweckt und den fremden guten Ruf zugunsten des **eigenen Absatz** und der eigenen Vermarktung anzapft (BGH GRUR 2010, 161 Rn. 33 – Gib mal Zeitung; EuG T-215/03, GRUR Int 2007, 730 Rn. 40 – VIPS). Für die Rufausbeutung ist erforderlich, dass der Ruf auch **übertragbar** ist. Das ältere Zeichen muss daher bei den angesprochenen Verkehrskreisen des jüngeren Zeichen bekannt sein (Ingerl/Rohnke/Nordemann/Nordemann-Schiffel Rn. 1385) und die Waren und Dienstleistungen sowie deren Abnehmer dürfen keinen zu großen Abstand voneinander haben (Beispiele hierzu bei Ingerl/Rohnke/Nordemann/Nordemann-Schiffel Rn. 1385; Ströbele/Hacker/Thiering/Hacker Rn. 401 f.). Eine besondere Originalität des Zeichens ist aber nicht zwingend erforderlich (EuGH C-252/07, GRUR 2009, 56 Rn. 72 – Intel Corporation/CPM United Kingdom; anders noch BGH GRUR 1991, 465 (466) – Salomon). Liegen die Voraussetzungen einer Rufausbeutung vor, kann ein Imagetransfer allerdings verhindert werden, wenn der Verletzer das bekannte Zeichen mit einem **unterscheidungskräftigen Zusatz** verwendet (BGH GRUR 1999, 992 (994) – BIG PACK; OLG Frankfurt GRUR 2000, 1063 (1065) – Spee-Fuchs).

c) Beeinträchtigung der Wertschätzung (Rufschädigung). Nach der Rechtsprechung des **556** EuGH ist die Beeinträchtigung der Wertschätzung mit dem Begriff der Rufschädigung gleichzusetzen und ist dann gegeben, wenn die **Anziehungskraft** der bekannten Marke **geschmälert** wird (EuGH C-487/07, GRUR 2009, 756 Rn. 40 – L'Oréal/Bellure). Dies kann sich insbesondere daraus ergeben, dass die von Dritten angebotenen Waren und Dienstleistungen Merkmale oder Eigenschaften aufweisen, die sich auf das Bild der bekannten älteren Marke negativ auswirken können (EuGH C-487/07, GRUR 2009, 756 Rn. 40 – L'Oréal/Bellure).

Ursachen für eine negative Auswirkung auf die bekannte Marke können sein: **556.1**
- Vertrieb qualitativ schlechterer Produkte unter dem Verletzerkennzeichen (Sack GRUR 1995, 81 (83));
- Verwendung durch ein Unternehmen mit schlechterem Ansehen (RGZ 74, 308, 311 – Graf Zeppelin);
- Erwecken negativer oder unpassender Assoziationen („inkompatibler Zweitgebrauch") (BGH GRUR 1999, 161 (164) – MAC Dog; GRUR 1994, 808 (811) – Markenverunglimpfung I (Mars); GRUR 1995, 57 (59) – Markenverunglimpfung II (Nivea));

- Verwendung der bekannten Marke in herabsetzender Weise (BGH GRUR 1994, 808 (811) – Markenverunglimpfung I (Mars); GRUR 1995, 57 (59) – Markenverunglimpfung II (Nivea)).

556.2 Eine nur geringe Benutzung des Verletzers kann der Rufbeeinträchtigung entgegenstehen (BGH GRUR 1987, 711 (713) – Camel Tours).

8. In unlauterer Weise

557 Das Tatbestandsmerkmal der Unlauterkeit erfordert nicht das Vorliegen eines Wettbewerbsverhältnisses (LG Hamburg GRUR 2000, 514 – Markenbeeinträchtigung Deutsche Post; BGH GRUR 1957, 342 (347) – Underberg; Piper GRUR 1996, 429 (431)). Die Unlauterkeit der Zeichenverwendung ist aufgrund aller Umstände des Einzelfalls zu beurteilen und umso eher zu bejahen, desto höher der Bekanntheitsgrad der bekannten Marke, deren Unterscheidungskraft, Originalität und Werbewert sowie die daraus resultierenden Möglichkeiten einer Beeinträchtigung der Marke sind (EuGH C-375/97, GRUR Int 2000, 73 Rn. 30 – Chevy; Sack GRUR 1995, 81 (85); Piper GRUR 1996, 429 (435)). Da dem § 23 (→ § 23 Rn. 1 ff.) und dem § 24 (→ § 24 Rn. 1 ff.) im Tatbestand des § 14 Abs. 2 Nr. 3 keine eigenständige Bedeutung zukommt, sind außerdem auch die Wertungen der § 23 Abs. 2 und § 24 Abs. 2 in die Prüfung der Unlauterkeit nach § 14 Abs. 2 Nr. 3 einzubeziehen (BGH GRUR 2019, 165 Rn. 22 – keine-vorwerk-vertretung).

558 Den Tatbestandsmerkmalen der **Wertschätzungsbeeinträchtigung** und des **Ausnutzens der Unterscheidungskraft** ist die Unlauterkeit bereits **immanent,** weshalb eine Markennutzung unter Verwirklichung dieser Eingriffstatbestandsmerkmale stets als unlauter zu qualifizieren ist (BGH GRUR 2005, 583 (584) – Lila Postkarte; LG Berlin GRUR-RR 2007, 40 (42) – Stiftung Gentest; Ströbele/Hacker/Thiering/Hacker Rn. 407; aA OLG Köln GRUR-RR 2005, 339 (341) – Kleiner Feigling II).

559 Bei dem Tatbestandsmerkmal der **Rufausbeutung** ist über die Rufausbeutung hinaus zusätzlich etwas besonders Anstößiges erforderlich (BGH GRUR 1997, 754 (755) – grau/magenta; GRUR 1997, 311 (313) – Yellow Phone; GRUR 1994, 732 (734) – Mc Laren; in BGH GRUR 2011, 1043 Rn. 65 – TÜV II – wurde diese zusätzliche Anforderung allerdings nicht mehr erwähnt). Dies kann etwa die Behinderung des Markeninhabers in der eigenen Verwertung seines Markenrechts innerhalb der relevanten Branche sein (BGH GRUR 1991, 465 (466) – Salomon; Piper GRUR 1996, 429 (435)) oder die Verwendung der bekannten Marke gerade mit dem Ziel, von deren Ruf zu profitieren (BGH GRUR 1997, 754 (756) – grau/magenta; GRUR 1997, 311 (313) – Yellow Phone; OLG München NJWE-WettbR 2000, 163 (164) – Allianz; OLG Hamburg GRUR 1999, 339 (342) – Yves Roche). Ebenso ist die Rufausbeutung dann unlauter, wenn das bekannte Zeichen in identischer Form verwendet wird und darüber hinaus auf die bekannte Marke durch besondere Hinweise Bezug genommen wird (Ströbele/Hacker/Thiering/Hacker Rn. 408). Ist eine Anlehnung an die bekannte Marke zwangsläufig erforderlich (wie etwa zum Zwecke einer wirklichkeitsgetreuen Nachbildung von Kraftfahrzeugen als Modell), stellt dies umgekehrt ein Indiz für die fehlende Unlauterkeit dar (BGH GRUR 2010, 726 Rn. 29, 30 – Opel-Blitz II; GRUR 1994, 732 (734) – McLaren; vgl. auch OLG Frankfurt BeckRS 2019, 16601).

9. Ohne rechtfertigenden Grund

560 Eine Rechtfertigung des Zeichenverwenders kommt aus unterschiedlichen Gründen in Betracht:
- Den wichtigsten Grund für eine Rechtfertigung bilden grundrechtliche Wertungen, insbesondere die **Meinungsfreiheit** und die **Kunstfreiheit** gemäß Art. 5 GG (BVerfG GRUR 2001, 170 – Benetton-Werbung; BVerfG GRUR 2001, 1058 (1059) – Therapeutische Äquivalenz; WRP 2002, 430 (431) – Tierfreundliche Mode; BGH GRUR 2005, 583 (584) – Lila Postkarte; GRUR 2015, 1114 – Springender Pudel; GRUR 1984, 684 (685) – Mordoro; OLG Hamburg GRUR-RR 2010, 382 (383) – IPOD/eiPott; GRUR-RR 2006, 231 (232) – Bildmarke AOL). Grundrechtliche Rechtfertigungsgründe nach Art. 5 GG spielen vor allem bei **Markenparodien** eine Rolle. Eine von der Meinungsfreiheit und/oder Kunstfreiheit im Grundsatz gedeckte Markenparodie liegt vor, wenn an ein bekanntes Werk, an bekannte Personen oder an bekannte Umstände und Ereignisse durch Nachahmung erinnert und der nachgeahmte Gegenstand dabei wahrnehmbar verändert wird, wobei die Anspielung auf den nachgeahmten Gegenstand humorvoll und nicht notwendig spöttisch ist (BGH GRUR 2015, 1114 Rn. 47 – Springender Pudel; vgl. auch zur (weiten) Auslegung des urheberrechtlichen Parodiebegriffs EuGH C-201/13, GRUR 2014, 972 Rn. 33 – Deckmyn/Vandersteen; BGH GRUR 2016, 1157 – auf Fett getrimmt). Nach der gebotenen Interessenabwägung des Grundrechts mit dem Eigentumsrecht

des Markeninhabers tritt eine Rechtfertigung jedoch nur ein, wenn im Einzelfall keine Herabsetzung oder Verunglimpfung der bekannten Marke mit der Zeichennutzung einhergeht (BGH GRUR 2005, 583 (585) – Lila Postkarte; LG Berlin GRUR-RR 2007, 40 (42) – Stiftung Gentest). Eine Rechtfertigung kommt zudem auch dann nicht in Betracht, wenn die Markenparodie ausschließlich kommerziellen Zwecken dient, da dann weder eine Meinungsäußerung noch die Kunstfreiheit im Vordergrund stehen. Selbst im Schutzbereich der Kunstfreiheit muss der Inhaber einer bekannten Marke deshalb nur die Benutzung des jüngeren Zeichens, nicht aber dessen Eintragung für identische oder ähnliche Waren dulden (BGH GRUR 2015, 1114 – Springender Pudel).

- Über grundgesetzliche Wertungen hinaus soll eine Rechtfertigung auch aus der **Waren- und Dienstleistungsfreiheit** innerhalb des gemeinsamen Marktes folgen können (Fezer Rn. 814).
- Einer weiterer Rechtfertigungsgrund kann die **berechtigte Wahrnehmung eigener Interessen** sein (BGH GRUR 2010, 726 Rn. 30 – Opel-Blitz II), etwa wenn der Verletzer bereits vor Eintritt der Bekanntheit einen eigenen wertvollen Besitzstand an dem durch ihn verwendeten Zeichen begründet hat (Ströbele/Hacker/Thiering/Hacker Rn. 413) oder die Zeichennutzung aufgrund von Marktgewohnheiten erfolgte, die sich bereits seit langer Zeit auf dem Markt verfestigt hatten, wie etwa die jahrzehntelange Üblichkeit von detailgetreuen Miniaturnachbildungen von Fahrzeugen mit Originallogo des Automobilherstellers (BGH GRUR 2010, 726 Rn. 30 – Opel-Blitz II).
- Nach der Rechtsprechung des BGH findet sich darüber hinaus auch der **Freistellungstatbestand des § 23** (→ § 23 Rn. 1 ff.) in dem Tatbestandsmerkmal des rechtfertigenden Grundes wieder, da ihm im Rahmen des § 14 Abs. 2 Nr. 3 kein eigener Anwendungsbereich zukommt (BGH GRUR 1999, 992 (994) – BIG PACK; zu § 15 Abs. 3 BGH GRUR 2001, 1050 (1053) – Tagesschau; GRUR 2008, 798 Rn. 26 – POST; GRUR 2009, 678 Rn. 34 – POST/RegioPost; GRUR 2009, 1162 Rn. 37 – DAX; BGH GRUR 2019, 165 Rn. 22 – keine-vorwerk-vertretung; Ingerl/Rohnke/Nordemann/Nordemann-Schiffel Rn. 1363). Bei beschreibender Wirkung ist deshalb die Nutzung eines bekannten Zeichens zulässig, wohingegen nur beschreibende Anklänge nicht genügen (BGH GRUR 2004, 600 (602) – d-c-fix/CD-FIX). Auch bei Vorliegen der übrigen Freistellungstatbestände des § 23 ist die Benutzung eines bekannten Zeichens gerechtfertigt und damit zulässig.
- Nach dem BGH soll außerdem **neuen Wettbewerbern,** die auf solchen Märkten hinzukommen, die bislang durch ein **Monopol** beherrscht wurden, die Nutzung eines beschreibenden Begriffs gestattet sein, selbst wenn dies zu einer Verwechslungsgefahr führen kann, sofern sich der neue Wettbewerber durch unterscheidungskräftige Zusatze von dem ursprünglichen Monopolinhaber abgrenzt (BGH GRUR 2008, 798 Rn. 23 – POST; WRP 2008, 1206 Rn. 25 – CITY POST; GRUR 2001, 1050 (1053) – Tagesschau).
- Wird eine bekannte Marke im Rahmen einer Adword-Anzeige genannt (zu den Anforderungen an die markenmäßige Benutzung → § 14 Rn. 220 ff.), so kann diese Zeichennutzung gerechtfertigt sein, wenn Alternativen zu den Waren oder Dienstleistungen des Inhabers der bekannten Marke vorgeschlagen werden, ohne die Funktionen der bekannten Marke zu beeinträchtigen, da eine solche Zeichennutzung einem gesunden und lauteren Wettbewerb im Bereich der betroffenen Waren oder Dienstleistungen entspricht (BGH GRUR 2013, 1044 (1046) – Beate Uhse). Etwas anderes gilt jedoch selbst wenn die fremde Marke in der Adword-Anzeige nicht genannt wird, wenn in der Anzeige die unter der Marke angebotenen Waren oder Dienstleistungen in ein negatives Licht gerückt werden, zB wenn die Anzeige das Angebot des Markeninhabers als stark überteuert darstellt (OLG Frankfurt GRUR-RR 2014, 245 – Beate Uhse II).
- Schließlich kommt ein rechtfertigender Grund in Betracht, wenn ein Zeichen vor Hinterlegung der bekannten Marke benutzt wurde und seine Benutzung in gutem Glauben erfolgte (EuGH C-65/12, GRUR 2014, 280 – Leidseplein (Red Bull/Pitbull)). Bei der Beurteilung sind die Verkehrsdurchsetzung und der Ruf des Zeichens bei den betroffenen Verkehrskreisen, der Grad der Nähe zwischen den Waren und Dienstleistungen, für die das Zeichen ursprünglich benutzt wurde, und der Ware, für die die bekannte Marke eingetragen ist, sowie die wirtschaftliche und handelsmäßige Erheblichkeit der Benutzung des der Marke ähnlichen Zeichens für die fragliche Ware zu berücksichtigen (EuGH C-65/12, GRUR 2014, 280 – Leidseplein (Red Bull/Pitbull)).

10. Beweislast

Bei den Eingriffstatbestandsmerkmalen des § 14 Abs. 2 Nr. 3 und der Bekanntheit einer Marke **561** handelt es sich um **Tatsachenfragen** (EuGH C-48/05, GRUR 2007, 318 Rn. 36 – Adam Opel/ Autec; C-301/07, GRUR 2009, 1158 Rn. 26 – PAGO/Tirolmilch), für die der **Anspruchsteller** die Beweislast trägt (EuGH C-252/07, GRUR 2009, 56 Rn. 37 – Intel Corporation/CPM United Kingdom). Der Anspruchsteller ist aber nicht verpflichtet, das Vorliegen einer tatsächlichen Beeinträchtigung der Marke nachzuweisen, sondern es reicht aus, wenn er das Vorliegen von Gesichtspunkten dartut, aus denen auf eine ernsthafte Gefahr einer künftigen Beeinträchtigung geschlossen werden kann (EuGH C-252/07, GRUR 2009, 56 Rn. 38 – Intel Corporation/CPM United Kingdom). Auch der Nachweis der **Unlauterkeit** obliegt dem **Anspruchsteller** (OLG Köln GRUR-RR 2005, 339 (341) – Kleiner Feigling II). Das Vorliegen eines **rechtfertigenden Grundes** hat der **Verletzer** nachzuweisen, der sich darauf beruft (EuGH C-252/07, GRUR 2009, 56 Rn. 39 – Intel Corporation/CPM United Kingdom).

H. Unterlassungsanspruch (Abs. 5)

I. Allgemeines

562   Der in § 14 Abs. 5 und § 15 Abs. 4 normierte Unterlassungsanspruch dient der Unterbindung künftiger Markenrechtsverletzungen und setzt hinsichtlich ihrer Begehung eine drohende Gefahr voraus (sog. **Begehungsgefahr**). Letztere kann sich entsprechend den beiden Sätzen in § 14 Abs. 5 und § 15 Abs. 4 zum einen daraus ergeben, dass eine bereits begangene Verletzungshandlung künftig wiederholt zu werden droht, zum anderen aber auch daraus, dass überhaupt erst eine Begehung einer Markenverletzung erstmalig droht. Die für den Fall einer bereits begangenen Verletzungshandlung erforderliche **Wiederholungsgefahr** (→ Rn. 573 ff.) begründet den in § 14 Abs. 5 S. 1 normierten **Verletzungsunterlassungsanspruch** (→ Rn. 568 ff.), die für den Fall der noch nicht begangenen Verletzungshandlung erforderliche **Erstbegehungsgefahr** (→ Rn. 619 ff.) den in § 14 Abs. 5 S. 2 normierten sog. **vorbeugenden Unterlassungsanspruch** (→ Rn. 615). Damit setzen sowohl der Verletzungsunterlassungsanspruch als auch der vorbeugende Unterlassungsanspruch die Gefahr der Begehung einer zukünftigen Markenrechtsverletzung voraus. Der Unterschied zwischen den beiden Formen des Unterlassungsanspruchs besteht darin, dass aufgrund der beim Verletzungsunterlassungsanspruch bereits erfolgten Markenverletzung die Wiederholungsgefahr vermutet wird, während die Erstbegehungsgefahr beim vorbeugenden Unterlassungsanspruch anhand objektiver Umstände des Einzelfalls positiv festgestellt werden muss.

563   Der Unterlassungsanspruch besteht in beiden Formen **verschuldensunabhängig,** so dass es nicht darauf ankommt, ob dem Verletzer die verletzte Marke bekannt war oder auch nur hätte bekannt sein können (KG GRUR-RR 2007, 68 (69) – Keyword-Advertising).

564   Die früher umstrittene Frage um die **Rechtsnatur** des Unterlassungsanspruchs als materiell-rechtlicher Anspruch iSd § 241 BGB oder prozessualer Rechtsbehelf ist inzwischen zugunsten des ersten Ansatzes entschieden, so dass demzufolge davon auszugehen ist, dass der Unterlassungsklage als einer Leistungsklage ein materiell-rechtlicher Anspruch zugrunde liegt (Fezer Rn. 988 mwN).

565   Ebenso wie die weiteren im MarkenG geregelten Sanktionen ist auch der Unterlassungsanspruch durch die Enforcement-RL harmonisiert worden (s. Art. 11 Enforcement-RL). Von praktischer Bedeutung ist dabei Art. 11 S. 3 Enforcement-RL, der die Mitgliedstaaten verpflichtet, Unterlassungsansprüche gegen Mittelspersonen zu gewähren, deren Dienste von einem Dritten „zwecks Verletzung eines Rechts des geistigen Eigentums in Anspruch genommen werden".

565.1   Zusammen mit Art. 8 Abs. 3 Infosoc-RL und Art. 12–15 E-Commerce-RL bildet Art. 11 S. 3 Enforcement-RL die Grundlage für die recht umfangreiche Rechtsprechung des EuGH zur Providerhaftung (zusammenfassend dazu zB Leistner ZUM 2012, 722; Ohly ZUM 2015, 308; Spindler GRUR 2021, 545; Spindler GRUR 2021, 653; Ingerl/Rohnke/Nordemann/J. B. Nordemann Vor §§ 14–19d Rn. 78 ff.). Obwohl der Schwerpunkt beim Urheberrecht liegt, sind die geltenden Grundsätze auch für Markenverletzungen anwendbar. Sie gelten ferner nicht allein für Internet-Sachverhalte, sondern – da und soweit es um die Haftung von Mittelspersonen iSv Art. 11 S. 3 Enforcement-RL geht – auch im analogen Bereich (EuGH C-494/15, GRUR 2016, 1062 – Hilfiger, mAnm Hofmann: Haftung des Mieters einer Markthalle, in der durch rechtlich unabhängige Einzelhändler markenverletzende Waren vertrieben wurden).

566   Im deutschen Recht wird Art. 11 S. 3 Enforcement-RL vor allem durch das Instrument der Störerhaftung umgesetzt (→ Rn. 681).

567   Die **Reichweite** eines Unterlassungstitels erstreckt der BGH neben der Verpflichtung zur Unterlassung nun auch auf die Vornahme möglicher und zumutbarer Handlungen zur Beseitigung des Störungszustands und somit auf das Ergreifen aktiver Maßnahmen (BGH GRUR 2018, 292 (293) – Wundversorgung; → § 18 Rn. 70 f.).

II. Verletzungsunterlassungsanspruch (Abs. 5 S. 1)

1. Verletzungshandlung

Der Verletzungsunterlassungsanspruch setzt zunächst eine rechtsverletzende Benutzung einer **568** Marke oder geschäftlichen Bezeichnung nach § 14 Abs. 2–4 voraus (zu den konkreten Anforderungen an die Verletzungshandlung → Rn. 583 ff.). Das heißt, dass das verletzte Kennzeichenrecht bereits **zum Zeitpunkt der Vornahme der rechtsverletzenden Handlung bestanden** haben muss (BGH GRUR 2008, 621 Rn. 41 – AKADEMIKS) und der gesetzliche Verletzungstatbestand nicht erst später in Kraft getreten sein darf (Ingerl/Rohnke/Nordemann/Jaworski Vor §§ 14–19d Rn. 142), da dies nur allenfalls eine Erstbegehungsgefahr bei Vorliegen weiterer, über die frühere rechtmäßige Handlung hinausgehender Umstände begründen würde (insoweit → Rn. 619 ff.).

Darlegungs- und ggf. **beweispflichtig** dafür, dass dem auf Wiederholungsgefahr gestützten **569** Unterlassungsanspruch eine entsprechende Verletzungshandlung zugrunde liegt, ist der Inhaber des verletzten Kennzeichenrechts. Der Umstand, dass ihm eine nähere Darlegung eines zum Wahrnehmungsbereich des Verletzers gehörenden Geschehens ggf. nicht möglich ist, führt nicht zu einer Umkehr der Beweislast, sondern allenfalls zu erhöhten Anforderungen an die Erklärungslast des Verletzers. Kommt er diesen nach, ist die weitere Beweisführung wiederum Sache des an sich beweispflichtigen Inhabers des verletzten Kennzeichenrechts (BGH GRUR 2009, 502 Rn. 17 – pcb).

Nach dem vorherrschenden zweigliedrigen Streitgegenstandsbegriff bestimmt sich der **Streit- 570 gegenstand** einer Klage einerseits durch den Klageantrag, andererseits durch den dem Klageantrag zugrundeliegenden Lebenssachverhalt (Klagegrund) (Ströbele/Hacker/Thiering/Hacker Rn. 636). Der Kläger konkretisiert im Klageantrag die von ihm begehrte Rechtsfolge, wie sie sich aus dem vorgetragenen Lebenssachverhalt ergibt (BGH GRUR 2011, 521 (522) – TÜV I). Der Klagegrund umfasst dabei alle Tatsachen, die bei einer natürlichen Betrachtungsweise zu dem durch den Klageantrag zur Entscheidung gestellten Tatsachenkomplex gehören (BGH GRUR 2013, 397 (398) – Peek & Cloppenburg III).

Eine Mehrheit von Streitgegenständen liegt vor, wenn der Kläger entweder mehrere Klagean- **571** träge stellt (Unterlassung, Schadensersatz) oder seinen Klageantrag auf mehrere Klagegründe stützt. Mehrere Klagegründe sind anzunehmen, wenn der Klageantrag auf verschiedene Schutzrechte gestützt wird. Jedes Schutzrecht bildet sodann einen eigenen Streitgegenstand (BGH GRUR 2013, 397 (398) – Peek & Cloppenburg III; GRUR 2012, 630 (631) – CONVERSE II). Geht der Kläger aus mehreren Marken vor, liegen der Klage unterschiedliche Streitgegenstände zugrunde (BGH GRUR 2016, 810 (811) – profitbricks.es; GRUR 2011, 1043 (1044) – TÜV II). Dasselbe gilt, wenn der Kläger seinen Anspruch zusätzlich auf die Verletzung eines Unternehmenskennzeichens, eines Werktitels oder eines Namensrechts stützt (Ströbele/Hacker/Thiering/Hacker Rn. 637).

Werden im Rahmen ein und desselben Schutzrechts mehrere Verletzungstatbestände des § 14 **572** Abs. 2 (§ 15 Abs. 2, 3) verletzt, so bleibt es bei einem einheitlichen Streitgegenstand und es erfolgt keine weitere Aufspaltung (BGH GRUR 2012, 1145 (1146) – Pelikan; GRUR 2012, 621 (623) – OSCAR; GRUR 2011, 1043 (1044) – TÜV II). Zusätzlich geltend gemachte Ansprüche aus dem UWG, UrhG sowie aus Vertrag bilden jeweils einen eigenen Streitgegenstand (Ströbele/Hacker/Thiering/Hacker Rn. 640 f.).

2. Entstehung der Wiederholungsgefahr

a) Rechtsnatur der Wiederholungsgefahr. Die Wiederholungsgefahr ist eine **materiell- 573 rechtliche Anspruchsvoraussetzung** des in die Zukunft gerichteten **gesetzlichen Unterlassungsanspruchs** und nicht bloß Prozessvoraussetzung als Erfordernis des allgemeinen Rechtsschutzinteresses (zB BGH GRUR 1994, 443 (445) – Versicherungsvermittlung im öffentlichen Dienst; Köhler/Bornkamm/Feddersen/Bornkamm UWG § 8 Rn. 1.11 mwN). Demzufolge wird bei Fehlen der Wiederholungsgefahr **zum Zeitpunkt der letzten mündlichen Verhandlung** in der Tatsacheninstanz die Unterlassungsklage als unbegründet und nicht als unzulässig abgewiesen.

Anders als der gesetzliche Unterlassungsanspruch setzt der vertragliche Unterlassungsanspruch keine Wiederholungsge- **574** fahr voraus, da er durch die vertraglich übernommene Unterlassungsverpflichtung hinreichend konkretisiert wird (Köhler/Bornkamm/Feddersen/Bornkamm UWG § 8 Rn. 1.13). Jedoch führt das Fehlen einer Wiederholungsgefahr beim klageweise geltend gemachten vertraglichen Unterlassungsanspruch dazu, dass das Rechtsschutzbedürfnis für die gerichtliche Geltendmachung fehlt (BGH GRUR 1999, 522 (524) – Datenbankabgleich).

575   **b) Voraussetzungen der Entstehung der Wiederholungsgefahr.** Die Gefahr der Wiederholung einer schon einmal begangenen Markenverletzung liegt vor, wenn aufgrund konkreter, äußerlich erkennbarer Anhaltspunkte eine **ernsthafte und greifbare Möglichkeit** besteht, dass die konkrete Verletzungshandlung zukünftig in gleicher oder im Kern gleicher Form erneut begangen wird (BGH GRUR 2008, 702 Rn. 55 – Internet-Versteigerung III; GRUR 1992, 318 (319) – Jubiläumsverkauf).

576   Die Wiederholungsgefahr ist ein tatsächlicher Umstand, der nach den Verhältnissen in der **Person des in Anspruch Genommenen** zu beurteilen ist. Eine auf Grund des persönlichen Verhaltens des Rechtsvorgängers in seiner Person begründete Wiederholungsgefahr geht somit nicht auf den Rechtsnachfolger über (BGH GRUR 2007, 995 Rn. 10 – Schuldnachfolge; GRUR 2006, 879 Rn. 17 – Flüssiggastank).

577   **c) Tatsächliche Vermutung der Entstehung der Wiederholungsgefahr.** Ist es in der Vergangenheit bereits zu einer, wenn auch nur einmaligen, Kennzeichenverletzung gekommen, spricht nach ständiger Rechtsprechung eine **widerlegliche** tatsächliche Vermutung für die Wiederholungsgefahr (BGH GRUR 2009, 1162 Rn. 64 – DAX mwN), die sich auf die konkrete Verletzungshandlung und auf im Kern gleichartige Verstöße beschränkt (→ Rn. 647).

578   Ihrer Begründung liegt die allgemeine Lebenserfahrung zugrunde, dass eine schon einmal begangene Kennzeichenverletzung deren Wiederholung befürchten lässt.

579   Der Nachweis des Bestehens einer ernsthaften und greifbaren Möglichkeit, dass die konkrete Verletzungshandlung zukünftig in gleicher oder im Kern gleicher Form erneut begangen wird, braucht demnach vom Anspruchsinhaber nicht mehr erbracht zu werden. Vielmehr ist es nun Aufgabe des **Verletzers,** die für die Wiederholungsgefahr bestehende tatsächliche Vermutung zu **widerlegen** (zu den Anforderungen → Rn. 647 ff.).

3. Umfang der Wiederholungsgefahr

580   **a) Erstreckung der Wiederholungsgefahr auf im Kern gleichartige Verstöße (sog. „Kerntheorie").** Die durch eine Verletzungshandlung begründete tatsächliche Vermutung der Wiederholungsgefahr erstreckt sich nicht nur auf **identische,** sondern auch auf **im Kern gleichartige Verletzungsformen,** die von der konkreten Verletzungshandlung nur unbedeutend abweichen und bei denen das Charakteristische der Verletzungshandlung noch zum Ausdruck kommt (stRspr; vgl. BGH GRUR 2009, 772 Rn. 29 – Augsburger Puppenkiste; GRUR 2006, 504 Rn. 36 – Parfümtestkäufe). Damit bedarf es bei Letzteren zur Begründung eines Unterlassungsanspruchs nicht des Rückgriffs auf eine Erstbegehungsgefahr.

580.1   **Beispiele:** Eine Verletzungshandlung, die in der Benutzung eines zusammengesetzten Zeichens besteht, dessen Gesamteindruck durch mehrere Zeichenbestandteile bestimmt wird (im Fall: Leipziger Puppenkiste), ist nach dem BGH nicht mehr im Kern gleichartig mit der Verwendung eines Bestandteils des zusammengesetzten Zeichens (im Fall BGH GRUR 2009, 772 Rn. 32 – Augsburger Puppenkiste).

581   Ebenso begründet die Verwendung eines Zeichens (im konkreten Fall: Cartier) in Bezug auf konkrete Waren nicht auch eine Wiederholungsgefahr für eine isolierte Verwendung der Bezeichnung unabhängig von Waren oder Dienstleistungen (BGH GRUR 2009, 871 Rn. 41 – Ohrclips).

582   Auch wenn die Verletzung eines bestimmten Schutzrechts nicht ohne weiteres die Vermutung begründet, dass auch andere dem Markeninhaber zustehende oder von ihm berechtigt wahrgenommene Schutzrechte durch denselben Täter verletzt werden, kann er nach den Umständen des Einzelfalls dennoch berechtigt sein, gegen denselben Täter ein umfassendes Unterlassungsgebot durchzusetzen (BGH GRUR 2008, 703 Rn. 55 – Internet-Versteigerung III; GRUR 2006, 421 Rn. 39–41 – Markenparfümverkäufe). Letzteres kommt insbesondere in den Fällen des Graumarktvertriebs und der Parallelimporte in Betracht.

582.1   **Beispiele:** So hat der BGH in der Entscheidung „Internet-Versteigerung III" angenommen, dass die Verletzung der Wortmarke „ROLEX" und der Wort-/Bildmarke „ROLEX" mit dem Bildbestandteil einer fünfzackigen Krone die Wiederholungsgefahr hinsichtlich sämtlicher Modellbezeichnungen für ROLEX-Uhren begründet, da auch deren Verwendung bei Internet-Auktionen üblich ist (BGH GRUR 2008, 702 Rn. 55). In der Entscheidung „Markenparfümverkäufe" hat der BGH die Ansicht des Berufungsgerichts bestätigt, wonach die Verletzung des Markenparfüms „Chopard" durch Graumarktvertrieb eine Begehungsgefahr dahin begründet, dass auch die weiteren, im Klageantrag aufgeführten Luxusparfüm-Marken des Klägers von der Beklagten unter Verletzung des Markenrechts vertrieben werden, da dies im Interesse nach einer Sortimentsvervollständigung nach der Lebenserfahrung früher oder später zu erwarten ist (BGH GRUR 2006, 421 Rn. 40; Ingerl/Rohnke/Nordemann/Jaworski Vor §§ 14–19d Rn. 154).

b) Anforderungen an die Antragsfassung. Grundsätzlich bestimmt die **konkret vorge-** 583
kommene oder drohende Verletzungshandlung Inhalt und Umfang des Unterlassungsanspruchs (materiell-rechtliches Konkretisierungsgebot; Teplitzky, Wettbewerbsrechtliche Ansprüche
und Verfahren, Kap. 5 Rn. 5). Jedoch lässt die Rechtsprechung bei seiner Fassung im Interesse
eines hinreichenden Rechtsschutzes gewisse **Verallgemeinerungen** zu, sofern auch in dieser
Form das **Charakteristische der festgestellten konkreten Verletzungsform** zum Ausdruck
kommt. Dies gilt nicht, soweit der Unterlassungsantrag nur unter dem Gesichtspunkt der Erstbegehungsgefahr gegeben ist (BGH BeckRS 2012, 20448 Rn. 15). Begründet wird die Zulässigkeit
von Verallgemeinerungen bei einem auf Wiederholungsgefahr gestützten Unterlassungsantrag
damit, dass, wie unter → Rn. 577 gesehen, eine Verletzungshandlung die Vermutung der Wiederholungsgefahr nicht nur für die identische Verletzungsform, sondern auch für alle im Kern gleichartigen Verletzungshandlungen begründet (BGH GRUR 2009, 772 Rn. 29 – Augsburger Puppenkiste; GRUR 2008, 702 Rn. 55 – Internet-Versteigerung III; GRUR 2006, 421 Rn. 39 –
Markenparfümverkäufe; GRUR 2004, 154 (156) – Farbmarkenverletzung II). Hiernach hat sich
nicht nur die Formulierung der Abmahnung mit der Aufforderung zur Abgabe einer strafbewehrten Unterlassungserklärung, sondern auch die des Klageantrags und des Urteilstenors zu richten
(Ströbele/Hacker/Thiering/Hacker Rn. 631). Fasst der Kläger seinen Unterlassungsantrag **zu**
weit, riskiert er im Prozess eine vollständige oder zumindest teilweise **Klageabweisung,** wenn
das Klagevorbringen dahingehend ausgelegt werden kann, dass sich der Kläger jedenfalls auch
gegen die konkrete Verletzungsform wendet (BGH GRUR 1994, 844 (846) – Rotes Kreuz).

Wird die Verwechslungsgefahr nur durch einen Bestandteil einer aus mehreren Teilen zusam- 584
mengesetzten und nur in dieser Gesamtheit im geschäftlichen Verkehr benutzten **Zeichenkombi-**
nation hervorgerufen, ist der Unterlassungsantrag gegen diese in ihrer **Gesamtheit** zu richten.
Ein Verbot des einzelnen, die Verwechslungsgefahr auslösenden Bestandteils kommt grundsätzlich
nicht in Betracht, weil im Regelfall nicht ausgeschlossen werden kann, dass er, wenn er mit
anderen Bestandteilen kombiniert wird, keine Verwechslungsgefahr mit dem Klagezeichen
begründet (BGH GRUR 2010, 1020 Rn. 10 – Verbraucherzentrale; GRUR-RR 2010, 205
Rn. 15 – Haus & Grund IV; GRUR 2009, 772 Rn. 29 – Augsburger Puppenkiste). Zudem
begründet die Benutzung der Zeichenkombination auch keine Erstbegehungsgefahr für eine isolierte Verwendung des in Rede stehenden Bestandteils (BGH BeckRS 2009, 12968 Rn. 67 –
Post/EP Europost). **Ausnahmsweise** kann ein umfassendes Verbot der Verwendung eines Zeichenbestandteils des Kollisionszeichens gerechtfertigt sein, wenn seine zulässige Verwendung,
gleichgültig in welcher Kombination, schlechthin ausgeschlossen ist (BGH GRUR 2009, 772
Rn. 29 – Augsburger Puppenkiste). Dieser Ausnahmefall ist jedoch in der Praxis kaum von
Bedeutung.

Wie gesehen (→ Rn. 577) kann **ausnahmsweise,** insbesondere in den Fällen des Graumarkt- 585
vertriebs und der Parallelimporte, ein Unterlassungsantrag nicht nur auf die konkret vorgekom-
mene Verletzung einer Marke, sondern verallgemeinernd auf die mögliche Verletzung auch weiterer, vergleichbarer Marken des Markeninhabers erstreckt werden (BGH GRUR 2008, 703
Rn. 55 – Internet-Versteigerung III; GRUR 2006, 421 Rn. 39–41 – Markenparfümverkäufe). In
diesem Zusammenhang wird auch die Beschränkung des Antrags auf solche Waren, die „nicht
vom Kläger oder mit seiner Zustimmung im Inland, in einem der übrigen Mitgliedstaaten der
Europäischen Union oder in einem anderen Vertragsstaat des Abkommens über den Europäischen
Wirtschaftsraum in den Verkehr gebracht worden sind", als eine zulässige Verallgemeinerung
der festgestellten konkreten Verletzungshandlung angesehen (BGH GRUR 2006, 504 Rn. 37 –
Parfümtestkäufe).

Wird eine **Produktkennzeichnung** angegriffen, so gehört zur konkreten Verletzungsform die 586
Angabe der Waren bzw. Dienstleistungen, auf die sich die Begehungsgefahr erstreckt (Ingerl/
Rohnke/Nordemann/Jaworski Vor §§ 14–19d Rn. 230).

Wird eine **Firmenbezeichnung** durch ein Unternehmen, das unterschiedliche Dienstleistun- 587
gen anbietet, rechtsverletzend benutzt, kann der Inhaber prioritätsälterer Rechte nicht Unterlassung schlechthin verlangen, sondern nur für das Angebot von Dienstleistungen, die mit seinem
eigenen **Tätigkeitsbereich** so verwandt sind, dass Verwechslungen in Betracht kommen. Der
konkrete Tätigkeitsbereich ist im Unterlassungsantrag anzugeben (OLG Hamburg GRUR-RR
2001, 53 (54) – ASCO).

Bei einer rechtsverletzenden Benutzung eines **Zeitschriftentitels** ist der **thematische** 588
Zuschnitt des Werkes im Unterlassungsantrag anzugeben, so dass demnach ein Antrag, der darauf
gerichtet ist, dem Antragsgegner zu untersagen, eine Zeitschrift – gleichgültig mit welchen thematischen Zuschnitt – herauszugeben oder zu vertreiben, deren Titel die streitgegenständliche

Bezeichnung enthält, mangels Begehungsgefahr als unbegründet abzuweisen ist (BGH GRUR 1999, 235 (237) – Wheels Magazine).

589   Zu weitgehend formuliert und damit wegen Unbegründetheit stets abzuweisen ist ein Unterlassungsantrag, wenn er eine nach den §§ 23, 24 markenrechtlich zulässige Verwendungsweise der in Rede stehenden Bezeichnung mitumfasst (BGH GRUR 2003, 436 (439) – Feldenkrais; OLG München GRUR-RR 2006, 363 (366) – BMW-Bildmarke).

590   Unbedenklich sind „insbesondere"-Zusätze, wenn durch sie nicht das beantragte Verbot auf ähnliche Verletzungsformen erstreckt, sondern im Rahmen des allgemein gefassten Verbotsantrags am Beispiel der konkreten Verletzungsform das Charakteristische der Verletzung erläutert und verdeutlicht werden soll (BGH GRUR 2008, 702 Rn. 26 – Internet-Versteigerung III; ausführlich Köhler/Bornkamm/Feddersen/Köhler/Feddersen UWG § 12 Rn. 1.46).

591   Soll jemand als Teilnehmer an verletzenden Handlungen Dritter in Anspruch genommen werden, muss dies auch in der Fassung des Antrags zum Ausdruck gebracht werden (BGH GRUR 2008, 254 Rn. 26 – THE HOME STORE).

592   Bei der Inanspruchnahme als Störer müssen im Unterlassungsantrag neben der verbotenen Handlungsform grundsätzlich auch die von der Rechtsprechung zur Störerhaftung aufgestellten Einschränkungen (→ Rn. 681) zum Ausdruck kommen, bei der Inanspruchnahme eines Internetauktionshauses als Störer beispielsweise, dass die Anbieter der gefälschten Markenware im geschäftlichen Verkehr gehandelt haben und, dass es die Markenverletzungen mit zumutbaren Kontrollmaßnahmen erkennen konnte (BGH GRUR 2008, 702 Rn. 31 – Internet-Versteigerung III). Letzteres kann sich aber auch ohne ausdrückliche Aufnahme in den Unterlassungsantrag hinreichend aus der Begründung des Unterlassungsbegehrens ergeben (BGH GRUR 2008, 702 Rn. 37 – Internet-Versteigerung III).

593   **c) Territorialer Umfang der Wiederholungsgefahr.** Die Verletzung einer deutschen Marke begründet die Wiederholungsgefahr bundesweit. Dagegen ist das Schutzgebiet einer Unionsmarke das Gebiet der gesamten Union, so dass demzufolge eine Verletzungshandlung, die in einem Mitgliedstaat begangen wird, jedenfalls in der Regel eine Begehungsgefahr für das ganze Gebiet der Europäischen Union begründet. Es ist somit nicht erforderlich, dass eine Verletzung tatsächlich in allen Mitgliedstaaten der EU erfolgt ist oder droht (BGH GRUR 2008, 254 Rn. 39 – THE HOME STORE).

4. Wegfall der Wiederholungsgefahr

594   **a) Strafbewehrte Unterlassungserklärung.** In aller Regel ist zur Beseitigung der Wiederholungsvermutung und gefahr die Abgabe einer strafbewehrten Unterlassungserklärung erforderlich. Dem gleichgestellt ist die Anerkennung eines im Wege der einstweiligen Verfügung ausgesprochenen gerichtlichen Verbots als endgültige Regelung, ein gerichtliches Anerkenntnis (Ströbele/Hacker/Thiering/Hacker Rn. 612 ff.) oder ein rechtskräftiger Unterlassungstitel (ständige Rechtsprechung; vgl. nur BGH GRUR 2009, 1162 Rn. 64 – DAX; GRUR 2008, 1108 Rn. 23 – Haus & Grund III).

595   Die Unterlassungserklärung muss, um die Wiederholungsgefahr auszuräumen, ernst gemeint, den Anspruchsgegenstand nach Inhalt und Umfang voll abdeckend, eindeutig und unwiderruflich sein (Ingerl/Rohnke/Nordemann/Jaworski Vor §§ 14–19d Rn. 146). Zudem muss sie eine Erklärung des Schuldners enthalten, mit der er sich verpflichtet, zum einen das beanstandete Verhalten zukünftig zu unterlassen und zum anderen für jeden Fall der Zuwiderhandlung eine angemessene Vertragsstrafe zu zahlen. Nur durch die Abgabe eines solchen sog. Vertragsstrafeversprechens kann der Schuldner seinem ernstlichen Willen, die betreffende Verletzung nicht mehr zu begehen, Nachdruck verleihen und die Wiederholungsgefahr zum Entfallen bringen. Grundsätzlich reichen bereits geringe Zweifel an der Ernstlichkeit aus, um der Unterwerfungserklärung ihre die Wiederholungsgefahr ausräumende Wirkung zu nehmen (BGH GRUR 2001, 422 (424) – ZOCOR mwN).

596   Die Frage nach der Angemessenheit der Vertragsstrafe kann nicht allgemein, sondern nur unter Berücksichtigung der Umstände des jeweiligen Einzelfalls beantwortet werden. Damit sind für die Geeignetheit des jeweiligen Betrags gerade nicht die Vorstellungen des verletzten Markeninhabers, sondern objektive Maßstäbe maßgebend (BGH GRUR 1983, 127 (128) – Vertragsstrafeversprechen; GRUR 1994, 146 (147) – Vertragsstrafebemessung).

597   Darüber hinaus muss die Unterlassungserklärung unbefristet und grundsätzlich unbedingt abgegeben werden. Lediglich der Verpflichtung immanente rechtliche Bedingungen, wie beispielsweise eine auflösende Bedingung der rechtskräftigen Löschung der verletzten Marke, sind unschädlich (Ingerl/Rohnke/Nordemann/Jaworski Vor §§ 14–19d Rn. 149).

Zivilrechtlich ist die strafbewehrte Unterlassungserklärung zum einen eine **empfangsbedürf- 598 tige Willenserklärung,** so dass es zu ihrer Wirksamkeit des **Zugangs** bedarf. Dieser ist im Falle des Bestreitens vom Schuldner zu beweisen, wofür aber lediglich ein Nachweis ihrer Absendung durch Übergabe an die Post nicht ausreicht (KG WRP 1990, 415 (417) – Zugang der Unterlassungserklärung). Bei Übermittlung der **Unterlassungserklärung per Telefax** ist zu beachten, dass, solange die Möglichkeit besteht, dass die Datenübertragung trotz „OK"-Vermerks im Sendebericht infolge von Störungen im öffentlichen Netz missglückt ist, der Sendebericht allenfalls ein Indiz zu liefern, nicht aber einen Anscheinsbeweis für den Zugang zu rechtfertigen vermag. Dieser bleibt vom Absender voll nachzuweisen (BGH NJW 1995, 665 (667)). Deshalb empfiehlt es sich, eine per Telefax erklärte Unterlassungserklärung schriftlich zu bestätigen, um jegliche Zweifel am Zugang auszuschließen. Sie muss sogar dann schriftlich bestätigt werden, wenn es der Gläubiger explizit verlangt. Wird eine schriftliche Bestätigung verweigert, bestehen grundsätzlich berechtigte Zweifel an der Ernstlichkeit der per Fax abgegebenen Unterlassungserklärung und erscheint sie ungeeignet, die Wiederholungsgefahr zu beseitigen (BGH GRUR 1990, 530 (532) – Unterwerfung durch Fernschreiben).

Ob es sich bei der strafbewehrten Unterlassungserklärung zum anderen **zivilrechtlich** um ein 599 abstraktes Schuldversprechen oder **abstraktes Schuldanerkenntnis** nach §§ 780, 781 BGB handelt (Köhler/Bornkamm/Feddersen/Bornkamm/Feddersen UWG § 13 Rn. 144 mwN), kann letztendlich dahinstehen, da sie in beiden Fällen grundsätzlich dem **Schriftformerfordernis** unterliegt, sofern sie nicht in einem Vergleich (§ 782 BGB) oder von einem Kaufmann (§§ 350, 343 HGB) abgegeben wird (Ströbele/Hacker/Thiering/Thiering/Hacker Rn. 536 mwN). Letzteres schließt natürlich nicht die Möglichkeit aus, auch von einem Kaufmann eine schriftliche Unterlassungserklärung verlangen zu können.

Entspricht die Unterlassungserklärung inhaltlich den an sie gestellten Anforderungen, wird die 600 **Wiederholungsgefahr bereits mit ihrem Zugang** unabhängig von einer Annahmeerklärung des Gläubigers und daher ggf. auch schon vor einer solchen beseitigt (BGH GRUR 2006, 878 Rn. 20 – Vertragsstrafevereinbarung mwN). Eine dennoch erfolgte Annahmeerklärung ist insbesondere für die Frage von Bedeutung, ob ein Unterlassungsvertrag zustande gekommen ist, der dem Gläubiger **bei weiteren Verstößen** einen **vertraglichen Vertragsstrafeanspruch** gibt.

b) Unterlassungsvertrag. Neben der Abgabe einer einseitigen strafbewehrten Unterlassungs- 601 erklärung durch den Schuldner kann die Wiederholungsgefahr auch durch Abschluss eines Unterlassungsvertrags zwischen dem Schuldner und dem Gläubiger entfallen. Dieser kommt in der Regel durch eine vorherige **Abmahnung** des Gläubigers verbunden mit einer **vorformulierten Unterlassungserklärung,** der regelmäßig ein Angebot auf Abschluss eines entsprechenden Unterlassungsvertrags zugrunde liegt, und der **Abgabe der geforderten Erklärung** seitens des Schuldners als **Annahmeerklärung** zustande (Köhler/Bornkamm/Feddersen/Bornkamm UWG § 12 Rn. 1.115 mwN).

Liegt der Abmahnung des Gläubigers **kein (konkretes) Angebot zum Abschluss eines** 602 **Unterlassungsvertrags** zugrunde oder hat der Schuldner dieses **unter Abweichungen angenommen,** so stellt die Erklärung des Schuldners (im letzteren Fall nach § 150 Abs. 2 BGB) ihrerseits das Angebot dar, welches für das Zustandekommen eines Unterlassungsvertrags einer Annahme durch den Gläubiger bedarf (Köhler/Bornkamm/Feddersen/Bornkamm UWG § 13 Rn. 170). Ein Verzicht auf die Annahmeerklärung (§ 151 Abs. 1 BGB) kann in diesen Fällen nur ausnahmsweise unter Berücksichtigung der Umstände des Einzelfalls angenommen werden (Ströbele/Hacker/Thiering/Thiering Rn. 537).

Nimmt der Gläubiger das Angebot zum Abschluss eines Unterlassungsvertrags trotz angemes- 603 senem Inhalt **nicht an,** so kommt zwar kein Unterlassungsvertrag zustande, jedoch entfällt auch dann die Wiederholungsgefahr (BGH GRUR 2006, 878 – Vertragsstrafevereinbarung; GRUR 1996, 290 – Wegfall der Wiederholungsgefahr I; GRUR 1990, 1051 (1052) – Vertragsstrafe ohne Obergrenze; GRUR 1985, 155 (156) – Vertragsstrafe bis zu …; GRUR 1984, 214 (216) – Copy-Charge).

Ein **Verzicht durch den Gläubiger auf einen weitergehenden Anspruch** kann darin 604 liegen, dass er eine gegenüber seinem weitergehenden Unterlassungsverlangen eingeschränkte Unterlassungserklärung annimmt (OLG Stuttgart WRP 1997, 1219 (1221)).

Eine auf den durch den Gläubiger zunächst **nur teilweise geltend gemachten Unterlas-** 605 **sungsanspruch** hin abgegebene entsprechend beschränkte Unterlassungserklärung des Schuldners kann die Wiederholungsgefahr auch nur in diesem Umfang zum Entfallen bringen und lässt einen weitergehenden Anspruch unberührt (BGH GRUR 1996, 781 (784) – Verbrauchsmaterialien).

606   **c) Beispielsfälle nicht ausreichenden Ausräumungsverhaltens.** Nach ständiger Rechtsprechung reicht weder ein **bloßes Versprechen**, die beanstandete Handlung nicht erneut zu begehen, noch eine **Geschäftsaufgabe**, die **Aufgabe der Betätigung**, in deren Rahmen die Markenverletzung erfolgt ist, oder der **Eintritt des Unternehmens in die Liquidation** aus, um die Wiederholungsgefahr auszuräumen (BGH GRUR 2009, 1162 Rn. 64 – DAX; GRUR 2000, 605 (608) – comtes/ComTel mwN), sofern nicht jede Wahrscheinlichkeit für eine Wiederaufnahme ähnlicher Tätigkeit durch den Verletzer beseitigt ist.

607   Auch entfällt die Wiederholungsgefahr nicht durch die **bloße Einstellung der Produktion** einer Ware, da nach ständiger Rechtsprechung der Gläubiger allein dadurch noch keine Gewähr dafür hat, dass das beanstandete Verhalten tatsächlich nicht mehr wieder aufgegriffen wird (BGH GRUR 1998, 1045 (1046) – Brennwertkessel; GRUR 1977, 543 (547) – Der 7. Sinn; GRUR 1972, 550 – Spezialsalz II).

608   Ebenso wenig vermag ein **bloßer Austausch gegen eine andere Produktart** die Wiederholungsgefahr auszuräumen (OLG Hamburg MMR 2006, 608 (612) – ahd.de).

609   Die für den Unterlassungsanspruch erforderliche und wegen der begangenen Rechtsverletzung zu vermutende Wiederholungsgefahr entfällt auch nicht dadurch, dass der Schuldner **nicht mehr Geschäftsführer des betroffenen Unternehmens** ist, da dadurch nicht ausgeschlossen ist, dass er das Geschäftsmodell so oder im Kern in gleicher Weise als Einzelkaufmann oder als Verantwortlicher eines anderen Unternehmens weiter betreiben oder wieder aufnehmen wird (BGH GRUR 2009, 845 Rn. 47 – Internet-Videorecorder; GRUR 2000, 605 (608) – comtes/ComTel; GRUR 1976, 579 (582) – Tylosin). Aus demselben Grund, nämlich, dass die angegriffenen Handlungen jederzeit wieder aufgenommen werden können, vermag auch eine **Änderung des Gesellschaftszwecks** nicht die Wiederholungsgefahr auszuräumen (OLG Hamburg GRUR-RR 2001, 79 – German Mail/Germail).

610   Weder die **bloße Aufgabe** gegenüber der Vergabestelle noch eine **vorbehaltlose Zurverfügungstellung** eines zunächst benutzten **Internet Domain-Namens** an den Berechtigten ohne Geltendmachung von Gegenforderungen reichen aus, eine einmal bestehende Wiederholungsgefahr zu beseitigen. Diese kann auch in diesen Fällen grundsätzlich nur durch Abgabe einer strafbewehrten Unterlassungserklärung ausgeräumt werden (OLG München GRUR 2000, 519 (520) – rollsroyce.de).

611   In Literatur und Rechtsprechung uneinheitlich wird die Zulässigkeit der Verwendung einer **auflösenden Bedingung allgemeinverbindlicher anderweitiger Klärung der Rechtmäßigkeit der Verletzungshandlung** bewertet. Wie erwähnt, muss die strafbewehrte Unterlassungserklärung grundsätzlich unbedingt abgegeben werden (→ Rn. 597). Vorbehalte in der Erklärung sollen allenfalls ausnahmsweise und jedenfalls nur insoweit unschädlich sein, als sie mit Sinn und Zweck einer Unterlassungserklärung vereinbar sind, also eine abschließende (außergerichtliche) Unterbindung rechtswidrigen Verhaltens nicht ausschließen (vgl. BGH GRUR 1993, 677 (679) – Bedingte Unterwerfung). In der Literatur wird überwiegend als ein solcher **zulässiger Vorbehalt** eine **auflösende Bedingung** angesehen, wenn sie in einer **Änderung der Rechtslage** – oder in deren **verbindlicher Klärung** in entsprechendem Sinne – besteht, durch die das zu unterlassende Verhalten rechtmäßig bzw. seine Zulässigkeit verbindlich geklärt wird (BGH GRUR 1993, 677 (679) – Bedingte Unterwerfung mwN). Dem hat sich auch der **BGH angeschlossen.** Seiner Ansicht nach „(stellt) eine solche Bedingung die Ernsthaftigkeit des Willens, ein (rechtsverletzendes) Handeln zu unterlassen, nicht in Frage, weil ein Recht zum erneuten Handeln nur für den Fall vorbehalten wird, dass seine Rechtmäßigkeit zweifelsfrei und allgemein verbindlich feststeht. Gegen einen solchen Vorbehalt ist nichts einzuwenden, da sich auch der vertragliche Unterlassungsanspruch wie der gesetzliche Anspruch, den er ersetzen soll – ausschließlich auf ein wettbewerbswidriges Handeln beziehen muss und deshalb billigerweise keine Verpflichtung besteht, ihn auf ein rechtmäßiges Handeln zu erstrecken. Dies bereits – durch eine entsprechende auflösende Bedingung – in der Unterlassungsverpflichtungserklärung selbst auszusprechen, statt eine angemessene und billige Problemlösung bei späteren Rechtsänderungen erst auf dem unter Umständen schwierigeren Weg über den Wegfall der Geschäftsgrundlage zu suchen (…), dient der Rechtsklarheit und erscheint daher billigenswert" (BGH GRUR 1993, 677 (679) – Bedingte Unterwerfung). **Gegen ihre Zulässigkeit** wird eingewendet, dass sie zu einer unzumutbaren Verzögerung der endgültigen Klärung führt und diese zudem auf Prozesse verlagert, an denen der Verletzte nicht beteiligt ist (Ingerl/Rohnke/Nordemann/Jaworski Vor §§ 14–19d Rn. 149).

In Bezug auf den Wegfall der Wiederholungsgefahr entfaltet keine Wirkung auch eine zu **612** **unbestimmt formulierte Unterlassungserklärung,** da die vorhersehbaren Schwierigkeiten, die sich durch sie ergeben können, wenn der Gläubiger im Fall einer Zuwiderhandlung die vereinbarte Vertragsstrafe geltend machen will, auch ausreichende Zweifel an der Ernstlichkeit der Unterlassungserklärung begründen. Eine solche kann der Gläubiger somit ohne nachteilige Folgen ablehnen (OLG Jena GRUR-RR 2008, 397 (399) – Noch vor der Deutschlandpremiere).

Auch die **Zahlung von Schadensersatz** vermag die Wiederholungsgefahr nicht auszuräumen. **613** Gleiches gilt bei mehreren Verletzern, wenn einer von ihnen Schadensersatz leistet (Götz GRUR 2001, 295 (300)).

5. Wiederaufleben der Wiederholungsgefahr?

Ist die Wiederholungsgefahr einmal entfallen, **erlischt** der gesetzliche Unterlassungsanspruch **614** und kann auch **nicht** mehr durch eine erneute Verletzungshandlung **wieder aufleben** (Köhler/ Bornkamm/Feddersen/Bornkamm UWG § 8 Rn. 1.56). Vielmehr **begründet** eine identische oder im Kern gleichartige Verletzungshandlung, auch wenn dem Verletzer kein Verschulden zur Last fällt, die **Wiederholungsgefahr neu,** die wiederum durch eine erneute Unterlassungserklärung mit diesmal erheblich höherer Vertragsstrafe ausgeräumt werden kann (BGH GRUR 1990, 543 – Abruf-Coupon; Ströbele/Hacker/Thiering/Thiering/Hacker Rn. 539 mwN). Bestand daneben zwischen dem Verletzer und Markeninhaber bereits ein **Unterlassungsvertrag,** kann der Markeninhaber **wahlweise** eine Klage entweder auf seinen vertraglichen Unterlassungsanspruch stützen und ggf. der Unterlassung insbesondere bei **schuldhafter** Zuwiderhandlung die vereinbarte Vertragsstrafe fordern, oder auf den neuen (gesetzlichen) Unterlassungsanspruch (Köhler/Bornkamm/Feddersen/Bornkamm UWG § 13a Rn. 33). Letzterem fehlt wegen der daneben bestehenden Möglichkeit, auch aus dem Unterlassungsvertrag vorgehen zu können, gerade nicht das allgemeine Rechtsschutzinteresse (BGH GRUR 1980, 241 (242) – Rechtsschutzbedürfnis; Köhler/Bornkamm/Feddersen/Bornkamm UWG § 13a Rn. 33 mwN).

III. Vorbeugender Unterlassungsanspruch (Abs. 5 S. 2)

1. Voraussetzungen

Nach § 14 Abs. 5 S. 2 besteht ein Anspruch auf Unterlassung auch schon dann, wenn eine **615** Zuwiderhandlung erstmalig droht. Damit regelt § 14 Abs. 5 S. 2 den Fall, dass es noch zu keiner Verletzungshandlung gekommen ist, eine solche aber nach den Umständen des Einzelfalls drohend bevorsteht. Materielle Voraussetzung dieses **vorbeugenden Unterlassungsanspruchs** ist das Vorliegen einer **Erstbegehungsgefahr,** dh die erstmalige Begehung einer Kennzeichenverletzung muss aufgrund **tatsächlicher** Anhaltspunkte **ernsthaft** und **unmittelbar zu besorgen sein** (BGH GRUR 2008, 1002 Rn. 19 – Schuhpark; GRUR 2008, 912 Rn. 17 – Metrosex mwN). Es darf sich somit nicht lediglich um subjektive Befürchtungen des Markeninhabers oder vage Vermutungen handeln. Dabei muss sich die Erstbegehungsgefahr auf eine **konkrete Verletzungshandlung** beziehen. Die die Erstbegehungsgefahr begründenden tatsächlichen Umstände müssen die drohende Verletzungshandlung so konkret abzeichnen, dass sich für alle Tatbestandsmerkmale zuverlässig beurteilen lässt, ob sie verwirklicht sind (BGH GRUR 2008, 912 Rn. 17 – Metrosex mwN).

Die Frage, ob eine Erstbegehungsgefahr besteht, ist nach dem **Stand der letzten mündlichen 616 Verhandlung** zu beantworten (BGH GRUR 2001, 1174 (1175) – Berühmungsaufgabe; GRUR 1994, 57 (58) – Geld-zurück-Garantie; GRUR 1993, 53 (55) – Ausländischer Inserent mwN). Diese Beurteilung ist im Revisionsverfahren nur beschränkt darauf nachprüfbar, ob der Tatrichter von richtigen rechtlichen Gesichtspunkten ausgegangen ist und keine wesentlichen Tatumstände außer Acht gelassen hat (BGH GRUR 2001, 1174 (1175) – Berühmungsaufgabe).

Anders als bei der durch eine Verletzungshandlung begründeten Wiederholungsgefahr, die in **617** der Regel durch Abgabe einer strafbewehrten Unterlassungserklärung entfällt, sind an die **Beseitigung der Erstbegehungsgefahr** grundsätzlich **weniger strenge Anforderungen** zu stellen (BGH GRUR 2001, 1174 (1176) – Berühmungsaufgabe; → Rn. 638).

Ein weiterer wesentlicher Unterschied zu der durch eine Verletzungshandlung begründeten **618** Wiederholungsgefahr ist, dass für das Vorliegen einer Erstbegehungsgefahr **keine tatsächliche Vermutung** spricht (BGH GRUR 2009, 912 Rn. 30 – Metrosex; GRUR 2014, 382 Rn. 33 – REAL-Chips; GRUR 2015, 1201 Rn. 56 – Sparkassen-Rot/Santander-Rot). Damit hat der Markeninhaber als Unterlassungsgläubiger alle Umstände im Einzelnen darzulegen und ggf. zu beweisen, aus denen sich im konkreten Fall eine Erstbegehungsgefahr ergeben soll (Teplitzky, Wettbe-werbsrechtliche Ansprüche und Verfahren, Kap. 10 Rn. 8). Fehlt sie, ist die auf einen vorbeugenden Unterlassungsanspruch gestützte Klage als unbegründet abzuweisen (BGH GRUR 1990, 687 (689) – Anzeigenpreis II).

2. Die Erstbegehungsgefahr

619   **a) (Rechts-)Berühmung.** Der wichtigste Fall der Begründung einer Erstbegehungsgefahr ist die Berühmung. Eine Erstbegehungsgefahr aufgrund Berühmung begründet, wer sich des Rechts berühmt, bestimmte dem Markeninhaber vorbehaltene Benutzungen eines Zeichens iSd § 14 Abs. 2 bis 4 vornehmen zu dürfen (Fezer Rn. 999). Den als Berühmung zu qualifizierenden Äußerungen muss die **ernsthafte und greifbare Bereitschaft** zu entnehmen sein, dass sich der Anspruchsgegner in naher Zukunft in der von ihm bezeichneten rechtsverletzenden Weise auch tatsächlich verhalten werde (BGH GRUR 2001, 1174 (1175) – Berühmungsaufgabe).

620   Eine Berühmung, aus der die unmittelbar oder in naher Zukunft ernsthaft drohende Gefahr einer Begehung abzuleiten ist, kann grundsätzlich auch in Erklärungen zu sehen sein, die im Rahmen der **Rechtsverteidigung** in einem Markenverletzungsprozess abgegeben werden, da die Lebenserfahrung grundsätzlich dafür spricht, dass die Verteidigung einer bestimmten Handlungs-weise jedenfalls auch den Weg in ihrer (beabsichtigten) künftigen Fortsetzung eröffnen soll (BGH GRUR 2001, 1174 (1175) – Berühmungsaufgabe; OLG Köln GRUR 2000, 65 – Jaeger-LeCoul-tre). Insoweit sind jedoch **strenge Anforderungen** zu stellen. Allein die Tatsache der Rechtsver-teidigung und der darin geäußerten Auffassung, zu dem beanstandeten Verhalten berechtigt zu sein, reicht nicht aus, um eine Erstbegehungsgefahr zu begründen (BGH GRUR-RR 2009, 299 Rn. 14 – Underberg). Dadurch würde der Beklagten in seinem Recht, in einem gerichtlichen Verfahren die Rechtmäßigkeit bestimmter Verhaltensweisen klären zu lassen, und in seinem Recht auf rechtliches Gehör (Art. 103 GG) beschränkt. Auch kann ihm dadurch, dass er sich gegen einen Anspruch, den er für unbegründet hält, verteidigt, nicht ohne weiteres unterstellt werden, dass er eine gerichtliche Entscheidung, mit der die Rechtslage geklärt worden ist, nicht beachten werde (BGH GRUR 2001, 1174 (1175) – Berühmungsaufgabe). Demzufolge kann eine Rechts-verteidigung erst und nur dann eine Erstbegehungsgefahr begründen, wenn nicht nur der eigene Rechtsstandpunkt vertreten wird, um sich die bloße Möglichkeit eines entsprechenden Verhaltens für die Zukunft offenzuhalten, sondern den Erklärungen bei Würdigung der Umstände des Einzel-falls auch die **Bereitschaft** zu entnehmen ist, **sich unmittelbar oder in naher Zukunft in der betreffenden Weise zu verhalten** (BGH GRUR 2001, 1174 (1175) – Berühmungsaufgabe). Ob dies der Fall ist, kann nur im Einzelfall unter Berücksichtigung aller Umstände geklärt werden (BGH NJW-RR 2006, 1378 Rn. 18 – Flüssiggastank). An einer **Erstbegehungsgefahr fehlt** es jedoch insbesondere dann, wenn der Beklagte **eindeutig klargestellt** hat, dass Ausführungen im Verletzungsprozess ausschließlich zum Zweck der Rechtsverteidigung erfolgen und keine Rechts-verletzungen zu besorgen sind. Jedoch ist es allein seine Sache, zweifelsfrei deutlich zu machen, dass es ihm nur um das Obsiegen im Prozess geht (BGH GRUR 2001, 1174 (1175) – Berühmungs-aufgabe; GRUR 1992, 404 (405) – Systemunterschiede).

621   Noch strengere Anforderungen an die Bejahung einer Erstbegehungsgefahr durch prozessuale Erklärungen sind im Rahmen von **Vergleichsgesprächen** zu stellen (BGH GRUR 1992, 627 (630) – Pajero).

622   In einer auf eine markenrechtliche Abmahnung hin abgegebenen Erklärung, eine andere Bezeichnung (im konkreten Fall statt „Herbula" „Herbuland" in Zukunft verwenden zu wollen, liegt die Berühmung, diese Bezeichnung ohne Markenrechtsverletzung des Klägers benutzen zu dürfen. Schon diese Erklärung nebst der Ankündigung, den Entschluss in die Tat umzusetzen, begründet die Begehungsgefahr für die Verwendung dieser anderen Bezeichnung als Marke (OLG Stuttgart NJWE-WettbR 1999, 182 (183) – Herbula).

623   Eine Berühmung, die so weit formuliert ist, dass sie eine **Vielzahl möglicher Handlungen** und damit auch nicht verletzende Handlungen umfasst, löst keine Erstbegehungsgefahr aus (OLG Köln NJWE-WettbR 2000, 293 (294) – Jaeger-LeCoultre II; aA Ingerl/Rohnke/Nordemann/Jaworski Vor §§ 14–19d Rn. 162).

624   **b) Anmeldung einer rechtsverletzenden Marke.** Einen weiteren Fall der Begründung einer Erstbegehungsgefahr stellt die Anmeldung einer rechtsverletzenden Marke als typische Vor-bereitungshandlung für die markenmäßige Benutzung des angemeldeten Zeichens im inländischen geschäftlichen Verkehr dar. Auf Grund der Anmeldung und Eintragung eines Zeichens als Marke ist nach dem **BGH** nunmehr **im Regelfall zu vermuten,** dass eine Benutzung **für die eingetra-**

genen Waren oder Dienstleistungen in naher Zukunft bevorsteht, wenn keine konkreten Umstände vorliegen, die gegen eine solche Benutzungsabsicht sprechen (BGH GRUR 2010, 838 Rn. 24 – DDR-Logo; BeckRS 2009, 8604 Rn. 54 – MVG Metrobus; BeckRS 2009, 8603 Rn. 66 – BVG Metrobus; GRUR 2009, 1055 Rn. 18 – airdsl; GRUR 2009, 484 Rn. 70 – Metrobus; GRUR-RR 2009, 299 Rn. 12 – Underberg; GRUR 2008, 912 Rn. 30 – Metrosex). Die aufgrund der Markenanmeldung begründete Erstbegehungsgefahr erstreckt sich somit auf alle **angemeldeten Waren und Dienstleistungen,** da dem Markeninhaber grundsätzlich nicht zuzumuten ist, abzuwarten, für welche Waren und Dienstleistungen die Marke dann tatsächlich benutzt wird (v. Schultz Rn. 265). Damit kommt es auch auf die subjektiven **Verwendungsabsichten** des Anmelders nicht an. Diese können sich ändern und beseitigen somit nicht die durch die Registrierung geschaffene objektive Gefahr der Benutzung der Zeichen (BGH BeckRS 2009, 8604 Rn. 55 – MVG Metrobus; BeckRS 2009, 8603 Rn. 66 – BVG Metrobus). Entspricht die Anmeldung in ihrem Wortlaut und Umfang den Oberbegriffen einer amtlichen Klasseneinteilung von Waren und Dienstleistungen, ist zweifelhaft, ob sich die Erstbegehungsgefahr tatsächlich auch auf alle anderen von den Oberbegriffen erfassten Waren erstreckt (verneinend BGH GRUR 1985, 550 (553) – DIMPLE; bejahend OLG München MD 1996, 1017, 1018; Ingerl/Rohnke/Nordemann/Jaworski Vor §§ 14–19d Rn. 165).

Die Erstbegehungsgefahr aufgrund Markenanmeldung besteht **bundesweit** (Ingerl/Rohnke/ **625** Nordemann/Jaworski Vor §§ 14–19d Rn. 173).

Jedoch stellt eine Markenanmeldung an sich noch **keine kennzeichenmäßige Benutzung** **626** und damit auch keine Verletzung eines prioritätsälteren Kennzeichenrechts im Identitäts- oder Verwechslungsbereich (§ 14 Abs. 2 Nr. 1 und Nr. 2) dar, so dass ein auf eine Wiederholungsgefahr gestützter Unterlassungsanspruch wegen der Markenanmeldung ausscheidet (BGH GRUR 2010, 838 Rn. 22 – DDR-Logo; Köhler/Bornkamm/Feddersen/Bornkamm UWG § 8 Rn. 1.25 mwN; aA Fezer Rn. 1004).

Keinen Umstand, der die Vermutung einer drohenden Benutzung widerlegen würde, stellt **627** die Behauptung des Markenanmelders dar, die Anmeldung nur deshalb vorgenommen zu haben, um die **Rechtsansicht des DPMA zur Schutzfähigkeit der Zeichen einzuholen** (BGH GRUR 2010, 838 Rn. 25 – DDR-Logo). Irrelevant ist auch der Umstand, dass auf Grund eines noch nicht beendeten Widerspruchsverfahrens das Ende der **Benutzungsschonfrist noch nicht feststeht,** da die Benutzung der angemeldeten und eingetragenen Marke nicht erst am Ende der Benutzungsschonfrist droht (BGH GRUR 2009, 484 Rn. 70 – Metrobus). Dass der Markenanmelder bereits einen **Betrieb unter einer anderen Bezeichnung** unterhält, steht der Erstbegehungsgefahr für die Benutzung des angemeldeten Zeichens nicht entgegen, da Bezeichnungen von Unternehmen und/oder Waren und Dienstleistungen jederzeit geändert werden oder zu bestehenden Kennzeichen hinzukommen können (BGH GRUR-RR 2008, 370 (371) – Pizza Flitzer). Der Annahme einer Erstbegehungsgefahr steht auch nicht entgegen, dass der Markenanmelder über **keinen eingerichteten Gewerbebetrieb,** der eine alsbaldige Benutzung des streitgegenständlichen Kennzeichenrechts befürchten lassen könnte, verfügt (KG GRUR 2007, 338 – Markenspekulant). Auch dem Satzungszweck des Anmelders kommt keine entscheidungserhebliche Bedeutung zu, so dass dieser nicht die Gefahr einer Lizenzierung der Marken beseitigt (BGH BeckRS 2009, 8603 Rn. 66 – BVG Metrobus). **Uneinheitlich** erfolgt die Bewertung von sog. „**Vorratszeichen**" bzw. „**Vorratsanmeldungen**" (eine Benutzungsgefahr bejahend: Ingerl/Rohnke/Nordemann/Jaworski Vor §§ 14–19d Rn. 170; bezweifelnd v. Schultz Rn. 265). Ebenso uneinheitlich ist die Bewertung von Anmeldungen ausschließlich zu **Behinderungszwecken** (eine Benutzungsgefahr bejahend OLG München WRP 1997, 116, 117 – Deutsche Telekom; Ingerl/Rohnke/Nordemann/Jaworksi Vor §§ 14–19d Rn. 170; verneinend v. Schultz Rn. 265; insoweit sollen nur ein Löschungsanspruch nach § 55 und ggf. Schadensersatzansprüche in Betracht kommen).

All die genannten Grundsätze gelten auch für die Beantragung der Schutzerstreckung einer **628** **IR-Marke** auf Deutschland, die eine Erstbegehungsgefahr begründet (BGH GRUR 2003, 428 (431) – BIG BERTHA; GRUR 1990, 361 (363) – Kronenthaler).

Einschränkungen bestehen bei der Übertragung dieser Grundsätze auf die Anmeldung einer **629** **Unionsmarke.** Soweit es um die **drohende Verletzung** einer **älteren Unionsmarke durch** eine **Unionsmarkenanmeldung** geht, wird durch diese eine Begehungsgefahr für die gesamte EU gesetzt (LG Hamburg BeckRS 2009, 23582 – Scout24; Ingerl/Rohnke/Nordemann/Jaworski Vor §§ 14–19d Rn. 179). Insoweit begründet auch eine **Verletzungshandlung,** die in einem Mitgliedstaat begangen wird, regelmäßig eine Begehungsgefahr für das ganze Gebiet der EU, so dass demzufolge ein auf die Verletzung einer Unionsmarke in einem Mitgliedstaat gestützter Unterlassungsanspruch jedenfalls in der Regel für das gesamte Gebiet der EU besteht (BGH

GRUR 2008, 254 Rn. 39 – THE HOME STORE). Damit ist für einen auf die Verletzung einer Unionsmarke in einem Mitgliedstaat gestützten europaweiten Unterlassungsanspruch nicht erforderlich, dass eine Verletzung tatsächlich in allen Mitgliedstaaten der EU erfolgt ist oder droht (BGH GRUR 2008, 254 Rn. 39 – THE HOME STORE).

630   Eine Erstbegehungsgefahr wird jedoch nicht schon durch die **Anmeldung einer Unionsmarke** schlechthin begründet, so dass sie allein **nicht ausreicht,** um automatisch **in jedem einzelnen Mitgliedstaat eine Gefahr drohender Verletzungen hinsichtlich der dort geschützten älteren nationalen Rechte** zu begründen. Insoweit kann dem Anmelder einer Unionsmarke ohne Vorliegen **zusätzlicher Umstände** (zB Sitz des Anmelders oder Tätigsein im Mitgliedstaat der geschützten älteren Marke) nicht die Absicht zur tatsächlichen Nutzung in allen Mitgliedstaaten unterstellt werden (OLG München MMR 2005, 608 (611) – 800-FLOWERS; LG Hamburg GRUR-RR 2002, 99 (100) – FORIS; Ingerl/Rohnke/Nordemann/Jaworski Vor §§ 14–19d Rn. 179).

631   **c) Weitere Beispiele.** Die **Übersendung einer Musterpackung** zur Vorabinformation durch den Parallelimporteur begründet grundsätzlich eine Erstbegehungsgefahr für den Vertrieb solcher Verkaufspackungen (OLG Hamburg NJOZ 2004, 475 (477); GRUR-RR 2003, 215 (217) – ZESTRIL). Da der Parallelimporteur nach der EuGH-Rechtsprechung gehalten ist, den Markeninhaber vom „Umpackfall" vorab zu informieren und auf Verlangen Muster zu übersenden, ist ernstlich und unmittelbar im Sinne der Erstbegehungsgefahr zu besorgen, dass er das so bemusterte Produkt in dieser Ausgestaltung herstellen und vertreiben wird (OLG Hamburg NJOZ 2004, 475 (477) mwN). Die so begründete Erstbegehungsgefahr kann auch ohne Abgabe einer strafbewehrten Unterlassungserklärung entfallen, wenn das Muster vom Parallelimporteur noch vor einer Abmahnung zurückgezogen wird (OLG Hamburg NJOZ 2004, 475). Dagegen stellt ein bloßer **Verpackungsentwurf** im Rahmen von Vergleichsgesprächen noch keine Rechtsverletzung im Sinne des Inverkehrbringens dar und begründet auch keine Erstbegehungsgefahr (OLG Köln NJWE-WettbR 1997, 181).

632   Auch der **Erwerb einer rechtsverletzenden Marke** begründet ohne weiteres eine Erstbegehungsgefahr (OLG München GRUR-RR 2007, 211 (214) – Kloster Andechs; Ströbele/Hacker/Thiering/Thiering/Hacker Rn. 553).

633   Ferner können auch **Absichtserklärungen** oder **andere vorbereitende Maßnahmen,** die einen künftigen Eingriff unmittelbar befürchten lassen, eine Erstbegehungsgefahr begründen (vgl. insoweit v. Schultz Rn. 266; Ströbele/Hacker/Thiering/Thiering/Hacker Rn. 554; Fezer Rn. 1001 f.).

3. Umfang der Erstbegehungsgefahr

634   Nach dem BGH begründet die **Begehung einer der in § 14 Abs. 3 aufgezählten Verletzungshandlungen** nicht nur Begehungsgefahr hinsichtlich weiterer **Handlungsarten** des § 14 Abs. 3, sondern hat sogar den **Ausspruch des Verbots aller nach § 14 Abs. 3 geltend gemachten Verwertungshandlungen** zur Folge, sofern nicht nach den Umständen des Einzelfalls durchgreifende rechtliche Erwägungen für die Herausnahme einzelner Verletzungshandlungen sprechen (BGH GRUR 2006, 421 Rn. 42 – Markenparfümverkäufe).

634.1 **Beispiele:** Das „Anbieten" verwechslungsfähig gekennzeichneter Ware auf einer internationalen Messe im Inland rechtfertigt vorbeugend auch die Verurteilung zur Unterlassung des „Inverkehrbringens" (BGH GRUR 1990, 361 (363) – Kronenthaler). Der Vertrieb kennzeichenverletzender Ware begründet eine Begehungsgefahr auch bezüglich der Verwendung in Geschäftspapieren und Werbung (OLG Köln MD 1996, 1114 (1116) – Salzige Heringe). In der Entscheidung „Markenparfümverkäufe" hat der BGH schon den Besitz rechtsverletzender Markenware zum Anlass für den Ausspruch des Verbots aller Verwertungshandlungen nach § 14 Abs. 3 genommen (BGH GRUR 2006, 421 Rn. 42).

635   Eine derartige Erstreckung der Erstbegehungsgefahr erfolgt nicht hinsichtlich anderer Verwendungsformen, so dass die Verwendung einer angegriffenen Bezeichnung als Rubriküberschrift nicht auch Erstbegehungsgefahr hinsichtlich ihrer Verwendung als Haupt-, Neben- oder Untertitel begründet (BGH GRUR 2000, 70 (72) – SZENE). Zum Umfang der Erstbegehungsgefahr aufgrund Anmeldung einer rechtsverletzenden Marke → Rn. 642 ff.

636   Die **Erstbegehungsgefahr** ist nicht nur hinsichtlich der Person des **Täters** einer zukünftigen Verletzungshandlung begründet, sondern erstreckt sich auch auf die **Teilnehmer** der drohenden Verletzungshandlung (BGH GRUR 2009, 841 Rn. 14 – Cybersky; GRUR 2007, 708 Rn. 30 – Internet-Versteigerung II; Ingerl/Rohnke/Nordemann/Jaworski Vor §§ 14–19d Rn. 184 mwN). Damit kann ein vorbeugender Unterlassungsanspruch auch gegen sie gerichtet werden, wenn

hinsichtlich der drohenden Beteiligungshandlung die Voraussetzungen einer Teilnahme vorliegen und die vom Vorsatz des Teilnehmers erfasste Haupttat eine Markenverletzung darstellt (BGH GRUR 2007, 708 Rn. 30 – Internet-Versteigerung II mwN).

Auch auf einen potentiellen **Störer** kann die Erstbegehungsgefahr ausgedehnt werden, sofern **637** er nicht nur adäquat kausal an der Markenverletzung mitwirkt, sondern zusätzlich ihm obliegende Prüfungspflichten verletzt (grundlegend BGH GRUR 2007, 708 Rn. 41 – Internet-Versteigerung II; OLG Hamburg GRUR-RR 2007, 350 (351) – YU-GI-OH!-Karten; → Rn. 689).

4. Wegfall der Erstbegehungsgefahr

a) Weniger strenge Anforderungen. Anders als für die durch eine Verletzungshandlung **638** begründete Wiederholungsgefahr besteht für den Fortbestand der Erstbegehungsgefahr **keine Vermutung** (BGH GRUR 2010, 838 Rn. 27 – DDR-Logo; GRUR-RR 2009, 299 Rn. 12 – Underberg; GRUR 2008, 912 Rn. 30 – Metrosex). Daher sind nach der Rechtsprechung an die Beseitigung einer Erstbegehungsgefahr weniger strenge Anforderungen zu stellen als an den Wegfall der Wiederholungsgefahr. Für die Beseitigung der Erstbegehungsgefahr genügt regelmäßig ein **„actus contrarius"**, also ein der Begründungshandlung entgegengesetztes Verhalten. Einer darüber hinaus gehenden strafbewehrten Unterlassungserklärung bedarf es grundsätzlich nicht (BGH GRUR 2010, 838 Rn. 27 – DDR-Logo; GRUR-RR 2009, 299 Rn. 12 – Underberg; GRUR 2008, 912 Rn. 30 – Metrosex; zum UrhG GRUR 2009, 841 Rn. 23 – Cybersky; Ströbele/Hacker/Thiering/Thiering/Hacker Rn. 566 ff.; aA Ingerl/Rohnke/Nordemann/Jaworski Vor §§ 14–19d Rn. 185 f.; Fezer Rn. 1008).

b) Bei bloßer Rechtsberühmung. Eine durch Rechtsberühmung geschaffene Erstbege- **639** hungsgefahr entfällt grundsätzlich mit der **Aufgabe** der Berühmung, die jedenfalls in der **uneingeschränkten und eindeutigen Erklärung** zu sehen ist, die beanstandete Handlung in der Zukunft nicht vorzunehmen (BGH GRUR 2001, 1174 (1176) – Berühmungsaufgabe mwN; OLG Hamburg GRUR-RR 2007, 309 (311) – INMAS).

Erfolgt die Berühmung im Prozess, so obliegt es allein dem Beklagten klarzustellen, dass Ausfüh- **640** rungen im Verletzungsprozess ausschließlich zum Zweck der Rechtsverteidigung erfolgen und keine künftigen Rechtsverletzungen zu besorgen sind (→ Rn. 620).

Eine eindeutige und unmissverständliche Erklärung, die beanstandete Handlung in der Zukunft **641** nicht vorzunehmen, wurde etwa bei der Äußerung, von der markenverletzenden Verwendung eines Titels werde „wohl Abstand genommen", verneint (LG Hamburg NJWE-WettbR 2000, 296 (298) – PIXI). Auch die Wendung „rein vorsorglich und zur Wahrung der Rechte" genügte nicht, um eine Erstbegehungsgefahr auszuräumen (AG München ZUM-RD 2009, 362 (364)). Als ausreichend wurde dagegen die Erklärung angesehen, die beanstandete Handlung künftig nicht vornehmen und sich an einer solchen auch nicht beteiligen zu wollen, „es sei denn, diese würde höchstrichterlich für zulässig erachtet" (BGH GRUR 1992, 116 (117) – Topfgucker-Scheck).

c) Bei Markenanmeldung. Beruht die Erstbegehungsgefahr auf einer Markenanmeldung **642** oder -eintragung, so führt nach der **Rechtsprechung im Regelfall** bereits die **Rücknahme der Markenanmeldung** oder der **Verzicht auf die Eintragung** der Marke zum Entfallen der Erstbegehungsgefahr (BGH GRUR 2015, 1201 Rn. 56 – Sparkassen-Rot/Santander-Rot; GRUR 2010, 838 Rn. 29 – DDR-Logo; GRUR-RR 2009, 299 Rn. 12 – Underberg; GRUR 2008, 912 Rn. 30 – Metrosex; OLG München BeckRS 2009, 12818; KG GRUR 2007, 338 (339) – Markenspekulant). Ob die Rücknahme bzw. der Verzicht dabei aus prozessökonomischen Gründen oder auf Grund besserer Einsicht erfolgt ist, ist unerheblich (BGH GRUR-RR 2009, 299 Rn. 12 – Underberg).

Einer Rücknahme steht der Fall gleich, dass eine Markenanmeldung wegen unterbliebener **643** Zahlung der Anmeldegebühr kraft Gesetzes (§ 64a MarkenG, § 6 Abs. 2 PatKostG) als zurückgenommen gilt (BGH GRUR 2010, 838 Rn. 30 – DDR-Logo; Ströbele/Hacker/Thiering/Thiering/Hacker Rn. 567; aA Ingerl/Rohnke/Nordemann/Jaworski Vor §§ 14–19d Rn. 188).

Kein die Erstbegehungsgefahr ausräumendes Verhalten stellt dagegen die Erklärung dar, die **644** Markenanmeldung nicht weiterverfolgen und die angemeldeten Zeichen nicht markenmäßig benutzen zu wollen, solange die Markenanmeldung fortbesteht (BGH GRUR 2010, 838 Rn. 28 – DDR-Logo).

Gerade, was die Anforderungen an den Wegfall der durch Markenanmeldung oder Markenein- **645** tragung begründeten Erstbegehungsgefahr angeht, sprechen sich gewichtige Stimmen im Schrifttum dafür aus, im Fall der Markenanmeldung die bloße Rücknahme der Anmeldung bzw. den Verzicht auf die Eintragung nicht ausreichen zu lassen, sondern die Abgabe einer strafbewehrten

Unterlassungserklärung zu verlangen (so Ingerl/Rohnke/Nordemann/Jaworski Vor §§ 14–19d Rn. 187; Fezer Rn. 1008; nach vorheriger vergeblicher Abmahnung: Köhler GRUR 2011, 879 mwN).

646   Da für den Fortbestand der Erstbegehungsgefahr, anders als bei der Wiederholungsgefahr, aber gerade keine Vermutung besteht, erscheint es nicht sachgerecht, an das Entfallen der aus einer Markenanmeldung folgenden Erstbegehungsgefahr die gleichen Anforderungen zu stellen, wie sie bei der Beseitigung der Widerholungsgefahr gelten. Gegen das Erfordernis einer zusätzlichen strafbewehrten Unterlassungserklärung spricht zudem, dass die Markenanmeldung selbst noch keine Verletzung eines prioritätsälteren Kennzeichenrechts darstellt, sondern allenfalls die Gefahr einer solchen begründet. Auch wollen die Anmelder zumeist auf diese Weise erst einmal klären lassen, ob der Eintragung ältere Rechte Dritter entgegenstehen könnten. Wird dann aber im Fall der Einlegung eines Widerspruchs oder der Abmahnung des Anmelders auf die Anmeldung seinerseits verzichtet oder diese zurückgenommen, ist kein Bedürfnis mehr erkennbar, dennoch zusätzlich die Abgabe einer strafbewehrten Unterlassungserklärung zu fordern.

IV. Verletzter oder Gläubiger des Unterlassungsanspruchs

647   Verletzter und damit aktivlegitimiert ist, wie sich unmittelbar aus § 14 Abs. 5 S. 1 und Abs. 6 ergibt, der **materiell-rechtliche Inhaber** der Marke (materielle Legitimation). Er muss nicht notwendig mit demjenigen identisch sein, der im Markenregister als Inhaber eingetragen ist (formelle Legitimation). Zwar wird nach **§ 28 Abs. 1** zu seinen Gunsten **vermutet,** dass das durch die Eintragung begründete Recht ihm als im Register Eingetragenen auch tatsächlich zusteht. Jedoch ist diese Vermutung **widerleglich** und ist es somit Sache des **Anspruchsgegners zu beweisen,** dass der im Register Eingetragene nicht der materiell Berechtigte, das Register also unrichtig ist (Ströbele/Hacker/Thiering/Thiering/Hacker Rn. 429). Entsprechend ist ein bloßes Bestreiten der zur Inhaberschaft des Anspruchstellers führenden Rechtekette mit Nichtwissen als nicht ausreichend angesehen worden, um die durch das Register dokumentierte Inhaberschaft des Anspruchstellers zu erschüttern (OLG München GRUR-RR 2006, 89 (90) – DSI). Als ebenso wenig unschädlich wurde der Umstand bewertet, dass der Registerauszug nicht in deutscher, sondern in französischer Sprache abgefasst war (OLG Frankfurt GRUR-RR 2006, 48 (49) – Cartier als Suchbegriff).

648   Ist der Anspruchsteller dagegen nicht im Markenregister eingetragen, muss er seine materielle Inhaberschaft darlegen und im Fall des Bestreitens beweisen (OLG Koblenz GRUR-RR 2006, 254 – IBC; Ströbele/Hacker/Thiering/Thiering/Hacker Rn. 429).

649   Die Aktivlegitimation des Klägers für die Geltendmachung eines Unterlassungsanspruchs entfällt nicht dadurch, dass er nur **Mitinhaber der im Register eingetragenen Marke** ist. Vielmehr steht in einem solchen Fall die Geltendmachung, wie auch das Recht zur Erhebung eines Widerspruchs aus einer Marke, entsprechend § 744 Abs. 2 BGB **jedem Mitinhaber** selbständig zu, unabhängig davon, ob er Mitglied eines Vereins oder einer Gesellschaft bürgerlichen Rechts ist (BGH GRUR 2000, 1028 (1029) – Ballermann; OLG Köln GRUR-RR 2005, 82 (83) – bit; KG GRUR-RR 2004, 137 (139) – Omen). Diesen kann er **auch gegenüber anderen Mitinhabern** geltend machen, falls sie eigenmächtig die Gemeinschaft oder der Gesellschaft bürgerlichen Rechts zustehende Marke benutzen sollten (LG Berlin GRUR-RR 2009, 26 (27) – Pyronale). Jedoch hat der Mitinhaber den Unterlassungsanspruch stets dergestalt zu erheben, dass eine Unterlassungserklärung gegenüber den Mitinhabern der Marke als Gesamtgläubiger oder bei Vorliegen einer Gesellschaft bürgerlichen Rechts ihr gegenüber zu erfolgen hat (§ 432 Abs. 1 BGB, § 744 Abs. 1 BGB; OLG Köln GRUR-RR 2005, 82 (83) – bit; Ingerl/Rohnke/Nordemann/J. B. Nordemann Vor §§ 14–19d Rn. 12).

650   Wird die **Klagemarke während des Verletzungsprozesses** an einen Dritten **veräußert,** hat dies keinen Einfluss auf die Aktivlegitimation des Rechtsvorgängers. Vielmehr kann er den geltend gemachten Unterlassungsanspruch nunmehr gemäß §§ 265, 325 ZPO als gesetzlicher Prozessstandschafter **im eigenen Namen** weiterverfolgen (BGH GRUR 2006, 329 Rn. 20 – Gewinnfahrzeug mit Fremdemblem). Einer Umstellung des Klageantrags dahin, dass nunmehr Leistung an den Erwerber begehrt wird, bedarf es nicht (OLG Dresden NJWE-WettbR 1999, 133 (135) – cyberspace.de). Zur anschließenden Durchsetzung des erstrebten Unterlassungstitels ist aber nur noch der Erwerber als materiell berechtigter Markenrechtsinhaber befugt, da es an einer § 265 ZPO entsprechenden Bestimmung im Zwangsvollstreckungsrecht fehlt und das Gesetz auch die Figur einer „gewillkürten Vollstreckungsstandschaft" nicht kennt (OLG Dresden NJWE-WettbR 1999, 133 (135) – cyberspace.de).

Eine isolierte **Abtretung** des Unterlassungsanspruchs ohne die ihm zu Grunde liegende Marke 651
ist nicht möglich. Sie ist wegen der mit der Abtretung verbundenen Veränderung des Leistungsin-
halts gemäß § 399 Alt. 1 BGB ausgeschlossen (BGH GRUR 2001, 1158 (1160) – Dorf MÜNS-
TERLAND; GRUR 1993, 151 (152) – Universitätsemblem).

Dem **Lizenznehmer** an einer Marke (auch ausschließlichen) steht kein eigener Unterlassungs- 652
anspruch zu (Ströbele/Hacker/Thiering/Thiering/Hacker Rn. 435). Er kann Ansprüche wegen
der Verletzung der Marke gemäß § 30 Abs. 3 nur mit Zustimmung des Markeninhabers geltend
machen. Das Gesetz räumt ihm damit die Möglichkeit ein, als gewillkürter Prozessstandschafter
das fremde Recht im eigenen Namen durchzusetzen (OLG Köln BeckRS 2009, 26242 – AQUA
CLEAN KOI). Die nach § 30 Abs. 3 erforderliche Zustimmung ist auch in einer Bevollmächtigung
des Lizenznehmers zur Wahrnehmung der Rechte aus der Marke enthalten (OLG Köln BeckRS
2009, 26242 – AQUA CLEAN KOI). Im Fall des Fehlens einer Zustimmung kann sie noch bis
zum Schluss der letzten mündlichen Verhandlung durch den Markeninhaber **rückwirkend** erteilt
werden (OLG Stuttgart GRUR-RR 2002, 381 (382) – Hot Chili). Dabei können der Lizenznehmer mit Zustimmung des Markeninhabers und der Markeninhaber selbst **nebeneinander** auf
Unterlassung gerichtete Ansprüche geltend machen (BGH GRUR 2005, 427 (429) – Lila-Schokolade; GRUR 2001, 448, 450 – Kontrollnummernbeseitigung II; GRUR 1999, 161 (163) – MAC
Dog; aA Ingerl/Rohnke/Nordemann/Czychowski § 30 Rn. 100, der ein Nebeneinander nur
dann als möglich ansieht, wenn sich die Streitgegenstände nicht decken).

Dritte können aufgrund einer **Ermächtigung** des Rechtsinhabers (gewillkürte Prozessstand- 653
schaft) dann auf Unterlassung klagen, wenn sie ein **eigenes schutzwürdiges Interesse** an der
Rechtsverfolgung haben, das auch durch ein wirtschaftliches Interesse begründet werden kann
(BGH GRUR 2009, 484 Rn. 49 – Metrobus; GRUR 2009, 181 Rn. 18 – Kinderwärmekissen).
Bei einem Anspruch aus einer geschäftlichen Bezeichnung kann sich das schutzwürdige Interesse
darüber hinaus auch aus einer besonderen Beziehung zum Rechtsinhaber ergeben (BGH GRUR
2008, 1108 Rn. 54 – Haus & Grund III). Die Ermächtigung zur Prozessführung kann formlos
und auch durch konkludentes Handeln erteilt werden, wobei sie sich jedoch auf einen bestimmten
Anspruch aus einem bestimmten Rechtsverhältnis beziehen muss (BGH GRUR 2008, 1108
Rn. 52 – Haus & Grund III). Ihr Vorliegen ist als Voraussetzung der Zulässigkeit der Klage in
jedem Stadium des Verfahrens von Amts wegen zu prüfen (BGH GRUR 1993, 151 (152) –
Universitätsemblem). Macht der Markeninhaber selbst die betreffenden Ansprüche geltend, scheidet eine Geltendmachung derselben Rechte im Wege der gewillkürten Prozessstandschaft (sofern
der Prozessstandschafter nicht zugleich Lizenznehmer ist) aus (BGH GRUR 2007, 235 Rn. 29 –
Goldhase; GRUR 1989, 350 (353) – Abbo/Abo). Ein schutzwürdiges Interesse wurde beispielsweise für die Fälle angenommen, dass eine Konzernmutter von der von ihr beherrschten Konzerntochter ermächtigt wurde oder weil zwischen Ermächtigendem und Ermächtigtem ein Vertriebsvertrag hinsichtlich der gekennzeichneten Produkte bestand (BGH GRUR 2008, 1108 Rn. 54 –
Haus & Grund III). Das schutzwürdige Eigeninteresse eines Dachverbandes kann sich aus der
Mitgliedschaft eines Landesverbands im Zentralverband ergeben, wenn die verletzte Bezeichnung
des Landesverbands auch vom Dachverband benutzt wird (BGH GRUR 2008, 1108 Rn. 55 –
Haus & Grund III). Dies gilt jedoch dann nicht, wenn es sich dabei um eine Tochtergesellschaft
des dem Dachverband angehörenden Landesverbandes handelt, auf die der Dachverband keinerlei
Einfluss hat (BGH GRUR-RR 2010, 205 Rn. 20 – Haus & Grund IV). Bei einem Gesellschafter
einer GmbH ist ein Rechtsschutzinteresse für die Geltendmachung von Ansprüchen der GmbH
grundsätzlich dann zu bejahen, wenn er an der Gesellschaft in einem Maße beteiligt ist, dass sich
seine wirtschaftlichen Interessen im Wesentlichen mit denen der Gesellschaft decken (BGH
GRUR 1995, 54 (57) – Nicoline).

V. Verletzer oder Schuldner der Unterlassung

1. Täter und Teilnehmer

Schuldner einer Markenverletzung ist zunächst derjenige, der allein oder mit anderen zusammen 654
in **adäquat-kausaler** Weise den **objektiven Tatbestand der Verbotshandlung verwirklicht**
(BGH GRUR 2008, 530 Rn. 21 – Nachlass bei der Selbstbeteiligung; KG GRUR-RR 2007,
68 (70) – Keyword Advertising). Ob er dabei als Täter, Mittäter, Anstifter oder Gehilfe der
Markenverletzung anzusehen ist, beurteilt sich nach den im Strafrecht entwickelten Rechtsgrundsätzen (BGH GRUR 2021, 1303 Rn. 30 – Die Filsbacher; GRUR 2021, 730 Rn. 26 – Davidoff
Hot Water IV; GRUR 2019, 79 Rn. 25 – Tork; GRUR 2011, 152 Rn. 30 – Kinderhochstühle
im Internet; kritisch dazu Ingerl/Rohnke/Nordemann/J. B. Nordemann Vor §§ 14–19d Rn. 29).

655   **Täter** ist entsprechend § 25 Abs. 1 StGB, wer die Zuwiderhandlung **selbst** oder in mittelbarer Täterschaft begeht. Danach ist unerheblich, was ein objektiver Betrachter vermuten mag. Allein entscheidend für die Tätereigenschaft ist, wer die angegriffene Handlung **tatsächlich begangen** hat (BGH GRUR 2021, 1303 Rn. 30 – Die Filsbacher; GRUR 2021, 730 Rn. 26 – Davidoff Hot Water IV; GRUR 2015, 485 Rn. 35 – Kinderhochstühle im Internet III; LG Düsseldorf GRUR-RR 2009, 254 (255) – elena.info).

656   Als **mittelbarer Täter** handelt derjenige, der die Markenverletzung in Auftrag gibt oder sie zumindest im eigenen Interesse veranlasst und dabei die Kontrolle über das Handeln des anderen hat (OLG Jena GRUR-RR 2009, 104 (105) – Prolac; Köhler/Bornkamm/Feddersen/Köhler/Feddersen UWG § 8 Rn. 2.4).

657   **Mittäterschaft** erfordert eine gemeinschaftliche Begehung im Sinne eines bewussten und gewollten Zusammenwirkens (vgl. 830 Abs. 1 S. 1 BGB; BGH GRUR 2021, 1303 Rn. 30 – Die Filsbacher; GRUR 2021, 730 Rn. 26 – Davidoff Hot Water IV; GRUR 2015, 485 Rn. 35 – Kinderhochstühle im Internet III; GRUR 2011, 617 Rn. 24 – Sedo; GRUR 2011, 152 Rn. 30 – Kinderhochstühle im Internet; GRUR 2009, 597 Rn. 14 – Halzband).

658   Als **Teilnehmer** an einer rechtswidrigen Verhaltensweise eines anderen haftet derjenige, der sie – zumindest bedingt – vorsätzlich **gefördert** und damit Beihilfe geleistet oder dazu **angestiftet** hat, also wer einem mit Tatherrschaft handelnden Dritten Hilfe leistet oder dessen Tatentschluss hervorruf (BGH GRUR 2021, 1303 Rn. 30 – Die Filsbacher; GRUR 2021, 730 Rn. 26 – Davidoff Hot Water IV; BGH GRUR 2020, 738 Rn. 42 – Internetvideorecorder). Dabei gehört zum Teilnehmervorsatz neben der Kenntnis der objektiven Tatumstände auch das **Bewusstsein der Rechtswidrigkeit der Haupttat** (BGH GRUR 2013, 1229 Rn. 32 – Kinderhochstühle im Internet II; GRUR 2009, 597 Rn. 14 – Halzband; GRUR 2008, 810 Rn. 15 – Kommunalversicherer).

659   Nach § 830 Abs. 2 BGB stehen Anstifter und Gehilfen Mittätern gleich, so dass der Täter, Mittäter, Anstifter oder Gehilfe als **Gesamtschuldner** für die begangene Markenverletzung haften (Fezer Rn. 986).

660   Eine **Teilnehmerhaftung** kommt aber nicht nur in den Fällen einer bereits begangenen, sondern auch in Fällen einer erst **drohenden Verletzungshandlung** in Betracht. Für diese haftet neben dem Täter auch der Teilnehmer an einer solchen vorbeugend auf Unterlassung, wenn hinsichtlich der drohenden Beteiligungshandlung die Voraussetzungen einer Teilnahme vorliegen und die vom Vorsatz des Teilnehmers erfasste Haupttat eine Markenverletzung darstellt (BGH GRUR 2007, 708 Rn. 30 – Internet-Versteigerung II).

661   Der BGH erkennt darüber hinaus auch eine Teilnehmerhaftung in Form der **Beihilfe durch Unterlassen** an, die jedoch zusätzlich zu den allgemeinen Anforderungen an die Haftung eines Gehilfen (→ Rn. 658 ff.) voraussetzt, dass ihn eine **Rechtspflicht** trifft, den Verletzungserfolg abzuwenden und ihm die dazu erforderliche Abwehrhandlung auch **möglich und zumutbar** ist (BGH GRUR 2011, 152 Rn. 34 – Kinderhochstühle im Internet; Ströbele/Hacker/Thiering/Thiering/Hacker Rn. 457). Ob und unter welchen Voraussetzungen eine Gehilfenhaftung bei nachhaltiger Verletzung von Prüfungspflichten in Betracht kommt, hat er dagegen offengelassen (BGH GRUR 2011, 152 Rn. 33 – Kinderhochstühle im Internet mwN).

662   Unter Berücksichtigung der neuen technischen Entwicklungen hat der BGH (I. Zivilsenat) ferner den Grundsatz fortgeschrieben, wonach derjenige, dem ein rechtlich geschützter Bereich zur Nutzung und ggf. auch zur Gewinnerzielung zugewiesen ist, im Rahmen seiner Verantwortlichkeit für diesen Bereich für Rechtsverletzungen haftet, wenn er pflichtwidrig Sicherungen unterlässt, die im Interesse Dritter oder der Allgemeinheit bestehen, und ein **neues Haftungsmodell** für die Fälle begründet, in denen ein Dritter aufgrund **nachlässiger Verwahrung der Zugangsdaten** ein fremdes Mitgliedskonto bei einem Internet-Auktionshaus (eBay) zu Schutzrechtsverletzungen benutzt. Für diese hat der **Inhaber** des Mitgliedskontos gleichermaßen als **Täter** einzustehen, auch wenn er die Verwendung der Zugangsdaten zu seinem Mitgliedskonto weder veranlasst noch geduldet hat (BGH GRUR 2009, 597 Rn. 16 – Halzband). Nach dem BGH muss er sich wegen der so von ihm geschaffenen Gefahr der Unklarheit darüber, wer unter dem betreffenden Mitgliedskonto gehandelt hat und im Fall einer Schutzrechtsverletzung in Anspruch genommen werden kann, so behandeln lassen, wie wenn er selbst gehandelt hätte (BGH GRUR 2009, 597 – Halzband). Eine bei der Verwahrung der Zugangsdaten für das Mitgliedskonto gegebene Pflichtverletzung stellt insoweit nach dem BGH einen eigenen, gegenüber den eingeführten Grundsätzen der Störerhaftung **selbständigen Zurechnungsgrund** dar (BGH GRUR 2009, 597 Rn. 16 – Halzband); zum Fall der Störerhaftung des Inhabers eines Internetanschlusses → Rn. 686). Das nach § 14 Abs. 2 erforderliche **Handeln im geschäftlichen Verkehr** sieht der BGH nicht nur in dem Fall als gegeben an, wenn sich das Verhalten des Dritten selbst als ein Handeln im geschäftlichen Verkehr darstellt, sondern auch dann, wenn der Dritte für sich gesehen nur privat gehandelt hat, sich sein Verhalten dem **Verkehr** aber **als nicht unterscheidbarer Teil eines geschäftlichen Handelns des Inhabers des Mitgliedskontos** darstellte (BGH GRUR 2009, 597 Rn. 22 – Halzband). In beiden Fällen muss sich der Inhaber des Mitgliedskontos bereits die **erste** auf der unzureichenden Sicherung der Kontodaten beruhende Rechtsverletzung des Dritten als **eigenes täterschaftliches Handeln** zurechnen lassen und kann sich nicht darauf berufen, dass die betreffende Verhaltensweise des Dritten in seiner Person ein Handeln im privaten Bereich dargestellt hätte (BGH GRUR 2009, 597 Rn. 20 – Halzband). Das für einen Schadensersatzanspruch erforderliche **Verschulden** wird nach dem BGH jedoch grundsätzlich nur dann zu bejahen sein, wenn der Inhaber des Mitgliedskontos zumindest mit der Verwendung der Kontodaten zu einem rechtsverletzenden Handeln hätte rechnen müssen (BGH GRUR 2009, 597 Rn. 20 – Halzband).

Für eine weitergehende, ausdrücklich auch den Schadensersatzanspruch mitumfassende Haftung hat **662.1** sich der für die technischen Schutzrechte zuständige **X. Zivilsenat des BGH** in einem Fall ausgesprochen, bei dem es um die Verantwortlichkeit eines Spediteurs für von ihm transportierte patentverletzende Waren ging. Danach ist als Schuldner der Ansprüche auf Unterlassung, Schadensersatz, Auskunft und Vernichtung der verletzenden Gegenstände auch derjenigen anzusehen, der die Verwirklichung einer Schutzrechtsverletzung durch einen Dritten ermöglicht oder fördert, indem er sich trotz konkreter Anhaltspunkte oder des Verdachts einer Schutzrechtsverletzung nicht mit dem ihm möglichen und zumutbaren Mitteln die Gewissheit über ihr tatsächliches Vorliegen verschafft (BGH GRUR 2009, 1142 Rn. 45 – MP3-Player-Import; s. auch Ströbele/Hacker/Thiering/Thiering/Hacker Rn. 464; Ingerl/Rohnke/Nordemann/J. B. Nordemann Vor §§ 14–19d Rn. 29, dies als täterschaftliche Haftung wegen Verkehrspflichtverletzung ansehend).

2. Juristische Personen und Personengesellschaften sowie ihre gesetzlichen Vertreter

Nach §§ 31, 89 BGB haften juristische Personen, gleich ob öffentlichen oder privaten Rechts, **663** für Kennzeichenverletzungen ihre **Organe** sowie Handelsgesellschaften für solche ihrer **Vertreter,** ohne dass die Möglichkeit einer Entlastung besteht (Ingerl/Rohnke/Nordemann/J. B. Nordemann Vor §§ 14–19d Rn. 42). Diese Organ- oder Repräsentantenhaftung schließt eine **Eigenhaftung des Repräsentanten** nicht aus, so dass danach ein GmbH-Geschäftsführer oder AG-Vorstand dann persönlich haftet, wenn er entweder selbst die Rechtsverletzung begangen oder veranlasst hat oder die eines anderen gekannt und pflichtwidrig nicht verhindert hat (BGH GRUR 2020, 738 Rn. 58 – Internet-Radiorecorder; GRUR 2015, 675 Rn. 80 – Videospiel-Konsolen II; GRUR 2014, 883 Rn. 17 – Geschäftsführerhaftung; GRUR 2009, 685 Rn. 33 – ahd.de; GRUR 1986, 248 (251) – Sporthosen). Hat das Organ seine Pflicht zur Verhinderung verletzt, steht das Unterlassen einem positiven Tun gleich (BGH GRUR 2014, 883 Rn. 16 – Geschäftsführerhaftung; Ingerl/Rohnke/Nordemann/J. B. Nordemann Vor §§ 14–19d Rn. 48).

Eine Haftung **unabhängig von einer eigenen Kenntnis** um die Kennzeichenverletzung **664** kommt unter dem Gesichtspunkt der Organisationspflichtverletzung in Betracht. So haftet ein GmbH-Geschäftsführer sogar dann, wenn er sich bewusst der Möglichkeit zur Kenntnis- und Einflussnahme entzieht, etwa durch einen dauerhaften Aufenthalt im Ausland (OLG Hamburg GRUR-RR 2006, 182 (183) – Miss 17). Auf eine **fehlende Kenntnis** kann sich ein GmbH-Geschäftsführer auch dann **nicht berufen,** wenn er sich seiner Einwirkungsmöglichkeit auf die Gesellschaft selbst begibt, indem er sich in einem bestimmten Bereich nicht um die von ihm vertretene Gesellschaft kümmert, sondern diesen Bereich einem anderen Vertreter überlässt. In einem solchen Fall muss er sich das Wissen der Person, die er bewusst eigenverantwortlich für sich handeln lässt, nach § 166 Abs. 1 BGB analog zurechnen lassen (OLG Frankfurt GRUR-RR 2001, 198 (199); aA Köhler/Bornkamm/Feddersen/Köhler/Feddersen UWG § 8 Rn. 2.20).

Einer persönlichen Haftung kann sich der Geschäftsführer auch nicht mit dem Hinweis entzie- **665** hen, dass er sich im Innenverhältnis gegenüber dem Gesellschafter der GmbH **nicht hat durchsetzen können.** Will er in einem solchen Fall eine persönliche Haftung vermeiden, muss er notfalls sein Amt als Geschäftsführer niederlegen und den Anstellungsvertrag kündigen (OLG Hamburg GRUR-RR 2006, 182 (183) – Miss 17).

Darüber hinaus kommt im Markenrecht subsidiär die Haftung des Organs auf Grundlage der **666** Störerhaftung in Betracht (Ingerl/Rohne/Nordemann/J. B. Nordemann Vor §§ 14–19d Rn. 50; → Rn. 681 ff.).

Der Geschäftsführer haftet als Folge einer Markenverletzung auch auf Ersatz der **Kosten,** die **667** in einem **vorangegangenen Verfügungsverfahren** gegen die GmbH entstanden sind, wenn er nicht nur zum Zeitpunkt der Kennzeichenverletzung, sondern auch noch während der gerichtlichen Inanspruchnahme der GmbH Geschäftsführer war (OLG Hamburg GRUR-RR 2006, 182 – Miss 17).

668 Entsprechendes gilt für die Organe **ausländischer** Gesellschaften, wie beispielsweise dem Direktor einer Ltd (Ingerl/Rohnke/Nordemann/J. B. Nordemann §§ 14–19d Rn. 51). Denn auch wenn er kein Organ im Sinne des deutschen Gesellschaftsrechts ist, so obliegen ihm neben umfangreichen Pflichten gegenüber der Gesellschaft auch gesetzliche Pflichten, die die Wahrung fremder Schutzrechte einschließen (OLG Jena GRUR-RR 2009, 104 (105) – Prolac).

669 Für Kennzeichenrechtsverletzungen einer **OHG** oder **KG** haben ihre persönlich haftenden Gesellschafter nach §§ 128, 161 Abs. 2 HGB gleichermaßen einzustehen, da nach herrschender Meinung der Inhalt ihrer Haftungsverbindlichkeit mit dem der Gesellschaftsverbindlichkeit identisch ist (OLG Nürnberg GRUR 1996, 206 (208) – Leitungsrohre). **Ausgenommen** aus der Haftung nach **§§ 128, 161 Abs. 2 HGB** sind allein **Unterlassungsschulden** der Personenhandelsgesellschaft, für die der Gesellschafter persönlich nur in Anspruch genommen werden kann, wenn er die Kennzeichenverletzung als Störer verursacht oder mit verursacht hat (OLG Nürnberg GRUR 1996, 206 (208) – Leitungsrohre).

670 Die Gesellschafter einer **BGB-Gesellschaft** haften jedenfalls ab Kenntniserlangung von der Kennzeichenverletzung als Störer (BGH GRUR 2002, 706 (708) – vossius.de).

3. Betriebsinhaber

671 **a) Allgemeines.** Nach § 14 Abs. 7, § 15 Abs. 6 haftet der Betriebsinhaber für die in seinem geschäftlichen Betrieb begangenen Kennzeichenverletzungen eines Angestellten oder Beauftragten, und zwar, anders als bei der allgemeinen deliktsrechtlichen Bestimmung des § 831 BGB, **ohne eine Exkulpationsmöglichkeit** und **unabhängig von** einem **eigenen Verschulden** (Fezer Rn. 1055). Damit wird in § 14 Abs. 7, § 15 Abs. 6 eine **Erfolgshaftung** des Betriebsinhabers für Kennzeichenverletzungen Dritter statuiert, der er sich nicht durch einfaches Berufen darauf, er habe die Kennzeichenverletzung nicht gekannt oder nicht verhindern können, entziehen kann (Köhler/Bornkamm/Feddersen/Köhler/Feddersen UWG § 8 Rn. 2.33). Vielmehr werden ihm die Zuwiderhandlungen seiner Angestellten oder Beauftragten **wie eigene zugerechnet,** weil die arbeitsteilige Organisation seines Betriebs die Verantwortung für die geschäftliche Tätigkeit nicht beseitigen soll. Insbesondere soll sich der Betriebsinhaber, dem die geschäftlichen Handlungen zugutekommen, nicht hinter den von ihm abhängigen Dritten verstecken können (BGH GRUR 2009, 1167 Rn. 21 – Partnerprogramm; GRUR 2009, 597 Rn. 15 – Halzband; zum UWG BGH GRUR 2008, 186 Rn. 22 – Telefonaktion; GRUR 2007, 994 Rn. 19 – Gefälligkeit mwN). Damit schuldet der Betriebsinhaber Unterlassung gleichermaßen wie der Zuwiderhandelnde und hat nicht etwa bloß nur Sorge dafür zu tragen, dass derartige Zuwiderhandlungen künftig nicht mehr geschehen (Köhler/Bornkamm/Feddersen/Köhler/Feddersen UWG § 8 Rn. 2.52).

672 Sind die Voraussetzungen dieser besonderen **Haftungsnorm** gegeben, ist sie vom Richter unabhängig davon anzuwenden, ob sich der Kläger auf sie berufen hat (BGH GRUR 2005, 864 – Meißner Dekor II).

673 Die gegenüber § 831 BGB strengere Haftung des Betriebsinhabers nach § 14 Abs. 7, § 15 Abs. 6 rechtfertigt sich zum einen daraus, dass er durch den Einsatz von Angestellten und Beauftragten seinen Geschäftsbetrieb erweitert und damit zugleich das Risiko von Zuwiderhandlungen innerhalb seines Betriebes schafft (Köhler/Bornkamm/Feddersen/Köhler/Feddersen UWG § 8 Rn. 2.33). Zum anderen aber auch daraus, dass er Vorteile aus der arbeitsteiligen Organisation zieht. Damit erscheint es nur sachgerecht, ihn auch für die damit verbundenen und von ihm in gewisser Weise beherrschbaren Risiken einstehen zu lassen (BGH GRUR 2009, 1167 Rn. 21 – Partnerprogramm; Köhler/Bornkamm/Feddersen/Köhler/Feddersen UWG § 8 Rn. 2.33 mwN).

674 Die Regelung in § 14 Abs. 7 entspricht weitgehend der in § 8 Abs. 2 UWG (bzw. § 13 Abs. 4 UWG aF), so dass damit auch die zu diesen Vorschriften ergangene Rechtsprechung zur **Auslegung** des § 14 Abs. 7 herangezogen werden kann (BGH GRUR 2009, 1167 Rn. 21 – Partnerprogramm). Im Unterschied zum § 8 Abs. 2 UWG erstreckt sich die Haftung des Betriebsinhabers nach § 14 Abs. 7, § 15 Abs. 6 **auch auf den Schadensersatzanspruch,** sofern der Angestellte oder Beauftragte schuldhaft gehandelt hat. Deren Haftung bleibt von der lediglich zusätzlich nach § 14 Abs. 7, § 15 Abs. 6 eingreifenden Haftung des Betriebsinhabers unberührt. Darüber hinaus erstreckt sich die Haftung nach § 14 Abs. 7, 1§ 5 Abs. 6 auch auf Beseitigungs- und Vernichtungsansprüche, die auch einen vorbereitenden Auskunftsanspruch umfassen (BGH GRUR 1995, 427 (428) – Schwarze Liste; Fezer Rn. 1056).

b) Markenrechtsverletzung. Der Tatbestand des § 14 Abs. 7 setzt eine in einem geschäftli- **675** chen Betrieb von einem Angestellten oder Beauftragten begangene Verletzungshandlung voraus. Damit ist eine Markenverletzung iSd § 14 Abs. 2–4 gemeint. § 15 Abs. 6 verweist für den Fall der Verletzung geschäftlicher Bezeichnungen iSd § 15 Abs. 2 und Abs. 3 auf § 14 Abs. 7.

c) Angestellte oder Beauftragte. Nach § 14 Abs. 7 muss die Markenrechtsverletzung von **676** einem Angestellten oder Beauftragten des Betriebsinhabers begangen werden. **Angestellter** im Sinne dieser Vorschrift ist danach jeder, der aufgrund eines vertraglichen Verhältnisses **weisungs-abhängige** Dienste zu leisten hat, wie insbesondere der Arbeitnehmer, Auszubildende, Praktikant, aber auch ein Beamter oder freiberuflicher Mitarbeiter (Köhler/Bornkamm/Feddersen/Köhler/ Feddersen UWG § 8 Rn. 2.39). Auf die Wirksamkeit oder Entgeltlichkeit des Vertragsverhältnisses kommt es nicht an. Für die Eigenschaft als Angestellter braucht noch nicht einmal der Dienst angetreten zu sein (Fezer Rn. 1061).

Der Begriff des **Beauftragten** ist, wie in § 8 Abs. 2 UWG, **weit auszulegen** (BGH GRUR **677** 2005, 864 – Meißner Dekor II). Als Beauftragter ist nach der Rechtsprechung des BGH jeder anzusehen, der in die betriebliche Organisation des Betriebsinhabers derart **eingegliedert** ist, dass der Erfolg seiner Geschäftstätigkeit (zumindest auch) dem Betriebsinhaber zugutekommt und auf dessen Tätigkeit, in deren Bereich das beanstandete Verhalten fällt, der Betriebsinhaber einen **bestimmenden und durchsetzbaren Einfluss** hat (BGH GRUR 2009, 1167 Rn. 21 mwN – Partnerprogramm). Dabei kommt es nicht darauf an, welchen Einfluss sich der Betriebsinhaber tatsächlich gesichert hat, sondern welchen er sich sichern konnte und musste, so dass er damit auch für **ohne sein Wissen** oder **gegen seinen Willen** begangene Rechtsverstöße seitens des Beauftragten haftet (BGH GRUR 2009, 1167 Rn. 21 – Partnerprogramm). Unerheblich ist auch, wie die Betroffenen ihre vertraglichen Beziehungen im Einzelnen ausgestaltet haben (BGH GRUR 2009, 1167 Rn. 21, 25 mwN – Partnerprogramm). Beauftragter kann auch ein **selbständiges Unternehmen,** wie etwa eine Werbeagentur, sein (BGH GRUR 2009, 1167 Rn. 21 mwN – Partnerprogramm; weitere Beispiele bei Ingerl/Rohnke/Nordemann/J. B. Nordemann Vor §§ 14– 19d Rn. 60). Lässt sich nicht klären, in welchem Verhältnis eine für den Betrieb handelnde Person steht, erscheint es jedoch nach der Lebenserfahrung als ausgeschlossen, dass die Person ohne Beauftragung die fraglichen Handlungen vorgenommen hat, kann die Eigenschaft als Beauftragter gleichfalls angenommen werden (OLG München PharmR 2010, 528 (532) – VIAGRA/Viaguara).

d) Handeln im geschäftlichen Betrieb. Ferner muss nach § 14 Abs. 7 die Verletzungshand- **678** lung in einem geschäftlichen Betrieb begangen werden. Dieses Tatbestandsmerkmal ist nicht räumlich, sondern **funktional** zu verstehen, so dass es nicht darauf ankommt, ob die Markenrechtsverletzung innerhalb der Räumlichkeiten des Betriebsinhabers erfolgt. Allein entscheidend ist, ob sie in einem unmittelbaren **inneren Zusammenhang** mit dem ihm obliegenden Aufgaben steht, die der Beauftragte oder Angestellte wahrzunehmen hat (BGH GRUR 2008, 186 Rn. 23 – Telefonaktion; Ströbele/Hacker/Thiering/Thiering/Hacker Rn. 471). Danach ist eine **Haftung** des Betriebsinhabers für Personen, die er iSv § 14 Abs. 7 mit Tätigkeiten für seinen Betrieb beauftragt hat, zum einen **ausgeschlossen,** wenn sie außerhalb des Auftragsverhältnisses **im priva-ten Bereich** handeln, auch wenn die Tätigkeit ihrer Art nach derjenigen des Unternehmens entspricht (BGH GRUR 2007, 994 Rn. 19 – Gefälligkeit). Zum anderen, wenn der vom Betriebsinhaber Beauftragte im konkreten Fall zwar geschäftlich tätig geworden ist, das betreffende geschäftliche Handeln jedoch nicht der **Geschäftsorganisation** des Auftraggebers, sondern derjenigen eines **Dritten** oder des **Beauftragten selbst** zuzurechnen ist und der Auftraggeber auch nicht damit rechnen musste, dass der Beauftragte noch anderweitig für ihn tätig wird (BGH GRUR 2009, 1167 Rn. 27 – Partnerprogramm).

Die **Darlegungs- und Beweislast** dafür, dass der Angestellte oder Beauftragte die beanstandete **679** Handlung im geschäftlichen Betrieb des Inhabers vorgenommen hat, trägt grundsätzlich der Markeninhaber (BGH GRUR 1963, 434 – Reiseverkäufer). Allerdings ist nach der Rechtsprechung des BGH eine **Einschränkung** von diesem Grundsatz dann geboten, wenn der Darlegungspflichtige selbst außerhalb des Geschehensablaufs steht und von sich aus den Sachverhalt nicht ermitteln kann, während die Gegenseite die erforderlichen Informationen hat oder sich leicht verschaffen kann. Dann soll es nach Treu und Glauben genügen, dass sich die Gegenseite lediglich mit einem einfachen Bestreiten begnügt. Vielmehr hat sie im Einzelnen darzulegen (sog. **sekundäre Darlegungslast**), dass die von ihr bestrittenen Behauptungen unrichtig sind, so dass dann die beweisbelastete Partei den Beweis für deren Richtigkeit antreten kann (OLG München GRUR-RR 2007, 345 (346) – Beweislastverteilung).

e) Betriebsinhaber. Betriebsinhaber iSd § 14 Abs. 7 ist derjenige, **in dessen Namen und** **680** **Verantwortung** das Unternehmen geführt wird (Köhler/Bornkamm/Feddersen/Köhler/Feddersen UWG § 8 Rn. 2.48). Danach ist Betriebsinhaber der Eigentümer, Besitzer, Nießbraucher oder Pächter eines Unternehmens, wie auch eine juristische Person oder Personenhandelsgesellschaft, nicht jedoch deren Organe oder persönlich haftende Gesellschafter (Köhler/Bornkamm/ Feddersen/Köhler/Feddersen UWG § 8 Rn. 2.48, 2.50). Allein durch einen nach außen hervorgerufenen **Anschein,** Betriebsinhaber zu sein, wird eine solche Eigenschaft tatsächlich nicht begründet und kommt eine Haftung des vermeintlichen Betriebsinhabers allenfalls unter dem Gesichtspunkt der Mitäterschaft oder Beihilfe in Betracht (Köhler/Bornkamm/Feddersen/Köhler/ Feddersen UWG § 8 Rn. 2.49).

4. Störer

681   Neben Tätern und Teilnehmern kann bei Markenverletzungen auch der Störer **entsprechend § 1004 BGB** auf Unterlassung und Beseitigung, mangels einer gesetzlichen Grundlage jedoch nicht auf Schadensersatz, in Anspruch genommen werden (Ingerl/Rohnke/Nordemann/J. B. Nordemann Vor §§ 14–19d Rn. 68). Durch die Störerhaftung als auch die deliktsrechtliche Gehilfenhaftung wird im deutschen Recht die in **Art. 9 Abs. 1 lit. a und 11 Enforcement-RL** geforderte Haftung von „Mittelspersonen", deren Dienste von einem Dritten zwecks Verletzung eines Rechts des geistigen Eigentums in Anspruch genommen werden, gewährleistet (BGH GRUR 2007, 708 Rn. 37 – Internet-Versteigerung II).

682   **Störer** ist, wer – ohne Täter oder Teilnehmer zu sein – in irgendeiner Weise **willentlich und adäquat kausal** zur Markenverletzung beiträgt, wobei insoweit auch schon die Unterstützung oder Ausnutzung der Handlung eines eigenverantwortlich handelnden Dritten genügen kann (BGH GRUR 2001, 1038 (1039) – ambiente.de). Um die Störerhaftung aber nicht über Gebühr auf Dritte zu erstrecken, die nicht selbst die rechtswidrige Beeinträchtigung vorgenommen haben, wird von der Rechtsprechung zusätzlich als restriktives Korrektiv eine **Verletzung von Prüfungspflichten** vorausgesetzt, deren Umfang sich danach bestimmt, ob und inwieweit dem als Störer in Anspruch Genommenen nach den Umständen eine Prüfung **zuzumuten** ist (BGH GRUR 2011, 152 Rn. 45 – Kinderhochstühle im Internet mwN). Letzteres ist im Einzelfall unter Berücksichtigung der Funktion und Aufgabenstellung des als Störer in Anspruch Genommenen sowie im Blick auf die Eigenverantwortung des unmittelbar handelnden Dritten zu beurteilen (BGH GRUR 2001, 1038 (1040) – ambiente.de mwN).

682.1   **Beispiele:** Ein **Auslieferungsagent** haftet als Störer ab dem Zeitpunkt, wo er Kenntnis davon erhält, dass es sich um markenverletzende Ware handelt, insbesondere durch einen entsprechenden Hinweis des Markeninhabers, nicht jedoch durch den Erhalt einer Mitteilung des Zolls von einer wegen Verdachts der Markenverletzung erfolgten Beschlagnahme (Gleiches gilt für die Haftung von Spediteuren, Frachtführern und Lagerhaltern bei der Einfuhr patentverletzender Ware; OLG Hamburg GRUR-RR 2007, 350 (351) – YU-GI-OH!-Karten). Erst ab diesem Zeitpunkt ist er verpflichtet, alles zu unterlassen, was dazu beiträgt, dass die Ware dennoch eingeführt wird und in den Verkehr der EU gelangt (OLG Hamburg GRUR-RR 2007, 350 (352) – YU-GI-OH!-Karten).

683   Eine Störerhaftung von **Presseunternehmen** kommt nur bei **groben,** vom Verleger oder Redakteur **unschwer zu erkennenden Rechtsverstößen** in den bei ihnen in Auftrag gegebenen Anzeigen in Betracht (BGH GRUR 2006, 957 Rn. 14 – Stadt Geldern; GRUR 1992, 618 (619) – Pressehaftung II).

684   Für die Störerhaftung eines **Internetauktionshauses** hat der BGH in der Entscheidung BGH GRUR 2004, 860 – Internet-Versteigerung I klargestellt, dass eine solche dann in Betracht kommt, wenn für Diensteanbieter **zumutbare Kontrollmöglichkeiten** bestehen, um Markenverletzungen zu unterbinden. Insbesondere hat er bei Kenntniserlangung von einer **im geschäftlichen Verkehr** erfolgten Markenverletzung zur Vermeidung einer Haftung nicht nur das konkrete Angebot unverzüglich zu sperren, sondern darüber hinaus auch Vorsorge dafür zu treffen, dass es möglichst nicht zu weiteren entsprechenden Markenverletzungen kommt (BGH GRUR 2004, 860 (864) – Internet-Versteigerung I). In der weiteren Entscheidung hat der BGH die Grenze des Zumutbaren jedenfalls dann als erreicht angesehen, wenn keine Merkmale zur Verfügung stehen, die sich zur Eingabe in eine **Filtersoftware** eignen (BGH GRUR 2007, 708 – Internet-Versteigerung II). Aber auch wenn eine lückenlose Vorabkontrolle, die sämtliche Rechtsverletzungen sicher erkennt, derzeit technisch nicht möglich ist, hindert dies nicht eine Verurteilung zur Unterlassung. Jedoch kann für Markenverletzungen, die in einem vorgezogenen Filterverfahren nicht erkennbar sind, kein Verschulden angenommen werden (BGH GRUR 2007, 708 Rn. 47 – Internet-Versteigerung II).

685   Auf die **Betreiber von Suchmaschinen** finden die allgemeinen Grundsätze der Störerhaftung Anwendung, so dass eine Verletzung von Prüfungspflichten frühestens nach Inkenntnissetzung von dem angeblichen Rechtsverstoß denkbar ist (OLG Hamburg GRUR 2007, 241 (244) – Preispiraten).

Als Störer haftet grundsätzlich auch derjenige, der es unterlässt, die im Kaufzeitpunkt eines **686** WLAN-Routers marktüblichen Sicherungen ihrem Zweck entsprechend anzuwenden und es dadurch ermöglicht, dass Dritte den Anschluss missbräuchlich nutzen (BGH NJW 2010, 2061 mAnm Nenninger – Sommer unseres Lebens). Eine zum maßgeblichen Zeitpunkt marktübliche, werkseitig für das Gerät individuell voreingestelltes Passwortsicherung genügt jedoch den rechtlichen Anforderungen, sofern keine Anhaltspunkte dafür bestehen, dass das Gerät schon im Kaufzeitpunkt eine Sicherheitslücke aufwies (BGH GRUR 2017, 617 – Netzwerkschlüssel). Der Betreiber des Anschlusses haftet grundsätzlich nicht für illegale Nutzungen durch volljährige Familienangehörige (BGH GRUR 2014, 657 – Bear Share). Er ist auch nicht verpflichtet, erwachsene Familienangehörige oder Gäste auf die Illegalität bestimmter Nutzungshandlungen hinzuweisen und diese zu verbieten, es sei denn, dass es Anhaltspunkte für vorhergegangene illegale Nutzungen gibt (BGH GRUR 2016, 1289 – Silver Linings Playbook).

Wer sich darauf beruft, die rechtsverletzende Nutzung eines auf ihn zugelassenen Internetanschlusses **686.1** sei von einem Dritten begangen worden, unterliegt einer sekundären Darlegungslast im Hinblick auf die Umstände, die zu dieser Nutzung geführt haben können (BGH NJW 2010, 2061 mAnm Nenninger – Sommer unseres Lebens). Insoweit ist der Anschlussinhaber im Rahmen der Zumutbaren auch zu Nachforschungen verpflichtet (BGH GRUR 2014, 657 – Bear Share). Es reicht nicht aus, dass er lediglich pauschal die theoretische Möglichkeit des Zugriffs von in seinem Haushalt lebenden Dritten auf seinen Internetanschluss behauptet (BGH GRUR 2016, 191 – Tauschbörse III). Eltern, die Inhaber eines Internetanschlusses sind, sind verpflichtet, den Namen ihres volljährigen Kindes anzugeben, das ihnen gegenüber die Begehung der Rechtsverletzung zugegeben hat (BGH NJW 2018, 65 – Loud).

Der EuGH hat festgestellt, dass Inhaber von WLAN-Anschlüssen dann als Anbieter von Diens- **687** ten der Informationsgesellschaft iSv Art. 12 InfoSoc-RL anzusehen sind, wenn sie die unentgeltliche Nutzung des Anschlusses zu Werbezwecken für von ihnen verkaufte Güter oder angebotene Dienstleistungen ermöglichen. Sie unterliegen daher keiner Schadensersatzpflicht für von Nutzern begangene Verstöße; Unterlassungsansprüche einschließlich der Zahlung der Rechtsverfolgungskosten bleiben jedoch unberührt (EuGH C-484/14, MMR 2016, 760 Rn. 42, 79 – Mc Fadden). Ferner können Anordnungen zur Verhinderung von Rechtsverletzungen gegen den WLAN-Anbieter getroffen werden; soweit erforderlich, schließt dies die Passwortsicherung des Anschlusses samt Registrierungspflicht der Nutzer ein (EuGH C-484/14, MMR 2016, 760 Rn. 101 – McFadden). Die Inanspruchnahme nach den Grundsätzen der Störerhaftung verstößt somit nicht gegen europäisches Recht.

Um das Haftungsrisiko für die Betreiber offener WLAN-Anschlüsse zu senken, wurde das **688** TMG in der Weise geändert, dass WLAN-Betreiber, die lediglich den Zugang zum Internet ermöglichen, keinen Unterlassungs- oder Schadensersatzpflichten wegen rechtswidrigen Verhaltens von Nutzern unterliegen und daher auch die Kosten der Rechtsverfolgung nicht tragen müssen (§ 8 Abs. 1 TMG). Sie können jedoch Adressaten gerichtlicher oder behördlicher Anordnungen zur Beseitigung oder Sperrung von Inhalten sein (§ 7 Abs. 3 TMG). Insbesondere kann bei Verletzung von Immaterialgüterrechten eine Zugangssperrung zu bestimmten Webseiten angeordnet werden, wenn Abhilfe anders nicht möglich und die Sperrung zumutbar und verhältnismäßig ist. Auch in diesem Fall trifft den Anbieter keine Verpflichtung, die vor- und außergerichtlichen Kosten zu erstatten (§ 7 Abs. 4 TMG). Der Schwerpunkt der Rechtspraxis liegt – wie generell in diesen Fällen – im Urheberrecht; die Grundsätze gelten jedoch für das Markenrecht gleichermaßen.

Einen Beispielsfall für Sperrverfügungen bei Markenverletzungen bietet die Entscheidung des High **688.1** Court of Justice for England and Wales (BeckRS 2014, 20654 – Cartier v. British Sky): Unter Berufung auf Art. 11 S. 3 Enforcement-RL wurde gegenüber einem Access-Provider die Anordnung getroffen, den Zugang zu einer Webseite zu sperren, auf der in erheblichem Umfang Pirateriewaren angeboten wurden. Die Entscheidung wurde auf eine eingehende Verhältnismäßigkeitsprüfung gestützt, die auch die Frage der Kostentragung umfasste (High Court of Justice for England and Wales BeckRS 2014, 20654 Rn. 239 ff. – Cartier v. British Sky). Trotz gewisser Bedenken des erkennenden Richters wurden die Kosten dem Access-Provider auferlegt.

Auch im deutschen Recht wurden Sperrverfügungen gegenüber Access-Providern unter dem Aspekt **688.2** der Störerhaftung schon bisher verhängt. Dies setzt allerdings voraus, dass der Rechteinhaber zunächst zumutbare Anstrengungen unternommen hat, gegen diejenigen Beteiligten vorzugehen, die die Rechtsverletzung entweder selbst begangen oder dazu beigetragen haben. Nur wenn die Inanspruchnahme dieser Beteiligten scheitert oder ihr jede Erfolgsaussicht fehlt und deshalb andernfalls eine Rechtsschutzlücke entstünde, ist die Inanspruchnahme des Zugangsvermittlers als Störer zumutbar. Bei der Ermittlung der vorrangig in Anspruch zu nehmenden Beteiligten hat der Rechteinhaber in zumutbarem Umfang Nachforschungen anzustellen (BGH GRUR 2016, 268 – Störerhaftung des Access-Providers). Die Zumutbarkeit eine Sperre setzt jedoch nicht voraus, dass ausschließlich rechtsverletzende Inhalte auf der Internetseite bereitgehalten werden; sie ist bereits dann zulässig, wenn nach dem Gesamtverhältnis rechtmäßige gegenüber rechtswidrigen Inhalten nicht ins Gewicht fallen. Der Zumutbarkeit einer Sperre steht auch nicht entgegen, dass sie nicht nur für den klagenden Rechteinhaber, sondern auch für Dritte geschützte Schutzgegenstände erfasst, zu deren Geltendmachung der Rechteinhaber nicht ermächtigt ist (BGH GRUR 2016, 268 – Störerhaftung des Access-Providers).

688.3   Grundlegend zur Zulässigkeit von Sperrverfügungen nach europäischem Recht s. EuGH C-314/12, MMR 2014, 397 – UPC Telekabel.

689   Auch der Störer kann **vorbeugend** auf Unterlassung in Anspruch genommen werden, sofern er eine Erstbegehungsgefahr für eine Verletzungshandlung begründet (BGH GRUR 2007, 708 Rn. 41 – Internet-Versteigerung II).

5. Rechtsnachfolger auf Verletzerseite

690   Bei Unternehmensveräußerung, Umwandlung und Verschmelzung oder beim Tod des Unternehmers haftet der Rechtsnachfolger nicht nur für vor dem Übergang begründete **Ersatzansprüche,** sondern auch für **vertragliche** Unterlassungsansprüche des früheren Inhabers nach den allgemeinen Regeln (zB § 25 HGB, Schuldübernahme, Universalsukzession; BGH GRUR 1996, 995 – Übergang des Vertragsstrafenversprechens). Damit schuldet er nicht nur Unterlassung, sondern im Fall einer Zuwiderhandlung auch die versprochene Vertragsstrafe. Im Gegensatz zum vertraglichen kommt eine Rechtsnachfolge auf der Verletzerseite beim gesetzlichen Unterlassungsanspruch nicht in Betracht. Die für diesen erforderliche Begehungsgefahr ist als ein tatsächlicher Umstand nach den Verhältnissen vielmehr **in der Person des in Anspruch Genommenen** selbst zu bestimmen und kann nicht allein wegen der Rechtsnachfolge und der Fortführung des Betriebs angenommen werden. Dies gilt nicht nur, wenn der Rechtsvorgänger die Wiederholungsgefahr durch eigenes Verhalten begründet hat, sondern auch dann, wenn der Rechtsverstoß durch dessen Organe, Mitarbeiter oder auch Beauftragte nach § 14 Abs. 7, § 15 Abs. 6 begangen worden ist (BGH GRUR 2007, 995 – Schuldnernachfolge).

691   Dieselben Grundsätze gelten auch für den **Insolvenzverwalter** als Beklagten (BGH BeckRS 2010, 8910 Rn. 40 – Modulgerüst II) sowie für den **Erben** als Rechtsnachfolger des Erblassers, in dessen Person die Wiederholungsgefahr auf Grund einer von ihm in der Vergangenheit begangenen Verletzungshandlung begründet worden ist (BGH GRUR 2006, 879 Rn. 17 – Flüssiggastank).

I. Schadensersatz

I. Allgemeines

1. Der verschuldensabhängige Schadensersatzanspruch bei der Verletzung von Marken und geschäftlichen Bezeichnungen

692   Wer eine Verletzungshandlung iSd § 14 Abs. 2–4 vorsätzlich oder fahrlässig begeht, ist dem Inhaber der **Marke** gemäß **§ 14 Abs. 6 S. 1** zum Ersatz des durch die Verletzungshandlung entstandenen Schadens verpflichtet. Die gleiche Verpflichtung besteht gemäß **§ 15 Abs. 5** für denjenigen, der gemäß § 15 Abs. 2 oder 3 eine **geschäftliche Bezeichnung** (Unternehmenskennzeichen oder Werktitel, § 5 Abs. 1) vorsätzlich oder fahrlässig verletzt. Für die Berechnung des Schadensersatzes seiner Höhe nach enthalten § 14 Abs. 6 S. 2 und 3 für die Verletzung einer Marke besondere Bestimmungen. Diese gelten gemäß § 15 Abs. 5 S. 2 für die Verletzung einer geschäftlichen Bezeichnung entsprechend.

2. Einfluss des Unionsrechts

693   Mit § 14 Abs. 6 S. 2 und 3 hat der Gesetzgeber **Art. 13 Enforcement-RL** in das deutsche Recht umgesetzt. Diese Vorschrift hat die wesentlichen Aspekte der Berechnung des Schadensersatzes als Sanktion bei der Verletzung von Immaterialgüterrechten harmonisiert. Leitprinzip für alle Sanktionen ist gemäß Art. 3 Abs. 2 Enforcement-RL, dass sie wirksam, verhältnismäßig und abschreckend sein müssen. Die vom Richtliniengeber intendierte **Abschreckungswirkung** wohnt auch dem gemäß Art. 13 Enforcement-RL zuzuerkennenden Schadensersatz inne (LG

Düsseldorf GRUR-RS 2020, 48958 Rn. 69 – Uhrenmarke; Goldmann WRP 2011, 950 (964)). Sie tritt neben die in Erwägungsgrund 26 Enforcement-RL betonte Funktion eines **objektiven Ausgleichs** des erlittenen Schadens (Goldmann WRP 2011, 950 (962 ff.)).

§ 14 Abs. 6 S. 2 und 3 müssen richtlinienkonform interpretiert werden. Allerdings soll gemäß   **694** Art. 2 Abs. 1 Enforcement-RL nur eine Mindestharmonisierung stattfinden. Es steht dem nationalen Gesetzgeber daher frei, zum Schutze der Rechtsinhaber weitergehende Maßnahmen einzuführen oder in Kraft zu lassen. Die Enforcement-RL regelt also nur einen **Mindeststandard** für Berechnung und Höhe des Schadensersatzes (EuGH C-367/15, GRUR 2017, 264 Rn. 23 – OTK/SFP; C-481/14, GRUR 2016, 1043 Rn. 36, 40 – Hansson/Jungpflanzen). Über diesen Mindeststandard kann der nationale Gesetzgeber und können die nationalen Gerichte hinausgehen.

II. Aktivlegitimation

1. Rechtsinhaber

Gläubiger des Schadensersatzanspruchs ist der Rechtsinhaber (§ 14 Abs. 6, § 15 Abs. 5).   **695**

2. Lizenznehmer

Dem Lizenznehmer steht kein eigener Schadensersatzanspruch zu (BGH GRUR 2015, 1223   **696** Rn. 50 – Posterlounge; GRUR 2007, 877 Rn. 27 ff. – Windsor Estate). Der dem Lizenznehmer entstandene Schaden kann nur vom Lizenzgeber als Rechtsinhaber im Wege der **Drittschadensliquidation** im eigenen Namen geltend gemacht werden. Der Lizenzgeber bleibt dabei Inhaber des Anspruchs (BGH GRUR 2015, 1223 Rn. 50 – Posterlounge; GRUR 2007, 877 Rn. 27 ff. – Windsor Estate). Tritt der Rechtsinhaber den Schadensersatzanspruch an den Lizenznehmer ab, kann dieser im eigenen Namen Zahlung an sich selbst verlangen (BGH GRUR 2012, 630 Rn. 51 – CONVERSE II).

3. Abtretung

Der Anspruch auf Schadensersatz gemäß § 14 Abs. 6, § 15 Abs. 5 wird in aller Regel in einer   **697** Geldforderung bestehen. Diese ist gemäß § 398 BGB **abtretbar** (vgl. BGH GRUR 2012, 630 Rn. 51 – CONVERSE II). Wird in Ausnahmefällen Schadensersatz im Wege der Naturalrestitution geltend gemacht, kann diese Naturalrestitution nur dem Rechtsinhaber selbst zugute kommen. Eine Abtretung ist dann nicht möglich. Sie käme einer Inhaltsänderung des Schuldverhältnisses iSd §§ 413, 399 BGB gleich (Goldmann Unternehmenskennzeichen § 19 Rn. 14).

4. Prozessstandschaft

Eine Prozessstandschaft ist möglich und richtet sich nach den allgemeinen Regeln. Vorausset-   **698** zung sind auch bei der Geltendmachung eines Bereicherungsanspruchs ein **schutzwürdiges rechtliches Interesse** und eine Ermächtigung zur Prozessführung (→ § 14 Rn. 653). Zahlung an sich selbst kann der Kläger nur verlangen, wenn ihm vom Inhaber des Kennzeichenrechts neben der Zustimmung zur Prozessführung auch **eine materiell-rechtliche Einziehungsermächtigung** erteilt worden ist (BGH GRUR 2012, 630 Rn. 51 – CONVERSE II; OLG Hamburg BeckRS 2012, 3347; LG Hamburg ZUM-RD 2018, 629 (639)). Andernfalls kann der Kläger grundsätzlich nur Zahlung an den Rechtsinhaber verlangen.

III. Passivlegitimation

1. Täter und Teilnehmer

Passivlegitimiert ist der **Täter** (Alleintäter, Mittäter, mittelbarer Täter) oder **Teilnehmer**   **699** (Anstifter oder Gehilfe) (OLG Hamburg GRUR-RS 2021, 14197 Rn. 110 – CATALOX/KATALOX; → § 14 Rn. 654 ff.). Täter oder Teilnehmer können auch Organe von juristischen Personen sein (ausführlich Goldmann Unternehmenskennzeichen § 19 Rn. 188 ff.). Ebenso können Angestellte und Beauftragte iSd § 14 Abs. 7 Täter oder Teilnehmer sein (Goldmann Unternehmenskennzeichen § 19 Rn. 38, 207 ff., 214).

2. Störer

700   Der Störer (→ § 14 Rn. 681 ff.) haftet nur auf Unterlassung und Beseitigung (BGH GRUR 2021, 1303 Rn. 30 – Die Filsbacher). Weil die Störerhaftung ihre Grundlage **nicht** im Deliktsrecht, sondern in der Regelung über die Besitz- und die Eigentumsstörung in §§ 862, 1004 BGB hat, gibt es auch bei schuldhaftem Handeln keinen Anspruch **auf Schadensersatz** gegen den Störer (BGH GRUR 2015, 1223 Rn. 40 – Posterlounge; GRUR 2002, 618 (619) – Meißner Dekor).

3. Persönlich haftende Gesellschafter

701   Bei Kennzeichenverletzungen einer **OHG** oder **KG** haften ihre persönlich haftenden Gesellschafter gemäß **§§ 128, 161 Abs. 2 HGB** auch auf Schadensersatz (OLG Frankfurt WRP 2014, 1484 Rn. 21; LG Düsseldorf GRUR-RS 2021, 14805 Rn. 60 – Burberry-Check). Für Gesellschafter einer **GbR** ist § 128 HGB analog anzuwenden (OLG Frankfurt WRP 2014, 1484 Rn. 21). Partner einer **Partnerschaft** bzw. einer PartG mbB haften gemäß **§ 8 Abs. 1 PartGG** persönlich.

4. Haftungszurechnung zu juristischen Personen

702   Für juristische Personen gilt die Haftungszurechnung nach **§§ 31, 89 BGB** (→ § 14 Rn. 663). Außerdem ist die **Repräsentantenhaftung** anwendbar (→ § 14 Rn. 663).

5. Haftung für Angestellte oder Beauftragte

703   Für schuldhafte Markenverletzungen von Angestellten oder Beauftragten haftet der **Inhaber des Betriebs** gemäß § 14 Abs. 7 unabhängig von eigenem Verschulden und ohne Exkulpationsmöglichkeit (→ § 14 Rn. 671 ff.) auch auf Schadensersatz (→ § 14 Rn. 674). Gemäß § 15 Abs. 6 gilt dies auch bei der Verletzung einer geschäftlichen Bezeichnung.

6. Haftung für Verrichtungsgehilfen

704   Die Haftung für Verrichtungsgehilfen nach **§ 831 BGB** ist neben der Sonderregelung des § 14 Abs. 7 praktisch bedeutungslos (Goldmann Unternehmenskennzeichen § 19 Rn. 224). § 831 BGB bleibt aber daneben durchaus anwendbar, weil dem Gläubiger eine Berufung auf die allgemeine Norm der Haftungszurechnung nicht abgeschnitten werden soll (Goldmann Unternehmenskennzeichen § 19 Rn. 274; zu § 8 Abs. 2 UWG vgl. BGH GRUR 2012, 1279 Rn. 43 – DAS GROSSE RÄTSELHEFT).

IV. Verletzungshandlung

705   Der Schadensersatzanspruch setzt eine vollendete Verletzungshandlung voraus (BGH GRUR 2014, 378 Rn. 52 – OTTO CAP). Eine bloße Erstbegehungsgefahr genügt nicht.

706   Der Schadensersatzanspruch beschränkt sich aber nicht auf die konkret festgestellte Verletzungshandlung, sondern ist auch für **alle im Kern gleichen Verletzungshandlungen** am selben Schutzrecht begründet, in denen das Charakteristische der Verletzungshandlung zum Ausdruck kommt (BGH GRUR 2012, 630 Rn. 19 – CONVERSE II; GRUR 2006, 504 Rn. 36 – Parfümtestkäufe). Es gelten hier die gleichen Grundsätze wie für die Reichweite des Unterlassungsanspruchs, der sich auf kerngleiche Verletzungshandlungen erstreckt (→ § 14 Rn. 580 ff.). Allerdings müssen auch diese kerngleichen Verletzungshandlungen schuldhaft begangen worden sein (BGH GRUR 2010, 623 Rn. 55 – Restwertbörse; GRUR 2006, 504 Rn. 45 – Parfümtestkäufe).

V. Schuldhaftes Handeln

1. Allgemeines

707   Der Verletzer einer Marke oder einer geschäftlichen Bezeichnung haftet nach § 14 Abs. 6 S. 1, § 15 Abs. 5 nur bei **vorsätzlichem oder fahrlässigem Handeln** auf Schadensersatz. Dies entspricht § 276 BGB, demzufolge der Schuldner Vorsatz und Fahrlässigkeit zu vertreten hat. Weil im Schadensersatzrecht Vorsatz und Fahrlässigkeit gleich behandelt werden, ist eine exakte **Abgrenzung** zwischen diesen beiden Verschuldensarten für den Schadensersatzanspruch und dessen Berechnung grundsätzlich **ohne** große **Bedeutung** (Goldmann Unternehmenskennzeichen § 19 Rn. 526). Handelt der Verletzer allerdings **vorsätzlich,** kommt ein Anspruch auf Herausgabe des Verletzergewinns nicht nur als Schadensersatzanspruch, sondern zusätzlich in direkter Anwendung der Grundsätze der **GoA** (unberechtigte Eigengeschäftsführung) in Betracht (§ 683 S. 2 BGB, § 687 Abs. 2 BGB, § 667 BGB; → Rn. 810). Von Bedeutung ist die Abgrenzung zwischen Vorsatz und Fahrlässigkeit zudem überall dort, wo eine **Abwägung der Interessen** von Verletzer und Rechtsinhaber vorgenommen wird (Goldmann Unternehmenskennzeichen § 19 Rn. 527), wie zB bei der Einräumung einer **Aufbrauchfrist** (Goldmann Unternehmenskennzeichen § 19 Rn. 448) oder bei der **Verwirkung** (→ § 21 Rn. 49 f.). Die strafbare Verletzung eines Kennzeichenrechts setzt nach § 143 Abs. 1 stets vorsätzliches Handeln voraus (→ § 143 Rn. 9 ff.). Für den Straftatbestand bleibt die Abgrenzung zwischen Vorsatz und Fahrlässigkeit deshalb essentiell.

2. Vorsätzliches Handeln

a) Definition des Vorsatzes. Vorsatz bedeutet das wissentliche und willentliche Verwirkli- **708** chen der objektiven Tatbestandsmerkmale, also des rechtswidrigen Erfolgs (ausführlich Harte-Bavendamm/Henning-Bodewig/Goldmann UWG § 9 Rn. 27 ff.). Der Handelnde muss den rechtswidrigen Erfolg vorausgesehen und in seinen Willen aufgenommen haben. Der Vorsatz enthält also ein **kognitives Element.** Hierzu gehören die Kenntnis der Tatumstände und das Bewusstsein der Rechtswidrigkeit (Unrechtsbewusstsein). Der Vorsatz enthält außerdem ein **voluntatives Element.** Dieses besteht darin, dass der Handelnde den objektiven Tatbestand verwirklichen will. Es genügt, dass sich der Täter im Sinne des bedingten Vorsatzes mit dem von ihm für möglich gehaltenen Erfolg abfindet, ihn billigend in Kauf nimmt. Zu verneinen ist der Vorsatz, wenn der Handelnde ernsthaft darauf vertraut, dass es nicht zur Tatbestandsverwirklichung kommt (MüKoBGB/Grundmann BGB § 276 Rn. 161; Goldmann Unternehmenskennzeichen § 19 Rn. 529).

b) Vorsatzinhalt bei der Verletzung eines Kennzeichenrechts. Ist das verletzte Recht **709** eine **eingetragene Marke** gemäß § 4 Nr. 1, muss der Verletzer im Zeitpunkt der Vornahme der Verletzungshandlung zunächst die Tatsache der Eintragung kennen. Ist das verletzte Recht eine **Benutzungsmarke** gemäß § 4 Nr. 2, muss der Verletzer im Zeitpunkt der Vornahme der Verletzungshandlung diejenigen Umstände kennen, die der Verkehrsgeltung zugrunde liegen. Ist das verletzte Recht eine **notorisch bekannte Marke** gemäß § 4 Nr. 3, muss der Verletzer im Zeitpunkt der Vornahme der Verletzungshandlung die Tatsachen kennen, welche die Notorietät ausmachen. Zusätzlich muss der Verletzer bei jeder Verletzung einer geschützten Marke die tatsächlichen Umstände kennen, die einen der Verletzungstatbestände begründen. Dies sind bei der Doppelidentität gemäß § 14 Abs. 2 Nr. 1 die Identität von Zeichen und Waren bzw. Dienstleistungen, bei der Verwechslungsgefahr gemäß § 14 Abs. 2 Nr. 2 die Umstände, die eine Identität oder Ähnlichkeit der Zeichen und der Waren oder Dienstleistungen begründen und ggf. – wenn hiervon nach der Wechselwirkungslehre (→ § 14 Rn. 276) die Verwechslungsgefahr abhängt – auch die Umstände, die eine gesteigerte Kennzeichnungskraft der älteren Marke begründen, und beim erweiterten Schutz der bekannten Marke gemäß § 14 Abs. 2 Nr. 3 alle tatsächlichen Umstände, aus der sich die Bekanntheit, die gedankliche Assoziation, das Eingreifen eines der Tatbestände des erweiterten Schutzes sowie das Fehlen einer Rechtfertigung ergeben. Hinzu kommt, dass die Verwendung des jüngeren Zeichens markenmäßig erfolgt. Vom Vorsatz erfasst sein muss auch, dass die Schrankenregelungen des § 23 nicht greifen und nicht gemäß § 24 Erschöpfung eingetreten ist. Bei **bekannten Marken** kann grundsätzlich davon ausgegangen werden, dass auch dem Verletzer die Marke und ihre Bekanntheit nicht verborgen geblieben sind (BGH GRUR 2000, 875 (878) – Davidoff I). Ist das verletzte Recht eine **geschäftliche Bezeichnung**, ist zu differenzieren:

Bei der Verletzung eines **Unternehmenskennzeichens** gemäß § 5 Abs. 2 muss der Verletzer **710** wissen, dass ein anderer ein bestimmtes Unternehmenskennzeichen im geschäftlichen Verkehr benutzt. Dies ist bei Unternehmenskennzeichen **mit Namensfunktion** und namensmäßiger Unterscheidungskraft von Haus aus ausreichend. Bei **Geschäftsabzeichen** oder sonstigen Kennzeichen ohne Namensfunktion iSd § 5 Abs. 2 S. 2 muss er zusätzlich die Umstände kennen, aus denen sich die Verkehrsgeltung ergibt. Das gleiche gilt für von Haus aus **nicht namensmäßig unterscheidungskräftige** Unternehmenskennzeichen mit Namensfunktion gemäß § 5 Abs. 2 S. 1 (Goldmann Unternehmenskennzeichen § 19 Rn. 530). Außerdem muss der Verletzer die Umstände kennen, aus denen sich Zeichenähnlichkeit, Branchennähe und ggf. – wenn es nach der Wechselwirkungslehre (→ § 15 Rn. 33) darauf ankommt – die gesteigerte Kennzeichnungskraft des älteren Unternehmenskennzeichens ergeben, also die Umstände auf die sich die Verwechslungsgefahr gemäß § 15 Abs. 2 stützen lässt (Goldmann Unternehmenskennzeichen § 19

Rn. 531). Hinzu kommt, dass die Verwendung des jüngeren Zeichens kennzeichenmäßig erfolgt und dass weder eine Schranke des § 23 greift, noch Erschöpfung gemäß § 24 eingetreten ist. Für den Vorsatzinhalt bei der Verletzung eines **bekannten Unternehmenskennzeichens** (§ 15 Abs. 3) gilt folgendes: Grundsätzlich kann davon ausgegangen werden, dass von dem bekannten Unternehmenskennzeichen auch der Verletzer Kenntnis hat und er auch die tatsächlichen Umstände kennt, welche die Bekanntheit des Kennzeichens ausmachen (BGH GRUR 1966, 623 (626) – Kupferberg (zum berühmten Zeichen)). Zusätzlich ist die Kenntnis der Zeichenähnlichkeit und derjenigen Umstände erforderlich, die beim Publikum zu einer gedanklichen Verknüpfung mit dem bekannten Unternehmenskennzeichen und zur Verwirklichung eines der Verletzungstatbestände des Bekanntheitsschutzes geführt haben (Goldmann Unternehmenskennzeichen § 19 Rn. 532).

711   Bei der Verletzung eines **Werktitels** gemäß § 5 Abs. 3 muss der Verletzer bei einem von Haus aus unterscheidungskräftigen Werktitel dessen Benutzung als Werktitel kennen. Bei einem von Haus aus nicht unterscheidungskräftigen Werktitel muss er die Umstände kennen, aus denen sich die Verkehrsgeltung ergibt. Darüber hinaus muss er die Umstände kennen, aus denen sich die Verwechslungsgefahr gemäß § 15 Abs. 2 ergibt, also die Umstände, welche die Zeichenähnlichkeit und die Werknähe begründen, und die – wenn es nach der Wechselwirkungslehre darauf ankommt (→ § 15 Rn. 47) – eine gesteigerte Kennzeichnungskraft des älteren Werktitels mit sich bringen. Hinzu tritt das Bewusstsein einer werktitelmäßigen Verwendung und des Nichtgreifens einer Schranke des § 23 und der Erschöpfung gemäß § 24. Für den Schutz des bekannten Werktitels gemäß § 15 Abs. 3 gilt das zum Unternehmenskennzeichen Gesagte entsprechend (→ Rn. 710 aE).

712   Im Zivilrecht gilt die sog. „Vorsatztheorie", die das Unrechtsbewusstsein für ein wesentliches Element des Vorsatzes hält (BGHZ 118, 201 (208) = NJW 1992, 2014; Harte-Bavendamm/Henning-Bodewig/Goldmann UWG § 9 Rn. 46). Zum Vorsatz iSv § 276 BGB gehört deshalb neben der Kenntnis der Tatsachen auch das **Bewusstsein der Rechtswidrigkeit** (BGH GRUR 2008, 810 Rn. 42 ff. – Kommunalversicherer). Dies gilt auch für § 14 Abs. 6 S. 1, § 15 Abs. 5. Nur wer in Rechtskenntnis handelt, mindestens jedoch allgemein um die rechtliche Missbilligung seines Handelns weiß oder damit rechnet, handelt vorsätzlich (BGH NJW 1995, 1960 (1961)). Eine **„Parallelwertung in der Laiensphäre"** reicht für das Unrechtsbewusstsein aus (LG Berlin BeckRS 2008, 05647 – Jamba; LG München I BeckRS 2015, 00053 – Zahnreinigung für 39 Euro). **Fehlt** das **Unrechtsbewusstsein, ist** im Marken- und Wettbewerbsrecht der **Vorsatz ausgeschlossen** (RG MuW XXVI, 248 (249) – Kofra/Koffea; OLG Hamm GRUR-RR 2008, 435 (437) – Zulassung in EU-Mitgliedstaat). Für die Praxis des Schadensersatzrechts spielt diese Frage bei der Verletzung von Kennzeichenrechten allerdings im Allgemeinen eine sehr geringe Rolle, weil gemäß § 14 Abs. 6 S. 1, § 15 Abs. 5 die Haftung für Fahrlässigkeit ebenso weit geht wie die für Vorsatz (→ Rn. 730). Das Problem verlagert sich damit auf die Frage, ob ein schuldausschließender Rechtsirrtum angenommen werden kann (→ Rn. 730 f.; Goldmann Unternehmenskennzeichen § 19 Rn. 533).

713   Nicht erforderlich für den Vorsatz ist, dass der Verletzer Kenntnis davon hat, dass infolge der Verletzung des Kennzeichenrechts ein Schaden entsteht (Goldmann Unternehmenskennzeichen § 19 Rn. 534).

714   **c) Konkretheit des Vorsatzes.** Vorsätzlich handelt zunächst, wer den rechtswidrigen Erfolg als sicher eintretend voraussieht (BGH NJW 1988, 2794 (2797), direkter Vorsatz). Vorsätzlich handelt auch, wer die Verwirklichung des Tatbestands nur **konkret für möglich hält** (bedingter Vorsatz). Nur, wenn der Handelnde ernsthaft darauf vertraut, dass die Verwirklichung des objektiven Tatumstandes ausbleibt, handelt er nicht mehr bedingt vorsätzlich (MüKoBGB/Grundmann BGB § 276 Rn. 161). Selbst dann, wenn der Handelnde mit der abstrakten Möglichkeit rechnet, ein älteres Kennzeichenrecht könne verletzt werden, er sich aber **der Kenntnis** der rechtserheblichen Umstände **bewusst verschließt,** ist das Wissenselement des Vorsatzes noch vorhanden (BGH GRUR 1987, 532 (533) – Zollabfertigung; GRUR 1954, 274 (275) – Goldwell; Goldmann Unternehmenskennzeichen § 19 Rn. 537). Wer die Benutzung eines Zeichens aufnimmt oder unverändert fortsetzt, obgleich er durch einen Widerspruch, eine Berechtigungsanfrage oder eine **Abmahnung** Kenntnis von dem älteren Recht erlangt hat, handelt in aller Regel vorsätzlich (BGH GRUR 2015, 1223 Rn. 47 – Posterlounge; RG UW II, 91 (92) – zum Bergmann).

714.1   Allerdings billigt die Rechtsprechung dem Verletzer eine **gewisse Zeitspanne** zur Überprüfung der ihm vorgeworfenen Rechtsverletzung zu. Die Dauer dieser **Prüfungs- und Überlegungsfrist** hängt von den Umständen des Einzelfalles ab. Vom Verletzer wird erwartet, dass er unverzüglich alle geeigneten und zumutbaren Maßnahmen zur Beseitigung der Verletzung des fremden Kennzeichenrechts ergreift (BGH

GRUR 1974, 735 (737) – Pharmamedan). Wird wegen der Verletzung eines Kennzeichenrechts, das nur kraft Verkehrsgeltung geschützt ist, abgemahnt und bestreitet daraufhin der Verletzer die behauptete Verkehrsgeltung, darf er, wenn sie nicht offensichtlich ist, den Rechtsinhaber auffordern, sie darzulegen und zu beweisen. Die Überlegungsfrist beginnt dann mit Vorlage der Beweismittel (Goldmann Unternehmenskennzeichen § 19 Rn. 539; Malzer GRUR 1974, 697 (699)). Wird der Unterlassungsanspruch vom Abgemahnten allerdings rundheraus abgelehnt, ohne einen Nachweis der Verkehrsgeltung zu verlangen, ist die Weiterverwendung des beanstandeten Kennzeichens zumindest fahrlässig, wenn nicht sogar bedingt vorsätzlich (BGH GRUR 1973, 375 (376) – Miss Petite).

3. Fahrlässiges Handeln

a) Definition der Fahrlässigkeit. Nach § 14 Abs. 6 S. 1, § 15 Abs. 5 genügt für die Begrün- **715** dung eines Schadensersatzanspruchs fahrlässiges Handeln. Fahrlässigkeit ist gemäß § 276 Abs. 1 S. 2 BGB die Außerachtlassung der **im Verkehr erforderlichen Sorgfalt.** Hätte der Handelnde die Verletzung des Kennzeichenrechts auch bei Anwendung der erforderlichen Sorgfalt nicht vermeiden können, scheidet eine Haftung wegen Fahrlässigkeit aus. Davon ist nur dann auszugehen, wenn für den Verletzer die tatsächlichen Umstände nicht zu erkennen waren oder er mit einer Bewertung als Kennzeichenverletzung nicht zu rechnen brauchte (Goldmann Unternehmenskennzeichen § 19 Rn. 540).

b) Sorgfaltsverstoß bei Unkenntnis der Tatumstände. An die Sorgfaltspflicht legt die **716** höchstrichterliche Rechtsprechung im Urheberrecht, gewerblichen Rechtsschutz und Wettbewerbsrecht einen **strengen Maßstab** an (BGH GRUR 1999, 923 (928) – Tele-Info-CD). Dies gilt selbstverständlich auch bei der Verletzung von Kennzeichenrechten. Der Grad der anzuwendenden Sorgfalt wird unter Berücksichtigung der Anschauungen und Gepflogenheiten der jeweiligen Verkehrskreise nach objektiven Maßstäben bestimmt (BGH GRUR 1974, 735 (737) – Pharmamedan). Bei der gebotenen typisierenden Betrachtungsweise sind unterschiedliche graduelle Anforderungen an die Sorgfalt möglich. Bei der Kennzeichnung einer Ware durch den Hersteller oder bei der Wahl eines neuen Unternehmenskennzeichens durch den Unternehmensgründer können strengere Anforderungen zu stellen sein als an einen kleinen Einzelhändler beim Vertrieb von Waren, die er bereits markiert bezieht. Verglichen mit diesem treffen wiederum Importeure und große Handelsketten strengere und weitergehende Sorgfaltspflichten (Goldmann Unternehmenskennzeichen § 19 Rn. 541).

Die im Verkehr erforderliche Sorgfalt verlangt von demjenigen, der ein Zeichen im geschäftli- **717** chen Verkehr benutzen will, zuvor **alle möglichen und zumutbaren Nachforschungen** anzustellen und zu prüfen, ob es geeignet ist, fremde Kennzeichenrechte zu verletzen (BGH GRUR 2008, 1104 Rn. 35 – Haus & Grund II; GRUR 1974, 735, 737 – Pharmamedan; OLG Hamm BeckRS 2013, 07148 – MEBATEC/BeBa Tec; LG Düsseldorf GRUR-RS 2020, 48431 Rn. 34 – LOOK IT). In aller Regel vorsätzlich (→ Rn. 714), zumindest aber fahrlässig handelt derjenige, der nach einem **Widerspruch,** einer **Berechtigungsanfrage** oder einer **Abmahnung** das rechtsverletzende Zeichen (weiter) benutzt (BGH GRUR 2009, 685 Rn. 34 – ahd.de; GRUR 2009, 515 Rn. 27 – Motorradreiniger).

Wer ein **Kennzeichen als eigenes** neu in Gebrauch nehmen will, muss sich davon überzeugen, **718** dass er kein prioritätsälteres Recht eines Dritten verletzt; er hat sich sorgfältig über das Vorhandensein identischer oder verwechslungsfähiger Zeichen zu unterrichten (BGH GRUR 1974, 735 (737) – Pharmamedan; GRUR 1971, 251 (253) – Oldtimer; 24.10.1958 – I ZR 102/57 – Alfa). Gleiches gilt für denjenigen, der unter Verwendung seines bisherigen Kennzeichens seine Geschäftstätigkeit auf einen anderen Geschäftsgegenstand ausdehnt (Goldmann Unternehmenskennzeichen § 19 Rn. 543; vgl. BGH GRUR 1999, 492 (495) – Altberliner). Stets fahrlässig handelt, wer nicht einmal die Möglichkeit der Recherche nach eingetragenen Marken und in den Handelsregistern verzeichneten Firmen nutzt und eine solche **Recherche professionell durchführen und auswerten** lässt, und zwar vor der eigenen Benutzungsaufnahme bzw. Markenanmeldung oder Anmeldung als Firma zum Handelsregister (vgl. BGH GRUR 2008, 1104 Rn. 35 – Haus & Grund II; OLG Köln GRUR-RR 2009, 335 (337) – Power Moon; OLG Hamm BeckRS 2013, 07148 – MEBATEC/BeBa Tec). Wer allerdings eine intensive Suche nach älteren Kennzeichenrechten durchführt und dabei ein Kennzeichen übersieht, das weder in irgendeinem Register noch in einem Telefonbuch eingetragen ist und das auch nicht durch eine Recherche in den gängigen Internetsuchmaschinen zu ermitteln ist, handelt **schuldlos** (Goldmann Unternehmenskennzeichen § 19 Rn. 547). Im Einzelnen gilt folgendes:

Bei **eingetragenen Marken** iSd § 4 Nr. 1 kann mit Blick auf die modernen elektronischen **719** Recherchemöglichkeiten grundsätzlich Kenntnis ab dem Tag der Veröffentlichung erwartet werden (BGH GRUR 2007, 877 Rn. 21 – Windsor Estate), jedenfalls aber 14 Tage nach der Veröffentlichung (OLG München GRUR-RS 2018, 49914 Rn. 43 – Project X; OLG Köln WRP 2009, 1290 (1295) – AQUA CLEAN KOI). Nicht nur eine selbst durchgeführte Recherche, auch die **Einschaltung von Recherchediensten** ist zumutbar (BGH GRUR 1971, 251 (253) – Oldtimer; GRUR 1957, 222 (223) – Sultan).

720   Bei **Benutzungsmarken** iSd § 4 Nr. 2 kann wegen der bestehenden Verkehrsgeltung ohne weiteres dann von einer Möglichkeit der Kenntnis bei sorgfältiger Markenwahrnehmung ausgegangen werden, wenn der Verletzer selbst in dem Gebiet der Verkehrsgeltung ansässig ist. Ist er außerhalb ansässig, besteht eine Pflicht zu einer entsprechenden **Marktbeobachtung,** bei der neben der Durchführung einer Internetrecherche über eine gängige Suchmaschine auch Veröffentlichungen in Fachzeitschriften, Katalogen, Fachmessen sowie Werbung in den allgemeinen Printmedien sowie Radio und Fernsehwerbung zur Kenntnis zu nehmen hat (Ströbele/Hacker/Thiering/Thiering Rn. 688).

721   Bei **notorisch bekannten Marken** iSd § 4 Nr. 3 kann generell von einer Möglichkeit der Kenntnis bei Anwendung der im Verkehr erforderliche Sorgfalt ausgegangen werden.

722   Bei **Unternehmenskennzeichen** ist zu differenzieren. Früher wurde mangels eines zentralen Handelsregisters nicht verlangt, dass bei allen Amtsgerichten eine separate Recherche nach **älteren Firmen** iSd § 5 Abs. 2 S. 1 Alt. 2 durchgeführt wird (BGH GRUR 1974, 735 (737) – Pharmamedan; Malzer GRUR 1974, 697 (698)). Daran kann nicht mehr festgehalten werden. Mit der Rechercheplattform „www.handelsregister.de" steht heute eine zentrale Datenbank zur Verfügung, über die alle älteren Firmen bundesweit recherchiert werden können. Die Durchführung einer solchen **bundesweiten Handelsregisterrecherche** ist ohne weiteres zumutbar (LG Düsseldorf BeckRS 2015, 12250 – Pro VITA I; Goldmann Unternehmenskennzeichen § 19 Rn. 545; ebenso bereits OLG Stuttgart BeckRS 2009, 10933 – soco.de). Wegen älterer **Namen** iSd § 5 Abs. 2 S. 1 Alt. 1 und **besonderer Geschäftsbezeichnungen** iSd § 5 Abs. 2 S. 1 Alt. 3 muss eine Recherche aus öffentlich zugänglichen Quellen erfolgen, die das Gebiet abdeckt, in dem das neue Kennzeichen in Gebrauch genommen werden soll. Auch im **Vereinsregister** muss recherchiert werden (BGH GRUR 2008, 1104 Rn. 35 – Haus & Grund II), da auch rechtsfähige Vereine ein Unternehmen betreiben und im geschäftlichen Verkehr handeln können und dann für ihren Namen einen Schutz als Unternehmenskennzeichen iSd § 5 Abs. 2 S. 1 Alt. 1 erhalten (→ § 5 Rn. 24). Eine Recherchepflicht besteht auch hinsichtlich **Geschäftsabzeichen** iSd § 5 Abs. 2 S. 2 Alt. 1 und **sonstiger betrieblicher Unterscheidungszeichen** iSd § 5 Abs. 2 S. 2 Alt. 2. Hier gelten dieselben Pflichten zur Marktwahrnehmung und Marktbeobachtung wie bei der Benutzungsmarke (→ Rn. 720). Zur Prüfung, ob ältere Unternehmenskennzeichen bestehen, bietet sich zunächst eine **Internetrecherche** mit Hilfe der gängigen Suchmaschinen an (Goldmann Unternehmenskennzeichen § 19 Rn. 544). Zusätzlich müssen Telefonbücher und die einschlägigen **Verzeichnisse** der **relevanten Branche** durchsucht werden (BGH GRUR 1974, 735 (737) – Pharmamedan; LG Düsseldorf BeckRS 2012, 01846 – SABO). Wer künftig ein Zeichen in Gebrauch nehmen will, das in der Vergangenheit von einem anderen als Unternehmenskennzeichen benutzt wurde, muss sorgfältig prüfen, ob sein Schutz wegen **endgültiger Aufgabe des Unternehmens** erloschen ist oder wegen nur vorübergehender Stilllegung weiter fortbesteht (OLG Köln GRUR 1950, 238 (240) – Capitol; Goldmann Unternehmenskennzeichen § 19 Rn. 543; zur Abgrenzung → § 5 Rn. 139 ff.). Eine **Identitätsrecherche** ohne Berücksichtigung ähnlicher Zeichen **genügt nicht** (BGH GRUR 1960, 186 (189) – Arctos; OLG Stuttgart BeckRS 2009, 10933 – soco.de). Auch **ähnliche Unternehmenskennzeichen** müssen recherchiert werden (OLG Hamm BeckRS 2013, 07148 – MEBATEC/BeBa Tec). Sachlich muss die Recherche jedenfalls die **eigene Branche** abdecken bzw. den Waren- oder Dienstleistungsbereich, in dem die Benutzung des jüngeren Zeichens aufgenommen werden soll (Goldmann Unternehmenskennzeichen § 19 Rn. 549; Malzer GRUR 1974, 697 (698)). Bisher fehlt höchstrichterliche Rechtsprechung zu der Frage, ob und in welchem Umfang Nachforschungen auch in Bezug auf andere Branchen bzw. auf andere Waren und Dienstleistungen erforderlich sind. Angesichts der großen Weite der Branchennähe und der Verwechslungsgefahr beim Unternehmenskennzeichen (ausführlich Goldmann MarkenR 2018, 347 ff.; Goldmann Unternehmenskennzeichen § 13 Rn. 598 ff.) ist im Vorhinein regelmäßig kaum je sicher vorhersehbar, auf welche Geschäftsbereiche sich die Verwechslungsgefahr erstreckt. Legt man den extrem weiten Begriff der Verwechslungsgefahr nach § 15 Abs. 2 zugrunde, bestünde eine sehr umfangreiche Recherchepflicht. Erforderlich wären dann Nachforschungen in allen Geschäftsbereichen, die nach einer umfassenden wirtschaftlichen Betrachtungsweise dem eigenen Tätigkeitsfeld derart nahestehen, dass gerade noch mit der Möglichkeit von Verwechslungen gerechnet werden kann. Dies geht zu weit, denn die Verwechslungsgefahr ist immer auch abhängig von dem Grad der Zeichenähnlichkeit und dem Grad der Kennzeichnungskraft des älteren Unternehmenskennzeichens (→ § 15 Rn. 33). Wegen dieser Wechselwirkung sind im Zeitpunkt der Ingebrauchnahme eines jüngeren Kennzeichens nicht alle gerade noch branchennahen Geschäftsbereiche ohne weiteres bestimmbar. Richtigerweise wird man daher nur verlangen können, dass sich die Nachforschungen auf nach der Verkehrsauffassung **sehr nahe Branchen** erstrecken (Goldmann Unternehmenskennzeichen § 19 Rn. 550; Malzer GRUR 1974, 697 (698)).

Bei **Werktiteln** besteht eine Pflicht zur Recherche nach identischen oder ähnlichen Werktiteln, **723** die im Bereich der Werknähe bereits auf dem Markt sind (vgl. OLG Hamburg NJW-RR 1995, 430 (433) – Paurpoint/Power Point).

Bei einer **zunächst rechtmäßig aufgenommenen Benutzung** eines Zeichens, das zum **724** Zeitpunkt der Benutzungsaufnahme noch nicht mit einem als Marke oder geschäftliche Bezeichnung geschützten Zeichen eines Dritten in Konflikt tritt, gilt: Der Markt muss nicht ständig daraufhin beobachtet werden, ob später ein rechtlich geschütztes Zeichenrecht auf den Plan tritt (BGH GRUR 1971, 251 (253) – Oldtimer; OLG Hamm BeckRS 2016, 18984 Rn. 103 – POSTMAXX; Ingerl/Rohnke/Nordemann/Jaworski Vor §§ 14–19d Rn. 280; aA OLG München GRUR-RS 2018, 49914 Rn. 43 – Project X: Recherchepflicht beschränkt sich nicht auf den Zeitpunkt des Beginns der Inbenutzungnahme des Kennzeichens, sondern gilt mit Blick auf später erfolgende Eintragungen kontinuierlich). Verschulden liegt aber ab dem Zeitpunkt vor, zu welchem dem Verletzer das rechtlich geschützte Zeichen bekannt wird (OLG Hamburg BeckRS 2009, 13883 – Schokoladenstäbchen) oder er einen besonderen Anlass zur Nachforschung erhält (BGH GRUR 1971, 251 (253) – Oldtimer; OLG Hamm BeckRS 2016, 18984 Rn. 103 – POSTMAXX).

Wer im geschäftlichen Verkehr mit gekennzeichneten **Waren handelt,** darf sich nicht darauf **725** verlassen, dass die ihm angedienten Waren markenrechtskonform sind; ihn trifft vielmehr eine Pflicht zur Überprüfung, ob nicht ältere Kennzeichenrechte verletzt werden (LG Düsseldorf GRUR-RS 2020, 48958 Rn. 57 – Uhrenmarke; Goldmann Unternehmenskennzeichen § 19 Rn. 543). Diese **umfassende Recherche- und Erkundigungspflicht** (LG Düsseldorf GRUR-RS 2020, 48431 Rn. 34 – LOOK IT; → Rn. 717) gilt für Großhändler (LG Berlin 1.4.2016 – 15 O 556/15 – MO-37 und MO-39) ebenso wie für Einzelhändler (LG München I 16.5.2006 – 33 O 20592/05 – Toile Monogram; LG Düsseldorf GRUR-RS 2020, 48431 Rn. 34 – LOOK IT). Gewerbliche Einkäufer müssen gerade in Anbetracht der Verbreitung von Piratewaren beim Einkauf von **Markenware** weithin bekannter Marken regelmäßig deren **Echtheit überprüfen.** Es genügt nicht, sich vom Vorlieferanten die Echtheit bestätigen zu lassen (OLG Hamburg 15.9.2011 – 3 U 154/10 – Converse All Star). Der Käufer ist zu besonderen **Nachforschungen** verpflichtet, wenn Anhaltspunkte für ernsthafte **Zweifel** an der Herkunft der Ware vorliegen. Stets sind dabei die besonderen Umstände des Einzelfalls zu berücksichtigen. Solche Anhaltspunkte liegen aber nicht bereits deshalb vor, weil die Ware nicht direkt vom Zeicheninhaber oder einem namhaften Großhändler bezogen wird (BGH GRUR 1987, 524 (525) – Chanel No. 5 II; GRUR 1987, 520 (522) – Chanel No. 5 I).

Bei **Originalwaren** müssen gewerbliche Einkäufer aber sicherstellen, dass **Erschöpfung** einge- **726** treten ist, wenn diese Ware außerhalb des vom Markeninhaber organisierten und lizenzierten Vertriebsweges beschafft wurde (BGH GRUR 2006, 421 Rn. 46 – Markenparfümverkäufe; OLG Düsseldorf GRUR-RS 2020, 49596 Rn. 37 – Hyundai-Grauimport; GRUR-RR 2011, 323 (325) – Converse). Es genügt nicht, sich vom Vorlieferanten die freie Verkehrsfähigkeit im EWR bestätigen zu lassen (OLG Hamburg 15.9.2011 – 3 U 154/10 – Converse All Star; LG Düsseldorf GRUR-RS 2020, 48958 Rn. 57 – Uhrenmarke). Erforderlich sind **Nachforschungen hinsichtlich Herkunft und Vertriebsweg.** Der gewerbliche Einkäufer muss sich bei seinem Lieferanten dezidiert nach den Lieferwegen erkundigen und sich diese ggf. unter Vorlage von Rechnungen bestätigen lassen (OLG Hamburg 15.9.2011 – 3 U 154/10 – Converse All Star). Eine entsprechende eidesstattliche Versicherung des Lieferanten ohne Vorlage von Belegen reicht nicht aus (LG Düsseldorf GRUR-RS 2020, 48958 Rn. 57 – Uhrenmarke). Wer gekennzeichnete Ware von einem Lieferanten bezieht, der als Lizenznehmer des Kennzeicheninhabers auftritt, muss sich über das tatsächliche Bestehen der **Lizenzbeziehung** vergewissern. Unterbleibt diese Überprüfung und besteht tatsächlich gar keine Lizenzbeziehung, geschieht die Kennzeichenverletzung schuldhaft (Goldmann Unternehmenskennzeichen § 19 Rn. 562). Dasselbe gilt, wenn jemand behauptet, er könne im Namen des Zeicheninhabers in die Zeichennutzung einwilligen (LG München I 7.5.1997 – 7 HKO 2682/97 – paulaner.de; Goldmann Unternehmenskennzeichen § 19 Rn. 563). Schuldlos handelt demgegenüber in aller Regel, wer von einem **tatsächlichen Lizenznehmer** des Marken- oder Kennzeicheninhabers Waren bezieht, die dieser unter Verstoß gegen eine Verwendungsbeschränkung hergestellt, vertrieben oder angeboten hat, sofern nicht der Verstoß ausnahmsweise offensichtlich ist. Den Abnehmer trifft insoweit keine Obliegenheit, sich vor dem Bezug über die genauen Bedingungen des Lizenzvertrages zu informieren. Erst recht gilt dies für Abnehmer auf weiteren Handelsstufen. In diesen Fällen kommt ein Verschulden in aller Regel erst ab Zugang einer berechtigten Abmahnung (ggf. zuzüglich einer angemessenen Überprüfungs- und Überlegungsfrist) in Betracht (Goldmann Unternehmenskennzeichen § 19 Rn. 563).

727 Ist der **Verletzer selbst Lizenznehmer gewesen** oder bestand sonst ein Vertragsverhältnis, das ihn zur Zeichenführung berechtigte, so handelt er ab Kündigung jedenfalls fahrlässig (OLG Düsseldorf BeckRS 2008, 5813 Rn. 28 – IMT; LG München I GRUR-RS 2021, 37340 Rn. 76 – AQUACOMET). Dasselbe gilt ab dem Zeitpunkt, zu dem eine einseitig erteilte Gestattung beendet wird. Dieser kann je nach den Umständen des Einzelfalles unmittelbar auf die Kündigung der Gestattung folgen oder erst nach einer angemessenen Frist, deren Dauer sich, wenn nichts anderes bestimmt ist, nach der Interessenlage und den Umständen ergibt (vgl. hierzu OLG Frankfurt GRUR-RR 2020, 361 Rn. 29 ff. – Kommissionsagentin).

728 **Während** der **Dauer des Lizenzvertrages** handelt der Lizenznehmer fahrlässig, wenn er **Verwendungsbeschränkungen** iSv § 30 Abs. 2 zuwiderhandelt. Was vertragliche Leistungspflichten angeht, trägt nämlich der Verpflichtete im Hinblick auf den Geltungsanspruch des Rechts grundsätzlich das Risiko eines Irrtums über die Rechtslage selbst, weshalb an das Vorliegen eines unverschuldeten Rechtsirrtums des seine Leistungspflichten verletzenden Schuldners strenge Anforderungen zu stellen sind (BGH NJW 2014, 2717 Rn. 34 ff.). Bei Verletzungen der allgemeinen Pflicht zur Rücksichtnahme nach § 241 Abs. 2 BGB oder der allgemeinen vertraglichen Treuepflicht (§ 242 BGB) ist der Haftungsmaßstab milder, so dass ein Verschulden zu verneinen ist, wenn der Lizenznehmer sorgfältig prüft bzw. durch seine Rechtsberater prüfen lässt, ob der eigene Rechtsstandpunkt plausibel ist, oder er sich bei seinem Vorgehen von vernünftigen und billigen Überlegungen hat leiten lassen (LG Düsseldorf 3.7.2020 – 38 O 126/16 – CWS; vgl. BGH NJW 2013, 2027 Rn. 46; vgl. auch BGH GRUR 2018, 832 Rn. 88 – Ballerinaschuh). Verwendungsbeschränkungen sind aber nicht allgemeine Rücksichtnahmepflichten, sondern **echte vertragliche Leistungspflichten.**

729 **c) Sorgfaltsverstoß bei der rechtlichen Bewertung.** Wer durch präsentes Wissen oder infolge von Recherchen Kenntnis von einem identischen oder ähnlichen Zeichenrecht hat, muss sorgfältig prüfen, ob unter Berücksichtigung der Identität und Ähnlichkeit der Waren und Dienstleistungen (bzw. der Branchennähe oder der Werknähe), des Grads der Ähnlichkeit der Zeichen und der Kennzeichnungskraft des älteren Kennzeichens gemäß § 14 Abs. 2 Nr. 2, § 15 Abs. 2 eine Verwechslungsgefahr im engeren oder weiteren Sinne besteht (OLG Hamburg 11.3.2021 – 5 U 31/17 – Soccx). Entsprechendes gilt für bekannte Marken und geschäftliche Bezeichnungen und die relevanten Angriffsformen des erweiterten Schutzes (§ 14 Abs. 2 Nr. 3, § 15 Abs. 3). Auch die Frage einer markenmäßigen, kennzeichenmäßigen oder werktitelmäßigen Benutzung ist zu prüfen (vgl. OLG Frankfurt GRUR-RR 2018, 339 Rn. 47 – Hudson). Hinzu kommt je nach Fallgestaltung die stark einzelfallabhängige Einschätzung, ob eine Schrankenregelung des § 23 greift. Auch bei der Frage, ob die Ware gemäß § 24 erschöpft ist, geht es mitunter um komplexe Wertungsfragen. Eine solche Prüfung wird einen Gewerbetreibenden regelmäßig überfordern. Zu seinen Sorgfaltspflichten gehört es deshalb, **kundigen Rechtsrat** einzuholen. Wird kein Rechtsrat eingeholt, begründet allein dies den Fahrlässigkeitsvorwurf (OLG Hamburg 11.3.2021 – 5 U 31/17 – Soccx). Ist Ergebnis des Rechtsrats, dass eine Beurteilung als Marken- oder Kennzeichenverletzung durchaus im Rahmen des möglichen liegt, geschieht eine dennoch stattfindende Benutzung des rechtsverletzenden Zeichens zumindest fahrlässig, in der Regel aber sogar mit – jedenfalls bedingtem – Vorsatz (OLG Hamburg 11.3.2021 – 5 U 31/17 – Soccx; Goldmann Unternehmenskennzeichen § 19 Rn. 555 f.).

730 Ein unzutreffender Rechtsrat dahingehend, dass die Zeichenbenutzung zulässig und mit einer Beurteilung als Rechtsverletzung nicht zu rechnen sei, führt nicht ohne weiteres zu einem **schuldausschließenden Rechtsirrtum** (BGH GRUR 1957, 342 (347) – Underberg). Hier gilt: Nur wenn der Irrende selbst bei Beachtung der im Verkehr erforderlichen Sorgfalt mit einer anderen gerichtlichen Beurteilung nicht zu rechnen brauchte, ist der Rechtsirrtum unvermeidbar und entschuldigt (BGH GRUR 2002, 248 (252) – Spiegel-CD-ROM; GRUR 1987, 564 (565) – Taxi-Genossenschaft). Der Irrtum über die Reichweite des Schutzumfangs eines Kennzeichenrechts ist in der Regel vermeidbar (OLG Hamburg GRUR 1973, 368 (370) – Drei-Streifen-Kennzeichnung). Bei einer unklaren Rechtslage **trägt der Verletzer das Risiko,** dass sein Verhalten als rechtswidrig bewertet wird (BGH GRUR 2010, 738 Rn. 40 – Peek & Cloppenburg I; GRUR 2009, 515 Rn. 34 – Motorradreiniger; GRUR 1995, 825 (829) – Torres; GRUR 1957, 342 (347) – Underberg). Entscheidungen der **Land- oder Oberlandesgerichte** oder günstige Ent-

scheidungen im Amtsverfahren (**DPMA** oder **EUIPO** bzw. **EuG**) können daher den Rechtsirrtum **nicht** entschuldigen (vgl. zum Amtsverfahren vor dem DPMA BGH GRUR 1993, 556 (559) – TRIANGLE). Eine davon abweichende ungünstige rechtliche Bewertung durch die höchste Instanz bleibt weiterhin möglich (Goldmann Unternehmenskennzeichen § 19 Rn. 569; vgl. BGH GRUR 1965, 198 (202) – Küchenmaschine; GRUR 1963, 197 (202) – Zahnprothesen-Pflegemittel). Hat die **höchstrichterliche Rechtsprechung** des BGH das Verhalten des Verletzers in der Vergangenheit jedoch für zulässig erklärt, braucht nicht mit einer Änderung der Rechtsprechung und einer anderen rechtlichen Bewertung gerechnet zu werden. Dies gilt selbst dann, wenn die Rechtsauffassung des BGH bei den Instanzgerichten oder in der Literatur mittlerweile umstritten ist (vgl. BGH GRUR 1961, 97 (99) – Sportheim; GRUR 1959, 365 (367) – Englisch-Lavendel). Fehlt es an einschlägiger Rechtsprechung, kann ggf. auch eine nahezu einhellige Auffassung in der Literatur zu einem schuldausschließenden Rechtsirrtum führen; das Urteil eines einzelnen OLG genügt hierfür regelmäßig nicht (vgl. BGH GRUR 2020, 738 Rn. 48 – Internet-Radiorecorder).

Früher hat die Rechtsprechung Rechtsirrtümer allerdings auch dann entschuldigt, wenn es um **731** die Beurteilung neuer und **rechtlich schwieriger Tatbestände** ging, für die es nicht nur an festen Grundsätzen, sondern auch an verwertbaren Hinweisen in der bisherigen höchstrichterlichen Rechtsprechung fehlte (BGH GRUR 1969, 418 (422) – Standesbeamte; GRUR 1960, 200 (202) – Abitz II) und der Handelnde sich für seine Auffassung jedenfalls auf vereinzelte Entscheidungen der Instanzgerichte oder auf namhafte Vertreter im Schrifttum berufen konnte (vgl. BGH GRUR 1996, 271 (275) – Gefärbte Jeans) sowie bei einer „differenzierten und auf Nuancen abstellenden Rechtsprechung" (OLG Stuttgart NJWE-WettbR 1997, 75 (77) – Laufleistung 100.000 km). Diese Ansicht ist überholt (hierzu und zum folgenden Goldmann Unternehmenskennzeichen § 19 Rn. 560; aA Fezer/Büscher/Obergfell/Koos UWG § 9 Rn. 15; differenzierend Schaub in Teplitzky Wettbewerbsrechtliche Ansprüche und Verfahren Kap. 30 Rn. 16). Die Rechtslage ist nämlich so lange objektiv unklar, bis sie vom BGH höchstrichterlich entschieden ist: Bei einer zweifelhaften Rechtsfrage, in der sich noch keine einheitliche Rechtsprechung gebildet hat und die insbesondere nicht durch höchstrichterliche Entscheidungen geklärt ist, wird genau derjenige **Grenzbereich des rechtlich Zulässigen** betreten, innerhalb dessen der Handelnde eine von der eigenen Einschätzung abweichende Beurteilung der rechtlichen Zulässigkeit in Betracht ziehen muss (BGH GRUR 2022, 229 Rn. 68 – ÖKO-TEST III; GRUR 1999, 1011 (1014) – Werbebeilage; GRUR 1999, 923 (928) – Tele-Info-CD; OLG Hamburg GRUR-RS 2021, 14197 Rn. 112 – CATALOX/KATALOX). Bei einer unklaren Rechtslage trägt der Verletzer das Risiko, dass sein Verhalten als rechtswidrig bewertet wird (BGH GRUR 2010, 738 Rn. 40 – Peek & Cloppenburg I; GRUR 2009, 515 Rn. 34 – Motorradreiniger; GRUR 1995, 825 (829) – Torres). Dieser strenge Maßstab macht den Einwand des Rechtsirrtums auch bei noch so sorgfältiger Beiziehung anwaltlichen oder gutachterlichen Rates bei einer Marken- oder Kennzeichenverletzung praktisch aussichtslos (Goldmann Unternehmenskennzeichen § 19 Rn. 560).

Holt der Verletzer ein Rechtsgutachten ein, trägt er selbstverständlich auch das **Risiko,** dass **732** er seinem Rechtsanwalt oder Rechtsgutachter die zugrundeliegenden **Tatsachen zutreffend übermittelt,** und das Risiko, dass er den erhaltenen **Rechtsrat richtig versteht und sorgfältig befolgt** (vgl. RGZ 121, 357 (364) – Universal-Rechner; Goldmann Unternehmenskennzeichen § 19 Rn. 561).

VI. Art und Umfang des Schadensersatzes

1. Begriff des Schadens

a) Grundlagen. Art. 13 S. 1 Enforcement-RL gebietet einen angemessenen Ersatz „des wegen **733** der Verletzungshandlung erlittenen tatsächlichen Schadens". Zum Schaden in diesem Sinne gehören ohne weiteres die „negativen wirtschaftlichen Auswirkungen, einschließlich der Gewinneinbußen für die geschädigte Partei" iSd Art. 13 Abs. 1 lit. a Enforcement-RL. Neben der objektiven Ausgleichsfunktion hat der Schadensersatz – wie alle in der Enforcement-RL vorgesehenen Sanktionen – gemäß Art. 3 Abs. 2 Enforcement-RL auch eine Abschreckungswirkung (→ Rn. 694).

Entsprechend den Grundregeln im bürgerlichen Recht ist Ausgangspunkt zur Berechnung des **734** Schadens im Kennzeichenrecht die **Differenzhypothese** (hierzu und zum folgenden Goldmann Unternehmenskennzeichen § 19 Rn. 565 f.). Zu vergleichen sind zwei Güterlagen, nämlich zum einen die tatsächliche Güterlage, wie sie durch das schädigende Ereignis geschaffen wurde, und zum anderen die hypothetische Güterlage, wie sie bei Hinwegdenken des Ereignisses bestehen würde (BGHZ 99, 182 (196) = NJW 1987, 831; RGZ 77, 99 (101)). Wenn bei diesem Vergleich der tatsächliche Wert des Vermögens des Geschädigten geringer ist als der Wert, den das Vermögen ohne das die Ersatzpflicht begründende Ereignis hätte, liegt in der Differenz der Vermögensschaden (BGHZ 99, 182 (196) = NJW 1987, 831; BGHZ 27, 181 (183) = NJW 1958, 1085). Maßstab ist die adäquate Kausalität (→ Rn. 741 ff.). Im Grundsatz wird zwischen zwei Kategorien des Schadens unterschieden: der Verminderung des vorhandenen Vermögens in seinem Bestand (damnum emergens, **„positiver Schaden"**) und der Verhinderung eines Vermögenszuwachses (lucrum cessans, **„entgangener Gewinn"**). Dabei genügt für eine Schädigung jede nachteilige Einwirkung auf die Vermögenslage im Allgemeinen, auch die Beeinträchtigung einer bloß tatsächlichen Erwerbsaussicht (BGH GRUR 1966, 375 (378) – Meßmer-Tee II; Harte-Bavendamm/Henning-Bodewig/Goldmann UWG § 9 Rn. 116).

735   Im Immaterialgüterrechts gelten allerdings ganz entscheidende Besonderheiten, die im Ergebnis von der Differenzhypothese in ihrer klassischen Handhabung wegführen: Die Richtlinie definiert den Begriff des Schadens nicht. Er wird in Erwägungsgrund 26 Enforcement-RL und in Art. 13 Enforcement-RL stillschweigend vorausgesetzt. Sie unterscheidet in Erwägungsgrund 26 Enforcement-RL und in Art. 13 Enforcement-RL nämlich zwischen dem Schaden einerseits und dessen Ersatz in Geld andererseits. Damit geht die Richtlinie davon aus, dass der **Schaden** bereits in der **Verletzung** des Immaterialgüterrechts liegt (Goldmann Unternehmenskennzeichen § 19 Rn. 567). Dies steht im Einklang mit der Rechtsprechung des BGH (BGH GRUR 2022, 229 Rn. 71 – ÖKO-TEST III; GRUR 2012, 1226 Rn. 15 – Flaschenträger; GRUR 2010, 239 Rn. 23 – BTK; GRUR 2009, 515 Rn. 29 – Motorradreiniger): Dadurch, dass der Verletzer die von dem rechtlich geschützten immateriellen Schutzgut vermittelten konkreten Marktchancen für sich nutzt und zugleich dem Rechtsinhaber entzieht, entsteht diesem ein Schaden (BGH GRUR 2022, 229 Rn. 71 – ÖKO-TEST III; GRUR 2012, 1226 Rn. 15 – Flaschenträger; GRUR 2010, 239 Rn. 23 – BTK).

735.1   Der Rechtsinhaber muss daher nicht mehr auf der Grundlage der Differenzhypothese darlegen, dass seine Vermögenslage nach der Verletzung schlechter ist als zuvor. Um auf die Feststellung der Schadensersatzpflicht klagen zu können, sind zur Begründung des Feststellungsinteresses gem. § 256 ZPO auf der Differenzhypothese aufbauende ergänzende Ausführungen, wie etwa zum sog. „Marktverwirrungsschaden" (→ Rn. 759) oder zur graduellen Schwächung der Kennzeichnungskraft des eigenen Zeichens (vgl. BGH GRUR 1966, 375 (378) – Meßmer-Tee II) nicht mehr erforderlich (OLG Düsseldorf GRUR-RR 2013, 21 (23) – Charité; Goldmann Unternehmenskennzeichen § 19 Rn. 568; v. Ungern-Sternberg GRUR 2009, 460 (461); aA noch BGH GRUR 1997, 468 (470) – NetCom I).

736   Werden mit einer Verletzungshandlung gleichzeitig mehrere gleichlautende (kongruente) oder ähnliche Kennzeichenrechte desselben Inhabers verletzt, wird der dadurch entstandene **Schaden** in der Praxis **nur einmal ersetzt.** Dem steht Art. 13 Abs. 1 Enforcement-RL wohl nicht entgegen. Im Sinne dieser Bestimmung ist der „erlittene tatsächliche Schaden" trotz der Verletzung mehrerer Rechte wohl als ein einheitlicher Schaden zu sehen (Goldmann Unternehmenskennzeichen § 19 Rn. 569). Ob diese Auffassung richtig ist oder ob doch für jedes verletzte Schutzrecht ein gesonderter Schadensersatz verlangt werden kann, muss ggf. im Wege eines Vorabentscheidungsverfahrens gemäß **Art. 267 AEUV** durch den EuGH geklärt werden.

737   Nach der deutschen Rechtspraxis, die mit Art. 13 Enforcement-RL im Einklang steht, kann der verletzte Rechtsinhaber zur Kompensation dieses Schadens zwischen **drei methodischen Ansätzen** wählen: der konkreten, den entgangenen Gewinn einschließenden Schadensberechnung sowie der Geltendmachung einer angemessenen Lizenzgebühr und der Herausgabe des Verletzergewinns (BGH GRUR 2012, 1226 Rn. 16 – Flaschenträger). Die in Art. 13 Abs. 1 Enforcement-RL vorgesehenen Möglichkeiten der Schadensberechnung schließen eine **Berechnung des konkreten Schadens** nicht aus, der gemäß § 249 BGB aus dem positiven Schaden und gemäß §§ 249, 252 BGB aus dem entgangenen Gewinn besteht. Die Bestimmung verlangt angemessenen Ersatz „des wegen der Verletzungshandlung erlittenen tatsächlichen Schadens". Bereits nach diesem Wortlaut muss die traditionelle konkrete Schadensberechnung **weiterhin möglich** bleiben, weil sie den tatsächlich erlittenen Schaden abdeckt (Goldmann Unternehmenskennzeichen § 19 Rn. 570). Außerdem leistet die Enforcement-RL nur eine Mindestharmonisierung, so dass weitergehende Ansprüche des verletzten Rechtsinhabers möglich bleiben (→ Rn. 694).

738   **b) Kausalität und Zurechnungszusammenhang.** Nach den allgemeinen Grundsätzen setzen Ansprüche wegen der Verletzung eines Ausschließlichkeitsrechts voraus, dass ein **Zurechnungszusammenhang** zwischen dem als pflichtwidrig geltend gemachten Verhalten (Tun oder Unterlassen) und der Beeinträchtigung des geschützten Rechts vorliegt (BGH GRUR 2021, 1303

Rn. 19 – Die Filsbacher). Eine Schadensersatzpflicht setzt voraus, dass der Schaden in zurechenbarer Weise durch das zum Schadensersatz verpflichtende Ereignis **verursacht** worden ist. Dabei ist zu unterscheiden:

Bei der **haftungsbegründenden Kausalität** geht es darum, ob zwischen dem Verhalten des **739** Schädigers und der eingetretenen Rechts- oder Rechtsgutsverletzung ein Zurechnungszusammenhang gegeben ist. Systematisch gehört dieser Teil der Kausalkette zum Haftungs- und nicht zum Schadensrecht (Harte-Bavendamm/Henning-Bodewig/Goldmann UWG § 9 Rn. 142). Für die Ansprüche aus § 14 Abs. 6, § 15 Abs. 5 ist die haftungsbegründende Kausalität als Rechtsproblem (instruktiv hierzu BGH GRUR 2021, 1303 Rn. 19 ff. – Die Filsbacher) nicht relevant, da die tatbestandliche Anknüpfung an eine Verletzungshandlung eine zurechenbare Rechtsverletzung bereits voraussetzt (Goldmann Unternehmenskennzeichen § 19 Rn. 572).

Die **haftungsausfüllende Kausalität** ist der Zurechnungszusammenhang zwischen der **740** Rechtsverletzung und dem entstandenen Schaden. Eine Haftung besteht nur für diejenigen äquivalent und adäquat verursachten Schadensfolgen, die aus dem Bereich der Gefahren stammen, zu deren Abwendung die verletzte Norm erlassen wurde (BGH GRUR 2016, 831 Rn. 15 – Lebens-Kost; OLG Hamburg 11.3.2021 – 5 U 31/17 – Soccx).

Im Immaterialgüterrecht gilt wie im gesamten Wettbewerbsrecht und allgemein im deutschen **741** Deliktsrecht der **Maßstab adäquater Kausalität** (Goldmann Unternehmenskennzeichen § 19 Rn. 572; vgl. zum UWG BGH GRUR 2016, 831 Rn. 15 – Lebens-Kost; zum Kartellschadensersatz BGH GRUR 2012, 291 Rn. 44 – ORWI). Dieser Maßstab steht mit dem Unionsrecht in Einklang (BGH GRUR 2012, 291 Rn. 44 – ORWI, unter Bezugnahme auf EuG T-184/95, Slg. II-1998, 667 Rn. 72 = BeckRS 1998, 55207 – Dorsch Consult: „eine bei gewöhnlichem Geschehensablauf objektiv vorhersehbare Folge"). Neben der Äquivalenztheorie kommt die Adäquanztheorie zur Anwendung:

Das Grunderfordernis jeder Schadenszurechnung bildet die Verursachung des Schadens im **742** logisch-naturwissenschaftlichen Sinn (vgl. BGH GRUR 2021, 1303 Rn. 19 – Die Filsbacher; hierzu und zum folgenden Goldmann Unternehmenskennzeichen § 19 Rn. 575). Nach der natürlichen Betrachtung der **Äquivalenztheorie** ist jede Bedingung kausal, die nicht hinweggedacht werden kann, ohne dass der Erfolg entfiele (conditio sine qua non; vgl. BGH GRUR 2021, 1303 Rn. 19 – Die Filsbacher). Dabei ist zu beachten, dass zur Feststellung des Ursachenzusammenhangs nur die pflichtwidrige Handlung hinweggedacht, nicht aber weitere Umstände hinzugedacht werden dürfen (BGH NJW 2011, 2960 (2963); 1995, 126 (127)). Der Kausalitätsnachweis ist Mindestbedingung für die Haftung. Jeder Handlungsbeitrag, der für den Erfolgseintritt erforderlich war, wird als gleichwertig, also äquivalent, erachtet (BGH GRUR 2021, 1303 Rn. 19 – Die Filsbacher; Bamberger/Roth/Hau/Poseck/Flume BGB § 249 Rn. 280). Besteht das dem Verletzer vorgeworfene Verhalten in einem Unterlassen, ist zu fragen, ob eine pflichtgemäße Handlung den Eintritt des Schadens verhindert hätte (vgl. BGH GRUR 2021, 1303 Rn. 19 und 27 – Die Filsbacher; NJW 2012, 850 (851)). Die bloße Wahrscheinlichkeit des Nichteintritts genügt nicht (BGH NJW 1984, 432 (434)). Die sich aus der von der Äquivalenztheorie vorausgesetzten Gleichwertigkeit aller Ursachen ergebende weite Haftung grenzt die Rechtsprechung durch weitere Zurechnungskriterien wie die Adäquanz des Kausalverlaufs (→ Rn. 743) und den Schutzzweck der Norm (→ Rn. 745) ein (BGH GRUR 2021, 1303 Rn. 19 – Die Filsbacher).

Nach der wertenden Betrachtung der **Adäquanztheorie** gilt eine Rechtsverletzung durch **743** eine Handlung bzw. ein Schaden durch die Rechtsverletzung nur dann verursacht, wenn sie im Allgemeinen und nicht nur unter besonders eigenartigen, unwahrscheinlichen und nach dem gewöhnlichen Verlauf der Dinge außer Betracht zu lassenden Umständen geeignet ist, eine solche Rechtsverletzung bzw. einen solchen Schaden hervorzurufen (Goldmann Unternehmenskennzeichen § 19 Rn. 576; vgl. BGH GRUR 2016, 831 Rn. 15 – Lebens-Kost; allgemein zur Adäquanztheorie BGHZ 57, 137 (141) = NJW 1972, 36). Das Kriterium der Adäquanz soll nur Rechtsverletzungen bzw. **Schädigungen herausfiltern,** die **völlig außerhalb des zu erwartenden Verlaufs** stehen (Bamberger/Roth/Hau/Poseck/Flume BGB § 249 Rn. 284). Bei der Ermittlung der Adäquanz ist auf eine nachträgliche Prognose abzustellen, bei der neben den dem Schädiger bekannten Umständen alle einem **optimalen Betrachter** zur Zeit des Eintritts des Schadensereignisses erkennbaren Gegebenheiten zu berücksichtigen sind. Der so festgestellte Sachverhalt ist unter Heranziehung des gesamten, zur Zeit der Beurteilung zur Verfügung stehenden menschlichen Erfahrungswissens darauf zu prüfen, ob er den Eintritt des Schadens in erheblicher Weise begünstigt hat (BGH GRUR 2016, 961 Rn. 34 – Herstellerpreisempfehlung bei Amazon; OLG Hamburg 11.3.2021 – 5 U 31/17 – Soccx). An einer adäquaten Kausalität fehlt es zB bei der Schaltung einer AdWord-Kampagne mit für sich genommen vollkommen unverfänglichen Begriffen, wenn der zum Einsatz kommende Algorithmus in einer nicht vorhersehbaren Weise eine Verbindung zu einem fremden Unternehmenskennzeichen herstellt, die objektiv eine Verletzung des Unternehmenskennzeichens gem. §§ 5, 15 Abs. 2 darstellen kann (OLG Schleswig MMR 2017, 480 Rn. 26 – Wheel Clean Tec). An einer adäquaten Kausalität kann es auch fehlen, wenn der Geschädigte oder ein Dritter in völlig ungewöhnlicher und unsachgemäßer Weise in den schadensträchtigen Geschehensablauf eingreift und eine weitere Ursache setzt, die den Schaden erst endgültig herbeiführt (BGH GRUR 2016, 961 Rn. 34 – Herstellerpreisempfehlung bei Amazon).

744   Die Adäquanztheorie erfährt im Bereich der **psychisch vermittelten Kausalität** eine gewisse Modifikation. Konnte der geltend gemachte Schaden nicht ohne **eigenes Verhalten des Geschädigten** entstehen, das als solches auf einem freien Entschluss beruhte und erst nach dem zum Anlass der Ersatzforderung genommenen Geschehen in den hierdurch in Gang gesetzten Kausalverlauf eingegriffen hat, ist zwar der Kausalverlauf nicht unterbrochen (OLG Frankfurt GRUR-RR 2010, 482 (483) – heute gratis). Bei wertender Betrachtung ist aber grundsätzlich kein zum Schadensersatz verpflichtender Zusammenhang mehr gegeben (BGH GRUR 2016, 526 Rn. 31 – Irreführende Lieferantenangabe). Eine Ersatzpflicht kann allerdings auch dann der Billigkeit entsprechen, wenn für das tatsächliche Verhalten des Geschädigten nach dem haftungsbegründenden Ereignis ein rechtfertigender Anlass bestand oder es durch dieses Ereignis **herausgefordert** wurde und eine **nicht ungewöhnliche oder unangemessene Reaktion** darauf darstellte (BGH GRUR 2016, 526 Rn. 31 – Irreführende Lieferantenangabe; GRUR 2007, 631 Rn. 24 – Abmahnaktion). Bei Aufwendungen kommt eine Ersatzpflicht dann in Betracht, wenn ein wirtschaftlich denkender Mensch sie für notwendig erachten durfte, um einen konkret drohenden Schadenseintritt zu verhüten (BGH GRUR 2007, 631 Rn. 24 – Abmahnaktion; Harte-Bavendamm/Henning-Bodewig/Goldmann UWG § 9 Rn. 146).

744.1   Der BGH hat dies in einem Fall verneint, in dem der Verletzte statt des irreführend Werbenden irrtümlich ein Unternehmen mit einer ähnlich lautenden Firma verklagt und für diese – unbegründete – Klage erhebliche Kosten aufgewendet hat. Die Kosten dieses Prozesses wurden wegen des atypischen und ungewöhnlichen Kausalverlaufs nicht mehr adäquat durch die irreführende Werbung verursacht (BGH GRUR 1988, 313 (314) – Auto F. GmbH; Harte-Bavendamm/Henning-Bodewig/Goldmann UWG § 9 Rn. 146).

745   Eine Schadensersatzpflicht besteht nur, wenn und soweit der geltend gemachte Schaden nach Art und Entstehungsweise unter den durch Auslegung zu ermittelnden Schutzzweck der verletzten Norm fällt (BGH GRUR 2016, 830 Rn. 15 – Lebens-Kost). Es genügt nicht, wenn sich der Schaden bei wertender Beurteilung nur als Verwirklichung eines allgemeinen Lebensrisikos und nicht als Folge der Rechtsverletzung darstellt (Goldmann Unternehmenskennzeichen § 19 Rn. 578). Der Schaden muss gerade zu jenen Schäden gehören, die von der verletzten Verhaltenspflicht verhindert werden sollen (sog. **Lehre vom Schutzzweck der Norm;** vgl. BGH GRUR 2016, 830 Rn. 15 – Lebens-Kost; GRUR 2016, 526 Rn. 31 – Irreführende Lieferantenangabe). Mit dem Schutzzweck der Norm hängt der Einwand des **hypothetischen rechtmäßigen Alternativverhaltens** bzw. das Erfordernis des **Rechtswidrigkeitszusammenhangs** zusammen (Harte-Bavendamm/Henning-Bodewig/Goldmann UWG § 9 Rn. 159): Ein Schaden, der auch bei rechtmäßigem Handeln eingetreten wäre, kann und soll von der Rechtsordnung nicht verhindert und muss auch nicht ersetzt werden (RG GRUR 1939, 407 (412 f.) – Schüßler-Salze; MuW XXXVIII, 300 (301) – Vereinigte Bandfabriken; Goldmann Unternehmenskennzeichen § 19 Rn. 578). Die Beweislast dafür, dass der Schaden auch bei einem gedachten rechtmäßigen Handeln eingetreten wäre, trägt der Verletzer (BGH GRUR 1974, 286 (287) – Bastel-Wettbewerb II). Bei der Berechnungsmethode der Abschöpfung des Verletzergewinns wird ein hypothetisches rechtmäßiges Alternativverhalten jedoch nicht berücksichtigt (BGH GRUR 2012, 1226 Rn. 35 – Flaschenträger; → Rn. 822).

746   **c) Mitwirkendes Verschulden des Verletzten bei der Schadensentstehung.** Der Geschädigte hat gemäß § 254 BGB nach Kräften zu versuchen, den Schaden möglichst gering zu halten. Verstößt er gegen diese Obliegenheit der Schadensminderung im Sinne eines „Verschuldens gegen sich selbst" (BGHZ 74, 25 (28) = NJW 1979, 1363; BGHZ 9, 316 (318) = NJW 1953, 977), ist der Schadensersatzanspruch anteilig zu kürzen (ausführlich Harte-Bavendamm/Henning-Bodewig/Goldmann UWG § 9 Rn. 162 ff.). Ein Verstoß gegen die **Schadensminderungsobliegenheit** ist anzunehmen, wenn der Verletzte eine ihm bekannte Rechtsverletzung nicht zu unterbinden versucht, sondern einfach zuwartet und es unterlässt, den Verletzer abzumahnen und ihn auf den Eintritt oder die Höhe eines Schadens hinzuweisen, es sei denn, der Verletzte kann darlegen und ggf. beweisen, dass der Verletzer die Warnung ohnehin nicht beachtet hätte (Goldmann Unternehmenskennzeichen § 19 Rn. 579).

2. Der konkrete Schaden

a) Positiver Schaden. Zum konkreten Schaden (→ Rn. 736) gehört neben dem entgangenen 747
Gewinn (→ Rn. 760) auch diejenige Verschlechterung der Vermögenslage, die den bereits vorhandenen Bestand des Vermögens verringert. Man spricht hier vom **positiven Schaden.**

Die **Kosten der Rechtsverfolgung** sind eine Position, die bei der Berechnung des positiven 748
Schadens zu berücksichtigen ist. Nach § 249 Abs. 1 BGB sind diejenigen adäquat verursachten
Rechtsverfolgungskosten zu ersetzen, die aus Sicht des Schadensersatzgläubigers zur Wahrnehmung und Durchsetzung seiner Rechte erforderlich und zweckmäßig waren (BGH GRUR 2017,
1160 Rn. 64 – BretarisGenuair). Der Anspruch auf Ersatz der Kosten der Rechtsverfolgung steht
bei einer Marken- oder Kennzeichenverletzung unabhängig **neben dem prozessualen Kostenerstattungsanspruch** aus §§ 91 ff. ZPO. Dass dem Geschädigten insoweit – möglicherweise –
ein prozessualer Kostenerstattungsanspruch zusteht, steht der Verfolgung des auf Kostenersatz
gerichteten materiellen Schadensersatzanspruchs wegen der insoweit ungewissen Rechtslage nicht
entgegen (BGH GRUR 2017, 1160 Rn. 64 – BretarisGenuair). Allerdings gelten für die Frage
der Erforderlichkeit hier wie dort die gleichen Maßstäbe. Die Schadensminderungsobliegenheit
des § 254 Abs. 2 S. 1 Alt. 2 BGB gebietet nämlich dem Geschädigten, den Schaden möglichst
gering zu halten, also nur diejenigen Aufwendungen zu verursachen, die zu einer zweckentsprechenden Rechtsverfolgung unerlässlich sind (OLG Karlsruhe WRP 1988, 381 (382 f.) – Kosten
für einen Testkauf; Harte-Bavendamm/Henning-Bodewig/Goldmann UWG § 9 Rn. 183). Die
Erstattungsfähigkeit von Kosten der Rechtsverfolgung setzt nach der bisherigen Rechtsprechung
voraus, dass es sich tatsächlich um Kosten der Rechtsverfolgung **gegenüber einem ganz
bestimmten Verletzer** handelt und nicht zB um Kosten der allgemeinen Rechtsberatung oder
der allgemeinen Marktbeobachtung (vgl. OLG Zweibrücken GRUR-RR 2004, 343 – Testkaufkosten). Die Kosten müssen also hiernach im Rahmen eines schon vorher gefassten Entschlusses
zur Rechtsverfolgung getätigt worden oder doch zumindest durch Misstrauen gegenüber dem
konkreten Verletzer motiviert gewesen sein (OLG Zweibrücken GRUR-RR 2004, 343 – Testkaufkosten; LG Hamburg GRUR-RS 2016, 122604 – MO/DistelBlau-Weste MO). **Hieran
kann nicht festgehalten werden.** Nach der Rechtsprechung des EuGH sind nämlich „die mit
der Feststellung allfälliger Verletzungshandlungen und ihrer Verursacher verbundenen Kosten",
auf die in Erwägungsgrund 26 Enforcement-RL verwiesen wird, ohne weiteres zu ersetzen (EuGH
C-367/15, GRUR 2017, 264 Rn. 30 – OTK/SFP). Damit sind ersatzfähig **nicht nur die durch
die Feststellung der konkreten Verletzung** verursachten (Rechtsverfolgungs-)Kosten, sondern
sämtliche Kosten, die mit der Feststellung „allfälliger", also auch möglicher künftiger Verletzungshandlungen und ihrer jeweiligen Verursacher „verbunden" sind. Dies schließt jedenfalls die anteilig
auf die konkrete Verletzung und ihre Entdeckung entfallenden **Kosten allgemeiner Überwachungsmaßnahmen** ein. Dem hat sich kürzlich das LG Düsseldorf angeschlossen (LG Düsseldorf
GRUR-RS 2020, 48431 Rn. 54 – LOOK IT). Damit werden die Grenzen zu **Vorsorgeaufwendungen** und zur **außergerichtlichen Mühewaltung** fließend (→ Rn. 806).

Die Erstattung der Kosten jedoch immer voraus, dass sie zur zweckentsprechenden Rechtsver- 749
folgung **notwendig** waren und ein verständiger Rechtsinhaber sie in der konkreten Situation als
sachdienlich ansehen konnte. Notwendig sind vor allem Kosten, ohne die zweckentsprechende
Maßnahmen nicht getroffen werden können (OLG München NJOZ 2004, 2699 (2700) – Erstattungsfähigkeit von Testkaufkosten; LG Hamburg GRUR-RS 2016, 122604 – MO/DistelBlau-
Weste MO). Die Kosten für eine **Handelsregisterauskunft** etwa sind im Wege des Schadensersatzes ohne weiteres zu erstatten; Handelsregisterauskünfte sind nämlich erforderlich, um den richtigen Passivlegitimierten zu ermitteln (LG Düsseldorf GRUR-RS 2021, 14805 Rn. 51 – Burberry-
Check).

Die Kosten für **Testkäufe**, die sich nach den dargelegten allgemeinen Grundsätzen als notwen- 750
dige Kosten der Rechtsverfolgung gegenüber einem bestimmten Verletzer darstellen, sind schon
nach der bisherigen Rechtsprechung ohne Weiteres als Schaden ersatzfähig (BGH GRUR 2017,
1160 Rn. 64 f. – BretarisGenuair). Testkäufe sind zumeist notwendig, um einen Nachweis für die
Verletzungshandlung erbringen zu können; häufig ist der Erwerb von Waren im Wege des Testkaufs
auch nötig, um an ihnen Fotos anzufertigen, die dann Eingang in Unterlassungserklärung oder
Unterlassungsantrag finden (OLG München NJOZ 2004, 2699 (2700) – Erstattungsfähigkeit von
Testkaufkosten). Solche Testkäufe sind adäquat kausale Folge der Verletzung (OLG Karlsruhe
WRP 1988, 381 (382 f.) – Kosten für einen Testkauf). Zu den erstattungsfähigen Kosten gehören
dann nicht nur die für den Erwerb der Ware oder Dienstleistung aufgewandten Kosten, sondern
auch **angemessene Kosten des Ermittlers,** der den Testkauf durchführt (vgl. OLG Zweibrücken
GRUR-RR 2004, 343 – Testkaufkosten; LG Düsseldorf GRUR-RS 2021, 14805 Rn. 55– Bur-

berry-Check). Eine **Pauschale von 275,00 Euro** für die Durchführung des Testkaufs, die Anfertigung eines Testkaufberichts, die nachträgliche Dokumentierung des Testkaufs und die Abrechnung per Testkaufauslage einschließlich der Weiterleitung aller Originalunterlagen ist **nicht zu beanstanden** (LG Düsseldorf GRUR-RS 2021, 14805 Rn. 55 – Burberry-Check). Nicht erstattungsfähig sind nach der bisherigen Rechtsprechung solche Kosten allerdings dann, wenn der Ermittler zur **allgemeinen Marktbeobachtung** tätig wird und bei dieser Gelegenheit eine konkrete Rechtsverletzung aufdeckt, die der Rechtsinhaber nicht kannte und auch nicht für möglich hielt (OLG Zweibrücken GRUR-RR 2004, 343 – Testkaufkosten). Hieran kann nicht festgehalten werden, weil nach der Rechtsprechung des EuGH auch ein Ersatz für die Kosten zur Aufdeckung und Verfolgung möglicher künftiger Verletzungshandlungen geschuldet ist (→ Rn. 748).

751 **Detektivkosten** sind zu ersetzen, wenn sie nach den Umständen des Einzelfalles erforderlich sind (Goldmann Unternehmenskennzeichen § 19 Rn. 583). Erforderlich sind nach Wegfall des § 15a GewO etwa stets die Kosten zur Identifizierung des Inhabers eines Ladengeschäfts, der rechtsverletzende Waren anbietet, seinen Namen aber entgegen § 3 Abs. 2 UWG, § 5a Abs. 2, Abs. 3 Nr. 2 UWG (hierzu Goldmann FS Fezer, 2016, 225 (234 ff.)) weder am Geschäft noch auf dem Beleg für den Testkauf angibt (Goldmann Unternehmenskennzeichen § 19 Rn. 583).

752 Mahnt der Rechtsinhaber den Verletzer ab, steht ihm gegen den Verletzer wegen der für eine berechtigte Abmahnung aufgewendeten **Rechtsanwaltskosten** ohne Rücksicht auf dessen Verschulden ein Anspruch auf Erstattung der Abmahnkosten aus dem Rechtsinstitut der GoA (§ 683 S. 1 BGB, § 677 BGB, § 670 BGB) in Höhe der gesetzlichen Gebühren zu (→ Rn. 908). In der Rechtsprechung und Schrifttum war lange Zeit anerkannt, dass dem abmahnenden Wettbewerber wegen der Abmahnkosten auch ein **Schadensersatzanspruch** zusteht, wenn der Verletzer zumindest fahrlässig gehandelt hatte (BGH GRUR 1992, 176 (177) – Abmahnkostenverjährung; GRUR 1982, 489 (491) – Korrekturflüssigkeit). Dabei bleibt es (OLG Frankfurt BeckRS 2017, 121548 – Edelstahl Rostfrei; LG München I 4.6.2019 – 33 O 13252/14 – Lighthouse; Bacher in Teplitzky Wettbewerbsrechtliche Ansprüche und Verfahren Kap. 33 Rn. 3; Fezer/Büscher/Obergfell/Büscher UWG § 12 Rn. 62; Goldmann Unternehmenskennzeichen § 19 Rn. 585 ff.; vgl. zum UWG BGH GRUR 2016, 730 Rn. 75 – Herrnhuter Stern; ebenso zur Abmahnung wegen Urheberrechtsverletzung BGH GRUR 2016, 184 Rn. 63 – Tauschbörse II).

752.1 Dem treten neuerdings Literaturstimmen mit der Erwägung entgegen, dass die Einordnung der Abmahnkosten als ersatzfähiger Schaden bei der Verletzung eines Immaterialgüterrechts oder bei einem Wettbewerbsverstoß außerhalb des Schutzzwecks lägen. Mit der Abmahnung werde nicht eine bereits geschehene Rechtsverletzung außergerichtlich verfolgt; vielmehr richte sich die Abmahnung gegen die Gefahren, die aus zukünftigen Verletzungen drohten (Ahrens/Scharen, Der Wettbewerbsprozess, Kap. 11 Rn. 13 f.; ähnlich MüKoUWG/Ottofülling UWG § 13 Rn. 278). Abmahnkosten sollen deshalb nur dann als ersatzfähiger Schaden anzusehen sein, wenn die Verletzungshandlung **nicht** eine **Einzelhandlung,** sondern eine **Dauerhandlung** war (zur Abgrenzung → § 20 Rn. 14 ff.). Hierfür spreche die Erwägung, dass die Abmahnung dazu diene, den Schaden abzuwenden oder zu mindern, so dass der Rechtsinhaber mit der Abmahnung die Schadensminderungsobliegenheit aus § 254 Abs. 2 S. 1 BGB erfülle, weshalb die dadurch entstandenen Kosten im Falle ihrer Erforderlichkeit als adäquat-kausal verursachter Schaden anzusehen seien (MüKoUWG/Ottofülling UWG § 13 Rn. 279). Der **BGH** hatte diese Streitfrage ausdrücklich **offengelassen** (BGH GRUR 2007, 631 Rn. 19 – Abmahnaktion), und den Streit auch jüngst nicht entschieden (BGH GRUR 2018, 914 Rn. 27 – Riptide). In der kurz zuvor ergangenen Entscheidung „Herrnhuter Stern" hatte der BGH allerdings Ansprüche auf Ersatz der Abmahnkosten ohne Diskussion und ohne Eingehen auf die Streitfrage ganz selbstverständlich auf § 9 UWG gestützt und damit einen **Schadensersatzanspruch** zuerkannt (BGH GRUR 2016, 730 Rn. 75 – Herrnhuter Stern; ebenso zur Abmahnung wegen Urheberrechtsverletzung BGH GRUR 2016, 184 Rn. 63 – Tauschbörse II). Dem folgt für die Verletzung von Marken und Kennzeichen das OLG Frankfurt (OLG Frankfurt BeckRS 2017, 121548 – Edelstahl Rostfrei) und das LG München I (LG München I 4.6.2019 – 33 O 13252/14 – Lighthouse). Richtigerweise ist an der traditionellen Auffassung festzuhalten, nach der Abmahnkosten **auch bei Einzelhandlungen** zum **ersatzfähigen Schaden** gehören. Denn auch bei einer rechtsverletzenden Einzelhandlung ist die Abmahnung auf die anschließende Abgabe einer strafbewehrten Unterlassungserklärung gerichtet und zielt darauf ab, das Entstehen künftiger Schäden aus gleichgelagerten Einzelhandlungen zu verhindern. Es ist gerade Folge auch der Einzelhandlung, dass der Geschädigte im Sinne seiner Schadensminderungsobliegenheit bestrebt ist, sich vor weiteren Schäden zu schützen, und dafür Abmahnkosten aufwendet. Insoweit besteht ein innerer und adäquat kausaler Zusammenhang zwischen dem Schaden in Gestalt der Abmahnkosten und der vorangegangenen Verletzung. Die Kosten der Abmahnung sind ein adäquat kausal verursachter Folgeschaden bzw. eine vom Verletzer herausgeforderte Aufwendung, die zum ersatzfähigen Schaden gehört (Bacher in Teplitzky Wettbewerbsrechtliche Ansprüche und Verfahren Kap.

33 Rn. 3; Fezer/Büscher/Obergfell/Büscher UWG § 12 Rn. 62; Goldmann Unternehmenskennzeichen § 19 Rn. 586).

Erforderlichkeit und Umfang der als Schadensersatz zu erstattenden Abmahnkosten bemessen **753** grundsätzlich ebenso wie bei der Abmahnkostenerstattung nach den Grundsätzen der GoA (→ Rn. 900 ff.). Allerdings ist anders als dort (→ Rn. 891) für die Erstattung der Abmahnkosten als Schadensersatz ein **Zugang** der Abmahnung **nicht erforderlich.** Denn es kommt im Rahmen des Schadensersatzes nur darauf an, dass die Abmahnkosten tatsächlich entstanden sind und die Abmahnung vom Abgemahnten durch seine Verletzung herausgefordert wurde. Hierfür genügt es, dass die **Abmahnung versendet** wurde, wofür der Abmahnende die Darlegungs- und Beweislast trägt. Dass die Abmahnung die ihr zugedachte Wegweiserfunktion tatsächlich ausüben konnte und daher im Interesse des Abgemahnten liegt, ist – anders als bei der GoA – nicht erforderlich. Für die Höhe der Kostenerstattung gilt, dass auch Gebühren, die aufgrund einer **Honorarvereinbarung** entstanden sind, verlangt werden können (→ Rn. 755.1).

Erstattungsfähig sind auch die **Rechtsanwaltskosten** für Bemühungen um **Auskunftsertei-** **754** **lung,** Anerkennung einer **Schadensersatzpflicht** und **Schadensersatzleistung** sowie für die Führung von **Vergleichsverhandlungen** (Goldmann Unternehmenskennzeichen § 19 Rn. 588). Nach den allgemeinen Grundsätzen (→ Rn. 748) können auch **Beratungskosten im Vorfeld** zum ersatzfähigen Schaden zählen. Dies ist dann der Fall, wenn sie – etwa bei einer komplexen rechtlichen Situation – notwendig sind, um dem verletzten Rechtsinhaber Klarheit darüber zu verschaffen, ob sein Recht verletzt ist oder nicht (Goldmann Unternehmenskennzeichen § 19 Rn. 588). Auch der Aufwand des Rechtsanwalts für die Einarbeitung in eine neue Kennzeichensache ist notwendig (Goldmann Unternehmenskennzeichen § 19 Rn. 588; vgl. OLG München NJOZ 2004, 2699 (2700) – Erstattungsfähigkeit von Testkaufkosten).

Ersatz der Rechtsanwaltskosten wird in Kennzeichenstreitsachen üblicherweise in der Höhe **755** der **gesetzlichen Gebühren** gefordert. Diese sind erstattungsfähig, soweit nicht im Ausnahmefall aufgrund einer Honorarvereinbarung niedrigere Gebühren angefallen sind (→ Rn. 907). Soweit aufgrund der Honorarvereinbarung aber tatsächlich Gebühren angefallen sind, welche die RVG-Gebühren überschreiten, sind diese zu ersetzen.

Als Schadensersatz erstattungsfähig sind nämlich nicht nur, soweit anwendbar, die **RVG-Sätze** (→ **755.1** Rn. 907), sondern in aller Regel auch **die höheren Sätze,** die auf eine **Honorarvereinbarung** des Geschädigten mit seinem Rechtsanwalt zurückgehen, jedenfalls wenn auf dem jeweiligen Rechtsgebiet eine Abrechnung nach Honorarvereinbarung statt nach RVG üblich ist (OLG Koblenz NJW 2009, 1153 f.; OLG München BeckRS 2010, 18258; LG Kiel 20.8.2020 – 6 O 37/20 – La Sepia (Vollzugsschaden); Bauerschmidt JuS 2011, 601 (602); Saenger/Uphoff NJW 2014, 1412 (1413 f.); Schlosser NJW 2009, 2413 (2414); aA LG München I 23.7.2013 – 33 O 16810/12 – Chrystal Cove). Dies hat insbesondere für die Stundensätze von Rechtsanwälten zu gelten, die auf das Gebiet des gewerblichen Rechtschutzes besonders spezialisiert sind (Goldmann Unternehmenskennzeichen § 19 Rn. 589 mwN). Rechtsstreitigkeiten auf dem Gebiet des gewerblichen Rechtsschutzes erfordern eine besondere Sachkunde. Dem wird auf Seiten der Gerichte durch Einrichtung von Spezialkammern und Senaten Rechnung getragen (KG GRUR 1955, 157). Gerade das Marken- und Kennzeichenrecht verlangt Spezialistenwissen, was der Gesetzgeber in § 140 Abs. 4 (Mitwirkung eines Patentanwalts) auch anerkennt (LG München I 16.5.2006 – 33 O 20592/05 – Toile Monogram: „ganz besondere Spezialkenntnisse"). Hier ist die Arbeit auf der Basis vereinbarter (hoher) Stundensätze seit jeher allgemein üblich. Die Vergütung, die der Rechtsinhaber mit seinem Berater (unabhängig von deren möglicher späterer Erstattung durch den Verletzer) vereinbart, ist in der Regel als angemessen zu betrachten (Goldmann Unternehmenskennzeichen § 19 Rn. 589 mwN). Eine Ausnahme zur Abrechnung auf Basis der Honorarvereinbarung kann allenfalls dann gelten, wenn ganz ausnahmsweise die Sach- und Rechtslage so einfach gelagert ist, dass jeder andere Rechtsanwalt, der auf Basis der RVG-Sätze arbeitet, den Fall hätte ebenso gut bearbeiten können (RG MuW XXV, 266 (267) – Aspirin-Substitute). Dafür ist der Verletzer darlegungs- und beweispflichtig (Harte-Bavendamm/Henning-Bodewig/Goldmann UWG § 9 Rn. 191). Das wird im Kennzeichenrecht angesichts der Komplexität der Materie aber kaum je der Fall sein. Dabei ist auch zu berücksichtigen, dass häufig die im gewerblichen Rechtsschutz beratenden Rechtsanwälte bereits seit vielen Jahren mit ihren Mandanten zusammenarbeiten und mit den beratenen Unternehmen und deren wirtschaftlichen und rechtlichen Umfeld vertraut sind (Harte-Bavendamm/Henning-Bodewig/Goldmann UWG § 9 Rn. 192). Der geschädigte Zeicheninhaber wird also in aller Regel – gerade auch, um in Erfüllung der Schadensminderungsobliegenheit des § 254 Abs. 2 S. 1 Alt. 2 BGB die Kosten andererseits besonders niedrig zu halten – ein berechtigtes **Interesse** haben, seine bewährten, vertrauten und **eingearbeiteten Rechtsberater** auch mit der Abwehr von Verletzungen von Marken- Kennzeichenrechten zu betrauen. Es handelt sich dabei um zentrale Vermögensgegenstände des Unternehmens, die es angesichts ihrer fundamentalen Bedeutung für dessen Geschäftstätigkeit – nahezu um jeden Preis – zu bewahren und zu verteidigen gilt. Rechtsanwaltskosten sind deshalb auch dann in voller Höhe zu ersetzen, wenn das gezahlte **Sonderhonorar** den gesetzlichen Gebührenerstattungsanspruch übersteigt (Goldmann Unternehmenskennzeichen § 19 Rn. 590 mwN; aA LG München I 23.7.2013 – 33 O 16810/12 – Chrystal Cove).

756   **Gutachterkosten** gehören zu den mit dem Schaden unmittelbar verbundenen und gemäß § 249 Abs. 1 BGB auszugleichenden Vermögensnachteilen, soweit die Begutachtung zur Geltendmachung des Schadensersatzanspruchs erforderlich und zweckmäßig ist (BGH GRUR 2018, 914 Rn. 27 – Riptide; NJW 2017, 1875 Rn. 6). In Betracht kommen die Kosten eines technischen oder ökonomischen Sachverständigen und sonstiger den Unterlassungs- oder Schadensersatzprozess vorbereitender Untersuchungsmaßnahmen (Schaub in Teplitzky, Wettbewerbsrechtliche Ansprüche und Verfahren, Kap. 34 Rn. 3). Die Kosten eines **Rechtsgutachtens** – über die Kosten des mit der Prozessführung betrauten spezialisierten Rechtsanwalts hinaus – werden nur ganz ausnahmsweise ein erstattungsfähiger Schaden sein. Denn es ist grundsätzlich die Aufgabe der Prozessbevollmächtigten, sich auch in schwierige Rechtsmaterien einzuarbeiten und das Ergebnis ihrer Bemühungen selbst schriftsätzlich vorzutragen (OLG Frankfurt GRUR 1987, 322 – Kosten für Privatgutachten).

757   Kreditkosten zur **Finanzierung der Rechtsverfolgung** gehören ebenfalls zum ersatzfähigen Schaden. Das gleiche gilt für quotale Anteile an der vom Gericht zugebilligten Schadenssumme, die sich der Prozessfinanzierer versprechen lässt, wenn es für den Zeicheninhaber sonst keine andere Möglichkeit gibt, den Rechtsstreit zu finanzieren (Harte-Bavendamm/Henning-Bodewig/Goldmann UWG § 9 Rn. 194).

758   Freiwillige Aufwendungen, die vorbeugend dazu dienen, den zu erwartenden Schaden im Falle der Zeichenverletzung so gering wie möglich zu halten, sind nach der bisherigen Rechtsprechung **grundsätzlich nicht erstattungsfähig** und vom Geschädigten selbst zu tragen (BGH GRUR 2001, 841 (845) – Entfernung der Herstellungsnummer II). Die **Enforcement-RL** könnte aber eine Berücksichtigung derartiger **Vorsorgeaufwendungen** im Rahmen der Berechnung des Schadensersatzanspruchs auf der Basis der Lizenzanalogie gebieten (→ Rn. 806).

759   Der sog. „**Marktverwirrungsschaden**" kann dadurch eintreten, dass beim Publikum falsche Vorstellungen über die Warenherkunft oder wirtschaftliche oder persönliche Beziehungen geweckt werden (LG Nürnberg-Fürth 27.4.2011 – 4 HKO 9888/10 – Speedminton; Goldmann Unternehmenskennzeichen § 19 Rn. 595). Denn es besteht die Möglichkeit, dass dies zu einer Minderung des Goodwills und damit zugleich der Erwerbsaussichten führt (BGH GRUR 1954, 457 (459) – Irus/Urus). Zugleich ist der verletzte Kennzeicheninhaber gezwungen, die eingetretene Verwirrung des Verkehrs durch erhöhte Aufwendungen in seine eigene Werbung wettzumachen (BGH 24.10.1958 – I ZR 102/57 – Alfa). Bei der Verletzung eines Kennzeichens besteht eine tatsächliche Vermutung, dass ein solcher Marktverwirrungsschadens entsteht (LG Nürnberg-Fürth 27.4.2011 – 4 HKO 9888/10 – Speedminton; Goldmann Unternehmenskennzeichen § 19 Rn. 595). Die konkrete Höhe des Marktverwirrungsschadens ist mit Blick auf alle **Umstände des Einzelfalls,** insbesondere die Art und Dauer der Verletzungshandlung, die Intensität der Bewerbung und den Umfang des Vertriebs der widerrechtlich gekennzeichneten Produkte zu ermitteln. Dabei hat das Gericht die Höhe des Schadens gemäß **§ 287 Abs. 1 ZPO** nach freier Überzeugung zu schätzen (LG Nürnberg-Fürth 27.4.2011 – 4 HKO 9888/10 – Speedminton; Goldmann Unternehmenskennzeichen § 19 Rn. 598). Der Verletzte muss aber als hinreichende Schätzgrundlage zu Umfang und Dauer der rechtsverletzenden Zeichennutzung vortragen. Die bloße Behauptung, es sei zu einer Marktverwirrung gekommen, reicht nicht aus (RG GRUR 1931, 400 (402) – Tekko und Salubra). Allerdings dürfen die Anforderungen nicht überspannt werden (Goldmann Unternehmenskennzeichen § 19 Rn. 598). Schätzgrundlage kann deshalb auch eine weitere Schätzung sein, nämlich, wie viele Mitglieder der angesprochenen Verkehrskreise nach den Umständen des Falles die Werbung unter Verwendung des rechtsverletzten Kennzeichens überhaupt zur Kenntnis genommen haben und welcher Anteil von ihnen falsche Schlüsse daraus gezogen hat (LG Nürnberg-Fürth 27.4.2011 – 4 HKO 9888/10 – Speedminton; Goldmann Unternehmenskennzeichen § 19 Rn. 598).

760   **b) Entgangener Gewinn.** Nach den allgemeinen Regeln kann der Rechtsinhaber neben dem Ersatz des positiven Schadens gemäß § 252 BGB als konkreten Schaden auch den entgangenen Gewinn verlangen (BGH GRUR 2022, 229 Rn. 72 – ÖKO-TEST III). Die Berechnung des Schadensersatzes nach dem entgangenen Gewinn hat **nie** größere **praktische Bedeutung** erlangt (Goldmann Unternehmenskennzeichen § 19 Rn. 600). Nach der Differenzhypothese wäre zu ermitteln, welchen zusätzlichen Gewinn der Rechtsinhaber gemacht hätte, wenn es nicht zu der Rechtsverletzung gekommen wäre (RG MuW XXXV, 59 (60) – Schutzmarke Sonne; RGZ

108, 1 (6) – Dauerschmierung; Ingerl/Rohnke/Nordemann/Jaworski Vor §§ 14–19d Rn. 295). Zusätzlich hätte der Verletzte seine Kostenstruktur offenzulegen (vgl. OLG Köln GRUR-RR 2014, 329 (330) – Converse AllStar; → Rn. 762.1 ff.). Letzteres ist selten erwünscht und Ersteres kaum möglich, weil gerade bei Kennzeichenverletzungen meist konkrete Anhaltspunkte dafür fehlen, wie der Absatz ohne die Kennzeichenverletzung verlaufen wäre. Die Höhe des entgangenen Gewinns ist damit praktisch kaum nachweisbar (Goldmann Unternehmenskennzeichen § 19 Rn. 600).

Dem Rechtsinhaber obliegt es, die Kausalität zwischen der Verletzung des Kennzeichenrechts **761** und dem ihm entgangenen Gewinn nachzuweisen. Regelmäßig wird ihm dieser strenge Kausalitätsnachweis nicht gelingen (Goldmann WRP 2011, 950 (953)). Dies gilt selbst in Fällen der Produktpiraterie. Selbst wenn die Ware ohne die Kennzeichenrechtsverletzung erfahrungsgemäß nicht hätte abgesetzt werden können, besteht dennoch die Möglichkeit, dass weitere Faktoren, wie zB ein niedriger Preis oder besondere Absatzwege, die Kaufentscheidung mit beeinflussen (OLG Köln GRUR-RR 2014, 329 (330) – Converse AllStar). Angesichts der Komplexität der Ermittlung und Berechnung des entgangenen Gewinns kommt der Vorschrift des **§ 287 Abs. 1 ZPO** eine besondere Bedeutung zu (Goldmann WRP 2011, 950 (953)). Die Vorschrift erlaubt dem Gericht, über die Frage des Bestehens und der Höhe des Schadens unter Würdigung aller Umstände nach freier Überzeugung zu entscheiden (BGH GRUR 1990, 687 (689) – Anzeigenpreis II). Die Befugnis zur **Schätzung der Höhe des Gewinns** schließt auch alle Kausalitäts- und Zurechnungsfragen mit ein (OLG Frankfurt GRUR-RS 2021, 38102 Rn. 27 – Sattelkupplungen; Goldmann WRP 2011, 950 (953)). Das von § 287 Abs. 1 ZPO dem Gericht eingeräumte **Ermessen** ist **weit.** Die Vorschrift des § 287 Abs. 1 ZPO gewährt dem Tatrichter einen besonders großen Spielraum (BGH GRUR 1966, 570 (572) – Eisrevue III; Goldmann WRP 2011, 950 (953)). Für den Nachweis eines Schadens bestehen in der Natur der Sache liegende Beweisschwierigkeiten, vor allem was die künftige Entwicklung des Geschäftsverlaufs betrifft (BGH GRUR 1997, 741 (743) – Chinaherde; OLG Frankfurt GRUR-RS 2021, 38102 Rn. 27 – Sattelkupplungen). Das Gesetz nimmt deshalb in Kauf, dass das Ergebnis der Schätzung mit der Wirklichkeit vielfach nicht übereinstimmt (BGH GRUR 1997, 741 (743) – Chinaherde; GRUR 1995, 578 (579) – Steuereinrichtung II). Über bestrittene Ausgangs- bzw. Anknüpfungstatsachen hat das Gericht allerdings auch im Falle der Einholung eines Sachverständigengutachtens zur Schadensschätzung nach § 287 Abs. 1 ZPO, § 252 S. 2 BGB Beweis zu erheben (BGH GRUR 1997, 741 (743) – Chinaherde; Harte-Bavendamm/Henning-Bodewig/Goldmann UWG § 9 Rn. 203).

Wird der Schaden gemäß § 287 Abs. 1 ZPO geschätzt, hat das Gericht die Beweiserleichterung **762** des § 252 S. 2 BGB zu berücksichtigen. Zum entgangenen Gewinn gehört danach, was „nach dem gewöhnlichen Lauf der Dinge oder nach den besonderen Umständen, insbesondere nach den getroffenen Anstalten und Vorkehrungen, mit Wahrscheinlichkeit erwartet werden konnte." Unter diesen Voraussetzungen wird vermutet, dass ein Gewinn gemacht worden wäre; eine volle Gewissheit ist nicht erforderlich. Demzufolge ist ein Gewinnentgang bereits dann zu bejahen, wenn es nach den gewöhnlichen Umständen des Falles wahrscheinlicher ist, dass der Gewinn ohne das haftungsbegründende Ereignis erzielt worden wäre, als dass er ausgeblieben wäre. Diese Prognose kann zwar nur dann angestellt werden, wenn der Geschädigte konkrete **Anknüpfungstatsachen** darlegt und nachweist; an die Darlegung solcher Anknüpfungstatsachen dürfen jedoch keine zu hohen Anforderungen gestellt werden (BGH GRUR 2016, 860 Rn. 21 – Deltamethrin II; GRUR 2008, 933 Rn. 19 – Schmiermittel; Harte-Bavendamm/Henning-Bodewig/Goldmann UWG § 9 Rn. 205). Die Beweiserleichterung des § 252 S. 2 BGB reduziert die Darlegungslast des Geschädigten. Mag auf verlässlicher Grundlage schließlich auch nur ein Betrag geschätzt werden können, der hinter dem wirklichen Schaden zurückbleibt, so wird entsprechend dem Zweck des § 287 ZPO so doch wenigstens vermieden, dass der Geschädigte völlig leer ausgeht, obwohl die Ersatzpflicht des in Anspruch Genommenen für einen erheblichen Schaden feststeht (BGH NJW-RR 1992, 202 (203); Harte-Bavendamm/Henning-Bodewig/Goldmann UWG § 9 Rn. 205). Wer entgangenen Gewinn geltend macht, muss dem Gericht **zumindest eine hinreichende tatsächliche Grundlage unterbreiten,** die eine Schätzung dieses Schadens „immerhin im Groben" ermöglicht (BGH GRUR 2016, 860 Rn. 21, 23 – Deltamethrin II; Goldmann Unternehmenskennzeichen § 19 Rn. 604). Dabei sind an Art und Umfang der vom Geschädigten beizubringenden Schätzungsgrundlagen nur geringe Anforderungen zu stellen (BGH GRUR 1993, 55 (59) – Tchibo/Rolex II; OLG Köln GRUR-RR 2014, 329 (330) – Converse AllStar; Goldmann WRP 2011, 950 (953)). Andererseits darf das Gericht nicht mit bloßen Unterstellungen arbeiten (BGH GRUR 1982, 489 (490) – Korrekturflüssigkeit; OLG Köln GRUR-RR 2014, 329 (330) – Converse AllStar).

762.1   Anhaltspunkte können etwa die **Umsatzentwicklung** nach der Verletzung beim Geschädigten und – eventuell nach Auskunft – beim Verletzer sein. Die **Verkaufszahlen des Verletzers** können ein **Indiz** oder eine Grundlage für die Schätzung des entgangenen Gewinns des Rechtsinhabers bilden (BGH GRUR 1980, 841 (842) – Tolbutamid; Goldmann Unternehmenskennzeichen § 19 Rn. 605). Es ist aber selbst bei Bestehen eines echten Wettbewerbsverhältnisses nicht möglich, den Gewinn des Verletzers als entgangenen Gewinn des Rechtsinhabers zu deuten (OLG Hamburg GRUR 1955, 430 (431) – Olympia-Schreibmaschinen). Es gibt nämlich keinen allgemeinen Erfahrungssatz dahingehend, dass der entgangene Gewinn des Verletzten dem Gewinn des Verletzers entspricht oder dass der Umsatz des Verletzers dem Geschädigten zugute gekommen wäre (BGH GRUR 2008, 933 Rn. 20 – Schmiermittel; GRUR 1993, 757 (758 f.) – Kollektion „Holiday"; OLG Köln GRUR-RR 2014, 329 (330) – Converse AllStar; Goldmann Unternehmenskennzeichen § 19 Rn. 605). Daran ändert auch die Begründung der Entscheidung „Steckverbindergehäuse" zur Legitimation der Abschöpfung des Verletzergewinns beim wettbewerbsrechtlichen Nachahmungsschutz nichts. Zwar wurde vor der gesetzlichen Regelung der Abschöpfung des Verletzergewinns zu deren Rechtfertigung fingiert, dass der Verletzte „in gleicher Weise Gewinn erzielt hätte wie der Verletzer" (BGH GRUR 2007, 431 Rn. 28 – Steckverbindergehäuse). Diese Fiktion erlaubt aber keine Rückschlüsse auf eine reale Wechselwirkung zwischen der Umsatzentwicklung des Verletzers einerseits und des Verletzten andererseits. Der Schaden ist ein Tatbestand, der in der Sphäre des Verletzten liegt. Er ist dessen Einbuße an materiellen Gütern. Was der Verletzer durch die Schädigung gewonnen hat, ist kein Schaden, sondern kann allenfalls Anhaltspunkt, nicht aber alleinige Berechnungsgrundlage für die Einbußen des Verletzten sein (BGH GRUR 1982, 489 (490) – Korrekturflüssigkeit; OLG Köln GRUR-RR 2014, 329 (330) – Converse AllStar; Goldmann WRP 2011, 950 (953)).

762.2   Die **Umsatzzahlen des Verletzers** haben eine besonders gewichtige indizielle Bedeutung, wenn die rechtsverletzenden Produkte, mit denen der Umsatz erzielt wurden, vom Verkehr ohne weiteres dem Rechtsinhaber zugerechnet werden (BGH GRUR 2008, 933 Rn. 20 – Schmiermittel; GRUR 1993, 757 (758 f.) – Kollektion „Holiday"; OLG Köln GRUR-RR 2014, 329 (330) – Converse AllStar; Goldmann Unternehmenskennzeichen § 19 Rn. 606). Dies kann etwa der Fall sein bei nicht erschöpfter Originalware oder qualitativ gleichwertigen Fälschungen, die über regelmäßig für Originalprodukte genutzte Vertriebswege und nicht zu auffallend niedrigen, ein gewöhnliches, auch sehr günstiges Sonderangebot weit unterschreitenden Preisen abgegeben werden (vgl. OLG Köln GRUR-RR 2014, 329 (330) – Converse AllStar; Harte-Bavendamm/Henning-Bodewig/Goldmann UWG § 9 Rn. 210). Die Kausalität zwischen Verletzungshandlung und entgangenem Gewinn ist bei einem nur im Inland geschützten Schutzrecht allerdings nicht schlüssig dargelegt, wenn der Verletzer die deutsche Tochtergesellschaft der ausländischen Herstellerin ist rechtsverletzende **Waren ausschließlich ins Ausland weitergeliefert** worden sind. Durch die Weiterlieferung ins Ausland ist nämlich keinerlei inländische Nachfrage bedient worden und damit dem inländischen Rechtsinhaber kein Gewinn entgangen, weil die rechtsverletzend handelnde Tochtergesellschaft entsprechende Waren nicht bei ihm bezogen hätte (vgl. OLG Frankfurt GRUR-RS 2021, 38102 Rn. 29 – Sattelkupplungen).

762.3   Umgekehrt ist eine **Umsatzeinbuße** beim Geschädigten **Anhaltspunkt für einen entgangenen Gewinn** (Harte-Bavendamm/Henning-Bodewig/Goldmann UWG § 9 Rn. 214). Er ist allerdings nicht Voraussetzung eines Ersatzanspruchs, weil die Umsatzentwicklung von einer Vielzahl von Faktoren abhängt. Ein Gewinnentgang kann etwa auch darin bestehen, dass der Verletzte seine Preise herabsetzen musste, um gegenüber dem Verletzer wettbewerbsfähig zu bleiben (Harte-Bavendamm/Henning-Bodewig/Goldmann UWG § 9 Rn. 214). Dabei darf sich der Kennzeicheninhaber nicht auf allgemeine Darlegungen zum mutmaßlichen Gewinn beschränken. Handelt es sich bei den Verletzungsgegenständen um rechtsverletzend markierte Produkte, muss er produktbezogene Ausführungen machen, um dem Gericht eine Schadensschätzung zu ermöglichen (Goldmann Unternehmenskennzeichen § 19 Rn. 608). Er ist gehalten, die **Kalkulation** für seine Markenware zu **offenbaren** und muss insbesondere Erlöse und produktbezogene Kosten einander gegenüberstellen (BGH GRUR 1980, 841 (843) – Tolbutamid; OLG Frankfurt GRUR-RS 2021, 38102 Rn. 23 – Sattelkupplungen; OLG Köln GRUR-RR 2014, 329 (330) – Converse AllStar). Zwar werden Produktionskosten und Erlöse regelmäßig **Betriebsgeheimnisse** des verletzten Zeicheninhabers sein. Dies entbindet ihn allerdings nicht von der Verpflichtung, ausreichende Grundlagen für eine Schadensschätzung nach § 287 ZPO vorzutragen. Die Angabe einer allgemein im Unternehmen des Rechtsinhabers erzielbare Gewinnspanne reicht dafür ebenso wenig aus wie der Vortrag „innerbetrieblicher Erfahrungssätze" (OLG Köln GRUR-RR 2014, 329 (330 f.) – Converse AllStar; Goldmann Unternehmenskennzeichen § 19 Rn. 608). **Nicht ausreichend** ist auch, die Kalkulationsparameter einem Privatgutachter zu offenbaren, wenn sie in dessen **Gutachten** zum entgangenen Gewinn keinen Eingang gefunden haben, oder ein entsprechendes Beweisangebot zu machen (OLG Frankfurt GRUR-RS 2021, 38102 Rn. 24 – Sattelkupplungen).

763   Das Gericht darf und muss gemäß § 287 Abs. 1 ZPO einen **Mindestschaden schätzen,** wenn – wie stets bei der Verletzung von Immaterialgüterrechten – der Schadenseintritt feststeht und nicht jegliche tatsächlichen Anhaltspunkte für eine Schätzung fehlen (BGH GRUR 1993, 55 (59) – Tchibo/Rolex II; OLG Köln GRUR-RR 2014, 329 (331) – Converse AllStar; Harte-Bavendamm/Henning-Bodewig/Goldmann UWG § 9 Rn. 217). Auch wenn damit der Sachverhalt nicht vollen Umfangs erschöpft wird, ist zu prüfen, in welchem Umfang er eine hinreichende, wenn auch minimale Grundlage für die zumindest grobe Schätzung eines in jedem Fall eingetretenen Mindestschadens bietet (BGH GRUR 1993, 55 (59) – Tchibo/Rolex II; GRUR 1980, 841 (842) – Tolbutamid). Der Geschädigte muss, soweit es ihm möglich ist, allerdings ein **Minimum an Tatsachen** vorbringen, die dem Gericht eine wenigstens grobe Schätzung des entgangenen Gewinns ermöglichen (BGH GRUR 1980, 841 (842) – Tolbutamid; GRUR 1962, 509 (513) – Dia-Rähmchen II; Harte-Bavendamm/Henning-Bodewig/Goldmann UWG § 9 Rn. 218). Auf solche konkreten Anhaltspunkte kann nicht verzichtet werden, da der Schädiger sonst im Einzelfalle der Gefahr willkürlicher Festsetzung der von ihm zu erbringenden Ersatzleistung ausgesetzt wäre. Bei aller Anerkennung des häufig bestehenden Beweisnotstandes des Geschädigten wäre dies mit dem Sinn und Zweck der § 287 ZPO, § 252 S. 2 BGB nicht zu vereinbaren (BGH GRUR 1980, 841 (842) – Tolbutamid). An die Darlegung der Mindestindizien für eine Schätzung sind allerdings **keine hohen Anforderungen** zu stellen. Eine Schätzung darf erst dann gänzlich unterlassen werden, wenn sie mangels jeglicher konkreter Anhaltspunkte völlig in der Luft hinge und daher willkürlich wäre (BGH GRUR 2016, 860 Rn. 26 – Deltamethrin II; zu einem solchen Fall OLG Dresden MuW XXXVII, 309 (310) – Reichsgartenschau 1936; hierzu Goldmann Unternehmenskennzeichen § 19 Rn. 610). Eine auf Ersatz entgangenen Gewinns gerichtete Klage darf auch wegen fehlenden oder lückenhaften Vortrags zur Schadenshöhe nicht abgewiesen werden, solange greifbare Anhaltspunkte für eine Schadensschätzung vorhanden sind (BGH NJW-RR 1996, 1077 (1078); Harte-Bavendamm/Henning-Bodewig/Goldmann UWG § 9 Rn. 218).

c) Immaterielle Schäden?. Art. 13 Abs. 1 lit. a Enforcement-RL verlangt, dass in die Schadensberechnung „in geeigneten Fällen" auch immaterielle Schäden des Rechtsinhabers einzustellen sind. Nach der Rechtsprechung des EuGH kann der Rechtsinhaber immaterielle Schäden auch dann – zusätzlich – ersetzt verlangen, wenn er seinen materiellen Schaden gemäß Art. 13 Abs. 1 S. 2 lit. b Enforcement-RL durch einen Pauschalbetrag ersetzt bekommt, der mindestens der üblichen Lizenzgebühr entspricht (EuGH C-99/15, GRUR 2016, 485 Rn. 13 ff. – Liffers/Mandarina). Ein **immaterieller Schaden kommt** bei der Verletzung von Marken und geschäftlichen Bezeichnungen allerdings **nicht in Betracht.** Denn ein immaterieller Schaden ist stets nur ein Schaden, der nicht Vermögensschaden ist (vgl. § 253 BGB). Die geschäftlichen **Kennzeichenrechte dienen** jedoch ihrem Wesen nach ausschließlich den **Vermögensinteressen** ihrer Inhaber. Sie sollen es ihren Inhabern ermöglichen, ihre betriebliche Leistung am Markt in einer Weise zu präsentieren, die es ihnen erlaubt, die Früchte der von ihnen getätigten Investitionen zu ernten (→ Einleitung Rn. 155). Es geht dabei um die Erschließung und die Sicherung eines Absatzmarktes (vgl. EuGH C-40/01, GRUR 2003, 425 Rn. 37 – Ansul/Ajax) im Wettbewerb, also um die Gewinnung von Kunden und den Aufbau und Erhalt eines **Goodwills als Vermögenswert.** All dem dienen auch die rechtlich geschützten Markenfunktionen (→ Einleitung Rn. 133 ff.; → Einleitung Rn. 158) sowie die rechtlich geschützten Funktionen der Unternehmenskennzeichen (Goldmann Unternehmenskennzeichen § 2 Rn. 48 ff.) und des Werktitels (Schäffle, Die nationalökonomische Theorie der ausschliessenden Absatzverhältnisse, insbesondere des litterarisch-artistischen Urheberrechtes, des Patent-, Muster- und Firmenschuzes, 1867, 279 f.). Die damit einhergehenden Gewinnchancen, seien sie bereits zu Exspektanzen verdichtet oder nicht, gehören zum Vermögen. In jeder Beeinträchtigung der auf die Gewinnung oder Erhaltung von Kunden gerichteten Tätigkeit ist daher ein Vermögensschaden zu finden (RGZ 75, 61 (63) – Moratorium; Rosenthal/Leffmann, 1969, UWG Einl. Rn. 196). Deshalb ist auch der Marktverwirrungsschaden (→ Rn. 759) Vermögensschaden (vgl. BGH GRUR 1954, 457 (459) – Irus/Urus). Er kann nicht als immaterieller Schaden eingeordnet werden (aA Ströbele/Hacker/Thiering/Thiering Rn. 748). **Alle Schäden,** die der Inhaber eines geschäftlichen Kennzeichenrechts gerade deshalb erleidet, weil die geschäftlichen Kennzeichenrechte als solche verletzt werden, **sind materielle Schäden.** Auch der deutsche Gesetzgeber ist davon ausgegangen, dass im Allgemeinen der Ersatz eines immateriellen Schadens grundsätzlich nur im Urheberrecht verlangt werden kann und bei der Verletzung eines gewerblichen Schutzrechts ausnahmsweise nur dann in Betracht kommt, wenn zugleich andere Rechtsgüter, wie etwa das Allgemeine Persönlichkeitsrecht, betroffen sind (BT-Drs. 16/5048, 33).

Im Schrifttum wird hieraus teilweise der Schluss gezogen, dass ein immaterieller Schaden dann zugesprochen werden kann, wenn es um die Verletzung einer Marke gehe, die aus dem Namen oder der Firma ihres Inhabers bestehe (Ströbele/Hacker/Thiering/Thiering Rn. 748). Dem ist nicht zuzustimmen. Denn soweit der Name iSd § 5 Abs. 2 S. 1 Alt. 1 und die Firma iSd § 5 Abs. 2 S. 1 Alt. 2 betroffen sind, sind dies ihrerseits geschäftliche Kennzeichenrechte, die in der oben geschilderten Weise allein dem Vermögens-interesse ihrer Inhaber dienen und bei deren Verletzung nur ein Vermögensschaden, aber kein immaterieller Schaden entsteht. Soweit der Name iSd § 12 BGB betroffen ist, kann der Schaden zwar ein immaterieller sein. Anspruchsgrundlage für den Schadensersatz ist aber nicht § 15 Abs. 5 oder § 14 Abs. 6, sondern § 12 BGB, § 823 Abs. 1 Alt. 6 BGB. Bei der Verletzung des Allgemeinen Persönlichkeitsrechts ist Anspruchs-grundlage § 823 Abs. 1 Alt. 6 BGB.

3. Objektive Schadensberechnung

765   **a) Grundlagen der traditionellen „dreifachen" Schadensberechnung.** Der Schutz des geistigen Eigentums ist unvollkommen, weil Immaterialgüterrechte zum einen besonders verletz-lich sind und zum anderen ein entgangener Gewinn im Fall ihrer Verletzung kaum zu berechnen ist (→ Rn. 765 ff.). Diese besondere Interessenlage hat in Deutschland zur Herausbildung des Konzepts der sogenannten dreifachen Berechnungsweise des Schadens geführt (OLG Nürnberg GRUR-RR 2023, 22 Rn. 38 – Bärentaler; zur Entwicklung Harte-Bavendamm/Henning-Bode-wig/Goldmann UWG § 9 Rn. 220 f. mwN). Der Geschädigte kann danach zwischen drei Mög-lichkeiten wählen (→ Rn. 837 ff.), den ihm entstandenen Schaden zu kompensieren (vgl. zu Marken BGH GRUR 2006, 419 Rn. 14 f. – Noblesse; GRUR 1966, 375 (378) – Meßmer-Tee II; zur geschäftlichen Bezeichnung BGH GRUR 1973, 375 (377) – Miss Petite): Zum einen kann er gemäß §§ 249 ff. BGB den konkreten Schaden einschließlich des **entgangenen Gewinns berechnen** oder so gut es geht gemäß § 287 ZPO durch das Gericht schätzen lassen (→ Rn. 760 ff.). Bei der Bemessung des Schadensersatzes kann auch der **Gewinn,** den der **Verletzer** durch die Verletzung des Rechts erzielt hat, berücksichtigt werden (§ 14 Abs. 6 S. 2; → Rn. 809 ff.). Der Schadensersatzanspruch kann auch auf der Grundlage des Betrags berechnet werden, den der Verletzer als **angemessene Vergütung** hätte entrichten müssen, wenn er die Erlaubnis zur Nutzung der Marke eingeholt hätte (§ 14 Abs. 6 S. 3; → Rn. 770 ff.). Die von der Rechtsprechung entwickelten Grundsätze zur Schadensberechnung nach den Grundsätzen der **Herausgabe des Verletzergewinns** und der **Lizenzanalogie** gelten insofern weiter (BT-Drs. 16/5048, 33; BGH GRUR 2022, 229 Rn. 72 – ÖKO-TEST III). Dies gilt aber selbstverständlich nur, soweit diese Grundsätze nicht durch die Enforcement-RL abgelöst wurden bzw. durch sie überlagert werden. Der Begriff des Gewinns etwa ist nicht unter Rückgriff auf die frühere Recht-sprechung auszulegen, sondern autonom nach der Richtlinie (→ Rn. 812).

766   Die Berechnung des Schadens im Wege der Lizenzanalogie oder der Abschöpfung des Verletzer-gewinns sind unabhängig von den individuellen (subjektiven) Möglichkeiten des Verletzers zur Gewinnerzielung. Diese Arten der Schadensberechnung werden daher auch als **„objektive Scha-densberechnung"** bezeichnet. Die objektiven Berechnungsmethoden beruhen nicht allein auf einem besonderen Schutzbedürfnis des Verletzten, sondern auch auf dem Gedanken, dass sie für den Zweck eines billigen und angemessenen Interessenausgleichs tatsächlich geeignet sind, und zwar deshalb, weil nach der allgemeinen Lebenserfahrung regelmäßig ein unmittelbarer Zusam-menhang zwischen Gewinnentgang auf Seiten des Gläubigers und einer Lizenzgebührenersparnis oder einem Gewinn auf Seiten des Schuldners bestehen kann, auch wenn sich dieser nicht konkret beweisen lässt (BGH GRUR 1995, 349 (352) – Objektive Schadensberechnung).

767   **b) Neufundierung nach der Umsetzung der Enforcement-RL.** Mit der Umsetzung von Art. 13 Enforcement-RL durch § 14 Abs. 6 S. 2 und 3 wurde die objektive Schadensberechnung auf ein **neues gesetzliches Fundament** gestellt. Bei der Bemessung des Schadensersatzes kann auch der Gewinn, den der Verletzer durch die Verletzung des Rechts erzielt hat, berücksichtigt werden. Der Schadensersatzanspruch kann auch auf der Grundlage des Betrages berechnet werden, den der Verletzer als angemessene Vergütung hätte entrichten müssen, wenn er die Erlaubnis zur Nutzung der Marke eingeholt hätte. Die Systematik des Art. 13 Abs. 1 S. 2 lit. a und b Enforce-ment-RL sieht damit zunächst nur **zwei alternative Wege** der **Schadensberechnung** vor. Der Verletzte erhält nach Art. 13 Abs. 1 S. 2 lit. b Enforcement-RL einen Pauschalbetrag, der mindes-tens der üblichen Lizenzgebühr entspricht. Dagegen sollen bei der die Schadensberechnung nach Art. 13 Abs. 1 S. 2 lit. a Enforcement-RL die Umstände des Einzelfalles wie insbesondere die Einbußen des Verletzten und der Gewinn des Verletzers, berücksichtigt werden (Goldmann WRP 2011, 950 (964)). Weil die Enforcement-RL nur eine Mindestharmonisierung vorsieht (→ Rn. 694), kann immer noch als **dritter Weg** der konkrete Schaden gemäß **§§ 249, 252 BGB** als positiver Schaden und entgangener Gewinn geltend gemacht werden (→ Rn. 737; Goldmann Unternehmenskennzeichen § 19 Rn. 614).

Die Richtlinie unterscheidet zwischen dem bereits bei Verletzung eines Immaterialgüterrechts **768** eintretenden „Schaden" (Art. 13 Enforcement-RL) und dem „wirtschaftlichen Ausgleich" (Erwägungsgrund 26 Enforcement-RL). Die Richtlinie erkennt also an, dass der einklagbar Schaden nicht in jeder Hinsicht zugleich dem nachweislich eingetretenen Schaden entsprechen muss. Erwägungsgrund 26 knüpft an die traditionelle deutsche Praxis der objektiven Schadensberechnung an und spricht von einer **„Ausgleichsentschädigung für den Rechtsinhaber auf einer objektiven Grundlage".** Dies entspricht im Grundsatz ähnlichen Billigkeitserwägungen, die auch bereits dem traditionellen deutschen Schadensersatzrecht zugrunde lagen (Harte-Bavendamm/Henning-Bodewig/Goldmann UWG § 9 Rn. 230). Diese **Vorbildfunktion** der **deutschen Praxis** ist auch bei der Auslegung der Richtlinienbestimmung zu berücksichtigen (Goldmann WRP 2011, 950 (962 f.)). Die Vorstellung von der weitgehenden Übereinstimmung der Vorgaben der Richtlinie mit den traditionellen Grundsätzen der objektiven Schadensberechnung hat der deutsche Gesetzgeber bei der Umsetzung des Art. 13 Enforcement-RL denn auch zugrunde gelegt (BR-Drs. 64/07, 76; Goldmann WRP 2011, 950 (969)). Diese traditionellen Grundsätze gelten im Prinzip weiter (→ Rn. 765).

Bei den drei Möglichkeiten der Schadensbemessung handelt es sich um **Variationen bei** **769** **der Ermittlung** des gleichen einheitlichen Schadens, zwischen denen der Kennzeicheninhaber grundsätzlich frei wählen kann (BGH GRUR 2022, 229 Rn. 73 – ÖKO-TEST III mwN; → Rn. 837 ff.). Die Berechnung des Schadens nach einer bestimmten Methode scheidet nur dann aus, wenn sie nicht zu einem interessengerechten Ausgleich des vom Markeninhaber erlittenen Vermögensnachteils geeignet ist (BGH GRUR 2022, 229 Rn. 73 – ÖKO-TEST III).

c) Lizenzanalogie bzw. Pauschalbetrag auf der Grundlage einer angemessenen **770** **Lizenzgebühr.** Gemäß § 14 Abs. 6 S. 3 kann der Schadensersatz auch auf der Grundlage des Betrages berechnet werden, den der Verletzer als **angemessene Vergütung** hätte entrichten müssen, wenn er die Erlaubnis zur Nutzung der Marke eingeholt hätte. Auf diese Vorschrift nimmt § 15 Abs. 5 S. 2 Bezug und erklärt sie für den Schadensersatz bei Verletzung einer geschäftlichen Bezeichnung für anwendbar.

Die Lizenzanalogie war in der Vergangenheit die praktisch am häufigsten angewandte Berech- **771** nungsart. Sie konnte auch als Versuch einer pauschalierten Ermittlung des entgangenen Gewinns verstanden werden (Harte-Bavendamm/Henning-Bodewig/Goldmann UWG § 9 Rn. 235 mwN). Denn Immaterialgüterrechte werden üblicherweise auch im Wege der Lizenzvergabe genutzt. So gesehen, stellt sich die vom Verletzer ersparte Lizenz gleichzeitig als Gewinnentgang des Rechtsinhabers dar (BGH GRUR 1995, 349 (352) – Objektive Schadensberechnung; Harte-Bavendamm/Henning-Bodewig/Goldmann UWG § 9 Rn. 235). Eine echte Ermittlung des entgangenen Gewinns kann die Lizenzanalogie aber nicht leisten, weil sich in der Regel nicht nachweisen lässt, dass ohne die Rechtsverletzung ein Lizenz- oder Gestattungsvertrag über das verletzte Kennzeichenrecht geschlossen worden wäre (Goldmann Unternehmenskennzeichen § 19 Rn. 618 mwN).

Der Schadensermittlung nach den Grundsätzen der Lizenzanalogie liegt die Überlegung **772** zugrunde, dass derjenige, der durch die unerlaubte Nutzung des Ausschließlichkeitsrechts eines anderen einen geldwerten Vermögensvorteil erlangt hat, nicht besser dastehen soll, als wenn er dieses Recht erlaubtermaßen benutzt hätte (BGH GRUR 2022, 229 Rn. 78 – ÖKO-TEST III; GRUR 1990, 1008 (1009) – Lizenzanalogie; OLG Nürnberg GRUR-RR 2023, 22 Rn. 38 – Bärentaler). Da der Verletzer in einem solchen Fall die Gestattung des Rechtsinhabers hätte einholen müssen, die dieser üblicherweise nur gegen Zahlung einer Lizenzgebühr erteilt hätte, ist der Verletzer so zu behandeln, als sei durch seinen rechtswidrigen Eingriff dem Rechtsinhaber diese angemessene Lizenzgebühr entgangen (BGH GRUR 2022, 229 Rn. 78 – ÖKO-TEST III). Der **Verletzer** soll also grundsätzlich **nicht besser** stehen als ein **Lizenznehmer,** der eine vertragliche Lizenzgebühr entrichtet hätte (BGH GRUR 1966, 375 (376 f.) – Meßmer-Tee II, zum Warenzeichen; GRUR 1973, 375 (377) – Miss Petite, zum Unternehmenskennzeichen), sondern als Schadensersatz jedenfalls dasjenige schulden, was für eine rechtmäßige Nutzung des Kennzeichens hätte bezahlt werden müssen (OLG Stuttgart GRUR-RS 2021, 560 Rn. 54 – Gerüstsystem). Hierzu wird ein **Lizenzvertrag** der im Verkehr üblichen Art **fingiert** (BGH GRUR 2022, 229 Rn. 77 – ÖKO-TEST III; GRUR 2010, 239 Rn. 36 – BTK). Leistet der Verletzer Schadensersatz, so führt dies jedoch **nicht** etwa zum Abschluss eines Lizenzvertrages und daher auch nicht zur Einräumung eines **Nutzungsrechts** (BGH GRUR 2002, 248 (252) – Spiegel-CD-ROM) bzw. einer **Gestattung.** Die Schadensberechnung anhand einer fiktiven Lizenz ist zulässig, wenn die Überlassung eines Ausschließlichkeitsrechts bzw. einer Gestattung der in Rede stehenden Art zur entgeltlichen Benutzung durch Dritte rechtlich möglich und

verkehrsüblich ist (BGH GRUR 2022, 229 Rn. 77 – ÖKO-TEST III). Dies ist bei Kennzeichenrechten der Fall (vgl. BGH GRUR 2022, 229 Rn. 81 – ÖKO-TEST III (zur Marke); GRUR
2010, 239 Rn. 23 – BTK (zum Unternehmenskennzeichen)). Unerheblich ist, ob der Kennzeicheninhaber bereit gewesen wäre, eine Lizenz zu erteilen bzw. die Benutzung zu gestatten, und
ob der Verletzer bereit gewesen wäre, um eine Lizenz nachzusuchen und eine angemessene Vergütung zu zahlen; ob ein Lizenz- oder Gestattungsvertrag tatsächlich hätte zustande kommen können,
ist irrelevant (BGH GRUR 2022, 229 Rn. 78 – ÖKO-TEST III; GRUR 2020, 990 Rn. 12 –
Nachlizenzierung; GRUR 2010, 239 Rn. 36 – BTK; GRUR 1993, 55 (58) – Tchibo/Rolex II;
GRUR 1973, 375 (377) – Miss Petite; GRUR 1966, 375 (377) – Meßmer-Tee II). Entscheidend
ist, dass der Verletzte die Nutzung üblicherweise nicht ohne Gegenleistung gestattet hätte (BGH
GRUR 2022, 229 Rn. 77 – ÖKO-TEST III mwN).

773   Bei der Schadensberechnung nach den Grundsätzen der Lizenzanalogie ist maßgeblich, was
vernünftige Vertragsparteien bei Abschluss eines Lizenz- oder Gestattungsvertrags als Vergütung
für die Benutzung des Kennzeichens vereinbart hätten. Hierfür ist der **objektive Wert der angemaßten Benutzungsberechtigung** zu ermitteln, der in der angemessenen und üblichen Lizenzgebühr besteht (BGH GRUR 2022, 82 Rn. 13 – Layher; GRUR 2010, 239 Rn. 20 – BTK;
OLG München GRUR-RS 2018, 49914 Rn. 46 – Project X).

774   Zur Beurteilung der Frage, welcher **Lizenzsatz** bei der Verletzung eines Kennzeichenrechts
angemessen ist, ist auf die verkehrsübliche Lizenzgebühr abzustellen, die für die Erteilung des
Rechts zur Benutzung des Kennzeichens zu zahlen wäre. Dabei sind **alle Umstände** zu berücksichtigen, die auch bei **freien Lizenzverhandlungen** auf die Höhe der Vergütung Einfluss gehabt
hätten (BGH GRUR 2022, 229 Rn. 79 – ÖKO-TEST III; GRUR 2022, 82 Rn. 14 – Layher).
Bei der Ermittlung dieses Werts ist nicht allein darauf abzustellen, welchen **wirtschaftlichen
Vorteil** die Nutzungsmöglichkeit **für den Verwender** hat. Auch die **Interessen des fiktiven
Lizenzgebers** müssen im Rahmen der angemessenen und üblichen Lizenzgebühr Berücksichti-
gung finden (BGH GRUR 2022, 82 Rn. 18 – Layher). Hier gelten folgende Grundsätze, die der
BGH jüngst in der zitierten Entscheidung „Layher" zusammengefasst hat (BGH GRUR 2022,
82 Rn. 14 – Layher): Als Ausgangspunkt der Beurteilung kann die **Bandbreite marktüblicher
Lizenzsätze** für die in der Rede stehende Kennzeichenart herangezogen werden (→ Rn. 783 ff.).
Bei Kennzeichen spielen als wertbildende Faktoren der **Bekanntheitsgrad** und der **Ruf** des
Zeichens eine maßgebliche Rolle (→ Rn. 788 ff.). Außerdem kommt es auf das **Maß der Ver-
wechslungsgefahr** an (→ Rn. 791), insbesondere auf den **Grad der Zeichenähnlichkeit** (→
Rn. 792). Daneben sind **Umfang** (→ Rn. 793) und **Dauer der Verletzungshandlung** (→
Rn. 794) ebenso zu berücksichtigen wie deren **Intensität** (→ Rn. 795). Auch ein **Marktverwir-
rungsschaden** (→ Rn. 796) kann in die Bemessung der Lizenzgebühr einzubeziehen sein, ebenso
wie das Risiko der **Minderung des Prestigewerts** der Produkte des Kennzeicheninhabers (→
Rn. 797) zu berücksichtigen ist (BGH GRUR 2022, 82 Rn. 18 – Layher). Es ist allerdings nicht
ausgeschlossen, über die vorstehend erwähnten und in der Entscheidung „Layher" aufgezählten
Kriterien, **weitere Umstände** heranzuziehen, soweit sie bei freien Lizenzverhandlungen auf die
Höhe der Vergütung einen Einfluss gehabt hätten. Die Anzahl von potentiell lizenzerhöhenden
und -mindernden Faktoren, die zudem miteinander in Wechselwirkung stehen, ist nahezu unbegrenzt. Dabei sind nicht nur der Wert des Lizenzgegenstandes und die Verhältnisse der Parteien
untereinander, sondern auch die **allgemeinen Wirtschafts- und Marktverhältnisse** in Betracht
zu ziehen (OLG Nürnberg GRUR-RS 2021, 39675 Rn. 51 – SPECK-Pumpen (Betragsverfahren)); Goldmann Unternehmenskennzeichen § 19 Rn. 625 mwN). Hierzu zählen insbesondere
die **vom Kennzeicheninhaber** üblicherweise in seiner Lizenzpraxis **realisierten Lizenzsätze**
(BGH GRUR 2022, 229 Rn. 79 – ÖKO-TEST III; → Rn. 784), die **Verhandlungsposition**
der Parteien (→ Rn. 798 ff.), das **Alter** des verletzten Kennzeichens (→ Rn. 799) und das Vorhandensein eigener Kennzeichen des Verletzers im Rahmen einer **Mehrfachkennzeichnung**
(→ Rn. 800). Zudem ist die **durchschnittliche Umsatzrendite** der betroffenen Branche zu
berücksichtigen (→ Rn. 802). Die Erhöhung des Lizenzsatzes durch einen **Verletzerzuschlag**
soll nach der Rechtsprechung des BGH **nicht** in Betracht kommen; ein solcher Zuschlag sei mit
den Grundlagen des deutschen Schadensersatzrechts unvereinbar (BGH GRUR 2022, 82 Rn. 14 –
Layher; GRUR 2020, 990 Rn. 26 – Nachlizenzierung; → Rn. 807). Mit Blick auf eine richtlinienkonforme Interpretation des § 14 Abs. 6 S. 3 ist allerdings eine differenzierte Betrachtung geboten, was Faktoren angeht, die im Rahmen des auf der Basis einer angemessenen Lizenzgebühr
geschuldeten Pauschalbetrags berücksichtigt werden müssen (→ Rn. 803 ff.).

775   Maßgeblicher Zeitpunkt für die Ermittlung des objektiven Werts der angemaßten Benutzungsbefugnis, wie sie sich im Lizenzsatz ausdrückt, ist nach heute nahezu einhelliger Meinung nicht
mehr der Zeitpunkt der Verletzungshandlung oder ihr Beginn. Der BGH legt der Lizenzbemes-

sung eine **objektive Ex-post-Betrachtung** zugrunde, wobei der Zeitpunkt der Entscheidung den maßgeblichen Berechnungszeitpunkt darstellt. Hiernach schuldet der Verletzer dasjenige, was vernünftige Vertragspartner vereinbart hätten, wenn sie zum Zeitpunkt des Vertragsschlusses die künftige Entwicklung und insbesondere die Zeitdauer und das Maß der Nutzung vorausgesehen hätten (BGH GRUR 1993, 55 (58) – Tchibo/Rolex II; GRUR 1990, 1008 (1009 f.) – Lizenzanalogie). Diese Ex-post-Betrachtung berücksichtigt grundsätzlich sowohl eine Wertsteigerung als auch eine Wertminderung des Schutzgegenstandes (Harte-Bavendamm/Henning-Bodewig/Goldmann UWG § 9 Rn. 239). Allerdings dürfen Umstände, die auch von vernünftigen Vertragspartnern nicht hätten vorhergesehen werden können (zB Vertriebseinstellung auf Intervention eines Dritten) nicht zu Lasten des Geschädigten lizenzmindernd berücksichtigt werden (BGH GRUR 1993, 55 (58) – Tchibo/Rolex II; GRUR 1990, 1008 (1009 f.) – Lizenzanalogie). Das wirtschaftliche Risiko darf nicht einseitig auf den Geschädigten verlagert werden (Harte-Bavendamm/Henning-Bodewig/Goldmann UWG § 9 Rn. 239).

Für den Richter stellt sich damit die Aufgabe einer **äußerst komplexen Einzelfallabwägung.**   776 Die Höhe der danach als Schadensersatz zu zahlenden Lizenzgebühr ist vom Tatgericht gemäß **§ 287 Abs. 1 ZPO** unter Würdigung aller Umstände des Einzelfalls nach seiner freien Überzeugung zu bemessen (BGH GRUR 2022, 82 Rn. 14 – Layher; GRUR 2000, 685 (687) – Formunwirksamer Lizenzvertrag; GRUR 1962, 401 (402) – Kreuzbodenventilsäcke III; OLG Hamburg BeckRS 2017, 149297 – GROSSE INSPEKTION FÜR ALLE (Betragsverfahren)). Diese **Schadensschätzung** unterliegt nur einer beschränkten Nachprüfung durch das Revisionsgericht. Überprüfbar ist lediglich, ob das Tatgericht Rechtsgrundsätze der Schadensbemessung verkannt, wesentliche Bemessungsfaktoren, die von den Parteien vorgebracht worden sind oder sich aus der Natur der Sache ergeben, außer Betracht gelassen oder seiner Schätzung unrichtige Maßstäbe zugrunde gelegt hat (BGH GRUR 2022, 82 Rn. 14 – Layher; GRUR 2010, 239 Rn. 21 – BTK; Goldmann Unternehmenskennzeichen § 19 Rn. 626).

Bevor der objektive Wert der Benutzungsbefugnis ermittelt werden kann, muss festgestellt   777 werden, welche sachliche und räumliche Reichweite die fiktive Lizenz gehabt hätte. Die fiktive Lizenz muss weit genug sein, um **alle** unbefugt vorgenommenen **Benutzungshandlungen abzudecken** (Goldmann WRP 2011, 950 (955)). In **räumlicher Hinsicht** gilt: Bundesweit geschützte Kennzeichenrechte werden üblicherweise nicht speziell für die Verwendung in bestimmten, einzelnen Werbemitteln oder konkreten Anzeigen lizenziert, sondern nur im Zuge einer **allgemeinen,** umfassenden und **bundesweiten Lizenzierung.** Bei Kennzeichenrechten mit örtlich oder regional beschränktem Schutzbereich wird dieser zumeist vollständig ausgeschöpft (Goldmann Unternehmenskennzeichen § 19 Rn. 620). Was für eine Lizenzgebühr geschuldet ist, richtet sich nach dem **Lizenztyp.** Zunächst ist festzulegen, **welche Art von Lizenzentgelt** vereinbart worden wäre. Im Grundsatz sind zwei verschiedene Lizenztypen zu unterscheiden: Bei der **Umsatzlizenz** entrichtet der Lizenznehmer einen festgelegten Prozentsatz seines Nettoerlöses. Bei der **Pauschallizenz** wird ein fester Betrag für die gesamte Nutzungsdauer vereinbart. Sie ist unabhängig von dem jeweiligen Nutzungsumfang und dem Umsatz, den der Lizenznehmer erwirtschaftet. Auch **Kombinationen von Umsatz- und Pauschallizenzen** sind denkbar und kommen in der Praxis vor. Hier wird ein pauschaler Grundbetrag geschuldet und, meist bei Überschreiten bestimmter Schwellenwerte, zusätzlich noch eine Umsatzlizenz. Zunächst muss das Gericht deshalb festlegen, welcher Art und welchen Umfangs der hypothetisch angenommene Lizenzvertrag wäre, wobei die übliche Art der Lizenzierung einen Ausgangspunkt bildet. Es muss also feststellen, ob für die in Rede stehende Zeichennutzung eine Pauschallizenz oder eine umsatzbezogene Lizenz vereinbart worden wäre (Goldmann WRP 2011, 950 (955)). Die **Wahl der Berechnungsgrundlage** ist im Rahmen des **§ 287 Abs. 1 ZPO** in erster Linie **Sache des Tatgerichts.** Es ist nicht Aufgabe des Revisionsgerichts, dem Tatgericht eine bestimmte Berechnungsmethode vorzuschreiben (BGH GRUR 2022, 82 Rn. 23 – Layher). Ob bei der Nutzung eines Kennzeichens im Einzelfall eine Umsatzlizenz oder einer Pauschallizenz vereinbart worden wäre, lässt sich nicht allgemein beantworten. Hier muss differenziert werden:

Üblicherweise werden für die Nutzung von Kennzeichen **umsatzbezogene Lizenzgebühren**   778 vereinbart (BGH GRUR 2010, 239 Rn. 50 – BTK; GRUR 1966, 375 (378) – Meßmer-Tee II; OLG Karlsruhe GRUR 1971, 221 (222) – Pudelzeichen II). Sie fallen an als ein bestimmter **Prozentsatz vom Umsatz** des **Verletzers,** also von seinen Netto-Erlösen (vgl. OLG Frankfurt BeckRS 2012, 24218). Den durch eine Kennzeichenrechtsverletzung verursachten Schaden kann der **Zeicheninhaber** jedoch **nicht** in der Weise berechnen, dass er **seine eigenen Umsätze** während des Zeitraums der Verletzungshandlung zugrunde legt und hierfür eine Lizenzgebühr verlangt (OLG Frankfurt GRUR-RS 2012, 24218 – Höhe der Geschäftsgebühr; Goldmann Unternehmenskennzeichen § 19 Rn. 631). In der vertraglichen Praxis wird der lizenzpflichtige

Umsatz an der Stelle gemessen, wo der Lizenznehmer die Lizenzprodukte bzw. Dienstleistungen an externe Dritte fakturiert (Binder Marke41 2011, 888 (890)). Diese Betrachtung ist auch bei der Berechnung der fiktiven Lizenzgebühr im Wege des Schadensausgleichs angebracht (Goldmann Unternehmenskennzeichen § 19 Rn. 628).

779   **Welche Umsätze** des Verletzers hierbei **relevant** sind, richtet sich im Betragsverfahren nach dem Ausspruch des Grundurteils, mit dem die Schadensersatzpflicht festgestellt wurde, und der als Annexanspruch meist an die Fassung des im selben Verfahren geltend gemachten Unterlassungsanspruchs anknüpft (vgl. OLG Nürnberg GRUR-RS 2021, 39675 Rn. 18 f. – SPECK-Pumpen (Betragsverfahren)). Bei einer Rechtsverletzung durch eine markenmäßige Benutzung ist der Ausspruch regelmäßig auf Vertriebshandlungen und Vorbereitungshandlungen gerichtet (bei Waren also etwa, sie unter dem Zeichen anzubieten, in den Verkehr zu bringen oder zu den genannten Zwecken zu besitzen (vgl. § 14 Abs. 3 Nr. 2), und bei Dienstleistungen, sie unter dem Zeichen anzubieten oder zu erbringen (vgl. § 14 Abs. 3 Nr. 3). In diesen Fällen sind die Netto-Erlöse, die der Verletzer mit **markierten Waren** oder mit seinen unter dem geschützten Kennzeichen **erbrachten Dienstleistungen** erzielt, der relevante Umsatz (vgl. Goldmann Unternehmenskennzeichen § 19 Rn. 628). Ist ein Unternehmenskennzeichen durch ein jüngeres **Unternehmenskennzeichen** verletzt worden und ist die im Grundurteil festgestellte Schadensersatzverpflichtung so zu verstehen, dass Schadensersatz für sämtliche Folgen zu leisten ist, die dem verletzten Rechtsinhaber daraus entstehen, dass der zum Schadensersatz verpflichtete **sein Unternehmen** in der im Tenor beschriebenen Weise **gekennzeichnet** hat, ist die Verpflichtung zum Schadensersatz weiter. Sie ist nicht darauf beschränkt, dass bestimmte Produkte mit bestimmten Kennzeichen bzw. in bestimmter Weise vermarktet wurden. Hieraus folgt, dass dann, wenn sich der Rechtsinhaber für einen Schadensersatz im Wege der Lizenzanalogie entscheidet, grundsätzlich **sämtliche Umsätze** des Unternehmens des Rechtsverletzers zugrunde zu legen sind (OLG Nürnberg GRUR-RS 2021, 39675 Rn. 18 f. – SPECK-Pumpen (Betragsverfahren) unter Bezugnahme auf OLG Nürnberg, 20.12.2011 – 3 U 959/11 – SPECK-Pumpen). Eine gewisse Einschränkung kann sich daraus ergeben, dass regelmäßig der Tenor des Grundurteils auf die Ausrichtung bzw. den Gegenstand des Geschäftsbetriebs Bezug nimmt (zB „zur Bezeichnung eines auf die Herstellung und den Vertrieb von [Warenbeschreibung] gerichteten Unternehmens"; ausf. Goldmann Unternehmenskennzeichen § 19 Rn. 411 f.; → § 14 Rn. 469 ff.). Dann sind Umsätze, die klar abgrenzbar einem **völlig anderen Geschäftsbereich** dieses Unternehmens zuzuordnen sind, nicht als Berechnungsgrundlage heranzuziehen; für die Voraussetzungen eines solchen Ausnahmefalls trägt der Verletzer die Darlegungs- und Beweislast (OLG Nürnberg GRUR-RS 2021, 39675 Rn. 18 ff. – SPECK-Pumpen (Betragsverfahren)). **Nebentätigkeiten** der Herstellung (zB Vermarktung von werthaltigen Produktionsabfällen eines Wertstoffhändlers) oder des Vertriebs von Waren (zB deren Wartung, Instandhaltung oder Reparatur) sind ohne weiteres dem Geschäftsgegenstand der Herstellung und des Vertriebs der entsprechenden Ware zuzuordnen, so dass die damit erzielten Umsätze mit zur Berechnungsgrundlage gehören (OLG Nürnberg GRUR-RS 2021, 39675 Rn. 35 f. – SPECK-Pumpen (Betragsverfahren)). Dasselbe gilt für Umsätze, die mit der Vermietung von Maschinen an eine andere Gesellschaft erzielt werden, die mit Hilfe dieser Maschinen identische Waren herstellt. Die entgeltliche Überlassung von Produktionsmitteln an verbundene oder fremde Unternehmen kann ohne Weiteres als Teil der Geschäftstätigkeit eines Produktionsunternehmens verstanden werden, zumal es für die Eigenschaft als Unternehmen, das einen entsprechenden Zweck verfolgt, irrelevant ist, ob Produktionsmittel zur Herstellung von Produkten verwendet werden, die selbst angeboten und veräußert werden, oder solchen, die ein Dritter fertigt und auf eigene Rechnung verkauft. Die Grenze wäre erst dann erreicht, wenn die Vermietungstätigkeiten dem Unternehmen das Gepräge eines Vermietungsbetriebs oder eines entsprechenden Teilbetriebs gäben (OLG Nürnberg GRUR-RS 2021, 39675 Rn. 24 – SPECK-Pumpen (Betragsverfahren)). Umsätze, die lediglich aufgrund bilanzieller Vorschriften oder durch Ausnutzung bilanzieller Möglichkeiten als Umsätze des Verletzers erscheinen, objektiv aber von einem Drittunternehmen getätigt worden sind, sind nicht Umsätze des Verletzers und sind nicht zur Berechnung des Schadensersatzanspruchs nach den Grundsätzen der Lizenzanalogie heranzuziehen (OLG Nürnberg GRUR-RS 2021, 39675 Rn. 30 – SPECK-Pumpen (Betragsverfahren))

780   Das **bloße Besitzen von markierter Ware** zum Zwecke des Anbietens sowie das Anbieten selbst stellen gemäß § 14 Abs. 3 Nr. 2 bereits für sich genommen jeweils eine Rechtsverletzung dar. Zum Ausgleich des Schadens aus dieser rechtsverletzenden Handlung kann der Verletzte die Berechnungsmethode der Lizenzanalogie wählen und damit die Gebühr für eine marktübliche, die Verletzungshandlung abdeckende Lizenzgebühr **auf der Basis einer Umsatzlizenz** verlangen, **auch wenn** mangels Verkäufen hinsichtlich der nicht abgesetzten rechtsverletzenden Waren **keine Umsätze erzielt** wurden. Denn das durch eine Lizenz vermittelte Recht zur Benutzung deckt

nicht nur die tatsächlich getätigten Verkäufe, sondern auch alle darüber hinausgehenden Geschäfte ab, die dem Lizenznehmer durch die Lizenz ermöglicht worden sind, die er aber aus wirtschaftlichen Gründen nicht realisiert hat. Daher gilt: Auch in Fällen, in denen gekennzeichnete Waren zwar angeboten oder zu Zwecken des Anbietens besessen, aber noch **nicht verkauft** wurden und ein Umsatz dem Verletzten weder entgangen, noch dem Verletzer entstanden ist, muss die **volle** marktübliche **Lizenzgebühr** für eine Lizenz zur **Herstellung** und Vermarktung dieser Waren zur Grundlage der Berechnung gemacht werden (OLG München NJOZ 2001, 1442 (1444) – BOSS HUGO BOSS; Goldmann Unternehmenskennzeichen § 19 Rn. 621; Hildebrandt Marken § 27 Rn. 65; Lange MarkenR Rn. 5623; Ströbele/Hacker/Thiering/Thiering Rn. 731; aA OLG Frankfurt GRUR-RS 2012, 24218 – Höhe der Geschäftsgebühr). Die Berechnungsgrundlage ist dabei der Netto-Abgabepreis des Verletzers, selbst wenn es noch nicht zu Verkäufen gekommen ist. Insofern wird nicht nur die Vereinbarung eines Lizenzsatzes, sondern werden auch die entsprechenden **Umsätze** auf Seiten des Verletzers **fingiert.** Eine Berechnung des Schadens auf der Grundlage einer fiktiven Lizenzgebühr scheidet also nicht deshalb aus, weil der Verletzer keine Umsätze erzielt hat (Goldmann Unternehmenskennzeichen § 19 Rn. 621 f.; aA OLG Frankfurt GRUR-RS 2012, 24218 – Höhe der Geschäftsgebühr). Hierzu kann es zB dann kommen, wenn gelagerte Ware beschlagnahmt oder nach Erhalt einer Abmahnung an den Lieferanten zurückgegeben wird (OLG München NJOZ 2001, 1442 (1444) – BOSS HUGO BOSS). Eine Lizenz zum bloßen Anschaffen, Lagern oder Anbieten von Produkten ist nicht marktüblich und wird in der Praxis nicht erteilt (Harte-Bavendamm/Henning-Bodewig/Goldmann UWG § 9 Rn. 237). Auch reine Exportlizenzen sind unüblich (BGH GRUR 2009, 515 Rn. 43 – Motorradreiniger). Üblich ist allein eine Lizenz, die Herstellung und Vermarktung eines Produkts von Anfang bis Ende abdeckt (Goldmann Unternehmenskennzeichen § 19 Rn. 622). Die Fiktion des Abschlusses eines Lizenzvertrags der üblichen Art (→ Rn. 772) kann nicht von späteren tatsächlichen Entwicklungen beeinflusst werden, die allein der Sphäre des Verletzers zuzuordnen sind, wie zB das sich realisierende Risiko, aufgrund einer Gerichtsentscheidung rechtsverletzend markierte Waren nicht mehr absetzen zu dürfen, geringer wirtschaftlicher Erfolg oder mangelnde Amortisierung (vgl. LG München I 1.8.2017 – 33 O 19799/16: unverminderte Lizenzgebühr für die Nutzung von Marken zur Kennzeichnung von Veranstaltungen, die vorzeitig abgebrochen bzw. gar nicht erst durchgeführt wurden; nicht beanstandet durch OLG München GRUR-RS 2018, 49914 Rn. 45 – Project X). Der Verletzer muss sich auf seiner jeweiligen Handelsstufe so behandeln lassen, als hätte er die übliche Lizenz erworben, auch wenn er sie sachlich nicht in vollem Umfang ausgenutzt und nur wenige oder gar keine Produkte vertrieben hat (Goldmann Unternehmenskennzeichen § 19 Rn. 622; vgl. auch BGH GRUR 1990, 1008 (1010) – Lizenzanalogie; OLG München GRUR-RS 2018, 49914 Rn. 45 – Project X). In Fällen, in denen der Verletzer keine Umsätze erzielt hat, kann ihn die Zahlung der üblichen Lizenzgebühr durchaus hart treffen. Das gilt vor allem dann, wenn er von seinem Lieferanten keinen Schadensausgleich erhält. Dies ist durch das Ziel der Abschreckungswirkung gemäß Art. 3 Abs. 2 Enforcement-RL ohne weiteres gedeckt und animiert generalpräventiv die Händler dazu, sich vertrauenswürdige und rechtstreue Lieferanten zu suchen und schließlich selbst und zur Vermeidung von Rechtsverletzungen zu achten (Goldmann Unternehmenskennzeichen § 19 Rn. 623).

Eine **Umsatzlizenz** ist auch dann nicht ausgeschlossen, wenn die verkauften Waren nicht **781** rechtsverletzend markiert waren oder die erbrachten Dienstleistungen nicht unter dem rechtsverletzenden Kennzeichen angeboten oder erbracht wurden, sondern dieses **ausschließlich in der Werbung** (zB auf Werbebriefen, in Werbeanzeigen oder auf der Homepage des Rechtsverletzers) verwendet wurde (BGH GRUR 2022, 82 Rn. 23 – Layher; OLG Hamburg BeckRS 2017, 149297 – GROSSE INSPEKTION FÜR ALLE (Betragsverfahren)). Eine grundsätzliche Differenzierung zwischen der Benutzung einer Marke in der Werbung und dem nachfolgenden Umsatzgeschäft ist nicht angezeigt. Soweit die Marke für ein Geschäft verwendet wird, das auf die Erzielung von Umsätzen ausgelegt ist, dient auch die Werbung mit der Marke diesem Ziel. Die dem Umsatzgeschäft vorgelagerte markenrechtsverletzende Werbung wirkt sich regelmäßig auf das Umsatzgeschäft aus und kann nicht losgelöst von dem – isoliert betrachtet nicht markenrechtsverletzenden – Umsatzgeschäft betrachtet werden. Werbung dient gerade dazu, neue Kunden zu gewinnen und so zusätzliche Umsätze zu erzielen. Das entspricht der Lebenserfahrung, nach der davon auszugehen ist, dass sich die rechtsverletzende Werbung auf den Absatz der beworbenen Ware vorteilhaft ausgewirkt hat (BGH GRUR 2022, 82 Rn. 20 – Layher). Zudem ist zu berücksichtigen, dass die rechtlich geschützte Werbefunktion der Marke betroffen ist, wenn es im Zuge der Werbung zu einem **Imagetransfer** kommt (BGH GRUR 2022, 82 Rn. 21 f. – Layher). Dies alles gilt sinngemäß natürlich auch für Unternehmenskennzeichen mit Blick auf deren Goodwill-Funktion, welche die Werbefunktion einschließt (vgl. hierzu Goldmann Unternehmenskennzeichen § 2 Rn. 67 ff., 77). Der Umstand, dass das rechtsverletzende Kennzeichen nur in der Werbung verwendet wurde und nicht auf rechtsverletzend markierten Produkten oder im unmittelbaren Zusammenhang mit Dienstleistungen, **kann** allerdings **zu Abschlägen** von demjenigen Lizenzsatz **führen,** der bei den letztgenannten Verletzungsformen anzusetzen wäre. Dies lässt sich jedoch nicht mit der Erwägung begründen, dass der Umsatz regelmäßig nur zu einem geringen Teil auf der rechtsverletzenden Werbung beruht, sondern damit, dass die Benutzung in der Werbung im Einzelfall eine **geringere Verletzungsintensität** aufweisen kann (BGH GRUR 2022, 82 Rn. 26 ff. – Layher; → Rn. 795). Die Lizenzgebühr ist nicht höher anzusetzen, wenn festgestellt ist, dass sich die Verwendung des Zeichens in der Werbung positiv auf den Absatz der beworbenen Waren oder Dienstleistungen ausgewirkt hat. Erwägungen, inwieweit für die Kaufentschlüsse die Werbung unter Verwendung des rechtsverletzenden Kennzeichens oder andere Umstände eine wesentliche Rolle spielten, können zwar bei der Berechnung des Schadens nach den Grundsätzen der Herausgabe des Verletzergewinns zu berücksichtigen sein (→ Rn. 823 ff.). Sie sind auf die Berechnungsmethode nach der Lizenzanalogie aber nicht übertragbar (BGH GRUR 2022, 82 Rn. 36 – Layher; aA LG Düsseldorf BeckRS 2016, 138208 Rn. 93 f. – Rolling-Stones-Logo). Da die Effekte von Werbung oft zeitversetzt auftreten, muss eine gewisse **Nachwirkung von Werbung** berücksichtigt werden. Dies bedeutet, dass auch nach Ende der rechtsverletzenden Werbeaktion erzielte Umsätze für einen gewissen Zeitraum lizenzpflichtig sind (OLG Stuttgart GRUR-RS 2021, 560 Rn. 83 – Gerüstsystem (nicht beanstandet durch BGH GRUR 2022, 82 Rn. 26 ff. – Layher); OLG Hamburg BeckRS 2017, 149297 – GROSSE INSPEKTION FÜR ALLE (Betragsverfahren); Goldmann Unternehmenskennzeichen § 19 Rn. 630).

782   Wenn das verletzende Kennzeichen **ausschließlich in der Werbung** und nicht auch auf angebotenen oder vertriebenen Produkten oder im Zusammenhang mit den erbrachten Dienstleistungen verwendet wird, kommt statt der Umsatzlizenz im Einzelfall aber auch eine **Pauschallizenz** in Betracht. Der Pauschalbetrag muss in einem angemessenen Verhältnis zu der bei einem echten Warenvertrieb bzw. Dienstleistungserbringung zu entrichtenden Lizenzgebühr stehen. Zu berücksichtigen ist auch, ob das Kennzeichen für die Bewerbung einer Vielzahl von Produkten oder nur für ein Einzelprodukt verwendet wird. Bei einer Vielzahl von beworbenen Produkten fällt aufgrund der üblichen Degression die Lizenzgebühr tendenziell geringer aus als bei einem einzelnen Produkt (vgl. Goldmann Unternehmenskennzeichen § 19 Rn. 629).

782.1   Bei Marken kann darüber hinaus zwischen einer **exklusiven Lizenz** und einer **einfachen Lizenz** differenziert werden, wobei die Lizenzgebühren bei einer exklusiven Lizenz tendenziell höher ausfallen können. Dies ist bei Konstellationen, in denen eine Lizenzvergabe entweder nur auf einfache oder nur auf extensiver Basis üblich ist, zu berücksichtigen (Michaeli/Kettler MarkenR 2010, 413 (416 f.)). Für Unternehmenskennzeichen ist diese Differenzierung allerdings nicht relevant. Denn ein Unternehmenskennzeichen muss, um seinen Schutz zu behalten, stets von seinem Inhaber oder einem Repräsentanten benutzt werden, um seinen Schutz zu behalten. Ein Unternehmenskennzeichen behält seinen Schutz nur, wenn es von seinem Inhaber oder einem Repräsentanten im geschäftlichen Verkehr benutzt wird. Es wird daher stets auch von einem anderen Unternehmen als dem des Verletzers bzw. des Lizenznehmers benutzt. Es kann nicht dazu kommen, dass ein Unternehmenskennzeichen allein vom Verletzer (und damit vergleichbar der Situation der exklusiven Lizenz) benutzt wird (Goldmann Unternehmenskennzeichen § 19 Rn. 632).

782.2   Zum Teil wird in der Rechtsprechung vorgeschlagen, den Lizenzsatz bei einer nur **firmenmäßigen Nutzung** durch den Verletzer niedriger anzusetzen, als wenn dieser das Kennzeichen (auch) markenmäßig verwendet hätte (LG Mannheim BeckRS 2009, 11228 – ComConsult). Das ist nicht sachgerecht. Denn die Nutzung als Firma oder nach Art einer Firma deckt die gesamte Leistungspalette eines Unternehmens ab und geht inhaltlich weiter als die rein markenmäßige Benutzung (Goldmann Unternehmenskennzeichen § 19 Rn. 633).

783   In der Praxis des Kennzeichenrechts wird als Ausgangspunkt der Beurteilung häufig die **Bandbreite marktüblicher Lizenzsätze** für die in Rede stehende Kennzeichenart herangezogen (BGH GRUR 2022, 82 Rn. 14 – Layher; → Rn. 774). In der forensischen Praxis haben sie eine herausragende Bedeutung (hierzu und zum Folgenden Goldmann Unternehmenskennzeichen § 19 Rn. 634 ff.). Im Urheberrecht orientiert sich der BGH demgegenüber primär an den vom Rechtsinhaber tatsächlich in ständiger Praxis realisierten Lizenzsätzen (BGH GRUR 2020, 990 Rn. 15 – Nachlizenzierung; GRUR 2019, 292 Rn. 19 – Foto eines Sportwagens), bzw., **wenn es an einer feststehenden Lizenzpraxis des Rechtsinhabers fehlt,** an der Branchenübung (BGH GRUR 2020, 990 Rn. 30 – Nachlizenzierung; GRUR 2019, 292 Rn. 19 – Foto eines Sportwagens). Diese Sätze sind aber auch bei der Bemessung der fiktiven Lizenzgebühr bei Verletzung von Kennzeichenrechten ggf. in die nötige Gesamtbetrachtung einzubeziehen (→ Rn. 774).

Dies hat der BGH jüngst in der Entscheidung ÖKO-TEST III klargestellt (BGH GRUR 2022, 229 Rn. 79 – ÖKO-TEST III). Durchgesetzte Lizenzsätze des Kennzeicheninhabers haben eine gewichtige indizielle Bedeutung für den hypothetischen Lizenzsatz, der bei realen Vertragsverhandlungen vereinbart worden wäre (→ Rn. 784 ff.). Der BGH betont, dass es im Rahmen der Schätzung der angemessenen Lizenzgebühr durch den Tatrichter ansonsten grundsätzlich unbedenklich ist, als Ausgangspunkt der Beurteilung die Bandbreite marktüblicher Lizenzsätze für die in Rede stehende Kennzeichenart heranzuziehen. Der BGH hat einen **Rahmen zwischen 1% und 5%,** berechnet vom Netto-Umsatz nicht beanstandet (BGH GRUR 2010, 239 Rn. 25 – BTK). Rechtsprechung und Literatur geben diese Spanne bei Marken- und Kennzeichenverletzungen nahezu übereinstimmend an (vgl. OLG Stuttgart GRUR-RS 2021, 560 Rn. 67 – Gerüstsystem; OLG Hamburg BeckRS 2017, 149297 – GROSSE INSPEKTION FÜR ALLE (Betragsverfahren); OLG Köln WRP 2014, 206 Rn. 40 – Fair Play II; OLG Düsseldorf BeckRS 2012, 16805; OLG Hamm BeckRS 2009, 23081 – Haushaltsschneidewaren II; OLG Hamburg GRUR-RR 2006, 182 (184) – Miss 17; OLG München NJOZ 2001 (1422, 1445) – BOSS HUGO BOSS; Ingerl/Rohnke/Nordemann/Jaworski Vor §§ 14–19d Rn. 329). Die gerichtliche Praxis bewegt sich selbst bei äußerst wertvollen, berühmten Marken und Unternehmenskennzeichen, wie „Mercedes", fast durchgängig in dieser Bandbreite (LG Düsseldorf BeckRS 2004, 11251: 5%; kritisch Binder GRUR 2012, 1186 (1187 f.); Goldmann Unternehmenskennzeichen § 19 Rn. 636; Ingerl/Rohnke/Nordemann/Jaworski Vor §§ 14–19d Rn. 329). Nur ganz **selten** findet man **höhere Werte,** so bei der Verletzung von „HUGO BOSS" einen Lizenzsatz von 15 % (OLG München NJOZ 2001, 1442 (1445) – BOSS HUGO BOSS). Auch **niedrigere Werte** kommen ganz vereinzelt vor (OLG Hamm BeckRS 2009, 23081 – Haushaltsschneidewaren II: 0,25 %). Die angegebene Spanne bleibt aber auch in solchen Fällen der anerkannte Rahmen. Die Abweichung wird in der Rechtsprechung dann jeweils gesondert gerechtfertigt (OLG Stuttgart GRUR-RS 2021, 560 Rn. 67 – Gerüstsystem; Goldmann Unternehmenskennzeichen § 19 Rn. 635). Demgegenüber begründen die Gerichte nicht weiter, dass und warum der forensisch als **Faustformel** gegriffene und von Entscheidung zu Entscheidung fortgeschriebene Rahmen zwischen 1% und 5% der tatsächlichen Lizenzierungspraxis entsprechen soll.

783.1 Dieses Begründungsdefizit wiegt schwer, denn in der **Praxis der Lizenzvergabe** lässt sich ein insgesamt **breiterer Rahmen** üblicher Lizenzgebühren beobachten (Goldmann Unternehmenskennzeichen § 19 Rn. 636). Die Bandbreite wird dabei unterschiedlich angesetzt. So werden Korridore genannt zwischen 2% und 15% (Binder Marke41 2011, 888 (889)) oder zwischen nahe 0% und 20% (Binder GRUR 2012, 1186 (1187)). Auch andere Auswertungen zeigen, dass die Bandbreite von 1% bis 5% empirisch nicht begründbar ist. Mehr als 60% der empirisch ermittelbaren Lizenzsätze liegen außerhalb dieser Bandbreite, die meisten davon darüber. Auch der durchschnittliche Lizenzsatz liegt bereits deutlich über der Obergrenze von 5%. Dies erlaubt den Schluss, dass die bisherige Bandbreite **forensisch angenommener Lizenzgebühren** zu eng und insgesamt **zu niedrig** ist (Binder GRUR 2012, 1186 (1187); Goldmann Unternehmenskennzeichen § 19 Rn. 636). Die hier referierten Lizenzsätze gelten für tatsächlich (und nicht fiktiv) lizenzierte Marken und Unternehmenskennzeichen. Ob und inwieweit sie auch auf bislang nicht lizenzierte Marken und geschäftliche Bezeichnungen übertragen werden können, ist damit nicht gesagt (Goldmann Unternehmenskennzeichen § 19 Rn. 636).

783.2 Vieles spricht dafür, dass der **effektive Lizenzwert vieler Kennzeichen sogar unter einem Satz von 1% liegt,** weil viele Marken oder geschäftlichen Bezeichnungen für eine Lizenznahme uninteressant sind. Sie würden am Markt schlicht keine Lizenznehmer finden, auch nicht als Freilizenz (Binder GRUR 2012, 1186 (1187); Goldmann Unternehmenskennzeichen § 19 Rn. 637). Allerdings kann sich der Verletzer auf diese Überlegung nicht zu seinen Gunsten berufen und somit die fiktive Lizenzgebühr auf 0% reduzieren (→ Rn. 783.2). Es kommt an dieser Stelle zu **einer normativen Korrektur** (Goldmann Unternehmenskennzeichen § 19 Rn. 637). Denn es kommt nicht darauf an, ob der Verletzer als gedachter Lizenznehmer bereit gewesen wäre, für die Zeichennutzung einen Preis zu bezahlen. Entscheidend ist, dass der Verletzte die Nutzung seines Zeichens nicht ohne Gegenleistung gestattet hätte (BGH GRUR 2022, 229 Rn. 77 – ÖKO-TEST III; GRUR 2010, 239 Rn. 23 – BTK). Es ist generell zu berücksichtigen, dass der Inhaber einer geschützten Bezeichnung bei Erteilung einer Lizenz an ein fremdes, selbständiges Unternehmen sich immer dem Risiko aussetzt, dass die gleichzeitige identische oder sehr verwechslungsfähige Benutzung durch mehrere Unternehmen die Herkunftsfunktion beeinträchtigt, beim Publikum zu Irritationen führt, die Bezeichnung in ihrem Wert mindert und insbesondere in seiner Kennzeichnungskraft schwächt. Ein Lizenzgeber wird schon aus diesem Grund eine gewisse Mindestvergütung vereinbaren und ein vernünftig denkender Lizenznehmer sie auch zubilligen (LG Düsseldorf BeckRS 2011, 3004 – INDUTEC/Indutech). Der Schadensausgleich besteht in der Zahlung einer angemessenen Vergütung unter Zugrundelegung gerade einer fingierten Lizenzerteilung. Dabei ist eine abstrakte Betrachtungsweise geboten, die davon absieht, ob und in welchem Maße im konkreten Fall der Verletzer an einer entgeltlichen Lizenz interessiert gewesen wäre oder nicht (BGH GRUR 2010, 239 Rn. 23 – BTK; Harte-Bavendamm/Henning-Bodewig/Goldmann UWG § 9 Rn. 245). Hier gilt wiederum: Wer ein fremdes Kennzeichenrecht benutzt, zeigt damit, dass er dem Kennzeichen einen Wert beimisst (BGH GRUR 2022, 82 Rn. 36 – Layher; GRUR 2010, 239 Rn. 38 – BTK; Goldmann WRP 2011, 950 (957)).

783.3   Im Wege des Schadensersatzes ist nur eine Kompensation gerade für die rechtswidrige Zeichennutzung geschuldet, nicht für andere Leistungen, die der Rechtsinhaber im Rahmen seiner üblichen Vermarktungstätigkeit ebenfalls erbringt, die aber vom Verletzer nicht in Anspruch genommen werden (OLG München GRUR-RS 2018, 49914 Rn. 48 ff. – Project X). **Nicht ohne Weiteres** als Maßstab herangezogen werden können deshalb die vom Rechtsinhaber in durchgesetzter Praxis geforderten bzw. in einer Branche üblichen **Franchise-Gebühren.** Denn Franchise-Gebühren sind nicht nur Entgelt für eine bloße Zeichennutzung, sondern Gegenleistung für ein umfassendes Paket an Leistungen, die der Franchisegeber erbringt. Ein Franchise-Vertrag wird gerade dadurch charakterisiert, dass der Franchisegeber dem Franchisenehmer für dessen Betriebsführung nicht nur ein Kennzeichen, sondern darüber hinaus Handelswaren, Geschäftseinrichtungen, Vertriebsmethoden und Know-how sowie das Recht überlässt, bestimmte Waren- oder Dienstleistungen zu vertreiben (Goldmann Unternehmenskennzeichen § 19 Rn. 638). Franchise-Gebühren sind daher im Ergebnis weit höher als eine nur für die Nutzung eines Kennzeichens anzusetzende Lizenzgebühr (LG Düsseldorf BeckRS 2012, 10411 – Atlas Kurier). Neben der reinen Lizenzgebühr fällt in aller Regel eine ganze Reihe weiterer Gebühren an (zB sog. upfront fees, management fees), und es bestehen häufig Warenbezugspflichten (Binder Marke41 2011, 888 (891 f.); Goldmann Unternehmenskennzeichen § 19 Rn. 638). Dasselbe gilt auch in anderen Fällen, in denen ein Rechtsinhaber neben der Gestattung der Kennzeichennutzung typischerweise zusätzlich weitere Leistungen erbringt und daher in der Praxis die vertraglich geschuldete „Lizenzgebühr" ein Entgelt für solche Leistungen mit beinhaltet und damit letztlich ein **„Paketpreis"** ist. Hier muss im Einzelfall ein sachgerechter **Abschlag** vorgenommen werden, dessen Höhe **gemäß § 287 ZPO** vom Gericht **zu schätzen** ist (OLG München GRUR-RS 2018, 49914 Rn. 50 – Project X).

783.4   Hinsichtlich der Lizenzhöhe hat der BGH in der Entscheidung „BTK" Produktmarken und Unternehmenskennzeichen gleich behandelt (BGH GRUR 2010, 239 Rn. 26 – BTK). Das ist nicht unbedenklich, hat doch der Zeicheninhaber bei einer (unbefugten) Nutzung des Unternehmenskennzeichens durch Dritte ein wesentlich größeres Risiko, weil das Unternehmenskennzeichen das Unternehmen oder seinen Inhaber schlechthin identifiziert, eine Marke aber meist nur eine abgrenzbare Leistung. Richtigerweise sollten daher die Lizenzsätze für Unternehmenskennzeichen generell höher angesetzt werden als für Marken (Goldmann Unternehmenskennzeichen § 19 Rn. 639; Michaeli/Kettler MarkenR 2010, 413 (419)).

784   Hat der Zeicheninhaber einen **Lizenzsatz** für die fragliche Zeichenbenutzung **tatsächlich** am Markt **realisiert,** ist das zugleich ein **starkes Indiz** für den marktüblichen Lizenzsatz (LG Düsseldorf Mitt. 2002, 89). Den zur Zeit der Verletzungshandlung am Markt durchgesetzten eigenen Lizenzbedingungen und Lizenzsätzen des Rechtsinhabers kommt eine **maßgebliche Bedeutung** zu (BGH GRUR 2022, 229 Rn. 79 – ÖKO-TEST III (zum Kennzeichenrecht); zum Urheberrecht vgl. BGH GRUR 2020, 990 Rn. 15 – Nachlizenzierung; GRUR 2019, 292 Rn. 19 – Foto eines Sportwagens). Sofern der Rechtsinhaber die von ihm verlangten Lizenzgebühren auch erhält, rechtfertigt dieser Umstand die Feststellung, dass vernünftig Vertragsparteien bei Einräumung einer vertraglichen Lizenz eine entsprechende Vergütung vereinbart hätten (BGH GRUR 2020, 990 Rn. 15 – Nachlizenzierung). Selbst wenn dieser Lizenzsatz **über dem Durchschnitt** vergleichbarer Vergütungen liegt, kann er dennoch einer Schadensberechnung im Wege der Lizenzanalogie zugrunde gelegt werden; es kommt dann grundsätzlich nicht darauf an, ob die in den Lizenzverträgen aufgeführten Lizenzsätze und sonstigen Konditionen allgemein üblich und objektiv angemessen sind (BGH GRUR 2022, 229 Rn. 79 – ÖKO-TEST III; GRUR 2020, 990 Rn. 15 – Nachlizenzierung; GRUR 2009, 660 Rn. 32 – Resellervertrag). Nichts Anderes kann gelten, wenn der Rechtsinhaber durchweg eine **unter der angemessenen und üblichen Lizenzgebühr** liegende Vergütung verlangt oder gar die Nutzung seines Ausschließlichkeitsrechts ausnahmslos unentgeltlich gestattet (BGH GRUR 2022, 229 Rn. 83 f. – ÖKO-TEST III). In solchen Fällen kann nicht davon ausgegangen werden, dass vernünftige Vertragsparteien ein von der Lizenzierungspraxis des Rechtsinhabers abweichendes Entgelt vereinbart hätten, wenn der Verletzer die Erlaubnis des Rechtsinhabers zur Nutzung seines Ausschließlichkeitsrechts eingeholt hätte. Bei der Berechnung des Schadens im Wege der Lizenzanalogie soll der Verletzer nicht besser, aber auch nicht schlechter als ein vertraglicher Lizenznehmer gestellt werden. Es würde der Funktion des Schadensersatzrechts, den durch eine Rechtsverletzung erlittenen Vermögensnachteil auszugleichen, und dem schadensrechtlichen Bereicherungsverbot zuwiderlaufen, wenn dem Rechtsinhaber im Wege des Schadensersatzes eine Lizenzgebühr zugebilligt würde, die er bei einer erlaubten Nutzung seines Ausschließlichkeitsrechts niemals erzielt hätte (BGH GRUR 2022, 229 Rn. 84 f. – ÖKO-TEST III).

In der Tat orientieren sich vernünftig denkende Parteien in der Praxis der Lizenzvergabe daran, was **784.1**
auch sonst vereinbart wird. Wenn einer von zwei Verhandlungspartnern bereits Erfahrung mit Lizenzverträgen hat, wird er die dort vereinbarten Lizenzgebühren als Grundlage vorschlagen, sofern sie seine Argumentation nach oben oder unten stützen. Wenn dann keine weiteren Argumente vorliegen, bleibt es der Einfachheit halber bei dieser Lizenzgebühr (sog. **„Das machen wir sonst auch so"-Regel**; Harte-Bavendamm/Henning-Bodewig/Goldmann UWG § 9 Rn. 246 mwN). Allerdings darf man diese Regel **nicht sklavisch anwenden.** Es ist nämlich stets auf die verkehrsübliche Lizenzgebühr abzustellen, die für die Erteilung des Rechts zur Benutzung der Marke zu zahlen wäre (OLG Frankfurt BeckRS 2019, 11215). Tatsächlich vereinbarte Beträge stellen nicht notwendig den verkehrsmäßig üblichen Wert der Benutzungsberechtigung dar, sondern geben als Vergleichszahl nur einen ungefähren Anhaltspunkt (RG GRUR 1944, 132 (134) – Oberlichtöffner; Goldmann Unternehmenskennzeichen § 19 Rn. 641). Sie sind **nicht immer repräsentativ** für den tatsächlichen Wert der Nutzungsbefugnis (BGH GRUR 2020, 990 Rn. 18 – Nachlizenzierung). Bei der Vereinbarung von Lizenzsätzen in der Vergangenheit können besondere lizenzerhöhende oder -herabsetzende Umstände mitgespielt haben, die nicht ohne weiteres zu verallgemeinern sind und sich nicht als „Vertrag zu Lasten Dritter" auf den Verletzer auswirken dürfen (Harte-Bavendamm/Henning-Bodewig/Goldmann UWG § 9 Rn. 246 mwN). Auch kann sich gegenüber früheren Vereinbarungen in der Zwischenzeit der wirtschaftliche Wert des Lizenzgegenstandes verändert haben. Schließlich sind Gebühren für konzernintern erteilte Lizenzen kein geeigneter Maßstab, weil solche Lizenzverträge zum einen meist nicht frei ausgehandelt sind und zum anderen die Nutzungsbefugnis mit Blick auch auf andere Rechtsverhältnisse und wirtschaftliche Austauschbeziehungen als die bloße Zeichennutzung gewährt wird (Goldmann Unternehmenskennzeichen § 19 Rn. 641 mwN).

Insbesondere eine Lizenzierung nach einer Verletzung (sog. **Nachlizenzierung**) ist **nicht** ohne **785**
weiteres geeignet, den objektiven Wert der bloßen (zukünftigen) Nutzung zu belegen; entgolten wird damit nämlich regelmäßig mehr als nur die einfache Nutzung. Die nach einer Verletzung vereinbarten „Lizenzgebühren" stellen daher nicht nur die Vergütung dar, die vernünftige Parteien als Gegenleistung für den Wert der künftigen legalen Benutzungshandlung vereinbart hätten; vielmehr bilden sie darüber hinaus regelmäßig eine Gegenleistung für die einvernehmliche Einigung über mögliche Ansprüche aus der vorangegangenen Rechtsverletzung. Dieser bei einem Nachlizenzierungsvertrag gegenüber einer freihändigen Lizenz vergütete „Mehrwert" steht typischerweise der Annahme entgegen, ein solcher Lizenzvertrag habe eine Indizwirkung für den objektiven Wert der angemaßten Benutzungsberechtigung (BGH GRUR 2020, 990 Rn. 16 ff. und Ls. – Nachlizenzierung). Auch in Fällen, in denen der Rechtsinhaber üblicherweise eine Lizenz zur Benutzung seiner Kennzeichen nur im Rahmen eines **Franchise-Vertrags** erteilt oder sich mit der Lizenzgebühr gleichsam als **„Paketpreis"** sonstige Leistungen abgelten lässt, können die Lizenzsätze der eigenen Lizenzierungspraxis nicht zugrunde gelegt werden (→ Rn. 783.3).

Wenn keine durchgesetzte eigene Lizenzierungspraxis des Rechtsinhabers festgestellt ist oder die **786**
dort erzielten Lizenzsätze nicht repräsentativ sind, sind die **branchenübliche Vergütungssätze** als Maßstab für den objektiven Wert der Nutzungsbefugnis heranzuziehen, sofern eine solche Branchenübung existiert (BGH GRUR 2020, 990 Rn. 30 – Nachlizenzierung; GRUR 2019, 292 Rn. 19 – Foto eines Sportwagens).

Gibt es weder eine durchgesetzte eigene Lizenzierungspraxis des Rechtsinhabers noch eine **787**
Branchenübung, muss die marküblich Lizenzgebühr nach den **allgemeinen Kriterien** (→ Rn. 774) ermittelt werden (BGH GRUR 2022, 82 Rn. 14 – Layher; OLG Stuttgart GRUR-RS 2021, 560 Rn. 64–66 – Gerüstsystem), wobei den „üblichen Lizenzsätzen" (→ Rn. 783 ff.) bislang in der forensischen Praxis eine herausragende Bedeutung zukommt. Die weiteren Kriterien werden nachfolgend dargestellt:

Der **„Bekanntheitsgrad"** und der **„Ruf"** des verletzten Kennzeichens spielen nach der **788**
Rechtsprechung eine wichtige Rolle für die Bemessung des Lizenzsatzes (BGH GRUR 2022, 82 Rn. 14 – Layher; GRUR 2010, 239 Rn. 25 – BTK; GRUR 1966, 375 (378) – Meßmer Tee II; OLG Köln WRP 2014, 206 Rn. 16 – Fair Play II). Der Begriff des „Bekanntheitsgrades" ist nicht ohne weiteres gleichzusetzen mit dem terminus technicus der „überdurchschnittlichen Kennzeichnungskraft" im Rahmen der Prüfung der Verwechslungsgefahr (→ § 14 Rn. 284); er ist eher ein Parameter für den **wirtschaftlichen Wert des Zeichens aus der Sicht des Marketings** (Goldmann WRP 2011, 950 (956)). Eine im Rahmen der Prüfung der Verwechslungsgefahr festgestellte **überdurchschnittliche Kennzeichnungskraft** spricht jedoch indiziell auch für einen gesteigerten Bekanntheitsgrad im Rahmen der Prüfung des Werts der Zeichenbenutzung durch den Verletzer (OLG Köln WRP 2014, 206 Rn. 21 f. – Fair Play II; Goldmann Unternehmenskennzeichen § 19 Rn. 648). Im Rahmen der Bemessung des Lizenzsatzes können daher auch alle Umstände, die sonst im Rahmen der Beurteilung, ob die Kennzeichnungskraft durch Benutzung gesteigert ist, herangezogen werden, eine Rolle spielen. Hierzu gehören der Marktanteil, die Intensität, die

geographische Ausdehnung und die Dauer der Benutzung der Marke bzw. des Zeichens sowie der Umfang der Investitionen, die das Unternehmen zur Förderung der Marke bzw. des Kennzeichens getätigt hat (→ § 14 Rn. 305). Dabei macht es einen Unterschied, ob der Bekanntheitsgrad bundesweit, nur in einem Bundesland oder lediglich regional oder lokal gesteigert ist (OLG Köln WRP 2014, 206 Rn. 19 ff. – Fair Play II). Eine **Marktführerschaft** ist im Allgemeinen geeignet, den Wert eines Zeichens zu erhöhen (OLG Nürnberg GRUR-RS 2021, 39675 Rn. 53 – SPECK-Pumpen (Betragsverfahren)). Die originäre Zeichenschwäche eines verkehrsdurchgesetzten Zeichens wird bei der wirtschaftlichen Betrachtung seines Wertes nicht negativ in Ansatz gebracht (Goldmann WRP 2011, 950 (956); McGuire et al. GRUR Int 2008, 923 (927)). Hat ein geschütztes Zeichen allerdings eine von Haus aus geringe und nicht weiter durch Benutzung gesteigerte Kennzeichnungskraft, kann sich dies mindernd auf den Lizenzsatz auswirken (LG Düsseldorf BeckRS 2012, 10411 – Atlas Kurier; Goldmann Unternehmenskennzeichen § 19 Rn. 648).

789   Die identische **Benutzung des verletzten Zeichens** auch **durch unabhängige Dritte** mindert nicht nur ggf. dessen Kennzeichnungskraft, sondern auch dessen Wert und damit auch tendenziell die Lizenzgebühr (Goldmann WRP 2011, 950 (957)). Dies ist allerdings nach der Rechtsprechung nur dann der Fall, wenn die Benutzungshandlungen einen Umfang erreicht haben, der geeignet ist, die Kennzeichnungskraft des Zeichens zu schmälern (BGH GRUR 2010, 239 Rn. 33 – BTK; OLG Nürnberg GRUR-RS 2021, 39675 Rn. 53 – SPECK-Pumpen (Betragsverfahren)). Nicht jede Benutzung desselben oder ähnlicher Zeichen durch Dritte führt zu einer Minderung des Verkehrswerts (OLG Nürnberg GRUR-RS 2021, 39675 Rn. 63 – SPECK-Pumpen (Betragsverfahren)). Die Nutzung durch **Lizenznehmer** etwa schwächt die Kennzeichnungskraft nicht (OLG Hamburg BeckRS 2002, 30267077 – VISA), sondern stärkt sie (OLG Köln BeckRS 2014, 11284 – Culinaria). Hier sind selbstverständlich keine Abschläge geboten. Auch bei Konstellationen einer **Gleichnamigkeit** oder einer **Gleichgewichtslage** muss es nicht stets zu einer Minderung des Verkehrswerts kommen, solange durch abgrenzende und klarstellende Zusätze eine sichere Individualisierung und Unterscheidung der jeweiligen Unternehmen möglich ist (vgl. OLG Nürnberg GRUR-RS 2021, 39675 Rn. 63 – SPECK-Pumpen (Betragsverfahren)). Dies gilt erst recht, wenn unter den Gleichnamigen ein „Unternehmensverbund" unterhalten wird, in dem detaillierte Absprachen zur Kennzeichennutzung, zu Qualitätsstandards und den Betätigungsfeldern bestehen (vgl. OLG Nürnberg GRUR-RS 2021, 39675 Rn. 64 – SPECK-Pumpen (Betragsverfahren)).

790   Zum **Ruf** des verletzten Kennzeichens als Faktor für die Bemessung der Lizenzgebühr gehört als Aspekt die **Bedeutung** des verletzten Kennzeichens **für die Marktgegenseite** (vgl. LG München I 10.7.2018 – 33 O 5770/17 – Ledino/LEDING (Betragsverfahren); Goldmann Unternehmenskennzeichen § 19 Rn. 659). Auch wenn dieses Kriterium soweit ersichtlich in der höchstrichterlichen Rechtsprechung noch nicht ausdrücklich herausgearbeitet wurde, ist es doch in der Logik der „Noblesse"-Entscheidung des BGH angelegt (BGH GRUR 2006, 419 Rn. 15 – Noblesse) und erscheint als kommerzieller Gesichtspunkt auch ohne weiteres einleuchtend. Denn Kennzeichen können je nach Branche und je nach der individuellen Marktposition des betreffenden Unternehmens ein unterschiedliches **Differenzierungspotential** aufweisen: Wenn die Marktgegenseite einem Kennzeichen mit einer gewissen Gleichgültigkeit begegnet und sich bei seinen geschäftlichen Entscheidungen wesentlich stärker an anderen Kriterien (zB Preis) orientiert, wird der Wert des Kennzeichens geringer und der Lizenzsatz niedriger sein, als wenn das Zeichen eine starke **Strahlkraft** hat (Goldmann Unternehmenskennzeichen § 19 Rn. 659). Das gilt nicht nur bezogen auf das jeweilige **Zeichen,** sondern auch bezogen auf die jeweiligen **Branchen** bzw. **Marktsegmente.** Wo im allgemeinen Funktionalität und Preis einer Ware der entscheidende Faktor ist und die Auswahlentscheidung nicht primär anhand von Kennzeichen oder gar damit verknüpfter Prestigeerwägungen getroffen wird, ist für eine Erhöhung der Lizenzgebühr kein Raum. Ein gesteigerter Bekanntheitsgrad eines Zeichens für die betroffenen Verkehrskreise kann einen höheren Lizenzsatz nicht rechtfertigen, wenn das Zeichen weder in der Allgemeinheit geläufig ist noch Gegenstände der Marke aus Prestigeerwägungen erworben werden (vgl. OLG Nürnberg GRUR-RS 2021, 39675 Rn. 59 – SPECK-Pumpen (Betragsverfahren): Schwimmbadpumpen). Die gerichtliche Ermittlung angemessener Lizenzgebühren sollte sich auch hier an der Praxis der Lizenzvergabe orientieren. Wesentlich für die Lizenzgebühr ist das **Preispremium** des lizenzierten Zeichens, also derjenige Preisaufschlag, den der Kunde **um des Kennzeichens willen** und der Herkunft aus dem Unternehmen seines Inhabers oder einem mit diesem wirtschaftlich verbundenen Unternehmen zu zahlen bereit ist (Goldmann Unternehmenskennzeichen § 19 Rn. 659). Hochpreisig positionierte Marken mit hohen Gewinnmargen erzielen Lizenzraten am oberen Ende der Bandbreite, Marken im Massenmarktsegment am unteren Ende. Bei **prestigeträchtigen Zeichen** ist das Preispremium besonders hoch. Daher liegen die Lizenzsätze in der Praxis dort im Bereich von 15% (Binder Marke41 2011, 888 (889)). Selbst bei weniger prestigeträchtigen Zeichen kann der Prozentsatz im Einzelfall bei 14% liegen (vgl. LG Düsseldorf BeckRS 2016, 120584 – ROADSIGN australia; Goldmann Unternehmenskennzeichen § 19 Rn. 659).

Von Einfluss auf die Bemessung des Lizenzsatzes ist auch das **Maß der Verwechslungsgefahr** **791** (BGH GRUR 2022, 82 Rn. 14 – Layher; OLG München NJOZ 2001, 1422 (1445) – BOSS HUGO BOSS) mit Blick auf den **Grad der Ähnlichkeit der Waren und Dienstleistungen** bzw. deren **Identität** (BGH GRUR 1975, 85 (87) – Clarissa; GRUR 1966, 375 (378) – Meßmer Tee II; OLG Stuttgart GRUR-RS 2021, 560 Rn. 72 – Gerüstsystem (nicht beanstandet von BGH GRUR 2022, 82 Rn. 26 ff. – Layher)) bzw. bei § 15 Abs. 2 den **Grad der Branchennähe** (BGH GRUR 2010, 239 Rn. 25 – BTK). Liegt nur eine Verwechslungsgefahr im weiteren Sinne vor, kann dies zu geringeren Lizenzsätzen führen, als sie bei einer unmittelbaren Verwechslungsgefahr im engeren Sinne festzusetzen wären (OLG Hamburg BeckRS 2017, 149297 – GROSSE INS-PEKTION FÜR ALLE (Betragsverfahren); OLG Düsseldorf BeckRS 2012, 16805). Das Maß der Verwechslungsgefahr ist eine Rechtsfrage, die im Gegensatz zur Rechtsfrage des Vorliegens der Verwechslungsgefahr nicht in Rechtskraft erwächst. Daher ist das erkennende Gericht im Betragsverfahren im Hinblick auf das Maß der Verwechslungsgefahr nicht an die Feststellungen des Verletzungsgerichts gebunden, das die Verletzung festgestellt und die Pflicht zum Schadenser-satz dem Grunde nach ausgesprochen hat (LG München I 10.7.2018 – 33 O 5770/17 – Ledino/LEDING (Betragsverfahren)).

In engen Zusammenhang mit dem Maß der Verwechslungsgefahr steht der **Grad der Zeichen-** **792** **ähnlichkeit,** der ein eigenständiges Kriterium zur Bemessung des angemessenen Lizenzsatzes ist (BGH GRUR 2022, 82 Rn. 14 – Layher). Je ähnlicher das rechtsverletzende Zeichen dem geschützten Kennzeichen ist, desto höher kann tendenziell die Lizenzgebühr ausfallen.

Nach einer vereinzelten Auffassung soll bei verhältnismäßig großem, aber noch im Verwechslungsbe-**792.1** reich liegendem Zeichen- und Branchenabstand eine Lizenzgebühr nicht nur niedrig zu bemessen sein, sondern auch ganz entfallen können. Begründet wird dies damit, dass in solchen Situationen auch häufig unentgeltliche Abgrenzungsvereinbarungen getroffen werden (v. Gamm WZG § 24 Rn. 42). Dem ist nicht zuzustimmen. Abgrenzungsvereinbarungen sind meist von einem gegenseitigen Nachgeben gekennzeich-net, während eine Zeichenverletzung ein einseitiger Zugriff auf die Rechtsposition des Verletzten ist, der dadurch seine Situation nicht verbessert (Goldmann Unternehmenskennzeichen § 19 Rn. 654).

Der **Umfang** der Verletzungshandlung ist als Kriterium zur Bemessung des Lizenzsatzes eben-**793** falls relevant (BGH GRUR 2022, 82 Rn. 14 – Layher). Besonders umfangreich ist eine Verlet-zungshandlung dann, wenn sie viele Adressaten erreicht hat, so etwa bei der Versendung von Werbeschreiben an 35.000 Empfänger und Werbung auf der Homepage, womit der gesamte deutsche Markt angesprochen wurde (OLG Stuttgart GRUR-RS 2021, 560 Rn. 76 – Gerüstsys-tem; nicht beanstandet von BGH GRUR 2022, 82 Rn. 26 ff. – Layher).

Hinzu kommt als Kriterium die **Dauer der Verletzungshandlung** (BGH GRUR 2022, 82 **794** Rn. 14 – Layher; OLG Düsseldorf GRUR-RR 2003, 209 (211) – Meißner Dekor). Bei einer rechtsverletzenden Zeichenbenutzung von einiger Dauer kann der Lizenzsatz höher ausfallen als bei einer kurzen, punktuellen Zeichenbenutzung.

Als weiteres Bewertungskriterium werden in Rechtsprechung und Literatur die **Intensität der** **795** **Beeinträchtigung** genannt (BGH GRUR 2022, 82 Rn. 14 – Layher; OLG Hamburg GRUR-RR 2006, 182 (184) – Miss 17; OLG Düsseldorf GRUR-RR 2003, 209 (211) – Meißner Dekor; Pietzner GRUR 1972, 151 (156)). Je stärker die Beeinträchtigung, desto höher soll tendenziell die Lizenzgebühr ausfallen. Diese Regel ist ausschließlich in der forensischen Praxis bekannt. In der kommerziellen Praxis der Lizenzvergabe hat sie keine Entsprechung (Binder Marke41 2011, 888 (889 f.); Goldmann Unternehmenskennzeichen § 19 Rn. 651). Eine besondere Bedeutung hat das Kriterium der Intensität der Beeinträchtigung, wenn das rechtsverletzende Zeichen nicht zu Markierung rechtsverletzender Produkte oder unmittelbar im Zusammenhang mit der Erbrin-gung von Dienstleistungen verwendet wird, sondern **ausschließlich in der Werbung.** Dann kann es sich je nach den Umständen des Einzelfalls um eine Beeinträchtigung von **geringerer Intensität** handeln, bei der dann Abschläge vom Lizenzsatz gerechtfertigt sein können (BGH GRUR 2022, 82 Rn. 37 ff. – Layher; OLG Düsseldorf GRUR-RR 2003, 209 (211) – Meißner Dekor). Umgekehrt kann eine besonders hohe Intensität der Beeinträchtigung auch zu einem Lizenzsatz an der oberen Grenze des Üblichen führen.

Beispiel: Eine besonders hohe Intensität der Beeinträchtigung des Unternehmenskennzeichens „Görtz **795.1** 17" hat das OLG Hamburg deshalb angenommen, weil das Geschäft mit der rechtsverletzenden besonderen Geschäftsbezeichnung „Miss 17" direkt neben einem „Görtz 17"-Laden betrieben worden war. Das OLG

Hamburg setzte deshalb die angemessene Lizenzgebühr an der von ihm angenommenen Obergrenze des Üblichen an, und zwar bei 5% (OLG Hamburg GRUR-RR 2006, 182 (184) – Miss 17).

796   Auch eine etwaiger **Marktverwirrungsschaden** kann für die Bemessung der angemessenen Lizenzgebühr zu berücksichtigen sein (BGH GRUR 2022, 82 Rn. 14 – Layher; BGH GRUR 2010, 239 Rn. 29 – BTK; vgl. auch OLG Köln WRP 2014, 206 Rn. 27 – Fair Play II). Vernünftige Lizenzvertragsparteien würden in ihren Überlegungen zur angemessenen Lizenzgebühr berücksichtigen, ob durch die Benutzungshandlungen des Lizenznehmers ein Marktverwirrungsschaden eintritt (BGH GRUR 2022, 82 Rn. 18 – Layher; GRUR 2010, 239 Rn. 29 – BTK), und diesen in die vereinbarte Lizenzgebühr „einpreisen" (OLG Nürnberg GRUR-RS 2021, 39675 Rn. 53 – SPECK-Pumpen (Betragsverfahren)). Dies kann etwa bei der Verwendung eines nahezu identischen Unternehmenskennzeichens in derselben Branche der Fall sein (BGH GRUR 2010, 239 Rn. 29 – BTK). Dabei ist nicht nur ein Marktverwirrungsschaden auszugleichen, der unmittelbar mit einem konkreten **Produktvertrieb** in Zusammenhang steht. Auch Art und Umfang der vom Verletzer mit dem verletzten Kennzeichen getriebenen **Werbung** haben auf das Ausmaß der möglichen Marktverwirrung einen Einfluss (BGH GRUR 2022, 82 Rn. 14, 18 – Layher; ebenso bereits LG Nürnberg-Fürth 27.4.2011 – 4 HKO 9888/10 – Speedminton; Goldmann Unternehmenskennzeichen § 19 Rn. 666). Es ist daher nicht nachvollziehbar, wenn in der Instanzrechtsprechung solche Werbung früher als für die objektive Schadensberechnung völlig bedeutungslos angesehen wurde (so etwa LG Hamburg GRUR-RR 2013, 159 (163) – Capri-Sonne; LG Frankfurt a. M. BeckRS 2012, 23969 – CCSP).

797   Besteht das Risiko einer **Minderung des Prestigewertes** des verletzten Kennzeichens, kommt auch eine angemessene **Erhöhung** der Lizenz in Betracht (BGH GRUR 2022, 82 Rn. 18 – Layher; GRUR 2010, 239 Rn. 29 – BTK; Büscher in Büscher/Dittmer/Schiwy Rn. 648; Fezer Rn. 1032), weil ein Erfahrungssatz besteht, dass sich der Zeicheninhaber eine Minderung des Prestigewerts durch eine derartige Erhöhung „abkaufen" lassen wird (OLG Nürnberg GRUR-RS 2021, 39675 Rn. 53 – SPECK-Pumpen (Betragsverfahren)). Eine Erhöhung kann auch dann gerechtfertigt sein, wenn es zu einem **Imageschaden** bzw. einem **Verlust an Goodwill** kommen kann (vgl. Goldmann WRP 2011, 950 (968)). Eine solche Rufschädigung kann etwa dann zu befürchten sein, wenn unter demselben Zeichen minderwertige Ware auf den Markt gelangt; in den hypothetischen Lizenzverhandlungen würde auch dies lizenzerhöhend berücksichtigt (OLG Nürnberg GRUR-RS 2021, 39675 Rn. 65 – SPECK-Pumpen (Betragsverfahren)). Eine Erhöhung der Lizenzgebühr kommt allerdings nur in Betracht, soweit solche Umstände nicht bereits gesondert als positiver Schaden ersetzt werden (Goldmann WRP 2011, 950 (957)).

798   Bei der Bemessung der angemessenen Lizenzgebühr sind alle Umstände zu berücksichtigen, die auch bei freien Lizenzverhandlungen auf die Höhe der Vergütung Einfluss gehabt hätten (BGH GRUR 2022, 82 Rn. 14 – Layher). Das Verhandlungsverhalten eines vernünftigen Kaufmannes richtet sich im Wirtschaftsleben auch nach der Stärke seiner **Verhandlungsposition** im Verhältnis zum Verhandlungspartner (OLG Stuttgart GRUR-RS 2021, 560 Rn. 79 – Gerüstsystem: besonders starke Verhandlungsposition der Klägerin als führende Herstellerin von Gerüsten und Gerüstsystemen in Deutschland und Europa (nicht beanstandet von BGH GRUR 2022, 82 Rn. 26 ff. – Layher)). Eine besonders starke Verhandlungsposition des Rechtsinhabers kann sich deswegen bei tatsächlich ausgehandelten Lizenzverträgen lizenzerhöhend auswirken, was auch bei der Bemessung einer angemessenen Lizenzgebühr als Schadensersatz zu berücksichtigen ist (OLG Stuttgart GRUR-RS 2021, 560 Rn. 79 – Gerüstsystem (nicht beanstandet von BGH GRUR 2022, 82 Rn. 26 ff. – Layher); OLG München ZUM-RD 1997, 460 (464) – Frau Sixta). Auch eine besonders **schwache Position des Lizenznehmers** führt zu einem **höheren Lizenzsatz.** Je größer das Interesse des Lizenznehmers an einer Lizenznahme ist, desto höhere Lizenzgebühren ist er bereit zu zahlen und umso schwächer ist seine Verhandlungsposition (Goldmann Unternehmenskennzeichen § 19 Rn. 642). Das Interesse ist besonders hoch, wenn man sich von dem lizenzierten Zeichen eine **„Türöffnungsfunktion"** versprechen kann (→ Rn. 798.1). Eine besonders **schwache Position des Rechtsinhabers,** die bei realen Vertragsverhandlungen zu einer Minderung des Lizenzsatzes führen würde, ist aus normativen Gründen **nicht zu berücksichtigen** (→ Rn. 798.2).

798.1   Ein Faktor zur Bemessung der Lizenzgebühr bei ausverhandelten Lizenzverträgen ist deshalb der ihn interessierende **positive Synergieeffekt,** mit dem der Lizenznehmer gleichsam im „Windschatten" des Zeicheninhabers oder anderer Lizenznehmer fahren und mit einer **„Türöffnungsfunktion"** des lizenzierten Zeichens für seine eigenen Aktivitäten rechnen kann (OLG Stuttgart GRUR-RS 2021, 560 Rn. 94 – Gerüstsystem (nicht beanstandet durch BGH GRUR 2022, 82 Rn. 26 ff. – Layher); Binder Marke41 2011, 888 (889); Goldmann Unternehmenskennzeichen § 19 Rn. 643). Ohne diesen Effekt hätte der

Lizenznehmer höhere Aufwendungen für Marketing oder Distributionszugang. Die Stärke des Effekts hängt zum einen von der Nähe der Lizenzprodukte zu den Produkten des Zeicheninhabers ab, zum Zweiten aber auch vom Umfang der Marketingaktivitäten und vom wachsenden wirtschaftlichen Erfolg der Produkte, die unter dem Kennzeichen vermarktet werden (Binder Marke41 2011, 888 (889)). Besonders großes Interesse an der Lizenznahme hat der Lizenznehmer, wenn er dringend auf die Zeichennutzung **angewiesen** ist. Dann ist seine Verhandlungsposition besonders schwach und seine Zahlungsbereitschaft besonders hoch (vgl. OLG Stuttgart GRUR-RS 2021, 560 Rn. 79 f. – Gerüstsystem). Bei der Bewertung der Stärke der Verhandlungsposition der Parteien muss allerdings der Umstand ausgeblendet werden, dass der Verletzer das verletzte Kennzeichen tatsächlich benutzt hat und damit – in der Rückschau – auf eine Lizenzierung angewiesen gewesen wäre, um rechtmäßig handeln zu können (OLG Stuttgart GRUR-RS 2021, 560 Rn. 79 – Gerüstsystem; Goldmann Unternehmenskennzeichen § 19 Rn. 644 ff.).

Eine in Lizenzvertragsverhandlungen **schwache Position des Rechtsinhabers** führt bei realen Vertragsverhandlungen zu einem **geringeren Lizenzsatz**. Die Schwäche kann sich in der Praxis dabei auch aus einer geringen Unternehmensgröße und einer schwachen wirtschaftlichen Potenz ergeben, wenn der Lizenznehmer demgegenüber ein großes, starkes und bedeutendes Unternehmen ist (Goldmann Unternehmenskennzeichen § 19 Rn. 647). In der Rechtsprechung wird deshalb angeregt, bei Vorhandensein eines eklatanten Bedeutungsüberhangs eines besonders bedeutenden und wirtschaftlich potenten Verletzers gegenüber einem wirtschaftlich schwachen Rechtsinhaber dieser **wirtschaftlichen Übermacht des Verletzers** letztlich den Ausschlag in Richtung einer verschwindend geringen, ja unter Umständen auf Null reduzierten Lizenzgebühr zu geben (LG Hamburg 12.5.2015 – 416 HKO 173/14 – REPLAY). Das überzeugt nicht, weil bei der Festlegung eines angemessenen Lizenzsatzes durch das Gericht eine normative Betrachtung am Platz ist. Ein zugunsten des Lizenznehmers und zu Lasten des Rechtsinhabers bestehendes Machtgefälle mag zwar bei real ausverhandelten Lizenzverträgen durchaus Einfluss auf die Höhe der Lizenzgebühr haben. Bei der Bemessung der – fiktiven und gerade nicht real ausverhandelten – Lizenzhöhe als Grundlage der Ermittlung eines pauschalen Schadensersatzbetrags gemäß Art. 13 Abs. 2 lit. b Enforcement-RL darf ein solches Machtgefälle **kein Kriterium** sein. Maßgeblich ist die Vergütung, „die der Verletzer hätte entrichten müssen, wenn er die Erlaubnis zur Nutzung des betreffenden Rechts des geistigen Eigentums eingeholt hätte". Diese Fiktion ebnet ein zu Lasten des Rechtsinhabers bestehendes tatsächliches Machtgefälle gerade ein (Goldmann Unternehmenskennzeichen § 19 Rn. 647).

Auch das **Alter** des verletzten Kennzeichens spielt eine Rolle bei der Bemessung des Lizenzsatzes (OLG Stuttgart GRUR-RS 2021, 560 Rn. 78 – Gerüstsystem (nicht beanstandet durch BGH GRUR 2022, 82 Rn. 26 ff. – Layher); OLG München GRUR-RS 2018, 49914 Rn. 46 – Project X). Je älter ein Kennzeichen ist, desto weniger ist es möglichen Angriffen weiterer Inhaber noch älterer Rechte ausgesetzt und umso wertvoller ist es auch. Je jünger ein Kennzeichen ist, desto eher angreifbar ist es und umso geringer ist sein Wert und damit auch der Wert einer durch eine Lizenz abgesicherten Benutzungsbefugnis.

Eine tendenziell mindernde Wirkung **(bekannter) eigener Kennzeichen des Verletzers,** die rechtmäßig neben dem unrechtmäßig benutzten Zeichen verwendet werden, ist seit dem „Noblesse"-Urteil bei der Ermittlung des für die Abschöpfung des Verletzergewinns maßgeblichen „Verletzeranteils" höchstrichterlich anerkannt (BGH GRUR 2006, 419 Rn. 15 – Noblesse). Daher sprechen gute Gründe dafür, dass sich eine **Mehrfachkennzeichnung** bzw. eine durch eigene Marken begleitende Benutzung auch bei einer Berechnung des Schadensersatzes nach der Lizenzanalogie **lizenzmindernd** auswirken muss, wenn die Steigerung der Absatzchancen, um derentwillen bei frei ausverhandelten Lizenzverträgen die Lizenzgebühr vereinbart wird, nicht nur auf das fremde, sondern auch auf das eigene Kennzeichen zurückzuführen ist (so OLG Hamm BeckRS 2009, 23081 – Haushaltsschneidewaren II; OLG Düsseldorf BeckRS 2012, 16805; OLG Nürnberg GRUR-RS 2021, 39675 Rn. 71 – SPECK-Pumpen (Betragsverfahren)); Michaeli/Kettler GRUR 2010, 301). Eine solche Minderung kommt auch dann in Betracht, wenn der Verletzer zwar kein Recht hatte, das konkrete rechtsverletzende Zeichen als Unternehmenskennzeichen zu benutzen, er aber **ein sehr ähnliches Kombinationszeichen, in dem das verletzte Zeichen enthalten** ist und dort eine prägende bzw. selbständig kennzeichnende Stellung hat, **als Marke benutzen darf.** Denn wenn eine solche für das Marketing ausreichende Benutzungsbefugnis für das Kombinationszeichen als Marke besteht, so ist die zusätzliche Möglichkeit, den prägenden Zeichenbestandteil auch im Rahmen eines Unternehmenskennzeichens benutzen zu dürfen, zwar wirtschaftlich nicht wertlos, allerdings ist der Mehrwert gegenüber der bereits bestehenden Benutzungsbefugnis gering, so dass deutliche Abschläge vorzunehmen sind (OLG Nürnberg GRUR-RS 2021, 39675 Rn. 71 ff. – SPECK-Pumpen (Betragsverfahren)). Allerdings reduziert sich der Lizenzsatz in all diesen Fällen keinesfalls auf Null. Wer ein fremdes Kennzeichenrecht benutzt, zeigt nämlich damit, dass er dem Kennzeichen einen Wert beimisst (BGH GRUR 2022, 82 Rn. 36 – Layher; GRUR 2010, 239 Rn. 38 – BTK; Goldmann WRP 2011, 950 (957)).

800.1   **Beispiele:** Im Fall „Noblesse" vertrieb der bekannte deutsche Messerhersteller Zwilling, dessen Marken „Zwilling" bzw. „Die Schneidigen von Zwilling" überdurchschnittlich bekannt und kennzeichnungskräftig sind, eine Messerserie unter der Bezeichnung „Noblesse", die für einen anderen Hersteller als Marke für Essbesteck eingetragen war. Die Messer waren zusätzlich mit den Marken „Zwilling" oder „Die Schneidigen von Zwilling" gekennzeichnet; zuerkannt wurde ein Lizenzbetrag von 1,3% bzw. von 0,65% für Exportwaren (OLG Hamm BeckRS 2009, 23081 – Haushaltsschneidewaren II). Im Fall „SPECK-Pumpen" war dem Verletzer lediglich die isolierte Verwendung von „SPECK" (Wort) als besondere Geschäftsbezeichnung verboten, er war aber zur Nutzung einer „zeichenkerngleichen Marke" (Wort-/Bild) berechtigt, die für sein Marketing ausreichend war, so dass auch bei einer Marktführerschaft des verletzten Zeicheninhabers ein Lizenzsatz von 1% für angemessen gehalten wurde, weil die zusätzliche Befugnis zur Nutzung des Wortzeichens als besondere Geschäftsbezeichnung keinen allzu großen Mehrwert versprach (OLG Nürnberg GRUR-RS 2021, 39675 Rn. 71 ff. – SPECK-Pumpen (Betragsverfahren)).

801   Bei genauerer Betrachtung kann aber gerade in Fällen wie dem Beispielsfall „Noblesse" eine **gegenteilige Bewertung** am Platz sein. Denn wer eine fremde Marke oder ein fremdes Unternehmenskennzeichen trotz einer rechtsverletzenden marken- oder kennzeichenmäßigen Benutzung nach den hierfür geltenden extrem großzügigen Maßstäben (vgl. EuGH C-206/01, GRUR 2003, 55 Rn. 51, 57 – Arsenal; BGH GRUR 1995, 156 – Garant-Möbel; OLG Hamburg NJOZ 2005, 3678 (3681) – Junge Pioniere) im Grunde nicht als Marke, sondern in Verbindung mit einem eigenen Kennzeichen gleichsam wie eine generische Bezeichnung, ein Dekor oder eine austauschbare Modellbezeichnung benutzt, der stellt dem Publikum gegenüber den Kennzeichencharakter des verletzten Kennzeichens in Frage und entwertet es mitunter in einem viel stärkeren Maße als bei einem isolierten Gebrauch. Je nach Fallgestaltung kann deshalb eine **Mehrfachkennzeichnung** auch **lizenzerhöhend** wirken.

802   Die **branchentypische Umsatzrendite** hat einen Einfluss auf die Höhe der Lizenz. Teilweise wird davon ausgegangen, dass typischerweise die Lizenzgebühr so bemessen wird, dass dem Lizenzgeber 25–30 % der zu erwartenden Erträge zufließen sollen (OLG Nürnberg GRUR-RS 2021, 39675 Rn. 52, 85 mwN – SPECK-Pumpen (Betragsverfahren)). Es besteht zwar kein Erfahrungssatz dahingehend, dass die Lizenzgebühr immer unter der handelsüblichen Gewinnspanne liegen müsse (RG GRUR 1944, 132 (134) – Oberlichtöffner). Allerdings besteht der Erfahrungssatz, dass vernünftig denkende Parteien jedenfalls keinen Lizenzsatz vereinbaren, der die **durchschnittliche Umsatzrendite** seiner Branche erheblich übersteigt (BGH GRUR 2010, 239 Rn. 49 f. – BTK: Lizenzsatz von 2% zu hoch, wenn die Umsatzrendite nur 1% beträgt). Eine branchentypisch niedrige Umsatzrendite in Relation zum Lizenzsatz kann deshalb **lizenzmindernd** zu berücksichtigen sein. Umgekehrt kann eine außergewöhnlich hohe Umsatzrendite **lizenzerhöhend** berücksichtigt werden (OLG Köln WRP 2014, 206 Rn. 29 – Fair Play II: Lizenzsatz von 2% bei Nutzung als besondere Geschäftsbezeichnung für den Betrieb von Spielhallen angemessen, da Umsatzrendite 24,9% beträgt; Goldmann Unternehmenskennzeichen § 19 Rn. 661). Unter besonderen Umständen mögen vernünftig denkende Parteien auch einen Lizenzsatz vereinbaren, der die Gewinnspanne voll abschöpft, etwa wegen einer besonderen **„Türöffnungsfunktion"** (→ Rn. 783.1) des lizenzierten Kennzeichens für die zukünftige Betätigung des Lizenznehmers (OLG Stuttgart GRUR-RS 2021, 560 Rn. 94 – Gerüstsystem). Sind für den schadensersatzpflichtigen Zeitraum aufgrund der **allgemeinen Wirtschafts- und Marktverhältnisse** (zB Wirtschafts- und Finanzkrise seit 2008) in der jeweiligen Branche die Erwartungen an die realisierbare Umsatzrendite gemindert und liegt unter dem typischen Durchschnittsniveau, so ist dies lizenzmindernd zu berücksichtigen (OLG Nürnberg GRUR-RS 2021, 39675 Rn. 69 – SPECK-Pumpen (Betragsverfahren)). Keinen lizenzmindernden Effekt hat eine branchentypisch niedrige Umsatzrendite im jeweiligen Handelszweig bei **Piraterieware.** Es kommt dann nämlich nicht darauf an, welche Umsatzrendite schlechthin bei Waren des betreffenden Segments allgemein erzielbar ist, sondern welche Umsatzrendite mit den **Originalprodukten** erzielt werden könnte. Diese sind in der Regel höher als die durchschnittliche Umsatzrendite oder auch die mit den konkreten Pirateriewaren erzielte Umsatzrendite (vgl. LG Hamburg GRUR-RS 2019, 39676 Rn. 63).

803   Nach dem Wortlaut des § 14 Abs. 6 S. 3, der gemäß § 15 Abs. 5 S. 2 entsprechend für geschäftliche Bezeichnungen gilt, ist über den Betrag einer „angemessenen" Lizenzgebühr hinaus kein Raum für eine pauschale Erhöhung oder sonstige Zuschläge. Dies bleibt hinter dem Wortlaut von Art. 13 Abs. 1 lit. b Enforcement-RL zurück. Denn danach kann der Schadensersatz als Pauschalbetrag festgesetzt werden, „und zwar auf der Grundlage von Faktoren wie mindestens dem Betrag der Vergütung oder Gebühr, die der Verletzer hätte entrichten müssen, wenn er die Erlaubnis zur Nutzung des betreffenden Rechts des geistigen Eigentums eingeholt hätte". Besonderes Augenmerk verdient hier der Begriff **„mindestens",** der in richtlinienkonformer Interpretation auch bei der Anwendung des § 14 Abs. 6 S. 3 beachtet werden muss (Goldmann WRP 2011, 950 (969 f.)). Die Richtlinie stellt damit klar, dass eine angemessene Lizenzgebühr, nicht der einzige Faktor ist, der bei dieser Art der objektiven Schadensberechnung zu berücksichtigen ist. Sie ist insoweit nur eine **untere Grenze.** Im Fall der Verletzung eines Rechts des geistigen Eigentums ist die bloße Zahlung der hypothetischen Vergütung nämlich nicht immer geeignet, eine Entschädigung für den gesamten tatsächlich erlittenen Schaden zu garantieren, weil mit der Zahlung einer solchen Vergütung weder die Erstattung möglicher, mit der Feststellung allfälliger Verletzungshandlungen und ihrer Verursacher verbundener Kosten, auf die in Erwägungsgrund 26 Enforcement-RL verwiesen wird, noch der Ersatz eines möglichen immateriellen Schadens (der freilich im Markenrecht keine Rolle spielt; → Rn. 764 f.) und auch nicht die Zahlung von Zinsen auf die geschuldeten Beträge sichergestellt würde (EuGH C-367/15, GRUR 2017, 264 Rn. 30 – OTK/SFP). Dass „mindestens" eine angemessene Lizenzgebühr geschuldet ist, gibt dem Richter die Möglichkeit, im Einzelfall bei der Bemessung höher zu greifen (Goldmann WRP 2011, 950 (968 mwN)).

Zunächst wird dadurch die Befugnis begründet, wie bisher **zusätzlich** – und nicht etwa nur   **804** alternativ – den **positiven Schaden** (→ Rn. 747) also etwa die entstandenen Rechtsverfolgungskosten aufzunehmen. Hierzu gehören zunächst Rechtsanwaltsgebühren sowie Kosten für Testkäufe, Gutachten und Detektive (→ Rn. 748 ff.).

Ein möglicher **Marktverwirrungsschaden** oder eine Minderung des Prestigewerts sind **nicht**   **805** **noch einmal** gesondert **zu berücksichtigen,** weil sie bereits bei der Festlegung des angemessenen Lizenzsatzes eingepreist werden (→ Rn. 796 f.).

Weitergehend und entgegen der bisher hM (BGH NJW 1977, 35) wird man aber auch die   **806** Kosten **der eigenen Mühewaltung** bzw. **des eigenen Überwachungsapparats** des Verletzten **berücksichtigen** müssen. Anteilige Kosten für **Vorsorge- und Überwachungsmaßnahmen** (zB Überwachung von Tauschbörsen, Internet-Auktionshäusern etc.) können und müssen – begrenzt nur durch die in Art. 3 Enforcement-RL verankerten Grundsätze der Fairness und Verhältnismäßigkeit – in die Berechnung des Pauschalbetrags einfließen (Goldmann WRP 2011, 950 (968)). Diese Kosten sind zwar nur unter großen Schwierigkeiten quantifizierbar, da die tatsächlichen im Unternehmen anfallenden Kosten für die Bearbeitung einem konkreten Verletzungsfall nur schwer zuzuordnen sind. Dem Gedanken des „Pauschalbetrags" als Ausgleichsentschädigung auf objektiver Grundlage entspricht es aber, dem Verletzten keine Darlegungslasten aufzubürden, die er nicht schultern kann. Es ist daher zulässig, die Kosten der eigenen Mühewaltung auf der Grundlage von nach den Verhältnissen des Betriebs des Verletzten **objektiv begründbaren Fallpauschalen** abzurechnen (Goldmann WRP 2011, 950 (968)). Dies fügt sich in die Rechtsprechung des EuGH ein. Denn die Zahlung einer hypothetischen Vergütung allein ist nicht ausreichend, um eine Entschädigung für den gesamten tatsächlich erlittenen Schaden zu garantieren; ersetzt werden müssen auch „die mit der Feststellung allfälliger Verletzungshandlungen und ihrer Verursacher verbundener Kosten", auf die in Erwägungsgrund 26 Enforcement-RL verwiesen wird (EuGH C-367/15, GRUR 2017, 264 Rn. 30 – OTK/SFP). Damit sind ersatzfähig nicht nur die durch die Feststellung der konkreten Verletzung verursachten (Rechtsverfolgungs-)Kosten, sondern sämtliche Kosten, die mit der Feststellung „allfälliger", also möglicherweise künftiger Verletzungshandlungen und ihrer jeweiligen Verursacher „verbunden" sind.

Aus dem Wortlaut von Art. 13 Abs. 1 lit. b Enforcement-RL („mindestens") wurde in der   **807** Literatur mit guten Gründen eine Aufforderung an die Gerichte herausgelesen, einen angemessenen **Verletzerzuschlag** zuzubilligen (Goldmann Unternehmenskennzeichen § 19 Rn. 669 mwN; Ströbele/Hacker/Thiering/Thiering Rn. 741). Dahinter steht die Erwägung, dass der Verletzer sich nicht den üblichen Pflichten eines Lizenznehmers (Berichtspflichten, Lizenzvermerk, Nichtangriffsabrede, Kontrollrechte des Lizenzgebers, etc.) unterworfen hat und sich der als Kompensation festzusetzende Betrag daher nicht ausschließlich am „Marktwert" einer zwischen loyalen Vertragsparteien ausgehandelten Lizenz orientieren kann (Goldmann WRP 2011, 950 (968)). Dem hat der **BGH** eine **klare Absage** erteilt, weil ein solcher Verletzerzuschlag seiner Ansicht nach mit den Grundlagen des deutschen Schadensersatzrechts unvereinbar ist (BGH GRUR 2022, 82 Rn. 14 – Layher; GRUR 2020, 990 Rn. 26 – Nachlizenzierung). Das Fehlen entsprechender vertraglicher Vereinbarungen wird bei der Berechnung des Schadensersatzanspruchs nach der Lizenzanalogie bereits angemessen berücksichtigt. Soweit dazu zB Anforderungen an die Benutzung der Marke durch den Lizenznehmer zählen, um Irreführungen zu vermeiden, ist der Umstand, dass es durch die markenverletzende Benutzungshandlung zu Irreführungen kommen kann, als Marktverwirrungsschaden (→ Rn. 796) bei der Bestimmung des fiktiven Lizenzsatzes lizenzerhöhend zu berücksichtigen. Ein bei Abschluss eines Lizenzvertrags üblicherweise vereinbartes Bucheinsichtsrecht wird durch den dem Markeninhaber zustehenden Auskunftsanspruch gemäß § 19 MarkenG hinreichend ausgeglichen (BGH GRUR 2022, 82 Rn. 30 – Layher).

808   Schon nach der bisherigen Rechtsprechung war bei der Lizenzanalogie zu berücksichtigen, dass der Schädiger seine fiktive Lizenzgebühr wesentlich später zahlt, als es ein vertraglicher Lizenznehmer bei vereinbarten jährlichen oder vierteljährlichen Abrechnungsperioden getan hätte. Deshalb wird dem Verletzten die Möglichkeit eingeräumt, zumindest diejenigen **Zinsen,** die im Falle der – üblichen – Fälligkeitsabrede in einem Lizenzvertrag aufgelaufen wären, vom Verletzer zu verlangen (BGH GRUR 1982, 301 (303 f.) – Kunststoffhohlprofil II; GRUR 1982, 286 (288 f.) – Fersenabstützvorrichtung). Diese Praxis kann selbstverständlich im Rahmen der nach der Richtlinie vorzunehmenden angemessenen Erhöhung fortgeführt werden (Ströbele/Hacker/Thiering/Thiering Rn. 742; V. Tetzner GRUR 2009, 6 (11)), wie sie der EuGH fordert (EuGH C-367/15, GRUR 2017, 264 Rn. 30 – OTK/SFP). Dies geschieht in der neueren Rechtsprechung des BGH auch (BGH GRUR 2010, 239 Rn. 55 – BTK).

808.1   Darüber hinaus ist vorgeschlagen worden, als Faktor für die Erhöhung des Pauschalbetrages auch ein vorsätzliches Handeln des Verletzers heranzuziehen (Dörre/Maaßen GRUR-RR 2008, 217 (218); Kämper GRUR Int 2008, 54). Dies käme einem **Strafzuschlag für Vorsatz** gleich. Gestützt wird der Vorschlag auf Erwägungsgrund 17 Enforcement-RL. Er verlangt, dass bei Anwendung der Sanktionen „gegebenenfalls dem vorsätzlichen oder nicht vorsätzlichen Charakter der Rechtsverletzung gebührend Rechnung getragen wird". Ebenso wird mit Blick auf die übergeordnete Zielsetzung der Richtlinie, dass die Sanktionen auch eine Abschreckungswirkung entfalten sollen, angeführt, dass ein bloßer „Ausgleich" in Form einer marküblichen Lizenzgebühr bei einem rational kalkulierenden Verletzer keine Abschreckungswirkung entfaltet, weil der Nutzen, den der Verletzer aus der Verletzung ziehen kann, zumeist höher ist als ein unter dem Gesichtspunkt des „Ausgleichs" zu zahlender Lizenzbetrag. Dies gilt umso mehr, je geringer das Risiko ist, dass die Verletzung entdeckt und verfolgt wird. Dennoch bleibt es dabei, dass die von Art. 3 Abs. 2 Enforcement-RL geforderte Abschreckungswirkung in erster Linie bei der Berechnungsmethode des Art. 13 Abs. 1 lit. a Enforcement-RL zu verorten ist, also bei der Berücksichtigung des Verletzergewinns (LG Düsseldorf GRUR-RS 2020, 48958 Rn. 69 – Uhrenmarke; LG Frankfurt a. M. 12.3.2014 – 2-06 O 16/13 – Brother Tonerkartuschen; Goldmann WRP 2011, 950 (964)), und nicht bei der Berechnungsmethode der Lizenzanalogie gemäß Art. 13 Abs. 1 lit. b Enforcement-RL (Goldmann Unternehmenskennzeichen § 19 Rn. 673; Goldmann WRP 2011, 950 (964)). Ein Hinausgehen über die verkehrsübliche Lizenzgebühr kann deshalb nur aus Gründen des Ausgleichs geboten sein, nicht aber unter dem Aspekt der Abschreckung. Mit dem Gedanken des **Ausgleichs auf „objektiver Grundlage"** ist es **nicht** vereinbar, die **subjektive Tatseite des Verletzers** als Kriterium heranzuziehen und einen Aufschlag vorzunehmen, wenn der Verletzer nicht fahrlässig, sondern mit Vorsatz handelte (OLG Düsseldorf BeckRS 2013, 11915 – Halterung für Kabelschloss (zum Patentrecht); Goldmann WRP 2011, 950 (968)). Die Abschreckungswirkung des Schadensersatzes kommt bei der Lizenzanalogie aber dadurch zum Tragen, dass eine angemessene Lizenzgebühr auch soweit zu bezahlen ist, wie tatsächlich gar keine Umsätze erzielt wurden (→ Rn. 780; Goldmann Unternehmenskennzeichen § 19 Rn. 673). Erwägungsgrund 17 Enforcement-RL eröffnet zwar die Möglichkeit einer Differenzierung nach Verschuldensformen. Erwägungsgrund 26 Enforcement-RL aber, der speziell den Schadensersatz behandelt, sieht eine solche Differenzierung bei der Festsetzung eines Pauschalbetrages zum Schadensausgleich auf „objektiver Grundlage" gerade nicht vor. Ist aber Funktion der Berechnungsmethode des Art. 13 Abs. 1 lit. b Enforcement-RL Ausgleich des Schadens und nicht Verhaltenssteuerung durch Abschreckung oder Sanktion, passt eine Abstufung nach Verschuldensgrad nicht (Goldmann WRP 2011, 950 (968)). Dies wäre bei der Berechnung des Schadensersatzes im Wege der Lizenzanalogie ein Systembruch. Denn Ausgangspunkt ist, was vernünftige Vertragsparteien als Entgelt für eine Nutzung des Zeichens vereinbart hätten. Verschuldensgesichtspunkte können dabei keine Rolle spielen (OLG Köln WRP 2014, 206 Rn. 27 – Fair Play II; Goldmann Unternehmenskennzeichen § 19 Rn. 674).

809   **d) Abschöpfung des Verletzergewinns.** Die Berechnung des Schadens anhand des Verletzergewinns dient der Ermittlung des wirtschaftlichen Werts des Ausschließlichkeitsrechts in Form der darin verkörperten Marktchance auf einen mit der Nutzung erzielbaren Gewinn (BGH GRUR 2022, 229 Rn. 87 – ÖKO-TEST III). Dabei ist es im Fall einer Verletzung von Kennzeichenrechten unerheblich, ob der Rechtsinhaber auf dem Markt des Verletzers tätig ist und den vom Verletzer erzielten Gewinn selbst hätte erwirtschaften können (BGH GRUR 2022, 229 Rn. 87 – ÖKO-TEST III). Vor der Umsetzung der Enforcement-RL war zuletzt streitig geworden, ob der Anspruch auf Herausgabe des Verletzergewinns bei einer nur fahrlässigen Verletzung einen echten Schadensersatzanspruch (so BGH GRUR 2008, 93 Rn. 7 – Zerkleinerungsvorrichtung) oder einen dem Schadensersatz funktionsähnlichen Ausgleichsanspruch aus Billigkeitsgründen darstellte (so Tilmann GRUR 2003, 647). In Umsetzung des Art. 13 Abs. 1 lit. a Enforcement-RL erkennt der Gesetzgeber in § 14 Abs. 6 S. 2 nunmehr den **Verletzergewinn** als **Grundlage der Berech-**

nung des Schadensersatzanspruchs an und bestimmt, dass bei der Bemessung des Schadensersatzes auch der Gewinn, den der Verletzer durch die Verletzung erzielt hat, berücksichtigt werden kann. Auf diese Vorschrift nimmt § 15 Abs. 5 S. 2 Bezug und erklärt sie für den Schadensersatz bei Verletzung einer geschäftlichen Bezeichnung für anwendbar. Maßgeblich für die Auslegung des § 14 Abs. 6 S. 2 bleibt der Richtlinientext (Goldmann Unternehmenskennzeichen § 19 Rn. 676). Gemäß Art. 13 Abs. 1 lit. a Enforcement-RL „berücksichtigen" die Gerichte bei der Festsetzung des Schadensersatzes „alle in Frage kommenden Aspekte, wie die negativen wirtschaftlichen Auswirkungen, einschließlich der Gewinneinbußen für die geschädigte Partei und der zu Unrecht erzielten Gewinne des Verletzers, sowie in geeigneten Fällen auch andere als die rein wirtschaftlichen Faktoren, wie den immateriellen Schaden für den Rechtsinhaber".

Der **BGH fällt** neuerdings verbal **ohne Not hinter den erreichten Stand der Harmonisierung** **809.1** zurück. In der Entscheidung ÖKO-TEST III meint er neuerlich unter Anknüpfung an Rechtsprechung vor der Harmonisierung, dass der Anspruch auf Herausgabe des Verletzergewinns kein Anspruch auf Ersatz des konkret entstandenen Schadens sei, sondern in anderer Weise auf einen billigen Ausgleich des Vermögensnachteils abziele, den der verletzte Rechtsinhaber durch die Verletzung seines Ausschließlichkeitsrechts erlitten habe (BGH GRUR 2022, 229 Rn. 87 – ÖKO-TEST III unter Bezugnahme auf BGH GRUR 2001, 329 (330 f.) – Gemeinkostenanteil). Dies mag vor der Harmonisierung richtig gewesen sein. Art. 13 Abs. 1 lit. a Enforcement-RL und § 14 Abs. 6 S. 2 Stellen aber klar, dass diese Berechnungsmethode selbstverständlich sehr wohl einen Anspruch auf Ersatz des konkret entstandenen Schadens realisiert.

Die „Berücksichtigung" aller Umstände, zu denen die beiden selbständigen Aspekte der **810** „Gewinneinbußen für die geschädigte Partei" einerseits und die „zu Unrecht erzielten Gewinne des Verletzers" andererseits gehören, kann nach der Systematik und dem Sinn der Regelung, am Ende einen Schadensersatzbetrag auszuwerfen, nur bedeuten, dass diese Aspekte in dessen Berechnung einfließen (Goldmann WRP 2011, 950 (964 f.)). Die Berücksichtigung der Einbußen des Verletzten entspricht dabei dem Ausgleichsgedanken und die Abschöpfung des Verletzergewinns dem **Ziel der abschreckenden Wirkung** (LG Düsseldorf GRUR-RS 2020, 48958 Rn. 69 – Uhrenmarke; Goldmann WRP 2011, 950 (965); vgl. auch LG Frankfurt a.M. 12.3.2014 – 2-06 O 16/13 – Brother Tonerkartuschen). Die Abschöpfung des Verletzergewinns dient der **Prävention** gegen eine Verletzung der besonders schutzbedürftigen Ausschließlichkeitsrechte (BGH GRUR 2022, 229 Rn. 87 – ÖKO-TEST III). Art. 13 Abs. 1 lit. a Enforcement-RL kann durchaus so verstanden werden, dass dem Verletzergewinn nur eine Indizfunktion für die Höhe des tatsächlich erlittenen Schadens zukommen soll. Der deutsche Wortlaut der Richtlinie ist aber insofern missverständlich. Denn dieser lässt sich so lesen, dass die „zu Unrecht erzielten Gewinne des Verletzers" zu den „negativen wirtschaftlichen Auswirkungen" des Verletzten gehören. Tilmann hat als erster darauf hingewiesen, dass dies offensichtlich unsinnig ist und auch nicht mit den Fassungen in anderen Sprachen im Einklang steht (Tilmann FS Schilling, 2003, 367). Der Verletzergewinn ist kein Unterfall oder Teilaspekt der Gewinneinbußen, sondern steht selbständig neben dem entgangenen Gewinn. Diese Sichtweise entspricht auch der Entstehungsgeschichte (näher Goldmann WRP 2011, 950 (965)). Die Unterscheidung der negativen wirtschaftlichen Auswirkungen für den Verletzten auf der einen Seite von den zu Unrecht erzielten Gewinnen des Verletzers auf der anderen Seite schließt aber nicht aus, dass beides bei der Festsetzung des Schadensanspruchs miteinander kombiniert oder sogar addiert wird. Der Richtlinienvorschlag der Kommission sah letzteres ausdrücklich vor (Vorschlag für eine Richtlinie des Europäischen Parlaments und des Rates über die Maßnahmen und Verfahren zum Schutz der Rechte an geistigem Eigentum vom 30.1.2003, KOM (2003) 46 endg., 25). In der verabschiedeten Fassung ist dieser Aspekt zwar im Wortlaut weniger klar. Doch anders als in dem zunächst ebenfalls vorgeschlagenen, aber wegen ihres strafschadensersatzähnlichen Charakters fallengelassenen zwingenden Verdoppelung der Lizenzgebühr (ausführlich Goldmann WRP 2011, 950 (963, 967)), ist hier keine Abkehr vom ursprünglichen Konzept zu erkennen (Goldmann WRP 2011, 950 (965)).

In der Praxis der deutschen Gerichte werden § 14 Abs. 6 S. 2 und die ihm entsprechenden **811** Bestimmungen in den anderen Sondergesetzen des gewerblichen Rechtsschutzes (zB § 139 Abs. 2 S. 2 PatG) als Grundlage der **Abschöpfung des Verletzergewinns** zum Zwecke des Schadensersatzes interpretiert, wobei die Berechnungsmethode genauso wie vor Umsetzung der Enforcement-RL gehandhabt wird (BGH GRUR 2012, 1226 Rn. 16 – Flaschenträger). Die Entscheidung des EuGH **„Hansson/Jungpflanzen" steht** dem **nicht entgegen.** Sie hat zwar eine Festsetzung des Schadensersatzes nach Maßgabe des vom Verletzer erzielten Gewinns bzw. die Herausgabe der Gewinne und Vorteile, in deren Genuss der Verletzer gelangt ist, abgelehnt. Sie bezieht sich jedoch in diesem Punkt nur auf Besonderheiten des Sortenschutzes und gibt keine allgemeine Auslegung zu Art. 13 Abs. 1 lit. a Enforcement-RL vor (EuGH C-481/14, GRUR 2016, 1043

Rn. 41, 43 – Hansson/Jungpflanzen). Außerdem sieht die Enforcement-RL nur eine **Mindesthar-monisierung** vor (→ Rn. 694). Es stand dem deutschen Gesetzgeber deshalb frei, eine Abschöp-fung des Verletzergewinns einzuführen oder beizubehalten, selbst wenn die Richtlinie dies nicht als Mindeststandard vorgibt. Bei einer **vorsätzlichen Rechtsverletzung** ergibt sich ein Anspruch auf Herausgabe des Verletzergewinns ohnehin unmittelbar aus den Grundsätzen der **GoA** gemäß § 687 Abs. 2 BGB, §§ 681, 667, 666 BGB (Goldmann WRP 2011, 950 (960) mwN).

812   Der Begriff des Gewinns in der Enforcement-RL ist **autonom auszulegen.** Er ist deshalb nicht notwendigerweise deckungsgleich mit dem Begriff des Gewinns, wie der BGH ihn in der Entscheidung „Gemeinkostenanteil" unter der Dogmatik der angemaßten Eigengeschäftsführung in Analogie zu § 687 Abs. 2 BGB (BGH GRUR 2001, 329 (331) – Gemeinkostenanteil) näher bestimmt hat (Goldmann WRP 2011, 950 (967)). Im Ergebnis bestehen aber mit Blick auf den Gemeinkostenanteil keine Unterschiede:

812.1   Gemäß § 687 Abs. 2 S. 1 BGB iVm § 667 BGB hat der angemaßte Eigengeschäftsführer „alles … was er aus der Geschäftsbesorgung erlangt, herauszugeben". Das ist zunächst der vollständige Erlös, nicht der auf welchem Wege auch immer errechnete Gewinn. Dafür kann der Verletzer aber im Gegenzug vom Verletzten gemäß § 687 Abs. 2 S. 2 BGB, § 684 S. 1 BGB Ersatz aller seiner Aufwendungen bei der Führung des fremden Geschäfts verlangen; allerdings gemäß § 818 Abs. 3 BGB nur, insoweit der Verletzte um sie tatsächlich wertmäßig bereichert ist (Goldmann WRP 2011, 950 (961); Haedicke GRUR 2005, 529 (532)). Nach der Rechtsprechung des BGH (BGH GRUR 2007, 431 Rn. 32 – Steckverbindergehäuse; GRUR 2001, 329 (331) – Gemeinkostenanteil) gehörten hierzu nur die variablen (dh vom Beschäftigungsgrad abhängigen) Kosten für die Herstellung und den Vertrieb der schutzrechtsverletzenden Gegenstände (zB Materialkosten, anteilige Energie- und Lohnkosten, Kosten für die Verpackung der rechtsverletzenden Güter, die darauf entfallenden Vertriebskosten und die Kosten für Raummiete und Maschinen, soweit diese Ressourcen ausschließlich zur Herstellung und zum Vertrieb der verletzenden Gegenstände eingesetzt wurden). Anteilige Gemeinkosten aber (zB Mieten, allgemeine Marketingkosten, Geschäftsführergehälter, Verwaltungskosten und Kosten für Anlagevermögen), die keinen unmittelbaren Zusammenhang mit der Verletzung haben (und möglicherweise wirtschaftlich unvernünftig oder maßgeblich durch die Kosten der Herstellung anderer Produkte des Verletzerunternehmens beeinflusst sind), waren nach der Rechtsprechung keine Aufwendungen, um die der Verletzte bereichert ist (BGH GRUR 2007, 431 Rn. 32 – Steckverbin-dergehäuse; GRUR 2001, 329 (331) – Gemeinkostenanteil): Um die stückbezogenen Aufwendungen des Verletzers ist der Verletzte bereichert. Denn er hätte sie selbst in seinem eigenen Betrieb ebenfalls aufwenden müssen. Um die anteiligen Fixkosten eines fremden Betriebs ist er aber nicht bereichert. Denn er hat seinen eigenen Betrieb und braucht keinen zweiten (Goldmann WRP 2011, 950 (961 f.)). Dieser Gedanke trifft natürlich nur zu, wenn der verletzte Rechtsinhaber tatsächlich einen eigenen Betrieb unterhält (Harte-Bavendamm/Henning-Bodewig/Goldmann UWG § 9 Rn. 270). Deshalb hat der BGH ergänzend ausge-führt, dass der Gedanke des billigen Ausgleichs die Fiktion mit einschließt, dass der Verletzte einen entspre-chenden Betrieb unterhält, der dieselben Produktions- oder Vertriebsleistungen wie der Betrieb des Verlet-zers hätte erbringen können (BGH GRUR 2007, 431 Rn. 31 – Steckverbindergehäuse).

813   Die **Enforcement-RL** spricht in Art. 13 Abs. 1 S. 2 lit. a Enforcement-RL nur von „Gewinn". Dieser Begriff ist nach seinem Wortsinn als das Ergebnis von **Erlös nach Abzug der Kosten** zu verstehen. Die überaus komplizierte und erklärungsbedürftige bereicherungsrechtliche Konstruk-tion des BGH ist deshalb nach Umsetzung der Enforcement-RL obsolet (Goldmann WRP 2011, 950 (967); vgl. auch OGH GRUR Int 2014, 838 (840) – RED LABEL: „Herauszugeben ist der Reingewinn, den der Verletzer gerade aufgrund des widerrechtlichen Kennzeicheneingriffs erzielt hat"). Das bedeutet aber nicht, dass die Richtlinie zu einer Abkehr von der seit dem Urteil „Gemeinkostenanteil" eingeführten Rechtspraxis zwingt (Meier-Beck WRP 2012, 503 (505)). Denn auch nach neuem Recht muss bestimmt werden, welche Kosten als abzugsfähig gelten und welche nicht. Die Billigkeitserwägungen, auf die der BGH das Urteil „Gemeinkostenanteil" zusätzlich gestützt hat, sind ohne weiteres einleuchtend und beanspruchen auch bei der Anwen-dung der Enforcement-RL Geltung (Goldmann WRP 2011, 950 (967); Meier-Beck WRP 2012, 503 (505)).

813.1   Würde dem Verletzer gestattet, von seinen Erlösen einen Gemeinkostenanteil abzusetzen, verbliebe dem Verletzer ein Deckungsbeitrag zu seinen Fixkosten, und der Gewinn würde nicht vollständig abgeschöpft (Goldmann WRP 2011, 950 (967)). Dies stünde in Widerspruch zu Sinn und Zweck des Schadensausgleichs und insbesondere zu dem Gedanken, dass der Verletzte durch die Herausgabe des Verletzergewinns so zu stellen ist, als hätte er ohne die Rechtsverletzung den gleichen Gewinn wie der Verletzer erzielt (Harte-Bavendamm/Henning-Bodewig/Goldmann UWG § 9 Rn. 271), weil in diesem Fall der Verletzte bei einem Einsatz des eigenen Unternehmens für die Herstellung und den Vertrieb einen Deckungsbeitrag zu seinen eigenen Gemeinkosten hätte erwirtschaften können (BGH GRUR 2001, 329 (331) – Gemeinkostenanteil). Diese Erwägungen stehen im Einklang mit dem Ausgleichsgedanken der Enforcement-RL (Harte-Bavendamm/Henning-Bodewig/Goldmann UWG § 9 Rn. 271). Außerdem ist nach der Begründung des Richtlinienvorschlags der Kommission auch davon auszugehen, dass nur die Nichtberücksichtigung eines Gemeinkostenanteils die Abschöpfung des Verletzergewinns hinreichend abschreckend macht (Goldmann WRP 2011, 950 (967)). Die Kommission sah die deutsche Praxis insoweit als beispielhaft an (Vorschlag für eine Richtlinie des Europäischen Parlaments und des Rates über die Maßnahmen und Verfahren zum Schutz der Rechte an geistigem Eigentum vom 30.1.2003, KOM (2003) 46 endg., 16, 25). Es entspricht dem Willen des Richtliniengebers, die vom BGH mit dem Urteil „Gemeinkostenanteil" eingeschlagene Linie fortzusetzen und zur Grundlage des harmonisierten Rechts zu machen (Harte-Bavendamm/Henning-Bodewig/Goldmann UWG § 9 Rn. 272).

Der Gewinn des Verletzers errechnet sich also – wie bisher (→ Rn. 812.1) – aus den Umsatzer- **814** lösen gemindert um die Herstellungskosten der erbrachten Leistungen und abzüglich eventuell angefallener Betriebskosten. Abzugsfähig sind nur die variablen Kosten, nicht aber auch Fixkosten (LG Berlin 4.10.2022 – 102 O 48/22). Die Trennlinie zwischen den **abzugsfähigen variablen Kosten** und den **nicht abzugsfähigen fixen Kosten** ist danach zu ziehen, ob sie dem konkreten Produkt oder nur dem Gesamtbetrieb zuzuordnen sind (LG Düsseldorf GRUR-RS 2020, 48958 Rn. 66 – Uhrenmarke; Goldmann Unternehmenskennzeichen § 19 Rn. 683). Daher gehören auch **Lohnkosten** zu den abzugsfähigen Kosten, soweit es sich um Lohnkosten handelt, die gerade wegen der Produktion oder wegen des Vertriebs der rechtsverletzenden Güter aufgewendet wurden, und solange es sich nicht um Lohnkosten handelt, die auf den Gesamtbetrieb bezogen sind (zB Geschäftsführergehälter, Verwaltungskosten; vgl. OLG Köln GRUR-RR 2013, 398 (400) – Bigfoot II, zu § 9 UWG; vgl. auch BGH GRUR 2007, 431 Rn. 31 – Steckverbindergehäuse). Ein **Gemeinkostenanteil,** der nicht konkret gerade der rechtsverletzenden Fertigung zugerechnet werden kann, ist nicht gewinnmindernd zu berücksichtigen (Harte-Bavendamm/Henning-Bodewig/Goldmann UWG § 9 Rn. 275; vgl. OGH GRUR Int 2014, 838 (840) – RED LABEL). **Nicht anrechenbar** sind daher die Kosten, die unabhängig vom Umfang der Produktion und des Vertriebs durch die Unterhaltung des Betriebs entstanden sind. Hierzu zählen beispielsweise **allgemeine Marketingkosten,** die **Geschäftsführergehälter,** die **Verwaltungskosten** sowie die Kosten für **Anlagevermögen,** das nicht konkret der rechtsverletzenden Fertigung zugerechnet werden kann. Nicht anrechenbar sind ferner **Anlauf- und Entwicklungskosten** (vgl. BGH GRUR 2007, 431 Rn. 32 – Steckverbindergehäuse).

Bei **Fixkosten** besteht die **Vermutung, dass sie ohnehin angefallen wären** und nicht **815** abzugsfähig (BGH GRUR 2001, 329 (331) – Gemeinkostenanteil; vgl. auch LG Düsseldorf GRUR-RS 2020, 48958 Rn. 72 – Uhrenmarke). Der Verletzer trägt die **Darlegungs- und Beweislast** dafür, dass bestimmte von ihm geltend gemachte Kosten den Verletzungsgegenständen unmittelbar zugeordnet werden können und damit vom erzielten Umsatzerlös abzugsfähig sind, obwohl sie typischerweise als Gemeinkosten anfallen (BGH GRUR 2001, 329 (331) – Gemeinkostenanteil; OLG Köln GRUR-RR 2013, 398 (400) – Bigfoot II; Goldmann Unternehmenskennzeichen § 19 Rn. 683). Hierfür hat der Verletzer von sich aus die Einzelheiten seiner Kalkulation offenzulegen, damit seine Angaben überprüft werden können (LG Düsseldorf GRUR-RS 2020, 48958 Rn. 72 – Uhrenmarke).

Bei der Unterscheidung der Fixkosten von variablen Kosten billigt der BGH dem **Tatrichter 816** im Rahmen seines Ermessensspielraums die Befugnis zu einer gewissen Typisierung und Vergröberung zu und zieht sein **Ermessen** gemäß § 287 Abs. 1 ZPO weit (BGH GRUR 2007, 431 Rn. 30 – Steckverbindergehäuse).

Der **Kaufpreis,** der an einen Vorlieferanten für rechtsverletzende Waren gezahlt wurde, ist **817** grundsätzlich abzuziehen. Etwas anderes gilt dann, wenn mit Blick auf die Rechtsverletzung der Kaufpreis zurückverlangt und zurückgezahlt oder gegen eine andere Forderung des Vorlieferanten aufgerechnet wurde (LG Düsseldorf GRUR-RS 2020, 48958 Rn. 70 – Uhrenmarke). Kosten für **Werbemaßnahmen** sind nur dann abzugsfähig, wenn sie exklusiv auf das rechtsverletzend markierte Produkt entfallen (LG Düsseldorf GRUR-RS 2020, 48958 Rn. 75 – Uhrenmarke). Wird in einer einheitlichen Werbemaßnahme (zB umfangreiches Prospekt mit den wöchentlichen Produktangeboten) eine Vielzahl von Produkten beworben, so ist dies keine produktexklusive Werbung. Auch eine anteilige Berücksichtigung (zB nach der Seitenzahl eines Prospekts) kommt nicht in Betracht, wenn die auf das rechtsverletzend markierte Produkt bezogene Werbung nur einen Bruchteil einer einzelnen Seite ausmacht und die Werbung auch ohne Bewerbung des konkreten Produkts insgesamt denselben Umfang gehabt hätte (LG Düsseldorf GRUR-RS 2020, 48958 Rn. 75 – Uhrenmarke).

Nicht anrechenbar sind Kosten für die – etwa in **Folge der Unterlassungsverpflichtung** – **818** nicht mehr veräußerbaren Produkte (vgl. BGH GRUR 2007, 431 Rn. 32 – Steckverbindergehäuse). Nicht abziehen darf der Verletzer selbstverständlich die von ihm zu erstattenden Kosten der Rechtsverfolgung des Verletzten (etwa Kosten für die Abmahnung) oder **eigene Rechtsverteidigungskosten** (OLG Hamburg GRUR-RR 2020, 359 Rn. 44 – MYMMO MINI). Denn bei der Berechnung des Schadens nach dem Verletzergewinn wird fingiert, dass der Rechtsinhaber den gleichen Gewinn wie der Verletzer erzielt hätte. Beim Rechtsinhaber wären aber derartige Kosten nicht angefallen (BGH BeckRS 2010, 28285 – Acerbon; Goldmann Unternehmenskennzeichen § 19 Rn. 685).

819   Der Verletzer kann den herauszugebenden Gewinn auch nicht um solche Zahlungen reduzieren, die er an seine Abnehmer im Hinblick auf die Unverkäuflichkeit der Ware geleistet hat (BGH GRUR 2009, 856 Rn. 74 – Tripp-Trapp-Stuhl; GRUR 2002, 532 (535) – Unikatrahmen). **Abzugsfähig** sind dagegen Schadensersatzzahlungen in der **Verletzerkette** (→ Rn. 858 f.; Goldmann Unternehmenskennzeichen § 19 Rn. 686).

820   Nachdem der Verletzergewinn ermittelt worden ist, muss die an den Zeicheninhaber **abzuführende Quote** bestimmt werden, und zwar in dieser Reihenfolge (BGH GRUR 2009, 856 Rn. 58 – Tripp-Trapp-Stuhl; LG Mannheim 6.7.2012 – 7 O 113/11 – TAXOTERE; LG Hamburg 15.4.2016 – 327 O 400/15; Goldmann Unternehmenskennzeichen § 19 Rn. 687). Der erzielte Gewinn ist nämlich **nicht vollständig**, sondern nur insoweit herauszugeben, als er auf der unerlaubten Nutzung des verletzten Kennzeichens beruht (BGH GRUR 2012, 1226 Rn. 17 ff. – Flaschenträger; GRUR 2009, 856 Rn. 41 – Tripp-Trapp-Stuhl). Dieser sog. **„Kausalanteil"** oder **„Verletzeranteil"** geht im Kern auf die traditionelle GoA-Struktur des Anspruchs auf Gewinnherausgabe zurück (Goldmann WRP 2011, 950 (958 f.); Harte-Bavendamm/Henning-Bodewig/Goldmann UWG § 9 Rn. 278).

820.1   Die Rechtsprechung war im Kennzeichenrecht ursprünglich der Ansicht gewesen, dass der Verletzer mit dem Vertrieb rechtsverletzender Waren grundsätzlich ausschließlich ein eigenes Geschäft führe, weshalb die Möglichkeit einer Abschöpfung des Verletzergewinns überhaupt verneint wurde (RG MuW XXXV, 59 (62) – Schutzmarke Sonne; RGZ 47, 100 (102) – Likörausstattung). Später erkannte die Rechtsprechung an, dass es sich bei einem Angebot unter Verletzung eines fremden Kennzeichens zum Teil um ein fremdes Geschäft handelt und wandte insoweit die Berechnungsmethode der Abschöpfung des Verletzergewinns an. Bei der Frage, inwieweit ein fremdes, also dem Rechtsinhaber zustehendes Geschäft geführt wird, wurde dann wertend ermittelt, welche Rolle die Zeichennutzung beim Vertrieb durch den Verletzer gespielt hatte (BGH GRUR 1973, 375 (377 f.) – Miss Petite; GRUR 1961, 354 (355) – Vitasulfal).

821   Auch nach der Umsetzung der Enforcement-RL kann der Gewinn nur insoweit herausverlangt werden, wie er gerade auf dem unerlaubten Zugriff auf das geschützte Immaterialgüterecht beruht (BGH GRUR 2012, 1226 Rn. 17 – Flaschenträger; OGH GRUR Int 2014, 838 (840) – RED LABEL). Gemäß Art. 13 Abs. 1 lit. a Enforcement-RL finden nämlich von vornherein nur die **„zu Unrecht erzielten"** Gewinne des Verletzers Berücksichtigung. Gemeint ist der Gewinn, der gerade durch den Zugriff auf das fremde Schutzrecht und nicht durch andere Ursachen erzielt wurde (OGH GRUR Int. 2019, 851 (853) – LED LENSER; Goldmann Unternehmenskennzeichen § 19 Rn. 689). Dies ermöglicht eine nahtlose Fortsetzung der bisherigen, auf den Begriff des „fremden Geschäfts" gestützten Praxis auf einem neuen Fundament (ausf. Goldmann WRP 2011, 950 (967); Goldmann Unternehmenskennzeichen § 19 Rn. 689). Es gilt folgende **Formel** (LG Mannheim 6.7.2012 – 7 O 113/11 – TAXOTERE):

Herauszugebender Verletzergewinn = (Umsatz – abzugsfähige Kosten) x Kausalanteil

822   Dabei kann sich der Verletzer nach dem Sinn und Zweck des Rechtsinstituts der Abschöpfung des Verletzergewinns, die Folgen eines tatsächlich stattgefundenen deliktischen Handelns zu kompensieren, **nicht auf** ein hypothetisches **rechtmäßiges Alternativverhalten** (→ Rn. 745) **berufen** und einwenden, er hätte denselben Gewinn auch ohne Rechtsverletzung erzielen können (BGH GRUR 2012, 1226 Rn. 35 – Flaschenträger; Harte-Bavendamm/Henning-Bodewig/Goldmann UWG § 9 Rn. 280).

823   Bei der Verletzung von Kennzeichenrechten ist maßgeblich, inwieweit die Nutzung des verletzenden Zeichens **für die von dem Verletzer getätigten Geschäfte ursächlich** gewesen ist oder ob andere Umstände eine wesentliche Rolle gespielt haben (BGH GRUR 2022, 82 Rn. 36 – Layher; GRUR 2006, 419 Rn. 15 – Noblesse; LG Hamburg 15.4.2016 – 327 O 400/15; Goldmann Unternehmenskennzeichen § 19 Rn. 691).

824   Bei **Kennzeichenrechtsverletzungen** kommt häufig eine Herausgabe des gesamten mit dem widerrechtlich gekennzeichneten Gegenstand erzielten Gewinns nicht in Betracht, weil der geschäftliche Erfolg in vielen Fällen nicht ausschließlich oder noch nicht einmal überwiegend auf der Verwendung des fremden Kennzeichens beruht (BGH GRUR 2006, 419 Rn. 15 – Noblesse; GRUR 1973, 375 (378) – Miss Petite; OLG Frankfurt GRUR-RR 2003, 274 (277) – Vier-

Streifen-Kennzeichnung; OLG Hamburg BeckRS 2008, 15942; LG Berlin 4.10.2022 – 102 U 48/22; Goldmann Unternehmenskennzeichen § 19 Rn. 692; Kleinheyer/Hartwig GRUR 2013, 683 f.). Meist wird nur ein **verhältnismäßig bescheidener Anteil** in Betracht kommen (BGH GRUR 1973, 375 (378) – Miss Petite). Dies kann insbesondere dann gelten, wenn der Verletzer im Sinne einer Mehrfachkennzeichnung auch ein eigenes Zeichen verwendet, das die Kaufentscheidung des Kunden beeinflusst (BGH GRUR 2006, 419 Rn. 15 – Noblesse; OLG Hamm BeckRS 2009, 23081 – Haushaltsschneidewaren II; LG Hamburg 15.4.2016 – 327 O 400/15; Goldmann Unternehmenskennzeichen § 19 Rn. 692).

Andererseits kann auch im Fall einer Verletzung von Kennzeichenrechten der erzielte Gewinn – **825** etwa bei der Benutzung eines sehr **prestigehaltigen Kennzeichens** – fast **ausschließlich** auf der Verwendung des fremden Kennzeichens beruhen (BGH GRUR 2006, 419 Rn. 18 – Noblesse; LG Berlin 4.10.2022 – 102 O 48/22). Wenn aufgrund der besonderen Bedeutung des Kennzeichens nach der Lebenserfahrung davon ausgegangen werden kann, dass das Verletzerprodukt ohne die Kennzeichnung gar nicht oder jedenfalls nicht mit Gewinn hätte vertrieben werden können, kann der **volle Verletzergewinn** herausverlangt werden (LG Berlin 4.10.2022 – 102 O 48/22; Goldmann Unternehmenskennzeichen § 19 Rn. 693), beispielsweise bei der Nutzung einer Traditionsmarke auf T-Shirts im Zuge der Retro-Welle (OLG Hamburg GRUR-RR 2005, 258 (260) – Ahoj-Brause).

In welchem Umfang der erzielte Gewinn auf die Schutzrechtsverletzung zurückzuführen ist, **826** lässt sich regelmäßig – zumindest mit praktisch vertretbarem Aufwand – nicht genau ermitteln. Der erforderliche ursächliche Zusammenhang zwischen der Schutzrechtsverletzung und dem erzielten Gewinn ist daher nicht im Sinne adäquater Kausalität zu verstehen. Vielmehr ist – vergleichbar mit der Bemessung der Mitverschuldensanteile im Rahmen des § 254 BGB – **wertend zu bestimmen,** ob und in welchem Umfang der erzielte Gewinn auf dem verletzten Schutzrecht oder anderen Faktoren beruht (BGH GRUR 2012, 1226 Rn. 20 – Flaschenträger; GRUR 2009, 856 Rn. 41 – Tripp-Trapp-Stuhl). Die Höhe des herauszugebenden Verletzergewinns lässt sich insoweit **nicht** wirklich **berechnen** (BGH GRUR 2012, 1226 Rn. 20, 37 – Flaschenträger; LG Berlin 4.10.2022 – 102 O 48/22). Der Tatrichter hat vielmehr unter Würdigung aller Umstände des Einzelfalles nach freier Überzeugung im Wege einer **Schätzung gemäß § 287 Abs. 1 ZPO** darüber zu entscheiden, ob zwischen der Schutzrechtsverletzung und dem erzielten Gewinn der ursächliche Zusammenhang im Rechtssinne besteht und wie hoch der danach herauszugebende Gewinnanteil zu beziffern ist (BGH GRUR 2013, 1212 Rn. 5 – Kabelschloss; GRUR 2012, 1226 Rn. 20 – Flaschenträger; GRUR 2009, 856 Rn. 42 – Tripp-Trapp-Stuhl). Die **Grundlagen** dieser Schätzung sind – soweit möglich – **objektiv zu ermitteln,** und über bestrittene Ausgangs- bzw. Anknüpfungstatsachen ist Beweis zu erheben (BGH GRUR 2012, 1226 Rn. 20 – Flaschenträger). Die Gesamtheit aller Umstände ist sodann **abzuwägen und zu gewichten** (BGH GRUR 2012, 1226 Rn. 20 – Flaschenträger; GRUR 1993, 55 (59) – Tchibo/Rolex II).

Das **tatrichterliche Ermessen** ist **weit.** In der Revisionsinstanz ist die Schätzung nur daraufhin **827** überprüfbar, ob bei der Ermittlung des auf die Schutzrechtsverletzung zurückzuführenden Gewinns alle wesentlichen, schätzungsbegründenden Tatsachen, die sich aus der Natur der Sache ergeben oder von den Parteien vorgetragen wurden, berücksichtigt wurden und keinem Umstand ein ihm offensichtlich nicht zukommendes Gewicht beigemessen wurde, keine sachwidrigen Erwägungen angestellt und Denkgesetze und Erfahrungssätze beachtet wurden (BGH GRUR 2012, 1226 Rn. 20 – Flaschenträger; GRUR 2009, 856 Rn. 42 – Tripp-Trapp-Stuhl).

Zu den Umständen, die das Gericht zu berücksichtigen hat, gehören zunächst der **Bekannt-** **828** **heitsgrad** und der **Ruf** (→ Rn. 786) des verletzten Kennzeichens (LG Hamburg 15.4.2016 – 327 O 400/15). Je bekannter das Zeichen und je strahlkräftiger sein Ruf ist, desto größer ist der Verletzeranteil (Goldmann Unternehmenskennzeichen § 19 Rn. 696).

Weiter ist das auf dem betreffenden Warensektor verankerte **Markenbewusstsein** in die **829** Betrachtung einzubeziehen (LG Hamburg 15.4.2016 – 327 O 400/15). Je stärker das Markenbewusstsein in einem Produktbereich entwickelt ist, desto größer ist tendenziell der Verletzeranteil (Goldmann Unternehmenskennzeichen § 19 Rn. 697).

Von herausgehobener Bedeutung für die Ursächlichkeit der Benutzung des fremden oder eines **830** ähnlichen Kennzeichens ist daneben das **Maß der Verwechslungsgefahr,** das mit der Benutzung einhergeht (LG Hamburg 15.4.2016 – 327 O 400/15; Goldmann Unternehmenskennzeichen § 19 Rn. 698).

Tendenziell herabgesetzt wird der Verletzeranteil durch das **Vorhandensein weiterer Kenn-** **831** **zeichen,** die für den Kaufentschluss mitursächlich sein können (BGH GRUR 2006, 419 Rn. 15 – Noblesse; OLG Hamm BeckRS 2009, 23081 – Haushaltsschneidewaren II; LG Hamburg 15.4.2016 – 327 O 400/15). Hierbei kommt es wiederum auf den Bekanntheitsgrad und den

Ruf dieser weiteren Kennzeichen an (Goldmann Unternehmenskennzeichen § 19 Rn. 699). Umgekehrt ist das vorhandene rechtsverletzende Kennzeichen für die Kaufentscheidung von umso größerer Bedeutung, wenn keine weiteren Kennzeichen vorhanden sind (LG Düsseldorf GRUR-RS 2020, 48958 Rn. 78 – Uhrenmarke).

832   Zu den Umständen, die das Gericht neben der Kennzeichnung des Produkts zu berücksichtigen hat, gehören zunächst dessen technische Funktionalität bzw. sein **Gebrauchszweck** (vgl. BGH GRUR 2009, 856 Rn. 45 – Tripp-Trapp-Stuhl). Je stärker der Gebrauchszweck im Vordergrund steht, desto weniger relevant sind Zeichen für die Kaufentscheidung (Goldmann Unternehmenskennzeichen § 19 Rn. 700). Umgekehrt gilt: Je geringer die Bedeutung des Gebrauchszwecks im Verhältnis etwa zum durch das aufgebrachte Kennzeichen bestimmten Prestigegehalt eines Produkts ist (zB bei Uhren und Schmuckstücken), desto höher ist die Bedeutung der rechtsverletzenden Kennzeichnung für die Kaufentscheidung einzustufen (LG Düsseldorf GRUR-RS 2020, 48958 Rn. 78 – Uhrenmarke).

833   Weiter ist nach der Rechtsprechung des BGH der – regelmäßig – im Vergleich zum Original **niedrigere Preis** des Verletzerprodukts zu berücksichtigen (vgl. BGH GRUR 2012, 1226 Rn. 18, 21 – Flaschenträger; GRUR 2009, 856 Rn. 45 – Tripp-Trapp-Stuhl; kritisch Kleinheyer/Hartwig GRUR 2013, 683 (685 ff.) und LG Nürnberg-Fürth 27.4.2011 – 4 HKO 9888/10 – Speedmin-ton). Dieser niedrigere Preis mindert gemeinhin den Verletzeranteil. Dabei ist die Bedeutung des günstigen Preises umso geringer, je kleiner der Preisunterschied zum Originalprodukt ist (LG Hamburg 15.4.2016 – 327 O 400/15; Goldmann Unternehmenskennzeichen § 19 Rn. 701).

834   In **echten Piraterieffällen,** in denen nicht der gegenüber dem Original niedrigere Preis, sondern das Vorhandensein der bekannten Kennzeichnung auf einem **gefälschten Produkt** den eigentlichen Ausschlag für die Kaufentscheidung gibt, wird der niedrigere Preis der Fälschung nicht berücksichtigt. Die Preisunterbietung ist Teil der Absatzstrategie des in aller Regel **vorsätzlich** handelnden Verletzers, die nicht auch noch durch besonders hohe Abzüge vom herauszugebenden Verletzergewinn prämiiert werden darf (Goldmann Unternehmenskennzeichen § 19 Rn. 702). Selbstverständlich spielt der niedrige Preis tatsächlich für die Kaufentscheidung ebenfalls eine Rolle. Es findet jedoch insoweit keine streng kausale Betrachtung statt, sondern eine wertende Zurechnung von Kausalfaktoren, die den niedrigeren Preis im Wege einer **normativen Korrektur** ausblendet (Goldmann Unternehmenskennzeichen § 19 Rn. 702; vgl. OLG Hamburg GRUR-RR 2009, 136 (139) – Gipürespitze II; ausführlich Kleinheyer/Hartwig GRUR 2013, 683 (685)). Hinzu kommt, dass gemäß Art. 3 Abs. 2 Enforcement-RL Maßnahmen zur Durchsetzung der Rechte des geistigen Eigentums nicht nur verhältnismäßig, sondern auch wirksam und abschreckend sein müssen (→ Rn. 693). Dies erfordert schon unter dem Aspekt der Generalprävention, dass gewerblichen Fälschern kein Anteil an den Einnahmen belassen wird, die sie mit Piraterieprodukten erzielen (LG Düsseldorf GRUR-RS 2020, 48958 Rn. 78 – Uhrenmarke; LG Frankfurt a. M. 12.3.2014 – 2-06 O 16/13 – Brother Tonerkartuschen). In Piraterieffällen ist deshalb der vom Verletzer erzielte **Gewinn grundsätzlich vollständig herauszugeben** (LG Düsseldorf GRUR-RS 2020, 48958 Rn. 78 – Uhrenmarke; Goldmann Unternehmenskennzeichen § 19 Rn. 702). Wo der Verletzer nicht wie in den klassischen Piraterieffällen vorsätzlich, sondern **nur fahrlässig** handelt, ist dieselbe Bewertung jedenfalls dann angebracht, wenn der Verletzer keinerlei eigene Anstrengungen zur Vermarktung unternommen hat, wie etwa besondere Beratungsleistungen, die es rechtfertigen könnten, dem Verletzer einen Anteil am Gewinn zu belassen (LG Düsseldorf GRUR-RS 2020, 48958 Rn. 78 – Uhrenmarke).

835   Die **Eigenleistung des Verletzers,** etwa in Gestalt eines besonders effektiven Vertriebsnetzes oder besonderer Werbung kann nicht gesondert als Abzugsposten in Ansatz gebracht werden und **mindert** den herauszugebenden Gewinnanteil aber schon grundsätzlich **nicht** (BGH GRUR 2001, 329 (332) – Gemeinkostenanteil; Goldmann Unternehmenskennzeichen § 19 Rn. 703 mwN; aA Grabinski GRUR 2009, 260 (265) und tendenziell wohl auch LG Düsseldorf GRUR-RS 2020, 48958 Rn. 78).

836   Der **Verschuldensgrad** des Verletzers ist für die Berechnung des Schadensersatzes an sich **unerheblich.** Er hat als innerer und dem Verkehr nicht erkennbarer Umstand keinen Einfluss auf Kaufentscheidungen Dritter (LG Hamburg 15.4.2016 – 327 O 400/15; Goldmann Unternehmenskennzeichen § 19 Rn. 704). Ein vorsätzliches Handeln beeinflusst allerdings in Piraterieffällen die normative Wertung (→ Rn. 834).

836.1   **Kasuistik:** Bei der identischen Übernahme der besonderen Geschäftsbezeichnung „Fair Play" von Spielhallen durch konkurrierende Spielhallen hat das OLG Köln einen abzuschöpfenden Anteil von nur **7,5%** des Verletzergewinns für angemessen gehalten. Es sei zwar nicht schlechthin ausgeschlossen, dass einzelne Kunden die Spielstätten des Verletzers gerade wegen des ihnen bekannten Kennzeichens aufgesucht hätten; bei der Entscheidung für den Besuch einer Spielhalle spielten aber überwiegend andere Gesichtspunkte eine Rolle wie deren Lage oder ihre Ausstattung mit bestimmten Spielgeräten (OLG Köln WRP 2014, 206 Rn. 32 – Fair Play II). Beim Verkauf von mit identischen markenverletzenden Kennzeichen versehenen Tuning-Aufklebern für Karosserien, die vom Verletzer selbst hergestellt wurden, ist die Abschöpfung von **50%** des Gewinns für angemessen gehalten worden (LG Berlin 4.10.2022 – 102 O 48/22). Bei der Bewerbung von Badminton-Schlägern in Katalogen und im Internet mit der angesehenen Marke „Speedminton" unter Ausnutzung ihres Rufes hat das LG Nürnberg-Fürth einen Kausalanteil von **zwei Dritteln** des durch den Verkauf der Schläger erzielten Gewinns für angemessen erachtet, obwohl die angebotenen Schläger selbst nicht mit „Speedminton" gekennzeichnet waren (LG Nürnberg-Fürth 27.4.2011 – 4 HKO 9888/10 – Speedminton). Bei der Kennzeichnung eines T-Shirts mit der bekannten Wort-/Bildmarke „Ahoj-Brause" hat das OLG Hamburg dem Markeninhaber den **vollen Verletzergewinn** zugebilligt (OLG Hamburg GRUR-RR 2005, 258 (260) – Ahoj-Brause). Ebenfalls der **volle Verletzergewinn** war bei der Fälschung einer in einem schlichten Design gehaltenen Uhr geschuldet, die nur mit dem rechtsverletzenden und keinen anderen Kennzeichen versehen war und bei der die Prestigefunktion der Marke verglichen mit dem Gebrauchszweck als Zeitmesser im Vordergrund stand (LG Düsseldorf GRUR-RS 2020, 48958 Rn. 78).

4. Wahlrecht und Vermengungsverbot

a) Elektive Konkurrenz. Zwischen den Berechnungsarten besteht elektive Konkurrenz **837** (Harte-Bavendamm/Henning-Bodewig/Goldmann UWG § 9 Rn. 291). Der Verletzte kann zwischen ihnen **frei wählen** (BGH GRUR 2022, 229 Rn. 73 – ÖKO-TEST III; GRUR 2012, 1226 Rn. 16 – Flaschenträger; GRUR 1966, 375 (379) – Meßmer-Tee II). Der Verletzte muss sich nicht deshalb auf eine bestimmte Berechnungsart verweisen lassen, weil sie für den Verletzer weniger Aufwand bedeutet (BGH GRUR 2008, 93 Rn. 7 – Zerkleinerungsvorrichtung; GRUR 1982, 723 (726) – Dampffrisierstab I). Auch ist die Höhe des Schadensersatzes nicht deshalb zu begrenzen, weil eine andere als die gewählte Berechnungsmethode zu einem abweichenden, niedrigeren Ergebnis führt. Im Einzelfall unterschiedliche Ergebnisse beeinträchtigen die **Freiheit der Wahl der Berechnungsmethode** nicht (BGH GRUR 1993, 55 (57) – Tchibo/Rolex II; OLG Hamburg GRUR-RR 2009, 136 (139) – Gipüresspitze II; LG Berlin 4.10.2022 – 102 O 48/22; Goldmann Unternehmenskennzeichen § 19 Rn. 706). Hiervon ist der BGH auch in seiner zum Patentrecht ergangenen „Flaschenträger"-Entscheidung (BGH GRUR 2012, 1226 Rn. 39 – Flaschenträger) nicht abgewichen; denn er hat nur entschieden, die Lizenzanalogie könne als Kontrollüberlegung des Berechnungsergebnisses zum herauszugebenden Verletzergewinn in denjenigen Fällen herangezogen werden und das Ergebnis absichern, in denen die angemessene Bewertung der Faktoren, die für die Bemessung des Gewinnanteils maßgeblich sind, Schwierigkeiten bereitet (LG Hamburg 15.4.2016 – 327 O 400/15).

b) Wechsel der Berechnungsart im Prozess. Nach ständiger Rechtsprechung handelt es **838** sich bei den verschiedenen Berechnungsarten nur um **Variationen bei der Ermittlung des gleichen einheitlichen Schadens** (→ Rn. 769) und nicht um verschiedene Ansprüche mit unterschiedlichen Rechtsgrundlagen (BGH GRUR 2008, 93 Rn. 7 – Zerkleinerungsvorrichtung; GRUR 2000, 226 (227) – Planungsmappe; GRUR 1966, 375 (379) – Meßmer-Tee II). Daran hat die Enforcement-RL nichts geändert (BGH GRUR 2012, 1226 Rn. 16 – Flaschenträger). Sie hat im Gegenteil die Zweifel daran, ob es sich beim Anspruch auf Abschöpfung des Verletzergewinns überhaupt um einen echten Schadensersatzanspruch handelt, zerstreut (→ Rn. 809; Goldmann Unternehmenskennzeichen § 19 Rn. 707).

Im Übergang von der Berechnung des Schadensersatzes nach der Methode der Berücksich- **839** tigung des Verletzergewinns auf die Berechnungsmethode der Lizenzanalogie oder umgekehrt liegt deshalb **keine Klageänderung,** denn es wird dadurch kein neuer Streitgegenstand in den Prozess eingeführt (BGH GRUR 2008, 93 Rn. 7 – Zerkleinerungsvorrichtung; GRUR 1993, 55 (57) – Tchibo/Rolex II). Die Erhebung einer Zahlungsklage unter Zugrundelegung einer bestimmten Berechnungsart beschränkt den Kläger deshalb nicht in seiner Wahlfreiheit (BGH GRUR 1993, 55 (57) – Tchibo/Rolex II). Die drei Berechnungsmethoden kommen zwar nur alternativ zur Anwendung, der Rechtsinhaber muss sich aber nicht von Anfang an auf eine bestimmte Berechnungsmethode festlegen (LG Berlin 4.10.2022 – 102 O 48/22). Er kann auch während eines laufenden Betragsverfahrens von einer Berechnungsart auf die andere übergehen (Goldmann Unternehmenskennzeichen § 19 Rn. 708).

Dieser **Wechsel der Berechnungsarten** ist bis zur Erfüllung oder bis zur Rechtskraft des **840** zusprechenden Urteils möglich (BGH GRUR 2008, 93 Rn. 8 – Zerkleinerungsvorrichtung;

GRUR 1966, 375 (379) – Meßmer-Tee II; Harte-Bavendamm/Henning-Bodewig/Goldmann UWG § 9 Rn. 293). Das Wahlrecht kann nicht mehr ausgeübt werden, wenn über den Schadensersatzanspruch bereits in einer für den Geschädigten unangreifbaren Weise nach einer Berechnungsart entschieden worden ist (BGH GRUR 2008, 93 Rn. 12 – Zerkleinerungsvorrichtung). Dem Kläger ist trotz der großzügigen prozessualen Möglichkeiten, von einer Berechnungsart zur anderen zu springen, zu empfehlen, die Wahl möglichst früh zu treffen oder von Anfang an verschiedene Schadensberechnungsmethoden im Wege von Haupt- und Hilfsantrag zu staffeln, um das Kostenrisiko nach §§ 96, 97 Abs. 2 ZPO zu minimieren (Harte-Bavendamm/Henning-Bodewig/Goldmann UWG § 9 Rn. 293 mwN). Wenn sich der Kläger auf mehrere Berechnungsarten im Eventualverhältnis stützt, darf auf die hilfsweise gewählte Berechnungsart erst zurückgegriffen werden, wenn die vorrangig gewählte entweder ausscheidet oder einen niedrigeren Betrag ergibt. Im Ergebnis ist also die ihm günstigste Berechnungsart zugrunde zu legen (BGH GRUR 1993, 55 (57) – Tchibo/Rolex II; Harte-Bavendamm/Henning-Bodewig/Goldmann UWG § 9 Rn. 293).

841   **c) Das Vermengungs- und Additionsverbot.** Der Verletzte hat die freie Wahl, den Schadensersatz auf der Grundlage der Lizenzanalogie oder der Abschöpfung des Verletzergewinns zu berechnen oder seinen entgangenen Gewinn geltend zu machen (→ Rn. 837). Allerdings darf er nach traditioneller deutscher Auffassung zwischen diesen Berechnungsarten nur eine Auswahl treffen, sie aber nicht häufen („Additionsverbot") oder miteinander verquicken oder vermengen („Vermengungsverbot"; vgl. BGH GRUR 1993, 757 (758) – Kollektion „Holiday"; GRUR 1993, 55 (57) – Tchibo/Rolex II; RGZ 156, 65 (67) – Scheidenspiegel).

842   Nach traditioneller Ansicht wird durch die Wahl einer der objektiven Berechnungsarten insgesamt ein billiger Ausgleich für alle Einbußen geschaffen und damit auch der entgangene Gewinn vollständig kompensiert (vgl. BGH GRUR 1995, 349 (352)). Daher untersagte das Vermengungs- und Additionsverbot zunächst nur, dass die Berechnung des Schadens nach der **Lizenzanalogie** und der **Herausgabe des Verletzergewinns** miteinander **kombiniert** werden. Allenfalls konnte der Verletzte daneben seinen positiven Schaden ersetzt verlangen. Die Geltendmachung des entgangenen Gewinns zusätzlich zu oder in Kombination mit einer der abstrakten Berechnungsarten war dagegen nicht möglich (BGH GRUR 1980, 841 (844) – Tolbutamid; RGZ 156, 65 (68) – Scheidenspiegel; Goldmann WRP 2011, 950 (965)).

843   Ob dieses Grundprinzip im Zuge der Umsetzung der Richtlinie durch § 14 Abs. 6 S. 2 und 3 aufrechterhalten werden kann, ist sehr zweifelhaft. Wegen des „nicht eindeutigen" Richtlinienwortlauts sah der deutsche Gesetzgeber allerdings keine Veranlassung, das traditionelle Vermengungs- und Additionsverbot aufzugeben (BT-Drs. 16/5048, 33). Allerdings konnte sich diese Unsicherheit im Wortlaut nur auf die Kombination der Herausgabe des Verletzergewinns und der Geltendmachung des entgangenen Gewinns beziehen. Denn eine Kombination von Lizenzanalogie gemäß Art. 13 Abs. 1 lit. b Enforcement-RL und der Berechnungsmethode gemäß Abs. 1 lit. a (Berücksichtigung des Verletzergewinns und der wirtschaftlichen Einbußen des Verletzten) ist nach dem eindeutigen Wortlaut („stattdessen") ausgeschlossen. Es bleibt daher dabei, dass auch nach Umsetzung der Richtlinie durch § 14 Abs. 6 S. 2 und 3 die Berechnungsalternativen **Verletzergewinn** und die **Lizenzanalogie** nach wie vor **nicht** miteinander **kombiniert** werden können (Goldmann WRP 2011, 950 (965); Köhler/Bornkamm/Feddersen/Köhler UWG § 9 Rn. 1.39a). Neben der Berechnung des Schadensersatzes auf Basis der Lizenzanalogie kann der Verletzte aber den Marktverwirrungsschaden als positiven Schaden (→ Rn. 759) ersetzt verlangen oder ihn stattdessen bei der Höhe der Lizenzgebühr berücksichtigen lassen (→ Rn. 805).

844   **Unsicherheit** erzeugt nach wie vor Art. 13 Abs. 1 S. 2 lit. a Enforcement-RL durch seine systematische und semantische Vermengung des **konkreten Schadens** (also der negativen wirtschaftlichen Auswirkungen und Gewinneinbußen) einerseits und des **Verletzergewinns** andererseits. Eine höchstrichterliche Entscheidung zu der Frage, ob diese Vorschrift insoweit eine Aufgabe des Vermengungsverbots erzwingt, liegt noch nicht vor. In der „Zoladex"Entscheidung hatte der BGH vor Umsetzung der Enforcement-RL ohne nähere Begründung die Ansicht vertreten, dass am Vermengungsverbot auch unter Geltung der Enforcement-RL festgehalten werden könne (BGH GRUR 2010, 237 Rn. 12 – Zoladex).

845   Der Wortlaut des Art. 13 Abs. 1 S. 2 lit. a Enforcement-RL weist allerdings die Richtung zu einem anderen Verständnis. Nach dem Richtlinientext sind „alle in Frage kommenden Aspekte" zu berücksichtigen. Er zählt zu diesen gerade die Einbußen des Verletzten und die Gewinne des Verletzers. Wenn die Gerichte also beides gleichzeitig „berücksichtigen" müssen, kann dies im Zusammenhang mit der Schadensberechnung nur als Addition verstanden werden (Goldmann

WRP 2011, 950 (965)). Der Richtlinientext steht daher einer Vermischung nicht etwa entgegen, sondern scheint sie sogar zu gebieten. Bei dieser Auslegung des Art. 13 Abs. 1 S. 2 lit. a Enforcement-RL kann an der **strengen Handhabung des Vermengungs- und Additionsverbots** nicht mehr festgehalten werden. Dass der Verletzergewinn und der eigene entgangene Gewinn des Verletzers bei der Berechnung des Schadensersatzanspruchs nicht gleichzeitig berücksichtigt werden können, ist **nicht mehr aufrechtzuerhalten** (Goldmann WRP 2011, 950 (965); Köhler/Bornkamm/Feddersen/Köhler UWG § 9 Rn. 1.39a). Weder führt die Berücksichtigung des eigenen entgangenen Gewinns zusätzlich zum Verletzergewinn zu einer Art Strafschadensersatz (aA Stieper WRP 2010, 624 (627)), noch ist sie mit dem sog. „Bereicherungsverbot" unvereinbar (ausführlich Goldmann WRP 2011, 950 (966 f.)). Neben der Herausgabe des Verletzergewinns kann der Verletzte außerdem den eigenen Marktverwirrungsschaden als positiven Schaden ($\rightarrow$ Rn. 759) geltend machen (LG Nürnberg-Fürth 27.4.2011 – 4 HKO 9888/10 – Speedminton). Für den gemäß Art. 13 Abs. 1 S. 2 lit. a Enforcement-RL festzusetzenden Schadensersatz bildet die **Herausgabe des Verletzergewinns** also nur die **Untergrenze.**

In der Praxis dürfte die hier vertretene **Lockerung** des Vermengungsverbots allerdings **selten**   **846** **Auswirkungen** haben. Denn den entgangenen Gewinn kann der Verletzte nur geltend machen, wenn er seine interne Kalkulation freiwillig offenlegt und zudem noch den Kausalzusammenhang zwischen der Vertriebstätigkeit des Verletzers und den unterbliebenen eigenen Geschäftsabschlüssen darlegen und beweisen kann ($\rightarrow$ Rn. 759; Goldmann WRP 2011, 950 (965)). Eine größere praktische Relevanz kann allerdings die kumulative Geltendmachung eines **Marktverwirrungsschadens** erlangen. Gerade in den in der Praxis sehr häufigen Nachahmungsfällen kann es dann zu einer Addition mit der Herausgabe des Verletzergewinns kommen (LG Nürnberg-Fürth 27.4.2011 – 4 HKO 9888/10 – Speedminton; Goldmann Unternehmenskennzeichen § 19 Rn. 718).

5. Anrechnung von Vertragsstrafeansprüchen

Eine verwirkte Vertragsstrafe kann auf einen durch denselben Verstoß entstehenden Scha-   **847** densersatzanspruch angerechnet werden. Entsprechend dem Schutzzweck des § 340 BGB ist die Vertragsstrafe aber nur insoweit auf den Schadensersatzanspruch des Gläubigers anzurechnen, als Interessenidentität besteht. Nur soweit sich die betroffenen Interessen im Einzelfall decken, ist es gerechtfertigt, die Ansprüche des Gläubigers einzuschränken, damit dieser keine doppelte Entschädigung erhält (BGH GRUR 2008, 929 Rn. 9 – Vertragsstrafeneinforderung mwN; OLG Karlsruhe GRUR-RS 2016, 10600 – Resistograph). Die **Vertragsstrafe** deckt bei der Verletzung von Marken- und Kennzeichenrechtsverletzungen im Rahmen ihres Kompensationszwecks **als pauschalierter Schadensersatz** (hierzu zB BGH GRUR 2009, 181 Rn. 42 – Kinderwärmekissen) dasselbe Interesse ab wie der markenrechtliche Schadensersatzanspruch (OLG Karlsruhe GRUR-RS 2016, 10600 – Resistograph). Die Vertragsstrafe ist deshalb auf den Schadensersatzanspruch **anzurechnen** (Goldmann Unternehmenskennzeichen § 19 Rn. 719). Eine Schadensersatzpflicht besteht also nur insoweit, als der Schaden über die Vertragsstrafeansprüche hinausgeht. Daher kann auch eine Klage auf Feststellung der Schadensersatzpflicht nur insoweit zugesprochen werden, als sie auf einen solchen Schaden gerichtet ist, der betragsmäßig die Vertragsstrafeansprüche übersteigt, die dem Kläger gegen die jeweiligen Beklagten zustehen (OLG Karlsruhe GRUR-RS 2016, 10600 – Resistograph; Goldmann Unternehmenskennzeichen § 19 Rn. 719).

Ein solches Feststellungsbegehren ist regelmäßig nach **§ 256 Abs. 1 ZPO** zulässig und auch   **848** begründet. Ist das Kennzeichenrecht verletzt, liegt der Schaden im Grundsatz schon in der Rechtsverletzung als solcher ($\rightarrow$ Rn. 735). An die Darlegung des Schadens sind deshalb nur geringe Anforderungen zu stellen (vgl. BGH GRUR 2006, 421 Rn. 45 – Markenparfümverkäufe; OLG Karlsruhe GRUR-RS 2016, 10600 – Resistograph). Deshalb muss in einer Konstellation, in welcher der Umfang des Schadens wie auch der Umfang etwaiger weiterer, auf den Schadensersatzanspruch anrechenbarer Vertragsstrafeansprüche noch nicht feststeht, die nicht völlig entfernt liegende Möglichkeit ausreichen, dass Schadensersatzansprüche bestehen, die die jeweiligen Vertragsstrafeansprüche übersteigen (OLG Karlsruhe GRUR-RS 2016, 10600 – Resistograph). Diese Möglichkeit besteht etwa dann, wenn nicht ausgeschlossen ist, dass eine Zeichenverwendung, etwa im Internet, als Dauerverstoß gegen die vertragliche Unterlassungspflicht anzusehen wäre, der somit die Vertragsstrafe nur einmal auslöst, während der Schaden wegen der langen Dauer des Verstoßes erheblich sein kann (OLG Karlsruhe GRUR-RS 2016, 10600 – Resistograph; Goldmann Unternehmenskennzeichen § 19 Rn. 720).

6. Mehrheit von Verletzern

849   **a) Allgemeines.** Wird ein Immaterialgüterrecht von mehreren Verletzern verletzt oder sind an einer einheitlichen Verletzung mehrere Verletzer beteiligt, gilt stets der allgemeine Grundsatz, dass jeder Verletzer für die von ihm selbst begangene oder ihm zurechenbare Verletzung selbst haftet (Goldmann Unternehmenskennzeichen § 19 Rn. 188). Gleichwohl fragt sich in solchen Fällen, welche Auswirkungen die Schadensersatzleistung des einen Verletzers auf die Schadensersatzpflicht des anderen Verletzers haben kann. Sofern eine Gesamtschuld besteht, hätte die Zahlung eines Gesamtschuldners gemäß § 422 Abs. 1 S. 1 BGB Erfüllungswirkung auch zugunsten der anderen Gesamtschuldner. Denkbar wäre auch, dass die Entgegennahme eines Schadensersatzbetrages durch den Gläubiger eine der Genehmigung oder Erschöpfung nahekommende Legalisierungswirkung entfaltet. Hier ist zu differenzieren (Goldmann Unternehmenskennzeichen § 19 Rn. 188 ff.):

850   **b) Zusammenwirken bei einer einheitlichen schädigenden Handlung.** Nach § 840 **BGB** haften Mittäter oder Teilnehmer, die bei ein- und derselben Verletzungshandlung zusammenwirken, **gesamtschuldnerisch** (OLG Hamburg GRUR-RS 2021, 14197 Rn. 110 – CATA-LOX/KATALOX). Jeder **Mittäter oder Teilnehmer** haftet dann auch für den durch einen anderen Mittäter oder den Haupttäter verursachten Schaden. Als Gesamtschuldner haften ggf. auch der Geschäftsführer und die von ihm vertretene Gesellschaft (Goldmann Unternehmenskennzeichen § 19 Rn. 206). Bei der Berechnung des Schadensersatzanspruchs unter Berücksichtigung des Verletzergewinns (→ Rn. 809 ff.) haftet im Rahmen der Gesamtschuld auch der Geschäftsführer auf den relevanten Gewinn der Gesellschaft und nicht nur auf den (regelmäßig geringen oder gar nicht vorhandenen) eigenen Gewinn (OLG Düsseldorf BeckRS 2005, 10393 – Ananasschneider; BeckRS 2008, 24460 – Druckerpatrone II; LG Köln 27.6.2011 – 84 O 16/11; vgl. auch BGH GRUR 1959, 379 (383) – Gasparone I; aA Holzapfel GRUR 2012, 242 (243 f.)). Ebenso haftet der Geschäftsführer als Gesamtschuldner auf den Pauschalbetrag, der als Schadensersatz auf der Grundlage einer angemessenen Lizenzgebühr (→ Rn. 770 ff.) festgesetzt wird (Goldmann Unternehmenskennzeichen § 19 Rn. 289; aA Holzapfel GRUR 2012, 242 (244)). Die Wirkung der Erfüllung durch einen Gesamtschuldner hat gemäß § 422 Abs. 1 BGB Erfüllungswirkung auch zugunsten der anderen Gesamtschuldner. Gemäß § 426 Abs. 2 BGB erhält der zahlende Gesamtschuldner einen anteiligen Regressanspruch gegenüber den anderen Gesamtschuldnern (Harte-Bavendamm/Henning-Bodewig/Goldmann UWG § 9 Rn. 303).

851   **c) Voneinander unabhängige Verletzungshandlungen.** Eine Gesamtschuld liegt dann nicht vor, wenn mehrere Verletzer, die in keinerlei Verbindung zueinander stehen, völlig **unabhängig** voneinander eine Verletzungshandlung begehen. Es fehlt dann an einem einheitlichen Schaden iSd § 830 Abs. 1 S. 1 BGB, § 840 Abs. 1 BGB, und **jeder** Verletzer haftet nach den allgemeinen Grundsätzen für den von ihm verursachten **vollen Schaden** (Goldmann Unternehmenskennzeichen § 19 Rn. 190).

852   **d) Schadensausgleich in der Verletzerkette.** Wird nacheinander mit demselben rechtsverletzend gekennzeichneten Gegenstand gehandelt, begründet das **kein Gesamtschuldverhältnis** für die Händler innerhalb der **Lieferkette** (vgl. BGH GRUR 2009, 856 Rn. 64 – Tripp-Trapp-Stuhl (zum Urheberrecht); kritisch Arnold/Slopek NJW 2009, 3694 (3696)). Indem jeder Anbieter in der Lieferkette abwärts die rechtswidrig gekennzeichnete Ware anbietet, verletzt er jeweils erneut die Rechtsposition des Zeicheninhabers und verursacht einen separaten Schaden (BGH GRUR 2009, 856 Rn. 64 – Tripp-Trapp-Stuhl). Damit fehlt es auch im Fall der durch eine Lieferkette miteinander verbundenen Händler an einem einheitlichen Schaden iSd § 830 Abs. 1 S. 1 BGB, § 840 Abs. 1 BGB.

853   Dies gilt unabhängig davon, welche Methode zur Berechnung des Schadensersatzes zur Anwendung kommt (Harte-Bavendamm/Henning-Bodewig/Goldmann UWG § 9 Rn. 305 f.). Wählt der Verletzte Ersatz des entgangenen Gewinns (→ Rn. 760 ff.) begründet dies entgegen einer im Schrifttum vertretenen Ansicht (Holzapfel GRUR 2012, 242 (245) mwN) kein Gesamtschuldverhältnis. Für die Einheitlichkeit des Schadens gemäß § 830 Abs. 1 S. 1 BGB, § 840 Abs. 1 BGB kann es schon denknotwendig nicht darauf ankommen, welche Berechnungsart der Geschädigte zur Kompensation seines Schadens wählt. Jeder Verletzer ist im Übrigen für einen anderen Teil des insgesamt entgangenen Gewinns verantwortlich (Goldmann Unternehmenskennzeichen § 19 Rn. 292).

854   Und auch im Fall der Lizenzanalogie werden die Händler in der Lieferkette nicht zu Gesamtschuldnern (aA Holzapfel GRUR 2012, 242 (247)). Von jedem Verletzer in der Verletzerkette

wird ein separater Schaden verursacht. Es wird jeweils auf einen Pauschalbetrag basierend auf einer angemessenen Lizenzgebühr gehaftet (Harte-Bavendamm/Henning-Bodewig/Goldmann UWG § 9 Rn. 307).

Zahlungen eines Verletzers innerhalb der Kette haben **keine Erfüllungswirkung** zugunsten 855 der **anderen Verletzer** in der Kette, weil es an einem Gesamtschuldverhältnis fehlt. Dem Verletzten steht es frei, ob er sich an einen oder jeden der Verletzer hält. Er muss seinen Schaden auch nicht einheitlich auf Basis einer einzigen Berechnungsart geltend machen, sondern kann gegenüber einem Verletzer die eine und gegenüber einem anderen Verletzer eine andere Berechnungsart wählen. Dabei sind allerdings die nachfolgend (→ Rn. 858 ff.) dargestellten Abzugsmöglichkeiten für die einzelnen Verletzer zu beachten (Harte-Bavendamm/Henning-Bodewig/Goldmann UWG § 9 Rn. 308 ff.).

Leistet ein Verletzer aus der Vertriebskette Schadensersatz an den Verletzten, liegt darin **nicht** 856 auch **zugleich eine Genehmigung** des Anbietens auf dieser oder auf einer anderen Handelsstufe. Die für eine Erschöpfung des Verbreitungsrechts erforderliche Zustimmung des Berechtigten zum Inverkehrbringen des Werkstücks kann nicht nur im Voraus (als Einwilligung), sondern auch im Nachhinein (als Genehmigung) erteilt werden. Allein in der Geltendmachung und Entgegennahme von Schadensersatz wegen einer Verletzung des Verbreitungsrechts ist jedoch grundsätzlich keine Genehmigung des unbefugten Inverkehrbringens zu sehen (BGH GRUR 2009, 856 Rn. 64 − Tripp-Trapp-Stuhl). Die Zahlung eines Pauschalbetrages auf Basis einer angemessenen Lizenzgebühr führt auch **nicht** zum Abschluss eines (faktischen) Lizenzvertrages, womit auch keinerlei **Nutzungsrecht** eingeräumt wird, auf das sich die weiter unten in der Vertriebskette angesiedelten Verletzer im Sinne einer Legalisierungswirkung berufen könnten (BGH GRUR 2002, 248 (252) − Spiegel-CD-ROM). Gegen die Verletzer auf den anderen Handelsstufen bleiben Unterlassungs- und Schadensersatzansprüche bestehen (Goldmann Unternehmenskennzeichen § 19 Rn. 295).

Anders kann es möglicherweise zu bewerten sein, wenn der Berechtigte von dem Verletzer 857 vollen Schadensersatz ausdrücklich auch für die unbefugte Nutzung durch die Abnehmer des Verletzers fordert und entgegennimmt (BGH GRUR 2009, 856 Rn. 64 − Tripp-Trapp-Stuhl).

Ist der Verletzer zu **Regresszahlungen** an einen Vertragspartner verpflichtet, kann er diese 858 Zahlung vom Anspruch auf Herausgabe des Verletzergewinns **abziehen.** Um diese Regresszahlung ist sein Gewinn gemindert. Voraussetzung ist allerdings, dass der Gläubiger des Regressanspruchs seinerseits Schadensersatz an den Verletzten gezahlt hat (BGH GRUR 2009, 856 Rn. 74, 78 − Tripp-Trapp-Stuhl).

Der Verletzer kann vom Verletzten die **Herausgabe des anteilig überzahlten Verletzerge-** 859 **winns** verlangen, wenn er diesem seinen Gewinnanteil unvermindert herausgegeben hat, noch bevor er selbst von seinem Vertragspartner in Regress genommen wurde. Leistet der Verletzer auf diese Regressforderung, entsteht ihm gegen den Verletzten ein Bereicherungsanspruch gemäß § 812 Abs. 1 S. 2 Alt. 1 BGB, der in einem separaten Prozess, u.U. im Wege der Vollstreckungsgegenklage, geltend gemacht werden muss (BGH GRUR 2009, 856 Rn. 73 ff., 79 − Tripp-Trapp-Stuhl).

Wenn der Verletzte seinen Schadensersatzanspruch auf Grundlage der Lizenzanalogie ermittelt, 860 besteht keine vergleichbare Abzugsmöglichkeit. Vielmehr wird dann auf jeder Stufe in der Lieferkette eine pauschale Lizenzgebühr geschuldet (Goldmann Unternehmenskennzeichen § 19 Rn. 292).

J. Bereicherungsanspruch

I. Allgemeines

Bei der Verletzung von Kennzeichenrechten wird ein Bereicherungsausgleich im Wege der 861 **Eingriffs- bzw. Nichtleistungskondiktion** nach § 812 Abs. 1 S. 1 Alt. 2 BGB gewährt, weil ohne Rechtsgrund in eine Rechtsposition eingegriffen wird, die dem Inhaber zu dessen ausschließlicher Verfügung und Verwertung vorbehalten ist (BGH GRUR 2009, 515 Rn. 41 − Motorradreiniger; GRUR 2001, 1156 (1158) − Der Grüne Punkt; GRUR 1981, 846 (848) − Rennsportgemeinschaft; Goldmann Unternehmenskennzeichen § 19 Rn. 503).

Der Bereicherungsanspruch ist anders als der Schadensersatzanspruch im MarkenG nicht aus- 862 drücklich geregelt. Er unterscheidet sich dadurch vom Schadensersatzanspruch, dass er nicht auf einen Ersatz von Nachteilen des Verletzten gerichtet ist und es auf ein Verschulden des Verletzers nicht ankommt (BGH GRUR 1981, 846 (848) − Rennsportgemeinschaft; GRUR 1977, 250 (253 f.) − Kunststoffhohlprofil I). Ziel des Anspruchs ist die Herausgabe des vom Verletzer auf

Kosten des Rechtsinhabers rechtsgrundlos Erlangten (BGH GRUR 1978, 492 (495) – Fahrradge-päckträger II; GRUR 1977, 250 (253 ff.) – Kunststoffhohlprofil I). Voraussetzung eines Bereicherungsanspruchs ist daher, dass nicht bloß eine Beeinträchtigung des Kennzeichenrechts vorliegt, sondern der Verletzer dadurch selbst **etwas erlangt** hat (Goldmann Unternehmenskennzeichen § 19 Rn. 504).

863   Die praktische **Bedeutung** des Bereicherungsanspruchs bei der Verletzung von Kennzeichenrechten ist äußerst **gering.** Im Vordergrund steht in der Praxis der Anspruch auf Schadensersatz (→ Rn. 692 ff.). Dieser setzt zwar Verschulden voraus. Jedenfalls Fahrlässigkeit wird allerdings bei Kennzeichenverletzungen in den meisten Fällen zu bejahen sein, da die Anforderungen an die im Verkehr erforderliche Sorgfalt sehr hoch sind (→ Rn. 716 ff.). In der Sache reicht der Anspruch auf Schadensersatz auch weiter, weil nicht allein eine angemessene Lizenzgebühr (→ Rn. 877), sondern stattdessen Herausgabe des Verletzergewinns verlangt werden kann (→ Rn. 809).

II. Aktivlegitimation

1. Rechtsinhaber

864   Gläubiger des Bereicherungsanspruchs gemäß § 812 Abs. 1 S. 1 Alt. 2 BGB ist der Inhaber des Kennzeichenrechts, weil der Eingriff in das Schutzrecht auf dessen Kosten erfolgt.

2. Abtretung

865   Der Anspruch auf Bereicherungsausgleich gemäß § 812 Abs. 1 S. 1 Alt. 2 BGB ist auf eine Geldforderung, nämlich auf die Zahlung einer angemessenen Lizenzgebühr (→ Rn. 877), gerichtet. Diese Forderung ist gemäß § 398 BGB im Wege der Abtretung übertragbar.

3. Prozessstandschaft

866   Prozessstandschaft ist nach den allgemeinen Regeln möglich. Voraussetzung sind auch bei der Geltendmachung eines Bereicherungsanspruchs ein schutzwürdiges rechtliches Interesse und eine Ermächtigung zur Prozessführung (→ § 14 Rn. 653). Der Kläger muss aber dann grundsätzlich Zahlung an den Rechtsinhaber verlangen. Auf Leistung an sich selbst kann er nur dann klagen, wenn ihm vom Kennzeicheninhaber zusätzlich zur Zustimmung zur Prozessführung auch eine materiell-rechtliche Einziehungsermächtigung erteilt worden ist.

III. Passivlegitimation

1. Empfänger des Erlangten

867   Passivlegitimiert für den Bereicherungsanspruch ist, wer durch den rechtswidrigen Eingriff in das Kennzeichenrecht iSd § 812 Abs. 1 S. 1 Alt. 2 BGB etwas auf Kosten des Rechtsinhabers erlangt hat. Passivlegitimiert ist derjenige, dessen Vermögen durch die Rechtsverletzung vergrößert wurde. Dies ist bei der Verletzung eines Kennzeichenrechts durch eine Gesellschaft in aller Regel nur diese selbst (vgl. BGH GRUR 2009, 515 Rn. 45 f. – Motorradreiniger; Goldmann Unternehmenskennzeichen § 19 Rn. 204).

2. Organe juristischer Personen

868   Das handelnde Organ, das bei einer Marken- oder Kennzeichenverletzung daneben als Verletzer auf Unterlassung und bei Verschulden auch auf Schadensersatz in Anspruch genommen werden kann, hat demgegenüber selbst in aller Regel nichts erlangt und ist nicht bereichert (BGH GRUR 2009, 515 Rn. 45 f. – Motorradreiniger; Goldmann Unternehmenskennzeichen § 19 Rn. 204).

3. Persönlich haftende Gesellschafter

869   Für Bereicherungsansprüche, die sich gegen eine Personenhandelsgesellschaft richten, sind die persönlich haftenden Gesellschafter **gemäß §§ 128, 161 Abs. 2 HGB** persönlich verantwortlich und damit **passivlegitimiert,** denn die Gesellschafter haften den Gläubigern persönlich für alle gesetzlichen wie vertraglichen Verbindlichkeiten der Gesellschaft, gleich aus welchem Rechtsgrund (BGH NJW 1983, 2256 (2258)). Auch bei gesetzlichen Verbindlichkeiten muss – nicht anders als bei vertraglichen Verbindlichkeiten – das Privatvermögen der Gesellschafter gemäß § 128 HGB als Haftungsmasse zur Verfügung stehen (Goldmann Unternehmenskennzeichen § 19 Rn. 181;

ebenso OLG Frankfurt WRP 2014, 1484 Rn. 21 zum Schadensersatzanspruch). Es kommt nicht darauf an, ob der persönlich haftende Gesellschafter aus der Verletzung des Kennzeichenrechts durch die Gesellschaft auch persönlich etwas erlangt hat iSd § 812 Abs. 1 S. 1 Alt. 2 BGB (Goldmann Unternehmenskennzeichen § 19 Rn. 181). Für den Gesellschafter einer **GbR** ist **§ 128 HGB entsprechend** anzuwenden (OLG Frankfurt WRP 2014, 1484 Rn. 21). Für den Partner einer **Partnerschaft** bzw. einer PartG mbB ergibt sich die persönliche Haftung aus **§ 8 Abs. 1 PartGG** (Goldmann Unternehmenskennzeichen § 19 Rn. 181).

4. Angestellte und Beauftragte

Ein Angestellter oder Beauftragter ist regelmäßig nicht für den Bereicherungsanspruch passivlegitimiert, da er durch den rechtswidrigen Eingriff in das fremde Kennzeichenrecht in aller Regel nichts erlangt hat (Goldmann Unternehmenskennzeichen § 19 Rn. 212). Insofern gilt das oben für die Passivlegitimation von Organen Gesagte (→ Rn. 868).   870

IV. Voraussetzungen

1. Verletzungshandlung

Der Bereicherungsanspruch setzt voraus, dass eine Verletzungshandlung begangen worden ist.   871
Denn nur durch eine begangene Verletzungshandlung kann in den Zuweisungsgehalt des verletzten Kennzeichenrechts eingegriffen werden.

2. Das erlangte Etwas

Der Schuldner muss einen **Vermögensvorteil** erlangt haben (BGH GRUR 2014, 73 Rn. 23 –   872
Altenwohnanlage). Der Vermögensvorteil besteht in der **Benutzung** des rechtsverletzenden Zeichens im geschäftlichen Verkehr (Goldmann Unternehmenskennzeichen § 19 Rn. 506).

3. Auf Kosten des Rechtsinhabers

Der Vermögensvorteil muss nach allgemeinen Regeln des Bereicherungsrechts gerade auf Kos   873
ten des Rechtsinhabers erworben worden sein. Rechtlicher Anknüpfungspunkt für einen Bereicherungsanspruch nach § 812 Abs. 1 S. 1 Alt. 2 BGB ist die Verletzung einer Rechtsposition, die nach der Rechtsordnung gerade dem Berechtigten zu dessen ausschließlicher Verfügung und Verwertung zugewiesen ist. Der erlangte Vermögensvorteil in der Hand des Schuldners muss dem **Zuweisungsgehalt** der verletzten Rechtsposition widersprechen. Der Zuweisungsgehalt der geschützten Rechtsposition entspricht bei der Verletzung von Immaterialgüterrechten dem Verbotsanspruch des Rechtsinhabers, in dessen Macht es steht, die Nutzung des Rechtsguts einem sonst ausgeschlossenen Dritten zur wirtschaftlichen Verwertung zu überlassen. Der Eingriffskondiktion gemäß § 812 Abs. 1 S. 1 Alt. 2 BGB unterliegt demnach ein vermögenswerter Vorteil, den der Nutznießer nur durch Verletzung der geschützten Rechtsposition des Rechtsinhabers und seiner **alleinigen Verwertungsbefugnis** erlangen konnte (BGH GRUR 2014, 73 Rn. 23 – Altenwohnanlage; GRUR 2012, 417 Rn. 40 – gewinn.de). Dies gilt selbstverständlich auch für Kennzeichenrechte, die mit einem bereicherungsrechtlichen Zuweisungsgehalt ausgestattet sind (Goldmann Unternehmenskennzeichen § 19 Rn. 507).

4. In sonstiger Weise

Die Nutzung des rechtsverletzenden Zeichens darf bei der Eingriffs- bzw. Nichtleistungskon   874
diktion **nicht aufgrund einer Leistung des Gläubigers** erfolgt sein. Es gilt der allgemeine Grundsatz des Vorrangs der Leistungskondiktion vor der Nichtleistungskondiktion (vgl. BGH NJW 2005, 60 f.; 1999, 1393 (1394)). Dieser Grundsatz hat seine besondere Bedeutung in Dreipersonenverhältnissen (Harte-Bavendamm/Henning-Bodewig/Goldmann UWG Vor §§ 8 ff. Rn. 33). Bei der Verletzung eines Kennzeichenrechts hat man es typischerweise mit einem Zweipersonenverhältnis zu tun (Goldmann Unternehmenskennzeichen § 19 Rn. 508). Hier spielt er kaum eine praktische Rolle. Denn typischerweise findet bei Kennzeichenrechten die Bereicherung „in sonstiger Weise" statt, nämlich im Wege eines Eingriffs durch die Benutzungshandlung des Verletzers (→ Rn. 872). Der Grundsatz des Vorrangs der **Leistungskondiktion** vor der Nichtleistungskondiktion wirkt sich jedoch in den seltenen Fällen aus, in denen zwischen den Parteien ein **unwirksamer Lizenzvertrag** vorliegt (vgl. BGH GRUR 2000, 685 (686) – Formunwirksamer

Lizenzvertrag). Allerdings erschöpft sich die Bedeutung des Vorrangs in der Wahl der Anspruchs-grundlage (§ 812 Abs. 1 S. 1 Alt. 1 BGB statt § 812 Abs. 1 S. 1 Alt. 2 BGB). Materiell gelten dieselben Grundsätze wie bei der Eingriffskondiktion (BGH GRUR 2000, 685 (685 f.) – Formun-wirksamer Lizenzvertrag; Goldmann Unternehmenskennzeichen § 19 Rn. 508).

5. Ohne rechtlichen Grund

875   Die Nutzung des rechtsverletzenden Zeichens muss ohne einen rechtlichen Grund erfolgt sein (vgl. BGH GRUR 1990, 221 – Forschungskosten). Dies ist typischerweise der Fall, wenn **keine Gestattung** durch den Inhaber vorliegt und auch sonst **kein Rechtfertigungsgrund** ihm gegen-über eingreift (Goldmann Unternehmenskennzeichen § 19 Rn. 509). Die Nutzung aufgrund gesetzlicher Vorschriften oder durch (rechtmäßiges) Handeln Dritter, auch staatlicher Hoheitsträ-ger, kann einen Rechtsgrund zwischen Gläubiger und Schuldner im Kondiktionsverhältnis nicht begründen (BGH GRUR 1990, 221 – Forschungskosten; Harte-Bavendamm/Henning-Bodewig/ Goldmann UWG Vor §§ 8 ff. Rn. 34).

V. Umfang der Bereicherungsherausgabe

1. Ersparte Lizenzgebühren als Wert des Erlangten

876   Der Umfang des Bereicherungsanspruches bestimmt sich nach **§§ 818 ff. BGB.** Zum Erlangten zählt bei Eingriffen in Immaterialgüterrechte nur der tatsächliche Gebrauch des immateriellen Schutzgegenstandes (BGH GRUR 2001, 1156 (1158) – Der Grüne Punkt; GRUR 1987, 520 – Chanel No. 5 I; Harte-Bavendamm/Henning-Bodewig/Goldmann UWG Vor §§ 8 ff. Rn. 35). Nicht dazu gehören die Gebrauchsmöglichkeit als solche, die Ersparnis von Aufwendungen, Marktchancen (BGH GRUR 1982, 301 (303) – Kunststoffhohlprofil II) oder der Verletzergewinn (BGH GRUR 2010, 237 Rn. 22 – Zoladex; GRUR 1987, 520 – Chanel No. 5 I). Der Gebrauch eines Schutzrechts kann seiner Natur nach nicht herausgegeben werden. Deshalb ist nach § 818 Abs. 2 BGB der **Wert des Gebrauchs zu ersetzen** (BGH GRUR 2010, 237 Rn. 22 – Zoladex; GRUR 2009, 515 Rn. 41 – Motorradreiniger). Für die Wertbestimmung ist der objektive Ver-kehrswert des Erlangten maßgeblich (Goldmann Unternehmenskennzeichen § 19 Rn. 510).

877   Der objektive Gegenwert für den Gebrauch eines Immaterialgüterrechts besteht in der **ange-messenen Lizenzgebühr** für die Nutzung (BGH GRUR 2016, 1280 Rn. 96 – Everytime we touch; GRUR 2015, 780 Rn. 32 – Motorradteile) **zuzüglich ersparter Zinsen** (BGH GRUR 1982, 286 (289) – Fersenabstützungsvorrichtung). Auf die Darstellung der Ermittlung der ange-messenen Lizenzgebühr beim Schadensersatzanspruch wird verwiesen (→ Rn. 774 ff.). Eine Herausgabe des Verletzergewinns kann als Bereicherungsausgleich nicht verlangt werden (BGH GRUR 2010, 237 Rn. 22 – Zoladex; GRUR 1987, 520 – Chanel No. 5 I; GRUR 1982, 301 (303) – Kunststoffhohlprofil II), ebenso wenig ein Ersatz des eigenen entgangenen Gewinns (BGH GRUR 1971, 522 (524) – Gasparone II; Goldmann Unternehmenskennzeichen § 19 Rn. 510).

2. Wegfall der Bereicherung

878   Wer durch die Verletzung eines Immaterialgüterrechts etwas erlangt hat, kann sich im Regelfall **nicht auf** den Wegfall der Bereicherung gemäß § 818 Abs. 3 BGB **berufen** (BGH GRUR 2012, 715 Rn. 41 – Bochumer Weihnachtsmarkt). Dies gilt jedenfalls, wenn und soweit der Verletzer nach § 818 Abs. 4 BGB, § 819 Abs. 1 BGB verschärft haftet. Außerdem muss sich der Verletzer an der Sachlage, die er selbst geschaffen hat, festhalten lassen. Der Eingriff in das Immaterialgüter-recht kann nicht mehr rückgängig gemacht werden, ebenso wenig wie die Tatsache, dass dem Verletzer damit ein Gebrauch innerhalb des Schutzbereichs des Immaterialgüterrechts zugute gekommen ist (BGH GRUR 2012, 715 Rn. 41 – Bochumer Weihnachtsmarkt). Er kann daher nicht einwenden, er habe nichts erspart, weil er sich bei Kenntnis der Rechtslage anderweitig beholfen (vgl. BGH GRUR 1956, 427 (430) – Paul Dahlke; RGZ 97, 310 (312) – Zweigleisan-lage) und das verletzende Zeichen nicht benutzt hätte (BGH GRUR 1981, 846 (848) – Rennsport-gemeinschaft). Ebenso ist dem Verletzer der Einwand verwehrt, dass ihm nach den konkreten Umständen gar keine Lizenz erteilt worden wäre, weil beim Wertersatz ein normativer Maßstab zur Anwendung kommt, der nicht voraussetzt, dass auf Bitten des Verletzers ein Lizenzvertrag zustande gekommen wäre (BGH GRUR 2016, 1280 Rn. 97 – Everytime we touch). Der Berei-cherungsanspruch soll nicht eine Vermögensminderung auf Seiten des Verletzten, sondern den rechtsgrundlosen Vermögenszuwachs auf Seiten des Bereicherten ausgleichen (Harte-Baven-damm/Henning-Bodewig/Goldmann UWG Vor §§ 8 ff. Rn. 37). Deshalb kann der Verletzer

einwenden, dass er die Lizenz vom Verletzten zu einem geringeren Lizenzsatz als üblich erlangt hätte, wenn er denn um sie nachgesucht hätte (Goldmann Unternehmenskennzeichen § 19 Rn. 511 mwN).

Nach einer im Schrifttum verbreiteten Auffassung soll ein Wegfall der Bereicherung dann **879** in Betracht kommen, wenn der Verletzer nachweist, dass er durch den Eingriff in das fremde Immaterialgüterrecht keinen Gewinn erzielt und nicht einmal Kostendeckungsbeiträge für eine Lizenzgebühr erwirtschaftet hat (Köhler/Bornkamm/Feddersen/Köhler UWG § 9 Rn. 3.2; Ohly/Sosnitza/Ohly UWG § 9 Rn. 32). Nach richtiger Ansicht ist dieser Umstand allerdings unbeachtlich. Denn er ändert nichts daran, dass der Schuldner jedenfalls tatsächlich die Lizenzgebühren erspart hat und insofern der Entreicherungseinwand faktisch ausscheidet (MüKoUWG/Fritzsche UWG § 9 Rn. 134; Harte-Bavendamm/Henning-Bodewig/Goldmann UWG Vor §§ 8 ff. Rn. 37). Eine Entreicherung ist auch bei einer wirtschaftlich erfolglosen Verwertung der geschützten Rechtsposition nicht anzuerkennen, da das Erlangte – also der Gebrauch des rechtsverletzenden Zeichens – nicht nachträglich entfallen kann (vgl. BGH GRUR 2012, 715 Rn. 41 – Bochumer Weihnachtsmarkt).

Die **Darlegungs- und Beweislast** für einen etwaigen Wegfall der Bereicherung trägt der **880** Schuldner (BGHZ 118, 383 (387 f.) = NJW 1992, 2415).

VI. Mehrheit von Verletzern

Bei einer Mehrheit von Verletzern haftet jeder nur auf das **von ihm selbst Erlangte** (BGH **881** GRUR 2009, 515 Rn. 45 – Motorradreiniger; Harte-Bavendamm/Henning-Bodewig/Goldmann UWG Vor §§ 8 ff. Rn. 40). Mehrere an einer rechtsgrundlosen Vermögensverschiebung Beteiligte haben als Bereicherungsschuldner nur für dasjenige einzustehen, das sie selber auf Kosten des Entreicherten erlangt haben, und nicht etwa auf die gesamte Entreicherung des Gläubigers. Mehrere Verletzer haften deshalb **nicht als Gesamtschuldner** gemäß § 421 BGB (BGH GRUR 2009, 515 Rn. 45 ff. – Motorradreiniger; GRUR 1979, 732 (734) – Fußballtor).

K. Abmahnkostenerstattung

I. Allgemeines

Mahnt der Rechtsinhaber den Verletzer ab, steht ihm gegen den Verletzer wegen der für eine **882** berechtigte Abmahnung aufgewendeten Rechtsanwaltskosten ein Anspruch auf Kostenerstattung in Höhe der gesetzlichen Gebühren zu. Ein Verschulden wird nicht vorausgesetzt. Anspruchsgrundlage ist das Rechtsinstitut der **GoA** gemäß §§ 683 S. 1, 677, 670 BGB (BGH GRUR 2012, 304 Rn. 21 – Basler Haar-Kosmetik; GRUR 2011, 617 Rn. 15 f. – Sedo). Mit der Abmahnung wird dem Verletzer ein Weg gewiesen, durch Abgabe einer strafbewehrten Unterlassungserklärung einen kostspieligen Rechtsstreit zu vermeiden (**„Wegweiserfunktion"**; vgl. BGH GRUR 2021, 752 Rn. 26 – Berechtigte Gegenabmahnung mwN; GRUR 2010, 354 Rn. 8 – Kräutertee), weshalb der Ausspruch einer Abmahnung im Interesse des Verletzers ist. Der Anspruch auf Erstattung der Abmahnkosten beruht auf der Erwägung, dass die berechtigte Abmahnung dem Schuldner zum Vorteil gereicht: Wenn der Unterlassungsgläubiger zunächst abmahnt, statt sofort Klage zu erheben oder einen Antrag auf Erlass einer einstweiligen Verfügung zu stellen, gibt er dem Schuldner damit die Möglichkeit, eine kostspielige gerichtliche Auseinandersetzung auf kostengünstige Weise durch Abgabe einer strafbewehrten Unterlassungserklärung abzuwenden (BGH GRUR 2008, 996 Rn. 34 – Clone-CD; OLG Düsseldorf GRUR-RR 2016, 7 Rn. 14 – Tigerkopf). Dasselbe gilt, wenn im Fall der Erstbegehungsgefahr der Unterlassungsschuldner zur Vornahme eines diese ausräumenden actus contrarius aufgefordert wird (→ Rn. 890). Abmahnkosten sind auch dann zu ersetzen, wenn die (berechtigte) Abmahnung nicht zum Erfolg führt, der Verletzer also eine Unterwerfung oder die Vornahme der als actus contrarius erforderlichen Handlung ablehnt (Goldmann Unternehmenskennzeichen § 19 Rn. 518).

Der Anspruch auf Erstattung von Abmahnkosten ist **kein** im Verhältnis zum Unterlassungsan- **883** spruch **unselbständiger Nebenanspruch,** der als solcher das Schicksal des Hauptanspruchs teilt. Der Anspruch ist nur insofern unselbständig, als er dann nicht entsteht, wenn im Zeitpunkt des Zugangs der Abmahnung kein Unterlassungsanspruch (mehr) besteht und die Abmahnung daher unberechtigt ist (→ Rn. 894). Der beim Vorliegen eines Unterlassungsanspruchs entstandene Erstattungsanspruch besteht dagegen alsdann unabhängig davon fort, ob der mit der Abmahnung geltend gemachte Unterlassungsanspruch fortbesteht (BGH GRUR 2022, 658 Rn. 12 – Selbständiger Erstattungsanspruch; GRUR 2021, 752 Rn. 34 – Berechtigte Gegenabmahnung).

II. Aktivlegitimation

1. Abmahnender

884   Gläubiger des Anspruchs auf Erstattung der Abmahnkosten ist derjenige, der die Abmahnung (→ Rn. 890) zur Durchsetzung des **Unterlassungsanspruchs** ausgesprochen hat und für diesen **aktivlegitimiert** (→ § 14 Rn. 647) war. Denn der Abmahnende ist derjenige, der iSd § 683 BGB das fremde Geschäft im Interesse des Abgemahnten führt und so den Anspruch auf Ersatz von Aufwendungen gemäß § 670 BGB erwirbt. Dies ist in aller Regel der Rechtsinhaber selbst. Ist die Abmahnung nicht vom Rechtsinhaber selbst, sondern im Sinne einer Vorstufe zur gewillkürten Prozessstandschaft durch einen Dritten ausgesprochen worden (→ § 14 Rn. 653), ist dieser Dritte aktivlegitimiert und kann den Anspruch auf Abmahnkostenerstattung geltend machen (Goldmann Unternehmenskennzeichen § 19 Rn. 8).

2. Abtretung

885   Der Anspruch auf Erstattung der Abmahnkosten gemäß § 683 S. 1 BGB, § 677 BGB, § 670 BGB ist auf eine Geldforderung gerichtet. Diese **kann** gemäß § 398 BGB **abgetreten** werden.

3. Prozessstandschaft

886   Für die Prozessstandschaft zur Geltendmachung eines Anspruchs auf Abmahnkostenerstattung gilt das zum Bereicherungsanspruch Gesagte (→ Rn. 866).

III. Passivlegitimation

1. Adressat einer berechtigten Abmahnung

887   Passivlegitimiert für den Anspruch auf Abmahnkostenerstattung ist der **Adressat** einer berechtigten Abmahnung, der auch für den Unterlassungsanspruch **passivlegitimiert** ist (OLG München BeckRS 2010, 3493 – Tatonka), sei er **Täter** oder **Teilnehmer** (→ § 14 Rn. 654 ff.) oder **Störer** (→ § 14 Rn. 681 ff.). Täter, Teilnehmer oder Störer können auch Organe von juristischen Personen sein (ausführlich Goldmann Unternehmenskennzeichen § 19 Rn. 188 ff., 205). Soweit ein Angestellter oder Beauftragter iSd § 14 Abs. 7 für den Unterlassungsanspruch passivlegitimiert ist (ausführlich Goldmann Unternehmenskennzeichen § 19 Rn. 207 ff.) und abgemahnt wurde, erstreckt sich die Passivlegitimation auf den Anspruch auf Abmahnkostenerstattung. **Maßgeblich ist der Zeitpunkt, zu dem die Abmahnung ausgesprochen wird.**

888   An der Passivlegitimation für den Unterlassungsanspruch zum Zeitpunkt der Abmahnung fehlt es, wenn der Abgemahnte nur als **Störer** in Anspruch genommen werden kann, ihm aber zuvor noch kein **qualifizierter Hinweis** auf eine Rechtsverletzung gegeben wurde, mit der die für die Störerhaftung grundlegenden Pflichten zur Verhinderung von Rechtsverletzungen erst ausgelöst werden (vgl. BGH GRUR 2011, 1038 Rn. 39 – Stiftparfüm). Zwar kann dann in der gleichwohl ausgesprochenen Abmahnung ein solcher qualifizierter Hinweis liegen; mangels Passivlegitimation als Störer besteht jedoch keine Pflicht zur Kostenerstattung (OLG München BeckRS 2010, 3493 – Tatonka). An der Passivlegitimation für den Unterlassungsanspruch fehlt es auch, wenn der auf Kostenerstattung in Anspruch genommene **Geschäftsführer** (→ § 14 Rn. 674 ff.) zum Zeitpunkt der Abmahnung **noch nicht bestellt** war (LG Hamburg GRUR-RS 2021, 15510 Rn. 101 – Rolex-Uhren).

2. Persönlich haftende Gesellschafter

889   Für die persönliche Haftung des persönlich haftenden Gesellschafters für den Anspruch auf Abmahnkostenerstattung gilt das zum Bereicherungsanspruch Gesagte (→ Rn. 869).

IV. Anspruchsvoraussetzungen

1. Abmahnung

890   Grundvoraussetzung eines Kostenerstattungsanspruchs für eine Abmahnung ist zunächst, dass *überhaupt eine Abmahnung* wegen der Verletzung eines geschützten Kennzeichenrechts ausgesprochen wurde. In seiner Entscheidung „HEITEC II" charakterisiert der BGH das Wesen der Abmahnung dahingehend, dass „der Inhaber des älteren Zeichens vor Einleitung eines gerichtli-

chen Verfahrens vom Inhaber des jüngeren Zeichens die Verpflichtung zur Unterlassung der Zeichennutzung und den Abschluss einer Vertragsstrafenverpflichtung für den Fall der Zuwiderhandlung verlangt" (BGH GRUR 2020, 1198 – HEITEC II, Vorlagefrage 2). Charakteristisch für die Abmahnung ist das **ernsthafte und endgültige Unterlassungsbegehren** nebst Aufforderung zur Abgabe einer strafbewehrten Unterlassungserklärung (LG Leipzig BeckRS 2019, 65 Rn. 20). Die Aufforderung zur Abgabe einer **strafbewehrten Unterlassungserklärung** ist selbstverständlich nur im Fall des Verletzungsunterlassungsanspruchs konstitutiv für eine Abmahnung, also wenn die Begehungsgefahr als **Wiederholungsgefahr** besteht, die nur durch Abgabe einer strafbewehrten Unterlassungserklärung ausgeräumt werden kann (→ § 14 Rn. 594). Besteht die Begehungsgefahr als **Erstbegehungsgefahr,** ist die Abgabe einer strafbewehrten Unterlassungserklärung für deren Ausräumung nicht erforderlich, sondern es reicht ein **actus contrarius** aus (→ § 14 Rn. 638), zB die Aufgabe der Berühmung (→ § 14 Rn. 639) oder die Rücknahme der Markenanmeldung bzw. der Verzicht auf die Eintragung (→ § 14 Rn. 642). Dann genügt es für eine Abmahnung im Rechtssinne selbstverständlich, wenn das ernsthafte und endgültige Unterlassungsbegehren mit einer Aufforderung zur Vornahme der entsprechenden Handlung verlangt wird (vgl. BGH GRUR 2011, 995 Rn. 31 – Besonderer Mechanismus). Das ernsthafte und endgültige Unterlassungsbegehren muss **nicht unbedingt ausdrücklich** gefordert werden, sondern kann sich auch konkludent aus den Begleitumständen ergeben (OLG Düsseldorf BeckRS 2011, 27019). Durch ein solches Unterlassungsbegehren unterscheidet sich die Abmahnung von der Berechtigungsanfrage, einem Schutzrechtshinweis oder einem bloßen Meinungsaustausch über die Schutzrechtslage (vgl. BGH GRUR 2011, 995 Rn. 29 – Besonderer Mechanismus). An einer Abmahnung fehlt es auch, wenn die Aussprache einer **Abmahnung** nur **angedroht** wird, etwa für den Fall, dass die Verletzungshandlung nicht bis zu einem bestimmten Zeitpunkt aufgegeben wird (LG Mannheim GRUR-RS 2020, 21898 Rn. 26 – Colorus). Denn eine solche Drohung artikuliert nur ein faktisches Unterlassungsbegehren, macht aber **nicht** formell einen Unterlassungsanspruch geltend, der sodann durch Abgabe einer strafbewehrten Unterlassungserklärung zu erfüllen wäre.

2. Zugang der Abmahnung

891 Für den Kostenerstattungsanspruch soll es nach Auffassung des KG allein darauf an, dass die Abmahnung versendet wurde. Hierfür trägt der Abmahnende die Darlegungs- und Beweislast. Wenn der Adressat den **Zugang der Abmahnung** bestreitet, sei dies unerheblich. Das Risiko, dass das Abmahnschreiben auf dem Übersendungsweg verloren geht, trage der Abgemahnte (KG GRUR-RS 2018, 35644 – Thierry Mugler und Azzaro unter Hinweis auf die zu § 93 ZPO ergangene Entscheidung BGH GRUR 2007, 629 Rn. 12 f. – Zugang des Abmahnschreibens). Das ist nicht richtig. Nach allgemeiner Ansicht ist die aufgrund einer Schutzrechtsverletzung erfolgte Abmahnung als geschäftsähnliche Handlung aufzufassen, die dem Schuldner der geltend gemachten Ansprüche grundsätzlich zugehen muss (vgl. BGH GRUR 2007, 629 Rn. 13 – Zugang des Abmahnschreibens; Köhler/Bornkamm/Feddersen/Bornkamm UWG § 12 Rn. 1.29). Nur diese Betrachtung trägt dem Zweck der Abmahnung hinreichend Rechnung, der in erster Linie darin zu sehen ist, dem Schuldner einen Weg zu weisen, einen künftigen Unterlassungsprozess zu vermeiden (LG München I 4.6.2019 – 33 O 13252/14 – Lighthouse; 12.3.2019 – 33 O 3003/18 – Betten Schmidt GmbH/Schmidt-Schlafkonzepte; vgl. BGH GRUR 2021, 752 Rn. 26 – Berechtigte Gegenabmahnung mwN; → Rn. 882). Diese **Wegweiserfunktion** kann die Abmahnung nur ausüben, wenn sie zugeht. Nur unter dieser Voraussetzung kann gem. § 683 S. 1 BGB davon ausgegangen werden, dass die vom Unterlassungsgläubiger ausgesprochene Abmahnung dem Interesse und dem mutmaßlichen Willen des Geschäftsherrn entspricht (LG München I 4.6.2019 – 33 O 13252/14 – Lighthouse; 12.3.2019 – 33 O 3003/18 – Betten Schmidt GmbH/Schmidt-Schlafkonzepte; vgl. auch BGH GRUR 2010, 257 Rn. 14 – Schubladenverfügung; Hewicker/Marquardt/Neurauter NJW 2014, 2753 (2754)). Weil der Zugang der Abmahnung somit Voraussetzung der Entstehung des Anspruchs nach §§ 677, 683 S. 1, 670 BGB ist, folgt aus der allgemeinen Darlegungs- und Beweislastregel, dass der **Gläubiger** und den **Zugang darzulegen und zu beweisen** hat (LG München I 4.6.2019 – 33 O 13252/14 – Lighthouse; 12.3.2019 – 33 O 3003/18 – Betten Schmidt GmbH/Schmidt-Schlafkonzepte; vgl. auch BGH GRUR 2007, 629 Rn. 13 – Zugang des Abmahnschreibens). Wird ein Abmahnschreiben dagegen lediglich als **Dateianhang zu einer E-Mail** versandt, ist es nur und erst dann zugegangen, wenn der E-Mail-Empfänger den Dateianhang auch tatsächlich geöffnet hat. Denn im Hinblick darauf, dass wegen des Virenrisikos allgemein davor gewarnt wird, Anhänge von E-Mails unbekannter Absender zu öffnen, kann von dem Empfänger in einem solchen Fall nicht verlangt werden, den Dateianhang zu öffnen (OLG Hamm GRUR-RR 2022, 331 Rn. 9 – Dateianhang).

892   Die von der höchstrichterlichen Rechtsprechung für die Konstellation eines sofortigen Anerkenntnisses nach § 93 ZPO aufgestellten Grundsätze über die **sekundäre Darlegungslast** finden
auch auf die Frage nach der grundsätzlichen Darlegungs- und Beweislastverteilung im Zusammenhang mit dem erfolgten Zugang einer Abmahnung Anwendung (vgl. BGH GRUR 2007, 629
Rn. 12 f. – Zugang des Abmahnschreibens). Der abmahnende Gläubiger ist gehalten, die genauen
Umstände der Absendung vorzutragen und ggf. unter Beweis zu stellen. Eine weitergehende
Verpflichtung des Abmahnenden – etwa dahingehend, dass er besondere Versendungsformen zu
wählen habe, die einen Nachweis des Zugangs ermöglichten – kann auf Grund der sekundären
Darlegungslast dagegen nicht begründet werden (BGH GRUR 2007, 629 Rn. 12 – Zugang des
Abmahnschreibens). Der Abgemahnte hat die Möglichkeit, die Tatsache, dass ihm kein Abmahnschreiben zugegangen ist – durch Benennung von Zeugen, beispielsweise von Büropersonal –
unter Beweis zu stellen. Der Abmahnende wiederum kann das Risiko, dass dem Abgemahnten
der Nachweis des fehlenden Zugangs eines vorprozessualen Abmahnschreibens gelingt, dadurch
verringern, dass er eine besondere Versandform – beispielsweise Einschreiben mit Rückschein –
wählt oder in Eilfällen das Abmahnschreiben mit einfacher Post und parallel dazu noch per Telefax
und/oder E-Mail übermittelt. Steht fest, dass die Abmahnung als Brief, als Telefax und als E-Mail
abgesandt worden ist, erscheint das Bestreiten des Zugangs bei Anwendung des § 286 ZPO von
vornherein in einem wenig glaubhaften Licht (BGH GRUR 2007, 629 Rn. 13 – Zugang des
Abmahnschreibens).

3. Keine Notwendigkeit der Vorlage einer Vollmacht

893   Der Wirksamkeit der Abmahnung steht nicht entgegen, wenn dem anwaltlichen Abmahnschreiben **keine Vollmacht** des Anspruchstellers beigefügt ist und der Anspruchsgegner die Abmahnung
deshalb zurückgewiesen hat. Voraussetzung ist allerdings, dass der Abmahnung ein annahmefähiges
Angebot zum Abschluss eines Unterlassungsvertrags, also eine **vorformulierte strafbewehrte
Unterlassungserklärung** beigefügt ist (BGH GRUR 2010, 1120 Rn. 15 – Vollmachtsnachweis;
Goldmann GRUR-Prax 2010, 524 (525)) Zwar ist nach § 174 S. 1 BGB ein einseitiges Rechtsge-
schäft, das ein Bevollmächtigter einem anderen gegenüber vornimmt, unwirksam, wenn der
Bevollmächtigte keine Vollmachtsurkunde vorlegt und der andere das Rechtsgeschäft aus diesem
Grund unverzüglich zurückweist. Eine vergleichbare Interessenlage besteht im Falle eines mit
einer Abmahnung verbundenen Angebots auf Abschluss eines Unterwerfungsvertrags nicht. Die
Abmahnung dient dazu, dem Schuldner die Möglichkeit einzuräumen, den Gläubiger ohne Inanspruchnahme der Gerichte klaglos zu stellen (→ Rn. 882). Der Zweck der Abmahnung wird
erreicht, weil der Schuldner das Angebot zum Abschluss des Unterwerfungsvertrags annehmen
kann, falls er die Abmahnung in der Sache als berechtigt ansieht. In diesem Fall kommt der
Unterwerfungsvertrag mit dem Gläubiger zustande, wenn der Vertreter über Vertretungsmacht
verfügte. Fehlt die Vertretungsmacht, kann der Schuldner den Gläubiger gemäß § 177 Abs. 2 S. 1
BGB zur Erklärung über die Genehmigung auffordern. In Fällen, in denen der Schuldner Zweifel
an der Vertretungsmacht des Vertreters hat, kann der Schuldner die Unterwerfungserklärung von
der Vorlage einer Vollmachtsurkunde abhängig machen (BGH GRUR 2010, 1120 Rn. 15 –
Vollmachtsnachweis).

4. Berechtigung der Abmahnung

894   Voraussetzung des Kostenerstattungsanspruchs ist weiter, die **Abmahnung berechtigt** war.
Hierfür wiederum ist Grundvoraussetzung, dass dem Abmahnenden gegenüber dem Abgemahnten
zum Zeitpunkt der Abmahnung ein Unterlassungsanspruch zustand und die Abmahnung dem
Interesse und dem wirklichen oder mutmaßlichen Willen des Abgemahnten entsprach (BGH
GRUR 2008, 996 Rn. 11 – Clone-CD). Diese Voraussetzung ist in aller Regel erfüllt, wenn dem
Abmahnenden gegenüber dem Abgemahnten wegen dessen Rechtsverstoß ein **Unterlassungsan-
spruch** zusteht. Bestand zum Zeitpunkt der Abmahnung kein Unterlassungsanspruch, ist die
Abmahnung unberechtigt. Damit ist kein Kostenerstattungsanspruch gegeben. Besteht der Unter-
lassungsanspruch nicht im geltend gemachten Umfang, kommt es zu einer Minderung des Koster-
stattungsanspruchs (→ Rn. 897 ff.). In den Fällen, in denen erst der Hinweis auf eine klare
Rechtsverletzung die Störerhaftung begründet, bestand zuvor keine Passivlegitimation als Störer
und damit mangels Wiederholungsgefahr auch kein Unterlassungsanspruch (BGH GRUR 2011,
1038 Rn. 39 – Stiftparfüm; LG Hamburg GRUR-RS 2017, 131166 Rn. 44 – HOMEBASE;
Goldmann Unternehmenskennzeichen § 19 Rn. 176). Zwar kann dann in der gleichwohl ausgesprochenen Abmahnung auch ein solcher Hinweis liegen; mangels Passivlegitimation als Störer

besteht für ihren Empfänger jedoch keine Pflicht zur Kostenerstattung (OLG München MMR 2010, 100 (102) – Tatonka).

In einer berechtigten Abmahnung ist (nur) der Sachverhalt, der den Vorwurf rechtswidrigen **895** Verhaltens begründen soll, genau anzugeben und der darin erblickte **Verstoß** so **klar und eindeutig zu bezeichnen** ist, dass der Abgemahnte die gebotenen Folgerungen ziehen kann (BGH GRUR 2021, 752 Rn. 26 – Berechtigte Gegenabmahnung mwN). Der Abmahnende muss daher (nur) die begangene Verletzungshandlung in tatsächlicher Hinsicht so detailliert schildern, dass dem Abgemahnten deutlich wird, **was der Abmahnende konkret beanstandet** und was der Abgemahnte abstellen oder künftig unterlassen soll (BGH GRUR 2021, 752 Rn. 26 – Berechtigte Gegenabmahnung mwN). Dagegen unterliegt die Abmahnung als vorprozessuale Handlung **nicht** dem strengen **Bestimmtheitsgrundsatz des § 253 Abs. 2 Nr. 2 ZPO,** sondern reicht es aus, dass sie dem Schuldner einen Weg weist, wie er sich verhalten soll, damit ein Prozess vermieden wird (BGH GRUR 2021, 752 Rn. 26 – Berechtigte Gegenabmahnung mwN; OLG Hamburg 7.1.2021 – 5 U 7/18 – Kap-lan; → Rn. 882). Hieraus folgt, dass in einer Abmahnung, die sich auf **mehrere Kennzeichenrechte** und damit auf mehrere Streitgegenstände stützt, **grundsätzlich keine Staffelung der Streitgegenstände** vorgenommen werden muss; diese ist nur zur Wahrung des Bestimmtheitsgrundsatzes des § 253 Abs. 2 Nr. 2 ZPO im Prozess erforderlich (vgl. hierzu BGH GRUR 2016, 810 Rn. 15 – profitbricks.es; GRUR 2011, 1043 Rn. 30 – TÜV II; GRUR 2011, 521 Rn. 9 ff. – TÜV I). Im Hinblick darauf, dass aus Gründen der verfassungsrechtlich geschützten **prozessualen Waffengleichheit** bei einer Beschlussverfügung ohne Anhörung des Antragsgegners **Abmahnung und Verfügungsantrag kongruent** sein müssen (vgl. BVerfG GRUR 2021, 518 Rn. 22 – Presseerklärung zu Ex-Nationalspieler; GRUR 2020, 1119 Rn. 13 – Zahnabdruckset), **mag** aber eine solche **Staffelung** der Streitgegenstände **aus praktischen Gründen** gleichwohl **geboten sein** (vgl. Berger GRUR 2021, 1131 (1136)).

Wendet sich der Abmahnende gegen eine konkrete Zeichenverwendung und stützt er dieses **896** Begehren auf **mehrere Kennzeichenrechte,** so sind die für die Abmahnung anfallenden Kosten bereits dann in vollem Umfang ersatzfähig, wenn sich der Anspruch als nach (nur) einem der Zeichenrechte begründet erweist (BGH GRUR 2016, 1300 Rn. 67 – Kinderstube). Dies beruht darauf, dass sich in einer solchen Konstellation die Abmahnung – unabhängig davon, welches Zeichenrecht den Anspruch begründet – als objektiv nützlich und zur Streiterledigung geeignet erwiesen hat. Gleiches muss auch gelten, wenn dasselbe Unterlassungsbegehren auf Kennzeichenrecht einerseits und UWG andererseits gestützt wird (LG Hamburg GRUR-RS 2019, 38641 – MARY'S NAP/Mary's I).

Werden in einer einheitlichen Abmahnung mehrere **unterschiedliche konkrete Verlet- 897 zungsformen** angegriffen, besteht der Unterlassungsanspruch aber nur hinsichtlich einzelner dieser Verletzungsformen, so ist die Abmahnung **teilweise berechtigt** und teilweise unberechtigt. Dann können **Abmahnkosten nur anteilig** für den Umfang der Abmahnung geltend gemacht werden, der als berechtigt zu gelten hat, also nur insoweit, wie Unterlassungsanspruch besteht. Die Höhe des Ersatzanspruchs ist nach dem Verhältnis der auf die einzelne geltend gemachten Verstöße entfallenden Gegenstandswert zu bestimmen, wobei sich die Höhe der Anteile nach dem Verhältnis der auf die einzelnen Verstöße entfallenden Gegenstandswerte bemisst (BGH GRUR 2019, 82 Rn. 38 – Jogginghosen; GRUR 2010, 744 Rn. 52 – Sondernewsletter). Hierbei ist der **Schwerpunkt der Zielrichtung der Abmahnung** zu berücksichtigen. Werden zB zwei Verstöße geltend gemacht und liegt der Schwerpunkt ersichtlich auf derjenigen konkreten Verletzungsform, hinsichtlich derer ein Unterlassungsanspruch tatsächlich besteht, so ist der Kostenerstattungsanspruch nicht hälftig, sondern nur um 1/3 zu kürzen (OLG Hamburg 7.1.2021 – 5 U 7/18 – Kap-lan).

Wenn sich der Abmahnende nicht gegen die konkrete Verletzungsform wendet, sondern sein **898 Unterlassungsbegehren abstrakt** und damit **sachlich zu weitgehend** formuliert, ist die **Kostenerstattung zu reduzieren.** Nach dem OLG Köln ist ein Abzug von 10 % gerechtfertigt (OLG Köln GRUR-RS 2015, 04961 Rn. 13 – Kompetenzcenter). Das OLG Hamburg nimmt einen Abschlag von 20 % vor (OLG Hamburg 7.1.2021 – 5 U 7/18 – Kap-lan).

Macht der Abmahnende einen **unionsweiten Unterlassungsanspruch** gestützt auf eine Uni- **899** onsmarke geltend, ist aber nur ein bundesweiter Unterlassungsanspruch gestützt auf ein nationales Schutzrecht gegeben, ist das Unterlassungsbegehren ebenfalls **zu weitgehend** formuliert, nämlich **geographisch,** und die Kostenerstattung entsprechend zu reduzieren. Das LG München I hält einen Abschlag von 15 % für sachgerecht (LG München I GRUR-RS 2021, 37340 Rn. 83 – AQUACOMET). Wird aus einem nur **örtlich oder regional geschützten Unternehmenskennzeichenrecht** abgemahnt und ein bundesweiter Unterlassungsanspruch geltend gemacht, ist dieser geographisch ebenfalls zu weitgehend (vgl. Goldmann Unternehmenskennzeichen § 19

Rn. 416). Damit ist die Abmahnung aber nicht insgesamt unberechtigt (aA OLG Frankfurt BeckRS 2015, 11429 Rn. 4f. – Neuro Spine Center), sondern teilweise berechtigt, so dass auch insoweit ein Abschlag vorgenommen werden muss. 15 % sind auch hier angemessen.

5. Kostentragungspflicht des Verletzten gegenüber seinem Anwalt

900   Dem Abmahnenden steht ein Erstattungsanspruch nur dann zu, wenn er im Innenverhältnis zur Zahlung der in Rechnung gestellten Kosten verpflichtet ist (BGH GRUR 2019, 763 Rn. 10f. – Ermittlungen gegen Schauspielerin). Existiert zwischen dem Abmahnenden und seinem Anwalt eine Vereinbarung dahingehend, dass im Innenverhältnis Gebühren nur dann anfallen, wenn im Außenverhältnis eine Kostenerstattung eingetrieben wird, besteht daher kein Anspruch auf Abmahnkostenerstattung. Zur Höhe der Gebühren → Rn. 907 ff.

6. Erforderlichkeit der Abmahnung durch Anwalt

901   **a) Rechtsanwalt.** Maßstab für die Berechtigung des Aufwendungsersatzes ist, welche Aufwendungen der Gläubiger für erforderlich halten durfte. Ob Aufwendungen erforderlich sind, bestimmt sich nach den Verhältnissen des jeweiligen Gläubigers. Es kommt darauf an, ob die konkrete anwaltliche Tätigkeit im Außenverhältnis aus der maßgeblichen Sicht des Abmahnenden mit Rücksicht auf seine spezielle Situation **zur Wahrnehmung seiner Rechte erforderlich und zweckmäßig** war (BGH GRUR 2019, 763 Rn. 11 – Ermittlungen gegen Schauspielerin). Ein Unternehmen kann grundsätzlich die für eine Abmahnung entstandenen Kosten eines beauftragten Rechtsanwalts ersetzt verlangen (OLG Frankfurt BeckRS 2017, 121548 – Edelstahl Rostfrei). Insoweit ist anerkannt, dass in der **Spezialmaterie des Kennzeichenrechts** die Hinzuziehung eines Rechtsanwalts für die Abmahnung **regelmäßig erforderlich** ist. Dies gilt unabhängig davon, ob es sich beim Kennzeicheninhaber um ein großes Unternehmen mit eigener Rechts- bzw. Markenabteilung handelt (OLG Frankfurt BeckRS 2017, 121548 – Edelstahl Rostfrei). Zur Erforderlichkeit der zusätzlichen Beiziehung eines Patentanwalts → Rn. 912.

902   **b) Patentanwalt.** Unter denselben Voraussetzungen sind auch die Kosten eines Patentanwalts zu erstatten, wenn ausnahmsweise nicht ein Rechtsanwalt, sondern ein **Patentanwalt** allein die Abmahnung ausspricht. Denn auch durch die Abmahnung allein durch einen Patentanwalt wird dem Verletzer ein Weg gewiesen, einen kostspieligen Rechtsstreit zu vermeiden (zum Zweck der Abmahnung → Rn. 882). Deshalb ist kein Grund ersichtlich, bei einer Abmahnung durch einen Patentanwalt den auf GoA gegründeten Anspruch zu versagen. Freilich können keine höheren Gebühren verlangt werden als bei einer Abmahnung, die durch einen Rechtsanwalt ausgesprochen wird. Zur Erforderlichkeit der Beiziehung eines Patentanwalts neben der Einschaltung eines Rechtsanwalts → Rn. 912.

7. Kein Anspruch bei Abmahnung nach „Schubladenverfügung"

903   Die Kosten einer Abmahnung, die erst nach Erlass einer ohne vorherige Abmahnung erwirkten sog. „Schubladenverfügung" ausgesprochen wird, sind **nicht zu ersetzen** (so zu § 12 UWG BGH GRUR 2010, 257 Rn. 17 – Schubladenverfügung). Zweck der Abmahnung ist es, dem Schuldner, der sich nicht streitig stellt, einen Weg zu weisen, den Streit ohne Einschaltung der Gerichte kostengünstig beizulegen (→ Rn. 882). Die einer bereits erlassenen Verfügung nachgeschaltete Abmahnung kann diesen Weg nicht mehr aufzeigen. Ist bereits eine einstweilige Verfügung gegen den Schuldner erlassen worden, ist es für den Schuldner am kostengünstigsten, wenn ihm die Verfügung zugestellt wird und er gegen diese Verfügung Kostenwiderspruch einlegt oder eine Unterwerfungserklärung abgibt (BGH GRUR 2010, 257 Rn. 17 – Schubladenverfügung).

8. Regelmäßig kein Anspruch bei Zweitabmahnung

904   Hat der Unterlassungsgläubiger bereits durch eine selbst verfasste Abmahnung dem Verletzer einen Weg gewiesen, durch Abgabe einer strafbewehrten Unterlassungserklärung einen Rechtsstreit zu vermeiden, sind die Kosten für eine weitere, durch einen Rechtsanwalt ausgesprochene Abmahnung (**Zweitabmahnung**) grundsätzlich **unter keinem rechtlichen Gesichtspunkt erstattungsfähig** (so zum UWG BGH GRUR 2010, 354 Rn. 8–10 – Kräutertee).

905   **Etwas anderes** kann allenfalls dann gelten, wenn das anwaltliche Abmahnschreiben nicht nur den Inhalt der Eigenabmahnung wiederholt, sondern **vertiefte tatsächliche oder rechtliche Ausführungen** enthält, welche die berechtigte Erwartung zulassen, der Verletzer werde unter

dem Eindruck dieser Ausführungen seine bisherige Position überdenken und zur Abgabe der verlangten Erklärungen bereit sein (OLG Frankfurt GRUR-RR 2018, 72 Rn. 4 ff. – Zweitabmahnung; Goldmann Unternehmenskennzeichen § 19 Rn. 517).

Keine Zweitabmahnung liegt vor, wenn beim Erstkontakt mit dem Rechtsinhaber selbst **906** noch keine erste Abmahnung ausgesprochen wurde, weil kein ernsthaftes und endgültiges Unterlassungsbegehren nebst Aufforderung zur Abgabe einer Unterlassungserklärung ausgesprochen wurde (→ Rn. 890; LG Leipzig BeckRS 2019, 65 Rn. 20).

V. Höhe der Kostenerstattung

1. Unterscheidung zwischen Honorarvereinbarung und Abrechnung nach RVG

Ansprüche auf Erstattung von Rechtsanwaltskosten in Höhe der Gebühren nach dem **RVG** **907** bestehen nur dann, wenn der Abmahnende mit seinem Rechtsanwalt **keine abweichende Honorarvereinbarung** getroffen hat, nach der für die einzelnen Tätigkeiten eine geringere als die gesetzliche Vergütung geschuldet wird (BGH GRUR 2019, 763 Rn. 15 – Ermittlungen gegen Schauspielerin; OLG Frankfurt BeckRS 2019, 10135). Hierfür trägt der Anspruchsteller die Darlegungslast. Zu einem schlüssigen Vortrag gehört daher auch die Darlegung, ob nach den gesetzlichen Gebühren abgerechnet und was ggf. Abweichendes vereinbart worden ist (BGH GRUR 2019, 763 Rn. 15 – Ermittlungen gegen Schauspielerin). Honorarvereinbarungen sind im Bereich des gewerblichen Rechtsschutzes heutzutage weithin üblich (→ Rn. 755.1). Deshalb muss der Abmahnende, der RVG-Gebühren geltend macht, vortragen, dass entweder keine oder jedenfalls keine unter den RVG-Gebühren liegende Honorarvereinbarung abgeschlossen wurde. Dass in Sachen des gewerblichen Rechtsschutzes und des Lauterkeitsrechts Anwälte auf der Grundlage von Honorarvereinbarungen zu Gebührensätzen tätig werden, deren Höhe die **Gebühren nach dem RVG unterschreiten,** erscheint allerdings **erfahrungswidrig.** Deshalb kann von dem Abmahnenden insbesondere nicht verlangt werden, die getroffenen Vereinbarungen schriftlich vorzulegen oder im Einzelnen zu erläutern und unter Beweis zu stellen. Trägt der Abmahnende also vor, mit seinem Anwalt eine Vereinbarung getroffen zu haben, wonach die anwaltliche Tätigkeit nach dem anfallenden Aufwand, **mindestens jedoch in Höhe der gesetzlichen Gebühren** abgerechnet werde, kann der Abgemahnte die Richtigkeit dieses Vortrags nur bestreiten, wenn er konkrete Anhaltspunkte für die Unrichtigkeit nennt (OLG Frankfurt BeckRS 2019, 10135). Trägt der Abmahnende schlüssig vor, dass **zu keinem Zeitpunkt eine Gebührenvereinbarung** bestanden hat, so kommt er auch damit seinen Darlegungspflichten nach. Der Abgemahnte kann auch hier die Richtigkeit dieses Vortrags nur bestreiten, wenn er konkrete Anhaltspunkte für die Unrichtigkeit nennt. Die Behauptung ins Blaue hinein, der Abmahnende habe eine Gebührenvereinbarung abgeschlossen, die eine Abrechnung nach Zeit vorsehe, genügt nicht (LG Düsseldorf GRUR-RS 2020, 48431 Rn. 37 – LOOK IT). Soweit mit dem abmahnenden Rechtsanwalt eine Honorarvereinbarung geschlossen wurde, deren aufgelaufene Stundensätze die RVG-Gebühren übersteigt, sind auch diese (höheren) Gebühren zu ersetzen (→ Rn. 755.1).

2. Regelgebühr

Wenn die Kostenerstattung nach den gesetzlichen Gebühren des RVG erfolgt, ist bei einer **908** Abmahnung durch einen Rechtsanwalt in aller Regel die Geschäftsgebühr lediglich in Höhe der **Regelgebühr von 1,3** (KV 2300 RVG) erstattungsfähig (OLG Frankfurt GRUR-RS 2012, 24218 – Höhe der Geschäftsgebühr; LG Düsseldorf GRUR-RS 2020, 48431 Rn. 34 – LOOK IT; ebenso zu einer Abmahnung aus Gebrauchs- und Geschmacksmuster BGH GRUR 2014, 206 Rn. 23 mwN – Einkaufskühltasche; zu wettbewerbsrechtlichen Abmahnungen BGH GRUR 2015, 822 Rn. 35 – Kosten für Abschlussschreiben II; GRUR 2010, 1120 Rn. 31 – Vollmachtsnachweis). Eine Gebühr von **1,5** kann nur dann angesetzt werden, wenn die der Abmahnung zugrundeliegende Kennzeichenstreitsache iSv KV 2300 RVG als **nach Umfang und Schwierigkeit überdurchschnittlich** einzustufen ist (BGH GRUR 2014, 206 Rn. 23 – Einkaufskühltasche). Hierfür müssen konkrete Anhaltspunkte vorliegen, die eine abweichende Einordnung rechtfertigen könnten, dargetan werden (OLG Frankfurt GRUR-RS 2012, 24218 – Höhe der Geschäftsgebühr). Ein Ermessensspielraum des abmahnenden Rechtsanwalts besteht insoweit nicht (BGH GRUR-RR 2012, 492 Rn. 6 ff. – Toleranzbereich; LG Frankfurt a.M. 10.7.2013 – 2-06 O 61/13 – ift). Eine Überschreitung der Regelgebühr lässt sich nicht damit rechtfertigen, dass Kennzeichenstreitsachen von vornherein überdurchschnittlich schwierig seien (OLG Frankfurt GRUR-RS 2012, 24218 – Höhe der Geschäftsgebühr). Wenn allerdings der Rechtsanwalt **Aufgaben** übernommen hat, **die** – wie etwa Recherchen zum Registerstand oder zur Benutzungslage – zum **typischen Arbeitsgebiet eines Patentanwalts** gehören, kann die Tätigkeit eines Rechtsanwalts im Zusammenhang mit einer kennzeichenrechtlichen Abmahnung je nach den Umständen des Falles als überdurchschnittlich schwierig oder umfangreich angesehen werden (OLG Frankfurt GRUR-RS 2012, 24218 – Höhe der Geschäftsgebühr; Goldmann Unternehmenskennzeichen § 19 Rn. 520). Eine überdurchschnittlich schwierige oder umfangreiche Tätigkeit kann sich zB auch daraus ergeben, dass in einer Abmahnung eine **sehr komplexe Kollisionslage** aus mehreren unterschiedlichen Kennzeichenrechten gegen mehrere unterschiedliche konkrete Verletzungsformen aufzuarbeiten ist oder daraus, dass sich die **Prioritätslage** etwa mit Blick auf Zwischenrechte oder bei Unternehmenskennzeichen mit Blick auf eine zeitweilige Stilllegung des Geschäftsbetriebs, eine Erweiterung des Geschäftsgegenstands oder räumliche Ausdehnungstendenzen bzw. sachliche Ausweitungstendenzen als **besonders diffizil** darstellt.

3. Gegenstandswert

909   Der Gegenstandswert der Abmahnung, mit der ein Unterlassungsanspruch geltend gemacht wird, bestimmt sich gemäß § 23 Abs. 1 S. 3, § 2 Abs. 1 RVG iVm § 3 ZPO nach dem Interesse des Anspruchstellers an der Durchsetzung seines in die Zukunft gerichteten Unterlassungsbegehrens. Im Marken- und Kennzeichenrecht wird vornehmlich das wirtschaftliche Interesse für die Festsetzung des Gegenstandswerts herangezogen. Dieser entspricht dem für den Unterlassungsanspruch festzusetzenden Streitwert (→ § 142 Rn. 5 ff.; Kasuistik bei Ingerl/Rohnke/Nordemann/Bröcker § 142 Rn. 10). Der Gegenstandswert des Unterlassungsanspruchs in einer Abmahnung gegenüber dem Hersteller, Importeur oder Lieferanten kann höher zu veranschlagen sein als der einer Abmahnung gegen den Händler auf der jeweils nachfolgenden Handelsstufe (vgl. LG Düsseldorf GRUR-RS 2021, 14805 Rn. 42 – Burberry-Check).

4. Zusammenfassung mehrerer Gegenstände zu einer gebührenrechtlichen Angelegenheit

910   Bislang war es üblich und eine weitverbreitete, kaum hinterfragte Praxis, dass **gleichgeartete Verletzungshandlungen** mehrerer unterschiedlicher Verletzer jeweils getrennt als **unterschiedliche Angelegenheiten iSd § 15 Abs. 2 RVG behandelt** wurden. Wenn also wegen des Vertriebs zB desselben markenverletzenden Modells eines Schuhs durch zwei Einzelhändler zuerst diese abgemahnt wurden und auf Auskunft des einen hin dann auch dessen Lieferant, so wurde in der Praxis dreimal eine 1,3 Regelgebühr abgerechnet. Im Beispielsfall mag der Gegenstandswert bei den beiden Einzelhändlern jeweils 100.000 Euro und beim Lieferanten aufgrund des höheren Angriffsfaktors bei 200.000 Euro gelegen haben. Damit konnte zweimal eine Gebühr von je 2.151,50 Euro zzgl. 20 Euro Auslagenpauschale und USt. abgerechnet werden und einmal eine Gebühr von 2.884,70 Euro zzgl. 20 Euro Auslagenpauschale und USt., also zusammen 7.187,7 Euro zzgl. drei Mal 20 Euro Auslagenpauschale und USt. Dies wurde auch dann so gehandhabt, wenn alle drei Abmahnungen aufgrund der gleichgearteten Verletzungshandlung im Wesentlichen einen identischen Wortlaut hatten und in einem engen zeitlichen Zusammenhang erstellt wurden. Denn es lagen wegen der unterschiedlichen Verletzer drei unterschiedliche Streitgegenstände vor, die man jeweils auch als unterschiedliche Angelegenheit iSd § 15 Abs. 2 RVG behandelte. **Hieran kann** nach der neueren Rechtsprechung des BGH in den Fällen „Der Novembermann" (BGH GRUR 2019, 1044) und „Ermittlungen gegen Schauspielerin" (GRUR 2019, 763) **nicht festgehalten werden.** Die Grundsätze dieser zum Persönlichkeitsrecht bzw. zum Urheberrecht ergangenen Entscheidungen gelten auch für das Marken- und Kennzeichenrecht (LG Düsseldorf GRUR-RS 2021, 14805 Rn. 44 f. – Burberry-Check; LG Köln GRUR-RS 2020, 24061 Rn. 84 – Minotti).

910.1   Gemäß § 15 Abs. 2 RVG kann der Rechtsanwalt die **Gebühren „in derselben Angelegenheit nur einmal fordern".** Weisungsgemäß erbrachte anwaltliche Leistungen in der Regel dieselbe Angelegenheit, wenn zwischen ihnen ein innerer Zusammenhang besteht und sie sowohl inhaltlich als auch in der Zielsetzung so weitgehend übereinstimmen, dass von einem **einheitlichen Rahmen der anwaltlichen Tätigkeit** gesprochen werden kann (BGH GRUR 2019, 1044 Rn. 24 – Der Novembermann; GRUR 2019, 763 Rn. 17 – Ermittlungen gegen Schauspielerin). Ein einheitlicher Rahmen der anwaltlichen Tätigkeit kann grundsätzlich auch dann noch vorliegen, wenn der Anwalt zur Wahrnehmung der Rechte des Geschädigten verschiedene, in ihren Voraussetzungen voneinander abweichende Anspruchsgrundlagen zu prüfen oder mehrere getrennte Prüfungsaufgaben zu erfüllen hat. Denn unter einer Angelegenheit im gebührenrechtlichen Sinne ist das gesamte Geschäft zu verstehen, das der Rechtsanwalt für den Auftraggeber besorgen soll. Ihr Inhalt bestimmt den Rahmen, innerhalb dessen der Rechtsanwalt tätig wird. Die Angelegenheit ist von dem Gegenstand der anwaltlichen Tätigkeit abzugrenzen, der das konkrete Recht oder Rechtsverhältnis bezeichnet, auf das sich die anwaltliche Tätigkeit bezieht. Eine Angelegenheit kann durchaus mehrere Gegenstände umfassen (BGH GRUR 2019, 1044 Rn. 24 – Der Novembermann; GRUR 2019, 763 Rn. 17 – Ermittlungen gegen Schauspielerin). Für einen einheitlichen Rahmen der anwaltlichen Tätigkeit reicht es grundsätzlich aus, wenn die verschiedenen Gegenstände in dem Sinn einheitlich vom Anwalt bearbeitet werden können, dass sie verfahrensrechtlich zusammengefasst oder in einem einheitlichen Vorgehen – zB in einem einheitlichen Abmahnschreiben – geltend gemacht werden können. Ein innerer Zusammenhang zwischen den anwaltlichen Leistungen ist zu bejahen, wenn die verschiedenen Gegenstände bei objektiver Betrachtung und unter Berücksichtigung des mit der anwaltlichen Tätigkeit nach dem Inhalt des Auftrags erstrebten Erfolgs zusammengehören (BGH GRUR 2019, 1044 Rn. 24 – Der Novembermann; GRUR 2019, 763 Rn. 17 – Ermittlungen gegen Schauspielerin). Der verfahrensrechtliche Zusammenhang wird bei einem außergerichtlichen **Vorgehen gegen verschiedene Verletzer** nicht schon allein dadurch gesprengt, dass an jeden Verletzer ein (eigenes) Abmahnschreiben zu richten ist (BGH GRUR 2019, 763 Rn. 18 – Ermittlungen gegen Schauspielerin). Auch die (außergerichtliche) Inanspruchnahme verschiedener Schädiger **kann** daher **eine einzige Angelegenheit sein.** Das kommt bei der Geltendmachung von Unterlassungsansprüchen insbesondere dann in Betracht, wenn den Schädigern eine gleichgerichtete Verletzungshandlung vorzuwerfen ist und demgemäß die erforderlichen Abmahnungen einen identischen oder zumindest weitgehend identischen Inhalt haben (BGH GRUR 2019, 1044 Rn. 33 – Der Novembermann). Dabei kommt es nicht darauf an, dass jede Abmahnung wegen der verschiedenen Rechtspersönlichkeiten gegenüber jedem Schädiger ein eigenes rechtliches Schicksal haben kann (BGH GRUR 2019, 763 Rn. 18 – Ermittlungen gegen Schauspielerin) oder dass im Fall einer gerichtlichen Geltendmachung unterschiedliche Gerichte zuständig wären (BGH GRUR 2019, 1044 Rn. 33 – Der Novembermann).

Eine Angelegenheit kann auch vorliegen, wenn ein dem Rechtsanwalt zunächst erteilter Auftrag vor **910.2** dessen Beendigung später ergänzt wird. Ob eine Ergänzung des ursprünglichen Auftrags vorliegt oder ein neuer Auftrag erteilt wurde, ist unter Berücksichtigung der Umstände des Einzelfalls festzustellen (BGH GRUR 2019, 1044 Rn. 25 – Der Novembermann). Bejaht wurde ein solcher sukzessiv erweiterter Auftrag im Rahmen eines einheitlichen Gesamtgeschehens und damit eine einheitliche Angelegenheit in einem Fall, in dem der Rechtsinhaber seinen Rechtsanwalt zunächst mit der Suche nach Tätern und Tathandlungen beauftragt und jeweils nach Darlegung der (neuen) Untersuchungsergebnisse über die Vornahme einer (weiteren) Abmahnung entschieden hatte (BGH GRUR 2019, 1044 Rn. 28 – Der Novembermann). Dies gilt auch dann, wenn **mehrere Handelsstufen in der Vertriebskette** betroffen sind (BGH GRUR 2019, 1044 Rn. 32 – Der Novembermann). Bei der Prüfung der Frage, ob ein außergerichtliches Vorgehen mit mehreren Gegenständen eine Angelegenheit iSd § 15 Abs. 2 RVG darstellt, kommt es maßgeblich darauf an, ob der Rechtsanwalt diese Gegenstände aufgrund etwa der sachlichen und zeitlichen Verbundenheit mittels eines einheitlichen Vorgehens bearbeiten kann (BGH GRUR 2019, 1044 Rn. 33 – Der Novembermann). Allerdings **kann es an** einem inneren Zusammenhang und damit **einer einheitlichen Angelegenheit** dann **fehlen,** wenn ein **großer zeitlicher Abstand** zwischen den einzelnen Abmahnungen liegt. Bejaht wurde ein innerer Zusammenhang bei elf im Wesentlichen wortlautidentischen Abmahnungen gerichtet gegen dieselbe Verletzung desselben Schutzrechts im Zeitraum Dezember 2016 und Januar 2017, verneint jedoch für zwei weitere derartige Abmahnungen, von denen eine im August 2016 und die andere im September 2017 ausgesprochen wurde (vgl. BGH GRUR 2019, 1044 Rn. 21 – Der Novembermann).

Werden in einem **engen zeitlichen Zusammenhang** mehrere **Abmahnungen gegenüber** **911** **unterschiedlichen Verletzern** wegen einer jeweils **gleichgelagerten Verletzung** desselben Schutzrechts mit einem im wesentlichen **identischen Wortlaut** ausgesprochen, so liegt nur eine einheitliche Angelegenheit iSd § 15 Abs. 2 RVG vor (LG Köln GRUR-RS 2020, 24061 Rn. 84 – Minotti). Dies gilt auch dann, wenn die Abmahnungen dazu dienen, Verletzungen auf **unterschiedlichen Handelsstufen** zu unterbinden (LG Düsseldorf GRUR-RS 2021, 14805 Rn. 44 f. – Burberry-Check). Die **Berechnung** der gesetzlichen Gebühren geht wie folgt vonstatten (vgl. BGH GRUR 2019, 1044 Rn. 22 – Der Novembermann): Für jede der Abmahnungen wird ein dem Wert des Schutzrechts und dem Angriffsfaktor der Verletzung angemessener Gegenstandswert gebildet. Die Gegenstandswerte werden zusammengerechnet (in unserem Beispielsfall 100.000 Euro + 100.000 Euro + 200.000 Euro = 400.000 Euro). Auf der Basis des so ermittelten Gegenstandswerts wird dann eine 1,3 Regelgebühr als Geschäftsgebühr angesetzt (im Beispielsfall auf der Grundlage eines Gegenstandswert von 400.000 Euro also eine 1,3 Regelgebühr von 4.085,90 Euro + 20 Euro Auslagenpauschale = 4.105,90 Euro zzgl. USt.). Dieser so ermittelte **Gesamtbetrag** von 4.105,90 Euro wird sodann **quotal auf die drei Abgemahnten aufgeteilt** (in unserem Beispielsfall entfallen auf die beiden Einzelhändler jeweils ¼ und auf den Lieferanten die Hälfte, so dass jeder der Einzelhändler einen Betrag von 1.026,47 Euro zzgl. USt. zahlt und der Lieferant 2.052,95 Euro zzgl. USt. Dies bedeutet für die Verletzer eine erhebliche Gebührenersparnis (vgl. auch LG Düsseldorf GRUR-RS 2021, 14805 Rn. 42 f. – Burberry-Check; LG Düsseldorf GRUR-RS 2020, 49191 Rn. 88 – D2, jeweils mit instruktivem Berechnungsbeispiel).

911.1   In Angelegenheiten, bei denen sich absehen lässt, dass der ursprüngliche Auftrag „ergänzt" wird, weil weitere gleichgelagerte Verletzungen auftauchen können, ist empfehlenswert, der ersten ausgesprochenen Abmahnung nicht sofort eine Kostenberechnung beizufügen und deren Begleichung zu verlangen usw. Denn wenn auf eine solche Kostenberechnung bezahlt und die gleiche Angelegenheit gegenüber weiteren Verletzern wegen gleichgelagerten Verletzungshandlungen ausgeweitet wird, müsste der jeweils anteilig zu viel gezahlte Betrag nach den Grundsätzen der ungerechtfertigten Bereicherung erstattet werden (§ 812 Abs. 1 S. 1 Alt. 1 BGB).

5. Zusätzliche Beauftragung eines Patentanwalts

912   Die Kosten für die zusätzliche Beauftragung eines Patentanwalts neben einem Rechtsanwalt im Rahmen der außergerichtlichen Verfolgung von Markenrechtsverstößen sind **nicht ohne weiteres** in jedem Fall **zu ersetzen** (Goldmann Unternehmenskennzeichen § 19 Rn. 519). Ein Anspruch auf Erstattung außergerichtlicher Patentanwaltskosten kann auf § 140 Abs. 4 weder direkt noch analog gestützt werden (BGH GRUR 2012, 759 Rn. 11 – Kosten des Patentanwalts IV). Sowohl Rechtsanwaltskosten als auch zusätzlich angefallene Patentanwaltskosten sind nur zu erstatten, wenn der Gläubiger diese Aufwendungen für erforderlich halten durfte. Nach den Grundsätzen der GoA lässt sich ein Anspruch nur begründen, wenn die Mitwirkung des Patentanwalts zur Rechtsverfolgung erforderlich war. Dazu reicht die bloße Tatsache nicht aus, dass der Patenanwalt Aufgaben übernommen habe, die zu seinem typischen Arbeitsgebiet gehören wie zB die Markenrecherche (BGH GRUR 2011, 754 Rn. 24 – Kosten des Patentanwalts II). Ist der **Rechtsanwalt** im Marken- und Kennzeichenrecht nämlich **erfahren genug**, um einen Fall allein zu bearbeiten und den Verletzer abzumahnen, ist es nicht notwendig, zusätzlich noch einen Patentanwalt zu beauftragen. Es bedarf daher grundsätzlich einer gesonderten Prüfung, ob es nötig war, zur außergerichtlichen Verfolgung einer Markenverletzung zusätzlich zu einem Rechtsanwalt auch noch einen Patentanwalt zu beauftragen (BGH GRUR 2011, 754 Rn. 20–23 – Kosten des Patentanwalts II; GRUR 2012, 759 Rn. 12 – Kosten des Patentanwalts IV). Gerade ein **Fachanwalt für gewerblichen Rechtsschutz** hat über eine besondere Sachkunde im Markenrecht zu verfügen und ist regelmäßig auch in der Lage, eine Markenrecherche durchzuführen (BGH GRUR 2012, 759 Rn. 17 – Kosten des Patentanwalts IV). **Keine patentanwaltstypische Leistung** ist der **Entwurf eines Abmahnschreibens** nebst beigefügter Unterlassungserklärung, die der Rechtsanwalt anschließend überarbeitet und unterzeichnet; die hierfür angefallenen Gebühren des Patentanwalts sind nicht zusätzlich zu denen des Rechtsanwalts erstattungsfähig (OLG Frankfurt GRUR-RR 2012, 308).

VI. Steuerrechtliche Aspekte

913   Zahlungen, die an einen Rechtsinhaber, der umsatzsteuerrechtlich Unternehmer ist, als **Aufwendungsersatz** aufgrund von auf Kennzeichenrecht gestützten Abmahnungen zur Durchsetzung eines Unterlassungsanspruch geleistet werden, sind **umsatzsteuerrechtlich als Entgelt** im Rahmen eines umsatzsteuerbaren Leistungsaustauschs zwischen dem abmahnenden Unternehmer und dem von ihm **abgemahnten Verletzer als Leistungsempfänger** zu qualifizieren (BGH BeckRS 2021, 8422 Rn. 10 unter Bezugnahme auf BFH GRUR 2019, 825 – Tonaufnahmen im Internet; GRUR 2017, 826 – umsatzsteuerfrei Leistung; GRUR 2003, 718 – Aufwendungsersatz).

914   Es sind mithin **zwei steuerbare Leistungen** zu unterscheiden: „Anwalt – Rechtsinhaber" einerseits und „Rechtsinhaber – Abgemahnter" andererseits. Als Folge müssen künftig **zwei Rechnungen** geschrieben werden: Der Rechtsanwalt, der den Verletzer im Auftrag des Rechtsinhabers abgemahnt hat, rechnet in eigenem Namen gegenüber dem **Rechtsinhaber** ab. Dieser rechnet sodann im eigenen Namen über seine **eigene Leistung („Vermeidung eines Gerichtsverfahrens") gegenüber dem Abgemahnten** ab. Die Rechnung weist dabei regelmäßig den Nettobetrag der anwaltlichen Rechnung zzgl. USt. aus. Die in der Rechnung an den Abgemahnten ausgewiesene USt. muss der abmahnende Rechtsinhaber an das Finanzamt abführen; er kann aber die in der Rechnung seines Rechtsanwalts enthaltene USt. im Wege des Vorsteuerabzugs geltend machen (BGH BeckRS 2021, 8422 Rn. 12, 16). Die im Verhältnis „Rechtsinhaber – Abgemahnter" ausgestellte Rechnung muss den Voraussetzungen des § 14 Abs. 4 UStG genügen und gemäß § 14 Abs. 2 S. 1 Nr. 2 S. 2 UStG innerhalb von sechs Monaten ausgestellt werden. Diese Rechnung ist nicht identisch mit der Rechnung des Rechts- oder Patentanwalts, die er seinem Mandanten, dem Unterlassungsgläubiger, für seine Leistung stellt. Sie kann auch nicht durch sie ersetzt werden (Voges GRUR-Prax 2020, 254).

Nach der hier vertretenen Auffassung kann die Erstattung der Abmahnkosten immer auch als **915** **Schadensersatz** verlangt werden (→ Rn. 752 ff.). Schadensersatzleistungen sind im Allgemeinen zwar kein Entgelt im Sinne des Umsatzsteuerrechts, wenn die Zahlung nicht für eine Lieferung oder sonstige Leistung an den Zahlenden erfolgt, sondern weil der Zahlende nach Gesetz oder Vertrag für den Schaden und seine Folgen einzustehen hat (BFH GRUR 2019, 825 Rn. 20 – Tonaufnahmen im Internet mwN). Der BFH ordnet gleichwohl jede Erstattung von Abmahnkosten gleich auf welcher Rechtsgrundlage als **Entgelt für eine Leistung im Sinne des Umsatzsteuerrechts** ein, also auch, wenn sie als Schadensersatz gefordert wird (BFH GRUR 2017, 826 Rn. 28 – umsatzsteuerbare Leistung). Denn die Frage, ob ein Leistungsaustausch im umsatzsteuerrechtlichen Sinne vorliegt, ist nicht nach zivilrechtlichen, sondern ausschließlich nach den vom Unionsrecht geprägten umsatzsteuerrechtlichen Vorgaben zu beantworten (EuGH C-295/17, DStR 2018, 2632 Rn. 68 f. – MEO – Serviços de Comunicações e Multimédia; BFH GRUR 2017, 826 Rn. 29 – umsatzsteuerbare Leistung). Die Grundsätze der **Gleichbehandlung** und der **Neutralität der Umsatzsteuer** (vgl. dazu EuGH C-174/08, NZBau 2010, 40 Rn. 41 und 44 – NCC Construction Danmark) gebieten, die Abmahnleistung, die der Abmahnende an den Abgemahnten erbringt, gleich zu besteuern, ob sie nun zivilrechtlich auf Schadensersatz oder auf eine andere Anspruchsgrundlage gestützt ist (BFH GRUR 2019, 825 Rn. 29 – Tonaufnahmen im Internet; GRUR 2017, 826 Rn. 29 – umsatzsteuerbare Leistung).

VII. Zahlungsanspruch auch ohne Begleichung der eigenen Anwaltsrechnung

Ein **Anspruch auf Zahlung** der vom Rechtsinhaber gegenüber seinem Anwalt geschuldeten **916** Gebühren für die Abmahnung an den Verletzer kann der Rechtsinhaber grundsätzlich sowohl nach den Grundsätzen der GoA als auch nach den Grundsätzen des Schadensersatzrechts erst dann stellen, **wenn er seinerseits** seinen Anwalt **bereits bezahlt hat.** Bis zur Zahlung steht dem Rechtsinhaber grundsätzlich nur ein Anspruch auf Befreiung von der Verbindlichkeit gegen den Verletzer zu. Dies ergibt sich für den auf §§ 683, 670 BGB (GoA) gestützten Aufwendungsersatzanspruch aus § 257 BGB; sofern der Anspruch als Schadensersatz auf § 249 BGB gestützt wird, ergibt sich diese aus dem Prinzip der Naturalherstellung (OLG Frankfurt BeckRS 2011, 24257; OLG Köln MarkenR 2008, 216).

Der **Befreiungsanspruch wandelt sich** aber gemäß § 280 Abs. 1 und 3 BGB, § 281 Abs. 1 **917** und 2 BGB **in einen Zahlungsanspruch um,** wenn der Schuldner die Erfüllung des iSd § 281 Abs. 2 BGB ernsthaft und endgültig verweigert, was auch konkludent durch das Prozessverhalten geschehen kann (BGH GRUR 2015, 1021 Rn. 34 – Kopfhörer-Kennzeichnung; GRUR 2013, 925 Rn. 59 – VOODOO; OLG Frankfurt BeckRS 2011, 24257; OLG Köln MarkenR 2008, 216 ff.). Zahlung kann auch dann verlangt werden, wenn nach § 250 S. 2 BGB der Befreiungsanspruch gemäß § 257 BGB in einen Geldanspruch übergeht, nachdem der Gläubiger erfolglos eine Frist zur Freistellung mit Ablehnungsandrohung gesetzt hat (BGH GRUR 2013, 925 Rn. 59 – VOODOO; OLG Frankfurt BeckRS 2011, 24257).

VIII. Mehrheit von Verletzern

Sind mehrere Unterlassungsschuldner, die für den Unterlassungsanspruch gleichermaßen passiv- **918** legitimiert sind (zB Gesellschaft und täterschaftlich handelnder Geschäftsführer) mit ein und **derselben Abmahnung** belegt worden, haften sie als **Gesamtschuldner** auf die Erstattung der Abmahnkosten (vgl. LG Mannheim BeckRS 2014, 117612 – Hubwagen). Sind **unterschiedliche Abmahnungen** ausgesprochen worden, haftet, soweit mehrere Abmahnungen notwendig waren, jeder Abgemahnte für die Kosten der ihm gegenüber ausgesprochenen Abmahnung **für sich allein.** Ein Gesamtschuldverhältnis wird dann nicht begründet (Goldmann Unternehmenskennzeichen § 19 Rn. 287).

L. Abwehr unberechtigter Verletzungsansprüche

Die Geltendmachung und Durchsetzung kennzeichenrechtlicher Verletzungsansprüche durch **919** den Kennzeicheninhaber können erhebliche Folgen für den Anspruchsgegner haben. Erweist sich das Vorgehen des Kennzeicheninhabers als unberechtigt, so stehen dem Inanspruchgenommenen **materielle Gegenansprüche** zu. Zugleich kann er auf verschiedene **prozessstrategische Instrumente** zurückgreifen, um sich gegen den Angriff des Kennzeicheninhabers verfahrensrechtlich zur Wehr zu setzen.

I. Verfahrens- und prozessstrategische Abwehrinstrumente

1. Bei Vorgehen des Kennzeicheninhabers gegen den potentiellen Verletzer

920   **a) Gegenabmahnung.** Eine Pflicht zur Erwiderung auf eine Abmahnung besteht grundsätzlich nicht. Der Abgemahnte muss eine Gegenabmahnung nur aussprechen, wenn sie falsche Vorstellungen beseitigen und zu einen Anspruchsverzicht führen kann (BGH GRUR 2012, 1273 – Stadtwerke Wolfsburg; GRUR 2004, 790 – Gegenabmahnung). Gleichwohl kann die Negierung der geltend gemachten Ansprüche mittels fundierter Stellungnahme dazu dienen, Weiterungen zu vermeiden.

921   **b) Schutzschrift.** Obwohl dem Antragsgegner gegen eine Beschlussverfügung der Rechtsbehelf des Widerspruchs zusteht, ist er bis zur Entscheidung über den Widerspruch an die einstweilige Verfügung gebunden. Dem Antragsgegner, der beispielsweise mittels einer unberechtigten einstweiligen Verfügung daran gehindert wäre, seine Ware abzusetzen, steht das Mittel der Schutzschrift zur Verfügung. Diese dient dem Zweck, dem mutmaßlichen Antragsgegner in einem möglichen einstweiligen Verfügungsverfahren das ihm nach Art. 103 Abs. 1 GG zustehende rechtliche Gehör zu verschaffen und so die „Mitwirkungsdefizite" auszugleichen, die sich aus der Regelung des § 937 Abs. 2 ZPO ergeben.

922   Das Instrument der Schutzschrift ist in § 945a Abs. 1 S. 2 ZPO geregelt. Dem Gericht werden mit einer Schutzschrift vorsorglich Argumente an die Hand gegeben, um zu erwartende Anträge auf Arrest oder einstweilige Verfügungen abzulehnen. Schutzschriften sind daher vorbeugende Verteidigungsschriftsätze (BeckOK ZPO/Mayer ZPO § 945a Rn. 1).

923   Da meist nur schwer abzuschätzen ist, bei welchem Gericht der angeblich Verletzte seine Anträge stellen wird, bietet es sich an, die Schutzschrift zum elektronischen Zentralen Schutzschriftenregister (https://schutzschriftenregister.hessen.de) einzureichen. Mit Einstellung der Schutzschrift dort gilt sie bei allen ordentlichen Gerichten als eingereicht (§ 945a Abs. 2 ZPO; Verordnung über das elektronische Schutzschriftenregister (SRV) vom 24.11.2015, BGBl. I 2135).

924   Deshalb haben alle Gerichte bei Eingang eines Antrags auf Arrest oder einstweilige Verfügung in dem zentralen Register nach einer entsprechenden Schutzschrift zu recherchieren (zur Prüfungspflicht Dötsch MDR 2016, 495).

925   Die Speicherung einer Schutzschrift im zentralen Register ist gemäß § 945a Abs. 2 S. 2 ZPO auf sechs Monaten begrenzt ist.

926   Während für Anwälte nur dieser Weg offensteht (§ 49c BRAO), kann die Partei selbst Schutzschriften auch bei den einzelnen Gerichten einreichen.

927   **c) Feststellungsklage.** Mit einer negativen Feststellungsklage kann der angebliche Verletzer feststellen lassen, dass dem angeblichen Verletzten keine Unterlassungs-, Auskunfts-, Schadensersatz- oder sonstige Verletzungsansprüche wegen Markenverletzung zustehen (BeckOK PatR/Voß PatG Vor §§ 139–142b Rn. 7). Gegenstand einer solchen Klage können nur das Rechtsverhältnis sowie die daraus ergebende Rechte und Pflichten sein (BGH GRUR 2017, 894 – Verhandlungspflicht; GRUR 2011, 1036 – Kauf auf Probe). Ein umfassenderer Rechtsschutz durch Leistungs- oder Gestaltungsklage darf nicht möglich sein (BeckOK ZPO/Bacher ZPO § 256 Rn. 26 ff.).

928   Für das Rechtsverhältnis ist keine Erstbegehungs- oder Wiederholungsgefahr erforderlich, wenn die für die Beurteilung der Verletzung maßgebenden Umstände feststehen (ebenso Ströbele/Hacker/Thiering/Thiering Rn. 774; aA BGH GRUR 2011, 1036 – Kauf auf Probe).

929   Ein **Feststellungsinteresse** wird begründet, wenn sich der angeblich Verletzte entsprechender Ansprüche berühmt hat (BeckOK ZPO/Bacher ZPO § 256 Rn. 22; BGH GRUR 2016, 93 – Abschlagspflicht; GRUR 2012, 1273 – Stadtwerke Wolfsburg; GRUR 2011, 995 – besonderer Mechanismus; GRUR 2011, 1117 – ICE). Eine solche Anspruchsberühmung ist immer gegeben, wenn vorprozessuale Abmahnungen ausgesprochen wurden (BeckOK ZPO/Bacher ZPO § 256 Rn. 16 ff.). Eine Berechtigungsanfrage reicht regelmäßig nicht aus, um ein Feststellungsinteresse zu begründen (OLG Düsseldorf BeckRS 2015, 11811). Hier kommt es aber auf den konkreten Inhalt des Anschreibens und nicht auf seine Bezeichnung als „Berechtigungsanfrage" an.

930   Eine Feststellungsinteresse besteht auch für die Klärung der Frage, ob ein bestimmtes Verhalten von einem rechtskräftigen Unterlassungstitel erfasst wird; das gilt selbst dann, wenn bereits ein Ordnungsmittelverfahren gemäß § 890 ZPO eingeleitet wurde (BGH NJW 2008, 1001; BeckOK ZPO/Bacher ZPO § 256 Rn. 17–19).

931   Das Feststellungsinteresse entfällt erst, wenn der Rechtsinhaber eine zulässige Hauptsacheklage auf Unterlassung erhoben hat und diese nicht mehr einseitig zurückgenommen werden kann, was

regelmäßig ab mündlicher Verhandlung der Fall ist (BGH NJW 1997, 870; GRUR 1994, 846 – Parallelverfahren II; GRUR 1985, 41 – REHAB; OLG Nürnberg GRUR-RR 2007, 45 – Spenglerei und Installation; OLG Düsseldorf GRUR 1993, 159 – Ravalgen).

Das Feststellungsinteresse ist an den Streitgegenstand gebunden; Ansprüche aus verschiedenen **932** Schutzrechten betreffen unterschiedliche Streitgegenstände (BGH GRUR-Prax 2011, 228 – TÜV).

d) Angriff auf das Registerrecht. Eine der wichtigsten Verteidigungsstrategien in Auseinan- **933** dersetzungen um gewerbliche Schutzrechte ist der Validitätsangriff auf das gewerbliche Schutzrecht selbst. In Kennzeichensachen können die fehlende Benutzung oder das Bestehen absoluter Schutzausschlussgründe geltend gemacht werden. Für registrierte Marken bestehen derzeit Löschungsmöglichkeiten primär vor den ordentlichen Gerichten. Ab dem 1.5.2020 werden Verfahren zur kostengünstigen administrativen Beseitigung einer Marke vor dem DPMA und dem BPatG hinzutreten (§§ 53, 54).

2. Bei Vorgehen des Kennzeicheninhabers gegen Abnehmer des potentiellen Verletzers

a) Einstweilige Verfügung auf Unterlassung weiterer Abnehmerverwarnungen. Unbe- **934** rechtigte Schutzrechtsverwarnungen können in den eingerichteten und ausgeübten Gewerbebetrieb des Abgemahnten sowie Dritter (seiner Kunden) eingreifen (Abnehmerverwarnung).

Da es in dieser Konstellation keinen „Vorrang der Leistungsklage" gibt, hat der Verwarnte auch **935** dann noch ein Rechtsschutzinteresse an einer Unterlassungstitulierung, wenn die gegenläufige Verletzungsklage erhoben ist und (nach mündlicher Verhandlung) nicht mehr einseitig zurückgenommen werden kann (aA OLG Frankfurt GRUR 1989, 705). Allerdings kann die rechtskräftige Entscheidung im Hauptsacheverfahren ein Aufhebungsgrund der Einstweiligen Verfügung nach § 927 ZPO sein. Mit einer solchen Einstweiligen Verfügung kann schließlich stets nur das außergerichtliche Vorgehen des Kennzeicheninhabers verhindert werden (BGH GRUR 2005, 882). Vor Einlegung gerichtlicher Schritte im Wege des einstweiligen Rechtsschutzes kann selbst in diesem Fall eine vorherige Abmahnung eigene Gegenabmahnung geboten sein.

b) Schutzschrift. Auch bei Fällen mit Drittbezug kommt grundsätzlich das Instrument der **936** Schutzschrift (→ Rn. 921) in Betracht. Hier gilt es aber zu beachten, dass ein Anwalt im Interessenkonflikt steht, wenn er zugleich den Hersteller und dessen Abnehmer in einem Verteidigungsverfahren vertritt. Unproblematisch sind aber in diesem Rahmen unmittelbare Unterstützungsleistungen des potentiellen Kennzeicheninhabers gegenüber seinen Abnehmern.

II. Materielle Gegenansprüche

1. Kostenerstattungsanspruch- und Schadensersatzersatzanspruch

a) Kosten der Abwehr unberechtigter Abmahnungen. Schadensersatz wegen unbe- **937** rechtigter Schutzrechtsverwarnung (§§ 678, 823 Abs. 1 BGB) kommt wegen eines Eingriffs in den eingerichteten und ausgeübten Gewerbebetrieb in Betracht, es sei denn, es handelt sich um eine wettbewerbsrechtliche Abmahnung (BGH GRUR-RR 2011, 343 – unberechtigte Abmahnung; GRUR 2011, 152 – Kinderhochstühle im Internet. Ferner hat der BGH jüngst einen Eingriff in den eingerichteten und ausgeübten Gewerbebetrieb verneint, wenn eine Schutzrechtsverwarnung teilweise zu Recht erfolgt, aber ihrem Umfang nach über das hinausgeht, was der Rechtsinhaber berechtigterweise fordern kann. Der BGH verneint einen Eingriff, wenn das zu Unrecht beanstandete Verhalten vom Verwarnten nach den gesamten Umständen vernünftigerweise nicht zu erwarten ist (BGH GRUR 2020, 1116). Da die Schutzrechtsverwarnung als vorprozessuale Handlung ihrerseits nicht dem strengen Bestimmtheitsgrundsatz des § 253 Abs. 2 Nr. 2 ZPO unterliegt, reicht aus, wenn in der Abmahnung der Sachverhalt, der den Vorwurf rechtswidrigen Verhaltens begründen soll, genau angegeben und der darin erblickte Verstoß so klar und eindeutig bezeichnet wird, dass der Abgemahnte die gebotenen Folgerungen ziehen kann. Eine berechtigte Abmahnung ist nicht deshalb rechtsmissbräuchlich, weil sie eine Reaktion auf die Abmahnung eines vergleichbaren Verstoßes ist (BGH GRUR 2021, 752).

Unberechtigt ist eine Schutzrechtsverwarnung, wenn kein Unterlassungsanspruch besteht; **938** besteht er nur hinsichtlich einzelner geltend gemachter Rechte nicht, macht dies die Abmahnung nicht insgesamt unberechtigt (BGH GRUR 2016, 1300 – Kinderstube). Aber soweit die an einen Abnehmer gerichtete Schutzrechtsverwarnung unberechtigt ist, liegt darin kein Eingriff in das Recht am eingerichteten und ausgeübten Gewerbebetrieb des Herstellers, wenn ihr insoweit die Eignung fehlt, dessen Geschäftstätigkeit zu beeinträchtigen (BGH GRUR 2020, 1116, ähnlich auch bereits OLG München GRUR-RR 2020, 263).

939 Ein Schadensersatzanspruch setzt neben einer unberechtigten Schutzrechtsverwarnung zur Feststellung der Rechtswidrigkeit eine Interessenabwägung voraus (BGH GRUR 2009, 878 – Fräsautomat; GRUR 2006, 432 – Verwarnung aus Kennzeichenrecht II; GRUR 2006, 433 – unbegründete Abnehmerverwarnung; krit. Meier-Beck WRP 2006, 790 (791)). Die Rechtwidrigkeit kann sich aus dem Inhalt einer Abmahnung ergeben sowie bei Abnehmerverwarnungen aus der Gefährdung von Geschäftsbeziehungen (BGH GRUR 2009, 878 – Fräsautomat).

940 Ein Schadensersatzanspruch setzt außerdem voraus, dass der Markeninhaber **schuldhaft,** mindestens fahrlässig, gehandelt hat. Fach- und rechtskundiger Rat kann das ausschließen (BGH GRUR 1976, 715 – Spritzgießmaschine; OLG Frankfurt GRUR-Prax 2015, 354 – Bedienungsanleitung).

941 War der Rat selbst fahrlässig oder vorsätzlich falsch, haftet auch ein mit der Verwarnung beauftragter Patent- oder Rechtsanwalt auf Schadensersatz. Ihn trifft eine **Garantenpflicht** (OLG Frankfurt BeckRS 2012, 23979, Haftung für bewusst unberechtigte Schutzrechtsverwarnung; verschärft auf Fahrlässigkeit durch BGH GRUR 2016, 630 – unberechtigte Schutzrechtsverwarnung II; krit. dazu Ströbele/Hacker/Thiering/Thiering Rn. 789; Keller GRUR 2016, 634; Vohwinkel NJW 2016, 2114; Borgmann NJW 2016, 3412). Hat der Anwalt auf die Risiken einer Abmahnung hingewiesen und sich der Mandant dennoch dafür entschieden, haftet der Anwalt nicht (BGH GRUR 2016, 630 – unberechtigte Schutzrechtsverwarnung II).

942 Die für eine Gegenabmahnung aufgewendeten Kosten kann der zu Unrecht Abgemahnte gemäß § 678 BGB ersetzt verlangen. Die Gerichte sind hier teilweise zurückhaltend, weil auch bei einer sofort erhobenen negativen Feststellungsklage ein Anerkenntnis nicht zur Kostenpflicht des Klägers führt (BGH GRUR 2004, 790 – Gegenabmahnung). Anders ist das bei der Abwehr widerrechtlicher Abnehmerverwarnungen (OLG Düsseldorf BeckRS 2014, 05735 – Bestattungsbehältnis).

943 Da ein berechtigt Abmahnender den Ersatz seiner Aufwendungen nach §§ 683, 670 BGB beanspruchen kann, ist es folgerichtig, zu Gunsten des unberechtigt Abgemahnten § 678 BGB anzuwenden (OLG München BeckRS 2008, 19281 – Gegenabmahnungskosten; OLG Hamburg BeckRS 2003, 00650; LG Köln GRUR-Prax 2017, 163 – Sandalensohle).

944 Schon ein Erwiderungsschreiben des Abgemahnten kann selbst als (auftragslose) Geschäftsführung zum Vorteil und im Interesse des Abmahnenden zur Erstattung der Kosten nach §§ 683, 670 BGB führen, wenn die Abmahnung auf offensichtlich unzutreffenden Annahmen beruhte (BGH GRUR 2004, 790 – Gegenabmahnung; OLG Düsseldorf BeckRS 2015, 3178 – Champagner; Albrecht/Hoffmann Vergütung Rn. 487).

945 Ist die Abmahnung Ausdruck einer vorsätzlich **sittenwidrigen Schädigung,** ist Kostenerstattungs- und Schadensersatzgrundlage der § 826 BGB, der als quasi-negatorischen Ausfluss einen Unterlassungsanspruch umfasst. Entsprechende Gegenansprüche können sich in derartigen Konstellationen zudem aus dem **Recht des unlauteren Wettbewerbs** ergeben.

946 Bei Abnehmerabmahnungen kommen auch § 824 BGB und § 3 UWG iVm § 4 Nr. 2 UWG iVm § 8 UWG in Frage. Hierbei ist allerdings die stark restriktive Haltung der Gerichte in Bezug auf die Abgrenzung zwischen bloßer Meinungsäußerung und Tatsachenbehauptung zu berücksichtigen. Nur im Ausnahmefall wird der mit der unberechtigten Abmahnung einhergehenden Rechtsberührung eine Tatsachenbehauptung immanent sein (BGH GRUR 1968, 49 – Zentralschloßanlagen).

947 Wer einer Abmahnung durch eine vorbeugende Unterlassungserklärung zuvorkommt, hat dem Empfänger die bei diesem für die Prüfung der Erklärung durch dessen Anwalt entstandene Geschäftsgebühr nicht zu erstatten (BGH NJW 2013, 2760 – vorbeugende Unterwerfungserklärung).

948 **b) Kosten der Schutzschrift.** Bei Durchführung des Einstweiligen Verfügungsverfahrens und entsprechender Kostenentscheidung sind die Kosten der Schutzschrift erstattungsfähig (BGH GRUR 2007, 727 – Kosten der Schutzschrift II), unabhängig davon, ob sie bei der Entscheidung zur Kenntnis genommen wurden (OLG Hamburg BeckRS 2016, 15057).

949 Ansonsten können die Kosten der Schutzschrift teilweise als Schadensersatzanspruch nach § 823 BGB geltend gemacht werden (BGH GRUR-Prax 2013, 182 – 18+).

c) Weitere Eingriffsschäden. Zu den nach § 945 Alt. 1 ZPO zu ersetzenden Schäden wegen 950
Vollzug einer ungerechtfertigten einstweiligen Verfügung aber auch zum materiellen Schadensersatzanspruch bei vorläufiger Vollstreckung von Hauptsachentiteln gehören der dem Antragsgegner
aufgrund der Einstellung des Vertriebs **entgangene Gewinn** (§ 252 BGB) ebenso wie die **Kosten
des Rückrufs** (BGH GRUR 2016, 720 – Hot Sox; GRUR 2015, 196 – Nero).

Es handelt sich um eine verschuldensunabhängige Haftung (BGH GRUR 2016, 406 – Piadina- 951
Rückruf).

Zu prüfen ist allerdings, ob der Antragsgegner aus anderen Gründen zur Unterlassung verpflich- 952
tet war, die Vollstreckung also für den Schaden nicht kausal war (BGH GRUR 2017, 730 –
Sierpinski-Dreieck; GRUR 2016, 720 – Hot Sox).

2. Anspruch auf Urteilsveröffentlichung

Im Kanon der Gegenansprüche ist an den auf Grundlage der Enforcement-Richtlinie gesetzü- 953
bergreifend geschaffenen Anspruch auf Urteilsveröffentlichung (§ 19c) zu denken. Durch die
Anknüpfung an den Wortlaut der „obsiegenden Partei" kann die Befugnis der Urteilsbekanntmachung nicht nur dem klagenden Rechteinhaber, sondern auch dem sich erfolgreich verteidigenden
Beklagten, der sich vormals einem Verletzervorwurf ausgesetzt sah, zugesprochen werden (Steigüber GRUR 2011, 295).

§ 14a Waren unter zollamtlicher Überwachung

**(1) Der Inhaber einer Marke oder einer geschäftlichen Bezeichnung ist berechtigt,
Dritten zu untersagen, im geschäftlichen Verkehr Waren in das Gebiet der Bundesrepublik Deutschland zu verbringen, ohne die Waren dort in den zollrechtlich freien Verkehr
zu überführen, wenn die Waren, einschließlich ihrer Verpackung, aus Drittstaaten stammen und ohne Zustimmung eine Marke oder eine geschäftliche Bezeichnung aufweisen,
die mit der für derartige Waren eingetragenen Marke oder geschäftlichen Bezeichnung
identisch ist oder in ihren wesentlichen Aspekten nicht von dieser Marke oder dieser
geschäftlichen Bezeichnung zu unterscheiden ist.**

**(2) Die Berechtigung des Inhabers der Marke oder der geschäftlichen Bezeichnung
nach Absatz 1 erlischt, wenn während eines Verfahrens, das der Feststellung dient, ob
eine eingetragene Marke oder eine geschäftliche Bezeichnung verletzt wurde, und das
gemäß der Verordnung (EU) Nr. 608/2013 des Europäischen Parlaments und des Rates
vom 12. Juni 2013 zur Durchsetzung der Rechte geistigen Eigentums durch die Zollbehörden und zur Aufhebung der Verordnung (EG) Nr. 1383/2003 des Rates (ABl. L 181
vom 29.6.2013, S. 15) eingeleitet wurde, der zollrechtliche Anmelder oder der Besitzer
der Waren nachweist, dass der Inhaber der eingetragenen Marke oder der geschäftlichen
Bezeichnung nicht berechtigt ist, das Inverkehrbringen der Waren im endgültigen
Bestimmungsland zu untersagen.**

Überblick

Die Regelung steht im unmittelbaren Zusammenhang mit den Vorschriften über die Grenzbeschlagnahme (§§ 146 ff.; → § 146 Rn. 1 ff.), insbesondere auf Basis der VO (EU) 608/2013 gemäß
§ 150 (→ § 150 Rn. 1). Parallelvorschrift in der umv ist Art. 9 Abs. 4 UMV (→ UMV Art. 9
Rn. 88 ff.).

Abs. 1 schafft einen eigenständigen Unterlassungsanspruch (→ Rn. 3) konkret für die Fälle
der Durchfuhr, also des **Transits** (→ Rn. 4). Der Anspruch setzt voraus, dass es sich um Waren
aus Drittstaaten handelt (→ Rn. 7), für die ohne Zustimmung des Inhabers (→ Rn. 8) eine mit
einer eingetragenen Marke (→ Rn. 9) oder geschäftlichen Bezeichnung identische oder hochgradig ähnliche Marke oder geschäftliche Bezeichnung verwendet wird.

Abs. 2 ermöglicht dem Durchführenden den Nachweis, dass er die Waren im endgültigen
Bestimmungsland zu Recht Inverkehrbringen darf (→ Rn. 17).

A. Allgemeines

Die Vorschriften zur Grenzbeschlagnahme setzen übereinstimmend voraus, dass eine **Marken-** 1
verletzung oder zumindest der **Verdacht** auf eine Markenverletzung vorliegt.

2   Die Norm sieht einen **eigenständigen Unterlassungsanspruch** des Markeninhabers gegen die Verbringung von markenrechtsverletzenden Waren nach Deutschland vor, und zwar gerade für den Fall, dass diese nicht eingeführt, sondern nur durchgeführt werden. Das betrifft insbesondere den sog. **Transit** (→ Rn. 4), der nicht als Markenverletzung nach § 14 verstanden wird, so dass die eigenständige gesetzliche Regelung in § 14a erforderlich ist, um die Grenzbeschlagnahme zu ermöglichen.

B. Unterlassungsanspruch (Abs. 1)

3   Der Unterlassungsanspruch richtet sich ausdrücklich nur gegen solche Handlungen, bei denen die Waren nicht in den zollrechtlich freien Verkehr verbracht werden (Transit, → Rn. 4) und setzt voraus, dass es sich um Waren aus Drittstaaten (→ Rn. 7) handelt, für die ohne Zustimmung des Inhabers (→ Rn. 8) eine mit einer eingetragenen Marke (→ Rn. 9) oder geschäftlichen Bezeichnung identische oder hochgradig ähnliche Marke oder geschäftliche Bezeichnung verwendet wird.

I. Anwendungsbereich

1. Transit

4   Der Unterlassungsanspruch betrifft ausdrücklich nur den Fall, dass Waren nach Deutschland verbracht werden, **ohne** dabei in den zollrechtlich freien Verkehr überführt zu werden.
5   Die sog. **Überlassung zum zollrechtlich freien Verkehr** ist Voraussetzung dafür, dass nicht aus der Union stammende Waren innerhalb der Union vermarktet werden können (Art. 201 Unionszollkodex). Damit ist die Überlassung zum zollrechtlich freien Verkehr die notwendige Vorstufe zur klassischen Einfuhr, die bereits – jedenfalls im geschäftlichen Verkehr – gemäß § 14 Abs. 3 Nr. 3 untersagt ist.
6   Damit betrifft Abs. 1 konkret den Fall des Transits, bei dem die Waren nur durchgeführt werden, um in das endgültige Bestimmungsland verbracht zu werden.

2. Warenherkunft aus Drittstaaten

7   Der Anwendungsbereich von § 14a Abs. 1 erfasst nur Waren aus Drittstaaten. Der **innergemeinschaftliche** Verkehr ist somit **nicht** erfasst.

3. Kennzeichenverwendung ohne Zustimmung

8   Abs. 1 erfasst nur solche Waren, die ohne Zustimmung des Inhabers gekennzeichnet wurden. Damit sind vom Anwendungsbereich ausgenommen – insbesondere auch **nicht erschöpfte – Originalwaren**.

4. Basis: eingetragene Marke oder geschäftliche Bezeichnung

9   Dem Wortlaut nach gewährt Abs. 1 den Unterlassungsanspruch zwar dem Inhaber **einer** Marke (oder geschäftlichen Bezeichnung), sieht im weiteren allerdings vor, dass die Kennzeichnung der Ware zu einer **eingetragenen** Marke oder geschäftlichen Bezeichnung identisch zu hochgradig ähnlich sein muss. Damit sind vom Anwendungsbereich der Norm Benutzungsmarken und Notorietätsmarken ausgeschlossen.

5. Waren oder deren Verpackung

10   Der Unterlassungsanspruch richtet sich nur gegen die **Verbringung** von Waren oder deren **Verpackung**. Dienstleistungen sind damit ausgenommen, können aber ohnehin nicht verbracht werden (→ Rn. 14), was auch im Hinblick auf den Zweck der Norm zur Verbesserung der Möglichkeiten der Grenzbeschlagnahme Sinn macht, die sich ebenfalls nur auf körperliche Gegenstände beziehen kann. Nähere Bedeutung hat die Einbeziehung der Verpackung, nicht aber im Hinblick auf den Anwendungsbereich, sondern im Hinblick auf die Verletzungshandlung (→ Rn. 14 ff.).

6. Vergleich des Anwendungsbereichs zu §§ 146–148

Da § 14a ganz konkret geschaffen wurde, um eine Grenzbeschlagnahme im Transit zu **11** ermöglichen, ist sein Anwendungsbereich mit den Anwendungsbereichen der beiden Grenzbeschlagnahmeverfahren (§§ 146–148 einerseits und § 150 iVm VO (EU) 608/2013 andererseits) abzugleichen.

Der Anwendungsbereich von §§ 146–148 erfasst zum einen den **innergemeinschaftlichen** **12** **Verkehr,** der jedoch nicht in den Anwendungsbereich des § 14a Abs. 1 fällt, der nur Waren aus Drittstaaten betrifft. Weiter im Anwendungsbereich von §§ 146–148 sind **nicht-erschöpfte** **Originalprodukte,** allerdings setzt § 14a voraus, dass die verwendete Marke ohne Zustimmung des Inhabers angebracht wurde, was (auch bei Nicht-erschöpften) Originalprodukten nicht der Fall ist. Ferner finden §§ 146–148 Anwendung auf Ansprüche aus **Benutzungsmarken,** die jedoch nicht als Grundlage für Ansprüche nach § 14a Abs. 1 dienen können, der Identität bzw. hochgradige Ähnlichkeit zu einer eingetragenen Marke erfordert (→ Rn. 15). Schließlich erfassen §§ 146–148 Ansprüche aus **Werktiteln.** Da als Grundlage für § 14a sämtliche geschäftlichen Bezeichnungen dienen können, besteht insoweit die – einzige – Überschneidung im Anwendungsbereich von § 14a und §§ 146–148 (und auch hier spricht der Zuschnitt der Exkulpationsmöglichkeit nach Abs. 2 gegen eine Anwendbarkeit von § 14a im Rahmen von §§ 146–148. Abgesehen hiervon erweitert § 14a nicht die Möglichkeiten einer Grenzbeschlagnahme nach §§ 146–148.

Die maßgebliche Funktion von § 14a ist es, die Möglichkeiten der Grenzbeschlagnahme auf **13** der Grundlage von § 150 iVm VO (EU) 608/2013 zu erweitern.

II. Verletzungshandlung

1. Verbringen der Ware

Es genügt jedes Verbringen der Ware, dh jede Handlung, die zur Folge hat, dass die Ware sich **14** körperlich in Deutschland befindet. Sofern die Ware allerdings zum zollrechtlich freien Verkehr überlassen wird, endet der Anwendungsbereich von Abs. 1.

2. Identisches Zeichen oder hohe Zeichenähnlichkeit

Die Ware oder ihre Verpackung muss ein Kennzeichen aufweisen, das mit einem Kennzeichen **15** des Inhabers (im Fall von Marken: nur eingetragene Marken kommen in Betracht) identisch oder hochgradig ähnlich ist. Die Definition „identisch ist oder in ihren wesentlichen Aspekten nicht von dieser Marke oder dieser geschäftlichen Bezeichnung zu unterscheiden" entspricht derjenigen von „nachgeahmten Waren" (counterfeit trademark goods) in Fn. 14 zu Art. 51 TRIPS sowie Art. 2 Nr. 5 lit. a VO (EU) 608/2013 (→ § 150 Rn. 64).

III. Rechtsfolge und Durchsetzung

Abs. 1 gewährt einen Unterlassungsanspruch gegen das Verbringen der Ware nach Deutschland. **16** Diese Rechtsfolge kann selbstverständlich auch durch ein zivilgerichtliches Verfahren auf Unterlassung durchgesetzt werden. Intendierter Hauptanwendungsfall ist allerdings die Durchsetzung im Wege der Grenzbeschlagnahme. Dabei wird die Ware dann zunächst einmal festgehalten, was das eigentlich zu unterlassende „Verbringen" dann erst einmal verlängert. Zum (fehlenden) Vernichtungsanspruch → Rn. 16.1.

Abs. 1 gewährt hingegen **keinen Vernichtungsanspruch,** was für eine Grenzbeschlagnahme nach **16.1** §§ 146–148 erforderlich wäre.

C. Exkulpationsmöglichkeit (Abs. 2)

Der Unterlassungsanspruch nach Abs. 1 geht insofern zu weit, als dass er sich auch gegen die **17** Durchführung solcher Waren wendet, die in ihrem endgültigen Bestimmungsland durchaus **in zulässiger Weise in Verkehr gebracht werden** dürften. Dies ist damit gerechtfertigt, dass Abs. 1 in erster Linie Piratereiware erfassen soll, die in den wenigsten Ländern zulässigerweise in Verkehr gebracht werden darf. Für die gleichwohl denkbaren Ausnahmefälle besteht die Exkulpationsmöglichkeit nach Abs. 2.

18   Die Exkulpationsmöglichkeit setzt voraus, dass der zollrechtliche Anmelder, der Besitzer der Waren ein **Verfahren zur Feststellung der Rechtsverletzung** einleitet und in diesem nachweist, dass der Kennzeicheninhaber ihm nicht untersagen kann, die Ware im endgültigen Bestimmungsland in Verkehr zu bringen.

§ 15 Ausschließliches Recht des Inhabers einer geschäftlichen Bezeichnung; Unterlassungsanspruch; Schadensersatzanspruch

(1) Der Erwerb des Schutzes einer geschäftlichen Bezeichnung gewährt ihrem Inhaber ein ausschließliches Recht.

(2) Dritten ist es untersagt, die geschäftliche Bezeichnung oder ein ähnliches Zeichen im geschäftlichen Verkehr unbefugt in einer Weise zu benutzen, die geeignet ist, Verwechslungen mit der geschützten Bezeichnung hervorzurufen.

(3) Handelt es sich bei der geschäftlichen Bezeichnung um eine im Inland bekannte geschäftliche Bezeichnung, so ist es Dritten ferner untersagt, die geschäftliche Bezeichnung oder ein ähnliches Zeichen im geschäftlichen Verkehr zu benutzen, wenn keine Gefahr von Verwechslungen im Sinne des Absatzes 2 besteht, soweit die Benutzung des Zeichens die Unterscheidungskraft oder die Wertschätzung der geschäftlichen Bezeichnung ohne rechtfertigenden Grund in unlauterer Weise ausnutzt oder beeinträchtigt.

(4) [1]Wer eine geschäftliche Bezeichnung oder ein ähnliches Zeichen entgegen Absatz 2 oder Absatz 3 benutzt, kann von dem Inhaber der geschäftlichen Bezeichnung bei Wiederholungsgefahr auf Unterlassung in Anspruch genommen werden. [2]Der Anspruch besteht auch dann, wenn eine Zuwiderhandlung droht.

(5) [1]Wer die Verletzungshandlung vorsätzlich oder fahrlässig begeht, ist dem Inhaber der geschäftlichen Bezeichnung zum Ersatz des daraus entstandenen Schadens verpflichtet. [2]§ 14 Abs. 6 Satz 2 und 3 gilt entsprechend.

(6) § 14 Abs. 7 ist entsprechend anzuwenden.

Überblick

Eine Verletzung iSd § 15 liegt vor, wenn der Anspruchsgegner (→ § 15 Rn. 2) unbefugt (→ § 15 Rn. 4) im räumlichen Schutzbereich des Kennzeichens (→ § 15 Rn. 10) im geschäftlichen Verkehr (→ § 15 Rn. 15) eine der in Abs. 2 (→ § 15 Rn. 31 ff.) oder Abs. 3 (→ § 15 Rn. 61 ff.) genannten Handlungen vorgenommen hat.

Ungeachtet der gemeinsamen Regelung sind die Tatbestandsvoraussetzungen für Unternehmenskennzeichen und Werktitel gesondert zu betrachten. Dies gilt für die tatbestandsmäßige Benutzung (Unternehmenskennzeichen: → § 15 Rn. 20); Werktitel: → § 15 Rn. 26); Verwechslungsgefahr iSd Abs. 2 (Unternehmenskennzeichen: → § 15 Rn. 31 ff.; Werktitel: → § 15 Rn. 46 ff.) sowie den erweiterten Schutz bekannter geschäftlicher Bezeichnungen iSd Abs. 3 (Unternehmenskennzeichen: → § 15 Rn. 61 f.; Werktitel: → § 15 Rn. 64 ff.).

Sowohl beim Tatbestand der Verwechslungsgefahr wie beim Bekanntheitsschutz bestehen inhaltliche Parallelen zum Markenschutz gemäß § 14. Die entsprechenden Kommentierungen können daher ergänzend herangezogen werden, wobei die Besonderheiten geschäftlicher Bezeichnungen zu beachten sind. Solche Besonderheiten gelten etwa für die Ähnlichkeitsprüfung mehrteiliger Unternehmenskennzeichen (→ § 15 Rn. 38 ff.). Zu beachten ist, dass bei Unternehmenskennzeichen an die Stelle der Waren und Dienstleistungsähnlichkeit die Branchennähe (→ § 15 Rn. 44 ff.) und bei Werktiteln die Werknähe (→ § 15 Rn. 56 ff.) tritt. Bei Werktiteln liegt ein Unterschied zum sonstigen Kennzeichenschutz ferner darin, dass sie jedenfalls grundsätzlich nur der Identifizierung des Werkes, und nicht der Herkunftskennzeichnung dienen; sie sind daher nur gegen eine unmittelbare Verwechslungsgefahr geschützt (→ § 15 Rn. 48; zu Ausnahmen → § 15 Rn. 50 f.).

Zu den Unterlassungs- und Schadensersatzansprüchen (→ § 15 Rn. 68), die denen nach § 14 entsprechen (s. dort), tritt bei Unternehmenskennzeichen der Anspruch auf Löschung im Handelsregister hinzu (→ § 15 Rn. 70).

Abschnitt 5 erörtert die Rechtsnatur von Domainnamen (→ § 15 Rn. 74 ff.), die Begründung von Kennzeichenrechten durch Domainnamen (→ § 15 Rn. 78 ff.) sowie die Verletzung von Kennzeichen- und/oder Namensrechten durch Domainnamen (→ § 15 Rn. 89 ff.; → § 15 Rn. 129 ff.).

Übersicht

A. Rechtsverletzende Benutzung

I. Allgemeines

Ansprüche aus § 15 setzen eine in § 15 Abs. 2, 3 genannte Verletzungshandlung voraus, also **1** das unbefugte Verhalten eines Dritten im geschäftlichen Verkehr, das den räumlichen Schutzbereich des verletzten Schutzrechts betrifft und die Benutzung eines identischen oder ähnlichen Zeichens darstellt, ohne dass sich dieser Dritte auf eigene prioritätsältere Rechte berufen kann.

II. Dritter im Sinne der Norm

Wie auch bei § 14 (→ § 14 Rn. 19 ff.) können Ansprüche aus § 15 nur gegen „Dritte" geltend **2** gemacht werden, also gegen Personen, die nicht Inhaber des dem Anspruch zugrunde liegenden Kennzeichenrechts sind (vgl. Ingerl/Rohnke/Nordemann/Bröcker Rn. 16).

Die Einordnung als Dritter ist insbesondere dann von Bedeutung, wenn nach den Umständen **3** des jeweiligen Einzelfalls mehrere Inhaber des in Anspruch genommenen Rechts in Betracht kommen. Wie auch bei § 14 (→ § 14 Rn. 22 zum Fall der Mitinhaberschaft bei Marken) können Mitinhaber eines Zeichens untereinander keine Ansprüche aus § 15 geltend machen. In Betracht kommen dann allenfalls vertragliche Ansprüche. Für den Anspruchssteller wird in solchen Fällen daher ein wesentliches Argument sein, dass der in Anspruch Genommene tatsächlich nicht (Mit-)Inhaber entsprechender Rechte sei.

III. Unbefugt

Unbefugt ist eine Benutzungshandlung – unabhängig von den gesondert zu prüfenden gesetzlichen Ausnahmetatbeständen der §§ 23, 24 – dann, wenn sie ohne Zustimmung des Kennzeichenrechtsinhabers erfolgt. **4**

5   Eine Zustimmung des Rechtsinhabers wird regelmäßig vertraglicher Natur sein (zu den Anforderungen an die Zustimmung → § 14 Rn. 23 ff.).

6   Häufig kann sich die Frage stellen, wie lange von dem **Fortbestand** einer unstreitig erteilten Gestattung auszugehen ist. Nach der höchstrichterlichen Rechtsprechung soll etwa eine schuldrechtliche Gestattung der Verwendung einer Geschäftsbezeichnung, die auf Grund einer Zusammenarbeit der Unternehmen erteilt wurde, nach Beendigung dieser Zusammenarbeit erfahrungsgemäß nicht ohne weiteres erhalten bleiben (BGH GRUR 2001, 1164 (1166) – buendgens). Zwar kann die Firmenführungsberechtigung über das Ende einer Geschäftsbeziehung hinaus fortdauern. Voraussetzung hierfür ist jedoch ein entsprechender Wille beider Vertragsparteien. Ein Indiz kann in diesem Zusammenhang sein, dass die Partner der Geschäftsbeziehung deren Ende als Möglichkeit gesehen, gleichwohl aber für diesen Fall kein Ende der Namensführungsgestattung vereinbart haben (OLG München GRUR-RR 2007, 211 (213) – Kloster Andechs). Es kommt also (wie bei der Gestattung zur Nutzung einer Marke; → § 14 Rn. 23 ff.) auf die jeweiligen Umstände des Einzelfalls an.

7   Gleiches gilt auch für die Frage der **Kündbarkeit** einer solchen Gestattung. Eine außerordentliche Kündigung ist im Regelfall ohne weiteres möglich, wenn die Gestattung lediglich Bestandteil einer – ebenfalls ohne weiteres – kündbaren Geschäftsbeziehung ist. Wenn die Gestattung Bestandteil einer auf Dauer angelegten Abgrenzungsvereinbarung ist, muss hingegen davon ausgegangen werden, dass eine Kündigung nicht ohne weiteres möglich ist

IV. Ohne eigene ältere Rechte

8   Wie bei markenrechtlichen Ansprüchen kommt ein Anspruch aus § 15 nicht in Betracht, wenn sich der in Anspruch genommene Zeichenverwender auf eigene oder – in Ausnahmefällen – auch fremde Gegenrechte berufen kann. Da insoweit keine Unterschiede zu den markenrechtlichen Ansprüchen im engeren Sinne bestehen, wird auf die dortigen Ausführungen verwiesen (→ § 14 Rn. 32 ff.).

9   Bei Gleichnamigkeit kommt eine Koexistenz in Betracht. Die Einzelheiten richten sich, wenn sich die Ansprüche gegen natürliche Personen richten, nach § 23 Nr. 1 (→ § 23 Rn. 11) und im Übrigen nach den vom BGH entwickelten Grundsätzen zum Recht der Gleichnamigen (→ § 23 Rn. 15).

V. Im räumlichen Schutzbereich des Kennzeichens

10   Voraussetzung des Anspruchs nach § 15 ist ferner, dass das Kennzeichen in seinem räumlichen Schutzbereich betroffen ist.

11   Diese Tatbestandsvoraussetzung ist vor allem im Zusammenhang mit der Frage bedeutend, ob die Verletzungshandlung lediglich Auslands- oder (zumindest auch) Inlandsbezug hat. Dies kann vor allem bei Verletzungshandlungen, die über das Internet erfolgen, problematisch sein. Insoweit wird auf die Kommentierung zu markenrechtlichen Ansprüchen verwiesen (→ § 14 Rn. 50 ff.).

12   Ferner beanspruchen Unternehmenskennzeichenrechte und regional begrenzte Werktitelrechte nicht zwingend landesweiten Schutz. Vielmehr kann diesen **unter Umständen eine rein regionale** Bedeutung und damit ein deutlich begrenzter räumlicher Schutzbereich zukommen. Es sind bei der Prüfung des § 15 daher zunächst der Schutzbereichs selbst (→ § 5 Rn. 9 ff.) und dann die räumlichen Auswirkungen der konkreten Verletzungshandlung festzustellen.

13   Bei sich gegenüberstehenden Zeichen, die jeweils nur einen räumlich begrenzten Schutz beanspruchen können, kommt eine Koexistenz in Betracht, solange sich der räumliche Geltungsbereich dieser Zeichen nicht überschneidet. Dehnt sich jedoch der Schutzbereich des einen Zeichens in den räumlichen Schutzbereich des anderen aus, können aus dem älteren Recht **insoweit** Verbietungsrechte geltend gemacht werden. In der Praxis kann vor allem die Beurteilung problematisch sein, ob eine solche, rechtlich relevante Ausdehnung vorliegt, insbesondere wenn diese aus der Veröffentlichung eines Internetauftritts resultieren soll. Nach der Rechtsprechung des BGH soll alleine die bundesweise Abrufmöglichkeit des Internetauftritts eines regional ausgerichteten Unternehmens nicht ausreichen, um von einer Ausdehnung der Geschäftstätigkeit ausgehen zu können (BGH GRUR 2006, 159 Rn. 18 – hufeland.de). Etwas anderes gilt aber, wenn der neue Internetauftritt zugleich einen Internetshop bereithält, da darin eine räumliche Erweiterung der geschäftlichen Ausrichtung zu sehen ist. Wenn sich aus dem Internetauftritt nicht ohne weiteres die regionale Ausrichtung des Unternehmens ergibt, kann die Veröffentlichung des Internetauftritts trotz regionaler Ausrichtung eine rechtlich relevante Ausdehnung darstellen (BGH GRUR 2010, 738 Rn. 25 – Peek & Cloppenburg I, zur Störung der Gleichgewichtslage im Rahmen des § 23 Nr. 1 aF).

Umstritten ist, ob und inwieweit aus einem älteren Kennzeichenrecht mit regional begrenztem **14** Schutzbereich Ansprüche gegen ein jüngeres Kennzeichenrecht mit bundesweiter Ausrichtung geltend gemacht werden können. Es kommen hier allenfalls räumlich begrenzte Unterlassungsansprüche in Betracht, wobei sich hier insbesondere die Frage stellt, wie der Umfang dieser Ansprüche konkret zu bestimmen ist. Nach einer älteren Rechtsprechung des BGH wurde im Rahmen einer **Interessenabwägung** auf den Grad der Verwechslungsgefahr und die Auswirkungen eines räumlich beschränkten Verbots auf den Geschäftsbetrieb des in größeren räumlichen Umfang tätigen Unternehmens abgestellt (BGH GRUR 1991, 155 – Rialto). Dies hatte zur Folge, dass dem Inhaber des älteren Kennzeichenrechts nicht in jedem Fall ein räumlich beschränktes Abwehrrecht zugestanden wurde. Ob diese Grundsätze heute noch Anwendung finden können, ist – insbesondere vor dem Hintergrund, dass der Inhaber eines räumlich eingeschränkten Rechts sogar der Benutzung einer Unionsmarke entgegentreten kann – fraglich (Ströbele/Hacker/Thiering/Hacker Rn. 13). Dies würde zu einer nicht zu rechtfertigenden Privilegierung bundesweiter Geschäftstätigkeit gegenüber geographisch beschränkt tätigen Unternehmen führen (Ingerl/Rohnke/Nordemann/Bröcker Rn. 25). Vielmehr wird man daher allenfalls in den Fällen, in denen es sich bei der Verletzungshandlung lediglich um Begleiterscheinungen einer im übrigen Bundesgebiet zulässigen Benutzungshandlung handelt, die technisch nur mit unverhältnismäßig großem Aufwand verhindert werden kann, – unter entsprechender Anwendung der Grundsätze der OSCAR-Entscheidung (BGH GRUR 2012, 621 Rn. 36 – OSCAR) – ein räumlich eingeschränktes Abwehrrecht verneinen können. Folglich wäre ein bundesweiter Fernsehwerbeauftritt eines Unternehmens mit bundesweiter Ausrichtung auch in denjenigen Regionen nicht zu beanstanden, in denen sich ein Unternehmen mit lediglich regionalem Schutz auf ein älteres Unternehmenskennzeichenrecht beruft. Die Eröffnung einer Filiale in dieser Region durch das jüngere, bundesweit auftretende Unternehmen würde hingegen einen Verstoß gegen das ältere, regional beschränkte Unternehmenskennzeichen darstellen.

VI. Im geschäftlichen Verkehr

Ansprüche aus Unternehmenskennzeichen und Werktiteln setzen – wie Ansprüche aus Marken- **15** rechten – eine Handlung des Verwenders des Kollisionszeichens im geschäftlichen Verkehr voraus. Ist dies nicht der Fall, kommen allenfalls namensrechtliche Ansprüche aus § 12 BGB in Betracht, die im **Anwendungsbereich** des Kennzeichenrechts von diesem verdrängt werden (vgl. zB BGH GRUR 2009, 685 Rn. 32 – ahd.de; zu den Besonderheiten im Domainrecht → § 15 Rn. 129 ff.). Zu den Kriterien für die Beurteilung des Handelns im geschäftlichen Verkehr → § 14 Rn. 64 ff. **16**

VII. Benutzung iSv § 15

Bei dem Begriff der Benutzung iSd § 15 ist grundsätzlich zwischen den beiden verschiedenen **17** Kennzeichenarten, die in § 15 geregelt sind, nämlich dem Unternehmenskennzeichen einerseits und dem Werktitel andererseits, zu unterscheiden.

Im Rahmen der Prüfung der Benutzung des Unternehmenskennzeichens oder des Werktitels **18** wird bei der Funktionsbeeinträchtigung nicht nach Zeichenidentität oder Zeichenähnlichkeit differenziert (im Gegensatz hierzu → § 14 Rn. 128 ff.). Denn § 15 Abs. 2 unterscheidet nicht zwischen identischer und ähnlicher Zeichenverwendung, sondern fordert eine Benutzung, die geeignet ist, Verwechslungen hervorzurufen (skeptisch Ingerl/Rohnke/Nordemann/Bröcker Rn. 30).

Soweit es um den Schutz eines bekannten Zeichens iSv § 15 Abs. 3 geht, ist – ebenso wie bei **19** bekannten Marken – die Einbeziehung solcher Benutzungsformen geboten, die eine gedankliche Verknüpfung mit dem bekannten Zeichen hervorrufen, auch wenn darin noch keine klassische kennzeichenmäßige Benutzung zu sehen ist (so auch Ingerl/Rohnke/Nordemann/Bröcker Rn. 30; Ströbele/Hacker/Thiering/Hacker Rn. 22; OLG Köln GRUR-RR 2015, 292 (296) – Ich bin dann mal weg; → § 14 Rn. 548).

1. Benutzung des Unternehmenskennzeichens

Eine Verletzung iSv § 15 Abs. 2 (zu § 15 Abs. 3 → Rn. 26) setzt voraus, dass das Kollisionszei- **20** chen **kennzeichenmäßig,** also als individualisierendes Unternehmenskennzeichen verwendet wird.

Eine rein titelmäßige Verwendung genügt hingegen nicht, da der Titel grundsätzlich nur der **21** Unterscheidung von Werken dient und daher keine herkunftshinweisende Funktion hat. Nur in den Fällen, in denen dem Werktitel eine darüber hinausgehende Wirkung zukommt, kommt dessen Nutzung als unternehmenskennzeichenverletzende Verwendung in Betracht (→ § 14 Rn. 98 ff.).

22   Ob das Kollisionszeichen seinerseits als Unternehmenskennzeichen oder als Produktkennzeichen aufgefasst wird, ist unerheblich, denn auch die produktkennzeichnende Verwendung wird vom Schutz des § 15 Abs. 2 erfasst (BGH GRUR 2016, 201 Rn. 65 – Ecosoil; GRUR 2016, 965 Rn. 32 – Baumann II; GRUR 2013, 1150 Rn. 40 – Baumann; GRUR 2012, 635 Rn. 11 – METRO/ROLLER's Metro; GRUR 2005, 871 (872) – Seicom). Die Céline-Rechtsprechung des EuGH, wonach ein rein firmenmäßiger Gebrauch keine markenmäßige Benutzung darstellen kann (EuGH C-17/06, GRUR 2007, 971 – Céline; ergänzend → § 14 Rn. 93 ff.), ist auf den umgekehrten Fall nicht anwendbar (ausdrücklich BGH GRUR 2011, 623 Rn. 44 – Peek & Cloppenburg II). Allerdings kann es im Rahmen der **Verwechslungsgefahr** (klargestellt in BGH GRUR 2012, 635 Rn. 38 – METRO/ROLLER's Metro; weniger differenzierend noch BGH GRUR 2005, 871 (872) – Seicom) von Bedeutung sein, ob lediglich eine produktbezogene Verwendung vorliegt. Eine Verwechslungsgefahr kann nämlich unter Umständen **ausnahmsweise** zu verneinen sein, wenn durch besondere Umstände **ausgeschlossen** ist, dass die angesprochenen Verkehrskreise in der verwendeten Form der Geschäftsbezeichnung (auch) einen Hinweis auf die betriebliche Herkunft der Ware oder Dienstleistung sehen. Es erscheint sinnvoll, dies erst im Rahmen der Verwechslungsgefahr zu prüfen und nicht bereits bei der kennzeichenmäßigen Verwendung (so wohl Ingerl/Rohnke/Nordemann/Bröcker Rn. 32 unter Bezugnahme auf BGH GRUR 2005, 871 (872) – Seicom), da in diesem Zusammenhang auch der Einfluss der Kennzeichnungskraft sowie der Ähnlichkeitsgrad hinreichend berücksichtigt werden können.

23   Für die Bejahung einer kennzeichenmäßigen Benutzung iSv § 15 genügt es, dass der Verkehr in dem Kollisionszeichen ein reines Unternehmenskennzeichen (wieder)erkennt. Im Übrigen wird auf die Kommentierung zur markenmäßigen Benutzung (→ § 14 Rn. 92 ff.) verwiesen.

24   Im Gegensatz zum Fall der Anmeldung eines Kollisionszeichens als Marke, die lediglich eine Erstbegehungsgefahr begründet (→ § 14 Rn. 88 ff.; BGH GRUR 2008, 912 Rn. 28 – Metrosex), handelt es sich bei der Anmeldung einer Firma zum Handelsregister bereits um einen firmenmäßigen Gebrauch und daher (bei Vorliegen der übrigen Voraussetzungen) um eine Verletzungshandlung (BGH GRUR 2008, 912 Rn. 28 – Metrosex), da der Anmelder hiermit bereits kundtut, dass sein Unternehmen diese Bezeichnung führt.

25   Diese Unterscheidung hat vor allem Auswirkungen auf die Möglichkeiten, die dem Verletzer zur Verfügung stehen, um die Begehungsgefahr zu beseitigen: im Gegensatz zum Markenanmelder, bei dem es – sofern nicht weitere Umstände hinzutreten – bereits ausreichen kann, dass dieser die Anmeldegebühr nicht einbezahlt (so BGH GRUR 2010, 838 Rn. 30 – DDR-Logo), genügt nach Anmeldung einer Firma zum Handelsregister nicht einmal deren Löschung, solange keine strafbewehrte Unterlassungserklärung abgegeben wurde. Denn die durch eine Verletzung begründete Wiederholungsgefahr entfällt nicht, solange nicht jede Wahrscheinlichkeit für eine Wiederaufnahme ähnlicher Tätigkeiten durch den Verletzer beseitigt wurde (BGH GRUR 2008, 702 Rn. 56 – Internetversteigerung III).

2. Benutzung des Werktitels

26   Im Hinblick darauf, dass Werktitel grundsätzlich der Unterscheidung von Werken dienen und **in der Regel** keinen Herkunftshinweis enthalten (BGH GRUR 2005, 264 (265) – Das Telefon-Sparbuch), genügt für die Verletzung eines Werktitels nicht ohne weiteres, dass das Kollisionszeichen kennzeichenmäßig verwendet wird. Für einen Eingriff in den Schutzbereich des betroffenen Werktitels ist vielmehr in der Regel eine **titelmäßige Verwendung** erforderlich (BGH GRUR 2010, 642 Rn. 37 – WM-Marken; zu möglichen Ausnahmefällen → Rn. 27). Deshalb ist es in der Regel nicht möglich, aus einem Werktitel gegen eine Markenanmeldung vorzugehen (OLG München GRUR-RR 2009, 307 (309) – Der Seewolf; aA Ingerl/Rohnke/Nordemann/J.B. Nordemann Rn. 144; zu möglichen Ausnahmen → Rn. 27). Die Gegenauffassung, nach der auch aufgrund der Anmeldung einer Marke für werkidentische Produkte oder deren Herstellung/Herausgabe „ohne weiteres" Unterlassungsansprüche aus einem Werktitel bestehen sollen, negiert die Sonderstellung, die der Werktitel unter den Kennzeichenrechten einnimmt, und die Tatsache, dass einerseits sogar nahezu beschreibenden Begriffen eine hinreichende, für die Eigenschaft als Werktitel erforderliche Unterscheidungskraft zukommen kann, andererseits aber im Regelfall einem Buch-, Lied- oder Filmtitel keine herkunftshinweisende Wirkung zu entnehmen ist (→ § 14 Rn. 101).

27   Nur dann, wenn sich der Werktitel zugleich auch zu einem Hinweis auf die Herkunft des gekennzeichneten Produkts aus einem Unternehmen entwickelt hat (zB bei periodisch erscheinen-

den Zeitschriften, OLG München GRUR-RR 2011, 466 – Moulin Rouge Story I, oder wenn der Werktitel zugleich als Domain verwendet wird, BGH GRUR 2016, 1300 Rn. 35, 41 – Kinderstube), kann eine kennzeichenmäßige Verwendung im herkömmlichen Sinne titelverletzend sein (BGH GRUR 2010, 642 Rn. 37 – WM-Marken; GRUR 2016, 1300 Rn. 22 – Kinderstube). Bei periodisch erscheinenden Zeitschriften oder Fernsehserien soll hierfür jedoch eine erhöhte Bekanntheit des Titels erforderlich sein (BGH GRUR 1994, 908 (910) – Wir im Südwesten; GRUR 2016, 1300 Rn. 22 f. – Kinderstube; Ströbele/Hacker/Thiering/Hacker Rn. 27; → § 14 Rn. 98 ff.; → § 15 Rn. 50 ff.).

Die Abgrenzung zwischen einer titelmäßigen und einer **beschreibenden Bezeichnung** fällt **28** häufig zugunsten des Titelschutzes aus, denn bei Werktiteln ist der Verkehr daran gewöhnt, dass gerade auch beschreibende Angaben zur Kennzeichnung eines Werks verwendet werden (BGH GRUR 2003, 440 (441) – Winnetous Rückkehr).

Besondere Bedeutung kann im Einzelfall der Frage zukommen, aus welchen **Kennzeichnungs-** **29** **bestandteilen** der benutzte Werktitel besteht (zur Beurteilung von Kombinationszeichen in Bezug auf eine markenmäßige Verwendung → § 14 Rn. 182 ff.). Es wird sich nicht selten die Frage stellen, ob der Verkehr in der ihm entgegentretenden Zeichenkombination einen einheitlichen Titel oder aber voneinander getrennt zu betrachtende, eigenständige Titel sieht. In Betracht kommt dies insbesondere bei **Reihentiteln** (vgl. zB OLG München BeckRS 2010, 21651 – Die drei ??? – Das Geheimnis der Geisterinsel) oder **Rubrikentiteln** (vgl. zB OLG München GRUR-RR 2008, 402 – Leichter Leben; OLG Hamburg GRUR-RR 2009, 309 – agenda; LG München I GRUR-RR 2010, 334 – AGENDA II; zum Titelschutz einer Kolumnenbezeichnung BGH GRUR 2012, 1265 – Stimmt's?).

Die **Titelschutzanzeige** ist noch keine Benutzung eines Titels (in Übereinstimmung mit der **30** Rechtsprechung zur Entstehung von Titelschutzrechten, die eine weitgehende Fertigstellung des Werks fordert, BGH GRUR 2009, 1055 Rn. 41 – airdsl), begründet aber eine Erstbegehungsgefahr (zB OLG München GRUR-RR 2009, 307 – Der Seewolf).

B. Verwechslungsgefahr (und Identität)

I. Schutz des Unternehmenskennzeichens gegen Verwechslungsgefahr

1. Allgemeines

§ 15 Abs. 2 gewährt Unternehmenskennzeichen Schutz gegen Verwechslungsgefahr und ent- **31** spricht damit dem § 14 Abs. 2 Nr. 2 für Marken. Anders als im Markenrecht mit dem Tatbestand des § 14 Abs. 2 Nr. 1 ist die Doppelidentität, dh die Benutzung eines identischen Unternehmenskennzeichens in derselben Branche, nicht gesondert geregelt, sondern von dem Verwechslungstatbestand umfasst.

a) Begriff der Verwechslungsgefahr. Der BGH hatte bereits kurz nach Inkrafttreten des **32** MarkenG die Ansicht vertreten, dass es **keinen einheitlichen Begriff der Verwechslungsgefahr** bei Marken und Unternehmenskennzeichen geben würde (BGH GRUR 1995, 825 (827) – Torres). Trotz relativierender Entscheidungen des BGH in der Folgezeit und dem Wunsch vieler Stimmen in der Literatur nach einer einheitlichen Auslegung im Lichte des Grundsatzes der Einheitlichkeit der Kennzeichenrechte wird man von keinem einheitlichen Begriffsverständnis ausgehen können (vgl. ausführlich Goldmann Unternehmenskennzeichen § 13 Rn. 78–82; Ingerl/Rohnke/Nordemann/Bröcker Rn. 45 mwN). Unabhängig davon ist es unstrittig, dass es viele Parallelen, Berührungspunkte und Überschneidungen bei den beiden Kennzeichenarten gibt. Der Begriff der Verwechslungsgefahr ist daher im Unternehmenskennzeichenrecht ähnlich aufgebaut wie im Markenrecht. Genauso unstrittig ist es aber auch, dass es einige Unterschiede gibt, die durch die unterschiedliche Art der Kennzeichen bestimmt sind.

Die **Kriterien für das Vorliegen einer Verwechslungsgefahr** werden in § 15 Abs. 2 mit **33** Ausnahme der Zeichenähnlichkeit nicht näher aufgeführt. Nach stetiger Rechtsprechung kommt es unter Berücksichtigung aller maßgeblichen Umstände des Einzelfalls vornehmlich auf die Ähnlichkeit der sich gegenüberstehenden Bezeichnungen, die Kennzeichnungskraft der älteren Kennzeichens sowie die wirtschaftliche Nähe der Unternehmensbereiche an (BGH GRUR 2010, 738 Rn. 22 – Peek & Cloppenburg; GRUR 2009, 685 Rn. 24 – ahd.de; GRUR 2008, 803 Rn. 17 – HEITEC; GRUR 2008, 1102 Rn. 15 – Haus & Grund I; GRUR 2007, 888 Rn. 15 – Euro Telekom; GRUR 2005, 61 – CompuNet/ComNet II). Wie beim markenrechtlichen Begriff der Verwechslungsgefahr im Rahmen des § 14 Abs. 2 Nr. 2 stehen auch hier die genannten Faktoren zueinander in einem **Wechselwirkungsverhältnis** dergestalt, dass „ein Weniger in einem Bereich durch ein Mehr in einem anderen Bereich kompensiert werden kann und umgekehrt" (Ströbele/ Hacker/Thiering/Hacker Rn. 40). Dabei gibt es eine absolute Branchenunähnlichkeit, die auch bei einer Identität der sich gegenüberstehenden Bezeichnungen und einer erhöhten Kennzeichnungskraft des älteren Zeichens nicht ausgeglichen werden kann (vgl. BGH GRUR 2011, 831 Rn. 23 – BCC). Dasselbe gilt bei einer absoluten Zeichenunähnlichkeit. Liegt diese vor, so scheidet eine Verwechslungsgefahr aus (zu Marken → § 14 Rn. 277).

34   **b) Arten der Verwechslungsgefahr.** Wie im Markenrecht (→ § 14 Rn. 279) wird auch im Unternehmenskennzeichenrecht zwischen **drei Arten von Verwechslungsgefahr** unterschieden: Neben der unmittelbaren Verwechslungsgefahr existiert die mittelbare Verwechslungsgefahr sowie die Verwechslungsgefahr im weiteren Sinne. Die unmittelbare Verwechslungsgefahr bezeichnet den Fall, dass zwei Zeichen für dieselbe Bezeichnung ein und demselben Unternehmens gehalten werden. Bei der mittelbaren Verwechslungsgefahr werden die Zeichen zwar als unterschiedlich erkannt, der Verkehr geht aufgrund vorhandener Übereinstimmungen aber davon aus, dass beide Kennzeichen von demselben Unternehmen stammen (vgl. BGH GRUR 1992, 329 (332) – AjS-Schriftenreihe). Eine Verwechslungsgefahr im weiteren Sinne liegt vor, wenn der Verkehr trotz des Erkennens der Unterschiede der sich gegenüberstehenden Zeichen irrigerweise annimmt, dass (lizenz-)vertragliche, organisatorische oder sonstige wirtschaftliche Verbindungen zwischen den Zeicheninhabern vorliegen (vgl. BGH GRUR 2009, 484 Rn. 52 – Metrobus; GRUR 2008, 1104 Rn. 20 – Haus & Grund II; GRUR 2008, 1108 Rn. 35 – Haus & Grund III; GRUR 2004, 865 (867) – Mustang; GRUR 2001, 344 (345) – DB Immobilienfonds; GRUR 1999, 492 (494) – Altberliner; GRUR 1995, 754 (756) – Altenburger Spielkartenfabrik; GRUR 1991, 317 (318 f.) – Volksbank; GRUR 1986, 402 (403, 404) – Fürstenberg).

35   Besondere Bedeutung kommt der **Verwechslungsgefahr im weiteren Sinne** zu, die infolge der neuen Rechtsprechung des BGH zu Bestandteilen mit selbständig kennzeichnender Stellung auch im Recht der Unternehmenskennzeichen einen größeren Anwendungsbereich erfahren hat (vgl. BGH GRUR 2012, 635 Rn. 22, 27–33, 37 – METRO/ROLLER's Metro; GRUR-RR 2010, 205 Rn. 47 – Haus & Grund IV; GRUR 2009, 685 Rn. 26 f. – ahd.de; GRUR 2009, 484 Rn. 79 f. – Metrobus; GRUR 2008, 1108 Rn. 35).

36   Ebenfalls wie im Markenrecht ist die mittelbare Verwechslungsgefahr und die Verwechslungsgefahr im weiteren Sinne erst zu prüfen, wenn eine unmittelbare Verwechslungsgefahr, zB angesichts der sehr geringen Ähnlichkeit der Zeichen, ausscheidet. Dabei ist zu beachten, dass auch hier eine Abwägung der maßgeblichen Faktoren – Ähnlichkeit der Waren/Dienstleistungen, Kennzeichnungskraft der älteren Marke und Markenähnlichkeit – im Sinne der Wechselwirkung vorzunehmen ist (BGH GRUR 1990, 1042 (1044) – Datacolor). Eine Bejahung der Voraussetzungen einer mittelbaren Verwechslungsgefahr oder einer Verwechslungsgefahr im weiteren Sinne hilft über ein Fehlen insbesondere der Branchennähe nicht hinweg. Liegt daher keine Branchennähe vor, scheidet auch eine mittelbare Verwechslungsgefahr bzw. Verwechslungsgefahr im weiteren Sinne aus (vgl. BGH GRUR 2010, 235 Rn. 25 – AIDA/AIDU).

2. Zeichenähnlichkeit

37   **a) Geltung der markenrechtlichen Grundsätze.** Für die Beurteilung der Zeichenähnlichkeit gelten bei Unternehmenskennzeichen **grundsätzlich dieselben Grundsätze wie bei Marken.** So sind die sich gegenüberstehenden Kennzeichen jeweils als Ganzes zu betrachten und in ihrem Gesamteindruck miteinander zu vergleichen (BGH GRUR 2012, 635 Rn. 22 – METRO/ ROLLER's Metro; GRUR 2008, 1102 Rn. 18 – Haus & Grund I). Auch die Prägetheorie bei Zeichen aus mehreren Bestandteilen (zB BGH GRUR 2008, 1104 Rn. 27 – Haus & Grund II; GRUR 2007, 888 Rn. 22 – Euro Telecom) und dabei insbesondere die Rechtsprechung zu Unternehmens- und Serienzeichen als Bestandteil eines mehrteiligen Kennzeichens (zB BGH GRUR 2012, 635 Rn. 25 f. – METRO/ROLLER's Metro) finden im Rahmen des § 15 Abs. 2 Anwendung. Bestandteile, die den örtlichen Betätigungsbereich oder den Sitz oder die Rechtsform beinhalten, prägen in der Regel nicht den Gesamteindruck eines Unternehmenskennzeichens (vgl. BGH GRUR 2008, 1104 Rn. 28; GRUR 2007, 888 Rn. 28 – Euro Telekom). Auch die Rechtsprechung zur selbständig kennzeichnenden Stellung der älteren Bezeichnung in dem jüngeren Gesamtzeichen gilt für Unternehmenskennzeichen (vgl. BGH GRUR 2012, 635 Rn. 20 – METRO/ROLLER's Metro; GRUR 2007, 888 Rn. 22 – Euro Telekom).

38   **b) Besonderheiten bei mehrteiligen Unternehmenskennzeichen. aa) Gegenstand der Ähnlichkeitsprüfung.** Besondere Regeln gelten bei Unternehmenskennzeichen hinsichtlich der

Bestimmung der maßgeblichen geschützten Bezeichnung, die Gegenstand der Ähnlichkeitsprüfung ist. Dabei ist häufig nicht nur auf das Unternehmenskennzeichen in seiner Gesamtheit, insbesondere die Gesamtfirma abzustellen, sondern auch auf **Firmenschlagwörter,** mit denen Unternehmen verkürzend benannt werden. Als Firmenschlagwort wird meistens ein Bestandteil der Gesamtfirma verwendet oder um eine aus den Anfangsbuchstaben von Firmenbestandteilen gebildete Abkürzung. Solche Firmenschlagworte besitzen einen eigenen kennzeichenrechtlichen Schutz, wenn sie tatsächlich in Alleinstellung verwendet werden (zB BGH GRUR 2009, 685 Rn. 17 – ahd.de). Zudem können in der Gesamtfirma enthaltende Firmenschlagworte **selbständiges Objekt eines kennzeichenrechtlichen Schutzes** auch ohne isolierte Verwendung sein, wenn sie Unterscheidungskraft aufweisen und geeignet erscheinen, sich im Verkehr als schlagwortartiger Hinweis auf das Unternehmen durchzusetzen (BGH GRUR 2013, 68 Rn. 28, 33 – Castell/ VIN CASTEL; GRUR 2011, 831 Rn. 16 – BCC; GRUR 2009, 772 Rn. 75 – Augsburger Puppenkiste; GRUR 2008, 1102 Rn. 12, 18 – Haus & Grund I; GRUR 2005, 873 (874) – Star Entertainment; GRUR 2004, 865 (867) – Mustang; GRUR 2004, 514 (515) – Telekom; GRUR 2002, 898 – defacto). Auf eine Verkehrsgeltung des Firmenbestandteils kommt es dabei entgegen der früheren Rechtsprechung nicht an. In allen Fällen erübrigt sich eine Prüfung, ob das Unternehmenskennzeichen in seiner Gesamtheit von dem Firmenschlagwort geprägt wird oder dieses eine selbständig kennzeichnende Stellung in dem jüngeren Zeichen einnimmt, weil von vornherein das gesondert geschützte Firmenschlagwort dem Verletzerzeichen gegenüberzustellen ist. Solange aber die eigentliche (nicht abgekürzte)) Firmenbezeichnung verwendet wird, kann der Prüfung, ob sich einer ihrer Bestandteile als Schlagwort eignet, nicht eine daneben in Gebrauch genommene abgekürzte Firmenbezeichnung zu Grunde gelegt werden (BGH GRUR 2013, 68 Rn. 29 – Castell/VIN CASTEL).

Auch im Hinblick auf die angegriffene Bezeichnung kann ein Firmenschlagwort ohne tatsächli- **39** che Benutzung in Alleinstellung und ohne Verkehrsgeltung einen selbständigen Schutz genießen (so jedenfalls die neuere Rechtsprechung, zB BGH GRUR 2008, 803 Rn. 19 – HEITEC; GRUR 2002, 898 (899) – defacto; vgl. auch BGH GRUR 2008, 1102 Rn. 18 – Haus & Grund I; GRUR 2008, 1004 Rn. 27 – Haus & Grund II).

bb) Verkürzungsneigung. Im Rahmen der Prägetheorie ist nach der Rechtsprechung des **40** BGH der **allgemeine Erfahrungssatz** zu berücksichtigen, dass der Verkehr dazu neigt, längere Gesamtbezeichnungen in einer die Merkbarkeit und Aussprechbarkeit erleichternden Weise zu verkürzen (zB BGH GRUR 2016, 705 (707) – ConText; GRUR 2008, 803 Rn. 19 – HEITEC; GRUR 2007, 888 Rn. 27 – Euro Telekom; GRUR 2002, 898 (899) – defacto). Dieser Erfahrungssatz hat seine wesentliche Bedeutung im Recht der Unternehmenskennzeichen, da diese, insbesondere Firmennamen oft eine beträchtliche Länge aufweisen, die zum Teil frei gewählt sind, zum Teil aber auch handels- bzw. gesellschaftsrechtlich vorgeschriebene Sach- und Rechtsformangaben enthalten. Dagegen spielt im Markenrecht die tatsächliche Neigung zur Verkürzung aufgrund des Verbots des Elementenschutzes, wonach eine Marke grundsätzlich nur in der Form Schutz genießt, in der sie eingetragen ist, eine geringere Rolle.

Nach der Rechtsprechung des BGH können Bestandteile, die den **Unternehmensgegenstand** **41** beinhalten, nicht ohne weiteres weggelassen werden, da der Verkehr in ihnen wichtige Hinweise auf den Tätigkeitsbereich des so gekennzeichneten Unternehmens sieht (zB BGH GRUR 1995, 507 (508) – City-Hotel; GRUR 1993, 913 (914) – KOWOG). Dieser Ansicht ist nicht zu folgen, da ansonsten die entgegen den allgemeinen Regeln unternehmensbeschreibenden und damit schwach kennzeichnungskräftigen Bestandteile besonderen Schutz erlangen (vgl. Ingerl/Rohnke/ Nordemann/Bröcker Rn. 68). Die Rechtsprechung ist insoweit aber nicht einheitlich (vgl. BGH GRUR 2002, 898 (899) – defacto).

cc) Vor- und Familiennamen. Die Rechtsprechung ist früher im Marken- wie im Unter- **42** nehmenskennzeichenrecht davon ausgegangen, dass bei Kennzeichen, die aus Vor- und Familiennamen zusammengesetzt sind, der Gesamteindruck durch den Familiennamen geprägt wird. Im Markenrecht hat der BGH mittlerweile diesen Grundsatz aufgegeben (→ § 14 Rn. 507). Im Unternehmenskennzeichenrecht hat der BGH diese Wende bislang aber nicht vollzogen. Vielmehr betonte er, dass Familienamen besonders zur Prägung geeignet seien (vgl. BGH GRUR-RR 2010, 205 Rn. 46 – Haus & Grund IV; GRUR 2008, 1102 Rn. 19 – Haus & Grund I).

3. Kennzeichnungskraft der älteren Bezeichnung

Die Kennzeichnungskraft der älteren Bezeichnung ist ebenso wie bei Marken ein ungeschriebe- **43** nes Tatbestandsmerkmal. Die Kennzeichnungskraft eines Unternehmenskennzeichens wird durch den Grad der Eignung des Zeichens bestimmt, sich auf Grund seiner Eigenart und seines durch Benutzung erlangten Bekanntheitsgrades dem Verkehr als Name des Unternehmensträgers einzuprägen (BGH GRUR 2012, 635 Rn. 18 – METRO/ROLLER's Metro). Auch hier kann daher grundsätzlich auf die im Markenrecht entwickelten Grundsätze (→ § 14 Rn. 271 ff.) verwiesen werden. Wie bei Marken ist auch bei Unternehmenskennzeichen der Grad der Kennzeichnungskraft festzulegen, der den Schutzumfang maßgeblich bestimmt (vgl. BGH GRUR-RR 2010, 205 Rn. 45 – Haus & Grund IV). Für die Bestimmung des Grades der Kennzeichnungskraft kommt es bei einem Unternehmenskennzeichen aber – anders als bei einer Marke – darauf an, ob der Verkehr das fragliche Kennzeichen nicht nur einem bestimmten, sondern gerade dem Unternehmen zuordnet, das für diese Bezeichnung Schutz beansprucht (BGH GRUR 2012, 635 Rn. 18 – METRO/ROLLER's Metro). Die nicht sehr hohen Anforderungen an die Unterscheidungskraft von Unternehmenskennzeichen zu deren Schutzbegründung (→ § 5 Rn. 69) hat zur Folge, dass häufig aus einem originär schwachen Unternehmenskennzeichen vorgegangen wird. Trotz des engen Schutzumfangs solcher Unternehmenskennzeichen wird jedoch – jedenfalls bei Branchenidentität – eine Verwechslungsgefahr nicht nur in Fällen identischer Zeichen angenommen (zB BGH GRUR 2008, 1108 Rn. 35–39 – Haus & Grund III; GRUR 2001, 344 (345) – DB Immobilienfond; GRUR 1992, 550 (551) – ac pharma). Führt eine intensive Benutzung zur Verkehrsgeltung, so ist bei originär kennzeichnungsschwachen oder gar schutzunfähigen Unternehmenskennzeichen oder Firmenschlagwörtern regelmäßig von einer durchschnittlichen Kennzeichnungskraft auszugehen (zB BGH GRUR 2008, 1102 Rn. 17 – Haus & Grund I; GRUR 2007, 888 Rn. 19 – Euro Telekom; GRUR 2004, 514 (515) – Telekom).

4. Branchennähe

44   Die Branchennähe tritt bei der Prüfung der Verwechslungsgefahr im Rahmen des § 15 Abs. 2 systematisch an die Stelle der markenrechtlichen Waren- und Dienstleistungsähnlichkeit des § 14 Abs. 2 Nr. 2 (vgl. BGH GRUR 1995, 216 (219) – Oxygenol II), stimmt mit dieser aber nicht überein (BGH GRUR 2016, 810 Rn. 65 – profitbricks.es). Die Annahme einer Branchennähe setzt **keine markenrechtliche Ähnlichkeit** der von den Unternehmen vertriebenen Waren/Dienstleistungen voraus (BGH GRUR 2006, 937 Rn. 38 – Ichthyol II). Auch ein Wettbewerbsverhältnis ist nicht erforderlich. Andererseits kann bei vorliegender Waren- bzw. Dienstleistungsähnlichkeit als dem sachlich engeren Kriterium regelmäßig von einer Branchennähe ausgegangen werden (Ströbele/Hacker/Thiering/Hacker Rn. 62). Insgesamt ist die Branchennähe weiter als die Waren- und Dienstleistungsähnlichkeit und kann ein Unternehmenskennzeichen daher einen größeren sachlichen Schutzumfang haben (Goldmann Unternehmenskennzeichen § 13 Rn. 600 f.). Die Grenzziehung zwischen Branchenähnlichkeit und Branchenunähnlichkeit ist im Rahmen des § 15 Abs. 2 nicht von der Kennzeichnungskraft des älteren Zeichens abhängig, was den für die Beurteilung der markenrechtlichen Waren- und Dienstleistungsähnlichkeit geltenden Maßstäben entspricht (BGH GRUR 2011, 831 Rn. 24 – BCC).

45   Allgemein formuliert ist das **Vorliegen einer Branchennähe** zu bejahen, wenn ausreichend sachliche Berührungspunkte zwischen den beiden Unternehmen bestehen, so dass der Verkehr mindestens zur Annahme wirtschaftlicher oder organisatorischer Zusammenhänge im Sinne der Verwechslungsgefahr im weiteren Sinne gelangt (vgl. BGH GRUR-RR 2010, 205 Rn. 34 – Haus & Grund IV; GRUR 2008, 1102 Rn. 16 – Haus & Grund I; GRUR 2008, 801 Rn. 21 – Hansen-Bau; GRUR 2002, 59 (64) – ISCO). Der Begriff entzieht sich bislang aber einer verlässlichen abstrakten Definition (so Ingerl/Rohnke/Nordemann/Bröcker Rn. 88; Goldmann Unternehmenskennzeichen § 13 Rn. 603). Auch die Rechtsprechung des BGH ist uneinheitlich (vgl. dazu Falk GRUR 2012, 348 (350 f.) unter II.4). Nach dessen neuerer Rechtsprechung kommt es für die Beurteilung der Branchennähe in erster Linie auf die Produktbereiche und Arbeitsgebiete an, die nach der Verkehrsauffassung typisch für die sich gegenüberstehenden Unternehmen sind (BGH GRUR 2012, 635 Rn. 14 – METRO/ROLLER's Metro; GRUR 2011, 831 Rn. 23 – BCC). Anhaltspunkte für eine Branchennähe können Berührungspunkte der Waren oder Dienstleistungen der Unternehmen auf den Märkten sowie Gemeinsamkeiten der Vertriebswege und der Verwendbarkeit der Produkte und Dienstleistungen sein (BGH GRUR 2012, 635 Rn. 14 – METRO/ROLLER's Metro; GRUR 2011, 831 Rn. 23 – BCC; GRUR 2009, 484 Rn. 73 – Metrobus; GRUR 2002, 898 (899, 900) – defacto). In die Beurteilung einzubeziehen sind naheliegende und nicht nur theoretische Ausweitungen der Tätigkeitsbereiche der konkurrierenden Unternehmen (BGH GRUR 2012, 635 Rn. 14 – METRO/ROLLER's Metro; GRUR 2011, 831 Rn. 23 – BCC; GRUR 2009, 685 Rn. 27 – ahd.de; GRUR 2008, 801 Rn. 21 – Hansen-Bau; GRUR 2006, 937 Rn. 38 – Ichthyol II; GRUR 2002, 898 (900) – defacto). Auszugehen ist dabei von den Kerntätigkeiten der Unternehmen, dh die typischen Arbeitsgebiete und Waren, nicht aber völlig untergeordnete, untypische und nebenher wahrgenommene Aufgaben einschließlich in Ergänzung zum Kerngeschäftsfeld angebotene Produkte (BGH GRUR 2009, 685 Rn. 27 – ahd.de). In Einzelfällen können auch Überschneidungen in Randbereichen der Unternehmenstätigkeiten zu berücksichtigen sein (BGH GRUR 2011, 831 Rn. 23 – BCC; GRUR 2009, 484 Rn. 74 – Metrobus; GRUR 2002, 898 (900) – defacto). Bestehen die Geschäftsfelder der konkurrierenden Unternehmen in der Erbringung von Dienstleistungen, ist zur Beurteilung der Branchennähe regelmäßig auf diese Dienstleistungen und nicht auf die Mittel (zB Software) abzustellen, derer sich die Unternehmen dabei bedienen (BGH GRUR 2011, 832 Ls. 2 und Rn. 26 – BCC).

Kritisiert wird der verbreitete Ansatz, aufgrund gemeinsamer Branchen-Oberbegriffe eine Branchennähe zu bejahen (Ströbele/Hacker/Thiering/Hacker Rn. 65 unter Hinweis auf BGH GRUR-RR 2010, 205 Rn. 34 – Haus & Grund IV; GRUR 2008, 1102 Rn. 16 – Haus & Grund I; GRUR 2008, 1104 Rn. 22 – Haus & Grund II: „Immobilien" genügen als gemeinsamer Bezugspunkt der konkurrierenden Tätigkeiten für eine Branchennähe; ebenso Ingerl/Rohnke/Nordemann/Bröcker Rn. 91 mwN; Goldmann Unternehmenskennzeichen § 13 Rn. 617–620). Demgegenüber rechtfertigt der Umstand, dass konkurrierende Unternehmen im Bereich der elektronischen Datenverarbeitung tätig sind, im Hinblick auf die Vielfalt und Differenziertheit des Angebots in diesem Bereich alleine nicht die Annahme einer relevanten Branchennähe (so BGH GRUR 2005, 262 (263) – soco.de). Eine besonders breite branchenmäßige Zuordnung hat der BGH bei Großhandelsmärkten vorgenommen. So besteht eine Branchennähe nicht nur zu anderen Großhandelsmärkten und Kaufhäusern, sondern auch zwischen dem Betrieb eines Großhandelsmarkts und der Herstellung und dem Vertrieb der Waren, die dort üblicherweise angeboten werden (BGH GRUR 2009, 484 Rn. 74 – Metrobus). Auch zwischen Fachmärkten und Großhandelsmärkten als Formen des Vertriebs an Gewerbetreibenden besteht eine beträchtliche Branchennähe (BGH GRUR 2012, 635 Ls. und GRUR 2012, 635, Rn. 15 f. – METRO/Roller's Metro, kritisch hierzu Schmidt-Hern/Endell GRUR-Prax 2013, 75).   **45.1**

II. Schutz des Werktitels gegen Verwechslungsgefahr

1. Allgemeines

§ 15 Abs. 2 gewährt neben Unternehmenskennzeichen auch Werktiteln Schutz gegen Verwechslungsgefahr. Anders als im Markenrecht mit dem Tatbestand des § 14 Abs. 2 Nr. 1 ist die identische Verletzung eines Werktitels nicht gesondert geregelt, sondern von dem Verwechslungstatbestand umfasst.   **46**

a) Begriff der Verwechslungsgefahr. Für Werktitel gelten grundsätzlich dieselben Grundsätze zur Beurteilung der Verwechslungsgefahr wie für Marken und Unternehmenskennzeichen. Nach stetiger Rechtsprechung kommt es unter **Berücksichtigung aller maßgeblichen Umstände des Einzelfalls** vornehmlich auf die Ähnlichkeit der sich gegenüberstehenden Titel, die Kennzeichnungskraft des älteren Titels sowie die Werknähe an (zB BGH GRUR 2006, 594 Rn. 20 – SmartKey; GRUR 2005, 264 (265) – Telefon-Sparbuch; GRUR 2003, 440 (441) – Winnetous Rückkehr; GRUR 2002, 176 – Auto-Magazin; GRUR 2001, 1050 (1051 f.) – Tagesschau). Wie beim markenrechtlichen Begriff der Verwechslungsgefahr im Rahmen des § 14 Abs. 2 Nr. 2 stehen auch hier die genannten Faktoren zueinander in einem **Wechselwirkungsverhältnis,** so dass der geringe Grad eines Faktors durch einen höheren Grad eines anderen Faktors ausgeglichen werden kann. Dabei gibt es eine absolute Werks- und Produktunähnlichkeit, bei der auch bei einer Identität der sich gegenüberstehenden Titel und einer erhöhten Kennzeichnungskraft des älteren Titels eine Verwechslungsgefahr nicht in Betracht kommt. Dasselbe gilt bei einer absoluten Titelunähnlichkeit (zu Marken → § 14 Rn. 277; zu Unternehmenskennzeichen → Rn. 33).   **47**

b) Arten der Verwechslungsgefahr. Werktitel sind – anders als Marken und Unternehmenskennzeichen – in der Regel nur gegen eine **unmittelbare Verwechslungsgefahr** geschützt (zu den Arten der Verwechslungsgefahr → § 14 Rn. 279). Dies liegt darin begründet, dass Titel grundsätzlich nur der Unterscheidung eines Werkes von einem anderen dienen, ohne einen Hinweis auf den Hersteller oder Inhaber des Werkes und damit einen Hinweis auf die betriebliche Herkunft zu enthalten (BGH GRUR 2012, 1265 Rn. 23 – Stimmt's; GRUR 2005, 264 (265, 266) – Das Telefon-Sparbuch; GRUR 2002, 1083 (1085) – 1, 2, 3 im Sauseschritt; GRUR 2001, 1054 (1056) – Tagesreport; GRUR 2000, 504 (505) – FACTS; GRUR 2000, 70 (72) – SZENE; GRUR 1999, 235 (237) – Wheels Magazine). Zur gleichen Problematik bei der rechtsverletzenden Benutzungshandlung bei Werktiteln, wenn ein Zeichen als Marke oder Unternehmenskennzei-   **48**

chen verwendet wird, → § 15 Rn. 20 f., → § 15 Rn. 26 f.; und bei der rechtsverletzenden Benutzungshandlung bei Marken, wenn ein Zeichen als Werktitel verwendet wird, → § 14 Rn. 98 ff.

49   Es muss demnach für eine Verletzung der Titelschutzrechte die Gefahr bestehen, dass der Verkehr den einen Titel für den anderen hält, dass also ein nicht nur unerheblicher Teil des angesprochenen Verkehrs als Folge der Identität oder Ähnlichkeit der beiden verwendeten Bezeichnungen über die Identität der bezeichneten Werke irrt. Betreffen die zu vergleichenden Titel unterschiedliche Werke, so scheidet die Annahme einer unmittelbaren Verwechslungsgefahr mangels Werknähe regelmäßig aus (BGH GRUR 2005, 264 (266) – Das Telefon-Sparbuch).

50   Die Annahme einer **mittelbaren Verwechslungsgefahr** (unter dem Gesichtspunkt des Serientitels) und einer **Verwechslungsgefahr im weiteren Sinne** setzt voraus, dass der Verkehr mit einem Werktitel ausnahmsweise gleichzeitig auch die Vorstellung einer bestimmten betrieblichen Herkunft verbindet (BGH GRUR 2005, 264 (266) – Das Telefon-Sparbuch; GRUR 2002, 1083 (1085, 1086) – 1, 2, 3 im Sauseschritt; GRUR 1999, 235 (237) – Wheels Magazine). Ein solcher herkunftsbezogener Titelschutz kommt nur bei **Bekanntheit** des Titels in Betracht, woran von der Rechtsprechung hohe Anforderungen gestellt werden. Eine über die normale Werktitelfunktion hinausgehende Herkunftsfunktion eines Titels wird daher nur ausnahmsweise angenommen.

51   Um **herkunftshinweisende Werktitel** handelt es sich nach der Rechtsprechung bei bekannten Titeln periodisch erscheinender Druckschriften wie Zeitschriften oder Zeitungen (BGH GRUR 2003, 342 (343) – Winnetou; GRUR 2002, 1083 (1085) – 1, 2, 3 im Sauseschritt; GRUR 2000, 71 (72) – SZENE; GRUR 2000, 504 (505) – FACTS; verneint zB im Fall der nur regional erscheinenden Druckzeitschrift „Kinderstube", BGH GRUR 2016, 1300 Rn. 23) und bekannten Fernseh- und Hörfunkserientitel (BGH GRUR 1993, 692 (693) – Guldenburg) sowie bekannte Nachrichtensendungen (BGH GRUR 2001, 1050 (1052) – Tagesschau; GRUR 2001, 1054 (1056) – Tagesreport). Für Werke, die im Regelfall als Einzelwerke veröffentlicht werden (zB Büchern, Spielfilme), kann dagegen auch bei Bekanntheit nicht von einer ausnahmsweise vermittelten Herkunftsvorstellung ausgegangen werden (BGH GRUR 2005, 264 (266) – Das Telefon-Sparbuch; GRUR 2003, 342 (343) – Winnetou; GRUR 2002, 1083 (1085) – 1, 2, 3 im Sauseschritt; OLG München GRUR-RR 2009, 307 (309) – Der Seewolf). So liegt es erfahrungsgemäß auch bei Musikstücken (BGH BeckRS 2019, 3526 Rn. 86 – Das Omen).

51.1   Diese Rechtsprechung wird mehrheitlich kritisiert, da es zu gewissen Wertungswidersprüchen führen würde, einerseits bei Titeln jeglicher Art auch ohne Bekanntheit die Eintragung als Marke zuzulassen, andererseits aber einen Titelschutz gegen herkunftsbezogene Verwechslungen nur bei Bekanntheit und nur bei bestimmten Arten von Titeln zu gewähren (vgl. Ingerl/Rohnke/Nordemann/Bröcker Rn. 158; Ströbele/Hacker/Thiering/Hacker Rn. 84, jeweils mwN).

2. Zeichenähnlichkeit

52   Für die Beurteilung der Zeichenähnlichkeit gelten bei Werktiteln grundsätzlich **dieselben Grundsätze wie bei Marken.** So sind die sich gegenüberstehenden Kennzeichen jeweils als Ganzes zu betrachten und in ihrem Gesamteindruck miteinander zu vergleichen (BGH GRUR 2006, 594 Rn. 23 – SmartKey; GRUR 2005, 264 (265) – Das Telefon-Sparbuch; GRUR 2002, 1082 (1084) – 1, 2, 3 im Sauseschritt; GRUR 2000, 504 (505) – FACTS). Auch die Prägetheorie bei Zeichen aus mehreren Bestandteilen (zB BGH GRUR 2001, 1050 (1052) – Tagesschau; GRUR 2001, 1054 (1056) – Tagesreport; GRUR 1999, 235 (237) – Wheels Magazin) und die Rechtsprechung zur selbständig kennzeichnenden Stellung des älteren Titels in dem jüngeren Gesamtzeichen (zum ersten Mal erwähnt in BGH GRUR 2006, 594 Rn. 23 – SmartKey, s. auch OLG Hamburg GRUR-RR 2009, 309 (312) – agenda) finden im Rahmen des § 15 Abs. 2 Anwendung. Auch hier gilt der Grundsatz, dass der Gesamteindruck mehrteiliger Titel nicht durch glatt beschreibende Bestandteile geprägt werden kann (BGH GRUR 2006, 594 Rn. 23 – SmartKey; GRUR 1999, 235 (237) – Wheels Magazine; OLG München GRUR-RR 2005, 191 (192) – FOCUS MONEY/MONEY SPECIALIST; OLG Hamburg GRUR-RR 2008, 296 (298, 299) – Heimwerker Test). Daher kommt einem inhaltsbeschreibenden Titelbestandteil regelmäßig keine kollisionsbegründende Bedeutung zu (anders aber BGH GRUR 1988, 638 (639) – Hauer's Auto-Zeitung).

53   Daneben sind einige titelspezifische Besonderheiten zu beachten. Wie bei Unternehmenskennzeichen (→ Rn. 40) ist auch bei Titeln die Neigung des Verkehrs zu berücksichtigen, längere Titel in einer die Aussprechbarkeit oder Merkbarkeit erleichternden weise zu verkürzen (BGH GRUR 2000, 504 (505) – FACTS; GRUR 1991, 153 (155) – Pizza & Pasta; GRUR 1988, 638 (639) – Hauer's Autozeitung). Die **Neigung zur Verkürzung** gilt besonders bei Untertiteln (zB BGH GRUR 2000, 504 (505) – FACTS; GRUR 1991, 153 (155) – Pizza & Pasta; OLG München

GRUR-RR 2005, 191 (192) – FOCUS MONEY/MONEY SPECIALIST; KG GRUR-RR 2004, 137 (138) – Omen) und bei Serien- und Reihentiteln (zB OLG Hamburg GRUR-RR 2002, 231 (232) – Tigertom) sowie bekannten Dachtiteln (zB OLG Hamburg GRUR-RR 2005, 50 (51, 52) – OFF ROAD), die regelmäßig weggelassen bzw. vernachlässigt werden. Die Neigung zur Verkürzung kann sich auch auf den Haupttitel auswirken, wenn es naheliegt, dass der Verkehr einen Teil eines zusammengesetzten Titels als Abkürzung verwendet (BGH GRUR 1999, 235 (237) – Wheels Magazine; GRUR 1988, 638 (639) – Hauer's Auto-Zeitung). Allerdings sind auch die **Besonderheiten des in Rede stehenden Werks** zu beachten, die dazu führen können, Zusätze bei der Wahrnehmung des Titels nicht auszublenden. Ist der in Rede stehende Produktsektor durch eine Anzahl von Werken mit jeweils nur geringfügigen Abweichungen im jeweiligen Titel gekennzeichnet, kann dies nach der Rechtsprechung des BGH (vgl. BGH BeckRS 2019, 3526 Rn. 73 – Das Omen) dazu führen, dass der Verkehr sich an diesen Umstand gewöhnt und auf – auch geringere – Abweichungen der Titel besonders achtet. Dabei wird der Verkehr, dem der Titel eine nähere Identifikation des Werks ermöglichen soll, erfahrungsgemäß solchen Zusätzen und Hinweisen sein Augenmerk schenken, die – wie eine Bezifferung oder ein inhaltsbezogener Hinweis – ersichtlich der Unterscheidung verschiedener Folgen einer Werkreihe oder – bei Musikstücken – unterschiedlicher Interpretationen einer Komposition und damit verschiedener immaterieller Arbeitsergebnisse diesen, die jeweils für sich genommen als Gegenstand des Rechts- und Geschäftsverkehrs bezeichnungsfähig sind (zur 2. Fallgruppe vgl. BGH BeckRS 2019, 3526 Rn. 74–80 – Das Omen betreffend Tonwerke mit den Titeln „Omen (Teil 1)", „Omen – Extended Mix", „Omen – Herve's End of the World Remix", „Omen – Noisia Remix" und „Omen (Live from Rock am Ring)", bei denen die jeweiligen Zusätze nicht unberücksichtigt bleiben dürfen, da sie vom Verkehr als werkidentifizierend wahrgenommen werden).

3. Kennzeichnungskraft des älteren Titels

Im Hinblick auf die Kennzeichnungskraft des älteren Titels als Faktor der Verwechslungsgefahr **54** kann auf die im Markenrecht entwickelten Grundsätze verwiesen werden (→ § 14 Rn. 282 ff.). Wie bei Marken und Unternehmenskennzeichen ist auch bei Titeln der Grad der Kennzeichnungskraft festzustellen, der den Schutzumfang gegenüber Drittzeichen maßgeblich bestimmt. Die geringen Anforderungen an die Unterscheidungskraft von Titeln zu deren Schutzbegründung (→ § 5 Rn. 202) hat zur Folge, dass häufig aus einem **originär schwachen Titel** vorgegangen wird. Aufgrund des beschränkten Schutzumfangs solcher Titel genügen regelmäßig schon geringfügige Abweichungen bei den sich gegenüberstehenden Zeichen, um eine Verwechslungsgefahr auszuschließen.

Dies gilt insbesondere für Titel von Zeitungen und Zeitschriften (BGH GRUR 2002, 176 **55** (177) – Auto Magazin; GRUR 2000, 504 (505) – FACTS; GRUR 1999, 235 (237) – Wheels Magazine; OLG München GRUR-RR 2008, 400 (401) – Power Systems Design/Bodo's Power System; OLG Hamburg GRUR-RR 2005, 312 (313 f.) – NEWS) sowie Titel von Nachrichtensendungen (BGH GRUR 2001, 1050 (1052) – Tagesschau; GRUR 2001, 1054 (1056) – Tagesreport). Bei anderen Werkarten ist dies eher einzelfallabhängig.

4. Werknähe

Als dritter Faktor der Verwechslungsgefahr ist die Identität oder Ähnlichkeit der Werke (sog. **56** Werknähe) zu berücksichtigen. Dafür hat die Rechtsprechung spezifisch titelschutzrechtliche Grundsätze ausgestellt. Für die **Beurteilung der Werknähe** sind – so explizit bei Zeitschriften- und Zeitungs- sowie Buchtiteln – die konkreten Marktverhältnisse, und zwar insbesondere der Charakter und das Erscheinungsbild der Werke maßgeblich; Gegenstand, Aufmachung, Erscheinungsweise und Vertriebsform der einander gegenüberstehenden Werke haben ebenfalls Einfluss auf die Werknähe (BGH GRUR 2012, 1265 Rn. 23 – Stimmt's; GRUR 2005, 264 (266) – Das Telefon-Sparbuch; GRUR 2002, 176 – Auto Magazin; GRUR 2000, 504 (505) – FACTS). Bei Titeln für Teile einer Zeitung oder Zeitschrift (zB Rubriktitel) kommt es für die Frage der Verwechslungsgefahr maßgeblich auch auf Form und Inhalt der medialen Einbettung der angegriffenen Bezeichnung an, wobei unter anderem die typische Art der Präsentation der Beiträge (zB nur Text oder auch Bilder) erheblich ist (BGH GRUR 2012, 1265 Ls. 2 und Rn. 27 – Stimmt's).

Eine Werknähe ist regelmäßig zwischen **Werken derselben Kategorie** (zu den verschiedenen **57** Werkkategorien → § 5 Rn. 174 ff.) gegeben. Dies ist aber – insbesondere bei Zeitschriften- und Zeitungs- sowie Buchtiteln, wo auf die konkreten Marktverhältnisse abzustellen ist (→ Rn. 56) – nicht zwingend. So ist beispielsweise die Werknähe zwischen einem Sachbuch und einer Broschüre, die einer Zeitschrift beigefügt wurde, verneint worden, obgleich es sich in beiden Fällen um Druckwerke handelt (BGH GRUR 2005, 264 (266) – Das Telefon-Sparbuch; ebenso wurde eine Werknähe zwischen Druckereierzeugnissen, nämlich romantische Belletristik und Fernsehzeitschriften verneint, OLG Hamburg BeckRS 2016, 18859 Rn. 119 – MIRA; das OLG Hamburg, vgl. GRUR-RR 2009, 309 (311) – agenda, nahm dagegen eine – wenn auch nur geringe – Werknähe zwischen dem Titel eines Zeitungsbuchs einer Tageszeitung und dem Sonderheft in Magazinform als Zeitungsbeilage an). Bei einem Rubriktitel einer Wochenzeitung und dem Rubriktitel eines Internetportals ist nach Ansicht des BGH aufgrund der unterschiedlichen medialen Einbettung eine Verwechslungsgefahr eher fernliegend (BGH GRUR 2012, 1265 Rn. 27 – Stimmt's; für unterschiedliche Werkkategorien von gedruckter Zeitschrift und (reinem) Internetportal ebenso OLG Köln GRUR 2015, 596 Rn. 24 – Kinderstube, bestätigt von BGH GRUR 2016, 1300 Rn. 20 – Kinderstube; anders bei Rubriktitel von zwei ähnlichen Zeitschriften, so OLG München GRUR-RR 2008, 402 – Leichter leben), obgleich Zeitschriften und Zeitungen als Printmedien mit entsprechenden Internetinformationsangeboten grundsätzlich als eng benachbart anzusehen sein dürften (vgl. OLG Hamburg GRUR-RR 2004, 104 (107) – ELTERN). Auch bei Software mit unterschiedlicher Ausgestaltung und Verwendungszweck hat der BGH eine nur geringe Werknähe angenommen (BGH GRUR 2006, 594 Rn. 22 – SmartKey). Dabei sind Titel nur als solche auf die Gefahr einer Verwechslung zu prüfen, nicht aber darf auf den Inhalt und Charakter der Werke zurückgegriffen werden (BGH GRUR 1961, 232 (234) – Hobby). Der unterschiedliche sachliche Inhalt von Werken kann nur dann berücksichtigt werden, wenn er wegen der identischen Titel und ihres optisch übereinstimmenden Gesamteindrucks in anderer Weise deutlich hervorgehoben wird, wobei unterschiedliche Untertitel nicht ohne weiteres ausreichend sind (BGH GRUR 2000, 504 (505) – FACTS, zu Zeitschriftentiteln; vgl. auch OLG München GRUR 2006, 686 (687) hinsichtlich „Österreich.de" zur Kennzeichnung eines Internetportals und der Domain „oesterreich.de"). Nach dem OLG Hamburg sind die Werkkategorien „Nachrichtensendung" und „Internetnachrichtenportal" zwar ähnlich, gegen eine unmittelbare Verwechslungsgefahr werden aber gleichwohl Bedenken geäußert; jedenfalls wird eine mittelbare Verwechslungsgefahr wegen hoher Bekanntheit des Titels „Tagesschau" bejaht (OLG Hamburg GRUR-RR 2018, 286 Rn. 65 ff. – Werktitel Tagesschau).

58   Betreffen die zu vergleichenden Titel **unterschiedliche Werke,** so scheidet die Annahme einer unmittelbaren Verwechslungsgefahr mangels Werknähe regelmäßig aus. Ein Schutz gegen mittelbare Verwechslungsgefahr und Verwechslungsgefahr im weiteren Sinne wird von der Rechtsprechung aber nur gewährt, wenn der Verkehr mit dem älteren Titel auch bestimmte betriebliche Herkunftsvorstellungen verbindet. Dies ist nur in Ausnahmefällen der Fall (→ Rn. 50). Dementsprechend kommen Fälle einer mittelbare Verwechslungsgefahr und einer Verwechslungsgefahr im weiteren Sinne nur in selten in Betracht (zB BGH GRUR 2001, 1050 (1052) – Tagesschau; GRUR 2001, 1054 (1057) – Tagesreport; GRUR 1999, 235 (238) – Wheels Magazine; KG GRUR-RR 2004, 303 (305) – automobil TEST; OLG Hamburg GRUR-RR 2003, 281 (282 f.) – DVD & Video Markt, hinsichtlich der mittelbaren Verwechslungsgefahr unter dem Gesichtspunkt des Serienzeichens; BGH GRUR 1977, 543 (546) – Der 7. Sinn; vgl. auch BGH GRUR 2001, 1050 (1052 f.) – Tagesschau; GRUR 2001, 1054 (1057) – Tagesreport, hinsichtlich Verwechslungsgefahr im weiteren Sinne).

59   Eine **Ausweitung des Begriffs der Werknähe** wird durch die BGH-Entscheidung „Winnetous Rückkehr" bewirkt. Obgleich die Werke „Roman" und „Film" nicht derselben Werkkategorie angehören, sei die Werknähe nicht als gering zu bewerten, weil in Filmen häufig Romanvorlagen umgesetzt werden (BGH GRUR 2003, 440 (441) – Winnetous Rückkehr). Mit dieser Begründung wurde die Gefahr eine unmittelbare Verwechslungsgefahr bejaht. Als Kriterium dient eine besonders enge Beziehung des einen Werks zum anderen und ist insbesondere gegeben, wenn das jüngere Werk als andere Ausgabe, Bearbeitung oder Fortsetzung des älteren Werks erscheint (vgl. BGH GRUR 2005, 264 (266) – Das Telefon-Sparbuch). Neben dem Fall „Verfilmung eines Buches" dürften engste sachliche Berührungspunkte beispielsweise auch bei den Fällen „Buch zum Film", „Spiel zur Fernsehsendung" und „Computerspiel zum Film oder Buch" vorliegen. Eine Werknähe zwischen einer im Fernsehen ausgestrahlten Beitragsreihe und einem Buch wurde vom OLG Frankfurt jedoch verneint (OLG Frankfurt GRUR-RS 2022, 859 Rn. 14 – Nie wieder keine Ahnung!). Verneint wurde auch eine Werknähe zwischen einem Buch und einem Film, die beide dieselben historischen Ereignisse wiedergeben (KG GRUR-RR 2022, 368 Rn. 29 – Curveball). Sachliche Berührungspunkte wurden früher zur Begründung einer Verwechslungsgefahr im weiteren Sinne herangezogen (zB BGH GRUR 1977, 543 (546) – Der 7. Sinn). Der Grund für diese Modifikation des Begriffs der Werknähe wird darin gesehen, dass nach der BGH-Rechtsprechung Einzelwerktitel einem herkunftsbezogenen Verwechslungsschutz auch dann nicht zugänglich sind, wenn sie im Verkehr bekannt sind (vgl. hierzu und zum Folgenden Ströbele/

Hacker/Thiering/Hacker Rn. 93–95). Eine Verwechslungsgefahr im weiteren Sinne scheidet daher von vornherein aus. Um doch eine Verwechslungsgefahr begründen zu können, wird der Begriff der Werknähe innerhalb der unmittelbaren Verwechslungsgefahr ausgeweitet (kritisch ebenfalls Lange MarkenR § 7 Rn. 4533, 4592).

Bei der Verwendung eines ähnlichen Zeichens für **werkfremde Produkte und Dienstleis-** **60** **tungen oder Unternehmen** kommt nur eine Verwechslungsgefahr im weiteren Sinne in Betracht. Diese setzt voraus, dass das Klagezeichen eine über die normale Werktitelfunktion hinausgehende Kennzeichnungskraft als Hinweis auf den Hersteller des Werks besitzt und zudem ein konkreter sachlicher Zusammenhang zwischen dem unter dem in Frage stehenden Titel veröffentlichten Werk und den gekennzeichneten Waren/Dienstleistungen oder Unternehmen besteht (BGH GRUR 1999, 581 (582 f.) – Max; GRUR 1993, 692 (694) – Guldenburg; OLG Hamburg GRUR-RR 2006, 408 (412, f.) – OBELIX). Fehlt ein solcher Zusammenhang, können keine für das Vorliegen einer Verwechslungsgefahr im weiteren Sinne erforderlichen geschäftlichen, wirtschaftlichen oder organisatorischen (einschließlich lizenzrechtlichen) Beziehungen zwischen dem Inhaber des Titels und dem Unternehmen, das die angegriffene Waren-/Dienstleistungs-Kennzeichnung benutzt, angenommen werden. Die Entscheidung für oder gegen das Vorliegen eines sachlichen Zusammenhangs ist stark einzelfallabhängig (vgl. dazu die Beispielsfälle bei Ingerl/Rohnke/Nordemann/Bröcker Rn. 208). Ohne einen konkreten sachlichen Sachzusammenhang kann die Annahme von Beziehungen geschäftlicher, wirtschaftlicher oder organisatorischer Art dann lediglich noch unter besonderen Umständen in Betracht gezogen werden, etwa wenn es sich um Titel von besonderer Originalität und Einprägsamkeit sowie weit überdurchschnittlicher Bekanntheit handelt (wie zB bei der Bambi-Figur, den Mainzelmännchen oder bei Asterix und Obelix) oder wenn überaus bekannte Titel von Sendungen wörtlich übereinstimmend als Waren/Dienstleistungsbezeichnung verwendet werden (BGH GRUR 1993, 692 (694) – Guldenburg).

C. Bekanntheitsschutz (Abs. 3)

I. Bekanntheitsschutz bei Unternehmenskennzeichen

1. Grundlagen

Der Schutz des bekannten Unternehmenskennzeichens entspricht überwiegend demjenigen **61** der bekannten Marke aus § 14 Abs. 2 Nr. 3, weshalb ergänzend auf die dortige Kommentierung verwiesen wird (→ § 14 Rn. 531 ff.). Nach § 15 Abs. 3 greift der Bekanntheitsschutz aber nur, wenn eine Verwechslungsgefahr nach § 15 Abs. 2 (→ § 15 Rn. 31 ff.) nicht vorliegt. Die Regelung des § 15 Abs. 3 findet allerdings nicht nur bei fehlender Waren- und Dienstleistungsähnlichkeit (wie nach § 14 Abs. 2 Nr. 3 aF), sondern auch in solchen Fällen Anwendung, in denen die Verwechslungsgefahr aus anderen Gründen verneint werden muss (Ingerl/Rohnke/Nordemann/Bröcker Rn. 124; Ströbele/Hacker/Thiering/Hacker Rn. 71). Der Anwendungsbereich des § 15 Abs. 3 wird aber wiederum durch einen gegenüber der markenrechtlichen Verwechslungsgefahr erweiterten Anwendungsbereich des § 15 Abs. 2 (→ § 15 Rn. 1 ff.) eingeschränkt, der auch die Verwechslungsgefahr im weiteren Sinne (sog. „Lizenzvermutung") erfasst.

§ 15 Abs. 3 geht in seinem Anwendungsbereich grundsätzlich dem Namensschutz des § 12 **62** BGB vor (BGH GRUR 2002, 622 (623) – shell.de). § 12 BGB kann daher lediglich außerhalb des Anwendungsbereichs des § 15 Abs. 3 – also etwa gegenüber einem Handeln im privaten Verkehr – Anwendung finden (BGH GRUR 2002, 622 (624) – shell.de).

2. Bekanntheit des Unternehmenskennzeichen

Der Bekanntheitsbegriff des § 15 Abs. 3 entspricht grundsätzlich demjenigen der bekannten **63** Marke (→ § 14 Rn. 536 ff.). § 15 Abs. 3 setzt aber voraus, dass das Unternehmenskennzeichen gerade in seiner Funktion als Unternehmenskennzeichen Bekanntheit genießt, während eine Bekanntheit des Zeichens nur als Marke nicht ausreicht. Allerdings kann einem Unternehmenskennzeichen die Bekanntheit einer Marke für entsprechende Dienstleistungen zu Gute kommen, da das Publikum in seiner Erinnerung nicht nach der Art der Kennzeichen differenziert (OLG Hamburg BeckRS 2015, 03393 Rn. 111 – Anson's/ASOS).

II. Bekanntheitsschutz bei Werktiteln

1. Grundlagen

64   Der Schutz des bekannten Titels entspricht überwiegend demjenigen der bekannten Marke aus § 14 Abs. 2 Nr. 3, weshalb ergänzend auf die dortige Kommentierung verwiesen wird (→ § 14 Rn. 531 ff.). Abweichend von § 14 Abs. 2 Nr. 3 greift der Bekanntheitsschutz nach § 15 Abs. 3 aber nur, wenn eine Verwechslungsgefahr nach § 15 Abs. 2 (→ § 15 Rn. 31 ff.) nicht vorliegt. Die Regelung des § 15 Abs. 3 findet allerdings nicht nur in Fällen fehlender Waren- und Dienstleistungsähnlichkeit (wie bei § 14 Abs. 2 Nr. 3 aF), sondern auch dann Anwendung, wenn die Verwechslungsgefahr aus anderen Gründen verneint werden muss (Ingerl/Rohnke/Nordemann/Bröcker Rn. 124; Ströbele/Hacker/Thiering/Hacker Rn. 71). Der Anwendungsbereich des § 15 Abs. 3 wird aber durch einen gegenüber der markenrechtlichen Verwechslungsgefahr erweiterten Anwendungsbereich des § 15 Abs. 2 (→ § 15 Rn. 1 ff.) eingeschränkt, der auch die Verwechslungsgefahr im weiteren Sinne (sog. „Lizenzvermutung") erfasst.

65   § 15 Abs. 3 findet auch dann Anwendung, wenn der bekannte Werktitel zu anderen Zwecken als in seiner Funktion als Titel eingesetzt wird (OLG München NJW-RR 1998, 984 (985) – freundin.de).

66   Da Titel häufig für den Inhalt des Werkes beschreibend sind und bei Werktiteln daher regelmäßig geringere Anforderungen an die Unterscheidungskraft zu stellen sind (→ § 5 Rn. 202), nimmt das Tatbestandsmerkmal des fehlenden rechtfertigenden Grundes (→ § 14 Rn. 560) im Rahmen des Titelschutzes nach § 15 Abs. 3 eine wesentliche Rolle ein und dient der Gewährleistung des Freihaltungsbedürfnisses.

2. Bekanntheit des Werktitels

67   Die Bekanntheit des Werktitels folgt den Grundlinien der bekannten Marke (OLG Köln GRUR-RR 2015, 292 (295) – Ich bin dann mal weg; → § 14 Rn. 536 ff.). Gegenüber Marken können Werktitel allerdings leichter binnen kürzester Zeit extreme Bekanntheitsgrade erreichen (Ingerl/Rohnke/Nordemann/J.B. Nordemann Rn. 225).

D. Rechtsfolgen

I. Unterlassungs- und Schadensersatzanspruch, Haftung des Betriebsinhabers

68   Die Rechtsfolgen bei der Verletzung von geschäftlichen Bezeichnungen hinsichtlich Unterlassung (§ 15 Abs. 4) und Schadensersatz (§ 15 Abs. 5) sind die gleichen wie bei der Verletzung von Marken (→ § 14 Rn. 562 ff.). Zur Haftung des Betriebsinhabers (§ 15 Abs. 6, § 14 Abs. 7) → § 14 Rn. 665 ff.

II. Antragstellung

69   Auch bei einem Unterlassungsanspruch gemäß § 15 Abs. 4 ist dem Verletzer grundsätzlich, wie allgemein im Kennzeichenrecht, die **konkrete Verletzungsform** zu verbieten, und zwar in der Form, wie die verwechslungsfähige Bezeichnung gebraucht wird, auch wenn die Verwechslungsgefahr nur durch einen Bestandteil der Kennzeichnung hervorgerufen wird. Die näheren Umstände, unter denen die verwechslungsfähige Bezeichnung benutzt worden ist, können dagegen grundsätzlich außer Betracht bleiben (BGH GRUR 1995, 825 (828) – Torres). Entsprechendes gilt bei Eingriffen in das Recht an einer Firmenbezeichnung. Auch hier ist das Unterlassungsgebot in der Regel nur gegen die **vollständige Firmenbezeichnung** zu richten, auch wenn die Verwechslungsgefahr nur durch einen Bestandteil des angegriffenen Firmennamens begründet wird (BGH GRUR 2010, 1020 Rn. 10 – Verbraucherzentrale). Ausnahmsweise kann die Benutzung eines Firmenbestandteils schlechthin untersagt werden, wenn der Verletzer diesen von vornherein nur in der Absicht gewählt hat, Verwechslungen mit der Klagekennzeichnung herbeizuführen und damit ihre Werbekraft unter Täuschung des Publikums über die Herkunftsstätte für sich auszunutzen (BGH GRUR 1958, 189 (196) – Zeiß; GRUR 1954, 457 (459) – Irus/Urus). Gleiches gilt bei der Verwendung des die Verwechslungsgefahr begründenden Bestandteils in Alleinstellung (BGH GRUR 1997, 468 (470) – NetCom).

III. Löschung von Firmenbezeichnungen

Ist eine verletzende Firmenbezeichnung im Handelsregister eingetragen, hat der Verletzte gegen **70** den Verletzer einen Anspruch auf Einwilligung in deren vollständige Löschung. Ob eine Teillöschung hinsichtlich des verwechslungsfähigen Bestandteils möglich ist, wird vom BGH nicht einheitlich beurteilt (bejahend BGH GRUR 2008, 803 Rn. 31 – HEITEC; zum UWG BGH GRUR 2007, 1079 Rn. 41 – Bundesdruckerei; ablehnend BGH GRUR 2008, 1108 Rn. 25 – Haus & Grund III; GRUR 2008, 1104 Rn. 34 mwN – Haus & Grund II).

E. Domainrecht

I. Allgemeines

Der **Begriff „Domainrecht"** ist etwas irreführend, da ein einheitliches Rechtsgefüge, das alle **71** speziell für Domainnamen geltenden Rechtsnormen enthält, nicht existiert. Das folgende Kapitel erörtert die Rechtsnatur von Domainnamen (→ Rn. 74 ff.), die Frage der Begründung von Kennzeichenrechten durch Domainnamen (→ Rn. 78 ff.) sowie die Verletzung von Kennzeichen- und/oder Namensrechten durch Domainnamen (→ Rn. 89 ff., → Rn. 129 ff.). Damit beschränkt sich die Darstellung auf die Behandlung **namens- und kennzeichenrechtlichen Vorschriften.** Dabei zeigt sich, dass es sich bei Domainnamen um keine Namens- oder Kennzeichenrechte handelt und die Vorschriften der §§ 14, 15 und § 12 BGB nicht ohne weiteres auf Domains angewendet werden können bzw. die Besonderheiten von Domains, insbesondere ihre vorrangige Funktion als leicht merkbare Adresse, ihre vielfältige Möglichkeiten der Nutzung sowohl im geschäftlichen als auch im privaten Bereich, die Einzigartigkeit der Vergabe jedes Domainnamens und die weltweite Erreichbarkeit zu berücksichtigen sind.

Daneben kann die Registrierung und Benutzung eines Domainnamens auch **wettbewerbs-** **72** **rechtliche Vorschriften** verletzen. Ein Rückgriff auf wettbewerbsrechtliche Ansprüche ist jedenfalls dann möglich, wenn sie sich gegen ein wettbewerbswidriges Verhalten richten, das als solches nicht Gegenstand einer kennzeichenrechtlichen Regelung ist (BGH GRUR 2009, 685 Rn. 38 – ahd.de; zur Anwendbarkeit des UWG neben den Vorschriften des MarkenG → § 2 Rn. 20 ff.). Insbesondere in Fällen von „Tippfehler-Domains" (vgl. insbesondere BGH GRUR 2014, 393 Rn. 25 ff. – wetteronlin.de) und bei „Domaingrabbing" (vgl. insbesondere BGH GRUR 2009, 685 Rn. 37 ff. – ahd.de) kann die Registrierung und Benutzung eines Domainnamens den Tatbestand der gezielten Behinderung eines Mitbewerbers gemäß § 4 Nr. 4 UWG (früher § 4 Nr. 10 UWG aF) erfüllen.

Kennzeichenverletzungen durch **sonstige internetspezifische Benutzungshandlungen** (zB **73** Metatags, Keywords) werden im Rahmen von § 14 Abschnitt B (→ § 14 Rn. 211 ff.) und kennzeichenrechtliche **Ansprüche gegen Betreiber von Internetverkaufsplattformen** im Rahmen von § 14 Abschnitt H (→ § 14 Rn. 684 f.) behandelt.

II. Rechtsnatur von Domains

1. Allgemeines

Bei einem Domainnamen handelt es sich zunächst nur um eine technische Adresse im Internet. **74** Die ausschließliche Stellung, die darauf beruht, dass ein Domainname nur einmal vergeben wird, ist allein technisch bedingt. Eine derartige, rein faktische Ausschließlichkeit begründet **kein absolutes Recht.** Durch die Registrierung eines Domainnamens erwirbt der Inhaber der Internetadresse weder Eigentum am Domainnamen selbst noch ein sonstiges absolutes Recht, das ähnlich der Inhaberschaft an einem Immaterialgüterrecht verdinglicht wäre (BGH GRUR 2012, 417 Rn. 23 – gewinn.de; GRUR 2008, 1099 Rn. 21 – afilias.de; BVerfG GRUR 2005, 261 – ad-acta.de). Der Vertragsschluss mit der Registrierungsstelle begründet allerdings ein relativ wirkendes vertragliches Nutzungsrecht zu Gunsten des Domainnameninhabers, das ihm ebenso ausschließlich zugewiesen ist wie das Eigentum an einer Sache (BGH GRUR 2008, 1099 Rn. 32 – afilias.de; GRUR 2009, 1055 Rn. 55 – airdsl; BVerfG GRUR 2005, 261 – ad-acta.de).

Die Rechtsnatur des Domainnamens als rein schuldrechtliches Nutzungsrecht hat zur Folge, **75** dass allein aufgrund eines (älteren) Domainnamens nicht gegen die Eintragung und/oder Benutzung eines identischen oder ähnlichen Kennzeichens (Marke, Unternehmenskennzeichen, Werktitel) oder Namen vorgegangen werden kann. Auch ein Vorgehen aufgrund einer älteren Domain gegen eine identische oder ähnliche jüngere Domain ist nicht möglich. Eine **Verletzung von Domainnamen** – analog zur Verletzung von Kennzeichen- und Namensrechten – **existiert**

daher nicht. Da ein Domainname als solches kein Kennzeichen- oder Namensrecht begründet, kann seine bloße Registrierung auch kein vorrangiges Recht im Rahmen des §§ 14, 15 (→ Rn. 92) begründen und keinen unbefugten Namensgebrauch im Rahmen des § 12 BGB ausschließen (→ Rn. 142).

76 Da eine Domain kein absolutes Recht darstellt, kann sie als solches auch nicht **lizenziert** werden. Ebenso wenig kann sie Gegenstand einer **Pfändung** sein; die Gesamtheit der schuldrechtlichen Ansprüche, die dem Inhaber der Domain gegenüber der Vergabestelle aus dem der Domainregistrierung zu Grunde liegenden Vertragsverhältnis zustehen, sind aber pfändbar (BGH GRUR 2005, 969 (970) – Domain-Pfändung).

77 Auch wenn ein Domainname als solches kein Kennzeichen- oder Namensrecht darstellt, kann seine Registrierung und/oder Benutzung identische oder ähnliche Kennzeichen- oder Namensrechte verletzen (→ Rn. 89 ff., → Rn. 129 ff.). Voraussetzung ist allerdings, dass dem Domainnamen im konkreten Fall nicht nur eine Adressfunktion, sondern auch eine Namens- (→ Rn. 102 ff.) oder kennzeichnende Funktion (→ Rn. 140) zukommt.

2. Entstehung von Kennzeichen- oder Namensrechten an einer Domain

78 **a) Allgemeines.** Ein Domainnamen als solches stellt zwar kein Kennzeichen- oder Namensrecht dar. Gleichwohl kann aber **durch die Benutzung eines Domainnamens** im Einzelfall kennzeichenrechtlich relevanter Schutz an dem Domainnamen erworben werden. Die Begründung von Kennzeichen- oder Namensrechten gemäß §§ 4, 5 und § 12 BGB durch die Benutzung eines Domainnamens ist dann von Interesse, wenn der Domaininhaber an dem in Rede stehenden Zeichen kein entsprechendes Kennzeichen (Marke, Unternehmenskennzeichen, Werktitel) oder keinen entsprechenden Namen innehat, oder aber Kennzeichenrechte zwar vorhanden, aber jünger als die Kennzeichenrechte des Gegners sind.

79 **b) Erwerb von Markenrechten an einem Domainnamen.** Da es generell möglich ist, dass das angesprochene Publikum in der Verwendung eines Domainnamens zugleich die Verwendung einer Marke als Herkunftshinweis für ein bestimmtes Produkt erkennt (insbesondere bei einer reinen Produktseite unter Verwendung eines die entsprechende Produktmarke enthaltenen Domainnamens) und da Markenschutz an einem Zeichen gemäß § 4 nicht nur durch die Eintragung eines Zeichens in das Register, sondern auch durch Benutzung entstehen kann, ist es **grundsätzlich** möglich, dass der Domaininhaber auch an dem als Domainname verwendeten Zeichen durch Benutzung Markenschutz erlangt.

80 Hierfür sind jedoch die strengen Anforderungen des **§ 4 Nr. 2** für den Schutz durch **Verkehrsgeltung** zu erfüllen (→ § 4 Rn. 27 ff.), was bei einer Verwendung des Zeichens allein in Form eines Domainnamens schwerlich möglich sein dürfte. Denkbar wäre dies allenfalls in den Fällen, in denen das entsprechende Produkt ausschließlich über das Internet erworben und bezogen werden kann oder das Internetangebot selbst die Ware/Dienstleistung darstellt (vgl. hierzu auch Ingerl/Rohnke/Nordemann/Dustmann/Engels Nach § 15 Rn. 58). Dass dabei die erforderliche Verkehrsgeltung erworben werden kann, erscheint zwar nicht ausgeschlossen, ist jedoch fraglich und dürfte in der Praxis der Erwerb einer Verkehrsgeltungsmarke durch die Benutzung einer Domain kaum Relevanz haben.

81 **c) Unternehmenskennzeichenrechte an einem Domainnamen.** Durch die Benutzung eines Domainnamens kann grundsätzlich ein entsprechendes Unternehmenskennzeichen erworben werden. Der Schutz eines Unternehmenskennzeichens nach **§ 5 Abs. 2 S. 1** entsteht bei einer von Haus aus unterscheidungskräftigen Bezeichnung mit der Aufnahme der Benutzung im Inland im geschäftlichen Verkehr zur Kennzeichnung des Geschäftsbetriebs (BGH GRUR 2012, 832 Rn. 44 – ZAPPA). Allein mit der Registrierung eines Domainnamens ist keine **Benutzungsaufnahme** verbunden. Vielmehr ist auch hier – wie bei der rechtsverletzenden Benutzung (→ Rn. 103 ff.) – eine Benutzung für eine aktive Website erforderlich. Die Registrierung des Domainnamens als solche lässt kein Kennzeichenrecht entstehen, weil damit allein keine Benutzung im geschäftlichen Verkehr verbunden ist (BGH GRUR 2009, 685 Rn. 30 – ahd.de). Auch ein bloßer Baustellenhinweis oder die Ankündigung, dass unter dem Domainnamen zukünftig ein Internetauftritt zu finden sein wird, genügt nicht, um ein Unternehmenskennzeichen zu erwerben (BGH GRUR 2009, 1055 Rn. 40 – airdsl). Das Anbieten einer Domain zum Verkauf (BGH GRUR 2009, 685 Rn. 30 – ahd.de) beinhaltet ebenfalls keine Benutzungshandlung, die ein Unternehmenskennzeichen an der Domain entstehen lässt. In solchen Fällen wird die Domain nicht zur Kennzeichnung eines Unternehmens benutzt (BGH GRUR 2009, 685 Rn. 30 – ahd.de). Dies gilt freilich auch in den anderen Fällen wie der bloßen Registrierung der Domain. Die Registrie-

rung stellt keine kennzeichenmäßige Benutzung dar bzw. fehlt es dabei an der Benutzung für ein bestimmtes Unternehmen (vgl. Ingerl/Rohnke/Nordemann/Dustmann/Engels Nach § 15 Rn. 43).

Für den Erwerb eines Unternehmenskennzeichens ist es zudem erforderlich, dass der Verkehr **82** in der als Domainname gewählten Bezeichnung einen **Herkunftshinweis** erkennt (BGH GRUR 2009, 685 Rn. 29 – ahd.de; GRUR 2008, 1099 Rn. 22 – afilias.de). Domainnamen, die zu einer aktiven, im geschäftlichen Verkehr verwendeten Homepage führen, kommt in der Regel neben der Adressfunktion eine kennzeichnende Funktion zu (BGH GRUR 2022, 1445 Rn. 23 – cusanus.de; GRUR 2013, 638 Rn. 27 – Völkl). Etwas anderes gilt allerdings dann, wenn der Domainname vom Verkehr nur als beschreibende Angabe verstanden wird oder ausnahmsweise eine reine Adressfunktion hat (BGH GRUR 2012, 832 Rn. 45, 19 – ZAPPA). Wird der Domainname ausschließlich als Adressbezeichnung verwendet, wird der Verkehr annehmen, es handele sich dabei um eine Angabe, die – ähnlich wie eine Telefonnummer – den Adressaten zwar identifiziert, nicht aber als Hinweis auf die betriebliche Herkunft gedacht ist (BGH GRUR 2005, 262 (263) – soco.de). So ist die Verwendung eines unterscheidungskräftigen Zeichens als Domain nicht kennzeichenmäßig, wenn unter dieser Domainbezeichnung keine Inhalte eingestellt sind, sondern sie nur zur automatischen Weiterleitung auf eine andere Domain dient, und diese Domainbezeichnung nicht nach außen bekannt gemacht wurde. Die Domain ist dann nicht mehr als eine Art technische Durchgangsstation (OLG Hamburg BeckRS 2011, 02047 – patmondial.de). Auch ist davon auszugehen, dass die Domain keine Namensfunktion aufweist, sondern nur eine zusätzliche Unternehmenskennung darstellt und insoweit den Geschäftsabzeichen gleichzustellen ist, sodass der Schutz nach **§ 5 Abs. 2 S. 2** vom Vorliegen einer Verkehrsgeltung abhängt, wenn ein Unternehmen sowohl im herkömmlichen Geschäftsverkehr unter der Firma als auch im Internet unter einer abweichenden Domain auftritt. Anders kann es bei Unternehmen liegen, die ausschließlich über das Internet am geschäftlichen Verkehr teilnehmen (so LG Köln GRUR-RS 2019, 17693 Rn. 14 mwN).

Ein Schutz als Unternehmenskennzeichen setzt außerdem voraus, dass der Domainname als **83** **Hinweis auf ein Unternehmen bzw. einen Geschäftsbetrieb** verstanden wird (BGH GRUR 2008, 1099 Rn. 22 – afilias.de). Nicht ausreichend ist es daher, wenn die Domain als bloßes Produktkennzeichen oder als Kennzeichen für bestimmte Dienstleistungen (zu Letzterem LG Köln BeckRS 2019, 17693 Rn. 16 ff.) benutzt wird.

Außerdem müssen auch hier die übrigen allgemeinen Voraussetzungen für den Erwerb eines **84** Unternehmenskennzeichens vorliegen. Demnach muss der Domainname im **geschäftlichen Verkehr** und nicht rein privat benutzt werden (→ § 5 Rn. 112 ff.). Die Benutzungsaufnahme muss **im Inland** erfolgen (→ § 5 Rn. 115 ff.). Allein der Umstand, dass regelmäßig jede Internetseite theoretisch im Inland abrufbar ist, kann für die Begründung entsprechenden kennzeichenrechtlichen Schutzes nicht genügen. Maßgeblich ist vielmehr, dass sich der Internetauftritt bestimmungsgemäß an inländische Verkehrskreise richtet (→ Rn. 93 ff.).

Schließlich ist die **territoriale Reichweite** des unterstellten Unternehmenskennzeichenschutzes zu bestimmen. Bei Unternehmen mit einem nur lokalen oder regionalen Wirkungskreis **85** entsteht trotz bundesweit aufrufbarem Internetauftritt kein entsprechend weiter Schutz, solange der Internetauftritt die eigentliche Geschäftstätigkeit des dahinterstehenden Unternehmens nur begleitet und keine Anhaltspunkte bestehen, dass der Internetauftritt den bisherigen räumlichen Wirkungskreis bundesweit ausdehnen soll (BGH GRUR 2005, 262 (263 f.) – soco.de).

d) Werktitelrechte an einem Domainnamen. Auch Werktitelrechte können durch die **86** Benutzung eines Domainnamens entstehen, wenn die allgemeinen Anforderungen des § 5 Abs. 3 erfüllt sind (vgl. BGH BeckRS 2016, 12491 Rn. 17 – wetter.de). Insbesondere ist eine Verwendung des Domainnamens im geschäftlichen Verkehr erforderlich.

Ein Werktitelschutz entsteht grundsätzlich erst mit **Aufnahme der Benutzung** eines unter- **87** scheidungskräftigen Titels, und auch erst dann, wenn das Werk – hier die unter der Domain aufrufbare Internetseite – weitgehend fertig gestellt ist, was insbesondere die Hinterlegung redaktioneller Inhalte voraussetzt (BGH GRUR 2009, 1055 Rn. 41 f. – airdsl). Auch hier genügt wie bei Unternehmenskennzeichen die bloße Registrierung der Domain zum Entstehen eines Kennzeichenschutzes nicht (→ Rn. 81). Durch eine Titelschutzanzeige kann der Schutz eines Werktitels vorverlagert werden. Die bloße Ankündigung eines zukünftigen Internetauftritts auf der eigenen Website unter der streitgegenständlichen Domain genügt hierfür nicht (BGH GRUR 2009, 1055 Rn. 43–45 – airdsl).

Ferner muss die Domain **kennzeichenmäßig** benutzt werden. Dies setzt voraus, dass der **88** Verkehr in der als Domainnamen gewählten Bezeichnung ein Zeichen zur Unterscheidung eines

Werkes von einem anderen und nicht nur als Adressbezeichnung sieht (BGH GRUR 2010 156 Rn. 20 – EIFEL-ZEITUNG). Dies bedeutet zu einem, dass der Verkehr die Domain als Bezeichnung der Website selbst in Unterscheidung zu anderen Websites sehen muss. Oftmals dürfte eine Domain aber nur als Bezeichnung für das unter der Domain werbende Unternehmen oder das dort präsentierte Waren/Dienstleistungsangebot verstanden werden. Bei Websites mit redaktionellen Inhalten kann hingegen regelmäßig von einem Verständnis als Titel ausgegangen werden, so insbesondere bei Internetzeitungen (bejaht von BGH GRUR 2010 156 Rn. 21 – EIFEL-ZEITUNG) oder online abrufbaren Datenbanken. An einer kennzeichenmäßigen Benutzung fehlt es auch bei rein beschreibenden oder nicht unterscheidungskräftigen Domainnamen, auch wenn bei Titeln ein großzügiger Maßstab angelegt wird, so zB bei „wetter.de", OLG Köln MMR 2014, 830 (→ § 5 Rn. 202).

III. Verletzung von Kennzeichenrechten

89   Eine Domain als Wortzeichen kann typischerweise die im MarkenG geregelten Kennzeichenrechte verletzen. Ob dies der Fall ist, richtet sich nach den bei §§ 14, 15 dargestellten allgemeinen Voraussetzungen, wobei jedoch bei der Verwendung von Domainnamen einige Besonderheiten zu beachten sind, die im Folgenden dargestellt werden. Die §§ 14, 15 sind aber nur dann anwendbar, wenn der Anspruchsteller Inhaber einer Marke (§ 4), eines Unternehmenskennzeichens (§ 5 Abs. 2) oder eines Werktitels (§ 5 Abs. 3) ist und der Verletzer im geschäftlichen Verkehr handelt.

90   **Außerhalb des geschäftlichen Verkehrs** kommt die Anwendung des § 12 BGB (→ Rn. 129 ff.) sowie des § 823 BGB in Betracht. Ein etwaiger **Rückgriff auf § 823 BGB** ist insbesondere dann von Interesse, wenn mangels Handelns im privaten Verkehr Ansprüche aus §§ 14, 15 von vornherein nicht eingreifen und es sich bei dem geschützten Kennzeichen nicht um ein Unternehmenskennzeichen, sondern um ein reines Produktkennzeichen (Marke oder Werktitel) handelt, das nicht als Name im Sinne dieser Vorschrift geschützt ist (→ Rn. 132), so dass auch Ansprüche aus § 12 BGB ausscheiden. Da nach Ansicht des BGH die allgemeinen zivilrechtlichen Vorschriften nur ergänzend herangezogen werden dürfen, wenn der Schutz nach dem MarkenG versagt, der Schutz von Marken und Werktiteln aber auf ein Handeln im geschäftlichen Verkehr zugeschnitten ist, dürfte ein Rückgriff auf § 823 BGB ausgeschlossen sein, wenn es um den Schutz eines reines Produktkennzeichens gegen die Registrierung und/oder Benutzung einer Domain im privaten Bereich geht (so Ingerl/Rohnke/Nordemann/Dustmann/Engels Nach § 15 Rn. 68 und 184).

1. Allgemeine Voraussetzungen

91   **a) Bestehender Kennzeichenschutz.** Grundvoraussetzung für Ansprüche aus § 14 oder § 15 wegen der Verwendung eines Domainnamens ist der **Bestand** einer Marke (§ 4) oder geschäftlichen Bezeichnung (§ 5), die in Bezug auf die angegriffene Domain den **Vorrang** hat. Auf den Vorrang kommt es jedoch nur an, wenn der in Anspruch genommene Dritte auf relevante eigene Rechte oder auf Rechte Dritter berufen kann (→ § 15 Rn. 8, → § 14 Rn. 32 ff.). Demgegenüber spielt der Vorrang keine Rolle, wenn ein Zeichen angegriffen wird, an dem kein (eigenes oder fremdes) Gegenrecht besteht.

92   Auch wenn die Registrierung einer Domain zeitlich vor der Anmeldung einer Marke oder der Benutzungsaufnahme einer geschäftlichen Bezeichnung erfolgte, kann dem Inhaber einer Marke oder geschäftlichen Bezeichnung kein prioritätsälteres Recht entgegengehalten werden, sofern dem Domaininhaber mangels Vorliegens der in → Rn. 78 ff. dargestellten Voraussetzungen gerade kein Kennzeichenrecht an dem Domainnamen zusteht und er auch über die Domain hinaus über kein (älteres) Namens- oder Kennzeichenrecht verfügt (vgl. BGH GRUR 2009, 1055 Rn. 54 f., 39 ff. – airdsl; GRUR 2009, 685 Rn. 28 ff. – ahd.de). Dies ist insbesondere dann der Fall, wenn die Domain nur registriert wurde (→ Rn. 75).

93   **b) Begehung im räumlichen Schutzbereich des Kennzeichenrechts.** Grundsätzlich besteht die technische Möglichkeit, Internetseiten unter jedem beliebigen Domainnamen weltweit – und damit auch im Schutzbereich einer deutschen Marke oder einer geschäftlichen Bezeichnung – aufzurufen. Andererseits ist der Schutzbereich einer inländischen Marke/geschäftlichen Bezeichnung aufgrund des **Territorialitätsprinzips** auf das Gebiet der Bundesrepublik Deutschland beschränkt, weshalb entsprechende Ansprüche aus der Marke/geschäftlichen Bezeichnung eine das Kennzeichenrecht verletzende Benutzungshandlung im Inland voraussetzen (BGH GRUR 2012, 621 Rn. 34 – OSCAR; GRUR 2005, 431 (432) – HOTEL MARITIME; → § 14 Rn. 52 ff.).

Die bloße Abrufbarkeit einer Internetseite im Inland stellt nicht zwingend eine Verletzungs- **94** handlung im Inland dar. Vielmehr ist nach der Rechtsprechung eine für das Inland maßgebliche Verletzungshandlung nur anzunehmen, wenn der unter dem Domainnamen abrufbare Internetauftritt einen hinreichend wirtschaftlich relevanten Inlandsbezug (**„commercial effect"**) aufweist, da andernfalls eine uferlose Ausdehnung des Schutzes nationaler Kennzeichenrechte und eine unangemessene Beschränkung der wirtschaftlichen Entfaltung ausländischer Unternehmen zu befürchten wären (BGH GRUR 2012, 621 Rn. 36 – OSCAR; GRUR 2005, 431 (433) – HOTEL MARITIME).

Dabei ist eine **Gesamtabwägung** vorzunehmen, bei der auf der einen Seite zu berücksichtigen **95** ist, wie groß die Auswirkungen der Kennzeichenbenutzung auf die inländischen wirtschaftlichen Interessen des Zeicheninhabers sind. Auf der anderen Seite ist maßgebend, ob und inwieweit die Rechtsverletzung eine unvermeidbare Begleiterscheinung technischer oder organisatorischer Sachverhalte ist, auf die der in Anspruch Genommene keinen Einfluss hat, oder aber ob dieser – zB durch das Schaffen von Bestellmöglichkeiten aus dem Inland oder die Lieferung auch ins Inland – zielgerichtet von der inländischen Erreichbarkeit profitiert und die Beeinträchtigung des Zeicheninhabers dadurch nicht nur unwesentlich ist (BGH GRUR 2012, 621 Rn. 36 – OSCAR). Es müssen daher Anhaltspunkte dafür vorliegen, dass das Angebot im Internet auch für den deutschen Markt bestimmt ist bzw. sich an inländische Verkehrskreise wendet, zB weil das Angebot in deutscher Sprache gehalten ist, Bestellmöglichkeiten im Inland bestehen bzw. an inländische Adressen geliefert wird, eine inländische Kontaktadresse genannt wird oder es sich um eine „.de"- Domain handelt. Eine inländische Verletzungshandlung wird demgegenüber zu verneinen sein, wenn die Internetseite ausschließlich in englischer Sprache gehalten und kein Vertrieb nach Deutschland erkennbar ist.

Bei **Unternehmenskennzeichen mit einem räumlich begrenzten Schutzbereich** (→ **96** § 5 Rn. 129 ff.) führt die Benutzung einer identischen oder ähnlichen Domain durch ein anderes Unternehmen, das in einer anderen Region tätig ist, nicht notwendigerweise zu einer Rechtsverletzung. Allein die Abrufbarkeit der gegnerischen Domain im räumlichen Schutzbereich des (älteren) Unternehmenskennzeichens genügt hierfür nicht. Insoweit gilt hinsichtlich der Verletzungshandlung dasselbe wie hinsichtlich der Begründung von Unternehmenskennzeichenrechten (→ Rn. 85, → § 5 Rn. 135). Allein die Einrichtung eines bundesweit abrufbaren Internetauftritts führt nicht zur automatischen Ausweitung des räumlichen Tätigkeitsbereichs eines an sich nur regional oder lokal tätigen Unternehmens. Nur wenn sich aus dem Internetauftritt ergeben würde, dass das Unternehmen nun auch außerhalb seines bisherigen Wirkungskreises seine Waren/Dienstleistungen anbietet und dieser räumliche Wirkungskreis in den räumlichen Schutzbereich des (älteren) Unternehmenskennzeichens fallen würde, kann eine relevante Verletzungshandlung vorliegen (→ § 15 Rn. 13).

c) Im geschäftlichen Verkehr. Die Verletzung von Kennzeichenrechten nach §§ 14, 15 **97** kommt nur bei einem Handeln im geschäftlichen Verkehr in Betracht. Da Domains auch zahlreich **zu rein privaten Zwecken** verwendet werden, die dem Markenrecht nicht unterfallen, kommt der Feststellung des Handelns im geschäftlichen Verkehr in Bezug auf Domainnamen eine besondere Bedeutung zu. So existiert auch bei der Benutzung eines Domainnamens keine Vermutung für den geschäftlichen Verkehr. Vielmehr bedarf es einer positiven Feststellung, dass er im geschäftlichen Verkehr benutzt wird, wobei im Zweifel von einer rein privaten Nutzung auszugehen ist (BGH GRUR 2008, 1099 Rn. 12 – afilias.de).

Demnach ist es regelmäßig nicht ergiebig, den Domainnamen isoliert zu betrachten; erforder- **98** lich ist vielmehr eine Gesamtbetrachtung unter Einbeziehung des darunter aufrufbaren Internetauftritts. Ein Handeln im geschäftlichen Verkehr ist regelmäßig dann anzunehmen, wenn der Domainname zu Internetseiten mit einem kommerziellen Angebot führt (BGH GRUR 2009, 1055 Rn. 61 – airdsl.de) wie beispielsweise bei **aktiven Internetauftritten von Unternehmen.**

Problematisch sind die Fälle, in denen es (noch) keinen Internetauftritt unter dem fraglichen **99** Domainnamen gibt. Nimmt etwa eine **Privatperson** eine Domainregistrierung bei der zuständigen Vergabestelle vor, ist dies grundsätzlich als Handlung anzusehen, die dem privaten Bereich zuzuordnen ist (vgl. BGH GRUR 2002, 622 (624) – shell.de).

Mit der bloßen Registrierung einer Domain durch eine Privatperson vergleichbar sind die **100** **Fälle nicht benutzter Domainnamen,** da auch hier für die Frage, ob ein Handeln im geschäftlichen Verkehr vorliegt, nicht auf den Inhalt der unter der Domain abrufbaren Seite abgestellt werden kann. Auch in diesem Fall scheint der BGH davon auszugehen, dass konkrete Anhaltspunkte für ein Handeln im geschäftlichen Verkehr vorliegen müssen, und zwar selbst dann, wenn die Domain von einem Unternehmen registriert wurde (vgl. BGH GRUR 2016, 810 Rn. 23 ff. –

Profitbricks.es). Wird ein Domainname zum Zwecke der **Weiterleitung** auf die Website eines Dritten genutzt, die mit Inhalten versehen ist, kann hingegen eine Benutzung im geschäftlichen Verkehr vorliegen, insbesondere wenn der Domaininhaber für die Weiterleitung eine Vergütung erhält (BGH GRUR 2016, 810 Rn. 29 ff. – Profitbricks.es).

101   Dass im geschäftlichen Verkehr gehandelt wird, lässt sich nicht aus dem Umstand schließen, dass die Domain unter der generischen Top-Level-Domain „.com" registriert ist. Dies begründet keine Vermutung für eine Benutzung im geschäftlichen Verkehr. Zwar war die Top-Level-Domain „.com" ursprünglich für die gewerbliche Nutzung vorgesehen. Tatsächlich steht sie aber allen Nutzern offen (BGH GRUR 2016, 810 Rn. 24 – Profitbricks.es).

2. Rechtsverletzende Benutzung

102   Ansprüche aus einer Marke oder einer geschäftlichen Bezeichnung gegen die Verwendung eines Domainnamens setzen voraus, dass die kollidierende Bezeichnung kennzeichenmäßig verwendet wird bzw. eine entsprechende Verwendung zumindest droht (zu den Anforderungen an eine kennzeichenmäßige Benutzung allgemein → § 15 Rn. 20 ff., → § 14 Rn. 92 ff., → § 14 Rn. 128 ff.). So fehlt es entsprechend den allgemeinen Regeln am kennzeichenmäßigen Gebrauch, wenn der Domainname aus einer Gattungsbezeichnung besteht oder der Verkehr ihn als beschreibende Angabe versteht (BGH GRUR 2008, 912 Rn. 19 – Metrosex). Bei Domainnamen ist im Hinblick auf eine kennzeichenmäßige Benutzung darüber hinaus insbesondere von Bedeutung, ob diese für eine aktive Website genutzt wird oder bislang nur registriert wurde.

103   Domainnamen, die zu einer **aktiv verwendeten Website** führen, kommt in der Regel neben der Adressfunktion eine kennzeichnende Funktion zu (BGH GRUR-RS 2022, 18400 Rn. 23 – cusanus.de). Der Verbraucher sieht in ihnen einen Hinweis auf die betriebliche Herkunft der unter den Bezeichnungen im Internet angebotenen Waren oder Dienstleistungen (BGH GRUR 2009, 1055 Rn. 49 – airdsl.de) bzw. einen Hinweis auf ein bestimmtes Unternehmen (BGH GRUR 2009, 685 Rn. 20 – ahd.de). Regelmäßig liegt daher bei Websites mit einem konkreten Inhalt eine rechtsverletzende Benutzungshandlung vor. Etwas anderes gilt allerdings dann, wenn der Domainname ausnahmsweise eine reine Adressfunktion hat oder wenn er vom Verkehr nur als beschreibende Angabe oder Gattungsbegriff verstanden wird (BGH GRUR 2016, 1300 Rn. 35 – Kinderstube; GRUR 2009, 1055 Rn. 49 und 58 – airdsl.de, zu § 14; GRUR 2008, 912 Rn. 19 – Metrosex, zu §§ 14, 15). Dabei ist das zugrunde zu legende Verkehrsverständnis anhand des Domainnamens und des Inhalts der Domain zu ermitteln (BGH GRUR 2012, 832 Rn. 24 – ZAPPA). So kann letztlich nach Auffassung der angesprochenen Kreise in einem Domainnamen, der als Second Level Domain den Namen eines Künstlers enthält, in der Zusammenschau mit dem konkreten Inhalt der Seite eine ausschließlich beschreibende Angabe zu sehen sein (BGH GRUR 2012, 832 Rn. 20 ff. – ZAPPA betreffend die Domain „zappa.com"). Bei einer Titelverletzung ist es erforderlich, dass die angegriffene Domain als titelmäßige Benutzung für die aktive Website und damit als Bezeichnung eines Werkes zur Unterscheidung von anderen Werken zu verstehen ist. Dies ist insbesondere bei Domains zu bejahen, auf deren Web-Seiten redaktionelle Inhalte und Informationen (zB Internetzeitungen oder Online-Datenbanken) angeboten werden (zB OLG Hamburg, GRUR-RR 2004, 104 (107) – ELTERN).

104   Ein **rein firmenmäßiger Gebrauch** des angegriffenen Domainnamens, der ggf. mangels markenmäßiger Benutzung nicht als Markenverletzung zu werten wäre (→ § 14 Rn. 93 ff.), wird bei aktiv verwendeten Websites regelmäßig nicht vorliegen, da durch die entsprechenden Internetseiten meistens ein für eine markenmäßige Benutzung ausreichender Bezug zu dem konkreten Waren/Dienstleistungsangebot des Verletzers hergestellt wird (BGH GRUR 2009, 1055 Rn. 59 – airdsl).

105   In den Fällen, in denen über den Domainnamen keine Inhalte abgerufen werden können, weil dieser **bislang nur registriert** wurde oder sich nur ein „Baustellen-Hinweis" auf der Website befindet, wird allgemein keine rechtsverletzende Benutzung angenommen (zB BGH GRUR 2009, 484 Rn. 64 – Metrobus; GRUR 2008, 912 Rn. 16 – Metrosex; GRUR 2005, 687 (688 f.); anders bei § 12, → Rn. 139). Die Begründung ist allerdings nicht einheitlich. Überzeugend ist das Argument, dass es in Fällen der bloßen Registrierung einer Domain und in vergleichbaren Fällen ohne aktive Website an der erforderlichen Benutzung „für Waren und Dienstleistungen" bei § 14 (→ § 14 Rn. 92 ff.) bzw. an der erforderlichen Benutzung „in einer Branche" bei §§ 15, 5 Abs. 2 bzw. an dem erforderlichen Bezug zu einem titelschutzfähigen Werk bei §§ 15, 5 Abs. 3 als Teil des Begriffs einer kennzeichenmäßigen Benutzung fehlt (Ingerl/Rohnke/Nordemann/Dustmann/Engels Nach § 15 Rn. 112, 146). Zudem fehlt es schlichtweg an bestimmten Waren/Dienstleistungen (bei § 14) oder einer bestimmten Branche bzw. einem bestimmten Werk (bei

§ 15), die der Prüfung der Ähnlichkeit der Waren/Dienstleistungen oder der Branchenähnlichkeit bzw. Werknähe zugrunde gelegt werden müsste(n).

Eine rechtsverletzende Benutzung kann aber dann angenommen werden, wenn die bloße **106** Registrierung einer Domain oder das bloße Halten der Registrierung **für sich genommen schon eine Rechtsverletzung darstellt** und nicht erst die Benutzung der Domain für ein konkretes Internetangebot (vgl. BGH GRUR 2010, 235 Rn. 24 – AIDA/AIDU; GRUR 2008, 912 Rn. 37 – Metrosex; GRUR 2007, 888 Rn. 13 – Euro Telekom), was der Fall ist, wenn jede Verwendung des beanstandeten Domain-Namens die Voraussetzungen für eine Verletzung des älteren Kennzeichenrechts erfüllt. Die Ausnahme kommt daher nur in Betracht bei sehr bekannten Marken, deren Unterscheidungskraft oder Wertschätzung durch jede Benutzung für alle denkbaren Waren und Dienstleistungen ausgenutzt oder beeinträchtigt wird, und bei Marken mit einem sehr breiten Verzeichnis, das Schutz praktisch für alle Waren und Dienstleistungen beansprucht. Auch eine allein mit der Absicht erfolgte Registrierung, eine Domain für einen mit Inhalten versehenen Internetauftritt zu benutzen, stellt keine Verletzungshandlung dar, solange nicht feststeht, dass die Domain für eine mit Inhalten versehenen Internetauftritt benutzt wurde (BGH GRUR 2016, 810 Rn. 28 – Profitbricks.es).

Im Falle der bloßen Registrierung einer Domain besteht allenfalls ein **vorbeugender Unter-** **107** **lassungsanspruch** aufgrund Erstbegehungsgefahr wegen drohender Benutzung für eine aktive Website. Dabei muss die Erstbegehungsgefahr auf eine konkrete Verletzungshandlung gerichtet sein (→ § 14 Rn. 615). Die die Erstbegehungsgefahr begründenden Umstände müssen die drohende Verletzungshandlung so konkret abzeichnen, dass sich für alle Tatbestandsmerkmale zuverlässig beurteilen lässt, ob sie verwirklicht sind (BGH GRUR 2008, 912 Rn. 17 – Metrosex), zB weil sich aus Ankündigungen des Domaininhabers erkennen lässt, welche Benutzung der Domain er konkret beabsichtigt. Dagegen fehlt es an einer konkreten Verletzungshandlung, wenn der Domainname in einer Weise verwendet werden kann, dass der Verkehr ihn als beschreibende Angabe versteht (BGH GRUR 2009, 484 Rn. 64 – Metrobus).

Kein in diese Gruppe einzuordnender Fall ist die Verwendung eines Domainnamens zum **108** sofortigen Weiterleiten auf eine andere Website. Zwar ist unter der **weiterleitenden Domain** an sich kein (eigener) Inhalt abrufbar, durch die Weiterleitung wird jedoch der dabei verwendete Domainname zur Bezeichnung und damit auch zur markenmäßigen Kennzeichnung des im Ergebnis durch Eingabe der Domain abrufbaren Inhalts verwendet. Bei der automatischen Weiterleitung von einer Domain zu einer anderen wird der Verkehr daher in einem unterscheidungskräftigen Domainnamen einen Hinweis auf die betriebliche Herkunft der angebotenen Leistungen sehen (BGH GRUR 2016, 1300 Rn. 35, 40 – Kinderstube; GRUR 2009, 1055 Rn. 60 – airdsl; OLG Frankfurt GRUR-RR 2018, 70 Rn. 12 – monumente-reisen.de; zu § 14), sofern unter der zweiten Domain ein Waren- oder Dienstleistungsangebot abrufbar ist.

In gleicher Weise ist es eine markenmäßige Benutzung, wenn – wie beispielsweise beim sog. **109** **Domain-Parking** – auf der unter dem fraglichen Domainnamen erreichbaren Internetseite elektronische Werbeverweise zu einem entsprechenden Produktangebot Dritter führen. Dann versteht der Verbraucher den Domainnamen im Regelfall als Hinweis auf die Herkunft der Produkte, die unter den auf der Internetseite befindlichen Werbeverweisen angeboten werden. Die Verwendung einer vermeintlich aufklärenden Überschrift wie „Gesponserte Links" ändert daran nichts (BGH GRUR 2011, 617 Rn. 19 – Sedo; vgl. aber auch LG Frankfurt a.M. BeckRS 2013, 11641).

Das **Anbieten eines Domainnamens zum Verkauf** hingegen stellt keine rechtsverletzende **110** Benutzung dar, da dieser dabei nicht zur Kennzeichnung eines Unternehmens oder der von ihm angebotenen Waren oder Dienstleistungen verwendet wird. Vielmehr handelte es sich lediglich um ein Angebot zum Erwerb des Domainnamens, jedoch nicht um ein geschäftliches Handeln unter dem Domainnamen (BGH GRUR 2009, 685 Rn. 30 – ahd.de; bestätigt durch BGH GRUR 2016, 810 Rn. 25 – Profitbricks.es).

3. Verletzungstatbestände

a) Doppel-Identität bei Markenverletzung. § 14 Abs. 2 Nr. 1 kommt nur in Betracht, wenn **111** ein Fall der Doppel-Identität vorliegt. Fraglich ist, ob die Top Level Domain in die Beurteilung der Ähnlichkeit der Zeichen einzubeziehen ist. Dies hat der BGH bejaht. So stelle der angegriffene Domainname „soco.de" gegenüber dem Kennzeichen „SoCo" keine identische Verletzungsform dar (BGH GRUR 2005, 262 (263) – soco.de, zu § 15 Abs. 2; vgl. auch BGH GRUR 2009, 1055 Rn. 66 – airdsl, wo zwischen der Klagemarke air-dsl und den Domainnamen airdsl.de und air-dsl.de eine hochgradige Ähnlichkeit im Rahmen des § 14 Abs. 2 Nr. 2 angenommen wird, ohne auf § 14 Abs. 2 Nr. 1 einzugehen). Wohl wird man aber angesichts der **Lockerung des Begriffs**

der Zeichenidentität (→ § 14 Rn. 269) bei der bloßen Hinzufügung einer Top Level Domain den Tatbestand einer identischen Verletzung zu bejahen haben, wenn die Second Level Domain für sich genommen identisch mit der Marke ist (so Ingerl/Rohnke/Nordemann/Dustmann/Engels Nach 15 Rn. 127).

112   **b) Verwechslungsgefahr.** Die Beurteilung, ob Verwechslungsgefahr zwischen einem Domainnamen als Kollisionszeichen und der Marke/geschäftlichen Bezeichnung gemäß § 14 Abs. 2 Nr. 2 bzw. § 15 Abs. 2 besteht, erfolgt nach den allgemeinen Grundsätzen. Maßgeblich ist auch hier, dass die einzelnen zu berücksichtigenden Faktoren (insbesondere Kennzeichnungskraft der Marke/geschäftlichen Bezeichnung, Waren-/Dienstleistungsähnlichkeit, Zeichenähnlichkeit) zueinander in einer **Wechselbeziehung** stehen mit der Folge, dass ein geringerer Grad eines Faktors durch den höheren Grad eines anderen Faktors ausgeglichen werden kann.

113   Fraglich ist, ob man bei der Prüfung der Verwechslungsgefahr auf ein spezielles **Verkehrs- und/ oder Internetverständnis** abstellen muss. Dies ist grundsätzlich zu verneinen: da die Nutzung des Internet inzwischen in allen Bevölkerungsgruppen zum Alltag gehört (so auch Ingerl/Rohnke/ Nordemann/Dustmann/Engels Nach § 15 Rn. 129), kommt es für die Bestimmung der maßgeblichen Verkehrskreise wie bei sonstigen Fällen auch auf die vom jeweiligen konkreten Auftritt angesprochenen Verkehrskreise an. Dies können im Einzelfall auch (nur) Fachkreise sein.

114   Hinsichtlich der **Zeichenähnlichkeit** gelten die allgemeinen Grundsätze und damit insbesondere die Prägetheorie. So sind der Header „www" und die Top Level Domain bei der Beurteilung der Ähnlichkeit einer Marke/geschäftlichen Bezeichnung und einer Domain regelmäßig zu vernachlässigen, da diese eine rein funktionale Bedeutung haben (BGH GRUR 2009, 1055 Rn. 66 – airdsl; GRUR 2009, 685 Rn. 26 – ahd.de). Geringfügige Abweichungen in der Schreibweise wie zB Groß- oder Kleinschreibung und mit oder ohne Bindestrich ändern wie auch sonst nichts an einer im Übrigen bestehenden Ähnlichkeit. Dies gilt auch bei sog. „Tippfehler-Domains", die sich absichtlich eng an den Namen bekannter Webseiten anhängen, um die Internetnutzer umzuleiten (vgl. LG Hamburg GRUR-RR 2007, 44 (45) – bundesliga.de, zu § 12 BGB).

115   Im Domainrecht kann die Beurteilung der **Waren-/Dienstleistungsähnlichkeit** bzw. der **Branchennähe** im Einzelfall Schwierigkeiten bereiten. Grundsätzlich sind die unter der Domain auf der Website angebotenen Waren/Dienstleistungen bzw. die angebotene Tätigkeit maßgeblich. Der Betrieb einer Website als solches ist daher nicht die maßgebliche Dienstleistung, da sonst zwischen allen Websites unabhängig von deren Inhalt eine Dienstleistungsähnlichkeit/Branchennähe bestünde. Zwar kann eine Dienstleistung durchaus nur über das Internet erfolgen und die dort angebotenen Inhalte das Angebot darstellen wie zB bei reinen Internetzeitungen oder Online-Datenbanken. Auch dann ist aber nicht die Website als solches die Dienstleistung, sondern stellen die dort angebotenen Inhalte das Angebot dar (vgl. zB BGH GRUR 2009, 685 Rn. 27 – ahd.de). Bei geparkten Domains, die eine große Anzahl an „sponsored links" zu einem besonderen Themenkreis beinhalten, wird es sich in der Regel um eine Informationsdienstleistung zum betroffenen Sachgebiet handeln (so Ingerl/Rohnke/Nordemann/Dustmann/Engels Nach § 15 Rn. 140).

116   Bei der Beurteilung der **Werknähe** steht einem Angebot unter der angegriffenen Domain häufig ein Werk in Printform gegenüber. In diesen Fällen kommt es nach der Rechtsprechung entscheidend auf die inhaltlichen Übereinstimmungen an. Handelt es sich um Werke mit identischem oder ähnlichem Inhalt, ist eine Werknähe regelmäßig zu bejahen, wie zB zwischen dem älteren Titel „ELTERN" für eine Zeitschrift für Eltern und einem Informationsangebot zu diesem Thema unter der Domain „eltern-online.de" (vgl. OLG Hamburg GRUR-RR 2004, 104 (107) – ELTERN; weitere Beispiele unter Ingerl/Rohnke/Nordemann/Dustmann/Engels Nach § 15 Rn. 157).

117   **c) Bekannte Kennzeichen.** Ob die Verwendung eines Domainnamens eine Verletzung einer bekannten Marke begründen kann, ist nach den allgemeinen Kriterien zu prüfen. Nach der „shell.de"-Entscheidung des BGH beeinträchtigt regelmäßig bereits die Verwendung einer bekannten Marke als Domainname für das eigene Angebot die Unterscheidungskraft iSv § 14 Abs. 2 Nr. 3 (BGH GRUR 2002, 622 (625) – shell.de). Auch wenn es um den Schutz bekannter Kennzeichen geht, stehen dem Inhaber eines derartigen Kennzeichens dieselben Ansprüche zu wie beim Bestehen „bloßer" Verwechslungsgefahr zwischen Domainname und nicht bekanntem Kennzeichen und daher besteht insbesondere kein Anspruch auf Verzicht einer Domain (→ Rn. 128).

4. Besonderheiten bei Einwendungen und Einreden des Domaininhabers

118   Der Domaininhaber kann sich gegenüber dem Markeninhaber ggf. auf § 23 bzw. § 24 berufen, soweit deren Voraussetzungen bezüglich der Verwendung des Domainnamens vorliegen. Insoweit

gelten die allgemeinen Anforderungen. Ferner kommen Verjährung oder Verwirkung in Betracht, was an dieser Stelle mangels domainrechtstypischer Besonderheiten keiner Vertiefung bedarf.

a) Besonderheiten in Bezug auf § 23. Auf § 23 **Nr. 1** kann sich der Domaininhaber berufen, **119** wenn er über ein eigenes Namensrecht verfügt und der Domainname diesem Namen entspricht. Der Begriff des „Namens" umfasst dabei nur noch den Namen natürlicher Personen und nicht mehr wie bei § 23 Nr. 1 aF auch Unternehmenskennzeichen (→ § 23 Rn. 13). Die Vorschrift hat vor allem im Gleichnamigenrecht ihren Anwendungsbereich (→ Rn. 163 ff., → § 23 Rn. 15 ff.).

§ 23 Nr. 2 erfasst die Fälle, in denen der angegriffene Domainname zwar prinzipiell kennzei- **120** chenmäßig benutzt wird, aber gleichwohl als beschreibende Angabe zu verstehen ist. Relevant wird diese Vorschrift, wenn der Domaininhaber ein fremdes Kennzeichen in die Domain aufgenommen hat und sich darauf beruft, er verwende das Kennzeichen lediglich zur Beschreibung der Art und Beschaffenheit seines eigenen Angebots. Soweit eine gezielte kennzeichenmäßige Verwendung des fremden Kennzeichens erfolgt, wird jedoch in der Regel ein Verstoß gegen die anständigen Gepflogenheiten im Gewerbe oder Handel vorliegen (so Ingerl/Rohnke/Nordemann/Dustmann/Engels Nach § 15 Rn. 166 mit Verweis auf BGH GRUR 2009, 1162 Rn. 62 – DAX; → § 23 Rn. 38 ff.).

Von größerer Bedeutung in Bezug auf Domainnamen ist **§ 23 Nr. 3.** Derjenige, der Zubehör **121** oder Ersatzteile für Markenprodukte eines Dritten vertreibt, hat naturgemäß ein Interesse daran, die bestimmungsgemäße Verwendung der eigenen Produkte herauszustellen, wofür sich auch die Aufnahme des fremden Kennzeichens in den eigenen Domainnamen eignet. Die Schutzschranke des § 23 Nr. 3 greift aber nur dann ein, wenn gerade die Aufnahme in die Domain „erforderlich" ist (→ § 23 Rn. 49), was wohl nur ausnahmsweise der Fall sein dürfte und zu verneinen ist, wenn das fremde Kennzeichen der einzige unterscheidungskräftige Bestandteil in der Internetadresse ohne jeglichen Zusatz ist, der darauf schließen lässt, dass es sich nur um eine Bestimmungsangabe der angebotenen Waren/Dienstleistungen handelt (OLG Düsseldorf GRUR-RR 2007, 102 (103) – Peugeot-Tuning). Auch eine zur Bestimmung der Leistung notwendige Zeichenverwendung darf nicht gegen die guten Sitten verstoßen. Betreffend bekannte Marken hat der BGH entschieden, dass die Verwendung einer bekannten Marke (hier: „Vorwerk") in dem Domainnamen eines Wiederverkäufers (hier: „keine vorwerk-vertretung.de"), der neben mit der Marke gekennzeichneten Produkten auch mit diesen kompatible Produkte anderer Hersteller vertreibt, zwar im Sinne des § 23 Nr. 3 auf die Bestimmung der Ware hinweist. Angesichts der dem Wiederverkäufer zur Verfügung stehenden schonenderen Möglichkeiten, auf die Kompatibilität seiner Produkte hinzuweisen, verstößt eine solche Verwendung aber gegen die guten Sitten, weil sie auch dazu nutzt, potenzielle Kunden auf das unter der Domainbezeichnung erfolgende Warenangebot aufmerksam zu machen, und sie somit für Werbezwecke eingesetzt wird, die über die mit der notwendigen Leistungsbestimmung einhergehende Werbewirkung hinausgehen (BGH GRUR 2019, 165 Ls. 1, Rn. 30 – keine vorwerk-vertretung). Die Aufnahme einer fremden Marke als Bestandteil einer eigenen Domain wird daher regelmäßig nicht von der Schutzschranke des § 23 Nr. 3 gedeckt sein.

b) Besonderheiten in Bezug auf § 24. Auf Erschöpfung gemäß § 24 Abs. 1 kann sich nur **122** derjenige berufen, der Waren unter Verwendung der Marke des Markeninhabers vertreibt, da die Vorschrift nach ihrem eindeutigen Wortlaut auf Dienstleistungen keine Anwendung findet (→ § 24 Rn. 13).

Da jedoch bei erschöpften Waren auch ein Ankündigungsrecht besteht und Waren bei ihrem **123** Weitervertrieb durch Dritte daher grundsätzlich unter ihrer Marke beworben werden können (vgl. zB BGH GRUR 2007, 784 Rn. 20 – AIDOL), kann unter Umständen auch die Aufnahme der Marke in einen Domainnamen vom Einwand der Erschöpfung gedeckt sein (Ingerl/Rohnke/Nordemann/Dustmann/Engels Nach § 15 Rn. 168). Dies setzt allerdings voraus, dass der Domainname eine konkrete Bezugnahme auf die entsprechenden Originalprodukte darstellt, was nicht mehr der Fall ist, wenn der Domainname nicht mehr nur produktbezogen, sondern auch unternehmensbezogen ist oder unter dem Domainnamen auch andere Produkte als die entsprechenden Originalprodukte angeboten werden (BGH GRUR 20007, 784 – AIDOL zur Verwendung von Metatags und Weiß-auf-Weiß-Schrift). Macht sich der Wiederverkäufer durch die Verwendung einer bekannten Marke im Rahmen des Domainnamens die aus deren Bekanntheit folgende Werbewirkung bei der Anpreisung seines Online-Shops in einer Weise zunutze, die das für den Hinweis auf den Vertrieb von Markenwaren erforderliche Maß übersteigt, so liegt hierin eine unlautere Ausnutzung der Wertschätzung der Marke, die den Markeninhaber gemäß § 24 Abs. 2 berechtigt, sich der Markenverwendung zu widersetzen (BGH GRUR 2019, 165 Ls. 2, Rn. 76 – keine vorwerk-vertretung).

5. Rechtsfolgen

124   **a) Ansprüche auf Unterlassung, Auskunft und Schadensersatz.** Im Falle des Bestehens einer Wiederholungs- oder Erstbegehungsgefahr steht dem Markeninhaber gegen die Verwendung des Domainnamens als Kollisionszeichen gemäß § 14 Abs. 5, § 15 Abs. 4 ein entsprechender **Unterlassungsanspruch** zu (zu den allgemeinen Voraussetzungen → § 14 Rn. 562 ff.). Ein Anspruch aus §§ 14, 15 auf Unterlassung kann aber regelmäßig nicht auf das – unbeschränkte – Verbot der Benutzung eines bestimmten Domainnamens gerichtet sein und damit nicht die Verwendung für jedwede Waren/Dienstleistungen bzw. jede erdenkliche Branche oder jedes erdenkliche Werk verboten werden (anders bei § 12 BGB, → Rn. 167). Ein entsprechender Klageantrag wäre daher zum Teil unbegründet. So besteht gemäß §§ 14, 15 ein Anspruch auf Unterlassung nur innerhalb des geschäftlichen Verkehrs und auch nur bezogen auf die identischen und/oder ähnlichen Waren und Dienstleistungen. Ein Anspruch auf ein uneingeschränktes Verbot der Benutzung einer Domain (im geschäftlichen Verkehr) ist nur gegeben, wenn schon die Registrierung der Domain oder das Halten der Registrierung als solches die Rechtsverletzung begründet (vgl. BGH GRUR 2009, 685 Rn. 36 – ahd.de; GRUR 2008, 912 Rn. 37 – Metrosex; GRUR 2007, 888 Rn. 13 – Euro Telekom; → Rn. 106).

125   Besonderes Augenmerk ist bei der gerichtlichen Geltendmachung auf die **Antragsfassung** zu richten. Häufig anzutreffende Anträge wie „… es zu unterlassen, Domainnamen mit dem Bestandteil „xy" zu verwenden" können keinen Erfolg haben, da sie auch solche Verwendungen beinhalten, die ohne weiteres zulässig wären. Allerdings dürfte sich ein Unterlassungsanspruch wohl nicht nur gegen die tatsächlich verwendete Second Level Domain mit einer bestimmten Top Level Domain (zB .de), sondern auch gegen die (noch nicht benutzte) identische Second Level Domain mit anderen Top Level Domains wenden können, sofern hinsichtlich weiterer Top Level Domains, insbesondere.com oder .org eine Erstbegehungsgefahr besteht. Die für einen vorbeugenden Unterlassungsanspruch erforderliche Erstbegehungsgefahr muss sich bei generischen Top Level Domains auf eine kennzeichenverletzende Verwendung innerhalb des Schutzgebiets der Klagemarke beziehen. Es genügt nicht, dass die Domain unter einer generischen Top Level Domain im Schutzgebiet der Klagemarke abrufbar ist. Es muss vielmehr ein spezifischer Inlandsbezug positiv festgestellt werden (vgl. OLG Frankfurt GRUR 2017, 229 Rn. 24–29 – ICANN). Auch muss der Unterlassungsantrag eine Beschränkung auf den geschäftlichen Verkehr und – jedenfalls im Normalfall (zur Ausnahme → Rn. 106) – die unter der streitgegenständlichen Domain konkret angebotenen Waren/Dienstleistungen oder die darunter ausgeübten Tätigkeiten oder das damit gekennzeichnete Werk enthalten.

126   Hinsichtlich der **Ansprüche auf Schadensersatz und Auskunft** bestehen keine Besonderheiten (BGH GRUR 2009, 685 Rn. 34 – ahd.de). Zu betonen ist, dass in den Ausnahmefällen, in denen bereits aufgrund der Registrierung eines Domainnamens zwar eine Erstbegehungsgefahr für eine Kennzeichenverletzung besteht, Auskunfts- und Schadensersatzansprüche mangels erfolgter Verletzung gleichwohl nicht in Betracht kommen.

127   **b) Anspruch auf Übertragung oder Verzicht bzw. Löschung der Domain.** Der Markeninhaber wird primär daran interessiert sein, den Domainnamen auf sich übertragen zu lassen oder zumindest den Benutzer des Domainnamens zu einem Verzicht zu verpflichten. Entsprechende Ansprüche gibt es – jedenfalls aufgrund einer Kennzeichenverletzung (anders bei einer Namensverletzung; → Rn. 168) – aber nicht.

128   Für einen **Übertragungsanspruch** fehlt es bereits an einer Anspruchsgrundlage (BGH GRUR 2002, 622 (626) – shell.de). Aber auch ein **Anspruch auf Verzicht oder Löschung** eines rechteverletzenden Domainnamens – vergleichbar mit der Löschung einer Firma aus dem Handelsregister – als Teil des allgemeinen Störungsbeseitigungsanspruchs kommt nur ausnahmsweise in Betracht. Voraussetzung ist nämlich, dass schon die Registrierung der Domain oder das Halten der Registrierung für sich gesehen eine Rechtsverletzung darstellt (grundlegend BGH GRUR 2007, 888 Rn. 13 – Euro Telekom; entsprechend zB auch BGH GRUR 2012, 304 Rn. 236 – Basler Haarkosmetik; GRUR 2008, 912 Rn. 37 – Metrosex). Dies ist bei den §§ 14, 15 aber nur dann der Fall, wenn jede Benutzung der Domain zugleich den Verletzungstatbestand der § 14 bzw. § 15 erfüllen würde und damit auch eine Verwendung für Waren/Dienstleistungen, die unähnlich sind, oder eine Verwendung außerhalb der Branchennähe bzw. Werknähe eine Verletzungshandlung begründen würde. Daran wird es aber in der Regel fehlen (→ Rn. 106). Auf der Basis der §§ 14, 15 kann daher ein Verzicht gegenüber der Vergabestelle bzw. eine Löschung der Domain grundsätzlich nicht verlangt werden (anders bei § 12 BGB; → Rn. 168). Diese Rechtsfolge ist logische Konsequenz allgemeiner Rechtsgrundsätze, da die Beseitigung des rechtswidrigen

Zustands nicht die Löschung der Domain erfordert, sondern nur die Einstellung der Benutzung der Domain für identische/ähnliche Waren/Dienstleistungen, für eine identische/ähnliche Branche bzw. für ein identisches/ähnliches Werk. Durch die Gewährung eines Anspruchs auf Verzicht bzw. Löschung würden auch zulässige Benutzungshandlungen (nämlich solche für nicht ähnliche Waren/Dienstleistungen, Branchen bzw. Werke) ausgeschlossen, so dass der Anspruch über das hinausgehen würde, was zur Beseitigung der Störung erforderlich ist.

IV. Verletzung von Namensrechten

1. Anwendbarkeit des § 12 BGB

Der Inhaber eines Namensrechts kann auch nach § 12 BGB gegen die Registrierung und **129** Benutzung eines Domainnamens vorgehen. Unproblematisch ist die Anwendbarkeit des § 12 BGB eröffnet, wenn der Anspruchsteller nicht die Verletzung eines nach den Vorschriften des Markenrechts geschützten Kennzeichens geltend macht, sondern eines nicht-geschäftlichen Namens wie zB den Namen natürlicher Personen oder von Gebietskörperschaften. Geht es hingegen um den Schutz eines nach den Vorschriften des Markenrechts geschützten Kennzeichens, so stellt sich die **Frage der Anwendbarkeit des § 12 BGB neben den §§ 14, 15.** Allerdings wird das Verhältnis nur dann relevant, wenn es sich bei dem älteren Kennzeichen um ein Unternehmenskennzeichen gemäß § 5 Abs. 2 handelt, da nur dieses zugleich als Name gemäß § 12 BGB geschützt sein kann. Handelt es sich hingegen bei dem älteren Kennzeichen um ein reines Produktkennzeichen, das als Marke (§ 4) oder Werktitel (§ 5 Abs. 3) geschützt ist, scheiden Ansprüche aus § 12 BGB von vornherein aus.

Der kennzeichenrechtliche Schutz nach § 15 geht in seinem Anwendungsbereich grundsätzlich **130** dem Namensschutz des § 12 BGB vor (BGH GRUR 2002, 622 (623) – shell.de). Die Bestimmung des **§ 12 BGB bleibt jedoch anwendbar,** wenn der Funktionsbereich des Unternehmens ausnahmsweise durch eine Verwendung der Unternehmensbezeichnung außerhalb des Anwendungsbereichs des Kennzeichenrechts berührt wird. Nach der Rechtsprechung des BGH (GRUR 2014, 506 Rn. 8 – sr.de; GRUR 2012, 304 Rn. 32 – Basler Haarkosmetik; GRUR 2008, 1099 Rn. 10 – afilias.de; GRUR 2005, 430 f. – mho.de) ist über den Fall,
- wenn die Unternehmensbezeichnung außerhalb des geschäftlichen Verkehrs benutzt wird,
- wenn die Unternehmensbezeichnung zwar im geschäftlichen Verkehr, aber außerhalb der Branche und damit außerhalb der kennzeichenrechtlichen Verwechslungsgefahr verwendet wird,
- oder wenn mit der Löschung des Domainnamens eine Rechtsfolge begehrt wird, die aus kennzeichenrechtlichen Vorschriften grundsätzlich nicht hergeleitet werden kann. In solchen Fällen kann der Namensschutz ergänzend gegen Beeinträchtigungen der Unternehmensbezeichnung herangezogen werden, die nicht mehr im Schutzbereich des Unternehmenskennzeichens liegen.
Das Namensrecht aus § 12 BGB ist daher von großer praktischer Bedeutung, da es dem Inhaber ein Vorgehen gegen einen Domainnamen auch dann ermöglicht, wenn dieser für eine private Website verwendet wird oder wenn der Verzicht auf den Domainnamen angestrebt wird.

2. Allgemeine Voraussetzungen

Registriert oder verwendet ein Nichtberechtigter ein fremdes Kennzeichen als Domainnamen, **131** liegt darin eine **Namensanmaßung,** nicht eine Namensleugnung (BGH GRUR 2001, 622 (624) – shell.de). Anders als die Namensleugnung gemäß § 12 S. 1 Alt. 2 BGB ist die Namensanmaßung an weitere Voraussetzungen gebunden. Sie liegt nur vor, wenn ein Dritter unbefugt den gleichen Namen gebraucht, dadurch eine Zuordnungsverwirrung auslöst und schutzwürdige Interessen des Namensträgers verletzt werden (BGH GRUR 2008, 1099 Rn. 18 – afilias.de; → Rn. 139 ff.).

Ansprüche nach § 12 S. 1 Alt. 2 BGB gegen die Registrierung und Benutzung eines Domainna- **132** mens setzen außerdem voraus, dass der Anspruchsteller **Inhaber eines Namensrechts** ist. Insoweit kann auf die Ausführungen bei § 5 verwiesen werden. Das Namensrecht muss (noch) bestehen, dh es muss durch Ingebrauchnahme entstanden und darf nicht erloschen sein (→ § 5 Rn. 106 ff., → § 5 Rn. 137 ff.).

Geschützt ist zunächst der bürgerliche Name (vgl. BGH GRUR 2003, 897 f. – maxem.de) **133** einer noch lebenden (vgl. BGH GRUR 2007, 168 – kinski.klaus.de) natürlichen Person, wobei **vor allem** der regelmäßig zur Unterscheidung dienende **Nachname** die weitaus gewichtigere Rolle spielt, denn die für einen eigenständigen Schutz des Vornamens erforderliche Individualisierung setzt nach der Rechtsprechung entweder eine überragende Bekanntheit der betreffenden

Person voraus oder aber eine erhebliche Kennzeichnungskraft des Vornamens (BGH GRUR 1983, 262 f. – Uwe). Folglich kann der **Vorname** nur als Teil eines bekannten Künstlernamens unter Umständen entsprechenden Schutz genießen oder dann, wenn er außergewöhnlich oder gar einzigartig ist (BGH GRUR 2009, 608 Rn. 12 – raule.de).

134   Daneben kommt auch ein Schutz für **Pseudonyme** in Betracht, jedoch nur bei Verkehrsgeltung (BGH GRUR 2003, 897 f. – maxem.de). Hinsichtlich des Nachnamens gelten diese Einschränkungen nicht; auch Allerweltsnamen (BGH GRUR 2008, 801 Rn. 14 – Hansen-Bau, zur Unterscheidungskraft eines aus einem Namen gebildeten Firmenkennzeichens) sowie Nachnamen, die zugleich generische Bezeichnungen darstellen (zB Müller), sind nach zutreffender Auffassung (so auch Ingerl/Rohnke/Nordemann/Dustmann/Engels Nach § 15 Rn. 76) durch § 12 BGB geschützt; der Ausgleich erfolgt hier im Rahmen der Interessenabwägung.

135   Praxisrelevant ist zudem der Umstand, dass ein Unternehmenskennzeichen nicht nur ein Kennzeichenrecht nach §§ 5, 15 beinhaltet, sondern auch ein Namensrecht nach § 12 BGB. Nach § 12 BGB ist daher sowohl die Firma als auch kennzeichnungskräftige Firmenbestandteile und sonstige Unternehmensbezeichnungen geschützt (BGH GRUR 2002, 622 (624) – shell.de). Auch **ausländische Unternehmen** können diesen Schutz grundsätzlich in Anspruch nehmen, allerdings erst nach einer Ingebrauchnahme des Firmennamens im Inland (BGH GRUR 2008, 1099 Rn. 16 – afilias.de). Namensschutz für ein Unternehmenskennzeichen setzt allerdings hinreichende Unterscheidungskraft voraus (BGH GRUR 2012, 304 Rn. 35 – Basler Haarkosmetik); ebenso wie ein Unternehmenskennzeichenrecht an rein beschreibenden Begriffen nicht entsteht, gilt dies auch für das entsprechende Namensrecht.

136   Auch **Stiftungen** können sich auf Namensrechte gemäß § 12 BGB berufen. Dabei ist jedoch nach OLG Jena GRUR-RS 2013, 6043, zwischen einer rechtsfähigen Stiftung und einer unselbständigen Stiftung zu unterscheiden. Während bei ersterer im Hinblick auf § 80 BGB bereits die Anerkennung als rechtsfähige Stiftung zum Entstehen des Namensschutzes ausreiche, entstehe das Namensrecht einer unselbständigen Stiftung erst mit der Benutzung des Namens im Verkehr.

137   Auf § 12 BGB können sich außerdem **Gebietskörperschaften** berufen, wenn ihr Name als Domainname verwendet wird (BGH GRUR 2007, 259 Rn. 14 – solingen.info; GRUR 2006, 158 Rn. 13 – segnitz.de; KG GRUR-RR 2013, 487 – berlin.com). Dies soll nach KG GRUR-RR 2013, 490 – aserbaidschan.de – auch für ausländische Gebietskörperschaften hinsichtlich der für diese im Inland gemeinhin benutzte Bezeichnung (in Abgrenzung zu ihrer offiziellen Bezeichnung) gelten.

138   Nicht als Name geschützt sind hingegen **reine Produktkennzeichen,** insbesondere Marken. Ansprüche aus § 12 BGB scheiden daher immer dann aus, wenn der Anspruchsteller lediglich Inhaber eines Markenrechts ist. In diesem Fall kommen allenfalls Ansprüche gemäß § 823 BGB in Betracht (→ Rn. 90).

3. Voraussetzungen namensrechtlicher Ansprüche gegen die Verwendung eines Domainnamens

139   **a) Unberechtigte Namensanmaßung. aa) Namensgebrauch durch einen Dritten.** Grundsätzlich liegt schon in der **Registrierung eines Domainnamens** ein Namensgebrauch. Denn der berechtigte Namensträger wird dadurch, dass ein Dritter den Namen als Domainnamen unter einer bestimmten Top-Level-Domain registriert und registriert hält, von der eigenen Nutzung des Namens als Domainname unter dieser Top-Level-Domain ausgeschlossen (BGH GRUR 2016, 1093 Rn. 13 – grit-lehmann.de; GRUR 2008, 1099 Rn. 19 – afilias; GRUR 2002, 622 (624) – shell.de). Es ist daher für einen Schutz nach § 12 BGB nicht erforderlich, dass der Domainname zu einer aktiven Website führt, auf der konkrete Inhalte abrufbar sind. Dies gilt unabhängig von der Top-Level-Domain und damit nicht nur bei der Top-Level-Domain „de", sondern auch bei „.com", „.org" und „.us" sowie „.es" etc (BGH GRUR 2016, 810 Rn. 41 – Profitbricks.es).

140   Ein Namensgebrauch durch eine bloße Registrierung ist aber zu verneinen, wenn die Domain selbst keine namensmäßige Unterscheidungskraft aufweist und ein Hinweis auf eine bestimmte Person oder ein bestimmtes Unternehmen erst über den Seiteninhalt festgestellt werden kann. Dies ist regelmäßig der Fall bei rein **beschreibenden Sachangaben oder Gattungsbegriffen,** wenn der Verkehr in der Domain ausschließlich eine Beschreibung des Inhalts der damit bezeichneten Website sieht (vgl. zB BGH GRUR 2014, 506 Rn. 17 – sr.de; GRUR 2012, 832 Rn. 20 ff. – ZAPPA; OLG Frankfurt GRUR-RS 2016, 16313 Rn. 14 – ki.de).

141   **bb) Unbefugter Gebrauch des Namens.** Nur ein unbefugter Namensgebrauch kann untersagt werden. Der Gebrauch eines Namens ist unbefugt, wenn dem Domaininhaber **keine eigenen**

prioritätsälteren Rechte an ihm zustehen (BGH GRUR 2014, 506 Rn. 19 – sr.de; GRUR 2008, 1099 Rn. 20 – afilias) und er sich auch nicht auf fremde Rechte berufen kann. Verfügt der Domaininhaber über ein solches Recht, so ist § 12 BGB ausgeschlossen und es greift das sog. Recht der Gleichnamigen ein (→ Rn. 163 ff.).

Bei dem eigenen oder fremden Recht muss es sich um ein **Kennzeichen- oder Namensrecht** 142 an dem angegriffenen Zeichen handeln. Als Recht kommt der eigene Name in Betracht, aber auch Unternehmenskennzeichen, Marke oder Werktitel. Hingegen genügt eine Domain, dh ihre bloße Registrierung, nicht, da eine Domain als solches kein Kennzeichenrecht ist (BGH GRUR 2008, 1099 Rn. 21 f. – afilias; → Rn. 74). Durch die konkrete Benutzung kann aber ggf. ein Kennzeichenrecht des Domaininhabers entstanden sein (→ Rn. 78 ff.).

Nicht zwingend erforderlich ist, dass sich der Domaininhaber auf **deutsche Kennzeichen-** 143 **oder Namensrechte** beruft. Ausreichen kann es, dass sich der Domaininhaber auf im Ausland bestehende Namens- oder Kennzeichenrechte berufen kann, die im Ausland begründet wurden. Bei einem Domainnamen, der mit einer länderspezifischen Top-Level-Domain wie „.de" gebildet ist, gilt dies aber nur, wenn der Domaininhaber für die Registrierung des (länderspezifischen) Domainnamens ein berechtigtes Interesse vorweisen kann (BGH GRUR 2013, 294 Rn. 24 – dlg.de).

Der Domaininhaber kann sich nach den allgemeinen Grundsätzen **auf Rechte Dritter beru-** 144 **fen** (→ § 15 Rn. 8, → § 14 Rn. 45 ff.). Denkbar ist insbesondere die Berufung auf ein Unternehmenskennzeichen eines Dritten aufgrund Gestattung oder eine Marke aufgrund einer Lizenz. Ein Fall der Gestattung liegt auch vor, wenn die Domainregistrierung mit Zustimmung eines verbundenen Unternehmens erfolgte (BGH GRUR 2006, 158 Rn. 16 – segnitz.de) oder der Domaininhaber hierzu ausdrücklich von dem Inhaber des Kennzeichenrechts beauftragt wurde wie zB bei einer Agentur (BGH GRUR 2007, 811 Rn. 12 – grundke.de). Eine solche Gestattung ist jedoch nicht schrankenlos zulässig. So hat der BGH eine Gestattung nach § 134 BGB, § 5 UWG für unwirksam gehalten, wenn sie zu einer Täuschung der Allgemeinheit und einer Verwirrung des Verkehrs führt (BGH GRUR 2002, 703 (704 f.) – VOSSIUS & PARTNER). Außerdem muss eine einfache und zuverlässige Möglichkeit bestehen, zu überprüfen, ob die Registrierung des Domainnamens tatsächlich im Auftrag des Namensträgers erfolgt ist oder ob der Namensträger die Eintragung nachträglich genehmigt hat (ausführlich BGH GRUR 2016, 1093 Rn. 17–29 – grit-lehmann.de; außerdem BGH GRUR 2009, 608 Rn. 9 – raule.de; GRUR 2007, 811 Rn. 19 – grundke.de). Hierdurch soll verhindert werden, dass sich der Domaininhaber erst im Falle der Inanspruchnahme durch einen Namensinhaber auf die Suche nach einem Gleichnamigen macht, der – zum Schein – ein Treuhandverhältnis bestätigt, um auf diese Weise dem Namensinhaber die Domain ohne schutzwürdige Interessen vorenthalten zu können.

Der Domaininhaber muss bereits **im Zeitpunkt der Registrierung der Domain** über ein 145 (eigenes oder fremdes) Kennzeichenrecht verfügen (vgl. BGH GRUR 2008, 1099 Rn. 23 – afilias.de; OLG Frankfurt GRUR-RR 2017, 107 Rn. 15 – Fitnessgeräte-Domain). Andernfalls ist der Namensgebrauch unbefugt, auch wenn der Domaininhaber später ggf. ein Kennzeichenrecht erwirbt. Der nachträgliche Erwerb eines Rechts am Domainnamen kann aber im Rahmen der Interessenabwägung zu berücksichtigen sein (→ Rn. 161 ff.).

b) Durch den Namensgebrauch verursachte Zuordnungswirrung. Nach der Rechtspre- 146 chung des BGH verursacht die Verwendung eines fremden Namens als Internet-Adresse regelmäßig auch eine **Zuordnungsverwirrung,** weil der Verkehr in der Verwendung eines unterscheidungskräftigen, nicht sogleich als Gattungsbegriff verstandenen Zeichens als Internet-Adresse einen Hinweis auf den Namen des Betreibers des jeweiligen Internet-Auftritts sieht (BGH GRUR 2012, 304 Rn. 39 – Basler Haarkosmetik; GRUR 2008, 1099 Rn. 25 – afilias.de). Dass es zu Verwechslungen mit dem Namensträger kommt, ist demgegenüber nicht erforderlich (BGH GRUR 2003, 897 (898) – maxem.de). Wie beim Namensgebrauch (→ Rn. 139) genügt auch hier die **bloße Registrierung des Domainnamen**s. Die Zuordnungsverwirrung ist folglich nicht vom Inhalt der Website abhängig, sofern ein solcher überhaupt vorhanden ist. Daher können aufklärende Hinweise auf einer über die Domain abrufbaren Website eine durch den Namensgebrauch verursachte Zuordnungsverwirrung auch nicht aufheben, da sie bereits mit dem Aufrufen der Website eingetreten ist (vgl. BGH GRUR 2014, 506 Rn. 25 – sr.de; GRUR 2003, 897 (898) – maxem.de).

Die Namensanmaßung setzt nicht voraus, dass es um die Verwendung eines identischen Namens 147 geht, der Name also mit der Second-Level-Domain des angegriffenen Domainnamens komplett oder nahezu übereinstimmt. Erforderlich ist lediglich, dass durch den Namensgebrauch eine

Zuordnungsverwirrung eintritt. Sofern keine Identität besteht, ist dies aber bei der Interessenabwägung (→ Rn. 156) zu berücksichtigen.

148   Nicht gänzlich entschieden – und wohl eine Frage des Einzelfalls – ist, ob eine durch den Namensgebrauch in der Second Level Domain zu bejahende Zuordnungsverwirrung durch den Domainnamen selbst ausgeräumt werden kann. Dies kann zum einen der Fall sein, wenn die **Second Level Domain** neben dem geschützten Namen noch weitere Bestandteile enthält, die allerdings den Namen als solchen noch erkennen lassen. Hier kommt es maßgeblich auf den jeweiligen Zusatz und die damit verbundenen Erwartungen der angesprochenen Kreise an. Sofern der Eindruck vermittelt wird, es handle sich um einen vom Namensinhaber veranlassten oder zumindest autorisierten Domainnamen, ist eine Zuordnungsverwirrung zu bejahen (vgl. OLG Hamburg MMR 2008, 118 – m-blog; OLG München Magazindienst 2012, 425 = BeckRS 2012, 07095 – edw-info.de; offengelassen für dsds-news.de in OLG Köln BeckRS 2010, 9162).

149   Zwar ist nach Ansicht des BGH nicht auszuschließen, dass allgemeine, nicht länderspezifische **Top-Level-Domains** eine Zuordnung zu bestimmten Namensträgern durch die Second Level Domain entgegenwirken, wenn diese nicht den typischen Nutzern derartiger Top-Level-Domains zuzurechnen sind. Nicht von vornherein auszuschließen könnte dies etwa bei Top-Level-Domains wie „biz" (für business) oder „pro" (für professions) sein. Zu derartigen Domains gehört die Top-Level-Domain „info" jedoch nicht. Sie ist weder branchen- noch länderbezogen und grenzt auch anhand anderer Kriterien den Kreis der Namensträger nicht ein. Die allgemeine Top-Level-Domain „info" ist daher nicht geeignet, an der Zuordnung der Bezeichnung „solingen" zu der gleichnamigen deutschen Stadt als Namensträger etwas zu ändern (BGH GRUR 2007, 259 Rn. 18 f. – solingen.info).

150   **c) Verletzung schutzwürdiger Interessen des Namensinhabers.** Die Verletzung schutzwürdiger Interessen des Namensinhabers ist regelmäßig zu bejahen, wenn ein fremder Name als Internet-Adresse benutzt wird (vgl. BGH GRUR 2007, 259 Rn. 14 – solingen.info), allerdings vorbehaltlich einer stets durchzuführenden **Abwägung der beiderseitigen Interessen** (BGH GRUR 2008, 1099 Rn. 27 – afilias.de; GRUR 2005, 430 (431) – mho.de). Bei der Interessenabwägung spielen die folgenden Gesichtspunkte eine Rolle:

151   **aa) Erhebliche Beeinträchtigung der Interessen des Namensträgers.** Eine Verletzung schutzwürdiger Interessen ist nur dann zu bejahen, wenn mit der Registrierung des Domainnamens eine erhebliche Beeinträchtigung der aus dem Kennzeichenrecht fließenden namensrechtlichen Befugnisse verbunden ist (vgl. BGH GRUR 2008, 912 Rn. 36 – Metrosex; GRUR 2005, 687 – weltonline.de). Andernfalls ist ein Anspruch aus § 12 BGB zu verneinen.

152   Wird der eigene Name durch einen Nichtberechtigten als Domainname unter der in Deutschland üblichen **Top-Level-Domain „.de"** registriert, sind die Interessen des Namensträgers erheblich beeinträchtigt, da die mit dieser Bezeichnung gebildete Internet-Adresse nur einmal vergeben werden kann (BGH GRUR 2012, 304 Rn. 39 – Baasler Haar-Kosmetik; GRUR 2008, 1099 Rn. 25 – afilias.de). Denn gemäß BGH habe jeder Träger eines unterscheidungskräftigen Namens das berechtigte, in der Regel mit einer größeren Zahl gleichnamiger Namensträger geteilte Interesse, mit dem eigenen Namen unter der im Inland üblichen und am meisten verwendeten Top-Level-Domain „.de" im Internet aufzutreten. Zwar müsse jeder Namensträger hinnehmen, dass ein anderer Träger dieses Namens ihm zuvorkommt und den Namen als Internet-Adresse für sich registrieren lässt. Er brauche aber nicht zu dulden, dass er auf Grund der Registrierung durch einen Nichtberechtigten von der Nutzung seines eigenen Namens ausgeschlossen wird (BGH GRUR 2003, 897 (898) – maxem.de). Von der Beeinträchtigung schutzwürdiger Interessen ist im Fall eines auf dem inländischen Markt tätigen deutschen Unternehmens, das von der Verwendung seines Namens als Domainnamen durch die Registrierung durch einen Nichtberechtigten ausgeschlossen wird, ohne weiteres auszugehen. Ein berechtigtes Interesse zur Verwendung der Top-Level-Domain „.de" kann aber auch bei einem ausländischen Unternehmen bestehen, das etwa unter diesem Domainnamen deutschsprachige Inhalte zugänglich machen möchte. Dies setzt allerdings voraus, dass entsprechende Interessen dargelegt werden (BGH GRUR 2016, 810 Rn. 45 – Profitbricks.es).

153   Wie die Interessen des Namensträgers bei **anderen Top-Level-Domains** zu gewichten sind, insbesondere bei international tätigen Unternehmen, für die eine .com oder die .eu-Domain ebenso oder sogar wichtiger als eine nationale Domain sein kann, ist bislang höchstrichterlich nicht entschieden. Gemäß einer Entscheidung des BGH kann auch ein schutzwürdiges Interesse für ein deutsches Unternehmen an der Verwendung von auf das Ausland bezogener länderspezifischer Top-Level-Domains (zB „.es") bestehen. Dies setzt allerdings voraus, dass das entsprechende Interesse konkret dargelegt und ggf. nachgewiesen wird (BGH GRUR 2016, 810 Rn. 45 –

Profitbricks.es). Dasselbe gilt für Top-Level-Domains wie „.org" (vgl. BGH GRUR 2016, 810 Rn. 51 – Profitbricks.es).

Einer erheblichen Beeinträchtigung der Interessen des Namensträgers steht nicht entgegen, dass **154** dieser **bereits unter einer anderen Top-Level-Domain** als einer .de-Domain im Internet erreichbar ist. Dies gilt nach der Rechtsprechung des BGH jedenfalls dann, wenn die es sich um die Top-Level-Domain „info" handelt. So erwarte der Verkehr, dass Unternehmen, die auf dem deutschen Markt tätig und im Internet präsent sind, unter der mit ihrem eigenen Namen als Second-Level-Domain und der Top-Level-Domain „.de" gebildeten Internet-Adresse auf einfache Weise aufgefunden werden können (BGH GRUR 2008, 1099 Rn. 25 – afilias.de). Ebenfalls unschädlich ist eine Domain mit einer Top-Level-Domain „.com" (ohne Begründung BGH GRUR 2016, 1093 Rn. 31 – grit-lehmann.de). Auch das große Angebot an neuen Top-Level-Domains wie zB „.eu" und generische Top-Level-Domains vermindern das schutzwürdige Interesse des Namensträgers an der Nutzung der Top-Level-Domain „.de" nicht (BGH GRUR 2016, 1093 Rn. 32 – grit-lehmann.de).

Der Schutzwürdigkeit der Belange des Namensträgers steht auch nicht entgegen, dass er bereits **155** Inhaber einer Domain ist, die eine der **üblichen Eingabevarianten** seines Namens enthält. Nach Ansicht des BGH entspricht es der Lebenserfahrung, dass Namen, insbesondere Unternehmensbezeichnungen, die aus mehreren Wörtern bestehen, als Domainnamen sowohl in der mit Bindestrich getrennten Schreibweise als auch zusammengeschrieben verwendet werden. Es existiert daher ein berechtigtes Interesse, unter den beiden üblichen Eingabevarianten eines Namens im Internet aufgefunden zu werden (BGH GRUR 2012, 304 Rn. 41 – Baasler Haar-Kosmetik; Kläger war bereits Inhaber der Domain „basler-haarkosmetik.de" und begehrte eine Löschung der Domain „baslerhaarkosmetik.de"; bestätigt durch BGH GRUR 2016, 1093 Rn. 31 – grit-lehmann.de). Ebenso ist es einem Unternehmen unbenommen und nach der Lebenserfahrung auch nahe liegend, dass es als Domainnamen nicht die vollständige Unternehmensbezeichnung wählt, sondern ein kennzeichnendes Schlagwort, eine Kurzbezeichnung, unter der es im Verkehr ebenfalls bekannt ist (BGH GRUR 2006, 159 Rn. 19 – hufeland.de). Daher kann einem Namensträger nicht entgegengehalten werden, dass er bereits unter einer anderen Domain im Internet aktiv ist, die den vollständigen Namen als Domain enthält.

Eine erhebliche Beeinträchtigung der Interessen dürfte hingegen regelmäßig in Fällen fehlen, **156** in denen der angegriffene Domainname nicht den Namen (insbesondere das Firmenschlagwort) in identischer Form als Second-Level-Domain enthält, sondern wenn es lediglich um **ähnliche Domainnamen** geht. Dies gilt vor allem dann, wenn der Name des Berechtigten mit weiteren Bestandteilen kombiniert wird (vgl. BGH GRUR 2016, 749 Rn. 45 – Landgut A. Borsig: Berechtigter an der Namen Manfred A. Borsig begehrt Löschung der Domain „landgut-borsig.de"; GRUR 2008, 912 Rn. 36 – Metrosex: Berechtigter an dem Firmenschlagwort „Metro" begehrt Löschung der Domain „metrosex.de"; GRUR 2005, 687 (689) – weltonline.de: Berechtigter an dem Namen „DIE WELT" begehrt Löschung der Domain „weltonline.de") oder wenn eine Domain registriert wird, die aus einer fehlerhaften Schreibweise einer zuvor registrierten Internetadresse gebildet ist (BGH GRUR 2016, 810 Rn. 48 – Profitbricks.es: profitbrick.de statt profitbricks.de). In diesen Fällen ist der Berechtigte nicht auf die angegriffene Domain angewiesen.

An einer Interessenbeeinträchtigung fehlt es auch bei der Registrierung eines Domainnamens, **157** der aus der fehlerhaften Schreibweise einer bereits zuvor registrierten Internetadresse gebildet ist (sog. **Tippfehlerdomains**). Nach Ansicht des BGH hindert eine solche Registrierung den Namensinhaber nicht daran, seinen Namen in der richtigen Schreibweise als Internetadresse weiter zu benutzen (BGH GRUR 2014, 393 Rn. 22 – wetteronline.de). In solchen Fällen kommen aber wettbewerbsrechtliche Ansprüche in Betracht (→ Rn. 72).

Außerdem kann eine erhebliche Beeinträchtigung der Interessen des Namensinhabers zu ver- **158** neinen sein, wenn der **Berechtigte gar kein Interesse hat, den angegriffenen Domainnamen selbst zu benutzen** (BGH GRUR 2016, 749 Rn. 46 – Landgut A. Borsig; GRUR 2014, 393 Rn. 22 – wetteronline.de). Mangels einer eigenen Nutzungsabsicht wird er nicht schon dadurch in seinen schutzwürdigen Interessen beeinträchtigt, dass die Internet-Adresse wie jede andere nur einmal vergeben werden kann und er daher von einer entsprechenden Nutzung ausgeschlossen wird, selbst wenn die Domain mit dem Namen identisch ist (BGH GRUR 2004, 619 (621) – kurt-biedenkopf.de). In diesen Fällen kann insbesondere keine Einwilligung in die Löschung der Domain verlangt werden (→ Rn. 168).

bb) Schutzwürdige Belange des Nichtberechtigten. Der Nichtberechtigte kann nur **aus-** **159** **nahmsweise** auf schützenswerte Belange verweisen, die im Rahmen der Interessenabwägung zu seinen Gunsten zu berücksichtigen sind (BGH GRUR 2014, 506 Rn. 28 – sr.de). Dies ist etwa der Fall, wenn die Registrierung des Domainnamens durch den Nichtberechtigten nur der erste Schritt im Zuge der für sich genommen rechtlich unbedenklichen Aufnahme einer entsprechenden Benutzung als Unternehmenskennzeichen ist (→ Rn. 160) oder aber wenn das Kennzeichen- bzw. Namensrecht des Berechtigten erst nach der Registrierung des Domainnamens durch den Domaininhaber entstanden ist (→ Rn. 161; BGH GRUR 2012, 304 Rn. 40 – Baasler Haar-Kosmetik). Ansprüche aus § 12 BGB bestehen dann nicht.

160   Eine **erste Ausnahme** wird für den **Fall der Registrierung einer Domain als Vorbereitungshandlung für einen Rechtserwerb des Domaininhabers** gemacht. Die Registrierung des Domainnamens durch den Nichtberechtigten ist dabei nur der erste Schritt im Zuge der – für sich genommen rechtlich unbedenklichen – Aufnahme einer entsprechenden Benutzung als Unternehmenskennzeichen. Dem liegt die Erwägung zu Grunde, dass es der Inhaber eines identischen Unternehmenskennzeichens im Allgemeinen nicht verhindern kann, dass in einer anderen Branche durch Benutzungsaufnahme ein Kennzeichenrecht an dem gleichen Zeichen entsteht. Ist ein solches Recht erst einmal entstanden, muss auch die Registrierung des entsprechenden Domainnamens hingenommen werden. Da es vernünftiger kaufmännischer Praxis entspricht, sich bereits vor der Benutzungsaufnahme den entsprechenden Domainnamen zu sichern, führt die gebotene Interessenabwägung dazu, dass eine der Benutzungsaufnahme unmittelbar vorausgehende Registrierung nicht als Namensanmaßung und damit als unberechtigter Namensgebrauch anzusehen ist (BGH GRUR 2005, 430 (431) – mho.de; bestätigt durch BGH GRUR 2008, 1099 Rn. 28 – afilias.de). Ob diese Grundsätze auch dann gelten, wenn der Registrierung des Domainnamens die Anmeldung und Eintragung einer entsprechenden Marke alsbald nachfolgt und der Domainname das Markenprodukt im Marktauftritt online begleiten soll, hat der BGH ausdrücklich offengelassen (BGH GRUR 2008, 1099 Rn. 28 – afilias.de, dort mit Nachweisen zum Diskussionsstand). Wann eine der Benutzungsaufnahme unmittelbar vorausgehende Registrierung anzunehmen ist, hat der BGH ebenfalls nicht abschließend geklärt (BGH GRUR 2008, 1099 Rn. 29 – afilias.de: drei Jahre jedenfalls zu lange).

161   Eine **weitere Ausnahme** ist geboten, wenn das Kennzeichen- bzw. Namensrecht des Berechtigten erst nach der Registrierung des Domainnamens durch den Domaininhaber entstanden ist (BGH GRUR 2008, 1099 Rn. 30 – afilias.de). Dabei wird sich der Anspruchsteller, der den angegriffenen Domainnamen als Unternehmenskennzeichen verwenden möchte, regelmäßig nicht auf ein schutzwürdiges Interesse berufen können. Er kann vor der Wahl einer Unternehmensbezeichnung, die er auch als Internet-Adresse verwenden möchte, unschwer prüfen, ob der entsprechende Domainname noch verfügbar ist; ist der gewünschte Domainname bereits vergeben, wird es ihm oft möglich und zumutbar sein, auf eine andere Unternehmensbezeichnung auszuweichen. Die Interessenabwägung geht dann in aller Regel zu Gunsten des Domaininhabers aus. Aus einem Kennzeichen- bzw. Namensrecht kann daher regelmäßig nicht gegen eine zeitlich vorher vorgenommene Domainregistrierung vorgegangen werden. Dabei kommt es auf den Zeitpunkt der Erstregistrierung an. Ein späterer Wechsel des Domaininhabers ist unschädlich (OLG Köln BeckRS 2018, 22713 Rn. 21–24 – silverline.de). Anders ist aber zu entscheiden, wenn der Domaininhaber sich rechtsmissbräuchlich verhält; dann ist es ihm versagt, sich auf seine Rechte aus der Registrierung des Domainnamens zu berufen. Dies ist insbesondere der Fall, wenn der Domaininhaber den Domainnamen ohne ernsthaften Benutzungswillen in der Absicht registrieren ließ, sich diesen von dem Inhaber eines entsprechenden Kennzeichen- oder Namensrechts abkaufen zu lassen (BGH GRUR 2008, 1099 Rn. 33 – afilias.de). Auf den Umstand, dass der Domainname vor Begründung des Unternehmenskennzeichenrechts registriert worden ist, kann sich der Domaininhaber im Rahmen der vorzunehmenden Interessenabwägung auch dann nicht berufen, wenn die Domain von vornherein zur Verwendung für das Unternehmen vorgesehen war (OLG Frankfurt GRUR-RR 2017, 107 Rn. 15 – Fitnessgeräte-Domain).

162   Hat der Nichtberechtigte kein Interesse, die angegriffene Domain selbst nutzen zu wollen, sondern beschränkt sich sein Interesse darauf, diesen zu veräußern, ist dieses im Rahmen der **Abwägung namenrechtlich relevanter Interessen** nicht schutzwürdig (BGH GRUR 2014, 506 Rn. 30 – sr.de).

163   **d) Gleichnamigenrecht.** Verfügt der Domaininhaber über ein eigenes Recht, ist der Gebrauch des Namens nicht unbefugt (→ Rn. 141). Vielmehr stehen sich Gleichnamige gegenüber, die sich beide jeweils auf ein eigenes Kennzeichen- oder Namensrecht berufen können. Wie im allgemeinen Recht der Gleichnamigen (→ § 23 Rn. 15 ff.) ist auch hier eine **umfassende Abwägung der Interessen der Namensträger** vorzunehmen. Im Domainrecht sind die folgenden Besonderheiten zu beachten:

Kommen mehrere Personen als berechtigte Namensträger für einen Domain-Namen in **164** Betracht, gilt für sie hinsichtlich der Registrierung ihres Namens als Internet-Adresse grundsätzlich das **Gerechtigkeitsprinzip der Priorität** (BGH GRUR 2007, 811 Rn. 16 – grundke.de; GRUR 2006, 159 Rn. 20 – hufeland.de). Diesen Grundsatz rechtfertigt der BGH mit der Fülle möglicher Konfliktfälle, die eine einfach zu handhabende Grundregel erfordern (BGH GRUR 2002, 622 (625) – shell.de). Es kommt für die Berechtigung, eine Domain registrieren zu lassen, folglich nicht auf den Zeitrang der sich gegenüberstehenden Kennzeichen- oder Namensrechte an. Wer den eigenen Namen oder das eigene Firmenschlagwort registriert, braucht daher anderen Trägern desselben Namens oder Firmenbestandteils in aller Regel nicht zu weichen.

Das Gebot der Rücksichtnahme kann es allerdings gebieten, dass der Domaininhaber durch **165** **aufklärende Hinweise** auf der ersten Internetseite, die sich für den Besucher öffnet, deutlich macht, dass es sich nicht um das Angebot des Anspruchstellers handelt (BGH GRUR 2002, 706 (708) – vossius.de).

Das Gerechtigkeitsprinzip der Priorität der Registrierung tritt nur unter besonderen Umständen **166** zurück (BGH GRUR 2006, 158 Rn. 13 – segnitz.de). So kann es dem Domaininhaber zugemutet werden, seiner Internet-Adresse einen **individualisierenden Zusatz** beizufügen, wenn der Name des Anspruchsteller eine überragende Bekanntheit genießt (BGH GRUR 2002, 622 (625) – shell.de). Derjenige, der den Namen eines berühmten Unternehmens eingibt, darf im Allgemeinen erwarten, dass er auf diese Weise relativ einfach an sein Ziel gelangt. Denn erfahrungsgemäß sind berühmte Unternehmen häufig unter dem eigenen Namen im Internet präsent und können – wenn sie auf dem deutschen Markt tätig sind – unter der mit der Top-Level-Domain „.de" gebildeten Internet-Adresse auf einfache Weise aufgefunden werden. Das Interesse des Inhabers eines berühmten Namens, unter einer entsprechenden Domain auch im Internet erreichbar zu sein, überwiegt hier. Ungeklärt ist, ob auch in anderen Konstellationen einer besonderen Ungleichgewichtigkeit der Interessenlagen eine Ausnahme vom Gerechtigkeitsprinzip der Priorität der Registrierung angezeigt ist. Der BGH hat aber betont, dass ein Anspruch auf Einwilligung in die Löschung des Domainnamens nur besteht, wenn die Interessen des Domaininhabers an der Benutzung des streitgegenständlichen Domainnamens eindeutig hinter denjenigen des Antragstellers zurücktreten müssen (BGH GRUR 2011, 831 Rn. 36 – BBC).

4. Rechtsfolgen

Hinsichtlich der Rechtsfolgen gilt grundsätzlich dasselbe wie bei den §§ 14, 15 (→ Rn. 124 ff.). **167** Im Unterschied dazu kann der **Anspruch auf Unterlassung** gemäß § 12 BGB jedoch auf ein uneingeschränktes Verbot der Benutzung des angegriffenen Domainnamens gerichtet sein, da hier schon die Registrierung als solche oder das Halten der Registrierung die Namensverletzung begründet (vgl. die unbeanstandet gebliebenen Antragsfassungen in den Fällen BGH GRUR 2008, 1099 – afilias.de und GRUR 2007, 259 – solingen.info). Aus diesem Grund entstehen bei § 12 BGB auch bereits durch die bloße Registrierung oder dem Halten der Registrierung **Schadensersatzansprüche.**

Ein **Verzicht bzw. eine Löschung eines rechteverletzenden Domainnamens** kann gemäß **168** § 12 BGB stets verlangt werden, weil – anders als bei §§ 14, 15 (→ Rn. 128) – die den Berechtigten ausschließende Wirkung bei der unbefugten Verwendung eines fremden Namens als Domainname nicht erst mit der Benutzung der Domain, sondern bereits mit der Registrierung eintritt (BGH GRUR 2012, 304 Rn. 29 – Basler Haarkosmetik; GRUR 2002, 622 (626) – shell.de).

V. Passivlegitimierter Personenkreis

1. Allgemeines

Ob jemand als Täter, Mittäter, Teilnehmer oder Störer zu qualifizieren ist, richtet sich nach **169** den allgemeinen Grundätzen (→ § 14 Rn. 654 ff.). Bei einer Rechtsverletzung durch die Registrierung und Benutzung eines Domainnamens kommen als passivlegitimierter Personenkreis insbesondere der Inhaber sowie der tatsächliche Benutzer des Domainnamens in Betracht, wenn dieser nicht zugleich Domaininhaber ist.

Der **tatsächliche Betreiber einer Internetseite** kann regelmäßig auch dann für eine von ihm **170** zu verantwortende Verletzung von Kennzeichen- und Namensrechten in Anspruch genommen werden, wenn er nicht zugleich Domaininhaber ist. Liegen die Voraussetzungen einer Kennzeichen- oder Namensverletzung in seiner Person vor, ist der Betreiber daher ohne weiteres zu **Unterlassung der Benutzung des Domainnamens, Auskunft, Schadensersatz** und – soweit dem Betreiber möglich – zur Beseitigung verpflichtet. Eine Inanspruchnahme des (bloßen) Betreibers **auf Löschung einer Domain** dürfte indes regelmäßig ausgeschlossen sein, da er nicht in einer Vertragsbeziehung zur Domainvergabestelle steht und daher weder die erforderliche rechtliche noch tatsächliche Möglichkeit hat, eine aufgrund der Registrierung eines Domainnamens bestehende Verletzung zu unterbinden (vgl. BGH GRUR 2012, 304 Rn. 49 – Basler Haar-Kosmetik). Die Prüfung der rechtlichen Zulässigkeit einer bestimmten Domainbezeichnung fällt vielmehr grundsätzlich allein in den Verantwortungsbereich des jeweiligen Domainanmelders (BGH GRUR 2012, 304 Rn. 54 – Basler Haar-Kosmetik).

171   Für die Haftung des **Domaininhabers** ist zu unterscheiden: Wird eine **Rechtsverletzung bereits durch die Registrierung** der Domain begründet (so bei der Verletzung von Namensrechten, → Rn. 139), so kann der Domaininhaber als Täter auf Unterlassung der Benutzung des Domainnamens, Auskunft, Schadensersatz sowie auf Löschung der Domain (vgl. zB BGH GRUR 2007, 811 – grundke.de) in Anspruch genommen werden. Tritt eine Rechtsverletzung dagegen erst bei einer **Benutzung der Domain für eine aktive Website** ein (so bei der Verletzung von Kennzeichenrechten → Rn. 103) und hat der Domaininhaber den Inhalt der Seite nicht selbst gestaltet, kommt seine Inanspruchnahme außer in Fällen der Mittäterschaft oder Teilnahme nur als Störer (zum Begriff → § 14 Rn. 681 ff.) in Betracht. Die Störerhaftung ist von vornherein auf Ansprüche auf Unterlassung und Beseitigung beschränkt. Hat der Domaininhaber einem Dritten vertraglich die Nutzung seiner Domain überlassen (sog. **Domainpacht**), so kommen Ansprüche auf Unterlassung der Benutzung sowie auf Löschung des Domainnamens gemäß den Grundsätzen der Störerhaftung nur dann in Betracht, wenn ihm eine Verletzung zumutbarer Prüfungspflichten vorzuwerfen ist. Solche Prüfungspflichten setzen jedoch erst beim Vorliegen konkreter Anhaltspunkte für eine (drohende) Rechtsverletzung ein (BGH GRUR 2009, 1093 Rn. 20 ff. – Focus Online).

172   Wer Domaininhaber ist, lässt sich regelmäßig dem von der Vergabestelle geführten Register entnehmen (bezogen auf .de-Domains die von der DENIC geführte und auf der Website der DENIC einsehbare **„WHOIS-Datenbank"**). Die dortigen Einträge haben nach der Rechtsprechung des BGH zumindest eine deklaratorische Wirkung für die Frage, wer nach außen als Vertragspartner der DENIC und damit als Inhaber des Domainnamens angesehen wird (BGH GRUR 2012, 417 Rn. 17 – gewinn.de). In materieller Hinsicht kann dieser Eintrag jedoch falsch sein, was zu **Berichtigungsansprüchen** des tatsächlich Berechtigten führen kann (BGH GRUR 2012, 417 Rn. 19 – gewinn.de).

2. Wichtige Fallgruppen

173   **a) Admin-C.** Vor dem Inkrafttreten der **DS-GVO** am 25.5.2018 war der administrative Ansprechpartner (kurz Admin-C) die vom Domaininhaber benannte natürliche Person, die als Bevollmächtigter des Domaininhabers berechtigt und gegenüber DENIC auch verpflichtet war, sämtliche die Domain betreffenden Angelegenheiten verbindlich zu entscheiden. Seit der Umsetzung der DS-GVO werden die entsprechenden Kontaktdaten des Admin-C gemäß der Whois-Regelung nicht mehr erhoben. Der Admin-C ist damit abgeschafft.

174   Nach alter Rechtslage kam ein Anspruch gegen den Admin-C auf Löschung einer Domain regelmäßig nur dann in Betracht, wenn eine Verantwortlichkeit als **Störer** (zum Begriff → § 14 Rn. 681 ff.) bejaht werden konnte (eine Verantwortlichkeit als Täter oder Teilnehmer kam regelmäßig nicht in Betracht, vgl. BGH GRUR 2012, 304 Rn. 43–47 – Basler Haar-Kosmetik). Allein aus der Funktion und Aufgabenstellung als Admin-C ergab sich jedoch keine Störerhaftung (BGH GRUR 2012, 304 Rn. 52 – Basler Haar-Kosmetik). Eine **Prüfungspflicht** konnte sich jedoch aus besonderen gefahrerhöhenden Umständen des Einzelfalls ergeben (BGH GRUR 2012, 304 Rn. 59 f. – Basler Haar-Kosmetik, bestätigt von BGH GRUR 2013, 294 Rn. 20 – dlg.de). Solche die Prüfungspflicht des Admin-C auslösende gefahrerhöhende Umstände sah der BGH dann als gegeben an, wenn ein Domaininhaber zahlreiche freiwerdende Domains in einem automatisierten Verfahren ermittelt und registriert und daher keinerlei Prüfung hinsichtlich etwaiger Rechtsverletzungen vornimmt und sich der Admin-C vorher pauschal bereit erklärt hat, diese Funktion für eine große Zahl von Registrierungen zu übernehmen (BGH GRUR 2012, 304 Rn. 63 – Basler Haar-Kosmetik). Die abstrakte Gefahr einer Rechtsverletzung, die mit der Registrierung einer Vielzahl von Domainnamen verbunden sein kann, reichte insoweit aber nicht aus (BGH GRUR 2013, 294 Ls. 3 – dlg.de).

175   **b) Domainvergabestelle.** Die für die Registrierung von Domain-Namen unter der Top-Level-Domain „.de" zuständige DENIC ist vor der Registrierung nicht zur Prüfung verpflichtet, ob ein angemeldeter Domainname Rechte Dritter verletzt. Eine **Störerhaftung** besteht daher nicht (grundlegend BGH GRUR 2001, 1038 (1039 f.) – ambiente.de). Auch wenn die DENIC von einem Dritten nach der Registrierung darauf hingewiesen wird, dass ein registrierter Domainname seiner Ansicht nach ein ihm zustehendes Kennzeichenrecht verletzt, führt dies nach Ansicht des BGH zu **keiner generellen Prüfungspflicht.** Vielmehr ist ihre Prüfpflicht auf Fälle beschränkt, in denen die Rechtsverletzung offenkundig und für die DENIC ohne weiteres feststellbar ist. Dies ist befürwortet worden, wenn ihr ein rechtskräftiger gerichtlicher Titel vorliegt oder wenn die Rechtsverletzung derart eindeutig ist, dass sie sich ihr aufdrängen muss, weil es um die Verletzung einer berühmten Marke geht (BGH GRUR 2001, 1038 (1040 f.) – ambiente.de; bestätigt von BGH GRUR 2012, 651 – regierung-oberfranken.de). Eine offenkundige Namensrechtsverletzung liegt auch dann vor, wenn es sich bei dem als verletzt geltend gemachten Namen um die offizielle Bezeichnung der für die Verwaltung eines Regierungsbezirks zuständigen Behörde handelt und der beanstandete Domainname von einem in Panama ansässigen Unternehmen registriert worden ist (BGH GRUR 2012, 651 – regierung-oberfranken.de). Nachdem der BGH zunächst sehr hohe Anforderungen an eine Haftung der DENIC gestellt hat, hat sie praktisch keine Bedeutung erlangt. Mit dem letzten Urteil (BGH GRUR 2012, 651 – regierung-oberfranken.de) könnte die Rechtsprechung wieder eine andere Richtung einnehmen; auch ist nicht klar, in welchen Fällen von einer offenkundige Namensverletzung auszugehen ist.

Die genannten Grundsätze gelten auch für den Fall, dass es nach der Löschung einer rechteverletzenden Domain zu einer neuen Anmeldung derselben Domain kommt. So steht gemäß BGH dem Namensinhaber, der die Löschung eines Domain-Namens wegen Verletzung seiner Rechte veranlasst hat, ein Anspruch auf „Sperrung" des Domainnamens für jede zukünftige Eintragung eines Dritten nicht zu. Die für die Vergabe von Domain-Namen zuständige DENIC sei auch bei weiteren Anträgen Dritter auf Registrierung desselben Domainnamens grundsätzlich nicht zu der Prüfung verpflichtet, ob die angemeldete Bezeichnung Rechte des Namensinhabers verletzt (BGH GRUR 2004, 619 (621) – kurt-biedenkopf.de). Von einer entsprechend eingeschränkten Haftung dürfte auch bei **anderen Registrierungsstellen für Domains** auszugehen sein. **176**

c) Betreiber von Domain-Parking-Programmen. Bietet ein Host-Provider seinen Kunden ein so genanntes Domain-Parking-Programm an, in das der Kunde unter seinem Domainnamen eine Internetseite mit elektronischen Werbeverweisen (Werbelinks) einstellen kann, bei deren Aufruf auf Grund vorher bestimmter Schlüsselwörter Werbung von Drittunternehmen erscheint, haftet der Diensteanbieter gemäß der Rechtsprechung des BGH **weder als Täter noch als Teilnehmer** von Kennzeichenverletzungen, wenn die Auswahl des Schlüsselworts ohne seine Mitwirkung oder Kenntnis erfolgt und dem Diensteanbieter die Kennzeichenverletzungen seines Kunden auch nicht bekannt sind (BGH GRUR 2011, 617 Rn. 23–34 – Sedo). **177**

Den Anbieter trifft auch im Rahmen einer **Störerhaftung** nach Ansicht des BGH grundsätzlich keine allgemeine Pflicht, die in sein System von Kunden eingestellten Domainnamen auf Kennzeichenverletzungen zu prüfen, es sei denn, mit dem entsprechenden Programm des Diensteanbieters ist eine besondere Gefahr für die Verletzung von Kennzeichenrechten Dritter verbunden (BGH GRUR 2011, 617 Rn. 43 – Sedo). Ist das Geschäftsmodell eines Gewerbetreibenden von vornherein auf Rechtsverletzungen durch die Nutzer seiner Leistung angelegt oder fördert der Gewerbetreibende durch eigene Maßnahmen die Gefahr einer Nutzung, die in Rechte Dritter eingreift, ist er verpflichtet, die Gefahr auszuräumen Handelt es sich hingegen – wie bei dem (streitgegenständlichen Sedo-) Parking-Programm – um ein von der Rechtsordnung gebilligtes Geschäftsmodell, dürften dem Diensteanbieter keine Kontrollmaßnahmen auferlegt werden, die sein Geschäftsmodell gefährden oder seine Tätigkeit unverhältnismäßig erschweren (BGH GRUR 2011, 617 Rn. 45 – Sedo). **178**

Der BGH verneint damit eine Haftung des Betreibers des Domain-Parking-Programms für eine Kennzeichenrechtsverletzung vor Kenntniserlangung. Da der Domain-Parking-Betreiber faktisch an der Gestaltung der geparkten Website durch die Setzung der Werbelinks mitwirkt, wird dessen Haftung bereits vor Kenntniserlangung aber teilweise bejaht (vgl. Ingerl/Rohnke/Nordemann/Dustmann/Engels Nach § 15 Rn. 227). **179**

§ 16 Wiedergabe einer eingetragenen Marke in Nachschlagewerken

(1) Erweckt die Wiedergabe einer eingetragenen Marke in einem Wörterbuch, einem Lexikon oder einem ähnlichen Nachschlagewerk den Eindruck, daß es sich bei der Marke um eine Gattungsbezeichnung für die Waren oder Dienstleistungen handelt, für

die die Marke eingetragen ist, kann der Inhaber der Marke vom Verleger des Werkes verlangen, daß der Wiedergabe der Marke ein Hinweis beigefügt wird, daß es sich um eine eingetragene Marke handelt.

(2) Ist das Werk bereits erschienen, so beschränkt sich der Anspruch darauf, daß der Hinweis nach Absatz 1 bei einer neuen Auflage des Werkes aufgenommen wird.

(3) Die Absätze 1 und 2 sind entsprechend anzuwenden, wenn das Nachschlagewerk in der Form einer elektronischen Datenbank vertrieben wird oder wenn zu einer elektronischen Datenbank, die ein Nachschlagewerk enthält, Zugang gewährt wird.

Überblick

§ 16 Abs. 1 gewährt dem Inhaber einer eingetragenen Marke die Möglichkeit, den Verleger eines Lexikons, Nachschlagewerks oder einer elektronischen Datenbank zu verpflichten einen Hinweis auf seine Inhaberschaft einzufügen, wenn die Marke in dem Werk genannt wird und ohne den Hinweis zu befürchten ist, dass die Marke im Verkehr als Gattungsbezeichnung wahrgenommen wird. Die Hinweispflicht bezieht sich entweder auf die laufende Redaktion der Erstauflage (Abs. 1) oder nach Erscheinen des Werkes auf die Folgeauflage (Abs. 2; → Rn. 12 ff.). Elektronische Nachschlagewerke werden über Abs. 3 erfasst (→ Rn. 9).

A. Allgemeines

1   Eingetragenen Marken droht gemäß § 49 Abs. 2 Nr. 1 der Verfall, wenn sie im Verkehr zu einer üblichen **Gattungsbezeichnung** werden. Sie sind dann **löschungsreif** und damit kommerziell nicht mehr verwertbar. Der Markeninhaber hat somit ein berechtigtes Interesse seine Marke vor dieser Form des Verfalls zu bewahren. Der Gesetzgeber geht davon aus, dass die Gefahr des Verfalls insbesondere dann besteht, wenn eine Marke in Lexika oder sonstigen physischen oder elektronischen Nachschlagewerken wiedergegeben wird und ohne **Registriermarkenhinweis** für den Verkehr im **Kontext** als Gattungsbezeichnung erscheint. Der Verkehr erwartet bei der Erläuterung von Worten und Begriffen in derartigen Nachschlagewerken eine **abgesicherte Erklärung** von Begriffen des allgemeinen oder fachspezifischen Sprachgebrauchs (OLG Frankfurt GRUR 2000, 1066 f. – Abkürzung ACC). Der Inhaber soll in diesen Fällen gegen den Verleger vorgehen können, um seine Marke vor dieser Form des Verfalls zu schützen. Um den Verleger nicht in seiner gestalterischen Freiheit zu beschränken, kann nicht die Abänderung des Textes, sondern nur ein **zusätzlicher Hinweis** auf den Status der Marke als eingetragene Marke verlangt werden. Eine Fehlinterpretation des Verkehrs soll so ausgeschlossen werden. Da die Nennung der Marke in einem Nachschlagewerk **keine Markenrechtsverletzung** darstellt, kommen sonstige markenrechtliche Rechtsbehelfe wie etwa ein Unterlassungsanspruch nicht in Betracht. Eine **analoge Anwendung** von § 16 auf andere Medien ist ausgeschlossen. Das wird zum einen damit begründet, dass der Verkehr in sonstigen Presseerzeugnissen gerade nicht von abgesicherten Erläuterungen ausgehe (OLG Frankfurt GRUR 2000, 1066 f. – Abkürzung ACC), und zum anderen damit, dass § 16 einen spezifischen Interessenkonflikt zwischen Markeninhaber und Verleger löse und daher auf Grund seines **Ausnahmecharakters** nicht auf andere Konstellationen angewandt könne (Hauck/Fischoeder GRUR 2004, 185 (189)).

2   § 16 entspricht inhaltlich Art. 12 UMV. Die Enforcement-RL und die MRL enthalten keine entsprechenden Vorgaben.

3   Da die meisten bekannten Nachschlagewerke entsprechende Hinweise standardmäßig enthalten, ist der Anwendungsbereich von § 16 in der Praxis gering. Indes mahnt schon seine reine Existenz, die Interessen der Inhaber eingetragener Marken durch entsprechende Hinweise zu wahren.

B. Anspruchsvoraussetzungen

I. Aktivlegitimation

4   Aktivlegitimiert ist der **Inhaber** einer eingetragenen Marke. Für den **Lizenznehmer** gelten die allgemeinen Regeln der gewillkürten Prozessstandschaft. Er kann sich mangels tatbestandlicher Kennzeichenverletzung nicht über § 30 Abs. 3 zur Klage ermächtigen lassen.

II. Passivlegitimation

Passivlegitimiert ist der **Verleger** eines Nachschlagewerks. Der Verleger ist der Eigentümer 5
oder Geschäftsführer eines Verlages und für die **Herausgabe** eines Werkes **verantwortlich.** Er
entscheidet abschließend über die Veröffentlichung und das Lektorat jedes publizierten Werkes.
Nicht passivlegitimiert sind sonstige für den Text, das Werk oder den Vertrieb Verantwortliche,
namentlich Autoren, Herausgeber oder Händler.

III. Eingetragene Marke

Erfasst werden gemäß § 4 Nr. 1 **eingetragene** Marken und über § 107 geschützte **IR-Marken.** 6
Auf gemäß § 4 Nr. 2 und 3 gestützte Marken ist § 16 nicht analog anwendbar. Die Marke muss
rechtswirksam eingetragen worden sein; die bloße **Anmeldung** zur Eintragung genügt noch
nicht. Ob die Marke nach der Eintragung auch tatsächlich **benutzt** wird, spielt dagegen keine
Rolle; § 25 ist auf § 16 nicht anwendbar.

IV. Wiedergabe im Werk

Die Marke muss im eigenen Werk selbst wiedergegeben werden. Im Werk enthaltene **Drittver-** 7
öffentlichungen werden nicht erfasst. Den Verleger trifft insoweit auch keine Pflicht, übernommene Drittveröffentlichungen auf ihre Vereinbarkeit mit § 16 zu prüfen. Dies würde zu einer
praxisfernen und unverhältnismäßigen Belastung des Verlegers führen.

V. Lexikon, Nachschlagewerk, Datenbank

Erfasst wird nur die Wiedergabe in einem Lexikon, einer Datenbank oder sonstigem Nachschla- 8
gewerk. In Abgrenzung zu allgemeinen Presseerzeugnissen kommt es entscheidend darauf an, dass
das Werk gerade die Funktion hat, Begriffe in **gesicherter recherchierter Weise** zu erklären
und zu definieren. Erfasst werden daher sämtliche Lexika, Enzyklopädien, wissenschaftliche Kommentare und Wörterbücher. Nicht erfasst werden Hand- und Lehrbücher, soweit sie einem Nachschlagewerk nicht insoweit entsprechen, dass der Eindruck erweckt wird, das Werk sei dazu da,
Begriffe in gesicherter Form zu erklären und zu definieren.

VI. Elektronische Werke

Über Abs. 3 werden auch **elektronische Werke** erfasst. Betroffen sind dabei Nachschlagewerke, 9
die auf **Datenträgern** vertrieben werden, und vor allem **internetbasierte Werke.** Das elektronische Werk muss einen den konventionellen Nachschlagewerken entsprechenden **Nachschlage-**
zweck verfolgen. Die Frage der Passivlegitimation für elektronische Werke regelt Abs. 3 nicht
gesondert. Aus der angeordneten entsprechenden Anwendung von Abs. 1 geht aber hervor, dass
derjenige passivlegitimiert ist, der die **redaktionelle Verantwortung** trägt (Ingerl/Rohnke/Nor-
demann/Schork Rn. 16). Nach einer anderen Ansicht soll es darauf ankommen, wer die tatsächliche „Verfügungsgewalt" über die Datensätze hat, denn nur dieser sei auch tatsächlich in der Lage
das Werk anzupassen (Fezer Rn. 25). Diese Ansicht verkennt indes, dass in Abs. 1 eindeutig das
Verantwortungsprinzip angeordnet wird. Der Aktivlegitimierte muss nicht erst herausfinden,
wer tatsächlich in der Lage ist, den Datensatz zu bearbeiten, sondern kann sich stets unmittelbar an
den **Anbieter** wenden. Der Anbieter ist das im Impressum genannte, redaktionell verantwortliche
Unternehmen.

VII. Eindruck einer Gattungsbezeichnung

Durch die Wiedergabe der Marke in dem Nachschlagewerk muss für den im Markenrecht 10
maßgeblichen aufmerksamen, durchschnittlich verständigen Verbraucher (Ingerl/Rohnke/Norde-
mann/Nordemann-Schiffel § 14 Rn. 453) der Eindruck entstehen, dass es sich nicht um eine
Marke, sondern um eine Gattungsbezeichnung handelt. Mit Gattungsbezeichnung ist die allgemein
übliche Benennung einer Produktkategorie im Verkehr gemeint. Der Verbraucher muss beim

Lesen des Werkes also davon ausgehen, dass die Marke im Verkehr ganz allgemein für das Produkt steht, ohne auf einen bestimmten Hersteller hinzuweisen.

C. Rechtsfolgen

I. Hinweis

11   Rechtsfolge ist ein Anspruch auf Einfügung eines Hinweises, aus dem für den Verkehr klar hervorgeht, dass es sich um eine eingetragene Marke handelt. Wie der Hinweis im Einzelnen ausgestaltet wird, bleibt dem Verleger überlassen. Der Inhaber bleibt aber solange anspruchsberechtigt, bis der Hinweis seinem **Zweck** hinreichend gerecht wird. Die einfachste und in der Praxis häufigste Variante ist die Einfügung des bekannten Symbols ® für engl. „registered" also „eingetragen". Darüber hinaus genügt auch jeder andere verständliche Hinweis wie „eingetragene Marke" oder „Schutzmarke".

II. Zeitpunkt der Einfügung

12   Das Gesetz unterscheidet zwischen der noch **laufenden Redaktion** eines noch zu publizierenden Werkes und **bereits erschienenen** Werken. Nur in der noch laufenden Redaktionszeit kann der nach § 16 aktivlegitimierte Inhaber unmittelbar die Einfügung des Hinweises verlangen. Ist das Werk bereits erschienen, beschränkt Abs. 2 den Anspruch auf die **zukünftige Folgeauflage.** Damit soll verhindert werden, dass ein bereits publiziertes Werk wieder vom Markt genommen werden muss, nur weil der Hinweispflicht nicht nachgekommen wurde. Gibt es keine Folgeauflage oder liegen einige Jahre zwischen den Auflagen, hat der Inhaber der Marke das Nachsehen.

13   Welcher Zeitpunkt genau mit dem **Erscheinen** in Abs. 2 gemeint ist, ist nicht unumstritten. Einigkeit herrscht bisweilen dahingehend, dass jedenfalls die Legaldefinition des § 6 Abs. 2 UrhG nicht herangezogen werden kann. Müsste das Werk erst in hinreichender Zahl in den Verkehr gebracht werden, wären die Produktionskosten schon angefallen. Zum Teil wird daher der **Beginn der Produktion** des Werkes genannt (Ingerl/Rohnke/Nordemann/Schork Rn. 13), zum anderen der Zeitpunkt, in welchem dem Hinweisbegehren des Markeninhabers **tatsächlich unverhältnismäßige Kosten** des Verlegers zur Realisierung entgegenstehen. Dies sei oft viel später, da in die laufende Produktion oft noch eingegriffen werden könne (Ströbele/Hacker/Thiering/Thiering Rn. 12; Fezer Rn. 18). Letztgenannter Ansicht ist abzugewinnen, dass sich der Verleger nicht hinter der nur formell angelaufenen Produktion oder Auftragsvergabe verstecken können soll. Der Hinweis soll noch so lange eingefügt werden, wie das ohne unverhältnismäßige wirtschaftliche Verluste für den Verleger möglich ist. Allerdings wird es in der Praxis schwierig sein, genau dies zu beweisen. Aus praktischen Erwägungen heraus bietet sich daher der **offizielle Redaktionsschluss** als einfach zu bestimmende Grenze an.

14   Da der Markeninhaber die Einfügung ausdrücklich **einfordern** muss und er in der Regel erst nach Erscheinen des Werkes **Kenntnis** von der Nennung seiner Marke erhalten dürfte, handelt es sich hier in erster Linie um ein theoretisches Problem.

15   Bei elektronischen Werken, die auf Datenträgern vertrieben werden, gilt das oben Gesagte entsprechend. Bei Internetbasierten Nachschlagewerken oder Datenbanken ist der Hinweis unverzüglich, also ohne schuldhaftes Zögern einzufügen. Technisch bedingte Verzögerungen sind dabei aber hinzunehmen.

D. Prozessuales

I. Klageweises Vorgehen

16   Der Anspruch auf Hinweiseinfügung kann auf dem Klageweg erstritten werden. Als **unvertretbare Handlung** kommen zur Vollstreckung aber nur Zwangsmittel nach § 888 ZPO in Betracht.

II. Einstweiliger Rechtsschutz

17   Steht das Erscheinen des Werkes unmittelbar bevor, ist die Durchsetzung der Hinweispflicht auch durch einstweilige Verfügung möglich. Kommt das Gericht zu der Überzeugung, dass ein entsprechender **Verfügungsanspruch** besteht, stellt die Regelung aus Abs. 2 bei bevorstehendem Erscheinen einen hinreichenden **Verfügungsgrund** dar.

§ 17 Ansprüche gegen Agenten oder Vertreter

(1) Ist eine Marke entgegen § 11 für den Agenten oder Vertreter des Inhabers der Marke ohne dessen Zustimmung angemeldet oder eingetragen worden, so ist der Inhaber der Marke berechtigt, von dem Agenten oder Vertreter die Übertragung des durch die Anmeldung oder Eintragung der Marke begründeten Rechts zu verlangen.

(2) ¹Ist eine Marke entgegen § 11 für einen Agenten oder Vertreter des Inhabers der Marke eingetragen worden, so kann der Inhaber die Benutzung der Marke im Sinne des § 14 durch den Agenten oder Vertreter untersagen, wenn er der Benutzung nicht zugestimmt hat. ²Handelt der Agent oder Vertreter vorsätzlich oder fahrlässig, so ist er dem Inhaber der Marke zum Ersatz des durch die Verletzungshandlung entstandenen Schadens verpflichtet. ³§ 14 Abs. 7 ist entsprechend anzuwenden.

(3) Die Absätze 1 und 2 finden keine Anwendung, wenn Rechtfertigungsgründe für die Handlungsweise des Agenten oder des Vertreters vorliegen.

Überblick

§ 17 ergänzt den Löschungsanspruch gemäß § 11 und den Widerspruchsgrund gemäß § 42 Abs. 2 Nr. 3, § 51. § 17 gewährt über den Löschungsanspruch hinaus einen Anspruch auf Übertragung der Marke des Agenten unter Erhaltung der Priorität dieser Marke. Ferner stehen dem Geschäftsherrn nach § 17 Unterlassungs- und Schadensersatzansprüche sowie markenrechtliche Nebenansprüche iVm §§ 18, 19 zu.

Übersicht

A. Entstehung, Allgemeines, Verhältnis zu internationalen Normen

§ 17 setzt ebenso wie § 11 eine Regelung des internationalen Vertragswerks der **PVÜ** in deutsches Recht um. Zur Entstehungsgeschichte → § 11 Rn. 1. § 17 entspricht den Vorgaben Art. 6^{septies} PVÜ. Dort ist der Übertragungsanspruch optional vorgesehen. Der deutsche Gesetzgeber hat von dieser Möglichkeit in § 17 Gebrauch gemacht. § 17 gilt für rein inländische Fälle ebenso wie für Fälle mit Auslandsbezug (Geschäftsherr mit Marke im Ausland). Bei **Auslandsbezug** ist zu beachten, dass ggf. ausländisches Recht für den Vertrag gilt. **1**

Die **MRL** enthält in Art. 5 Abs. 3 lit. b und 13 MRL zwingende Vorschriften, die durch das MaMoG umgesetzt wurden. Nach Art. 5 Abs. 3 lit. b MRL stellt die Eintragung einer Agentenmarke ein relatives Eintragungshindernis und einen Nichtigkeitsgrund dar. Ferner regelt Art. 13 **MRL** die Handlungsmöglichkeiten des Geschäftsherrn für den Fall, dass die Agentenmarke für den Agenten oder dessen Vertreter eingetragen ist. **2**

Der Schutz erfolgt nach Vorgaben des Art. 6^{septies} PVÜ. § 17 entspricht **Art. 21 UMV** hinsichtlich des Übertragungsanspruchs und **Art. 13 UMV** hinsichtlich des Unterlassungsanspruchs („Untersagungstatbestand") betreffend Unionsmarken. Schadensersatzansprüche regelt die UMV nicht; deutsches Recht ist hierfür in § 119 nicht als anwendbar erklärt worden (→ § 119 Rn. 9). **3**

B. Rechtsnatur, Normzweck, Verhältnis zu anderen Vorschriften/ Rechtsgründen

I. Rechtsnatur

4   Es finden sich im **Übertragungsanspruch** Elemente schuldrechtlicher (Ströbele/Hacker/ Thiering/Thiering Rn. 9), dinglicher (Vindikation, vgl. Ingerl/Rohnke/Nordemann/Schork Rn. 6) und bereicherungsrechtlicher Ansprüche (Herausgabe des Erlangten) in der gesetzlichen Regelung. Es dürfte sich um einen **Anspruch sui generis** handeln, der dem Vindikationsanspruch am nächsten steht, denn die Regelungen der §§ 11, 17 gewähren Ansprüche unabhängig von der Vertragslage und sind daher quasi-dinglicher Natur. Daran ändert es nichts, dass die Ansprüche letztlich aus der vertraglichen Treuepflicht herrühren. Die Etablierung eines Übertragungsanspruchs geht offenbar von der Vorstellung aus, dass die Marke gegenüber Treueverpflichteten wie ein überterritoriales sachliches Recht wirken soll. Insoweit folgt die Vorschrift zur Übertragung der Agentenmarke einem der patentrechtlichen Vindikation ähnlichen Rechtsgedanken.

5   Zur Rechtsnatur des **Unterlassungsanspruchs** gilt das Gleiche wie beim Unterlassungsanspruch auf Grundlage eines inländischen älteren Rechts, nur ist Grundlage die dem Geschäftsherrn zugeordnete Marke, dh im Regelfall das ausländische Recht an der Marke oder – nach hier vertretener Ansicht auch – Unternehmenskurzbezeichnung („Hausmarke"), das einer hypothetischen Kollisionsprüfung zugrunde gelegt wird (→ Rn. 21).

II. Normzweck

6   § 17 will betreffend den **Übertragungsanspruch** dem Geschäftsherrn die Stellung verschaffen, die er hätte, wenn die Marke im Namen des Geschäftsherrn angemeldet worden wäre. § 17 will also die Marke dem Geschäftsherrn mit ihrer Priorität gegenüber eventuellen Zwischenrechten erhalten. Der Grund für diese Regelung dürfte vor allem darin liegen, dass es nicht sachgerecht wäre, die Rechtsposition des Agenten als Inhaber der durchgreifenden Markenrechte einem beliebigen dritten Zwischenrechtsinhaber zufallen zu lassen, wenn der Geschäftsherr die Marke des Agenten löschen lässt.

7   Der **Unterlassungsanspruch** soll die Rechtsposition des Geschäftsherrn weiter absichern, insbesondere solange der Übertragungsanspruch noch nicht durchgesetzt werden konnte bzw. falls dieser etwa bei Verzicht des Agenten auf die Markeneintragung nicht zum Erfolg führt.

III. Verhältnis zu anderen Bestimmungen

8   Ein Übertragungsanspruch kann sich auch aus Geschäftsführung ohne Auftrag ergeben. Neben §§ 11, 17 kann auch § 8 Abs. 2 Nr. 10 (bösgläubige Anmeldung) anzuwenden sein, wenn Agent, wie häufig, bösgläubig ist (→ § 8 Rn. 957 ff.); zu wettbewerbsrechtlichen und vertraglichen Ansprüchen → § 11 Rn. 11, → § 11 Rn. 13.

C. Voraussetzungen der Anwendung

9   Zu den Voraussetzungen von § 17 → § 11 Rn. 15 ff. Der Übertragungsanspruch ist ausdrücklich gegen eine angemeldete und gegen eine eingetragene Marke des Agenten gegeben. § 17 Abs. 1 und 2 finden keine Anwendung, wenn **Rechtsfertigungsgründe** des Agenten vorliegen (Abs. 3; → § 11 Rn. 48).

D. Rechtsfolgen, Verfahren

I. Übertragungsanspruch

1. Inhalt

10   Der Anspruch ist gerichtet auf rechtsgeschäftliche Übertragung der Agentenmarke (als Gegenstand des Vermögens gemäß §§ 27, 31), ggf. auf Teilübertragung für einen Teil der Waren bzw. Dienstleistungen (nach § 27 Abs. 4, § 46 Abs. 2 und Abs. 3 S. 2 und Abs. S. 3). Bei eigenmächtiger Führung und Rechtserwerb hinsichtlich geschäftlicher Bezeichnungen ist keine Übertragung möglich.

2. Verfahren

Die **Klage** ist zu erheben auf Abgabe der Erklärung in der nach § 27 Abs. 3 MarkenG, §§ 33 ff. **11** MarkenV zum Nachweis erforderlichen Form (Ströbele/Hacker/Thiering/Thiering Rn. 14: § 28 Abs. 3 Nr. 1 DPMAV), dh auf Einwilligung in die Übertragung der Marke und in die Umschreibung im Register. Es besteht kein Anspruch auf Mitwirkung bei der Übertragung, daher ist auch bei der Übertragung einer Anmeldung der Antrag auf Einwilligung in die Übertragung zu richten, sowie den Rechtsübergang in der Anmeldeakte zu vermerken (vgl. § 34 Abs. 1 MarkenV).

Die **Vollstreckung** erfolgt gemäß § 894 ZPO mit Eintritt der Rechtskraft (Fiktion der Abgabe **12** der Willenserklärung), wodurch die rechtsgeschäftliche Übertragung als erfolgt gilt, und die Einwilligung zur Umschreibung als abgegeben, sowie durch Vorlage des Urteils mit Rechtskraftvermerk zum Nachweis beim DPMA.

3. Sicherung

Vereitelung des Anspruchs ist durch Rücknahme oder Verzicht, sowie Erschwerung bei Über- **13** tragung auf Dritte oder Lizenzerteilung möglich, daher Sicherung durch Verfügungsverbot per einstweiliger Verfügung möglich, regelmäßig erforderlich und zu empfehlen; Sequestration, dh Übertragung der Marke auf Treuhänder ist besonders sicher, allerdings aufwendig. Vorherige Abmahnung darf nicht verlangt werden, da sie die Wirkung der Sicherungsmaßnahme vereiteln kann.

4. Rechtsnachfolger

Vor der Eintragung besteht der Übertragungsanspruch bei Rechtsnachfolge vor Eintragung **14** auch (zw.), entgegen dem Wortlaut des § 11 (Ingerl/Rohnke/Nordemann/Schork Rn. 12; Ingerl/ Rohnke/Nordemann/Schork § 11 Rn. 21); der Anspruch auf Rücknahme der Anmeldung kann jedenfalls aber auch als vorbeugender Beseitigungsanspruch gegen den Rechtsnachfolger gerichtet werden; zum maßgeblichen Zeitpunkt → § 11 Rn. 36.

Nach der Eintragung besteht der Übertragungsanspruch gegen den Rechtsnachfolger (→ § 27 **15** Rn. 57; → § 11 Rn. 54; BGH GRUR 2008, 611 Rn. 18 – audison; GRUR Int 2010, 1088 Rn. 33 – DISC: Marke zum Zeitpunkt des Erwerbs bereits mit den Ansprüchen des Geschäftsherrn belastet; Ingerl/Rohnke/Nordemann/Schork § 11 Rn. 21: Schutzhindernis haftet der Marke als solcher an und kein gutgläubiger Erwerb im Markenrecht möglich; aA Ströbele/Hacker/Thiering/ Thiering Rn. 13: nur Anspruch auf Löschung nach §§ 11, 51).

Bei Rechtsnachfolge nach Rechtshängigkeit: Rechtskrafterstreckung nach § 325 ZPO. **16**

5. Geltendmachung gegen Strohmann

Die Anmeldung durch einen Strohmann oder einen Treuhänder steht der Anmeldung durch **17** den Agenten gleich, wenn diese für den Agenten tätig werden, ggf. auch in mehrstufiger Weise (BGH GRUR 2008, 611 Rn. 17 – audison; Ströbele/Hacker/Thiering/Thiering Rn. 12; Ingerl/ Rohnke/Nordemann/Schork Rn. 9; Lange MarkenR Rn. 2402); der Anspruch kann dementsprechend auch gegen den Strohmann oder den Treuhänder geltend gemacht werden.

6. Einrede des Geschäftsherrn gegen Verletzungsansprüche

Vor der Übertragung besteht eine Einrede des Geschäftsherrn gegenüber Verletzungsansprüchen **18** des Agenten aufgrund der noch bestehenden Markeninhaberschaft gemäß § 242 BGB (dolo agit, qui petit, quod statim redditurus est). Die Einrede kann mit der Ermächtigung des Geschäftsherrn auch vom neuen Agenten des Geschäftsherrn erhoben werden.

7. Wirkung der Übertragung

Der Anspruchsberechtigte erwirbt die Marke mit der ursprünglichen Priorität. Die Wirkung **19** der Übertragung gegenüber zuvor eingeräumten dinglichen Rechten oder Lizenzen gemäß §§ 29, 30 ist nicht geregelt. Die Marke des Agenten unterliegt von Anfang an den Ansprüchen des Geschäftsherrn gemäß §§ 11, 17 (BGH GRUR Int 2010, 1088 Rn. 33 – DISC). Weitergehende Rechte kann der Agent einem Dritten nicht einräumen (→ § 11 Rn. 54). Lizenznehmern des Agenten kommt kein Sukzessionsschutz gemäß § 30 Abs. 5 zu, da der Agent als Nichtberechtigter anzusehen ist, dessen Verfügung gegenstandslos ist (aA Ströbele/Hacker/Thiering/Thiering

Rn. 17). Ein gutgläubiger und lastenfreier Erwerb ist bei Markenrechten nicht vorgesehen und daher nicht möglich.

20 Zum Verfahren der Übertragung → Rn. 11, → Rn. 13.

II. Unterlassungs- und Schadensersatzansprüche, Nebenansprüche

1. Unterlassungsanspruch

21 Der Unterlassungsanspruch entspricht weitgehend dem Verletzungsanspruch. Es erfolgt eine hypothetische Prüfung der Kollisionstatbestände nach § 14 Abs. 2 (→ § 11 Rn. 38 ff.). Es besteht kein Anspruch gegenüber Weitervertrieb von Originalware bei eingetretener Erschöpfung.

22 Verletzungsansprüche setzen nach Wortlaut des § 17 Abs. 2 S. 1 voraus, dass die Marke entgegen § 11 eingetragen wurde. Dieser Wortlaut zielt nicht darauf ab, angemeldete Marken auszuschließen, auch wenn das im Vergleich zu Abs. 1 so scheinen kann. Es handelt sich um eine Wiederholung des Wortlauts von § 11, der wiederum auf der PVÜ-Regelung beruht. Für das Schutzbedürfnis des Geschäftsherrn bezüglich des Unterlassungsanspruchs ist es irrelevant, ob die Marke eingetragen ist oder sich noch im Anmeldestadium befindet. Für den Löschungsanspruch geht die PVÜ-Regelung ersichtlich davon aus, dass eine Gefahr erst durch die Eintragung der Agentenmarke besteht; für den in der PVÜ nicht geregelten Unterlassungsanspruch gilt das nicht, es sei denn, der Gesetzgeber wollte nur die Berufung des Agenten auf ein positives Benutzungsrecht ausschließen. Es scheint sich somit um eine Regelungslücke zu handeln, die durch eine entsprechende Anwendung des § 17 Abs. 1 S. 1 auf den Fall der lediglich angemeldeten Agentenmarke geschlossen werden kann.

23 Unterlassung kann vom Agenten (oder dem Strohmann) selbst und den an dessen eigener Verletzungshandlung mitwirkenden Störern verlangt werden (vgl. Ingerl/Rohnke/Nordemann/Schork Rn. 16).

24 Es wird dagegen angezweifelt, ob ein Unterlassungsanspruch gegenüber Rechtsnachfolgern und Lizenznehmern des Agenten geltend gemacht werden kann, mit der Begründung, dass derjenige, der Rechte vom Agenten ableitet und eigenständig verletzt, nicht schlechter gestellt sein darf als ein beliebiger Dritter (OLG Schleswig NJWE-WettbR 2000, 119 (121) – LUXIS; Ingerl/Rohnke/Nordemann/Schork Rn. 16). Dies erscheint jedenfalls dann nicht als zwingend, wenn Rechtsnachfolger oder Lizenznehmer mit dem Agenten wissentlich zum Schaden des Geschäftsherrn zusammenwirken.

2. Schadensersatzanspruch

25 Der Schadensersatzanspruch entspricht weitgehend dem des Verletzungsanspruchs und setzt Verschulden, dh mindestens Fahrlässigkeit voraus; der Anspruch ist gegenüber dem Agenten und seinem Strohmann gegeben; hinsichtlich des Rechtsnachfolgers und Lizenznehmern des Agenten ist der Schadensersatzanspruch zweifelhaft, soweit auch ein Unterlassungsanspruch zweifelhaft wäre (→ Rn. 24). Der Agent wird sich nur in Ausnahmefällen auf fehlendes Verschulden berufen können. Unkenntnis der Marke des Geschäftsherrn schließt Ansprüche nicht aus, wenn Erkundigungen beim Geschäftsherrn möglich und zumutbar waren. Der Anspruch richtet sich gegen Benutzungshandlungen der Marke, gegen welche auch Unterlassungsansprüche nach § 17 Abs. 2 S. 1 gegeben sind.

3. Hilfsanspruch auf Auskunft

26 Zu Beseitigungs- und Auskunftsansprüchen insgesamt vgl. §§ 18–19c, die auf § 17 Bezug nehmen; zu Hilfsansprüchen auf Auskunft → § 19 Rn. 1 ff.

4. Haftung für Angestellte Beauftragte

27 § 14 Abs. 7 ist auch für Agentenverhältnisse anwendbar (§ 17 Abs. 2 S. 3).

5. Beseitigungsanspruch

28 Zu Beseitigungs- und Auskunftsansprüchen vgl. §§ 18–19c, die auf § 17 Bezug nehmen; kann nicht auf Unionsmarke angewendet werden (Ingerl/Rohnke/Nordemann/Bröcker § 55 Rn. 58). Der Geschäftsherr kann auch eine Rücknahme der frühzeitig entdeckten Anmeldung mindestens als **vorbeugende Beseitigung** verlangen. Laut der Amtlichen Begründung zu § 17 werden Agen-

turverhältnisse auch mit Unternehmen begründet, die sich zur Erledigung von Geschäften Dritter bedienen (Begr. RegE, BT-Drs. 12/6581, 77).

6. Schutz vor nicht eingetragenen Kennzeichenrechten eines Agenten

§ 17 gilt nicht unmittelbar für **Benutzungsmarken.**   **29**

Die Zuordnung einer Benutzungsmarke zu Agent oder Geschäftsherrn mag fraglich sein. Es **30** entscheidet die Verkehrsauffassung, wie im Verhältnis zwischen Lizenzgeber und nehmer (→ § 4 Rn. 121).

Zwar werden Benutzungshandlungen des Agenten in der Regel nicht ohne Zustimmung, **31** erfolgt sein, aber regelmäßig keine Zustimmung zu endgültigem Rechtserwerb; der Geschäftsherr ist im Fall der Benutzungsmarke vergleichbar schutzbedürftig, da Marke gegen ihn eingesetzt werden könnte und die Verkehrsgeltung sogar nach einer Vertragsbeendigung durch von Dritten bezogene Waren aufrechterhalten werden könnte. Eine **analoge Anwendung** des § 17 ist daher geboten (vgl. Ingerl/Rohnke/Nordemann/Schork Rn. 23).

Der Schutz des Geschäftsherrn sollte entsprechend dem Rechtsgedanken der § 11 und § 17 **32** auch gegen Rechte gemäß § 5 (geschäftliche Bezeichnungen) gelten, da die Interessenlage vergleichbar ist (Ingerl/Rohnke/Nordemann/Schork Rn. 24). Für die Unternehmenskurzbezeichnung gelten nach der hier vertretenen Auffassung § 11 und § 17 unmittelbar (→ § 11 Rn. 32). Analoge Anwendung der §§ 11, 17 ist hinsichtlich Übertragungsanspruchs allerdings nicht möglich, da nach hM eine isolierte Übertragung des Unternehmenskennzeichens nicht möglich ist (→ § 5 Rn. 153, → § 27 Rn. 76), jedoch kann der Unterlassungsanspruch analog angewendet werden.

§ 18 Vernichtungs- und Rückrufansprüche

(1) ¹Der Inhaber einer Marke oder einer geschäftlichen Bezeichnung kann den Verletzer in den Fällen der §§ 14, 15 und 17 auf Vernichtung der im Besitz oder Eigentum des Verletzers befindlichen widerrechtlich gekennzeichneten Waren in Anspruch nehmen. ²Satz 1 ist entsprechend auf die im Eigentum des Verletzers stehenden Materialien und Geräte anzuwenden, die vorwiegend zur widerrechtlichen Kennzeichnung der Waren gedient haben.

(2) Der Inhaber einer Marke oder einer geschäftlichen Bezeichnung kann den Verletzer in den Fällen der §§ 14, 15 und 17 auf Rückruf von widerrechtlich gekennzeichneten Waren oder auf deren endgültiges Entfernen aus den Vertriebswegen in Anspruch nehmen.

(3) ¹Die Ansprüche nach den Absätzen 1 und 2 sind ausgeschlossen, wenn die Inanspruchnahme im Einzelfall unverhältnismäßig ist. ²Bei der Prüfung der Verhältnismäßigkeit sind auch die berechtigten Interessen Dritter zu berücksichtigen.

Überblick

§ 18 regelt drei zivilrechtliche Folgen von Markenrechtsverletzungen: die Ansprüche auf Vernichtung, auf Rückruf und auf Entfernen aus den Vertriebswegen. Alle drei Ansprüche zielen auf eine Beseitigung der Verletzungsfolgen ab, gehen dabei aber teilweise über das zur Folgenbeseitigung unmittelbar Notwendige hinaus.

Die Vernichtung (→ Rn. 8 ff.), also die physische Zerstörung, findet Anwendung auf widerrechtlich gekennzeichnete Gegenstände, die sich noch im Besitz oder Eigentum des Verletzers befinden (→ Rn. 33 ff.). Die Ansprüche auf Rückruf und Entfernen aus den Vertriebswegen greifen dagegen auf Ware zu, die der Verletzer bereits an Dritte weitergegeben hat (→ Rn. 57). Alle drei Ansprüche unterliegen nach Abs. 3 einer Prüfung auf Unverhältnismäßigkeit (→ Rn. 78 ff.). Zur prozessualen Handhabung der Ansprüche → Rn. 89 ff.; zur Möglichkeit einstweiligen Rechtsschutzes → Rn. 98 ff.

Die Ansprüche auf Vernichtung, Rückruf und Entfernen existieren parallel in sämtlichen Rechtsgebieten des Immaterialgüterrechts; der Gesetzgeber hat nur den Wortlaut jeweils geringfügig angepasst (zB „Waren" im MarkenG; „Erzeugnisse" im PatG). Der immaterialgüterrechtliche Vernichtungsanspruch geht zurück auf das Produktpirateriegesetz (→ Rn. 1); Rückruf und Entfernen sind durch die Enforcement-RL ins deutsche Recht gelangt (→ Rn. 2). Bei der Auslegung des § 18 kann wegen der parallelen Struktur oft auch die Rechtsprechung zu den entsprechenden Ansprüchen in anderen Gebieten des Immaterialgüterrechts herangezogen werden.

Nach neuerer Rechtsprechung des BGH kann sich eine Pflicht zum Rückruf nicht nur aus § 18 Abs. 2 ergeben, sondern auch aus dem allgemeinen Unterlassungsanspruch (→ Rn. 70 f.).

Übersicht

A. Allgemeines

I. Entwicklungsgeschichte

1. Vernichtung

1   Der immaterialgüterrechtliche Vernichtungsanspruch wurde zum 1.7.1990 durch das **Produkt-pirateriegesetz** (ProdPG) vom 3.7.1990 (BGBl. I 422) eingeführt. Dieses Gesetz geht auf die VO (EWG) 3842/86 zurück (sog. **Produktpiraterie-VO;** mittlerweile ersetzt durch VO (EU) 608/2013). Die Pflicht, bei Immaterialgüterrechtsverletzungen die Möglichkeit einer Vernichtung vorzusehen, ergibt sich zudem aus Art. 46 S. 1 **TRIPS.** Das Umsetzungsgesetz zur **Enforcement-RL** (RL 2004/48/EG) vom 7.7.2008 (BGBl. I 1191) hat mit Wirkung zum 1.9.2008 den Vernichtungsanspruch geringfügig umformuliert (zu den Änderungen insbesondere → Rn. 14; → Rn. 80).

2. Rückruf und Entfernen aus den Vertriebswegen

2   Die Ansprüche nach Abs. 2 wurden mit Wirkung zum 1.9.2008 bei Umsetzung der **Enforce-ment-RL** inhaltsgleich in die deutschen immaterialgüterrechtlichen Gesetze eingefügt.

2.1   Der deutsche Gesetzgeber wollte dabei vor allem seiner in Art. 10 Abs. 1, 3 Enforcement-RL begründeten **Pflicht zur Einführung** solcher Instrumente nachkommen (BT-Drs. 16/5048, 38, 62). Bei der

Umsetzung orientierte er sich stark an Aufbau und Wortlaut der Richtlinie. Im Einklang mit der deutschen Rechtsordnung gestaltete er Rückruf und Entfernen, die in der Richtlinie neutral als „Maßnahmen" bezeichnet werden, als materiell-rechtliche Ansprüche aus.

Die Erläuterungen zum Richtlinienentwurf von 2003 weisen darauf hin, dass die Idee eines Rückrufs **2.2** immaterialgüterrechtsverletzender Gegenstände auf die **niederländische Rechtsprechung** zurückgeht (KOM (2003) 46 endg., Teil IV, Art. 12). Danach konnten die Gerichte Verletzer von Immaterialgüterrechten verpflichten, ihre Abnehmer mittels Rundschreibens um die Rückgabe bereits in den Verkehr gebrachter Ware zu bitten (etwa Hoge Raad Nederlandse Jurisprudentie 1990, 2675 (2680) – Hameco).

Die deutsche **Rechtsprechung** hat teilweise bereits **vor der Richtlinie** aus den allgemeinen Beseiti- **2.3** gungs- oder Unterlassungsansprüchen im UWG sowie vereinzelt im Immaterialgüterrecht einen Anspruch auf Rückruf derjenigen rechtsverletzenden Gegenstände abgeleitet, die bereits an die Abnehmer gelangt waren (zum UWG etwa OLG Hamburg NJW-RR 1996, 1449 (1450) – Patienten-Informationsblätter; einschränkend OLG Hamburg NJWE-WettbR 2000, 15 (16) – Spice Girls zum Markenrecht).

Auch im Recht des unlauteren Wettbewerbs und im Medienrecht sind Rückrufansprüche **3** anerkannt (zum UWG BGH GRUR 2017, 823 (824) – Luftentfeuchter; GRUR 2017, 208 (211) – Rückruf von RESCUE-Produkten; GRUR 2016, 720 (723) – Hot Sox; auch → Rn. 70; zum Medienrecht OLG München WRP 1992, 809 – Fotoberichterstattung; LG München I ZUM 2006, 79 (81)).

Im Immaterialgüterrecht waren die Existenz wie auch die Voraussetzungen von Rückrufansprü- **4** chen vor Einführung der heutigen Regelung stark umstritten (ausführlich Miosga, Die Ansprüche auf Rückruf und Entfernen im Recht des geistigen Eigentums, 2010, 14 ff.). Als Anspruchsvoraussetzung wurde meist verlangt, dass der Verletzer noch eine Verfügungsgewalt über die zurückzurufenden Gegenstände ausübt. Da diese meist fehlt, blieb der Anwendungsbereich der Ansprüche gering.

II. Anwendungsbereich

1. Sachlicher Anwendungsbereich

Die Ansprüche aus § 18 finden über Art. 129 Abs. 2 UMV, § 119 auch auf Verletzungen **5** von **Unionsmarken** Anwendung. Gemäß § 128 Abs. 1 S. 3 gelten sie ebenso für Verletzungen **geografischer Herkunftsangaben** (so auch BGH GRUR 2016, 741 (742) – Himalaya Salz).

2. Internationaler Anwendungsbereich

Der **Vernichtungsanspruch** ist nur auf Vervielfältigungsstücke anwendbar, die sich **im Inland** **6** befinden (so zum Urheberrecht OLG München GRUR-RR 2010, 161 f. – Bronzeskulptur; zum Patentrecht OLG Düsseldorf BeckRS 2011, 7499 = InstGE 12, 261 – Fernsehmenüsteuerung). Dies folgt aus der territorialen Begrenztheit des Schutzrechts, die auch auf der Rechtsfolgenseite zu berücksichtigen ist (vgl. zum Anspruch auf Schadensersatz MüKoBGB/Drexl Rom II-VO Art. 8 Rn. 279 ff.).

3. Zeitlicher Anwendungsbereich

Für die Zeit zwischen dem Ablauf der Umsetzungsfrist der Enforcement-RL am 30.4.2006 **7** und ihrer tatsächlichen Umsetzung in das deutsche Recht am 1.9.2008 lässt sich die Rechtsfolge des Rückrufs im Wege **richtlinienkonformer Auslegung aus §§ 823, 1004 BGB analog** herleiten (OLG Düsseldorf BeckRS 2011, 20932 – L-Lysin; BeckRS 2011, 8380; aA im Hinblick auf den Entfernungsanspruch LG Mannheim GRUR-RR 2011, 49 (53) – Stickstoffmonoxid-Nachweis).

B. Der Vernichtungsanspruch

I. Anspruchsvoraussetzungen

1. Rechtsverletzung

Der Vernichtungsanspruch besteht „in den Fällen der §§ 14, 15 und 17". Dies ist dahingehend **8** zu verstehen, dass die in § 14 Abs. 2–4, § 15 Abs. 2 und 3 sowie in § 17 Abs. 2 S. 1 normierten **Verletzungstatbestände** erfüllt sein müssen. Nicht erforderlich ist dagegen, dass die Voraussetzungen eines Unterlassungs- oder Schadensersatzanspruchs vorliegen. Insbesondere setzt demnach der Vernichtungsanspruch **kein Verschulden** voraus, wie es für den Anspruch auf Schadensersatz erforderlich ist (Begr. RegE ProdPG, Bl. 1990, 189; BGH GRUR 2006, 504 (508) – Parfümtestkäufe; vgl. auch OLG Köln GRUR RR 2005, 342 f. – Lagerkosten nach Grenzbeschlagnahme zum Fall eines mutmaßlich gutgläubigen Spediteurs). Auch eine **Wiederholungsgefahr** ist nicht erforderlich (Ingerl/Rohnke/Nordemann/Wirtz Rn. 6; Ströbele/Hacker/Thiering/Thiering Rn. 18).

8.1   Zum Tragen kommen diese Aspekte allenfalls im Einzelfall im Rahmen der Prüfung auf eine ausnahmsweise Unverhältnismäßigkeit der Vernichtung (→ Rn. 78 ff.).

2. Aktiv- und Passivlegitimation

9   Neben dem im Anspruch genannten **Rechtsinhaber** kann nach allgemeinen Regeln auch ein **Prozessstandschafter,** etwa ein Lizenznehmer, den Anspruch in eigenem Namen geltend machen (so auch OLG Düsseldorf BeckRS 2015, 03253 Rn. 26). Zur Aktivlegitimation bei Verstößen gegen das Recht der geografischen Herkunftsangaben → § 128 Rn. 9. **Anspruchsschuldner** ist zunächst der **Verletzer,** also derjenige, der eine Verletzungshandlung iSd §§ 14, 15 oder § 17 begangen hat. Dies kann auch eine mittelbare Markenverletzung gemäß § 14 Abs. 4 sein. Da die Anknüpfungstatbestände ein Handeln im geschäftlichen Verkehr voraussetzen, können **private Endabnehmer** – also Personen, die die Ware zum eigenen privaten Gebrauch besitzen, erwerben oder einführen – nicht zur Vernichtung verpflichtet werden (vgl. zum Beseitigungsanspruch BGH GRUR 1998, 696 f. – Rolex-Uhr mit Diamanten; LG Düsseldorf Mitt 1996, 22 – Windsurfing Chiemsee); aber → Rn. 10).

10   § 18 Abs. 1 S. 1 verlangt alternativ Eigentum oder Besitz des Verletzers. Fallen Eigentum und Besitz auseinander, so kann die Vernichtung auch **Unbeteiligte** treffen. Dies ist etwa der Fall, wenn der Rechtsverletzer Eigentümer ist und die Ware einem unbeteiligten Besitzer übergibt, etwa einem gutgläubigen Auslieferungsagenten (BGH GRUR 2009, 1142 – MP3-Player-Import; obiter dictum OLG Hamburg GRUR-RR 2007, 350 (352) – YU-GI-OH!-Karten). Auf der anderen Seite kann auch ein nichtverletzender Eigentümer betroffen sein, etwa eine Privatperson, die einem gewerblich Handelnden einen widerrechtlich gekennzeichneten Gegenstand zum kommissarischen Weiterverkauf übergibt (OLG München InstGE 1, 201 (207 f.) – Fremde Lünette). Da der Vernichtungsanspruch sich nach dem Wortlaut des § 18 nur gegen den Verletzer richtet, sind diese Unbeteiligten lediglich zur **Duldung der Vernichtung** verpflichtet. Sie müssen also selbst weder Vernichtungsmaßnahmen ergreifen noch deren Kosten tragen (ähnlich OLG Düsseldorf BeckRS 2008, 88 – Anspruch auf Einwilligung in die Vernichtung).

11   Keine Besitzer in diesem Sinne – und damit nicht passiv legitimiert – sind die **Vertreter juristischer Personen** (OLG Düsseldorf InstGE 10, 129 (137) – Druckerpatrone II). Die Besitzerstellung liegt bei der juristischen Person selbst (vgl. BGH NJW 1971, 1358).

3. Betroffene Gegenstände: widerrechtlich gekennzeichnete Waren

12   Der Anspruch erfasst widerrechtlich gekennzeichnete Waren, also Waren, die aus der Verwirklichung einer Verletzungshandlung entstanden sind. Darunter fällt auch unzulässig **parallel importierte Ware,** also Originalware, die unter Verstoß gegen § 24 Abs. 1 aus dem Ausland eingeführt wurde (vgl. BGH GRUR 2006, 504 Rn. 52 – Parfümtestkäufe; ebenso EuGH GRUR 2022, 1672 – Perfumesco.pl). Gleiches gilt für Ware, an der Veränderungen iSd § 24 Abs. 2 vorgenommen wurden (BGH GRUR 1996, 271 (275) – Gefärbte Jeans; BFH GRUR Int 2000, 780 f. – Jockey). Zur Frage der Verhältnismäßigkeit nach Abs. 3 → Rn. 88.

13   Der Begriff der widerrechtlich gekennzeichneten „**Waren**" unterscheidet sich von der alten Fassung des Anspruchs. Vor dem 1.9.2008 bezog sich die Vernichtung auf widerrechtlich gekennzeichnete „Gegenstände". Dem Wortlaut nach umfasst der Vernichtungsanspruch demnach keine **Werbe- oder Verpackungsmaterialien** und keine Geschäftspapiere oder anderen Büromaterialien mehr, wie sie insbesondere im Fall geschäftlicher Kennzeichnungen relevant wären (so auch Dörre/Maaßen GRUR-RR 2008, 217 (218) Fn. 22). Will man den Anspruch auch auf sie anwenden, so ist eine **Analogie** erforderlich (Dörre/Maaßen GRUR-RR 2008, 217 (218) Fn. 22; ebenso im Ergebnis Ingerl/Rohnke/Nordemann/Wirtz Rn. 11; Fezer Rn. 33; Ströbele/Hacker/Thiering/Thiering Rn. 25 die eine **extensive Auslegung** vornehmen; → § 128 Rn. 19; vgl. zur Rechtsprechung auch OLG München BeckRS 2011, 25540 – Volks-Inspektion; LG Düsseldorf BeckRS 2010, 3259, die jeweils einen Vernichtungsanspruch für Werbematerialien bejahen, ohne allerdings die hier dargelegte Frage zu problematisieren). Es ist nicht davon auszugehen, dass der Gesetzgeber die Ansprüche bewusst einschränken wollte (Ströbele/Hacker/Thiering/Thiering Rn. 25); schließlich sollte das Durchsetzungsgesetz die Stellung des Rechtsinhabers im Kampf gegen die Produktpiraterie stärken (so BT-Drs. 16/5048, 1). Näher liegt, dass der Gesetzgeber schlicht die Formulierung der Enforcement-RL übernommen hat. Diese berücksichtigt Werbematerialien nicht, weil sie vorwiegend im Markenrecht relevant sind, während die Richtlinie für das gesamte Immaterialgüterrecht gilt. Es ist nicht ersichtlich, warum rechtsverletzende Werbe- oder Verpackungsmaterialien gegenüber der Ware selbst privilegiert werden sollten. Gerade im Fall einer Dienstleistungsmarke entstünde dadurch eine empfindliche Schutzlücke, da in dieser Konstellation typischerweise keine Ware, sondern nur die oben genannten Werbematerialien oder Briefköpfe vorhanden sein dürften (Ingerl/Rohnke/Nordemann/Wirtz Rn. 11). Zur bereits verpackten Ware → Rn. 14, → Rn. 83.

Auch wenn nur die Verpackung eine widerrechtliche Kennzeichnung aufweist, nicht aber das **14** Produkt selbst, gilt der Vernichtungsanspruch für die **verpackte Ware im Ganzen.** Würden nur die rechtsverletzenden Etiketten entfernt und die Ware dem Verletzer wieder zurückgegeben, würde dies die alte Rechtslage weiterführen. Von dieser Rechtslage wollte sich das Produktpiraterie- gesetz sich mit Einführung des Vernichtungsanspruchs bewusst entfernen (Begr. RegE ProdPG, BT-Drs. 11/4792, 27; ebenso etwa Fezer Rn. 466; Thun, Der immaterialgüterrechtliche Vernich- tungsanspruch, 1998, 79).

„Widerrechtlich gekennzeichnet" sind auch solche Gegenstände, deren Kennzeichnung erst **15** unter Zuhilfenahme **technischer Mittel** wahrnehmbar wird, also zum Beispiel beim Öffnen einer Datei oder Abspielen eines Computerprogramms (vgl. LG München I CR 1993, 698 (701 f.)). Die Löschung widerrechtlicher Kennzeichenbenutzungen auf einer **Internet-Seite** fällt dem Wortlaut nach hingegen nicht unter den Begriff der Vernichtung von „Waren". Allerdings ist der Verletzer bereits durch Unterlassungs- oder jedenfalls den allgemeinen Beseitigungsanspruch verpflichtet, eine widerrechtliche Kennzeichnung nicht weiter in seinem Internetauftritt zu ver- wenden.

4. Besitz oder Eigentum des Verletzers

Der Verletzer muss Besitz oder Eigentum an der Ware haben. Es genügt **mittelbarer Besitz.** **16** Im Fall einer **Zollbeschlagnahme** besteht der Vernichtungsanspruch fort, da die Zollbehörde dem Eigentümer den Besitz vermittelt (BGH GRUR 2009, 1142 (1147) – MP3-Player-Import).

Nachdem bereits das Eigentum eines Nichtverletzers dem Anspruch nicht entgegensteht, haben **17** Eigentumsvorbehalte oder dingliche Sicherungsrechte erst recht keine solche Wirkung; sie können aber gegebenenfalls bei der Prüfung auf Unverhältnismäßigkeit berücksichtigt werden (so auch Ingerl/Rohnke/Nordemann/Wirtz Rn. 18).

Für die Vernichtung von Materialien und Geräten nach § 18 Abs. 1 S. 2 muss der Verletzer **18** hingegen Eigentümer (und nicht nur Besitzer) der Produktionsmittel sein. Eine Vernichtung kommt jedoch weiterhin in Betracht, soweit der Eigentümer als Gehilfe des Besitzers selbst Verlet- zer ist.

Sind dem Rechtsinhaber die Eigentums- oder Besitzverhältnisse unbekannt, so kann er sie im **19** Wege eines zum Vernichtungsanspruch akzessorischen **Auskunftsanspruchs** ermitteln (vgl. zum UrhG KG GRUR-RR 2001, 292 (294) – Bachforelle). Sinnvoll kann es für ihn auch sein, den Antrag auf Auskunft hilfsweise für den Fall zu stellen, dass der Vernichtungsanspruch am Nachweis der Eigentums- oder Besitzlage scheitert (vgl. KG GRUR-RR 2001, 292 (294)). Wie alle Anspruchsvoraussetzungen müssen Besitz oder Eigentum im Zeitpunkt der letzten mündlichen Verhandlung nachgewiesen sein. Soweit sie zumindest an einem Teil der Waren nachgewiesen sind, kann die abschließende **Klärung** bezüglich sämtlicher Stücke allerdings auf das **Vollstreckungsverfahren** verschoben werden (BGH GRUR 2003, 228 (229 f.) – P-Vermerk; vgl. auch BGH GRUR 1997, 899 (902) – Vernichtungsanspruch).

Kommt es nach Klageerhebung zu einem Eigentums- oder Besitzerwechsel, so gelten die **20** Vorschriften der §§ 265, 325 ZPO (Ingerl/Rohnke/Nordemann/Wirtz Rn. 19).

5. Materialien und Geräte (Abs. 1 S. 2)

Ein Vernichtungsanspruch besteht gemäß § 18 Abs. 1 S. 2 auch bezüglich der Materialien und **21** Geräte, die vorrangig zur widerrechtlichen Kennzeichnung der rechtsverletzenden Ware gedient haben. Hierunter fallen Gegenstände, die selbst unmittelbar der Kennzeichnung gedient haben; vernichtet wird also keineswegs die Produktionsstätte als Ganzes (so auch Thun, Der immaterialgü- terrechtliche Vernichtungsanspruch, 1998, 98). Ein Produktionsmittel, das lediglich Waren herstellt, die in einem weiteren Schritt noch gekennzeichnet werden müssen, unterliegt nicht dem Vernichtungsanspruch (so auch Ströbele/Hacker/Thiering/Thiering Rn. 30).

22   Im Gegensatz zur alten Fassung der Vorschrift genügt es bereits, wenn die Materialien und Geräte nur **„vorwiegend"** (und nicht ausschließlich oder nahezu ausschließlich) dem entsprechenden Zweck gedient haben.

23   Materialien und Geräte iSd § 18 Abs. 1 S. 2 müssen, anders als die Waren nach S. 1, im **Eigentum** des Verletzers stehen.

24   Dem Wortlaut nach („gedient haben") müssen die Materialien und Geräte zudem tatsächlich zur rechtswidrigen Kennzeichnung eingesetzt worden sein; es genügt nicht, wenn sie dafür nur geeignet oder bestimmt sind. Teilweise wird vertreten, die Vorschrift sei dennoch auch auf Produktionsmittel anzuwenden, die nur zur Kennzeichnung bestimmt sind (Fezer Rn. 41; HK-MarkenR/ Wüst/Jansen Rn. 18). Dafür spricht zwar, dass die Formulierung aus der Enforcement-RL übernommen wurde und der Gesetzgeber möglicherweise keine inhaltliche Änderung gegenüber der früheren Rechtslage beabsichtigte. Im Hinblick auf den Wortlaut erscheint eine Ausweitung allerdings nicht möglich (so auch Ingerl/Rohnke/Nordemann/Wirtz Rn. 15; Ströbele/Hacker/Thiering/Thiering Rn. 31).

25   Eine mögliche **Nutzungsänderung** für die Zukunft schließt die Vernichtung nicht aus; anders als beim Unterlassungsanspruch ist die Wiederholungsgefahr keine Tatbestandsvoraussetzung des Vernichtungsanspruchs (→ Rn. 8).

II. Inhalt des Anspruchs

1. Vernichtung der Ware

26   Vernichtung ist die physische Zerstörung einer Sache (Fezer Rn. 63; Fromm/Nordemann/ Nordemann UrhG §§ 98, 99 Rn. 4). Die konkrete Vernichtungsmaßnahme richtet sich nach der Art der betroffenen Gegenstände. Vernichtungsmaßnahmen sind etwa das Verbrennen, Einschmelzen, Verschrotten, Einstampfen oder Zerreißen.

27   Das bloße Entfernen oder Unkenntlichmachen eines **rechtsverletzenden Bestandteils** reicht zur Erfüllung des Vernichtungsanspruchs nicht aus, soweit die Funktion der verletzenden Waren erhalten bleibt. Denn der bloßen Beseitigung von Kennzeichnungen besteht die Gefahr, dass diese später erneut angebracht werden (BGH GRUR 1997, 899 (900 f.) – Vernichtungsanspruch; vgl. auch Begr. RegE ProdPG, BT-Drs. 11/4792, 27).

28   Kommen **mehrere** verlässliche **Methoden** der Vernichtung in Betracht, so besteht kein Anspruch auf eine bestimmte Methode (→ Rn. 91).

2. Mit der Durchführung betraute Person

29   Hinsichtlich der Person, die die Vernichtung durchführt, ist das Gesetz offen formuliert; es regelt lediglich die Frage nach dem „Ob" der Vernichtung, nicht aber die nach ihrem „Wie". Aus Wertungsgesichtspunkten kann der Rechtsinhaber die Vernichtung auch in der Form verlangen, dass die Ware an einen zur Vernichtung bereiten **Gerichtsvollzieher herausgegeben** wird (BGH GRUR 2003, 228 (229 f.) – P-Vermerk; zurückhaltender hingegen noch BGH GRUR 1997, 899 (902) – Vernichtungsanspruch, der die Pflicht zur Herausgabe an den Gerichtsvollzieher nur angesichts der konkreten Umstände bejahte; vgl. aber auch die neueren Urteile BGH GRUR 2012, 512 – Kinderwagen, zum GeschmMG; GRUR 2007, 685 Rn. 28 iVm Klageantrag zu 4 – Gedichttitelliste I, zum UrhG; dort bestätigt der BGH Entscheidungen, die eine Herausgabe an einen vom Kläger zu beauftragenden Gerichtsvollzieher zum Zweck der Vernichtung vorsehen, ohne dies gesondert zu begründen).

30   Hierfür spricht, dass die tatsächliche Durchführung der Vernichtung wirksam sichergestellt wird. Der Anspruch auf Vernichtung wurde aus der Erfahrung heraus eingeführt, dass Gegenstände, die in der Hand des Verletzers verbleiben, häufig zurück in den Verkehr gelangten (vgl. Begr. RegE ProdPG, BT-Drs. 11/4792, 27). Vor diesem Hintergrund widerspräche es dem Sinn des Gesetzes, wenn die Vernichtung dem Verletzer überlassen bliebe, der die Ware womöglich beiseiteschafft. Auch droht weiterer **Prozessaufwand,** wenn Rechtsinhaber und Verletzer darüber streiten, ob die Vernichtung vollständig durchgeführt wurde. Dieser Aufwand kann vermieden werden, wenn eine neutrale Person die Vernichtung durchführt.

31   Die Pflicht zur Herausgabe der Ware steht auch im Einklang mit den allgemeinen Grundsätzen des Immaterialgüterrechts. Wer ein Immaterialgüterrecht hat, kann daraus keinen Anspruch auf die Gegenstände ableiten, die dieses Recht verletzen; Sacheigentum und Immaterialgüterrecht

sind getrennt (vgl. etwa Pahlow, Grundlagen und Grundfragen des geistigen Eigentums, 2008, 251, 264). Die Herausgabe an den Gerichtsvollzieher dient jedoch nur nicht der Eigentumsübertragung, sondern nur dem Zweck, die Vernichtung besser sicherzustellen.

Auch in der **Literatur** spricht sich demnach die Mehrheit für eine Vernichtung durch den Gerichtsvollzieher aus (zum Markenrecht etwa Fezer Rn. 62; Ströbele/Hacker/Thiering/Thiering Rn. 52; anders Ingerl/Rohnke/Nordemann/Wirtz Rn. 30, 34: grundsätzlich Vernichtung durch den Verletzer selbst, nur in Ausnahmefällen Herausgabe an den Gerichtsvollzieher).   **31.1**

Dem steht der **Wortlaut** des § 18 Abs. 1 nicht entgegen. Wenn der Rechtsinhaber „den Verletzer" auf Vernichtung in Anspruch nehmen kann, bedeutet dies nur, dass der Anspruch gegenüber dem Verletzer besteht, nicht aber, dass dieser notwendig eigenhändig die Vernichtung herbeiführt (aA Kern, Vernichtungs- und Rückrufansprüche, 2011, 120 f.; vgl. aber etwa OLG Düsseldorf BeckRS 2012, 9387 Tenor Ziff. 4, zum Patentrecht; BeckRS 2012, 10832 Tenor Ziff. 4, zum Patentrecht; LG Hamburg BeckRS 2012, 13486 Tenor, zum Patentrecht, die auch nach neuer Rechtslage zur Herausgabe an den Gerichtsvollzieher verurteilen).   **31.2**

Gegen die Herausgabe an den Rechtsinhaber zum Zweck der Vernichtung (OLG München ZUM 1994, 515 (518); Diekmann, Der Vernichtungsanspruch, 1993, 140 ff.) spricht, dass auch bei diesem ein Risiko besteht, dass er die Ware verwertet, statt sie zu zerstören.   **31.3**

Vernichtet der Verletzer die Ware selbst, so trifft ihn eine schuldrechtliche Nebenpflicht, die Vernichtungsmaßnahmen **nachzuweisen** (Thun, Der immaterialgüterrechtliche Vernichtungsanspruch, 1998, 158; Fezer Rn. 62).   **31.4**

3. Kosten

Der **Verletzer** trägt als Anspruchsschuldner die **Kosten der Vernichtung** (BGH GRUR 1997, 899 (902) – Vernichtungsanspruch; OLG Köln GRUR-RR 2005, 342 (342) – Lagerkosten nach Grenzbeschlagnahme). Dies entspricht auch der Vorgabe des Art. 10 Abs. 2 Enforcement-RL.   **32**

C. Rückruf und endgültiges Entfernen aus den Vertriebswegen

Sowohl der Rückruf als auch das Entfernen aus den Vertriebswegen dienen dazu, den Markt von rechtsverletzenden Gegenständen zu bereinigen. Im Fall des Rückrufs geschieht dies dadurch, dass der Verletzer die Gegenstände zurückzuholen versucht, indem er seine Abnehmer zur Rückgabe auffordert (→ Rn. 34 f.). Der Inhalt des Entfernungsanspruchs ist strittig. In jedem Fall muss auch der Entfernungsschuldner auf seine Abnehmer dahingehend einwirken, dass der Markt dauerhaft von rechtsverletzender Ware bereinigt wird; diese Marktbereinigung kann etwa dadurch stattfinden, dass die Abnehmer die Ware vernichten (→ Rn. 47 f.).   **33**

I. Inhalt des Rückrufanspruchs

Der Rückruf besteht – abstrakt formuliert – darin, dass der Verletzer ernsthaft versucht, die bereits an Dritte weitergegebene Ware zurückzuerlangen (so auch BGH GRUR 2018, 292 (295) – Produkte zur Wundversorgung). Typischerweise geschieht dies dadurch, dass er seine Abnehmer zur **Rückgabe** der widerrechtlich gekennzeichneten Ware **auffordert** (so zum Patentrecht BGH GRUR 2017, 785 Rn. 17 – Abdichtsystem; OLG Düsseldorf BeckRS 2011, 20934 – Seilzugvorrichtung; Fezer Rn. 75 f.; Ströbele/Hacker/Thiering/Thiering Rn. 78; Ingerl/Rohnke/Nordemann/Wirtz Rn. 42, 46). Zum Inhalt des Rückrufschreibens s. auch → Rn. 60.   **34**

1. Erfasste Gegenstände

Zum Begriff der **widerrechtlich gekennzeichneten Ware** gilt das zur Vernichtung Gesagte → Rn. 12 ff.   **35**

Die Ansprüche auf Rückruf und Entfernen aus den Vertriebswegen beziehen sich auf Gegenstände, die der **Verletzer bereits an Dritte weitergegeben** hat (vgl. BGH GRUR 2018, 292 Rn. 32 f. – Produkte zur Wundversorgung; OLG Düsseldorf BeckRS 2011, 20945 – Fräsmaschine; BeckRS 2011, 20934 – Seilzugvorrichtung; Jestaedt GRUR 2009, 102 (103); Kühnen GRUR 2009, 288 (292)). Dies ergibt sich aus dem Ausdruck „aus den Vertriebswegen", der sich nach richtlinienkonformer Auslegung sowohl auf den Rückruf- als auch auf den Entfernungsanspruch bezieht. Auch der niederländische Rückruf, der das Vorbild der Vorschrift war (→ Rn. 2), erfasst solche bereits weitergegebenen Gegenstände (zB Hoge Raad Nederlandse Jurisprudentie 1990, 2675 (2680) – Hameco). Gleiches ergibt sich aus dem systematischen **Vergleich mit** dem benachbarten **Vernichtungsanspruch:** Im Gegensatz zu diesem setzen die Ansprüche auf Rückruf   **36** und Entfernung ihrem Wortlaut nach kein Eigentum und keinen Besitz des Verletzers an der widerrechtlich gekennzeichneten Ware voraus.

36.1   Auch im **Produktsicherheitsrecht** zielt der Rückruf nach § 2 Abs. 17 GPSG, Art. 2 lit. g Produktsicherheits-RL 2001/95/EG auf die Rückgabe der bereits gelieferten oder zur Verfügung gestellten Gegenstände.

37   Im Übrigen wäre ein Anspruch auf einen Rückruf aus der eigenen Sphäre wenig sinnvoll; neben dem Unterlassungs- und dem Beseitigungsanspruch bliebe ihm **kaum ein eigener Anwendungsbereich.** Wer einen Gegenstand nicht vertreiben darf, ist ohnehin verpflichtet, ihn aus den eigenen Regalen oder Verkaufsstellen zurückzuziehen (vgl. BGH GRUR 1974, 666 (669) – Reparaturversicherung; OLG Köln GRUR-RR 2008, 365 – Möbelhandel).

38   Anders als der Vernichtungsanspruch finden die Ansprüche auf Rückruf und Entfernen nach dem deutschen Recht **keine Anwendung auf Produktionsmittel** iSd § 18 Abs. 1 S. 2.

38.1   Es erscheint zwar zweifelhaft, ob dies der Enforcement-RL entspricht, wonach die Ansprüche „gegebenenfalls"/„dans les cas appropriés"/„in appropriate cases" für Produktionsmittel zur Verfügung stehen sollen. Allerdings dürften die Ansprüche auf Rückruf und Entfernen aus den Vertriebswegen in diesem Zusammenhang ohnehin wenig attraktiv sein. Es erscheint einfacher, die Produktionsmittel direkt beim Hersteller der rechtswidrig gekennzeichneten Waren zu vernichten, statt Rückruf- oder Entfernungsansprüche gegen dessen Lieferanten geltend zu machen.

2. Geschuldete Handlung

39   Der Rückruf besteht darin, dass der Verletzer seine Abnehmer **auffordert,** die widerrechtlich gekennzeichnete Ware **zurückzugeben** (BGH GRUR 2017, 785 Rn. 17 – Abdichtsystem; GRUR 2018, 292 (295) – Produkte zur Wundversorgung). Dies entspricht dem allgemeinen Sprachgebrauch: „Zurückrufen" impliziert, dass der Verletzer durch Kommunikation versucht, die Gegenstände zurückzuholen. Zugleich hat der Rückrufschuldner seine Abnehmer auf die rechtsverletzende Natur der Ware hinzuweisen (BGH GRUR 2018, 292 (293) – Produkte zur Wundversorgung) und ihnen die **Rückerstattung des Kaufpreises** anzubieten (vgl. OLG Düsseldorf BeckRS 2011, 20945 – Fräsmaschine; BeckRS 2011, 20934 – Seilzugvorrichtung; Ingerl/Rohnke/Nordemann/Wirtz Rn. 46; Ströbele/Hacker/Thiering/Thiering Rn. 81).

40   Der Anspruch auf Rückruf begründet nur eine **Handlungs-, keine Erfolgspflicht** (so auch BGH GRUR 2018, 292 (295) – Produkte zur Wundversorgung). Dies ergibt sich schon daraus, dass der Verletzer typischerweise gegenüber seinen Abnehmern keinen Anspruch auf Herausgabe der rechtsverletzenden Ware hat; er kann deshalb seine Abnehmer im Regelfall nur um eine **freiwillige Herausgabe** bitten.

40.1   Ein Anspruch auf Herausgabe rechtswidrig gekennzeichneter Ware folgt weder aus § 18 noch aus allgemeinen Vorschriften. Die Enforcement-RL begründet keinen Anspruch auf Herausgabe rechtswidrig gekennzeichneter Ware: Der Vergleich zu anderen Regelungen der Richtlinie, die in die Rechte Dritter eingreifen – etwa zu den Auskunftspflichten mittelbarer Verletzer – zeigt, dass die Richtlinie solche Eingriffe eindeutig regelt.

40.2   Auch nach allgemeinen Vorschriften hat derjenige, der immaterialgüterrechtsverletzender Ware in den Verkehr bringt, keinen Herausgabeanspruch bezüglich dieser Ware (zum Nichtbestehen von Herausgabeansprüchen wegen Nichtigkeit nach § 134 BGB s. Miosga, Die Ansprüche auf Rückruf und Entfernen im Recht des geistigen Eigentums, 2010, 33 ff.). Allenfalls für die Konstellationen eines **Kommissionsvertrags,** der Geschäftsbesorgung, des **Franchisings** oder möglicherweise einer Konzernstruktur ist es nach allgemeinen Regeln möglich, dass dem Verletzer auch gegenüber seinen Abnehmern noch rechtliche Einwirkungsmöglichkeiten zustehen.

41   Stehen dem Verletzer – wie in den meisten Fällen – keine rechtlichen Einwirkungsmöglichkeiten auf die Ware zur Verfügung, so muss er seine Abnehmer um **freiwillige Mitwirkung bitten.** Im Regelfall werden dabei zumindest die gutgläubigen Abnehmer kooperieren – andernfalls müssten sie schließlich befürchten, selbst in Anspruch genommen zu werden. Auch wenn ein Abnehmer die rechtsverletzende Ware nicht zurückgibt, hat die Aufforderung doch den **praktischen Effekt,** dass er eine etwaige schlechte Qualität der Ware nicht dem Rechtsinhaber zuschreibt (Peukert/Kur GRUR Int 2006, 292 (296)).

42   Soweit der Verletzer im Einzelfall **rechtliche Einwirkungsmöglichkeiten** gegenüber seinen Abnehmern hat, muss er sie geltend machen (aA allerdings BGH GRUR 2017, 785 Rn. 18 – Abdichtsystem; dazu ausführlich im Zusammenhang mit dem Entfernungsanspruch → Rn. 47 ff.; insbesondere → Rn. 49; vgl. auch zum Medienrecht Dörre, Rechtsschutz gegen „Reality-Literatur", 2008, 167; zum UrhG Fromm/Nordemann/Nordemann UrhG § 98 Rn. 25; Hildebrandt Marken § 27 Rn. 99; Jänich MarkenR 2008, 413 (415)). Die Pflicht zur Geltendmachung etwaiger Ansprüche ergibt sich aus dem Ziel des Rückrufs, den Markt möglichst zuverlässig von rechtswidrig gekennzeichneter Ware zu bereinigen.

Das **bloße Informieren der Abnehmer** genügt den Rückrufpflichten nicht. Bereits das **43** im Begriff des „Rückrufs" enthaltene Element „zurück" zeigt, dass die Maßnahme auf eine Rückbewegung abzielt. Dies gilt gleichermaßen für die anderssprachigen Versionen der Enforcement-RL (ausführlicher Miosga, Die Ansprüche auf Rückruf und Entfernen im Recht des geistigen Eigentums, 2010, 57 f.). Neben der Aufforderung zur Rückgabe ist der Verletzer aber auch zur Information verpflichtet; er muss seine Abnehmer **auf die Rechtsverletzung hinweisen** (BGH GRUR 292 (295) – Produkte zur Wundversorgung; ähnlich OLG Düsseldorf GRUR 2022, 79 – Rückrufvollstreckung I. Danach muss der Rückrufende grundsätzlich entweder die Ware vorbehaltlos zurückfordern oder, falls er die Abnehmer auf die Freiwilligkeit der Rückgabe hinweist, sie zugleich auf eventuelle negative Rechtsfolgen der Verwendung oder des Vertriebs aufmerksam machen.

Das LG Düsseldorf fasst auch die **Bitte, den Gegenstand nicht weiter zu vertreiben** und **44** zur Verfügung zu halten unter den Rückruf (LG Düsseldorf BeckRS 2009, 19434; dafür auch Schulte/Kühnen PatG § 140a Rn. 22; für Ausnahmefälle Künzel FS Mes, 2009, 241 (244)). Diese Methode erscheint insofern riskant, als die Gegenstände drohen, wieder in den Verkehr zu gelangen (vgl. auch Begr. RegE PrPG, BT-Drs. 11/4792, 27 zur Einführung eines Vernichtungsanspruchs). Auch entspricht eine solche Bitte nicht dem Wortlaut eines „Rück"-rufs. Anders entscheidet dementsprechend das OLG Düsseldorf BeckRS 2011, 20934 – Seilzugvorrichtung.

Einen **Rückerlangungserfolg** schuldet der Verletzer nicht (BGH GRUR 292 (295) – Pro- **45** dukte zur Wundversorgung; LG Mannheim GRUR-RR 2011, 49 (53); Jestaedt GRUR 2009, 102 (104)). Dies ergibt sich einerseits aus dem Wortlaut; das Zurück**rufen** bezeichnet lediglich eine Handlung. Andernfalls verbliebe auch kaum ein Anwendungsbereich für die Maßnahme, da ein Rückerlangungserfolg meist wegen Unmöglichkeit nicht durchsetzbar wäre.

Dies gilt auch für den niederländischen Rückrufanspruch, der Vorbild der Regelung war (vgl. Hoge **45.1** Raad Nederlandse Jurisprudentie 1990, 2675 (2681) – Hameco; zur Entwicklungsgeschichte des Rückrufs → Rn. 2.2). AA Skauradsun/Majer, die den Rechtsinhaber verpflichten wollen, dem Verletzer seine Abwehransprüche abzutreten, so dass dieser mit ihrer Hilfe gegen seine Abnehmer vorgehen kann (Skauradsun/Majer ZUM 2009, 199 (203)). Allerdings scheint es nicht im Interesse des Rechtsinhabers zu liegen, einem Verletzer die Durchsetzung seiner Ansprüche anzuvertrauen.

Zu weiteren Details der praktischen Durchführung → Rn. 59 ff.   **46**

II. Inhalt des Entfernungsanspruchs

Der Inhalt des Entfernungsanspruchs ist strittig. Dem X. Zivilsenat des **BGH** zufolge ist ein **47** Entfernungsschuldner verpflichtet „alle ihm zur Verfügung stehenden und zumutbaren tatsächlichen und rechtlichen **Möglichkeiten auszuschöpfen, um die weitere** oder erneute **Zirkulation"** der Ware „in den Vertriebswegen **auszuschließen"** (BGH GRUR 2017, 785 Rn. 18 – Abdichtsystem). Die Entscheidung wurde zwar zum Patentrecht getroffen, ist aber wegen des parallelen Aufbaus der Ansprüche auf das Markenrecht übertragbar. Der Entfernungsschuldner muss also auf seine Abnehmer **einwirken** (→ Rn. 49 f.), um dafür zu sorgen, dass **bereits weitergegebene Ware** (→ Rn. 48) zuverlässig **vom Markt verschwindet** (→ Rn. 52).

Vorzugswürdig erscheint eine **andere Auslegung,** wonach sich Rückruf und Entfernen nicht in der **47.1** Intensität unterscheiden, sondern in der Methode, mit der sie den Markt von rechtsverletzenden Waren bereinigen: Während der Rückruf auf eine (Rück-)Bewegung der Ware gerichtet ist, zielt danach der Entfernungsanspruch darauf ab, dass **vor Ort** Maßnahmen zur **endgültigen Beseitigung** des rechtsverletzenden Zustandes stattfinden (so auch Ströbele/Hacker/Hacker, 11. Aufl. 2014, Rn. 63; angesprochen auch bei Dörre/Maaßen GRUR-RR 2008, 217 (219); Schulte/Kühnen PatG § 140a Rn. 23; Künzel FS Mes, 2009, 241 (249); vgl. auch OLG Düsseldorf BeckRS 2011, 20945 unter II.3, wo ein Antrag, die Vernichtung der Gegenstände bei den Abnehmern zu veranlassen, allein wegen Unbestimmtheit abgewiesen wird; grundsätzlich scheint das OLG Düsseldorf ihn unter den Entfernungsanspruch zu fassen; aA BGH GRUR 2017, 785 Rn. 18 – Abdichtsystem; → Rn. 47, → Rn. 49).

Hierfür spricht bereits der **Wortlaut:** Während nämlich die Vorsilbe „Rück-" auf eine Bewegung **47.2** hindeutet, ist der Begriff des Entfernens in dieser Hinsicht neutral; er beschreibt lediglich das Ergebnis, dass der entsprechende Gegenstand sich nicht mehr in den Vertriebswegen befindet. Gleiches gilt für die ganz große Mehrheit der anderen Sprachversionen der Richtlinie (ausführlich Miosga, Die Ansprüche auf

Rückruf und Entfernen im Recht des geistigen Eigentums, 2010, 80 f.). Auf diese Weise hat der Anspruch einerseits gegenüber Rückruf und Vernichtung einen eigenen Inhalt und entspricht damit der dreigliedrigen Formulierung des Art. 10 Enforcement-RL. Andererseits gibt diese Auslegung seine systematische Stellung zwischen diesen beiden Anspruchsnormen wieder, indem sie Elemente beider Vorschriften miteinander vereint. Auch das zwischen Rückruf und Entfernen stehende „oder" wird umgesetzt, da die Maßnahmen bei dieser Auslegung nur alternativ zueinander denkbar sind.

47.3   Darüber hinaus ist der Entfernungsanspruch bei dieser Deutung sinnvoll einsetzbar. Wenn sich etwa der **Rücktransport aufwändig** gestaltet, kann es wirtschaftlich sinnvoll sein, die Ware vor Ort zu vernichten. Auch mag es vorkommen, dass der Anspruchsinhaber die Abnehmer des Verletzers als vertrauenswürdiger erachtet als diesen selbst und sich von ihnen deshalb die zuverlässigeren Beseitigungsmaßnahmen erhofft. Die Auslegung des BGH erscheint hingegen in der **praktischen Handhabung** nicht ganz unproblematisch: Häufig wird unklar sein, welche Maßnahmen dem Schuldner eines Entfernungsanspruchs noch zumutbar sind (→ Rn. 50).

47.4   Es scheint auch nicht ganz überzeugend, dass der BGH einerseits davon ausgeht, dass Rückruf und Entfernen **nebeneinander geltend gemacht** werden können, andererseits aber offenbar eine Unterscheidung nach der Intensität trifft. Wenn beim Rückruf nur die Aufforderung geschuldet ist, beim Entfernungsanspruch aber „je nach den Umständen des Einzelfalls" auch darüber hinausgehende Maßnahmen, dann ist der Rückruf im Ergebnis ein Minus zur Entfernung – dann ist aber nicht ganz klar ersichtlich, warum die beiden Ansprüche nebeneinander geltend gemacht werden sollten (hierfür aber ausdrücklich BGH GRUR 2017, 785 Rn. 24 – Abdichtsystem).

1. Erfasste Gegenstände

48   Auch der Entfernungsanspruch betrifft Gegenstände, die der Verletzer **bereits an Dritte weitergegeben** hat (so etwa auch Fezer Rn. 74; Jänich MarkenR 2008, 416; Jestaedt GRUR 2009, 102 (103); Ströbele/Hacker/Thiering/Thiering Rn. 85). Insofern gelten sinngemäß die bereits zum Rückruf angestellten Überlegungen (→ Rn. 35 ff.). Dies ergibt sich insbesondere aus dem Wortlaut „aus den Vertriebswegen" sowie aus dem Vergleich mit dem Vernichtungsanspruch, der explizit Eigentum oder Besitz voraussetzt.

2. Geschuldete Leistung

49   **a) Pflichten des Entfernungsschuldners.** Der Verletzer muss die ihm zur Verfügung stehenden zumutbaren Mittel einsetzen, um einen Entfernungserfolg herbeizuführen (BGH GRUR 2017, 785 Rn. 18 – Abdichtsystem); dies ergibt sich bereits daraus, dass der Entfernungsanspruch als Erfolgsschuld formuliert ist. Der Entfernungsschuldner ist insofern verpflichtet, vorhandene **rechtliche Zugriffsmöglichkeiten** geltend zu machen und gegebenenfalls gerichtlich durchzusetzen (ebenso bereits LG Düsseldorf BeckRS 2009, 19434 Tenor I 3 – Olanzapin II). In den meisten Fällen wird ihm allerdings eine rechtliche Einwirkungsmöglichkeit fehlen – es geht schließlich bei Rückruf und Entfernen gerade um Gegenstände, die sich nicht mehr im Eigentum oder Besitz des Verletzers befinden (→ Rn. 36). Allenfalls im Fall eines Kommissionsvertrags, einer Geschäftsbesorgung, eines Franchisings oder möglicherweise einer Konzernstruktur dürften der Verletzer auch gegenüber seinen Abnehmern rechtliche Einwirkungsmöglichkeiten haben.

50   Wenn der BGH den Entfernungsschuldner verpflichtet sieht, alle zumutbaren **„tatsächlichen Möglichkeiten"** auszuschöpfen (BGH GRUR 2017, 785 Rn. 18 – Abdichtsystem), dann fällt darunter gegebenenfalls auch ökonomischer Druck. Denkbar scheint damit auch der **Rückkauf zu einem höheren Preis** (hierfür bereits Jestaedt GRUR 2009, 102 (103)). In den meisten Fällen dürfte diese Option allerdings nicht mehr zumutbar im Sinne des BGH sein; dies schon im Hinblick darauf, dass der Verletzer schließlich nicht notwendig vorsätzlich handelt. Auch träfe den Verletzer das **Einschätzungsrisiko,** welcher Rückkaufpreis ihm noch zumutbar ist.

51   Eine **Erfolgspflicht** trifft den Entfernungsschuldner **nicht.** Auch der BGH will den Schuldner nur verpflichten, alle „im zur Verfügung stehenden Mittel auszuschöpfen" (BGH GRUR 2017, 785 Rn. 18 – Abdichtsystem) – er sieht also nur eine (wenn auch weit gehende) Pflicht zur Handlung.

51.1   Die Ansicht, dass ein Entfernungserfolg geschuldet sei, wurde in Literatur und Rechtsprechung immer wieder vertreten (LG Düsseldorf BeckRS 2009, 19434 – Olanzapin II; LG Mannheim BeckRS 2011, 4156 – Mobilstation; Jänich MarkenR 2008, 413 (416); Peukert/Kur GRUR Int 2006, 292 (295); Ullrich, Der Schutz des geistigen Eigentums durch die Enforcement-Richtlinie, 2008, 14; Künzel FS Mes, 2009, 241 (248)). Im Ergebnis ist sie aber – auch mit dem BGH – abzulehnen. Für diese Auslegung kann zwar der Wortlaut angeführt werden, der auf eine Erfolgspflicht hindeutet. Allerdings wäre bei dieser Auslegung der **praktische Nutzen des Entfernungsanspruchs gering** (so auch Fezer Rn. 75). Da sich der Anspruch auf weitergegebene Gegenstände bezieht (→ Rn. 48), fehlt dem Verletzer typischerweise die rechtliche Handhabe, einen Erfolg herbeizuführen. Der Entfernungsanspruch stünde insofern unter der **immanenten Tatbestandsvoraussetzung,** dass dem Verletzer ein **Anspruch auf Herausgabe** beziehungsweise Rückabwicklung oder eine anderes Einwirkungsrecht zusteht (LG Düsseldorf BeckRS 2009, 19434 – Olanzapin II). Solche Einwirkungsmöglichkeiten sind selten (→ Rn. 40). Sollte der Verletzer sie ausnahmsweise haben, lässt sich ihre Geltendmachung bereits unter den Begriff des Rückrufs subsumieren (→ Rn. 42). Der Entfernungsanspruch wäre also nach dieser Auslegung gegenstandslos.

b) Angeforderte Entfernungsmaßnahme. Das Gesetz verlangt ein „endgültiges" Entfer- **52** nen, die gewählte Methode muss also dauerhafte und zuverlässig sein. Typischerweise wird der Verletzer seine Abnehmer zur **Vernichtung** der widerrechtlich gekennzeichneten Ware **auffordern;** er kann aber auch die Ware **selbst vernichten** (BGH GRUR 2017, 785 Rn. 20 – Abdichtsystem).

Das **Verbringen ins schutzrechtsfreie Ausland** erscheint im Rahmen des Entfernungsan- **53** spruchs nicht als geeignetes Mittel, da das Risiko eines Reimports besteht; ein solches Entfernen ist also nicht „endgültig" im Sinne der Vorschrift.

III. Anspruchsvoraussetzungen

1. Schutzrechtsverletzung

Die Ansprüche nach Abs. 2 bestehen „in den Fällen der §§ 14, 15 und 17". Hier gilt das oben **54** zum Vernichtungsanspruch Gesagte (→ Rn. 8). Insbesondere setzen auch die Ansprüche auf Rückruf und Entfernen **nicht** voraus, dass der Verletzer **vorsätzlich** gegen das Markenrecht verstoßen hat.

Dies ergibt sich auch aus Art. 12 Enforcement-RL, wonach ein Mitgliedstaat vorsehen kann, dass die **54.1** Abhilfemaßnahme durch Zahlung eines Geldbetrages abwendbar ist, falls der Verletzer weder vorsätzlich noch fahrlässig gehandelt hat. Im Umkehrschluss stehen Rückruf und Entfernen auch ohne schuldhafte Verletzungshandlung zur Verfügung.

2. Aktiv- und Passivlegitimation

Zur **Aktivlegitimation** → Rn. 9. **55**
Passivlegitimiert ist allein der Verletzer selbst; die Rückrufverpflichtung begründet für seine **56** Abnehmer keine Pflichten (ausführlich Miosga, Die Ansprüche auf Rückruf und Entfernen im Recht des geistigen Eigentums, 2010, 28 ff. mwN; aA Dreier GRUR Int 2004, 707 (712)). Allerdings kann der Rechtsinhaber innerhalb einer Vertriebskette auswählen, gegenüber welchem Verletzer er die Ansprüche geltend macht (so auch Jestaedt GRUR 2009, 102 (104)).

3. Verfügungsmacht

Weder der Rückruf- noch der Entfernungsanspruch setzt voraus, dass der Verletzer eine Verfü- **57** gungsmacht über die widerrechtlich gekennzeichnete Ware hat; vielmehr bezieht er sich auf Gegenstände, die der Verletzer bereits an Dritte weitergegeben hat (zum Rückruf → Rn. 36; zum Entfernen → Rn. 48; dort auch explizit BGH GRUR 2017, 785 (787) – Abdichtsystem). Dies ergibt sich auch aus der **Systematik des Gesetzes.** Der Anspruch auf Vorlage von Beweismitteln erfordert nach § 19a Abs. 1, § 19b Abs. 1 explizit eine Verfügungsmacht; § 18 Abs. 2 stellt dagegen kein solches Kriterium auf. Auch fällt das Zurückziehen eigener Gegenstände aus den Filialen bereits unter den Unterlassungsanspruch; die Ansprüche nach § 18 hätten also keinen eigenen Anwendungsbereich. Eine rechtliche Einflussmöglichkeit des Verletzers kann sich allerdings auf der Rechtsfolgenseite auswirken (→ Rn. 42).

4. Keine Unverhältnismäßigkeit

Über die genannten Voraussetzungen hinaus darf die Maßnahme nicht nach Art. 18 Abs. 3 im **58** Einzelfall unverhältnismäßig sein (ausführlich zur Unverhältnismäßigkeit → Rn. 78 ff.).

IV. Durchführung

1. Art der Kontaktaufnahme

59　　Vorzugsweise nimmt der Verletzer mit seinen Abnehmern Kontakt auf, indem er ihnen ein **persönliches Anschreiben** zukommen lässt. Wenn die Voraussetzungen des § 19c S. 1 vorliegen, wäre auch ein **öffentliches** Rückruf- oder Entfernungsschreiben denkbar; ein persönliches Kontaktieren scheint jedoch wegen der besseren Wirksamkeit vorzugswürdig.

60　　Der Rückrufende muss in der Benachrichtigung die **Konditionen** der Rückruf- oder Entfernungsaktion mitteilen, also beispielsweise Ansprechpartner benennen, einen Rückgabeweg mitteilen und klarstellen, dass er den Kaufpreis rückerstattet (→ Rn. 61). Der Rückrufverpflichtete muss seine Abnehmer über die **Sach- und Rechtslage** in Kenntnis setzen (vgl. BGH GRUR 292 (295) – Produkte zur Wundversorgung; OLG Düsseldorf BeckRS 2011, 20934 – Seilzugvorrichtung; ebenso Ströbele/Hacker/Thiering/Thiering Rn. 79). Sofern der Rückrufende in seinem Schreiben darauf hinweist, dass der Abnehmer nicht zur Rückgabe verpflichtet sei, muss er zugleich **auf die negativen rechtlichen Folgen** einer Weiterbenutzung oder eines Weitervertriebs **hinweisen** (so im Patentrecht OLG Düsseldorf GRUR-RS 2021, 28744 – Rückrufvollstreckung I); andernfalls fehlt seiner Aufforderung die erforderliche Ernsthaftigkeit.

2. Erstattung der Kosten

61　　Der Anspruchsschuldner muss anbieten, den **Kaufpreis** zurückzuerstatten und für die nötigen Kosten von **Transport, Lager und Zoll** aufzukommen (OLG Düsseldorf BeckRS 2011, 20945 unter I.; BeckRS 2011, 20934 – Seilzugvorrichtung).

61.1　　Im Einzelfall mag aus Gründen der Verhältnismäßigkeit ein Abzug für die bereits gezogenen **Nutzungsvorteile** zulässig sein. Der Verletzer ist – anders als von Skauradszun/Majer ZUM 2009, 199 (202 f.) vertreten – nicht verpflichtet, einen höheren Preis anzubieten, als die Abnehmer ursprünglich gezahlt haben; dies wäre für einen möglicherweise schuldlos handelnden Verletzer unangemessen (so auch Schulte/Kühnen PatG § 140a Rn. 22).

62　　Gleiches gilt sinngemäß für den **Entfernungsanspruch.** Sofern etwa eine Vernichtung oder andere Störungsbeseitigung beim Abnehmer stattfand, muss der Rechtsinhaber im Gegenzug für einen Nachweis der Störungsbeseitigungsmaßnahme die Rückerstattung des Kaufpreises und der Beseitigungskosten anbieten. Sofern die rechtsverletzenden Gegenstände zurückgeschickt werden, schuldet er die Rückerstattung des Kaufpreises.

3. Abnehmer auf nachgelagerten Vertriebsstufen

63　　Die Ansprüche auf Rückruf und Entfernen beziehen sich grundsätzlich nicht nur auf den unmittelbaren Abnehmer des Verletzers, sondern auf die gesamte **Abnehmerkette** (vgl. Ströbele/Hacker/Thiering/Thiering Rn. 82; Jestaedt GRUR 2009, 102 (104); Fromm/Nordemann/Nordemann UrhG § 98 Rn. 25; vgl. zum alten Recht OLG Hamburg MD 2007, 819 (824) – Original russischer Wodka). Der Begriff der Vertriebswege geht über die unmittelbaren Abnehmer hinaus; auch würde der Anspruch sonst zu leicht ausgehebelt, indem ein weiterer Käufer nominell zwischengeschaltet wird. Die vorzugswürdige Durchführungsweise für einen mehrstufigen Rückruf besteht darin, dass der Verletzer seine unmittelbaren Abnehmer bittet, die Rückrufbitte an ihre jeweiligen Kunden weiterzugeben (so auch Ströbele/Hacker/Thiering/Thiering Rn. 82; ähnlich Fromm/Nordemann/Nordemann UrhG § 98 Rn. 25; zum medienrechtlichen Rückruf LG München AfP 1975, 88). Alternativ ist ein öffentlicher Rückruf denkbar. Dabei müssen die Voraussetzungen des § 19c S. 1 erfüllt sein, um Wertungswidersprüche zu vermeiden.

4. Endabnehmer

64　　Ob eine Rückrufaktion auch **private Endabnehmer** mit einbeziehen muss, ist nicht abschließend geklärt, wird aber zumeist abgelehnt (so Ströbele/Hacker/Thiering/Thiering Rn. 74; Ingerl/Rohnke/Nordemann/Wirtz Rn. 45; Fezer Rn. 72; Stellungnahme GRUR zum Vorschlag der Kommission GRUR 2003, 682 (683); Jänich MarkenR 2008, 413 (416); Jestaedt GRUR 2009, 102, 103 (105); für eine Einbeziehung HK-MarkenR/Wüst/Jansen Rn. 19; im Urheberrecht Czychowski GRUR-RR 2008, 265 (267); Fromm/Nordemann/Nordemann UrhG § 98 Rn. 25). In der Rechtsprechung gibt es soweit ersichtlich hierzu nur patentrechtliche Entscheidungen (OLG Düsseldorf BeckRS 2011, 20934 – Seilzugvorrichtung; LG Mannheim GRUR-RR 2011,

49 (53); LG Düsseldorf 15.9.2020 – 4a O 55/19; diese verlangen allesamt keinen Rückruf vom Endverbraucher. Zu **gewerblichen Endabnehmern** → Rn. 67.

Im Ergebnis ist zwar ein Rückruf, der auch die bei den Endverbrauchern befindlichen Waren **65** einbezieht, nicht ausgeschlossen, er dürfte aber meist als unverhältnismäßig ausscheiden. Nach Erwägungsgrund 24 S. 3 Enforcement-RL sind im Rahmen von Vernichtung, Rückruf und Entfernen die Interessen privater Endabnehmer zu berücksichtigen. Dies spricht für deren Einbeziehung in die Rückruf- oder Entfernungsaktionen: Schließlich entstehen ihnen durch die Rückruf- oder Entfernungsaktion keine Pflichten, sondern Vorteile. Sie können den Kaufpreis zurücker-halten und erfahren möglicherweise erst von der widerrechtlichen Kennzeichnung des erworbenen Gegenstandes. Ein Störungszustand besteht im Übrigen auch beim privaten Endabnehmer; dieser ordnet womöglich seine schlechten Erfahrungen mit der widerrechtlich gekennzeichneten Ware irrtümlich dem Markeninhaber zu, so dass der Ruf der Marke geschädigt und ihre Bindungswir-kung beeinträchtigt wird.

Auch wenn man einen Rückruf oder ein Entfernen vom privaten Endabnehmer abstrakt für **66** möglich hält, werden sie allerdings wegen des unvorteilhaften Aufwand-Nutzen-Verhältnisses **typi-scherweise als unverhältnismäßig** ausscheiden (so auch Ströbele/Hacker/Thiering/Thiering Rn. 74 jedenfalls für kurzlebige Waren). Der Aufwand ist ungleich höher, wenn Endverbraucher einzelne Gegenstände zurückschicken, als wenn Zwischenhändler, womöglich sogar im Rahmen regelmäßiger Lieferbeziehungen, größere Warenmengen zurückgeben.

Gewerbliche Endabnehmer werden dagegen in der Rspr oft in den Umfang des Rückrufs **67** einbezogen. So sind die Ansprüche nach § 18 dem BGH zufolge auch dann einschlägig, wenn widerrechtliche Erzeugnisse zwar vertrieben worden seien, ein weiterer Vertrieb aber nicht konkret zu erwarten ist (BGH GRUR 2018, 292 (295) – Produkte zur Wundversorgung). Im Patentrecht sind dem OLG Düsseldorf zufolge gewerbliche Endabnehmer dann in den Rückruf einzubeziehen, wenn die Weiterveräußerung der rechtsverletzenden Gegenstände nicht ausgeschlossen werden kann (OLG Düsseldorf BeckRS 2011, 20934 – Seilzugvorrichtung; GRUR-RS 2020, 44647 – Zündkerze; GRUR-RS 2021, 21416 – Montagegrube).

5. Kombination mit anderen Ansprüchen

Rückruf und Entfernen können mit dem **Auskunftsanspruch** nach § 19 (insbesondere Abs. 3 **68** Nr. 1, Menge der abgegebenen Waren und Preise) kombiniert werden, um die Rücklaufquote besser nachvollziehen zu können. Nach Art. 10 Abs. 1 S. 1 Enforcement-RL wirken sich Rückruf und Entfernen auf die Höhe des **Schadensersatzes** nicht aus. Gleiches ergibt sich im deutschen Recht aus den allgemeinen Grundsätzen (vgl. zur Vernichtung im Rahmen der Lizenzanalogie BGH GRUR 1993, 899 (900) – Dia-Duplikate; ebenso OLG Hamburg ZUM-RD 1997, 53; vgl. auch BGH GRUR 2002, 532 (535) – Unikatrahmen). Demnach haben Rückruf und Entfer-nen auch explizite Umsetzung der Richtlinienvorgabe keine Auswirkungen auf den Schadensersatz (aA Jestaedt GRUR 2009, 102 (106)).

6. Nachweis der Durchführung

Einem patentrechtlichen Urteil des OLG Düsseldorf zufolge muss der Rückrufschuldner seine **69** Bemühungen dem Rückrufgläubiger nachweisen, indem er ihm ein die Adressen der Rückruf-empfänger mitteilt und ein Musterschreiben vorlegt (OLG Düsseldorf GRUR-RS 2021, 28722 – Rückrufvollstreckung II). Diese Pflicht ergebe sich aus dem Rückrufanspruch selbst, da nur so seine effektive Durchsetzung gewährleistet sei.

V. Rechtsnatur der Ansprüche; Rückruf aus Unterlassungsanspruch

1. Rückruf kraft Unterlassungstitels

Nach neuerer Rechtsprechung des **BGH** kann – neben den Ansprüchen aus § 18 Abs. 2 – **70** auch ein allgemeiner **Unterlassungstitel den Schuldner zum Rückruf verpflichten** (zum Markenrecht BGH GRUR 2018, 292 (293) – Produkte zur Wundversorgung; zum UWG ferner BGH GRUR 2017, 823 (824) – Luftentfeuchter; GRUR 2017, 208 (211) – Rückruf von RES-CUE-Produkten; GRUR 2016, 720 (723) – Hot Sox). Ein Unterlassungsschuldner sei, so der BGH, verpflichtet, „im Rahmen des Möglichen, Erforderlichen und Zumutbaren auf Dritte einzuwirken" (BGH GRUR 2018, 292 Rn. 18). Wenn rechtswidrig gekennzeichnete Produkte bereits vertrieben worden seien, umfasse diese Unterlassungspflicht „regelmäßig" den Rückruf der Produkte (BGH GRUR 2018, 292 Rn. 20 – Produkte zur Wundversorgung; ähnlich BGH

GRUR 2017, 208 (210) Rückruf von RESCUE-Produkten). Das **OLG Düsseldorf** hat sich dem in mehreren Entscheidungen entgegengestellt (zum Patentrecht OLG Düsseldorf BeckRS 2018, 9220 – Rasierklingeneinheiten mit ausführlicher Begründung; zum UWG OLG Düsseldorf BeckRS 2019, 3992; gegen die letztgenannte Entscheidung wurde Rechtsbeschwerde beim BGH eingelegt, Az. I ZB 19/19). Gegen den Beschluss BGH GRUR 2018, 292 – Produkte zur Wundversorgung ist **Verfassungsbeschwerde** eingelegt worden (Az. 1 BvR 396/18). Die GRUR hat in einer Stellungnahme hierzu überzeugend die Meinung vertreten, dass wegen der unionsrechtlichen Implikationen eine **Vorlage zum EuGH** erforderlich ist (GRUR 2019, 1278 mit aA Ahrens GRUR 2019, 1278 (1282)). Sofern es zu einer Vorlage kommt, gibt es in der neueren Rechtsprechung des EuGH zumindest Hinweise darauf, dass der EuGH den Pflichtenkreis eines Unterlassungsschuldners enger ziehen würde (→ Rn. 74 aE).

71   Dem **BGH** zufolge stehen die Rückrufansprüche aus § 18 Abs. 2 und aus dem Unterlassungsanspruch **nebeneinander,** wobei der Anspruch aus § 18 weiter sei: Der Rückruf aus dem **Unterlassungsanspruch** sei begrenzt auf Maßnahmen, die der Verhinderung weiterer konkret drohender Verletzungshandlungen dienen; der spezialgesetzliche Anspruch aus § 18 kenne keine solche Einschränkung (BGH GRUR 2018, 292 (295) – Produkte zur Wundversorgung). Der Unterlassungsanspruch gelte demnach, wenn der fortgesetzte Vertrieb durch Abnehmer des Schuldners „rasch und in erheblichen Mengen" zu erwarten sei. Allein die spezialgesetzlichen Ansprüche seien einschlägig, wenn „Erzeugnisse zwar vertrieben worden sind, ein weiterer Vertrieb aber nicht konkret zu erwarten ist" (BGH GRUR 2018, 292 Rn. 31 – Produkte zur Wundversorgung). Im Übrigen ist auch dem BGH zufolge auch der aus dem allgemeinen Unterlassungsanspruch abgeleitete Rückrufanspruch durch das Kriterium der **Verhältnismäßigkeit** begrenzt. So muss der Schuldner keine Maßnahmen ergreifen, die ihm gegenüber seinen Abnehmern „in unverhältnismäßiger Weise zum Nachteil seiner gewerblichen Tätigkeit gereichen" (BGH GRUR 2018, 292 (294) – Produkte zur Wundversorgung). Aus dem Vergleich zum Beseitigungsanspruch ergebe sich, dass der Schuldner „nur verhältnismäßige Beseitigungsmaßnahmen (...), die zur Beseitigung des Störungszustands geboten erscheinen" ergreifen müsse (BGH GRUR 2018, 292 (295) – Produkte zur Wundversorgung).

72   In der **Literatur** wurde diese Rechtsprechung meist kritisch aufgenommen (s. etwa Ausschuss der GRUR für Wettbewerbs- und Markenrecht GRUR 2017, 885; Dissmann MarkenR 2017, 293; Dissmann GRUR 2017, 986; Stellungnahme der GRUR in GRUR 2019, 1278; Goldmann GRUR 2016, 724; Hermanns GRUR 2017, 977; Sakowski GRUR 2017, 355; Voit PharmR 2018, 1; anders dagegen Ströbele/Hacker/Thiering/Thiering § 14 Rn. 575). Auch das OLG Düsseldorf stimmt mit dieser kritischen Haltung überein (OLG Düsseldorf BeckRS 2018, 9220 – Rasierklingeneinheiten).

73   Tatsächlich wirft die Rechtsprechung des BGH **Bedenken** auf: **Dogmatisch** vermag die Einordnung des Rückrufs unter den Unterlassungsanspruch nicht zu überzeugen. Zwar geht ein Unterlassungsanspruch über reines Nichtstun hinaus: der Unterlassungsschuldner muss Störungen aus der eigenen Sphäre, die einer fortgesetzten Handlung gleichkommen, aktiv beenden. So muss er etwa rechtsverletzende Ware aus seinem eigenen Angebot zurückzuziehen, und zwar aus dem gesamten eigenen Filialnetz. Hat er aber die Ware bereits an Dritte außerhalb der eigenen Organisation weitergegeben, so ist ihm das Tun dieser Dritten **nicht zuzurechnen.** Es handelt sich um die bloße Folge einer bereits in der Vergangenheit beendeten Handlung, nicht aber um eine eigene oder zurechenbare Handlung des Unterlassungsschuldners, wie sie der Unterlassungsanspruch voraussetzen würde (so auch ausführlich OLG Düsseldorf BeckRS 2018, 9220 Rn. 39 ff. – Rasierklingeneinheiten; ebenso zum UWG OLG Frankfurt GRUR 2016, 1319 (1320) – Quarantäne-Buchung; Goldmann GRUR 2016, 724 (725) Anm. zu BGH – Hot Sox; vgl. außerdem EuGH BeckRS 2020, 14146 Rn. 22; im Einzelnen → Rn. 74 aE).

74   **Unionsrechtlich** wirft die Rspr des BGH ebenfalls Fragen auf, die sie auch für Unterlassungsansprüche aus der UMV gilt; der BGH begründet seinen Auslegungsspielraum mit der Mindestharmonisierung (BGH GRUR 2018, 292 (296) – Produkte zur Wundversorgung). Allerdings wird der Unterlassungsanspruch durch die Erweiterung seines Umfangs nicht ausschließlich gestärkt: Für den Rechtsinhaber kann es vorteilhafter sein, einen Unterlassungsanspruch auch ohne Rückrufanspruch geltend machen zu können. Ein Rückruf bringt schließlich mehr wirtschaftliches Risiko mit sich als die bloße Unterlassung nach herkömmlichem Verständnis: Wird aufgrund einer Unterlassungsverfügung Ware zurückgerufen und stellt sich anschließend im Hauptsacheverfahren heraus, dass kein Anspruch auf Rückruf bestand, so können hohe Schadensersatzansprüche nach § 945 ZPO entstehen (so auch der Ausschuss für Wettbewerbs- und Markenrecht der GRUR, GRUR 2017, 885 (886)). Der **EuGH** hat in einer neueren Entscheidung dem Pflichtenkreis des markenrechtlichen Unterlassungsschuldners Grenzen gesetzt: Ein Unterlassungsschuldner ist

danach nicht verpflichtet, eine markenverletzende Bezeichnung von Websites Dritter zu entfernen, die diese im eigenen Namen und auf eigene Initiative übernommen haben (EuGH C-684/19, BeckRS 2020, 14146). Der EuGH begründet dies damit, dass nach dem für die Entscheidung maßgeblichen Art. 5 MRL 2008 einem Verletzer die selbständigen Handlungen anderer Wirtschaftsteilnehmer, mit denen dieser keine unmittelbare oder mittelbare Beziehung unterhält und die nicht in ihrem Auftrag und für ihre Rechnung, sondern auf eigene Initiative und im eigenen Namen handeln, nicht als eigene Benutzung zuzurechnen sind (EuGH C-684/19, BeckRS 2020, 14146 Rn. 22). Der vom EuGH entschiedene Fall unterscheidet sich zwar insofern von der Situation eines Rückrufs, als ein Verletzer, der rechtsverletzende Waren in den Verkehr gebracht hat, zumindest wirtschaftliche Beziehungen zu seinen Abnehmern unterhält – die Bedingung des EuGH, dass er zu ihnen „keine unmittelbare oder mittelbare Beziehung unterhält", trifft also nicht zu. Allerdings liegt es zumindest nahe, dass der EuGH auch die Handlungen unabhängigen Abnehmer nicht dem ursprünglichen Unterlassungsschuldner zurechnet.

Auch unter dem Aspekt der **Rechtssicherheit** für den Schuldner wirft die Herleitung aus dem **75** Unterlassungsanspruch Bedenken auf. Wenn ein Gericht eine Unterlassungspflicht tenoriert, ist für diesen schwer erkennbar, ob er im konkreten Fall auch einen Rückruf schuldet (insbesondere im Hinblick auf die offenen Rechtsbegriffe der „Möglichkeit und Zumutbarkeit"). Da diese Frage dem BGH zufolge dem Vollstreckungsverfahren überlassen bleibt (BGH GRUR 2018, 292 (293) – Produkte zur Wundversorgung; GRUR 2017, 208 (210) – Rückruf von RESCUE-Produkten), besteht die Gefahr, dass der Schuldner im Erkenntnisverfahren die Argumente, die gegebenenfalls gegen den Rückruf sprechen, nicht vorbringt (so etwa auch der Ausschuss für Wettbewerbs- und Markenrecht der GRUR, GRUR 2017, 885 (886); Hermanns GRUR 2017, 977 (979)). Wird der Rückrufanspruch dagegen über § 18 geltend gemacht, so muss der Rechtsinhaber einen eigenen Antrag stellen, der im Erkenntnisverfahren untersucht wird.

2. Rechtsnatur der Ansprüche aus § 18 Abs. 2

Die Ansprüche aus § 18 sind spezialgesetzliche Ausprägungen des allgemeinen **Beseitigungs-** **76** **anspruchs** (so auch BGH GRUR 2018, 292 (295) – Produkte zur Wundversorgung; ebenso Dreier/Schulze UrhG § 98 Rn. 17; Fromm/Nordemann/Nordemann UrhG § 98 Rn. 23; Kraßer PatR § 2 IV, S. 33; BeckOK PatR/Rinken PatG § 140a Rn. 6); im Übrigen zur Abgrenzung des Beseitigungs- zum Unterlassungsanspruch → Rn. 72).

Eine Pflicht zu Rückruf oder Entfernen kann bei einer schuldhaften Verletzung auch aus dem **77** Anspruch auf **Schadensersatz** in Form der Naturalrestitution hergeleitet werden (vgl. OLG Düsseldorf BeckRS 2011, 20932 – L-Lysin; BeckRS 2011, 8380; LG Mannheim GRUR-RR 2011, 49 (53), die den Rückruf für die Zeit vor der Umsetzung aus §§ 823, 1004 BGB herleiten).

D. Unverhältnismäßigkeit (Abs. 3)

I. Rechtsnatur der Abwägung

Gemäß § 18 Abs. 3 sind die Ansprüche ausgeschlossen, wenn die Inanspruchnahme **im Einzel-** **78** **fall unverhältnismäßig** ist. Bereits nach der Formulierung und dem Aufbau des § 18 ist das Eingreifen der Ansprüche aus Abs. 1 bzw. 2 der **Regelfall,** die Unverhältnismäßigkeit dagegen die Ausnahme (so auch Ingerl/Rohnke/Nordemann/Wirtz Rn. 21, 49; Ströbele/Hacker/Thiering/ Thiering Rn. 36). Es war auch Ziel des Produktpirateriegesetzes, den Vernichtungsanspruch zum Regelfall zu machen (Begr. RegE PrPG, BT-Drs. 11/4792, 39), woran das Durchsetzungsgesetz nichts ändern sollte (vgl. BT-Drs. 16/5048, 32). Der **BGH** hat allerdings betont, dass Vernichtung, Rückruf und Entfernen aus den Vertriebswegen wegen des damit verbundenen Eingriffs in das Eigentum „in besonderem Maße dem Verhältnismäßigkeitsgrundsatz unterworfen" seien (BGH BeckRS 2018, 40127 Rn. 21 – Curapor). Es müsse deshalb eine umfassende Abwägung aller Umstände des Einzelfalls stattfinden.

Vor diesem Hintergrund steht es dem Vernichtungsanspruch nicht per se entgegen, wenn der **79** Störungszustand auch mit Hilfe eines **milderen Mittels,** etwa der Entfernung oder Unkenntlichmachung des Kennzeichens, beseitigt werden könnte. Dies gibt Art. 46 S. 4 TRIPS ausdrücklich vor. Als Abwägungsfaktor kann das Vorhandensein milderer Mittel jedoch durchaus eine Rolle spielen (→ Rn. 87; zum Urheberrecht Mestmäcker/Schulze/Backhaus UrhG § 98 Rn. 45). Gleiches gilt nach der oben beschriebenen Regelungssystematik für Rückruf und Entfernen. Die Prüfung auf Unverhältnismäßigkeit findet dementsprechend nicht dreigeteilt als Prüfung der Geeignetheit, Erforderlichkeit und Angemessenheit statt, sondern als Interessenabwägung, die alle

Faktoren des Einzelfalls berücksichtigt (so auch BGH BeckRS 2018, 40127 Rn. 21 – Curapor mwN; zu den einzelnen Faktoren → Rn. 87).

80   Im Gegensatz zur Fassung vor dem 1.9.2008 können die Ansprüche auch dann als unverhältnismäßig ausscheiden, wenn **keine alternative Möglichkeit** der Störungsbeseitigung zur Verfügung steht.

81   Im Rahmen der Ansprüche auf **Rückruf und Entfernen** bezieht sich die Prüfung der Unverhältnismäßigkeit sowohl auf die Frage, ob die Ansprüche überhaupt bestehen, als auch auf die Frage, **welche konkreten Maßnahmen** als Rechtsfolge geschuldet sind. Da die Ansprüche auf der Rechtsfolgenseite sehr offen formuliert sind, kommt der Abstufung hier eine wichtige Rolle zu (noch weitergehend Jestaedt GRUR 2009, 102 (106): Prüfung der Verhältnismäßigkeit allein auf der Rechtsfolgenseite). So mag zB in einem konkreten Fall der Verletzer verpflichtet sein, sich mit einem Rückruf nur an seine unmittelbaren Abnehmer zu wenden, während ein Kontaktieren weiterer Mitglieder der Vertriebskette im konkreten Fall als unverhältnismäßig ausscheidet. Dies ergibt sich auch aus der in dieser Hinsicht weiter formulierten Vorgabe des Art. 10 Enforcement-RL und entspricht im Übrigen der Praxis beim allgemeinen Beseitigungsanspruch (Teplitzky, Wettbewerbsrechtliche Ansprüche, 10. Aufl. 2012, Kap. 25 Rn. 9). Auf der Stufe der **Rechtsfolgen** gilt allerdings **nicht** das oben dargestellte **Regel-Ausnahme-Verhältnis:** Es würde wenig Sinn ergeben, grundsätzlich die am stärksten eingreifende Rechtsfolge zu wählen, wenn andere Mittel gleich wirksam sind.

82   Entsprechend dem Regel-Ausnahme-Verhältnis liegt die **Darlegungs- und Beweislast** für die Unverhältnismäßigkeit beim Verletzer (vgl. etwa LG Mannheim GRUR-RR 2011, 49 (53); LG Düsseldorf BeckRS 2010, 24511).

II. Denkbare mildere Mittel

83   In Einzelfällen kann der Anspruch auf Vernichtung, Rückruf oder Entfernung auf einzelne **rechtsverletzende Bestandteile begrenzt** sein, zB kann nur eine widerrechtliche Kennzeichnung zu entfernen sein (vgl. BGH BeckRS 2018, 40127 Rn. 21 – Curapor) oder nur die widerrechtlich gekennzeichnete Verpackung zurückzurufen oder zu vernichten (zur Vernichtung OLG Bremen WRP 2002, 460 (464) – Lila Verpackung; zum Entfernungsanspruch Spindler/Weber ZUM 2007, 257 (259); vgl. zum Patentrecht auch OLG Düsseldorf BeckRS 2010, 31125 – Verschütteten-Suchgerät; BeckRS 2011, 20934 – Seilzugvorrichtung; BeckRS 2018, 13140 Rn. 94 – Gebrauchsmusterverletzung einer Trinkbehälteranordnung; gegen eine Beschränkung der Vernichtung auf rechtsverletzende Teile OLG Frankfurt GRUR-RR 2018, 515 – Pfefferspray MK-3). Im Verhältnis zur Vernichtung des gesamten widerrechtlich gekennzeichneten Gegenstandes ist dies eine mildere Alternative, bezüglich Rückruf und Entfernen eine Ausführungsvariante. Es gilt aber zu berücksichtigen, dass das MarkenG, anders als § 98 Abs. 5 UrhG und § 43 Abs. 5 GeschmMG, keine Regelung kennt, die nichtverletzende Bestandteile von den Ansprüchen ausnehmen würde. Auch bezieht sich der Begriff der „Ware" auf das Produkt als Ganzes, nicht nur auf einen rechtsverletzenden Bestandteil. Ein entsprechendes Vorgehen sollte deshalb die **Ausnahme** bleiben (aA zum Patentrecht Jestaedt GRUR 2009, 102 (104); für einen Rückruf des Gesamtprodukts auch OLG Düsseldorf BeckRS 2010, 15888 unter II.C.2.a – Steckverbinder). Die Maßnahme muss zudem **dauerhaften und zuverlässigen Erfolg** versprechen. Für Rückruf und Entfernen ergibt sich dies bereits aus dem Zusatz „endgültig". Eine Abdeckung des widerrechtlichen Kennzeichens darf also beispielsweise nicht entfernt werden können (Ingerl/Rohnke/Nordemann/Wirtz Rn. 23). Wenn ein rechtsverletzender Bestandteil leicht abgelöst werden kann, gilt es etwa zu bedenken, dass er womöglich ebenso leicht erneut angebracht werden kann (OLG Düsseldorf BeckRS 2011, 20934 unter II.8 – Seilzugvorrichtung).

84   Die Möglichkeit, an Stelle eines Rückrufs **direkt gegen die einzelnen Abnehmer des Verletzers vorzugehen,** spielt in der Abwägung keine Rolle; diese Option besteht praktisch immer, so dass sich das Regel-Ausnahme-Verhältnis umkehren würde. Gerade im Hinblick auf das Ziel einer effizienten Rechtsdurchsetzung (Art. 3 Abs. 2 Enforcement-RL), muss es möglich sein, dass der Verletzer einen Inverkehrbringer auf Rückruf oder Entfernen in Anspruch nimmt, ohne nachweisen zu müssen, aus welchen Gründen die Ansprüche gegen die einzelnen Abnehmer für ihn weniger attraktiv sind.

85   Dem Verletzer steht kein Recht zu, die Ansprüche durch **Geldzahlung** abzuwenden. Da das MarkenG eine dem § 100 UrhG entsprechende Regelung nicht kennt, ergibt sich im Umkehrschluss, dass eine entsprechende Regelung nicht gewünscht ist (ebenso etwa Ingerl/Rohnke/Nordemann/Wirtz Rn. 22; Ströbele/Hacker/Thiering/Thiering Rn. 47; aA Fezer Rn. 108). Eine solche Quasi-Zwangslizenz würde auch den Interessen des wirksamen Immaterialgüterrechts-

schutzes widersprechen. Unzureichend erscheint es auch, als milderes Mittel ein **Importverbot** auszusprechen, da dies eine erneute Einfuhr nicht zuverlässig ausschließt und zudem dem Absatzinteresse des Rechtsinhabers entgegensteht (so auch Ingerl/Rohnke/Nordemann/Wirtz Rn. 32; anders LG Düsseldorf GRUR 1996, 66 (68) – adidas-Import).

Es macht die Ansprüche nicht unverhältnismäßig, wenn der Verletzer die Ware alternativ an **86** gemeinnützige Organisationen abgeben könnte. Der Gesetzgeber hat diese Option bewusst nicht vorgesehen (Beschlussempfehlung des Rechtsausschusses zum PrPG Bl. 1990, 196). Es erscheint auch zweifelhaft, inwieweit dies mit Art. 5 MRL vereinbar wäre (so auch Ingerl/Rohnke/Nordemann/Wirtz Rn. 32; aA Fezer Rn. 110).

III. Abwägungsfaktoren

§ 18 erwähnt als einziges Prüfungskriterium im Rahmen des Abs. 3 die „berechtigten Interessen **87** Dritter". Gemäß Art. 10 Enforcement-RL kommt es daneben auf die Schwere der Verletzung an. Über diese Punkte hinaus müssen – wie auch der Zusatz „im Einzelfall" andeutet – **alle Umstände des konkreten Falles** in die Prüfung einfließen (BGH BeckRS 2018, 40127 Rn. 21 – Curapor; zur Vernichtung BGH GRUR 2006, 504 – Parfümtestkäufe; GRUR 1997, 899 (901) – Vernichtungsanspruch; BT-Drs. 16/5048, 38).

Zu den relevanten Faktoren zählen **insbesondere** die folgenden Punkte: **87.1**

Unter anderem kommt es auf die **Schwere der Verletzung** an, beispielsweise den beim Rechtsinhaber **87.2** eingetretenen **Schaden** (BGH BeckRS 2018, 40127 Rn. 21 – Curapor; GRUR 2006, 504 Rn. 52 – Parfümtestkäufe; GRUR 1997, 899 – Vernichtungsanspruch; zur Vernichtung Begr. RegE PrPG, BT-Drs. 11/4792, 182). Eine Rolle spielen kann dabei auch der **Anteil,** den ein schutzrechtsverletzendes Element **innerhalb eines Gesamtgegenstandes** ausmacht. Dies folgt bereits aus Art. 10 Abs. 3 Enforcement-RL. Daneben kann es darauf ankommen, ob ein Schutzrecht im zentralen oder nur im Randbereich betroffen ist (→ Rn. 36; ebenso zum Urheberrecht Fromm/Nordemann/Nordemann UrhG § 98 Rn. 29). So mögen beispielsweise bei der bloßen Ausnutzung einer bekannten Marke iSd § 14 Abs. 2 Nr. 3 Alt. 1, die die Marke nicht zugleich auch schädigt, die Anforderungen an Rückruf und Entfernen höher sein als im Fall einer klassischen Nachahmung.

Darüber hinaus spielt es eine Rolle, ob der Verletzer **schuldhaft** handelte (BGH BeckRS 2018, 40127 **87.3** Rn. 21 – Curapor; GRUR 2006, 504 – Parfümtestkäufe; OLG Düsseldorf BeckRS 2014, 12143; zur Fahrlässigkeit BGH GRUR 1997, 899 – Vernichtungsanspruch).

Vor allem bei Rückruf und Entfernung können die **Erfolgschancen** der Maßnahme eine Rolle spielen. **87.4** So kann ein Rückruf unverhältnismäßig sein, wenn nur noch wenige rechtsverletzende Produkte im Verkehr sind (OLG Düsseldorf BeckRS 2015, 20135 Rn. 28 mit der Begründung, liefe andernfalls auf eine „reine Selbstbezichtigung" hinaus). In einer patentrechtlichen Entscheidung ging das OLG Düsseldorf allerdings davon aus, dass geringe Erfolgschancen durch eine generalpräventive Wirkung ausgeglichen werden (OLG Düsseldorf BeckRS 2015, 06710 Rn. 45).

Auf der anderen Seite kann der prognostizierte **Aufwand** im Verhältnis zum erreichbaren Nutzen eine **87.5** Rolle spielen, insbesondere wenn der Verletzer keinen Vorsatz hatte (vgl. BGH BeckRS 2018, 40127 Rn. 21 – Curapor, wonach der durch die Maßnahme **beim Verletzer entstehende Schaden** abzuwägen ist mit dem Schaden des Rechtsinhabers).

Weist ein Nachahmerprodukt eine besonders **schlechte Qualität** auf, so spricht dies für die Ansprüche, **87.6** da seine Verbreitung den Ruf der Marke besonders gefährdet (Ströbele/Hacker/Thiering/Thiering Rn. 39; Lange MarkenR Rn. 3345, 888).

Als relevante **Interessen Dritter** kommt etwa eine vom Produkt ausgehende Gefahr in Frage. Die **87.7** Interessen der Abnehmer des Verletzers werden typischerweise nicht gegen Rückruf und Entfernen sprechen, da diese Maßnahmen ihnen meist nur zusätzliche Optionen eröffnen (→ Rn. 39 ff.). Im Rahmen des Vernichtungsanspruchs können etwa die Interessen des unbeteiligten Eigentümers oder Besitzers berücksichtigungsfähig sein.

Rechtsverstöße außerhalb des MarkenG (etwa im UWG) können berücksichtigt werden (Ströbele/ **87.8** Hacker/Thiering/Thiering Rn. 39; Ingerl/Rohnke/Nordemann/Wirtz Rn. 25).

Die frühere Rechtsprechung teilweise im Rahmen des Unterlassungsanspruchs eine **Aufbrauchfrist** **87.9** zum Abverkauf rechtsverletzender Gegenstände vor (BGH GRUR 1960, 563 (567) – Sektwerbung; GRUR 1982, 420 (423) – BBC/DDC; GRUR 1982, 425 (431) – Brillen-Selbstabgestellen; kritisch OLG München WRP 1975, 364 (365)). Es sollte sich daher um eine Anwendung des Verhältnismäßigkeitsgrundsatzes handeln. Spätestens mit Einführung von Rückruf und Entfernen als Regelmaßnahmen ist diese Rechtsprechung äußerst **kritisch** zu sehen, da sie im Gegensatz zum Rechtsgedanken dieser Ansprüche steht. Immerhin greifen die neuen Ansprüche sogar noch auf die Waren zu, die der Anspruchsschuldner bereits vor deren Geltendmachung verkauft hat, während eine Aufbrauchfrist auch nach Durchsetzung der

Ansprüche noch einen Abverkauf erlauben würde. Sofern die Parteien aber **vertraglich** eine Abverkaufsfrist vereinbart haben, steht diese einem Rückruf entgegen (OLG Köln GRUR 2019, 176 – Herr Antje).

87.10   Umstritten ist, ob es gegen die Maßnahmen nach § 18 Abs. 1 und § 18 Abs. 2 spricht, wenn zwischenzeitlich die **Schutzdauer abgelaufen** ist (dafür im Patentrecht OLG Frankfurt BeckRS 2017, 107394 Rn. 5; dagegen OLG Düsseldorf GRUR-RS 2020, 2639 Ls.; ebenso dagegen Böttcher GRUR 2021, 143 (145 ff.)). Generell soll der **Zeitablauf** jedenfalls nicht per se gegen einen Rückruf sprechen (OLG Frankfurt GRUR-RR 2018, 339 – Hudson).

87.11   Ein Rückruf eines verderblichen Produkts scheidet aus, wenn dieses wegen Ablaufs des **Mindesthaltbarkeitsdatums** nicht mehr gehandelt werden darf (OLG Düsseldorf GRUR-RR 2020, 137 (145 f.) – Bakterienkultivierung).

88   Auch wenn es sich um **Originalware** handelt, bei der lediglich wegen **Parallelimports** keine Erschöpfung eingetreten ist, sind die Maßnahmen nach § 18 nicht notwendig unverhältnismäßig (vgl. EuGH GRUR 2022, 1672 – Perfumesco.pl, wonach die Vernichtung für solche Waren nicht ausgeschlossen sein darf). Der BGH hat die Vernichtung jedenfalls im Fall einer nicht geringen Schuld (BGH GRUR 2006, 504 Rn. 52 – Parfümtestkäufe) sowie im Fall von Veränderungen an der Originalware (BGH GRUR 1996, 271 (275) – Gefärbte Jeans) als verhältnismäßig angesehen (aA hingegen LG Düsseldorf NJW-RR 1995, 1511 – adidas-Import, das im konkreten Fall ein Einfuhrverbot bezüglich beschlagnahmter Ware als milderes Mittel anordnet). Eine von Trube MarkenR 2001, 228 vorgeschlagene Lösung, bei der der Rechtsinhaber die parallel importierte Ware gegen Abschlagszahlung erhält und im Ausland vertreibt, erscheint problematisch, da dem Rechtsinhaber möglicherweise die Vertriebskanäle fehlen.

E. Prozessrecht

I. Hauptsacheverfahren

1. Antragstellung

89   Um dem **Bestimmtheitsgebot** zu genügen, muss der Antrag die zu vernichtenden, zurückzurufenden oder zu entfernenden Gegenstände gattungsmäßig bezeichnen. Daneben muss er die konkrete Art der Verletzung benennen (etwa Ingerl/Rohnke/Nordemann/Wirtz Rn. 34, 50; Mes PatG § 140a Rn. 12).

89.1   Der Antrag darf nur die **konkret festgestellten Verletzungen** erfassen, nicht aber andere, ähnliche Verletzungshandlungen, da für diese die Einzelfallprüfung der Unverhältnismäßigkeit nicht durchgeführt werden kann (BGH GRUR 2006, 504 Rn. 52 – Parfümtestkäufe; kritisch Ingerl/Rohnke/Nordemann/Wirtz Rn. 12 unter Hinweis darauf, dass die Vernichtung den gesetzlichen Regelfall darstellt).

90   Der Anspruchsinhaber kann Antrag auf **Vernichtung** aller „im Besitz oder im Eigentum befindlichen" Waren stellen (vgl. BGH GRUR 2003, 228 – P-Vermerk: „die im Eigentum befindlichen"). Im Fall des Abs. 2 kann er schlicht **Rückruf oder Entfernen** der „in den Verkehr gelangten Ware" verlangen, ohne dass Abnehmer oder Anzahl genauer bezeichnet werden müssten (vgl. OLG Düsseldorf BeckRS 2011, 20934 – Seilzugvorrichtung).

91   Bezüglich der **geschuldeten Handlung** kann der Anspruchsinhaber den Vernichtungsantrag in der Regel nicht auf eine bestimmte **Art der Vernichtung** begrenzen, da der Verletzer grundsätzlich in der technischen Art der Vernichtung frei ist (so auch Ingerl/Rohnke/Nordemann/Wirtz Rn. 30). Soweit eine **mildere Form** der Beseitigung als die Vernichtung in Frage kommt, ist sie bereits als Minus im Vernichtungsantrag enthalten (vgl. etwa OLG Düsseldorf BeckRS 2010, 31125 – Verschütteten-Suchgerät).

92   Die Anforderungen an die Bezeichnung der im Fall eines Rückruf- oder Entfernungsanspruchs geschuldeten Maßnahmen sind unterschiedlich: Das OLG Düsseldorf neigt zumindest beim Rückruf zu einer genauen Beschreibung der geschuldeten Handlungen im Tenor (vgl. OLG Düsseldorf BeckRS 2011, 20934 – Seilzugvorrichtung). Das LG Mannheim geht hingegen davon aus, dass der Antrag beziehungsweise der Tenor nur den Gesetzeswortlaut wiedergeben dürfe; die Wahl der einzusetzenden Mittel sei Sache des Verletzers (LG Mannheim GRUR-RR 2011, 49, 53; BeckRS 2011, 4156 – Mobilstation; Jestaedt GRUR 2009, 102 (104)). Den **Entfernungsanspruch** hat auch das OLG Düsseldorf bereits tenoriert, indem es schlicht den Gesetzeswortlaut wiedergab (OLG Düsseldorf BeckRS 2011, 20934 – Seilzugvorrichtung). In einem anderen Urteil betrachtete es hingegen einen Entfernungsantrag, nach dem der Verletzer die Vernichtung der Waren bei den jeweiligen Besitzern veranlassen sollte, als zu unbestimmt (OLG Düsseldorf BeckRS

2011, 20945; ebenso LG Düsseldorf BeckRS 2013, 15651; OLG Düsseldorf GRUR-RS 2021, 10556). Um die Zwangsvollstreckung zu erleichtern, erscheint es vorzugswürdig, die geschuldeten Maßnahmen im Tenor möglichst **genau zu benennen.** Empfehlenswert ist es jedenfalls, entweder im Wege einer **„insbesondere"-Formulierung** Beispiele zu nennen oder **Hilfsanträge** zu stellen.

Sinnvollerweise sollte auch der Zusatz „aus den Vertriebswegen" aufgenommen werden; nach dem LG **92.1** Mannheim ist ein Antrag zu weit, wenn er nicht klarstellt, dass private Endabnehmer nicht erfasst sein sollen, was sich aus diesem Zusatz ergebe (LG Mannheim GRUR-RR 2011, 49 (53)).

Tenorierungsbeispiele: **92.2**
LG Hamburg BeckRS 2012, 13486: „Die Beklagten werden verurteilt, die vorstehend zu 1. bezeichneten im Besitz Dritter befindlichen Erzeugnisse aus den Vertriebswegen zurückzurufen und, soweit sie seit dem 24.11.2011 in die Vertriebswege gelangt sind, aus diesen endgültig zu entfernen, wobei sich die Verpflichtung zum Rückruf und ggf. Entfernung aus den Vertriebswegen nicht auf Dritte erstreckt, soweit es sich bei diesen um Endkunden handelt."
OLG Düsseldorf BeckRS 2011, 20934 – Seilzugvorrichtung: „Die Beklagte zu 1. wird verurteilt, (…) die (…) bezeichneten, im Besitz gewerblicher Abnehmer befindlichen und seit dem 1.9.2008 in den Verkehr gelangten Erzeugnisse
a) zurückzurufen, indem diejenigen gewerblichen Abnehmer, die sich im Besitz dieser Erzeugnisse befinden, darüber schriftlich informiert werden, dass das Gericht mit dem hiesigen Urteil auf eine Verletzung des deutschen Gebrauchsmusters … erkannt hat, ihnen ein Angebot zur Rücknahme dieser Erzeugnisse durch die Beklagte zu 1. unterbreitet und den gewerblichen Abnehmern für den Fall der Rückgabe der Erzeugnisse eine Erstattung des ggf. bereits zurückgezahlten Kaufpreises bzw. eines sonstigen Äquivalentes für die zurückgerufenen Erzeugnisse sowie die Übernahme der Verpackungs- und Transport- bzw. Versendungskosten für die Rückgabe zugesagt wird,
b) aus den Vertriebswegen endgültig zu entfernen."

2. Darlegungs- und Beweislast

Behauptet der Verletzer, er habe bereits freiwillig einen Rückruf vorgenommen und so den **93** Anspruch erfüllt, so obliegt ihm dafür die Beweislast; er muss die Anspruchserfüllung für jeden einzelnen Kunden darlegen (OLG Düsseldorf BeckRS 2010, 15888 unter C.2.b – Steckverbinder).
Die Klärung, welche Gegenstände sich im Einzelnen noch im Besitz des Verletzers befinden, **94** kann dem **Vollstreckungsverfahren** vorbehalten bleiben (BGH GRUR 2003, 228 (230) – P-Vermerk; OLG Hamburg GRUR 1955, 253 (254)). Dem Rechtsinhaber soll es offenstehen, zunächst den Anspruch geltend zu machen und sich dann im Rahmen des Vollstreckungsverfahrens selbst zu überzeugen, welche Gegenstände im Besitz des Verletzers befinden.

3. Kombination mit anderen Ansprüchen oder Vorgehensweisen

Der Anspruch auf Vernichtung ist unabhängig vom Anspruch auf **Schadensersatz** und kann **95** deshalb neben diesem verlangt werden (KG GRUR 1992, 168 – Dia-Kopien); vgl. auch Art. 10 Enforcement-RL. Gleiches gilt für Rückruf und Vernichtung.
Die Ansprüche können im **Adhäsionsverfahren** (§§ 403 ff. StPO) im Rahmen eines Strafpro- **96** zesses geltend gemacht werden.

II. Einstweiliger Rechtsschutz

1. Vernichtung

Die **Vernichtung selbst** kann **nicht** als Maßnahme des einstweiligen Rechtsschutzes angeord- **97** net werden, da sie den Anspruch nicht nur sichert, sondern bereits erfüllt; sie kann auch nicht rückgängig gemacht werden (etwa OLG Hamburg WRP 1997, 106 (112) – Gucci; OLG Koblenz GRUR 1987, 730 (731) – GS-Zeichen).
Damit der Vernichtungsanspruch nicht Verhinderungsmaßnahmen des Verletzers zum Opfer **98** fällt, muss er regelmäßig durch Maßnahmen des einstweiligen Rechtsschutzes **gesichert** werden. Es kann deshalb angeordnet werden, dass der Verletzer die Waren zum Zweck der **Verwahrung oder Sequestration** herausgibt (OLG Nürnberg GRUR-RR 2002, 98 (99) – NIKE-Sportschuhe; OLG Stuttgart NJW-RR 2001, 257; Ingerl/Rohnke/Nordemann/Wirtz Rn. 38). Die Sequestration schließt eine treuhänderische Verwaltung mit ein, die bei der kostengünstigeren Verwahrung nicht stattfindet (OLG Frankfurt GRUR-RR 2003, 96 – Uhrennachbildungen; ausführlicher zum Unterschied Fezer Rn. 67).

99   Soweit nicht ein Gerichtsvollzieher die Vernichtung durchführt (→ Rn. 29 ff.), muss im Fall der rechtskräftigen Verurteilung die Sequestration jedenfalls bis zum Vollzug der Vernichtung anhalten. Die Vernichtung sollte also zumindest unter Aufsicht des Gerichtsvollziehers stattfinden (Ingerl/Rohnke/Nordemann/Wirtz Rn. 38). Zusätzlich kann im Wege der einstweiligen Verfügung ein **Verbot der Rückgabe der** rechtswidrig gekennzeichneten Ware an den Lieferanten erlassen werden (OLG Frankfurt GRUR-RR 2003, 96 – Uhrennachbildungen).

100   Die Möglichkeit **milderer Beseitigungsmittel** als der Vernichtung kann dem Sicherungsantrag nicht entgegengehalten werden, da auch für andere Beseitigungsansprüche ein Sicherungsbedürfnis bestünde (OLG Hamburg NJOZ 2004, 2455 (2462 f.); Retzer FS Piper, 1996, 421 (429)).

101   Eine **Abmahnung** des Verletzers vor Beantragung der Sicherheitsmaßnahmen wird regelmäßig **unzumutbar** sein; ihr Fehlen zieht deshalb keine Kostentragung gemäß § 93 ZPO nach sich. Grund dafür ist die Vereitelungsgefahr: die Abmahnung bringt das Risiko mit sich, dass der Verletzer die Ware beiseiteschafft und so ihre Vernichtung verhindert (OLG Hamburg GRUR-RR 2007, 29 (30) – Cerebro Card; LG Hamburg GRUR-RR 2004, 191 (192) – Flüchtige Ware; vgl. auch zum Wettbewerbsrecht OLG Düsseldorf NJW-RR 1997, 1064 (1065) – Ohrstecker; OLG Frankfurt GRUR 2006, 264 – Abmahnerfordernis; Ingerl/Rohnke/Nordemann/Wirtz Rn. 41; Mes PatG § 140a Rn. 15; aA hingegen OLG Hamburg GRUR-RR 2007, 350 (352) – YU-GI-OH!-Karten, wonach auch im Fall von Piratenware eine „sehr kurze, ggf. nach Stunden bemessenen Frist" im Zeitalter von Fax und E-Mail nur in Ausnahmefällen unzumutbar sein wird; ähnlich auch OLG Braunschweig GRUR-RR 2005, 103 – Flüchtige Ware, das ebenfalls von einem grundsätzlich bestehenden Abmahnungserfordernis ausgeht).

101.1   Gegen eine Abmahnung spricht es, wenn die **Verletzung vorsätzlich** erfolgte (OLG Stuttgart BeckRS 2000, 3586; vgl. aber auch OLG Hamburg GRUR-RR 2007, 350 (352) – YU-GI-OH!-Karten). Auch wenn der Verletzer bereits in der Vergangenheit Abmahnungen oder Verbotsanordnungen nicht beachtet hat, ist dies wegen zu erwartender Erfolglosigkeit ein Argument gegen die Abmahnung (OLG Stuttgart BeckRS 2000, 3586; OLG Frankfurt GRUR 1983, 753 (756 f.)).

101.2   Zumutbar ist die Abmahnung aber jedenfalls, wenn konkrete Anhaltspunkte vorliegen, die die Gefahr des Beseiteschaffens der Waren oder anderer Vernebelungsaktionen ausnahmsweise ausschließen (zum Wettbewerbsrecht OLG Düsseldorf NJW-RR 1997, 1064 (1065) – Ohrstecker).

102   Der Rechtsinhaber muss nach den allgemeinen Regeln zur Vereitelungsgefahr vortragen und sie **glaubhaft machen** (zB OLG Braunschweig GRUR-RR 2005, 103 – Flüchtige Ware), wobei jedoch an die Glaubhaftmachung keine allzu hohen Anforderungen gestellt werden dürfen (so auch Ingerl/Rohnke/Nordemann/Wirtz Rn. 41). Der **Verdacht der Rechtsverletzung** soll für eine Verwahrung oder Sequestration ausreichend sein (Ströbele/Hacker/Thiering/Thiering Rn. 62; Ingerl/Rohnke/Nordemann/Wirtz Rn. 38).

2. Rückruf und Entfernen

103   In **eindeutigen oder bereits gut aufgeklärten Fällen** sollten Rückruf- und Entfernungsmaßnahmen nach § 18 Abs. 2 auch im **einstweiligen Rechtsschutz** angeordnet werden können. Auch der **BGH** hält im Rahmen seiner Rechtsprechung zum Rückruf als Teil des Unterlassungsanspruchs einen Rückruf im einstweiligen Rechtsschutz in besonderen Fällen für zulässig, etwa wenn der Schuldner versucht hat, sich seiner Unterlassungspflicht durch die schnelle Weiterveräußerung der fraglichen Waren faktisch zu entziehen oder wenn ein Fall von Produktpiraterie vorliegt (BGH GRUR 2018, 292 (296) – Produkte zur Wundversorgung; GRUR 2016, 720 (723) – Hot Sox). Außerdem kann der Verletzer dem BGH zufolge bereits im einstweiligen Rechtsschutz verpflichtet sein, seine Abnehmer dazu aufzufordern, dass sie **vorläufig den Vertrieb unterlassen** (→ Rn. 108); hierdurch wird eine Sicherung der Ansprüche auf Rückruf und Entfernen erreicht.

104   In der **Literatur** ist **str.**, ob Rückruf und Entfernen im einstweiligen Rechtsschutz angeordnet werden können (dafür Ingerl/Rohnke/Nordemann/Wirtz Rn. 50; Stellungnahme GRUR zum Richtlinienentwurf GRUR 2003, 682 (684); Weber GRUR-Prax 2016, 545 (547); Heinze, Einstweiliger Rechtsschutz im europäischen Immaterialgüterrecht, 2008, 95; Mes PatG § 140a Rn. 34; Sakowski GRUR 2017, 355 (360 f.) sowie grundsätzlich Kühnen, Handbuch der Patentverletzung, 6. Aufl. 2012, Rn. 110; dagegen etwa Wandtke/Bullinger/Kefferpütz UrhG Vor §§ 97 ff. Rn. 119 f.; Jestaedt GRUR 2009, 102 (106), v. Cettritz/Thewes PharmR 2017, 92 (94) sowie „grundsätzlich" Fromm/Nordemann/Nordemann UrhG § 98 Rn. 38).

105   Richtigerweise sollten die Ansprüche nach § 18 Abs. 2 im einstweiligen Rechtsschutz zur Verfügung stehen – jedenfalls in Fällen, in denen es sehr wahrscheinlich ist, dass der Anspruch auch im Hauptsacheverfahren zugesprochen würde (→ Rn. 107). Zwar können Rückruf und

Entfernen in der Praxis nur schwer wieder rückgängig gemacht werden – eine Zwischenlagerung und ein späterer Verkauf der Ware sind meist wirtschaftlich unattraktiv. Für die Möglichkeit, Rückruf und Entfernen im einstweiligen Rechtsschutz anzuordnen, spricht aber, dass sie in besonderem Maße durch Zeitablauf bedroht sind: Je weiter sich widerrechtlich gekennzeichnete Ware im Markt verbreitet, desto aufwändiger wird eine Rückruf- oder Entfernungsaktion. Das beste Aufwand-Nutzen-Verhältnis besteht zu einem möglichst frühen Zeitpunkt, in dem die Ware erst wenige große Zwischenhändler erreicht hat. Jedenfalls nicht zwingend ist das Argument des LG Hamburg, dass für viele andere Ansprüche im MarkenG der einstweilige Rechtsschutz explizit geregelt ist, etwa in § 19 Abs. 7 und § 19a Abs. 3 (LG Hamburg BeckRS 2016, 10653 Rn. 28) – auch der Unterlassungsanspruch enthält keine solche Regelung und kann dennoch im einstweiligen Rechtsschutz durchgesetzt werden.

Vor Einführung der spezialgesetzlichen Ansprüche auf Rückruf und Entfernen haben die Gerichte im Rahmen des allgemeinen Beseitigungsanspruchs teilweise einen Rückruf im einstweiligen Rechtsschutz zugesprochen (zum Medienrecht OLG Stuttgart AfP 1964, 105; LG München I ZUM 2007, 577 (580); ZUM 2006, 79 (81); OLG München WRP 1992, 809 (810) – Fotoberichterstattung; LG München I AfP 1975, 88 – Briefwechsel; zum Wettbewerbsrecht OLG Köln WRP 1985, 294 (295) linke Spalte aE). **105.1**

Auch wenn man Rückruf und Entfernen aus Gründen des effektiven Rechtsschutzes im Eilrechtsschutz zur Verfügung stellt, müssen **hohe Anforderungen an die Schlüssigkeit und die Glaubhaftmachung** der Anträge gestellt werden. Für eine zurückhaltende Handhabung spricht die Tatsache, dass sie immer zu einem gewissen Grad bereits eine **Erfüllung** des Anspruchs bewirken, wie sie das Eilrechtsverfahren grundsätzlich nicht mit sich bringen soll. Ist erst einmal die Bitte um Rückgabe oder Beseitigung ausgesprochen, so setzt dies eine volle Rückruf- bzw. Entfernungsaktion in Gang. Insbesondere gilt dies für den Entfernungsanspruch, bei dem im Gegensatz zum Rückruf nicht einmal ein erneuter Verkauf in Frage kommt, wenn erst einmal Beseitigungsmaßnahmen vorgenommen wurden (dennoch zugesprochen in Form der Bitte um Beseitigung einer irreführenden Angabe in OLG Koblenz GRUR 1987, 730 (731) – GS-Zeichen). Würde man aber generell darauf verzichten, Rückruf und Entfernen im einstweiligen Rechtsschutz zuzulassen, würde dies oft für den Rechtsinhaber zu irreversiblen Folgen führen, da die Ware oft den Endverbraucher erreicht hat, bis es zum Hauptsacheverfahren kommt. Das Gebot effektiven Rechtsschutzes steht somit auf beiden Seiten; das Risiko einer Fehlentscheidung sollte deshalb derjenigen Partei auferlegt werden, die mit höherer Wahrscheinlichkeit in der Hauptsache unterliegen wird (so allgemein zur Leistungsverfügung Stein/Jonas/Grunsky ZPO Vor § 935 Rn. 49). **106**

Es handelt sich folglich dogmatisch um eine sog **Leistungsverfügung/Befriedigungsverfügung**, die als Ausnahme zum Verbot der Vorwegnahme der Hauptsache zulässig ist, wenn der zugrunde liegende Anspruch seinem Inhalt oder Zweck nach nur in einem bestimmten Zeitraum erfüllt werden können (Stein/Jonas/Grunsky ZPO Vor § 935 Rn. 3 ff.; OLG Frankfurt NJW 2007, 851; OLG Hamburg GRUR-RR 2007, 29). **106.1**

In **anderen Rechtsordnungen** spielt der Eilrechtsschutz für den Rückruf eine bedeutende Rolle. So ließ die belgische und niederländische Rechtsprechung auch nach alter Rechtslage einen Rückruf im einstweiligen Rechtsschutz zu (vgl. zB Pres. Arr. 's-Gravenhage BIE 2000, 189, 191; Pres. Arr. Amsterdam Nederlandse Jurisprudentie 1934, 285, 285; Frequin Auteursrechtgids voor de Nederlandse praktijk 2005, 213; Prins/Dauwe in Harte-Bavendamm, Handbuch der Markenpiraterie in Europa, 1999, § 7 Rn. 65; Pansch, Die einstweilige Verfügung zum Schutze des geistigen Eigentums, 2003, 116; Spoor/Verkade/Vissner Auteursrecht: Auteursrecht, naburige rechten en datenbankenrecht, 3. Aufl. 2005, 530). Der amerikanische Rückruf immaterialgüterrechtsverletzender Gegenstände findet sogar fast ausschließlich im Rahmen des einstweiligen Rechtsschutzes statt (vgl. etwa Cherry River Music Co. v. Simitar Entertainment, Inc., 38 F.Supp.2d 310, 51 U.S.P.Q.2d 1897 (S.D.N.Y., 1999); Chere Amie, Inc. v. Windstar Apparel, Corp., 191 F. Supp. 2d 343, 344 (S.D.N.Y. 2001). **106.2**

Ähnlich wie dies § 19 Abs. 7 für die auf Auskunft gerichtete einstweilige Verfügung verlangt, muss die Rechtsverletzung so eindeutig sein, dass eine **Fehlentscheidung kaum möglich** ist. Dafür sollte regelmäßig eine **mündliche Verhandlung** stattfinden, um eine besonders sorgfältige Abwägung der Interessen des Antragsgegners zu ermöglichen (so zum Medienrecht Paschke/Busch NJW 2004, 2620 (2626); für die grundsätzliche Möglichkeit einer auf Rückruf gerichteten einstweiligen Verfügung ohne mündliche Verhandlung hingegen LG München I ZUM 2006, 79 (81)). Dies würde auch dem allgemeinen Gedanken des MarkenG entsprechen, wonach bestimmte Ansprüche bereits im einstweiligen Rechtsschutz gewährt werden können, wenn die Rechtsverletzung offensichtlich ist (§ 19 Abs. 7: Auskunft; § 19b Abs. 3: Vorlage von Bank-, Finanz- oder Handelsunterlagen). **In der Regel** werden diese Umstände **nicht** vorliegen; anders **107** ist dies dem BGH zufolge, wenn konkrete Umstände auf ein bewusst rechtswidriges Verhalten des Verletzers hinweisen (→ Rn. 103).

107.1 Die Möglichkeit, den Rückruf im einstweiligen Rechtsschutz anzuordnen, ist nicht notwendig im Umkehrschluss aus den genannten Ansprüchen ausgeschlossen; wie beim markenrechtlichen Unterlassungsanspruch, dessen Anwendung im einstweiligen Rechtsschutz ebenfalls nicht spezialgesetzlich geregelt ist, finden vielmehr die allgemeinen Vorschriften Anwendung. Denkbar wäre es alternativ, das oben gefundene Ergebnis mit einer **Analogie** zu § 19 Abs. 7, § 19b Abs. 3 zu begründen.

108 Als mildere Variante kann der Verletzer allerdings zur Anspruchssicherung dazu verpflichtet werden, dass er seine **Abnehmer bittet,** die Ware **vorläufig nicht weiter zu vertreiben** (BGH GRUR 2018, 292 (296) – Produkte zur Wundversorgung; GRUR 2020, 548 (549) – Diätische Tinnitusbehandlung; OLG Hamburg NJW-RR 1996, 1449 (1451) – Patienten-Informationsblätter; Marx MarkenR 2020, 99 (107); aA OLG Düsseldorf BeckRS 2018, 9220 Rn. 52 – Rasierklingeneinheiten). Der BGH stellt an diese Verfügung nicht die gesteigerten Anforderungen, wie sie für eine Leistungsverfügung gelten. Zwar kann auch diese Variante in der Praxis oft zu dauerhaften Resultaten führen, weil die Abnehmer wenig Interesse an einer längeren Zwischenlagerung haben und die Ware zurückschicken, abverkaufen oder vernichten. Allerdings weist der BGH zutreffend darauf hin, dass der Verletzer ohnehin aus vertraglicher Nebenpflicht seinen Abnehmern gegenüber verpflichtet sein kann, auf die rechtswidrige Natur der gelieferten Ware und die drohende einstweilige Verfügung hinzuweisen (BGH GRUR 2018, 292 (296) – Produkte zur Wundversorgung).

III. Zwangsvollstreckung

109 Für die **vorläufige Vollstreckbarkeit** gelten die allgemeinen Regeln. Im Grundsatz sind demnach die Ansprüche auf Vernichtung, Rückruf und Entfernen aus den Vertriebswegen vorläufig vollstreckbar (vgl. zur Vernichtung BGH GRUR 2009, 403 (406) – Metall auf Metall; zum Rückruf OLG Düsseldorf BeckRS 2011, 20934 – Seilzugvorrichtung; LG Mannheim BeckRS 2011, 4156 – Mobilstation).

110 Die **Vernichtung** wird als **vertretbare Handlung** nach §§ 887, 892 ZPO vollstreckt, also im Wege der Wegnahme durch einen Gerichtsvollzieher, der anschließend die Ware per Ersatzvornahme zerstört (OLG Düsseldorf InstGE 10, 301 Rn. 2 – Metazachlor; Ingerl/Rohnke Rn. 36; ähnlich Ströbele/Hacker/Thiering/Thiering Rn. 59: §§ 887, 892, 883 ZPO).

111 Für die Ansprüche auf Rückruf und Entfernen kommt wegen ihrer Natur als Handlungspflichten grundsätzlich sowohl die Vollstreckung nach § 887 ZPO (Ersatzvornahme) als auch nach § 888 ZPO in Frage (Zwangsgeld; für eine Vollstreckung nach § 888 ZPO Ingerl/Rohnke/Nordemann/Wirtz Rn. 50; Jänich MarkenR 2008, 417; Ströbele/Hacker/Thiering/Thiering Rn. 91; für § 887 ZPO Fezer Rn. 79; Jestaedt GRUR 2009, 104; Wandtke/Bullinger/Kefferpütz UrhG Vor §§ 97 ff. Rn. 64). Die Vollstreckung nach **§ 888 ZPO** erscheint vorzugswürdig. Die Ersatzvornahme nach § 887 ZPO bietet zwar den Vorteil, dass der Rechtsinhaber nicht die Tätigwerden des Verletzers abwarten muss. Sie wird aber oft dadurch erschwert, dass ihm Informationen über dessen Abnehmer fehlen, wenn er nicht bereits im Hauptverfahren Auskunftsansprüche geltend gemacht hat. Auch müsste er, da er den Schuldner nicht vertreten kann, zunächst die Kosten der Rückerstattung des Kaufpreises tragen; er kann zwar sämtliche Kosten der Ersatzvornahme später über § 788 ZPO vom Schuldner verlangen, trägt allerdings das Insolvenzrisiko. Der aus dem allgemeinen **Unterlassungsanspruch** abgeleitete Rückruf wird konsequenterweise nach **§ 890 ZPO** vollstreckt, also im Wege eines Ordnungsgeldes (BGH GRUR 2018, 292 (293) – Produkte zur Wundversorgung).

112 Die Zwangsmittel zur Durchsetzung der Rückrufs- oder Entfernungsaktion können sich in jedem Fall **nur gegen den Verletzer** richten, nicht gegen seine Abnehmer (→ Rn. 40).

113 Die **Unverhältnismäßigkeit** iSd § 18 Abs. 3 kann im Vollstreckungsverfahren nicht mehr geltend gemacht werden. Sofern Gründe für eine Unverhältnismäßigkeit erst nach Abschluss der mündlichen Verhandlung eingetreten sind, kann der Schuldner dies im Wege der Vollstreckungsabwehrklage nach § 767 ZPO geltend machen (OLG Düsseldorf GRUR-RS 2019, 39470 – Verhältnismäßigkeitseinwand im Vollstreckungsverfahren).

IV. Streitwert und Kosten

114 Nach den allgemeinen Regeln hängt der **Streitwert** der **Vernichtung** vom wirtschaftlichen Interesse ab, das der Antragsteller an ihr hat. Dieses korreliert weniger mit dem Wert der rechtswidrig gekennzeichneten Ware als vielmehr mit deren Störungspotential (Ingerl/Rohnke/Nordemann/Wirtz Rn. 35; vgl. auch OLG Stuttgart BeckRS 2010, 7250 unter III – Geschlossenes

Vertriebssystem auf Grund tatsächlichen Verhaltens). Gleiches gilt sinngemäß für die Ansprüche auf Rückruf und Entfernen.

Zur **materiellrechtlichen** Pflicht zur Kostentragung → Rn. 32 (Vernichtung) und → Rn. 61   **115** (Rückruf Entfernen). Soweit Kosten im Rahmen der Zwangsvollstreckung entstanden sind, muss sie der Verletzer nach § 788 ZPO tragen. Lagerkosten, die im Zuge der zivilrechtlichen Durchsetzung des Vernichtungsanspruchs entstanden sind, können je nach Situation aus § 18 erstattet werden, nicht aber die Kosten, die auf die zollbehördliche Grenzbeschlagnahme zurückzuführen sind (OLG Köln GRUR-RR 2005, 342 – Lagerkosten nach Grenzbeschlagnahme).

Konflikte über Höhe der Vernichtungskosten können über § 793 ZPO im Vollstreckungsverfah-   **116** ren entschieden werden. Die Kosten der Sequestration können als Zwangsvollstreckungskosten im **Kostenfestsetzungsverfahren** nach §§ 103, 104 ZPO festgesetzt werden (BGH NJW 2006, 3010).

Zur **Abmahnung** vor dem Antrag auf einstweilige Verfügung und zur damit zusammenhängen-   **117** den **Kostenlast nach 93 ZPO** → Rn. 101.

§ 19 Auskunftsanspruch

(1) Der Inhaber einer Marke oder einer geschäftlichen Bezeichnung kann den Verletzer in den Fällen der §§ 14, 15 und 17 auf unverzügliche Auskunft über die Herkunft und den Vertriebsweg von widerrechtlich gekennzeichneten Waren oder Dienstleistungen in Anspruch nehmen.

(2) [1]In Fällen offensichtlicher Rechtsverletzung oder in Fällen, in denen der Inhaber einer Marke oder einer geschäftlichen Bezeichnung gegen den Verletzer Klage erhoben hat, besteht der Anspruch unbeschadet von Absatz 1 auch gegen eine Person, die in gewerblichem Ausmaß
1. rechtsverletzende Ware in ihrem Besitz hatte,
2. rechtsverletzende Dienstleistungen in Anspruch nahm,
3. für rechtsverletzende Tätigkeiten genutzte Dienstleistungen erbrachte oder
4. nach den Angaben einer in Nummer 1, 2 oder Nummer 3 genannten Person an der Herstellung, Erzeugung oder am Vertrieb solcher Waren oder an der Erbringung solcher Dienstleistungen beteiligt war,
es sei denn, die Person wäre nach den §§ 383 bis 385 der Zivilprozessordnung im Prozess gegen den Verletzer zur Zeugnisverweigerung berechtigt. [2]Im Fall der gerichtlichen Geltendmachung des Anspruchs nach Satz 1 kann das Gericht den gegen den Verletzer anhängigen Rechtsstreit auf Antrag bis zur Erledigung des wegen des Auskunftsanspruchs geführten Rechtsstreits aussetzen. [3]Der zur Auskunft Verpflichtete kann von dem Verletzten den Ersatz der für die Auskunftserteilung erforderlichen Aufwendungen verlangen.

(3) Der zur Auskunft Verpflichtete hat Angaben zu machen über
1. Namen und Anschrift der Hersteller, Lieferanten und anderer Vorbesitzer der Waren oder Dienstleistungen sowie der gewerblichen Abnehmer und Verkaufsstellen, für die sie bestimmt waren, und
2. die Menge der hergestellten, ausgelieferten, erhaltenen oder bestellten Waren sowie über die Preise, die für die betreffenden Waren oder Dienstleistungen bezahlt wurden.

(4) Die Ansprüche nach den Absätzen 1 und 2 sind ausgeschlossen, wenn die Inanspruchnahme im Einzelfall unverhältnismäßig ist.

(5) Erteilt der zur Auskunft Verpflichtete die Auskunft vorsätzlich oder grob fahrlässig falsch oder unvollständig, ist er dem Inhaber einer Marke oder einer geschäftlichen Bezeichnung zum Ersatz des daraus entstehenden Schadens verpflichtet.

(6) Wer eine wahre Auskunft erteilt hat, ohne dazu nach Absatz 1 oder Absatz 2 verpflichtet gewesen zu sein, haftet Dritten gegenüber nur, wenn er wusste, dass er zur Auskunftserteilung nicht verpflichtet war.

(7) In Fällen offensichtlicher Rechtsverletzung kann die Verpflichtung zur Erteilung der Auskunft im Wege der einstweiligen Verfügung nach den §§ 935 bis 945 der Zivilprozessordnung angeordnet werden.

(8) Die Erkenntnisse dürfen in einem Strafverfahren oder in einem Verfahren nach dem Gesetz über Ordnungswidrigkeiten wegen einer vor der Erteilung der Auskunft

begangenen Tat gegen den Verpflichteten oder gegen einen in § 52 Abs. 1 der Strafprozessordnung bezeichneten Angehörigen nur mit Zustimmung des Verpflichteten verwertet werden.

(9) [1]Kann die Auskunft nur unter Verwendung von Verkehrsdaten (§ 3 Nr. 70 des Telekommunikationsgesetzes) erteilt werden, ist für ihre Erteilung eine vorherige richterliche Anordnung über die Zulässigkeit der Verwendung der Verkehrsdaten erforderlich, die von dem Verletzten zu beantragen ist. [2]Für den Erlass dieser Anordnung ist das Landgericht, in dessen Bezirk der zur Auskunft Verpflichtete seinen Wohnsitz, seinen Sitz oder eine Niederlassung hat, ohne Rücksicht auf den Streitwert ausschließlich zuständig. [3]Die Entscheidung trifft die Zivilkammer. [4]Für das Verfahren gelten die Vorschriften des Gesetzes über das Verfahren in Familiensachen und in den Angelegenheiten der freiwilligen Gerichtsbarkeit entsprechend. [5]Die Kosten der richterlichen Anordnung trägt der Verletzte. [6]Gegen die Entscheidung des Landgerichts ist die Beschwerde statthaft. [7]Die Beschwerde ist binnen einer Frist von zwei Wochen einzulegen. [8]Die Vorschriften zum Schutz personenbezogener Daten bleiben im Übrigen unberührt.

(10) Durch Absatz 2 in Verbindung mit Absatz 9 wird das Grundrecht des Fernmeldegeheimnisses (Artikel 10 des Grundgesetzes) eingeschränkt.

Überblick

§ 19 gehört mit zehn Absätzen zu den eher umfangreich ausgestalteten Regelungen. Abs. 1 begründet den Auskunftsanspruch gegen den Verletzer (→ Rn. 5), Abs. 2 erweitert den Kreis der Passivlegitimierten unter weiteren Voraussetzungen auch auf Dritte (→ Rn. 9). Abs. 3 enthält den genauen Anspruchsinhalt (→ Rn. 24), Abs. 4 dagegen einen Anspruchsausschluss nach dem Verhältnismäßigkeitsprinzip (→ Rn. 32). Abs. 5 und Abs. 6 enthalten Haftungsregeln. Abs. 5 den Schadensersatzanspruch bei vorsätzlicher oder fahrlässiger Falschauskunft (→ Rn. 33), Abs. 6 Haftungsprivilegien des redlichen nur vermeintlich zur Auskunft Verpflichteten gegenüber Dritten (→ Rn. 39). Die Abs. 7–9 sind prozessrechtliche Regeln. Abs. 7 regelt die einstweilige Anspruchsdurchsetzung (→ Rn. 41), Abs. 8 enthält ein Verwertungsverbot der erlangen Informationen im Strafverfahren (→ Rn. 45) und Abs. 9 ermöglicht die Verwendung von Verkehrsdaten, wenn Dritten eine Auskunft nicht ohne deren Verwendung möglich ist (→ Rn. 46). Abs. 10 schließlich erfüllt das verfassungsrechtliche Zitiergebot aus Art. 19 GG, da durch Abs. 9 in das durch Art. 10 Abs. 1 GG geschützte Fernmeldegeheimnis eingegriffen werden kann (→ Rn. 50).

Übersicht

A. Allgemeines

Der in § 19 normierte **Auskunftsanspruch** soll es dem Verletzten ermöglichen, im Falle **1** einer Kennzeichenverletzung an die zur adäquaten rechtlichen Ahndung der Verletzung nötigen **Informationen** zu gelangen. Denn ohne genaue Informationen über **Herkunft** und **Vertriebsweg** der widerrechtlich gekennzeichneten Waren oder Dienstleistungen ist es dem Verletzten nahezu unmöglich, die weitere Produktion und den Vertrieb zu stoppen. Die Auskunft ist **unverzüglich** zu erteilen. Falsche oder unvollständige Informationen können zu sekundären Schadensersatzansprüchen führen.

Der Auskunftsanspruch geht weder aus der MRL noch aus der UMV hervor, sondern stellt **2** die rechtliche Umsetzung von Art. 8 Enforcement-RL dar und wurde zuletzt durch Art. 4 Gesetz zur Verbesserung der Durchsetzung von Rechten des geistigen Eigentums (GEigDuVeG) vom 7.7.2008 (BGBl. 2008 I 1191) mWv 1.9.2008 geändert und erweitert (dazu im Einzelnen Fezer Rn. 19).

Das deutsche Recht kennt grundsätzlich nur Auskunftsansprüche über **haftungsausfüllende** **3** Tatsachen, etwa über § 242 BGB, wenn ein Geschädigter einen in Rede stehenden Schaden nicht ohne weitere Informationen beziffern kann (→ Rn. 51). Der markenrechtliche Auskunftsanspruch geht darüber hinaus und verpflichtet den Schuldner unter Umständen auch dazu **haftungsbegründende** Tatsachen zu benennen. Ein Anspruch auf Selbstbezichtigung ist dem deutschen Recht insofern fremd, als eigentlich gerade diese Tatsachen von dem Gläubiger nach dem zivilprozessualen **Beibringungsgrundsatz** darzulegen und zu beweisen sind (Peukert/Kur, Stellungnahme des Max-Planck-Instituts für Immaterialgüter- und Wettbewerbsrecht zur Umsetzung der Enforcement-RL, 5). Verfassungsrechtlichen Bedenken gegen einen so weitreichenden Auskunftsanspruch wird hinreichend über das strafprozessuale **Verwertungsverbot** in Abs. 8 Rechnung getragen (→ Rn. 45; BVerfGE 56, 37 = NJW 1981, 1431).

B. Anspruch gegen den Verletzer (Abs. 1)

I. Aktivlegitimation

Anspruchsberechtigt ist gemäß § 19 Abs. 1 der **Verletzte**. Verletzter kann jeder **Inhaber** oder **4** **Rechtsnachfolger** einer nach § 4 geschützten Marke oder einer nach § 5 geschützten geschäftlichen Bezeichnung sein. Einem **Lizenznehmer** dagegen steht ein eigener Auskunftsanspruch grundsätzlich nicht zu. Selbst klagen kann er wie jeder andere Dritte nur im Wege der gewillkürten **Prozessstandschaft**, soweit er gemäß § 30 Abs. 3 von dem Inhaber berechtigt wurde und ihm nach allgemeinen Regeln ein **eigenes rechtliches Interesse** an der eigenständigen klageweisen Geltendmachung des Anspruchs zuzusprechen ist (→ § 30 Rn. 87 ff.). Das wird bei einem Lizenznehmer regelmäßig der Fall sein.

II. Passivlegitimation

1. Verletzer

Anspruchsverpflichtet ist gemäß § 19 Abs. 1 der **Verletzer** einer nach § 4 und § 5 geschützten **5** Marke oder Dienstleistung und über § 830 Abs. 1 BGB auch jeder **Mittäter.** Unabhängig davon, ob er Produzent, Zwischenhändler oder Verkäufer bzw. Anbieter der tatbestandlichen Ware oder Dienstleistung ist. Um dem Auskunftsanspruch nicht von vorneherein die Schlagkraft zu nehmen, wurde er bewusst **verschuldensunabhängig** ausgestaltet. Vorliegen muss nur eine Verletzungshandlung nach den § 14 Abs. 2 Nr. 1–3, Abs. 3, Abs. 4, § 15 Abs. 2, Abs. 3 oder § 17. Der Verletzer ist daher ohne Verschuldensnachweis unmittelbar anspruchsverpflichtet. Anspruchsverpflichtet sind darüber hinaus auch der **Anstifter** oder **Gehilfe** der Rechtsverletzung, soweit ihnen eine vorsätzliche Teilnahme zur Last gelegt werden kann (Fezer Rn. 22). Zu Täterschaft und Teilnahme → § 14 Rn. 654 ff.

2. Störer

6   Die Passivlegitimation des Störers als Auskunftsschuldner war schon im Gesetzgebungsverfahren eine umstrittene Frage (BT-Drs. 16/5048, 29 f.). **Störer** ist wer – ohne Täter oder Teilnehmer zu sein – in irgendeiner Weise willentlich und adäquat kausal zur Verletzung eines geschützten Gutes oder zu einer verbotenen Handlung beigetragen hat (BGH NJW-RR 2002, 832 (833) – Meißner Dekor). Voraussetzung für die Haftung als Störer ist jedoch, dass insofern eine **Prüfungspflicht** verletzt wurde (BGH NJW 2001, 3265 (3266) – ambiente.de).

7   Die Störerhaftung findet ihre Grundlage im Deliktsrecht und betrifft daher grundsätzlich nur **Abwehransprüche** (OLG Frankfurt GRUR-RR 2005, 147 (148); BT-Drs. 16/5048, 29 f.). Obwohl seit der Umsetzung von Art. 8 Abs. 1 lit. a–d Enforcement-RL durch § 19 Abs. 2 besondere Fälle der Störerhaftung gesetzlich normiert wurden, verlagert sich der Streit nun auf die Frage, ob eine Haftung des Störers auf Auskunft dennoch weiterhin über Abs. 1, also verschuldensunabhängig und ohne die zusätzlichen Bedingungen aus Abs. 2 möglich ist. Dies wird zum Teil mit dem Argument des Interesses an einer effektiven Rechtsdurchsetzung (Fezer Rn. 23), zum anderen mit dem ausdrücklichen Willen des Gesetzgebers in Bezug auf die Parallelvorschrift des § 140b PatG (Ströbele/Hacker/Thiering/Thiering Rn. 16; BT-Drs. 16/5048, 38) bejaht. Dem kann entgegengehalten werden, dass der Gesetzgeber die Störerhaftung in den unterschiedlichen Rechtsgebieten des gewerblichen Rechtsschutzes differenziert betrachtet (BT-Drs. 16/5048, 30) und eben für das Patentrecht in der Parallelvorschrift den Störer als Auskunftsschuldner eindeutig unter § 140b Abs. 1 PatG verortet, für das Markenrecht die Frage aber den Gerichten überlassen wollte (BT-Drs. 16/5048, 30).

C. Anspruch gegen Dritte (Abs. 2)

I. Aktivlegitimation

8   Anspruchsberechtigt ist gemäß § 19 Abs. 1 der **Verletzte** (→ Rn. 4).

II. Passivlegitimation

9   Abs. 2 weitet den Kreis der Auskunftsschuldner auf jeden Dritten aus, sofern er in offenkundig rechtsverletzenden oder bereits rechtshängigen Fällen in gewerblichem Ausmaß rechtsverletzende Waren in seinem Besitz hatte (Abs. 2 S. 1 Nr. 1), rechtsverletzende Dienstleistungen in Anspruch genommen (Abs. 2 S. 1 Nr. 2) oder für rechtsverletzende Tätigkeiten erbracht hat (Abs. 2 S. 1 Nr. 3), oder von einer in den Abs. 2 S. 1 Nr. 1–3 genannten Person bezichtigt wird an der Herstellung, Erzeugung oder dem Vertrieb von rechtsverletzenden Waren oder Dienstleistungen beteiligt zu sein. Dieser erweiterte Kreis von Auskunftsschuldnern geht unmittelbar aus Art. 8 Abs. 1 lit. a–d Enforcement-RL hervor und gemäß Art. 8 Abs. 3 lit. a Enforcement-RL zulässigerweise an einigen Stellen auch darüber hinaus.

III. Anspruchsvoraussetzungen

1. Offensichtliche Rechtsverletzung oder Rechtshängigkeit

10   Damit Dritte nicht nach § 19 Abs. 2 für eine normzweckwidrige Ausforschung in Anspruch genommen werden können, muss die Rechtssache entweder nach den allgemeinen zivilprozessualen Vorschriften bereits **rechtshängig** oder zumindest die anspruchsbegründende Rechtsverletzung **offensichtlich** sein. Nach Rechtshängigkeit bzw. in einem offensichtlich gelagerten Fall müssen sowohl der Verletzer als auch der Dritte gewissermaßen mit Auskunftsansprüchen des Kennzeicheninhabers rechnen. **Rechtshängig** ist die Klage, wenn sie ordnungsgemäß erhoben wurde. Erhoben ist die Klage gemäß § 261 Abs. 1 ZPO, wenn dem Beklagten die verfahrensbestimmenden Schriftsätze gemäß § 253 Abs. 1 ZPO ordnungsgemäß zugestellt wurden.

11   Durch die Alternative der **offensichtlichen Rechtsverletzung** kann der Auskunftsanspruch gegen Dritte auch schon **vor Rechtshängigkeit** der Klage geltend gemacht werden. Offensichtlichkeit in diesem Sinne liegt vor, wenn sowohl unter dem Aspekt der rechtlichen als auch der tatsächlichen Beurteilung des Streitstoffs eine Fehlbeurteilung oder eine **abweichende Beurteilung** durch eine übergeordnete Instanz **kaum möglich** ist (OLG Hamburg GRUR-RR 2003, 101 (103); LG Mannheim NJOZ 2010, 1778). Anders ausgedrückt, dürfen an der Tatbestandsmäßigkeit der Kennzeichenverletzung keine vernünftigen Zweifel bestehen. Es handelt sich nur um eine **zeitliche Vorverlagerung** des Anspruchs gegen Dritte vor Rechtshängigkeit der Klage gegen den Verletzer, nicht um eine qualitative Anspruchserleichterung. Hätte der Gesetzgeber dies gewollt, hätte er nur von einer hohen Wahrscheinlichkeit einer Rechtsverletzung gesprochen.

2. Gewerbliches Ausmaß

Der Begriff des gewerblichen Ausmaßes hat der deutsche Gesetzgeber aus Art. 8 Abs. 1 Enforce- **12** ment-RL übernommen, so dass die aus den dazugehörigen Erwägungsgründen stammende Definition maßgeblich ist. Nach Erwägungsgrund 14 Enforcement-RL ist von einem gewerblichen Ausmaß in der Regel dann auszugehen, wenn die Handlung die Erlangung eines unmittelbaren oder mittelbaren wirtschaftlichen oder kommerziellen Vorteils zum **Zweck** hat. Ausgeschlossen werden sollen danach vor allem Handlungen, die **in gutem Glauben** von Endverbrauchern vorgenommen werden. Es stellt sich folglich die Frage, wann eine Handlung einen wirtschaftlichen oder kommerziellen Zweck hat. Für den Begriff des **gewerblichen Zwecks** schlug das Europäische Parlament in einem Bericht zur Enforcement-RL vor mit einer Vermutungsregel zu arbeiten. Ein gewerblicher Zweck wäre dann anzunehmen, wenn jemand eine solche **Menge** und **Vielfalt** an gefälschten Waren besitzt, dass dieser Besitz vernünftigerweise nicht anders erklärbar ist (Bericht des Parlaments A5-0468/2003, 51).

Maßgeblich ist demnach grundsätzlich die **Motivation,** die zur Kennzeichenverletzung führte. **13** Da sich diese aber in der Praxis kaum beweisen lässt, dienen **Art** und **Umfang** der Kennzeichenverletzung als objektivierende Kriterien. Verfügt jemand über einen ersichtlich nicht für den privaten Gebrauch bestimmten Umfang an Waren oder Dienstleistungen, die eine Kennzeichenverletzung darstellen, trifft ihn die widerlegliche Vermutung in gewerblichem Ausmaß zu handeln. Das OLG Zweibrücken spricht dabei von einer Rechtsverletzung in **erheblicher Qualität** (OLG Zweibrücken GRUR-RR 2009, 12 (13)).

Strittig ist die **Abgrenzung** zum Begriff des Handelns im geschäftlichen Verkehr (zum Begriff **14** → § 14 Rn. 662). Schon im Gesetzgebungsverfahren wurde die Frage aufgeworfen, ob beide Begriff nebeneinander bestehen müssten, oder ob nicht ein gemeinsamer Begriff ausreiche (BT-Drs. 16/5048, 55). Teile der Literatur gehen davon aus, dass sich die Begriffe entsprechen (HK-MarkenR/Wüst/Jansen Rn. 16 mwN). Eine andere Ansicht verneint eine Kongruenz der Begriffe und macht dies vor allem am Normzweck fest. Das Handeln im geschäftlichen Verkehr unterscheide den Erwerbstätigen vom rein privaten Handelnden, das gewerbliche Ausmaß dagegen trenne den kommerziell Handelnden vom gutgläubigen Endverbraucher (Fezer Rn. 33).

Der eigentliche Unterschied zwischen den Begriffen ist also nicht so sehr in ihrem materiellen **15** Regelungsgehalt zu sehen. Es geht vielmehr um die uralte Unterscheidung zwischen Verbraucher und Unternehmer. Gewerbliche Schutzrechte sind vor allem **wirtschaftliche Schutzrechte.** Nur derjenige, der mit dem geistigen Eigentum eines anderen ohne Berechtigung in den **Wirtschaftsverkehr** eintritt, soll auch rechtlich belangt werden können, nicht aber der gutgläubige Endverbraucher.

Der Unterschied liegt richtigerweise vielmehr in der Systematik. Geht es um Ansprüche gegen **16** den Schädiger selbst, trennt der Verbraucher vom Unternehmer die Frage, ob er in den **Geschäftsverkehr** eingetreten ist, oder eben nicht. Geht es dagegen – wie Abs. 2 erstmalig im deutschen Recht einführt – um Auskunftsansprüche gegenüber **Dritten,** also Nicht-Schädigern, ist zu fragen, ob diese aufgrund der konkreten Umstände hätten wissen müssen, dass sie mit kennzeichenverletzenden Waren oder Dienstleistungen in Kontakt waren. Das Kriterium des gewerblichen Ausmaßes stellt also gewissermaßen eine objektivierte **Legitimationsgrundlage** für ein Vorgehen gegen den Dritten dar.

Entscheidend ist, dass der Besitz von Waren, oder die Nutzung oder Erbringung von Dienstleis- **17** tungen einen derartigen Umfang erreicht haben, dass der Dritten davon ausgehen musste, dass er Teil einer Kennzeichenverletzung geworden ist. Ob er dies tatsächlich wusste oder wollte spielt keine Rolle. So wird klar, dass wie der Erwägungsgrund 14 Enforcement-RL zu verstehen ist. In der Regel handelt der **gutgläubige Verbraucher** nicht in einem entsprechenden Umfang. Tut er dies doch, kommt es auf seine Gutgläubigkeit nicht mehr an, da dann das Interesse des Geschädigten auf Auskunft in jedem Fall überwiegt.

3. Besitz rechtsverletzender Ware (Abs. 2 S. 1 Nr. 1)

Anknüpfungspunkt ist nach dem eindeutigen Wortlaut der **Vorbesitz.** Der Besitz ist ein objek- **18** tives und wertneutrales Kriterium. Wer eine Ware in den Händen hatte, muss Auskunft darüber geben können, vom wem er die Ware erhalten und wohin er sie gegeben hat. Folgt der Verletzte der Spur wird er schließlich den Produzenten finden. Insofern ist der Besitz ein denkbar logischer

Anknüpfungspunkt. Eine ausufernde Zahl von Schuldnern wird dabei hinreichend über die weiteren Voraussetzungen verhindert.

4. Inanspruchnahme rechtsverletzender Dienstleistungen (Abs. 2 S. 1 Nr. 2)

19   Empfänger von Dienstleistungen, die selbst nicht im geschäftlichen Verkehr handeln, können nicht als Störer, sondern nur als Dritter gemäß Abs. 2 S. 1 Nr. 2 in Anspruch genommen werden. Voraussetzung ist, dass sie **bewusst,** nicht notwendiger Weise **entgeltlich** kennzeichenverletzende Dienstleistungen in Anspruch genommen haben (Ingerl/Rohnke/Nordemann/Wirtz Rn. 19; Fezer Rn. 28).

5. Erbringung von Dienstleistungen für rechtsverletzende Tätigkeiten (Abs. 2 S. 1 Nr. 3)

20   Abs. 2 S. 1 Nr. 3 betrifft typische Konstellationen der **Störerhaftung.** Erfasst werden hier beispielsweise Banken, die den Zahlungsverkehr des Schädigers abwickeln, Transportunternehmer, die die kennzeichenverletzenden Waren transportiert haben, oder Provider, soweit diese nicht schon als Störer nach Abs. 1 haften (Ingerl/Rohnke/Nordemann/Wirtz Rn. 20).

6. Bezichtigung an der Beteiligung (Abs. 2 S. 1 Nr. 4)

21   Auskunftsschuldner ist ferner, wer von einer in den Abs. 2 S. 1 Nr. 1–3 genannten Personen **benannt** wird an der Herstellung, Erzeugung oder am Vertrieb kennzeichenverletzender Waren oder an der Erbringung kennzeichenverletzender Dienstleistungen beteiligt gewesen zu sein. Die Beteiligung ist substantiiert **darzulegen,** muss aber nicht **bewiesen** werden (Ingerl/Rohnke/Nordemann/Wirtz Rn. 21). Der Anwendungsbereich ist eher gering, da diese Personen meist selbst unter den Anwendungsbereich von Abs. 2 S. 1 Nr. 1–3 fallen werden. Praktische Relevanz besteht aber immer dann, wenn eine Verknüpfung der benannten Person zu der Kennzeichenverletzung gerade erst durch die Benennung zu Tage tritt, die Verknüpfung aber nicht ohne weiteres nachgewiesen werden kann.

IV. Auskunftsverweigerungsrecht

22   Von der Auskunftspflicht ausgenommen ist gemäß Abs. 2 S. 1 Hs. 2 eine Person, die nach den §§ 383–385 ZPO im Prozess gegen den Verletzer ein **Zeugnisverweigerungsrecht** hätte. Betroffen sind also unter anderem Verlobte, Ehegatten, Lebenspartner und nahe Verwandte, aber auch Geistliche, Journalisten und sonstige beruflich zur Verschwiegenheit Verpflichtete. Ferner genügen eigene in der Person des Dritten liegende Sachgründe, wie etwa eine drohende Selbstbezichtigung oder die Wahrung von Geschäftsgeheimnissen. Ausgenommen sind dabei jedoch solche Geschäftsgeheimnisse, die gerade die Kennzeichenverletzung betreffen (Ingerl/Rohnke/Nordemann/Wirtz Rn. 26). Die Regelung geht zurück auf die Möglichkeit aus Art. 8 Abs. 3 lit. d Enforcement-RL und soll den auskunftspflichtigen Dritten nicht schlechter stellen, als er in einem Prozess gegen den Verletzer stünde (BT-Drs. 16/5048, 39).

V. Aufwendungsersatzanspruch

23   Dritte, die nach Abs. 2 in Anspruch genommen werden, können ihre für die Auskunft erbrachten Auslagen gegenüber dem Auskunftsgläubiger geltend machen. Die Auslagen müssen allerdings für die Erbringung der Auskunft **notwendig** gewesen sein. Die Notwendigkeit hat der Auskunftsschuldner nachzuweisen. Notwendige Auslagen sind beispielsweise die Kosten eigener Mitarbeiter, oder beauftragter Dritter, etwa Wirtschaftsprüfer (Ingerl/Rohnke/Nordemann/Wirtz Rn. 27). Nicht gemeint sind hier aber Kosten für eine Rechtsverteidigung gegen das Auskunftsbegehren (Ingerl/Rohnke/Nordemann/Wirtz Rn. 27).

D. Anspruchsinhalt (Abs. 3)

24   Der schon in Abs. 1 genannte Anspruchsgegenstand wird in Abs. 3 näher konkretisiert. Der Auskunftsanspruch ist entsprechen der Vorgaben der Richtlinie umfassend ausgestaltet. Er betrifft zum einen Informationen über die **Herkunft** und den **Vertriebsweg,** zum anderen Informationen über die **Quantität** und den **Preis** der betreffenden Waren oder Dienstleistungen. Aufgrund der präzisen Aufzählung der zum Anspruch gehörenden Informationen ist davon auszugehen, dass der Anspruch seinem Inhalt nach **abschließend** geregelt ist. Dennoch ist er im Rahmen des

Wortlauts weit auszulegen. Die inhaltliche Grenze stellt erst das in § 19 Abs. 4 kodifizierte Verhältnismäßigkeitsgebot dar. Eine **zeitliche Begrenzung** des Anspruchs besteht grundsätzlich nicht (Fezer Rn. 56 f.).

I. Geschuldete Informationen

1. Herkunft und Vertriebsweg

Nach Art. 8 Abs. 2 lit. a Enforcement-RL hat der Auskunftsschuldner vollständig offen zu **25** legen, woher die Ware oder Dienstleistung stammt und wohin der weitere Vertriebsweg geführt hätte. Dies beinhaltet Informationen über jeden bekannten Vorbesitzer, den Hersteller, Lieferanten und jeden weiteren, der Teil des weiteren Vertriebsweges ist. Geschuldet werden **Name** und **Adresse** der jeweiligen Person oder des Unternehmens.

2. Quantität und Preis

Geschuldet werden ferner vollständige Informationen über den **Umfang** der Produktion von **26** bereits hergestellten oder bisher nur geplanten Waren und die bezahlten **Preise.** Ein Anspruch auf Auskunft über bezahlte Einkaufs- und Verkaufspreise wurde noch wenige Monate vor Inkrafttreten des GEigDuVeG durch den BGH abgelehnt (BGH NJW-RR 2008, 1364), obwohl der deutsche Gesetzgeber mit der Umsetzung der Richtlinienvorgaben bereits im Verzug war. Eine richtlinienkonforme Auslegung des bisherigen Rechts wurde in dem Fall abgelehnt (kritisch Fezer Rn. 55). Seit dem 1.9.2008 ist die Rechtslage dahingehend geklärt. Der Auskunftsanspruch gemäß § 19 Abs. 3 Nr. 2 bezieht sich zudem auf die Preise für rechtsverletzende Dienstleistungen, nicht jedoch auf die Preise für Dienstleistungen gemäß § 19 Abs. 2 Nr. 3, die für rechtsverletzende Tätigkeiten genutzt worden sind (BGH GRUR 2022, 1675 Rn. 69 f.). Ob sich die Auskunftspflicht über den Wortlaut des § 19 Abs. 3 Nr. 2 (sowie der deutschen Sprachfassung von Art. 8 Abs. 2 lit. b RL 2004/48/EG), der nur eine Auskunftspflicht „über die Preise, die für die betreffenden Waren oder Dienstleistungen bezahlt wurden" bezieht, hinaus auch auf eine Auskunft über die „Menge der Dienstleistungen" erstreckt, hat der BGH offengelassen (BGH GRUR 2022, 1675 Rn. 56 – Google-Drittauskunft). Entgegengetreten ist der BGH demgegenüber der zum Teil in der obergerichtlichen Rechtsprechung und im Schrifttum vertretenen Ansicht, dass sich der Drittauskunftsanspruch auch auf widerrechtlich gekennzeichnete Werbemitte beziehe (BGH GRUR 2022, 1675 Rn. 58 – Google-Drittauskunft unter Bezugnahme von EuGH GRUR 2020, 840 Rn. 36 – Constantin Film Verleih).

II. Reichweite des Anspruchs

Der Auskunftsanspruch ist auf eine reine **Wissenserklärung** gerichtet. Der Schuldner ist ver- **27** pflichtet über alle ihm **bekannten Tatsachen** Auskunft zu geben. Dies beinhaltet auch sämtliche Informationen, die sich aus Aufzeichnungen und seinen **Geschäftsunterlagen** ergeben. Diese sind in zumutbarem Umfang auf relevante Informationen durchzusehen. Die Grenze stellt das in Abs. 4 normierte Verhältnismäßigkeitsgebot dar. Im Einzelfall kann der Schuldner sogar dazu verpflichtet sein, bestehende Unsicherheiten oder Zweifel durch Nachfrage bei Lieferanten oder sonstigen Geschäftspartnern einzuholen. Die bloße Angabe, eine Nachfrage bei den Lieferanten oder sonstigen Geschäftspartnern hätte keine Aussicht auf Erfolg, genügt nicht (OLG Frankfurt GRUR-RR 2022, 484). Eine echte **Nachforschungspflicht** besteht aber nicht (BGH NJW-RR 2003, 910 – Cartier-Ring; NJW-RR 2006, 1048 (1052) – Parfümtestkäufe). Ein zur Auskunft verpflichteter gesetzlicher Vertreter muss nach seinem Ausscheiden aus dem Unternehmen nur seine Erinnerung preisgeben (Ingerl/Rohnke Rn. 10).

Dem Auskunftsanspruch ist auch dann genüge getan, wenn der Schuldner die **negative Erklä- 28 rung** abgibt über keine Informationen zu verfügen (BGH NJW-RR 2003, 910 – Cartier-Ring).

Ob auch die **Herausgabe** von Belegen über § 19 verlangt werden kann, war lange Zeit umstrit- **29** ten (Ingerl/Rohnke/Nordemann/Wirtz Rn. 10). Der Streit hat sich indes mit der Einführung von § 19a insoweit erledigt als das dieser ausdrücklich die Herausgabe von Handelsunterlagen ermöglicht (→ § 19a Rn. 13, → § 19a Rn. 1 ff.).

III. Zeitpunkt und Form

Der Anspruchsverpflichtete muss die Auskunft nicht unbedingt selbst abgeben. Er kann auch **30** einen **Vertreter,** zB einen Rechtsanwalt einsetzen. Es handelt sich insofern um keine höchstpersönliche Pflicht (Ingerl/Rohnke/Nordemann/Wirtz Rn. 13). Die Erklärung ist aber **schriftlich** abzugeben, um der Beweisfunktion gerecht zu werden (Ingerl/Rohnke/Nordemann/Wirtz Rn. 15).

31   Da der Geschädigte häufig ein Interesse daran haben wird die benötigten Auskünfte möglichst zeitnah zu bekommen, ist die Auskunft **unverzüglich,** also iSv § 121 Abs. 1 S. 1 BGB ohne schuldhaftes Zögern nach Aufforderung des Gläubigers zu erteilen (Ingerl/Rohnke/Nordemann/Wirtz Rn. 16).

E. Anspruchsausschluss (Abs. 4)

32   Als Korrektiv für den umfassend ausgestalteten Anspruch nach Abs. 1 und Abs. 2 enthält Abs. 4 eine **Verhältnismäßigkeitsgrenze.** Die Verhältnismäßigkeit der widerstreitenden Interessen, namentlich das Auskunftsinteresse des Gläubigers und das Geheimhaltungsinteresse des Schuldners muss für den **Einzelfall** bewertet und abgewogen werden (Fezer Rn. 44). Der Gläubiger hat regelmäßig ein Interesse daran möglichst viele Informationen über die Schädiger, den Vertriebsweg und das kennzeichenverletzende Produkt zu erhalten. Er soll über den markenrechtlichen Auskunftsanspruch aber gerade nur diejenigen Informationen erhalten, die bezogen auf die maßgebliche Kennzeichenverletzung bzw. deren Verfolgung relevant sind. Der Anspruchsschuldner ist vor einer **unlauteren Ausforschung** zu schützen. Er kann die Auskunft daher nach Abs. 4 verweigern, wenn Informationen gefordert werden, die für die rechtliche Verfolgung der in Rede stehenden Kennzeichenverletzung nicht erkennbar sachdienlich sind. Hierfür trägt jedoch der Verletzer auch die **Darlegungs- und Beweispflicht** (HK-MarkenR/Wüst/Jansen Rn. 33; Fezer Rn. 45).

F. Schadensersatzanspruch bei fehlerhafter oder unvollständiger Auskunft (Abs. 5)

33   In der Enforcement-RL nicht vorgesehen, aber vom deutschen Gesetzgeber eingefügt, wurde ein Schadensersatzanspruch des Gläubigers gegen den zur Auskunft Verpflichteten, falls dieser **vorsätzlich** oder **grob fahrlässig** eine **falsche** oder **unvollständige** Auskunft gibt. Die Regelung dient vor allem der Verbesserung der Auskunftspflicht, da nach alter Rechtslage fehlerhafte Auskünfte weitgehend folgenlos blieben (Fezer Rn. 64).

I. Objektiver Tatbestand

34   Der Schuldner muss nach Abs. 1 oder Abs. 2 zur Auskunft tatsächlich **verpflichtet** sein. Nur dann haftet er für die Richtigkeit seiner Angaben nach Abs. 5.

35   Die erteilte Auskunft muss objektiv **falsch** oder **unvollständig** sein. Erfasst wird jede wörtliche oder schriftliche Äußerung, die aus Sicht des objektiven Empfängerhorizontes als Auskunft zur Erfüllung des Auskunftsanspruchs anzusehen ist. Die Auskunft ist falsch, wenn das Erklärte objektiv nicht mit den tatsächlichen Umständen übereinstimmt. Unvollständig ist eine Auskunft, wenn nicht alle verfügbaren geschuldeten Informationen übermittelt werden.

36   Durch die fehlerhafte oder unvollständige Auskunft müsste schließlich ein **adäquat-kausaler Schaden** iSd §§ 249 ff. BGB entstanden sein. Ein Schaden aufgrund fehlerhafter oder unvollständiger Auskunft entsteht zum Beispiel dann, wenn der Verletzte gerade aufgrund mangelnder oder mangelhafter Informationen nicht, nicht ausreichend oder verzögert gegen eine Kennzeichenverletzung vorgeht (Fezer Rn. 65), oder auch dann, wenn er gegen einen zu Unrecht bezichtigten Verletzer gerichtlich vorgeht und dafür die Kosten trägt (Ingerl/Rohnke/Nordemann/Wirtz Rn. 45). Der Schaden ist in jedem Fall vom Gläubiger darzulegen und zu beweisen.

II. Subjektiver Tatbestand

37   Als Korrektiv für die Weite des objektiven Tatbestandes muss der Schuldner vorsätzlich oder wenigstens grob fahrlässig gehandelt haben. **Vorsatz** liegt vor, wenn der Schuldner eine falsche oder unvollständige Auskunft abgeben wollte, oder er zumindest wusste, dass die Auskunft falsch oder unvollständig ist. **Grobe Fahrlässigkeit** dagegen liegt vor, wenn sich dem Schuldner die Unrichtigkeit oder Unvollständigkeit seiner Auskunft geradezu aufgedrängt hat und er dies in schuldhafter Weise unberücksichtigt lies.

III. Rechtsfolge

38   Liegen alle Tatbestandsvoraussetzungen vor, so hat der Auskunftsschuldner dem Gläubiger **jeden** adäquat-kausalen Schaden zu ersetzen. Der Schaden berechnet sich nach den allgemeinen

zivilrechtlichen Grundsätzen (BeckOK BGB/Flume BGB § 249 Rn. 1 ff.). Zivilrechtliche Ersatzansprüche auf der Basis von § 823 Abs. 1 BGB, § 824 BGB und § 826 BGB bleiben gemäß § 19d unberührt (Ingerl/Rohnke/Nordemann/Wirtz Rn. 45).

G. Haftungsprivilegierung des Auskunftsschuldners gegenüber Dritten bei vermeintlicher Auskunftspflicht (Abs. 6)

Insbesondere bei nach Abs. 2 in Anspruch genommenen Dritten fällt es häufig aus tatsächlichen **39** oder rechtlichen Gründen schwer festzustellen, ob sie zur Auskunft verpflichtet sind. Geben sie Informationen über ihre Geschäftspartner weiter ohne dazu verpflichte gewesen zu sein, drohen ihnen unter Umständen kostspielige Schadensersatzklagen. Abs. 6 **privilegiert** daher den Auskunftsschuldner für den Fall, dass dieser zu Unrecht nach Abs. 1 oder Abs. 2 in Anspruch genommen wird und in seiner vermeintlichen Pflicht sensible Informationen über Geschäfts- und Handelspartner preisgibt.

Privilegiert wird nur der **redliche** vermeintliche Auskunftsschuldner. Er bleibt von Ansprüchen **40** Dritter nur verschont, solange er nicht positiv wusste, dass er zur Auskunft tatsächlich nicht verpflichtet ist und soweit er nur objektiv wahre Auskünfte erteilt hat.

H. Einstweilige Verfügung (Abs. 7)

Auskunftsansprüche sind auf Grund des Verbotes der **Vorwegnahme der Hauptsache** grund **41** sätzlich nicht statthafter Verfügungsanspruch im Wege des einstweiligen Rechtsschutzes. Denn der einstweilig durchgesetzte Auskunftsanspruch bedeutet häufig eine vollständige **Erfüllung** des Anspruchs und nicht nur eine vorläufige Sicherung der späteren Vollstreckung (HK-MarkenR/Wüst/Jansen Rn. 43). Abs. 7 macht hiervon unter den Voraussetzungen eine Ausnahme, dass eine **offensichtliche Rechtsverletzung** vorliegt und die Anspruchsdurchsetzung daher besonders dringlich ist.

I. Offensichtliche Rechtsverletzung

Die Durchsetzung von Auskunftsansprüchen im Wege der einstweiligen Verfügung kommt nur **42** in Betracht, wenn eine Rechtsverletzung **offensichtlich** vorliegt. Dies ist anzunehmen, wenn sowohl unter dem Aspekt der rechtlichen als auch der tatsächlichen Beurteilung des Streitstoffs eine Fehlbeurteilung oder eine **abweichende Beurteilung** durch eine übergeordnete Instanz **kaum möglich** ist (OLG Hamburg GRUR-RR 2003, 101 (103); LG Mannheim NJOZ 2010, 1778). Nicht aber schon dann, wenn nach Abwägung sich widersprechender eidesstattlicher Versicherungen eine Rechtsverletzung nur glaubhaft gemacht wurde und damit nur **wahrscheinlich** ist (OLG Frankfurt BeckRS 2002, 30247035 = GRUR-RR 2003, 32 Ls.). Insbesondere dürfen **keine Zweifel** über die Schutzfähigkeit und den besseren Zeitrang des klägerischen Kennzeichens bestehen (Ingerl/Rohnke/Nordemann/Wirtz Rn. 52). Offensichtlichkeit ist vor allem bei massenhaften Kennzeichenverletzungen in der Produktpiraterie anzunehmen (Fezer Rn. 71 f.).

Besondere **Dringlichkeit** als **Antragsgrund** ist gegeben, wenn ohne den Erlass der einstweili **43** gen Verfügung die Verwirklichung eines Rechts des Antragstellers vereitelt oder wesentlich erschwert werden könnte (Fezer Rn. 73). Die Dringlichkeitsvermutung aus § 12 Abs. 2 UWG ist dabei nicht anzuwenden (Ingerl/Rohnke/Nordemann/Wirtz Rn. 54).

II. Rechtsfolgen

Liegen die Voraussetzungen vor, gewährt Abs. 7 dem Verletzten einen Auskunftsanspruch per **44** einstweiliger Verfügung nach den §§ 935 ff. ZPO gegen den **Verletzer** und jeden **Dritten** nach Abs. 2. Die Offensichtlichkeit des **Verfügungsanspruchs,** sowie die Dringlichkeit seines Auskunftsbegehrens als **Verfügungsgrund** muss der Gläubiger dabei nach den §§ 935, 936, 920 Abs. 2 ZPO **glaubhaft** machen; § 12 Abs. 2 UWG ist nicht entsprechend anzuwenden (Fezer Rn. 71, 73).

I. Verwertungsverbot im Strafverfahren (Abs. 8)

Um den Auskunftsanspruch nicht in seiner Wirksamkeit zu beschränken, wurde bewusst auf **45** ein Schweigerecht bei drohender **Selbstbelastung** verzichtet. Um aber dennoch dem verfassungsrechtlichen Verbot der Pflicht zur Selbstbezichtigung gerecht zu werden, verbietet sich nach Abs. 8 die Verwendung der Informationen in einem **Straf- oder Ordnungswidrigkeitsverfahren** gegen den Auskunftspflichtigen (BVerfGE 56, 37 = NJW 1981, 1431). Das **Verwertungsverbot** schützt auch Angehörige gemäß § 52 Abs. 1 StPO, sofern der Auskunftspflichtige der Verwendung nicht ausdrücklich zustimmt. Nicht bewahrt bleibt der Auskunftspflichtige dagegen vor **Ordnungsmitteln** in der Zwangsvollstreckung oder **Vertragsstrafen** (Fezer Rn. 83).

J. Verwendung von Verkehrsdaten (Abs. 9)

46   Sind Dritte dem Auskunftsanspruch des Verletzten ausgesetzt und kann die Auskunft nur unter Verwendung von Verkehrsdaten erfolgen, so ermöglicht Abs. 9 die Verwendung der Daten. Typischer Fall ist der **Provider,** der über Verbindungsdaten des Schädigers Auskunft geben soll.

I. Verkehrsdaten

47   Eine eigene Definition, was unter dem Begriff Verkehrsdaten zu verstehen ist, enthält das MarkenG nicht. Herangezogen werden kann aber die Legaldefinition aus § 3 Nr. 70 TKG. Danach sind **Verkehrsdaten** Daten, die bei der Erbringung eines Telekommunikationsdienstes erhoben, verarbeitet oder genutzt werden. Verkehrsdaten sind somit alle Informationen darüber, von welchem Anschluss wann mit wem und wie lange kommuniziert wurde (Beck TKG/Braun, 4. Aufl. 2013, TKG § 3 Rn. 93, 94). Eine genaue Auflistung welche Informationen unter den Begriff der Verkehrsdaten findet sich in § 9 Abs. 1 TTDSG. Die Informationen sind mitunter äußerst sensibel und genießen den grundrechtlichen Schutz des Fernmeldegeheimnisses aus Art. 10 Abs. 1 GG.

II. Richtervorbehalt

48   Die Herausgabe von Verkehrsdaten durch Dritte unterliegt dem **Richtervorbehalt.** Den **Antrag** hat der Verletzte selbst zu stellen. Das Gericht wird die Voraussetzungen des Auskunftsanspruchs gegen den Dritten und die Notwendigkeit der Verwendung der Daten von Amts wegen überprüfen und gegebenenfalls eine **Abwägungsentscheidung** treffen (BT-Drs. 16/5048, 65).

III. Kosten

49   Die Kosten für die richterliche Überprüfung betragen gemäß KV 15213 GNotKG (früher § 128e KostO) 200 Euro und sind zunächst durch den Anspruchssteller zu bezahlen. Im Folgeprozess gegen den Schädiger kann er diese Kosten dann als Schaden geltend machen (BT-Drs. 16/5048, 65).

IV. Zitiergebot (Abs. 10)

50   Das Fernmeldegeheimnis ist in Art. 10 Abs. 1 GG grundrechtlich geschützt. Jedes dieses Recht einschränkende Gesetz unterliegt daher dem **Zitiergebot** aus Art. 19 Abs. 1 S. 2 GG. Da § 19 Abs. 9 die Verwendung der Verkehrsdaten prinzipiell zulässt, ist der Gesetzgeber durch den Verweis auf Art. 10 GG seiner verfassungsrechtlichen Obliegenheit nachgekommen.

K. Konkurrenzen

I. Allgemeiner zivilrechtlicher Auskunftsanspruch

51   Der durch Richterrecht entwickelte **allgemeine Auskunftsanspruch** gemäß § 242 BGB (BeckOK BGB/Sutschet BGB § 242 Rn. 53) besteht gemäß § 19d neben dem Anspruch aus § 19. Die §§ 19 ff. stellen danach ausdrücklich keine abschließende, sondern nur eine die allgemeinen Regeln ergänzende und erweiternde Regelung dar. Wichtigster Unterschied ist, dass der markenrechtliche Auskunftsanspruch selbstständig und verschuldensunabhängig besteht, der allgemeine zivilrechtliche Auskunftsanspruch dagegen als **unselbstständiger Hilfsanspruch** verschuldensabhängig sein kann (Ingerl/Rohnke/Nordemann/Wirtz Rn. 6).

II. Vertragliche Auskunftsansprüche

52   Neben den gesetzlichen Auskunftsansprüchen kann auch zB ein **Lizenzvertrag** eine entsprechende Klausel enthalten, die bei einer Rechtsübertretung zu vertraglichen Auskunftsansprüchen führt.

L. Verjährung

Ansprüche aus § 19 unterliegen einer selbstständigen Verjährung gemäß § 20 (→ § 20 Rn. 5). **53**

§ 19a Vorlage- und Besichtigungsansprüche

(1) [1]Bei hinreichender Wahrscheinlichkeit einer Rechtsverletzung nach den §§ 14, 15 und 17 kann der Inhaber einer Marke oder einer geschäftlichen Bezeichnung den vermeintlichen Verletzer auf Vorlage einer Urkunde oder Besichtigung einer Sache in Anspruch nehmen, die sich in dessen Verfügungsgewalt befindet, wenn dies zur Begründung seiner Ansprüche erforderlich ist. [2]Besteht die hinreichende Wahrscheinlichkeit einer in gewerblichem Ausmaß begangenen Rechtsverletzung, erstreckt sich der Anspruch auch auf die Vorlage von Bank-, Finanz- oder Handelsunterlagen. [3]Soweit der vermeintliche Verletzer geltend macht, dass es sich um vertrauliche Informationen handelt, trifft das Gericht die erforderlichen Maßnahmen, um den im Einzelfall gebotenen Schutz zu gewährleisten.

(2) Der Anspruch nach Absatz 1 ist ausgeschlossen, wenn die Inanspruchnahme im Einzelfall unverhältnismäßig ist.

(3) [1]Die Verpflichtung zur Vorlage einer Urkunde oder zur Duldung der Besichtigung einer Sache kann im Wege der einstweiligen Verfügung nach den §§ 935 bis 945 der Zivilprozessordnung angeordnet werden. [2]Das Gericht trifft die erforderlichen Maßnahmen, um den Schutz vertraulicher Informationen zu gewährleisten. [3]Dies gilt insbesondere in den Fällen, in denen die einstweilige Verfügung ohne vorherige Anhörung des Gegners erlassen wird.

(4) § 811 des Bürgerlichen Gesetzbuchs sowie § 19 Abs. 8 gelten entsprechend.

(5) Wenn keine Verletzung vorlag oder drohte, kann der vermeintliche Verletzer von demjenigen, der die Vorlage oder Besichtigung nach Absatz 1 begehrt hat, den Ersatz des ihm durch das Begehren entstandenen Schadens verlangen.

Überblick

§ 19a enthält Vorlage- und Besichtigungsansprüche von potentiell kennzeichenverletzenden Erzeugnissen und dazugehörigen Urkunden und Unterlagen. Dem vermeintlich Verletzten soll es nach Abs. 1 ermöglicht werden ein fremdes Erzeugnis auf kennzeichenverletzende Umstände zu überprüfen. Eine Kennzeichenverletzung muss nur hinreichend wahrscheinlich sein. Neben der Besichtigung des Erzeugnisses kann der Schuldner auch zu der Vorlage von Urkunden und Geschäftsunterlagen verpflichtet werden (→ Rn. 2). Abs. 2 beinhaltet einen Anspruchsausschluss nach dem Verhältnismäßigkeitsprinzip (→ Rn. 16), Abs. 3 die einstweilige Anspruchsdurchsetzung (→ Rn. 18). Abs. 4 verweist zum einen in das BGB Leistungsort, Gefahr- und Kostentragung (→ Rn. 20) und zum anderen auf § 19 Abs. 8 bezüglich des Verwertungsverbotes im Strafverfahren (→ Rn. 23). Abs. 5 schließlich enthält einen Schadensersatzanspruch des Vorlageschuldners für den Fall einer unrechtmäßigen Inanspruchnahme nach Abs. 1 (→ Rn. 24).

Übersicht

A. Allgemeines

1   § 19a dient der Umsetzung von Art. 6 und 7 Enforcement-RL und ergänzt den Auskunftsanspruch nach § 19 um die Vorlage und Besichtigung kennzeichenverletzender Erzeugnisse, dazugehöriger Urkunden und unter Umständen auch allen Geschäftsunterlagen. Im Gegensatz zu § 19 genügt für den Vorlage- und Besichtigungsanspruch also bereits die hinreichende **Wahrscheinlichkeit** einer Kennzeichenverletzung. Die Vorschrift dient somit primär der **Informationsgewinnung** und **Beweissicherung** (Fezer Rn. 4).

B. Anspruchsvoraussetzungen

I. Aktiv- und Passivlegitimation

2   **Anspruchsberechtigt** ist gemäß § 19 Abs. 1 der **potentiell Verletzte.** Verletzter kann jeder Inhaber oder Rechtsnachfolger einer nach § 4 geschützten Marke oder einer nach § 5 geschützten geschäftlichen Bezeichnung sein.

3   **Anspruchsverpflichtet** ist jeder, der als **Verletzer** oder zumindest als **Störer** in Frage kommt. Sonstige Dritte sind nicht anspruchsverpflichtet.

II. Hinreichende Wahrscheinlichkeit einer Kennzeichenverletzung

4   Jede mögliche **Rechtsverletzung** nach den §§ 14, 15 und 17 ist prinzipiell ausreichend. Nicht erheblich ist, ob der vermeintliche Verletzer dabei **schuldhaft** handelt. Entscheidend ist, ob das Tatbestandsmerkmal der **hinreichenden Wahrscheinlichkeit** gegeben ist.

5   Es handelt sich dabei um einen unbestimmten Rechtsbegriff, der eine **Einzelfallbewertung** durch den Richter unerlässlich macht. Es müssen sich **konkrete Anhaltspunkte** auf eine Kennzeichenverletzung objektiv feststellen lassen. Dabei hat der vermeintlich Verletzte alle vernünftigerweise verfügbaren Beweismittel zur Begründung des Anspruchs vorzulegen (Art. 6 Abs. 1 Enforcement-RL). **Indizien** für eine Rechtsverletzung können beispielsweise Aussagen Dritter, Informationen aus dem Internet, Bilder oder Beschreibungen sein (ähnlich Ingerl/Rohnke/Nordemann/Wirtz Rn. 8). Letztlich sind alle solche Informationen geeignet, die in der Lage sind, den Richter von dem Bestehen einer Kennzeichenverletzung zu **überzeugen.** Die bloße eigene Überzeugung ohne weitergehendes Informationsmaterial wird hierfür gerade nicht ausreichen.

6   Hinreichende Wahrscheinlichkeit genügt nur für die Frage, ob tatsächlich eine Verletzung von Kennzeichenrecht vorliegt. Alle beweisbaren Voraussetzungen, insbesondere das Bestehen des eigenen Kennzeichenschutzes müssen **bewiesen** bzw. im einstweiligen Verfahren zumindest **glaubhaft** gemacht werden (Ströbele/Hacker/Thiering/Thiering Rn. 13).

III. Tatsächliche Verfügbarkeit der Sachen und Unterlagen

7   Die Vorlage- bzw. Besichtigungsobjekte müssen in der **tatsächlichen Verfügungsgewalt** des Schuldners stehen. Anknüpfungspunkt ist nicht das Eigentum oder der Besitz, sondern allein die tatsächliche oder rechtliche Möglichkeit auf die Gegenstände zuzugreifen (Ströbele/Hacker/Thiering/Thiering Rn. 17).

IV. Genaue Bezeichnung

8   Der Gläubiger muss die Sachen, Urkunden und sonstigen Unterlagen **genau bezeichnen.** Ein generelles Untersuchungsgesuch darf der Schuldner zurückweisen und kann nicht gerichtlich durchgesetzt werden.

V. Erforderlichkeit

9   Der nur auf einer hinreichend **wahrscheinlichen** Kennzeichenverletzung basierende Vorlage- und Besichtigungsanspruch birgt die Gefahr einer unlauteren **Ausforschung** von Konkurrenten.

Daher ist einschränkende Anspruchsvoraussetzung, dass die Vorlage bzw. Besichtigung für ein späteres in Frage stehendes Verletzungsverfahren **erforderlich** ist. Da sich eine Kennzeichenverletzung in der Praxis zumeist auch durch **Testkäufe** und Untersuchung der **Werbemittel** des Schädigers beweisen lässt, ist die Erforderlichkeit einer Vorlage oder Besichtigung anders als im Urheber- und Patentrecht zumeist nicht gegeben (Fezer Rn. 60). Dem Kriterium kommt daher eine wichtige **Einschränkungsfunktion** zu.

C. Anspruchsinhalt

Der Anspruch ist inhaltlich auf die Vorlage von Urkunden und Geschäftsunterlagen und die **10** Besichtigung von Sachen gerichtet. Für die **Vorlage** sind alle geforderten Unterlagen am Aufbewahrungsort (→ Rn. 21) zur Einsichtnahme bereit zu halten. Je nach Sachlage und im Rahmen der Verhältnismäßigkeit kann nur die Einsicht vor Ort, das Anfertigen von Kopien, oder im Einzelfall sogar die Mitnahme der Originale verlangt werden (Fezer Rn. 27). Die **Besichtigung** umfasst nicht nur die Inaugenscheinnahme, sondern auch erforderlichenfalls (→ Rn. 9) eine genaue Untersuchung, bis hin zu Substanzeingriffen (Fezer Rn. 27). Es müssen nur diejenigen Objekte vorgelegt beziehungsweise zur Besichtigung bereitgehalten werden, die der Antragssteller in seinem Antrag **bezeichnet** hat. Fallen diesem während der Besichtigung noch weitere beweisrelevante Gegenstände auf oder findet er in Unterlagen Hinweise auf weitere für die Beweisführung geeignete Schriftstücke, so muss er einen gesonderten Antrag stellen.

I. Besichtigung von Sachen (Abs. 1 S. 1 Alt. 2)

Sachen die dem Besichtigungsanspruch nach Abs. 1 S. 1 zugänglich sind, sind alle körperlichen **11** Gegenstände gemäß § 90 BGB, welche durch eine Inaugenscheinnahme oder Untersuchung – ggf. auch durch Sachverständige – als **Beweis** für das Vorliegen einer Kennzeichenverletzung dienen können (Fezer Rn. 21). Erfasst werden nicht nur die Verletzungsgegenstände selbst, sondern auch alle mit der Produktion zusammenhängenden Gegenstände. Zudem werden auch Computer und sonstige Datenträger erfasst, obwohl die darauf befindlichen Informationen gerade keine körperlichen Gegenstände sind (Ingerl/Rohnke/Nordemann/Wirtz Rn. 10). Der Besichtigungsanspruch umfasst außerdem als Minus die Pflicht zur Mitteilung von Eigenschaften (etwa Herstellungsnummern) der Ware, deren Besichtigung zu gestatten ist (BGH GRUR 2021, 730 Rn. 74 – Davidoff Hot Water IV)

II. Vorlage von Urkunden (Abs. 1 S. 1 Alt. 1)

Urkunde iSv Abs. 1 S. 1 ist jede dauerhafte Verkörperung von Gedanken durch Zeichen **12** (Ingerl/Rohnke/Nordemann/Wirtz Rn. 10). Erfasst werden mithin nicht nur alle Schriftstücke, die nach den §§ 415 ff. ZPO in einem späteren Verfahren als Urkundenbeweis dienen können, sondern auch Schriftstücke, die geeignet sind im Rahmen einer **freien Beweiswürdigung** eine Kennzeichenverletzung darzulegen und zu beweisen. Ausgenommen sind nur Bank-, Finanz- und Handelsunterlagen, die nur nach Abs. 1 S. 2 der Vorlagepflicht unterliegen.

III. Vorlage von Bank-, Finanz-, und Handelsunterlagen (Abs. 1 S. 2)

Besteht die hinreichende Wahrscheinlichkeit einer in gewerblichem Ausmaß begangenen **13** Rechtsverletzung, erstreckt sich der Anspruch auch auf die Vorlage von **Bank-, Finanz-, und Handelsunterlagen.** Hierunter fallen unter anderem Kontoauszüge, Kreditverträge, Bilanzen, Rechnungen, Bestellscheine, sowie auch Verträge mit Handelspartnern und interner wie externer Schriftverkehr.

Von einem **gewerblichen Ausmaß** ist auszugehen, wenn die Handlung die Erlangung eines **14** unmittelbaren oder mittelbaren wirtschaftlichen oder kommerziellen Vorteils zum Zweck hat. Verfügt jemand über einen ersichtlich nicht für den privaten Gebrauch bestimmten Umfang an Waren oder Dienstleistungen, die eine Kennzeichenverletzung darstellen, trifft ihn die widerliche Vermutung in gewerblichem Ausmaß zu handeln (→ § 19 Rn. 12 f.). Diese Umstände sind vom Antragsteller darzulegen und zu beweisen.

IV. Schutz vertraulicher Informationen (Abs. 1 S. 3)

Macht der zur Auskunft Verpflichtete geltend, dass die geforderten Geschäftsunterlagen vertrau- **15** lich sind, hat das Gericht nach Abs. 1 S. 3 geeignete Maßnahmen zu treffen, um den Schutz der Informationen zu gewährleisten. Beispielsweise wird es den Schuldner Dokumente teilweise schwärzen lassen und nur als Kopie aushändigen lassen (Ströbele/Hacker/Thiering/Thiering Rn. 24).

D. Anspruchsausschluss (Abs. 2)

16   Der Anspruch ist nach Abs. 2 ausgeschlossen, wenn sich die Inanspruchnahme im Einzelfall als **unverhältnismäßig** darstellt. Zu beachten ist, dass im Rahmen von § 19a grundsätzlich nur die hinreichende Wahrscheinlichkeit einer Kennzeichenverletzung bestehen muss, um eine Vorlage bzw. Besichtigung verlangen zu können. Insofern müssen die widerstreitenden Interessen im **Einzelfall** genauestens abgewogen werden, um einer zu weit gehenden Ausforschung des Schuldners Einhalt zu gebieten. Den Unverhältnismäßigkeitseinwand muss der potentielle Verletzer erheben und die Sachgründe hierfür **darlegen** und **beweisen**.

17   Zu beachten ist dabei, dass der Vorlageschuldner im Fall der unrechtmäßigen einstweilig durchgesetzten Inanspruchnahme durch den **Schadensersatzanspruch** nach Abs. 5 zumindest vor ökonomischen Schäden geschützt ist (→ Rn. 24).

E. Einstweilige Verfügung (Abs. 3)

I. Voraussetzungen

18   Steht eine Kennzeichenverletzung in Rede, ist der Inhaber der Marke in besonderem Maße daran interessiert eine **schnelle Klärung** über das Bestehen und den Umfang der Verletzung herbeizuführen. Die einstweilige Durchsetzung des Vorlage- bzw. Besichtigungsanspruchs ist daher vielmehr die **Regel** als die Ausnahme. Da regelmäßig die Gefahr bestehen wird, dass der Verletzer nach Kenntnis der Verfahrenseinleitung mögliche Beweise beseitigt oder manipuliert, erfolgt die einstweilige Verfügung meist im **Beschlusswege** ohne mündliche Verhandlung (Ingerl/Rohnke/Nordemann/Wirtz Rn. 22). Der **Antragsgrund** ist somit indiziert. Als **Antragsanspruch** genügt die hinreichende **Wahrscheinlichkeit** einer Kennzeichenverletzung nach den §§ 14, 15 und § 17 (→ Rn. 4).

II. Schutz vertraulicher Informationen (Abs. 3 S. 2 und 3)

19   Gerade da bei § 19a die hinreichende **Wahrscheinlichkeit** einer Rechtsverletzung als **Antragsanspruch** genügt, hat das zuständige Gericht nach Abs. 3 S. 2 alle erforderlichen Maßnahmen zu treffen, um einen **Missbrauch** der gewonnenen Informationen zu verhindern. Insbesondere wenn im Beschlusswege ohne mündliche Verhandlung entschieden wird, ist der Schuldner bzw. sein Geschäftsbetrieb nach Abs. 3 S. 3 vor unlauterer Ausforschung zu schützen. Das Gericht hat dem Schuldner daher in der Verfügung zu gestatten alle Gegenstände und Urkunden, die der Besichtigungs- bzw. Vorlagepflicht nicht unterliegen, entsprechend durch Abdeckungen bzw. Schwärzungen einer Einsichtnahme vorzuenthalten.

F. Leistungsort, Gefahr- und Kostentragung (Abs. 4)

20   Mit dem Verweis auf § 811 BGB in Abs. 4 werden die allgemeinen zivilrechtlichen Regeln hinsichtlich Leistungsort, Gefahr- und Kostentragung für das Markenrecht übernommen.

I. Leistungsort

21   § 811 Abs. 1 BGB regelt die Frage an welchem Ort die Besichtigung von Sachen und die Vorlage von Unterlagen zu erfolgen hat. Bestimmt wird also der Leistungsort für den **Vorlageschuldner.** Der Leistungsort ist nach § 811 Abs. 1 S. 1 BGB der Ort, an dem sich die vorzulegende Sache tatsächlich befindet. Mit **Ort** ist dabei die jeweilige **politische Gemeinde** zu verstehen, innerhalb derer die Schuldner die genauen Räumlichkeiten – meist seine Wohn- oder Geschäftsräume – frei bestimmen kann (BeckOK BGB/Gehrlein BGB § 811 Rn. 1). Abweichend davon kann nach § 811 Abs. 1 S. 2 BGB **jeder Teil** die Vorlegung an einem **anderen Ort** verlangen, wenn hierfür ein **wichtiger Grund** vorliegt.

II. Gefahr- und Kostentragung

22   Die Gefahr des **zufälligen Untergangs** der vorzulegenden Sachen und sämtliche **Kosten,** die im Rahmen der Vorlage entstanden sind, sind gemäß § 811 Abs. 2 S. 1 BGB vom Antragsteller zu tragen. Erfasst sind dabei jedoch nicht Verluste, die durch die vorlagebedingte **Sachentziehung** bedingt sind (BeckOK BGB/Gehrlein BGB § 811 Rn. 2). Nach § 811 Abs. 2 S. 2 BGB kann der Besitzer **Kostenvorschuss** und **Sicherheitsleistung** verlangen, sofern er situationsbedingt in Vorleistung treten müsste und die Kosten bereits hinreichend konkretisierbar sind (BeckOK BGB/Gehrlein BGB § 811 Rn. 2).

G. Verwertung im Strafverfahren (Abs. 4)

Mit dem Verweis auf § 19 Abs. 8 verbietet sich auch im Rahmen des Vorlage- und Besichti- **23** gungsanspruchs die Verwertung gewonnener Informationen in einem späteren Strafverfahren gegen den Vorlageschuldner (→ § 19 Rn. 45).

H. Schadensersatzanspruch des Schuldners im Fall der unrechtmäßigen Inanspruchnahme (Abs. 5)

Für den Fall, dass sich nach erfolgter Besichtigung von Erzeugnissen oder Vorlage von Geschäfts- **24** unterlagen herausstellt, dass eine Kennzeichenverletzung weder **vorlag** noch **drohte,** kann der in Anspruch genommen den ihm durch die **Inanspruchnahme** entstandenen Schaden geltend machen. Der Schadensersatzanspruch nach Abs. 5 ist **verschuldensunabhängig.** Handelte der Anspruchsgläubiger aber **vorsätzlich,** kommen zusätzlich Ansprüche aus § 823 BGB und § 826 BGB in Betracht. Der Schadensersatzanspruch nach Abs. 5 betrifft nur den **einstweilig** durchgesetzten Vorlage- bzw. Besichtigungsanspruch (Fezer § 19 Rn. 49). Eine Regelung neben § 945 ZPO war deshalb nötig, weil dieser nur eingreift, wenn sich die einstweilige Verfügung als von Anfang an ungerechtfertigt herausstellt. Für den Anspruch nach Abs. 5 dagegen genügt gerade, dass der Anschein einer Rechtsverletzung zunächst bestand, tatsächlich aber keine Rechtsverletzung bestand oder wenigstens drohte.

Der Schaden muss gerade durch das Vorlage- bzw. Besichtigungsbegehren adäquat-kausal ent- **25** standen sein. Erfasst werden insbesondere die dem Schuldner entstandenen **Verfahrenskosten** und mögliche Schäden durch die erzwungene Preisgabe von **Geschäftsgeheimnissen.**

I. Konkurrenzen

Neben dem speziellen kennzeichenrechtlichen Anspruch bestehen auch allgemeine zivilrechtli- **26** che Vorlage- und Besichtigungsansprüche gemäß §§ 809, 810 BGB. Diese bleiben gemäß § 19d **neben** § 19a anwendbar, treten jedoch als **lex generalis** hinter dem speziellen Anspruch aus § 19a zurück. Insbesondere dürfen die prozessualen Besonderheiten des § 19a nicht durch Rückgriff auf die allgemeinen Vorschriften unterlaufen werden (Ingerl/Rohnke/Nordemann/Wirtz Rn. 4).

§ 19b Sicherung von Schadensersatzansprüchen

(1) [1]Der Inhaber einer Marke oder einer geschäftlichen Bezeichnung kann den Verletzer bei einer in gewerblichem Ausmaß begangenen Rechtsverletzung in den Fällen des § 14 Abs. 6, § 15 Abs. 5 sowie § 17 Abs. 2 Satz 2 auch auf Vorlage von Bank-, Finanz- oder Handelsunterlagen oder einen geeigneten Zugang zu den entsprechenden Unterlagen in Anspruch nehmen, die sich in der Verfügungsgewalt des Verletzers befinden und die für die Durchsetzung des Schadensersatzanspruchs erforderlich sind, wenn ohne die Vorlage die Erfüllung des Schadensersatzanspruchs fraglich ist. [2]Soweit der Verletzer geltend macht, dass es sich um vertrauliche Informationen handelt, trifft das Gericht die erforderlichen Maßnahmen, um den im Einzelfall gebotenen Schutz zu gewährleisten.

(2) Der Anspruch nach Absatz 1 ist ausgeschlossen, wenn die Inanspruchnahme im Einzelfall unverhältnismäßig ist.

(3) [1]Die Verpflichtung zur Vorlage der in Absatz 1 bezeichneten Urkunden kann im Wege der einstweiligen Verfügung nach den §§ 935 bis 945 der Zivilprozessordnung angeordnet werden, wenn der Schadensersatzanspruch offensichtlich besteht. [2]Das Gericht trifft die erforderlichen Maßnahmen, um den Schutz vertraulicher Informationen zu gewährleisten. [3]Dies gilt insbesondere in den Fällen, in denen die einstweilige Verfügung ohne vorherige Anhörung des Gegners erlassen wird.

(4) § 811 des Bürgerlichen Gesetzbuchs sowie § 19 Abs. 8 gelten entsprechend.

Überblick

Über § 19b Abs. 1 kann sich der nach § 14 Abs. 6, § 15 Abs. 5 oder § 17 Abs. 2 S. 2 verletzte Kennzeicheninhaber Bank-, Finanz-, oder Handelsunterlagen vorlegen lassen oder zumindest geeigneten Zugang zu ihnen verlangen (→ Rn. 7 ff.). Abs. 2 enthält den aus den §§ 19 und 19a bereits bekannten Anspruchsausschluss wegen Unverhältnismäßigkeit (→ Rn. 12), Abs. 3 die einstweilige Anspruchsdurchsetzung (→ Rn. 13 ff.) und Abs. 4 die parallel zu § 19a Abs. 4 gehaltenen Verweise zum einen in das BGB bezüglich Leistungsort, Gefahr- und Kostentragung (→ Rn. 16) und zum anderen auf § 19 Abs. 8 bezüglich des Verwertungsverbotes im Strafverfahren (→ Rn. 17).

A. Allgemeines

1   § 19b setzt Art. 9 Abs. 2 S. 2 Enforcement-RL um und ist § 19a strukturell sehr ähnlich. Er hat ebenso die **Einsichtsmöglichkeit** in **Bank-, Finanz-, und Handelsunterlagen** des Verletzers zum Inhalt. § 19a und § 19b unterscheiden sich aber grundlegend im Normzweck. Während § 19a der Beschaffung von Informationen zur **Begründung** möglicher Folgeansprüche gegen den potentiellen Verletzer zum Zweck hat, dient § 19b der **Sicherung** eines bereits bestehenden Schadensersatzanspruchs.

B. Anspruchsvoraussetzungen

I. Aktiv- und Passivlegitimation

2   Aktivlegitimiert ist der nach den § 14 Abs. 6, § 15 Abs. 5 oder § 17 Abs. 2 S. 2 verletzte **Kennzeicheninhaber** (→ § 19 Rn. 4). Passivlegitimiert ist nur der **schuldhafte Verletzer,** der Störer wird nicht erfasst.

II. Rechtsverletzung

3   Der Gläubiger muss Inhaber eines Schadensersatzanspruchs sein, die **Kennzeichenverletzung** also **tatsächlich** bestehen. Anders als bei § 19a genügt eine hinreichende Wahrscheinlichkeit gerade nicht. Allerdings ist nicht erforderlich, dass der Schadensersatzanspruch bereits gerichtlich festgestellt ist. Der Richter wird das Vorliegen des Schadensersatzanspruches vielmehr selbstständig prüfen, wenn er über eine Vorlage bzw. Zugänglichmachung von Unterlagen nach § 19b zu entscheiden hat. In der Regel wird der Verletzte beide Ansprüche im gleichen Verfahren **kombiniert** geltend machen, da er zwar das Bestehen seines Schadensersatzanspruches darlegen, nicht aber die genaue Höhe beziffern kann.

III. Gewerbliches Ausmaß

4   Von einem gewerblichen Ausmaß ist auszugehen, wenn die Handlung die Erlangung eines unmittelbaren oder mittelbaren wirtschaftlichen oder kommerziellen Vorteils zum Zweck hat. Verfügt jemand über einen ersichtlich nicht für den privaten Gebrauch bestimmten Umfang an Waren oder Dienstleistungen, die eine Kennzeichenverletzung darstellen, trifft ihn die widerlegliche Vermutung in gewerblichem Ausmaß zu handeln (→ § 19 Rn. 12 f.). Diese Umstände sind vom Antragsteller darzulegen und zu beweisen.

IV. Verfügungsgewalt des Verletzers

5   Die zur Einsicht geforderten Unterlagen müssen sich nach dem Wortlaut der Norm in der Verfügungsgewalt des Schadensersatzschuldners befinden. Eine solche Einschränkung sieht Art. 9 Abs. 2 S. 2 Enforcement-RL allerdings nicht vor. Das Kriterium der Verfügungsgewalt ist daher richtlinienkonform dahingehend auszulegen, dass es sich nur auf die Vorlagepflicht des Schuldners bezieht. Stehen die geforderten Unterlagen in der Verfügungsgewalt eines **Dritten,** so verbleibt die Variante des Zugänglichmachens (→ Rn. 10).

V. Erforderlichkeit zur Sicherung eines Schadensersatzanspruchs

6   Der Anspruch auf Vorlage bzw. Zugänglichmachung der Unterlagen besteht nur, wenn die darin enthaltenen Informationen bzw. deren Kenntnisnahme durch den Verletzten für die Durchsetzung seines bestehenden kennzeichenrechtlichen **Schadensersatzanspruchs erforderlich**

sind. Das ist dann der Fall, wenn der Verletzer einerseits seiner Schadensersatzpflicht nicht nachkommt und für den Verletzten andererseits keine andere Möglichkeit besteht die Vollstreckung durchzusetzen. Die Zwangsvollstreckung muss ohne die Einsichtnahme in die Dokumente also **gefährdet** sein (Fezer Rn. 10).

C. Anspruchsinhalt

Der Anspruch ist inhaltlich gerichtet auf die Vorlage bzw. Zugänglichmachung von Bank-, **7** Finanz- und Handelsunterlagen. Den **Leistungsort** regelt Abs. 4 (→ Rn. 16).

I. Bank-, Finanz- und Handelsunterlagen

Unter die Begriffe fallen vor allem solche Dokumente, die Rückschlüsse auf die **Finanzlage** **8** des Schuldners zulassen. Also insbesondere Kontoauszüge, Kreditverträge, Bilanzen, Rechnungen, Bestellscheine und Lieferpapiere. Zu beachten ist, dass über §19b eben nur jene Dokumente eingesehen werden dürfen, die zur Durchsetzung des Schadensersatzanspruchs erforderlich sind (→ Rn. 6). Daher werden in der Regel Verträge, Schriftverkehr oder technische Aufzeichnungen nicht erfasst. Gerade hier zeigt sich der funktionelle Unterschied zwischen §19a und §19b.

II. Vorlage oder geeigneter Zugang

Nach §19b kann der Gläubiger entweder die Vorlage oder geeigneten Zugang der zur **Einsicht** **9** geschuldeten Unterlagen verlangen. Für die **Vorlage** sind alle geforderten Urkunden am Aufbewahrungsort (→ Rn. 16) zur Einsichtnahme bereit zu halten. Je nach Sachlage und im Rahmen der Verhältnismäßigkeit kann nur die Einsicht vor Ort, das Anfertigen von Kopien, oder im Einzelfall sogar die Mitnahme der Originale verlangt werden (Fezer Rn. 13).

Geeigneter Zugang zu Urkunden ist dem Gläubiger zu verschaffen, wenn der Schuldner die **10** geschuldeten Unterlagen gerade **nicht selbst** zur Vorlage bereithalten kann. Das ist zum Beispiel der Fall, wenn sich die Unterlagen bei einem Steuerberater, einer Bank, einer Behörde oder einem sonstigen **Dritten** befinden. Soweit dem Schuldner **rechtlich und tatsächlich möglich,** hat er es dem Gläubiger durch Anweisung des Dritten zu ermöglichen **Zugang** zu den Unterlagen zu erhalten. Der Zugang ist **geeignet,** wenn der Gläubiger die Unterlagen bei dem Dritten ebenso sichten und auswerten kann wie beim Schuldner selbst.

III. Schutz vertraulicher Informationen (Abs. 1 S. 2)

Macht der zur Auskunft Verpflichtete geltend, dass die geforderten Geschäftsunterlagen vertrau- **11** lich sind, hat das Gericht nach Abs. 1 S. 2 geeignete Maßnahmen zu treffen, um den Schutz der Informationen zu gewährleisten. Beispielsweise wird es den Schuldner Dokumente teilweise schwärzen lassen und nur als Kopie aushändigen lassen (Ströbele/Hacker/Thiering/Thiering §19a Rn. 23 ff.). Ob und wie besonders vertrauliche Informationen zu schützen sind, hat der Schuldner dabei zur freien Überzeugung des Gerichts darzulegen.

D. Anspruchsausschluss (Abs. 2)

Liegen alle Anspruchsvoraussetzungen vor, kann der Anspruch nur noch im **Ausnahmefall** **12** wegen Unverhältnismäßigkeit zurückgewiesen werden. **Unverhältnismäßigkeit** kann unter Umständen vorliegen, wenn der Schadensersatzanspruch nur in sehr kleiner Höhe besteht, die geforderten Unterlagen dieser Höhe auch grundsätzlich entsprechen, der Aufwand für die Bereitstellung der Unterlagen für den Schuldner aber in keinem Verhältnis mehr zu der geforderten Summe steht. Zu beachten ist dabei jedoch, dass sich der Schuldner nicht auf die Unverhältnismäßigkeit berufen kann, wenn er den bestehenden Schadensersatzanspruch schuldhaft nicht erfüllt. Auch Geheimnisschutz kann in seltenen Fällen ein Grund sein den Anspruch auszuschließen, jedoch nur wenn Maßnahmen nach Abs. 1 S. 2 (→ Rn. 11) keinen ausreichenden Schutz ermöglichen.

E. Einstweilige Verfügung (Abs. 3)

I. Voraussetzungen

Nach Abs. 3 kann der Anspruch auf Vorlage der in Abs. 1 bezeichneten Urkunden auch im **13** Wege einer einstweiligen Verfügung durchgesetzt werden. Soweit das Gesetz jetzt also von **Urkun-**

den spricht, sind damit die **Bank-, Finanz- und Handelsunterlagen** in Abs. 1 gemeint (→ Rn. 8).

14   Da im Fall der einstweiligen Durchsetzung der den **Antragsanspruch** begründende **Schadensersatzanspruch** in der Regel noch nicht gerichtlich festgestellt ist, muss er **offensichtlich** vorliegen. Offensichtlichkeit in diesem Sinne ist gegeben, wenn anhand der tatsächlichen und rechtlichen Faktenlage eine andere rechtliche Beurteilung kaum möglich ist (→ § 19 Rn. 42). Alle Tatbestandsmerkmale des zu sichernden Schadensersatzanspruchs sind dem Gericht zu seiner vollen Überzeugung nachzuweisen. Als **Antragsgrund** gemäß § 935 ZPO ist das Gericht davon zu überzeugen, dass die Durchsetzung des offensichtlich bestehenden Schadensersatzanspruchs ohne die sofortige Einsicht in die Urkunden vereitelt oder wesentlich erschwert würde.

II. Schutz vertraulicher Informationen (Abs. 3 S. 2 und 3)

15   Gerade im einstweiligen Verfahren muss das zuständige Gericht nach Abs. 3 S. 2 dafür sorgen, dass trotz der Eile sensible Informationen nicht zu Unrecht ausgeforscht werden (→ Rn. 11). Dies gilt gemäß Abs. 3 S. 3 **insbesondere,** falls das Gericht ohne vorherige **Anhörung** des Antragsgegners entscheidet.

F. Leistungsort, Gefahr- und Kostentragung (Abs. 4)

16   Mit dem Verweis auf § 811 BGB in Abs. 4 werden die allgemeinen zivilrechtlichen Regeln hinsichtlich **Leistungsort, Gefahr- und Kostentragung** für das Markenrecht übernommen (→ § 19a Rn. 20 zu § 19a Abs. 4).

G. Verwertungsverbot im Strafverfahren (Abs. 4)

17   Da die gesetzliche Pflicht zur strafrechtlichen Selbstbelastung verfassungswidrig wäre (BVerfGE 56, 37 = NJW 1981, 1431), verbietet Abs. 4 die Verwendung der durch die Vorlage bzw. Zugänglichmachung der Unterlagen erlangten Informationen in einem Straf- oder Ordnungswidrigkeitsverfahren gegen den Auskunftspflichtigen. Das Verwertungsverbot schützt auch Angehörige gemäß § 52 Abs. 1 StPO, sofern der Auskunftspflichtige der Verwendung nicht ausdrücklich zustimmt (→ § 19 Rn. 45).

§ 19c Urteilsbekanntmachung

[1]**Ist eine Klage auf Grund dieses Gesetzes erhoben worden, kann der obsiegenden Partei im Urteil die Befugnis zugesprochen werden, das Urteil auf Kosten der unterliegenden Partei öffentlich bekannt zu machen, wenn sie ein berechtigtes Interesse darlegt.** [2]**Art und Umfang der Bekanntmachung werden im Urteil bestimmt.** [3]**Die Befugnis erlischt, wenn von ihr nicht innerhalb von drei Monaten nach Eintritt der Rechtskraft des Urteils Gebrauch gemacht wird.** [4]**Der Ausspruch nach Satz 1 ist nicht vorläufig vollstreckbar.**

Überblick

§ 19c gibt der obsiegenden Partei eines markenrechtlichen Gerichtsverfahrens das Recht das Urteil innerhalb von drei Monaten nach Eintritt der Rechtskraft (→ Rn. 6) auf Kosten der unterliegenden Partei (→ Rn. 11) zu veröffentlichen, wenn sie zur Überzeugung des erkennenden Gerichts ein berechtigtes Interesse (→ Rn. 5) an einer Veröffentlichung darlegen kann. Art und Umfang der Veröffentlichung bestimmt das Gericht nach eigenem Ermessen (→ Rn. 9).

A. Allgemeines

1   § 19c setzt Art. 15 Enforcement-RL um. Er bezweckt die Beseitigung fortdauernder Beeinträchtigungen auf Grund eines kennzeichenrechtlichen Prozesses durch Veröffentlichung des Urteils. Sowohl durch begründete als auch durch unbegründete Klagen und den damit verbundenen Anschuldigungen können erhebliche wirtschaftliche Schäden entstehen, wenn Streitigkeiten in die Öffentlichkeit gelangen. So besteht häufig nach geführtem Prozess ein erhebliches Rehabilitierungsinteresse, obwohl der Prozess vor Gericht gewonnen wurde. Dem wird nur die Veröffentlichung des Urteils in den Medien gerecht. Eine Veröffentlichung von Urteilen auf eigene Faust

ohne richterlich zugesprochene Befugnis kann jedoch isoliert betrachtet ihrerseits als rufschädigende Handlung rechtliche Folgen haben. Zudem müssten die Kosten der Veröffentlichung selbst getragen werden. Die nach § 19c beantragte Veröffentlichung ist dagegen rechtlich ohne negative Folgen und ermöglicht es die Kosten der unterliegenden Partei aufzubürden.

B. Anspruchsvoraussetzungen

I. Aktivlegitimation

Aktivlegitimiert ist die **obsiegende Partei** eines kennzeichenrechtlichen Gerichtsverfahrens. **2** Es kommt also nicht darauf an ob die Partei **Kläger** oder **Beklagter** des Verfahrens war. Entscheidend ist allein, dass sie den Rechtsstreit gewonnen hat. Endet das Verfahren in einem **Vergleich** ist ein Veröffentlichungsrecht nach § 19c daher ausgeschlossen. Die obsiegende Partei hat das Veröffentlichungsrecht zu **beantragen.**

Eine Veröffentlichung des Urteils auf eigenen Medien der unterlegenen Partei – wie in dem Verfahren **2.1** Samsung gegen Apple (High Court of Justice, judgment of 09/07/2012, Case No: HC11C03050 – Samsung Electronics (UK) Ltd. vs. Apple Inc.) vom High Court of Justice gefordert – setzt eine aktive Mitwirkung der unterlegenen Partei voraus und ist deswegen nicht von § 19c umfasst (Ströbele/Hacker/Thiering/ Thiering Rn. 16).

II. Markenrechtliches Verfahren

Erfasst werden nur Klagen auf **Grundlage** des MarkenG, namentlich Unterlassungs-, Beseiti- **3** gungs-, Schadensersatz- und Löschungsklagen. Über § 119 Nr. 2 sind jedoch auch Klagen auf Grundlage der **UMV** und über die § 128 Abs. 1 S. 3, § 135 Abs. 1 S. 3 auch **geografische Herkunftsangaben** einbezogen.

Schon der Wortlaut von S. 1 erfasst ausdrücklich nur **Klagen;** S. 4 schließt noch deutlicher **4** **einstweilige Verfahren** von dem Veröffentlichungsrecht nach § 19c aus. Dem widerspricht indes der Wortlaut der Richtlinie, welcher jede Form von **Verfahren** erfasst. Die deutsche Umsetzung der Richtlinienvorgaben enthält mithin eine **unzulässige Einschränkung,** indem sie einstweilige Verfahren aus dem Anwendungsbereich von § 19c ausnimmt. Diese mit der Richtlinie unvereinbare Einschränkung lässt sich kaum über eine richtlinienkonforme Auslegung erreichen (aA Fezer Rn. 6), denn ließen sich in S. 1 noch andere Verfahren hereinlesen, schließt S. 4 das einstweilige Verfahren so deutlich aus, dass eine **richtlinienkonforme Auslegung** nicht möglich ist. Nach derzeitiger Rechtslage ist ein Veröffentlichungsrecht nach § 19c im Fall einer erfolgreichen einstweiligen Verfügung in Deutschland daher ausgeschlossen (ebenso Ingerl/Rohnke/Nordemann/ Wirtz Rn. 4; Ströbele/Hacker/Thiering/Thiering Rn. 6).

III. Berechtigtes Interesse

Anders als der Wortlaut der Richtlinie verlangt § 19c ein **berechtigtes Interesse** des Antrags- **5** stellers an der Veröffentlichung. Darin ist in richtlinienkonformer Auslegung jedoch nur eine Ermessensentscheidung des erkennenden Gerichts über die Frage zu sehen, ob die Veröffentlichung im konkreten Fall zweckmäßig und in der Zweck-Mittel-Relation auch angermessen ist. Es hat dabei die widerstreitenden Interessen der Parteien gegeneinander **abzuwägen** und auf dieser Grundlage zu entscheiden (BT-Drs. 16/5048, 42). Gerade in dem Fall, dass ein Verletzer rechtskräftig verurteilt wurde, ist davon auszugehen, dass das Interesse des Verletzten auf Veröffentlichung das Geheimhaltungsinteresse des Verletzers überwiegt. Auch dem zu Unrecht Verklagten kann ein berechtigtes Interesse an der Veröffentlichung der Entscheidung kaum abgesprochen werden, wenn die angebliche Kennzeichenverletzung vorher in die Öffentlichkeit gelangt und so mit einem Ansehensverlust zu rechnen ist. Demgegenüber ist aber auch der Fall denkbar, dass der Inhaber einer Marke in einem kennzeichenrechtlichen Grenzfall klagt, das Gericht gegen ihn entscheidet und der Beklagte das Veröffentlichungsrecht offenkundig gerade nur dafür nutzen will dem redlichen Kläger Schaden zuzufügen. In einem solchen Fall wird das Gericht ein berechtigtes Interesse wohl eher verneinen. Letztlich handelt es sich bei dem Merkmal also in erster Linie um eine **Missbrauchskontrolle** als um ein einschränkendes Tatbestandsmerkmal.

IV. Frist

Das Recht auf Veröffentlichung erlischt **drei Monate** nach Eintritt der **Rechtskraft** des Urteils. **6** Bis dahin muss der Antragsteller die Veröffentlichung in der vom Gericht bestimmten Art und Weise in die Wege geleitet haben.

7   Ein Urteil wird nach allgemeinen Regeln formell Rechtskräftig wenn es **unanfechtbar** geworden ist. Das ist bei nicht letztinstanzlichen Urteilen der Fall, wenn entweder die Rechtsmittelfrist abgelaufen ist oder die Parteien ausdrücklich auf Rechtsmittel verzichtet haben.

C. Rechtsfolge

I. Öffentliche Bekanntmachung

8   Liegen alle Anspruchsvoraussetzungen vor, hat der Antragssteller einen Anspruch auf die gerichtlich zu erteilende **Befugnis zur Veröffentlichung** des Urteils.

II. Art und Umfang

9   Art und Umfang der Veröffentlichung bestimmt das erkennende Gericht nach eigenem **Ermessen.** Mit Art und Umfang sind der Veröffentlichungsort, die Veröffentlichungsdauer und die Veröffentlichungsintensität gemeint. Je nach dem welchen **Zweck** die Veröffentlichung im konkreten Einzelfall haben und welches **Publikum** erreicht werden soll, bietet sich die Veröffentlichung in **unterschiedlichen Medien** an. Denkbar ist zB die Veröffentlichung über Printwerke, den Rundfunk oder auch über das Internet (Ingerl/Rohnke/Nordemann/Wirtz Rn. 9).

10   In **Printmedien** wird in der Regel eine einmalige Anzeige in angemessener Größe erscheinen. Im Fall der Veröffentlichung des Urteils über den **Rundfunk** werden dagegen ein zeitlicher Rahmen und eine bestimmte Frequenz der Ausstrahlung festgelegt werden müssen. Im **Internet** schließlich bietet sich eine Anzeige für eine bestimmte Zeit auf der eigenen Website an. Das Urteil kann vollständig oder auch nur auszugsweise veröffentlicht werden. Häufig wird auch der Urteilstenor bereits genügen, um dem Veröffentlichungsgedanken gerecht zu werden (Ingerl/Rohnke/Nordemann/Wirtz Rn. 10).

III. Kostentragung

11   Die Kosten der Veröffentlichung sind von der unterliegenden Partei zu tragen. Sie werden aber regelmäßig nicht vorab genau zu beziffern sein, da gerade Gebühren für Anzeigen in Rundfunk- und Printmedien stark **variieren** können. Der Antragsteller wird die Kosten daher zunächst auslegen und im Anschluss gegenüber der unterliegenden Partei gemäß § 788 ZPO geltend machen müssen (Ingerl/Rohnke/Nordemann/Wirtz Rn. 11).

§ 19d Ansprüche aus anderen gesetzlichen Vorschriften
Ansprüche aus anderen gesetzlichen Vorschriften bleiben unberührt.

Überblick

§ 19d erklärt andere gesetzliche Vorschriften neben den §§ 19 ff. für uneingeschränkt anwendbar.

A. Allgemeines

1   § 19d hat rein deklaratorische Funktion und stellt klar, dass das MarkenG kein abschließendes Regelungswerk darstellt. Schon § 2 ordnet an, dass durch das MarkenG andere gesetzliche Normen keinesfalls verdrängt werden.

B. Andere gesetzliche Vorschriften

2   Andere gesetzliche Vorschriften, die insbesondere neben den Vorschriften des MarkenG zur Anwendung kommen, sind beispielsweise die Vorschriften aus dem **Bereicherungsrecht,** die Grundsätze der **Geschäftsführung ohne Auftrag** in Bezug auf Abmahnkosten und der allgemeine **zivilrechtliche Auskunftsanspruch.**

Abschnitt 4. Schranken des Schutzes

§ 20 Verjährung

[1]Auf die Verjährung der in den §§ 14 bis 19c genannten Ansprüche finden die Vorschriften des Abschnitts 5 des Buches 1 des Bürgerlichen Gesetzbuchs entsprechende Anwendung. [2]Hat der Verpflichtete durch die Verletzung auf Kosten des Berechtigten etwas erlangt, findet § 852 des Bürgerlichen Gesetzbuchs entsprechende Anwendung.

Überblick

Kennzeichenrechtliche Ansprüche verjähren nach den allgemeinen Verjährungsregeln des BGB (→ Rn. 2 ff.). Der Anwendungsbereich des § 20 (→ Rn. 5 ff.) und die Verjährung konkurrierender Ansprüche (→ Rn. 9 f.) werden im Folgenden kurz dargestellt. Einen Schwerpunkt bilden die Verjährungsfristen und der Verjährungsbeginn. Die Anknüpfungspunkte für den Beginn der regelmäßigen Verjährungsfrist – die Entstehung des Anspruchs (→ Rn. 13 ff.) und die Kenntnis oder grob fahrlässige Unkenntnis des Gläubigers (→ Rn. 29 ff.) – werden eingehend erläutert. Es folgen Ausführungen zu Verjährungshöchstfristen (→ Rn. 40 ff.), der Verjährung titulierter Ansprüche (→ Rn. 43 ff.) und der Verjährung des Herausgabeanspruchs nach § 20 S. 2 iVm § 852 BGB (→ Rn. 76). Ein weiterer Schwerpunkt ist die Hemmung der Verjährung. Die Hemmungsgründe, die im Kennzeichenrecht relevant sind – Verhandlungen zwischen den Parteien (→ Rn. 48 ff.), die Klage (→ Rn. 54 ff.) und der Antrag auf Erlass einer einstweiligen Verfügung (→ Rn. 57 ff.) –, werden ausführlich dargestellt. Ebenfalls praxisrelevant ist der Neubeginn der Verjährung, der ein Anerkenntnis (→ Rn. 64 ff.), eine Vollstreckungshandlung oder einen Vollstreckungsantrag (→ Rn. 67 f.) voraussetzt. Nach dem Überblick über die Verjährungsregeln im BGB wird dargelegt, inwieweit die Parteien von den gesetzlichen Vorgaben abweichen dürfen (→ Rn. 69 f.). Abschließend werden die materiellrechtlichen und prozessualen Wirkungen der Verjährung (→ Rn. 71 ff.) und die Beweislastverteilung (→ Rn. 79 f.) erörtert.

Übersicht

A. Zweck der Verjährung

Die Verjährung dient zum einen dem allgemeinen Interesse an Rechtssicherheit und Rechtsfrieden (BGH GRUR 1972, 721 – Kaffeewerbung). Im Interesse der Funktionsfähigkeit der Rechtspflege muss es den Gerichten möglich sein, nach langer Zeit über nur noch schwer aufklärbare

Sachverhalte nicht entscheiden zu müssen, sondern solche Klagen ohne Sachprüfung schnell zu erledigen. Zum anderen liegt der Verjährung der Gedanke zugrunde, dass es unbillig ist, weiter zurückliegende und deshalb schwierig zu beweisende Vorgänge zum Gegenstand eines Rechtsstreits zu machen und aus ihnen Verpflichtungen herzuleiten, auf die sich der Schuldner wegen der inzwischen verstrichenen Zeitspanne nicht mehr einzustellen braucht (Goldmann GRUR 2017, 657 f.; Reimer, Wettbewerbs- und Warenzeichenrecht, 3. Aufl. 1954, Kap. 116 Rn. 1).

B. Verweis auf Verjährungsregeln des BGB

2   Das MarkenG verzichtet auf eine eigenständige Regelung der Verjährung. Kennzeichenrechtliche Ansprüche gemäß §§ 14–19c verjähren nach den allgemeinen Verjährungsregeln in §§ 194 ff. BGB. Die **Rechtsgrundverweisung** in § 20 S. 1 bezieht sich auf die Frist, den Beginn, die Hemmung, den Neubeginn und die Wirkung der Verjährung.

3   § 852 BGB ist entsprechend anwendbar. Nach § 20 S. 2 iVm § 852 S. 1 BGB hat der Verpflichtete einen Vermögensvorteil, den er durch die Rechtsverletzung auf Kosten des Berechtigten erlangt hat, auch nach dem Verjährungseintritt herauszugeben. Der Umfang der Herausgabepflicht richtet sich nach § 812 ff. BGB. Es handelt sich bei § 852 S. 1 BGB um eine Rechtsfolgenverweisung (BGH GRUR 2019, 496 Rn. 15 – Spannungsversorgungsvorrichtung; GRUR 1999, 751 (754) – Güllepumpen). Im Kennzeichenrecht beansprucht der Berechtigte regelmäßig die Zahlung einer angemessenen Lizenzgebühr (OLG Hamburg GRUR-RR 2006, 219 (223 f.); → Rn. 75.1).

4   Wenn die Verjährungsfrist bereits vor Inkrafttreten der Schuldrechtsreform am 1.1.2002 begonnen hat, gilt gemäß § 165 die Übergangsvorschrift des Art. 229 § 6 EGBGB entsprechend.

C. Anwendungsbereich

I. Kennzeichenrechtliche Ansprüche iSd § 20

5   § 20 gilt unmittelbar für Unterlassungs-, Schadensersatz-, Auskunfts-, Vernichtungsansprüche und sonstige **Ansprüche gemäß §§ 14–19c**, die an die Verletzung einer Marke (§ 4) oder geschäftlichen Bezeichnung (§ 5) knüpfen. Der Verweis auf §§ 194 ff. BGB bezieht sich auch auf **Vorlage- und Besichtigungsansprüche** gemäß § 19a, was gegen die teilweise zu § 809 BGB vertretene Auffassung spricht, Vorlage- und Besichtigungsansprüche könnten nicht verjähren (zu § 809 BGB OLG Karlsruhe NJW-RR 2002, 951; Staudinger/Marburger, 2015, BGB Vor §§ 809 ff. Rn. 4; Martinek/Heine in Herberger/Martinek/Rüßmann/Weth/Würdinger, jurisPK-BGB, 9. Aufl. Stand: 27.6.2022, BGB § 809 Rn. 8; aA Grüneberg/Sprau BGB § 809 Rn. 12; MüKoBGB/Habersack BGB § 809 Rn. 15). Jedenfalls sind Vorlage- und Besichtigungsansprüche nicht erforderlich iSd § 19a Abs. 1 S. 1, wenn der Hauptanspruch nicht mehr durchsetzbar ist. Das gilt auch für den Sicherungsanspruch gemäß § 19b.

6   Auch Ansprüche, die an die Verletzung einer geographischen Herkunftsangabe (§ 126), einer Ursprungsbezeichnung oder einer geographischen Angabe (Art. 2 VO (EG) Nr. 510/2006) knüpfen, verjähren nach § 20 (§§ 129, 136).

7   Ob der **vorbeugende Unterlassungsanspruch** (§ 14 Abs. 5 S. 2, § 15 Abs. 4 S. 2) gemäß § 20 iVm §§ 194 ff. BGB verjähren kann, ist **umstritten.** Die früher herrschende Auffassung hat diese Frage verneint (BGH GRUR 1979, 121 (122) – Verjährungsunterbrechung; OLG Koblenz NJW-RR 1998, 558; OLG Stuttgart NJWE-WettbR 1996, 31 (32)). Nach der – heute wohl herrschenden – Gegenauffassung soll es unbeachtlich sein, ob die Rechtsverletzung bereits erfolgt ist oder ernsthaft droht (Fezer Rn. 12; Fezer/Büscher/Obergfell/Büscher UWG § 11 Rn. 12; Köhler/Bornkamm/Feddersen/Köhler UWG § 11 Rn. 1.3; Teplitzky/Bacher, Wettbewerbsrechtliche Ansprüche und Verfahren, Kap. 16 Rn. 5). Diese Auffassung ist mit dem klaren Wortlaut des § 199 Abs. 5 BGB nicht vereinbar. Der stellt nämlich gerade nicht auf die Entstehung des Anspruchs ab, sondern auf „die Zuwiderhandlung". Damit ist nur eine Zuwiderhandlung gemeint, die bereits stattgefunden hat. Eine solche vollendete Zuwiderhandlung fehlt jedoch beim vorbeugenden Unterlassungsanspruch. Dieser entsteht vor einer vollendeten Zuwiderhandlung, wenn die Rechtsverletzung noch gar nicht stattgefunden hat, sondern nur ernsthaft droht (→ § 14 Rn. 609). Weil aber § 199 Abs. 5 BGB gerade nicht auf die Entstehung des Anspruchs abstellt, sondern nur auf „die Zuwiderhandlung" als solche – eine „drohende Zuwiderhandlung" wird nicht als alternativer Anknüpfungspunkt erwähnt –, wird die vollendete Zuwiderhandlung vorausgesetzt und nicht nur eine als möglich unterstellte. Für den vorbeugenden Unterlassungsanspruch, bei dem eine Rechtsverletzung noch nicht stattgefunden hat und bei dem es deshalb einer vollendeten Zuwiderhandlung fehlt, wird also eine Verjährungsfrist nicht in Lauf gesetzt.

II. Anspruch auf angemessene Entschädigung gemäß Art. 11 Abs. 2 UMV

Die UMV enthält keine Regelung der Verjährung des Anspruchs auf angemessene Entschädi- **8** gung gemäß Art. 11 Abs. 2 UMV. Gem. Art. 8 Abs. 2 Rom II-VO sind die deutschen Verjährungs- regeln anwendbar, wenn diejenigen Handlungen, welche den Anspruch auf angemessene Entschä- digung auslösen, in Deutschland begangen wurden. Zum objektiven Anknüpfungspunkt des Beginns der Verjährung dieses Anspruchs → Rn. 28.

III. Sonstige Ansprüche

Ansprüche, die neben kennzeichenrechtlichen Ansprüchen in Betracht kommen, verjähren **9** grundsätzlich nach den Regeln, die für sie gelten (BGH GRUR 1984, 820 (822) – Intermarkt II; vgl. BGH GRUR 2011, 444 Rn. 55 f. – Flughafen Frankfurt Hahn). In der Praxis spielt diese Frage keine Rolle, wenn **deren Verjährung** sich ebenfalls nach den Verjährungsregeln des BGB richtet. §§ 194 ff. BGB sind zB auf lizenzvertragliche Ansprüche, Ansprüche auf Erstattung der Abmahnkosten, Ansprüche auf Zahlung einer Vertragsstrafe, bereicherungsrechtliche und delikti- sche Ansprüche unmittelbar anwendbar.

Ein Anspruch auf Zahlung einer **Vertragsstrafe** wegen schuldhaften Verstoßes gegen eine **10** strafbewehrte Unterlassungserklärung, die wegen der Beanstandung einer Immaterialgüterrechts- verletzung abgegeben worden ist, verjährt als ausschließlich vertraglich begründeter Anspruch nach den zivilrechtlichen Regelungen der §§ 194 ff. BGB (BGH GRUR 2022, 1839 Rn. 17 – Vertragsstrafenverjährung; GRUR 1995, 678 (680 f.) – Kurze Verjährungsfrist. Gemäß § 195 BGB beträgt die regelmäßige Verjährungsfrist drei Jahre. Sie beginnt nach § 199 Abs. 1 BGB, soweit nicht ein anderer Verjährungsbeginn bestimmt ist, mit dem Schluss des Jahres, in dem der Anspruch entstanden ist (Nr. 1) und der Gläubiger von den den Anspruch begründenden Umständen und der Person des Schuldners Kenntnis erlangt oder ohne grobe Fahrlässigkeit erlangen müsste (Nr. 2). Beim **„Hamburger Brauch"** wird die Vertragsstrafe in der Weise vereinbart, dass dem Gläubiger gemäß § 315 Abs. 1 BGB für den Fall einer künftigen Zuwiderhandlung des Schuldners gegen die vertragliche Unterlassungspflicht die Bestimmung der Strafhöhe nach seinem billigen Ermessen überlassen bleibt und diese Bestimmung im Einzelfall nach § 315 Abs. 3 BGB durch ein Gericht überprüft werden kann (BGH GRUR 2022, 1839 Rn. 15 mwN – Vertragsstrafenverjährung). Bei einem Anspruch auf eine derart vereinbarte Vertragsstrafe beginnt die regelmäßige Verjährungsfrist nicht bereits mit der Zuwiderhandlung, sondern erst, wenn der Gläubiger die Höhe der vom Schuldner verwirkten Vertragsstrafe festgelegt hat und der Vertragsstrafeanspruch damit fällig geworden ist (BGH GRUR 2022, 1839 Rn. 27 – Vertragsstrafenverjährung). Ist eine **Vertrags- strafe summenmäßig fest vereinbart,** ist objektiver Anknüpfungspunkt der Verjährung die Entstehung des Anspruchs mit der schuldhaften Zuwiderhandlung (vgl. BGH GRUR 2022, 1839 Rn. 32 aE – Vertragsstrafenverjährung).

Ein Konkurrenzproblem besteht, wenn **wettbewerbsrechtliche Ansprüche** gemäß §§ 8, 9, **11** 12 Abs. 1 S. 2 UWG, die – abweichend von § 195 BGB – in sechs Monaten verjähren (§ 11 Abs. 1 UWG), mit markenrechtlichen Ansprüchen zusammentreffen. So kann eine Markenrechts- verletzung zugleich ein Verstoß gegen § 5 Abs. 1 S. 2 Nr. 1 UWG (Irreführung über die betriebli- che Herkunft) oder § 5 Abs. 2 UWG sein. Der individualrechtliche Schutz aus dem Markenrecht und der lauterkeitsrechtliche Schutz nach UWG bestehen nämlich selbständig nebeneinander (BGH GRUR 2013, 1161 Rn. 60 – Hard Rock Cafe). Die kennzeichenrechtlichen Ansprüche verjähren auch in diesen Fällen iVm § 20 S. 1 iVm §§ 194 ff. BGB (BGH GRUR 2009, 678 Rn. 40 – Post/RegioPost; Fezer Rn. 9; Köhler/Bornkamm/Feddersen/Köhler UWG § 11 Rn. 1.5; Ströbele/Hacker/Thiering/Thiering Rn. 7).

D. Verjährungsfristen und Verjährungsbeginn

I. Regelmäßige Verjährungsfrist

Die regelmäßige Verjährungsfrist beträgt drei Jahre (§ 195 BGB) und beginnt gemäß § 199 **12** Abs. 1 Nr. 1 und 2 BGB mit dem Schluss des Jahres, in dem der Anspruch entstanden ist und der Gläubiger von den anspruchsbegründenden Umständen und der Person des Schuldners Kennt- nis erlangt oder ohne grobe Fahrlässigkeit erlangen müsste (Ultimoverjährung → Rn. 39). Der Zeitpunkt der Entstehung des Anspruchs bzw. beim Unterlassungsanspruch die Zuwiderhandlung bildet einen **objektiven Anknüpfungspunkt** für den Beginn der Verjährung (→ Rn. 13 ff.); der Zeitpunkt der Kenntnis oder der grob fahrlässigen Unkenntnis bildet einen **subjektiven**

Anknüpfungspunkt (→ Rn. 29 ff.). Am Schluss des Jahres, in dem beide Anknüpfungspunkte erstmals beide gleichzeitig gegeben sind, beginnt die Frist ihren Lauf.

1. Entstehung des Anspruchs als objektiver Anknüpfungspunkt

13   Ein Anspruch ist entstanden, sobald alle seine Voraussetzungen erfüllt sind und er gerichtlich geltend gemacht werden kann (BGHZ 151, 47 (51) = NJW 2002, 2707; BGHZ 55, 340 (341) = NJW 1971, 979; Grüneberg/Ellenberger BGB § 199 Rn. 3). Der Entstehungszeitpunkt richtet sich nach der Art des Anspruchs (→ Rn. 17 ff.). Zudem ist zwischen Einzel- und Dauerhandlungen zu unterscheiden.

2. Unterscheidung zwischen Einzelhandlungen Dauerhandlungen

14   **Einzelhandlungen** als eigenständige, zeitlich nacheinander liegenden Verletzungshandlungen sind etwa die Anbringung eines rechtsverletzenden Zeichens auf der Ware, deren Bewerbung und Angebot sowie deren Vertrieb als jeweils unterschiedliche Verletzungshandlungen. Einzelhandlungen sind auch wiederholte gleichartige Verletzungshandlungen wie etwa jeweils einzelne Verkäufe rechtswidrig markierter Waren (BGH GRUR 2013, 1161 Rn. 21 – Hard Rock Cafe; GRUR 2012, 928 Rn. 22 f. – Honda-Grauimport).

15   Eine **Dauerhandlung** verletzt demgegenüber das Recht fortwährend, ohne dass es neuer Handlungen des Verletzers bedarf (RGZ 134, 335 (341); Fezer Rn. 33; Ingerl/Rohnke/Nordemann/Schork Rn. 13). Der Verletzer hält die Störung über einen längeren Zeitraum willentlich aufrecht (OLG Köln NJOZ 2008, 2387 (2388); Neu GRUR 1985, 335 (338); Ströbele/Hacker/Thiering/Thiering Rn. 11). Beispiele für Dauerhandlungen sind das Führen einer Firma (BGH GRUR 2003, 448 (450) – Gemeinnützige Wohnungsgesellschaft), die Nutzung einer besonderen Geschäftsbezeichnung oder eines Geschäftsabzeichens am Geschäftslokal (BGH GRUR 2016, 705 Rn. 50 – ConText; GRUR 2013, 1161 Rn. 79, 81 – Hard Rock Cafe), die Registrierung einer Domain (BGH GRUR 2016, 705 Rn. 50 – ConText) oder eine dauerhafte Internetwerbung (vgl. OLG Köln NJOZ 2008, 2387 (2390)).

16   Im Einzelfall kann es **schwierig** sein, eine Einzelhandlung oder wiederholte Einzelhandlungen von einer Dauerhandlung **abzugrenzen** (hierzu OLG Köln NJOZ 2008, 2387 (2388 f.); Neu GRUR 1985, 335 (341 f.)). Denn auch eine Einzelhandlung kann in der Zukunft fortwirken. So kann eine kennzeichenrechtsverletzende Werbemaßnahme Verbraucherentscheidungen beeinflussen, nachdem sie beendet worden ist. Das entscheidende Abgrenzungskriterium ist, ob die Störungsursache willentlich aufrechterhalten wird (OLG Köln NJOZ 2008, 2387 (2389)). Nachwirkungen der Tat, die nicht vom Willen des Täters abhängen, begründen keine Dauerhandlung. Eine „Einzelhandlung mit Nachwirkungen" bleibt eine Einzelhandlung (BGH GRUR 1974, 99 (100) – Brünova; Ingerl/Rohnke/Nordemann/Schork Rn. 10; Köhler/Bornkamm/Feddersen/Köhler UWG § 11 Rn. 1.20).

3. Unterscheidung nach Anspruchsarten

17   Beim Unterlassungsanspruch (§ 4 Abs. 5, § 15 Abs. 4, § 17 Abs. 2 S. 1) tritt gemäß § 199 Abs. 5 BGB als objektiver Anknüpfungspunkt an die Stelle der Entstehung die Zuwiderhandlung. Das ist die Verletzungshandlung, welche die Wiederholungsgefahr begründet (vgl. BGH GRUR 2009, 1186 Rn. 13 – Mecklenburger Obstbrände). Beim **Verletzungsunterlassungsanspruch** ist der Abschluss der Verletzungshandlung maßgeblich, nicht der Beginn (Ingerl/Rohnke/Nordemann/Schork Rn. 10). Lässt sich die Rechtsverletzung in **Einzelhandlungen** (→ Rn. 14) aufgliedern, stellt jede dieser Handlungen einen eigenständigen objektiven Anknüpfungspunkt für den Beginn der Verjährung dar. Auch wiederholte gleichartige Verletzungshandlungen (zB der wiederholte Anzeigenauftrag, das wiederholte Absatzgeschäft) oder fortgesetzte Verletzungshandlungen (zB das Angebot und der Vertrieb einer Ware, die zuvor markenrechtsverletzend gekennzeichnet worden ist) sind nicht als rechtliche Einheit zusammenzufassen, sondern verjähren jeweils selbständig (BGH GRUR 1974, 99 (100) – Brünova; Ströbele/Hacker/Thiering/Thiering Rn. 10; Köhler/Bornkamm/Feddersen/Köhler UWG § 11 Rn. 1.22). Unbeachtlich ist, ob die einzelnen Verletzungshandlungen auf einem einheitlichen Verletzerwillen beruhen (Fezer Rn. 34; Ingerl/Rohnke/Nordemann/Schork Rn. 11). Eine Zusammenfassung zu einer einheitlichen Handlung im Wege des Fortsetzungszusammenhangs wird nicht vorgenommen (BGH GRUR 1999, 751 (754) – Güllepumpen; RGZ 49, 20 (21 f.) – Schloßgut Oberröslau). Das hat zur Konsequenz, dass bei nacheinander liegenden Einzelhandlungen, die sich bis in die Gegenwart fortsetzen, der Unterlassungsanspruch im Ergebnis nicht verjähren kann (vgl. Goldmann GRUR 2017, 657 (658)

mwN). Besonderheiten sind demgegenüber zu beachten, wenn die Rechtsverletzung auf einer **Dauerhandlung** (→ Rn. 15, → Rn. 19) beruht. Die Verjährungsfrist kann bei Dauerhandlungen erst mit deren Beendigung zu laufen beginnen (BGH GRUR 2003, 448 (450) – Gemeinnützige Wohnungsgesellschaft; GRUR 1966, 623 (626) – Kupferberg). Das bedeutet, dass vor Beendigung einer Dauerhandlung die dreijährige Regelverjährung praktisch nicht relevant wird. Bei der Benutzung einer rechtsverletzenden besonderen Geschäftsbezeichnung endet dieser Dauerhandlung zB mit der Aufgabe der Benutzung der Bezeichnung (vgl. LG München I GRUR-RS 2021, 37340 Rn. 75 – AQUACOMET). Der **vorbeugende Unterlassungsanspruch** entsteht, sobald die Zuwiderhandlung ernsthaft droht, also eine Erstbegehungsgefahr gegeben ist (→ § 14 Rn. 609). Die **hM** macht **die Erstbegehungsgefahr** zum **objektiven Anknüpfungspunkt** der Verjährungsfrist des vorbeugenden Unterlassungsanspruchs (Nachweise in → Rn. 7). Allerdings ist eine ernsthaft drohende Zuwiderhandlung keine Zuwiderhandlung, die bereits stattgefunden hätte. Eine solche setzt § 199 Abs. 5 BGB aber für den Beginn der Verjährungsfrist voraus. Der vorbeugende Unterlassungsanspruch kann deshalb – entgegen der hM – nicht verjähren (→ Rn. 7).

Die Verjährung des **allgemeinen Beseitigungsanspruchs** beginnt bei einer **Einzelhandlung** **18** (→ Rn. 14), sobald die Rechtsverletzung abgeschlossen ist und die fortdauernde Beeinträchtigung vorauszusehen war, so dass diese zum Gegenstand eines Beseitigungsanspruchs gemacht werden kann (BGH GRUR 1974, 99 (100) – Brünova). Beruht die fortdauernde Störung auf einer **Dauerhandlung** (→ Rn. 15), so beginnt die Verjährung nicht vor Abschluss dieser Dauerhandlung und solange nicht, wie der dadurch hervorgerufene Störungszustand noch andauert (OLG Zweibrücken GRUR-RR 2007, 89 (90) – R. Post Deutschland; Ingerl/Rohnke/Nordemann/Schork Rn. 14; Köhler/Bornkamm/Feddersen/Köhler UWG § 11 Rn. 1.21). Besondere Formen des Beseitigungsanspruchs sind die Ansprüche auf Veröffentlichung eines Hinweises (§ 16) und auf Übertragung der Agentenmarke (§ 17 Abs. 1).

Der **Löschungsanspruch** gemäß § 12, § 51 Abs. 1, § 55 Abs. 1 und Abs. 2 Nr. 2 iVm § 14 **19** Abs. 2, Abs. 5; bzw. § 5 Abs. 2, § 15 Abs. 2 bzw. Abs. 3 und Abs. 4 ist eine besondere Form des Beseitigungsanspruchs, der sich gegen den durch die Aufrechterhaltung der Eintragung einer Marke als einer Dauerhandlung begründeten fortdauernden Störungszustand im Register richtet. **Er unterliegt faktisch keiner Verjährung,** weil die Verjährung frühestens mit der Beendigung der Eintragung beginnen könnte, wodurch der Löschungsanspruch dann aber ohnehin untergeht (Ströbele/Hacker/Thiering/Thiering Rn. 29). Gleiches gilt für den Anspruch auf Entziehung des Schutzes des deutschen Teils einer IR-Marke (OLG München NJOZ 2011, 1801 (1806) – Sallaki).

Die Verjährung des **Bereicherungsanspruchs** bei der Verletzung eines Kennzeichenrechts **20** gemäß § 812 Abs. 1 S. 1 Alt. 2 BGB (hierzu BGH GRUR 2009, 515 Rn. 41 – Motorradreiniger; GRUR 1981, 846 (848) – Rennsportgemeinschaft) richtet sich an sich grundsätzlich nach denselben Regeln wie die Verjährung des Schadensersatzanspruchs (→ Rn. 21).

Die Verjährung eines **Schadensersatzanspruchs** (§ 14 Abs. 6, § 15 Abs. 5, § 17 Abs. 2 S. 2) **21** setzt nach einer verbreiteten Ansicht als objektiven Anknüpfungspunkt der Verjährung zusätzlich voraus, dass ein Schaden eingetreten ist (Fezer Rn. 41; v. Schulz/Stuckel Rn. 19). Nach richtiger Auffassung spielt es keine Rolle, ob ein Schaden tatsächlich eingetreten ist (Ingerl/Rohnke/Nordemann/Schork Rn. 21). Denn der Schaden ist bereits in der Verletzung des Kennzeichenrechts selbst zu sehen, ohne dass es zu einem darüber hinaus gehenden Vermögensschaden kommen muss (BGH GRUR 2010, 239 Rn. 23 – BTK; GRUR 2006, 421 Rn. 45 – Markenparfümverkäufe; OLG Karlsruhe GRUR-RS 2016, 10600 Rn. 61 – Resistograph). Objektiver Anknüpfungspunkt ist deshalb die Verletzungshandlung. Hier gilt: Bei **Einzelhandlungen** (→ Rn. 14) wird mit jeder Verletzungshandlung ein neuer, gerade hierauf bezogener Schadensersatzanspruch mit einer eigenständigen Verjährung ausgelöst (BGH GRUR 2013, 1161 Rn. 44 – Hard Rock Cafe; GRUR 1978, 492 (495) – Fahrradgepäckträger II). Bei einer **Dauerhandlung** (→ Rn. 15) wird der Beginn der Verjährung eines Schadensersatzanspruchs anders beim Unterlassungsanspruch (→ Rn. 17) nicht bis zum endgültigen Abschluss der Verletzungshandlung hinausgezögert. Der Schadensersatzanspruch verjährt in Abschnitten. Die schadensbegründende Dauerhandlung, die fortlaufend weitere Schäden erzeugt, wird **gedanklich aufgespalten;** es wird fingiert, dass der Verletzer jeden Tag eine Einzelhandlung begeht, für die jeweils eine gesonderte Verjährungsfrist beginnt (BGH GRUR 2015, 780 Rn. 23 – Motorradteile; GRUR 1999, 751 (754) – Güllepumpen; GRUR 1978, 492 (495) – Fahrradgepäckträger II; OLG Zweibrücken GRUR-RR 2007, 89 (90) – R. Post Deutschland; Fezer Rn. 43; Ströbele/Hacker/Thiering/Thiering Rn. 20). Allerdings muss nicht für jeden Tag innerhalb eines Jahres die Verjährungsfrist einzeln berechnet werden, da die Verjährung nach § 199 Abs. 1 BGB erst mit dem Schluss des Jahres beginnt.

Ein **Hilfsanspruch auf Auskunft** (§ 242 BGB), der die Schadensberechnung ermöglichen **22** soll, verjährt wegen seiner Akzessorietät gegenüber dem Hauptanspruch grundsätzlich wie der

Schadensersatzanspruch (so implizit BGH GRUR 2009, 678 Rn. 42 – POST/RegioPost). Entsprechendes gilt für den Auskunftsanspruch als Hilfsanspruch für der Anspruch auf Bereicherungsausgleich (§ 812 Abs. 1 S. 1 Alt. 2 BGB). Der akzessorische Charakter des Anspruchs auf Auskunft hat nämlich zur Folge, dass der Hilfsanspruch in der Regel mangels Erforderlichkeit der Auskunftserteilung nicht mehr gegeben ist, sobald der **Hauptanspruch verjährt** ist. Das gilt aber **nicht ausnahmslos:** Da gemäß § 215 BGB unter bestimmten Voraussetzungen die Verjährung die Aufrechnung nicht ausschließt, kann im Einzelfall jedoch auch bei Verjährung des Hauptanspruchs noch ein berechtigtes Interesse des Gläubigers an einer Auskunftserteilung bestehen. Für den Schadensersatzanspruch als Hauptanspruch zu berücksichtigen ist, dass auch nach Verjährung des eigentlichen Schadensersatzanspruchs gemäß § 20 S. 2 noch ein Anspruch auf Restschadensersatz (→ Rn. 74) und damit auch ein zu dessen Berechnung dienender akzessorischer Auskunftsanspruch gegeben sein kann. Dieser geht ebenso weit wie der Auskunftsanspruch als Hilfsanspruch für einen Schadensersatzanspruch und erfasst auch die Rechnungslegung des Gewinns und der Gestehungskosten (vgl. zum Patentrecht LG Düsseldorf GRUR-RS 2021, 35000 Rn. 121 – Waffenverschlusssystem), da auch beim Restschadensersatz der zu zahlende Betrag nicht nur nach den Grundsätzen der Lizenzanalogie, sondern auch als Abschöpfung des Verletzergewinns berechnet werden kann (→ Rn. 75 f.). In solchen Fällen ist der Hilfsanspruch aus Auskunft nicht verjährt.

23   Der **selbständige Auskunftsanspruch** gemäß § 19 entsteht, sobald die Verletzungshandlung abgeschlossen ist.

24   Für die Ansprüche auf **Vernichtung, Rückruf und Entfernung aus den Vertriebswegen** richtet sich der Verjährungsbeginn nach den Grundsätzen, die für den Unterlassungsanspruch gelten (Ströbele/Hacker/Hacker, 11. Aufl. 2014, Rn. 16). Es muss deshalb differenziert werden, ob Grundlage des Anspruchs eine Einzelhandlung (→ Rn. 13) oder eine Dauerhandlung (→ Rn. 15) ist: Der Anspruch auf Vernichtung der in Besitz oder Eigentum des Verletzers befindlichen **widerrechtlich gekennzeichneten Waren** gemäß § 18 Abs. 1 knüpft nicht an das Markieren der Waren oder die Eigentums- oder Besitzverschaffung als Einzelhandlung an, sondern an das Innehaben des Eigentums oder des Besitzes. Dies sind **Dauerhandlungen.** Damit unterliegt der Anspruch auf Vernichtung widerrechtlich gekennzeichneter Waren faktisch keiner Verjährung. Denn die Verjährung könnte frühestens mit der Beendigung der Stellung als Eigentümer oder Besitzer beginnen, wodurch der Anspruch auf Vernichtung dann aber ohnehin untergeht. Dies führt zu dem Ergebnis, dass der Anspruch auch dann noch durchgesetzt werden kann, wenn Unterlassungsansprüche, die an die rechtswidrige Markierung oder den Erwerb der Waren als Einzelhandlungen anknüpfen, bereits verjährt sind. Dies ist sachgerecht, weil der Anspruch auf Vernichtung gemäß § 18 Abs. 1 den Charakter eines Folgenbeseitigungsanspruchs trägt. Soweit sich der Anspruch gemäß § 18 Abs. 2 auf Vernichtung der **Materialien und Geräte** im Eigentum oder Besitz des Verletzers richtet, die vorwiegend zur widerrechtlichen Kennzeichnung der Waren gedient haben, erscheint die Bewertung als Dauerhandlung nicht angebracht. Tatbestandsvoraussetzung ist zwar auch hier, dass die Materialien und Geräte im Eigentum oder Besitz des Verletzers stehen. Anknüpfungspunkt des Anspruchs ist jedoch bei wertender Betrachtung nicht das Eigentum oder der Besitz, sondern die Tatsache, dass die Materialien und Geräte „vorwiegend zur widerrechtlichen Kennzeichnung der Waren gedient haben". Es ist deshalb sachgerecht, in jeder Benutzung des Materials und der Geräte zur widerrechtlichen Kennzeichnung in der Vergangenheit eine in sich abgeschlossene **Einzelhandlung** zu sehen und deren Abschluss zum objektiven Anknüpfungspunkt der Verjährung zu machen. Der Anspruch auf **Rückruf** gemäß § 18 Abs. 2 Alt. 1 und auf endgültiges **Entfernen aus den Vertriebswegen** gemäß § 18 Abs. 2 Alt. 2 zielen beide letztlich auf die Rückgängigmachung der rechtsverletzenden Vertriebshandlungen ab. Hierbei handelt es sich um **Einzelhandlungen.** Objektiver Anknüpfungspunkt für den Beginn der Verjährung sind deshalb die jeweiligen Einzelhandlungen.

25   **Vorlage- und Besichtigungsansprüche** (§ 19a) entstehen, sobald die Rechtsverletzung hinreichend wahrscheinlich ist (Ströbele/Hacker/Thiering/Thiering Rn. 24).

26   Der **Sicherungsanspruch** gemäß § 19b entsteht, sobald die Rechtsverletzung abgeschlossen und die Erfüllung des Schadensersatzanspruchs fraglich geworden ist (Ströbele/Hacker/Thiering/Thiering Rn. 26).

27   Die Verjährung des Anspruchs auf **Urteilsbekanntmachung** nach § 19c spielt in der Praxis keine Rolle, da die Befugnis, das Urteil öffentlich bekannt zu machen, erlischt, wenn der Berechtigte sie nicht innerhalb von drei Monaten nach der Rechtskraft des Urteils ausgeübt hat (§ 19c S. 3).

28   Der Anspruch auf **angemessene Entschädigung gem. Art. 11 Abs. 2 UMV** entsteht erst mit der Eintragung der Unionsmarke und ihrer Veröffentlichung, weil ein jegliches Recht, das aus einer Unionsmarke abgeleitet wird, gemäß Art. 11 Abs. 1 UMV erst mit Eintragung gerichtlich geltend gemacht werden kann (EuGH C-280/15, GRUR 2016, 931 Rn. 49 – Nikolajeva/Multi Protect zur Vorgängerregelung in Art. 9 Abs. 3 S. 2 und 3 GMV).

4. Kenntnis oder grob fahrlässige Unkenntnis als subjektiver Anknüpfungspunkt

§ 199 Abs. 1 Nr. 2 BGB regelt die subjektiven Voraussetzungen für den Beginn der regelmäßi-   **29** gen Verjährungsfrist: Der Gläubiger kennt die anspruchsbegründenden Umstände und die Person des Schuldners oder müsste sie ohne grobe Fahrlässigkeit kennen. Der Gläubiger eines Schadensersatzanspruchs muss nach ganz überwiegender Ansicht zusätzlich wissen oder grob fahrlässig verkennen, dass ein Schaden entstanden ist. Jedoch muss er die Schadenshöhe nicht beziffern können; es gilt der Grundsatz der Schadenseinheit (Köhler/Bornkamm/Feddersen/Köhler UWG § 11 Rn. 1.31). Da aber der Eintritt eines Schadens schon in der Rechtsverletzung selbst liegt (→ Rn. 21), ist ein darüber hinaus gehender tatsächlicher Schaden kein anspruchsbegründender Umstand, so dass es auch nicht auf dessen Kenntnis ankommen kann.

Positive Kenntnis setzt voraus, dass der Gläubiger in der Lage ist, eine „erfolgversprechende,   **30** wenn auch nicht risikolose" Klage zu erheben (BGH GRUR 2012, 1279 Rn. 53 – DAS GROSSE RÄTSELHEFT; GRUR 2009, 1186 Rn. 22 – Mecklenburger Obstbrände). Nicht erforderlich ist, dass er die anspruchsbegründenden Umstände lückenlos im Einzelnen kennt oder bereits hinreichend sichere Beweismittel hat (BGH NJW-RR 2008, 1495 Rn. 32).

Der Gläubiger muss die **anspruchsbegründenden Tatsachen** kennen. Eine fehlerhafte recht-   **31** liche Würdigung des Sachverhalts ist grundsätzlich unbeachtlich (BGH NJW 2008, 1729 Rn. 26). Rechtsunkenntnis beeinflusst den Verjährungsbeginn nur ausnahmsweise, wenn eine Klageerhebung unzumutbar wäre, weil die Rechtslage so unübersichtlich oder zweifelhaft ist, dass selbst ein rechtskundiger Berater sie nicht einschätzen kann (BGH NJW 2009, 984 Rn. 14; 1999, 2041 (2042)). Tatsachen, die der Schuldner darzulegen und zu beweisen hat, sind keine anspruchsbegründenden Umstände iSd § 199 Abs. 1 Nr. 2 BGB. Die Unkenntnis dieser Tatsachen kann den Verjährungsbeginn daher grundsätzlich nicht hinauszögern. Eine Ausnahme gilt nach Auffassung des BGH, wenn konkrete Anhaltspunkte für eine den Anspruch ausschließende Einwendung des Schuldners bestehen, der Gläubiger aber keine hinreichende Kenntnis von den Umständen hat, welche die Einwendung begründen (BGH GRUR 2009, 1186 Rn. 22 – Mecklenburger Obstbrände).

Die Kenntnis der **Person des Schuldners** bezieht sich auf den Namen und die Anschrift des   **32** Schuldners (BGH NJW 2001, 1721 (1722)). Richtet sich der Anspruch gegen mehrere Personen, ist die Kenntnis für jeden Anspruchsgegner einzeln zu prüfen; der Verjährungsbeginn kann also unterschiedlich sein.

Die **grob fahrlässige Unkenntnis** steht der positiven Kenntnis gleich (§ 199 Abs. 1 Nr. 2   **33** BGB). Grob fahrlässig handelt, wem ein **schwerer Obliegenheitsverstoß** in seinen eigenen Angelegenheiten der Anspruchsverfolgung vorzuwerfen ist, wer also „die im Verkehr erforderliche Sorgfalt in ungewöhnlich grobem Maße verletzt und auch ganz naheliegende Überlegungen nicht angestellt oder das nicht beachtet hat, was jedem hätte einleuchten müssen" (BGH GRUR 2016 Rn. 28 – Geburtstagskarawane; GRUR 2012, 1248 Rn. 23 – Fluch der Karibik; NJW-RR 2010, 681 Rn. 13; OLG München 7.5.2020 – 6 U 2807/19 – Isobau). Zwar besteht **keine generelle Obliegenheit** des Gläubigers, Nachforschungen zu betreiben oder **den Markt zu beobachten,** so dass allein eine fehlende Marktbeobachtung keine grob fahrlässige Unkenntnis zu begründen vermag, sondern vielmehr weitere Umstände hinzutreten müssen, etwa ein großer Erfolg des Produkts des Verletzers mit besonders breiter Resonanz in den Medien (vgl. BGH GRUR 2012, 1248 Rn. 25 – Fluch der Karibik; OLG München 7.5.2020 – 6 U 2807/19 – Isobau). Allerdings hat der Gläubiger im Rahmen seiner Nachforschungsobliegenheit **allen Indizien nachzugehen,** die darauf hindeuten, dass ihm ein bestimmter Anspruch gegen eine bestimmte Person zusteht. Sind solche Indizien vorhanden, obliegt es dem Gläubiger, zumindest solche Nachforschungen anzustellen, die weder einen unverhältnismäßigen Aufwand noch unverhältnismäßige Kosten verursachen und dabei die ihm vorliegenden oder zumindest zugänglichen Informationsquellen zu konsultieren. Eine grob fahrlässige Unkenntnis von den anspruchsbegründenden Umständen oder der Person des Schuldners im Sinne von § 199 Abs. 1 Nr. 2 Alt. 2 BGB ist also anzunehmen, wenn der Schuldner bei dem Verdacht eines Verstoßes die **auf der Hand liegenden** Erkenntnis- und **Informationsquellen nicht nutzt,** und sich damit einer entsprechenden Kenntnisnahme verschließt (OLG München 7.5.2020 – 6 U 2807/19 – Isobau). Wenn er den konkreten Verdacht einer Rechtsverletzung hat, muss er die üblichen Informationsquellen (zB öffentliche Nachschlagewerke, Amtliche Register, Internetrecherche, Domainabfrage, Anfragen bei Behörden etc) nutzen, um die erforderliche Tatsachenkenntnis zu erlangen (vgl. OLG München 7.5.2020 – 6 U 2807/

19 – Isobau). Es wäre grob fahrlässig, solche Nachforschungen zu unterlassen (BGH NJW-RR 2010, 681 Rn. 16). Bezieht sich die Unkenntnis auf die Person des Schuldners, kann es im Einzelfall gegen eine grobfahrlässige Unkenntnis sprechen, wenn die Werbung für ein Produkt unklar gestaltet ist und auf die Verantwortlichkeit (einzig) eines Dritten hindeutet (vgl. BGH GRUR 2012, 1279 Rn. 57 – DAS GROSSE RÄTSELHEFT). Der Gläubiger ist **nicht** verpflichtet, **außergewöhnliche und kostspielige Ermittlungen** durchzuführen, zB einen Detektiv einzuschalten (Köhler/Bornkamm/Feddersen/Köhler UWG § 11 Rn. 1.28). Darüber hinaus kann erwartet werden, dass der Inhaber einer Marke oder einer geschäftlichen Bezeichnung das unmittelbare Umfeld seiner Geschäftstätigkeit mit hinreichender Aufmerksamkeit verfolgt, so dass ihm am Markt nachhaltig auftretende verletzende Kennzeichen von ihm bekannten Wettbewerbern nicht verborgen bleiben können (Büscher/Dittmer/Schiwy/Schalk Rn. 12). Insoweit besteht zwar **keine Marktbeobachtungs- aber eine** gewisse **Marktwahrnehmungsobliegenheit.** Diese ist aber nicht gröblich verletzt, wenn punktuell irgendwo in Deutschland erfolgende Verletzungshandlungen nicht wahrgenommen werden. Größeren Unternehmen mit einer eigenen Rechtsabteilung oder Markenabteilung ist es grundsätzlich zuzumuten, Markenanmeldungen auch ohne einen konkreten Verdacht zu überwachen (Büscher/Dittmer/Schiwy/Schalk Rn. 3312; aA Ingerl/Rohnke/Nordemann/Schork Rn. 18; Ströbele/Hacker/Thiering/Thiering Rn. 38).

34   Bei Handelsgesellschaften und juristischen Personen kommt es grundsätzlich auf die Kenntnis oder grobfahrlässige Unkenntnis ihrer **Organe** an (BGH NJW-RR 2011, 832 Rn. 10; OLG Düsseldorf BeckRS 2010, 25156; KG BeckRS 2015, 11082 Rn. 8). Dies gilt unabhängig davon, ob die Abwehr und Verfolgung von Kennzeichenverletzungen zum Ressort des betreffenden Organs gehört. Denn von einem Organ kann jedenfalls die unverzügliche Weiterleitung an die intern zuständige Stelle erwartet werden (MüKoUWG/Fritzsche UWG § 11 Rn. 143; aA Ingerl/Rohnke/Nordemann/Schork Rn. 19). Ist das Organ einer Gesellschaft aber ausnahmsweise selbst der Schuldner, wird seine Kenntnis oder grobfahrlässige Unkenntnis der Gesellschaft nicht zugerechnet (BGH NJW-RR 2011, 832 Rn. 10).

35   Eine am Rechtsverkehr teilnehmende Organisation muss organisatorisch sicherstellen, dass die ihr ordnungsgemäß zugehenden, rechtserheblichen Informationen von ihren Entscheidungsträgern zur Kenntnis genommen werden können und kann sich, wenn sie dies unterlässt, nicht auf Unkenntnis berufen (BGH GRUR 2021, 730 Rn. 41 – Davidoff Hot Water IV). Der Anspruchsgläubiger muss sich allerdings nicht die Kenntnis oder grob fahrlässige Unkenntnis jedes Mitarbeiters oder Bediensteten zurechnen lassen (OLG Düsseldorf BeckRS 2010, 25156). Zugerechnet wird ihm nur die Kenntnis oder grobfahrlässige Unkenntnis eines **Wissensvertreters** (BGH NJW 2012, 1789 Rn. 13). Wissensvertreter ist nach dem insoweit heranzuziehenden Rechtsgedanken des § 166 Abs. 1 BGB jede Person, die nach der Arbeitsorganisation des Geschäftsherrn zuständig ist, im Rechtsverkehr als dessen Repräsentant bestimmte Aufgaben, insbesondere die Betreuung und Verfolgung des in Frage stehenden Anspruchs, **in eigener Verantwortung** zu erledigen und die dabei anfallenden **Informationen zur Kenntnis zu nehmen und weiterzugeben** oder von der dies aufgrund ihrer Stellung im Unternehmen typischerweise erwartet werden kann (BGH GRUR 2016, 946 Rn. 61 – Freunde finden; GRUR 2016, 705 Rn. 44 – ConText; OLG Düsseldorf BeckRS 2010, 25156). Die Person braucht weder zum rechtsgeschäftlichen Vertreter noch zum „Wissensvertreter" ausdrücklich bestellt zu sein (BGH NJW 1996, 1339 (1340); OLG Frankfurt BeckRS 2013, 10880; aA OLG Hamburg GRUR-RR 2006, 374 (376) – Neueröffnung). Umgekehrt ist die Kenntnis rechtsgeschäftlicher Vertreter, die nicht zugleich die Voraussetzungen des Wissensvertreters erfüllen, nicht ausreichend (OLG Düsseldorf BeckRS 2010, 2515). Auch bloße Sachbearbeiter können je nach den Umständen Wissensvertreter sein, wenn nach ihrer Funktion erwartet werden darf, dass sie eine Verletzung erkennen und ihre Kenntnis an diejenigen weitergeben, die im Unternehmen zur Entscheidung über die Rechtsverfolgung befugt sind (OLG Frankfurt NJW 2000, 1961 f.; OLG Köln GRUR-RR 2010, 493 – Ausgelagerte Rechtsabteilung). Rein privat erlangtes Wissen wird grundsätzlich nicht zugerechnet. Den Gläubiger trifft insoweit keine Verpflichtung, seine Mitarbeiter zur Dokumentation und Weiterleitung außerdienstlich erlangten Wissens anzuhalten (BGH GRUR 2016, 946 Rn. 61 – Freunde finden).

36   Eine Wissenszurechnung findet über das von der Rechtsprechung entwickelten Institut des Wissensvertreters **grundsätzlich nur innerhalb der Betriebsorganisation des Gläubigers selbst** statt. Mit der Zurechnung von Wissen eines Vertreters soll nämlich sichergestellt werden, dass juristische Personen und Personengesellschaften aus einer geschäftsorganisatorisch bedingten Wissensaufspaltung verglichen mit einer natürlichen Person keine Vorteile ziehen (BGH GRUR 2016, 946 Rn. 61 – Freunde finden). Wissen von **Personen außerhalb der Betriebsorganisation** des Gläubigers wird diesem grundsätzlich nur dann zugerechnet, wenn diese Personen **gesondert beauftragt** damit sind, bestimmte Sachverhalte zur Kenntnis zu nehmen und an den Gläubiger zu übermitteln (OLG Hamburg GRUR-RS 2019, 16803 Rn. 49 – Dichtmodul; GRUR-RR 2006, 374 (376) – Neueröffnung; vgl. insbesondere zur Zurechnung des Wissens eines Rechtsanwalts OLG Bremen BeckRS 2001, 161161; OLG Frankfurt GRUR-RR 2011, 66 – Sequestrationsanspruch; LG München I MMR 2000, 566 – FTP-Explorer). **Innerhalb von Konzernen** gibt es grundsätzlich **keine personenübergreifende Wissenszurechnung** von Mitarbeitern **anderer (verbundener) Gesellschaften** quer durch die ganze Konzernstruktur (vgl. BGH GRUR 2021, 730 Rn. 44 – Davidoff Hot Water IV). Deren Wissen wird dem Gläubiger nur dann zugerechnet, wenn sie im vorstehenden Sinne gesondert beauftragt sind. Dies ergibt sich aus dem oben dargestellten Sinn und Zweck der Wissenszurechnung: Eine juristische Person oder eine Personengesellschaft als Gläubigerin soll aus der bloßen Tatsache, dass in ihr unterschiedliche natürliche Personen Funktionen ausüben und unterschiedliche Sachverhalte wahrnehmen können, gegenüber einer natürlichen Person als Gläubigerin, deren Wahrnehmung zwangsläufig einheitlich ist, keine Vorteile ziehen. Der natürlichen Person als Gläubigerin wiederum fällt nur ihre eigene Kenntnis zur Last, nicht aber das Wissen anderer natürlicher Personen, mit denen sie in geschäftlicher oder auch in engster persönlicher Verbindung steht. Entsprechend wird einer juristischen Person oder Personengesellschaft als Gläubigerin auch nicht ohne weiteres ein Wissen zugerechnet, das innerhalb einer anderen juristischen Person oder Personengesellschaft besteht (vgl. OLG Düsseldorf BeckRS 2009, 19731). Dies gilt ungeachtet geschäftlicher oder gesellschaftsrechtlicher Beziehungen zwischen diesen unterschiedlichen Personen. Es gibt **auf Mitarbeiterebene keine Wissenszurechnung** quer durch unterschiedliche Konzerngesellschaften im Konzernverbund. Eine Wissenszurechnung kommt **allenfalls auf Vorstandsebene bei Doppelvorstandsmandaten** in Betracht. Bei miteinander gesellschaftsrechtlich verbundenen **GmbHs,** die **denselben Geschäftsführer** haben, wirkt dessen Kenntnis für jede dieser GmbHs (vgl. KG BeckRS 2015, 11082 Rn. 8).

36.1 Der Zurechnungsgrund für eine personenübergreifende Wissenszurechnung im Konzern kann nicht allein mit der Konzernleitungspflicht begründet werden. Die Konzernleitungspflicht zB des Vorstands einer AG besteht gegenüber der von ihm vertretenen Gesellschaft selbst (§ 76 AktG). Sie entstammt aus dem internen Organisationsrecht. Organisationspflichten als Grundlage der Wissenszurechnung dienen demgegenüber dem Verkehrsschutz. Im Interesse des Verkehrsschutzes erkennt der BGH eine Pflicht zur ordnungsgemäßen Organisation der eigenen, gesellschaftsinternen Kommunikation und erblickt in dieser Organisationspflicht ausdrücklich den tragenden Grund für die Wissenszurechnung (BGH NJW 1996, 1339 (1340 f.)). Eine personenübergreifende Wissenszurechnung ergibt sich daraus aber nicht. Allein die tatsächliche Einflussnahme einer juristischen Person auf eine andere oder das tatsächliche Zusammenwirken verschiedener juristischer Personen genügt als Zurechnungsgrund nicht (LG Stuttgart BeckRS 2017, 118702 Rn. 218 ff.). Die Mehrheitsbeteiligung an einer Aktiengesellschaft allein ist deshalb kein ausreichender Zurechnungsgrund. Denn anders als im Personengesellschaftsrecht bestimmt der Mehrheitsgesellschafter gerade nicht die Geschäftsführung mit, da die Hauptversammlung von der Geschäftsführung ausgeschlossen ist (arg. e § 119 Abs. 2 AktG). Eine Wissenszurechnung kann man deshalb allenfalls auf Vorstandsebene und nicht auf Mitarbeiterebene vornehmen und dies auch nur dann, wenn eine personelle Verflechtung auf der Vorstandsebene zwischen herrschendem und abhängigem Unternehmen im Sinne von Doppelvorstandsmandaten besteht. Denn die personelle Verflechtungen solcher Doppelvorstandsmandate können letztlich dazu führen, dass in der Konzernführung die Interessen und Kenntnisse der Geschäftsbereiche und bei den Tochterunternehmen die Konzerninteressen jeweils vorgetragen werden (LG Stuttgart BeckRS 2017, 118702 Rn. 218 ff.).

37 Die Frage der Wissenszurechnung lässt sich nicht mit logisch begrifflicher Stringenz, sondern nur in **wertender Beurteilung** entscheiden (BGH NJW 1996, 1339 (1340); OLG Frankfurt NJW 2000, 1961 (1962)). Die folgende Kasuistik gibt eine Orientierung:

37.1 **Wissensvertretung bejaht:** Der **Justitiar** ist Wissensvertreter (OLG Rostock BeckRS 2016, 112269). Bei Kennzeichenrechtsverletzungen sind Mitarbeiter der **Markenabteilung** Wissensvertreter (LG Hamburg GRUR-RS 2015, 17956 – MSpeed). Wissensvertreter ist auch der **Sachbearbeiter,** der auf Verletzungen achtet und in einem Unternehmen ohne eigene Rechtsabteilung die gewonnenen Informationen an den Geschäftsführer und/oder den ständig beratenden Rechtsanwalt als „ausgelagerte Rechtsabteilung" weitergibt (OLG Köln GRUR-RR 2010, 493 – Ausgelagerte Rechtsabteilung). Wissensvertreter sind bei der Verletzung eines Unternehmenskennzeichens auch die Mitarbeiter in der **Vertriebsabteilung,** die zu Dokumentationszwecken routinemäßig Handelsregisterauszüge ihrer Vertragspartner beschaffen und die dadurch genaue Kenntnis eines rechtsverletzenden Firma erlangen; hier kann die Weitergabe der Information an die Geschäftsführung oder Rechtsabteilung erwartet werden (OLG Frankfurt NJW 2000, 1961 (1962)). Ein **Rechtsanwalt** ist Wissensvertreter, wenn ihm Mandat und Auftrag zur Abwehr von Ansprüchen eines bestimmten Anspruchstellers erteilt wurde und er im Zuge der bei der Mandatsbearbeitung anfallenden Informationssammlung wiederum eigene Rechtsverletzungen des Anspruchstellers entdeckt, die sich für einen Gegenangriff eignen (OLG Hamm GRUR-RR 2011, 329 (331) – Salve einer Abmahngemeinschaft; OLG Frankfurt BeckRS 2013, 10880). Ein Rechtsanwalt, der einen **ständigen Such- und Überwachungsauftrag** hat und in eigener Verantwortung zielgerichtet Verletzungen aufspürt und dem Rechtsinhaber meldet, ist Wissensvertreter (LG Düsseldorf BeckRS 2014, 119123). Wissensvertreter ist ein **Testkäufer,** der gezielt beauftragt worden ist, zum Zwecke der Aufdeckung von Verletzungen Verkaufsgespräche zu führen und seinem Auftraggeber darüber zu berichten (OLG Stuttgart WRP 1985, 242 (243) – Testkäufer; OLG Celle NJOZ 2008, 3495 (3498) – Hörgeräteversorgung). Der **Admin-C** ist Wissensvertreter für Fragen der Einrichtung und Verwaltung einer Domain (OLG Köln GRUR-RS 2014, 08900 – Auto-Complete-Funktion).

37.2   **Wissensvertretung verneint:** Keine Wissensvertreter für Kennzeichenverletzungen sind Mitarbeiter, die in **Geschäftskontakt** mit dem Verletzer stehen und mit ihm lediglich Verträge über eine geschäftliche Zusammenarbeit verhandeln (OLG Hamburg GRUR-RR 2004, 245 – magenta). Nicht als Wissensvertreter einzustufen ist der **Sachbearbeiter einer Verbraucherbeschwerde,** wenn sich aus der Anlage zu dieser Beschwerde zwar der Gebrauch eines möglicherweise rechtsverletzenden Domainnamens ergibt, dieser Umstand jedoch für die Bearbeitung der Beschwerde ohne Bedeutung ist (OLG Frankfurt MMR 2014, 753 f. und Ls. 3). Mitarbeiter einer spezialisierten Unternehmenssparte sind nicht Wissensvertreter für Verstöße, die eine **andere spezialisierte Unternehmenssparte** betreffen und zu deren Feststellung die dort angesiedelten Spezialkenntnisse erforderlich sind (OLG Frankfurt PharmR 2017, 505 (506)). Ein **Rechtsanwalt,** dem für einen bestimmten Auftrag noch kein Mandat erteilt worden ist, kann grundsätzlich nicht als Wissensvertreter angesehen werden, wenn er eine Verletzung entdeckt; dies gilt selbst dann, wenn er den Rechtsinhaber ständig berät, er aber jeweils Einzelaufträge zur Verfolgung der von ihm festgestellten Verletzungen erhält (OLG Bremen 12.4.2001 – 2 U 18/01; OLG Frankfurt GRUR-RR 2011, 66 – Sequestrationsanspruch; LG München I 25.5.2000 – 4 HKO 6543/00 – FTP-Explorer). Einem Mandanten kann grundsätzlich nicht Wissen zugerechnet werden, das seine Prozessbevollmächtigten aufgrund einer früheren Tätigkeit für einen **anderen Mandanten** erlangt haben (OLG Hamburg GRUR-RR 2018, 27 Rn. 32 und Ls. 2 – HSA FREI). Ein selbständiger **Handelsvertreter** ist nicht Wissensvertreter, weil jedenfalls nicht allgemein davon ausgegangen werden kann, dass die Weiterleitung von Informationen zum Zwecke der Rechtsverfolgung zu seinen Aufgaben gehört (OLG Düsseldorf BeckRS 2010, 25156). Der **Admin-C** ist nicht Wissensvertreter hinsichtlich der unter der Domain abrufbaren Inhalte (OLG Köln GRUR-RS 2014, 08900 – Auto-Complete-Funktion).

38   Der **Rechtsnachfolger des Gläubigers** muss sich die Kenntnis oder grob fahrlässige Unkenntnis seines Rechtsvorgängers zurechnen lassen (BGH ZEV 2014, 304 Rn. 13; NJW 1996, 117 (118)).

5. Ultimo-Verjährung

39   Die regelmäßige Verjährung beginnt mit dem Schluss des Jahres, in dem die Voraussetzungen des § 199 Abs. 1 Nr. 1, 2 BGB erfüllt worden sind. Es spielt keine Rolle, ob der Gläubiger am 1.1., 1.7. oder 31.12. Kenntnis von den anspruchsbegründenden Umständen und der Person des Schuldners erlangt hat. Die Verjährung beginnt in allen Fällen mit Ablauf des 31.12. Die Ultimo-Regel betrifft alle Ansprüche, die der Regelverjährung unterliegen. Sie gilt aber nur für den ersten Beginn der Verjährungsfrist, nicht für die Fortsetzung nach einer Hemmung oder den Neubeginn der Verjährung (Erman/Schmidt-Räntsch BGB § 199 Rn. 30).

II. Verjährungshöchstfristen

40   Im Interesse des Schuldners regeln § 199 Abs. 2–4 BGB Verjährungshöchstfristen ohne subjektive Anknüpfungspunkte. In Kennzeichenrechtssachen sind § 199 Abs. 3 und 4 BGB relevant. Die Ultimo-Regel in § 199 Abs. 1 BGB gilt nicht für die Höchstfristen (BGH NJW 2010, 1956 Rn. 17). Diese Fristen beginnen taggenau und sind gemäß §§ 187, 188 BGB zu bestimmen (Grüneberg/Ellenberger BGB § 199 Rn. 42).

41   Gemäß § 199 Abs. 4 BGB verjähren **alle Ansprüche – außer Schadensersatzansprüche –** ohne Rücksicht auf die Kenntnis oder grob fahrlässige Unkenntnis in zehn Jahren von ihrer Entstehung an. Zur Verjährungsvoraussetzung „Entstehung des Anspruchs" → Rn. 13 ff.

42   Für **Schadensersatzansprüche** (§ 14 Abs. 5, § 15 Abs. 4, § 17 Abs. 2 S. 2) regelt § 199 Abs. 3 S. 1 BGB zwei Fristen. Maßgeblich ist die Frist, die früher endet (§ 199 Abs. 3 S. 2 BGB). Nach § 199 Abs. 3 S. 1 Nr. 1 BGB verjähren Schadensersatzansprüche – wie sonstige Ansprüche iSd § 199 Abs. 4 BGB (→ Rn. 41) – ohne Rücksicht auf die Kenntnis oder grob fahrlässige Unkenntnis in zehn Jahren von ihrer Entstehung an. Diese Frist kann erst beginnen, sobald der Schaden eingetreten ist. Jedoch kann der noch nicht erfolgte Schadenseintritt die Verjährung nicht unbegrenzt hinauszögern. Nach § 199 Abs. 3 S. 1 Nr. 2 BGB gilt eine Höchstfrist von 30 Jahren ohne Rücksicht auf die Anspruchsentstehung und die Kenntnis oder grob fahrlässige Unkenntnis. Diese Frist beginnt mit der Verletzungshandlung, die den Schaden auslöst.

III. Verjährung titulierter Ansprüche

Rechtskräftig festgestellte Ansprüche, Ansprüche aus vollstreckbaren Vergleichen (§ 794 Abs. 1 **43** Nr. 1 ZPO) oder vollstreckbaren Urkunden (§ 794 Abs. 1 Nr. 5 ZPO) verjähren gemäß § 197 Abs. 1 Nr. 3, 4 BGB in 30 Jahren. Diese Frist ersetzt die Verjährungsfrist, die bis zur Titulierung maßgeblich war. Eine vertraglich vereinbarte kürzere Verjährungsfrist ist unbeachtlich (Grüneberg/ Ellenberger BGB § 197 Rn. 9).

Gemäß § 201 S. 1 BGB beginnt die Verjährung mit der **formellen Rechtskraft** der Entschei- **44** dung oder der Errichtung des vollstreckbaren Titels, nicht jedoch vor der Entstehung des Anspruchs. Die Verjährung eines titulierten Unterlassungsanspruchs beginnt frühestens mit der **Zuwiderhandlung** (§ 201 S. 2 BGB iVm § 199 Abs. 5 BGB). Aus dem Gesetz geht jedoch nicht hervor, ob allein die erste Zuwiderhandlung maßgeblich ist oder die Verjährung mit jeder Zuwiderhandlung neu beginnt. Gerichte haben sich mit dieser Frage – soweit ersichtlich – bislang nicht befasst. Nach Köhler ist im Einklang mit § 890 Abs. 1 S. 1 ZPO (Vollstreckung „wegen einer jeden Zuwiderhandlung") auf die jeweilige Zuwiderhandlung abzustellen (Köhler JZ 2005, 489 (495); Köhler/Bornkamm/Feddersen/Köhler UWG § 11 Rn. 1.18). Solange der Schuldner den Unterlassungstitel beachtet, kann der titulierte Anspruch nicht verjähren – auch wenn der Titel älter als 30 Jahre ist (Ströbele/Hacker/Thiering/Thiering Rn. 43; Erman/Schmidt-Räntsch BGB § 201 Rn. 6).

Auch die **zwangsweise Durchsetzung eines Unterlassungstitels** gemäß § 890 Abs. 1 ZPO **45** unterliegt der Verjährung (Art. 9 Abs. 1 S. 1 EGStGB). Die Verjährungsfrist beträgt zwei Jahre (Art. 9 Abs. 1 S. 2 EGStGB) und beginnt, sobald die Zuwiderhandlung beendet ist (Art. 9 Abs. 1 S. 3 EGStGB). Jede Zuwiderhandlung löst eine gesonderte Verjährungsfrist aus (Köhler JZ 2005, 489 (495)).

Die **Vollstreckung des Ordnungsmittels** verjährt gemäß Art. 9 Abs. 2 S. 2 EGStGB ebenfalls **46** in zwei Jahren.

E. Hemmung der Verjährung

Die Verjährung kann gemäß § 20 S. 1 iVm §§ 203 ff. BGB gehemmt sein. Die Hemmungszeit **47** wird nicht in die Verjährungsfrist eingerechnet (§ 209 BGB). Fällt der Hemmungsgrund fort, läuft die Verjährungsfrist mit Beginn des nächsten Tags weiter (Grüneberg/Ellenberger BGB § 209 Rn. 1). Im Markenrecht sind vor allem folgende Hemmungstatbestände relevant:

I. Verhandlungen zwischen den Parteien

Wenn zwischen dem Schuldner und dem Gläubiger **Verhandlungen über den Anspruch** **48** **oder die anspruchsbegründenden Umstände** schweben, ist die Verjährung gehemmt, bis eine der Parteien die Fortsetzung der Verhandlungen verweigert (§ 203 S. 1 BGB). Dieser Hemmungstatbestand soll eine gerichtliche Auseinandersetzung vermeiden, wenn eine außergerichtliche Einigung möglich erscheint. Der Gläubiger soll nicht gezwungen sein, gerichtliche Schritte einzuleiten, um die Verjährung zu hemmen (BGH NJW 2008, 576 Rn. 19).

Der Begriff „Verhandlungen" ist weit zu verstehen. Es genügt jeder Meinungsaustausch über **49** den Anspruch oder seine tatsächlichen Grundlagen, nachdem der Gläubiger klargestellt hat, dass er einen Anspruch geltend macht und worauf er den Anspruch stützt (BGH WM 2009, 1597 Rn. 16; Grüneberg/Ellenberger BGB § 203 Rn. 2). Die Abmahnung allein bewirkt keine Hemmung (Köhler/Bornkamm/Feddersen/Köhler UWG § 11 Rn. 1.44 f.). Verhandlungen schweben, wenn der Gläubiger aus einer Äußerung des Schuldners schließen darf, dass er bereit ist, den Anspruch zu erörtern, der Schuldner also nicht sofort und eindeutig eine Verpflichtung ablehnt (BGH GRUR 2009, 1186 Rn. 27 – Mecklenburger Obstbrände). Ein Anhaltspunkt für die Verhandlungsbereitschaft des Schuldners kann eine Nachfrage zu den Ansprüchen, den tatsächlichen Grundlagen oder die Ankündigung sein, den Sachverhalt zu recherchieren. Auch die Bitte des Schuldners, die Frist zu verlängern, um auf eine Abmahnung zu erwidern, kann ausreichen (Köhler/Bornkamm/Feddersen/Köhler UWG § 11 Rn. 1.44). Nicht erforderlich ist, dass der Schuldner erklärt, zu einer gütlichen Einigung bereit zu sein (BGH WM 2009, 1597 Rn. 16).

50   Der **Gegenstand der Verhandlungen** ergibt sich aus dem Lebenssachverhalt, der Grundlage
für die Ansprüche des Gläubigers ist. Wenn die Verhandlungen nicht ausdrücklich auf bestimmte
Ansprüche beschränkt sind, ist davon auszugehen, dass sie sich auf alle Ansprüche erstrecken, die
sich aus dem mitgeteilten Lebenssachverhalt ergeben können (Grüneberg/Ellenberger BGB § 203
Rn. 3).

51   Die Hemmung **endet, sobald eine Partei** klar und eindeutig zu erkennen gibt, dass sie die
Verhandlungen **nicht fortsetzt** (BGH GRUR 2009, 1186 Rn. 30 – Mecklenburger Obstbrände).
Wenn die Parteien über mehrere Ansprüche verhandelt haben, kann das Verhandlungsende auf
einen Anspruch oder einzelne Ansprüche beschränkt sein (Grüneberg/Ellenberger BGB § 203
Rn. 4). Lässt der Gläubiger die Verhandlungen „einschlafen", sind sie in dem Zeitpunkt beendet,
in dem der nächste Schritt nach Treu und Glauben zu erwarten gewesen wäre (BGH NJW 2009,
1806 Rn. 10 f.; Grüneberg/Ellenberger BGB § 203 Rn. 4).

52   Die Verjährung tritt frühestens drei Monate nach dem Ende der Hemmung ein (§ 203 S. 2
BGB). Diese **Ablaufhemmung** stellt sicher, dass der Gläubiger ausreichend Zeit hat, um weitere
verjährungshemmende Maßnahmen einzuleiten.

II. Rechtsverfolgung

53   Der Gläubiger kann die Verjährung verhindern, indem er den Anspruch gemäß § 204 BGB
geltend macht. Die wichtigsten Hemmungsgründe im Markenrecht sind die Klageerhebung (§ 204
Abs. 1 Nr. 1 BGB) und die Zustellung bzw. Einreichung eines Antrags auf Erlass einer einstweiligen
Verfügung (§ 204 Abs. 1 Nr. 9 BGB).

1. Klage

54   Gemäß § 204 Abs. 1 Nr. 1 Alt. 1 BGB hemmt eine **Leistungsklage** die Verjährung. Die
Verjährung eines Leistungsantrags, der Teil einer Stufenklage ist, ist nur in Höhe des anschließend
bezifferten Betrags gehemmt (BGH NJW 1992, 2563 (2564); Grüneberg/Ellenberger BGB § 204
Rn. 2). Eine **Klage auf Feststellung des Anspruchs** hemmt die Verjährung ebenfalls (§ 204
Abs. 1 Nr. 1 Alt. 2 BGB). Jedoch genügt weder eine negative Feststellungsklage des Schuldners
noch die Verteidigung des Gläubigers gegenüber einer negativen Feststellungsklage (BGH NJW
2012, 3633 Rn. 27; WRP 1994, 810 (812) – Parallelverfahren II); der Gläubiger müsste eine
Widerklage erheben, um die Verjährung zu hemmen.

55   Die Klage ist mit der **Zustellung der Klageschrift** erhoben (§ 253 Abs. 1 ZPO). Wenn die
Zustellung „demnächst" erfolgt, beginnt die Hemmung bereits mit der Klageeinreichung (§ 167
ZPO). Die Klage muss wirksam sein, insbesondere hinreichend bestimmt gemäß § 253 Abs. 2
Nr. 2 ZPO. Der richtige Gläubiger muss die Klage an den richtigen Schuldner richten (hierzu
Grüneberg/Ellenberger BGB § 204 Rn. 9 ff.). Nicht erforderlich ist, dass die Klage substantiiert
und schlüssig ist (BGH NJW-RR 1996, 1409). Auch eine unzulässige Klage hemmt die Verjährung
(BGH NJW 2011, 2193 Rn. 13).

56   Der **Streitgegenstand der Klage** bestimmt den Umfang der Hemmung (BGH GRUR 1990,
221 (223) – Forschungskosten). So kann eine Unterlassungsklage nicht die Verjährung eines Beseitigungsanspruchs hemmen (BGH GRUR 1974, 99 (101) – Brünova) und eine Klage, die auf
einen Bereicherungsanspruch gestützt ist, berührt nicht die Verjährung eines Schadensersatzanspruchs (BGH GRUR 1990, 221 (223) – Forschungskosten). Die Hemmung erfasst Ansprüche,
die hilfsweise geltend gemacht werden (Grüneberg/Ellenberger BGB § 204 Rn. 13) und erstreckt
sich auf alle Anspruchsgrundlagen, die im konkreten Fall in Betracht kommen (BGH GRUR
1990, 221 (223) – Forschungskosten). Gemäß § 213 BGB gilt die Hemmung für Ansprüche, die
wahlweise neben dem Anspruch oder an seiner Stelle gegeben sind.

2. Antrag auf Erlass einer einstweiligen Verfügung

57   Die **Zustellung des Antrags** auf Erlass einer einstweiligen Verfügung hemmt die Verjährung
gemäß § 204 Abs. 1 Nr. 9 Alt. 1 BGB. Wenn die Zustellung „demnächst" erfolgt, beginnt die
Hemmung gemäß § 167 ZPO bereits mit dem Eingang des Antrags (Maurer GRUR 2003, 208
(209)). Wird der Antrag nicht zugestellt, hemmt die **Antragseinreichung** die Verjährung, wenn
die einstweilige Verfügung dem Schuldner innerhalb eines Monats seit der Verkündung oder
Zustellung an den Gläubiger zugestellt wird (§ 204 Abs. 1 Nr. 9 Alt. 2 BGB). Die Monatsfrist
orientiert sich an der Vollziehungsfrist gemäß §§ 936, 929 Abs. 2 ZPO. Ein nicht zugestellter
Antrag, den das Gericht zurückgewiesen hat, bewirkt keine Hemmung (Maurer GRUR 2003,
208 (210)).

Der Antrag muss weder begründet noch zulässig sein (LG Berlin BeckRS 2011, 8978; **58** MüKoBGB/Grothe BGB § 204 Rn. 55). Er darf aber nicht missbräuchlich sein (Grüneberg/ Ellenberger BGB § 204 Rn. 24).

Die Hemmung erfasst den materiellen Anspruch, den die einstweilige Verfügung sichern soll **59** (Maurer GRUR 2003, 208 (211)). Eine Unterlassungsverfügung hemmt daher nicht die Verjährung eines Auskunfts- oder Schadensersatzanspruchs (Schabenberger WRP 2002, 293 (299)). Um die Verjährung dieser Ansprüche zu hemmen, müsste der Gläubiger eine Klage erheben.

3. Zustellung des Mahnbescheids

Auch die Zustellung eines Mahnbescheids kann die Verjährung hemmen (§ 204 Abs. 1 Nr. 3 **60** BGB). Voraussetzung ist jedoch, dass der Anspruch im Antrag auf Erlass eines Mahnbescheids hinreichend bestimmt iSd § 690 Abs. 1 Nr. 3 ZPO ist. Der Anspruch muss so beschrieben sein, dass er von anderen Ansprüchen abgegrenzt werden kann, Grundlage eines der materiellen Rechtskraft fähigen Vollstreckungstitels sein kann und den Schuldner in die Lage versetzt zu beurteilen, ob er sich gegen den Anspruch verteidigen möchte (BGH GRUR 2015, 780 Rn. 25 – Motorradteile). Ob diese Voraussetzungen erfüllt sind, ist im Einzelfall zu entscheiden. Es kann ausreichend sein, auf Unterlagen Bezug zu nehmen, die dem Mahnbescheid nicht beigefügt sind, wenn der Antragsgegner diese Unterlagen kennt (BGH GRUR 2015, 780 Rn. 25 – Motorradteile).

4. Ende der Hemmung

Gemäß § 204 Abs. 2 S. 1 BGB endet die Hemmung sechs Monate nach der rechtskräftigen **61** Entscheidung oder anderweitigen Beendigung des eingeleiteten Verfahrens. Maßgeblich ist die **formelle Rechtskraft** der Entscheidung, also ihre Unanfechtbarkeit (BGH NJW 1987, 371; MüKoBGB/Grothe BGB § 204 Rn. 76). Sonstige Beendigungsgründe sind zB der Vergleich, die Erledigung der Hauptsache oder die Rücknahme der Klage bzw. des Antrags auf Erlass einer einstweiligen Verfügung. Wenn das **Verfahren in Stillstand** gerät, weil die Parteien es nicht betreiben (hierzu Grüneberg/Ellenberger BGB § 204 Rn. 47), tritt an die Stelle der Verfahrensbeendigung die letzte Verfahrenshandlung der Parteien oder des Gerichts (§ 204 Abs. 2 S. 2 BGB). Die Hemmung beginnt erneut, wenn eine der Parteien das Verfahren fortsetzt (§ 204 Abs. 2 S. 3 BGB).

Im Verfügungsverfahren richtet sich das Ende der Hemmung danach, ob das Gericht eine **62** Urteils-, eine Beschlussverfügung oder einen Zurückweisungsbeschluss erlässt. Die Frist des § 204 Abs. 2 S. 1 BGB beginnt mit der formellen Rechtskraft des **Urteils** oder des **Zurückweisungsbeschlusses**. Da der Antragsgegner gegen eine **Beschlussverfügung** unbefristet Widerspruch (§§ 936, 924 Abs. 1 ZPO) einlegen kann, wird die Entscheidung nicht formell rechtskräftig. Die Zustellung der Beschlussverfügung an den Gläubiger ist eine anderweitige Verfahrensbeendigung (Schabenberger WRP 2002, 293 (300); Maurer GRUR 2003, 208 (211): „formlose Aushändigung des Verfügungsbeschlusses an den Gläubiger genügt"). Gibt der Schuldner keine Abschlusserklärung ab, muss der Gläubiger seinen Anspruch im Hauptsacheverfahren verfolgen, um die Verjährung zu verhindern (Köhler/Bornkamm/Feddersen/Köhler UWG § 11 Rn. 1.41). Legt der Schuldner innerhalb der Sechsmonatsfrist Widerspruch ein, beginnt die Hemmung gemäß § 204 Abs. 2 S. 3 BGB erneut.

F. Neubeginn der Verjährung

Der Neubeginn der Verjährung verlängert – anders als die Hemmung – die Gesamtdauer der **63** Verjährung. Die Verjährungsfrist beginnt erneut, wenn der Schuldner den Anspruch anerkennt (§ 20 S. 1 iVm § 212 Abs. 1 Nr. 1 BGB) oder eine Vollstreckungshandlung vorgenommen oder beantragt wird (§ 20 S. 1 iVm § 212 Abs. 1 Nr. 2 BGB). Die neue Frist startet an dem Tag, der auf das Anerkenntnis oder die Vollstreckungshandlung folgt (Grüneberg/Ellenberger BGB § 212 Rn. 8, 11). Die Verjährung kann auch während einer Hemmungszeit neu beginnen (BGH NJW-RR 1988, 730 (731)), nicht aber nach Ablauf der Verjährungsfrist (BGH NJW 1997, 516 (517)). Ein Anerkenntnis nach Ablauf der Verjährungsfrist kann im Einzelfall als Verzicht auf die Verjährungseinrede ausgelegt werden (Staudinger/Peters/Jacoby BGB § 212 Rn. 32).

I. Anerkenntnis

Gemäß § 212 Abs. 1 Nr. 1 BGB beginnt die Verjährungsfrist neu, wenn der Schuldner den **64** Anspruch gegenüber dem Gläubiger durch Abschlagszahlung, Zinszahlung, Sicherheitsleistung oder in anderer Weise anerkennt. Ein Anerkenntnis ist jedes tatsächliche Verhalten des Schuldners, aus dem sich zweifelsfrei ergibt, dass ihm das Bestehen des Anspruchs bewusst ist (Grüneberg/Ellenberger BGB § 212 Rn. 2). Der Gläubiger muss darauf vertrauen dürfen, dass der Schuldner sich nicht auf den Ablauf der Verjährung berufen wird (BGH NJW-RR 2005, 1044 (1047)).

65   Ein Anerkenntnis, das ausdrücklich, schlüssig, ausnahmsweise sogar stillschweigend erklärt werden kann (BGH NJW-RR 2002, 1433 (1434)), ist eine geschäftsähnliche Handlung, die gemäß §§ 133, 157 BGB auszulegen ist (BGH NJW 2002, 2872 (2873)). Die **Abgabe einer strafbewehrten Unterlassungserklärung** ist ein Anerkenntnis (KG GRUR 1990, 546 (547)). Wenn die Unterlassungserklärung die Wiederholungsgefahr nicht beseitigen kann, weil zB die Vertragsstrafe zu gering ist und der Gläubiger die Erklärung nicht annimmt, beginnt also jedenfalls die Verjährung gemäß § 212 Abs. 1 Nr. 1 BGB neu. Hingegen ist ein Vergleichsangebot kein Anerkenntnis, es sei denn, der Schuldner hat in den Vergleichsverhandlungen erklärt, er gebe seinen Rechtsstandpunkt auf. Andernfalls hat das Vergleichsangebot keine rechtliche Wirkung mehr, nachdem der Vergleich gescheitert ist (BGH NJW-RR 2002, 1433 (1434)). Indem der Schuldner die Kosten des Verfügungsverfahrens zahlt, erkennt er nicht den Hauptanspruch an (BGH GRUR 1981, 447 (448) – Abschlußschreiben). Auch genügt es nicht, dass der Schuldner ein Unterlassungsgebot beachtet, wenn keine weiteren Anhaltspunkte für ein Anerkenntnis hinzutreten (OLG Hamm WRP 1977, 345 (346)).

66   Der **Umfang eines Anerkenntnisses** ist durch Auslegung zu ermitteln. So betrifft eine Unterlassungserklärung des Schuldners nur den Unterlassungsanspruch, nicht aber Auskunfts- und Schadensersatzansprüche des Gläubigers (BGH GRUR 1992, 61 (63) – Preisvergleichsliste; Hess WRP 2003, 353 (354)).

II. Vollstreckungshandlung

67   Ein Neubeginn der Verjährung gemäß § 212 Abs. 1 Nr. 2 BGB setzt voraus, dass eine gerichtliche oder behördliche Vollstreckungshandlung vorgenommen oder beantragt wird. Beispiele sind die **Festsetzung eines Ordnungsgeldes** gemäß § 890 Abs. 1 ZPO oder die nachträgliche **Androhung eines Ordnungsmittels** gemäß § 890 Abs. 2 ZPO (BGH GRUR 1979, 121 (122) – Verjährungsunterbrechung). Jedoch beginnt die Verjährung nicht neu, wenn der Gläubiger dem Schuldner eine Unterlassungsverfügung zustellt, die bereits eine Ordnungsmittelandrohung enthält (BGH GRUR 1981, 447 (448) – Abschlußschreiben; GRUR 1979, 121 – Verjährungsunterbrechung). Diese Zustellung ist keine Vollstreckungshandlung iSd § 212 Abs. 1 Nr. 2 BGB.

68   Der Neubeginn der Verjährung gilt als nicht eingetreten, wenn die Vollstreckungshandlung aufgehoben wird, weil die gesetzlichen Voraussetzungen nicht vorliegen oder der Gläubiger die Aufhebung beantragt hat (§ 212 Abs. 2 BGB). Wenn der Antrag auf Vornahme einer Vollstreckungshandlung erfolglos ist, vor der Vollstreckungshandlung zurückgenommen wird oder die Vollstreckungshandlung gemäß § 212 Abs. 2 BGB aufgehoben wird, entfällt der Neubeginn der Verjährung ebenfalls rückwirkend (§ 212 Abs. 3 BGB).

G. Vereinbarungen zur Verjährung

69   Die gesetzlichen Verjährungsregeln sind grundsätzlich **dispositiv** (§ 20 S. 1 iVm § 202 BGB). Die Parteien können die Verjährungsfrist verkürzen oder verlängern, den Verjährungsbeginn verschieben oder besondere Gründe für die Hemmung oder den Neubeginn der Verjährung vereinbaren (Grüneberg/Ellenberger BGB § 202 Rn. 4). Der Schuldner kann einseitig **auf die Einrede der Verjährung verzichten.** Diese Erklärungen sind nach Ablauf der Verjährungsfrist, aber auch vor dem Verjährungseintritt möglich (BGH BB 2007, 2591 Rn. 15). Verjährungsabreden vor dem Ablauf der Verjährungsfrist können sinnvoll sein, um verjährungshemmende Rechtsverfolgungsmaßnahmen zu vermeiden. So kann der Schuldner auf die Einrede der Verjährung eines Schadensersatzanspruchs verzichten, bis in einem Verfügungsverfahren über einen Unterlassungsanspruch entschieden ist. Verjährungsabreden sind nicht an eine bestimmte Form geknüpft (MüKoBGB/Grothe BGB § 202 Rn. 5).

70   § 202 BGB begrenzt die Dispositionsfreiheit der Parteien in zwei Fällen. Die Verjährung eines Anspruchs, der ein vorsätzliches Verhalten voraussetzt, darf nicht im Voraus durch Rechtsgeschäft erleichtert werden (§ 202 Abs. 1 BGB). Jedoch sind Vereinbarungen zulässig, sobald der Schadensersatzanspruch entstanden ist. Gemäß § 202 Abs. 2 BGB darf die Verjährung nicht durch Rechtsgeschäft über eine Verjährungsfrist von 30 Jahren ab dem gesetzlichen Verjährungsbeginn verlängert werden. An die Stelle einer unwirksamen Verjährungsabrede tritt die gesetzliche Regelung; im Übrigen bleibt der Vertrag wirksam (Grüneberg/Ellenberger BGB § 202 Rn. 11).

H. Wirkung der Verjährung

I. Leistungsverweigerungsrecht

Der Verjährungseintritt lässt den Anspruch nicht entfallen (BGH NJW 2010, 2422 Rn. 27). **71** Der Schuldner ist ab diesem Zeitpunkt aber berechtigt, die Leistung dauerhaft zu verweigern (§ 20 S. 1 iVm § 214 Abs. 1 BGB). Der Unterlassungsschuldner kann gemäß § 214 Abs. 1 BGB die **Durchsetzung eines Unterlassungsanspruchs** verhindern, der auf eine bereits erfolgte Verletzungshandlung gestützt ist. Auch kann eine Verletzungshandlung, die „in verjährter Zeit liegt", keine Erstbegehungsgefahr begründen (BGH GRUR 1994, 57 (58) – Geld-zurück-Garantie). Jedoch darf der Unterlassungsschuldner nicht weitere Verletzungshandlungen begehen (Köhler JZ 2005, 489 (496)). Eine neue Verletzungshandlung begründet einen neuen Unterlassungsanspruch.

Der verjährte **Anspruch bleibt erfüllbar.** Der Schuldner kann seine Leistung nicht zurückfor- **72** dern, unabhängig davon, ob er im Leistungszeitpunkt wusste, dass der Anspruch verjährt ist (§ 214 Abs. 2 S. 1 BGB). Das gilt gemäß § 214 Abs. 2 S. 2 BGB auch für ein vertragsmäßiges Anerkenntnis, zB eine Unterlassungserklärung. Da die Forderung fortbesteht, schließt die Verjährung die Aufrechnung nicht aus, wenn der Anspruch in dem Zeitpunkt noch nicht verjährt war, in dem erstmals aufgerechnet werden konnte (§ 215 BGB).

Im Prozess ist die Verjährung nicht von Amts wegen zu berücksichtigen, sondern der Schuldner **73** muss die **Einrede der Verjährung** erheben. Der Schuldner kann sich in den Tatsacheninstanzen, nicht aber in der Revisionsinstanz auf die Verjährung berufen, da die Verjährungseinrede zum Tatsachenvortrag gehört (BGH NJW-RR 2004, 275 (276)). In der Berufungsinstanz gelten die Beschränkungen gemäß § 531 Abs. 2 ZPO, es sei denn, der Sachverhalt ist insoweit unstreitig (BGH NJW 2008, 1312 Rn. 34; 2005, 291 (292)). Der Verwirkungseinwand ist grundsätzlich nicht als Verjährungseinrede auszulegen (BGH NJW-RR 2009, 1040 Rn. 28).

II. Anspruch auf Restschadensersatz

Ist der Schadensersatzanspruch verjährt (→ Rn. 21), bleibt er nach § 20 S. 2 iVm § 852 BGB **74** als sog. **„Restschadensersatz"** noch insoweit durchsetzbar, als der Verletzer durch die Verletzung auf Kosten der Berechtigten etwas erlangt hat. Zur Herausgabe nach den Vorschriften über die Herausgabe einer ungerechtfertigten Bereicherung bleibt der Verletzer als Ersatzpflichtiger nämlich auch nach Eintritt der Verjährung des Anspruchs auf Ersatz des aus der Verletzung entstandenen Schadens verpflichtet (BGH GRUR 2019, 496 Rn. 14 – Spannungsversorgungsvorrichtung). Die Vorschrift des § 852 S. 1 BGB stellt eine **Rechtsfolgenverweisung auf das Bereicherungsrecht** dar. Die tatbestandlichen Voraussetzungen der Bereicherungshaftung nach den Vorschriften der §§ 812 ff. BGB müssen daher nicht erfüllt sein (BGH GRUR 2019, 496 Rn. 14 – Spannungsversorgungsvorrichtung; GRUR 1978, 492 (496) – Fahrradgepäckträger II). Gleichwohl verlangt der Tatbestand des § 20 S. 2 insofern eine Bereicherung auf Seiten des Verpflichteten, als dieser auf Kosten des Verletzten etwas erlangt haben muss. Der Restschadensersatzanspruch knüpft damit an eine durch die Rechtsverletzung erfolgte Vermögensverschiebung an und setzt auf Seiten des Verpflichteten einen wirtschaftlichen Vorteil voraus, der sein Vermögen gemehrt hat (so zu § 141 S. 2 PatG BGH GRUR 2019, 496 Rn. 15 – Spannungsversorgungsvorrichtung). Der Anspruch nach § 852 BGB setzt nicht voraus, dass der Verletzer einen Gewinn erzielt hat (BGH GRUR 2015, 780 Rn. 34 – Motorradteile).

Als durch die Verletzungshandlung auf Kosten des Berechtigten erlangt iSd § 20 S. 2 kann **75** zunächst der Gebrauch des immateriellen Schutzgegenstands angesehen werden. Da die Herausgabe dieses Vorteils seiner Natur nach nicht möglich ist, ist nach § 818 Abs. 2 BGB grundsätzlich der Wert zu ersetzen (→ § 14 Rn. 876 f.). Der objektive Gegenwert für den Gebrauch eines Immaterialguts besteht in der hierfür angemessenen Lizenzgebühr (BGH GRUR 2016, 1280 Rn. 96 – Everytime we touch; GRUR 2015, 780 Rn. 32 – Motorradteile). Gemäß § 20 S. 2 kann der Verletzte mit dem „Restschadensersatzanspruch" also die Herausgabe des durch die Verletzung eines Schutzrechts erlangten Gebrauchsvorteils im Wege der Zahlung einer **fiktiven Lizenzgebühr** verlangen (BGH GRUR 2019, 496 Rn. 16 – Spannungsversorgungsvorrichtung; GRUR 2015, 780 Rn. 34 – Motorradteile). Als durch die Verletzungshandlung auf Kosten des Berechtigten erlangt ist aber entgegen einer in der Literatur bislang verbreitet vertretenen Auffassung (zB Goldmann Unternehmenskennzeichen § 19 Rn. 935; Ingerl/Rohnke/Nordemann/Schork Rn. 34; Mes PatG § 141 Rn. 41; Büscher/Dittmer/Schiwy/Schalk Rn. 16) auch der **Verletzergewinn** anzusehen, den der Verpflichtete gerade durch die Verletzung des Immaterialgüterrechts oder seine Mitwirkung an dieser Verletzung erzielt (so überzeugend zum Patentrecht BGH GRUR 2019, 496 Rn. 17 ff. – Spannungsversorgungsvorrichtung mwN; OLG Karlsruhe GRUR-RS 2016, 21121 – Advanced System; LG Düsseldorf GRUR-RS 2021, 35000 Rn. 121 – Waffenverschlusssystem).

75.1 Die Schadenskompensation durch Herausgabe des Verletzergewinns ist nämlich, wie auch die Kompensation durch Zahlung einer angemessenen Lizenzgebühr und im Gegensatz zum Anspruch auf Ersatz des entgangenen Gewinns, gerade nicht auf Ersatz des konkret eingetretenen Schadens gerichtet. Vielmehr zielt die Herausgabe des Verletzergewinns in anderer Weise auf einen billigen Ausgleich des Vermögensnachteils, den der verletzte Rechtsinhaber erlitten hat (BGH GRUR 2019, 496 Rn. 20 – Spannungsversorgungsvorrichtung). Demgemäß entspricht es dem Sinn und Zweck des Anspruchs nach § 852 S. 1 BGB, den Schädiger nicht in dem Besitz der Vorteile zu belassen, die er infolge der unerlaubten Handlung und damit zu Lasten des Geschädigten erlangt hat (BGH GRUR 2019, 496 Rn. 22 – Spannungsversorgungsvorrichtung). Damit erfährt das Rechtsinstitut der Verjährung des Schadensersatzanspruchs eine gehörige Einschränkung. Die Verjährung wird aber auch beim Schadensersatzanspruch nicht bedeutungslos. Denn sie hat immerhin zur Folge, dass der Verletzte seinen Schaden nicht mehr konkret berechnen kann, was in der Praxis ohnehin nur selten geschieht. Gleichwohl liegt hierin eine nicht unwesentliche Einschränkung des Schadensersatzanspruchs, weil der Verletzer nunmehr nur noch herauszugeben hat, was er durch die Verletzung auf Kosten des Verletzten erlangt hat und für einen Schaden nicht mehr einstehen muss, dem kein eigener wirtschaftlicher Vorteil entspricht. Dass der Schadensersatzanspruch im Hinblick auf die Herausgabe des Erlangten, sei es durch Zahlung einer für die Nutzung des Schutzguts angemessenen Lizenzgebühr oder sei es durch die Herausgabe des mit dem Schutzgut erzielten Gewinns, über die zeitlichen Grenzen der Verjährung hinaus durchsetzbar bleibt, ist gerade Ausdruck des Rechtsgedankens des § 852 S. 1 BGB, der dem Verletzer nicht die Früchte seines rechtswidrigen Handelns belassen will (BGH GRUR 2019, 496 Rn. 23 – Spannungsversorgungsvorrichtung).

76 Die Verjährung des Anspruchs auf Restschadensersatz wiederum richtet sich nach der Sonderregel in § 852 S. 2 BGB, die inhaltlich § 199 Abs. 3 S. 1 BGB (→ Rn. 42) angeglichen ist: Der Anspruch auf Restschadensersatz verjährt in zehn Jahren von seiner Entstehung, ohne Rücksicht auf die Entstehung in 30 Jahren von der Begehung der Verletzungshandlung an (§ 852 S. 2 BGB).

III. Prozessuale Folgen

77 Die Klage oder der Antrag auf Erlass einer einstweiligen Verfügung ist unbegründet, wenn der Schuldner sich bereits zuvor rechtmäßig auf die Verjährung berufen hat. Eine ursprünglich zulässige und begründete Klage wird unbegründet, wenn der Schuldner erstmals während des Prozesses erfolgreich die Verjährungseinrede erhebt. Die Einrede der Verjährung führt zur **Erledigung des Rechtsstreits in der Hauptsache** (BGH NJW 2010, 2422 Rn. 28 f.). Umstritten ist, ob im Rahmen der **Kostenentscheidung gemäß § 91a Abs. 1 ZPO** zu Lasten des Klägers zu berücksichtigen ist, dass er geklagt hat, obwohl er gewusst hat, dass Verjährung eingetreten ist (so Köhler/Bornkamm/Feddersen/Köhler UWG § 11 Rn. 1.53; zweifelnd Peters NJW 2001, 2289 (2290 f.)). Der BGH betont, für die Bewertung der Verjährungseinrede als erledigendes Ereignis spiele es keine Rolle, ob der Kläger einen verjährten Anspruch gerichtlich geltend macht; Billigkeitsgesichtspunkte könnten aber im Rahmen des § 91a ZPO bedeutend sein (BGH NJW 2010, 2422 Rn. 30). Der Kläger hat jedenfalls dann einen Teil der Kosten zu tragen, wenn der Ausgang des Verfahrens ohne die Verjährungseinrede offen gewesen wäre.

IV. Unzulässige Rechtsausübung

78 Ausnahmsweise kann die Einrede der Verjährung eine unzulässige Rechtsausübung (§ 242 BGB) sein. Dieser **Arglisteinwand** setzt nicht voraus, dass der Schuldner den Gläubiger absichtlich abgehalten hat, seinen Anspruch gerichtlich geltend zu machen (BGH GRUR 1978, 492 (495) – Fahrradgepäckträger II). Ausreichend ist, dass der Gläubiger aus dem Verhalten des Schuldners schließen durfte, dass der Schuldner den Anspruch allenfalls mit sachlichen Einwänden bekämpfen wird (BGHZ 93, 64 (66) = NJW 1985, 798). Der Schuldner muss dem Gläubiger „nach verständigem Ermessen, also nach objektiven Kriterien" Anlass gegeben haben, die Verjährung nicht zu hemmen (BGH GRUR 1978, 492 (495) – Fahrradgepäckträger II). Der Gläubiger kann sich nicht auf eine unzulässige Rechtsausübung berufen, wenn der Schuldner zu erkennen gegeben hat, dass er sich rechtliche Möglichkeiten vorbehält, gegen den Anspruch vorzugehen, indem er auf ein Abschlussschreiben des Gläubigers nicht reagiert hat (BGH GRUR 1981, 447 (448) – Abschlußschreiben). Sobald die Voraussetzungen für den Arglisteinwand weggefallen sind, muss der Gläubiger die Verjährung „binnen angemessener – in der Regel kurz bemessener – Frist" hemmen (BGHZ 93, 64 (66) = NJW 1985, 798).

I. Darlegungs- und Beweislast

Der Schuldner muss den Verjährungsbeginn und -ablauf, vor allem die Kenntnis oder grob **79** fahrlässige Unkenntnis des Gläubigers (§ 199 Abs. 1 BGB), darlegen und beweisen (BGH NJW 2007, 1584 Rn. 32). Allerdings hat der Gläubiger Mitwirkungspflichten; er muss darlegen, was er getan hat, um die Anspruchsvoraussetzungen und den Schuldner zu ermitteln (Grüneberg/ Ellenberger BGB § 199 Rn. 50).

Der Gläubiger muss die Voraussetzungen für die Hemmung, den Neubeginn der Verjährung, **80** den Verzicht auf die Verjährungseinrede und die unzulässige Rechtsausübung darlegen und beweisen (BGH NJW-RR 2010, 1604 Rn. 28; Köhler/Bornkamm/Feddersen/Köhler UWG § 11 Rn. 1.54).

§ 21 Verwirkung von Ansprüchen

(1) Der Inhaber einer Marke oder einer geschäftlichen Bezeichnung hat nicht das Recht, die Benutzung einer eingetragenen Marke mit jüngerem Zeitrang für die Waren oder Dienstleistungen, für die sie eingetragen ist, zu untersagen, soweit er die Benutzung der Marke während eines Zeitraums von fünf aufeinanderfolgenden Jahren in Kenntnis dieser Benutzung geduldet hat, es sei denn, daß die Anmeldung der Marke mit jüngerem Zeitrang bösgläubig vorgenommen worden ist.

(2) Der Inhaber einer Marke oder einer geschäftlichen Bezeichnung hat nicht das Recht, die Benutzung einer Marke im Sinne des § 4 Nr. 2 oder 3, einer geschäftlichen Bezeichnung oder eines sonstigen Rechts im Sinne des § 13 mit jüngerem Zeitrang zu untersagen, soweit er die Benutzung dieses Rechts während eines Zeitraums von fünf aufeinanderfolgenden Jahren in Kenntnis dieser Benutzung geduldet hat, es sei denn, daß der Inhaber dieses Rechts im Zeitpunkt des Rechtserwerbs bösgläubig war.

(3) In den Fällen der Absätze 1 und 2 kann der Inhaber des Rechts mit jüngerem Zeitrang die Benutzung des Rechts mit älterem Zeitrang nicht untersagen.

(4) Die Absätze 1 bis 3 lassen die Anwendung allgemeiner Grundsätze über die Verwirkung von Ansprüchen unberührt.

Überblick

Die Verwirkung ist im Kennzeichenrecht teilweise spezialgesetzlich geregelt, im Übrigen gelten die allgemeinen auf § 242 BGB gestützten Verwirkungsgrundsätze. Einleitend werden das Rechtsinstitut der allgemeinen Verwirkung (→ Rn. 1) und der unionsrechtlich vorgegebenen Verwirkung (→ Rn. 2) mit ihren Rechtsgrundlagen vorgestellt und die Unterschiede zwischen der Verwirkung, dem Verzicht und der Verjährung dargestellt (→ Rn. 3). Die unionsrechtliche vorgegebene Verwirkung nach § 21 Abs. 1 und Abs. 2 wird im zweiten Teil dargestellt (→ Rn. 4 ff.). Inhalt (→ Rn. 4), Standort (→ Rn. 5) und Regelungszweck der Vorschriften (→ Rn. 6), ihre richtlinienkonforme Interpretation (→ Rn. 7 f.) sowie die Voraussetzungen der unionsrechtlich vorgegebenen Verwirkungsregeln – die Benutzung eines prioritätsjüngeren (Kennzeichen-)Rechts (→ Rn. 9 ff.), dessen fünfjährige Benutzung (→ Rn. 13 ff.), die Kenntnis des Inhabers des prioritätsälteren Kennzeichenrechts von der Benutzung (→ Rn. 16 ff.), die Duldung der Benutzung (→ Rn. 19) sowie ihre Beendigung (→ Rn. 21 ff.) und die der Verwirkung entgegenstehende Bösgläubigkeit (→ Rn. 29) – werden erörtert, ebenso wie ihre Rechtsfolgen, nämlich der vollständige Anspruchsausschluss (→ Rn. 30) und das faktische Weiterbenutzungsrecht (→ Rn. 31). Neben § 21 Abs. 1, 2 gelten gemäß § 21 Abs. 4 die allgemeinen Grundsätze der Verwirkung. Der im einzelnen umstrittene Anwendungsbereich (→ Rn. 33 f.) und die Voraussetzungen der Verwirkung gemäß § 21 Abs. 4 iVm § 242 BGB – die länger andauernde Zeichennutzung (→ Rn. 38 ff.), der Duldungsanschein (→ Rn. 43 ff.), die Schutzwürdigkeit des Anspruchsgegners (→ Rn. 49), der wertvolle Besitzstand des Anspruchsgegners (→ Rn. 50 ff.) und das Fehlen überwiegender öffentlicher Interessen (→ Rn. 55) – bilden einen Schwerpunkt. Die Rechtsfolgen (→ Rn. 56 f.) und die Grenzen der Verwirkung (→ Rn. 58 ff.) werden für die allgemeinen

Verwirkungsregeln dargestellt. Abschließend wird die die Beweislastverteilung (→ Rn. 64 ff.) erörtert.

Übersicht

A. Allgemeines

I. Allgemeine Verwirkung gemäß § 21 Abs. 4 iVm § 242 BGB

1   Die allgemeine Verwirkung, die gemäß § 21 Abs. 4 für weiterhin anwendbar erklärt wird (→ Rn. 32 ff.), ist ein Fall **unzulässiger Rechtsausübung** wegen widersprüchlichen Verhaltens (BGH GRUR 2012, 928 Rn. 22 – Honda-Grauimport; BGHZ 25, 47 (51 ff.) = NJW 1957, 1358). Wenn der Gläubiger über einen gewissen Zeitraum untätig gewesen ist, der Schuldner daher darauf vertrauen darf, dass der Gläubiger sein Recht nicht mehr geltend machen wird, verstößt die „illoyal verspätete Rechtsausübung" gegen Treu und Glauben gemäß § 242 BGB (BGH GRUR 2014, 363 Rn. 38 – Peter Fechter; GRUR 2012, 928 Rn. 22 – Honda-Grauimport; NJW-RR 2006, 235 Rn. 10 – Lkw-Fuhrbetrieb).

II. Unionsrechtlich vorgegebene Verwirkung gemäß § 21 Abs. 1, 2

2   § 21 Abs. 1, 2 und § 51 Abs. 2 S. 1, 2 enthalten für einen kennzeichenrechtlichen Teilbereich besondere Regelungen über die Verwirkung (→ Rn. 4 ff.). Diese kennzeichenrechtlichen Sondervorschriften haben ihre Grundlage im Unionsrecht und orientieren sich an Art. 9 MRL (vgl. BT-Drs. 12/6581, 78 f. zu Art. 9 MRL 2008). § 21 Abs. 1 und § 51 Abs. 2 S. 1, 2 setzen die zwingende Vorgabe in Art. 9 Abs. 1 MRL um. Hingegen ist § 21 Abs. 2 eine ausschließlich nationale Vorschrift (OLG München GRUR-RR 2004, 14; Hacker WRP 2012, 266 (267)). Art. 9 MRL erfasst diese Konstellation nicht. Verwirkungsregeln zur Unionsmarke enthalten Art. 61, 137 Abs. 1 S. 2 UMV und Art. 138 Abs. 2 UMV. Gemäß § 119 Nr. 3 ist § 21 Abs. 1 entsprechend anzuwenden, wenn eine ältere Unionsmarke mit einer jüngeren nationalen Marke kollidiert. § 119 Nr. 5 lit. a verweist auf § 51 Abs. 1 S. 1.

III. Abgrenzung zu Verzicht und Verjährung

Die Verwirkung begrenzt – wie der Verzicht und die Verjährung – die Rechtsausübung des **3** Gläubigers, die Voraussetzungen unterscheiden sich jedoch. Während der **Verzicht** auf einen Anspruch regelmäßig einen Erlassvertrag (§ 397 BGB) voraussetzt und beim Verzicht auf die Durchsetzung eines Unterlassungsanspruchs im Sinne einer konkludent erteilten Gestattung nach §§ 133, 157 BGB der Wille zum Verzicht mit Bestimmtheit erkennbar sein muss (OLG Frankfurt GRUR-RR 2020, 361 Rn. 19 f. – Kommissionsagentin), tritt die Verwirkung unabhängig vom Willen des Gläubigers ein (BGH NJW 1957, 1358). Der Einwand der Verwirkung ist – anders als die Einrede der **Verjährung** (→ § 20 Rn. 73) – **von Amts wegen** zu berücksichtigen (BGH GRUR 1966, 623 (625) – Kupferberg). Die Regelverjährung (§ 20 S. 1 iVm § 195 BGB) tritt grundsätzlich früher ein als die Verwirkung; besondere Umstände können aber dazu führen, dass die Verwirkung auch vor der Verjährung schon greift (BGH GRUR 2014, 363 Rn. 50 – Peter Fechter; → Rn. 38). Eine Besonderheit gilt bei einem Unterlassungsanspruch, der auf eine Dauer-handlung gestützt ist. Da dieser Anspruch erst mit dem Ende der Handlung zu verjähren beginnt, ist eine Verwirkung vor der Verjährung möglich (hierzu Fezer Rn. 21).

B. Verwirkung gemäß Abs. 1, 2

I. Grundsätze

1. Regelungszweck

Gemäß § 21 Abs. 1, 2 hat der Inhaber einer Marke (§ 4) oder einer geschäftlichen Bezeichnung **4** (§ 5) nicht das Recht, die Benutzung einer prioritätsjüngeren eingetragenen Marke (Abs. 1) oder eines sonstigen (Kennzeichen-)Rechts mit jüngerem Zeitrang (Abs. 2) zu untersagen, soweit er die Benutzung dieses Rechts während eines Zeitraums von fünf aufeinanderfolgenden Jahren in Kenntnis dieser Benutzung geduldet hat, es sei denn, der Inhaber dieses Rechts war im Zeitpunkt des Rechtserwerbs bösgläubig.

Mit **§ 21 Abs. 1** hat der Gesetzgeber die in Art. 9 MRL 2008 vorgesehene Verwirkung von **5** Ansprüchen aus Marken (Art. 9 Abs. 1 MRL 2008) und aus sonstigen im geschäftlichen Verkehr benutzten Zeichen (Art. 9 Abs. 2 MRL 2008) gegen die Benutzung einer eingetragenen Marke umgesetzt. Die seit dem 12.1.2016 in Kraft stehende RL (EU) 2015/2436 zur Angleichung der Rechtsvorschriften der Mitgliedstaaten über die Marken (MRL) sieht in Art. 9 Abs. 1 und 2 sowie in 18 Abs. 1 MRL inhaltlich entsprechende Regelungen vor.

Die im Markenrecht der Union vorgesehene Regelung der Verwirkung durch Duldung steht **6** im Zusammenhang mit dem Ziel der **Herstellung eines Gleichgewichts** zwischen dem Interesse des Inhabers einer Marke an der Wahrung ihrer Hauptfunktion und dem Interesse der anderen Wirtschaftsteilnehmer an der Verfügbarkeit von Zeichen, die ihre Waren und Dienstleistungen bezeichnen können (EuGH C-466/20, GRUR 2022, 985 Rn. 46 – HEITEC). Insbesondere wollte der Unionsgesetzgeber mit der Einrichtung einer Frist für den Eintritt der Verwirkung durch Duldung von fünf aufeinanderfolgenden Jahren in Kenntnis der Benutzung der jüngeren Marke sicherstellen, dass der Schutz, den eine ältere Marke ihrem **Inhaber** vermittelt, auf die Fälle beschränkt bleibt, in denen sich dieser **hinreichend wachsam** zeigt, indem er sich der Benutzung von Zeichen, die diese Marke verletzen können, durch andere Wirtschaftsteilnehmer widersetzt (EuGH C-466/20, GRUR 2022, 985 Rn. 47 – HEITEC). Nach Ablauf von fünf Jahren der geduldeten Benutzung muss der Inhaber einer gutgläubig angemeldeten Marke die **rechtliche Gewissheit** erlangen, dass diese Benutzung vom Inhaber dieser älteren Marke oder dieses sonstigen älteren Rechts nicht mehr in Frage gestellt werden kann (EuGH C-466/20, GRUR 2022, 985 Rn. 48 – HEITEC).

2. Richtlinienkonforme Auslegung

§ 21 Abs. 1 dient der Umsetzung von Art. 9 Abs. 1 und 2 MRL (→ Rn. 5). Die Vorschrift **7** ist **richtlinienkonform auszulegen** (BGH GRUR 2020, 1198 Rn. 19 – HEITEC II).

Mit Blick darauf, dass Art. 9 Abs. 1 und 2 MRL lediglich die Verwirkung von Ansprüchen im **8** Fall des Angriffs gegen eingetragene Marken vorsieht, handelt es sich bei **§ 21 Abs. 2** nicht um eine Umsetzung der Bestimmung dieser Richtlinie, sondern eine über den Regelungsgehalt der Richtlinie hinausgehende Vorschrift **nationalen Rechts** (BGH GRUR 2020, 1198 Rn. 21 – HEITEC II). Es ist **gleichwohl** sachgerecht, § 21 Abs. 2 in Übereinstimmung mit der **richtlinien-**

konformen Auslegung des § 21 Abs. 1 auszulegen (BGH GRUR 2020, 1198 Rn. 21 – HEITEC II).

II. Benutzung eines prioritätsjüngeren (Kennzeichen-)Rechts

1. Grundsatz

9　　§ 21 Abs. 1 betrifft Ansprüche, die sich gegen die Benutzung einer eingetragenen Marke (§ 4 Nr. 1) mit jüngerem Zeitrang richten. Prioritätsjüngere Rechte iSd § 21 Abs. 2 sind die Benutzungsmarke (§ 4 Nr. 2), die notorisch bekannte Marke (§ 4 Nr. 3), geschäftliche Bezeichnungen (§ 5) und sonstige Ausschließlichkeitsrechte gemäß § 13, zB Namens- und Urheberrechte. § 21 Abs. 1, 2 greift nicht, wenn kein **Ausschließlichkeitsrecht** für das prioritätsjüngere Zeichen besteht (Fezer Rn. 7). So kann ein Anspruch gegen die Benutzung eines nicht eingetragenen Produktkennzeichens, das noch keine Verkehrsgeltung als Marke erworben hat, nur nach den allgemeinen Grundsätzen (§ 21 Abs. 4 iVm § 242 BGB) verwirken (BGH GRUR 2000, 605 (607) – comtes/ComTel). Benutzung des jüngeren Zeichens iSv § 21 Abs. 1 und 2 bedeutet **Verwendung innerhalb seines Schutzbereichs,** weil Verwirkung nach diesen Vorschriften nur im Umfang des Schutzbereichs des jüngeren Zeichens, nicht aber für Handlungen außerhalb seines Schutzbereichs eintreten kann (BGH GRUR 2020, 1198 Rn. 30 – HEITEC II).

2. § 21 Abs. 1

10　　Nach § 21 Abs. 1 genügt nicht jede **Benutzung** der prioritätsjüngeren Marke. Die Benutzung der Marke muss nach dem klaren Wortlaut auch gerade **in der eingetragenen Form** erfolgen (vgl. OLG Nürnberg BeckRS 2015, 123747 – Gauff). Eine Benutzung in abweichender Form iSd § 26 Abs. 3 genügt nicht. Nur Abweichungen, die sich im Rahmen des § 26 Abs. 3 halten und den kennzeichnenden Charakter der Marke nicht verändern, sind unschädlich (OLG Karlsruhe GRUR-RS 2017, 119653 Rn. 161– BAKTAT). Die Marke muss für die **Waren oder Dienstleistungen** benutzt worden sein, für die sie eingetragen ist. Eine Benutzung für ähnliche Waren oder Dienstleistungen reicht nicht (BT-Drs. 12/6581, 79; Ströbele/Hacker/Thiering/Thiering Rn. 30). Ist die Marke nur für einen Teil der eingetragenen Waren oder Dienstleistungen benutzt worden, kann sich die Verwirkung nur auf diesen Bereich beziehen (BT-Drs. 12/6581, 79; Ingerl/Rohnke/Nordemann/Schork Rn. 9). Die Marke muss **ernsthaft** iSd § 26 Abs. 1 benutzt worden sein (OLG Karlsruhe GRUR-RS 2017, 119653 Rn. 161 – BAKTAT; Fezer Rn. 11; Kochendörfer WRP 2005, 157 (161 f.); Ströbele/Hacker/Thiering/Thiering Rn. 30).

3. § 21 Abs. 2

11　　Im Rahmen des § 21 Abs. 2 ist auf den **Schutzbereich** des prioritätsjüngeren Rechts abzustellen, der im Einzelfall zu ermitteln ist (Ingerl/Rohnke Rn. 17; Kochendörfer WRP 2005, 157 (162)). Nur innerhalb der sachlichen und räumlichen Reichweite des jüngeren Kennzeichenrechts greift die Verwirkung (vgl. BGH GRUR 2020, 1198 Rn. 30 – HEITEC II). Bei einem jüngeren Unternehmenskennzeichen (§ 5 Abs. 2) ist eine Änderung des Geschäftsgegenstands von der Verwirkung nicht erfasst. Denn der Geschäftsgegenstand definiert den sachlichen Schutzgegenstand eines Unternehmenskennzeichens (Goldmann Unternehmenskennzeichen § 11 Rn. 14 ff.). Eine sachliche Erweiterung des Geschäftsgegenstands ist, wenn die Verwirkung (auch) für ihn greifen soll, nur innerhalb des sachlichen Ausweitungsbereichs gestattet, der dem Unternehmenskennzeichen zukommt (→ § 15 Rn. 45; ausführlich Goldmann Unternehmenskennzeichen § 13 Rn. 657 ff.). Eine räumliche Erweiterung der Geschäftstätigkeit ist nur innerhalb des räumlichen Ausdehnungsbereichs gestattet, der dem Unternehmenskennzeichen zukommt (→ § 5 Rn. 133). Eine weitere Ausdehnung ist von der Verwirkung nicht gedeckt. Für eine Benutzungsmarke (§ 4 Nr. 2) greift die Verwirkung nur diejenigen Waren oder Dienstleistungen, für die sie Verkehrsgeltung erlangt hat. Das prioritätsjüngere Recht muss während der gesamten fünf Jahre der Duldungszeit rechtlich geschützt gewesen sein. Dies ergibt sich aus dem Wortlaut der Vorschrift, wonach der Inhaber des älteren Rechts gegen das jüngere nicht vorgehen kann, soweit er „die Benutzung dieses Rechts ... geduldet" hat. Der Begriff **„Recht" setzt** bei einem benutzten Zeichen dessen **rechtlichen Schutz voraus.** Hängt die Entstehung des Rechts vom Erreichen der Verkehrsgeltung ab, wie es zB bei der Benutzungsmarke gemäß § 4 Nr. 2 und beim Geschäftsabzeichen gemäß § 5 Abs. 2 S. 2 der Fall ist, muss die Verkehrsgeltung bereits zum Beginn des Fünfjahreszeitraums bestanden haben.

4. Keine Anwendung auf geographische Herkunftsangaben

Ansprüche des Inhabers einer geographischen Herkunftsangabe (§ 126) sind nicht von § 21 **12**
Abs. 2 erfasst. Sie können allenfalls gemäß § 21 Abs. 4 verwirken (Ingerl/Rohnke Rn. 5).

III. Fünfjährige Benutzung

Die Verwirkung nach § 21 Abs. 1, 2 setzt voraus, dass das prioritätsjüngere Zeichen mindestens **13**
fünf Jahre ununterbrochen benutzt worden ist. Die Fünfjahresfrist ist starr. Sie kann weder
verkürzt noch verlängert werden. Insoweit unterscheidet sich die Verwirkung gemäß § 21 Abs. 1,
2 von der Verwirkung gemäß § 21 Abs. 4 iVm § 242 BGB, die flexible Verwirkungszeiträume
ermöglicht.

Die Frist gemäß § 21 Abs. 1 kann nicht beginnen, bevor die **prioritätsjüngere Marke regist-** **14**
riert ist. Vor der Eintragung kann die fünfjährige Duldungsfrist nicht zu laufen beginnen. Benutzungshandlungen vor Eintragung bleiben außer Betracht (EuGH C-482/09, GRUR 2012, 519
Rn. 54 – Budvar/Anheuser-Busch). Maßgeblich ist insofern der Tag des Abschlusses des Eintragungsverfahrens. Bei einem der Eintragung nachgeschalteten Widerspruchsverfahren, wie es § 42
vorsieht, bildet erst dessen Abschluss den maßgeblichen Zeitpunkt der Eintragung (Ströbele/
Hacker/Thiering/Thiering Rn. 29). Die **Eintragung der prioritätsälteren Marke** ist **nicht**
zwingend **erforderlich,** um die Frist in Lauf zu setzen (EuGH C-482/09, GRUR 2012, 519
Rn. 60 – Budvar/Anheuser-Busch). Die Fünfjahresfrist kann erst beginnen, sobald das prioritätsjüngere Zeichen **unberechtigt** benutzt wird. Ist das Zeichen zunächst mit Einwilligung des
Berechtigten benutzt worden, etwa aufgrund eines Lizenzvertrags oder einer Gestattung, ist auf
das Ende der Nutzungsberechtigung abzustellen (BGH GRUR 2006, 56 Rn. 41, 43 – BOSS-
Club).

Das prioritätsjüngere Zeichen muss in „fünf aufeinanderfolgenden Jahren" benutzt worden **15**
sein. Eine Nutzung innerhalb von fünf Jahren (vgl. § 25, § 43 Abs. 1 S. 1, 2, § 55 Abs. 3
S. 1, 2) genügt nicht. Der **Fünfjahreszeitraum** muss **vollständig mit Benutzungshandlungen**
ausgefüllt sein. Nutzungszeiträume, die nicht unmittelbar aufeinander folgen, dürfen nicht addiert
werden (Kochendörfer WRP 2005, 157 (162)). Wenn die Benutzung innerhalb der Fünfjahresfrist
eingestellt wird, darf der Inhaber des älteren Rechts grundsätzlich annehmen, dass die Rechtsverletzung beendet ist (Ingerl/Rohnke Rn. 13). Die Frist beginnt neu, sobald das prioritätsjüngere
Zeichen wieder benutzt wird. Eine Ausnahme gilt, wenn die Benutzung nur **geringfügig unter-**
brochen wird (Fezer Rn. 12). Wann die Unterbrechung geringfügig ist, muss nach allen Umständen des Einzelfalls bewertet werden. Geringfügig kann zB eine Nutzungsunterbrechung von
wenigen Wochen sein, die durch vorübergehende wirtschaftliche Schwierigkeiten, behördliche
Auflagen oder einen Streik verursacht wird (Kochendörfer WRP 2005, 157 (161)). Die Benutzung
durch den Rechtsvorgänger kommt dem Rechtsnachfolger zugute. Die Rechtsnachfolge stellt
keine verwirkungsschädliche Änderung der Benutzungslage dar (vgl. BGH GRUR 2008, 803
Rn. 27 – HEITEC I, zu § 242 BGB).

IV. Kenntnis der Benutzung

Der Inhaber des prioritätsälteren Kennzeichens muss gewusst haben, dass das prioritätsjüngere **16**
Zeichen mindestens fünf Jahre ununterbrochen benutzt worden ist. § 21 Abs. 1, 2 setzt die **positive**
Kenntnis voraus. Eine (grob) fahrlässige Unkenntnis genügt nicht (BGH GRUR 2016, 705
Rn. 36 – ConText). § 21 Abs. 1, 2 enthält eine § 20 S. 1 iVm § 199 Nr. 2 entsprechende
Regelung. Die Kenntnis des Kennzeicheninhabers ist eine **innere Tatsache,** die sich in aller
Regel nur **aus äußeren Umständen (Indizien) erschließen** lässt. Für die **Beweislastverteilung**
gelten die allgemeinen Regeln (→ Rn. 64). Außerdem gilt: Wer sich trotz bekannter und offen-
kundiger Anhaltspunkte der tatsächlichen Kenntnis treuwidrig verschließt, ist entsprechend § 162
Abs. 1 BGB so zu behandeln, als sei ihm die Benutzung bekannt (BGH GRUR 2016, 705
Rn. 36 – ConText). Wenn Tatsachen also für den Inhaber des prioritätsälteren Kennzeichens also
offenkundig sind, so dass der Anspruchsberechtigte sich die Kenntnis ohne besondere Mühe
verschaffen kann, ist der Nachweis der tatsächlichen Kenntnis nicht erforderlich (Kochendörfer
WRP 2005, 157 (165); Kodek MarkenR 2011, 502 (506); Ströbele/Hacker/Thiering/Thiering
Rn. 39; vgl. BGH NJW 1973, 1496).

Die **Grundsätze über die Wissenszurechnung** gemäß § 166 Abs. 1 BGB finden analog **17**
Anwendung (BGH GRUR 2016, 705 Rn. 44 – ConText). Es gilt insoweit dasselbe wie bei der
Verjährung (→ § 20 Rn. 35).

18   Die **Kenntnis** gemäß § 21 Abs. 1, 2 bezieht sich auf die **tatsächlichen Umstände der rechtsverletzenden Benutzung** (→ Rn. 16). Es reicht nicht, dass der Inhaber des prioritätsälteren Kennzeichens nur die Eintragung des prioritätsjüngeren Zeichens kennt (Kochendörfer WRP 2005, 157 (163); Ströbele/Hacker/Thiering/Thiering Rn. 36). Die Fünfjahresfrist beginnt, sobald der Kennzeicheninhaber von den objektiven Umständen der Verletzungshandlung hat. Auch die eigene Rechtsinhaberschaft muss positiv bekannt sein (OLG Karlsruhe BeckRS 2017, 119653 Rn. 167 – BAKTAT). Nicht erforderlich ist jedoch, dass der Rechtsinhaber die Benutzung des jüngeren Zeichens als rechtsverletzend erkannt hat, also insoweit rechtlich zutreffende Schlussfolgerungen zieht (OLG Karlsruhe GRUR-RS 2017, 119653 Rn. 163 – BAKTAT). Nicht erforderlich ist ferner, dass der Kennzeicheninhaber weiß, wer der Verletzer ist (Ingerl/Rohnke § 21 Rn. 10).

V. Duldung der Benutzung

1. Wesen der Duldung und Abgrenzung von der Gestattung

19   Der Inhaber des prioritätsälteren Kennzeichens muss die Benutzung während eines Zeitraums von fünf aufeinanderfolgenden Jahren geduldet haben. Der Begriff „Duldung" iSd Art. 9 Abs. 1 MRL ist in den Mitgliedstaaten der Europäischen Union einheitlich auszulegen (EuGH C-482/09, GRUR 2012, 519 Rn. 37 – Budvar/Anheuser-Busch). Hat der Inhaber einer älteren Marke oder eines sonstigen älteren Rechts die Benutzung einer gutgläubig angemeldeten jüngeren Marke während eines ununterbrochenen Zeitraums von fünf Jahren wissentlich „geduldet", muss der Inhaber der letztgenannten Marke die rechtliche Gewissheit erlangen, dass diese Benutzung vom Inhaber dieser älteren Marke oder dieses sonstigen älteren Rechts nicht mehr in Frage gestellt werden kann (EuGH C-466/20, GRUR 2022, 985 Rn. 48 – HEITEC; → Rn. 6). Für die Anwendung dieser Regel bedeutet der Begriff „Duldung", der in Art. 9 Abs. 1 und in den entsprechenden Vorschriften der UMV (→ Rn. 2) die gleiche Bedeutung hat, dass der Inhaber der älteren Marke oder des sonstigen älteren Rechts untätig bleibt, obwohl er Kenntnis von der Benutzung einer jüngeren Marke hat, der er sich widersetzen könnte. Wer „geduldet" hat, hat davon abgesehen, die Maßnahmen zu ergreifen, die ihm zur Verfügung standen, um diesem Zustand abzuhelfen (EuGH C-466/20, GRUR 2022, 985 Rn. 49 – HEITEC). Mit anderen Worten: Der Anspruchsberechtigte muss die **Rechtsverletzung untätig hinnehmen,** obwohl ihm ein rechtliches Vorgehen dagegen möglich wäre (EuGH C-482/09, GRUR 2012, 519 Rn. 44 – Budvar/Anheuser-Busch). Erforderlich für die Duldung ist, dass er während eines Zeitraums von fünf aufeinanderfolgenden Jahren in Kenntnis dieser Benutzung von der Vornahme einer Handlung abgesehen hat, die klar seinen Willen zum Ausdruck bringt, sich dieser Benutzung zu widersetzen und der behaupteten Verletzung seiner Rechte abzuhelfen (EuGH C-466/20, GRUR 2022, 985 Rn. 50 – HEITEC). Eine subjektiv wohlwollende, billigende oder gleichgültige Haltung wird nicht gefordert.

20   Abzugrenzen ist die „Duldung" von der Gestattung. Mit „Duldung" ist eine ausdrückliche oder konkludente Gestattung der Zeichennutzung gerade nicht gemeint. Hat der Rechtsinhaber die Zeichennutzung nämlich erlaubt, stehen ihm schon gar keine Ansprüche zu, die der Verwirkung unterliegen könnten. Eine erlaubte Benutzung ist deshalb keine geduldete Benutzung iSd § 21 Abs. 1, 2 (vgl. BGH GRUR 2001, 1164 (1166) – buendgens; GRUR 2006, 56 Rn. 41 – BOSS-Club; OLG Frankfurt GRUR-RR 2020, 361 Rn. 19 – Kommissionsagentin; vgl. auch BT-Drs. 12/6581, 79). Die Fünfjahresfrist beginnt deshalb nicht, solange der Inhaber des prioritätsjüngeren Zeichens **zur Nutzung berechtigt** ist (BGH GRUR 2006, 56 Rn. 41, 43 – BOSS-Club; OLG Jena GRUR-RR 2012, 113 (117) – Musikveranstaltung). Das gleiche gilt nach Auffassung des OLG Stuttgart, wenn der Anspruchsgegner den Anspruchsberechtigten davon abhält, gerichtliche Schritte einzuleiten, indem er „eine als rechtsgeschäftliches Gestattungsverhältnis jedenfalls deutbare Sachlage für sich ständig in Anspruch nimmt" (OLG Stuttgart GRUR-RR 2004, 8 (12)).

2. Wesen der Beendigung der Duldung

21   **Beendet** wird die Duldung durch eine Handlung des Rechtsinhabers, die klar seinen **Willen zum Ausdruck bringt,** sich dieser **Benutzung** ernsthaft **zu widersetzen** und der behaupteten Verletzung seiner Rechte abzuhelfen (vgl. EuGH C-466/20, GRUR 2022, 985 Rn. 50, 55, 62 f. – HEITEC; Goldmann GRUR 2022, 962 (964)). Dieser Wille muss nicht unbedingt dem Anspruchsgegner erkennbar sein, es genügt, wenn er objektiv nach außen hervortritt (Goldmann GRUR 2022, 962 (964)).

3. Einlegung eines Rechtsbehelfs

Geeignet ist hierfür jedenfalls die **Einlegung eines zweckdienlichen behördlichen oder** 22 **gerichtlichen Rechtsbehelfs** (vgl. EuGH C-466/20, GRUR 2022, 985 Rn. 52 – HEITEC; C-482/09, GRUR 2012, 519 Rn. 49 – Budvar/Anheuser-Busch; Goldmann GRUR 2022, 962 (964)). In Deutschland ist dies eine Unterlassungsklage oder ein auf Unterlassung gerichteter Verfügungsantrag. Nicht erforderlich ist, dass die Rechtsverfolgung in diesem Zeitraum abgeschlossen ist (EuGH C-482/09, GRUR 2012, 519 Rn. 49 – Budvar/Anheuser-Busch; Fezer Rn. 15; Ströbele/Hacker/Thiering/Thiering Rn. 42). **Im Normalfall** ist es nicht erst die Zustellung des Rechtsbehelfs, sondern bereits die **Einreichung des verfahrenseinleitenden Schriftstücks,** welche die eindeutige und ernsthafte Absicht des Rechtsbehelfsführers widerspiegelt, seine Rechte geltend zu machen (EuGH C-466/20, GRUR 2022, 985 Rn. 62 – HEITEC).

Bei **Verzögerungen der Zustellung** gilt folgendes: Wenn das verfahrenseinleitende Schrift- 23 stück aufgrund mangelnder Sorgfalt des Rechtsbehelfsführers nicht den formalen Anforderungen entspricht, die das nationale Recht für seine Zustellung an den Anspruchsgegner aufstellt, und nicht rechtzeitig – also vor Ablauf der Fünfjahresfrist – mit diesen Anforderungen in Einklang gebracht wird, dann ist der eingelegte Rechtsbehelf so lange nicht Ausdruck einer ernsthaften Rechtsverfolgung, bis die Mängel behoben sind (EuGH C-466/20, GRUR 2022, 985 Rn. 63 – HEITEC). **Erst mit** vollständiger **Behebung der Mängel** ist davon auszugehen, dass der Rechtsbehelfsführer eindeutig die klare und ernsthafte Absicht zum Ausdruck gebracht hat, die Rechtsverletzung abzustellen. Erst dann kann der Rechtsbehelf „als tatsächlich eingelegt gelten" (EuGH C-466/20, GRUR 2022, 985 Rn. 64 – HEITEC). Erfolgt die Mängelbehebung erst nach Ablauf der Fünfjahresfrist, kommt es nach dem EuGH weiter darauf an, ob der Fristablauf hauptsächlich auf mangelnde Sorgfalt des Rechtsbehelfsführers zurückzuführen ist. Ist dies der Fall, ist Verwirkung eingetreten (EuGH C-466/20, GRUR 2022, 985 Rn. 67 – HEITEC).

Nach Auffassung des BGH und der überwiegenden Meinung im Schrifttum wirkt der Berech- 24 tigte der Duldung darüber hinaus nur entgegen, wenn er nach erstinstanzlicher Abweisung der Klage auch Rechtsmittel einlegt, um einer Duldung zu entgehen (BGH GRUR 2020, 1198 Rn. 43 – HEITEC II; HK-MarkenR/Fuchs-Wissemann/Ekey Rn. 44; Goldmann Unternehmenskennzeichen § 19 Rn. 961; Ingerl/Rohnke/Nordemann/Schork Rn. 11; Ströbele/Hacker/ Thiering/Thiering Rn. 42).

4. Abmahnung, auf die in angemessener Frist ein Rechtsbehelf folgt

Das **bloße Versenden einer Abmahnung** (→ § 14 Rn. 890) **reicht nicht aus,** um die 25 Fünfjahresfrist zu unterbrechen. Dies würde es dem Inhaber der älteren Marke oder eines sonstigen älteren Rechts gestatten, die Regelung der Verwirkung durch Duldung dadurch zu umgehen, dass wiederholt, in Abständen von fast fünf Jahren, eine Abmahnung versandt wird. Das wäre mit den in Rn. 6 dargelegten Zielen des unionsrechtlichen Rechtsinstituts der Verwirkung nicht zu vereinbaren (EuGH C-466/20, GRUR 2022, 985 Rn. 56 – HEITEC).

Eine Abmahnung beendet die Duldung aber dann, wenn sie zwar nicht unmittelbar zum 26 Erfolg führt, der Abgemahnte sich also nicht unterwirft, aber der Rechtsinhaber „weiterhin seinen Widerstand gegen die Benutzung der jüngeren Marke zum Ausdruck bringt und die ihm zur Verfügung stehenden Maßnahmen ergreift, um seine Rechte geltend zu machen" (EuGH C-466/ 20, GRUR 2022, 985 Rn. 54 – HEITEC) und er **„innerhalb einer angemessenen Frist"** seine Bemühungen, die Rechtsverletzung abzustellen, fortsetzt und zu diesem Zweck **einen gerichtlichen Rechtsbehelf einlegt** (EuGH C-466/20, GRUR 2022, 985 Rn. 55 – HEITEC). Hieraus lässt sich die Regel ableiten: „Eine Abmahnung, auf die in angemessener Frist eine Klage folgt, unterbricht die Verwirkungsfrist" (Goldmann GRUR 2022, 962 (965)).

Was eine „angemessene Frist" ist, hat der EuGH nicht näher bestimmt. In der einheitlichen 27 Antwort 1 auf die Vorlagefragen 1 und 2 des BGH (GRUR 2020, 1198) taucht die „angemessene Frist" als Kriterium auch gar nicht mehr auf. Es heißt hier vielmehr, „dass eine Handlung – wie zB eine Abmahnung –, mit der sich der Inhaber einer älteren Marke oder eines sonstigen älteren Rechts der Benutzung einer jüngeren Marke widersetzt, ohne jedoch die für die Herbeiführung einer rechtsverbindlichen Lösung notwendigen Schritte zu unternehmen, die Duldung nicht beendet und dementsprechend nicht die Verwirkungsfrist im Sinne dieser Bestimmungen unterbricht" (EuGH C-466/20, GRUR 2022, 985 Rn. 57 – HEITEC). Auf eine durch ihre Angemessenheit begrenzte Frist zur Einlegung des Rechtsbehelfs nach einer erfolglosen Abmahnung kann aber nicht verzichtet werden. Ohne das **Korrektiv einer gerade „angemessenen",** also **durch die Umstände des Einzelfalls begrenzten Frist,** innerhalb derer der Inhaber des älteren Kennzeichenrechts „nachlegt" und Klage einreicht, kann es nämlich im Ergebnis durchaus zu weit längeren

Zeiträumen zwischen Kenntnis und Klageerhebung kommen, als es der gesetzlichen Regelfrist von fünf Jahren entspricht. Der Inhaber des älteren Kennzeichenrechts könnte die Fünfjahresfrist bis zur Abmahnung nahezu vollständig ausschöpfen und anschließend noch eine zusätzlich gewährte und großzügig, nämlich auf mehrere Jahre bemessene Frist zur Einreichung der Klage in Anspruch nehmen. Hierzu darf es nicht kommen. Der nach erfolgloser Abmahnung eingelegte Rechtsbehelf muss sich als Fortsetzung der Bemühungen des Rechtsinhabers, die Rechtsverletzung abzustellen, darstellen (Goldmann GRUR 2022, 962 (965); vgl. EuGH C-466/20, GRUR 2022, 985 Rn. 55 – HEITEC). Schon der Charakter als fortgesetzte Bemühung scheint einen engen zeitlichen Zusammenhang mit der Abmahnung bzw. der nicht zufriedenstellenden Reaktion des Abgemahnten zu gebieten, der sich als „angemessene Frist" beschreiben lässt und wohl **im Regelfall einige Monate nicht überschreiten** darf. Wie lange die „angemessene Frist" im konkreten Fall zu bemessen ist, kann nur nach einer wertenden Interessenabwägung beantwortet werden. Die Angemessenheit sollte sich nach den relevanten Umständen des Einzelfalls (zB Komplexität der rechtlichen Beurteilung und der damit zusammenhängenden Größe des Prozessrisikos, Anzahl weiterer, gegen Dritte geführter Verletzungsverfahren, Größe und Finanzkraft des Rechtsinhabers etc.) beurteilen und sich zusätzlich daran ausrichten, wie weit der Inhaber des älteren Kennzeichenrechts die Fünfjahresfrist bis zur Abmahnung bereits ausgeschöpft hatte. Es darf auch bei Zwischenschaltung einer Abmahnung nicht zu einer erheblichen Überschreitung eines Zeitraums von fünf Jahren zwischen dem Datum der Kenntnis und der Einreichung der Klage kommen (ausführlich Goldmann, GRUR 2022, 962 (965 f.); ähnlich Kubis EuZW 2022, 666: Überschreitung nur geringfügig und um kaum mehr als ein Jahr).

5. Verhandlungen nach Abmahnung?

28   Nach der Entscheidung „HEITEC" des EuGH stellt sich die Frage, ob es eine weitere Regel gibt, die lauten würde: „Eine Abmahnung, auf die Verhandlungen folgen, unterbricht die Verwirkungsfrist". Der EuGH scheint also nicht auszuschließen, dass auch sich **an eine Abmahnung anschließende Verhandlungen** mit dem Inhaber der jüngeren Marke mit dem Ziel, die rechtsverletzende Benutzung abzustellen, eine ausreichende Rechtsverfolgung sein können, die den Willen, sich der Benutzung zu widersetzen, hinreichend manifestiert (vgl. EuGH C-466/20, GRUR 2022, 985 Rn. 53, 55 – HEITEC; → Rn. 21). Denn der EuGH fordert von einem Rechtsinhaber, der abgemahnt hat, seine Bemühungen innerhalb einer angemessenen Frist fortzusetzen, „nachdem er festgestellt hat, dass sich der Adressat dieser Abmahnung geweigert hat, derselben nachzukommen oder Verhandlungen aufzunehmen" (EuGH C-466/20, GRUR 2022, 985 Rn. 55 – HEITEC). Dies könnte so verstanden werden, dass aus der Perspektive eines Rechtsinhabers die Aufnahme von Verhandlungen mit dem Verletzer eine ebenso wirkungsvolle Abhilfemaßnahme ist wie dessen Unterwerfung. Ob man den EuGH wirklich so verstehen darf, **muss bezweifelt werden** (Goldmann GRUR 2022, 962 (966)). Es kommt zwar häufig vor, dass im Anschluss an Verhandlungen die Rechtsverletzung rasch abgestellt wird, ggf. auch nach Ablauf einer vereinbarten Aufbrauchfrist. In solchen Fällen kann sich die Aufnahme von Verhandlungen mit Blick auf die angestrebte Unterlassung im Ergebnis letztlich sogar als effektiver erweisen als ein über mehrere Instanzen geführter Rechtsstreit. Dann sind Verhandlungen in der Tat fortgesetzte Bemühungen, die Rechtsverletzung abzustellen. Zuweilen gestalten sich Verhandlungen aber auch langwierig, werden vom Rechtsinhaber nicht mit Nachdruck betrieben und verlaufen schließlich im Sande, wonach weitere Zeit ins Land geht, ehe sich der Rechtsinhaber schließlich doch zu einer Klage durchringt (Goldmann GRUR 2022, 962 (966)). Ob das Führen von Verhandlungen im Anschluss an eine zunächst erfolglose Abmahnung sich insgesamt (noch) als eine Handlung des Rechtsinhabers darstellt, „die klar seinen Willen zum Ausdruck bringt, sich dieser Benutzung zu widersetzen und der behaupteten Verletzung seiner Rechte abzuhelfen" (vgl. EuGH C-466/20, GRUR 2022, 985 Rn. 50, 55 – HEITEC), **bedarf** daher sicherlich **zumindest einer differenzierten Betrachtung** und darf keinesfalls immer mit einer Unterwerfung gleichgesetzt werden. Auch bei Verhandlungen besteht nämlich – ähnlich wie bei der Abmahnung – ein gewisses Missbrauchspotential, indem der Rechtsinhaber hinhaltend verhandelt, die Verhandlungen immer wieder unterbricht und neu aufnimmt (Goldmann GRUR 2022, 962 (966)). Welche Rolle Verhandlungen im Anschluss an eine Abmahnung für die Beendigung der Duldung spielen, ist ggf. durch ein Vorabentscheidungsverfahren nach **Art. 267 AEUV** zu klären.

VI. Keine Bösgläubigkeit

29   Die Verwirkung tritt nicht ein, wenn die prioritätsjüngere Marke bösgläubig angemeldet worden (§ 21 Abs. 1 aE) oder der Inhaber des prioritätsjüngeren (Kennzeichen-)Rechts im Zeitpunkt des Rechtserwerbs bösgläubig gewesen ist (§ 21 Abs. 2 aE). Der Begriff „Bösgläubigkeit" hat nicht ohne weiteres dieselbe Bedeutung wie sonst in der deutschen Rechtsordnung (vgl. OLG Jena GRUR-RR 2012, 113 (116) – Musikveranstaltung). Denn er ist aus Art. 9 Abs. 1 aE MRL übernommen und bildet autonomes Unionsrecht. Jedoch ist er weder im MarkenG noch in der MRL definiert. Inhaltlich entspricht die Bösgläubigkeit iSd § 21 Abs. 1, 2 allerdings **nicht** der **Bösgläubigkeit iSd Art. 3 Abs. 2 MRL** bzw. **§ 8 Abs. 2 Nr. 10** (→ § 8 Rn. 957 ff.). Denn eine bösgläubige Anmeldung im Sinne dieser Bestimmung zeichnet sich typischerweise durch zwei Umstände aus: Erstens ist das zeitlich früher in Benutzung genommene Zeichen gerade noch nicht (jedenfalls nicht im Inland) als Marke oder Unternehmenskennzeichen geschützt und ist deshalb kein prioritätsälteres Kennzeichenrecht, das zu beachten wäre. Zweitens benutzt der Anmelder des zeitlich jüngeren, aber rechtlich prioritätsälteren Zeichens dieses in aller Regel nicht und hat auch keinen eigenen Benutzungswillen. Beides kann bei der Verwirkung so aber nicht vorkommen (Ströbele/Hacker/Thiering/Thiering Rn. 46). Außerdem ist die Anmeldung eines jüngeren Zeichens, das keine Verletzung eines prioritätsälteren Kennzeichenrechts darstellt, grundsätzlich erlaubt, die Verwendung eines Zeichens, das ein prioritätsälteres Zeichen verletzt, aber grundsätzlich verboten. Das Koordinatensystem der Interessenbewertung ist ein grundsätzlich anderes. Der Begriff der Bösgläubigkeit muss deshalb in einem anderen Sinne zu verstehen sein, nämlich in dem Sinne, dass damit das Gegenteil von Gutgläubigkeit bzw. Redlichkeit trotz Bestehens eines älteren Kennzeichenrechts gemeint ist (Ströbele/Hacker/Thiering/Thiering Rn. 46). Damit sind Konstellationen erfasst, in denen nach einer Bewertung der Gesamtumstände der Verletzer im Ergebnis **nicht redlich** und deshalb **nicht schutzwürdig** erscheint (so nun auch OLG Nürnberg 5.2.2019 – 3 U 24/16 – HEITEC/HEITECH). Insoweit bietet sich dann doch ein Rückgriff auf die Praxis zur Redlichkeit des Verletzers bei der allgemeinen Verwirkung gemäß § 242 BGB an (→ Rn. 49). Denn trotz der Verwurzelung des Begriffs der Bösgläubigkeit im Unionsrecht ist die Interessenlage identisch und sind dieselben Aspekte zu berücksichtigen.

VII. Rechtsfolge

1. Vollständiger Anspruchsausschluss

Die besonderen Verwirkungsregeln, die im Unionsrecht wurzeln, führen nach dem Wortlaut **30** („hat nicht das Recht, die Benutzung (…) zu untersagen") zunächst zur Versagung von **Unterlassungsansprüchen** (§ 14 Abs. 5, § 15 Abs. 4). Der Rechtsinhaber ist aber durch die Verwirkung auch daran gehindert, **Neben- oder Folgeansprüche** wie zB Ansprüche auf **Schadensersatz** (§ 14 Abs. 6 S. 1 § 15 Abs. 5), auf **Auskunft** (§ 19, § 242 BGB) oder auf **Vernichtung** von Waren (§ 18) zu erheben (EuGH C-466/20, GRUR 2022, 985 Rn. 73 – HEITEC). Die unionsrechtliche Verwirkung führt damit zu einem **vollständigen Anspruchsausschluss** (Goldmann GRUR 2022, 962 (966)).

2. Faktisches Weiterbenutzungsrecht

Der Verletzer erlangt insoweit eine Art **faktisches Weiterbenutzungsrecht** an seinen priori- **31** tätsjüngeren Rechten. Die bei der allgemeinen Verwirkung gemäß § 242 BGB nach der umstrittenen Rechtsprechung des BGH bedeutsame Unterscheidung zwischen Einzel- und Dauerhandlungen (→ Rn. 41 ff.) spielt dabei keine Rolle (OLG Nürnberg 5.2.2019 – 3 U 24/16 – HEITEC/HEITECH; Ströbele/Hacker/Thiering/Thiering Rn. 49).

C. Allgemeine Grundsätze der Verwirkung

I. Unterschiede zur unionsrechtlichen Verwirkung

Gemäß § 21 Abs. 4 bleiben die allgemeinen Grundsätze der Verwirkung (→ Rn. 1) unberührt. **32** Im Kennzeichenrecht spielt die Verwirkung nach § 21 Abs. 4 iVm § 242 BGB eine wichtige Rolle. Obwohl die Verwirkung in § 21 Abs. 1, 2 besonders geregelt ist, werden oftmals die allgemeinen Verwirkungsgrundsätze bemüht; denn sie sind deutlich **flexibler** als die starre Regelung in § 21 Abs. 1, 2 (hierzu Goldmann GRUR 2022, 962 (963); Kochendörfer WRP 2005, 157 (158 f.); Kubis EuZW 2022, 666). So setzt die Verwirkung gemäß § 242 BGB nicht voraus, dass das angegriffene Zeichen als Marke, geschäftliche Bezeichnung oder sonstiges Recht iSd § 13 geschützt ist. Daher kann zB die Nutzung eines Produktkennzeichens, das noch keine Verkehrsgeltung als Marke erworben hat, den Verwirkungseinwand gemäß § 242 BGB begründen

(BGH GRUR 1962, 522 (525) – Ribana). Das „Zeitmoment" (→ Rn. 37 f.) ist nicht wie in § 21 Abs. 1, 2 auf mindestens fünf Jahre festgelegt, sondern richtet sich nach den **Einzelfallumständen** (BGH GRUR 2016, 705 Rn. 50 – ConText). Zudem setzt die Verwirkung gemäß § 242 BGB nicht zwingend voraus, dass der Anspruchsberechtigte die rechtsverletzende Handlung positiv kennt. Die Dauer der Untätigkeit und die Kenntnis sind nur einzelne Aspekte, die in der **Gesamtabwägung** zu berücksichtigen sind.

II. Anwendungsbereich

33   Die allgemeinen Grundsätze der Verwirkung gelten jedenfalls dann uneingeschränkt, wenn das angegriffene Zeichen nicht kennzeichenrechtlich geschützt und § 21 Abs. 1, 2 daher nicht einschlägig ist (BT-Drs. 12/6581, 79).

34   Umstritten ist, ob eine Verwirkung gemäß § 21 Abs. 4, § 242 BGB in Betracht kommt, wenn der Anwendungsbereich des § 21 Abs. 1, 2 eröffnet ist. Diese Frage ist in Fällen relevant, in denen die jüngeren Zeichen kennzeichenrechtlich geschützt und die strengen Voraussetzungen des § 21 Abs. 1, 2 – doppelte Fünfjahresfrist, positive Kenntnis des Anspruchsberechtigten – nicht erfüllt sind. Geklärt scheint, dass die allgemeinen Grundsätze der Verwirkung gemäß **§ 242 BGB** stets **anwendbar** sind, wenn Ansprüche aus einem Schutzrecht geltend gemacht werden, das nicht der Harmonisierung unterliegt. Dies gilt für die **geschäftliche Bezeichnung** (BGH GRUR 2016, 705 Rn. 47 – ConText, zu Unternehmenskennzeichen) und für die **Benutzungsmarke.** Ob dies auch für **eingetragene Marken** gilt, ist **umstritten.** Die bislang herrschende Auffassung in Rechtsprechung (BGH GRUR 2008, 1104 Rn. 33 – Haus & Grund II; GRUR 2006, 56 Rn. 41 ff. – BOSS-Club; GRUR 2000, 605 (607) – comtes/ComTel; OLG Düsseldorf BeckRS 2012, 15005; OLG Jena GRUR-RR 2012, 113 (116 f.) – Musikveranstaltung; OLG Köln BeckRS 2011, 27032; OLG München GRUR-RR 2004, 14; OLG Stuttgart GRUR-RR 2004, 8 (13)) und Literatur (Fezer Rn. 22; Klaka GRUR 1994, 321 (330); Kochendörfer WRP 2005, 157 (160)) wendet die allgemeinen Verwirkungsgrundsätze darüber hinaus auch sonst uneingeschränkt neben § 21 Abs. 1, 2 an. Eine im Vordringen begriffene Auffassung hält eine Anwendung der in § 21 Abs. 4 in Bezug genommenen allgemeinen Verwirkungsgrundsätze des deutschen Rechts aufgrund der angestrebten Vollharmonisierung der Verwirkungsgrundsätze durch in Art. 9 Abs. 1 MRL nicht für möglich (OLG Düsseldorf BeckRS 2016, 16308 Rn. 84; Koch GRUR 2012, 1092 (1094 f.); ausführlich und differenzierend Ströbele/Hacker/Thiering/Thiering Rn. 106 ff.). Teilweise wird in diesem Sinne vorgeschlagen, eine teleologische Reduktion des § 21 Abs. 4 auf den unionsrechtliche nicht geregelten Anwendungsbereiche vorzunehmen (Ingerl/Rohnke/ Nordemann/Schork Rn. 20a); Der **BGH** hat die Frage neuerdings ausdrücklich **offengelassen** (BGH GRUR 2019, 527 Rn. 64 – PUC II; GRUR 2016, 705 Rn. 48 f. – ConText). Für die bislang hM spricht der Wortlaut des § 21 Abs. 4, der keine Einschränkung enthält. Zudem sind flexible Einzelfallentscheidungen sach- und interessengerechter als starre Verwirkungsgrundsätze (Ingerl/Rohnke Rn. 21). Allerdings benachteiligt die uneingeschränkte Anwendbarkeit der allgemeinen Verwirkungsgrundsätze den Inhaber des prioritätsälteren Kennzeichenrechts. Zudem gefährden die flexiblen Verwirkungsregeln gemäß § 242 BGB die **Rechtssicherheit,** die von den starren Vorgaben in § 21 Abs. 1, 2 angestrebt werden. Hacker begrenzt den Anwendungsbereich des § 21 Abs. 4 iVm § 242 BGB daher auf faktische Benutzungslagen (Hacker WRP 2012, 266 (267)). Zweifelhaft erscheint ein Nebeneinander der allgemeinen und spezialgesetzlichen Verwirkungsregeln jedenfalls im Anwendungsbereich des § 21 Abs. 1/Art. 9 Abs. 1 MRL. Denn die Verwirkungsvoraussetzungen in Art. 9 Abs. 1 MRL sind **„umfassend harmonisiert"** (EuGH C-482/09, GRUR 2012, 519 Rn. 33 – Budvar/Anheuser-Busch). Demgegenüber ist § 21 Abs. 2 eine ausschließlich nationale Vorschrift. Deshalb bestehen keine Bedenken dagegen, die allgemeinen Verwirkungsgrundsätze in diesem Bereich ergänzend greifen zu lassen (OLG München GRUR-RR 2004, 14; Hacker WRP 2012, 266 (267)). Letztlich kann nur der EuGH diese Frage klären, die Ihm in einem geeigneten Fall gemäß **Art. 267 AEUV** zur Vorabentscheidung vorgelegt werden sollte.

III. Voraussetzungen

1. Unterscheidung nach Anspruchsarten

35   Die Voraussetzungen der Verwirkung unterscheiden sich im Hinblick auf die einzelnen kennzeichenrechtlichen Ansprüche. Ein **Abwehranspruch** ist gemäß § 21 Abs. 4 iVm § 242 BGB verwirkt, wenn „in Folge eines länger andauernden ungestörten Gebrauchs der angegriffenen

Bezeichnung bei dem Anspruchsgegner ein schutzwürdiger Besitzstand entstanden ist, der ihm nach Treu und Glauben erhalten bleiben soll, weil er auf Grund des Verhaltens des Rechtsinhabers darauf vertrauen konnte, dieser dulde die Verwendung des Zeichens" (BGH GRUR 2008, 1108 Rn. 58 – Haus & Grund III; GRUR 2008, 1104 Rn. 33 – Haus & Grund II; ähnlich BGH GRUR 2006, 56 Rn. 45 – BOSS-Club; OLG Jena GRUR-RR 2012, 113 (117) – Musikveranstaltung). Außerdem dürfen der Verwirkung keine überragenden öffentlichen Interessen entgegenstehen (BGH GRUR 1994, 844 (846) – Rotes Kreuz; OLG Düsseldorf GRUR-RR 2011, 10 (12)).

Die Verwirkung eines **Schadensersatz- oder Bereicherungsanspruchs** setzt keinen schutz- **36** würdigen Besitzstand voraus, da diese Ansprüche nicht auf die Zukunft bezogen sind (BGH GRUR 2004, 783 (785) – NEURO-VIBOLEX/NEURO-FIBRAFLEX; GRUR 2001, 323 (325) – Temperaturwächter; GRUR 1988, 776 (778) – PPC). Ausreichend ist, dass der Schuldner darauf vertrauen darf, keine Zahlung an den Gläubiger mehr leisten zu müssen (BGH GRUR 2004, 783 (785) – NEURO-VIBOLEX/NEURO-FIBRAFLEX; GRUR 2001, 323 (325) – Temperaturwächter). Die unterschiedlichen Voraussetzungen können dazu führen, dass ein Unterlassungsanspruch verwirkt sein kann, weil ein wertvoller Besitzstand besteht, ein Schadensersatzanspruch aber nicht (BGH GRUR 2001, 323 (325) – Temperaturwächter). Die Verwirkung ist daher für jeden Anspruch gesondert zu prüfen.

Zu berücksichtigen ist ein „Zeitmoment" und ein „Umstandsmoment". Zum **Zeitmoment** **37** gehört die Dauer der Zeichennutzung durch den Verletzer (vgl. BGH GRUR 2019, 165 Rn. 40 – keine-vorwerk-vertretung). Für das **Umstandsmoment** ist es erforderlich, dass die Untätigkeit des Berechtigten für die Gegenpartei einen Vertrauenstatbestand geschaffen hat oder aus anderen Gründen die spätere Rechtsausübung mit der früheren Untätigkeit unvereinbar erscheint (OLG Hamburg 4.3.2021 – 5 U 227/17). Zum Umstandsmoment gehören die Duldungsanschein, die Schutzwürdigkeit des Verletzers und der Wert seines Besitzstandes (vgl. BGH GRUR 2019, 527 Rn. 66 – PUC II). Die Voraussetzungen der Verwirkung – die länger andauernde Zeichennutzung (→ Rn. 38), der Duldungsanschein (→ Rn. 43), die Schutzwürdigkeit des Anspruchsgegners (→ Rn. 49), sein wertvoller Besitzstand (→ Rn. 50) und das Fehlen überwiegender öffentlicher Interessen (→ Rn. 55) – stehen in einer **Wechselwirkung** zueinander (BGH GRUR 2019, 527 Rn. 65 – PUC II; GRUR 1992, 45 (48) – Cranpool). So kann eine sehr lange Zeichennutzung einen weniger wertvollen Besitzstand ausgleichen und umgekehrt. Je länger der Rechtsinhaber wartet, seinen Anspruch geltend zu machen, desto schutzwürdiger ist der Anspruchsgegner (BGH GRUR 2003, 323 (327)). Die Verwirkung gemäß § 242 BGB setzt eine **umfassende Abwägung der Interessen** des Rechtsinhabers und des Anspruchsgegners voraus (BGH GRUR 1966, 427 (429) – Prince Albert; OLG Koblenz GRUR-RR 2006, 184 (185)). Ob eine Verwirkung eingetreten ist, hängt im Wesentlichen von den Umständen des Einzelfalles ab. Deren Würdigung ist Sache des Tatrichters und demgemäß in der Revisionsinstanz nur eingeschränkt nachprüfbar (BGH GRUR 2019, 527 Rn. 65 – PUC II).

2. Länger andauernde Zeichennutzung

Das prioritätsjüngere Kennzeichen muss „länger andauernd" benutzt worden sein. Der Zeit- **38** raum ist nicht starr (vgl. § 21 Abs. 1, 2), sondern **einzelfallabhängig** zu bestimmen (OLG Stuttgart GRUR-RR 2004, 8 (13)). Eine feste Untergrenze gibt es nicht (BGH GRUR 2019, 527 Rn. 64 – PUC II; GRUR 2019, 165 Rn. 37 – keine-vorwerk-vertretung). Anhaltspunkte sind die Fünfjahresfrist gemäß § 21 Abs. 1, 2 und die dreijährige Verjährungsfrist gemäß § 20 S. 1 iVm § 195 BGB. Vor allem in letzterer wird ein gewisser Anhaltspunkt gesehen mit der Folge, dass nur in besonders gelagerten Ausnahmefällen das „Zeitmoment" in einer kürzeren Frist als **drei Jahren** eine Verwirkung angenommen wird (BGH WRP 2015, 972 Rn. 43 – Motorradteile; OLG Hamburg 11.3.2021 – 5 U 31/17 – Soccx; 4.3.2021 – 5 U 227/17; Ingerl/Rohnke/Nordemann/Schork Rn. 28; kritisch Goldmann Unternehmenskennzeichen § 19 Rn. 995).

Nach der Rechtsprechung reicht ein Nutzungszeitraum von mindestens **fünf Jahren** zumeist **39** aus (BGH GRUR 1989, 449 (453) – Maritim; GRUR 1985, 72 (73) – Consilia; OLG München GRUR-RR 2004, 14 (15)). **Vier Jahre** können genügen, wenn Geschäftsbeziehungen zwischen den Parteien bestanden haben (BGH GRUR 1988, 776 (778) – PPC); denn ein Geschäftspartner kann eine Kennzeichenrechtsverletzung schneller erkennen als ein unbeteiligter Dritter (BGH GRUR 2000, 605 (607) – comtes/ComTel). Vier Jahre können aber zu kurz sein, wenn der Rechtsinhaber keine positive Kenntnis hat (BGH GRUR 2001, 1161 (1163) – CompuNet/ComNet). Hat der Rechtsinhaber gewusst, dass der Anspruchsgegner sein Zeichen nutzt, können seine Ansprüche bereits nach **drei Jahren** verwirkt sein (OLG Koblenz GRUR-RR 2006, 184 (185)). Jedoch verneint das OLG Hamburg eine Verwirkung, wenn der Rechtsinhaber den

Anspruchsgegner zunächst abgemahnt hat, dann aber ca. drei Jahre wissentlich untätig geblieben ist (GRUR-RR 2008, 239 (242)). Dies ist ein Anwendungsfall des Grundsatzes, dass bei anfänglicher Bösgläubigkeit die Anforderungen an die für die Verwirkung erforderliche Zeitspanne steigen (→ Rn. 49). Eine **ein- bis zweijährige** Zeichennutzung genügt regelmäßig **nicht** (BGH GRUR 2001, 1164 (1166) – buendgens; GRUR 1998, 1034 (1037) – Makalu; OLG Hamburg 4.3.2021 – 5 U 227/17; GRUR-RR 2004, 71 (72 f.); KG WRP 1999, 339 (341)). Ausführlich und mit **umfassender Kasuistik** Goldmann Unternehmenskennzeichen § 19 Rn. 991 ff.

39.1   Bei der Bemessung der nötigen Dauer ist wegen der Wechselwirkung mit dem Kriterium des wertvollen Besitzstands auch die Rolle des rechtsverletzenden Zeichens in seiner Nutzung durch den Verletzer bedeutsam: Ist das verletzende Zeichen als Unternehmenskennzeichen oder Dachmarke des Verletzers dessen **zentrales Kennzeichnungsmittel,** ist es ihm unter Umständen bereits nach relativ kurzer Zeit nicht mehr zuzumuten, es aufzugeben (Goldmann Unternehmenskennzeichen § 19 Rn. 992). Außerdem wird der während der Zeit der ungestörten Nutzung erwirtschaftete Besitzstand dann primär diesem Unternehmenskennzeichen oder dieser Dachmarke zukommen und entsprechend bedeutsam sein, wozu der Verletzer allerdings gesondert vortragen muss (LG Düsseldorf BeckRS 2012, 01846 – SABO). Wird das rechtsverletzende Zeichen aber nicht als übergeordnetes Kennzeichnungsmittel benutzt, sondern spielt es als **eines von mehreren Zeichen** nur eine untergeordnete Rolle, kann der Bekanntheitsgrad des Zeichens und der Wert des Besitzstandes nur aus dem Umsatz (→ Rn. 51), der durch die Benutzung des angegriffenen Zeichens erzielt worden ist, gefolgert werden (BGH GRUR 1988, 776 (778) – PCC; LG Düsseldorf BeckRS 2012, 01846 – SABO). So kann dem Verletzer unter Umständen auch noch nach einigen Jahrzehnten zumutbar sein, die Nutzung eines eher untergeordneten Zeichens einzustellen (vgl. BGH GRUR 1975, 69 (71) – Marbon).

40   Der für das Zeitmoment maßgebliche Nutzungszeitraum kann erst beginnen, sobald das Zeichen **unberechtigt benutzt** wird. Ist das Zeichen zunächst mit Einwilligung des Berechtigten benutzt worden, ist auf das Ende der Nutzungsberechtigung abzustellen (BGH GRUR 2006, 56 Rn. 45 – BOSS-Club; GRUR 2001, 1164 (1166) – buendgens). Hier gilt das gleiche wie bei § 21 Abs. 1 und 2 (→ Rn. 19). Für die Frage, wann die für das Zeitmoment maßgebliche Frist zu laufen beginnt, ist bei von Anfang an unberechtigten Dauerhandlungen auf den Beginn der erstmaligen Nutzung abzustellen (BGH GRUR 2019, 165 Rn. 40 – keine-vorwerk-vertretung; GRUR 2016, 705 Rn. 50 – ConText).

41   Nach Auffassung des BGH ist die **Verwirkung des Unterlassungsanspruchs** jeweils auf einen konkreten Unterlassungsanspruch bezogen. Dabei wird nach der neueren Rechtsprechung des BGH ebenso wie bei der Verjährung zwischen Dauerhandlungen und wiederholten gleichartigen Verletzungshandlungen unterschieden. **Einzelhandlungen** (→ § 20 Rn. 14) als **wiederholte gleichartige Verletzungshandlungen** (zB sich ständig wiederholende Verkäufe rechtswidrig markierter Waren) sollen nach der Rechtsprechung des BGH jeweils neue Unterlassungsansprüche begründen, welche die „Verwirkungsfrist" jeweils neu beginnen lassen (BGH GRUR 2016, 705 Rn. 50 – ConText; GRUR 2014, 363 Rn. 16 – Peter Fechter; GRUR 2013, 1161 Rn. 21 – Hard Rock Cafe; GRUR 2012, 928 Rn. 22 – Honda-Grauimport). Nach Auffassung des BGH kann die „längere Untätigkeit des Markeninhabers gegenüber bestimmten gleichartigen Verletzungshandlungen kein berechtigtes Vertrauen eines Händlers begründen, der Markeninhaber dulde auch künftig sein Verhalten und werde weiterhin nicht gegen solche – jeweils neuen – Rechtsverletzungen vorgehen" (BGH GRUR 2012, 928 Rn. 23 – Honda-Grauimport; ebenso BGH GRUR 2016, 705 Rn. 50 – ConText; GRUR 2014, 363 Rn. 16 – Peter Fechter; GRUR 2013, 1161 Rn. 21 – Hard Rock Cafe). Die Verwirkung verschafft nach Ansicht des BGH kein „Recht auf immer neue Verletzungshandlungen" (BGH GRUR 2012, 928 Rn. 25 – Honda-Grauimport). Die Verwirkung soll nach Ansicht des BGH den Verletzer nicht besser stellen als einen Lizenznehmer, der das Risiko trägt, dass der Lizenzvertrag für die Zukunft gekündigt wird und der dann die Zeichenbenutzung einstellen muss (BGH GRUR 2012, 928 Rn. 25 – Honda-Grauimport). In der Praxis wird es jedenfalls mit Blick auf die zuletzt begründeten Ansprüche regelmäßig am Zeitmoment, also am Verstreichen einer längeren Zeitspanne, fehlen. Damit ist die Verwirkung des Unterlassungsanspruchs gegen wiederholte gleichartige Verletzungshandlungen im Ergebnis ausgeschlossen. Anders möchte der BGH **Dauerhandlungen** (→ § 20 Rn. 15) behandelt wissen, zB die Nutzung eines Zeichens als Firma iSd § 5 Abs. 2 S. 1 Alt. 2 oder als besondere Geschäftsbezeichnung iSd § 5 Abs. 2 S. 1 Alt. 3). Für die Frage, wann die für das Zeitmoment maßgebliche Frist zu laufen beginnt, ist bei Dauerhandlungen auf den Beginn der erstmaligen Nutzung abzustellen (BGH GRUR 2019, 165 Rn. 40 – keine-vorwerk-vertretung). Tritt Verwirkung ein, deckt der erworbene schutzwürdige Besitzstand auch die Fortführung dieser Benutzung in der Zukunft (BGH GRUR 2013, 1161 Rn. 29 – Hard Rock Cafe). Ob wiederholte Rechtsverletzungen erfolgt sind oder eine einheitliche Dauerhandlung vorliegt, ist im Einzelfall zu bestimmen (→ § 20 Rn. 16). Der BGH wertet etwa die wiederholte Einfuhr von Motorrädern, die mit der Marke „HONDA" gekennzeichnet sind (BGH GRUR 2012, 928 Rn. 26 – Honda-Grauimport), und auch neue Werbemaßnahmen für ein Restaurant mit der Bezeichnung „Hard Rock" (BGH GRUR 2013, 1161 Rn. 22 – Hard Rock Cafe) als separate und wiederholte gleichartige Verletzungshandlungen. Die **Instanzrechtsprechung folgt dem** überwiegend (vgl. OLG Hamburg GRUR-RS 2020, 40736 Rn. 51 – Marco Polo Tee; LG Hamburg GRUR-RS 2021, 15510 Rn. 92 – Rolex-Uhren; GRUR-RS 2018, 51032 – Culture; LG München I 14.8.2020 –33 O 5410/19 – Alsecco). **AA** scheint allerdings das **LG Mannheim** zu sein. Es hat kürzlich eine Verwirkung des Unterlassungsanspruchs gemäß § 242 BGB auch bei Einzelhandlungen geprüft, deren Voraussetzungen allerdings verneint und zur Rechtsprechung des BGH nicht Stellung genommen (LG Mannheim GRUR-RS 2020, 23523 – Prüm). Im **Schrifttum** wird gegen die Linie des BGH zunehmend **berechtigte Kritik** laut (Ekey/Bender/Fuchs-Wissemann/Volker Ekey Rn. 69; Goldmann GRUR 2017, 657 ff. mit einer Fülle wN; Goldmann Unternehmenskennzeichen § 19 Rn. 780 ff.; Krüger MarkenR 2016, 353 f.; Ströbele/Hacker/Thiering/Thiering Rn. 67):

Die **Rechtsprechung des BGH** überzeugt nicht und ist aus mehreren Gründen entschieden **abzuleh-** **41.1** **nen** (ausführlich Goldmann GRUR 2017, 657 ff. mwN). Gegenstand der Verwirkung ist im Unterschied zur Verjährung nicht der individuelle Unterlassungsanspruch, wie er mit der jeweiligen Verletzungshandlung durch die damit ausgelöste Wiederholungsgefahr entsteht, sondern das Kennzeichenrecht, aus dessen Verletzung sich Unterlassungsansprüche ergeben. Im Verhältnis zwischen dem Verletzer, der sich auf Verwirkung berufen kann, und dem Inhaber des Kennzeichenrechts tritt für letzteren ein **„relativer Rechtsverlust"** ein mit der Folge, dass er im betroffenen Zweipersonenverhältnis sein Kennzeichenrecht dauerhaft nicht mehr durchsetzen kann. Deshalb ist die **Anknüpfung an individuelle** und ggf. immer wieder aufs Neue entstehende **Unterlassungsansprüche nicht sachgerecht**, sondern eine unpassende, technisch starre und begriffsjuristische Differenzierung, die dem Billigkeitsgedanken nicht gerecht wird. Die parallele Handhabung von Verwirkung und Verjährung durch den BGH **läuft Wesen und Zweck des Rechtsinstituts der Verwirkung zuwider.** Dieses wurde gerade deshalb geschaffen, weil die Verjährungsvorschriften im Marken- und Kennzeichenrecht letztlich leerlaufen und Ansprüche aus wiederholten gleichartigen Verletzungshandlungen im Ergebnis nicht verjähren können, weil die Verjährungsfrist stets aufs Neue zu laufen beginnt. Das Rechtsinstitut der Verwirkung sollte gerade hier zugunsten des schutzwürdigen Verletzers mit Besitzstand eingreifen und ihm den Erhalt des status quo ermöglichen, und zwar ohne Rücksicht darauf, ob der Besitzstand auf einer Dauerhandlung oder auf Einzelhandlungen aufbaut. Auch der Vergleich mit der Situation beim beendeten Lizenzvertrag, nach dessen Auslaufen der Lizenznehmer jede Benutzungsbefugnis verliert, ist nicht tragfähig (aA BGH GRUR 2012, 928 Rn. 23 – Honda-Grauimport). Denn die Situation der Verwirkung ähnelt nicht der eines gegenseitigen Lizenzvertrags, sondern der einer einseitigen Gestattung. Für letztere ist anerkannt, dass der Gestattungsempfänger eigene Rechte und damit eine dauernde Benutzungsbefugnis erwirbt, die er ggf. gegenüber dem Gestattenden durchsetzen kann (BGH GRUR 2016, 201 Rn. 31 – Ecosoil; GRUR 2013, 1150 Rn. 50 – Baumann I). Ebenso wie der Empfänger einer einseitigen konkludenten Gestattung gegenüber dem Lizenznehmer bevorzugt wird, ist es gerechtfertigt, auch denjenigen Nutzer (Verletzer, Unterlassungsschuldner) zu bevorzugen, der auf der Basis einer einseitigen Untätigkeit des Rechtsinhabers einen schutzwürdigen Besitzstand aufgebaut hat.

Für die **Ansprüche** auf **Schadensersatz** und **Bereicherungsausgleich** gilt: Zwar begründen **42** wiederholte, gleichartige Verletzungshandlungen auch jeweils neue Ansprüche auf Schadensersatz und Bereicherungsausgleich. Die „Verwirkungsfrist" beginnt in diesen Fällen jedoch nicht neu. Die längere Untätigkeit des Rechtsinhabers kann zwar kein berechtigtes Vertrauen des Verletzers begründen, der Rechtsinhaber dulde auch künftig die Rechtsverletzung. Der Verletzer darf aber darauf vertrauen, dass der Rechtsinhaber keine Ansprüche auf Schadensersatz und Bereicherungsausgleich mehr geltend macht, die an bereits eingetretene geduldete Rechtsverletzungen knüpfen (BGH GRUR 2014, 363 Rn. 42 – Peter Fechter).

3. Duldungsanschein

Der Anspruchsgegner muss darauf vertrauen dürfen, dass der Rechtsinhaber die Verwendung **43** des Zeichens duldet. Das Verhalten des Rechtsinhabers muss objektiv als Duldung zu verstehen sein. Eine Duldung setzt voraus, dass der Verletzte keine (ausreichenden) Maßnahmen gegen die Rechtsverletzung ergriffen hat, obwohl die Rechtsverfolgung möglich gewesen ist (→ Rn. 45). Hinzu kommt in der Regel ein subjektives Element: Der Rechtsinhaber muss die Verletzungshandlung kennen oder fahrlässig verkennen (→ Rn. 46).

44   Um den Zeitraum der Duldung bzw. des Duldungsanscheins zu **beenden,** muss der Anspruchsberechtigte ernsthaft deutlich machen, dass er die Zeichenbenutzung als Rechtsverletzung wertet
und mit ihr nicht einverstanden ist, etwa durch eine **Klage,** eine **Abmahnung** oder auch durch
eine **Berechtigungsanfrage** (BGH 25.2.1958 – I ZR 5/57 – Nagelmann). Nach einer erfolglosen
Abmahnung oder gescheiterten Vergleichsverhandlungen muss er unverzüglich gerichtliche
Schritte einleiten (Ingerl/Rohnke Rn. 39). Ein verwirkungsrelevanter **Duldungsanschein kann**
nämlich **neu entstehen,** wenn der Rechtsinhaber nach erfolgloser Abmahnung oder Berechtigungsanfrage jahrelang seine Ansprüche nicht gerichtlich geltend macht (vgl. BGH GRUR 1963,
478 (481) – Bleiarbeiter; GRUR 1958, 354 (358) – Sherlock Holmes; OLG Jena GRUR-RR
2012, 113 (117) – Musikveranstaltung; OLG Hamburg GRUR-RR 2004, 71 (73) – Salatfix).
Allerdings sind dann **erhöhte Anforderungen an die** für die Verwirkung nötige **Zeitspanne**
zu stellen (→ Rn. 49 f.). Hat der Anspruchsberechtigte zunächst **Widerspruch** gegen die Eintragung einer prioritätsjüngeren Marke erhoben, darf er den Ausgang des Widerspruchsverfahrens
abwarten, bevor er einen Unterlassungsanspruch geltend macht. Während des Widerspruchsverfahrens kann sich kein Vertrauenstatbestand aufbauen (BGH GRUR 2004, 783 (785) – NEURO-
VIBOLEX/NEURO-FIBRAFLEX; GRUR 1963, 478 (481) – Bleiarbeiter). Beanstandet der
Anspruchsberechtigte nach einem erfolgreichen Widerspruch die weitere Zeichennutzung nicht,
können seine Ansprüche verwirken (BGH GRUR 1966, 427 (431) – Prince Albert). Ein Vertrauenstatbestand kann dann aber erst nach einem längeren Zeitraum entstehen (Ströbele/Hacker/
Thiering/Thiering Rn. 68; vgl. BGH GRUR 1966, 427 (431) – Prince Albert: zehn Jahre). Ist
der Widerspruch zurückgewiesen worden, hat der Rechtsinhaber einen Unterlassungsanspruch
„in angemessener Frist" zu erheben; er darf nicht über drei Jahre untätig bleiben, selbst wenn er
sich seine Rechte vorbehalten hat (BGH GRUR 1963, 478 (481) – Bleiarbeiter).

45   Die Verwirkung setzt voraus, dass der Rechtsinhaber gegen die Verletzungshandlung vorgehen
kann. Der Rechtsinhaber duldet die Zeichennutzung nicht, wenn tatsächliche oder rechtliche
Gründe eine Rechtsverfolgung ausschließen (Ingerl/Rohnke Rn. 38). Die „Verwirkungsfrist"
beginnt nicht, solange der Anspruchsgegner **zur Nutzung berechtigt** ist, etwa aufgrund eines
Lizenzvertrags oder einer Gestattung (BGH GRUR 2006, 56 Rn. 41, 43 – BOSS-Club; OLG
Jena GRUR-RR 2012, 113 (117) – Musikveranstaltung; OLG Stuttgart GRUR-RR 2004, 8
(11)). Insoweit gilt das gleiche wie bei § 21 Abs. 1 und 2 (→ Rn. 20).

46   Der Anspruchsberechtigte duldet die Rechtsverletzung grundsätzlich nur, wenn er sie kennt
oder kennen müsste. Die Verwirkung gemäß § 21 Abs. 4 iVm § 242 BGB setzt – anders als die
Verwirkung gemäß § 21 Abs. 1, 2 – nicht zwingend **positive Kenntnis** des Rechtsinhabers (→
Rn. 16) voraus (BGH GRUR 2019, 165 Rn. 37 – keine-vorwerk-vertretung → Rn. 47). Kenntnis
oder fahrlässige Unkenntnis des Kennzeicheninhabers von der Verletzung können sich bei der
Bestimmung der für eine Verwirkung angemessenen Zeitdauer der Benutzung zugunsten des
Verletzers auswirken (BGH GRUR 2019, 165 Rn. 37 – keine-vorwerk-vertretung). Ist Kenntnis
gegeben, kann im Rahmen der Wechselwirkung je nach Fallgestaltung schneller ein schutzwürdiger Besitzstand entstehen als bei fahrlässiger Unkenntnis (→ Rn. 48). **Fahrlässige Unkenntnis**
kann ausreichen (BGH GRUR 1989, 449 (452) – Maritim; GRUR 1985, 72 (73) – Consilia;
OLG Jena GRUR-RR 2012, 113 (117) – Musikveranstaltung). Grobe Fahrlässigkeit wird nicht
unbedingt vorausgesetzt. Allerdings kann der **Grad der Fahrlässigkeit** des Rechtsinhabers im
Rahmen der **Wechselwirkung** der Voraussetzungen der Verwirkung für die Gesamtabwägung
eine Rolle spielen, und eine grobfahrlässige Unkenntnis kann sich bei der Bestimmung der für
eine Verwirkung erforderlichen Zeitdauer der Benutzung zugunsten des Verletzers auswirken. Die
Rechtsverfolgung kann treuwidrig sein, „wenn die längere Untätigkeit des Verletzten zwar auf
seiner Unkenntnis beruht, er bei einer zur Wahrung seiner Interessen gebotenen und zumutbaren
Beobachtung des Marktes oder des ‚Umfeldes' seiner Bezeichnung diese Verletzungen hätte erkennen müssen" (BGH GRUR 1993, 913 (915) – KOWOG; OLG Düsseldorf BeckRS 2012, 15005).
Denn in solchen Fällen kann beim Verletzer nach und nach die Annahme entstehen, dem Zeicheninhaber habe die konkrete Zeichennutzung nicht verborgen bleiben können, er dulde sie also und
werde nichts dagegen unternehmen (BGH GRUR 2019, 165 Rn. 40 – keine-vorwerk-vertretung;
GRUR 2016, 705 Rn. 52 – ConText). Den Zeicheninhaber trifft also eine **„Marktbeobach-
tungspflicht"** (BGH GRUR 2019, 165 Rn. 37 – keine-vorwerk-vertretung), wobei hier besser
von einer **„Marktbeobachtungsobliegenheit"** gesprochen werden sollte, weil es nicht um eine
den Rechtsinhaber gegenüber dem Verletzer treffende Pflicht geht, sondern um Rechtsnachteile,
die aufgrund der Vernachlässigung der objektiv gebotenen Sorgfalt entstehen (vgl. BGH GRUR
1989, 449 (952) – Maritim; GRUR 1966, 623 (626) – Kupferberg) Welche Marktbeobachtungob-
liegenheiten geboten und zumutbar sind, ist im Einzelfall zu ermitteln (vgl. BGH GRUR 1989,
449 (952) – Maritim; GRUR 1966, 623 (626) – Kupferberg). Dabei ist eine Marktbeobachtung

großen Unternehmen eher zumutbar als kleinen, und Märkte mit nur wenigen Anbietern lassen sich besser beobachten als solche mit einer unübersehbaren Vielzahl von Unternehmen. Eine Verletzung der Marktbeobachtungsobliegenheit ist umso eher anzunehmen, je stärker der Inhaber des jüngeren Zeichens aufgrund seiner Tätigkeit oder seiner Werbung im Markt wahrnehmbar war (vgl. BGH GRUR 1989, 449 (952) – Maritim; Goldmann Unternehmenskennzeichen § 19 Rn. 1022).

Für ein (unter Umständen grob) fahrlässiges Verhalten des Rechtsinhabers kann sprechen, dass eine **46.1** **große Branchennähe** und **örtliche Nähe** der Betätigungsfelder besteht, die Firma des Rechtsinhabers und die angegriffene Firma in demselben **Handelsregister** (BGH GRUR 1993, 913 (915) – KOWOG) und/oder in unmittelbarer Nähe zueinander im **Telefonbuch** eingetragen sind (OLG München GRUR-RR 2004, 14 (15)). Es besteht aber **keine Pflicht**, bundesweit Handelsregister und Firmenverzeichnisse durchzusehen, wenn der Anspruchsgegner eine reine **Vorratsgesellschaft** ist, die nie am Markt tätig gewesen ist (OLG Düsseldorf BeckRS 2012, 15005). Auch eine **Internetrecherche** nach dem angegriffenen Zeichen ist nicht in jedem Fall zumutbar (OLG Köln BeckRS 2011, 27032). Wer aber nicht nur für sein unmittelbares Tätigkeitsgebiet Schutz beansprucht, muss bei der gebotenen Wahrnehmung seiner Interessen den Markt grundsätzlich in **all denjenigen Branchen** beobachten, in denen er sein Recht durchsetzen will (BGH GRUR 1989, 449 (452) – Maritim; Goldmann Unternehmenskennzeichen § 19 Rn. 1023). Die im Verkehr erforderliche Sorgfalt schließt es **nicht** mit ein, **jegliche (Fach-)Zeitschriften,** die für die relevanten Wirtschaftsbereiche von Bedeutung sind, nach Werbeanzeigen von Konkurrenten durchzublättern; etwas anderes kann für (Fach-)Zeitschriften gelten, die hinsichtlich Bedeutung, Verbreitungsgebiet und Auflagenstärke zu denjenigen zählen, die jedem ernsthaften Marktteilnehmer bekannt sein müssen und als „**Pflichtblätter**" gelten können (vgl. LG Düsseldorf 6.12.2017 – 2a O 169/16 – teslaplatten). Die **Bekanntheit,** der **wirtschaftliche Erfolg** und eine **intensive Werbung** des Anspruchsgegners können Anhaltspunkte dafür sein, dass der Rechtsinhaber die Verletzungshandlung hätte wahrnehmen müssen. Eine jedenfalls fahrlässige Unkenntnis des Rechtsinhabers liegt nahe, wenn der Rechtsinhaber weiß, dass der Rechtsvorgänger des Anspruchsgegners die beanstandete Bezeichnung genutzt hat, und eine Tochtergesellschaft des Rechtsinhabers diese Nutzung beanstandet hat (BGH GRUR 1989, 449 (452) – Maritim). Ein weiteres Indiz für die fahrlässige Unkenntnis des Rechtsinhabers kann die **ständige Geschäftsbeziehung** zwischen den Parteien sein (vgl. BGH GRUR 1988, 776 (778) – PPC). Eine Verletzung der Marktbeobachtungsobliegenheit wurde zB in einem Fall verneint, in dem der vertriebene Tee des Schuldners ein nicht überall erhältlich und außerdem ein nicht für jedermann erschwingliches **Nischenprodukt** war, das nur in etwa 30 ausgewählten Geschäften vertrieben wurde, auch wenn vereinzelt die Produkte des Gläubigers dort ebenfalls erhältlich waren (OLG Hamburg GRUR-RS 2020, 40736 Rn. 61 – Marco Polo Tee).

Wenn der Rechtsinhaber die Verletzungshandlung weder kennt noch fahrlässig verkennt, **47** kommt eine Verwirkung nur ausnahmsweise in Betracht (vgl. BGH GRUR 2001, 1161 (1163) – CompuNet/ComNet). Eine „**unbewusste Duldung**" setzt eine besonders lang andauernde Zeichennutzung voraus. Zumeist ist dem Anspruchsberechtigten in diesen Fällen jedoch mindestens leichte Fahrlässigkeit vorzuwerfen.

Ob der Rechtsinhaber die Verletzungshandlung kennt, (grob) fahrlässig verkennt oder nicht **48** kennt, ist in der **Einzelfallabwägung** zu berücksichtigen. So kann Verwirkung bereits nach einer kürzeren Zeit der Untätigkeit eintreten, wenn der Anspruchsberechtigte die Rechtsverletzung wissentlich duldet (→ Rn. 39). Deutlich länger muss der Nutzungszeitraum sein, wenn der Rechtsinhaber die Verletzungshandlung nicht kennt oder fahrlässig verkennt. Ohne Kenntnis des Rechtsinhabers genügt eine vierjährige Nutzung nicht (BGH GRUR 2001, 1161 (1163) – CompuNet/ComNet).

4. Schutzwürdigkeit des Anspruchsgegners

Der Anspruchsgegner muss schutzwürdig sein, was in einer **Gesamtbetrachtung** der Einzel- **49** fallumstände zu ermitteln ist. Relevant ist insbesondere, ob der Anspruchsgegner das Zeichen „**redlich**" genutzt hat (vgl. BGH GRUR 1993, 913 (914) – KOWOG). Der Verletzer handelt fahrlässig, wenn er die fremde Marke mit einer Markenrecherche hätte entdecken können (BGH GRUR 1975, 434 (437) – BOUCHET; GRUR 1960, 183 (186) – Kosaken-Kaffee). Die Kenntnis berühmter Marken und geschäftlicher Bezeichnungen wird vorausgesetzt (BGH GRUR 1966, 623 (626) – Kupferberg). Zwar schließt ein Verschulden des Verletzers die Verwirkung gemäß § 21 Abs. 4 iVm § 242 BGB nicht aus (BGH GRUR 1981, 60 (62) – Sitex; GRUR 1989, 449 (453) – Maritim; OLG Jena GRUR-RR 2012, 113 (117) – Musikveranstaltung). Der Anspruchsgegner kann schutzwürdig sein, obwohl er gewusst oder jedenfalls fahrlässig verkannt hat, dass er ein Kennzeichenrecht verletzt. Er kann das Zeichen „redlich" verwenden, obwohl er im Zeitpunkt der Benutzungsaufnahme „bösgläubig" war (BGH GRUR 1993, 913 (914) – KOWOG). Jedoch **beeinflusst** der **Verschuldensgrad** die **Dauer der für die Verwirkung nötigen Zeitspanne** (BGH GRUR 1993, 913 (914) – KOWOG; GRUR 1989, 449 (453) – Maritim; GRUR 1975, 434 (437) – BOUCHET). Kenntnis oder fahrlässige Unkenntnis des Kennzeicheninhabers von der Verletzung können sich bei der Bestimmung der für eine Verwirkung angemessenen Zeitdauer der Benutzung zugunsten des Verletzers auswirken. Die zwischen den einzelnen Voraussetzungen der Verwirkung bestehende Wechselwirkung führt dazu, dass an den Umfang und die Bedeutung eines Besitzstands umso geringere Anforderungen zu stellen sind, je schutzwürdiger das Vertrauen des Verletzers in seine Berechtigung ist (BGH GRUR 2019, 165 Rn. 37 – keine-vorwerk-vertretung). Hat der Anspruchsgegner das prioritätsältere Recht vorsätzlich oder grob fahrlässig verletzt, kann ein Vertrauenstatbestand allenfalls nach einem längeren Zeitraum entstehen (BGH GRUR 2013, 1161 Rn. 27 – Hard Rock Cafe; GRUR 1999, 161 (164) – MAC Dog; OLG Jena GRUR-RR 2012, 113 (117) – Musikveranstaltung).

49.1   Bei einer vorsätzlichen Rechtsverletzung kommt eine Verwirkung nur ausnahmsweise als Ergebnis einer Interessenabwägung in Betracht. Dadurch entsteht **kein echter guter Glaube im Sinne der „bona fides superveniens"** (so aber BGH GRUR 1960, 183 (186) – Kosaken-Kaffee; Teplitzky/Bacher, Wettbewerbsrechtliche Ansprüche und Verfahren, Kap. 17 Rn. 15). Die Wertung als **Redlichkeit** ist vielmehr Ausdruck eines dem Verletzer günstigen Ergebnisses bei der **Interessenabwägung.** Die Bösgläubigkeit des Verletzers ist dabei zunächst stark zu seinen Ungunsten zu werten. Die Interessenabwägung kann aber allmählich zu einer Verschiebung der Bewertung führen: Bei lang andauernder Untätigkeit des Rechtsinhabers, womöglich sogar in Kenntnis der Verletzung, kann das Interesse des Verletzers schließlich überwiegen, so dass dann der Rechtsinhaber gegen Treu und Glauben verstößt, wenn er nunmehr den Anspruch geltend macht (Goldmann Unternehmenskennzeichen § 19 Rn. 1001 mwN). Die anfängliche Bösgläubigkeit des Verletzers verschärft aber die Anforderungen daran, ob und ab wann der Benutzer darauf vertrauen darf, gegen die Verwendung des jüngeren Zeichens bestünden keine Einwände oder würden nicht geltend gemacht. Eine redliche Nutzung liegt trotz anfänglicher Bösgläubigkeit insbesondere nahe, wenn der Zeicheninhaber den Verletzer abgemahnt, sich ihm gegenüber alle Rechte vorbehalten, mit Klage gedroht oder ihm sogar bereits einen Klageentwurf zugesandt hat, aber anschließend jahrelang den Rechtsweg nicht beschreitet (Goldmann Unternehmenskennzeichen § 19 Rn. 1002; vgl. BGH BeckRS 1976, 31066660 – Globetrotter; GRUR 1963, 478 (481) – Bleiarbeiter; RG MuW XXXI, 369, 370 – Rheinblümchen; → Rn. 44).

5. Wertvoller Besitzstand des Anspruchsgegners

50   Die Verwirkung eines **Unterlassungsanspruchs** gemäß § 21 Abs. 4 iVm § 242 BGB setzt – anders als die Verwirkung eines Schadensersatz- oder Bereicherungsanspruchs (→ Rn. 36) – voraus, dass der Anspruchsgegner einen **wertvollen Besitzstand** mit der rechtsverletzenden Kennzeichnung erworben hat. Der Besitzstand ist die „sachlich-wirtschaftliche Basis für die künftige wirtschaftliche Betätigung des Verletzers" (BGH GRUR 2001, 323 (325) – Temperaturwächter) und die wesentliche Grundlage des Verwirkungseinwands (RG GRUR 1934, 464 (468) – Presto/Cito). Diese Basis ist schutzwürdig, wenn sie einen „beachtlichen Wert" für den Verletzer hat (BGH GRUR 1993, 913 (915) – KOWOG; GRUR 1993, 151 (154) – Universitätsemblem). Der Besitzstand muss **durch eigenständige Anstrengungen** erworben worden sein. Eine Bekanntheit, die nicht auf eigene Werbeaufwendungen, Geschäftskontakte und Umsätze zurückzuführen ist, sondern allein auf die Verwendung des älteren bekannten Kennzeichenrechts mit der ihm inhärenten Werbewirkung, zählt nicht (BGH GRUR 2019, 165 Rn. 41 ff. – keine-vorwerk-vertretung; OLG Köln GRUR-RS 2016, 117224 – keine-vorwerk-vertretung.de). Für einen wertvollen Besitzstand ist nicht erforderlich, dass die angegriffene Bezeichnung Verkehrsgeltung iSd § 4 Nr. 2 oder § 5 Abs. 2 S. 2 erlangt hat (BGH GRUR 1962, 522 (525) – Ribana; GRUR 1957, 25 (28) – Hausbücherei; aA früher RG GRUR 1938, 356 (360) – Muratti). Die Annahme eines schutzwürdigen Besitzstands setzt **substantiierte Darlegungen** zum Grad der Bekanntheit, zu dem unter Verwendung des beanstandeten Zeichens erzielten Umsatz sowie gegebenenfalls zum entsprechenden Werbeaufwand voraus (BGH GRUR 2019, 165 Rn. 43 – keine-vorwerk-vertretung).

51   Die **Beurteilung,** ob der Besitzstand für den Nutzer des verletzenden Zeichens wertvoll ist, unterliegt der **tatrichterlichen Würdigung** und ist für das Revisionsgericht nur eingeschränkt überprüfbar (RG GRUR 1934, 53(57) – Valvoline/Valvonit; Goldmann Unternehmenskennzeichen § 19 Rn. 1014). Der **Wert** des Besitzstands ist **einzelfallabhängig** zu ermitteln, wobei nicht auf seine absolute Größe, sondern seine objektive Bedeutung für den Verletzer abzustellen ist (BGH GRUR 2019, 165 Rn. 41 – keine-vorwerk-vertretung; GRUR 1993, 913 (915) –

KOWOG; GRUR 1993, 151 (154) – Universitätsemblem; GRUR 1990, 1042 (1046) – Datacolor). An den wertvollen Besitzstand eines mittelständischen Unternehmens werden geringere Anforderungen gestellt als an den Wert des Besitzstandes für ein Großunternehmen (LG Düsseldorf BeckRS 1996, 121754 – Contec). Ein Wertfaktor ist der **Umsatz,** den der Verletzer mit der rechtsverletzenden Kennzeichnung erzielt hat. Der Umsatz ist in Relation zur Betriebsgröße zu bewerten (BGH GRUR 1993, 913 (915) – KOWOG). Von Bedeutung ist auch die Größe des **Kundenstamms** (BGH GRUR 1990, 1042 (1046) – Datacolor)). Die Kundenanzahl ist nicht in jedem Fall aussagekräftig. Je nach Geschäftsgegenstand und Verkaufsobjekt können bereits wenige Umsatzgeschäfte mit einer überschaubaren Anzahl von Kunden einen wertvollen Besitzstand begründen (BGH GRUR 1993, 913 (915) – KOWOG (Einfamilienhäuser); OLG München GRUR-RR 2004, 14 (15)). Ein weiterer Wertfaktor ist die **Bekanntheit** der rechtsverletzenden Kennzeichnung in den maßgeblichen Verkehrskreisen (BGH GRUR 1990, 1042 (1046) – Datacolor; GRUR 1981, 60 (62) – Sitex). Die Bekanntheit im Kreis gewerblicher Abnehmer kann genügen, selbst wenn die Produkte auch für Verbraucher bestimmt sind (BGH GRUR 1981, 60 (62) – Sitex; vgl. BGH GRUR 1989, 449 (451) – Maritim). **Indizien** für die Bekanntheit können die langjährige Tätigkeit des Verletzers, intensive Werbemaßnahmen und/oder ein erheblicher Werbeaufwand (BGH GRUR 2008, 1104 (1107) – Haus & Grund II) sowie auch redaktionelle Beiträge in Presseveröffentlichungen sein (LG Düsseldorf BeckRS 1996, 121754 – Contec). Zur Darlegungs- und Beweislast → Rn. 65.

Ein Besitzstand kann **nicht** entstehen, wenn der Anspruchsgegner das angegriffene Zeichen für **52** eine **Vorratsgesellschaft** nutzt, die überhaupt nicht am Markt tätig gewesen ist (OLG Düsseldorf BeckRS 2012, 15005). Auch eine in **Liquidation** befindliche und geschäftlich zwar noch tätige, aber nicht mehr werbende Gesellschaft kann keinen schutzwürdigen Besitzstand bilden (RG MuW XXXII, 539 (542) – Mannesmann; Goldmann Unternehmenskennzeichen § 19 Rn. 1007). Gibt der Verletzer zwischenzeitlich die Nutzung des Zeichens auf und nimmt es erst **nach einer ins Gewicht fallenden Unterbrechung** wieder in Benutzung, kann er sich nicht mehr auf den ursprünglichen Besitzstand berufen; der Einwand der Verwirkung ist ihm entzogen (RG GRUR 1930, 193 (196 f.) – Fabisch; Goldmann Unternehmenskennzeichen § 19 Rn. 1006).

Der einem prioritätsälteren inländischen Schutzrecht gegenüberstehende wertvolle Besitzstand **53** muss im **Inland** bestehen (LG München I GRUR-RS 2021, 20342 Rn. 55 – Dschingis Khan; Goldmann Unternehmenskennzeichen § 19 Rn. 1010; Ingerl/Rohnke/Nordemann/Schork Rn. 48). Wertfaktoren im Ausland können aber bei der Bewertung eines bestehenden inländischen Besitzstandes berücksichtigt werden (BGH GRUR 1966, 427 (431) – Prince Albert; OLG Köln NJWE-WettbR 1999, 60 (63) – Opelblitz; Ströbele/Hacker/Thiering/Thiering Rn. 90).

Der Besitzstand **muss auf der Verletzungshandlung** als solcher **beruhen** (BGH GRUR **54** 1988, 776 (778) – PPC). Unbeachtlich ist ein Besitzstand, der während einer berechtigten Zeichennutzung entstanden ist (BGH GRUR 2006, 56 Rn. 45 – BOSS-Club; → Rn. 45). Der Verletzer muss den Besitzstand in der Zeit aufgebaut haben, während derer der Rechtsinhaber die unberechtigte Zeichennutzung geduldet oder einen entsprechenden Anschein erweckt hat. Ein Besitzstand, der während einer außergerichtlichen oder gerichtlichen Auseinandersetzung mit dem Rechtsinhaber entstanden ist, ist nicht zu berücksichtigen (BGH GRUR 2004, 783 (785) – NEURO-VIBOLEX/NEURO-FIBRAFLEX). Im Einzelfall kann eine Umsatzsteigerung in dieser Zeit jedoch einen Rückschluss auf den Wert des Besitzstands vor der Abmahnung oder Klageerhebung ermöglichen (BGH GRUR 1966, 427 (431) – Prince Albert). Betrifft der Verwirkungseinwand den in die Zukunft gerichteten Unterlassungsanspruch, muss der Besitzstand bis zur letzten mündlichen Verhandlung fortbestehen (Fezer Rn. 46).

6. Keine überwiegenden öffentlichen Interessen

Der Verwirkung dürfen keine überwiegenden öffentlichen Interessen entgegenstehen. Das **55** **Interesse der Allgemeinheit** hat **grundsätzlich Vorrang** vor den betroffenen Individualinteressen (BGH GRUR 1994, 844 (846) – Rotes Kreuz; GRUR 1985, 930 (931) – JUS-Steuerberatungsgesellschaft; OLG Düsseldorf GRUR-RR 2011, 10 (12); ausführlich zum Wettbewerbsrecht Köhler/Bornkamm/Feddersen/Köhler UWG § 11 Rn. 2.33 f.). Daher kann zB kein schutzwürdiger Besitzstand an einem Zeichen entstehen, das mit dem Wahrzeichen des Roten Kreuzes verwechslungsfähig ist (BGH GRUR 1994, 844 (846) – Rotes Kreuz; OLG Nürnberg GRUR 1999, 68 (69)). Nur ausnahmsweise kann das Individualinteresse das Allgemeininteresse überwiegen, wenn das angegriffene Zeichen seit vielen Jahren benutzt worden ist und der Verkehr sich an die Koexistenz des prioritätsälteren und des angegriffenen Zeichens gewöhnt hat, die Irreführungsgefahr also gering ist (BGH GRUR 1952, 577 (581) – Fischermännchen–Zwilling-Illing).

IV. Rechtsfolgen und Grenzen der allgemeinen Verwirkung

1. Rechtsfolgen der Verwirkung

56   Die allgemeine Verwirkung gemäß § 242 BGB hat zur Folge, dass der Kennzeicheninhaber nicht mehr gemäß §§ 14–19c gegen die rechtsverletzende Benutzung vorgehen kann. Sie lässt den Anspruch – anders als die Verjährung (→ § 20 Rn. 71) – erlöschen. Der Anspruchsgegner muss sich nicht auf die Verwirkung berufen. Wenn er Tatsachen darlegt und beweist, die die Verwirkung begründen, hat das Gericht diesen Einwand **von Amts wegen** zu berücksichtigen (BGH GRUR 1966, 623 (625) – Kupferberg). Der Tatrichter prüft eigenverantwortlich, ob die Voraussetzungen der Verwirkung erfüllt sind (BGH GRUR 2005, 567 (569) – Schweißbrennerreinigung; GRUR 2001, 323 (325) – Temperaturwächter).

57   Wenn der Unterlassungsanspruch verwirkt ist, kann der Inhaber des prioritätsälteren Rechts kann die Benutzung des rechtsverletzenden Zeichens nicht untersagen. Auch andere Ansprüche sind, wenn sie verwirkt sind, nicht durchsetzbar. Der Verwirkungseinwand dient der Anspruchsabwehr, begründet aber **kein subjektives Recht des Anspruchsgegners** (vgl. Fezer Rn. 19).

2. Grenzen der Verwirkung

58   Die Verwirkung bezieht sich auf eine **konkrete Verletzungshandlung** (BGH GRUR 2008, 803 Rn. 29 – HEITEC I). Wenn der Rechtsinhaber duldet, dass der Anspruchsgegner ein bestimmtes Produkt oder Unternehmen mit dem streitgegenständlichen Zeichen kennzeichnet, können Ansprüche gegen diese Benutzungsform verwirkt sein. Jedoch darf die Verwirkung nicht dazu führen, „dass dem Benutzer eine zusätzliche Rechtsposition eingeräumt wird und die Rechte des nach Treu und Glauben nur ausnahmsweise und in engen Grenzen schutzwürdigen Rechtsverletzers über diese Grenzen hinaus erweitert werden" (BGH GRUR 2012, 928 Rn. 23 – Honda-Grauimport; vgl. auch BGH GRUR 2008, 803 Rn. 29 – HEITEC I). Die Verwirkung deckt (nur) den **status quo.** Der Rechtsinhaber kann den Anspruchsgegner deshalb nicht daran hindern – wie bisher – auch künftig die Verletzungshandlung vorzunehmen. Ausweiten oder intensivieren darf der Anspruchsgegner sie nicht (Goldmann GRUR 2017, 657 (663) mwN). Der Schuldner darf allerdings im bisherigen sachlichen und räumlichen Rahmen seiner Tätigkeit den Um- und Absatz durchaus steigern. Sein Geschäft darf also im Volumen wachsen, soweit die nachfolgend näher dargestellten Grenzen des bisher erworbenen Besitzstandes nicht überschritten werden (Goldmann Unternehmenskennzeichen § 19 Rn. 1081).

59   Die Beschränkung auf den erreichten status quo gilt zunächst für das **sachliche Tätigkeitsgebiet** und die angesprochenen **Abnehmerkreise** (BGH BeckRS 1976, 31066660 – Globetrotter; GRUR 1969, 694 (697) – Brillant; Goldmann Unternehmenskennzeichen § 19 Rn. 1032).

59.1   **Beispiele:** Wer sich gutgläubig einen Besitzstand zur Belieferung von Bäckereien mit Mehl in Großpackungen geschaffen hat, kann daraus keine Befugnis ableiten, auch Endverbraucher mit Kleinpackungen zu beliefern (BGH GRUR 1969, 694 (697) – Brillant). Wer sich gutgläubig einen Besitzstand mit dem Vertrieb von Cognac geschaffen hat, ist nicht befugt, auf den Vertrieb von Sekt überzugehen (BGH GRUR 1970, 315 (318) – Napoléon III). Wer sich einen Besitzstand mit der Veranstaltung von Flug- und Schiffsreisen geschaffen hat, dem ist damit nicht die Veranstaltung von Busreisen erlaubt (BGH BeckRS 1976, 31066660 – Globetrotter).

60   In **räumlicher Hinsicht** ist der Verletzer auf dasjenige Gebiet beschränkt, auf dem er den schutzwürdigen Besitzstand erworben hat. Eine räumliche Ausdehnung über diese Grenzen hinaus ist vom Verwirkungseinwand nicht gedeckt (BGH GRUR 2013, 1161 Rn. 23 – Hard Rock Cafe; GRUR 1955, 406 (409) – Wickelsterne; Goldmann Unternehmenskennzeichen § 19 Rn. 1034).

60.1   **Beispiel:** Wem die Nutzung der besonderen Geschäftsbezeichnung einer Gaststätte nicht mehr untersagt werden kann, der darf deshalb für sein Lokal noch nicht im Internet werben, weil die Aufnahme von Werbung im Internet eine demgegenüber andersartige Verletzung darstellt, die sich insbesondere durch die Möglichkeit der jederzeitigen und weltweiten Abrufbarkeit auszeichnet (BGH GRUR 2013, 1161 Rn. 23 – Hard Rock Cafe).

61   In **gestalterischer Hinsicht** beschränkt sich die rechtsvernichtende Wirkung des Verwirkungseinwands auf die konkrete Form des vom Verletzer im Verwirkungseinwand benutzten Zeichens (Goldmann Unternehmenskennzeichen § 19 Rn. 1038). **Geringfügige Abwandlungen** können von der Verwirkung gedeckt sein, sofern diese dem verletzten Kennzeichen nicht näher kommen als diejenige Verwendungsart, für die Verwirkung eingetreten ist (BGH GRUR 2008, 803 Rn. 29 – HEITEC I; GRUR 1951, 410 (412) und Ls. 3 – Luppy; LG Mannheim GRUR-RS 2020, 23523

Rn. 88 – PRÜM). Der Fortfall beschreibender Bestandteile eines Zeichens kann genügen, um den Verwirkungseinwand auszuschließen.

Beispiel: So erstreckt sich der Verwirkungseinwand, der sich auf die Firma „HAITEC Gesellschaft für **61.1** Entwicklung und Vertrieb EDV-gestützter Lösungen mbH" bezieht, nicht auf die Firma „HAITEC AG" (BGH GRUR 2008, 803 Rn. 30 – HEITEC I).

Ebenso ist der Verletzer auf die **Zeichenart** und **Zeichenverwendung** beschränkt, für die er **62** sich einen Besitzstand geschaffen hat (BGH GRUR 1993, 576 (578) – Datatel; GRUR 1992, 45 (47) – Cranpool; GRUR 1969, 694 (697) – Brillant; Goldmann Unternehmenskennzeichen § 19 Rn. 1036). Der Rechtsinhaber kann gegen diese Maßnahmen vorgehen. Denn die Verwirkung begründet kein Gegenrecht des Verletzers, sondern bewirkt nur, dass der Rechtsinhaber gerade gegen eine bestimmte Art der Kennzeichenverwendung nicht vorgehen kann (BGH GRUR 1969, 694 (697) – Brillant; → Rn. 64).

Beispiele: Wem die Benutzung eines Zeichens wegen Verwirkung gemäß § 242 BGB nicht untersagt **62.1** werden kann, der darf dieses Zeichen nicht **als Marke** anmelden und so seine Rechtsposition ausdehnen und festigen (BGH GRUR 1993, 576 (578) – Datatel; GRUR 1992, 45 (47) – Cranpool; RG GRUR 1943, 345 (348) – Goldsonne). Dies gilt insbesondere, wenn dem Verletzer lediglich die örtlich beschränkte Benutzung eines Kennzeichens nicht mehr untersagt werden kann (LG München I 29.4.2014 – 33 O 7468/13 – Villa Westfalia). Auch die Anmeldung des bislang informell benutzten Zeichens **als Firma** zum Handelsregister ist von der Verwirkung nicht gedeckt (BGH GRUR 1981, 66 (68) – MAN/G-man; RG MuW XXXI, 96 (98) – Kemm'sche).

Dagegen geht die Benutzung eines Zeichens **auf dem Lastwagen** eines Unternehmens nicht über den Besitzstand hinaus, den sich der Inhaber mit der Benutzung dieses Zeichens als Marke und Unternehmenskennzeichen geschaffen hat (BGH GRUR 1963, 478 (481 f.) – Bleiarbeiter).

Der Verwirkungseinwand ist nicht übertragbar (Köhler/Bornkamm/Feddersen/Köhler UWG **63** § 11 Rn. 2.36). Allerdings kann sich der **Rechtsnachfolger** des Verletzers auf die eingetretene Verwirkung bzw. verwirkungsrelevante Tatsachen wie etwa den schutzwürdigen Besitzstand und die verstrichene längere Zeitdauer berufen (Fezer Rn. 56; Goldmann Unternehmenskennzeichen § 19 Rn. 952; Ingerl/Rohnke/Nordemann/Schork Rn. 30). In den Worten des BGH „kommen die für den Rechtsvorgänger aufgelaufene Zeitdauer und der von diesem erworbene Besitzstand dem Rechtsnachfolger zugute, soweit mit der Rechtsnachfolge keine zeichenrechtlich relevante Veränderung des bis dahin bestehenden Zustands verbunden ist" (BGH GRUR 2008, 803 Rn. 27 – HEITEC I).

D. Darlegungs- und Beweislast

I. Kenntnis des Inhabers des prioritätsälteren Rechts

Der Anspruchsgegner hat die Voraussetzungen der Verwirkung darzulegen und zu beweisen **64** (BGH GRUR 1993, 576 (578) – Datatel; GRUR 1988, 776 (778) – PPC). Im Rahmen des § 21 Abs. 1, 2 muss er nachweisen, dass das prioritätsjüngere Zeichen während eines Zeitraums von fünf aufeinanderfolgenden Jahren benutzt worden ist, was der Inhaber des prioritätsälteren Kennzeichens gewusst und geduldet hat. Die **Kenntnis** des Anspruchsberechtigten ist regelmäßig schwierig zu beweisen (hierzu Kochendörfer WRP 2005, 157 (165)). Sie ist eine innere Tatsache, die sich zumeist nur aus äußeren Umständen (Indizien) erschließen lässt. Die hM wendet daher zu Recht die Regeln des **Anscheinsbeweises** an, wonach es genügt, dass Umstände vorliegen, die typischerweise auf die Kenntnis schließen lassen (Fezer Rn. 14; Klaka GRUR 1994, 321 (329); Kodek MarkenR 2011, 502 (506); Ströbele/Hacker/Thiering/Thiering Rn. 41). So kann die Werbung des Anspruchsberechtigten und Anspruchsgegners in derselben Zeitschrift oder die Ausstellung auf derselben Messe auf die Kenntnis des Anspruchstellers hindeuten (Klaka GRUR 1994, 321 (329); Kochendörfer WRP 2005, 157 (166)). **Indizien,** die eine positive Kenntnis nahelegen, können auch eine besondere Bekanntheit des Verletzers oder besonders auffällige Werbemaßnahmen sein (zB großflächiges „Eingangsschild" in unmittelbarer Nachbarschaft, vgl. OLG Frankfurt GRUR-RR 2020, 4 Rn. 27 – Cassella). In solchen Fällen muss der Anspruchsberechtigte die Vermutung seiner Kenntnis widerlegen. Wer trotz bekannter und offenkundiger Anhaltspunkte der tatsächlichen Kenntnis treuwidrig verschließt, wird so behandelt, als habe er Kenntnis (→ Rn. 16). Soweit es für die allgemeine Verwirkung gemäß § 21 Abs. 4 iVm § 242 BGB auf die Kenntnis des Rechtsinhabers ankommt (→ Rn. 46), gelten die gleichen Grundsätze.

II. Wertvoller Besitzstand

65   Im Rahmen des § 21 Abs. 4 iVm § 242 BGB muss der Verletzer substantiiert darlegen und beweisen, dass er einen **wertvollen Besitzstand** mit der rechtsverletzenden Kennzeichnung erworben hat (BGH GRUR 2008, 1104 Rn. 33 – Haus & Grund II). Der wertvolle Besitzstand ist vom Verletzer spezifiziert darzulegen, wobei insbesondere Angaben zum Umsatz und zu den Werbeaufwendungen sowie zur Bedeutung dieser Größen für sein Unternehmen Angaben zu machen sind (OLG Köln GRUR-RS 2016, 117224 – keine-vorwerk-vertretung.de). Auskünfte von Industrie- und Handelskammern oder demoskopische Umfragen können die Bekanntheit belegen (BGH GRUR 1966, 427 (430) – Prince Albert). Ein „gewisser Besitzstand" liegt nahe, wenn der Verletzer das Zeichen langjährig ungestört genutzt hat (BGH GRUR 1993, 913 (915) – KOWOG). Trägt der Verletzer einen Besitzstand schlüssig vor, hat das Gericht gemäß § 139 ZPO auf etwaige Substantiierungsmängel hinsichtlich einzelner für die Beurteilung der Schutzwürdigkeit des Besitzstandes maßgeblichen Umstände hinzuweisen (BGH GRUR 1990, 1042 (1047) – Datacolor).

III. Bösgläubigkeit und Unredlichkeit

66   Der Inhaber des prioritätsälteren Kennzeichenrechts muss darlegen und beweisen, dass die prioritätsjüngere Marke gemäß § 21 Abs. 1 aE **bösgläubig** angemeldet worden bzw. der Inhaber des prioritätsjüngeren (Kennzeichen-)Rechts im Zeitpunkt des Rechtserwerbs gemäß § 21 Abs. 2 aE bösgläubig gewesen ist (OLG Nürnberg 5.2.2019 – 3 U 24/16 – HEITEC/HEITECH). Das Gleiche gilt, wenn der Rechtsinhaber sich im Rahmen des § 21 Abs. 4 iVm § 242 BGB auf eine **„unredliche"** Zeichennutzung beruft, die auf einer Kenntnis des Verletzers vom älteren Recht und seiner Verletzung beruht. Ebenso wie bei der Kenntnis des Rechtsinhabers sind für die Kenntnis des Verletzers, die eine innere Tatsache darstellt, die Regeln des **Anscheinsbeweises** anzuwenden (→ Rn. 64). Ist das ältere Zeichen bekannt oder gar berühmt, ist, jedenfalls als Ergebnis freier Beweiswürdigung, von einer Kenntnis des Verletzers auszugehen (BGH GRUR 2000, 875 (878) – Davidoff I; GRUR 1991, 609 (613) – SL; GRUR 1963, 478 (481) – Bleiarbeiter). Kenntnis kann auch auf früheren Geschäftskontakten (vgl. BGH GRUR 1998, 776 (778) – PPC; GRUR 1985, 389 (390) – Familienname); einer Abmahnung des Inhabers des älteren Zeichens (OLG Frankfurt BeckRS 1992, 09220 – Menger Krug) oder anderen Umständen beruhen. So entspricht es der Lebenserfahrung, dass sich ein bedeutendes Unternehmen über Erzeugnisse und Kennzeichen bedeutender Wettbewerber auf dem Laufenden hält und insoweit den Markt beobachtet (BGH GRUR 2000, 875 (878) – Davidoff; GRUR 1959, 240 (242) – Nelkenstecklinge).

§ 22 Ausschluß von Ansprüchen bei Bestandskraft der Eintragung einer Marke mit jüngerem Zeitrang

(1) Der Inhaber einer Marke oder einer geschäftlichen Bezeichnung hat nicht das Recht, die Benutzung einer eingetragenen Marke mit jüngerem Zeitrang für die Waren oder Dienstleistungen, für die sie eingetragen ist, zu untersagen, wenn ein Antrag auf Erklärung der Nichtigkeit der Marke mit jüngerem Zeitrang zurückgewiesen worden ist oder zurückzuweisen wäre,

1. weil die Marke oder geschäftliche Bezeichnung mit älterem Zeitrang an dem für den Zeitrang der Eintragung der Marke mit jüngerem Zeitrang maßgeblichen Tag noch nicht im Sinne des § 9 Abs. 1 Nr. 3, des § 14 Absatz 2 Satz 1 Nummer 3 oder des § 15 Abs. 3 bekannt war (§ 51 Abs. 3),
2. weil die Eintragung der Marke mit älterem Zeitrang am Tag der Veröffentlichung der Eintragung der Marke mit jüngerem Zeitrang wegen Verfalls oder wegen absoluter Schutzhindernisse hätte für verfallen oder für nichtig erklärt und gelöscht werden können (§ 51 Abs. 4),
3. weil an dem für den Zeitrang der Eintragung der jüngeren Marke maßgeblichen Tag noch keine Verwechslungsgefahr im Sinne des § 9 Absatz 1 Nummer 2, des § 14 Absatz 2 Satz 1 Nummer 2 oder des § 15 Absatz 2 bestand.

(2) In den Fällen des Absatzes 1 kann der Inhaber der eingetragenen Marke mit jüngerem Zeitrang die Benutzung der Marke oder der geschäftlichen Bezeichnung mit älterem Zeitrang nicht untersagen.

Überblick

Nach § 22 sind Verletzungsansprüche des Inhabers einer Marke oder einer geschäftlichen Bezeichnung gegen eine jüngere eingetragene Marke, die nicht gelöscht werden kann, ausgeschlossen. Nach Abs. 1 Nr. 1 (→ Rn. 5) sind Verletzungsansprüche ausgeschlossen, wenn am Prioritätstag der jüngeren Marke kein relativer Nichtigkeitsgrund aufgrund des erweiterten Schutzes bekannter Marken oder geschäftlicher Bezeichnungen bestanden hat, weil die ältere Marke bzw. ältere geschäftliche Bezeichnung zu diesem Zeitpunkt noch keine Bekanntheit iSv § 9 Abs. 1 Nr. 3, § 14 Abs. 2 S. 1 Nr. 3 oder § 15 Abs. 3 erlangt hatte. Abs. 1 Nr. 2 (→ Rn. 9) regelt die Zwischenrechte des Inhabers der jüngeren Marke gegenüber dem Inhaber einer älteren eingetragenen Marke. Abs. 1 Nr. 3 (→ Rn. 19) normiert als weiteren Ausschlussgrund das Fehlen von Verwechslungsgefahr iSv § 9 Abs. 1 Nr. 2, § 14 Abs. 2 S. 1 Nr. 2 und § 15 Abs. 2 an dem für den Zeitrang der Eintragung der jüngeren Marke maßgeblichen Tag. Abs. 2 (→ Rn. 31) stellt klar, dass der Inhaber der jüngeren eingetragenen Marke seinerseits nicht die Benutzung der älteren eingetragenen Marke bzw. älteren geschäftlichen Bezeichnung untersagen kann.

Übersicht

A. Allgemeines

§ 22 Abs. 1 **sichert das Recht der Benutzung bestandskräftig eingetragener jüngerer** **1** **Marken** für die Waren oder Dienstleistungen, für die sie eingetragen sind. Der Inhaber des prioritätsälteren Kennzeichens kann weiterhin gegen die Benutzung für andere, auch ähnliche Waren oder Dienstleistungen vorgehen. Es handelt sich um die entsprechende Regelung zu § 51 Abs. 3 und 4 für das Verletzungsverfahren (vgl. Ströbele/Hacker/Thiering/Thiering Rn. 9). § 51 Abs. 3 und 4 regelt den Ausschluss von Löschungsansprüchen des Inhabers einer Marke oder einer geschäftlichen Bezeichnung gegen eine jüngere eingetragene Marke im Löschungsverfahren. § 22 regelt den Ausschluss von Verletzungsansprüchen des Inhabers einer Marke oder einer geschäftlichen Bezeichnung, die sich gegen jüngere eingetragene Marken richten, die nicht nach § 51 Abs. 3 oder 4 wegen Verfalls oder Nichtigkeit gelöscht werden können. Hierdurch ist sichergestellt, dass der Löschungsanspruch gemäß § 51 Abs. 1 und Verletzungsansprüche einheitlich beurteilt werden (vgl. BT-Drs. 12/6581, 79).

Abs. 1 ist nach seinem Wortlaut („Recht (…) zu untersagen") auf Unterlassungsansprüche (§ 14 **2** Abs. 5, § 15 Abs. 4) beschränkt. Um Rechtssicherheit zu gewährleisten, sind die Ausschlussgründe aber auf alle Ansprüche gemäß §§ 14–19c anzuwenden (vgl. Ingerl/Rohnke Rn. 1).

Anders als in der RL 2008/95/EG ist nunmehr in Art. 18 RL (EU) 2015/2436 (MRL) ebenfalls **3** geregelt, dass der Inhaber einer Marke dem Inhaber einer später eingetragenen Marke deren Benutzung nicht untersagen kann, wenn diese jüngere Marke nach Maßgabe der Art. 8, 9 Abs. 1 oder 2 MRL oder Art. 46 Abs. 3 MRL bei nationalen Marken bzw. Art. 53 Abs. 1, 3 oder 4 UMV oder Art. 54 Abs. 1 oder 2 UMV oder Art. 57 Abs. 2 UMV bei jüngeren Unionsmarken nicht für nichtig erklärt werden kann.

Auch in der UMV wurde in Art. 16 UMV eine Regelung aufgenommen, welche das Recht **4** der Benutzung jüngerer bestandskräftig eingetragener Unionsmarken und nationaler Marken sichert (im Einzelnen → UMV Art. 16 Rn. 1 f.).

B. Fehlende Bekanntheit der prioritätsälteren Marke oder geschäftlichen Bezeichnung (Abs. 1 Nr. 1)

5   Der Inhaber einer jüngeren eingetragenen Marke kann den Ansprüchen des Inhabers der älteren Marke oder älteren geschäftlichen Bezeichnung nach **Abs. 1 Nr. 1** entgegenhalten, dass **am Anmeldetag bzw. Prioritätstag der jüngeren Marke** kein relativer Nichtigkeitsgrund aufgrund des erweiterten Schutzes bekannter Marken bestanden hat, weil die ältere Marke oder ältere geschäftliche Bezeichnung **zu diesem Zeitpunkt noch keine Bekanntheit** iSv § 9 Abs. 1 Nr. 3, § 14 Abs. 2 S. 1 Nr. 3 oder § 15 Abs. 3 erlangt hatte. Es handelt sich um die entsprechende Regelung zu § 51 Abs. 3 für das Verletzungsverfahren.

6   Der Anwendungsbereich beschränkt sich darauf, dass der älteren Marke oder älteren geschäftlichen Bezeichnung am Anmeldetag bzw. Prioritätstag der jüngeren eingetragenen Marke die **erforderliche Bekanntheit fehlte** und diese erst durch nachträgliche Benutzung erlangt hat. Hierbei handelt es sich letztlich um eine **Ausprägung des Prioritätsgrundsatzes.** Maßgeblich ist nicht der Zeitrang des prioritätsälteren Kennzeichens gemäß § 6 Abs. 2, 3, sondern der Zeitpunkt, in dem das prioritätsältere Kennzeichen bekannt geworden ist (vgl. BGH GRUR 2008, 160 Rn. 25 – CORDARONE; GRUR 2003, 428 (433) – BIG BERTHA; OLG Hamburg NJOZ 2005, 133 (134)). Dieses Ergebnis folgt „auch ohne gesetzliche Regelung aus einer ‚vernünftigen' Auslegung des Prioritätsgrundsatzes" (vgl. BT-Drs. 12/6581, 97). Die Regelung in § 22 Abs. 1 Nr. 1 iVm § 51 Abs. 3 dient letztlich nur der Klarstellung (vgl. BT-Drs. 12/6581, 80, 97).

7   § 22 Abs. 1 Nr. 1 iVm § 51 Abs. 3 ist nach dem Sinn und Zweck dieser Vorschrift **restriktiv auszulegen** (vgl. Fezer Rn. 6). Der Inhaber des prioritätsälteren Kennzeichens soll sich gegenüber der prioritätsjüngeren Marke nicht auf den erweiterten Schutz nach § 14 Abs. 2 S. 1 Nr. 3 oder § 15 Abs. 3 berufen können, wenn sein älteres Kennzeichen am **Anmelde- bzw. Prioritätstag** (§ 6 Abs. 2) der prioritätsjüngeren Marke **noch nicht bekannt war** und er daher nur den „normalen" Schutz gemäß § 14 Abs. 2 S. 1 Nr. 1, 2 oder § 15 Abs. 2 beanspruchen konnte (vgl. LG Hamburg NJOZ 2009, 967 (971)). Nach der Gesetzesbegründung soll sich „ein erst nach Begründung des konkurrierenden jüngeren Rechts entstandener ‚Rechtszuwachs' (…) nicht zum Nachteil eines rechtmäßig begründeten Markenrechts auswirken" (vgl. BT-Drs. 12/6581, 96 f.). Der Ausschlussgrund greift nicht, wenn lediglich ein Kollisionstatbestand gemäß § 14 Abs. 2 S. 1 Nr. 1, 2 oder § 15 Abs. 2 vorliegt (Fezer Rn. 6).

8   Die fehlende Bekanntheit des prioritätsälteren Kennzeichens ist **auch im Rahmen der nachträglichen Steigerung der Kennzeichnungskraft innerhalb der Prüfung der Verwechslungsgefahr** nach § 9 Abs. 1 Nr. 2, § 14 Abs. 2 S. 1 Nr. 2 und § 15 Abs. 2 zu berücksichtigen (vgl. BGH GRUR 2003, 428, 433 – BIG BERTHA; GRUR 1997, 221, 223 – Canon; Ingerl/Rohnke Rn. 5; Ströbele/Hacker/Thiering/Thiering Rn. 10, 24). So kann die Bekanntheit des prioritätsälteren Kennzeichens für die Frage relevant sein, ob aufgrund gesteigerter Kennzeichnungskraft Verwechslungsgefahr vorliegt. Daher ist eine Bekanntheit des prioritätsälteren Kennzeichens im Rahmen der § 9 Abs. 1 Nr. 2, § 14 Abs. 2 S. 1 Nr. 2 und § 15 Abs. 2 nicht zu berücksichtigen, wenn diese erst nach dem Anmelde- bzw. Prioritätstag der prioritätsjüngeren Marke erworben worden ist (Ströbele/Hacker/Thiering/Thiering Rn. 10, 24). Dieser Rechtsgedanke ist nunmehr ausdrücklich in Abs. 1 Nr. 3 normiert, in dem als weiterer Ausschlussgrund das Fehlen von Verwechslungsgefahr an dem für den Zeitrang der Eintragung der jüngeren Marke maßgeblichen Tag gesetzlich geregelt ist.

C. Zwischenrechte an jüngeren eingetragenen Marken gegenüber prioritätsälteren eingetragenen Marken (Abs. 1 Nr. 2)

9   § 22 Abs. 1 Nr. 2 regelt die sog. Zwischenrechte zugunsten des Inhabers einer jüngeren eingetragenen Marke. Nach § 22 Abs. 1 Nr. 2 iVm § 51 Abs. 4 sind Verletzungsansprüche des Inhabers einer prioritätsälteren eingetragenen Marke ausgeschlossen, wenn diese prioritätsältere Marke an dem **Tag der Veröffentlichung der Eintragung der prioritätsjüngeren Marke** wegen Verfalls oder absoluter Schutzhindernisse hätte für verfallen oder nichtig erklärt und gelöscht werden können. **Nach dem Gesetzeswortlaut ist nicht auf den Anmelde- oder Prioritätstag (§ 6 Abs. 2) abzustellen.** Hierbei dürfte es sich jedoch um ein redaktionelles Versehen handeln, da **§ 51 Abs. 4** als maßgeblichen Zeitpunkt nunmehr **richtlinienkonform auf den Anmelde- oder Prioritätstag der Marke mit jüngerem Zeitrang abstellt.** Gleiches hat dann im neu gefassten § 22 Abs. 1 Nr. 2 zu gelten (vgl. auch Ströbele/Hacker/Thiering/Thiering Rn. 17).

Zweck der Konzeption des Zwischenrechts ist es, den Inhaber einer jüngeren Marke in 10 seinem **Vertrauen darauf zu schützen, dass er aus prioritätsälteren eingetragenen Marken** nicht in Anspruch genommen werden kann, die am Tag der Veröffentlichung der Eintragung (zukünftig: am Anmeldetag bzw. Prioritätstag) der jüngeren Marke **zwar eingetragen, jedoch löschungsreif waren, dh nur formal existierten** (vgl. Ingerl/Rohnke § 22 Rn. 8; Ingerl/Rohnke § 52 Rn. 10).

Ein **Zwischenrecht zugunsten des Inhabers der jüngeren Marke entsteht,** wenn die 11 ältere eingetragene Marke am Anmeldetag bzw. Prioritätstag der jüngeren Marke löschungsreif war, dh nur noch formal existierte, aufgrund

- **Verfalls** (§ 22 Abs. 1 Nr. 2 Alt. 1 iVm § 51 Abs. 4 iVm § 49);
- **absoluter Schutzhindernisse** (§ 22 Abs. 1 Nr. 2 Alt. 2 iVm § 51 Abs. 4 iVm § 50 iVm §§ 3, 7, 8).

Unbeachtlich ist, ob die Löschungsreife der prioritätsälteren Marke später wieder entfällt (vgl. 12 BGH GRUR 2012, 930 Rn. 74 – Bogner B/Barbie B; GRUR 2003, 1040 (1042) – Kinder; GRUR 2002, 967 (969) – Hotel Adlon).

§ 22 Abs. 1 Nr. 2 iVm § 51 Abs. 4 ist entsprechend anzuwenden, wenn die prioritätsältere 13 Marke löschungsreif wird, nachdem die Eintragung der prioritätsjüngeren Marke veröffentlicht worden ist (vgl. Ingerl/Rohnke Rn. 10). Die prioritätsjüngere Marke, die zunächst gemäß § 51 Abs. 1 hätte gelöscht werden können, wird bestandskräftig, sobald die prioritätsältere Marke löschungsreif wird (vgl. BGH GRUR 2002, 59 (61 f.) – ISCO; Ingerl/Rohnke Rn. 10).

§ 22 Abs. 1 Nr. 2 regelt die Ausschlussgründe weitergehender als dies in der MRL in Art. 18 14 vorgesehen ist. § 22 Abs. 1 Nr. 2 Alt. 1 iVm § 51 Abs. 4 iVm § 49 nimmt auf alle Verfallsgründe Bezug, wohingegen Art. 18 MRL iVm Art. 46 Abs. 3 MRL nur den Verfallsgrund der mangelnden rechtserhaltenden Benutzung nennt (→ UMV Art. 16 Rn. 46). Gleiches gilt im Hinblick auf die absoluten Schutzhindernisse. § 22a Abs. 1 Nr. 2 Alt. 2 iVm § 51 Abs. 4 iVm § 50 nimmt auf alle absoluten Schutzhindernisse der §§ 3, 7 und § 8 Bezug, wohingegen Art. 18 MRL iVm Art. 8 lit. a MRL iVm Art. 4 Abs. 1 lit. b–d, Abs. 4 MRL nur auf diejenigen absoluten Schutzhindernisse Bezug nimmt, die durch Erlangung von Unterscheidungskraft ausgeräumt werden können, dh der Ausschlussgrund besteht nach der MRL insoweit darin, dass die prioritätsältere Marke im Zeitpunkt des Anmelde- bzw. Prioritätstages der jüngeren eingetragenen Marke aufgrund fehlender Unterscheidungskraft löschungsreif war (→ UMV Art. 16 Rn. 47).

I. Verfall (Abs. 1 Nr. 2 Alt. 1)

Der Inhaber einer jüngeren eingetragenen Marke kann sich nach **Abs. 1 Nr. 2 Alt. 1 iVm** 15 **§ 51 Abs. 4 iVm § 49** auf ein zu seinen Gunsten entstandenes Zwischenrecht an seiner jüngeren eingetragenen Marke berufen, wenn die ältere Marke am Anmeldetag bzw. Prioritätstag der jüngeren eingetragenen Marke **wegen Verfalls hätte gelöscht werden können.** Als Verfallsgrund relevant ist vor allem der Verfall wegen mangelnder rechtserhaltender Benutzung nach § 49 Abs. 1, wonach die Eintragung einer Marke gelöscht werden kann, wenn die Marke nach dem Tag der Eintragung innerhalb eines ununterbrochenen Zeitraums von fünf Jahren nicht gemäß § 26 benutzt worden ist. Neben § 22 Abs. 1 Nr. 2 Alt. 1 kann der Inhaber der jüngeren Marke die Einrede gemäß § 25 erheben, wenn der Inhaber der älteren Marke diese auch nach dem Anmeldetag bzw. Prioritätstag der jüngeren eingetragenen Marke nicht rechtserhaltend benutzt hat. Als weitere Verfallsgründe kommen nach § 49 Abs. 2 die Entwicklung zur gebräuchlichen Bezeichnung (Abs. 1 Nr. 1), die Täuschungseignung (Abs. 1 Nr. 2) und den Fortfall der Inhaberschaft gemäß § 7 (Abs. 1 Nr. 3) in Betracht.

II. Absolute Schutzhindernisse (Abs. 1 Nr. 2 Alt. 2)

Der Inhaber einer jüngeren eingetragenen Marke kann sich nach **Abs. 1 Nr. 2 Alt. 2 iVm** 16 **§ 51 Abs. 4 iVm § 50 iVm §§ 3, 7, 8** auf ein zu seinen Gunsten entstandenes Zwischenrecht an seiner jüngeren eingetragenen Marke berufen, wenn die ältere Marke am Anmeldetag bzw. Prioritätstag der jüngeren eingetragenen Marke **wegen absoluter Schutzhindernisse hätte gelöscht werden können.**

Die Löschung einer Marke wegen absoluter Schutzhindernisse nach § 50 kann gemäß § 54 17 Abs. 1 S. 1 nur in einem Löschungsverfahren vor dem DPMA betrieben werden. Eine Löschungsklage vor den ordentlichen Gerichten ist nicht möglich. Allerdings eröffnet § 22 Abs. 1 Nr. 2 Alt. 2 insoweit die Möglichkeit, die Frage der Löschungsreife der Klagemarke wegen absoluter Schutzhindernisse auch im Verletzungsverfahren zu klären. Um die Gefahr widersprüchlicher Entscheidungen der Eintragungsinstanzen einerseits und der Verletzungsgerichte andererseits zu vermeiden, legt der BGH § 22 Abs. 1 Nr. 2 Alt. 2 „im Wege der **teleologischen Reduktion**" einschränkend dahin aus, dass im Verletzungsprozess das **Vorliegen der Eintragungsvorausset-zungen der prioritätsälteren Marke nicht zur Überprüfung gestellt werden kann, wenn dies noch im Löschungsverfahren vor dem DPMA nach §§ 50, 54** und im Verfahren vor dem BPatG erfolgen kann (vgl. BGH GRUR 2003, 1040 (1042) – Kinder; GRUR 2007, 448 Rn. 17 – LottoT.; BeckRS 2007, 4558 Rn. 18; ebenso OLG Saarbrücken GRUR-RR 2007, 274 (276)). Die Verletzungsgerichte sind **in diesen Fällen an die Eintragungsentscheidung des DPMA gebunden** (BGH GRUR 2003, 1040 (1042) – Kinder). Diese Einschränkung **gilt jedoch nicht, wenn das Löschungsverfahren keine Aussicht auf Erfolg hat,** weil das absolute Schutzhindernis gemäß §§ 3, 7 oder § 8 Abs. 2 Nr. 1–9 zwar in dem gemäß § 22 Abs. 1 Nr. 2 maßgeblichen Zeitpunkt bestanden hat, jedoch im Zeitpunkt der Entscheidung über den Löschungsantrag nicht mehr vorliegt, weil es nachträglich entfallen ist, und somit nach § 50 Abs. 2 S. 1 keine Löschung mehr erfolgen kann, oder die zehnjährige Frist gemäß § 50 Abs. 2 S. 2 für den Löschungsantrag nach § 50 Abs. 1 iVm § 8 Abs. 2 Nr. 1–3 abgelaufen ist (vgl. BGH GRUR 2003, 1040 (1042) – Kinder; zu § 50 Abs. 2 S. 2 OLG Jena GRUR-RR 2012, 113 (118); Ströbele/Hacker/Thiering/Thiering Rn. 21). Eine **weitere Ausnahme** gilt für das absolute Schutzhinder-nis der **bösgläubig angemeldeten Marke** gemäß § 8 Abs. 2 Nr. 10. Der Inhaber der prioritäts-jüngeren Marke darf die Löschungsreife bösgläubig angemeldeten Klagemarke gemäß § 22 Abs. 1 Nr. 2 Alt. 2 iVm § 51 Abs. 4 Nr. 2, § 50 Abs. 1, § 8 Abs. 2 Nr. 10 unbeschränkt im Verletzungsver-fahren geltend machen (vgl. BGH GRUR 2000, 1032 (1034) – EQUI 2000; Fezer Rn. 19; Ingerl/Rohnke Rn. 12; Ströbele/Hacker/Thiering/Thiering Rn. 22). In den sonstigen Fällen muss der Inhaber der prioritätsjüngeren Marke zunächst das patentamtliche Löschungsverfahren einleiten (vgl. BGH GRUR 2003, 1040 (1042) – Kinder). Zugleich kann er die Aussetzung des Verletzungsverfahrens nach § 148 ZPO anregen (vgl. BGH GRUR 2003, 1040 (1042) – Kinder; GRUR 2000, 888 (889) – MAG-LITE). Nach Auffassung des BGH schränkt diese Verfahrensweise die Rechtsverteidigung für den Inhaber der prioritätsjüngeren Marke nicht unangemessen ein (vgl. BGH GRUR 2003, 1040 (1042) – Kinder).

18   Liegt ein Verfallsgrund oder ein Nichtigkeitsgrund gemäß § 50 Abs. 1 nur für einen Teil der Waren oder Dienstleistungen vor, für die die prioritätsältere Marke eingetragen ist, ist die Marke nur insoweit löschungsreif (§ 49 Abs. 3, § 50 Abs. 4). Im Übrigen sind Verletzungsansprüche des Inhabers der prioritätsälteren Marke nicht gemäß § 22 Abs. 1 Nr. 2 ausgeschlossen.

D. Fehlen von Verwechslungsgefahr am Anmelde- bzw. Prioritätstag der jüngeren Marke (Abs. 1 Nr. 3)

19   Als weiterer Ausschlussgrund sieht Abs. 1 Nr. 3 das **Fehlen des relativen Nichtigkeitsgrunde der Verwechslungsgefahr** iSv § 9 Abs. 1 Nr. 2, § 14 Abs. 2 S. 1 Nr. 2 und § 15 Abs. 2 an dem für den Zeitrang der Eintragung der jüngeren Marke maßgeblichen Tag vor.

20   Als **Anwendungsbereich** kommt der Fall in Betracht, dass der älteren Marke am Anmeldetag bzw. Prioritätstag der jüngeren Marke die **ursprüngliche Unterscheidungskraft** iSv § 8 Abs. 2 Nr. 1, 2, 3 bzw. die für die Bejahung einer Verwechslungsgefahr im Einzelfall **erforderliche hinreichende Unterscheidungskraft fehlte** und diese erst durch nachträgliche Benutzung erlangt hat.

21   Des Weiteren könnte aus der Bezugnahme auf den Anmelde- bzw. Prioritätstag der jüngeren Marke folgen, dass **bei der Prüfung der Verwechslungsgefahr alle sonstigen Umstände, die erst zeitlich danach eingetreten sind** (vgl. EuGH C-252/12, GRUR 2013, 922 Rn. 34 f., 45 f. – Specsavers-Gruppe/Asda) nicht zu berücksichtigen wären. Dies würde bedeuten, dass die Benutzung einer jüngeren Marke trotz einer im Zeitpunkt der Entscheidung zu bejahenden Verwechslungsgefahr dann nicht untersagt werden könnte, wenn im Zeitpunkt des Anmelde- bzw. Prioritätstags dieser jüngeren Marke keine Verwechslungsgefahr bestanden hat, etwa weil die durch die Art der Benutzung hervorgerufenen besonderen Umstände, durch die eine Verwechslungsge-fahr begründet wäre, erst nach dem Anmelde- bzw. Prioritätstag eingetreten sind.

22   **Anders als in Abs. 1 Nr. 3** ist jedoch nach **Art. 18 Abs. 1 MRL iVm Art. 8 lit. b MRL** die Einrede fehlender Verwechslungsgefahr zum Zeitpunkt der Anmeldung bzw. des Prioritätstags der jüngeren Marke **ausdrücklich darauf beschränkt, dass die ältere Marke noch keine hinreichende Unterscheidungskraft erworben hatte, um die Feststellung zu stützen, dass die Gefahr einer Verwechslung besteht.** Nach Art. 18 Abs. 1 MRL iVm Art. 8 lit. b MRL kann der beklagte Inhaber einer jüngeren eingetragenen Marke den Ansprüchen des Inhabers der älteren Marke nur entgegenhalten, dass der jüngeren eingetragenen Marke an deren Anmelde-bzw. Prioritätstag aus der älteren Marke keine relativen Nichtigkeitsgründe nach Art. 5 Abs. 1

lit. b MRL entgegengestanden haben, weil die ältere Marke am Anmeldetag bzw. Prioritätstag der jüngeren eingetragenen Marke noch keine hinreichende Unterscheidungskraft erworben hatte, um die Feststellung zu stützen, dass Verwechslungsgefahr besteht.

Ob Abs. 1 Nr. 3 tatsächlich eine Beschränkung der Verbietungsansprüche des Inhabers einer **23** älteren Marke unter Ausschluss derjenigen sonstigen Umstände zukommt, die erst zeitlich nach dem Anmelde- bzw. Prioritätstag der jüngeren Marke eingetreten sind, oder ob Abs. 1 Nr. 3 richtlinienkonform einschränkend im Sinne der Regelung in Art. 8 lit. b MRL auszulegen ist, wäre letztendlich gerichtlich zu klären.

E. Inhaber sonstiger jüngerer Kennzeichenrechte

§ 22 Abs. 1 regelt ausschließlich die Bestandskraft von eingetragenen jüngeren Marken. Der **24** Bestandsschutz sonstiger prioritätsjüngerer Kennzeichen ist gesetzlich nicht geregelt. Jedoch ist eine **entsprechende Anwendung von § 22 Abs. 1 zugunsten der Inhaber nichteingetragener Kennzeichenrechte anerkannt** (vgl. BGH GRUR 1994, 288 (291) – Malibu; GRUR 1983, 764 (766) – Haller II; GRUR 1981, 591 (592) – Gigi-Modelle; GRUR 2004, 512 (513) – Leysieffer; OLG Hamburg MD 1998, 396 (401) – Brinkmann II; Ingerl/Rohnke Rn. 16; Ströbele/ Hacker/Thiering/Thiering Rn. 34).

Aus dem **allgemeinen Prioritätsgrundsatz** folgt, dass der Rechtsgedanke des § 22 Abs. 1 **25** Nr. 1 auch im Verhältnis zwischen dem Inhaber eines prioritätsälteren Kennzeichens und dem Inhaber einer prioritätsjüngeren Benutzungsmarke (§ 4 Nr. 2), notorisch bekannten Marke (§ 4 Nr. 3) oder geschäftlichen Bezeichnung (§ 5) gilt (vgl. Fezer Rn. 21; Ingerl/Rohnke Rn. 7, 16). **Analog § 21 Abs. 1 Nr. 1** sind daher Verletzungsansprüche ausgeschlossen, wenn das prioritätsältere Kennzeichen erst **nach dem Erwerb des prioritätsjüngeren nicht eingetragenen Kennzeichens** (§ 6 Abs. 3) iSd § 9 Abs. 1 Nr. 3, § 14 Abs. 2 S. 1 Nr. 3 oder § 15 Abs. 3 **bekannt geworden ist** (vgl. BGH GRUR 2003, 428 (433) – BIG BERTHA; Ingerl/Rohnke Rn. 7).

Analog § 21 Abs. 1 Nr. 2 ist das prioritätsjüngere nicht eingetragene Kennzeichen ferner **26** bestandskräftig, wenn die Eintragung der prioritätsälteren Marke gemäß § 49 (Verfall) oder § 50 (absolute Schutzhindernisse) **zu dem Zeitpunkt hätte gelöscht werden können, in dem das prioritätsjüngere nicht eingetragene Kennzeichen gemäß § 6 Abs. 3 entstanden ist** (vgl. Ingerl/Rohnke Rn. 16; zum WZG BGH GRUR 1994, 288 (291) – Malibu).

§ 22 Abs. 1 greift nicht zugunsten desjenigen ein, der ein **Zeichen lediglich benutzt,** **27** **ohne dass hierdurch zu seinen Gunsten ein Kennzeichenrecht entsteht,** da er insoweit **keine schützenswerte Rechtsposition innehat** (vgl. OLG Frankfurt BeckRS 2009, 88691; Ströbele/Hacker/Thiering/Thiering Rn. 38). So kann sich derjenige, der ein Zeichen lediglich benutzt, gegenüber dem Inhaber einer Marke auch nicht auf ein sog. Vorbenutzungsrecht berufen. Ein Anspruch gegen die Benutzung eines nicht eingetragenen Produktkennzeichens, das noch keine Verkehrsgeltung als Marke erworben hat, ist daher nicht analog § 22 Abs. 1 ausgeschlossen.

F. Rechtsfolgen

§ 22 Abs. 1 (analog) hat zur Folge, dass Verletzungsansprüche des Inhabers des prioritätsälteren **28** Kennzeichens gegen die Benutzung des jüngeren Kennzeichens ausgeschlossen sind. Der Inhaber des angegriffenen jüngeren Kennzeichens muss sich nicht ausdrücklich auf § 22 Abs. 1 berufen. Wenn er Tatsachen darlegt und beweist, die die Bestandskraft der prioritätsjüngeren Marke iSv § 22 Abs. 1 belegen, hat das Gericht diesen Einwand von Amts wegen zu berücksichtigen.

Der Bestandsschutz gemäß § 22 Abs. 1 erstreckt sich auf die prioritätsjüngere Marke in ihrer **29** eingetragenen Form sowie auf Abwandlungen, die den kennzeichnenden Charakter der Marke nicht verändern (§ 26 Abs. 3 S. 1; vgl. Ströbele/Hacker/Thiering/Thiering Rn. 28). § 22 Abs. 1 ist nicht auf eine konkrete Verletzungshandlung beschränkt, sondern betrifft jede Benutzung der prioritätsjüngeren Marke für die Waren oder Dienstleistungen, für die sie eingetragen ist (vgl. Ingerl/Rohnke Rn. 15; Ströbele/Hacker/Thiering/Thiering Rn. 28).

Der Bestandsschutz prioritätsjüngerer sonstiger Kennzeichen erstreckt sich auf die konkrete **30** Form des angegriffenen Kennzeichens und geringfügige Abwandlungen (vgl. BGH GRUR 2008, 803 Rn. 29 – HEITEC zu § 21). Ob der Inhaber des prioritätsälteren Kennzeichens die Benutzung der Abwandlung hinzunehmen hat, ist in einer Interessenabwägung zu ermitteln (vgl. Ingerl/ Rohnke Rn. 16).

G. Koexistenz der Rechte

31   Abs. 2 stellt klar, dass die bestandskräftige, eingetragene jüngere Marke und die prioritätsältere Marke oder prioritätsältere geschäftliche Bezeichnung **hinsichtlich ihrer tatsächlichen Benutzung miteinander koexistieren** (vgl. Ingerl/Rohnke Rn. 17; Ströbele/Hacker/Thiering/Thiering Rn. 32). Der beklagte Inhaber der eingetragenen jüngeren Marke ist daher im Verletzungsverfahren nicht berechtigt, gegen die Benutzung der älteren Marke oder geschäftlichen Bezeichnung vorzugehen. Er kann weder einen Unterlassungsanspruch noch einen sonstigen kennzeichenrechtlichen Anspruch gegen den Inhaber des prioritätsälteren Kennzeichens durchsetzen. Die Bestandskraft der prioritätsjüngeren Marke begründet **kein subjektives Recht** des Inhabers der prioritätsjüngeren Marke. § 22 Abs. 2 entspricht der Koexistenz-Regelung zur Verwirkung in § 21 Abs. 3.

32   Abs. 2 gilt entsprechend im Verhältnis des Inhabers eines prioritätsälteren Kennzeichens zum Inhaber sonstiger, nicht eingetragener Kennzeichenrechte, wie einer prioritätsjüngeren Benutzungsmarke (§ 4 Nr. 2), einer notorisch bekannten Marke (§ 4 Nr. 3) oder einer geschäftlichen Bezeichnung (§ 5) (vgl. Fezer Rn. 22; Ingerl/Rohnke Rn. 7, 16; zum WZG BGH GRUR 1994, 288 (291) – Malibu).

H. Beweislast

33   Der Inhaber des angegriffenen jüngeren Kennzeichenrechts hat darzulegen und zu beweisen, dass die Verletzungsansprüche des Inhabers des prioritätsälteren Kennzeichenrechts ausgeschlossen sind, weil das jüngere Kennzeichenrecht gemäß § 21 Abs. 1 bestandskräftig geworden ist (vgl. Ingerl/Rohnke Rn. 11). § 22 Abs. 1 regelt – anders als § 25 Abs. 2 – **keine Beweislastumkehr.**

34   Allerdings kann sich der Inhaber des angegriffenen jüngeren Kennzeichenrechts auf **Beweiserleichterungen** berufen. So trifft den Inhaber des prioritätsälteren Kennzeichenrechts eine sekundäre Darlegungs- und Beweislast dafür, dass seine Marke oder geschäftliche Bezeichnung am Anmelde- bzw. Prioritätstag der prioritätsjüngeren Marke bereits bekannt gewesen ist (weitergehender Ströbele/Hacker/Thiering/Thiering Rn. 10).

35   Den Inhaber der prioritätsälteren Marke trifft ferner eine sekundäre Darlegungs- und Beweislast dafür, dass seine prioritätsältere Marke nicht wegen mangelnder rechtserhaltender Benutzung gemäß § 22 Abs. 1 Nr. 2 Alt. 1 iVm § 49 Abs. 1 löschungsreif gewesen ist (vgl. BGH GRUR 2009, 60 Rn. 19 – LOTTOCARD; Kochendörfer WRP 2007, 258 (263); Ingerl/Rohnke § 55 Rn. 12; für eine entsprechende Anwendung des § 55 Abs. 3 S. 3 Fezer Rn. 10).

36   Der Inhaber des angegriffenen jüngeren Kennzeichenrechts muss im Rahmen des § 22 Abs. 1 Nr. 2 Alt. 2 substantiiert vortragen und beweisen, dass die prioritätsältere Marke entgegen §§ 3, 7 oder § 8 eingetragen worden ist und das absolute Schutzhindernis noch vorgelegen hat, als die Eintragung der prioritätsjüngeren Marke veröffentlicht worden ist. Zudem muss er nachweisen, dass ein Löschungsantrag gemäß §§ 50, 53 keine Aussicht auf Erfolg hat, etwa weil das absolute Schutzhindernis, welches im Zeitpunkt der Veröffentlichung der Eintragung der prioritätsjüngeren Marke bestanden hat, nachträglich weggefallen ist. Hierzu muss er substantiiert Hinweise auf Umstände vortragen, die den späteren Fortfall des absoluten Schutzhindernisses belegen (vgl. BGH GRUR 2003, 1040 (1042) – Kinder).

§ 23 Benutzung von Namen und beschreibenden Angaben; Ersatzteilgeschäft

(1) Der Inhaber einer Marke oder einer geschäftlichen Bezeichnung darf einem Dritten nicht untersagen, im geschäftlichen Verkehr Folgendes zu benutzen:
1. **den Namen oder die Anschrift des Dritten, wenn dieser eine natürliche Person ist,**
2. **ein mit der Marke oder der geschäftlichen Bezeichnung identisches Zeichen oder ähnliches Zeichen, dem jegliche Unterscheidungskraft fehlt, oder ein identisches Zeichen oder ein ähnliches Zeichen als Angabe über Merkmale oder Eigenschaften von Waren oder Dienstleistungen, wie insbesondere deren Art, Beschaffenheit, Bestimmung, Wert, geografische Herkunft oder die Zeit ihrer Herstellung oder ihrer Erbringung, oder**
3. **die Marke oder die geschäftliche Bezeichnung zu Zwecken der Identifizierung oder zum Verweis auf Waren oder Dienstleistungen als die des Inhabers der Marke, insbesondere wenn die Benutzung der Marke als Hinweis auf die Bestimmung einer Ware insbesondere als Zubehör oder Ersatzteil oder einer Dienstleistung erforderlich ist.**

(2) Absatz 1 findet nur dann Anwendung, wenn die Benutzung durch den Dritten den anständigen Gepflogenheiten in Gewerbe oder Handel entspricht.

Überblick

§ 23 begrenzt die Rechte aus §§ 14, 15 und 17 Abs. 2, die dem Kennzeicheninhaber gegen Verletzungen seines Schutzrechts zustehen (→ Rn. 1 ff.). Es handelt sich um eine gesetzlich normierte Schutzschranke, die den Schutzumfang der Marke oder der geschäftlichen Bezeichnung aus bestimmten wettbewerbspolitischen Erwägungen beschränkt.

Voraussetzung für die Anwendbarkeit des § 23 ist stets, dass dem Rechteinhaber Ansprüche aus einer Kennzeichenverletzung zustehen (→ Rn. 5 ff.). Denn § 23 ist systematisch in Abschnitt 4 des Markengesetzes angesiedelt, der mit „Schranken des Schutzes" betitelt ist. Der Gesetzgeber hat den Schutzumfang von Kennzeichen hinsichtlich bestimmter Benutzungshandlungen eingeschränkt. So darf ein Inhaber einer Marke oder einer geschäftlichen Bezeichnung es Dritten im geschäftlichen Verkehr nicht untersagen, seinen Namen oder seine Anschrift (→ Rn. 11 ff.) zu benutzen, oder das geschützte Kennzeichen als beschreibende Angabe (→ Rn. 27 ff.) oder erforderliche Bestimmungsangabe (→ Rn. 44 ff.) zu verwenden. Dies steht allerdings stets unter dem Vorbehalt, dass die jeweilige Benutzung den anständigen Gepflogenheiten in Gewerbe und Handel entspricht (→ Rn. 23 ff., → Rn. 38 ff., → Rn. 50 ff.).

Übersicht

A. Normzweck, Entstehungsgeschichte

Wettbewerbspolitisches Ziel der Norm ist es, einen Ausgleich zwischen den Individualinteressen **1** des Kennzeicheninhabers an der Monopolisierung seiner Schutzrechte auf der einen Seite, und den Interessen des freien Wettbewerbs auf der anderen Seite zu schaffen. Diese Interessen bestehen darin, persönliche oder beschreibende Angaben in Bezug auf Merkmale eigener Waren oder Dienstleistungen ungehindert benutzen zu können, soweit dies für eine freie wirtschaftliche Entfaltung notwendig ist (BGH GRUR 2009, 678 Rn. 27 – POST/RegioPost; LG Hamburg GRUR-RS 2018, 28519 Rn. 43 – Mini Pro). Insbesondere darf der Markenschutz nicht zu einem Verbot der Verwendung beschreibender Angaben führen, die Wettbewerber zur Bezeichnung von Merkmalen ihrer Waren oder Dienstleistungen benötigen (OLG Koblenz NJOZ 2013, 1051; BGH GRUR 2009, 678 Rn. 27 – POST/RegioPost; EuGH C-48/05, GRUR 2007, 318 – Opel/ Autec; C-102/07, GRUR 2008, 503 Rn. 46 – adidas). Bestimmte Benutzungshandlungen sind also nach dem Willen des Gesetzgebers freigestellt („freie Benutzung"), obwohl sie an sich eine Verletzung geschützter Kennzeichen darstellen.

Zudem trägt die Schutzschranke des § 23 faktisch dazu bei, Auswirkungen von Fehlern im **2** Anmeldeverfahren abzumildern (HK-MarkenR/Bender GMV Art. 12 Rn. 1). Durch die Vorschriften der freien Benutzung wird die Schutzfähigkeit des betroffenen Kennzeichens nicht grundsätzlich in Frage gestellt, es handelt sich lediglich um eine Begrenzung des Schutzumfangs gegenüber einer freien Benutzung durch Mitbewerber (EuGH verb. Rs. C-108/97 und C-109/9, GRUR Int 1999, 727 (730) – Windsurfing Chiemsee). Bei der Schutzschranke des § 23 handelt es sich um eine abschließende markenrechtliche Regelung, die durch den lauterkeitsrechtlichen Verwechslungsschutz nicht umgangen werden darf (OLG Koblenz NJOZ 2013, 1051 (1054)).

3   Mit § 23 hat der Gesetzgeber die Vorgaben aus **Art. 14 Abs. 1 und 2 MRL** in nationales Recht umgesetzt. Allerdings wurde diese Norm nicht wortlautgetreu umgesetzt, sondern enthält eine kleine Abweichung. Das Fehlen des Merkmals „Mengenangaben" in § 23 Abs. 1 Nr. 2 scheint einem Redaktionsversehen geschuldet zu sein. Die Norm ist daher richtlinienkonform auszulegen, dh Mengenangaben sind als Merkmal bzw. Eigenschaft einer Ware oder Dienstleistung iSd § 23 Abs. 1 Nr. 2 zu berücksichtigen.

4   Die bisherige Formulierung der sog. Schranken-Schranke in § 23 aF „sofern die Benutzung nicht gegen die guten Sitten verstößt" wurde im Einklang mit Art. 14 Abs. 2 MRL durch „anständige Gepflogenheiten im Gewerbe oder Handel" in § 23 Abs. 2 ersetzt. Dies hat inhaltlich keine Änderung zur Folge, da das Tatbestandsmerkmal des Verstoßes gegen die guten Sitten auch bereits bisher richtlinienkonform auszulegen war.

4.1   Im Gegensatz zu Art. 6 MRL 2008 und Art. 14 MRL bezieht sich § 23 sowohl auf Marken als auch auf die nach § 5 geschützten geschäftlichen Bezeichnungen, für welche die Vorgaben der RL nicht gelten, die aber aufgrund der Einheitlichkeit des Kennzeichenrechts dennoch den gleichen Grundsätzen unterworfen werden.

B. Anwendbarkeit

I. Anwendung auf Verletzungsansprüche aus dem Markengesetz

5   § 23 begrenzt bereits auf der Tatbestandsebene der Norm den Schutzumfang einer Marke oder einer geschäftlichen Bezeichnung, indem er Dritten unter bestimmten Voraussetzungen die Benutzung des geschützten Kennzeichens gestattet, obwohl dem Kennzeicheninhaber gegen diese Benutzung an sich Ansprüche aus §§ 14, 15 bzw. § 17 Abs. 2 zustehen (BGH GRUR 2019, 165 Rn. 22 – keine-vorwerk-vertretung). Auf wettbewerbsrechtliche bzw. deliktsrechtliche Ansprüche hingegen findet § 23 keine Anwendung (Ingerl/Rohnke Rn. 6). § 23 ist sowohl anwendbar auf eingetragene Marken (§ 4 Nr. 1) und Rechte aus Benutzungs- und notorisch bekannten Marken (§ 4 Nr. 2 und 3) als auch auf geschäftliche Bezeichnungen (§ 5). Neben § 23 gibt es weitere Rechtfertigungen der Benutzung, wie etwa Wertungen der Meinungsfreiheit, sowie in Fällen der Markenparodie, als Ausdruck der Kunstfreiheit und anderer Grundrechte (Ohly/Kur GRUR 2020, 457 (466)).

5.1   Obwohl § 23 auf wettbewerbs- und deliktsrechtliche Ansprüche keine Anwendung findet, ist unter dem Aspekt der Konsistenz der Rechtsordnung darauf zu achten, dass Wertungswidersprüche zwischen dem MarkenG und dem ergänzenden Kennzeichenschutz vermieden werden (→ § 2 Rn. 13; s. auch BGH GRUR 2013, 1161 – Hard Rock Café; GRUR 2013, 397 – Peek & Cloppenburg; GRUR 2016, 965 – Baumann II; GRUR 2017, 397 Rn. 99 – World of Warcraft II).

II. Keine Anwendung beim Schutz bekannter Kennzeichen

6   Auf Ansprüche aus bekannten Kennzeichen (§ 14 Abs. 2 Nr. 3 bzw. § 15 Abs. 3) findet § 23 keine Anwendung. Denn die vorgenannten Normen verfügen jeweils über eine eigene, tatbestandsimmanente Schrankenregelungen, welche die Anwendung des § 23 obsolet machen. Die Bejahung von Ansprüchen aus bekannten Marken bzw. bekannten geschäftlichen Bezeichnungen erfordert eine normimmanente Unlauterkeitsprüfung, die sich jeweils aus den Tatbestandsmerkmalen „ohne rechtfertigenden Grund in unlauterer Weise" ergibt. Nach der Rechtsprechung des BGH gelten für diese Unlauterkeitsprüfung dieselben Maßstäbe, wie für die Prüfung eines Verstoßes gegen die guten Sitten im Rahmen des § 23 (BGH GRUR 2009, 1162 Rn. 37 – DAX; GRUR 1999, 992 – BIG PACK).

III. Keine Anwendung im Eintragungs-, Widerspruchs- bzw. Löschungsverfahren

7   Aufgrund des Wortlauts der Norm, der sich ausdrücklich auf die „Benutzung" des geschützten Kennzeichens bezieht, sowie aufgrund der Stellung des § 23 im Gesetz – Abschnitt 4. Schranken des Schutzes – ist ersichtlich, dass lediglich Ansprüche aus bereits existenten Kennzeichen also zB einer eingetragenen Marke beschränkt werden können. Dementsprechend findet § 23 weder im markenrechtlichen Eintragungsverfahren (BPatG GRUR-RS 2021, 28772 Rn. 19; EuGH C-217/13, GRUR 2004, 946 Rn. 33 – Nichols), noch im markenrechtlichen Widerspruchsverfahren Anwendung (BGH GRUR 1998, 930 (931) - Fläminger). Nichts anderes gilt für das Löschungsklageverfahren (BGH GRUR 2013, 631 Rn. 41 – Amarula). Anders im Markenverletzungsverfahren: Ist ein Zeichen wirksam als Marke eingetragen, kann die Schutzschranke des § 23 Abs. 2

Nr. 2 einen unangemessenen Schutz von Zeichen verhindern, die wegen ihrer beschreibenden Anklänge an sich originär schutzunfähig sind (BGH GRUR 2020, 870 - INJEKT/INJEX).

IV. Anwendung bei Handeln im geschäftlichen Verkehr

Privilegiert ist eine Benutzungshandlung nach § 23 nur hinsichtlich einer Verwendung im **8** geschäftlichen Verkehr. Dieser Klarstellung hätte es nicht bedurft, da § 23 systematisch nur dort Anwendung finden kann, wo eine rechtsverletzende Benutzung des geschützten Kennzeichens zuvor bejaht wurde. Eine rechtsverletzende Benutzung setzt stets ein Handeln im geschäftlichen Verkehr voraus.

C. Beweislastregeln

Bei § 23 handelt es sich um eine Ausnahmevorschrift, die die Rechte des Kennzeicheninhabers **9** nur in besonderen Fällen beschränkt (BGH GRUR 2004, 156 (157) – stüssy II). Grundsätzlich trägt damit derjenige, der sich auf die freie Benutzung des geschützten Kennzeichens beruft, die Darlegungs- und Beweislast für das Vorliegen der Tatbestandsvoraussetzungen des § 23.

Der Kennzeicheninhaber ist hingegen für den Nachweis der Unlauterkeit darlegungs- und **10** beweispflichtig, dh er trägt die Beweislast dafür, dass die von dem Dritten begangene Benutzungshandlung trotz ihrer gesetzlichen Privilegierung nicht den anständigen Gepflogenheiten in Gewerbe und Handel entspricht (Ingerl/Rohnke Rn. 127).

D. Name und Anschrift (Abs. 1 Nr. 1)

Der Gebrauch des eigenen Namens bzw. der eigenen Anschrift kann mit bereits existierenden **11** Markenrechten bzw. geschäftlichen Bezeichnungen kollidieren. Dies betrifft insbesondere den Modesektor, wo Marken traditionell aus den Namen der Modeschöpfer gebildet werden (Christian Dior, Hugo Boss, Calvin Klein, Wolfgang Joop etc). Dem Interesse des Kennzeicheninhabers an der Monopolisierung seiner Schutzrechte steht das Interesse anderer Marktteilnehmer gegenüber, ihren eigenen Namen bzw. ihre eigene Anschrift im geschäftlichen Verkehr frei verwenden zu dürfen.

I. Name

§ 23 Abs. 1 Nr. 1 ist Ausdruck des allgemeinen Grundsatzes, dass niemand an der lauteren **12** Führung seines Namens im geschäftlichen Verkehr gehindert werden soll (BGH GRUR 2011, 623 Rn. 43 – PEEK & Cloppenburg II). Das Vorliegen der Schutzschranke des § 23 Abs. 1 Nr. 1 ist nach dem Wortlaut der Norm nicht nur bei Ansprüchen des Markeninhabers, sondern auch bei Verletzung älterer Unternehmenskennzeichenrechte gemäß § 15 zu prüfen (Ingerl/Rohnke Rn. 18).

Nach § 23 Abs. 1 Nr. 1 hat der Inhaber einer Marke oder einer geschäftlichen Bezeichnung **13** nicht das Recht, es einem Dritten zu untersagen, im geschäftlichen Verkehr, dessen Namen oder Anschrift zu benutzen, wenn der Dritte eine natürliche Person ist. Der Zusatz „wenn dieser eine natürliche Person ist" bedeutet eine Einschränkung des bisherigen Anwendungsbereichs und setzt Art. 14 Abs. 1 lit. a MRL um. Die Neuformulierung entspricht Art. 14 Abs. 1 lit. a UMV. Die nun erfolgende Beschränkung auf natürliche Personen hat zur Folge, dass jedenfalls gewillkürte Namen juristischer Personen wie Handelsnamen und Unternehmenskennzeichen nicht mehr vom Namensprivileg erfasst sind (LG Köln GRUR-RS 2018, 19254 Rn. 29 – Eurobike 2017). Die weitreichendere EuGH-Rechtsprechung ua aus dem Anheuser-Busch Urteil (EuGH C-245/02, GRUR 2005, 153 Rn. 81 – Anheuser-Busch/Budvar) ist damit überholt. Von der Neuregelung erfasst sein dürfte jedenfalls eine Privilegierung von Handelsnamen natürlicher Personen als Einzelfirma/Einzelunternehmen. Zudem wird vertreten, die Neuregelung so auszulegen, dass hiervon auch zB der im geschäftlichen Verkehr verwendete bürgerliche Name als Unternehmensname einer GmbH oder anderen Rechtsform erfasst sein soll, sofern die fragliche natürliche Person jedenfalls mehrheitlicher Inhaber ist (Eisenführ/Schennen/Eisenführ/Eberhardt UMV Art. 12 Rn. 9). Dem ist nicht zu folgen. Ausreichend ist, wenn der Namensgeber jedenfalls zur Zeit der Unternehmensgründung in einem engen Verhältnis zu dem, seinen Namen tragenden Unternehmen stand. Eine zu enge Auslegung würde dem Sinn der Vorschrift widersprechen, deren Ziel es war, die Ausweitung des Namensprivilegs auf gewillkürte Unternehmensnamen einzuschränken (vgl. Kur MarkenR 2019, 273). Kur denkt hierbei eine analoge Anwendung von § 22 an, angelehnt an den Rechtsgedanken, dass niemand einer einmal rechtmäßig erworbenen

Rechtsposition durch eine spätere Änderung verlustig gehen soll (Kur GRUR 2020, 457 (469)). Hacker ist hier indessen insgesamt kritischer und stellt dar, dass es insoweit nur um Verwendungsformen gehen kann, die tatbestandlich eine Markenverletzung darstellen, was bei rein firmenmäßigen Verwendungen nicht zuträfe (Hacker GRUR 2019, 235 (240)). Klar ist jedenfalls, dass die Privilegierung nicht länger für frei gewählte Zeichen, sondern ausschließlich für bürgerliche Namen einer (ggf. vormals) hinter dem Unternehmen stehenden natürlichen Person gilt.

13.1 Ohne eine solche Einschränkung hätten sich künftig bei Verletzung von Unternehmenskennzeichen nur natürliche Personen auf § 23 Abs. 1 Nr. 1 berufen können. Damit hätte die Vorschrift nicht mehr als Grundlage der Anwendung des Gleichnamigenrechts (→ Rn. 14 ff.) herangezogen werden können.

14 § 23 Nr. 1 aF stellte dagegen nicht nur die Benutzung des Namens natürlicher Personen, sondern auch die Benutzung von Handelsnamen, also Unternehmenskennzeichen iSv § 5 Abs. 2 frei (EuGH C-245/02, GRUR 2005, 153 Rn. 81 – Anheuser-Busch/Budvar; BGH GRUR 2017, 914 Rn. 51 – Medicon-Apotheke/MediCo Apotheke).

15 Die vom BGH entwickelten Grundsätze zum Recht der Gleichnamigen bleiben im Rahmen des § 23 Abs. 1 Nr. 1 unverändert anwendbar (BGH GRUR 2011, 623 Rn. 43 – PEEK & Cloppenburg II; GRUR 2008, 801 Rn. 25 – Hansen-Bau), es ändert sich auch nach der Neufassung der Norm nichts (OLG Köln BeckRS 2019, 30731 Rn. 67). Denn nach der klaren Intention des Gesetzgebers (BT-Drs. 19/2898, 70) gilt für gleichnamige Handelsunternehmen weiterhin, dass im Konflikt miteinander Unternehmenskennzeichen auch Handelsnamen in den Genuss des Privilegs von § 23 Abs. 1 Nr. 1 kommen können, sofern die Benutzung durch den Dritten nicht gegen die guten Sitten verstößt (BGH GRUR 2010, 738 – PEEK & Cloppenburg I).

16 Die für die Fälle der Gleichnamigkeit vom BGH entwickelten Grundsätze gelten entsprechend bei verwechslungsfähigen Unternehmensbezeichnungen, die jahrelang unbeanstandet zwischen gleichnamigen Handelsunternehmen an verschiedenen Standorten bestanden haben. Auch in derartigen Fällen muss der Inhaber des prioritätsälteren Kennzeichenrechts die Benutzung des prioritätsjüngeren Zeichens trotz bestehender Verwechslungsgefahr grundsätzlich dulden (LG Mannheim GRUR-RS 2020, 23523 Rn. 63 f.; BGH GRUR-RR 2014, 201 Rn. 16 – Peek & Cloppenburg IV; GRUR 2010, 738 (742) – PEEK & Cloppenburg I), sofern der Inhaber des prioritätsjüngeren Kennzeichenrechts ein schutzwürdiges Interesse an der Benutzung hat und alles Erforderliche und Zumutbare tut, um einer Erhöhung der Verwechslungsgefahr weitestgehend entgegenzuwirken (LG Mannheim GRUR-RS 2020, 23523 Rn. 63 f.; BGH GRUR-RR 2014, 201 Rn. 16 – Peek & Cloppenburg IV; GRUR 1995, 754 (759) – Altenburger Spielkartenfabrik).

17 Die Grundsätze des Rechts der Gleichnamigen rechtfertigen es regelmäßig nicht, dass der Name oder die Unternehmensbezeichnung auch zur Kennzeichnung von Waren oder Dienstleistungen verwendet wird (BGH GRUR 2011, 623 (626) – PEEK & Cloppenburg II). Zwar mag der Inhaber des prioritätsjüngeren Kennzeichens ein schutzwürdiges Interesse daran haben, seinen eigenen Namen als Unternehmenskennzeichen im geschäftlichen Verkehr zu führen. Ein vergleichbares rechtlich schützenswertes Interesse besteht für die Kennzeichnung von Waren oder Dienstleistungen mit einem Familien- oder Unternehmensnamen allerdings nicht. Grundsätzlich ist es daher ungeachtet der Prioritätslage nicht gerechtfertigt, eine zwischen zwei Unternehmen eingetretene Gleichgewichtslage dadurch zu stören, dass eines der Unternehmen einseitig Marken eintragen lässt, bei denen eine Verwechslungsgefahr mit der Unternehmensbezeichnung der Gegenseite besteht (BGH GRUR 2011, 623 Rn. 40 – PEEK & Cloppenburg II). Ob diese „strenge" Auffassung auch in Fällen gerechtfertigt ist, in denen die geschäftliche Tätigkeit des Namensinhabers mit einer bereits bestehenden ähnlichen Marke kollidiert, ohne dass eine zB über Jahre gewachsene Gleichgewichtslage wie in der typischen Konstellation des Rechts der Gleichnamigen vorliegt, ist fraglich. Denn hier besteht ja gerade nicht die Gefahr, dass eine für beide Parteien bestehende Gleichgewichtslage etwa durch die Benutzung des Namens auf Produkten gestört wird. Für solche Fälle ist eine Beschränkung der Namensführung auf den rein namens- und firmenmäßigen Gebrauch nicht angebracht, auch ein markenmäßiger Gebrauch steht der Anwendung der Schrankenregelung nach der hier vertretenen Auffassung grundsätzlich nicht entgegen (Ströbele/Hacker/Thiering Rn. 19). Der neu Hinzutretende hat aber – etwa durch Hinzufügung eines Logos – alle erforderlichen Maßnahmen zu treffen, um eine Beeinträchtigung der Interessen des Markeninhabers nach Möglichkeit zu vermeiden (→ Rn. 23 f.) Eine Gemeinschaftsmarkenanmeldung etwa, welche die Gleichgewichtslage zwischen den beiden Gleichnamigen zu Lasten einer Partei ungerechtfertigt verschiebt, kann als Benutzung angesehen werden, die gegen die guten Sitten verstößt (EUIPO 1. BK GRUR-RS 2021, 27088 Rn. 44 – Peek & Cloppenburg, mwN zu den zahlreichen Peek & Cloppenburg-Rechtsstreitigkeiten).

In den „klassischen" Fallkonstellationen der Gleichnamigen hingegen kann nur ausnahmsweise **18** und unter sehr engen Voraussetzungen die Unternehmensbezeichnung von einem der Unternehmen auch als Marke eingetragen werden. Möglich ist eine solche Ausnahme nur, wenn besondere, gewichtige Tatsachen vorliegen, die eine so enge Beziehung zwischen den betroffenen Waren/Dienstleistungen und der Unternehmensbezeichnung begründen, dass es für den Namensträger unzumutbar wäre, auf die Benutzung seines Namens als Marke zu verzichten. Solche Gründe können vorliegen, wenn ein Namensträger bei der Schaffung oder Gestaltung einer bestimmten Ware unter seinem Namen etwa besondere schöpferische Leistungen vollbracht hat und der Verkehr die Ware daher ohnehin mit dem Namensträger identifiziert (BGH GRUR 2011, 623 Rn. 44 – PEEK & Cloppenburg II). Allein der Umstand, dass die markenmäßige Verwendung des Namens oder Unternehmenskennzeichens zweckmäßig oder wirtschaftlich sinnvoll erscheint, reicht jedoch nicht aus, ebenso wenig wie das Interesse, den Namen für andere Waren und Dienstleistungen oder im Rahmen eines Merchandising-Konzeptes durch Lizenzerteilung wirtschaftlich zu verwerten (BGH GRUR 2011, 623 Rn. 44 – PEEK & Cloppenburg II).

Auch die Verwendung einer Internetadresse, die aus einer verwechslungsfähigen Unterneh- **19** mensbezeichnung gebildet ist, kann die Gleichgewichtslage zwischen zwei – an unterschiedlichen Orten angesiedelten – Unternehmen derselben Branche stören. Dies kann der Fall sein, wenn eines der Unternehmen das übereinstimmende Unternehmenskennzeichen als Internetadresse oder auf seinen Internetseiten verwendet, ohne dabei ausreichend deutlich zu machen, dass es sich nicht um den Internetauftritt des anderen Unternehmens handelt (BGH GRUR 2010, 738 – Peek & Cloppenburg I). Diese Entscheidung erging in Abgrenzung zu einer vorangegangenen Entscheidung, in welcher der BGH ausgeführt hatte, dass allein die Selbstdarstellung eines lokal oder regional tätigen Unternehmens im Internet nicht darauf schließen lässt, dass das Unternehmen seinen räumlichen Tätigkeitsbereich auf das gesamte Bundesgebiet oder darüber hinaus ausgedehnt hat (BGH GRUR 2006, 159 – hufeland.de).

II. Anschrift

Neben der Verwendung des Namens wird auch die Benutzung der eigenen Anschrift, die mit **20** bestehenden Kennzeichenrechten kollidiert, von § 23 privilegiert, da die Anschrift in der Regel nicht frei wählbar ist (vgl. auch Jonas/Schmitz GRUR 2005, 183 (185)). Die eigene Anschrift umfasst nun lediglich die geographische Angabe des eigenen Wohnorts durch die Angabe von Ort, Straße und Hausnummer oder vergleichbarer Anschriftsdaten. Die Einschränkung des Anwendungsbereichs des Privilegierung auf die Benutzung der Anschrift natürlicher Personen setzt Art. 14 Abs. 1 lit. a MRL um. Grundsätzlich nicht privilegiert ist die Übernahme bloßer Adressbestandteile zur Verwendung in Marken oder Handelsnamen (OLG Hamburg GRUR-RR 2006, 228 (231) – Weingarten Eden/Eden).

§ 23 Nr. 1 aF stellte nicht nur die Benutzung der Anschrift natürlicher Personen, sondern auch **21** die Benutzung der geschäftlichen Niederlassung oder des Unternehmenssitzes frei.

Die Benutzung von Domainnamen ist nicht nach § 23 privilegiert. Mit anderen Worten: Ein **22** Dritter kann sich gegenüber einem Kennzeicheninhaber nicht mit dem Argument verteidigen, die Benutzung des gewählten Domainnamens stelle eine freie Benutzung seines Namens bzw. seiner Anschrift dar, die den Schutzumfang des geltend gemachten Kennzeichenrechts beschränke. Durch die Registrierung eines Domainnamens erwächst dem Domaininhaber lediglich ein vertraglicher Anspruch auf Nutzung des Domainnamens gegenüber der Registrierungsstelle, er erwirbt aber weder Namens- noch Kennzeichenrechte an dem Domainnamen (BGH GRUR 2012, 417 (419) – gewinn.de). Zwar können Domainnamen mit Namen natürlicher Personen oder Handelsnamen übereinstimmen, doch sind sie – ebenso wie E-Mail-Adressen und sog. Vanity-Telefonnummern grundsätzlich frei wählbar (Jonas/Schmitz GRUR 2005, 183 (185)), und daher gegenüber Inhabern älterer Kennzeichenrechte nicht nach § 23 Abs. 1 Nr. 1 privilegiert (Ingerl/Rohnke Rn. 25).

III. Schranke: Verstoß gegen die anständigen Gepflogenheiten in Gewerbe oder Handel (Abs. 2)

Der Vorbehalt, dass die Benutzung den anständigen Gepflogenheiten in Gewerbe oder Handel **23** entspricht, wurde in Umsetzung von Art. 14 Abs. 2 MRL geschaffen. Der Dritte darf den berechtigten Interessen des Markeninhabers also nicht in unlauterer Weise zuwiderhandeln (EuGH C-63/97, GRUR Int 1999, 438 – BMW/Deenik). Im Gegenteil – derjenige, der sich auf die privilegierte Benutzung beruft, muss alles getan haben, um eine Beeinträchtigung der Interessen des Markeninhabers nach Möglichkeit zu vermeiden (LG Köln GRUR-RS 2020, 45824 Rn. 20 –

Marke: M; OLG Karlsruhe GRUR-RR 2018, 450 Rn. 20 – Postmaxx-Ersatzzylinder; LG Köln BeckRS 2016, 120180 Rn. 50; BGH GRUR 2005, 163 (164) – Aluminiumräder), etwa durch geeignete Firmierungsmaßnahmen (BGH GRUR 1957, 342 – Underberg). Der jeweiligen Beurteilung sind alle Umstände des Einzelfalls zugrunde zu legen (LG Köln GRUR-RS 2020, 45824 Rn. 20 – Marke: M; OLG Karlsruhe GRUR-RR 2018, 450 Rn. 20 – Postmaxx-Ersatzzylinder; LG Köln BeckRS 2016, 120180 Rn. 50; BGH GRUR 1999, 992 (995) – BIG PACK).

24   § 23 aF stellte auf die „guten Sitten" ab. Die nun eingeführte Abweichung dient lediglich der Klarstellung und wird in der Praxis keinen Einfluss haben.

25   Der EuGH hat vier Fallgruppen entwickelt, nach denen die Benutzung eines geschützten Zeichens durch Dritte im Rahmen der Schutzschranke des § 23 unlauter sein kann. Eine Benutzung ist insbesondere dann unlauter, wenn sie (1.) in einer Weise erfolgt, die glauben machen kann, dass eine Handelsbeziehung zwischen dem Dritten und dem Markeninhaber besteht, (2.) wenn die Benutzung den Wert der Marke dadurch beeinträchtigt, dass sie deren Unterscheidungskraft oder deren Wertschätzung in unlauterer Weise ausnutzt, (3.) wenn die Benutzung geeignet ist, die Marke herabzusetzen bzw. schlecht zu machen oder (4.) wenn die Benutzung eine Ware als Imitation oder Nachahmung der Ware mit der geschützten Marke darstellt (EuGH C-228/03, GRUR 2005, 509 Rn. 49 – Gillette; OLG Frankfurt GRUR-RS 2022, 13131 Rn. 12 – Rasierscherkopf). Ein wahrheitswidriger Eindruck einer Handelsbeziehung zwischen Werbendem und Zeicheninhaber liegt etwa vor, wenn der wahrheitswidrige Eindruck einer Zugehörigkeit zum Vertriebsnetz des Markeninhabers oder einer sonstigen besonderen Beziehung erweckt wird (LG Köln GRUR-RS 2020, 45824 Rn. 20 f. – Marke: M). Auf diese Umstände ist das Merkmal der anständigen Gepflogenheiten jedoch nicht beschränkt. Zwar werden durch dieses Merkmal nicht Rechtsverstöße jeglicher Art erfasst, so dass etwa eine Urheberrechtsverletzung im Zusammenhang mit einer Zeichenbenutzung der Anwendung der Schutzschranke nicht entgegensteht (BGH GRUR 2011, 134 Rn. 60 – Perlentaucher; GRUR 2013, 631 – AMARULA). Zu berücksichtigen sind jedoch wettbewerbsrechtliche Gesichtspunkte, die Auswirkungen auf die berechtigten Interessen des Markeninhabers haben können (BGH GRUR 2013, 631 – AMARULA). Wenn etwa eine Irreführung über eben jenen Umstand vorliegt, der die Anwendung der markenrechtlichen Schutzschranke des § 23 erst ermöglicht, ist die Benutzung des Dritten unlauter, da sie berechtigten Interessen des Markeninhabers zuwiderläuft (BGH GRUR 2013, 631 – AMARULA).

26   Für die Praxis am relevantesten sind die Fälle der Vorspiegelung einer wirtschaftlichen Verbindung zwischen dem Benutzer des durch § 23 privilegierten Zeichens mit dem Markeninhaber. Maßgeblich ist, inwieweit die Benutzung des privilegierten Kennzeichens zumindest von einem erheblichen Teil der beteiligten Verkehrskreise als Hinweis auf eine Verbindung zwischen den Waren oder Dienstleistungen des Dritten und dem Markeninhaber aufgefasst wird, und inwiefern sich der Dritte dessen hätte bewusst sein müssen. Weiteres Beurteilungskriterium ist eine etwaige Bekanntheit der Marke, die der Dritte beim Vertrieb seiner Waren oder Dienstleistungen ausnutzen könnte (EuGH C-245/02, GRUR 2005, 153 Rn. 83 – Anheuser-Busch; C-17/06, GRUR 2007, 971 Rn. 34 – Céline).

E. Beschreibende Angaben (Abs. 1 Nr. 2)

I. Anwendungsbereich

27   Nach § 23 Abs. 1 Nr. 2 gewährt die Marke ihrem Inhaber nicht das Recht, einem Dritten zu verbieten, ein mit der Marke identisches oder ähnliches Zeichen, dem jegliche Unterscheidungskraft fehlt, oder ein identisches oder ähnliches Zeichen als Angabe über Merkmale oder Eigenschaften der Waren oder Dienstleistungen, insbesondere ihre Art oder ihre Beschaffenheit, im geschäftlichen Verkehr zu benutzen, sofern die Benutzung den anständigen Gepflogenheiten in Gewerbe oder Handel entspricht. Die Schutzschranke des § 23 Abs. 1 Nr. 2 orientiert sich damit am Wortlaut des Art. 14 Abs. 1 lit. b MRL, der auch von Zeichen „ohne Unterscheidungskraft" spricht. An sich hätte es dieser Klarstellung nicht bedurft, da Zeichen ohne jegliche Unterscheidungskraft in der Regel gar nicht markenmäßig – und damit schon nicht rechtsverletzend – benutzt werden können (→ Rn. 30.1). Art. 14 Abs. 1 lit. b UMV enthält bereits diese Änderung (→ UMV Art. 14 Rn. 4). Problematisch ist es, dass der Wortlaut des § 23 Abs. 2 nF von der Vorgabe des Art. 14 Abs. 1 lit. b MRL abweicht. Die Richtlinie spricht von „Zeichen oder Angaben ohne Unterscheidungskraft" und verdeutlicht damit, dass entscheidend ist, ob das angegriffene Zeichen in der konkreten Verwendung Unterscheidungskraft besitzt. Die deutsche Umsetzung hingegen lautet „Zeichen, dem jegliche Unterscheidungskraft fehlt" und knüpft damit vermeintlich an den Wortlaut des § 8 Abs. 2 Nr. 1 an. Es entsteht damit der Eindruck, dass es relevant

wäre, ob das verwendete Zeichen für die betreffenden Waren und Dienstleistungen als Marke eingetragen werden könnte oder wegen Fehlens jeglicher Unterscheidungskraft verweigert werden müsste. Dies ist jedoch unzutreffend, da es bei § 14 Abs. 2 stets nur um die Privilegierung einer konkreten Verletzungshandlung gehen kann.

Die Bestimmung des § 23 Abs. 1 Nr. 2 ist nicht anwendbar, wenn ein Dritter die Marke für **28** erschöpfte Waren benutzt, dh für Waren, die vom Inhaber der Marke oder mit dessen Zustimmung im Inland bzw. in den EWR in den Verkehr gebracht worden sind (s. auch Fezer MarkenR 2017, 151). Denn die Bestimmung des § 24 Abs. 1 stellt in ihrem Anwendungsbereich gegenüber der Vorschrift des § 23 Abs. 1 Nr. 2 eine vorrangige Sonderregelung dar (BGH MMR 2014, 232 – UsedSoft II; GRUR 2011, 1135 – GROSSE INSPEKTION FÜR ALLE).

Die Regelung des § 23 Abs. 1 Nr. 2 ist eine Ausprägung des Freihaltebedürfnisses an beschrei- **29** benden Angaben. Zweck der in § 23 Abs. 1 Nr. 2 normierten Schutzschranke ist es, allen Wirtschaftsteilnehmern die Möglichkeit zu eröffnen, beschreibende Angaben zur Bezeichnung von Merkmalen oder Eigenschaften ihrer Waren/Dienstleistungen benutzen zu können (OLG Frankfurt GRUR-RR 2022, 482 Rn. 25 – beautysmile; BGH GRUR 2009, 678 – POST/RegioPost). Im Bereich des Werktitelrechts könnte § 23 Abs. 1 Nr. 2 ein etwaiges Freihaltebedürfnis hinsichtlich des Werktitelrechts betreffen, nicht aber ein Freihaltebedürfnis hinsichtlich des Werks selbst (KG GRUR-RR 2022, 368 Rn. 33). Nach Ansicht des BGH fällt die Verwendung von Bezeichnungen mit beschreibenden Anklängen (dh ohne unmittelbare Wortbedeutung) nicht unter die Schutzschranke (BGH GRUR 2017, 520 Rn. 42 – MICRO COTTON, zur Anwendung des Art. 14 Abs. 1 lit. b UMV).

Die Vorschrift unterscheidet nicht nach verschiedenen Möglichkeiten der Verwendung der in **30** § 23 Abs. 1 Nr. 2 genannten Angaben über Merkmale oder Eigenschaften der Waren. Sie ist nur anwendbar, wenn ein Dritter das geschützte Kennzeichen markenmäßig, also zur Unterscheidung von Waren oder Dienstleistungen benutzt (EuGH C-100/02, GRUR 2004, 234 Rn. 15 – Gerolsteiner Brunnen; BGH GRUR 2009, 1162 (1164) – DAX; GRUR 2004, 600 (602) – d-c-fix/CD-FIX; GRUR 2004, 949 (950) – Regiopost/Regional Post). Entscheidend ist, ob das beanstandete Zeichen als Angabe über Merkmale oder Eigenschaften der Waren/Dienstleistungen verwendet wird, und ob die Benutzung den anständigen Gepflogenheiten in Gewerbe oder Handel entspricht (BGH GRUR 2009, 1162 (1164) – DAX; GRUR 2009, 789 (799) – POST I). Es gibt keinen allgemeinen Grundsatz, der es erfordern würde, die Schutzschranke des § 23 Abs. 1 Nr. 2 eng auszulegen (BGH GRUR 2009, 678 (681) – POST/RegioPost).

Der Betonung dieses Grundsatzes durch den BGH hätte es an sich nicht bedurft. Grundsätzlich ist die **30.1** markenrechtsverletzende Benutzung nach § 14 Abs. 2 Nr. 1 und 2 von der Prüfung der Anwendbarkeit von § 23 Abs. 1 Nr. 2 abzugrenzen und vorrangig zu prüfen, dh systematisch kann § 23 nur dort Anwendung finden, wo eine rechtsverletzende Benutzung des geschützten Kennzeichens zuvor bejaht wurde. In der Praxis werden die Prüfungsschritte aber oft nicht klar getrennt (→ § 14 Rn. 112).

Die Schutzschranke des § 23 Abs. 1 Nr. 2 greift nur dort ein, wo ein Dritter das verletzte **31** Kennzeichen konkret als Angabe über ein Produktmerkmal benutzt (BGH GRUR 2009, 678, 681 Rn. 27 – POST/RegioPost). Nach der umgesetzten MRL bezieht sich diese Schranke auch auf nicht unterscheidungskräftige Zeichen oder Angaben (→ Rn. 27). Hierbei kommt es maßgeblich auf das Verständnis des inländischen Verkehrs an (OLG München GRUR-RR 2019, 12 Rn. 55 – Ballermann Party; BGH GRUR 1999, 238, 240 – Tour de culture). So hat der BGH etwa die Benutzung des Zeichens „POST" als beschreibende Angabe für die Dienstleistungen der Beförderung und Zustellung von Briefen und Paketen erachtet (BGH GRUR 2009, 672 Rn. 44 – OSTSEEPOST; GRUR 2008, 798 Rn. 19 – POST I; WRP 2008, 1206 Rn. 21 – CITY POST).

Der Verletzer kann sich hingegen nicht damit verteidigen, das geschützte Kennzeichen sei **32** generell freihaltebedürftig und daher in seinem Schutzumfang zu beschränken (EuGH C-102/07, GRUR 2008, 503 Rn. 47 – adidas). Unerheblich ist, ob derjenige, der das fremde Zeichen beschreibend benutzt, auf diese Benutzung angewiesen ist (BGH GRUR 2008, 789 – POST I). Dies unterscheidet die Norm von der Schutzschranke des § 23 Abs. 1 Nr. 3, der die Erforderlichkeit der Benutzung der Marke als Hinweis auf die Bestimmung einer Ware oder Dienstleistung tatbestandsmäßig voraussetzt. Entscheidend ist allein, dass das angegriffene Zeichen als Angabe über Merkmale oder Eigenschaften der Waren oder Dienstleistungen verwendet wird und die Benutzung den anständigen Gepflogenheiten in Gewerbe oder Handel entspricht (BGH GRUR 2009, 1162 (1164) – DAX).

Nach der Auffassung des EuGH ist der Anwendungsbereich der Schrankenregelung aber nicht **33** auf Fälle beschränkt, in denen die geschützte Marke eines Dritten verwendet wird, um auf Merkmale eigener Waren hinzuweisen (EuGH C-48/05, GRUR 2007, 318 (320) – Opel). Vielmehr erfasst sie auch Fälle, in denen der Dritte eine kennzeichnungskräftige Marke benutzt, sofern diese Benutzung (allein) darin besteht, eine Angabe über die Art, die Beschaffenheit oder über andere Merkmale der von dem Dritten vertriebenen Waren zu machen. Nach der Neufassung des § 23 Abs. 1 Nr. 2 ist der Anwendungsbereich der Schrankenregelung deutlicher geworden, da er nicht nur die Benutzung der Marke eines Dritten als Zeichen oder Angabe ohne Unterscheidungskraft umfasst, sondern ausdrücklich auch die Benutzung als unterscheidungskräftige Angabe über die Art, die Beschaffenheit, die Menge etc der Ware.

33.1   Im „Opel"-Fall etwa hatte der EuGH eine Anwendung der Schranke des Art. 14 Abs. 1 lit. b UMV verneint, da die Anbringung des Opel Blitzes auf verkleinerten Modellen, nicht dazu diene, eine Angabe über ein Merkmal der genannten Modelle zu machen. Der Opel Blitz sei lediglich ein Teil der originalgetreuen Nachbildung der Originalfahrzeuge (EuGH C-48/05, GRUR 2007, 318, 320 – Opel). Der EuGH hätte allerdings auch eine rechtsverletzende Benutzung nach Art. 9 Abs. 2 lit. a und lit. c bejahen können, um diese Benutzung dann ggf. über die Schranke des Art. 14 Abs. 1 lit. b UMV freizustellen. Denn es kann durchaus argumentiert werden, dass der Grad der Detailtreue bei Modellen ein für die angesprochenen Verkehrskreise wesentliches Merkmal dieser Waren darstellt, und eine derartige Benutzung auch ohne weiteres den im Gewerbe oder Handel üblichen Gepflogenheiten entspricht. Letztlich stehen den Verletzungsgerichten mit der Schrankenregelung des § 23 Abs. 1 Nr. 2 (bzw. Art. 14 Abs. 1 lit. b UMV) ein ganzes „Arsenal" an Stellschrauben zur Begrenzung des Schutzumfangs von Marken zur Verfügung. Über eine nach Art. 14 Abs. 1 lit. b und c UMV und § 23 Abs. 1 Nr. 2 und Nr. 3 zulässige Markennutzung geht es hinaus, wenn zwar in einer Angebotsüberschrift von „Porsche 550 Spider Replika" die Rede ist, aber im weiteren Text lediglich der „angebotene Porsche" genannt wird (LG Düsseldorf GRUR-RS 2021, 12565 Rn. 11 – Porsche 550 Spider Replik).

33.2   Ein Fall der von Art. 14 Abs. 1 lit. b UMV freigestellten Markenbenutzung liegt allerdings nicht vor, wenn der Dritte ein zu der geschützten Marke identisches oder ähnliches Zeichen mit dem Argument benutzt, das Zeichen sei kein Herkunftshinweis, sondern lediglich eine Dekoration der Ware (EuGH C-102/07, GRUR 2008, 503 (505) – adidas). Die adidas AG, die Schutz für die bekannten „Drei Streifen" als Bildmarken beansprucht, wandte sich gegen Hersteller von Freizeitbekleidung, welche mit zwei parallel verlaufenden Streifen versehen war, deren Farbe mit der Grundfarbe der Kleidung kontrastierte. Die Hersteller argumentierten, die Benutzung der zwei Streifen habe lediglich dekorative Funktion. Zudem bestehe ein Freihaltebedürfnis an der Verwendung solcher Streifen, so dass der Markeninhaber eine solche Benutzung nicht untersagen könne (EuGH C-102/07, GRUR 2008, 503 – adidas). Hierzu führte der EuGH aus, dass eine Verwechslungsgefahr nach Art. 9 Abs. 2 lit. b UMV jedenfalls dann zu bejahen sei, wenn das Zeichen trotz seines dekorativen Charakters eine solche Ähnlichkeit mit der eingetragenen Marke aufweise, dass das betroffene Publikum glauben könnte, die beiderseitigen Waren stammten aus demselben oder ggf. aus wirtschaftlich miteinander verbundenen Unternehmen (EuGH C-102/07, GRUR 2008, 505 – adidas). Darüber hinaus müsse das nationale Gericht auch das Vorliegen der Voraussetzungen des Art. 9 Abs. 2 lit. c UMV prüfen (→ UMV Art. 9 Rn. 1 ff.). Ein etwaiges Freihaltebedürfnis sei jedenfalls kein relevanter Gesichtspunkt für die Prüfung, ob die Benutzung des Zeichens die Unterscheidungskraft oder die Wertschätzung der Marke in unlauterer Weise ausnutze oder beeinträchtige. Zwar könne ein Freihaltebedürfnis im Rahmen der Prüfung der Schutzschranke des Art. 14 Abs. 1 lit. b UMV berücksichtigt werden, der eine Ausprägung des Freihaltebedürfnisses sei (EuGH C-102/07, GRUR 2008, 503 (505) – adidas). Allerdings sei das Freihaltebedürfnis keine selbstständige Beschränkung der Wirkungen der Marke, sondern liege dieser Vorschrift nur zugrunde (EuGH C-102/07, GRUR 2008, 503 (505) – adidas).

34   Die Schutzschranke des § 23 Abs. 1 Nr. 2 privilegiert sowohl die Benutzung beschreibender Angaben in Alleinstellung, als auch als Teil eines Gesamtzeichens (EuGH C-48/05, GRUR 2007, 318 Rn. 42 – Adam Opel; BGH GRUR 2009, 672 – Ostsee-Post; GRUR 2013, 631 – AMARULA). Allerdings muss der beschreibende Bestandteil in dem Gesamtzeichen für die angesprochenen Verkehrskreise noch als eigenständige, beschreibende Angabe erkennbar sein (BGH GRUR 2009, 672 Rn. 44 – OSTSEEPOST), und nicht lediglich als Element zur Bildung einer Kennzeichnung aufgefasst werden, die nach ihrem Gesamteindruck nicht mehr als beschreibende Angabe verstanden wird (BGH GRUR 2013, 631 – AMARULA). Eine Angabe über Merkmale oder Eigenschaften von Waren und Dienstleistungen iSv § 23 Abs. 1 Nr. 2 liegt nur bei glatt beschreibenden Bezeichnungen vor. Abgewandelte oder an eine beschreibende Angabe angelehnte Bezeichnungen werden grundsätzlich nicht erfasst (BGH GRUR 2013, 631 – AMARULA).

35   Nach der Rechtsprechung des BGH erfasst § 23 Abs. 1 Nr. 2 auch Fälle der Markennennung, also Fälle, in denen die geschützte Marke nicht als Herkunftshinweis für die eigenen Waren oder Dienstleistungen des Dritten verwendet wird, sondern zur Benennung fremder Originalprodukte. Hierbei wird nicht auf den beschreibenden Bedeutungsgehalt des verwendeten Zeichens selbst abgestellt, sondern auf die Beziehung zwischen der Marke und den gekennzeichneten Produkten.

So sah der BGH eine Benutzung des geschützten Zeichens DAX als Bezugsgröße auf den Aktienindex als nach § 23 Abs. 1 Nr. 2 privilegiert an, sofern die Bezugnahme sachlich und informativ geschieht und der Eindruck vermieden wird, es bestünden Handelsbeziehungen zwischen den Beteiligten (BGH GRUR 2009, 1162 – DAX). In der Bezeichnung DAX liege ein Hinweis auf die Berechnungsmethode zur Wertermittlung der Papiere, und damit eine beschreibende Angabe über eine wesentliche Eigenschaft der streitgegenständlichen Produkte (BGH GRUR 2009, 1162 (1164) – DAX).

Auch in einem weiteren Urteil hat der BGH deutlich gemacht, dass die Anwendung der **36** Schutzschranke des § 23 Abs. 1 Nr. 2 nicht auf eine rein beschreibende Verwendung der Originalmarke beschränkt ist. Von der Schutzschranke des § 23 Abs. 1 Nr. 2 wird auch eine Verwendung einer kennzeichnungskräftigen Herstellermarke (hier: Porsche) erfasst, durch die ein Dritter darauf hinweist, dass er Veränderungen (Tuning) an dem mit der Originalmarke gekennzeichneten Produkt vorgenommen hat. Die Verwendung der „Originalmarke" kann nach Rechtsprechung des BGH eine „beschreibende" Funktion dahingehend aufweisen, dass sie allein auf das ursprüngliche Objekt hinweist, an dem der Dritte die Veränderungen vorgenommen hat. Diese Konstellation betrifft also Fälle, in denen eine mit der Marke des Herstellers versehene Ware nach ihrem Inverkehrbringen von einem Dritten verändert und die veränderte, allerdings immer noch mit der Marke des Herstellers („Originalmarke") versehene Ware unter Anbringung der Marke des Dritten („Neumarke") angeboten wird. Dem Verkehr muss aber deutlich werden, dass die Originalmarke ein fremdes Zeichen ist, das lediglich die Ware in ihrem Ursprungszustand kennzeichnet (vgl. BGH GRUR 2007, 705 Rn. 23 f. – Aufarbeitung von Fahrzeugkomponenten). Der angesprochene Verkehr von Tuningfahrzeugen orientiert sich nicht lediglich an einer blickfangmäßig hervorgehobenen Angebotsüberschrift. Voraussetzung einer beschreibenden Angabe ist daher nicht, dass in der Titelzeile bereits auf einen „Umbau" hingewiesen werden muss (OLG Hamburg GRUR-RS 2016, 122785 – Turbo-Look).

Diese Grundsätze beruhen auf der Erwägung, dass die herkunftshinweisende Funktion einer Marke **36.1** teilweise dadurch aufgehoben werden kann, dass unter Beibehaltung der Originalmarke auf der Ware eine Neumarke angebracht und damit deutlich gemacht wird, dass die herkunftshinweisende Wirkung der Originalmarke beschränkt ist (BGH GRUR 2005, 162 – SodaStream). Wird auf einer umgebauten Ware – neben der Originalmarke – eine zweite Neumarke angebracht, durch die auf den Umbau hingewiesen wird, wird dem Verkehr verdeutlicht, dass die Originalmarke ein fremdes Zeichen ist, das die Ware lediglich in ihrem Ursprungszustand kennzeichnet. Durch die Gegenüberstellung der eigenen Neumarke als neue Kennzeichnung der veränderten Ware ist es nach dem BGH ausgeschlossen, dass der Verkehr die Originalmarke als Mittel der Kennzeichnung des nunmehr in Verkehr gebrachten veränderten Erzeugnisses ansieht. Die Erwähnung der Originalmarke hält sich in diesem Fall im Rahmen der den Markenschutz ausschließenden Schrankenbestimmung des § 23 Abs. 1 Nr. 2 (BGH GRUR 2015, 1121 Rn. 19 – Tuning). Die Wiedergabe der Originalmarke beschreibt also lediglich die ursprüngliche Herkunft des Produkts, das der Dritte verändert hat. Die Originalmarke hat damit ihre originäre Funktion als Herkunftshinweis verloren. Der BGH bezeichnet dies als Neutralisierung der Kennzeichnungsfunktion der Originalmarke. Ob eine solche Neutralisierung der Originalmarke durch Aufbringen einer weiteren „Neumarke" zu bejahen ist, hängt davon ab, ob die angesprochenen Verkehrskreise erkennen, dass die Ware zwar vom ursprünglichen Hersteller stammt, aber unabhängig von dessen Produktverantwortung von einem Dritten verändert worden ist (BGH GRUR 2015, 1121 Rn. 19 – Tuning). Dabei ist relevant, um welche Produkte es sich handelt. Das LG Hamburg hat eine Anwendung dieser Grundsätze etwa auf individualisierte Luxusuhren abgelehnt, da dem Verbraucher anders als beim Tuning von Autos die Individualisierung von Luxusuhren nicht bekannt sei (LG Hamburg GRUR-RS 2021, 15510 Rn. 78, 82 ff. zu Art. 14 UMV). Diese Grundsätze gelten nach dem BGH nicht nur, wenn die Neumarke neben der Originalmarke auf der Ware selbst oder deren Verpackung angebracht ist, sondern für alle von § 14 Abs. 3 erfassten Handlungen. Also auch für das Anbieten, Inverkehrbringen und das Benutzen in der Werbung (BGH GRUR 2015, 1121 Rn. 20 – Tuning). Vor diesem Hintergrund kann den Anbietern von Kraftfahrzeugen, an denen sie Tuningmaßnahmen vorgenommen haben, grundsätzlich nicht verwehrt werden, im Angebot der von ihnen veränderten Fahrzeuge die Originalmarke des Herstellers des Fahrzeugs zu nennen. Auch eine detaillierte Angabe jeglicher Änderungen im Detail ist nicht notwendig. Denn dies würde es derartigen Anbietern sonst unzumutbar erschweren, ihre Leistungen gegenüber dem angesprochenen Verkehr im Rahmen von Verkaufsportalen im Internet angemessen zu präsentieren.

Keine beschreibende Angabe iSv § 23 Abs. 1 Nr. 2 ist zB der unter Umständen als Marke **37** geschützte Titel einer Software, die unter einer General Public Licence (GPL) – auch als allgemeine Veröffentlichungserlaubnis bezeichnet – benutzt wird und daher auch Dritten Rechte gewährt, die Software zB zu benutzen, ändern oder zu verbreiten (Ströbele/Hacker/Thiering/Thiering Rn. 104).

37.1   Denn die freie Benutzung der Software und ggf. des entsprechenden Werktitels folgt nicht aus der Eigenschaft des Titels (→ § 15 Rn. 46) als beschreibende Angabe über ein Merkmal oder eine Eigenschaft der Software, sondern aus den zugrundeliegenden Lizenzvereinbarungen. In der Regel werden aber die lizenzvertraglichen Regelungen einer GPL dem Nutzer kein Recht auch zur Nutzung der Marke einräumen, sondern lediglich die urheberrechtlichen Aspekte der Nutzung des Computerprogramms regeln. Das OLG Düsseldorf etwa hatte eine (konkludente) markenrechtliche Nutzungsberechtigung der Marke für unter eine GPL fallende Software verneint und festgehalten, dass die urheberrechtliche Nutzungsberechtigung ohne eine entsprechende Gestattung der Nutzung des Produktnamens nicht notwendig ist (OLG Düsseldorf GRUR-RR 2010, 647470 – xt:Commerce). Denn der Berechtigte kann die von ihm rechtmäßig vervielfältigte Software ja problemlos unter einer eigenen Marke vertreiben. Wenn auch die gleichzeitige Nutzung der Marke für den Vertrieb der Software sicher vorteilhaft wäre, ist sie jedenfalls zur Nutzung der urheberrechtlichen Berechtigung nicht erforderlich.

II. Schranke: Verstoß gegen die anständigen Gepflogenheiten in Gewerbe oder Handel (Abs. 2)

38   Der EuGH hat vier Fallgruppen entwickelt, nach denen die Benutzung eines geschützten Zeichens durch Dritte im Rahmen der Schutzschranke des § 23 unlauter sein kann (→ Rn. 25).

39   Das Interesse von Wettbewerbern an der Benutzung eines beschreibenden Begriffs ist im Rahmen der Prüfung der Schutzschranke des § 23 Abs. 1 Nr. 2 zu berücksichtigen, und nicht bei der Beurteilung der Kennzeichnungskraft des Klagekennzeichens (BGH GRUR 2009, 672 – OST-SEE-POST).

40   Die Beschränkung des Schutzumfangs einer aus einer beschreibenden Angabe bestehenden Marke nach § 23 Abs. 1 Nr. 2 verletzt den Markeninhaber nicht in seinem verfassungsrechtlich geschützten Eigentumsrecht an der Marke (BGH GRUR 2009, 678 – POST/RegioPost). Denn die Kennzeichenrechte stehen ihrem Inhaber nicht schrankenlos zu. Der Schutzumfang wird erst durch die im Markengesetz vorgesehenen Bestimmungen konkretisiert, wozu auch die jeweils vorgesehenen Schrankenbestimmungen zählen (BGH GRUR 2009, 678 (681) – POST/RegioPost).

41   Das Vorliegen von Verwechslungsgefahr zwischen einem prioritätsjüngeren Zeichen und einer älteren Marke, die aus einem beschreibenden Begriff besteht, erlaubt nicht zwangsläufig die Annahme eines Verstoßes gegen die guten Sitten iSv § 23 Abs. 1 Nr. 2. In die Abwägung sind auch weitere Umstände des Einzelfalls mit einzubeziehen. So kann etwa ein Sittenverstoß vorliegen, wenn ein Markeninhaber eine Verkehrsdurchsetzung seiner Marke in erster Linie durch eine bestehende Monopolisierung des Postmarkts erreichen könnte. Daher ist Wettbewerbern, die neu auf einem bisher durch Monopolstrukturen gekennzeichneten Markt auftreten, die Benutzung eines beschreibenden Begriffs wie „POST" auch dann zu gestatten, wenn eine Verwechslungsgefahr mit einem gleich lautenden prioritätsälteren Kennzeichen besteht (BGH GRUR 2009, 672 Rn. 45 – OSTSEE-POST). Erforderlich ist allerdings, dass das übernommene Kennzeichen sich durch Zusätze dem älteren Zeichen abhebt und sich insbesondere nicht an weitere Kennzeichen des Markeninhabers anlehnt. Die Übernahme weiterer Kennzeichen wie zB von Bildmarken (Posthorn) oder Farbmarken (Farbe Gelb) stellt einen Verstoß gegen die guten Sitten dar, und ist nicht mehr von § 23 gedeckt (BGH GRUR 2008, 798 – Post I).

42   Der Markenschutz darf nur im erforderlichen Maße beschränkt werden, dh das übernommene Zeichen darf an sich nur in beschreibender Weise und nicht als Herkunftsbezeichnung eigener Waren/Dienstleistungen verwendet werden. So sah der BGH etwa in der markenmäßigen Benutzung des Zeichens DivDAX® einen Verstoß gegen die anständigen Gepflogenheiten in Gewerbe und Handel iSv § 23 Abs. 2, da die Klägerin den berechtigten Interessen der Kennzeicheninhaberin in unlauterer Weise zuwiderhandele, wenn sie das markenrechtlich geschützte Zeichen als Herkunftsbezeichnung eigener Wertpapiere verwende (BGH GRUR 2009, 1162 (1166) – DAX). Im Hinblick auf die berechtigten Interessen des Kennzeicheninhabers muss die Bezugnahme auf die geschützte Marke sich auf das Maß beschränken, das zur Benutzung auch tatsächlich erforderlich ist (BGH GRUR 2009, 1162 (1164) – DAX). Hingegen ist es für die Beurteilung, ob die Benutzung eines Zeichens den anständigen Gepflogenheiten in Gewerbe und Handel entspricht nicht relevant, ob die Zeichenbenutzung im Zusammenhang mit einer Urheberrechtsverletzung steht (BGH MMR 2014, 232 – UsedSoft II; GRUR 2011, 134 – Perlentaucher; GRUR 2013, 631 – AMARULA/Marulablu). Auch außerhalb der reinen Zeichenbenutzung muss alles unterlassen werden, was den berechtigten Belangen des Zeicheninhabers zuwiderläuft (OLG Köln GRUR-

RR 2013, 24 – Gute Laune Drops). Die Übernahme der Abbildung eines Hundekopfes der Rasse Weißer Westie auf Hundefutter war nach Ansicht des OLG Köln nicht notwendig und daher nicht von § 23 Abs. 1 Nr. 2 gedeckt, da die Antragsgegnerin weder die Rasse Weißer Westie noch die Art der Darstellung des Hundekopfes übernehmen musste. Denn das in Verkehr gebrachte Futtermittel war weder lediglich für die Hunderasse Weißer Westie vorgesehen, noch war eine Übernahme der konkreten Gestaltung erforderlich (OLG Köln GRUR-RS 2017, 107784 = MarkenR 2017, 222). Auch die Benutzung eines Zeichens in einer Art und Weise, die zur Beschreibung der Produkteigenschaften nicht notwendig ist, sondern vielmehr herkunftshinweisenden Charakter aufweist, überschreitet die Grenzen der Schrankenregelung und ist daher nicht privilegiert (OLG Frankfurt GRUR-RR 2016, 235 Rn. 19 – Multi-Star zur Anwendung der Schrankenregelung des Art. 14 Abs. 1 lit. b UMV). Auch die Benutzung einer Marke als Domainname hat eine Werbewirkung, die über die mit der notwendigen Leistungsbestimmung einhergehende Werbewirkung hinausgeht und kann daher nicht vereinbar mit den guten Sitten sein. Unzulässig war daher die Verwendung der Domain „schufa-anwalt.de" durch einen Rechtsanwalt, der Dienstleistungen zur Erstellung von Löschungsanträgen bei der Schufa anbot (LG München I GRUR-RS 2020, 13728 Rn. 53 – www.schufa-anwalt.de; kritisch dazu Tenbrock GRUR-Prax 2020, 510).

42.1 In einer vom EuGH zu entscheidenden Vorlagefrage (EuGH C-100/02, GRUR 2004, 234 (235) – Gerolsteiner Brunnen) ging es um den Mineralwasserhersteller Gerolsteiner, der Inhaber der Wortmarke „Gerri" war, und der gegen die Benutzung der Bezeichnung „KERRY Spring" durch einen Konkurrenten für Erfrischungsgetränke vorging. Die angegriffenen Produkte wurden unter Verwendung von Wasser aus der Quelle „KERRY Spring" in Irland hergestellt und abgefüllt. Für den EuGH stellte sich die Frage, ob der Markeninhaber dem Dritten bei unterstellter Verwechslungsgefahr untersagen kann, eine geografische Herkunftsangabe für seine Produkte zu benutzen. Dies hätte der EuGH bereits auf der „ersten Stufe" verneinen können, mit dem Argument, die Benutzung der Bezeichnung „KERRY Spring" beeinträchtige nicht die Herkunftsfunktion der älteren Marke, da sie vom Verkehr nur als geografischer und nicht als betrieblicher Herkunftshinweis verstanden werde. Der EuGH beschränkte sich im vorliegenden Fall aber auf die Freistellung dieser Benutzung auf der „zweiten Stufe", also nach den Regeln des Art. 14 Abs. 1 lit. b UMV. Somit war danach zu fragen, ob die Benutzung der geografischen Herkunftsangabe den anständigen Gepflogenheiten in Gewerbe oder Handel entsprach, der Dritte durch die Benutzung der geografischen Herkunftsangabe also nicht berechtigten Interessen des Markeninhabers in unlauterer Weise zuwiderhandelte (EuGH C-100/02, GRUR 2004, 234 (235) – Gerolsteiner Brunnen). Der EuGH führte aus, dass sich ein Zuwiderhandeln gegen berechtigte Interessen aus dem Umstand ergeben könne, dass Verwechslungsgefahr zwischen der geografischen Herkunftsangabe und der Marke des Inhabers bestehe. Denn in der EU mit ihren zahlreichen Mitgliedstaaten und einer entsprechend großen Sprachenvielfalt sei die Wahrscheinlichkeit, dass eine gewisse klangliche Ähnlichkeit zwischen einer in einem Mitgliedstaat eingetragenen Wortmarke und einer geografischen Herkunftsangabe eines anderen Mitgliedstaats bestehe, bereits sehr groß (EuGH C-100/02, GRUR 2004, 234 (235) – Gerolsteiner Brunnen). Daher müssten weitere Anhaltspunkte hinzukommen, aus denen sich ein Zuwiderhandeln gegen berechtigte Interessen des Markeninhabers ergeben könne, und die von dem nationalen Gericht zu beurteilen seien. Der EuGH nannte als Anhaltspunkte insbesondere die von dem Dritten konkret verwendete Flaschenform und Etikettierung. Es obliegt also dem Dritten sicherzustellen, dass die konkrete Art und Weise der Benutzung des Zeichens nicht als unlautere Zuwiderhandlung gegen berechtigte Interessen des Markeninhabers gewertet werden muss (vgl. Schricker/Bastian/Knaak Gemeinschaftsmarke/Knaak Teil D Rn. 222). Dies dürfte etwa durch eine deutlich abweichende Verpackung und Etikettierung der betroffenen Waren zu erreichen sein.

43 Die beschreibende Benutzung darf auch nicht irreführend sein. Die beschreibende Benutzung einer Bezeichnung, die an sich die Anwendung der Schutzschranke des § 23 Abs. 1 Nr. 2 eröffnet, etwa die Benutzung des Zeichens „Marulablu" als Bezeichnung für einen aus der afrikanischen Marula-Frucht hergestellten Likör, entspricht dann nicht den anständigen Gepflogenheiten in Gewerbe oder Handel, wenn der beschreibende Inhalt der Bezeichnung gar nicht den Tatsachen entspricht. Im konkreten Fall enthielt der von der Beklagten hergestellte Likör gar keine Marula-Frucht, obwohl sie zuvor geltend gemacht hatte, der Verkehr werde in „Marula" lediglich einen beschreibenden Hinweis auf den Inhaltsbestandteil entnehmen, nach dem der Likör schmeckt. Der BGH sah hierin eine Irreführung über eben jenen Umstand, der die Anwendung der markenrechtlichen Schutzschranke des § 23 Abs. 1 Nr. 2 gerade eröffnete und damit den berechtigten Interessen des Markeninhabers zuwiderlief (BGH GRUR 2013, 631 – AMARULA).

F. Erforderliche Bestimmungsangaben (Abs. 1 Nr. 3)

I. Anwendungsbereich

44   Gemäß § 23 Abs. 1 Nr. 3 darf der Inhaber einer Marke oder einer geschäftlichen Bezeichnung einem Dritten nicht untersagen, die Marke oder die geschäftliche Bezeichnung im geschäftlichen Verkehr zu Zwecken der Identifizierung oder zum Verweis auf Waren oder Dienstleistungen als die des Inhabers der Marke zu benutzen, insbesondere wenn die Benutzung der Marke als Hinweis auf die Bestimmung einer Ware insbesondere als Zubehör oder Ersatzteil, oder einer Dienstleistung erforderlich ist. Der Wortlaut wurde hier an Art. 14 Abs. 1 lit. c MRL angeglichen und stellt in einer weiten Formulierung auf die Benutzung der Marke „zu Zwecken der Identifizierung oder zum Verweis auf Waren oder Dienstleistungen als die des Inhabers dieser Marke" ab. Die Benutzung der Marke „als Hinweis auf die Bestimmung einer Ware" ist lediglich beispielhaft aufgeführt („insbesondere").

45   Die bereits aus dem bisherigen Gesetzestext bekannte Formulierung „als Zubehör oder Ersatzteil" ist als „Unterbeispiel" der bestimmungsgemäßen Benutzung formuliert, wiederum als beispielhafte und nicht abschließende Aufzählung („insbesondere") (EuGH C-228/03, GRUR 2005, 509 Rn. 32 – Gillette; Hildebrandt, Marken und andere Kennzeichen, 2006, § 15 Rn. 17). Art. 14 Abs. 1 lit. c UMV enthält bereits diese Erweiterung (→ UMV Art. 14 Rn. 10).

46   Unter die Vorschrift des § 23 Abs. 1 Nr. 3 fällt nach der Rechtsprechung des EuGH auch eine Benutzung der Marke als Hinweis darauf, dass der Werbende auf den Verkauf von Waren mit dieser Marke spezialisiert ist oder solche Waren instand setzt oder wartet (EuGH C-63/97, GRUR Int 1999, 38 – BMW/Deenik; LG Frankfurt GRUR-RS 2020, 52643 Rn. 72 – Motorrad-Vertragshändler).

47   So konnte beispielsweise der Markeninhaber „Gillette" es einem Dritten nicht verbieten, Rasierklingen mit einem Verpackungsetikett mit der Aufschrift „diese Klinge passt für alle (…) Gillette Sensor Apparate" zu benutzen. Denn eine solche Benutzung der Marken „Gillette" durch den Wettbewerber mit dem Ziel der verständlichen und vollständigen Information der Öffentlichkeit über die Bestimmung der von dem Dritten vertriebenen Waren, dh darüber, dass diese Waren zu der Originalware mit den genannten Marken passt, fällt unter Art. 6 Abs. 1 lit. c MRL 2008 (bzw. § 23 Abs. 1 Nr. 3; EuGH C-228/03, GRUR 2005, 509 Rn. 34 – Gillette). In der „Opel"-Entscheidung hingegen verneinte der EuGH das Vorliegen der Schranke des § 23 Abs. 1 Nr. 3 mit der Begründung, dass die Anbringung des Opel-Blitzes auf den verkleinerten Modellen nicht dem Zweck dient, auf die Bestimmung dieses Spielzeugs hinzuweisen (EuGH C-48/05, GRUR 2007, 318 Rn. 39 – Opel/Autec). Eine Tochtergesellschaft des Philips-Konzerns konnte einem Hersteller von Ersatz-Scheraufsätzen nicht untersagen lassen, für seine Produkte die Marke Philips und andere Zeichen zu als Hinweis auf die entsprechende Komptabilität zu verwenden. Die Verwendung der Marke „Philips" war erforderlich, um auf die Bestimmung des Scherkopfs als Ersatzteil für die Philips-Elektrorasierer hinzuweisen. Der Verbraucher wurde nicht darüber getäuscht, dass es sich bei den Ersatzköpfen nicht um ein Originalprodukt der Tochtergesellschaft des Philips-Konzerns handelt. Das ergab sich bereits aus der Formulierung „Ersatzkopf für Philips RQ11" (OLG Frankfurt GRUR-RS 2022, 13131).

48   Auch die Verwendung einer bekannten Marke in der Domainbezeichnung eines Wiederverkäufers, der neben mit der Marke gekennzeichneten Produkten auch mit diesen kompatible Produkte anderer Hersteller vertreibt, weist nach Auffassung des BGH grundsätzlich auf die Bestimmung der Ware hin. Das Privileg des § 23 Abs. 1 Nr. 3 greift allerdings nur, soweit dem Wiederverkäufer keine schonenderen Möglichkeiten zur Verfügung stehen, um auf die Kompatibilität seiner Produkte hinzuweisen (BGH GRUR 2019, 165 – keine-vorwerk-vertretung; vgl. aber LG München I GRUR-RS 2020, 13728 Rn. 53 – www.schufa-anwalt.de; → Rn. 42, wonach die Verwendung einer bekannten Marke als Domainname nicht mit den guten Sitten nicht vereinbar ist, wenn dies nicht erforderlich ist, um auf die eigenen Leistungen hinzuweisen).). Der BGH hingegen bejahte eine freie Benutzung in einem Fall, in dem ein Dritter seine Staubsaugerfiltertüten unter Verwendung einer eigenen Marke mit dem zusätzlichen Aufdruck „Filtertüte passend für VORWERK KOBOLD 130" versah, da dieser Hinweis erforderlich sei, den Verkehr darüber zu informieren, für welchen Staubsaugertyp die Ware verwendet werden könne (BGH GRUR 2005, 423 (425) – Staubsaugerfiltertüten). Eine Markenverletzung liegt also immer dann vor, wenn das Zeichen nicht herkunftshinweisend als Marke, sondern etwa lediglich zur Inhaltsbeschreibung verwendet wird. Dies ist etwa dann der Fall, wenn das Zeichen in einem Buchtitel (hier: „Die besten F-Rezepte für den A") benutzt wird, um den Inhalt des Werkes von dem anderer Bücher abzugrenzen (OLG Köln GRUR-RR 2019, 466). Die Verwendung einer fremden Marke als Hinweis auf

die Kompatibilität des angebotenen Erzeugnisses mit den unter der Marke vertriebenen Erzeugnissen ist jedoch nur von der Schranke des § 23 Abs. 1 Nr. 3 gedeckt, wenn der angesprochene Verkehr die verwendete Marke zweifelsfrei als „fremde Marke" und nicht als eigene Marke des Verwenders erkennt. Daran fehlt es, wenn die fremde Marke in der Werbung auf dem angebotenen eigenen Erzeugnis wiedergegeben wird und nicht zugleich in deutlicher Form darauf hingewiesen wird, dass es sich lediglich um die fremde Marke des Erzeugnisses handelt, für welches das angebotene Erzeugnis bestimmt ist (OLG Frankfurt GRUR-RS 2016, 110995 Ls. – Lube Shuttle). Ebenso liegt ein Hinweis auf die Bestimmung einer Ware nicht vor, wenn zB ein Dritter eigene Waren zum Einfüllen in markenrechtlich geschützte Behältnisse (zB Handtuchspender oder Pflasterspender) liefert und der Verkehr davon ausgeht, die Marke auf dem Spender kennzeichne auch die ausgegebene Ware, also das ausgegebene Papier bzw. Pflaster (BGH GRUR 2019, 79 – Tork; GRUR 1987, 438 – Handtuchspender; OLG Hamburg GRUR-RR 2003, 101 – Pflasterspender). Für die Frage, ob der Verkehr eine solche Verbindung im Einzelfall tatsächlich herstellt, kann maßgeblich sein, ob die Nachfüllware selbst ein für den Verkehr bei der Benutzung der Ware erkennbares Kennzeichen trägt, Verbraucher den Vorgang der Befüllung selbst vornehmen und der Verkehr es gewohnt ist, dass das Behältnis mit Ware anderer Hersteller bestückt wird. Auch die Relevanz von Marken im streitgegenständlichen Produktbereich kann sich auf die Verkehrsauffassung auswirken (BGH GRUR 2019, 79 – Tork). Zwar tritt bei einem Verbrauch der Handtücher bzw. Pflaster regelmäßig ein Ersatzbedarf ein, gleichwohl ist der Verbindung zwischen Verpackung (Spender) und Ware (also Handtücher bzw. Pflaster) der Vorrang zu geben und die eigentliche Ware nicht mit einem bloßen Ersatzteil oder Zubehör gleichzusetzen. Sonst wäre ja die Verpackung (also der Spender) die Hauptware. Eine solche Betrachtungsweise wäre nach zutreffender Ansicht des OLG Hamburg gekünstelt und wird vom Verkehr nicht vorgenommen. Nach der Gegenansicht des OLG München ist die Benutzung einer Marke auf den Handtuchspender keine markenmäßige Benutzung für die in den Spender eingelegten Handtücher. Nach dem OLG München habe der Durchschnittsverbraucher heute nicht mehr das Verkehrsverständnis, welches der Entscheidung „Handtuchspender" (BGH GRUR 1987, 438) zugrunde lag. Vielmehr sei er mittlerweile daran gewöhnt, dass es bei einer Vielzahl von unterschiedlichen Waren Grundgeräte gäbe, deren Betrieb den Einsatz von Material erfordere, das nicht vom Hersteller des Grundgeräts stamme (OLG München GRUR-RR 2017, 381 Rn. 25, 26 – TORK; auf die Revision der Klägerin wurde das Urteil des OLG München aufgehoben und zur neuen Verhandlung und Entscheidung an das Berufungsgericht zurückverwiesen, BGH GRUR 2019, 79). Im konkreten Fall werde bei der Benutzung von Papierhandtüchern in öffentlichen Waschräumen und Toiletten weniger auf Marken geachtet, da die Produkte von den Verbrauchern nicht selbst erworben, sondern regelmäßig kostenlos in Anspruch genommen würden, und die Verkehrskreise an eine gewisse Spendervielfalt gewöhnt seien (OLG München GRUR-RS 2021, 26940 Rn. 40 ff. – Tork II).

Allerdings steht die Freistellung einer solchen Benutzung stets unter dem Vorbehalt, dass sie **49** auch erforderlich ist (in § 23 Nr. 3 aF war das Kriterium der Notwendigkeit vorgesehen). Die Benutzung einer Marke ist erforderlich, wenn die Information über den Zweck der Dienstleistung anders nicht sinnvoll übermittelt werden kann (EuGH C-63/97, GRUR Int 1999, 38 – BMW/Deenik). Die Markennutzung muss praktisch das einzige Mittel darstellen, um der Öffentlichkeit eine verständliche und vollständige Information über die Bestimmung der Ware zu liefern (OLG Köln GRUR-RR 2019, 466 Rn. 29; LG Braunschweig GRUR-RS 2022, 16236 Rn. 87; LG Frankfurt GRUR-RS 2020, 52643 Rn. 73 – Motorrad-Vertragshändler; EuGH C-228/03, GRUR 2005, 509 Rn. 34 – Gillette). Hiervon umfasst sind also nur Fälle, in denen diese Information – also etwa die Kompatibilität mit einer Originalware – praktisch nicht übermittelt werden kann, ohne die Marke zu benutzen. Um dies zu beurteilen, ist zu prüfen, ob es ggf. technische Standards oder Normen gibt, die geeignet sind, den angesprochenen Verkehrskreisen eine verständliche und vollständige Information über die Bestimmung der von dem Dritten vertriebenen Ware zu liefern (EuGH C-228/03, GRUR 2005, 509 Rn. 36 – Gillette), wie etwa Größenangaben, DIN-Normen etc. Gibt es für den betreffenden Warentyp solche Standards oder Normen, die der Dritte verwenden kann, um auf die Bestimmung seiner Ware hinzuweisen, ist die Benutzung der Marke also gerade nicht erforderlich, und nicht von § 23 Abs. 1 Nr. 3 freigestellt.

II. Schranke: Verstoß gegen die anständigen Gepflogenheiten in Gewerbe oder Handel (Abs. 2)

Der EuGH hat vier Fallgruppen entwickelt, nach denen die Benutzung eines geschützten **50** Zeichens durch Dritte im Rahmen der Schutzschranke des § 23 Abs. 1 unlauter sein kann (→ Rn. 25).

51   Das Vorliegen von Verwechslungsgefahr zwischen einem prioritätsjüngeren Zeichen als Hinweis auf die Bestimmung der eigenen Ware und einer älteren Marke, erlaubt nicht zwangsläufig die Annahme eines Verstoßes gegen die anständigen Gepflogenheiten in Gewerbe oder Handel iSv § 23 Abs. 2. Maßgeblich ist vielmehr, ob unter Würdigung aller Umstände des Einzelfalls den berechtigten Interessen des Markeninhabers unlauterer Weise zuwidergehandelt wird. Der durch § 23 Privilegierte muss die Markenverwendung auf das unbedingt notwendige Minimum beschränken (BGH GRUR 2019, 165 Rn. 29 – keine-vorwerk-vertretung) und seinerseits sicherstellen, dass Irreführung und Rufausbeutung – soweit möglich – ausgeschlossen sind (BGH GRUR 2020, 1317 Rn. 74 – Vorwerk). Im Rahmen der entsprechenden Beurteilung ist insbesondere die Aufmachung zu berücksichtigen, innerhalb derer die fremde Marke zur Angabe der Bestimmung der eigenen Waren verwendet wird (BGH GRUR 2005, 423 (426) – Staubsaugerfiltertüten; EuGH C-100/02, GRUR 2004, 234 Rn. 26 – Gerolsteiner). Zu berücksichtigen sind auch Begleitumstände, die außerhalb der eigentlichen Zeichengestaltung liegen (EuGH C-228/03, GRUR 2005, 509 – Gillette). Die fremde Marke darf insbesondere nicht für Werbezwecke eingesetzt werden, die über die mit der erforderlichen Leistungsbestimmung einhergehende Werbewirkung hinausgehen. Hält sich die Benutzung dagegen in den Grenzen der notwendigen Leistungsbestimmung, muss es der Markeninhaber hinnehmen, wenn sich nicht ausschließen lässt, dass der Dritte auch von dem hohen Prestigewert der bekannten Marke profitiert (BGH GRUR 2005, 163 (165) – Aluminiumräder; GRUR 2009, 1162 – DAX). Vorsicht ist insbesondere bei der Übernahme der fremden Marke in einen Domainnamen geboten. Zwar dient die Verwendung einer fremden Marke in einer Domainbezeichnung möglicherweise dem Zweck, potenzielle Kunden auf das eigene Warenangebot aufmerksam zu machen und sie so etwa vom Online-Shop des Markeninhabers abzuleiten. Allerdings ist zu beachten, dass die Verwendung der Marke als Domainname in der Regel eine Werbewirkung hat, die über die mit der notwendigen Leistungsbestimmung einhergehende Werbewirkung hinausgeht und daher mit den guten Sitten nicht vereinbar ist. Denn dem Verwender dürften im Regelfall schonendere Möglichkeiten zur Verfügung stehen, um auf den Vertrieb seiner zu den Markenprodukten des Zeicheninhabers kompatiblen Waren hinzuweisen, etwa im Text der entsprechenden Internetseite (BGH GRUR 2019, 165 (169) – keine-vorwerk-vertretung). Auch eine dreimalig in Fettdruck erfolgte Erwähnung des fremden Markennamens in einer Adword-Anzeige geht nach Ansicht des BGH deutlich über die notwendige Leistungsbestimmung hinaus (BGH GRUR 2019, 165 Rn. 65 – keine-vorwerk-vertretung).

52   Wird geltend gemacht, dass die Unlauterkeit in einer Irreführung über die Warenherkunft oder über besondere Beziehungen zwischen den Parteien besteht, so sind erhöhte Anforderungen an den Nachweis einer Täuschungsgefahr zu stellen (BGH GRUR 2005, 423 (426) – Staubsaugerfiltertüten). Als Bestimmungsangabe iSd § 23 Abs. 1 Nr. 3 privilegiert ist etwa eine Produktwerbung, die den erkennbaren Zweck hat, das Produkt in seiner bestimmungsgemäßen Verwendung zu zeigen (BGH GRUR 2005, 163 – Aluminiumräder). In diesem Fall hatte ein Hersteller von Aluminiumrädern in seiner Produktwerbung einen exklusiven Sportwagen abgebildet, an dem die betreffenden Aluminiumräder montiert waren. Hingegen kann die Verwendung einer bekannten Wort-/Bildmarke eines Automobilherstellers in einer Werbeanzeige für eine Kfz-Werkstatt gegen die anständigen Gepflogenheiten in Gewerbe oder Handel iSv § 23 Abs. 2 verstoßen, wenn die Benutzung der Wortmarke statt der bekannten Logo-Marke des Autoherstellers, die schützenswerten Interesse des Markeninhabers weniger beeinträchtigt (BGH GRUR 2011, 1135 – GROSSE INSPEKTION FÜR ALLE). Der BGH argumentierte nachvollziehbar, dass etwa die Wirkung einer Wortmarke „VW" in einem Fließtext im Zusammenhang mit der angebotenen Kfz-Reparaturdienstleistung darauf beschränkt wäre, nur über die Bestimmung der Leistung des Dritten zu informieren. Das bekannte Wort-/Bildzeichen „VW" hingegen würde eine darüber hinausgehende Aufmerksamkeit erzeugen und deshalb eher die Gefahr der Rufausbeutung in sich bergen. Eine unzulässige Benutzung der Marke liegt auch vor, wenn auf eine ehemalige Vertragshändlereigenschaft hingewiesen wird, indem die Marke als Teil einer Unternehmensbezeichnung eingesetzt wird (OLG Frankfurt GRUR-RS 2021, 24024 – Harley-Davidson-Vertragshändler). Die Beklagte hatte durch die Verwendung der Marke Harley-Davidson sowie durch entsprechende Abbildungen den irreführenden Eindruck erweckt, nach wie vor Vertragshändlerin der Klägerin zu sein.

§ 24 Erschöpfung

(1) Der Inhaber einer Marke oder einer geschäftlichen Bezeichnung hat nicht das Recht, einem Dritten zu untersagen, die Marke oder die geschäftliche Bezeichnung für Waren zu benutzen, die unter dieser Marke oder dieser geschäftlichen Bezeichnung von ihm oder mit seiner Zustimmung im Inland, in einem der übrigen Mitgliedstaaten der

Europäischen Union oder in einem anderen Vertragsstaat des Abkommens über den Europäischen Wirtschaftsraum in den Verkehr gebracht worden sind.

(2) Absatz 1 findet keine Anwendung, wenn sich der Inhaber der Marke oder der geschäftlichen Bezeichnung der Benutzung der Marke oder der geschäftlichen Bezeichnung im Zusammenhang mit dem weiteren Vertrieb der Waren aus berechtigten Gründen widersetzt, insbesondere wenn der Zustand der Waren nach ihrem Inverkehrbringen verändert oder verschlechtert ist.

Überblick

Der Erschöpfungsgrundsatz setzt voraus, dass unter der jeweiligen Marke vermarktete konkrete Exemplare der Ware durch den Markeninhaber selbst (→ Rn. 18 ff.) oder mit seiner Zustimmung (→ Rn. 28 ff.) im EWR in Verkehr gebracht werden. Unter Umständen kann Erschöpfung auch dann eintreten, wenn die konkrete Ware zwar nicht so vom Markeninhaber unter der Marke in Verkehr gebracht wurde, die Ausübung der Markenrechte aber dennoch zu einer Abschottung nationaler Märkte führen würde. Die Erschöpfung folgt dann unmittelbar aus Art. 36 AEUV und nicht aus § 24 (→ Rn. 41). Sind diese Voraussetzungen erfüllt, kann jeder Dritte die Marke uneingeschränkt benutzen und wird nicht mehr wegen einer Verletzung der Markenrechte verfolgt (→ Rn. 14 ff.). Liegen allerdings berechtigte Gründe iSd § 24 Abs. 2 vor oder treten solche Gründe nach Inverkehrbringen der Ware auf, kann der Markeninhaber gegen die Benutzung der Marke vorgehen (→ Rn. 36 ff.).

Übersicht

A. Allgemeines

I. Rechtsnatur

§ 24 kodifiziert eine wichtige **Schrankenbestimmung** des Markenrechts. Er setzt Art. 7 **1** MRL 2008 (ab 15.1.2019: Art. 15 MRL) wörtlich in nationales Recht um. Abs. 1 enthält die Schrankenbestimmung (→ Rn. 18 ff.), Abs. 2 regelt die Ausnahmen (→ Rn. 36 ff.).

Der Erschöpfungsgrundsatz wurde richterrechtlich entwickelt (→ Rn. 8 ff.), ist aber heute in § 24 bzw. **1.1** Art. 7 MRL 2008 (ab 15.1.2019: Art. 15 MRL) geregelt, der Art. 15 UMV vollständig entspricht. Die PVÜ sowie das TRIPS-Abkommen äußern sich zur Erschöpfung der Kennzeichenrechte nicht.

Sobald der Markeninhaber selbst oder ein Dritter mit seiner Zustimmung ein mit der Marke **2** versehenes Exemplar der Ware in Verkehr gebracht hat, verliert der Markeninhaber die Befugnis, die weitere Vermarktung dieses Exemplars mit Hilfe des Markenrechts zu kontrollieren. Seine Rechte sind „erschöpft".

3   § 24 Abs. 1 liegt eine **Interessenabwägung** zugrunde, die sich in den Tatbestandsmerkmalen „Inverkehrbringen" und „Zustimmung" kristallisiert. Dem Markeninhaber ist die Entscheidung über das erstmalige Inverkehrbringen der Ware zugewiesen (EuGH C-414/99, GRUR 2002, 156 Rn. 33 – Davidoff). Danach gehen die Interessen der anderen Wirtschaftsteilnehmer, die an der Verwertung der Ware beteiligt sind, vor. Damit dem Markeninhaber ein Rest an Kontrolle verbleibt, sieht Abs. 2 eine **Ausnahme** von der Erschöpfung vor (→ Rn. 36 ff.), insbesondere für den Fall, dass die Ware verändert wird.

4   Erschöpfung tritt zu keinem Zeitpunkt endgültig ein. Die Verletzungsansprüche des Markeninhabers können jederzeit wieder aufleben, wenn ein beteiligter Händler in der Verwertungskette auf die Ware in einer Weise einwirkt, die die Erschöpfung nach Abs. 2 entfallen lässt. Das kann zB der Fall sein, wenn die Ware im Weitervertrieb von einem der Händler beeinträchtigt oder erheblich verändert wird. Ein Zeitmoment gibt es hier nicht, es spielt keine Rolle, wann die Erschöpfung und die Voraussetzungen des § 24 Abs. 2 eingetreten sind.

5   Abs. 1 ist als **Einrede** ausgestaltet, dh der als Verletzer in Anspruch Genommene hat die Darlegungs- und Beweislast für die Voraussetzungen der Erschöpfung (→ Rn. 32 ff.).

II. Normzweck

6   Zweck der Erschöpfung ist, das Markenrecht angemessen zu begrenzen. Mit den Interessen des Wirtschaftsverkehrs – gleich ob auf nationaler oder europäischer Ebene – ist es unvereinbar, den weiteren Vertrieb von Waren, die mit Zustimmung des Zeicheninhabers gekennzeichnet und in den Verkehr gebracht worden sind, markenrechtlich zu behindern. Ein „Vertriebskontrollrecht" würde aber auch – und dies ist die europäische Dimension – der Zielsetzung des AEUV zuwiderlaufen, auf dem Gebiet der Mitgliedstaaten einen einheitlichen Wirtschaftsraum zu schaffen. Die Erschöpfung dient also dazu, das Spannungsverhältnis zwischen territorial begrenzten Markenrechten und dem durch Unionsrecht geschützten Warenverkehr im gemeinsamen Markt aufzulösen (vgl. EuGH C-427/93, GRUR Int 1996, 1144 Rn. 40 – Bristol-Myers Squibb).

7   An einer Kontrolle des Vertriebswegs der Ware kann der Markeninhaber zwar durchaus Interesse haben. Hierfür steht ihm aber nicht das Markenrecht zur Verfügung, sondern ggf. das Vertragsrecht.

III. Rechtsquellen

8   Das bis 1994 gültige Warenzeichengesetz (WZG) enthielt keine ausdrückliche Regelung der Erschöpfung des Warenzeichens. Die deutsche Rechtsprechung hat aber anerkannt, dass die Verbotsrechte des Markeninhabers ihren Zweck, auf die betriebliche Herkunft der mit der Marke versehenen Ware hinzuweisen, erfüllt oder sich „erschöpft" haben, wenn der Markeninhaber die mit dem Warenzeichen versehene Ware in den Verkehr gebracht hat (Fezer Rn. 7 mwN, unter anderem zur Rechtsprechung des RG).

9   Seit der Entscheidung Grundig/Consten (EuGH C-56/64 – C-58/64, GRUR Ausl 1966, 580 – Grundig/Consten) wurde die Rechtsprechung der deutschen Gerichte zur Erschöpfung des Markenrechts zunehmend durch die Entscheidungen des EuGH überlagert. Aus Sicht des EuGH war die Erschöpfung ein Mittel, die Territorialität des Markenrechts und die Binnenmarktstruktur des Europäischen Wirtschaftsraums (EWR) zum Ausgleich zu bringen, also das Markenrecht dort einzudämmen, wo aus der Sicht des Gerichtshofs der freie Warenverkehr vorging (→ Einleitung Rn. 46 f.).

9.1   Nach anfänglichen Versuchen, die Problematik mit Hilfe des Kartellrechts zu lösen, verlagerte der EuGH die Diskussion mehr und mehr hin zu Art. 28, 30 EG-Vertrag (nunmehr Art. 34, 36 AEUV; grundlegend vgl. EuGH 78/70, GRUR Int 1971, 450 – Polydor; vgl. zum Kartellrecht Fezer Rn. 132 ff.). Kristallisationspunkt der Abwägung der Interessen des Markeninhabers mit denjenigen der übrigen Wirtschaftsteilnehmer war der sog. „spezifische Gegenstand" des Markenrechts. Dieser vom EuGH in die Rechtsdiskussion eingeführte Begriff definierte den Inhalt des Rechtfertigungsgrundes des gewerblichen und kommerziellen Eigentums (Art. 30 EG-Vertrag; nunmehr Art. 36 AEUV). Verbote oder Beschränkungen des freien Warenverkehrs waren nur soweit gerechtfertigt, als sie zur Wahrung der Rechte berechtigt waren, den spezifischen Gegenstand des Markenrechts ausmachten.

9.2   Die Wahrnehmung von Markenrechten gegen Dritte ordnete der EuGH als Maßnahmen gleicher Wirkung iSd Art. 28 EG-Vertrag (nunmehr Art. 34 AEUV) ein, die grundsätzlich verboten waren. Die Rechte des Markeninhabers mussten also den Interessen eines freien Warenverkehrs weichen. Die in Art. 30 EG-Vertrag (nunmehr Art. 36 AEUV) vorgesehen Ausnahme griffen nur ein, wenn der „spezifische Gegenstand" des Markenrechts betroffen war. Im Rahmen des Art. 30 EG-Vertrag (nunmehr Art. 36 AEUV) war also stets eine Interessenabwägung vorzunehmen.

Im Lauf der Zeit präzisierte der EuGH immer mehr, was als „spezifischer Gegenstand" des Markenrechts **9.3** zu verstehen war (detaillierte Übersicht bei Fezer Rn. 141), und formulierte spezifische Kriterien für die Interessenabwägung und Prüfung der Rechtslage im Einzelfall, die sogenannten „Erschöpfungskriterien" der Bristol-Myers Squibb-Entscheidung (→ Rn. 47 ff.).

Nachdem der Gesetzgeber entsprechend der MRL den Grundsatz der Erschöpfung in § 24 **10** geregelt hatte, wurde der Rückgriff auf Art. 28, 30 EG-Vertrag (nunmehr Art. 34, 36 AEUV) im Anwendungsbereich der Vorschrift (→ Rn. 10.1) obsolet. Die Vorschriften der MRL und des MarkenG sind insoweit abschließend (zum Vorrang Art. 7 MRL 2008 (ab 15.1.2019: Art. 15 MRL) gegenüber Art. 36 AEUV vgl. EuGH C-427/93, GRUR Int 1996, 1144 Rn. 25–28 – Bristol-Myers Squibb). Der EuGH hat die oben dargestellte Rechtsprechung bruchlos auf Art. 7 MRL 2008 (ab 15.1.2019: Art. 15 MRL) übergeleitet (EuGH C-427/93, GRUR Int 1996, 1144 Rn. 34 – Bristol-Myers Squibb). Die MRL ist unionsrechtskonform, also im Lichte der Art. 34, 36 AEUV (früher Art. 28, 30 EG-Vertrag), auszulegen. Da § 24 wiederum an der MRL zu messen ist, ist die zu Art. 34, 36 AEUV (früher Art. 28, 30 EG-Vertrag) ergangene Rechtsprechung des EuGH vollumfänglich weiter anwendbar. Der EuGH bekräftigt dies regelmäßig, in dem er feststellt, die Erschöpfung sei auf „Grundlage des nationalen Markenrechts in Verbindung mit dem im Lichte von Art. 36 EG-Vertrag ausgelegten Artikel 7 der Richtlinie zu beurteilen" (EuGH C-427/93, GRUR Int 1996, 1144 Rn. 28 – Bristol-Myers Squibb).

Auf das Primärrecht (Art. 34, 36 AEUV) muss jedoch nach wie vor zurückgegriffen werden, soweit **10.1** die betroffene Konstellation nicht vom Wortlaut des § 24 bzw. von Art. 7 MRL 2008 (ebenso Art. 13 MRL) erfasst wird. Dies ist etwa dann der Fall, wenn der Parallelimporteur die Marke, unter der die Ware im Ursprungsland vertrieben wurde, durch eine (leicht) abweichende, im Importstaat für dasselbe Produkt benutzte Marke ersetzt (EuGH C-379/97, GRUR Int 2000, 159; → Rn. 41).

B. Anwendungsbereich und Rechtsfolgen

I. Räumlicher Anwendungsbereich

Gemäß § 24 tritt Erschöpfung immer dann ein, wenn die betreffende Ware im Territorium **11** des EWR in Verkehr gebracht wird. Der Ort des Inverkehrbringens muss nicht in Deutschland liegen, wie sich aus dem Wortlaut klar ergibt. Ein Inverkehrbringen außerhalb des EWR führt hingegen nicht zur Erschöpfung der markenrechtlichen Befugnisse (Grundsatz der unionsweiten Erschöpfung; → Rn. 19).

II. Sachlicher Anwendungsbereich

Anders als Art. 7 MRL 2008 (ab 15.1.2019: Art. 15 MRL), der nur die eingetragene Marke **12** betrifft, ist § 24 nicht nur auf eingetragene Marken, sondern auch auf alle sonstigen Marken nach § 4 Nr. 2 und 3 sowie geschäftliche Bezeichnungen nach § 5 anwendbar. Im Bereich des § 5 gibt es allerdings kaum praktische Anwendungsfälle und diese sind auch nur schwer vorstellbar (zu den wenigen Ausnahmefällen s. BGH GRUR 1984, 545 – Schamotte-Einsätze).

III. Konkretes Warenexemplar

Die Erschöpfung kann nur am konkreten Warenexemplar eintreten (EuGH C-173/98, GRUR **13** Int 1999, 870 Rn. 19 – Sebago). Ansonsten könnte nicht rechtssicher festgestellt werden, in welchem Umfang die Rechte des Markeninhabers erschöpft sind. Die saubere Erfassung der von der Erschöpfung betroffenen Waren entscheidet darüber, an welchen Waren dem Markeninhaber die markenrechtlichen Befugnisse zustehen. § 24 gilt ausweislich seines Wortlauts (die Vorschrift spricht vom „weiteren Vertrieb der Waren") nicht für Dienstleistungen, für die ein Erschöpfungssachverhalt der Natur nach auch schwer denkbar ist.

IV. Rechtsfolgen

1. Ansprüche

Erschöpfung erfasst nicht nur das Recht, die Ware weiter zu vertreiben, sondern verhindert **14** alle Ansprüche der §§ 14 ff. (EuGH C-16/03, GRUR 2005, 507 Rn. 40 – Peak Holding). Unterlassung, Schadensersatz und Auskunft können nur für diejenigen Waren verlangt werden, die von der Erschöpfung nicht erfasst sind (klarstellend zum Auskunftsanspruch BGH GRUR 2006, 504 Rn. 33 ff. – Parfümtestkäufe/Auskunftsanspruch bei Reimport in den EWR).

2. Erfasste Handlungen

15   Die Erschöpfung erfasst alle Handlungen, die nach § 14 Abs. 3 eine Markenverletzung darstellen.

16   Zu erwähnen sind hier vor allem der Vertrieb nach § 14 Abs. 3 Nr. 2 Alt. 2 und die Ein- und Ausfuhr von Waren nach Nr. 4. So kann die Ware ohne weitere Kontrollmöglichkeit des Markeninhabers frei weitervertrieben werden, was der Sinn und Zweck der Erschöpfung ist (→ Rn. 6). Erwähnenswert ist zudem das Recht zur Neukennzeichnung nach § 14 Abs. 3 Nr. 1, weil es um diese Handlungsform oft im Rahmen der Fälle zum Parallelimport von Arzneimitteln geht. Hier ist der Parallelimporteur befugt, die Marke der Originalware (identisch) auf der importierten Ware (bzw. deren Verpackung) anzubringen (vgl. EuGH C-427/93, GRUR Int 1996, 1144 Rn. 34 – Bristol-Myers Squibb; BGH GRUR 2007, 1075 Rn. 14 – STILNOX; GRUR 2016, 702 Rn. 20 – Eligard). In diesem Zusammenhang muss erwähnt werden, dass der EuGH auch die Entfernung von Originalmarken von Waren, die in die EU eingeführt werden, als Verletzungshandlung qualifiziert (EuGH C-129/17, GRUR 2018, 917 Rn. 44 – Mitsubishi Shoji Kaisha Ltd./Duma Forklifts).

17   Praktisch relevant ist zudem das Recht, mit der Marke Werbung zu treiben (§ 14 Abs. 3 Nr. 5 Alt. 2). Die Erschöpfung erfasst grundsätzlich auch die Benutzung der Marke durch Händler in der Werbung. Der Händler hat also das Recht, die Marke zu benutzen, um in der Öffentlichkeit für die betroffenen Waren zu werben. Dies gilt auch dann, wenn ein Wiederverkäufer, der gewöhnlich Artikel gleicher Art, aber nicht unbedingt gleicher Qualität vertreibt, für die mit der Marke versehenen Waren in seiner Branche übliche Werbeformen benutzt, selbst wenn diese nicht denen entsprechen, die der Markeninhaber selbst oder die von ihm ausgewählten Wiederverkäufer verwenden, solange nicht erwiesen ist, dass die Benutzung der Marke in der Werbung des Wiederverkäufers den Ruf der Marke im konkreten Fall erheblich schädigt (EuGH C-337/95, EuZW 1998, 22 Rn. 46 – Dior/Evora). Weiterhin darf nach der Rechtsprechung des BGH der Händler unter der Marke für die jeweilige Ware schon vorab Werbung betreiben, wenn er über die Ware, auf die sich die Werbung bezieht, im vorgesehenen Zeitpunkt ihres Absatzes ohne Verletzung des Rechts des Markeninhabers verfügen kann (BGH GRUR 2007, 784 Rn. 21 – Aidol). Es ist nach dieser Rechtsprechung nicht erforderlich, dass der Werbende die Waren im Zeitpunkt der Werbung bereits vorrätig hat oder dass die Waren zu diesem Zeitpunkt bereits vom Markeninhaber oder mit seiner Zustimmung im EWR in den Verkehr gebracht worden sind (BGH GRUR 2003, 878 (880) – Audi). Dies bricht mit dem Grundsatz, dass die Erschöpfung sich stets auf ein konkretes Warenexemplar bezieht, wird vom BGH aber toleriert.

C. Inverkehrbringen im EWR

I. Inverkehrbringen durch den Markeninhaber

1. Grundsatz

18   Der Markeninhaber muss die Ware in den Verkehr gebracht haben (→ Rn. 22). Hat der Markeninhaber die Ware nicht selbst in Verkehr gebracht, sondern ein Dritter, muss der Markeninhaber dem zugestimmt haben (→ Rn. 28).

2. Unionsweite Erschöpfung

19   Da der EuGH die markenrechtliche Erschöpfung aus dem Grundsatz des freien Warenverkehrs folgerte (und ab 1994 auf Art. 7 MRL 2008 stützte), war sie in der Rechtsprechung des EuGH seit jeher auf das Territorium des EWG (später EG, nunmehr EWR) beschränkt, sog. Prinzip der unionsweiten Erschöpfung (ständige Rechtsprechung seit EuGH 192/73, GRUR Int 1974, 338 – HAG I). Das bedeutet, dass das Warenexemplar im Territorium des EWR in Verkehr gebracht werden muss, um die Erschöpfung auszulösen. Ein Inverkehrbringen in einem (einzigen) der Mitgliedstaaten reicht für den Eintritt der Erschöpfungswirkungen aus. Ist der Staat, in dem die Ware in Verkehr gebracht wurde, der EU erst zu einem späteren Zeitpunkt beigetreten, kommt es auf den Zeitpunkt des Inverkehrbringens an.

Nach der alten deutschen Rechtsprechung kam es wegen der anderen Herleitung der Erschöpfung **19.1** als markenrechtsimmanenter Schranke auf den Ort des Inverkehrbringens nicht an, sog. Grundsatz der internationalen Erschöpfung. Auch der BGH hat dem Grundsatz der internationalen Erschöpfung aber schließlich eine Absage erteilt (BGH GRUR 1996, 271 (273) – Gefärbte Jeans). Damit vollzog der BGH die gesetzgeberische Entscheidung, unter der Geltung des MarkenG von 1994 die Erschöpfung nur mehr bei einem Inverkehrbringen im Territorium des EWR eintreten zu lassen (Begr. RegE zum MarkenG, BT-Drs. 12/6581, 81).

Der EuGH hat die alleinige Geltung des Grundsatzes der unionsweiten Erschöpfung im Jahr 1998 **19.2** ausdrücklich bestätigt (EuGH C-355/96, GRUR 1998, 919 Rn. 26 – Silhouette). Dies war notwendig, weil nicht klar war, ob es sich bei Art. 7 Abs. 1 MRL 2008 (ab 15.1.2019: Art. 15 Abs. 1 MRL) nur um eine Mindestvorgabe handelte, so dass der nationale Gesetzgeber die internationale Erschöpfung hätte einführen oder beibehalten können (so fasste man die Vorschrift in Österreich auf, was zur Vorlage der Frage durch den Obersten Gerichtshof an den EuGH führte, aber auch in Deutschland, sogar nach der Entscheidung „Gefärbte Jeans" des BGH, vgl. Wichard GRUR 1997, 711 (712)). Die Argumente für und wider eine nur unionsweite Erschöpfung sollen hier nicht wiedergegeben werden, weil der Streit heute nicht mehr aktuell ist (vgl. ausführlich Wichard GRUR 1997, 711 (712); Beckmann GRUR Int 1998, 836 (839); Renck EuZW 1998, 563 mit Ausführungen zur damals noch anderen Ansicht des EFTA-Gerichtshofs; dazu auch → Einleitung Rn. 104.3).

Das europäische Recht verhindert damit den Import von Originalware aus dem EU-Ausland, auch **19.3** wenn diese qualitätsmäßig identisch ist und nach dem Inverkehrbringen nicht verändert wurde. Dies läuft der Herkunftsfunktion gerade nicht zuwider. Genau darin lag ja der Kern der in Deutschland vom RG entwickelten Lehre von der internationalen Erschöpfung. Inwieweit die Begrenzung auf den europäischen Markt durch die Verletzung der weiteren Markenfunktionen gerechtfertigt werden könnte, ist unklar.

Anders liegt der Fall natürlich, wenn die außerhalb der EU in Verkehr gebrachte Ware verändert wurde, **19.4** bevor sie das Territorium der EU erreicht. Hier hat der EuGH bestätigt, dass die Entfernung einer Marke von Mitsubishi Gabelstaplern in die Herkunfts-, Werbe- und Investitionsfunktion der Marke eingreift (EuGH C-129/17, GRUR 2018, 917 Rn. 44, 46 – Mitsubishi Shoji Kaisha Ltd./Duma Forklifts). Denn die Entfernung vereitelt die dem Markeninhaber beim Inverkehrbringen zuwachsenden Vorteile. Eine solche Handlung muss also nach Ansicht des EuGH als Markenverletzung qualifiziert werden und die Erschöpfung tritt nicht ein.

Aus vorgenannten Gründen führt die reine Durchfuhr durch einen oder mehrere Mitgliedstaa- **20** ten nicht zur Erschöpfung.

Der EuGH hat klargestellt, dass eine Ausweitung der Erschöpfung durch eine weite Auslegung **21** des Zustimmungsbegriffs unionsrechtswidrig ist (EuGH C-173/98, GRUR Int 1999, 870 Rn. 19 – Sebago). Hier ging es um Sachverhalte, in denen der Markeninhaber die Waren außerhalb der EWG in Verkehr gebracht hatte, die jeweiligen als Verletzter in Anspruch genommenen Händler aber behaupteten, der Markeninhaber habe durch Unterlassen ausdrücklicher Verbots-maßnahmen dem Inverkehrbringen in den EWR konkludent zugestimmt (→ Rn. 30). Der EuGH hat dieser „internationalen Erschöpfung durch die Hintertür" über eine sehr breite Auslegung des Begriffs der Zustimmung eine klare Absage erteilt (EuGH C-173/98, GRUR Int 1999, 870 Rn. 21 – Sebago).

3. Begriff des Inverkehrbringens

Der Begriff des Inverkehrbringens ist für alle Mitgliedstaaten einheitlich, dh anhand des Wort- **22** lauts, des Aufbaus und der Ziele der Richtlinie, auszulegen (EuGH C-176/03, GRUR 2005, 507 Rn. 32 – Peak Holding). Er erfasst jede Handlung, die es dem Inhaber erlaubt, den wirtschaftlichen Wert seiner Marke zu realisieren (EuGH C-173/98, GRUR 2005, 507 Rn. 40 – Peak Holding).

a) **Eigentumsübertragung.** Der EuGH verlangt, dass der Markeninhaber das Recht, über **23** die mit der Marke versehenen Waren zu verfügen, auf Dritte überträgt (EuGH C-16/63, GRUR 2005, 507 Rn. 42 – Peak Holding). Dies kann man im Sinne einer Übertragung des Eigentums verstehen. Der Rechtsprechung des EuGH sowie des BGH ist nicht klar zu entnehmen, ob für ein Inverkehrbringen die Übertragung des Besitzes ausreicht oder ob auch das Eigentum an der konkreten Ware übergehen muss (vgl. BGH GRUR 2006, 863 Rn. 15, 17 – ex works, wo die Übertragung des Eigentums geprüft wird; anders allerdings BGH GRUR 2007, 882 Rn. 16 – Parfümtester; ebenso wohl auf die Übertragung des Besitzes abstellend BGH GRUR 2011, 820 Rn. 17 – Kuchenbesteck-Set). Die Übertragung des Eigentums ist nach hiesiger Ansicht eine Mindestbedingung für die Erfüllung des Tatbestandsmerkmals des Inverkehrbringens (so auch Ingerl/Rohnke Rn. 19 – noch anders in der → 3. Aufl. 2003, Rn. 7; anders Fezer Rn. 11, der die Übertragung des Eigentums bzw. des Besitzes lediglich als „Indiz" für das Inverkehrbringen wertet). Ein Markeninhaber, der nicht das Eigentum an der Ware überträgt, bringt zum Ausdruck, dass er sich nicht der Kontrolle über diese Ware begeben will. Dies hat der EuGH in der Parfümtester-Entscheidung von 2010 bestätigt (vgl. EuGH C-127/09, GRUR 2010, 723 – Parfümtester). Der EuGH verneint hier das Inverkehrbringen durch den Markeninhaber, wenn dieser klar zum Ausdruck gebracht hat, dass die Ware unverkäuflich ist und er das Eigentum an ihr nicht überträgt (EuGH C-127/09, GRUR 2010, 723 Rn. 45 – Parfümtester).

23.1   Der BGH hatte ein Inverkehrbringen in einem Fall bejaht, in dem der Markeninhaber seinen Vertragshändlern sich äußerlich von den zum Verkauf bestimmten regulären Parfümflakons unterscheidende Parfümtester, die mit Hinweisen auf die Unverkäuflichkeit des Produkts versehen waren, allein zum Zwecke der Werbung überließ und sich das Eigentum an den Testern vorbehielt (BGH GRUR 2007, 882 Rn. 16 – Parfümtester). Die lässt den Schluss zu, dass der BGH jedenfalls in dieser Entscheidung die Eigentumsübertragung lediglich als Indiz dafür auffasste, dass die betroffene Ware in Verkehr gebracht wurde. Die Entscheidung ist allerding schwer in Einklang zu bringen mit der Parfümtester-Entscheidung des EuGH aus dem Jahr 2010, die in einem sehr ähnlich gelagerten Fall erging, und dürfte damit überholt sein (EuGH C-127/09, GRUR 2010, 723 Rn. 45 – Parfümtester).

23.2   Auch im Fall einer Übergabe der Ware an eine Transportperson wird die Ware nur dann in den Verkehr gebracht, wenn dabei zum Ausdruck kommt, dass der Markeninhaber sich ihrer wirklich entäußert und sie aus seiner Sphäre entlässt, so dass sie seinem Einfluss nicht mehr unterliegt. Die Übergabe an einen Frachtführer im Territorium des EWR soll nach BGH die Erschöpfung auch dann eintreten lassen, wenn der Käufer seinen Sitz außerhalb des EWR hat (BGH GRUR 2006, 863 Rn. 17 – ex works). Im zugrunde liegenden Fall war die Ware ab Werk verkauft worden und mit Übergabe an die Transportperson war die rechtliche Verfügungsgewalt auf den Käufer übergegangen. Die Entscheidung ist nach dem oben Ausgeführten richtig, weil mit dem Verlust der rechtlichen Verfügungsgewalt, also des Eigentums, der wirtschaftliche Wert der Ware potentiell auch im EWR realisiert werden kann, auch wenn der Käufer dies nicht beabsichtigt.

24   Bietet der Markeninhaber seine Ware im EWR nur an, ist Erschöpfung nicht eingetreten (EuGH C-16/03, GRUR 2005, 507 Rn. 42 – Peak Holding; die Vorlagefrage lautete hier, ob Erschöpfung dadurch eingetreten war, dass die Waren in eigenen Geschäften des Markeninhabers oder in Geschäften verbundener Unternehmen im EWR zum Verkauf angeboten worden waren). In solchen Fällen wurde auch das Eigentum in der Regel nicht übertragen. Aus diesem Grund hat der EuGH in der Peak Holding-Entscheidung auch ein Inverkehrbringen durch die reine Einfuhr der Ware in den EWR verneint (dem EuGH war in diesem Fall unter anderem auch noch die Frage vorgelegt worden, ob eine Ware dadurch in den Verkehr gebracht worden war, dass sie vom Markeninhaber in den EWR importiert und zollamtlich abgefertigt worden war, um sie dort zu verkaufen; vgl. EuGH C-16/03, GRUR 2005, 507 Rn. 42 – Peak Holding).

25   **b) Wirtschaftliche Betrachtungsweise.** Damit Erschöpfung eintritt, muss sich der Markeninhaber zumindest des Besitzes der Ware, wohl auch des Eigentums an ihr (→ Rn. 23), begeben. Im Übrigen ist anhand einer wirtschaftlichen Betrachtungsweise zu bestimmen, ob ein Inverkehrbringen vorliegt. Die folgt aus der Formulierung des EuGH, dass der Markeninhaber den „wirtschaftlichen Wert" seiner Marke realisieren müsse (vgl. EuGH C-16/03, GRUR 2005, 507 Rn. 40 – Peak Holding). Der Markeninhaber muss sich in einer Weise der Ware entäußern, dass ihm der wirtschaftliche Wert endgültig verbleibt, und die Möglichkeit, den weiteren Vertrieb der Markenware innerhalb des EWR zu kontrollieren, verlieren (BGH GRUR 2011, 820 Rn. 14, 17 – Kuchenbesteck-Set). Hier sind alle Aspekte des Sachverhalts zu berücksichtigen, einen feststehenden, klaren Kriterienkatalog gibt es nicht (vgl. OLG Hamburg GRUR-RR 2002, 96 – Paco Rabanne, das im Jahr 2002 die Frage, wann Waren als in den Verkehr gebracht anzusehen sind, als „umstritten" bezeichnete).

26   **c) Vereinbarungen zwischen den Parteien.** In der „Peak Holding"-Entscheidung hat der EuGH festgestellt, dass vertragliche Bestimmungen, die einen Wiederverkauf im EWR verbieten, ein Inverkehrbringen im EWR nicht ausschließen (EuGH C-16/03, GRUR 2005, 507 Rn. 56 – Peak Holding). Vertragliche Beschränkungen des Vertriebs sind für die Erschöpfung demnach unbeachtlich. Dies kann man dahingehend verallgemeinern, dass jegliche subjektiven Beweggründe des Markeninhabers außer Betracht zu lassen sind, was die zwischen den Beteiligten abgeschlossenen Verträge einschließt (EuGH C-16/03, GRUR 2005, 507 Rn. 42 – Peak Holding; BGH GRUR 2007 882 Rn. 14 – Parfümtester). Dies entspricht der Rechtsnatur der Erschöpfungseinrede als zwingendem Recht. Ihr Eingreifen sollte nicht von den Vereinbarungen zwischen den im jeweiligen Fall betroffenen Parteien abhängig gemacht werden.

Die Parfümtester-Entscheidung von 2010 (EuGH C-127/09, GRUR 2010, 723 Rn. 45 – Parfümtester) **26.1**
legt nahe, dass der EuGH die Berücksichtigung subjektiver Beweggründe dann für zulässig hält, wenn sich
diese anhand objektiver Tatsachen zweifelsfrei feststellen lassen. Das wurde in der Parfümtester Entscheidung
so allgemein allerdings nicht bestätigt. Der EuGH musste zur Frage des Inverkehrbringens nicht Stellung
nehmen, weil der Sachverhalt so gelagert war, dass der Markeninhaber die Ware außerhalb des EWR in
Verkehr gebracht hatte, und sich somit die Frage stellte, ob er seine Zustimmung zum Import der Ware
in den EWR gegeben hatte (es ging um die Auslieferung der Waren an Depositäre innerhalb des EWR).
Der EuGH hat die Zustimmung des Markeninhabers zum Inverkehrbringen durch einen Dritten verneint.
Das ist eine andere Fallkonstellation als das Inverkehrbringen durch den Markeninhaber selbst. Weiter führt
der Gerichtshof allerdings aus: „Sollte das Vorabentscheidungsersuchen, (…), in dem Sinne zu verstehen
sein, dass es neben dem in Rn. 34 des vorliegenden Urteils beschriebenen Fall auch den Fall umfasst, dass
Coty Prestige (der Markeninhaber, Anm. d. V.) die im Ausgangsverfahren fraglichen Tester anfänglich an
einen ihrer im EWR ansässigen Depositäre geliefert hat, **würde sich außerdem die Frage stellen, ob
diese Lieferung als „Inverkehrbringen" iSv Art. 7 Abs. 1 RL 89/104/EG anzusehen ist"** (Hervorhebung durch den Verf.; EuGH C-127/09, GRUR 2010, 723 Rn. 44 – Parfümtester). Dies sei wegen des
Hinweises „Unverkäuflich" ausgeschlossen (EuGH C-127/09, GRUR 2010, 723 Rn. 45 – Parfümtester).
Der EuGH würde diesen Hinweis augenscheinlich als Äußerung des subjektiven Willens des Markeninhabers berücksichtigen und sogar ein Inverkehrbringen durch diesen selbst verneinen.

Es ist, auch wenn man die Parfümtester-Entscheidung von 2010 berücksichtigt, nicht generell zu **26.2**
erkennen, dass der EuGH von dem Grundsatz, dass vertragliche Abreden zwischen Markeninhaber und
Dritten auf das Tatbestandmerkmal des Inverkehrbringens keinen Einfluss haben, abweichen möchte. Jedenfalls für den Fall, dass Testware den Hinweis der Unverkäuflichkeit aufweist, wird aber künftig anzunehmen
sein, dass keine Erschöpfung eingetreten ist. Der EuGH hat dies in einem weiteren ähnlich gelagerten Fall
bestätigt (EuGH C-324/09, GRUR 2011, 1025 Rn. 68–73 – L'Oréal/eBay). Im Ergebnis ist das richtig,
weil im konkreten Fall das Eigentum nicht übertragen wurde. Die Aussagen des EuGH in der Parfümtester
Entscheidung von 2010 sind aber nicht zu verallgemeinern und insbesondere nicht auf territoriale Beschränkungen zu übertragen.

d) Lieferung innerhalb konzernverbundener Unternehmen. Eine Lieferung **innerhalb** **27**
konzernverbundener Unternehmen oder eine Warenbewegung zwischen verschiedenen Betrieben
des Markeninhabers stellt grundsätzlich kein Inverkehrbringen dar (EuGH C-16/03, GRUR 2005,
507 Rn. 44 – Peak Holding; BGH GRUR 2007, 882 f. Rn. 15 – Parfümtester; GRUR 2006,
863 Rn. 15 – ex works). Besteht mittels der konzerninternen „Leitungsmacht" eine gesellschaftsrechtliche Kontrolle über einen Konzernbetrieb, ist eine Übergabe der Ware an diesen kein
Inverkehrbringen.

II. Inverkehrbringen mit Zustimmung des Inhabers

1. Begriff der Zustimmung

Erfolgt das Inverkehrbringen durch einen Dritten, kann Erschöpfung eintreten, wenn die **28**
Zustimmung des Markeninhabers vorliegt.

Ebenso wie das Inverkehrbringen ist auch der Begriff der Zustimmung einheitlich für die **29**
gesamte Union auszulegen (EuGH C-414/99, GRUR 2002, 156 Rn. 43 – Davidoff). Die Zustimmung des Markeninhabers kann ausdrücklich oder konkludent erteilt werden (EuGH C-414/99,
GRUR 2002, 156 Rn. 45, 46 – Davidoff). Die konkludente Zustimmung muss auf eine Weise
geäußert werden, die einen Willen zum Verzicht auf die markenrechtlichen Befugnisse mit
Bestimmtheit erkennen lässt (EuGH C-414/99, GRUR 2002, 156 Rn. 45 – Davidoff). Hierzu
sind alle Aspekte des Sachverhalts bei oder nach dem Inverkehrbringen zu prüfen. Die Zustimmung
muss sich dabei immer auf einzelne Exemplare einer Ware beziehen (EuGH C-173/98, GRUR
Int 1999, 870 Rn. 19 – Sebago).

Der EuGH stellte in diesem Zusammenhang auch klar, dass aus dem Schweigen des Markenin- **30**
habers bzw. dem schlichten Unterlassen einer Handlung keine Zustimmung gefolgert werden
kann (EuGH C-414/99, GRUR 2002, 156 Rn. 56, 57, 64 – Davidoff, so hatte aber der vorlegende
britische High Court argumentiert, vgl. Anm. Ohly (C-414/99 bis C-416/99) GRUR Int 2002,
147 (152) zu Davidoff).

Dass reines Schweigen bzw. das Unterlassen einer Handlung keine Zustimmung beinhaltet, ergibt **30.1**
sich bereits daraus, dass es dem vermeintlichen Verletzter obliegt, darzulegen und zu beweisen, dass der
Markeninhaber seine Zustimmung erteilt hat. Hier kann der Vortrag, der Markeninhaber habe schlicht
geschwiegen, nicht genügen. Es müssen zusätzliche Umstände vorgetragen und bewiesen werden, die die

Feststellung einer Zustimmung tragen. Ansonsten würde eine (richterrechtlich geschaffene) Zustimmungsvermutung aufgestellt, die mit dem Erfordernis der erkennbaren Zustimmung unvereinbar wäre (EuGH C-414/99, GRUR 2002, 156 Rn. 58 – Davidoff, zu den Einzelheiten vgl. GRUR 2002, 156 Rn. 60 und 66; zu den hiermit verbundenen Problemen Anm. Ohly (C-414/99 bis C-416/99) GRUR Int 2002, 147, 152 zu Davidoff). Zudem würde eine Zustimmung durch reines Schweigen den Grundsatz der unionsweiten Erschöpfung in Frage stellen (vgl. EuGH C-173/98, GRUR Int 1999, 870 – Sebago).

2. Zurechnung des Inverkehrbringens durch mit dem Markeninhaber wirtschaftlich verbundene Unternehmen

31   Nach der Rechtsprechung des EuGH und des BGH kann das Inverkehrbringen der Ware durch einen Dritten dem Markeninhaber zugerechnet werden. Zurechnungskriterium ist nach BGH die wirtschaftliche Verbundenheit zwischen dem Markeninhaber und derjenigen Person, die innerhalb des Europäischen Wirtschaftraums die tatsächliche Verfügungsgewalt über die mit der Marke versehenen Waren dergestalt an Dritte überträgt, dass der Markeninhaber den weiteren Vertrieb der Ware nicht mehr kontrollieren kann (BGH GRUR 2011, 820 Rn. 17 – Kuchenbesteck-Set; EuGH C-9/93, GRUR Int 1994, 614 Rn. 34 – Ideal Standard II; C-59/08, GRUR 2009, 593 Rn. 43 – Copad; C-324/08, GRUR 2009, 1159 Rn. 24 – Makro). Mit dem Markeninhaber in diesem Sinne wirtschaftlich verbunden sind beispielsweise ein Lizenznehmer, die Mutter- oder die Tochtergesellschaft desselben Konzerns oder aber ein Alleinvertriebshändler (BGH GRUR 2011, 820 Rn. 17 – Kuchenbesteck-Set). In all diesen Fällen wird eine (zumindest konkludente) Zustimmung des Markeninhabers vorliegen (vgl. Eisenführ/Schennen/Schennen GMV Art. 13 Rn. 18; für die Annahme einer normativen Zurechnung ist kein Platz, vgl. insofern aber Ingerl/Rohnke Rn. 28).

31.1   Die Frage der Zustimmung bzw. Zurechnung bei wirtschaftlich verbundenen Unternehmen wird regelmäßig besonders relevant, wenn verschiedene Unternehmen bzw. Markeninhaber auf getrennten Territorien innerhalb der EU operieren. Handelt es sich um selbständige und voneinander unabhängige Unternehmen, die keine wirtschaftliche Beziehung zueinander haben, kann eine Zustimmung seitens eines Unternehmens zum Inverkehrbringen der Ware durch das andere Unternehmen nicht angenommen werden (EuGH C-291/16, BeckRS 2017, 136185 Rn. 38 – Schweppes; C-9/93, GRUR Int 1994, 614 Rn. 38 – Heiztechnik Danzinger). Das gilt auch dann, wenn die Unternehmen ursprünglich einmal zusammengehörten und entweder freiwillig oder durch hoheitliche Maßnahme (Enteignung) getrennt wurden (EuGH C-9/93, GRUR Int 1994, 614 Rn. 39 –, Heiztechnik Danzinger; C-10/89, GRUR Int 1990, 960 Rn. 20 – HAG II).

31.2   Sind die Unternehmen in einer bestimmten Weise miteinander wirtschaftlich miteinander verbunden, kann sich der Markeninhaber in dem Mitgliedstaat, in den die Ware eingeführt wird (Einfuhrstaat), regelmäßig nicht auf sein Markenrecht berufen. Eine wirtschaftliche Verbundenheit liegt vor, wenn es sich um ein und dasselbe Unternehmen, einen Lizenznehmer, eine Muttergesellschaft oder eine Tochtergesellschaft desselben Konzerns oder aber von einem Alleinvertriebshändler handelt (EuGH C-9/93, GRUR Int 1994, 614 Rn. 34 – Heiztechnik Danzinger). Diesen Fallkonstellationen ist gemeinsam, dass alle Erzeugnisse, die mit der Marke versehen sind, unter der Kontrolle eines einzigen Unternehmens hergestellt worden sind, das für ihre Qualität verantwortlich gemacht werden kann. In allen genannten Fällen liegt die Kontrolle in der Hand einer Einheit: beim Konzern für Erzeugnisse, die von einer Tochtergesellschaft in den Verkehr gebracht werden, beim Fabrikanten für Erzeugnisse, die vom Vertriebshändler vertrieben werden, und beim Lizenzgeber für Erzeugnisse, die vom Lizenznehmer auf den Markt gebracht werden (vgl. EuGH C-9/93, GRUR Int 1994, 614 Rn. 37 – Heiztechnik Danzinger). Im Falle der Lizenz kann der Lizenzgeber die Qualität der Erzeugnisse des Lizenznehmers dadurch kontrollieren, dass er in den Vertrag Bestimmungen aufnimmt, die den Lizenznehmer zur Einhaltung seiner Anweisungen verpflichten und ihm selbst die Möglichkeit geben, deren Einhaltung sicherzustellen. Die Herkunft, die das Warenzeichen garantieren soll, bleibt gleich: Sie wird nicht durch den Hersteller bestimmt, sondern durch die Stelle, von der aus die Herstellung geleitet wird (EuGH C-9/93, GRUR Int 1994, 614 Rn. 37 – Heiztechnik Danzinger). Entscheidend ist die Möglichkeit einer Kontrolle der Qualität der Erzeugnisse und nicht die tatsächliche Ausübung dieser Kontrolle (EuGH C-9/93, GRUR Int 1994, 614 Rn. 38 – Heiztechnik Danzinger). Wird die Ware dann von einer der genannten Operateure (Tochterunternehmen, Lizenznehmer etc.) in Verkehr gebracht, sind die markenrechtlichen Ansprüche des zur Kontrolle ausübenden Unternehmens erschöpft. Es obliegt der Partei, die sich auf die Erschöpfung beruft, ein Bündel präziser und übereinstimmender Indizien vorzulegen, die den Schluss auf die Existenz wirtschaftlicher Beziehungen zulassen (so EuGH C-291/16, BeckRS 2017, 136185 Rn. 54 – Schweppes).

31.3   Diesen Fallgestaltungen gleichgestellt ist der Fall der bewussten Aufspaltung des EU Territoriums durch die Zuweisung nationaler Parallelmarken (in Anlehnung an die Formulierung in EuGH C-291/16, BeckRS

2017, 136185 Rn. 53 – Schweppes). Diese Fallkonstellation war Gegenstand einer Vorlagefrage zum EuGH (EuGH C-291/16, BeckRS 2017, 136185 – Schweppes). Typischerweise operieren hier voneinander unabhängige Unternehmen in verschiedenen Mitgliedstaaten, benutzen aber dieselbe Marke für dieselben Waren in den ihnen jeweils zugeordneten Territorien. Die Übertragung bestimmter Markenrechte in bestimmten Territorien vom ursprünglichen Inhaber auf das zweite Unternehmen allein reicht noch nicht aus, um die Fallkonstellation derjenigen der wirtschaftlichen Verbundenheit gleichzustellen (EuGH C-291/16, BeckRS 2017, 136185 Rn. 50 – Schweppes; so auch bereits die Entscheidung des EuGH C-9/93, GRUR Int 1994, 614 Rn. 41, 43 – Heiztechnik Danzinger, in der der EuGH unter Rn. 43 feststellt, dass die in jeder Übertragung liegende Zustimmung nicht der Zustimmung, deren es für die Erschöpfung des Rechts bedarf, entspreche). Koordinieren diese Unternehmen aber ihre Markenstrategie und fördern sie einen einheitlichen Gesamtauftritt oder ein einheitliches Gesamterscheinungsbild der Marke und schaffen oder verstärken sie damit bei den maßgeblichen Verkehrskreisen Verwirrung über die betriebliche Herkunft der mit dieser Marke versehenen Waren, können sie sich einer Einfuhr der vom jeweils anderen Unternehmen in Verkehr gebrachten Ware in ihr Territorium nicht widersetzen (so die Antwort des EuGH auf die Vorlagefrage in Schweppes, vgl. EuGH C-291/16, BeckRS 2017, 136185 Rn. 55 – Schweppes). In dem der Schweppes-Entscheidung zugrundeliegend Fall hatte die Schweppes International, ein Tochterunternehmen der niederländischen Gesellschaft Orangina Schweppes Holding BV, die die Spitze des Orangina-Schweppes-Konzerns bildet, Klage gegen den Importeur Red Paralela wegen Verletzung der Parallelmarken, weil Red Paralela aus dem Vereinigten Königreich stammende Flaschen Tonic Water der Marke Schweppes nach Spanien eingeführt und dort vermarktet wollte. Im Jahr 1999 hatte Schweppes, das ursprünglich alle Schweppes Marken in der EU innehatte, für einen Teil des EU Territoriums die Marken auf Coca Cola übertragen (beispielsweise für das Vereinigte Königreich und Irland). Nach der Darstellung des die Frage vorlegenden Handelsgerichts Nr. 8 von Barcelona habe die Schweppes International ein Gesamterscheinungsbild der Marke Schweppes gefördert. Ebenso habe Coca-Cola habe als Inhaberin der in den übrigen Mitgliedstaaten der EU eingetragenen Parallelmarken zur Aufrechterhaltung des Gesamterscheinungsbilds der Marke beigetragen. Dieses Gesamterscheinungsbild habe bei den maßgeblichen spanischen Verkehrskreisen zu Verwirrung über die betriebliche Herkunft der „Schweppes"-Waren geführt (so benutzt Schweppes International beispielsweise das Erscheinungsbild der „Schweppes"-Waren britischer Herkunft in ihrer Werbung, berief sich auf ihrer Website auf die britische Herkunft der Marke und betrieb im Vereinigten Königreich Verkaufsförderung und Kundeninformation für „Schweppes"-Waren in den sozialen Netzwerken; zudem hatten nach den Tatsachenfeststellungen des vorlegenden Handelsgerichts, nachdem im Lauf des Jahres 1999 ein Teil der Parallelmarken an Coca-Cola übertragen worden waren, die beiden Inhaberinnen der Parallelmarken im EWR in ihren jeweiligen Gebieten neue, identische oder ähnliche Schweppes-Marken für dieselben Waren angemeldet). Der EuGH hat auch klargestellt, dass die Markenrecht auch dann erschöpft sind, wenn zwischen dem Inhaber und dem anderen Unternehmen in dem Sinne wirtschaftliche Beziehungen bestehen, dass sie ihre Geschäftspolitiken koordinieren oder sich absprechen, um die Nutzung der Marke gemeinsam zu kontrollieren, so dass sie unmittelbar oder mittelbar bestimmen können, auf welchen Waren die Marke angebracht wird, und ihre Qualität kontrollieren können (EuGH C-291/16, BeckRS 2017, 136185 Rn. 55 – Schweppes).

III. Beweislast

Gemäß §24 Abs. 1 ist Erschöpfung eine Einrede. Grundsätzlich trägt der als Verletzter in **32** Anspruch Genommene im Verletzungsprozess die Darlegungs- und Beweislast dafür, dass die Voraussetzungen der Erschöpfung vorliegen (BGH GRUR 2000, 879 f. – Stüssy). Er muss darlegen und beweisen, dass die Ware vom Markeninhaber oder mit dessen Zustimmung durch einen Dritten im EWR in den Verkehr gebracht wurde (§24 Abs. 1). Der EuGH hat für das deutsche Recht ausdrücklich bestätigt, dass diese Beweislastverteilung mit Art. 5 und 7 MRL aF vereinbar ist (EuGH C-244/00, GRUR 2003, 512 Rn. 36 – Van Doren Q; vgl. hierzu auch BGH GRUR 2004, 156 (157) – stüssy II).

In bestimmten **Ausnahmefällen** können die Regeln der Vortrags- und Beweislastverteilung **33** allerdings modifiziert werden (EuGH C-244/00, GRUR 2003, 507 Rn. 42 – Van Doren Q). Zu diesen Ausnahmefällen gehören insbesondere Fälle, die exklusive oder selektive Vertriebssysteme zum Gegenstand haben, die Außenseiter ausschließen und eine Marktabschottung bewirken sollen (vgl. BGH GRUR 2004, 156 – stüssy II; GRUR 2020, 1306 – Querlieferungen).

In der Regel ist in solchen Systemen in jedem Mitgliedstaat ein Alleinvertriebsberechtigter eingesetzt, **33.1** der vertraglich verpflichtet ist, die Ware nicht an Zwischenhändler zum Weitervertrieb außerhalb seines jeweiligen Vertragsgebiets abzugeben. Der als Verletzter in Anspruch genommene (in der Regel ein nicht zum Vertriebssystem gehörender Außenseiter) muss im Verletzungsprozess beweisen, an welchem Ort die Waren vom Markeninhaber oder mit seiner Zustimmung erstmals in den Verkehr gebracht wurden. Dadurch erfährt der Markeninhaber, von welchem Mitglied des ausschließlichen Vertriebsnetzes des Markeninhabers im EWR der vermeintliche Verletzer beliefert wurde. Das ermöglicht dem Markeninhaber, auf dieses Mitglied, quasi das „Schlupfloch", einzuwirken, den vermeintlichen Verletzer nicht mehr zu beliefern (EuGH C-244/00, GRUR 2003, 507 Rn. 40 – Van Doren Q; BGH GRUR 2020, 1306 – Querlieferungen). Das würde die Marktabschottung bestärken. Den Beweis für das Inverkehrbringen im EWR hat der EuGH aus diesem Grund dem Markeninhaber aufgebürdet, wenn der vermeintliche Verletzter beweist, dass das Vertriebssystem des Markeninhabers eine Marktabschottung bewirkt.

33.2   Die vom EuGH aufgestellte Regel dürfte dabei alle Vertriebssysteme, die den Verkauf an nicht zum System gehörige Dritte beschränken, erfassen (vgl. EuGH C-244/00, GRUR 2003, 512 Rn. 42 – Van Doren, Q). Gleiches gilt nach BGH, wenn die Abschottung durch ein tatsächliches Verhalten erreicht wird, etwa wenn dem Vertriebspartner, der vertraglich gestattete Lieferungen an Außenseiter vornimmt, in Aussicht gestellt wird, nach Ablauf der Vertragszeit keine Vertragsverlängerung zu erhalten, der Warenbezug erschwert wird oder auf andere Weise Druck auf ihn ausgeübt wird (BGH GRUR 2012, 626 Rn. 35 – Converse).

34   Hieraus resultiert eine dreistufige Beweislastregel: Der als Verletzer in Anspruch Genommene muss zunächst beweisen, dass eine tatsächliche Gefahr der Abschottung der nationalen Märkte besteht.

34.1   Dabei dürfen die Anforderungen an die Darlegung der Gefahr einer Marktabschottung nicht zu hoch angesetzt werden. Auch Verträge, die den Handel zwischen Depositären in verschiedenen Mitgliedstaaten ausdrücklich unter bestimmten Bedingungen zulassen, können die tatsächliche Gefahr der Abschottung nationaler Märkte begründen, wenn die nach dem Vertrag möglichen Querlieferungen zwischen in verschiedenen Mitgliedstaaten ansässigen Depositären infolge der vertraglichen Beschränkungen in der Realität nicht oder nicht in nennenswertem Umfang stattfinden können (BGH GRUR 2020, 1306 – Querlieferungen). Wenn er vermeintliche Verletzer dies dargelegt hat, muss der Markeninhaber die tatsächliche Vermutung einer Abschottung widerlegen sowie darlegen und beweisen, dass die Preisunterschiede auf andere Ursachen zurückzuführen sind. Die Gerichte dürfen nicht spekulieren, dass die Gefahr der Abschottung nationaler Märkte nicht bestehe, weil die Preisunterschiede auf andere Ursache zurückzuführen seien (BGH GRUR 2020, 1306 – Querlieferungen).

35   Gelingt dem vermeintlichen Verletzer der Nachweis einer drohenden Marktabschottung, muss der Markeninhaber nachweisen – zB mittels eines auf Regionen oder Empfänger geeichten Codierungs- oder Nummerierungssystems –, dass die Waren ursprünglich von ihm selbst oder mit seiner Zustimmung außerhalb des EWR in den Verkehr gebracht wurden. Bei unstreitig weltweitem Vertrieb von Waren, die keine Merkmale enthalten, aus denen erkennbar wird, in welchem Gebiet sie erstmals in den Verkehr gebracht worden, geht der BGH von Erschöpfung aus (BGH GRUR 2004, 156 (157) – stüssy II). Gelingt dem Markeninhaber der Beweis, obliegt es wiederum dem Dritten, nachzuweisen, dass der Markeninhaber dem weiteren Vertrieb der Waren im EWR zugestimmt hat (vgl. zu allen Punkten EuGH C-244/00, GRUR 2003, 512 Rn. 41 – Van Doren, Q).

D. Ausschluss der Erschöpfung – berechtigte Gründe (Abs. 2)

36   § 24 Abs. 2 regelt, unter welchen Voraussetzungen der Erschöpfungsgrundsatz ausnahmsweise nicht eingreift. Der Markeninhaber kann sich dem Vertrieb der Ware widersetzen, wenn er hierfür „berechtigte Gründe" hat.

37   § 24 Abs. 2 ist eine Generalklausel. Eine Definition der „berechtigten Gründe" gibt es nicht, es muss von Fall zu Fall anhand der Verkehrsauffassung festgestellt werden, ob Erschöpfung vorliegt. Hier sind die Interessen des Markeninhabers an der Kontrolle der Ware bzw. des Umgangs mit ihr und die Interessen der übrigen Wirtschaftsteilnehmer an einem freien Warenverkehr gegeneinander abzuwägen. In der Praxis haben sich Fallgruppen herausgebildet.

I. Produktveränderungen

38   § 24 Abs. 2 nennt die Beispielsfälle „Veränderung" und „Verschlechterung" der Ware. Eine Verschlechterung stellt zwingend auch eine Veränderung der Ware dar, anders herum gilt dies nicht (vgl. BGH GRUR 2005, 160 f. – SIM-Lock).

39   Nicht jede Änderung der Ware ist eine „Veränderung" iSd Art. 24 Abs. 2. Hierzu muss eine bestimmte Schwelle überschritten werden. Eine Produktveränderung liegt vor, wenn die Ware in ihren charakteristischen Sacheigenschaften, dh ihrer Eigenart, verändert wird, unabhängig davon, ob die Veränderung sichtbar ist oder nicht (ständige Rechtsprechung, BGH GRUR 1982, 115 –

Öffnungshinweis; GRUR 1988, 213 (214) – Griffband; GRUR 1990, 678 – Herstellerkennzeichen auf Unfallwagen; GRUR 1996, 271 (274) – Gefärbte Jeans; GRUR 2005, 150 – SIM-Lock; GRUR 2012, 392 Rn. 19, 21 – Echtheitszertifikat). Nach BGH werden mit dem Begriff der Eigenart solche Eigenschaften der Ware beschrieben, deren Veränderung der Herkunfts- und der daraus abgeleiteten Gewährfunktion der Marke zuwiderläuft (BGH GRUR 1996, 271 (274) – Gefärbte Jeans). Die Änderung kann dabei die Beschaffenheit, den Verwendungszweck, die Funktionsweise oder das Konstruktionsprinzip der Ware betreffen. Die Eigenart ist nicht auf die physische Ware beschränkt, darf aber auch nicht zu abstrakt verstanden werden. Ob ein Eingriff vorliegt oder nicht, beurteilt sich stets aus Sicht der betroffenen Verbraucher (BGH GRUR 2005, 150 – SIM-Lock, S. 9). Grundsätzlich irrelevant sind daher geringfügige Eingriffe, die weder äußerlich wahrnehmbar sind noch objektiv Einfluss auf die Funktionstüchtigkeit der Ware haben. Im Fall von Reparaturen kommt es darauf an, wie stark in die Ware eingegriffen wurde, wobei die Erwartungen des Verkehrs, die Gepflogenheiten des betroffenen Wirtschaftssektors und die Eigenart der jeweiligen Ware berücksichtigt werden müssen. Entsteht ein neues Produkt mit einer eigenen Identität, ist die Erschöpfung ausgeschlossen (Kur GRUR Int 2021, 228). Das trifft auch außerhalb der Reparaturfälle zu: Eine Veränderung kann (und wird in der Regel) auch vorliegen, wenn eine Ware durch Verarbeitung zu einer ganz anderen Ware umgearbeitet wird (zutreffend Dissmann GRUR 2020, 537, der das aktuelle Beispiel, dass eine Alltagsmaske (Mund-Nasen-Schutz) aus einem Bekleidungsstück hergestellt wird und auf der Maske dann immer noch die Marke des Ausgangsprodukts zu erkennen ist, behandelt).

40   Das Umfärben von Jeans mit Farbstoffen, die sich mit der Stoffstruktur fest verbinden und das Aussehen der Jeans dauerhaft ändern und ihr ein vom Design der Originale deutlich abweichendes Aussehen verleihen, hielt der BGH für unzulässig (BGH GRUR 1996, 271 – Gefärbte Jeans). Auch das Entfernen der Sperre von Mobiltelefonen ist nach BGH eine unzulässige Produktveränderung (BGH GRUR 2005, 150 (161) – SIM-Lock).

40.1   Ein Beispiel für einen etwas „abstrakteren" Eingriff in die Produktintegrität stellt die Verbindung eines von Computern abgelösten Echtheitszertifikats mit den Sicherungs-CDs dar. Im konkreten Fall ging es um sogenannte Echtheitszertifikate, die die Klägerin Microsoft auf jedem ihrer PCs aufbrachte. Diese Zertifikate enthielten Nummern, die man zum Aufspielen der zum jeweiligen PC gehörigen Software benötigte. Die Beklagte hatte Microsoft Software ohne die jeweiligen PCs mit von diesen PCs abgelösten Echtheitszertifikaten vertrieben, um Verbrauchern zu ermöglichen, die Software auch ohne Erwerb eines PCs zu erwerben. Dies rief nach BGH den unzutreffenden Eindruck hervor, der Markeninhaber stünde durch die Verbindung von Datenträger und Zertifikat für die Echtheit des Produkts ein (BGH GRUR 2012, 392 Rn. 21 – Echtheitszertifikat). Die Verbraucher würden die Verbindung dahin verstehen, dass der konkrete Datenträger vom allein zur Erstkennzeichnung von Produkten berechtigten Markeninhaber selbst oder durch einen von ihm beauftragten Dritten als echt zertifiziert worden ist. In der Verknüpfung von Zertifikat und Software kam nach BGH die Herkunftsgarantie zum Ausdruck. Eine Zustimmung von Microsoft lag im konkreten Fall aber nicht vor. Der BGH sah ein berechtigtes Interesse des Markeninhabers, diese Zuordnungsverwirrung zu verhindern (BGH GRUR 2012, 392 Rn. 24 – Echtheitszertifikat).

40.2   Im Fall „Green-IT" ging es um den Weitervertrieb der Software „Symantec Norton 360". Letztere hatte ein Softwarehändler in Form von Box-Produkten, welche ua einen Datenträger mit der Software umfassten, von autorisierten Distributoren der Markeninhaberin erworben. Er vertrieb die Software dann unter Zurückbehaltung der Programmkopie an einen Nacherwerber weiter, indem er ihm per E-Mail eine Seriennummer übermittelte, mit welcher der Erwerber die Software herunterladen konnte. In der E-Mail benutzte der Händler die Marken „Symantec" und „Norton 360". Da im konkreten Fall mit der Übermittlung der Seriennummer das Urheberrecht des Markeninhabers verletzt wurde, sah der BGH berechtigte Gründe für den Markeninhaber, sich der Verbreitung der Software zu widersetzen. Der Markeninhaber müsse es nicht hinnehmen, dass seine Marke für den Weitervertrieb seiner Produkte verwendet wird, wenn damit die ernstliche Gefahr verbunden ist, dass der Nacherwerber die Urheberrechte an dem Produkt verletzt (BGH GRUR 2015, 1108 Rn. 59 – Green-IT). Der BGH betonte auch, dass mit der Erschöpfung des Urheberrechts grundsätzlich auch die Erschöpfung des Markenrechts eintrete (BGH GRUR 2015, 1108 Rn. 58 – Green-IT).

40.3   Ein weiteres Beispiel für eine im landläufigen Sinne nicht sofort als solche erkennbare Produktveränderung ist das Wiederbefüllen von Gaszylindern, die in einem Besprudelungsgerät eingesetzt werden. Der Hersteller des zur Besprudelung verwendeten Gases hatte seine Marke auf den Gaszylindern angebracht und die Zylinder so in den Verkehr gebracht. Das als Verletzer in Anspruch genommene Unternehmen füllte leere Gaszylinder wieder auf und brachte dabei seine eigene Marke auf den Zylindern an, wobei die Marken des Gasherstellers nicht überdeckt wurden. Der EuGH hat in solchen Fällen auf Erschöpfung erkannt und auch einen berechtigten Grund, den Weitervertrieb zu verbieten, verneint (EuGH C-46/10, GRUR Int 2011, 827 Rn. 40, 41 – Viking Gas). Ein Unternehmen, das seine Marke auf einer wieder befüllbaren Gasflasche des Markeninhabers anbringt, ohne die ursprüngliche Marke zu entfernen, kann sich auf Erschöpfung berufen. Im konkreten Fall konnte der EuGH nicht erkennen, dass die Etikettierung der Kompositflaschen und die Bedingungen, unter denen sie ausgetauscht werden, den normal informierten, angemessen aufmerksamen und verständigen Durchschnittsverbraucher zu der Annahme veranlassen, dass zwischen den betroffenen Unternehmen eine Verbindung besteht oder dass das für die Befüllung dieser Flaschen verwendete Gas vom Markeninhaber stammt (EuGH C-46/10, GRUR Int 2011, 827 Rn. 41 – Viking Gas). Bei der Beantwortung der Frage, ob ein solcher irriger Eindruck anzunehmen ist, waren nach EuGH die Praktiken in diesem Wirtschaftszweig und insbesondere die Frage zu berücksichtigen, ob die Verbraucher es gewohnt sind, dass Gasflaschen von anderen Händlern befüllt werden (EuGH C-46/ 10, GRUR Int 2011, 827 Rn. 40 – Viking Gas).

41   Einen Unterfall der Produktveränderung bilden die Sachverhalte, in denen der Markeninhaber für den Vertrieb derselben Ware in verschiedenen Märkten jeweils eine spezielle, für den jeweiligen Markt vorgesehene Marke und dazugehörige Verpackung benutzt. Wenn der Parallelimporteur die Ware von einem Markt in den anderen importieren will, ist er gezwungen, die Marken (und ggf. die Verpackung) auszutauschen. In einem solchen Fall der **Markenersetzung** findet § 24 Abs. 2 dem Wortlaut nach keine Anwendung, weil der Importeur die Ware nicht unter der Marke vertreibt, unter der der Markeninhaber sie in Verkehr gebracht hat. Allerdings kann der Markeninhaber mit dieser Strategie ebenfalls die nationalen Märkte abschotten, wenn insbesondere im Importland nur die andere Marke zugelassen ist oder die Verbraucher im Importland die Ware nur unter der vom Markeninhaber dort benutzten Marke kennen und unter der Auslandsmarke angebotene Produkte nicht erwerben. Hier ist die Geltendmachung markenrechtlicher Ansprüche an Art. 34, 36 AEUV zu messen. Die markenrechtliche Zulässigkeit der Neukennzeichnung importierter Ware ist dann nach denselben Maßstäben zu beurteilen wie das Wiederanbringen der ursprünglichen Marke (EuGH C-379/97, GRUR Int 2000, 159 Rn. 37–40 – Upjohn/Paranova). Der Prüfungskatalog ist derselbe, es sind auch hier die fünf Erschöpfungsvoraussetzungen (→ Rn. 47) abzuprüfen.

42   Diese Rechtsprechung wurde vom EuGH in seiner Mitsubishi-Entscheidung nicht beachtet, obwohl die Entscheidung einen sehr ähnlichen Sachverhalt zum Gegenstand hat (EuGH C-129/ 17, GRUR 2018, 917 Rn. 44, 46 – Mitsubishi Shoji Kaisha Ltd./Duma Forklifts). Die Beklagte und ein mit ihr verbundenes Unternehmen hatten außerhalb des EWR Original-Mitsubishi Gabelstapler erworben und in den EWR eingeführt. Von einem Teil der in das Zolllagerverfahren überführten Waren wurden alle Mitsubishi-Marken entfernt. Danach wurden auf den Waren die Zeichen der Beklagte angebracht. Anschließend wurden die Gabelstapler aus dem Zolllagerverfahren in den freien Warenverkehr in der EU und im übrigen EWR gebracht. Der EuGH hat die Entfernung der Originalmarken als Benutzung eingeordnet (EuGH C-129/17, GRUR 2018, 917 Rn. 48), weil es sich um eine aktive Handlung eines Dritten handelt, die im Zusammenhang mit einer geschäftlichen Tätigkeit, die auf einen wirtschaftlichen Vorteil gerichtet ist, erfolge. Die Vereitelung der dem Markeninhaber beim Inverkehrbringen zuwachsenden Vorteile stelle zudem eine Beeinträchtigung der Herkunftsfunktion sowie der Qualitäts-, Werbe- und Investitionsfunktion dar (EuGH C-129/17, GRUR 2018, 917 Rn. 43 ff.). Der EuGH hat zu Recht die Entscheidung Upjohn (EuGH C-379/97, GRUR Int 2000, 159 – Upjohn) nicht herangezogen, weil es in dieser Entscheidung darum ging, dass ein Parallelimporteur die ursprüngliche Marke entfernt und eine neue anbringt, letztere allerdings auch dem Inhaber Upjohn gehörte. In Mitsubishi liegt ein Fall vor, in dem der Importeur eine ihm selbst gehörende Marke anbringt. Im weiteren Verlauf vertreibt er dann lediglich eine Ware ohne jeden Bezug zur Marke des Inhabers. Eine Abschottung des EU Markts ist hier gar nicht denkbar. Einen solchen Fall der echten Nichtbenutzung hatte der EuGH bisher nicht zu entscheiden (so auch das zutreffende Schlussplädoyer GA C-129/17, BeckRS 2018, 6460 Rn. 48), so dass auch das Upjohn-Urteil hier nicht weiterhilft.

42.1   Die Bejahung der Benutzung in diesem Fall ist ausgesprochen problematisch. Die Feststellung, es handele sich um eine „aktives Handlung", ändert nichts daran, dass die Beklagte die Mitsubishi Marken auf dem Territorium des EWR nach der Feststellung des Tatgerichts nie benutzt hat; allenfalls käme man zur Annahme einer Benutzung, wenn man in der Entfernung eine Art vorbereitende Handlung sieht, worauf der EuGH allerdings mit keinem Wort eingeht und was schwer denkbar ist. Jedenfalls würde eine solche Ansicht den Tatbestand der Erschöpfungsnorm auflösen. Nach den Feststellungen des Tatgerichts hatte die Klägerin auch keine eingetragenen Rechte an der Form und Erscheinung der Gabelstapler (3D-Marken, Designs etc.). Selbst wenn also, wie vorgetragen wurde, die betroffenen Verbraucher die Gabelstapler als solche von Mitsubishi erkannt hätten, hätte Mitsubishi gegen ihren Vertrieb nicht auf der Grundlage von Markenrechten vorgehen können. Im Gegensatz zu dem was der EuGH feststellt (EuGH C-129/17, GRUR 2018, 917 Rn. 45), spricht das gerade gegen eine Zuordnungsverwirrung. Im Übrigen spricht dies auch gegen die Bejahung von wettbewerbsrechtlichen Ansprüchen, wenn man solcher denn überhaupt heranziehen kann, weil eine unzulässige individuelle Behinderung oder eine Herkunftstäuschung zu verneinen ist, wenn auf Grund der sonstigen Umstände des Vertriebs der Verkehr gleichwohl die Ware weiterhin dem Kennzeicheninhaber und nicht dem Händler zurechnet und ein schutzwürdiges Interesse des Herstellers an der Verwendung gerade der beseitigten Kennzeichnung nicht verletzt wird (was im Mitsubishi Fall noch einmal im Einzelnen zu prüfen wäre). Dies wird auch von der deutschen Rechtsprechung so gesehen, s. zB BGH GRUR 2008, 160 Rn. 24 – CORDARONE; GRUR 2004, 1039 – SB-Beschriftung). Der Gerichtshof denkt zu Recht darüber nach, ob hier ein den Wettbewerb verfälschendes Verhalten vorliegt (EuGH C-129/17, GRUR 2018, 917 Rn. 47), löst den Fall dann aber doch über das hier nicht passende Markenrecht. Anders als das Gericht es ausführt, ist die Erschöpfungsnorm nach hier vertretener Auffassung nicht das geeignete Instrument das Verhalten der Beklagten zu sanktionieren. Es ist zutreffend, wie der Gerichtshof mehrfach feststellt, dass der Inhaber einer Marke das Privileg besitzt, die Ware unter der Marke in den Verkehr zu bringen. Allerdings ist es, anders als der Gerichtshof sieht, nicht zutreffend, dass die Beklagte dies hier angeblich vereitle; die Beklagte hat lediglich Gabelstapler unter ihrer eigene Marke auf den Markt gebracht. Von einer Markenbenutzung kann hier keine Rede sein. Das Gericht versucht dann noch, eine solche aus der Funktionenlehre abzuleiten (EuGH C-129/17, GRUR 2018, 917 Rn. 43 ff.). Wie der Generalanwalt in seinem Schlussplädoyer aber richtig feststellt, ist das eigentlich gar nicht mehr zu prüfen, weil bereits eine Benutzung nicht bejaht werden kann (Schlussplädoyer des Generalanwalts Rn. 69). Die Entscheidung führt vielmehr zu einer Aufweichung der Erschöpfungsnorm und konstruiert eine Markenverletzung, wo eigentlich keine besteht. Entgegen der Mitsubishi Entscheidung ist weiterhin davon auszugehen, dass dem Inhaber markenrechtliche Ansprüche nicht zustehen, wenn die Ware – verändert oder unverändert – nach Beseitigung der vom Hersteller angebrachten Marke weiterveräußert wird, weil es an einer Benutzung der Marke fehlt (so zutreffend Ingerl/Rohnke Rn. 85 mit weiteren Hinweisen; → § 14 Rn. 235).

Der EuGH hat offen gelassen, ob das Mitsubishi-Urteil nur die Fallgestaltung der Einfuhr von **43** Originalwaren und der **vor ihrem Inverkehrbringen** im EWR erfolgten Markenentfernung erfasst, oder auch diejenige, in der die Original-Marke von Waren, die bereits in den Verkehr gebracht wurden, entfernt und durch eine andere ersetzt wird. Das wird künftig – wenn man dem Mitsubishi Urteil folgt – davon abhängen, ob im Einzelfall die Funktionen der Marke beeinträchtigt werden. Jedenfalls hat der EuGH den Begriff der „Benutzung" weit ausgelegt: die Entfernung der Marken, um seine eigenen Zeichen anzubringen, stelle eine „aktive Handlung" der Beklagten dar, „die als Benutzung im geschäftlichen Verkehr angesehen werden kann" (EuGH C-129/17, GRUR 2018, 917 Rn. 48). Ohne Bedeutung sei, dass die Markenentfernung im Zolllagerverfahren vorgenommen werde; denn die Waren würden in den freien Verkehr im EWR überführt, und nach der Novellierung der Unionsmarkenverordnung und der Einfügung des Art. 9 Abs. 4 UMV zu Markenverletzungen im Transitverkehr seien Handlungen wie die vorliegende auch schon vor der Überführung in den freien Verkehr als Markenverletzungen verfolgbar (EuGH C-129/17, GRUR 2018, 917 Rn. 50). Dieses Unterstützungsargument greift nicht, weil auch Art. 9 Abs. 4 UMV ja gerade nicht anwendbar ist, wenn die dem Inhaber gehörende Marke entfernt wird. Der Wortlaut des Art. 9 Abs. 4 UMV setzt voraus, dass die betroffenen Waren „eine Marke aufweisen, die mit der für derartige Waren eingetragenen Unionsmarke identisch ist oder in ihren wesentlichen Aspekten nicht von dieser Marke zu unterscheiden ist". Das ist im Mitsubishi-Fall klar nicht gegeben.

II. Parallelimport von Arzneimitteln

1. Begriff des Umpackens von Arzneimitteln

Das Umpacken von Arzneimitteln ist ein Unterfall der Produktveränderung. Diese Fallgruppe **44** ist Gegenstand einer großen Anzahl von Gerichtsentscheidungen, sowohl der deutschen Gerichte als auch des EuGH. Seit mittlerweile über vier Jahrzehnten blüht der grenzüberschreitende Handel mit Arzneimitteln im EWR. Hierauf spezialisierte Unternehmen („Parallelimporteure") erwerben die Arzneimittel in einem Mitgliedstaat, in dem sie billig angeboten werden, packen diese in eine neu gestaltete Verpackung und bieten sie in einem anderen Mitgliedstaat, in dem der Preis für das gleiche Mittel deutlich höher ist, zum Verkauf an. Das Preisgefälle resultiert aus der unterschiedlichen Kostenerstattungspraxis der staatlichen Gesundheitssysteme. Der hieraus resultierende Gewinn ist so hoch, dass sich der für den Parallelimport betriebene Aufwand lohnt.

In den „Umpackfällen" zeigt sich besonders stark die enge Verzahnung zwischen Unionsrecht und den **44.1** nationalen Markenrechtsordnungen. Der EuGH bemüht sich in all seinen Entscheidungen, die Errichtung künstlicher Handelsschranken zwischen den Mitgliedstaaten unter Respektierung der Territorialität und Nationalität des Markenrechts zu verhindern. Der EuGH hat kraft Richterrechts auf der Grundlage von Art. 36 S. 2 AEUV einen besonderen markenrechtlichen Sondertatbestand geschaffen, der regelt, unter welchen Voraussetzungen dem Parallelimporteur Zutritt zum Markt gewährt wird (so zutreffend Immenga/Mestmäcker, EU-Wettbewerbsrecht, A. Gewerblicher Rechtsschutz und Urheberrecht im Binnenmarkt, Rn. 61).

45   Eingriffe seitens des Importeurs sind in vielfältiger Hinsicht denkbar: typischerweise wird die Originalpackung geöffnet, die Arzneimittel aus der Packung entfernt und in eine neue Verpackung umgepackt. Oder der Importeur umhüllt die alte Verpackung mit einer neuen Umpackung und bringt in dieser Fenster an, die den Blick auf die Marke auf der Originalverpackung freigeben ("Fensterpackungen"). Alternativ werden die Originalpackungen vom Importeur zu größeren Packungen gebündelt. Blisterstreifen werden aus den Originalpackungen herausgenommen ("Abstocken") und in neuen Packungen zusammengebündelt (die Blisterstreifen werden mittels einer Banderole miteinander verbunden) oder zu den in der Originalpackungen bereits vorhandenen Blisterstreifen hinzugefügt ("Aufstocken"). Mitunter werden dabei Blisterstreifen zerschnitten. Auf den Blisterpackungen werden Beschriftungen angebracht. Gegebenenfalls werden auf der Verpackung Hinweise angebracht (zB durch Aufkleber) oder die Packung wird mit einem Etikett überklebt, auf dem der Gattungsname des Erzeugnisses und Angaben zum Hersteller und zum Lizenzinhaber für den Parallelimport stehen. Das Erzeugnis wird in Packungen umgepackt, die vom Parallelimporteur gestaltet wurden. Hier bringt der Importeur häufig seine eigene Marke auf der Packung an (vgl. als Beispiel den Sachverhalt von EuGH C-143/00, GRUR Int 2002, 739 – Boehringer Ingelheim I). Auch wenn ein Umpacken im strikten Wortsinn nicht vorliegt, also beispielsweise statt der Verpackung nur der Beipackzettel betroffen ist, kommen die hierzu entwickelten Grundsätze zur Anwendung (BGH GRUR 2003, 336 (338) – Beloc). Auch die Neuetikettierung ist erfasst (EuGH C-348/04, GRUR 2007, 586 Rn. 28 – Boehringer Ingelheim II).

46   Die Schwere des Eingriffs ist für den Begriff des Umpackens nicht relevant, nur für die Frage, ob damit eine Beeinträchtigung des Rufs der Marke oder der Qualität der Ware verbunden ist. Für das Umpacken von Waren hat die Rechtsprechung spezielle Voraussetzungen entwickelt, die die Handhabung von § 24 Abs. 2 erleichtern (→ Rn. 48).

2. Voraussetzungen des Umpackens: Bristol-Myers Squibb Kriterien

47   In der Leitentscheidung Bristol-Meyer Squibb hat der EuGH die fünf Voraussetzungen, unter denen ein Umpacken zulässig ist, aufgestellt ("Erschöpfungsvoraussetzungen", EuGH C-427/93, GRUR Int 1996, 1144 – Bristol-Myers Squibb; vier der fünf Voraussetzungen galten bereits nach EuGH C-102/77, GRUR Int 1978, 291 (298) – Hoffmann-La Roche):
- Es droht eine Abschottung der Märkte (→ Rn. 49).
- Der Originalzustand der in der Verpackung enthaltenen Ware wird nicht beeinträchtigt (→ Rn. 51).
- Das umpackende Unternehmen wird auf der Verpackung angegeben (→ Rn. 53).
- Der Ruf der Marke wird nicht beschädigt (→ Rn. 55).
- Der Importeur unterrichtet den Markeninhaber vorab vom Angebot des umgepackten Erzeugnisses (→ Rn. 59).

48   Diese fünf Voraussetzungen müssen kumulativ vorliegen. Fehlt eine der Voraussetzungen, kann der Markeninhaber seine markenrechtlichen Ansprüche gegen den Importeur geltend machen.

48.1   Die deutschen Gerichte haben diese Vorgaben in ständiger Rechtsprechung übernommen: BGH GRUR 2001, 422 f. – ZOCOR; GRUR 2002, 1059 (1061) – Zantac/Zantic; GRUR 2002, 1063 (1065) – Aspirin I; GRUR 2003, 338, 339 – Bricanyl I; GRUR 2003, 434 f. – Pulmicort; GRUR 2007, 1075 Rn. 17 ff. – STILNOX; GRUR 2008, 156 Rn. 19 – Aspirin II; GRUR 2008, 160 Rn. 31 – CORDARONE; GRUR 2008, 614 Rn. 20 – ACERBON; GRUR 2008, 1087 Rn. 16 – Lefax/Lefaxin; GRUR 2008, 1089 Rn. 23 – KLACID PRO).

49   **a) Abschottung der Märkte.** Von einer künstlichen Marktabschottung im Sinne der Bristol-Meyer Squibb-Entscheidung ist auszugehen, wenn im Zeitpunkt des Vertriebs bestehende Umstände den Importeur zu einem Umpacken des Arzneimittels zwingen, um diese im Einfuhrmitgliedstaat in Verkehr bringen zu können (EuGH C-379/97, GRUR Int 2000, 159 Rn. 43 – Upjohn/Paranova). Es muss mit anderen Worten eine objektive Zwangslage vorliegen. Subjektive Beweggründe des Markeninhabers spielen keine Rolle.

Ein Hindernis, das ein Umpacken objektiv erforderlich macht, liegt zB dann vor, wenn die vom **49.1** Parallelimporteur erworbenen Arzneimittel im Einfuhrmitgliedstaat nicht in ihrer Originalpackung vertrieben werden können, weil nationale Vorschriften andere Verpackungsgrößen vorschreiben oder nur bestimmte Größen von den Verbrauchern akzeptiert werden. Das kann auf krankenversicherungsrechtliche Vorschriften, die die Erstattung der Krankheitskosten von einer bestimmten Verpackung abhängig machen, zurückzuführen sein. Mitunter empfehlen Berufsverbände und Krankenversicherungsträger Normgrößen, woraus sich feste ärztliche Verschreibungsgewohnheiten entwickeln (vgl. EuGH C-427/93, GRUR Int 1996, 1144 Rn. 53, 54 – Bristol-Myers Squibb). Ein Hindernis kann auch darin bestehen, dass eine Rechtsvorschrift die Benutzung der im Ausfuhrmitgliedstaat angebrachten Marke im Einfuhrmitgliedstaat verbietet, weil sie zur Irreführung der Verbraucher geeignet ist (EuGH C-379/97, GRUR Int 2000, 159 Rn. 43 – Upjohn/Paranova), oder dass Markenrechte Dritter entgegenstehen.

Eine Zwangslage liegt dagegen nicht vor, wenn der Parallelimporteur sich darauf beruft, dass **50** eine andere Verpackung besonders werbewirksam und absatzfördernd wirke (stRspr, EuGH C-348/04, GRUR 2007, 586 Rn. 36 f. – Boehringer Ingelheim II; C-143/00, GRUR 2002, 879 Rn. 46 ff. – Boehringer Ingelheim I; C-379/97, GRUR Int 2000, 159 Rn. 44 – Upjohn/Paranova; BGH GRUR 2008, 1098 Rn. 30 – KLACID PRO; GRUR 2008, 156 Rn. 22 – Aspirin II; GRUR 2005, 52 (53) – Topinasal; GRUR 2002, 1059 (1061) – Zantac/Zantic).

Es ist den nationalen Gerichten überlassen, das Vorliegen einer objektiven Zwangslage als Tatfrage **50.1** festzustellen (EuGH C-379/97, GRUR Int 2000, 159 Rn. 41 – Upjohn/Paranova; C-348/04, GRUR 2007, 586 Rn. 46 – Boehringer Ingelheim II).

Der Importeur muss vortragen und beweisen, dass die Geltendmachung einer Marke durch den Marken- **50.2** inhaber zu dem Zweck, sich dem Vertrieb der umgepackten Waren unter der Marke zu widersetzen, zu einer künstlichen Abschottung der Märkte zwischen Mitgliedstaaten beitragen würde (EuGH C-427/93, GRUR Int 1996, 1144 – Bristol-Myers Squibb).

Der Importeur kann im Rahmen der Prüfung der objektiven Zwangslage nicht auf einen sog. Teilmarkt **50.3** verwiesen werden (EuGH C-427/93, GRUR Int 1996, 1144 Rn. 54 – Bristol-Myers Squibb). Wenn im Ausfuhrmitgliedstaat nur eine Packungsgröße in Verkehr gebracht wird, während im Einfuhrmitgliedstaat neben dieser Packungsgröße eine weitere Packungsgröße vom Markeninhaber vertrieben wird, muss der Parallelimporteur die Möglichkeit haben, die Ware in allen Packungsgrößen zu vertreiben. Der Markeninhaber kann dem Importeur nicht vorhalten, dass dieser zumindest eine (einzige) verkehrsfähige Packungsgröße auf dem Markt des Einfuhrmitgliedstaats absetzen könne (BGH GRUR 2008, 1089 Rn. 34 – KLACID PRO, unter Bezugnahme auf EuGH C-427/93, GRUR Int 1996, 1144 Rn. 52, 54 – Bristol-Myers Squibb). Dies folgt aus dem Grundsatz, dass beim Erschöpfungsgrundsatz nach § 24 nur auf das konkrete im EWR in Verkehr gebrachte Warenexemplar und nicht auf mit diesem identische oder ähnliche Waren abzustellen ist (BGH GRUR 2008, 160 Rn. 33 – Cordarone). Die vor nicht allzu langer Zeit ergangene Entscheidung Klyx des EuGH (EuGH C-297/15, GRUR 2017, 69 Rn. 29 – Klyx) bestätigte, dass der Importeur von einem nicht auf einen Teilmarkt verwiesen werden darf, zum anderen aber auch nachweisen muss, dass das Umpacken per se erforderlich ist. Im zugrundeliegenden Fall wurde das in Rede stehende Arzneimittel im Ausfuhr- und Einfuhr Staat in denselben Packungsgrößen vermarktet, dh in einzelnen Fläschchen sowie in Verpackungen zu einer oder zehn Einzeldosen des Erzeugnisses. In einem solchen Fall kann der Importeur vortragen, dass das eingeführte Erzeugnis in einer der zwei Packungsgrößen nur auf einem begrenzten Teil des Marktes des Einfuhrstaats vertrieben werden kann und daher, um den Markt des Einfuhrstaats vollständig durchdringen zu können, auch die zweite Packungsgröße eingeführt werden muss. Das muss konkret vorgetragen und bewiesen werden, was im Ausgangsfall nicht der Fall war, jedenfalls konnte der EuGH dies nicht feststellen (EuGH C-297/15, GRUR 2017, 69 Rn. 28 – Klyx). Offenbar genügt dem EuGH der pauschale Verweis auf die Tatsache, dass zwei Packungsgrößen existieren, nicht. Wie der EuGH in Rn. 25 und 28 seiner Entscheidung feststellt, muss darüber hinaus vorgetragen und bewiesen werden, dass nur Packungen einer bestimmten Größe zulässig sind oder eine entsprechende nationale Praxis besteht, weil Krankenversicherungsvorschriften die Erstattung der Krankheitskosten von der Packungsgröße abhängig machen oder weil feste ärztliche Verschreibungsgewohnheiten bestehen, die unter anderem auf durch Berufsverbände und Krankenversicherungsträger empfohlenen Normgrößen beruhen. Das entspricht den Grundsätzen der Bristol-Myers Squibb Entscheidung (anders Thiering GRUR 2018, 30 (39), der hier einen restriktiveren Ansatz sieht).

b) Keine Beeinträchtigung des Originalzustands der in der Verpackung enthaltenen **51** **Ware.** Das Umpacken darf den Originalzustand der in der Verpackung enthaltenen Ware nicht beeinträchtigen. Ob eine Beeinträchtigung vorliegt, ist anhand der Umstände des Einzelfalls durch das nationale Gericht zu bestimmen (EuGH C-102/77, GRUR 1978, 599 Rn. 10 – Hoffmann-La Roche). Die Beeinträchtigung ist dabei stets in Bezug auf die Ware, die in der Verpackung enthalten ist, zu prüfen (EuGH C-427/93, GRUR Int 1996, 1144 Rn. 58 – Bristol-Myers Squibb). Bei der Prüfung der Frage, ob eine Beeinträchtigung der Ware vorliegt, sind die Art der Ware und das beim Umpacken angewandte Verfahren zu berücksichtigen (EuGH C-427/93, GRUR Int 1996, 1144 Rn. 59 – Bristol-Myers Squibb). Das Umpacken an sich stellt noch keine Beeinträchtigung dar (EuGH C-427/93, GRUR Int 1996, 1144 Rn. 61 – Bristol-Myers Squibb).

51.1   Eine Beeinträchtigung liegt beispielsweise vor, wenn die äußere oder innere Verpackung der umgepackten Ware oder ein neuer Beipack- oder Informationszettel bestimmte wichtige Angaben nicht enthalten oder aber unzutreffende Angaben über die Art der Ware, ihre Zusammensetzung, ihre Wirkung, ihren Gebrauch oder ihre Aufbewahrung enthalten, oder wenn ein vom Importeur in die Verpackung eingelegter zusätzlicher Artikel, der zur Einnahme und zur Dosierung des Arzneimittels dient, nicht der Gebrauchsanweisung und den Dosierungsempfehlungen des Herstellers entspricht (EuGH C-427/93, GRUR Int 1996, 1144 Rn. 65 – Bristol-Myers Squibb) im Fall „BretarisGenuair" ging es um Angaben auf dem Produkt selbst, nämlich auf Inhalatoren. Hier fehlten eine deutschsprachige Kennzeichnung auf dem importierten Inhalator mit abgekürzten erläuternden Angaben zum Verfalldatum und zur Chargenbezeichnung sowie Angaben zum Inhalt nach Gewicht, Rauminhalt oder Stückzahl sowie Art der Anwendung. Letzteres stufte der BGH als unzulässige Beeinträchtigung des Originalzustands ein (BGH GRUR 2017, 1160 Rn. 37 – BretarisGenuair). Der BGH hat auch den Einwand des Importeurs, er könne die Inhalatoren nicht anders beschriften, ohne den Aluminiumbeutel zu öffnen, in den die Inhalatoren verpackt seien, was wiederum deren Haltbarkeit verringere und einen Parallelimport faktisch verhindere. Dies sei hinzunehmen (BGH GRUR 2017, 1160 Rn. 50 – BretarisGenuair). Zu den Details des Falls s. Thiering GRUR 2018, 30 (39).

51.2   Ob das Zerschneiden von Blisterstreifen oder das Aufstempeln von Chargennummern auf diese ein konkretes Risiko einer Beeinträchtigung des Originalzustands der darin befindlichen Tabletten bildet, hängt vom Einzelfall ab. Dies ist unter anderem dann anzunehmen, wenn diese Handlungen von einer Behörde genehmigt und daraufhin überwacht werden, dass die einwandfreie Beschaffenheit der Ware gewährleistet ist (EuGH C-427/93, GRUR Int 1996, 1150 Rn. 70 – Bristol-Myers Squibb).

52   Allerdings genügt nicht jedes hypothetische Risiko eines isolierten Fehlers, um dem Markeninhaber das Recht zuzugestehen, sich dem Umpacken von Arzneimitteln in neue äußere Verpackungen zu widersetzen. Auch die Beeinträchtigung des Originalzustands muss also eine gewisse Schwelle überschreiten (EuGH C-427/93, GRUR Int 1996, 1144 Rn. 63 – Bristol-Myers Squibb). Zudem kann sich der Markeninhaber nicht gegen die Einfuhr wehren, wenn die importierten Erzeugnisse den Vorgaben der Zulassungsbehörde entsprechen. Der hierzu ergangene Verwaltungsakt entfaltet im Markenverletzungsverfahren Tatbestandswirkung, dh die Zivilgerichte sind an die Feststellungen der Zulassungsbehörde gebunden. Hier steht dem Markeninhaber der Verwaltungsrechtsweg offen, um gegen den jeweiligen Verwaltungsakt vorzugehen und sich dann gegen den Vertrieb der Erzeugnisse zu wehren (BGH GRUR 2016, 702 Rn. 27 und 30, 31 – Eligard). Lediglich wenn dem Markeninhaber die Klagebefugnis abgesprochen werde, komme eine inzidente Überprüfung des Verwaltungsakts in Frage (BGH GRUR 2016, 702 Rn. 31 – Eligard). Zulassungsbescheid des Bundesinstituts für Arzneimittel und Medizinprodukte (BfArM) sind als Verwaltungsakte bindend (BGH GRUR 2016, 702 Rn. 26 – Eligard). Die Notifikationsbestätigungen der EMA hingegen entfalten keine Tatbestandswirkung (BGH GRUR 2017, 1160 Rn. 28 – BretarisGenuair).

53   **c) Angabe des umpackenden Unternehmens.** Der Importeur muss dafür sorgen, dass die Verbraucher die von ihm in Verkehr gebrachten Waren nicht mit den Waren des Markeninhabers verwechseln. Auf der neuen Verpackung ist daher klar anzugeben, von wem das Arzneimittel umgepackt worden ist und wer der Hersteller ist. Diese Angaben müssen laut EuGH so aufgedruckt sein, dass sie ein normalsichtiger Verbraucher bei Anwendung eines normalen Maßes an Aufmerksamkeit verstehen kann (EuGH C-427/93, GRUR Int 1996, 1144 Rn. 71 – Bristol-Myers Squibb). Auch dies hat das nationale Gericht zu beurteilen. Es ist aber nicht notwendig, dass auf der Verpackung außerdem ausdrücklich angegeben wird, dass das Umpacken der Ware ohne Zustimmung des Markeninhabers erfolgt ist (EuGH C-427/93, GRUR Int 1996, 1144 Rn. 72 – Bristol-Myers Squibb).

54   Ausreichend ist die Angabe, wenn auf der Verpackung der umgepackten Ware klar ersichtlich der Name des Unternehmens angegeben ist, in dessen Auftrag und nach dessen Anweisungen das Umpacken vorgenommen wurde und das letzteres verantwortet (EuGH C-400/09, GRUR 2011, 814 Rn. 29 – Orifarm). In der Praxis geschieht dies meist mit dem Hinweis „Import, Umpackung und Vertrieb durch XY".

54.1   Das umpackende Unternehmen, sofern es sich hier um eine vom Importeur separate Einheit handelt, muss nicht angegeben werden (EuGH C-400/09, GRUR 2011, 814 Rn. 32 – Orifarm). Das Argument, dies sei notwendig zum Schutz der Verbraucher, damit diese auch gegen das Unternehmen, das die Ware tatsächlich umpackt, vorgehen könnten, hat der EuGH zurückgewiesen mit dem Hinweis darauf, dass das Markenrecht nicht dem Verbraucherschutz diene (EuGH C-400/09, GRUR 2011, 814 Rn. 34 – Orifarm). Der Importeur haftet grundsätzlich für alle Schäden, die vom tatsächlichen Umpacker verursacht wurden. Er kann sich von seiner Haftung nicht mit der Behauptung befreien, letzterer habe gegen seine Anweisungen verstoßen (EuGH C-400/09, GRUR 2011, 814 Rn. 30 – Orifarm).

Die Herkunft eines zusätzlichen Artikels, der nicht vom Markeninhaber stammt, muss in einer Weise **54.2** angegeben werden, die den Eindruck ausschließt, dass der Markeninhaber dafür verantwortlich ist (EuGH C-427/93, GRUR Int 1996, 1144 Rn. 73 – Bristol-Myers Squibb).

d) Keine Schädigung des Rufs der Marke und ihres Inhabers. Das umgepackte Arznei- **55** mittel darf nicht so aufgemacht sein, dass dadurch der Ruf der Marke und ihres Inhabers geschädigt werden kann. Allgemein wird der Ruf einer Marke immer dann geschädigt, wenn das Umpacken das mit einer Ware verbundene Image der Zuverlässigkeit und Qualität sowie das Vertrauen, das sie bei den betroffenen Verkehrskreisen wecken kann, beeinträchtigt (EuGH C-427/93, GRUR Int 1996, 1144 Rn. 76 – Bristol-Myers Squibb). Die Verpackung darf jedenfalls nicht schadhaft, von schlechter Qualität oder unordentlich sein (EuGH C-427/93, GRUR Int 1996, 1144 Rn. 76 – Bristol-Myers Squibb; vgl. hierzu EuGH C-349/95, GRUR Int 1998, 145 Rn. 33 – Loenders- loot/Ballantine).

Auch die Frage, ob das Umpacken konkret den Ruf der Marke schädigt, ist eine Sachfrage, **56** die vom nationalen Gericht zu entscheiden ist. Es sind dabei die Art der Ware und der Markt, für den sie bestimmt ist, zu berücksichtigen (EuGH C-102/77, GRUR 1978, 599 Rn. 12 – Hoffmann–La Roche).

Wenn für den Verkehr klar erkennbar ist, dass nicht der Markeninhaber, sondern der Importeur **57** für die umgepackte Ware verantwortlich ist, ist eine Rufschädigung in der Regel zu verneinen. Deshalb ist die Tatsache, dass durch den Parallelimport ein uneinheitlicher Marktauftritt entsteht, insbesondere, wenn die neuen Packungen den Originalpackungen in ihrer Aufmachung ähneln, kein Grund, eine Rufschädigung anzunehmen. In der Regel genügt der auf der neuen Packung aufgedruckte Hinweis auf den Importeur, zu dem der Importeur nach Bristol-Myers Squibb verpflichtet ist. Mittlerweile räumt der BGH hier den Importeuren eine große Freiheit ein (vgl. zB BGH GRUR 2008, 1089 Rn. 31 – KLACID PRO; GRUR 2008, 1087 Rn. 22 – Lefax/ Lefaxin; GRUR 2007, 1075 Rn. 31 – STILNOX; GRUR 2008, 707 Rn. 19 – Micardis).

Ob die Verpackung eines Arzneimittels, die von den Verbrauchern über Apotheken bezogen **58** wird, geeignet ist, den Ruf des Markeninhabers zu schädigen, ist grundsätzlich aus Sicht der Verbraucher zu beurteilen, nicht aus der Sicht der Apotheker oder verschreibenden Ärzte (EuGH C-427/93, GRUR Int 1996, 1144 Rn. 77 – Bristol-Myers Squibb). Maßgebend ist die Sichtweise eines normal informierten, durchschnittlich verständigen und situationsadäquat aufmerksamen Durchschnittsverbrauchers, dem das konkrete Arzneimittel nach Verordnung durch den Arzt vom Apotheker ausgehändigt wird. Das folgt daraus, dass es hier um das Vertrauen in die Unversehrtheit der Ware geht in einem sensiblen Bereich, in dem die Öffentlichkeit besonderen Wert auf die Qualität und die einwandfreie Beschaffenheit der Ware legt (BGH GRUR 2008, 1089 Rn. 26 – KLACID PRO; EuGH C-427/93, GRUR Int 1996, 1144 Rn. 77 – Bristol-Myers Squibb).

e) Unterrichtung des Markeninhabers. Der Importeur muss den Markeninhaber vorab **59** über seine Absicht, das umgepackte Arzneimittel anzubieten und zu verkaufen, unterrichten und ihm auf Verlangen ein Muster der umgepackten Ware liefern (EuGH C-427/93, GRUR Int 1996, 1144 Rn. 78 – Bristol-Myers Squibb).

Zweck der Vorabunterrichtung zwischen den Beteiligten ist es, in kurzer Zeit Klarheit darüber **60** zu schaffen, ob die von dem Parallelimporteur angekündigte Art und Weise der Vermarktung des importierten Arzneimittels vom Markeninhaber beanstandet wird und dem Markeninhaber vor Inverkehrbringen der Ware die Möglichkeit zu geben, zu prüfen, ob die oben genannten Vorausset- zungen erfüllt sind (BGH GRUR 2008, 614 Rn. 24 – ACERBON).

Die Obliegenheit des Importeurs, den Markeninhaber zu unterrichten und auf Verlangen ein **61** Muster der umgepackten Ware zu liefern, begründet eine Sonderbeziehung in Form eines gesetzli- chen Schuldverhältnisses zwischen dem Markeninhaber und dem Parallelimporteur (BGH GRUR 2008, 614 Rn. 23 – ACERBON). Im Rahmen dieser Sonderbeziehung darf der Parallelimporteur auf die Reaktion des Markeninhabers vertrauen. Beanstandet dieser das beabsichtigte Umverpa- cken in der angezeigten Form nicht oder nur unter einem bestimmten Gesichtspunkt, kann der Parallelimporteur sich darauf verlassen, dass der Markeninhaber ansonsten keine Ansprüche gegen ihn geltend machen wird. Ein gleichwohl geltend gemachter markenrechtlicher Anspruch ist für den Zeitraum, für den das angegriffene Verhalten zunächst unbeanstandet geblieben ist, wegen widersprüchlichen Verhaltens gemäß § 242 BGB ausgeschlossen, weil der Markeninhaber durch sein Verhalten auf die Vorabunterrichtung auf Seiten des Parallelimporteurs einen Vertrauenstatbestand geschaffen hat, zu dem er sich nicht entgegen Treu und Glauben in Widerspruch setzen darf (vgl. hierzu BGH GRUR 2008, 156 Rn. 30 – Aspirin II; GRUR 2008, 614 Rn. 24 – ACERBON).

62　　Es ist Sache des Importeurs, dafür zu sorgen, dass die dem Markeninhaber übermittelten Angaben ausreichen, dass dieser überprüfen kann, ob das Umpacken der durch die Marke geschützten Ware für deren Vertrieb im Einfuhrmitgliedstaat erforderlich ist (EuGH C-276/05, GRUR 2009, 154 Rn. 35 – The Wellcome Foundation). Zum Inhalt der Angaben äußert sich der EuGH nicht, sondern verweist insofern auf die Entscheidungsbefugnis der nationalen Gerichte. Ein Muster der umgepackten Ware sollte nach EuGH aber zur Überprüfung der Aufmachung in jedem Fall genügen.

3. Ergänzung durch Boehringer Ingelheim I und II

63　　Die in der Entscheidung Bristol-Myers Squibb aufgestellten Grundsätze hat der EuGH in der Folge weiter verfeinert.

64　　In seiner Boehringer Ingelheim I-Entscheidung aus dem Jahr 2002 hat der EuGH insbesondere das Erfordernis der vorherigen Unterrichtung des Markeninhabers konkretisiert. Der Gerichtshof hat klargestellt, dass der Erschöpfungsgrundsatz auch dann nicht eingreift, wenn „nur" die Voraussetzung der vorherigen Unterrichtung fehlt, dass es sich bei diesem Kriterium also um eine echte Voraussetzung handelt. Wenn der Importeur den Markeninhaber nicht vor Inverkehrbringen der Ware unterrichtet, ist er nicht zum Umpacken der mit einer Marke versehenen Waren berechtigt und begeht eine Markenrechtsverletzung (EuGH C-143/00, GRUR Int 2002, 739 Rn. 64 – Boehringer Ingelheim I; BGH GRUR 2010, 237 Rn. 13 – Zoladex; GRUR 2008, 156 Rn. 30 – Aspirin II).

65　　Weiter hat der Gerichtshof klargestellt, dass es nicht genügt, dass der Markeninhaber über die geplante Vermarktung des jeweiligen Produkts von anderer Seite unterrichtet wird, zB von der Behörde, die den Parallelimport genehmigt. Er muss vom Importeuer selbst informiert werden (EuGH C-143/00, GRUR Int 2002, 739 Rn. 64 – Boehringer Ingelheim I).

66　　Weiterhin ist dem Markeninhaber eine angemessene Frist zur Reaktion auf das Umpackvorhaben zuzugestehen. Diese Frist ist nach Ansicht des Gerichtshofs unter Berücksichtigung aller relevanten Umstände des Einzelfalls zu bemessen. Im konkreten Fall (zu dem sich der Gerichtshof dann doch noch geäußert hat) hat der Gerichtshof eine Frist von 15 Arbeitstagen für die Reaktion des Markeninhabers als angemessen angesehen, zugleich aber betont, dass diese Frist keine strikte Ausschlussfrist sein kann, sondern lediglich Hinweischarakter hat (EuGH C-143/00, GRUR Int 2002, 739 Rn. 67 – Boehringer Ingelheim I).

67　　Die Boehringer Ingelheim I Entscheidung brachte auch eine Präzisierung des Kriteriums der künstlichen Marktabschottung: eine einfache Abneigung der Verbraucher gegen mit Etiketten überklebte Arzneimittelpackungen stellt nicht stets ein Hindernis für den tatsächlichen Zugang zum Markt, das ein Umpacken in eine neue Verpackung erforderlich macht, dar. Wenn aber auf einem Markt oder einem beträchtlichen Teil dieses Marktes ein so starker Widerstand eines nicht unerheblichen Teils der Verbraucher gegen mit Etiketten überklebte Arzneimittelpackungen besteht, dass von einem Hindernis für den tatsächlichen Zugang zum Markt auszugehen ist, wird mit dem Umpacken der Arzneimittel nicht ausschließlich ein wirtschaftlicher Vorteil angestrebt, sondern es dient zur Erlangung des tatsächlichen Zugangs zum Markt (EuGH C-143/00, GRUR Int 2002, 739 Rn. 67 – Boehringer Ingelheim I; zum Kriterium der Erforderlichkeit → Rn. 73 ff.).

68　　Weitere Präzisierungen der Bristol-Myers Squibb-Kriterien brachte die Boehringer Ingelheim II Entscheidung im Jahr 2007. Hier stellte der EuGH zunächst klar, dass das Anbringen eines Etiketts auf der Originalverpackung auch unter den Begriff des Umpackens fällt (EuGH C-348/04, GRUR 2007, 586 Rn. 63, 64 – Boehringer Ingelheim II).

69　　Weiterhin stellt der Gerichtshof klar, dass das Kriterium der Qualitätsbeeinträchtigung nicht auf die Fälle beschränkt ist, in denen die durch das Umpacken geschaffenen Verpackung schadhaft, von schlechter Qualität oder unordentlich ist (EuGH C-348/04, GRUR 2007, 586 Rn. 44 – Boehringer Ingelheim II). Dies Formel war in der Bristol-Myers Squibb Entscheidung genannt worden, bezeichnete aber nur Beispiele.

70　　Die Entscheidung brachte schließlich auch Klarheit dahingehend, dass „co-branding" (der Importeur verwendet sein eigenes Logo oder Firmenmarkenzeichen, eine Firmenaufmachung oder eine für eine Reihe verschiedener Waren verwendete Aufmachung für den neuen äußeren Karton), „de-branding" (der Parallelimporteur bringt die Marke nicht auf dem neuen äußeren Karton an, sie verbleibt aber auf der Ware) sowie das Anbringen eines Aufklebers, der die Marke ganz oder teilweise überklebt, den Ruf der Marke und des Markeninhabers beeinträchtigen können (EuGH C-348/04, GRUR 2007, 586 Rn. 45 – Boehringer Ingelheim II). Der EuGH betonte in diesem Zusammenhang, dass es den nationalen Gerichten überlassen bleibt, darüber zu entscheiden, ob bestimmte Formen des Umpackens eine Rufschädigung verursachen und ob die Schädigung hinreichend schwer wiegt, um einen „berechtigten Grund" iSv Art. 7 Abs. 2 MRL 2008 (ab 15.1.2019: Art. 15 Abs. 2 MRL) darzustellen (EuGH C-348/04, GRUR 2007, 586 Rn. 31 – Boehringer Ingelheim II). „Co-branding" und „de-branding" stellen also nicht zwangsläufig eine Schädigung des Rufs einer Marke dar.

Eine weiter wichtige Präzisierung oder Ergänzung betraf die Beweislastverteilung in Bezug auf **71** die Bristol-Myers Squibb Kriterien. Diese obliegt grundsätzlich dem Importeur für alle Kriterien. Hinsichtlich der Voraussetzung, dass das Umpacken den Originalzustand der in der Verpackung enthaltenen Ware nicht beeinträchtigen kann, genügt es nach EuGH jedoch, wenn der Parallelimporteur Beweise erbringt, die „vernünftigerweise vermuten lassen, dass diese Voraussetzung erfüllt ist" (EuGH C-348/04, GRUR 2007, 586 Rn. 53 – Boehringer Ingelheim II; wieder bestätigt durch BGH BeckRS 2016, 15489 Rn. 8, der in diesem Beschluss zudem betont, dass die Anforderungen an den Beweis der Voraussetzungen der Marktabschottung nicht in derselben Weise herabgesetzt sind). Dies gilt nach EuGH auch für die Voraussetzung, dass die Aufmachung der Ware nicht so beschaffen sein darf, dass sie den Ruf der Marke und ihres Inhabers schädigen kann. Sobald der Importeur einen solchen Anfangsbeweis dafür erbringt, dass diese Voraussetzung erfüllt ist, ist muss der Markeninhabers beweisen, dass das Umpacken seinen Ruf und den der Marke schädigt (EuGH C-348/04, GRUR 2007, 586 Rn. 53 – Boehringer Ingelheim II).

Der EuGH hat zudem in der Boehringer Ingelheim II Entscheidung grundsätzlich eine finanzi- **72** elle Entschädigung für den Fall zugelassen, dass der Importeur ohne vorherige Unterrichtung des Markeninhabers nicht gefälschte Waren vertreibt, und zwar auf derselben Grundlage wie im Fall gefälschter Ware. Im deutschen Markenrecht sind dies Schadensersatzansprüche nach § 14 Abs. 6.

4. Keine Anwendung des Verhältnismäßigkeitsgrundsatzes/Kriterium der Erforderlichkeit

a) Rechtsprechung des EuGH. Jedenfalls bis in das Jahr 2007 galt für das Umpacken von **73** Arzneimitteln der Grundsatz der Erforderlichkeit (so bereits ausdrücklich EuGH C-427/93, GRUR Int 1996, 1144 Rn. 55, 56 – Bristol-Myers Squibb, hier allerdings noch in Bezug auf das Umpacken der Ware in eine neue äußere Verpackung im Gegensatz zum Vertrieb der veränderten äußeren oder inneren Originalverpackung). Laut Bristol-Myers Squibb musste die objektive Zwangslage das Umpacken „erforderlich" machen. Demnach hatte der Importeur zum Umpacken von Arzneimitteln grundsätzlich das mildeste Mittel zu wählen, um diese verkehrsfähig zu machen. Eine Neuverpackung war nur erlaubt, wenn das Arzneimittel nicht in anderer Form angeboten werden konnte. Denkbare Alternativen waren das Anbringen von Etiketten auf der Originalpackung, das Herstellen von sogenannten Bündelpackungen, auf- oder abgestockten Packungen, die Entfernung nicht zugelassener Artikel und Ersetzung durch zugelassene Artikel oder Füllkörper oder die Beilegung eines neuen Beipackzettels in der Sprache des Einfuhrmitgliedstaats.

In der Entscheidung Boehringer Ingelheim I präzisierte der EuGH das Kriterium der Erforder- **74** lichkeit. Im zugrundeliegenden Fall hatte der Parallelimporteur die Verpackung und den Inhalt der Packung teilweise mit Etiketten, auf denen der Gattungsname des Erzeugnisses und Angaben zum Hersteller und zum Lizenzinhaber für den Parallelimport standen, überklebt. Der Gerichtshof führte aus, dass eine Abneigung der betroffenen Verbraucher gegen mit Etiketten überklebte Arzneimittelpackungen nicht stets ein Hindernis für den tatsächlichen Zugang zum Markt darstellte, das ein Umpacken in eine neue Verpackung erforderlich macht. Ein Umpacken in eine neue Verpackung konnte aber dann gerechtfertigt sein, wenn kann ein sehr starker Widerstand eines nicht unerheblichen Teils der Verbraucher gegen mit Etiketten überklebte Arzneimittelpackungen bestand (EuGH C-143/00, GRUR 2002, 879 Rn. 52 – Boehringer Ingelheim I). Darin konnte ein Hindernis für den tatsächlichen Zugang zum Markt gesehen werden. Unter diesen Umständen würde mit dem Umpacken der Arzneimittel nicht ausschließlich ein wirtschaftlicher Vorteil angestrebt, sondern es diente zur Erlangung des tatsächlichen Zugangs zum Markt. Ob dies der Fall war, hatte laut Gerichtshof das nationale Gericht anhand der Beweislage zu beurteilen. Wenn der Importeur besagte Abneigung nicht nachweisen konnte, waren ihm neue Verpackungen verwehrt. Er musste grundsätzlich Originalpackungen bündeln, wenn er in einen anderen Mitgliedstaat importieren wollte. Andernfalls konnte der Importeur auf der neuen Verpackung die Marke (wieder) anbringen und durfte auch die durch die Ausstattungsmarken der Klägerin geschützte Gestaltung übernehmen.

75   Eine Änderung dieser Grundsätze brachte die Entscheidung Boehringer Ingelheim II des EuGH. Hier stellte der Gerichtshof fest, dass das Kriterium der Erforderlichkeit „nur das Umpacken als solches betrifft und nicht die Art und Weise, in der es vorgenommen wird" (EuGH C-348/04, GRUR 2007, 586 Rn. 38 – Boehringer Ingelheim II). Damit war zumindest angedeutet, dass jedenfalls das Packungsdesign nicht am Kriterium der Erforderlichkeit zu messen sei. Das „Umpacken als solches" war zu verstehen als Prüfung, ob ein Umpacken überhaupt erforderlich war, also ob eine objektive Zwangslage vorlag. Auch die Wahl zwischen Neuverpackung und Überkleben ist noch eine Frage des „ob". Das Packungsdesign ist nur noch eine Frage des „wie" und unterliegt damit nicht mehr der Erforderlichkeitsprüfung.

76   Diese neue Linie hat der EuGH dann im Fall The Wellcome Foundation ausdrücklich bestätigt (EuGH C-276/05, GRUR 2009, 159 Rn. 30 – The Wellcome Foundation; dem sich anschließend BGH GRUR 2011, 817 Rn. 20 – RENNIE; vgl. auch Ingerl/Rohnke Rn. 73; Slopek GRUR Int 2011, 1009 (1015)). Hier stellt der Gerichtshof klar, dass die Voraussetzung der Erforderlichkeit nur das Umpacken der Ware insbesondere durch deren Neuverpackung und nicht die Art der Gestaltung dieser neuen Verpackung betrifft (EuGH C-276/05, GRUR 2009, 159 Rn. 26 – The Wellcome Foundation). Der EuGH sah den Schutz des Markeninhabers hinsichtlich des von dem Parallelimporteur gewählten Packungsdesigns grundsätzlich durch die Einhaltung der Voraussetzung sichergestellt, dass das umgepackte Arzneimittel nicht so aufgemacht sein darf, dass dadurch der Ruf der Marke und ihres Inhabers geschädigt werden kann (EuGH C-276/05, GRUR 2009, 159 Rn. 30 – The Wellcome Foundation).

77   Wenn das nationale Gericht also einmal das Vorliegen einer objektiven Zwangslage bejaht hat, darf der Importeur die Ware umpacken, dh das konkret betroffene Exemplar der Ware bleibt erschöpft. Das Gericht prüft dann nur noch, ob das Design der Verpackung den Ruf der Marke oder des Markeninhabers beschädigt. Das ist ein weniger strenger Maßstab als das Kriterium der Erforderlichkeit, das verlangt, dass die Änderung der Verpackung so geringfügig wie möglich ausfallen muss.

78   **b) Deutsche Rechtsprechung.** Die Rechtsprechung des BGH ist in Bezug auf das Kriterium der Erforderlichkeit bislang nicht ganz einheitlich. In den seit 2007 ergangenen Entscheidungen ist der BGH der neuen Linie des EuGH in den Fällen „Stilnox", „Micardis" und „Lefax" gefolgt (BGH GRUR 2007, 1075 Rn. 33 – Stilnox; GRUR 2008, 707 Rn. 19 – Micardis; GRUR 2008, 1087 Rn. 22 – Lefax). Hier ging es jeweils um die Frage, ob die betroffenen Packungen abgestockt werden müssen oder die Arzneimittel in neuen Packungen auf den Markt gebracht werden können. In den Fällen „Aspirin II" und „Rennie", in denen es jeweils um das Aufstocken der Originalpackungen ging, schien der BGH hingegen auf der alten Linie zu bleiben (BGH GRUR 2008, 156 – Aspirin II; GRUR 2011, 817 Rn. 22 – Rennie).

78.1   In „Stilnox" wurden Blister aus der Originalverpackung herausgenommen und in neuen mit eigener Gestaltung versehenen Verpackungen vertrieben. Der BGH hat hier ausdrücklich festgestellt, dass die Gestaltung nunmehr nur noch darauf hin überprüft wird, ob sie den Ruf der Marke oder des Markeninhabers beeinträchtigt (BGH GRUR 2007, 1075 Rn. 28 – Stilnox). Der BGH bejahte die Erforderlichkeit des Umpackens hinsichtlich des gesamten Inhalts der importierten Originalpackung, nicht nur für die aus der Originalpackung herausgenommenen Blister. Der BGH stellte in diesem Zusammenhang auch klar, dass eine Rufbeeinträchtigung nicht darin liegt, dass durch die abweichende Gestaltung der neuen Verpackung der Eindruck eines uneinheitlichen Marktauftritts des Markeninhabers erweckt wird (BGH GRUR 2007, 1075 Rn. 33 – Stilnox). Damit wird dem Importeur weitgehend freie Hand gelassen, mittels der neu gestalteten Verpackung sein eigenes Markenimage aufzubauen. Somit ist jedenfalls klar, dass der Importeur in Fällen des „Abstockens" für die übriggebliebenen Blisterstreifen nicht mehr die Originalverpackungen und für die neuen Verpackungen nicht das Originaldesign verwenden muss. Der BGH hat trotz des sich an das Originaldesign stark anlehnenden Designs der neuen Verpackungen eine Rufschädigung verneint. Er sah den Aufdruck des Hinweises, dass der Importeur für das Umpacken verantwortlich ist, als ausreichend dafür an, dass der einheitliche Marktauftritt des Markeninhabers gewahrt wird. Im Übrigen muss der Originalhersteller nach BGH einen uneinheitlichen Marktauftritt durch eine unterschiedliche Gestaltung seiner Verpackungen sowie der von Parallelimporteuren verwendeten Verpackungen hinnehmen, soweit dies lediglich eine Folge dessen ist, dass seine Marke für erschöpfte Waren unter den Voraussetzungen der Rechtsprechung des EuGH auch von Parallelimporteuren verwendet werden darf (BGH GRUR 2007, 1075 Rn. 32 – Stilnox). Ebenso fand der BGH unerheblich, ob die gewählte Verpackungsgestaltung des

Parallelimporteurs dem Aufbau eines eigenen Markenimages dient, da der Ruf der Marke hierdurch nicht geschädigt werde (BGH GRUR 2007, 1075 Rn. 33 – Stilnox).

Im Fall „Micardis" und „Lefax" folgte der BGH derselben Linie wie in „Stilnox" (BGH GRUR 2008, **78.2** 707 Rn. 19 – Micardis; GRUR 2008, 1087 Rn. 22 – Lefax). Die Anbringung der eigenen Marke des Importeurs beeinträchtigte nach Ansicht des Gerichts nicht den Ruf der Marke des Markeninhabers, wenn sie sich in unmittelbarem räumlichem Zusammenhang mit dem Aufdruck „Import, Umverpackung und Vertrieb" befindet. Der BGH hat im konkreten Fall eine Rufschädigung wie eine Beeinträchtigung der Herkunftsfunktion verneint. Einmal mehr wurde klargestellt, dass die Packungsgestaltung, die sich an die originale Gestaltung anlehnt oder diese übernimmt, nicht per se eine Rufbeeinträchtigung auslöst.

Auch im Fall „Cordarone" scheint der BGH die neue Linie zu bejahen, auch wenn das Packungsdesign **78.3** in diesem Fall gar nicht beanstandet wurde und der BGH zum Kriterium der Erforderlichkeit gar nicht Stellung nehmen musste (BGH GRUR 2008, 164 Rn. 34 – Cordarone). Die „Aspirin II" Entscheidung, der ein Fall des Aufstockens zugrundlag, folgt noch ganz der alten Linie, ohne dass der BGH hierfür eine Erklärung gibt (BGH GRUR 2008, 156 – Aspirin II). Ebenso hat der BGH im Fall Rennie für einen Fall des Aufstockens die Erforderlichkeit geprüft für die Entscheidung darüber, ob neue Packungen verwendet werden dürfen oder die Originalpackungen aufgestockt werden müssen (BGH GRUR 2011, 817 Rn. 22 – Rennie). Aus dieser Entscheidung ergibt sich, dass das Kriterium der Erforderlichkeit sich jedenfalls nicht darauf beschränkt, dass nur festgestellt wird, ob überhaupt ein Grund besteht, die Ware umzupacken, sondern auch das „Wie" des Umpackens möglichst schonend erfolgen muss, also die Originalpackung soweit möglich verwendet werden muss. In welcher Weise der insoweit bestehende Widerspruch zu Stilnox aufgelöst werden kann, ist bislang unklar (hierzu Anm. Römhild zu BGH GRUR 2011, 817 – Rennie, der für eine differenzierte Lösung plädiert).

III. Weitere Fallgestaltungen

Die fünf Erschöpfungsvoraussetzungen (→ Rn. 47), die ursprünglich für das Umpacken und **79** Neuetikettieren von Arzneimitteln entwickelt wurden, werden von EuGH und BGH grundsätzlich auch auf andere Erzeugnisse angewandt. Das ist sachgerecht, weil sich die Fragen und Probleme des Arzneimittelparallelimports auch bei anderen Produkten stellen können. Die Frage ist, ob die fünf Erschöpfungsvoraussetzungen allesamt stets auch für andere Erzeugnisse gelten, oder ob hier ein weniger strenger Maßstab anzuwenden ist. Maßgeblich ist eine markenrechtliche Betrachtung, die auf die legitimen Interessen des Markeninhabers mit Blick auf eventuelle Besonderheiten des Erzeugnisses abstellt (BGH GRUR 2017, 71 Rn. 25 – Debrisoft, unter Berufung auf EuGH C-349/95, GRUR Int 1998, 145 Rn. 48 – Loendersloot/Ballantine). Konkret betraf dies bisher die Änderung der Verpackung von Whiskyflaschen (EuGH C-349/95, GRUR Int 1998, 145 Rn. 45 – Loendersloot/Ballantine) sowie die Änderung von Nudelverpackungen (BGH GRUR Int 2013, 658 – Barilla). In Bezug auf Medizinprodukte wurde die Frage, ob die fünf Erschöpfungsvoraussetzungen uneingeschränkt anwendbar sind, vom BGH dem EuGH im Wege des Vorabentscheidungsverfahrens vorgelegt (BGH GRUR 2017, 71 Rn. 24 – Debrisoft, derzeit noch nicht entschieden). Im zugrundeliegenden Fall ging es um die Obliegenheit der Vorabinformation des Markeninhabers durch den Parallelimporteur und die Übersendung eines Musters (beides hatte der Importeur unterlassen). Nach Ansicht des BGH unterliegen Medizinprodukte denselben strengen Anforderungen, weil es sich um sensible Produkte handele, bei denen die Herkunftsgarantie der Marke aufgrund der hohen Verantwortlichkeit des Herstellers eine besondere Bedeutung erlange (zur eingehenden Begründung vgl. BGH GRUR 2017, 71 Rn. 25–27 – Debrisoft). Der BGH will auch nicht zwischen bestimmten Medizinprodukten unterscheiden, weil das vorgenannte für alle Medizinprodukte gleichermaßen gelte und ansonsten Rechtsunsicherheit drohe (BGH GRUR 2017, 71 Rn. 29 – Debrisoft). Der BGH hat, um die Frage überhaupt stellen zu können, eine Neuetikettierung angenommen. Der Importeur hatte auf einem unbedruckten Teil der Faltschachtel lediglich einen kleinen Aufkleber mit einem Hinweis auf die Adresse des Importeurs und einem Barcode aufgebracht. Mit gutem Grund könnte man annehmen, das der Aufkleber leidglich ein Preisschild sei, womit bereits ein Fall des Umpackens gar nicht vorliegen würde und Erschöpfung eingetreten wäre. Der BGH hat dies aber anders gesehen (BGH GRUR 2017, 71 Rn. 21 – Debrisoft).

Die Angabe „pure" auf Whiskyflaschen und deren Verpackung können entfernt werden, wenn **80** die Ware damit auf den fraglichen Märkten verkehrsfähig gemacht wird. Hieran hat der Importeur ein Interesse, wenn die Angabe „pure" gegen Etikettierungsvorschriften des Importlandes verstößt (vgl. EuGH C-349/95, GRUR Int 1998, 145 Rn. 45 – Loendersloot/Ballantine). Ebenso können Nudelverpackungen geändert werden, wenn dies notwendig ist, um zum Importmarkt Zugang zu erhalten (BGH GRUR Int 2013, 658 Rn. 39 ff. – Barilla). Im konkreten Fall entschied der BGH, dass durch die Art und Weise der Etikettierung für den Durchschnittsverbraucher der

Eindruck entstehe, die Klägerin als Herstellerin lege keinen Wert auf eine ordentliche Verpackung. Die Etiketten waren vom Importeur teilweise schief und zum Teil auf dem Kopf oder über den Rand der Verpackung stehend angebracht worden. Manche Etiketten verdeckten ganz oder teilweise die in Rede stehende Marke. Der dadurch hervorgerufene Eindruck über den Umgang der Klägerin mit ihren Waren wirkte sich nach Auffassung des BGH nachteilig auf das Image der Marke und auf deren Ruf aus (BGH GRUR Int 2013, 658 Rn. 50 – Barilla).

81   Allerdings sind die fünf Erschöpfungsvoraussetzungen auf andere Waren als Arzneimittel nicht uneingeschränkt zu übertragen. Der Importeur muss dem Markeninhaber nicht ein Musterexemplar der umgepackten bzw. veränderten Ware zur Verfügung stellen. Diese Voraussetzung gilt nur für Arzneimittel, nicht auch für sonstige Waren. Hier genügt, dass der Importeur den Markeninhaber über den Verkauf der Ware vorab in Kenntnis setzt (BGH GRUR Int 2013, 658 Rn. 51 – Barilla).

82   Der Markeninhaber kann sich auch dann, wenn er gegen den Vertrieb der Waren selbst nicht vorgehen kann, sich gegen die Präsentation in der Werbung wehren, wenn etwa „der Wiederverkäufer nicht dafür sorgen würde, dass die Marke in seinem Werbeprospekt nicht in einer Umgebung erscheint, die das Image, das der Inhaber seiner Marke hat verschaffen können, erheblich beeinträchtigen könnte" (EuGH C-337/95, GRUR Int 1998, 140 Rn. 47 – Dior/Evora).

§ 25 Ausschluss von Ansprüchen bei mangelnder Benutzung

(1) Der Inhaber einer eingetragenen Marke kann gegen Dritte Ansprüche im Sinne der §§ 14 und 18 bis 19c nicht geltend machen, wenn die Marke innerhalb der letzten fünf Jahre vor der Geltendmachung des Anspruchs für die Waren oder Dienstleistungen, auf die er sich zur Begründung seines Anspruchs beruft, nicht gemäß § 26 benutzt worden ist, sofern zu diesem Zeitpunkt seit mindestens fünf Jahren kein Widerspruch mehr gegen die Marke möglich war.

(2) [1]Werden Ansprüche im Sinne der §§ 14 und 18 bis 19c wegen Verletzung einer eingetragenen Marke im Wege der Klage geltend gemacht, so hat der Kläger auf Einrede des Beklagten nachzuweisen, dass die Marke innerhalb der letzten fünf Jahre vor Erhebung der Klage für die Waren oder Dienstleistungen, auf die er sich zur Begründung seines Anspruchs beruft, gemäß § 26 benutzt worden ist oder dass berechtigte Gründe für die Nichtbenutzung vorliegen, sofern zum Zeitpunkt der Klageerhebung seit mindestens fünf Jahren kein Widerspruch mehr gegen die Marke möglich war. [2]Endet der Zeitraum von fünf Jahren der Nichtbenutzung nach Erhebung der Klage, so hat der Kläger auf Einrede des Beklagten nachzuweisen, dass die Marke innerhalb der letzten fünf Jahre vor dem Schluss der mündlichen Verhandlung gemäß § 26 benutzt worden ist oder dass berechtigte Gründe für die Nichtbenutzung vorlagen. [3]Bei der Entscheidung werden nur die Waren oder Dienstleistungen berücksichtigt, für die die Benutzung nachgewiesen worden ist.

Überblick

Die Vorschrift des § 25 regelt den Benutzungszwang (→ Rn. 7) und schließt die außergerichtliche (→ Rn. 13) und gerichtliche (→ Rn. 16) Geltendmachung von verschiedenen Ansprüchen (→ Rn. 5) aus (→ Rn. 39), wenn die ältere Marke nicht rechterhaltend benutzt wurde. Dabei sind für den Nachweis der Benutzung (→ Rn. 36) zwei unterschiedliche Zeiträume maßgeblich (→ Rn. 19 ff.). Im Klageverfahren wird der Ausschlussgrund nur auf Einrede des in Anspruch Genommenen (→ Rn. 27) berücksichtigt.

Wann eine rechtserhaltende Benutzung vorliegt, regelt § 26.

Übersicht

A. Allgemeines

Der Schutz eingetragener Marken soll nicht zu einer Monopolisierung und damit Blockade **1** von Zeichen führen, die ihr Inhaber nicht nutzt. Daher regelt § 25 den Ausschluss bestimmter Ansprüche bei mangelnder Benutzung der älteren Marke. Die materiell-rechtliche Regelung zum Benutzungszwang (→ Rn. 7) in Abs. 1 ist allgemeiner Natur und nur im Falle der außergerichtlichen Geltendmachung von Ansprüchen relevant. In Abs. 2 findet sich eine speziellere Regelung hinsichtlich der Nichtbenutzungseinrede bei im Verletzungsverfahren geltend gemachten Ansprüchen. Diese ist vergleichbar mit den Regelungen des § 55 Abs. 3 für das Nichtigkeitsverfahren (→ § 55 Rn. 31 ff.). Im Widerspruchsverfahren sind hingegen die abweichenden Regelungen des § 43 Abs. 1 zu beachten (→ § 43 Rn. 1 ff.).

Die Regelungen des Abs. 2 S. 1 stehen im Einklang mit Art. 17 MRL. Die weitere Nichtbenut- **2** zungseinrede des Abs. 2 S. 2 ist in der Richtlinie so hingegen nicht vorgesehen.

Der EuGH hat sich auf Vorlage des BGH (BGH BeckRS 2019, 16745 – Bewässerungsspritze) in der **2.1** „HUSQVARNA"-Entscheidung mit der Frage des relevanten Zeitpunkts für Art. 58 Abs. 1 lit. a UMV beschäftigt und dort klargestellt, dass nicht auf den Zeitpunkt der letzten mündlichen Verhandlung, sondern auf den Zeitpunkt der Erhebung der Klage (bzw. in dem Fall Erhebung der Widerklage) abzustellen sei (EuGH C-607/19, GRUR-RS 2020, 35401). Der BGH hat sodann in der „STELLA"-Entscheidung ausdrücklich bestätigt, dass er von seiner bisherigen ständigen Rechtsprechung abrückt und im Sinne einer unionsrechtskonformen Auslegung daher nun auch bzgl. Verfallsanträgen nach § 49 Abs. 1 S. 1 auf den gleichen Zeitpunkt (Klageerhebung statt letzte mündliche Verhandlung) abstellt (BGH GRUR-RS 2021, 5277). Zum Verletzungsverfahren haben sich jedoch weder EuGH noch BGH geäußert, so dass eine Übertragung dieser Überlegung auf § 25 Abs. 2 S. 2 nicht ohne weiteres erfolgen kann (so wohl auch Ingerl/Rohnke/Nordemann/Schmitz-Fohrmann Rn. 11).

Für IR-Marken, deren Schutz auf Deutschland erstreckt wurde, findet § 25 nach §§ 107, 117, **3** 124 ebenfalls Anwendung. Zur abweichenden Berechnung der Benutzungsschonfrist → § 117 Rn. 3, → § 115 Rn. 1 ff.

Für Unionsmarken enthält Art. 127 Abs. 3 UMV eine vergleichbare Regelung (→ UMV **4** Art. 127 Rn. 10 ff.).

B. Ausgeschlossene Ansprüche

Nach § 25 sind nicht nur der Unterlassungsanspruch und der Schadensersatzanspruch gemäß **5** § 14 ausgeschlossen, sondern auch der Vernichtungsanspruch und der Rückrufanspruch gemäß § 18, der Auskunftsanspruch gemäß § 19, der Vorlageanspruch und der Besichtigungsanspruch gemäß § 19a, sowie die Sicherung von Schadensersatzansprüchen gemäß § 19b und der Anspruch auf Urteilsbekanntmachung gemäß § 19c.

Hingegen soll § 25 keine Anwendung finden auf Ansprüche gegen den Verleger von Nachschlagewerken **5.1** gemäß § 16 sowie auf Ansprüche gegen Agenten oder Vertreter gemäß § 17. Laut der Amtlichen Begründung zum Markengesetz käme § 16 sowieso nur bei verkehrsbekannten und damit benutzten Marken in Betracht und § 17 regele zumeist Fälle, in denen der Markeninhaber bislang keinen Schutz im Inland, sondern nur im Ausland genieße (vgl. Begründung zum MarkenG, BT-Drs. 12/6581 vom 14.1.1994, 82).

In der Literatur wird eine analoge Anwendung auf § 16 und § 17 erörtert und damit begründet, dass **5.2** der Markeninhaber ungeachtet der Besonderheiten der dort geregelten Konstellationen kein schutzwürdiges Interesse an der Durchsetzbarkeit der Ansprüche haben könne (vgl. Fezer MarkenG Rn. 4; differenziert

Ingerl/Rohnke Rn. 28 ff.: nur § 17 analog). Eine Analogie dürfte jedoch bereits an der planwidrigen Regelungslücke scheitern (so auch Ströbele/Hacker/Thiering/Thiering Rn. 14).

C. Allgemeiner Ausschluss der Geltendmachung von Ansprüchen

6   Abs. 1 regelt den Grundtatbestand der Benutzungsschonfrist. Danach kann der Inhaber einer eingetragenen Marke, gegen die seit mindestens fünf Jahren kein Widerspruch mehr möglich war, gegen Dritte bestimmte Ansprüche nicht geltend machen, wenn die Marke innerhalb der letzten fünf Jahre vor der Geltendmachung des Anspruchs für die relevanten Waren oder Dienstleistungen, auf die er sich zur Begründung seines Anspruchs beruft, nicht gemäß § 26 benutzt worden ist.

I. Fünfjährige Benutzungsschonfrist

7   Nach Abs. 1 aE, Abs. 2 S. 1 aE unterliegen deutsche Marken dem Benutzungszwang erst fünf Jahre nachdem kein Widerspruch mehr gegen die Marke möglich war. Diese Benutzungsschonfrist soll es dem Markeninhaber ermöglichen, betriebsintern alle Planungen und Vorbereitungshandlungen vorzunehmen, die vor dem Produktions- und Vertriebsbeginn erforderlich sind.

8   Bei der Benutzungsschonfrist handelt es sich nicht um eine Frist iSd §§ 186 ff. ZPO, sondern vielmehr um einen **relevanten Zeitraum,** in dem die Marke grundsätzlich nicht dem Benutzungszwang unterliegt. Das bedeutet, der Benutzungszwang kann während dieser Phase dem Inhaber bei der Geltendmachung von Rechten nicht entgegen gehalten werden (vgl. EuGH C-654/15, GRUR 2017, 185 – Länsförsäkringar AB/Matek A/S). Bereits einen Tag nach Ablauf der Benutzungsschonfrist hat der Markeninhaber jedoch bei der Geltendmachung von Rechten aus der Marke ggf. deren Benutzung auch während der Benutzungsschonfrist nachzuweisen.

9   Die Benutzungsschonfrist beginnt für **deutsche Marken** grundsätzlich in dem Zeitpunkt, in dem kein Widerspruch mehr gegen die Marke möglich war. Dies ist nach § 26 Abs. 5 entweder der Tag nach Ablauf der Widerspruchsfrist oder im Falle eines Widerspruchsverfahrens der Zeitpunkt, an dem die Entscheidung rechtskräftig wird, welche das Widerspruchsverfahren beendet hat, bzw. die Rücknahme des (letzten) Widerspruchs. Das DPMA vermerkt explizit Beginn und Ende der Benutzungsschonfrist im Markenregister.

10   Bei **IR-Marken** mit Schutz in Deutschland beginnt die Benutzungsschonfrist nach §§ 124, 117, 115 Abs. 2 entweder

- am Tag an dem das Schutzerstreckungsverfahren abgeschlossen wurde, oder
- am Tag nach Ablauf der Jahresfrist nach Art. 5 Abs. 2 MMA/Art. 5 Abs. 2 PMMA, wenn das DPMA der WIPO bis dahin weder eine Schutzbewilligung noch eine vorläufige Schutzverweigerung mitgeteilt hat.

11   Einzelheiten hierzu finden sich unter → § 115 Rn. 4.

12   Bei IR-Marken, welche die EU benennen, beginnt die Benutzungsschonfrist hingegen nach Art. 203, 190 Abs. 2 UMV mit der zweiten Nachveröffentlichung der Eintragung durch das EUIPO (BPatG GRUR-RR 2013, 64 (65) – Trigon Detektei/TRIGION). Zu Details → UMV Art. 203 Rn. 1, → UMV Art. 190 Rn. 5 ff.

II. Anwendungsbereich der allgemeinen Vorschrift des § 25 Abs. 1

13   Aufgrund der Spezialvorschriften für das Verletzungs- (Abs. 2), das Widerspruchs- (§ 43 Abs. 1) und das Nichtigkeitsverfahren (§ 55 Abs. 3) findet Abs. 1 faktisch nur auf die **außergerichtliche Geltendmachung** von Ansprüchen Anwendung. Der Ausschluss der Geltendmachung ist hierbei nicht vom Bestreiten der rechtserhaltenden Benutzung abhängig.

14   Manche Stimmen in der Literatur sehen die Geltendmachung von Ansprüchen aus einer löschungsreifen Marke sogar als unzulässig an mit der Folge, dass die Kosten für eine auf solche Ansprüche gestützte Abmahnung als nicht erstattungsfähig gelten (so zB Ströbele/Hacker/Thiering/Thiering Rn. 17). Dies ist jedoch umstritten.

III. Relevanter Benutzungszeitraum

15   Im Falle der außergerichtlichen Geltendmachung von Ansprüchen hat der Markeninhaber nach Abs. 1 die rechtserhaltende Benutzung der älteren Marke **rückwirkend** für die **vergangenen fünf Jahre vor der Geltendmachung** der Ansprüche nachzuweisen (→ Rn. 8).

D. Nichtbenutzungseinrede im Verletzungsprozess

In Abs. 2 ist die Einrede der mangelnden rechterhaltenden Benutzung im Verletzungsverfahren **16** geregelt. Diese Verteidigungsmöglichkeit des Beklagten ist vergleichbar mit den Regelungen des §55 Abs. 3 für das Nichtigkeitsverfahren (→ §55 Rn. 31 ff.). Im Widerspruchsverfahren gelten nach §43 Abs. 1 abweichende Regelungen (→ §43 Rn. 1 ff.).

I. Begriff des Verletzungsprozesses

Der Wortlaut des Abs. 2 bezieht sich nur auf Klageverfahren aufgrund (vermeintlicher) Verlet- **17** zung einer Marke. Nach der amtlichen Begründung finden die Regelungen jedoch ebenfalls auf eine **negative Feststellungsklage** eines (vermeintlichen) Verletzers (→ §44 Rn. 6) Anwendung (vgl. Begründung zum MarkenG, BT-Drs. 12/6581 vom 14.1.1994, 83).

Auch im **einstweiligen Verfügungsverfahren** ist Abs. 2 analog anwendbar, wobei hier dann **18** anstelle des Nachweises der rechtserhaltenden Benutzung die bloße Glaubhaftmachung nach §920 Abs. 2 ZPO, §936 ZPO, §294 ZPO tritt (vgl. Begründung zum MarkenG, BT-Drs. 12/6581 vom 14.1.1994, 83).

Diskutiert wird, inwiefern das Gericht die Frage der rechtserhaltenden Benutzung einer Verfügungs- **18.1** marke berücksichtigen muss, wenn diese bei Eingang des Antrages seit mehr als fünf Jahre eingetragen ist.

Wenn der Verfügungsantrag keinerlei Glaubhaftmachung zur rechtserhaltenden Benutzung der Verfü- **18.2** gungsmarke enthält, wird regelmäßig eine mündliche Verhandlung anzuberaumen sein, um dem Verfügungsbeklagten die Möglichkeit der Erhebung der Nichtbenutzungseinrede einzuräumen (so auch Ströbele/Hacker/Thiering/Thiering Rn. 36).

Die Einrede der Nichtbenutzung kann insbesondere auch bereits in einer Schutzschrift erhoben werden. **18.3** Wenn diese jedoch in der Schutzschrift fehlt, soll ggf. ohne mündliche Verhandlung entschieden werden (ebenso Ingerl/Rohnke/Nordemann/Schmitz-Fohrmann Rn. 31).

II. Zwei Einreden, maßgeblicher Benutzungszeitraum

Im Verletzungsprozess stehen dem Beklagten zwei unterschiedliche Einreden der Nichtbenut- **19** zung zur Verfügung:
* §25 Abs. 2 S. 1 betrifft den Fall, dass die Klagemarke bei Klageerhebung bereits benutzungspflichtig ist, und
* §25 Abs. 2 S. 2 regelt den Fall, dass die Klagemarke erst nach Klageerhebung benutzungspflichtig wird.

Je nach erhobener Einrede hat der Markeninhaber die rechtserhaltende Benutzung der Klagemarke **20** in den fünf Jahren vor Klageerhebung oder vor Schluss der mündlichen Verhandlung nachzuweisen.

1. Nichtbenutzungseinrede nach Abs. 2 S. 1

Nach Abs. 2 S. 1 hat der Markeninhaber auf Einrede die Benutzung der Marke nachzuweisen, **21** wenn im Zeitpunkt der Klageerhebung seit mehr als fünf Jahren kein Widerspruch mehr gegen die Marke möglich war bzw. die Beendigung des Widerspruchsverfahrens oder der für IR-Marken relevante Zeitpunkt mehr als fünf Jahre zurückliegen.

Der **Zeitpunkt** der Klageerhebung bestimmt sich nach §253 Abs. 1 ZPO und stellt auf die Zustellung **21.1** der Klage ab.

Da die rechtserhaltende Benutzung nicht für den ganzen Fünfjahreszeitraum nachgewiesen **22** werden muss (→ §26 Rn. 87), kann eine Klage auch erfolgreich sein, wenn die Benutzung der zum Zeitpunkt der Verletzungshandlung löschungsreifen Marke rechtzeitig **vor Klageerhebung** (erstmals oder wieder) aufgenommen wurde (vgl. Ströbele/Hacker/Thiering/Thiering Rn. 12). Nimmt der Kläger hingegen die Benutzung der Klagemarke erst **nach Klageerhebung** (wieder) auf, findet diese Benutzung keine Berücksichtigung. Hier müsste der Kläger dann eine neue Klage einreichen. Der Beklagte kann dem durch einen eigenen Antrag auf Erklärung des Verfalls (auch in Form einer Widerklage) zuvorkommen (so auch Ingerl/Rohnke/Nordemann/Schmitz-Fohrmann Rn. 14 f.).

2. Nichtbenutzungseinrede nach Abs. 2 S. 2

23   Nach Abs. 2 S. 2 sind dem Wortlaut nach Nichtbenutzungseinreden unter folgenden Bedingungen möglich:
- die Benutzungsschonfrist läuft erst nach Klageerhebung ab,
- die Marke war zwar bei Klageerhebung bereits benutzungspflichtig und wurde im für § 25 Abs. 2 S. 1 maßgeblichen Zeitraum von fünf Jahren vor Klageerhebung rechtserhaltend benutzt, zwischenzeitlich wurde jedoch die Benutzung eingestellt, so dass ein neuer Fünfjahreszeitraum der Nichtbenutzung abgelaufen ist.

24   Maßgeblich ist nach derzeitigem Recht, dass die Marke in den fünf Jahren vor **Schluss der mündlichen Verhandlung** rechtserhaltend benutzt wurde (ggf. vor dem Berufungsgericht: BGH GRUR 2003, 428 (430) – BIG BERTHA; nicht vor dem Revisionsgericht: BGH GRUR 2012, 930 Rn. 20 – Bogner B/Barbie B). Das bedeutet, dass der jeweils maßgebliche Zeitraum sich im Verlaufe des Verfahrens verschiebt (sog. „wandernde Benutzungsschonfrist") und der Kläger im Falle eines lange andauernden Prozesses seine vorgelegten Benutzungsunterlagen ggf. aktualisieren muss.

25   Die Regelung des Art. 17 MRL stellt nur auf den Zeitpunkt der Erhebung der Verletzungsklage ab und nicht zusätzlich auch auf den Schluss der mündlichen Verhandlung. Näher → Rn. 2.1.

3. Verhältnis der Einreden zueinander

26   Der reine Wortlaut suggeriert eine alternative Anwendung der beiden Einreden. Laut der Rechtsprechung des BGH ist der Anwendungsbereich des Abs. 2 S. 2 jedoch nicht auf Fälle beschränkt, in denen die Klagemarke nachträglich benutzungspflichtig wird (zur ehemaligen Parallelvorschrift des § 43 aF vgl. BGH GRUR 2006, 150 Rn. 8 – NORMA). Vielmehr können bei einer zum Zeitpunkt der Klageerhebung benutzungspflichtigen Marke **beide Einreden nebeneinander** erhoben werden. Wird die Benutzung im Verletzungsverfahren nur allgemein bestritten, wird nach ständiger Rechtsprechung angenommen, dass kumulativ beide Nichtbenutzungseinreden erhoben sind (zur ehemaligen Parallelvorschrift des § 43 aF vgl. BGH GRUR 2008, 719 Rn. 20 – idw Informationsdienst Wissenschaft; aA OLG Frankfurt GRUR-RS 2019, 3217 Rn. 20 – COURT MO 5).

III. Erklärung der Einrede der Nichtbenutzung

27   Abs. 2 stellt ausdrücklich klar, dass die Frage der rechtserhaltenden Benutzung der Klagemarke und damit eines möglichen Ausschlusses der Geltendmachung bestimmter Ansprüche **nicht von Amts wegen,** sondern ausschließlich auf Einrede im Prozess hin berücksichtigt wird.

1. Erklärung der Einrede

28   Die Einrede der Nichtbenutzung muss der Beklagte im gerichtlichen Verfahren erheben, ein Geltendmachen in vor- oder außergerichtlicher Korrespondenz ist nicht ausreichend.

29   Zudem muss die Nichtbenutzungseinrede **ausdrücklich und unmissverständlich** erfolgen (OLG München GRUR-RR 2006, 130 (131 f.) – UltraMind). Dies kann auch durch eine Bezugnahme auf § 25 geschehen. Sie kann sich auf alle eingetragenen Waren und Dienstleistungen der Klagemarke beziehen oder auf einen Teil der Waren und Dienstleistungen beschränken. Nicht erforderlich sind allerdings Angaben zum Zeitraum oder die Angabe, auf welche der beiden Alternativen sich die Einrede bezieht (Abs. 2 S. 1 oder Abs. 2 S. 2).

2. Einrede trotz Kenntnis der Benutzung

30   Die rechtserhaltende Benutzung ist eine Rechtsfrage und keine Tatsachenfrage. Daher unterliegt sie nicht dem Wahrheitsgebot des § 138 ZPO und kann grundsätzlich auch dann erhoben werden, wenn dem Beklagten die Benutzung der Klagemarke bekannt ist.

30.1   Ausnahmsweise kann die Erhebung der Nichtbenutzungseinrede im Einzelfall wegen Rechtsmissbrauchs unzulässig sein, wenn der Beklagte aufgrund besonderer Umstände genaue Kenntnis hinsichtlich der Benutzung der Klagemarke im relevanten Zeitraum hat. Dies ist beispielsweise der Fall, wenn der Beklagte selbst die Marke als Rechtsvorgänger des Klägers oder mit dessen Zustimmung genutzt hat (vgl. OLG Hamburg GRUR-RR 2004, 175 (176) – Löwenkopf). Hierbei handelt es sich jedoch um einen äußerst seltenen Ausnahmefall. Das OLG Frankfurt (BeckRS 2019, 29283 – Batterie-Plagiat) hat dies grundsätzlich bestätigt, im dortigen Fall jedoch offengelassen.

Nach substantiiertem Vortrag durch den Kläger darf der Beklagte nicht wider besseres Wissen **31** die rechtserhaltende Benutzung bestreiten.

3. Zeitpunkt

Wenn die Einrede zu früh, dh noch innerhalb der Benutzungsschonfrist und damit unwirksam **32** erhoben wurde, wirkt sie nach hM nicht fort, sondern muss zum späteren zulässigen Zeitpunkt erneut und unmissverständlich erklärt werden (zur Parallelvorschrift des § 43 → § 43 Rn. 9).

Hinsichtlich einer möglichen Verspätung (zB bei Erhebung der Einrede erst in der Berufungs- **33** instanz) gelten die allgemeinen Vorschriften der ZPO, insbesondere §§ 282, 296 und 531 ZPO.

4. Beschränkungen, Erweiterung, Verzicht

Eine **Beschränkung** der Nichtbenutzungseinrede ist grundsätzlich möglich. In Betracht kom- **34** men neben der Eingrenzung auf nur einen Benutzungszeitraum insbesondere ein Bestreiten der Benutzung nur in Bezug auf einzelne Waren bzw. Dienstleistungen. Grundsätzlich kann auch eine bestimmte Benutzung der Marke nach § 138 Abs. 3 ZPO, § 288 ZPO zugestanden und insofern (teilweise oder vollständig) auf die Nichtbenutzungseinrede verzichtet werden.

Eine **Erweiterung** ist im Rahmen der Grundsätze zum verspäteten Vorbringen sowie des fairen **35** Verfahrens möglich. Sofern die Erweiterung aus Sicht des Klägers neu oder überraschend erscheint, ist ihm eine Äußerungsmöglichkeit einzuräumen. Andernfalls wäre sein Anspruch auf rechtliches Gehörs gemäß Art. 6 EMRK, Art. 103 GG verletzt (zur Parallelvorschrift des § 43 vgl. BGH GRUR 2003, 903 – Katzenstreu).

IV. Beweislastverteilung und Nachweis

Nach Abs. 2 trägt der Kläger die Beweislast für die rechtserhaltende Benutzung der Klagemarke. **36** Die Regelung geht zurück auf Art. 17 MRL, der im Gegensatz zur Vorgängernorm (Art. 11 Abs. 3 MRL 2008 nun ausdrücklich vorsieht, dass der Markeninhaber den Nachweis der rechtserhaltenden Benutzung zu erbringen hat.

Gemäß Art. 11 Abs. 3 MRL 2008, der mit Wirkung vom 15.1.2019 aufgehoben wurde, konnten die **36.1** Rechte nicht geltend gemacht werden, „wenn im Wege der Einwendung Nachweise erbracht werden, dass die Marke […] für verfallen erklärt werden könnte". Daher äußerten Stimmen in der Literatur (Kunz-Hallstein GRUR 2001, 643 (644 ff.)) Bedenken gegen die Richtlinienkonformität des Abs. 2. Dagegen wurde jedoch zurecht eingewandt, dass es sich bei Art. 11 Abs. 3 MRL 2008 um eine fakultative Regelung handelte und die Richtlinie die Beweislast als Verfahrensfrage ansah, die nicht harmonisiert werden sollte (vgl. Erwägungsgründe 11 und 9).

Die Beweislast wird in der Literatur so verstanden, dass den Kläger auf Einrede des Beklagten **37** zunächst die Substantiierungslast trifft. Nur wenn der Beklagte sodann diesen Vortrag substantiiert bestreite, sei in einer Beweisaufnahme einzutreten (vgl. Ströbele/Hacker/Thiering/Thiering Rn. 31; Ingerl/Rohnke Rn. 20).

Wie im Widerspruchsverfahren (→ § 43 Rn. 50) muss der Kläger den vollen Beweis führen; **38** bloße Glaubhaftmachung reicht hier nicht aus. Ihm stehen hierfür alle Beweismittel der ZPO zur Verfügung. Im Gegensatz zum Widerspruchsverfahren (§ 43 Abs. 1 S. 3) kann der Nachweis der rechtserhaltenden Benutzung im Verletzungsverfahren allerdings grundsätzlich nicht durch Vorlage einer eidesstattlichen Versicherung geführt werden. Eine Ausnahme bildet lediglich das Einstweilige Verfügungsverfahren, in dem eine Glaubhaftmachung iSd § 920 Abs. 2 ZPO, § 936 ZPO, § 294 ZPO genügt.

V. Rechtsfolgen

1. Ausschluss der Rechte

War die ältere Marke, aufgrund derer Ansprüche gegenüber Dritten geltend gemacht werden, **39** im relevanten Zeitraum nicht rechtserhaltend benutzt, können die Ansprüche ggf. nicht mehr geltend gemacht werden, es sei denn, es liegen berechtigte Gründe für die Nichtbenutzung iSd § 26 Abs. 1 vor (→ § 26 Rn. 177 ff.).

Nach Abs. 2 S. 3 werden bei der Entscheidung im Kollisionsfall nur diejenigen Waren und **40** Dienstleistungen berücksichtigt, für welche der Inhaber der älteren Marke die rechtserhaltende Benutzung glaubhaft gemacht hat. Ähnliche Regelungen für das Widerspruchsverfahren finden

sich in § 43 Abs. 1 S. 3 (→ § 43 Rn. 65) und für das Nichtigkeitsverfahren in § 55 Abs. 3 S. 4
(→ § 55 Rn. 35).

41   Ausführlich zum Nachweis der rechtserhaltenden Benutzung eines eingetragenen Oberbegriffs
durch verschiedene Spezialwaren, etc → § 26 Rn. 106 ff.

2. Zwischenrechte

42   Unabhängig von den Regelungen des Abs. 2 kann der Kläger seine Rechte auch dann nicht
geltend machen, wenn der (vermeintliche) Verletzer an dem vom ihm verwendeten Zeichen
zwischenzeitlich ein Zwischenrecht nach § 22 Abs. 1 Nr. 2 erworben hat (→ § 22 Rn. 10).
Aufgrund der Koexistenz können sich dann Kläger und Beklagter nicht gegenseitig die Benutzung
der Marken untersagen (BGH GRUR 2012, 930 Rn. 74 – Bogner B/Barbie B).

3. Keine Heilung durch bloße Wiederaufnahme der Benutzung vor Schluss der mündlichen Verhandlung

43   Nimmt der Kläger nach Erhebung der Nichtbenutzungseinrede nach Abs. 2 S. 2 eine fehlende
rechtserhaltende Benutzung im Laufe des Verletzungsprozesses in dem nach Klageerhebung enden-
den maßgeblichen Zeitraum wieder auf, führt dies nicht in jedem Fall zu einer Heilung. Vielmehr
wäre auch hier zu prüfen, ob die Benutzung der Marke in den fünf Jahren vor Schluss der
mündlichen Verhandlung im Einzelfall als rechtserhaltend angesehen werden kann. Allerdings
kann der Kläger ggf. seine Klage jederzeit neu erheben. Daher ist es aus Beklagtensicht unumgänglich, neben der Nichtbenutzungseinrede auch rechtzeitig einen Antrag auf Erklärung des Verfalls
nach § 49 Abs. 1 einzureichen (ggf. im Wege der Widerklage, → § 49 Rn. 3).

4. Kenntnis des möglichen Antrags auf Erklärung des Verfalls iSd § 49 Abs. 1 S. 3

44   Der Markeninhaber hat nach § 49 Abs. 1 S. 2 unter bestimmten Voraussetzungen die Möglichkeit, den Eintritt der Löschungsreife durch Aufnahme bzw. Wiederaufnahme der Benutzung zu
heilen und damit eine Erklärung des Verfalls zu verhindern (→ § 49 Rn. 10 ff.). Nach § 49 Abs. 1
S. 3 bleibt jedoch eine Benutzungshandlung unberücksichtigt, wenn sie erst innerhalb von drei
Monaten vor der Stellung des Antrags auf Erklärung des Verfalls begonnen oder wieder aufgenommen wurde, nachdem der Inhaber der Marke Kenntnis davon erhalten hat, dass ein solcher Antrag
gestellt werden könnte. Die Androhung eines solchen Antrags auf Erklärung des Verfalls kann
auch durch die Erhebung der Einrede der Nichtbenutzung im Rahmen eines Verletzungs- oder
Widerspruchsverfahrens erfolgen (vgl. Ströbele/Hacker/Thiering/Thiering Rn. 20; aA Ingerl/
Rohnke Rn. 19; HK-MarkenR/Hoppe Rn. 23).

§ 26 Benutzung der Marke

**(1) Soweit die Geltendmachung von Ansprüchen aus einer eingetragenen Marke oder
die Aufrechterhaltung der Eintragung davon abhängig ist, daß die Marke benutzt worden ist, muß sie von ihrem Inhaber für die Waren oder Dienstleistungen, für die sie
eingetragen ist, im Inland ernsthaft benutzt worden sein, es sei denn, daß berechtigte
Gründe für die Nichtbenutzung vorliegen.**

**(2) Die Benutzung der Marke mit Zustimmung des Inhabers gilt als Benutzung durch
den Inhaber.**

**(3) Als Benutzung einer eingetragenen Marke gilt, unabhängig davon, ob die Marke
in der benutzten Form auch auf den Namen des Inhabers eingetragen ist, auch die
Benutzung der Marke in einer Form, die von der Eintragung abweicht, soweit die
Abweichung den kennzeichnenden Charakter der Marke nicht verändert.**

**(4) Als Benutzung im Inland gilt auch das Anbringen der Marke auf Waren oder
deren Aufmachung oder Verpackung im Inland, wenn die Waren ausschließlich für die
Ausfuhr bestimmt sind.**

**(5) Soweit die Benutzung innerhalb von fünf Jahren ab dem Zeitpunkt, ab dem kein
Widerspruch mehr gegen die Marke möglich ist, erforderlich ist, tritt in den Fällen, in
denen gegen die Eintragung Widerspruch erhoben worden ist, an die Stelle des Ablaufs
der Widerspruchsfrist der Zeitpunkt, ab dem die das Widerspruchsverfahren beendende
Entscheidung Rechtskraft erlangt hat oder der Widerspruch zurückgenommen wurde.**

Überblick

Die Regelung des § 26 befasst sich mit der Frage, ob die Benutzung einer Marke als rechtserhaltend anzusehen ist. Nach Abs. 1 muss die Marke für die eingetragenen Waren und Dienstleistungen (→ Rn. 53 ff., → Rn. 105 ff.) im geschäftlichen Verkehr (→ Rn. 51) im Inland (→ Rn. 93 ff.) ernsthaft (→ Rn. 73 ff.) benutzt werden. Nach Abs. 2 gelten auch Benutzungshandlungen eines autorisierten Dritten als Benutzung durch den Markeninhaber (→ Rn. 166 ff.). Ferner bezieht Abs. 3 auch Benutzungen abweichender Zeichen (→ Rn. 119 ff.) unter bestimmten Voraussetzungen (→ Rn. 122 ff.) mit ein, unabhängig davon, ob diese separaten Markenschutz genießen (→ Rn. 162 ff.).

Abs. 4 enthält eine Regelung für nicht für das Inland bestimmte Waren (→ Rn. 93 ff.).

Abs. 5 bestimmt, dass die fünfjährige Benutzungsschonfrist erst ab Abschluss etwaiger Widerspruchsverfahren zu laufen beginnt (→ Rn. 15).

Die prozessualen Fragen und Rechtsfolgen ergeben sich aus einer Reihe von ergänzenden Vorschriften (→ Rn. 3).

Zu den Besonderheiten der rechtserhaltenden Benutzung von Kollektivmarken → § 100 Rn. 17 und den Parallelvorschriften für die Unionsmarke → UMV Art. 18 Rn. 1.

Übersicht

A. Allgemeines

1   Eine deutsche Marke gibt ihrem Inhaber gemäß § 14 Abs. 1 grundsätzlich ein unbefristetes Ausschließlichkeitsrecht. Dieses wird unter anderem durch den sogenannten Benutzungszwang begrenzt. Danach sind nach Ablauf der fünfjährigen Benutzungsschonfrist (→ Rn. 15) sowohl der Fortbestand als auch die Durchsetzung der Rechte aus der Marke von der rechtserhaltenden Benutzung der Marke abhängig.

2   § 26 regelt dabei die relevanten materiell-rechtlichen Regelungen, während sich die prozessualen Fragen und Rechtsfolgen aus anderen Regelungen ergeben.

3   In gerichtlichen und behördlichen Verfahren wird die Benutzung der älteren Marke lediglich auf Einrede der jeweils anderen Partei berücksichtigt (→ § 25 Rn. 27, → § 43 Rn. 5 ff., → § 55 Rn. 31 ff.). Gelingt es dem Inhaber nicht, die rechtserhaltende Benutzung seiner Marke glaubhaft zu machen bzw. nachzuweisen, dann kann er keine Rechte aus seiner Marke geltend machen (→ § 25 Rn. 39, → § 43 Rn. 65 f., → § 55 Rn. 35).

4   Zudem kann die Marke im Falle der Nichtbenutzung auf Antrag eines Dritten für verfallen erklärt werden (→ § 49 Rn. 5 ff.).

5   Inhaltlich abzugrenzen ist die rechtserhaltende Benutzung zum Einen von der rechtsbegründenden Benutzung, die bei Vorliegen von Verkehrsgeltung zur Entstehung von Rechten an einer Benutzungsmarke nach § 4 Nr. 2 führen kann (→ § 4 Rn. 17 ff.). Zum anderen können die rechtserhaltende und die rechtsverletzende Benutzung nicht gleichgesetzt werden (→ Rn. 41).

I. Rechtliche Grundlagen

6   § 26 stellt den gesetzlichen Grundtatbestand der rechtserhaltenden Benutzung dar und enthält die relevanten materiell-rechtlichen Regelungen sowie eine Bestimmung zum Beginn der Benutzungsschonfrist im Falle eines Widerspruchsverfahrens gegen die eingetragene Marke. § 26 setzt insofern die Bestimmungen der Art. 10, 11 Abs. 1–4, 12 Abs. 1 MRL 2008 bzw. Art. 16 Abs. 1, Abs. 2, Abs. 5 und Abs. 6 MRL um.

7   Aufgrund der harmonisierten Vorgaben der MRL und der parallelen Vorschrift für Unionsmarken in Art. 18 UMV ist der Begriff der rechtserhaltenden Benutzung einheitlich auszulegen (EuGH C-40/01, GRUR 2003, 425 Rn. 25–31 – Ansul/Ajax; BGH GRUR 2013, 925 Rn. 36 – VOODOO).

8   Ergänzt wird § 26 durch verschiedene Spezialvorschriften, die ua die Folgen der Nichtbenutzung einer Marke regeln.

8.1   § 22 Abs. 1 Nr. 2: Entstehung von Zwischenrechten (→ § 22 Rn. 10);

8.2   § 25 Abs. 1, 2: Ausschluss von Ansprüchen (→ § 25 Rn. 6, → § 25 Rn. 39);

8.3   § 43 Abs. 1: Einrede der Nichtbenutzung im Widerspruchsverfahren (→ § 43 Rn. 2);

8.4   § 49 Abs. 1: Verfall einer Marke (→ § 49 Rn. 5);

8.5   § 51 Abs. 4: Einrede der Nichtbenutzung im Nichtigkeitsverfahren (→ § 51 Rn. 22).

II. Rechts- oder Tatsachenfrage

9   Die **deutsche Rechtsprechung** geht davon aus, dass die rechtserhaltende Benutzung einer Marke eine revisible **Rechtsfrage** darstellt (BGH GRUR 2000, 886 (887) – Bayer/BeiChem). Die verbindliche Auslegung dieser Rechtsfrage ist dem EuGH vorbehalten (EuGH C-40/01, GRUR 2003, 425 Rn. 25–31 – Ansul/Ajax).

9.1   Grundlage für diese Rechtsfrage bildet jedoch die jeweils **vorgelagerte tatsächliche Bewertung** der Branchenüblichkeit und der Verkehrsauffassung durch den Tatrichter (BGH GRUR 2009, 60 Rn. 25 – LOTTOCARD). In der Revisionsinstanz wird dann nur noch überprüft, ob der Tatrichter den Prozessstoff verfahrensfehlerfrei ausgeschöpft und seine Beurteilung frei von Widersprüchen mit den Denkgesetzen und den Erfahrungssätzen vorgenommen hat (BGH GRUR 2006, 937 Rn. 27 – Ichthyol II).

10   Für die **Unionsmarke** scheint der EuGH hingegen zumeist davon auszugehen, dass es sich um eine Tatsachenfrage handelt (EuGH C-131/06 P, BeckEuRS 2007, 453299 Rn. 31 – Castellblanch; C-416/04 P, GRUR 2006, 582 Rn. 78 – Sunrider). Bislang wurde die Übernahme dieser Bewertung ins deutsche Recht damit abgelehnt, dass das Verfahrensrecht durch die alte MRL 2008 nicht harmonisiert wurde. Allerdings beabsichtigt die MRL nach ihrem Erwägungsgrund 9 nun auch explizit eine Angleichung des Verfahrensrechts. Ob dies zu einer anderen Bewertung durch die deutsche Rechtsprechung führen wird, bleibt abzuwarten.

III. Objektiver Maßstab

Bei der Bewertung der rechtserhaltenden Benutzung und der einzelnen Faktoren ist ein objekti- **11** ver Maßstab des aus Sicht eines durchschnittlichen Betrachters aus dem angesprochenen Verkehr sowie nach dem jeweils Verkehrsüblichen wirtschaftlich Angebrachten anzuwenden (BGH GRUR 2002, 59 (63) – ISCO; GRUR 2003, 1047 (1048) – Kellogg's/Kelly's; GRUR 2012, 1261 Rn. 17 – Orion). Die subjektiven Vorstellungen des Markeninhabers sind insoweit irrelevant (BGH GRUR 2013, 725 – Duff Beer).

IV. Verwendung von Schutzrechtshinweisen

Für die Frage der rechtserhaltenden Benutzung ist es weder erforderlich noch ausreichend, dass **12** bei Verwendung der Marke auf deren Schutz beispielsweise durch die Symbole „R im Kreis" (®) oder „TM" gesondert hingewiesen wird (so auch Ströbele/Hacker/Thiering/Ströbele Rn. 18; EuG T-15/16, BeckRS 2017, 101752 Rn. 44). Allerdings kann es unter Umständen für den Nachweis der markenmäßigen Verwendung (zB bei einer Verwendung als Bestandteil in Kombinationszeichen) hilfreich sein, einen Schutzrechtshinweis zu verwenden (BGH GRUR 2014, 662 Rn. 25 – Probiotik).

B. Benutzungszwang und Benutzungsschonfrist

I. Begriff des Benutzungszwangs

Der „Benutzungszwang" ist als solcher nicht im MarkenG definiert. Hierbei handelt es sich **13** streng genommen nicht um eine Verpflichtung des Markeninhabers. Vielmehr kann dieser seine unbenutzte Marke nach Ablauf der Benutzungsschonfrist (→ Rn. 15) unter Umständen nicht mehr verteidigen oder er läuft Gefahr, sie aufgrund eines Antrages auf Erklärung des Verfalls zu verlieren.

Sinn und Zweck des Benutzungszwangs ist es, reine Defensivmarken zu verhindern, die nur **14** eingetragen wurden, um eine Nutzung eines identischen oder ähnlichen Zeichens durch Dritte zu vermeiden.

II. Benutzungsschonfrist

Grundsätzlich beginnt die Benutzungsschonfrist mit der Eintragung der Marke. Ist ein (zeitlich **15** der Eintragung nachgeschalteter) **Widerspruch** anhängig, so beginnt gemäß Abs. 5 die Benutzungsschonfrist mit Abschluss des Widerspruchsverfahrens.

Während früher die Richtlinienkonformität dieser Regelung in Frage stand, sieht nunmehr Art. 16 **15.1** Abs. 2 MRL eine entsprechende Regelung vor.

Diese Verschiebung des Beginns der Benutzungsschonfrist findet Anwendung unabhängig von **16** den Erfolgsaussichten des Widerspruchs. Ferner ist irrelevant, ob sich der Widerspruch nur gegen einzelne oder alle von der Marke beanspruchten Waren oder Dienstleistungen richtet (OLG München GRUR-RR 2002, 351 (352) – MICRO FOCUS).

Der Gesetzgeber hat aus Gründen der Rechtssicherheit vorgesehen, dass sich die Verschiebung der **16.1** Benutzungsschonfrist auf die Marke an sich bezieht und keine teilweise Verschiebung nur für angegriffene Waren oder Dienstleistungen stattfindet. Dies ist insbesondere vor dem Hintergrund verständlich, dass Dritte – im Gegensatz zum Verfahren vor dem EUIPO – ohne Akteneinsicht weder Informationen über die Widerspruchsmarke noch über den Umfang des Widerspruchs besitzen. Auch wenn der Widersprechende seinen Widerspruch beschränkt, bliebe dies der Allgemeinheit verborgen.

Dies bedeutet in der Praxis, dass der Beginn der Benutzungsschonfrist auch für nicht angegriffene **16.2** Waren und Dienstleistungen um Jahre oder gar Jahrzehnte verzögert werden kann. Gerade bei Marken, die viele Klassen abdecken – auch solche, an denen ihr Inhaber offensichtlich nicht einmal ein langfristiges Geschäftsinteresse hat – führt dies zu einer sinnwidrigen Verlängerung der Sperrfunktion der Marke. In extremen Fällen könnte man hier daran denken, einen Widerspruch aus solchen jahre- oder jahrzehntelang nicht benutzten Marken, deren Benutzungsschonfrist künstlich verlängert worden war, für rechtsmissbräuchlich zu erklären.

Ist eine Marke mit einem Widerspruch angegriffen, der nur einen Teil der Waren und Dienstleistungen **16.3** betrifft, so kann jedoch eine Teilung gemäß § 46 Abs. 2 Abhilfe schaffen (→ § 46 Rn. 11 ff.). Für die abgetrennte Marke mit denjenigen Waren und Dienstleistungen, gegen die der Widerspruch nicht gerichtet war, beginnt die Benutzungsschonfrist sodann mit der Eintragung der Teilung.

17   Zur Berechnung der Benutzungsschonfrist bei IR-Marken mit Schutzerstreckung auf Deutschland und der vereinfachten Neuregelung des Art. 16 Abs. 3 S. 1, 2 MRL → § 117 Rn. 3, → § 115 Rn. 1 ff.

18   Zur Benutzungsschonfrist bei Unionsmarken → UMV Art. 18 Rn. 40 sowie bei IR-Marken mit Schutzerstreckung für die EU → UMV Art. 203 Rn. 1.

19   Bei umgewandelten Unionsmarkenanmeldungen läuft die Benutzungsschonfrist nach § 121 Abs. 2 (nach Eintragung der Marke in Deutschland) ab Ablauf der Widerspruchsfrist. Gegen deutsche Anmeldungen, die aus der Umwandlung von eingetragenen Unionsmarken resultieren, ist nach § 125 Abs. 3 kein Widerspruch möglich. Ob hier dennoch eine neue Benutzungsschonfrist zu laufen beginnt, was im Ergebnis zu einer „Flucht in die Umwandlung" führen könnte, ist noch nicht entschieden (vgl. Lange MarkenR/KennzeichenR Rn. 1312; → § 121 Rn. 9).

19.1   Der Flucht in die Umwandlung hat Art. 57 Abs. 2 UMV jedenfalls im Falle anhängiger Verfallsverfahren gegen Unionsmarken einen Riegel vorgeschoben, indem der Verzicht erst nach Abschluss des Verfallsverfahrens wirksam wird.

19.2   Man könnte im Übrigen daran denken, aus solchen Umwandlungen hervorgehende Eintragungen wie solche aufgrund von Ketten- oder Wiederholungsanmeldungen zu behandeln.

III. Umgehung der Benutzungsschonfrist durch Wiederholungsanmeldung

20   Das MarkenG selbst kennt den Begriff der Wiederholungsmarke nicht. Es gilt vielmehr der Grundsatz, dass jeder Markeninhaber ohne gesetzliche Beschränkungen beliebig viele (auch identische) Marken anmelden kann. Auch der EuGH hat sich grundsätzlich gegen ein Verbot von Defensivmarken ausgesprochen (EuGH C-553/11, GRUR 2012, 1257 Rn. 32, 33 – Rintisch).

21   Ausführlich zur Behandlung der Wiederholungsmarke im Eintragungsverfahren und zum Diskussionsstand → § 8 Rn. 1081. Zur Behandlung der Wiederholungsmarke im Unionsmarkenrecht → UMV Art. 18 Rn. 49 ff.

21.1   Nutzt der Markeninhaber seine Marken nicht, führen diese unbenutzten Marken grundsätzlich nur zu einer „Verstopfung" des Registers. Problematisch ist jedoch, wenn ein und dieselbe unbenutzte Marke regelmäßig für die gleichen Waren oder Dienstleistungen neu angemeldet wird mit dem einzigen Ziel, die Benutzungsschonfrist erneut in Gang zu setzen. Dann stellt sich die Frage, welche juristischen Konsequenzen eine solche Blockade haben kann.

1. Definition der Wiederholungmarke

22   Die erste Schwierigkeit betrifft die Definition der Wiederholungsmarke, denn weder in der Rechtsprechung noch in der Literatur wird hierzu ein einheitlicher Ansatz vertreten.

23   Eine Wiederholungsmarke liegt jedenfalls dann vor, wenn sowohl das neue und das ältere Zeichen als auch die jeweils beanspruchten Waren und Dienstleistungen **identisch** sind.

24   Im Einzelfall kann jedoch auch die Anmeldung eines **ähnlichen** Zeichens als Wiederholungsmarke gelten, da andernfalls der Benutzungszwang bereits durch geringfügige Änderungen umgangen werden könnte (→ § 8 Rn. 1087). Der Grad der erforderlichen Ähnlichkeit ist dabei umstritten.

24.1   Die Mehrheit der Stimmen in der Literatur orientiert sich an der Regelung des Abs. 3 S. 1 (→ Rn. 119 ff.) und stellt darauf ab, ob der kennzeichnende Charakter der älteren Marke verändert wird oder nicht. Wird er nicht verändert, so soll eine Wiederholungsmarke vorliegen (Ströbele/Hacker/Thiering/Ströbele Rn. 313; Sosnitza GRUR 2013, 105 (112)). Allerdings muss hierbei auch berücksichtigt werden, dass die Regelung des Abs. 3 S. 1 gerade Neugestaltungen und Modernisierungen des Firmenlogos zulassen soll. Daher soll ein Rechtsmissbrauch verneint werden, wenn der Markeninhaber berechtigte Gründe für die Veränderung vorträgt (EuG T-136/11, GRUR Int 2013, 144 Rn. 41 – Pelikan).

25   Im Hinblick auf die vom Zeichen beanspruchten Waren und Dienstleistungen wird man hingegen eine Identität zu fordern haben (so auch Ströbele/Hacker/Thiering/Ströbele Rn. 317).

2. Behandlung einer möglichen Wiederholungsmarke

26   Auch die Behandlung einer möglichen Wiederholungsmarke ist noch nicht höchstrichterlich geklärt. Es werden daher in der Literatur verschiedene Lösungsmöglichkeiten diskutiert.

27   In Betracht kommt zunächst eine Einstufung als **bösgläubige Markenanmeldung** nach § 8 Abs. 2 Nr. 14, die im deutschen Recht sowohl im Anmelde- als auch im Nichtigkeitsverfahren Berücksichtigung finden kann. Allerdings kann man nicht automatisch bei einer wiederholten

Markenanmeldung von einer Bösgläubigkeit des Anmelders ausgehen. Vielmehr sind hier verschiedene (weitere) Faktoren zu berücksichtigen (BPatG BeckRS 2019, 18609 – aro; GRUR-RS 2022, 27511 – HANDTE).

So wird beispielsweise diskutiert, ob der **Anmeldezeitpunkt** einen Einfluss auf die Bewertung **28** der Wiederholungsmarke hat. Wenn die Anmeldung innerhalb bzw. kurz vor Ablauf der Benutzungsschonfrist der älteren Marke erfolgt, so soll dies ein Indiz für einen Rechtsmissbrauch darstellen (Klein GRUR Int 2015, 539 (545)). Hingegen wird bei Anmeldungen nach Ablauf der Benutzungsschonfrist der älteren Marke geprüft, ob Dritte die theoretische Möglichkeit hatten, das Zeichen für sich selbst anzumelden. Einige Stimmen in der Literatur sprechen von einer Sperrfrist für den Markeninhaber, wobei die zeitlichen Vorstellungen weit auseinanderliegen (Ingerl/Rohnke/Nordemann/Schmitz-Fohrmann § 25 Rn. 44: zwischen sechs Monaten und einem Jahr; Hackbarth, Grundfragen des Benutzungszwangs im Gemeinschaftsrecht, 1993, 197: fünf Jahre). Andere Stimmen in der Literatur lehnen hingegen eine solche **Sperrfrist** ab und beurteilen, ob eine Dritter die Möglichkeit des Erwerbs von Zwischenrechten hatte (Ströbele/Hacker/Thiering/Ströbele Rn. 349; Fuchs-Wissemann MarkenR 2015, 469 (473)).

Zudem wird auch der **territoriale Schutzbereich** der älteren Marke und der neueren Marken- **29** anmeldung thematisiert:

- Eine Wiederholungsmarke auf nationaler Ebene ist nach dem deutschen MarkenG grundsätzlich **30** zulässig, es sei denn, der generelle Benutzungswille des Markeninhabers fehlt völlig (OLG Frankfurt GRUR 1992, 445 (446) – Wiederholungszeichen).
- Folgt eine Unionsmarke auf eine nationale ältere Marke, ist eine Wiederholungsmarke auch bei **31** identischen Zeichen sowie Waren- und Dienstleistungsverzeichnis zu verneinen, denn es handelt es sich um autonome Schutzsysteme und die Unionsmarke bietet einen erweiterten Schutzbereich (BGH GRUR 2006, 333 – GALILEO; HABM Entsch. v. 23.6.2010 – R-993/2009-1 Rn. 22 – SLIME; Ströbele/Hacker/Thiering/Ströbele Rn. 315; Fezer § 25 Rn. 30; Sosnitza GRUR 2013, 105 (111)).
- Folgt hingegen eine nationale Marke auf eine löschungsreife Unionsmarke, so soll dies laut **32** einigen Stimmen in der Literatur nicht möglich sein. Begründet wird dies damit, dass eine Umwandlung der Unionsmarke in eine nationale Marke bei Verfall nach Art. 139 UMV ausgeschlossen wäre und durch eine autonome nationale Marke diese Regelung – abgesehen vom Prioritätsrang – ausgehebelt würde (vgl. Hackbarth, Grundfragen des Benutzungszwangs im Gemeinschaftsrecht, 1993, 204; Loschelder FS Bornkamm, 2014, 637 (649 f.)). Hingegen wenden andere Stimmen in der Literatur zu Recht ein, dass bei einer Unionsmarke kein Benutzungszwang für Deutschland bestehe und die Unionsmarke ggf. außerhalb Deutschlands benutzt worden sein kann (→ § 8 Rn. 1087; Klein GRUR Int 2015, 539 (544)).
- Eine wiederholte Anmeldung einer Unionsmarke kann im Einzelfall unter Umständen ein Indiz **33** für die Bösgläubigkeit darstellen (EuG T-136/11, GRUR Int 2013, 144 Rn. 27 ff. – Pelikan).

Zudem sind für die Gesamtabwägung auch noch **weitere Unlauterkeitsfaktoren zu berück- 34 sichtigen,** um von einer Bösgläubigkeit ausgehen zu können (→ § 8 Rn. 957 ff.).

Soweit ersichtlich berücksichtigt das **DPMA** von Amts wegen bislang **im Eintragungsverfah- 35 ren** nicht, ob es sich um eine Wiederholungsmarke handelt und das absolute Schutzhindernis der Bösgläubigkeit nach § 8 Abs. 2 Nr. 14 vorliegt. Begründet wird dies für das Eintragungsverfahren mit einer beschränkten Prüfungskompetenz des DPMA, wonach die Bösgläubigkeit ersichtlich iSd § 37 Abs. 3 und damit ohne Prüfungs- und Recherchearbeit offensichtlich sein muss (→ § 37 Rn. 6 ff.; vgl. Ströbele/Hacker/Thiering/Ströbele § 8 Rn. 926; Fezer § 25 Rn. 40).

Im **Nichtigkeitsverfahren** vor dem DPMA nach §§ 50, 55 kann dann die Bösgläubigkeit der **36** Markenanmeldung grundsätzlich geprüft werden (so BPatG BeckRS 2019, 18609 – aro; Loschelder FS Bornkamm, 2014, 637 (653); Fezer § 25 Rn. 41; aA Ströbele/Hacker/Thiering/Ströbele § 8 Rn. 927 und § 26 Rn. 310; Sosnitza GRUR 2013, 105 (112): nur Erklärung des Verfalls möglich). Schwierig ist hier allerdings der Nachweis, dass der Anmelder im Zeitpunkt der Anmeldung bösgläubig war und alle anderen Voraussetzungen vorliegen.

Hinsichtlich des summarischen **Widerspruchsverfahrens** wird zum Teil darauf verwiesen, **37** dass die Benutzung einer Marke nur im Rahmen des § 43 Abs. 1 Berücksichtigung finden könne (BGH GRUR 2000, 890 (892) – IMMUNINE/IMUKIN; BPatG GRUR 2005, 773 (775) – Blue Bull/RED BULL; aA Fezer § 25 Rn. 40).

Neben der Bösgläubigkeit könnte zudem beispielsweise im Gerichts- oder Widerspruchsverfah- **38** ren auch der **Einwand des Rechtsmissbrauchs bzw. der Behinderungsabsicht** wegen Fehlens des generellen Benutzungswillens geltend gemacht werden. Problematisch ist allerdings, dass der fehlende Benutzungswille als subjektives Tatbestandsmerkmal oft nur schwer feststellbar ist (so auch Loschelder FS Bornkamm, 2014, 637 (651)). Sofern der Nachweis der strengen Voraussetzungen gelingt, kann im Einzelfall ein Rechtsmissbrauch bejaht werden.

38.1   Das OLG Frankfurt hat einen Rechtsmissbrauch angenommen bei einer Vielzahl von Spekulationsmarken und damit einem unzulässigen Geschäftsmodell (OLG Frankfurt GRUR-RR 2013, 211 – Spekulationsmarken; GRUR 1992, 445 – Wiederholungszeichen).

38.2   Hingegen hat das EuG in der „Pelikan"-Entscheidung mit Blick auf das Modernisierungsbedürfnis des Markeninhabers eine Bösgläubigkeit verneint, wobei hier auch das Warenverzeichnis modifiziert war, so dass nach Auffassung des EuG keine deckungsgleiche Marke vorlag (EuG T-136/11, GRUR Int 2013, 144 – Pelikan).

39   In Rechtsprechung und Literatur wird zum Teil vertreten, dass einer Wiederholungsmarke **keine eigene Benutzungsschonfrist** zustehe und daher auf Einrede der jeweiligen Gegenseite bereits in den ersten fünf Jahren der Nachweis der rechtserhaltenden Benutzung zu erbringen sei. Zwar sei die Nichtbenutzungseinrede bei wörtlicher Auslegung des § 43 Abs. 1 in einem solchen Fall unzulässig, allerdings habe der Markeninhaber seine formell bestehende Benutzungsschonfrist tatsächlich bereits verbraucht (BPatG BeckRS 2014, 09353 – Peak Elements; OLG Nürnberg GRUR-RR 2023, 22 – Bärentaler; → § 8 Rn. 1082). Diese Lösung erscheint im Einzelfall pragmatisch und gerecht.

39.1   Zur Behandlung der Wiederholungsmarke im Unionsmarkenrecht und insbesondere den relevanten Entscheidungen des EuG und der Beschwerdekammern des EUIPO → UMV Art. 18 Rn. 49

C. Art der Benutzung

I. Markenmäßige Benutzung

40   Der Begriff der „Benutzung" iSd § 26 ist nicht legaldefiniert. Nach ständiger Rechtsprechung ist er grundsätzlich unabhängig vom Begriff der „rechtsverletzenden Benutzung" auszulegen. Entscheidend ist, ob die Benutzung der Marke funktionsgerecht erfolgt, dh ob die Marke dabei der Unterscheidung von Waren oder Dienstleistungen des Markeninhabers von denjenigen Dritter dient und damit ihrer **Herkunftsfunktion** nachkommt (BGH GRUR 2009, 60 Rn. 22 – LOTTOCARD).

1. Abgrenzung zur rechtsverletzenden Benutzung

41   Nach ständiger Rechtsprechung des BGH und des EuGH können die beiden Begriffe rechtserhaltende Benutzung und rechtsverletzende Benutzung **nicht gleichgesetzt** werden (BGH GRUR 1980, 52 (53) – Contiflex; GRUR 2000, 1038 (1039) – Kornkammer; EuGH C-40/01, GRUR 2003, 425 Rn. 32–43 – Ansul/Ajax).

42   Allerdings darf der Begriff der rechtserhaltenden Benutzung grundsätzlich nicht weiter gehen als der Begriff der rechtsverletzenden Benutzung (BGH GRUR 2012, 1261 Rn. 13 – Orion).

2. Keine rein firmenmäßige Benutzung

43   Wird eine Marke nicht zur Kennzeichnung eines Produkts, sondern ausschließlich firmenmäßig als Hinweis auf ein bestimmtes Unternehmen verwendet, liegt nach ständiger Rechtsprechung keine Benutzung iSd § 26 vor (EuGH C-245/02, GRUR 2005, 153 Rn. 64 – Anheuser-Busch/Budvar; C-17/06, GRUR 2007, 971 Rn. 21 – Céline; BGH GRUR 2003, 428 (430) – BIG BERTHA; GRUR 2005, 1047 (1049) – Otto; GRUR 2013, 925 Rn. 47 – VOODOO).

44   Eine eindeutige **Abgrenzung** zwischen marken- und firmenmäßiger Benutzung kann im Einzelfall schwierig sein, insbesondere wenn eine Kennzeichnung zugleich als Unternehmenskennzeichen und als Herkunftshinweis für bestimmte Waren oder Dienstleistungen verstanden wird (→ § 14 Rn. 93 ff.; BGH GRUR 2004, 512 (513 f.) – Leysieffer; GRUR 2008, 254 Rn. 28 – THE HOME STORE; GRUR 2010, 270 Rn. 17 – ATOZ III; EuGH C-17/06, GRUR 2007, 971 Rn. 16, 23, 26, 27 – Céline).

44.1   Eine markenmäßige Benutzung ist in der Regel anzunehmen im Falle einer besonderen grafischen Hervorhebung oder bei einer räumlichen Trennung von weiteren Angaben zum Unternehmen (BGH GRUR 2008, 616 Rn. 16 – AKZENTA).

44.2   Hingegen ist regelmäßig von einer rein firmenmäßigen Benutzung auszugehen, wenn innerhalb einer vollständigen Unternehmensbezeichnung keine Hervorhebungen erfolgen (OLG Köln BeckRS 2008, 05543 – Schutzengel; BPatG BeckRS 2012, 08794 – Biofin/biovin; aA wohl EuGH T-482/08, GRUR

Int 2011, 60 Rn. 40 f. – ATLAS TRANSPORT). Die Verwendung des Schutzrechtshinweises „R im Kreis" vermag dies nicht zu ändern (BGH GRUR 2013, 925 Rn. 47 – VOODOO).

Werden zusätzlich noch weitere Marken des Markeninhabers oder Dritter verwendet, spricht ebenfalls **44.3** viel für eine rein firmenmäßige Benutzung (BGH GRUR 2003, 428 (430) – BIG BERTHA; GRUR 2005, 1047 (1049) – OTTO).

Die Benutzung eines Unternehmenskennzeichens ist allerdings zugleich eine markenmäßige Benutzung, **44.4** wenn der Verkehr durch die konkrete Verwendung (zB Anbringung auf Waren, Verwendung im Rahmen eines Internetauftritts) veranlasst wird anzunehmen, dass eine Verbindung zwischen dem angegriffenen Unternehmenskennzeichen und den Waren oder Dienstleistungen besteht (BGH GRUR 2015, 1201 Rn. 71 – Sparkassen-Rot/Santander-Rot; OLG Frankfurt BeckRS 2017, 114243 – Cassellapark; OLG Frankfurt BeckRS 2019, 19199 – Cassellapark).

3. Keine rein titelmäßige Benutzung

Schwieriger ist die Abgrenzung zwischen einer markenmäßigen Benutzung und der Verwen- **45** dung von Werktiteln, da diese stets produktbezogen und damit für das Publikum von der Verwendung einer Marke kaum unterscheidbar sind (→ § 14 Rn. 98 ff.). Der Werktitel soll verschiedene Werke voneinander unterscheiden und kann unter Umständen auch als Herkunftshinweis verstanden werden (BGH GRUR 2006, 152 Rn. 23–25 – GALLUP; GRUR 2003, 440 (441) – Winnetous Rückkehr).

Erforderlich ist dafür, dass der maßgebliche angesprochene Verkehr in dem Titel zugleich auch **46** einen Hinweis unmittelbar auf ein bestimmtes Unternehmen oder mittelbar über dessen Waren oder Dienstleistungen sieht. Anhaltspunkte hierfür sind beispielsweise die Verwendung von Schutzrechtshinweisen wie „R im Kreis" (OLG Hamburg GRUR-RR 2012, 154 (156) – Luxor). Zudem kann bei einer regelmäßig erscheinenden Druckschrift der Verkehr hierin auch einen Hinweis auf die betriebliche Herkunft der Ware (Zeitschrift) sehen (vgl. Ströbele/Hacker/Thiering/Ströbele Rn. 82; BPatG BeckRS 2019, 14571 – VIEW ONE).

4. Keine dekorative oder beschreibende Benutzung

Eine rein **dekorative Verwendung** eines Zeichens ist in der Regel nicht rechtserhaltend (OLG **47** München NJW-RR 1996, 1260 – THE BEATLES; BPatG GRUR 1998, 148 (151) – SAINT MORIS/St. Moritz). Es gilt daher im Einzelfall zu prüfen, ob der Verkehr in dem Zeichen möglicherweise auch einen Herkunftshinweis sieht (OLG Düsseldorf GRUR-RR 2016, 153 – Pippi; KG GRUR-RR 2003, 310 – Fertigzigaretten).

Das OLG Düsseldorf merkt in seiner Entscheidung „Pippi" (im Verletzungsverfahren) colorandi causa **47.1** an, dass die Verwertung von Roman- oder Filmfiguren als Marke interessante, nicht abschließend zu beantwortende Fragen aufwerfe. Fraglich sei, ob der Verkehr das Zeichen als Herkunftshinweis auffasse oder lediglich dekorativ im Sinne einer Identifizierung der Trägerin des Kleidungsstücks mit der Romanfigur. Zwar sei der Verkehr heutzutage an das Merchandising von neueren populären literarischen und filmischen Werken gewöhnt und wisse, dass dahinter zumindest mittelbar der Inhaber der Rechte am Werk stehe. Fraglich sei aber, ob dies auch für ältere Figuren wie „Pippi Langstrumpf" gelte (vgl. OLG Düsseldorf GRUR-RR 2016, 153 – Pippi).

In einem Verletzungsverfahren hat der BGH angenommen, dass die flächige Aneinanderreihung einer **47.2** geometrischen Grundform (Sierpinski-Dreieck) auf einem Kleidungsstück regelmäßig nur als dekoratives Element und nicht als Produktkennzeichnung aufgefasst wird. Daher hat er die markenmäßige Benutzung verneint (vgl. BGH GRUR 2017, 730 – Sierpinski-Dreieck).

Der BGH hat – ebenfalls in einem Verletzungsverfahren – nur eine dekorative Benutzung eines Bildmo- **47.3** tivs (Medusa-Kopf) angenommen und eine markenmäßige Benutzung verneint (vgl. BGH GRUR 2012, 816 – Medusa).

Das LG Köln hat in einem Verletzungsverfahren die markenmäßige Benutzung einer Bildmarke (Kno- **47.4** chenmuster) verneint, die sich als dreidimensionale Oberflächenstruktur auf einer Sandalensohle befand (LG Köln GRUR-Prax 2017, 163).

Das EuG hat angenommen, dass eine aus der Warenform bestehende dreidimensionale Marke (stilisiertes **47.5** Känguruh) nicht markenmäßig benutzt wird, wenn Wortbestandteile (zB „jumpy's", „funny frisch", „wolf" etc) auf der Verpackung im Vordergrund stehen, während eine zweidimensionale Darstellung der angegriffenen Marke als ein ergänzendes oder nebensächliches Bildelement im Hintergrund der Verpackung erscheint (EuG T-219/17, BeckRS 2018, 23033).

In der Entscheidung „SAM" hat der BGH für das Verletzungsverfahren angenommen, dass auch die **47.6** Verwendung eines unterscheidungskräftigen und konkret nicht beschreibend eingesetzten Zeichens als Modellbezeichnung nicht für sich den Rückschluss auf eine kennzeichenmäßige Nutzung zulasse. Vielmehr sind die Umstände des Einzelfalls einschließlich der Kennzeichnungsgewohnheiten der jeweiligen Branche relevant. Im Bekleidungssektor kann die Anbringung des Zeichens auf der Ware selbst oder auf Etiketten vom angesprochenen Verkehr als Herkunftshinweis verstanden werden. Bei einem Angebot in einem Katalog oder im Internet müsse das Angebot in seiner Gesamtheit beurteilt werden (BGH BeckRS 2019, 5317 – SAM). Anders hingegen hat das OLG Frankfurt einen Fall entschieden hinsichtlich der Modellbezeichnung für einen Mantel aufgrund markentypischer Hervorhebung der Modellbezeichnung und der Verkehrswahrnehmung im Sinne einer Zweitmarke (OLG Frankfurt GRUR-RS 2022, 19105).

48   Erscheint die Verwendung eines Zeichens eher **beschreibend,** kann in der Regel die markenmäßige Verwendung nicht allein deshalb verneint werden (→ § 14 Rn. 103). Schließlich ist die Klärung der Frage, ob eine eingetragene Marke generell für die fraglichen Waren und Dienstleistungen beschreibend und daher löschungsreif ist, dem Nichtigkeitsverfahren vorbehalten (vgl. BGH GRUR 2009, 60 Rn. 11, 17 ff. – LOTTOCARD).

48.1   **Beispiele aus der Rechtsprechung:**
„LOTTO" herkunftshinweisend gebraucht für Chip- und Magnetkarten für Zahlungsverkehr mit Lottospielern (BGH GRUR 2009, 60 Rn. 24 ff. – LOTTOCARD);
„Ysat(e)" beschreibend für Arzneimittel bei Erläuterung beschreibender Bedeutung in der Werbung (BPatG GRUR 2005, 592 (593) – Lisat/Ysat);
Sprechende Marke „Cystus" (angelehnt an die Pflanze „Cistus") trotz Verwendung von ® kein betrieblicher Herkunftshinweis, wenn auf Produktverpackung eines Nahrungsergänzungsmittels zur Bezeichnung des Inhaltsstoffes benutzt (EuGH C-194/17 P, BeckRS 2019, 640 – CYSTUS);
Angabe des Interpreten auf Titelfoto eines Tonträgers nur inhaltsbeschreibend (BGH GRUR 2012, 832 Rn. 29, 32, 35 – ZAPPA; OLG Frankfurt GRUR Int 1993, 872 – Beatles);
Abgrenzung betriebliche bzw. geografische Herkunft (EuGH C-96/09 P, BeckEuRS 2011, 562 Rn. 149 f. – BUD);
„Piccolo" auf 0,2-Liter-Sektflasche beschreibend als Angabe von Flaschengröße (EuG T-20/15, BeckRS 2016, 80628 – Piccolo/Piccolomini);
Individualmarke „Steirisches Kürbiskernöl" gibt zwar geografische Herkunft der Ware und Durchführung einer Qualitätskontrolle an, vermittelt aber nicht, dass die Produkte aus einem einzigen Unternehmen stammen – Verwendung ähnelt eher der einer Kollektivmarke (EuG T-72/17, BeckRS 2018, 18695 – Steirisches Kürbiskernöl; bestätigt durch EuGH C-514/18 P, BeckRS 2019, 24525);
„Felsquellwasser®" innerhalb des Slogans „mit Felsquellwasser® gebraut" auf Rückenetikett einer Bierflasche wird nicht als reine Hervorhebung eines Produktbestandteils, sondern als Marke verstanden, da diese Zutatenangabe infolge langjähriger intensiver Benutzung im Rahmen des Werbeslogans kraft Verkehrsdurchsetzung für das Endprodukt (Bier) als Marke eingetragen wurde (OLG Hamm BeckRS 2019, 683; anders noch LG Bochum BeckRS 2017, 136377 – Felsquellwasser);
Beschreibende Angabe in kyrillischer Schrift („Рыжик") für Tortenböden wird nicht als Herkunftshinweis wahrgenommen (OLG Stuttgart BeckRS 2019, 1232).

49   Für die Annahme einer markenmäßigen und nicht beschreibenden Benutzung kann die Verwendung des „R im Kreis"-Symbols sprechen, denn dann vermuten die angesprochenen Verbraucher, dass das so gekennzeichnete Zeichen als Marke Schutz genießt (BGH GRUR 2014, 662 Rn. 29 – Probiotik).

5. Domainnamen

50   Bei Domainnamen, die zu einer aktiven, im Geschäftsverkehr benutzten Internetpräsenz führen, ist in der Regel anzunehmen, dass diese im Rahmen des Waren- oder Dienstleistungsabsatzes jedenfalls auch der Unterscheidung der Waren oder Dienstleistungen eines Unternehmens von denen anderer dienen und damit eine markenmäßige Benutzung vorliegt. Solchen Domainnamen kommt normalerweise neben der Adressfunktion eine kennzeichnende Funktion zu, weil der Verkehr in ihnen einen Hinweis auf die betriebliche Herkunft der unter diesen Domainnamen im Internet angebotenen Waren oder Dienstleistungen sieht (BGH GRUR 2012, 832 Rn. 11, 17, 19 – ZAPPA; allgemein zur kennzeichenrechtlichen Verwendung von Domainnamen → § 15 Rn. 102 ff.). Dies ist aber nicht der Fall, wenn der Domainname reine Adressfunktion hat oder wenn er von den angesprochenen Verkehrskreisen ausschließlich als beschreibende Angabe aufgefasst wird. Dabei ist auch der Inhalt der Internetseite zu berücksichtigen (BGH GRUR 2012, 832 Rn. 19, 20, 24 – ZAPPA).

50.1   Der BGH hat in der Verwendung des Domainnamens zappa.com keine rechtserhaltende Benutzung der Wortmarke ZAPPA gesehen, da der Verkehr diesem Domainnamen nur den beschreibenden Hinweis entnehme, dass auf der unter zappa.com betriebenen Internetseite Informationen über Werk und Leben des Künstlers Frank Zappa zu finden sind. In jenem Fall entsprach der Inhalt der Internetseite mit eben diesen Informationen auch der Erwartung des Verkehrs (BGH GRUR 2012, 832 Rn. 11, 23 – ZAPPA). Zwar stelle ein Name ein klassisches Kennzeichnungsmittel dar – daraus folge aber nicht, dass die angesprochenen Verkehrskreise einen Namen, der ihnen in einem Domainnamen begegne, grundsätzlich auch als Marke auffassten (BGH GRUR 2012, 832 Rn. 22 – ZAPPA).

II. Benutzung im geschäftlichen Verkehr

Die Marke kann ihrer Herkunftshinweisfunktion nur gerecht werden, wenn sie als Hinweis auf **51** die betriebliche Herkunft der gekennzeichneten Waren oder Dienstleistungen verwendet wird. Dies erfordert, dass die Marke **nicht nur privat oder innerhalb des eigenen Unternehmens,** sondern im geschäftlichen Verkehr benutzt wird (EuGH C-40/01, GRUR 2003, 425 Rn. 37 – Ansul/Ajax; C-442/07, GRUR 2009, 156 Rn. 14 – Radetzky-Orden).

Daher sind grundsätzlich alle **rein innerbetrieblichen Benutzungsformen irrelevant,** egal **52** ob es sich um interne Vorbereitungsmaßnahmen handelt (BGH GRUR 1980, 289 (290) – Trend) oder um einen Warenvertrieb innerhalb konzernmäßig verbundener Unternehmen (BGH GRUR 1979, 551 (552) – lamod; BPatG BeckRS 2018, 4638 Rn. 24 ff. – ETAX).

Im Einzelfall kann die Präsentation von Prototypen, eine zukünftige Werbekampagne oder die Veranstal- **52.1** tung einer Musterschau ausreichen (EuGH C-40/01, GRUR 2003, 425 Rn. 37 – Ansul/Ajax; BPatG 27 W (pat) 248/84, BPatGE 28, 235 – Belmare).

Auch Testverkäufe können eine ausreichende Benutzungshandlung darstellen, wenn sie nach Art, **52.2** Umfang und Dauer eine ernsthafte wirtschaftliche Betätigung darstellen (BGH GRUR 1978, 642 (644) – SILVA).

Hingegen stellt die Benutzung einer Marke im Rahmen klinischer Studien keine rechtserhaltende **52.3** Benutzung dar, da sie außerhalb des Wettbewerbs und nur in einem engen Teilnehmerkreis stattfinde und nicht das Ziel verfolge, Marktanteile zu erschließen oder zu sichern (EuG T-276/16, BeckRS 2017, 124595 – Boswelan).

Auch eine Verwendung gegenüber dem Endverbraucher ist nicht notwendigerweise erforderlich, viel- **52.4** mehr kann auch eine Veräußerung über Franchise- und Lizenznehmer genügen, um eine öffentliche und externe Benutzung zu belegen (EuG T-910/16, T-911/16, GRUR-RS 2019, 4919 – TESTA ROSSA).

Wenn konkrete Vorbereitungshandlungen nachgewiesen werden (zB Presseartikel über den bevorstehen- **52.5** den Produktlaunch), die erst nach Ablauf des relevanten Benutzungszeitraums zu einem Warenverkauf führen, dann kann im Einzelfall eine rechtserhaltende Benutzung angenommen werden. Entscheidend sind jedoch die Besonderheiten des jeweiligen Marktes. Im Falle hochpreisiger und limitierter Rennfahrzeuge mit oft langen Wartezeiten hat der EuG dies angenommen (EuG T-677/19, GRUR-RS 2020, 23626 – SYRENA).

Auch das LG Stuttgart hat bestätigt, dass Vorbereitungshandlungen zur zukünftigen Aufnahme der **52.6** Benutzung einer Marke (zB Versuch von Kooperationen mit Drittunternehmen) keine ernsthafte Benut- zung darstellen (LG Stuttgart GRUR-RS 2022, 8529 – Berblinger). So sah es auch das LG München im Hinblick auf eine Bewerbung bei der Stadt München für ein Festzelt auf dem Oktoberfest (LG München GRUR-RS 2022, 2843 – Schützenlisl).

III. Benutzung zur Kennzeichnung von Waren/Dienstleistungen

Die angesprochenen Verkehrskreise müssen in der Benutzung einer Marke einen Hinweis auf **53** die Herkunft der jeweiligen Ware oder Dienstleistung aus einem bestimmten Unternehmen sehen (EuGH C-40/01, GRUR 2003, 425 Rn. 38 – Ansul/Ajax; BGH GRUR 2008, 616 Rn. 10 – AKZENTA).

1. Warenmarken

Die konkret geforderte Art der Benutzung bestimmt sich nach der jeweils **branchenüblichen** **54** **Verwendungsform** von Marken (BGH GRUR 2014, 662 Rn. 12 mwN – Probiotik). Für die rechtserhaltende Benutzung ist es grundsätzlich **nicht** erforderlich, die **Marke unmittelbar an der Ware anzubringen** oder Marke und Ware unmittelbar zu verbinden. Jede übliche und wirtschaftlich sinnvolle Verwendung der Marke für die eingetragenen Waren genügt. Ein konkreter Produktbezug ist dabei allerdings nötig (BGH GRUR 2006, 150 Rn. 9 – NORMA).

Bei Flüssigkeiten oder Schüttgut scheidet eine Anbringung der Marke auf der Ware aus. Auch bei **54.1** kleinen Waren (zB Schmuck oder Schrauben) wird man häufig keine Möglichkeit haben, eine Marke anzubringen. Hier ist die Marke dann auf der jeweiligen Verpackung anzubringen (BGH GRUR 1995, 347 (349) – TETRASIL).

54.2   Im Bereich der Bekleidung ist der angesprochene Verkehr daran gewöhnt, Herkunftshinweis und Waren-individualisierung „insbesondere auch in dem Unternehmenskennzeichen zu sehen" (BGH GRUR 2011, 623 Rn. 24 – Peek & Cloppenburg II).

55   In der Regel wird eine bloße Verwendung in Geschäftspapieren, Preislisten, in der Werbung, im Geschäftslokal, auf Preisetiketten, auf Versandtaschen etc allein nicht ausreichen (Ströbele/Hacker/Thiering/Ströbele Rn. 41 f.; BGH GRUR 2006, 150 Rn. 11, 12, 17 – NORMA; GRUR 2009, 772 Rn. 53 – Augsburger Puppenkiste; GRUR 2005, 1047 (1049); BPatG GRUR 1998, 1032 (1033) – MAPAX/MAPAG; GRUR 1996, 981 (982) – ESTAVITAL).

56   Bei **Katalogen** ist zu differenzieren: Ist hier eine Anbringung der Marke auf der Ware ersicht-lich, kann eine rechtserhaltende Benutzung angenommen werden. Wenn der Katalog jedoch nur Waren zeigt, die nicht erkennbar mit der Marke gekennzeichnet sind oder gar ein anderes Kennzei-chen tragen, dann wird nur von einer firmenmäßigen Verwendung auszugehen sein (BGH GRUR 2005, 1047 (1049) – OTTO; GRUR 2006, 150 Rn. 12, 13 – NORMA).

57   Wenn eine Marke ausschließlich als **Sorten-, Artikel- oder Bestellzeichen** verwendet wird, dient sie in der Regel nicht der Unterscheidung der eigenen Waren von denen Dritter (BGH GRUR 1980, 52 (53) – Contiflex; OLG Frankfurt GRUR-RS 2019, 3217 Rn. 37 – COURT MO 5).

58   Eine Besonderheit stellen **„begleitende Marken" für Rohstoffe oder Vorprodukte** (zB Intel und Gore-Tex) dar, die häufig auch auf dem Endprodukt angebracht sind. Die Benutzung einer Marke als Hinweis auf einen Ausgangsstoff stellt laut EuG aufgrund der Unterschiede in Art, Zweck und Bestimmung nicht automatisch zugleich die Benutzung der Marke für Endpro-dukte dar, die diesen Ausgangsstoff enthalten (EuG T-660/11, GRUR-Prax 2015, 402 – POLY-TETRAFLON/TEFLON; T-270/10, BeckRS 2012, 81116 – Karra).

2. Dienstleistungsmarken

59   Bei Dienstleistungen scheidet naturgemäß ein Anbringen der Marke aus. Stattdessen sind hier indirekte branchenübliche Verwendungsformen zu berücksichtigen, wie beispielsweise die Anbringung der Marke am Geschäftslokal oder die Verwendung der Marke in Werbemaßnahmen, auf Geschäftspapieren sowie Berufsbekleidung und Gegenständen, die bei der Erbringung der Dienstleistung zum Einsatz gelangen, wie Auto, Verpackungsmaterial, Preislisten, Rechnungen, etc (BGH GRUR 2008, 616 Rn. 13 – AKZENTA; GRUR 2010, 270 Rn. 17 – ATOZ III; BPatG GRUR 1992, 392 (393) – Parkhotel Landenberg; BeckRS 2017, 106531 Rn. 18).

60   Der Verkehr muss allerdings erkennen können, dass ein Zeichen nicht nur den Geschäftsbetrieb, sondern zumindest auch eine von diesem angebotene Dienstleistung kennzeichnet (BGH GRUR 2008, 616 Rn. 13 – AKZENTA; GRUR 2010, 270 Rn. 17 – ATOZ III).

3. Marke für Einzelhandelsdienstleistungen

61   Zur rechtserhaltenden Benutzung einer Einzelhandelsdienstleistungsmarke genügt grundsätzlich die Anbringung der Marke am Geschäftslokal, auf Geschäftspapieren sowie auf Gegenständen, die zur Erbringung der Dienstleistung verwendet werden (OLG Hamm BeckRS 2015, 16121 Rn. 33 – grillstar; BPatG BeckRS 2017, 132751 – Conrad).

62   Umfasst werden dabei alle im direkten Zusammenhang mit der Einzelhandelstätigkeit stehende Dienstleistungen (zB Auswahl und Zusammenstellung des Sortiments), nicht jedoch alle sonstigen vom Markeninhaber erbrachten Leistungen wie zB Kredit- oder Reisevermittlung, Reparatur-dienstleistungen etc (EuGH C-418/02, GRUR 2005, 764 Rn. 34–36 – Praktiker; BPatG GRUR 2006, 63 (65) – Einzelhandelsdienstleistungen II).

62.1   Der EuGH nahm in der Entscheidung „Burlington" (EuGH C-155/18 P, GRUR-RS 2020, 2683) sogar an, dass der Begriff „Einzelhandelsdienstleistungen" auch solche Dienstleistungen erfasst, die von einer Einkaufspassage für den Verbraucher erbracht werden, um diesen im Interesse der Firmen, die die betreffenden Einkaufspassage belegen, Ansicht und Erwerb dieser Waren erleichtern (EuGH C-155/18 P, GRUR-RS 2020, 2683 Rn. 126 ff.).

62.2   Das EuG hat entschieden, dass sich der Nachweis der rechtserhaltenden Benutzung von Marken, die sich ohne nähere Spezifizierung der Waren auf Einzelhandelsdienstleistungen beziehen, nicht für alle mögli-cherweise von Einzelhandelsdienstleistungen erfassten Produkte erbracht werden muss (EuG T429/21, GRUR-RS 2022, 26108 – ALDIANO/ALDI).

63   Eine rechtserhaltende Benutzung für die konkreten Waren selbst kann hingegen grundsätzlich keine rechtserhaltende Benutzung für die Einzelhandelsdienstleistungsmarke begründen (BPatG GRUR 2003, 152 (156) – Einzelhandelsdienstleistungen).

Zuletzt haben verschiedene Senate des BPatG hierzu und insbesondere hinsichtlich der Verwendung **63.1** derselben Marke CARRERA unterschiedliche Meinungen vertreten:
- Zunächst nahm der 28. Senat in der rechtskräftigen Entscheidung vom 4.10.2019 (BPatG BeckRS 2019, 24060) eine rechtserhaltende Benutzung der Marke für „Online-Handelsdienstleistungen einschließlich Internet (Shop) in den Bereichen elektrische Geräte für Körper- und Schönheitspflege, (…)" an (nicht aber für Einzel- und Versandhandel einschließlich Teleshopping) – obwohl alle Produkte von der Markeninhaberin stammten, denn der Verkauf von Waren unterschiedlicher Hersteller sei nicht erforderlich.
- Sodann verneinte der 29. Senat in seiner Entscheidung vom 10.1.2020 (BPatG GRUR-RS 2020, 289) eine rechtserhaltende Benutzung der Marke mit der Begründung, die Dienstleistung des Einzelhändlers (unabhängig, ob tätig im stationären Handel, Internet oder anderweitig ausgeübt) liege gerade im Zusammenstellen von Waren verschiedener betrieblicher Herkunft zu einem Sortiment sowie dessen Angebot im Bereich einer einheitlichen Vertriebsstätte. Der Vertrieb der Waren durch den Hersteller selbst (auch über einen eigenen Onlineshop) sei von der Warenmarke mit umfasst – unabhängig davon, ob der Hersteller eine besonders ansprechende Präsentation der Waren oder besondere Beratungsdienstleistungen anbietet.
Der EuGH scheint in der Entscheidung „Burlington" (EuGH C-155/18 P, GRUR-RS 2020, 2683) **63.2** die Meinung des 29. Senats zu teilen, denn er fordert in GRUR-RS 2020, 2683 Rn. 126 im Hinblick auf Einzelhandelsdienstleistungen, dass (i) der Zweck solcher Dienstleistungen der Verkauf von Waren an Verbraucher ist, (ii) sie zu dem Zweck erbracht werden und (iii) sie für Dritte erbracht werden.

Bietet ein Einzelhandelsunternehmen – neben den Produkten Dritter – jedoch unter der glei- **64** chen „Hausmarke" auch Waren an, dann kommt eine rechtserhaltende Benutzung auch für die Waren in Betracht (BGH GRUR 2011, 623 Rn. 23–26 – Peek & Cloppenburg II).

4. Nebenwaren- und Dienstleistungen

Viele Unternehmen bringen neben ihren eigentlichen Waren und Dienstleistungen – meist zu **65** Werbezwecken – noch weitere Waren und Dienstleistungen auf den Markt. Zu solchen meist kostenlos verteilten Werbeartikeln gehören beispielsweise Kugelschreiber, T-Shirts, etc. In der Regel hat der Markeninhaber hierbei keine Gewinn- oder Umsatzerzielungsabsicht, sondern möchte lediglich den Absatz des Hauptproduktes fördern. Ist eine Marke auch für solche Nebenwaren oder -dienstleistungen eingetragen, ist bei der Frage ihrer rechtserhaltenden Benutzung zu prüfen, ob hier lediglich das Hauptprodukt beworben werden soll oder ob die Marke auch als Herkunftshinweis für die Nebenware dient und ein eigener Absatzmarkt erschlossen werden soll (EuGH C-442/07, GRUR 2009, 156 Rn. 14 – Radetzky-Orden; C-495/07, GRUR 2009, 410 Rn. 18 – Silberquelle; BGH GRUR 2012, 180 Rn. 42 – Werbegeschenke).

Die kostenlose Verteilung von Datenträgern und Software ist laut dem EuG keine ernsthafte Benutzung **65.1** der darauf angebrachten Marke, wenn Datenträger und Software nicht eigenständig und losgelöst vom Kauf der darauf befindlichen bzw. damit bearbeitbaren Fotoprodukte angeboten werden und die Software ohne die Produkte nutzlos wäre. Auch Buchbindearbeiten, Verschaffen von Zugang auf eine Datenbank sowie Nachrichten- und Bildübermittlung, die für den Verkauf der Fotoprodukten notwendig sind und nicht losgelöst von diesen angeboten werden, sind unselbständige Hilfsdienstleistungen und belegen keine ernsthafte Benutzung (vgl. EuG T-323/18, BeckRS 2019, 5475).

Die **kostenlose Verteilung von Werbegeschenken** steht der Annahme einer rechtserhalten- **66** den Benutzung nicht prinzipiell entgegen. Sie kann im Einzelfall auch der Erschließung eines eigenen Absatzmarktes dienen, nicht jedoch, wenn es branchenüblich tatsächlich nur um eine Verteilung zu Werbezwecken geht, ohne dass hierfür ein eigener Absatzmarkt erschlossen werden soll (EuGH C-495/07, GRUR 2009, 410 Rn. 18–22 – Silberquelle; BGH GRUR 2012, 180 Rn. 42 – Werbegeschenke; OLG Hamburg GRUR-RR 210, 379 (380) – Metro I und II).

Bei **Fanartikeln** und Andenken erscheint eine rechtserhaltende Benutzung für die Warengat- **67** tung des Artikels selbst möglich (EuGH C-495/07, GRUR 2009, 410 Rn. 13 – Silberquelle). Gleiches gilt für klassische **Merchandising-Waren,** die zwar vielleicht aufgrund eines jenseits der Ware selbst liegenden „Brand Value" gekauft werden (Coca-Cola Untersetzer, Guinness Poster, Porsche-Uhr, Trikot eines bekannten Fußballvereins etc), sich aber einen eigenen Absatzmarkt erschließen und eine selbständige Umsatzquelle darstellen.

5. Benutzung als Gütezeichen

Die Verwendung einer Individualmarke auf Waren als Gütezeichen stellt grundsätzlich keine **68** markenmäßige Benutzung dar, da hierbei die Marke nicht als Herkunftshinweis verstanden wird. Hingegen kann eine ernsthafte Benutzung angenommen werden, wenn die Marke den Verbrauchern auch und zugleich garantiert, dass diese Waren aus einem einzigen Unternehmen stammen, unter dessen Kontrolle die Waren hergestellt werden und das für ihre Qualität verantwortlich gemacht werden kann (EuGH C-689/15, GRUR 2017, 816 – Gözze/VBB, für Internationales Baumwollzeichen; daran anschließend: OLG Düsseldorf BeckRS 2017, 143753).

68.1   Das BPatG hat in der Entscheidung „EM blond/EM" bestätigt, dass es eine Änderung des kennzeichnenden Charakters einer Marke darstellt, wenn eine Individualmarke mit einem Zusatz (hier: „QUALITY CERTIFIED") verwendet wird, der unter Berücksichtigung der gesamten Produktaufmachung den Eindruck erweckt, es handle sich um eine Zweitkennzeichnung mit der Gewährleistungsmarke eines Zertifizierers des betreffenden Produkts (BPatG GRUS-RS 2022, 5848).

IV. Internetspezifische Benutzungsformen

69   Bei Benutzungshandlungen im Internet ist ebenfalls zu untersuchen, ob die Marke im Einzelfall ihrer Herkunftshinweisfunktion nachkommt.

70   **Domainnamen,** die zu einer aktiv im Geschäftsverkehr benutzten Internetpräsenz führen, kommt in der Regel sowohl eine Adressfunktion als auch eine kennzeichnende Funktion zu (→ § 15 Rn. 102 ff.; BGH GRUR 2012, 832 Rn. 19 – ZAPPA; GRUR 2009, 685 Rn. 20 – ahd.de). Erforderlich ist jedoch, dass die mit der Ware beworbenen Waren oder Dienstleistungen auf der unter dem Domainnamen abrufbaren Webseite angeboten werden (EuG T-514/10, GRUR Int 2013, 48 Rn. 62 ff. – FRUIT).

71   Dies ist nicht der Fall, wenn der Domainname lediglich als Unternehmensbezeichnung verstanden wird oder wenn eine markenmäßige Verwendung aufgrund eines beschreibenden sachbezogenen Aussagegehalts verneint wird (BGH GRUR 2012, 832 Rn. 19–24 – ZAPPA).

71.1   Wird ein Personenname in einem Domainnamen verwendet, kann sich daraus nicht immer eine rechtserhaltende Benutzung ergeben. Dies wird von der Rechtsprechung verneint, wenn der aus dem **Namen einer Person** (sowie einer Top-Level-Domain) gebildete Domainname von den angesprochenen Verkehrskreisen als ausschließlich den Inhalt der Internetpräsenz beschreibender oder rein firmenmäßiger Hinweis angesehen wird (BGH GRUR 2012, 832 Rn. 22 – ZAPPA).

72   Wird eine Marke lediglich als **Keyword** verwendet, scheidet eine rechtserhaltende Benutzung bereits deshalb aus, weil Keywords nicht auf der Webseite, sondern lediglich bei der Eingabe in Suchmaschinen verwendet werden (so auch Ingerl/Rohnke/Nordemann/Schmitz-Fohrmann Rn. 53). Bei Metatags, die sich im Quelltext einer bestimmten Webseite befinden, wird es regelmäßig am erforderlichen Produktbezug fehlen (so auch HK-MarkenR/Spuhler Rn. 52).

D. Ernsthaftigkeit und Umfang der Benutzung

73   Unter ernsthafter Benutzung versteht der EuGH eine tatsächliche und nicht nur symbolische Benutzung allein zum Zweck der Wahrung der durch die Marke verliehenen Rechte.

74   Eine Marke muss für die Annahme der Ernsthaftigkeit ihrer Benutzung in einer **üblichen und wirtschaftlich sinnvollen** Art und Weise benutzt werden (BGH GRUR 2013, 725 Rn. 38 – Duff Beer). Nach ständiger Rechtsprechung des EuGH ist dazu erforderlich, dass der Inhaber die Marke benutzt, um für die jeweiligen Waren oder Dienstleistungen einen **Marktanteil zu gewinnen oder zu behalten** (EuGH C-40/01, GRUR 2003, 425 Rn. 37, 43 – Ansul/Ajax; BGH GRUR 2012, 180 Rn. 42 – Werbegeschenke; GRUR 2012, 1261 Rn. 12 – Orion).

75   Ob eine Benutzung als ernsthaft einzustufen ist, wird anhand **verschiedener Kriterien** geprüft. Dazu zählen insbesondere die Umsatz- und Verkaufszahlen, der Geschäftsumfang, die Frequenz und Dauer der Benutzungshandlungen, die Herstellungs- und Vermarktungskapazität, die Diversifikation des Geschäfts, und die Natur der relevanten Waren und Dienstleistungen. Das alles steht in einer **Wechselwirkung (**EuG T-203/02, GRUR Int 2005, 47 – Vitafruit; T638/14, GRUR-Prax 2016, 237 – Frisa).

76   Der EuGH verlangt, dass die Marke „tatsächlich, stetig und mit stabilem Erscheinungsbild auf dem Markt präsent" ist. Eine bloß symbolische **Scheinbenutzung** ist daher nicht als rechtserhaltend anzusehen (EuGH C-234/06 P, GRUR 2008, 343 Rn. 72, 74 – Il Ponte Finanziaria; BGH GRUR 2012, 832 Rn. 49 – ZAPPA).

76.1   Laut dem BPatG kann eine Scheinbenutzung ausgeschlossen werden im Falle einer jahrzehntelangen, kontinuierlichen Nutzung einer gerichtsbekannten deutschen Traditionsmarke, mit der kontinuierlich hohe Umsätze generiert werden, auch wenn im konkreten Verfahren nur Benutzungsnachweise für ein halbes Jahr vorgelegt wurden (BPatG GRUR-RS 2020, 24386).

Allerdings kann auch eine **geringfügige Verwendung** der Marke unter Umständen ausrei- **77** chend sein (EuGH C-40/01, GRUR 2003, 425 Rn. 38, 39 – Ansul/Ajax; C-416/04 P, GRUR 2006, 582 Rn. 72–74 – VITAFRUIT; BGH GRUR 2006, 152 Rn. 24 – GALLUP). Es gibt zwar keine De-minimis-Regel (EuGH C-259/02, BeckRS 2004, 75764 Rn. 25 – La Mer Technology), allerdings muss die Benutzung einer Marke nicht immer umfangreich sein (EuGH C-40/01, GRUR 2003, 425 Rn. 35, 39 – Ansul/Ajax).

Ob die Benutzung **mengenmäßig** den Anforderungen an die Ernsthaftigkeit genügt, um **78** Marktanteile zu behalten oder zu gewinnen, hängt von mehreren Faktoren und einer Einzelfallbe- urteilung ab (BGH GRUR 2013, 725 Rn. 38 – Duff Beer).

Zu den Faktoren zählen unter anderen: **78.1**
- die Eigenschaft der Waren und Dienstleistungen (preiswerte Waren des täglichen Lebens oder Luxuspro- dukte, saisonale Produkte, spezielle Waren mit begrenztem Abnehmerkreis),
- Art des Unternehmens (Großkonzern oder Kleinbetrieb),
- Häufigkeit/Regelmäßigkeit/Dauer/Umfang der Benutzung,
- Benutzung der Marke für alle oder nur für manche Waren/Dienstleistungen des Inhabers, sowie
- die vorhandenen Beweise.

Für ausreichend erachtet wurden beispielsweise: **78.2**
- 13.500 bzw. 15.000 Flaschen Bier pro Jahr (BGH GRUR 2013, 725 Rn. 38 – Duff Beer),
- 2.316 Fernsehgeräte in einem einzigen Liefervertrag mit einem einzelnen Kunden (BGH GRUR 2012, 1261 – Orion),
- Etiketten in 43.000 bzw. 51.000 Bekleidungsstücken pro Jahr, mit denen jeweils ein Umsatz von 732.000 Euro bzw. 1.194.000 Euro erzielt wurde (BGH GRUR 2011, 623 Rn. 33 – Peek & Cloppenburg II),
- zwischen 300 und 420 hochpreisige Küchenmaschinen (Stückpreis 1.100 Euro) pro Jahr über drei Jahre (BGH GRUR 2010, 729 – MIXI),
- Lieferung von 293 Kisten zu je zwölf Flaschen nichtalkoholischer Getränke im Wert von höchstens 4800 Euro an einen einzigen Kunden in einem Jahr (EuGH C-416/04 P, GRUR 2006, 582 – Vitafruit),
- Lieferung von einem bis sechs seltenen Rennsportwagen pro Jahr (glaubhaft gemacht für den Zeitraum von fünf Jahren) nach Deutschland, jeweils zum Preis zwischen 40.000 und 85.000 Englischen Pfund, bei einer Gesamtproduktion von 400 Stück in zehn Jahren; dabei spricht der Senat selbst von „diesem besonderen Fall" (BGH GRUR 2001, 58 – COBRA CROSS),
- Verkauf eines Zentrierprüfgeräts (Spezialprodukt für industrielle Hersteller zum Preis von 81500 DM zzgl. Umsatzsteuer) im Inland sowie von drei Zentrierprüfgeräten für den Export (BGH GRUR 2002, 59 (63) – ISCO),
- zehn jährlich bzw. monatlich erscheinende Druckschriften für einen sehr speziellen Abnehmerkreis (BGH GRUR 2006, 152 Rn. 24 – GALLUP),
- Veranstaltung einer Messe alle zwei Jahre (OLG Frankfurt GRUR-RR 2007, 277 (279) – ISH),
- Bewerbung und Durchführung einer Musikveranstaltung zu einem etablierten (Weihnachts-)Termin im Zweijahresrhythmus mit einem nicht unerheblichen, Werbeaufwand (OLG Jena GRUR-RR 2012, 113 (115 f.) – Musikveranstaltung),
- 86 Fahrräder in vier Jahren als Randsegment noch ausreichend, wenn es für ein Unternehmen in wirtschaftlicher Hinsicht objektiv gerechtfertigt ist, eine Ware oder ein Warensortiment auch dann zu vermarkten, wenn der Anteil dieser Waren am Jahresumsatz des betreffenden Unternehmens gering ist (BPatG BeckRS 2016, 16390 – Volks.Fahrrad/VOLKSWAGEN),
- Verkauf von 94 Laib Käse im Wert von je ca. 60 Euro in fünf Jahren an nur einen Abnehmer (BGH BeckRS 2017, 126762 – Glückskäse),
- Verkauf von ca. 6000 Keks-Packungen und dabei erzielter Umsatz von ca. 2500 Euro in dreieinhalb Jahren (EuG T-404/16, BeckRS 2017, 128793 – Galletas Gullón/O2 Holding),
- Verkauf von einigen Tausend Konservendosen mit Krebsfleisch, einem hochpreisigen gastronomischen Nischenprodukt, nachgewiesen durch Vorlage von 30 Rechnungen bzgl. 3700 Konservendosen in fünf Jahren gegenüber Verschiedenen Kunden und 28 Bestellungen bzgl. 6000 Konservendosen in zwei Jahren (EuG T-312/16, BeckRS 2018, 6402 – CHATKA),
- Verkauf von 830 bis 2000 (Elektro-)Fahrrädern bei einem durchschnittlichen Jahresumsatz von mehr als einer Million Euro (OLG Nürnberg BeckRS 2019, 5319 – Pedelecs).

Für nicht ausreichend erachtet wurden unter anderem: **78.3**
- Verkauf von 40–60 Kilogramm handgefertigter Pralinen pro Jahr in einer einzigen Verkaufsstelle, nachge- wiesen für einen Zeitraum von etwas unter zwei Jahren (EuGH C-141/13 P, GRUR Int 2014, 956 – Walzertraum),
- Belieferung allein des Münchner Olympiastadions mit Knabberartikeln und wöchentlichen Umsätzen von rund 1.100 Euro (BGH GRUR 2003, 1047 – Kellogg's/Kelly's),

- Vertrieb von 270 Polohemden an nur sieben Kunden innerhalb von drei Tagen kurz vor Ablauf der Benutzungsschonfrist (BGH GRUR 2003, 428 (430) – BIG BERTHA),
- Rechnungen nur hinsichtlich 0,03% des Gesamtumsatzes, der laut Erklärung des Geschäftsführers durch den Verkauf der Waren erzielt wurde und die sich nur auf einen sehr kurzen Zeitraum beziehen (EuG T-434/09, GRUR Int 2012, 356 Rn. 36 – Centrotherm),
- Verkauf von durchschnittlich nur 73 Ersatzteilen pro Jahr für älteres Ferrari-Modell mit einem durchschnittlichen Jahresumsatz von ca. 1.700 Euro (LG Düsseldorf BeckRS 2017, 119477 – Testarossa),
- Versuchter Verkauf von 3.000 Polohemden (OLG Hamburg GRUR-RS 2017, 113513 – IPURI),
- Verkauf von Brillen mit Jahresumsatz von 910 Euro (BPatG Beschluss vom 26.1.2017 – 25 W(pat) 515/15).

79   Nach ständiger Rechtsprechung ist grundsätzlich **keine unmittelbare Absicht auf Gewinn- oder Umsatzerzielung** erforderlich. Daher kann im Einzelfall auch eine unentgeltliche Abgabe von Waren oder Erbringung von Dienstleistungen eine rechtserhaltende Benutzung darstellen. Voraussetzung ist jedoch, dass ein hinreichender Bezug zur eigentlichen geschäftlichen Tätigkeit besteht (EuGH C-442/07, GRUR 2009, 156 Rn. 16–21 – Radetzky Orden; BGH GRUR 2006, 152 Rn. 25 – Gallup; GRUR 2012, 180 Rn. 42 – Werbegeschenke).

79.1   Das OLG Köln hat die rechtserhaltende Benutzung einer Marke für „Software" verneint, welche nur zur Kennzeichnung einer Open-Source-Software benutzt wurde. Der Markeninhaber hatte neben der kostenlosen Zurverfügungstellung seiner Software keinerlei weitergehende geschäftliche Tätigkeit wie etwa die Erbringung kostenpflichtiger Supportdienstleistungen entfaltet (OLG Köln GRUR-RR 2017, 138 – Open-LIMS).

79.2   Die nicht gewinnorientierte Nutzung einer Marke für gemeinnützige Zwecke führt nicht zwangsläufig zum Verfall einer Marke, denn auch ein karitativer Verein ohne Gewinnerzielungsabsicht kann für seine Waren oder Dienstleistungen einen Absatzmarkt erschließen oder sichern (OLG Hamburg GRUR-RR 2020, 426 – Grippenvirendatenbank).

80   In Ausnahmefällen erkennt die Rechtsprechung auch folgende Handlungen als **weitere Benutzung von in der Vergangenheit benutzten Marken** an: Verkauf von Einzelteilen, Kundendienst, Verkauf von Zubehör, Wartungs- oder Reparaturdienstleistungen (EuGH C-40/01, GRUR 2003, 425 – Ansul/Ajax), Herstellung von und Versorgung mit Original-Ersatzteilen, Ausstellung von Echtheitszertifikaten (EuGH C-720/18, C-721/18, GRUR-RS 2020, 27498 – Testarossa; LG Düsseldorf BeckRS 2017, 119477 – Testarossa).

80.1   Im konkreten Fall „Ansul" nahm der EuGH eine ernsthafte Benutzung an, obwohl die mit der Marke gekennzeichneten der Waren nicht mehr auf den Markt gebracht wurden. Vielmehr hatte der Markeninhaber nur noch Einzelteile verkauft, die zur Zusammensetzung oder Struktur der bereits vertriebenen Waren gehörten und für die er dieselbe Marke unter bestimmten Bedingungen damit tatsächlich benutzt. Der EuGH begründet dies damit, dass diese Einzelteile Bestandteil der geschützten Waren seien und unter derselben Marke verkauft würden und daher eine ernsthafte Benutzung der Marke für diese Teile auf die bereits vertriebenen Waren selbst zu beziehen sei. Dies führe zur Wahrung der Rechte des Inhabers in Bezug auf diese Waren.

80.2   Das Gleiche könne laut EuGH gelten, wenn der Inhaber der Marke diese unter den gleichen Bedingungen tatsächlich für Waren oder Dienstleistungen benutze, die nicht zur Zusammensetzung oder Struktur bereits vertriebener Waren gehörten, aber in unmittelbarem Zusammenhang mit diesen Waren stünden und die Bedürfnisse der Abnehmer der Waren befriedigen sollten, zB Kundendienst, Verkauf von Zubehör oder verwandten Erzeugnissen, Wartungs- oder Reparaturdienstleistungen.

80.3   In der Entscheidung „Testarossa" bestätigt der EuGH (auf Vorlageentscheidungen des OLG Düsseldorf, vgl. BeckRS 2018, 30991 sowie GRUR 2019, 180), dass eine Marke auch durch den Vertrieb gebrauchter, aber vormals unter diese Marke in den Verkehr gebrachter Waren rechtserhaltend benutzt wird. Auch wenn der Markeninhaber keinen Einfluss auf den Vertrieb erschöpfter Ware hat, bedeutet dies nicht, dass er die Marke nicht selbst für solche erschöpften Waren noch einmal rechtserhaltend benutzen kann.

80.4   Wenn Dienstleistungen für zuvor unter einer Marke vertriebene Waren angeboten werden, setzt eine rechtserhaltende Benutzung der Marke laut EuGH voraus, dass auch die Dienstleistungen unter der betreffenden Marke angeboten werden.

80.5   Zweifelhaft erscheint, dass nun jeglicher Wiederverkauf von Waren durch einen Dritten ausnahmslos als rechtserhaltende Benutzung gelten kann. Vielmehr wird wohl ausschlaggebend sein, ob hierdurch Marktanteile geschaffen werden oder erhalten bleiben sollen. Anhaltspunkte könnte man zB der Entscheidung des UK High Court in der Sache „AIWA" ((2019) EWHC 3468 (Ch), vgl. GRUR-Prax 2021, 50 (Schoene)) entnehmen.

E. Relevanter Benutzungszeitraum und Dauer

Der relevante Fünfjahreszeitraum, für den der Markeninhaber die rechtserhaltende Benutzung **81** nachweisen muss, variiert in den verschiedenen Verfahren.

Als **Grundregel** sieht § 25 Abs. 1 vor, dass der Inhaber einer eingetragenen Marke gegen Dritte **82** bestimmte Ansprüche nicht geltend machen kann, wenn die Marke innerhalb der letzten fünf Jahre vor der Geltendmachung des Anspruchs nicht rechtserhaltend benutzt wurde (→ § 25 Rn. 6 ff.).

Im **Verletzungsverfahren** sind nach § 25 Abs. 2 S. 1, 2 zwei Einreden kumulativ zulässig und **83** stellen auf unterschiedliche Benutzungszeiträume ab:
- Abs. 2 S. 1: die letzten fünf Jahre vor Erhebung einer Klage aus der eingetragenen Marke (→ § 25 Rn. 21 f.),
- Abs. 2 S. 2: die letzten fünf Jahre vor dem Schluss der mündlichen Verhandlung (→ § 25 Rn. 23 ff.).

Im **Widerspruchsverfahren** ist nach § 43 Abs. 1 S. 1 nur eine Einrede vorgesehen, die auf **84** folgenden Benutzungszeitraum abstellt:
- § 43 Abs. 1 S. 1: die letzten fünf Jahre vor dem Anmelde- oder Prioritätstag der jüngeren Marke (→ § 43 Rn. 29 ff.),

Vor der Reform 2019 wurde zum Einen auf die letzten fünf Jahre vor Veröffentlichung der Eintragung **84.1** der jüngeren Marke (anstatt des Anmelde- oder Prioritätstages) abgestellt. Zudem gab es zusätzlich (wie bei §§ 25, 55) noch einen zweiten relevanten Benutzungszeitraum der letzten fünf Jahre vor der Entscheidung im Widerspruchsverfahren.

Im **Nichtigkeitsverfahren** aufgrund älterer Rechte nach § 55 Abs. 3 S. 1, 2, 3 sind ebenfalls **85** verschiedene Einreden kumulativ zulässig und stellen auf unterschiedliche Benutzungszeiträume ab:
- § 55 Abs. 3 S. 1: die letzten fünf Jahre vor Erhebung der Klage (→ § 55 Rn. 31),
- § 55 Abs. 3 S. 2: die letzten fünf Jahre vor dem Schluss der mündlichen Verhandlung (→ § 55 Rn. 31),
- § 55 Abs. 3 S. 3: die letzten fünf Jahre vor dem Anmelde- oder Prioritätstag der jüngeren Marke (→ § 55 Rn. 33).

Im **Verfallsverfahren** nach § 49 Abs. 1 wird eine Marke gelöscht, wenn sie in einem Zeitraum **86** von fünf Jahren nach dem Tag, an dem kein Widerspruch mehr möglich war, ununterbrochen nicht benutzt und die Benutzung nicht vor Stellung dieses Antrags wieder aufgenommen wurde (→ § 49 Rn. 5 ff.). Abgestellt wird dabei auf den Zeitpunkt der Klageerhebung (dh Zustellung der Klage) bzw. im Falle eines vorgelagerten Antrags beim DPMA auf den Zeitpunkt des Eingangs dieses Antrags beim DPMA (vgl. BGH GRUR-RS 2021, 5277 – STELLA).

Die einzelnen Regelungen verlangen – mit Ausnahme von § 49 Abs. 1 – **keine kontinuierli-** **87** **che Benutzung** innerhalb des gesamten ununterbrochenen Fünfjahreszeitraums. Daher kann auch eine Benutzung während eines Teils des relevanten Benutzungszeitraums ausreichend sein. Entscheidend ist dann, ob unter Berücksichtigung aller Umstände (insbesondere des Umfangs der Benutzung) und deren Wechselwirkung eine ernsthafte Benutzung und nicht nur eine Scheinbenutzung stattfindet (EuGH C-40/01, GRUR 2003, 425 Rn. 38 – Ansul/Ajax; BGH GRUR 2008, 616 Rn. 23 – AKZENTA; GRUR 2000, 1038 (1039) – Kornkammer).

Beispiele aus der Rechtsprechung: **87.1**
- Benutzungszeitraum von viereinhalb Monaten ausreichend (EuG T-334/01, GRUR Int 2004, 955 Rn. 45–50 – HIPOVITON),
- Benutzungszeitraum von elfeinhalb Monaten ausreichend (EuG T-203/02, GRUR Int 2005, 47 – VITAFRUIT).

Bei der Gesamtbewertung der Ernsthaftigkeit darf auch das **Benutzungsverhalten vor und** **88** **nach diesem Zeitraum als Indiz** zur Beurteilung der Ernsthaftigkeit der innerhalb des maßgeblichen Zeitraums vorgenommenen Benutzungshandlungen herangezogen werden (EuGH C-259/02, BeckRS 2004, 75764 Rn. 31 – La Mer Technology; BPatG GRUR 2009, 64 (67) – GALLUP II; GRUR 1999, 1002 (1005) – Sapen II).

Auch Umstände außerhalb des Benutzungszeitraums können im Einzelfall relevant sein (EuG **89** T-39/10, BeckRS 2012, 82134 – Pucci; T638/14, GRUR-Prax 2016, 237 – Frisa; BPatG GRUR 2009, 64 (66) – GALLUP II; OLG München GRUR-RR 2003, 172 (173) – König Ludwig).

Nimmt der Markeninhaber die Benutzung erst **kurz vor Ablauf** des maßgeblichen Benut- **90** zungszeitraums auf, spricht dies nicht bereits gegen die Ernsthaftigkeit der Benutzungshandlung, denn schließlich soll er die gesetzlich zugebilligten Zeiträume ausschöpfen können (BGH GRUR 1985, 926 (927) – topfitz/topfit; OLG München GRUR-RR 2003, 172 (173) – König Ludwig; aA EuG T-495/12, BeckRS 2014, 81641 Rn. 41 – Dracula). In solch einem Fall kann die späte Benutzung der Marke den Beginn der ernsthaften Benutzung darstellen (BGH GRUR 2013, 925 Rn. 40 – VOODOO). Wird die Benutzung allerdings umgehend wieder eingestellt, stellt sich die Frage einer **Scheinbenutzung** (BGH GRUR 2003, 428 – BIG BERTHA).

91   Bei einigen **saisonalen Produktgruppen** (zB Weihnachtsgeschäft oder spezielle Verkaufsaktionen) sind die besonderen Umstände des Einzelfalls zu berücksichtigen, welche eine nur punktuelle Verwendung dennoch als rechtserhaltende Benutzung ansehen lassen (BPatG GRUR 2011, 68 (72 f.) – Goldhase in neutraler Aufmachung). Wenn Waren unter einer Marke immer nur kurze Zeit im Jahr angeboten werden, liegt in der Regel eine nachhaltige Benutzung vor, wenn jeweils große Stückzahlen abgesetzt werden (BPatG BeckRS 2009, 15883 – Tukan).

92   Das Gleiche gilt für Dienstleistungen, die jeweils zu bestimmten Anlässen (zB Fachmesse) erbracht werden (OLG Frankfurt GRUR-RR 2007, 277 (279) – ISH; OLG Jena GRUR-RR 2012, 113 (115) – Musikveranstaltung).

F. Ort der Benutzung

I. Inland

93   Abs. 1 verlangt eine Benutzung der Marke im **Inland,** denn nur so kann der Markeninhaber im Inland Marktanteile für die durch die Marke geschützten Waren oder Dienstleistungen behalten oder gewinnen. Ausschließlich im Ausland erfolgte Benutzungshandlungen sind daher grundsätzlich nicht relevant (BGH GRUR 2012, 1261 Rn. 12 – Orion).

93.1   Eine Benutzung des Zeichens im Ausland kann jedoch bei einer geringen Benutzung im Inland Bedeutung für die Ernsthaftigkeit der Benutzung haben (BGH GRUR 1980, 52 – Contiflex).

93.2   Wird eine Marke für eine Attraktion in einem Freizeitpark im Ausland genutzt und diese Attraktion in Deutschland beworben (Flyer, Internetauftritt in deutscher Sprache), kann diese Bewerbung und Vermarktung grundsätzlich als Benutzungshandlung im Inland angesehen werden, es sei denn, es handele sich nur um vereinzelte, kurzzeitige bzw. zeitlich begrenzt verfügbare Angebote (BPatG BeckRS 2018, 18758 Rn. 32, 48, 53 – AQUANURA).

93.3   Wenn eine im Ausland stattfindende Veranstaltung (hier: ein Ski-Test-Event in Österreich) in Deutschland (zB durch Plakate, Banner, Infoflyer, Einladungen) beworben und inländischen Kunden konkrete Buchungsmöglichkeiten angeboten werden, stellt dies ebenfalls eine Benutzungshandlung im Inland dar (BPatG GRUR-RS 2019, 38362 Rn. 33–35 – Alpenglühen).

93.4   Die Nutzung einer Marke ausschließlich in der Militärkantine von in Deutschland stationierten ausländischen Streitkräften wurde vom BGH als rechtserhaltend angesehen (BGH GRUR 1986, 168 – Darcy). Anders beurteilt dies das EuG in der Entscheidung „FRIGIDAIRE" (EuG T-583/19, GRUR-RS 2020, 28176), wo im konkreten Fall (i) die Waren von US-Regierungsstellen bestellt wurden, (ii) die Vertriebsgesellschaft, bei der die Waren bestellt wurden, in den USA niedergelassen ist, und (iii) diese Waren aus Mexiko, den USA oder der Türkei in die Militärbasis in Deutschland geliefert wurden.

93.5   Das EuG hat bestätigt, dass Werbung in der EU mit einer für Hoteldienstleistungen eingetragenen Unionsmarke für Hotels in den USA eine rechtserhaltende Benutzung darstellen kann (EuG T-768/20, GRUR-RS 2022, 16399 – The Standard).

94   Eine Benutzung im ganzen **Bundesgebiet** ist nicht erforderlich, vielmehr kann im Einzelfall (abhängig ua von den Waren und Dienstleistungen sowie den Branchengewohnheiten) auch eine örtlich begrenzte Benutzung genügen (BGH GRUR 2013, 925 Rn. 38 – VOODOO).

94.1   Zur Parallelproblematik der Benutzung „in der Union" bei Unionsmarken → UMV Art. 18 Rn. 55.

II. Internet

95   Bei einer Benutzung im Internet ist ein **wirtschaftlich relevanter Inlandsbezug** erforderlich, um eine rechtserhaltende Benutzung anzunehmen. Die bloße Abrufbarkeit eines Internetangebots im Inland ist hierfür nicht ausreichend (BPatG BeckRS 2011, 21622 – SCORPIONS). Ähnlich wie bei der Frage der rechtsverletzenden Benutzungshandlung (→ § 14 Rn. 50) gibt es auch hier eine Reihe von Indizien, die für oder gegen einen relevanten Inlandsbezug sprechen. Eine rechtserhaltende Benutzung kann nur angenommen werden bei Internet-Auftritten mit spürbarem kommerziellen Effekt im Inland (Glöckner/Kur GRUR-Beil. 2014, 29).

Indizien Pro: Webseite in deutscher Sprache, Waren und Dienstleistungen erkennbar an deutsche 95.1
Abnehmer gerichtet, Vereinbarung der Geltung deutschen Rechts, Hinweis auf inländische Vertriebsstätten,
Angebot weiterer Leistungen wie Kundendienst und Gewährleistung, inländische Kontaktdaten, inländische
Währung (BGH GRUR 2003, 428 (430) – BIG BERTHA; BPatG BeckRS 2011, 21622 – SCORPIONS;
GRUR 2001, 166 (168) – VISION).

Indizien Contra: Disclaimer bezüglich Nichtleistung in Deutschland, ausschließlich fremdsprachiges 95.2
Angebot, Preisangaben in ausländischer Währung, nur allgemeine Informationen über Markeninhaber ohne
Angebot der speziellen Ware (OLG München GRUR-RR 2005, 375 (377) – 800-FLOWERS; EuG T-
355/09, GRUR Int 2013, 340 – Walzertraum; bestätigt durch EuGH C-141/13 P, GRUR Int 2014, 956).

III. Exportmarken, Transit

Nach Abs. 4 gilt bei ausschließlich für den **Export** bestimmten Waren bereits das Anbringen 96
der Marke auf Waren oder deren Aufmachung oder Verpackung im Inland als Benutzung der
Marke im Inland. Mit dieser Erleichterung sollen Unternehmen geschützt werden, die Waren für
den Export herstellen und nicht auch ausreichend auf dem deutschen Markt anbieten (BGH
GRUR 2015, 685 Rn. 26 – STAYER).

Die bloße Durchfuhr von Waren (**Transit**), die nicht in Deutschland vermarktet werden sollen, 97
ist nicht darauf ausgerichtet, im Inland Marktanteile für die jeweiligen Waren zu generieren (BGH
GRUR 2015, 685 Rn. 28 – STAYER; GRUR 2012, 1261 Rn. 12, 13, 22 – Orion). Daher wird
sie nicht als rechtserhaltend anzusehen.

In der Vergangenheit wurde dieses Ergebnis auch damit begründet, dass der Begriff der rechtserhalten- 97.1
den nicht weiter sein darf als der der rechtsverletzenden Benutzung. Nach der Rechtsprechung des EuGH
(EuGH C-281/05, GRUR 2007, 146 Rn. 23, 24 – Montex Holdings/Diesel) und des BGH (BGH GRUR
2007, 875 Rn. 13 – Durchfuhr von Originalware; GRUR 2012, 1263 Rn. 11–19 – Clinique happy) wurde
die reine Durchfuhr von Waren als nicht rechtsverletzend angesehen. Daher konnte der Transit von Waren
auch keine rechtserhaltende Benutzung darstellen (BGH GRUR 2012, 1261 Rn. 13; Ströbele/Hacker/
Ströbele Rn. 241). Durch die Neuregelung in Art. 10 Abs. 4 MRL wird die Durchfuhr von Waren allerdings nunmehr als rechtsverletzend angesehen. Daher ist dieses Argument nun obsolet.

IV. Altfälle: Deutsch-Schweizer-Abkommen

Im Verhältnis zur Schweiz bestand bis vor kurzem eine Sonderregelung aufgrund eines bilateralen 98
völkerrechtlichen Vertrages, des Übereinkommens zwischen dem Deutschen Reich und der
Schweiz betreffend den gegenseitigen Patent-, Muster- und Markenschutz vom 13.4.1892 (RGBl.
1894, 511) in der Fassung des Änderungsabkommens vom 26.5.1902 (RGBl. 1903, 1819). Die
Bundesrepublik Deutschland hat das Abkommen durch eine Bekanntmachung vom 8.2.20228
mit Wirkung ab dem 31.5.2022 gekündigt (BGBl. 2022 II 127 = BlPMZ 2022, 134.); für Altfälle
wird dieses Abkommen jedoch wohl noch einige Zeit Anwendung finden.

Das schweizer IGE hat per Mitteilung vom 17.5.2022 explizit bestätigt, dass das Abkommen in Verfahren 98.1
weiterhin in denjenigen Fällen Anwendung findet, in denen der relevante Benutzungszeitraum vor dem
31.5.2022 liegt (https://www.ige.ch/de/uebersicht-dienstleistungen/newsroom/news/news-ansicht/
kuendigung-des-vertrags-zwischen-der-schweiz-und-deutschland-betreffend-den-gegenseitigen-patent-
muster-und-markenschutz, zuletzt abgerufen am 6.10.2022). Eine vergleichbare Bestätigung auf deutscher
Seite ist nicht bekannt, allerdings ergibt sich dies wohl bereits aus der ex-nunc-Wirkung einer Kündigung
(so auch Gruber MarkenR 2022, 300 f., der zudem auch zu Recht den Vertrauensschutz anführt, sowie
Ingerl/Rohnke/Nordemann/Schmitz-Fohrmann Rn. 208).

Nach Art. 5 S. 1 Deutsch-Schweizer-Abkommen gilt für den Zeitraum bis zum 31.5.2022 die 99
Benutzung einer deutschen Marke in der Schweiz als rechtserhaltend (OLG Hamburg
BeckRS 2008, 22236 – PADMASSINI/PADMA; BGH GRUR 2000, 1035 (1037) – Playboy).

Der Text von Art. 5 S. 1 Deutsch-Schweizer-Abkommen lautete wie folgt: 99.1
Die Rechtsnachteile, welche nach den Gesetzen der vertragsschließenden Teile eintreten, wenn eine
Erfindung, ein Muster oder ein Modell, eine Handels- oder Fabrikmarke nicht innerhalb einer bestimmten
Frist ausgeführt, nachgebildet oder angewendet wird, sollen auch dadurch ausgeschlossen werden, daß die
Ausführung, Nachbildung oder Anwendung in dem Gebiet des anderen Teiles erfolgt.

Die **Beurteilung,** ob eine damalige Verwendung des Zeichens in der Schweiz für eine deutsche 100
Marke hinsichtlich aller anderen Kriterien als rechtserhaltend anzusehen ist, richtet sich ausschließlich nach deutschem Recht (BGH GRUR 2000, 1035 (1038) – PLAYBOY).

101   Es war zumindest aus deutscher Sicht **nicht** erforderlich, dass die **Marke in beiden Staaten** geschützt ist.

102   Die **Anwendung** dieser Vergünstigung war in Deutschland nicht auf deutsche und Schweizer Staatsangehörige und Angehörige aus Drittstaaten mit Sitz oder Niederlassung in einem der beiden Länder beschränkt (zur eingeschränkten schweizerischen Handhabung siehe Bundi/Schmidt GRUR Int 2013, 617 (618); Ebert-Weidenfeller/Noth GRUR-Prax 2013, 415 III.).

102.1   Aufgrund des Grundsatzes der Inländerbehandlung nach Art. 2, 3 PVÜ galt diese Vergünstigung auch für Angehörige anderer PVÜ-Verbandsländer (BGH GRUR 2000, 1035 (1037) – Playboy). Das Gleiche folgt aus Art. 2 Abs. 1, 3 Abs. 1 TRIPS für Angehörige der WTO-Vertragsstaaten (Ströbele/Hacker/Thiering/Ströbele Rn. 251).

103   In der Literatur wurde zum Teil seit langem die Richtlinienkonformität des Übereinkommens diskutiert.

103.1   Gegen die weitere Anwendung des Übereinkommens wurde unter anderem angeführt, dass der Wortlaut der MRL 2008 (bzw. jetzt MRL) eindeutig von einer Benutzung im jeweiligen Mitgliedsland spricht.

104   Soweit in Deutschland eingetragene, aber in der Schweiz benutzte Marken einer Unionsmarke entgegengehalten wurde, entfaltete das Übereinkommen jedoch schon immer keine Wirkung (EuGH C-445/12 P, GRUR-RR 2014, 59 – BASKAYA; → UMV Art. 18 Rn. 61.1).

104.1   Das OLG Düsseldorf hatte in dem Vorlagebeschluss „Testrossa" die Frage der Anwendbarkeit des Übereinkommens thematisiert (OLG Düsseldorf BeckRS 2018, 30991). Es stellte aber, dass der BGH trotz der „BASKAYA"-Entscheidung des EuGH zu Recht unter Hinweis auf Art. 351 AEUV von der Anwendbarkeit ausging. Andererseits entstünde laut OLG Düsseldorf auch eine unbefriedigende Situation, wenn die Marke nach nationalem Recht nicht gelöscht werden könne, weil die Bundesrepublik Deutschland an den Staatsvertrag gebunden sei, die Marke aber gleichwohl der Eintragung einer Unionsmarke nicht entgegenstehen könne. Der stellte daraufhin klar, dass deutschen Gerichten die Anwendung des Übereinkommens solange nicht verwehrt sei, bis dessen Unvereinbarkeit mit dem Unionsrecht nach Art. 351 AEUV behoben sei EuGH (EuGH C-720/18, C-721/18, GRUR-RS 2020, 27498 – Testarossa). Offensichtlich hat der deutsche Gesetzgeber keine entsprechende Auslegungsmöglichkeit gesehen und hat daher das Abkommen nunmehr gekündigt.

G. Benutzung für bestimmte Waren/Dienstleistungen

105   Nach Abs. 1 muss eine Marke für diejenigen Waren und Dienstleistungen benutzt werden, für die sie eingetragen ist.

105.1   In den Regelungen der § 25 Abs. 2 S. 3, § 43 Abs. 1 S. 3, § 49 Abs. 3 und § 55 Abs. 3 S. 4 wird klargestellt, dass auch eine Teilbenutzung der Marke möglich ist. Allerdings wird die Marke dann teilweise löschungsreif, und ihr Schutzbereich beschränkt sich auf die benutzten Waren und Dienstleistungen.

106   Bei der Prüfung der Benutzung für bestimmte Waren und Dienstleistungen sind zwei Fragen relevant:
* Sind die mit einer Marke gekennzeichneten und benutzten Waren oder Dienstleistungen einem Begriff des Warenverzeichnisses zuzuordnen (sog. **Subsumtionsfrage,** → Rn. 107 ff.)
* Stellt die Verwendung der Marke für eine spezielle Ware oder Dienstleistung nur eine Benutzung für diese Einzelware bzw. dienstleistung dar oder auch für weitere Waren oder Dienstleistungen (sog. **Integrationsfrage,** → Rn. 112 ff.)

I. Subsumtion unter Begriffe im Warenverzeichnis

107   Die Frage, ob die mit einer Marke gekennzeichneten Waren oder Dienstleistungen unter einen Begriff des Warenverzeichnisses fallen, ist grundsätzlich aus Sicht der angesprochenen Verkehrskreise zu beurteilen (BGH GRUR 1990, 39 (41) – Taurus). Zudem ist die im **Zeitpunkt der Eintragung** der Marke gültige Nizza-Klassifikation zu berücksichtigen, dh spätere Änderungen der Klassifikation können nicht zur Bestimmung des Schutzbereichs der Marke herangezogen werden (BGH GRUR 2014, 662 Rn. 36 – Probiotik; BPatG GRUR-RS 2020, 32533 – LICOWAX/LUVOWAX).

108   Keine rechtserhaltende Benutzung kann angenommen werden, wenn es sich um lediglich ähnliche Waren handelt oder diese unter einen gemeinsamen (aber nicht eingetragenen) Oberbegriff fallen.

Beispielfälle aus der Rechtsprechung: **108.1**

- „Schuhe" fallen nicht unter „Bekleidungsstücke" (OLG München GRUR-RR 2008, 300 – ODDSET Die Sportwette),
- „Kunststofffolien für direkte Beschriftung (Offsetdruckfolien)" sind keine „Papier- und Pappwaren" (BPatG BPatGE 22, 204 – Polychroma),
- „EDV-Programmiersysteme zur problemorientierten Einzelfalllösung" in Klasse 42 sind nicht gleichzusetzen mit „Datenträger für Datenverarbeitungsanlagen mit gespeicherten Standardprogrammen" in Klasse 9 (BPatG 24 W (pat) 229/82, BlPMZ 1984, 178 – INFOS),
- „Vitaminpräparate für Tiere" fällt unter „pharmazeutische Präparate für veterinärmedizinische Zwecke" (BPatG GRUR 1998, 727 (728) – VITACOMBEX),
- „Werbung für Casinodienstleistungen" stellt keine Benutzung dar für dort verwendete Waren wie ua geldbetätigte Spielautomaten; Billardtische mit Geldeinwurf; Jetons für Glücksspiele" (EuG T-321/19, GRUR-RS 2020, 3358 – Jokers Wild Casino),
- Verwendung der Kollektivmarke „Der Grüne Punkt" kann nicht nur Hinweis darauf sein, dass die Verpackungen über ein bestimmtes Entsorgungssystem gesammelt und verwertet werden können, sondern zudem auch ein Hinweis auf die Benutzung der Marke für die verpackten Waren selbst (EuGH C-143/19 P, BeckRS 2019, 31236 – Der Grüne Punkt; anders noch EuG T-253/17, BeckRS 2018, 31767 – Der Grüne Punkt; zu Einzelheiten vgl. → UMV Art. 18 Rn. 27, → § 100 Rn. 23).
- Die Verwendung einer Marke für eine Auszeichnung und im Zusammenhang für die Verleihungszeremonie stellt keine Benutzung für Telekommunikationsdienstleistungen dar (EuG T-478/21, GRUR-RS 2022, 15535 – BALLON D'OR).

Wenn eine Marke bestimmte Waren oder Dienstleistungen im Warenverzeichnis **ausdrücklich 109 vom Schutz ausnimmt,** kann eine Benutzung für diese ausgenommenen Waren oder Dienstleistungen nicht unter den eingetragenen Begriff subsumiert werden (BPatG BeckRS 1978, 00306 – Storella/Corella).

Das BPatG hatte in der Entscheidung ALLIANCE den Ausnahmevermerk „ausgenommen (…) chemi- **109.1** sche Präparate für pharmazeutische Zwecke" auszulegen (BPatG GRUR-RS 2020, 3879 – ALLIANCE). Dabei hat es neben dem Wortlaut auch die Systematik der amtlichen Klasseneinteilung sowie den Gesamtzusammenhang gewürdigt.

Wenn die Waren oder Dienstleistungen im Warenverzeichnis **spezifiziert** sind und dann ander- **110** weitig benutzt werden, kann keine rechtserhaltende Benutzung angenommen werden.

Beispielsweise wurde eine rechtserhaltende Benutzung verneint, wenn eine Marke für Nahrungsergän- **110.1** zungsmittel auf der Basis besonders genannter Stoffe eingetragen war und dann lediglich für Nahrungsergänzungsmittel auf der Basis anderer Stoffe benutzt wurde.

Auch die Verschreibungspflicht von Arzneimitteln stellt eine wesentliche Eigenschaft dar, so dass frei **110.2** verkäufliche Arzneimittel keine rechtserhaltende Benutzung darstellen (BPatG PharmR 2000, 217 – Taxanil/Taxilan).

Ganz selten wurde eine Abweichung von Spezifizierungen der registrierten Waren oder Dienstleistun- **110.3** gen als rechtserhaltende Benutzung angesehen, wenn der Wesensgehalt der Waren oder Dienstleistungen unverändert bleibt. Ein solcher Einzelfall wurde angenommen bei einer für „konservierte Kartoffelchips" eingetragenen Marke und der Benutzung für „unkonservierte Kartoffelchips" (BPatG Beschl. v. 23.10.1996 – 28 W (pat) 214/95 – Riffels the chip/Ruffles).

Ausnahmsweise sieht die Rechtsprechung in der Herstellung von und Versorgung mit Original-Ersatz- **110.4** teilen, Ausstellung von Echtheitszertifikaten wohl auch eine Verwendung für das ursprüngliche Fahrzeug (EuGH C-720/18, C-721/18, GRUR-RS 2020, 27498 – Testarossa; LG Düsseldorf BeckRS 2017, 119477 – Testarossa).

Es ist möglich, dass die Benutzung der Marke für eine Ware oder Dienstleistung unter **mehrere 111 Begriffe des Warenverzeichnisses** fällt (BGH GRUR 2002, 59 (63) – ISCO).

II. Integration bei teilweiser Benutzung des Oberbegriffs

Ist eine Marke für breite Oberbegriffe registriert und wird sie nur für eine spezielle Ware oder **112** Dienstleistung benutzt, stellt sich die Frage, für welche Waren oder Dienstleistungen eine Benutzung vorliegt. Man könnte annehmen, dass die rechtserhaltende Benutzung ausschließlich für die konkret benutzten Waren oder Dienstleistungen nachgewiesen ist („strenge Minimallösung") oder für den gesamten Oberbegriff, unter den die konkreten Waren oder Dienstleistungen fallen. („Maximallösung").

112.1   Die **Maximallösung** wurde früher vom BPatG vertreten (BPatG GRUR 1976, 591 – Ceresan) und wurde zuletzt noch von einigen Stimmen für das Verfallsverfahren angenommen (OLG Köln GRUR 2002, 264 (268) – DONA/PROGONA). Sie wird heute von der herrschenden Meinung abgelehnt, weil die Benutzung einer speziellen Einzelware nicht einen ganzen Oberbegriff blockieren können soll (BGH GRUR 2009, 60 Rn. 32, 33 – LOTTOCARD; GRUR 2013, 833 Rn. 61 – Culinaria/Villa Culinaria; GRUR 2014, 662 Rn. 12 – Probiotik).

112.2   Die **strenge Minimallösung** wurde hingegen vom BGH abgelehnt, da sie gegen die gebotene wirtschaftliche Betrachtungsweise verstoße und das Interesse des Markeninhabers an einer angemessenen wirtschaftlichen Bewegungsfreiheit beschneide (BGH GRUR 2014, 662 Rn. 12 – Probiotik; GRUR 2009, 60 Rn. 32, 33 – LOTTOCARD; GRUR 2013, 833 Rn. 61 – Culinaria/Villa Culinaria).

113   Eine differenzierte Anwendung der verschiedenen Integrationsansätze im Verfalls- oder Kollisionsverfahren ergibt sich nicht aus dem Gesetz und kann unter Umständen zu Rechtsunsicherheit führen. Dennoch gibt es zum Teil die folgende Unterscheidung:

1. Verfallsverfahren

114   Die Rechtsprechung geht heutzutage jedenfalls im **Verfallsverfahren** von der vermittelnden sogenannten **„erweiterten Minimallösung"** aus (BGH GRUR 2012, 64 Rn. 10, 11 – Maalox/Melox-GRY; GRUR-RS 2020, 13957 Rn. 33 – INJEKT/INJEX). Hier wird bei weiten Oberbegriffen lediglich die zwischen der konkreten Ware oder Dienstleistung und dem Oberbegriff liegende **Untergruppe** von Waren oder Dienstleistungen berücksichtigt. Damit soll der Markeninhaber nicht zu sehr in seiner wirtschaftlichen Bewegungsfreiheit beschränkt werden.

115   Bei der Prüfung ist zunächst aufgrund der objektiven Verkehrsauffassung zu bestimmen, welche konkreten Waren oder Dienstleistungen betroffen sind und welche **„gleichen" Waren oder Dienstleistungen** (mit übereinstimmenden Eigenschaften oder Zweckbestimmungen) es gibt (BGH GRUR 1990, 39 (40 f.) – Taurus; GRUR 2013, 833 Rn. 61 – Culinaria/Villa Culinaria; GRUR 2014, 662 Rn. 12, 14 – Probiotik; GRUR-RS 2020, 13957 Rn. 33 – INJEKT/INJEX).

116   Im Falle eines breiten Oberbegriffs muss innerhalb des Oberbegriffs eine **angemessene Untergruppe** bestimmt werden, für welche die Zuerkennung der rechtserhaltenden Benutzung gerechtfertigt erscheint (BGH GRUR 2002, 59 (63) – ISCO; GRUR 2008, 616 Rn. 22 – AKZENTA; GRUR 2012, 64 Rn. 10, 11 – Maalox/Melox-GRY).

116.1   Bei Arzneimitteln orientiert sich die Rechtsprechung beispielsweise an den jeweiligen Arzneimittelhauptgruppen der „Roten Liste" (BGH GRUR 2012, 64 Rn. 10, 11 – Maalox/Melox-GRY; GRUR 2002, 65 (67) – Ichthyol; BPatG BeckRS 2018, 8517 – MICRONETTE/Mictonetten).

116.2   Weitere Beispiele aus der Rechtsprechung:
- Laut dem OLG Köln fallen „Schaumbäder und Seifen" mangels engerer Untergruppe unter den Begriff „Mittel zur Körper- und Schönheitspflege" (OLG Köln BeckRS 2010, 03704).
- Der BGH verneint aufgrund anderer Beschaffenheit und Eigenschaften eine rechtserhaltende Benutzung von „tiefgekühlter Pizza" für „tiefgekühlte Snacks" (BGH GRUR 2013, 833 Rn. 64, 65 – Culinaria/Villa Culinaria).
- Das EuG verneint eine rechtserhaltende Benutzung von „mit Programmen beschriebene Datenträger" durch Nachweise für die Benutzung von „Spielkonsolen", obwohl diese auch Daten speichern, weil es sich dabei nicht um die Hauptfunktion dieser Konsolen handele (EuG T-35/16, GRUR-Prax 2018, 72 – VITA).
- Laut dem OLG Nürnberg wirkt die Benutzung einer Marke für Fahrräder ohne und mit elektrischem Unterstützungsmotor rechtserhaltend für den Oberbegriff „durch Muskelkraft betriebene Landfahrzeuge (ohne Automobile), die zusätzlich elektrisch angetrieben werden können" (OLG Nürnberg BeckRS 2019, 5319 – Pedelecs).
- Eine Benutzung für „Kissenbezüge" und „Kissen" ist keine rechtserhaltende Benutzung für „Webstoffe", da letztere vielmehr das Rohmaterial für Kissen darstellen (OLG Frankfurt GRUR-RR 2019, 430 – You & Me).
- Der EuGH verneint in der „Testarossa"-Entscheidung die Möglichkeit einer selbständigen Untergruppe „hochpreisige Luxussportwagen", „Sportwagen" oder „Luxusfahrzeuge" innerhalb der eingetragenen Warengruppe „Landfahrzeuge", da auf den Preis oder den „Sport"-Zweck der Fahrzeuge (die wie alle anderen Fahrzeuge auch zum Transport von Personen und Sachen bestimmt sind) (EuGH C-720/18, C-721/18, GRUR-RS 2020, 27498 – Testarossa). Anders hingegen hatte das EuG kurz zuvor in der Entscheidung „SYRENA" (GRUR-RS 2020, 23626) „Rennfahrzeuge" als eigene Unterkategorie von „Fahrzeugen" akzeptiert, da deren Zweck von denjenigen regulärer Personenkraftwagen abweicht.

117   Wird die Ware, für die die Marke rechtserhaltend benutzt wird, von **mehreren Oberbegriffen** des Warenverzeichnisses erfasst, so wird im Verfahren wegen Verfalls nach § 49, § 55 einer der

Oberbegriffe ersatzlos gelöscht (BGH GRUR 2015, 685 Rn. 36 – Stayer; GRUR 2013, 833 Rn. 66 – Culinaria/Villa Culinaria).

Diese Handhabung ist nicht unumstritten, wird doch im Ergebnis ggf. derjenige Markeninhaber **117.1** schlechter gestellt, der in seine Anmeldung neben weiten Oberbegriffen zusätzlich detaillierte Begriffe aufnimmt (so auch Ströbele/Hacker/Thiering/Ströbele Rn. 76 ff.).

Das LG München I hat dies jedoch kürzlich ausdrücklich bestätigt und die Benutzung einer Marke für **117.2** eine einzelne Ware, die unter mehrere Oberbegriffe des Warenverzeichnisses fällt, als rechtserhaltend nur für den engeren Oberbegriff angesehen, welcher der fraglichen Ware schwerpunktmäßig am nächsten steht bzw. durch sie am meisten ausgefüllt wird (LG München I BeckRS 2019, 14953 – MTECHNIC).

2. Kollisionsverfahren

Auch im Falle einer Markenkollision (zB Verletzungs- oder Widerspruchsverfahren) schien die **118** Rechtsprechung lange die „erweitere Minimallösung" anzuwenden (vgl. BPatG BeckRS 2017, 140268 – nivo/NIVONA). In der BGH-Entscheidung „INJEKT/INJEX" stellt der BGH nun klar, dass es im Widerspruchsverfahren nicht wie im Löschungsverfahren um die wirtschaftliche Bewegungsfreiheit des Markeninhabers geht, sondern um die Löschung der jüngeren Marke (BGH GRUR-RS 2020, 13957 Rn. 34-36 – INJEKT/INJEX). Andernfalls würde laut BGH der Inhaber einer Marke mit weit gefassten Oberbegriffen gegenüber demjenigen bevorzugt, der seine Marke nur für einen engen Kreis an Waren eingetragen hat. Daher muss hier auf die konkrete Warengruppe abgestellt werden, für die die Benutzung nachgewiesen wurde. Allerdings ist dann nicht auf das konkret vertriebene Einzelprodukt mit sämtlichen individuellen Eigenschaften abzustellen, sondern auf gleichartige Waren (hier: „medizinische Spritzen" statt „zweiteilige Einmalspritzen"). Die Gleichartigkeit von Waren sei aufgrund einer wirtschaftlichen Betrachtungsweise festzustellen.

Die Unterscheidung des BGH in der „INJEKT/INJEX"-Entscheidung erscheint lediglich als Fortfüh- **118.1** rung der BGH-Entscheidung „Ichthyol II" (BGH GRUR 2006, 937 Rn. 22 Ichthyol II), wonach im Kollisionsverfahren in der Regel die „strenge Minimallösung" Anwendung finden soll. Wird danach die ältere Marke nur für einen Teil der Waren oder Dienstleistungen benutzt, für die sie eingetragen ist, so soll sie im Kollisionsfall lediglich für diesen benutzten Teil als eingetragen gelten. Ist die Marke für einen weiten Warenoberbegriff eingetragen, sei sie so zu behandeln, als sei sie nur für die konkret benutzten Waren registriert. Hierfür findet sich jedoch keine Rechtfertigung im Gesetzestext (so auch Ströbele/Hacker/Thiering/Ströbele Rn. 289 f.).

Allerdings erscheint fraglich, wie diese eigentlich interessengerechte Unterscheidung in der Praxis vorge- **118.2** nommen werden soll. Die Maßstäbe bei der Bestimmung der „gleichen Waren" im Löschungsverfahren und der „gleichartigen Waren" im Kollisionsfall erscheinen nicht klar abgrenzbar und führen wohl in der Regel zu vergleichbaren Ergebnissen. Das BPatG stellte hierzu kürzlich sogar bei der Bestimmung der „Gleichartigkeit" darauf ab, ob die relevanten Waren in ihren Eigenschaften und ihrer Zweckbestimmung weitgehend übereinstimmen – und damit auf die Definition des „gleichen Warenbereichs" im Löschungsverfahren ((BPatG GRUR-RS 2020, 30608 – DAMLA/DAMIA, mit Verweis auf die BGH-Entscheidung zum Löschungsverfahren „Culinaria/Villa Culinaria" (BGH GRUR 2013, 833 Rn. 61 – Culinaria/Villa Culinaria)). Es bleibt abzuwarten, ob sich hier eine weitere Differenzierung herausbildet.

H. Benutzung in abweichender Form (Abs. 3)

Grundsätzlich muss eine Marke in der eingetragenen Form benutzt werden. Abs. 3 sieht jedoch **119** ausnahmsweise eine Anerkennung abgewandelter Benutzungsformen vor, wenn dabei der kennzeichnende Charakter der Marke nicht verändert wird. Damit soll dem Markeninhaber ermöglicht werden, geringfügige Anpassungen und Modernisierungen vorzunehmen, wenn er dies zur Vermarktung und Förderung des Absatzes der betreffenden Waren oder Dienstleistungen für erforderlich erachtet.

I. Allgemeines

Die Regelung des Abs. 3 zur Benutzung in abweichender Form setzte die ursprüngliche obliga- **120** torische Vorschrift des Art. 10 Abs. 1 UAbs. 2 lit. a MRL 2008 in nationales Recht um, welche ihrerseits auf Art. 5 C Abs. 2 PVÜ zurückging. Die Klarstellung in § 26 Abs. 3 zur rechtserhaltenden Wirkung für mehrere Marken war in der MRL 2008 nicht vorgesehen, hat aber zwischenzeitlich in Art. 16 Abs. 5 lit. a MRL Einzug gehalten.

Der deutsche Wortlaut weicht geringfügig vom Text der MRL und der UMV ab, denn diese **121** sprechen jeweils von der Beeinflussung der Unterscheidungskraft und nicht von Veränderungen des kennzeichnenden Charakters. Laut der amtlichen Begründung zur MRL 2008 sollten dadurch Missverständnisse vermieden werden (Amtliche Begründung S. 77; BGH GRUR 1997, 744 (746) – ECCO; GRUR 1999, 167 – Karolus Magnus; im Detail Ingerl/Rohnke/Nordemann/ Schmitz-Fohrmann Rn. 127–130).

II. Änderung des kennzeichnenden Charakters

122   Die Veränderung des kennzeichnenden Charakters einer Marke wird danach beurteilt, ob die beteiligten Verkehrskreise unter Berücksichtigung der branchenüblichen Verwendung von Marken die registrierte und die benutzte Form trotz ihrer Unterschiede dem **Gesamteindruck** nach als **dieselbe Marke** ansehen (BGH GRUR 2013, 840 Rn. 20 – PROTI II; GRUR 2014, 662 Rn. 18 – Probiotik).

123   Bei der Frage, ob die Verkehrskreise in der registrierten und der benutzten Form dieselbe Marke sehen, ist zunächst auf die **tatsächliche Verkehrsauffassung** abzustellen. Hierbei kann zur Bestimmung der angesprochenen Verkehrskreise, zum Maßstab des normal informierten und angemessen aufmerksamen und verständigen Durchschnittsverbrauchers und zu den Regeln über die Feststellung der Verkehrsauffassung auf die zur Verwechslungsgefahr entwickelten Grundsätze zurückgegriffen werden (BGH GRUR 2013, 725 Rn. 31 – Duff Beer; GRUR 2015, 587 Rn. 21 – PINAR).

123.1   Zur Bestimmung der **angesprochenen Verkehrskreise** ist auf diejenigen Abnehmer abzustellen, die die konkret beanspruchten Waren oder Dienstleistungen nachfragen. Dabei sind die Waren oder Dienstleistungen ihrer gattungsmäßigen Art nach und nach ihren objektiven Merkmalen zu Grunde zu legen (BGH GRUR 2015, 587 Rn. 21 – PINAR; GRUR 2013, 725 Rn. 32 – Duff Beer).

123.2   Ausnahmsweise können auch die für die Beurteilung der Verwechslungsgefahr entwickelten Grundsätze zu einer **gespaltenen Verkehrsauffassung** herangezogen werden. Dies ist gerechtfertigt, wenn feststellbar ist, dass der Gebrauch des Kennzeichens gegenüber einem objektiv abgrenzbaren Verkehrskreis (zB bestimmter Sprachkreis) erfolgt (BGH GRUR 2015, 587 Rn. 23 – PINAR).

124   Die Beurteilung der Veränderung des kennzeichnenden Charakters der Marke ist eine **Rechtsfrage** (BGH GRUR 2014, 662 Rn. 17 – Probiotik; GRUR 2000, 886 – Bayer/BeiChem; BPatG GRUR 2005, 592 (593) – Lisat/Ysat; Ströbele/Hacker/Thiering/Ströbele Rn. 161). Hierbei stellt die Rechtsprechung sehr stark auf den Einzelfall ab.

125   Eine Identität der registrierten und der benutzten Form ist für die Annahme eines gleichen Gesamteindrucks nicht erforderlich (Ingerl/Rohnke/Nordemann/Schmitz-Fohrmann Rn. 137; BGH GRUR 2010, 270 Rn. 18 – ATOZ III). Vielmehr ist entscheidend, ob der Verkehr – trotz erkennbarer Unterschiede – die registrierte und die benutzte Form im **direkten Vergleich** als dieselbe Marke ansieht.

125.1   Das EUIPO arbeitet ua im Rahmen der sog. Konvergenzprogramme mit verschiedenen Institutionen, Behörden, Einrichtungen, Behörden für den gewerblichen Rechtsschutz sowie internationalen und Nicht-regierungsorganisationen zusammen. Die einzelnen Projekte des Konvergenzprogrammes haben zum Ziel, die Praktiken des EUIPO und der nationalen Ämter anzunähern und zu vereinheitlichen, soweit dafür keine gesetzlichen Änderungen notwendig sind. Das Konvergenzprogramm „CP 8" zur Benutzung einer Marke in einer von der Registrierung abweichenden Form wurde verabschiedet und durch das EUIPO und die teilnehmenden nationalen Ämter umgesetzt.

III. Fallgruppen

1. Veränderung des Zeichens

126   Ausgangslage für die Beurteilung der Veränderung ist stets die eingetragene Marke (BGH GRUR 2013, 68 Rn. 17 – Castell/VIN CASTEL) und deren Schutzbereich. Wenn eine Marke beispielsweise nur aufgrund ihrer grafischen Ausgestaltung oder der Kombination verschiedener Zeichenteile als eintragungsfähig angesehen wurde, so sollen bereits geringfügige Änderungen den kennzeichnenden Charakter ändern können (Ströbele/Hacker/Thiering/Ströbele Rn. 167; BPatG BeckRS 2013, 03369 – OMEGA).

127   Bei **Wortmarken** werden beispielsweise folgende Veränderungen für unschädlich erachtet:
* Abweichungen bezüglich Groß-/Kleinschreibung (BGH GRUR 2000, 1038 (1039) – Kornkammer),
* Binnengroßschreibungen (BPatG GRUR 2008, 77 (78) – QUELLGOLD/Goldquell),
* abweichender Schrifttyp (BGH GRUR 1999, 164 – JOHN LOBB),

- Weglassen oder Hinzufügen eines einzigen Buchstaben, wenn diesem weder phonetische noch begriffliche Bedeutung zukommt (BGH GRUR 2009, 888 Rn. 16 – Thermoroll; BPatG GRUR 2005, 592 (593) – Lisat/Ysat),
- Buchstabenverdoppelungen (BPatG GRUR 1995, 588 – Jeannette/Annete),
- sprachliche Modernisierung (BGH GRUR 1989, 510 (512) – Teekanne II),
- Wegfall von Bindestrichen (BGH BeckRS 2015, 08906 Rn. 12 ff. – Power Horse; GRUR 1999, 167 (168) – Karolus Magnus),
- Hinzufügen oder Weglassen eines Plural-S oder Genitiv-S, soweit sich dies nicht nennenswert auf die Wortbedeutung im spezifischen Zusammenhang auswirkt (Ingerl/Rohnke/Nordemann/Schmitz-Fohrmann Rn. 153; aA BGH GRUR 2003, 1047 (1048) – Kellogg's/Kelly's),
- Aufspaltung von Wörtern des normalen Sprachgebrauchs in zwei Wörter in zwei Zeilen, wenn dadurch deren Begriffsgehalt unbeeinträchtigt bleibt (BGH GRUR 2000, 1038 (1039) – Korn-kammer),
- zweizeilige Darstellung von einzeilig, aber getrennt eingetragenen Wörtern (BGH GRUR 2000, 1038 (1039) – Kornkammer; GRUR 1999, 167 (168) – Karolus-Magnus),
- Hinzufügen einer (für Produkte zur Behandlung von Saatgut beschreibenden) stilisierten Ähre bzw. eines Pflanzenteils vor der eingetragenen Wortmarke „AREVA" sowie des Schutzrechtshinweises „®" und danach des Großbuchstaben „C" (BPatG BeckRS 2018, 14638 – AREVA),
- Hinzufügen von eines werbeüblichen dekorativen Zusatzes ohne eigene kennzeichnende Wirkung (Emblem-/Siegelform und stilisierter Greifvogel) sowie beschreibender Wortbestandteile „Quality" und „Product" (BPatG GRUR-RS 2020, 23197 – HEERA).

Wortmarken sind grundsätzlich rechtserhaltend benutzt in jeder Schreibweise (EuG T-105/14, BeckRS 2015, 81930 = MarkenR 2016, 179 – iDRIVE/IDRIVE). Hingegen kann eine abweichende Schreibweise nicht als rechtserhaltende Benutzung angesehen werden, wenn die Schutzfähigkeit der Marke gerade auf der besonderen Schreibweise beruhte (BPatG GRUR 1998, 64 – bonjour). **128**

Bei **Bildmarken und Wort-/Bildmarken** wurden beispielsweise folgende Veränderungen als unschädlich angesehen: **129**

- geringfügige grafische Abweichungen (BGH GRUR 2008, 719 Rn. 41 – idw Informationsdienst Wissenschaft),
- stilistische Modernisierungen, wenn das unveränderte Motiv oder beibehaltene grafische Gestaltungselemente im Vordergrund stehen (BGH GRUR 1989, 510 (512) – Teekanne II),
- Unterschiede in der grafischen Gestaltung, wenn sie nur verzierender Natur sind oder der Verkehr ihnen aus anderen Gründen keine Bedeutung für den kennzeichnenden Charakter beimisst (BGH GRUR 2013, 725 Rn. 19 – Duff Beer; BPatG GRUR-RS 2020, 24386 – Herlitz),
- Änderung der Größenverhältnisse, wenn dabei die begriffliche Einheit zerstört oder der kennzeichnende Schwerpunkt der Gesamtmarke verschoben wird, zB vom optisch dominierenden Bildelement auf das Wortelement (BGH GRUR 1990, 364 (365) – BAELZ; BeckRS 2006, 00423 Rn. 14, 16 – Mars; EuG T-527/18, BeckRS 2019, 31766 – TECNIUM),
- Änderung der in der Marke genannten Adresse des Markeninhabers (zB auf einem Etikett oder einer Verpackung, vgl. BPatG GRUR 1997, 836 (837) – Apfelbauer).

Auch auf europäischer Ebene wird dies ähnlich gesehen. Das EuG hat beispielsweise in den beiden Entscheidungen zu „ADPepper" bestätigt, dass Änderungen in der Zeilenanordnung und Schreibweise sowie das Hinzufügen einer geometrischen Grundform die Unterscheidungskraft nicht beeinflussen (EuG T-668/18, BeckRS 2019, 23142; T-521/21, GRUR-RS 2022, 22460 – ADPepper). **129.1**

Das EuG hat auch in der Entscheidung „green cycles" die Benutzung einer Marke in inverser Form als unschädlich für den kennzeichnenden Charakter angesehen, da die bildlichen Elemente und deren Anordnung lediglich dekorativen Charakter hätten (EuG T-78/19, GRUR-RS 2020, 7019 – green cycles). Die Farben seien auch nicht besonders originell oder ungewöhnlich, so dass die Variation keinen Einfluss auf den kennzeichnenden Charakter haben. **129.2**

Beachtlich sind hingegen folgende Änderungen: **130**

- Bei relativ simplen Bildmarken (zB drei parallele Streifen) können unter Umständen bereits geringfügige Änderungen (zB Umkehr des Farbschemas) erheblich sein (EuG T-307/17, BeckRS 2019, 11610 – Drei Streifen; aA EuG T-68/16, BeckRS 2018, 541 – Kreuzzeichen an der Außenseite eines Sportschuhs).
- Ändert sich der in der Marke genannte Inhabername, dann kann dies ebenfalls schädlich sein (OLG München 29 U 2590/02, InstGE 3, 125 (129 f.) – Christkindl-Glühwein), es sei denn, der Name hat nur eine völlig untergeordnete Bedeutung, insbesondere als zB gesetzlich vorge-

schriebene, unauffällige Herstellerangabe am Rande eines Flaschenetiketts oä (BPatG GRUR 2003, 530 (532) – Waldschlösschen).

130.1   Bei Unionsmarken ist eine Änderung der eingetragenen Marke zur Berücksichtigung von Änderungen von Namen/Adresse des Markeninhabers in Art. 54 Abs. 2, 49 Abs. 2 UMV gestattet. Macht der Markeninhaber hiervon Gebrauch, stellt sich die Frage im Rahmen der rechtserhaltenden Benutzung nicht.

131   Eine **schwarz-weiß** oder in Graustufen eingetragene (Bild)Marke kann grundsätzlich durch die Benutzung in irgendeiner anderen Farbe rechtserhaltend benutzt werden. Entscheidend ist, dass die Unterscheidungskraft der Marke nicht beeinflusst wird. Wann dies der Fall ist, haben das EUIPO und eine Reihe nationaler Markenämter in der EU im Konvergenzprogramm CP4 zum Schutzbereich von Schwarz-Weiß Marken (v. Bomhard/Nicolás GRUR-Prax 2014, 343) wie folgt zusammengefasst:

- die Wort- und Bildbestandteile stimmen überein und bilden die unterscheidungskräftigen Elemente,
- der Farbkontrast bleibt erhalten,
- die Farbe oder die Farbkombination hat selbst keine Unterscheidungskraft und
- die Farbe trägt nicht maßgeblich zur allgemeinen Unterscheidungskraft des Zeichens bei.

132   Diese Voraussetzungen stehen im Einklang mit der bisherigen Rechtsprechung des EuG und des BGH (zB EuG T-68/16, BeckRS 2018, 541 – Kreuzzeichen an der Außenseite eines Sportschuhs; EuG T-152/11, BeckRS 2012, 81704 Rn. 41, 45 – MAD; BGH GRUR 2006, 859 Rn. 34 – Malteserkreuz).

133   Einer in schwarz-grau-weiß eingetragenen Bildmarke kann zudem die durch farbige Benutzung erworbene Kennzeichnungskraft zugerechnet werden, wenn sich durch die Farbe die Charakteristik der Marke nicht ändert (BPatG BeckRS 2016, 07473 – Buy Tube/You Tube; BGH GRUR 2006, 859 Rn. 34 – Malteserkreuz; GRUR 2015, 1009 Rn. 22 – BMW-Emblem).

134   Bei abstrakten **Farbmarken** wird man schon bei geringfügigeren Abweichungen des Farbtons nicht mehr von ein und demselben Zeichen sprechen können, soweit dies nicht technisch bedingt ist (zB durch unterschiedliche Wiedergabemedien) oder auf unvermeidliche natürliche Veränderungen (zB bei einer Benutzung im Freien) zurückzuführen ist (Ingerl/Rohnke/Nordemann/Schmitz-Fohrmann Rn. 105, 161; Ströbele/Hacker/Thiering/Ströbele Rn. 221 ff.).

135   Bei **Mehrfarbenmarken** ist das Verhältnis der einzelnen Farben zueinander beizubehalten (EuGH C-49/02, GRUR 2004, 858 Rn. 33–35, 42 – Heidelberger Bauchemie; Ströbele/Hacker/Thiering/Ströbele Rn. 226).

136   Im Zusammenhang mit der rechtserhaltenden Benutzung von **dreidimensionalen Marken** wurde beispielsweise folgendes diskutiert:

- zweidimensionale Darstellung einer dreidimensionalen Marke ist oft nicht rechtserhaltend, da die Markenform den kennzeichnenden Charakter maßgeblich mitbestimmt (so auch Ingerl/Rohnke/Nordemann/Schmitz-Fohrman Rn. 103, 193; differenzierter Ströbele/Hacker/Thiering/Ströbele Rn. 220),
- Benutzung einer zweidimensionalen Bildmarke durch eine dreidimensionale Gestaltung ist rechtserhaltend, wenn der Dimensionswechsel den Gesamteindruck des Zeichens nicht verändert (BGH GRUR 1998, 934 (936) – Wunderbaum).

137   Bei **Positionsmarken** ist die genaue Positionierung Teil der Marke; daher haben Veränderungen einen Einfluss auf den kennzeichnenden Charakter (so auch Ingerl/Rohnke/Nordemann/Schmitz-Fohrmann Rn. 194).

138   **Hörmarken** können nicht durch die Wiedergabe in der Notenschrift oder anderer Darstellungen rechtserhaltend benutzt werden, stattdessen ist eine akustisch wahrnehmbare Verwendung erforderlich (so auch Ingerl/Rohnke/Nordemann/Schmitz-Fohrmann Rn. 104, 195; Ströbele/Hacker/Thiering/Ströbele Rn. 229).

2. Weglassen von Bestandteilen

139   Werden Bestandteile einer Marke weggelassen, ist zu prüfen, ob der Verkehr den weggelassenen Bestandteilen eine maßgebliche kennzeichnende Wirkung beimisst oder nicht (BGH GRUR 2008, 616 Rn. 12 – AKZENTA). Dabei ist zu beachten, dass der kennzeichnende Charakter auch durch per se kennzeichnungsschwache oder sogar schutzunfähige Bestandteile mitbestimmt werden kann.

140   **Wortelemente** dürfen grundsätzlich nicht weggelassen werden (BGH GRUR 1997, 744 (746) – ECCO I). Von der Rechtsprechung wurden jedoch beispielsweise folgende Weglassungen als unschädlich angesehen:

- glatt beschreibende Angaben (BGH GRUR 1997, 744 (746) – ECCO I; GRUR 1999, 167 (168) – Karolus-Magnus),
- Artikel (BPatG 29 W (pat) 172/84, BlPMZ 1986, 227 – Der Photo Porst),
- Artikel im Singular statt Plural und umgekehrt (so auch Ingerl/Rohnke/Nordemann/Schmitz-Fohrmann Rn. 166).

Das BPatG vertritt grundsätzlich eine eher strenge Auffassung. Es hat eine rechtserhaltende Benutzung **140.1** der Widerspruchsmarke „RIAS-Rundfunkorchester" durch die alleinige Verwendung des Bestandteils „Rias" nicht als ausreichend angesehen (BPatG BeckRS 2019, 20156 – RIAS).

Zum gleichen Ergebnis kam das BPatG in der Entscheidung „autobid.de", wo die rechtserhaltende **140.2** Benutzung der Wort-/Bildmarke „AutoBild.de" (mit graphisch abgesetztem Bestandteil „.de") durch die Verwendung der stilisierten Marke „AutoBild" nicht nachgewiesen werden konnte. Das Weglassen der an sich schutzunfähigen Top-Level-Domain „.de" verändere bereits den kennzeichnenden Charakter (BPatG BeckRS 2019, 32002 – autobid.de).

Das Weglassen von **Ziffern** kann im Zweifelsfall problematisch sein, es sei denn es handelt sich **141** um eine austauschbare Typenbezeichnung oder eine beschreibende Angabe, wie zB Dossierung (BGH GRUR 1979, 468 – audio 1).

Bei **Bildmarken** ist ebenfalls zu prüfen, ob der weggelassene Bestandteil eine eigene kennzeich- **142** nende Wirkung entfaltet (BGH GRUR 2008, 616 Rn. 12 – AKZENTA).

Bei **Wort-/Bildmarken** kann der Wegfall des Bildelements unschädlich sein, wenn dieses nur **143** als Verzierung, werbliche Verstärkung eines dominierenden Wortelements oder als beschrei- bende Angabe verstanden wird (BGH GRUR 2013, 725 Rn. 19 – Duff Beer; GRUR 2010, 729 Rn. 20 – MIXI; BPatG GRUR 1997, 836 (837 f.) – Apfelbauer; OLG Frankfurt BeckRS 2017, 123992 – VIA LUNA). Wenn das Bildelement hingegen den Gesamteindruck mitprägt, wird sein Wegfall eher den Gesamteindruck beeinflussen (BGH GRUR 1999, 498 (499 f.) – Achterdiek; GRUR 2010, 270 – ATOZ III). Ist das Wortelement einer Wort-/Bildmarke nur schwach kenn- zeichnungskräftig, führt die Weglassung (Ersetzung des Bildbestandteiles) bei der Benutzung zur Veränderung des kennzeichnenden Charakters der Marke (BPatG GRUR-RS 2022, 16968 – Chemiepokal). Ferner hat der EuGH die rechtserhaltende Benutzung einer zusammengesetzten Marke angenommen, bei der nur das Bildelement (Kaktus) der Marke ohne das Wortelement „Cactus" verwendet wurde, da die Unterscheidungskraft der Marke in ihrer eingetragenen Form nicht beeinflusst werde (EuGH C-501/15 P, GRUR-RR 2017, 496 – CACTUS OF PEACE). Ob man die Ausführungen des EuGH zur Gleichwertigkeit des in verkürzter Form verwendeten Zeichens verallgemeinern kann, erscheint zumindest fraglich und eine Frage des Einzelfalls.

Wenn ein für Waren bestimmtes **Etikett** in seiner Gesamtheit Gegenstand einer Markeneintra- **144** gung ist, dann ist dieses Etikett mit all seinen Bestandteilen zu benutzen, auch wenn der Verkehr manche der Angaben gewöhnlich nicht als Markenbestandteile ansieht (BGH GRUR 2013, 68 Rn. 17 – Castell/VIN CASTEL).

3. Hinzufügen von Bestandteilen

Zeigt das verwendete Zeichen neben der eingetragenen Marke noch zusätzliche Wortelemente, **145** dann ist für die Beurteilung entscheidend, welche **Kennzeichnungskraft** beide Bestandteile haben und ob ein Gesamtbegriff entsteht (so auch Ströbele/Hacker/Thiering/Ströbele Rn. 184).

Hat das zusätzliche Wortelement eine **eigene maßgebende kennzeichnende Wirkung,** kann **146** keine rechtserhaltenden Benutzung angenommen werden (BGH GRUR 2009, 772 Rn. 45 – Augsburger Puppenkiste; GRUR 2005, 515 – FERROSIL) – es sei denn, der Verkehr erkennt hierin eine Mehrfachkennzeichnung (→ Rn. 154 ff.).

Werden **Ziffern, Buchstaben** oder alphanumerische Kombinationen (nicht beschreibend) **147** hinzugefügt, so wird dies in der Regel als schädlich angesehen (BGH GRUR 2013, 840 Rn. 21– 25 – PROTI II).

Unschädlich ist hingegen die Hinzufügung **beschreibender** oder sonst eindeutig nicht her- **148** kunftskennzeichnender Begriffe, die mit dem eingetragenen Wortzeichen nicht zu einem einheitli- chen Zeichen verschmelzen (BGH GRUR 2013, 840 Rn. 25 – PROTI II; GRUR 2010, 729 Rn. 18 – MIXI; GRUR 2006, 152 Rn. 25 – GALLUP; BPatG BeckRS 2009, 15437 – JUVITAL/ Juventel-Henning; BeckRS 2018, 4638 Rn. 21 – ETAX; BeckRS 2018, 29757 – Wellcomet). Hierzu zählen auch Begriffe, die in einer anderen Sprache das Produkt beschreiben (BGH GRUR 2015, 587 Rn. 31, 32 – PINAR).

Das EuG teilt diese Auffassung in den beiden Entscheidungen zu „ADPepper" (EuG T-668/18, BeckRS **148.1** 2019, 23142; T-521/21, GRUR-RS 2022, 22460 – ADPepper). Das Hinzufügen von rein beschreibenden

Wortbestandteilen („germany", „digital pioneers since 1999" oder „the e-advertising network") zur eingetragenen Marke „ad pepper" mit drei stilisierten Chilischoten beeinflusse nicht die Unterscheidungskraft.

149   **Verschmelzung** des eingetragenen Zeichens und Hinzufügung zu einem einheitlichen Zeichen sind nur unschädlich, wenn der Zusatz keine eigene herkunftskennzeichnende Bedeutung
hat und insbesondere wenn er glatt beschreibender Natur ist (BGH GRUR 2012, 832 Rn. 35 –
ZAPPA; GRUR 2009, 772 Rn. 45 – Augsburger Puppenkiste; GRUR 2006, 152 Rn. 25 –
GALLUP).

150   Wenn die eingetragene Marke aufgrund der konkreten Gestaltung mit dem zusätzlichen
Bestandteil verschmilzt (einheitliche typografische Gestaltung, Bindestrich, „R im Kreis"-Symbol
am Gesamtzeichen) und sich die Bestandteile auch inhaltlich ergänzen (zB Hinweis auf Wirkstoff
und auf Indikation), kann keine rechtserhaltende Benutzung der eingetragenen Marke angenommen werden (BGH GRUR 2017, 1043 (1045) – Dorzo).

150.1   Das EuG hat einen ebenso strengen Ansatz verfolgt und eine Verschmelzung der Marke „TACK" in
der Kombination „TACK ceys" sogar trotz graphischer Hervorhebung von „TACK" durch andersfarbige
Gestaltung von „ceys" angenommen (EuG T-24/17, GRUR-Prax 2018, 521 – TACKCEYS).

151   Ausnahmsweise können auch zusätzlich **beschreibende** Wortbestandteile oder Bestandteile
ohne eigene Kennzeichnungskraft zur Ablehnung der rechtserhaltenden Benutzung führen, wenn
sie den Gesamteindruck des Zeichen beeinflussen (BGH GRUR 2013, 840 Rn. 25 – PROTI II;
GRUR 2011, 623 Rn. 55 – Peek & Cloppenburg II).

152   Bei der **Hinzufügung von Bildelementen** hat die Rechtsprechung beispielsweise folgende
Fälle als unschädlich angesehen:
*   das zusätzliche Bildelement illustriert das Bedeutungsmotiv des eingetragenen Wortbestandteils
    (BGH GRUR-RS 2015, 08906 – PowerHorse; GRUR 2001, 58 (59) – COBRA CROSS;
    GRUR 2000, 1038 (1039) – Kornkammer; GRUR 1999, 167 (168) – Karolus-Magnus),
*   das andersartige, nicht begriffsverstärkende Bildelement beeinträchtigt die Eigenständigkeit des
    Wortelements nicht (BGH GRUR 1999, 995 (996) – HONKA),
*   Emblemwirkung durch zusätzliches Bildelement stellt rechtserhaltende Benutzung von Marke
    dar, sofern keine Wahrnehmung als einheitliches Zeichen erfolgt (BGH GRUR 2013, 725
    Rn. 24 – Duff Beer; GRUR 2000, 1038 (1040) – Kornkammer),
*   Darstellung eines ganzen Hundes anstatt eines Hundekopfs, da dies zu keinen Unterschieden
    in der Wahrnehmung des Gesamtcharakters führt (OLG Köln GRUR-RS 2017, 107784),
*   das Hinzufügen eines nicht unterscheidungskräftigen Elements (Kreis) beeinflusst die Kennzeich-
    nungskraft des eingetragenen Zeichens (Hantel oder Knochen) nicht (EuG T-146/15, GRUR-
    Prax 2016, 473; bestätigt durch EuGH C-587/16 P, BeckRS 2017, 103903),
*   der durch eine 3D-Marke geschützte Inhalator wurde mit einem Etikett beklebt, sodass ein in
    der Marke enthaltener kleiner Punkt nicht mehr sichtbar war, und das vertriebene Produkt
    weist im äußeren Gehäuseteil eine wellenförmige Riffelung auf (LG München I GRUR-RS
    2019, 11761 – Diskus-Inhalator),
*   das Hinzufügen eines graphischen Symbols (Viereck) zu einer Wortmarke lässt den Gesamtein-
    druck der Wortmarke unberührt und ändert deren kennzeichnenden Charakter nicht (BPatG
    GRUR-RS 2020, 3879 – ALLIANCE).

153 Enthält die eingetragene Marke bereits eine herkunftskennzeichnende bildliche Ausgestaltung,
kann die Hinzufügung eines weiteren Bildelements schädlich sein (BGH GRUR 1999, 498
(499 f.) – Achterdiek).

IV. Mehrfachkennzeichnung/Kombinationsmarken

154   In der Praxis wird eine Marke oft nicht isoliert, sondern zusammen mit weiteren Marken
verwendet. Der Verkehr ist in vielen Branchen daher an die Verwendung von **Zweitkennzeichen**
gewöhnt, beispielsweise bei Verwendung einer Hauptmarke in Kombination mit verschiedenen
Spezialmarken für die einzelnen Waren.

155   Wenn der Verkehr die Zeichen noch als **eigenständige Marken** ansieht und alle gleichzeitig
genutzten Marken jeweils ihre betriebliche Herkunftsfunktion erfüllen, können sie allesamt als
rechtserhaltend benutzt angesehen werden (BGH GRUR 2007, 592 Rn. 14–16 – bodo Blue
Night; GRUR 2011, 623 Rn. 20, 28–30 – Peek & Cloppenburg II). Auch der Gebrauch einer
Bezeichnung als **Zweitmarke** reicht für eine rechtserhaltende Benutzung aus (BGH GRUR 2014,
662 Rn. 23 – Probiotik; BPatG BeckRS 2019, 14571 – VIEW).

156   Die **eigenständige kennzeichnende Bedeutung** der einzelnen Marken kann sich beispielsweise aus räumlicher Trennung, grafischer Unterscheidung (BGH GRUR 2008, 254 Rn. 33 –

THE HOME STORE; BPatG BeckRS 2018, 16456 Rn. 59 – ELIZA) oder Verwendung des Schutzrechtshinweises „R im Kreis" ergeben (BGH GRUR 2013, 840 Rn. 35 – ProtiI II; GRUR 2014, 662 Rn. 25 – Probiotik).

Wird eine **Bildmarke** stets nur in unmittelbarem Zusammenhang mit einem Wortbestandteil **157** verwendet, der als bekannte Unternehmensbezeichnung erhöhte Kennzeichnungskraft hat, wird in der Regel keine rechtserhaltende Benutzung anzunehmen sein, da die angesprochenen Verkehrskreise die eingetragene Marke nur als zusätzliches grafisches Ausgestaltungselement eines einheitlichen Herkunftshinweises wahrnehmen (OLG Köln GRUR-RR 2015, 471 – Roter Punkt). Eine Bildmarke kann an Stelle eines Buchstabens in ein Wort integriert werden (zB rundes Zeichen statt dem Buchstaben „o"), auch wenn die Wörter zusätzlich Wortmarken sind (EuG T-215/13, BeckRS 2016, 82021 – Lambda). Wird die an Stelle des Buchstaben eingefügte Bildmarke jedoch nur als grafische Verzierung oder Hervorhebung (zB „Kringel") und nicht mehr als eigenständige Zweitmarke verstanden, wird der kennzeichnende Charakter verändert und eine rechtserhaltende Benutzung scheidet aus (OLG Frankfurt GRUR-RR 2017, 426 – Provadis).

Wird eine Marke als Stammbestandteil einer **Markenserie** verwendet, ist eine rechtserhaltende **158** Benutzung anzunehmen, wenn die eine Marke die Produktfamilie und die andere das konkrete Produkt bezeichnet. Eine solche Markenserie setzt die Benutzung mehrerer Marken mit dem Stammbestandteil voraus; eine einzelne Verwendung der Marke kann hingegen keine Markenserie begründen (BGH GRUR 2013, 840 Rn. 23 – PROTI II).

In Abgrenzung dazu jedoch BGH GRUR 2017, 1043 (1045 f.) – Dorzo: Hat der Verkehr auf Grund **158.1** der Umstände des Falls keine Veranlassung, in dem Abwandlungs- und dem Stammbestandteil zwei getrennte Zeichen zu erkennen, so verändert die Hinzufügung des Stammbestandteils den kennzeichnenden Charakter der Marke, so dass keine rechtserhaltende Benutzung angenommen werden kann.

Bei **dreidimensionalen Marken** wird der Verkehr die Form in der Regel nur dann als Herkunftshinweis verstehen, wenn diese sehr stark von der üblichen Gestaltung in der Branche abweichen oder eine intensive Benutzung zu einem entsprechenden Verkehrsverständnis führen (BGH **159** GRUR 2007, 235 Rn. 24 – Goldhase; EuGH C-642/15 P, GRUR Int 2017, 143 Rn. 26–29 – Form eines Ofens (Bullerjan); EuG T-317/14, BeckRS 2015, 81230 Rn. 37, 38, 41 – Voxka; T-796/16, GRUR-RS 2020, 35965 – Grashalm in Flasche (Zubrowka)).

Neutralisiert eingetragene dreidimensionale Warenform- oder Verpackungsmarken, **160** die nur in Verbindung mit Wortzeichen oder weiteren Bild- und Farbelementen verwendet werden, können im Einzelfall als rechtserhaltend benutzt angesehen werden (vgl. LG Düsseldorf BeckRS 2017, 141847 – Grasovka; verneint von EuG T-796/16, GRUR-RS 2020, 35965 – Grashalm in Flasche (Zubrowka) sowie OLG München GRUR-RS 2022, 57952 – Rettungshubschrauber). Entscheidend ist jedoch, dass die Form als selbständige Herkunftskennzeichnung fungiert und dies auch nachgewiesen werden kann (so auch Ingerl/Rohnke/Nordemann/Schmitz-Fohrmann Rn. 174; LG München I 21 O 9659/06, InstGE 8, 78 (85) – Kutscherglas; EuG GRUR-RS 2022, 28729 – BIG BABY POP!).

Bei **abstrakten Farbmarken** ist ebenfalls zu prüfen, ob die Farbe an sich nur als Gestaltungs- **161** mittel oder als Herkunftshinweis verstanden wird (so auch Ströbele/Hacker/Thiering/Ströbele Rn. 227).

V. Rechtserhaltende Wirkung für mehrere Marken

Abs. 3 lässt eine Benutzung in abweichender Form auch dann als rechtserhaltend zu, wenn die **162** **abweichende Form ihrerseits auch als Marke** für die betroffen Waren/Dienstleistungen **eingetragen** ist. Daher können mehrere, nicht identische Marken durch ein und dasselbe Zeichen rechtserhaltend benutzt werden. Dies ist beispielsweise dann relevant, wenn der Markeninhaber die ursprünglich eingetragene Marke weiterhin verteidigt, sicherheitshalber aber zusätzlich noch die veränderte Form als Marke eintragen lässt.

Die **Richtlinienkonformität** dieser Regelung war Gegenstand diverser Diskussionen, weil sie **163** weder von der MRL 2008 noch von der GMV vorgesehen war.

Insbesondere der EuGH hatte zunächst im obiter dictum seiner „Bainbridge"-Entscheidung (EuGH **163.1** C-234/06 P, GRUR 2008, 343 – Il Ponte Finanziaria) die rechtserhaltende Benutzung verschiedener eingetragener Marken durch ein und dasselbe Zeichen abgelehnt.

Später hat der EuGH dann in der „Proti"-Entscheidung klargestellt, dass sich der Markeninhaber zum **163.2** Nachweis der Benutzung einer Marke auch auf ein abweichendes ebenfalls als Marke eingetragenes Zeichen berufen kann, wenn die Unterschiede zwischen diesen beiden Formen die Unterscheidungskraft der Marke nicht beeinflussen (EuGH C-553/11, GRUR 2012, 1257 Rn. 20–24, 30 – Rintisch). Dies wurde in der „Specsavers"-Entscheidung bestätigt (EuGH C-252/12, GRUR 2013, 922 Rn. 27–30).

164   Im neuen Art. 16 Abs. 5 lit. a MRL ist nunmehr ausdrücklich vorgesehen, dass eine Benutzungshandlung mehreren Markeneintragungen zugeordnet werden kann.

164.1   Die entsprechende Parallelvorschrift für Unionsmarken findet sich in Art. 18 Abs. 1 UAbs. 2 lit. a UMV.

165   Eine andere Frage betrifft „überlappende" **Verwendung verschiedener Marken zur gleichen Zeit,** dh als Teil oder in Verbindung mit anderen Marken. Auch hier nimmt der EuGH eine rechtserhaltende Benutzung einer Marke an, die nur als Teil einer zusammengesetzten Marke benutzt wird, wenn die fragliche Marke weiterhin als (eigenständiger) betrieblicher Herkunftshinweis verstanden wird (EuGH C-12/12, GRUR 2013, 722 Rn. 29–36 – Colloseum; C-252/12, GRUR 2013, 922 Rn. 23–31 – Specsavers; BGH GRUR 2014, 483 Rn. 43 – test; im Ergebnis verneint von EuG T-796/16, GRUR-RS 2020, 35965 – Grashalm in Flasche (Zubrowka); vgl. → Rn. 157).

165.1   Ausführlich zum Sachverhalt der „Colloseum"- und „Specsavers"-Entscheidungen → UMV Art. 18 Rn. 80.1 und → UMV Art. 18 Rn. 81.1.

I. Benutzung durch den Inhaber oder mit dessen Zustimmung

166   Grundsätzlich soll der Markeninhaber die Marke selbst benutzen. Nach Abs. 2 gilt jedoch auch die Benutzung der Marke mit Zustimmung des Inhabers als Benutzung durch den Inhaber.

I. Zustimmungserklärung

167   Die Zustimmung des Markeninhabers **(Einwilligung)** muss vor der zuzurechnenden Benutzungshandlung erfolgen (zB im Wege einer Lizenzvereinbarung).

168   Wird die Zustimmung erst nach Benutzungsaufnahme erklärt, so kann die Drittbenutzung auch erst ab dem Zeitpunkt der Einwilligung dem Inhaber zugerechnet werden. Eine nachträgliche Genehmigung kann daher keine rechtserhaltende Benutzung einer Marke für einen in der Vergangenheit liegenden Zeitraum begründen (BGH GRUR 1985, 385 – FLUOSOL; GRUR 2013, 925 Rn. 53 f. – VOODOO).

169   Auch die bloße Duldung der Benutzung der Marke durch einen Dritten ist nicht als Zustimmung anzusehen (OLG Hamburg GRUR 1997, 843 (844) – MATADOR; BPatG BeckRS 2016, 133990 – e-cademy/e-cademy).

170   Für die Frage der rechtserhaltenden Benutzung ist es irrelevant, ob der Verkehr die Benutzungshandlung dem Markeninhaber oder dem Dritten richtig zuordnet. Entscheidend ist allein, dass der Dritte mit **Fremdbenutzungswillen** handelt und nicht für sich selbst tätig werden möchte. Im Rahmen eines Lizenzverhältnisses muss der Lizenznehmer daher die Marke für den Markeninhaber benutzen (BGH GRUR 2008, 616 Rn. 21 – AKZENTA).

171   Die Zustimmung des Markeninhabers kann auf bestimmte Produkte beschränkt sein, so dass eine darüberhinausgehende Benutzung durch den Dritten nicht von der Zustimmung umfasst ist (BGH GRUR 2008, 616 Rn. 21 – AKZENTA).

172   Auch die Zurechnung im Rahmen von Unterlizenzen ist grundsätzlich möglich, wenn die Benutzung mit Zustimmung des Markeninhabers erfolgte (BGH GRUR 2013, 925 Rn. 43 – VOODOO). Für die Wirksamkeit der Zustimmung des Markeninhabers und des Hauptlizenznehmers zur Benutzung durch einen Dritten ist es irrelevant, ob eine (Unter-)Lizenzvereinbarung erst aufgrund einer Abmahnung des Markeninhabers oder des Hauptlizenznehmers zustande gekommen ist (BGH GRUR 2013, 925 Rn. 44 – VOODOO).

II. Nachweis

173   Die Zustimmung nach Abs. 2 unterliegt keinen Formerfordernissen und kann daher auch mündlich oder konkludent erfolgen. Daher dürfen keine zu strengen Anforderungen an den Nachweis der Zustimmung gestellt werden (Ströbele/Hacker/Thiering/Ströbele Rn. 148 f.; BPatG GRUR 1997, 836 (837) – Apfelbauer; EuGH C-416/04 P, GRUR 2006, 582 Rn. 46 f. – VITAFRUIT).

173.1   Laut EuGH spricht sogar eine deutliche Vermutung für eine Benutzung mit Zustimmung des Markeninhabers, wenn sich dieser ausdrücklich auf die Verwendung seiner Marke durch einen Dritten beruft und diese Benutzung auch belegt (EuGH C-416/04 P, GRUR 2006, 582 Rn. 46 f. – VITAFRUIT).

Eine Zustimmung wird auch angenommen im Fall enger wirtschaftlicher Verbindungen zwischen dem **173.2** Markeninhaber und dem die Marke benutzenden Dritten, zB innerhalb eines Konzerns (BGH GRUR 1985, 385 – FLUOSOL; BPatG BeckRS 2018, 14638 – AREVA).

Das LG Hamburg hat bestätigt, dass an den Nachweis einer Zustimmung nach § 26 Abs. 2 keine **173.3** überzogenen Anforderungen gestellt werden dürfen. Die Vorlage eines Lizenzvertrages sei nicht erforderlich, wenn – wie im Streitfall aufgrund familiärer Beziehungen – die Annahme einer Benutzung ohne Zustimmung wirklichkeitsfremd erscheine (LG Hamburg BeckRS 2017, 147119 – Pearl).

Dagegen hat das LG Frankfurt a.M. die häufige Suche nach einer Wortmarke bei Google zutreffend **173.4** nicht als Benutzung durch Dritte angesehen (LG Frankfurt a.M. BeckRS 2017, 139910 – DiBa).

Die **Beweislast** für die Zustimmung liegt bei der hinsichtlich der rechtserhaltenden Benutzung **174** darlegungs- und beweislastpflichtigen Partei.

Nach hM in der Rechtsprechung muss die Zustimmungserklärung **rechtswirksam** sein (so **175** BGH GRUR 1985, 385 – FLUOSOL). War der Lizenzvertrag nichtig, ist die Benutzung durch den Lizenznehmer dem Markeninhaber nicht zuzurechnen (OLG Karlsruhe GRUR 1981, 198 (200) – Familia).

Ein Lizenznehmer kann sich im Übrigen nach Beendigung eines Lizenz- oder Gestattungsver- **176** trages gegenüber dem Lizenzgeber nicht darauf berufen, dass er eigene Kennzeichenrechte an dem lizenzierten Zeichen erworben habe. Dagegen genügt eine konkludente Gestattung der Zeichenbenutzung nicht, um zu verhindern, dass der Gestattungsempfänger im Verhältnis zum Gestattenden eigene Kennzeichenrechte an dem betreffenden Zeichen erwirbt (BGH GRUR 2016, 201 Rn. 31 – Ecosoil).

J. Berechtigte Gründe für die Nichtbenutzung

Abs. 1 sieht vor, dass ausnahmsweise keine Benutzungspflicht besteht und eine Marke trotz **177** Nichtbenutzung nicht verfällt, wenn der Markeninhaber berechtigte Gründe hierfür hat.

I. Berechtigte Gründe

Der Begriff „berechtige Gründe für die Nichtbenutzung" geht auf Art. 10 Abs. 1 MRL 2008 **178** bzw. Art. 16 Abs. 1 MRL zurück und ist daher richtlinienkonform und im Lichte der EuGH-Rechtsprechung auszulegen (EuGH C-246/05, GRUR 2007, 703 Rn. 42–45 – Armin Häupl/ Lidl). Dabei ist der Ausnahmecharakter der Vorschrift zu berücksichtigen, welcher eine restriktive Auslegung rechtfertigt (EuGH C-246/05, GRUR 2007, 703 Rn. 51 – Armin Häupl/Lidl).

Ob ein berechtigter Grund für die Nichtbenutzung vorliegt, ist im Einzelfall zu prüfen. Die **179** Rechtsprechung hat hierzu folgende Voraussetzungen aufgestellt:

Die Umstände sind nicht vom Willen des Markeninhabers abhängig. **180**

Die Umstände dürfen nicht vom Markeninhaber beeinflussbar oder bei gebotener unternehmerischer **180.1** Sorgfalt zu verhindern gewesen sein. Daher wird alles für unbeachtlich erachtet, was das normale unternehmerische Risiko (einschließlich zB rein wirtschaftlicher Probleme des Markeninhabers) betrifft und in die Risikosphäre des Markeninhabers fällt (so auch Ströbele/Hacker/Thiering/Ströbele Rn. 118, 122; Fuchs-Wissemann MarkenR 2015, 469 (471)).

Gesetzliche Werbeverbote oder andere staatliche Maßnahmen (zB Einfuhrhindernisse, Beschränkung **180.2** der Verkehrsfähigkeit des Produktes) sowie schwebende Lizenzverhandlungen gehören beispielsweise nicht zur Risikosphäre des Markeninhabers (BGH GRUR 2007, 321 Rn. 32 ff. – COHIBA; GRUR 1974, 276 (277) – King I; BPatG BeckRS 2013, 17748 – ZEUS-RENTENSCHUTZBRIEF/DRSB DEUTSCHER RENTENSCHUTZBRIEF – VORSORGE WOHLSTAND SICHERHEIT).

Die Umstände haben einen **unmittelbaren Bezug zur Markenverwendung.** **181**

Hierzu gehören beispielsweise staatliche Einfuhrverbote oder behördliche Benutzungsverbote (so auch **181.1** Ströbele/Hacker/Thiering/Ströbele Rn. 119).

Hingegen sind allgemeine behördliche Verzögerungen und Hindernisse irrelevant (EuGH C-246/05, **181.2** GRUR 2007, 703 Rn. 52 – Armin Häupl/Lidl).

Die Umstände lassen eine **Benutzung der Marke** als **unmöglich oder unzumutbar** erschei- **182** nen.

Bereits eine Unzumutbarkeit der Benutzung wird als ausreichend angesehen (EuGH C-246/05, GRUR **182.1** 2007, 703 Rn. 53 – Armin Häupl/Lidl).

Gesetzliche Werbeverbote können nach ihrem Inkrafttreten eine Benutzung der Marke unzumutbar **182.2** machen (BGH GRUR 2007, 321 Rn. 32 ff. – COHIBA).

182.3   Die fehlgeschlagene Suche nach Lizenznehmern kann unter bestimmten Umständen (wenn Marke nur für Lizenzen gedacht und keine eigene Herstellung geplant und zudem Irreführungs- und Betrugskampagne eines Dritten) einen berechtigten Grund darstellen (EuG T-672/16, BeckRS 2018, 32905 – C=commodore).

183   Auch Fälle **höherer Gewalt** (zB Naturkatastrophen) werden als berechtigte Gründe für eine Nichtbenutzung angesehen (BGH GRUR 1997, 747 (749) – Cirkulin; GRUR 2000, 890 (891) – IMMUNINE/IMUKIN; GRUR 2007, 321 Rn. 30 – COHIBA; BPatG BeckRS 1997, 14405 – SACHSENGOLD).

II. Beispielfälle

184   In der Rechtsprechung und Literatur werden beispielsweise die nachfolgenden Gründe erörtert:

1. Rechte Dritter

185   Die Möglichkeit, dass Dritte ihre Rechte in Verletzungs- oder Nichtigkeitsverfahren geltend machen könnten, fällt grundsätzlich unter das allgemeine Unternehmensrisiko. Sie kann daher die Nichtbenutzung einer Marke nicht pauschal rechtfertigen (OLG Hamburg GRUR 1988, 914 (916) – Lip-Kiss; GRUR-RS 2017, 113513 – IPURI). Dies gilt auch für den Fall, dass sich die Parteien in außergerichtlichen Vergleichsverhandlungen befinden (LG Köln GRUR-RS 2019, 17694 – ADLON).

186   Vertragliche Vereinbarungen mit Dritten hinsichtlich der Nichtbenutzung einer Marke stellen keinen Rechtfertigungsgrund dar (BGH GRUR 1997, 747 – Cirkulin).

2. Arzneimittelzulassungsverfahren

187   Arzneimittelspezialitäten müssen vor ihrem Markteintritt ein komplexes behördliches Registrierungs- und Zulassungsverfahren durchlaufen, andernfalls ist der Vertrieb verboten. Dies stellt einen berechtigten Grund für die Nichtbenutzung der Marke dar (BGH GRUR 2000, 890 (891) – IMMUNINE/IMUKIN; Ströbele/Hacker/Thiering/Ströbele Rn. 127).

188   Im Verfahren, in dem die rechtserhaltende Benutzung der Marke in Frage steht, muss der Markeninhaber substantiieren und ggf. nachweisen oder glaubhaft machen, dass er das Zulassungsverfahren ordnungsgemäß betrieben und nicht verzögert hat (LG Hamburg GRUR-RR 2011, 370 Ls. – Verschlepptes Zulassungsverfahren; LG München BeckRS 2016, 01275).

188.1   Anders stellt sich laut LG München die Situation dar bei **klinischen Studien,** die einem arzneimittelrechtlichen Zulassungsverfahren vorgeschaltet sind. Hier sei die Angabe eines Markennamens noch nicht erforderlich. Zudem liege die Durchführung der Studie – im Gegensatz zum nachfolgenden Zulassungsverfahren – allein in der Hand des Markeninhabers (LG München BeckRS 2016, 01275 – Boswellia serrata).

188.2   Auch der EuGH hat kürzlich die rechtserhaltende Benutzung einer Marke im Rahmen klinischer Studien verneint, da sie außerhalb des Wettbewerbs und nur in einem engen Teilnehmerkreis stattfinde und nicht das Ziel verfolge, Marktanteile zu erschließen oder zu sichern. Die fragliche klinische Studie stelle zudem lediglich eine Vorstufe zur Stellung eines Antrags auf Arzneimittelzulassung nach den nationalen Regeln dar und der mögliche spätere Vertrieb des Arzneimittels sei völlig ergebnisoffen. Im konkreten Fall war zudem zu berücksichtigen, dass der Antrag auf Durchführung der klinischen Studie bei den zuständigen deutschen Behörden erst mehr als drei Jahre nach Eintragung der Marke gestellt wurde (EuG T-276/16, BeckRS 2017, 124595; bestätigt durch EuGH C-668/17 P, BeckRS 2019, 12912 – Boswelan; Anm. v. Tresper GRUR-Prax 2019, 346).

3. Produktions-, Vertriebs- oder Exportverbote; gesetzliche Werbeverbote

189   Im Falle von staatlichen Produktions-, Vertriebs- oder Exportverboten (BGH GRUR 1994, 512 (514 f.) – Simmenthal; BPatG BeckRS 2013 17748 – Zeus-Rentenschutzbrief/DRSB Deutscher Rentenschutzbrief – Vorsorge Wohlstand Sicherheit) hat die Rechtsprechung angenommen, dass die Nichtbenutzung gerechtfertigt war. Das Gleiche gilt für gesetzliche Werbeverbote (BGH GRUR 2007, 321 Rn. 32 – COHIBA).

III. Rechtsfolge

190   Liegen berechtigte Gründe für die Nichtbenutzung einer Marke vor, wird die Benutzungsschonfrist weder ersetzt noch unterbrochen. Schließlich handelt es sich nicht um eine Frist iSd

§§ 186 ff. ZPO (so auch Ströbele/Hacker/Thiering/Ströbele Rn. 138 ff.; BGH GRUR 2007, 321 Rn. 36 – COHIBA). Vielmehr wird lediglich der Ablauf der Fünfjahresfrist im Verfallsverfahren nach § 49 Abs. 1 gehemmt (BPatG GRUR 1999, 1002 (1004 ff.) – SAPEN). Für alle anderen Verfahren mit rückwirkenden Benutzungszeiträumen ist eine solche Hemmung nicht möglich (BGH GRUR 2007, 321 Rn. 36 – COHIBA).

In allen anderen Fällen findet im Einzelfall lediglich eine **wertende Gesamtbetrachtung** des **191** Verhaltens des Markeninhabers in Relation zum gesamten maßgeblichen Fünfjahreszeitraum statt (Ingerl/Rohnke/Nordemann/Schmitz-Fohrmann Rn. 267; Ströbele/Hacker/Thiering/Ströbele Rn. 141).

Anders wird dies bei Unionsmarken beurteilt, wo eine Hemmung der Benutzungsschonfrist **192** angenommen wird (→ UMV Art. 18 Rn. 95).

K. Glaubhaftmachung bzw. Nachweis der Benutzung

Dazu → § 43 Rn. 50 ff., → § 25 Rn. 36 ff. **193**

Abschnitt 5. Marken als Gegenstand des Vermögens

§ 27 Rechtsübergang

(1) Das durch die Eintragung, die Benutzung oder die notorische Bekanntheit einer Marke begründete Recht kann für alle oder für einen Teil der Waren oder Dienstleistungen, für die die Marke Schutz genießt, auf andere übertragen werden oder übergehen.

(2) ¹Gehört die Marke zu einem Geschäftsbetrieb oder zu einem Teil eines Geschäftsbetriebs, so wird das durch die Eintragung, die Benutzung oder die notorische Bekanntheit der Marke begründete Recht im Zweifel von der Übertragung oder dem Übergang des Geschäftsbetriebs oder des Teils des Geschäftsbetriebs, zu dem die Marke gehört, erfaßt. ²Dies gilt entsprechend für die rechtsgeschäftliche Verpflichtung zur Übertragung eines Geschäftsbetriebs oder eines Teils eines Geschäftsbetriebs.

(3) Der Übergang des durch die Eintragung einer Marke begründeten Rechts wird auf Antrag eines Beteiligten in das Register eingetragen, wenn er dem Deutschen Patent- und Markenamt nachgewiesen wird.

(4) Betrifft der Rechtsübergang nur einen Teil der Waren oder Dienstleistungen, für die die Marke eingetragen ist, so sind die Vorschriften über die Teilung der Eintragung mit Ausnahme von § 46 Abs. 2 und 3 Satz 1 entsprechend anzuwenden.

Überblick

Die Vorschrift regelt den Übergang von Rechten an einer Marke. In ihren Regelungsbereich fallen gemäß § 27 Abs. 1 alle nationalen Marken mit einem Schutztatbestand für die Bundesrepublik Deutschland, dh die Vorschrift gilt unabhängig von dem Entstehungsgrund des Markenschutzes (→ § 4 Rn. 2 ff.). Die Vorschrift sieht einen Rechtsübergang der Marke alternativ hinsichtlich aller Waren und Dienstleistungen oder nur für einen Teil derselben vor. Für letzteren Fall wird in Abs. 4 auf die wesentlichen Regelungen über die Teilung einer Eintragung verwiesen (→ Rn. 52). Soweit die Rechte an der betroffenen Marke gemäß § 4 Nr. 1 durch Eintragung entstanden sind, kann die Änderung der Inhaberschaft gemäß Abs. 3 im Register vermerkt werden (→ Rn. 30). Für Fälle, in denen die Marke zu einem Geschäftsbetrieb(-steil) gehört, der auf einen Rechtsnachfolger übergeht, begründet Abs. 2 die Vermutung des Rechtsübergangs auch der zu dem Geschäftsbetrieb(-steil) gehörenden Marke. Seit Inkrafttreten des Markenrechtsmodernisierungsgesetzes (BGBl. 2018 I 2357) am 14.1.2019 bezieht sich die Vermutung auch bereits auf den Inhalt der zugehörigen rechtsgeschäftlichen Verpflichtung (→ Rn. 22). Nicht geregelt ist der Übergang des Rechts an einer geschäftlichen Bezeichnung (→ Rn. 76).

Übersicht

A. Allgemeines

I. Einleitende Bemerkungen

1   § 27 findet auf alle Marken **Anwendung,** deren Schutztatbestand durch eine der gemäß § 4 bezeichneten Formen entstanden ist, dh durch Eintragung, Benutzung oder notorische Bekanntheit der Marke. Die Vorschrift gilt gemäß § 97 Abs. 2 auch für Kollektivmarken sowie gemäß § 31 für Markenanmeldungen. Eine Anwendung auf geographische Herkunftsangaben ist ausgeschlossen (vgl. Fezer Rn. 13).

2   Die MRL 2008, die bis zum 12.1.2016 Gültigkeit hatte, enthielt keine Regelung zum Übergang des Rechts an einer Marke. Die nunmehr geltende MRL enthält in Art. 22 MRL erstmals eine solche Regelung. Da die Richtlinie jedoch gemäß Art. 1 MRL nur auf eingetragene und angemeldete Marken Anwendung findet, ist die Übertragung von durch Benutzung oder notorische Bekanntheit entstandenen Markenrechten nach wie vor nicht erfasst. Der Gegenstand der MRL betrifft, wie auch schon zuvor der Gegenstand der MRL 2008, des Weiteren nur die Harmonisierung des Markenrechts, nicht jedoch weiterer Kennzeichnungsrechte wie des Rechts an einer geschäftlichen Bezeichnung. Soweit Art. 22 MRL den Rechtsübergang eingetragener sowie Art. 26 MRL den Rechtsübergang angemeldeter Marken regeln, entsprechen §§ 27, 31 diesen Vorgaben bereits: Art. 22 Abs. 1 MRL statuiert die freie Übertragbarkeit der Marke unabhängig von der Übertragung eines zugehörigen Unternehmens → Rn. 3 sowie die Möglichkeit zur vollständigen oder teilweisen Übertragung der Marke → Rn. 14. Art. 22 Abs. 2 MRL regelt den grundsätzlichen Übergang der Marke bei Übertragung des zugehörigen Unternehmens in seiner Gesamtheit → Rn. 22. Art. 22 Abs. 3 MRL verpflichtet die Mitgliedstaaten zur Einführung von Verfahren für die Erfassung von Rechtsübergängen in ihren Registern. Soweit § 27 über die Vorgaben der Richtlinie hinausgeht, stellt die Vorschrift keine Umsetzung europarechtlicher Vorgaben in nationales Recht dar. Einschränkungen aus europarechtlichen Vorgaben bestehen insoweit nicht. Es hätte deshalb nahegelegen, mit § 27 den Rechtsübergang für alle Zeichenrechte zu regeln, die Gegenstand des Markengesetzes sind, dh auch den Rechtsübergang von geschäftlichen Bezeichnungen. Dies gilt umso mehr, als sich der nationale Gesetzgeber bei der Ausgestaltung der Regelung noch vor Einführung des nun gültigen Art. 22 MRL vor dem dargestellten Hintergrund ausdrücklich ungebunden sah (BT-Drs. 12/6581, 53). Dennoch hat er von einer ausdrücklichen Regelung der Übertragung geschäftlicher Bezeichnungen Abstand genommen und auf das bereits zum Zeitpunkt des Regierungsentwurfs geltende Recht verwiesen (BT-Drs. 12/6581, 84).

§ 27 bestimmt die freie Übertragbarkeit der Rechte an einer Marke. Diese ist insbesondere nicht **3** an die gleichzeitige Übertragung eines Geschäftsbetriebs geknüpft. Die Annahme bestehender **Akzessorietät** zwischen Marke und Geschäftsbetrieb wurde hinsichtlich der freien Übertragbarkeit der Marke mit Inkrafttreten des ErstrG am 1.5.1992 **aufgegeben** (zur Entwicklung der Rechtslage vgl. ausführlich Fezer Rn. 7 ff.).

Auch soweit § 27 MarkenG keinen direkten europarechtlichen Vorgaben der MRL unterliegt, **4** ist bei seiner Auslegung der **Grundsatz der Einheitlichkeit des gesamten Kennzeichenrechts** zu wahren. Dieser Grundsatz wird von der Rechtsprechung seit jeher betont (BGH GRUR 2001, 344 – DB Immobilienfonds). Dies gilt erst recht nach Einführung des Art. 22 MRL.

II. Die Marke als Wirtschaftsgut

1. Relevanz der Marke als Wirtschaftsgut

Die Marke stellt heute ein Wirtschaftsgut dar, dessen Wert bei entsprechender Pflege sowohl **5** in rechtlicher wie auch in werblich/kommunikativer Hinsicht den Unternehmenswert erheblich und dynamisch (mit-) bestimmt. Die Pflege in rechtlicher Hinsicht erfolgt durch die Absicherung von Bestand und (erstrebenswerter) Alleinstellung. Die Pflege in werblich/kommunikativer Hinsicht wird durch die Platzierung und Verankerung der Marke und des mit ihr erstrebten Images im Markt erreicht. Werbe- und Investitionsfunktion einer Marke werden neben der Herkunftsgarantiefunktion, welche die Hauptfunktion der Marke darstellt, vom EuGH ausdrücklich in den Schutzbereich der Marke einbezogen (EuGH C-323/09, GRUR 2011, 1124 Rn. 40 – Interflora/ M&S).

Der **bezifferbare Wert** einer Marke ist in vielfacher Hinsicht von Bedeutung, so etwa bei **6** dem Verkauf der Marke oder des Unternehmens(-teils), bei Streitwertbestimmungen, bei der Aufdeckung des Markenwerts als stille Reserve, bei der Kapitalbeschaffung von Unternehmen (zB im Wege des sales und lease back Verfahrens) sowie bei erb- und familienrechtlichen Auseinandersetzungen.

2. Handels- und steuerrechtliche Relevanz

Gemäß § 248 Abs. 2 S. 2 HGB besteht das **Verbot der Bilanzierung** einer selbst geschaffe- **7** nen Marke. Selbst geschaffen ist eine Marke, deren Schutztatbestand durch ihren aktuellen Eigentümer gemäß § 4 begründet wurde. Dagegen besteht die **Bilanzierungspflicht** für derivativ erworbene Marken gemäß §§ 246 f. HGB. Daraus ergibt sich oftmals das Problem der stillen Reserven. Eine Marke erfährt bei guter Pflege einen beständigen Wertzuwachs, der als stille Reserve zu werten ist, solange der Markenwert nicht in der Bilanz aktiviert ist. Sobald die Bilanzierungspflicht entsteht, ist der angewachsene Vermögenswert zu aktivieren und damit in die Bilanz zu übernehmen. Der Veräußerer hat daher den Wert der stillen Reserven zu versteuern. Der Erwerber hat seine Anschaffungskosten zu aktivieren. Zur steuerrechtlichen Relevanz entgeltlich und unentgeltlich erteilter Lizenzen innerhalb eines Konzerns → § 30 Rn. 124 ff.

3. Markenbewertung

Es gibt heute zahlreiche Anbieter von Markenbewertungen, deren Verfahren zur Ermittlung **8** des Markenwertes nicht einheitlich sind. Ein exakt wiederholbares Ergebnis wird daher bei der Ermittlung des Wertes ein und derselben Marke durch die Begutachtung unterschiedlicher Anbieter kaum zu erzielen sein. Man unterscheidet quantitative von qualitativen Ansätzen. Auch gibt es Mischformen von beidem. Je nach Anlass der Markenbewertung sowie nach Marktumfeld der Marke ist die Wahl eines der existierenden Ansätze angezeigt (zu den Verfahren im Einzelnen vgl. Lange, Internationales Handbuch des Marken- und Kennzeichenrechts, 2009, dritter Teil; Schimansky, Der Wert der Marke, 2004).

9   Der **quantitative Ansatz** berücksichtigt betriebswirtschaftliche Kennziffern. Erneut je nach tatsächlichem Umfeld der Marke kommen alternativ oder kumulativ das marktpreisorientierte Verfahren (Vergleich mit Preisen anderer Produkte auf demselben Markt), das kapitalwertorientierte Verfahren (Ermittlung des Ertrags, der aus der Marke generiert werden kann) und/oder das kostenorientierte Verfahren (Ermittlung der Wiederbeschaffungskosten für dies Marke) zur Anwendung. Die **Bewertungsgrundsätze** sind in dem **IDW Standard** „Grundsätze zur Bewertung immaterieller Vermögenswerte" (IDW S 5) niedergelegt.

10   Der **qualitative Ansatz** ermittelt in vorwiegend demoskopischer Art und Weise, die Präsenz und Akzeptanz der Marke bei den angesprochenen Verkehrskreisen.

11   Seit 2010 sind bei der Bewertung von Marken neben dem IDW S 5 Standard die Vorgaben der **ISO/DIS 10668** zu beachten, die durch die derzeit aktuelle Fassung der Norm DIN ISO 10668:2011-10 ersetzt wurde. Die Vorschriften verlangen neben qualitativen und quantitativen Kennziffern die **Einbeziehung rechtlicher Parameter.** Der Gutachter soll die rechtliche Absicherung der Marke berücksichtigen, indem insbesondere Schutztatbestand, Inhaber, jeder rechtliche Aspekt, der den Wert der Marke positiv oder negativ betreffen kann, (Unwägbarkeiten ausländischer Rechtsordnungen, Urheberrechte, wettbewerbsrechtliche Schutztatbestände), Unterscheidungskraft, Benutzungsumfang und Gefahr der Löschung in die Bewertung der Marke einfließen.

12   Um zu einem belastbaren Markenwert zu gelangen, sollte sichergestellt werden, dass der Prüfer sowohl die durch IDW S 5 als auch durch ISO/DIS 10668 vorgegebenen Parameter berücksichtigt. Das gilt für qualitative, quantitative und rechtliche Kennziffern in gleicher Weise. Im Rahmen einer neutralen Prüfung sind die Bewertungsgrundlagen ggf. durch eigene Nachforschungen zu ermitteln und die Bewertungskennziffern in einer nicht nur generellen, sondern auf das konkrete Markt- und Markenumfeld bezogenen Art und Weise anzuwenden.

B. Rechtsübergang

13   Das durch eine Marke begründete Recht kann gemäß § 27 Abs. 1 auf einen neuen Inhaber durch Rechtsgeschäft übertragen werden oder per Gesetz übergehen. § 27 stellt eine spezialgesetzliche Vorschrift zu § 413 BGB dar (BeckOK BGB/Rohe BGB § 413 Rn. 6).

14   Sowohl bei einer rechtsgeschäftlichen Übertragung als auch bei einem Rechtsübergang per Gesetz kann das Recht an der Marke ganz oder teilweise übergehen. Da sich der gemäß § 4 begründete Schutzbereich einer Marke geographisch immer auf das gesamte Bundesgebiet bezieht und durch einen Rechtsübergang keine Rechtsvermehrung entstehen darf (zu dem entsprechenden Problem beim Übergang der geschäftlichen Bezeichnung vgl. BGH NJW 1991, 1353 – Ott International), kann der teilweise erfolgende Übergang des Rechts an einer Marke immer nur bezogen auf einen Teil der von dem Verzeichnis erfassten Waren und Dienstleistungen erfolgen. Dagegen ist ein auf den geographischen Schutzbereich bezogener anteiliger Rechtsübergang nicht möglich. Soll der geographische Schutzbereich einer Marke hinsichtlich der Markennutzung zwischen verschiedenen Personen aufgeteilt werden, ist dies nur im Wege einer vertraglichen Vereinbarung möglich, die kartellrechtliche Grenzen zu beachten hat (→ Rn. 87). Zur Änderung des Registers aufgrund teilweisen Rechtsübergangs → Rn. 52.

I. Rechtsgeschäftliche Übertragung

1. Allgemeine Erwägungen

15   Die rechtsgeschäftliche Übertragung des durch eine Marke begründeten Rechts erfordert, wie jede Vermögensverfügung, ein schuldrechtliches und ein dingliches Geschäft. Die MRL enthält keine Formvorschriften für die rechtsgeschäftliche Übertragung. Der deutsche Gesetzgeber hat ebenfalls keine Formvorschriften erlassen. Insbesondere ist die Eintragung des Rechtsübergangs im Register nicht konstitutiv. Sie folgt dem Übertragungsakt gemäß § 27 Abs. 3 zeitlich nach (BPatG GRUR-RR 2008, 414 – Umschreibungsverfahren). Kausalgeschäft und dinglicher Übertragungsakt fallen daher in der Regel zeitlich zusammen, sofern vertraglich nicht ausdrücklich etwas anderes vorgesehen ist.

2. Geltung deutschen Rechts

16   Die Übertragung einer deutschen Marke (BGH GRUR Int 2003, 71 – FROMMIA; GRUR 2005, 431 – HOTEL MARITIME) sowie anderer inländischer Kennzeichenrechte (OLG München GRUR 2006, 130 – UltraMind) unterfällt nach dem im Immaterialgüterrecht geltenden

Territorialitätsprinzip stets deutschem Recht. Dies gilt auch dann, wenn an der Übertragung ausschließlich ausländische Personen beteiligt sind. Dies gilt ebenfalls dann, wenn die Übertragung im Rahmen eines Sammelvertrages erfolgt, mit dem auch ausländische Schutzrechte übertragen werden (OLG München GRUR 2006, 130 – UltraMind).

Die ausschließliche Anwendbarkeit deutschen Rechts hat der BGH jedenfalls für das Verfü- **17** gungsgeschäft angenommen (BGH GRUR 2002, 972 – FROMMIA; für die Übertragung von Patenten ebenso OLG Düsseldorf GRUR-RR 2020, 137 Rn. 53 – Aktivlegitimation aus ausschließlicher Lizenz – Bakterienkultivierung). Diese Ausschließlichkeit steht nicht zur Disposition der Vertragspartner (für die Übertragung von Patenten OLG Düsseldorf GRUR-RR 2020, 137 Rn. 53 – Aktivlegitimation aus ausschließlicher Lizenz – Bakterienkultivierung). Hinsichtlich des Kausalgeschäfts geht die Literatur einstimmig von der Anwendbarkeit der Regeln des internationalen Privatrechts aus (Fezer Rn. 22; Ströbele/Hacker/Thiering/Hacker Rn. 11). Der BGH hat in seiner Entscheidung FROMMIA im Zusammenhang mit der Bestimmung des anwendbaren Rechts jedoch nicht ausdrücklich zwischen Verpflichtungs- und Verfügungsgeschäft differenziert. Dies spricht zunächst gegen eine seitens des BGH erkannte Notwendigkeit zur Differenzierung und für eine ausschließliche Anwendbarkeit deutschen Rechts auch auf das Kausalgeschäft. Folgt man der Literatur stellt sich die Frage, wie für den Fall der Anwendbarkeit einer Rechtsordnung auf das Kausalgeschäft zu verfahren ist, die eine Differenzierung zwischen Verpflichtungs- und Verfügungsgeschäft nicht kennt. In diesem Falle kann es zu Kollisionen zwischen deutscher und fremder Rechtsordnung kommen. Der deutschen Rechtsordnung gebührt in einem solchen Fall aufgrund des geltenden Territorialitätsprinzips (→ Rn. 16) der Vorrang.

3. Kausalgeschäft

Der schuldrechtliche Vertrag ist auf die Übertragung von Rechten gerichtet und stellt bei **18** Entgeltlichkeit einen Rechtskauf gemäß § 453 BGB dar (für die Übertragung von Patenten BGH GRUR 1982, 481 – Hartmetallkopfbohrer). Im Falle der Sicherungsabtretung einer Marke ist das Kausalgeschäft typischer Weise ein Darlehensvertrag (§ 607 BGB).

4. Verfügungsgeschäft

Nach allgM finden auf das dingliche Verfügungsgeschäft gemäß § 413 BGB die Vorschriften **19** über die Abtretung (§§ 398 ff. BGB) entsprechende Anwendung (vgl. etwa Ströbele/Hacker/ Thiering/Hacker Rn. 18).

II. Rechtsübergang per Gesetz

Gemäß § 27 Abs. 1 kann das Recht an einer Marke per Gesetz übergehen. Denkbar ist neben **20** der gesetzlichen Vermutung eines Rechtsübergangs gemäß § 27 Abs. 2 (→ Rn. 22 ff.) jede Art der Gesamtrechtsnachfolge, die etwa im Wege des Erbfalls gemäß § 1922 BGB oder in gesellschaftsrechtlichen Zusammenhängen (BPatGE 37, 143 – Umschreibungsgebühr) stattfinden kann.

Ein automatischer gesetzlicher Rechtsübergang an einer Benutzungsmarke, die der Lizenzneh- **21** mer durch rechtswidrige Benutzung der Marke erlangt hat, findet nach Beendigung des Lizenzvertrags nicht statt. Der Lizenzgeber hat aber einen Anspruch auf Übertragung der Benutzungsmarke (OLG Köln GRUR-RR 2010, 433 (435) – Oerlikon).

III. Übergang des Rechts an der Marke durch Übergang des Geschäftsbetriebs

1. Allgemeine Erwägungen

Gemäß § 27 Abs. 2 folgt die Inhaberschaft des Rechts an der Marke im Zweifel dem Geschäfts- **22** betrieb(steil), zu dem die Marke gehört. Die Regelung ist Folge des einstmals im Warenzeichenrecht geltenden Akzessorietätsgrundsatzes, der heute nicht mehr gilt (→ Rn. 3, → Rn. 91). Der Gesetzgeer geht jedoch davon aus, dass mit der Veräußerung des Geschäftsbetriebs in aller Regel auch die Veräußerung der zugehörigen Marke einhergeht. Fehlt eine ausdrückliche Regelung hinsichtlich des Verbleibs der Marke im Zusammenhang mit der Veräußerung des Geschäftsbetriebs, kommt daher die Zweifelsregel zur Anwendung, dass auch die Marke mit dem Geschäftsbetrieb den Inhaber wechselt (BT-Drs. 48/18, 80). Die Regelung stellt eine widerlegliche Vermutung auf. Für eine Widerlegung müssen besondere Anhaltspunkte zB innerhalb des Übertragungsvertrags der Geschäftsanteile sprechen (OLG Köln GRUR-RR 2003, 187 – Weinbrandpraline). Gemäß § 27 Abs. 2 S. 2 gilt diese Vermutungsregelung entsprechend für die rechtsgeschäftliche

Verpflichtung zur Übertragung des Geschäftsbetriebs oder des Teils eines Geschäftsbetriebs. Die Regelung setzt Art. 22 Abs. 2 S. 2 MRL um. Eine entsprechende Vorschrift findet sich in Art. 20 Abs. 2 S. 2 UMV, die jedoch nicht wie § 27 Abs. 2 S. 2 auch für die Übertragung eines Unternehmensteils, sondern nur für die „Übertragung des Unternehmens in seiner Gesamtheit" gilt (→ UMV Art. 20 Rn. 9). S. 2 ist eine Regelung zur Vertragsauslegung. Sie stellt klar, dass die rechtsgeschäftliche Verpflichtung im Zweifel die Übertragung der Marke mitumfasst (BT-Drs. 48/18, 80). In Fällen, in denen nach Unterzeichnung des Verpflichtungsvertrags aber vor Durchführung des Verfügungsgeschäftes eine zu dem Geschäftsbetrieb (-steil) gehörende Marke an einen Dritten veräußert und übertragen wird, ist die Regelung hinsichtlich der Begründung von Schadensersatzansprüchen relevant.

22.1   Relevanz hat die Regelung nicht zuletzt für die Übertragung von Geschäftsbereichen zwischen Konzernunternehmen im Wege eines Share Deals. Üblicherweise werden in solchen Fällen dem Vertragstext ausführliche Listen von zu übertragenden Markenregistrierungen als Anlage beigefügt. Nach der Regelung des Abs. 2 S. 2 könnte es sich anbieten, stattdessen oder zusätzlich Listen von ausdrücklich nicht zu übertragenden Marken zum Vertragsgegenstand zu machen. Dies gilt insbesondere dann, wenn dem zu übertragenden Geschäftsbereich auch Marken mit Serienbestandteil des veräußernden Unternehmens angehören. Auch in Fällen, in denen die Prüfung der Kartellämter der Durchführung einer vereinbarten Übertragung eines Geschäftsbetriebs (-teils) vorgelagert ist, sollte der Wortlaut der Vereinbarung nach der kartellrechtlichen Prüfung auf seinen möglichen Anpassungsbedarf hin überprüft werden.

2. Übergang des Geschäftsbetriebs

23   Für den Übergang eines Geschäftsbetriebs ist es nicht in jedem Falle erforderlich, dass das gesamte Betriebsvermögen übergeht. Entscheidend ist vielmehr, dass der Erwerber für die angesprochenen Verkehrskreise erkennbar die Geschäftstradition fortsetzt (BGH GRUR 2004, 790 – Gegenabmahnung; GRUR 2002, 972 – FROMMIA).

24   Kein Rechtsübergang gemäß § 27 Abs. 2 erfolgt bei bloßer Pacht des Geschäftsbetriebs, denn die Verpachtung räumt dem Pächter lediglich ein Nutzungsrecht ein (BGH GRUR 2004, 868 – Dorf MÜNSTERLAND II; GRUR 2002, 967 – Hotel Adlon).

25   Ebenfalls kein Übergang des Geschäftsbetriebs gemäß § 27 Abs. 2 erfolgt durch den Zuschlagsbeschluss innerhalb der Zwangsvollstreckung. Dieser bezieht sich nur auf einzelne Vermögensgegenstände, soweit der Geschäftsbetrieb als solcher nicht auch von der Beschlagnahme erfasst ist (BGH GRUR 2004, 868 – Dorf MÜNSTERLAND II).

3. Konsequenzen im Hinblick auf unterschiedliche Arten der Markennutzung im Unternehmen vor Rechtsübergang

26   Die Regelung führt nicht in allen denkbaren Fällen zu klaren Ergebnissen.

27   Die Übertragung eines Geschäftsbetriebs kann wahlweise im Wege des Erwerbs der Gesellschaft insgesamt (Share Deal) oder aber durch Erwerb einzelner Vermögensgegenstände (Asset Deal) erfolgen. Wird ein Geschäftsbetrieb insgesamt im Wege eines Share Deals übertragen, weist die Regelung des § 27 Abs. 2 die Rechte an der Marke klar dem Rechtsnachfolger zu. Im Rahmen eines Asset Deals, bei dem nicht ein Unternehmen als Ganzes, sondern einzelne Vermögenswerte des Unternehmens übertragen werden, ist auch die Marke als zu übertragender Vermögenswert einzeln zu bezeichnen. Geschieht dies nicht, sollte im Rahmen eines Asset Deals zunächst trotz der Regelung des Abs. 2 S. 2 davon ausgegangen werden, dass nicht ausdrücklich bezeichnete Vermögenswerte weder von der Übertragung noch von der schuldrechtlichen Verpflichtung zu Übertragung erfasst sind. Andernfalls würde der Sinn und Zweck des Asset Deals verkehrt. Etwas anderes gilt dann, wenn die namentlich bezeichneten Vermögenswerte darauf schließen lassen, dass der Erwerber die Tradition des Geschäftsbetriebs fortsetzen wird (→ Rn. 23). In solchen Fällen wird sowohl davon auszugehen sein, dass der Geschäftsbetrieb insgesamt übertragen werden soll, als auch dass der Verbleib der betroffene Marken in der alten Unternehmung einer gewollten Fortsetzung der Tradition des Geschäftsbetriebs in der neuen Unternehmung entgegenstünde. Die Anwendung der Zweifelsregelung erfüllt in diesen Fällen ihren Zweck. Ist dementgegen der Verbleib der Marken in dem ursprünglichen Inhaber-Unternehmen gewünscht, empfiehlt sich jedenfalls eine ausdrückliche Klarstellung innerhalb des Vertrags.

28   Wird lediglich ein Teil eines Geschäftsbetriebs übertragen, kommt es darauf an, ob die Marke diesem Teil zugehörig ist. Das ist überprüfbar, solange das Unternehmen einzelne Marken jedenfalls hinsichtlich eines abgeschlossenen Teils des Verzeichnisses nur für einen einzigen Teil des

Geschäftsbetriebs genutzt hat. Wird eine Marke bezüglich eines jeweiligen Teils ihres Verzeichnisses durch verschiedene, aber jeweils alleine nutzende Geschäftsbereiche verwendet, greift § 27 Abs. 4.

Probleme treten jedoch dann auf, wenn eine Marke für dieselben Waren und Dienstleistungen **29** von verschiedenen Teilen des Geschäftsbetriebs genutzt wird. Das kann insbesondere bei Dachmarken der Fall sein, die häufig mit dem Unternehmensnamen identisch sind, sowie bei Serienmarken, die als Stammbestandteil einen Teil der Firma enthalten. In diesen Fällen wird es jedenfalls vielfach nicht möglich sein, in einem Alternativverhältnis festzustellen, ob der verbleibende Unternehmensteil oder das erwerbende Unternehmen diejenige Unternehmenstradition fortsetzt, der die Marke zuzurechnen ist. Die Anwendung von Abs. 2 S. 2 auf solche Fälle führt nicht zu einer sachgerechten Lösung. Zur Vermeidung von Rechtsunsicherheiten ist eine klarstellende Regelung zum Verbleib der Marken insbesondere seit Einführung der Regelung des Abs. 2 S. 2 unerlässlich.

C. Eintragung des Rechtsübergangs im Register

I. Allgemeine Erwägungen

Gemäß § 27 Abs. 3 wird der Übergang des durch die Eintragung einer Marke begründeten **30** Rechts auf Antrag eines Beteiligten in das Register eingetragen, wenn der Rechtsübergang dem Amt nachgewiesen wurde.

Da lediglich das gemäß § 4 Nr. 1 durch Eintragung erwirkte Recht an einer Marke im Register **31** geführt wird, gilt die Regelung nicht für das durch die Benutzung oder die notorische Bekanntheit einer Marke begründete Recht.

Die Änderung des Registers hat ausschließlich deklaratorische Funktion. Sie folgt der materiell- **32** rechtlichen Änderung der Inhaberschaft zeitlich nach und erfolgt lediglich auf Antrag eines Beteiligten. Das Register ist insoweit auch kein Rechtsscheinträger (Ströbele/Hacker/Thiering/Hacker Rn. 19). Der gutgläubige Erwerb des Rechts an einer Marke ist ausgeschlossen. Etwas anderes gilt auch nicht aufgrund der Vermutungsregelung gemäß § 28 Abs. 1, die lediglich Beweislastregel ist (BGH GRUR 1998, 699 – SAM; Ströbele/Hacker/Thiering/Hacker Rn. 19; Fezer § 28 Rn. 15).

Obschon die Änderung des Registers keine Voraussetzung für die Änderung der Rechtsinhaber- **33** schaft ist, gehen mit einer fehlenden Eintragung des neuen Rechtsinhabers im Register verfahrensrechtliche Nachteile einher (→ § 28 Rn. 9 ff.).

Zuständig für die Änderung des Registers ist gemäß § 56 Abs. 3 die Markenabteilung nicht **34** die Markenstelle.

Zur Antragstellung ist gemäß § 96 Abs. 1 für Personen, die im Inland weder einen Wohnsitz **35** noch eine Niederlassung haben, die Bestellung eines Inlandsvertreters erforderlich (aA Ströbele/Hacker/Thiering/Hacker Rn. 40, der für eine Antragstellung, der ohne weiteres entsprochen werden kann, keine Bestellung eines Inlandsvertreters für erforderlich hält).

Der Antrag auf Änderung des Registers löst, soweit er sich auf das gesamte Recht an der Marke **36** bezieht, seit dem 1.1.2002 keine Amtsgebühr mehr aus (vgl. DPMA-Mitteilung Nr. 04/02), denn die „tatsächliche Richtigkeit der Registerangaben über Person, Namen, Sitz usw des Markeninhabers (liegt) auch im öffentlichen Interesse" (BT-Drs. 12/6581, 84). Lediglich die Änderung der Rechtsinhaberschaft im Register, die nur einen Teil der Waren oder Dienstleistungen betrifft, löst Amtsgebühren aus, da hiermit ein besonderer Verwaltungsaufwand, wie die Anlegung neuer Akten und die Zuteilung einer neuen Registrierungsnummer, verbunden ist (BT-Drs. 12/6581, 84). Dies gilt sowohl für die Änderung des Registers zu Teilen einer Markenregistrierung als auch zu Teilen einer Markenanmeldung.

II. Verfahren

1. Rechtsgrundlagen

Das Verfahren zur Änderung des Registers regeln § 27 Abs. 3 MarkenG, § 65 Abs. 1 Nr. 7 **37** MarkenG iVm § 28 DPMAV und den von dem Präsidenten des DPMA erlassenen Umschreibungsrichtlinien, die veröffentlicht sind in BIPMZ 2002, 11 ff. (BPatG GRUR-RR 2008, 261 – Markenumschreibung). Für den Fall des teilweisen Rechtsübergangs sind darüber hinaus §§ 33, 35 MarkenV zu beachten.

Einzelheiten zu Maßgaben der Umschreibungsrichtlinien des Deutschen Patent- und Mar- **37.1** **kenamtes:**

- Zu Nachweiszwecken eingereichte fremdsprachige Unterlagen, die in englischer, französischer, italienischer oder spanischer Sprache abgefasst sind, sind auf Verlangen des Amtes in Übersetzung vorzulegen, welche je nach weiterem Verlangen des Amtes von einem Rechts- oder Patentanwalt beglaubigt oder von einem öffentlich bestellten Übersetzer anzufertigen ist.
- Zu Nachweiszwecken eingereichte fremdsprachige Unterlagen in einer sonstigen Sprache sind stets, dh auch ohne gesondertes Verlangen des Amtes in einer Übersetzung vorzulegen, die von einem Rechts- oder Patentanwalt beglaubigt oder von einem öffentlich bestellten Übersetzer anzufertigen ist.
- Die wirksame Bevollmächtigung eines Rechts- oder Patentanwalts wird vom Amt nur auf Rüge eines Dritten überprüft.
- Beschränkungen des § 181 BGB werden durch das Amt nicht geprüft.
- Zum Nachweis des Rechtsübergangs durch Erbschein genügt grundsätzlich die Vorlage einer Ausfertigung.
- Zum Nachweis des Rechtsübergangs durch zivilrechtliches Urteil oder Vergleich ist eine vollstreckbare Ausfertigung des rechtskräftigen Titels vorzulegen.

38   Die Antragstellung soll gemäß § 28 Abs. 1 DPMAV durch das amtsseitig zur Verfügung gestellte Formblatt erfolgen (derzeit W 7616/1.19 für eine vollständige Übertragung, W 7617/1.19 für einen Teilrechtsübergang). Die dem Amt notwendiger Weise mitzuteilenden Angaben über das betroffene Schutzrecht, den früheren Inhaber und den Rechtsnachfolger gibt § 28 Abs. 2 DPMAV vor.

2. Antragsberechtigung

39   Antragsberechtigt für die Änderung des Registers bei einem Übergang des gesamten Markenrechts sind sowohl der frühere als auch der neue Rechtsinhaber. Bei einem Teilrechtsübergang ergibt sich aus der Verweisung des § 27 Abs. 4 auf § 46, dass nur der registrierte Inhaber antragsberechtigt ist.

40   Ist der Antrag gemäß § 28 Abs. 3 Nr. 2 DPMAV alleine durch den Rechtsnachfolger gestellt worden, und liegt dem Antrag keine Erklärung des Inhabers dazu bei, dass dieser der Eintragung der Rechtsnachfolge zustimmt, hat das Amt dem registrierten Inhaber vor einer Entscheidung gemäß § 28 Abs. 4 S. 2 DPMAV rechtliches Gehör zu gewähren, und zwar auch dann, wenn keine begründeten Zweifel an dem materiellen Rechtsübergang bestehen (BPatG GRUR-RR 2008, 261 – Markenumschreibungsverfahren). Ungeachtet dessen hatte der 25. Markensenats vertreten, dass es sich bei dem Umschreibungsverfahren um ein einseitiges Verfahren des Antragstellers und nicht um ein kontradiktorisches Verfahren zwischen aktuellem und ggf. zukünftig registriertem Rechtsinhaber handele (BPatG Beschl. v. 14.10.2004 – 25 W (pat) 19/04 – MEYER LANDSKY's). Der 1. Senat (Juristischer Beschwerdesenat) des BPatG sieht in der Umschreibung eines gewerblichen Schutzrechtes dagegen ein inhaltlich zweiseitiges Verfahren, an dem sowohl der Rechtsnachfolger als auch der eingetragene Rechtsinhaber beteiligt sind. Das gemäß Art. 103 Abs. 1 GG zu wahrende rechtliche Gehör erfordere daher grundsätzlich die Übermittlung aller Schriftsätze einer Partei an die jeweils andere, da nur die Kenntnis deren Inhalte die jeweils andere Partei in die Lage versetze im eigenen Interesse vortragen zu können (BPatG GRUR-RS 2022, 21598).

41   Der Antrag auf Änderung des Registers ist eine reine Verfahrenserklärung und als solche nicht anfechtbar (BPatG BeckRS 2008, 25954 – Solideal).

3. Nachweis des Rechtsübergangs

42   Die Änderung des Registers hängt von dem Nachweis der zuvor bereits erfolgten Rechtsänderung ab.

43   Über die Richtigkeit der vorgetragenen Änderungen entscheidet das Amt in freier Beweiswürdigung (vgl. Präambel der Umschreibungsrichtlinien). Der Nachweis kann dem Amt gegenüber gemäß § 28 Abs. 7 DPMAV in jeder möglichen Form geführt werden. Die Markenstelle hat sowohl die Berechtigung des bisherigen Inhabers als auch die Existenz des Übernehmers sowie die Vertretungsbefugnis der für sie jeweils handelnden Personen zu überprüfen. Die Prüfung bezieht sich auch auf die Frage, ob der für die jeweils antragstellende Partei Handelnde zur Vertretung berechtigt war (BPatG GRUR-RR 2008, 414 – Umschreibungsverfahren). Es entspricht aber dem Wesen des Registerverfahrens, dass das Amt keine umfassende materielle Prüfung der Frage des Rechtsübergangs durchführt (BPatG BeckRS 2014, 13882 – „et Kabüffke Killepitsch"; GRUR-RR 2008, 261 – Markenumschreibungsverfahren). Schwierige Tatsachen- und Rechtsfragen werden der Klärung durch die ordentlichen Gerichte überlassen (für den Nachweis der Übertragung eines Patents vgl. BPatG BeckRS 2016, 18826). Auch ist durch den Antragsteller kein Vollbeweis iSd § 286 ZPO zu führen, so dass die Anforderungen an die vorzulegenden Unterlagen durch das DMPA nicht überspannt werden dürfen (BPatG BeckRS 2012, 12963). Vor diesem Hintergrund können nur solche Beweismittel beachtet werden, die der registerrechtlichen Natur des Umschreibungsverfahrens Rechnung tragen (BPatG BeckRS 2014, 13882 – „et Kabüffke Killepitsch"). Es empfiehlt sich daher, die Möglichkeiten des Nachweises zu nutzen, die § 28 DPMAV definiert.

Diese **Nachweismöglichkeiten** sind: **43.1**
- Unterzeichnung des Antrags auf Änderung des Registers durch beide Beteiligten oder deren Vertreter (§ 28 Abs. 3 Nr. 1 DPMAV),
- bei Antragstellung durch den Rechtsnachfolger Einreichung einer gesonderten schriftlichen Zustimmungserklärung des noch registrierten Rechtsinhabers oder dessen Vertreters (§ 28 Abs. 3 Nr. 2 lit. a DPMAV),
- bei Antragstellung durch den Rechtsnachfolger Einreichung sonstiger Unterlagen, aus denen sich die Änderung der Rechtsinhaberschaft ergibt, etwa des Übertragungsvertrags oder – wegen der Rechtswirkung des § 894 ZPO – auch eines rechtskräftigen Urteils (§ 28 Abs. 3 Nr. 2 lit. b DPMAV; vgl. auch Ströbele/Hacker/Thiering/Hacker Rn. 34).

Bei der Wahl der einzureichenden Unterlagen sollte beachtet werden, dass alle eingereichten **44** Unterlagen von jedermann gemäß § 62 eingesehen werden können. Gemäß § 28 Abs. 5 DPMAV genügt die Einreichung der Unterlagen als Kopie. Originale sind nicht erforderlich, insbesondere nicht in beglaubigter Form.

4. Beweiswürdigung durch das Amt

Der Antragsteller hat keinen Vollbeweis zu erbringen, es genügt grundsätzlich die Einreichung **45** der gemäß MarkenV und Umschreibungsrichtlinien benannten Unterlagen (BPatG BeckRS 2002, 15856).

Führt die pflichtgemäße Prüfung zu begründeten Zweifeln des Amtes an einer wirksamen **46** Rechtsübertragung, so kann das Amt zunächst gemäß § 28 Abs. 6 DPMAV weitere Nachweise verlangen. Führen auch diese nicht zur Ausräumung der begründeten Zweifel, muss das Amt die Änderung des Registers verweigern (BPatG GRUR-RR 2008, 261 – Markenumschreibungsverfahren).

Bei der Frage, welche möglichen Zweifel des Amtes als „begründet" gelten können, sind die **47** gesetzlichen Vermutungen zB des § 27 Abs. 2 MarkenG, des § 28 Abs. 1 MarkenG und des § 2365 BGB zu berücksichtigen (BPatG BeckRS 2002, 15856; Beschl. v. 14.10.2004 – 25 W (pat) 19/04 – MEYER LANSKY's).

Um begründete Zweifel des Amtes zu vermeiden, empfiehlt es sich, den Antrag unter Berück- **48** sichtigung der Maßgaben der Umschreibungsrichtlinie zu stellen.

5. Rückgängigmachung einer unrichtigen Änderung

Ein Antrag auf Rückgängigmachung einer unrichtig vorgenommenen Änderung des Registers **49** auf dem Verwaltungsrechtsweg kommt (nur) in Ausnahmefällen in Betracht. Nicht ausreichend ist es, wenn der Registerstand nicht der materiellen Rechtslage entspricht. Dagegen ist ein Antrag auf Rückgängigmachung einer fehlerhaften Eintragung der Markeninhaberschaft dann begründet, wenn dem unrichtigen Eintragung ein schwerwiegender Verfahrensfehler zugrunde liegt, zB wenn rechtliches Gehör versagt wurde, oder wenn ein Fall vorliegt, nach dem gemäß § 578 ZPO eine Wiederaufnahme des Verfahrens möglich ist (BGH NJW 1968, 2188 – Marzipan; BPatG GRUR-RR 2008, 261 – Markenumschreibungsverfahren; BeckRS 2009, 16998; zur Rechtslage nach WZG BGH GRUR 1969, 43 – Marzipan).

In anderen Fällen ist der Klageweg zu beschreiten (BGH NJW 1968, 2188 – Marzipan). Das **50** rechtskräftige Urteil ersetzt gemäß § 894 ZPO die Bewilligungserklärung des zu Unrecht als Inhaber Registrierten. Bei Vorlage des Urteils kann das Amt die Änderung im Register gemäß § 28 Abs. 3 Nr. 2 lit. b, Abs. 7 DPMAV vornehmen.

6. Rechtsmittel

Gegen die auf dem Beschlusswege ergehende Entscheidung des DPMA sind die Erinnerung **51** bzw. die Beschwerde möglich. Dies gilt sowohl für stattgebende wie auch für ablehnende Entscheidungen des Amtes (BPatG BeckRS 2007, 18709 – MASTER TENT). Gegen die dann erfolgende

Beschlussentscheidung des BPatG ist unter den Voraussetzungen des § 83 die Rechtsbeschwerde zum BGH möglich. Daneben steht die Erzwingung der Änderung des Registers auf dem ordentlichen Klageweg vor den Zivilgerichten offen.

7. Besonderheiten bei Teilrechtsübergang

52   Soweit das Recht an der Marke nur bezüglich eines Teils der betroffenen Waren und Dienstleistungen auf den Rechtsnachfolger übergegangen ist, sind auf die Änderung des Registers gemäß § 27 Abs. 4 die Vorschriften des § 46 jedoch mit Ausnahme von § 46 Abs. 2 und 3 S. 1 und 2 entsprechend anzuwenden. Ergänzend gelten §§ 33, 35, 36 MarkenV. Die Änderung des Registers zu einem teilweise erfolgten Rechtsübergang ist damit vor Ablauf der Widerspruchsfrist möglich und kann damit durch einen Widerspruch gegen die Eintragung der Marke nicht blockiert werden. Des Weiteren gilt nicht die dreimonatige Ausschlussfrist des § 46 Abs. 3, zur Einreichung notwendiger Unterlagen und zur Einzahlung der Gebühren. Bei nicht rechtzeitiger Einzahlung der Gebühren oder Einreichung der Unterlagen wird nicht, wie in § 46 Abs. 3 vorgesehen, der Verzicht auf die Eintragung des abgetrennten Teils fingiert. Vielmehr gilt der Antrag auf Eintragung des Teilübergangs nur als so lange nicht gestellt, wie die Säumnis vorliegt. Der Gesetzgeber trägt damit der besonderen Interessenlage des begünstigten Dritten Rechnung, die im Falle einer Teilung der Eintragung ohne gleichzeitigen Übertragungsakt nicht existiert (BT-Drs. 13/3841, 9). Vor dem Hintergrund der ausdrücklich formulierten Intention des Gesetzgebers muss diese Rechtsfolge auch der Verweisung des § 64a MarkenG auf § 6 Abs. 2 PatKostG vorgehen, da sie andernfalls ausgehöhlt würde (aA Fezer Rn. 49).

53   Gemäß § 36 Abs. 3 MarkenV muss die Summe der nach der Markenteilung verzeichneten Waren und Dienstleistungen mit dem Inhalt des ursprünglichen Verzeichnisses übereinstimmen. Betrifft der Teilrechtsübergang einen Oberbegriff, so ist derselbe in den Verzeichnissen beider Teilverzeichnisse zu verwenden, und zwar unter Verwendung solcher Einschränkungen, die eine Dopplung von Waren oder Dienstleistungen ausschließen.

54   Die Markenteilung selbst kann gemäß § 46 Abs. 1 nicht durch den Rechtsnachfolger, sondern nur durch den eingetragenen Inhaber beantragt werden.

55   Der aus einer Marke erhobene Widerspruch besteht nach der teilweisen Übertragung dieser Marke aufgrund des Rechtsgedankens des § 46 Abs. 1 auch für die abgetrennte Eintragung fort. Der neue Rechtsinhaber tritt dem Widerspruchsverfahren im Wege der Nebenintervention bei (BPatG GRUR 2003, 1070 – KYRA).

D. Rechtsfolgen

I. Übergang von Rechten und Pflichten

56   Die Rechte und Pflichten des neuen Markeninhabers folgen gemäß § 413 BGB den allgemeinen zivilrechtlichen Vorschriften der §§ 398 ff. BGB (→ Rn. 13, → Rn. 19), darüber hinaus den markenrechtlichen Spezialvorschriften (§§ 27 ff.).

57   Der neue Rechtsinhaber erwirbt die Rechte an der Marke in demselben Zustand, in dem sie der frühere Rechtsinhaber innehatte. Dies gilt auch für Einschränkungen des Rechts, die aus Verwirkung oder Nichtbenutzung des Zeichens resultieren können.

58   Gemäß §§ 402, 413 BGB ist der frühere Markeninhaber zur Herausgabe derjenigen Urkunden verpflichtet, die zum Nachweis des Rechts an der Marke dienen, soweit sie sich in seinem Besitz befinden. Die Pflicht bezieht sich auf alle Urkunden, aus denen sich etwas Beweiserhebliches hinsichtlich des Rechts an der Marke ergibt (vgl. Grüneberg/Grüneberg BGB § 402 Rn. 3). Hiervon dürften jedenfalls die Registrierungsurkunde sowie der Registerauszug erfasst sein, jedoch auch Mitteilungen des Amtes zu möglichen Zweifeln an der Eintragungsfähigkeit der Marke sowie der Beseitigung dieser Zweifel.

59   Rein schuldrechtlich wirkende Einwendungen aus Vorrechts- oder Abgrenzungsvereinbarungen kann der neue Rechtsinhaber einem Inhaber älterer Rechte, der sich dem früheren Markeninhaber gegenüber verpflichtet hatte, nicht entgegen halten. §§ 407 ff. BGB kommen bei einer Übertragung „anderer Rechte" gemäß § 413 BGB nur in Betracht, wenn zu dem übertragenen Recht eine Person vergleichbar einem Schuldner verpflichtet ist. Dies ist bei der Übertragung gewerblicher Schutzrechte nicht der Fall (für das Urheberrecht BGH NJW 1993, 1468).

60   Gemäß § 30 eingeräumte Markenlizenzen werden gemäß § 30 Abs. 5 von einem Rechtsübergang gemäß § 27 nicht berührt, bleiben also auch dem neuen Rechtsinhaber gegenüber wirksam (→ § 30 Rn. 167). Entsprechend dem Wortlaut des § 30 Abs. 5 gilt dies sowohl für einen rechtsgeschäftlichen als auch für einen gesetzlichen Rechtsübergang. Etwas anderes gilt gemäß § 155 jedoch für Lizenzen, die vor dem 1.1.1995 erteilt wurden, soweit der Rechtsübergang an der Marke ebenfalls vor dem 1.1.1995 erfolgte. In diesen Fällen wirkt der dingliche Sukzessionsschutz des § 30 Abs. 5 nicht zu Gunsten des Lizenznehmers. Die Situation des Lizenznehmers beurteilt sich ausschließlich nach schuldrechtlichen Gesichtspunkten (→ § 155 Rn. 3).

II. Haftung und Gewährleistung des Veräußerers

Sofern die veräußerte Marke nicht besteht, haftet der Veräußerer gemäß §§ 275, 280, 311a **61** BGB (Ströbele/Hacker/Thiering/Hacker Rn. 14). Die grundsätzliche Möglichkeit der neuerlichen Anmeldung eines identischen Zeichens mit identischem Waren- und Dienstleistungsverzeichnis lässt die Unmöglichkeit nicht entfallen, da es sich bei dem neuen Zeichen um ein anderes Markenrecht handelt. Dies wird bereits durch die unterschiedliche Priorität der Rechte deutlich.

Eine verschuldensunabhängige Haftung auch für die Nichtexistenz von Verfallsgründen gemäß **62** § 49, die das Markenrecht de facto zu einem Scheinrecht abqualifizieren, besteht dagegen nicht (aA Ströbele/Hacker/Thiering/Hacker Rn. 14). Solange das registrierte Markenrecht besteht, kann dasselbe auch übertragen werden und ist seine Übertragung insbesondere nicht unmöglich. Sein Inhaber kann aus dem Recht gegen Dritte vorgehen. Die materiellrechtliche Entscheidung über das Vorliegen von Verfallsgründen gemäß § 49 ist in der Regel erst nach intensiver Prüfung möglich und insbesondere ist das Ergebnis oftmals nicht vorhersehbar. Verfallsgründe stellen daher einen Rechtsmangel dar, für den gemäß §§ 453, 435, 437 BGB die Gewährleistungsregeln gelten, sofern der Übertragungsvertrag keine abweichende Regelung vorsieht.

Entsprechendes gilt für die Belastung der Marke mit Rechten gemäß § 29 (Ströbele/Hacker/ **63** Thiering/Hacker Rn. 15).

Nach richtiger allgM fällt die Beständigkeit der Marke gegenüber absoluten und relativen **64** Schutzhindernissen grundsätzlich in die Risikosphäre des Erwerbers (Ströbele/Hacker/Thiering/ Hacker Rn. 16). Dies gilt jedoch nicht hinsichtlich älterer Rechte Dritter, wenn der ursprüngliche Markeninhaber die Marke vor Registrierung nicht ausreichend recherchiert hat und den Erwerber hierüber nicht in Kenntnis setzt. Die eigene Verantwortlichkeit des Markeninhabers gegenüber Dritten darf nicht strenger beurteilt werden als Verantwortlichkeiten gegenüber einem Rechtserwerber.

E. Übergang von Markenanmeldungen

Gemäß § 31 **gilt § 27** für den Übergang des Rechts an **Markenanmeldungen** sowie für den **65** Übergang des Rechts an Teilen einer Markenanmeldung **entsprechend.**

Auch die Abtretung **zukünftiger Markenrechte,** die zum Zeitpunkt der Abtretung noch **66** nicht angemeldet sind, ist möglich. Entsprechend den von der Rechtsprechung für solche Fälle im Geschmacksmusterrecht entwickelten Grundsätzen (BGH NJW-RR 1998, 1057 – Geschmacksmusterrechtliche Anwartschaften im Konkursverfahren; der Zeitpunkt des Rechtsübergangs wird an die Übergabe/das Entstehen des Musters geknüpft) ist im Markenrecht der Zeitpunkt des Rechtsübergangs in solchen Fällen im Zeitpunkt der Anmeldung zu sehen.

Bei der Übertragung von Teilen einer Anmeldung gilt gemäß § 27 Abs. 4 die Verweisung auf **67** § 40.

F. Übertragung von international registrierten Marken

I. Allgemeines

Der Inhaber einer nationalen Marke kann den Schutz dieser Marke nach dem MMA sowie **68** dem PMMA auf andere Länder ausdehnen, die mindestens einem dieser völkerrechtlichen Verträge beigetreten sind. In jedem dieser Länder ist dann eine eigene nationale Marke geschützt. Die in diesem Zusammenhang bei der WIPO hinterlegte internationale Registrierung stellt die Bündelung der einzelnen nationalen Registrierungen dar, die zum Zwecke einer vereinfachten Administration erfolgt.

Soweit die deutsche Registrierung die **Basismarke** der internationalen Registrierung ist, **69** erfolgt ihre Übertragung in derselben Weise, wie die jeder anderen nationalen Marke (→ Rn. 15 ff.).

Soweit die deutsche Registrierung im Wege der Ausdehnung eines anderen Basisrechts erfolgt **70** ist, vollzieht sich ihre Übertragung in materiell rechtlicher Hinsicht ebenfalls nach den dargestellten

Grundsätzen des deutschen Rechts (→ Rn. 15 ff.). Auch bei dem deutschen Teil einer internationalen Registrierung handelt es sich um eine nationale deutsche Marke (BGH GRUR Int 2010, 1008 Rn. 17). Die **Änderung des Registers** erfolgt jedoch auf Antrag **durch die WIPO**. Der Antrag auf Änderung des Registers kann von dem Antragsteller unmittelbar gegenüber der WIPO oder – sofern der Antragsteller in Deutschland eine Niederlassung oder einen (Wohn-) Sitz unterhält oder deutscher Nationalität ist – über das Deutsche Patent- und Markenamt eingereicht werden (vgl. Regel 25 Abs. 1 lit. (a) Ziff. (i) iVm, lit. (b) Common Regulations MMA/PMMA). Etwas anderes gilt für die Anmeldung der internationalen Registrierung selbst, die immer über das Deutsche Patent- und Markenamt zu erfolgen hat (vgl. Art. 1 Abs. 2 MMA, Art. 2 Abs. 2 PMMA). Das Deutsche Patent- und Markenamt erteilt gemäß § 118 seine Zustimmung zu der Änderung des Registers.

71   Eine internationale Markenregistrierung mit Schutztatbestand für Deutschland kann – wie jede andere deutsche Marke auch – ganz oder teilweise sowohl hinsichtlich der betroffenen Waren und Dienstleistungen als auch hinsichtlich der betroffenen Länder auf einen neuen Rechtsinhaber übertragen werden.

II. Anforderungen an den neuen Rechtsinhaber

72   Voraussetzung für die Eintragung einer Person als neuer Inhaber einer internationalen Registrierung in das Register der WIPO ist es, dass diese Person in einem solchen Land eine tatsächliche operative Niederlassung eines Handels- oder Herstellungsbetriebs („real and effective industrial or commercial establishment") oder ihren (Wohn-) Sitz unterhält oder die Nationalität eines solchen Landes besitzt, welches demselben Abkommen beigetreten ist (MMA/PMMA), wie diejenigen Länder, die Teil der internationalen Registrierung sind.

73   Da heute alle Länder bzw. Ländervereinigungen, die dem Madrider System angehören jedenfalls auch dem PMMA beigetreten sind, stellt diese Voraussetzung kein Hindernis mehr für die Eintragung dar.

74   Zu weiteren Einzelheiten vgl. „Guide to the international registration of marks under the Madrid Agreement and the Madrid Protocoll" der WIPO, veröffentlicht unter www.wipo.int.

G. Unwirksamkeitsgründe für eine rechtsgeschäftliche Markenübertragung

75   Die rechtsgeschäftliche Übertragung der Rechte an einer Marke kann in Ausnahmefällen gemäß **§ 134 BGB iVm § 5 UWG** nichtig sein. Das ist der Fall, wenn der Verkehr mit der Herkunft der Waren oder Dienstleistungen aus einem ganz bestimmten Betrieb bestimmte Qualitätsvorstellungen verbindet, die nach der Übertragung der Rechte an der Marke nicht mehr zutreffend sind (zur parallelen Problematik für Fälle der Lizenzierung → § 30 Rn. 133 ff.).

H. Übergang einer geschäftlichen Bezeichnung

76   Für den Übergang einer geschäftlichen Bezeichnung findet sich im Markengesetz keine Regelung (→ Rn. 2). Mangels einer dem § 27 MarkenG geltenden Spezialregelung findet **§ 413 BGB** Anwendung (LG Hamburg BeckRS 2012, 11646). Die Aufspaltung oder Vervielfältigung einer geschäftlichen Bezeichnung anlässlich ihres Übergangs auf einen anderen Rechtsträger ist verboten (BGH GRUR 2004, 790 – Gegenabmahnung).

I. Übergang eines Unternehmenskennzeichens

1. Übergang der Firma

77   Gemäß § 23 HGB ist die **Firma akzessorisch** mit dem Handelsbetrieb verbunden und kann nicht ohne denselben veräußert werden. Erforderlich ist die Übertragung der Firma „in zeitlichem und wirtschaftlichem Zusammenhang mit dem zugehörigen Geschäftsbetrieb" (BGH NJW 1991, 1353 – Ott International). In diesem Falle kann sich der neue Firmeninhaber auf die Priorität der älteren Firma berufen (BGH GRUR 1985, 567 – Hydair). Umgekehrt ist bei Übertragung des Geschäftsbetriebs im Zweifel auch von der Übertragung der geschäftlichen Bezeichnung auszugehen. Dies gilt jedenfalls dann, wenn die markenrechtliche Nutzung eines der Firma entsprechenden Zeichens erlaubt wird. Ein auf Fortsetzung des Geschäftsbetriebs gerichteter Wille des Erwerbers ist dabei nicht erforderlich. Von einer Übertragung der geschäftlichen Bezeichnung in solchen Fällen ist im Zweifel auszugehen, da die geschäftliche Bezeichnung ohne den Geschäftsbetrieb erlischt (BGH GRUR Int 2003, 71 – FROMMIA).

Für die Übertragung der Firma ist es nicht in jedem Falle erforderlich, den gesamten Geschäfts- **78** betrieb zu übertragen. Vielmehr genügt die Übertragung derjenigen Werte, die nach wirtschaftlichen Gesichtspunkten den Schluss darauf zulassen, dass die **Geschäftstradition** durch den Erwerber **fortgeführt** wird (BGH GRUR Int 2003, 71 – FROMMIA; NJW 1991, 1353 – Ott International).

Sofern das übertragende Unternehmen entweder liquidiert wird oder Insolvenzantrag stellt, **79** sind sowohl an den Umfang des zu übertragenden Vermögens als auch an die zeitliche Nähe zu einer Übertragung desselben nur geringe Anforderungen zu stellen (BGH NJW-RR 2020, 431; NJW 1991, 1353 – Ott International; GRUR 1973, 363 – Baader; GRUR 1967, 89 – Rose). Dabei ist jedoch stets darauf zu achten, dass **keine längerfristige Aufspaltung** der Firma erfolgt, die zu einer irreführenden Doppelnutzung desselben Unternehmensnamens führen würde (BGH NJW 1991, 1353 – Ott International). Nach Eröffnung eines Insolvenzverfahrens ist die Eintragung einer Firmenänderung von den Befugnissen des Insolvenzverwalters gemäß § 80 Abs. 1 InsO nicht umfasst. Der Insolvenzverwalter hat zwar die Befugnis, das zur Insolvenzmasse gehörende Vermögen zu verwalten und über es zu verfügen. Die Firma einer Gesellschaft kann aber ungeachtet dessen auch nach der Eröffnung des Insolvenzverfahrens über ihr Vermögen nur durch in Übereinstimmung mit den gesellschaftsrechtlich vorgegebenen Erfordernissen geändert werden. Im Falle einer Aktiengesellschaft ist gemäß § 181 Abs. 1 S. 1 AktG, § 179 Abs. 1 S. 1 AktG, § 23 Abs. 1 S. 1, Abs. 3 Nr. 1 AktG ein satzungsändernder Beschluss der Hauptversammlung erforderlich, wenn nicht ein Insolvenzplan gemäß § 225a Abs. 3 InsO eine entsprechende Satzungsänderung vorsieht (BGH NJW-RR 2020, 431).

Ohne gleichzeitige Übertragung des Geschäftsbetriebs erlaubt ist jedoch eine nur **schuld-** **80 rechtlich,** alleine zwischen den Parteien wirkende **Zustimmung** zur weiteren Nutzung der Firma auch durch den ursprünglichen Unternehmensinhaber (BGH NJW 1991, 1353 – Ott International). Eine solche Zustimmung ist darauf gerichtet, dass der neue gegenüber dem alten Rechtsinhaber auf die Geltendmachung von Ansprüchen verzichtet (BGH 1970, 528 – Migrol). Entsprechende schuldrechtliche Gestattungen können auch in anderen Konstellationen etwa in zeichenrechtlichen Kollisionsfällen ausgesprochen werden (zB BGH GRUR 2002, 967 (970) – Hotel Adlon; GRUR 2002, 703 – VOSSIUS & PARTNER). Der Gestattungsempfänger erhält hierdurch jedoch **kein eigenes, der Priorität des Gestattungsgebers entsprechendes Recht.** Er begründet durch die Aufnahme der eigenen geschäftlichen Bezeichnung vielmehr ein neues, originäres Recht, das die spätere Priorität der eigenen Benutzungsaufnahme enthält. Die Priorität des Gestattungsgebers ermöglicht es ihm nicht, gegen fremde Dritte vorzugehen (BGH GRUR 1985, 567 – Hydair), sofern er nicht die Rechte des Gestattungsgebers im Wege der gewillkürten Prozessstandschaft geltend macht (BGH GRUR 1990, 361 – Kronthaler).

Sofern ein Unternehmen, welches die Firma eines Dritten lediglich als Repräsentant für diesen **81** Dritten nutzt, von dem Inhaber eines Kennzeichens mit besserer Priorität auf Unterlassung in Anspruch genommen wird, so kann das nutzende Unternehmen diesem Inhaber älterer Rechte die Priorität des Dritten in **analoger Anwendung** des Rechtsgedankens des **§ 986 Abs. 1 BGB** entgegenhalten (BGH BeckRS 2015, 20721; GRUR 2002, 967 – Hotel Adlon; GRUR 1994, 652 – Virion).

2. Übergang sonstiger Unternehmenskennzeichen

Die Regelungen des § 23 HGB gelten ausdrücklich nur für die Firma, dh für den Namen eines **82** Handelsbetriebs (vgl. § 17 HGB). Das Akzessorietätsprinzip ist jedoch in gleicher Weise für sonstige Unternehmenskennzeichen anwendbar (Ullmann FS Mühlendahl, 2005, 145 (151 f.); Ströbele/Hacker/Thiering/Hacker Rn. 77; aA HK-MarkenR/Pahlow Vor §§ 27–31 Rn. 9 ff.).

Die Akzessorietät zwischen geschäftlicher Bezeichnung und Geschäftsbetrieb einerseits und die **83** freie Übertragbarkeit des Rechts an einer Marke andererseits führen in solchen Fällen zu einer **Diskrepanz,** in denen ein bestimmtes Zeichen sowohl geschäftliche Bezeichnung eines Geschäftsbetriebs ist als auch geschützte Marke. In solchen Fällen fallen **Marke und geschäftliche Bezeichnung** nach Übertragung der Marke auf einen neuen Inhaber **auseinander,** was jedenfalls zu einer Irritation der Verkehrskreise führen kann. Die aufgezeigte Diskrepanz entspricht der Gesetzeslage. Sie ist damit nach geltendem Recht hinzunehmen und im Übrigen von der Rechtsprechung gesehen und toleriert (zB BGH GRUR 2002, 972 – FROMMIA). Teile der Literatur fordern für solche Fälle dennoch eine schuldrechtliche Regelung, die dem Veräußerer die Nutzung der geschäftlichen Bezeichnung für bestimmte Unternehmensteile untersagen soll. Dergleichen scheint wenig praktikabel und würde den Veräußerer in vielen Fällen unbillig in seinen Eigentumsrechten verletzen. Dies gilt insbesondere in Fällen, in denen große Konzerne ihre Markenstrategien in der Weise einer Serienmarke gestalten, deren Serienbestandteil auf den Unternehmensnamen verweist oder sogar den vollständigen Unternehmensnamen, jedenfalls aber eine besondere Bezeichnung des Geschäftsbetriebs enthält. Es stellt den üblichen Regelfall dar, dass solche Unternehmungen ganze Geschäftsbereiche im Wege eines Share Deals und damit inklusive der zugehörigen Marken veräußern. Ein an das veräußernde Unternehmen gerichtetes Verbot einer weiteren Nutzung der eigenen geschäftlichen Bezeichnung wäre nicht praktikabel und würde den Veräußerer in seinen Eigentumsrechten unverhältnismäßig und damit unbillig einschränken.

II. Übergang eines Titels

84   Die Frage, ob ein Titel ebenso wie die Marke frei übertragen werden kann, oder entsprechend dem Unternehmenskennzeichen akzessorisch mit dem Werk selbst verbunden ist, ist umstritten. Nach der älteren Rechtsprechung des BGH zu § 16 UWG entsteht der kennzeichenrechtliche (vormals wettbewerbsrechtliche) Titelschutz beim Verfasser des Werkes und kann hiernach von diesem frei sowohl ausdrücklich als auch stillschweigend übertragen werden. Anders als die Übertragung des urheberrechtlichen oder geschmacksmusterrechtlichen Titelschutzes ist die **Übertragung** des kennzeichenrechtlichen **Titelschutzes** jedoch **nur zusammen mit dem** zugehörigen **Werk** möglich (vgl. noch nach altem Recht BGH GRUR 1990, 218 – Verschenktexte). Da der deutsche Gesetzgeber beim Gesetzentwurf des Markengesetzes ausdrücklich auf die Fortgeltung des bis dahin geltenden Rechts für die Übertragung geschäftlicher Bezeichnungen hingewiesen hat (BT-Drs. 12/6581, 84), ist von der Fortgeltung der insoweit aufgestellten Grundsätze auszugehen.

85   Die Literatur kommt teilweise zu demselben Ergebnis mit dem Argument, Grundlage des Titelschutzes sei die namensmäßige Individualisierung des betroffenen Werks, die von letzterem nicht losgelöst werden dürfe (Ströbele/Hacker/Thiering/Hacker Rn. 80 mwN).

86   Die Gegenmeinung spricht sich für eine losgelöste Übertragung des Titels vom Werk aus, da der Titel – ebenso wie die Produktmarke – eine Ware, nämlich das Werk kennzeichne, und deshalb gerade nicht als Unternehmensnamen fungiere (Fezer § 15 Rn. 334 mwN).

I. Kartellrechtliche Schranken

87   Der Erwerb einer Marke kann zu einem **fusionskontrollrechtlich** relevanten **Zusammenschlusstatbestand** führen, der bei den Kartellbehörden anzumelden ist. Die Anmeldung ist erforderlich, wenn die betroffenen Marken einen wesentlichen Teil des Vermögenswertes des veräußernden Unternehmens darstellen. Die Prüfung, ob die Marken einen wesentlichen Vermögensteil des Veräußerers darstellen, ist markt- und nicht erwerberbezogen vorzunehmen. Es kommt darauf an, ob der Erwerb der Marke abstrakt geeignet ist, die Position des Erwerbers, der bereits auf dem Markt tätig ist, zu verändern (BGH GRUR 1992, 877 – Warenzeichenerwerb; Anm. Fezer GRUR 1993, 847). Zu der Frage eines kartellrechtsrelevanten Zusammenschlusses durch Einräumung einer Lizenz → § 30 Rn. 49 ff.

88   Es stellt **keine Behinderung** des innergemeinschaftlichen Handels iSd Art. 36 AEUV (Art. 30 EWG-Vertrag) dar, wenn sich die Tochtergesellschaft innerhalb eines Landes A, in dem sie selbst Markenrechte hält, auf diese Markenrechte gegenüber einem Dritten beruft, der ähnliche Produkte unter derselben Marke in den Schutzbereich des Landes A einführen will, und diese Produkte unter Billigung der Muttergesellschaft hergestellt, gekennzeichnet und eingeführt werden. Entsprechendes gilt für den Fall, in dem die Aufspaltung der Marke in verschiedenen Ländern auf verschiedene Rechtsträger per Hoheitsakt erfolgt (EuGH C-9/93, GRUR Int 1996, 614 – Ideal Standard II).

J. Markenübertragung durch den Insolvenzverwalter

89   Die Marke ist ein Vermögenswert und kann durch den Insolvenzverwalter grundsätzlich frei übertragen werden. Zu Ausnahmen und Einzelheiten → § 29 Rn. 1 ff.

K. Markenübertragungen vor Inkrafttreten des Markengesetzes und des ErstrG

90   Gemäß § 152 finden die Vorschriften des Markengesetzes auch auf Marken Anwendung, die vor Inkrafttreten des Markengesetzes, dh vor dem 1.1.1995, eingetragen wurden, soweit in den nachfolgenden Vorschriften nichts anderes bestimmt ist.

91   Dies führt nicht dazu, dass nach altem Recht unwirksame „Leerübertragungen" nach Inkrafttreten des Markengesetzes geheilt würden.

Bis zum Inkrafttreten des ErstrG am 1.5.1992 war aufgrund des bis dahin geltenden strengen Akzessorie- **91.1**
tätsgrundsatzes die Übertragung einer Marke nur bei gleichzeitiger Übertragung des Geschäftsbetriebsteils
möglich, zu dem das Warenzeichen gehörte. Gemäß § 47 Nr. 3 ErstrG wurde § 8 WZG insoweit geändert,
als sowohl die rechtsgeschäftliche Übertragung einer Marke als auch deren Rechtsübergang durch Gesetz
ohne gleichzeitige Übertragung des entsprechenden Geschäftsbetriebs(-teils) möglich wurde. Die Anmeldung eines Warenzeichens erforderte bis zum Inkrafttreten des MarkenG dagegen weiterhin einen
Geschäftsbetrieb. Markenübertragungen ohne gleichzeitigen Übergang des zugehörigen Geschäftsbetriebs
(-teils) waren bis zu diesem Zeitpunkt als sogenannte „Leerübertragungen" unwirksam.

§ 152 ändert an dieser Rechtsfolge nichts und führt insbesondere nicht dazu, dass vor dem **92**
1.5.1992 vorgenommene Leerübertragungen rückwirkend geheilt werden.

Bereits § 47 lit. e ErstrG führte lediglich zu einer Heilung des Löschungsgrundes ex nunc jedoch nicht **92.1**
zu einem rückwirkenden Wegfall des Löschungsgrundes (BGH GRUR 1995, 119 – NEUTREX; GRUR
1994, 288 – Malibu). Es sind keine Anhaltspunkte dafür ersichtlich, dass § 152 diese Rechtslage geändert
hat.

Der gemäß § 8 Abs. 1 S. 1–3 WZG aF für die Übertragung eines Warenzeichens erforderliche Übergang **92.2**
des Geschäftsbetriebs(-teils) wurde anhand einer wirtschaftlichen Betrachtungsweise beurteilt. Entscheidend
war, ob diejenigen Vermögenswerte auf den neuen Rechtsinhaber übergegangen waren, die die Fortführung
der Geschäftstradition ermöglichten. Ob die Fortführung der Geschäftstradition dann auch tatsächlich
erfolgte, war dagegen nicht entscheidend (BGH NJW 1972, 2123 – Baader). Im Interesse der Erhaltung
wirtschaftlicher Werte etwa bei der Einstellung des Betriebs des Veräußerers wurden die Anforderungen
an den Umfang des mit zu übertragenden Betriebsteils niedrig angesetzt (vgl. BGH GRUR 1992, 45
mwN – Cranpool). Zu weiteren Einzelheiten wird auf die Kommentierungen des § 8 WZG in der Fassung
vor dem 1.5.1992 verwiesen.

Inhalte eines Markenübertragungsvertrags: Neben üblichen Regelungen zu Kaufpreiszahlungen **92.3**
und Fälligkeiten sollten jedenfalls folgende Punkte innerhalb eines Vertrags geregelt werden:
- Fragen einer Verantwortlichkeit des Veräußerers für eine bisherige rechtserhaltende Nutzung der Vertrags-
marke. Soweit die Marke vor ihrer Übertragung nicht in ausreichender Form rechtserhaltend genutzt
wurde, stellen sich andernfalls Gewährleistungs- und Haftungsfragen.
- Umfang der von der Übertragung betroffenen Waren und Dienstleistungen aus Gründen der Klarstellung
(§ 27 Abs. 1).
- Zeitpunkt des Übergangs der Gefahr hinsichtlich möglicher Kollisionsüberwachungen und Fristenkont-
rollen sowie damit einhergehender Kostenlasten.
- Pflichten des ursprünglichen Rechtsinhabers zum Führen von Verfahren vor dem DPMA, dem BPatG
und/oder dem BGH für einen Übergangszeitraum (§ 28 Abs. 2).
- Pflicht zur Weiterleitung empfangener Verfügungen und Beschlüssen des Amtes durch den ursprüngli-
chen Rechtsinhaber (§ 28 Abs. 3).
- Pflicht zur Kostentragung der für die Übertragung des Rechts und die Änderung im Register anfallenden
Kosten (§ 453 Abs. 2 BGB).
- Pflicht zur Übergabe der Handakten des Markenregistrierungsverfahrens unter Bezeichnung des Umfangs
(§ 402 BGB) und einer Frist. Insbesondere für die Anmeldung nationaler Marken in anderen Ländern
unter Inanspruchnahme der Priorität einer älteren deutschen Marke kann zur Erwirkung notwendiger
Apostillen oder zur Erfüllung ähnlicher Formerfordernisse die Vorlage der Registrierungsunterlagen im
Original erforderlich sein.
- Übernahme von Verpflichtungen aus Vorrechts- und Abgrenzungsvereinbarungen, für die eine Regelung
entsprechend § 30 Abs. 5 MarkenG nicht existiert. § 404 BGB findet keine Anwendung.
- Pflicht zur Unterzeichnung einer gesonderten Umschreibungsbewilligungserklärung. Gemäß § 27 Abs. 3
ist der Rechtsübergang dem Amt zur Änderung des Registers nachzuweisen. Wegen der Möglichkeit
zur Akteneinsicht für jedermann (Popularantragsrecht) gemäß § 62 empfiehlt sich die Einreichung des
Übertragungsvertrags in Gänze nicht.

§ 28 Vermutung der Rechtsinhaberschaft; Zustellungen an den Inhaber

**(1) Es wird vermutet, daß das durch die Eintragung einer Marke begründete Recht
dem im Register als Inhaber Eingetragenen zusteht.**

**(2) ¹Ist das durch die Eintragung einer Marke begründete Recht auf einen anderen
übertragen worden oder übergegangen, so kann der Rechtsnachfolger in einem Verfahren vor dem Deutschen Patent- und Markenamt, einem Beschwerdeverfahren vor dem
Bundespatentgericht oder einem Rechtsbeschwerdeverfahren vor dem Bundesgerichts-**

hof den Anspruch auf Schutz dieser Marke und das durch die Eintragung begründete Recht erst von dem Zeitpunkt an geltend machen, in dem dem Deutschen Patent- und Markenamt der Antrag auf Eintragung des Rechtsübergangs zugegangen ist. [2]Satz 1 gilt entsprechend für sonstige Verfahren vor dem Deutschen Patent- und Markenamt, Beschwerdeverfahren vor dem Bundespatentgericht oder Rechtsbeschwerdeverfahren vor dem Bundesgerichtshof, an denen der Inhaber einer Marke beteiligt ist. [3]Übernimmt der Rechtsnachfolger ein Verfahren nach Satz 1 oder 2, so ist die Zustimmung der übrigen Verfahrensbeteiligten nicht erforderlich.

(3) [1]Verfügungen und Beschlüsse des Deutschen Patent- und Markenamts, die der Zustellung an den Inhaber der Marke bedürfen, sind dem als Inhaber Eingetragenen zuzustellen. [2]Ist dem Deutschen Patent- und Markenamt ein Antrag auf Eintragung eines Rechtsübergangs zugegangen, so sind die in Satz 1 genannten Verfügungen und Beschlüsse auch dem Rechtsnachfolger zuzustellen.

Überblick

Bei dem rechtsgeschäftlichen oder gesetzlichen Übergang des Rechts an einer Marke kommt es für ein bestimmtes Zeitintervall dazu, dass materielle und formelle Rechtsinhaberschaft auseinanderfallen, weil die Änderung des Registers dem materiellen Rechtsübergang zeitlich nachfolgt. § 28 regelt in diesem Zusammenhang die Wirkung der Eintragung der Rechtsinhaberschaft eines (vermeintlichen) Markeninhabers im Register.

Abs. 1 enthält eine gesetzliche Vermutung zu Gunsten desjenigen, der als Markeninhaber registriert ist. Es wird vermutet, dass demjenigen, der als Inhaber der Marke im Register vermerkt ist, auch tatsächlich die materiellen Rechte an der Marke zustehen (→ Rn. 9).

Für das Registerverfahren vor dem DPMA und für anschließende Rechtsmittelverfahren enthält **Abs. 2** eine Einschränkung der Rechte des Rechtsnachfolgers. Er kann seine Rechte als Markeninhaber in solchen Verfahren erst geltend machen, wenn ein Antrag auf Änderung des Registers bezüglich seiner Inhaberschaft dem Amt bereits zugegangen ist (→ Rn. 17).

Abs. 3 legt fest, dass alle Zustellungen seitens des Amtes an die im Register als Inhaber eingetragene Person vorzunehmen sind (→ Rn. 31). Für den Zeitraum zwischen Zugang eines Antrags auf Änderung des Registers bezüglich der Inhaberschaft bis zur tatsächlichen Änderung des Registers nimmt das Amt gemäß § 28 Abs. 3 S. 2 eine Doppelzustellung sowohl an den registrierten Inhaber als auch an dessen Rechtsnachfolger vor (→ Rn. 31).

Übersicht

A. Allgemeine Erwägungen

1 § 28 regelt die **Wirkung,** die von der **Registereintragung** einer Person als Markeninhaber ausgeht. Marken, die ihren Schutztatbestand gemäß § 4 Nr. 2 und 3 durch Verkehrsgeltung oder notorische Bekanntheit erlangt haben, sind von der Regelung daher nicht betroffen.

2 § 28 hat keine Entsprechung in der MRL. Der Vorschlag der Europäischen Kommission zur Neufassung der MRL (COM (2013) 162 final, 2 vom 3.5.2013) sah zwar noch einen Abs. 6 innerhalb des Art. 22 MRL vor, der Art. 20 Abs. 6 UMV entsprochen hätte. Dem Rechtsnachfolger wäre es hiernach solange nicht möglich gewesen, seine Rechte aus der Eintragung der Marke Dritten gegenüber geltend zu machen, wie der Rechtsübergang nicht in das Register eingetragen gewesen wäre (→ UMV Art. 20 Rn. 49). Die Regelung hat jedoch keinen Eingang in die MRL gefunden.

§ 28 Abs. 1 enthält eine **gesetzliche Vermutung** zugunsten des im Register eingetragenen **3** Inhabers. Es wird vermutet, dass das durch die Eintragung der Marke begründete Recht ihm zusteht. Derjenige, der die gesetzliche Vermutung zur Berechtigung des eingetragenen Inhabers bestreitet, ist beweispflichtig (BPatG BeckRS 2012, 12963; GRUR-RS 2019, 33402). Das Markenregister ist deshalb jedoch **kein Rechtsscheinträger,** und ermöglicht keinen gutgläubigen Erwerb einer Marke (str.; → § 27 Rn. 32). Die Regelung gilt sowohl für das Verletzungsverfahren vor den ordentlichen Gerichten als auch für das Registerverfahren. Sie gilt für Fragen der Aktiv- wie auch der Passivlegitimation.

Ob § 28 Abs. 1 eine Beweislastregel darstellt, die demjenigen, der die Markeninhaberschaft trotz Regis- **3.1** tereintrag bestreitet, den Vollbeweis des Gegenteils auferlegt (vgl. Fezer Rn. 13) oder ob es ausreicht, wenn die Vermutung des § 28 Abs. 1 ernsthaft erschüttert wird (so wohl BPatG GRUR-RS 2019, 33402 – Devil; Ströbele/Hacker/Thiering/Hacker Rn. 4), ist str.

§ 28 Abs. 2 enthält hinsichtlich des Registerverfahrens eine **Einschränkung** der Rechte **des 4 Inhabers** für den Zeitraum, in dem er noch nicht als Markeninhaber im Register vermerkt ist. Er kann die aus seiner Marke resultierenden Rechte in Verfahren vor dem DPMA und in hierauf folgenden Rechtsmittelverfahren vor dem BPatG und dem BGH erst ab dem Zeitpunkt geltend machen, in welchem dem Amt ein Antrag auf Änderung des Registers bezüglich seiner Rechtsinhaberschaft zugegangen ist.

§ 28 Abs. 3 S. 3 wurde durch das Kostenbereinigungsgesetz (Gesetz zur Bereinigung von Kos- **5** tenregelungen auf dem Gebiet des geistigen Eigentums vom 13.12.2001, BlPMZ 2002, 14 ff.) eingefügt und ist seit dem 1.1.2002 wirksam.

§ 28 **gilt auch für international registrierte Marken** mit Schutztatbestand für Deutschland **6** (§ 107 Abs. 1, § 119 Abs. 1). Wird der Antrag auf Änderung des Registers über das DPMA bei der WIPO eingereicht, ist für die formelle Berechtigung des Rechtsnachfolgers der Zeitpunkt des Zugangs des Umschreibungsantrags bei dem DPMA nicht dagegen der Zugang bei der WIPO maßgeblich (ebenso, jedoch ohne Differenzierung nach dem Amt, bei dem der Antrag eingereicht wird, Ströbele/Hacker/Thiering/Hacker Rn. 12 mwN).

Allerdings muss der Antrag auf Änderung des Registers im Falle eines erfolgten Inhaberwechsels **7** der WIPO nicht notwendigerweise über das nationale Markenamt zugehen. Der Antrag kann zB auch durch den noch registrierten Inhaber unmittelbar bei der WIPO eingereicht werden (vgl. Regel 25 Abs. 1 lit. a Ziff. i iVm lit. b Common Regulations MMA/PMMA, einsehbar auf der Website der WIPO unter www.wipo.int). Da die internationale Registrierung einer Marke ihren Schutztatbestand bereits mit Registrierung bei der WIPO und nicht erst nach anschließender Prüfung durch die nationalen Ämter erhält, reicht im Falle eines unmittelbar bei der WIPO eingereichten Antrags auf Änderung des Registers der Zugang bei der WIPO aus, um die Rechtsfolgen des Abs. 2 zu begründen. Ungeachtet dessen empfiehlt es sich, in Fällen, in denen der Antrag auf Änderung des Registers bei der WIPO unmittelbar eingereicht wird, dem nationalen Amt parallel eine entsprechende Mitteilung zukommen zu lassen. Das DPMA hat wegen des geltenden Amtsermittlungsgrundsatzes eine solche Mitteilung zu beachten.

Zur Wirkung der Eintragung eines Rechtsübergangs bei Unionsmarken → UMV Art. 27 **8** Rn. 1 ff.

Mit der Regelung des § 28 wollte der Gesetzgeber ein temporäres Vakuum schließen, das § 8 Abs. 2 **8.1** WZG hinsichtlich der Geltendmachung von Rechten an der Marke während des Zeitraums ab Übertragung der materiellen Rechte bis zur Änderung der diesbezüglichen Registerlage noch zeitigte. § 8 Abs. 2 WZG lautete: „Solange der Übergang in der Zeichenrolle nicht vermerkt ist, kann der Rechtsnachfolger sein Recht aus der Eintragung des Warenzeichens nicht geltend machen." Diese Regelung führte dazu, dass im Falle eines Rechtsübergangs bis zur Änderung des Registers niemand die Rechte aus der Marke geltend machen konnte: Dem früheren Inhaber war dies verwehrt, weil er keine materielle Berechtigung mehr besaß, dem Rechtsnachfolger war die formale Berechtigung noch nicht zuerkannt. Um dieser Situation abzuhelfen, wurde mit der Regelung des § 28 die Wirkung der Registerlage hinsichtlich der Aktivlegitimation innerhalb des Verletzungsverfahrens vor den ordentlichen Gerichten auf die Vermutung des Abs. 1 beschränkt. Für das Registerverfahren wurde der Zeitraum, in dem nach Übertragung der Marke weder ursprünglicher Markeninhaber noch Rechtsnachfolger tätig werden können, auf den Zeitraum bis zum Eingang des Antrags auf Änderung des Registers verkürzt (BT-Drs. 12/6581, 85; BPatG GRUR 1999, 349 – Umschreibungsantrag).

B. Stellung des Rechtsnachfolgers im Verfahren

9   Aus den Regelungen des § 28 ergibt sich eine **unterschiedliche Stellung** des Rechtsnachfolgers einerseits **in Verletzungsverfahren** vor den ordentlichen Gerichten und andererseits in Verfahren **vor dem DPMA** mit anschließenden Rechtsmittelverfahren. Als Inhaber des materiellen Rechts ist der Rechtsnachfolger vor den ordentlichen Gerichten keinerlei Einschränkungen unterworfen. Bis zu einer Änderung des Registers kann er sich nur nicht auf die gesetzliche Vermutung des § 28 Abs. 1 berufen. Im Registerverfahren sind seine Rechte bis zur Änderung des Registers stark eingeschränkt.

I. Stellung des Rechtsnachfolgers im Verletzungsverfahren

1. Allgemeine Erwägungen

10   Wie sich bereits aus den §§ 14 ff. und für die Löschungsklage aus § 55 Abs. 2 Nr. 2 ergibt, ist die **Eintragung** des Inhabers im Register für dessen Aktivlegitimation in Verfahren vor den ordentlichen Gerichten **nicht erforderlich.** Seine Berechtigung ergibt sich allein aus seiner materiellen Rechtsinhaberschaft (BT-Drs. 12/6581, 85). Entsprechendes gilt, soweit sich der Markeninhaber zu Verteidigungszwecken auf seine gemäß § 6 vorrangigen Rechte einem Angreifer gegenüber beruft.

2. Beweislastregeln

11   Aufgrund der **Vermutungswirkung** des Abs. 1 genügt für die Legitimation des Inhabers die Vorlage des Registereintrags. Ein weiterer Nachweis für seine Stellung als Inhaber ist grundsätzlich nicht erforderlich (BGH GRUR 2002, 967 – Hotel Adlon; GRUR 2002, 190 – DIE PROFIS; GRUR 1999, 498 – Achterdiek; GRUR 1998, 699 – SAM). Etwas anderes gilt erst dann, wenn die Gegenseite die Vermutung des Abs. 1 gemäß § 292 ZPO entkräftet (BGH GRUR 2002, 190 – DIE PROFIS; GRUR 1998, 699 – SAM) oder (noch) keine Eintragung des Inhabers im Register erfolgt ist. In solchen Fällen muss der Inhaber seine Stellung weitergehend nachweisen zB durch Vorlage eines Markenübertragungsvertrags (BT-Drs. 12/6581, 85). Je nach Vortrag der Gegenseite ist dann eine lückenlose Erwerbskette darzulegen und nachzuweisen.

12   Es gelten die **Beweisregeln** des jeweiligen Verfahrens.

13   Soweit Ansprüche gegen den Markeninhaber geltend gemacht werden, weil eine Marke, die zu seinen Gunsten im Register eingetragen ist, die Rechte von Inhabern älterer Kennzeichen verletzt, gilt die Vermutung des § 28 Abs. 1 zu Lasten des registrierten Inhabers (aA Fezer Rn. 14, jedoch ohne Begründung). Wird gegen ihn ein Löschungsverfahren gemäß § 55 geführt, ist ihm ein Vortrag und Nachweis zu seiner nicht bestehenden Rechtsinhaberschaft naturgemäß nur schwer möglich. Es greift daher eine **Erleichterung** seiner **Darlegungs- und Beweislast über** die **negative Tatsache,** dass er trotz seiner Eintragung als Inhaber nicht der materiell Berechtigte ist. Die an sich nach den allgemeinen Beweislastregeln nicht darlegungs- und beweispflichtige angreifende Partei muss deshalb vortragen, was für eine Rechtsinhaberschaft des vermeintlichen Markeninhabers spricht. Die darlegungspflichtige Partei hat diesem Vortrag substantiiert entgegen zu treten (für den Fall des Nachweises eines nicht existierenden Geschäftsbetriebs BGH GRUR 1994, 288 – Malibu). Der Beklagte hatte hier den Negativbeweis zu einem nicht existierenden Geschäftsbetrieb auf Klägerseite zu führen. Zwar war die Beweislast hier doppelt erschwert, weil der beweisbelastete Beklagte nicht nur einen Negativbeweis zu führen hatte sondern die zu beweisenden Tatsachen überdies dem Lager des Klägers entstammten. Der BGH hat bei seiner Entscheidung die letztgenannte ergänzende Beweisschwierigkeit jedoch nicht thematisiert. Im Ergebnis wohl aA Fezer Rn. 13, der eine fehlende allgemeine Aufklärungspflicht der nicht beweisbelasteten Partei ausdrücklich betont).

3. Parteiwechsel

14   Gemäß § 55 Abs. 1 kann die **Löschungsklage** sowohl gegen den (noch) als Markeninhaber eingetragenen früheren Rechtsinhaber als auch gegen dessen (noch nicht eingetragenen) Rechtsnachfolger erhoben werden (BGH GRUR 1998, 699 – SAM). Löschungsurteile, die gegen den (noch eingetragenen Rechtsvorgänger) eingeleitet worden sind, wirken gemäß § 55 Abs. 4 auch gegen den tatsächlichen Inhaber.

15   Tritt während eines laufenden Löschungsverfahrens eine Rechtsnachfolge auf Aktiv- und/oder auf Passivseite ein, geltend die Vorschriften der §§ 265, 325 ZPO (BT-Drs. 12/6581, 85; OLG

Frankfurt GRUR-RR 2015, 204 – SAM CREME). Das Verfahren wird grundsätzlich von den ursprünglichen Prozessparteien fortgeführt. Nur im Falle der Zustimmung sowohl durch die jeweilige Gegenseite gemäß § 265 Abs. 2 ZPO als auch nach Zustimmung des Rechtsvorgängers gemäß § 263 ZPO entsprechend den Regeln des Parteiwechsels (vgl. Zöller/Greger ZPO § 265 Rn. 7) kann der Rechtsnachfolger den Prozess an der Stelle seines Rechtsvorgängers übernehmen. Ansonsten kann er dem Rechtsstreit nur als Nebenintervenient beitreten.

Nach erfolgtem Rechtsübergang kann der neue Markeninhaber das Verfahren gemäß § 265 **16** Abs. 2 ZPO nur mit Zustimmung des Gegners übernehmen. Ohne Zustimmung des Gegners kann er als Nebenintervenient auftreten. Wird das Verfahren nach dem Übergang der Rechte an einer Marke zwischen den ursprünglichen Parteien fortgesetzt, wirkt das rechtskräftige Urteil gemäß § 325 ZPO auch gegen den Rechtsnachfolger.

II. Stellung des Rechtsnachfolgers im Registerverfahren

1. Allgemeine Erwägungen

An Verfahren vor dem DPMA sowie an anschließenden Rechtsmittelverfahren vor dem BPatG **17** und dem BGH kann der Rechtsnachfolger gemäß § 28 Abs. 2 erst mitwirken, wenn der **Antrag auf Eintragung der Rechtsnachfolge** dem Amt bereits **zugegangen** ist. Dies gilt auch für die Erben des registrierten Inhabers einer Marke jedoch nicht für den Testamentsvollstrecker von dessen Nachlass, der gemäß § 2205 BGB Nachlassgegenstände in Besitz nehmen und über sie verfügen kann (BPatG BeckRS 2015, 13969). Die Regelung gilt für alle Verfahren vor dem DPMA, in denen die Ansprüche von Markeninhabern Verfahrensgegenstand sind, zB für Widerspruchsverfahren, Teilung, Verzicht, Akteneinsicht und Wiedereinsetzung sowie für die Fortführung dieser Verfahren in ihrer jeweiligen Rechtsmittelinstanz (BGH GRUR 2017, 186 – Stadtwerke Bremen). Sie gilt auch im Falle der gesetzlichen Gesamtrechtsnachfolge (BPatG GRUR 1999, 349 – Umschreibungsantrag). Auf den **Testamentsvollstrecker** findet § 28 Abs. 2 keine Anwendung. Er ist nicht Rechtsnachfolger, sondern kraft Amtes mit der Verwaltung des Vermögens des Erblassers betraut (BPatG BeckRS 2015, 13969). Er kann gemäß § 2205 BGB Nachlassgegenstände in Besitz nehmen und über sie verfügen, was auch für registrierte Marken gilt (BPatG BeckRS 2015, 13969).

Das **formale Erfordernis** eines Umschreibungsantrags gilt **ausnahmslos** als Voraussetzung **18** einer Beteiligung des Rechtsnachfolgers an dem Registerverfahren. Es entfällt auch dann nicht, wenn der Nachweis der Rechtsnachfolge auf andere Weise erbracht wird.

Da der frühere Markeninhaber seine Rechtsinhaberschaft bereits verloren hat, sind ihm die **19** Möglichkeiten zur Einleitung der entsprechenden Verfahren ebenfalls genommen. Für ihn streitet zwar zunächst noch die Vermutungsregelung des § 28 Abs. 1. Gelingt jedoch die Widerlegung der Vermutung durch den Verfahrensgegner, steht die fehlende Aktivlegitimation des früheren Inhabers für das Verfahren fest. Es empfiehlt sich deshalb, den Antrag auf Änderung des Registers unverzüglich im Anschluss an den Rechtsübergang zu stellen, damit Fristen (zB Widerspruchsfristen) durch den Rechtsnachfolger gewahrt werden können.

Sobald der Antrag auf Änderung des Registers bezüglich des Inhaberwechsels beim Amt einge- **20** gangen ist und sich der **Rechtsnachfolger** daher an dem Verfahren beteiligen kann, ist im Falle **kollidierender Erklärungen** seiner Erklärung der **Vorrang** vor derjenigen des noch registrierten Inhabers zu geben. Dies folgt bereits aus der Tatsache, dass es ihm freisteht, gemäß § 28 Abs. 2 S. 3 ohne Zustimmung des früheren Inhabers das Verfahren zu übernehmen und den früheren Rechtsinhaber damit aus seiner Parteirolle zu drängen.

2. Beweislastregeln

Die Beweislastregel des § 28 Abs. 1 gilt ebenfalls für das Registerverfahren. Solange der Rechts- **21** nachfolger noch nicht als neuer Inhaber eingetragen ist, hat er auch nach Zugang des Antrags auf Änderung des Registers seine Rechtsinhaberschaft – je nach Verfahrensart – glaubhaft zu machen oder nachzuweisen (BT-Drs. 12/6581, 85).

Hat der neue Markeninhaber den Nachweis seiner Rechtsnachfolge bereits in ausreichender **22** Form innerhalb des parallelen Verfahrens auf Eintragung seiner Rechtsinhaberschaft erbracht, muss er den entsprechenden Vortrag und Nachweis innerhalb der gemäß § 28 Abs. 2 genannten Verfahren nicht noch einmal erbringen.

Ein **Vollbeweis** muss gemäß § 27 Abs. 3 für den Übergang des Rechts an der Marke **nicht** **23** geführt werden. Es genügt grundsätzlich die Einreichung der gemäß MarkenV und Umschreibungsrichtlinien benannten Unterlagen (zu Fragen der Beweiswürdigung durch das Amt → § 27 Rn. 43). Ist der Nachweis des Rechtsübergangs innerhalb des Registerverfahrens auf Eintragung jedoch noch nicht erbracht, muss er innerhalb der weiteren Registerverfahren gesondert geführt werden.

24   Innerhalb der gemäß § 28 Abs. 2 genannten Verfahren ist für eine **Fristwahrung** der **Zugang des Antrags** auf Änderung des Registers ausreichend. Die gemäß § 27 Abs. 3 notwendigen Nachweise des Rechtsübergangs können im Laufe des Verfahrens nachgereicht werden (BPatG GRUR 1999, 349 – Umschreibungsantrag).

3. Parteiwechsel

25   Auch im Registerverfahren **gelten die §§ 265, 325, 66 ff. ZPO gemäß § 82 MarkenG entsprechend** (BT-Drs. 12/6581, 85; für das Widerspruchsverfahren BGH GRUR 1998, 940 – Sanopharm; BPatG GRUR-RS 2021, 22006 – Seyfarth; für das Verfahren der Anmelderbeschwerde BGH GRUR 2000, 892 – MTS; zusammenfassend BGH GRUR 2008, 87 – Rechtsstellung des Einzelrechtsnachfolgers). Gemäß § 82 MarkenG iVm § 265 Abs. 2 S. 1 ZPO analog haben daher weder der Zugang eines Umschreibungsantrags beim Amt noch der materiell rechtlich wirkende Inhaberwechsel auf ein bereits laufendes Registerverfahren vor einer entsprechenden Übernahmeerklärung durch den Rechtsnachfolger und eine entsprechende Zustimmungserklärung durch den Gegner irgendeinen Einfluss (BGH GRUR 2000, 892 – MTS; BPatG GRUR-RR 2008, 414 – Umschreibungsverfahren).

26   Anders als im Verletzungsverfahren ist nach einer Übernahmeerklärung des Rechtsnachfolgers gemäß § 28 Abs. 2 S. 3 eine Zustimmung der übrigen Verfahrensbeteiligten jedoch nicht mehr erforderlich. Die Regelung wurde durch das Gesetz zur Bereinigung von Kostenregelungen auf dem Gebiet des geistigen Eigentums (KostenberG) mit Wirkung zum 1.1.2002 eingefügt. Sie dient der Beseitigung der praktischen Schwierigkeiten, die insbesondere innerhalb des Widerspruchsverfahrens auftraten, wenn ein Verfahrensbeteiligter der Übernahme des Verfahrens durch den Rechtsnachfolger der anderen Partei nicht gemäß § 265 Abs. 2 ZPO zustimmte (BT-Drs. 14/6203, 66).

4. Stellung des Rechtsnachfolgers im Widerspruchsverfahren

27   Gemäß § 28 Abs. 2 kann der neue Markeninhaber bereits **nach Zugang des Antrags** auf Änderung des Registers **fristwahrend Widerspruch** gemäß § 42 gegen prioritätsjüngere Eintragungen einlegen.

28   Hat der Rechtsnachfolger mit einem gemäß § 27 Abs. 3 zu stellenden Antrag auf Änderung der Inhaberschaft im Register bereits die hierfür erforderlichen Nachweise (→ § 27 Rn. 42 ff.) erbracht, ist keine weitere diesbezügliche Glaubhaftmachung innerhalb des Widerspruchsverfahrens mehr erforderlich. Andernfalls hat der Widerspruchsführer seine Inhaberschaft bezüglich der Widerspruchsmarke glaubhaft zu machen (BT-Drs. 12/6581, 85).

29   Nach Übertragung der Rechte an der Marke kann der frühere Inhaber mangels materieller Berechtigung keinen Widerspruch mehr einlegen (BT-Drs. 12/6581, 85).

30   Findet die Übertragung der Rechte an der Widerspruchs- und/oder der Inhabermarke nach Einleitung des Widerspruchsverfahrens statt, gelten §§ 265, 325 ZPO analog (BT-Drs. 12/6581, 85). Seit Einführung des § 28 Abs. 2 S. 3 bedarf die **Übernahme** des Verfahrens durch den Rechtsnachfolger **nicht** mehr der **Zustimmung** der übrigen Verfahrensbeteiligten (anders noch BGH GRUR 1998, 940 – Sanopharm). Übernimmt der Rechtsnachfolger das Verfahren nicht, wirken die Entscheidung des DPMA sowie nachfolgende Entscheidungen der Rechtsmittelinstanzen gemäß § 325 ZPO für und gegen ihn.

C. Zustellungen durch das DPMA

31   Gemäß § 28 Abs. 3 stellt das Amt alle Verfügungen und Beschlüsse, die der Zustellung bedürfen, an die als Markeninhaber registrierte Person zu. Nach Zugang eines Antrags auf Änderung des Registers erfolgt eine zusätzliche Zustellung an den Rechtsnachfolger. Damit wird der Rechtsnachfolger in die Lage versetzt, die ihm gemäß § 28 Abs. 2 eingeräumten Rechte auch tatsächlich wahrnehmen zu können.

D. Rückgängigmachung der Registeränderung

32   An die Rückgängigmachung einer vorgenommenen Umschreibung sind hohe Anforderungen zu stellen. Grundsätzlich ist es dem ursprünglich eingetragenen Markeninhaber nur möglich,

Umschreibungsbewilligungsklage vor den ordentlichen Gerichten zu erheben. Etwas anderes gilt nur, wenn Sachverhalte vorliegen, die sogar das Wiederaufnahmeverfahren einer gerichtlichen Entscheidung rechtfertigen können, wenn dem ursprünglichen Inhaber zB das rechtliche Gehör versagt wurde (BPatG BeckRS 2010, 13149; GRUR 1969, 43 zu § 8 WZG).

§ 29 Dingliche Rechte; Zwangsvollstreckung; Insolvenzverfahren

**(1) Das durch die Eintragung, die Benutzung oder die notorische Bekanntheit einer Marke begründete Recht kann
1. verpfändet werden oder Gegenstand eines sonstigen dinglichen Rechts sein oder
2. Gegenstand von Maßnahmen der Zwangsvollstreckung sein.**

(2) Betreffen die in Absatz 1 Nr. 1 genannten Rechte oder die in Absatz 1 Nr. 2 genannten Maßnahmen das durch die Eintragung einer Marke begründete Recht, so werden sie auf Antrag eines Beteiligten in das Register eingetragen, wenn sie dem Deutschen Patent- und Markenamt nachgewiesen werden.

(3) ¹Wird das durch die Eintragung einer Marke begründete Recht durch ein Insolvenzverfahren erfasst, so wird dies auf Antrag des Insolvenzverwalters oder auf Ersuchen des Insolvenzgerichts in das Register eingetragen. ²Im Falle der Eigenverwaltung (§ 270 der Insolvenzordnung) tritt der Sachwalter an die Stelle des Insolvenzverwalters.

Überblick

Eine Marke kann als nichtakzessorisches, selbstständiges Immaterialgut durch rechtsgeschäftliche Vereinbarung dinglich belastet (→ Rn. 1), hoheitlich Gegenstand der Zwangsvollstreckung (→ Rn. 26) sein oder von einem Insolvenzverfahren (→ Rn. 56) erfasst werden. Dies gilt für alle nach § 4 Nr. 1–3 existierenden Markenformen, dh sowohl für Registermarken, als auch für Benutzungsmarken und Notorietätsmarken. Bei eingetragenen Marken werden auf Antrag eines Beteiligten die dinglichen Rechte oder die vorgenommenen Zwangsvollstreckungsmaßnahmen in das Register eingetragen (→ Rn. 55). Wird eine eingetragene Marke durch ein Insolvenzverfahren erfasst, so wird auf Antrag des Insolvenzverwalters oder des Insolvenzgerichts in das Register ein Insolvenzvermerk eingetragen (→ Rn. 55). Es handelt sich jeweils um fakultative Eintragungen.

Übersicht

A. Rechtsgeschäftliche dingliche Belastung (Abs. 1 Nr. 1)

I. Allgemeines

Die Marke wie auch das aus der Markenanmeldung folgende Anwartschaftsrecht (§ 31; vgl. **1** Fezer § 31 Rn. 1; Ströbele/Hacker/Thiering/Hacker § 31 Rn. 1: anwartschaftsähnliches Recht;

aA → § 31 Rn. 2 (Taxhet)) sind infolge des in § 27 festgeschriebenen Grundsatzes der freien Übertragbarkeit (→ § 27 Rn. 3) selbstständige Wirtschaftsgüter, die unabhängig von dem Unternehmen veräußert, sicherungsübereignet oder dinglich belastet werden können. Diese sind somit eigenständige Vermögenswerte eines Unternehmens und wirtschaftliche Ressourcen.

2   Abs. 1 Nr. 1 enthält eine **Rechtsgrundverweisung** auf die anwendbaren zivilrechtlichen Vorschriften für die Verpfändung von Rechten und deren Belastung mit sonstigen dinglichen Rechten. Es gelten der gesetzliche **Typenzwang und die Typenfixierung** des Sachenrechts, wonach nur solche dinglichen Rechte eingeräumt werden können, die vom Gesetz ausdrücklich zugelassen sind. Sowohl der Typ, als auch der Inhalt der dinglichen Rechte sind abschließend durch das Gesetz bestimmt (vgl. Ingerl/Rohnke Rn. 3; HK-MarkenR/Pahlow Rn. 5; Kurz GRUR 2007, 292 (294)).

3   Bei einer Marke handelt es sich um ein **absolutes Recht** und nicht um eine Forderung (vgl. Ingerl/Rohnke Rn. 5). Neben dem ausdrücklich in Abs. 1 Nr. 1 genannten Vertragspfandrecht (§§ 1273–1278 BGB) kommt bei Rechten aufgrund des Typenzwangs als „sonstiges dingliches Recht" nur noch der Nießbrauch (§§ 1068 ff. BGB) in Betracht (vgl. Ingerl/Rohnke Rn. 3; HK-MarkenR/Pahlow Rn. 5; Fezer Rn. 10 ff.; Ströbele/Hacker/Thiering/Hacker Rn. 8).

4   Bei der in der Praxis bedeutenden **Sicherungsabtretung** handelt es sich nicht um eine Belastung mit einem dinglichen Recht, sondern um eine Änderung der Rechtsinhaberschaft an der Marke (vgl. Fezer Rn. 11; Ingerl/Rohnke Rn. 7; Eisenführ/Schennen/Schennen GMV Art. 19 Rn. 11).

5   Bei der Bestellung des Pfandrechts und des Nießbrauchs ist, wie auch bei Zwangsvollstreckungsmaßnahmen, der **Bestimmtheitsgrundsatz** zu beachten. Der Gegenstand, der mit einem Pfandrecht oder Nießbrauch belastet werden soll, muss eindeutig bezeichnet werden. Dies gilt zunächst im Hinblick darauf, ob es sich um ein bereits bestehendes Markenrecht handelt oder nur um eine anwartschaftsähnliche Position infolge der Anmeldung einer Marke in Form eines Rechts auf die Marke (vgl. Fezer § 31 Rn. 1; Ströbele/Hacker/Thiering/Hacker § 31 Rn. 1 anwartschaftsähnliches Recht). Jede einzelne Marke ist genau zu benennen. Dies gilt in besonderem Maße bei nicht eingetragenen Marken. Bei registrierten Marken empfiehlt sich neben der Nennung der Marke auch die Angabe der Registrierungsnummer, bei angemeldeten Marken das jeweilige Aktenzeichen.

6   Wird eine **Markenanmeldung** mit einem Pfandrecht oder Nießbrauchrecht belastet, so setzen sich diese nach der Eintragung der Marke an dieser fort (für Pfändungspfandrecht an einem Patent s. BGH GRUR 1994, 602 (604) – Rotationsbürstenwerkzeug; Ingerl/Rohnke Rn. 4; HK-MarkenR/Pahlow Rn. 5).

II. Vertragspfandrecht

7   Die Verpfändung einer Marke richtet sich nach den **Vorschriften über das Pfandrecht an Rechten (§§ 1273–1278 BGB),** nicht jedoch nach den für die Verpfändung von Forderungen geltenden Vorschriften (§§ 1279–1290 BGB), denn bei einer **Marke handelt es sich** nicht um eine Forderung, sondern **um ein absolutes Recht.**

1. Bestellung des Pfandrechts

8   Die Bestellung des Pfandrechts erfolgt nach **§ 1274 Abs. 1 S. 1 BGB** nach den für die Übertragung des Markenrechts geltenden **Vorschriften des § 27 MarkenG iVm §§ 413, 398 ff. BGB.** Erforderlich ist lediglich eine **formlose Einigung der Parteien.** Eine Eintragung der Verpfändung ins Register ist nicht erforderlich, ebenso wenig eine Übergabe der Eintragungsurkunde (vgl. Ingerl/Rohnke Rn. 5; HK-MarkenR/Pahlow Rn. 6).

2. Rechtsstellung des Pfandgläubigers

9   Durch das Pfandrecht erlangt der Pfandgläubiger das Recht, das **gepfändete Markenrecht nach Eintritt der Pfandreife zu verwerten (§ 1273 Abs. 2 S. 1, §§ 1228, 1277 BGB)** und sich **aus dem Erlös zu befriedigen (§ 1273 Abs. 2 S. 1 BGB, § 1247 BGB;** vgl. Fezer Rn. 10). Der Pfandgläubiger erhält **kein Benutzungsrecht an der Marke,** sondern nur ein Sicherungsrecht (vgl. für Patente BGH GRUR 1994, 602 (604) – Rotationsbürstenwerkzeug). Er ist weder berechtigt, die Marke zu benutzen, noch berechtigt, an ihr Lizenzen zu erteilen. Ihm können jedoch schuldrechtlich Informations-, Kontroll- und Mitwirkungsrechte eingeräumt werden (vgl. HK-MarkenR/Pahlow Rn. 8; Fezer Rn. 10).

Im Fall der **Beeinträchtigung des Pfandrechts** kann der Pfandgläubiger nach **§ 1273 Abs. 2** 10
S. 1 BGB iVm § 1227 BGB sowohl gegenüber dem Markeninhaber als auch gegenüber Dritten
die **Ansprüche aus der Marke geltend machen,** dh der Pfandgläubiger kann zum Schutze
seines Pfandrecht an einer Marke aus eigenem Recht neben dem Markeninhaber die Ansprüche
aus §§ 14 ff. durchsetzen (vgl. Fezer Rn. 11; Ingerl/Rohnke Rn. 5; HK-MarkenR/Pahlow Rn. 7;
Ströbele/Hacker/Thiering/Hacker Rn. 4). Eine **Zustimmung des Markeninhabers nach § 30
Abs. 3 ist nicht erforderlich.** Dem Pfandgläubiger stehen unter anderem Unterlassungs- und
Schadensersatzansprüche zu. Liegt noch keine Pfandreife vor, so umfasst der Schadensersatzan-
spruch des Pfandgläubigers nur ein Pfandrecht an der Schadensersatzforderung. Nach Eintritt der
Pfandreife kann der Pfandgläubiger Schadensersatz bis zur Höhe seines Pfandinteresses, dh bis zur
Höhe der gesicherten Forderung in deren jeweiligem Bestand verlangen. Dies umfasst auch etwaige
Zinsen und Vertragsstrafen (§ 1273 Abs. 2 S. 1 BGB, § 1210 Abs. 1 S. 1 BGB; vgl. Fezer Rn. 11;
HK-MarkenR/Pahlow Rn. 7).

Der Pfändungspfandgläubiger ist zur **Teilnahme am patentamtlichen Verfahren** nur inso- 11
weit berechtigt, als es um die Erhaltung des gepfändeten Rechts geht (vgl. BPatG BeckRS 2011,
27833 Rn. 19; Fezer Rn. 23, 24).

3. Rechtsstellung des Markeninhabers

Der **Markeninhaber bleibt alleiniger Nutzungsberechtigter der verpfändeten Marke.** 12
Im Außenverhältnis bleibt er als materieller Rechtsinhaber gegenüber Dritten und gegenüber dem
DPMA legitimiert (vgl. Ingerl/Rohnke Rn. 5; HK-MarkenR/Pahlow Rn. 8). Die Zahlung der
Verlängerungsgebühren zur Aufrechterhaltung der Marke obliegt nach wie vor dem Markeninhaber, nicht dem Pfandgläubiger (vgl. Ströbele/Hacker/Thiering/Hacker Rn. 16). Da die Zahlung
der Verlängerungsgebühr aber der Erhaltung des gepfändeten Rechts dient, kann auch der Pfandgläubiger die Verlängerungsgebühr bezahlen (vgl. BPatG BeckRS 2011, 27833 Rn. 19 zur Zahlung
einer Verlängerungsgebühr für eine gepfändete Patentanmeldung; Fezer Rn. 23, 24).

4. Verwertung des Pfandrechts

Anders als beim Sachpfandrecht, bei dem die Verwertung regelmäßig durch öffentliche Verstei- 13
gerung stattfindet (§ 1235 Abs. 1 BGB), erfolgt die **Verwertung des Pfandrechts im Wege der
Zwangsvollstreckung (§ 1277 S. 1 Alt. 1 BGB),** soweit die Vertragsparteien nicht eine
bestimmte Verwertungsart vereinbart haben (§ 1277 S. 1 Alt. 2 BGB). Der Pfandgläubiger kann
sein **Pfandrecht erst dann verwerten, wenn Pfandreife eingetreten** ist. Hierzu muss die
gesicherte Forderung fällig oder in eine fällige Geldforderung übergegangen sein (**§ 1273 Abs. 2
BGB iVm § 1228 Abs. 2 BGB).** Nach Eintritt der Pfandreife muss der Pfandgläubiger die
Verwertung zunächst androhen (§ 1234 Abs. 1 BGB), soweit dies nicht aufgrund besonderer
Umstände untunlich ist. Die Verwertung darf **erst einen Monat nach der Androhung, bzw.**
soweit dies untunlich ist, einen Monat **nach Eintritt der Pfandreife** erfolgen (**§ 1234 Abs. 2
BGB),** es sei denn, es liegt ein beiderseitiges Handelsgeschäft vor. In diesem Fall beträgt die
Wartefrist eine Woche (§ 368 Abs. 1 HGB).

Erfolgt die Verwertung im Wege der Zwangsvollstreckung, so benötigt der Pfandgläubiger 14
gegen den Schuldner zunächst einen **vollstreckbaren Titel auf Duldung der Zwangsvollstreckung in das Markenrecht mit Angabe der gesicherten Forderung** (vgl. BGH NJW 1977,
1240 (1242); Fezer Rn. 11; HK-MarkenR/Pahlow Rn. 9; Ströbele/Hacker/Thiering/Hacker
Rn. 5). **Abweichend hiervon** können die Parteien auch eine Verwertung durch Pfandverkauf
ohne Vollstreckungstitel vereinbaren (§ 1273 Abs. 2 S. 1 BGB, § 1229 BGB, § 1245 Abs. 2 BGB;
vgl. HK-MarkenR/Pahlow Rn. 11).

Liegt ein vollstreckbarer Titel vor, so erfolgt die **Zwangsvollstreckung nach den Vor-** 15
schriften über die Pfändung eines Rechts (§§ 828 ff. ZPO, § 857 ZPO; → Rn. 29 f.).
Danach muss nach § 828 ZPO, § 829 Abs. 1 S. 2 ZPO, § 857 Abs. 2 ZPO gepfändet werden.
Zunächst muss durch das Amtsgericht als **Vollstreckungsgericht ein Pfändungsbeschluss
erlassen** werden, durch den dem Markeninhaber bzw. Markenanmelder aufgegeben wird, sich
jeder Verfügung über die Marke bzw. Markenanmeldung zu enthalten. Da ein Drittschuldner bei
einem Markenrecht nicht vorhanden ist, bedarf es nach § 857 Abs. 2 ZPO allein der **Zustellung
des Pfändungsbeschlusses an den Markeninhaber bzw. Markenanmelder. Das DPMA ist
nicht Drittschuldner** (→ Rn. 34). Einer Zustellung des Pfändungsbeschlusses an das DPMA
bedarf es daher nicht (vgl. HK-MarkenR/Pahlow Rn. 15; Fezer Rn. 18). Anschließend erfolgt
durch das Vollstreckungsgericht die **Verwertung** der Marke zum Zwecke der Befriedigung des
Pfandgläubigers **durch Veräußerung der Marke (§ 857 Abs. 5 ZPO)** oder **auf andere Weise**

(§ 844 Abs. 1 ZPO), insbesondere durch öffentliche Versteigerung oder Lizenzierung (vgl. Ingerl/Rohnke Rn. 5; Ströbele/Hacker/Thiering/Hacker Rn. 17). Aus dem Erlös kann sich der Pfandgläubiger befriedigen (§ 1273 Abs. 2 S. 1 BGB, § 1247 BGB).

III. Sonstige dingliche Rechte – Nießbrauch

16   Aufgrund des sachenrechtlichen Typenzwangs kommt als sonstiges dingliches Recht an einer Marke nur der Nießbrauch in Betracht. Die Bestellung eines Nießbrauchs an einer Marke richtet sich nach den **Vorschriften über den Nießbrauch an Rechten (§§ 1068–1272 BGB),** nicht jedoch nach den Vorschriften über den Nießbrauch an Forderungen (§§ 1074 ff. BGB), denn bei einer Marke handelt es sich nicht um eine Forderung, sondern um ein absolutes Recht.

1. Bestellung und Erlöschen des Nießbrauchs

17   Die **Bestellung des Nießbrauchs** erfolgt nach **§ 1069 Abs. 1 BGB** nach den für die Übertragung des Markenrechts geltenden **Vorschriften des § 27 MarkenG iVm §§ 413, 398 ff. BGB.** Erforderlich ist lediglich eine **formlose Einigung der Parteien.** Eine Eintragung der Bestellung eines Nießbrauchs ins Register ist nicht erforderlich, ebenso wenig eine Übergabe der Eintragungsurkunde (vgl. Fezer Rn. 13; Ingerl/Rohnke Rn. 8; HK-MarkenR/Pahlow Rn. 10).

18   Der Nießbrauch erlischt entweder mit dem Tod des Nießbrauchberechtigten (§ 1068 Abs. 2 BGB, § 1061 BGB), durch einen zwischen den Parteien geschlossenen Aufhebungsvertrag, durch Kündigung oder Zeitablauf oder mit Eintritt einer vertraglich vereinbarten Bedingung (vgl. Fezer Rn. 13).

2. Rechtsstellung des Nießbrauchberechtigten

19   Durch den Nießbrauch erlangt der **Nießbrauchberechtigte das dingliche Recht, die Nutzungen aus dem Markenrecht zu ziehen (§ 1068 Abs. 2 BGB, § 1030 Abs. 1 BGB).** Anders als der Pfandgläubiger erhält der Nießbrauchberechtigte das **Recht unter Ausschluss des Markeninhabers,** dh der Markeninhaber darf die Marke weder selbst benutzen noch Lizenzen erteilen und die Lizenzgebühren einziehen (vgl. Fezer Rn. 13; Ingerl/Rohnke Rn. 8; HK-MarkenR/Pahlow Rn. 10; → Rn. 25). Ist die Marke bereits lizenziert, so stehen die Lizenzgebühren dem Nießbrauchberechtigten zu.

20   **Fraglich ist, ob der Nießbrauchberechtigte für die Erhaltung des Markenrechts in seinem wirtschaftlichen Bestand zu sorgen hat.** Da es sich beim Markennießbrauch um ein Nießbrauch an einem Recht und nicht an einer Sache handelt, sind die Vorschriften über die Ausübung des Nießbrauchrechts (§ 1036 Abs. 2 BGB) und über die Erhaltung der Sache durch den Nießbrauchberechtigten (§ 1041 BGB) nicht unmittelbar anwendbar. Jedoch erklärt § 1068 Abs. 2 BGB die Vorschriften über den Nießbrauch an Sachen für entsprechend anwendbar, soweit sich nicht aus den §§ 1069–1084 BGB etwas anderes ergibt. Zur Erhaltung des Markenrechts gehören deren rechtserhaltende Benutzung und bei eingetragenen Marken die fristgerechte Zahlung der Verlängerungsgebühren sowie die Verteidigung gegen Löschungsanträge Dritter.

21   Nach **§ 1036 Abs. 2 BGB** hat der Nießbrauchberechtigte bei der Ausübung des Nutzungsrechts nach den **Regeln einer ordnungsgemäßen Bewirtschaftung** zu verfahren. Diese Vorschrift ist entsprechend auf den Nießbrauch an Rechten anwendbar (vgl. MüKoBGB/Pohlmann BGB § 1068 Rn. 18; aA BeckOK BGB/Reischl BGB § 1068 Rn. 7). Im Rahmen eines Nießbrauchs an einem Markenrecht **dürfte sich hieraus die Verpflichtung des Nießbrauchberechtigten zur rechtserhaltenden Benutzung ergeben.** Nach § 1041 Abs. 1 BGB hat der Nießbrauchberechtigte für die Erhaltung der Sache in ihrem wirtschaftlichen Bestand zu sorgen. Anders als bei den in §§ 1070 ff. BGB genannten Rechten, bedarf das Recht an einer eingetragenen Marke der Aufrechterhaltung durch Zahlung der Verlängerungsgebühren. § 1041 BGB dürfte daher gemäß § 1068 Abs. 2 BGB analog auf den Nießbrauch an einem Markenrecht anwendbar sein (aA BeckOK BGB/Reischl BGB § 1068 Rn. 7; MüKoBGB/Pohlmann BGB § 1068 Rn. 18), mit der Folge, dass den Nießbrauchberechtigten die Pflicht zur Zahlung der regelmäßig anfallenden Verlängerungsgebühren obliegt. Allerdings dürfte den Nießbrauchberechtigten darüber hinaus keine Pflicht zur Verteidigung der Marke gegen Löschungsanträge treffen, da es sich hierbei um außergewöhnliche, nicht regelmäßig vorzunehmende Maßnahmen handelt (§ 1041 Abs. 2 BGB).

22   Ungeachtet dessen können der Markeninhaber und der Nießbrauchberechtigte bei der Bestellung des Nießbrauchs die **Verpflichtung zur Aufrechterhaltung des Markenrechts sowie die Berechtigung bzw. Verpflichtung zur Benutzung der Marke rechtsgeschäftlich regeln.** So kann der Nießbrauchberechtigte rechtsgeschäftlich zu einer rechtserhaltenden Benutzung der

Marke verpflichtet werden. Gleiches gilt für den Markeninhaber, der abweichend vom gesetzlichen Inhalt des Nießbrauchs zur Benutzung der Marke berechtigt und in diesem Rahmen zur rechtserhaltenden Benutzung der Marke verpflichtet werden kann (vgl. Fezer Rn. 13).

Der **Nießbrauch ist nicht übertragbar (§ 1059 S. 1 BGB).** Der Nießbrauchberechtigte 23 kann daher weder sein Nutzungsrecht noch die Marke veräußern. Der Nießbrauchberechtigte kann jedoch die **Ausübung des Nießbrauchs einem anderen überlassen (§ 1059 S. 2 BGB).** Der Nießbrauchberechtigte kann die Marke selbst benutzen oder Lizenzen an der Marke an Dritte erteilen und die Lizenzgebühren einziehen (vgl. Ingerl/Rohnke Rn. 8). Durch den **Markeninhaber kann das Markenrecht ohne Zustimmung des Nießbrauchberechtigten weder rechtsgeschäftlich aufgehoben (§ 1071 Abs. 1 BGB) noch nießbrauchschädlich geändert werden (§ 1071 Abs. 2 BGB).** Solche Rechtsgeschäfte sind ohne Zustimmung des Nießbrauchberechtigten diesem gegenüber relativ unwirksam, jedoch nach hM im Verhältnis zwischen Markeninhaber und dem Dritten als dessen Vertragspartner nicht absolut unwirksam (vgl. BeckOK BGB/Reischl BGB § 1071 Rn. 7; MüKoBGB/Pohlmann BGB § 1071 Rn. 12). Der Markeninhaber haftet bei Nichterfüllung gegenüber dem Dritten daher auf Schadensersatz.

Im Fall der **Beeinträchtigung des Nießbrauchrechts** kann der Nießbrauchberechtigte **nach** 24 **§ 1068 Abs. 2 BGB iVm § 1065 BGB** sowohl gegenüber dem Markeninhaber als auch gegenüber Dritten die **Ansprüche aus der Marke geltend machen,** dh der Nießbrauchberechtigte kann zum Schutz seines Markennießbrauchrechts aus eigenem Recht neben dem Markeninhaber die Ansprüche aus §§ 14 ff. durchsetzen (vgl. Fezer Rn. 13; Ingerl/Rohnke Rn. 8; HK-MarkenR/Pahlow Rn. 12; Ströbele/Hacker/Thiering/Hacker Rn. 10). Eine Zustimmung des Markeninhabers nach § 30 Abs. 3 ist nicht erforderlich. Dem Nießbrauchberechtigten stehen unter anderem Unterlassungs- und Schadensersatzansprüche in Höhe seines Nießbrauchschadens zu (vgl. Fezer Rn. 13).

3. Rechtsstellung des Markeninhabers

Soweit rechtsgeschäftlich nichts anderes vereinbart ist, **verliert der Markeninhaber mit der** 25 **Bestellung des Nießbrauchs das Recht zur Benutzung der Marke.** Der Markeninhaber ist auch nicht berechtigt ohne Zustimmung des Nießbrauchberechtigten Lizenzen an der Marke zu erteilen, diese rechtsgeschäftlich aufzuheben (§ 1071 Abs. 1 BGB) oder nießbrauchschädlich zu ändern (§ 1071 Abs. 2 BGB). Der **Markeninhaber bleibt jedoch berechtigt, die Marke an einen Dritten zu veräußern oder mit weiteren dinglichen Rechten zu belasten,** da hierdurch das Nießbrauchrecht an der Marke nicht beeinträchtigt wird (vgl. Fezer Rn. 13). Der Markeninhaber bleibt jedoch als Eigentümer der Marke sowohl gegenüber dem DPMA, als auch im Fall von Markenverletzungen aktivlegitimiert.

B. Zwangsvollstreckung (Abs. 1 Nr. 2)

I. Vollstreckungsgegenstand

Gegenstand der Zwangsvollstreckung können folgende **Rechte** sein: 26
- alle nach **§ 4 Nr. 1–3 existierenden Markenformen,** dh Registermarken, Benutzungsmarken und Notorietätsmarken;
- **Kollektivmarken** (§ 97);
- das **durch die Markenanmeldung begründete Recht** (vgl. § 31, Markenanwartschaft);
- eine **frei übertragbare ausschließliche (absolute) Lizenz** (§ 857 Abs. 1 ZPO, § 851 Abs. 1 ZPO);
- **Ausübung eines Markennießbrauchs** (§ 1059 S. 2 BGB, § 1068 Abs. 2 BGB) wegen seiner Unübertragbarkeit, jedoch nicht der Markennießbrauch selbst (§ 851 Abs. 1 ZPO, § 1059 Abs. 1 BGB, § 1068 Abs. 2 BGB; → Rn. 38).

Daneben können auch **Forderungen** des Markeninhabers gegen Dritte Vollstreckungsgegenstand 27 sein, zB der Anspruch des Markeninhabers gegen Lizenznehmer auf Zahlung der Lizenzgebühr oder Schadensersatzansprüche wegen Verletzung des Markenrechts.

Zwischen dem Vollstreckungsschuldner und dem Markeninhaber bzw. dem Inhaber der vorge- 28 nannten Rechte oder Forderungen muss Personenidentität bestehen.

II. Wirkung der Pfändung

Die Zwangsvollstreckung in das Markenrecht bzw. das durch die Markenanmeldung begründete 29 Recht und andere an diesen bestehende Vermögensrechte erfolgt, da es sich bei diesen nicht um

Forderungen, sondern um Rechte handelt, nach den **Vorschriften über die Vollstreckung in andere Vermögensrechte (§§ 857, 828 ZPO) durch Pfändung.** Der staatliche **Hoheitsakt der Pfändung** bewirkt die Verstrickung des Vermögensrechts und führt zu einem **behördlichen Veräußerungsverbot nach §§ 135, 136 BGB.** Der Pfändungspfandgläubiger erwirbt nach **§ 857 Abs. 1 ZPO, § 804 Abs. 2 ZPO** durch die Pfändung ein **Pfändungspfandrecht an dem Markenrecht oder dem sonstigen Vermögensrecht,** welches ihm im Verhältnis zu anderen Gläubigern dieselben Rechte gewährt wie ein vertragliches Pfandrecht.

30   Das Pfändungspfandrecht an einer Marke erstreckt sich im Fall einer Verletzung des Markenrechts auch auf die hieraus resultierenden Ansprüche des Markeninhabers, insbesondere Schadensersatzansprüche, als Nebenrechte zu dem gepfändeten Markenrecht (vgl. Fezer Rn. 19). Dies gilt jedoch nur dann, wenn diese Ansprüche nach dem Eintritt der Verstrickung, dh nach wirksam erfolgter Zustellung des Pfändungsbeschlusses an den Markeninhaber, entstanden sind. Verletzungsansprüche, die davor entstanden sind, müssen im Wege einer separaten Zwangsvollstreckung in die Forderung des Markeninhabers gegen den Verletzer nach § 829 ZPO gepfändet werden. Hierzu bedarf es der Zustellung des Pfändungsbeschlusses an den Verletzer als Drittschuldner (§ 829 Abs. 3 ZPO; vgl. Fezer Rn. 19).

III. Durchführung der Zwangsvollstreckung

31   Zuständig für die Zwangsvollstreckung in andere Vermögensrechte ist nicht das Kennzeichengericht, sondern nach **§ 857 Abs. 1 ZPO, § 802 ZPO, § 828 Abs. 2 ZPO** ausschließlich das **Amtsgericht am allgemeinen inländischen Gerichtsstand des Schuldners,** andernfalls am besonderen Gerichtsstand des Vermögens (§ 23 ZPO).

32   Die **Zwangsvollstreckung erfolgt nach § 857 Abs. 2 ZPO, §§ 828 ff. ZPO durch Pfändung.** Hierzu bedarf es eines vollstreckbaren, **auf Zahlung eines Geldbetrags gerichteten Titels** (vgl. Fezer Rn. 18). Das Amtsgericht erlässt als Vollstreckungsgericht einen **Pfändungsbeschluss (§§ 857, 829 S. 2 ZPO).** Durch diesen wird dem Markeninhaber bzw. Markenanmelder aufgegeben, sich jeder Verfügung über die Marke bzw. Markenanmeldung zu enthalten. Der **Pfändungsbeschluss muss sich konkret auf die zu pfändenden Marken- bzw. Vermögensrechte beziehen,** damit an diesen Verstrickung eintritt und ein Pfändungspfandrecht entsteht (vgl. HK-MarkenR/Pahlow Rn. 14; Fezer Rn. 21). Aus Gründen der Rechtssicherheit muss der Pfändungsbeschluss das zu pfändende Recht so bestimmt bezeichnen, dass bei verständiger Auslegung des Beschlusses unzweifelhaft feststeht, welches Recht Gegenstand der Zwangsvollstreckung sein soll (vgl. BGH NJW 1990, 2931 (2933)).

1. Pfändung einer Marke

33   Bei einer Markenpfändung sollte der **Pfändungsbeschluss alle zu pfändenden Marken und Markenanmeldungen im Einzelnen konkret benennen,** unter Angabe, ob es sich (jeweils) um eine Registermarke, Benutzungsmarke, Notorietätsmarke oder Markenanmeldung handelt, sowie **genauer Wiedergabe des Zeichens und der geschützten Waren/Dienstleistungen.** Bei eingetragenen Marken oder Markenanmeldungen ist ferner die **Register- bzw. Anmeldenummer** anzugeben. Sollten die einzelnen an einer Marke bestehenden Markenrechte, zB Register-, Benutzungs- und Notorietätsmarken, nicht konkret benannt worden sein, so dürfte der Pfändungsbeschluss dahingehend auszulegen sein, dass er alle an der Marke bestehenden Markenrechte umfasst (vgl. Fezer Rn. 21). Aufgrund der mit einer Auslegung verbundenen Unsicherheiten sollte dies jedoch durch konkrete Benennung der einzelnen Markenrechte vermieden werden.

34   Ein **Drittschuldner existiert bei der Pfändung eines Markenrechts nicht,** denn die Marke ist keine Forderung, sondern ein absolutes Immaterialgüterrecht. Das DPMA ist daher kein Drittschuldner. **Einer Zustellung des Pfändungsbeschlusses an das DPMA bedarf es nicht** (vgl. HK-MarkenR/Pahlow Rn. 15; Fezer Rn. 18). Da es sich bei der Marke nicht um eine Forderung, sondern um ein absolutes Recht handelt, sind **auch Lizenznehmer** der zu pfändenden Marke und **Dritte, gegen die der Markeninhaber Ansprüche wegen Verletzung des Markenrechts besitzt,** bei der Pfändung der Marke **keine Drittschuldner.** Diese sind vielmehr ausschließlich Drittschuldner bei einer Pfändung der Forderung des Markeninhabers resultierend aus dem Lizenzvertrag bzw. den im Fall der Verletzung der Marke bestehenden gesetzlichen Ansprüchen. **Es muss daher streng zwischen den einzelnen Pfändungsgegenständen unterschieden werden.** Der ausschließlich berechtigte Lizenznehmer ist auch nicht nach § 771 ZPO widerspruchsberechtigt, da diesem aufgrund der ausschließlichen Lizenz kein die Veräußerung hinderndes Recht zusteht, sondern nur ein Sukzessionsschutz (§ 30 Abs. 5; aA HK-MarkenR/Pahlow Rn. 17).

Der **Pfändungsbeschluss muss,** damit die Pfändung wirksam ist, **einzig dem Markeninha-** 35
ber bzw. Markenanmelder zugestellt werden (§ 857 Abs. 2 ZPO). Wird eine eingetragene
Marke gepfändet, bedarf es **keiner Pfändung der Markenurkunde,** denn die Inhaberschaft an
der Urkunde ist keine Voraussetzung für die Geltendmachung des Markenrechts, ihr kommt
lediglich Beweisfunktion zu (vgl. Fezer Rn. 18).

2. Pfändung einer Markenlizenz

Eine Markenlizenz kann nur dann gepfändet werden, wenn es sich um eine **frei übertragbare** 36
Lizenz handelt (§ 857 Abs. 1 ZPO, § 851 Abs. 1 ZPO). Der Pfändung unterworfen ist daher
nur eine ausschließliche Lizenz hinsichtlich derer die Lizenzvertragsparteien die Übertragbarkeit
nicht vertraglich ausgeschlossen haben (vgl. HK-MarkenR/Pahlow Rn. 13, 18; Fezer Rn. 16).
Der Pfändungsbeschluss muss das zu pfändende Lizenzrecht konkret benennen.

Der **Markenlizenzgeber ist nach hM nicht Drittschuldner** iSd § 857 Abs. 1 ZPO, § 829 37
Abs. 2 S. 1 ZPO, so dass es zur Wirksamkeit der Pfändung eines Lizenzrechts somit nicht der
Zustellung des Pfändungsbeschlusses an diesen bedarf (HK-MarkenR/Pahlow Rn. 18; Fezer
Rn. 26; Stein/Jonas/Brehm ZPO § 857 Rn. 99; Benkard PatG/Ullmann PatG § 15 Rn. 48;
offengelassen in BGH NJW 1990, 2931 (2933)). **Anders ist dies bei der Pfändung des Nieß-**
brauchsrechts (→ Rn. 39).

3. Pfändung der Ausübung eines Markennießbrauchs

Aufgrund der Unübertragbarkeit des Nießbrauchs (§ 1059 S. 1 BGB) ist ein **Markennieß-** 38
brauch nicht pfändbar (§ 857 Abs. 1 ZPO, § 851 Abs. 1 ZPO). Übertragbar und damit
pfändbar ist **jedoch die Ausübung des Markennießbrauchs (§ 1068 Abs. 2 BGB, § 1059**
S. 2 BGB, § 857 Abs. 3 ZPO). Der Pfändungsbeschluss muss die zu pfändende Ausübung des
Markennießbrauchs konkret benennen. In Betracht kommt das Recht zur Benutzung der Marke,
zur Erteilung von Lizenzen und zur Einziehung von Lizenzgebühren aus einer Lizenz an der
Marke.

Der **Markeninhaber,** der an seiner Marke zugunsten des Nießbrauchberechtigten einen Nieß- 39
brauch bestellt hat, **ist Drittschuldner** (vgl. Fezer Rn. 26 mwN). Wirksamkeitsvoraussetzung
der Pfändung ist daher – anders als bei der Pfändung einer Lizenz (→ Rn. 37) – eine Zustellung
des Pfändungsbeschlusses an den Markeninhaber.

IV. Verwertung

Die Verwertung wird auf Antrag des Pfändungspfandgläubigers durch Gerichtsbeschluss ange- 40
ordnet. Der Beschluss muss das betroffene Recht und den Umfang der Überweisung bzw. der
anderen Art der Verwertung konkret bezeichnen. Es gelten die zur Bestimmtheit des Pfändungsbeschlusses gemachten Ausführungen (→ Rn. 33) entsprechend.

Der Pfändungsbeschluss und der Beschluss, durch den die Art der Verwertung angeordnet wird, werden 40.1
in der Praxis regelmäßig zusammen beantragt und erlassen (vgl. BeckOK ZPO/Riedel ZPO § 835 Rn. 5.1).
Wird der Beschluss, durch den die Verwertung angeordnet wird, getrennt vom Pfändungsbeschluss erlassen,
so muss zuvor wirksam gepfändet worden sein, und der Schuldner ist zuvor zu hören, da insoweit der
Ausschluss der Schuldneranhörung gemäß § 834 ZPO nicht greift (vgl. BeckOK ZPO/Riedel ZPO § 835
Rn. 5.2).

Gesetzlicher Regelfall ist die Verwertung durch Überweisung (§ 835 Abs. 1 ZPO). 41
Bei der Verwertung eines gepfändeten Markenrechts bedarf es hierzu der **Bestimmung des**
Markenwertes. Auf Antrag einer der Parteien kann das Vollstreckungsgericht anordnen, dass die
Markenbewertung durch einen Sachverständigen erfolgt (§ 813 Abs. 1 S. 3 ZPO; vgl.
HK-MarkenR/Pahlow Rn. 22; Repenn NJW 1994, 175 f.). Die Kosten für die Markenbewertung
sind solche der Zwangsvollstreckung.

Da sich die Markenbewertung regelmäßig als kompliziert und aufwändig erweist, kann sowohl 42
von dem Pfändungspfandgläubiger als auch dem Markeninhaber **beantragt werden, anstelle**
der Überweisung eine andere Verwertungsart anzuordnen (§ 844 Abs. 1 ZPO; vgl. Fezer
Rn. 28). Vor Stattgabe eines solchen Antrags muss der Gegner jedoch gehört werden, es sei denn
die Zustellung erfolgt im Ausland oder im Wege der öffentlichen Zustellung (§ 844 Abs. 2 ZPO).

Der Gläubiger kann die Anordnung einer anderen Verwertungsart bereits mit dem Antrag auf Erlass 42.1
des Pfändungsbeschlusses beantragen. Da der Schuldner nach § 844 Abs. 2 ZPO jedoch zu dem Antrag

zu hören ist und § 834 ZPO die Anhörung des Schuldners vor Erlass des Pfändungsbeschlusses ausschließt, kann das Vollstreckungsgericht über die Anordnung einer anderen Verwertungsart erst entscheiden, wenn der Pfändungsbeschluss erlassen und wirksam zugestellt wurde (vgl. BeckOK ZPO/Riedel ZPO § 844 Rn. 4).

42.2   Die mit einer Verwertung durch Überweisung verbundenen Schwierigkeiten sind im Antrag auf Anordnung einer anderen Verwertung im Einzelnen darzulegen. Ebenso sind Angaben darüber zu machen, welche andersartige Verwertung sinnvoller bzw. wirtschaftlicher wäre (vgl. BeckOK ZPO/Riedel ZPO § 844 Rn. 5).

43   Das Vollstreckungsgericht ist bei der Entscheidung, welche andere Art der Verwertung anzuordnen ist, grundsätzlich frei. Es hat die Entscheidung unter Abwägung der schutzwürdigen Interessen des Schuldners und des Gläubigers nach pflichtgemäßem Ermessen zu treffen (vgl. BGH NJW 2010, 2346 Rn. 18; BeckOK ZPO/Riedel ZPO § 844 Rn. 9). Als **andere Verwertungsarten** in Betracht kommen unter anderem:

- die **Versteigerung** oder der **freihändige Verkauf** (§§ 857 Abs. 5, 844 Abs. 1 ZPO; Ingerl/Rohnke Rn. 9; HK-MarkenR/Pahlow Rn. 21; Fezer Rn. 28);
- die **Überweisung an Zahlungs Statt zu einem Schätzwert,** der unter dem Nennwert liegt (vgl. BGH BeckRS 2018, 29456; NJW 2005, 3353 zur Pfändung einer Internet-Domain; BeckOK ZPO/Riedel ZPO § 844 Rn. 7; HK-MarkenR/Pahlow Rn. 21);
- die **Überlassung des Rechts zur Ausübung an einen Dritten gegen Entgelt,** insbesondere die Erteilung von Lizenzen durchs Gericht (BeckOK ZPO/Riedel ZPO § 844 Rn. 7; Fezer Rn. 28; Ströbele/Hacker/Thiering/Hacker Rn. 17);
- die **Sequestration** (§ 857 Abs. 4 S. 2 ZPO; vgl. Fezer Rn. 28).

44 Eine **Markenanwartschaft** wird regelmäßig durch Veräußerung verwertet, in der Weise, dass der Erwerber den Anspruch auf Eintragung der Marke erwirbt (Fezer Rn. 28).

45   Aus dem Erlös kann sich der Pfandgläubiger nach Abzug der Kosten befriedigen (§ 1273 Abs. 2 S. 1 BGB, § 1247 BGB).

46   Der **Erwerber der Marke** hat dem DPMA zwecks **Umschreibung der Marke** neben dem **Umschreibungsantrag** eine **Ausfertigung des Verwertungsbeschlusses und des Versteigerungs- bzw. Veräußerungsprotokolls** vorzulegen. Erfolgt dies, so bedarf es keiner gesonderten Übertragungserklärung (vgl. Repenn NJW 1994, 175 f.; HK-MarkenR/Pahlow Rn. 23).

47   Erfolgt die Verwertung durch **gerichtliche Lizenzierung** der gepfändeten Marke, so **erlischt die Lizenz,** wenn der **Pfändungspfandgläubiger durch die Zahlung der Lizenzgebühren vollständig befriedigt ist.** Gleiches gilt, wenn der Markeninhaber den Pfändungspfandgläubiger vorzeitig befriedigt. Jedoch können vertraglich ergänzende Regelungen getroffen werden (vgl. Fezer Rn. 28).

V. Rechtsstellung des Pfändungspfandgläubigers

48   Der Pfändungspfandgläubiger **erwirbt nach § 857 Abs. 1 ZPO, § 804 Abs. 2 ZPO eine dem vertraglichen Pfandrecht entsprechende Rechtsstellung.** Der Pfändungspfandgläubiger erhält **kein Benutzungsrecht an der Marke,** sondern nur ein der Sicherung seines titulierten Anspruchs dienendes Pfandrecht, aufgrund dessen er berechtigt ist, Befriedigung aus dem gepfändeten Recht zu suchen. Er ist auch **nicht berechtigt, an der Marke Lizenzen zu erteilen.**

49   Der Pfändungspfandgläubiger kann zur Sicherung des Markenrechts und des an der Marke bestehenden Pfändungspfandrechts nach § 1273 Abs. 2 S. 1 BGB analog iVm § 1227 BGB analog sowohl gegenüber dem Markeninhaber als auch gegenüber Dritten die **Ansprüche aus §§ 14 ff. neben dem Markeninhaber aus eigenem Recht geltend machen** (vgl. Fezer Rn. 20; Ingerl/Rohnke Rn. 10). Eine **Zustimmung des Markeninhabers nach § 30 Abs. 3 ist nicht erforderlich.**

50   Aufgrund des durch die Pfändung bewirkten Veräußerungsverbotes (§§ 135, 136 BGB) kann der **Markeninhaber über das Markenrecht nicht ohne Zustimmung des Pfändungspfandgläubigers verfügen.** Ohne Zustimmung des Pfändungspfandgläubigers vorgenommene Verfügungen sind diesem gegenüber relativ unwirksam, aber wirksam gegenüber Dritten (vgl. HK-MarkenR/Pahlow Rn. 19; BeckOK BGB/Wendtland BGB § 135 Rn. 8). Ein gutgläubiger Erwerb des Markenrechts oder der Markenanwartschaft ist nicht möglich (vgl. Fezer Rn. 22; → § 41 Rn. 4). Dem Pfändungspfandgläubiger steht **in der Insolvenz des Schuldners ein Absonderungsrecht** zu (§ 50 Abs. 1 InsO).

51   Der Pfändungspfandgläubiger erlangt **keine verfahrensrechtliche Stellung als Beteiligter** in Markenverfahren vor dem DPMA oder vor Gericht (vgl. HK-MarkenR/Pahlow Rn. 20; Fezer Rn. 23, 24). Allerdings kann es das Sicherungsinteresse des Pfändungspfandgläubigers **in**

Ausnahmefällen erforderlich machen, diesen in Verfahren zu beteiligen, die die Entstehung und den Erhalt des Markenrechts betreffen, jedoch nur in einem solchen Umfang, als dies zur Sicherung des gepfändeten Rechts erforderlich ist (vgl. Fezer Rn. 23, 24). So kann der Pfändungspfandgläubiger **im Eintragungsverfahren** berechtigt sein, Angaben und Unterlagen zu ergänzen, falls diese vom Markeninhaber nicht beigebracht worden sind und andernfalls die Entstehung des Markenrechts gefährdet wäre (vgl. Fezer Rn. 23). Jedoch darf der Pfändungspfandgläubiger keinen Einfluss auf den Inhalt des Markenrechts nehmen, etwa durch Veränderung des Waren-/Dienstleistungsverzeichnisses. Zum Erhalt des Markenrechts ist der Pfändungspfandgläubiger auch zur **Zahlung der Verlängerungsgebühr** berechtigt (vgl. Fezer Rn. 24; Ingerl/Rohnke Rn. 10), aber nicht verpflichtet (vgl. Ströbele/Hacker/Thiering/Hacker Rn. 16). Die Aufwendungen des Pfändungspfandgläubigers sind Kosten der Zwangsvollstreckung iSd § 788 ZPO (vgl. Fezer Rn. 24).

Der Pfändungspfandgläubiger kann vom Markeninhaber oder Markenanmelder nach § 836 **52** Abs. 3 ZPO **Auskunft über den Bestand des Markenrechts oder der Markenanwartschaft** und Herausgabe der diese betreffenden Urkunden verlangen (→ Rn. 54).

VI. Rechtsstellung des Markeninhabers

Die **Rechtsinhaberschaft an der Marke oder Markenanmeldung** bleibt durch die Pfän- **53** dung **unangetastet.** Der **Markeninhaber bleibt gegenüber dem DPMA oder Dritten aktivlegitimiert.** Aufgrund des mit der Pfändung verbundenen gerichtlichen Verfügungsverbots darf der **Markeninhaber bzw. Markenmelder** über das Markenrecht bzw. die Markenanwartschaft **nicht mehr verfügen,** etwa durch Veräußerung, Lizenzierung oder dingliche Belastung. Solche Verfügungen sind gegenüber dem Pfändungspfandgläubiger ohne dessen Zustimmung relativ unwirksam, jedoch gegenüber Dritten wirksam (vgl. HK-MarkenR/Pahlow Rn. 19; BeckOK BGB/Wendtland BGB § 135 Rn. 8). Der Markeninhaber haftet bei Nichterfüllung dem Dritten gegenüber auf Schadensersatz. Der Markeninhaber bzw. Anmelder ist nicht berechtigt, die Markenanmeldung zurückzunehmen oder auf das Markenrecht zu verzichten. Jedoch bleibt eine **Teilung des Markenrechts möglich,** da sich das Pfändungspfandrecht an den Teilmarkenrechten bzw. Teilmarkenanwartschaften fortsetzt (vgl. Fezer Rn. 25).

Der Markeninhaber oder Anmelder ist dem Pfändungspfandgläubiger gegenüber verpflichtet, **54** die **zur Verwertung des Markenrechts oder der Markenanwartschaft erforderlichen Auskünfte zu erteilen** und die vorhandenen Urkunden herauszugeben (§ 836 Abs. 3 ZPO). Hierzu gehört bei einer Markenanwartschaft die Auskunft über den Stand des Eintragungsverfahrens und bei einem existierenden Markenrecht die Auskunft über dessen Bestand, wie etwa den Umfang der Benutzung, erteilte Lizenzen, eine etwaige Verkehrsgeltung und Bekanntheit sowie Angaben, die zur Ermittlung des Markenwertes erforderlich sind (vgl. Fezer Rn. 20).

C. Registereintragung (Abs. 2 und 3)

Die an einer eingetragenen Marke nach § 29 Abs. 1 Nr. 1 bestellten dinglichen Rechte sowie **55** die in § 29 Abs. 1 Nr. 2 genannten Zwangsvollstreckungsmaßnahmen können auf Antrag eines Beteiligten nach § 29 Abs. 2 in das Register eingetragen werden, wenn sie dem DPMA nachgewiesen werden. Gleiches gilt nach § 29 Abs. 3 auf Antrag des Insolvenzverwalters oder des Insolvenzgerichts für einen Insolvenzvermerk, wenn das Recht an einer eingetragenen Marke durch ein Insolvenzverfahren erfasst ist. Die Eintragung ist rein fakultativ und entfaltet keine Rechtswirkungen (vgl. Ingerl/Rohnke Rn. 11 f.). Die Eintragung empfiehlt sich jedoch vor allem für den Pfandgläubiger, um einer Umschreibung der Marke ohne seine Zustimmung auf einen Dritten oder einem Verzicht des Markeninhabers auf das Markenrecht vorzubeugen (vgl. HK-MarkenR/Pahlow Rn. 24).

D. Das Markenrecht im Insolvenzverfahren

I. Gegenstand der Insolvenzmasse

Das Markenrecht fällt in der Insolvenz des Markeninhabers **als selbstständiges Vermögens-** **56** **recht in die Insolvenzmasse (§ 35 InsO).** Von der Insolvenz des Markeninhabers erfasst werden alle Markenrechte iSd § 4 Nr. 1–3, dh sowohl Registermarken, als auch Benutzungs- und Notorietätsmarken. Gleiches gilt für das durch eine Markenanmeldung begründete Markenanwartschaftsrecht in der Insolvenz des Anmelders (vgl. zum Geschmacksmuster BGH NJW-RR 1998, 1057).

Diese Rechtslage setzt § 29 Abs. 3 voraus. Das MarkenG selbst regelt die Behandlung der Marke bzw. des Markenanwartschaftsrechts in der Insolvenz nicht näher.

57   Auch die **Markenlizenz** wird bei einer Insolvenz des Lizenzgebers bzw. Lizenznehmers von dem Insolvenzverfahren erfasst (im Einzelnen → § 30 Rn. 172 ff.).

58   Wurde die Marke vor Eröffnung des Insolvenzverfahrens durch den Markeninhaber an einen Gläubiger verpfändet oder zur Sicherheit übertragen, so ist dieser nach §§ 50 Abs. 1, 51 Nr. 1 InsO zur abgesonderten Befriedigung berechtigt (vgl. Ingerl/Rohnke Rn. 15; Fezer Rn. 34; zum Geschmacksmuster BGH NJW-RR 1998, 1057 f.).

II. Rechtsstellung des Insolvenzverwalters

59   Mit Eröffnung des Insolvenzverfahrens **erlangt der Insolvenzverwalter die alleinige Verfügungs- und Verwaltungsbefugnis über eine Marke (§§ 80, 81 InsO).** Ab diesem Zeitpunkt ist allein er befugt, Lizenzen an der Marke zu vergeben (vgl. Ingerl/Rohnke Rn. 13). Dem Insolvenzverwalter steht das Recht zur Benutzung der zur Insolvenzmasse gehörenden Marke zu (vgl. Fezer Rn. 34).

60   Mit Eröffnung des Insolvenzverfahrens ist **allein der Insolvenzverwalter befugt,** die **Verletzungsansprüche der §§ 14 ff. gegen Dritte geltend zu machen** (vgl. Ingerl/Rohnke Rn. 13). Verletzungsansprüche des Markeninhabers gegen Dritte gehören unabhängig davon, ob sie vor oder nach Eröffnung des Insolvenzverfahrens entstehen, zur Insolvenzmasse (vgl. HK-MarkenR/ Pahlow Rn. 27; Fezer Rn. 34). Dies gilt jedoch nicht, wenn diese vor Eröffnung des Insolvenzverfahrens wirksam an einen Dritten, zB dem Lizenznehmer, abgetreten wurden. **Ist bereits ein Rechtsstreit anhängig, in dem der Markeninhaber Partei ist, so wird dieser nach § 240 ZPO unterbrochen** (zur streitigen Frage der Unterbrechung des Widerspruchsverfahrens → § 42 Rn. 40 und des Beschwerdeverfahrens → § 66 Rn. 174 ff.). Hat der Markeninhaber einen **Dritten ermächtigt,** die **Verletzungsansprüche aus der Marke in gewillkürte Prozessstandschaft** im eigenen Namen geltend zu machen, tritt wegen des formellen Parteibegriffs des § 240 ZPO **keine Unterbrechung** ein, wenn das Insolvenzverfahren über das Vermögen des Markeninhabers eröffnet wird (vgl. BeckOK ZPO/Jaspersen ZPO § 240 Rn. 6.3; MüKoZPO/ Gehrlein ZPO § 240 Rn. 15; aA MüKoInsO/Schumacher InsO Vor §§ 85–87 Rn. 15; Musielak/ Voit/Stadler ZPO § 240 Rn. 2 mwN). **Mit Eröffnung des Insolvenzverfahrens erlischt jedoch die Prozessführungsermächtigung analog § 117 InsO** (vgl. Andres/Leithaus/Andres InsO § 117 Rn. 5; MüKoInsO/Ott/Vuia InsO § 117 Rn. 8 mwN), infolgedessen die Klage als unzulässig abzuweisen ist, es sei denn der Insolvenzverwalter hat dem Prozessstandschafter eine neue Ermächtigung erteilt (vgl. BGH NJW 2000, 738 zu § 23 KO; BeckOK ZPO/Jaspersen ZPO § 240 Rn. 6.3). Wird das **Insolvenzverfahren über das Vermögen des Prozessstandschafters** eröffnet, tritt nur dann eine Unterbrechung ein, wenn die Insolvenzmasse zumindest mittelbar betroffen ist (vgl. MüKoInsO/Schumacher InsO Vor §§ 85–87 Rn. 35 mwN; aA MüKoZPO/ Gehrlein ZPO § 240 Rn. 15).

61   Der **Insolvenzverwalter hat das Markenrecht nach § 159 InsO zu verwerten.** Dies kann unter anderem durch Verkauf, Lizenzierung oder Benutzung der Marke erfolgen (vgl. Ingerl/ Rohnke Rn. 14; Fezer Rn. 37). Wie das Markenrecht verwertet wird, entscheidet der Insolvenzverwalter nach pflichtgemäßem Ermessen, mit dem Ziel einer für die Insolvenzmasse möglichst vorteilhaften Verwertung (vgl. Fezer Rn. 37).

III. Rechtsstellung des Markeninhabers

62   Der Markeninhaber bzw. Anmelder verliert mit Eröffnung des Insolvenzverfahrens die Befugnis, über das Markenrecht bzw. die Markenanwartschaft zu verfügen und diese zu verwalten. Er verliert insbesondere das Recht zur Benutzung der Marke, das Recht an der Marke Lizenzen zu erteilen und diese zu veräußern oder dinglich zu belasten. Er bleibt jedoch Inhaber der Marke bzw. Markenanwartschaft (vgl. Fezer Rn. 33).

63   Sämtliche Rechtshandlungen, die der Markeninhaber oder Anmelder nach Eröffnung des Insolvenzverfahrens betreffend das Markenrecht bzw. die Markenanwartschaft vornimmt, sind gegenüber jedermann unwirksam (§ 81 InsO). Dies betrifft auch die Anmeldung neuer Marken für das in der Insolvenz befindliche Unternehmen (vgl. Fezer Rn. 33).

§ 30 Lizenzen

(1) Das durch die Eintragung, die Benutzung oder die notorische Bekanntheit einer Marke begründete Recht kann für alle oder für einen Teil der Waren oder Dienstleistun-

gen, für die die Marke Schutz genießt, Gegenstand von ausschließlichen oder nicht ausschließlichen Lizenzen für das Gebiet der Bundesrepublik Deutschland insgesamt oder einen Teil dieses Gebiets sein.

(2) Der Inhaber einer Marke kann die Rechte aus der Marke gegen einen Lizenznehmer geltend machen, der hinsichtlich
1. der Dauer der Lizenz,
2. der von der Eintragung erfaßten Form, in der die Marke benutzt werden darf,
3. der Art der Waren oder Dienstleistungen, für die die Lizenz erteilt wurde,
4. des Gebiets, in dem die Marke angebracht werden darf, oder
5. der Qualität der von ihm hergestellten Waren oder der von ihm erbrachten Dienstleistungen
gegen eine Bestimmung des Lizenzvertrages verstößt.

(3) [1]Der Lizenznehmer kann Klage wegen Verletzung einer Marke nur mit Zustimmung ihres Inhabers erheben. [2]Abweichend von S. 1 kann der Inhaber einer ausschließlichen Lizenz Klage wegen Verletzung einer Marke erheben, wenn der Inhaber der Marke nach förmlicher Aufforderung nicht selbst innerhalb einer angemessenen Frist Klage wegen Verletzung einer Marke erhoben hat.

(4) Jeder Lizenznehmer kann einer vom Inhaber der Marke erhobenen Verletzungsklage beitreten, um den Ersatz seines Schadens geltend zu machen.

(5) Ein Rechtsübergang nach § 27 oder die Erteilung einer Lizenz nach Absatz 1 berührt nicht die Lizenzen, die Dritten vorher erteilt worden sind.

(6) [1]Das Deutsche Patent- und Markenamt trägt auf Antrag des Inhabers der Marke oder des Lizenznehmers die Erteilung einer Lizenz in das Register ein, wenn ihm die Zustimmung des anderen Teils nachgewiesen wird. [2]Für die Änderung einer eingetragenen Lizenz gilt Entsprechendes. [3]Die Eintragung wird auf Antrag des Inhabers der Marke oder des Lizenznehmers gelöscht. [4]Der Löschungsantrag des Inhabers der Marke bedarf des Nachweises der Zustimmung des bei der Eintragung benannten Lizenznehmers oder seines Rechtsnachfolgers.

Überblick

Die Vorschrift regelt den Umgang mit Benutzungsrechten/Lizenzen, die der Inhaber einer Marke einem Dritten an dem eigenen Recht erteilen kann. Der Regelungsbereich der Vorschrift erfasst alle Arten nationaler Marken, gleich auf welchem Wege ihr Schutztatbestand gemäß § 4 begründet wurde (→ § 4 Rn. 2 ff.). § 30 Abs. 1 erläutert den Umfang der Rechtsposition, die dem Lizenznehmer mit einer solchen Lizenz erteilt werden kann (→ Rn. 34).

§ 30 Abs. 2 räumt dem Markeninhaber/Lizenzgeber gegen den Lizenznehmer in bestimmten, enumerativ aufgeführten Fällen der Verletzungen eines Lizenzvertrags neben den vertraglichen Rechten auch Rechte aus der Marke ein (→ Rn. 64).

§ 30 Abs. 3 und Abs. 4 definieren, in welcher Weise der Lizenznehmer seine Rechte aus der Marke bzw. aus dem Lizenzvertrag gegenüber Dritten auf dem Gerichtswege geltend machen kann. Eine Klage des nicht ausschließlichen Lizenznehmers wegen Verletzung der Marke ist gemäß § 30 Abs. 3 nur mit Zustimmung des Markeninhabers möglich. Der ausschließliche Lizenznehmer kann bei Untätigkeit des Markeninhabers selbst Klage wegen Verletzung der Marke erheben (→ Rn. 87). Jeder Lizenznehmer kann jederzeit gemäß § 30 Abs. 4 einer Verletzungsklage des Markeninhabers beitreten (→ Rn. 103).

§ 30 Abs. 5 gewährt dem Lizenznehmer Sukzessionsschutz für Fälle eines Übergangs des Markenrechts auf Dritte sowie für Fälle später erteilter Lizenzen (→ Rn. 168).

§ 30 Abs. 6 sieht die Möglichkeit eines Verfahrens für die Erfassung von Lizenzen im Register vor (→ Rn. 173).

Übersicht

A. Allgemeines

1   § 30 setzt das materielle Lizenzvertragsrecht der MRL um. § 30 Abs. 2 hatte bereits den Wortlaut des Art. 8 Abs. 2 MRL 2008 übernommen. § 30 Abs. 3–5 gingen bis zur Neufassung der MRL über die europarechtlichen Vorgaben hinaus. Erst die MRL enthält nun mit der aktuellen Regelung des Art. 25 europarechtliche Vorgaben zu Prozessführungsmöglichkeiten des Lizenzneh-mers sowie die Aufforderung an die Mitgliedstaaten zur Einführung eines Registrierungsverfahrens für Lizenzen. Art. 25 MRL orientiert sich dabei an Art. 25 Abs. 3–5 UMV (→ UMV Art. 25 Rn. 23 ff.). § 30 erfüllt diese Vorgaben seit Inkrafttreten des Markenmodernisierungsgesetzes (BGBl. 2018 I 2357) vollständig. Bis zu dessen Inkrafttreten am 14.1.2019 galten hiervon zwei Ausnahmen: Das nationale Markenrecht kannte (noch) keine Möglichkeit des Inhabers einer ausschließlichen Lizenz zur Erhebung einer Verletzungsklage ohne Zustimmung des Markeninha-bers, wenn letzterer nach förmlicher Aufforderung nicht selbst innerhalb einer angemessenen Frist Verletzungsklage erhoben hatte (→ Rn. 87). Des Weiteren war dem deutschen Markenrecht bis dahin die Erfassung von Lizenzen innerhalb des Markenregisters nicht bekannt (→ Rn. 7). Gemäß Art. 54 MRL endete die Umsetzungsfrist für den nationalen Gesetzgeber am 14.1.2019.

Der **Anwendungsbereich** der MRL erstreckt sich gemäß Art. 1 MRL nur auf durch Registrie- **2** rung entstandene Marken. Darüber hinausgehend bezieht § 30 **alle Marken** in seinen Regelungsbereich ein, deren Schutz durch einen der in **§ 4 genannten Entstehungstatbestände** begründet wurde. § 30 gilt daher auch für durch Benutzung oder notorische Bekanntheit entstandene Marken.

Lizenzen an geschäftlichen Bezeichnungen sind nicht in den Regelungsbereich des § 30 einbe- **3** zogen. Eine Aussage darüber, ob Lizenzen an geschäftlichen Bezeichnungen nur schuldrechtlicher oder auch dinglicher Natur sein können, ist hiermit jedoch nicht verbunden (BT-Drs. 12/6581, 86). Zur Frage der Rechtsnatur einer gemäß § 30 erteilten Markenlizenz → Rn. 9. Zur Frage steuerrechtlicher Konsequenzen von unentgeltlich erteilten Zustimmungen zur Nutzung einer Marke als geschäftliche Bezeichnung innerhalb eines Konzerns → Rn. 126.

§ 30 gilt gemäß § 31 auch für angemeldete Marken. **4**

Unzulässig ist die Lizenzierung einer geographischen Herkunftsangabe (BGH GRUR 2007, **5** 884 – Cambridge Institut). Ungeachtet dessen ist es jedem insoweit Berechtigten unbenommen, im Sinne einer schuldrechtlichen Gestattung auf die Geltendmachung seiner Rechte zu verzichten.

Die Markenlizenz ermöglicht dem Lizenznehmer eine selbständige Nutzung des Zeichens für **6** eigene Produkte. Sie ist deshalb von derjenigen Nutzung einer Marke **zu unterscheiden,** die ein **bloßer Lohnfertiger** des Markeninhabers vornimmt, der die Marke nicht im eigenen Namen nutzt, sondern lediglich einen Fertigungsprozess auf Anweisung des Markeninhabers durchführt.

Der Markenlizenzvertrag kann **formfrei** wirksam abgeschlossen werden. Allerdings ist für den **7** **Nachweis des Zustandekommens** eines Lizenzvertrags im kaufmännischen Geschäftsverkehr im Regelfall die Vorlage einer **schriftlichen Dokumentation** erforderlich, die durch Vorlage eines schriftlichen Lizenzvertrags, einer schriftlichen Dokumentation des Vertragsschlusses oder durch Vorlage von Besprechungsprotokollen erbracht werden kann (BGH GRUR 2020, 57; BeckRS 2015, 20721). Eine Dokumentation kann auch im Wege einer ergänzenden Vertragsauslegung eines anderen Vertrags erfolgen (BGH GRUR 2020, 57). Fehlt eine Dokumentation, ist in aller Regel davon auszugehen, dass ein Lizenzvertrag nicht abgeschlossen wurde. Etwas anderes gilt jedoch dann, wenn bereits ein schriftlicher Lizenzvertrag existiert, der die Verpflichtung enthält, einen weiteren Lizenzvertrag abzuschließen. Der Abschluss dieses weiteren Lizenzvertrages ist dann auch konkludent möglich (BGH GRUR 2020, 57). Für die Wirksamkeit des Lizenzvertrags ist seine Eintragung in das Markenregister nicht erforderlich. Sie ist jedoch seit Inkrafttreten des Markenrechtsmodernisierungsgesetzes (BGBl. 2018 I 2357) möglich. Art. 25 Abs. 6 MRL legt den Mitgliedstaaten die Verpflichtung auf, ein Verfahren für die Erfassung von Lizenzen im Register vorzusehen. Eine Umsetzung dieser Verpflichtung hatte gemäß Art. 54 MRL bis zum 14.1.2019 zu erfolgen. Bei dem Abschluss eines Lizenzvertrags zu nationalen deutschen Marken sind Formerfordernisse zu beachten, die sich aus mit der Markenlizenz kombinierten, formbedürftigen Rechtsgeschäften ergeben können. Zu diesen gehören zB der Grundstückserwerb (§ 873 BGB) und die Schenkung (§ 518 BGB). Kartellrechtsrelevante Verträge unterliegen nach Wegfall des Schriftformerfordernisses in § 34 GWB aF keinem Formzwang mehr. Zu Altverträgen, die vor Wegfall des § 34 GWB aF geschlossen wurden, vgl. BGH GRUR 2002, 647 – Sabet/Massa.

Überwiegend wird für die Auslegung des § 30 auf die Rechtsprechung zu patentrechtlichen **8** und auch zu urheberrechtlichen Lizenzen Bezug genommen (vgl. etwa Ströbele/Hacker/Thiering/Hacker Rn. 7). Bei einer Heranziehung der Rechtsprechung insbesondere zu urheberrechtlich erteilten Lizenzen sind jedoch die unterschiedliche Natur sowie die unterschiedliche Ratio von Markenrecht und Urheberrecht zu beachten (→ Rn. 33).

B. Rechtsnatur der Lizenz

Der Lizenzvertrag ist Dauerschuldverhältnis und als solches ein Vertrag eigener Art, der je **9** nach Ausgestaltung Elemente unterschiedlicher Vertragstypen beinhalten kann (vgl. OLG Stuttgart GRUR-RR 2004, 8 (11) – BOSS).

I. Dinglicher Charakter der Lizenz an einer Marke

Nachdem mit dem Markengesetz die frühere Bindung des Warenzeichens an den Geschäftsbe- **10** trieb aufgegeben wurde (→ § 27 Rn. 3, → § 27 Rn. 91), geht die heute hM von einer **dinglichen Rechtsnatur** einer gemäß § 30 erteilten Lizenz **jedenfalls für** Fälle einer **ausschließlich wirkenden Lizenz** aus (für das Urheberrecht bezüglich ausschließlicher wie einfacher Lizenzen BGH WRP 2009, 1278 Rn. 20 – Reifen Progressiv; wohl auch GRUR 2007, 877 – Windsor Estate; OLG Hamburg GRUR-RR 2005, 181 – ZOMIG/AscoTop; GRUR-RR 2004, 175 –

Löwenkopf; Fezer Rn. 7, 8, die auch die Erteilung einer einfachen Lizenz als dingliches Rechtsgeschäft ansehen; aA Ströbele/Hacker/Thiering/Hacker Rn. 24 ff.).

11   Geht man mit der hM von der dinglichen Rechtsnatur der gemäß § 30 erteilten Lizenz aus, ist es den Vertragspartnern vor dem Hintergrund der Vertragsfreiheit gleichwohl unbenommen, eine **lediglich schuldrechtliche Wirkung** der Lizenz zu vereinbaren. Die Regelungen des § 30 finden dann keine Anwendung. Für solche Fälle kann auf die Rechtsprechung aus der Zeit des WZG zurückgegriffen werden. Der Lizenzierung eines Warenzeichens kam aufgrund des damals akzessorischen Charakters des Warenzeichens bezogen auf den Geschäftsbetrieb ebenfalls nur eine schuldrechtliche Wirkung zu (vgl. Fezer Rn. 9 f.).

12   Die **Rechtsfolgen,** die sich **aus** dem **dinglichen Charakter** der gemäß § 30 erteilten Lizenz ergeben, gehen allerdings nicht sehr weit. Ein eigener Schadensersatzanspruch gegen Dritte steht dem Lizenznehmer aus der Markenverletzung trotz des dinglichen Charakters der ihm erteilten Lizenz nicht zu. Ein solcher kann nur gemäß § 14 und damit zugunsten des Markeninhabers entstehen. Begründet wird dies mit dem Wortlaut des § 14 Abs. 6, der ausdrücklich nur dem Markeninhaber einen Schadensersatzanspruch zuspricht. Die Argumentation überzeugt nicht (→ Rn. 96). Auch einen dem Lizenznehmer ggf. entstandenen weiteren Schaden kann nur der Markeninhaber im Wege der Drittschadensliquidation im eigenen Namen geltend machen (BGH GRUR 2007, 877 – Windsor Estate; → Rn. 97 ff.). Der Lizenznehmer kann lediglich der Verletzungsklage des Markeninhabers gemäß § 30 Abs. 4 beitreten oder mit Zustimmung des Markeninhabers Zahlung an diesen verlangen. Der gemäß § 30 Abs. 5 geregelte **Sukzessionsschutz** steht dem Lizenznehmer de lege lata ungeachtet der Rechtsnatur der Lizenz zu. Darüber hinaus entfaltet sich der **dingliche Charakter** der Lizenz nur auf Zeit, nämlich **bis zum Ende des Lizenzvertrags.** Insbesondere im Falle der Insolvenz eines der Vertragspartner macht das dem Insolvenzverwalter gemäß § 103 InsO zustehende Wahlrecht über das Fortbestehen der Lizenz dies oft schmerzlich deutlich (→ Rn. 173 ff.). Der dingliche Charakter der Markenlizenz schließt die Vereinbarung einer rückwirkenden Lizenz aus (so iE für Lizenzen an technischen Schutzrechten jedoch mit abweichender Begründung OLG Düsseldorf GRUR-RR 2020, 137 – Aktivlegitimation aus ausschließlicher Lizenz – Bakterienkultivierung).

13   Ein wesentlicher Unterschied zwischen dinglichen Lizenzen und schuldrechtlichen Gestattungen wirkt sich jedoch bei **Prioritätsfragen** aus. Sofern die Lizenz dinglich wirkt, kann sich der Lizenznehmer gegenüber Dritten auf die Priorität der lizenzierten Marke auch als Anspruchsteller berufen. Sofern die Lizenz lediglich schuldrechtlicher Natur ist, ist dem Lizenznehmer dies gemäß § 986 BGB nur einredeweise möglich (→ Rn. 85).

14   Die dingliche Rechtsnatur der Lizenz schließt deren rückwirkende Erteilung aus (OLG Hamburg GRUR-RR 2005, 181 – ZOMIAG/AscoTop). Jedoch ist eine schuldrechtlich wirkende Gestattung auch für die Vergangenheit möglich.

15   Zu verschiedenen Formen einer schuldrechtlichen Gestattung vgl. Ingerl/Rohnke/Nordemann/Czychowski Rn. 7 ff.

II. Schuldrechtlicher Charakter der Lizenz an einer geschäftlichen Bezeichnung

16   Die Lizenz an einer geschäftlichen Bezeichnung unterfällt nicht § 30. Eine solche Regelung stellt eine nur **schuldrechtlich wirkende Gebrauchsüberlassung** dar, die den Begünstigten lediglich in die Lage versetzt, sich gegenüber Ansprüchen, die der Inhaber einer Marke oder geschäftlichen Bezeichnung stellen könnte, auf die Gestattung zu berufen (BGH GRUR 1991, 780 (781) – TRANSATLANTISCHE; LG Hamburg BeckRS 2012, 11646). Ein hierüber hinausgehender Gehalt, der insbesondere den Gestattungsgeber in der weiteren Nutzung oder Entwicklung seines eigenen Rechts einschränken würde, kann einer Gestattung grundsätzlich nicht entnommen werden (BGH GRUR 1991, 780 (781) – TRANSATLANTISCHE).

17   Die Gestattung der Nutzung einer Marke als Firma enthält grundsätzlich nicht gleichzeitig das Recht zur markenmäßigen Nutzung des Zeichens und zwar weder in schuldrechtlicher noch in dinglicher Hinsicht. Der unterschiedliche Inhalt der Nutzungsarten, der zum einen die Kennzeichnung des Unternehmens und zum anderen die Kennzeichnung von Waren oder Dienstleistungen betrifft, steht dem entgegen (im Ergebnis ebenso Fezer Rn. 21).

18   Ungeachtet dessen ist zu beachten, dass der insoweit Begünstigte mit der Benutzungsaufnahme der geschäftlichen Bezeichnung eigene **originäre** und nicht etwa nur derivative **Rechte** durch den Lizenzgeber erwirbt. Über diese kann er grundsätzlich nach eigenem Belieben verfügen. Aus Sicht des Gestattungsgebers sollte daher innerhalb des Gestattungsvertrags geregelt werden, was mit diesem originären Recht nach Ablauf des Vertrags geschehen soll. Sinnvoll ist die Regelung einer Unterlassungspflicht des Gestattungsnehmers bezüglich der Nutzung der geschäftlichen Bezeichnung nach Beendigung des Gestattungsvertrages.

C. Gegenstand der Lizenz

I. Gegenstand der Lizenz an einer Marke

1. Beschränkungen der Lizenz auf den Gegenstand des geschützten Markenrechts

Gegenstand der Lizenz an einer Marke ist die **Gebrauchsüberlassung** des durch die Eintra- **19** gung, Benutzung oder notorischen Bekanntheit einer Marke begründeten Rechts gegenüber einem Dritten in einem definierten Umfang.

Eine Lizenz iSd § 30 kann daher nur an demjenigen Gegenstand erteilt werden, der Teil des **20** dinglichen Rechts selbst ist. Abzugrenzen ist die Lizenz iSd § 30 von der bloßen Gestattung einer bestimmten Zeichennutzung. Diese geht zwar mit dem Verzicht des Gestattenden auf die Geltendmachung seiner aus der Marke resultierenden Verbotsrechte einher (sog. „Negativlizenz" oder „pactum de non petendo). Sie gewährt aber nicht die Teilhabe an dem Markenrecht selbst (aA für das Patentrecht LG München I BeckRS 2015, 4007). Nur vor diesem Hintergrund versteht sich die Regelung des § 26 Abs. 2, nach der die berechtigte Benutzung der Marke durch einen Dritten als rechtserhaltende Benutzung der Marke durch deren Inhaber gilt. Diese Abgrenzung ergibt sich im Übrigen auch aus dem Wortlaut des § 30. Dieser definiert „das durch die Eintragung, die Benutzung oder die notorische Bekanntheit einer Marke begründete Recht" als lizenzfähig, nicht jedoch hiervon abweichende Zeichen (BGH GRUR 2001, 54 – SUBWAY/Subwear).

Die Erteilung der Lizenz an einer gemäß § 4 Nr. 1 durch Registrierung entstandenen Marke **21** ist **auf den Umfang des Registerrechts beschränkt.** Dies gilt sowohl bezüglich des Zeichens selbst als auch bezüglich der durch das Waren- und Dienstleistungsverzeichnis definierten Leistungen. Nicht möglich ist es daher, Lizenzen an verwechselbaren Zeichen (BGH GRUR 2001, 54 – SUBWAY/Subwear; OLG München GRUR-RR 2006, 130 – UltraMind) oder an Zeichenbestandteilen (OLG Hamburg GRUR-RR 2004, 175 – Löwenkopf) zu erteilen. Soweit die Ansicht vertreten wird, auch diejenige Form einer Marke könne Gegenstand einer Lizenz sein, die nicht der eingetragenen Form entspricht, jedoch den kennzeichnenden Charakter der Marke nicht verändere (vgl. Ströbele/Hacker/Thiering/Hacker Rn. 50) kann eine solche Regelung aufgrund der Vertragsfreiheit selbstverständlich auch innerhalb eines Lizenzvertrags vereinbart werden. Sie ist dann aber kein Teil der dinglichen Lizenz, sondern stellt lediglich eine schuldrechtliche Gestattung dar, bezüglich derer sich ein Lizenznehmer insbesondere nicht auf die Priorität der Marke berufen kann (→ Rn. 85).

Möglich ist die Lizenzierung einer registrierten Marke, die jedoch nur zur Nutzung der Marke **22** in einem Gesamtzeichen berechtigt, welches selbst auch noch andere, zB beschreibende Elemente enthält (OLG Karlsruhe NJOZ 2010, 2512 (2513)).

Die übereinstimmende Fehlvorstellung der Vertragspartner über den Schutzumfang der Marke **23** führt nicht zu einem erweiterten Lizenzgegenstand (OLG Hamburg BeckRS 2005, 30355325).

Gegenstand einer Lizenz iSd § 30 können **nur markenmäßige Benutzungshandlungen** **24** sein. Keine Lizenz iSd § 30 ist deshalb auch die Zustimmung zur Nutzung eines mit der Marke identischen Zeichens als geschäftliche Bezeichnung, wenn hierin nicht gleichzeitig auch eine markenmäßige Nutzung liegt (zur Frage einer auch markenmäßigen Nutzung einer geschäftlichen Bezeichnung vgl. BGH GRUR 2008, 616 – Akzenta mwN).

In allen Fällen einer Erlaubnis zur Markennutzung, die keine Lizenz iSd § 30 darstellen, kommt **25** eine nur **schuldrechtlich wirkende Gestattung** in Betracht (vgl. für die Gestattung der Nutzung einer geschäftlichen Bezeichnung BGH GRUR 1991, 780 – TRANSATLANTISCHE). Dieser wohnt die Erklärung des Gestattenden inne, gegen eine Nutzung der Marke nicht aus dem eigenen Recht vorgehen zu wollen. Auch eine solche schuldrechtlich wirkende Gestattung kann von dem Berechtigten zum Gegenstand von wirtschaftlichen Gegenleistungen gemacht werden (vgl. BGH GRUR 2004, 594 – Ferrari-Pferd).

Ob eine Marke, deren Schutztatbestand zwar durch Registrierung gemäß § 4 Nr. 1 begründet **26** wurde, die aber darüber hinaus auch eine im Inland bekannte Marke gemäß § 14 Abs. 1 Nr. 3 darstellt, für Waren und Dienstleistungen lizenziert werden kann, die nicht Gegenstand des registrierten Verzeichnisses der Marke sind, ist streitig. Nach OLG Hamburg (OLG Hamburg GRUR-RR 2005, 258 – Ahoj-Brause) kann eine bekannte Marke iSd § 14 Abs. 2 Nr. 3 auch für außerhalb des Ähnlichkeitsbereichs liegende Waren und Dienstleistungen lizenziert werden. Richtigerweise ist das dingliche Recht der registrierten Marke durch die Registerlage abschließend definiert. Eine weitergehende dingliche Lizenzierung ist nicht möglich. Der gemäß § 14 Abs. 2 Nr. 3 weitergehende Schutz beschreibt nur ein Abwehrrecht, welches aus der Summe von Registerrecht und Bekanntheit der Marke resultiert. Diesbezüglich kann der Markeninhaber nur eine schuldrechtliche Gestattung aussprechen. Die Erteilung einer dinglichen Lizenz für Waren und Dienstleistungen außerhalb des registrierten Verzeichnisses ist jedoch und nur dann möglich, wenn der Markeninhaber für diese Waren und Dienstleistungen gemäß § 4 Nr. 2 Markenschutz durch Verkehrsgeltung erworben hat.

2. Auslegungsgrundsätze

27   Der **Umfang** des durch Lizenz erteilten Rechts kann sowohl in sachlicher (dh bezogen auf die betroffenen Waren/Dienstleistungen) als auch in räumlicher (dh geographischer) Hinsicht unterschiedlich ausfallen. Die Lizenz kann entweder vollständig oder nur teilweise, und zwar jeweils in ausschließlicher oder in einfacher Form erteilt werden. Der Umfang der Lizenz wird durch den Inhalt des Lizenzvertrags bestimmt.

28   Der Umfang einer erteilten Lizenz bestimmt sich gemäß den allgemeinen Grundsätzen zur Vertragsauslegung gemäß §§ 133, 157 BGB. Zu berücksichtigen sind in erster Linie der **Wortlaut** und der diesem zu entnehmende **objektive Wille** der Vertragsparteien. Des Weiteren gilt das Gebot, eine zugunsten beider Vertragsparteien **interessengerechte Vertragsauslegung** vorzunehmen sowie den **Vertragszweck** zu berücksichtigen. Auslegungsfehler unterliegen – unabhängig davon, ob sie von der Revision gerügt sind – der revisionsrechtlichen Kontrolle (BGH GRUR 2011, 946 Rn. 18, 25 – KD).

29   § 313 BGB ist anwendbar. Es kann eine **Vertragsanpassung** verlangt werden, wenn sich die Umstände, die von beiden Vertragspartnern als Grundlage für den Abschluss des Lizenzvertrags erkannt werden, seit Vertragsbeginn geändert haben, die Parteien den Lizenzvertrag unter diesen neuen Umständen nicht abgeschlossen hätten, und ein Festhalten an dem Vertrag wie abgeschlossen nicht zumutbar ist (vgl. BGH GRUR 2009, 1162 Rn. 69 ff. – DAX; → Rn. 142 f.).

30   Die grundsätzliche **Vermutung der Richtigkeit und Vollständigkeit von Urkunden,** die bezüglich eines Rechtsgeschäfts errichtet werden, gilt auch für Lizenzverträge (vgl. für die Gestattung der Nutzung von geschäftlichen Bezeichnungen BGH GRUR 2001, 1164 – buendgens).

31   Umfang und Qualität des Rechtsbindungswillens zweier Vertragsparteien sind nach Treu und Glauben unter Berücksichtigung der Verkehrssitte durch den Tatrichter zu ermitteln. Abzustellen ist hierbei insbesondere auf die wirtschaftliche und rechtliche Bedeutung der Angelegenheit sowie auf die Interessenlage der Vertragspartner (BGH GRUR 2006, 56 – BOSS-Club; vgl. zum Patentrecht BGH GRUR 1998, 561 – Umsatzlizenz).

32   Die Einräumung einer nicht exklusiven, weltweiten, gebührenfreien „Lizenz zur Verwendung aller eingetragenen Markenzeichen, Handelsnamen (…)", die der Verwender einer Internetplattform deren Betreiber gemäß AGB einräumt, ist wegen Verstoßes gegen **AGB-Recht** unwirksam (LG Nürnberg-Fürth BeckRS 2011, 18563).

33   Es wird vertreten, im Zusammenhang mit der Auslegung eines Markenlizenzvertrags seien die durch die Rechtsprechung im Urheberrecht entwickelten Grundsätze zur **Zweckübertragungstheorie** zu berücksichtigen (HK-MarkenR/Pahlow Rn. 43). Dem kann **nicht uneingeschränkt** gefolgt werden. Zwar ist der Zweck einer erteilten Lizenz im Rahmen der Vertragsauslegung bei der Berücksichtigung der Begleitumstände eines Vertragsschlusses zu berücksichtigen. Dem Urheberrecht wohnt jedoch die Tendenz inne, beim Urheber zu verbleiben (BGH ZUM 1998, 497 – Comic-Übersetzungen). Dieser Grundsatz ist auf das Markenrecht nicht übertragbar. Anders als das Urheberrecht schützt das Markenrecht keine persönliche geistige Schöpfung des Urhebers, die auch Persönlichkeitsrechte des Inhabers berücksichtigt. Auch ist der Inhaberschaft beim Markenrecht nicht an den originären Entstehungstatbestand des Schutzrechts geknüpft. Das Markenrecht stellt lediglich ein im Wirtschaftsverkehr wirkendes Monopol dar, das regelungstechnische Zuordnungsfunktionen erfüllt, und dessen Inhaberschaft beliebig wechseln kann. Ein besonderer Schutz des Rechtsinhabers vergleichbar dem Urheber ist für den Markeninhaber daher weder erforderlich noch geboten.

3. Sachlicher Umfang der Markenlizenz

34   Dem Inhalt des Lizenzvertrags muss entsprechend den unter → Rn. 27 ff. dargestellten Grundsätzen entnommen werden, welche Waren und/oder Dienstleistungen die Lizenz der Marke umfassen soll. Hierbei kann es sich um einige oder um alle Waren und/oder Dienstleistungen handeln, die von dem Schutztatbestand der Marke erfasst sind.

Die Lizenz kann als **ausschließliche** (auch exklusive), Allein- **oder einfache Lizenz** erteilt 35
werden.

Eine **ausschließliche (auch exklusive) Markenlizenz** beinhaltet die Verpflichtung für den 36
Lizenzgeber, eine Lizenz des (auch teilweise) selben Inhalts zukünftig nicht an sonstige Dritte zu
vergeben und sich auch selbst einer solchen Markennutzung in Zukunft zu enthalten. Des Weiteren
gewährleistet eine ausschließliche Lizenz dem Lizenznehmer, dass eine Lizenz des (auch teilweise)
selben Inhalts nicht bereits zu einem früheren Zeitpunkt gegenüber Dritten erteilt wurde. Bestehen
jedoch bereits inhaltsgleiche frühere Lizenzrechte Dritter, so werden diese wegen § 30 Abs. 5
nicht berührt und ist der neue Lizenznehmer, dem ein Umfang des Rechts in dem lizenzvertraglich
zugesagten Umfang nicht eingeräumt werden kann, auf Gewährleistungs- und Schadensersatzansprüche gegen den Lizenzgeber verwiesen. Ist eine Marke für den Geschäftsführer einer klagenden
Gesellschaft registriert, und wird die Marke durch die Gesellschaft genutzt, so liegt die Annahme
einer Exklusivlizenz als Grundlage für die Nutzung zwar nahe. Im Bestreitensfalle ist die Gesellschaft aber beweisbelastet (LG München I GRUR-RR 2009, 238).

Von der ausschließlichen Lizenz zu unterscheiden ist die sog. **Alleinlizenz.** Bei dieser verpflich- 37
tet sich der Markeninhaber, inhaltsgleiche Lizenzen nicht gegenüber Dritten zu erteilen. Er bleibt
jedoch in eigener Person zur Markennutzung weiter berechtigt.

Die einfache Lizenz lässt das Recht des Markeninhabers zur Erteilung weiterer inhaltsgleicher 38
Lizenzen auch gegenüber Dritten unberührt. Er kann die Marke auch selbst in dem lizenzierten
Umfang weiterhin nutzen.

4. Räumlicher Umfang der Markenlizenz

Der Lizenzvertrag benennt dasjenige Gebiet, für welches die sachlich eingeräumte Lizenz an 39
der Marke gelten soll. Da Regelungsgegenstand des § 30 nur Marken mit Schutztatbestand für
die Bundesrepublik Deutschland sind, ist auch das **Lizenzgebiet** auf diesen geographischen Geltungsbereich beschränkt, der ganz oder teilweise vereinbart werden kann.

5. Unterlizenz

Der Lizenznehmer kann selbst Unterlizenzen erteilen, sofern er hierzu ermächtigt ist und seine 40
eigene Lizenz den Umfang er erteilten Unterlizenz abdeckt. Für die Unterlizenzierung gelten die
Regelungen des **§ 30 analog.**

Eine Unterlizenz kann nicht wirksam erteilt werden, wenn der Lizenznehmer hierzu entweder 41
nicht ermächtigt ist oder der Umfang der ihm erteilten Hauptlizenz die Unterlizenz nicht abdeckt.
Ein **gutgläubiger Rechtserwerb** auch des Unterlizenznehmers ist **ausgeschlossen** (zur fehlenden Möglichkeit des gutgläubigen Erwerbs des Rechts an einer Marke → § 27 Rn. 32). Der
Lizenznehmer, der unzulässig und unwirksam eine Unterlizenz vergibt, ist dem Unterlizenznehmer, der vertragswidrig leer ausgeht, zum Schadensersatz verpflichtet. Dem Lizenzgeber gegenüber
ist er zum Schadensersatz aus dem Lizenzvertrag verpflichtet (Fezer Rn. 24), sofern dem Lizenzgeber trotz Unwirksamkeit der Unterlizenz ein Schaden entstanden ist.

Die Rechte gemäß **§ 30 Abs. 2** stehen dem Markeninhaber auch gegen den Unterlizenznehmer 42
zu. Dies gilt auch dann, wenn der Unterlizenznehmer lediglich einen Teil des dem Hauptlizenznehmer eingeräumten Rechts ausübt. Dagegen stehen dem Hauptlizenznehmer solche Ansprüche
nicht gegen den Unterlizenznehmer zu (aA Fezer Rn. 25). Der Wortlaut der Vorschrift räumt die
Rechtsposition ausdrücklich nur dem Markeninhaber ein. § 30 Abs. 3 gewährt dem Lizenznehmer
darüber hinaus keine materiellrechtlichen Ansprüche (→ Rn. 93).

II. Gegenstand der Lizenz an einer geschäftlichen Bezeichnung

Das MarkenG enthält keine Regelung zur Lizenzierung einer geschäftlichen Bezeichnung. § 30 43
findet **keine Anwendung.**

Die Lizenzierung einer geschäftlichen Bezeichnung unterscheidet sich von der Lizenzierung 44
einer Marke grundsätzlich. Dies folgt aus dem **originären Rechtserwerb,** der mit der Benutzungsaufnahme einer geschäftlichen Bezeichnung verbunden ist. Der Nutzer einer geschäftlichen
Bezeichnung erwirbt mit Benutzungsaufnahme ein Recht, das originär entsteht, und daher nicht
derivativ von einem lizenzierten Hauptrecht abgeleitet werden muss. Es besteht daher auch nach
Ende der Lizenz zunächst fort. Es endet erst, wenn seine Benutzung tatsächlich aufgegeben wird.

Da der Schutztatbestand der geschäftlichen Bezeichnung originär entsteht, handelt es sich bei 45
der diese Benutzungsaufnahme legitimierenden Lizenz eines Inhabers älterer Rechte der Sache
nach um eine schuldrechtliche Gestattung. Diese wirkt allein inter partes (BGH NJW 1991,

1353 – Ott International; GRUR 1970, 528 – Migrol). Der Inhaber des älteren Rechts erklärt dem prioritätsjüngeren Inhaber der geschäftlichen Bezeichnung, dass er gegen die Nutzung der geschäftlichen Bezeichnung das eigene ältere Recht nicht geltend machen werde. Als Inhaber des älteren Rechts kommen sowohl ein Markeninhaber als auch der Inhaber einer älteren geschäftlichen Bezeichnung in Betracht. Der Gestattungsempfänger kann sich nicht auf die Priorität des Gestattungsgebers berufen. Er begründet durch die Aufnahme der eigenen geschäftlichen Bezeichnung ein eigenes Recht, das die spätere **Priorität der eigenen Benutzungsaufnahme** vermittelt. Die Priorität des Gestattungsgebers ermöglicht es ihm nicht, gegen fremde Dritten vorzugehen (BGH GRUR 1985, 567 – Hydair). Etwas anderes gilt, sofern er die Rechte des Gestattungsgebers im Wege der gewillkürten Prozessstandschaft geltend macht (BGH GRUR 1990, 361 – Kronthaler).

46   Der Gestattungsgeber sollte in einem Gestattungsvertrag regeln, wie bei einer Vertragsbeendigung mit der Nutzung der geschäftlichen Bezeichnung durch deren Inhaber verfahren werden soll, insbesondere, ob eine Unterlassungspflicht für den Inhaber nach Vertragsbeendigung besteht, und ob Aufbrauchfristen gewährt werden. Ohne ausdrückliche vertragliche Regelung ist anhand einer Vertragsauslegung sowie den begleitenden Umständen des Einzelfalls festzustellen, was mit den originären Rechten des Gestattungsempfängers nach Ende des Gestattungsvertrags geschehen soll. Wird die Verwendung einer geschäftlichen Bezeichnung im Rahmen einer Zusammenarbeit gestattet, so ist davon auszugehen, dass die Gestattung mit Ende der Zusammenarbeit enden soll (BGH GRUR 2001, 1164 (1166) – buendgens).

D. Kartellrechtliche Schranken

I. Allgemeines

47   Markenlizenzverträge unterliegen den kartellrechtlichen Schranken wettbewerbsbeschränkender Vereinbarungen. Dies gilt sowohl hinsichtlich der Fusionskontrolle als auch hinsichtlich wettbewerbsbeschränkender Vereinbarungen.

48   Es gelten für das deutsche Kartellrecht die §§ 1 ff. GWB sowie §§ 35 ff. GWB. Für das europäische Kartellrecht gelten Art. 101 AEUV sowie die FKVO. Das Verbot eines Lizenzvertrags nach deutschem Kartellrecht ist nicht möglich, sofern das Unionskartellrecht ebenfalls anwendbar ist (BGH MarkenR 2011, 210 Rn. 58 – Jette Joop).

II. Zusammenschlusskontrolle bei Lizenzverträgen

49   Durch eine Markenlizenz erhält der Lizenznehmer mangels Vollrechtserwerb nicht das Vermögen des Lizenzgebers ganz oder zu einem wesentlichen Teil. Die Voraussetzungen des **§ 37 Abs. 1 Nr. 1 GWB** sind daher **nicht** erfüllt (BGH GRUR 2007, 517 Rn. 9 – National Geographic I).

50   **§ 37 Abs. 1 Nr. 2 GWB** (Erwerb der mittelbaren oder unmittelbaren Kontrolle über andere Unternehmen) ist anwendbar, wenn der Lizenznehmer mit der Lizenz das **Vermögen des Lizenzgebers zu einem wesentlichen Teil** erhält. Dies ist dann der Fall, wenn das im Rahmen der Lizenz eingeräumte Recht die tragende Grundlage einer bereits vorhandenen Marktstellung des Lizenzgebers ist, in die der Lizenznehmer mit Erteilung der Lizenz einrückt (BGH GRUR 2007, 517 Rn. 12 – National Geographic I). Die Anwendung des § 37 Abs. 1 Nr. 2 GWB kommt also nur dann in Betracht, wenn der Lizenzgeber bereits zuvor auf dem betroffenen Markt tätig war, und wenn die eingeräumte Lizenz eine exklusive oder auch ausschließliche Lizenz (→ Rn. 35) darstellt (vgl. auch Strohmayr GRUR 2010, 583).

51   Zu der Frage eines kartellrechtsrelevanten Zusammenschlusses von Unternehmen durch die Übertragung einer Marke → § 27 Rn. 87.

III. Voraussetzungen kartellrechtlicher Schranken wettbewerbsbeschränkender Vereinbarungen

52   Eine Lizenzvertragsklausel verstößt gegen § 1 GWB bzw. Art. 101 AEUV, wenn sie
• eine Verhinderung, Einschränkung oder Verfälschung des Wettbewerbs bewirkt, und
• nicht freigestellt ist, und
• spürbar ist.

1. Bewirkung einer Verhinderung, Einschränkung oder Verfälschung des Wettbewerbs

Beschränkungen, die sich aus der Rechtsnatur der Marke selbst ergeben, fallen nicht unter **53** das Kartellverbot. Die rechtmäßige Ausübung von Rechten aus einer Marke ist grundsätzlich kartellrechtskonform und stellt insbesondere keine Behinderung dar (BGH GRUR 1987, 438 (440) – Handtuchspender). Die Vertragliche Pflicht im Rahmen einer ausschließlich erteilten Lizenz zur Zahlung einer Lizenzgebühr auch für den Fall, dass das lizenzierte Recht ex tunc entfällt, schränkt die Handlungsfreiheit des Lizenznehmers dann nicht kartellrechtswidrig ein, wenn der Lizenznehmer den Vertrag kündigen kann (für das Patentrecht vgl. EuGH BeckEuRS 2016, 479298).

Ein exklusiver Nießbrauch, der als Ersatz für die Übertragung einer Marke bestellt wird, und **54** dessen Laufzeit 30 Jahre betragen soll, verstößt nicht gegen § 1 GWB (LG Hamburg BeckRS 2011, 9412).

Zu weiteren kartellrechtsrelevanten und kartellrechtsneutralen Klauseln vgl. Fezer Rn. 63 ff. **55**

2. Keine Freistellung

Für Markenlizenzverträge existiert **keine Gruppenfreistellungsverordnung.** Auch auf euro- **56** päischer Ebene kommt daher nur eine Einzelfreistellung gemäß Art. 101 Abs. 3 AEUV in Betracht. Etwas anderes kann gelten, wenn die Markenlizenz nicht Hauptgegenstand des Vertrags ist. Für Technologietransfervereinbarungen gelten seit dem 1.5.2014 bis zum 30.4.2026 die VO (EU) 316/2014, ABl. EU 2014 L 93, 17 sowie die neuen Leitlinien der Kommission zur Anwendung von Art. 101 AEUV auf Technologietransfer-Vereinbarungen (ABl. EU 2014 C 89, 03).

3. Spürbarkeit

Die Spürbarkeit ist ungeschriebenes Tatbestandsmerkmal des § 1 GWB und des Art. 101 AEUV. **57** Zu prüfen ist die Spürbarkeit der Klausel sowohl für den Wettbewerb als auch für den zwischenstaatlichen Handel. Die sog. „de-minimis Bekanntmachung" der Kommission (ABl. EG 2001 C 368, 13) definiert insoweit Marktanteilsschwellen, deren Einhaltung dazu führt, dass die Kommission nicht von einer „Spürbarkeit" ausgeht. Allerdings bindet diese Bekanntmachung nur die Kommission. Die nationalen Gerichte sowie der EuGH sind an die dort definierten Grenzen nicht gebunden.

4. Sonderfall Abgrenzungsvereinbarung

Voraussetzung für die Anwendbarkeit kartellrechtlicher Schranken ist, dass die Vertragspartner **58** aktuelle oder potenzielle Wettbewerber iSd Kartellrechts sind oder die Vereinbarung eine Wettbewerbsbeschränkung im Verhältnis zu Dritten, welche mit einem der Vertragspartner im Wettbewerb stehen, enthält (BGH GRUR 2016, 849 – Pelican/Pelikan). Auch wenn sich zwei Parteien mit markenrechtlichen Ansprüchen gegenüberstehen, besteht zwischen ihnen nicht zwingend ein kartellrechtliches Wettbewerbsverhältnis (BGH GRUR 2016, 849 – Pelican/Pelikan; vgl. auch Kirchoff GRUR 2017, 248 mwN). Abgrenzungsvereinbarungen sind gemäß § 1 GWB nur dann verboten, wenn sie entweder eine Wettbewerbsbeschränkung bezwecken oder wenn bei ihrem Abschluss kein ernsthafter, objektiv begründeter Anlass zu der Annahme besteht, dem begünstigten Vertragspartner stehe ein entsprechender Unterlassungsanspruch zu (BGH GRUR 2016, 840 – Pelican/Pelikan; GRUR 2011, 641 f. Rn. 19 – Jette Joop, mAnm Fammler/Niebel GRUR 2011, 646; OLG Düsseldorf BeckRS 2015, 04601; LG Braunschweig BeckRS 2013, 15286). Bei der Auslegung des Inhalts einer Abgrenzungsvereinbarung ist im Zweifel davon auszugehen, dass die Parteien Vernünftiges gewollt haben und sich gesetzeskonform verhalten möchten (OLG Düsseldorf BeckRS 2015, 04601). Von einer bezweckten Wettbewerbsbeschränkung ist jedoch dann auszugehen, wenn die Abgrenzungsvereinbarung lediglich Mittel zur Marktaufteilung nicht dagegen zum Schutz der betroffenen Marken ist (EuGH GRUR Int 1985, 399 – Toltecs/Dorect II).

Eine fehlende zeitliche Beschränkung von Unterlassungsverpflichtungen, die in Abgrenzungs- **59** vereinbarungen von einer oder beiden Vertragspartnern typischer Weise hinsichtlich einer bestimmten sachlichen oder räumlichen Nutzung der Marke übernommen werden, und die einem Wettbewerbsverbot gleichkommen, führt nicht zur Annahme der Kartellrechtswidrigkeit. Da Markenrechte unbegrenzt verlängert werden können, besteht ein berechtigtes Bedürfnis nach einer zeitlich unbegrenzten Regelung (OLG Düsseldorf BeckRS 2015, 04601). Entsprechendes gilt für das Fehlen einer räumlichen Begrenzung der Geltung einer Abgrenzungsvereinbarung (BGH

GRUR 2011, 641 Rn. 47, 48 – Jette Joop). Nichtangriffsabreden, die einen Verzicht auf einen Antrag bzw. eine Klage auf Löschung wegen Verfalls aufgrund nachträglicher absoluter Schutzhindernisse oder einen Antrag auf Löschung wegen Nichtigkeit aufgrund anfänglicher absoluter Schutzhindernisse beinhalten, sind nicht in jedem Fall kartellrechtswidrig (aA OLG Düsseldorf BeckRS 2015, 04601, da die betroffene, löschungsreife Marke die vereinbarte Rechtslage nicht hergebe). Ein Verstoß gegen § 1 GWB oder Art. 101 Abs. 1 AEUV liegt nur dann vor, wenn der Vertragspartner auch auf die einredeweise Geltendmachung des Verfalls gegen Verletzungsansprüche verzichtet oder der Vertrag eine eigenständige, von Verletzungsansprüchen unabhängige Nichtbenutzungspflicht vorsieht. Sofern eine solche Vereinbarung spürbar ist, ist sie wegen Verstoßes gegen § 1 GWB oder Art. 101 Abs. 1 AUEV gemäß § 134 BGB nichtig (BGH Vorabentscheidungsersuchen I ZR 27/19 – Leinfelder Uhren München; das Ersuchen wurde durch den BGH zurückgenommen, eine Entscheidung des BGH steht aus). Für Abgrenzungsvereinbarungen gilt das **Schriftformerfordernis** des § 34 GWB aF nicht (BGH GRUR-RS 2016, 17764 Rn. 15 – Peek & Cloppenburg IV). Eine Abgrenzungsvereinbarung, in der die Vertragspartner sich verpflichten, das betroffene Zeichen nur in bestimmten, sich nicht überschneidenden geographischen Gebieten zu nutzen, beinhaltet im Zweifel keine Vereinbarung dazu, das Zeichen nicht mit unterscheidungskräftigen Zusätzen im Gebiet der jeweils anderen Vertragspartei nutzen zu dürfen (BGH GRUR-RS 2016, 17764 Rn. 27 – Peek & Cloppenburg IV).

60   Für die Prüfung eines Unterlassungsanspruchs ist allein die Rechtslage zum **Zeitpunkt des Vertragsschlusses** maßgeblich (BGH GRUR 2016, 849 – Pelican/Pelikan; GRUR 2011, 641 Rn. 17, 60 – Jette Joop).

Sofern einzelne Unterlassungspflichten einer Abgrenzungsvereinbarung gemäß § 1 GWB iVm § 134 BGB unwirksam sein sollten, findet hinsichtlich der Wirksamkeit aller übrigen Regelungen eine **geltungserhaltende Reduktion** der Gesamtabsprache statt (BGH GRUR 2011, 641 Rn. 53, 55 – Jette Joop; OLG Düsseldorf BeckRS 2015, 04601).

61   Nach europäischem Kartellrecht sind Abgrenzungsvereinbarungen zulässig, sofern mit ihnen nicht zugleich auch Marktaufteilungen oder andere Wettbewerbsbeschränkungen bezweckt werden (EuGH Slg. 1985, 363 = GRUR Int 1985, 399 – Toltecs/Dorcet II).

5. Rechtsfolgen

62   Klauseln, die gegen Art. 101 AEUV verstoßen, sind gemäß Art. 101 Abs. 2 AEUV nichtig. Entsprechendes gilt gemäß § 134 BGB auch für Klauseln, die gegen § 1 GWB verstoßen.

E. Rechte des Lizenzgebers

63   Rechte des Lizenzgebers gegen den Lizenznehmer bestehen in zweifacher Hinsicht: Zum einen gewährt § 30 Abs. 2 Rechte aus der Marke. Zum anderen stehen dem Lizenzgeber die vertraglichen Ansprüche zu, die sich aus dem Lizenzvertrag ergeben. Rechte, die dem Markeninhaber gegen Dritte wegen einer Markenrechtsverletzung zustehen, bestehen hiervon unberührt.

I. Rechte aus der Marke gemäß Abs. 2

64   § 30 Abs. 2 MarkenG und Art. 8 Abs. 2 MRL sind ihrem Wortlaut nach nahezu identisch. § 30 Abs. 2 setzt damit die Vorgaben der Richtlinie um. In den hier enumerativ genannten Fällen einer Verletzung des Lizenzvertrags durch den Lizenznehmer stehen dem Lizenzgeber neben vertraglichen Ansprüchen auch solche aus der Verletzung seines Markenrechts zu (BT-Drs. 12/6581, 86). Insoweit **abschließenden Charakter** hatte bereits Art. 8 Abs. 2 MRL 2008, wie sich aus dessen Wortlaut ergibt, der die vorgenommene Aufzählung nicht etwa „insbesondere" zu Fällen erklärt, in denen markenrechtliche Ansprüche entstehen (EuGH GRUR 2009, 593 – Copad). Der Wortlaut der Vorschrift hat sich in Art. 8 Abs. 2 MRL nicht geändert.

65   Über die Regelung des Art. 8 Abs. 2 MRL hinausgehend betrifft § 30 Abs. 2 auch Verletzungen des Lizenzvertrags durch den Lizenznehmer an nicht eingetragenen Marken.

66   In Fällen des § 30 Abs. 2 finden die Rechtsverletzungsvorschriften der §§ 14 ff. Anwendung. Des Weiteren findet in solchen Fällen **keine Erschöpfung** des Markenrechts gemäß § 24 bezüglich solcher Waren statt, die durch die genannten Verletzungstatbestände in den Verkehr gelangt sind (BT-Drs. 12/6581, 86). Sofern ein Lizenznehmer also gegen die in § 30 Abs. 2 genannten Bestimmungen des Lizenzvertrags verstößt, kann der Markeninhaber auch gegen die Abnehmer des Lizenznehmers vorgehen.

1. Dauer der Lizenz (Abs. 2 Nr. 1)

Die Dauer der Lizenz definiert den Zeitraum, in welchem dem Lizenznehmer der Gebrauch **67** der Marke in dem festgelegten sachlichen Umfang überlassen wird.

Nach Ablauf des Lizenzvertrags darf die Marke durch den (ehemaligen) Lizenznehmer nicht **68** mehr verwendet werden. Auch bei Verwendung des Hinweises „früher …" erfolgt eine rechtswidrige Markennutzung, weil hierdurch bei den Verkehrskreisen der irreführende und damit wettbewerbswidrige Eindruck entstehen kann, kann, das Produkt sei unter der ehemals lizenzierten Marke nicht mehr erhältlich (BGH GRUR 1963, 485 – Mickey-Mouse-Orangen; OLG Köln GRUR-RR 2007, 390 – Neuer Name – dasselbe Geschoss). Darüber hinaus stellt die Nutzung der Marke unter Hinzufügung von „früher …" eine markenmäßige Kennzeichnung der Ware dar, die nach Ablauf des Lizenzvertrags unzulässig ist.

Andererseits muss es dem Lizenznehmer möglich sein, seine Kunden darüber zu informieren, **69** dass und unter welcher Kennzeichnung die während der Dauer des Lizenzvertrags mit der Marke gekennzeichneten Produkte auch nach Ablauf des Lizenzvertrags weiterhin erhältlich sind. Erlaubt ist ihm dies bis zur Beendigung des Lizenzvertrags, indem er bereits während der Vertragslaufzeit **auf eine bevorstehende Änderung der Kennzeichnung hinweist.** Der Hinweis darf die Grenzen eines sachlichen Hinweises nicht überschreiten (OLG Köln GRUR-RR 2007, 390 – Neuer Name – dasselbe Geschoss).

2. Die von der Eintragung erfasste Form; Nutzung ® und TM (Abs. 2 Nr. 2)

Der Markeninhaber hat ein Interesse daran in dem Lizenzvertrag zu regeln, in welcher Weise **70** die Marke genutzt werden darf. Dieses Interesse resultiert aus der gemäß § 26 bestehenden Notwendigkeit, die Marke in der registrierten Form **rechtserhaltend zu nutzen** und eine **verwässernde Nutzung zu vermeiden.** Die Nutzung der Marke durch den Lizenznehmer wird dem Markeninhaber gemäß § 26 Abs. 2 zugerechnet. Das Interesse des Markeninhabers liegt deshalb darin, vertraglich sowohl die Pflicht zur markenmäßigen Nutzung als auch die Art und Weise der Nutzung zu regeln. Verstößt der Lizenznehmer gegen diese Pflicht, stehen dem Markeninhaber in solchen Fällen, in denen es sich um die Verletzung einer Pflicht aus dem Regelungsbereich des § 30 Abs. 2 handelt, neben den vertraglichen Ansprüchen auch die Ansprüche aus der Marke gemäß §§ 14 ff. zu.

Soweit die lizenzierte Marke eine begleitende Marke ist, die nicht das Endprodukt, sondern **71** die in diesem enthaltenen Materialien kennzeichnet, ist die Art der Anordnung von begleitender Marke und Marke des Endproduktes gesondert zu regeln. Entsprechendes gilt für das Verhältnis der Nutzung von Dachmarken und untergeordneten Marken sowie von Marken und geschäftlichen Bezeichnungen.

§ 30 Abs. 2 Nr. 2 ist entsprechend auf Ansprüche des Inhabers einer Kollektivmarke gegen **72** die Verbandsmitglieder anzuwenden. Die Vorschrift verleiht dem Markeninhaber insoweit seine Aktivlegitimation (BGH GRUR 2003, 242 – Dresdner Christstollen).

Der Marke und damit dem Lizenzgeber schadet eine den Schutztatbestand verwässernde Nut- **73** zung. Insbesondere bei Wortmarken besteht oftmals das vermeintliche Bedürfnis des Nutzers, diese in beschreibender Art und Weise in Fließtexte einzubinden. Dem Lizenznehmer kann zur Vermeidung einer verwässernden Nutzung vertraglich geboten werden, Wortmarken nicht mit Deklinations- oder Pluralendungen zu versehen und sie bei Nutzung innerhalb eines Fließtextes in Großbuchstaben zu verwenden.

Es kann die Verpflichtung für den Lizenznehmer ausgesprochen werden, die Marke jedenfalls **74** bei ihrer ersten Nennung der Marke im Text mit dem Registrierungszeichen „®" zu versehen, dieses Zeichen als Fußnote zu wiederholen und im Text der Fußnote auf den Markeninhaber zu verweisen. Sofern sich die Marke zum Zeitpunkt des Vertragsschlusses noch im Anmeldestatus befindet, kann die Nutzung des Registrierungszeichens „®" eine Irreführungsgefahr iSd § 5 Abs. 1 Nr. 1 UWG hervorrufen; dabei ist jedoch die Erheblichkeitsschwelle des § 3 Abs. 1 UWG zu beachten (BGH GRUR 2009, 888 – Thermoroll; OLG Düsseldorf NJWE-WettbR 1997, 5).

Sofern die Marke noch nicht registriert, aber bereits angemeldet ist, führt die Nutzung des Zeichens **74.1** „TM" nicht zu einer Irreführung der angesprochenen Verkehrskreise über die Registrierung der Marke. Die Zeichen ® und TM sind insoweit nicht gleichbedeutend (aA Köhler/Bornkamm/Feddersen/Bornkamm/Feddersen UWG § 5 Rn. 4.134). Der Ursprung der Zeichen „®" und „TM" liegt im angloamerikanischen Recht. Ausschließlich für das Zeichen „®" bestimmt § 1111 U.S. Trademark Act: „Notwithstanding the provisions of section 1072 of this title, a registrant of a mark registered in the Patent and Trademark office, may give notice that his mark is registered by displaying with the mark the words „Registered in U.S. Patent and Trademark Office" or „Reg. U.S. Pat. & Tm. Off" or the letter R enclosed within a circle (…)". Das Zeichen „TM" ist in der zitierten Vorschrift gerade nicht genannt. Als Abkürzung für das Wort „Trademark" nimmt auch der Wortlaut keinen Registrierungsstatus für sich in Anspruch. Nach erfolgter Anmeldung der Marke kommt dem Zeichen bereits gemäß § 31 ein erhöhter Schutzstandard zu. Soweit man der Nutzung des Zeichens „TM" eine Erklärung des Inhalts entnehmen möchte, die so gekennzeichnete Marke nehme ungeachtet der fehlenden Registrierung einen erhöhten Schutzstandard für sich in Anspruch, ist auch diese Aussage nach erfolgter Anmeldung zutreffend und nicht irreführend. Auch die deutschen Verkehrskreise verstehen das Zeichen „TM" als Hinweis darauf, dass eine Markeneintragung beantragt worden ist (KG GRUR-RR 2013, 397). Für Marken, die nicht zur Registrierung angemeldet sind, ist ein erhöhter Schutztatbestand im Streitfall durch die Höhe des Bekanntheitsgrades nachzuweisen.

3. Art der Waren und Dienstleistungen (Abs. 2 Nr. 3)

75   Der Markeninhaber kann den Lizenznehmer in seiner Markennutzung auch hinsichtlich der Art der Waren, die mit der Marke gekennzeichnet werden dürfen, reglementieren. ZB kann die Lizenz auf die Kennzeichnung von Waren einer bestimmten Größe, Form oder Farbe beschränkt werden. Mengenmäßige Beschränkungen unterfallen der Regelung des § 30 Abs. 2 Nr. 3 nicht (Ströbele/Hacker/Thiering/Hacker Rn. 54).

4. Lizenzgebiet (Abs. 2 Nr. 4)

76   Das Merkmal „des Gebiets" des § 30 Abs. 2 Nr. 4 ist **geographisch** zu verstehen und bezieht sich nicht auf eine Gesamtheit von zugelassenen Marktteilnehmern (EuGH C-59/08, GRUR 2009, 593 – Copad).

77   Da sich die Vorschrift ihrer Natur nach nur auf die Lizenzierung von deutschen nationalen Marken beziehen kann, die ihren Schutztatbestand immer nur innerhalb der Bundesrepublik Deutschland entfalten können, kann auch das von der Regelung des § 30 Abs. 2 Nr. 4 betroffene **Lizenzgebiet** immer **nur in Deutschland** liegen. Ein aus der Vorschrift resultierender deliktischer Anspruch kann sich daher niemals gegen einen Lizenznehmer richten, dessen Lizenzgebiet aufgrund sonstiger Markenrechte des Inhabers nicht in Deutschland liegt. Sofern keine Regelung zu einem bestimmten Teilgebiet der Bundesrepublik als Lizenzgebiet getroffen ist, gilt **im Zweifel das gesamte Gebiet der Bundesrepublik Deutschland** als Lizenzgebiet (ebenso Ströbele/Hacker/Thiering/Hacker Rn. 55).

78   Entsprechend dem Wortlaut „des Gebiets, in dem die Marke angebracht werden darf" erfasst § 30 Abs. 2 Nr. 4 nur Reglementierungen zu dem Gebiet, in dem die Marke an der Ware angebracht oder in den Zusammenhang mit der Dienstleistung gestellt werden darf. Insbesondere **nicht erfasst** von markenrechtlichen Ansprüchen des Lizenznehmers nach dieser Vorschrift ist danach ein **Inverkehrbringen** gekennzeichneter Waren in einem anderen geographischen Raum als dem Lizenzgebiet. In einem solchen Fall liegt lediglich eine Verletzung des Lizenzvertrags, nicht jedoch eine Markenverletzung vor. Dies hat zur Folge, dass der Markeninhaber den Weitervertrieb außerhalb des Lizenzgebiets in Verkehr gesetzter Waren durch Dritte nicht untersagen kann, da insoweit Erschöpfung eintritt.

5. Qualität der Waren und Dienstleistungen (Abs. 2 Nr. 5)

79   Vor dem Hintergrund der Herkunftsfunktion, die die Marke erfüllt, gewährleistet sie auch, dass die mit der Marke gekennzeichneten Leistungen unter „der Kontrolle eines einzigen Unternehmens hergestellt sind, das für die Qualität verantwortlich gemacht werden kann (EuGH C-59/08, GRUR 2009, 593 – Copad; C-9/93, GRUR Int 1994, 614 – IHT Internationale Heiztechnik und Danzinger). Der Lizenzgeber kann dem Lizenznehmer daher **Qualitätsvorgaben** machen, um seiner diesbezüglichen Verantwortung zu genügen. Hierzu zählen zB Vorgaben zu bestimmten Herstellungsprozessen, zu verwendenden Materialien, Qualitätsmanagementvorgaben insbesondere im Dienstleistungsbereich und zu bestimmten Merkmalseigenschaften des Endproduktes.

80   Zu dem Merkmal „der Qualität" der Ware oder Dienstleistung gemäß § 30 Abs. 2 Nr. 5 sollen nach Auffassung des EuGH auch die Besonderheiten und Modalitäten eines **selektiven Vertriebssystems** gehören, das von dem Lizenzgeber zur Sicherung des Prestiges einer Ware installiert wird (EuGH C-59/08, GRUR 2009, 593 – Copad). Ein selektives Vertriebssystem für Luxuswaren, das primär der Sicherstellung des Luxusimages dieser Waren dient, ist mit Art. 101 Abs. 1 AEUV vereinbar, sofern die Auswahl der Wiederverkäufer anhand objektiver Kriterien qualitativer Art einheitlich für alle in Betracht kommenden Wiederverkäufer erfolgt, und die Kriterien nicht über das erforderliche Maß hinausgehen (EuGH GRUR Int 2018, 274 – Coty

Germany). Es steht jedoch zu beachten, dass § 30 Abs. 2 Nr. 5 in Umsetzung des Art. 8 Abs. 2 Nr. 5 MRL entsprechend seinem Wortlaut alleine die „Qualität der von ihm", dem Lizenznehmer, „**hergestellten** Waren" als lizenzvertragliche Vorgabe benennt, deren Verletzung der Lizenzgeber als Markenverletzung soll geltend machen können. Dagegen ist die Verletzung lizenzvertraglicher Qualitätsvorgaben, welche alleine aus den Vertriebsmodalitäten der Ware folgen, keine Markenverletzung. Sie ist alleine eine Verletzung von Vertragspflichten, und zwar auch dann, wenn sie der Sicherung der Qualität der Ware dient (Kur/Senftleben, European Trade Mark Law, OUP 2017, 510). Dies gilt umso mehr, als der EuGH selbst die Aufzählung in Art. 8 Abs. 2 UMV als abschließende Aufzählung bestätigt (EuGH C-59/08, GRUR 2009, 593 – Copad). Zu Konsequenzen für die Frage der Erschöpfung in diesen Fällen → Rn. 84.1, → § 24 Rn. 31.2.

Je nach Marketingstrategie und Vertriebssystem gehören zu dem Merkmal der „Qualität" auch **81** Regelungen des **Produktangebots,** der **Produktwerbung,** des **Produktvertriebs** sowie der **Produktentsorgung.** Dies gilt jedenfalls dann, wenn solche Merkmale nach der Anschauung des Verkehrs die Qualität der Leistung mitbegründen (Fezer Rn. 30).

II. Rechte aus dem Lizenzvertrag

Soweit der Lizenzgeber in dem Lizenzvertrag Regelungen zu Sachverhalten gemäß § 30 Abs. 2 **82** getroffen hat, stehen ihm neben den markenrechtlichen auch **vertragliche Ansprüche** zu. Darüber hinaus können die Vertragspartner weitergehende Verpflichtungen des Lizenznehmers vereinbaren. Zu solchen zählen zB Beschränkungen auf die Produktion in oder den Vertrieb aus bestimmten Betriebsstätten des Lizenznehmers, sofern hiermit nicht gleichzeitig Qualitätsfragen gemäß § 30 Abs. 2 Nr. 5 verbunden sind, Fragen von Zahlungsmodalitäten, die Möglichkeit zur Erteilung von Unterlizenzen oder die Erlaubnis zur Übertragung der Lizenz auf einen Dritten.

Ein Verstoß gegen vertragliche Verpflichtungen führt zu Unterlassungs- bzw. Leistungsansprüchen, Schadensersatzansprüchen gemäß §§ 280 ff. BGB sowie ggf. zu einem Kündigungsrecht des **83** Lizenzgebers. Ein Schadensersatzanspruch des Lizenzgebers gegen den Lizenznehmer besteht nicht, wenn die Marke unentgeltlich lizenziert wurde (OLG Düsseldorf GRUR-RR 2021, 115).

Ein Verstoß des Lizenznehmers gegen bloß vertraglich wirkende Pflichten nimmt auf die **84** **Erschöpfung des Markenrechts** gemäß § 24 Abs. 1 in aller Regel **keinen Einfluss.**

Etwas anderes gilt für Fälle, in denen der Lizenznehmer gegen Vertriebsvorgaben aus einem selektiven **84.1** Vertriebssystem verstößt und hierdurch der gute Ruf des Markeninhabers droht, erheblich geschädigt zu werden (OLG Düsseldorf GRUR-RR 2018, 335 – Japanischer Kosmetikhersteller). Zur Frage einer Markenverletzung in solchen Fällen → Rn. 80.

F. Rechte des Lizenznehmers

I. Inanspruchnahme der Priorität

Der Lizenznehmer kann sich gegenüber Dritten auf die Priorität der Marke berufen. Bei einer **85** dinglichen Markenlizenz folgt dies gerade aus deren **dinglichem Charakter** und gilt für die Aktiv- wie für die Passivlegitimation des Lizenznehmers. Bei einer schuldrechtlichen Gestattung folgt dies aus dem Rechtsgedanken des **§ 986 Abs. 1 BGB,** der dem Lizenznehmer jedoch nur **einredeweise** die Berufung auf die Priorität der älteren Marke ermöglicht (BGH GRUR 1998, 1034 (1036) – Makalu; OLG Karlsruhe NJOZ 2010, 2512).

Auf die Priorität einer älteren geschäftlichen Bezeichnung kann sich ein Gestattungsempfänger **86** gemäß § 986 Abs. 1 BGB einredeweise nur in dem Umfang berufen, in dem die ältere geschäftliche Bezeichnung selbst Schutz genießt. Dies gilt insbesondere hinsichtlich des geographischen Schutzbereichs der älteren geschäftlichen Bezeichnung.

II. Verletzungsklage durch den Lizenznehmer im eigenen Namen (Abs. 3)

Hinsichtlich der Rechte, die dem Lizenznehmer im Verhältnis zu Dritten zustehen können, **87** ist zwischen der prozessrechtlichen Situation auf der einen und der materiell rechtlichen Situation auf der anderen Seite zu unterscheiden. Erstere behandelt die Frage der Berechtigung zur Klageerhebung an sich, zweitere die Frage, welchen Inhalts Ansprüche sein können, die ein formal klageberechtigter Lizenznehmer erfolgreich gegen den markenrechtsverletzenden Dritten geltend machen kann.

1. Prozessrechtliche Gesichtspunkte

88   § 30 Abs. 3 unterscheidet hinsichtlich der Möglichkeit des Lizenznehmers, selbst Klage wegen Verletzung der Marke zu erheben, zwischen ausschließlichen und nicht ausschließlichen Lizenznehmern (→ Rn. 36). Ein nicht ausschließlicher Lizenznehmer kann Klage gegen einen Dritten wegen Verletzung der lizenzierten Marke nur mit **Zustimmung** des Lizenzgebers erheben. Bis zum Inkrafttreten des Markenmodernisierungsgesetzes (BGBl. 2018 I 2357) galt dies für den ausschließlichen Lizenznehmer in gleicher Weise. Mit der Novellierung der MRL 2008 → Rn. 1 wurde die Änderung dieser Regelung erforderlich. Gemäß Art. 25 Abs. 3 S. 2 MRL soll der Inhaber einer ausschließlichen Lizenz zur Erhebung einer Verletzungsklage ohne Zustimmung des Markeninhabers berechtigt sein, wenn letzterer nach förmlicher Aufforderung nicht selbst innerhalb einer angemessenen Frist Verletzungsklage erhoben hat. Die Regelung entspricht Art. 25 Abs. 3 S. 2 UMV (→ UMV Art. 25 Rn. 25). Die Pflicht zur Umsetzung bestand für den nationalen Gesetzgeber gemäß Art. 54 MRL bis zum 14.1.2019. Mit der Regelung des Abs. 3 S. 2 ist der deutsche Gesetzgeber dieser Verpflichtung nachgekommen. Die Regelung trägt dem Umstand Rechnung, dass dem ausschließlichen Lizenznehmer der vollständige und wirtschaftliche Nutzen einer Marke gebührt, während der Markeninhaber in die Rolle des Formalberechtigten zurückfällt (BT-Drs. 148/18, 80). Zur vertraglichen Nebenpflicht des Lizenzgebers gegen Verletzer vorzugehen → Rn. 108. Erteilt der Markeninhaber erst nach Rechtshängigkeit einer durch ihn eingereichten Klage eine Markenlizenz an einen Dritten, so kann der Lizenznehmer auch mit Zustimmung des Markeninhabers gemäß § 265 ZPO den Prozess nicht ohne Zustimmung des Beklagten übernehmen (für das Patentrecht vgl. BGH GRUR 2013, 1269 Rn. 13 ff. – Wundverband). Mit Zustimmung des Markeninhabers kann auch der nicht ausschließliche Lizenznehmer sowohl Verletzungs- als auch Löschungsklage erheben, erstere auch wegen Verletzung einer bekannten Marke gemäß § 14 Abs. 2 Nr. 3 (BGH GRUR 1999, 161 – MAC Dog).

89   Sofern ein Zustimmungserfordernis besteht, gilt dies auch bereits für eine **außergerichtliche Abmahnung** (OLG Hamburg BeckRS 2005, 30355325). Das Erfordernis gilt nicht für Schadensersatzansprüche, die nicht „wegen der Verletzung einer Marke", sondern aus anderen Rechtsgründen, zB aus UWG geltend gemacht werden (Ströbele/Hacker/Thiering/Hacker Rn. 112). Der Anspruch aus UWG darf sich in diesem Fall nicht in der Verletzung der Marke erschöpfen, sondern es müssen zusätzliche wettbewerbswidrige Aspekte hinzukommen.

90   Die Aktivlegitimation und eigene Prozessführungsbefugnis des Markeninhabers wird durch die Zustimmung zur Prozessführung durch den Lizenznehmer nicht berührt (BGH GRUR 1999, 161 – MAC Dog). Die Regelung ist **dispositiv** (BT-Drs. 12/6581, 86). Sie betrifft jede Art des Anspruchs aus der verletzten Marke insbesondere sowohl Unterlassungs- wie Schadensersatzansprüche.

91   § 30 Abs. 3 regelt eine spezielle Form der **gewillkürten Prozessstandschaft.** Anders als im Regelfall der Prozessstandschaft (vgl. insoweit Zöller/Vollkommer ZPO Vor § 50 Rn. 42 ff.) muss das rechtliche Interesse des Ermächtigten nicht gesondert dargelegt und nachgewiesen werden. Dagegen wird dem Lizenznehmer nach noch hM (→ Rn. 93 gemäß § 30 Abs. 3 kein eigener Anspruch aus der (verletzten) Marke zugewiesen. Solche Ansprüche sollen gemäß § 14 Abs. 5 und 6 allein dem Markeninhaber zu stehen. Auf Fälle nur schuldrechtlich erteilter Gestattungen (→ Rn. 10 ff.) ist § 30 Abs. 3 nicht anwendbar (OLG Köln GRUR 2000, 66 (67) – Michael-Jackson-Kalenderfoto). In solchen Fällen ist ein erforderliches rechtliches Interesse aber bereits jedes wirtschaftliche Interesse des Gestattungsempfängers (BGH GRUR 1995, 505 (506) – APISE-RUM).

92   Die Zustimmung zur Prozessführung kann dem Lizenznehmer **bis zum Schluss der letzten mündlichen Verhandlung** als Genehmigung erteilt werden (BGH WRP 2012, 825 Rn. 24 – Converse II; OLG Stuttgart GRUR-RR 2002, 381 (382) – Hot Chili).

2. Materiellrechtliche Gesichtspunkte

93   § 30 Abs. 3 eröffnet dem Lizenznehmer nach der Rechtsprechung des BGH – abweichend zu der Rechtsprechung des EuGH vgl. → Rn. 96 – alleine die Prozessführungsbefugnis; die Vorschrift verleiht nach noch hM jedoch **keine Aktivlegitimation.** Insbesondere steht dem Lizenznehmer kein eigener Schadensersatzanspruch aus der verletzten Marke zu (BGH GRUR 2012, 630 Rn. 49 – Converse II; GRUR 2007, 877 Rn. 27 ff. – Windsor Estate; OLG Köln WRP 2009, 1290 (1295) – AQUA CLEAN KOI; aA Fezer Rn. 34 ff., der aufgrund des dinglichen Charakters der Markenlizenz in der Vorschrift die Vermittlung eines eigenen Rechts des Lizenznehmers erkennt. Ebenso im Ergebnis für den Unterlassungsanspruch, und zwar ohne Unterscheidung zwischen einfacher und ausschließlicher Lizenz OLG Hamm BeckRS 2010, 10782). Eigene

Schadensersatzansprüche, die zwar anlässlich der Markenverletzung jedoch nicht aus der verletzten Marke selbst entstehen, kann der Lizenznehmer dagegen als eigene Ansprüche sehr wohl geltend machen (BGH GRUR 2008, 614 Rn. 15 – ACERBON).

Derjenige Lizenznehmer, der nicht beabsichtigt, die lizenzierte Marke zu nutzen, sondern die **94** Lizenz nur hält, um als Vertriebspartner des ebenfalls nicht nutzenden Markeninhabers die Marke an Dritte zu verkaufen, handelt rechtsmissbräuchlich, wenn er Unterlassungsansprüche gegenüber Dritten geltend macht. Dies gilt jedenfalls dann, wenn der Lizenznehmer auf diese Weise Lizenzen an einer Vielzahl von Marken hält (OLG Hamburg GRUR-RR 2018, 16).

Der BGH begründet das Fehlen eines eigenen Schadensersatzanspruchs auf Seiten des Lizenz- **95** nehmers mit dem **Wortlaut** des § 14 Abs. 6 („… ist dem Inhaber der Marke zum Ersatz des durch die Verletzungshandlung entstandenen Schadens verpflichtet"). Mit dieser Begründung müssten dann aber auch alle übrigen markenrechtlichen Ansprüche gemäß § 14 Abs. 5, §§ 18, 19, 19a und § 19b zum Nachteil des Lizenznehmers abgelehnt werden. In seiner Entscheidung „Converse II" spricht der BGH dem Lizenznehmer jedoch einen Anspruch auf Drittauskunft an sich selbst zu, „um gegen weitere Verletzer vorgehen zu können" (BGH WRP 2012, 825 Rn. 46 – Converse II). Soweit dem Lizenznehmer ein eigener Unterlassungsanspruch nicht zugestanden wird, ist weiter zu beachten, dass die Abtretung eines solchen ohne gleichzeitige Übertragung der zugehörigen Marke gemäß § 399 Alt. 1 BGB ebenfalls nicht wirksam möglich ist (vgl. hierzu Teplitzky Wettbewerbsrechtliche Ansprüche und Verfahren Kap. 15 Rn. 2 mwN). Möglich bleibt dem Lizenznehmer daher allein eine Geltendmachung des fremden Unterlassungsanspruchs des Markeninhabers.

Dass der BGH auch dem Inhaber einer ausschließlichen Lizenz einen eigenen Schadensersatzan- **96** spruch abspricht, widerspricht dem **Willen des Gesetzgebers.** Dieser ging entsprechend der Begründung des Regierungsentwurfs des Markenrechtsreformgesetzes jedenfalls von einem eigenen Schadensersatzanspruch des Inhabers einer ausschließlichen Lizenz aus. Nur „in anderen Fällen" sollte die „Zuerkennung eines eigenen Schadensersatzanspruchs (…) der Rechtsprechung überlassen bleiben" (BT-Drs. 12/6581, 86).

Der EuGH geht von einem eigenen Schadensersatzanspruch sowohl des ausschließlichen wie auch des **96.1** einfachen Lizenznehmers aus, der in den gesetzlich vorgesehenen Fällen auch im eigenen Namen geltend gemacht werden könne. Für den Lizenznehmer an einem Gemeinschaftsgeschmacksmuster begründet der EuGH diese Rechtsauffassung mit dem „System von Rechtsbehelfen", nach dem es dem Lizenznehmer offenstehe, eigene Schadensersatzansprüche entweder durch den Beitritt zu der Verletzungsklage des Inhabers des Gemeinschaftsgeschmacksmusters gemäß Art. 32 Abs. 4 GGV oder durch die Erhebung einer eigenen Klage gemäß Art. 32 Abs. 3 GGV geltend zu machen (EuGH GRUR 2016, 1163 – Thomas Philipps/Grüne elle). Da Art. 25 Abs. 3 und 4 UMV den Art. 32 Abs. 3 und 4 GGV entsprechen, kann diese Rechtsprechung auf die Rolle des Markenlizenznehmers übertragen werden.

Sofern dem Lizenznehmer ein eigener Schaden entstanden ist, kann der Markeninhaber diesen **97** nach Ansicht des BGH lediglich im Wege der **Drittschadensliquidation** geltend machen (BGH WRP 2012, 825 Rn. 51 – Converse II; GRUR 2007, 877 Rn. 32 – Windsor Estate; OLG Köln GRUR-RR 2014, 329 – Converse AllStar).

Die Rechtsprechung des BGH hat zur Folge, dass der Lizenznehmer auch mit Zustimmung **98** des Markeninhabers nur auf Zahlung an den Markeninhaber klagen kann, es sei denn, der Markeninhaber hat ihn ebenfalls materiell zum Einzug der eigenen Forderung berechtigt oder die eigenen Forderungen bereits an den Lizenznehmer abgetreten (OLG Köln WRP 2009, 1290 (1295) – AQUA CLEAN KOI). In der Ermächtigung zur Klageerhebung gemäß § 30 Abs. 3 liegt aber nicht zugleich eine konkludent erteilte materiell-rechtlich wirkende Einziehungsermächtigung (BGH WRP 2012, 825 Rn. 51 – Converse II).

Der Lizenznehmer, der gemäß § 30 Abs. 3 eine Markenverletzung mit Zustimmung des Mar- **99** keninhabers verfolgt, kann nicht dagegen vorgehen, dass eine von ihm in den Markt gebrachte und als dreidimensionale Marke geschützte Umverpackung einer Ware (hier Kompositgasflasche) nach ihrem Erwerb durch den Kunden einem Wettbewerber zur Neubefüllung überlassen wird. Das Recht an der Marke ist mit dem Inverkehrbringen der Ware erschöpft (EuGH C-46/10, GRUR Int 2011, 827 – Viking Gas).

Die **Höhe eines eigenen Schadens** auf Seiten des Lizenznehmers hängt nicht zuletzt von der **100** Art der ihm erteilten Lizenz ab. Dem Inhaber einer einfachen Lizenz kann durch rechtsverletzende Benutzungshandlungen Dritter kein Schaden entstehen, weil er mit der Nutzung des Zeichens durch weitere Dritte rechnen muss (OLG Köln GRUR 2000, 66 (67) – Michael-Jackson-Kalenderfoto). Etwas anderes gilt, wenn durch die Verletzungshandlung der gute Ruf der Marke und hierdurch auch die Gewinne des Lizenznehmers beeinträchtigt werden.

101   Eine **Berechnung** des Schadens ist auch für den Lizenznehmer auf drei Wegen möglich und kann auch von ihm in Lizenzanalogie erfolgen. Ebenso wenig wie für den Markeninhaber der Abschluss eines Lizenzvertrags Voraussetzung für eine Berechnung seines Schadens nach Lizenzanalogie ist, ist für den Lizenznehmer der Abschluss eines Unterlizenzvertrags Voraussetzung für die Zulässigkeit einer entsprechenden Berechnung. Die Lizenzanalogie stellt nur eine von mehreren objektiven Methoden für die Berechnung eines gleichen, einheitlichen Schadens dar.

102   Der Lizenznehmer ist nicht Rechteinhaber iSd § 48 Abs. 2 (OLG Zweibrücken GRUR-RR 2004, 141). Eine Löschung der Marke ist auch ohne Zustimmung des Lizenznehmers möglich.

III. Beitritt des Lizenznehmers zu einer Verletzungsklage des Markeninhabers (Abs. 4)

103   Gemäß § 30 Abs. 4 ist es dem Lizenznehmer möglich, einer vom Markeninhaber erhobenen Verletzungsklage beizutreten, um den Ersatz eines eigenen Schadens geltend zu machen. Die Regelung stellt **keine eigene Anspruchsgrundlage** des Lizenznehmers dar. Sie hat ausschließlich verfahrensrechtliche Bedeutung. Nach dem Beitritt stehen Lizenznehmer und Markeninhaber als **einfache Streitgenossen** gemäß § 59 ZPO nebeneinander (BGH GRUR 2007, 877 Rn. 31 – Windsor Estate). Nach seinem Beitritt ist der Lizenznehmer daher selbst Prozesspartei und kann diejenigen Rechte geltend machen, die er mit Zustimmung des Markeninhabers auch in einem alleine geführten Verfahren geltend machen könnte (→ Rn. 87).

G. Pflichten des Lizenzgebers

I. Hauptpflichten

104   Die Hauptpflicht des Lizenzgebers besteht darin, dem Lizenznehmer den **Gebrauch** der Marke in dem Umfang zu **überlassen,** den er dem Lizenznehmer vertraglich zugestanden hat. Bei einer Alleinlizenz schließt dies die Pflicht ein, sich der Erteilung weiterer Lizenzen gegenüber Dritten zu enthalten. Bei einer exklusiven Lizenz ist der Lizenzgeber darüber hinaus verpflichtet, keine eigene Markennutzung vorzunehmen (→ Rn. 35 ff.).

II. Nebenpflichten

1. Allgemeines

105   Der Lizenzgeber unterliegt einer grundsätzlichen **Leistungstreuepflicht** gemäß § 242 BGB (ausführlich Traumann GRUR 2008, 470 mwN). Er hat alles zu unterlassen, was den Lizenznehmer in der Ausübung der vertragskonformen Markennutzung behindern könnte.

106   Der Lizenzgeber darf den Schutzbereich der Marke nicht ungerechtfertigt einschränken. Andernfalls macht er sich schadensersatzpflichtig (OLG Zweibrücken GRUR-RR 2004, 141). In gleicher Weise ist er zur **Erhaltung der Marke** für die Dauer der Lizenzzeit verpflichtet.

107   Bei fortgesetzten Rechtsverletzungen ist der Lizenzgeber auch ohne ausdrücklich in den Vertrag aufgenommene Verpflichtung zum **Vorgehen gegen den Verletzer** verpflichtet (vgl. zum PatG BGH GRUR 1965, 591 – Wellplatten). Dies gilt insbesondere, wenn dem Lizenznehmer nicht gemäß § 30 Abs. 3 gestattet ist, Rechtsverletzungen selbst zu begegnen (Ströbele/Hacker/Thiering/Hacker Rn. 64).

108   Die Erteilung der Lizenz an einer bestimmten Marke schließt als vertragliche Sorgfaltspflicht des Lizenzgebers dessen Verpflichtung ein, gegen den Lizenznehmer nicht aus weiteren Rechten, die nicht Gegenstand der Lizenz sind, vorzugehen. Dies gilt solange, wie die Nutzung der lizenzierten Marke durch den Lizenznehmer dem Umfang der erteilten Lizenz entspricht (zum PatG vgl. BGH GRUR 2005, 406 – Leichtflüssigkeitsabscheider).

109   Den Lizenzgeber einer einfachen Lizenz trifft **keine** sog. **„Meistbegünstigungspflicht"** gemäß § 242 BGB, dh keine Pflicht, einen Lizenznehmer nicht schlechter zu stellen als andere Lizenznehmer (aA HK-MarkenR/Pahlow Rn. 24. Diese Ansicht lässt sich jedoch nicht aus der zitierten Entscheidung BGH GRUR 1965, 591 – Wellplatten – herleiten, die sich lediglich mit den Pflichten des Lizenzgebers im Falle einer erteilten Meistbegünstigung auseinandersetzt). Die Annahme einer Meistbegünstigungspflicht schränkt die Vertragsfreiheit des Markeninhabers unzulässig ein und kommt ggf. einer kartellrechtlich relevanten Preisabsprache gleich.

2. Gewährleistung

Es gelten die gesetzlichen Gewährleistungsregelungen aus den Vorschriften zum **Rechtskauf** 110 (vgl. zum Urheberrecht BGH GRUR 1991, 332 – Lizenzmangel; aA Ströbele/Hacker/Thiering/ Hacker Rn. 29, die die Regelungen der Rechtspacht für passender halten). Aufgrund des dinglichen Charakters der Lizenz ist die Anwendung der Regelungen zum Rechtskauf angemessener als ein Rückgriff auf die Regeln der Rechtspacht. In beiden Fällen hat der Lizenzgeber entweder gemäß § 581 Abs. 2 BGB oder gemäß §§ 453 435 BGB verschuldensunabhängig dafür Sorge zu tragen, dass die Ausübung der erteilten Lizenz nicht durch frühere Lizenzen, die gemäß § 30 Abs. 5 geschützt sind, beeinträchtigt ist.

Die Gewährleistungsregeln sind **dispositiv.** Es ist möglich, Gewährleistungspflichten des 111 Lizenzgebers vollständig auszuschließen, soweit das Recht der Allgemeinen Geschäftsbedingungen nicht entgegensteht.

Der Lizenzierung einer Marke ist grundsätzlich **keine** rechtsverbindliche **Zusage des Rechts-** 112 **bestandes** der Marke zu entnehmen. Das Interesse des Lizenznehmers an der erteilten Lizenz liegt regelmäßig nicht in der Schutzfähigkeit der Marke, sondern in der Teilhabe an dem Monopol, welches für die Dauer der Registrierung in Kraft ist. Stellt sich im Nachhinein die Schutzunfähigkeit der lizenzierten Marke heraus, nimmt dies grundsätzlich weder Einfluss auf die Rechtsverbindlichkeit der erteilten Lizenz noch auf die vereinbarte Pflicht zur Zahlung von Lizenzgebühren (für den gewerblichen Rechtsschutz allgemein BGH GRUR 2012, 910 Rn. 13 f. – Delcantos Hits mwN). Soweit in Fällen einer sog. **„Leerübertragung"** eine Haftung des Lizenzgebers nur bei ausdrücklichen Anhaltspunkten im Vertrag angenommen wird (so HK-MarkenR/Pahlow Rn. 23), ist hinsichtlich eines möglichen Verschuldens auf Seiten des Lizenzgebers zu differenzieren. Ein Verschulden des Lizenzgebers ist an denselben **Sorgfaltspflichten** zu messen, die dem Markeninhaber gegenüber dritten Inhabern älterer Rechte obliegen. Sie sind erfüllt, wenn der Markeninhaber vor der Markenanmeldung eine sorgfältige Kollisionsrecherche durchgeführt hat (BGH GRUR 2008, 1104 Rn. 35 – Haus & Grund II). Darüber hinaus hat der Lizenzgeber eine fortlaufende Kollisionsüberwachung durchzuführen, um eine Verwässerung der Marke durch spätere Drittanmeldungen auszuschließen.

Handelt es sich bei der lizenzierten Marke um ein **Scheinrecht,** so endet die Pflicht zur 113 Zahlung von Lizenzgebühren mit der Löschung der Marke im Register (BGH GRUR 2012, 910 Rn. 19 – Delcantos Hits).

Keinen Mangel des überlassenen Rechts stellt es dar, wenn sich die wirtschaftlichen Erwartun- 114 gen, die die Vertragspartner in die Ausübung der Lizenz gestellt haben, nicht erfüllen.

Im Rahmen der **Vertragsanbahnung** ist der Lizenzgeber verpflichtet, dem Lizenznehmer 115 keine wesentlichen Tatsachen zu verschweigen oder solche falsch darzustellen. So darf eine erst im Anmeldestatus befindliche Marke nicht als bereits registriertes Recht dargestellt werden (vgl. zum PatG BGH GRUR 1998, 650 – Krankenhausmüllentsorgungsanlage). Jedoch ist die Lizenzierung einer angemeldeten Marke bei entsprechender Bezeichnung als solche gemäß § 31 zulässig.

H. Pflichten des Lizenznehmers

I. Hauptpflichten – Zahlung von Lizenzgebühren

1. Arten von Lizenzgebühren

Eine Lizenz kann gebührenpflichtig oder gebührenfrei erteilt werden. Bei einer gebührenpflich- 116 tigen Lizenz besteht die Hauptpflicht des Lizenznehmers in der Zahlung der Lizenzgebühren. In Betracht kommen verschiedene **Berechnungsarten,** die branchen- und marktspezifische Vor- und Nachteile aufweisen.

Die am öftesten praktizierte Form der Lizenzberechnung ist die **Umsatzlizenz.** Der Lizenz- 117 nehmer zahlt an den Lizenzgeber einen vereinbarten Prozentsatz des von ihm mit den gekennzeichneten Waren bzw. Dienstleistungen erzielten Umsatzes. Der Begriff des Umsatzes ist im Vertrag zu definieren. Er bildet die Bemessungsgrundlage für die zu zahlenden Lizenzbeträge. Die Höhe des Prozentsatzes liegt üblicher Weise zwischen 2–5% je nach Bekanntheit und Werbewirksamkeit der Marke. Sie kann im Einzelfall aber auch deutlich höher ausfallen. Ob eine Pflicht zur Zahlung einer Umsatzlizenz auch dann besteht, wenn die Abnahme der Ware verweigert, das Grundgeschäft rückabgewickelt oder der Kaufpreis nicht gezahlt wird, ist im Einzelfall eine Frage der Auslegung des Lizenzvertrags (zum PatG BGH GRUR 1998, 561 (562 f.) – Umsatzlizenz).

Anstelle der Umsatzlizenz kann eine **Stücklizenz** vereinbart werden. Der Lizenznehmer ent- 118 richtet die Lizenzgebühr in Höhe eines bestimmten Betrags je ausgeliefertem Stück.

119   Ebenfalls ist es möglich, eine **Pauschallizenz** zB durch Einmalzahlung oder je Zeiteinheit (zB für jedes Kalenderjahr, in dem der Lizenzvertrag in Kraft ist) zu vereinbaren.

120   Möglich ist auch die Vereinbarung einer **Gewinnlizenz.** Dies ist jedoch wenig praktikabel, weil der unter einer Marke erzielte Gewinn schwierig zu berechnen und durch den Lizenzgeber noch schwieriger zu kontrollieren ist.

121   Die dargestellten Formen der Lizenzgebühren können als **Mindestlizenzgebühr** vereinbart werden. Das wirtschaftliche Risiko trifft dann im Umfang der Mindestlizenzgebühr den Lizenznehmer, der einen vereinbarten Mindestbetrag auch ohne entsprechenden wirtschaftlichen Erfolg zu zahlen hat.

122   Im Einzelfall kann es möglich sein, die Mindestlizenzgebühr über die Regelungen der **Störung der Geschäftsgrundlage** gemäß § 313 BGB anzupassen, wenn sich das Preisgefüge nach Abschluss des Lizenzvertrags ändert (zum PatG vgl. BGH GRUR 2001, 223 (225) – Bodenwaschanlage). Ob im Einzelfall eine Anpassung der vereinbarten Lizenzgebühr nach den Grundsätzen der Störung der Geschäftsgrundlage gemäß § 313 BGB in Betracht kommen kann, ist Frage des Einzelfalls.

123   Sofern der Lizenzvertrag keine Regelung zur Zahlung von Lizenzgebühren enthält, ist eine Lizenzgebühr gemäß §§ 612, 653, 689 BGB analog geschuldet, wenn nach den Umständen des Einzelfalls nur eine entgeltliche Lizenzierung zu erwarten war. Deren Höhe bestimmt sich ebenfalls aufgrund der vorzitierten Vorschriften nach der allgemeinen Üblichkeit. Dabei sind die jeweiligen Marktverhältnisse ebenso von Bedeutung wie die inter partes wirkenden vertraglichen Umstände.

2. Steuerliche Aspekte

124   Die Vertragspartner können vereinbaren, dass die Lizenz lizenzgebührenpflichtig oder kostenlos erteilt wird. Sie sind in ihrer diesbezüglichen Vertragsgestaltung frei. Jedoch sind die einschlägigen steuerrechtlichen Gesichtspunkte zu beachten.

125   Die entgeltliche Lizenzierung einer Marke sowie die entgeltliche Gestattung der Nutzung einer geschäftlichen Bezeichnung im Konzernverbund kann als **verdeckte Gewinnausschüttung** gemäß § 8 Abs. 3 S. 2 KStG zu werten sein. Eine verdeckte Gewinnausschüttung und keine Betriebsausgabe liegt nach der Rechtsprechung des BFH dann vor, wenn „die Kapitalgesellschaft ihrem Gesellschafter einen Vermögensvorteil zuwendet, den sie bei der Sorgfalt eines ordentlichen und gewissenhaften Geschäftsleiters einem Nichtgesellschafter nicht gewährt hätte" (BFH IStR 2001, 54 – Firmennamensgleiches Warenzeichen hat vermarktungsfähigen Eigenwert).

126   Es ist zu unterscheiden zwischen einerseits der Lizenzierung einer Marke und andererseits der Gestattung zur Nutzung einer geschäftlichen Bezeichnung, und zwar auch dann, wenn Marke und geschäftliche Bezeichnung gleichlautend sind. Lizenzgebühren, die von dem Lizenznehmer zu zahlen sind, können als Betriebsausgabe gewertet werden, soweit sie den Lizenzgebühren entsprechen, die auch von einem fremden Dritten zu zahlen gewesen wären. Die entgeltliche Gestattung der Nutzung einer geschäftlichen Bezeichnung wird dagegen nur dann als Betriebsausgabe gewertet, wenn die geschäftliche Bezeichnung zugleich als Marke geschützt und auch insoweit Gegenstand der erteilten Lizenz ist (BFH IStR 2001, 54 – Firmennamensgleiches Warenzeichen hat vermarktungsfähigen Eigenwert; DStR 2016, 1155 – Unentgeltliche Namensnutzung im Konzern keine Geschäftsbeziehung iSd § 1 Abs. 4 AStG aF).

127   Zur ertragsteuerlichen Behandlung von Lizenzgebühren an ausländische Lizenzgeber vgl. Cordewener/Dörr GRUR Int 2005, 674; Cordewener/Dörr GRUR Int 2006, 447; Dietz/Bärsch IStR 2014, 492; Krüger IStR 2015, 650 ff.

II. Nebenpflichten

1. Ausübungspflicht

128   Soweit eine Ausübungspflicht des Lizenznehmers nicht ausdrücklich vertraglich vereinbart ist, ist durch Vertragsauslegung zu ermitteln, ob und in welchem Umfang den Lizenznehmer eine **Pflicht zur rechtserhaltenden Nutzung** der Marke trifft. Für die Beurteilung sind die gemäß § 242 BGB bestehenden Fürsorgepflichten der Vertragsparteien heranzuziehen (vgl. zum PatG BGH GRUR 2000, 138 – Knopflochnähmaschinen). In eine Interessenabwägung ist einzubeziehen, dass eine Markennutzung durch den Lizenznehmer als gemäß § 25 erforderliche rechtserhaltende Benutzung durch den Lizenzgeber gilt, und dass die Verkehrsgeltung, die im Rahmen der Benutzung einer Marke durch den Lizenznehmer entsteht, dem Lizenzgeber zusteht (vgl. BPatG BeckRS 2014, 16008 – jugend forscht schüler experimentieren).

Auch ohne ausdrückliche Vereinbarung ist eine Nutzungspflicht des Lizenznehmers jedenfalls **129** **bei Vereinbarung einer ausschließlichen Stücklizenz** anzunehmen (vgl. zum PatG BGH GRUR 2000, 138 – Knopflochnähmaschinen). Weitergehend wurde für das UrhG eine Ausübungspflicht wohl auch unabhängig von dem Bestehen einer ausschließlichen Lizenz (die im zu entscheidenden Fall aber vorgelegen hatte) angenommen, **wenn jedenfalls die Höhe der zu zahlenden Lizenzgebühren an die Nutzung gekoppelt ist** (BGH GRUR 2003, 173 – Filmauswertungspflicht). Der Umfang der Ausübungspflicht bezieht sich dabei zwar nicht auf eine bestmögliche Ausübung aber jedenfalls darauf, alle zumutbaren Anstrengungen für eine erfolgreiche Auswertung zu unternehmen (für das UrhG BGH GRUR 2003, 173 „Filmauswertungspflicht"; für das PatG BGH GRUR 200, 138 – Knopflochnähmaschinen). Diese Grundsätze sind auf das Markenrecht zu übertragen. Dies gilt umso mehr im Hinblick auf die im Markenrecht gemäß § 26 zusätzlich bestehende Abhängigkeit des Bestands der Marke von ihrer Benutzung, die gemäß § 26 Abs. 2 auch durch den Lizenznehmer erfolgen kann (aA Ströbele/Hacker/Thiering/Hacker Rn. 75; HK-MarkenR/Pahlow Rn. 32 ff., die eine Ausübungspflicht nur für die ausschließliche Lizenz annehmen).

2. Weitere Nebenpflichten

Aus den **Vertragstreuepflichten** gemäß § 242 BGB ergibt sich auch die Pflicht des Lizenzneh- **130** mers zu einer **Rechnungslegung** in dem Umfang, der dem Lizenzgeber die Nachprüfbarkeit der Höhe seines Zahlungsanspruchs ermöglicht. Hierzu kann auch die Benennung der Abnehmer des Lizenznehmers gehören. Diese ist jedoch auf die Benennung gegenüber einem zur Verschwiegenheit verpflichteten Wirtschaftsprüfer beschränkt, wenn die Vertragsparteien im Wettbewerb zueinanderstehen (vgl. zum PatG im Falle der Verletzerlizenz als Schadensersatz BGH GRUR 1962, 352 – Furniergitter; RGZ 127, 243 (245)).

Ebenso wie jedem anderen Dritten ist es auch dem Lizenznehmer grundsätzlich möglich, die **131** Löschung der lizenzierten Marke gemäß §§ 49 ff. zu betreiben (BPatG GRUR 2013, 78; zur Nichtigkeitsklage in Patentstreitigkeiten vgl. BGH GRUR Int 1969, 31 – Gewindeschneideapparat). Etwas anderes gilt nur dann, wenn dies zwischen den Vertragspartnern vereinbart ist, oder sich eine **Nichtangriffsverpflichtung** aus dem Zweck der weiteren vertraglichen Bindung ergibt, die zwischen den Vertragspartnern besteht. Die Nichtangriffsverpflichtung kann sich zB aus Kauf-, Lizenz-, Einstellungs- oder Gesellschaftsvertrag ergeben, wenn sich ein Angriff als Verstoß gegen Treu und Glauben gemäß § 242 BGB darstellt (vgl. zum PatG BGH GRUR 1989, 39 – Flächenlüftung). Eine vertragliche Nichtangriffsverpflichtung kann auch konkludent vereinbart werden (vgl. zum PatG BGH GRUR Int 1969, 31 – Gewindeschneideapparat).

Sofern vertraglich vereinbart kann den Lizenznehmer ebenfalls eine Pflicht zu einer **besonde-** **132** **ren Benutzungsform** der Marke treffen (etwa in Kombination mit dem Zeichen „®" oder „TM"), sowie die Pflicht, konkrete andere Benutzungsformen zu unterlassen, die zu einer Verwässerung der Marke beitragen würden (→ Rn. 70 ff.). Des weiteren ist es möglich, den Lizenznehmer mit bestimmten Maßnahmen der **Qualitätssicherung** zu belegen (→ Rn. 79).

Ob aus den Regelungen des Lizenzvertrages eine vertragliche Pflicht des Lizenznehmers dazu **133** geschlossen werden kann, eine Nutzung der lizenzierten Marke in anderer Weise als vertraglich vereinbart (etwa für andere Waren oder Dienstleistungen, für welche die Marke nicht eingetragen ist), ist Frage des Einzelfalls. Eine entsprechende Vertragsauslegung scheint im Einzelfall aber denkbar (EuGH GRUR 2019, 621).

I. Kollision zwischen § 30 MarkenG und §§ 5 f. UWG

I. Irreführung durch Markennutzung

Jede Nutzung einer Marke in Lizenz birgt die Gefahr eines **Irrtums** bei den angesprochenen **134** Verkehrskreisen **über die betriebliche Herkunft** der gekennzeichneten Ware. Die gekennzeichnete Ware wird grundsätzlich als aus dem Betrieb des Markeninhabers stammend verstanden. Sie kommt im Falle der erteilten Lizenz jedoch aus dem Betrieb des Lizenznehmers. § 30 lässt dennoch die Erteilung von Lizenzen an einer Marke ausdrücklich zu. Die Rechtsprechung erkennt eine relevante Irreführung daher nicht bereits dann, wenn mit der Zeichennutzung lediglich betriebliche Verwechslungsgefahren einhergehen. Vielmehr muss die Gefahr einer **Irreführung über weitere Umstände** hinzutreten. Weitere Umstände können insbesondere in dem Eindruck eines **besonders günstigen Angebots** liegen. Ein solches wird angenommen, wenn die Ware des Lizenznehmers minderer Qualität ist als die Ware, die von dem Markeninhaber unter derselben

Marke vertrieben wird oder wurde (BGH GRUR 1984, 737 – Ziegelfertigstürze; GRUR 1970, 528 (531) – Migrol; GRUR 1965, 676 – Nevada-Skibindung). Zu dem ähnlich gelagerten Fall der Irreführung nach Übertragung einer Marke vgl. EuGH GRUR 2006, 416 Rn. 48 ff. – Elisabeth Emanuel.

135   Ein zutreffender Herkunftshinweis ist der in Lizenz genutzten Marke zu entnehmen, wenn der Lizenzvertrag die **Möglichkeit zur Qualitätskontrolle** durch den Lizenzgeber enthält. In diesem Falle ist gewährleistet, dass „alle mit der Marke gekennzeichneten Produkte unter der Kontrolle eines einzigen Unternehmens hergestellt worden sind, welches für die Qualität verantwortlich gemacht werden kann" (EuGH GRUR 2009, 593 Rn. 44 f. – Copad).

136   Für die Frage einer Irreführung kommt es nicht darauf an, ob die Qualitätskontrolle tatsächlich ausgeübt wird (EuGH GRUR Int 1994, 614 Rn. 38 – Ideal Standard II). Ebenso wie der Markeninhaber selbst unter der Marke Produkte minderer Qualität in den Verkehr bringen könnte, kann er den Vertrieb derselben durch den Lizenznehmer dulden.

137   Enthält ein Lizenzvertrag keine Möglichkeit zur Qualitätskontrolle für den Lizenzgeber, und liegt eine vorbezeichnete Irreführungsgefahr für die angesprochenen Verkehrskreise deshalb vor, ging die frühere Rechtsprechung von der Nichtigkeit des Vertrags gemäß § 134 BGB aus (BGH GRUR 1966, 375 (377) – Meßmer Tee II; GRUR 1970, 528 (532) – Migrol). Nachdem die heutige Rechtsprechung (→ Rn. 135) eine Irreführungsgefahr unabhängig von der tatsächlichen Durchführung einer Qualitätskontrolle annimmt, erscheint die Angemessenheit der Sanktion fraglich. Jedenfalls Wettbewerbern verbleibt die Möglichkeit, gegen eine Irreführung gemäß § 5 UWG vorzugehen. Eine ursprünglich wirksame Zeichennutzung wird unzulässig und damit durch den Lizenzgeber angreifbar, wenn die Zeichennutzung in Folge einer Veränderung der tatsächlichen Verhältnisse zu einer Täuschung der Allgemeinheit führen kann (BGH GRUR 1970, 528 (532) – Migrol; GRUR 1954, 271 (273)).

II. Irreführung durch Nutzung einer geschäftlichen Bezeichnung

138   Auch die Nutzung einer geschäftlichen Bezeichnung aufgrund einer Gestattung (→ Rn. 43 ff.) ist nur dann irreführend im wettbewerbsrechtlichen Sinne, wenn täuschende Angaben über die geschäftlichen Verhältnisse, die mit der Nutzung einer bestimmten geschäftlichen Bezeichnung verbunden sind, hinzutreten. Solche sind anzunehmen, wenn mit der Nutzung der geschäftlichen Bezeichnung Gütevorstellungen einhergehen, die tatsächlich durch den Geschäftsbetrieb nicht erfüllt werden (BGH GRUR 2002, 703 – VOSSIUS & PARTNER mwN), oder wenn sich die geschäftlichen Verhältnisse eines Firmenträgers so verändern, dass sie im Widerspruch zum Inhalt der Firma treten. Dies kann der Fall sein, wenn die Firma den Schluss auf die Zusammenarbeit des Namensträgers mit einem Dritten zulässt, die tatsächlich nicht (mehr) gegeben ist (BGH GRUR 1954, 271 (273)).

J. Übertragbarkeit der Lizenz/Unterlizenzen

139   Die Übertragung einer Lizenz und die Erteilung einer Unterlizenz durch den Lizenznehmer gegenüber einem Dritten werden durch § 30 nicht geregelt. Auch die MRL enthält keine diesbezüglichen Vorgaben. Der dingliche Charakter der Lizenz (→ Rn. 10 ff.) führt jedoch zu ihrer grundsätzlichen Übertragbarkeit sowie zu der grundsätzlichen Möglichkeit, Dritte im Wege einer Unterlizenz an dem eigenen dinglichen Recht partizipieren zu lassen. Ob von dieser Möglichkeit Gebrauch gemacht werden darf, unterfällt der Vertragsfreiheit der Parteien. Alleine die Übertragung der lizenzgegenständlichen Marke führt nicht zu einer Übertragung der vertraglichen Rechte und Pflichten des ursprünglichen Markeninhabers als Lizenzgeber auf den Erwerber der Marke. Der Lizenzvertrag besteht ohne wirksame Vereinbarung zwischen den Beteiligten vielmehr zwischen den ursprünglichen Vertragspartnern fort (BGH GRUR 2020, 57; 2016, 201). Das Recht des Lizenzgebers zur (fristlosen) Kündigung des Lizenzvertrages kann jedoch an denjenigen abgetreten werden, der eine Marke gemäß § 27 erworben hat, wenn sich der Lizenznehmer dem Erwerber gegenüber auf den Sukzessionsschutz gemäß § 30 Abs. 5 (→ Rn. 168) berufen kann (BGH GRUR 2020, 57).

140   Soweit der Lizenzvertrag keine ausdrücklichen Regelungen vorsieht, sind diesbezügliche Rechte des Lizenznehmers im Wege der Auslegung zu ermitteln. **Im Zweifel** ist von einer **ausschließlichen Lizenz** das **Recht zur Übertragung und zur Erteilung von Unterlizenzen erfasst** (BGH GRUR 1987, 37 – Video-Lizenzvertrag, zum UrhG; HK-MarkenR/Pahlow Rn. 49; aA Bühling GRUR 1998, 198 f.; Kurtz GRUR 2007, 294 f.). Dem einfachen Lizenznehmer steht ein solches Recht nicht zu (BGH GRUR 1974, 463 – Anlagengeschäft, zum PatG; HK-MarkenR/Pahlow Rn. 50).

Aufgrund des dinglichen Charakters der Lizenz bleibt eine wirksam erteilte Unterlizenz auch **141** nach Wegfall der Hauptlizenz grundsätzlich bestehen (→ Rn. 157 ff.).

K. Anpassung/Beendigung des Lizenzvertrags

I. Anpassung

§ 313 BGB ist anwendbar. Es kann eine Vertragsanpassung verlangt werden, wenn sich die **142** Umstände, die von beiden Vertragspartnern als Grundlage für den Abschluss des Lizenzvertrags erkannt werden, nach Vertragsbeginn ändern, die Parteien den Lizenzvertrag unter diesen neuen Umständen nicht abgeschlossen hätten, und ein Festhalten an dem Vertrag in der abgeschlossenen Form nicht zumutbar ist. Diejenige Vertragspartei, die die Änderung der Umstände bewirkt, kann eine Vertragsanpassung nicht verlangen (BGH GRUR 2002, 703 – VOSSIUS & PARTNER).

Ob ein unerwarteter Anstieg von Lizenzgebühren die Rechtsfolge des § 313 BGB auslösen **143** kann, ist im Einzelfall innerhalb einer Interessenabwägung zu beantworten. Hierbei ist der Anstieg der Lizenzgebühren dem aus der Vermarktung der Lizenzprodukte erwirtschaftete Gewinn gegenüberzustellen (BGH GRUR 2009, 1162 Rn. 69 ff. – DAX).

Die nachträgliche, rückwirkende Vernichtung der lizenzierten Marke gibt dem Lizenznehmer **144** für die Vergangenheit keine Möglichkeit der Vertragsanpassung gemäß § 313 BGB. Die vertragliche Risikoverteilung und die wesentlichen Parteivorstellungen haben sich durch den Wegfall des registrierten Rechts nicht in schwerwiegendem Maße geändert. Die faktische Vorzugstellung des Lizenznehmers gegenüber anderen Marktteilnehmern während des Bestands des Markenrechts ist nicht im Nachhinein entfallen (für das Patentrecht vgl. BGH GRUR 2005, 935 – Vergleichsempfehlung II; LG Düsseldorf BeckRS 2009, 08738 – Münzpfandschloss).

II. Kündigung

Die Laufzeit des Lizenzvertrags unterliegt ebenso wie die Dauer jedes anderen Vertrags der **145** Vertragsfreiheit der Parteien. Ist der Lizenzvertrag **auf bestimmte Zeit** geschlossen, endet er mit Zeitablauf automatisch. Darüber hinaus endet der Lizenzvertrag durch wirksam ausgesprochene Kündigung.

1. Ordentliche Kündigung

Die Vertragsparteien können ordentliche Kündigungsfristen in dem Lizenzvertrag vereinbaren. **146** Ein Gestattungsvertrag über die Nutzung einer geschäftlichen Bezeichnung, der **keine Laufzeitregelungen** enthält, gilt **im Zweifel zeitlich unbefristet.** Er ist jedoch für beide Seiten mit angemessener Frist **kündbar.** §§ 624, 723 BGB gelten analog (BGH GRUR 2006, 56 – BOSS-Club; aA für Abgrenzungsvereinbarungen LG Braunschweig BeckRS 2013, 15286).

Die Interessenlage bei Markenlizenzverträgen ist vergleichbar. Für Markenlizenzverträge ohne **147** Laufzeitregelung gilt daher Entsprechendes.

Die **Kündigungsfrist** ist in solchen Fällen **durch Vertragsauslegung** zu ermitteln (OLG **148** Stuttgart GRUR-RR 2004, 8 – BOSS). Die Vertragsauslegung ist an den Regelungen der § 584 Abs. 1 BGB (Ströbele/Hacker/Thiering/Hacker Rn. 80) und § 624 BGB zu orientieren. Mangels gegenteiliger Anhaltspunkte ist daher von einer **sechsmonatigen Kündigungsfrist** auszugehen. Die Vertragsauslegung kann jedoch auch Anhaltspunkte dafür zeigen, dass eine ordentliche Kündigung zwischen den Vertragspartnern ausgeschlossen sein soll (BGH GRUR 2002, 703 – VOSSIUS & PARTNER). In Fällen, in denen eine ordentliche Kündigung ausgeschlossen sein soll, kann jedoch eine Kündigung nach Ablauf von dreißig Jahren gemäß §§ 581 Abs. 2, 544 BGB analog ausgesprochen werden (vgl. Ströbele/Hacker/Thiering/Hacker Rn. 82).

Das **Nachschieben von Kündigungsgründen,** die bereits zum Zeitpunkt der Kündigung **149** existierten, ist zulässig. Sofern im Nachhinein Kündigungsgründe benannt werden, die erst nach der Kündigung entstanden sind, wird die Kündigung erst mit Benennung der neuen Gründe wirksam (BGH GRUR 1997, 610 – Tinnitus-Masker). In solchen Fällen sollte eine hilfsweise zusätzliche Kündigung gestützt auf die neuen Gründe ausgesprochen werden.

2. Außerordentliche Kündigung

Die Möglichkeit zur außerordentlichen Kündigung besteht gemäß § 314 BGB von Gesetzes **150** wegen, wenn dem kündigenden Teil das **Festhalten am Vertrag** bis zu dessen ordentlicher Beendigung **nicht zugemutet** werden kann (BGH GRUR 2020, 57; vgl. zum Know-How-

Vertrag BGH GRUR 2011, 455 – Flexitanks; vgl. zum PatG BGH GRUR 1959, 616 – Metallabsatz; LG Braunschweig BeckRS 2013, 15286). Entsprechend den Grundsätzen des § 723 Abs. 3 BGB ist ein vertraglicher Ausschluss der Möglichkeit zur außerordentlichen Kündigung nicht möglich.

151   Als Frist für eine außerordentliche Kündigung **gilt nicht die zweiwöchige Ausschlussfrist des § 626 Abs. 2 BGB.** Vielmehr kommt es darauf an, ob der Kündigende dem anderen Teil in angemessener Zeit Klarheit darüber verschafft hat, dass er von der Kündigungsmöglichkeit Gebrauch macht (vgl. zum Know-How-Vertrag BGH GRUR 2011, 455 Rn. 28 – Flexitanks).

152   Ein **Grund zur fristlosen Kündigung** besteht zB dann, wenn der Lizenznehmer wiederholt die Grenzen der ihm eingeräumten Lizenz überschreitet, zB durch Vertrieb von Markenprodukten außerhalb des Lizenzgebietes (BGH GRUR 2020, 57), und wenn der Lizenznehmer ohne Zustimmung des Lizenzgebers eine die Marke beinhaltende Domain, die gleichlautend mit der geschäftlichen Bezeichnung des Lizenzgebers ist, auf den eigenen Namen registrieren lässt, und auf der konnektierten Seite neben den Lizenzprodukten weitere eigene Leistungen vorstellt (OLG Düsseldorf BeckRS 2008, 8631). Auf die Unterscheidung zwischen Haupt- und Nebenpflichten, die durch eine Vertragspartei verletzt werden, kommt es in diesem Zusammenhang nicht an. Auch Nebenpflichten können für eine Vertragspartei von besonderer Bedeutung sein (BGH NJW-RR 1996, 1108).

153   Eine außerordentliche Kündigung kommt grundsätzlich **erst** dann in Betracht, wenn der zu kündigende Vertragspartner zuvor auf sein vertragswidriges Verhalten **erfolglos hingewiesen** wurde, es sei denn eine solche Abmahnung ist im Einzelfall nicht unzumutbar. Dies gilt auch, wenn die Pflicht zur Abmahnung nicht ausdrücklich im Vertrag geregelt ist (BGH GRUR 1992, 112 – pulp-wash). Im Rahmen der Zumutbarkeitsprüfung sind auch frühere Vertragsverletzungen in die Beurteilung einzubeziehen (BGH GRUR 1955, 338 – Brillengläser).

154   Im Falle der außerordentlichen Kündigung steht dem kündigenden Teil außerdem **ein Anspruch auf Schadensersatz** wegen schuldhafter Veranlassung der Vertragsbeendigung gemäß § 280 BGB zu (vgl. zum Know-How-Vertrag BGH GRUR 2011, 455 – Flexitanks; vgl. zum PatG BGH GRUR 1959, 616 – Metallabsatz). Der Anspruch besteht für die Zeit bis zum ersten Termin, zu dem der Vertrag durch ordentliche Kündigung hätte beendet werden können (vgl. zum Know-How-Vertrag BGH GRUR 2011, 455 Rn. 32 – Flexitanks).

3. Teilkündigung

155   Inwieweit die Teilkündigung eines Lizenzvertrags möglich ist, ist **Frage des Einzelfalls.** Sofern eine außerordentliche Kündigung auf die Unzumutbarkeit der Fortführung eines Lizenzvertragsteils gestützt wird, betrifft sie im Zweifel auch den verbleibenden Teil. Zu prüfen ist ebenso, inwieweit die rechtliche Einheit des Vertrags sowie die Verknüpfung von Leistung und Gegenleistung eine Teilkündigung zulassen (vgl. zum Verlagsrecht BGH GRUR 1964, 326 – Subverleger).

III. Nichtigkeit gemäß § 138 BGB

156   Für die Bewertung eines Vertrags als sittenwidrig ist auch der Inhalt solcher weiterer Rechtsgeschäfte heranzuziehen, von denen erkennbar ist, dass der zur Beurteilung stehende Vertrag nicht ohne diese abgeschlossen worden wäre (für die Übertragung eines 30 Jahre andauernden exklusiven Nießbrauchs LG Hamburg BeckRS 2011, 9412 – nicht rechtskräftig – Berufungsverfahren am OLG unter dem Az. 3 U 38/11).

IV. Das Schicksal der Unterlizenz

157   Weder das MarkenG noch die MRL enthalten Regelungen zu der Frage, welches Schicksal eine wirksam erteilte Unterlizenz ereilen soll, wenn die Hauptlizenz entfällt. Der Lizenzgeber vermittelt dem Lizenznehmer aufgrund seines dinglichen Charakters nicht fortwährend über die gesamte Dauer des Lizenzverhältnisses das Nutzungsrecht, sondern überträgt es zum Zeitpunkt des Lizenzbeginns. Die **Unterlizenz bleibt daher auch nach Wegfall der Hauptlizenz bestehen** (für das UrhG aber mit allgemeiner, für den gesamten gewerblichen Rechtsschutz geltender Begründung, BGH GRUR 2012, 914 – Take Five; 2012, 916 – M2Trade; sowie bereits zuvor für den Fall des Rückrufs gemäß § 41 UrhG BGH WRP 2009, 1278 Rn. 20 – Reifen Progressiv; Ströbele/Hacker/Thiering/Hacker Rn. 92 ff.; Dieselhorst CR 2010, 69 (71)).

158   Jedoch kann die Unterlizenz als dingliches Recht mangels einer Möglichkeit zum gutgläubigen Erwerb nicht weitergehend übertragen werden, als dem Hauptlizenznehmer das Recht zur Erteilung einer Unterlizenz zusteht. Diese **mangelnde Möglichkeit eines gutgläubigen Lizenzer-**

werbs wirkt sich auch auf **Laufzeitbeschränkungen** aus. Sofern deshalb das Ende der Hauptlizenz seinen Grund in einer nur limitierten Einräumung von Rechten des Lizenzgebers gegenüber dem Hauptlizenznehmer findet, führt die insoweit ebenfalls nur limitiert mögliche Einräumung einer Unterlizenz zum Ende auch des Unterlizenzvertrags. Ein solcher Fall liegt etwa dann vor, wenn die Hauptlizenz lediglich zeitlich befristet erteilt wurde (aA McGuire/Kunzmann GRUR 2014, 28 (30), die offenbar auch in solchen Fällen ein Ende der Unterlizenz nur annehmen, wenn die Befugnis des Hauptlizenznehmers zur Erteilung von Unterlizenzen daran geknüpft wird, dass im Unterlizenzvertrag die Dauer des Unterlizenzvertrags an die Dauer der Hauptlizenz geknüpft wird).

Beim Erlöschen der Hauptlizenz hat der Hauptlizenzgeber gegen den Hauptlizenznehmer einen **159** **Anspruch auf Abtretung** des gegen den Unterlizenznehmer bestehenden Anspruchs **auf ausstehende Lizenzzzahlungen** gemäß § 812 Abs. 1 S. 1 Alt. 2 BGB (BGH GRUR 2012, 916 – M2Trade).

Auch bei schuldrechtlich wirkenden **Gestattungsverträgen** nimmt der Wegfall des Hauptge- **160** stattungsvertrags grundsätzlich keinen Einfluss auf nachfolgende Gestattungen des Gestattungsempfängers gegenüber Dritten. Die schuldrechtlich wirkenden Verpflichtungen des jeweiligen Gestattungsgebers, keine eigenen Rechte gegenüber dem Gestattungsempfänger geltend zu machen, wirken jeweils inter partes fort. Etwas anderes gilt nur dann, wenn die Untergestattung auflösend bedingt von der Hauptgestattung abhängig gemacht wurde.

V. Abwicklung nach Beendigung des Lizenzvertrags

Trotz des dinglichen Charakters der Markenlizenz (→ Rn. 10 ff.) fällt diese mit Beendigung **161** des Lizenzvertrags **ipso iure** an den Lizenzgeber zurück, sofern die Vertragsparteien nichts anderes vereinbart haben. Ein **Rückübertragungsakt** ist **nicht erforderlich.** Die Fortsetzung der Markennutzung nach Ende des Lizenzvertrags stellt deshalb eine Schutzrechtsverletzung dar (BGH GRUR 2012, 916 – M2Trade).

Sofern keine vertragliche Aufbrauchfrist für einen bestimmten Zeitraum nach Vertragsende **162** vereinbart wurde, stehen dem Markeninhaber nach Beendigung des Lizenzvertrags gegen den früheren Lizenznehmer die gesetzlichen markenrechtlichen Ansprüche zu.

Folgende Sachverhalte sollten jedenfalls vertraglich geregelt werden, um nach Ende der Ver- **163** tragslaufzeit nicht auf die Grundsätze des § 242 BGB zurückgreifen zu müssen: Herausgabepflichten zu Unterlagen, nachvertragliche Geheimhaltungspflichten, die Übertragung von während der Lizenzzeit durch den Lizenznehmer erworbenen Schutzrechten (→ Rn. 166).

Der Lizenzvertrag ist **Dauerschuldverhältnis.** Er kann in der Regel gekündigt werden. Ein **164** **Rücktritt** von dem Lizenzvertrag ist jedoch in der Regel **ausgeschlossen.** Er endet damit ex nunc. In den seltenen Fällen, in denen eine Beendigung zB nach Anfechtung ex tunc wirkt, erfolgt die Rückabwicklung nach den Grundsätzen des Bereicherungsausgleichs gemäß § 818 BGB (vgl. Ströbele/Hacker/Thiering/Hacker Rn. 91).

Dem Lizenznehmer kann nach Beendigung des Lizenzvertrages in entsprechender Anwendung **165** des **§ 89b HGB ein Ausgleichsanspruch** zustehen. Dies setzt voraus, dass er in die Absatzorganisation des Lizenzgebers entsprechend einem Handelsvertreter eingebunden war, und dass eine Verpflichtung des Lizenznehmers besteht, nach Vertragsende seinen Kundenstamm an den Lizenzgeber zu übertragen. Erstere Voraussetzung ist dann nicht gegeben, wenn der Lizenzgeber selbst keinen eigenen Warenvertrieb auf dem betroffenen Markt unterhält (BGH WRP 2010, 1512 Rn. 24 ff. – JOOP!).

Der Lizenznehmer kann während der Dauer des Lizenzvertrags **in Folge der Benutzung** ein **166** **eigenes Kennzeichen** zB eine Benutzungsmarke oder eine geschäftliche Bezeichnung erlangen. Die Erlangung solcher Rechte kann auch aufgrund einer Zeichennutzung entstehen, die über die Grenzen des vertraglich Zulässigen hinausging bzw. hinausgeht. Ein Übergang der insoweit erlangten Benutzungsmarke eo ipso nach Beendigung des Lizenzvertrags auf den Lizenznehmer findet nicht statt. Der Lizenzgeber hat aber einen Anspruch auf Übertragung der Benutzungsmarke (OLG Köln GRUR-RR 2010, 433 – Oerlikon). Der Lizenznehmer kann dem Lizenzgeber das erlangte Recht im Innenverhältnis regelmäßig nicht entgegenhalten BGH GRUR 2016, 965 – Baumann II; GRUR 2013, 1150 Rn. 43 – Baumann; GRUR 2006, 56 Rn. 26 – Boss-Club; KG GRUR-RR 2011, 67 (69) – Ring Deutscher Makler; aA OLG Köln GRUR-RR 2010, 433 – Oerlikon). Dies gilt auch dann, wenn ein prioritätsälteres Recht des Lizenzgebers, welches im Rahmen mehrerer Rechte und Gegenrechte der Vertragsparteien die ursprünglich bessere Rechtsposition des Lizenzgebers begründet hat, ohne jedoch Lizenzgegenstand zu sein, während der Vertragslaufzeit entfällt. Eine nur konkludent erteilte Gestattung genügt für die Annahme eines

Vertrags, der die Entstehung eigener Rechte des Lizenznehmers gegenüber dem Lizenzgeber ausschließt, jedoch nicht (BGH GRUR 2016, 965 – Baumann II). Die Beweislast für das Vorliegen eines Lizenzvertrags obliegt dem Lizenzgeber und erfordert im Regelfall eine Dokumentation des Vertragsschlusses (BGH GRUR 2013, 1150 Rn. 44, 51 – Baumann; GRUR 2016, 965 – Baumann II).

167   Zur Möglichkeit des Hinweises auf eine früher bestehende Lizenz nach Ablauf des Lizenzvertrags → Rn. 68.

L. Sukzessionsschutz (Abs. 5)

168   § 30 Abs. 5 stellt klar, dass weder die Übertragung der lizenzierten Marke gemäß § 27 noch eine später folgende Lizenzerteilung an derselben Marke gegenüber einem Dritten die Rechte des Lizenznehmers beeinträchtigen. Dies gilt auch bei Erteilung einer späteren ausschließlichen Lizenz. Die spätere exklusive Lizenz bleibt im Stadium des Versuchs ihrer Erteilung stecken. Der Lizenznehmer, der zu einem späteren Zeitpunkt eine ausschließliche Lizenz nicht mehr erhalten kann, ist gegenüber dem Markeninhaber auf Gewährleistungs- und Schadensersatzansprüche verwiesen.

169   Auch nach dem Rechtsübergang an der betroffenen Marke besteht der Lizenzvertrag zwischen den ursprünglichen Vertragspartnern fort. Der neue Markeninhaber kann ohne Zustimmung des Lizenznehmers nicht in den Lizenzvertrag eintreten; er kann den Lizenzvertrag daher insbesondere auch nicht kündigen (BGH BeckRS 2015, 20721).

170   § 30 Abs. 5 ist dispositiv. Der Lizenznehmer kann auf den Sukzessionsschutz verzichten.

171   Gemäß § 155 gilt § 30 Abs. 5 für vor dem 1.1.1995 erteilte Lizenzen nicht.

172   Rein schuldrechtlich wirkende Einwendungen aus Vorrechts- oder Abgrenzungsvereinbarungen kann der neue Rechtsinhaber einem Inhaber älterer Rechte, der sich dem früheren Markeninhaber gegenüber verpflichtet hatte, nicht entgegenhalten. Rechte und Pflichten aus Vorrechts- und Abgrenzungsvereinbarungen wirken nur zwischen den vertragschließenden Parteien (BGH GRUR-RR 2014, 21 Rn. 9 – Intensa). §§ 404 ff. BGB finden neben § 30 Abs. 5 MarkenG Anwendung, jedoch kommen §§ 407 ff. BGB nicht zur Anwendung (→ § 27 Rn. 59).

M. Registrierung der Markenlizenz

173   Abs. 6 regelt die optionale Eintragung der Markenlizenz in das Register. Die Vorschrift stellt die Umsetzung des Art. 25 MRL dar, die sich ihrerseits an Art. 25 Abs. 3–5 UMV (→ UMV Art. 25 Rn. 23 ff.) orientiert. Die Eintragung erfolgt auf Antrag des Markeninhabers oder des Lizenznehmers, wobei die Zustimmung des anderen Teils nachzuweisen ist. Entsprechendes gilt für die Änderung einer bereits eingetragenen Lizenz Dagegen bedarf es für den Antrag auf Löschung der Lizenz aus dem Register bei Antrag des Lizenznehmers keines Nachweises der Zustimmung des Markeninhabers. Umgekehrt ist jedoch die Zustimmung des Lizenznehmers oder seines Rechtsnachfolgers erforderlich, sofern der Markeninhaber die Löschung der Lizenz aus dem Register beantragt.

174   Durchführungsvorschriften zur Registrierung der Markenlizenz finden sich in §§ 42a – 42c MarkenV. § 42a MarkenV bestimmt die erforderlichen Inhalte des Antrags auf Eintragung, § 42b MarkenV die erforderlichen Inhalte des Antrags auf Änderung oder Löschung der Lizenz.

175   Gemäß 42c MarkenV besteht für den Markeninhaber auch die Möglichkeit, seine Bereitschaft zur Vergabe von Lizenzen anzuzeigen, sofern im Register kein Vermerk über die Einräumung einer ausschließlichen Lizenz eingetragen ist und dem DPMA kein Antrag auf Eintragung einer ausschließlichen Lizenz vorliegt.

N. Lizenzverträge in der Insolvenz

176   Der Lizenzvertrag ist in aller Regel ein gegenseitiger Vertrag, dessen „Nutzungsrechtsüberlassung **Dauerleistungscharakter** hat" (BGH BeckRS 2015, 20721 „Ecosoil"; WRP 2009, 1278 Rn. 20). Dies gilt jedenfalls, sofern der Lizenznehmer ebenfalls Dauerverpflichtungen übernommen hat, die zB in der Pflicht zur Zahlung von Lizenzgebühren oder einer Ausübungspflicht bestehen können. In solchen Fällen steht dem Insolvenzverwalter gemäß **§ 103 InsO** ein **Wahlrecht** darüber zu, ob er anstelle des Insolvenzschuldners die Fortführung des Vertrags wählt oder ablehnt. Dagegen ist § 103 InsO nicht anwendbar und steht dem Insolvenzverwalter folglich kein entsprechendes Wahlrecht zu, wenn der Lizenzvertrag zum Zeitpunkt der Insolvenzeröffnung bereits vollständig erfüllt war (BGH BeckRS 2015, 20721). Eine solche vollständige Erfüllung ist

stets eine Frage des Einzelfalls und kann auch bei der Erteilung einfacher Lizenzen vorliegen, obschon diese nach teilweise vertretener Meinung keinen dinglichen Charakter haben (→ Rn. 10).

Optiert der Insolvenzverwalter für eine Nichterfüllung des Vertrages, führt dies nicht dazu, dass **177** der Lizenzvertrag erlischt. Die **Ansprüche** aus dem Lizenzvertrag sind aber bis zur Beendigung des Insolvenzverfahrens **nicht durchsetzbar** (BGH BeckRS 2015, 20721; für das UrhG BGH GRUR 2006, 435 Rn. 22). Dem Insolvenzgläubiger steht gemäß § 103 Abs. 2 InsO ein Anspruch auf Schadensersatz wegen Nichterfüllung zu, der zur Insolvenztabelle anzumelden ist.

Teilweise wird eine analoge Anwendung des § 108 Abs. 1 InsO vertreten (Fezer WRP 2004, **178** 793 (800 ff.); Koehler/Ludwig NZI 2007, 79 (81)). Die Vorschrift entzieht Miet- und Pachtverhältnisse des Schuldners über unbewegliche Gegenstände oder Räume dem Anwendungsbereich des § 103 InsO und sichert den Fortbestand solcher Rechtsverhältnisse auch im Insolvenzfall. Die hM verneint die Analogiefähigkeit der Vorschrift jedoch mangels Regelungslücke (vgl. für das UrhG ausdrücklich BGH GRUR 2006, 435 Rn. 21 – Softwarenutzungsrechte; für das Patentrecht LG München I BeckRS 2014, 16898. Zum Meinungsstreit vgl. Slopek WRP 2010, 616).

Dem Insolvenzgläubiger, der Vertragspartner eines Lizenzvertrags mit dinglichem Charakter ist **179** (→ Rn. 10 ff.), steht ein **Aussonderungsrecht** gemäß § 47 InsO zu (str., ebenso Scholz GRUR 2009, 1107 (1111); aA Slopek WRP 2010, 616; Dieselhorst CR 2010, 69 (74 f.); Fezer WRP 2004, 793 plädiert für ein Absonderungsrecht gemäß §§ 49 ff. InsO).

Der **Referentenentwurf** eines Gesetzes zur Verkürzung des Restschuldbefreiungsverfahrens, zur Stär- **179.1** kung der Gläubigerrechte und zur Insolvenzfestigkeit von Lizenzen vom 18.1.2012 sah noch einen neuen § 108a InsO vor. Dieser sollte dem Lizenznehmer für Fälle, in denen Insolvenzschuldner der Lizenzgeber ist, und in denen der Insolvenzverwalter gemäß § 103 InsO die Nichterfüllung des Vertrages wählt, einen Anspruch auf Abschluss eines neuen Lizenzvertrags zubilligen. Bis zu dessen Abschluss sollte der Lizenznehmer berechtigt sein, die Marke gemäß dem bisherigen Lizenzvertrag zu nutzen. Wäre innerhalb von drei Monaten seit Zugang der Aufforderung des Lizenznehmers an den Lizenzgeber kein neuer Lizenzvertrag geschlossen worden, sollte die fortgeführte Nutzung der Marke gemäß dem alten Vertrag weiter zulässig bleiben, wenn der Lizenznehmer Klage auf Abschluss eines neuen Lizenzvertrags erhoben hätte. Der Referentenentwurf ist jedenfalls bezüglich § 108a InsO gescheitert. Das am 1.7.2014 in Kraft getretene Gesetz zur Verkürzung des Restschuldbefreiungsverfahrens und zur Stärkung der Gläubigerrechte enthält den Vorschlag eines neuen § 108a InsO nicht mehr.

Vereinbaren die Vertragspartner aufschiebend bedingt durch eine Kündigung des Vertrages **180** wegen Unzumutbarkeit der Fortführung desselben die Übereignung eines urheberrechtsfähigen Werkes nebst aller zugehörigen Nutzungsrechte auf den Lizenznehmer, so ist vom Eintritt der Unzumutbarkeit auch bei Eintritt der Insolvenz des Lizenzgebers auszugehen, wenn der Insolvenzverwalters sich gemäß § 103 InsO gegen eine Fortführung des Vertrags entscheidet. Eine solche Vereinbarung ist insolvenzfest und verstößt insbesondere nicht gegen §§ 91, 119 InsO. Durch die aufschiebend bedingte Verfügung sind die Nutzungsrechte bereits zum Zeitpunkt des Vertragsschlusses der späteren Insolvenzmasse entzogen. Die Anwendbarkeit des § 91 InsO ist damit ausgeschlossen (BGH GRUR 2006, 435). Diese Erwägungen sind aufgrund vergleichbarer Interessenlagen auch auf eine Vereinbarung anwendbar, in der die Vertragspartner aufschiebend bedingt durch die Kündigung eines Lizenzvertrags wegen Unzumutbarkeit der Fortführung desselben die Übertragung einer Marke auf den Lizenznehmer vereinbaren. Zu weiteren vertraglichen Gestaltungsmöglichkeiten insolvenzfester Lizenzen vgl. Rieken/Conraths MarkenR 2013, 63.

O. Anzuwendendes Recht und gerichtliche Zuständigkeit bei internationalen Lizenzverträgen

I. Anzuwendendes Recht

Innerhalb der EU mit Ausnahme von Dänemark gilt für Lizenzverträge, die ab dem 17.12.2009 **181** geschlossen wurden, die **VO (EG) 593/2008 (Rom I-VO).** Sie löst die in Deutschland bis dahin geltenden Kollisionsnormen der Art. 27–37 EGBGB aF ab (zu Einzelheiten vgl. Stimmel GRUR Int 2010, 783 ff.). Nach Art. 3 Rom I-VO können die Parteien das auf den Vertrag anwendbare Recht grundsätzlich frei wählen. Mangels Rechtswahl findet gemäß Art. 4 Abs. 2 Rom I-VO das Recht des Staates Anwendung, in dem die Partei, welche die für den Vertrag charakteristische Leistung zu erbringen hat, ihren gewöhnlichen Aufenthalt hat. Ob die charakteristische Leistung vom Lizenzgeber oder vom Lizenznehmer zu erbringen ist, kann je nach der Ausgestaltung des Vertrages und der jeweiligen Pflichten unterschiedlich zu beurteilen sein; Lizenzverträge über

Immaterialgüterrechte wurden daher nicht in den Katalog der Vertragstypen aufgenommen, für die das anwendbare Recht bei fehlender Rechtswahl durch Art. 4 Abs. 1 Rom I-VO bestimmt wird.

II. Gerichtliche Zuständigkeit

182　　Die nationale gerichtliche Zuständigkeit für Streitigkeiten aus Lizenzverträgen ergibt sich aus der **Brüssel Ia-VO.** Sie ist ab dem 10.1.2013 an die Stelle der Brüssel I-VO getreten. In ihrer neuen Fassung gilt die Verordnung für Verfahren, die nach dem 10.1.2015 eingeleitet werden. Der Lizenzvertrag ist kein Dienstleistungsvertrag iSd Brüssel Ia-VO. Die nationale Zuständigkeit des Gerichts für Klagen aus einem Lizenzvertrag folgt daher neben Art. 4 Brüssel Ia-VO (Beklagtenwohnsitz) aus Art. 7 Nr. 1 lit. a Brüssel Ia-VO, der iVm Art. 7 Nr. 1 lit. a Gedankenstrich 2 Brüssel Ia-VO auf den Ort der Leistungserbringung verweist (für die frühere Fassung der Brüssel I-VO vgl. EuGH GRUR Int 2009, 848 – Falco Privatstiftung/Gisela Weller-Lindhorst (Falco)). Dies kann zu dem widersprüchlichen Ergebnis führen, dass deliktische Ansprüche auf Unterlassung aus der Marke gemäß Art. 7 Nr. 2 Brüssel Ia-VO am Ort der unerlaubten Handlung geltend gemacht werden können, während Verletzungen des Lizenzvertrags gemäß Art. 7 Nr. 1 Brüssel Ia-VO am Ort der Leistungserbringung geltend zu machen sind. Insbesondere für Ansprüche des Lizenzgebers aus der Marke gemäß § 30 Abs. 2, die teilweise deckungsgleich mit vertraglichen Ansprüchen aus dem Lizenzvertrag sein können, ist dieses Ergebnis misslich. Ungeachtet dessen können alle Ansprüche gemäß Art. 4 Brüssel Ia-VO am (Wohn-) Sitz des Schuldners geltend gemacht werden.

182.1　　Art. 24 Nr. 4 Brüssel Ia-VO findet keine Anwendung auf die Klärung der materiell rechtlichen Inhaberschaft der Marke. Er ist entsprechend seinem Wortlaut ausschließlich anwendbar auf Fragen der Registrierung und des Bestands einer Marke (für Art. 22 Brüssel I-VO vgl. EuGH C-341/16, GRUR Int 2017, 1069 – Hanssen Beleggingen BV/Tanja Prast-Knipping).

§ 31 Angemeldete Marken

Die §§ 27 bis 30 gelten entsprechend für durch Anmeldung von Marken begründete Rechte.

Überblick

§ 31 erklärt die §§ 27–30 für analog anwendbar auf Markenanmeldungen.

1　　Die **Anmeldung** einer Marke wirkt sich bereits auf die Situation des Anmelders im Markt aus. Sie begründet die **Priorität** und damit nicht zuletzt die wirtschaftliche Stellung, die der spätere Inhaber und seine Leistungen durch die spätere Registrierung auf dem Markt erlangen können.

2　　Die Markenanmeldung begründet **kein Anwartschaftsrecht.** Voraussetzung hierfür wäre, dass die Registrierung nach erfolgter Anmeldung nur noch von dem Willen des Anmelders abhängig wäre. Dem ist nicht so. Die Registrierung ist sowohl von der Beurteilung der Eintragungsfähigkeit durch den Prüfer als auch von der Existenz und der Geltendmachung prioritätsälterer Rechte Dritter abhängig.

3　　Da bereits die Anmeldung selbst einen bedeutenden **wirtschaftlichen Wert** begründen und Gegenstand von Rechtsgeschäften sein kann (EGMR GRUR 2007, 696 (699) – Anheuser-Busch Inc./Portugal), ist es jedoch folgerichtig, dass das Gesetz diejenigen Vorschriften, die die Marke in ihrer Eigenschaft als Gegenstand des Vermögens betreffen, auf Markenanmeldungen für **analog anwendbar** erklärt.

4　　Zu Fragen der **Übertragung** von Markenanmeldungen → § 27 Rn. 65 ff.

Teil 3. Verfahren in Markenangelegenheiten

Abschnitt 1. Eintragungsverfahren

§ 32 Erfordernisse der Anmeldung

(1) ¹Die Anmeldung zur Eintragung einer Marke in das Register ist beim Deutschen Patent- und Markenamt einzureichen. ²Die Anmeldung kann auch über ein Patentinformationszentrum eingereicht werden, wenn diese Stelle durch Bekanntmachung des Bundesministeriums der Justiz und für Verbraucherschutz im Bundesgesetzblatt dazu bestimmt ist, Markenanmeldungen entgegenzunehmen.

(2) Die Anmeldung muß enthalten:
1. einen Antrag auf Eintragung
2. Angaben, die es erlauben, die Identität des Anmelders festzustellen,
3. eine Darstellung der Marke, die nicht dem Schutzhindernis nach § 8 Absatz 1 unterfällt, und
4. ein Verzeichnis der Waren oder Dienstleistungen, für die die Eintragung beantragt wird.

(3) Die Anmeldung muß den weiteren Anmeldungserfordernissen entsprechen, die in einer Rechtsverordnung nach § 65 Abs. 1 Nr. 2 bestimmt worden sind.

Überblick

Mit der Markenanmeldung wird die Eintragung eines bestimmten Zeichens für bestimmte Waren und/oder Dienstleistungen beantragt. Die Anmeldung allein begründet noch keine Ausschließlichkeitsrechte. Diese entstehen erst durch die Eintragung der Marke in das Markenregister (§ 41).

Mit dem MaMoG hat auch der § 32 entscheidende Änderungen erfahren, die sich vor allem daraus ergeben, dass das Erfordernis der graphischen Darstellung entfallen ist (→ Rn. 1)

§ 32 legt die formalen Anforderungen an die Markenanmeldung fest, die insbesondere Angaben zum Anmelder (→ Rn. 13), die Darstellung der Marke (→ Rn. 18) und das Waren- und Dienstleistungsverzeichnis (→ Rn. 61) betreffen. Dabei wird zwischen Mindestanforderungen, die zur Zuerkennung eines Anmeldetags erforderlich sind, und weiteren Erfordernissen unterschieden.

Erfüllt die Anmeldung die formalen Anforderungen nicht, teilt das DPMA dem Anmelder die festgestellten Mängel mit und gibt ihm ggf. Gelegenheit diese zu beseitigen. Werden die Mängel der Anmeldung nicht behoben, gilt sie als zurückgenommen (§ 36 Abs. 2; → § 36 Rn. 1 ff.) oder wird durch das Amt zurückgewiesen (§ 36 Abs. 4; → § 36 Rn. 7 ff.).

Mit Einreichen der Marke werden eine Anmeldegebühr und ggf. Klassengebühren fällig (§ 64a; § 3 Abs. 1, § 2 Abs. 1 PatKostG; → § 36 Rn. 11). Entrichtet der Anmelder diese nicht, gilt die Anmeldung als zurückgenommen. Der Anmeldetag bleibt hiervon aber unberührt (→ § 36 Rn. 14).

Übersicht

A. Änderungen durch das MaMoG

1   Mit dem MaMoG wurden zwei Änderungen in § 32 aufgenommen, mit denen dieser an die für die Unionsmarke geltenden Regeln (Art. 37 MRL) angeglichen wurde. Zum einen wurde das Erfordernis eines Antrags auf Eintragung der Marke (Abs. 2 Nr. 1) eingeführt (→ Rn. 2), zum anderen wurde das bisher geltende Erfordernis einer graphischen Wiedergabe der Marke aufgehoben (Abs. 2 Nr. 3; → Rn. 3). Mangels einer anderslautenden Übergangsregelung gelten diese Erfordernisse auch für vor dem 14.1.2019 angemeldete Marken (zB BPatG GRUR-RS 2021, 11059 – Unterwasserschiff; GRUR-RS 2020, 17935; BeckRS 2019, 15603 Rn. 10 – stilisiertes Y). Anders verhält es sich mit den Regelungen der geänderten Markenverordnung, die ausschließlich für Markenanmeldungen ab deren Inkrafttreten gilt (§ 57 MarkenV; BeckRS 2019, 2915 Rn. 16 – Mobicat evo).

I. Erfordernis eines Antrags auf Eintragung

2   Abs. 2 Nr. 1 sieht für ab dem 14.1.2019 angemeldete Marken vor, dass ein Antrag auf Eintragung einer Marke gestellt werden muss. Hierbei handelt es sich aber lediglich um eine Klarstellung. Bereits früher war mit dem vom DPMA zur Verfügung gestellten Anmeldeformular solch ein Antrag verbunden und auch bei Anmeldungen ohne Verwendung des Formblatts war konkludent vom Vorliegen eines Antrags ausgegangen worden (s. auch Gesetzentwurf der Bundesregierung zum MaMoG zu § 8 Abs. 2 Nr. 1).

II. Wegfall des Erfordernisses einer graphischen Wiedergabe

3   Mit dem neuen Abs. 2 Nr. 3 wurden die formalen Anforderungen an die Markenanmeldung grundsätzlich dahingehend geändert, dass die Marke nicht länger graphisch darstellbar sein muss. Dies eröffnet insbesondere für Marken, die auf visuellen oder akustischen Effekten, oder auf modernen Medien basieren, die Möglichkeit einer Eintragung. Hierzu zählen beispielsweise multimediale Marken (→ Rn. 56) oder Kombinationen aus Positions- und Bewegungsmarke. Aber auch bisher bereits übliche Markenformen bekommen einen größeren Anwendungsbereich. An die Stelle der Hörmarke, die auf mittels Notenschrift darstellbare Melodien beschränkt war, tritt die nunmehr jedenfalls formal unbeschränkte Klangmarke (→ Rn. 50). Zudem sieht die MarkenV nunmehr explizit vor, dass Marken, die sich nicht anders darstellen lassen, durch Text definiert werden können (§ 6 Abs. 2 MarkenV). Dies könnte eventuell der bisher nicht eintragungsfähigen Geruchsmarke zu neuer Bedeutung verhelfen (→ Rn. 60).

4   Für die Darstellung stehen je nach Markenform zeitgemäße elektronische Formate wie JPEG, OBJ, MP3 bzw. MP4 zur Verfügung, welche auch zukünftig dem technischen Fortschritt angepasst werden sollen (Näheres hierzu unter https://www.dpma.de/dpma/veroeffentlichungen/bekanntgaben/2020/10012020/index.html). Die Verwendung von Mustern und Modellen ist nach wie vor ausgeschlossen (§ 13 MarkenV).

5   Mit der Änderung des Abs. 2 Nr. 3 wurde nicht nur das Erfordernis der graphischen Wiedergabe aufgegeben und damit eine Anpassung an moderne Darstellungsmittel geschaffen. Der Verweis auf § 8 Abs. 1 dient auch der gesetzlichen Umsetzung der Anforderungen an die Bestimmtheit der Marke, die der EuGH in der sogenannten „Sieckmann" Entscheidung festgelegt hat (EuGH C-273/00, GRUR 2003, 145 – Sieckmann; s. auch → UMV Art. 4 Rn. 6 ff.). Danach muss die Darstellung klar, eindeutig, in sich abgeschlossen, leicht zugänglich, verständlich, dauerhaft und objektiv sein (Erfordernis der Bestimmtheit). Nur dann ist sie geeignet den Gegenstand des Eintragungsverfahrens eindeutig festzulegen, die Eintragung der Marke in das Register zu ermöglichen, und die Öffentlichkeit über Gegenstand und den Schutzbereich der Marke zu informieren (EuGH C-273/00, GRUR 2003, 145 – Sieckmann; s. auch → UMV Art. 4 Rn. 6 ff.; BGH GRUR

2007, 148 – Tastmarke; s. auch EuGH C-421/13, BeckRS 2014, 81150 – Apple Store; s. auch → § 8 Rn. 19 ff.).

Die Bestimmtheit wurde bisher sowohl im Rahmen der formalen Prüfung der Wiedergabe **6** (§ 32 Abs. 2; → Rn. 21.1 ff.) als auch bei der inhaltlichen Prüfung der Darstellbarkeit gemäß § 8 Abs. 1 (→ § 8 Rn. 19 ff.), sowie bei der Prüfung im Rahmen von § 3 (→ § 3 Rn. 27 ff.) berücksichtigt. Mit dem ausdrücklichen Verweis in § 32 Abs. 2 Nr. 3 erübrigt sich die Abgrenzung hinsichtlich § 32 Abs. 2 Nr. 3 und § 8 Abs. 1 (s. auch BPatG GRUR 2022, 725 Rn. 19 – Weißes k auf rotem Grund; Ingerl/Rohnke/Nordemann/Nordemann Rn. 9a). Inhaltlich sollte damit eigentlich keine Änderung einhergehen (→ Rn. 22). Allerdings lassen sowohl die neueste Rechtsprechung des BPatG (→ Rn. 6.2; → Rn. 25) als auch die Richtlinie des DPMA für die Prüfung von Markenanmeldungen (→ Rn. 6.1; → Rn. 26) erkennen, dass hier ggf. eine vereinfachte Beurteilung angestrebt wird.

Das DPMA hat in seiner Richtlinie für die Prüfung von Markenanmeldungen vorgesehen, dass das **6.1** Erfordernis der Darstellung, soweit es § 32 Abs. 2 Nr. 3 betrifft, jedenfalls bei Wort- und Wort/Bild-Marken mit dem Eingang einer graphischen Darstellung und bei Bewegungs- und Hologrammmarken sowie Klang- und Multimediamarken mit Eingang einer elektronischen Wiedergabe in einem vom DPMA zugelassenen Dateiformat erfüllt ist (→ Rn. 26). Es scheint daher, dass das DPMA zumindest im Rahmen des § 32 Abs. 2 Nr. 3 keine weiteren Anforderungen hinsichtlich des Bestimmtheitsgebots an die Markenanmeldung stellen wird und die Bestimmbarkeit des Schutzgegenstands ausschließlich im Rahmen von § 8 Abs. 1 prüfen wird. Dies würde allerdings wohl nicht der Auflassung des BPatG entsprechen, das gerade davon auszugehen scheint, dass die Anforderungen des § 32 Abs. 2 Nr. 3 und des § 8 Abs. 1 identisch sind, und dass keine gültige Anmeldung vorliegt, wenn diese Anforderungen nicht erfüllt sind (BPatG GRUR 2022, 725 Rn. 19 – Weißes k auf rotem Grund).

Unabhängig davon scheint aber auch das BPatG eine etwas vereinfachte Prüfung der § 32 Abs. 2 Nr. 3 **6.2** und § 8 Abs. 1 vornehmen zu wollen. So hat der 29. Senat es genügen lassen, dass „[A]us der Anmeldung deutlich [wird], welches Zeichen geschützt werden soll, nämlich eine variable Marke" (BPatG GRUR 2022, 725 Rn. 20 – Weißes k auf rotem Grund). Mangels Bestimmtheit fehlte der Marke allerdings die Markenfähigkeit gemäß § 3 Abs. 1 (BPatG GRUR 2022, 725 Rn. 20 – Weißes k auf rotem Grund; s. auch → § 3 Rn. 25.2). Auch der 30. Senat verordnet die Prüfung der Bestimmtheit und Darstellung offenbar bei § 3 Abs. 1 (BPatG GRUR-RS 2022, 19426 Rn. 18 – Orange/Hellgrau). Ob diese Herangehensweise allerdings den Überlegungen des Erwägungsgrunds 13 MRL entspricht, scheint fraglich. Darin wird explizit ausgeführt, dass die Bestimmtheit des Zeichens der Rechtsicherheit und ordnungsgemäßen Verwaltung im Rahmen des Eintragungsverfahrens dient. Zudem ergibt sich dann erneut die Problematik bezüglich des Prioritätsrechts (→ Rn. 26.3).

Bestehen bleibt mit der neuen Formulierung allerdings die Problematik, dass das MarkenG für **7** § 32 Abs. 2 Nr. 3 und § 8 Abs. 1 unterschiedliche Rechtsfolgen vorsieht. Entspricht die Anmeldung nicht den formalen Erfordernissen des § 32 Abs. 2, gilt sie als zurückgenommen (§ 36 Abs. 2 iVm § 36 Abs. 1 und § 33 Abs. 1), ist sie hingegen von der Eintragung gemäß § 8 Abs. 1 ausgeschlossen, wird sie zurückgewiesen (§ 37 Abs. 1; → Rn. 22.4). Im ersten Fall erhält die Anmeldung zudem keinen Anmeldetag, und kann dementsprechend auch nicht für eine ausländische Priorität beansprucht werden (→ Rn. 26.3 ff.)

Es bleibt abzuwarten, unter welcher Rechtsnorm die Bestimmtheit der Marke, insbesondere **8** der Darstellung, die ihr vom EuGH und nun auch vom Gesetzgeber zugedachte Rolle in Zukunft spiele wird – im Rahmen der formalen Prüfung, im Rahmen der Schutzhindernisse nach § 8 und/oder im Rahmen der Markenfähigkeit gemäß § 3 (zB BPatG GRUR 2022, 275 – weißes k auf rotem Grund).

B. Einreichen der Anmeldungsunterlagen

Die Markenanmeldung kann direkt beim DPMA, bei dessen Außenstelle in Jena oder bei **9** einem Patentinformationszentrum eingereicht werden. Sie kann in Papierform, per Telefax (§ 11 DPMAV) oder elektronisch eingereicht werden. Letzteres ist über DPMAdirektWeb oder DPMA-direktPro möglich. Die Anmeldung kann nicht per E-Mail eigereicht werden. DPMAdirektWeb funktioniert ohne Unterschrift bzw. elektronische Signatur, erlaubt allerdings keine freie Formulierung des Waren- und Dienstleistungsverzeichnisses, sondern lediglich die Auswahl einzelner Begriffe aus den vom DPMA vergebenen Listen. Für die Verwendung von DPMAdirektPro wird eine Signaturkarte benötigt (§ 12 DPMAV).

Für die Anmeldung soll das vom DPMA zur Verfügung gestellte Formblatt (abrufbar unter **10** http://www.dpma.de/docs/service/formulare/marke/w7005.pdf, zuletzt abgerufen am 28.12.

2022) verwendet werden (§ 2 MarkenV). Daraus ergab sich bereits vor der Einfügung des neuen Abs. 2 Nr. 1 durch das MaMoG die Notwendigkeit eines Antrags. Der Antrag muss durch den Anmelder oder dessen Vertreter (ggf. elektronisch) unterschrieben werden (§ 10 Abs. 1 DPMAV). Hat der Anmelder weder Sitz noch Wohnsitz in der Bundesrepublik, kann er die Anmeldung zunächst selbst einreichen, muss aber für das weitere Verfahren einen Inlandsvertreter bestellten (§ 96).

11   Wird die Marke nicht elektronisch eingereicht, kann die Darstellung der Marke auf Papierform oder auf einem Datenträger eingereicht werden, wobei auf die Verwendung eines zulässigen Dateiformats zu achten ist (zB JPEG, MP3, MP4; → Rn. 4). Kann der Datenträger aus irgendwelchen Gründen nicht ausgelesen werden, gilt die Darstellung als nicht eingereicht (§ 6a Abs. 1 MarkenV). Eine Nachreichung unter Verschiebung des Anmeldetags sollte allerdings möglich sein (§ 37 Abs. 2). Wird die Darstellung sowohl auf Papier als auch auf einem Datenträger eingereicht, ist letztere die verbindliche Darstellung, vorausgesetzt, dass beide gleichzeitig beim DPMA eingehen (§ 6a Abs. 3 MarkenV).

12   Der Anmeldung ist auch ein Waren- und Dienstleistungsverzeichnis beizufügen (→ Rn. 61), das entsprechend den Formvorschriften des § 20 MarkenV abgefasst werden muss. Wird die Anmeldung auf Papier eingereicht, muss das Verzeichnis in Schriftgrad 11 Punkt mit 1.5-fachen Zeilenabstand abgefasst sein.

C. Angaben zum Anmelder

13   Die Angaben zum Anmelder dienen seiner Identifizierung und der Prüfung, ob der Anmelder markenfähig iSv § 7 ist.

I. Mindestanforderung zur Zuerkennung eines Anmeldetags (Abs. 2 Nr. 1)

14   Die Informationen über den Anmelder müssen zumindest ausreichen, um diesen zweifelsfrei zu identifizieren, wobei sich die Anforderungen hierfür auch danach richten, ob es sich bei dem Anmelder um eine natürliche oder juristische Person handelt (→ Rn. 14.1). Sind die Angaben nicht ausreichend, gilt die Anmeldung als zurückgenommen und erhält keinen Anmeldetag (§ 36 Abs. 2; → § 36 Rn. 1).

14.1   Welche Angaben nötig sind, um diese Mindestanforderung zu erfüllen, richtet sich nach der Art des Anmelders. Bei natürlichen Personen werden regelmäßig Name, Vorname und Anschrift als ausreichend angesehen. Unter Umständen kann auch die Initiale des Vornamens oder die alleinige Angabe des Wohnorts genügen (Ingerl/Rohnke/Nordemann/Nordemann Rn. 7). Bei juristischen Personen muss hingegen eine eindeutige Identifizierung gewährleistet und eine Verwechslung mit persönlichen Gesellschaftern oder Tochterfirmen ausgeschlossen sein (Ingerl/Rohnke/Nordemann/Nordemann Rn. 7). Hierzu ist häufig die Angabe der Rechtform notwendig. Gleiches gilt sofern Anmelder der Marke eine Gesellschaft bürgerlichen Rechts (BGB-Gesellschaft) ist. Ist als Anmelder eine Phantasiebezeichnung („Stadtgemeinde Cottbus, Politische Vertretung") angegeben, für deren Existenz es keinen Nachweis gibt, kann weder die Zahlung einer Gebühr durch eine Privatperson noch die Zuordnung zu einer tatsächlichen oder juristischen Person, die an der angegebenen Adresse wohnhaft ist, zur Identifizierung des Anmelders herangezogen werden (BeckRS 2019, 28613 – Stadtgemeinde Cottbus; s. auch → § 66 Rn. 96).

II. Weitere Erfordernisse (Abs. 3 iVm § 5 MarkenV)

15   Soweit nähere Angaben zu Sitz und Rechtsform nicht schon zur Identifizierung notwendig sind (→ Rn. 14.1), zählen sie jedenfalls zu den weiteren Erfordernissen der Anmeldung (§ 5 MarkenV). Für alle Anmelder ist Name oder Firma, Anschrift und bei juristischen Personen und Personengesellschaften die Rechtsform anzugeben. Letztere sind entsprechend ihrem Eintrag in den jeweiligen öffentlichen Registern (Handelsregister, Partnerschaftsregister) zu benennen. Bestehen Zweifel über die Erfüllung der Anforderungen an die Inhaberschaft, kann das DPMA ggf. die Vorlage eines Handelsregisterauszugs verlangen (BPatG BeckRS 2016, 123545 – Stuart). Für den Fall, dass die Anmelderin eine GbR ist, muss zudem der Name mindestens eines vertretungsberechtigten Gesellschafters angegeben werden (§ 5 MarkenV). Die dem Handelsregister entsprechenden Angaben ebenso wie die Benennung eines vertretungsberechtigten Gesellschafters können aber nachgeholt werden. Dies ist selbst im Beschwerdeverfahren noch möglich (BPatG BeckRS 2016, 130056; GRUR 2014, 20 – GbR Vertreter). Ist der Anmelder eine Privatperson, ist zwingend die Wohnanschrift anzugeben. Dies ist insbesondere bei Anmeldern, die den freien Berufen angehören und die Marke im Rahmen ihrer beruflichen Tätigkeit anmelden möchten, zu beachten (BPatG GRUR-RS 2022, 21533 – IP4P).

Sind mehrere Personen Anmelder müssen die genannten Angaben für alle Personen gemacht 16 werden (§ 5 Abs. 3 MarkenV). Darüber hinaus muss ein Zustellungsbevollmächtigter benannt werden, sofern nicht ein gemeinsamer Vertreter bestellt ist.

Wird eine Marke für mehrere Inhaber angemeldet, bilden diese eine Bruchteilsgemeinschaft, mit der 16.1 Folge, dass die Marke den Inhabern gemeinschaftlich zusteht und diese auch nur gemeinschaftlich über die Marke verfügen können (→ § 7 Rn. 23). Darüber hinaus ist auch bei Erklärungen gegenüber dem DPMA oder dem Bundespatentgericht Vorsicht geboten. Insbesondere bei einer Beschwerde stellt sich die Frage, ob jeder Anmelder/Inhaber Beschwerde erheben und damit auch eine Beschwerdegebühr zahlen muss (Abschnitt I in Teil B der Anlage zu § 2 Abs. 1 PatKostG). Der 10. Senat hatte dies in einer entsprechenden Entscheidung zu einer Beschwerde in Patentsachen bejaht (BPatG BeckRS 2014, 04596 – Satz aus Mauersteinen). Der 23. Senat war dagegen der Ansicht, dass eine Bruchteilsgemeinschaft von Anmeldern als ein einziger Beschwerdeführer zu behandeln sei, so dass die Zahlung einer Beschwerdegebühr als ausreichend erachtet wurde (BPatG BeckRS 2017, 101127 – Cevita; im Detail → § 66 Rn. 131). Gemessen an den mit einer Mehrheit von Anmeldern verbundenen Unwägbarkeiten und Herausforderungen an eine stringente Verwaltung der Marke, kann es sich lohnen, vor Anmeldung über die Schaffung einer Gesellschaft, zB einer GbR, nachzudenken (→ § 7 Rn. 17).

Werden Mängel in den Angaben zum Anmelder nicht beseitigt, wird die Anmeldung zurückge- 17 wiesen (→ § 36 Rn. 9). Allerdings ist eine Beseitigung der Mängel auch noch bis zum Zeitpunkt der Entscheidung über die Beschwerde möglich (BPatG BeckRS 2016, 130056 – Cosmetic College Hannover).

D. Darstellung der Marke

Die Darstellung der Marke legt gemeinsam mit dem Waren- und Dienstleistungsverzeichnis 18 (→ Rn. 61) den Schutzgegenstand der Registermarke fest. Sie muss zweifelsfrei erkennen lassen, wofür Schutz begehrt wird (ua BPatG BeckRS 2014, 12874 – Gelber Sartorius-Bogen). Seit der Einführung des MaMoG muss es sich nicht mehr um eine graphische Darstellung handeln, womit eine Anpassung an moderne Technologien und die daraus resultierenden wirtschaftlichen Anforderungen erreicht wird. Insbesondere wird die Eintragung ungewöhnlicher Markenformen – jedenfalls formal – erleichtert (Erläuterungen im Referentenentwurf zum MaMoG; → Rn. 3).

Gemäß Abs. 2 Nr. 3, der auf § 8 Abs. 1 verweist, muss das Zeichen geeignet sein, im Register 19 so dargestellt zu werden, dass der Schutzgegenstand klar und eindeutig bestimmbar ist (§ 8 Abs. 1).

Schließlich kann die Darstellung der Marke (einschließlich der Markenform), im Gegensatz 20 zum Waren- und Dienstleistungsverzeichnis, nachträglich nicht geändert werden, selbst wenn dadurch der Schutzumfang der Marke verringert würde (BGH GRUR 2001, 239 – Zahnpastastrang; GRUR 2007, 55 – Farbmarke gelb/grün II). Will der Anmelder die Marke in veränderter Darstellung weiterverfolgen, so ist das ausschließlich über eine Neuanmeldung möglich (BPatG BeckRS 2015, 00685 – coach4u). Zur Frage, ob eine Änderung der Darstellung möglich ist, solange kein Anmeldetag vergeben wurde, → Rn. 22.5.

Wird in einer Eingabe an das Amt unmissverständlich zum Ausdruck gebracht, dass weiterhin ausschließ- 20.1 lich ein gegenüber der ursprünglichen Anmeldung geändertes Zeichen als Markenanmeldung weiterverfolgt werden soll, so kann darin eine Rücknahme der Markenanmeldung liegen (BPatG BeckRS 2015, 00685 – coach4u).

I. Mindestanforderung zur Zuerkennung eines Anmeldetags (Abs. 2 Nr. 3)

Die Anforderungen an die Darstellung, insbesondere an deren Bestimmtheit, ergeben sich seit 21 Einführung des MaMoG aus dem expliziten Verweis auf § 8 Abs. 1 (§ 32 Abs. 2 Nr. 3). Dieser Verweis zusammen mit der Änderung des § 8 Abs. 1 diente der Kodifizierung der Rechtsprechung des EuGH zu den Anforderungen an die Bestimmtheit der Darstellung bei Markenanmeldung (EuGH C-273/00, GRUR 2003, 145 – Sieckmann; → Einleitung Rn. 85). Die sogenannten Sieckmann-Kriterien verlangten bereits vor Einführung der MaMoG, dass die Darstellung der Marke klar, eindeutig, in sich abgeschlossen, leicht zugänglich, verständlich, dauerhaft und objektiv sein muss.

Auch wenn die Anforderungen, die der EuGH aufgestellt hat, grundsätzlich für alle Markenanmeldun- 21.1 gen gelten, kann es je nach Art der Marke unterschiedlich schwierig sein, diese Kriterien zu erfüllen. So wurden beispielsweise für die Riech- und Tastmarke sehr hohe Erfordernisse aufgestellt, die jedenfalls die Anmeldung einer Riechmarke nahezu unmöglich erscheinen lassen (EuGH C-273/00, GRUR 2003,

145 – Sieckmann; BGH GRUR 2007, 148 – Tastmarke). Für konventionellere Markenformen erscheinen die Anforderungen des EuGH hingegen weniger drastisch. So hat er in seiner Entscheidung zur Darstellung der Ausstattung eines Ladengeschäfts ausgeführt, dass eine Abbildung mit Linien, Konturen und Formen jedenfalls die Voraussetzungen eines Zeichens sowie einer graphischen Darstellung erfüllt. Auf die Größenverhältnisse und Proportionen käme es dagegen nicht an (EuGH C-421/13, BeckRS 2014, 81150 – Apple Store).

21.2   Darüber hinaus kann aber auch ein Widerspruch zwischen der Angabe über die Markenform und der Darstellung der Marke der Eintragung mangels Bestimmtheit entgegenstehen (EuGH GRUR 2019, 511 Rn. 40, 42 – Hartwall; → Rn. 34.3).

21.3   Weiterführend zur Anwendung der Bestimmtheitsgrundsatzes durch den EuGH s. Jänich MarkenR 2012, 404. Zu einer vergleichenden Betrachtung der Anforderungen an die Bestimmtheit des Schutzgegenstands im Marken-, Design- und Patentrecht, aber auch im Urheberrecht s. Peukert GRUR 2021, 1117.

22   Somit sollte sich an der inhaltlichen Prüfung der ausreichenden Bestimmtheit der Marke mit den Neuerungen des MaMoG eigentlich nicht viel ändern. Allerdings verweist § 32 Abs. 2 Nr. 3 nun unmittelbar auf § 8 Abs. 1, so dass beide Vorschriften inhaltlich zusammenfallen (s. auch BPatG GRUR 2022, 725 Rn. 19 – weißes k auf rotem Grund). Demgegenüber waren unter dem alten Recht durchaus Unterschiede in der Prüfung von § 32 Abs. 2 Nr. 3 einerseits und § 8 Abs. 1 andererseits gemacht worden (→ Rn. 22.1 ff.). Darüber hinaus unterschieden sich die Anforderungen auch danach um welche Art von Marke es sich handelte (zu Besonderheiten einzelner Markenformen → Rn. 28). Schließlich unterscheiden sich auch nach der Einführung des MaMoG nach wie vor die Rechtsfolgen je nachdem, ob die Voraussetzungen von § 32 Abs. 2 Nr. 3 oder § 8 Abs. 1 als nicht erfüllt angesehen werden (→ Rn. 22.4).

22.1   Zum alten Recht wurde teilweise davon ausgegangen, dass die Anforderungen an die Darstellung der Marke (EuGH C-104/01, GRUR 2003, 604 – Libertel) sowohl für die graphische Darstellbarkeit (§ 8 Abs. 1) als auch für die Wiedergabe (§ 32 Abs. 2) gelten (BGH GRUR 2007, 148 – Tastmarke; BPatG GRUR 2005, 1056 – Dunkelblau/Hellblau). Andererseits gingen sowohl BPatG als auch BGH davon aus, dass die Anforderungen an die graphische Darstellbarkeit (§ 8 Abs. 1) über jene an die Wiedergabe (§ 32 Abs. 2) hinausgehen können (so wohl auch zum neuen Recht: Ingerl/Rohnke/Nordemann/Boddien § 36 Rn. 3). Dies wurde unter anderem damit begründet, dass § 8 Abs. 1 die Eintragung der Marke ins Register und deren Veröffentlichung bezweckt (Ströbele/Hacker/Thiering/Miosga Rn. 15). Dementsprechend sei es möglich, dass die Wiedergabe eine Marke entsprechend § 32 Abs. 2 ausreichend bestimmt, ohne jedoch graphisch darstellbar iSv § 8 Abs. 1 zu sein, wenn ihre Abbildung im Register nicht möglich ist. Dies wurde beispielsweise für eine konturlose Mehrfarbenmarke (BGH GRUR 2007, 55 – Farbmarke gelb/grün II), für variable Marken wie Hologramme (BPatG GRUR 2005, 594 – Hologramm) und für variable Strichcodes (BPatG GRUR 2008, 416 – Variabler Strichcode) angenommen. Allerdings zeigte gerade der zuletzt genannte Fall, wie schwierig eine Abgrenzung im Einzelfall sein kann. Denn die bildliche Wiedergabe eines einzigen oder auch einiger weniger Strichcodes kann niemals alle denkbaren Varianten des Strichcodes zeigen und somit eine nachträgliche Änderung der Marke nicht ausschließen (BGH GRUR 2004, 502 – Gabelstapler II). Insofern ähnelt die Situation dem Sachverhalt, der den Entscheidungen zu einer 3D-Marke, die ein Schokostäbchen zeigte, zugrunde lag. In diesem Fall war die Wiedergabe (§ 32 Abs. 2 aF) als nicht ausreichend bestimmt angesehen worden, da nachträgliche Änderungen des Schutzgegenstands nicht ausgeschlossen waren (BGH GRUR 2013, 929 – Schokoladenstäbchen II; GRUR 2004, 502 – Gabelstapler II; BPatG GRUR 2007, 63 – KielNET).

22.2   An diese Rechtsprechung anknüpfend, wurden vor allem für die Anerkennung eines Anmeldetags sowohl für die 3D-Marke als auch die Positionsmarke umfangreiche Angaben zu räumlicher Ausdehnung, Größe und Proportion gefordert (→ Rn. 45 ff., → Rn. 53 ff.). Fraglich ist auch, ob bezüglich variabler Marken eine Besonderheit gesehen wird, da im Unterschied zur 3D-Marke die Variabilität gerade ein Charakteristikum der Marke ist (vgl. zum neuen Recht BPatG GRUR 2022, 725 – weißes k auf rotem Grund).

22.3   Im Rahmen der Bestimmtheit der graphischen Wiedergabe wurde auch verlangt, dass der Anmelder angibt, ob es sich um eine konventionelle Marke (Individualmarke) oder eine Kollektivmarke handeln soll (BPatG BeckRS 2016, 15464 – De-mail). Die Problematik stellte sich im Rahmen der Umwandlung einer Gemeinschaftsmarke in eine nationale Marke und wurde damit begründet, dass sich der Schutzumfang der Individualmarke von dem der Kollektivmarke unterscheidet, so dass beide einen unterschiedlichen Schutzgegenstand betreffen. Ob dies auch noch nach der Änderung von § 32 Abs. 2 Nr. 3 so gehandhabt werden wird, bleibt abzuwarten. Einen Wechsel von einer Individualmarke auf eine Kollektivmarke – oder umgekehrt – scheint das BPatG jedenfalls auszuschließen (BPatG BeckRS 2016, 15464 – De-mail).

22.4   Erfüllte die Wiedergabe die Anforderungen an eine klare und eindeutige Bestimmung der Marke nicht, war die Anmeldung regelmäßig als nicht wirksam erachtet worden und erhielt somit auch keinen Anmeldetag (BGH GRUR 2004, 502 – Gabelstapler II; BPatG GRUR 2001, 521 – Penta Kartusche; GRUR 2007,

63 – KielNET; BeckRS 2012, 13224 – Verpackungs-Füllkörper; anders BPatG BeckRS 2009, 1391 – Aqua Thron; BeckRS 2010, 20925 – Farbfläche auf Maschinengehäuse). Gemäß § 36 Abs. 2 galt die Anmeldung als zurückgenommen (→ § 36 Rn. 3).

Für den Anmelder kann die Frage, ob die Marke auf Grund von § 32 Abs. 2 Nr. 3 iVm § 36 Abs. 2 **22.5** als zurück genommen gilt oder vom Amt gemäß § 8 Abs. 1 iVm § 37 Abs. 1 zurück gewiesen wird durchaus von Bedeutung sein. Der Zurückweisung der Anmeldung auf Grund absoluter Schutzhindernisse (§ 37) hat der Anmelder regelmäßig wenig entgegenzusetzen hat, weil er die Marke nach Zuerkennung des Anmeldtags nicht mehr ändern kann. Wird die Anmeldung hingegen auf der Basis von § 32 Abs. 2 beanstandet, müsste der Anmelder grundsätzlich die Möglichkeit haben, die Darstellung im Rahmen der ursprünglich eingereichten Unterlagen und unter Zuerkennung eines späteren Anmeldetags (§ 36 Abs. 2) anzupassen, um den Mangel zu beheben (BPatG GRUR 2007, 63 – KielNET). In diesem Sinne ist wohl auch die Entscheidung des BPatG zu verstehen, in der festgestellt wurde, das DPMA hätte den Anmelder auffordern müssen Unklarheiten bezüglich der graphischen Gestaltung der Marke auszuräumen, ehe es über die Unterscheidungskraft hätte entscheiden dürfen (BPatG BeckRS 2014, 02053 – Urologie am Dom). Dies ist aber nur möglich, wenn kein Anmeldetag zuerkannt wurde.

Es lässt sich argumentieren, dass aus Gründen der Rechtsicherheit bereits die Zuerkennung des Anmel- **22.6** detags an das Vorliegen einer dem § 32 Abs. 1 Nr. 3 iVm § 8 Abs. 1 entsprechenden Darstellung zu binden sei (BGH GRUR 2004, 502 – Gabelstapler II; BPatG GRUR 2007, 63 – KielNET). Die Anmeldung muss den Gegenstand, für den Markenschutz begehrt wird, eindeutig festlegen. Sie bildet die Basis für die Prüfung der absoluten Schutzhindernisse im Eintragungsverfahren, für die Prüfung relativer Schutzhindernisse im Widerspruch- oder Löschungsverfahren, und für die Festlegung des Schutzbereichs im Verletzungsfall. Weder dem Anmelder (im Eintragungsverfahren) noch für die Allgemeinheit dürfen daher Unklarheit darüber bestehen, was tatsächlich Gegenstand der amtlichen oder gerichtlichen Prüfung ist. Aus entsprechenden Gründen hat der EuGH die Versagung eines Anmeldetags für ein in seiner Darstellung widersprüchliches Design als rechtsfehlerfrei erkannt (EuGH GRUR-RS 2018, 14023 – Mast-Jägermeister; s. auch Peukert GRUR 2021, 1117). Zudem hat die Zuerkennung des Anmeldetags auch Auswirkungen auf das Prioritätsrecht und die Möglichkeit ausländischer Nachanmeldungen (→ Rn. 26.3).

Sollte das Bestimmtheitserfordernis in Zukunft nur noch unter § 8 Abs. 1 geprüft werden, **23** mit der Folge, dass die Anmeldung im Falle eines entsprechenden Mangels gemäß § 37 Abs. 1 zurückgewiesen wird, dürften sich auch die Abgrenzungsschwierigkeiten zwischen den Mindestanforderungen (§ 32 Abs. 2 Nr. 2) einerseits und den weiteren Erfordernissen (§ 32 Abs. 3 MarkenG iVm §§ 6–12 MarkenV) andererseits erübrigen. Auch hier unterscheiden sich nämlich die Rechtsfolgen. Eine Behebung von Mängeln im Rahmen des § 32 Abs. 2 ist nur unter Zuerkennung eines späteren Anmeldetags möglich (§ 36 Abs. 2), wohingegen der Anmeldetag vom Nachholen weiterer Erfordernisse unberührt bleibt (§ 36 Abs. 4). Erachtet man nun die Bestimmtheit der Marke als Bestandteil der Mindesterfordernisse gemäß § 32 Abs. 2, wird so lange kein Anmeldetag vergeben, als Zweifel über den tatsächlichen Gegenstand der Markenanmeldung bestehen (so unter anderem BPatG GRUR 2001, 521 – Penta Kartusche; BeckRS 2009, 340 – Zitzengummis für Melkanlagen). Dies kann dazu führen, dass Angaben, welche eigentlich zu den weiteren Erfordernissen (§ 32 Abs. 3 MarkenG iVm §§ 6–12 MarkenV) zählen, für die Zuerkennung eines Anmeldetags essentiell werden, zB die Angabe der Markenkategorien bei 3D-Marken (→ Rn. 45) oder die Beschreibung bei abstrakten Farbmarken (→ Rn. 38) und Positionsmarken (→ Rn. 53). Allerdings erscheint die Zuordnung dieser Angaben zu den weiteren Erfordernissen gemäß § 32 Abs. 3 ohnehin eher den traditionellen Markenkategorien, wie Wort- und Bildmarken, als modernen Erscheinung, wie 3D-, Klang- und Positionsmarken, gerecht zu werden.

Es bleibt abzuwarten, welche Bedeutung der Bestimmtheit der Marke als formales Kriterium in **24** Zukunft zukommen wird und inwieweit die zahlreiche und vor allem zwischen unterschiedlichen Markenformen nicht immer ganz einheitliche Rechtsprechung nach dem alten Recht (s. III Besonderheiten einzelner Markenformen; → Rn. 28 ff.) weiter Anwendung finden wird. Aktuell zumindest scheinen sowohl das BPatG (→ Rn. 25) als auch das DPMA (→ Rn. 26) eine vereinfachte Prüfung der Bestimmtheit der Darstellung im Rahmen des § 32 Abs. 2 Nr. 3 iVm § 8 Abs. 1 zu verfolgen.

Der 29. Senat des BPatG hat in einer ersten Entscheidung, die sich mit der Frage der Bestimmt- **25** heit der Darstellung einer variablen Marke befasst, zunächst festgehalten, dass die Prüfungskriterien unter § 32 Abs. 2 Nr. 3 und § 8 Abs. 1 nunmehr zusammenfallen (GRUR 2022, 725 Rn. 19 – weißes k auf rotem Grund). Des Weiteren hat er es in diesem Rahmen genügen lassen, dass sich aus der Darstellung der Marke, bestehend aus graphischer Wiedergabe und der Beschreibung, deutlich wird, „welches Zeichen geschützt werden soll, nämlich eine variable Marke." (GRUR 2022, 725 Rn. 20 und 21 – weißes k auf rotem Grund).

25.1   Ob der Senat damit meinte, dass es bereits genügt, dass sich aus der Darstellung ergibt, dass eine variable Marke angemeldet werden soll, oder doch eher, dass erkennbar sein muss, worin die Variabilität besteht, wird leider nicht klar. Auch stellt sich die Frage, in welchem Rahmen die vom EuGH definierten „Sieckmann-Kriterien" zu prüfen wären, wenn nicht (mehr) unter des § 32 Abs. 2 Nr. 3 iVm § 8 Abs. 1. Im gegebenen Fall hatte der Senat dem Zeichen die Markenfähigkeit nach § 3 Abs. 1 aberkannt, wobei er allerdings die klare und eindeutige Darstellbarkeit im Register (§ 8 Abs. 1 aF) den Voraussetzungen der Markenfähigkeit zuordnete (BPatG GRUR 2022, 725 Rn. 23 – weißes k auf rotem Grund). Ob sich diese Vorgehensweise beim BPatG etablieren wird und inwieweit sie auf andere Markenformen anwendbar ist, wird sich zeigen müssen (s. auch → § 3 Rn. 25.2).

26   Die Richtlinie für die Prüfung von Markenanmeldungen sieht vor, dass zumindest bei Wort-, Wort/Bild- und dreidimensionalen Marken das Erfordernis der Wiedergabe mit dem Eingang einer graphischen Darstellung der Marke erfüllt ist. Fehlende oder widersprüchliche Angaben zur farblichen Gestattung sollen dem nicht entgegenstehen. Selbst die Abbildung mehrerer Marken soll den Mindestanforderungen genügen, und zur Zuerkennung eines Anmeldetags führen, wobei der Anmelder anschließend erklären muss, für welche der Darstellungen er das Anmeldeverfahren weiterführen will (Richtlinie für die Prüfung von Markenanmeldungen, Teil 1, III, 1c; s. auch BPatG GRUR 2019, 403 Rn. 28 – Grün/Orange).

26.1   Die Regelungen dürften vor allem privaten Anmeldern entgegenkommen, die sich aus Mangel an Erfahrung der formalen Herausforderungen einer Markenanmeldung nicht bewusst sind. Es scheint gerechtfertigt, sie an diesen nicht scheitern zu lassen.

26.2   Allerdings stellt sich bei einer Darstellung mit mehreren Zeichen dann stets die Frage, ob es sich um eine fehlerhafte Anmeldung mit mehreren Zeichen handelt, von denen eines ausgewählt werden muss, oder ob nicht die Darstellung einer Kombination von Zeichen von vornherein gewünscht war. Im ersten Fall wäre der Anmelder darauf angewiesen, dass das Amt mehrere individuelle Zeichen identifiziert und den Anmelder zu einer Auswahl auffordert. Eine Unterscheidung könnte vor allem bei reinen Wortmarken schwierig sein (vgl. zB EuG T-556/17, BeckRS 2018, 13075 – STAROPILSEN; STAROPLZEN, das als eine Wortmarke eingetragen wurde).

26.3   Weiterhin stellte sich bei der vom DPMA in Aussicht gestellten Praxis die Frage, welche Auswirkungen die Zuerkennung des Anmeldetags bei mehreren Darstellungen auf das Prioritätsrecht haben wird. Grundsätzlich genügt für die Entstehung des Prioritätsrechts die Zuerkennung des Anmeldetags, wohingegen das weitere Schicksal der Anmeldung unerheblich ist (Art. 4 C Abs. 2, Abs. 3 PVÜ, → § 34 Rn. 4). Es wird daher vom jeweiligen ausländischen Amt abhängen, ob es die Priorität einer solchen Anmeldung für einen späteres Markenanmeldung, sei es für eines der Zeichen oder alle Zeichen (einzeln oder gemeinsam) anerkennt. Zudem hat der EuGH für unzureichend bestimmte Designanmeldungen auf die Problematik eines „überschießenden Prioritätsschutzes" bereits explizit hingewiesen und eine Zuerkennung des Anmeldetags versagt (EuGH GRUR-RS 2018, 14023 – Mast-Jägermeister; zum Bestimmtheitsgrundsatz im Marken-, Design-, Urheber-, und Patentrecht s. Peukert GRUR 2021, 1117).

26.4   In diesem Zusammenhang sei angemerkt, dass die Anmeldung einer Serienmarke im Sinne des englischen Rechts, dh eine Reihe ähnlicher Zeichen, die in einer Registrierung enthalten sind, im Deutschen Markenrecht nicht vorgesehen ist (zur Abgrenzung zur Serienmarke im Sinne einer Markenfamilie → UMV Art. 8 Rn. 123.1). Die Eintragung derartiger Serienmarken als Unionsmarke ist ebenfalls nicht möglich (→ UMV Art. 41 Rn. 31). Demgemäß wurde das Zeichen STAROPILSEN; STAROPLZEN als eine Wortmarke eingetragen (EuG T-556/17, BeckRS 2018, 13075 – STAROPILSEN; STAROPLZEN). Sowohl das EUIPO als auch das EuG hat im Löschungsverfahren auf die Ähnlichkeit nur eines der beiden Bestandteile mit der älteren Marke abgestellt und somit den Eindruck erweckt, das Zeichen wäre eher wie eine Serienmarke zu betrachten (vgl. zB EuG T-556/17, BeckRS 2018, 13075 – STAROPILSEN; STAROPLZEN). Es bleibt aber fraglich, ob dieselbe Herangehensweise auch in einem Verletzungsprozess gewählt worden wäre. Es scheint vielmehr möglich, dass eine Verwechslungsgefahr mit nur einem Bestandteil für die Bejahung der Verletzung nicht ausgereicht hätte. In diesem Fall hätte der Markeninhaber durch das „Doppelzeichen" den Schutzumfang unnötig beschränkt, ohne andererseits gegen die Löschung der eigenen Marke gefeit zu sein. Das Beispiel zeigt einmal mehr, dass ausreichende Sorgfalt und Kenntnis bei der Markenanmeldung trotz des anvisierten Entgegenkommens des DPMA wesentlich bleibt.

26.5   Die Zuerkennung des Anmeldetags durch das DPMA ist allerdings keine abschließende Entscheidung. Auch die Richtlinien weisen explizit darauf hin, dass sich im nachfolgenden Prüfungsverfahren herausstellen kann, dass die Mindestanforderungen doch nicht erfüllt waren. Dann kommt es zu einer Verschiebung des Anmeldetags, sofern die Erfordernisse nachgeholt werden (können) (Richtlinie für die Prüfung von Markenanmeldungen, Teil 1, III, 2).

26.6   Der Bestimmtheitsgrundsatz ist auch auf internationale Marken (IR-Marken), die auf Deutschland erstreckt werden anzuwenden. Er dient dazu das Zeichen der Marke festzulegen, sowohl für das Eintragungsverfahren als auch für die Veröffentlichung der Marke, mit der die Öffentlichkeit über den Schutzbereich der Marke informiert wird. Damit stellt der Bestimmtheitsgrundsatz ein wesentliches Prinzip des deutschen Markenrechts dar und ist Teil der öffentlichen Ordnung iSv Art. 6^{quinquies} B S. 1 Abs. 3 PVÜ (BGH GRUR 2013, 929 – Schokoladenstäbchen II). Bei der Beurteilung der Bestimmtheit der Marke ist allerdings die nationale Ausgangseintragung zu Grunde zu legen (BGH GRUR 2013, 929 – Schokoladenstäbchen II).

II. Weitere Erfordernisse (Abs. 3 iVm §§ 6–12 MarkenV)

Die weiteren Erfordernisse an die Darstellung der Marke richten sich nach der Art der Marke **27** und sind für jede Markenform separat geregelt. Sie können im Laufe das Anmeldeverfahrens, ohne Verschiebung des Anmeldetags, nachgeholt werden (§ 36 Abs. 4).

III. Besonderheiten einzelner Markenformen

War bisher für eine eindeutige und hinreichend bestimmte Wiedergabe in der Regel eine **28** einzige klare graphische Darstellung erforderlich und ausreichend, entfällt das Erfordernis der graphischen Darstellung mit den Neuerungen des MaMoG. Nunmehr sind alle Darstellungsmöglichkeiten zulässig, soweit sie geeignet sind eine klare und eindeutige Darstellung des Zeichens im Register zu erlauben (Verweis auf § 8 Abs. 1).

Zu den neuen Markenformen gehören die Mustermarke, die Multimediamarke (→ Rn. 56) **29** und die Hologrammmarke. Aber auch Kombinationen unterschiedlicher Markenformen innerhalb einer Darstellung (dh in Form einer einzigen Datei) sind nunmehr möglich, zB Hologramm + Sound oder Bewegung + Position.

Zudem gestattet es die MarkenV seit ihrer Änderung explizit, dass die Darstellung einer Marke **30** ausschließlich durch einen beschreibenden Text erfolgt (§ 12a MarkenV).

Schließlich bringt der Verzicht auf das Erfordernis der graphischen Wiedergabe weitreichende **31** Änderungen für die Hörmarke mit sich, die durch die Klangmarke ersetzt wird (→ Rn. 50).

An den Anforderungen an die Bestimmtheit der Darstellung hat sich mit den Änderungen **32** durch das MaMoG allerdings nichts geändert (Erwägungsgrund 13 MRL). Daher sollten die Anmelder auch in Zukunft darauf achten, dass die Anmeldung von Anfang an zumindest jene Voraussetzungen erfüllt, die die Rechtsprechung als notwendig für die Zuerkennung eines Anmeldetags erachtet und die nunmehr auch Eingang in die MarkenV gefunden haben (§ 6b MarkenV). Diese können beispielsweise die Angabe der Markenform (zB Bildmarke vs. 3D-Marke, → Rn. 46), die Einreichung mehrerer Abbildungen (zB 3D-Marke, → Rn. 46) oder eine zusätzliche Beschreibung (zB Positionsmarke, → Rn. 53) umfassen.

1. Wortmarken

Als Wortmarke können angemeldet werden: Wörter, Buchstaben- und/oder Zahlenfolgen, aber **33** auch einzelne Buchstaben oder Zahlen, sowie Kombinationen mehrere Wörter (zB Slogans). Wortmarken können jedoch nur Zeichen enthalten, die sich in der vom DPMA verwendeten Druckschrift darstellen lassen (abrufbar unter http://www.dpma.de/docs/service/formulare/marke/w7731.pdf, zuletzt abgerufen am 9.4.2019).

In der Anmeldung selbst kann die Wortmarke in einer beliebigen Schriftart wiedergegeben werden, **33.1** solange sie geeignet ist den Schutzgegenstand eindeutig erkennen zu lassen. Die Wortmarke wird allein durch die Wiedergabe auf der Anmeldung bestimmt, eine zusätzliche Beschreibung der Marke ist weder vorgesehen noch zulässig (§ 6b MarkenV).

Soll die Marke in einer bestimmten Schrift, dh mit einem bestimmten äußeren Erscheinungsbild **34** eingetragen werden, muss sie als Wort/Bildmarke (→ Rn. 35) angemeldet werden. Dies gilt beispielsweise für besondere Schreibweisen, aber auch für alle Marken, die Schriftzeichen enthalten, die nicht der lateinischen Schrift angehören, wie beispielsweise russische, hebräische oder chinesische Schriftzeichen (→ Rn. 37). Augenmerk ist diesbezüglich auch auf Zeichen mit einer oder mehreren Binnenmajuskel zu legen. Diese werden, wie auch die Großschreibung am Anfang eines Wortes, bei der Beurteilung der Unterscheidungskraft nicht berücksichtigt, sofern die Marke als Wortmarke angemeldet wurde (BPatG BeckRS 2013, 11074 – FrancoMusiques; BeckRS 2013, 17749 – GoldHouSe24; GRUR-RR 2015, 333 – AppOtheke). Dies wurde nunmehr auch explizit in die Richtlinie des DPMA für die Prüfung von Markenanmeldungen aufgenommen (Richtlinie für die Prüfung von Markenanmeldungen, Teil 1, VI, 2a (1)). Ein auf den Kopf gestelltes Ausrufezeichen („¡") wurde hingegen als Bestandteil einer Wortmarke berücksichtigt (BPatG BeckRS 2018, 1233 – WiR; im Detail → Rn. 34.1 ff.).

34.1   Regelmäßig werden Marken, die ausschließlich aus Wörtern bestehen aber eine spezifische schriftliche Gestaltung haben (insbesondere einzelne oder mehrere Großbuchstaben) als Wortmarken angemeldet. Hinzu kommt, dass die Marken regelmäßig auch in der spezifischen Schreibweise vom Amt als Wortmarken eingetragen werden, obwohl dies dem Wortlaut des Antragsformulars („in der vom DPMA verwendeten Druckschrift") widerspricht. Dies führt bei Anmeldern wie bei Wettbewerbern zu Missverständnissen, die sich immer wieder in der Rechtsprechung zur Eintragungsfähigkeit und zur Markenverletzung niederschlagen.

34.2   Die Wortmarke ist grundsätzlich von ihrer graphischen Gestaltung unabhängig, und zwar sowohl hinsichtlich ihrer Unterscheidungskraft (BPatG BeckRS 2013, 11074 – FrancoMusiques; BeckRS 2013, 17749 – GoldHouSe24) als auch ihres Schutzbereichs (→ § 14 Rn. 367). Auf die spezifische Gestaltung der Schrift kommt es in der Regel allerdings ohnehin nicht an, weil diese regelmäßig nicht über das Übliche hinausgeht, und somit nicht zur Unterscheidungskraft beitragen kann (REF). Führt die Einfügung einer Binnenmajuskel jedoch zu einer Änderung des Sinngehalts der Marke (zB FreiSing, VoRWEg) kann sich eine maßgeblich andere Beurteilung der Unterscheidungskraft ergeben, je nachdem ob die Marke als Wortmarke oder als Wort/Bildmarke angemeldet wurde (BPatG GRUR-RR 2015, 333 – AppOtheke). Bei einer Wortmarke wäre die Binnengroßschreibung nämlich außer Acht zu lassen (BPatG BeckRS 2013, 11074 – FrancoMusiques; BeckRS 2013, 17749 – GoldHouSe24).

34.3   Allerdings stellt sich die Frage, ob die Marke bei einer offensichtlichen Diskrepanz zwischen der Angabe zur Markenform (Wortmarke) und der Wiedergabe (zB mit besonderer Groß- und Kleinschreibung) ausreichend eindeutig bestimmt ist, um einen Anmeldetag zu erhalten. Bisher wurde diese Frage nicht näher thematisiert, sondern die Angabe zur Markenform als ausschlaggebend angesehen, so dass die Schreibweise bei der Beurteilung der Unterscheidungskraft keine Berücksichtigung fand (BPatG BeckRS 2013, 11074 – FrancoMusiques; BeckRS 2013, 17749 – GoldHouSe24). Bei anderen Markenkategorien (zB 3D-Marke und Positionsmarke) wurde die Zuerkennung eines Anmeldetags hingegen abgelehnt (→ Rn. 48.1, → Rn. 53, → Rn. 55.2) und die inhaltliche Prüfung von der Ausräumung der bestehenden Widersprüche abhängig gemacht. In einer neueren Rechtsprechung hat der 29. Senat für das Zeichen „W¡R" das umgedrehte Ausrufezeichen (das durchaus auch als „i" gelesen werden kann) allerdings auch bei einer Anmeldung als Wortmarke berücksichtigt (die übrige Prüfung allerdings an der Lesart „wir" ausgerichtet) (BPatG BeckRS 2018, 1233 – WiR).

34.4   Neben der deutschen Rechtsprechung hat sich in jüngster Zeit auch der EuGH mit der Relevanz von Widersprüchen zwischen (graphischer) Darstellung und Markenkategorie, nämlich bei Bild- bzw. Farbmarken, beschäftigt (EuGH GRUR 2019, 511 – Hartwall). Hierzu hat er festgestellt, dass die Angabe über die Markenform insofern Relevanz entfaltet als sie den Gegenstand und die Reichweite des begehrten Schutzes bestimmt. Dementsprechend steht ein Widerspruch zwischen beidem einer Markeneintragung entgegen (EuGH GRUR 2019, 511 Rn. 25, 40, 43 – Hartwall). Auch wenn sich der EuGH nicht explizit dazu geäußert hat, sollte dieser Grundsatz auch bei anderen Markenkategorien zutreffen. Beispielsweise unterscheiden sich der Gegenstand und die Reichweite des Schutzes auch bei Wort- bzw. Wort/Bildmarke insofern, als die konkrete Schreibweise nur bei letzterer zu berücksichtigen ist (s. auch EuG GRUR-RS 2019, 41009 – OO). Zur Bedeutung der Markenform s. auch Klein GRUR Prax 2020, 472 – „Von Äpfeln und Birnen").

2. Bildmarke/Wort-Bildmarke

35   Als Bildmarke werden zwei-dimensionale Marken bezeichnet, die graphische Elemente, ggf. in Kombination mit Wortbestandteilen (sog. Wort/Bildmarken), beinhalten. Hierzu zählen aber auch alle Marken, die Worte in einer nicht-lateinischen Schrift zum Gegenstand haben. Im Gegensatz zu Wortmarken, wird der Schutzgegenstand der (Wort-/) Bildmarke durch ihre grafische Gestaltung (mit-) bestimmt (§ 14 Abs. 2).

36   Die **Mindestanforderungen** an die Darstellung sieht das DPMA mit der Vorlage der Abbildung der Marke als erfüllt an (Richtlinie für die Prüfung von Markenanmeldungen, Teil 1, III, 1c). Die Marke wird entsprechend dieser Darstellung veröffentlicht und ggf. eingetragen. Je nachdem, ob die Marke in schwarz/weiß oder in Farbe eingetragen werden soll, ist eine entsprechende Darstellung einzureichen und es sind entsprechende Angaben über die Farben (zB auf dem Anmeldeformular) zu machen. Erfolgt die Anmeldung per Fax, kann die farbige Darstellung später nachgereicht werden, ohne dass es zu einer Verschiebung des Anmeldetags kommt, vorausgesetzt, die Faxkopie in Kombination mit der Angabe der Farben lässt eine entsprechende Zuordnung der Farben zu (BPatG BeckRS 2018, 18598 – Senner). Die Darstellung muss zudem innerhalb der vom DPMA gesetzten Frist nachgereicht werden. Wird der Mangel erst später behoben, wird der Anmeldung der Tag als Anmeldetag zuerkannt, an dem die Unterlagen vollständig vorlagen. Nach Ablauf der Frist beruht der Mangel nämlich nicht länger auf den Besonderheiten der (Fax-) Übermittlung (BPatG BeckRS 2014, 23672 – Route64). Reicht der Anmelder keine farbige

Darstellung nach, gilt die Anmeldung als zurückgenommen (§ 36 Abs. 4). Zu beachten ist hierbei, dass die Anmeldung keinen Anmeldetag erhält, weil ohne Vorliegen der farbigen Abbildung der Gegenstand der Anmeldung nicht ausreichend bestimmt ist (BPatG BeckRS 2014, 23672 – Route64).

Bei fotografischen Darstellungen ist zu beachten, dass Gegenstand der Anmeldung und später der **36.1** eingetragenen Marke stets die gesamte Abbildung ist. Die Abbildung sollte daher nur den Gegenstand zeigen, für den auch tatsächlich Markenschutz gewollt ist.

Die **weiteren Erfordernisse** der Anmeldung einer (Wort-/)Bildmarke umfassen: **37**
- Angabe der Markenform: Diese wird sich häufig schon aus der Abbildung der Marke ergeben. In Abgrenzung zur immer häufiger vorkommenden 3D-Marke (Formmarke) empfiehlt es sich aber, bereits bei der Anmeldung die Form der Marke anzugeben.
- Angabe der Farben: Soll die Marke farbig eingetragen werden, sind die Farben durch ihre herkömmlichen Bezeichnungen (zB gelb, rot, blau) anzugeben (§ 8 Abs. 1 MarkenV). Die Bezeichnung der Farben gemäß eines Farbklassifizierungssystems (zB RAL) ist weder notwendig noch ausreichend. Wird explizit angegeben, dass die Marke in schwarz/weiß gehalten ist, ist der Schutzumfang ausnahmsweise auf diese Farbgestaltung beschränkt (Richtlinie für die Prüfung von Markenanmeldungen, Teil 1, VI, 2 b (4)). Die Angaben zur farblichen Gestaltung sind der Anmeldung als Beschreibung beizufügen.
- Weitere Angaben bei nicht-lateinischen Worten: Enthält die Darstellung der Marke nicht-lateinische Schriftzeichen, sind sowohl eine Übersetzung in die deutsche Sprache, eine buchstabengetreue Transliteration und eine Transkription (phonetische Wiedergabe in lateinischen Schriftzeichen) anzugeben (Richtlinie für die Prüfung von Markenanmeldungen, Teil 1, VI, 5 a). Wurde die Transliteration im Anmeldeverfahren nicht eingereicht und die Marke deshalb zurückgewiesen, kann sie auch im Beschwerdeverfahren nicht mehr nachgereicht werden (BPatG GRUR-RS 2020, 22304 – Bienchen; → § 36 Rn. 9).
- Form der Darstellung: Es empfiehlt sich das vom DPMA zur Verfügung gestellte Formular zu verwenden, in das die Darstellung elektronisch eingefügt oder aufgeklebt werden kann, wobei die Abbildung nicht kleiner als 8 x 8 cm sein darf. Zu den Abmessungen der Darstellung bei Einreichung der Marke ohne Verwendung des Formblatts s. § 8 Abs. 4 MarkenV. Zu den Anforderungen bei Einreichen der Darstellung auf einem Datenträger s. § 6a MarkenV (→ Rn. 11).
- Beschreibung: Der (Wort-/) Bildmarke kann eine Beschreibung beigefügt werden, die neben Angaben über die Farbgebung auch Erläuterungen zur Gestaltung der Marke enthalten kann (zB eine Aufzählung der einzelnen graphischen Bestandteile). Zur Markenbeschreibung s. auch § 6b MarkenV.

3. Einzelfarbmarke

Gegenstand der Einzelfarbmarke ist eine einzelne abstrakte Farbe. Sie kann nicht allein durch **38** eine graphische Darstellung (zB ein Farbmuster) wiedergegeben werden, weil eine Abbildung der Farbe auf Papier nicht auf Dauer unverändert bleibt (EuGH C-104/01, GRUR 2003, 604 – Libertel). Dies gilt auch für elektronische Darstellungen, die je nach Ausgabegeräte variieren können.

Im Rahmen der **Mindestanforderungen** für die Darstellung muss daher nicht nur ein Farb- **39** muster eingereicht, sondern die Farbe auch durch einen international anerkannten Farbcode (zB RAL, Pantone, HKS) bezeichnet werden (§ 10 Abs. 1 MarkenV; EuGH C-104/01, GRUR 2003, 604 – Libertel). Zudem sollte die Markenform angegeben werden, um die abstrakte Farbmarke von einer einfachen Bildmarke abzugrenzen.

Der EuGH hat in seiner Entscheidung Libertel keine Aussage dazu getroffen, welche Farbcodes seiner **39.1** Ansicht nach eine eindeutige und dauerhafte Darstellung der Marke gewährleisten. In der Praxis haben sich vor allem die System Pantone, HKS und RAL durchgesetzt. So hat beispielsweise das Bundesgericht der Schweiz die Farbe Rot unter Angabe des Pantone Codes als ausreichend bestimmt erachtet (Bundesverwaltungsgericht der Schweiz GRUR Int 2016, 821 – Rote Damenschuhsohle, bestätigt durch BG GRUR Int 2017, 338 – Rote Damenschuhsohle II; zur Bedeutung der Markenbeschreibung, insbesondere der Farbe, s. auch EuGH C-163/16, BeckRS 2018, 10921). Allerdings sind auch die international verwendeten Farbcodes nicht absolut dauerhaft, da sie in regelmäßigen Abständen überarbeitet werden (Theißen GRUR 2004, 729). Welches System der Anmelder wählt, ist ihm überlassen, er sollte aber stets nur Angaben nach einem einzigen Farbcode machen, um Unklarheiten in der Anmeldung und damit eine Verschiebung des Anmeldetags zu verhindern.

40   Wird bei Einreichen der Markenanmeldung nur ein Farbmuster vorgelegt, kann die Beschreibung mit der Angabe des Farbcodes auch zu einem späteren Zeitpunkt nachgereicht werden (EuGH C-104/01, GRUR 2003, 604 – Libertel). Zu einer Verschiebung des Anmeldetags kommt es dabei nicht, weil die Angabe des Farbcodes lediglich als Konkretisierung des bereits bestimmten Schutzgegenstands angesehen wird (BPatG BeckRS 2007, 8028 – Braun). Zudem sollten nicht mehrere Farbklassifikationssysteme verwendet werden, da dies ebenfalls zu Widersprüchen führen kann, die ggf. nicht mehr aufgelöst werden können (BPatG BeckRS 2018, 14648).

40.1   Ob im umgekehrten Fall auch nur die Angabe des Farbcodes für die Zuerkennung eines Anmeldetags ausreicht, wurde bisher nicht entschieden, wird in der Literatur aber befürwortet (Ströbele/Hacker/Thiering/Miosga Rn. 42). Sofern das Farbmuster keine Informationen enthält, die nicht bereits durch den Farbcode offenbart wurden, ist dieser Ansicht zuzustimmen. Die derzeit gängigen Farbcodes sind aber nur beschränkt in der Lage, die Farbe abschließend zu definieren. So sind beispielsweise bei RAL der Deckungsgrad und die Schwarzbeimischung nicht verbindlich festgesetzt (Theißen GRUR 2004, 729). Die Frage, ob ein nachträglich eingereichtes Farbmuster den Gegenstand der Anmeldung in unzulässiger Weise ändert, wird daher am Einzelfall entschieden werden müssen.

40.2   Im Fall einer Farbmarke kann die korrekte Darstellung der Farbe von entscheidender Bedeutung sein, denn eine nachträgliche Änderung scheidet aus. Allerdings ist auch die Darstellung von durch Farbcodes eindeutig definierten Farben von dem jeweiligen Drucker abhängig, der zur Wiedergabe verwendet wird. Hinzukommt, dass das DPMA heutzutage online veröffentlicht, so dass ein auf Papier eingereichtes Farbmuster beim Scannen eine Veränderung erfahren kann. Kommt es dem Anmelder auf die exakte Wiedergabe des Farbtons an, sollte ggf. in elektronischer Form eingereicht werden. Dies kann entweder online geschehen, oder durch Einreichen eines Datenträgers, der die Darstellung als JPEG-Datei enthält (§ 6a Abs. 1 MarkenV). Wird die Darstellung sowohl auf Papier als auch auf einem Datenträger eingereicht, ist letztere maßgeblich, sofern beide gleichzeitig eingereicht werden (§ 6a Abs. 3 MarkenV).

41   Die **weiteren Erfordernisse** der Anmeldung einer Einzelfarbmarke umfassen:
- Darstellung: Der Anmeldung ist ein Farbmuster der Marke beizufügen. Bei einer Mehrfarbenmarke (→ Rn. 42) muss aus der Abbildung auch das räumliche Verhältnis der Farben zueinander ersichtlich sein (§ 10 Abs. 2 MarkenV). In diesem Zusammenhang ist auf die Möglichkeit einer Einreichung der Darstellung auf einem Datenträger hinzuweisen (→ Rn. 11).
- Beschreibung: Die neben dem Farbmuster notwendigen Angaben sind der Anmeldung als Beschreibung beizufügen. Sie bestimmen den Schutzgegenstand mit und werden demzufolge Teil der graphischen Darstellung der Marke. Zur Markenbeschreibung s. auch § 6b MarkenV.

4. Mehrfarbenmarke

42   Gegenstand der Mehrfarbenmarke ist eine Kombination mehrerer abstrakter Farben in einer konkreten Anordnung zueinander. Das DPMA erachtet die Mehrfarbmarke als Unterform der abstrakten Farbmarke, so dass im Antrag als Markenform „Farbmarke" ausgewählt werden kann (Richtlinie für die Prüfung von Markenanmeldungen, Teil 1, VI 2. d). Wird stattdessen „sonstige Markenform" gewählt, ist aber erkennbar, dass es sich um eine Mehrfarbmarke handelt, ist dies für die Anmeldung unschädlich (BPatG BeckRS 2018, 14648; zu Widersprüchen zwischen graphischer Darstellung und Angabe der Markenform → Rn. 34.4). Zu den **Mindestanforderungen** zählen neben der Angabe der Markenform ein Farbmuster und die Angabe der entsprechenden Farbcodes, wobei zu erkennen sein muss, wie die Farben in vorher festgelegter und beständiger Weise verbunden sind (EuGH C-49/02, GRUR 2004, 858 – Heidelberger Bauchemie; BPatG BeckRS 2018, 14648). Hierzu war es bisher notwendig aber auch ausreichend, dass die Anmeldung Informationen zum Verhältnis der Farben und ihrer Anordnung zueinander enthielt. Beispielsweise konnte sich das Flächenverhältnis der Farben (zB „im Verhältnis 1:1") und ihre räumliche Anordnung (zB „übereinander angeordnet") unmittelbar aus dem Farbmuster ergeben (BPatG GRUR 2005, 1056 – Dunkelblau/Hellblau), sofern die Ränder der Abbildung mit „unten", „oben" „rechts" und „links" gekennzeichnet sein (BPatG BeckRS 2018, 14648). Die Anordnung konnte aber auch in einer separaten Beschreibung angegeben werden. Diese Vorgaben dürfte nach der jüngsten Rechtsprechung des EuGH allerdings nicht mehr gelten (EuGH BeckRS 2019, 15894 – Red Bull blau/silber). In dieser hat der EuGH entschieden, dass Angaben zu Verhältnis und Anordnung der Farben zueinander als solche nicht für eine eindeutige Bestimmung der systematischen Anordnung in vorher festgelegter und beständiger Weise ausreichen (EuGH GRUR 2004, 858 – Heidelberger Bauchemie; BeckRS 2019, 15894 Rn. 38 – Red Bull blau/silber). Der EuGH stimmte insbesondere den Vorinstanzen darin zu, dass Angaben zur Anordnung der Farben wie „das Verhältnis der beiden Farben ist ungefähr 50%-50%" und „die beiden Farben werden in gleichem Verhältnis und nebeneinandergestellt verwendet" zahlreiche unterschiedliche Kombinationen zuließen (EuGH BeckRS 2019, 15894 Rn. 42, 46, 47 – Red Bull blau/silber). Ob damit tatsächlich das Ende der abstrakte Mehrfarbenmarke eingeläutet wurde (→ UMV Art. 4 Rn. 23) bzw. in Zukunft nur noch Eintragungen möglich sein werden, in denen die Anordnung der Farben in Bezug auf ein konkretes Produkt (sog. konkrete Aufmachungsfarbmarke; → Rn. 43).

42.1 Die Frage, ob schriftliche Angaben über die Anordnung der Farben auch zu einem späteren Zeitpunkt nachgereicht werden können, wurde bisher davon abhängig gemacht, ob die Beschreibung lediglich klarstellenden Charakter hatte oder Teil der graphischen Darstellung der Marke war. Ergibt sich die Anordnung der Farben bereits aus dem Farbmuster und gibt die nachgereichte Beschreibung dieselbe Anordnung lediglich wörtlich wieder (zB Dunkelblau und Hellblau im Verhältnis 1:1 nebeneinander angeordnet), wurde diese als Konkretisierung und damit als zulässig erachtet (BPatG GRUR 2005, 1056 – Dunkelblau/Hellblau). Eine Anpassung an ein geändertes Warenverzeichnis innerhalb des ursprünglichen Bedeutungsgehalts der Beschreibung wurde ebenfalls als zulässig erachtet (OVG Berlin-Brandenburg BeckRS 2018, 25505 – Konkrete Aufmachungsfarbmarke grün/orange). Im Gegensatz dazu wurde die nachträgliche Korrektur einer bereits mit der Anmeldung eingereichten Beschreibung als unzulässige Änderung des Schutzgegenstands angesehen (BGH GRUR 2007, 55 – Farbmarke gelb/grün II). Eine Ausnahme stellt hier die Korrektur offensichtlicher Unrichtigkeiten hinsichtlich des Farbcodes dar. In diesem Fall war der Farbcode einmal als „Pantone 421C" und einmal als „Pantone 221C" angegeben. Letzteres passte aber nicht zur Darstellung und war offensichtlich einem Schreibfehler geschuldet (BPatG GRUR-RS 19426 Rn. 19 – Orange/Hellgrau).

42.2 Wird also eine Beschreibung über die Anordnung der Farben mit der Anmeldung eingereicht, kann sie nachträglich nicht mehr geändert werden, weil sie Teil der graphischen Darstellung geworden ist. Ist jedoch noch gar keine Beschreibung eingereicht worden, sollte es möglich sein, diese nachzureichen. Die Beschreibung darf aber in keinem Fall in Widerspruch zum Farbmuster stehen (s. auch EuGH GRUR 2019, 511 Rn. 43; → Rn. 34.4).

43 Eine weitere Variante der Mehrfarbmarke bildet die sog. konkrete Aufmachungsfarbmarke. Sie zeichnet sich dadurch aus, dass die ansonsten abstrakt definierten Farben bestimmten Bauteilen einer Ware zugeordnet werden (zB Gestell, Deckel, Räder) bzw. deren Aufbringung auf der Ware festgelegt wird (zB längs- oder quergestreift). Dabei wird die Darstellung der Marke durch das Farbmuster, die Farbangaben und die Beschreibung, welche die Anordnung der Farben auf der Ware festlegt, definiert (OVG Berlin-Brandenburg BeckRS 2018, 25505 – Konkrete Aufmachungsfarbmarke grün/orange; BPatG GRUR-RS 2022, 19426 – Orange/Hellgrau). Es besteht somit ein konkreter Bezug zwischen den Farben und der Ware, der aber im Unterschied zur Positionsmarke nicht in der Darstellung abgebildet wird. Dennoch ist es für die Bestimmtheit des Anmeldungsgegenstands unschädlich, wenn das Warenverzeichnis auch Waren umfasst, die nicht alle in der Beschreibung genannten Bauteile aufweisen (OVG Berlin-Brandenburg BeckRS 2018, 25505 – Konkrete Aufmachungsfarbmarke grün/orange; s. auch EuG GRUR-RS 2021, 5189 – grau/orange).

44 Die **weiteren Erfordernisse** der Anmeldung einer Mehrfarbenmarke umfassen:
- Angabe der Farben: In der Beschreibung sind die Farben mit der Nummer eines internationalen Farbcodes und deren systematische Anordnung zueinander anzugeben (§ 10 MarkenV).
- Darstellung: Es muss ein Farbmuster eingereicht werden, das ggf. in das vom DPMA zu Verfügung gestellte Formular eingefügt werden kann (§ 10 Abs. 3 MarkenV iVm § 8 Abs. 3 und 4 MarkenV). Alternativ oder zusätzlich dazu kann die Darstellung auch auf einem Datenträger eingereicht werden (§ 6a MarkenV). Bei einer Mehrfarbenmarke muss aus der Abbildung auch das räumliche Verhältnis der Farben zueinander ersichtlich sein.

5. Dreidimensionale Marke

45 Als 3D-Marke (oder Formmarke) können Formen und Gestaltungen einschließlich der Form einer Ware oder Verpackung angemeldet werden. Die Anmeldung kann schwarz/weiß oder farbig erfolgen.

45.1 Bei fotografischen Darstellungen ist zu beachten, dass Gegenstand der Anmeldung und später der eingetragenen Marke stets die gesamte Abbildung ist. Die Abbildung sollte daher nur das Zeichen zeigen, für das auch tatsächlich Markenschutz gewollt ist.

46 Um die **Mindestanforderungen** des § 32 Abs. 2 Nr. 2 zu erfüllen, muss die 3D-Marke in ihrer Gestaltung und Dimensionalität klar und eindeutig dargestellt sein. Dazu ist mindestens eine, in der Regel aber mehrere, zweidimensionale graphische Darstellungen einzureichen und die Markenkategorie auf dem Anmeldeformular anzugeben. Darüber hinaus ist eine Beschreibung, die den Schutzgegenstand in objektiver Weise konkretisiert beizufügen, sofern sich dieser durch die Darstellung alleine nicht ausreichend darstellen lässt (§ 6b Abs. 2 und 3 MarkenV). Auch wenn das Erfordernis der graphischen Darstellung mit der Änderung des Markengesetzes wegfällt, dürfte es für die 3D Marke zumindest vorerst bei graphischen Darstellungen bleiben, da nach wie vor keine Muster oder Modelle der Marke eingereicht werden können (§ 13 MarkenV). Möglich ist auch eine dreidimensionale elektronische Darstellung mittels OBJ-Formats.

46.1 Grundsätzlich reicht auch für die Darstellung einer 3D-Marke eine einzige Darstellung aus, vorausgesetzt sie ist geeignet die Marke in ihrer vollständigen räumlichen Gestaltung wiederzugeben (BGH GRUR 2013, 929 – Schokoladenstäbchen II; BPatG BeckRS 2009, 15266 – Perle; Ströbele/Hacker/Thiering/ Miosga Rn. 33). Das bedeutet allerdings nicht, dass das Zeichen von allen Seiten abgebildet werden muss. Auch muss die Wiedergabe nicht alle Details der Form erkennen lassen (BPatG GRUR-RS 2018, 41872 Rn. 24 – Schokoladenstäbchen). Beispielsweise wurde auch eine zweidimensionale Abbildung einer Verkaufsstätte mittels Linien, Konturen und Formen als ausreichend bestimmt erachtet (EuGH C-421/13, BeckRS 2014, 81150 – Apple Store). In den meisten Fällen, insbesondere bei komplexen Gegenständen, empfiehlt es sich dennoch mehrere Abbildungen aus verschiedenen Perspektiven einzureichen, um den Schutzgegenstand in seiner Gesamtheit darzustellen und keine Einbußen beim Schutzumfang hinnehmen zu müssen (BPatG GRUR 2001, 521 – Penta Kartusche; LSK 2002, 80633 – Tablettenform; GRUR-RS 2018, 41872 – Schokoladenstäbchen; s. auch GRUR Prax 2019, 255 – Schokoladenstäbchen). Die Darstellungen können auch Detailansichten der Marke enthalten, es muss jedoch eindeutig sein, dass alle Abbildungen zur selben Marke gehören (BPatG BeckRS 2009, 10527 – Bleistift mit Kappe).

47 Ist der Gegenstand der Anmeldung einmal bezeichnet, und damit ein Anmeldetag festgelegt, ist eine nachträgliche Änderung der Marke, zB durch Austausch oder Weglassen einzelner Abbildungen, nicht mehr möglich (BPatG Beschl. v. 10.1.2006 – 24 W (pat) 251/03 – Filterkörper).

48 Ergibt sich die Dreidimensionalität der Marke bereits zweifelsfrei aus deren Abbildung, kann die Angabe der Markenkategorie als weiteres Erfordernis ohne Verschiebung des Anmeldetags nachgeholt werden. In diesem Fall ist der Gegenstand der Marke nämlich hinreichend bestimmt. Dennoch sollte hier auf Vollständigkeit und Klarheit geachtet werden, denn eine nachträgliche Änderung der Markenkategorie ist nicht möglich (BGH GRUR 2001, 239 – Zahnpastastrang; abweichende Praxis des EUIPO und EuG: EuG BeckRS 2014, 80143 – Farben Windkraftanlage; BeckRS 2014, 81186 – Echte Kroatzbeere).

48.1 Stehen die graphischen Darstellungen zueinander oder zu der Angabe der Markenkategorie in Widerspruch (zB Angabe 3D-Marke aber Darstellung einer Wort-Kombination) ist mit der neueren Rechtsprechung wohl vom Fehlen der Mindestanforderungen des § 32 Abs. 2 auszugehen. Jedenfalls bei der graphischen Darstellung einer Bildmarke in Kombination mit der Angabe „Mehrfarbenmarke" als Markenkategorie hat der EuGH einen der Eintragung entgegenstehenden Widerspruch gesehen (EuGH C-578/17, GRUR 2019, 511 Rn. 40, 42 – Hartwall). Inwiefern das Fehlen einer Beschreibung die Zuerkennung des Anmeldetags verhindert und damit Korrekturen erlaubt, wurde vom EuGH nicht thematisiert. Nach der derzeitigen deutschen Rechtsprechung wäre als Anmeldetag wohl erst der Tag zuzuerkennen, an dem der Gegenstand der Anmeldung mittels einer entsprechenden Beschreibung eindeutig festgelegt ist (BPatG BeckRS 2009, 340 – Zitzengummis, für Melkanlagen; anders noch BPatG BeckRS 2009, 1391 – Aqua Thron). Bis dahin wären Änderungen der Anmeldung zu zulassen, allerdings nur im Rahmen der ursprünglich eingereichten Unterlagen (BPatG GRUR 2007, 63 – KielNET). Wie weit die Änderungen gehen können, ist stets eine Frage des Einzelfalls. Ein vollständiger Ersatz der Darstellung dürfte als aliud aber in jedem Fall unzulässig sein.

49 Die **weiteren Erfordernisse** der Anmeldung einer 3D-Marke umfassen:
- Angabe der Markenkategorie, sofern diese nicht zur Bestimmung des Schutzgegenstands bereits zwingend notwendig ist (→ Rn. 46).
- Darstellung: Soll die Marke in schwarz/weiß eingetragen werden, so muss auch die Darstellung in schwarz/weiß gehalten sein. Die Darstellung kann bis zu sechs Abbildungen der Marke enthalten, wobei alle Abbildungen entweder auf dem dafür vorgesehenen Formblatt des DPMA oder auf einem zusätzlichen DIN A4 Blatt wiederzugeben sind (sofern die Anmeldung auf Papier eingereicht wird). Die einzelnen Abbildungen können zwischen 8 x 8 und 26,2 x 17 cm groß sein (§ 9 Abs. 4 iVm § 8 Abs. 3, 4 MarkenV). Muster oder Modelle können nicht eingereicht werden (§ 13 MarkenV). Die Darstellung kann auch auf einem Datenträger eingereicht werden, dann ist allerdings darauf zu achten, dass alle Abbildungen auf einer einzigen Bilddatei enthalten sind.

- Angabe der Farben: Soll die Marke farbig eingetragen werden, sind die Farben durch ihre herkömmlichen Bezeichnungen (zB gelb, rot, blau) anzugeben (§ 9 Abs. 1 MarkenV).
- Beschreibung: Der 3D-Marke kann eine Beschreibung beigefügt werden, die dazu dienen soll den Schutzgegenstand zu konkretisieren (§ 6b Abs. 3 MarkenV). Lässt sich die Marke zweidimensional nicht ausreichend wiedergeben, ist die Beschreibung sogar obligatorisch (§ 6b Abs. 2 MarkenV). Diese war als Bestandteil der graphischen Darstellung iSv § 32 Abs. 2 erachtet und für die Bestimmung der Schutzfähigkeit und des Schutzumfangs herangezogen worden (vgl. BGH GRUR 2007, 55 – gelb/grün II; EuGH C-104/01, GRUR 2003, 604 – Libertel). Als Alternative kommt jetzt auch die Einreichung der Darstellung als OBJ-Datei, die eine dreidimensionale Animation ermöglicht, in Frage.

6. Klangmarke

An die Stelle der bisherigen Hörmarke ist mit der Einführung des MaMoG die Klangmarke **50** getreten. Nach Aufgabe der graphischen Darstellbarkeit können nunmehr auch Klänge und Geräusche, die sich grundsätzlich als Marke eignen können (s. zB Kortbein S. 69–71), sich aber nicht durch Notenschrift darstellen lassen, eingetragen werden. Hierzu zählen beispielsweise kurze Jingles und andere akustische Signale sowie natürliche (zB Rauschen eines Wasserfalls) und künstlich erzeugte Geräusche (zB Hupen) (→ UMV Art. 31 Rn. 20). Wird die Anmeldung nicht online eingereicht, kann die Audio-Datei auf einem Datenträger eingereicht werden. Darüber hinaus bleibt die Darstellung mittels Notenschrift nach wie vor möglich. Die Einreichung von Sonagrammen ist ausgeschlossen (§ 11 Abs. 2 MarkenV).

Die **Mindestanforderungen** an die Darstellung einer Klangmarke umfassen eine Darstellung **51** und die Angabe, dass es sich um eine Klangmarke handelt (§ 11 Abs. 1 MarkenV). Die Darstellung kann mittels eines Datenträgers oder mittels einer graphischen Darstellung (Notenschrift, § 11 Abs. 2 MarkenV) erfolgen. Wird die Marke in Notenschrift dargestellt und beinhaltet sie neben einer Melodie auch einen Text, ist dieser ebenfalls vollständig anzugeben. Auslassungen oder Platzhalter, zB in Form von Punkten, lassen den genauen Inhalt der Marke im Ungewissen und erfüllen daher nicht die Anforderungen an die Darstellung der Marke gemäß § 32 Abs. 2 Nr. 2 (BPatG GRUR 1997, 62 – INDIKATIV SWF-3).

Die **weiteren Erfordernisse** der Anmeldung einer Klangmarke umfassen: **52**
- Darstellung: durch Audio-Datei oder graphisch mit Hilfe der Notenschrift (§ 11 Abs. 2 MarkenV). Die Audio-Datei kann im MP3-Format eingereicht werden.
- Beschreibung: Der Klangmarke kann eine Beschreibung beigefügt werden (§ 6b Abs. 1 MarkenV).

7. Positionsmarke

Der Herkunftshinweis der Positionsmarke ergibt sich aus der Kombination des Zeichens mit **53** dessen konkreter Anordnung auf der Ware. Zur Erfüllung der **Mindestanforderungen** an die Darstellung der Marke muss daher beides eindeutig bestimmt sein. Dazu bedarf es zunächst der Angabe, dass es sich um eine Positionsmarke handelt, da sonst eine Bildmarke vorliegen könnte. Des Weiteren muss eine Darstellung eingereicht werden, aus der sowohl das Zeichen, der Träger des Zeichens (jedenfalls teilweise) und die Anordnung des Zeichens auf dem Träger eindeutig hervorgehen (BPatG GRUR-RS 2021, 11059 – Unterwasserschiff; BeckRS 1999, 15292; 2009, 25613 – Schultüte; BeckRS 2019, 15603 – stilisiertes Y). Die Größe des Zeichens bzw. die Größenrelation zwischen Zeichen und Ware wird nach neuerer Rechtsprechung nicht mehr zwingend erforderlich sein (BPatG BeckRS 2014, 12874 – Gelber Sartorius-Bogen, insofern in Übereinstimmung mit EuGH C-421/13, BeckRS 2014, 81150 – Apple Store; s. aber auch BPatG BeckRS 2010, 20925 – Farbfläche auf Maschinengehäuse; anders noch BPatG BeckRS 2009, 25613 – Schultüte). Ebenso wenig ist eine Abbildung der Ware von allen Seiten zwingend (GRUR-RS 2021, 29375 – Zehenkappe, Rn. 59). Etwas anderes dürfte gelten, falls sich aus den fehlenden Informationen Gestaltungsvariationen ergeben, die wiederum zur Unbestimmtheit des Schutzgegenstands führen (BPatG GRUR-RS 2021, 11059 – Unterwasserschiff).

Die Anordnung des Zeichens auf der Ware kann sich allein aus der Darstellung ergeben, oder **54** durch die Beschreibung (§ 6b MarkenV) erfolgen (BPatG BeckRS 2016, 15268 – Tube auf Autodach; vgl. auch GRUR Prax 2016, 433). Betrifft die Positionsmarke beispielsweise eine in sich abgeschlossene Fläche der Ware (zB eine Schuhsohle), so ergibt sich die Größe, Proportion und Position der Marke aus der (gestrichelten) Abbildung der Ware mit gekennzeichneter Fläche (Bundesverwaltungsgericht der Schweiz GRUR Int 2016, 821 – Rote Damenschuhsohle, bestätigt durch Bundesgericht der Schweiz GRUR Int 2017, 338 – Rote Damenschuhsohle II; s. auch paralleles Verfahren EuGH C-163/16, BeckRS 2018, 10921). Als Bezugspunkt für die Anordnung des Zeichens auf der Ware kann bereits ein Teil der Ware geeignet sein (BPatG BeckRS 2014, 12874 – Gelber Sartorius-Bogen). Dieser Bezugspunkt muss jedoch in jedem Fall klar definiert sein, und darf nicht, zB aufgrund unterschiedlicher Gestaltungsmöglichkeiten der Ware, variieren (BPatG GRUR-RS 2021, 11059 – Unterwasserschiff). Insbesondere alternative Angaben zur Position der Marke (zB am Rumpf eines Schiffes oder auf dessen Segel) führen zu Unklarheiten, wobei die Anmeldung im Zweifel tatsächlich zwei unterschiedliche Positionsmarken umfasst (BPatG GRUR-RS 2021, 11059 – Unterwasserschiff).

55   Auch wenn seit der Änderung der MarkenV die Positionsmarke eine eigene Kategorie erhalten hat und damit eine Beschreibung nicht schon alleine dazu nötig ist, die Positionsmarke von anderen Markenformen abzugrenzen (BPatG BeckRS 2009, 25613 – Schultüte), dürfte sie in der Regel zur eindeutigen Bestimmung des Schutzgegenstands notwendig sein (§ 6b Abs. 2 MarkenV, bereits zuvor in diesem Sinne BPatG BeckRS 2010, 20925 – Farbfläche auf Maschinengehäuse; GRUR-RS 2021, 29375 Rn. 55 – Zehenkappe; ablehnend BPatG BeckRS 2013, 5980 – Telefonbuch/rot). Etwas anderes wäre vorstellbar, falls in Zukunft die Einreichung von Positionsmarken mittels eines computeranimierten 3D Modells möglich würde. Die Beschreibung dient dazu den Schutzgegenstand in objektiver Weise zu konkretisieren, insbesondere hinsichtlich jener Eigenschaften, die sich aus der graphischen Darstellung alleine nicht notwendigerweise zweifelsfrei ergeben, wie beispielsweise die Platzierung des Zeichens auf dem Träger, die Größe des Zeichens und die Größenverhältnisse zwischen Zeichen und Träger (BPatG BeckRS 2010, 20925 – Farbfläche auf Maschinengehäuse). Dabei ist auf die Klarheit der Angaben zu achten und die Verwendung unbestimmter Begriffe wie „größer" oder „kleiner" zu vermeiden (BPatG GRUR-RS 2021, 11059 – Unterwasserschiff).

55.1   Wird mit der Anmeldung eine Beschreibung eingereicht und mit ihr der Schutzgegenstand konkretisiert, wird sie zum integralen Bestandteil der graphischen Darstellung, und kann damit nach Festlegung des Anmeldetags auch nicht mehr substantiell geändert werden (BPatG BeckRS 2009, 25613 – Schultüte; BeckRS 2010, 20925 – Farbfläche auf Maschinengehäuse). Änderungen, die lediglich zu einer Einschränkung des ursprünglichen Anmeldungsgegenstands führen, zB indem die Position des Zeichens auf eine von mehreren ursprünglich von der Beschreibung erfassten Positionen beschränkt wird, können jedoch zulässig sein (BPatG GRUR-RS 2020, 17935 – Blende; GRUR-RS 2019, 26005 – Mähdrescher; BeckRS 2019, 15603 Rn. 14 – stilisiertes Y).

55.2   Umstritten dürfte aber auch nach der Gesetzesmodernisierung bleiben, wie mit Darstellungen und Beschreibungen, die nicht geeignet sind, den Gegenstand der Marke ausreichend zu bestimmen, umzugehen ist. Der 28. Senat des BPatG hatte ursprünglich die Darstellung und Beschreibung einer Positionsmarke als für eine Wiedergabe iSd vormaligen § 32 Abs. 2 aF ausreichend angesehen, obwohl beide nicht geeignet waren, den Schutzgegenstand eindeutig zu bestimmen, und eine Anpassung der Beschreibung dementsprechend als unzulässige Änderung des Anmeldegegenstands abgelehnt (BPatG BeckRS 2010, 20925 – Farbfläche auf Maschinengehäuse). Zuletzt hatte derselbe Senat in einem ähnlichen Fall die Zuerkennung eines Anmeldetags abgelehnt, womit die Anmeldung im Ergebnis als zurückgenommen galt (§ 36 Abs. 2 S. 1 iVm § 36 Abs. 1 iVm § 33 Abs. 1 Nr. 1 iVm § 32 Abs. 2 Nr. 3 und § 8 Abs. 1). Die Frage der Zulässigkeit einer Änderung wurde allerdings explizit offengelassen (BPatG GRUR-RS 2021, 11059 – Unterwasserschiff). Demgegenüber vertraten der 29. und der 30. Senat jedenfalls früher die Ansicht, dass so lange als die Abbildung und/oder die Beschreibung den Gegenstand der Anmeldung nicht eindeutig bestimmen, keine wirksame Anmeldung vorläge (BPatG BeckRS 2014, 12784 – Gelber Sartoriusbogen; BeckRS 2009, 25613 – Schultüte). Dementsprechend wurde kein Anmeldetag zuerkannt, und der Anmelder konnte die Beschreibung der Marke – unter Verschiebung des Anmeldetags – anpassen (BPatG BeckRS 2009, 25613 – Schultüte; BeckRS 2013, 5980 – Telefonbuch/rot). Die Auffassung, dass erst dann ein Anmeldetag zuerkannt werden kann, wenn der Anmeldegegenstand eindeutig bestimmt oder bestimmbar ist, stand auch in Einklang mit der zu anderen Markenformen ergangenen Rechtsprechung, die ebenfalls davon ausgeht, dass keine wirksame Anmeldung vorliegt, solange der Gegenstand der Anmeldung nicht zweifelsfrei feststeht (BGH GRUR 2004, 502 – Gabelstapler II; BPatG GRUR 2007, 63 – KielNet).

55.3   In einer jüngeren Entscheidung, die bereits zum neuen Recht erging, hat es der 29. Senat für eine variable Marke (ein weißes k auf einem nicht näher definierten roten Grund) für die Anerkennung eines Anmeldetags allerdings genügen lassen, dass aus der Darstellung hervorging, was Gegenstand der Anmeldung sein sollte. Gleichzeitig wurde dem Zeichen aber mangels ausreichender Bestimmtheit der Markenfähigkeit gemäß § 3 Abs. 1 versagt (BPatG GRUR 2022, 275 Rn. 19–21 – Weißes k auf rotem Grund).

8. Bewegungs- und Multimediamarken

56   Neben der Hologrammmarke sowie anderen Marken wurde mit der Gesetzesänderung zum 14.1.2019 auch die Bewegungsmarke explizit in die MarkenV aufgenommen (§§ 6, 12 MarkenV).

Hinzugetreten ist mit dem Verzicht auf die graphische Darstellung auch die sogenannte Multimediamarke. Als Bewegungsmarke werden kurze Sequenzen bewegter Bilder, ähnlich einem Daumenkino bezeichnet, die bisher durch nebeneinander bzw. untereinander angeordnete graphische Bilder dargestellt wurden. Standardformat für Bewegungsmarken ist nunmehr MP4 (https://www.dpma.de/dpma/veroeffentlichungen/bekanntgaben/bekanntgabe_14012019/index.html). Dasselbe gilt für Multimediamarken, bei denen es sich um bewegte, mit Geräuschkulisse unterlegte bewegte Bilder handelt. Denkbar sind beispielsweise Werbeclips und multimediale Erkennungssignale (zB Logo der Eurovision).

Mit der Möglichkeit eine MP4 Datei einzureichen, sollte sich die Notwendigkeit einer **57** Beschreibung in Zukunft erübrigen, da die elektronische Darstellung der Bewegungs- oder Multimediamarke kaum Zweifel daran lassen sollte, was unter Schutz gestellt werden soll. Dennoch kann eine Beschreibung eingereicht werden (§ 6b Abs. 1 MarkenV).

9. Tast-/Fühlmarke

Als Tast- oder Fühlmarken kommen Zeichen in Frage, die über den Tastsinn wahrgenommen **58** werden und deren haptische Eigenschaften der Verkehr als Herkunftshinweis auffasst (→ § 3 Rn. 52).

Zu den **Mindestanforderungen** an die Darstellung der Tastmarke gehört auch die Angabe **59** der Markenform. Eine bildliche Darstellung des zu ertastenden Gegenstands wurde zwar als hilfreich, aber nicht als ausreichend erachtet, um den Gegenstand der Marke darzustellen (BGH GRUR 2007, 148 – Tastmarke). Das dürfte selbst mit den neu eingeführten elektronischen Formaten (MP3, MP4, OBJ) so bleiben. Daher wird für die Darstellung einer Tastmarke regelmäßig vor allem eine wörtliche Beschreibung in Frage kommen (§ 6a Abs. 2 MarkenV und § 12a Abs. 1 MarkenV). Die Darstellung muss die haptisch wahrnehmbaren Eigenschaften des Zeichens klar und eindeutig angegeben, wobei eine objektive Darstellung verlangt wird und keine Beschreibung des subjektiven Empfindens (BGH GRUR 2007, 148 – Tastmarke).

10. Olfaktorische Marken (Riech-/Geruchsmarken)

Obwohl der EuGH die grundsätzliche Eignung von Gerüchen als Herkunftshinweis anerkannt **60** hat (→ § 3 Rn. 47), scheiterte die Anmeldung einer Riechmarke regelmäßig an der mangelnden graphischen Darstellbarkeit gemäß § 8 Abs. 1 (→ § 8 Rn. 20.1) bzw. der ausreichenden Darstellung der Marke bei der Anmeldung (vormaliger § 32 Abs. 2 Nr. 3 aF). Der EuGH hat weder eine chemische (Struktur)Formel, noch eine wörtliche Beschreibung, oder die Hinterlegung des Geruchs als geeignet angesehen (EuGH GRUR 2003, 145 – Sieckmann), um den Anmeldegegenstand darzustellen (zu olfaktorischen Marken → § 8 Rn. 524 ff.). Nachdem jedenfalls im Moment nicht absehbar ist, wie eine Riechmarke im Register auch mit den nunmehr zugelassenen Darstellungsmitteln wiedergegeben werden könnte, wird sich hier auch durch die Aufgabe des Erfordernisses der graphischen Darstellbarkeit voraussichtlich nichts ändern.

E. Waren- und Dienstleistungsverzeichnis

Das Waren- und Dienstleistungsverzeichnis legt gemeinsam mit der Darstellung der Marke (→ **61** Rn. 18) den Schutzgegenstand der Registermarke fest. Insbesondere wird durch das Waren- und Dienstleistungsverzeichnis bestimmt, auf welche wirtschaftlichen Güter und Leistungen sich der Schutz der Marke erstreckt (§ 14). Das Verzeichnis kann sowohl Oberbegriffe, die ganze Waren/Dienstleistungsgruppen abdecken, als auch einzelne konkrete Waren oder Dienstleistungen enthalten. Im Gegensatz zur Darstellung ist das Waren- und Dienstleistungsverzeichnis allerdings keine unveränderliche Einheit. Es kann sowohl beschränkt (§ 39) als auch geteilt (§ 40) werden. Einzig das Hinzufügen von Waren bzw. Dienstleistungen ist ausgeschlossen, da hierdurch der Schutzbereich der Marke gegenüber der ursprünglichen Anmeldung erweitert würde (→ § 37 Rn. 16).

Seit der Einführung des MarkenG und dem damit verbundenen Wegfall der Akzessorietät der Marke **61.1** zum Geschäftsbetrieb können Marken für beliebige Waren und Dienstleistungen angemeldet werden. Insbesondere in Betracht kommen auch Waren oder Dienstleistungen, für die die Marke lediglich lizenziert werden soll (§ 8 Abs. 2; → § 8 Rn. 999).

Bei der Verwendung der online Anmeldedienste des DPMA (DPMAWebDirekt und DPMAWebPro) **61.2** können Waren- und Dienstleistungsverzeichnisse gespeichert und später wieder abgerufen werden, um deren Erstellung zu erleichtern.

I. Mindestanforderung zur Zuerkennung eines Anmeldetags (Abs. 2 Nr. 4)

62   Das Waren- und Dienstleistungsverzeichnis muss bestimmt und unmissverständlich sein. Für die Zuerkennung eines Anmeldetags ist es jedoch ausreichend, wenn die Waren bzw. Dienstleistungen formlos aufgezählt werden. Ebenso wurde es als ausreichend erachtet, einzelne Klassen zu benennen, womit – zunächst – alle unter die jeweilige Klasse fallenden Waren oder Dienstleistungen beansprucht werden (BPatG BeckRS 2009, 1144 – what's live).

62.1   An dieser Ansicht dürfte sich auch mit der Entscheidung IP-Translator des EuGH (EuGH C-307/10, BeckRS 2012, 81267 – IP-Translator) und der daran anschließenden Mitteilung des DPMA zur Amtspraxis (Mitteilung der Präsidentin 16/12) nichts geändert haben. Für die Eintragung der Marke wurde in der deutschen Praxis nämlich bereits vor der Entscheidung des EuGH stets ein vollständiges und klassifiziertes Waren- und Dienstleistungsverzeichnis verlangt (→ Rn. 67). Insofern dürfte auch die weitere Entscheidung des EuGH, in der er feststellt, dass die in IP-Translator dargelegten Grundsätze nur auf Markenanmeldungen, die im Anschluss an die Entscheidung eingereicht wurden, anzuwenden ist, ohne große Auswirkungen bleiben (EuGH C-577/14 P, BeckRS 2017, 101797 – Lambretta). Allerdings fällt auf, dass der EuGH in seiner IP-Translator-Entscheidung explizit ausgeführt hat, dass eine Anmeldung bei der nicht feststehe, ob die Klassenüberschrift alle oder nur einige der in der Klasse enthaltenen Waren bzw. Dienstleistungen umfassen soll, nicht als hinreichend klar und eindeutig angesehen werden kann (EuGH C-307/10, BeckRS 2012, 81267 – IP-Translator; AG Köln BeckRS 2014, 869 – Netto). Dabei verweist der EuGH auf seine Rechtsprechung zur Bestimmtheit der Marke (EuGH C-273/00, GRUR 2003, 145 – Sieckmann; s. auch BGH GRUR 2007, 148 – Tastmarke), hinsichtlich ihres Zeichens. Dies legt nahe, dass der EuGH letztlich dieselben Maßstäbe für die Bestimmtheit des Waren- und Dienstleistungsverzeichnisses und der Darstellung anlegt. Mit der Revidierung der MRL wurde nun auch das Erfordernis der Bestimmtheit des Waren- und Dienstleistungsverzeichnisses explizit verankert (Art. 39 Abs. 2 MRL) und ins deutsche Markenrecht überführt (§ 20 MarkenV). Nach derzeitiger Rechtsprechung gilt die Gruppierung jedenfalls (noch) nicht als Voraussetzung für die Bestimmtheit des Waren- und Dienstleistungsverzeichnisses (BPatG BeckRS 2012, 21978 – Sage Shop). Auch die bloße Angabe der Klassennummer genügt (noch) für die Zuerkennung eines Anmeldetags, wenn auch nicht für die Eintragung mangels hinreichender Bestimmtheit des Schutzumfangs (BPatG BeckRS 2016, 08047 – programics).

63   Ergeben sich jedoch Widersprüche über den Inhalt des Waren- und Dienstleistungsverzeichnis, wird kein Anmeldetag zuerkannt, solange diese nicht ausgeräumt wurden (BPatG BeckRS 2010, 26253 – Mr. Tuning).

63.1   Widersprüche können sich beispielsweise auf Grund von Diskrepanzen zwischen einer fehlerhaft übermittelten Faxkopie und dem später nachgereichen Original ergeben. Das DPMA hat den Anmelder in diesem Fall zur Behebung der entsprechenden Mängel gemäß § 36 Abs. 2 S. 2 aufzufordern (BPatG BeckRS 2010, 26253 – Mr. Tuning). Kommt der Anmelder dieser Aufforderung nicht nach, gilt die Anmeldung als zurückgenommen (§ 36 Abs. 2 S. 1). Bestimmt der Anmelder die später eingegangene Version der Anmeldung zu Grunde zu legen, kommt es zur Verschiebung des Anmeldetags auf den Eingang des späteren Waren- und Dienstleistungsverzeichnisses.

64   Ist der Anmeldung ein Anmeldetag zuerkannt worden, kommt eine Änderung des Waren- und Dienstleistungsverzeichnis nur noch durch eine Beschränkung in Betracht (→ § 39 Rn. 7 ff.).

II. Weiteren Erfordernisse

65   Das Verzeichnis muss die beanspruchten Waren und Dienstleistungen eindeutig identifizieren und entsprechend der Nizzaer Klassifikation gruppiert sein. Ist das DPMA der Ansicht, dass das Waren- und Dienstleistungsverzeichnis die Anforderungen an die Gruppierung und/oder die Klarheit nicht erfüllt, erlässt es einen Beanstandungsbescheid gemäß § 36 Abs. 4.

65.1   Die Prüfung auf Schutzhindernisse (allgemein → § 8 Rn. 26 ff.) findet mit unmittelbarem Bezug auf die angemeldeten Waren- und Dienstleistungen statt. Steht nicht zweifelsfrei fest für welche Waren oder Dienstleistungen der Schutz der Marke beansprucht wird, kann auch keine Prüfung auf absolute Schutzhindernisse erfolgen (BPatG BlPMZ 1995, 418 – hotshower; GRUR 2006, 1039 – Rätsel total; BeckRS 2010, 26253 – Mr. Tuning). Dennoch erlässt das DPMA aus verfahrensökonomischen Gründen in der Regel keinen separaten Beanstandungsbescheid, wenn das Waren- und Dienstleistungsverzeichnis ausreichend eindeutig ist, um festzustellen, dass absolute Schutzhindernisse vorliegen (Richtlinien für die Markenprüfung IV 4.4).

66   Das DPMA kann das Waren- und Dienstleistungsverzeichnis nicht selbstständig ändern. Dies obliegt allein dem Anmelder (BPatG GRUR 2007, 601 – DATE24; BeckRS 2007, 19369 –

natocorner; BGH GRUR 2005, 326 – il Patrone/il Portone), den allerdings eine Pflicht zur Förderung des Verfahrens trifft. Er ist daher gehalten, Unklarheiten im Waren- und Dienstleistungsverzeichnis auszuräumen (BPatG GRUR 2006, 1039 – Rätsel total). Dies kann ggf. durch die Wahl alternativer Begriffe geschehen, soweit der sachliche Umfang des Verzeichnisses durch die Änderungen nicht erweitert wird. Unmittelbare oder nachträgliche Einschränkungen sind möglich, jedoch nur soweit sie eine tatsächliche sachliche Beschränkung bewirken (→ § 39 Rn. 7 ff.). Auch bei einer Einschränkung des Waren- und Dienstleistungsverzeichnis muss allerdings zweifelsfrei feststehen, welche Waren bzw. Dienstleistungen noch Gegenstand des Verfahrens sind. Andernfalls kann kein Beschluss über das Bestehen von Schutzhindernissen ergehen (BPatG BeckRS 2010, 26253 – Mr. Tuning).

1. Gruppierung

Die Waren und Dienstleistungen werden in insgesamt 45 Klassen entsprechend der Nizzaer **67** Klassifikation (12. Ausgabe der Klassifikation von Nizza, gültig ab dem 1.1.2023) eingeteilt. Im Waren- und Dienstleistungsverzeichnis sind die Waren und/oder Dienstleistungen, für welche die Marke eingetragen werden soll, jeweils unter der Nummer ihrer Klassen aufzulisten, wobei jeder Klasse eine überschaubare Anzahl von Oberbegriffen zugeordnet ist, welche die Art der Waren bzw. Dienstleistungen, die in die besagte Klasse fallen, umreißen.

Bei der Erstellung des Waren- und Dienstleistungsverzeichnisses können sowohl Oberbegriffe **68** verwendet als auch konkrete Waren bzw. Dienstleistungen aufgezählt werden. Werden alle Oberbegriffe einer Klasse aufgeführt, ist damit aber noch nicht die gesamte Klasse als solches beansprucht, sondern lediglich Waren bzw. Dienstleistungen, die sich unter die Oberbegriffe tatsächlich subsumieren lassen. Sollen alle Waren bzw. Dienstleistungen einer Klasse beansprucht werden müssen daher alle Begriffe entsprechend der Nizza Klassifikation aufgezählt werden. Dabei sollten möglichst die in der Nizzaer Klassifikation enthaltenen Begriffe verwendet werden. Finden sich Bezeichnungen spezifischer Waren oder Dienstleistungen nicht in der Klassifikation, steht das einer Eintragung per se nicht entgegen, denn die Waren- und Dienstleistungsklassen umfassen in ihrer Gesamtheit theoretisch alle gewerblich verkehrsfähigen Waren und Dienstleitungen (BPatG BeckRS 2012, 21978 – Sage Shop; BeckRS 2009, 17229 – Auftakt). Insbesondere verkehrsübliche Begriffe sowie Fachtermini erfüllen regelmäßig das Erfordernis der Bestimmtheit (BPatG BeckRS 2012, 21978). Nichtsdestotrotz muss die Zuordnung der Waren/Dienstleistungen eindeutig sein, und es dürfen keine Zweifel über die Bedeutung der verwendeten Begriffe bestehen (→ Rn. 71 ff.).

Hinsichtlich der Auslegung von Waren- und Dienstleistungsverzeichnissen gab es bislang divergierende **68.1** Praktiken zwischen dem DPMA bzw. anderen nationalen Ämtern und dem EUIPO, welches die Aufzählung der Oberbegriffe als Beanspruchung aller Waren bzw. Dienstleistungen einer Klasse erachtete. Der EuGH hat in seiner Entscheidung IP-Translator (EuGH C-307/10, BeckRS 2012, 81267 – IP-Translator) klargestellt, dass dies nur möglich ist, wenn das Verzeichnis einen entsprechend eindeutigen Hinweis enthält. Andernfalls genügt das Waren- und Dienstleistungsverzeichnis ggf. nicht den Anforderungen an Klarheit und Eindeutigkeit. Das DPMA hatte bei einer Aufzählung der Oberbegriffe einer Klasse stets nur die Waren bzw. Dienstleistungen als beansprucht erachtet, die sich tatsächlich unter die Oberbegriffe subsumieren ließen. Mit der neuen Markenverordnung sowie der neuen MRL gilt dies nunmehr übergreifend.

Zudem haben die Nationalen Ämter und die EUIPO eine gemeinsame Datenbank geschaffen (sog. **68.2** Einheitliche Klassifikationsdatenbank), in der von allen Ämtern anerkannte Begriffe geführt werden. Die Datenbank enthält zudem Gruppentitel, welche jedenfalls teilweise als ausreichend bestimmt anerkannt sind, um in ein Waren- und Dienstleistungsverzeichnis aufgenommen zu werden. Diese ersetzen zunehmend die früher enthaltenen ClassScopes, welche das DPMA bereits seit Anfang 2019 nicht mehr veröffentlicht.

Die Nizza Klassifikation wird mittlerweile nur noch im Bundesanzeiger bekannt gemacht und ist nicht **68.3** mehr Teil der MarkenV (Dritte Verordnung zur Änderung der MarkenV vom 10.12.2012 (BGBl. I 2630).

Die Klassenziffer selbst ist mittlerweile ebenfalls Bestandteil des Waren- und Dienstleistungsver- **69** zeichnisses, so dass spezifische Angaben zu Verwendungszweck (zB „zu medizinischen Zwecken") bzw. Hinweise wie „soweit in Klasse … enthalten" nicht mehr notwendig sind (Mitteilung der Präsidentin des DPMA 12/10). Dementsprechend weist das DPMA auch nicht mehr auf alternative Gruppierungsmöglichkeiten hin. Zudem wirkt durch die Berücksichtigung der Klassenziffer, die Zuordnung auch auf den Schutzumfang der Marke (BPatG BeckRS 2018, 11076 – Heldent/ Heliodent; GRUR-RS 2020, 8547 – eBI). Nachdem dies auch für solche Marken gilt, die noch vor der entsprechenden Mitteilung der Präsidentin angemeldet bzw. eingetragen wurden, sollte bei der Verlängerung dringend darauf geachtet werden, ob mit der Einbeziehung der Klassenziffer eine Verringerung des Schutzumfangs einhergeht.

70   Über die Klassifizierung entscheidet letztlich das DPMA, wobei es eine Änderung der Klassifizierung vornehmen kann (§ 21 MarkenV). Das Waren- und Dienstleistungsverzeichnis darf aber nicht von Amtswegen geändert werden (BPatG BeckRS 2010, 26253 – Mr. Tuning; GRUR 2006, 1039 – Rätsel total; BlPMZ 1995, 418 – hotshower). Im Zuge der Klassifizierung legt das DPMA auch die Leitklasse der Markenanmeldung fest, die darüber entscheidet, welche Abteilung innerhalb des DPMA mit der Prüfung der Anmeldung betraut wird. Schlägt der Anmelder eine Leitklasse vor, wird diese aber in der Regel beibehalten.

2. Bestimmtheit des Waren- und Dienstleistungsverzeichnis

71   Die im Verzeichnis enthaltenen Begriffe müssen die beanspruchten Waren und Dienstleistungen eindeutig identifizieren. Es darf kein Zweifel darüber bestehen, für welche Waren und/oder Dienstleistungen die Marke Schutz genießt. Dies gilt für konkrete Waren bzw. Dienstleistungen ebenso wie für Oberbegriffe (EuGH C-307/10, BeckRS 2012, 81267 – IP Translator; AG Köln BeckRS 2014, 869 – Netto). Angaben wie „Alle denkbaren Waren der Klasse 01" entsprechend diesen Anforderungen auf keinen Fall (zB BPatG BeckRS 2016, 16554), aber auch bei sehr weiten (Ober-) Begriffen kann unklar sein, welche Waren und Dienstleistungen sie im Einzelnen umfassen (zB „Betrieb eines Flughafens", BPatG BeckRS 2011, 18620 – Frankfurt-Hahn; „Human Resources", BPatG 25 W (pat) 36/15). Allerdings ist nach wie vor die durch den Anmelder vorgenommene Zuordnung der Ware oder Dienstleistung zu einer bestimmten Klasse im Sinne des Prinzips „Zahl vor Wort" zu berücksichtigen (BPatG BeckRS 2017, 124632).

72   Im Zuge der Entscheidung IP-Translator des EuGH haben sich die nationalen Ämter und das EUIPO auf eine einheitliche Beurteilung der Klarheit der in der Nizza Klassifikation enthaltenen Oberbegriffen verständigt (Mitteilung der Präsidentin 09/13). In diesem Zuge wurde die Einheitliche Klassifikationsdatenbank (harmonised database, http:tmclass.tmdn.org/ec2/) geschaffen, in der die von allen Ämtern akzeptierten Begriffe, einschließlich Oberbegriffe, geführt werden. Um einen Überblick über den zum Teil sehr diversifizierten Inhalt der Klassen zu geben wurden sog „class scopes" entworfen. Sie gelten mittlerweile jedoch als zu komplex und unzureichend, vor allem, da sie nicht geeignet sind in Waren- und Dienstleistungsverzeichnisse übernommen zu werden. Das DPMA veröffentlicht diese class scopes daher seit dem 1.1.2019 nicht mehr. An ihre Stelle sollen sukzessive sog Gruppentitel treten, die zumindest teilweise auch in Waren- und Dienstleistungsverzeichnisse verwendet werden können.

72.1   Insgesamt haben die diversen Änderungen sowohl in der Rechtsprechung der letzten Jahre als auch bei den Empfehlungen der Ämter dazu geführt, dass Anmelder zunehmend (nahezu) alle Begriffe einer Klasse in ihrem Waren- und Dienstleistungsverzeichnis wiedergeben. Auch die Verfügbarkeit von online-Datenbanken, die die Erstellung von Verzeichnissen eigentlich hätten erleichtern sollen, dürfte hierzu beigetragen haben. Allerdings dürften solche Verzeichnisse mitunter zu einer Verzögerung der Eintragung führen, insbesondere da das BPatG wohl über entsprechende Anmeldungen eher nicht abschließend entscheidet, sondern zur weiteren Prüfung an das Amt zurückverweist (BPatG BeckRS 2016, 113805 – Space IC; s. auch Albrecht GRUR Prax 2017, 103).

73   Das Waren- und Dienstleistungsverzeichnis kann konkrete Waren oder Dienstleistungen ebenso umfassen wie weite, mehrere Waren/Dienstleistungsarten umfassende, Oberbegriffe. Dabei ist jedoch darauf zu achten, dass eindeutig ist, welche Waren/Dienstleistungen durch die Oberbegriffe erfasst werden. Es können auch einzelne Waren oder Dienstleistungen aus dem Verzeichnis ausgenommen werden. Dies kommt vor allem bei nachträglichen Einschränkungen auf Grund von Kollisionen mit älteren Marken in Betracht.

73.1   Einige Oberbegriffe (zB „Maschinen") genügen nach neuester Rechtsprechung nicht dem Bestimmtheitsgebot (BPatG BeckRS 2014, 20248 – protube). Hier kann ggf. das Merkblatt des DPMA („Klasseneinteilungen der Waren und Dienstleistungen") zu Rate gezogen werden. Darüber hinaus können Oberbegriffe näher erläutert werden, indem eine beispielhafte Aufzählung nachgestellt wird (zB Kleidung, insbesondere Hemden, Blusen, T-Shirts). Wird die Aufzählung jedoch mit „nämlich" eingeleitet, ist sie abschließend zu verstehen und beschränkt das Verzeichnis auf die konkret genannten Waren bzw. Dienstleistungen. Um klarzustellen, auf welche Oberbegriffe sich die Erläuterungen jeweils beziehen, empfiehlt es sich die einzelnen zu jeweils einem Oberbegriff gehörenden Passagen durch die Verwendung eines Strichpunktes zu trennen (BPatG BeckRS 2019, 2915 Rn. 24 und 26 – Mobicat evo). Hinweise wie „zu medizinischen Zwecken" oder „soweit in Klasse X enthalten" bedarf es nicht mehr, seit das DPMA die Klassenziffern bei der Auslegung des Verzeichnisses berücksichtigt (Mitteilung der Präsidentin des DPMA Nr. 12/10; → Rn. 58). Teile und Zubehör sind nur in derselben Klasse aufzuführen wie das Erzeugnis dessen Bestandteil sie sind, sofern sie ausschließlich in diesen Erzeugnissen Verwendung finden. Für viele Bauteile ist das mitleiweile nicht mehr der Fall, da vor allem elektronische Produkte wie Displays, Hard- und Software in ganz unterschiedlichen Erzeugnissen verbaut werden. Derartige Bestandteile/Zubehörteile sind in ihrer jeweiligen Klasse aufzuführen, wobei die jeweilige Verwendung (zB „für Küchengeräte") als Zweckangabe hinzugefügt werden kann (BPatG BeckRS 2019, 2915 Rn. 28–30 – Mobicat evo).

Wird das Waren- und Dienstleistungsverzeichnis hingegen eingeschränkt, um dem Einwand mangelnder **73.2** Unterscheidungskraft bei Marken mit beschreibendem Inhalt zu begegnen, ist darauf zu achten, dass die Ausnahme einzelner Waren/Dienstleistungen nicht zu einer ersichtlichen Täuschungsgefahr führt (→ § 39 Rn. 20; § 8 Abs. 2 Nr. 4; → § 8 Rn. 625 ff.).

Neben der spezifischen Ausnahme einzelner Waren oder Dienstleistungen (zB „Kleidung ausge- **74** nommen Hosen") sind auch Beschränkungen auf Waren bzw Dienstleitungen mit bestimmten Eigenschaften denkbar. Allerdings ist auch hierbei auf die ausreichende Bestimmtheit des Verzeichnisses als Ganzes zu achten (→ § 39 Rn. 8 ff.).

Fremdsprachige Begriffe sollten bei der Erstellung des Waren- und Dienstleistungsverzeichnisses **75** nur verwendet werden, sofern sie in die deutsche Alltagssprache Eingang gefunden haben, was vor allem bei hoch technischen und sich schnell entwickelnden Gebieten zu Schwierigkeiten führen kann. Allerdings werden verkehrsübliche Fachbegriffe das Erfordernis der Bestimmtheit regelmäßig erfüllen (BPatG BeckRS 2012, 21978 – Sage Shop).

Besonderheiten ergeben sich hinsichtlich der Abgrenzung von Waren und Dienstleistungen **76** beim Einzelhandelsgewerbe, bei Produktionen für Dritte und bei Immobilien.

Weder das MarkenG noch die ihm zu Grunde liegende MRL 2008 (RL 2008/95/EG; jetzt MRL 2015) **76.1** definieren die Begriffe „Waren" bzw. „Dienstleistungen". Unter Waren werden grundsätzlich alle gewerblich verkehrsfähigen Wirtschaftsgüter, mit der Ausnahme von Immobilien (→ Rn. 81) verstanden, wobei vom Markenschutz für eine Ware auch deren Herstellung und Vertrieb erfasst werden. Dienstleistungen hingegen bezeichnen gegen Entgelt für Dritte erbrachte Leistungen, wobei regelmäßig nur oder jedenfalls auch Waren anderer Hersteller zum Einsatz kommen (zB Bauwesen, Unterhaltung, Transportwesen).

Unter **Einzelhandelsdienstleistungen** (Klasse 35) werden Dienstleistungen, die im Rahmen **77** des wirtschaftlichen Handels mit Waren erbracht werden (zB Zusammenstellung von Waren), zusammengefasst (EuGH C-418/02, GRUR 2005, 764 – Praktiker; s. auch → Rn. 78.1). Seit entsprechenden Entscheidungen des EuGH ist zudem klargestellt, dass davon auch der Handel mit Dienstleistungen sowie die Tätigkeiten einer Einkaufspassage erfasst werden (EuGH C-420/13, GRUR 2014, 869 – Netto; GRUR-RS 2020, 2683 - Burlington; zum Handel mit Dienstleistungen → Rn. 77.2; zu Tätigkeiten einer Einkaufspassage → Rn. 77.2).

Nach der Anerkennung der Einzelhandelsdienstleistungen für Waren (EuGH C-418/02, GRUR 2005, **77.1** 764 – Praktiker), hat der EuGH auch den Handel mit Dienstleistungen (zB Fotoentwicklung, Veranstaltung von Reisen etc) als Dienstleistung im Sinne der Markenrichtlinie anerkannt (EuGH C-420/13, GRUR 2014, 869 – Netto). Ähnlich wie bei Einzelhandlungsdienstleistungen für Waren sind die von der Dienstleistung betroffenen Dienstleitungen konkret zu benennen, wobei der EuGH unter Verweis auf die Entscheidung IP-Translator nochmals klarstellt, dass die alleinige Aufzählung von Oberbergriffen einzelner Klassen hierfür ggf. nicht ausreicht (EuGH C-420/13, GRUR 2014, 869 – Netto). Im Nachgang zur Entscheidung des EuGH hat das BPatG zur Klarheit von Dienstleistungsangaben weiter präzisiert: die Angaben müssen eine eindeutige Abgrenzung des Sortiments ermöglichen. Dies war für „Ausgaben von Gutscheinen, Wertmarken" und „Veranstaltung von Reisen" als erfüllt angesehen worden. Angaben wie „Dienstleistungen aus dem medizinischen Bereich" und „Einzelhandelsdienstleistungen im Zusammenhang mit Gesundheit, Lifestyle Wellness" wurden hingegen als nicht ausreichend klar und eindeutig erachtet (BPatG GRUR 2016, 509 – Netto). Zu vom BPatG ausdrücklich als ausreichend konkret und eindeutig erachteten Spezifizierungen s. auch BPatG BeckRS 2016, 09902 – Nett von Netto.

Die Anmeldung von Marken für Einzelhandelsdienstleistungen sind nicht dem klassischen Einzelhändler **77.2** vorbehalten, da die entsprechenden Dienstleistungen auch von Groß-, Versand- oder Onlinehändlern erbracht werden. Zudem hat der EuGH in einer jüngeren Entscheidung auch klargestellt, dass entsprechendes auch für Einkaufspassagen gilt (EuGH C-155/18 P, GRUR-RS 2020, 2683 Rn. 128 – Burlington).

Anmelder, deren Tätigkeit im Vertrieb von Waren oder Dienstleistungen fremder Herkunft **78** liegt, sollten ihre eigene Marke daher für Einzelhandelsdienstleitungen (Klasse 35) anmelden und nicht (nur) für die vertriebenen Waren bzw. Dienstleitungen selbst (zum Vertrieb eigener Waren → Rn. 78.1. Im Waren und Dienstleistungsverzeichnis sind dabei nicht die tatsächlichen Tätigkeiten, die im Zuge des Einzelhandels erbracht werden (zB das Zusammenstellen eines Sortiments), aufzuführen, sondern die Waren bzw. Dienstleistungen mit denen gehandelt wird.

Im klassischen Einzelhandel wird mit Waren fremder Herkunft gehandelt, so dass der Händler eine **78.1** markenmäßige Benutzung seiner eigenen (Handels-)Marke für die gehandelten Waren in der Regel nicht nachweisen (BPatG GRUR-Prax 2018, 116 – Einzelhandelsdienstleistungen – Teil 1: Rechtserhaltende Benutzung). Um diesem Umstand Rechnung zu tragen wurde die Eintragung von Marken für Einzelhandelsdienstleistungen anerkannt (EuGH C-418/02, GRUR 2005, 764 – Praktiker). Unter Einzelhandelsdienstleistungen werden jene durch Händler erbrachten Tätigkeiten (Dienstleistungen) zusammengefasst, die sich laut EuGH durch drei Merkmale auszeichnen: (i) der Zweck der erbrachten Dienstleistungen liegt im Verkauf von Waren an Verbraucher, sie werden erbracht, um dem Verbraucher Ansicht und Erwerb der Waren zu erleichtern und sie werden (iii) für Dritte erbracht (EuGH GRUR-RS 2020, 2683 Rn. 126 – Burlington). Ob dies auch den Handel mit eigenen Waren erfasst ist unterschiedliche beurteilt worden. Der 29. Senat hat entschieden, dass der Handel mit eigenen Waren nicht dem Schutzumfang der Einzelhandelsdienstleistungsmarke unterliegt (BPatG GRUR 2020, 530 – Carrera), wohingegen der 28. Senat in einer ähnlichen Angelegenheit die Ansicht vertrat, dass es für die Tätigkeiten des Händlers auf die Frage der Herkunft der Waren nicht ankäme (BPatG GRUR 2020, 527 Rn. 20 – Onlinehandel Carrera; s. auch → § 26 Rn. 63). Bis zu einer abschließenden Entscheidung des EuGH zu dieser Frage, die trotz verschiedenen Vorlagen noch aussteht (BPatG GRUR 2020, 530 Rn. 82 – Carrera), sollten Anmelder erwägen die Kosten für die zusätzliche Anmeldung der Marke in den entsprechenden Warenklassen und der Klasse 35 als Einzelhandelsdienstleistung auf sich zu nehmen.

79   Die Waren bzw Dienstleistungen, die Gegenstand der Einzelhandelsdienstleistung sind, sind so konkret zu benennen, dass eine eindeutige Abgrenzung des Sortiments ermöglicht wird. Dies kann zB durch Angabe der einzelnen Waren- bzw. Dienstleistungen oder durch die Verwendung spezifischer Oberbegriffe geschehen: zB „Handelsdienstleistungen mit Gartenartikeln" (EuGH C-418/02, GRUR 2005, 764 – Praktiker; Mitteilung des Präsidenten des DPMA 34/05). Eine nur beispielhafte Aufzählung („Waren wie …" oder „Waren im Zusammenhang mit") oder die Angabe breiter und unbestimmter Oberbegriffe genügt den Anforderungen an die Bestimmtheit nicht (EuGH C-420/13, GRUR 2014, 869 – Netto; BPatG BeckRS 2013, 7047 – Granidur; GRUR 2016, 509 – Netto). Unter Umständen kann zur Konkretisierung der Waren auch die entsprechende Warenklasse mit angegeben werden, vor allem in Fällen, in denen Oberbegriffe verwendet werden, die Waren mehrerer Klassen abdecken. Beispielsweise sind unterschiedliche Getränke verschiedenen Klassen zugeordnet: Klasse 29 (ua Milchgetränke), Klasse 30 (ua Kaffee- und Teegetränke), Klasse 32 (Biere und nicht alkoholische Getränke) und Klasse 33 (alkoholische Getränke). Zu vom BPatG ausdrücklich als ausreichend konkret und eindeutig erachteten Spezifizierungen s. auch BPatG BeckRS 2016, 09902 – nett von Netto. Die Anforderungen gelten gleichermaßen für Groß- und Versand- bzw. Onlinehandel (BPatG GRUR 2020, 530 Rn. 83 – Carrera).

80   Die **Herstellung von Produkten für Dritte** (Auftragsproduktion) wird mittlerweile ebenfalls als eigenständige Dienstleistung anerkannt (BPatG GRUR-RR 2009, 56 – Produktion für Dritte; anders noch BPatG BeckRS 2007, 13784 – Teuton). Um eine ungerechtfertigte Ausdehnung des Schutzbereichs zu vermeiden, muss die Art der Produktions-Dienstleistung jedoch konkretisiert werden. Dies kann beispielsweise durch Angaben zu Material und Bearbeitung oder zu spezifischen herzustellenden Waren erfolgen (BPatG GRUR-RR 2009, 56 – Produktion für Dritte).

81   Bezüglich **Immobilien** ist zu beachten, dass diese zwar Sachen iSv §§ 90, 93, 94 BGB sind, in der Nizzaer Klassifikation als solche aber nicht genannt werden. Ein Schutz kommt hier nur im Rahmen von Dienstleistungen des Immobilienwesens (Klasse 36) in Betracht (BPatG BeckRS 2009, 17229 – Auftakt). Fertighäuser werden hingegen nicht zu Immobilien gezählt, da es sich hierbei um eine (vor Verbindung mit einem Grundstück) verkehrsfähige Ware handelt (BPatG BeckRS 2013, 9888 – Fertighäuser).

82   Schließlich erfahren auch im Bereich des Markenschutzes Waren und Dienstleistungen rund um die **virtuelle Realität** einschließlich dem **Metaverse** zunehmend Bedeutung. Dies betrifft mittlerweile nicht nur virtuelle Güter, sondern auch non-fundgible Tokens (NFTs), die zu deren Authentifizierung dienen (→ § 3 Rn. 22). Bei der Anmeldung von Marken für derartige Waren und Dienstleistungen ist besonderes Augenmerk auf deren richtige Angabe und Klassifizierung zu legen. So werden digitale Waren und auch die NFTs selbst in Klasse 9 (Aufgezeichnete Daten, Software) verordnet, und zwar unabhängig von ihrem (virtuellen) Gegenstand. Das heißt, im Gegensatz zu analogen Schuhen (Klasse 25) gehören virtuelle Schuhe und NFTs zur Authentifizierung virtueller Schuhe in Klasse 9 (ausführlich Tann GRUR 2022, 1644 f.). Darüber hinaus müssen die (durch NFTs authentifizierten) digitalen Güter in den Waren- und Dienstleistungsverzeichnissen genau spezifiziert werden. Entsprechendes gilt für NFTs (→ Rn. 82.1). Neben Klasse 9 können aber auch insbesondere Dienstleistungsklassen für Anmelder interessant sein. Hier orientierte sich die Klassifizierung in den bisher eingetragenen Marken weitgehend an der analogen Welt: Handelsdienstleistungen mit virtuellen (durch NFTs authentifizierten) Gegenständen (Klasse 35), Design und Entwicklung virtueller Gegenstände (Klasse 42), Digitale Kunstausstellungen (Klasse 41), Börsendienstleitungen (Klasse 36).

Das EUIPO hat auf die zunehmende Anzahl von Markenanmeldungen für digitale Güter und NFTs **82.1** mit einer Verlautbarung reagiert und akzeptiert nunmehr keine Anmeldungen für NFTs in Alleinstellung (→ UMV Art. 33 Rn. 29). Auch das DPMA scheint entsprechende Anforderungen zu stellen. Im Gegensatz zu früheren Eintragungen, enthalten die Verzeichnisse bei zuletzt eingetragenen Marken genaue Definitionen der mit NFTs authentifizierten Güter (eine solche Definition kann beispielsweise lauten „durch nicht fundgable Token (NFTs) authentifizierte herunterladbare digitale Dateien, nämlich virtuelle Kunstwerke und Bekleidung".

F. Angaben zum Vertreter

Soll die Anmeldung durch einen Vertreter geführt werden, so sind Name und Anschrift des **83** Vertreters anzugeben (§ 5 Abs. 4 MarkenV).

Hat der Anmelder keinen Sitz oder Wohnsitz in der Bundesrepublik, muss ein Inlandsvertreter **84** bestellt werden (§ 96). Entscheidend ist dabei der Sitz des Anmelders, zB der Gesellschaft, für welche die Marke angemeldet wird. Ein inländischer Wohnsitz des Geschäftsführers ist nicht ausreichend (BPatG BeckRS 2019, 20908 – Reichsburger; s. hierzu auch → § 66 Rn. 90, → § 96 Rn. 4).

G. Angaben zur Priorität

Soll eine Priorität in Anspruch genommen werden, sollte dies, wenn möglich, bereits bei **85** Einreichung und unter Nennung des Anmeldetags und Anmeldestaates der früheren Anmeldung, erklärt werden. Die Prioritätserklärung kann aber auch noch innerhalb von zwei Monaten nach der Einreichung der Anmeldung abgegeben werden (→ § 34 Rn. 15). Darüber hinaus ist für die wirksame Inanspruchnahme der Priorität das Aktenzeichen der früheren Anmeldung anzugeben und eine Abschrift derselben einzureichen (→ § 34 Rn. 18).

H. Gebühren

Mit Einreichen der Markenanmeldung wird eine Anmeldegebühr in Höhe von 300 Euro bei **86** Anmeldung in Papierform bzw. 290 Euro bei einer elektronischen Anmeldung, und gegebenenfalls Klassengebühren für jede Waren- bzw. Dienstleistungsklasse über drei in Höhe von 100 Euro fällig (§ 64a; § 3 Abs. 1 PatKostG). Dies ist auch bei Umsetzung der MRL durch das MaMoG beibehalten worden. Zu den Rechtsfolgen mangelnder Gebührenzahlung → § 36 Rn. 11).

Die Zahlung kann per Überweisung oder Bareinzahlung auf ein Konto des DPMA erfolgen **87** oder per gültigem SEPA-Mandat (s. auch www.dpma.de). Sofern ein SEPA-Mandat verwendet und dabei ein spezifischer Betrag angegeben wird, ist hierbei streng auf dessen Richtigkeit zu achten. Eine Umdeutung, beispielsweise von 290 Euro zu 300 Euro bei einer durch Fax eingereichten Anmeldung durch das DPMA ist nicht möglich (BPatG GRUR-RS 2021, 9183 – Pomona; s. auch BPatG BeckRS 2017, 137153; GRUR-Prax 2018, 25). Wird das SEPA-Mandat per Fax übermittelt, ist das Original innerhalb eines Monats nachzureichen (PatKostZV).

§ 33 Anmeldetag; Anspruch auf Eintragung; Veröffentlichung der Anmeldung

(1) ¹Der Anmeldetag einer Marke ist der Tag, an dem der Anmelder die Anmeldung mit den Angaben nach § 32 Abs. 2 beim Deutschen Patent- und Markenamt eingereicht hat. ²Der Eingang der Anmeldeunterlagen bei einem Patentinformationszentrum, das durch Bekanntmachung des Bundesministeriums der Justiz und für Verbraucherschutz im Bundesgesetzblatt zur Entgegennahme von Markenanmeldungen bestimmt ist, gilt als Eingang beim Deutschen Patent- und Markenamt.

(2) ¹Die Anmeldung einer Marke, deren Anmeldetag feststeht, begründet einen Anspruch auf Eintragung. ²Dem Eintragungsantrag ist stattzugeben, es sei denn, daß die Anmeldungserfordernisse nicht erfüllt sind oder daß absolute Schutzhindernisse der Eintragung entgegenstehen.

(3) ¹Die Anmeldung einer Marke, die sämtliche Angaben nach § 32 Absatz 2 enthält, wird einschließlich solcher Angaben veröffentlicht, die es erlauben, die Identität des Anmelders festzustellen. ²Das Deutsche Patent- und Markenamt kann von einer Veröffentlichung absehen, soweit die Anmeldung eine Marke betrifft, die offensichtlich gegen die öffentliche Ordnung oder die guten Sitten verstößt.

Überblick

Erfüllt die Anmeldung die Mindestvoraussetzungen gemäß § 32 Abs. 2, erhält sie ihren Anmeldetag (→ Rn. 1) und damit ihren Zeitrang (§ 6), sofern nicht ein Prioritätsrecht in Anspruch genommen wird (§ 34).

Mit der Zuerkennung des Anmeldetags entsteht dem Anmelder ein Anspruch auf Eintragung der Marke (→ Rn. 5), der jedoch unter dem Vorbehalt steht, dass die Anmeldung alle formalen und materiellen Voraussetzungen für die Eintragung erfüllt.

Erfüllt die Anmeldung die Voraussetzungen des § 32 Abs. 2 (→ § 32 Rn. 1), wird sie im Markenregister des DPMA veröffentlicht (→ Rn. 6 ff.).

A. Anmeldetag

1   Der Anmeldetag bestimmt den Zeitrang der Marke (§ 6), ihre Schutzdauer (§ 47 Abs. 1) und ihre Priorität (§ 34). Er ist zudem der für die Beurteilung der Verkehrsdurchsetzung maßgebliche Zeitpunkt (BGH GRUR 2014, 483 – test; Zur Prüfung der Verkehrsdurchsetzung im Eintragungsverfahren → § 8 Rn. 1103 ff.). Mit der Änderung von § 33 Abs. 1 wird nunmehr auf die Einreichung der Unterlagen und nicht mehr auf deren Eingang abgestellt: Dies dürfte allerdings keine maßgeblichen Auswirkungen entfalten, da nach wie vor einer Anmeldung erst der Tag als Anmeldetag zuerkannt wird, an dem die beim DPMA eingegangenen Anmeldungsunterlagen den in § 32 Abs. 2 festgelegten Mindestanforderungen bezüglich der Angaben zum Anmelder (→ § 32 Rn. 14), der Darstellung der Marke (→ § 32 Rn. 18) und dem Waren- und Dienstleistungsverzeichnis (→ § 32 Rn. 61) entsprechen (§ 36 Abs. 2). Die Zahlung der Anmeldegebühren ist keine Voraussetzung für die Zuerkennung des Anmeldetags.

2   Durch die Angleichung an den Wortlaut der Richtlinie, bezieht sich § 33 Abs. 1 zudem explizit auf Unterlagen, die vom Anmelder eingereicht wurden. Dies soll aber nicht bedeuten, dass zukünftig nur noch der Anmelder persönlich eine Marke anmelden kann. Nach wie vor können Anmeldungen auch durch einen rechtmäßig bestellen Vertreter eingereicht werden (Erläuterungen zu § 33 im Referentenentwurf).

3   Für den Eingang der Unterlagen beim DPMA finden die allgemeinen Grundsätze über den Zugang (§ 130 BGB) Anwendung (Fezer Rn. 1). Wird die Anmeldung per Telefax übermittelt, kann das DPMA verlangen, dass das Original nachgereicht wird. Der Anmeldetag bleibt hiervon aber unberührt, sofern Faxkopie und Original übereinstimmen (zu Unstimmigkeiten beim Waren- und Dienstleistungsverzeichnis → § 32 Rn. 63). Sobald die Anmeldung beim DPMA eingegangen ist, erhält der Anmelder eine Empfangsbestätigung, in der ihm auch das Aktenzeichen mitgeteilt wird. Die Empfangsbescheinigung wird ohne vorherige Prüfung der Unterlagen erstellt und besagt daher nicht, ob die Anmeldungsunterlagen die formalen Anforderungen erfüllen, bzw. ob ein Anmeldetag zuerkannt wurde.

3.1   Das DPMA trifft keine Verpflichtung ggf. auf das Fehlen von Unterlagen, zB des Waren- und Dienstleistungsverzeichnisses, hinzuweisen (OLG München FHZivR 49 Nr. 2316 Ls.).

4   Der Anmeldetag bestimmt gewöhnlich den Zeitrang der Anmeldung (§ 6). Allerdings können Anmeldetag und Zeitrang auseinanderfallen, wenn eine Priorität beansprucht wird (§ 34) oder der Zeitrang der Anmeldung auf Grund des nachträglichen Wegfalls eines absoluten Schutzhindernisses verschoben wird (§ 37 Abs. 2; → § 37 Rn. 19).

B. Anspruch auf Eintragung

5   § 33 Abs. 2 gewährt einen öffentlich-rechtlichen Anspruch auf Eintragung der Marke für Anmeldungen, denen ein Anmeldetag zuerkannt wurde. Ob dieser Anspruch eine eigentumswerte Anwartschaft auf eine Rechtsposition iSv Art. 14 GG darstellt, wird unterschiedlich beurteilt (ausführlich zur dogmatischen Einordnung → § 4 Rn. 13). Unabhängig davon ergibt sich aus dem rechtlichen Anspruch auf Eintragung jedenfalls keine Vermutung für die Eintragbarkeit zu Gunsten des Anmelders. Der Anspruch steht vielmehr unter dem Vorbehalt, dass die Anmeldung alle formalen (§ 36) und materiell-rechtlichen (§ 37) Voraussetzungen erfüllt (Fezer Rn. 8; Ströbele/Hacker/Thiering/Miosga Rn. 5). Die Feststellung darüber bedarf einer umfassenden Prüfung durch das DPMA, die alle Waren und Dienstleistungen, für die die Marke angemeldet wurde, zu berücksichtigen hat. Eine rein summarische Prüfung ist hierbei nicht zulässig (EuGH GRUR 2004, 674 – Postkantoor; BGH GRUR 2004, 674 – Berlin Card; BPatG BeckRS 2008, 22638 – Flashnet). Die Darlegungslast für das Bestehen von Eintragungshindernissen liegt beim DPMA (BPatG GRUR 2003, 1063 – Nettpack).

Der anwartschaftliche Charakter der Markenanmeldung kommt auch dadurch zum Ausdruck, dass **5.1** bereits die Anmeldung Gegenstand von Übertragungen sowie von dinglichen Rechten und Lizenzen sein kann (§ 31). Auf ihrer Basis kann auch ein Widerspruch gegen eine jüngere Marke geführt werden (§ 9 Abs. 2, § 42 Abs. 2 Nr. 1; Ingerl/Rohnke/Nordemann/Nordemann Rn. 1).

C. Veröffentlichung der Anmeldung

Die Veröffentlichung der Anmeldung dient der Information der Allgemeinheit und soll Kollisi- **6** onsfälle verhindern, die auf Grund der zum Teil erheblichen zeitlichen Differenz zwischen dem Einreichen der Anmeldung und der Eintragung der Marke entstehen können (Fezer Rn. 11). Sie erfolgt, sofern die formalen Anforderungen an die Anmeldung erfüllt sind und jedenfalls anscheinend die Voraussetzungen für die Zuerkennung eines Anmeldetags vorliegen (Richtlinie für die Prüfung von Markenanmeldungen, Teil 1, II, 4).

Die Unionsmarke wird hingegen erst nach Abschluss der materiellen Prüfung veröffentlicht **7** und auch nur falls und soweit sie eintragungsfähig ist (→ UMV Art. 44 Rn. 1). Das Deutsche Register bietet somit im Gegensatz zum Register für Unionsmarken einen Einblick welche Marken zwar noch nicht eingetragen sind, sich aber bereits in der Prüfung befinden und somit einer späteren Anmeldung entgegenstehen können.

Darüber hinaus führt die Veröffentlichung der Markenanmeldung dazu, dass auch nicht einge- **8** tragene Marken in das Register aufgenommen werden (§ 23 MarkenV). Wird die Marke letztlich zurückgewiesen, wird dies ebenfalls im Register vermerkt, wodurch ein gewisser Einblick in die Erteilungspraxis des DPMA möglich ist. Das Deutsche Register gibt daher auch Aufschluss über die Eintragungspraxis des Amtes und der Anmelder erfährt, ob die Anmeldung derselben oder einer ähnlichen Marke bereits früher gescheitert ist.

Mit dem **zweiten Patentmodernisierungsgesetz** (2. PatMoG) wurde die Veröffentlichung **9** der Markenanmeldung insoweit eingeschränkt, als das Amt davon absehen kann, soweit die Anmeldung bzw. darin enthaltene Angaben oder Abbildungen gegen die öffentliche Ordnung oder die guten Sitten verstoßen. Die Entscheidung über die Nicht-Veröffentlichung wird auf der Ebene der Formalprüfung getroffen, hat aber keine unmittelbare Wirkung auf die Sachprüfung, insbesondere hinsichtlich § 8 Abs. 2 Nr. 5; → § 8 Rn. 704 ff.). Auch beschränkt sich die Ausnahme von der Veröffentlichung nur auf die anstößigen Teile der Anmeldung. Neben der Veröffentlichung wurde auch die Akteneinsicht entsprechend eingeschränkt (§ 62 Abs. 2). Entsprechende Regelungen wurden zudem im PatG, im GebrMG und im DesignG eingeführt. Zum Hintergrund → Rn. 9.1.

Im **Referentenentwurf zum 2. PatMoG** wurden die neuen Regelungen damit **begründet**, dass sie **9.1** die Instrumentalisierung des öffentlichen Registers für die Verbreitung von offensichtlich ordnungs- oder sittenwidrigen Inhalten unterbinden sollen (RefE 2. PatMoG, zu Nr. 13 (b)(bb)). Ob dies durch ein tatsächliches praktisches Bedürfnis des Amtes veranlasst war, oder einem eher allgemeinen Bedürfnis des Gesetzgebers nach Kontrolle der „Polital Correctness" geschuldet ist, ist dem Referentenentwurf nicht zu entnehmen. Der Hinweis, dass eine entsprechende Regelung auch in Art. 21 Abs. 6 PCT enthalten ist, gibt jedenfalls keine hinreichende Erklärung; stammt der PCT doch von 1970, als es noch keine Veröffentlichung in elektronischen Registern gab. Im Fall von Markenanmeldungen ist es zumindest vorstellbar, dass aus taktischen, markenrechtsfremden Gründen eine Vielzahl von Markenanmeldungen mit politisch, rassistisch oder sexuell anstößigem Inhalt angemeldet werden, damit diese dann bei entsprechenden Internetrecherchen aufgefunden werden können. Die Veröffentlichung in einer staatlichen Datenbank mag unter solchen Umständen eine Legitimierung suggerieren, die sicher nicht gewünscht ist. Ob Ähnliches auch bei Patentanmeldungen anzunehmen ist, scheint eher fraglich. Hinzu kommt bei Patentanmeldungen, dass diese mangels Veröffentlichung auch kein Stand der Technik werden, womit insbesondere bei einer ungerechtfertigten Nicht-Veröffentlichung signifikante Rechtsfolgen verbunden sein können. Inwieweit die eingeführten Änderungen tatsächliche Relevanz entfalten werden, bleibt abzuwarten.

§ 34 Ausländische Priorität

(1) Die Inanspruchnahme der Priorität einer früheren ausländischen Anmeldung richtet sich nach den Vorschriften der Staatsverträge mit der Maßgabe, daß die Priorität nach der Pariser Verbandsübereinkunft auch für Dienstleistungen in Anspruch genommen werden kann.

(2) Ist die frühere ausländische Anmeldung in einem Staat eingereicht worden, mit dem kein Staatsvertrag über die Anerkennung der Priorität besteht, so kann der Anmelder ein dem Prioritätsrecht nach der Pariser Verbandsübereinkunft entsprechendes

Prioritätsrecht in Anspruch nehmen, soweit nach einer Bekanntmachung des Bundesministeriums der Justiz und für Verbraucherschutz im Bundesgesetzblatt der andere Staat aufgrund einer ersten Anmeldung beim Deutschen Patent- und Markenamt ein Prioritätsrecht gewährt, das nach Voraussetzungen und Inhalt dem Prioritätsrecht nach der Pariser Verbandsübereinkunft vergleichbar ist.

(3) [1] Wer eine Priorität nach Absatz 1 oder 2 in Anspruch nimmt, hat innerhalb von zwei Monaten nach dem Anmeldetag Zeit und Staat der früheren Anmeldung anzugeben. [2]Hat der Anmelder diese Angaben gemacht, fordert ihn das Deutsches Patent- und Markenamt auf, innerhalb von zwei Monaten nach der Zustellung der Aufforderung das Aktenzeichen der früheren Anmeldung anzugeben und eine Abschrift der früheren Anmeldung einzureichen. [3]Innerhalb dieser Fristen können die Angaben geändert werden. [4]Werden die Angaben nicht rechtzeitig gemacht, so wird der Prioritätsanspruch für diese Anmeldung verwirkt.

Überblick

Durch die Inanspruchnahme der Priorität einer früheren ausländischen Markenanmeldung wird die deutsche nationale Nachanmeldung so behandelt, als wäre sie zum Zeitpunkt der Prioritätsanmeldung eingereicht worden (§ 6 Abs. 1).

Die Priorität kann nur von einer identischen Voranmeldung, deren Zeichen und Waren- und Dienstleistungsverzeichnis mit denen der Nachanmeldung übereinstimmen, in Anspruch genommen werden (→ Rn. 8).

Die Prioritätsfrist, innerhalb der die Nachanmeldung beim DPMA eingereicht werden muss, beträgt sechs Monate ab dem Anmeldetag der Voranmeldung. Zur Inanspruchnahme der Priorität ist eine Prioritätserklärung abzugeben, in der Tag und Staat (→ Rn. 15) der früheren Anmeldung sowie deren Aktenzeichen zu nennen sind. Zudem muss eine Abschrift der Voranmeldung eingereicht werden (→ Rn. 19).

Übersicht

A. Prioritätsrecht

1   Das Prioritätsrecht aus der früheren ausländischen Anmeldung basiert in der Regel auf bi- oder multilateralen Staatsverträgen, in den wohl meisten Fällen auf der PVÜ (§ 34 Abs. 1). Es kann aber auch auf Grund zwischenstaatlicher Gegenseitigkeitsabkommen gewährt werden, die vom Bundesministerium für Justiz explizit bekannt gegeben (§ 34 Abs. 2) werden. Auch in diesen Fällen richtet sich das Prioritätsrecht aber nach den Regeln der PVÜ (§ 34 Abs. 2). Die Inanspruchnahme der Priorität einer inländischen früheren Anmeldung ist vom Gesetz nicht vorgesehen (anders im Patent- und Gebrauchsmusterrecht, § 40 PatG, § 6 GebrMG).

I. Prioritätsrecht aus PVÜ

2   Das in Art. 4 PVÜ geregelte Prioritätsrecht (Unionspriorität) entsteht unmittelbar Kraft Staatsvertrag und nicht durch einen Verwaltungsakt des DPMA (BPatG BeckRS 1998, 10198 – SMP). Daraus folgt auch, dass die Eintragung der Marke (§ 41) für das Prioritätsrecht nicht konstitutiv ist, und dieses jederzeit in Widerspruchs-, Löschungs-, und Verletzungsverfahren umfassend geprüft werden kann (BPatG BeckRS 1998, 10198 – SMP).

2.1   Art. 4 PVÜ ist zudem in das TRIPS Abkommen integriert (Art. 2 TRIPS) und gilt somit auch für alle Staaten der Welthandelsorganisation.

§ 34 Abs. 1 erweitert das Prioritätsrecht explizit auch auf Dienstleitungsmarken, da Art. 4 PVÜ 3
nur für Fabrik- und Handelsmarken gilt. Somit besteht auch bezüglich des Prioritätsrechts kein
Unterschied zwischen Waren- und Dienstleistungsmarken.

Um ein Prioritätsrecht zu begründen, muss die ausländische Voranmeldung in einem PVÜ- 4
Mitgliedstaat hinterlegt und ihr ein Anmeldetag zuerkannt worden sein (Art. 4 C Abs. 2, 3
PVÜ). Das weitere Schicksal der Anmeldung ist hingegen unerheblich. Die Zuerkennung des
Anmeldetags richtet sich dabei ausschließlich nach dem nationalen Recht des PVÜ-Mitgliedstaats,
in dem die Voranmeldung hinterlegt wurde. Prioritätsbegründend ist darüber hinaus auch die
Anmeldung einer Unionsmarke, da sie einer Hinterlegung in jedem EU-Staat gleichkommt
(Ingerl/Rohnke/Nordemann/Boddien Rn. 5).

Für eine Nachanmeldung können auch mehrere Prioritäten unterschiedlicher Voranmeldungen 5
in Anspruch genommen werden. Das empfiehlt sich insbesondere, wenn verschiedene Voranmeldungen mit identischen Zeichen (→ Rn. 8), aber unterschiedlichen Waren- und Dienstleistungsverzeichnissen bestehen (zu Teilprioritäten → Rn. 9).

II. Prioritätsrecht aus Internationalen Markenanmeldungen (IR-Marke)

Der Zeitrang einer ausländischen Voranmeldung kann auch über die Anmeldung einer interna- 6
tionalen Marke nach MMA oder PMMA mit Wirkung für Deutschland in Anspruch genommen
werden. Dazu muss die internationale Marke innerhalb der Prioritätsfrist auf Basis der prioritätsbegründenden nationalen Marke angemeldet und Deutschland benannt werden.

III. Prioritätsrecht auf Grund einer Gegenseitigkeitsbekanntmachung

§ 34 Abs. 2 sieht zusätzlich zu dem in § 34 Abs. 1 genannten Prioritätsrecht die Gewährung 7
der Priorität für Voranmeldungen aus Staaten vor, die im Gegenzug deutschen Voranmeldungen
ein Prioritätsrecht einräumen (Gegenseitigkeitsprinzip). Für welche Staaten ein solches Prioritätsrecht gewährt wird, wird durch das Bundesministerium für Justiz festgelegt und veröffentlicht
(Gegenseitigkeitsbekanntmachung; Fezer Rn. 8, 9).

B. Nachanmeldung beim DPMA

I. Identität von Vor- und Nachanmeldung

Die deutsche Nachanmeldung muss mit der Prioritätsanmeldung identisch sein, wobei insbe- 8
sondere die Wiedergabe der Marke in beiden Anmeldungen übereinstimmen muss.

Unter Heranziehung der Grundsätze zum Telle-Quelle Schutz gemäß Art. 6^{quinquies} PVÜ, werden 8.1
geringfügige Abwandlungen, die weder die Unterscheidungskraft noch die Identität der Marke beeinflussen, als zulässig erachtet (Ingerl/Rohnke/Nordemann/Boddien Rn. 6). Zur Beurteilung der Identität von
Marken, die in schwarz/weiß bzw. in Graustufen eingereicht wurde, haben das HABM und die nationalen
Ämter in einer gemeinsamen Stellungnahme im Rahmen des Konvergenzprogramms, neue Richtlinien
veröffentlicht. Dies betrifft auch die Bewertung der Wirksamkeit der Priorität, wonach eine schwarz/weiße
bzw. graustufige Abbildung einer Marke mit der farbigen Abbildung derselben Marke grundsätzlich nicht
identisch ist. Dies gilt nicht, wenn die Unterschiede so geringfügig sind, dass der Durchschnittsverbraucher
sie im direkten Vergleich nicht bemerken würde (OHIM International Cooperation Legal Affairs Department, Project brief, Convergence Programme – Scope of protectiopn of B&W Marks – 24.11.2011; s. auch
v. Bomhard GRUR Prax 2014, 343). Insofern ist vor allem bei der Einreichung von Nachanmeldungen
per Fax Vorsicht geboten. Ist die Prioritätsmarke farbig, kann auch durch schriftliche Hinweise auf die
Farbigkeit einzelner Teile des Zeichens die Identität nicht hergestellt werden (BPatG BeckRS 2014, 01380).

Darüber hinaus kann die Priorität nur für Waren bzw. Dienstleitungen beansprucht werden, 9
die bereits im Verzeichnis der Prioritätsanmeldung enthalten waren. Dennoch können in die
Nachanmeldung weitere Waren oder Dienstleitungen aufgenommen werden. Diesen kommt dann
jedoch lediglich der Zeitrang des Anmeldetags der Nachanmeldung gemäß § 33 Abs. 1 zu. Dementsprechend kann eine Anmeldung Waren bzw. Dienstleitungen mit unterschiedlichen Zeiträngen (sog. Teilpriorität) enthalten (BPatG BeckRS 1998, 10198 – SMP). Sind Waren bzw. Dienstleistungen im Verzeichnis enthalten, denen ein unterschiedlicher Zeitrang zukommt, sind diese
gesondert aufzuführen und der entsprechende Zeitrang anzugeben (RL für die Prüfung von
Markenanmeldungen, Teil 1, VI, 7a).

Daneben können für eine Nachanmeldung auch mehrere Prioritäten unterschiedlicher Voran- 10
meldungen in Anspruch genommen werden, sofern alle Voranmeldungen dasselbe Zeichen betref-

fen. Haben die Voranmeldungen unterschiedliche Zeiträange und umfassen sie unterschiedliche Waren bzw. Dienstleistungen, erhält die Nachanmeldung für die jeweiligen Waren bzw. Dienstleitungen verschiedene Teilprioritäten.

11   Aus anderen Schutzrechten, beispielsweise aus Patent- oder Gebrauchsmusteranmeldungen, kann Mangels Identität der Vor- und Nachanmeldung kein Prioritätsrecht hergeleitet werden (BPatG BeckRS 2009, 2551 – PRIOCHECK).

II. Inhaber des Prioritätsrechts

12   Das Prioritätsrecht steht originär dem Inhaber der Voranmeldung zu, oder dessen Rechtsnachfolger. Es kann aber auch als solches, dh losgelöst von der Anmeldung übertragen werden (zu § 40 PatG BPatG BeckRS 2011, 7318 – Prioritätsrecht als selbstständiges frei übertragbares Recht).

III. Prioritätsfrist

13   Die Prioritätsfrist beträgt sechs Monate ab dem Tag der Hinterlegung, dh ab dem Anmeldetag der ausländischen Voranmeldung (Art. 4 C Abs. 1, Abs. 2 PVÜ). Während dieser sechs Monate muss die Nachanmeldung beim DPMA eingereicht werden. Andernfalls ist das Prioritätsrecht verwirkt.

14   In die Prioritätsfrist kann Wiedereinsetzung (§ 91) gewährt werden (Begr. RegE, BT-Drs. 12/6581, 89).

14.1   Wird die Markenanmeldung durch einen Anwalt getätigt, wird eine Wiedereinsetzung regelmäßig nicht gewährt, weil sich der Anmelder das Verschulden seines Vertreters zurechnen lassen muss (§ 82 iVm § 85 Abs. 2 ZPO). Eine Exkulpation des Anwalts wird in der Regel mit der Begründung abgelehnt, dass die Markenanmeldung keine einfache Tätigkeit ist, die an (geschultes) Fachpersonal delegiert werden könnte. Insbesondere bei Inanspruchnahme einer Priorität umfasse die Anmeldung spezifische Rechtsfragen, wie die Identität der Anmeldung und die Prioritätsfrist, und falle daher in den persönlichen Tätigkeitsbereich des Anwalts (BPatG GRUR 1997, 657 – Anwaltlicher Verantwortungsbereich). Delegiere der Anwalt die Erstellung der Anmeldungsunterlagen, obliege es seiner Sorgfaltspflicht, vor dem Unterzeichnen die Richtigkeit aller Angaben, insbesondere die Einhaltung der Prioritätsfrist zu prüfen. Aus diesem Grund beginne auch die Frist für die Wiedereinsetzung bereits im Zeitpunkt der Anmeldung zu laufen (BPatG BeckRS 2009, 23896 – GameDuell).

IV. Prioritätserklärung (Abs. 3 S. 1)

15   Der Anmelder muss die Inanspruchnahme der Priorität nicht bereits mit der Nachanmeldung erklären, sondern kann dies noch zwei Monate nach dem Einreichen der Anmeldung nachholen. Dies gilt auch dann, wenn die Marke während dieses Zeitraums eingetragen wird (BPatG BeckRS 2019, 6868 – St. Bartholomäus). In der Prioritätserklärung hat der Anmelder sowohl den Anmeldetag als auch den Staat der Voranmeldung zu nennen (§ 3 Abs. 2 Nr. 1 MarkenV).

16   Wird die Frist für die Einreichung der Prioritätserklärung versäumt, ist das Prioritätsrecht verwirkt und die Anmeldung erhält den Zeitrang ihres eigenen Anmeldetags gemäß § 33 Abs. 1.

16.1   § 34 Abs. 3 S. 4 spricht von der Verwirkung des Prioritätsrechts für „diese Anmeldung", wobei nicht eindeutig ist, ob damit die ausländische Voranmeldung oder die deutsche Nachanmeldung gemeint ist (uneindeutig insofern auch Fezer Rn. 14). In Anbetracht dessen, dass das Prioritätsrecht sich aber unmittelbar aus PVÜ ergibt, kann die Versäumnis nationaler Verfahrensvoraussetzungen keinen Einfluss auf den Bestand dieses Rechts haben. Ebenso bleibt das Prioritätsrecht für Nachanmeldungen in anderen Ländern unberührt. Dafür, dass das Prioritätsrecht nur für die betroffene Nachanmeldung verwirkt ist, spricht auch, dass § 34 Abs. 3 S. 4 mit § 35 Abs. 4 S. 5 (Ausstellungspriorität), der sich eindeutig nur auf die deutsche Nachanmeldung beziehen kann, identisch ist. Das Prioritätsrecht selbst, welches sich aus der Hinterlegung der ausländischen Anmeldung ergibt, bleibt dementsprechend erhalten, so dass es möglich sein muss, eine erneute Nachanmeldung unter Inanspruchnahme der Priorität derselben ausländischen Voranmeldung einzureichen, sofern die sechsmonatige Prioritätsfrist noch offen ist.

17   In die Frist kann Wiedereinsetzung (§ 91) gewährt werden (→ Rn. 14.1).

V. Abschrift der Prioritätsanmeldung (Abs. 3 S. 2)

18   Erklärt der Anmelder die Inanspruchnahme der Priorität, wird ihm vom DPMA eine Frist von zwei Monaten gesetzt, um das Aktenzeichen und eine Abschrift der Voranmeldung nachzureichen

(§ 34 Abs. 3 S. 2). Diese Frist ist von der Zweimonatsfrist gemäß § 34 Abs. 3 S. 1 unabhängig und kann sich mit dieser überschneiden.

Als Abschrift genügt eine einfache Kopie der Voranmeldung, wobei es keiner durch das auslän- **19** dische Amt beglaubigten Ausfertigung bedarf (sog. Prioritätsbeleg) (Richtlinie für die Prüfung von Markenanmeldungen Teil 1, VI, 7a). Ist die Wirksamkeit der Priorität im Anmeldeverfahren oder in einem späteren zweiseitigen Verfahren strittig, kann jedoch die Vorlage eines Prioritätsbelegs notwendig werden. Keine Abschrift iSv § 34 Abs. 3 S. 2 ist eine Übersetzung der Prioritätsanmeldung. Hält das DPMA eine Übersetzung fremdsprachiger Unterlagen für erforderlich, fordert es den Anmelder ggf. auf, diese nachzureichen (Ingerl/Rohnke/Nordemann/Boddien Rn. 12). Zu den Anforderungen an Übersetzungen fremdsprachiger Dokumente s. § 16 MarkenV.

Wird die Frist für die Einreichung des Aktenzeichens und der Abschrift versäumt, ist das **20** Prioritätsrecht verwirkt und die Anmeldung erhält den Zeitrang ihres eigenen Anmeldetags gemäß § 33 Abs. 1 (→ Rn. 16.1).

In die Frist kann Wiedereinsetzung (§ 91) gewährt werden (→ Rn. 14.1). $\quad\quad$ **21**

VI. Berichtigung der Priorität (Abs. 3 S. 3)

Innerhalb der Fristen des § 34 Abs. 3, dh innerhalb von zwei Monaten ab Einreichen der **22** Anmeldung (→ Rn. 15) bzw. nach Aufforderung durch das Amt (→ Rn. 18), kann die Priorität berichtigt werden. Das schließt die Änderung sowohl der Angaben der Prioritätserklärung, dh Anmeldetag und staat, als auch des Aktenzeichens und der Abschrift der Voranmeldung ein. Darüber hinaus soll es auch möglich sein, den Gegenstand der Prioritätserklärung durch eine andere ausländische Voranmeldung zu ersetzen (Fezer Rn. 13). Sind die Fristen abgelaufen, ist eine Änderung der Angaben zur Priorität nur noch im engen Rahmen von § 45 möglich.

C. Prüfung durch das Amt

Auch wenn sich das Prioritätsrecht unmittelbar nach den Vorschriften von Staatsverträgen **23** richtet, hat das DPMA dennoch die Befugnis und die Pflicht, das Prioritätsrecht, insbesondere die Berechtigung des Anmelders und die Übereinstimmung der Vor- und Nachanmeldungen, im Anmeldeverfahren zu prüfen (BPatG BeckRS 1998, 10198 – SMP).

Daraus folgt aber nicht, dass das DPMA verpflichtet wäre, den Anmelder auf fehlende Angaben **24** in der Prioritätserklärung oder fehlende Unterlagen hinzuweisen. Insbesondere kann der Anmelder aus der unterbliebenen Prüfung durch das DPMA keine Rechte herleiten, weil es alleine ihm obliegt, alle Anforderungen für eine wirksame Prioritätsinanspruchnahme zu erfüllen (zu § 40 PatG BGH GRUR 1974, 212 – Spiegelreflexkamera; BPatG GRUR 1987, 286 – Unvollständige Anmeldung). Reichen die dem DPMA vorliegenden Unterlagen allerdings aus, um ggf. fehlende Angaben (zB den Staat der Prioritätsanmeldung) mit an Sicherheit grenzender Wahrscheinlichkeit korrekt zu ergänzen, sollte das DPMA die Prioritätserklärung von Amts wegen vervollständigen (BGH GRUR 1974, 212 – Spiegelreflexkamera).

Kommt das DPMA zu dem Ergebnis, dass das Prioritätsrecht nicht wirksam ist oder nicht **25** wirksam in Anspruch genommen wurde und verwirkt ist, stellt es dies in einem rein deklaratorischen Beschluss fest. Dieser kann eigenständig mit der Erinnerung (§ 64) bzw. der Beschwerde (§ 66) angegriffen werden (Fezer Rn. 14). Die Eintragung der Marke erfolgt dann, sofern keine Schutzhindernisse vorliegen, mit dem Anmeldetag gemäß § 33 Abs. 1. Besteht der Anmelder jedoch auf der Eintragung der Anmeldung mit dem Zeitrang der Prioritätsanmeldung, weist das DPMA die Anmeldung als Ganzes zurück. Ist die Wirksamkeit der Priorität fraglich, bietet es sich an, hilfsweise die Eintragung der Anmeldung mit deren eigenem Anmeldetag gemäß § 33 Abs. 1 zu beantragen. Auf diese Weise erhält der Anmelder unmittelbar eine eingetragene Marke, kann aber die Frage des Zeitrangs im Rechtsmittelverfahren überprüfen lassen.

§ 35 Ausstellungspriorität

(1) Hat der Anmelder der Marke Waren oder Dienstleistungen unter der angemeldeten Marke
1. auf einer amtlichen oder amtlich anerkannten internationalen Ausstellung im Sinne
 des am 22. November 1928 in Paris unterzeichneten Abkommens über internationale
 Ausstellungen oder
2. auf einer sonstigen inländischen oder ausländischen Ausstellung

zur Schau gestellt, kann er, wenn er die Anmeldung innerhalb einer Frist von sechs Monaten seit der erstmaligen Zurschaustellung der Waren oder Dienstleistungen unter der angemeldeten Marke einreicht, von diesem Tag an ein Prioritätsrecht im Sinne des § 34 in Anspruch nehmen.

(2) Die in Absatz 1 Nr. 1 bezeichneten Ausstellungen werden vom Bundesministerium der Justiz und für Verbraucherschutz im Bundesanzeiger bekanntgemacht.

(3) Die Ausstellungen nach Absatz 1 Nummer 2 werden im Einzelfall vom Bundesministerium der Justiz und für Verbraucherschutz bestimmt und im Bundesanzeiger bekanntgemacht.

(4) ¹Wer eine Priorität nach Absatz 1 in Anspruch nimmt, hat innerhalb von zwei Monaten nach dem Anmeldetag den Tag der erstmaligen Zurschaustellung sowie die Ausstellung anzugeben. ²Hat der Anmelder diese Angaben gemacht, fordert ihn das Deutsches Patent- und Markenamt auf, innerhalb von zwei Monaten nach der Zustellung der Aufforderung die Nachweise für die Zurschaustellung der Waren oder Dienstleistungen unter der angemeldeten Marke einzureichen. ³Werden die Nachweise nicht rechtzeitig eingereicht, so wird der Prioritätsanspruch für diese Anmeldung verwirkt.

(5) Die Ausstellungspriorität nach Absatz 1 verlängert nicht die Prioritätsfrist nach § 34.

Überblick

§ 35 gewährt ein eigenständiges Prioritätsrecht, das auf der erstmaligen öffentlichen Vorstellung von Waren und/oder Dienstleistungen unter der angemeldeten Marke basiert. Die Marke erhält als Zeitrang den Tag, an dem sie erstmals iSv § 35 zur Schau gestellt wurde.

Die Zurschaustellung muss auf einer amtlichen oder amtlich anerkannten Ausstellung erfolgt sein, die vom BMJ im Bundesgesetzblatt bekannt gemacht wurde (→ Rn. 1).

Die Markenanmeldung muss spätestens sechs Monate nach der erstmaligen Zurschaustellung eingereicht werden (→ Rn. 6). In der Prioritätserklärung hat der Anmelder die Ausstellung und den Tag der erstmaligen Zurschaustellung anzugeben (→ Rn. 9). Des Weiteren hat er den Nachweis zu erbringen, welche Waren bzw. Dienstleitungen unter der fraglichen Marke ausgestellt wurden (→ Rn. 12).

A. Ausstellungen

1   Nicht jede Zurschaustellung von Waren und/oder Dienstleistungen begründet ein Prioritätsrecht gemäß § 35. Nur wenn die Waren bzw. Dienstleistungen auf einer amtlichen oder amtlich anerkannten Ausstellung gemäß dem Übereinkommen über Internationale Ausstellungen oder auf einer explizit durch das BMJ bekanntgemachten Ausstellungen gezeigt wurden, kann eine Ausstellungspriorität in Anspruch genommen werden.

I. Amtliche und amtlich anerkannte Ausstellungen (Abs. 1 Nr. 1, Abs. 2)

2   Welche Ausstellungen als amtlich bzw. amtlich anerkannt gelten, richtet sich nach dem Übereinkommen über Internationale Ausstellungen vom 22.11.1928 in der Fassung des Protokolls vom 30.11.1972. Die Bekanntmachung der einzelnen Ausstellungen durch das BMJ ist diesbezüglich rein deklaratorisch (Fezer Rn. 6). Die Ausstellungen werden im Bundesanzeiger (www.bundesanzeiger.de; Stichwort „Ausstellungsschutz") veröffentlicht.

II. Sonstige in- und ausländische Ausstellungen (Abs. 1 Nr. 2, Abs. 3)

3   Neben den durch das Übereinkommen über Internationale Ausstellungen festgesetzten Ausstellungen kann das BMJ weitere Ausstellungen als prioritätsbegründend festlegen. Die Bekanntmachung dieser Ausstellungen im Bundesgesetzblatt ist dementsprechend konstitutiv (Fezer Rn. 7).

III. Zurschaustellung

4   Um eine Ausstellungspriorität zu begründen, müssen die mit der Marke gekennzeichneten Waren und/oder Dienstleistungen öffentlich präsentiert und damit weiten Publikumskreisen zugänglich gemacht werden. Das Verteilen von Produkten an eine begrenzte Personengruppe (zB

potentielle Zwischenhändler) gilt nicht als Zurschaustellung iSv § 35 Abs. 4 (zum GeschmMG BGH GRUR 1983, 31 – Klarsichtbehälter; Ingerl/Rohnke/Nordemann/Boddien Rn. 3).

Auch kann die Priorität nur für solche Waren und Dienstleistungen in Anspruch genommen **5** werden, welche auf der Ausstellung tatsächlich unter der Marke gezeigt wurden.

B. Nachanmeldung beim DPMA

I. Prioritätsfrist

Die Prioritätsfrist beträgt sechs Monate ab dem Tag, an dem die mit der Marke gekennzeichne- **6** ten Waren bzw. Dienstleistungen auf der Ausstellung erstmals gezeigt wurden. Während dieser sechs Monate muss die Nachanmeldung beim DPMA eingereicht werden. Andernfalls ist das Prioritätsrecht verwirkt.

In die Frist kann Wiedereinsetzung (§ 91) gewährt werden (→ § 34 Rn. 14.1). **7**

Wurde eine Ausstellungspriorität in Anspruch genommen verlängert sich dadurch nicht die **8** Prioritätsfrist der nationalen Anmeldung gemäß Art. 4 PVÜ. Die Prioritätsfrist der Markenanmeldung für ausländische Nachanmeldungen berechnet sich vielmehr vom Tag der ersten Zurschaustellung (§ 35 Abs. 5).

II. Prioritätserklärung (Abs. 3 S. 1)

Hat der Anmelder die Inanspruchnahme der Ausstellungspriorität nicht bereits mit der Anmel- **9** dung der Marke erklärt, kann er dies noch bis zwei Monate nach dem Einreichen der Anmeldung nachholen. Mit der Prioritätserklärung hat der Anmelder den Namen und den Ort der Ausstellung, sowie den Tag der ersten Zurschaustellung zu nennen (§ 3 Abs. 2 Nr. 2 MarkenV; Richtlinien für die Prüfung von Markenanmeldungen Teil 1, VI, 7 b).

Wird die Frist für die Einreichung der Prioritätserklärung versäumt, ist das Prioritätsrecht **10** verwirkt, und die Anmeldung erhält den Zeitrang ihres eigenen Anmeldetags gemäß § 33 Abs. 1.

In die Frist kann Wiedereinsetzung (§ 91) gewährt werden (→ § 34 Rn. 14.1). **11**

III. Nachweis der Zurschaustellung

Die Zurschaustellung der mit der Marke gekennzeichneten Waren bzw. Dienstleitungen muss **12** dem DPMA nachgewiesen werden. Dazu sollte möglichst ein Beleg eingereicht werden, der die Zurschaustellung bestätigt und von der Ausstellungsleitung oder der für geistiges Eigentum zuständigen Stelle der Messe bzw. Ausstellung unterzeichnet wurde. Als Nachweis kann aber auch die Vorlage der Standrechnung und Messeunterlagen bzw. prospekte akzeptiert werden (Richtlinien für die Prüfung von Markenanmeldungen Teil 1, VI, 7b).

Wird der Nachweis nicht bereits mit der Anmeldung eingereicht, setzt das DPMA dem Anmel- **13** der eine Frist von zwei Monaten, um den Nachweis der Zurschaustellung zu erbringen. Wird diese Frist versäumt, ist das Prioritätsrecht verwirkt, und die Anmeldung erhält den Zeitrang ihres eigenen Anmeldetags gemäß § 33 Abs. 1.

In die Frist kann Wiedereinsetzung (§ 91) gewährt werden (→ § 34 Rn. 14.1). **14**

§ 36 Prüfung der Anmeldungserfordernisse

(1) Das Deutsche Patent- und Markenamt prüft, ob
1. die Anmeldung der Marke den Erfordernissen für die Zuerkennung eines Anmeldetages nach § 33 Abs. 1 genügt,
2. die Anmeldung den sonstigen Anmeldungserfordernissen entspricht,
3. die Gebühren in ausreichender Höhe gezahlt worden sind und
4. der Anmelder nach § 7 Inhaber einer Marke sein kann.

(2) ¹Werden nach Absatz 1 Nummer 1 festgestellte Mängel der Anmeldung nicht innerhalb einer vom Deutsches Patent- und Markenamt bestimmten Frist beseitigt, so gilt die Anmeldung als zurückgenommen. ²Werden die festgestellten Mängel fristgerecht beseitigt, so wird als Anmeldetag der Tag zuerkannt, an dem die Mängel beseitigt worden sind.

(3) ¹Werden innerhalb einer vom Deutschen Patent- und Markenamt bestimmten Frist Klassengebühren nicht oder in nicht ausreichender Höhe nachgezahlt oder wird

vom Anmelder keine Bestimmung darüber getroffen, welche Waren- oder Dienstleistungsklassen durch den gezahlten Gebührenbetrag gedeckt werden sollen, so werden zunächst die Leitklasse und sodann die übrigen Klassen in der Reihenfolge der Klasseneinteilung berücksichtigt. ²Im Übrigen gilt die Anmeldung als zurückgenommen.

(4) Werden sonstige Mängel innerhalb einer vom Deutschen Patent- und Markenamt bestimmten Frist nicht beseitigt, so weist das Deutsche Patent- und Markenamt die Anmeldung zurück.

(5) Kann der Anmelder nicht nach § 7 Inhaber einer Marke sein, so weist das Deutsche Patent- und Markenamt die Anmeldung zurück.

Überblick

§ 36 bestimmt den Umfang und die Rechtsfolgen der formalen Prüfung der Markenanmeldung durch das DPMA. Die materielle Prüfung wird durch § 37 festlegt.

Im Rahmen der Formalprüfung stellt das DPMA fest, ob die Anmeldung die Mindestanforderungen sowie die weiteren Erfordernisse gemäß § 32 erfüllt, und ob die Anmeldegebühr und ggf. fällige Klassengebühren gezahlt wurden. Bestehen Mängel an der Anmeldung, wird der Anmelder unterrichtet und erhält Gelegenheit, zu den Einwänden Stellung zu nehmen und die Mängel ggf. zu beheben.

Werden formale Mängel der Anmeldung nicht behoben, führt dies je nach Art des Mangels zu unterschiedlichen Rechtsfolgen: Erfüllt die Anmeldung die Mindestanforderungen (→ Rn. 1) nicht, gilt sie als zurückgenommen. Fehlen hingegen weitere Erfordernisse (→ Rn. 7) oder fehlt dem Anmelder die Befähigung zur Inhaberschaft iSv § 7 (→ Rn. 32), weist das DPMA die Anmeldung durch Beschluss zurück. Die Rechtsfolgen fehlender oder unvollständiger Gebührenzahlung unterscheiden sich danach ob die Anmeldegebühr (→ Rn. 13) oder ggf. fällige Klassengebühren (→ Rn. 16) nicht entrichtet wurden.

Übersicht

A. Rechtsfolgen fehlender Mindestanforderungen

1   Die Mindestanforderungen, die an die Markenanmeldung gestellt werden, richten sich nach § 32 Abs. 2 und betreffen das Vorliegen eines Antrags auf Eintragung (→ § 32 Rn. 2), Angaben zum Anmelder (→ § 32 Rn. 13), die Darstellung der Marke (→ § 32 Rn. 18) und das Waren- und Dienstleistungsverzeichnis (→ § 32 Rn. 61). Gemäß Abs. 2 soll der Anmeldung solange kein Anmeldetag zuerkannt werden, als diese die in § 32 Abs. 2 genannten Voraussetzungen nicht erfüllt.

Für die rein formalen Voraussetzungen der Nummern 1, 2 und 4 des § 32 Abs. 2 ergeben sich hierbei keinerlei Schwierigkeiten. Das DPMA teilt dem Anmelder die festgestellten Mängel mit und setzt eine Frist, innerhalb der die Mängel beseitigt werden können.

1.1   Die vom DPMA gesetzten Fristen betragen bei Anmeldern mit Sitz oder Wohnsitz im Inland in der Regel einen Monat, ansonsten zwei Monate (§ 18 DPMAV), können bei beschleunigter Prüfung (§ 38) aber auch kürzer sein (RL für die Prüfung von Markenanmeldungen, Teil 1, VII, 3). Vom DPMA bestimmte Fristen sind grundsätzlich verlängerbar (§ 18 Abs. 2 DPMAV); allerdings bedürfen weitere Fristverlängerungen der Glaubhaftmachung eines berechtigten Interesses des Anmelders (§ 18 Abs. 3 DPMAV).

2   Werden die Mängel behoben, wird der Anmeldung ein Anmeldetag zuerkannt, und zwar der Tag, an dem die vollständigen und den Mindestanforderungen entsprechenden Unterlagen beim DPMA eingegangen sind (§ 36 Abs. 2 S. 2; → § 33 Rn. 2).

Werden die Mängel nicht fristgerecht behoben, gilt die Anmeldung als zurückgenommen (§ 36 **3** Abs. 2 S. 1). Die Rücknahmefiktion tritt von Gesetzes wegen ein und bedarf keines Beschlusses des DPMA (Ingerl/Rohnke/Nordemann/Boddien Rn. 4; Fezer Rn. 6).

Sofern die Rücknahmefiktion lediglich mit einem formlosen Schreiben mitgeteilt wurde, kann der **3.1** Anmelder einen Feststellungsbeschluss beantragen, der dann wiederum mit der Beschwerde (§ 66) angegriffen werden kann.

Eine Besonderheit ergibt sich hinsichtlich der mit dem MaMoG neu eingeführten Anforderung, **4** dass die Darstellung der Marke nicht dem Schutzhindernis nach § 8 Abs. 1 unterfällt. Damit wird eine unmittelbare Verknüpfung zwischen den formalen und den sachlichen Erfordernissen an die Markenanmeldung geschaffen. Dies wirft zwei Fragen auf: ist die gemäß § 8 Abs. 1 sachliche Prüfung der Bestimmtheit der Marke nunmehr bereits im Rahmen der Formalprüfung durchzuführen und richten sich die Rechtsfolgen eines Mangels der Darstellung nach § 36 Abs. 2 (formale Mängel) oder nach § 37 Abs. 1 (sachliche Mängel) (→ § 37 Rn. 11 ff.). Im ersten Fall wäre genau genommen eine Änderung der Darstellung unter Verschiebung des Anmeldetags möglich (→ Rn. 2), bevor die Anmeldung als zurückgenommen gilt (→ Rn. 3). Im zweiten Fall würde die Anmeldung ohne Möglichkeiten der Behebung des Mangels zurückgewiesen (→ § 37 Rn. 11). Allerdings sieht das DPMA in seiner seit dem 1.8.2018 geltenden Richtlinie für die Prüfung von Markenanmeldungen vor, dass zumindest bei Wort-, Wort/Bild- und dreidimensionalen Marken das Erfordernis der Wiedergabe bereits mit dem Eingang einer graphischen Darstellung der Marke erfüllt ist (→ § 32 Rn. 26). Das könnte als Hinweis darauf verstanden werden, dass es wie in der Literatur vorgeschlagen zu einem zweistufigen Prüfungsprozess kommt, wobei die zunächst durchzuführende formale oder verfahrensrechtliche Prüfung nach § 36 iVm § 32 Abs. 2 Nr. 3 geringeren Anforderungen unterliegt als die materiellrechliche (§ 37 iVm § 8 Abs. 1) (Ingerl/Rohnke/Nordemann/Boddien Rn. 3). Interessant dürfe die Abgrenzung vor allem bei komplexeren Markenformen sein.

Ob eine Nachholung der Mindestvoraussetzungen auch im Rechtsmittelverfahren noch zulässig **5** ist, ist umstritten (zustimmend Ingerl/Rohnke/Nordemann/Boddien Rn. 4; ablehnend v. Schultz/ Schweyer § 32 Rn. 4). Für den Fall, dass das DPMA es im Erteilungsverfahren versäumt hat dem Anmelder eine Frist zur Beseitigung der Mängel zu setzen, können die Mindesterfordernisse jedenfalls noch in der Beschwerde nachgeholt werden (BPatG GRUR 2007, 63 – KielNET; Ströbele/Hacker/Thiering/Miosga Rn. 2).

In die vom DPMA gemäß § 36 Abs. 2 S. 1 bestimmte Frist kann Wiedereinsetzung gemäß **6** § 91 beantragt werden. Eine Weiterbehandlung gemäß § 91a kommt hier nicht in Betracht, da die Anmeldung nicht auf Grund eines Zurückweisungsbeschlusses, sondern auf Grund der gesetzlichen festgelegten Rechtsfolge untergegangen ist (aA Fezer Rn. 6). Ausführlich zum Zusammenspiel von Wiedereinsetzung und Weiterbehandlung Braitmayer MarkenR 2011, 373.

B. Rechtsfolgen fehlender weiterer Erfordernisse

Die weiteren Erfordernisse bestimmen sich nach § 32 Abs. 3 iVm §§ 2–12a MarkenV und **7** können je nach Art der Marke (zB Wort-, Bild, oder 3D-Marke) unterschiedlich sein. Erfüllt die Anmeldung eines dieser Erfordernisse nicht, teilt das DPMA dem Anmelder die festgestellten Mängel mit und setzt ihm eine Frist, innerhalb der er diese beseitigen kann (zu vom DPMA gesetzten Fristen → Rn. 1.1).

Werden die Mängel behoben und bestehen keine materiellen Schutzhindernisse (§ 37), wird **8** die Marke in das Register eingetragen (§ 41).

Werden die Mängel nicht fristgerecht behoben, weist das DPMA die Anmeldung durch **9** Beschluss zurück (§ 36 Abs. 4). Gegen den Zurückweisungsbeschluss des DPMA ist die Erinnerung gemäß § 64 sowie die Beschwerde gemäß § 66 statthaft. Ob ein entsprechender Mangel im Beschwerdeverfahren noch behoben werden kann, wurde unterschiedlich beurteilt. So wurde es gestattet Angaben zum Anmelder und zum vertretungsberechtigten Gesellschafter in Beschwerdeverfahren nachzuschieben (BPatG BeckRS 2016, 130056 – Cosmetic College Hannover; BeckRS 2016, 130056; GRUR 2014, 20 – GbR Vertreter). Die erstmalige Vorlage einer Transliteration wurde hingegen abgelehnt (BPatG GRUR-RS 2020, 22304 – Bienchen).

Wurde die vom DPMA gemäß § 36 Abs. 4 bestimmte Frist versäumt, kann Weiterbehandlung **10** gemäß § 91a beantragt und die versäumte Handlung nachgeholt werden (zustimmend Fezer Rn. 8; differenzierend Ingerl/Rohnke/Nordemann/Grabrucker § 91a Rn. 3). Ob Wiedereinsetzung möglich ist, ist umstritten. Gegen die Möglichkeit einer Wiedereinsetzung spricht der Umstand, dass nicht die Versäumung der Frist selbst, sondern die inhaltliche Entscheidung des Prüfers die

Zurückweisung auslöst (zustimmend Fezer Rn. 7; Braitmayer MarkenR 2011, 373; aA → § 91 Rn. 14.1 (Gruber); Schweyer § 36 Rn. 6). Dem entspricht auch, dass falls die Frist versäumt wurde, aber noch kein Zurückweisungsbeschluss ergangen ist, verspätete Mängelbeseitigungen berücksichtigt werden. Ausführlich zum Zusammenspiel von Wiedereinsetzung und Weiterbehandlung Braitmayer MarkenR 2011, 373.

C. Rechtsfolgen fehlender und unzureichender Gebührenzahlung

11   Mit Einreichen der Anmeldung wird eine Anmeldegebühr in Höhe von 300 Euro, bei Einreichungen über das Online-Portal des DPMA in Höhe von 290 Euro, fällig (§ 3 Abs. 1 S. 1, § 2 Abs. 1 PatKostG iVm GV 331100 PatKostG bzw. GV 331000 PatKostG). Die Anmeldegebühr für eine Kollektiv- oder Gewährleistungsmarke ist mit 900 Euro erheblich höher (§ 3 Abs. 1 S. 1 PatKostG, § 2 Abs. 1 PatKostG iVm GV 331200 PatKostG). Von der Anmeldegebühr sind auch die Gebühren für bis zu drei Waren- und Dienstleistungsklassen abgedeckt. Umfasst das Waren- und Dienstleistungsverzeichnis mehr als drei Klassen werden mit Einreichen der Anmeldung Klassengebühren in Höhe von 100 Euro für jede weitere Klasse fällig (§ 2 Abs. 1 PatKostG iVm GV 331300 PatKostG).

11.1   Von der in der MRL vorgesehenen Möglichkeit, in die Anmeldegebühr nur eine Waren- bzw. Dienstleistungsklasse einzubinden (Art. 42 MRL) hat der deutsche Gesetzgeber keinen Gebrauch gemacht. Somit umfasst sowohl die Anmeldegebühr als auch die Verlängerungsgebühr (→ § 47 Rn. 14) bis zu drei Waren- und Dienstleistungsklassen.

12   Die Anmeldegebühr sowie ggf. fällige Klassengebühren sind innerhalb von drei Monaten ab dem Einreichen der Anmeldung an das DPMA zu zahlen (§ 6 Abs. 1 S. 2 PatKostG).

12.1   Die Gebühren können mittels SEPA-Lastschrift gezahlt werden (Formular A 9530/A 9532, abrufbar unter https://www.dpma.de/service/formulare/zahlungsverkehr/index.html, zuletzt abgerufen am 28.12.2022). Alternativ ist eine Zahlung durch SEPA-Überweisung oder durch Bareinzahlung auf das Konto des DPMA (Bundeskasse Halle/DPMA) möglich. Bei Überweisungen ist zu beachten, dass als Tag des Zahlungseingangs erst der Tag gilt, an dem der Betrag dem Konto des DPMA gutgeschrieben wird.

12.2   Die Höhe der Anmelde- und Klassengebühren richtet sich stets nach dem Tag ihrer Fälligkeit, dh dem Tag der Einreichung der Anmeldung und wird durch die an diesem Tag in Kraft befindlichen gesetzlichen Regelungen bestimmt. Eine Nachforderung von Gebühren auf Grund später erfolgter Gebührenerhöhungen ist nicht zulässig (BPatG BlPMZ 1999, 319 – TTS).

I. Nicht oder nicht vollständig gezahlte Anmeldegebühr

13   Wird die Anmeldegebühr nicht rechtzeitig oder nicht vollständig gezahlt, gilt die Anmeldung als zurückgenommen (§ 6 Abs. 2 Alt. 1 PatKostG). Zu spät oder unvollständig gezahlte Gebühren werden dem Anmelder zurückerstattet (§ 10 Abs. 2 PatKostG). Wurden die Gebühren jedoch fristgerecht und in ausreichender Höhe entrichtet, sind sie verfallen und werden auch für den Fall, dass die Anmeldung aus anderen Gründen untergeht, nicht zurückerstattet.

14   Die Zahlung der Gebühren hat keinen Einfluss auf die Wirksamkeit der Anmeldung, so dass diese auch ohne Gebührenzahlung einen Anmeldetag erhält (§ 33).

15   In die Zahlungsfrist gemäß § 6 Abs. 1 S. 2 PatKostG kann Wiedereinsetzung (§ 91) gewährt werden.

II. Nicht oder nicht vollständig gezahlte Klassengebühren

16   Umfasst das Waren- und Dienstleistungsverzeichnis mehr als drei Klassen sind für jede weitere Klasse zusätzliche Klassengebühren zu entrichten (§ 2 Abs. 1 PatKostG iVm GV 331300 PatKostG). Die für die Anmeldung zu zahlenden Klassengebühren sind auch in der Empfangsbestätigung, welche der Anmelder vom DPMA erhält, aufgeführt.

17   Werden die zusätzlichen Klassengebühren mit Einreichen der Anmeldung nicht oder nicht vollständig gezahlt, die Anmeldegebühr aber entrichtet, gilt die Anmeldung nicht als zurückgenommen. Vielmehr ist die Anmeldegebühr mit der Zahlung verfallen und kann nicht zurückerstattet werden (BPatG BeckRS 2009, 24786 – Anmeldegebühr).

18   Die Rechtsfolgen mangelnder Klassengebühren richten sich nach § 36 Abs. 3, wobei drei Fälle unzureichender Gebührenzahlung unterschieden werden müssen:
- Das mit der Anmeldung eingereichte Waren- und Dienstleistungsverzeichnis umfasst, entsprechend seiner Klassifizierung, mehr Waren- oder Dienstleistungsklassen als Gebühren entrichtet wurden (→ Rn. 19);

- Die in der Anmeldung enthaltenen Waren bzw. Dienstleistungen umfassen bei korrekter Zuordnung mehr Klassen als im Waren- und Dienstleistungsverzeichnis aufgeführt sind und für die folglich Gebühren gezahlt wurden (→ Rn. 24);
- Das Waren- und Dienstleistungsverzeichnis umfasst nach Anpassungen im Laufe des Prüfungsverfahrens mehr Klassen als ursprünglich eingereicht und bezahlt wurden (→ Rn. 29).

1. Waren- und Dienstleistungsverzeichnis mit mehr als drei Klassen

Umfasst die Anmeldung bereits beim Einreichen der Anmeldungsunterlagen mehr als drei **19** Waren- oder Dienstleistungsklassen, werden die weiteren Klassengebühren, wie auch die Anmeldegebühr, mit Einreichen der Anmeldung fällig. Die Zahlungsfrist beträgt für alle Gebühren drei Monate ab Fälligkeit (§ 6 Abs. 1 S. 2 PatKostG).

Werden die Klassengebühren nicht rechtzeitig gezahlt, setzt das DPMA dem Anmelder eine **20** Frist, um zu bestimmen, für welche der im Waren- und Dienstleistungsverzeichnis enthaltenen Klassen die von ihm gezahlten Gebühren verwendet werden sollen. Im Umfang der übrigen Klassen gilt die Anmeldung als zurückgenommen.

Trifft der Anmelder keine Bestimmung, setzt das DPMA die Leitklasse (→ § 32 Rn. 70) des **21** Waren- und Dienstleistungsverzeichnisses fest und berücksichtigt die restlichen Klassen in der Reihenfolge ihrer Klassennummern, soweit sie von den gezahlten Gebühren abgedeckt sind.

Unter besonderen Umständen wurde allerdings auch das ursprünglich eingereichte Waren- und Dienst- **21.1** leistungsverzeichnis als Bestimmung durch den Anmelder anerkannt (BPatG GRUR 2006, 172 – unzureichende Klassengebühren).

Eine Frist zur Nachzahlung versäumter Klassengebühren gewährt das DPMA nicht (BPatG **22** GRUR 2006, 172 – unzureichende Klassengebühr).

In die Frist gemäß § 36 Abs. 3 S. 1 kann Wiedereinsetzung (§ 91) gewährt werden. Auch soll **23** der Anmelder Weiterbehandlung (§ 91a) beantragen können (Fezer Rn. 11).

2. Erhöhung der Anzahl der Klassen bei korrekter Zuordnung

Nach dem Eingang der Anmeldung überprüft das DPMA die Klassifizierung des beigefügten **24** Waren- und Dienstleistungsverzeichnisses und vermerkt in der Empfangsbestätigung, die es dem Anmelder zukommen lässt, wie viele Klassen die Anmeldung umfasst. Das DPMA weist jedoch nicht explizit darauf hin, wenn die Anzahl der Klassen durch die korrekte Zuordnung der Waren bzw. Dienstleistungen steigt und dadurch weitere Klassengebühren zu zahlen sind.

Beispielsweise kann das eingereichte Warenverzeichnis lediglich drei Klassen umfassen, wobei aber einige **24.1** der Waren falschen Klassen zugeordnet sind, so dass das Verzeichnis bei einer korrekten Zuordnung vier oder mehr Klassen umfasst. In diesem Fall ist neben der mit Einreichen der Anmeldung bezahlten Anmeldegebühr nachträglich noch eine Klassengebühr zu entrichten.

Es obliegt allein dem Anmelder die vollständigen Klassengebühren innerhalb der regulären **25** Zahlungsfrist, dh drei Monate ab dem Tag der Einreichung (§ 6 Abs. 1 S. 2 PatKostG), zu entrichten.

Werden die Klassengebühren nicht rechtzeitig gezahlt, setzt das DPMA dem Anmelder eine **26** Frist, um zu bestimmen, für welche der angemeldeten Klassen die gezahlten Gebühren verwendet werden sollen. Im Umfang der übrigen Klassen gilt die Anmeldung als zurückgenommen. Trifft der Anmelder keine Bestimmung, setzt das DPMA die Leitklasse (→ § 32 Rn. 70) des Waren- und Dienstleistungsverzeichnis fest und berücksichtigt die restlichen Klassen in der Reihenfolge ihrer Klassennummern, soweit sie von den gezahlten Gebühren abgedeckt sind.

Auch in diesem Fall gewährt das DPMA keine Frist zur Nachzahlung der zusätzlichen Klassen- **27** gebühren (→ Rn. 22).

In die Frist gemäß § 36 Abs. 3 S. 1 kann Wiedereinsetzung (§ 91) gewährt werden. Auch soll **28** der Anmelder Weiterbehandlung (§ 91a) beantragen können (Fezer Rn. 11).

3. Erhöhung der Anzahl der Klassen während des Prüfungsverfahrens

Im Zuge der Klärung des Waren- und Dienstleistungsverzeichnis im Prüfungsverfahren kann **29** die Konkretisierung einzelner Waren oder Dienstleistungen notwendig sein. Das kann unter Umständen dazu führen, dass eine Ware oder Dienstleitung einer anderen Klasse zugeordnet wird als bisher. In diesem Fall gibt das DPMA dem Anmelder Gelegenheit, innerhalb einer vom Amt zu bestimmenden Frist, die nunmehr mit Einreichen des neuen Waren- und Dienstleistungsverzeichnisses fälligen Gebühren nachzuzahlen oder zu bestimmen, welche Klassen im Rahmen der bereits geleisteten Gebühren berücksichtigt werden sollen.

29.1   **Beispiel:** Während des Prüfungsverfahrens wird eine Ware näher konkretisiert (zB zu medizinischen Zwecken) und dadurch einer anderen Warenklasse zugeordnet. Darin liegt keine Erweiterung des Waren- und Dienstleistungsverzeichnisses, sofern ursprünglich alle Verwendungen der Ware umfasst waren (BPatG BeckRS 2013, 14388 – JamJam). Seit die Klassenziffern bei der Auslegung des Waren- und Dienstleistungsverzeichnisses berücksichtigt werden (Mitteilung des DPMA Nr. 12/10), dürften solche Fälle jedoch die Ausnahme sein.

30   Versäumt der Anmelder beides, setzt das DPMA die Leitklasse (→ § 32 Rn. 70) des Waren- und Dienstleistungsverzeichnisses fest und berücksichtigt die restlichen Klassen, soweit sie von den gezahlten Gebühren abgedeckt sind, in der Reihenfolge ihrer Klassennummern.

31   In die Frist gemäß § 36 Abs. 3 S. 1 kann Wiedereinsetzung (§ 91) gewährt werden. Auch soll der Anmelder Weiterbehandlung (§ 91a) beantragen können (Fezer Rn. 11).

D. Rechtsfolgen fehlender Markenrechtsfähigkeit

32   Ist das DPMA der Ansicht, dass der Anmelder nicht Inhaber einer Marke iSv § 7 sein kann, teilt es dies dem Anmelder mit und gibt ihm Gelegenheit Stellung zu nehmen (zu den Voraussetzungen der Markenrechtsfähigkeit → § 7 Rn. 2, → § 7 Rn. 8 ff.). Wie bei den übrigen Schutzhindernissen, wird nach neuerer Rechtsprechung auch bei der Markenrechtsfähigkeit auf den Zeitpunkt des Anmeldetags abgestellt (BPatG BeckRS 2017, 152577 – Lit. Eifel). Kann der Anmelder die Beanstandung nicht ausräumen, wird die Anmeldung zurückgewiesen (§ 36 Abs. 5).

32.1   Eine echte nachträgliche Herstellung der Markenrechtsfähigkeit des Anmelders ist wohl nur selten gegeben, weil sie letztlich nur durch die Änderung der Identität des Anmelders möglich wäre. In diesem Fall kann die Markenanmeldung aber auf den neuen Anmelder übertragen werden. Die Eintragung der Marke erfolgt dann analog zu § 37 Abs. 2 aber unter Verschiebung des Zeitrangs auf den Zeitpunkt, zu dem die Markenrechtsfähigkeit hergestellt wurde (BPatG GRUR 2005, 955 – Courage; ablehnend Ströbele/Hacker/Thiering/Miosga § 37 Rn. 12).

33   Eine Rückerstattung der Anmeldungsgebühren wird auch in diesem Fall nicht gewährt, weil die Gebühr bereits verfallen ist (→ Rn. 13).

§ 37 Prüfung auf absolute Schutzhindernisse; Bemerkungen Dritter

(1) Ist die Marke nach § 3, 8 oder 10 von der Eintragung ausgeschlossen, so wird die Anmeldung zurückgewiesen.

(2) Ergibt die Prüfung, daß die Marke zwar am Anmeldetag (§ 33 Abs. 1) nicht den Voraussetzungen des § 8 Abs. 2 Nr. 1, 2 oder 3 entsprach, daß das Schutzhindernis aber nach dem Anmeldetag weggefallen ist, so kann die Anmeldung nicht zurückgewiesen werden, wenn der Anmelder sich damit einverstanden erklärt, daß ungeachtet des ursprünglichen Anmeldetages und einer etwa nach § 34 oder § 35 in Anspruch genommenen Priorität der Tag, an dem das Schutzhindernis weggefallen ist, als Anmeldetag gilt und für die Bestimmung des Zeitrangs im Sinne des § 6 Abs. 2 maßgeblich ist.

(3) Eine Anmeldung wird nach § 8 Abs. 2 Nr. 4 oder Nummer 14 nur zurückgewiesen, wenn die Eignung zur Täuschung oder die Bösgläubigkeit ersichtlich ist.

(4) Eine Anmeldung wird nach § 10 nur zurückgewiesen, wenn die Notorietät der älteren Marke amtsbekannt ist und wenn die weiteren Voraussetzungen des § 9 Abs. 1 Nr. 1 oder 2 gegeben sind.

(5) Die Absätze 1 bis 4 sind entsprechend anzuwenden, wenn die Marke nur für einen Teil der Waren oder Dienstleistungen, für die sie angemeldet worden ist, von der Eintragung ausgeschlossen ist.

(6) ¹Natürliche oder juristische Personen sowie die Verbände der Hersteller, Erzeuger, Dienstleistungsunternehmer, Händler und Verbraucher können vor der Eintragung der Marke beim Deutschen Patent- und Markenamt schriftliche Bemerkungen einreichen, in denen sie erläutern, aus welchen Gründen die Marke von Amts wegen nicht eingetragen werden sollte. ²Die Personen und Verbände können beim Deutschen Patent- und Markenamt auch schriftliche Bemerkungen einreichen, in denen sie erläutern, aus wel-

chen Gründen die Anmeldung einer Kollektiv- oder Gewährleistungsmarke zurückzuweisen ist. [3]Die Personen und Verbände sind an dem Verfahren beim Deutschen Patent- und Markenamt nicht beteiligt.

Überblick

§ 37 bestimmt den Umfang und die Rechtsfolgen der inhaltlichen Prüfung der Markenanmeldung durch das DPMA. Die formale Prüfung wird durch § 36 festlegt.

Im Rahmen der materiellen Prüfung der Markenanmeldung stellt das DPMA fest, ob der Eintragung der Marke Schutzhindernisse gemäß §§ 3, 8 oder § 10 entgegenstehen. Liegen keine Schutzhindernisse vor und entspricht die Anmeldung den formalen Anforderungen, wird die Marke ins Register eingetragen (§ 41). Andernfalls weist das DPMA die Anmeldung zurück (→ Rn. 11 ff.).

Auf Grund von Täuschungsgefahr (§ 8 Abs. 1 Nr. 4) oder Bösgläubigkeit (§ 8 Abs. 2 Nr. 14) werden Marken im Eintragungsverfahren nur zurückgewiesen, sofern das jeweilige Schutzhindernis ersichtlich vorliegt. Eine weitergehende Prüfungspflicht besteht bei diesen Schutzhindernissen nicht (→ Rn. 6).

Fehlt der Marke am Anmeldetag die nötige Unterscheidungskraft (§ 8 Abs. 2 Nr. 1) oder handelt es sich bei dem angemeldeten Zeichen um eine beschreibende Angabe (§ 8 Abs. 2 Nr. 2) oder einen allgemeinen Ausdruck (§ 8 Abs. 2 Nr. 3), kann der Anmelder eine Eintragung der Marke ggf. unter Verschiebung des Zeitrangs erwirken, sofern er dem Amt die Verkehrsdurchsetzung der Marke nachweist (→ Rn. 19).

Mit dem MaMoG wurde die Möglichkeit eingeführt, dass Dritte Bemerkungen an das DPMA richten, mit denen sie Bedenken gegen die Eintragung einer Marke erheben. Sie werden dadurch jedoch nicht am Verfahren beteiligt (→ Rn. 25).

Übersicht

A. Umfang der materiellen Prüfung

I. Maßgeblicher Zeitpunkt der Prüfung

Für die Beurteilung darüber, ob Schutzhindernisse gegen eine Markeneintragung vorliegen, **1** wird auf den Anmeldetag als relevanten Zeitpunkt abgestellt (BGH GRUR 2013, 1143 – Aus Akten werden Fakten; GRUR 2014, 483 – test; EuGH C-332/09 P, BeckRS 2010, 91251 – Flugbörse).

Bis zu seinem Beschluss vom 18.4.2013 (BGH GRUR 2013, 1143 – Aus Akten werden Fakten; zur **1.1** Verkehrsdurchsetzung: BGH GRUR 2014, 483 – test) hatte der BGH den Tag der Eintragung als für die Beurteilung der Schutzfähigkeit der Marke relevant erachtet (BGH GRUR 2009, 411 – Streetball; GRUR 20120, 138 – Rocher-Kugel). Dies geschah insbesondere mit Hinweis auf die Begründung zur Einführung des Markengesetztes (Begr. RegE, BT-Drs. 12/6581, 90). Außerdem sieht § 37 Abs. 2 ausdrücklich vor, dass es jedenfalls für die Beurteilung der Schutzhindernisse nach § 8 Abs. 2 Nr. 1–3 unter Umständen gerade nicht auf den Anmeldetag ankommt (BPatG BeckRS 2009, 15062 – Tabs (weiß/pink)). Die alte Rechtsprechung hatte zur Folge, dass sofern am Anmeldetag ein Schutzhindernis vorlag, dieses aber nachträglich weggefallen war, zB weil die Täuschungsgefahr auf Grund äußerer Umstände bis zur Entscheidung über die Eintragung entfallen war, die Marke einzutragen war. Lag hingegen zwar am Anmeldetag kein Schutzhindernis vor, ist dieses jedoch später, dh während des Eintragungsverfahrens entstanden, war die Anmeldung zurückzuweisen.

1.2 Insbesondere seit der EuGH für die Gemeinschaftsmarke entschieden hatte, dass für die Beurteilung der Unterscheidungskraft die Verkehrsauffassung am Anmeldetag ausschlaggebend ist (EuGH C-332/09 P, BeckRS 2010, 91251 – Flugbörse), wurde auch eine entsprechende Änderung der deutschen Rechtsprechung gefordert (Bölling GRUR 2011, 472; → § 8 Rn. 55 ff.). Dieser Forderung hat der BGH mit seiner neuen Entscheidung nunmehr entsprochen, wobei er vor allem die Argumentation des EuGH, dass ein langes Eintragungsverfahren und die dadurch auftretenden Änderungen nicht zu Lasten des Anmelders gehen dürfen, aufgegriffen hat (BGH GRUR 2013, 1143 – Aus Akten werden Fakten). Dies überzeugt jedoch nicht vollkommen, da die besonders lange Dauer von Verfahren vor dem HABM vor allem dem vorgelagerten Widerspruchsverfahren geschuldet ist, welches gemäß Markengesetz, jedenfalls derzeit noch, der Eintragung nachgeschaltet ist. In Anbetracht der mit der Änderung der Markenrichtlinie (MRL-E) geplanten Angleichung des nationalen Verfahrensrechts an die GMV war die Entscheidung des BGH aber wohl folgerichtig und hat die ohnehin erwartete Entwicklung vorweggenommen.

2 Für das Schutzhindernis der bösgläubigen Markenanmeldung ist hingegen der Zeitpunkt der Einreichung der Anmeldung ausschlaggebend (→ § 8 Rn. 969).

II. Inhalt der Prüfung

3 Die Prüfung auf Schutzhindernisse hat anhand tatsächlicher Feststellungen und, im Fall von § 8 Abs. 2 Nr. 1–4 und § 10, mit Bezug auf die konkret angemeldeten Waren und Dienstleistungen zu erfolgen (BPatG BeckRS 2009, 17391 – Collection; GRUR 2006, 1039 – Rätsel total). Dabei führt das DPMA, in der Regel mittels Internetsuchmaschinen oder Lexika, Recherchen nach den angemeldeten Zeichen durch. Bezüglich Hinweisen Dritter → § 8 Rn. 981).

4 Neben den in § 37 festgelegten Schutzhindernissen der §§ 3, 8 und § 10 prüft das DPMA auch, ob die Anmeldung mit anderen Rechtsvorschriften vereinbar ist, wobei vor allem das Arznei- und Lebensmittelrecht berücksichtigt werden (RL für die Prüfung von Markenanmeldungen, Teil 2, VIII).

5 Inwieweit bei der Beurteilung der Eintragungsfähigkeit auch Voreintragungen berücksichtigt werden sollten, war lange Zeit stark umstritten. Nach den Entscheidungen des EuGH und BGH sind Voreintragungen bei der Beurteilung der Schutzfähigkeit einer Marke zwar zu berücksichtigen, allerdings ist es hierfür ausreichend, dass das DPMA ein entsprechendes Vorbringen des Anmelders offenbar gewürdigt hat (EuGH C-39/08, GRUR 2009, 667 – Bild.T-Online.de). Einer nähergehenden Stellungnahme, insbesondere zur Schutzfähigkeit der Voreintragung, bedarf es nicht (BGH GRUR 2011, 230 – SUPERgirl).

5.1 Mit Berufung auf den Gleichheitsgrundsatz und den Grundsatz der Selbstbindung der Verwaltung, die beide sowohl im Gemeinschaftsrecht als auch im nationalen Deutschen Recht verankert sind, wurde gefordert, Voreintragungen bei der Prüfung der Markenanmeldung auf absolute Schutzhindernisse zu berücksichtigen. Denn eine Entscheidung gegen die gängige Amtspraxis, ohne dass sich die rechtlichen oder tatsächlichen Umstände zur Beurteilung der Schutzfähigkeit geändert hätten, führe zu einer mit diesen Rechtsgrundsätzen nicht zu vereinbarenden Benachteiligung des Anmelders (BPatG GRUR 2008, 164 – Schwabenpost).

5.2 Der EuGH hat in seiner Entscheidung vom 12.2.2009 (EuGH C-39/08, GRUR 2009, 667 – Bild.T-Online.de) dazu ausgeführt, dass eine Bindung der Erteilungsbehörde an eine Voreintragung, sei es derselben oder einer ähnlichen Marke, nicht besteht. Dennoch hat er auch zum Ausdruck gebracht, dass die Erteilungsbehörde frühere Entscheidungen zu ähnlichen Marken zu berücksichtigen und sich mit der Frage auseinanderzusetzten hat, ob im gleichen Sinne zu entscheiden sei. Dafür ist es ausreichend, dass das DPMA in seinem Beschluss zum Ausdruck bringt es habe die vom Anmelder angeführten Voreintragungen berücksichtigt. Zu einer weitergehenden Stellungnahme ist das DPMA nicht gehalten (BGH GRUR 2011, 230 – SUPERgirl). Dies gilt sowohl für eingetragene deutsche Marken als auch für Voreintragungen im Ausland (BPatG GRUR 2005, 590 – Collection; BeckRS 2009, 15062 – Tabs).

1. Täuschungsgefahr und Bösgläubigkeit (§ 8 Abs. 2 Nr. 4, Nr. 14)

6 Die Schutzhindernisse der Täuschungsgefahr (§ 8 Abs. 2 Nr. 4; → § 8 Rn. 580 ff.) und der Bösgläubigkeit (§ 8 Abs. 2 Nr. 14; → § 8 Rn. 957 ff.) berücksichtigt das DPMA nur, falls diese ersichtlich vorliegen. Darüber hinaus besteht für das DPMA keine Ermittlungspflicht.

7 Die Täuschungsgefahr gilt als ersichtlich, wenn sie sich unmittelbar aus den dem DPMA zugänglichen Informationsquellen ergibt (BPatG GRUR 1996, 885 – Schloß Wachenheim; GRUR 2012, 840 – soulhelp). Weiterreichende Ermittlungen sind im Eintragungsverfahren nicht vorgesehen, sondern dem Löschungsverfahren vorbehalten (Begr. RegE, BT-Drs. 12/6581, 90).

Des Weiteren muss die Täuschungsgefahr für jede denkbare Verwendung der Marke ersichtlich **8** sein (BPatG BeckRS 2009, 15097 – Kombucha; Fezer Rn. 25; → § 8 Rn. 601). Ergibt sich folglich aus dem amtlichen Prüfungsmaterial und dem Fachwissen der Markenstelle nicht, dass jedenfalls die wahrscheinlichste Benutzungsform der Marke nicht zur Täuschung des Publikums geeignet ist, ist die Marke einzutragen (→ § 8 Rn. 603; EuGH C-307/11 P, BeckRS 2012, 81316 – Winkel; BPatG GRUR 1999, 746 – OMEPRAZOK; GRUR 1989, 593 – Molino). Bei Marken, die Auszeichnungen oder Qualitätssiegel darstellen, kann der Nachweis über die Richtigkeit des Inhalts der Marke verlangt werden (Fezer Rn. 25).

Entsprechendes gilt für das Vorliegen einer bösgläubigen Markenanmeldung, die nur als ersicht- **9** lich gilt, wenn sie sich aus den Anmeldungsunterlagen, dem Fachwissen der Markenabteilung und/oder anderen allgemein zugänglichen Informationsquellen unmittelbar erschließt (Richtlinie für die Prüfung von Markenanmeldungen, Teil 2, XIII; → § 8 Rn. 591 ff.).

2. Notorisch bekannte Marken (§ 10)

Das Schutzhindernis des § 10 gehört eigentlich zu den relativen Schutzhindernissen, da es auf **10** einem entgegenstehenden Schutzrecht basiert, ist aber dennoch von Amts wegen zu prüfen. Das DPMA erachtet jedoch nur Marken mit einem Bekanntheitsgrad von mindestens 70% im Inland als notorisch bekannt und berücksichtigt diese auch nur, sofern sie amtsbekannt sind. Recherchen zur Bekanntheit einzelner Marken stellt das DPMA nicht an (Richtlinie für die Prüfung von Markenanmeldungen, Teil 2, XIV). Des Weiteren prüft das DPMA die Markenanmeldung nur auf Identität oder Verwechslungsgefahr mit notorisch bekannten Marken, nicht jedoch auf Rufausbeutung oder Beeinträchtigung der bekannten Marke.

B. Rechtsfolgen fehlender Eintragungsfähigkeit

I. Rechtsfolgen bei mangelhafter Darstellung gemäß § 8 Abs. 1

Bis zur Einführung des MaMoG war eine verhältnismäßig klare Unterscheidung der Rechtsfol- **11** gen formaler und inhaltlicher Mängel der Markenanmeldung gegeben. Fehlte es an den formalen Mindestanforderungen (§ 32 Abs. 2) galt die Anmeldung als zurückgenommen (§ 36 Abs. 2), verstieß sie gegen die Schutzhindernisse der §§ 3, 8 oder § 10 wurde sie zurückgewiesen (§ 37 Abs. 1). Lediglich bei Fehlen sogenannter weiterer Formalerfordernisse (§ 36 Abs. 4) wird die Anmeldung ebenfalls zurückgewiesen.

Durch die Änderung des Markengesetzes wurde in § 32 Abs. 1 das Erfordernis einer graphischen **12** Wiedergabe durch das einer Darstellung ersetzt, die nicht dem Schutzhindernis nach § 8 Abs. 1 unterfällt. Damit kommt es zu einer unmittelbaren Verknüpfung der eigentlich formalen Voraussetzungen des § 32 und der sachlich/inhaltlichen Anforderung des § 8 Abs. 1. In Zukunft stellt sich daher ua die Frage, ob die sachliche Prüfung der § 8 Abs. 1 bereits im Rahmen der Formalprüfung durchzuführen ist, und wie dies in der Organisation des DPMA ggf. umgesetzt werden kann.

Die Regelung wirft aber auch die Frage nach der Rechtsfolge für eine Markenanmeldung auf, **13** deren Zeichen nicht geeignet ist im Register ausreichend klar und eindeutig dargestellt zu werden (§ 8 Abs. 1). Folgt man der Vorschrift des § 37 Abs. 1, ist die Marke zurückzuweisen. Eine Änderung des Zeichens ist in diesem Fall auf Grund der Unveränderlichkeit der Marke nach Zuweisung eines Anmeldetags nicht mehr möglich. Ist § 8 Abs. 1 aber im Rahmen der formalen Prüfung gemäß § 36 zu berücksichtigen, dürfte bei fehlender Bestimmtheit der Darstellung erst gar kein Anmeldetag vergeben werden (§ 36 Abs. 2). Vielmehr wäre dem Anmelder Gelegenheit zu geben die Darstellung unter einer entsprechenden Verschiebung des Anmeldetags zu ändern. Ähnliche Konstellationen ergaben sich bei mangelnder Bestimmtheit der Wiedergabe bereits nach altem Recht (→ § 32 Rn. 22).

Wie das DPMA mit der gegebenen Situation umgehen wird, und welche Position die Gerichte **14** schließlich beziehen werden bleibt abzuwarten.

II. Rechtsfolgen bei übrigen sachlichen Mängeln

Ist das DPMA der Ansicht, dass Schutzhindernisse gegen die Eintragung der Marke vorliegen, **15** unterrichtet es den Anmelder hierüber in einem Beanstandungsbescheid. In diesem hat das Amt auch die Dokumente zu nennen oder ggf. beizulegen, auf die sich die Einwände gegen die Schutzfähigkeit der Marke gründen (Richtlinie für die Prüfung von Markenanmeldungen, Teil 3, I). In dem Beanstandungsbescheid setzt das DPMA dem Anmelder außerdem eine Frist, um zu den Einwänden Stellung nehmen und/oder diese ggf. auszuräumen.

15.1   Die vom DPMA gesetzten Fristen betragen bei Anmeldern, die Sitz oder Wohnsitz im Inland haben, in der Regel einen Monat, ansonsten zwei Monate (§ 18 DPMAV), können bei beschleunigter Prüfung (§ 38) aber auch kürzer sein (Fezer § 36 Rn. 8). Vom DPMA bestimmte Fristen sind grundsätzlich verlängerbar (§ 18 Abs. 2 DPMAV); allerdings bedürfen weitere Fristverlängerungen der Glaubhaftmachung eines berechtigten Interesses des Anmelders (§ 18 Abs. 3 DPMAV). Wird die Frist zur Beantwortung des Bescheids versäumt, ist Weiterbehandlung gemäß § 91a möglich.

16   Die Möglichkeiten des Anmelders die Beanstandungen auszuräumen sind allerdings beschränkt. So ist eine Änderung des Zeichens selbst auf Grund der Unveränderlichkeit der Marke nicht möglich. Der Anmelder kann jedoch das Waren- und Dienstleistungsverzeichnis einschränken, um beispielsweise Waren, für welche das Zeichen beschreibend ist, auszunehmen (→ § 39 Rn. 8 ff.). Dabei ist aber darauf zu achten, dass durch die Änderung des Verzeichnisses kein neues Schutzhindernis, zB eine ersichtliche Täuschungsgefahr, entstehen darf (§ 39; BPatG BeckRS 2009, 15097 – Kombucha).

17   Werden die Schutzhindernisse nicht ausgeräumt, weist das DPMA die Anmeldung durch Beschluss zurück. Liegen die Schutzhindernisse nur für einen Teil der angemeldeten Waren und Dienstleistungen vor, darf die Zurückweisung auch nur im Umfang dieser erfolgen. Für die übrigen Waren und Dienstleistungen ist die Marke einzutragen (§ 37 Abs. 5). Grundlage hierfür muss aber stets ein vom Anmelder eingereichtes oder zumindest genehmigtes Waren- und Dienstleistungsverzeichnis sein, denn dem Amt ist es nicht gestattet des Verzeichnisses eigenmächtig zu ändern (BPatG GRUR 2008, 454 – Teilzurückweisung). Die Zustimmung des Anmelders zu einem geänderten Waren- und Dienstleistungsverzeichnis muss schriftlich erfolgen (BPatG BeckRS 2009, 2544 – Pettersson und Findus).

18   Gegen den Zurückweisungsbeschluss des DPMA ist die Erinnerung (§ 64) wie auch die Beschwerde (§ 66) statthaft.

18.1   Ist die Marke einmal eingetragen, so kann sie nicht mehr zurückgewiesen werden, selbst wenn die Eintragung entgegen bestehender Schutzhindernisse und ggf. unbeabsichtigt erfolgte (BPatG GRUR 1999, 932 – REAL BIG). Dritte können aber einen Antrag auf Löschung gemäß §§ 50, 54 stellen.

C. Zeitrangverschiebung bei Wegfall eines Schutzhindernisses gemäß § 8 Abs. 2 Nr. 1–3

19   Liegt am Anmeldetag eines der Schutzhindernisse des § 8 Abs. 2 Nr. 1–3 (mangelnde Unterscheidungskraft, beschreibende Angabe und/oder gängiger Ausdruck) vor, und ist dieses nach dem Anmeldetag entfallen, kann die Marke nur unter Verschiebung des Zeitrangs eingetragen werden.

19.1   Durch die Verschiebung des Zeitrangs soll verhindert werden, dass Ansprüche gegen Dritte für einen Zeitpunkt begründet werden können, zu dem eine schutzfähige Marke noch gar nicht vorlag (Begr. RegE, BT-Drs. 12/6581, 90).

20   Der häufigste Fall einer Eintragung mit Zeitrangverschiebung ist die Eintragung auf Grund von Verkehrsdurchsetzung (§ 8 Abs. 3). Die Verschiebung des Zeitrangs findet dabei stets auf den Zeitpunkt statt, zu dem die Verkehrsdurchsetzung nachweisbar vorlag. War die Marke hingegen bereits bei Einreichen der Anmeldung durchgesetzt, und kann der Anmelder dies, ggf. auch erst nachträglich, darlegen, wird die Marke mit dem Zeitrang des Anmeldetags eingetragen.

20.1   Die Verkehrsdurchsetzung muss dem DPMA glaubhaft gemacht und ggf. nachgewiesen werden, wobei die Darlegungslast allein beim Anmelder liegt (Richtlinie für die Prüfung von Markenanmeldungen, Teil 2, XVII). Zunächst muss der Anmelder die Verkehrsdurchsetzung schlüssig vortragen, beispielsweise anhand von Unterlagen, die die Markenbenutzung dokumentieren, zB Werbematerial, Umsatzzahlen, etc. Anschließend leitet das DPMA das Verfahren zum Nachweis der Verkehrsdurchsetzung ein. Dieses umfasst für Waren/Dienstleistungen, die sich ausschließlich an Fachkreise richten in der Regel eine Befragung der Industrie- und Handelskammer. Kommen als Abnehmer auch Endverbraucher in Frage, ist regelmäßig die Vorlage eines demoskopischen Gutachtens notwendig. Bei Endverbraucherbefragungen ist zudem auf die Formulierung der Fragenkatalogs zu achten (Fezer Markenpraxis-HdB/Fink I 1 1 Rn. 322 ff.; Richtlinie für die Prüfung von Markenanmeldungen, Teil 2, XVII). Zu den Voraussetzungen der Verkehrsdurchsetzung → § 8 Rn. 1103 ff., → § 8 Rn. 1117 ff.).

21   Die Verschiebung des Zeitrangs der Marke ist ausschließlich mit Zustimmung des Anmelders möglich. Besteht der Anmelder darauf, dass die Marke mit dem Zeitrang des ursprünglichen Anmeldetags eingetragen wird, weist das DPMA die Anmeldung zurück.

Ist strittig, zu welchem Zeitpunkt die Marke bei den Verkehrskreisen durchgesetzt war, kann der **21.1** Anmelder den Antrag auf Eintragung mit Zeitrang des Anmeldetags aufrecht erhalten, die Eintragung mit Zeitrangverschiebung aber hilfsweise beantragen. So erhält der Anmelder unmittelbar ein wirksames Schutzrecht, kann aber dennoch gegen den Zurückweisungsbeschluss über den Hauptantrag in die Beschwerde gehen und die Entscheidung des DPMAs über die Zeitrangverschiebung durch das BPatG überprüfen lassen. Zur Verkehrsdurchsetzung im Einzelnen (→ § 8 Rn. 1103 ff., → § 8 Rn. 1117 ff.).

Bestehen die Schutzhindernisse gemäß § 8 Abs. 1 Nr. 1–3 nur hinsichtlich eines Teils der Waren und **21.2** Dienstleistungen, kann die Anmeldung geteilt werden (§ 40), um eine unmittelbare Eintragung der Waren bzw. Dienstleitungen zu erlangen, für die kein Schutzhindernis besteht (→ § 40 Rn. 1).

Der Nachweis der Verkehrsdurchsetzung kann auch noch im Beschwerdeverfahren erbracht **22** werden. In der Rechtsbeschwerde ist dies hingegen nicht mehr möglich, da dort keine neuen Tatsachen mehr vorgebracht werden können.

Entgegen dem Wortlaut des § 37 Abs. 2 betrifft die Verschiebung lediglich den Zeitrang der **23** Marke gemäß § 6 und nicht den Anmeldetag als solchen iSv § 33 Abs. 1. Das ergibt sich sowohl aus § 18 als auch aus § 25 MarkenV. Letzterer bestimmt, dass neben dem Anmeldetag auch der von diesem abweichende Zeitrang der Marke in das Register einzutragen ist (§ 25 Nr. 11 und 12 MarkenV). Die Schutzdauer, sowie die Fälligkeit der Verlängerungsgebühren bleiben von der Zeitrangverschiebung daher unberührt.

Im Rahmen des Art. 6^{quinquies} B Nr. 2 PVÜ ist das DPMA befugt, die Erstreckung einer IR- **24** Marke auf absolute Schutzhindernisse zu prüfen (BPatG GRUR 2005, 590 – COLLECTION). Eine Eintragung auf Grund Verkehrsdurchsetzung unter Verschiebung des Anmeldetags ist jedoch durch § 113 Abs. 2 ausgeschlossen.

D. Einwendungen Dritter

Mit der Umsetzung der MRL durch das MaMoG erhielt § 37 einen weiteren Absatz, demgemäß **25** Dritte Bemerkungen einreichen können, in denen sie Einwände gegen die Eintragung der Marke vorbringen können. Das entspricht den aus Patenterteilungsverfahren bekannten „Einwendungen Dritter". Allerdings ist das DPMA weder verpflichtet die Bemerkungen zu berücksichtigen (RefE MaMoG, Anm. zu § 37 Abs. 6), noch wird derjenige, der die Bemerkungen einreicht Partei des Verfahrens.

In Patentsachen haben die „Einwendungen Dritter" nur untergeordnete Bedeutung. Da der **26** Einwendende am Verfahren nicht beteiligt wird, kann er auf die Berücksichtigung seiner Einwände keinen Einfluss nehmen und somit Unklarheiten nicht aufklären oder eine lediglich oberflächliche Kenntnisnahme durch das Amt nicht verhindern. Umgekehrt läuft er Gefahr, dass in späteren Auseinandersetzungen, sei es in Verletzungs- oder Löschungsverfahren, seine bereits vorgebrachten Argumente keine ausreichende Beachtung mehr finden, da über sie ja bereits entschieden wurde. Es wird sich hinsichtlich möglicher Einwendungen Dritter somit auch für Markenverfahren die Frage stellen, ob es nicht sinnvoller ist, die Argumente für ein Löschungs- oder Nichtigkeitsverfahren aufzuheben.

§ 38 Beschleunigte Prüfung

Auf Antrag des Anmelders wird die Prüfung nach den §§ 36 und 37 beschleunigt durchgeführt.

Überblick

Beantragt der Anmelder die beschleunigte Prüfung, bearbeitet das DPMA die Anmeldung bevorzugt, und entscheidet über die Eintragung der Marke innerhalb von sechs Monaten (→ Rn. 1).

Mit dem Antrag ist eine Beschleunigungsgebühr an das DPMA zu entrichten (→ Rn. 3).

Wird über die Anmeldung nicht innerhalb von sechs Monaten entschieden und liegen die Gründe hierfür überwiegend beim DPMA, ist dem Anmelder die Beschleunigungsgebühr zurückzuerstatten (→ Rn. 6).

A. Beschleunigte Prüfung

1   Die beschleunigte Prüfung dient in erster Linie dazu, sicher zu stellen, dass die Eintragung der Marke innerhalb der sechs-monatigen Prioritätsfrist gemäß Art. 4 C Abs. 1 PVÜ erfolgt (Begr. zum MarkenG, BT-Drs. 12/6581, 91). Dies ist insbesondere für die Nachanmeldung einer IR-Marke unter dem Madrider Markenabkommen (MMA) wichtig, da diese nur auf Basis einer eingetragenen nationalen Marke erfolgen kann (Art. 1 Abs. 2 MMA).

1.1   Allerdings kann es unter Umständen ausreichen, dass die Eintragung der Marke innerhalb der Prioritätsfrist erfolgt, selbst wenn der Anmelder erst später über die Eintragung informiert wird. Dieser kann nämlich den Antrag auf internationale Registrierung bereits vor Eintragung der Basismarke stellen (§ 108 Abs. 2; BGH GRUR 2000, 421 – Rückzahlung der Beschleunigungsgebühr).

2   Eine beschleunigte Prüfung kann aber auch aus anderen Gründen sinnvoll sein, beispielsweise wenn wegen laufender Lizenzverhandlungen, eine möglichst umgehende Eintragung der Marke gewünscht wird. Eines berechtigten Interesses des Anmelders bedarf es nicht (BPatG BeckRS 2009, 25182 – Sprinta, das Pinrollo); gibt er aber Gründe für den Antrag an, ist anhand dieser zu beurteilen, ob das Amt seiner Verpflichtung zur beschleunigten Bearbeitung nachgekommen ist (BPatG BeckRS 2009, 4037 – JOB/perfect).

B. Antrag und Verfahren

3   Der Antrag auf beschleunigte Prüfung kann jederzeit gestellt werden, sollte aber, vor allem wenn er zur Wahrung der Prioritätsfrist dient, zusammen mit der Anmeldung eingereicht werden. Einer Begründung des Antrags bedarf es nicht (BPatG BeckRS 2009, 25182 – Sprinta, das Pinrollo).

4   Mit Stellen des Antrags wird die Beschleunigungsgebühr in Höhe von 200 Euro fällig (§ 2 Abs. 1 PatKostG iVm GV 331500 PatKostG). Die Zahlungsfrist beträgt drei Monate ab Stellen des Antrags (§ 6 Abs. 2 S. 1 PatKostG). Wird die Gebühr nicht rechtzeitig gezahlt, gilt der Antrag als zurückgenommen (§ 6 Abs. 2 PatKostG). Gegebenenfalls zu spät gezahlte Gebühren werden zurückerstattet. Eine Anfechtung des Antrags wegen Irrtums (§ 119 BGB) ist nicht möglich (Fezer Rn. 4).

5   Der Antrag auf beschleunigte Prüfung führt dazu, dass die Anmeldung durch das DPMA vorrangig zu bearbeiten ist. Das Prüfungsverfahren selbst unterscheidet sich jedoch nicht von dem anderer Anmeldungen (anders unter § 6a WZG; Fezer Rn. 1; Begr. zum MarkenG, BT-Drs. 12/6581, 91). Kann die Marke auf Grund formaler oder inhaltlicher Mängel nicht umgehend eingetragen werden, erlässt das DPMA möglichst früh einen ersten Prüfungsbescheid. Auf diesen sollte der Anmelder zügig, jedenfalls aber innerhalb der ihm gesetzten Frist antworten. Im Rahmen der beschleunigten Prüfung sollte das DPMA zudem verfahrensleitende Anordnungen, beispielsweise in Hinblick auf eine korrekte Formulierung des Waren- und Dienstleistungsverzeichnisses, treffen (BPatG BeckRS 2009, 25182 – Sprinta, das Pinrollo).

5.1   Die Fristen zur Beantwortung des Prüfungsbescheids betragen regelmäßig einen Monat (§ 18 DPMAV), können aber ggf., insbesondere gegen Ablauf der Prioritätsfrist (BPatG BeckRS 2009, 25182 – Sprinta, das Pinrollo), auch kürzer sein (Richtlinie für die Prüfung von Markenanmeldungen, Teil I, VII 3). Darüber hinaus sollte sich das Amt, wenn notwendig, moderner und schneller Kommunikationsmittel wie Telefax oder Telefon bedienen, um eine abschließende Bearbeitung innerhalb der Prioritätsfrist zu erwirken (BPatG BeckRS 2009, 25182 – Sprinta, das Pinrollo). Die Äußerungen des Anmelders, insbesondere Änderungen des Waren- und Dienstleistungsverzeichnisses, haben jedoch schriftlich zu erfolgen (BPatG BeckRS 2009, 2544 – Pettersson und Findus).

C. Rückzahlung der Beschleunigungsgebühr

6   Kommt es trotz Antrags und fristgerechter Zahlung der Beschleunigungsgebühr nicht zu einer bevorzugten Bearbeitung der Anmeldung, ist die Gebühr dem Anmelder aus Billigkeitsgründen zurückzuerstatten, sofern die Gründe der mangelnden Beschleunigung überwiegend beim DPMA liegen (BGH GRUR 2000, 421 – Beschleunigungsgebühr). Dies ist nunmehr auch in § 63 Abs. 2 verankert, so dass die Erstattung der Gebühr der Regel entspricht, sofern die Prüfung länger als sechs Monate in Anspruch nimmt. Wird die Rückzahlung dennoch abgelehnt, bedarf es einer Begründung seitens des DPMA (BPatG BeckRS 2009, 2494 – Erste Klasse im Auto).

7   Trägt hingegen der Anmelder maßgeblich zur Verzögerung des Verfahrens bei, wird die Gebühr nicht zurückerstattet. Das gilt insbesondere, wenn der Anmelder nicht innerhalb der vom Amt gesetzten Fristen auf Prüfungsbescheide reagiert (BGH GRUR 2000, 421 – Beschleunigungsgebühr).

Es liegt jedoch kein durch den Anmelder zu vertretender Umstand für eine Verzögerung vor, **8** wenn die Anmeldung wegen absoluter Schutzhindernisse beanstandet werden musste (BPatG GRUR 2003, 551 – Beschleunigungsgebühr). Vielmehr hat sowohl die Eintragung als auch die Zurückweisung, ggf. die teilweise Zurückweisung, innerhalb von sechs Monaten zu erfolgen (BPatG GRUR 2003, 551 – Beschleunigungsgebühr; BeckRS 2009, 738 – Partnerhochschule des Spitzensports). Ebenso wenig ist in weiteren Anträgen des Anmelders, zB Antrag auf Rückzahlung zu viel bezahlter Anmeldegebühren, eine vom Anmelder verursachte Verzögerung des Verfahrens zu sehen (BPatG BeckRS 2009, 2494 – Erste Klasse im Auto).

Der Antrag auf Rückzahlung der Beschleunigungsgebühr sollte möglichst noch im Verfahren **9** vor dem DPMA gestellt werden. Wird er erstmals in der Beschwerde gestellt, ist er nicht Gegenstands des Beschwerdeverfahrens, so dass das BPatG über ihn nicht entscheidet, sondern die Sache diesbezüglich an das DPMA zurückverweist (BPatG BeckRS 2009, 1101 – Fundraising Profile; BeckRS 2012, 13193 – privat operator).

§ 39 Zurücknahme, Einschränkung und Berichtigung der Anmeldung

(1) **Der Anmelder kann die Anmeldung jederzeit zurücknehmen oder das in der Anmeldung enthaltene Verzeichnis der Waren und Dienstleistungen einschränken.**

(2) **Der Inhalt der Anmeldung kann auf Antrag des Anmelders zur Berichtigung von sprachlichen Fehlern, Schreibfehlern oder sonstigen offensichtlichen Unrichtigkeiten geändert werden.**

Überblick

Bis zur Eintragung der Marke kann der Anmelder die Markenanmeldung jederzeit zurücknehmen (→ Rn. 1). Die Zurücknahme steht einer erneuten Anmeldung derselben Marke nicht entgegen. Ist die Marke bereits eingetragen, kann auf sie gemäß § 48 verzichtet werden.

Statt die Anmeldung vollständig zurückzunehmen, kann der Anmelder das Waren- und Dienstleistungsverzeichnis der Markenanmeldung einschränken (→ Rn. 7). Eine Änderung des Zeichens, auch im Sinne einer Verringerung des Schutzumfangs, ist hingegen ausgeschlossen (→ Rn. 4).

Berichtigungen der Markenanmeldung sind möglich, jedoch nur insoweit als es sich um die Beseitigung offensichtlicher Unrichtigkeiten handelt, die den Schutzgegenstand der Anmeldung nicht berühren. Dabei kommen hauptsächlich Schreibfehler in den Anmeldungsunterlagen in Frage (→ Rn. 21).

Übersicht

A. Zurücknahme der Anmeldung

Die Zurücknahme der Anmeldung beendet das Anmeldeverfahren, ohne dass eine Sachent- **1** scheidung über die Eintragungsfähigkeit der Marke ergeht.

Die Zurücknahme wird im Register vermerkt (§ 23 MarkenV), lässt aber im Unterschied zu einer **1.1** Zurückweisung keine Rückschlüsse auf die Beurteilung der Schutzfähigkeit zu. Es kann sich daher anbieten, die Marke zurückzunehmen, um die Veröffentlichung einer negativen Entscheidung zu vermeiden.

Die Anmeldung kann jederzeit zurückgenommen werden, solange keine rechtskräftige Ent- **2** scheidung über die Eintragung oder Zurückweisung der Marke vorliegt. Sie kann auch noch im Rechtsmittelverfahren zurückgenommen werden. Die Zurücknahme ist stets vor der Instanz zu erklären, vor die Anmeldung anhängig ist (v. Schultz/Schweyer Rn. 3). Mit Zurücknahme der Anmeldung wird eine bereits ergangene aber noch nicht rechtskräftige Entscheidung über die Zurückweisung der Marke wirkungslos.

2.1   Für die Rücknahme während der Rechtsbeschwerdefrist muss zumindest eine statthafte Rechtsbeschwerde eingelegt werden (BGH GRUR 1983, 342 – BTR).

3   Die Rücknahme der Anmeldung kann nicht widerrufen werden, ist unter Umständen aber gemäß § 119 Abs. 1 BGB, § 120 BGB anfechtbar. Eine Anfechtung kommt jedoch nur auf Grund eines Erklärungsirrtums oder einer falschen Übermittlung in Frage, nicht auf Grund einer Fehleinschätzung der Schutzfähigkeit der Marke (Ingerl/Rohnke/Nordemann/Boddien Rn. 1; Fezer Rn. 4).

B. Änderung der Anmeldung

4   § 39 definiert die einzig zulässigen Ausnahmen vom Grundsatz der Unveränderlichkeit der Marke, nämlich die Einschränkung des Waren- und Dienstleistungsverzeichnis und die Berichtigung offensichtlicher Unrichtigkeiten. § 39 ist insofern abschließend (v. Schulz/Schweyer Rn. 1).

5   Berichtigungen, die den Schutzgegenstand berühren, sind ausgeschlossen. Daher kann das Zeichen weder geändert werden, um den Schutzumfang der Marke zu beschränken, noch um Unrichtigkeiten wie Sprach- oder Schreibfehler zu beseitigen.

5.1   Beispielsweise kann eine konturlose Farbkombinationsmarke nicht nachträglich auf eine spezifische Anordnung konkretisiert werden (BGH GRUR 2007, 55 – Farbmarke gelb/grün II). Ebenso wenig ist es möglich dem Zeichen weitere Elemente hinzuzufügen, etwa um absolute Schutzhindernisse zu überwinden oder Kollisionen mit älteren Rechten Dritter zu vermeiden.

5.2   Auch kann der Schutzumfang der Marke nicht durch entsprechende Erklärungen („Disclaimer") beschränkt werden (BGH GRUR 1996, 410 – Color Collection).

5.3   Änderungen des Zeichens auf Grund offensichtlicher Unrichtigkeiten sind ebenfalls ausgeschlossen (BPatG BeckRS 2009, 16047 – Euro-Euro; BeckRS 2007, 7388 – epages), da durch die vollständig freie Gestaltung des Zeichens, selbst bei orthographischen Fehlern nicht zwangsläufig von einer offensichtlichen Unrichtigkeit ausgegangen werden kann (BPatG BeckRS 2009, 16023 – traffic board). Gleiches gilt für die Entfernung eines aus Versehen in die Darstellung der Marke aufgenommenen ®-Zeichens. Dieses kann nicht entfernt werden (BPatG GRUR-RR 2022, 535 – lifevil).

6   Soll das Zeichen selbst geändert werden, kommt letztlich nur eine neue Markenanmeldung in Betracht.

I. Einschränkung des Waren- und Dienstleistungsverzeichnisses

7   Eine Einschränkung des Waren- und Dienstleistungsverzeichnisses kann sinnvoll sein, um Unklarheiten oder absolute Schutzhindernisse auszuräumen. Sie kann aber auch dazu dienen Kollisionen mit Rechten Dritter vorzubeugen.

8   Neben dem vollständigen Streichen einzelner Waren oder Dienstleitungen können Oberbegriffe (zB Bekleidung) auf konkrete, von ihnen umfasste Gegenstände (zB Oberbekleidung; Blusen und Hemden) beschränkt werden. Ebenso sind spezifische Ausnahmen möglich (zB „Bekleidung, ausgenommen Hosen").

9   Es ist auch möglich, das Verzeichnis auf Waren oder Dienstleistungen eines bestimmten Inhalts bzw. bestimmter Themengebiete zu beschränken (BGH GRUR 2009, 778 – Willkommen im Leben). Dabei ist jedoch darauf zu achten, dass die Waren bzw. Dienstleistungen durch objektive, dauerhafte und charakteristische Eigenschaften oder Zweckbestimmungen definiert werden und zwar in einer nachvollziehbaren und rechtlich abgrenzbaren Weise (BPatG GRUR-RS 2022, 36112 – DATA REBASE). Eine Abgrenzung mittels einer negativen Definition der Waren bzw. Dienstleistungen, zB das Fehlen bestimmter Eigenschaften, wurde als unzulässig erachtet (BPatG GRUR 2004, 674 – Postkantoor; BeckRS 2018, 27428 – Drink2Go; GRUR-RS 2020, 18523 – Rotes e; s. auch → § 32 Rn. 74; kritisch zur unterschiedlichen Behandlung positiver und negativer Definitionen Ingerl/Rohnke/Nordemann/Boddien Rn. 5). Ebenso wurde die Einschränkung auf bestimmte Abnehmerkreise oder Absatzgebiete als unzulässig erachtet (BPatG GRUR-RR 2008, 237 – Bernstein). Schließlich kann selbst dann, wenn sowohl die Waren als auch der Disclaimer an sich klar sind, Unklarheiten darüber entstehen, welche Waren (noch) unter das Verzeichnis fallen (BPatG BeckRS 2017, 115731 – Sambamärchen 2014).

Als **zulässig** wurden ua erachtet: **10**
- „Druckereierzeugnisse etc eines bestimmten Inhalts, ua „Kochbücher, Backbücher, Rezeptsammlungen zum Kochen und Backen, Rezeptsammlungen zu Kaffeespezialitäten" (BGH GRUR 2009, 778 – Willkommen im Leben),
- „Druckereierzeugnisse im Bereich Bauanleitungen", „Bürsten und Pinsel (ausgenommen für Malzwecke und für Körperpflege) (BPatG BeckRS 2017, 138999 – relaxdays),
- „… mit den Materialien Ziegel, Holz oder Beton" (BPatG BeckRS 2018, 19284 – KS-Bau),
- „alle vorgenannten Waren ausschließlich in Bezug auf Science-Fiction Filme ohne historischen Bezug zu nationalen Feiertagen, einschließlich dem US-amerikanischen Unabhängigkeitstag" (BPatG GRUR-RS 2020, 18247 – Independence Day; s. auch BPatG GRUR-Prax 2020, 407),
- „betreffend die Förderung der Gleichstellung von Frauen in den Naturwissenschaften und der Mathematik innerhalb und außerhalb der akademischen Laufbahn" (BPatG GRUR-RS 2022, 1027 – Lise-Meitner-Gesellschaft; s. auch BPatG GRUR-Prax 2022, 141),
- „sämtliche vorgenannten Waren und Dienstleistungen im Zusammenhang mit der automatisierten Ermittlung und Messung persönlicher Wünsche und Ziele" (BPatG GRUR-RS 2019, 33404 – PrioBox),
- „vorgenannte Waren ausgebildet zur Verwendung bei einer elektrischen Spannung von 220 bis 240 Volt" (BPatG GRUR-RS 2022, 19426 – Orange/Hellgrau),
- „sämtliche der vorstehenden Dienstleistungen bezogen auf im Inland gelegene Immobilien" (BPatG GRUR-RS 2022, 27240 – Belagio (sic!)).

Als **unzulässig** wurden ua erachtet: **11**
- „sämtliche vorgenannten Waren ausgenommen solche mit Bezug auf ein die Fußball-WM 2014" (BPatG BeckRS 2017, 115731 – Sambamärchen 2014),
- „keine Einmal-Behälter" oder „nicht zum Verkauf im befüllten Zustand" (BPatG BeckRS 2018, 27428 – Drink2Go),
- „alle vorgenannten Waren ohne elektrische oder elektronische Bestandteile" (BPatG GRUR-RS 2020, 18523 – Rotes e),
- sämtliche der vorgenannten Waren nicht zum Einsatz in der Ernährungswissenschaft, einschließlich der Ernährungsberatung, Ernährungslehre oder Ernährungstherapie" (BPatG BeckRS 2017, 140246 – BMC),
- „außer für die Erbringung auf Schiffen" (BPatG GRUR-RS 2021, 8497 – Schaffer),
- „sämtliche vorstehenden Dienstleistungen nicht in Bezug auf Hotels und Casinos" (BPatG GRUR-RS 2022, 27240 – Belagio (sic!)),
- „vorgenannte Waren ausgenommen für Proben fossiler Harze; Teile der vorgenannten Waren oder Zusatzteile hierfür, soweit in Klasse 9 enthalten" (BPatG GRUR-RR 2008, 237 – Bernstein).

Territoriale Einschränkungen sind unzulässig (BPatG GRUR-RR 2008, 237 – Bernstein). **12**

Das Waren- und Dienstleistungsverzeichnis kann jederzeit, auch noch im Rechtmittelverfahren, **13** eingeschränkt werden (BGH GRUR 2002, 884 – B-2 alloy), ggf. auch noch nach dem Ende der mündlichen Verhandlung → § 48 Rn. 6. Unter Umständen kann eine Einschränkung erst im Beschwerdeverfahren sinnvoll sein (Albrecht in GRUR-Prax 2022, 141). Die Einschränkung ist, wie die Zurücknahme, vor der Instanz zu erklären, vor der die Anmeldung anhängig ist (zur Berücksichtigung einer nach der mündlichen Verhandlung vor dem DPMA erklärten Einschränkung s. BPatG GRUR-RS 2021, 31950 – Crete/Cret). Erklärungen vor dem DPMA haben schriftlich zu erfolgen (BPatG BeckRS 2009, 2544 – Pettersson und Findus).

Die vorbehaltlose Einschränkung des Waren- und Dienstleistungsverzeichnisses entspricht einer **14** teilweisen Zurücknahme der Markenanmeldung, da mit ihr der Antrag auf Eintragung der Marke für einzelne Waren oder Dienstleitungen zurückgenommen wird (BPatG BeckRS 2015, 13973 – rcd; v. Schutz/Schweyer Rn. 5). Sie kann dementsprechend nicht widerrufen und nur unter besonderen Umständen angefochten werden (BPatG BeckRS 2012, 20931 – Butch; BeckRS 2010, 22003 – OKAGEL). Auch ist es nicht möglich, zum ursprünglich eingereichten Waren- und Dienstleistungsverzeichnis zurückzukehren, sobald das Verzeichnis einmal wirksam eingeschränkt wurde (BPatG BeckRS 2009, 3815 – Biographie; BeckRS 2018, 34237; GRUR-RS 2021, 40636 – Biologic Building Blocks; GRUR-RS 2022, 27240 – Belagio (sic!))).

Ist das aus der Änderung resultierende Verzeichnis jedoch unzulässig, ist die Einschränkung **15** nicht rechtswirksam und der Prüfung das ursprüngliche Verzeichnis zugrunde zu legen (BPatG GRUR-RS 2020, 18523 – Rotes e). Allerdings wurde es zugelassen einen ursprünglichen, in einem geänderten Verzeichnis durch ein Aliud ersetzten Begriff wieder aufzugreifen (BPatG BeckRS 2018, 18892 – Booster). Vorsicht ist geboten, wenn auf ganze Klassen verzichtet wird, bevor die ggf. korrigierte Zuordnung der Waren bzw. Dienstleistungen in die einzelnen Klassen erfolgte. Dann kann es nämlich passieren, dass von dem Verzicht auch Waren bzw. Dienstleistungen erfasst werden, die zwar im Zeitpunkt des Verzichts noch unter einer falschen Klassenziffer eingeordnet waren, tatsächlich aber der Klasse zuzuordnen waren, auf die verzichtet wurde (BPatG BeckRS 2015, 13973 – rcd).

15.1   Erfolgte die Einschränkung tatsächlich versehentlich und ergibt sich dieser Umstand offensichtlich aus den Unterlagen, ist das ursprüngliche bzw. das eigentlich gewünschte Verzeichnis der Markenprüfung zugrunde zu legen (BPatG BeckRS 2012, 20931).

16   Umstritten ist, ob die Einschränkung hilfsweise erklärt werden kann, nämlich für den Fall, dass die Anmeldung mit dem anhängigen Verzeichnis zurückgewiesen würde (offengelassen in BPatG BeckRS 2016, 01653 mwN – medan; ablehnend BPatG BeckRS 2018, 27428 – Drink2Go; zugelassen in BPatG BeckRS 2018, 5934 – topgrain mit Verweis auf BGH NJW 56, 1478 zum patentrechtlichen Verfahren). Derzeit ist die hilfsweise Einschränkung des Waren- und Dienstleistungsverzeichnisses im Anmeldeverfahren (noch) gängige Praxis wird in der Literatur allerdings kritisiert (Ströbele/Hacker/Thiering/Miosga Rn. 7).

16.1   Für den Verzicht gemäß § 48 hat der BGH entschieden, dass eine Einschränkung des Waren- und Dienstleistungsverzeichnisses nur unbedingt erklärt werden kann, da sie unmittelbar zum teilweisen Erlöschen der Marke führt (BGH GRUR 2011, 654 – Yoghurt-Gums; GRUR 2008, 714 – idw). Mit dem Argument, dass auch die Einschränkung im Anmeldeverfahren letztlich einen Verzicht auf Markenschutz für die nicht länger im Verzeichnis enthaltenen Waren oder Dienstleitungen darstellt, wird eine entsprechende Handhabung auch im Anmeldeverfahren gefordert (Ströbele/Hacker/Thiering/Miosga Rn. 7).

16.2   Allerdings stellt die Einschränkung des Waren- und Dienstleistungsverzeichnisses im Anmeldeverfahren keinen Verzicht auf ein bereits bestehendes Recht dar. Es handelt sich vielmehr um einen, gegenüber dem ursprünglichen (Hauptantrag), geänderten Erteilungsantrag. Dieser wird unter der Bedingung gestellt, dass der unbedingte Hauptantrag keinen Erfolg hat, und entspricht damit der eventuellen Anspruchshäufung, wie sie unter § 260 ZPO aus prozessökonomischen Gründen gängige Praxis ist (BeckOK ZPO/Bacher ZPO § 260 Rn. 5).

16.3   Würde man eine hilfsweise Einschränkung des Waren- und Dienstleistungsverzeichnisses ablehnen, bliebe nur die Möglichkeit unverbindliche Formulierungsvorschläge einzureichen, um beispielsweise formale Beanstandungen auszuräumen, ohne den Schutzbereich der Marke unnötig zu gefährden (v. Schultz/Schweyer Rn. 5). Nach der Prüfung des Vorschlags durch das DPMA müsste der Anmelder einer Eintragung des entsprechenden Waren- und Dienstleistungsverzeichnisses aber noch endgültig zustimmen. Denn die Marke kann nur gemäß dem Antrag des Anmelders eingetragen und das Verzeichnis nicht von Amtswegen geändert werden (BPatG GRUR 2007, 601 – DATE24; BGH GRUR 2005, 326 – il Patrone/il Portone). Diese Zustimmung des Anmelders kann ausschließlich schriftlich erfolgen (BPatG BeckRS 2009, 2544 – Pettersson und Findus).

16.4   Alternative wird vorgeschlagen auf Beanstandungen zunächst nur argumentativ zu reagieren und dabei vorab um die Gelegenheit einer weiteren Stellungnahme zu bitten, um ggf. ein geändertes Waren- und Dienstleistungsverzeichnis einzureichen (Ingerl/Rohnke/Nordemann/Boddien Rn. 8). Beide Varianten scheinen der angestrebten Einfachheit und Anwenderfreundlichkeit des Markenverfahrens nicht zuträglich zu sein.

17   Will der Anmelder das Waren- und Dienstleistungen hingegen bedingungslos einschränken, empfiehlt es sich, ein entsprechend geändertes Verzeichnis einzureichen, um Missverständnisse über die Bedingungslosigkeit und den Umfang der Beschränkung zu vermeiden (BPatG BeckRS 2016, 00110 – United Vehicles).

18   Die Änderung des Waren- und Dienstleistungsverzeichnis darf keinesfalls zur Erweiterung des Schutzbereichs der Marke führen. Es dürfen daher keine Waren oder Dienstleistungen hinzugefügt werden, die nicht wenigstens von den Oberbegriffen des ursprünglichen Verzeichnisses umfasst waren. Auch können keine Begriffe aufgenommen werden, die in andere als die bereits enthaltenen, Klassen fallen (zur Nachzahlung zusätzlicher Klassengebühren bei Änderung des Waren- und Dienstleistungsverzeichnisses → § 36 Rn. 29 ff.).

19   Geht das geänderte Waren- und Dienstleistungsverzeichnis über den Inhalt des ursprünglichen hinaus, wird die Anmeldung zurückgewiesen. Das DPMA kann die unzulässigen Änderungen nicht von Amts wegen streichen (BPatG BeckRS 2007, 19369 – natocorner).

19.1   Eine Erweiterung des Waren- und Dienstleistungsverzeichnisses ist auch nicht unter Verschiebung des Zeitrangs der Marke, analog zu § 37 Abs. 2, möglich (BPatG BeckRS 2009, 500 – Rainbow Elch). In diesem Fall könnte lediglich die Einreichung einer neuen Anmeldung unter Inanspruchnahme des Zeitrangs des erweiterten Waren- und Dienstleistungsverzeichnisses in Frage kommen (Ingerl/Rohnke/Nordemann/Boddien Rn. 4; Ströbele/Hacker/Thiering/Miosga Rn. 3).

Darüber hinaus dürfen durch die Änderungen des Waren- und Dienstleistungsverzeichnisses **20** keine neuen Schutzhindernisse begründet werden (BPatG BeckRS 2009, 15097 – Kombucha; BeckRS 1997, 14480 – PGI).

Dies kann vor allem in Fällen passieren, in denen das angemeldete Zeichen für einige der Waren/ **20.1** Dienstleitungen einen unmittelbar beschreibenden Charakter aufweist. Werden diese Waren/Dienstleistungen gestrichen und bleiben ausschließlich solche bestehen, die die mit dem Zeichen verbundenen Eigenschaften gerade nicht erfüllen, kann sich eine ersichtliche Eignung zur Täuschung gemäß § 8 Abs. 2 Nr. 4 ergeben (BPatG BeckRS 2009, 15097 – Kombucha). Die Eintragung der Marke ist dann gemäß § 37 Abs. 3 zurückzuweisen (→ § 8 Rn. 625).

II. Berichtigung offensichtlicher Unrichtigkeiten

Offensichtliche Unrichtigkeiten können vor allem durch Schreibfehler in den Angaben zur **21** Markenanmeldung entstehen. Dazu zählen die fehlerhafte Wiedergabe des Namens oder der Anschrift des Anmelders sowie Fehler in den Angaben zur Priorität. Die Fehlerhaftigkeit der Angaben muss jedoch evident sein und sich aus anderen dem DPMA vorliegenden oder vorzulegenden Unterlagen ergeben (→ § 45 Rn. 1 ff.; Ingerl/Rohnke/Nordemann/Boddien Rn. 11).

Die Berichtigung kann entsprechend § 26 DPMAV beim DPMA beantragt werden. **22**

Anzugeben sind hierbei das Aktenzeichen der Anmeldung, Name und Anschrift des Inhabers und ggf. **22.1** des Vertreters, sowie die Bezeichnung des Fehlers und dessen Berichtigung.

Eine Änderung des Zeichens der Marke auf Grund offensichtlicher Unrichtigkeiten kommt **23** nicht in Betracht, da die Berichtigung den Schutzgegenstand der Anmeldung nicht berühren darf (→ Rn. 5; → Rn. 5.3; Fezer Rn. 8).

§ 40 Teilung der Anmeldung

(1) [1]**Der Anmelder kann die Anmeldung teilen, indem er erklärt, daß die Anmeldung der Marke für die in der Teilungserklärung aufgeführten Waren und Dienstleistungen als abgetrennte Anmeldung weiterbehandelt werden soll.** [2]**Für jede Teilanmeldung bleibt der Zeitrang der ursprünglichen Anmeldung erhalten.**

(2) [1]**Wird die Gebühr nach dem Patentkostengesetz für das Teilungsverfahren nicht innerhalb von drei Monaten nach dem Zugang der Teilungserklärung gezahlt, so gilt die abgetrennte Anmeldung als zurückgenommen.** [2]**Die Teilungserklärung kann nicht widerrufen werden.**

Überblick

Durch die Teilung, kann die Markenanmeldung in zwei oder mehr Anmeldungen aufgespalten werden. Die Anmeldungen und die daraus hervorgehenden eingetragenen Marken sind voneinander unabhängig und besitzen alle grundsätzlich denselben Zeitrang.

Die Teilung erfolgt durch eine entsprechende Erklärung des Anmelders, in welcher festgelegt wird, welche Waren bzw. Dienstleistungen der Stammanmeldung nunmehr in der Teilanmeldung weiterverfolgt werden sollen (→ Rn. 6 ff.). Daneben ist eine Teilungsgebühr zu zahlen (→ Rn. 17). Wird die Teilungsgebühr nicht rechtzeitig gezahlt, gilt die Anmeldung hinsichtlich des abgetrennten Teils als zurückgenommen.

Die Teilung der Anmeldung ist endgültig und kann nicht widerrufen werden (→ Rn. 10).

Übersicht

A. Zweck der Teilung

1   Die Teilung der Markenanmeldung dient in erster Linie dazu, eine unmittelbare Eintragung der Marke für den Teil des Waren- und Dienstleistungsverzeichnisses zu ermöglichen, für den keine absoluten Schutzhindernisse (§ 8 Abs. 2) vorliegen (Begr. RegE, BT-Drs. 12/6581, 91). Auf diese Weise kann der Anmelder umgehend Markenschutz erlangen und muss nicht abwarten, bis über alle Waren und Dienstleistungen rechtkräftig entschieden wurde (s. auch BPatG GRUR-RS, 30334 – Freipaak).

1.1   Umfasst eine Markenanmeldung beispielsweise sowohl Waren und Dienstleistungen, für welche der Marke die Unterscheidungskraft fehlt, als auch solche, für die die Marke unstreitig eintragungsfähig ist, können letztere in eine separate Anmeldung abgespalten werden. Diese kann dann unmittelbar zur Eintragung gelangen. Das Prüfungsverfahren über die restlichen Waren bzw. Dienstleistungen wird in der anderen Anmeldung (zB der Stammanmeldung) weitergeführt. Ob die eintragungsfähigen Waren bzw. Dienstleistungen in die Teilanmeldung abgespalten werden oder in der Stammanmeldung verbleiben, ist dabei ohne Bedeutung.

2   Eine Teilung bietet sich insbesondere an, wenn der Anmelder für einige Waren bzw. Dienstleistungen den Nachweis der Verkehrsdurchsetzung (§ 8 Abs. 3) erbringen, oder die Zurückweisung des DPMA durch das BPatG überprüfen lassen möchte. Sie kann aber auch der Vorbereitung des Verkaufs eines Teils der Marke dienen. Aus welchen Gründen der Anmelder die Teilung der Markenanmeldung erklärt ist ihm überlassen. Ein berechtigtes Interesse muss er nicht darlegen.

3   Demgegenüber entspricht es nicht dem Zweck der Teilanmeldung eine erneute Prüfung über Waren und Dienstleistungen, über die bereits abschlägig entschieden wurde, zu erlangen (BPatG BeckRS 1997, 14477 – World) oder die Anmeldegebühren zu umgehen (BPatG GRUR-RS 2022, 30334 – Freipaak).

B. Teilungserklärung und -verfahren

4   Die Marke kann ausschließlich in Hinblick auf ihre Waren und Dienstleistungen geteilt werden. Dagegen ist es nicht möglich, ein aus mehreren Bestandteilen bestehendes Zeichen aufzuspalten oder die Anmeldung nach unterschiedlichen territorialen Geltungsbereichen aufzuteilen (Fezer Rn. 3).

4.1   Ebenso wenig ist es möglich eine Markenanmeldung, in der unzulässigerweise sowohl eine Bild-Marke als auch eine 3D-Marke beansprucht wurden, in zwei Anmeldungen für jeweils eine der Markenformen aufzutrennen. Das BPatG akzeptierte aber eine solche „sogenannte Teilungserklärung" als gesonderte Anmeldung mit Priorität der „Teilungserklärung" (BPatG BeckRS 2012, 13224 – Verpackungs-Füllkörper).

5   Ist die Teilungserklärung wirksam, entsteht eine neue Markenanmeldung, und zwar in dem Verfahrensstadium, in dem sich die Stammanmeldung bei der Teilung befand. Insbesondere gelten alle in der Stammanmeldung gestellten Anträge auch als für die Teilanmeldung gestellt (§ 35 Abs. 6 MarkenV).

I. Teilungserklärung

1. Form

6   Die Teilung der Markenanmeldung ist schriftlich zu erklären, wobei das vom DPMA zur Verfügung gestellte Formblatt (abrufbar unter http://www.dpma.de/marke/formulare/index.html) verwendet werden sollte. Für jede Teilanmeldung ist eine gesonderte Erklärung einzureichen (Ingerl/Rohnke/Nordemann/Boddien Rn. 7). Unter Berücksichtigung der zum Patentrecht ergangenen Entscheidungen, wird wohl auch für die Marke gelten, dass solange sich die (Stamm-)Anmeldung in der Beschwerde befindet, die Teilung vor dem BPatG zu erklären ist (iE und zur Teilung im Revisionsverfahren → Rn. 15).

2. Inhalt der Erklärung – Aufteilung der Waren und Dienstleistungen

7   Die Erklärung muss den Willen des Anmelders, die Anmeldung zu teilen, zum Ausdruck bringen und die Waren bzw. Dienstleistungen aufführen, welche in der Teilanmeldung weiterverfolgt werden sollen. Eine Teilung der Markenanmeldung nach anderen Kriterien als ihrem Waren- und Dienstleistungsverzeichnis ist nicht zulässig (→ Rn. 4).

Das Waren- und Dienstleistungsverzeichnis der Teilanmeldung darf keine Waren oder Dienst- **8** leistungen enthalten, die nicht bereits im Verzeichnis der ursprünglichen Anmeldung enthalten waren, denn das käme einer unzulässigen Erweiterung gleich (→ § 39 Rn. 18). Zudem müssen alle Waren bzw. Dienstleistungen, die in der Teilanmeldung enthalten sind, aus dem Verzeichnis der Stammanmeldung ausgenommen werden. Es dürfen sich insofern keine Überschneidungen der beiden Verzeichnisse ergeben. § 35 MarkenV spricht davon, dass die Waren- und Dienstleistungsverzeichnisse der Stamm- und der Teilanmeldung im Zeitpunkt der Teilung deckungsgleich sein müssen. Daraus wird auch gefolgert, dass die Waren bzw. Dienstleistungen der ursprünglichen Anmeldung restlos auf die Stamm- und die Teilanmeldung verteilt werden müssen (Ingerl/ Rohnke/Nordemann/Boddien Rn. 7; Ströbele/Hacker/Thiering/Miosga Rn. 5). Will der Anmelder also nicht alle, sondern nur einen Teil der im ursprünglichen Verzeichnis enthaltenen, Waren bzw. Dienstleistungen weiterverfolgen, sollte er eine entsprechende Einschränkung des Verzeichnisses der Stammanmeldung erklären (§ 39). Letztlich empfiehlt es sich daher immer, zusammen mit der Teilungserklärung auch ein geändertes Waren- und Dienstleistungsverzeichnis für die Stammanmeldung einzureichen. Dies gilt insbesondere, wenn ein im ursprünglichen Verzeichnis enthaltener Oberbegriff zwischen den Anmeldungen aufgeteilt werden soll. In diesem Fall muss der Oberbegriff in beiden Verzeichnissen verbleiben, aber auf einander ausschließende Waren bzw. Dienstleistungen eingeschränkt werden (§ 35 Abs. 3 S. 2 MarkenV).

Enthält das ursprüngliche Waren- und Dienstleistungsverzeichnis beispielsweise den Oberbegriff **8.1** Lebensmittel, kann sich die Teilanmeldung auf „Lebensmittel, nämlich Obst" beziehen. Das Verzeichnis der Stammanmeldung muss dann auf „Lebensmittel, ausgenommen Obst" eingeschränkt werden.

Sind die Waren- und Dienstleistungsverzeichnisse der Stamm- und der Teilanmeldung nicht **9** deckungsgleich oder gehen sie über das ursprüngliche Verzeichnis hinaus, ist die Teilungserklärung unzulässig. Allerdings wird eine derartige Teilungserklärung nicht wirksam, so dass die ursprüngliche Anmeldung unverändert besteht und der Anmelder auf das vollständige Verzeichnis, so wie es vor der Teilungserklärung bestand, zurückgreifen kann (BPatG BeckRS 2011, 11391 – Lach- und Sachgeschichten).

3. Endgültigkeit der Teilung

Die Teilung der Anmeldung, sofern sie wirksam ist, ist endgültig (Begr. RegE, BT-Drs. 12/ **10** 6581, 91; BPatG BeckRS 2009, 17275 – Lílá). Die Erklärung kann nicht widerrufen werden (§ 40 Abs. 3) und ist als reine Verfahrenshandlung nicht anfechtbar (Ströbele/Hacker/Thiering/ Miosga Rn. 4).

Auch können Stamm- und Teilanmeldung nicht wieder zu einer einzigen Anmeldung ver- **11** schmolzen werden (Fezer Rn. 13).

4. Hilfsweise Erklärung der Teilung

Die hilfsweise Erklärung der Teilung wird weitgehend abgelehnt (Ingerl/Rohnke/Nordemann/ **12** Boddien Rn. 8; Ströbele/Hacker/Thiering/Miosga Rn. 4), ist höchstrichterlich bisher jedoch nicht entschieden worden. Das BPatG hat zuletzt aus der Unwiderruflichkeit der Teilungserklärung abgeleitet, dass diese nicht hilfsweise abgegeben werden kann (BPatG GRUR-RS 2022, 30334 – Freipaak). Eine frühere Entscheidung hatte diesen Punkt offen gelassen (BPatG BeckRS 1997, 14477 – World).

Die Ablehnung der hilfsweisen Klageerhebung im Zivil- und Verwaltungsprozess wird damit **13** begründet, dass eine innerprozessuale Bedingung vor Klageerhebung ausscheidet, eine außerprozessuale Bedingung aber in jedem Fall unzulässig ist (Sodan/Ziekow/Aulehner, 3. Aufl. 2010, VwGO § 81 Rn. 88). Erachtet man die Teilungserklärung entsprechend einer Klageerhebung als eine ein Verfahren einleitende Handlung, wäre sie wie diese bedingungsfeindlich und könnte nicht hilfsweise erklärt werden (MüKoZPO/Becker-Eberhard ZPO § 253 Rn. 17 ff.; Sodan/ Ziekow/Aulehner, 3. Aufl. 2010, VwGO § 81 Rn. 88). Für diese Ansicht spricht, dass durch die Erklärung der Teilung der Markenanmeldung ein weiteres, eigenständiges Anmeldeverfahren eröffnet wird. Zudem ist die Teilanmeldung mit der Stammanmeldung nicht identisch, denn sie betrifft andere Waren bzw. Dienstleistungen und erhält ein eigenes Aktenzeichen. Auch ist die Entscheidung über die Eintragung der Teilanmeldung unabhängig vom Verfahrensausgang der Stammanmeldung.

Andererseits ist die hilfsweise Teilung von Patentanmeldungen, für die das oben gesagte ebenso **14** gilt, gängige Praxis (Braitmayer/van Hees, Verfahrensrecht in Patentsachen, 4. Aufl. 2010,

Rn. 1447). Ihre Zulässigkeit wird unter anderem damit begründet, dass die Erklärung unter der auflösenden Bedingung steht, dass dem Hauptantrag, nämlich auf Erteilung des Patents, stattgegeben wird (Hövelmann GRUR 2003, 203). Gleiches gilt auch für die Ausscheidung der Patentanmeldung (Braitmayer/van Hees, Verfahrensrecht in Patentsachen, 4. Aufl. 2010, Rn. 1447), die der Teilung der Markenanmeldung noch näher kommt, da auch sie eine echte Abtrennung eines Teils des Gegenstands der Anmeldung betrifft. Da die Teilungserklärung in demselben Verfahren abgegeben wird, in dem auch über den Hauptantrag entschieden wird, nämlich dem Verfahren der Stammanmeldung, kann man die Bedingung als innerprozessual und damit zulässige erachten (Hövelmann GRUR 2003, 203; aA Hacker Mitt 1999, 1). Insofern kann die hilfsweise Erklärung der Teilung der Markenanmeldung als einer der wenigen Fälle erachtet werden, in denen eine ein Verfahren einleitende Handlung an eine innerprozessuale Bedingung gebunden werden kann. Zur Gebührenzahlung bei hilfsweise erklärter Teilung → Rn. 17.1.

5. Teilung im Rechtsmittelverfahren

15   Die Teilung der Anmeldung ist auch im Beschwerdeverfahren vor dem BPatG noch möglich, obwohl dies im Gesetz nicht unmittelbar vorgesehen ist. Der Zweck der Teilanmeldung gilt aber auch im Beschwerdeverfahren fort, insbesondere weil häufig erst nach einer teilweisen Zurückweisung durch das DPMA feststeht, welche Waren bzw. Dienstleitungen als nicht eintragungsfähig erachtet werden (BPatG GRUR 2002, 263 – Avena). Auch für die Teilung der Markenanmeldung dürfte die für das Patentrecht ergangene Rechtsprechung gelten, dass diese dem BPatG gegenüber zu erklären ist, selbst wenn für die weitere Bearbeitung der Anmeldung das DPMA zuständig sein sollte (s.a. BPatG GRUR 2022, 4134 – Telemichel; darin enthalten der Hinweis, dass die während des Beschwerdeverfahrens vor dem DPMA erklärte Teilung als unzulässig angesehen wurde). Allerdings scheint es ausreichend, das BPatG mittels einer Kopie über die Erklärung gegenüber dem DPMA in Kenntnis zu setzten (BPatG BeckRS 2017, 113273 – Fahrzeugdatenaufzeichnungsgerät; BeckRS 2017, 101129 – Aufzeichnungswiedergabegerät, mAnm Albrecht GRUR-Prax 2017, 383 und GRUR-Prax 2017, 122). Indessen kann die Anmeldung im Beschwerdeverfahren nur dahingehend geteilt werden, dass alle Waren und Dienstleitungen, über die das Beschwerdeverfahren geführt werden soll, in einer Anmeldung zusammengefasst werden. Das Beschwerdeverfahren kann nicht durch die Teilung aufgespalten werden (BPatG GRUR 2002, 263 – Avena). Zur hilfsweise beantragten Teilung → Rn. 12 ff.

16   Soll die Anmeldung hingegen nach Beendigung des Beschwerdeverfahrens, zB während der Frist zur Einlegung der Rechtsbeschwerde oder während des Revisionsverfahrens geteilt werden, so ist die Teilung – jedenfalls unter Berücksichtigung der zum Patentrecht ergangenen Entscheidung des BGH – dem DPMA gegenüber zu erklären. Nach der Entscheidung über die Beschwerde ist das BPatG nicht länger für die entstehende Teilanmeldung zuständig und daher auch die Teilung jedenfalls nicht zwingend diesem gegenüber zu erklären (BGH GRUR 2019, 766 Rn. 22 – Abstandsberechnungsverfahren).

II. Teilungsgebühr

17   Mit der Erklärung der Teilung wird eine Teilungsgebühr in Höhe von 300 Euro (§ 3 PatKostG iVm § 2 PatKostG, GV 331700 PatKostG) fällig. Im Gegensatz zur Teilanmeldung bei Patenten fallen jedoch keine zusätzlichen Anmeldegebühren an.

    Die Frist zur Einzahlung beträgt drei Monate ab Erklärung der Teilung (§ 40 Abs. 2 S. 2). Wird die Gebühr nicht oder nicht rechtzeitig gezahlt, gilt die Teilanmeldung als zurückgenommen (§ 40 Abs. 2 S. 2). Die in der Teilanmeldung enthaltenen Waren bzw. Dienstleitungen fallen dabei nicht wieder zurück in die Stammanmeldung zurück, sondern sind mit der Teilanmeldung untergegangen.

17.1   Kritisch ist die Frist zur Zahlung der Teilungsgebühr vor allem bei einer hilfsweise erklärten Teilung. Folgt man der Ansicht, dass die bedingte Teilungserklärung unter der auslösenden Bedingung steht, dass über den Hauptantrag positiv entschieden wird (→ Rn. 13), wird die Teilanmeldung mit der Erklärung schwebend wirksam anhängig (Hövelmann GRUR 2003, 203). Dann läuft die Frist zur Zahlung der Teilungsgebühr ab Abgabe der Erklärung. Wird dem Hauptantrag stattgegeben, fällt die Teilanmeldung und damit der Rechtsgrund der Zahlung rückwirkend weg. Die Gebühren sind dann zurückzuerstatten (Hövelmann GRUR 2003, 203). Um die sehr harsche Rechtsfolge, dass die Teilanmeldung als zurückgenommen gilt, zu vermeiden, empfiehlt es sich daher, die Teilungsgebühr jedenfalls innerhalb von drei Monaten nach Abgabe der hilfsweisen Teilungserklärung zu zahlen.

In die Frist für die Zahlung der Teilungsgebühr kann Wiedereinsetzung (§ 91) gewährt werden. **18**

III. Anmeldungsunterlagen

Das DPMA erstellt eine vollständige Kopie der Stammakte, die Teil der Akte der Teilanmeldung **19** wird (§ 35 Abs. 4 MarkenV). Darin sind regelmäßig alle notwendigen Angaben zum Anmelder (§ 32 Abs. 2 Nr. 1, Abs. 3 MarkenG iVm § 5 MarkenV) enthalten. Das Waren- und Dienstleistungs-verzeichnis (§ 32 Abs. 2 Nr. 3) ist bereits mit der Teilungserklärung eingereicht worden (§ 35 Abs. 2 MarkenV; → Rn. 7) und gelangt so ebenfalls zur Akte (§ 35 Abs. 4 MarkenV).

IV. Vertreterbestellung und Anträge

Ohne eine gegenteilige Erklärung des Anmelders gilt der für die Stammanmeldung bestellte **20** Vertreter auch als für die Teilanmeldung benannt (§ 35 Abs. 6 MarkenV).

In gleicher Weise gelten die für die Stammanmeldung gestellten Anträge als für die Teilanmel- **21** dung gestellt (§ 35 Abs. 7 MarkenV). Wurde daher für die Stammanmeldung ein Antrag auf beschleunigte Bearbeitung (§ 38) gestellt, soll auch die Teilanmeldung bevorzugt zu bearbeiten sein (Ingerl/Rohnke/Nordemann/Boddien Rn. 8).

§ 41 Eintragung, Veröffentlichung und Markeninformation

(1) Entspricht die Anmeldung den Anmeldungserfordernissen und wird sie nicht gemäß § 37 zurückgewiesen, so wird die angemeldete Marke in das Register eingetragen.

(2) [1]Die Eintragung wird veröffentlicht. [2]Die Veröffentlichung kann in elektronischer Form erfolgen.

(3) [1]Zur weiteren Verarbeitung oder Nutzung zu Zwecken der Markeninformation kann das Deutsche Patent- und Markenamt die in das Register eingetragenen Angaben an Dritte in elektronischer Form übermitteln. [2]Die Übermittlung erfolgt nicht, soweit die Einsicht nach § 62 Absatz 4 ausgeschlossen ist.

Überblick

Entspricht die Markenanmeldung sowohl den formalen als auch den materiellen Anforderun-gen, wird die Marke in das Deutsche Markenregister eingetragen (→ Rn. 1) und die Eintragung vom DPMA veröffentlicht (→ Rn. 5).

Die Eintragung bewirkt den Schutz der Marke gemäß § 4 Nr. 1, an den grundsätzlich auch die ordentlichen Gerichte gebunden sind (→ Rn. 3).

Der Anmelder erhält eine Urkunde und eine Bescheinigung über alle Angaben, die in das Markenregister aufgenommen werden (→ Rn. 6 ff.).

A. Eintragung der Marke

I. Schutzgegenstand der Marke

Stellt das DPMA fest, dass die Markenanmeldung die formalen Anforderungen (§ 36) erfüllt **1** und der Marke keine Schutzhindernisse entgegenstehen (§ 37), trägt es die Marke in das deutsche Markenregister ein. Erst die Eintragung der Marke in das Register begründet deren Markenschutz (§ 4 Nr. 1), sie ist insofern konstitutiv (→ § 4 Rn. 7).

Die Eintragung ist jedoch nicht konstitutiv in Hinblick auf die tatsächlichen Eigentumsverhältnisse **1.1** an der Marke, denn die Angaben über den Inhaber begründen nur eine widerlegliche Vermutung der Rechtsinhaberschaft (→ § 28 Rn. 3).

Die konstitutive Wirkung der Markeneintragung hat zur Folge, dass der Schutzgegenstand allein **2** durch die Eintragung bestimmt wird, und es insofern nicht auf die bei Anmeldung eingereichten oder die zur Erteilung vorgesehenen Unterlagen ankommt (BGH GRUR 2005, 1044 – Dentale Abformmasse). Dies ist insbesondere dann von Bedeutung, wenn Abweichungen zwischen der Darstellung der angemeldeten und der eingetragenen Marke bestehen, beispielsweise weil sich die Wiedergabe einer farbigen Bildmarke oder abstrakten Farbmarke technisch nicht exakt reproduzie-ren lässt. In diesen Fällen ist alleine die Wiedergabe der Marke entsprechend des Registereintrags für die Bestimmung des Schutzumfangs entscheidend (BGH GRUR 2005, 1044 – Dentale Abformmasse). Für Farbmarken, für die neben dem Farbmuster auch ein international anerkannter Bezeichnungscode angegeben wurde, erübrigt sich das Problem allerdings, weil dieser den Schutzgegenstand eindeutig bestimmt (EuGH C-104/01, GRUR 2003, 604 – Libertel; BGH GRUR 2005, 1044 – Dentale Abformmasse; GRUR 2007, 55 – Farbmarke gelb/grün II).

2.1   Es empfiehlt sich daher, die Wiedergabe der Marke im Register unmittelbar nach Eintragung zu überprüfen und ggf. unter Verzicht auf die falsche Eintragung wieder in das Anmeldeverfahren einzutreten (BGH GRUR 2005, 1044 – Dentale Abformmasse). Alternativ soll es möglich sein, einen Hinweis in die Eintragung aufzunehmen, dass der Farbton der veröffentlichen Darstellung der Marke nicht der der Markenanmeldung entspricht, wenn eine farbgetreue Wiedergabe aus technischen Gründen nicht möglich ist (BGH GRUR 2005, 1044 – Dentale Abformmasse). Nachdem seit der Entscheidung des EuGH zu abstrakten Farbmarken (EuGH C-104/01, GRUR 2003, 604 – Libertel) die Angabe eines Farbcodes, der den Schutzgegenstand eindeutig bestimmen kann, zwingend notwendig ist, wird sich diese Problematik aber wohl nicht mehr stellen.

2.2   Eine Berichtigung der Eintragung bzgl. der Darstellung des Farbtons im Rahmen des § 45 wird von der Rechtsprechung mit der Begründung abgelehnt, diese würde zu einer unzulässigen Änderung der Marke selbst führen (BPatG BeckRS 2009, 10440 – Farbmarke Lila).

II. Bindungswirkung für die ordentlichen Gerichte

3   Auf Grund der explizit vom Gesetzgeber gewollten Verteilung der Zuständigkeiten der Erteilungsbehörden und der ordentlichen Gerichte (Begr. RegE, BT-Drs. 12/6581, 57) ist der Verletzungsrichter grundsätzlich an die Eintragung der Marke gebunden. Ist eine Marke daher im Register eingetragen, haben die für Markenverletzungsverfahren zuständigen ordentlichen Gerichte von der Schutzfähigkeit der Marke auszugehen (BGH GRUR 2008, 798 – POST; GRUR 2005, 1044 – Dentale Abformmasse; GRUR 2003, 1040 – Kinder; → § 8 Rn. 91 ff.; für die Unionsmarke → UMV Art. 135 Rn. 4). Dies gilt auch für heraldische Zeichen bzw. für Teile einer Marke, die ein heraldisches Zeichen darstellen könnten (OLG München BeckRS 2015, 02230 – DFB). Die Bindungswirkung entfällt erst, wenn eine Löschung der eingetragenen Marke beim DPMA gemäß §§ 50, 54 nicht mehr möglich ist (BGH GRUR 2003, 1040 – Kinder) oder eine rechtskräftige Entscheidung über die Löschung der Marke vorliegt (BGH GRUR 2008, 798 – POST). Ist ein Löschungsverfahren wegen Ablauf der zehnjährigen Ausschlussfrist des § 50 Abs. 2 S. 2 nicht mehr möglich, greift § 22 Abs. 1 Nr. 2 Alt. 2 (→ § 22 Rn. 16 ff.).

3.1   Die Bindung der ordentlichen Gerichte, bzw. des DPMA im Widerspruchsverfahren, gilt nach allgM jedenfalls für alle Schutzvoraussetzungen, die im Rahmen des Eintragungsverfahrens geprüft wurden, in erster Linie also für die Schutzhindernisse der § 3 und § 8 (BGH GRUR 2000, 888 – MAG LITE; GRUR 2005, 1044 – Dentale Abformmasse). Darüber hinaus soll die Bindungswirkung aber auch Umstände betreffen können, die im Eintragungsverfahren ggf. nicht geprüft wurden, wie zB die wirksame Inanspruchnahme einer ausländischen Priorität (OLG Hamburg GRUR 2009, 365 – Five Four). Für Unionsmarken gilt Entsprechendes (OLG Hamburg GRUR 2009, 365 – Five Four). Insoweit bestehen keine Unterschiede zwischen nationalen Marken und Unionsmarken. In diesem Sinne hat sich auch der EuGH geäußert und klargestellt, dass über die Gültigkeit einer nationalen Marke nur in einem Nichtigkeitsverfahren im betreffenden Mitgliedstaat zu entscheiden ist und nicht im Verfahren über die Eintragung einer Unionsmarke vor dem HABM (EuGH C-196/11 P, GRUR 2012, 825 – F1-LIVE). Kritisch zur Bindungswirkung allgemein Rohnke GRUR 2001, 696.

III. Inhalt des Registers

4   Das Register wird mittlerweile ausschließlich elektronisch geführt (§ 24 MarkenV), und erfasst alle in § 25 MarkenV festgelegten Angaben zur Marke. Diese betreffen unter anderem Angaben zum Inhaber, den Anmeldetag, den Tag der Eintragung sowie die Schutzdauer der Marke. Es werden aber auch Widersprüche und Löschungsanträge gegen die Marke sowie Eintragungsbewilligungsklagen in das Register eingetragen.

B. Veröffentlichung

5   Die Eintragung der Marke wird vom DPMA elektronisch veröffentlicht (abrufbar unter http://register.dpma.de/DPMAregister/marke/uebersicht – Markenblatt; zuletzt abgerufen am 28.12.2022; § 27 MarkenV). Die Veröffentlichung dient der Information der Öffentlichkeit, insbesondere der von Wettbewerbern und Inhabern älterer Rechte (BPatG BeckRS 1998, 14592).

Zusammen mit der Anmeldung erfolgt ein Hinweis auf die Möglichkeit des Widerspruchs gegen die Marke (§ 28 Abs. 2 MarkenV). Zur Veröffentlichung der Anmeldung → § 33 Rn. 6.

C. Urkunde und Bescheinigung

Der Anmelder erhält eine Urkunde über die Eintragung der Marke (§ 26 MarkenV; § 25 Abs. 1 **6** DPMAV), welche die Schutzrechtsnummer, die Darstellung der Marke und Angaben zu Inhaber, Anmeldetag und zum Tag der Eintragung enthält. Als öffentliche Urkunde iSv § 418 Abs. 1 ZPO iVm § 415 Abs. 1 ZPO besitzt die Urkunde über die Eintragung der Marke volle Beweiskraft für den beurkundeten Inhalt.

Ist Gegenstand der Urkunde eine farbige Marke, wird die Urkunde in Farbe erstellt (BeckRS **7** 2009, 8904; Mitteilung des Präsidenten Nr. 09/08). Unkonventionelle Markendarstellungen, die nunmehr mit der Einführung des MaMoG möglich geworden sind und sich nicht graphisch darstellen lassen, werden in der Urkunde durch einen QR-Code angegeben. Dieser führt direkt zur elektronischen Eintragung im Register des DPMA und der dort hinterlegten Darstellung. Dasselbe gilt für Registerauszüge und Prioritätsbelege (lt. Auskunft des DPMA).

Zusätzlich zur Urkunde erhält der Anmelder eine Bescheinigung über die in das Register **8** aufgenommenen Angaben (§ 26 MarkenV). Auf die Bescheinigung kann der Markenanmelder verzichten; sie ermöglicht es ihm aber, die Richtigkeit der Angaben zu überprüfen und ggf. umgehend eine Korrektur des Registers zu beantragen (§ 45).

§ 42 Widerspruch

(1) ¹Innerhalb einer Frist von drei Monaten nach dem Tag der Veröffentlichung der Eintragung der Marke gemäß § 41 Absatz 2 kann von dem Inhaber einer Marke oder einer geschäftlichen Bezeichnung mit älterem Zeitrang gegen die Eintragung der Marke Widerspruch erhoben werden. ²Innerhalb dieser Frist kann auch von Personen, die berechtigt sind, Rechte aus einer geschützten Ursprungsbezeichnung oder einer geschützten geografischen Angabe mit älterem Zeitrang geltend zu machen, gegen die Eintragung der Marke Widerspruch erhoben werden.

(2) Der Widerspruch kann nur darauf gestützt werden, daß die Marke
1. wegen einer angemeldeten oder eingetragenen Marke mit älterem Zeitrang nach § 9,
2. wegen einer notorisch bekannten Marke mit älterem Zeitrang nach § 10 in Verbindung mit § 9,
3. wegen ihrer Eintragung für einen Agenten oder Vertreter des Markeninhabers nach § 11,
4. wegen einer nicht eingetragenen Marke mit älterem Zeitrang nach § 4 Nr. 2 oder einer geschäftlichen Bezeichnung mit älterem Zeitrang nach § 5 in Verbindung mit § 12 oder
5. wegen einer Ursprungsbezeichnung oder geografischen Angabe mit älterem Zeitrang in Verbindung mit § 13
gelöscht werden kann.

(3) Ein Widerspruch kann auf der Grundlage eines älteren Rechts oder mehrerer älterer Rechte erhoben werden, wenn diese Rechte demselben Inhaber gehören.

(4) Den am Widerspruchsverfahren beteiligten Parteien wird auf beiderseitigen Antrag eine Frist von mindestens zwei Monaten eingeräumt, um eine gütliche Einigung zu ermöglichen.

Überblick

Der bereits durch das Patentrechtsmodernisierungsgesetz (PatRModG vom 31.7.2009, BlPMZ 2009, 301) weitgehend geänderte und durch das Markenrechtsmodernisierungsgesetz (MaMoG vom 11.12.2018, BGBl. 2018 I 2357) neugestaltete § 42 stellt die zentrale Vorschrift des Widerspruchsverfahrens als Teil des Eintragungsverfahrens dar. Im Folgenden werden das Widerspruchsverfahren (→ Rn. 20 ff.), insbesondere in Bezug auf die Änderungen durch das PatRModG (→ Rn. 5 ff.) und das MaMoG (→ Rn. 9 ff.), die Aktivlegitimation des Rechtsinhabers (→ Rn. 42 ff.), die Widerspruchsgründe (→ Rn. 91 ff.) sowie allgemein die Bedeutung der Ausweitung des Verfahrens im Hinblick auf den Wandel vom summarischen Registerverfahren hin zum echten Streitverfahren in allen Stufen und die Frage nach einer damit verbundenen Angleichung der Kostenregelung an die §§ 91 ff. ZPO (→ Rn. 122 ff.) behandelt. Darüber hinaus wird auf die Möglichkeit des Teilwiderspruchs (→ Rn. 108 ff.) und der Rücknahme (→ Rn. 115 ff.) sowie das Verhältnis zur Unionsmarke im Widerspruchsverfahren eingegangen und ein Ausblick auf die weitere Entwicklung des Verfahrens gegeben.

Übersicht

A. Einleitung; Allgemeines

1   § 42 regelt das Widerspruchsverfahren gegen die Eintragung nationaler Marken vor dem DPMA. Das Widerspruchsverfahren in Bezug auf deutsche Anteile von IR-Marken ist in §§ 107 ff. geregelt, welche durch das zweite Patentrechtsmodernisierungsgesetz (zweites PatRModG vom 10.08.2021, BlPMZ 2021, 290) zum 1.5.2022 geändert wurden.

I. Entwicklung des Widerspruchsverfahrens

2   Mit der Einführung des MarkenG wurde das Widerspruchsverfahren, anders als nach der Rechtslage in § 5 WZG, wonach es vor Eintragung in die Warenzeichenrolle durchzuführen war, als ein der Eintragung nachgeschaltetes Verfahren ausgestaltet (vgl. Amtl. Begr., BT-Drs. 12/6581, 55 f.). Dennoch stellen die §§ 42–44 einen Teil des Eintragungsverfahrens für nationale Marken vor dem DPMA dar, welcher sich an die Eintragung anschließt (BPatG GRUR 2008, 74 (75) – Focus Home Collection/FOCUS). Dadurch erlangt der Anmelder frühzeitig schon nach Prüfung der Anmeldeerfordernisse den vollen markenrechtlichen Schutz; insbesondere wird die Marke mit ihrer Eintragung Dritten gegenüber durchsetzbar.

Der Anmelder trägt aber zunächst für die Dauer der Widerspruchsfrist von drei Monaten, **3** berechnet ab dem Tag der Veröffentlichung der Eintragung (vgl. § 42 Abs. 1), das Risiko einer Löschung bzw. Teillöschung infolge Widerspruchs. Diese wirkt gemäß § 43 Abs. 4 iVm § 52 Abs. 2 zurück auf den Zeitpunkt der Eintragung und beseitigt so alle zunächst aufgrund der Markeneintragung eingetretenen Rechtsfolgen. Eine Ausnahme zu dieser ex tunc-Wirkung des Widerspruchs besteht nur nach § 52 Abs. 3 im Interesse der Rechtssicherheit (zur Rückwirkung sowie der Ausnahmeregelung → § 52 Rn. 14 ff., → § 52 Rn. 21 ff.).

Die frühzeitige Durchsetzbarkeit der vorläufig eingetragenen Marke im Rahmen des nachge- **4** schalteten Widerspruchsverfahrens erleichtert es dem Anmelder darüber hinaus, die Priorität auf nationaler Ebene für eine ausländische Anmeldung, insbesondere eine internationale Registrierung, zu nutzen. Die Unionspriorität nach Art. 4 PVÜ, Art. 4 Abs. 2 PMMA muss innerhalb einer Frist von sechs Monaten ab Anmeldung in Anspruch genommen werden (vgl. auch Fezer Rn. 6). Nach Art. 4 PMMA ist Voraussetzung für die Inanspruchnahme der Priorität die Anmeldung der Marke im Heimatland.

II. Änderungen durch das PatRModG

Durch das PatRModG (BlPMZ 2009, 301), welches am 1.10.2009 in Kraft trat, wurden – in **5** Anlehnung an das Widerspruchsverfahren nach der UMV – die Widerspruchsgründe um die Regelung des § 42 Abs. 2 Nr. 4 erweitert (zu den Widerspruchsgründen → Rn. 91 ff.). Nach der Rechtslage vor dem PatRModG konnten Widersprüche in Deutschland nur auf angemeldete, eingetragene oder notorisch bekannte Marken mit älterem Zeitrang bei Vorliegen von Doppelidentität (§ 9 Abs. 1 Nr. 1), Verwechslungsgefahr (§ 9 Abs. 1 Nr. 2) oder einer Agentenmarke nach § 11 gestützt werden. Diesen Beschränkungen lagen die Erwägungen des Gesetzgebers zugrunde, dass es sich bei dem Widerspruchsverfahren um ein summarisches, auf die Erledigung einer Vielzahl von Fällen ausgelegtes Verfahren handele, welches nicht zur Klärung komplexer Sachverhalte geeignet sei (vgl. Amtl. Begr., BT-Drs. 12/6581, 86; BGH GRUR 2006, 859 – Malteserkreuz).

Aufgrund der seit 1993 zurückgegangenen Zahl der Widerspruchsverfahren sowie der vermehr- **6** ten Anwendung von Elementen des echten Streitverfahrens in dem vom Amtsermittlungsgrundsatz beherrschten Widerspruchsverfahren (→ Rn. 59 ff.) wurde diese Ansicht als überholt betrachtet (vgl. Begr. RegE des PatRModG, BlPMZ 2009, 319 f.).

Daher kann der Widerspruch seit dem PatRModG gemäß § 42 Abs. 2 Nr. 4 auch auf nicht **7** eingetragene Benutzungsmarken iSd § 4 Nr. 2 sowie geschäftliche Bezeichnungen nach § 5 gestützt werden. Außerdem kann über den Schutz angemeldeter oder eingetragener Marken, notorisch bekannter Marken oder geschäftlicher Bezeichnungen wegen Identität oder Verwechslungsgefahr bzw. Branchennähe hinaus der Widerspruch wegen unlauterer Ausnutzung oder Beeinträchtigung der Unterscheidungskraft oder der Wertschätzung der Widerspruchsmarke geltend gemacht werden (vgl. Ströbele/Hacker/Thiering/Miosga Rn. 6).

Der Widerspruch kann daher seit dem PatRModG auf alle relativen Schutzhindernisse mit **8** Ausnahme der „sonstigen Rechte" Dritter nach § 13 (diese sind mit Ausnahme der geschützten Ursprungsbezeichnungen und geographischen Angaben → Rn. 106 f. nur im Nichtigkeitsverfahren nach §§ 51, 55 geltend zu machen; → § 51 Rn. 10 ff.) gestützt werden und hat sich damit mehr und mehr zu einem echten Streitverfahren gewandelt (vgl. schon BGH GRUR 1998, 940 – Sanopharm). Dieser Wandel des Widerspruchsverfahrens wurde in der Literatur teilweise heftig kritisiert (vgl. dazu nur Ingerl/Rohnke Rn. 5 ff.). Durch die Aufhebung der Beschränkung der Zuständigkeit von DPMA und BPatG auf Registerrechte sei gerade das DPMA vor erhebliche Herausforderungen gestellt worden. Die Erweiterung vor allem hinsichtlich des seiner Natur nach wettbewerbsrechtlichen Kollisionstatbestands des unlauteren Eingriffs in eine bekannte Marke sowie um die eigenständigen – nicht harmonisierten – Kennzeichenrechte, Werktitel und Unternehmenskennzeichen sei geeignet gewesen, das DPMA in seiner bisherigen Funktion als Registerbehörde zu überfordern, was sich jedoch tatsächlich nicht bewahrheiten sollte.

III. Änderungen durch das MaMoG und Hinweis auf RL (EU) 2015/2436

Zudem trat am 14.1.2019 das MaMoG (BGBl. 2018 I 2357) in Kraft (mit Ausnahme der **9** Neuregelungen des Verfalls- und Nichtigkeitsverfahren vor dem DPMA (§§ 53, 54), die erst am 1.5.2020 wirksam wurden). Das MaMoG dient der Umsetzung der RL (EU) 2015/2436 zur Angleichung der Rechtsvorschriften der Mitgliedstaaten über Marken vom 16.12.2015 (MRL), die hinsichtlich der meisten Artikel, so auch im Hinblick auf den hier relevanten Art. 43 MRL, bis zum 14.1.2019 von den Mitgliedstaaten implementiert werden musste (Art. 54 Abs. 1 MRL). Die Richtlinie basiert auf den Reformvorschlägen der Europäischen Kommission und geht einen großen Schritt in Richtung Harmonisierung der europäischen Markensysteme, der in Bezug auf seine Reichweite mit der Schaffung der Gemeinschaftsmarke (heute: Unionsmarke) im Jahre 1996 zu vergleichen ist. Die Ziele der Richtlinie sind die Einrichtung und Förderung eines gut funktionierenden Binnenmarktes und die Erleichterung der Eintragung, Verwaltung und des Schutzes von Marken in der Union zur Förderung von Wachstum und Wettbewerbsfähigkeit (Erwägungsgrund 42 MRL). Insgesamt sollen die nationalen Markenrechte stärker an das Unionsmarkenrecht angenähert werden, ohne dabei jedoch bereits den Weg in die Vollharmonisierung zu gehen. Insbesondere die wichtigsten Verfahrensvorschriften sollen im Hinblick auf eine bessere Zusammenarbeit an die Regelungen der UMV angepasst werden.

10   Auch das Widerspruchsverfahren wird von der Markenrechtsrichtlinie erfasst. Nach Art. 43 MRL stellen die Mitgliedstaaten für den Widerspruch ein effizientes, zügiges Verwaltungsverfahren bei ihren nationalen Markenämtern bereit. Auf diese Weise wird der Standard des Widerspruchsverfahrens vereinheitlicht, und Mitgliedstaaten, die vor Umsetzung der MRL noch kein Verwaltungsverfahren vorsahen, sondern die Prüfung von Widersprüchen den Gerichten überließen, werden zur Einrichtung eines solchen schnelleren und effizienteren Verfahrens veranlasst. Für den deutschen Gesetzgeber, der bereits ein amtliches Widerspruchsverfahren geregelt hatte, stellte sich in dieser Hinsicht vor allem die Aufgabe, die lange Verfahrensdauer zu verkürzen und ein effizienteres Verfahren zu gewährleisten (Bender MarkenR 2013, 129 (135); 2016, 10).

11   In Umsetzung der Richtlinie erweiterte das MaMoG den Kreis der Antragsberechtigten im Widerspruchsverfahren auf Personen, die berechtigt sind, Rechte aus einer geschützten Ursprungsbezeichnung oder einer geschützten geographischen Angabe mit älterem Zeitrang geltend zu machen (§ 42 Abs. 1 S. 2). Entsprechend wurden die entgegenstehenden Rechte aus einer geschützten Ursprungsbezeichnung und einer geschützten geographischen Angabe mit älterem Zeitrang als neue Widerspruchsgründe aufgenommen (§ 42 Abs. 2 Nr. 5; → Rn. 106 f.). Des Weiteren wurde gesetzlich geregelt, dass, wenn alle mit einem Widerspruch geltend gemachten Widerspruchskennzeichen demselben Inhaber gehören, nur ein Widerspruch vorliegt (§ 42 Abs. 3 und § 29 Abs. 1 MarkenV; → Rn. 25). Außerdem wurde eine „Cooling-off-Periode" eingeführt. Danach wird den Beteiligten auf gemeinsamen Antrag nach Einlegung des Widerspruchs eine Frist von mindestens zwei Monaten zur gütlichen Einigung des Streits eingeräumt (§ 42 Abs. 4; → Rn. 36). Durch diese „Cooling-off-Periode" werden die nationalen Ämter entlastet. Den Beteiligten wird eine Möglichkeit zur Verhandlung gegeben (vor dem EUIPO werden ca. 70% der anhängigen Widersprüche in der „Cooling-off-Periode" ohne streitige Entscheidung beigelegt, Bender MarkenR 2013, 129 (135); 2016, 10 (18); vgl. auch Eickemeier/Brodersen K& R 2019, 217 (219 f.)). Das MaMoG hat schließlich auch Veränderungen im Hinblick auf die Widerspruchsgebühr (→ Rn. 32 ff.) und – ganz entscheidend – die Nichtbenutzungseinrede und damit zusammenhängend die Benutzungsschonfrist mit sich gebracht (→ § 43 Rn. 3, → § 43 Rn. 23 ff.).

IV. Verhältnis zu den Klageverfahren

12   Neben dem Widerspruchsverfahren als Teil des Eintragungsverfahrens sieht das MarkenG auch Klageverfahren vor. § 44 regelt die Möglichkeit einer Eintragungsbewilligungsklage, §§ 51, 55 das Nichtigkeitsverfahren vor den ordentlichen Gerichten wegen des Bestehens älterer Rechte. Durch die im Vergleich zum MaMoG bedeutsamere Erweiterung der Widerspruchsgründe durch das PatRModG ist das Verhältnis der Klagen zum Widerspruchsverfahren verändert worden, da der von den Widerspruchsgründen umfasste Bereich erweitert wurde, was zu einer Entlastung der Gerichte geführt haben dürfte. Weiter unverändert ist allerdings geblieben, dass auch ein bereits anhängiges Widerspruchsverfahren der Erhebung einer Nichtigkeitsklage nicht entgegensteht (Ingerl/Rohnke Rn. 94).

1. Eintragungsbewilligungsklage (§ 44)

13   § 44 regelt die sog. Eintragungsbewilligungsklage. Der Inhaber der angegriffenen Marke hat die Möglichkeit, damit gegen die Entscheidung nach § 43 Abs. 2, die eingetragene Marke aus dem Register zu löschen, vorzugehen. Der Markeninhaber kann einen Anspruch auf (Wieder-)Eintragung der Marke geltend machen. Die Eintragungsbewilligungsklage stellt mithin eine Verteidigungsmöglichkeit des Markeninhabers gegen den Widersprechenden im Rahmen des Widerspruchsverfahrens dar (→ § 44 Rn. 2).

14   Grundsätzlich ist die Eintragungsbewilligungsklage erst nach Abschluss des Widerspruchsverfahrens zu erheben. War unter Geltung des WZG noch eine „vorgezogene Eintragungsbewilligungsklage" parallel zum Widerspruchsverfahren möglich, so besteht diese Möglichkeit aufgrund des

nachgeschalteten Widerspruchsverfahrens im MarkenG nicht mehr. Eine Eintragungsbewilligungsklage ist zwar auch während des laufenden Widerspruchsverfahrens statthaft, in diesem Fall aber auf Verurteilung zur Rücknahme des Widerspruchs gegenüber dem DPMA zu richten. Das Rechtsschutzbedürfnis ergibt sich bei dieser sogenannten Rücknahmeklage daraus, dass es dem Widerspruchsgegner nicht zugemutet werden kann, das langwierige Verfahren abzuwarten, wenn er seinen Eintragungsanspruch auf Gründe stützt, die im Widerspruchsverfahren ohnehin keine Berücksichtigung finden (Ingerl/Rohnke § 44 Rn. 32). Bei Sachdienlichkeit kann das Widerspruchsverfahren nach § 32 Abs. 1 MarkenV ausgesetzt werden (zur Aussetzung → § 43 Rn. 1 ff.).

2. Nichtigkeitsverfahren wegen des Bestehens älterer Rechte vor den ordentlichen Gerichten

Das in §§ 51, 55 geregelte Nichtigkeitsverfahren wegen des Bestehens älterer Rechte vor den **15** ordentlichen Gerichten stellt das umfassendste Rechtsschutzverfahren des MarkenG dar. Diese Nichtigkeitsklage kann auf sämtliche älteren Rechte aus §§ 9–13 gestützt werden, sofern diese der Eintragung einer Marke entgegenstehen.

Auch ein bereits anhängiges Widerspruchsverfahren gemäß §§ 42, 43 steht einer Klage nach **16** §§ 51, 55 in Bezug auf dieselbe Marke nicht entgegen. Das Widerspruchsverfahren hat mithin keinen Einfluss auf das Rechtschutzbedürfnis der Klage auf Nichtigkeit wegen des Bestehens älterer Rechte (→ § 55 Rn. 5). Fraglich kann umgekehrt allein das Rechtschutzbedürfnis des Widerspruchs bei bereits erhobener Klage nach §§ 51, 55 sein, da diese eigentlich das umfassendere Rechtsschutzverfahren darstellt. Dem Verhältnis beider Rechtsbehelfe kann aber bei Anhängigkeit beider Verfahren durch Aussetzung des Widerspruchsverfahrens nach erfolgter Zustellung der Klage auf Nichtigkeit wegen Bestehens älterer Rechte Rechnung getragen werden, da an einem „Wettlauf" beider Verfahren kein Interesse besteht (vgl. Ingerl/Rohnke Rn. 94; s. dazu auch EuG BeckRS 2019, 1386 – ALTUS). Die Nichtigkeitsklage kann jedoch grundsätzlich anstatt eines oder auch neben einem Widerspruchsverfahren erhoben werden. Abweisende Entscheidungen entfalten keine Bindungswirkung im jeweils anderen Verfahren (BPatG BeckRS 2016, 19679). Anbieten dürfte es sich jedoch, insbesondere aus Kostengründen, zunächst Widerspruch beim DPMA einzulegen, bevor ein Nichtigkeitsverfahren vor den ordentlichen Gerichten durchgeführt wird, sofern die Voraussetzungen hierfür vorliegen (→ § 55 Rn. 1 ff.).

Damit stellt sich das Verfahren in Markenangelegenheiten als zweigleisig dar (so auch Fezer **17** Rn. 56), indem die Zuständigkeiten zwischen patentamtlichem und patentgerichtlichem Verfahren einerseits und den ordentlichen Gerichten andererseits aufgeteilt sind (BGHZ 37, 107 (111) = GRUR 1962, 456 – Germataler Sprudel; BPatGE 4, 48 – Defensivzeichen). Durch die Erweiterungen, die das Widerspruchsverfahren mit Inkrafttreten des PatRModG erfahren hat, kam es zu weiteren Überschneidungen zum Nichtigkeitsverfahren wegen des Bestehens älterer Rechte vor den ordentlichen Gerichten, welche aber das grundsätzliche Verhältnis zwischen beiden Rechtsbehelfen nicht beeinträchtigten.

3. Nichtigkeitsverfahren wegen des Bestehens älterer Rechte vor dem DPMA

Seit dem 1.5.2020 ist in Umsetzung des Art. 45 MRL durch das MaMoG in den §§ 51, 53 nF **18** ein amtliches Nichtigkeitsverfahren wegen des Bestehens älterer Rechte vor dem DPMA geregelt. Gemäß Art. 45 Abs. 1 MRL stellen die Mitgliedstaaten – unbeschadet des Rechts der Parteien auf die Einleitung gerichtlicher Verfahren – für die Erklärung der Nichtigkeit einer Marke ein Verwaltungsverfahren vor ihren Markenämtern bereit. Vor Einführung der §§ 51, 53 sah das MarkenG ein amtliches Löschungsverfahren nur für absolute Schutzhindernisse vor (§ 54 in der Fassung bis zum 30.4.2020). Individualrechte Dritter, insbesondere ältere Marken („relative Schutzhindernisse"), konnten nur beim DPMA im Rahmen des Widerspruchsverfahrens oder durch Löschungsklage vor den ordentlichen Gerichten geltend gemacht werden (→ Rn. 15 ff.). Seit Inkrafttreten der §§ 51, 53 ist das DPMA auch für die Erklärung der Nichtigkeit von Marken wegen des Bestehens älterer Rechte zuständig, wodurch die Prüfungskompetenzen des Amtes deutlich erweitert werden.

Das Widerspruchsverfahren und das Nichtigkeitsverfahren wegen des Bestehens älterer Rechte **19** stehen vor dem DPMA nebeneinander (BT-Drs. 19/2898, 80; zum Verhältnis der Rechtsbehelfe s. auch Hacker GRUR 2019, 113 (121 f.)), was in der neugefassten Markenrichtlinie dadurch zum Ausdruck kommt, dass ausdrücklich vorgesehen ist, dass die Mitgliedstaaten ein effizientes und zügiges Verwaltungsverfahren für den Widerspruch gegen die Eintragung einer Marke bereitstellen (Art. 43 Abs. 1 MRL).

Vor der Gesetzesänderung nutzten die Inhaber älterer Rechte bei einer inhaltlichen Überschneidung von Widerspruchs- und Nichtigkeitsverfahren in der Regel das Widerspruchsverfahren. Inwieweit dieses seit Einführung des amtlichen Nichtigkeitsverfahrens weiterhin bevorzugt wird, lässt sich noch nicht abschließend beurteilen und bleibt abzuwarten. Bei einem Vergleich der beiden Verfahren liegt jedoch der praktische Nutzen des Widerspruchsverfahrens unter anderem darin, dass es kostengünstiger ist und oft die Wahlmöglichkeit bietet, statt der Beschwerde zum Bundespatentgericht zunächst Erinnerung einzulegen und somit den Beschluss einer weiteren amtsinternen Prüfung zu unterziehen (BT-Drs. 19/2898, 80). Hinzu kommt, dass bei Erhebung einer Nichtbenutzungseinrede im Rahmen des Widerspruchs der Widersprechende die Benutzung nur für den Zeitraum gemäß § 43 Abs. S. 1 nachweisen muss, dh – seit Umsetzung des MaMoG – nur für die fünf Jahre vor dem Anmelde- oder Prioritätstag der angegriffenen Marke. Hingegen kommen bei einem amtlichen Nichtigkeitsverfahren weitere Benutzungszeiträume nach § 53 Abs. 6 hinzu (vgl. auch Albrecht/Hoffmann GRUR-Prax 2020, 117 (118)). Insbesondere der „wandernde" Benutzungszeitraum, welcher für die Nichtbenutzungseinrede abgeschafft wurde, gilt im amtlichen Nichtigkeitsverfahren weiterhin (Ströbele/Hacker/Thiering/Miosga § 53 Rn. 96, die insoweit die Vereinbarkeit mit der MRL anzweifeln; vgl. auch die ausführlichere Darstellung in Draheim/Fromlowitz GRUR-Prax 2021, 429 (430)).

B. Der Widerspruch

20   Der Widerspruch stellt die einfachste und kostengünstigste Möglichkeit dar, gegen eine Markenanmeldung vorzugehen. Wurde das Widerspruchsverfahren früher als registerrechtliches Löschungsverfahren summarischer Natur angesehen, welches auf die Erledigung einer großen Zahl von Fällen zugeschnitten war und sich nicht zur Klärung komplexer Sachverhalte eignete, so hat sich dieser „abstrakt schematische" Ablauf (BGH GRUR 2000, 890 (892) – Immune/Imukin) durch das PatRModG erweitert. Das Verständnis als rein summarisches Verfahren ist „überholt", und der Charakter als Massenverfahren hat sich gewandelt (aA Ingerl/Rohnke Rn. 5 ff.). Das Verfahren ist als echtes Streitverfahren zu qualifizieren (so aber auch Ingerl/Rohnke Rn. 9).

I. Das Verfahren

21   Beteiligte am Verfahren sind der Widersprechende und der Inhaber der angegriffenen Marke. Seit Inkrafttreten des MaMoG sind darüber hinaus die Personen, die berechtigt sind, Rechte aus einer geschützten Ursprungsbezeichnung oder einer geschützten geografischen Angabe mit älterem Zeitrang geltend zu machen, mögliche Beteiligte des Widerspruchsverfahrens.

22   Die formellen Voraussetzungen des Widerspruchsverfahrens sind in der Markenverordnung (MarkenV vom 11.5.2004, BGBl. I 872, BlPMZ 2004, 301) und der DPMA-Verordnung (DPMAV vom 1.4.2004, BGBl. I 514) geregelt.

1. Form & Inhalt des Widerspruchs

23   Form und Inhalt des Widerspruchsverfahrens sind in §§ 29, 30 MarkenV sowie den allgemeinen Voraussetzungen für Anträge beim DPMA in §§ 9 ff. DPMAV geregelt.

24   Der Widerspruch ist schriftlich zu erheben. Nach § 29 Abs. 2 MarkenV soll ein vom DPMA herausgegebenes Formblatt verwendet werden. Grundsätzlich ist das eingereichte Original vom Widersprechenden oder dessen Vertreter zu unterschreiben (§ 10 DPMAV), wobei gemäß § 11 DPMAV die Übermittlung per Fax ausreicht und eine spätere Einreichung des eigenhändig unterzeichneten Widerspruchs nicht nötig ist, solange die eigenhändige Unterschrift auf der Faxkopie erkennbar ist (BPatG Mitt 1986, 195). Weitere Ausnahmen vom Erfordernis der eigenhändigen Unterschrift werden zugelassen, wenn aus dem Schriftstück ansonsten zweifelsfrei der Erklärende hervorgeht und ausgeschlossen werden kann, dass ein bloßer Entwurf vorliegt (BGH GRUR 1989, 506 (507) – Widerspruchsunterzeichnung; BVerwG NJW 2006, 1989 – Klageerhebung per „Funkfax"; zum Maßstab der ordnungsgemäßen Unterzeichnung der Widerspruchsfrist bei nicht lesbarer Unterschrift s. BPatG BeckRS 2018, 20456).

25   Für jede Marke, geschäftliche Bezeichnung, geschützte Ursprungsbezeichnung oder geografische Angabe, wegen der gegen die Eintragung einer Marke Widerspruch erhoben wird (Widerspruchskennzeichen), ist nach § 29 Abs. 1 S. 1 MarkenV ein gesonderter Widerspruch erforderlich. Allerdings liegt nach der durch das MaMoG geänderten Regelung rechtlich nur ein einziger Widerspruch vor, wenn alle Widerspruchskennzeichen demselben Inhaber gehören (§ 29 Abs. 1 S. 2 MarkenV). Zuvor war in diesem Fall für jedes Widerspruchszeichen rechtlich ein eigener

Widerspruch nötig, wobei die einzelnen Widersprüche für nur einen Widersprechenden in einem Widerspruchsschriftsatz zusammengefasst werden konnten. Über mehrere Widersprüche kann gemeinsam entschieden werden (§ 31 MarkenV).

Wichtigste inhaltliche Voraussetzung ist die **Bestimmtheit** des Widerspruchs als verfahrenser- **26** öffnende Erklärung (vgl. DPA BlPMZ 1957, 332). Weitere obligatorische Angaben sind gemäß § 30 Abs. 1 MarkenV, dass aus der Widerspruchsschrift die Identität der angegriffenen sowie der Widerspruchsmarke und die Identität des Widersprechenden erkennbar werden. Bei **nicht angemeldeten oder eingetragenen Widerspruchsmarken,** zum Beispiel notorisch bekannten Marken, sind nach § 30 Abs. 1 S. 2 MarkenV darüber hinaus zusätzliche Angaben nötig (vgl. auch Ströbele/Hacker/Thiering/Miosga Rn. 51; s. auch → Rn. 101 f.). Danach sind zu deren Identifizierung die Art, die Darstellung, die Form, der Zeitrang, der Gegenstand sowie der Inhaber des geltend gemachten Kennzeichenrechts anzugeben. Die Rechtswirksamkeit ist von Amts wegen zu beachtende Verfahrensvoraussetzung und nicht vom Antrag eines Beteiligten abhängig (BPatG GRUR 1973, 198 – Lordson).

Weitere Ordnungsregeln (Sollvorschriften) finden sich in § 30 Abs. 2 MarkenV. Das Fehlen **27** dieser fakultativen Angaben, wie Aktenzeichen oder die Adresse des Widersprechenden, führt anders als im Fall des § 30 Abs. 1 MarkenV nicht zur Unzulässigkeit des Widerspruchs.

Eine Begründungspflicht für den Widerspruch besteht im Gegensatz zum Verfahren im Unions- **28** markenrecht (vgl. Art. 46 Abs. 3 S. 1 UMV) nicht. War eine solche im Diskussionsentwurf des MarkenG vom 24.2.1993 (GRUR 1993, 599) noch vorgesehen, wurde sie aufgrund des im Vergleich zur UMV eingeschränkteren Widerspruchstatbestands nicht in die endgültige Fassung des Gesetzestextes übernommen (vgl. Winkler GRUR 1994, 569 (572)).

Zur Entbehrlichkeit der Begründungspflicht wird einerseits vorgebracht, dass der Widerspruchstatbe- **28.1** stand im Vergleich zum Unionsmarkenrecht relativ überschaubar sei und eine Begründungspflicht ver- gleichbar zu den Erfahrungen mit dem Einspruchsverfahren nach § 59 PatG in der Praxis zu unnötigen Komplikationen führte (vgl. Fezer Rn. 29). Aufgrund der Dimension von Markenrechtssachen sowie der wirtschaftlichen Bedeutung von Verfahren in diesem Bereich, in dem professionelle Rechtsberatung uner- lässlich erscheint, dürften – auch im Interesse der Verfahrensbeschleunigung und Entlastung des DPMA sowie BPatG – andererseits gewichtige Argumente für die Einführung einer Begründungspflicht spre- chen(so auch Fezer Rn. 29).

Einen Schritt in Richtung einer Begründungspflicht geht bereits die Pflicht des Widersprechenden, **28.2** bei Widersprüchen aus nicht registrierten Kennzeichen diejenigen Tatsachen, die seine Inhaberschaft am Kennzeichen und das Bestehen des Rechts sowie die Priorität begründen, innerhalb der Widerspruchsfrist darzulegen (vgl. Ströbele/Hacker/Thiering/Miosga Rn. 55). Ist der Vortrag des Widersprechenden inso- weit nicht vollständig oder werden die behaupteten Tatsachen nicht bewiesen bzw. sind diese nicht liquide, führt dies im Fall nicht feststellbarer Aktivlegitimation zur Unzulässigkeit. Reicht der Vortrag hingegen nur nicht aus, um die Existenz des geltend gemachten Kennzeichenrechts oder einen behaupteten älteren Zeitrang festzustellen, ist der Widerspruch als unbegründet zu verwerfen (BPatG BeckRS 2009, 17898 – Salem/Salem; BeckRS 2009, 7649; 2010, 1182; s. auch Ströbele/Hacker/Thiering/Miosga Rn. 55).

2. Widerspruchsfrist

Die Widerspruchsfrist beträgt drei Monate und knüpft an die Veröffentlichung der Eintragung **29** im elektronischen Markenblatt gemäß § 41 Abs. 2 iVm § 23 MarkenV an.

Die Frist berechnet sich nach §§ 187 ff. BGB ab dem Tag der Ausgabe des Markenblatts. Dieser **30** selbst wird nach § 187 Abs. 1 BGB nicht mitgerechnet. Gemäß § 188 Abs. 2 BGB endet die Frist mit Ablauf desjenigen Tages des dritten Monats, der durch seine Zahl dem Tag der Veröffentlichung der Eintragung, mithin der Ausgabe des Markenblatts, entspricht. § 193 BGB findet Anwendung. In Bezug auf gesetzliche Feiertage sind die Regelungen am Standort der jeweiligen Dienststelle des DPMA zu beachten (für eine Beispielsrechnung vgl. Fezer Rn. 22). Ein Widerspruch, der vor dem Eintragungsbeschluss eingelegt wird, ist unbeachtlich (DPA Mitt 1961, 109; Busse/Starck WZG § 5 Rn. 7). Nach Eintragung ist ein Widerspruch jedoch auch bereits vor Veröffentlichung der angegriffenen Marke im Markenblatt zulässig (Schlüter GRUR 1956, 160 (162)). Ein Wider- spruch kann mithin bereits vor Beginn der eigentlichen Widerspruchsfrist wirksam eingelegt werden.

Als gesetzliche Ausschlussfrist ist die Widerspruchsfrist des § 42 Abs. 1 nicht verlängerbar (vgl. **31** Meister WRP 1995, 366 f.) und eine Wiedereinsetzung gemäß § 91 Abs. 1 S. 2 grundsätzlich ausgeschlossen (sowohl für die Erhebung des Widerspruchs als auch für die Zahlung der Wider- spruchsgebühr).

3. Widerspruchsgebühr

32   Für jeden Widerspruch wird eine Widerspruchsgebühr in Höhe von 250 Euro als Grundbetrag für ein Widerspruchszeichen fällig (§ 64a iVm GV 331600 PatKostG), die innerhalb der Widerspruchsfrist (→ Rn. 29 f.) eingezahlt werden muss (§ 6 Abs. 1 S. 1 PatKostG, § 64a). Für jedes weitere Widerspruchszeichen wird eine Zusatzgebühr von 50 Euro erhoben (§ 64a iVm GV 331610 PatKostG). Gemäß Vorbemerkung Teil A Abs. 2 GV PatKostG fallen diese Gebühren für jeden Antragsteller gesondert an. Mehrere Inhaber einer Marke in Bruchteilsgemeinschaft sind im amtlichen Verfahren jedoch als ein Antragsteller und vor dem BPatG als ein Beschwerdeführer zu behandeln (vgl. BPatG BeckRS 2017, 101127). Nicht geregelt ist, ob die Gebührenerleichterung über die Zusatzgebühr auch dann angewendet werden kann, wenn der Widerspruch anfänglich nur auf ein Widerspruchszeichen gestützt wird, aber innerhalb der Widerspruchsfrist auf weitere Zeichen erweitert wird. In diesem Fall dürfte die Gebührenerleichterung aber dem Sinn nach zu bejahen sein (so auch Hacker GRUR 2019, 113 (120)).

33   Die Gebühr kann durch Barzahlung, Überweisung, Einzahlung auf ein Konto des DPMA oder die Erteilung eines gültigen SEPA-Basislastschriftmandats entrichtet werden (§ 1 Abs. 1 PatKostZV). Jede Gebührenentrichtung muss so klar und vollständig sein, dass ihre Erfassung und Zuordnung ohne verzögernde Ermittlungen des DPMA gewährleistet ist (BPatG BeckRS 2017, 129451 Rn. 14). Dem DPMA obliegt keine Nachforschungspflicht bei unklaren Gebührenentrichtungen, da mit der Nichtzahlung von Gebühren in der Regel negative Rechtsfolgen verbunden sind, die ggf. auch die Interessen des Verfahrensgegners betreffen, so dass im Interesse der Rechtssicherheit eine eindeutige, nicht interpretationsfähige Zahlungserklärung zu fordern ist (BPatG BeckRS 2017, 129451 Rn. 14). Zur sicheren Bestimmung der Zahlung sind deshalb regelmäßig das amtliche Kennzeichen des betreffenden Schutzrechts, die nach dem Gebührenverzeichnis (Anlage zu § 2 Abs. 1 PatKostG) einschlägige Gebührennummer und der zu zahlende Betrag zu nennen (BPatG BeckRS 2017, 129451 Rn. 11). Falls nur eine Widerspruchsgebühr fristgerecht eingezahlt wurde, obwohl die Widerspruchserhebung mehrere Zeichen umfasst, kann der Widersprechende auch noch nach Ablauf der Frist für die Gebührenzahlung darlegen, für welchen Widerspruch die Gebührenzahlung bestimmt war (BPatG GRUR-RS 2022, 21956 Rn. 19). Es sollen gemäß § 1 Abs. 2 PatKostZV bei einer Zahlung durch Erteilung eines SEPA-Lastschriftmandats die vom DPMA bereitgestellten Formulare verwendet werden (s. hierzu auch BPatG BeckRS 2017, 129451). Gemäß § 6 Abs. 2 PatKostG gilt der Widerspruch anderenfalls als nicht erhoben; dem steht eine Teilzahlung gleich. Auch diesbezüglich schließt § 91 Abs. 1 S. 2 eine Wiedereinsetzung aus. Bereits gezahlte Gebühren werden in diesem Fall gemäß § 10 Abs. 2 PatKostG rückerstattet. Dem Widersprechenden bleibt in diesem Fall nur die Möglichkeit der (nicht fristgebundenen) Klage auf Nichtigkeit wegen Bestehens älterer Rechte nach §§ 51, 55 (→ § 55 Rn. 5) oder der Weg des Nichtigkeitsverfahrens wegen älterer Rechte vor dem DPMA gemäß §§ 51, 53. Aufgrund dieser strikten Folge einer unterbliebenen Zahlung ist insbesondere zu beachten, die Gebühren auch für jeden Antragsteller einzuzahlen.

34   Die Gebühren sollen verhindern, dass das DPMA durch willkürlich eingelegte Widersprüche in seiner sachlichen Arbeit behindert wird (Begr. zu § 5 Abs. 5 WZG, BlPMZ 1949, 243).

35   Eine Rückzahlung der Gebühren kommt außer in den Fällen des § 10 PatKostG in Betracht, wenn die Rechtswirksamkeit eines erhobenen Widerspruchs zu verneinen ist (BPatGE 32, 130 (132)) und wenn der Widerspruch vor oder gleichzeitig iSd § 130 BGB zurückgenommen ist (Ströbele/Hacker/Thiering/Miosga Rn. 44). Ansonsten kann gemäß § 63 Abs. 3 die Rückzahlung der Gebühren nur aus Billigkeitsgründen angeordnet werden.

4. „Cooling-Off-Periode" (Abs. 4)

36   Auf gemeinsamen Antrag wird den Beteiligten zu Beginn des Widerspruchsverfahrens eine Frist von mindestens zwei Monaten eingeräumt, um so die Möglichkeit einer gütlichen Einigung auf dem Verhandlungswege zu bieten (§ 42 Abs. 4). Hiermit ist die schon in der UMV vorgesehene „Cooling-Off-Periode" nun auch in der nationalen Rechtsordnung verankert, um ein effizienteres Verfahren zu garantieren. Diese „Cooling-off-Periode" ist in Alicante äußerst erfolgreich. Beim EUIPO werden ca. 60–70% aller Widerspruchsverfahren in dieser Phase und somit ohne streitige Entscheidung des EUIPO erledigt (Hildebrandt/Sosnitza/Graul UMV Art. 47 Rn. 55; Bender MarkenR 2013, 129 (135), 2016, 10 (18); vgl. auch Eickemeier/Brodersen K&R 2019, 217 (219 f.)).

37   Bereits vor Inkrafttreten der durch das MaMoG eingeführten Regelung war es nach gängiger Praxis des DPMA möglich und üblich, eine entsprechende Fristverlängerung auf Antrag der Parteien zu gewähren (vgl. § 18 Abs. 2 und 3 DPMAV). Zuvor mussten hierfür allerdings „ausrei-

chende Gründe" und ein „berechtigtes Interesse" glaubhaft gemacht werden. Auf eine gütliche Einigung der Parteien wurde nicht direkt Bezug genommen. Vor diesem Hintergrund stellt die ausdrückliche Regelung der „Cooling-Off-Periode" in § 42 Abs. 4 eine wichtige Entwicklung dar.

5. Wegfall eines Widerspruchskennzeichens

Fällt nach Erhebung des Widerspruchs, aber noch während des Verfahrens, das Widerspruchs- **38** kennzeichen weg (beispielsweise eine Widerspruchsmarke infolge Verzichts), wird der Widerspruch nachträglich unzulässig (BPatGE 4, 90 = GRUR 1964, 313; BPatGE 20, 235; BPatG BeckRS 2019, 12495; vgl. auch Ströbele/Hacker/Thiering/Miosga Rn. 80). Wurde bereits eine fällige Widerspruchsgebühr entrichtet, wird diese grundsätzlich nicht rückerstattet. Eine Rückzahlung kann dann nur noch aus Billigkeitsgründen geschehen. Lebt die Marke später wieder auf, wird auch der Widerspruch wieder zulässig, wenn er nicht unanfechtbar für unzulässig erklärt wurde (BPatGE 24, 112).

Bei Wegfall der angegriffenen Marke durch Löschung oder Verzicht wird der Widerspruch **39** gegenstandslos und es tritt Erledigung des Widerspruchsverfahrens in der Hauptsache ein (vgl. BGH GRUR 2008, 714 Rn. 46; Fezer Markenpraxis-HdB/Fink Teil 1 Kap. 1 Rn. 409, 422).

6. Insolvenz

Umstritten ist die (analoge) Anwendung des § 240 ZPO bei Eröffnung eines Insolvenzverfahrens **40** über das Vermögen eines der Beteiligten. Das DPMA lehnt eine Anwendung des § 240 ZPO und damit eine Unterbrechung des Widerspruchsverfahrens vor dem DPMA generell ab (vgl. Mitt. des Präsidenten des DPMA Nr. 20/08, BlPMZ 2008, 413 unter Berufung auf BGH GRUR 2008, 551 – Sägeblatt; Kraßer/Neuburger GRUR 2010, 588 (590)). Dagegen befürworten die Markensenate des BPatG mehrheitlich eine Anwendung des § 240 ZPO (vgl. Darstellung des Standes von Rechtsprechung und Literatur: BGH GRUR 2019, 549 (551) – Kaffeekapsel mwN; BPatG BeckRS 2018, 21163 Rn. 15 mwN; BPatG BeckRS 2009, 3375 – Thunderbike/Thunder Bird; Ströbele/Hacker/Thiering/Miosga Rn. 82; für gegenteilige Auffassung innerhalb des BPatG vgl. BPatG GRUR 2008, 364 (365) – Zustellung an Verfahrensbevollmächtigten des Insolvenzverwalters; BPatG BeckRS 2012, 2759; vgl. zum Ganzen auch → § 66 Rn. 174). Diesen wird jedoch von der Gegenmeinung, auch innerhalb des BPatG, unter Verweis auf BVerfG GRUR 2003, 723 Verfassungswidrigkeit vorgeworfen (danach seien die Vorschriften der ZPO nur in ausdrücklich gesetzlich bestimmten Fällen im Amtsverfahren anwendbar; vgl. auch Ingerl/Rohnke Rn. 92; für eine Anwendung im kontradiktorischen Verfahren auch ohne ausdrückliche Bestimmung der Anwendbarkeit vgl. Ströbele/Hacker/Thiering/Miosga Rn. 82).

Ebenfalls streitig ist, ob ein nach Eröffnung des Insolvenzverfahrens über das Vermögen des **41** Markeninhabers von diesem oder seinem Vertreter erhobener Widerspruch infolge Übergangs der Verfügungsbefugnis auf den Insolvenzverwalter als Partei kraft Amtes gemäß § 80 Abs. 1 InsO und Erlöschens der Vertretervollmachten (§ 117 InsO) unheilbar unwirksam ist (so BPatG BeckRS 2008, 8231 – FOCUS Forum Die Erfolgsmacher/Focus). Nach anderer Ansicht (so BPatG BlPMZ 2009, 283 (285 f.) – perfect/Perfector) kann die unwirksame Widerspruchserhebung entsprechend § 185 Abs. 2 BGB rückwirkend durch Genehmigung des Insolvenzverwalters geheilt werden.

II. Legitimation

Aktivlegitimiert ist nach § 42 Abs. 1 S. 1 der materielle Inhaber des Widerspruchszeichens (vgl. **42** Amtl. Begr., BT-Drs. 12/6581, 79) bzw. sind nach § 42 Abs. 1 S. 2 die Personen, die berechtigt sind, Rechte aus einer geschützten Ursprungsbezeichnung oder einer geschützten geografischen Angabe mit älterem Zeitrang geltend zu machen. Auch eine Prozessstandschaft ist unter den allgemeinen Voraussetzungen möglich (vgl. BGH GRUR 1967, 294 (295) – Triosorbin; BPatGE 33, 92 (97) – DIBEN).

1. Vermutung der Aktivlegitimation

Nach § 28 Abs. 1 wird bei eingetragenen Marken vermutet, dass der im Register eingetragene **43** Inhaber der Marke auch der materiell Berechtigte ist. Das Gleiche gilt nach § 31 für die durch die Anmeldung einer Marke begründete Rechtsinhaberschaft, das sog. registerrechtliche Markenanwartschaftsrecht (vgl. auch Fezer Rn. 15). Ist eine Marke für mehrere Inhaber eingetragen und besteht zwischen diesen keine Gesellschaft bürgerlichen Rechts (GbR), so ist grundsätzlich jeder

der (Mit-)Inhaber widerspruchsberechtigt nach § 42 Abs. 1 MarkenG iVm § 744 Abs. 2 BGB (BPatG GRUR-RS 2020, 15240 Rn. 11 – Weller/Brauerei Weller Erlangen). Im Widerspruchsverfahren muss das DPMA in diesen Fällen hinsichtlich der Aktivlegitimation keine Nachprüfung von Amts wegen vornehmen, solange ein anderer Beteiligter diese nicht ausdrücklich bestreitet (BGH GRUR 1967, 294 – Triosorbin; BPatGE 16, 184 (186 f.) – Modular/Modulan).

44   Nach der Rechtslage vor Inkrafttreten des PatRModG ging die Rechtsprechung aufgrund des summarischen Charakters des Widerspruchsverfahrens davon aus, dass nur dann auf das Bestreiten der Aktivlegitimation des im Register eingetragenen Widersprechenden eine Prüfung erfolgen müsste, wenn der Mangel der Rechtsinhaberschaft offensichtlich oder ausnahmsweise eine abschließende Klärung möglich ist (vgl. Ströbele/Hacker/Thiering/Miosga Rn. 27 f.; Ingerl/Rohnke Rn. 19; BPatGE 36, 1 (4) – Charrier).

45   Diese Auffassung dürfte seit Umsetzung des PatRModG nicht aufrecht zu erhalten sein. Denn in Bezug auf die nicht registrierten Kennzeichenrechte kann ohnehin nicht auf eine Vermutung aus der Registereintragung zurückgegriffen werden, so dass der Widersprechende solche Umstände stets darlegen und ggf. den vollen Beweis erbringen muss. Diesbezüglich ist eine Amtsermittlung regelmäßig nicht möglich, da die Tatsachen und Kenntnisse bezüglich der Benutzung des jeweiligen Kennzeichens aus der Sphäre des Widersprechenden stammen (BPatG BeckRS 2018, 15702 mwN; so auch Ströbele/Hacker/Thiering/Miosga Rn. 28, 67 f.).

46   Um eine Aufspaltung der Anwendung von § 28 Abs. 1 in Bezug auf die verschiedenen Widerspruchsgründe zu verhindern, wird eine Aufweichung der Vermutung und der Möglichkeit, diese zu bestreiten, unumgänglich sein. Die Begründung des summarischen Charakters des Widerspruchsverfahrens ist, wie bereits dargestellt, überholt, und die Entwicklung zum echten Streitverfahren hin lässt die erschwerte Widerlegungsmöglichkeit nicht zu.

47   Das DPMA wird das Bestreiten der Aktivlegitimation, damit wie in einem echten Streitverfahren, nicht mehr bloß wegen fehlender Offensichtlichkeit ablehnen können, sondern auch ein qualifiziertes Bestreiten (vergleichbar einer Beweislastumkehr im Zivilprozess) ausreichen lassen müssen (zur Prüfungskompetenz und dem Amtsermittlungsgrundsatz → Rn. 59 ff.).

2. Prozessstandschaft

48   Die gewillkürte Prozessstandschaft ist nach den allgemeinen Voraussetzungen im Widerspruchsverfahren zulässig (vgl. BGH GRUR 1967, 294 (295) – Triosorbin; BPatGE 33, 92 (97) – DIBEN; BPatG BeckRS 2013, 14111 mwN – KNUT DER EISBÄR). Vor dem DPMA kann mithin die Befugnis zum Führen des Widerspruchsverfahrens rechtsgeschäftlich auf eine andere Partei übertragen werden, wenn der Prozessgegner dadurch nicht unzumutbar beeinträchtigt wird.

3. Vertretung

49   Die Beteiligten können sich nach § 13 Abs. 1 DPMAV in jeder Lage des Verfahrens durch einen Bevollmächtigten vertreten lassen. Für Anmelder mit Wohnsitz im Inland besteht kein Anwaltszwang. Anmelder, die im Inland weder einen Wohnsitz noch einen Sitz noch eine Niederlassung haben, bedürfen nach § 96 Abs. 1 eines Inlandsvertreters. Vertretungsbefugt sind in Deutschland zugelassene Rechtsanwälte und Patentanwälte sowie Erlaubnisscheininhaber (gemäß § 160 PAO iVm § 178 PAO aF) und Patentassessoren (aufgrund des § 155 Abs. 2 PAO), sofern der Dritte und der Dienstherr des Patentassessors in einem in § 155 Abs. 1 PAO beschriebenen Rechtsverhältnis stehen. Die Regelungen zur Vollmacht finden sich in § 15 DPMAV (vgl. auch Fezer Rn. 20). Erfolgt die Anmeldung durch einen Vertreter, sind zusätzliche Angaben zum Vertreter nach § 5 Abs. 4 S. 1 MarkenV entsprechend den Angaben zum Anmelder nach § 5 Abs. 1, 2 MarkenV anzugeben. Erforderlich sind Name, Anschrift sowie (fakultativ) Telefonnummer, Telefaxnummer und E-Mail-Adresse. Nach der Rechtsprechung des BPatG müsse das Vorliegen einer Vollmacht weder vom DPMA noch vom BPatG von Amts wegen geprüft werden (BPatG GRUR-RS 2021, 49041). Werde die Vollmacht hingegen ausdrücklich gerügt, müssten das BPatG gemäß § 81 Abs. 6 S. 1 und das DPMA gemäß § 88 Abs. 1 ZPO analog der Rüge nachgehen (BPatG GRUR-RS 2021, 49041). Liegt ein Vollmachtmangel bei Einlegung des Widerspruchs vor, ist der Widerspruch unzulässig.

50   Fraglich ist, inwiefern der Vertretungszwang für Anmelder ohne inländische Niederlassung bzw. ohne inländischen Wohnsitz verfassungsrechtlich zu rechtfertigen ist. Eine Differenzierung zwischen In- und Ausländern könnte sowohl im Hinblick auf das europarechtliche Gleichbehandlungsgebot als auch auf Art. 3 GG problematisch sein. Ein sachlicher Grund für die Differenzierung könnte allenfalls darin liegen, dass auf diesem Wege gewährleistet wird, dass es eine wirksame Zustellungsadresse im Inland gibt. Auch diesbezüglich stellt sich allerdings die Frage, warum es

sich bei diesem Vertreter um eine der genannten Personengruppen handeln muss, wenn ein Inländer stets auch ohne Anwalt auftreten kann. Im Ergebnis sollte das genannte Argument im Hinblick auf das Bedürfnis eines effektiven Verfahrens aber eine ausreichende Rechtfertigung darstellen. Könnte ein ausländischer Anmelder jede beliebige natürliche Person als Vertreter benennen, bestünde die Möglichkeit, dass diese Personen nach einigen Jahren nicht mehr auffindbar sind und so keine Möglichkeit der Kontaktaufnahme mit dem Markeninhaber bestünde (aA → § 96 Rn. 4 (Gruber)).

4. Lizenznehmer

Eine ausdrückliche Befugnis von Lizenznehmern zur Einlegung des Widerspruchs sieht das **51** MarkenG im Gegensatz zu Art. 46 Abs. 1 lit. a UMV nicht vor. Nach der MAC Dog-Entscheidung (BGH GRUR 1999, 161), in welcher der BGH die Klagebefugnis des Markenlizenznehmers im Nichtigkeitsverfahren vor den ordentlichen Gerichten in Erweiterung des § 55 Abs. 2 Nr. 2, welcher ebenfalls im Gegensatz zur parallelen Regelung in der UMV den Lizenznehmer nicht ausdrücklich nennt, bejaht hat, war eine entsprechende Befugnis auch im Widerspruchsverfahren zunächst nicht mehr auszuschließen (vgl. Ingerl/Rohnke Rn. 18).

In einer späteren Entscheidung hat der I. Zivilsenat des BGH dem Lizenznehmer jedoch **52** jegliche Geltendmachung von Ansprüchen aus eigenem Recht abgesprochen (BGH GRUR 2007, 877 – Windsor Estate). Nach § 30 Abs. 3 S. 1 ist er lediglich befugt, bei Zustimmung des Markeninhabers diese Ansprüche im eigenen Namen geltend zu machen (s. Ingerl/Rohnke Rn. 18). Seit der Neuregelung durch das MaMoG kann der Inhaber einer ausschließlichen Lizenz darüber hinaus auch Klage wegen Verletzung einer Marke erheben, wenn der Inhaber der Marke nach förmlicher Aufforderung nicht selbst innerhalb einer angemessenen Frist Klage wegen Verletzung der Marke eingereicht hat (§ 30 Abs. 3 S. 2). Diese verbesserte Rechtsstellung (nur) des ausschließlichen Lizenznehmers im Verletzungsverfahren ändert aber nichts an der bisherigen Situation im Widerspruchsverfahren. Der Gesetzgeber ließ vielmehr mit dem MaMoG einmal mehr die Möglichkeit ungenutzt, die Legitimation des Lizenznehmers im Widerspruchsverfahren zu kodifizieren. Das muss dann auch für den Lizenznehmer der angegriffenen Marke gelten, so dass auch er dem Widerspruch nicht entgegentreten kann.

Erst recht gilt dies für den Pfandgläubiger, dem nach § 1273 BGB ein Vertragspfandrecht an **53** der Marke als Sicherungsmittel eingeräumt wurde. Das Pfandrecht ist bloßes Sicherungsmittel, und die Pfandbestellung begründet nach § 1204 Abs. 1 BGB das Recht des Pfandgläubigers, Befriedigung aus dem Markenrecht zu suchen, ohne ein Nutzungsrecht an der Marke zu gewähren (Fezer § 27 Rn. 83). Gilt für den Lizenznehmer, der ein Nutzungsrecht an der Marke hat, dass dieser Ansprüche nicht aus eigenem Recht geltend machen kann, können dem Pfandgläubiger, der bloßer Sicherungsnehmer ist, keine weitergehenden Rechte zugestanden werden.

5. Rechtsübergang im laufenden Verfahren

Tritt im laufenden Verfahren eine Rechtsnachfolge am Widerspruchszeichen ein, finden die **54** §§ 265, 325, 66 ff. ZPO entsprechend Anwendung, und der Rechtsvorgänger bleibt, unabhängig von der materiellen Inhaberschaft an dem Zeichen, gemäß § 265 Abs. 2 S. 1 ZPO Verfahrensbeteiligter. Eine Entscheidung über den Widerspruch wirkt in entsprechender Anwendung des § 325 Abs. 1 ZPO für und gegen den Rechtsnachfolger (BGH GRUR 1998, 940 (941) – Sanopharm).

Er hat aber die Möglichkeit, das Widerspruchsverfahren im eigenen Namen im Wege gesetzlicher Prozessstandschaft anstelle des Rechtsvorgängers weiterzuführen. Wenn es sich bei den Widerspruchskennzeichen um eingetragene oder angemeldete Marken handelt, ist dies nach § 28 Abs. 2 erst von dem Zeitpunkt an möglich, zu welchem dem DPMA der Antrag auf Eintragung des Rechtsübergangs zugegangen ist. Die Vermutung des § 28 Abs. 1 muss der Rechtsnachfolger durch Glaubhaftmachung des Rechtserwerbs widerlegen, solange die Umschreibung noch nicht erfolgt ist (vgl. Amtl. Begr., BT-Drs. 12/6581, Abs. 7 S. 3 zu § 28).

Seit dem 1.1.2002 bedarf es nach § 28 Abs. 2 S. 3 entgegen § 265 Abs. 2 S. 2 ZPO nicht mehr **56** der Zustimmung des Verfahrensgegners für die Verfahrensübernahme durch den Rechtsnachfolger. Aufgrund der Verfahrensverzögerung durch Verweigerung der Zustimmung nach § 265 Abs. 2 S. 2 ZPO hat sich der Gesetzgeber entgegen der Auffassung des BGH in der Sanopharm-Entscheidung gegen das Zustimmungserfordernis entschieden (Amtl. Begr. des KostBegrG, BlPMZ 2002, 56; vgl. auch Ingerl/Rohnke Rn. 86). Allerdings gilt § 28 Abs. 2 S. 3 nur für Registermarken. Erst mit Umschreibung der Widerspruchsmarke erfolgt jedoch der endgültige Beteiligtenwechsel. Bis dahin bleiben der eingetragene Inhaber der Widerspruchsmarke (nach § 28 Abs. 1) und der den Umschreibungsantrag stellende und die Übernahme des Verfahrens geltend machende Rechtsnachfolger (nach § 28 Abs. 2 S. 1 und 2) formell legitimierte Verfahrensbeteiligte (vgl. Ströbele/Hacker/Thiering/Miosga Rn. 34).

57   Wenn es sich bei den Widerspruchskennzeichen hingegen um nicht registrierte Kennzeichen handelt, hat der Rechtsnachfolger den materiellen Rechtsübergang darzulegen und ggf. zu beweisen. Darüber hinaus ist in diesen Fällen § 265 Abs. 2 S. 2 ZPO, der nur für Registermarken gilt, weiterhin anwendbar und die Zustimmung der restlichen Beteiligten mithin erforderlich (vgl. Ströbele/Hacker/Thiering/Miosga Rn. 35).

58   Übernimmt der Rechtsnachfolger das Verfahren bei Rechtsübergang der Widerspruchsmarke nicht, kann der Gegner die fehlende materielle Berechtigung gegenüber dem Rechtsvorgänger als formell Verfahrensbeteiligtem nicht geltend machen. Ein Beitritt des Rechtsnachfolgers als Nebenintervenient in entsprechender Anwendung der § 265 Abs. 2 S. 3 ZPO, §§ 66 ff. ZPO ist möglich. Übernimmt der Erwerber der angegriffenen Marke das Verfahren nicht, muss das Verfahren gegen den dann als gesetzlichen Prozessstandschafter fungierenden Widerspruchsgegner als formell allein Beteiligtem fortgeführt werden, und die Rechtskraft erstreckt sich auf den Rechtsnachfolger. In diesen Fällen zwingt § 28 Abs. 3 S. 2 auch zur Zustellung des Beschlusses an die nicht beteiligten Rechtsnachfolger (Ingerl/Rohnke Rn. 88).

III. Prüfungsumfang

59   Traditionell ging die Rechtsprechung bis zur Erweiterung durch das PatRModG aufgrund des summarischen Charakters des Widerspruchsverfahrens von einem begrenzten Prüfungsumfang des DPMA aus (vgl. zB BGH GRUR 2006, 859 – Malteserkreuz; GRUR 1998, 927 (929) – Compo-Sana). Seit den Änderungen des Verfahrens durch das PatRModG und dem damit verbundenen beschleunigten Wandel zu einem echten Streitverfahren gilt diese Ansicht zumindest nicht mehr vollen Umfangs.

1. Begrenzte Prüfungskompetenz; Liquidität

60   Nach dem Grundsatz der begrenzten Prüfungskompetenz war nach der früheren Rechtsprechung der Umfang der Überprüfung der Widerspruchsgründe sachlich beschränkt (BGH GRUR 2006, 859 Rn. 33 – Malteserkreuz). Das DPMA stellte danach lediglich eine begrenzte Kollisionsprüfung an.

61   Daraus wurde neben der nur eingeschränkten Prüfung der rechtserhaltenden Benutzung sowie dem Ausschluss aller nicht registerkundigen Einwendungen auch der Grundsatz der „Liquidität" der Benutzungslage des Widerspruchszeichens abgeleitet (vgl. Ingerl/Rohnke Rn. 72).

62   Nach diesem Grundsatz gilt, dass im Widerspruchsverfahren als patentamtliches Verfahren die Benutzungslage der Zeichen unberücksichtigt bleibt, solange diese nicht liquide ist (vgl. Fezer Markenpraxis-HdB/Fink MarkenVerfR Teil 1 Kap. 1 Rn. 393 ff.). Eine Liquidität der Benutzungslage ist anzunehmen, wenn die Benutzungslage unstreitig ist. Dies kann aufgrund einer Ermittlung in einem vorherigen Verfahren der Fall sein oder wenn die Benutzungslage aus sonstigen Gründen amtsbekannt ist bzw. als erwiesen unterstellt werden kann (BGH GRUR 1967, 246 (249) – Vitapur; GRUR 1967, 660 – Sirax). Anderenfalls ist die Annahme eines liquiden Sachverhalts nur gerechtfertigt, wenn die Tatsachen durch präsente Beweismittel oder Glaubhaftmachungsmittel belegt werden und dadurch eine abschließende Beurteilung möglich wird (BPatGE 38, 105 – Lindora). Selbst eine liquide Benutzungslage (beispielsweise in Bezug auf die Schrift- oder Farbgestaltung) kann aber bei einer Wortmarke nicht zur Minderung des Schutzumfangs führen.

63   Ein Ausschluss der Benutzungslage durch bloßes Bestreiten ist dann bei Vorliegen von Liquidität nicht möglich (vgl. BGH GRUR 2006, 859 Rn. 33 – Malteserkreuz; GRUR 1998, 927 (929) – Compo-Sana).

2. Amtsermittlungs- und Beibringungsgrundsatz

64   Aus den gleichen Erwägungen, welche dem Liquiditätsgrundsatz zugrunde liegen, sowie angesichts der früheren Auffassung, welche das Widerspruchsverfahren als summarisch und rein registerrechtlich ansah, wurde das Verfahren einerseits stets vom Amtsermittlungsgrundsatz beherrscht, andererseits als ein erstinstanzliches Verfahren vor dem DPMA, welches auf die Erledigung einer Vielzahl von Fällen angelegt ist und nicht durch die Klärung komplizierter Einzelfragen verzögert werden durfte, angesehen (vgl. Amtl. Begr. des WZG, 86).

65   Bereits vor der Erweiterung durch das PatRModG ist diesbezüglich ein Wandel in der Rechtsprechung eingetreten. Dieser führte auch faktisch zu einer starken Annäherung an ein

echtes Streitverfahren. Das BPatG hat unter Berufung auf diesen Wandel zunehmend versucht, auch in Bezug auf Fragen der Kennzeichnungskraft Abstand vom grundsätzlich geltenden Amtsermittlungsgrundsatz zu nehmen und den Beibringungsgrundsatz anzuwenden. Außerdem soll entsprechend § 43 Abs. 1 auch bei Bestreiten der Benutzung durch den Widerspruchsgegner die Glaubhaftmachung (§ 43 Abs. 1 aF) ausreichen (BPatG GRUR 2004, 950 (952) – Acelat/Acesal; GRUR 2001, 513 (514) – Cefabrause/Cefasel; vgl. auch Ingerl/Rohnke Rn. 75 f.). Dem hat sich auch der BGH zumindest in Bezug auf den Beibringungsgrundsatz angeschlossen (BGH GRUR 2009, 88 Rn. 21 – Atoz I; GRUR-RR 2008, 243 Ls. = BeckRS 2007, 12404 Rn. 11 – Alltrek; s. auch Ingerl/Rohnke Rn. 75 f.). Dadurch können weitere Benutzungssachverhalte – wie beispielsweise eine durch überdurchschnittlich starke Benutzung gesteigerte Kennzeichnungskraft (vgl. Ströbele/Hacker/Thiering/Miosga Rn. 66) – in die Entscheidung über den Widerspruch einbezogen werden, auch wenn sie nicht liquide sind. Vom Verfahrensbeteiligten wird im Rahmen seiner Mitwirkungspflicht verlangt, dass er die Umstände, die den geltend gemachten Tatbestand stützen, darlegt und präsente Beweismittel vorbringt (s. auch Ströbele/Hacker/Thiering/Miosga Rn. 66).

Zwar hat der Gesetzgeber mit dem PatRModG keine ausdrücklichen Regelungen in Bezug **66** auf die Durchführung des Verfahrens nach der Erweiterung der Widerspruchsgründe in das MarkenG und insbesondere nicht den Beibringungsgrundsatz eingeführt. Deutlich wird allerdings, dass für die Beschränkung des Verfahrens auf Registertatbestände und den Ausschluss komplizierter Sachverhalte aufgrund der Wandelung hin zu einem echten Streitverfahren kein Grund mehr besteht (vgl. Ströbele/Hacker/Thiering/Miosga Rn. 6).

Auch in Bezug auf die mit dem PatRModG eingefügten, zuvor den gerichtlichen Klageverfah- **67** ren vorbehaltenen Widerspruchsgründe wurde kein dem gerichtlichen Verfahren angeglichener Beibringungsgrundsatz festgeschrieben, so dass weiterhin – auch für die nicht registrierten Kennzeichen – nach § 59 Abs. 1 der Untersuchungsgrundsatz gilt. Damit muss das Amt nach wie vor eigene Ermittlungen anstellen, die in Bezug auf die nicht registerkundigen Rechte der notorisch bekannten Marke oder die Verkehrsgeltung erheblich umfangreicher ausfallen als noch vor der Erweiterung durch das PatRModG.

Zu beachten ist allerdings, dass der geltende Untersuchungsgrundsatz für das Verfahren vor **68** dem DPMA durch eine bestehende Darlegungs- und Mitwirkungspflicht der Beteiligten aufgeweicht wird (BGH GRUR 1988, 211 – Wie hammas denn?; GRUR 2009, 88 Rn. 21 – ATOZ; BeckRS 2014, 11330 – Weinhandlung Müller). Der Widersprechende hat somit im Fall eines Widerspruchs aus einem nicht registrierten Kennzeichen die nach § 30 Abs. 1 S. 2 MarkenV erforderlichen Angaben (ua Bestehen, Zeitrang, Inhaberschaft) zur Identifizierung des Widerspruchskennzeichens im Einzelnen und vollständig innerhalb der Widerspruchsfrist darzulegen und erforderlichenfalls zu beweisen (BPatG GRUR-Prax 2017, 324 – Real Fundus/Realfundus; GRUR-Prax 2015, 125 – Lehmitz; BeckRS 2014, 15641 – FFH; → Rn. 101 ff.; vgl. auch BPatG GRUR-RS 2021, 41697 – ASCONEX mAnm in GRUR-Prax 2022, 113). Anderenfalls ist der Widerspruch unzulässig. Anders als bei einem registerkundigen Recht kann die Entscheidungsgrundlagen hier nur der Inhaber vortragen, da sie in seiner Sphäre liegen und regelmäßig nur er Zugang zu den erforderlichen Unterlagen hat (vgl. auch Hacker GRUR 2010, 99 (101)). Soweit es sich nicht um obligatorische Angaben iSd § 30 Abs. 1 MarkenV handelt, kann der Widersprechende im Streitfall auch noch nach Ablauf der Widerspruchsfrist seiner Darlegungspflicht nachkommen – so bspw. im Hinblick auf den Nachweis des bundesweiten Schutzumfangs. Nicht erwiesen bzw. nicht aufklärbare Tatsachen aus der Sphäre des Widersprechenden gehen zu dessen Lasten (vgl. auch Ströbele/Hacker/Thiering/Miosga Rn. 68). Insoweit sind im Laufe des Verfahrens für jedes einzelne Jahr weitere Unterlagen vorzulegen und damit der ununterbrochene Bestand des Rechts bis zum Entscheidungszeitpunkt nachzuweisen (DPMA, Informationen zu Widersprüchen aus nicht registrierten Kennzeichenrechten und zum Sonderschutz einer bekannten Marke). Auf Einwände des Inhabers der angegriffenen Marke kommt es hier nicht an (BPatG BeckRS 2018, 29940 mAnm in GRUR-Prax 2019, 12).

Ob zum Zeitrang einer Benutzungsmarke eine taggenaue Zeitangabe erforderlich ist oder ob **69** es genügt, einen jedenfalls prioritätsälteren Zeitrang zu beanspruchen, ist offen (zu streng BPatG BeckRS 2014, 15641 – FFH).

3. Vollbeweis oder Glaubhaftmachung

Auch die Frage, ob – insbesondere bezüglich der mit dem PatRModG eingeführten Wider- **70** spruchsgründe – im Falle des Bestreitens der ihnen zugrunde liegenden Tatsachen der Vollbeweis zu erbringen ist oder die Glaubhaftmachung ausreicht, ist umstritten. Bei Widersprüchen aus nicht eingetragenen Benutzungsmarken ist die Rechtsprechung des BGH zu § 8 Abs. 2 Nr. 5 (BGH BeckRS 2013, 06126 Rn. 18 – READY TO FUCK) zu beachten. Danach gelten die absoluten Schutzhindernisse gleichermaßen für Marken, deren Schutz auf Eintragung (§ 4 Nr. 1) oder Verkehrsgeltung (§ 4 Nr. 2) beruht. Da bei Benutzungsmarken keine Amtsprüfung erfolge, die einen gewissen Schutzumfang unterstellen lasse, und kein Löschungsantrag möglich sei, müsse der angegriffene Markeninhaber das absolute Schutzhindernis hier schon im Widerspruchsverfahren ebenso einwenden dürfen wie Rechtsmissbrauch. Den Rechtserwerb an der Widerspruchsmarke als solches in Frage stellende Einwände sind beachtlich; nach der Widerspruchsmöglichkeit aus nicht eingetragenen Marken muss trotz des summarischen Charakters des Widerspruchsverfahrens insoweit eine Überprüfung erfolgen (Ingerl/Rohnke § 43 Rn. 34). Bei Benutzungsmarken entsprechen die Eintragungshindernisse einem Mangel der erforderlichen Schutzvoraussetzungen, die nicht von Rechten Dritter abhängen (Ingerl/Rohnke § 4 Rn. 6 ff.). Im Widerspruchs- und Verletzungsverfahren können sie uneingeschränkt als rechtshindernd geltend gemacht werden. Dem für die eingetragenen Marken kodifizierten absoluten Schutzhindernis der bösgläubigen Anmeldung (§ 8 Abs. 2 Nr. 10) entspricht bei nicht eingetragenen Marken außerdem der rechtsvernichtende Einwand des Rechtsmissbrauchs.

71   Miosga (Ströbele/Hacker/Thiering/Miosga Rn. 69) will die Möglichkeit der bloßen Glaubhaftmachung im Rahmen des Widerspruchsverfahrens nicht zulassen. Die Glaubhaftmachung nach § 294 ZPO ist eine Beweisführung, die einen geringeren Grad von Wahrscheinlichkeit der beweisbedürftigen Tatsache vermitteln soll als der Vollbeweis, und findet nur dort Anwendung, wo das Gesetz diese ausdrücklich anordnet bzw. zulässt (vgl. Thomas/Putzo/Reichold ZPO § 294 Rn. 3). Anders als bei § 43 Abs. 1 hat der Gesetzgeber im Rahmen der (erweiterten) Widerspruchsgründe des § 42 Abs. 2 aber auf die Möglichkeit der Glaubhaftmachung nach § 294 ZPO (§ 43 Abs. 1 in der Fassung bis zum 13.1.2019) bzw. der Erbringung des Nachweises durch eine eidesstattliche Versicherung (§ 43 Abs. 1 in der Fassung ab dem 14.1.2019) verzichtet und betont auch in der Gesetzesbegründung die bereits umfangreichen Beweisaufnahmen des DPMA im Rahmen der Bösgläubigkeit, was zusätzlich für eine volle Beweisbedürftigkeit spricht (vgl. Begr. RegE des PatRModG, BlPMZ 2009, 319). Vor diesem Hintergrund erscheint Miosgas Einschätzung dogmatisch stringent und sachgerecht (ebenso Hacker GRUR 2010, 99 (101); Ingerl/Rohnke Rn. 78).

4. Bedeutung des Registerstands

72   Für die Kennzeichnungskraft einer Marke und deren Prüfung im Widerspruchsverfahren ist neben den Charakteristika der eingetragenen Marke auch der Registerstand der übrigen Marken entscheidend (BGH GRUR 1967, 246 (250) – Vitapur; GRUR 1967, 253 – Conny; GRUR 1970, 85 (86) – Herba). Nicht ganz einheitlich wird die Frage beurteilt, inwiefern ähnliche eingetragene Marken ein Indiz für eine Kennzeichnungsschwäche darstellen und somit der Registerstand im Widerspruchsverfahren erheblich ist.

73   Bei der Prüfung der Verwechslungsgefahr und der Frage, welche Kennzeichnungskraft der Widerspruchsmarke von Hause aus zukommt, kann nach Rechtsprechung des BGH der Registerstand von Bedeutung sein. Danach kann eine größere Anzahl von Drittmarken im engsten Ähnlichkeitsbereich für ähnliche Waren und Dienstleistungen als Indiz für eine originäre Kennzeichnungsschwäche gewertet werden (BGH GRUR 2018, 79 (82) – OXFORD/Oxford Club; GRUR 2012, 930 (933) – Bogner B/Barbie B; GRUR 1999, 586 (587) – White Lion; GRUR 1999, 241 – Lions). Allerdings reicht auch im Widerspruchsverfahren eine nur geringe Anzahl von Drittmarken nicht aus, um eine solche Kennzeichnungsschwäche zu begründen (BGH GRUR 1999, 586 – White Lion; GRUR 1999, 241 – Lions). In einer Entscheidung erläuterte der BGH zudem, dass es für die Beurteilung der Kennzeichnungskraft nicht auf die Benutzungslage der Drittmarken ankomme, sondern darauf, „ob die Drittmarken der Widerspruchsmarke so nahekommen, dass der Registerstand einen Rückschluss auf deren Kennzeichnungsschwäche erlaubt" (BGH GRUR 2018, 79 (82) – OXFORD/Oxford Club; so auch Büscher/Dittmer/Schiwy/Büscher Rn. 256).

74   In der Literatur wird die Berücksichtigung des Registerstands weitgehend kritisiert. Danach tauge das bloße Vorhandensein von Dritteintragungen nicht als Anhaltspunkt dafür, dass es sich um „naheliegende verbrauchte Wortbildung von geringer Qualität" (vgl. BGH GRUR 1971, 577 (578) – Raupetin) handele. Die häufige Verwendung in Markeneintragungen allein rechtfertige noch nicht die Annahme eines beschreibenden Sinngehalts. Ohne die Berücksichtigung der tatsächlichen Benutzung sei die Eintragung an sich kein aussagekräftiger Anhaltspunkt und vermöge die Schwächung der Kennzeichnungskraft nicht zu begründen (vgl. Ingerl/Rohnke Rn. 81). In diese Richtung entwickelte sich auch die Rechtsprechung des BPatG. Danach kann der bloße Registerstand gegenüber einer langjährigen Benutzung einer Markenserie nicht ohne weiteres als kennzeichenschwächend angesehen und der materielle Besitzstand nicht durch den rein formalen Registerstand in Frage gestellt werden (BPatG GRUR 2002, 345 (347) – Astro Boy/Boy; GRUR-RS 2022, 20194 – POWER HORSE/SILVER HORSE Rn. 33). Die Tatsache, dass ein Bestandteil dem Registerstand nach in mehreren anderen Marken enthalten sei, begründe lediglich eine Beliebtheit des Zeichens als Bestandteil für die Markenbildung, was an sich, ohne Benutzungserkenntnisse, noch nichts über die tatsächliche Schwächung aussage (BPatG GRUR 2008, 451 (453) – WEB VIP/VIP).

Die Kritik der Literatur erscheint vor dem Hintergrund, dass die amtlichen Verfahren vor dem **75** DPMA seit Erweiterung des Widerspruchsverfahrens durch das PatRModG sowie der Einführung des amtlichen Nichtigkeitsverfahrens nach §§ 51, 53 durch das MaMoG eine höhere Stellung erlangt haben und das DPMA mittlerweile umfangreiche Prüfungen vornehmen muss, durchaus gerechtfertigt. Der ohnehin erweiterte Prüfungsaufwand lässt die Berücksichtigung des Registerstands allein zur Begründung einer geschwächten Kennzeichnungskraft grundsätzlich nicht zu. Gerade in Fällen, in denen die Kennzeichnungskraft einer stark benutzten Widerspruchsmarke durch lediglich eingetragene, aber nicht benutzte, Drittmarken geschwächt werden soll, könnte das Außerachtlassen der Benutzungslage ein verzerrtes Bild abgeben. Daher sollte für die Annahme einer von Hause aus geschwächten Kennzeichnungskraft der Benutzungsstand ähnlicher Drittmarken nicht völlig unberücksichtigt bleiben.

5. Veränderung der Kennzeichnungskraft

Kaum Beachtung kam bislang dem Einwand der nachträglichen Kennzeichnungskraft ursprüng- **76** lich nicht kennzeichnungskräftiger Zeichenbestandteile (vgl. BGH GRUR 1976, 143 (144) – Biovital; GRUR 1965, 183 – derma), dem Einwand der Schwächung einer Widerspruchsmarke durch Entwicklung zur Gattungsbezeichnung (BPatG GRUR 2006, 338 (340) – DAX-Trail/DAX) sowie generell schwierigen Prioritätsfragen (BPatGE 17, 134 (138) – Princes) zu. Insbesondere wird diese Problematik relevant, wenn die Veränderungen der Kennzeichnungskraft während des laufenden Widerspruchs- oder Beschwerdeverfahrens eintreten.

In diesem Rahmen stellt sich die Frage, ob eine solche Sichtweise nach der Verfahrenserweite- **77** rung durch das PatRModG aufrechtzuerhalten ist. Zuvor wurde die Nichtbeachtung von Veränderungen sowohl der Widerspruchs- als auch der angegriffenen Marke mit der umfangreichen Beweiserhebung und dem Charakter des Widerspruchsverfahrens begründet (vgl. Fezer Rn. 59). Diese Sichtweise war vor der Erweiterung durch das PatRModG sicherlich stringent, jedoch zumindest in Bezug auf die Berücksichtigung relativer Schutzhindernisse aufgrund der Einbeziehung solcher in die Widerspruchsgründe des § 42 Abs. 2 (→ Rn. 91 ff.) überholt. Die Berücksichtigung der Verkehrsgeltung kommt in ihrem Begründungsaufwand der Berücksichtigung des relativen Schutzhindernisses einer durch Benutzung entstandenen Marke gleich (vgl. Fezer Rn. 60). Indem aber die Widerspruchsgründe um nicht eingetragene Zeichen und Benutzungsmarken erweitert wurden, lässt sich die Nichtbeachtung der Kennzeichnungskraft nicht weiter mit dem Charakter des Widerspruchsverfahrens oder einer umfangreichen Beweiserhebung rechtfertigen (→ Rn. 65). Letztlich wird aber der BGH über die diesbezüglichen Konsequenzen der Erweiterung für das Widerspruchsverfahren zu entscheiden haben (so auch Ingerl/Rohnke Rn. 19). Jedenfalls für den Fall, dass die Widerspruchsmarke durch Schwächung zu einer reinen Gattungsbezeichnung wird, werden wohl die Grundsätze des Wegfalls der Widerspruchsmarke Anwendung finden (→ Rn. 38 f.). Dies gilt auch oder gerade bei einer Veränderung der Kennzeichnungskraft während eines laufenden Verfahrens.

6. Tatbestandswirkung der Eintragung

Weder das DPMA noch das BPatG oder der BGH prüfen die Eintragungsfähigkeit der Wider- **78** spruchsmarke. Diese „Tatbestandswirkung" wird nur durchbrochen, wenn die Marke sich nachträglich in eine beschreibende Angabe oder Gattungsbezeichnung umwandelt (vgl. BPatGE 18, 144 – Lord). Dies ist allerdings nur der Fall, wenn das Zeichen seine Kennzeichnungskraft vollständig verloren hat, die Umwandlung offenkundig ist und keine besonderen Ermittlungen erfordert (vgl. auch Fezer Rn. 62; DPMA BlPMZ 1956, 150 – Derby). Der Markeninhaber kann dem Verlust der Kennzeichnungskraft außerdem entgegenwirken, indem er gegen ähnliche Markenanmeldungen durch Dritte konsequent vorgeht.

IV. Vorbringen im Verfahren

79   Sowohl im Widerspruchsverfahren vor dem DPMA als auch vor dem BPatG oder auch vor den ordentlichen Gerichten ist nicht jedes Vorbringen der Beteiligten beachtlich. Der Inhaber der angegriffenen Marke kann bei Widersprüchen aus eingetragenen Marken Einreden nur in Bezug auf die Widerspruchsgründe, beispielsweise Identität oder Verwechslungsgefahr, geltend machen. Einwände, die trotz des Vorliegens eines Kollisionstatbestandes ein Recht auf Eintragung geben (zB vertragliche oder wettbewerbsrechtliche Einwände), sind nur nach § 44 mit der Eintragungsbewilligungsklage geltend zu machen (→ § 44 Rn. 21 ff.; BGHZ 44, 60 (62) – Agyn). Sie können im Übrigen zivilrechtlich mit dem Ziel verfolgt werden, dass der Antragsteller zur Rücknahme seines Antrags verpflichtet wird. Ein anhängiges Verfahren ist dann auszusetzen.

80   Zweck des Verfahrens ist es, über die Kollision zwischen Widerspruchsmarke und angegriffener Marke im Hinblick auf die Widerspruchsgründe des § 42 Abs. 2 – und damit die Kollisionstatbestände der §§ 9–12 – zu entscheiden. Die Eintragungsfähigkeit der Marke, die absoluten Schutzhindernisse des § 8 (BGHZ 39, 266 (274) – Sunsweet), die Markenfähigkeit iSd § 3 bzw. die Markenrechtsfähigkeit nach § 7 sowie der Nichtigkeitsgrund des § 50 sind bei eingetragenen Marken unbeachtlich und finden keine Berücksichtigung im Widerspruchsverfahren (vgl. Fezer Rn. 38). Die Prüfung erstreckt sich nicht auf die Eintragungsfähigkeit einer Marke als solche (BGH GRUR 1963, 630 (632) – Polymar). So kann im Widerspruchsverfahren beispielsweise nicht der Einwand einer bösgläubigen Markenanmeldung iSv § 8 Abs. 2 Nr. 14 vorgebracht werden (BPatG BeckRS 2019, 23334 – appix/APITT; ebenso BPatG BeckRS 2019, 31713). Soll die Schutzfähigkeit der Widerspruchsmarke angegriffen werden, kann die Löschung der Marke nach § 50 beantragt werden, wenn diese wegen absoluter Schutzhindernisse nichtig ist. Allerdings können die Schutzunfähigkeit eines Bestandteils einer eingetragenen Marke sowie die absolute Schutzunfähigkeit nicht registrierter Kennzeichen geltend gemacht werden; dies jedoch auch nur insoweit, als sie den Schutzumfang der Widerspruchsmarke mindern oder sonst eine Rolle für die Übereinstimmung der Kennzeichen bzw. die Entstehung des jeweiligen Rechts spielen (vgl. auch Ströbele/Hacker/Thiering/Miosga Rn. 72).

81   Die Löschungsreife der Widerspruchsmarke wegen Verfalls nach § 49 Abs. 2 Nr. 1 kann nicht direkt Gegenstand des Widerspruchsverfahrens sein (BPatG GRUR-RS 2010, 145032). Indirekt kann ein Verfall mangels Benutzung allerdings über die Einrede der Nichtbenutzung nach § 43 Abs. 1 geltend gemacht werden. Auch die Verwirkung nach allgemeinem Zivilrecht gemäß § 242 BGB (BGHZ 45, 246 (251) = NJW 1966, 1563 – Merck) und Markenrecht gemäß § 21 kann nicht Gegenstand des Widerspruchsverfahrens sein. Grundsätzlich sind Einwendungen außerhalb des formellen Markenrechts ausgeschlossen (BPatG BeckRS 2019, 32002 Rn. 19; Winkler GRUR 1994, 569 (572)). Damit sind die Vorbenutzung der angegriffenen Marke (BGH GRUR 1961, 413 (416) – Dolex), entsprechende ältere Marken des Inhabers der angegriffenen Marke (BPatGE 5, 51), die Duldung der Eintragung ähnlicher Marken durch den Widersprechenden (BPatGE 7, 177; soweit diese nicht zu einer den Schutzumfang mindernden Drittzeichenlage geführt hat), ein Rechtsmissbrauch (BGH GRUR 2000, 890 (892) – Immunine/Imukin), eine Nichtangriffsabrede (Helm GRUR 1974, 324) oder die Arglisteinrede des § 826 BGB (BPatG BeckRS 2019, 5224) als Vorbringen im Widerspruchsverfahren unbeachtlich. Diese Einwände sind im Klageweg nach § 44 oder § 55 vor den ordentlichen Gerichten sowie nach § 53 vor dem DPMA geltend zu machen. Nur ausnahmsweise im Widerspruchsverfahren zu berücksichtigen sind rechtskräftige Entscheidungen oder Vergleiche, durch die dem Widersprechenden ein Angriff gegen die jüngere Marke ausdrücklich verboten wird; ein gleichwohl eingelegter Widerspruch ist dann als unzulässig anzusehen (so BPatG BeckRS 2019, 32002 Rn. 19 unter Verweis auf BGH BeckRS 2002, 8285 – TACO BELL).

82   Der Widersprechende kann sich ebenfalls nur auf die Widerspruchsgründe des § 42 Abs. 2 berufen. Das Vorbringen, ein ursprünglich schutzunfähiger Teil des Widerspruchszeichens habe sich im Verkehr durchgesetzt und sei zu berücksichtigen, bleibt daher unbeachtet (BGH GRUR 1976, 143 – Biovital; BGHZ 42, 307 (310) = GRUR 1965, 183 – derma). Dieses würde nur ausnahmsweise berücksichtigt, wenn die Verkehrsdurchsetzung in einem eigenständigen patentamtlichen Eintragungsverfahren rechtskräftig festgestellt wurde (BGHZ 42, 307 (312) = GRUR 1965, 183 – derma; DPA GRUR 1959, 364 – Ingelheim). Auch in Bezug auf den Widersprechenden steht für außermarkenrechtliche Einwendungen – wie beispielsweise urheberrechtliche oder vertragliche Gründe – nur der ordentliche Gerichtsweg offen; diese finden keine Beachtung im Widerspruchsverfahren.

V. Umwandlung einer Unionsmarke und Inanspruchnahme der Seniorität

1. Aufrechterhaltung des Widerspruchs nach Umwandlung in nationale Markenanmeldung

Umstritten ist die Frage, ob der aus einer älteren Unionsmarke erhobene Widerspruch nach **83** der erfolgreichen Umwandlung in eine nationale Marke – etwa wegen Wegfalls der Unionsmarke – weitergeführt und damit auf die aus der Umwandlung hervorgegangene nationale Marke gestützt werden kann.

Der 27. Senat des BPatG vertrat in seiner „Taxi Moto"-Entscheidung noch den Standpunkt, **84** dass aus der Umwandlung eine von der (damals noch) Gemeinschaftsmarke unabhängige und eigenständige nationale Marke hervorgehe, die zwar gemäß Art. 108 GMV 1994 den Prioritätstag bzw. Zeitrang der Gemeinschaftsmarke in Anspruch nehmen könne. Der Widerspruch aus der nationalen Marke sei jedoch nach Umwandlung aus Sicht des Senats nicht fristgerecht gemäß § 42 Abs. 1 eingelegt worden. Mangels gesetzlicher Regelung lebe der fristgerechte Widerspruch aus der Gemeinschaftsmarke auch nach erfolgter Umwandlung nicht wieder auf (BPatGE 48, 264 – Taxi Moto). In diesem Fall bliebe dem Inhaber der älteren Marke nur die Möglichkeit der Nichtigkeitsklage nach §§ 51, 55 oder des Nichtigkeitsverfahrens wegen Bestehens älterer Rechte vor dem DPMA nach §§ 51, 53.

Diese Rechtsprechung hat das BPatG nicht aufrechterhalten. In gleich mehreren Entscheidungen **85** sah der erkennende Senat das Folgerecht aus der Umwandlung der Gemeinschaftsmarke nicht in der Inanspruchnahme der Priorität der älteren Gemeinschaftsmarke für die nationale Anmeldung gemäß Art. 108 GMV 1994 erschöpft, sondern erkannte in der durch Umwandlung entstandenen nationalen Marke dasselbe materielle Schutzrecht (BPatG GRUR 2008, 451 (452) – WEB VIP/VIP; vgl. auch BPatG BeckRS 2007, 18941 – The Cannabis Club Sud/Cannabis). Dies wird nach Ansicht des BPatG (BPatG GRUR 2008, 451 (452) – WEB VIP/VIP; zustimmend OLG Düsseldorf BeckRS 2014, 12143 und auch Ströbele/Hacker/Thiering/Miosga Rn. 15) auch durch die Vorschrift des Art. 37 UMV (welche zum Zeitpunkt der BPatG-Entscheidung inhaltsgleich in Art. 32 GMV 1994 geregelt war) deutlich, wonach die Anmeldung einer Unionsmarke in den Mitgliedstaaten die Wirkung einer vorschriftsmäßigen nationalen Hinterlegung hat. Diese Wirkung erlischt gemäß Art. 139 Abs. 7 UMV, wenn der Umwandlungsantrag nicht innerhalb der Frist des Art. 139 Abs. 6 UMV eingereicht wird. Im Umkehrschluss – so das BPatG – bleibt die Wirkung des Art. 37 UMV zumindest bis zum Ablauf der Umwandlungsfrist bestehen. Die Anordnung des Art. 37 UMV stellt sich mithin als gesetzliche Fiktion dar, die mit der Überleitung der Umwandlung in das Verfahren in Deutschland zur Wirklichkeit wird.

Zwischen der Unionsmarkenanmeldung und dem nationalen Folgerecht besteht damit eine **86** Kontinuität, die – nach der Intention des europäischen Gesetzgebers – dem Inhaber der Unionsmarke auch auf nationaler Ebene so weit wie möglich erhalten bleiben soll. Damit wird als Folge dieser Kontinuität auch der ursprünglich auf die Unionsmarke gestützte Widerspruch in einen auf eine nationale Marke gestützten Widerspruch transformiert. Dabei ist allerdings zu beachten, dass die Feststellung, dass es sich bei der nationalen Marke um „dasselbe Schutzrecht" handele, in dieser Pauschalität nur im Rahmen des Widerspruchsverfahrens gelten kann. Spätestens im Verletzungsverfahren kann es sonst zu neuen Problemen mit eventuellen Folgeansprüchen kommen, die sich grundsätzlich aus dem (alten) Schutzrecht ergäben. In diesem Rahmen ist es dogmatisch sachgerechter, zwischen dem Markenrecht und der umgewandelten Marken**anmeldung** mit ursprünglicher Priorität zu differenzieren (→ UMV Art. 128 Rn. 22; Ströbele/Hacker/Thiering/Miosga Rn. 15). Dies hat auch der BGH in seiner Ampliteq-Entscheidung bestätigt (BGH GRUR 2016, 83). Danach löst eine Verletzungshandlung, die während der Geltung einer später für nichtig erklärten Unionsmarke und noch vor der Eintragung der aus dieser im Wege der Umwandlung gemäß Art. 112 Abs. 1 lit. b UMV 2009 (jetzt: Art. 139 Abs. 1 lit. b UMV) hervorgegangenen deutschen Klagemarke stattgefunden hat, weder Ansprüche wegen Verletzung der mit Wirkung ex tunc für nichtig erklärten Unionsmarke noch Ansprüche nach dem Markengesetz wegen Verletzung der zu diesem Zeitpunkt noch nicht eingetragenen deutschen Klagemarke aus. Der BGH brauchte sich jedoch nicht festzulegen, ob es sich bei der umgewandelten nationalen Marke um dasselbe Schutzrecht handelt. Denn selbst wenn die Unionsmarke und die im Wege der Umwandlung entstandene nationale Marke als dasselbe materielle Schutzrecht anzusehen sein sollten, so entstünde der nach Löschung der Eintragung der Unionsmarke allein noch bestehende Markenschutz aus der nationalen Marke erst durch deren Eintragung. Die Klagemarke war jedoch im Streitfall erst nach der geltend gemachten Verletzungshandlung eingetragen worden. Nichtsdestotrotz zeigt die Entscheidung die Tendenz des BGH, die aus der Umwandlung entstandene Marke nicht als dasselbe Recht anzusehen.

2. Inanspruchnahme der Seniorität einer Unionsmarke zur Fortführung des Widerspruchsverfahrens

87   Ebenfalls nicht einheitlich wird der Regelungsgegenstand des Art. 39 UMV beurteilt. Danach kann der Inhaber einer nationalen Marke im Falle der Anmeldung einer identischen Unionsmarke nach Art. 39 Abs. 1 UMV den Zeitrang der nationalen Marke in Anspruch nehmen, wenn er diese freiwillig aufgibt oder das nationale Recht mangels Verlängerung des Schutzes erlischt. Zeitrang iSd Art. 39 UMV ist nicht als Priorität gemäß dem MarkenG zu verstehen, sondern meint die Seniorität bei Verzicht auf die nationale Marke als „neues eigenständiges Konstrukt des Gemeinschaftsrechts" (BPatG GRUR 2014, 302 (303) – IPSUM; Ströbele/Hacker/Thiering/Miosga Rn. 13; Hildebrandt/Sosnitza/Graul UMV Art. 39 Rn. 1). Damit wird der gesamte materielle Inhalt einer erloschenen älteren nationalen Marke in eine Unionsmarke integriert und deren Fortbestand unionsrechtlich fingiert (vgl. Mitt DPMA Nr. 22/99, BlPMZ 199, 392 f.; vgl. EuGH GRUR 2018, 616 Rn. 30 – PUC; Ingerl/Rohnke/Nordemann/Kouker § 120 Rn. 5; Hildebrandt/Sosnitza/Graul UMV Art. 39 Rn. 25).

88   Nach der neueren Rechtsprechung des BPatG und einer Ansicht in der Literatur existiert diese Seniorität nicht isoliert, sondern nur in akzessorischer Verbindung mit der Unionsmarke, für die sie gemäß Art. 39, 40 UMV in Anspruch genommen wurde. Demnach kann die Seniorität in einem Widerspruchsverfahren auch nicht losgelöst von der Unionsmarke geltend gemacht werden, sondern es muss – aus verfahrensrechtlicher Sicht – stets Widerspruch aus der Unionsmarke, für welche die Seniorität gemäß Art. 39, 40 UMV in Anspruch genommen wurde, erhoben werden (BPatG GRUR 2014, 302 – IPSUM; für diese Auffassung vgl. Ströbele/Hacker/Thiering/Miosga Rn. 13).

89   Richtig erscheint allerdings – bereits im Hinblick auf den Wortlaut des Art. 39 UMV – eine andere Auffassung. Danach kann der Inhaber der Unionsmarke nach Inanspruchnahme der Seniorität aus seiner nationalen Marke alle Rechte geltend machen, die er gehabt hätte, wenn die ältere Marke weiterhin eingetragen wäre. Der gesamte materielle Inhalt wird in eine Unionsmarke integriert, und diese tritt an die Stelle der identischen nationalen Marke. In dieser Konstellation wird auch der aus einer nationalen Marke erhobene Widerspruch nicht unzulässig, weil die nationale Marke aus dem Register gelöscht wurde, sondern wird auf der Basis der Unionsmarke in dem Stande weitergeführt, in dem er sich zum Zeitpunkt der Beanspruchung der Seniorität befand (BPatG GRUR 2006, 612 – Seniorität; Fezer Rn. 72).

90   Nach Art. 39 Abs. 3 UMV hat der Zeitrang die alleinige Wirkung, dass dem Inhaber der Unionsmarke, falls er auf die ältere Marke verzichtet oder sie erlöschen lässt, weiterhin dieselben Rechte zugestanden werden, die er gehabt hätte, wenn die ältere Marke weiterhin eingetragen gewesen wäre. Nach zunächst geäußerter Auffassung des BPatG gehörte hierzu auch das Recht, ein Widerspruchsverfahren mittels Ersetzung des nationalen Marke durch die identische (nunmehr) Unionsmarke fortzuführen (BPatG GRUR 2006, 612 – Seniorität). Ohne die Wahrung dieser Verfahrensrechte wäre der Schutz des materiellen Markenrechts, welcher von der mit der Inanspruchnahme des Zeitrangs verbundenen Seniorität bezweckt wird, unvollständig (so auch Fezer Rn. 72; Ingerl/Rohnke/Nordemann/Kouker § 120 Rn. 6).

C. Die Widerspruchsgründe

91   Die Widerspruchsgründe sind in § 42 Abs. 2 abschließend aufgezählt. Insoweit ist allerdings zu beachten, dass das Widerspruchsverfahren auch auf ältere international registrierte Marken (§ 107, § 116 Abs. 1), ältere international registrierte Protokollmarken (§§ 107, 116 Abs. 1) und ältere Unionsmarken (§ 119) gestützt werden kann (HK-MarkenR/Kramer Rn. 66). Umfasst sind die Kollisionstatbestände der §§ 9–13. Die Erwägungen, das Widerspruchsverfahren sei ein summarisches, auf die Erledigung einer Vielzahl von Fällen angelegtes Verfahren, welches sich nicht für komplizierte Sachverhalte eigne (vgl. BT-Drs. 12/6581, 92), die bei Schaffung des MarkenG zu einer Einschränkung der Widerspruchsgründe führten, werden heute als überholt angesehen (Begr. RegE des PatRModG, BlPMZ 2009, 319).

92   Seit den Neuerungen durch das PatRModG können nicht nur registrierte und notorisch bekannte Marken, beschränkt auf die Kollisionstatbestände der Doppelidentität oder der Verwechslungsgefahr, sowie der Tatbestand der Agentenmarke geltend gemacht werden. Der Widerspruch kann auch auf den Sonderschutz für bekannte Marken gemäß § 9 Abs. 1 Nr. 3 sowie nicht registrierte Benutzungsmarken nach § 4 Abs. 2 und geschäftliche Bezeichnungen iSd § 5 gestützt werden (vgl. Hacker GRUR 2010, 99 (101)), wobei die genaue Einordnung des Sonderschutzes bekannter Marken im Rahmen der Widerspruchsgründe noch nicht abschließend geklärt ist. Jedenfalls wird aber eine Annäherung an das unionsmarkenrechtliche Widerspruchsverfahren erreicht, in dem die Geltendmachung nicht registrierter Markenrechte und des Schutzes bekannter Marken nach Art. 8 Abs. 4, 5 UMV von Beginn an möglich gewesen ist. Im Bereich des erweiterten Bekanntheitsschutzes geht die nationale Regelung des MarkenG damit sogar über diejenige der UMV hinaus, welche gemäß Art. 8 Abs. 5 UMV im Widerspruchsverfahren nur eingetragene bekannte Marken berücksichtigt (EuG GRUR Int 2011, 63 Rn. 48 – JOSE PADILLA). Nach der UMV ist das Widerspruchsverfahren jedoch stets der Eintragung der Marke vorgeschaltet. Vor dem EUIPO sind in diesem Rahmen nicht bloß die Inhaber älterer Unionsmarken, sondern auch die Inhaber älterer nationaler Marken sowie deren ausdrücklich ermächtigte Lizenznehmer widerspruchsberechtigt (Ingerl/Rohnke Rn. 17 f.).

Damit sind seit der Umsetzung des PatRModG sämtliche relativen Schutzhindernisse – mit **93** Ausnahme der „sonstigen Rechte" Dritter gemäß § 13, welche erst nach Einführung des MaMoG aufgenommen wurden – als Widerspruchsgründe von § 42 Abs. 2 erfasst. Nach wie vor sind aber außerkennzeichenrechtliche Ansprüche wie insbesondere solche des Lauterkeitsrechts nicht Gegenstand des Widerspruchsverfahrens (BGH GRUR 1996, 775 (777) – Sali Toft). Auch vertragliche Ansprüche können nicht im Widerspruchsverfahren durchgesetzt werden (BPatGE 2, 146 = GRUR 1964, 686 Ls. – Nordbär). Die Erweiterung der Widerspruchsgründe findet sukzessive auch in der Praxis Widerhall.

Seit Inkrafttreten des MaMoG kann der Widerspruch zudem darauf gestützt werden, dass **94** die Marke wegen einer geschützten Ursprungsbezeichnung oder einer geschützten geografischen Angabe mit älterem Zeitrang in Verbindung mit § 13 gelöscht werden kann (siehe hierzu Hacker GRUR 2019, 113 (119); Eickemeier/Brodersen K&R 2019, 217 (219)). Die Erweiterung der Widerspruchsgründe setzt Art. 43 Abs. 2 S. 1 MRL um (vgl. Amtl. Begr. BT-Drs. 19/2898, 75). Die Regelung ist gem. § 158 Abs. 3 auf Widersprüche anzuwenden, die sich gegen Marken richten, die ab dem 14.1.2019 angemeldet worden sind.

I. § 42 Abs. 2 Nr. 1

Der Widerspruchsgrund des § 42 Abs. 2 Nr. 1 knüpft an § 9 an und lässt den Widerspruch **95** aus einer eingetragenen oder angemeldeten Marke mit älterem Zeitrang zu (zu den materiellen Voraussetzungen → § 9 Rn. 10 ff.). Erfasst sind nationale Marken mit älterem Zeitrang nach § 6 Abs. 2 bei Vorliegen von Identität oder Verwechslungsgefahr gemäß § 9 Abs. 1 Nr. 1, 2 und – nach der Erweiterung durch das PatRModG – auch der Sonderschutz für bekannte Marken nach § 9 Abs. 1 Nr. 3. Für den Nachweis der Bekanntheit der Marke iSd § 9 Abs. 1 Nr. 3 gilt allerdings auch im Widerspruchsverfahren der Strengbeweis, so dass entscheidungserhebliche Tatsachen durch die in §§ 355 ff. ZPO vorgesehenen Beweismittel zu belegen sind (Mitteilung DPMA „Detaillierte Informationen zu den neuen Widerspruchsgründen").

Der Widerspruch nach § 42 Abs. 2 Nr. 1 kann auch auf angemeldete oder eingetragene Unions- **96** marken gestützt werden. Auch insoweit sind die Kollisionstatbestände des § 9 Abs. 1 Nr. 1, 2 einschlägig, und gemäß § 119 Nr. 1 tritt an die Stelle des Sonderschutzes der bekannten Marke nach § 9 Abs. 1 Nr. 3 die Regelung des Art. 9 Abs. 2 lit. c UMV. Der ältere Zeitrang der Unionsmarke iSd § 119 Nr. 1 umfasst den Anmeldetag nach Art. 32 UMV, die in Anspruch genommene Priorität nach Art. 34–36, 38 UMV sowie die eventuell beanspruchte Seniorität gemäß Art. 39, 40 UMV (so auch Ströbele/Hacker/Thiering/Miosga Rn. 12). Gleiches gilt für international registrierte Marken mit älterem Zeitrang, deren Schutz sich gemäß Art. 3ter MMA oder dem Protokoll zum Madrider Markenabkommen (MMP) auch auf Deutschland bezieht (§ 107 Abs. 1, § 112 sowie 107 Abs. 1, jeweils iVm § 9 Abs. 1 Nr. 1–3).

Unklar ist nach Erweiterung der Widerspruchsgründe allerdings das Verhältnis der Kollisionstat- **97** bestände des § 9 Abs. 1 im Rahmen eines Widerspruchs nach § 42 Abs. 2 Nr. 1. Grundsätzlich ist es – vorbehaltlich einer anderweitigen Rechtsprechung – nach der Amtspraxis des DPMA ausreichend, wenn innerhalb der Widerspruchsfrist lediglich der Widerspruchsgrund angegeben wird. Im Rahmen des § 42 Abs. 2 Nr. 1 ist eine Konkretisierung auf einen der Kollisionstatbestände des § 9 Abs. 1 keine Zulässigkeitsvoraussetzung für den Widerspruch (so auch Ingerl/Rohnke Rn. 44). So kann etwa der Bekanntheitsschutz nach § 9 Abs. 1 Nr. 3 auch noch während des laufenden Verfahrens geltend gemacht werden, da es sich um dasselbe Zeichen handelt. Aus diesem Grund ist dafür auch keine eigene Gebühr einzuzahlen, da eine solche pro Widerspruchszeichen einzuzahlen ist (→ Rn. 32 ff.). Nicht möglich ist hingegen die Geltendmachung eines neuen

Widerspruchsgrundes während des laufenden Verfahrens. Der Grund für diese Praxis liegt darin, dass im nationalen Markenrecht – anders als in der UMV – keine Begründungspflicht besteht. Damit ist die pauschale Erhebung des Widerspruchs gestützt auf § 42 Abs. 2 Nr. 1 ausreichend für die Zulässigkeit, und die Konkretisierung kann später erfolgen. Dabei ist allerdings zu beachten, dass für den Nachweis der Bekanntheit das Strengbeweisverfahren gilt und diese vom Widersprechenden darzulegen und zu beweisen ist.

II. § 42 Abs. 2 Nr. 2

98   Nach § 42 Abs. 2 Nr. 2 kann der Widerspruch auf eine notorisch bekannte ältere Marke nach § 10 gestützt werden. Auch im Rahmen des § 42 Abs. 2 Nr. 2 kommt es auf das Vorliegen von Identität, Verwechslungsgefahr oder der Voraussetzung des Sonderschutzes für bekannte Marken gemäß § 9 Abs. 1 Nr. 3 an. Der Zeitrang der notorisch bekannten Marke richtet sich in diesem Fall nach § 6 Abs. 3.

III. § 42 Abs. 2 Nr. 3

99   Der Widerspruch kann gemäß § 42 Abs. 2 Nr. 3 auch darauf gestützt werden, dass die Marke ohne Zustimmung des Markeninhabers für dessen Agenten oder Vertreter nach § 11 eingetragen wurde (→ § 11 Rn. 15 ff.). Diese Regelung entspricht Art. 6^{septies} PVÜ und umfasst im Gegensatz zur Regelung im WZG auch rein inländische Sachverhalte. Voraussetzung ist, dass der Inhaber der angegriffenen Marke aufgrund eines Vertragsverhältnisses mit dem Widersprechenden im Zeitpunkt der Anmeldung die geschäftlichen Interessen des Widersprechenden wahrzunehmen hatte (vgl. DPA Mitt 1985, 239 – ungetreuer Agent).

IV. § 42 Abs. 2 Nr. 4

100   Seit der Erweiterung des Widerspruchsverfahrens durch das PatRModG sind auch nicht eingetragene Marken nach § 4 Nr. 2 iVm § 12 (Benutzungsmarken) und geschäftliche Bezeichnungen gemäß § 5 iVm § 12 (Unternehmenskennzeichen und Werktitel) als Widerspruchsgründe in § 42 Abs. 2 Nr. 4 vorgesehen. Der Widerspruch kann damit auf durch Benutzung erworbene Marken und geschäftliche Bezeichnungen mit älterem Zeitrang gemäß § 6 Abs. 3 gestützt werden, die den Inhaber nach § 12 iVm § 14 Abs. 5 iVm Abs. 2 Nr. 1–3 bzw. § 15 Abs. 4 iVm Abs. 2 oder 3 dazu berechtigen, die Benutzung der angegriffenen Marke im gesamten Gebiet der Bundesrepublik Deutschland zu verbieten (vgl. auch Ströbele/Hacker/Thiering/Miosga Rn. 19). Dementsprechend muss ein (hypothetischer) Unterlassungsanspruch vorliegen, der auf der Grundlage einer fiktiven Benutzung der jüngeren Marke zu ermitteln ist (BPatG BeckRS 2019, 31703 – XFILME/ X FILME). Ein älteres Recht mit örtlich beschränktem Schutzbereich begründet hingegen in der Regel keinen entsprechenden Anspruch.

101   Bei einem Widerspruch, der auf ein nicht registriertes Kennzeichenrecht gestützt ist, sind beim DPMA zusätzlich die folgenden Informationen anzugeben, um eine eindeutige Identifizierung des geltend gemachten Rechts zu ermöglichen: Art des Kennzeichenrechts (Benutzungsmarke, Unternehmenskennzeichen oder Werktitel); Darstellung des Kennzeichens; Form des Kennzeichens (§ 6 MarkenV); Zeitrang des Kennzeichens; Gegenstand der Kennzeichnung, also die Waren und/oder Dienstleistungen bzw. der Geschäftsbereich, für welche die Marke/das Unternehmenskennzeichen/der Werktitel im geschäftlichen Verkehr benutzt wird; Inhaber des Kennzeichens (DPMA, Informationen zu Widersprüchen aus nicht registrierten Kennzeichenrechten und zum Sonderschutz einer bekannten Marke vom 14.1.2019, https://www.dpma.de/docs/marken/ widerspruchsgruende.pdf, zuletzt abgerufen am 22.12.2022). Diese zur Ermittlung des nicht eingetragenen Kennzeichens erforderlichen Angaben sind neben den ohnehin nötigen Angaben **innerhalb der Widerspruchsfrist** von drei Monaten beim DPMA vorzulegen und in der Folge auch kontinuierlich während des Verfahrens. Werden die Unterlagen verspätet eingereicht, ist der Widerspruch als unzulässig zu verwerfen, da es dem Amt ohne diese nicht möglich ist, die Identität des Widerspruchszeichens festzustellen. Das DPMA zieht diesbezüglich eine Parallele zu den Regelungen für das Verletzungsverfahren. Auch in dessen Rahmen muss die Verkehrsgeltung sofort durch Angaben über Art, Dauer, Form und Beginn der Benutzung belegt werden. Da im Rahmen des Widerspruchsverfahrens nicht nur das Bestehen, sondern nach dem Wortlaut des § 42 Abs. 2 Nr. 4 auch der ältere Zeitrang nach § 6 Abs. 3 zu belegen ist (vgl. BPatG BeckRS 2018, 15702 mwN), muss dies umso mehr für dieses Verfahren gelten. Der Nachweis der Richtigkeit der Angaben ist nach den vom DPMA veröffentlichten Informationen aber auch noch nach dem Ablauf der Frist im weiteren Verlauf des Widerspruchsverfahrens möglich. Auch nach der

Rechtsprechung des BPatG obliegt es beim Widerspruch aus einem nicht registrierten Recht dem Widersprechenden, die Voraussetzungen für das Entstehen des älteren Rechts, seinen Zeitrang, gegebenenfalls seine Bekanntheit und die Inhaberschaft an diesem Recht darzulegen, wobei des BPatG betont, dass diese Angaben (nur) erforderlichenfalls, dh wenn sie nicht liquide sind, auch zu beweisen sind (vgl. BPatG BeckRS 2018, 15697 – Visora; BeckRS 2017, 118117 – Länder-Menschen-Abenteuer; BeckRS 2017, 113843 – Realfundus; BeckRS 2016, 7091 – ned tax).

Nach den Informationen des DPMA zu Widersprüchen aus nicht registrierten Kennzeichen- **102** rechten (DPMA, Informationen zu Widersprüchen aus nicht registrierten Kennzeichenrechten und zum Sonderschutz einer bekannten Marke vom 14.1.2019, https://www.dpma.de/docs/marken/widerspruchsgruende.pdf, zuletzt abgerufen am 30.11.2022) sei bei Benutzungsmarken neben deren Entstehung durch Aufnahme der Benutzung im Verkehr auch nachzuweisen, dass das Zeichen für die relevanten Waren- und Dienstleistungen als Herkunftshinweis benutzt wird und dass das Zeichen Verkehrsgeltung als Marke innerhalb der beteiligten Verkehrskreise erlangt hat. Insoweit seien spezifizierte Angaben ua über Art und Form, Beginn, Dauer und Umfang der Benutzung zu machen (vgl. auch BPatG GRUR-RS 2020, 27886 Rn. 23 – Popschlager Aktuell). Unter Umständen sei auch die Vorlage eines Meinungsforschungsgutachtens erforderlich (vgl. auch BPatG GRUR-RS 2020, 27886 Rn. 23 – Popschlager Aktuell).

In Bezug auf Unternehmenskennzeichen (→ § 5 Rn. 10 ff.) sei der tatsächliche Gebrauch **103** und damit der ununterbrochene Bestand des Rechts bis zum Entscheidungszeitpunkt über den Widerspruch nachzuweisen, wobei für jedes einzelne Jahr Unterlagen vorzulegen seien (vgl. BPatG GRUR-RS 2020, 15786 Rn. 26 - FIRMAMENT BERLIN). Der bloße Hinweis auf ein lückenhaftes und ungeordnetes Anlagenkonvolut, das die Benutzung des Unternehmenskennzeichens nachweisen soll, dem DPMA aber nicht aus sich heraus verständlich ist und unzumutbare Sucharbeit zur Feststellung des Sachverhalts verursacht, sei hingegen nicht ausreichend (BPatG GRUR-RS 2021, 41697 – ASCONEX mAnm in GRUR-Prax 2022, 113).

Handelt es sich bei dem Widerspruchskennzeichen um einen Werktitel, beginnt der Schutz **104** grundsätzlich dann, wenn der Titel für bestehende Druckschriften, Film-, Ton-, Bühnenwerke oder ein sonstiges vergleichbares Werk im geschäftlichen Verkehr in Gebrauch genommen wird, sofern dem Titel im Hinblick auf das gekennzeichnete Werk hinreichende Unterscheidungskraft zukommt (→ § 5 Rn. 202). Die Schutzentstehung kann gegebenenfalls vorverlagert sein, wenn das Werk in branchenüblicher Weise (Titelschutzanzeige) angekündigt worden ist und anschließend innerhalb einer angemessenen Frist unter dem Titel erscheint (→ § 5 Rn. 229 ff.). Sollte dem Werktitel die originäre („titelmäßige") Unterscheidungskraft fehlen, ist seine Verkehrsdurchsetzung als Werktitel nachzuweisen, also dass der Verkehr den Titel als Hinweis auf ein bestimmtes Werk ansieht (→ § 5 Rn. 211).

Bei Widersprüchen gestützt auf Werktitel ist darüber hinaus zu berücksichtigen, dass Werktitel – **105** anders als Marken und Unternehmenskennzeichen – regelmäßig nur gegen die titelmäßige Verwendung der Bezeichnung – also zur Unterscheidung eines Werkes von anderen Werken – geschützt sind (BPatG BeckRS 2018, 25463 – MACE ENERGY METHOD; BeckRS 2018, 15697 – Visora). Registrierte Marken hingegen dienen der Herstellerkennzeichnung; daher besteht in der Regel keine Verwechslungsgefahr mit Werktiteln. Nur unter bestimmten Voraussetzungen verbindet der Verbraucher mit einem Werktitel gleichzeitig auch die Vorstellung einer bestimmten betrieblichen Herkunft, was zB für bekannte Reihentitel (bekannte Titel regelmäßig erscheinender Druckschriften (Zeitungen, Zeitschriften, auch regelmäßig aktualisierte Standardwerke) sowie für Titel von Fernseh- und Hörfunksendungen) anerkannt wird (BPatG BeckRS 2018, 25463 – MACE ENERGY METHOD). In diesen Fällen kann es zur Annahme einer Verwechslungsgefahr kommen. Hierbei ist aber des Weiteren zu beachten, dass – da im Löschungsanspruch nach § 12 iVm § 15 Abs. 2 und 4 nur besteht, wenn die zu unterstellende markenmäßige Benutzung der angegriffenen Marke geeignet ist, Verwechslungen mit dem Titel des Widersprechenden hervorzurufen – als ungeschriebenes Tatbestandsmerkmal des Löschungsanspruchs zudem von einer fiktiven Benutzung der angegriffenen Marke ausgegangen werden muss (vgl. → § 12 Rn. 15). Nach dem BPatG sei die zu fingierende Benutzung dabei auf Formen der markenmäßigen Benutzung im engeren Sinne einer rechtserhaltenden Benutzung zu beschränken (BPatG BeckRS 2018, 25463 Rn. 14 – MACE ENERGY METHOD unter Verweis auf Ströbele/Hacker/Thiering/Hacker § 12 Rn. 7; vgl. auch → § 12 Rn. 16 f., wo eine Beschränkung auf die nur rechtserhaltende Benutzung als nicht zwingend angesehen wird). Die bloß titelmäßige Benutzung der jüngeren Marke sei im Regelfall nicht rechtserhaltend, so dass die Benutzung einer Marke nicht automatisch als Benutzung eines Titels fingiert werden könne (BPatG BeckRS 2018, 25463 Rn. 14 – MACE ENERGY METHOD). Selbst wenn im Verzeichnis der angegriffenen Marke der Oberbegriff „Druckereierzeugnisse" enthalten sei, unter den auch solche Erzeugnisse wie zB Zeitschriften fallen könnten, bei denen eine markenmäßige Benutzung des Titels unterstellt werden könne, da es sich um einen Reihentitel handeln könne, führe dies nur dann zu einer Werksverwechslung, wenn es sich bei dem Werktitel der Widersprechenden tatsächlich um einen Reihentitel handele (BPatG BeckRS 2018, 25463 Rn. 14 – MACE ENERGY METHOD).

V. § 42 Abs. 2 Nr. 5

106   Seit Inkrafttreten des MaMoG am 14.1.2019 kann der Widerspruch auch darauf gestützt werden, dass die Marke wegen einer geschützten Ursprungsbezeichnung oder geschützten geografischen Angabe mit älterem Zeitrang in Verbindung mit § 13 gelöscht werden kann (Umsetzung von Art. 43 Abs. 2 S. 1 MRL). Bezweckt werden soll damit die frühzeitige Korrektur von Fehlern, die den Ämtern bei der absoluten Prüfung unterlaufen sind, ohne dass es eines späteren erst nach Eintragung statthaften Nichtigkeitsverfahrens bedarf (Bender MarkenR 2016, 10 (12)). Da sowohl ein dem Unionsrecht (VO (EU) 1151/2012 für Agrarerzeugnisse und Lebensmittel, VO (EU) 1308/2013 für Weine, VO (EU) 251/2014 für aromatisierte Weine und VO (EU) 110/2008 für Spirituosen) vergleichbares Antragsverfahren in Bezug auf die Eintragung einer geschützten Ursprungsbezeichnung oder einer geschützten geografischen Angabe (§§ 126 ff. sehen vielmehr einen Schutz durch bloße Benutzung vor) als auch die Termini „geschützte Ursprungsbezeichnung" und „geschützte geografische Angabe" dem deutschen Recht fremd sind, ist davon auszugehen, dass lediglich eine nach Unionsrecht geschützte Angabe auch zum Widerspruch berechtigen soll (so Hacker GRUR 2019, 113 (119)). Nach Hacker sei die Verweisung des § 42 Abs. 2 Nr. 5 auf § 13 daher nicht so zu verstehen, dass damit alle geografischen Herkunftsangaben iSv § 13 Abs. 2 Nr. 5 zum Widerspruch berechtigen. Gemeint sei damit nur, dass der Erfolg des Widerspruchs voraussetzt, dass die Benutzung der angegriffenen Marke im gesamten Gebiet der Bundesrepublik Deutschland untersagt werden könnte (§ 13 Abs. 1). Dies entspreche der Vorgabe des Art. 5 Abs. 3 lit. c Ziff. ii MRL (Hacker GRUR 2019, 113 (119)).

107   Widerspruchsberechtigt sind nach § 42 Abs. 1 S. 2 jedenfalls solche Personen, die sich der geschützten Ursprungsbezeichnung bzw. der geschützten geografischen Angabe als Berechtigte bedienen, also spezifikationsgemäße Erzeugnisse „vermarkten" (vgl. Art. 12 Abs. 1 VO (EU) 1151/2012, Art. 103 Abs. 1 VO (EU) 1308/2013). Vermarkter sind dabei jedenfalls die Erzeuger, nicht aber wohl bloße Handelsbetriebe (so Hacker GRUR 2019, 113 (119)). Berechtigt sind zudem Personen, die nach § 135 Abs. 1 S. 1 iVm § 8 Abs. 3 UWG Ansprüche geltend machen können (zur analogen Anwendung des § 135 im Bereich der VO (EU) 1308/2013, VO (EU) 251/2014 und VO (EU) 110/2008 s. BGH GRUR 2019, 185 Rn. 17 ff. – Champagner Sorbet II).

D. Der Teilwiderspruch

I. Allgemeines

108   Der Widerspruch kann in Bezug auf die kollidierenden Zeichen selbst nicht beschränkt werden, sondern bezieht sich insoweit auf die Eintragung der angegriffenen Marke als Ganze. Ein Widerspruch nur gegen einen bestimmten Zeichenbestandteil einer Kombinationsmarke ist daher nicht möglich (RG GRUR 1937, 221 (227) – Mampe; so auch Ingerl/Rohnke Rn. 25). Auch eine Beschränkung auf die Benutzung des Zeichens für nur ein bestimmtes Gebiet im Geltungsbereich des MarkenG ist nicht zulässig (RPA BlPMZ 1898, 217; vgl. auch Fezer Rn. 69). Möglich ist jedoch eine Beschränkung bezüglich der Waren oder Dienstleistungen, für welche die angegriffene Marke eingetragen wurde.

II. Beschränkung in Bezug auf die angegriffene Marke

1. Teilwiderspruch

109   Der Widersprechende kann den (Teil-)Widerspruch ausdrücklich nur gegen bestimmte Waren oder Dienstleistungen der angegriffenen Marke richten (BGH GRUR 2000, 886 (887) – Bayer/BaiChem; GRUR 1998, 938 – Dragon). Ohne eine solche Beschränkung richtet sich der Widerspruch grundsätzlich gegen alle Waren bzw. Dienstleistungen, für welche die angegriffene Marke eingetragen wurde. Üblich ist zB die Formulierung „Der Widerspruch richtet sich gegen alle identischen und/oder ähnlichen Waren/Dienstleistungen". Dieser Satz muss als Angriff gegen alle Waren und/oder Dienstleistungen ausgelegt werden. Eine Beschränkung auf die erst durch die

Widerspruchsentscheidung als identisch bzw. ähnlich festgestellten Waren und/oder Dienstleistungen würde sonst eine unzulässige Rechtsbedingung bedeuten (Ströbele/Hacker/Thiering/Miosga Rn. 56). Nach dem BPatG lässt ein Teilangriff des Widersprechenden gegen die Eintragung der jüngeren Marke für Waren, die unter nicht angegriffene Oberbegriffe fallen, und für Dienstleistungen, die nicht angegriffene Tätigkeiten erfassen, das Rechtsschutzbedürfnis des Widersprechenden nicht entfallen (BPatG BeckRS 2018, 18887 Rn. 24 – Kap-Lan; anders wohl Ingerl/Rohnke Rn. 38, wonach für den Fall, dass der Widerspruch gegen eine Ware/Dienstleistung erhoben wird, die im Verzeichnis nicht genannt ist, von einem dortigen Begriff aber erfasst ist, der Widerspruch als gegen den jeweiligen Oberbegriff eingelegt anzusehen sein soll). Nach dem BPatG obliege dem Widersprechenden die Entscheidung, ob und in welchem Umfang er gegen die Eintragung der jüngeren Marke vorgehen will. Das BPatG könne insoweit keine eigenen Zweckmäßigkeitserwägungen anstellen (BPatG BeckRS 2018, 18887 Rn. 24 – Kap-Lan). Wird der Widerspruch nur gegen „identische/ähnliche Waren" erhoben, richtet er sich nicht gegen die Eintragung für Dienstleistungen, es sei denn, es ist ein offensichtlicher Irrtum anzunehmen (BPatGE 25, 158; 24, 254 (257)).

Es erscheint allerdings fraglich, inwiefern eine Beschränkung im Hinblick auf die angegriffenen **110** Waren und/oder Dienstleistungen für den Widersprechenden Sinn ergibt. Eine solche kann lediglich vor einer negativen Kostenentscheidung schützen, wenn der Widerspruch in Bezug auf bestimmte Waren bzw. Dienstleistungen verworfen wird. In der Regel ergeht aber im Rahmen des Widerspruchsverfahrens keine Kostenentscheidung, so dass auch eine negative Kostenentscheidung kaum zu befürchten ist. Vor diesem Hintergrund erscheint eine Beschränkung des Widerspruchs grundsätzlich überflüssig.

2. Beschränkung von Amts wegen

Nach der Rechtslage im WZG und auch noch zu Beginn nach Inkrafttreten des MarkenG **111** wurde es als zulässig angesehen, wenn das DPMA einen nicht ausdrücklich beschränkten Widerspruch von Amts wegen auf die identischen oder ähnlichen Waren/Dienstleistungen beschränkte, wenn eine Identität oder Ähnlichkeit nicht zu allen eingetragenen Waren oder Dienstleistungen bestand (vgl. zum WZG Baumbach/Hefermehl WZG § 5 Rn. 149). Nach heutiger Ansicht wird eine Beschränkung des Widerspruchs mit Blick auf identische oder ähnliche Waren und/oder Dienstleistungen von Amts wegen als unzulässig beurteilt.

Das DPMA sowie die höheren Instanzen sind auch bei Feststellung von Identität oder Ähnlich- **112** keit nicht berechtigt, von sich aus eine Beschränkung des Waren- oder Dienstleistungsverzeichnisses der angegriffenen Marke auf einen Teil der Waren oder Dienstleistungen vorzunehmen, die unter den Oberbegriff fallen (BGH GRUR 2005, 326 (327) – il Padrone/Il Portone; GRUR 2005, 513 (514) – MEY/Ella May; so auch Fezer Rn. 67; Ingerl/Rohnke § 43 Rn. 49; Ströbele/ Hacker/Thiering/Miosga § 43 Rn. 99). Es ist allein Sache des Markeninhabers, durch Umformulierung des Waren- und Dienstleistungsverzeichnisses einen Oberbegriff einzuschränken.

III. Beschränkung in Bezug auf die Widerspruchsmarke

Auch hinsichtlich der Widerspruchsmarke kann der Widerspruch auf bestimmte im Register **113** eingetragene Waren und/oder Dienstleistungen beschränkt werden. Gemäß § 30 Abs. 2 Nr. 9 MarkenV müssen lediglich die Waren und/oder Dienstleistungen angegeben werden, auf die der Markeninhaber seinen Widerspruch stützen will. Dies gilt jedenfalls, soweit für die Beschränkung ein Rechtsschutzbedürfnis besteht (vgl. BPatGE 18, 114). Fehlt ein solches, kann die Beschränkung als rechtsmissbräuchlich und damit unzulässig bewertet werden, wenn beispielsweise die Begrenzung nur zu dem Zwecke erfolgt, das DPMA zur Entscheidung über die Ähnlichkeit bestimmter Waren/Dienstleistungen zu zwingen (vgl. BPatG Mitt 1975, 85). Ein Rechtsschutzbedürfnis kann sich andererseits im Hinblick auf die Nichtbenutzungseinrede des § 43 Abs. 1 ergeben, wenn die Widerspruchsmarke nur für bestimmte Waren bzw. Dienstleistungen benutzt wird.

IV. Beschränkung nach Ablauf der Widerspruchsfrist

Ein Widerspruch kann auch nach Ablauf der Widerspruchsfrist beschränkt werden (BPatG **114** GRUR 1997, 654 – Milan). Wenn ein Teilwiderspruch erhoben wird, kann er nach Ablauf der Widerspruchsfrist nicht mehr auf weitere Waren oder Dienstleistungen der angegriffenen Marke ausgedehnt werden (BGH GRUR 1998, 938 – Dragon). Der Widersprechende kann auch nicht geltend machen, die durch Teilwiderspruch angegriffene Ware/Dienstleistung umfasse als Oberbegriff auch die nachträglich angegriffene Ware bzw. Dienstleistung (DPA GRUR 1954, 32 – Vulnophyll).

E. Rücknahme des Widerspruchs

I. Verfahrenserklärung

115   Die Rücknahme des Widerspruchs stellt eine Verfahrenshandlung dar, die gegenüber der Stelle erfolgen muss, bei welcher der Widerspruch zur Zeit der Rücknahme anhängig ist. Damit ist in der Beschwerdeinstanz das BPatG (BPatGE 43, 96), nach Einlegung der Rechtsbeschwerde der BGH, zuständig, die Erklärung zu empfangen (BGH GRUR 1985, 1052 – Leco). Häufig wird die Erklärung allerdings gegenüber dem DPMA abgegeben, welches diese dann ggf. an das BPatG oder den BGH weiterleitet. Nach § 10 Abs. 1 DPMAV bedarf die Erklärung der Schriftform, welche nach § 11 DPMAV auch durch die Übermittlung per Telefax oder ähnliche Formen der Datenübermittlung ersetzt werden kann (vgl. BPatGE 27, 230). Wird der Widerspruch aus einem Zeichen zurückgenommen, sind davon alle Widerspruchsgründe erfasst. Sollen nur einzelne Gründe oder sogar spezifische Kollisionstatbestände zurückgenommen werden, ist dies ausdrücklich zu erklären.

116   Als Verfahrenshandlung ist die Erklärung der Rücknahme weder anfechtbar noch widerruflich (Winkler Mitt 1999, 148 ff.) und kann nicht unter eine Bedingung gestellt werden.

II. Zeitpunkt

117   Der Widerspruch kann bis zur Unanfechtbarkeit der Entscheidung des DPMA, BPatG oder BGH – und damit in allen Instanzen des Widerspruchsverfahrens – durch eine Verfahrenserklärung in der entsprechenden Form zurückgenommen werden. Bei einer Rücknahmeerklärung nach Einlegung der Rechtsbeschwerde gegen die Entscheidung des BPatG gegenüber dem BGH ist die Hinzuziehung eines beim BGH zugelassenen Anwalts nicht nötig (BGH GRUR 1974, 465 (466) – Lomapect).

118   Zur Rücknahme bedarf es nicht der Zustimmung des Widerspruchsgegners. Die Erklärung führt zur Beendigung des Verfahrens durch Wegfall einer Verfahrensvoraussetzung (BGH GRUR 1998, 818 – Puma).

III. Auswirkung auf Entscheidungen

1. Vorherige Entscheidungen

119   Bei Rücknahme eines Widerspruchs gegen eingetragene Marken wird § 269 Abs. 3 S. 1 ZPO entsprechend angewandt, so dass die Aufhebung eines bereits ergangenen Widerspruchsbeschlusses im Zuge des Rechtsmittelverfahrens nicht erforderlich ist (BGH GRUR 1998, 818 – Puma; BPatGE 43, 96 (97)). Es ist lediglich die Wirkungslosigkeit dieser Entscheidung auszusprechen, soweit dies beantragt wird (vgl. § 269 Abs. 4 ZPO). Zuständig ist dafür die Instanz, vor der im Zeitpunkt der Rücknahme das Verfahren anhängig ist; „zwischen den Instanzen" – also vor Einlegung eines Rechtsmittels – bleibt die Ausgangsinstanz zuständig (BPatGE 43, 96 (97); vgl. auch Ströbele/Hacker/Thiering/Miosga Rn. 58).

120   Dagegen besteht kein Rechtsschutzbedürfnis für den Antrag, die Wirkungslosigkeit einer der Rücknahme vorausgehenden, den Widerspruch zurückweisenden Entscheidung entsprechend § 269 Abs. 3 S. 1 ZPO durch Beschluss festzustellen. Ein solches besteht nur bei rechtsgestaltenden Entscheidungen, die ohne einen solchen Beschluss zur Änderung der materiellen Rechtslage führen, wie beispielsweise der Löschung einer Marke, durch die ein falscher Rechtsschein entsteht (BPatG GRUR 2010, 759 (760) – flow; BeckRS 2010, 20930; so auch Ingerl/Rohnke Rn. 64; Ströbele/Hacker/Thiering/Miosga Rn. 60).

2. Entscheidungen nach Rücknahme

121   Erfolgt eine Entscheidung erst nach Rücknahme des Widerspruchs, gelten die allgemeinen zivilprozessualen Grundsätze zur Rücknahme der Klage vor Erlass eines Urteils. Die Entscheidung ist in diesem Fall als wirkungslos anzusehen (Ströbele/Hacker/Thiering/Miosga Rn. 62). Es ist allerdings zu beachten, dass es sich bei der Entscheidung nicht um eine Nichtentscheidung handelt, sondern dass diese trotz fehlender materiellrechtlicher Wirkung in formelle Rechtskraft erwachsen und dann nur durch Einlegung eines Rechtsmittels von der dafür zuständigen Instanz aufgehoben werden kann (BPatG BeckRS 1998, 14606 – S+B TECHNOLOGIE).

IV. Kostenentscheidung

Nicht eindeutig wird die Frage der Auswirkung der Rücknahme eines Widerspruchs auf eine **122** vorausgegangene Kostenentscheidung beurteilt. Nach einer Ansicht (vgl. Ströbele/Hacker/Thiering/Miosga Rn. 61), die auch vom BPatG in früheren Entscheidungen vertreten wurde (BPatGE 16, 259 (260 f.); BPatGE 14, 247 (249)), wird ein vorausgegangener Beschluss nicht hinsichtlich der darin getroffenen Kostenentscheidung wirkungslos. Eine Kostenentscheidung kann gemäß § 63 Abs. 1 S. 2, § 71 Abs. 4 grundsätzlich unabhängig von der Rücknahme des Widerspruchs ergehen. Die Regelung des § 269 Abs. 3 S. 2, 3 ZPO findet in diesem Fall keine Anwendung, wodurch nicht von einer Kostentragungspflicht des Widersprechenden ausgegangen werden kann (BPatG BeckRS 2019, 10307 Rn. 15; vgl. auch BGH GRUR 1998, 818 (819) – Puma; → § 63 Rn. 1). Nach Miosga kann sich ein Kostenanspruch – soweit nötig – aus einer rechtskräftigen Kostenentscheidung der Vorinstanz, einer Entscheidung des Rechtsmittelgerichts oder der Bestimmung über die Kosten des jeweiligen Rechtsmittelverfahrens ergeben.

Nach dem BPatG (BeckRS 2008, 19258 – extra) und einer auch in der Literatur vertretenen **123** Auffassung (Ingerl/Rohnke Rn. 66) erfasst die Wirkungslosigkeit einer vorherigen Entscheidung durch die Rücknahme des Widerspruchs auch die Kostengrundentscheidung in den Vorinstanzen. So wird in der Instanz, in welcher die Rücknahme erfolgt, eine Kostenentscheidung für alle Instanzen ermöglicht, die auch die Gründe der Rücknahme des Widerspruchs miteinbezieht. Zwar ist § 269 Abs. 3 S. 2 ZPO wegen § 63 Abs. 1 S. 2, § 71 Abs. 4, § 90 Abs. 1 S. 2 nicht anwendbar (vgl. BGH GRUR 1998, 818 – Puma). Trotzdem entfällt aber mit der Rücknahme des Widerspruchs auch die Grundlage für die Kostenentscheidung. Diesbezüglich soll mithin der generelle Gedanke des § 269 Abs. 3 S. 1 ZPO gelten, was im Hinblick auf die dadurch eröffnete Möglichkeit der Einbeziehung der Widerspruchsrücknahme bzw. deren Gründe sowie die verstärkte Annäherung des Widerspruchsverfahrens an ein echtes Streitverfahren richtig und sachgerecht erscheint. Den Instanzen ist so die Möglichkeit eröffnet, eine Kostenentscheidung aufgrund sämtlicher Tatsachen und für alle vorherigen Instanzen zu treffen, um eine ausgeglichene Kostenverteilung zu erreichen und dennoch sicherzustellen, dass der Zurücknehmende sich durch seinen Widerspruch nicht den Kostenkonsequenzen entziehen kann.

§ 43 Einrede mangelnder Benutzung; Entscheidung über den Widerspruch

(1) ¹Ist der Widerspruch vom Inhaber einer eingetragenen Marke mit älterem Zeitrang erhoben worden, so hat er, wenn der Gegner die Einrede der Nichtbenutzung erhebt, nachzuweisen, dass die Marke innerhalb der letzten fünf Jahre vor dem Anmelde- oder Prioritätstag der Marke, gegen die der Widerspruch sich richtet, gemäß § 26 benutzt worden ist, sofern zu diesem Zeitpunkt seit mindestens fünf Jahren kein Widerspruch mehr gegen sie möglich war. ²Der Nachweis kann auch durch eine eidesstattliche Versicherung erbracht werden. ³Bei der Entscheidung werden nur Waren und Dienstleistungen berücksichtigt, für die die Benutzung nachgewiesen worden ist.

(2) ¹Ergibt die Prüfung des Widerspruchs, daß die Marke für alle oder für einen Teil der Waren oder Dienstleistungen, für die sie eingetragen ist, zu löschen ist, so wird die Eintragung ganz oder teilweise gelöscht. ²Kann die Eintragung der Marke nicht gelöscht werden, so wird der Widerspruch zurückgewiesen.

(3) Ist die eingetragene Marke wegen einer oder mehrerer Marken mit älterem Zeitrang zu löschen, so kann das Verfahren über weitere Widersprüche bis zur rechtskräftigen Entscheidung über die Eintragung der Marke ausgesetzt werden.

(4) Im Falle der Löschung nach Absatz 2 ist § 52 Abs. 2 und 3 entsprechend anzuwenden.

Überblick

Die Regelungen des § 43 beziehen sich auf die Widerspruchsentscheidung durch das DPMA in der Hauptsache (→ Rn. 51 ff.), die Verfahrenskosten (→ Rn. 59) und die Einlegung von Rechtsmitteln (→ Rn. 62). § 43 Abs. 1 regelt die sog Nichtbenutzungseinrede (→ Rn. 2 ff.).

Durch das Markenrechtsmodernisierungsgesetz (MaMoG) vom 11.12.2018 (BGBl. I 2357) wurde § 43 Abs. 1 grundlegend geändert. Im Folgenden werden insbesondere die zeitlichen sowie inhaltlichen Vorgaben zur Erhebung der Einrede (→ Rn. 5 ff.) sowie der maßgebliche Benutzungszeitraum für Widersprüche (→ Rn. 24 ff.) dargestellt. Darüber hinaus werden die Voraussetzungen des Nachweises der rechtserhaltenden Benutzung (→ Rn. 32) als Reaktion auf die Erhebung der Nichtbenutzungseinrede behandelt. Zudem sollen die Möglichkeiten der Verfahrensaussetzung nach § 43 Abs. 3 (→ Rn. 64 ff.) sowie nach den allgemeinen Vorschriften aufgezeigt werden. Abschließend wird in gebotener Kürze auf ausgewählte Kernthemen des § 43 aF eingegangen (→ Rn. 76 ff.), der mit Einführung des MaMoG am 14.1.2019 neu gefasst wurde. § 43 Abs. 1 aF ist auf Widersprüche, die vor dem 14.1.2019 erhoben wurden, weiterhin anwendbar (§ 158 Abs. 5) und hat in der Praxis aufgrund der sich über mehrere Instanzen hinziehenden Verfahren vor dem BPatG und dem BGH vorübergehend noch Relevanz.

Übersicht

A. Einleitung; Allgemeines

1   § 43 regelt das Verfahren über einen Widerspruch gemäß § 42. Abs. 1 statuiert den Benutzungszwang gemäß § 26 für das Widerspruchsverfahren und erfüllt damit dieselbe Funktion wie § 55 Abs. 3 S. 1 für das Nichtigkeitsverfahren vor den ordentlichen Gerichten und wie § 53 Abs. 6 im Nichtigkeitsverfahren wegen des Bestehens älterer Rechte vor dem DPMA bzw. § 25 für den Verletzungsprozess. Dieser Benutzungszwang gilt allerdings nach dem Wortlaut der Vorschrift nur für eingetragene Marken. In § 43 Abs. 2 sind die Entscheidungsalternativen im Widerspruchsverfahren geregelt. Danach kann entweder die angegriffene Marke gelöscht oder der Widerspruch zurückgewiesen werden. § 43 Abs. 3 erlaubt eine Aussetzung weiterer Entscheidungen bei mehreren anhängigen Widersprüchen aus verfahrensökonomischen Gründen. § 43 Abs. 4 ordnet über eine Verweisung auf § 52 die Rückwirkung der Löschung an.

B. Die Nichtbenutzungseinrede (Abs. 1)

2   In § 43 Abs. 1 ist die Einrede der mangelnden rechtserhaltenden Benutzung geregelt. Diese Einrede stellt eine Verteidigungsmöglichkeit des Inhabers der angegriffenen Marke gegen den Widersprechenden im Rahmen des Widerspruchsverfahrens dar.

3   Mit Inkrafttreten des MaMoG am 14.1.2019 wurde die Nichtbenutzungseinrede grundlegend geändert. In Umsetzung der Richtlinie zur Angleichung der Rechtsvorschriften der Mitgliedstaaten über Marken vom 16.12.2015 (RL (EU) 2015/2436 – MRL), die anders als die vorherige MRL 2008 (RL 2008/95/EG) detaillierte Regelungen zur Nichtbenutzungseinrede trifft, wurde unter anderem die bisher in Abs. 1 S. 2 geregelte zweite „wandernde" Benutzungsfrist ersatzlos gestrichen (dazu Hüttermann Mitt 2019, 62 ff.). Der Wortlaut des Art. 44 MRL ließ für diesen vom deutschen Gesetzgeber gewählten Sonderweg keinen Raum mehr (BT-Drs. 19/2898, 76). Mit dem Inkrafttreten des MaMoG gingen weitere Änderungen im Hinblick auf den nachzuweisenden Benutzungszeitraum und den Beginn der Benutzungsschonfrist (→ Rn. 24 ff.) sowie die Anforderungen an den Nachweis der Benutzung (→ Rn. 32) einher.

§ 43 Abs. 1 in seiner nach dem MaMoG neugefassten Form gilt für Widersprüche, die nach **4** dem 14.1.2019 erhoben wurden. Wenn hingegen in einem Verfahren über einen Widerspruch, der vor dem 14.1.2019 erhoben wurde, die Benutzung der Marke, wegen der Widerspruch erhoben wurde, bestritten wurde oder in einem solchen Widerspruchsverfahren bestritten wird, sind die § 26 und § 43 Abs. 1 in ihrer bis dahin geltenden Fassung weiterhin anzuwenden, § 158 Abs. 5 (→ § 158 Rn. 5; s. nur beispielsweise BPatG BeckRS 2019, 10792). „Erhoben" ist der Widerspruch mit Zugang beim DPMA. Nicht entscheidend ist hingegen die Zustellung an den Markeninhaber (v. Mühlendahl GRUR 2019, 25 (29)). Aufgrund der nicht immer absehbaren Dauer und Komplexität der Widerspruchsverfahren vor dem DPMA, die sich auch über mehrere Instanzen vor dem BPatG und dem BGH hinziehen können (so wird in den meisten aktuellen Entscheidungen des BPatG weiterhin auf § 43 aF abgestellt, vgl. BPatG GRUR 2022, 721 – EM blond/EM; GRUR-RS 2022, 21955 – LID/LIDL; PharmR 2022, 626 – T&D/TAD; GRUR-RS 2022, 5217 – Milingse HeXXenkaas; GRUR-RS 2021, 46055 – Äskulapstab), wird § 43 in seiner alten Fassung für eine gewisse Zeit noch in unterschiedlichen Verfahren Anwendung finden (vgl. auch Ströbele/Hacker/Thiering/Ströbele Rn. 4). Daher werden am Ende dieser Bearbeitung einige ausgewählte Kernthemen des § 43 aF, die für solche Verfahren noch von Bedeutung sein dürften, aufgegriffen (vgl. → Rn. 76 ff.).

I. Erhebung der Einrede

1. Prozessuale Erklärung

Die rechtserhaltende Benutzung der Widerspruchsmarke wird nur geprüft, wenn die Benutzung **5** der Marke durch den Inhaber der angegriffenen Marke im Widerspruchsverfahren – nicht ausreichend ist ein Bestreiten in bloßer außeramtlicher Korrespondenz (vgl. Ingerl/Rohnke Rn. 13 f.) – bestritten wird. § 43 Abs. 1 ist mithin als Einrede gestaltet, so dass eine Prüfung der Benutzung keinesfalls von Amts wegen stattfindet. Die Erhebung der Einrede führt zur Überprüfung der Benutzung als Rechtsfrage und stellt somit keine tatsächliche Ausgangsbehauptung dar (vgl. Ingerl/Rohnke Rn. 13). Bereits für die Einrede gilt mithin nicht das Amtsermittlungsprinzip, sondern der Beibringungsgrundsatz, dem alle Verfahrensteile in Bezug auf die Frage der rechtserhaltenden Benutzung unterliegen (vgl. BGH GRUR 1998, 938 (939) – DRAGON).

Der Wille des Inhabers der angegriffenen Marke, die Benutzung der Widerspruchsmarke zu **6** bestreiten, muss eindeutig erklärt werden. Abweichende Formulierungen sind unschädlich, und die Verwendung des Begriffs „bestreiten" ist entbehrlich, solange die Absicht, sich mit der Nichtbenutzungseinrede verteidigen zu wollen, hinreichend deutlich erkennbar ist (vgl. BPatGE 32, 98 (100); BPatG BeckRS 2007, 19368 – SCHUTZENGEL). Insbesondere ohne anwaltliche Vertretung kann nicht verlangt werden, dass die juristischen Fachbegriffe verwendet werden. Insofern kann es ausreichen, wenn beispielsweise vorgebracht wird, dass die Widerspruchsmarke nicht auf dem Markt erhältlich sei und eine Google-Recherche keinen Eintrag aufgezeigt habe (vgl. BPatG GRUR-RS 2021, 21611 Rn. 15). Demgegenüber wird im Falle einer anwaltlichen Vertretung ein höherer Maßstab gesetzt, weil von einem Anwalt eine eindeutige Erklärung erwartet werden kann (BPatG GRUR-RS 2022, 20194 Rn. 16 – POWER HORSE/SILVER HORSE).

Allgemeine Ausführungen zur Benutzung der Widerspruchsmarke in einem anderen Zusam- **7** menhang können nach der Einführung des MaMoG nicht als Einrede der Nichtbenutzung gewertet werden (vgl. BPatG GRUR-RS 2021, 21611 Rn. 14; BPatGE 25, 53; 32, 98 (100); Ströbele/Hacker/Thiering/Ströbele Rn. 32). In diesen Fällen ist besonders der Beibringungsgrundsatz zu beachten, weshalb die Möglichkeiten für Rückfragen durch das Gericht sehr begrenzt sind und keinesfalls zu einem Hinweis für den Inhaber der angegriffenen Marke führen dürfen (vgl. Ströbele/Hacker/Thiering/Ströbele Rn. 36; Ingerl/Rohnke Rn. 11). Die Einrede kann jedoch unproblematisch „vorsorglich" erhoben werden, da insoweit von einer unbedingten Erhebung auszugehen ist. Ein hilfsweises Bestreiten der Benutzung überschreitet hingegen die Grenzen zulässiger innerprozessualer Bedingungen (BPatG GRUR 2000, 1052 (1054) – Rhoda-Hexan/Sota-Hexal; Kliems MarkenR 2001, 185 (187)).

Seit Wegfall des zweiten Benutzungszeitraums in § 43 Abs. 1 S. 2 aF zum 14.1.2019 ist die **8** Erklärung der Einrede zudem so zu verstehen, dass sie sich nur noch auf den in § 43 Abs. 1 S. 1

genannten Benutzungszeitraum bezieht. Danach sind die letzten fünf Jahre vor dem Anmelde- oder Prioritätstag der Marke, gegen die der Widerspruch sich richtet, maßgeblich, sofern zu diesem Zeitpunkt seit mindestens fünf Jahren kein Widerspruch mehr gegen die Widerspruchsmarke möglich war. Nach früherer Rechtslage stellte sich noch das Problem, ob die Erklärung den Benutzungszeitraum nach § 43 Abs. 1 S. 1 aF oder nach S. 2 aF oder beide Benutzungszeiträume erfasste (vgl. → Rn. 77 f.).

2. Zeitpunkt der Erhebung

9   Die Einrede der mangelnden Benutzung unterliegt grundsätzlich keinen zeitlichen Begrenzungen und muss nicht bereits zum frühestmöglichen Zeitpunkt vor dem DPMA erhoben werden. Eine erstmalige Erhebung oder Ausdehnung ist auch noch im Beschwerdeverfahren vor dem BPatG möglich (vgl. BPatGE 17, 151 (153) – Angifant; BPatGE 23, 158 (161) – FLUDEX), nicht jedoch im Rechtsbeschwerdeverfahren vor dem BGH. Allerdings kann auch die Erhebung im Beschwerdeverfahren unzulässig sein, wenn diese schon vor dem DPMA möglich gewesen wäre und eine verfahrensverzögernde Verspätung droht (BGH GRUR 1998, 938 (939) – DRAGON; → Rn. 17 ff.).

10   Eine einmal wirksam erhobene Nichtbenutzungseinrede wirkt für alle Instanzen des Widerspruchsverfahrens und muss auch in den Erinnerungs- oder Beschwerdeinstanzen nicht wiederholt werden (BPatGE 47, 101 (104) – GALLUP I; BGH GRUR 1999, 54 (55) – Holtkamp). Dies gilt auch, wenn die Einrede in der Vorinstanz als nicht entscheidungserheblich angesehen wurde (BPatGE 22, 211). Soweit bei ihrer Erhebung oder Weiterverfolgung die gesetzlichen Bedingungen des § 43 Abs. 1 erfüllt waren, ist die Einrede in das Verfahren eingeführt und muss vom Widersprechenden beachtet werden (vgl. Kliems MarkenR 2001, 185 (192); Ströbele/Hacker/Thiering/Ströbele Rn. 38; Ingerl/Rohnke Rn. 6). Hingegen wird eine unzulässige – weil vor Ablauf der Benutzungsschonfrist erhobene – Einrede nach Ablauf der Schonfrist nicht automatisch zulässig. In diesem Fall muss die Einrede erneut erhoben werden (BPatG GRUR 2000, 1052 (1053) – Rhoda-Hexan/Sota-Hexal; GRUR 2005, 773 (775) – Blue Bull/RED BULL).

3. Beschränkung und Erweiterung der Einrede

11   Eine Beschränkung der Nichtbenutzungseinrede ist grundsätzlich in verschiedener Hinsicht möglich. Ein gängiges Vorgehen ist insbesondere das Bestreiten der Benutzung nur in Bezug auf einzelne Waren bzw. Dienstleistungen, unter Anerkennung der Benutzung für die restlichen im Register eingetragenen Waren oder Dienstleistungen (vgl. Kliems MarkenR 2001, 185 (188)). Werden keine bestimmten Waren oder Dienstleistungen genannt, gilt die Einrede hinsichtlich des gesamten Waren-/Dienstleistungsverzeichnisses der Widerspruchsmarke.

12   Dabei ist allerdings zu beachten, dass eine solche Beschränkung den Inhaber der angegriffenen Marke grundsätzlich nicht bindet. Die Einrede kann – solange kein ausdrücklicher Verzicht bzw. eine Anerkennung, welche als Verzicht ausgelegt werden muss, vorliegt – jederzeit wieder erweitert werden (BGH GRUR 2010, 859 Rn. 20 f. – Malteserkreuz III). Eine Erweiterung ist auch noch im Beschwerdeverfahren möglich (BPatGE 23, 158 (161) – FLUDEX). Eine Grenze bilden dabei lediglich die Grundsätze zum verspäteten Vorbringen (→ Rn. 17 ff.) sowie des fairen Verfahrens. Ist die Erweiterung für den Widersprechenden neu und überraschend, muss er die Möglichkeit haben, sich zu äußern. Ohne diese Äußerungsmöglichkeit kann eine Verletzung des rechtlichen Gehörs iSd Art. 6 EMRK, Art. 103 GG vorliegen (vgl. BGH GRUR 2003, 903 – Katzenstreu).

4. Anerkennung der Benutzung und Verzicht auf die Einrede

13   Bei der rechtserhaltenden Benutzung gemäß § 26 handelt es sich um eine Rechtsfrage. Ein konkludentes oder ausdrücklich erklärtes Nichtaufrechterhalten der Einrede steht ihrer Berücksichtigung mithin auch nicht als Zugeständnis iSd § 138 Abs. 3 ZPO oder gerichtliches Geständnis iSd §§ 288 ff. ZPO entgegen. Zugeständnis und Geständnis sind nur im Hinblick auf relevante Tatsachen, nicht aber in Bezug auf Rechtsfragen wie der rechtserhaltenden Benutzung, möglich (BGH GRUR 2000, 886 (887) – Bayer/BaiChem; GRUR 2010, 859 Rn. 20 – Malteserkreuz III; vgl. auch Kliems MarkenR 2001, 185 (188); Ströbele in Ströbele/Hacker/Thiering Rn. 43; Ingerl/Rohnke Rn. 28).

14   Wird jedoch die rechtserhaltende Benutzung der Widerspruchsmarke für bestimmte Waren oder Dienstleistungen ausdrücklich anerkannt, ist davon auszugehen, dass die Nichtbenutzungseinrede für diese Waren/Dienstleistungen nicht aufrechterhalten wird und einzelne Benutzungstatsachen für einen bestimmten Zeitraum außer Streit gestellt werden sollen (BPatG GRUR 2004,

954 (956) – CYNARETTEN/Circanetten). Auch in diesen Fällen ist ein nachträgliches Wiederaufgreifen der Einrede in vollem Umfang möglich, solange kein Verzicht oder ein als Verzicht zu wertendes Anerkenntnis vorliegt. Die erneute Geltendmachung findet ihre Grenze jedoch unter dem Gesichtspunkt des verspäteten Vorbringens (Ströbele/Hacker/Thiering/Ströbele Rn. 45).

Ein Verzicht auf die Nichtbenutzungseinrede schließt im Gegensatz zum Anerkenntnis das **15** spätere Wiederaufgreifen aus. Ein wirksamer Verzicht ist jedoch nicht bereits in der Erklärung, die Einrede werde nicht aufrechterhalten, zu sehen (aA Ingerl/Rohnke Rn. 20). Der BGH stellt strenge Anforderungen an einen Verzicht und verlangt diesbezüglich eine ausdrückliche Verzichtserklärung (vgl. BGH GRUR 2000, 886 (887) – Bayer/BaiChem). Nach stRspr ist bei Erklärungen, die als Verzicht oder in sonstiger Weise rechtsvernichtend gewertet werden sollen, das Gebot der interessengerechten Abwägung zu beachten. Danach müssen auch die der Erklärung zugrundeliegenden Umstände besonders beachtet werden. Selbst bei eindeutig erscheinenden Erklärungen kann ein Verzicht nur unter Beachtung sämtlicher Begleitumstände angenommen werden (BGH NJW 1994, 379 (380); 2001, 2325 (2326); vgl. auch Ströbele/Hacker/Thiering/Ströbele Rn. 41; Fezer Rn. 8).

Nicht ausreichend ist demnach das bloße Nichtweiterverfolgen der Einrede oder das Schweigen **16** des Inhabers der angegriffenen Marke auf die Zustellung der Unterlagen zum Nachweis der Benutzung. Auch die Aussage, die Einrede werde „nicht weiter aufrechterhalten" wurde nicht als Verzicht ausgelegt (BGH GRUR 2000, 886 (887) – Bayer/BaiChem). Gleiches gilt für ein teilweises Zugeständnis der Benutzung für bestimmte Waren/Dienstleistungen (vgl. BGH GRUR 2010, 859 Rn. 20 – Malteserkreuz III).

Solche Erklärungen versetzen das Verfahren lediglich zurück in den rechtlichen Zustand vor **17** Erhebung der Einrede. In diesen Fällen kann die Einrede jederzeit – unter Beachtung der Grundsätze des verspäteten Vorbringens (→ Rn. 18 ff.) – wiederaufgegriffen werden (vgl. Ströbele/Hacker/Thiering/Ströbele Rn. 40).

5. Verspätetes Vorbringen

Aufgrund des geltenden Beibringungsgrundsatzes sind die Vorschriften der ZPO und der dort **18** geregelten Verspätungsvorschriften grundsätzlich anwendbar (BGH GRUR 1998, 938 (939) – DRAGON), weshalb auch eine Zurückweisung der Nichtbenutzungseinrede aufgrund verspäteten Vorbringens im Einzelfall möglich ist. Dabei ist zu beachten, dass im Verfahren vor dem DPMA und auch im Beschwerdeverfahren vor dem BPatG lediglich die Bestimmungen der ZPO für das Verfahren in der ersten Instanz angewandt werden (BGH GRUR 2010, 859 Rn. 15 – Malteserkreuz III). Die frühere Rechtsprechung, welche die Anwendung der Bestimmungen über die Berufung bejaht hatte, ist damit obsolet. Diese Rechtsprechung hatte auf der früheren Funktion des Berufungsverfahrens als unbeschränkte zweite Tatsacheninstanz beruht, welche deutliche Parallelen zum Beschwerdeverfahren iSd §§ 66 ff. aufgewiesen hatte (BGH GRUR 1998, 938 (939) – DRAGON). Nach den Änderungen durch das Zivilprozessreformgesetz vom 27.7.2001 (BGBl. I 1887), durch welches das Berufungsverfahren in erster Linie zu einem Instrument der Rechtskontrolle umgestaltet wurde, besteht nun ein grundlegender Unterschied zum Beschwerdeverfahren vor dem BPatG, in welchem dem BPatG als erster gerichtlicher Instanz auch eine vollständige Tatsachenüberprüfung obliegt (BGH GRUR 2010, 859 Rn. 15 – Malteserkreuz III; vgl. auch Ströbele/Hacker/Thiering/Ströbele Rn. 46).

Die Erhebung der Nichtbenutzungseinrede erstmals im Verfahren vor dem BPatG kann mithin **19** bei verfahrensverzögernder Verspätung gemäß § 282 Abs. 2 ZPO, § 296 Abs. 2 ZPO iVm § 82 Abs. 1 S. 1 unzulässig sein. Diese Vorschriften sind als erstinstanzliche Vorschriften grundsätzlich anwendbar. Voraussetzung ist gemäß § 296 Abs. 2 ZPO eine Verfahrensverzögerung, die auf einer groben Nachlässigkeit des Inhabers der angegriffenen Marke beruht. Eine solche führt zur Zurückweisung der Einrede (BGH GRUR 1998, 938 (939) – DRAGON; GRUR 2005, 58 (59) – BRELAN/Rilan). Bei einer Berücksichtigung der Einrede trotz Vorliegens einer Verspätung iSd § 282 Abs. 2 ZPO, § 296 Abs. 2 ZPO kann eine Verletzung des rechtlichen Gehörs vorliegen (BGH GRUR 2003, 903 – Katzenstreu). Der Verspätungsvorschrift des § 282 Abs. 1 ZPO kommt aufgrund des Verfahrensgangs vor dem DPMA sowie dem BPatG mit allenfalls einer mündlichen Verhandlung kaum praktische Bedeutung zu (so auch Ströbele/Hacker/Thiering/Ströbele Rn. 49). Eine Anwendung des § 282 Abs. 2 ZPO im Beschwerdeverfahren vor dem BPatG kommt allerdings grundsätzlich nur in Betracht, wenn den Parteien durch richterliche Anordnung aufgegeben worden ist, die mündliche Verhandlung durch Schriftsätze oder durch zu Protokoll der Geschäftsstelle abzugebende Erklärungen nach § 129 Abs. 2 ZPO vorzubereiten (BGH GRUR 2010, 859 Rn. 16 – Malteserkreuz III).

20 Eine Verzögerung des Verfahrens kann mangels bestimmten Entscheidungstermins nicht im schriftlichen Verfahren angenommen werden, da eine Verzögerung in diesem Fall nicht feststellbar ist. Nur im Rahmen des Beschwerdeverfahrens kann eine Verfahrensverzögerung relevant werden, wenn die Einrede erstmalig in oder kurz vor dem Termin zur mündlichen Verhandlung erhoben wird und dem Widersprechenden bis zum Schluss der mündlichen Verhandlung der Nachweis objektiv unmöglich ist (BPatGE 40, 127 (131) – Ruoc/RoC; BPatGE 40, 26 (30) – KIMBOY'S; BPatG GRUR 1997, 54 – S.OLIVER; vgl. auch Ströbele/Hacker/Thiering/Ströbele Rn. 50). Die Möglichkeit des Nachweises durch einen nachgereichten Schriftsatz gemäß § 283 ZPO ist dabei ausgeschlossen, da § 283 ZPO nicht die Nachbesserung eigener Beweisführung zulässt. Die Einrede ist mithin so rechtzeitig zu erheben, dass der Widersprechende bis zur mündlichen Verhandlung Erkundigungen über die Benutzungslage einholen und die nötigen Mittel zum Nachweis beschaffen kann, ohne dass eine Vertagung der Entscheidung nötig wird. Dabei muss auch eine eventuelle rechtliche Beratung berücksichtigt werden (BPatGE 40, 127 (131) – Ruoc/RoC). Kommt eine Anwendung der § 282 Abs. 2 ZPO, § 296 Abs. 2 ZPO in Betracht, kann die Fristenregelung des § 131 Abs. 1 S. 1 ZPO entsprechend als Bewertungsmaßstab herangezogen werden. Danach sind Schriftsätze, die neues Vorbringen enthalten, so rechtzeitig einzureichen, dass sie mindestens eine Woche vor der mündlichen Verhandlung an den Prozessgegner zugestellt werden können (vgl. Ströbele/Hacker/Thiering/Ströbele Rn. 52).

21 Neben der drohenden Verfahrensverzögerung muss als zweite Voraussetzung der § 282 Abs. 2 ZPO, § 296 Abs. 2 ZPO grobe Nachlässigkeit seitens des Einredenden vorliegen. Diese Voraussetzung ist im Einzelfall anhand aller Umstände zu überprüfen, wobei Ausgangspunkt der Grundsatz sein muss, dass die Nichtbenutzungseinrede nicht zum frühestmöglichen Zeitpunkt erhoben werden muss. Dem Inhaber der angegriffenen Marke muss ein angemessener Zeitraum zugestanden werden, in dem er sich selbst zunächst über die tatsächlichen Umstände der Benutzung der Widerspruchsmarke informieren kann (Ströbele/Hacker/Thiering/Ströbele Rn. 53; vgl. BPatG BeckRS 2008, 7659 – Net-T/NETT: keine Verspätung bei einer Woche vor der mündlichen Verhandlung und dem Widersprechenden zugestellter Einrede; BeckRS 2009, 14241 – IDEEFIX/IDEFIX: Verspätung angenommen bei zwei Tage vor mündlicher Verhandlung eingegangener Einrede).

22 Nach seiner ständigen Rechtsprechung geht das BPatG von einer Erklärungspflicht des Widersprechenden aus, weshalb es bei Nichterscheinen des Widersprechenden zur mündlichen Verhandlung nicht zu einer Verfahrensverzögerung und mithin nicht zu einer Zurückweisung der Nichtbenutzungseinrede wegen verspäteten Vorbringens kommen kann. In diesem Fall ist zu entscheiden und der Widerspruch zurückzuweisen (BPatGE 37, 114 – ETOP). Nach Ansicht des BPatG kann es nur zu einer Verfahrensverzögerung kommen, wenn die Benutzungslage der Widerspruchsmarke streitig ist, was noch nicht ohne weiteres aus der Erhebung der Nichtbenutzungseinrede selbst geschlossen werden könne. Diese stelle nur die Ausgangsbehauptung dar, zu welcher sich der Widersprechende grundsätzlich gemäß § 138 Abs. 2 ZPO erklären müsse. Unterbleibt diese Erklärung, seien die Folgen des § 138 Abs. 3 ZPO, dass die Einrede nicht wegen Verfahrensverzögerung als verspätet zurückgewiesen werden kann, vom Widersprechenden zu tragen (vgl. BPatG GRUR 1997, 534 (535) – ETOP/Itrop; GRUR 1999, 350 (352) – Ruoc/ROC; BeckRS 2012, 12594 – Cargolifter/lifter; BeckRS 2008, 26994 – Silvamed/SILCA med; BeckRS 2007, 16364 – CYREX/IREX; BeckRS 2007, 11665 – SYNEXION/Synavion; vgl. auch Kliems MarkenR 2001, 185 (189); krit. Ströbele/Hacker/Thiering/Ströbele Rn. 55). Mache hingegen der Widersprechende die Benutzung in Form einer Erklärung nach § 138 Abs. 2 ZPO geltend, könne die Einrede als verspätet zurückgewiesen werden, wenn ein sofortiger Nachweis (für Widersprüche, die vor dem 14.1.2019 erhoben wurden: eine sofortige Glaubhaftmachung) der Benutzung nicht möglich und deshalb mit einer Verfahrensverzögerung zu rechnen sei.

23 Diese Rechtsprechung des BPatG wurde in der Literatur im Hinblick auf die Rechtsfolgen, die im Ergebnis einem Versäumnisurteil – welches im Beschwerdeverfahren nicht vorgesehen ist – gleichkommen, heftig kritisiert (vgl. Ströbele/Hacker/Thiering/Ströbele Rn. 55; Fezer Rn. 9). Der Widersprechende geht ein hohes Risiko ein, wenn er an der angesetzten mündlichen Verhandlung nicht teilnimmt, obwohl eine Nichtbenutzungseinrede grundsätzlich möglich wäre. Es ist nicht ersichtlich, warum die bloße Erhebung der Nichtbenutzungseinrede nicht ausreichen sollte, um von einer streitigen Benutzungslage auszugehen. Die Ausgangsbehauptung ist nicht in der Erhebung der Einrede zu sehen, sondern muss bereits in der Einlegung des Widerspruchs selbst verortet werden. In dieser Erhebung liegt gleichzeitig die implizite Aussage des Widersprechenden, die Marke werde rechtserhaltend benutzt. Die Erhebung der Nichtbenutzungseinrede in der mündlichen Verhandlung stellt dann die Erklärung des Widerspruchsgegners iSd § 138 Abs. 2 ZPO dar und kann – sofern ein sofortiger Nachweis nicht möglich ist und damit eine Verzögerung des Verfahrens droht – auch bei Abwesenheit des Widersprechenden als verspätetet zurückgewiesen werden.

II. Benutzungszeitraum und -schonfrist nach § 43 Abs. 1 S. 1

Nach § 43 Abs. 1 S. 1 erfasst der Zeitraum, für den die Benutzung nachzuweisen ist, die „letzten **24** fünf Jahre vor dem Anmelde- oder Prioritätstag der Marke, gegen die der Widerspruch sich richtet". Die Nichtbenutzungseinrede kann ihrerseits nur dann gegen die Widerspruchsmarke erhoben werden, wenn zum Zeitpunkt der Erklärung „seit mindestens fünf Jahren kein Widerspruch mehr gegen sie möglich war". Der Norm ist damit der für den Nachweis maßgebliche Benutzungszeitraum sowie die Benutzungsschonfrist, deren Ablauf für die Geltendmachung der Nichtbenutzungseinrede erforderlich ist, zu entnehmen. Sie hat durch die Einführung des MaMoG zum 14.1.2019 grundlegende Änderungen erfahren. Seit ihrer Neufassung entspricht das deutsche Recht den unionsrechtlichen Regelungen der MRL.

1. Hintergrund und Systematik des § 43 Abs. 1 S. 1

Die Regelungen über die Nichtbenutzungseinrede in § 43 Abs. 1 stellen die verfahrensrechtli- **25** che Durchsetzung des Benutzungszwangs als eine Schranke des Markenschutzes dar. § 43 Abs. 1 in seiner vor dem 14.1.2019 geltenden Fassung beruhte auf Art. 11 Abs. 2 MRL 2008 (vgl. Amtl. Begr., BT-Drs. 12/6581, 92). Die mit dem MaMoG eingeführte Neufassung des § 43 Abs. 1 beruht hingegen auf Art. 44 der neugefassten MRL. Diese enthält konkrete Vorgaben zum Benutzungszeitraum sowie (iVm Art. 16 Abs. 1 MRL) zu der Benutzungsschonfrist. Darüber hinaus regelt sie, dass der Inhaber der Widerspruchsmarke die rechtserhaltende Benutzung auf Bestreiten des Widerspruchsgegners nachzuweisen hat. Das materielle Recht des Benutzungszwangs ist im vierten Abschnitt des MarkenG in den §§ 25, 26 geregelt (→ § 25 Rn. 1 ff., → § 26 Rn. 1 ff.). Weitere Verfahrensregeln finden sich in §§ 49, 55 für die Verfallsregelung und das Verfalls- und Nichtigkeitsverfahren vor den ordentlichen Gerichten und in § 53 Abs. 6 in der seit dem 1.5.2020 geltenden Rechtsfassung für das Nichtigkeitsverfahren wegen des Bestehens älterer Rechte vor dem DPMA. Der Benutzungszwang stellt eine rechtliche Obliegenheit für den Markeninhaber dar.

Mit Wirkung zum 14.1.2019 wurde insbesondere die bisherige Einrede des § 43 Abs. 1 S. 2 **26** ersatzlos gestrichen. Dies folgt aus einer konsequenten Umsetzung des Art. 44 MRL, der einen solchen erweiterten Benutzungszeitraum offensichtlich nicht vorsieht. Dem deutschen Sonderweg eines zweiten „gleitenden" bzw. „wandernden" Benutzungszeitraums wurde damit ein Ende bereitet. Für diese bislang eröffnete Möglichkeit einer zweiten Einrede, mit der auch eine erforderliche Benutzung der Widerspruchsmarke nach dem fraglichen Stichtag bestritten werden konnte, besteht aufgrund des eindeutigen Wortlauts des Art. 44 MRL kein Raum (vgl. BT-Drs. 19/2898, 76). Die Regelung schafft auf diesem Wege die gewünschte Klarheit und beendet das „Chaos" unterschiedlicher nationaler Regelungen und Fristberechnungen in Europa (vgl. Bender MarkenR 2013, 129 (136)). In dem Fall, dass die Widerspruchsmarke im Laufe des Verfahrens löschungsreif wird, bleibt dem Inhaber der jüngeren Marke also nur, gegen die Widerspruchsmarke mittels eines Löschungsantrags oder einer Löschungsklage vorzugehen (Hacker GRUR 2019, 235 (241); v. Mühlendahl GRUR 2019, 25 (29)).

Die Einrede nach § 43 Abs. 1 S. 1 kann gegenüber allen eingetragenen Marken erhoben werden, **27** die dem Benutzungszwang unterliegen, mithin gegenüber eingetragenen nationalen Marken, IR-Marken sowie Unionsmarken, nicht hingegen gegenüber notorisch bekannten Marken oder Agentenmarken. Bei nicht eingetragenen Kennzeichen gilt der Benutzungszwang nicht, sondern die Benutzung ist Teil der Entstehungsvoraussetzungen des Markenschutzes.

2. Benutzungsschonfrist

Gemäß 43 Abs. 1 S. 1 ist die Erhebung der Nichtbenutzungseinrede nur gegenüber Marken **28** zulässig, sofern zu diesem Zeitpunkt seit mindestens fünf Jahren kein Widerspruch mehr gegen sie möglich war. Das ist entweder der Tag nach Ablauf der Widerspruchsfrist oder der Zeitpunkt, an dem die das Widerspruchsverfahren beendende Entscheidung Rechtskraft erlangt hat oder der Widerspruch zurückgenommen wurde (§ 26 Abs. 5). Dieser Fünfjahreszeitraum wird als Benutzungsschonfrist bezeichnet (vgl. Amtl. Begr., BT-Drs. 12/6581, 86 und BT-Drs. 19/2898, 76). Der Begriff der Benutzungsschonfrist ist insoweit missverständlich, als es sich dabei nicht um eine echte Frist handelt, innerhalb welcher der Markeninhaber vom Benutzungszwang befreit wäre. Es handelt sich vielmehr um einen Zeitraum, vor dessen Ablauf dem Widersprechenden nicht die

Einrede der Nichtbenutzung entgegengehalten werden kann. Der Zeitraum soll ihm zur Aufnahme der Benutzung der Marke zur Verfügung stehen (vgl. Begr. zum ÄndG 1967, BlPMZ 1967, 244 (265); BPatG GRUR 1999, 1002 (1004) – SAPEN). Dies wird auch daran deutlich, dass die Benutzung bei Erhebung der Einrede unmittelbar nach Ablauf der fünf Jahre für die fünf davorliegenden Jahre, mithin die Benutzungsschonfrist, nachzuweisen ist (vgl. Kliems MarkenR 2001, 185 (186); ebenso Ströbele/Hacker/Thiering/Ströbele Rn. 15; Ingerl/Rohnke § 25 Rn. 9).

29   Durch das Inkrafttreten des MaMoG änderte sich der Beginn der Benutzungsschonfrist. Vor der Gesetzesänderung begann die Benutzungsschonfrist für nationale Marken mit dem Tag der Eintragung bzw. – falls gegen die Eintragung Widerspruch erhoben wurde – zum Zeitpunkt des abgeschlossenen Widerspruchsverfahrens. Nach geltender Rechtslage beginnt die Benutzungsschonfrist hingegen mit dem Zeitpunkt, ab dem kein Widerspruch mehr gegen die Marke möglich war. Bei Unionsmarken gilt unverändert gemäß Art. 18 Abs. 1 UMV ausschließlich der Tag der Eintragung, weil in der UMV das Widerspruchsverfahren vorgeschaltet ist. Eine Parallelregelung zu § 26 Abs. 5 (→ § 26 Rn. 15) existiert in der Verordnung nicht, wäre aber aufgrund der Eintragung der Unionsmarke erst nach Abschluss des Widerspruchsverfahrens ohnehin überflüssig. Für Widersprüche aus IR-Marken gelten § 115 Abs. 2 und § 116, die durch das MaMoG sowie durch das zweite PatRModG (welches zum 1.5.2022 in Kraft trat, vgl. BlPMZ 2021, 290) ebenfalls Änderungen erfahren haben. Danach tritt grundsätzlich an die Stelle des Zeitpunkts, ab dem kein Widerspruch mehr gegen die Marke möglich war, der Tag, der in § 115 Abs. 2 bezeichnet ist, mithin der Tag, an dem das Schutzerstreckungsverfahren abgeschlossen wurde, oder der Tag, an dem die Frist des Art. 5 Abs. 2a PMMA abgelaufen ist, sofern bis zu diesem Zeitpunkt dem Internationalen Büro der Weltorganisation für geistiges Eigentum weder eine Mitteilung über die Schutzbewilligung noch eine Mitteilung über die vorläufige Schutzverweigerung zugegangen ist.

3. Benutzungszeitraum

30   Seit Umsetzung des MaMoG bezieht sich der Benutzungszeitraum des § 43 Abs. 1 S. 1 auf den Anmelde- oder Prioritätstag der Marke, gegen die sich der Widerspruch richtet, und nicht mehr auf die Veröffentlichung der Eintragung der Marke. Erhebt der Inhaber der angegriffenen Marke also zulässig die Einrede der Nichtbenutzung, hat der Widersprechende die rechtserhaltende Benutzung der Widerspruchsmarke in den letzten fünf Jahren vor dem Anmelde- bzw. Prioritätstag der jüngeren Marke nachzuweisen. Der maßgebliche Benutzungszeitraum wird somit – im Vergleich zur früheren deutschen Rechtslage vor der Umsetzung des MaMoG – vorverlegt (zur praktischen Bedeutung Höfener IPRB 2019, 156 (158)). Die Änderung dient der Anpassung an die verbindlichen Vorgaben des Art. 44 MRL und scheint auf der Vorstellung zu beruhen, dass die modernen Datenbanken sehr frühzeitig Kenntnisse über die Anmeldung neuer Marken vermitteln können und (potentielle) Widersprechende deshalb nicht mehr auf die Veröffentlichung der Eintragung solcher Marken angewiesen sind (so Bender MarkenR 2016, 10 (12); Ströbele/Hacker/Thiering/Ströbele Rn. 7). Es besteht damit für die Berechnung der Benutzungsschonfrist der Widerspruchsmarke Gleichklang mit dem Unionsmarkenrecht. Eine weitere Änderung des § 43 Abs. 1 S. 1 besteht darin, dass nicht die Glaubhaftmachung der Benutzung, sondern der Nachweis der Benutzung, erforderlich ist (→ Rn. 32). Eine länger zurückliegende Nichtbenutzung ist unbeachtlich, so dass es nur auf den Zeitraum der letzten fünf Jahre ankommt, auch wenn eine längere Nichtbenutzung vorgelegen hat (vgl. Ströbele/Hacker/Thiering/Ströbele Rn. 8). Es ist zu beachten, dass eine durchgehende Benutzung über den gesamten Zeitraum von fünf Jahren nicht erforderlich ist. Wie schon nach alter Rechtslage ist es ausreichend, wenn eine Benutzung für einzelne Abschnitte des Benutzungszeitraums iSd § 43 Abs. 1 S. 1 nachgewiesen werden kann.

31   Der Benutzungszeitraum des § 43 Abs. 1 S. 1 ist unveränderlich. Ein einmal erbrachter ausreichender Nachweis der Benutzung bleibt während des gesamten Verfahrens einschließlich aller Rechtsmittelverfahren fortdauernd rechtserhaltend, und eine Nichtbenutzung ist nicht nachträglich heilbar (Ströbele/Hacker/Thiering/Ströbele Rn. 8).

III. Nachweis der Benutzung

32   Bevor das MaMoG zum 14.1.2019 in Kraft trat, hatte der Widersprechende auf die zulässige Erhebung der Nichtbenutzungseinrede iSd § 43 Abs. 1 aF hin die rechtserhaltende Benutzung der Widerspruchsmarke lediglich glaubhaft zu machen (§ 294 ZPO; vgl. BGH GRUR 2006, 152 Rn. 20 – GALLUP und insbesondere nicht nach § 286 ZPO zu beweisen. Für die Glaubhaftmachung iSd § 294 ZPO ist nicht die volle Überzeugung, sondern ein gewisser Grad an Wahrscheinlichkeit – auch überwiegende Wahrscheinlichkeit genannt (BGH NJW 1998, 1870; 1996, 1682; Thomas/Putzo/Seiler ZPO § 294 Rn. 2) –, erforderlich (vgl. auch BGH GRUR 2006, 152

Rn. 20 – GALLUP; BPatGE 33, 228 (231) – Lahco; BPatG Mitt 1984, 236 – ALBATRIN/
Aludrin). Mit Inkrafttreten des MaMoG ist in Widerspruchsverfahren statt der bisherigen Glaub-
haftmachung der „Nachweis" der Benutzung erforderlich (§ 43 Abs. 1 S. 1). Die Art. 44 Abs. 1
MRL umsetzende Regelung verlangt damit strengere Anforderungen im Vergleich zur vorherigen
Rechtslage. Nach § 43 Abs. 1 S. 2 kann dieser Nachweis aber auch durch eine eidesstattliche
Versicherung erbracht werden. In der Praxis hat die eidesstattliche Versicherung, welche schon
vor der Rechtsänderung das wichtigste Glaubhaftmachungsmittel für Umfang, Zeitraum und Ort
der Benutzung sowie für die Person des Benutzers gewesen war (vgl. Ströbele/Hacker/Thiering/
Ströbele Rn. 82) mithin nicht an Bedeutung verloren. War in dem Referentenentwurf des Bundesministeriums der Justiz und für Verbraucherschutz noch davon die Rede, dass mit „Nachweis"
ein „Vollbeweis im Sinne des § 286 ZPO" gemeint sei, findet sich in der Gesetzesbegründung
nur noch der Hinweis, dass der Begriff „Nachweis" im Sinne der Markenrechtrichtlinie dem
gleichlautenden Begriff in Art. 47 Abs. 2 UMV entspreche (BT-Drs. 19/2898, 76). Mit der
Reform des MaMoG dürfte im Widerspruchsverfahren damit grundsätzlich dasselbe Beweismaß
wie im Verletzungs- und Nichtigkeitsprozess gelten, wobei eine unionsrechtliche Orientierung
und weniger eine nationale über § 286 ZPO dogmatisch zutreffend erscheint. In der Gesetzesbegründung heißt es insoweit weiter, dass das Widerspruchsverfahren seinen Charakter als effizientes
und kostenschonendes Streitschlichtungsmittel beibehalten solle und dass die Änderung der Terminologie in erster Linie der Umsetzung unionsrechtlicher Vorgaben diene (BT-Drs. 19/2898, 76).

Die Benutzung muss für jedes Verfahren, in dem sie bestritten worden ist, nachgewiesen werden. **33**
Dabei ist eine Verweisung auf die Nachweisunterlagen in anderen Verfahren grundsätzlich ausgeschlossen (vgl. noch zur Glaubhaftmachung Kliems MarkenR 2001, 185 (196); Ingerl/Rohnke
Rn. 23; Ströbele/Hacker/Thiering/Ströbele Rn. 78; vgl. auch BPatGE 17, 147 (150)). Ausnahmen kommen lediglich in Betracht, wenn es sich um den gleichen Benutzungszeitraum sowie
dieselben Beteiligten handelt (Ströbele/Hacker/Thiering/Ströbele Rn. 78).

1. Amts-/Gerichtsbekannte Benutzung und unstreitige Tatsachen

Für bekannte Marken besteht gemäß § 291 ZPO die Möglichkeit, die rechtserhaltende Benut- **34**
zung für diejenigen Waren oder Dienstleistungen, für welche eine allgemeine Bekanntheit besteht,
als amts- bzw. gerichtsbekannt festzustellen (vgl. Ingerl/Rohnke Rn. 22). In diesem Fall wird die
Benutzung als nicht beweisbedürftig angesehen. Es ist allerdings stets sorgfältig zu prüfen, ob eine
solche amts- bzw. gerichtsbekannte Benutzung für alle oder nur einen Teil der relevanten Waren
oder Dienstleistungen angenommen werden kann (vgl. Ströbele/Hacker/Thiering/Ströbele
Rn. 66; so auch Büscher/Dittmer/Schiwy/v. Gramm Rn. 15). Darüber hinaus bedürfen auch
zwischen den Beteiligten unstreitige Tatsachen keines Nachweises. In diesem Fall sind allerdings
Rechtsfragen in Bezug auf die Benutzungslage der Disposition der Beteiligten entzogen, so dass
nur die tatsächlichen Voraussetzungen der Umstände einer relevanten Benutzung erfasst werden
(BGH GRUR 1991, 138 (139) – Flacon; Ingerl/Rohnke Rn. 28; an der Anwendbarkeit des § 288
ZPO generell zweifelnd BGH GRUR 2000, 886 (887) – Bayer/BaiChem). In diesem Fall ist es
wichtig, genau zwischen dem bloßen Außer-Streit-Stellen einzelner Tatsachen gemäß § 288 ZPO
und der Anerkennung der Benutzung insgesamt bzw. unter Umständen sogar dem Verzicht auf
die Einrede zu unterscheiden (BPatG GRUR 2004, 954 (956) – CYNARETTEN/Circanetten).

2. Aufklärungspflicht (§ 139 ZPO)

Aufgrund des geltenden Beibringungsgrundsatzes ist es dem DPMA und dem BPatG nicht **35**
gestattet, den Widersprechenden zum Nachweis einer bestrittenen Markenbenutzung aufzufordern
oder Hinweise auf die den Erfordernissen der Mittel zum Nachweis zu geben (BPatG GRUR 1994,
629 (630) – Duotherm; GRUR 2000, 900 (902) – Neuro-Vibolex; BeckRS 2018, 37830
Rn. 26 ff. – petso; BeckRS 2019, 6399 Rn. 20; GRUR-RS 2022, 5217 Rn. 24 – Millingse
HeXXenkaas; so auch Ströbele/Hacker/Thiering/Ströbele Rn. 70).

Die Aufklärungspflicht gemäß § 139 ZPO gilt grundsätzlich auch schon im – weitgehend **36**
justizförmig ausgestalteten – Widerspruchsverfahren vor dem DPMA (BPatGE 24, 241 (245) –
FLUICIL; grundlegend zur Aufklärungspflicht → § 76 Rn. 15 ff.). Diese verlangt Hinweise und
Rückfragen, wenn Verfahrensbeteiligte wesentliche rechtliche oder tatsächliche Gesichtspunkte
übersehen oder die Rechtslage ersichtlich falsch einschätzen (BGH WRP 2001, 699 (701) –
Impfstoffe; BPatG GRUR 2004, 950 (953) – ACELAT/Acesal; für Beispiele, in denen eine
Hinweispflicht angenommen wurde, vgl. Ingerl/Rohnke Rn. 27). Die Aufklärungspflicht findet
ihre Grenzen jedoch in der Neutralitätspflicht des DPMA bzw. des BPatG und darf in keinem
Fall zu einer Stärkung bzw. Schwächung der prozessualen Stellung einer Partei führen (BPatG

GRUR 2004, 950 (953) – ACELAT/Acesal). Die Aufklärung darf nicht zur Beratung eines Verfahrensbeteiligten ausarten (Ingerl/Rohnke Rn. 27).

37   Damit dient die Aufklärungspflicht des § 139 ZPO nur der Ergänzung bereits erfolgten tatsächlichen Vorbringens und rechtfertigt keine Hinweise, welche die Verfahrensbeteiligten erst zu einem bestimmten Vorbringen veranlassen. Vor allem, wenn das Verhalten der Beteiligten darauf schließen lässt, dass diese Mängel in Bezug auf ihr bisheriges Vorbringen bewusst sein müssten, verbietet sich eine Aufklärung seitens des Gerichts bzw. des DPMA (BPatG GRUR 2004, 950 (953) – ACELAT/Acesal; Mitt 2006, 567 (570) – VisionArena/@rena vision; Piekenbrock NJW 1999, 1360 (1363); Ströbele/Hacker/Thiering/Ströbele Rn. 72). Dies gilt gerade dann, wenn einzelne Fragen zum Nachweis bereits umfangreich in Literatur und Rechtsprechung erörtert und grundsätzlich geklärt worden sind (BPatG GRUR 2000, 900 (902) – Neuro-Vibolex). Die Beteiligten müssen im Widerspruchsverfahren damit alle vertretbaren Rechtsauffassungen in Betracht ziehen (vgl. BGH GRUR 2000, 894 – Micro-PUR; GRUR 2001, 754 (755) – Zentrum für Implantologie; GRUR 2006, 152 Rn. 13 – GALLUP; GRUR 2008, 1027 Rn. 20 – Cigarettenpackung; GRUR 2009, 91 Rn. 12 – Antennenhalter). Eine Ausnahme ist nur im Falle einer beiderseitigen erkennbaren Annahme unzutreffender rechtlicher oder tatsächlicher Gesichtspunkte zu machen (Ströbele/Hacker/Thiering/Ströbele Rn. 75).

38   Diese Grundsätze gelten auch für eventuelle Rechtsmittelverfahren. Da eine einmal in das Verfahren eingebrachte Nichtbenutzungseinrede auch in den Rechtsmittelinstanzen vom Widersprechenden beachtet werden muss (vgl. zB BGH GRUR 1999, 54 (55) – Holtkamp), obliegt diesem in allen Instanzen der Nachweis der Benutzung auch ohne erneuten Hinweis oder Aufforderung seitens des Gerichts bzw. des Amts (ständige Rechtsprechung, vgl. BPatG MA 1976, 500 (502); BPatGE 22, 211 (212); so auch Ingerl/Rohnke Rn. 19; Ströbele/Hacker/Thiering/Ströbele Rn. 76). Wenn ein Widerspruch – ohne auf die Nichtbenutzungseinrede einzugehen – zurückgewiesen wird und der Widersprechende sich mit einem Rechtsmittel gegen diese Entscheidung wendet, hat er von sich aus den Benutzungsnachweis für den maßgeblichen Zeitraum zu erbringen (Ströbele/Hacker/Thiering/Ströbele Rn. 76). Seit Abschaffung des „wandernden" Benutzungszeitraums gemäß § 43 Abs. 1 S. 2 aF durch das MaMoG stellt sich für den Widersprechenden allerdings nicht mehr das Problem, dass er laufend und in allen Instanzen überprüfen muss – und sich auch diesbezüglich nicht auf einen Hinweis des Gerichts verlassen darf –, inwiefern seine vorgelegten Benutzungsunterlagen dem Zeitraum der Einrede nach S. 2 entsprechen.

3. Inhalt des Nachweises

39   Wie bereits zuvor bei der Glaubhaftmachung muss der Widersprechende auch im Rahmen des Nachweises konkret darlegen, wer die Marke auf welche Weise für welche Waren und Dienstleistungen in welchen Jahren an welchem Ort benutzt hat und wie viel Umsatz damit erzielt worden ist. Die Umsatzzahlen müssen entweder in Geldbeträgen oder in Stück- oder Auftragszahlen konkret auf die jeweiligen Waren und Dienstleistungen bezogen sein (BPatG BeckRS 2017, 116592 Rn. 15).

40   Aufgrund der Änderung von der Glaubhaftmachung zum Nachweis dürfte die zuvor geltende Beschränkung auf präsente Beweismittel entfallen sein, da § 294 Abs. 2 ZPO keine Anwendung mehr findet.

41   Weiterhin Beachtung dürfte allerdings auch nach der neuen Rechtslage der Grundsatz finden, dass bloße Nachweisangebote (vgl. BPatG GRUR 2000, 900 (901) – Neuro-Vibolex) oder der Verweis auf Unterlagen aus anderen Widerspruchsverfahren (BPatG MA 1975, 371) unzulässig sind.

42   Bloßes schriftsätzliches Vorbringen ohne Mittel zum Nachweis reicht ebenfalls nicht aus (zur Glaubhaftmachung Kliems MarkenR 2001, 185 (196)). So begründet ein pauschaler schriftsätzlicher Verweis auf Internetauftritte keine rechtserhaltende Benutzung, da vom Amt bzw. dem Gericht nicht verlangt werden kann, diesen in Augenschein zu nehmen (BPatG BeckRS 2016, 16390 – VOLKS.FAHRRAD). Dasselbe gilt für die Vorlage zahlreicher unkommentierter Unterlagen oder inhaltlich pauschaler eidesstattlicher Versicherungen, aus welchen sich die relevanten Unterlagen allenfalls heraussuchen oder mutmaßen lassen (BPatG BeckRS 2016, 12109). Der Nachweis muss sich auf alle maßgeblichen Umstände der Benutzung beziehen, die den Bedingungen des § 26 entspricht. In der Praxis war und ist die eidesstattliche Versicherung ein gängiges Mittel zum Nachweis (und zuvor zur Glaubhaftmachung), wobei auch andere Unterlagen, wie Preislisten, Prospekte, Rechnungen oder ähnliches, als Mittel zum Nachweis dem DPMA bzw. BPatG (zusätzlich) vorgelegt werden sollten, auch wenn es sich dabei nicht um Urkunden iSd § 416 ZPO handelt. Insbesondere zur Erläuterung oder Ergänzung der eidesstattlichen Versicherung

sind diese Unterlagen ein geeignetes Glaubhaftmachungsmittel (vgl. BPatG GRUR-RS 2020, 30608 Rn. 95 ff. - Damia/DAMLA, Mamia; BPatGE 24, 109 (111) – FOSECID; BPatGE 33, 228 (231) – Lahco; BPatG Mitt 1984, 97 (98) – PLATTOPLAST; GRUR 2007, 596 (597) – La Martina) und dürften auch als Nachweismittel tauglich sein. Das DPMA kann gemäß § 60 Abs. 1 jederzeit auch die Beteiligten laden und anhören, Zeugen oder Sachverständige vernehmen und andere zur Sachverhaltsermittlung erforderlichen Ermittlungen anstellen (vgl. Fezer Rn. 11). Seit Einführung des zweiten PatRModG zum 1.5.2022 (BlPMZ 2021, 290) ist gemäß § 60 Abs. 1 S. 2 insbesondere § 128a ZPO zur Verhandlung im Wege der Bild- und Tonübertragung neben den Regelungen des zweiten Buches der ZPO auf die Maßnahmen nach § 60 Abs. 1 S. 1 anwendbar. Die vorgelegten Nachweismittel sind im Zusammenhang zu sehen (BPatG Mitt 1984, 97 (98) – PLATTOPLAST; BPatGE 33, 228 (231) – Lahco; BPatG GRUR 2007, 596 (597) – La Martina; BGH GRUR 2008, 719 Rn. 27 – idw Informationsdienst Wissenschaft) und auf eventuelle Widersprüche hin zu bewerten (vgl. BPatG Mitt 1984, 97 – Plattoplast; BPatGE 33, 228 – Lahco).

43 Der Nachweis unterliegt keinen gesetzlichen Ausschlussfristen, muss aber so rechtzeitig erfolgen, dass sich der Inhaber der angegriffenen Marke noch in angemessenem Zeitraum, mithin vor Schluss der mündlichen Verhandlung, dazu äußern kann. Als Maßstab kann § 132 Abs. 2 ZPO angewandt werden, wonach Schriftsätze mindestens eine Woche vor der mündlichen Verhandlung an den Prozessgegner zugestellt werden müssen (so Ströbele/Hacker/Thiering/Ströbele Rn. 52). Eine Zurückweisung von Mitteln zum Nachweis als verspätetes Vorbringen kommt regelmäßig nicht in Betracht, da von einer Verfahrensverzögerung nicht ausgegangen werden kann (nach BeckRS 2018, 14638 Rn. 33 sind auch erst im Beschwerdeverfahren mit der Beschwerdebegründung eingereichte weitere Unterlagen zur Glaubhaftmachung der Benutzung nicht als verspätet zurückzuweisen). Bei erst kurz vor der mündlichen Verhandlung vorgelegten Unterlagen ist die Rechtzeitigkeit als Voraussetzung einer Verfahrensverzögerung jedenfalls dann gegeben, wenn durch eine der Gegenseite gewährte Schriftsatzfrist nach § 283 ZPO eine Verzögerung vermieden werden kann. Im Rahmen des schriftlichen Verfahrens ist eine Verfahrensverzögerung ohnehin nie anzunehmen (Ströbele/Hacker/Thiering/Ströbele Rn. 50; BPatG GRUR 1999, 350 (352) – Ruoc/ROC; GRUR 2007, 596 (597) – La Martina; BeckRS 2009, 1505 – Lotus-Effekt/LOTOS; BeckRS 2009, 86092 – CPC/cpc).

4. Eidesstattliche Versicherung

44 Der Nachweis kann gemäß § 43 Abs. 1 S. 2 auch durch eidesstattliche Versicherung erbracht werden. Diese muss von einer aus eigener Kenntnis sachkundigen natürlichen Person im eigenen Namen zur Vorlage beim DPMA bzw. BPatG abgegeben und unterzeichnet werden. Die Angaben müssen sich auf den jeweils maßgeblichen Zeitraum der Einrede iSd § 43 Abs. 1 beziehen und eindeutig in Bezug zur markenmäßigen Verwendung der Widerspruchsmarke stehen sowie die Waren bzw. Dienstleistungen, für welche die Marke benutzt wurde, benennen und den Umfang der Benutzung genau beschreiben (vgl. Ingerl/Rohnke Rn. 23; weiter zB BGH GRUR 2000, 510 – Contura; GRUR 2000, 900 – Neuro-Vibolex; BPatGE 33, 228 (231) – Lahco; BGH GRUR 2008, 719 – idw Informationsdienst Wissenschaft). Die Erklärung der Kenntnis möglicher strafrechtlicher Folgen nach § 156 StGB ist nicht zwingend erforderlich, da diese nichts an der Strafbewährung ändert (BPatGE 30, 101 (104) – WEKROMA; Ströbele/Hacker/Thiering/Ströbele Rn. 90). In der Praxis ist diese Formulierung gleichwohl üblich. Wird eine eidesstattliche Versicherung mit Anlagen wie Rechnungen oder Werbemitteln vorgelegt, so ist darauf zu achten, dass auch diese Anlagen erkennen lassen, für welche Waren oder Dienstleistungen und in welcher Form die Widerspruchsmarke konkret benutzt wurde. Es reicht nicht aus, wenn diese Informationen sich nur aus der eidesstattlichen Versicherung ergeben (BPatG BeckRS 2016, 16556). Der eidesstattlichen Versicherung muss zudem zu entnehmen sein, in welchem Umfang die Marke im Inland benutzt wurde. Wird in der Erklärung nicht zwischen internationalen und inländischen Umsatzerlösen unterschieden und ist eine dahingehende Unterscheidung auch nicht anhand der weiteren Benutzungsunterlagen möglich, so werden diese Angaben bei der Beurteilung der rechtserhaltenden Benutzung nicht berücksichtigt (BPatG BeckRS 2016, 14773). Die angegebenen Umsatzzahlen sollten auch nicht lediglich pro Jahr zusammengefasst für alle Waren und Dienstleistungen angegeben werden. Wie schon bei der Glaubhaftmachung nach früherer Rechtslage sollte auch die eidesstattliche Versicherung zum Nachweis der Benutzung detaillierte Angaben zu den Umsatzzahlen, die konkret auf die jeweiligen Waren und Dienstleistungen bezogen sind, enthalten (BPatG GRUR-RS 2021, 18189 Rn. 31).

45 Die Aussagekraft einer eidesstattlichen Versicherung liegt darin, dass eine natürliche Person ihr aus eigener unmittelbarer Wahrnehmung erlangtes Wissen über Tatsachen erklärt. Daher ist die eidesstattliche Versicherung in eigenem Namen abzugeben und zu unterzeichnen. Eine firmenmäßige Unterzeichnung erfüllt diese Voraussetzungen nicht (vgl. BPatGE 33, 228 (231) – Lahco). Unbeachtlich ist allerdings die Abgabe der Erklärung unter Verwendung eines Firmenstempels oder als Prokurist mit dem Zusatz „ppa", da die Versicherung trotzdem von einer natürlichen Person abgegeben wird (vgl. BPatG BeckRS 2002, 15799 – Berti/BERRI; BeckRS 2009, 3463 – EuroOBAG/EuroOBAGS; aA Ingerl/Rohnke Rn. 23). Trotzdem sollte die eidesstattliche Versicherung im Zweifel besser in einer neutralen Form (zum Beispiel ohne Firmenbriefkopf/-stempel) von einer natürlichen Person abgegeben werden.

46   Die eidesstattliche Versicherung muss aufgrund der sonst fehlenden Strafbewährung (vgl. BPatG BeckRS 2009, 14855 – SINTEC/Sim Tec; 22.2.2002 – 24 W (pat) 115/98 – BRACCO/GRACO; so auch Ströbele/Hacker/Thiering/Ströbele Rn. 84; Ingerl/Rohnke Rn. 25) grundsätzlich im Original und nicht bloß als Kopie eingereicht werden (vgl. BPatG BeckRS 2018, 34712 Rn. 25 – MOVISTAR). Etwas anderes gilt bei der Form eines Telefax, wenn dieses von der Strafandrohung des § 156 StGB erfasst wird. Dies ist der Fall, wenn das unterschriebene Original unmittelbar an die zur Entgegennahme zuständige Stelle übermittelt wird. Aufgrund des Absendernachweises gewährleistet das Telefax grundsätzlich dieselbe Authentizität wie die Übermittlung der unterschriebenen Originalurkunde per Post. Die Übersendung der eidesstattlichen Versicherung vom Gerät des Absenders direkt an das entsprechende Gerät des DPMA oder BPatG reichte schon als Mittel für die Glaubhaftmachung nach § 294 ZPO aus (BPatG BlPMZ 2004, 499 (500) – BONSAL/Bonfal; GRUR-RR 2009, 96 (97) – FlowParty/flow; Ingerl/Rohnke Rn. 25) und ist auch als Mittel zum Nachweis der Benutzung ausreichend (Ströbele/Hacker/Thiering/Ströbele Rn. 85).

47   Der Erklärende muss mit den Benutzungsverhältnissen aufgrund eigener Kenntnis der Umstände vertraut sein. Dies kann sich aus der besonderen Stellung des Erklärenden als verantwortlicher Angehöriger des Unternehmens des Widersprechenden ergeben (BPatGE 24, 109 (111) – FOCESID). In besonderen Fällen können jedoch auch Außenstehende über die Kenntnis der Benutzung für einen relevanten Fünfjahreszeitraum verfügen (BPatG BeckRS 1998, 14427 – MODICIN/MODUCRIN). Anwaltliche Versicherungen sind allerdings nur in Ausnahmefällen und in Bezug auf Umstände der Glaubhaftmachung möglich, die zum eigenen Wahrnehmungsbereich des Anwalts gehören (vgl. Ströbele/Hacker/Thiering/Ströbele Rn. 86; Ingerl/Rohnke Rn. 24).

48   Inhaltlich muss sich die eidesstattliche Versicherung auf Tatsachen beziehen und darf sich nicht in Werturteilen oder Rechtsauffassungen erschöpfen (vgl. BPatG GRUR 1978, 358 (359) – Druckbehälter; Winkler MA 1984, 329 (331); Ströbele/Hacker/Thiering/Ströbele Rn. 87). Die tatsächlich verwendete Wiedergabe der Marke und – besonders bei Marken, die in verschiedenen abweichenden Formen verwendet werden, bei welchen die Zulässigkeit der Abwandlung iSd § 26 Abs. 3 fraglich ist – ihre markenmäßige Verwendungsform (BGH GRUR 2010, 270 Rn. 24 – ATOZ III) müssen deutlich, die durch die Marke gekennzeichneten Waren oder Dienstleistungen benannt sowie der Umfang der Benutzung und deren Inlandsbezug erkennbar werden (vgl. Ingerl/Rohnke Rn. 23 mit Angabe von Beispielen zu formellen oder inhaltlichen Mängeln). Die eidesstattliche Versicherung muss inhaltlich Bezug auf die streitgegenständlichen Benutzungsformen und -nachweise nehmen. Werden Benutzungsunterlagen vorgelegt, muss die eidesstattliche Versicherung klarstellen, dass sich die im Rahmen der Versicherung gemachten Angaben konkret auf diese Benutzungsunterlagen beziehen. Die pauschale Aussage, die Marke werde auf Verpackungen oder sonstigen Benutzungsnachweisen verwendet, ohne spezifisch auf die im Verfahren vorgelegten Unterlagen Bezug zu nehmen, reicht nicht aus. In diesen Fällen kann die abgegebene Versicherung als unklar und ungenau bewertet werden (EuGH C-414/13 P, BeckRS 2014, 80939 Rn. 35). Die Art und die Form der Benutzung sind hingegen nicht im Wege einer eidesstattlichen Versicherung, sondern nur durch die Vorlage der verwendeten Markenform auf der Originalware oder anderen Wiedergabearten (zB Kataloge, Screenshots von Websites oder Online-Shops, Fotos etc), welche die Form deutlich erkennen lassen, nachzuweisen (vgl. BPatG Mitt 2006, 567 (569) – VisionArena/@rena vision; BeckRS 2000, 15168 – PATURAGES/PATURAGE; BeckRS 2009, 00241 – Residenz Wallerstein/Wallenstein; ebenso Ströbele/Hacker/Thiering/Ströbele Rn. 92, der die teilweise erörterte Möglichkeit der Glaubhaftmachung – bzw. seit Umsetzung des MaMoG des Nachweises – der Form der Benutzung durch eidesstattliche Versicherung als rein theoretisch beschreibt).

IV. Benutzung für bestimmte Waren/Dienstleistungen (Abs. 1 S. 3)

49   Nach § 43 Abs. 1 S. 3 werden bei der Entscheidung über einen Widerspruch in Bezug auf die Identität bzw. Ähnlichkeit nur die Waren und Dienstleistungen zugrunde gelegt, für welche die rechtserhaltende Benutzung durch den Inhaber der Widerspruchsmarke nachgewiesen wurde. Ähnliche Regelungen für die Klageverfahren finden sich in § 25 Abs. 2 S. 3, § 55 Abs. 3 S. 4 sowie § 53 Abs. 6 S. 5. Da der Schutz im Rahmen der Verwechslungsgefahr sich aber auch auf ähnliche Waren und Dienstleistungen bezieht, kann der Schutzbereich der Widerspruchsmarke sich entgegen § 43 Abs. 1 S. 3 auf Waren und Dienstleistungen beziehen, die grundsätzlich von der Berücksichtigung ausgeschlossen sind (vgl. auch Ingerl/Rohnke Rn. 31 mit weiteren Beispielen).

Im Falle der Benutzung eines eingetragenen Oberbegriffs durch Spezialwaren besteht Streit **50** zwischen den Anhängern der sog. Minimallösung und der Maximallösung. Zur rechtserhaltenden Benutzung durch Verwendung von Oberbegriffen → § 26 Rn. 112 ff.

C. Die Widerspruchsentscheidung (Abs. 2)

In § 43 Abs. 2 sind die Entscheidungsalternativen für den Widerspruch geregelt. Grundsätzlich **51** kann im Falle eines erfolgreichen Widerspruchs die eingetragene Marke (teilweise) gelöscht oder der Widerspruch (teilweise) zurückgewiesen werden. Für die Entscheidung über den Widerspruch sind nach § 56 Abs. 2 S. 1 die Markenstellen des DPMA zuständig, da das Widerspruchsverfahren aufgrund der Gesetzessystematik organisatorisch zum Eintragungsverfahren gehört (vgl. Amtl. Begr., BT-Drs. 12/6581 zu § 56 Abs. 2). Die Besetzung ist in § 56 Abs. 2 S. 2, 3 geregelt. Danach ist das Verfahren bei rechtlich komplexeren Sachverhalten an ein rechtskundiges Mitglied des Amtes zu verweisen.

I. Entscheidung in der Hauptsache

1. Löschung der eingetragenen Marke

Die Marke ist nach § 43 Abs. 2 S. 1 zu löschen, soweit der Widerspruch als zulässig befunden **52** wird und in Bezug auf alle Waren und/oder Dienstleistungen ein Löschungsgrund iSd § 42 Abs. 2 (→ § 42 Rn. 91 ff.) vorliegt. Im Falle des Widerspruchs gegen eine IR-Marke tritt an die Stelle der Löschung gemäß § 114 Abs. 3 die Eintragung der Schutzverweigerung. Die Löschungswirkung des § 43 Abs. 2 S. 1 tritt mit Rechtskraft der Entscheidung ein und wirkt gemäß § 52 Abs. 2 iVm § 43 Abs. 4 (zum Verweis in § 43 Abs. 4 → Rn. 75) auf den Zeitpunkt der Eintragung zurück (vgl. Amtl. Begr., BT-Drs. 12/6581, 87; Ingerl/Rohnke Rn. 47). Davon werden jedoch nach § 43 Abs. 4 iVm § 52 Abs. 3 vollstreckte rechtskräftige Entscheidungen in Verletzungsprozessen sowie erfüllte Verträge nicht erfasst.

Bis zum Eintritt der Rechtskraft kann der Widerspruch zurückgenommen werden, was zur **53** Wirkungslosigkeit der Entscheidung führt. Eine bestandskräftige Löschung der eingetragenen Marke kann nur noch durch die fristgebundene Eintragungsbewilligungsklage nach § 44 beseitigt werden. Ist diese erfolgreich, kommt es zur Wiedereintragung der Marke unter Wahrung ihres ursprünglichen Zeitrangs (vgl. Ströbele/Hacker/Thiering/Ströbele Rn. 98; Ingerl/Rohnke Rn. 48). Dabei ist zu beachten, dass die Löschungsentscheidung gemäß § 43 Abs. 2 S. 1 für die Eintragungsbewilligungsklage des § 44 in Bezug auf das Vorliegen eines Widerspruchsgrundes bindend ist (→ § 44 Rn. 8 ff.; BGH GRUR 1981, 53 (55) – Arthrexforte). Dies gilt wiederum nicht für eine eventuelle Verletzungsklage des Widersprechenden wegen Benutzung der Widerspruchsmarke und auch nicht für eine negative Feststellungsklage des Inhabers der angegriffenen Marke wegen behaupteter Verletzung (vgl. Ingerl/Rohnke Rn. 48).

2. Teillöschung

Die Möglichkeit einer Teillöschung wird in § 43 Abs. 2 S. 1 ausdrücklich für den Fall erwähnt, **54** dass der Widerspruch nur hinsichtlich bestimmter Waren und/oder Dienstleistungen der angegriffenen Marke Erfolg hat. In diesem Fall wird die Marke nur in Bezug auf diese Waren bzw. Dienstleistungen gelöscht, der Widerspruch im Übrigen zurückgewiesen. Ein im Verzeichnis der angegriffenen Marke aufgeführter Oberbegriff ist hingegen auch dann vollständig zu löschen, wenn eine Ähnlichkeit nur bezüglich einer unter den Begriff fallenden Ware oder Dienstleistung besteht. Weder das DPMA noch das BPatG sind berechtigt, den Oberbegriff von sich aus ohne eindeutige Verzichtserklärung des Markeninhabers einzuschränken und das Verzeichnis umzuformulieren. Hierzu ist ausschließlich der Markeninhaber selbst im Wege eines Teilverzichts nach § 48 Abs. 1 berechtigt (BGH GRUR 2005, 513 (514) – MEY/Ella May; GRUR 2005, 326 (327) – il Padrone/Il Portone; BPatG Mitt 1998, 75 (76) – Hoemoren/HEMERAN; Ströbele/Hacker/Thiering/Ströbele Rn. 99; Ingerl/Rohnke Rn. 49; Fezer Rn. 33).

3. Erfolgloser Widerspruch

55　　Nach § 43 Abs. 2 S. 2 ist der erfolglose Widerspruch zurückzuweisen. Eine Zurückweisung kommt damit im Falle der Unbegründetheit des Widerspruchs in Betracht. Der Widerspruch ist unbegründet, wenn kein Widerspruchsgrund iSd § 42 Abs. 2 vorliegt oder die Nichtbenutzungseinrede nach § 43 Abs. 1 vollständig greift. Die Nichtigkeitsklage aus demselben Kennzeichen bleibt dem Widersprechenden trotz einer Zurückweisung allerdings offen (Amtl. Begr., BT-Drs. 12/6581 zu § 42; BGH GRUR 1967, 94 (95) – Stute).

56　　Davon zu unterscheiden ist ein bereits unzulässiger Widerspruch (zur Zulässigkeit des Widerspruchs → § 42 Rn. 21 ff.), der nicht nach § 43 Abs. 2 zurückgewiesen wird, sondern zu verwerfen ist (vgl. auch Ingerl/Rohnke Rn. 45; Ströbele/Hacker/Thiering/Ströbele Rn. 103). Dies gilt auch, wenn der Widerspruch aufgrund der Löschung der Marke, auf die er gestützt war, nachträglich unzulässig wird (BPatG GRUR 2006, 612 (613) – Seniorität; BPatGE 24, 112 (124); 20, 235 (238)). Die Zulässigkeit des Widerspruchs stellt eine von Amts wegen zu beachtende Verfahrensvoraussetzung für die Sachentscheidung dar (BPatG BeckRS 2019, 12495 Rn. 13).

4. Mehrere Widersprüche

57　　Seit Inkrafttreten des MaMoG wird rechtlich nur noch ein Widerspruch erhoben, wenn derselbe Rechteinhaber mehrere ihm gehörende ältere Rechte geltend macht (§ 42 Abs. 3, § 29 Abs. 1 MarkenV). Der neu gefasste § 31 MarkenV sieht daher (lediglich) vor, dass „über mehrere Widersprüche (…) gemeinsam entschieden werden" kann. Die zuvor erforderliche Voraussetzung der Sachdienlichkeit (§ 31 Abs. 2 MarkenV aF) ist damit entfallen. Die Möglichkeit, über mehrere Widersprüche gemeinsam zu entscheiden, besteht unabhängig von einer Aussetzung nach § 43 Abs. 3 (zur Aussetzung → Rn. 64). Trotz dieser Möglichkeit bleibt die Verfahrensbeteiligung der Widersprechenden auf den eigenen Widerspruch beschränkt (BGH GRUR 1967, 681 (682) – D-Tracetten). Der Beschluss muss auch bei der Entscheidung über mehrere Widersprüche nur einmal an den Inhaber der Marke zugestellt werden (BPatG GRUR 2008, 362 (363) – Beschwerdeerweiterung).

58　　Wird die angegriffene Marke aufgrund eines erfolgreichen Widerspruchs gelöscht, werden alle weiteren Widersprüche aufgrund der Rückwirkung der Löschung nach § 52 Abs. 2 iVm § 43 Abs. 4 gegenstandslos (BGH GRUR 2008, 714 – idw Informationsdienst Wissenschaft).

II. Die Kostenentscheidung

59　　Grundsätzlich trägt im Widerspruchsverfahren jeder Beteiligte die ihm erwachsenden Kosten selbst (§ 63 Abs. 1 S. 3). Das DPMA kann allerdings nach § 63 Abs. 1 S. 1 in verfahrensabschließenden Entscheidungen oder gemäß § 63 Abs. 1 S. 2 auch bei Rücknahme des Widerspruchs, Verzicht auf die Eintragung oder einer Löschung mangels Verlängerung eine Verteilung der Kosten nach billigem Ermessen anordnen (BPatGE 22, 212; vgl. auch Ingerl/Rohnke Rn. 53; Fezer Rn. 34). Gegen die Kostenentscheidung ist eine isolierte Beschwerde statthaft, da § 99 Abs. 1 ZPO wegen § 82 Abs. 1 MarkenG keine Anwendung findet (BPatG BeckRS 2016, 03281 – Immobilien Lounge).

60　　In der Praxis hat die Kostenverteilung nach billigem Ermessen allerdings eine nur sehr geringe Relevanz. Das BPatG bestätigte jüngst, dass die besonderen Umstände, die zu einer Abweichung von der gesetzgeberischen Grundentscheidung des § 63 Abs. 1 S. 3 führten, nur dann vorlägen, wenn einer der Beteiligten die Kosten des Verfahrens schuldhaft verursacht habe (BPatG GRUR-RS 2019, 35224). Dafür sei erforderlich, dass der Beteiligte das Verfahren betrieben habe, obwohl er von vornherein keine oder nur ganz geringe Erfolgsaussichten hätte sehen und bei der gebotenen objektiven Abwägung von Erfolgsaussichten von der Einleitung eines Verfahrens hätte absehen müssen (BPatG GRUR-RS 2019, 35224). Insoweit sei darauf abzustellen, ob die Aussichtslosigkeit auch einem markenrechtlich Unerfahrenen ohne weiteres hätte einleuchten müssen oder ob dem Beteiligten durch frühere Verfahren bereits die Aussichtslosigkeit seines Vorgehens vor Augen geführt worden sei. Ein Verstoß gegen prozessuale Sorgfaltspflichten sei mithin in der Regel nur dann gegeben, wenn der Schluss naheliege, dass ein Beteiligter mit seinem Verhalten verfahrensfremde Ziele, wie etwa die Verzögerung einer Entscheidung oder die Behinderung der Gegenseite, verfolge (BPatG GRUR-RS 2019, 35224). Das BPatG hatte in dem Zusammenhang bereits zuvor bestätigt, dass eine Kostenauferlegung aus Billigkeitsgründen grundsätzlich nur angezeigt sei, wenn sich das Fehlen der Verwechslungsgefahr aus den vorgetragenen Tatsachen und den dazu vorgelegten Unterlagen offenkundig, gleichsam auf den ersten Blick, ergebe. Dies sei regelmäßig bereits dann nicht der Fall, wenn der Widersprechende eine gesteigerte Kennzeichnungskraft der Widerspruchsmarke geltend mache, da dies eine eingehendere Prüfung erfordere (BPatG BeckRS 2015, 13952; Albrecht GRUR-Prax 2015, 484). Selbst die Einlegung eines erfolglosen Widerspruchs aus einem kaum unterscheidungskräftigen Unternehmenskennzeichen soll keine negative Kostenfolge für den Widersprechenden haben (BPatG BeckRS 2016, 03281 – Immobilien Lounge).

Auch die spätere Rücknahme des Widerspruchs im Beschwerdeverfahren ist für sich genommen **61** nicht als Zugeständnis einer anfänglichen Aussichtslosigkeit des Widerspruchs im Sinne einer Verletzung der Sorgfaltspflichten zu werten, da jede Rücknahme auch andere Gründe haben kann (BPatG BeckRS 2016, 15469). Geht jedoch der Widersprechende gegen die Zurückweisung eines Widerspruchs im Wege der Beschwerde vor, ohne auch nur zu versuchen, die vom DPMA zutreffend angeführten Mängel des Nachweises der Benutzung zu beseitigen, so hat dieser die Kosten des Beschwerdeverfahrens zu tragen (BPatG BeckRS 2016, 12109; Albrecht GRUR-Prax 2016, 329). Zu weiteren Billigkeitserwägungen sowie den materiellen Voraussetzungen der Kostenentscheidung → § 71 Rn. 20 ff. Zur Kritik an der zu vorsichtigen Kostenauferlegung → § 71 Rn. 6 f.

III. Die Rechtsmittel

Gegen die Hauptsacheentscheidung kann der Betroffene gemäß § 66 Beschwerde zum BPatG **62** einlegen. Wurde die Widerspruchsentscheidung – wie im Regelfall – von einem Beamten des gehobenen Dienstes erlassen, ist neben der Beschwerde gemäß § 64 auch die Erinnerung statthaft. Die Erinnerungsentscheidung ist wiederum mit der Beschwerde nach § 66 (→ § 66 Rn. 9 ff.), die Beschwerdeentscheidung mit einer Rechtsbeschwerde zum BGH nach § 83 (→ § 83 Rn. 6 ff.), anfechtbar.

Die Kostenentscheidung kann selbstständig mit der Beschwerde bzw. der Erinnerung angegrif- **63** fen werden, wobei das Ermessen des DPMA in vollem Umfang zu überprüfen ist (BPatGE 12, 193 (195); 10, 310 – CHOKO FLAKES/CHOKO WACH).

D. Die Aussetzung der Entscheidung (Abs. 3)

I. Aussetzung nach Abs. 3

Wurden gegen eine Marke mehrere Widersprüche erhoben, ermöglicht § 43 Abs. 3 für den **64** Fall, dass einer oder mehrere Widersprüche begründet sind und daraus die Löschung der Marke angeordnet werden kann, die Aussetzung des Verfahrens über die weiteren Widersprüche bis zur rechtskräftigen Entscheidung. Über die Aussetzung entscheidet das DPMA auf Antrag eines Beteiligten entsprechend § 248 Abs. 1 ZPO oder von Amts wegen. Ob eine Aussetzung erfolgt, liegt auch bei Vorliegen der gesetzlichen Voraussetzungen im Ermessen des DPMA bzw. des BPatG (BGH GRUR 1993, 556 (559) – TRIANGLE). Es liegt damit ebenfalls im Ermessen des DPMA, den erfolgversprechendsten Widerspruch auszuwählen und diesen als Löschungsgrund für die eingetragene Marke heranzuziehen. Dabei ist es unbeachtlich, ob eine Vielzahl von Widersprüchen oder bloß zwei gegen die Marke erhoben wurden (Ströbele/Hacker/Thiering/Ströbele Rn. 107).

Aufgrund der klaren verfahrensökonomischen Zielsetzung der Regelung kann es im Einzelfall **65** aber auch geboten sein, gemäß § 31 MarkenV über die Widersprüche gemeinsam zu entscheiden.

Im Einzelfall kann die Aussetzung allerdings auch zu extremen Verfahrensdauern führen, wenn **66** im schlimmsten Fall alle Instanzen mehrfach hintereinander gestaffelt durchlaufen werden müssen, bis über alle Widersprüche entschieden ist. Um einer Entwertung des Widerspruchsverfahrens als zeitlich überschaubares Verfahren entgegenzuwirken und die verfahrensökonomische Zielsetzung nicht durch eine Mehrbelastung des BPatG aufgrund eines „Abwanderns" zum Löschungsverfahren zu konterkarieren, sollte von der Möglichkeit der Aussetzung des Verfahrens nur mit Bedacht Gebrauch gemacht werden (so auch Ingerl/Rohnke Rn. 50).

II. Aussetzung wegen Vorgreiflichkeit

§ 43 Abs. 3 regelt die Aussetzungsmöglichkeiten nicht abschließend (vgl. Amtl. Begr., BT-Drs. **67** 12/6581 zu § 43 Abs. 3 sowie § 32 Abs. 1 MarkenV). Eine Aussetzung kommt weiterhin in Betracht, wenn ein vorgreifliches Rechtsverhältnis besteht. Für vorgreifliche Rechtsverhältnisse vor dem DPMA ist dieser Grundsatz in § 32 Abs. 2 MarkenV geregelt. Dieser umfasst in § 32 Abs. 2 Var. 2 MarkenV insbesondere auch die durch das MaMoG geschaffene Möglichkeit eines Nichtigkeitsverfahrens vor dem DPMA (§§ 53–54). Für Verfahren vor dem BPatG gilt über die Verweisung in § 82 Abs. 1 S. 1 die Regelung in § 148 ZPO. Auch für anhängige Verfalls- und

Nichtigkeitsverfahren vor den Zivilgerichten nach §§ 49, 51, 55 gelten grundsätzlich die allgemeinen Voraussetzungen der Vorgreiflichkeit, mit der Einschränkung, dass der Verfahrensverlauf regelmäßig nicht vorhersehbar ist und die Verfahren vor den Zivilgerichten unterschiedlichen Grundsätzen und Modalitäten unterliegen (vgl. Ströbele/Hacker/Thiering/Ströbele Rn. 117). Letztere unterscheiden sich insbesondere in ihrem Umfang, ihrer Komplexität und ihrer Dauer von den amtlichen Verfahren, die nach § 43 Abs. 3 und § 32 MarkenV ein vorgreifliches Rechtsverhältnis begründen können. Eine Aussetzung des Widerspruchsverfahrens wegen eines vorgreiflichen Verfalls- und Nichtigkeitsverfahren vor den Zivilgerichten kommt daher nur in Ausnahmefällen in Betracht (BPatGE 17, 154 (156); BPatG Mitt 1973, 160 (161); Anders/Schade/Ströbele GRUR 1991, 483 (496); Ströbele/Hacker/Thiering/Ströbele Rn. 117). Eine Aussetzung kommt schließlich auch in Betracht, sofern der Widerspruch aus einer Unionsmarke erhoben wurde und gegen die Unionswiderspruchsmarke ein Löschungsverfahren vor dem EUIPO angestrengt wird (BPatG BeckRS 2019, 843 Rn. 17 ff.; 2017, 148183).

68   Die erforderliche „Vorgreiflichkeit" setzt in allen Fällen voraus, dass der anderen Entscheidung ein gewisses Präjudiz in Bezug auf den anhängigen Widerspruch zukommt. Ein solcher Fall ist vor allem dann gegeben, wenn ein voraussichtlich erfolgreicher Widerspruch auf eine angemeldete, aber noch nicht eingetragene, Marke gestützt wird. Aber auch anhängige Verfalls- und Nichtigkeitsverfahren vor den ordentlichen Gerichten begründen ein solches Präjudiz (BPatGE 34, 143; → § 8 Rn. 1 ff.). Entsprechendes dürfte für vor dem DPMA anhängige Verfalls- und Nichtigkeitsverfahren gelten (vgl. § 32 Abs. 2 Var. 2 MarkenV). Insbesondere in einem Verfalls- und Nichtigkeitsverfahren vor den ordentlichen Gerichten wegen absoluter Schutzhindernisse spricht für eine Aussetzung, dass der Inhaber der angegriffenen Marke nicht auf die Eintragungsbewilligungsklage nach § 44 zu verweisen ist, da diese nicht auf solche absoluten Schutzhindernisse gestützt werden kann (BPatG GRUR 1998, 406 (407) – Aussetzung des Widerspruchsverfahrens). Hingegen kann die Vorgreiflichkeit bei Nichtigkeitsverfahren, die auf Schutzhindernissen gemäß §§ 9–13 gestützt sind und bei denen der Verweis auf die Eintragungsbewilligungsklage nach § 44 in Betracht kommt, ausscheiden (BPatG GRUR-RS 2022, 5510 Rn. 27 – kk/kk).

69   In allen Varianten muss die Wahrscheinlichkeit der Löschung der Marke bestehen und eine Entscheidung in absehbarer Zeit zu erwarten sein (vgl. BPatGE 17, 154 (157); BPatG GRUR 1998, 59 (60) – Coveri; GRUR 1998, 406 (407) – Aussetzung des Widerspruchsverfahrens; GRUR 2007, 596 (597) – La Martina). Rein tatsächliche Zusammenhänge – wie zB bei einem vor dem BGH anhängigen Musterprozess – reichen im Rahmen der Vorgreiflichkeit des § 148 ZPO nicht aus (BGH GRUR 2005, 615 – Aussetzung wegen Parallelverfahren). Weder im Hinblick auf die Vorgreiflichkeit noch bezüglich der Gewährleistung eines wirkungsvollen Rechtsschutzes besteht ein Anspruch auf die Aussetzung eines Verfahrens bis zu einer höchstrichterlichen Entscheidung in einem ähnlich gelagerten Verfahren (vgl. BVerfG NJW 2008, 504 (505)). Dasselbe gilt in entsprechender Anwendung des § 148 ZPO in Bezug auf eine entscheidungserhebliche Auslegungsfrage in einem Vorabentscheidungsverfahren nach Art. 267 AEUV vor dem EuGH (BPatG GRUR 2002, 734 – grün/grau). Die Entscheidung über die Nichtaussetzung ist zudem mit einem offensichtlichen Rechtsfehler behaftet, wenn bestimmte relevante Aspekte, die sich aus den vorliegenden Akten ergeben, nicht berücksichtigt werden. Beurteilungsfehlerhaft kann es ebenfalls sein, die Aussetzung mit der Begründung abzulehnen, dass sich ein anhängiger Löschungsantrag nicht gegen sämtliche Waren der Widerspruchsmarke richtet (EuG T-544/14, BeckRS 2015, 81733; Becker GRUR-Prax 2015, 527). Kommt eine Aussetzung des Verfahrens nicht in Betracht, so kann allenfalls noch ein Ruhen des Verfahrens entsprechend § 251 ZPO angeordnet werden (Ströbele/Hacker/Thiering/Ströbele Rn. 122).

III. Aussetzung wegen Sachdienlichkeit

70   Neben der Möglichkeit einer Aussetzung aufgrund eines vorgreiflichen Verfahrens kann das Widerspruchsverfahren gemäß § 32 Abs. 1 MarkenV auch wegen Sachdienlichkeit ausgesetzt werden. Dabei ist eine Vorgreiflichkeit gemäß § 148 ZPO nicht erforderlich. Das Kriterium der Sachdienlichkeit im Rahmen des § 32 Abs. 1 MarkenV umfasst die allgemeinen Grundsätze der Verfahrensökonomie und stellt im Vergleich zur Vorgreiflichkeit des § 32 Abs. 2 MarkenV die generellere Regelung dar. Der Regelung des § 32 Abs. 2 MarkenV ist im Übrigen der Fall gleichzustellen, dass gegen die Widerspruchsmarke ein auf Löschung dieser Marke gerichtetes Widerspruchsverfahren anhängig ist (BPatG GRUR-RS 2021, 25660 Rn. 19 – Club E.L.S.A.).

71   Das Vorliegen der Sachdienlichkeit als Voraussetzung für die Aussetzung des Widerspruchsverfahrens nach § 32 Abs. 1 MarkenV wird als eine Ermessensentscheidung getroffen, die in der Beschwerdeinstanz auf Ermessensfehler überprüfbar ist. Ein Ermessensfehler ist beispielsweise dann anzunehmen, wenn kein rechtliches Gehör gewährt wurde und damit die für die Entscheidung relevanten Tatsachen nicht ermittelt wurden (BPatG BeckRS 2018, 25072 – herzo). Die ausgesprochene Weigerung, ein ausgesetztes Verfahren fortzusetzen, ist – auch wenn sie nicht in Beschlussform ergeht – im Wege der Beschwerde angreifbar (BPatG BeckRS 2018, 25072 – herzo).

Nach dem EuG kommt es für die Frage, ob das Widerspruchsverfahren ausgesetzt werden muss, **72** wenn gegen die Widerspruchsmarke Verfallsantrag gestellt wurde, auf alle Umstände des Einzelfalls an, so dass eine umfassende Interessenabwägung vorzunehmen sei. Dabei sollen die Erfolgsaussichten des Verfallsantrags und das jeweilige Verfahrensstadium zu berücksichtigen sein (EuG T-162/18, BeckRS 2019, 1386 – ALTUS).

Es ist allerdings zu beachten, dass die Regelung des § 32 Abs. 1 MarkenV nur für die Verfahren **73** vor dem DPMA gilt. Im Beschwerdeverfahren vor dem BPatG gilt neben § 43 Abs. 3 nur § 148 ZPO, so dass eine Aussetzung wegen Sachdienlichkeit nicht möglich ist, sondern immer auch ein vorgreifliches Verfahren anhängig sein muss.

IV. Rechtsmittel

Auch die Entscheidungen, die eine Aussetzung anordnen oder ablehnen – nicht hingegen das **74** bloße Unterlassen der Aussetzung –, sind analog § 252 ZPO mit Rechtsmitteln angreifbar, wenn ein Rechtsschutzbedürfnis besteht (vgl. BPatGE 10, 131 (135); 18, 116 (118); so auch Ingerl/Rohnke Rn. 54; Ströbele/Hacker/Thiering/Ströbele Rn. 120; → § 66 Rn. 13). Im Rechtsmittelverfahren ist neben den gesetzlichen Voraussetzungen auch das ausgeübte Ermessen in vollen Umfang überprüfbar (BPatGE 10, 131 (137)).

E. Wirkung der Löschung (Abs. 4)

§ 43 Abs. 4 enthält einen Verweis auf § 52 Abs. 2, 3. Danach wirkt die Löschung der angegriffe- **75** nen Marke nach § 43 Abs. 2 S. 1 auf den Zeitpunkt der Eintragung zurück. Durch den Verweis wird die Löschung der Marke aufgrund eines erfolgreichen Widerspruchs der Löschung aufgrund einer Klage gleichgesetzt. Zu Einzelheiten der Rückwirkung → § 52 Rn. 14 ff.

F. § 43 Abs. 1 aF

Die Umsetzung des MaMoG und die Neufassung des § 43 Abs. 1 aF änderte die Nichtbenut- **76** zungseinrede grundlegend. Viele zuvor bestehende Rechtsfragen sind mit Inkrafttreten des aktuellen § 43 Abs. 1 entfallen. Sie sind gemäß § 158 Abs. 5 jedoch auch heute noch auf Widersprüche, die vor Einführung des MaMoG erhoben wurden und entweder noch nicht beendet sind oder in Rechtsmittelinstanzen weiterverhandelt werden, anwendbar. So liegt zahlreichen aktuellen Gerichtsentscheidungen noch die frühere Rechtslage zugrunde (vgl. zB BPatG GRUR 2022, 721 – EM blond/EM; GRUR-RS 2022, 21955 – LID/LIDL; PharmR 2022, 626 – T&D/TAD; GRUR-RS 2022, 5217 – Milingse HeXXenkaas; GRUR-RS 2021, 46055 – Äskulapstab). Daher wird im Folgenden auf einige ausgewählte Kernthemen der alten Rechtslage in gebotener Kürze Bezug genommen. Für detailliertere Ausführungen wird auf die Kommentierung in der → 3. Aufl. 2020 bzw. der 31. Edition verwiesen, insbesondere → 31. Ed. Stand 1.10.2022, § 42 Rn. 23 ff.

§ 43 Abs. 1 aF regelt **zwei maßgebliche Benutzungszeiträume,** die zu erheblichen rechtli- **77** chen Konsequenzen führen. Nach § 43 Abs. 1 S. 1 aF bezieht sich der Benutzungszeitraum zunächst auf die letzten fünf Jahre vor Veröffentlichung der Eintragung der angegriffenen Marke, wenn die Widerspruchsmarke zu diesem Zeitpunkt seit mehr als fünf Jahren eingetragen war und ihrerseits nicht mehr der Benutzungsschonfrist unterliegt. § 43 Abs. 1 S. 2 aF erweitert den Benutzungszeitraum für den Fall, dass die Benutzungsschonfrist nach Veröffentlichung der Eintragung, aber vor Entscheidung über den Widerspruch, ablief. Unter dieser Regelung versteht der BGH jede fünfjährige Periode, innerhalb der die Widerspruchsmarke nicht benutzt wurde (BGH GRUR 1998, 938 (939) – DRAGON). Anders als in § 43 Abs. 1 S. 1 aF steht dieser in S. 2 geregelte Zeitraum nicht von vornherein fest, sondern kann sich verschieben und sogar in das Beschwerdeverfahren fallen, sog. „wandernder" Benutzungszeitraum (BGH GRUR 2000, 510 – Contura; GRUR 2000, 890 – IMMUNINE/IMUKIN; BPatG GRUR 2009, 64 (65) – GALLUP II). Ist also ein Widerspruchsverfahren vor Inkrafttreten des MaMoG eingeleitet worden und wird dieses derzeit – nach Einführung des MaMoG – im Beschwerdeverfahren vor dem BPatG verhandelt, kann sich der maßgebliche Benutzungszeitraum auch in dieses Verfahren verschieben. Von dem Widersprechenden dürfte dann auch der Benutzungsnachweis für diesen Zeitraum zu fordern sein. Die **Benutzungsschonfrist** beginnt für Widerspruchsmarken nach dem Wortlaut des § 43

Abs. 1 S. 1 aF schon mit der Eintragung der Marke in das Markenregister. Für die Berechnung der Benutzungsschonfrist bei Widersprüchen aus IR-Marken gelten § 115 Abs. 2 aF, § 116 aF, § 124 aF.

78   Für vor Einführung des MaMoG eingelegte und aktuell im Rahmen von Rechtsmittelverfahren verhandelte Widersprüche hat die alte Rechtslage zu der Nichtbenutzungseinrede auch deshalb noch Relevanz, weil nach der Rechtsprechung des BGH hinsichtlich des **Verhältnisses der Benutzungszeiträume** die kumulative Erhebung beider Einreden möglich ist (BGH GRUR 1998, 938 (939) – DRAGON; GRUR 1999, 54 (55) – Holtkamp; GRUR 1999, 995 (996) – HONKA; GRUR 2000, 510 – Contura; GRUR 2006, 150 Rn. 8 – NORMA; GRUR 2008, 719 Rn. 20 – idw Informationsdienst Wissenschaft; so auch Fezer Rn. 20; ähnlich auch Kliems MarkenR 2001, 185 (192); aA Ströbele/Hacker/Thiering/Ströbele Rn. 26; Ingerl/Rohnke Rn. 8; BPatGE 34, 40 (44), mit dem Argument, dass es sich um verschiedene Einredetatbestände handele, die nur alternativ geltend gemacht werden könnten). Insbesondere sind pauschal und undifferenziert erklärte Nichtbenutzungseinreden so weitgehend wie möglich zu verstehen und erfassen regelmäßig beide Benutzungszeiträume (vgl.zB BGH GRUR 2008, 719 Rn. 20 – idw Informationsdienst Wissenschaft; BPatG GRUR-RS 2022, 14696 Rn. 31 – T&D; GRUR-RS 2020, 30608 Rn. 59 – Damia/DAMLA, Mamia; GRUR-RS 2020, 24386 Rn. 20 – Herlitz/Hellis; GRUR-RS 2020, 3879 – Alliance Healthcare; GRUR-RR 2009, 96 (97) – FlowParty/flow; BeckRS 2018, 37830 – petso; Ingerl/Rohnke Rn. 12). Anders ist dies nur zu beurteilen, wenn ein konkreter Zeitraum nach § 43 Abs. 1 S. 1 oder 2 in der Erklärung bezeichnet ist. In diesem Fall gilt der genannte Zeitraum (BPatG GRUR 2014, 85 – GIRODIAMANT/DIAMANT).

79   Nach § 43 Abs. 1 aF hat der Widersprechende die rechtserhaltende Benutzung zudem nicht nach § 286 ZPO zu beweisen, sondern lediglich **glaubhaft zu machen** (§ 294 ZPO; vgl. BGH GRUR, 152 Rn. 20 – GALLUP). Danach ist nicht die volle Überzeugung, sondern ein gewisser Grad an Wahrscheinlichkeit – auch überwiegende Wahrscheinlichkeit genannt (BGH NJW 1998, 1870; 1996, 1682; Thomas/Putzo/Seiler ZPO § 294 Rn. 2) –, erforderlich (vgl. auch BGH GRUR 2006, 152 Rn. 20 – GALLUP; BPatGE 33, 228 (231) – Lahco; BPatG Mitt 1984, 236 – ALBATRIN/Aludrin). Diese Glaubhaftmachung stellt eine prozessuale Obliegenheit des Widersprechenden auf die Erhebung der Nichtbenutzungseinrede hin dar, für die der Beibringungsgrundsatz gilt (BPatG Mitt 1997, 25 (27) – LAILIQUE/LALIQUE; BGH GRUR 2006, 152 Rn. 19 – GALLUP; GRUR 1998, 938 (939) – DRAGON). Der darlegungspflichtige Widersprechende trägt dabei die volle Verantwortung für eine vollständige Glaubhaftmachung und muss sich in Bezug auf die Glaubhaftmachungsmittel sämtliche Mängel zurechnen lassen. Zweifel gehen ausschließlich zu seinen Lasten (vgl. BGH GRUR 2006, 152 Rn. 20 – GALLUP; BPatGE 24, 109 (111) – FOSECID; so auch Ströbele/Hacker/Thiering/Ströbele Rn. 65). Im Rahmen einer eidesstattlichen Versicherung angegebene Umsatzzahlen dürfen daher auch nicht pro Jahr zusammengefasst für alle Waren und Dienstleistungen angegeben werden. Die Glaubhaftmachung der Benutzung erfordert vielmehr detaillierte Angaben zu den Umsatzzahlen, die konkret auf die jeweiligen Waren und Dienstleistungen bezogen sind (BPatG GRUR-RS 2021, 18189 Rn. 31).

§ 44 Eintragungsbewilligungsklage

(1) Der Inhaber der Marke kann im Wege der Klage gegen den Widersprechenden geltend machen, daß ihm trotz der Löschung der Eintragung nach § 43 ein Anspruch auf die Eintragung zusteht.

(2) Die Klage nach Absatz 1 ist innerhalb von sechs Monaten nach Unanfechtbarkeit der Entscheidung, mit der die Eintragung gelöscht worden ist, zu erheben.

(3) Die Eintragung aufgrund einer Entscheidung zugunsten des Inhabers der Marke wird unter Wahrung des Zeitrangs der Eintragung vorgenommen.

Überblick

In § 44 ist die Eintragungsbewilligungsklage als Verteidigungsmöglichkeit des Inhabers der angegriffenen Marke gegen eine Löschung nach § 43 Abs. 2, welche nicht der materiellen Rechtslage entspricht, geregelt. Im Folgenden werden die wichtigsten Zulässigkeitsvoraussetzungen, wie insbesondere die Statthaftigkeit der Klage (→ Rn. 11), die Zuständigkeit sowie weitere formelle Voraussetzungen (→ Rn. 17 ff.), behandelt. Den Schwerpunkt der Kommentierung bilden einerseits die Klagegründe (→ Rn. 21 ff.), insbesondere der zeitliche Rahmen (→ Rn. 21), sowie die Bindungswirkung der Widerspruchsentscheidung für die ordentlichen Gerichte (→ Rn. 8), andererseits die Wirkung des Urteils (→ Rn. 36 ff.), welches nach § 44 Abs. 3 zur prioritätswahrenden Wiedereintragung (→ Rn. 39 ff.) der gelöschten Marke führt.

Übersicht

A. Einleitung; Allgemeines

Die Eintragungsbewilligungsklage nach § 44 ist ein Behelf für den unterlegenen Widerspruchs- **1** gegner. Die Regelung entspricht mit Ausnahme der Regelung zur Klagefrist der früheren Regelung in § 6 Abs. 2 S. 2–4 WZG (vgl. Amtl. Begr., 87). § 44 ermöglicht die Geltendmachung derjenigen Einwände gegen das Widerspruchszeichen, welche im Widerspruchsverfahren aufgrund des summarischen Charakters gesetzlich ausgeschlossen waren. Die Klage ist gerichtet auf die nachträgliche Bewilligung der Eintragung der Marke. Durch die sachlich beschränkte Prüfung der Kollisionslage im Rahmen des Widerspruchsverfahrens kann es auch bei völlig korrekter Anwendung der §§ 42, 43 vorkommen, dass die angegriffene Marke nach § 43 Abs. 2 S. 1 gelöscht wird, obwohl dies nicht der materiellen Rechtslage entspricht. Die Eintragungsbewilligungsklage stellt mithin ein Verteidigungsmittel für den Inhaber der angegriffenen Marke dar, die unter Umständen materiell unzutreffende Widerspruchsentscheidung vor den ordentlichen Gerichten überprüfen zu lassen.

B. Die Eintragungsbewilligungsklage (Abs. 1)

I. Anwendungsbereich

1. Grundlagen; Normzweck

Die Prüfung der Kollisionslage ist im Widerspruchsverfahren sachlich beschränkt, weshalb die **2** Löschung einer Marke nach § 43 Abs. 2 S. 1 – obwohl in formeller Hinsicht mit den Voraussetzungen der §§ 42, 43 im Einklang – der materiellen Rechtslage widersprechen kann. Die rechtserhaltende Benutzung wird nach § 43 Abs. 1 nur aufgrund eines **Nachweises,** der auch durch eine eidesstattliche Versicherung erbracht werden kann, geprüft. Die Stärkung oder Schwächung der Kennzeichnungskraft wird nicht im Sinne einer vollständigen Kollisionsprüfung berücksichtigt, und Einwände gegen den Widerspruch können nur teilweise – markenrechtliche Einwände – oder überhaupt nicht – zB vertragliche oder wettbewerbsrechtliche Gründe – vorgebracht werden. Die Eintragungsbewilligungsklage stellt das notwendige Korrektiv zum beschränkten Prüfungsumfang des nach bisheriger Auffassung summarischen Widerspruchsverfahrens dar (Ingerl/Rohnke Rn. 5; Fezer Rn. 1). In der nur geringen Anzahl von Fällen, in denen die beschränkte Kollisionsprüfung im Widerspruchsverfahren nicht ausreicht und es auf Gesichtspunkte ankommt, die in diesem Rahmen nicht abschließend geprüft werden können, soll die Entscheidung auf die ordentlichen Gerichte übertragen werden. Diese Nachprüfung der Widerspruchsentscheidung durch die ordentlichen Gerichte soll das Widerspruchsverfahren als Massenverfahren entlasten (BGH GRUR 1967, 246 (249) – Vitapur). Durch die Erweiterung des Widerspruchsverfahrens durch das PatR-ModG sowie durch das MaMoG und die Entwicklung hin zu einem echten Streitverfahren wird die ohnehin bereits geringe Praxisrelevanz der Eintragungsbewilligungsklage weiter abnehmen.

3   Dabei erfolgt die Korrektur durch die ordentlichen Gerichte nicht durch eine Überprüfung der Entscheidung des DPMA, sondern in Form einer Entscheidung über einen ungeachtet der Löschung des Kennzeichens fortbestehenden materiellrechtlichen Anspruch auf Eintragung. Dementsprechend erfolgt keine Aufhebung der Widerspruchsentscheidung, sondern die Löschung wird durch eine prioritätswahrende Wiedereintragung nach § 44 Abs. 3 berichtigt.

4   Der Anwendungsbereich deckt sich grundsätzlich mit dem des Widerspruchsverfahrens vor dem DPMA und steht daher auch gegenüber nicht eingetragenen Kennzeichen zur Verfügung. § 44 gilt auch bei Unionsmarken oder IR-Marken mit Benennung der EU oder Deutschlands.

2. Abgrenzung zum Verfallsverfahren und Nichtigkeitsverfahren wegen des Bestehens älterer Rechte vor den ordentlichen Gerichten

5   Die Klage auf Erklärung des Verfalls oder der Nichtigkeit wegen Bestehens älterer Rechte nach § 55 kann neben der Eintragungsbewilligungsklage erhoben werden, wenn der Inhaber der angegriffenen Marke sich darauf beruft, dass die Widerspruchsmarke ihrerseits wegen Verfalls (§ 49) oder wegen eines älteren Rechts (§ 51) löschungsreif sei. In diesem Fall ist die Klage auf Erklärung des Verfalls oder der Nichtigkeit wegen Bestehens älterer Rechte allein nicht ausreichend, da dadurch zwar die Widerspruchsmarke beseitigt wird, die Priorität der Anmeldung der angegriffenen Marke allerdings nur über die Regelung des § 44 Abs. 3 mit der Eintragungsbewilligungsklage erhalten werden kann (Körner GRUR 1975, 7 (10); Munzinger GRUR 1995, 12 (15)). Aus diesem Grund werden beide Klagen regelmäßig miteinander verbunden. Der Widerspruchsgegner muss sich nur auf die Eintragungsbewilligungsklage beschränken, wenn ihm kein korrespondierender Anspruch auf Löschung zusteht, weil bereits ein Zwischenrecht entstanden ist oder eine vertragliche Duldungsverpflichtung besteht (Ingerl/Rohnke Rn. 21). Das Gericht ist bei der Entscheidung über die Löschungsklage nicht an die Entscheidung des DPMA bzw. des BPatG gebunden.

3. Abgrenzung zur negativen Feststellungsklage

6   Neben der Eintragungsbewilligungsklage kommt auch die Erhebung einer negativen Feststellungsklage in Betracht. Wurde die angegriffene Marke bereits in Benutzung genommen, so kann der Inhaber der Marke neben der Eintragungsbewilligungsklage auch eine negative Feststellungsklage dahingehend erheben, dass die Benutzung der jüngeren (angegriffenen) Marke nicht in den Schutzbereich der älteren Marke eingreife und seitens des Inhabers der jüngeren Marke kein Unterlassungsanspruch besteht (BGH GRUR 1954, 346 f. – Strahlenkranz). Diese Möglichkeit trägt dem berechtigten Interesse des Inhabers der angegriffenen Marke an der schnellen Klärung seiner Benutzungsmöglichkeiten Rechnung. Auf verzögernde Erklärungen des Widersprechenden, die Entscheidung über die Geltendmachung etwaiger Unterlassungsansprüche bis zum Abschluss des Widerspruchsverfahrens aufzuschieben, braucht der Inhaber der angegriffenen Marke sich nicht einzulassen. Die Benutzungsberechtigung ist nicht Gegenstand des Widerspruchsverfahrens, so dass das Gericht im Rahmen der negativen Feststellungsklage nicht an den Ausgang des Widerspruchsverfahrens gebunden ist (BGH GRUR 1954, 346 f. – Strahlenkranz).

II. Unionsmarkenrecht

7   Weder die MRL noch die UMV kennen das Institut der Eintragungsbewilligungsklage oder vergleichbare Rechtsschutzmöglichkeiten. Nach der UMV führt das Widerspruchsverfahren zu einer endgültigen Entscheidung zwischen den Parteien. Auch eine prioritätswahrende Wiedereintragung wie in § 44 Abs. 3 ist im Unionsmarkenrecht nicht vorgesehen (Munzinger GRUR 1995, 19). Dem unterlegenen Widerspruchsgegner bleibt nur die Möglichkeit der Löschungsklage (vgl. Ströbele/Hacker/Thiering/Hacker Rn. 6). Wird der Widerspruch hingegen aus einer Unionsmarke gegen eine nationale Eintragung erhoben, ist eine Eintragungsbewilligungsklage möglich (vgl. Begr. zum MarkenRÄndG 1996, BT-Drs. 13/3841, 12).

III. Bindungswirkung des Widerspruchsverfahrens

Im Rahmen der Klage auf Nichtigkeit wegen Bestehens älterer Rechte des Widersprechenden **8** nach §§ 51, 55 sind die ordentlichen Gerichte nicht an die vorangegangenen Entscheidungen des DPMA bzw. des BPatG gebunden. Etwas anderes gilt im umgekehrten Fall der Eintragungsbewilligungsklage, in welchem eine Bindung des Gerichts an die Beurteilungen im Widerspruchsverfahren in Bezug auf das Vorliegen bzw. Nichtvorliegen von Identität iSd § 9 Abs. 1 Nr. 1 oder Verwechslungsgefahr gemäß § 9 Abs. 1 Nr. 2 besteht (BGH GRUR 2002, 59 (61) – ISCO; seit langem ständige Rechtsprechung), und muss entsprechend auch bei einem erfolgreichen Widerspruch aus § 9 Abs. 1 Nr. 3 gelten (vgl. auch Ströbele/Hacker/Thiering/Hacker Rn. 7). Deutlich wird diese Bindung an das Widerspruchsverfahren auch an der Formulierung „trotz der Löschung der Eintragung nach § 43". Die Eintragungsbewilligungsklage kann mithin nicht darauf gestützt werden, die Identität bzw. Verwechslungsgefahr iSd § 9 Abs. 1 sei zu Unrecht angenommen worden (BGH GRUR 1962, 456 (457) – Germataler Sprudel).

Diese Bindungswirkung ist jedoch begrenzt. Nur soweit eine abschließende Prüfung im Rah- **9** men des Widerspruchsverfahrens rechtlich vorgesehen ist und auch tatsächlich darüber entschieden wurde, ist das ordentliche Gericht an die Entscheidung im Widerspruchsverfahren gebunden (BGH GRUR 1967, 246 (249) – Vitapur; BPatGE 7, 155 (160) – Adex). Eine solche abschließende Prüfung findet in Bezug auf die Verwechslungsgefahr sowie die Identität oder Ähnlichkeit der Zeichen bzw. Waren oder Dienstleistungen statt, nicht hingegen im Hinblick auf die Kennzeichnungskraft der Widerspruchsmarke. Ist die Kennzeichnungskraft in einem Fall ausschlaggebend, kann diesbezüglich eine Bindungswirkung nicht angenommen werden (vgl. Ströbele/Hacker/Thiering/Hacker Rn. 8). Gleiches gilt für die Frage der rechtserhaltenden Benutzung iSd § 43 Abs. 1, weil unter dem gemäß S. 1 zu erbringenden „Nachweis" nur ein wesentlich erleichterter Vollbeweis iSd § 286 ZPO zu verstehen ist (vgl. Ströbele/Hacker/Thiering/Hacker § 43 Rn. 57). Denn gemäß § 43 Abs. 1 S. 2 ist für diesen „Nachweis" das Vorlegen einer eidesstattlichen Versicherung ausreichend (vgl. Figge/Hörster MarkenR 2018, 509 (513); dazu auch Wirtz Mitt. 2019, 58 (60)). Die aktuelle Rechtslage entspricht insoweit der Rechtslage vor Einführung des MaMoG zum 14.1.2019, nach welcher lediglich die „Glaubhaftmachung" der rechtserhaltenden Benutzung erforderlich war, für die eine eidesstattliche Versicherung in gleicher Weise genügte.

Bei der Verbindung einer Eintragungsbewilligungsklage mit einer Löschungsklage gegen das **10** Widerspruchszeichen besteht im Rahmen der Löschungsklage auch dann keine Bindungswirkung an die Beurteilung der Verwechslungsgefahr im Widerspruchsverfahren, wenn die Kollisionslage identisch oder vergleichbar mit der im Widerspruchsverfahren ist (Munzinger GRUR 1995, 12 (17)).

IV. Voraussetzungen der Klage

1. Statthaftigkeit

Voraussetzung für die Klage auf Bewilligung der Eintragung ist, dass eine die Löschung anord- **11** nende Widerspruchsentscheidung bereits vorliegt (BGH GRUR 2002, 59 (61) – ISCO). Diese Entscheidung muss spätestens zum Zeitpunkt der mündlichen Verhandlung über die Eintragungsbewilligungsklage unanfechtbar sein. Die Ausschöpfung der Rechtsbehelfe gegen die Widerspruchsentscheidung ist nicht Voraussetzung (Ingerl/Rohnke Rn. 15). Gibt das DPMA mehreren Widersprüchen statt, kann der Widerspruchsgegner bezüglich eines Widerspruchs von den Rechtsbehelfen Gebrauch machen, bezüglich eines anderen aber auch bereits eine Eintragungsbewilligungsklage erheben (BPatGE 12, 62 – Retivetin).

Unter gewissen Umständen kann bereits vor Erlass einer Widerspruchsentscheidung, mithin **12** noch während des Widerspruchsverfahrens, eine Klage auf Widerspruchsrücknahme zulässig sein, wenn eine Umgehung der Bindungswirkung der Widerspruchsentscheidung ausgeschlossen ist (→ Rn. 33 ff.).

2. Klageantrag; Urteilstenor

Bei der Eintragungsbewilligungsklage nach § 44 handelt es sich um eine besondere Form der **13** Leistungsklage. Sie ist gerichtet auf die Einwilligung des Widersprechenden in die Eintragung der angegriffenen Marke (BGH GRUR 1981, 53 – Arthrexforte). Der Rechtsnatur nach stellt die Eintragungsbewilligungsklage damit einen Beseitigungsanspruch gegen die Störung durch den materiell unberechtigten Widerspruch dar (Körner GRUR 1975, 8). Dementsprechend sind auch der Klageantrag zu formulieren und das Urteil zu tenorieren. Die Vollstreckung erfolgt nach § 894

ZPO, so dass das rechtskräftige Urteil die Willenserklärung des Widersprechenden ersetzt bzw. diese fingiert. Die Anordnung der Eintragung selbst bleibt dem DPMA vorbehalten und kann nicht durch das entscheidende Gericht vorgenommen werden (vgl. Ströbele/Hacker/Thiering/ Hacker Rn. 13).

3. Rechtsschutzbedürfnis

14   Wird die Eintragungsbewilligungsklage auf eine Begründung gestützt, deren Berücksichtigung aufgrund der Bindung an die Entscheidung im Widerspruchsverfahren nicht möglich ist, fehlt es nicht am Rechtsschutzbedürfnis, sondern die Klage ist unschlüssig und daher unbegründet (vgl. Ingerl/Rohnke Rn. 16; Lehmpfuhl GRUR 1981, 56; aA Munzinger GRUR 1995, 16). Ansonsten gelten im Rahmen des Rechtsschutzbedürfnisses keine Besonderheiten.

4. Aktiv- und Passivlegitimation

15   Aktivlegitimiert ist der zum Zeitpunkt der Löschung der Marke materielle Inhaber der angegriffenen Marke. In Bezug auf den Rechtsnachfolger zu diesem Zeitpunkt gilt die Vermutungsregel des § 28 Abs. 1. § 28 Abs. 2 gilt hingegen nur für das patentamtliche bzw. patentgerichtliche Verfahren, nicht jedoch für das Verfahren vor den ordentlichen Gerichten (Ströbele/Hacker/ Thiering/Hacker Rn. 14). Ebenfalls klageberechtigt ist ein Rechtsnachfolger des Inhabers, der das vorbehaltlich der Wiedereintragung bestehende Anwartschaftsrecht von dem früheren Markeninhaber erworben hat (Ingerl/Rohnke Rn. 18). Es wird zudem vertreten, dass Kläger mit Sitz im Ausland für die Eintragungsbewilligungsklage keinen Inlandsvertreter bestellen müssen, da dieser nach dem Wortlaut des § 96 Abs. 1 vor den ordentlichen Gerichten nur dann notwendig ist, wenn „Rechte **aus** einer Marke" geltend gemacht werden. Die Eintragungsbewilligungsklage hingegen ist darauf gerichtet, ein Recht „**auf** eine Marke" geltend zu machen (Ströbele/Hacker/Thiering/ Hacker Rn. 15; vgl. auch HK-MarkenR/Kramer/Reinisch Rn. 7; Ingerl/Rohnke Rn. 18; aA Fezer Rn. 4). Vor dem Hintergrund, dass sich die frühere Regelung des § 35 Abs. 2 WZG ihrem Wortlaut nach ausdrücklich auf den „Anspruch **auf** Schutz eines Warenzeichens" bezogen hatte und diese Formulierung in § 96 Abs. 1 nicht übernommen wurde, erscheint dieser Ansatz durchaus nachvollziehbar.

16   Die Klage ist gegen den Inhaber des Widerspruchszeichens bzw. dessen Rechtsnachfolger zu richten. Auch im Rahmen der Passivlegitimation gilt § 28 Abs. 1, nicht jedoch § 28 Abs. 2.

5. Zuständigkeit

17   Sachlich zuständig für die Eintragungsbewilligungsklage ist nach § 140 Abs. 1 das Landgericht (Kennzeichenstreitgericht). Die örtliche Zuständigkeit richtet sich vorbehaltlich der Zuständigkeitskonzentration des § 140 Abs. 2 zunächst nach dem allgemeinen Gerichtsstand des Beklagten (Ingerl/Rohnke Rn. 19; Ströbele/Hacker/Thiering/Hacker Rn. 18; → § 140 Rn. 17).

18   Fehlt ein inländischer Gerichtsstand und stellt die Einlegung des Widerspruchs eine unerlaubte Handlung dar, findet § 32 ZPO Anwendung. In diesem Rahmen ist die streitige Marke als am Sitz des DPMA in München belegen anzusehen und das LG München I das zuständige Gericht. In den Mitgliedstaaten der Brüssel Ia-VO ist die Anwendung des § 32 ZPO jedoch nach Art. 5 Brüssel Ia-VO iVm Art. 76 Abs. 1 lit. a Brüssel Ia-VO ausgeschlossen. Insoweit ergibt sich die internationale Zuständigkeit der deutschen Gerichte aus Art. 24 Nr. 4 Brüssel Ia-VO und die örtliche Zuständigkeit wird nach § 96 Abs. 3 bestimmt (Ströbele/Hacker/Thiering/Hacker Rn. 18; → § 140 Rn. 119).

6. Streitwert

19   Ausschlaggebend für den Streitwert ist das wirtschaftliche Interesse des Klägers an der Eintragung der Marke und nicht das Löschungsinteresse des Widersprechenden. In unstreitigen Fällen, in denen die Klageerhebung nur der Erfüllung des Klageerfordernisses dient, ist ein niedriger Nominalstreitwert von ca. 10.000 Euro angemessen (Ingerl/Rohnke Rn. 24).

7. Klagefrist (Abs. 2)

20   Die Klagefrist ist in § 44 Abs. 2 geregelt. Diese beträgt danach sechs Monate und beginnt mit der Rechtskraft der Entscheidung – also Ablauf der Rechtsmittelfrist – im Widerspruchsverfahren zu laufen. Für die Fristberechnung gelten §§ 187 ff. BGB. Die Klage muss innerhalb dieser Frist

erhoben werden. In Bezug auf die Zustellung findet § 167 ZPO Anwendung. Eine Wiedereinsetzung ist bei Versäumung der Frist nicht möglich (vgl. HK-MarkenR/Kramer/Reinisch Rn. 23; Ingerl/Rohnke Rn. 17; Ströbele/Hacker/Thiering/Hacker Rn. 19).

V. Klagegründe

1. Zeitlicher Rahmen

Entgegen den allgemeinen Grundsätzen sind im Rahmen der Eintragungsbewilligungsklage **21** nicht alle Umstände zu berücksichtigen, die bis zum Schluss der mündlichen Verhandlung im Eintragungsbewilligungsklageverfahren eingetreten sind, sondern nur solche Gründe, die bereits in dem für die Widerspruchsentscheidung maßgeblichen Zeitpunkt vorlagen. Dies ist der Zeitpunkt, bis zu welchem sachliches Vorbringen der Beteiligten im Rahmen des Widerspruchsverfahrens noch zu berücksichtigen war. Grund dafür ist die mit der Eintragungsbewilligungsklage erzielte Wiedereintragung mit der ursprünglichen Priorität nach § 44 Abs. 3. Maßgeblich ist, ob dem Inhaber der angegriffenen Marke im Zeitpunkt der Widerspruchsentscheidung ein Anspruch auf Eintragung der Marke zugestanden hat (Ströbele/Hacker/Thiering/Hacker Rn. 22). Die Eintragungsbewilligungsklage beseitigt damit nicht die im Zeitpunkt des Erlasses materiell richtige Entscheidung wegen späterer Entwicklungen, sondern stellt das Korrektiv zu schon zu diesem Zeitpunkt materiell unrichtigen Widerspruchsentscheidungen dar. Erst nach Abschluss des Widerspruchsverfahrens eintretende Gründe können demnach zwar zur Löschung der Marke im Wege einer Löschungsklage führen, begründen allerdings nicht die Wiedereintragung unter Wahrung der ursprünglichen Priorität (vgl. Fezer Rn. 10; Ingerl/Rohnke Rn. 11; Ströbele/Hacker/Thiering/Hacker Rn. 22).

Wird die Eintragungsbewilligungsklage während des laufenden Widerspruchsverfahrens erhoben **22** (→ Rn. 33 ff.), sind alle Klagegründe zu berücksichtigen, die bis zum Schluss der mündlichen Verhandlung im Eintragungsbewilligungsklageverfahren entstehen (BGH GRUR 2002, 59 (61) – ISCO).

2. Markenrechtliche Klagegründe

Die Eintragungsbewilligungsklage kann auf die Löschungsreife der Widerspruchsmarke gestützt **23** werden. Diese kann sich aus mangelnder Benutzung gemäß § 49 Abs. 1 (vgl. BGH GRUR 2002, 59 (61) – ISCO; GRUR 2981, 53 (55) – Arthrexforte), den Gründen des § 49 Abs. 2 oder aus dem Bestehen älterer Rechte des Inhabers der angegriffenen Marke nach § 51 iVm §§ 9–13 ergeben (BPatG GRUR-RR 2010, 454 (455) – SBA international).

Die Nichtigkeit der Widerspruchsmarke kann gemäß § 51 Abs. 1 auf das Bestehen prioritätsälte- **24** rer Rechte iSd §§ 9–13 gestützt werden. In Abweichung zur Rechtslage nach dem WZG stellen diese Rechte iSd §§ 9–13 einheitlich markenrechtliche Klagegründe dar (vgl. dazu Fezer Rn. 11). Die Eintragungsbewilligungsklage kann auf diese Rechte gestützt werden, ohne dass zugleich auf die Löschung der Widerspruchsmarke geklagt werden muss. Der markenrechtliche Klagegrund besteht in diesem Rahmen – namentlich bei dem Nichtigkeitsgrund der Marke mit älterem Zeitrang gemäß § 9 Abs. 1 – in der Priorität der angegriffenen gegenüber der Widerspruchsmarke. Über diese Priorität entscheidet das ordentliche Gericht selbstständig und ohne Bindung an die Entscheidungen im Widerspruchs- bzw. Beschwerdeverfahren (vgl. Fezer Rn. 12; Ingerl/Rohnke Rn. 8). Damit kommen außer den nicht zu prüfenden absoluten Schutzhindernissen (zur Bindungswirkung an die Eintragung → Rn. 4) alle im Widerspruchsverfahren ausgeschlossenen Einreden als Anspruchsgrundlage in Betracht (BPatGE 38, 176 (177) – Hamano/Humana; Ausnahme Zwischenrecht, vgl. Ströbele/Hacker/Thiering/Hacker Rn. 36), wobei in der Praxis die prioritätsälteren Rechte des Widerspruchsgegners den häufigsten Klagegrund darstellen.

Weiter stellt auch der Verfall des Widerspruchszeichens wegen Nichtbenutzung nach § 49 **25** Abs. 1 einen markenrechtlichen Klagegrund dar, unabhängig davon, ob die Nichtbenutzung im Rahmen der Einrede des § 43 Abs. 1 bereits während des Widerspruchsverfahrens geltend gemacht wurde (so auch Ingerl/Rohnke Rn. 8). Selbst bei vorheriger Erhebung der Einrede der Nichtbenutzung entsteht keinerlei Bindungswirkung für die Entscheidung im Eintragungsbewilligungsverfahren, da der „Nachweis" durch eine eidesstattliche Versicherung erbracht werden kann und damit im Wesentlichen wie eine Glaubhaftmachung erfolgt (Ströbele/Hacker/Thiering/Hacker Rn. 9; vgl. grundsätzlich auch BGH GRUR 2002, 59 (61) – ISCO). Auch die übrigen Verfallsgründe nach § 49 Abs. 2 stellen markenrechtliche Klagegründe im Rahmen des § 44 dar (Fezer Rn. 13).

26   Darüber hinaus kann die Klage auch auf den Erwerb eines koexistenzberechtigten Zwischenrechts gestützt werden. Für den Klagegrund des Verfalls wegen Nichtbenutzung müssen die Voraussetzungen des § 49 Abs. 1 vorliegen. Dabei ist zu beachten, dass eventuelle Heilungstatbestände wie die Wiederaufnahme der Benutzung bereits vor Veröffentlichung der Eintragung der angegriffenen Marke vorgelegen haben müssen. Besteht die Löschungsreife erst zum Zeitpunkt der Eintragung, erreicht die angegriffene Marke jedenfalls den Status eines **Zwischenrechts,** so dass die Eintragungsbewilligungsklage auch aus diesem Grund Erfolg haben muss, woran auch eine spätere Heilung nach § 49 Abs. 1 S. 2 nichts zu ändern vermag (vgl. Ströbele/Hacker/Thiering/Hacker Rn. 25). Ist ein koexistenzberechtigtes Zwischenrecht entstanden, ist die Löschung ebenfalls zu Unrecht erfolgt und die Eintragungsbewilligungsklage begründet (BGH GRUR 2002, 59 (61) – ISCO). Die Beurteilung, ob ein Zwischenrecht entstanden ist, richtet sich nach entsprechender Anwendung des § 51 Abs. 4 und damit nach der Frage, ob die Widerspruchsmarke zum Zeitpunkt der Veröffentlichung der angegriffenen Marke wegen Verfalls nach § 49 oder absoluter Schutzhindernisse nach § 50 hätte gelöscht werden können. Darüber hinaus entsteht ein solches Zwischenrecht, wenn die Löschungsreife zwar nicht bei Eintragung der angegriffenen Marke vorlag, aber zu einem späteren Zeitpunkt eintritt. Die angegriffene Marke erstarkt insoweit wegen der später eintretenden Löschungsreife der Widerspruchsmarke zu einem koexistenzberechtigten Zwischenrecht (vgl. BGH GRUR 2002, 59 (61) – ISCO). Ein solches Zwischenrecht entsteht damit durch jede Löschungsreife, die bis zum Abschluss des Widerspruchsverfahrens eintritt (Kochendörfer WRP 2007, 258 (263)).

27   Problematischer ist der Fall, in dem die Löschungsreife nach Abschluss des Widerspruchsverfahrens, aber vor der letzten mündlichen Verhandlung im Eintragungsbewilligungsklageverfahren, eintritt (zB bei Ablauf der Fünfjahresfrist der Nichtbenutzung zu diesem Zeitpunkt). Obwohl dieses Zwischenrecht erst nach Abschluss des Widerspruchsverfahrens entstanden ist und damit eigentlich nach den obigen Grundsätzen zum Ausschluss des Klagegrundes führte, entsteht auch in diesem Fall ein Zwischenrecht, welches eine Wiedereintragung unter Wahrung der ursprünglichen Priorität rechtfertigt (Ströbele/Hacker/Thiering/Hacker Rn. 28; Fezer Rn. 14).

28   Problematisch ist, inwieweit die Eintragungsbewilligungsklage erfolgreich sein kann, wenn die Widerspruchsmarke nur für einen Teil der eingetragenen Waren bzw. Dienstleistungen löschungsreif ist. Betrifft die Teillöschungsreife bei der Eintragungsbewilligungsklage alle Waren bzw. Dienstleistungen, auf die das DPMA bzw. das BPatG seine Entscheidung gestützt hatte, so kann das ordentliche Gericht von sich aus prüfen, ob die verbleibenden Waren oder Dienstleistungen einer Eintragung der angegriffenen Marke entgegenstehen. Diesbezüglich besteht keine Bindungswirkung, weil das DPMA insoweit nicht von seinem Entscheidungsmonopol Gebrauch gemacht hat (Ströbele/Hacker/Thiering/Hacker Rn. 32; Ingerl/Rohnke Rn. 10; Munzinger GRUR 1995, 12 (18)). Ist dabei nur ein Teil der Waren oder Dienstleistungen löschungsreif, so kann die Eintragungsbewilligungsklage auch nur in diesem Umfang Erfolg haben.

3. Außermarkenrechtliche Klagegründe

29   Neben den markenrechtlichen Klagegründen kann die Eintragungsbewilligungsklage auch auf solche Gründe gestützt werden, die dem Inhaber der angegriffenen Marke einen Anspruch auf Bewilligung der Eintragung geben, ohne dass es sich dabei um Gründe nach §§ 49, 51 oder §§ 9–13 handelt. Als solche kommen vertragliche, wettbewerbsrechtliche sowie deliktsrechtliche Ansprüche des Inhabers der angegriffenen Marke gegen den Widersprechenden in Betracht. Es kann außerdem geltend gemacht werden, bei der Widerspruchsmarke handele es sich um eine schutzunwürdige Vorratsmarke (BGHZ 44, 60 (63) – Agyn), oder die Erhebung des Widerspruchs stelle gegenüber dem Inhaber der angegriffenen Marke eine rechtsmissbräuchliche Ausübung der prioritätsälteren Widerspruchsmarke dar (vgl. Fezer Rn. 15). Sofern die angegriffene Marke und die Widerspruchsmarke bislang offenbar unbeanstandet nebeneinander am Markt existiert haben, kann auch die Einwendung der Verwirkung im Rahmen einer Eintragungsbewilligungsklage geltend gemacht werden (vgl. BPatG GRUR-RS 2020, 19689 Rn. 15 – UNICUT). Dies ist von Bedeutung, da der Einwand der Vorbenutzung der angegriffenen Marke im Widerspruchsverfahren unbeachtlich ist und insbesondere nicht zur Unzulässigkeit des Widerspruchs führt (vgl. BPatG GRUR-RS 2020, 19689 Rn. 15 – UNICUT). Grund dafür ist die Rechtsnatur des Widerspruchsverfahrens, welches als registerrechtliches Verfahren ausgestaltet ist und somit Einwendungen außerhalb des formellen Markenrechts nicht zulässt (vgl. BPatG GRUR-RS 2020, 19689 Rn. 15 – UNICUT).

4. Ausgeschlossene Klagegründe

Ausgeschlossen sind Einwendungen in Bezug auf die Beurteilung der Kollisionstatbestände, **30** soweit die Bindungswirkung an die Entscheidung des DPMA bzw. des BPatG reicht (→ Rn. 8). Darüber hinaus sind mit Ausnahme der Geltendmachung eines Zwischenstatusrechts alle absoluten Gründe hinsichtlich der Schutzfähigkeit der Widerspruchsmarke (BPatG GRUR 1998, 406 (407) – Aussetzung des Widerspruchsverfahrens; aA Munzinger GRUR 1995, 12 (15)) sowie die vom DPMA abschließend geklärte Frage der Widerspruchsberechtigung als Klagegründe ausgeschlossen (vgl. Ströbele/Hacker/Thiering/Hacker Rn. 36).

VI. Einreden des Beklagten

Die Einreden des Beklagten im Eintragungsbewilligungsklageverfahren können sich lediglich **31** gegen den behaupteten Anspruch auf Einwilligung in die Eintragung richten, da aufgrund der Bindungswirkung in Bezug auf die Schutzhindernisse des § 9 Abs. 1 von einem Vorliegen der Doppelidentität, Verwechslungsgefahr oder Bekanntheitsschutz auszugehen ist. (vgl. Fezer Rn. 16). Solche Einreden können sich aus Verträgen, Lizenzen, Verzicht des Inhabers der angegriffenen Marke oder auch aus den Vorschriften des Lauterkeitsrechts wie beispielsweise § 3 UWG ergeben (RG GRUR 1937, 221 (223) – Mampe). Der Beklagte ist lediglich mit dem Einwand ausgeschlossen, die gelöschte Marke dürfe wegen absoluter Schutzhindernisse nicht eingetragen werden. Auch insoweit gilt eine Bindungswirkung der Eintragung durch das DPMA, und der Beklagte ist auf das Löschungsverfahren vor dem DPMA wegen absoluter Schutzhindernisse nach § 53 gegen die dann wiedereingetragene Marke beschränkt. Das Gericht muss aufgrund dieser Bindungswirkung der Klage auch dann stattgeben, wenn nach seiner Auffassung ein absolutes Schutzhindernis besteht.

Der Einwand der Verwirkung steht der Eintragungsbewilligungsklage jedoch nicht schon des- **32** halb entgegen, weil der Kläger eingewandte ältere Rechte nicht bereits früher im Wege der Löschungsklage geltend gemacht hat (BGH GRUR 1978, 642 (645) – SILVA).

VII. Klage vor Rechtskraft der Widerspruchsentscheidung

Nach dem klaren Wortlaut des § 44 ist die Eintragungsbewilligungsklage erst nach Abschluss **33** des Widerspruchsverfahrens statthaft. Trotzdem wird die Eintragungsbewilligungsklage von der Rechtsprechung als sog. vorgezogene Eintragungsbewilligungsklage auch bereits vor Abschluss des Widerspruchsverfahrens zugelassen, wenn sie auf andere Gründe gestützt wird als die der Widerspruchsentscheidung vorbehaltenen Fragen der Zeichenübereinstimmung und der Identität/Ähnlichkeit von Waren oder Dienstleistungen, wie beispielsweise die Löschungsreife des Kennzeichens wegen Nichtbenutzung (BGH GRUR 1981, 53 (55) – Arthrexforte) oder die Schwächung des Widerspruchszeichens durch die Benutzungslage (BGH GRUR 1967, 246 (249) – Vitapur). Um dabei aber eine Umgehung der Bindungswirkung der Widerspruchsentscheidung zu verhindern, ist die vorgezogene Eintragungsbewilligungsklage zulässig, wenn das Vorliegen der innerhalb der Widerspruchsfrist geltend gemachten Widerspruchsgründe, soweit deren Beurteilung einer abschließenden Prüfung zugänglich ist, vom Eintragungsbewilligungskläger unstreitig gestellt wird oder die Klage auch bei Unterstellung des Vorliegens dieser Gründe erfolgreich wäre (BGH GRUR 2002, 59 (61) – ISCO; vgl. auch Ströbele/Hacker/Thiering/Hacker Rn. 20), sie also auch bei unterstellter Zeichenübereinstimmung und Identität/Ähnlichkeit der Waren zum Erfolg führte (BGH GRUR 1981, 53 (55) – Arthrexforte). Unberücksichtigt bleiben dürfen bei der Entscheidung über die vorgezogene Eintragungsbewilligungsklage nur solche Waren oder Dienstleistungen, bezüglich welcher eine Ähnlichkeit zweifelsfrei und unabhängig von allen anderen Fragen ausgeschlossen ist (OLG München GRUR 1993, 831 – Etobest; Munzinger GRUR 1995, 18). Das Rechtsschutzbedürfnis ergibt sich daraus, dass dem Widerspruchsgegner nicht zugemutet werden kann, das langwierige Widerspruchsverfahren abzuwarten, wenn der Eintragungsanspruch auf Gründe gestützt werden soll, die im Widerspruchsverfahren ohnehin nicht berücksichtigt werden können (Ingerl/Rohnke Rn. 32).

Die Klage vor Abschluss des Widerspruchsverfahrens stellt wegen des nachgeschalteten Wider- **34** spruchsverfahrens keine vorgezogene Eintragungsbewilligungsklage im eigentlichen Sinne dar, sondern ist eine Klage gegen den Widersprechenden auf Erklärung der Rücknahme des Widerspruchs gegenüber dem DPMA. Es wird vertreten, in diesem Fall nicht von einer Eintragungsbewilligungsklage zu sprechen, da die angegriffene Marke noch nicht gelöscht wurde (vgl. Ingerl/Rohnke Rn. 32, die von einer Widerspruchsrücknahmeklage sprechen). Dennoch spricht der BGH in diesem Kontext weiterhin von einer vorgezogenen Eintragungsbewilligungsklage, gerichtet auf die Erklärung der Rücknahme des Widerspruchs (vgl. BGH GRUR 2002, 59 (60) – ISCO).

35   Grundsätzlich gelten für diese vorgezogene Eintragungsbewilligungsklage oder Widerspruchsrücknahmeklage die gleichen Grundsätze wie für die Klage nach Abschluss des Widerspruchsverfahrens. Das Widerspruchsverfahren kann zweckmäßigerweise ausgesetzt werden, soweit eine dem Widerspruch stattgebende Entscheidung in Betracht kommt (Ströbele/Hacker/Thiering/Hacker Rn. 21). Wird allerdings während des Verfahrens über den Widerspruch entschieden und dieser verworfen oder zurückgewiesen, tritt Erledigung in der Hauptsache ein. Wird dem Widerspruch stattgegeben, ist die Klage nach Rechtskraft dieses Beschlusses auf eine Eintragungsbewilligungsklage umzustellen (Munzinger GRUR 1995, 12 (15); Ingerl/Rohnke Rn. 33; Ströbele/Hacker/Thiering/Hacker Rn. 21). Wird die vorgezogene Eintragungsbewilligungsklage mit einer Löschungsklage gegen die Widerspruchsmarke verbunden und sind beide entscheidungsreif, steht der Entscheidung nicht entgegen, dass die Löschung der Marke zwangsläufig zur Verwerfung des Widerspruchs führen muss (Ingerl/Rohnke Rn. 33).

C. Wirkung des Urteils (Abs. 3)

I. Verurteilung zur Einwilligung

36   Wenn die Eintragungsbewilligungsklage begründet ist, wird der Beklagte zur Einwilligung in die Eintragung der angegriffenen Marke vor dem DPMA verurteilt. Mit Rechtskraft des Urteils gilt diese Erklärung gemäß § 894 ZPO als abgegeben. Da hierüber nicht das Gericht, sondern allein das DPMA entscheidet, kann der Kläger unter Vorlage einer vollstreckbaren Ausfertigung des Urteils die Wiedereintragung der Marke unter Wahrung der ursprünglichen Priorität verlangen, woraufhin die Eintragungsverfahren wieder aufzunehmen und die Marke nach § 44 Abs. 3 prioritätswahrend einzutragen ist. Dies gilt nicht, wenn die Marke auch aufgrund weiterer Widersprüche gelöscht wurde. Das Urteil hat gegenüber dem DPMA gestaltungsähnliche Wirkung (Ströbele/Hacker/Thiering/Hacker Rn. 37; im Ergebnis auch v. Schultz/Schweyer Rn. 30). Bei einem gerichtlichen Vergleich ist § 894 ZPO unanwendbar. Eine Verpflichtung zur Einwilligung ist in diesem Rahmen nach § 887 Abs. 1 ZPO dadurch zu erreichen, dass der Kläger vom Gericht ermächtigt wird, die Handlung auf Kosten des Beklagten vornehmen zu lassen (Fezer Rn. 17).

37   Wird der zunächst erfolgreiche Widerspruch durch die Verurteilung zur Bewilligung der Wiedereintragung faktisch rückgängig gemacht, können dem Kläger (Inhaber der angegriffenen Marke) nicht die Kosten des Widerspruchsverfahrens im Wege des Schadensersatzes zugesprochen werden. Einem solchen Anspruch steht die Unanfechtbarkeit der Widerspruchsentscheidung entgegen (BGH GRUR 1971, 355 (356) – Epigran II).

II. Verurteilung zur Rücknahme des Widerspruchs

38   Im Falle der vorgezogenen Eintragungsbewilligungsklage bzw. Widerspruchsrücknahmeklage (→ Rn. 33 ff.) gilt die Erklärung der Rücknahme mit Rechtskraft des Urteils nach § 894 ZPO als abgegeben. In diesem Fall ist das Widerspruchsverfahren in der Hauptsache erledigt. Hatte der Markeninhaber gegen den erstinstanzlichen Beschluss des DPMA bereits Beschwerde eingelegt, ergeht nur noch ein Formalbeschluss, mit dem die patentamtliche Entscheidung aufgehoben wird (Ströbele/Hacker/Thiering/Hacker Rn. 42).

III. Wiedereintragung

1. Wiedereintragungsverfahren

39   Das Wiedereintragungsverfahren kann mit Rechtskraft des Urteils betrieben werden. Die Einwilligung in die Wiedereintragung wird nach § 894 ZPO durch das rechtskräftige Urteil ersetzt bzw. fingiert, da es sich bei der Eintragungsbewilligungsklage um eine Form der Leistungsklage handelt. Für einen Vergleich gilt § 894 ZPO nicht. In diesem Fall kann das Gericht nach § 887 Abs. 1 ZPO vorgehen. Grundsätzlich sollte aber die Erklärung bereits in der Vergleichsurkunde abgegeben und nicht bloß die Verpflichtung zur Abgabe dieser Erklärung übernommen werden (so auch Ingerl/Rohnke Rn. 26).

40   Der Kläger muss sodann unter Vorlage einer vollstreckbaren Ausfertigung des Urteils beim DPMA die Wiedereintragung der Marke unter Wahrung der ursprünglichen Priorität gemäß § 44 Abs. 3 beantragen. Das DPMA prüft dann die Rechtskraft der Entscheidung. Nach der früheren

Rechtslage hat noch das Kaiserliche Patentamt gemäß RPA Bl. 1896, 67 geprüft, ob das Gericht im Rahmen der Eintragungsbewilligungsklage die Bindungswirkung an die vorausgegangene patentamtliche Entscheidung beachtet hat. Wurde diese Bindungswirkung missachtet, war das Urteil nicht zu beachten und die Wiedereintragung zu versagen (vgl. Ingerl/Rohnke Rn. 26; Ströbele/Hacker/Thiering/Hacker Rn. 36). Nach heutigem Recht besteht für eine erneute Prüfung auf absolute Schutzhindernisse keine Rechtsgrundlage mehr, da diese Prüfung anders als nach früherem Recht bereits vor der ersten Eintragung abgeschlossen war (so Ingerl/Rohnke Rn. 26). Teilweise wird in der Literatur allerdings eine Ausnahme für die Amtslöschungsgründe des § 50 Abs. 3 vertreten (so Fezer Rn. 19; Ströbele/Hacker/Thiering/Hacker Rn. 36; v. Schultz/Schweyer Rn. 31; aA Ingerl/Rohnke Rn. 26). Wäre das DPMA von Amts wegen zu einer Löschung nach § 50 Abs. 3 berechtigt, ergäbe auch eine vorherige Wiedereintragung keinen Sinn, so dass das DPMA diesbezüglich eine erneute Prüfung anstellen könnte.

41 Mit der Fortsetzung des Eintragungsverfahrens wird auch ein erneuter Widerspruch wieder zulässig, solange er nicht unanfechtbar für unzulässig erklärt wurde. Die Eintragung der Marke erfolgt sodann unter Wahrung der ursprünglichen Priorität (§ 44 Abs. 3), sofern keine absoluten Schutzhindernisse (nach obiger Ansicht solche des § 50 Abs. 3) oder andere Widersprüche entgegenstehen. Die Löschung der Marke aufgrund des Widerspruchs wird damit unwirksam. Eine solche prioritätswahrende Wirkung kommt auch einem gerichtlichen Vergleich zu. Streitig ist die Frage, ob die Wirkung des § 44 Abs. 3 auch einem außergerichtlichen Vergleich zukommt.

42 Nach einer Ansicht reicht eine außergerichtliche Bewilligung durch entsprechende Erklärung seitens des Widersprechenden nicht aus, da der Anspruch auf Wiedereintragung im Klagewege geltend gemacht werden muss (hM; BPatG BeckRS 2009, 1034 – INTEGRA; so auch Fezer Rn. 21; Ingerl/Rohnke Rn. 22). Für diese Ansicht spricht der Wortlaut sowohl des § 44 Abs. 1, der von der Geltendmachung des Anspruchs „im Wege der Klage" spricht, als auch des § 44 Abs. 3, wonach die Eintragung „aufgrund einer Entscheidung" vorgenommen wird.

43 Eine andere Ansicht sieht diese Gründe jedoch nicht als zwingend an (so Ströbele/Hacker/Thiering/Hacker Rn. 45 f.). § 44 Abs. 1 könne danach als reine Zuständigkeitsvorschrift interpretiert werden, welche die Zuständigkeit der ordentlichen Gerichte im Gegensatz zur patentamtlichen Zuständigkeit im Rahmen des Widerspruchverfahrens statuiert. Der Wortlaut des § 44 Abs. 3 ist nach dieser Ansicht kein stringentes Argument, da auch ein gerichtlicher Vergleich keine „Entscheidung" darstellt. Um eine Aufteilung zwischen gerichtlichem und außergerichtlichem Vergleich zu verhindern, wird sogar gefordert, die prioritätswahrende Wiedereintragung nach § 44 Abs. 3 insgesamt vom „Klagezwang zu befreien" (vgl. Ströbele/Hacker/Thiering/Hacker Rn. 46). Es erscheint unsachgemäß, die Parteien zu einer Inanspruchnahme der Gerichte zu zwingen, um eine prioritätswahrende Wiedereintragung erreichen zu können. Dass ein gerichtlicher Vergleich unstreitig ausreicht, ein außergerichtlicher Vergleich, welcher schneller und kostengünstiger mit demselben Inhalt abgeschlossen werden kann, dagegen nicht, erscheint ungerechtfertigt. Sollten die Parteien nach außergerichtlichen Verhandlungen eine Einigung erzielt haben, sollte die prioritätswahrende Wiedereintragung auch ohne einen Prozess, welcher eine reine Formsache wäre, möglich sein. An den abzuschließenden Vergleich wären aber insofern höhere Anforderungen zu stellen, als sich die Einigung explizit auf eine prioritätswahrende Wiedereintragung iSd § 44 richten müsste und die Feststellung getroffen würde, dass der Anspruch auf Eintragung der Marke bereits zum Zeitpunkt der Widerspruchsentscheidung bestand.

2. Wirkung auf andere Widersprüche

44 Der Antrag auf Wiedereintragung der gelöschten Marke aufgrund des rechtskräftigen Urteils nach § 44 Abs. 3 führt zur Wiederaufnahme des Eintragungsverfahrens. Waren zum Zeitpunkt der Löschung der angegriffenen Marke noch weitere Widersprüche anhängig, über welche bis zu diesem Zeitpunkt noch nicht rechtskräftig entschieden wurde, leben diese wieder auf (Ingerl/Rohnke Rn. 27).

45 Anders wird die Frage beurteilt, ob aus der zunächst gelöschten Marke eingelegte Widersprüche, welche sich durch die Löschung zunächst erledigt hatten, wieder aufleben und die Widerspruchsverfahren fortzusetzen sind. Dies ist aufgrund der Rückwirkung der Löschung nach § 52 Abs. 2 iVm § 43 Abs. 4 zu verneinen (BPatGE 20, 235 (238) – TIOUM). Ist das Widerspruchsverfahren jedoch noch anhängig, weil es nicht rechtskräftig verworfen, sondern lediglich ausgesetzt wurde, spricht nichts dagegen, dieses Verfahren wieder aufleben zu lassen. Insbesondere ist kein Grund ersichtlich, warum der Inhaber der wiedereingetragenen Marke auf die Löschungsklage verwiesen werden sollte, wenn das Widerspruchsverfahren noch anhängig ist (vgl. Ingerl/Rohnke Rn. 28).

IV. Sonstige Wirkung

46   Ab dem Zeitpunkt der Wiedereintragung beginnt die Benutzungsschonfrist iSd § 26 neu zu laufen, sofern nicht weitere Widersprüche anhängig sind (vgl. Ströbele/Hacker/Thiering/Hacker Rn. 43). In diesem Fall beginnt die Frist mit Rechtskraft der Entscheidung über den letzten anhängigen Widerspruch. Bei Benutzungshandlungen Dritter in der Zeit zwischen Löschung und Wiedereintragung können dem Markeninhaber Verletzungsansprüche nur dann zugesprochen werden, wenn die Dritten bösgläubig handelten. Im Falle gutgläubiger Benutzung sind die Dritten entsprechend § 91 Abs. 8 von Verletzungsansprüchen freizustellen (vgl. Ingerl/Rohnke Rn. 29). Für kollidierende Markenanmeldungen Dritter in diesem Zeitraum steht dem Inhaber der wiedereingetragenen Marke die Löschungsklage zu. Für ein Weiterbenutzungsrecht, wie es beispielsweise in § 123 Abs. 5 PatG geregelt ist, fehlt es im MarkenG an einer entsprechenden Grundlage, so dass auch bei länger andauernder gutgläubiger Benutzung kein dauerhaftes Benutzungsrecht entstehen kann (Ingerl/Rohnke Rn. 30).

Abschnitt 2. Berichtigung; Teilung; Schutzdauer und Verlängerung

§ 45 Berichtigung des Registers und von Veröffentlichungen

(1) ¹**Eintragungen im Register können auf Antrag oder von Amts wegen zur Berichtigung von sprachlichen Fehlern, Schreibfehlern oder sonstigen offensichtlichen Unrichtigkeiten geändert werden.** ²**War die von der Berichtigung betroffene Eintragung veröffentlicht worden, so ist die berichtigte Eintragung zu veröffentlichen.**

(2) **Absatz 1 ist entsprechend auf die Berichtigung von Veröffentlichungen anzuwenden.**

Überblick

Offensichtliche Unrichtigkeiten im Registereintrag oder in der Veröffentlichung der Marke können berichtigt werden. Dazu zählen in erster Linie sprachliche und orthographische Fehler (→ Rn. 1).

Nachträgliche Änderungen der Marke selbst sind ausgeschlossen, da sie den Gegenstand des Markenschutzes verändern würden (→ Rn. 4).

Eine Einschränkung des Waren- und Dienstleistungsverzeichnis ist nur im Rahmen eines Teilverzichts (§ 48) möglich.

A. Berichtigung; offensichtliche Unrichtigkeiten

1   § 45 entspricht der Regelung gemäß § 39 Abs. 2, betrifft aber die eingetragene Marke und deren Veröffentlichung. In beiden Fällen können nur solche Unrichtigkeiten berichtigt werden, die nicht die Marke selbst betreffen (→ § 39 Rn. 21). Entspricht die Unrichtigkeit hingegen dem, wenn auch irrtümlichen, Willen des Handelnden, scheidet eine Berichtigung aus (BPatG BeckRS 2019, 2128 Rn. 32 – factis).

2   Dazu zählen vor allem die fehlerhafte Wiedergabe des Namens oder der Anschrift des Anmelders, sowie Fehler in den Angaben zur Priorität (BPatG BeckRS 2012, 13197 – LOTTO). Die Fehlerhaftigkeit der Angaben muss jedoch evident sein und sich aus anderen dem DPMA vorliegenden oder vorzulegenden Unterlagen ergeben (Ingerl/Rohnke Rn. 2; zur Berichtigung von Entscheidungen des DPMA und BPatG → § 80 Rn. 15 ff.).

3   Die Berichtigung kann beim DPMA beantragt werden, wobei das Aktenzeichen der Anmeldung, Name und Anschrift des Inhabers und ggf. des Vertreters, sowie die Bezeichnung des Fehlers und dessen Berichtigung anzugeben sind (§ 26 DPMAV).

4   Eine Änderung der Marke selbst, insbesondere der Wiedergabe der Marke, ist auf Grund der Unveränderlichkeit der Marke nicht zulässig.

4.1   Nicht berichtigt werden kann zB eine Farbmarke, die in einer von der Anmeldung abweichenden Farbgebung eingetragen wurde (BPatG BeckRS 2010, 9418 – Farbkombination). Hier soll der Anmelder aber auf die Eintragung verzichten können, um wieder in das Anmeldeverfahren einzutreten (BGH GRUR 2005, 1044 – Dentale Abformmasse; → § 41 Rn. 2 ff.). Ebenso wenig kann ein versehentlich in die

Darstellung aufgenommenes ® nachträglich aus dieser entfernt werden (BPatG GRUR-RR 2022, 535 – lifevil).

Fehler im Waren- und Dienstleistungsverzeichnis einer auf Deutschland erstreckten IR-Marke, die auf **4.2** einen Übersetzungsfehler zurückgehen, stellen weder einen sprachlichen Fehler noch eine offensichtliche Unrichtigkeit dar, und können daher nicht im Rahmen des § 45 berichtigt werden. Dies gilt jedenfalls, wenn die fehlerhafte Bezeichnung auf Angaben des Anmelders beruht (BPatG BeckRS 2009, 1791 – Kandis).

Auch eine versehentlich eingetragene Marke oder Schutzrechtsverlängerung kann nicht im Rahmen **4.3** des § 45 aus dem Register gelöscht werden (BPatG BeckRS 2000, 15141 – Ich habe fertig; BeckRS 2019, 2128 – factis). Dasselbe gilt für fehlerhaft eingetragene Waren bzw. Dienstleistungen (BPatG BeckRS 2009, 03119 – Futtermittel). Ändert das Amt hingegen, beispielsweise im Zuge der Umstellung des Registers, die ursprüngliche Eintragung der Marke, ist diese gemäß § 45 zu berichtigen (BPatG BeckRS 2009, 6066 – Technisat; BeckRS 2009, 6065 – Orbitech).

B. Veröffentlichung der berichtigten Eintragung

Ist die Eintragung mit offensichtlichen Unrichtigkeiten veröffentlicht und sind diese nachträg- **5** lich berichtigt worden, wird die Eintragung erneut veröffentlicht, sofern die Unrichtigkeiten einen erheblichen Mangel der Veröffentlichung begründen (§ 28 Abs. 2 MarkenV). Dies wird vor allem dann der Fall sein, wenn die fehlerhaften Angaben die Entscheidung Dritter über die Erhebung eines Widerspruchs beeinflusst haben könnten. Es bedarf dann auch eines erneuten Hinweises auf die Möglichkeit des Widerspruchs (§ 28 Abs. 2 S. 2 MarkenV).

Wurde die Marke korrekt eingetragen, enthält die Veröffentlichung aber offensichtliche Unrich- **6** tigkeiten, wird eine berichtigte Veröffentlichung erstellt.

§ 46 Teilung der Eintragung

(1) ¹**Der Inhaber einer eingetragenen Marke kann die Eintragung teilen, indem er erklärt, daß die Eintragung der Marke für die in der Teilungserklärung aufgeführten Waren oder Dienstleistungen als abgetrennte Eintragung fortbestehen soll.** ²**Für jede Teileintragung bleibt der Zeitrang der ursprünglichen Eintragung erhalten.**

(2) ¹**Die Teilung kann erst nach Ablauf der Frist zur Erhebung des Widerspruchs erklärt werden.** ²**Die Erklärung ist nur zulässig, wenn ein im Zeitpunkt ihrer Abgabe anhängiger Widerspruch gegen die Eintragung der Marke oder eine in diesem Zeitpunkt anhängige Klage auf Erklärung des Verfalls oder der Nichtigkeit oder ein in diesem Zeitpunkt gestellter Antrag auf Erklärung des Verfalls oder der Nichtigkeit der Marke sich nach der Teilung nur gegen einen der Teile der ursprünglichen Eintragung richten würde.**

(3) ¹**Wird die Gebühr nach dem Patentkostengesetz für das Teilungsverfahren nicht innerhalb von drei Monaten nach dem Zugang der Teilungserklärung gezahlt, so gilt dies als Verzicht auf die abgetrennte Eintragung.** ²**Die Teilungserklärung kann nicht widerrufen werden.**

Überblick

Ebenso wie die Anmeldung (§ 40) kann auch die Eintragung der Marke geteilt werden. Durch die Teilung entstehen zwei oder mehrere voneinander unabhängige Schutzrechte mit identischem Zeitrang.

Die Teilung erfolgt durch Erklärung des Markeninhabers. In dieser Erklärung muss angegeben werden, welche Waren bzw. Dienstleistungen in der Stammeintragung verbleiben und welche in der abgetrennten Eintragung enthalten sein sollen (→ Rn. 2). Zudem ist eine Teilungsgebühr zu zahlen (→ Rn. 5). Wird die Teilungsgebühr nicht rechtzeitig gezahlt, gilt die Anmeldung als zurückgenommen.

Während der Frist für den Widerspruch kann die Marke nicht geteilt werden (→ Rn. 10). Eine Teilung der Marke im bereits laufenden Widerspruchsverfahren ist nur beschränkt möglich (→ Rn. 11). Die Regeln zur Teilung im Widerspruch sind auch auf das Löschungsverfahren anzuwenden (→ Rn. 14).

Die Teilung der Anmeldung ist endgültig und kann nicht widerrufen werden (→ Rn. 4).

A. Zweck der Teilung

1   Die Teilung der Eintragung der Marke führt, ebenso wie die Teilung der Anmeldung (§ 40), dazu, dass die Marke auf unterschiedliche Waren und Dienstleistungen aufgespalten wird. Im Unterschied zur Anmeldung, wird eine Teilung der Eintragung aber überwiegend aus wirtschaftlichen oder markenstrategischen Gründen in Frage kommen, beispielsweise in Vorbereitung auf einen Verkauf eines Teils der Marke. Die Gründe für die Teilung sind dem Inhaber überlassen; er braucht kein berechtigtes Interesse darzulegen (→ § 40 Rn. 1).

B. Teilungserklärung und -verfahren

2   Die Marke kann ausschließlich in Hinblick auf ihre Waren und Dienstleistungen geteilt werden. Eine Aufspaltung des Zeichens oder des territorialen Geltungsbereichs der Marke sind nicht zulässig (→ § 40 Rn. 4).

3   Zu Form und Inhalt der Teilungserklärung (§ 36 MarkenV) → § 40 Rn. 6 ff.

I. Endgültigkeit der Teilung

4   Die Teilung der Eintragung ist endgültig. Die Teilungserklärung kann nicht widerrufen werden und ist als reine Verfahrenshandlung nicht anfechtbar (Ströbele/Hacker/Thiering/Miosga § 40 Rn. 4; → § 40 Rn. 10 ff.).

II. Teilungsgebühr

5   Mit der Erklärung der Teilung wird eine Teilungsgebühr in Höhe von 300 Euro (§ 64a, § 3 PatKostG iVm § 2 PatKostG, GV 333100 PatKostG) fällig. Die Frist zur Einzahlung beträgt drei Monate ab Erklärung der Teilung (§ 46 Abs. 3 S. 2). Wird die Gebühr nicht oder nicht rechtzeitig gezahlt, gilt dies als Verzicht auf den abgetrennten Teil der Eintragung (§ 46 Abs. 3 S. 3). Die in der abgetrennten Eintragung enthaltenen Waren bzw. Dienstleitungen fallen dabei nicht wieder in die Stammanmeldung zurück, sondern sind untergegangen.

6   In die Frist für die Zahlung der Teilungsgebühr kann Wiedereinsetzung (§ 91) gewährt werden.

III. Unterlagen

7   Bis zur Änderung des Markengesetzes zum 1.7.2016 mussten für die abgetrennte Eintragung grundsätzlich alle erforderlichen Unterlagen eingereicht werden. Diese Anforderung ist nunmehr entfallen, da das DPMA eine vollständige Kopie der Stammakte erstellt (§ 36 Abs. 4 MarkenV; → § 40 Rn. 19).

IV. Vertreterbestellung und Anträge

8   Ohne eine gegenteilige Erklärung des Anmelders gilt der für die ursprüngliche Eintragung bestellte Vertreter auch als für die abgetrennte Eintragung benannt (§ 36 Abs. 6 MarkenV).

9   In gleicher Weise gelten die für die ursprüngliche Eintragung gestellten Anträge als für die abgetrennte Eintragung gestellt (§ 36 Abs. 7 MarkenV). Daraus folgt, dass bei Teilung einer Widerspruchsmarke, der Widerspruch als aus beiden Marken erhoben gilt (→ Rn. 15; BPatG BeckRS 2010, 13609 – eastside; aA BPatG GRUR 2003, 1070 – KIMA/KYRA, die im Widerspruch keinen Antrag iSv § 36 Abs. 7 sieht).

V. Teilung der Eintragung im Widerspruch

1. Keine Teilung während der Widerspruchsfrist

10   Ist die Marke eingetragen, die Widerspruchsfrist gemäß § 42 aber noch nicht abgelaufen, ist die Teilung der Marke ausgeschlossen (§ 46 Abs. 2 S. 1).

10.1   In der Literatur wird vertreten, dass auch während der Widerspruchsfrist eine Teilung möglich sein soll, sofern die abgetrennte Eintragung ausschließlich Waren bzw. Dienstleistungen enthält, die durch einen bereits erhobenen Widerspruch nicht angegriffen wurden (Fezer Rn. 16). Gegen diese Ansicht spricht aber, dass die Unzulässigkeit der Teilung während der Widerspruchsfrist der Rechtssicherheit Dritter dient. Ein potentieller Widerspruchsführer soll nicht durch eine Teilung der Marke überraschend genötigt werden, mehrere Widerspruchsverfahren zu führen (Ingerl/Rohnke/Nordemann/Bröcker Rn. 8). Dies muss aber auch dann noch gelten, wenn zwar bereits ein Widerspruch eingelegt wurde, die Widerspruchsfrist aber noch nicht abgelaufen ist. Bis zum Ende der Frist können noch weitere Inhaber älterer Marken Widerspruch einlegen, denen dieselbe Rechtssicherheit zusteht.

2. Eingeschränktes Teilungsrechts während des Widerspruchs

Eine Teilung der Marke während des Widerspruchs ist nur zulässig, sofern sich die abgetrennte **11** Eintragung ausschließlich auf Waren bzw. Dienstleistungen bezieht, die durch den Widerspruch nicht angegriffen wurden. Ist in vollem Umfang Widerspruch gegen die Marke eingelegt worden, ist die Teilung ausgeschlossen (Ingerl/Rohnke/Nordemann/Bröcker Rn. 9).

Wurde die Marke nur teilweise angegriffen, kann die Eintragung geteilt werden, indem die nicht **12** angegriffenen Waren bzw. Dienstleitungen ganz oder teilweise zum Gegenstand einer abgetrennten Eintragung gemacht werden.

Wurde der Widerspruch erhoben ohne anzugeben gegen welche Waren bzw. Dienstleistungen **13** er sich im Einzelnen richtet (§ 30 Abs. 2 Nr. 10 MarkenV), und beantragt der Markeninhaber die Teilung der Eintragung, fordert das Amt den Widersprechenden auf, zu erklären, gegen welche Waren bzw. Dienstleistungen sich sein Widerspruch richtet (§ 36 Abs. 8 S. 1 MarkenV). Eine entsprechende Erklärung des Widersprechenden kann der Markeninhaber auch selbst beibringen (§ 36 Abs. 8 S. 2 MarkenV). Äußert sich der Widersprechende auf eine entsprechende Mitteilung des DPMA nicht, wird die Teilungserklärung als unzulässig zurückgewiesen (§ 36 Abs. 8 S. 3 MarkenV).

Die Regelungen über die Teilung der Eintragung im Widerspruch finden auch für das Verfalls- **14** und Nichtigkeitsverfahren gemäß §§ 50, 53 Anwendung (zum alten Recht: BPatG BeckRS 2009, 24787 – PC-Notruf). Die mit dem MaMoG in § 46 Abs. 2 eingeführten Änderungen passen diesen den neuen §§ 49 ff. an und berücksichtigen, dass nunmehr auch absolute Nichtigkeitsgründe und Verfallsgründe vor dem DPMA geltend gemacht werden können (Erläuterungen im Referentenentwurf zum MaMoG).

Wird Löschungsantrag gegen eine Marke gestellt, deren Teilung (und Übertragung) zwar schon bean- **14.1** tragt, aber noch nicht vollzogen wurde, gilt die Löschung als für beide Teile der Marke beantragt. Hierbei ist zu beachten, dass die Inhaber der geteilten Marke für jeweils ihren Teil fristgerecht Widerspruch gegen die Löschung erheben müssen, da jeder nur über seinen Teil der Marke wirksam verfügen kann (BPatG BeckRS 2012, 8796 – Peppino's Pizza).

3. Teilung der Widerspruchsmarke

Im Gegensatz zur Teilung der angegriffenen Marke kann die Widerspruchsmarke jederzeit **15** geteilt werden. Sind die Waren bzw. Dienstleitungen, aus denen die Marke angegriffen wurde, nach der Teilung auf beide Eintragungen, dh die ursprüngliche und die abgetrennte Eintragung, verteilt, wird der Widerspruch mit beiden Marken weitergeführt (BPatG GRUR 2003, 1070 – KIMA/KYRA).

§ 47 Schutzdauer und Verlängerung

(1) Die Schutzdauer einer eingetragenen Marke beträgt zehn Jahre, gerechnet vom Tag der Anmeldung an (§ 33 Absatz 1).

(2) Die Eintragung der Marke wird auf Antrag des Markeninhabers oder einer durch Gesetz oder Vertrag hierzu ermächtigten Person um jeweils zehn Jahre verlängert, sofern die Verlängerungsgebühr entrichtet worden ist.

(3) ¹Die Verlängerung der Schutzdauer kann auch dadurch bewirkt werden, dass die Verlängerungsgebühr und eine Klassengebühr für jede zu verlängernde Klasse ab der vierten Klasse der Klasseneinteilung der Waren und Dienstleistungen gezahlt wird. ²Der Erhalt der Zahlung gilt als Antrag des Markeninhabers oder einer ermächtigten Person nach Absatz 2.

(4) ¹Beziehen sich die Gebühren nur auf einen Teil der Waren oder Dienstleistungen, für die die Marke eingetragen ist, so wird die Schutzdauer nur für diese Waren oder Dienstleistungen verlängert. ²Werden lediglich die erforderlichen Klassengebühren nicht gezahlt, so wird die Schutzdauer, soweit nicht Satz 1 Anwendung findet, nur für die Klassen verlängert, für die die gezahlten Gebühren ausreichen. ³Besteht eine Leitklasse,

so wird sie vorrangig berücksichtigt. [4]Im Übrigen werden die Klassen in der Reihenfolge der Klasseneinteilung berücksichtigt.

(5) [1]Das Deutsche Patent- und Markenamt unterrichtet den Markeninhaber mindestens sechs Monate im Voraus über den Ablauf der Schutzdauer. [2]Das Deutsche Patent- und Markenamt haftet nicht für eine unterbliebene Unterrichtung.

(6) [1]Der Antrag auf Verlängerung soll innerhalb eines Zeitraums von sechs Monaten vor Ablauf der Schutzdauer eingereicht werden. [2]Der Antrag kann noch innerhalb einer Nachfrist von sechs Monaten nach Ablauf der Schutzdauer eingereicht werden.

(7) [1]Die Verlängerung der Schutzdauer wird am Tag nach dem Ablauf der vorausgehenden Schutzdauer wirksam. [2]Sie wird in das Register eingetragen und veröffentlicht.

(8) Wird die Schutzdauer nicht verlängert, so wird die Eintragung der Marke mit Wirkung zum Ablauf der Schutzdauer gelöscht.

Überblick

Die Schutzdauer der Marke beträgt zehn Jahre ab dem Tag der Anmeldung (→ Rn. 1). Sie kann beliebig oft um jeweils weitere zehn Jahre verlängert werden (→ Rn. 5). Die Verlängerung der Marke wird durch die Bezahlung der Verlängerungsgebühr bewirkt (→ Rn. 9).

Die Zahlung der Verlängerungsgebühr ist sechs Monate vor Ablauf der Schutzdauer fällig, kann aber noch innerhalb von sechs Monaten nach Ende der Schutzdauer mit Zuschlag nachgezahlt werden (→ Rn. 6).

Die Verlängerungsgebühr umfasst die Grundgebühr für drei Waren bzw. Dienstleistungsklassen und ggf. weitere Klassengebühren (→ Rn. 12), wobei darauf zu achten ist, dass die Zahlung der Marke und ggf. den Waren- und Dienstleitungsklassen eindeutig zugeordnet werden kann (→ Rn. 11; zur teilweisen Verlängerung → Rn. 16).

Wird die Marke nicht wirksam verlängert, wird sie aus dem Register gelöscht (→ Rn. 20).

Übersicht

A. Schutzdauer

I. Schutzdauer von ab dem 14.1.2019 eingetragene Marken

1   Für alle Marken, die ab dem 14.1.2019 eingetragen werden beträgt die Schutzdauer zehn Jahre, gerechnet vom Tag der Anmeldung an (Abs. 1). Die Regelung entspricht damit der für Unionsmarken (vgl. Art. 52 UMV; → UMV Art. 52 Rn. 5). In einer weiteren Angleichung an die Unionsmarke bemisst auch das DPMA die Schutzdauer nunmehr bis zu dem Tag, der dem Anmeldetag entspricht. Ist also der Anmeldetag der 14.1.2019 endet die Schutzdauer am 14.1.2029, 24:00 Uhr.

1.1   Dies unterscheidet sich von der beispielsweise für Patente und Gebrauchsmuster üblichen Berechnung, die von einer 20- bzw. 10-jährigen Schutzdauer einschließlich Anmeldetag ausgeht und demgemäß mit dem Tag endet, der vor dem, dem Anmeldetag entsprechenden Tag, liegt.

2   Die Schutzdauer richtet sich nach dem Anmeldetag und ist vom Zeitrang der Marke unabhängig. Dieser kann sich beispielsweise auf Grund der Inanspruchnahme einer Priorität (§§ 34, 35) oder einer nachträglichen Verkehrsdurchsetzung (§ 37 Abs. 2) vom Anmeldetag unterscheiden.

II. Schutzdauer von vor dem 14.1.2019 eingetragene Marken

Für Marken, die vor dem 14.1.2019 eingetragen wurden, bleibt § 47 Abs. 1 in seiner bis dahin **3** geltenden Fassung anwendbar (§ 159). Das heißt, die Schutzdauer endet erst am Ende des Monats, der nach seiner Benennung dem Monat des Anmeldetags entspricht.

Ob das allerdings auch für weitere Verlängerungen dieser Marken gilt, ist nicht eindeutig **4** geregelt. Es erscheint aber unwahrscheinlich, da die Gesetzesänderungen eine langfristige Angleichung der unionsweit geltenden Regelungen bezweckt.

B. Verlängerung der Schutzdauer

Die Schutzdauer einer registrierten Marke kann beliebig oft um jeweils zehn Jahre verlängert **5** werden. Eine Verlängerung um einen kürzeren oder längeren Zeitraum ist nicht möglich. Die Marke kann für das gesamte Waren- und Dienstleistungsverzeichnis oder für einen Teil davon verlängert werden (teilweise Verlängerung) (→ Rn. 16).

I. Fälligkeit und Zahlungsfrist

Die Verlängerungsgebühr für eine Marke ist sechs Monate vor dem Ende der Schutzdauer fällig **6** (§ 3 Abs. 3 PatKostG). Zudem kann sie bereits sechs Monate vor Fälligkeit gezahlt werden (§ 5 Abs. 2 PatKostG). Damit bleibt es im Endeffekt bei der auch vor der Einführung des MaMoG, dass die Verlängerungsgebühr für eine Marke ab einem Jahr vor Schutzablauf entrichtet werden kann. Wird die Verlängerungsgebühr nicht bis zum Ende der Schutzdauer gezahlt, kann sie unter Zahlung einer Zuschlagsgebühr innerhalb weiterer sechs Monate nachgezahlt werden (§ 7 Abs. 3 PatKostG). Die Zahlung wirkt dabei stets auf den Tag des Schutzdauerablaufs zurück.

War der Anmeldetag zB der 3.7.2019, ist die Verlängerungsgebühr am 3.1.2029 fällig und kann noch **6.1** bis 3.1.2030 unter Entrichtung einer Zuschlagsgebühr gezahlt werden.

Eine frühzeitig gezahlte Gebühr ist zu erstatten, falls die Marke nach Zahlung der Gebühr aber noch **6.2** vor deren Fälligkeit, beispielsweise durch Löschung oder Verzicht, wegfällt (BGH GRUR 2000, 328 – Verlängerungsgebühr II).

In die Frist für die zuschlagspflichtige Zahlung kann Wiedereinsetzung (§ 91) gewährt werden. **7** Das soll hingegen nicht für die Frist für die zuschlagsfreie Zahlung gelten, da sich aus der Versäumung dieser noch kein unmittelbarer Rechtsnachteil ergibt (BPatG BeckRS 2019, 7404 – rockamora; → § 91 Rn. 13). Aufgrund der **COVID-19-Pandemie** besteht für Markeninhaber, die unverschuldet in wirtschaftliche Schwierigkeiten geraten sind, unter bestimmten Voraussetzungen die Möglichkeit einer Wiedereinsetzung. Näheres im Hinweis des DPMA vom 20.7.2020 unter https://www.dpma.de/dpma/veroeffentlichungen/hinweise/archiv/hinweise2020/hinweis_ 20072020/index.html.

Die Frist zur Zahlung der Verlängerungsgebühr wird nicht durch die Insolvenz des Markeninha **8** bers unterbrochen (BPatG Mitt 2008, 418 – Insolvenz; BeckRS 2018, 5934 – topgrain). Wird die Marke veräußert, muss sich der Käufer von der rechtzeitigen und ausreichenden Zahlung der Verlängerungsgebühr überzeugen und darf sich nicht auf Angaben des vorherigen Inhabers verlassen. Versäumnisse bei der Zahlung der Verlängerungsgebühr, insbesondere eine unzureichend hohe Zahlung, zB bei Umklassifizierung des Waren- und Dienstleistungsverzeichnisses muss er sich anrechnen lassen (BPatG BeckRS 2017, 129313 – Vitalaser).

II. Zahlung der Verlängerungsgebühr

Gemäß § 47 Abs. 2 bedarf es zur Verlängerung der Marke eines Antrags des Inhabers oder **9** einer zur Verlängerung ermächtigten Person. Diese Regelung entspricht → UMV Art. 53 Rn. 2 bezüglich der Verlängerung der Unionsmarke. Allerdings bleibt es für Deutschland dabei, dass bereits die Zahlung der Gebühr alleine für die wirksame Verlängerung der Marke ausreicht. Abs. 3 stellt insofern klar, dass der Eingang der Zahlung beim DPMA als Antrag iSv Abs. 2 gilt. Ein schriftlicher Antrag kann eingereicht werden, ist aber nach wie vor nicht notwendig (zur teilweisen Verlängerung → Rn. 16). Damit kann auch weiterhin grundsätzlich jedermann (zB Lizenznehmer (§ 30) oder Pfandgläubiger (§ 29); → § 29 Rn. 11) die Verlängerung der Marke vornehmen, letztlich auch entgegen dem Willen des Markeninhabers (BPatG BeckRS 2016, 133990 – ecademy).

Es bedarf auch keines Inlandsvertreters, um die Verlängerungsgebühr zu zahlen (zu § 25 PatG **10** BGH GRUR 2009, 701 – Niederlegung der Inlandsvertretung). Allerdings kann dessen Bestellung notwendig werden, falls im Zuge der Verlängerung der Schutzdauer ein Schriftwechsel mit dem Amt notwendig ist, beispielsweise bei einer nur teilweisen Verlängerung der Marke (→ Rn. 16).

11   Bei der Zahlung der Verlängerungsgebühr muss sichergestellt werden, dass der Zweck der Zahlung angegeben ist und die Zahlung zweifelsfrei zugeordnet werden kann. Hierzu sollten angegeben werden: Registernummer der zu verlängernden Marke, Name des Markeninhabers und der Verwendungszweck der Zahlung (§ 37 MarkenV). Letzteres ist am einfachsten unter Angabe der Gebühren-Nummer möglich (zB Grundgebühr: GV 332100 PatKostG, Klassengebühr: GV 332300 PatKostG).

11.1   Wird die Zahlung ohne ausreichende Angaben angewiesen, ist eine nachträgliche Zweckbestimmung noch innerhalb eines Jahres nach Fristablauf möglich. Dies wird damit begründet, dass in dieser Zeit auch eine Wiedereinsetzung in die Zahlungsfrist möglich wäre und insofern keine unzumutbare Rechtsunsicherheit für die Öffentlichkeit bestehe (BPatG GRUR 1976, 362 – FEGACO REN).

III. Verlängerungsgebühr

12   Die Verlängerungsgebühr (§ 64a, § 2 Abs. 1 PatKostG iVm GV 332100 PatKostG und GV 332200 PatKostG) beträgt 750 Euro für eine (Individual)Marke und 1.800 Euro für eine Kollektiv- oder Gewährleistungsmarke. Zu beachten ist, dass die Verlängerungsgebühr für die Marke (Grundgebühr), ähnlich wie die Anmeldegebühr, insgesamt drei Waren/Dienstleitungsklassen erfasst. Für jede weitere Klasse ist jeweils eine Klassengebühr von 260 Euro zu zahlen (GV 332300 PatKostG).

13   Umfasst die Marke mehr als drei Klassen und wird nur die Grundverlängerungsgebühr oder zu wenige Klassengebühren gezahlt, wird die Marke nur für die Waren und Dienstleistungsklassen verlängert, für welche die Gebühr entrichtet wurde (Abs. 4). Äußert sich der Markeninhaber nicht, welche Klassen für die gezahlten Gebühren verlängert werden sollen, werden nach der Leitklasse die übrigen Klassen in ihrer numerischen Abfolge berücksichtigt (aA Braitmayer MarkenR 2009, 237).

14   Die Zuschlagsgebühr für verspätete Zahlung beträgt 50 Euro auf die Grundgebühr und 50 Euro auf jede Klassengebühr (GV 332101 PatKostG und GV 332301 PatKostG).

15   Eine Umklassifizierung des Waren- und Dienstleistungsverzeichnisses wird seit Einführung des MaMoG nicht mehr vorgenommen (§ 22 MarkenV wurde aufgehoben). Somit stellt sich das Problem, dass sich die Anzahl der Klassen und damit die zu entrichtende Zahlung durch die Umklassifizierung erhöhen kann, nicht mehr. Frühere Rechtsprechung zur Zahlungsproblematik bei Umklassifizierung: BPatG BeckRS 2015, 01358 – OMEN; BeckRS 2017, 129928 – roundMedia, mit Bespr. Albrecht GRUR Prax 2017, 532.

IV. Teilweise Verlängerung

16   Die Marke kann entweder für alle Waren und Dienstleistungen oder nur für einen Teil davon verlängert werden. Soll die Marke nur für bestimmte Waren bzw. Dienstleistungen verlängert werden, ist ein schriftlicher Antrag auf Verlängerung der Marke zu stellen (§ 38 Abs. 1 MarkenV). Diesen Antrag kann nur der Markeninhaber bzw. dessen Vertreter stellen (RL für die Prüfung von Markenanmeldungen, Teil 4, II). In dem Antrag sind zu nennen: Registernummer der Marke, Name und Anschrift des Markeninhabers und die Waren bzw. Dienstleistungen, für welche die Marke verlängert werden soll (§ 38 Abs. 2 MarkenV).

17   Da es eines schriftlichen Antrags bedarf, ist die teilweise Verlängerung ggf. durch einen Inlandsvertreter vorzunehmen.

18   Die Waren bzw. Dienstleistungen, für welche die Marke nicht verlängert wird, werden am Ende der Schutzdauer gelöscht.

V. Mitteilung über den Ablauf der Schutzdauer

19   Mit dem neuen Abs. 5 wurde die bisherige Praxis des DPMA, den Markeninhaber über den Ablauf seines Schutzrechts zu informieren in das Gesetz mit aufgenommen. Eine Haftung des DPMA bei unterbliebener Information, entsteht hierdurch aber nicht (Abs. 5 S. 2; BeckRS 2015, 14645 – dtv junior; Ingerl/Rohnke/Nordemann/Bröcker Rn. 16; Fezer Markenpraxis-HdB/Fink I 1 1 Rn. 506).

C. Löschung der Marke bei Nichtzahlung der Verlängerungsgebühr

Wird die Verlängerungsgebühr auch innerhalb der Nachfrist nicht oder nicht vollständig gezahlt,   **20** wird die Marke mit Ablauf der Schutzdauer gelöscht. Die Löschung der Marke wirkt dabei stets auf den Schutzdauerablauf zurück, unabhängig davon, wann sie tatsächlich vorgenommen wurde (BPatG BeckRS 2016, 11418 – Azara; Begr. RegE, BT-Drs. 12/6581, 88). Die Löschung der Marke wird im Register eingetragen und veröffentlicht.

Durch die insgesamt sechs-monatige Nachfrist zur Zahlung der Verlängerungsgebühr und der Rückwir-   **20.1** kung der Löschung bei Nichtzahlung ergibt sich die Problematik, wie eine Marke, deren Verlängerungsgebühr (noch) nicht bezahlt wurde, aber noch bezahlt werden kann, in einem anhängigen Verfahren zu behandeln ist. Es wird vertreten, dass eine solche Marke zumindest nicht als wirkungslos anzusehen ist, nur weil sie grundsätzlich jederzeit gelöscht werden kann (Ingerl/Rohnke/Nordemann/Bröcker Rn. 6). Demgegenüber wird auch vertreten, dass eine Marke, für die trotz Fälligkeit noch keine Verlängerungsgebühr gezahlt wurde, ähnlich wie eine noch nicht eingetragene Widerspruchsmarke (§ 9 Abs. 2), kein Eintragungshindernis iSd § 9 Abs. 1 ist. In einem solchen Fall sei das Widerspruchsverfahren auszusetzen, bis die Verlängerung der Marke feststeht (Ströbele/Hacker/Thiering/Miosga Rn. 20).

I. Fehlerhafte Löschung

Die Löschung ergeht ohne Beschluss des DPMA und ist somit nicht unmittelbar angreifbar.   **21** Wird die Marke trotz fristgerechter Zahlung gelöscht, kann Rückgängigmachung beantragt werden (BPatG BeckRS 2019, 2128 Rn. 27 – factis), gegen deren Zurückweisung wiederum Erinnerung (§ 64) oder Beschwerde (§ 66) eingelegt werden kann (Ingerl/Rohnke/Nordemann/Bröcker Rn. 18). Alternativ soll auch die Beantragung der Wiedereinsetzung (§ 91) möglich sein, deren Zurückweisung ebenfalls rechtsmittelfähig ist (Fezer Rn. 13).

II. Fehlerhafte Verlängerung

Wird die Schutzdauer einer Marke trotz fehlender Zahlung der Gebühr verlängert und die   **22** Verlängerung eingetragen und veröffentlicht, kann die Verlängerung nicht rückgängig gemacht werden. Auch wenn weder die Verfügung über die Verlängerung noch deren Veröffentlichung konstitutiv sind, greifen sie in die Rechtsstellung der Betroffenen ein, so dass der den Inhaber begünstigende Verwaltungsakt nicht rückgängig gemacht werden kann (BPatG BeckRS 2009, 2732 – ROK).

Abschnitt 3. Verzicht; Verfalls- und Nichtigkeitsverfahren

§ 48 Verzicht

(1) Auf Antrag des Inhabers der Marke wird die Eintragung jederzeit für alle oder für einen Teil der Waren oder Dienstleistungen, für die sie eingetragen ist, im Register gelöscht.

(2) Ist im Register eine Person als Inhaber eines Rechts an der Marke eingetragen, so wird die Eintragung nur mit Zustimmung dieser Person gelöscht.

Überblick

Der Verzicht, also die freiwillige Aufgabe einer Marke, ist jederzeit möglich (→ Rn. 6) und führt zur Löschung im Register (→ Rn. 1) sowie zur Erledigung anhängiger Verfahren (→ Rn. 12 ff.).

Der Verzicht kann sich auch nur auf einen Teil der Waren und Dienstleistungen beziehen (Teilverzicht, → Rn. 10).

Die Verzichtserklärungen ist unwiderruflich (→ Rn. 16). Rechte Dritter geben diesen unter bestimmten Voraussetzungen das Recht, einen Verzicht zu verhindern (→ Rn. 17).

Übersicht

A. Allgemeines

1   Verzicht bezeichnet die freiwillige Aufgabe einer Marke durch den Markeninhaber mit der Folge der Löschung im Register. Unabhängig davon, in welchem Verfahren der Verzicht erfolgt, löscht das DPMA als hierfür ausschließlich zuständige Registerbehörde die Marke im Register. Die **jederzeit** gegebene Möglichkeit zum Verzicht ist Ausfluss der **Dispositionsmaxime,** wonach der Markeninhaber über sein Recht an der Marke frei verfügen kann.

1.1   In der Praxis erfolgt der Verzicht überwiegend in einem gegen die Marke anhängigen Widerspruchs- oder Löschungsverfahren (auch vor den Zivilgerichten), um eine – meist teilweise – Löschung der Marke abzuwenden.

2   Der Verzicht setzt eine eingetragene Marke voraus. Begrifflich davon zu unterscheiden ist die (Zu-)Rücknahme der Anmeldung (vgl. § 39 Abs. 1, der insoweit mit § 48 Abs. 1 korrespondiert), die bis zur Eintragung der Marke erfolgen kann.

3   Geht die Erklärung des Anmelders hinsichtlich der **Rücknahme** der Markenanmeldung erst nach Eintragung der Marke in das Register beim DPMA ein, ist die Rücknahmeerklärung in einen Verzicht umzudeuten (§ 140 BGB). Dem Anmelder bzw. Markeninhaber ist diesbezüglich rechtliches Gehör zu gewähren.

4   Hat der Markeninhaber auf seine Marke verzichtet, ist eine **erneute Anmeldung** der Marke nicht von vornherein rechtsmissbräuchlich, da ein Verzicht auf unterschiedlichen Erwägungen beruhen kann. Zur Problematik der Wiederholungsanmeldungen → § 8 Rn. 1081 ff. Dient der Verzicht zur Beilegung eines Streits, können die Beteiligten eine erneute Anmeldung durch eine entsprechende Vereinbarung ausschließen.

B. Verzicht und Antrag auf Löschung (Abs. 1)

5   Der Verzicht auf eine Markeneintragung als absolut geschützte Rechtsposition erfordert eine einseitige Erklärung des Markeninhabers. Aufgrund der Verzichtserklärung des Inhabers auf die Marke gegenüber dem DPMA wird das patentamtliche Löschungsverfahren eingeleitet. In dem Antrag gegenüber dem DPMA, dass die Marke aus dem Register gelöscht werden soll, liegt zugleich die **materiell-rechtliche Erklärung** des Verzichts auf die Marke, weshalb die Verzichtserklärung kein Antrag im klassischen Sinn ist.

5.1   Die unmittelbare materielle Rechtswirkung des Verzichts ist mit dem Wegfall der ursprünglichen Regelung des § 41 Abs. 3 MarkenV (vgl. Markenverordnung vom 11.5.2004, BGBl. I 872), die ehemals vorsah, dass die im Lauf eines Widerspruchs- oder Löschungsverfahrens erklärte Einschränkung des Waren- und Dienstleistungsverzeichnisses erst aufgrund einer entsprechenden Anordnung in der Entscheidung über den Widerspruch bzw. den Löschungsantrag vollzogen wird, nunmehr bestätigt.

5.2   Obwohl in vielen Fällen die materiell-rechtliche Verzichtserklärung und der formelle Antrag auf Löschung im Register gleichsam uno actu zusammenfallen, sind sie rechtlich zu trennen. Der Verzichtserklärung wohnt eine Doppelnatur inne. Sie ist einerseits Verfahrenshandlung mit Antragscharakter, zum anderen ist sie materielle Bewirkungshandlung. Die mittlerweile allgM geht abweichend zu früheren Auffassungen (vgl. Althammer WZG § 10 Rn. 1) davon aus, dass bereits der materiell-rechtliche Verzicht unmittelbare Rechtswirkungen entfaltet und der tatsächliche Vollzug der Löschung im Register nur deklaratorischer Natur ist (BPatG BeckRS 2012, 22518 – AMAMIS/EMANIS; Ströbele/Hacker/Thiering/ Miosga Rn. 4 trennt zwischen bedingungsfeindlicher Bewirkungshandlung und Erwirkungshandlung; ablehnend hingegen zur Aufteilung in Erwirkungs- und Bewirkungshandlungen mangels eines praktischen Zwecks Thomas/Putzo/Reichold ZPO Einl. III Rn. 3; zustimmend zur unmittelbaren Wirkung des Verzichts außerdem BGH GRUR 2011, 654 Rn. 14 – Yoghurt Gums; GRUR 2001, 337, 338 – EASYPRESS, wonach im Löschungsantrag des Markeninhabers der Verzicht liegt; Ingerl/Rohnke Rn. 6; HK-

MarkenR/Dück Rn. 19). Dies erscheint aus Gründen der Rechtssicherheit nicht unproblematisch, denn die sofortige Wirksamkeit des Verzichts (→ Rn. 12) kann für einen – letztlich von der Bearbeitungsdauer durch das DPMA abhängenden – Übergangszeitraum zu einer Diskrepanz zwischen registerrechtlicher und tatsächlicher Rechtslage führen, die den Rechtsstand nach außen nicht korrekt wiedergibt. In der Praxis ist indes der Zeitraum zwischen dem Eingang der Erklärung beim DPMA und dem Vollzug des Verzichts im Register sehr kurz, so dass für die rechtliche Konstruktion einer aufschiebend bedingten Verzichtserklärung bis zum Zeitpunkt der Löschung im Register, soweit diese überhaupt für zulässig zu erachten wäre (→ Rn. 11), kein praktischer Bedarf besteht.

I. Zeitpunkt

Der Verzicht kann gemäß dem Wortlaut von § 48 Abs. 1 **jederzeit** erklärt werden, also auch **6** noch im Rechtsmittelverfahren (vgl. BGH GRUR 1997, 634 – Turbo II). In der Entscheidung BPatG GRUR 530, 531 (Waldschlößchen/Waldschloss) war nach Schluss der mündlichen Verhandlung, aber vor Erlass des an Verkündungs statt zuzustellenden verfahrensabschließenden Beschlusses die Streichung einiger Waren im Verzeichnis der jüngeren Marke erfolgt, was der Senat für wirksam erachtet hat. Hierzu differenzierend aber Ingerl/Rohnke Rn. 9, wonach eine bloße Streichung von Waren bzw. Dienstleistungen vor Rechtskraft der die Instanz abschließenden Entscheidung zwar zulässig sein soll, Teilverzichte mit Umformulierungen dagegen aufgrund des Erfordernisses der Prüfung auf Bestimmtheit und unzulässige Erweiterungen unter Umständen zu einer Verfahrensverzögerung mit der Konsequenz des § 296a ZPO führen könnten (→ Rn. 12). In der Entscheidung „Yoghurt-Gums" hat der BGH offengelassen, ob ein Verzicht nach Schluss der mündlichen Verhandlung auch ohne deren Wiedereröffnung oder ohne Übergang ins schriftliche Verfahren berücksichtigungsfähig ist, wenn es sich um die bloße Streichung von Waren/DL handelt (vgl. BGH GRUR 2011, 654). Dies wird anzunehmen sein, zumal eine erneute mündliche Verhandlung bzw. ein Eintritt in das schriftliche Verfahren am materiell-rechtlichen oder prozessualen Ergebnis nichts mehr ändern wird; der Verzicht führt zur Erledigung der Hauptsache insoweit (vgl. Ingerl/Rohnke Rn. 9; BPatG GRUR 2003, 530 (531) – Waldschlösschen/Waldschloss).

II. Form

Nach § 39 Abs. 1 MarkenV soll der Antrag, mit dem der Verzicht gegenüber dem DPMA **7** erklärt wird, unter Verwendung des hierfür vorgesehenen, vom DPMA herausgegebenen **Formblatts** erfolgen; dessen Verwendung ist zwar nicht obligatorisch, für eine zügige Bearbeitung jedoch förderlich, zumal das Formblatt den für den Löschungsantrag aufgrund Verzichts zwingenden Inhalt nach § 39 Abs. 2 MarkenV vorsieht (in elektronischer Form ist das Formular unter www.dpma.de/formulare/marke.html abrufbar). Der Antrag ist gebührenfrei.

Der Verzicht kann auch **konkludent** erklärt werden, dh der Begriff „Verzicht" muss hierfür **8** nicht explizit verwendet werden. Im Allgemeinen werden bei der Prüfung, ob ein konkludenter Verzicht vorliegt, die Auslegungsregeln nach §§ 133, 157 BGB heranzuziehen sein; der wirkliche Wille des Erklärenden ist dabei zu ermitteln. Da der Markeninhaber durch den Verzicht sein Markenrecht ohne Möglichkeit eines Widerrufs verliert (→ Rn. 16), ist diesbezüglich ein strenger Maßstab anzulegen; dh der Verzichtswille des Markeninhabers muss unmissverständlich zum Ausdruck kommen, weshalb in Zweifelsfällen beim Inhaber rückzufragen ist.

Der Verzicht wurde bejaht: im Antrag auf Eintragung einer anderen tatsächlich angemeldeten Form **8.1** liegt ein konkludenter Verzicht auf die vorher fehlerhaft eingetragene Marke (BPatG GRUR 200, 805 – Immo-Börse mit Hinweis auf BPatG 23.5.1997 – 33 W (pat) 47/97, BPatGE 38, 153 – creactiv); beantragt der Markeninhaber die „Löschung" der Marke für diejenigen Waren, hinsichtlich derer die Markenstelle die Löschung der Marke angeordnet hat, ist dieser Antrag als teilweiser Verzicht auszulegen (BPatG BeckRS 2014, 16784).

Der Verzicht wurde verneint: die Formulierung „die Marke aus Klasse 9 herauszunehmen" ist als **8.2** Verzichtserklärung nicht ausreichend (vgl. BPatG BeckRS 2009, 1270 – vtron-CYTRON); auch der Verzicht auf eine Entgegnung im Widerspruchsverfahren bedeutet noch keinen Verzicht auf die Marke (vgl. BPatG GRUR 2000, 897 – ACC; HK-MarkenR/Dück Rn. 10).

III. Adressat

Grundsätzlich ist die (Teil-)Verzichtserklärung vor dem DPMA, als der Behörde, die das Markenregister führt, abzugeben. Im Beschwerdeverfahren muss aufgrund des Devolutiveffekts der **9** Beschwerde die Erklärung des Verzichts (auch des Teilverzichts) auf die Marke beim BPatG erfolgen; eine Abgabe der Erklärung gegenüber dem DPMA nach § 48 iVm § 39 MarkenV kommt nicht in Betracht, da diese Vorschriften nur außerhalb des gerichtlichen Verfahrens gelten (vgl. Fezer Markenpraxis-HdB/Grabrucker I 1 2 Rn. 15). Gleichwohl muss aber die Verzichtserklärung an das DPMA als **Registerbehörde** weitergeleitet werden. Wird die Erklärung nur gegenüber dem DPMA abgegeben, erkennt das BPatG, sofern es davon Kenntnis erlangt, eine solche Erklärung gleichwohl ebenfalls an (vgl. Fezer Rn. 5; Ingerl/Rohnke Rn. 9). Der (Teil-)Verzicht kann im Verfahren vor dem BPatG entweder in der mündlichen Verhandlung zu Protokoll oder durch entsprechende Erklärung im schriftlichen Verfahren erfolgen. In der Praxis wird die Erklärung des (Teil-)Verzichts häufig sowohl gegenüber dem DPMA als auch gegenüber dem BPatG abgegeben, was die Wirksamkeit ebenfalls nicht hindert.

C. Gegenstand des Verzichts

10　　Die Verzichtserklärung kann sich auf alle eingetragenen Waren und/oder Dienstleistungen oder nur auf einen Teil davon beziehen (sog. **Teilverzicht**), hingegen niemals auf Einzelbestandteile der Marke. § 39 Abs. 2 Nr. 4 verlangt, entweder die zu löschenden Waren und Dienstleistungen zu bezeichnen oder die Waren und Dienstleistungen, für die die Marke nicht gelöscht werden soll. Ein Teilverzicht darf keine unzulässigen Erweiterungen (→ § 39 Rn. 20.1), keine Rechtsunsicherheit (zB bei dadurch entstehender mangelnder Bestimmtheit der Waren-/Dienstleistungsbegriffe, vgl. Ströbele/Hacker/Thiering/Miosga Rn. 6) oder neue absolute Schutzhindernisse (zB § 8 Abs. 2 Nr. 4, wenn ein Schutzhindernis etwa durch Disclaimer beseitigt, hingegen dadurch eine **Täuschungsgefahr** begründet wird, → § 39 Rn. 20.1) herbeiführen. Diese Problematik stellt sich – unter anderem auch im Zuge von Widerspruchs- oder Löschungsverfahren – dergestalt, dass der Markeninhaber auf Waren oder Dienstleistungen verzichtet, die unter einen weiten Oberbegriff des Waren- und Dienstleistungsverzeichnisses fallen. Als praktikable Lösung erscheint in einfachen Fällen die Ausklammerung der Spezialware aus dem Oberbegriff mittels produktbezogenen **Disclaimers** (vgl. HK-MarkenR/Dück Rn. 13), der jedoch den Anforderungen der Rechtsprechung genügen muss (EuGH GRUR 2004, 674 – Postkantoor); wird zB auf die Ware „Puppen" innerhalb des Oberbegriffs „Spielwaren" verzichtet, lautet die Formulierung „Spielwaren, ausgenommen Puppen". Ist die vom Markeninhaber eingereichte Fassung des Waren-/Dienstleistungsverzeichnisses unzulässig, unterbreitet das DPMA von sich aus zulässige Formulierungsvorschläge. Soweit der Markeninhaber diesen nicht zustimmt, weist es die Verzichtserklärung durch beschwerdefähigen Beschluss zurück.

11　　Soweit ein unzulässiger (Teil-)Verzicht in anhängigen Widerspruchs- oder Löschungsverfahren beim DPMA oder BPatG erfolgt, wird dessen Unzulässigkeit in der Endentscheidung über den Widerspruch oder die Löschung festgestellt, nicht in einer gesonderten Entscheidung, und nur in Zusammenhang mit dieser Endentscheidung angreifbar. Ein bedingt erklärter (Teil-)Verzicht dahingehend, dass ein neues eingeschränktes Waren- und Dienstleistungsverzeichnis in einem Widerspruchsverfahren (oder auch Löschungsverfahren) der Entscheidung hilfsweise zugrunde gelegt werden soll, ist unzulässig, da die Verzichtserklärung materiell-rechtlich ohne Weiteres zum vollständigen oder teilweisen Erlöschen der Marke führt (BGH GRUR 2008, 714 (717) – idw; GRUR 2011, 654 – Yoghurt-Gums).

D. Wirkungen des Verzichts

12　　Die Rechtswirkung des Verzichts, nämlich das Erlöschen der Marke, tritt nach deutschem Recht **unmittelbar** mit dem Zugang der Erklärung beim DPMA bzw. BPatG ein, nicht erst mit der Eintragung im Register (wie nach Art. 57 Abs. 2 S. 2 UMV, BGH GRUR 2008, 714 – idw). Damit kann ein (Teil-)Verzicht auch in einem anhängigen Widerspruchs-, Löschungsverfahren bzw. Beschwerdeverfahren bereits vor Vollzug der Löschung im Register berücksichtigt werden und zur **Erledigung** des jeweiligen Verfahrens führen (BGH GRUR 2011, 654 – Yoghurt-Gums, unter Aufgabe der bisherigen Rechtsprechung, vgl. BGH GRUR 2005, 513 f. – MEY/Ella May; BPatG BeckRS 2012, 22518 – AMAMIS/EMANIS; GRUR 1969, 413 – Rakofix/Tachofix; Ingerl/Rohnke Rn. 9; Bingener MarkenR Rn. 475 f.). Abweichend ist dies nur für **Teilverzichte mit Umformulierungen** nach Schluss der mündlichen Verhandlung, die aufgrund der erforderlichen Prüfung auf Bestimmtheit und Erweiterung nach § 296a ZPO zu einer Präklusion führen können (→ Rn. 6 mwN).

13　　Der Verzicht wirkt **ex nunc** (BPatG BeckRS 2018, 9387) und absolut, dh gegenüber jedermann. Anderes müsste in einer Abgrenzungsvereinbarung vereinbart sein.

14　　Mit dem erklärten Verzicht auf die streitgegenständliche Marke tritt in der Regel die **Erledigung** eines anhängigen Widerspruchs-, Löschungs- bzw. Beschwerdeverfahrens ein, im Widerspruchs- bzw. im Widerspruchsbeschwerdeverfahren sowohl bei Verzicht auf die Widerspruchs-marke als auch bei Verzicht auf die angegriffene Marke. Das Verfahren wird nicht mehr fortgeführt; ggf. ist eine Kostenentscheidung zu treffen (§ 63 Abs. 1 S. 2). Der Antragsteller kann jedoch auch nach dem Verzicht des Markeninhabers auf die angegriffene Marke ein besonderes Interesse an der Feststellung der Löschungsreife der Marke ex tunc haben, weshalb durch den Verzicht eine Erledigung in der Hauptsache dann nicht eintritt (vgl. BGH GRUR 2001, 337 – EASYPRESS). Das besondere **Feststellungsinteresse** ist in diesen Fällen analog § 256 Abs. 1 ZPO substantiiert darzulegen (vgl. Thomas/Putzo/Seiler ZPO § 256 Rn. 13 ff.).

Umstritten ist die Frage, ob die Verzichtserklärung in der Regel dahingehend auszulegen ist, **15** dass der Markeninhaber mit dem Verzicht auf die Registermarke zugleich auch auf das Recht aus einer **Benutzungsmarke** nach § 4 Nr. 2 oder eine **Notorietätsmarke** nach § 4 Nr. 3 verzichtet (vgl. bejahend Fezer Rn. 8; ablehnend Ingerl/Rohnke Rn. 12). Dies hängt vom jeweiligen Einzel-fall ab und ist durch Auslegung der Verzichtserklärung unter Heranziehung der §§ 133, 157 BGB zu ermitteln.

E. Widerruf und Anfechtung

Aufgrund der unmittelbaren Wirkung der materiell-rechtlichen Verzichtserklärung und deren **16** **Bedingungsfeindlichkeit** ist ein Widerruf des Verzichts bereits nach Zugang (nicht mit Abgabe) der entsprechenden Erklärung beim DPMA (bzw. BPatG) und nicht erst nach vollzogener Löschung im Register ausgeschlossen (BGH GRUR 2001, 337 – EASYPRESS; Ingerl/Rohnke Rn. 6; Ströbele/Hacker/Thiering/Miosga Rn. 4). Eine **Anfechtung wegen Irrtums** ist hinge-gen aufgrund des Doppelcharakters des Verzichts, der neben der prozessualen Komponente auch eine materiell-rechtliche Erklärung umfasst, zuzulassen (BPatG BeckRS 2008, 26577 – TACO BELL; zustimmend Ströbele/Hacker/Thiering/Miosga Rn. 4), wobei die formellen Voraussetzun-gen erfüllt und ein Anfechtungsgrund gegeben sein müssen (→ § 39 Rn. 3, wonach aber nur der Erklärungsirrtum oder die falsche Übermittlung, nicht die Fehleinschätzung der Schutzfähigkeit der Marke zur Anfechtung berechtigen).

F. Zustimmung Dritter (Abs. 2)

§ 48 Abs. 2 fordert bei einer Rechteinhaberschaft eines Dritten an einer Marke dessen Einver- **17** ständnis mit der Verzichtserklärung, nicht lediglich mit der Löschung, da ansonsten wegen der unmittelbar eintretenden Wirkung des Verzichts das Zustimmungserfordernis obsolet würde (vgl. Ströbele/Hacker/Thiering/Miosga Rn. 7). Das Zustimmungserfordernis bezieht sich nur auf die nach § 29 eintragbaren dinglichen Rechte (zu Pfandrecht und Nießbrauch → § 29 Rn. 7, → § 29 Rn. 16).

§ 40 MarkenV regelt die **Formerfordernisse** der Zustimmungserklärung des Dritten nach § 48 **18** Abs. 2. Demnach genügt eine vom Dritten bzw. seinem Vertreter abgegebene, unterschriebene Erklärung. Aufgrund des Wortlauts des § 40 S. 1 MarkenV ist ein Zugang beim DPMA nicht erforderlich; eine **Abgabe gegenüber dem Markeninhaber** ist ausreichend (vgl. Ingerl/Rohnke Rn. 10; HK-MarkenR/Dück Rn. 17). Nach § 40 S. 2 MarkenV ist eine Beglaubigung der Erklärung oder der Unterschrift der Erklärung des Dritten für den Nachweis der Zustimmung nicht erforderlich; zudem kann die Zustimmung auch auf andere Weise nachgewiesen werden (§ 40 S. 3 MarkenV).

§ 49 Verfall

(1) ¹Die Eintragung einer Marke wird auf Antrag für verfallen erklärt und gelöscht, wenn die Marke nach dem Tag, ab dem kein Widerspruch mehr gegen sie möglich ist, innerhalb eines ununterbrochenen Zeitraums von fünf Jahren nicht gemäß § 26 benutzt worden ist. ²Der Verfall einer Marke kann jedoch nicht geltend gemacht werden, wenn nach Ende dieses Zeitraums und vor Stellung des Antrags auf Erklärung des Verfalls eine Benutzung der Marke gemäß § 26 begonnen oder wieder aufgenommen worden ist. ³Wird die Benutzung jedoch im Anschluß an einen ununterbrochenen Zeitraum von fünf Jahren der Nichtbenutzung innerhalb von drei Monaten vor der Stellung des Antrags auf Erklärung des Verfalls begonnen oder wieder aufgenommen, so bleibt sie unberücksichtigt, sofern die Vorbereitungen für die erstmalige oder die erneute Benut-zung erst stattgefunden haben, nachdem der Inhaber der Marke Kenntnis davon erhalten

hat, daß der Antrag auf Erklärung des Verfalls gestellt werden könnte. [4]Wird der Antrag auf Erklärung des Verfalls nach § 53 Abs. 1 beim Deutschen Patent- und Markenamt gestellt, so bleibt für die Berechnung der Frist von drei Monaten nach Satz 3 der Antrag beim Deutschen Patent- und Markenamt maßgeblich, wenn die Klage auf Erklärung des Verfalls nach § 55 Abs. 1 innerhalb von drei Monaten nach Zustellung der Mitteilung nach § 53 Abs. 4 erhoben wird.

(2) Die Eintragung einer Marke wird ferner auf Antrag für verfallen erklärt und gelöscht,
1. wenn die Marke infolge des Verhaltens oder der Untätigkeit ihres Inhabers im geschäftlichen Verkehr zur gebräuchlichen Bezeichnung der Waren oder Dienstleistungen, für die sie eingetragen ist, geworden ist;
2. wenn die Marke infolge ihrer Benutzung durch den Inhaber oder mit seiner Zustimmung für die Waren oder Dienstleistungen, für die sie eingetragen ist, geeignet ist, das Publikum insbesondere über die Art, die Beschaffenheit oder die geographische Herkunft dieser Waren oder Dienstleistungen zu täuschen oder
3. wenn der Inhaber der Marke nicht mehr die in § 7 genannten Voraussetzungen erfüllt.

(3) Liegt ein Verfallsgrund nur für einen Teil der Waren oder Dienstleistungen vor, für die die Marke eingetragen ist, so wird die Eintragung nur für diese Waren oder Dienstleistungen für verfallen erklärt und gelöscht.

Überblick

Verfall bezeichnet die Löschungsreife einer Marke aufgrund von bestimmten Umständen, die nach der Eintragung der Marke in das Register eingetreten sind: Nichtbenutzung (→ Rn. 5 ff.), Entwicklung zur Gattungsbezeichnung (→ Rn. 24) und Täuschungseignung (→ Rn. 32). Hinzu kommt der Verlust der Markenrechtsfähigkeit der Markeninhaberin (→ Rn. 35).

Bei IR-Marken spricht man von (nachträglicher) Schutzentziehung (→ Rn. 4).

Den Verfall hat nicht der Angreifer nachzuweisen, sondern die Inhaberin der angegriffenen Marke muss deren Benutzung nachweisen (→ Rn. 8 ff.).

Die Möglichkeit einer späteren Heilung der Verfallsgründe (→ Rn. 10 ff.) führt zu sog. Zwischenrechten anderer Berechtigter, die nach dem Verfall, aber vor der Heilung entstanden sind (→ Rn. 21).

Alle Verfallsfolgen können auch nur für einen Teil der Waren oder Dienstleistungen eintreten (→ Rn. 38).

Übersicht

A. Allgemeines

1   Der Unterschied der Löschung wegen der Erklärung des Verfalls zu der der Nichtigkeit besteht darin, dass der Verfall den Markenschutz nachträglich beseitigt („ex nunc", § 52 Abs. 1), während die Nichtigkeit zur rückwirkenden Vernichtung des Markenschutzes führt („ex tunc", § 52 Abs. 2).

2   Im Widerspruchsverfahren kann die Inhaberin der angegriffenen Marke zwar eine fehlende Benutzung der Widerspruchsmarke geltend machen (§ 43 Abs. 1); das ist aber kein Verfallsantrag und wirkt nur inter partes im jeweiligen Widerspruchsverfahren. Die Einleitung eines Verfallsverfahrens führt dazu, das Widerspruchsverfahren auszusetzen (→ § 70 Rn. 14 ff.).

3   Auch bei der **einredeweisen Geltendmachung** des Verfalls angeblich verletzter Marken im Verletzungsprozess oder älterer Rechte iSv § 51 Abs. 4, § 55 Abs. 3 in Nichtigkeitsverfahren wird deren rechtserhaltende Benutzung nur inzident geprüft. Selbst wenn die Einrede durchgreift, ist der Bestand der Marke im Register dadurch nicht berührt (vgl. Rohnke GRUR 2001, 696 (700)). § 25 Abs. 2 S. 2 eröffnet dem Verletzungskläger die Möglichkeit, bis zum Schluss der mündlichen Verhandlung die Benutzung aufzunehmen und den Benutzungsnachweis zu führen. Das kann ein Antrag auf Erklärung des Verfalls beim DPMA bzw. eine **Widerklage** auf Nichtigkeit verhindern, weil mit der Erhebung der Nichtbenutzungseinrede Kenntnis iSv § 49 Abs. 1 S. 3 (→ Rn. 14) eine Berücksichtigung der Benutzungsaufnahme ausschließt.

§ 49 enthält eine abschließende Aufzählung der Verfallsgründe (vgl. BGH GRUR 2003, 1040 **4** (1042) – Kinder). Für **IR-Marken** verwendet § 115 den Begriff der (nachträglichen) Schutzentziehung. Sondervorschriften zur Löschung von **Kollektivmarken und Gewährleistungsmarken** wegen Verfalls enthalten § 105 und § 106g. Diese Verfahren sind ausschließlich dem DPMA (bzw. nachfolgend dem BPatG) vorbehalten, denn § 105 Abs. 3 und § 106g Abs. 3 verweisen auf § 53, nicht aber auf § 55.

Drei Verfallsgründe sind aus der MRL übernommen (vgl. Art. 19, 20 MRL), nämlich die ununterbro- **4.1** chene fünfjährige Nichtbenutzung (→ Rn. 5) sowie die Entwicklung zur Gattungsbezeichnung (→ Rn. 24) oder zur täuschenden Angabe (→ Rn. 32). Nicht in der MRL normiert ist der Verfallsgrund des Verlustes der Markenrechtsfähigkeit des Markeninhabers (→ Rn. 35).

B. Nichtbenutzung (Abs. 1)

I. Allgemeines

Der Verfallsgrund der Nichtbenutzung ist nahezu identisch zu Art. 12 Abs. 1 MRL geregelt. **5** Die fünfjährige sog. **Benutzungsschonfrist** beginnt mit dem Tag zu laufen, ab dem kein Widerspruch mehr gegen die Marke möglich ist. Das für den Beginn der Fünfjahresfrist maßgebliche Datum ist aus dem Register ersichtlich (§ 25 Nr. 20a MarkenV; → § 26 Rn. 15 ff.). Der Markeninhaber muss nicht nur fürchten, dass ein Widerspruch aus seiner Marke mangels Nachweises der Benutzung nicht erfolgreich ist, sondern auch, dass seine Marke für verfallen erklärt wird, wenn er sie nach Ablauf der Benutzungsschonfrist fünf Jahre andauernd und ununterbrochen nicht benutzt hat. Stellt sich eine Marke im Widerspruchsverfahren vor dem DPMA als nicht benutzt heraus, kann das DPMA von sich aus kein Verfahren zur Erklärung des Verfalls einleiten, wohl aber der Inhaber der angegriffenen Marke sowie jeder Dritte. Ansonsten bleibt die Marke trotz des fehlenden Nachweises der Benutzung im Widerspruchsverfahren im Register eingetragen.

Ob die **Benutzung rechtserhaltend** war, ist nach § 26 zu beurteilen. **6**

II. Voraussetzungen des Verfalls

Der Ablauf eines Fünfjahreszeitraums ohne Benutzung begründet die Löschungsreife wegen **7** Verfalls, unabhängig davon, ob jemals eine Benutzung stattgefunden hat oder nicht. Wird eine Benutzung eingestellt, beginnt der Fünfjahreszeitraum neu zu laufen (v. Mühlendahl GRUR 2019, 25 (27)). Eine Addition verschiedener unterbrochener Nichtbenutzungsphasen zu einem Zeitraum ist ausgeschlossen.

Es obliegt dem Inhaber der angegriffenen Marke, die ernsthafte Benutzung seiner Marke **nach-** **8** **zuweisen,** denn er ist dazu am besten in der Lage; die formal als Begründung ausreichende Behauptung der Nichtbenutzung eignet sich ihrer Natur nach nicht für eine weitere detailliertere Darstellung. Nur wenn ein Antragsteller geltend machen will, die Marke sei zu einer gebräuchlichen Bezeichnung oder täuschend geworden bzw. dass der Markeninhaber nicht mehr die in § 7 geforderten Voraussetzungen erfüllt, muss er mehr vortragen (EuGH C-720/18, C-721/18, GRUR 2020, 1301 – Ferrari (testarossa); BGH GRUR-RS 2021, 5277 – STELLA). Nationale Verfahrensregeln, die den Kläger verpflichten, eine Recherche am Markt über die mögliche Benutzung dieser Marke vorzunehmen und hierzu substantiiert vorzutragen, sind nicht richtlinienkonform (EuGH C-183/21, GRUR 2022, 573 – Maxxus).

Die vom LG Saarbrücken (LG Saarbrücken GRUR-RR 2022, 169 – Maxxus) bei der Vorlage an den **8.1** EuGH angesprochene Gefahr einer Zunahme missbräuchlicher Löschungsklagen soll nach dem EuGH mit anderen verfahrensrechtlichen Mittel verhindert werden (Schoene GRUR-Prax 2022, 278). Dazu gehörten Bestimmungen, die es erlaubten, eine Löschungsklage summarisch als offensichtlich unzulässig oder offensichtlich unbegründet abzuweisen oder dem Kläger die Kosten aufzuerlegen.

Die vom LG Saarbrücken ebenfalls angeführte Gefahr, dass die Löschung einer Marke nur zu dem **8.2** Zweck beantragt werden könnte, die Offenlegung von Geschäftsgeheimnissen zu erreichen, sieht der EuGH nicht, weil eine ernsthafte Benutzung auf dem Markt präsent sei (so schon EuGH C-40/01, BeckRS 2003,

70102 – Ansul), womit die Nachweise für die ernsthafte Benutzung nicht unter ein Geschäftsgeheimnis fielen.

9   Dies muss auch für die Verfahren vor dem DPMA gelten. Dass § 41 Nr. 5 MarkenV die Angabe der Verfallsgründe im Antrag verlangt, ist im Falle der Nichtbenutzung mit der bloßen Behauptung, die Marke werde nicht benutzt, formal ausreichend erfüllt.

III. Heilung der Löschungsreife (Abs. 1 S. 2–4)

10   Der Inhaber der angegriffenen Marke kann den Eintritt der Löschungsreife durch Aufnahme bzw. Wiederaufnahme der Benutzung heilen und damit eine Verfallserklärung verhindern; zu den Erfordernissen einer **ernsthaften Benutzung** → § 26 Rn. 73 ff.

11   Neben einer aktiven Benutzung steht auch ein **wichtiger Grund für die Nichtbenutzung** einer Löschungsreife wegen Verfalls entgegen (→ § 26 Rn. 177).

12   Nimmt der Inhaber der angegriffenen Marke Benutzungshandlungen erst **nach Stellung des Antrags** auf, scheidet eine Heilungsmöglichkeit grundsätzlich aus.

13   Bei Aufnahme der Benutzungshandlungen **vor Stellung des Antrags** spricht man von einer gutgläubigen Benutzungsaufnahme, für die der Markeninhaber die Beweislast trägt (v. Mühlendahl GRUR 2019, 25 (27)).

14   Eine Benutzung bleibt unberücksichtigt, wenn zwischen der Benutzungsaufnahme und der Stellung des Antrags ein Zeitraum von drei Monaten oder weniger liegt und wenn die **Vorbereitungen** für die Aufnahme der Benutzung (→ Rn. 14.1) erst stattgefunden haben, nachdem der Markeninhaber von einem möglichen Antrag auf Erklärung des Verfalls **Kenntnis** erhalten hat. Beide Voraussetzungen müssen kumulativ vorliegen. Hierfür sind konkrete Hinweise auf einen bestimmten Antrag einer bestimmten Person erforderlich, denn das Wissen um die abstrakte Möglichkeit der Erhebung eines Antrags bzw. einer Klage ist theoretisch immer gegeben. Der Heilungsausschluss entfaltet dementsprechend nur in Bezug auf den **konkreten Antragsteller** Wirkung (vgl. Ströbele/Hacker/Thiering/Thiering Rn. 29, 38; differenzierend HK-MarkenR/ Dück Rn. 30).

14.1   Als Vorbereitungshandlungen sind Aktivitäten zu verstehen, die auf eine ernsthafte Benutzung gerichtet sind, wie beispielsweise die Anfertigung von Packungsentwürfen, die verbindliche Initiierung von Werbemaßnahmen, nicht jedoch erfolglose Lizenzverhandlungen (Art. 58 UMV). Sie stehen der Benutzungsaufnahme gleich, wenn sie unmittelbar zur Benutzung geführt haben. Zwar können hierfür auch betriebsinterne Maßnahmen genügen (Ströbele/Hacker/Thiering/Thiering Rn. 32), an jedenfalls eine gewisse Außenwirkung bzw. eine nach außen erkennbare Manifestation der vorbereitenden Aktivitäten ist erforderlich (vgl. HK-MarkenR/Dück Rn. 25), um nachträgliche Manipulationen zu verhindern. Die Beweislast für die Darlegung der getroffenen Maßnahmen trägt der Markeninhaber, da nur er über die nötigen Informationen und Kenntnisse verfügt (aA HK-MarkenR/Dück Rn. 25 aE).

14.2   Dass die Voraussetzungen des Heilungsausschlusses immer vorliegen, weil im Hinblick auf den ersten Antrag auf Erklärung des Verfalls beim DPMA gemäß § 53 stets Kenntnis besteht, ist nicht anzunehmen. Die Kenntnis von der Androhung eines Antrags auf Erklärung des Verfalls nach § 49 Abs. 1 S. 3, die zum Heilungsausschluss führt, entfällt nach § 49 Abs. 1 S. 4 mit dem Ablauf von drei Monaten.

15   Der Heilungsausschluss greift nur dann, wenn der Markeninhaber positive Kenntnis hatte, nicht bei nur grob fahrlässiger Unkenntnis (HK-MarkenR/Dück Rn. 22).

16   Der Antrag auf Erklärung des Verfalls gilt als gestellt, wenn er beim DPMA eingegangen ist (vgl. Ströbele/Hacker/Thiering/Thiering Rn. 14); nicht erforderlich soll hierfür sein, dass der Markeninhaber über den Antrag unterrichtet wurde. Dies erscheint allerdings nur bedingt ergebnisgerecht, da der Markeninhaber erst mit der Zustellung des Antrags bzw. der Klage Kenntnis von der Geltendmachung des Verfalls erlangt. Im Fall der Klageerhebung bei Gericht gemäß § 55 ist maßgeblicher Zeitpunkt die Einreichung der Klage, gemäß § 253 Abs. 1 ZPO also deren **Zustellung** (hM, OLG München BeckRS 2003, 30309510 – König Ludwig; LG München I GRUR-RS 2022, 2843 Rn. 17 – SCHÜTZENLISL; HK-MarkenR/Dück Rn. 28; Ingerl/ Rohnke/Nordemann/Bröcker Rn. 18; v. Mühlendahl GRUR 2019, 25 (27)).

17   In der Regel hat der Markeninhaber Kenntnis von einem Löschungsbegehren, wenn ihm ein Dritter angedroht hat, die Erklärung des Verfalls anzustreben (Ströbele/Hacker/Thiering/Thiering Rn. 29), was auch durch die Erhebung der Einrede der Nichtbenutzung im Rahmen eines Verletzungs- oder Widerspruchsverfahrens erfolgen kann (aA Ingerl/Rohnke/Nordemann/Bröcker Rn. 20; HK-MarkenR/Dück Rn. 23). Dass die relevante **Androhung** erst nach Ablauf des Fünfjahreszeitraums stattfinden muss, ist nicht zwingend erforderlich.

Ist bei Klageerhebung (nicht bei Antrag auf Erklärung des Verfalls, da das DPMA rein formal **18** auf den Ablauf der Fünfjahresfrist bei Antragseingang abstellt) der **Fünfjahreszeitraum noch nicht abgelaufen,** dh der Verfall noch nicht eingetreten, ist die Löschungsklage zunächst zwar zulässig, aber unbegründet. Nimmt der Markeninhaber nach Klageerhebung, aber vor Ablauf des Fünfjahreszeitraums (ohne Berücksichtigung der Dreimonatsregelung, s. Abs. 1 S. 3) die Benutzung ernsthaft auf, bleibt die Klage unbegründet (ebenso Ströbele/Hacker/Thiering/Thiering Rn. 41; HK-MarkenR/Hoppe Rn. 12).

Läuft der Fünfjahreszeitraum nach der Klageerhebung ab und wird eine ernsthafte Benutzung endgültig **18.1** nicht aufgenommen, ist zu unterscheiden zwischen den Fällen, in denen die **gleitende Benutzungsschonfrist** weiterhin gilt, nämlich bei der Einrede der mangelnden Benutzung im Verletzungsverfahren sowie im auf eine ältere Marke gestützten Löschungsverfahren, und in denen eine solche „Begünstigung" des Antragstellers bzw. Klägers nicht eintritt (aA v. Mühlendahl GRUR 2019, 25 (28); Albrecht/Hoffmann MarkenR 2020, 1 (7); Ströbele/Hacker/Thiering/Thiering Rn. 33).

Ist der Klage auf Erklärung des Verfalls vor den Zivilgerichten (§ 55) ein **patentamtliches** **19** **Verfahren nach § 53 vorausgegangen,** das nach Erhebung eines Widerspruchs nicht weitergeführt wurde, berechnet sich nach Abs. 1 S. 4 die Dreimonatsfrist, ab der keine heilende Benutzungsaufnahme mehr möglich ist, von der Antragstellung beim DPMA an, wenn die Klage auf Erklärung des Verfalls nach § 55 Abs. 1 innerhalb von drei Monaten nach Zustellung der Mitteilung des DPMA über den Widerspruch des Markeninhabers erhoben wird. Für die Erhebung der Klage ist auf ihre Zustellung abzustellen (→ Rn. 16).

Allerdings spricht § 49 Abs. 1 S. 4 noch immer von der Zustellung der Mitteilung des DPMA nach **19.1** § 53 Abs. 4, was nicht zutreffend ist, da sich die ehemals dort geregelte Zustellung des Widerspruchs des Markeninhabers an den späteren Verfallskläger infolge der mit dem MaMoG vorgenommenen Änderungen jetzt in § 53 Abs. 5 S. 3 befindet; insoweit wurde der Verweis nicht aktualisiert (vgl. Ströbele/Hacker/Thiering/Thiering Rn. 37).

Wird die Klage erst nach 3 Monaten erhoben, kann wieder eine Heilung nach § 49 Abs. 1 **20** S. 2 erfolgen. Nur der zeitnahe Angreifer soll in seinem Löschungsbegehren geschützt werden (vgl. HK-MarkenR/Dück Rn. 28 f.).

IV. Zwischenrechte

Da die Heilung nach § 49 Abs. 1 S. 2 grundsätzlich „ex tunc" wirkt, dh die Marke von **21** Anfang an in ihrer Schutzwirkung mit der ursprünglichen Priorität wieder auflebt, stellt sich die Problematik von sog. Zwischenrechten, die im Zeitraum während der Löschungsreife der angegriffenen Marke rechtwirksam entstanden sind. Sie genießen gegenüber der älteren Marke Bestandsschutz mit der Folge der **Koexistenzberechtigung** und zwar unabhängig davon, ob dem Inhaber der jüngeren Marke die Löschungsreife der älteren Marke wegen Nichtbenutzung bekannt war oder nicht. § 22 Abs. 1 Nr. 2 Alt. 1 gewährt iVm § 51 Abs. 4 Nr. 1 den Bestand und die freie Benutzbarkeit von eingetragenen Marken, die zwar prioritätsjünger als die eingetragene (Klage-)Marke eines Dritten sind, die aber zu einem Zeitpunkt entstanden sind, als das ältere Recht des Dritten nach § 49 löschungsreif war (Ströbele/Hacker/Thiering/Thiering § 22 Rn. 13; HK-MarkenR/Dück § 22 Rn. 23; Fezer § 22 Rn. 10; Ingerl/Rohnke/Nordemann/Boddien § 22 Rn. 11).

Der Wortlaut von § 22 Abs. 1 Nr. 2 stellt auf den Zeitpunkt der Löschungsreife der älteren **22** Marke zum Zeitpunkt der Veröffentlichung der jüngeren Marke ab (vgl. Ströbele/Hacker/Thiering/Thiering § 22 Rn. 17). Tritt die Löschungsreife der älteren Marke erst nach Veröffentlichung der jüngeren Marke ein und ist der Inhaber der älteren Marke nicht gegen die jüngere Marke vorgegangen, ist in **analoger Anwendung** des Rechtsgedankens des § 22 Abs. 1 Nr. 2 davon auszugehen, dass die jüngere Marke mit der Löschungsreife der älteren Marke automatisch zum bestandskräftigen Zwischenrecht wird.

Auch prioritätsjüngere **Benutzungsmarken,** Unternehmenskennzeichen oder Titelrechte **23** können Zwischenrechte sein (vgl. BGH GRUR 1994, 288 (291) – Malibu), wobei hier ebenfalls nicht zwingend vorausgesetzt ist, dass die Entstehung des jüngeren Rechts in den Zeitraum der Löschungsreife des älteren Rechts fällt; es kann demnach auch erst später mit der Löschungsreife der älteren Marke zum Zwischenrecht erstarken, sofern der Markeninhaber des älteren Rechts nicht gegen das jüngere Recht vorgegangen ist.

C. Entwicklung zur gebräuchlichen Bezeichnung (Abs. 2 Nr. 1)

24   Dieser Verfallsgrund greift ein, wenn die Marke infolge des **Verhaltens oder der Untätigkeit ihres Inhabers** im geschäftlichen Verkehr zur gebräuchlichen Bezeichnung der Waren oder Dienstleistungen, für die sie eingetragen ist, geworden ist. Hierfür muss nach der Eintragung der Marke die Entwicklung zu einer gebräuchlichen Bezeichnung, die begrifflich der Gattungsbezeichnung gleichzusetzen ist (vgl. Ströbele/Hacker/Thiering/Thiering Rn. 43), stattgefunden haben.

24.1   Zwischen dem in § 49 Abs. 2 Nr. 1 verwendeten Begriff der im Verkehr gebräuchlichen Bezeichnungen und dem Begriff der allgemein sprachgebräuchlichen und verkehrsüblichen Bezeichnungen, wie er in § 8 Abs. 2 Nr. 3 Verwendung findet, besteht kein sachlicher Unterschied. Beide Varianten sind als Gattungsbezeichnungen zu verstehen (vgl. Fezer Rn. 25), weshalb insoweit auch die zu § 8 Abs. 2 Nr. 3 ergangene Rechtsprechung herangezogen werden kann (→ § 8 Rn. 532 ff.).

25   Wird eine Marke mit einer gewissen Häufigkeit beschreibend verwendet, rechtfertigt dies für sich genommen noch nicht die Annahme, das Zeichen habe sich zu einer gebräuchlichen Bezeichnung entwickelt (vgl. BGH GRUR 2011, 1043 – TÜV II).

26   War die Marke zum Eintragungszeitpunkt bereits eine **Gattungsbezeichnung,** ist sie aber gleichwohl eingetragen worden, erfasst dies Abs. 2 Nr. 1 nicht, weil dessen Wortlaut („geworden ist") auf eine Entwicklung einer Marke zur Gattungsbezeichnung abstellt, nicht auf deren originäres Vorliegen. Wäre bereits der angemeldeten Marke der Schutz nach § 8 Abs. 2 Nr. 1, 2 bzw. 3 zu versagen gewesen, kann die Marke jetzt nur nach § 50 Abs. 1 oder Abs. 3 gelöscht werden.

27   Die Feststellung der Entwicklung zu einer Gattungsbezeichnung unterliegt **strengen Anforderungen.** Eine Umwandlung in eine Beschaffenheitsangabe kommt nur dann in Betracht, wenn zum Zeitpunkt der Entscheidung über den Löschungsantrag festzustellen ist, dass nur noch ein völlig unbeachtlicher Teil des Verkehrs mit dem Zeichen Herkunftsvorstellungen bezüglich eines bestimmten Unternehmens verbindet (OLG München GRUR-RR 2006, 84, 86 – MEMORY/EDUCA memory game; OLG Saarbrücken GRUR-RR 2007, 274 – Shisha). Dies kann durch entsprechende Verkehrsbefragungen belegt werden (LG Frankenthal GRUR-RS 2021, 52670 – Flip-Flop, bestätigt durch OLG Zweibrücken), wobei im Allgemeinen die Wahrnehmung der Verbraucher eine entscheidende Rolle spielt (EuGH GRUR 2014, 373 Rn. 29 – KORNSPITZ; s. auch → § 8 Rn. 566 ff.).

28   Der **maßgebliche Zeitpunkt** für die Feststellung der Entwicklung zur Gattungsbezeichnung ist der Entscheidungszeitpunkt. Das ist im Klageverfahren der Schluss der mündlichen Verhandlung, im Verfahren vor dem DPMA der Zeitpunkt der Entscheidung über den Antrag.

29   Verfall tritt auch ein, wenn eine Marke, die an sich eine Gattungsbezeichnung war, dieses Schutzhindernis zunächst im Wege der **Verkehrsgeltung** überwunden hatte (→ § 8 Rn. 539; Ströbele/Hacker/Thiering/Thiering Rn. 47), nach der Eintragung jedoch wieder verloren hat.

30   Die Entwicklung zur Gattungsbezeichnung muss auf das **Verhalten bzw. die Untätigkeit des Markeninhabers** zurückzuführen sein. Ein subjektives Verschulden des Markeninhabers nach § 276 BGB ist nicht erforderlich (vgl. OGH MarkenR 2000, 56 (58) – SONY WALKMAN). Das Verhalten des Markeninhabers kann die Entwicklung zur Gattungsbezeichnung **aktiv** herbeiführen, etwa durch die konkrete Art der Verwendung des Zeichens oder die Art der Präsentation der Marke in der Werbung. Eine **Untätigkeit** des Markeninhabers liegt vor, wenn eine mögliche Entwicklung des Zeichens zum Gattungsbegriff entweder positiv bekannt war oder ihm dies bei zumutbarer Marktrecherche bekannt sein müsste (zB durch Aufnahme in Lexika; → § 8 Rn. 554; → UMV Art. 12 Rn. 1 ff.) und er keine **gegensteuernden Maßnahmen** ergriffen hat. Dabei muss der Markeninhaber seine rechtlichen Möglichkeiten ausschöpfen, um die Verwendung durch Konkurrenten zu untersagen oder geeignete Werbemaßnahmen durchführen, soweit dies wirtschaftlich sinnvoll ist (vgl. EuGH GRUR 2014, 373 – KORNSPITZ; HK-MarkenR/Dück Rn. 43).

31   Der Einwand der Umwandlung der Klagemarke zu einer Gattungsbezeichnung kann auch **einredeweise im Verletzungsprozess** geltend gemacht werden (BGH GRUR 2011, 1043 – TÜV II), nicht hingegen im patentamtlichen Widerspruchsverfahren (BPatG GRUR 2006, 338 – DAX-Trail/DAX, wonach allerdings die Umwandlung zur Gattungsbezeichnung die Kennzeichnungskraft der Widerspruchsmarke beeinflussen kann).

D. Täuschungseignung (Abs. 2 Nr. 2)

32   Verfallsgrund ist hier, dass die Marke infolge ihrer Benutzung zu einer Täuschung des Publikums geeignet ist. Damit knüpft die Regelung unmittelbar an § 8 Abs. 2 Nr. 4 an, der die Eintragung einer Marke bei Bestehen einer originären Täuschungsgefahr ausschließt (→ § 8 Rn. 580 ff.). Die Täuschung kann **alle tatsächlichen Verhältnisse** in Bezug auf eine Marke betreffen.

Wenn im Eintragungszeitpunkt eine Täuschungseignung als Schutzhindernis noch nicht ersicht- **33** lich war, kann eine Täuschungseignung **nach der Eintragung** eintreten; dann hat sich die zunächst nicht für eine Schutzversagung ausreichende, bloße Möglichkeit einer Täuschung konkretisiert und führt zum Verlust des Markenrechts.

Ein Verfallsgrund liegt aber nur dann vor, wenn die Täuschungsgefahr nach Eintragung der **34** Marke **durch deren Benutzung** entstanden ist; bei ursprünglich vorliegender, ersichtlicher Täuschungsgefahr wäre bereits der angemeldeten Marke der Schutz nach § 8 Abs. 2 Nr. 4 zu versagen gewesen, und die Marke kann nur noch nach § 50 Abs. 1, Abs. 3 iVm § 8 Abs. 2 Nr. 4 gelöscht werden (aA Fezer Rn. 30, der den Verfallsgrund nach § 49 Abs. 2 Nr. 2 auch dann anwendet, wenn die Täuschungsgefahr schon im Zeitpunkt der Eintragung bestanden hat).

E. fehlende Markenrechtsfähigkeit (Abs. 2 Nr. 3)

Eine Marke kann wegen Verfalls gelöscht werden, wenn der **Inhaber des Markenrechts** **35** nicht mehr die Voraussetzungen des § 7 erfüllt, dh keine Markenrechtsfähigkeit besitzt. Bloße Änderungen der Rechtsform einer Gesellschaft erfasst dieser Verfallsgrund nicht. Weder bei Kapital- noch bei Personengesellschaften ist die Löschung aus dem Handelsregister mit dem Wegfall des Rechtsträgers gleichbedeutend (vgl. BPatG GRUR 2011, 362 f. – akustilon).

Wird eine juristische Person (§ 7 Nr. 2) oder eine Personengesellschaft (§ 7 Nr. 3) ohne **36** Rechtsnachfolger gelöscht, besteht diese im Fall der **Liquidation** zumindest als GbR weiterhin als Rechtsträgerin von vorhandenem (Sonder-)Vermögen, wie zB Markenrechten, solange diese nicht gelöscht oder rechtsgeschäftlich auf Dritte übertragen sind (BPatG BeckRS 2009, 15257 – Tati/Taki). Da die **GbR** als sog. Außengesellschaft Markenrechtsfähigkeit besitzt, ist die Rechtsträgerschaft unproblematisch (BGH NJW 2002, 1207; → § 7 Rn. 12.1).

Ein **Teilverfall** (→ Rn. 38) ist im Rahmen dieses Verfallsgrunds praktisch ausgeschlossen, da **37** eine Differenzierung nach einzelnen Waren und Dienstleistungen in Bezug auf die Rechtsträgerschaft nicht in Betracht kommt.

F. Teilweiser Verfall der Marke (Abs. 3)

Eine Marke soll nur für den Teil der Waren/Dienstleistungen gelöscht werden, für den ein **38** Verfallsgrund auch vorliegt. Bei selbständigen, **konkreten Waren-/Dienstleistungsbegriffen,** die sich nicht überschneiden, ist eine teilweise Löschung unproblematisch. Anders verhält es sich bei einem eingetragenen **Oberbegriff,** der nur hinsichtlich einzelner Waren/Dienstleistungen nicht benutzt wird bzw. nur hierfür zur Gattungsbezeichnung geworden oder zur Täuschung geeignet ist.

Im **Verfahren vor dem DPMA** sind nach § 41 Abs. 2 Nr. 4 MarkenV im Antrag auf Erklärung **39** des Verfalls entweder die Waren/Dienstleistungen zu bezeichnen, deren Löschung beantragt wird, oder die, die im Register eingetragen bleiben sollen. Ist dies nicht der Fall, ist der Antrag auf Erklärung des Verfalls im vorgeschalteten Formalverfahren als **unbestimmt** und damit unschlüssig bzw. mangels nachvollziehbarer Begründung als unzulässig zu behandeln, gleichwohl aber zuzustellen, obwohl der Antrag auf Erklärung des Verfalls – auch wenn der Markeninhaber keinen Widerspruch erhebt – als unschlüssig (bzw. aufgrund in sich widersprüchlicher Begründung als unzulässig) zurückzuweisen ist.

Der Markeninhaber sollte aber selbst eine **Einschränkung** vornehmen, bevor der Antragsteller **40** einen schlüssigen Löschungsantrag stellt, wenn dieser Aussicht auf Erfolg haben könnte.

Die Frage der Benutzung nur eines Teils der Waren/Dienstleistungen innerhalb eines Oberbe- **41** griffs ist in Rechtsprechung und Literatur umstritten. In einfach gelagerten Fällen kann der Markeninhaber einzelne Waren/Dienstleistungen durch einen zulässigen (positiv formulierten) Disclaimer (EuGH C-363/99, GRUR 2004, 674 Rn. 114 f. – Postkantoor; → § 8 Rn. 117 ff.) „retten" (vgl. HK-MarkenR/Dück Rn. 58).

Dies erfasst indes nicht die Fälle, in denen ein größerer, nicht auf Anhieb abgrenzbarer Teil **42** der Waren und Dienstleistungen benutzt (bzw. nicht benutzt) wird.

Während dann zum Teil die Auffassung vertreten wird, es müsse der gesamte Oberbegriff im **43** Waren-/Dienstleistungsverzeichnis verbleiben, sog. „Maximallösung" (OLG Köln GRUR 2002, 264 (268) – DONA/PROGONA), gehen der BGH und die übrige Literatur von der (auch beim Benutzungsnachweis nach §§ 26, 43 zum Tragen kommenden) **„erweiterten Minimallösung"** (→ § 26 Rn. 114 ff.) aus. Demnach ist zwar nicht der Oberbegriff der Waren/Dienstleistungen uneingeschränkt beizubehalten, aber auch keine Beschränkung auf die tatsächlich benutzten Waren/Dienstleistungen vorzunehmen, sondern es verbleiben die Waren und Dienstleistungen im Register, die zum **gleichen Waren-/Dienstleistungsbereich** gehören wie die konkret benutzten (vgl. BGH GRUR 2009, 60 (62 f.) – LOTTOCARD; GRUR-RS 2020, 13957 Rn. 33 – INJEKT/INJEX; kritisch Ingerl/Rohnke/Nordemann/Bröcker Rn. 31). Die Einschränkung soll auch ohne Mitwirken des Markeninhabers möglich sein (Ströbele/Hacker/Thiering/Thiering Rn. 78).

44   Diese Auffassung schafft zwar einen Ausgleich zwischen den wirtschaftlichen Interessen der Beteiligten und dem Interesse an der Freihaltung des Registers von nicht benutzten, täuschenden oder als Gattungsbezeichnung zu qualifizierenden Marken, ist aber ohne ein Mitwirken des Markeninhabers nicht angebracht.

45   Der Verfallsgrund **Täuschungseignung** erlaubt allerdings keine Löschung, wenn die Marke nicht **ausschließlich** Angebote umfasst, bei denen eine Täuschung gegeben ist (→ § 8 Rn. 623; Ströbele/Hacker/Thiering/Thiering § 8 Rn. 880).

§ 50 Nichtigkeit wegen absoluter Schutzhindernisse

(1) Die Eintragung einer Marke wird auf Antrag für nichtig erklärt und gelöscht, wenn sie entgegen §§ 3, 7 oder 8 eingetragen worden ist.

(2) [1]Ist die Marke entgegen §§ 3, 7 oder 8 Absatz 2 Nummer 1 bis 13 eingetragen worden, so kann die Eintragung nur für nichtig erklärt und gelöscht werden, wenn das Schutzhindernis auch noch im Zeitpunkt der Entscheidung über den Antrag auf Erklärung der Nichtigkeit besteht. [2]§ 8 Absatz 2 Nummer 1, 2 oder 3 findet im Nichtigkeitsverfahren keine Anwendung, wenn die Marke sich bis zu dem Antrag auf Erklärung der Nichtigkeit infolge ihrer Benutzung für die Waren und Dienstleistungen, für die sie eingetragen worden ist, in den beteiligten Verkehrskreisen durchgesetzt hat. [3]Ist die Marke entgegen § 8 Absatz 2 Nummer 1, 2 oder 3 eingetragen worden, so kann die Eintragung nur dann gelöscht werden, wenn der Antrag auf Löschung innerhalb von zehn Jahren seit dem Tag der Eintragung gestellt wird.

(3) Die Eintragung einer Marke kann von Amts wegen für nichtig erklärt und gelöscht werden, wenn sie entgegen § 8 Abs. 2 Nummer 4 bis 14 eingetragen worden ist und
1. das Nichtigkeitsverfahren innerhalb eines Zeitraums von zwei Jahren seit dem Tag der Eintragung eingeleitet wird,
2. das Schutzhindernis gemäß § 8 Abs. 2 Nummer 4 bis 13 auch noch im Zeitpunkt der Entscheidung über die Erklärung der Nichtigkeit besteht und
3. die Eintragung ersichtlich entgegen den genannten Vorschriften vorgenommen worden ist.

(4) Liegt ein Nichtigkeitsgrund nur für einen Teil der Waren oder Dienstleistungen vor, für die die Marke eingetragen ist, so wird die Eintragung nur für diese Waren oder Dienstleistungen für nichtig erklärt und gelöscht.

Überblick

Diese Vorschrift regelt die materiell-rechtlichen Voraussetzungen für die Löschung wegen Nichtigkeit aufgrund absoluter Schutzhindernisse, die zweifelsfrei vorliegen müssen (→ Rn. 35) und nicht durch Verkehrsdurchsetzung überwunden sein dürfen (→ Rn. 12). Festzustellen, ob diese schon bei der Eintragung vorlag, bereitet oft Schwierigkeiten (→ Rn. 14 ff.). Die Eignung zur Irreführung muss bei der Löschung von Amts wegen ersichtlich sein (→ Rn. 20).

Prüfungsgegenstand ist die Marke in der eingetragenen Form (→ Rn. 4). Maßgeblich sind die Verhältnisse bei der Anmeldung sowie der Entscheidung (→ Rn. 5), außer bezüglich der Bösgläubigkeit (→ Rn. 22). Zu Änderungen der rechtlichen und tatsächlichen Verhältnisse → Rn. 7 ff. und → Rn. 31.

Es handelt sich um ein Popularverfahren (→ Rn. 27); teilweise ist auch eine Erklärung der Nichtigkeit von Amts wegen möglich (→ Rn. 41).

Die Folgen können nur einen Teil der beanspruchten Waren und Dienstleistungen betreffen (Teilnichtigkeit, → Rn. 39).

Übersicht

A. Allgemeines

Unabhängig von ihrer materiell-rechtlichen Schutzfähigkeit entfaltet eine Marke mit Eintragung in das Register ihre Schutzwirkung (vgl. § 4 Nr. 1); die Eintragung hat konstitutiven Charakter (Fezer Rn. 1; HK-MarkenR/Dück Rn. 1). Um diese Wirkungen zu beseitigen, bedarf es einer Löschung der Marke im Register. § 50 Abs. 1 sieht zu diesem Zweck die Erklärung der Nichtigkeit der Marke auf Antrag vor, wenn eine Eintragung entgegen §§ 3, 7, und 8 erfolgt ist, dh alternativ oder kumulativ fehlende Inhabereigenschaft (§ 7), fehlende Markenfähigkeit (§ 3), mangelnde Darstellbarkeit für die Zwecke des Registerverfahrens (→ § 8 Rn. 19 ff.) oder ein absolutes Schutzhindernis nach § 8 Abs. 2 vorliegt. **1**

Der in § 50 Abs. 1 verwendete Begriff der „Nichtigkeit" ist nicht im zivilrechtlichen (§ 134 BGB) oder verwaltungsrechtlichen Sinn dahingehend zu verstehen, dass die Marke trotz Eintragung rechtlich unbeachtlich wäre, sondern als eine auf Antrag festzustellende **Löschungsreife.** Ohne einen solchen Antrag kann die Marke auch bei bestehender materiell-rechtlicher Schutzunfähigkeit praktisch unendlich im Register eingetragen bleiben, die kontinuierliche Verlängerung der Schutzdauer vorausgesetzt, und ihrem Inhaber Rechte verleihen. Die Feststellung wirkt aber **ex tunc,** vernichtet die Marke also von Anfang an. Demgegenüber wirkt die Löschungsreife wegen Verfalls (→ § 49 Rn. 1) ex nunc. **2**

Im Gegensatz zu den Verfallsgründen nach § 49 ist eine Geltendmachung der Nichtigkeitsgründe nach § 50 Abs. 1 als **Einrede im Verletzungsprozess** ausgeschlossen; eine Ausnahme bildet insoweit die Bösgläubigkeit (Ingerl/Rohnke/Nordemann/Bröcker Rn. 1; BGH GRUR 2008, 917 (919) – EROS). Wird im Verletzungsverfahren ein absoluter Nichtigkeitsgrund nach § 50 geltend gemacht, kommt – bei konkreten Erfolgsaussichten – nur eine Aussetzung des Verletzungsverfahrens nach § 148 ZPO in Betracht. **3**

Prüfungsgegenstand des Verfahrens auf Erklärung der Nichtigkeit ist ausschließlich die Marke **in der eingetragenen Form,** nicht in einer davon abweichenden angemeldeten oder verwendeten Form (BGH GRUR 2005, 158 f. – MAGLITE; GRUR 2005, 1044 f. – Dentale Abformmasse). **4**

B. Zeitpunkt der Feststellung der Nichtigkeit

Ein absolutes Eintragungshindernis führt nach §§ 3, 7, 8 zur Erklärung der Nichtigkeit und Löschung einer Marke, wenn es zum **Zeitpunkt der Anmeldung der Marke** (BGH GRUR 2013, 1143 – Aus Akten werden Fakten) gegeben war. Gemäß § 50 Abs. 2 S. 1 muss aber das Schutzhindernis in den Fällen der §§ 3, 7 oder 8 Abs. 2 Nr. 1–9 sowie 11–14 (nicht im Fall der Bösgläubigkeit nach § 8 Abs. 2 Nr. 14; → Rn. 22) im **Zeitpunkt der Entscheidung** noch vorliegen (BPatG GRUR-RS 2022, 3613 – Schulkreide; GRUR-RS 2021, 29375 – Shell toe – Schuhkappe). Es muss sich dabei um dasselbe Eintragungshindernis im Anmelde- und im Entscheidungszeitpunkt handeln; ein Wechsel des Nichtigkeitsgrundes zwischen beiden Zeitpunkten führt nicht zur Löschung (Ingerl/Rohnke/Nordemann/Bröcker Rn. 16). **5**

Abs. 2 S. 1 weicht von der in der MRL vorgesehenen Regelung ab. Dieser zufolge ist die Marke „mindestens" dann für nichtig zu erklären, wenn sie den Erfordernissen des Art. 4 MRL nicht genügt (Art. 45 Abs. 3 lit. a MRL). Maßgeblich ist danach Art. 4 MRL, der jedoch eine „Heilung" für zu dem für die Eintragung maßgeblichen Zeitpunkt Mängel ausschließlich für die Zurückweisungsgründe gemäß Art. 4 Abs. 1 lit. b, c und d vorsieht (Art. 4 Abs. 4 MRL). Die darüber hinausgehende Regelung von Abs. 2 S. 1 verstößt daher womöglich gegen EU-Recht; die Frage müsste im Streitfall dem EuGH vorgelegt werden (→ § 8 Rn. 17). **5.1**

6   Bei **IR-Marken** ist dem Anmeldetag der Tag der internationalen Registrierung gleichzustellen (§ 112 Abs. 1).

7   Das Erfordernis des Vorliegens eines Schutzhindernisses sowohl im Anmelde- als auch im Entscheidungszeitpunkt ermöglicht die Berücksichtigung des nachträglichen Wegfalls eines Schutzhindernisses. **Ändert sich die Rechtsprechung** zu einem absoluten Schutzhindernis zwischen dem Zeitpunkt der Anmeldung und dem der Entscheidung in einer für den Markeninhaber günstigen Weise, ist dies zu berücksichtigen. Hierfür müssen aber entweder obergerichtliche Entscheidungen des BGH oder EuGH Anlass bieten oder es muss zumindest eine im BPatG oder im DPMA im Entscheidungszeitpunkt gefestigte abweichende Spruchpraxis bestehen; einzelne „Ausreißer"-Entscheidungen reichen für die Annahme einer gewandelten Auffassung hinsichtlich eines absoluten Schutzhindernisses nicht aus.

8   Auch in den Fällen, in denen **nachträglich** durch ein übergeordnetes Gericht festgestellt wird, dass im Eintragungszeitpunkt ein **absolutes Schutzhindernis** rechtlich unzutreffend verneint worden ist, wirkt die geänderte Rechtsprechung auf den Eintragungszeitpunkt zurück mit der Folge der Löschungsreife. Gegen einen Vertrauensschutz zugunsten des Markeninhabers spricht, dass er innerhalb von zehn Jahren nach Abs. 2 S. 3 mit einem Antrag auf Erklärung der Nichtigkeit rechnen muss, der sich auf § 8 Abs. 2 Nr. 1–3 stützt (Ströbele/Hacker/Thiering/Miosga Rn. 14; Ingerl/Rohnke/Nordemann/Bröcker Rn. 12; aA BPatG GRUR-RR 2008, 49 f. – lastminit; BeckRS 2007, 17312 – Zigarettenschachtel; ähnlich auch Fezer Rn. 40, der eine Löschung bei späterem Entstehen eines absoluten Schutzhindernisses allgemein ablehnt, insbesondere im Hinblick auf § 8 Abs. 2 Nr. 5 auch bei Veränderung der ursprünglich die Sittenwidrigkeit einer Marke begründenden Moral- und Wertvorstellungen).

8.1   Im Hinblick auf den Aspekt des Allgemeininteresses darf ein rechts- und wettbewerbswidriger Zustand einer Fehleintragung allein aus Gründen des Vertrauensschutzes zu Gunsten einzelner Markeninhaber nicht perpetuiert werden. Die nachträgliche Korrektur in Bezug auf Fehleintragungen durch Löschung ist gesetzlich ausdrücklich vorgesehen und realisiert entsprechend dem Gesetzeszweck das uneingeschränkte Interesse der Allgemeinheit, vor ungerechtfertigten Rechtsmonopolen bewahrt zu werden (BPatG GRUR 2010, 1017 (1019) – Bonbonform). Wie auch beim nachträglichen Wegfall eines Schutzhindernisses ist aber zu fordern, dass eine Änderung der obergerichtlichen Rechtsprechung des BGH oder EuGH vorliegt, die klar und unmissverständlich zum Ausdruck kommt und nicht lediglich auf einer möglichen Interpretation der Entscheidung beruht. In diesem Zusammenhang gelten im Übrigen aber die gleichen Grundsätze wie im Prüfungsverfahren auf absolute Schutzhindernisse (→ § 8 Rn. 96 ff.).

9   Haben sich hingegen die **tatsächlichen Verhältnisse** in Bezug auf die eingetragene Marke geändert, dh entwickelt sich ein Begriff nach der Anmeldung zur beschreibenden und/oder nicht unterscheidungskräftigen Angabe und liegen entsprechende Nachweise hierfür erst für nach der Anmeldung liegende Zeitpunkte vor, bleibt die Marke eingetragen. Es ist daher zu differenzieren, ob ein Eintragungshindernis aufgrund der damaligen Rechtsprechung verneint worden ist und sich diese bis zum Entscheidungszeitpunkt geändert hat oder ob die Eintragung aufgrund tatsächlicher Gründe gewährt wurde, die sich im Entscheidungszeitpunkt verändert haben.

10   Ist zB eine **3D-Marke** Gegenstand des Verfahrens der Erklärung der Nichtigkeit, ist davon auszugehen, dass die Rechtsprechung gegenüber länger zurückliegenden Eintragungszeitpunkten differenzierter geworden ist und zusätzliche Kriterien für die Schutzfähigkeit aufgestellt hat, wie unter anderem das Erfordernis einer erheblichen Abweichung vom üblichen Formenschatz (→ § 8 Rn. 197; → § 8 Rn. 244.1). Daher ist in der Prüfung zunächst danach zu differenzieren, ob zum maßgeblichen Anmeldezeitpunkt die gegenwärtig bestehende differenzierte Rechtsprechung zu 3D-Marken bereits bestanden hat oder nicht; ist dies nicht der Fall, sind die im Entscheidungszeitpunkt bestehenden Maßstäbe anzulegen. Hat zum Anmeldezeitpunkt die differenzierte Rechtsprechung bereits bestanden, ist darauf abzustellen, ob die entsprechenden Kriterien (wie etwa das Erfordernis der erheblichen Abweichung vom Formenschatz) in Bezug auf die Marke zum damaligen Eintragungszeitpunkt tatsächlich vorgelegen haben oder nicht. Wenn die Marke nach den damaligen tatsächlichen Gegebenheiten erheblich vom Formenschatz abgewichen ist, bleibt die Eintragung aufrechterhalten. War indes auch zum Eintragungszeitpunkt eine erhebliche Abweichung der Marke vom üblichen Formenschatz tatsächlich nicht gegeben, ist die Marke für nichtig zu erklären und zu löschen.

11   **Änderungen der Gesetzeslage** in Form von nachträglich geschaffenen Eintragungshindernissen oder der Erweiterung bestehender Eintragungshindernisse bisher nicht erfasster Sachverhalte führen nicht zur Nichtigkeit (Ströbele/Hacker/Thiering/Miosga Rn. 14; s. auch EuGH C-21/18, GRUR 2019, 513 Rn. 30 – Textilis, zur fehlenden Rückwirkung der Erweiterung der Ausschlussgründe von Art. 7 Abs. 1 lit. e UMV auf „andere charakteristische Merkmale"). Gleiches gilt für den Ausnahmefall, dass die Rechtsprechung eine Vorschrift auf einen von dieser bisher nicht klar erfassten Sachverhalt anwendet (vgl. BGH GRUR 1975, 368 f. – Elzym). Auch in den Fällen, in denen zB Kennzeichen iSd § 8 Abs. 2 Nr. 6–8 (Flaggen, Wappen, Siegel etc.) erst nach Eintragung einer Marke den hoheitlichen Charakter erhalten haben, liegt kein Nichtigkeitsgrund vor (→ § 8 Rn. 813).

Diese Rechtsprechung wird dadurch bestätigt, dass der Rechtsprechung des EGMR zufolge bereits die **11.1** Anmeldung einer Marke Eigentumsschutz gemäß Art. 1 EMRKZusProt genießt. Daraus folgt, dass das Erstarken zu einem vollwertigen Markenschutz nur Gründe verhindern können, die bereits zum Zeitpunkt der Anmeldung vorlagen (EGMR GRUR 2007, 696 Rn. 78 – Budweiser). Umso mehr muss daher gelten, dass der einer Marke nach der zur maßgeblichen Zeitpunkt bestehenden Rechtslage gewährte Schutz nicht durch nachträgliche Änderungen der Rechtslage entzogen werden kann.

C. Verkehrsdurchsetzung

§ 8 Abs. 2 Nr. 1, Nr. 2 oder Nr. 3 finden nach Abs. 2 S. 2 im Nichtigkeitsverfahren keine **12** Anwendung, wenn die Marke sich bis zum Antrag auf Erklärung der Nichtigkeit infolge ihrer Benutzung für die Waren und Dienstleistungen, für die sie eingetragen worden ist, durchgesetzt hat (BPatG GRUR 2011, 68 (72) – Goldhase in neutraler Aufmachung; GRUR 2011, 232 – GELBE SEITEN; BGH GRUR 2009, 954 f. – Kinder III; Ingerl/Rohnke Rn. 16). Zur Verkehrsdurchsetzung im Einzelnen → § 8 Rn. 1096 ff.

Der **nachträgliche Wegfall** einer im Zeitpunkt der Eintragung (bzw. der Anmeldung) vorhan- **13** denen Verkehrsdurchsetzung führt nicht zur Nichtigkeit der Marke.

Die erstmalige Geltendmachung einer Verkehrsdurchsetzung im Nichtigkeits-Beschwerdever- **14** fahren vor dem BPatG führt meist zur Zurückverweisung an das DPMA (→ § 70 Rn. 54).

15

Die Möglichkeit der Geltendmachung einer nachträglichen Verkehrsdurchsetzung ohne Priori- **16** tätsverschiebung durch den Gesetzgeber verlangt das Korrektiv des § 51 Abs. 4 Nr. 2 bzw. § 22 Abs. 1 Nr. 2, wonach **Zwischenrechte,** die vor der nachträglich festgestellten Verkehrsdurchsetzung und damit während der Löschungsreife der prioritätsälteren Marke entstanden sind, ihrerseits nicht aufgrund eines Rechts mit älterem Zeitrang gelöscht werden können; ebenso kann ihre Benutzung nicht untersagt werden, da insoweit ein Recht auf Koexistenz besteht (BPatG GRUR 2003, 521 (528) – farbige Arzneimittelkapsel).

Bei einem Antrag auf Erklärung der Nichtigkeit einer ursprünglich als verkehrsdurchgesetzt **17** eingetragenen Marke trifft den Antragsteller des Nichtigkeitsverfahrens die Feststellungslast für das mangelnde Vorliegen der Verkehrsdurchsetzung zum Anmeldezeitpunkt (BGH GRUR 2010, 138 – ROCHER-Kugel; GRUR 2009, 669 – POST II). Die **mangelnde Verkehrsdurchsetzung** im Anmeldezeitpunkt führt allein nicht zur Löschungsreife der angegriffenen Marke; es muss auch mindestens ein Schutzhindernis nach § 8 Abs. 2 Nr. 1–3 gegeben sein (BPatG GRUR 2011, 232 – GELBE SEITEN). Lässt sich im Nichtigkeitsverfahren nicht aufklären, ob die Marke zum Anmeldezeitpunkt einem Eintragungshindernis ausgesetzt war, bleibt der Antrag auf Erklärung der Nichtigkeit ohne Erfolg (BGH GRUR 2009, 669 – POST II; GRUR 2010, 138 – Rocher Kugel; GRUR 1965, 146 – Rippenstreckmetall II; BPatG GRUR 2013, 631 – Sparkassen-Rot; GRUR 2014, 1106 – rapsgelb; BPatG GRUR-RS 2022, 3613 – Schulkreide).

Im Löschungsverfahren gehen **verbleibende Zweifel** am Vorliegen der Verkehrsdurchsetzung **18** zu Lasten des Markeninhabers (BGH GRUR 2021, 1526 Rn. 37 f. – NJW-Orange). Der BGH hat damit im Anschluss an die Entscheidungen „Sparkassen-Rot" (EuGH C-217/13, GRUR 2014, 776) sowie „Testarossa" (EuGH C-720/18 und C-721/18, GRUR 2020, 1301) seine frühere Rechtsprechung aufgegeben, dass die Feststellungslast beim Antragsteller liegt (anders BPatG).

Die Rechtsprechung des BGH überzeugt jedoch nicht. Es erscheint vielmehr gerecht, dem **19** aktiven Teil, der im Zuge des Angriffs einer eingetragenen Marke deren Verkehrsdurchsetzung verneint, im Nichtigkeitsverfahren die Feststellungslast für die Verkehrsdurchsetzung aufzuerlegen. Der EuGH hat seine Auffassung, dass dem Markeninhaber die Feststellungslast für den Nachweis der nachträglichen Verkehrsdurchsetzung obliegt, auf eine unzutreffende Bewertung der maßgeblichen Rechtslage in Deutschland aufgrund der BPatG-Vorlage gestützt, an die er gebunden war (Ströbele/Hacker/Thiering/Ströbele § 8 Rn. 68; aA mit sehr ausführlicher Begründung BPatG GRUR 2015, 796 – Sparkassen-Rot; im Ergebnis die Feststellungslast des Markeninhabers bejahend Ströbele/Hacker/Thiering/Miosga § 53 Rn. 67 ff.). Außerdem geht der EuGH in der vorgelegten Fallkonstellation davon aus, dass ein Markeninhaber, der sich im Nichtigkeitsverfahren nachträglich auf eine Verkehrsdurchsetzung beruft und damit eine besondere Rechtsfolge für sich beansprucht, deren Voraussetzungen beweisen muss, was aber nicht ausschließt, dass ein Antragsteller, der eine durch das DPMA festgestellte Verkehrsdurchsetzung nachträglich anzweifelt, für dieses Vorbringen beweispflichtig ist. Der BGH hat die Bedeutung der Entscheidung „Sparkassen-Rot" des EuGH für die Feststellungslast bei der Verkehrsdurchsetzung nach nationalem Markenrecht offengelassen (BGH GRUR 2014, 1101 – Gelbe Wörterbücher).

D. Täuschungsgefahr

20   Die einschränkenden Regelungen des § 37 Abs. 3, wonach die Täuschung im Eintragungsverfahren **ersichtlich** sein muss, finden im Rahmen des § 50 Abs. 1 keine Anwendung, denn die Vorschrift verweist einschränkungslos nur auf das Vorliegen der absoluten Schutzhindernisse nach §§ 3, 7 und 8. Anders verhält sich dies bei der **Erklärung der Nichtigkeit von Amts wegen,** wo die Täuschungsgefahr nur geprüft wird, wenn sie ersichtlich ist (→ Rn. 42).

21   Auch ohne Prüfung der Ersichtlichkeit ist eine Marke aber nicht täuschend, solange die **Möglichkeit einer nicht irreführenden Verwendung** besteht (→ § 8 Rn. 718).

E. Bösgläubigkeit

22   Während Abs. 2 S. 1 verlangt, dass für die Löschungsreife einer Marke nach §§ 3, 7 oder § 8 Abs. 2 Nr. 1–13 das Schutzhindernis auch noch im Zeitpunkt der Entscheidung bestehen muss, ist bei bösgläubig angemeldeten Marken (§ 8 Abs. 2 Nr. 14) für die Beurteilung der Löschungsreife nur auf den **Zeitpunkt der Anmeldung** abzustellen (ausführlich → § 8 Rn. 969 ff.). Zur Bösgläubigkeit allgemein → § 8 Rn. 9573.

23   Ein **Wegfall** der Bösgläubigkeit ist nicht möglich. Eine bösgläubig angemeldete Marke ist immer noch löschungsreif, selbst wenn eine Übertragung an einen „gutgläubigen", dh redlichen Besitzer erfolgt ist (→ § 8 Rn. 971 ff.; vgl. aber BGH GRUR 2002, 622 – shell.de; Ströbele/Hacker/Thiering/Miosga Rn. 18; Albrecht in FS Ströbele 2019 S. 9).

24   Die Löschungsreife entfällt auch nicht bei Einstellung der Markenbenutzung durch den rechtswidrig beeinträchtigten Konkurrenten oder durch nachträgliche Vereinbarungen, zB über eine Duldung.

25   Hingegen ist der bösgläubige Erwerb vom redlichen Anmelder kein Nichtigkeitsgrund (BPatG BeckRS 2008, 3587 – WM), da es entscheidend auf die Bösgläubigkeit zum Anmeldezeitpunkt ankommt. Hier ist allenfalls eine missbräuchliche Ausübung des formal bestehenden Markenrechts über §§ 242, 826 BGB, § 1 UWG in Betracht zu ziehen (HK-MarkenR/Dück Rn. 24).

26   Die einschränkende Regelung des § 37 Abs. 3, wonach Bösgläubigkeit **ersichtlich** sein muss, findet im Rahmen des § 50 Abs. 1 keine Anwendung, denn die Vorschrift verweist einschränkungslos nur auf das Vorliegen der absoluten Schutzhindernisse nach §§ 3, 7 und 8. Anders verhält sich dies bei der **Erklärung der Nichtigkeit von Amts wegen,** wo Bösgläubigkeit nur relevant ist, wenn sie ersichtlich ist (→ Rn. 42).

F. Antragsbefugnis und -frist

27   Das Nichtigkeitsverfahren kann **jedermann** einleiten; es handelt sich um ein **Popularverfahren** (§ 53 Abs. 2, dort als antragsberechtigt genannt sind auch juristische Personen sowie Interessenverbände von Herstellern, Erzeugern, Dienstleistungsunternehmen, Händlern und Verbrauchern).

28   Eintragungen, denen ein Schutzhindernis nach § 8 Abs. 2 Nr. 1–3 entgegensteht, können nach Abs. 2 S. 3 nur gelöscht werden, wenn der Antrag auf Erklärung der Nichtigkeit innerhalb einer **Frist von zehn Jahren** seit dem Eintragungstag erfolgt ist. Danach ist ein solcher Antrag nicht mehr möglich (BPatG BeckRS 2009, 3591 – Pinocchio). Bei der Berechnung der Zehnjahresfrist ist als Anfangsdatum allein das Eintragungsdatum der konkret angegriffenen Marke maßgeblich, nicht hingegen Daten von ähnlichen „Vorgängermarken", die für den Inhaber der angegriffenen Marke eingetragen waren (BPatG BeckRS 2013, 8817; den BGH hat in der Rechtsbeschwerdeentscheidung dieses Problem nicht aufgegriffen, vgl. GRUR 2014, 872 – Gute Laune Drops). Aufgrund der expliziten Nennung der § 8 Abs. 2 Nr. 1–3 in § 50 Abs. 2 S. 3 ergibt sich im Umkehrschluss, dass die Geltendmachung weiterer Nichtigkeitsgründe, nämlich §§ 3, 7, 8 Abs. 2 Nr. 4–14, **zeitlich unbegrenzt** erfolgen kann (BPatG GRUR 2000, 809 (812) – SSZ; Ströbele/Hacker/Thiering/Miosga Rn. 22).

28.1   Die Beschränkung der Antragsfrist in den Fällen des § 8 Abs. 2 Nr. 1–3 begründet sich zum einen daraus, dass gesicherte Erkenntnisse über die Voraussetzungen der Schutzfähigkeit wie zB Verkehrsauffassungen oder Marktverhältnisse nach längeren Zeiträumen kaum mehr zuverlässig gewonnen werden können (HK-MarkenR/Dück Rn. 20), wenn auch eine auf die Vergangenheit bezogene Bewertung der maßgeblichen Verkehrsauffassung grundsätzlich nicht ausgeschlossen ist (BPatG GRUR 2013, 72 – smartbook). Die Löschung fehlerhaft eingetragener Marken entspricht dem Interesse der Allgemeinheit vor ungerechtfertigten Rechtsmonopolen und dem Ziel des fairen Wettbewerbs.

Das Fehlen einer Beschränkung der Antragsfrist in den Fällen des § 8 Abs. 2 Nr. 4–10 ist damit zu **28.2** begründen, dass die zur Löschung nach § 50 Abs. 2 führenden Schutzhindernisse alle im Allgemeininteresse bestehen, was seinen Niederschlag darin gefunden hat, dass diese auch ein Vorgehen von Amts wegen rechtfertigen (§ 50 Abs. 3). Dagegen liegt den Löschungsgründen des § 8 Abs. 2 Nr. 1–3 „nur“ ein spezifisches Mitbewerberinteresse an der freien Verwendbarkeit des Zeichens zugrunde (Hacker, Markenrecht, 2. Aufl. 2011, Rn. 104 ff.). Ist eine Marke von ihrem Inhaber über einen längeren Zeitraum unangefochten benutzt worden, zeigt dies, dass das Mitbewerberinteresse an der freien Verwendbarkeit des Zeichens weniger ausgeprägt ist. Eine Löschung ist zwar in diesen Fällen auch möglich, unterliegt aber gesteigerten Anforderungen (BPatG GRUR 2013, 72 – smartbook).

Strittig ist, ob die Zehnjahresfrist nach § 50 Abs. 2 S. 3 eine Spezialregelung ist, die eine **29** Anwendung der allgemeinen Grundsätze der **Verwirkung** kennzeichenrechtlicher Ansprüche ausschließt (vgl. hierzu BPatG BeckRS 2013, 8817 und BGH GRUR 2014, 872 – Gute Laune Drops, wonach gegen die Berücksichtigung von Vertrauensschutzerwägungen zu Gunsten der Inhaber angegriffener Marken in Nichtigkeitsverfahren innerhalb der Zehnjahresfrist sowohl der jeweilige Wortlaut der §§ 3, 8, 50, 53 als auch deren Zweck spricht). Eine Anwendung der Grundsätze der Verwirkung nach § 242 BGB hinsichtlich der Person des Antragstellers mit der Folge, dass Ansprüche auf Erklärung der Nichtigkeit auch vor Ablauf der Zehnjahresfrist des § 50 Abs. 2 S. 3 ausgeschlossen sind, kommt in Ausnahmefällen in Betracht, wenn eine andauernde Benutzung der angegriffenen Marke unbeanstandet geblieben ist und ein Besitzstand von erheblichem Wert vorliegt (ausführlich Fezer Rn. 33; Ingerl/Rohnke/Nordemann/Bröcker Rn. 19; aA HK-MarkenR/Dück Rn. 20, wonach § 50 Abs. 2 S. 2 eine die Anwendung der allgemeinen Grundsätze der Verwirkung ausschließende Spezialregelung darstellt). Zu Nichtangriffsabreden → § 71 Rn. 70.1.

Ist der Zehnjahreszeitraum überschritten und die Marke daher nicht mehr löschungsreif, kann **30** der Durchsetzung von Rechten daraus § 22 Abs. 1 Nr. 2 Alt. 2 entgegenstehen (Ingerl/Rohnke/Nordemann/Bröcker Rn. 19 aE).

G. Nichtigkeitsgründe

Durch die Änderungen des MaMoG sind am 14.1.2019 zu den bereits bestehenden Schutzhin- **31** dernissen die neuen Schutzhindernisse des § 8 Abs. 2 Nr. 9–12 in Umsetzung von Art. 4 Abs. 1 Buchst. i bis l MRL hinzugekommen, die im Verfahren nach §§ 50, 53 zu berücksichtigen sind und sowohl im Antragsverfahren als auch im Verfahren von Amts wegen geprüft werden können. Für nichtig zu erklären sind demnach auch Marken, die nach Rechtsvorschriften der EU oder nach internationalen Übereinkünften zum Schutz von **Ursprungsbezeichnungen** und **geographischen Angaben** gemäß § 8 Abs. 2 Nr. 9 nicht eingetragen werden können (vgl. hierzu Ströbele/Hacker/Thiering/Miosga Rn. 4). Dazu müssen sie allerdings nach dem 13.1.2019 eingetragen worden sein (→ Rn. 11, → § 8 Rn. 907 ff.).

Aus Gründen des Vertrauensschutzes ist im Löschungsverfahren gegen Marken, die vor dem **32** 14.1.2019 geschützt waren, § 3 Abs. 2 in der vor dem 14.1.2019 geltenden Fassung anzuwenden, so dass **nur Formmarken** vom Tatbestand „Zeichen mit technischer Wirkung“ erfasst werden, nicht aber Wortmarken (Lampmann GRUR-Prax 2022, 348 zu BPatG – Schulkreide).

Formelle Mängel der Markeneintragung wie zB Verstöße gegen die Anmeldeerfordernisse **33** gemäß § 32 Abs. 2, Abs. 3, § 65 Abs. 1 Nr. 2 iVm §§ 2–16 und 20 MarkenV sowie mangelnde Gebührenzahlung (§ 6 Abs. 2 PatKostG) sind keine tauglichen Gründe für die Erklärung der Nichtigkeit im Rahmen des Antragsverfahrens beim DPMA. Selbst bei erheblichen Verfahrensfehlern entfaltet die Eintragung – als Verwaltungsakt – eine Bindungswirkung, die nur bei Vorliegen der gesetzlich vorgesehenen Nichtigkeitsgründe wieder beseitigt werden kann (BPatG BeckRS 2013, 5355; 2009, 950 – MQI; GRUR 2002, 163 f. – BIC-Kugelschreiber; aA Winkler FS v. Mühlendahl, 2005, 279 (282 f.)). Eine **mängelbehaftete Markendarstellung** kann hingegen aufgrund fehlender Bestimmtheit der Eintragung der Erklärung der Nichtigkeit nach § 3 unterfallen (so für Unionsmarken EuGH C-124/18 P, BeckRS 2019, 15894 – Red Bull (Blau-Silber); Viefhues GRUR Prax 2019, 377). Während § 50 Abs. 1 als Nichtigkeitsgrund auch die mangelhafte Darstellung nach § 8 Abs. 1 umfasst, nimmt § 50 Abs. 2 nicht auf § 8 Abs. 1 Bezug, weil sich die Mängel der Darstellung nachträglich kaum ändern werden, es sei denn, die Rechtsprechung schafft diesbezüglich geänderte Voraussetzungen.

H. Entscheidung

34   Die Nichtigkeitserklärung und die damit verbundene Löschung der Marke aus dem Register ordnet die Markenabteilung durch Beschluss an.

35   Ist eine **zweifelsfreie Feststellung** der Nichtigkeit zu den relevanten Zeitpunkten (→ Rn. 7) auch unter Berücksichtigung der von den Beteiligten vorgelegten und von Amts wegen zusätzlich ermittelten Unterlagen nicht möglich, verbleibt es bei der Eintragung der angegriffenen Marke (BGH GRUR 2010, 138 – ROCHER-Kugel; GRUR 2009, 559 – POST II; GRUR 2011, 232 (234) – Gelbe Seiten; BPatG BeckRS 2012, 6773 – smartbook; BeckRS 2010, 26171 – Omegafit; GRUR-RS 2022, 3613 – Schulkreide); zur anderen Situation bei verbleibenden Zweifeln zur Verkehrsdurchsetzung → Rn. 18. Auch bei geteilter Verkehrsauffassung bleibt die Marke eingetragen (BPatG GRUR 2006, 155 – Salatfix). In den Nichtigkeitsverfahren wegen absoluter Schutzhindernisse gilt der Grundsatz der **Amtsermittlung.**

36   In Bezug auf den Eintragungszeitpunkt ist die Feststellung von Schutzhindernissen umso schwieriger, je mehr das betreffende Schutzhindernis von der Verkehrsauffassung abhängt und je länger der Eintragungszeitpunkt zurückliegt. Eine ex-post-Betrachtung ist dabei grundsätzlich zu vermeiden (vgl. BPatG BeckRS 2012, 6773 – smartbook, wonach bei Benutzung einer Marke durch den Inhaber über einen längeren Zeitraum nach ihrer Eintragung ein Hinweis vorliege, dass das den Schutzhindernissen nach § 8 Abs. 2 Nr. 1–3 zugrundeliegende Mitbewerberinteresse an der freien Verwendbarkeit des Zeichens weniger ausgeprägt sei; daher seien steigende Anforderungen an die Feststellung der Löschungsreife zu stellen; aA hierzu BPatG BeckRS 2012, 6773 – smartbook, wonach ein langer Zeitraum zwischen Markeneintragung und Antrag auf Erklärung der Nichtigkeit allenfalls in tatsächlicher Hinsicht deswegen bedeutsam sein kann, als die bei der Beurteilung des Vorliegens eines Löschungsgrundes zu treffenden Feststellungen zunehmend schwieriger werden, je länger der Zeitpunkt, auf den sich die Feststellung bezieht, zurückliegt). Zwar treffen die aufgrund langer Zeitspannen gegebenen Nachweisschwierigkeiten alle Beteiligten des Nichtigkeitsverfahrens; der Antragsteller kann dieses Risiko aber durch eine zeitnahe Antragstellung minimieren (BGH GRUR 2010, 138 (142) – ROCHER-Kugel).

37   Allerdings dürfen dem Antragsteller keine nahezu unüberwindbaren Beweisanforderungen auferlegt werden (BGH GRUR 2010, 138 (142) – ROCHER-Kugel). Insbesondere obliegt dem Antragsteller eine **Mitwirkungspflicht** dahingehend, die tatsächlichen Voraussetzungen der mangelnden Schutzfähigkeit der Marke darzulegen und auch zu beweisen, sofern es sich um Vorgänge handelt, die einer Beweisführung von Amts wegen nicht zugänglich sind (BPatG GRUR-RR 2008, 389 – Salvatore Ricci/Nina Ricci).

38   Der Beschluss der Markenabteilung eröffnet die **Beschwerdemöglichkeit** nach § 66 zum BPatG.

39   Nach Abs. 4 kann die angegriffene Marke auch **teilweise** für nichtig erklärt werden, wobei **Oberbegriffe** schon dann zu löschen sind, wenn auch nur für einen Teil der darunterfallenden Waren/Dienstleistungen ein Eintragungshindernis gegeben ist (Ingerl/Rohnke/Nordemann/Bröcker Rn. 23), was auch der Prüfung im Anmeldeverfahren auf absolute Schutzhindernisse entspricht (→ § 37 Rn. 13; BPatG BeckRS 2016, 128379 – E-Bar). Etwas anderes gilt nur, wenn der Markeninhaber den Oberbegriff von sich aus einschränkt bzw. auf die Marke insoweit verzichtet. Das DPMA oder das BPatG können das Waren-/Dienstleistungsverzeichnis nicht durch entsprechende Umformulierungen einschränken (BPatG BeckRS 2016, 13351 – Z49).

40   Zu den **Kosten** vor dem DPMA → § 63 Rn. 1 ff., im Beschwerdeverfahren vor dem BPatG → § 71 Rn. 32 ff.

I. Erklärung der Nichtigkeit von Amts wegen (Abs. 3)

41   Die Erklärung der Nichtigkeit von Amts wegen ermöglicht es dem DPMA (nicht dem BPatG → § 53 Rn. 80.1), evidente Fehleintragungen zu korrigieren, deren Löschung im öffentlichen Interesse liegt. Über die Einleitung eines Nichtigkeitsverfahrens von Amts wegen entscheidet das DPMA nach pflichtgemäßem Ermessen (Fezer Rn. 36) durch den Vorsitzenden der Markenabteilung. Auch jeder Dritte kann die Einleitung eines Nichtigkeitsverfahrens von Amts wegen anregen; gegen eine ablehnende Entscheidung ist ein Rechtsmittel aber nicht gegeben (BPatG GRUR 1998, 148 – SAINT MORIS/St. Moritz). Der Begriff der „Erklärung der Nichtigkeit von Amts wegen" betrifft nur vom DPMA eigeninitiativ in Gang gesetzte Nichtigkeitsverfahren, nicht etwa Nichtigkeitsverfahren, die durch andere Bundesbehörden initiiert worden sind (vgl. BPatG BeckRS 2015, 123438 – NVA).

Zu erwägen wäre, bereits bei der Frage der Einleitung eines Nichtigkeitsverfahrens von Amts wegen **41.1** eine Entscheidung der Markenabteilung als Spruchkörper herbeizuführen, um im Vorfeld eine über die mögliche Löschungsreife abgestimmte Einschätzung des später darüber entscheidenden Spruchkörpers zu erlangen und damit in begründeten Zweifelsfällen von der Einleitung eines Nichtigkeitsverfahrens abzusehen. Die Fälle, in denen Nichtigkeitsverfahren nicht aufgrund des Antrags eines Dritten eingeleitet werden, sondern das DPMA das Verfahren von sich aus eröffnet (dies gilt auch für Fälle, in denen der Antrag auf Erklärung der Nichtigkeit zurückgenommen wurde) sind in der Praxis zahlreicher als gemeinhin angenommen.

Im Rahmen der Erklärung der Nichtigkeit von Amts wegen verlangt Abs. 3 Nr. 3 für die **42** Schutzhindernisse des § 8 Abs. 2 Nr. 4–14 **Ersichtlichkeit** (§ 37). Diese liegt vor, wenn ein Schutzhindernis von der Markenstelle bzw. Markenabteilung anhand des allgemeinen Fachwissens, der vorliegenden Rechercheunterlagen und anhand der Auskünfte aus üblichen Informationsquellen feststellbar ist (→ § 8 Rn. 976; Ströbele/Hacker/Thiering/Miosga Rn. 27), ohne dass es weitergehender – unter Umständen sogar nur durch Zeugen oder Verkehrsbefragungen zu leistender – Aufklärung der zu berücksichtigenden Sachlage bedarf. Nicht erforderlich ist aber, dass der Verstoß ohne jegliche Recherche feststellbar sein muss (BPatG GRUR 2009, 68 (70) – DDR-Symbol der Sicherheitskräfte).

Ein Nichtigkeitsverfahren von Amts wegen kann nur innerhalb einer **Frist von zwei Jahren** **43** seit dem Tag der Eintragung der Marke eröffnet werden (§ 50 Abs. 3 Nr. 1).

Das Amt hat den Markeninhaber über die Einleitung eines Nichtigkeitsverfahrens von Amts **44** wegen zu unterrichten. Auch hier hat dieser die Möglichkeit, der Erklärung der Nichtigkeit zu **widersprechen** (§ 53 Abs. 4) oder von sich aus auf die Marke zu verzichten. Äußert er sich nicht, ist die Marke ohne Weiteres zu löschen; das gilt nicht, wenn das DPMA nach einem vorzeitig beendetem Antragsverfahren von sich aus tätig wird (→ § 53 Rn. 80).

§ 51 Nichtigkeit wegen des Bestehens älterer Rechte

(1) ¹Die Eintragung einer Marke wird auf Klage gemäß § 55 oder Antrag gemäß § 53 für nichtig erklärt und gelöscht, wenn ihr ein Recht im Sinne der §§ 9 bis 13 mit älterem Zeitrang entgegensteht. ²Der Antrag auf Erklärung der Nichtigkeit kann auch auf mehrere ältere Rechte desselben Inhabers gestützt werden.

(2) ¹Die Eintragung kann aufgrund der Eintragung einer Marke mit älterem Zeitrang nicht für nichtig erklärt und gelöscht werden, soweit der Inhaber der Marke mit älterem Zeitrang die Benutzung der Marke mit jüngerem Zeitrang für die Waren oder Dienstleistungen, für die sie eingetragen ist, während eines Zeitraums von fünf aufeinanderfolgenden Jahren in Kenntnis dieser Benutzung geduldet hat, es sei denn, daß die Anmeldung der Marke mit jüngerem Zeitrang bösgläubig vorgenommen worden ist. ²Das gleiche gilt für den Inhaber eines Rechts mit älterem Zeitrang an einer durch Benutzung erworbenen Marke im Sinne des § 4 Nr. 2, an einer notorisch bekannten Marke im Sinne des § 4 Nr. 3, an einer geschäftlichen Bezeichnung im Sinne des § 5 oder an einer Sortenbezeichnung im Sinne des § 13 Abs. 2 Nr. 4. ³Die Eintragung einer Marke kann ferner nicht für nichtig erklärt und gelöscht werden, wenn der Inhaber eines der in den §§ 9 bis 13 genannten Rechte mit älterem Zeitrang der Eintragung der Marke vor der Stellung des Antrags auf Erklärung der Nichtigkeit zugestimmt hat.

(3) Die Eintragung kann aufgrund einer bekannten Marke oder einer bekannten geschäftlichen Bezeichnung mit älterem Zeitrang nicht für nichtig erklärt und gelöscht werden, wenn die Marke oder die geschäftliche Bezeichnung an dem für den Zeitrang der Eintragung der Marke mit jüngerem Zeitrang maßgeblichen Tag noch nicht im Sinne des § 9 Abs. 1 Nr. 3, des § 14 Absatz 2 Satz 1 Nummer 3 oder des § 15 Abs. 3 bekannt war.

(4) ¹Die Eintragung kann aufgrund der Eintragung einer Marke mit älterem Zeitrang nicht für nichtig erklärt und gelöscht werden, wenn die Eintragung der Marke mit älterem Zeitrang am Anmelde- oder Prioritätstag der Marke mit jüngerem Zeitrang aus folgenden Gründen hätte für verfallen oder nichtig erklärt und gelöscht werden können:
1. Verfall nach § 49 oder
2. absolute Schutzhindernisse nach § 50.

[2]**Für die Prüfung der Verwechslungsgefahr nach § 9 Absatz 1 Nummer 2 ist auf die Kennzeichnungskraft der älteren Marke am Anmelde- oder Prioritätstag der jüngeren Marke abzustellen.**

(5) **Liegt ein Nichtigkeitsgrund nur für einen Teil der Waren oder Dienstleistungen vor, für die die Marke eingetragen ist, so wird die Eintragung nur für diese Waren oder Dienstleistungen für nichtig erklärt und gelöscht.**

Überblick

Eine Marke wird für nichtig erklärt und gelöscht, wenn ihr ein älteres Recht (→ Rn. 10) entgegensteht; zu IR-Marken → Rn. 8. Der Angriff kann auf mehrere ältere Rechte desselben Inhabers gestützt werden (→ Rn. 3).

Die Vorschrift enthält einen abschließenden Katalog von materiell-rechtlichen Fallgestaltungen (zur Duldung → Rn. 13, zur Zustimmung → Rn. 16), die einer Löschung grundsätzlich entgegenstehen.

Eine nachträgliche Bekanntheit wirkt nicht auf den ursprünglichen Zeitrang zurück (→ Rn. 20).

Ein älteres Zeichen kann nicht als Löschungsgrundlage dienen, wenn es selbst hätte gelöscht werden können (→ Rn. 22).

Die Nichtigkeit kann auch nur einen Teil der Waren oder Dienstleistungen betreffen (→ Rn. 28).

Übersicht

A. Allgemeines

1   Gegen die Eintragung einer jüngeren Marke ist bei Vorliegen älterer Rechte unter den Voraussetzungen des § 42 ein **Widerspruch** beim DPMA möglich, der zur Löschung der angegriffenen Marke führen kann (§ 43 Abs. 2 S. 1). Neben den prioritätsälteren eingetragenen und angemeldeten Marken kommen auch Benutzungsmarken und geschäftliche Bezeichnungen als Widerspruchsgründe in Betracht (§ 42 Abs. 2 Nr. 4). Im Nichtigkeitsverfahren kann der Antragsteller bzw. Kläger zusätzlich sonstige Rechte nach § 13 geltend machen (→ § 42 Rn. 8).

2   Das Antragsverfahren vor dem DPMA sowie die Klage vor dem Zivilgericht auf Erklärung der Nichtigkeit können zwar nicht parallel zueinander geführt werden, beide können jedoch parallel zu einem Widerspruchverfahren vor dem DPMA geführt werden. Hinsichtlich der jeweiligen Entscheidungen besteht **keine gegenseitige Bindungswirkung** (vgl. BPatG BeckRS 2018, 22140 – qonsense/conlance; Ströbele/Hacker/Thiering/Thiering § 55 Rn. 11).

3   Der Nichtigkeitsangriff kann auf mehrere ältere Rechte desselben Inhabers gestützt sein. Dies soll der Verfahrensvereinfachung dienen und eine gebündelte Geltendmachung älterer Rechte ermöglichen.

4   Für das DPMA gilt das **Amtsermittlungsprinzip** (Ströbele/Hacker/Thiering/Thiering Rn. 7; Ingerl/Rohnke Rn. 11); s. aber → Rn. 22.

5   Maßgebend sind die **Verhältnisse am Anmelde- oder Prioritätstag** der jüngeren Marke (Abs. 4 S. 2) und im Zeitpunkt der Entscheidung (→ Rn. 11).

6   Wer aus einer sog. **Benutzungsmarke** vorgeht, hat die zu deren Identifizierung notwendigen Angaben innerhalb der für den Angriff geltenden Frist zu machen (→ § 53 Rn. 17).

7   Die Nichtigkeit aufgrund relativer Schutzhindernisse führt gemäß Abs. 2 zur Erklärung der Nichtigkeit und Löschung der angegriffenen Marke. Sie wirkt auf den Eintragungszeitpunkt (**ex tunc**) zurück (Ingerl/Rohnke/Nordemann/Bröcker Rn. 5).

8   Bei IR-Marken spricht man statt von Nichtigkeit von Schutzentziehung (§ 115 Abs. 1; Ingerl/Rohnke/Nordemann/Bröcker Rn. 1 aE).

Zu den **Kosten** vor dem DPMA → § 63 Rn. 1 ff., im Beschwerdeverfahren vor dem BPatG → § 71 Rn. 34 ff. **9**

B. Relative Nichtigkeitsgründe

Relative Nichtigkeitsgründe sind Identität oder Ähnlichkeit (Verwechslungsgefahr) mit einer **10** prioritätsälteren Marke nach § 9, mit einer notorisch bekannten Marke nach § 10, das Bestehen einer rechtswidrigen Agentenmarke nach § 11 (wobei die Rechte aus § 51 neben den Rechten aus § 11 stehen), das Bestehen von prioritätsälteren Rechten mit Verkehrsgeltung nach § 12 oder das Bestehen sonstiger prioritätsälterer Rechte nach § 13 Abs. 2 (zB Namensrecht, Recht am eigenen Bild, Urheberrecht, Sortenbezeichnung, geografische Herkunftsangabe, Designs, sonstige gewerbliche Schutzrechte).

Die relativen Nichtigkeitsgründe nach §§ 9–13 können auch einredeweise im Verletzungsprozess geltend **10.1** gemacht werden, soweit es sich nicht um Rechte Dritter handelt, an denen der Beklagte keine Benutzungs-rechte besitzt (BGH GRUR 2007, 884 (887) – Cambridge Institute).

Die materiellrechtlichen Tatbestände müssen noch im **Zeitpunkt** der letzten mündlichen Ver- **11** handlung oder der Entscheidung erfüllt sein (zur Unionsmarke → UMV Art. 60 Rn. 11 ff.). Das ist zB bei Wegfall der Verwechslungsgefahr im Verfahrensverlauf aufgrund einer verminderten bzw. geschwächten Kennzeichnungskraft der älteren Marke zu verneinen; die Nichtigkeitsklage ist in diesem Fall – wenn sie nicht für erledigt erklärt wird – abweisungsreif (HK-MarkenR/Dück Rn. 7; OLG München GRUR 1970, 137 – Napoléon Le Petit Corporal; Fezer Rn. 16). Auch der **Brexit** kann Rechte für den deutschen Rechtsraum vernichten (→ UMV Art. 1 Rn. 19 ff.; → Einleitung Rn. 99 ff.; s. aber → UMV Art. 8 Rn. 2 ff.; EuG GRUR-RS 2022, 4397 – APE TEES). Gleiches gilt für den Wegfall der rechtserhaltenden Benutzung in der **Schweiz** (Viefhues GRUR-Prax 2022, 252; → § 26 Rn. 98; → Einleitung Rn. 187).

Die Feststellung der Priorität, dh des Zeitrangs, von einander gegenüberstehenden kollidieren- **12** den Marken trifft das Zivilgericht unabhängig (Fezer Rn. 16); selbst bei einer abgeänderten Entscheidung des DPMA hinsichtlich der Priorität besteht keine Bindungswirkung (RGZ 104, 162 (168) – Regent).

Die Zurückweisung einer Marke durch das DPMA und/oder BPatG bindet das ordentliche Gericht **12.1** zwar im Ergebnis, nicht aber in der Begründung (Fezer Rn. 16 aE).

C. Ausschlusstatbestände

I. Duldung (Abs. 2 S. 1 und S. 2)

§ 51 Abs. 2 entspricht § 21 Abs. 1, der die Verwirkung des Unterlassungsanspruchs im Verlet- **13** zungsverfahren regelt (→ § 21 Rn. 1 ff.). Eine Nichtigerklärung wegen des Bestehens älterer Rechte erfolgt nicht, wenn dem Inhaber der älteren eingetragenen Marke die Benutzung der jüngeren Marke für die eingetragenen Waren/Dienstleistungen während eines durchgängigen Zeit-raums von fünf Jahren bekannt war und er sie geduldet hat; dies ist nicht relevant, wenn die jüngere Marke **bösgläubig angemeldet** wurde (→ Rn. 13.1).

Bösgläubigkeit kann aber auf Grund der Duldung fehlen (→ § 8 Rn. 1018). Auch § 21 Abs. 2 (→ **13.1** UMV Art. 61 Rn. 18) schließt nur die Berücksichtigung von **Verwirkung und Duldung** aus, wenn die Anmeldung bösgläubig war, nicht aber zur Feststellung der Bösgläubigkeit. Nach einer längere Zeit gedulde-ten Nutzung darf der Nutzer unter Umständen glauben, auch eine Marke anmelden zu dürfen (→ § 21 Rn. 43 ff.); zur Beweislast → § 21 Rn. 65.

Eine **Verwirkung** des Anspruchs auf Erklärung der Nichtigkeit tritt auch dann nicht ein, wenn **14** die ältere Marke nur angemeldet, aber noch nicht eingetragen ist (Ströbele/Hacker/Thiering/ Thiering § 21 Rn. 29).

Daneben ist eine ergänzende Anwendung der allgemeinen zivilrechtlichen Verwirkungsgrund- **15** sätze nur insoweit vorgesehen, als es sich um Löschungsansprüche aus Rechten nach § 13 Abs. 2 Nr. 1–3, 5 und 6 handelt, da § 51 Abs. 2 keine § 21 Abs. 4 entsprechende Vorschrift dahingehend enthält, dass die allgemeinen Grundsätze der Verwirkung unberührt bleiben (Ströbele/Hacker/ Thiering/Thiering Rn. 18). Entsprechend der Verwirkung bei Schadensersatzansprüchen, die nicht wie Unterlassungsansprüche zukunftsorientiert sind, greift dies auch dann, wenn sich der Beklagte nicht auf einen schutzwürdigen Besitzstand berufen kann (Ströbele/Hacker/Thiering/ Thiering Rn. 20).

15.1 Anders OLG München MarkenR 2011, 223 – Sallaki, wonach die Verwirkung eines Löschungs- bzw. Schutzentziehungsanspruchs grundsätzlich in Betracht kommt, wenn der Berechtigte ungebührlich lange mit der Geltendmachung des Anspruchs zugewartet und beim Verletzer den Eindruck einer Duldung der Verletzung erweckt hat, es sei denn, beim Verletzer bestehe kein schutzwürdiges Vertrauen; Ingerl/Rohnke/Nordemann/Bröcker Rn. 7; Fezer Rn. 10.

II. Zustimmung (Abs. 2 S. 3)

16 Die Zustimmung zur Eintragung ist eine aktive Handlung im Gegensatz zur passiven Duldung (→ Rn. 13).

17 Eine Erklärung der Nichtigkeit der jüngeren Marke wegen des Bestehens älterer Rechte ist ausgeschlossen, wenn der Inhaber des älteren Rechts der Eintragung der Marke zugestimmt hat. Einem solchen widersprüchlichen Verhalten steht auch das Verbot des „venire contra factum proprium" entgegen (HK-MarkenR/Dück Rn. 11). In der Praxis wird eine Zustimmung meist im Rahmen von Abgrenzungsvereinbarungen (verbunden mit einer nachträglichen Genehmigung der Eintragung nach §§ 182, 184 BGB) erklärt.

18 Eine Zustimmung steht einem Anspruch auf Erklärung der Nichtigkeit auch dann entgegen, wenn sie ein **Rechtsvorgänger** des Inhabers des prioritätsälteren Kennzeichens erklärt hat.

19 Eine Zustimmung steht einem Anspruch auf Erklärung der Nichtigkeit sogar dann entgegen, wenn der Inhaber der prioritätsjüngeren Marke bei der Anmeldung bösgläubig war (Fezer Rn. 12). Jedoch kann jeder Dritte einen Nichtigkeitsantrag stellen, da die Zustimmung die **Bösgläubigkeit** nicht beseitigt.

III. Nachträgliche Bekanntheit (Abs. 3)

20 Einer Erklärung der Nichtigkeit der jüngeren Marke steht entgegen, wenn die ältere Marke oder geschäftliche Bezeichnung im Prioritätszeitpunkt der jüngeren Marke keine Bekanntheit iSd § 9 Abs. 1 Nr. 3, § 14 Abs. 2 Nr. 3 oder § 15 Abs. 3 beanspruchen konnte. Eine nachträgliche Bekanntheit wirkt nicht auf den ursprünglichen Zeitrang des § 6 Abs. 2 zurück (Ingerl/Rohnke/Nordemann/Bröcker Rn. 9), weshalb eine vor der Bekanntheit der älteren Marke angemeldete Marke Bestandskraft erlangt (Fezer Rn. 13). Das entspricht der Handhabung im Verletzungsverfahren (→ § 22 Rn. 1).

21 Die **Darlegungs- und Beweislast** für die Bekanntheit seiner Marke zum Prioritätszeitpunkt der jüngeren Marke obliegt dem Antragsteller bzw. Kläger (Ströbele/Hacker/Thiering/Thiering § 22 Rn. 5); zu den Beweismitteln → § 74 Rn. 55.

IV. Verfall oder Nichtigkeit des älteren Zeichens (Abs. 4)

22 Eine jüngere Marke kann nicht für nichtig erklärt werden, wenn das ältere Zeichen am Anmelde- oder Prioritätstag der jüngeren Marke selbst wegen Verfalls oder Nichtigkeit aufgrund absoluter Schutzhindernisse hätte gelöscht werden können. In diesen Fällen kann der Inhaber der jüngeren Marke gegenüber dem älteren Recht ein bestandskräftiges **Zwischenrecht** geltend machen. Im Unterschied zu den Löschungshindernissen in Abs. 2, 3 und 4 Nr. 2, die das Gericht bei erkennbaren Hinweisen im Parteivortrag von sich aus berücksichtigen muss, ist die Löschungsreife wegen Verfalls, dh wegen mangelnder Benutzung (§ 51 Abs. 4 Nr. 1), der **einredeweisen Geltendmachung** vorbehalten (→ § 55 Rn. 31).

23 Bestandsschutz hat die jüngere Marke auch gegenüber Marken, die nach § 49 Abs. 2 löschungsreif sind (Ströbele/Hacker/Thiering/Thiering Rn. 28). § 51 Abs. 4 Nr. 1 wird darüber hinaus wie § 22 Abs. 1 Nr. 2 Alt. 1 für entsprechend anwendbar erachtet, wenn die jüngere Marke bereits vor Eintritt der Löschungsreife der älteren Marke veröffentlicht wurde, die Rechte aus der älteren Marke vom Inhaber aber nicht geltend gemacht wurden und später aufgrund der Löschungsreife nicht mehr geltend gemacht werden können (Ströbele/Hacker/Thiering/Thiering Rn. 31).

24 Eine jüngere Marke ist gegenüber einer älteren Marke auch bestandskräftig, wenn die ältere Marke zum Zeitpunkt der Veröffentlichung der Eintragung der jüngeren Marke ihrerseits aus absoluten Gründen (§ 50) löschungsreif war.

24.1 Ebenso wie § 22 Abs. 1 Nr. 2 Alt. 2 ist die Vorschrift des § 51 Abs. 4 Nr. 2 im Wege einer teleologischen Reduktion dahingehend einschränkend auszulegen, dass eine Prüfung auf absolute Schutzhindernisse der älteren Marke nicht erfolgen kann, wenn ein Nichtigkeitsverfahren vor dem DPMA möglich ist (→ § 22 Rn. 17; BGH GRUR 2003, 1040 – Kinder). Ausgenommen ist nur der Fall, dass dieser das Schutzhindernis der Bösgläubigkeit anhaftet (§ 50 Abs. 1 iVm § 8 Abs. 2 Nr. 14).

Kommt das DPMA oder das Gericht zu dem Ergebnis, dass eine Löschungsreife der älteren **25** Marke aufgrund absoluter Schutzhindernisse gegeben ist, bleibt die ältere Marke dennoch im Register eingetragen, da eine Erklärung der Nichtigkeit aus absoluten Gründen dem DPMA im förmlich durchzuführenden Nichtigkeitsverfahren vorbehalten ist (→ § 50 Rn. 2; Fezer Rn. 16).

Wie im Verletzungsprozess kann auch die **relative Nichtigkeit** der älteren Marke einem **26** Löschungsanspruch entgegenstehen, wenn der Inhaber der angegriffenen Marke selbst über bessere, dh noch ältere Rechte verfügt, die zu einer Löschungsreife der angreifenden Marke führen (BGH GRUR 2009, 1058 – air-dsl; BGH GRUR 2007, 884 (887) – Cambridge Institute).

Einer prioritätsälteren Marke können daher sowohl im Löschungsverfahren vor dem DPMA **27** als auch in Verletzungs- oder Klageverfahren vor einem Zivilgericht im Wege der Einrede die Löschungsreife wegen Verfalls nach § 49, insbesondere wegen Nichtbenutzung (§ 49 Abs. 1), sowie prioritätsältere Rechte entgegengehalten werden, nicht aber die Löschungsreife wegen absoluter Schutzhindernisse (Ausnahme: Bösgläubigkeit).

Der für die Feststellung maßgebliche Zeitpunkt, ob der ununterbrochene Nichtbenutzungszeitraum **27.1** von fünf Jahren abgelaufen ist, ist derjenige der Erhebung der Widerklage auf Erklärung des Verfalls (BGH GRUR 2021, 1389 – Bewässerungsspritze II; EuGH C-607/19, GRUR 2021, 613 – Husqvarna).

D. Teilweise Löschung (Abs. 5)

Die Nichtigkeit aufgrund relativer Rechte kann nur einzelne Waren und/oder Dienstleistungen **28** erfassen, was bei nicht aufgeschlüsselten Oberbegriffen Probleme bereitet (→ § 49 Rn. 38 ff.; → § 50 Rn. 39), wenn der Inhaber der jüngeren Marke nicht von sich aus (zB mit Hilfe eines Disclaimers) auf bestimmte Waren und/oder Dienstleistungen verzichtet.

§ 52 Wirkungen des Verfalls und der Nichtigkeit

(1) [1]Die Wirkungen einer eingetragenen Marke gelten in dem Umfang, in dem die Marke für verfallen erklärt wird, von dem Zeitpunkt der Stellung des Antrags (§ 53) oder der Erhebung der Klage (§ 55) auf Erklärung des Verfalls an als nicht eingetreten. [2]In der Entscheidung kann auf Antrag einer Partei ein früherer Zeitpunkt, zu dem einer der Verfallsgründe eingetreten ist, festgesetzt werden.

(2) Die Wirkungen einer eingetragenen Marke gelten in dem Umfang, in dem die Marke für nichtig erklärt worden ist, von Anfang an als nicht eingetreten.

(3) Vorbehaltlich der Vorschriften über den Ersatz des Schadens, der durch fahrlässiges oder vorsätzliches Verhalten des Inhabers einer Marke verursacht worden ist, sowie der Vorschriften über ungerechtfertigte Bereicherung berührt die Löschung der Eintragung aufgrund Verfalls oder Nichtigkeit der Marke nicht
1. **Entscheidungen in Verletzungsverfahren, die vor der Entscheidung über den Antrag auf Erklärung des Verfalls oder der Nichtigkeit rechtskräftig geworden und vollstreckt worden sind, und**
2. **vor der Entscheidung über den Antrag auf Erklärung des Verfalls oder der Nichtigkeit geschlossene Verträge insoweit, als sie vor dieser Entscheidung erfüllt worden sind. Es kann jedoch verlangt werden, daß in Erfüllung des Vertrages gezahlte Beträge aus Billigkeitsgründen insoweit zurückerstattet werden, wie die Umstände dies rechtfertigen.**

Überblick

Die Vorschrift regelt die Wirkungen der Erklärung des Verfalls (Abs. 1; → Rn. 3) und der Nichtigkeit (Abs. 2; → Rn. 14), wobei für den Verfall auch ein früherer Zeitpunkt festgesetzt werden kann (Abs. 1 S. 2 → Rn. 6).

Abs. 3 enthält gewisse Einschränkungen hinsichtlich früher abgeschlossener Verfahren und bereits erfüllter Verträge (→ Rn. 21).

Markeninhaber haften bei unberechtigter Geltendmachung von Rechten aus einer gelöschten bzw. löschungsreifen Marke (→ Rn. 32).

Übersicht

A. Wirkungen

1   Die Entscheidungen betreffend den Verfall oder die Nichtigkeit wirken nicht nur zwischen den Prozessparteien, sondern **gegenüber jedermann,** dh inter/erga omnes (Ingerl/Rohnke/ Nordemann/Bröcker Rn. 10; Ströbele/Hacker/Thiering/Thiering Rn. 7 aE).

2   Auf **IR-Marken** findet § 52 entsprechende Anwendung, mit der Maßgabe, dass sich die Wirkungen aufgrund der Schutzentziehung der Marke anstatt deren Löschung entfalten.

I. Wirkung der Erklärung des Verfalls (Abs. 1)

3   Ebenso wie die Eintragung der Marke in das Register nach § 4 Abs. 1 Nr. 1 konstitutiv wirkt, hat auch die Erklärung des Verfalls der Marke im Register konstitutiven Charakter, dh durch die tatsächliche Erklärung des Verfalls der Marke, die ins Register eingetragen wird, tritt die damit verbundene Wirkung grundsätzlich **ex nunc** ein.

4   Dies gilt sowohl in Klageverfahren vor den ordentlichen Gerichten als auch in Verfahren vor dem DPMA.

5   Wird eine Marke nach der Eintragung aus den in § 49 abschließend aufgezählten Gründen für verfallen erklärt, tritt die Wirkung vom Zeitpunkt der Erhebung der Klage nach § 55 oder der Stellung des Antrags nach § 53 ein.

6   In der jeweiligen Entscheidung kann auf Antrag ein **früherer Zeitpunkt** des Verfalls als die Klageerhebung oder Antragstellung festgestellt werden, wenn ein Verfallsgrund bereits vor Klageerhebung oder Antragstellung bestanden hat. Frühester Zeitpunkt für die Rückwirkung ist der Zeitpunkt des Vorliegens eines Verfallsgrundes (Fezer Rn. 6), der jedenfalls nach Eintragung der Marke liegen muss.

7   Wer einen früheren Verfallzeitpunkt geltend macht, ist für dessen Voraussetzungen darlegungs- und **beweispflichtig** (HK-MarkenR/Dück Rn. 9 aE).

8   Ein Feststellungsantrag hinsichtlich des früheren Zeitpunkts, der vom eigentlichen Antrag auf Erklärung des Verfalls zu unterscheiden ist, verlangt ein besonderes **Feststellungsinteresse** (Ingerl/Rohnke/Nordemann/Bröcker Rn. 7).

8.1   Dem Allgemeininteresse trägt die in § 52 Abs. 1 S. 1 getroffene Regelung der Rückwirkung bis zum Zeitpunkt der Klageerhebung bzw. Antragstellung ausreichend Rechnung. Hat der Antragsteller ein über diesen Zeitpunkt hinausgehendes Interesse an der Feststellung, etwa weil Ansprüche aus der Vergangenheit im Raum stehen, ist er dies gesondert darzulegen. Nur ein geringeres Feststellungsinteresse fordert Ströbele/Hacker/Thiering/Thiering Rn. 13; offengelassen von OLG München BeckRS 2005, 7904 – 800-Flowers).

9   Der Markeninhaber kann seinerseits nach Abs. 1 S. 2 analog beantragen, einen **späteren Verfallszeitpunkt** festzustellen, für den dann er darlegungs- und beweispflichtig ist.

10   Ist der Verfallsgrund erst nach Klageerhebung bzw. Antragstellung eingetreten, ist die Klage bzw. der Antrag im Übrigen abzuweisen; eine **teilweise Kostenauferlegung** auf Kläger oder Antragsteller kommt jedoch nur bei eigenständiger wirtschaftlicher Bedeutung des Zeitraums bis zur Löschungsreife in Betracht.

11   Eine **Erledigung der Hauptsache** tritt ein, wenn der Markeninhaber während des Verfahrens auf die Marke verzichtet oder deren Schutzdauer nicht verlängert.

12   Bei Nachweis eines besonderen Feststellungsinteresses nach § 256 ZPO ist dann eine **Fortsetzungsfeststellungsklage** möglich; zB wenn vermeintliche, aus der Vergangenheit resultierende Verletzungsansprüche des Markeninhabers gegen den Antragsteller im Raum stehen.

13   Davon zu unterscheiden ist die Konstellation, dass bereits vor Klageerhebung bzw. Antragstellung, zB wegen Verzichts oder Ablauf der Schutzdauer, eine Verfallserklärung der angegriffenen Marke mit Wirkung ex nunc erfolgt ist, aber ein potenzieller Verletzer einen Verfall der Marke zu einem früheren Zeitpunkt festgestellt wissen will. In diesem Fall kommt eine **isolierte Feststel-**

lungsklage in Betracht, die wiederum ein besonderes Feststellungsinteresse voraussetzt. Dieses ist aber nur zu bejahen, wenn kein Verletzungsprozess anhängig ist; in einem anhängigen Verletzungsprozess wäre ein solcher rückwirkender Verfall nämlich im Wege der Einrede geltend zu machen (Ströbele/Hacker/Hacker, 11. Aufl. 2014, Rn. 8).

II. Wirkung der Nichtigerklärung (Abs. 2)

Der Begriff der Nichtigkeit umfasst sowohl die Nichtigkeit aufgrund absoluter Schutzhindernisse (§ 50), als auch die Nichtigkeit aufgrund relativer Schutzhindernisse (§ 51). Es entfallen alle rechtlichen und tatsächlichen Wirkungen der Eintragung rückwirkend, sofern nicht § 52 Abs. 3 eingreift. **14**

Auf § 52 Abs. 2 kann sich jedermann ab Eintragung des Nichtigkeitsvermerks in das Markenregister berufen. **15**

Wird eine Marke während des Nichtigkeitsverfahrens **vor der Entscheidung** aufgrund Verzichts oder Nichtverlängerung der Schutzdauer mit Wirkung ex nunc **gelöscht,** kann der Kläger bzw. Antragsteller die Feststellung der Nichtigkeit der angegriffenen Marke ex tunc beantragen, sofern er ein besonderes Rechtsschutzinteresse dafür hat (BGH GRUR 2001, 337 (339) – EASYPRESS), wie etwa eine drohende Inanspruchnahme wegen Markenverletzung; hierbei ist ein großzügiger Maßstab anzulegen (Ingerl/Rohnke/Nordemann/Bröcker Rn. 12). Kein rechtliches Interesse ist gegeben, wenn der Markeninhaber zusätzlich auf alle etwaigen Ansprüche aus der Marke verzichtet hat (BPatG GRUR 2009, 522 – Lackdoktor; GRUR 2007, 507 f. – WM 2006 II; für das Patentnichtigkeitsverfahren BGH GRUR 1965, 231 (233) – Zierfalten). **16**

Ein **nach Ende der mündlichen Verhandlung** erfolgter Wegfall der Marke mit Wirkung ex nunc ist auch bei Zustellung einer Entscheidung an Verkündungs statt nach § 79 Abs. 1 S. 3 nicht mehr berücksichtigungsfähig. Soll eine Berücksichtigung erfolgen, ist die mündliche Verhandlung wieder zu eröffnen, um dem Angreifer zu ermöglichen, einen Antrag auf Fortsetzungsfeststellung zu erheben; eine Berücksichtigung im schriftlichen Verfahren darf dagegen erfolgen. **17**

Eine Nichtigerklärung der Marke mit Wirkung ex nunc bereits vor Erhebung des Antrags oder der Klage auf Erklärung der Nichtigkeit kann bei Bestehen eines besonderen Rechtsschutzinteresses ein **Nichtigkeitsfeststellungsverfahren** ermöglichen (Ströbele/Hacker/Hacker, 11. Aufl. 2014, Rn. 15; aA Ingerl/Rohnke/Nordemann/Bröcker Rn. 13). **18**

Ist der Verfall oder die Nichtigkeit aus absoluten oder relativen Gründen nur für einen Teil der eingetragenen Waren/Dienstleistungen gegeben, treten die Wirkungen der Erklärung des Verfalls oder der Nichtigkeit auch nur insoweit ein (s. aber → § 49 Rn. 38 ff., → § 50 Rn. 39). **19**

Fällt die Klagemarke in anhängigen Verletzungs- oder Nichtigkeitsprozessen in Folge der Löschung wegen Verfalls oder Nichtigkeit weg, tritt eine **Erledigung der Hauptsache** ein; erstreckt sich die Wirkung der Nichtigerklärung nach § 52 Abs. 1 und 2 auf den Zeitpunkt der Klageerhebung zurück, ist eine Klage von Anfang an unbegründet (Ingerl/Rohnke/Nordemann/Bröcker Rn. 19). **20**

B. Einschränkungen der Rückwirkung (Abs. 3)

Eine vollumfängliche, rückwirkende Vernichtung einer Marke kann in Einzelfällen zu unbilligen Ergebnissen führen. Abs. 3 sieht daher in Übereinstimmung mit Art. 62 Abs. 3 UMV Ausnahmen davon vor. Das gilt für Fälle, in denen Entscheidungen in Verletzungsverfahren vor der Entscheidung über den Antrag auf Erklärung der Nichtigkeit **rechtskräftig** geworden und **vollstreckt** worden sind, und wenn abgeschlossene **Verträge** über den Antrag auf Erklärung des Verfalls oder der Nichtigkeit vor der Entscheidung **erfüllt** worden sind, wobei in letzterem Fall ein Billigkeitsregulativ (→ Rn. 27; → UMV Art. 62 Rn. 10) eingreift. **21**

Ob eine Wiederaufnahme des Verfahrens im Wege der Nichtigkeits- und Restitutionsklage möglich ist, erscheint offen (BGH GRUR 2010, 996 – Bordako); zum Teil wird die Auffassung vertreten, dass Abs. 3 Nr. 1 deren Statthaftigkeit ausschließt (HK-MarkenR/Dück Rn. 22; Ströbele/Hacker/Thiering/Thiering Rn. 25). **21.1**

Eine Entscheidung ist auch als vollstreckt anzusehen, wenn auf sie **freiwillig geleistet** wurde (Ingerl/Rohnke/Nordemann/Bröcker Rn. 17). **22**

Bei noch nicht beendeter Vollstreckung kann der Schuldner im Fall der Löschung der Klagemarke eine **Vollstreckungsabwehrklage** nach § 767 ZPO erheben (BGH GRUR 2010, 996 – Bordako), so zB bei der Vollstreckung aus einem Unterlassungsurteil, wobei nach § 767 Abs. 2 ZPO aber nur Einwendungen erhoben werden können, die nach Schluss der letzten mündlichen **23**

Verhandlung im Rechtsstreit über den Titel entstanden sind. Es ist demnach zu prüfen, ob relative Schutzhindernisse wegen Verfalls oder Nichtigkeit auch im Verletzungsprozess einredeweise hätten geltend gemacht werden können. Bei absoluten Schutzhindernissen ist eine einredeweise Geltendmachung im Verletzungsprozess nicht möglich, es sei denn, es handelt sich um den Vorwurf der Bösgläubigkeit (§ 50 iVm § 8 Abs. 2 Nr. 14). Die Vollstreckungsabwehrklage kann der Schuldner auch dann erheben, wenn ein Dritter die Marke nach dem in § 767 Abs. 2 ZPO genannten Zeitpunkt erfolgreich angegriffen hat (Ströbele/Hacker/Thiering/Thiering Rn. 38).

24   Auch vollzogene und bereits erfüllte **Verträge** führen zu einem Ausschluss der Rückwirkung der Löschung. Dies betrifft sämtliche Verträge, unabhängig von der Rolle des Markeninhabers im Vertragsverhältnis (HK-MarkenR/Dück Rn. 26), wie **Lizenz-** und Kaufverträge, Vergleichs- und Aufrechnungsvereinbarungen sowie gesetzliche Schuldverhältnisse (HK-MarkenR/Dück Rn. 26).

25   Auch bei **einseitiger Erfüllung** eines Vertrages (Vorleistung) ist die Vorschrift des Abs. 3 Nr. 2 aufgrund seines Wortlauts („insoweit, als sie … erfüllt worden sind") anwendbar. Die Auswirkungen des weggefallenen Markenrechts auf den noch nicht erfüllten Teil des Vertrags beurteilen sich nach materiellem Vertragsrecht (Rücktritt, Kündigung, Schadensersatz etc).

26   Bei **Unterlassungsvereinbarungen,** die nur für die Vergangenheit als erfüllt anzusehen sind, entfällt die Geschäftsgrundlage nach § 313 BGB für die Zukunft (HK-MarkenR/Dück Rn. 28).

27   Abs. 3 Nr. 2 S. 2 ist eine eigenständige Anspruchsgrundlage (Ingerl/Rohnke/Nordemann/Bröcker Rn. 18; Ströbele/Hacker/Thiering/Thiering Rn. 27) und sieht vor, dass bei abgeschlossenen Verträgen, die als erfüllt anzusehen sind und daher durch die Löschung der Marke nicht mehr berührt werden, gezahlte Beträge zurückzuzahlen sind, wenn dies der Billigkeit entspricht. Dies betrifft nur Einzelfälle, in denen beispielsweise Lizenzgebühren aufgrund eines Vertrages entrichtet wurden, obwohl die Marke wegen ihrer Löschungsreife von Dritten nicht respektiert wurde. Der Gesetzeswortlaut bezieht sich zwar ausschließlich auf Geldleistungen, ist aber auch auf andere Leistungen anwendbar (vgl. Ströbele/Hacker/Thiering/Thiering Rn. 41).

28   Wurde eine Marke zu Unrecht für verfallen oder nichtig erklärt und gelöscht, kann die Eintragung im Wege der **Berichtigung** mit der ursprünglichen Priorität wiederhergestellt werden. Die Löschungswirkung ex tunc wird dadurch wieder aufgehoben (Fezer Rn. 19).

29   Eine gelöschte Marke kann der bisherige Inhaber oder ein Dritter jederzeit wieder anmelden.

30   Gemäß Abs. 3 Hs. 1 sind **Schadensersatzansprüche** gegen den Markeninhaber wegen schuldhaften Verhaltens nie ausgeschlossen. Dies betrifft Fälle der schuldhaften und pflichtwidrigen Durchsetzung von Markenrechten, die dem Inhaber nicht zustehen, gegen einen vermeintlichen Verletzer, wie etwa in den Fällen des Erschleichens der Marke (§§ 823, 826 BGB, vorsätzlich unzutreffender Angaben zur Benutzung (§§ 25, 26, 49) oder des Prozessbetrugs (Ströbele/Hacker/Thiering/Thiering Rn. 29). Ein schuldhaftes Verhalten bedeutet Kennen oder Kennmüssen der Löschungsreife (Ingerl/Rohnke/Nordemann/Bröcker Rn. 18) und ist nicht schon dann gegeben, wenn der Markeninhaber die Schutzfähigkeit der Marke bzw. deren Verwechslungsfähigkeit falsch beurteilt hat.

31   Nach dem Vorbehalt in Abs. 3 Hs. 1 sind **Bereicherungsansprüche** nicht ausgeschlossen, wenn sie durch den Wegfall des erfüllten Anspruchs, zB aufgrund Anfechtung wegen Täuschung und Irrtums (etwa eines Lizenzvertrages), entstanden sind.

C. Haftung des Markeninhabers

32   Unabhängig von den vorstehenden Ausnahmen der Haftung des Markeninhabers besteht grundsätzlich dessen allgemeine Haftung bei unberechtigter Geltendmachung von Rechten aus einer gelöschten bzw. löschungsreifen Marke. Macht der Markeninhaber fahrlässig oder vorsätzlich Rechte aus einer löschungsreifen Marke geltend, haftet er hierfür aufgrund **Delikts- oder Wettbewerbsrecht** nach den Grundsätzen unberechtigter Abmahnungen und Geltendmachung von Kennzeichenrechten. Eine Abmahnung aus einer später wegen älterer Rechte gelöschten Marke ist von Anfang an unbegründet (BGH GRUR 2006, 432 – Verwarnung aus Kennzeichenrechten II). Demgemäß entfällt bei rückwirkender Löschung der Klagemarke auch ein Anspruch auf Erstattung der Abmahnkosten (BGH GRUR 2009, 502 – pcb; Ingerl/Rohnke/Nordemann/Bröcker Rn. 19).

33   Zahlungen auf einen gesetzlichen Schadensersatzanspruch, die während der Löschungsreife, jedoch vor der Löschung erfolgt sind, können aufgrund ungerechtfertigter Bereicherung als Einwendung (§ 812 Abs. 1 S. 1 BGB) oder dauerhafte Einrede (§ 813 BGB) zurückgefordert werden, ausgenommen bei positiver Kenntnis des Zahlenden (§ 814 BGB).

34   Bei vertraglichen Ansprüchen kommt eine **Rückzahlung** nur in Betracht, wenn der Rechtsgrund, zB wegen Anfechtung des zugrunde liegenden Vertrages, entfällt (Ingerl/Rohnke/Nordemann/Bröcker Rn. 23).

§ 53 Verfalls- und Nichtigkeitsverfahren vor dem Deutschen Patent- und Markenamt

(1) [1]Der Antrag auf Erklärung des Verfalls (§ 49) und der Nichtigkeit wegen absoluter Schutzhindernisse (§ 50) und älterer Rechte (§ 51) ist schriftlich beim Deutschen Patent- und Markenamt zu stellen. [2]Die zur Begründung dienenden Tatsachen und Beweismittel sind anzugeben. [3]Für die Sicherheitsleistung gilt § 81 Absatz 6 des Patentgesetzes entsprechend. [4]Der Antrag ist unzulässig, soweit über denselben Streitgegenstand zwischen den Parteien durch unanfechtbaren Beschluss oder rechtskräftiges Urteil entschieden wurde. [5]Dies gilt auch, wenn über denselben Streitgegenstand zwischen den Parteien eine Klage nach § 55 rechtshängig ist. [6]§ 325 Absatz 1 der Zivilprozessordnung gilt entsprechend. [7]Werden zwischen denselben Beteiligten mehrere Anträge nach Satz 1 gestellt, so können diese verbunden und kann über diese in einem Verfahren durch Beschluss entschieden werden.

(2) Der Antrag auf Erklärung des Verfalls und der Nichtigkeit wegen absoluter Schutzhindernisse kann von jeder natürlichen oder juristischen Person gestellt werden sowie von jedem Interessenverband von Herstellern, Erzeugern, Dienstleistungsunternehmern, Händlern oder Verbrauchern, der am Verfahren beteiligt sein kann.

(3) Der Antrag auf Erklärung der Nichtigkeit wegen des Bestehens älterer Rechte kann von dem Inhaber der in den §§ 9 bis 13 genannten Rechte und Personen, die berechtigt sind, Rechte aus einer geschützten geografischen Angabe oder geschützten Ursprungsbezeichnung geltend zu machen, gestellt werden.

(4) Wird ein Antrag auf Erklärung des Verfalls oder der Nichtigkeit gestellt oder ein Nichtigkeitsverfahren von Amts wegen eingeleitet, so stellt das Deutsche Patent- und Markenamt dem Inhaber der eingetragenen Marke eine Mitteilung hierüber zu und fordert ihn auf, sich innerhalb von zwei Monaten nach der Zustellung zu dem Antrag oder dem von Amts wegen eingeleiteten Verfahren zu erklären.

(5) [1]Widerspricht der Inhaber der Löschung aufgrund Verfalls oder Nichtigkeit nicht innerhalb der in Absatz 4 genannten Frist, so wird die Nichtigkeit oder der Verfall erklärt und die Eintragung gelöscht. [2]Wird dem Antrag auf Nichtigkeit fristgemäß widersprochen, so teilt das Deutsche Patent- und Markenamt dem Antragsteller den Widerspruch mit. [3]Wird dem Antrag auf Verfall fristgemäß widersprochen, so stellt das Deutsche Patent- und Markenamt dem Antragsteller den Widerspruch zu. [4]Das Verfallsverfahren wird nur fortgesetzt, wenn innerhalb eines Monats nach Zustellung des Widerspruchs die Gebühr zur Weiterverfolgung des Verfallsverfahrens nach dem Patentkostengesetz gezahlt wird. [5]Anderenfalls gilt das Verfallsverfahren als abgeschlossen.

(6) [1]Ist der Antrag auf Erklärung der Nichtigkeit wegen älterer Rechte vom Inhaber einer eingetragenen Marke mit älterem Zeitrang erhoben worden, so hat er auf Einrede des Antragsgegners nachzuweisen, dass die Marke innerhalb der letzten fünf Jahre vor Antragstellung gemäß § 26 benutzt worden ist, sofern zu diesem Zeitpunkt seit mindestens fünf Jahren kein Widerspruch mehr gegen sie möglich war. [2]Wurde Widerspruch erhoben, werden die fünf Jahre ab dem Zeitpunkt gerechnet, ab dem die das Widerspruchsverfahren beendende Entscheidung Rechtskraft erlangt hat oder der Widerspruch zurückgenommen wurde. [3]Endet der Zeitraum von fünf Jahren der Nichtbenutzung nach Stellung des Antrags, so hat der Antragsteller auf Einrede des Antragsgegners nachzuweisen, dass die Marke innerhalb der letzten fünf Jahre vor der Entscheidung gemäß § 26 benutzt worden ist. [4]War die Marke mit älterem Zeitrang am Anmelde- oder Prioritätstag der Marke mit jüngerem Zeitrang bereits seit mindestens fünf Jahren eingetragen, so hat der Antragsteller auf Einrede des Antragsgegners ferner nachzuweisen, dass die Eintragung der Marke mit älterem Zeitrang an diesem Tag nicht nach § 49 Absatz 1 für verfallen hätte erklärt werden können. [5]Bei der Entscheidung werden nur die Waren oder Dienstleistungen berücksichtigt, für die der Benutzung nachgewiesen worden ist. [6]Der Nachweis kann auch durch eine eidesstattliche Versicherung erbracht werden.

(7) [1]Ist das durch die Eintragung der Marke begründete Recht auf einen anderen übertragen worden oder übergegangen, so ist die Entscheidung in der Sache auch gegen den Rechtsnachfolger wirksam und vollstreckbar. [2]Für die Befugnis des Rechtsnachfolgers, in das Verfahren einzutreten, gelten die §§ 66 bis 74 und 76 der Zivilprozessordnung entsprechend.

Überblick

Diese Vorschrift regelt die formellen Verfahrensvoraussetzungen eines Antrags auf Erklärung des Verfalls oder der Nichtigkeit einer Marke (→ Rn. 6 ff.) und dessen Inhalt (→ Rn. 27). Die Amtsverfahren vor dem DPMA auf Erklärung des Verfalls oder der Nichtigkeit wegen älterer Rechte sind Alternativen zu entsprechenden Klagen bei den Zivilgerichten. Eine Doppelbefassung durch Gerichte und DPMA ist aber ausgeschlossen (→ Rn. 8), nicht aber ein paralleles Widerspruchsverfahren (→ Rn. 2). Eine Bindung an andere Entscheidungen besteht nicht (→ Rn. 103).

Einem zulässigen Antrag kann Missbrauch, etwa wegen einer Nichtangriffsabrede (→ Rn. 21), oder Verwirkung (→ Rn. 24) entgegenstehen.

Auch eine erst im Laufe des Verfahrens eingetretene Verfallsreife ist zu berücksichtigen (→ Rn. 37).

Eine Änderung oder Erweiterung des Antrags durch den Antragsteller ist unter bestimmten Voraussetzungen möglich (→ Rn. 70). Rücknahme des Antrags und Verzicht sind jederzeit möglich (→ Rn. 75). Zu den Auswirkungen der Insolvenz → Rn. 85.

Abs. 2 nennt die Antragsberechtigten (→ Rn. 15), Abs. 3 betrifft die Antragsbefugnis in Bezug auf die in §§ 9–13 genannten Rechte sowie auf die Geltendmachung von geschützten geografischen Angaben oder geschützten Ursprungsbezeichnungen (→ Rn. 16).

Abs. 4 zeigt die Möglichkeit, von Amts wegen vorzugehen (→ Rn. 14, → Rn. 79).

Abs. 5 regelt den Verfahrensablauf, nach einem Widerspruch des Inhabers der angegriffenen Marke (→ Rn. 55 ff.). Er kann nach Abs. 6 auch die Einrede der Nichtbenutzung älterer Rechte erheben (→ Rn. 89), wobei der wandernde Benutzungszeitraum sowie der Nachweis der Benutzung Fragen aufwerfen (→ Rn. 93).

Abs. 7 regelt die Wirkungen der Entscheidung nach einer Übertragung des Rechts (→ Rn. 94). Eine Bindung an Entscheidungen im Eintragungsverfahren besteht nicht (→ Rn. 103).

Zu den Kosten und zum Gegenstandswert des Verfahrens → Rn. 105.

Übersicht

A. Allgemeines

1 Sinn und Zweck des Antragsverfahrens beim DPMA ist die einfache Möglichkeit der Nichtigerklärung wegen absoluter Schutzhindernisse (§ 50), der Löschung wegen Verfalls (§ 49) und der Nichtigerklärung einer Marke wegen älterer Rechte (§ 51), wobei die beiden letztgenannten neben einer Klage (§ 55) stehen. Nur die Erklärung der Nichtigkeit wegen absoluter Schutzhindernisse ist allein dem DPMA vorbehalten.

1.1 Eine Ausnahmestellung nimmt insoweit die Nichtigkeit wegen absoluter Schutzhindernisse in Bezug auf die Bösgläubigkeit ein, da sie auch vor den ordentlichen Gerichten ua als Einrede, (Wider-)Klage auf Unterlassen, auf Einwilligung in die Erklärung der Nichtigkeit oder auf Feststellung der Nichtigkeit geltend gemacht werden kann (BGH GRUR 2000, 1032 (1034) – EQUI 2000).

2 Während Antragsverfahren vor dem DPMA und Klage vor einem Zivilgericht nicht parallel durchgeführt werden dürfen (→ Rn. 8), sind beide jeweils **parallel zu einem Widerspruchverfahren** möglich. Hinsichtlich der jeweiligen Entscheidungen besteht keine gegenseitige **Bin-**

dungswirkung (vgl. BPatG BeckRS 2018, 22140 – qonsense/conlance; Ströbele/Hacker/Thiering/Thiering § 55 Rn. 11).

Es handelt sich auch vor dem DPMA um ein **kontradiktorisches Verfahren** (vgl. Fezer 3 Markenpraxis-HdB/Bingener I 1 1), in dem sich Antragsteller und Markeninhaber mit konträren Zielsetzungen (Löschung der Marke einerseits, Beibehaltung der Eintragung andererseits) gegenüberstehen. Nur bei einem **Nichtigkeitsverfahren von Amts wegen** (§ 50 Abs. 3) handelt es sich um ein einseitiges Verfahren, selbst wenn es auf Anregung eines Dritten eingeleitet worden ist (Fezer Markenpraxis-HdB/Grabrucker I 1 2 Rn. 625).

Aus dem kontradiktorischen Charakter folgt, dass zahlreiche, für das Parteiverfahren im Zivil- 4 prozess einschlägige Vorschriften (§§ 56 ff., 66 ff., 91 ff. ZPO) entsprechende Anwendung finden, soweit die Besonderheiten des patentamtlichen/-gerichtlichen Verfahrens dies nicht ausschließen (BPatG GRUR 2004, 685 (688) – LOTTO; BeckRS 2009, 17856 – Winnetou). Anwendbar sind zB die Vorschriften in Bezug auf die Antragsänderung (§ 264 ZPO) und den Beteiligtenwechsel (§ 263 ZPO), die Verbindung mehrerer Verfahren (§ 147 ZPO) oder das Ruhen des Verfahrens (§ 251 ZPO).

Folge ist auch, dass auf Antrag eine **Kostenentscheidung** zu treffen ist. 5

B. Antrag

I. Formelle Anforderungen

Der Antrag ist beim DPMA **schriftlich** einzureichen (Abs. 1; § 10 DPMAV). 6

Der Antrag soll unter Verwendung des vom DPMA herausgegebenen Formblatts (§ 9 DPMAV) 7 erfolgen, das den zwingenden Inhalt des Antrags auf Erklärung der Nichtigkeit nach §§ 42, 41 Abs. 2 Nr. 1–5 MarkenV vorsieht (abrufbar unter https://www.dpma.de/service/formulare/marken/index.html, zuletzt abgerufen am 22.12.2022). Eine elektronische Signierung ist nicht vorgesehen (vgl. Ströbele/Hacker/Thiering/Miosga Rn. 7).

Der Antrag ist unzulässig, soweit über den Streitgegenstand zwischen den Parteien bereits durch 8 unanfechtbaren Beschluss oder rechtskräftiges Urteil entschieden wurde **(keine Doppelbefassung).** Zudem ist der Antrag unzulässig, wenn über denselben Streitgegenstand zwischen den Parteien eine Klage nach § 55 rechtshängig ist. Die Löschungsgründe des § 9 Abs. 1 Nr. 1–3 werden dabei – im Gegensatz zu den unterschiedlichen Verfallsgründen – nicht in unterschiedliche Streitgegenstände aufgetrennt (vgl. Albrecht/Hoffmann MarkenR 2020, 1 (11)). Zum parallel möglichen Widerspruchsverfahren → Rn. 2.

Mehrere Anträge, die dieselben Beteiligten betreffen, kann das DPMA **verbinden;** über sie 9 kann es dann in einem Verfahren durch einen Beschluss entscheiden (§ 53 Abs. 1 S. 7).

Ein ausländischer Antragsteller benötigt zur Durchführung des Verfahrens einen **Inlandsvertre-** 10 **ter** (Fezer Markenpraxis-HdB/Bingener I 1 1 Rn. 455). Zum Erfordernis der Bestellung eines Inlandsvertreters für das Verfalls- und Nichtigkeitsverfahren durch den Markeninhaber (→ Rn. 63).

II. Gebühr

Der Antrag ist gebührenpflichtig (§ 64a PatKostG). Stützt sich der Antragsteller auf mehrere 11 ältere Rechte, die ihm gehören (§ 51 Abs. 1 S. 2), erhöht sich die Gebühr nach GV 333350 PatKostG. Die mit Einreichung des Antrags fällige Gebühr hat der Antragsteller innerhalb von drei Monaten ab Fälligkeit zu entrichten (§ 3 Abs. 1, § 6 Abs. 1 S. 2 PatKostG). Tut er dies nicht rechtzeitig oder nicht vollständig, gilt der Antrag als zurückgenommen (§ 6 Abs. 2 PatKostG; → § 64a Rn. 2 ff.). Die Gebühr verfällt mit der Antragstellung; eine Rückzahlung ist nur unter Billigkeitsgesichtspunkten möglich.

Haben **mehrere Antragsteller** jeweils einen Antrag auf Erklärung der Nichtigkeit eingereicht, 12 muss jeder Antragsteller die Gebühr zahlen. Eine Gesellschaft bürgerlichen Rechts gemäß §§ 705 ff. BGB hat nur eine Antragsgebühr zu zahlen (BPatG BeckRS 2017, 152577 – Lit. Eifel).

War die Marke zum Zeitpunkt der Gebührenzahlung bereits gelöscht (zB wegen Verzichts), ist 13 die Gebühr als ohne Rechtsgrund geleistet zurückzuerstatten (§ 812 BGB).

Gilt ein Antrag wegen nicht vollständiger oder fristgerechter Zahlung der Gebühr als zurückge- 14 nommen, kann ihn die Markenabteilung gleichwohl als Anregung für die Einleitung eines Nichtigkeitsverfahrens von Amts wegen nach Abs. 4 aufgreifen.

III. Antragsstellung (Abs. 2)

1. Antragsberechtigung

15   Den Antrag auf Erklärung des Verfalls und der Nichtigkeit wegen absoluter Schutzhindernisse kann jede natürliche oder juristische Person sowie jeder Interessenverband von Herstellern, Erzeugern, Dienstleistungsunternehmen, Händlern oder Verbrauchern (Abs. 2) stellen **(Popularantrag),** da die Erklärung des Verfalls sowie der Nichtigkeit nicht schutzfähiger Marken auch im öffentlichen Interesse liegt (BPatG GRUR 1999, 746 f. – OMEPRAZOK; differenzierend aber BPatG BeckRS 2009, 6191 – MYPHOTOBOOK).

15.1   Ein Nachweis des öffentlichen Interesses ist ebenso wenig erforderlich wie der eines Individualinteresses des Antragstellers (HK-MarkenR/Dück Rn. 12; BPatG BeckRS 2013, 77 – ECOLINER; GRUR 2009, 522 – Lackdoktor; GRUR 2006, 155 – Salatfix).

15.2   Den Antrag kann auch eine Rechts- oder Patentanwaltssozietät stellen (BPatG BeckRS 2017, 152577 – Lit. Eifel).

16   Die Erklärung der Nichtigkeit wegen älterer Rechte (§ 51) kann nach Abs. 3 nur ein Inhaber der in den §§ 9–13 genannten Rechte sowie Personen, die berechtigt sind, Rechte aus einer geschützten geografischen Angabe oder geschützten Ursprungsbezeichnung geltend zu machen, stellen.

2. Zur Substantiierung erforderliche Angaben (Benutzungsmarken)

17   Wer aus einer sog. **Benutzungsmarke** vorgeht (→ § 4 Rn. 19 ff.; → § 42 Rn. 7 ff.; → Rn. 10), hat die nach § 30 Abs. 1 S. 2 MarkenV zu dessen Identifizierung notwendigen Angaben (Entstehen, Zeitrang, Inhaberschaft) innerhalb der für den Angriff geltenden Fristen zu machen (BPatG GRUR-Prax 2017, 324 – Real Fundus/Realfundus; GRUR-Prax 2015, 125 – Lehmitz; BeckRS 2014, 15641 – FFH; → § 42 Rn. 26; → § 42 Rn. 100). Die dafür erforderlichen Umstände sind gemäß §§ 355 ff. ZPO nachzuweisen (BPatG GRUR-RS 2022, 5116 – LECTAS; Hacker GRUR 2010, 99 (101)), also auch der (bundesweite) Schutzumfang (BPatG BeckRS 2014, 11330 – Weinhandlung Müller). Dafür gilt allerdings keine Frist mehr.

18   Ob zum **Zeitrang einer Benutzungsmarke** eine taggenaue Zeitangabe erforderlich ist oder ob es genügt, einen jedenfalls prioritätsälteren Zeitrang zu beanspruchen, ist offen (zu streng BPatG BeckRS 2014, 15641 – FFH).

19   Im Laufe des Verfahrens sind für jedes einzelne Jahr weitere Unterlagen vorzulegen, um den **ununterbrochenen Bestand** des Rechts bis zum Entscheidungszeitpunkt nachzuweisen (BPatG GRUR-Prax 2019, 12 – Lezzo).

3. Der Antragstellung entgegenstehende Gründe

20   Unzulässig ist ein Antrag, wenn der Antragsteller seine **Rechts- und Beteiligtenfähigkeit** verloren hat (BPatG BeckRS 2008, 4828 – 24translate; BeckRS 2008, 22272 – Speed-Dating), etwa bei Erklärung der Nichtigkeit einer GmbH wegen Vermögenslosigkeit. Bestehen aber Anhaltspunkte dafür, dass sie noch verwertbares Vermögen besitzt, bleibt sie trotz Erklärung der Nichtigkeit beteiligtenfähig (BPatG BeckRS 2013, 5071 – SUPERFUND). Hier können auch EU-Sanktionen eine Rolle spielen (→ § 66 Rn. 33).

21   Die Ausgestaltung als Popularverfahren schließt nicht aus, dass der Antragsbefugnis im Einzelfall der **Einwand des Rechtsmissbrauchs** entgegenstehen kann (BGH GRUR 2011, 391 Rn. 15 f. – TSP), zumal es sich um ein kontradiktorisches Verfahren (→ Rn. 3) handelt.

22   Eine Abrede zwischen den Beteiligten, die die Durchführung des Nichtigkeitsverfahrens von einem vorangehenden **Schieds- oder Schlichtungsverfahren** abhängig macht, führt so gemäß § 1032 Abs. 1 ZPO iVm § 82 Abs. 1 S. 1 zur Unzulässigkeit des Antrags (BPatG BeckRS 2012, 20846 – RDM). Dasselbe gilt für **Nichtangriffsabreden.** Dass das BPatG im Widerspruchsverfahren (im Hinblick auf dessen Rechtsnatur eines registerrechtlichen Verfahrens) Nichtangriffsabreden als Einwendungen außerhalb des formellen Markenrechts für unbeachtlich hält (→ § 42 Rn. 81; BPatG GRUR-RS 2020, 19689 – Unicut; GRUR-Prax 2020, 309 – AutoBild.de), kann hier nicht gelten (vgl. Ströbele/Hacker/Thiering/Thiering § 51 Rn. 24 f.; Ströbele/Hacker/Thiering/Thiering § 55 Rn. 69, 88 ff.; vgl. Ströbele/Hacker/Thiering/Miosga § 53 Rn. 21).

23   Zu differenzieren ist zwischen einer vertraglich übernommenen Nichtangriffspflicht (Nichtangriffsabrede) und außervertraglichen **Nichtangriffsverpflichtungen.** Letztere kommt – ebenso wie im Patentnichtigkeitsverfahren (Benkard PatG/Rogge/Kober-Dehm PatG § 22 Rn. 47) – nur ganz ausnahmsweise in Betracht.

Ob Nichtangriffsabreden und -verpflichtungen wettbewerbswidrig sind, ist im Einzelfall zu prüfen **23.1** (Ströbele/Hacker/Thiering/Hacker § 30 Rn. 160).

Die Nichtangriffsverpflichtung muss nicht ausdrücklich geregelt sein; sie kann sich auch daraus ergeben, **23.2** dass ein Vertrag ein besonderes Verhältnis begründet, das bei sachgerechter Auslegung einen Angriff auf die Marke ausschließt.

Ein **Lizenzvertrag** steht einem Nichtigkeitsantrag des Lizenznehmers nicht entgegen, wenn er keine **23.3** auf Gegenseitigkeit beruhenden Leistungspflichten betrifft oder sich auf die Verwertung des Schutzrechts bezieht. Das gilt auch für gekündigte Lizenzverträge sowie Lizenzbereitschaftserklärungen (Busse/Keukenschrijver/Keukenschrijver PatG § 81 Rn. 88).

Um zur Unzulässigkeit eines Angriffs zu führen, muss die Nichtangriffsabrede (noch) wirksam sein, sie **23.4** darf weder angefochten, aufgehoben oder wirksam gekündigt sein, noch darf ein vereinbartes zeitliches Element erreicht sein. Eine bedingte Nichtangriffsabrede kann die Unzulässigkeit des Angriffs ebenfalls nicht begründen.

Eine Nichtangriffsabrede darf nicht gemäß § 138 BGB als rechtsmissbräuchlich getroffen anzusehen **23.5** sein. Das ist nicht schon der Fall, wenn ein Nichtigkeitsgrund mehr oder weniger klar vorliegt. Eine Unwirksamkeit ergibt sich auch nicht daraus, dass die Beteiligten das Vorliegen eines Nichtigkeitsgrundes für gegeben hielten oder daraus, dass sie an der Rechtsbeständigkeit zweifelten. Missbräuchlich kann eine Nichtangriffsabrede aber sein, wenn der Markeninhaber sie dem Vertragspartner in Kenntnis des Vorliegens eines Nichtigkeitsgrundes auferlegt hat.

Maßgeblich für die Beurteilung des Vorliegens der Voraussetzungen einer wirksamen Nichtangriffsab- **23.6** rede ist der Zeitpunkt der letzten mündlichen Verhandlung.

In besonders gelagerten Fällen kann eine **Verwirkung** der Klagebefugnis in Betracht kommen **24** (Benkard PatG/Rogge/Kober-Dehm PatG § 22 Rn. 43), hierfür reicht aber allein ein Zeitablauf nicht aus, sondern es müssen besondere Umstände hinzutreten, die einen Vertrauensschutz rechtfertigen (BGH GRUR 1974, 146 – Schraubennahtrohr).

Ein Klageausschluss kann auch unter dem Gesichtspunkt von Treu und Glauben nach § 242 **25** BGB in Betracht kommen (BPatG BeckRS 2011, 5958 – Tintenpatrone; kritisch BPatG BeckRS 2015, 8062). Eine unzulässige Rechtsausübung liegt vor, wenn sich aus der Vereinbarung der Parteien ergibt, dass ein Angriff auf die Marke gegen Treu und Glauben verstößt oder allein die Schädigung des Markeninhabers bezweckt (BeckOK PatR/Schnekenbühl PatG § 81 Rn. 78 ff.).

Die Fortführung des Nichtigkeitsverfahrens nach rechtskräftiger Verurteilung im Verletzungs- **26** prozess ist jedoch weder missbräuchlich noch treuwidrig (BPatG BeckRS 1999, 15382).

IV. Inhalt

Im Antrag sind insbesondere die Registernummer der Marke, Name und Anschrift des Antrag- **27** stellers sowie – falls vorhanden – des Vertreters, der Verfalls- bzw. Nichtigkeitsgrund und die zu löschenden Waren/Dienstleistungen (oder die Waren/Dienstleistungen, für die eine Erklärung des Verfalls oder der Nichtigkeit nicht beantragt wird, vgl. § 41 Abs. 2 Nr. 4 MarkenV) anzugeben.

Zwar ist der jeweilige Verfallsgrund zu bezeichnen, damit der Antrag schlüssig ist. Dies **28** beschränkt sich indes auf die Auswahl eines Ankreuzfeldes im amtsseitigen Formular bzw. beim nicht formularmäßigen Antrag auf die Bezeichnung eines Verfallsgrundes nach § 49. Konkrete weitere Darlegungen sind nicht erforderlich und werden vom DPMA im Rahmen des Löschungsverfahrens – mit Ausnahme des Ablaufs der Fünfjahresfrist (→ § 49 Rn. 9) – zunächst auch nicht geprüft bzw. berücksichtigt.

Entsprechen die im Antrag angegebenen Waren/Dienstleistungen nicht den eingetragenen (so **29** zB, wenn die Marke für einen **Oberbegriff** eingetragen ist, der Antragsteller seinen Angriff aber nur auf eine spezielle Ware bzw. Dienstleistung richtet), ist der Antrag nicht hinreichend bestimmt und damit unschlüssig.

In Betracht kommt in diesen Fällen auch eine Zurückweisung wegen Unzulässigkeit, da eine nachvoll- **29.1** ziehbare Begründung des Antrags auf Erklärung des Verfalls bei mangelnder Übereinstimmung der eingetragenen gegenüber den zu löschenden (bzw. im Waren-/Dienstleistungsverzeichnis verbleibenden) Waren und Dienstleistungen nicht gegeben erscheint.

Für einen Antrag auf Erklärung des Verfalls reicht es aus, geltend zu machen, ihr Inhaber habe **30** die Marke nicht ernsthaft benutzt. Das erfüllt die Anforderungen des § 41 Nr. 5 MarkenV. Nur wenn ein Antragsteller geltend machen will, die Marke sei zu einer gebräuchlichen Bezeichnung oder täuschend geworden bzw. dass die Markeninhaberin nicht mehr die in § 7 geforderten Voraussetzungen erfüllt, muss er mehr vortragen (→ § 49 Rn. 8 ff.).

31   Der Antragsteller kann beantragen, dass der Verfall für einen **früheren Zeitpunkt** als den der Antragstellung festgestellt wird (→ § 52 Rn. 6).

32   Die zur **Begründung** des Antrags dienenden Tatsachen und Beweismittel (zB gesteigerte Kennzeichnungskraft oder Bekanntheitsschutz eines älteren Rechts) sind gemäß Abs. 1 S. 2 **sofort** anzugeben, nicht etwa erst nach einem Widerspruch des Inhabers der angegriffenen Marke (vgl. Albrecht/Hoffmann MarkenR 2020, 1 (4); zu den Kostenfolgen → § 71 Rn. 74). Dadurch wird diesem vor Erhebung eines Widerspruchs die Gelegenheit gegeben, seine Erfolgsaussichten im Fall der Durchführung des Nichtigkeitsverfahrens realistisch einzuschätzen. Zugleich wird hierdurch der Streitgegenstand festgelegt.

33   In der Entscheidung „Fünf-Streifen-Schuh" hat der BGH jedoch festgestellt, dass das DPMA den Antrag auf Erklärung der Nichtigkeit wegen absoluter Schutzhindernisse rechtsfehlerhaft zurückgewiesen habe, weil es der Antragstellerin zuvor keine Gelegenheit gegeben habe, den **Begründungsmangel zu beheben** (BGH GRUR 2016, 500).

V. Frist

34   Ein Antrag auf Erklärung der Nichtigkeit wegen absoluter Schutzhindernisse aufgrund der §§ 3, 7, 8 Abs. 1 und 2 Nr. 4–14 unterliegt keiner Frist.

35   Für den Antrag auf Erklärung der Nichtigkeit bei Geltendmachung der Schutzhindernisse nach § 8 Abs. 2 Nr. 1–3 beträgt die Frist gemäß § 50 Abs. 2 S. 2 **zehn Jahre** ab Eintragung der Marke (→ § 50 Rn. 28 ff.; für die Erklärung der Nichtigkeit von Amts wegen **zwei Jahre** ab Eintragung, § 50 Abs. 3).

36   Auch wo § 50 Abs. 2 S. 3 eine Zehnjahresfrist setzt, findet § 6 Abs. 1 S. 2 PatKostG Anwendung. Überschreitet aber die dreimonatige Zahlungsfrist die zehnjährige Antragsfrist, weil der Antrag weniger als drei Monate vor deren Ablauf gestellt wird, überlagert § 6 Abs. 1 S. 1 PatKostG den § 6 Abs. 1 S. 2 PatKostG. Die **Zahlungsfrist verkürzt sich** dann auf den Zeitraum bis zum Ablauf der Zehnjahresfrist.

C. Verfahrensablauf

37   Tritt die **Verfallsreife erst im Laufe des anhängigen Verfahrens** ein, widerspräche es der gesetzgeberischen Absicht, ein einfaches, kostengünstiges Verfallsverfahren vor dem DPMA zu schaffen, wenn weitere Verfahren notwendig würden, obwohl die Frage, ob Verfall eingetreten ist, im anhängigen Verfahren gelöst werden kann. Ein erneuter Verfallsantrag würde unnötigen Aufwand erzeugen. Da eine gutgläubige Benutzungsaufnahme nicht mehr möglich ist (§ 49 Abs. 1 S. 3), verliert der Inhaber der angegriffenen Marke auch keine Rechte (Albrecht/Hoffmann MarkenR 2020, 1 (3); v. Mühlendahl GRUR 2019, 25 (27)).

38   Da eigene Verfahrensvorschriften für das Verfalls- und die Nichtigkeitsverfahren wegen absoluter Schutzhindernisse oder wegen älterer Rechte vor dem DPMA fehlen, sind **ergänzend die Bestimmungen der ZPO** heranzuziehen (Fezer Markenpraxis-HdB/Bingener I 1 1 Rn. 470 ff.).

39   Beim DPMA ist für Verfalls- und Nichtigkeitsverfahren die Markenabteilung zuständig (Fezer Markenpraxis-HdB/Bingener I 1 1 Rn. 453).

40   Der Verfahrensablauf ist in allen drei Verfahren – Erklärung des Verfalls (§ 49), Erklärung der Nichtigkeit wegen absoluter Schutzhindernisse (§ 50) und Erklärung der Nichtigkeit wegen des Bestehens älterer Rechte (§ 51) – in § 53 Abs. 4 und 5 einheitlich festgelegt.

41   Dass ein Antrag gestellt wurde, wird im Register eingetragen (§§ 24a, 28 MarkenV).

I. Einleitung des Verfahrens

42   Den Antrag stellt das DPMA dem Inhaber der angegriffenen Marke zu und fordert ihn auf, innerhalb einer **Frist von zwei Monaten** zu erklären, ob er dem Antrag widerspricht (Abs. 4).

43   Im Rahmen der Zulässigkeit des Antrags prüft das DPMA zwar ua die Antragsbefugnis, eine missbräuchliche Antragstellung (→ Rn. 21) und eine entgegenstehende Rechtskraft (→ Rn. 8). Auch einen nicht schlüssigen Antrag stellt es aber dem Inhaber der angegriffenen Marke zu, sofern der Antragsteller die Gebühr (→ Rn. 11) bezahlt hat. Der Markeninhaber hat grundsätzlich einen Anspruch darauf, über jeden Antrag auf Erklärung der Nichtigkeit informiert zu werden (Ströbele/Hacker/Thiering/Miosga Rn. 42).

44   Zur **Schlüssigkeit** gehört nach dem Gesetzeswortlaut eine Begründung; eine weitergehende Prüfung ist nicht mehr geboten (anders noch Fezer § 54 Rn. 3; BPatG BeckRS 2008, 18856 zum

Ablauf von Benutzungsschonfristen). Eine Prüfung, ob die vorgetragenen Gründe zur Löschung führen können, lehnt das BPatG (BPatG GRUR-RS 2016, 19031 – Tabakkopf) in designrechtlichen Nichtigkeitsverfahren nach § 34a DesignG ab und beschränkt die Schlüssigkeitsprüfung auf die formellen Voraussetzungen des Antrags (Benennung des Antragstellers, Angabe des angegriffenen Schutzrechts und der Nichtigkeitsgründe sowie gegebenenfalls des Umfangs des Nichtigkeitsbegehrens). Das BPatG sieht im Fehlen einer § 82 Abs. 2 PatG entsprechenden Regelung, wonach ohne Widerspruch die behaupteten Tatsachen als erwiesen gelten, aber deren Wirkungen zu prüfen sind, bei der hier unmittelbar gebotenen Löschung keinen Anlass für eine Schlüssigkeitsprüfung (vgl. Hacker FS Ströbele, 2019, 119 (130)).

Auf die fehlende Schlüssigkeit des Antrags weist das DPMA nach bisheriger Praxis bei der **45** Zustellung des Antrags nicht hin; dies erscheint im Ergebnis auch gerechtfertigt, da der Markeninhaber dann einen Widerspruch für entbehrlich erachten könnte. Bei später anderer Beurteilung und Bejahung der Schlüssigkeit müsste das DPMA die Marke dann mangels Widerspruchs ohne Weiteres löschen.

Widerspricht der Markeninhaber innerhalb der Frist nämlich nicht, erklärt das DPMA die **46** Marke für verfallen oder nichtig und löscht sie im Register (Abs. 5 S. 1).

Der Antrag muss zulässig sein und gewisse Mindestvoraussetzungen erfüllen (→ Rn. 44). So **47** sind alle offensichtlichen **formalen Erfordernisse** zu berücksichtigen, die ohne inzidente Sachprüfung festgestellt werden können.

Die Prüfung nicht ohne weitere Prüfung feststellbarer Zulässigkeitsvoraussetzungen (wie zB **48** Antragsbefugnis, missbräuchliche Antragstellung oder entgegenstehende Rechtskraft) sind der Prüfung der Zulässigkeit vorbehalten; sie sind nicht Teil einer – auch nicht wie im Zivilprozess (zB § 331 Abs. 2 ZPO) kursorischen vorgeschalteten – Formalprüfung, sondern erst nach einem Widerspruch des Markeninhabers zu prüfen.

Darüber hinaus ist es bei einem **Verfallsantrag** nach § 49 Abs. 1 S. 1 wegen Nichtbenutzung **49** (für diesen Verfallsgrund enthält das amtliche Formular des DPMA unter anderem ein eigenes Ankreuzfeld) Teil der Schlüssigkeitsprüfung, ob der Fünfjahreszeitraum des § 43 Abs. 1 zum Zeitpunkt der Einreichung des Antrags bereits abgelaufen ist. Bei der Einhaltung des Fünfjahreszeitraums handelt es sich um eine offensichtliche Voraussetzung der Wirksamkeit des Antrags auf Erklärung des Verfalls, ohne die der Antrag nicht erfolgreich sein kann; es liegt keine Frage der Begründetheit vor (HK-MarkenR/Dück Rn. 19). Auch ist die Fünfjahresfrist keine Zulässigkeitsvoraussetzung für den Antrag auf Erklärung des Verfalls im eigentlichen Sinn (aA BPatG BeckRS 2008, 18856), da es sich bei der Fünfjahresfrist nicht um eine Antragsfrist handelt. Die formalen Angaben nach § 41 Abs. 2 Nr. 1–5 MarkenV sowie die Einhaltung des Fünfjahreszeitraums sind gleichsam die „Mindesterfordernisse" des Antrags auf Erklärung des Verfalls.

Bei einem **Antrag auf Nichtigerklärung wegen absoluter Schutzhindernisse** hat der **50** Antragsteller den Nichtigkeitsgrund anzugeben (§ 42 Abs. 1 iVm § 41 Abs. 2 Nr. 5 MarkenV), wobei jede einzelne Nummer der §§ 3, 7 und 8 einen eigenen **Streitgegenstand** bildet (BGH GRUR 2018, 404 Rn. 11 – Quadratische Tafelschokoladenverpackung I; GRUR 2020, 1089 Rn. 10 – Quadratische Tafelschokoladenverpackung II; aA BPatG GRUR 2019, 838 – Quadratische Tafelschokoladenverpackung, wonach die Nichtigkeitsgründe des § 8 Abs. 2 mit Ausnahme der Bösgläubigkeit alle als derselbe Streitgegenstand anzusehen sein sollen; vgl. zum Streitgegenstand Ströbele/Hacker/Thiering/Miosga Rn. 27 f.; s. auch → § 3 Rn. 77); das Antragsformular des DPMA ist inzwischen entsprechend gestaltet. Zur Antragserweiterung → Rn. 70 ff.

Mit dem allgemeinen zweigliedrigen Streitgegenstandsbegriff im Zivilprozessrecht, nach dem sich der **50.1** Streitgegenstand nach dem Antrag und dem vorgetragenen Lebenssachverhalt richtet (BGH GRUR 2013, 401 Rn. 18; 2011, 521 Rn. 3; NJW-RR 2006, 1502 Rn. 8), lässt sich die Ansicht des BGH nur schwer in Einklang bringen. Nichtigkeitsantragsteller werden bei Antragstellung daher selbst eingehend die einzelnen Schutzhindernisse prüfen müssen, da der fundamentale Grundsatz „iura novit curia" insoweit nicht mehr gilt. Es empfiehlt sich im Zweifel ein eher „großzügiges Ankreuzen" der Schutzhindernisse im Formblatt, um dem DPMA einen größeren Prüfungsumfang zu ermöglichen und unnötige Folgeverfahren zu vermeiden.

Bei einem Antrag auf Erklärung der **Nichtigkeit wegen Bösgläubigkeit** ist eine Begründung **51** sowieso schon deshalb erforderlich, da die Amtsakte des DPMA in der Regel keine Aspekte für die Bösgläubigkeit des Anmelders im Anmeldezeitpunkt enthält (Fezer Markenpraxis-HdB/Bingener 1 1 Rn. 456).

Gegen die Löschung mangels Widerspruchs ist die Beschwerde nach § 66 Abs. 1 statthaft (→ **52** § 66 Rn. 14), allerdings insoweit nur mit der Begründung, die Löschung habe aus formellen Gründen zu unterbleiben (→ Rn. 87). Ein Erinnerungsverfahren nach § 64 gibt es hier nicht.

53   Auch die Nachweise für das Bestehen nicht eingetragener älterer Zeichen sind erforderlich (→ Rn. 17).

54   Für einen Verfallsantrag reicht die Behauptung der Nichtbenutzung als Begründung (→ Rn. 30).

II. Fortsetzung nach Widerspruch des Markeninhabers

55   Widerspricht der Markeninhaber dem Antrag frist- und formgerecht, stellt das DPMA dem Antragsteller den Widerspruch zu. Bei nicht fristgerechtem Widerspruch kommt eine **Wiedereinsetzung** (§ 91 Abs. 1 S. 1) in Betracht; § 91 Abs. 1 S. 2 ist nicht anzuwenden, da sich die Vorschrift auf den Widerspruch nach § 42 bezieht (Fezer Rn. 3).

55.1   Über den Wiedereinsetzungsantrag entscheidet das DPMA gemäß § 91 Abs. 6 als die Stelle, die über den Widerspruch gegen die Erklärung der Nichtigkeit (und des Verfalls) zu beschließen hat. Das BPatG als Rechtsmittelgericht entscheidet nur ausnahmsweise über den Antrag auf Wiedereinsetzung, wenn dieser erstmalig im Beschwerdeverfahren gestellt wird und sich die Voraussetzungen der Wiedereinsetzung ohne Weiteres aus den Akten ergeben. Kann das BPatG dem Wiedereinsetzungsantrag nicht stattgeben, hat es die Sache an das DPMA zurückzuverweisen, weil dem Antragsteller nicht die Möglichkeit entzogen werden darf, eine aufgrund § 91 Abs. 7 unanfechtbare Wiedereinsetzung durch das DPMA zu erwirken (BPatG BeckRS 2017, 126060 – Bosco; BeckRS 2013, 11946 – Blower Door).

56   Der Widerspruch ist **schriftlich** einzulegen; nicht erforderlich ist, dass der Markeninhaber ausdrücklich den Begriff „Widerspruch" verwendet; es muss mittels Auslegung (§§ 133, 157 BGB) hinreichend deutlich zum Ausdruck kommen, dass sich der Antrag gegen die Erklärung des Verfalls oder der Nichtigkeit seiner Marke wendet (HK-MarkenR/Dück Rn. 8). Der Widerspruch bedarf keiner Begründung (Fezer Markenpraxis-HdB/Bingener I 1 1 Rn. 473).

57   Zum Widerspruch berechtigt ist der im Register eingetragene Markeninhaber (§ 28), unabhängig von seiner materiellen Inhaberschaft. Im Falle eines **Inhaberwechsels** kann der neue Markeninhaber nach den Regeln der Nebenintervention und Streitverkündung in das Verfahren eintreten (Abs. 7 S. 2). Insoweit scheint nach dem Willen des Gesetzgebers wohl Abs. 7 S. 2, der aus § 55 Abs. 4 übernommen worden ist, der allgemeinen Regel des § 28 Abs. 2 vorzugehen (Ströbele/Hacker/Thiering/Miosga Rn. 88).

58   Fraglich erscheint allerdings, ob das DPMA von Amts wegen im Fall einer Umschreibung der Marke nach Zustellung des Antrags – unabhängig davon, ob die Widerspruchsfrist abgelaufen ist oder nicht – den neuen Markeninhaber über den Antrag unterrichten muss, oder ob es Sache des bisherigen Markeninhabers ist, dem neuen Markeninhaber den anhängigen Antrag mitzuteilen. Für letzteres spricht, dass eine wirksame Zustellung des Antrags bereits stattgefunden hat, weshalb es auch problematisch wäre, wenn nach Ablauf der Widerspruchsfrist eine erneute Zustellung die Widerspruchsfrist nochmals in Lauf setzen würde. Zudem begründet die Übertragung einer Marke in erster Linie ein Rechtsverhältnis von Veräußerer und Erwerber, im Zuge dessen der Veräußerer aufgrund einer Nebenpflicht den Erwerber aufzuklären hat, dass die übertragene Marke angegriffen wird, während dem DPMA nur der Vollzug des Rechtsübergangs im Register obliegt.

59   Die **Frist** von zwei Monaten beginnt mit der Zustellung des Antrags an den Markeninhaber zu laufen und ist nicht verlängerbar (§ 224 ZPO; BPatG GRUR 2011, 854 – Wiener Griessler; Ströbele/Hacker/Thiering/Miosga Rn. 47). Sie ist aber keine Ausschlussfrist (BPatG BeckRS 1999, 15249 – MATRIX).

60   Auch ein Antrag, der nicht schlüssig ist, setzt die Frist mit seiner Zustellung in Lauf (BGH GRUR 2016, 500 – Fünf-Streifen-Schuh); nur ein unzulässiger Antrag setzt die Widerspruchsfrist nicht in Gang.

61   Die **Wirksamkeit der Zustellung** eines Antrags an den Antragsgegner, dh den Markeninhaber selbst und nicht an seinen Vertreter im Widerspruchsverfahren gegen die gleichlautende Marke des Antragstellers wurde bejaht, da das DPMA keine Veranlassung gehabt habe, die für den Widerspruch gegen die Markeneintragung erteilte Vollmacht dahingehend auszulegen, dass sie über das Widerspruchsverfahren hinaus Geltung haben soll (BPatG BeckRS 2017, 124162 – Goldkehlchen).

62   Dagegen bezieht sich eine für das Eintragungsverfahren erteilte Vollmacht auf alle die Marke betreffenden Neben- und Folgeverfahren, mithin auch darauf, einem möglichen Nichtigkeitsverfahren zu widersprechen (BPatG BeckRS 2017, 124162 – Goldkehlchen).

63   Bei **ausländischen Markeninhabern** ohne Inlandsvertreter darf die Zustellung der Unterrichtung über die Einleitung eines Verfallsverfahrens nicht durch Aufgabe zur Post gemäß § 94 Abs. 1 Nr. 1 erfolgen, sofern die Schutzerteilung ursprünglich unbeanstandet geblieben ist, weil für den

Markeninhaber in diesem Fall keine Notwendigkeit zur Bestellung eines Inlandsvertreters bestanden hat (BPatG BeckRS 2009, 2701 – MONTANA; BeckRS 2012, 11954 – CHRISTALINO JAUME SERRA; BeckRS 2012, 08795 – fritel). Durch Aufgabe zur Post darf nur dann zugestellt werden, wenn der Markeninhaber keinen Inlandsvertreter bestellt hat, obwohl er hierzu verpflichtet gewesen wäre.

Soweit die Praxis des DPMA bisher vorgesehen hat, dem Markeninhaber, sofern gegen seine Marke **63.1** ein Antrag auf Erklärung des Verfalls oder der Nichtigkeit erhoben ist, zunächst formlos mitzuteilen, dass für eine Teilnahme am Verfallsverfahren ein Vertreter zu bestellen ist und bei Unterbleiben der Vertreterbestellung eine Zustellung des Antrags durch Aufgabe zur Post erfolgt, bleibt abzuwarten, ob sich diese Praxis fortsetzen wird.

Bei **Zustellungsmängeln** beginnt die zweimonatige Widerspruchsfrist nicht zu laufen (BPatG **64** BeckRS 2012, 23309 – Dermatop; BeckRS 2009, 11552 – LUXOR; HK-MarkenR/Dück Rn. 18). Eine nicht durch Zustellung, sondern auf andere Weise bewirkte Benachrichtigung steht der Wirksamkeit eines daraufhin eingelegten Widerspruchs allerdings nicht entgegen; gleiches gilt für einen Widerspruch aufgrund zufälliger Kenntnis eines Antrags auf Erklärung des Verfalls (BPatG GRUR 1983, 320 f. – Löschungsantrag).

Der Antragsteller hat im Verfallsverfahren **nach einem Widerspruch** des Antragsgegners zwei **65** Möglichkeiten: Er kann entweder das Verfahren vor dem DPMA weiterführen (dazu hat er nach Abs. 5 S. 4 eine weitere Gebühr zu entrichten), oder er kann Klage vor dem Zivilgericht erheben, womit das Verfahren vor dem DPMA beendet ist. § 55 Abs. 1 S. 2 Nr. 2 hindert dies nicht, da der Begriff der Antragstellung eher dem (im Verwaltungsverfahrensrecht ungebräuchlichen) der Anhängigkeit entspricht (Ströbele/Hacker/Thiering/Thiering § 55 Rn. 26 f.).

Eine **Erledigung des Verfahrens** tritt ein, wenn der Markeninhaber den Verzicht auf die **66** Marke erklärt (§ 48 Abs. 1) oder die Marke nach Ablauf der Schutzdauer nicht mehr verlängert (§ 47 Abs. 1, Abs. 6). Der Gegner kann aber bei Vorliegen eines entsprechenden Interesses die Feststellung des Verfalls oder der Nichtigkeit ex tunc beantragen (Abs. 2). Ein solches **Feststellungsinteresse** liegt in der Regel bei Anhängigkeit eines Verletzungsverfahrens vor (vgl. Ströbele/Hacker/Thiering/Miosga Rn. 79).

Die **Dispositionsmaxime** gilt nur insoweit, als die Beteiligten das Verfahren jederzeit von **67** sich aus beenden können. Die Feststellung der absoluten Schutzfähigkeit der Marke unterliegt dem **Amtsermittlungsprinzip** (Fezer Markenpraxis-HdB/Grabrucker I 1 2 Rn. 626).

Über den Antrag entscheidet die **Markenabteilung,** besetzt mit drei (juristischen) Mitgliedern **68** des DPMA (§ 56 Abs. 3 S. 2 und 3), durch Beschluss, der nach § 66 beschwerdefähig ist; ein Erinnerungsverfahren nach § 64 gibt es hier nicht.

Gemäß § 54 Abs. 1 kann ein Dritter den **Beitritt** zum Verfahren erklären, solange über den **69** Antrag noch keine unanfechtbare Entscheidung getroffen wurde. Er muss dazu glaubhaft machen, dass gegen ihn ein Verfahren wegen Verletzung derselben eingetragenen Marke anhängig ist oder er aufgefordert wurde, eine behauptete Verletzung derselben eingetragenen Marke zu unterlassen.

III. Erweiterung des Antrags um absolute Schutzhindernisse

Eine Änderung oder Erweiterung des ursprünglichen Antrags auf Erklärung der Nichtigkeit **70** auf absolute Schutzhindernisse durch den Antragsteller entweder im Hinblick auf **weitere Nichtigkeitsgründe** oder **weitere Waren/Dienstleistungen** ist unter den Voraussetzungen der §§ 263, 264 ZPO möglich. Das setzt aber die Einwilligung des Markeninhabers voraus (BPatG BeckRS 2009, 17856 – Winnetou; Ströbele/Hacker/Thiering/Miosga Rn. 76), die auch im Wege der sachlichen Einlassung erfolgen kann (§ 267 ZPO; BGH GRUR 2018, 404 Rn. 26 – Quadratische Tafelschokoladenverpackung I; BPatG BeckRS 2009, 17856 – Winnetou). DPMA bzw. BPatG können aber auch **Sachdienlichkeit** gemäß § 82 Abs. 1 S. 1 iVm § 263 ZPO annehmen (BGH GRUR 2018, 404 Rn. 26 – Quadratische Tafelschokoladenverpackung I; BPatG BeckRS 2017, 148465 – DPV), was wegen des engen Streitgegenstandsbegriffs (→ Rn. 50) zunehmend relevant werden wird.

Freilich bedarf es insoweit eines hinreichend konkreten Antrags des Nichtigkeitsantragstellers, damit **70.1** das DPMA bzw. BPatG weitere, über die im ursprünglichen Antrag hinausgehende Nichtigkeitsgründe prüft. Eine entsprechender (richterlicher) Hinweis verbietet sich.

Sachdienlichkeit ist unter prozessökonomischen Gesichtspunkten meist bereits deshalb gegeben, **71** weil unter Vermeidung weiterer Nichtigkeitsverfahren eine abschließende Klärung der zwischen den Beteiligten bestehenden Streitpunkte erfolgen kann (BPatG BeckRS 2017, 141107 – H 15; GRUR 2010, 431 (432) – Flasche mit Grashalm).

72 Sachdienlichkeit ist gegeben, wenn der bisherige Prozessstoff eine verwertbare Entscheidungsgrundlage bildet.

73 Macht der Antragsteller Nichtigkeit wegen absoluter Schutzhindernisse nach § 8 Abs. 2 Nr. 1– 3 geltend, kann er nur **vor Ablauf der Zehnjahresfrist** (§ 50 Abs. 2 S. 3) weitere Nichtigkeitsgründe einbringen bzw. bisher nicht angegriffene Waren und Dienstleistungen ins Verfahren einbeziehen.

74 Der Markeninhaber muss einer Änderung oder Erweiterung des Antrags nicht gesondert innerhalb einer Frist widersprechen; Einwendungen kann er fristunabhängig vorbringen, da die nachgeschobenen Nichtigkeitsgründe Gegenstand des laufenden Verfahrens werden (BGH GRUR 2004, 685 (688) – LOTTO).

IV. Rücknahme des Antrags, Verzicht auf die angegriffene Marke

75 Antragsteller und Markeninhaber können aufgrund der Dispositionsmaxime durch Rücknahme des Antrags bzw. durch Verzicht auf die angegriffene Marke oder einzelne angegriffene Waren/ Dienstleistungen das Nichtigkeitsverfahren jederzeit (auch teilweise, vgl. § 50 Abs. 4) beenden.

76 Abweichend von den Bestimmungen der ZPO bedarf die Rücknahme des Antrags **keiner Zustimmung** des Markeninhabers (vgl. Ströbele/Hacker/Thiering/Miosga Rn. 73).

77 Die (teilweise) Rücknahme des Antrags ist als Verfahrenshandlung **weder widerruflich noch anfechtbar** (Fezer Markenpraxis-HdB/Grabrucker I 1 2 Rn. 636 aE).

78 Die Rücknahme kann bis zur Unanfechtbarkeit der Entscheidung über den Antrag erklärt werden. Ist ein Beschluss ergangen, ist die Rücknahme auch ohne Einlegung eines Rechtsmittels innerhalb der Beschwerdefrist oder auch noch innerhalb der Frist zur Einlegung der zugelassenen oder zulassungsfreien Rechtsbeschwerde möglich (BPatG BeckRS 2007, 16486 – LIVE/Live).

79 Das DPMA hat in anhängigen Verfahren wegen absoluter Schutzhindernisse bei Rücknahme des Antrags zu prüfen, ob es ein **Nichtigkeitsverfahren von Amts wegen** nach Abs. 4 einleiten möchte (aA Ingerl/Rohnke/Nordemann/Bröcker § 50 Rn. 20 unter Hinweis auf die Entscheidung BGH GRUR 1977, 664 – Churrasco); dies entscheidet das DPMA nach pflichtgemäßem Ermessen. Leitet es kein Nichtigkeitsverfahren von Amts wegen ein, was der Regelfall ist, beendet der Vorsitzende der Markenabteilung das Verfahren durch Verfügung.

80 Setzt das DPMA das Nichtigkeitsverfahren von Amts wegen fort, hat es den Markeninhaber darauf hinzuweisen (→ § 50 Rn. 44). Jedoch ist bei einer solchen „Weiterführung" von Amts wegen kein ausdrücklicher Widerspruch des Markeninhabers erforderlich.

80.1 Ist bereits ein Beschwerdeverfahren beim BPatG anhängig, ist dem BPatG nach Zurücknahme des Nichtigkeitsantrags der Übergang in ein Nichtigkeitsverfahren von Amts wegen verwehrt. Hierüber kann nur das DPMA entscheiden (BGH GRUR 1977, 664 f. – CHURRASCO).

81 Der **Verzicht** auf die angegriffene Marke durch den Markeninhaber kann jederzeit sowie vollumfänglich oder nur teilweise, dh in Bezug auf bestimmte Waren/Dienstleistungen, erfolgen; er wirkt unmittelbar mit Abgabe der Erklärung und ist daher bedingungsfeindlich sowie als verfahrens- und materiell-rechtliche Erklärung unwiderruflich, aber grundsätzlich anfechtbar (→ § 48 Rn. 16).

81.1 Im Falle des Teilverzichts stellt sich die Problematik unzulässiger Erweiterungen des Verzeichnisses der Waren/Dienstleistungen bzw. des Auftretens neuer Eintragungshindernisse durch (teilweise) Umformulierungen (→ § 48 Rn. 10).

82 Verzichtet der Markeninhaber während eines laufenden Verfahrens auf die angegriffene Marke, erledigt sich das Verfahren durch den ex nunc wirkenden Verzicht (→ § 48 Rn. 12 f.) in der Hauptsache nicht in vollem Umfang. Dem Antragsteller bleibt es in diesem Fall unbenommen, bei Vorliegen eines besonderen **Feststellungsinteresses** die Feststellung der Nichtigkeit der Marke mit Wirkung ex tunc zu beantragen (BGH GRUR 2001, 337 – EASYPRESS; BPatG BeckRS 2013, 21035 – law blog).

83 Hatte das DPMA die Löschung der Marke angeordnet, hat das BPatG nach einer Rücknahme des Antrags im Beschwerdeverfahren die Erledigung des Verfahrens (die Beschwerde ist gegenstandslos) und die Wirkungslosigkeit des Beschlusses des DPMA, mit dem die Nichtigkeit festgestellt wurde, ohne Prüfung der Begründetheit des Nichtigkeitsantrags deklaratorisch festzustellen (BGH GRUR 1977, 664 – CHURRASCO; BPatG BeckRS 2009, 2446 – SLICK 50; BeckRS 1999, 15249 – MATRIX; Fezer Rn. 5).

Betrifft ein Antrag eine bereits vor Antragstellung mit Wirkung „ex nunc" für nichtig erklärte **84** Marke, kommt ein **Nichtigkeitsfeststellungsverfahren** vor dem DPMA entsprechend §§ 50, 51 oder § 55 vor den Zivilgerichten bei Vorliegen eines entsprechenden Rechtsschutzinteresses in Betracht (Ströbele/Hacker/Thiering/Miosga § 52 Rn. 12 f.; aA Ingerl/Rohnke/Nordemann/ Bröcker § 52 Rn. 13).

V. Insolvenzverfahren

Die Eröffnung eines Insolvenzverfahrens unterbricht das Verfahren nach § 240 ZPO (→ § 66 **85** Rn. 171; → § 70 Rn. 30). Bei einem nach der Eröffnung des Insolvenzverfahrens angestoßenen Verfahren findet § 240 ZPO keine Anwendung (BPatG BeckRS 2015, 09638 – FanDealer; Ströbele/Hacker/Thiering/Miosga Rn. 82 f.).

VI. Beschwerdeverfahren

Im Beschwerdeverfahren vor dem BPatG darf dieses **keine Nichtigkeitsgründe** prüfen, die **86** nicht Gegenstand des Verfahrens vor dem DPMA waren (BPatG BeckRS 2016, 14135; GRUR 1999, 746 f. – OMEPRAZOK; aA Fezer Markenpraxis-HdB/Grabrucker I 1 2 Rn. 633). Zum Streitgegenstandsbegriff → Rn. 50.

Richtet sich die Beschwerde gegen eine **Löschung mangels Widerspruchs,** ist sie zwar **87** statthaft, allerdings nur mit der Begründung, die Löschung hätte aus formellen Gründen unterbleiben müssen. Das BPatG ist dann auf die Prüfung beschränkt, ob die Voraussetzungen einer Erklärung der Nichtigkeit mangels fristgerechter Widerspruchserklärung vorlagen (BPatG BeckRS 2015, 09316 – Wort-Bild-Marke Bruderkuss).

Die Rechtzeitigkeit des Widerspruchs ist eine in jeder Lage des Verfahrens zu berücksichtigende **88** Verfahrensvoraussetzung (BPatG GRUR 2011, 854 – Wiener Griessler).

D. Benutzungseinrede

Wer aus einem älteren Recht, für das die Benutzungsschonfrist abgelaufen ist, vorgeht, muss **89** nach § 53 Abs. 6 S. 1 auf Einrede des Antragsgegners nachweisen, dass seine Marke innerhalb der letzten **fünf Jahre vor Antragstellung** gemäß § 26 benutzt worden ist.

Die fünfjährige Benutzungsschonfrist beginnt mit dem Tag, ab dem kein Widerspruch mehr **90** möglich ist (§ 25 Abs. 1 und 2, § 49 Abs. 1, § 53 Abs. 6 S. 1). Wurde Widerspruch eingelegt, beginnt die Benutzungsschonfrist ab dem Tag, an dem die Entscheidung über den Widerspruch rechtskräftig geworden ist oder an dem der Widerspruch zurückgenommen wurde (§ 26 Abs. 5, § 53 Abs. 6 S. 2); im Falle der Rücknahme des Widerspruchs kommt es auf den Tag des Zugangs der Rücknahmeerklärung beim DPMA an.

Für **IR-Marken** ist der Beginn der Benutzungsschonfrist in § 116 Abs. 2 geregelt. **91**

Eine Glaubhaftmachung der rechtserhaltenden Benutzung ist nicht ausreichend; die rechtserhal- **92** tende Benutzung muss nachgewiesen werden. Dieser **Nachweis** kann mittels eidesstattlicher Versicherung vor dem DPMA erbracht werden (Abs. 6 S. 6). Dies erscheint problematisch im Hinblick darauf, dass hier eine Korrekturmöglichkeit, wie sie im Widerspruchsverfahren mit der Eintragungsbewilligungsklage vorgesehen ist, fehlt. Zum Beweiswert einer eidesstattlichen Versicherung → § 74 Rn. 57 ff.

Das EUIPO akzeptiert ua schriftliche Erklärungen unter Eid oder an Eides Statt als zulässige Beweismit- **92.1** tel gemäß Art. 97 Abs. 1 lit. f UMV (vgl. Albrecht/Hoffmann MarkenR 2018, 1 (15)).

Der **„wandernde" Benutzungszeitraum,** der vom Entscheidungszeitpunkt zurückgerechnet **93** wird, ist für das Widerspruchsverfahren mit Inkrafttreten des MaMoG entfallen. Im Verfahren auf Nichtigerklärung wegen älterer Rechte sind jedoch unterschiedliche Benutzungszeiträume maßgeblich. § 53 Abs. 6 S. 3 sieht für den Fall, dass der Zeitraum der Nichtbenutzung von fünf Jahren nach Stellung des Antrags abläuft, vor, dass der Antragsteller auf Einrede des Antragsgegners nachzuweisen hat, dass die Marke innerhalb der letzten **fünf Jahre vor der Entscheidung** benutzt worden ist. Diese Regelung ist **richtlinienwidrig** (vgl. Thiering FS Ströbele, 2019, 481 (492 ff.); Hacker FS Ströbele, 2019, 119 (131); Ströbele/Hacker/Thiering § 25 Rn. 26 ff.; Ströbele/Hacker/Thiering/Miosga Rn. 96); so jetzt auch für das Klageverfahren BGH (GRUR 2021, 736 Rn. 15 – STELLA): Maßgeblich ist der Zeitpunkt der Klageerhebung (bzw. der Antragstellung).

E. Wirkung der Nichtigkeits- bzw. Verfallserklärung

94   Die Erklärung der Nichtigkeit wirkt auf den **Zeitpunkt der Eintragung** zurück. Dies gilt sowohl für die Nichtigkeit wegen absoluter Schutzhindernisse als auch für die Nichtigkeit wegen älterer Rechte.

95   Während des laufenden Beschwerdeverfahrens ist die Erklärung der Nichtigkeit noch nicht rechtskräftig, so dass bei einer **Rücknahme** des Antrags auf Erklärung der Nichtigkeit die Marke eingetragen bleibt.

96   Die **Verfallserklärung** einer Marke wirkt nach § 52 Abs. 1 auf den Zeitpunkt der Stellung des Antrags zurück. Nach § 52 Abs. 1 S. 2 kann auf Antrag einer Partei ein früherer Zeitpunkt des Verfalls festgesetzt werden.

97   Einen **erneuten** Antrag auf Nichtigerklärung wegen absoluter Schutzhindernisse kann nach Erlass eines Beschlusses, der in Bestandskraft erwachsen ist, derselbe Antragsteller nicht mit demselben Nichtigkeitsgrund – unabhängig von der Begründung im Einzelnen – für dieselben Waren/Dienstleistungen stellen (Abs. 1 S. 4).

98   Die Grundsätze der **materiellen Rechtskraft** nach §§ 322, 325 ZPO sind entsprechend anwendbar. Dies gilt nicht nur in Bezug auf rechtskräftige Entscheidungen des BPatG, sondern auch hinsichtlich bestandskräftiger Entscheidungen der Markenabteilung des DPMA (BGH GRUR 2010, 231 – Legostein). Wegen der **inter-partes-Wirkung** der rechts- bzw. bestandskräftigen Entscheidung ist es jedoch nicht ausgeschlossen, dass ein Dritter denselben Nichtigkeitsgrund in einem neuen Nichtigkeitsverfahren geltend macht (BPatG BeckRS 2017, 137230 – YOU & ME).

99   Unzulässig ist jedoch ein erneuter Antrag auf Erklärung der Nichtigkeit wegen absoluter Schutzhindernisse eines im Interesse und Auftrag sowie auf Weisung des früheren Antragsstellers handelnden sog. **Strohmanns,** der kein eigenes Interesse am Verfahrensausgang hat (BGH GRUR 2010, 231 – Legostein; Ingerl/Rohnke/Nordemann/Bröcker Rn. 9; Ströbele/Hacker/Thiering/Miosga Rn. 22; BPatG BeckRS 2009, 2446 – SLICK 50, wonach die Anwendbarkeit der §§ 322, 325 ZPO auf einen „Strohmann" im markenrechtlichen Nichtigkeitsverfahren in Frage zu stellen und für eine Erstreckung der Rechtskraftwirkung ein zusätzliches unlauteres und missbräuchliches Handeln des Antragstellers zu verlangen sei).

99.1   Auch wenn es sich beim Antrag auf Erklärung der Nichtigkeit wegen absoluter Schutzhindernisse um einen Popularantrag handelt, der kein konkretes Rechtsschutzbedürfnis des Antragstellers erfordert (→ Rn. 15), dient das Einschalten eines Strohmanns bei Rechtskraft einer gegen den Hintermann als Antragsteller wirkenden vorangegangenen Entscheidung nur der Umgehung der materiellen Rechtskraft, wobei der Strohmann zudem nicht eigeninitiativ, sondern auf Weisung des früheren Antragstellers handelt; dies ist nicht mit dem Wesen eines Popularantrags vereinbar.

100   Es entspricht der Billigkeit, einem als solchen erkannten Strohmann die Kosten des Verfahrens aufzuerlegen (→ § 71 Rn. 70).

101   Zur Beweislast hinsichtlich der Strohmanneigenschaft → § 8 Rn. 981.1.

102   Eine **Antragsrücknahme führt nicht zur Rechtskraft,** und auch ein Nichtigkeitsverfahren vom Amts wegen erzeugt keine Rechtskraft (BGH GRUR 1993, 969 (971) – Indorektal II; Ingerl/Rohnke/Nordemann/Bröcker Rn. 6).

103   Wurde die Eintragungsfähigkeit einer Marke zunächst abgelehnt und die Marke erst aufgrund einer **rechtskräftigen** Entscheidung des BPatG oder des BGH eingetragen, steht dies der Zulässigkeit eines späteren Nichtigkeitsverfahrens nicht entgegen (BGH GRUR 1993, 969 – Indorektal II; BPatG BeckRS 2013, 05577 – Schwimmbad-Isolierbaustein).

104   Eintragungs- und Nichtigkeitsverfahren sind eigenständige, voneinander unabhängige Verfahren (BPatG GRUR 2008, 518 – Karl May; BeckRS 2013, 5576 – Formstein). Es liegen keine identischen Streitgegenstände und keine Parteiidentität vor, da im (einseitigen) Eintragungsverfahren der Anmelder der Marke alleiniger Beteiligter ist, während sich im (zweiseitigen) Nichtigkeitsverfahren der Antragsteller als am Eintragungsverfahren unbeteiligter Dritter und der Markeninhaber als Antragsgegner gegenüberstehen (BPatG GRUR 2014, 1106; Ingerl/Rohnke/Nordemann/Bröcker Rn. 9; Ströbele/Hacker/Thiering/Miosga Rn. 33; aA BPatG BeckRS 2009, 18244; 2009, 18245 – Farbe magenta, in denen jeweils von einer Bindungswirkung der gerichtlichen Entscheidungen ausgegangen wird; m. krit. Anm. hierzu BPatG BeckRS 2013, 5576 – Formstein).

104.1   Die Fragestellung findet eine gewisse Parallele zu der im Zusammenhang mit Eintragungsverfahren häufig erörterten, auch für die Beurteilung von Schutzhindernissen in Nichtigkeitsverfahren relevanten Frage, ob und ggf. inwieweit die Eintragung identischer oder mehr oder weniger vergleichbarer Marken einen Eintragungsanspruch begründen bzw. einer Erklärung der Nichtigkeit einer identischen bzw. vergleichbaren Marke entgegenstehen.

Das einseitige Eintragungsverfahren und das zweiseitige Nichtigkeitsverfahren hat der Gesetzgeber als **104.2** zwei unterschiedliche Verfahrensstränge installiert, die nicht unmittelbar ineinandergreifen, sondern nebeneinander bestehen. Das Institut des Nichtigkeitsverfahrens aus absoluten Gründen würde häufig ins Leere laufen, wenn eine Marke nur aufgrund des Umstands, dass sie vom BPatG oder dem BGH als eintragbar befunden worden ist, der weiteren, vom Gesetzgeber gewollten Korrektur des Nichtigkeitsverfahrens entzogen wäre. Dies würde Markeneintragungen verschiedener Qualität schaffen, je nachdem ob die Schutzfähigkeit vom DPMA oder vom BPatG/BGH festgestellt worden wäre. Zudem würde dies in manchen Fällen zu dem unbilligen und nicht zu rechtfertigenden Ergebnis führen, dass keine nachträglichen Korrekturen aufgrund der Rechtsprechung oder der Gesetzeslage bei vom BPatG oder BGH für schutzfähig erachteten Marken möglich wären, was eine sachlich nicht zu begründende Ungleichbehandlung von Marken, die das DPMA eingetragen hat und solchen, die vom BPatG oder BGH als eintragungsfähig festgestellt wurden, zur Folge hätte.

F. Kosten und Gegenstandswert

Auf Antrag trifft das DPMA eine Kostenentscheidung in Verfalls- oder Nichtigkeitsverfahren **105** gemäß § 63 Abs. 1, weil diese Vorschrift eine allgemeine Regelung für mehrseitige Verfahren enthält und mehrere Personen beteiligt sind, denen Kosten entstehen können (vgl. BPatG BeckRS 2009, 11552 – Luxor). Auch vor dem BPatG kommt aufgrund der Spezialvorschrift des § 71 eine analoge Anwendung von §§ 91 ff. ZPO nicht in Betracht. Ob dies mit Unionsrecht vereinbar ist, ist fraglich (→ § 71 Rn. 2).

Insbesondere im Hinblick auf die Beweislast bei Verfallsverfahren (→ § 49 Rn. 8) fordert der **106** EuGH die Kostenauferlegung zur Abwehr von Missbrauch (EuGH C-183/21, GRUR 2022, 573 – Maxxus).

Eine Beschwerde gegen die Löschung einer Marke **mangels fristgerechten Widerspruchs** **107** gemäß Abs. 5 S. 1 rechtfertigt die Kostenauferlegung im Beschwerdeverfahren (BPatG GRUR-RS 2022, 23675). War ein Nichtigkeitsantrag die Reaktion auf eine Verletzungsklage, sollten die Kosten auch aus Billigkeitsgründen nach Obsiegen/Unterliegen auferlegt werden (→ § 71 Rn. 26).

Als **Regelgegenstandswert** gelten bei benutzten Marken 100.000 Euro, bei Marken ohne **108** Hinweise auf die Benutzung 50.000 Euro (→ § 71 Rn. 85 ff., → § 71 Rn. 108 ff.).

§ 54 Beitritt zum Verfalls- und Nichtigkeitsverfahren

(1) **¹Ein Dritter kann einem Verfalls- oder Nichtigkeitsverfahren beitreten, wenn über den Antrag auf Erklärung des Verfalls oder der Nichtigkeit noch keine unanfechtbare Entscheidung getroffen wurde und er glaubhaft machen kann, dass**
1. **gegen ihn ein Verfahren wegen Verletzung derselben eingetragenen Marke anhängig ist oder**
2. **er aufgefordert wurde, eine behauptete Verletzung derselben eingetragenen Marke zu unterlassen.**
²Der Beitritt kann innerhalb von drei Monaten ab Einleitung des Verfahrens nach Satz 1 Nummer 1 oder ab Zugang der Unterlassungsaufforderung nach Satz 1 Nummer 2 beantragt werden.

(2) **¹Für die Antragstellung gilt § 53 Absatz 1 bis 3 entsprechend. ²Erfolgt der Beitritt im Beschwerdeverfahren vor dem Bundespatentgericht, erhält der Beitretende die Stellung eines Beschwerdebeteiligten.**

Überblick

Die Gründe für den Beitritt (anhängiges Verletzungsverfahren oder Aufforderung zur Unterlassung wegen Verletzung) sind abschließend aufgezählt; ein Beitritt ist nur innerhalb einer Frist von drei Monaten ab Vorliegen dieser Gründe möglich (→ Rn. 6). Ihr Vorliegen ist glaubhaft zu machen (→ Rn. 7).

Die Regelung des Beitritts zu Verfalls- und Nichtigkeitsverfahren orientiert sich an § 34c **1** DesignG; ebenso bestehen gewisse Parallelen zu § 59 Abs. 2 PatG. Die Rechtsprechung und

Kommentierungen dazu sind daher anwendbar (BeckOK PatR/Schnekenbühl PatG § 59 Rn. 126 ff.). Vor Anhängigkeit gestellte Anträge können als Antrag auf Erklärung des Verfalls oder der Nichtigkeit ausgelegt werden (Ströbele/Hacker/Thiering/Miosga Rn. 3).

2   Die formellen Voraussetzungen des Beitritts zu einem Verfalls- oder Nichtigkeitsverfahren vor dem DPMA ergeben sich aus § 53 Abs. 1–3, wo die formellen Voraussetzungen der Antragstellung auf Erklärung des Verfalls oder der Nichtigkeit wegen absoluter Schutzhindernisse oder wegen älterer Rechte geregelt sind.

3   Der Beitritt ist schriftlich zu erklären (§ 53 Abs. 1 S. 1). Den Beitritt kann nach § 53 Abs. 2 jede natürliche oder juristische Person erklären und darüber hinaus auch jeder Interessenverband von Herstellern, Erzeugern, Dienstleistungsunternehmen, Händlern oder Verbrauchern, sofern gegen sie ein Verletzungsverfahren anhängig ist oder eine Aufforderung zur Unterlassung einer behaupteten Verletzung ergangen ist (→ § 53 Rn. 15).

4   Ebenfalls entsprechend anzuwenden auf die Erklärung des Beitritts ist die Regelung in § 53 Abs. 3, wonach bei Geltendmachung älterer Rechte der jeweilige Rechteinhaber der in §§ 9–13 genannten Rechte sowie der Rechte aus einer geschützten geografischen Angabe oder geschützten Ursprungsbezeichnung zur Antragstellung und demnach auch zur Beitrittserklärung berechtigt ist (→ § 53 Rn. 16).

5   Ein Beitritt ist nur möglich, wenn über den Antrag auf Erklärung des Verfalls oder der Nichtigkeit noch keine unanfechtbare Entscheidung getroffen wurde. Eine unanfechtbare Entscheidung liegt erst mit Ablauf der Rechtsmittelfrist vor.

6   Die Gründe für den Beitritt (anhängiges Verletzungsverfahren oder Aufforderung zur Unterlassung wegen Verletzung) zählt Abs. 1 S. 1 abschließend auf. Sie müssen nicht kumulativ vorliegen. Vielmehr ist in beiden Fällen jeweils für sich gesehen der Beitritt möglich; dies ergibt sich aus dem Wortlaut, wonach der Beitritt innerhalb von drei Monaten ab Einleitung des Verletzungsverfahrens (Nr. 1) **oder** ab Zugang der Unterlassungsaufforderung (Nr. 2) beantragt werden muss.

6.1   Die Frist von drei Monaten knüpft zum einen an die Anhängigkeit eines Verfahrens wegen Verletzung der angegriffenen Marke an (Abs. 1 S. 1 Nr. 1); der Begriff der Anhängigkeit überrascht etwas, da der Dritte von einer Verletzungsklage erst mit Zustellung, dh also mit Rechtshängigkeit der Klage wegen Verletzung Kenntnis hat (vgl. § 253 ZPO). Zum anderen knüpft die Dreimonatsfrist an die Aufforderung zur Unterlassung einer behaupteten Verletzung der streitgegenständlichen Marke (Abs. 1 S. 1 Nr. 2). Dies ist der Zugang der Aufforderung beim Dritten. Wird die Aufforderung lediglich als Dateianhang zu einer E-Mail versendet, gilt sie erst als zugegangen, wenn der E-Mail-Empfänger den Dateianhang geöffnet hat (OLG Hamm GRUR-RS 2022, 6382 – Dateianhang). Perino-Stiller sieht in dieser Rechtsprechung des OLG Hamm eine angemessene Berücksichtigung der technischen Besonderheiten des E-Mail-Verkehrs (Perino-Stiller GRUR-Prax 2022, 299). Bedenken begegnet sie mit dem Hinweis, dass der Absender den Versandweg bestimme und bei einer E-Mail damit rechnen müsse, dass diese von Firewalls abgefangen oder in den Spamordner gelegt würden und keine allgemeine Pflicht bestehe, den Spamordner zu prüfen. Auch könne der Absender den Text des Abmahnschreibens in die E-Mailnachricht selbst schreiben. Zudem sei zu beachten, dass es sich bei Abmahnungen nicht um reine Gefälligkeiten handle. Dies muss auch für Aufforderungen, Verletzungen zu unterlassen, gelten.

7   Die Gründe für den Beitritt sind glaubhaft zu machen. Damit kommt jedenfalls in Verfahren vor dem DPMA auch eine eidesstattliche Versicherung in Betracht; für Verfahren vor dem BPatG ist dies fraglich. Wie auch in den Verfalls- und Nichtigkeitsverfahren der Antragsteller jeweils den Antrag sofort unter Angabe der Beweismittel zu begründen hat, ist dies auch für den Dritten im Fall der Beitrittserklärung erforderlich.

§ 55 Verfalls- und Nichtigkeitsverfahren vor den ordentlichen Gerichten

(1) [1]**Die Klage auf Erklärung des Verfalls (§ 49) oder der Nichtigkeit wegen Bestehens älterer Rechte (§ 51) ist gegen den als Inhaber der Marke Eingetragenen oder seinen Rechtsnachfolger zu richten. [2]Die Klage ist unzulässig, wenn über denselben Streitgegenstand zwischen den Parteien**
1. bereits gemäß § 53 entschieden wurde,
2. ein Antrag gemäß § 53 beim Deutschen Patent- und Markenamt gestellt wurde.
[3]**§ 325 Absatz 1 der Zivilprozessordnung gilt entsprechend.**

(2) **Zur Erhebung der Klage sind befugt:**
1. in den Fällen des Antrags auf Erklärung des Verfalls jede Person,
2. in den Fällen des Antrags auf Erklärung der Nichtigkeit wegen des Bestehens von Rechten mit älterem Zeitrang die Inhaber der in den §§ 9 bis 13 aufgeführten Rechte,

3. in den Fällen des Antrags auf Erklärung der Nichtigkeit wegen des Bestehens einer geographischen Herkunftsangabe mit älterem Zeitrang (§ 13 Abs. 2 Nr. 5) die nach § 8 Abs. 3 des Gesetzes gegen den unlauteren Wettbewerb zur Geltendmachung von Ansprüchen Berechtigten.

(3) [1]Ist die Klage auf Erklärung der Nichtigkeit vom Inhaber einer eingetragenen Marke mit älterem Zeitrang erhoben worden, so hat er auf Einrede des Beklagten nachzuweisen, dass die Marke innerhalb der letzten fünf Jahre vor Erhebung der Klage gemäß § 26 benutzt worden ist, sofern zu diesem Zeitpunkt seit mindestens fünf Jahren kein Widerspruch mehr gegen sie möglich war. [2]Endet der Zeitraum von fünf Jahren der Nichtbenutzung nach Erhebung der Klage, so hat der Kläger auf Einrede des Beklagten nachzuweisen, daß die Marke innerhalb der letzten fünf Jahre vor dem Schluß der mündlichen Verhandlung gemäß § 26 benutzt worden ist. [3]War die Marke mit älterem Zeitrang am Anmelde- oder Prioritätstag der jüngeren Marke bereits seit mindestens fünf Jahren eingetragen, so hat der Kläger auf Einrede des Beklagten ferner nachzuweisen, dass die Eintragung der Marke mit älterem Zeitrang an diesem Tag nicht nach § 49 Absatz 1 hätte für verfallen erklärt und gelöscht werden können. [4]Bei der Entscheidung werden nur die Waren oder Dienstleistungen berücksichtigt, für die die Benutzung nachgewiesen worden ist.

(4) [1]Ist vor oder nach Erhebung der Klage das durch die Eintragung der Marke begründete Recht auf einen anderen übertragen worden oder übergegangen, so ist die Entscheidung in der Sache selbst auch gegen den Rechtsnachfolger wirksam und vollstreckbar. [2]Für die Befugnis des Rechtsnachfolgers, in den Rechtsstreit einzutreten, gelten die §§ 66 bis 74 und 76 der Zivilprozeßordnung entsprechend.

(5) [1]Das Gericht teilt dem Deutschen Patent- und Markenamt den Tag der Erhebung der Klage mit. [2]Das Deutsche Patent- und Markenamt vermerkt den Tag der Erhebung der Klage im Register. [3]Das Gericht übermittelt dem Deutschen Patent- und Markenamt eine Ausfertigung des rechtskräftigen Urteils. [4]Das Deutsche Patent- und Markenamt trägt das Ergebnis des Verfahrens mit dem Datum der Rechtskraft in das Register ein.

Überblick

Das Klageverfahren kann nur **alternativ** zum Verfahren beim DPMA geführt werden (→ Rn. 2). Abs. 5 regelt daher den Informationsaustausch zwischen Gericht und DPMA (→ Rn. 5). Die Darlegungs- und Beweislast ist vor allem bei Verfall problematisch (→ Rn. 13). Abs. 3 regelt die Einrede der Nichtbenutzung (→ Rn. 31), Abs. 4 die Folgen von Rechtsübergängen (→ Rn. 42).

Zu den Kosten → Rn. 44 ff. und zu Streitwert → Rn. 50 ff.

Übersicht

A. Allgemeines

Die Klage ist unzulässig, soweit über denselben Streitgegenstand zwischen den Parteien bereits **1** nach § 53 entschieden wurde (Nr. 1) oder ein Antrag auf Erklärung der Nichtigkeit gemäß § 53 beim DPMA gestellt wurde (Nr. 2). Dies soll eine Doppelbefassung mit der Folge möglicher widerstreitender Entscheidungen von DPMA und Zivilgericht vermeiden.

2 Dagegen verhindern eine rechtskräftige Zurückweisung des Widerspruchs und ein anhängiges **Widerspruchsverfahren** die Zulässigkeit der Klage nicht, denn § 55 stellt explizit auf eine Entscheidung oder einen Antrag nach § 53 ab. Eine gegenseitige Bindungswirkung der Entscheidungen im Nichtigkeitsklage- und Widerspruchsverfahren besteht nicht, dh hier können Zivilgericht bzw. DPMA/BPatG zu abweichenden Ergebnissen hinsichtlich der Löschungsreife einer eingetragenen Marke gelangen. Eine **Klage** wegen bestehender älterer Rechte ist deshalb auch nicht wegen eines anhängigen Widerspruchs nach § 148 ZPO auszusetzen.

2.1 Im Fall des Bestehens älterer Rechte bietet es sich vor allem aus Kostengründen an, einer Nichtigkeitsklage vorausgehend zunächst Widerspruch beim DPMA einzulegen, sofern die Voraussetzungen hierfür vorliegen (vgl. hierzu Ströbele/Hacker/Thiering/Thiering Rn. 2, 11), zumal eine Kostenentscheidung im Widerspruchsverfahren meist entbehrlich, im Klageverfahren hingegen obligatorisch ist.

3 Während in den Verfahren vor dem DPMA (und dem BPatG) grundsätzlich der Amtsermittlungsgrundsatz gilt, unterliegt das Klageverfahren insgesamt dem **Beibringungsgrundsatz.**

4 Die Klage ist auf Erklärung des Verfalls oder der Nichtigkeit wegen älterer Rechte zu richten. Die begehrte **Gestaltung** tritt mit Rechtskraft des stattgebenden Urteils ein und wirkt auf den **Zeitpunkt der Rechtshängigkeit** zurück. Ein patentamtliches formales Vorverfahren ist für die Klageerhebung nicht erforderlich. Hat der Kläger sein Begehren zunächst beim DPMA geltend gemacht, kann er, sofern der Markeninhaber widerspricht, das Verfahren auch wahlweise beim Zivilgericht fortführen (→ § 53 Rn. 65).

5 Das Zivilgericht teilt den Tag der Klageerhebung dem DPMA mit, das ihn im Register vermerkt, um eine Doppelbefassung von DPMA und Gericht zu verhindern. Nach Entscheidung über die Klage wird eine Ausfertigung des rechtskräftigen Urteils an das DPMA übersandt, das die Entscheidung ebenfalls im Register vermerkt (vgl. Albrecht/Hoffmann MarkenR 2020, 1 (19)).

B. Verfahrensgrundsätze

6 Bei **IR-Marken** tritt an die Stelle der Erklärung des Verfalls oder der Nichtigkeit die Schutzentziehung (§ 115 Abs. 1; vgl. Ströbele/Hacker/Thiering/Thiering Rn. 9).

7 Ist das Urteil rechtskräftig, gilt die Einwilligung des Markeninhabers zur Erklärung des Verfalls oder der Nichtigkeit gemäß § 894 ZPO als unwiderruflich erteilt (Fezer Rn. 21); unter Vorlage einer Ausfertigung des rechtskräftigen Urteils wird dieses durch Eintragung des Löschungsvermerks in das Register **vollstreckt.** Erst mit Vollzug der Löschung gelten die Regelungen des § 52 über eine mögliche Rückwirkung (Ingerl/Rohnke/Nordemann/Bröcker Rn. 21).

8 Das Klageverfahren vor den Zivilgerichten folgt den verfahrensrechtlichen **Grundsätzen der ZPO.** Aus der zivilprozessualen Definition des Streitgegenstands, der sich aus Antrag und Lebenssachverhalt (Grund des erhobenen Anspruchs, § 253 Abs. 2 Nr. 2 ZPO) zusammensetzt, ergibt sich, dass jeder Verfallsgrund und jedes ältere Recht einen separaten Streitgegenstand bildet (Ingerl/Rohnke/Nordemann/Bröcker Rn. 11). Neue Verfalls- oder Nichtigkeitsgründe geltend zu machen, ist daher nur unter den Voraussetzungen der §§ 263, 264 ZPO als Klageänderung bzw. -erweiterung möglich.

9 Zwar wirkt das der Klage auf Verfall oder der Nichtigkeit stattgebende Urteil gemäß §§ 325 ff. ZPO nur **inter partes** zwischen den Prozessparteien bzw. ihren Rechtsnachfolgern. Wird die Marke im Register gelöscht, entfaltet dies jedoch allgemeine Wirkung (Fezer Rn. 21). Auch das klageabweisende Urteil wirkt nur zwischen den Parteien oder deren Rechtsnachfolgern. Ist das klageabweisende Urteil rechtskräftig, kann jeder Dritte einen entsprechenden Antrag beim DPMA stellen oder eine entsprechende Klage erheben. Dies gilt allerdings nicht, wenn ein **Strohmann** an Stelle des früheren Klägers tätig wird, um die Rechtskraftwirkung der früheren Entscheidung zu unterlaufen (→ § 53 Rn. 99 ff.; BPatG BeckRS 2009, 2446 – SLICK 50; Fezer Rn. 22); in diesem Fall ist die Klage wegen entgegenstehender Rechtskraft unzulässig.

10 Die Klagegründe nach §§ 49, 51 kann der Berechtigte im **Verletzungsprozess** per Widerklage, aber auch als Einwendungen ohne gesonderte Klageerhebung geltend machen (BGH GRUR 2007, 884 (887) – Cambridge Institute; Ingerl/Rohnke/Nordemann/Bröcker Rn. 57; Fezer Rn. 27).

11 Richtet sich der Angriff nur auf **einzelne Waren und/oder Dienstleistungen,** sind diese anzugeben; es können auch die Waren/Dienstleistungen angegeben werden, die im Verzeichnis verbleiben sollen. Ist die Löschungsreife nur hinsichtlich einzelner, unter einen Oberbegriff fallender Waren/Dienstleistungen gegeben, ist der Oberbegriff insgesamt für verfallen oder nichtig zu erklären, weil die Gerichte nicht von sich aus eine Beschränkung des Waren-/Dienstleistungsverzeichnisses auf nur einen Teil der unter den Oberbegriff fallenden Waren/Dienstleistungen durchführen dürfen (BGH GRUR 2005, 326, 327 – il Padrone/Il Portone). Bei der Klage auf Erklärung des Verfalls ist nach der sog. „erweiterten Minimallösung" zu verfahren (→ § 49 Rn. 43).

Eine Klage gegen eine jüngere nationale Marke kann auch auf eine ältere Unionsmarke gestützt **12** werden (→ § 119 Rn. 1).

Die **Darlegungs- und Beweislast** trägt grundsätzlich der Kläger (BGH GRUR 2009, 60 f. – **13** LOTTOCARD). Macht er aber Verfall mangels Benutzung geltend, obliegt es dem Inhaber der angegriffenen Marke, die ernsthafte Benutzung seiner Marke nachzuweisen (→ § 49 Rn. 8).

Für Einwendungen und Einreden des Beklagten – wie Rechtsmissbrauch, Verwirkung etc, **14** soweit diese zulässig ist (→ Rn. 17), ist dieser darlegungs- und beweispflichtig.

C. Zuständigkeit des Gerichts

In der ersten Instanz besteht eine ausschließliche sachliche Zuständigkeit der Landgerichte (→ **15** § 140 Rn. 11), da die Klage auf Erklärung des Verfalls oder der Nichtigkeit wegen Bestehens älterer Rechte ein „Verfahren in Kennzeichensachen" ist.

Nach § 140 Abs. 2 kann die Zuständigkeit für mehrere Landgerichtsbezirke bei einem einzigen Landge- **15.1** richt liegen (→ § 140 Rn. 23). Die örtliche Zuständigkeit richtet sich nach §§ 12 ff. ZPO, ergänzt durch § 96 Abs. 3 bei ausländischen Markeninhabern mit Inlandsvertreter. Subsidiär ist das LG München I aufgrund des Sitzes des DPMA nach § 23 ZPO zuständig. Zur örtlichen Zuständigkeit aufgrund Deliktsrechts nach § 32 ZPO bei Klage auf Erklärung des Verfalls oder der Nichtigkeit wegen Bestehens älterer Rechte vgl. Ingerl/Rohnke/Nordemann/Bröcker Rn. 16.

D. Zulässigkeit der Klage

Die Klagebefugnis können Verträge, Markenlizenzen, Gebrauchsüberlassungen etc. nicht ver- **16** hindern (Fezer Rn. 6), da diese Rechte die Aufrechterhaltung einer löschungsreifen Marke nicht rechtfertigen könnten. Eine Sonderstellung nimmt insoweit die **Nichtangriffsabrede** ein, die einer Klageerhebung entgegenstehen kann (Ingerl/Rohnke/Nordemann/Bröcker Rn. 14; Ströbele/Hacker/Thiering/Thiering Rn. 69, 71; s. aber → § 71 Rn. 70.1).

Die Nichtangriffsabrede enthält als privatautonome schuldrechtliche Vereinbarung einen Ver- **17** zicht auf die Stellung eines Löschungsantrags, was aufgrund der Dispositionsbefugnis des Klägers zur Klageerhebung und auch zur Klagerücknahme jederzeit möglich sein muss (Ingerl/Rohnke/Nordemann/Bröcker Rn. 14). Sie kann sich sowohl auf Verfallsgründe als auch auf relative Gründe beziehen (Fezer Rn. 30, 31; Ströbele/Hacker/Thiering/Thiering Rn. 68; zur entsprechenden Problematik im Amtsverfahren → § 53 Rn. 22 18 ff.).

Die Erhebung der Klage durch einen sog. **Strohmann** ist zwar grundsätzlich zulässig, dieser **18** muss jedoch persönliche Einwendungen wie eine Nichtangriffsabrede gegen sich gelten lassen (LG Frankfurt a.M. GRUR-RR 2009, 197 – Strohmann; Ingerl/Rohnke/Nordemann/Bröcker Rn. 14). Die Darlegungs- und Beweislast hinsichtlich der Strohmanneigenschaft sowie möglicher Einwendungen trägt der Beklagte; dabei können Beweiserleichterungen greifen, sofern es sich um Tatsachen bzw. Umstände handelt, die in der Sphäre des Klägers liegen (Ströbele/Hacker/Thiering/Thiering Rn. 70).

Bei einem **nicht inländischen Kläger** wird für die Klagebefugnis zumindest eine geschäftliche **19** Beziehung zum Inland in irgendeiner Form gefordert (BGH GRUR 1967, 298 (303) – Modess; aA Ingerl/Rohnke/Nordemann/Bröcker Rn. 7; Fezer Rn. 6). Diese Einschränkung der Klagebefugnis für ausländische Kläger gilt für die Staaten der EU nicht (Art. 18 AEUV, ex-Art. 12 EGV; HK-MarkenR/Dück Rn. 26; Ströbele/Hacker/Thiering/Thiering Rn. 30).

I. Klagebefugnis bezüglich Verfalls

Die Klage auf Erklärung des Verfalls kann als **Popularklage** jedermann erheben. Ein eigenes **20** konkretes Interesse des Klägers ist für die Aktivlegitimation nicht erforderlich (BGH GRUR 2005, 1047 f. – OTTO). Bei der Qualifizierung der Klage auf Erklärung des Verfalls als Popularklage wird nicht zwischen den Verfallsgründen der Nichtbenutzung nach § 49 Abs. 1 und den in § 49 Abs. 2 geregelten Tatbeständen (Entwicklung zur Gattungsbezeichnung, Täuschungsgefahr, Verlust der Markenrechtsfähigkeit) unterschieden (Fezer § 49 Rn. 5).

II. Klagebefugnis bezüglich Nichtigkeit wegen älterer Rechte

21 Hier handelt es sich nicht um eine Popularklage. Klagebefugt ist nur der Inhaber eines älteren Rechts. Ein Dritter kann jedoch nach den Grundsätzen der gewillkürten **Prozessstandschaft** zur Prozessführung ermächtigt sein (vgl. Begr. zum MarkenG, BlPMZ 1994, 92; Ströbele/Hacker/Thiering/Thiering Rn. 32). Auch ein **Lizenznehmer** des Inhabers des älteren Rechts kann in analoger Anwendung des § 30 Abs. 3 mit Zustimmung des Markeninhabers Klage erheben, ohne dass dies die Klagebefugnis des Markeninhabers berührt.

21.1 Begründet wird dies damit, dass das Gesetz keine sachliche Differenzierung zwischen der ausdrücklich in § 30 Abs. 3 geregelten Klagebefugnis des Lizenznehmers bei der Verletzungsklage einerseits und der Klage auf Erklärung der Nichtigkeit wegen Bestehens älterer Rechte andererseits bedingt (BGH GRUR 1999, 161 (163) – MAC Dog; OLG Köln WRP 2009, 1290 (1295) – AQUA CLEAN KOI; HK-MarkenR/Dück Rn. 27; kritisch hierzu Ingerl/Rohnke/Nordemann/Bröcker Rn. 25, wonach einer erheblichen Erhöhung der Zahl der Löschungskläger, insbesondere bei Franchiseverträgen, durch das Regulativ des Rechtsmissbrauchs entgegenzutreten ist).

21.2 Zur rückwirkenden Vereinbarung einer ausschließlichen Patentlizenz: BGH GRUR 2022, 893 Rn. 67 – Aminosäureproduktion.

22 Die Klage richtet sich in der Regel gegen eine im Register eingetragene Marke. Bei der Androhung einer Markenanmeldung bzw. der Berühmung des Rechts dazu ist eine **Klage auf Unterlassung der Markenanmeldung** zulässig (ähnlich Ingerl/Rohnke/Nordemann/Bröcker Rn. 23, 58).

III. Klagebefugnis bezüglich geografischer Herkunftsangaben

23 Bei den nach § 126 ff. geschützten geografischen Herkunftsangaben existiert kein Rechtsinhaber im eigentlichen Sinn; klagebefugt sind nach Abs. 2 Nr. 3 die nach § 8 Abs. 3 UWG Berechtigten (BGH GRUR 2007, 884 – Cambridge Institute; Fezer Rn. 14); das entspricht den Unterlassungsansprüchen aus geografischen Herkunftsangaben (→ § 128 Rn. 3 ff.; → § 135 Rn. 2 ff.).

24 Ist der durch die Benutzung der geografischen Herkunftsangabe unmittelbar Verletzte nicht zugleich Mitbewerber iSd § 8 Abs. 3 Nr. 1 UWG (so zB bei Rufausbeutung und **Rufschädigung**), ist eine zwischen Popular- und Individualklage liegende eigene Klage auf Erklärung des Verfalls oder der Nichtigkeit wegen Bestehens älterer Rechte möglich (Ingerl/Rohnke/Nordemann/Bröcker Rn. 47).

E. Begründetheit der Klage

I. Passivlegitimation

25 Die Klage ist gegen den im Markenregister Eingetragenen (nicht gegen das DPMA) zu richten. Es gilt die durch Vorlage des Registerauszugs zu untermauernde Vermutungsregelung des § 28 Abs. 1 (BGH GRUR 1998, 699 – SAM; Fezer Rn. 16). Das soll ein aufwändiges Erforschen der Rechtsverhältnisse durch den Kläger vermeiden (BGH GRUR 2005, 871 – Seicom; OLG München GRUR-RR 2006, 89 (91) – DSI; Ströbele/Hacker/Thiering/Thiering Rn. 34; aA Fezer Rn. 9, wonach nur der tatsächliche Rechteinhaber passivlegitimiert sei). Die Vermutung ist widerlegbar (Fezer Rn. 17).

26 Die Klage kann sich auch gegen einen Rechtsnachfolger (→ Rn. 42) des als Inhaber Eingetragenen als materiell Berechtigten richten. Der Einwand des **Inhaberwechsels** ist im Prozess unbeachtlich (HK-MarkenR/Dück Rn. 31). Nach dem Wortlaut des Abs. 1 („gegen den als Inhaber der Marke Eingetragenen oder seinen Rechtsnachfolger …") steht dem Kläger ein **Wahlrecht** bezüglich der Inanspruchnahme entweder des eingetragenen Inhabers oder des Rechtsnachfolgers zu, das jedoch nur alternativ, nicht kumulativ (dh beide können nicht gleichzeitig verklagt werden) ausgeübt werden kann.

27 Vorteil der Klage gegen den als Inhaber Eingetragenen ist, dass ein Urteil nach § 55 Abs. 4 S. 1 gegen den Rechtsnachfolger wirkt und gegen diesen auch vollstreckbar ist. Hingegen erweist sich die **Klage gegen einen Rechtsnachfolger** als eher nachteilig, da die Rechtsnachfolge nicht durch das stattgebende Urteil im Klageweg auf Erklärung des Verfalls oder der Nichtigkeit wegen Bestehens älterer Rechteverfahren nachgewiesen ist, sondern dieser Nachweis gegenüber dem DPMA gemäß § 28 durch den Kläger gesondert zu führen ist, jedenfalls sofern der Beklagte auch später nicht als Markeninhaber eingetragen wird (Ingerl/Rohnke/Nordemann/Bröcker Rn. 9).

HK-MarkenR/Dück Rn. 32 schlägt daher eine **Zwischenfeststellungsklage** nach § 256 Abs. 2 auf Feststellung der Rechtsnachfolge vor.

Gegen einen Rechtsnachfolger kann sogar dann Klage erhoben werden, wenn er die materielle **28** Inhaberschaft wieder verloren hat, zB durch Weiterveräußerung (Ströbele/Hacker/Thiering/ Thiering Rn. 35 f.).

II. Löschungsreife

Die Klage auf Erklärung des Verfalls hat Erfolg, wenn ein Verfallsgrund nach § 49 Abs. 1 **29** (Nichtbenutzung) oder § 49 Abs. 2 (Entwicklung zum Gattungsbegriff, Täuschungseignung, fehlende Markenrechtsfähigkeit) im Zeitpunkt der letzten mündlichen Verhandlung vorliegt (zu den Heilungsmöglichkeiten bei Nichtbenutzung → § 49 Rn. 10 ff.).

Im Fall des § 55 Abs. 2 Nr. 2 liegt Löschungsreife vor, wenn bei Eintragung der angegriffenen **30** Marke ein älteres Recht nach §§ 9–13 bestanden hat, das zum Zeitpunkt des Schlusses der mündlichen Verhandlung noch besteht (→ § 51 Rn. 11) und gegen die Erklärung der Nichtigkeit wegen des Bestehens älterer Rechte weder ein Ausschlussgrund nach § 51 Abs. 2–4 noch eine beachtliche Einwendung oder Einrede des Beklagten greift.

III. Einrede der Nichtbenutzung (Abs. 3)

Der Inhaber der angegriffenen Marke kann bei einer Klage wegen des Bestehens älterer **31** Rechte eine Nichtbenutzungseinrede erheben, die ebenso wie im Widerspruchsverfahren (§ 43 Abs. 1) und im Verletzungsverfahren (§ 25 Abs. 2) ausgestaltet ist. Die Marke mit älterem Zeitrang muss innerhalb der letzten fünf Jahre ab dem Zeitpunkt, zu dem gegen die Marke seit mindestens fünf Jahren kein Widerspruch mehr möglich war, benutzt worden sein. Der Inhaber einer eingetragenen Marke mit älterem Zeitrang hat auf Einrede des Beklagten nachzuweisen, dass die Marke innerhalb der letzten fünf Jahre vor Erhebung der Klage gemäß § 26 MarkenG benutzt worden ist. Bei Ablauf des Zeitraums von fünf Jahren der Nichtbenutzung nach Klageerhebung ist eine Benutzung der Marke innerhalb der letzten fünf Jahre vor dem Schluss der mündlichen Verhandlung nachzuweisen. Damit ergibt sich eine Abweichung zu Art. 128 UMV (→ UMV Art. 128 Rn. 4 ff.).

Der Mangel einer rechtserhaltenden Benutzung nach § 25 Abs. 2 S. 1 kann im Verletzungspro- **32** zess nicht dadurch geheilt werden, dass der Kläger die Benutzung nach Klageerhebung (wieder) aufnimmt. Es bleibt dem Kläger aber unbenommen, insoweit eine neue Klage zu erheben; § 25 Abs. 2 S. 1 kommt dann nicht mehr zur Anwendung. Der Beklagte sollte in diesem Fall nicht nur die Nichtbenutzungseinrede erheben, sondern rechtzeitig die Löschung der zunächst unbenutzten Klagemarke wegen Verfalls beantragen, möglichst in Form einer **Widerklage** auf Erklärung der Klagemarke für verfallen nach § 49 Abs. 1.

Abs. 3 S. 3 enthält eine weitere Nichtbenutzungseinrede: War die Marke mit älterem Zeitrang **33** am Anmelde- oder Prioritätstag der Marke mit jüngerem Zeitrang bereits seit mindestens fünf Jahren eingetragen, hat der Kläger auf Einrede des Beklagten nachzuweisen, dass die Eintragung der Marke mit älterem Zeitrang an diesem Tag nicht nach § 49 Abs. 1 hätte für verfallen erklärt und gelöscht werden können.

Die frühere Diktion „nichtig" in Abs. 3 S. 3 war bis zur Änderung durch Gesetz vom 10.8.2021 (BGBl. **33.1** 2021 I 3490) nicht zutreffend, da die Marke nach § 49 Abs. 1 nicht für „nichtig" erklärt wird, sondern für „verfallen".

Wenn vor Klageerhebung eine Benutzung der Marke gutgläubig begonnen oder wieder aufge- **34** nommen wurde, liegt kein Verfall vor (vgl. Albrecht/Hoffmann MarkenR 2020, 1 (20)).

Abs. 3 S. 4 bestimmt zudem, dass nur die als benutzt nachgewiesenen Waren/Dienstleistun- **35** gen der Entscheidung zugrunde gelegt werden können. Die Regelung betrifft die auch im Rahmen von § 26 auftretenden Probleme der Benutzung von Waren/Dienstleistungen, die von den im Verzeichnis verwendeten Begriffen abweichen (sog. „Subsumtion" und „Integration"; → § 49 Rn. 43). Es gilt zu beachten, dass § 55 Abs. 3 nicht von Amts wegen, sondern nur auf **Einrede des Beklagten** geprüft wird (Ingerl/Rohnke/Nordemann/Bröcker Rn. 35).

Eine Marke, die für eine Gruppe von Waren und für deren Einzelteile eingetragen ist, wird für alle zu **35.1** dieser Gruppe gehörenden Waren und für deren Einzelteile ernsthaft benutzt, wenn sie auch nur für bestimmte Waren (wie zB hochpreisige Luxussportwagen) oder nur die Einzelteile oder das Zubehör einiger der Waren benutzt wird. Dies gilt nicht, wenn Verbraucher in diesen Waren eine selbständige Untergruppe der Gruppe sehen, für die die Marke eingetragen ist. Nur weil bestimmte Waren zu einem besonders hohen Preis verkauft werden und dafür ein spezieller Markt angenommen werden kann, heißt das nicht, dass eine selbständige Untergruppe der Waren anzunehmen ist. Es reicht für hochpreisige Waren auch eine geringe Verkaufszahl für eine ernsthafte Benutzung aus. Die Marke wird auch dann ernsthaft benutzt, wenn der Markeninhaber gebrauchte unter dieser Marke in Verkehr gebrachte Waren vertreibt, wenn für die unter dieser Marke vertriebenen Waren bestimmte Dienstleistungen unter dieser Marke angeboten werden. Die Beweislast trifft den Markeninhaber (vgl. EuGH C-720/18 und C-721/18, GRUR 2020, 1301 – Testarossa; so jetzt auch BGH GRUR 2021, 736 – STELLA).

IV. Weitere Löschungshindernisse

36   Einwendungen und Einreden gegen Klagen auf Erklärung der Nichtigkeit wegen Bestehens älterer Rechte gemäß § 51 Abs. 2–4 können sich auf Rechtsmissbrauch, Nichtangriffsabreden oder Bösgläubigkeit beziehen (Ströbele/Hacker/Thiering/Thiering Rn. 83 ff.). Ohne explizite Einrede, dh vom Amts wegen zu beachten sind die Löschungshindernisse der **Verwirkung** des Anspruchs auf Nichtigerklärung wegen des Bestehens älterer Rechte (§ 51 Abs. 2 S. 1 und S. 2) ohne Rückgriff auf die allgemeinen Verwirkungsgrundsätze (→ § 51 Rn. 13 ff.), **Zustimmung** des Inhabers des älteren Rechts zur Eintragung des jüngeren Rechts (§ 51 Abs. 2 S. 3) sowie erst **nachträgliche Bekanntheit** des älteren Rechts (§ 51 Abs. 3). Weiter sind vom Amts wegen zu prüfen: der **Verfall der Klagemarke** nach § 49 Abs. 2 Nr. 1–3 (§ 51 Abs. 4 Nr. 1) sowie die Schutzunfähigkeit der Klagemarke aus absoluten Gründen im Veröffentlichungszeitpunkt der jüngeren Marke (§ 51 Abs. 4 Nr. 2), letztere allerdings nur, wenn kein Antrag auf Erklärung der Nichtigkeit zum DPMA mehr möglich ist oder wenn es sich um eine **bösgläubig angemeldete Marke** iSd § 8 Abs. 2 Nr. 14 handelt (→ § 22 Rn. 14). Verjährung kann dagegen nicht eingewendet werden (→ Rn. 39).

37   **Rechtsmissbrauch** kann darauf beruhen, dass dem Beklagten seinerseits ein älteres Recht nach §§ 9–13 gegenüber dem im Klageweg geltend gemachten Recht zusteht. Auch Einwände einer sittenwidrigen Behinderung nach § 1 UWG, § 826 BGB sowie des rechtsmissbräuchlichen Erwerbs des älteren Zeichens (Ingerl/Rohnke Rn. 39) sind hier möglich.

38   Die Schutzschranke des § 23 trägt keinen Einwand (Ströbele/Hacker/Thiering/Thiering Rn. 87).

V. Nicht berücksichtigungsfähige Einwendungen des Beklagten

39   Eine **Verjährung** der Ansprüche auf Erklärung der Nichtigkeit wegen des Bestehens älterer Rechte kommt nicht in Betracht, da zum einen die eingetragene Marke einen dauerhaften Störungszustand in sich birgt und zum anderen mit dem Ende der Eintragung auch der Löschungsanspruch ins Leere geht (Ströbele/Hacker/Thiering/Thiering Rn. 92; Ingerl/Rohnke/Nordemann/Bröcker Rn. 37).

40   Ebenso ausgeschlossen ist der Einwand des Vorliegens eines **absoluten Schutzhindernisses** in Bezug auf die Klagemarke, ausgenommen wenn ein Löschungsantrag zum DPMA gegen die Klagemarke nicht mehr möglich ist (teleologische Reduktion des § 22 Abs. 1 Nr. 2 Alt. 2; vgl. auch BGH GRUR 2003, 1040 – Kinder; Ingerl/Rohnke/Nordemann/Bröcker Rn. 40), da das Zivilgericht an die Eintragung der Klagemarke grundsätzlich gebunden ist.

40.1   Sind die Fristen nach § 50 Abs. 2 noch nicht verstrichen, kann Löschungsantrag zum DPMA erhoben und die Aussetzung des Klageverfahrens nach § 148 ZPO beantragt werden, sofern der Löschungsantrag hinreichende Aussicht auf Erfolg bietet (Ingerl/Rohnke/Nordemann/Bröcker Rn. 40).

41   Ein erfolgloser **Widerspruch** der Klagemarke gegen die jüngere Marke hat keinerlei Bindungswirkung für das Klageverfahren (→ Rn. 2).

F. Wirkungen gegenüber Dritten

42   § 55 Abs. 4 gilt sowohl für die Klage auf Erklärung des Verfalls als auch für die Klage wegen älterer Rechte und sieht vor, dass bei Übergang bzw. Übertragung des Rechts vor oder nach Klageerhebung die Entscheidung in der Sache auch gegen den **Rechtsnachfolger** wirksam und vollstreckbar ist. Die Rechtskrafterstreckung tritt damit unabhängig davon ein, ob die Klage vor oder nach der Rechtsnachfolge erhoben worden ist und ob diese im Register eingetragen war oder nicht. Unter Rechtsnachfolge ist sowohl die gewillkürte als auch die gesetzliche, sowohl die Einzel- als auch die Gesamtrechtsnachfolge zu verstehen (HK-MarkenR/Bous Rn. 26). § 325 ZPO und § 55 Abs. 4 S. 1 greifen ineinander: § 325 Abs. 1 ZPO gilt erst nach Klageerhebung und sieht nicht nur die Rechtskrafterstreckung zulasten des Rechtsnachfolgers vor, sondern auch zu dessen Gunsten, so dass sich ein Rechtsnachfolger gegenüber dem Kläger zwar nach Klageerhebung auf ein klageabweisendes Urteil berufen kann, nicht jedoch vor Klageerhebung. Zudem ist § 55 Abs. 4 S. 1 nur auf den Beklagten anwendbar, § 325 Abs. 1 ZPO auch auf den Kläger (Ströbele/Hacker/Thiering/Thiering Rn. 104).

Nach Abs. 4 S. 2 kann dem Rechtsnachfolger der **Streit verkündet** werden; dieser kann dem **43** Löschungsprozess unter den Voraussetzungen der §§ 66–74 und 76 ZPO als **Nebenintervenient** beitreten. Es kann auch im Fall der Rechtsnachfolge vor Klageerhebung die Nebenintervention zulässig sein. Da Abs. 4 S. 2 den § 69 ZPO für entsprechend anwendbar erklärt, ist der Rechtsnachfolger notwendiger Streitgenosse gemäß § 62 Abs. 1 ZPO (Fezer Rn. 24).

G. Kostenentscheidung und Streitwert

Die Kostenentscheidung folgt aus §§ 91 ff. ZPO. **44**

Um bei **sofortigem Anerkenntnis** des Beklagten eine Kostentragung nach § 93 ZPO zu **45** vermeiden, muss der Kläger den beklagten Markeninhaber vor Klageerhebung – wie allgemein im gewerblichen Rechtsschutz – zum Verzicht auf die Marke auffordern (KG GRUR-RR 2007, 255 – Abmahnlast; Albrecht/Hoffmann Vergütung Rn. 757; Ingerl/Rohnke/Nordemann/Bröcker Rn. 18), es sei denn, vor Erhebung der Klage ist bereits ein patentamtliches Verfahren nach § 53 durchgeführt worden, das nach einem Widerspruch des Markeninhabers beendet und als Klage weitergeführt wurde.

Bei nur teilweisem Verfall oder teilweiser Nichtigkeit ist die Kostenquote nach der wirtschaftli **46** chen Bedeutung der Waren/Dienstleistungen festzulegen; fehlen konkrete Ansatzpunkte hierfür, ist eine abstrakte Betrachtung anzustellen (OLG Köln BeckRS 2008, 5543 – Schutzengel).

Bei Klage auf Erklärung des Verfalls wegen Nichtbenutzung hat der Kläger keinen Anspruch **47** auf Ersatz der Kosten einer vorprozessualen Aufforderung zur Einwilligung in die Erklärung des Verfalls, da die Möglichkeit einer Heilung der Nichtbenutzung und somit **kein rechtswidriger Störungszustand** bestand; anders könnte es sich bei den Verfallsgründen nach § 49 Abs. 2 Nr. 1 und 2 verhalten (KG GRUR-RR 2007, 255 – Abmahnlast; Ingerl/Rohnke/Nordemann/Bröcker Rn. 18). Bei der Klage wegen des Bestehens älterer Rechte hat der Kläger einen Anspruch auf Ersatz der Kosten einer vorprozessualen Einwilligung in die Erklärung der Nichtigkeit nach den Vorschriften über die Geschäftsführung ohne Auftrag (Ingerl/Rohnke/Nordemann/Bröcker Rn. 43; str., vgl. Albrecht/Hoffmann Vergütung Rn. 1174).

Dem Beklagten sind die Verfahrenskosten aufzuerlegen, wenn er durch rasche Umschreibung **48** der Marke nach erfolgter Aufforderung zur Einwilligung die Durchsetzung des klägerischen Anspruchs abzuwenden sucht.

Fraglich ist hingegen die Kostenlast, wenn der Beklagte erst im Prozess den Benutzungsnachweis **49** führt, obwohl er vorprozessual zur Löschung aufgefordert worden ist (Ingerl/Rohnke/Nordemann/Bröcker Rn. 19).

Der **Streitwert** der Klage auf Erklärung des Verfalls bemisst sich nach allgemeinen Regeln, **50** die auch bei der Popularklage neben dem Allgemeininteresse das konkrete wirtschaftliche Interesse des Klägers einschließen (vgl. hinsichtlich der Patentnichtigkeitsklage, die ebenfalls eine Popularklage ist (BGH GRUR 2009, 1100 – Druckmaschinen-Temperierungssystem), zumal die Klage auf Erklärung des Verfalls meist von Personen stammen, die ein eigenes Interesse an der Löschung haben (Ingerl/Rohnke/Nordemann/Bröcker Rn. 20).

Der Streitwert der Klage wegen des Bestehens älterer Rechte bemisst sich in erster Linie nach **51** dem wirtschaftlichen Interesse des Klägers an der Erklärung der Nichtigkeit und dem daraus resultierenden Handlungsspielraum im Fall der Löschung der Marke, wobei der Verkehrswert der Marke demgegenüber eher zurücktritt.

Bei **geografischen Herkunftsangaben** richtet sich der Streitwert nach den zu § 8 UWG **52** entwickelten Grundsätzen entsprechend, wobei § 12 Abs. 4 UWG nicht anzuwenden ist (Ingerl/Rohnke/Nordemann/Bröcker Rn. 48).

Die Rechtsprechung zu den gegenüber dem Verletzungsverfahren höheren Streitwerten in **53** Patentnichtigkeitsverfahren (BGH GRUR 2011, 757; vgl. auch → § 71 Rn. 102) ist auch hier durchaus bedenkenswert.

Abschnitt 4. Allgemeine Vorschriften für das Verfahren vor dem Deutschen Patent- und Markenamt

§ 56 Zuständigkeiten im Deutschen Patent- und Markenamt

(1) Im Deutschen Patent- und Markenamt werden zur Durchführung der Verfahren in Markenangelegenheiten Markenstellen und Markenabteilungen gebildet.

(2) ¹Die Markenstellen sind für die Prüfung von angemeldeten Marken und für die Beschlußfassung im Eintragungsverfahren zuständig. ²Die Aufgaben einer Markenstelle nimmt ein Mitglied des Deutschen Patent- und Markenamts (Prüfer) wahr. ³Die Aufgaben können auch von einem Beamten des gehobenen Dienstes oder von einem vergleichbaren Angestellten wahrgenommen werden. ⁴Beamte des gehobenen Dienstes und vergleichbare Angestellte sind jedoch nicht befugt, eine Beeidigung anzuordnen, einen Eid abzunehmen oder ein Ersuchen nach § 95 Abs. 2 an das Bundespatentgericht zu richten.

(3) ¹Die Markenabteilungen sind für die Angelegenheiten zuständig, die nicht in die Zuständigkeit der Markenstellen fallen. ²Die Aufgaben einer Markenabteilung werden in der Besetzung mit mindestens drei Mitgliedern des Deutschen Patent- und Markenamts wahrgenommen. ³Der Vorsitzende einer Markenabteilung kann alle in die Zuständigkeit der Markenabteilung fallenden Angelegenheiten mit Ausnahme der Entscheidung über die Erklärung des Verfalls oder der Nichtigkeit einer Marke nach § 53 allein bearbeiten oder diese Angelegenheiten einem Angehörigen der Markenabteilung zur Bearbeitung übertragen.

Überblick

§ 56 enthält die grundlegende Regelung zu Aufgaben und Zuständigkeiten der Markenstellen (→ Rn. 6) und Markenabteilungen (→ Rn. 15) in Markenverfahren.

A. Allgemeines

1 § 56 trifft als Teil des Amtsverfassungsrechts grundlegende Regelungen über die **Zuständigkeit in Markenverfahren.** Dabei treffen körperschaftliche, organisatorische und organschaftliche Begrifflichkeiten aufeinander, die gleichwohl voneinander zu unterscheiden sind.

2 Das **DPMA** ist eine selbständige Bundesoberbehörde, die in körperschaftlicher Hinsicht aus einem Präsidenten oder einer Präsidentin und weiteren Mitgliedern besteht, die entweder die Befähigung zum Richteramt nach dem DRiG besitzen (rechtskundige Mitglieder) oder in einem Zweig der Technik sachverständig sind (technische Mitglieder), vgl. § 26 Abs. 1, 2 PatG.

3 In organisatorischer Hinsicht bezeichnet der Begriff der **Markenabteilung** einen Teil der behördlichen Organisation. Die für die Erteilung und Verwaltung von Marken zuständige **Hauptabteilung 3** (Marken und Designs) gliedert sich in fünf Abteilungen, wobei die Abteilungen 3.1 bis 3.3 für die Prüfung der Schutzfähigkeit von Marken, für die internationale Registrierung von Marken, für die Schutzerstreckung international registrierter Marken, für Widerspruchsverfahren sowie die Nebenverfahren – zB Umschreibung, Verlängerung oder Berichtigung von Markenregistrierungen, Akteneinsichts- und Bescheinigungsverfahren in Markenangelegenheiten –, die Abteilung 3.4 für Anträge auf Erklärung des Verfalls, der Nichtigkeit auf Grund absoluter Schutzhindernisse und (seit 1.5.2020) wegen älterer Rechte sowie Löschung bzw. Schutzentziehung von Marken zuständig ist. Die Abteilung 3.5 befasst sich mit der Registrierung, Erklärung und Feststellung der Nichtigkeit sowie Löschung von Designs.

3.1 Die nähere Zuständigkeitsbestimmung kann einem **Organigramm** entnommen werden (abrufbar unter https://www.dpma.de/docs/dpma/organigramm_anonymisiert.pdf, zuletzt abgerufen am 17.12. 2022).

4 Schließlich bezeichnen die Begriffe Markenabteilung und Markenstelle in organschaftlicher Hinsicht jeweils einen **Spruchkörper,** der für eine bestimmte Entscheidung zuständig ist. In diesem Sinne sind die Begriffe in § 56 zu verstehen.

5 Nach Abs. 1 werden für die Durchführung der Markenverfahren zwei Arten von Spruchkörpern gebildet werden, nämlich **Markenstellen** und **Markenabteilungen.** Die Bezeichnung „Durchführung der Verfahren in Markenangelegenheiten" ist dabei nicht abschließend zu verstehen, wie der Verweis in § 130 Abs. 2 zeigt.

B. Markenstelle (Abs. 2)

Der Spruchkörper Markenstelle ist für die formelle (§ 36) und materielle (§ 37) Prüfung von **6** Markenanmeldungen **zuständig** (teilweise aA offenbar Ingerl/Rohnke Rn. 5, die das „Verfahren über Kollektivmarken" in die Zuständigkeit der Markenabteilung fallen lassen). Auch ohne ausdrückliche Erwähnung nimmt die Markenstelle die Registrierung einer Marke, die den formellen und materiellen Anforderungen entspricht (§ 41), vor. Die Markenstelle ist weiterhin für die Beschlussfassung im Eintragungsverfahren zuständig.

Das **Eintragungsverfahren** beginnt, wie die systematische Stellung von §§ 32–44 im mit **7** „Eintragungsverfahren" bezeichneten Abschnitt 1 des Teils 3 des MarkenG zeigt, mit dem Einreichen einer Anmeldung zur Eintragung einer Marke in das Register und endet mit dem rechtskräftigen Abschluss des Widerspruchsverfahrens (vgl. Amtl. Begr. BlPMZ 1994, 92), wenn ein solches stattgefunden hat, sonst mit der Eintragung der Marke. Damit unterfällt die Zurückweisung der Anmeldung aus formellen Gründen nach § 36 Abs. 4 und 5 und die Zurückweisung aus materiellen Gründen nach § 37 Abs. 1 sowie die Entscheidung über eventuell erhobene Widersprüche nach § 43 Abs. 2 der Zuständigkeit der Markenstelle.

Fraglich ist, ob das Wort „im" nur im funktionalen Sinn („für das Eintragungsverfahren") oder **8** **auch im zeitlichen Sinn** („während des Eintragungsverfahrens"; Ströbele/Hacker/Thiering/ Miosga Rn. 7: „zuständig kraft Sachzusammenhangs") aufzufassen ist. Die Formulierung lässt auch die letztere, weitere Interpretation zu, so dass auch sonstige Verfahrenserklärungen und Anträge während des Eintragungsverfahrens durch die Markenstelle zu behandeln sind.

Noch nicht entschieden ist die Frage, ob die Markenabteilung zuständig ist, wenn ein(e) derar- **9** tige(r) Antrag oder Verfahrenserklärung während des Eintragungsverfahrens gestellt, aber nicht verbeschieden wird (offengelassen in BPatG BeckRS 2009, 147). Dies sollte jedoch bejaht werden, da der Abschluss des Eintragungsverfahrens im Sinn der Auffangzuständigkeit der Markenabteilung (vgl. Abs. 3) die zeitliche Grenze der Zuständigkeit der Markenstelle bildet.

Obwohl nicht ausdrücklich erwähnt, fällt es auch in die Zuständigkeit der Markenstelle zu **10** prüfen, ob **international registrierten Marken** der Schutz verweigert werden muss, da § 124 auf § 113 und § 114 und diese auf § 37 bzw. auf § 43 Abs. 2 verweisen (ebenso Ströbele/Hacker/ Thiering/Miosga Rn. 6; aA Büscher/Dittmer/Schiwy/Büscher § 56 Rn. 15; Fezer Markenpraxis-HdB/Bingener I 1 1 Rn. 7; Ingerl/Rohnke Rn. 5, ohne jedoch zu differenzieren, ob es sich um das Verfahren einer internationalen Registrierung einer deutschen Marke oder um das nationale Prüfungsverfahren einer international registrierten ausländischen Marke handelt). Die Verweisung auf § 37 zeigt, dass hier die Mitteilung des internationalen Büros an die Stelle der Anmeldung tritt. Sowohl die Zurückweisung der Anmeldung als auch die Verweigerung des Schutzes bei international registrierten Marken sind im Beschlusswege zu erlassen.

Die Aufgaben der Markenstelle werden von einem **Mitglied des Deutschen Patent- und** **11** **Markenamts** wahrgenommen. Nach der gesetzlichen Formulierung scheint die Wahrnehmung von Aufgaben der Markenstelle durch ein Mitglied des DPMA der Regelfall, die Wahrnehmung durch Beamte des gehobenen Dienstes oder vergleichbare Angestellte dagegen der Ausnahmefall zu sein. In der Praxis verhält es sich genau umgekehrt.

Gemäß § 56 Abs. 2 S. 3 können die Aufgaben einer Markenstelle auch **Beamte des gehobenen** **12** **Dienstes** oder vergleichbare Angestellte (sog. **Erstprüfer**) wahrnehmen. Im Unterschied zu den Aufgaben der Markenabteilung, die im Rahmen von § 65 Abs. 1 Nr. 12 nur insoweit übertragen werden dürfen, als sie keine besonderen rechtlichen Schwierigkeiten bieten, kann der gehobene Dienst die Aufgaben der Markenstelle mit Ausnahme der in Abs. 2 S. 4 geregelten Gegenstände vollständig wahrnehmen. Dies bildet in der Praxis daher auch den Regelfall. Der juristische Prüfer (Mitglied des DPMA) wird, wenn er Aufgaben der Markenstelle wahrnimmt, in der Regel als **Erinnerungsprüfer** tätig. Eine **Ausnahme** bildet lediglich das **Widerspruchsverfahren,** soweit auch Widersprüche aus nicht registrierten Marken oder aus geschäftlichen Bezeichnungen erhoben wurden oder soweit aus registrierten Marken auch der Bekanntheitsschutz nach § 9 Abs. 1 Nr. 3 geltend gemacht wird. In diesen Fällen weist § 56 Abs. 2 S. 2 die Beschlussfassung einem rechtskundigen Mitglied zu (entsprechend der Amtl. Begr. zum Gesetz zur Vereinfachung und Modernisierung des Patentrechts, BlPMZ 2009, 319).

Möglichkeiten der **Übertragung von Aufgaben** der Markenstelle oder der Markenabteilung **13** auf Beamte des mittleren Dienstes oder vergleichbare Angestellte enthält § 5 Abs. 2 WahrnV iVm § 65 Abs. 2 Nr. 13.

14   War die Markenstelle **falsch besetzt,** weil die Entscheidung nicht von einem Beamten des gehobenen Dienstes oder vergleichbaren Angestellten, sondern von einem Mitglied des DPMA hätte getroffen werden müssen, begründet dies zwar einen wesentlichen Verfahrensmangel, macht die Entscheidung jedoch nicht nichtig (so für den vergleichbaren Fall des § 27 Abs. 2 PatG: BPatG NJOZ 2008, 1648 unter Verweis auf Schulte/Rudloff-Schäffer PatG § 27 Rn. 36 – der Beschluss zitiert die 7. Aufl.).

C. Markenabteilung (Abs. 3)

15   Abs. 3 regelt im Wege eines Auffangtatbestandes die Zuständigkeit der Markenabteilung. Die Norm trifft in S. 2 und S. 3 Bestimmungen zur **Besetzung** der Markenabteilung. Im Grundsatz fällt die Markenabteilung ihre Entscheidungen in einer Besetzung von mindestens drei Mitgliedern des DPMA. Abgesehen davon kann der Vorsitzende mit Ausnahme der Entscheidung über die Erklärung des Verfalls oder der Nichtigkeit einer Marke nach § 53 alle Markenangelegenheiten, für die die Markenabteilung zuständig ist, auch allein bearbeiten oder einem Angehörigen zur Bearbeitung übertragen. Weitere Möglichkeiten zur Übertragung von Aufgaben der Markenabteilung auf Beamte des gehobenen und mittleren Dienstes enthält § 5 Abs. 1, 2 WahrnV.

16   Die **Übertragung** kann dabei einzelne Verfahrenshandlungen oder aber auch das ganze Verfahren einschließlich der Entscheidung betreffen. Auch für den Fall, dass der Vorsitzende oder ein von ihm berufener Vertreter die Bearbeitung der Angelegenheit oder die Entscheidung übernimmt, bleibt die organschaftliche Zuständigkeit der Markenabteilung unberührt. Der Spruchkörper wird dann nur von einer Person gebildet. Unzulässig sind daher Zusätze wie „i.A." oder „i.V." (vgl. BPatG GRUR 1997, 58). § 5 Abs. 2–4 DPMAV enthalten **ergänzende organisatorische Regelungen** zur Beratung und Beschlussfassung der Markenabteilung.

D. Akteneinsicht

17   Eine Besonderheit besteht beim Akteneinsichtsverfahren (→ § 62 Rn. 1 ff.). Nach § 22 Abs. 1 DPMAV ist für Entscheidungen über Akteneinsichtsgesuche die Stelle zuständig, die für die Bearbeitung der Sache, über welche die Akten geführt werden, zuständig ist oder zuletzt zuständig war. Daher kann hier sowohl die Markenstelle als auch die Markenabteilung funktionell zuständig sein. Sie können auch mit Beamten des gehobenen Dienstes besetzt sein (§ 5 Abs. 1 Nr. 13 WahrnV).

§ 57 Ausschließung und Ablehnung

(1) **Für die Ausschließung und Ablehnung der Prüfer und der Mitglieder der Markenabteilungen sowie der mit der Wahrnehmung von Angelegenheiten, die den Markenstellen oder den Markenabteilungen obliegen, betrauten Beamten und Beamtinnen des gehobenen und mittleren Dienstes oder Angestellten gelten die §§ 41 bis 44, 45 Abs. 2 Satz 2, §§ 47 bis 49 der Zivilprozeßordnung über die Ausschließung und Ablehnung der Gerichtspersonen entsprechend.**

(2) **Über das Ablehnungsgesuch entscheidet, soweit es einer Entscheidung bedarf, eine Markenabteilung.**

Überblick

Die Prüfer und die Mitglieder der Markenabteilungen können von der Ausübung ihres Amtes ausgeschlossen sein oder abgelehnt werden. Die Norm orientiert sich hierbei weitgehend an den in der ZPO getroffenen Regelungen (→ Rn. 3). Die Entscheidung über das Ablehnungsgesuch erfolgt durch Beschluss (→ Rn. 9). Gegen eine Entscheidung ist das Rechtsmittel der Beschwerde gegeben (→ Rn. 11).

A. Allgemeines

1   § 57 normiert im Interesse einer neutralen Verfahrensführung und -entscheidung im Wege einer Verweisung auf die entsprechenden Bestimmungen der ZPO die Fälle, in denen Prüfer, Mitglieder der Markenabteilung sowie mit der Wahrnehmung von Angelegenheiten, die den Markenstellen oder den Markenabteilungen obliegen, betraute Beamte des gehobenen oder mittleren Dienstes oder entsprechende Angestellte kraft Gesetzes oder durch einen zu fassenden Beschluss an der Ausübung des Amtes gehindert sind. Die Regelung entspricht § 27 Abs. 6 PatG.

Normadressaten sind nach dem Wortlaut der Vorschrift zum einen Prüfer und Mitglieder **2** der Markenabteilungen (nach der Legaldefinition in § 56 Abs. 2 S. 2 sowie der Verweisung in § 56 Abs. 3 Mitglieder des DPMA), aber auch Hilfsmitglieder (vgl. § 26 PatG), zum anderen die gemäß WahrnV mit der Wahrnehmung der Aufgaben einer Markenstelle bzw. Markenabteilung betrauten Beamten des gehobenen oder mittleren Dienstes oder vergleichbare Angestellte.

B. Regelung des Abs. 1

Gemäß Abs. 1 sind die **Vorschriften der ZPO** über den Ausschluss von der Ausübung des **3** Amtes kraft Gesetzes und die Ablehnung wegen der Besorgnis der Befangenheit (§§ 41–49 ZPO, ausgenommen § 45 Abs. 1, Abs. 2 S. 1, Abs. 3 ZPO, § 46 ZPO) anwendbar.

Ein Ablehnungsgesuch kann grundsätzlich **bis zum Eintritt der Bestandskraft** der Entschei- **4** dung des abgelehnten Prüfers geltend gemacht werden, allerdings nach Antragstellung nur im Rahmen des § 44 Abs. 4 ZPO. Das Gesuch ist anzubringen, sobald der Beteiligte Kenntnis von dem Ablehnungsgrund erlangt hat. Das Recht dazu geht verloren, wenn sich der Beteiligte vorbehaltlos in der Verhandlung zur Sache einlässt oder Anträge stellt (BPatG BeckRS 1998, 14486). Hinsichtlich der Formerfordernisse des Ablehnungsgesuches gilt § 44 Abs. 1 ZPO. Danach kann das Ablehnungsgesuch schriftlich oder mündlich vorgebracht oder vor der Geschäftsstelle zu Protokoll erklärt werden. Die Tatsachen müssen glaubhaft gemacht werden, wobei die eidesstattliche Versicherung des Beteiligten nicht zulässig ist. Letzten Endes führt die Glaubhaftmachung neben dem herabgesetzten Beurteilungsmaßstab bezüglich des Ablehnungsgrundes, der auf das Misstrauen bzw. die Besorgnis, nicht aber auf das Erwiesensein einer Voreingenommenheit des Beamten oder Angestellten gerichtet ist, zu einer weiteren Erleichterung bei den Glaubhaftmachungsmitteln. Dies gestattet neben den für den Strengbeweis zugelassenen auch sonstige geeignete Mittel, wie die anwaltliche Versicherung, die Bezugnahme auf dem DPMA sofort vorliegende Akten oder unbeglaubigte Kopien (BeckOK ZPO/Bacher ZPO § 294 Rn. 14; Thomas/Putzo/ Reichold ZPO § 294 Rn. 2).

Inhalt des Ablehnungsgesuches ist der Ablehnungsgrund, dh die Tatsachen, aus denen die **5** Veranlassung folgt, an der Unvoreingenommenheit des Beamten oder Angestellten zu zweifeln. Die abgelehnte Person ist grundsätzlich namentlich zu benennen (BPatG BeckRS 2010, 01181 – RENU/RENO).

Nicht erforderlich ist, dass der Beamte oder der Angestellte tatsächlich befangen ist (BPatG **6** BeckRS 2010, 01181 – RENU/RENO; BeckRS 2000, 15170 – Classe E; BeckRS 1998, 14486). Wegen möglicher bzw. nicht möglicher Ablehnungsgründe vgl. Schulte/Rudloff-Schäffer PatG § 27 Rn. 43 ff.; BeckOK PatR/Otten-Dünnweber PatG § 27 Rn. 25 ff. zu § 27 Abs. 6 PatG sowie die in Markenverfahren ergangenen Entscheidungen des BPatG: BPatG BeckRS 2014, 17284 – Karriere-Jura (Auskunft über die Registerlage sowie vorläufige Einschätzung der Erfolgsaussicht eines Löschungsantrages); BeckRS 2010, 01181 – RENU/RENO (nicht antragsgemäße Bewilligung einer Schriftsatzfrist); BeckRS 2000, 15170 – Classe E (Versagung von Verfahrenskostenhilfe in anderen anhängigen Verfahren); BeckRS 1998, 14486 (Verletzung des rechtlichen Gehörs; Nichtbeantwortung eines Schreibens; Beantwortung einer Presseanfrage vor Anhängigkeit des Verfahrens, in dem die Ablehnung geltend gemacht wird).

Der abgelehnte Beamte oder Angestellte hat sich über den Ablehnungsgrund dienstlich zu **7** **äußern** (§ 44 Abs. 3 ZPO). Die Äußerung erhält der Antragsteller mit der Gelegenheit zur Stellungnahme.

Neben dem Ablehnungsgesuch besteht auch die Möglichkeit der **Selbstablehnung** durch den **8** betroffenen Beamten oder Angestellten gemäß § 48 ZPO; das sich daran anschließende Verfahren (Gelegenheit zur Stellungnahme) und die Entscheidung entsprechen dem Fall des § 42 ZPO.

C. Regelung des Abs. 2

Die **Entscheidung über das Ablehnungsgesuch** erfolgt durch **Beschluss**, der im mehrseiti- **9** gen Verfahren beiden Parteien zugestellt wird. Eine Entscheidung ist nicht in jedem Fall erforderlich, wie die Bestimmung durch den einschränkenden Nebensatz („soweit es einer Entscheidung bedarf") vorsieht. Dies ist dann der Fall, wenn der Beamte das Ablehnungsgesuch für begründet hält (§ 45 Abs. 2 S. 2 ZPO), oder im Falle einer Änderung der Geschäftsverteilung, da die Regelung nur sicherstellen soll, dass die Bearbeitung durch einen in der Sache unvoreingenommenen Beamten bzw. Angestellten erfolgt.

10   Die Entscheidung obliegt einer **Markenabteilung,** die wegen § 56 Abs. 3 S. 3 wohl auch nur von einem Mitglied besetzt sein kann (wie hier Büscher/Dittmer/Schiwy/Büscher Rn. 4, der aber auch auf § 5 Abs. 3 Nr. 1 DPMAV hinweist; aA Ingerl/Rohnke Rn. 3). Wird ein Angehöriger einer Markenabteilung abgelehnt, wird er für die Entscheidung durch ein anderes Mitglied ersetzt (Ingerl/Rohnke Rn. 3). Wird die gesamte Markenabteilung abgelehnt, tritt an die Stelle des Vorsitzenden sein Stellvertreter, der zwei neue Beisitzer bestimmt (BPatG GRUR 1982, 359 Ls. 2).

11   Gegen eine Entscheidung ist das Rechtsmittel der **Beschwerde** (gegen eine ablehnende durch den, der das Gesuch angebracht hat, gegen eine stattgebende durch die Gegenpartei, weil § 57 Abs. 1 nicht auf den § 46 Abs. 2 ZPO verweist, vgl. Büscher/Dittmer/Schiwy/Büscher Rn. 6) eröffnet, da die Entscheidung nicht auf einen Beamten des gehobenen Dienstes oder gleichgestellten Angestellten übertragen werden kann.

§ 58 Gutachten

(1) Das Deutsche Patent- und Markenamt ist verpflichtet, auf Ersuchen der Gerichte oder der Staatsanwaltschaften über Fragen, die angemeldete oder eingetragene Marken betreffen, Gutachten abzugeben, wenn in dem Verfahren voneinander abweichende Gutachten mehrerer Sachverständiger vorliegen.

(2) Im übrigen ist das Deutsche Patent- und Markenamt nicht befugt, ohne Genehmigung des Bundesministeriums der Justiz und für Verbraucherschutz außerhalb seines gesetzlichen Aufgabenbereichs Beschlüsse zu fassen oder Gutachten abzugeben.

Überblick

Die Bestimmung grenzt in Abs. 2 die Möglichkeiten des DPMA und der Mitglieder des DPMA ein, außerhalb konkreter Markenverfahren zu rechtlichen und tatsächlichen Fragen in Gutachten (→ Rn. 1), in allgemeinen Auskünften (→ Rn. 3) oder in wissenschaftlicher Tätigkeit (→ Rn. 4) Stellung zu nehmen. § 58 entspricht § 29 Abs. 1 und 2 PatG.

1   Über den Wortlaut von Abs. 1 hinaus können Gutachten auch zu Fragen, die international registrierte Marken betreffen, nicht jedoch zu Unionsmarken, erstattet werden (Fezer Rn. 1; Büscher/Dittmer/Schiwy/Büscher Rn. 2). Zuständig für die Abgabe des Gutachtens ist die Markenabteilung, die mit mindestens einem Mitglied des DPMA (Gegenschluss aus § 65 Abs. 1 Nr. 12) besetzt sein muss. Das Gutachten wird schriftlich erstattet.

2   Das DPMA bzw. seine Mitglieder (Ingerl/Rohnke Rn. 3) dürfen ohne Genehmigung des BMJ außerhalb seines bzw. ihres gesetzlichen Aufgabenbereichs **keine Beschlüsse** fassen. Die Übernahme zB eines Schiedsrichteramtes in Streitigkeiten ist dem DPMA somit verwehrt. Weiterhin darf das DPMA auch **keine Gutachten** abgeben. Unter das Verbot fallen auch gutachterliche Auskünfte oder Raterteilung zur Sach- und Rechtslage (Ingerl/Rohnke Rn. 3; Büscher/Dittmer/Schiwy/Büscher Rn. 4; Ströbele/Hacker/Thiering/Miosga Rn. 2: „jede Rechtsauskunft"; teilweise aA HK-MarkenR/Fuchs-Wissemann Rn. 2). Für konkrete Verfahren angemeldeter oder eingetragener Marken regelt § 62 die Voraussetzung und den Umfang von Auskünften, die sich dann durch den Akteninhalt ergeben. Auch insoweit erfolgen – außer zur Wahrung des rechtlichen Gehörs – keine prognostischen Stellungnahmen zu Sach- und Rechtsfragen. Diese werden durch Beschluss oder Vornahme der beantragten Handlung entschieden. Beruft sich der Anmelder im Rahmen des Anmeldeverfahrens auf Voreintragungen, soll auch – neben weiteren Argumenten – der Rechtsgedanke des in § 58 Abs. 2 geregelten Gutachtenverbotes dafür sprechen, dass es der Markenstelle verwehrt ist, sich zur Rechtswidrigkeit der Voreintragungen, die nicht Prüfungsgegenstand des Anmeldeverfahrens sein können, zu äußern (BPatG GRUR 2009, 1175 (1180) – Burg Lissingen).

3   **Allgemeine Auskünfte** tatsächlicher Art sind dagegen zulässig (Ströbele/Hacker/Thiering/Miosga Rn. 4). Hierzu zählen zB allgemeine Auskünfte über den Inhalt der Veröffentlichungen des DPMA (ua Bestätigung der Registerlage: BPatG BeckRS 2014, 17284 – Karriere-Jura).

4   Weiterhin nicht vom Verbot erfasst ist die Erstattung von **außerdienstlichen Gutachten,** die nach Maßgabe des § 69 BBG grundsätzlich zulässig ist, sowie die persönliche schriftstellerische oder **wissenschaftliche Tätigkeit** des Beamten nach § 100 Abs. 1 Nr. 2 BBG.

§ 59 Ermittlung des Sachverhalts; rechtliches Gehör

(1) [1]Das Deutsche Patent- und Markenamt ermittelt den Sachverhalt von Amts wegen. [2]Es ist an das Vorbringen und die Beweisanträge der Beteiligten nicht gebunden.

(2) Soll die Entscheidung des Deutschen Patent- und Markenamts auf Umstände gestützt werden, die dem Anmelder oder Inhaber der Marke oder einem anderen am Verfahren Beteiligten noch nicht mitgeteilt waren, so ist ihm vorher Gelegenheit zu geben, sich dazu innerhalb einer bestimmten Frist zu äußern.

Überblick

Die Kommentierung gibt einen Überblick über den die Durchführung der Markenverfahren tragenden Amtsermittlungsgrundsatz und seine Modifikationen (→ Rn. 3 ff.) sowie den Grundsatz der Wahrung des rechtlichen Gehörs (Abs. 2, → Rn. 14 ff.).

A. Allgemeines

§ 59 enthält grundlegende Vorschriften zur Ermittlung des Tatsachenstoffes als Entscheidungs- **1** grundlage, die die Markenstellen/-abteilungen von sich aus vornehmen. Es ist dabei zu **unterscheiden** zwischen Dispositionsgrundsatz und Offizialmaxime einerseits, Beibringungs- und Amtsermittlungsgrundsatz andererseits. Der Dispositionsgrundsatz gilt in allen Markenverfahren, mit Ausnahme der Nichtigerklärung und Löschung von Amts wegen gemäß § 50 Abs. 3 (vgl. zur Bindung an den Nichtigkeitsantrag BGH BeckRS 2017, 141010 – Traubenzuckertäfelchen). Der **Beibringungsgrundsatz** gilt, wenn die Einrede der mangelnden Benutzung erhoben worden ist, für den Vortrag und den Nachweis der Tatsachen, aus denen sich die rechtserhaltende Benutzung ergeben soll (→ § 73 Rn. 12; BPatG GRUR-RS 2022, 5217 – Millinge HeXXenkaas/ HEKS'NKAAS; BeckRS 2015, 14896 – Farbanmeldung „orange-blau-schwarz"). Dies gilt für das Widerspruchsverfahren, das Nichtigkeitsverfahren wegen älterer Rechte und auch das Verfallsverfahren (für das Verfallsverfahren EuGH GRUR 2020, 1301 Rn. 73 ff. – Testarossa). Ein Teil der Rechtsprechung und Literatur unterstellt darüber hinaus weitere, auf Benutzung fußende Fragen dem Beibringungsgrundsatz, so zB die für die Feststellung der (bei originär kennzeichnungsschwachen Marken) durchschnittlichen (BGH GRUR 2018, 79 – OXFORD/Oxford Club) oder gesteigerten Kennzeichnungskraft (BPatG GRUR-RS 2020, 22307 – HUGOMOFELL/ HUGO BOSS ua; GRUR-RS 2020, 15784 – Kuschelmonster/Monster ua; BeckRS 2019, 24319 – limango/MANGO; BeckRS 2017, 107078 – JADE POST/Post und Deutsche Post; BeckRS 2017, 143976 – ARROW AND BEAST/ARROW) oder der benutzten Zeichenserie maßgeblichen Tatsachen (BPatG BeckRS 2009, 21577 – FlowNow!/flow; GRUR-RR 2015, 468 – Senkrechte Balken). Auch für das Entstehen und den Fortbestand von nicht registrierten Widerspruchsrechten und nicht registrierten älteren Rechte, auf die ein Nichtigkeitsverfahren gestützt wird, sowie deren Zeitrang und Inhaberschaft gilt der Beibringungsgrundsatz (für das Widerspruchsverfahren BPatG GRUR-RS 2021, 41697 – RMS ASCONEX/ASCONEX Beratung Training Seminare; GRUR-RS 2020, 15786 – FIRMAMENT BERLIN/Firmament Berlin; BeckRS 2017, 113843 – REALFUNDUS/Realfundus).

Im Übrigen gilt der Grundsatz, dass das DPMA den Sachverhalt **von Amts wegen** zu ermitteln **2** hat. Das schließt grundsätzlich eine Darlegungs- und formelle Beweislast des Anmelders oder der Beteiligten in einem mehrseitigen Verfahren aus. Im Widerspruchsverfahren besteht aufgrund des Amtsermittlungsgrundsatzes keine Begründungspflicht (BPatG BeckRS 2018, 15702 Rn. 40 – VISORA/Visora; BeckRS 2012, 23451 – deli garage kraftstoff/Kraftstoff).

Für die Bedürfnisse der Praxis wird der Amtsermittlungsgrundsatz jedoch **modifiziert,** so dass **3** auch im Rahmen der Amtsermittlung **Mitwirkungspflichten** der Partei(en) bei der Gewinnung des Tatsachenstoffes dazu führen können, dass der Untersuchungsgrundsatz im Ergebnis dem Beibringungsgrundsatz angenähert ist (BPatG GRUR-RS 2020, 11109 – ALPHA PLUS PROFILE; GRUR 2004, 950 – ACELAT/acesal).

Bei Widersprüchen aus nicht registrierten Kennzeichenrechten hat der Widersprechende als **4** Zulässigkeitsvoraussetzung die zur Identifizierung des Kennzeichenrechts notwendigen **Angaben** (§ 30 MarkenV) innerhalb der Widerspruchsfrist darzulegen. Dies bedingt im Rahmen der Begründetheitsprüfung auch den schlüssigen und substantiierten Vortrag und Nachweis der Tatsachen, aus denen der bessere Rang eines Kennzeichenrechts und dessen Fortbestand bis zum Entscheidungszeitpunkt folgen (BPatG GRUR-RS 2020, 15786 – FIRMAMENT BERLIN/ Firmament Berlin). Werden nicht alle Angaben im Widerspruchsformular eingetragen und wird keine Widerspruchsbegründung eingereicht, kann unter Umständen ein pauschaler Verweis auf Anlagen zum Widerspruchsformular zur Identifizierung des Widerspruchskennzeichens nicht ausreichend sein (BPatG GRUR-RS 2021, 41697 – RMS ASCONEX/ASCONEX Beratung Training Seminare). Die Markenstelle des DPMA bzw. der Tatrichter sind ohne hinreichend konkrete Bezugnahme nicht verpflichtet, umfangreiche (nicht aus sich heraus verständliche) Anlagen durchzuarbeiten, um sich hierdurch den entscheidungserheblichen Sachverhalt zusammenzusuchen (BGH GRUR 2012, 534 – Landgut Borsig).

5   Eine Darlegungspflicht wird auch für die **Glaubhaftmachung** (sofern man eine solche für erforderlich halten will) der Verkehrsdurchsetzung bejaht (→ § 8 Rn. 1103).

6   Eine den Amtsermittlungsgrundsatz einschränkende **Mitwirkungspflicht** des Anmelders besteht nach Auffassung des 29. Senats des BPatG auch bei der Frage der Maßgeblichkeit von Voreintragungen hinsichtlich der Vergleichbarkeit des Eintragungszeitpunkts, der Waren- und Dienstleistungsverzeichnisse, der Marken und der jeweiligen Rechtsprechungssituation (vgl. BPatG BeckRS 2010, 23078 – Institut der Norddeutschen Wirtschaft e.V.). Diese Kriterien sind vom Anmelder vorzutragen. Soweit es sich dabei nicht um Tatsachen aus der Sphäre des Anmelders handelt, muss dies aber bezweifelt werden.

7   Als **Konsequenz** aus dem Amtsermittlungsgrundsatz folgt, dass die Markenstellen und -abteilungen im – regelmäßig – schriftlichen Verfahren jeden Sach- und Rechtsvortrag bis zum Erlass der Entscheidung zu **berücksichtigen** haben. Eine Anwendung der Verspätungsvorschriften der ZPO scheidet aus (eine Anwendung im Rahmen des Beibringungsgrundsatzes bei Anhörung bejahend Ströbele/Hacker/Thiering/Miosga Rn. 5; aA Büscher/Dittmer/Schiwy/Büscher § 60 Rn. 26), ausgenommen es bestehen wie oben dargestellt Mitwirkungspflichten, die je nach Umfang die Ermittlungspflicht der Markenstelle oder -abteilung begrenzen und aus diesem Grunde zur Zurückweisung verspäteten Vorbringens führen können (vgl. BPatG BeckRS 2010, 23078 – Institut der Norddeutschen Wirtschaft e.V.).

8   Es sind aber auch Fälle denkbar, bei denen Tatsachen nicht aufgeklärt werden können; dann ist nach **Beweis(Feststellungs-)lastregeln** zu entscheiden, wer die sich aus dem Nichterweislichsein dieser Tatsachen ergebenden Folgen zu tragen hat (BPatG GRUR 2015, 796 – Sparkassen-Rot II).

9   Die **Verteilung** der Beweis(Feststellungs-)last ergibt sich dabei entweder aus dem Gesetz oder aus der allgemeinen Erwägung, wonach die materielle Beweis(Feststellungs-)last denjenigen trifft, der aus der erwiesenen Tatsache eine für sich günstige Rechtsfolge ableiten könnte. Gesetzliche Beweislastregeln enthalten zB § 33 Abs. 2 S. 2 oder § 43 Abs. 1 S. 1. Gleiches gilt für gesetzliche Vermutungen, weil diese von der Gegenseite widerlegt werden müssen.

10   Daher ist es zumindest missverständlich, wenn gefordert wird, nur bei positiver Feststellung der Herkunftsfunktion und damit der Unterscheidungskraft komme eine Eintragung der Marke in Betracht (Ströbele/Hacker/Thiering/Ströbele § 8 Rn. 140 f.). Nachzuweisen hat die Markenstelle, dass die Marke ohne Unterscheidungskraft ist bzw. dass ein sonstiges Schutzhindernis vorliegt (BPatG GRUR 2003, 1069 (1070) – Beschwerdegebühr). Gelingt ihr das nicht, ist die Marke einzutragen.

11   Für das Bestehen der **Verkehrsdurchsetzung** trägt im einseitigen Verfahren der Anmelder die materielle Feststellungslast (BPatG BeckRS 2019, 13822 – Hospiz macht Schule), da zum Zeitpunkt der Geltendmachung (ggf. in Form eines Hilfsantrages) der Verkehrsdurchsetzung (ggf. inzidenter) die Feststellung getroffen worden sein muss, dass die Marke „an sich" nicht nach § 8 Abs. 2 Nr. 1–3 schutzfähig ist. Dann ist es Aufgabe des Anmelders, Umstände vorzutragen und nachzuweisen, die die Feststellungen des Amtes zu den Schutzhindernissen entkräften (BPatG GRUR 2011, 232 (234) – GELBE SEITEN: „Ausgestaltung der Verkehrsdurchsetzung (…) als Einrede des Markenanmelders gegen die ansonsten bestehende Schutzversagung zu verstehen").

12   Im **Nichtigkeitsverfahren** trägt der Antragsteller die materielle Feststellungslast für die Tatsachenfeststellungen, aus denen das geltend gemachte Schutzhindernis sowohl zum Anmeldezeitpunkt als auch zum Zeitpunkt der Entscheidung über den Nichtigkeitsantrag folgen (BPatG GRUR-RS 2020, 1270 – Plombir). Beruft sich der Antragsgegner und Markeninhaber gegenüber den Schutzhindernissen nach § 8 Abs. 2 Nr. 1–3 auf Verkehrsdurchsetzung muss er die Voraussetzungen für das Bestehen der Verkehrsdurchsetzung darlegen und im Bestreitensfall nachweisen (vgl. BGH GRUR 2021, 1526 Rn. 38 – NJW-Orange). Kann der Markeninhaber den Nachweis der Verkehrsdurchsetzung zum Anmeldezeitpunkt nicht führen, muss er diese daher erneut, diesmal zum Zeitpunkt der Entscheidung über den Nichtigkeitsantrag darlegen und nachweisen (BGH GRUR 2021, 1526 Rn. 42 – NJW-Orange; BPatG GRUR 2011, 232 (234) – GELBE SEITEN). Gelingt ihm dieser Nachweis, steht dem Antragsteller der Gegenbeweis in Form eines weiteren Gutachtens offen (BPatG BeckRS 2010, 26993 – Post II). Im **Verfallsverfahren** trägt die Darlegungs- und Beweislast für die Voraussetzungen des Verfalls einer Marke nicht der Antragsteller; vielmehr muss der Inhaber der angegriffenen Marke die Voraussetzungen der ernsthaften Benutzung seiner Marke darlegen und ggf. beweisen (BGH GRUR 2021, 736 Rn. 21 f. – STELLA).

S. 2 regelt als weiterer Ausfluss des Amtsermittlungsgrundsatzes, dass das DPMA nicht alle **13** von den Verfahrensbeteiligten angebotenen Beweise erheben muss. Unzulässig ist allerdings eine Vorwegnahme der Beweiswürdigung.

B. Regelung des Abs. 2

Die die Entscheidungsformel tragenden Feststellungen müssen dem/den Verfahrensbeteiligten **14** vor Erlass des Beschlusses mit der **Gelegenheit zur Stellungnahme** mitgeteilt worden sein **(rechtliches Gehör).**

Neue Schutzhindernisse (zB im Erinnerungsverfahren) oder neue Tatsachen können nur **15** dann Grundlage einer nachteiligen Entscheidung sein, wenn der Betroffene zuvor Gelegenheit zur Stellungnahme hatte (neue Schutzhindernisse: BPatG GRUR-RS 2020, 18523 – Rotes e; fehlender Zugang des Beanstandungsbescheids: BPatG GRUR-RS 2020, 12497 – MEDICAL:CONTACT; zur Übermittlung von Rechercheergebnissen im Anmeldeverfahren: BPatG BeckRS 2019, 26097 – Variocast; BeckRS 2008, 08491 – ALL IN ONE; BeckRS 2009, 20008 – Wall Street Radar; BeckRS 2009, 24541 – Emerging Markets Radar; BeckRS 2016, 19109 – E-Flight; für in der mündlichen Verhandlung vor dem BPatG in das Verfahren eingeführte Unterlagen: BGH GRUR 2018, 111 – PLOMBIR). Anderenfalls darf der Beschluss (die Entscheidungsformel) hierauf nicht gestützt werden (BPatG BeckRS 2009, 02855). Dies erfordert im einseitigen Verfahren einen nicht lediglich formelhaften Beanstandungsbescheid, im mehrseitigen Verfahren die Zustellung der Schriftsätze der Gegenseite, die relevantes neues Sachvorbringen oder Rechtsausführungen enthalten (vgl. hierzu BPatG BeckRS 2009, 02489 – Cargo-MAXX/Cargobull: die Verletzung des Anspruchs auf rechtliches Gehör wurde bejaht, weil der einzige und erste Schriftsatz der Markeninhaberin im Widerspruchsverfahren der Widersprechenden erst zwei Jahre nach Eingang des Schriftsatzes im DPMA und erst nach Erlass des Widerspruchsbeschlusses übermittelt wurde; BPatG BeckRS 2009, 02393 – OL'ROY/ROY: die Verletzung des Anspruchs auf rechtliches Gehör wurde bejaht, weil der unterlegenen Markeninhaberin ein für den Widerspruchsbeschluss maßgeblicher Schriftsatz der Gegenseite erst zusammen mit dem Beschluss übermittelt wurde). Ob das Nichtabwarten eines von einem Verfahrensbeteiligten in Aussicht gestellten Gutachtens den Anspruch auf rechtliches Gehör verletzt, hängt von den Umständen des Einzelfalls ab (verneinend BGH GRUR-RS 2020, 26482 – Lichtmiete).

Wird eine Markenanmeldung für **andere Waren und Dienstleistungen** als die beanstandeten **16** Waren und Dienstleistungen zurückgewiesen, liegt eine Verletzung des rechtlichen Gehörs vor (BPatG BeckRS 2019, 12839 – Backgold; BeckRS 2015, 08929 – GCSN; vollständige Zurückweisung, obwohl zuvor nur teilweise beanstandet wurde: BPatG BeckRS 2011, 19598 – Löwenzahn).

Der Anspruch auf rechtliches Gehör ist verletzt, wenn sich aus den Gründen des amtlichen **17** Beschlusses ergibt, dass ein rechtzeitig vor Beschlussfassung bzw. vor Abgabe des Beschlusses an die Postausgangsstelle beim DPMA eingegangenes Vorbringen weder zur Kenntnis genommen noch gewürdigt wurde (vor Beschlussfassung: BPatG GRUR-RS 2022, 21956 – Silberweide; BeckRS 1999, 15342; 1999, 15343; vor Abgabe an die Postausgangsstelle: BPatG BeckRS 2001, 16224 – 1012 privat; zur Nichtberücksichtigung eines Fristverlängerungsantrages: BPatG BeckRS 2009, 13953 – NEUSS ARCADEN). Wird das Vorbringen per **Telefax** an eine für die Allgemeinheit zugängliche Faxverbindung des DPMA übermittelt, so muss das DPMA intern sicherstellen, dass das Fax den jeweiligen Schutzrechtsvorgängen zugeordnet und dort berücksichtigt wird. Derartige Faxeingänge sind vergleichbar mit Postsendungen, die in einen der geöffneten körperlichen Briefkästen des DPMA an seinen verschiedenen Standorten eingeworfen werden. Eine Beschränkung auf bestimmte Annahmevorrichtungen (vgl. insoweit für die Einreichung elektronisch übermittelter Dokumente § 3 Abs. 1 ERVDPMAV) existieren bei für die Allgemeinheit zugänglichen Faxverbindungen des DPMA nicht (BPatG GRUR-RS 2022, 21956 – Silberweide).

Im **Umschreibungsverfahren** muss dem eingetragenen Markeninhaber vor Vollzug der **18** Umschreibung Gelegenheit zur Stellungnahme gegeben werden, wenn der Antrag zur Umschreibung nur vom (angeblichen) Rechtsnachfolger gestellt wurde und eine Erklärung des eingetragenen Markeninhabers zum Umschreibungsverfahren fehlt (BPatG GRUR 2008, 261 – Markenumschreibung; BeckRS 2009, 24955 – Chocomella; Beschl. v. 18.6.2009 – 25 W (pat) 59/09 – EINSTEIN KAFFEE, KAFFEE-RÖSTEREI BERLIN).

19   Der Inhaber einer im **Widerspruchsverfahren** angegriffenen Marke muss die Möglichkeit zur Wahrnehmung seiner Rechte (Verteidigung gegen den Widerspruch) erhalten. Dies setzt voraus, dass er vor Beschlussfassung nachweislich Kenntnis vom Widerspruch erlangt hat. Ist dies nicht der Fall, liegt eine Verletzung des rechtlichen Gehörs vor (BPatG GRUR-RS 2022, 19103 – LUKOIL/LUI OIL). Dagegen stellt die Nichtaufforderung zur Abgabe einer Begründung im Widerspruchsverfahren keine Verletzung des rechtlichen Gehörs dar, denn aufgrund des Amtsermittlungsgrundsatzes gemäß Abs. 1 besteht keine Begründungspflicht, weshalb die Aufforderung zur Begründung eines Widerspruchs entbehrlich ist (BPatG BeckRS 2012, 23451 – deli garage kraftstoff/Kraftstoff). Wird einem Verfahrensbeteiligten, der eine Stellungnahme angekündigt, diese aber auch nach 14 Monaten noch nicht abgegeben hat, nicht mitgeteilt, dass die Gegenseite (ebenfalls) keine weitere Stellungnahme eingereicht hat, stellt dies keine Gehörsverletzung dar, wenn der Verfahrensbeteiligte vor Beschlussfassung nicht (nochmal) zur Abgabe einer Stellungnahme aufgefordert wird (BPatG GRUR-RS 2020, 19689). Ebenso ist es keine Gehörsverletzung, wenn es das DPMA nach Erhebung einer Nichtbenutzungseinrede, die dem Widersprechenden übermittelt wird, unterlässt, den Widersprechenden ausdrücklich (nochmals) zur Glaubhaftmachung der bestrittenen Benutzung aufzufordern. Der Widersprechende muss die notwendigen Benutzungsunterlagen nach Übermittlung der Nichtbenutzungseinrede von sich aus vorlegen und darf nicht darauf vertrauen, dass ihm eine ausdrückliche Aufforderung zur Glaubhaftmachung zugeht (BPatG GRUR-RS 2022, 5217 – Millingse HeXXenkaas/HEKS'NKAAS).

20   Im **Nichtigkeitsverfahren** kann das rechtliche Gehör des Antragstellers verletzt sein, wenn das DPMA ihn vor einer, den Antrag als unzulässig verwerfenden Entscheidung nicht auf Mängel des Nichtigkeitsantrags hinweist (BGH BeckRS 2016, 06434 – Nichtangabe eines konkreten absoluten Schutzhindernisses im Löschungsverfahren – Fünf-Streifen-Schuh; vorgehend BPatG GRUR-RS 2014, 16834 – Fünf-Streifen-Schuh). Das rechtliche Gehör des Markeninhabers wird verletzt, wenn das DPMA die Löschung einer Marke anordnet, ohne dass dem Markeninhaber – mangels ordnungsgemäßer Zustellung des Verfalls- oder Nichtigkeitsantrags – zuvor die Möglichkeit zum Widerspruch nach § 53 Abs. 4 eingeräumt worden ist (BPatG GRUR-RS 2020, 4681 – Asil).

21   Wird ein mehrseitiges Verfahren auf Antrag eines Beteiligten **ausgesetzt,** ohne dass die anderen Beteiligten über den Antrag informiert wurden, so liegt eine Verletzung des rechtlichen Gehörs vor (BPatG BeckRS 2018, 25072 = GRUR-Prax 2018, 551 – herzo/Herno). Ebenso liegt eine Verletzung des rechtlichen Gehörs vor, wenn nach Aussetzung eines mehrseitigen Verfahrens eine Seite nicht über die Fortführung des Verfahrens informiert und ihr vor Beschlussfassung keine Möglichkeit zur Stellungnahme eingeräumt wird (BPatG BeckRS 2019, 13210 – Tectronic GERMANY/Techtronic).

22   § 18 DPMAV enthält die Regelungen zu Voraussetzungen, Dauer und Anzahl der gewährbaren **Äußerungsfristen.** Das DPMA muss von sich aus nicht auf eine ausstehende Begründung hinweisen. Daher kann es auch bei ausstehender Begründung nach Ablauf einer angemessenen Frist nach Lage der Akten gemäß § 19 DPMAV entscheiden (vgl. BPatGE 19, 225). Die Norm ist ihrem Wortlaut nach auf die Ankündigung einer Begründung ohne Fristantrag beschränkt. Es kann aber nichts anderes gelten, wenn eine beantragte Frist abgelaufen ist, ohne dass die Begründung eingereicht wurde. Im (einseitigen) Erinnerungsverfahren verbindet der Erinnerungsführer seinen Rechtsbehelf beim Einlegen gelegentlich mit der Bitte, mitzuteilen, wann die Sache in Bearbeitung genommen wird, um vor diesem Zeitpunkt die Begründung einreichen zu können. Dies ist im Hinblick auf § 18 Abs. 1 DPMAV und die dort geregelte Mindestfrist unbedenklich.

23   In § 18 Abs. 2 DPMAV ist geregelt, dass eine **Fristverlängerung** bei Angabe ausreichender Gründe, jede weitere Fristverlängerung nach Abs. 3 aber nur bei Glaubhaftmachung eines berechtigten Interesses gewährt werden kann. Dabei ist jedoch zu beachten, dass sich diese Fristenregelung nur dann auswirken kann, wenn auch zeitnah nach Fristablauf die abschließende Bearbeitung des Verfahrens erfolgt, da die Markenstellen/-abteilungen jeden Sach- und Rechtsvortrag bis zum Erlass der Entscheidung zu berücksichtigen haben (Ströbele/Hacker/Thiering/Miosga Rn. 27). Bei versagter Fristerstreckung dem Verfahrensbeteiligten (zumindest im einseitigen Verfahren) eine kurze Nachfrist zur Einreichung eines Schriftsatzes einzuräumen, sollte ein nobile officium der Markenstelle/-abteilung sein.

24   Der **Verstoß** gegen die Pflicht zur Wahrung des rechtlichen Gehörs stellt einen **Verfahrensfehler** dar, der die Entscheidung angreifbar macht. Ein Rechtsbehelf heilt diesen jedoch (BPatG GRUR-RS 2020, 31540 – Exergiemaschine; BeckRS 2001, 16224 – 1012 privat), so dass vor Erhebung erwogen werden sollte, ob die Entscheidung auch in der Sache keinen Bestand haben kann.

§ 60 Ermittlungen; Anhörungen; Niederschrift

(1) ¹**Das Deutsche Patent- und Markenamt kann jederzeit die Beteiligten laden und anhören, Zeugen, Sachverständige und Beteiligte eidlich oder uneidlich vernehmen, Augenschein nehmen, die Beweiskraft einer vorgelegten Urkunde würdigen sowie andere zur Aufklärung der Sache erforderliche Ermittlungen anstellen. ²Die Vorschriften des Buches 2 der Zivilprozessordnung zu diesen Beweismitteln sowie § 128a der Zivilprozessordnung sind entsprechend anzuwenden.**

(2) ¹**Bis zum Beschluß, mit dem das Verfahren abgeschlossen wird, ist der Anmelder oder Inhaber der Marke oder ein anderer an dem Verfahren Beteiligter auf Antrag anzuhören, wenn dies sachdienlich ist. ²Hält das Deutsche Patent- und Markenamt die Anhörung nicht für sachdienlich, so weist es den Antrag zurück. ³Der Beschluß, durch den der Antrag zurückgewiesen wird, ist selbständig nicht anfechtbar. ⁴Im Verfalls- oder Nichtigkeitsverfahren findet eine Anhörung statt, wenn ein Beteiligter dies beantragt oder das Deutsche Patent- und Markenamt dies für sachdienlich erachtet.**

(3) ¹**Über die Anhörungen und Vernehmungen ist eine Niederschrift zu fertigen, die den wesentlichen Gang der Verhandlung wiedergeben und die rechtserheblichen Erklärungen der Beteiligten enthalten soll. ²Die §§ 160a, 162 und 163 der Zivilprozeßordnung sind entsprechend anzuwenden. ³Die Beteiligten erhalten eine Abschrift der Niederschrift.**

Überblick

§ 60 enthält die Möglichkeit für die Markenstelle/-abteilung, neben dem schriftsätzlichen Vorbringen den entscheidungserheblichen Tatsachenstoff auch im Rahmen einer mündlichen Verhandlung (Anhörung) durch Beweisaufnahme zu gewinnen.

A. Allgemeines

Die Norm besitzt bislang für die Praxis, die von der Schriftlichkeit des Verfahrens beherrscht **1** wird, eine nur **geringe Bedeutung.** Aufgrund des Markenrechtsmodernisierungsgesetzes könnte sich dies jedoch ändern. Denn in Verfalls- und Nichtigkeitsverfahren muss nunmehr eine Anhörung durchgeführt werden, wenn dies von einem Beteiligten beantragt wird (§ 60 Abs. 2 S. 4). Die Möglichkeit, Anträge auf Durchführung einer Anhörung mangels Sachdienlichkeit zurückzuweisen, was bisher der Regelfall war, besteht für das Verfalls- und Nichtigkeitsverfahren nicht mehr. Diese Änderung bezweckt primär den Gleichlauf mit dem für das designrechtliche Nichtigkeitsverfahren geltenden § 34a Abs. 3 S. 3 DesignG und dem für das gerichtliche Verfahren geltenden § 69 Nr. 1.

Die Erhebung des Beweises ist über den Wortlaut der Norm hinaus durch alle in der ZPO **2** vorgesehenen Beweismittel möglich (Fezer Rn. 1). Die Durchführung der Beweisaufnahme vollzieht sich entsprechend den Regelungen der ZPO (Büscher/Dittmer/Schiwy/Büscher Rn. 3). **Seit 1.5.2022** können durch die Aufnahme der Verweisung auf § 128a ZPO in § 60 Abs. 1 S. 2 Anhörungen und Vernehmungen auch im Wege der **Bild- und Tonübertragung** durchgeführt werden (Art. 5 Zweites Gesetz zur Vereinfachung und Modernisierung des Patentrechts vom 10.8.2021, BGBl. I 3490; vgl. hierzu Hinweis des DPMA vom 23.5.2022: https://www.dpma.de/dpma/veroeffentlichungen/hinweise/hinweis_23052022/index.html). Eine Ausdehnung dieser Möglichkeit enthält der Referentenentwurf des BMJ für ein Gesetz zur Förderung des Einsatzes von Videokonferenztechnik in der Zivilgerichtsbarkeit und den Fachgerichtsbarkeiten vom 23.11.2022 (https://www.bmj.de/SharedDocs/Gesetzgebungsverfahren/Dokumente/RefE_%20Videokonferenztechnik.html), der eine umfassende Neuregelung von § 128a ZPO vorsieht.

B. Einzelheiten

Die **Anhörung** ist nichtöffentlich. Sie wird in Verfalls- und Nichtigkeitsverfahren durchgeführt, **3** wenn ein Beteiligter dies schriftlich beantragt oder das DPMA sie für sachdienlich erachtet. In allen anderen Verfahren wird eine Anhörung auf Antrag durchgeführt, wenn sie sachdienlich ist. **Sachdienlichkeit** ist dann gegeben, wenn auf diese Weise eine schnellere Aufklärung als im schriftlichen Verfahren oder durch telefonische Nachfrage zu erwarten ist (BPatG GRUR-RS 2021, 17488 – Zuhause Apotheke; BeckRS 2014, 16257 – MagicPix). Wegen der weiteren Einzelheiten zur Sachdienlichkeit wird auf die einschlägige Kommentierung des § 46 PatG verwiesen (→ § 74 Rn. 1 ff.; vgl. Schulte/Rudloff-Schäffer PatG § 46 Rn. 1 ff.). Erachtet das DPMA die Durchführung der in einem anderen Verfahren als Verfalls- und Nichtigkeitsverfahren beantragten Anhörung nicht für sachdienlich, kann es von der Durchführung der Anhörung absehen, muss aber die Gründe für die fehlende Sachdienlichkeit im (Hauptsache-)Beschluss darlegen (BPatG GRUR-RS 2021, 17488 – Zuhause Apotheke). Die Ablehnung einer Anhörung durch Beschluss ist wegen § 60 Abs. 2 S. 3 nicht selbständig anfechtbar (→ § 66 Rn. 11).

4   Das Markenverfahren hat, obwohl Abs. 1 durch das Markenrechtsmodernisierungsgesetz um eine Verweisung auf Vorschriften der ZPO ergänzt wurde, noch keine vollständige Regelung erfahren, so dass in zahlreichen Fällen nach wie vor ein **Rückgriff auf Regelungen anderer Verfahrensordnungen** erforderlich ist (Büscher/Dittmer/Schiwy/Büscher Rn. 1). Eine allgemeine Verweisungsnorm wie für das Beschwerdeverfahren des BPatG besteht für die Verfahren vor dem DPMA nicht. § 2 Abs. 2 Nr. 3 VwVfG nimmt die Verfahren vor dem DPMA ausdrücklich von der Anwendbarkeit des VwVfG aus. Weil wegen der damit verbundenen Komplexität Anhörungen vor allem in Widerspruchsverfahren zu nicht registrierten Kennzeichenrechten bzw. zum Bekanntheitsschutz oder im Verfalls- und Nichtigkeitsverfahren in Betracht kommen, werden diese in aller Regel durch Mitglieder des DPMA durchgeführt (vgl. auch § 56 Abs. 2 S. 3, wonach den Beamten und Beamtinnen des gehobenen Dienstes oder vergleichbaren Angestellten nur die uneidliche Zeugeneinvernahme gestattet ist). Für diese können aber die Vorschriften über das Beschwerdeverfahren weitgehend analog angewendet werden, so dass hinsichtlich der Durchführung der mündlichen Verhandlung auf die entsprechenden Normen des MarkenG und der ZPO verwiesen werden kann. Jedoch dürfen Beschlüsse wegen § 61 Abs. 1 S. 3 nicht in einem eigenen Verkündungstermin, sondern nur am Ende des Anhörungstermins verkündet werden.

§ 61 Beschlüsse; Rechtsmittelbelehrung

(1) [1]**Die Beschlüsse des Deutschen Patent- und Markenamts sind, auch wenn sie nach Satz 3 verkündet worden sind, zu begründen und den Beteiligten von Amts wegen in Abschrift zuzustellen; eine Beglaubigung der Abschrift ist nicht erforderlich. [2]Ausfertigungen werden nur auf Antrag eines Beteiligten und nur in Papierform erteilt. [3]Falls eine Anhörung stattgefunden hat, können sie auch am Ende der Anhörung verkündet werden. [4]Einer Begründung bedarf es nicht, wenn am Verfahren nur der Anmelder oder Inhaber der Marke beteiligt ist und seinem Antrag stattgegeben wird.**

(2) [1]**Mit Zustellung des Beschlusses sind die Beteiligten über das Rechtsmittel, das gegen den Beschluss gegeben ist, über die Stelle, bei der das Rechtsmittel einzulegen ist, über die Rechtsmittelfrist und, sofern für das Rechtsmittel eine Gebühr nach dem Patentkostengesetz zu zahlen ist, über die Gebühr zu belehren. [2]Die Frist für das Rechtsmittel beginnt nur zu laufen, wenn die Beteiligten nach Satz 1 belehrt worden sind. [3]Ist die Belehrung unterblieben oder unrichtig erteilt, so ist die Einlegung des Rechtsmittels nur innerhalb eines Jahres seit Zustellung des Beschlusses zulässig, außer wenn der Beteiligte schriftlich dahingehend belehrt worden ist, daß ein Rechtsmittel nicht gegeben sei. [4]§ 91 ist entsprechend anzuwenden. [5]Die Sätze 1 bis 4 gelten entsprechend für den Rechtsbehelf der Erinnerung nach § 64.**

Überblick

Die folgende Kommentierung verschafft einen Überblick zum Begriff des Beschlusses (→ Rn. 2), zur Begründung (→ Rn. 6 f.) und zum Wirksamwerden des Beschlusses (→ Rn. 12 ff.) sowie zur Rechtsbehelfs- oder Rechtsmittelbelehrung (→ Rn. 18).

A. Allgemeines

1   Die Markenstellen und -abteilungen äußern sich in Markenangelegenheiten in Form von Beschlüssen, Bescheiden oder sonstigen Mitteilungen. Maßgeblich zur Unterscheidung ist, ob eine abschließende fachliche Entschließung (Beschluss, Bescheid) ergeht oder lediglich eine vorbereitende Zwischenlösung getroffen werden soll.

2   **Beschlüsse** sind alle abschließenden Entscheidungen der Markenstellen und Markenabteilungen, die Rechte von Verfahrensbeteiligten berühren können. Sie weisen gelegentlich nicht die äußere Form eines Beschlusses auf, sondern ergehen in Form eines Bescheids (ohne Rechtsmittel-/Rechtsbehelfsbelehrung). Sie können dennoch (wegen des Fehlens der Rechtsmittel-/Rechtsbehelfsbelehrung innerhalb der Jahresfrist des § 61 Abs. 2 S. 3) mit Erinnerung oder Beschwerde anfechtbar sein, es sei denn, es handelt sich um abschließende Entscheidungen, die kraft Gesetzes unanfechtbar sind (BPatG Beschl. v. 20.6.2022 – 25 W (pat) 501/21 – Kaave/Kave Home und KAVE). Anfechtbar sind abschließende Feststellungen über den Eintritt oder Nichteintritt bestimmter Rechtsfolgen, zB des Eintritts der Nichtvornahmefiktion (BPatG GRUR-Prax 2017, 102 – Cevita/CêlaVita für den Fall der nicht vollständigen Gebührenzahlung im Erinnerungsverfahren) oder der Wirksamkeit des Widerspruchs gegen einen Löschungsantrag bei bestrittener Beteiligtenfähigkeit (BPatG GRUR-RS 2021, 29105 – Keine Kostenauferlegung auf Löschungsantragsgegnerin mangels Sorgfaltsverstoßes), wenn eine zusätzliche behördliche Handlung erforderlich ist (BPatG BeckRS 2011, 20041 – BILD OSGAR). Ebenso kann die formlose Mitteilung über die (Nicht-)Aussetzung eines mehrseitigen Verfahrens (vgl. für das Widerspruchsverfahren: BPatG Beschl. v. 20.6.2022 – 25 W (pat) 501/21 – Kaave/Kave Home und KAVE; BeckRS 2018, 25072 = GRUR-Prax 2018, 551 – herzo/Herno) oder die abschließende formlose Mitteilung über die Nichtgewährung der Akteneinsicht (BPatG GRUR-RS 2021, 7312 – Keine Akteneinsicht bei vernichteter Papierakte) anfechtbar sein. Hinweise ohne verfahrensbeendenden Charakter, wie beispielsweise die Mitteilung an einen nicht am (Anmelde-)Verfahren beteiligten Dritten (BPatG BeckRS 2011, 20041 – BILD OSGAR für die Mitteilung an einen Dritten, die Anmeldung nicht wegen ersichtlicher Bösgläubigkeit zurückweisen zu wollen) und die Schlussmitteilung an das internationale Büro (BPatG BeckRS 2000, 15240 – CHRONIN), sind **keine Beschlüsse.**

Der **Begriff** „Beschluss" wird in § 61 ebenso wie in den § 64 Abs. 1, § 66 Abs. 1 im materiellen 3 Sinne gebraucht. Darüber hinaus sind aber im Hinblick auf die Rechtsschutzmöglichkeiten auch solche Entscheidungen als „Beschlüsse" anzusehen, die in der äußeren Form eines Beschlusses gefasst wurden (zB weil sie eine Rechtsbehelfs-/Rechtsmittelbelehrung enthalten). Der Begriff des Beschlusses hat daher auch eine formelle Seite.

B. Regelung des Abs. 1 (Beschlüsse)

Durch das **Gesetz zur Änderung des Designgesetzes** und weiterer Vorschriften des gewerb- 4 lichen Rechtsschutzes vom 4.4.2016 (BGBl. I 558) wurde § 61 Abs. 1 mit Wirkung zum 1.10.2016 geändert. Seit diesem Zeitpunkt werden Beschlüsse grundsätzlich als Abschrift an die Verfahrensbeteiligten übermittelt. Ausfertigungen werden nicht mehr von Amts wegen, sondern nur noch auf Antrag und ausschließlich in Papierform erteilt.

Nähere Bestimmungen zur Form der **Ausfertigungen und Abschriften** des Beschlusses regelt 5 § 20 DPMAV. Bis zur Einführung der elektronischen Aktenführung im März 2015 wurden die Bescheide und Beschlüsse überwiegend durch die Prüfer selbst in mehreren Exemplaren ausgedruckt und unterschrieben und in den Postversand gegeben. Eine Ausfertigung erfolgte nicht. Diese Praxis war unbedenklich, weil, aber auch wenn es sich hierbei um den gleichen Beschluss handelte. Seit Einführung der elektronischen Aktenführung werden Abschriften bzw. schriftliche Ausfertigungen von dem signierten elektronischen Beschluss-Urdokument übermittelt.

Die Entscheidung ist zu **begründen** (Ausnahme: Abs. 1 S. 4). Die Begründung muss die 6 Erwägungen in sachlicher und rechtlicher Hinsicht enthalten, die die Entscheidungsformel stützen. Der Grund, der in tatsächlicher und rechtlicher Hinsicht für die Entscheidung maßgebend gewesen ist, muss dem Beschluss bzw. der in Bezug genommenen Beanstandung entnehmbar sein (BPatG BeckRS 2019, 2127 – MOVE). Die Begründung muss auch sämtliche gestellten Anträge des Antragstellers, Anmelders oder Erinnerungsführers behandeln (Büscher/Dittmer/Schiwy/Büscher Rn. 4) und ein Eingehen auf die vorgetragenen Argumente sowie die Auseinandersetzung mit der einschlägigen Rechtsprechung erkennen lassen (BPatG GRUR-RS 2021, 1312 – Kloster Scheyern). Allerdings kann auch eine lückenhafte und unvollständige Begründung dem Begründungserfordernis des § 61 Abs. 1 genügen (BGH GRUR 2003, 546 (548) – TURBO TABS). Fehlt die Begründung jedoch vollständig, ist sie unverständlich oder beschränkt sie sich auf leere Redensarten und pauschale Behauptungen, liegt ein Verstoß gegen die Begründungspflicht vor (BPatG GRUR-RS 2022, 19607 – PVSletter; GRUR-RS 2022, 12978 – impf.app; GRUR-RS 2021, 3982 – AYYANA/Ayanda; GRUR-RS 2020, 20381 – Schwiegermonster; GRUR-RS 2020, 16294 – Zweimalgut; GRUR-RS 2020, 15067 – guerilla; GRUR-RS 2020, 15059 – KRÄUTERWASSER; GRUR-RS 2020, 7394 – Eisblock; BeckRS 2019, 21386 – Dein neuer Stecher; BeckRS 2019, 2127 – MOVE). Im Eintragungsverfahren sind im Zurückweisungsbeschluss bei der Prüfung der absoluten Schutzhindernisse grundsätzlich alle von der Zurückweisung betroffenen Waren und Dienstleistungen zu würdigen und abzuhandeln (BPatG GRUR-RS 2020, 15032 – pizzadrone; BeckRS 2019, 10782 – Kasap; GRUR-Prax 2017, 103 – Space IC). Bilden die beanspruchten Waren oder Dienstleistungen wegen gemeinsamer Eigenschaften und Funktionen hinreichend homogene Gruppen oder Kategorien, können auch globale Begründungen für die Waren- oder Dienstleistungsgruppe bzw. -kategorie dem Begründungserfordernis genügen (BPatG GRUR-Prax 2017, 103 – Space IC; BeckRS 2016, 114733 – kerzenzauber). Werden verschiedene/gleichartige Waren und/oder Dienstleistungen ohne nähere Begründung gleich/ungleich behandelt oder überhaupt nicht gewürdigt, liegt ein Verstoß gegen die Begründungspflicht vor (BPatG GRUR-RS 2021, 21404 – Mate Mate; GRUR-RS 2020, 20894 – We move your success; GRUR-RS 2020, 16294 – Zweimalgut; BeckRS 2019, 2127 – MOVE; BeckRS 2018, 35251 – Zirbelzauber; BeckRS 2018, 11575 – manager magazin; BeckRS 2018, 11402 – Heimatversorger; GRUR-Prax 2017, 103 – Space IC; BeckRS 2016, 123225 – Vitabook). Setzt sich die Markenstelle im (Teil-)Zurückweisungsbeschluss im Rahmen von geltend gemachten Voreintragungen lediglich mit den vom Anmelder eingeführten oder sonst ersichtlichen Argumenten, die für eine Eintragung der angemeldeten Marke sprechen, auseinander, genügt sie grundsätzlich dem Begründungserfordernis (BPatG BeckRS 2010, 05289 – Herzchen). Dass die Begründung innerhalb von fünf Monaten ab Verkündung vorliegen muss (§ 548 ZPO), gilt auch für Verfahren vor dem DPMA (BPatG BeckRS 2013, 1796 – 9,10-Diarylanthracens; → § 79 Rn. 32).

7   Bei **Haupt- und Hilfsanträgen** ist allerdings zu beachten, dass die aufschiebend bedingte (auch bei Rechtsbedingungen, auch bei innerprozessualen Bedingungen) Einschränkung des Waren- und Dienstleistungsverzeichnisses in Form eines **Eventualantrages** (Hilfsantrages) **nicht möglich** ist, da die Einschränkung einem Teilverzicht gleichsteht, der aber nach der Rechtsprechung des BGH (GRUR 2008, 714 – idw) nur unbedingt erklärt werden kann. Dies ist für das Nichtigkeits- wie Widerspruchsverfahren entschieden (BGH GRUR 2011, 654 – Yoghurt Gums), sollte aber auch für das Anmeldeverfahren gelten. Vor Eintragung ist die Einschränkung des Waren- und Dienstleistungsverzeichnisses zwar nicht als Verzicht, sondern als teilweise Rücknahme der Anmeldung zu werten; es sollte jedoch gleich entschieden werden (in diesem Sinne auch Ströbele/ Hacker/Thiering/Miosga § 39 Rn. 7), weil ansonsten Eintragungen entgegen § 41 zunächst durch einen Eintragungsbeschluss zu erledigen wären. Jedenfalls sind Hilfsanträge (auch) unbegründet, die keine zulässige Einschränkung beinhalten (zB die Ausnahme von Merkmalen der Waren und Dienstleistungen, BPatG GRUR-RS 2020, 29336 – OPF24; GRUR-RS 2020, 27888 – DPF24) oder die Waren (oder Dienstleistungen) vom Schutz ausnehmen, zugehörige Oberbegriffe jedoch nicht (BPatG BeckRS 2012, 18934 – Waxlight).

8   Wegen der weiteren, an die Begründung zu stellenden Anforderungen → § 83 Rn. 58 (zu § 83 Abs. 3 Nr. 6).

9   Beschlüsse sind von den Personen, die an deren Erlass mitgewirkt haben, zu unterschreiben. Das **Unterschriftserfordernis** ergibt sich zwar nicht ausdrücklich aus dem Markengesetz; jedoch schreibt § 20 DPMAV vor, dass nur vorher unterzeichnete Beschlüsse ausgefertigt werden können (BPatG GRUR-RS 2021, 39718 – HALK/Halkra). Aus der analogen Anwendung von § 315 Abs. 1 ZPO, § 317 Abs. 2 ZPO kann das Schriftformerfordernis ebenfalls abgeleitet werden (BPatG BeckRS 2016, 08401 – Fehlende Signatur). Zudem entspricht es dem in § 126 BGB enthaltenen allgemeinen Schriftformerfordernis, dass die Schriftform nur bei eigenhändiger Namensunterschrift gewahrt ist; dies ist bei einem schleifenförmigen Gebilde, das keinen Buchstaben und erst recht keine Buchstabenfolge erkennen lässt, nicht der Fall (BPatG BeckRS 2012, 13593). Unzulässig sind auch Zusätze wie „i.V.", die eher darauf hindeuten, dass der Unterzeichner keine eigene Entscheidung treffen will (BPatG BeckRS 2012, 16906). Ein elektronisches Beschluss-Urdokument wird dadurch unterzeichnet, dass der Name des Unterzeichnenden eingefügt und das Dokument mit einer fortgeschrittenen oder qualifizierten elektronischen Signatur nach dem Signaturgesetz versehen wird (§ 5 Abs. 3 EAPatV). Die Dokumente werden jeweils mit dem Zusatz „Dieses Dokument wurde elektronisch signiert." versehen. Der Ausfertigung des Beschlusses ist ein sog. Signaturblatt beigefügt, welches Informationen darüber enthält, wann und von wem das Dokument signiert wurde und um welche Art der Signatur es sich handelt.

10   Ist nicht zweifelsfrei erkennbar, wer an der Entscheidung mitgewirkt hat oder dass die Entscheidung kein bloßer Entwurf ist, ist der Beschluss unwirksam (BPatG GRUR-RS 2021, 39718 – HALK/Halkra). Fehlt es an einer Unterschrift oder Signatur, kann diese mit Wirkung ex nunc **nachgeholt** werden, dh der Beschluss ist erneut zuzustellen.

11   Haben an dem Beschluss **mehrere Mitglieder mitgewirkt,** ist es erforderlich, dass im Beschluss klar herausgestellt wird, wer an der Entscheidung mitgewirkt hat, entweder dadurch, dass alle Beteiligten den Beschluss unterzeichnen oder im Falle einer Verhinderung eines Mitgliedes vom Vorsitzenden oder bei dessen Verhinderung dadurch, dass der Beschluss vom ältesten Beisitzer analog § 315 Abs. 1 ZPO unter Angabe des Verhinderungsgrundes unterzeichnet wird. Dies gilt auch für elektronische Dokumente (BPatG GRUR 2014, 913 – Elektrischer Winkelstecker II). Da die Ersetzung nur dann möglich ist, wenn die Verhinderung nach Beschlussfassung aufgetreten

ist, kann eine fehlende Dokumentation der Mitwirkung und des Ergebnisses der Beratung dazu führen, dass von einer nicht ausreichenden Beschlussfassung und Unterschriftsleistung durch nur zwei Angehörige der Markenabteilung auszugehen ist (BPatG BeckRS 2012, 3143 – LIQUI-DROM für den Fall eines durch zwei Angehörige der Markenabteilung und Ersetzung der Unterschrift des Vorsitzenden gezeichneten Beschlusses). Fehlt eine der erforderlichen Unterschriften oder elektronischen Signaturen, so liegt kein wirksamer Beschluss, sondern allenfalls ein Beschlussentwurf vor (für Unterschriften s. BPatG BeckRS 2011, 03417 – Hl. Hildegard; für elektronische Signaturen s. BPatG GRUR 2014, 913 – Elektrischer Winkelstecker II; BeckRS 2016, 08401 – Fehlende Signatur).

C. Zustellung

Der Beschluss wird **wirksam,** wenn er von der Markenstelle oder -abteilung erlassen worden ist. **12** Bei nicht verkündeten Beschlüssen ist das der Fall, sobald er an den richtigen Zustellungsempfänger zugestellt wurde, oder im Rahmen einer Anhörung mit der Verkündung. Gleichwohl soll bei nicht verkündeten Beschlüssen eine Bindung des entscheidenden Spruchkörpers an den Beschluss bereits mit Übergabe zu Zwecken der Zustellung an die Beteiligten zur Poststelle bestehen. Von diesem Zeitpunkt an kann die Entscheidung von der Markenstelle oder -abteilung nicht mehr geändert, sondern nur entsprechend § 80 Abs. 1 berichtigt werden. Später eingehende Schriftsätze werden nicht mehr berücksichtigt.

Der Beschluss ist den Parteien zuzustellen. Für die **Zustellungen** gelten nach Maßgabe des **13** § 94 die Vorschriften des Verwaltungszustellungsgesetzes. Ohne eine wirksame Zustellung wird die Rechtsbehelfsfrist oder Rechtsmittelfrist für die Partei nicht in Gang gesetzt.

Daraus ist zu schließen, dass der Beschluss (bzw. seine Abschriften oder Ausfertigungen) jeder **14** Partei nur einmal zuzustellen ist, es sei denn, die Zustellung ist fehlgeschlagen. Wird ein Beschluss ohne die in ihm in Bezug genommenen Anlagen übermittelt und auf die Rüge des Empfängers der Beschluss nochmals mit Anlagen zugesendet, setzt dies in der Regel keine neue Rechtsmittelfrist in Gang. Dies wäre nur der Fall, wenn mit der erneuten Übermittlung eine zusätzliche Beschwer verbunden wäre oder die im zuerst übermittelten Beschluss enthaltene Beschwer durch die nachfolgende Zusendung erst erkennbar wird (BPatG GRUR-RS 2022, 23333 – EFFLUX). Eine einheitliche Entscheidung kann und muss, um wirksam zu werden, an jeden Beteiligten nur einmal zugestellt werden. Dies gilt einmal für den Inhaber der angegriffenen Marke, gegen dessen Markeneintragung mehrere Widersprüche (unterschiedlicher Widersprechende(n)r) erhoben wurden (BPatG GRUR 2008, 362, dort missverständlich als Markeninhaberin bezeichnet), muss aber auch für den Widersprechenden gelten, der aus mehreren Kennzeichenrechten Widerspruch gegen dieselbe Marke erhoben hat.

Es ist daher problematisch, wenn an eine Partei (zB im Falle eines Kollisionsverfahrens dem **15** Widersprechenden bei Vorgehen aus mehreren Widerspruchskennzeichen gegen dieselbe Marke) der Beschluss auch **mehrfach zugestellt** würde, weil unabhängig von der Frage, wann die Zustellung für den zuletzt zugestellten Beschluss bewirkt wurde, die Rechtsbehelfsfrist oder Rechtsmittelfrist immer von dem Zeitpunkt zu laufen beginnt, ab dem die Zustellung des zeitlich ersten Beschlusses bewirkt wurde.

Die **Rechtsbehelfsfrist** oder **Rechtsmittelfrist** beginnt dabei für jeden Verfahrensbeteiligten **16** gesondert zu laufen, sobald die Zustellung an ihn bewirkt wurde.

Es wird aber auch vertreten, dass die Frist für alle Beteiligten einheitlich erst mit der Bewirkung der **16.1** zeitlich letzten Zustellung zu laufen beginnt (vgl. zB Schulte/Püschel PatG § 73 Rn. 61; Schulte/Rudloff-Schäffer PatG § 47 Rn. 38), jedenfalls für im schriftlichen Verfahren erlassene Entscheidungen, auf die sich diese Kommentarstellen beziehen. Aus Praktikabilitätsgründen ist die erste Auffassung vorzugswürdig, da sie jedem Beteiligten von vornherein Klarheit über den Fristbeginn verschafft.

Sobald der Beschluss nicht mehr angefochten werden kann, erwächst er in **Bestandskraft.** Das **17** ist der Fall, wenn auch keine (Anschluss)Erinnerungs- oder (Anschluss)Beschwerdemöglichkeit mehr gegeben ist.

D. Regelung des Abs. 2

Abs. 2 enthält Bestimmungen für den **notwendigen Inhalt der Rechtsbehelfsbelehrung** **18** **oder Rechtsmittelbelehrung,** sowie die sich aus deren unrichtiger oder fehlerhafter Erteilung oder ihrem Fehlen (zur Jahresfrist BPatG GRUR-RS 2021, 29105 – Keine Kostenauferlegung auf Löschungsantragsgegnerin mangels Sorgfaltsverstoßes) ergebenden **Folgen.** Eine Rechtsbehelfsbelehrung oder Rechtsmittelbelehrung ist nur dann entbehrlich, wenn (im einseitigen Verfahren) dem Antrag des Antragstellers entsprochen wurde sowie bei deklaratorischen Beschlüssen (zB Feststellung der Wirkungslosigkeit einer Entscheidung über den Widerspruch, wenn nach dieser die Rücknahme des Widerspruchs erklärt worden war) zur Bestandskraft einer Entscheidung.

§ 62 Akteneinsicht; Registereinsicht

(1) Das Deutsche Patent- und Markenamt gewährt auf Antrag Einsicht in die Akten von Anmeldungen von Marken, wenn ein berechtigtes Interesse glaubhaft gemacht wird.

(2) Nach der Eintragung der Marke wird Einsicht in die Akten der eingetragenen Marke gewährt.

(3) Die Einsicht in die Akten nach Absatz 2 kann bei elektronisch geführten Akten auch über das Internet gewährt werden.

(4) Die Akteneinsicht nach den Absätzen 1 bis 3 ist ausgeschlossen, soweit
1. **ihr eine Rechtsvorschrift entgegensteht,**
2. **das schutzwürdige Interesse der betroffenen Person im Sinne des Artikels 4 Nummer 1 der Verordnung (EU) 679/2016 des Europäischen Parlaments und des Rates vom 27. April 2016 zum Schutz natürlicher Personen bei der Verarbeitung personenbezogener Daten, zum freien Datenverkehr und zur Aufhebung der Richtlinie 95/46/EG (Datenschutz-Grundverordnung) (ABl. L 119 vom 4.5.2016, S. 1; L 314 vom 22.11.2016, S. 72, L 127 vom 23.5.2018, S. 2) in der jeweils geltenden Fassung offensichtlich überwiegt oder**
3. **sie auf Akteninhalte bezogen ist, die offensichtlich gegen die öffentliche Ordnung oder die guten Sitten verstoßen.**

(5) Die Einsicht in das Register steht jeder Person frei.

Überblick

Die Kommentierung verschafft einen Überblick über Voraussetzungen und Umfang der Einsicht in das frei zugängliche Register (→ Rn. 14) und in die Akten von Anmeldungen von Marken (→ Rn. 2 ff.) und eingetragenen Marken (→ Rn. 9) sowie eine kurze Darstellung der Ausschlussgründe für die Akteneinsicht (→ Rn. 13). Die Einsicht in die Akten kann auch elektronisch und online erfolgen (→ Rn. 12).

A. Allgemeines

1 In § 62 wird der Anspruch Dritter auf Auskunft/Einsicht hinsichtlich konkreter Marken verwirklicht. § 62 geht dabei dem Auskunftsanspruch aus dem Informationsfreiheitsgesetz als Lex Specialis vor (vgl. § 1 Abs. 3 IFG; BGH GRUR 2012, 317; GRUR-Prax 2012, 59 – Schokoladenstäbchen, mAnm Bösling; BPatG GRUR-RS 2021, 7312 – Keine Akteneinsicht bei vernichteter Papierakte). Akteneinsicht kann in den Dienststellen des DPMA oder durch Übersendung des Akteninhalts auf einem Datenträger (DVD, CD) oder als Kopie/Ausdruck genommen werden (§ 22 Abs. 2 DPMAV). Die hierdurch entstehenden Auslagen müssen erstattet werden, zur Höhe der Auslagen s. KV Teil B zu § 2 Abs. 1 DPMAVwKostV. § 22 DPMAV enthält weitere Bestimmungen zur Zuständigkeit und Durchführung der Akteneinsicht (→ § 56 Rn. 17; zum Streit um Akteneinsicht → § 82 Rn. 15). Der Antrag auf Akteneinsicht geht ins Leere, wenn er auf die Einsicht in eine Akte gerichtet ist, die bereits vernichtet wurde (BPatG GRUR-RS 2021, 7312 – Keine Akteneinsicht bei vernichteter Papierakte). Soweit außerhalb der bereits vernichteten Akte noch einzelne Dokumente (zB in kopierter oder gescannter Form) vorhanden sind, fehlt es an einer Anspruchsgrundlage für die Einsicht in diese Dokumente, da es sich bei ihnen nicht um tatsächliche Bestandteile der Akte handelt (BPatG GRUR-RS 2021, 7312 – Keine Akteneinsicht bei vernichteter Papierakte).

B. Einsicht in die Akten von Anmeldungen von Marken (Abs. 1)

2 Abs. 1 betrifft Akteneinsichtsgesuche in die Verfahrensakten nicht eingetragener Marken. **Über den Wortlaut** der Norm **hinaus,** der nur von Einsicht in die Anmeldungen von Marken spricht, ist Abs. 1 daher auch auf die Verfahrensakten zurückgewiesener oder zurückgenommener Anmeldungen (BPatG BeckRS 2008, 13131 – LEAN EXPERT; GRUR 2006, 614 – MOON mwN; Amtl. Begr. BlPMZ 94, 94 zu § 62: „durch Einsicht in die Akten einer gemäß § 8 zurückgewiesenen Markenanmeldung") und auf solche Anmeldungen anwendbar, die mangels Zahlung der Anmeldegebühren gemäß § 6 Abs. 2 PatKostG als zurückgenommen gelten (BPatG BeckRS 2019, 22743 – Zurückweisung des Akteneinsichtsgesuchs in einer Markensache).

Voraussetzung ist ein schriftlicher (vgl. § 10 DPMAV) Antrag. **Antragsberechtigt** ist jeder- **3** mann, dh der Markenanmelder selbst, aber auch beliebige Dritte. Mit Eingang des Antrages wird eine **Gebühr** in Höhe von derzeit 90 Euro fällig (vgl. KV 301400 DPMAVwKostV; vgl. § 6 Abs. 1 DPMAVwKostV). Die Akteneinsicht in die Akten der eigenen Anmeldung ist jedoch gebührenfrei, nicht jedoch die Anfertigung von Kopien oder eines Datenträgers mit dem Akteninhalt. Das DPMA verlangt gewöhnlich die Vorauszahlung der Gebühr (vgl. § 7 Abs. 1 DPMAVwKostV) innerhalb einer Zahlungsfrist, die in der Regel einen Monat beträgt (vgl. § 7 Abs. 2 DPMAVwKostV, § 18 Abs. 1 DPMAV). Bei Nichtbewirkung der Zahlung gilt der Antrag als zurückgenommen (vgl. § 8 Abs. 1 DPMAVwKostV).

Verfahrenskostenhilfe wird hierfür nach hM nicht gewährt. Dies ist im Hinblick auf die Kostenfolge **3.1** (→ Rn. 7) kritisch zu hinterfragen.

Der Antrag wird dem **Antragsgegner zugeleitet.** Je nach Stellungnahme ist zu **unterschei- 4 den:** Willigt der Antragsgegner ein, wird die Akteneinsicht gewährt; eine weitere Prüfung des berechtigten Interesses erübrigt sich damit. Ein Widerruf der Zustimmung ist dabei unerheblich (BPatG GRUR 1963, 195). Wenn nicht schon mit Antragstellung geschehen, muss bei fehlender Zustimmung oder fehlender Stellungnahme (vgl. Ströbele/Hacker/Thiering/Miosga Rn. 13 mwN) des Antragsgegners der Antragsteller sein **berechtigtes Interesse** an der Akteneinsicht glaubhaft machen. Das Interesse ist berechtigt, wenn die Aktenkenntnis für das Verhalten des Antragstellers in einem künftigen Verfahren (vgl. BPatG Beschl. v. 18.2.1963 – 4 W (pat) 137/ 62, BPatGE 3, 27) bzw. bei der Wahrung oder Verteidigung von Rechten in einem anderen Verfahren (vgl. BPatG GRUR-RS 2020, 41747 – Lichtmiete; BeckRS 2019, 22743 – Zurückweisung des Akteneinsichtsgesuchs in einer Markensache; BeckRS 2015, 13972 – TRANSZENDENTALE MEDITATION; BPatG Beschl. v. 21.12.1988 – 25 W (pat) 83/88, BPatGE 30, 139 (141) = red. Ls. in BlPMZ 1989, 395) bestimmend sein kann. Auch ein wirtschaftliches Interesse kann ausreichend sein (BPatG GRUR-RS 2020, 40764 – SILENTA). Ein lediglich wissenschaftliches oder berufliches Interesse genügt im Allgemeinen nicht (vgl. BPatG Beschl. v. 18.2.1963 – 4 W (pat) 137/62, BPatGE 3, 27). Ein berechtigtes Interesse besteht daher vor allem dann, wenn der Antragsteller angegriffen wird (zB durch Einlegung eines Widerspruchs aus einer prioritätsälteren Markenanmeldung: BPatG BeckRS 2015, 13972 – Gewährung der Einsicht in die Akte der Markenanmeldung; Inanspruchnahme auf Unterlassung: BPatG BeckRS 2008, 13131 – LEAN EXPERT) oder ein solcher Angriff droht, wobei der Angriff nicht aus der Marke erfolgen muss, in deren Akte die Einsichtnahme begehrt wird (BPatG BeckRS 2011, 26204 – VOODOO für den Fall, dass Einsicht in die Verfahrensakte der zurückgenommenen nationalen Anmeldung begehrt wurde, der Rechtsangriff des Antragsgegners aber aus der (identischen) Unionsmarke vorgetragen wurde). Ein berechtigtes Interesse kann sich aber auch aus einer **Gesamtschau der Umstände** ergeben (vgl. BPatG Beschl. v. 21.12.1988 – 25 W (pat) 83/88, BPatGE 30, 139 (141) = red. Ls. in BlPMZ 1989, 395). Die das berechtigte Interesse begründenden Tatsachen müssen vom Antragsteller vorgetragen und **glaubhaft gemacht** werden. Gründe, die gegen eine Akteneinsicht sprechen, hat der Antragsgegner darzulegen (BGH GRUR 2007, 628 – MOON). Das berechtigte Interesse kann im Laufe des Verfahrens entfallen (vgl. BPatG GRUR-RS 2020, 41747 – Lichtmiete).

Zu den **Glaubhaftmachungsmitteln** zählen neben den für den Strengbeweis zugelassenen **5** auch sonstige geeignete Mittel, wie die eidesstattliche Versicherung, die anwaltliche Versicherung, die Bezugnahme auf dem DPMA sofort vorliegende Akten oder beglaubigte bzw. unbeglaubigte Kopien (→ § 57 Rn. 4).

Der **Umfang der Akteneinsicht** umfasst regelmäßig den gesamten das Eintragungsverfahren **6** (dh nicht in Beiheften geführte selbständige Nebenverfahren wie Akteneinsichtsverfahren Dritter, Insolvenzverfahren, Kostenfestsetzungsverfahren, Bescheinigungsverfahren) betreffenden Akteninhalt. Zum Ausschluss einzelner Aktenbestandteile vgl. Abs. 4.

Die Entscheidung ergeht durch **Beschluss,** der auch eine Kostenentscheidung enthalten kann. **7** Betrifft das Akteneinsichtsgesuch eine angemeldete Marke, die noch nicht eingetragen ist, ist die Markenstelle zuständig (vgl. § 22 Abs. 1 DPMAV, § 56 Abs. 2 S. 1), bei bestandskräftig zurückgewiesenen oder zurückgenommenen Anmeldungen die Markenabteilung, die in der Regel mit einem Beamten oder einer Beamtin des gehobenen Dienstes oder vergleichbaren Angestellten besetzt sind (vgl. § 56 Abs. 2 S. 2, Abs. 3 S. 1; § 5 Abs. 1 Nr. 13 WahrnV). In Akteneinsichtsverfahren entspricht es regelmäßig der Billigkeit, dem Unterlegenen die Kosten des Verfahrens aufzuerlegen (BPatG BeckRS 2019, 22743 – Zurückweisung des Akteneinsichtsgesuchs in einer Markensache; BeckRS 2015, 13972 – TRANSZENDENTALE MEDITATION; BeckRS 2008, 13131 – LEAN EXPERT).

8   Eine Besonderheit betrifft **Kollektiv- und Gewährleistungsmarken.** § 102 Abs. 5 und § 106d Abs. 4 bestimmen die freie Einsichtnahme in die Kollektiv- und Gewährleistungsmarkensatzung, ohne dass hierfür ein berechtigtes Interesse glaubhaft gemacht werden muss.

C. Einsicht in die Akte der eingetragenen Marke (Abs. 2)

9   Nach der **Eintragung** der Marke wird gemäß Abs. 2 Einsicht in die Akten der eingetragenen Marke gewährt. Mit Eintragung ist hier die **Registrierung nach § 41** gemeint und nicht der Abschluss des Eintragungsverfahrens. Die Akteneinsicht ist daher auch dann nach Abs. 2 zu gewähren, wenn gegen die Eintragung der Marke Widerspruch erhoben wurde, und schließlich auch dann, wenn die Marke auf Grund eines Widerspruches oder eines Verfalls- oder Nichtigkeitsantrages wieder gelöscht worden ist (Ströbele/Hacker/Thiering/Miosga Rn. 17). Auch Akteneinsichtsgesuche in die Verfahrensakten über einen Antrag auf Schutzentziehung einer international registrierten Marke fallen wegen der in § 112 Abs. 1 angeordneten Schutzerstreckung unter Abs. 2 (BGH GRUR 2012, 317 = GRUR-Prax 2012, 59 – Schokoladenstäbchen, mAnm Bösling). Dasselbe gilt auch für Verfahrensakten von international registrierten Marken, denen der Schutz verweigert worden ist.

10   In **verfahrensrechtlicher Hinsicht** war bis zum 30.6.2016 lediglich die Stellung eines **Antrages** erforderlich, für den keine Gebühren fällig werden. Mit Wirkung zum 1.7.2016 wurde § 62 Abs. 2 durch das Gesetz zur Änderung des Designgesetzes und weiterer Vorschriften des gewerblichen Rechtsschutzes vom 4.4.2016 (BGBl. I 558) geändert. Das Antragserfordernis wurde im Hinblick auf die **Online-Akteneinsicht,** die das DPMA zukünftig anbieten will, aus dem Wortlaut der Norm gestrichen. Bis zur Verfügbarkeit der Online-Akteneinsicht verbleibt es allerdings dabei, dass der die Akteneinsicht Begehrende sein Verlangen auf Akteneinsicht gegenüber dem DPMA zum Ausdruck bringen muss; seine Erklärung muss seit dem 1.7.2016 jedoch nicht mehr den Anforderungen eines förmlichen Antrags genügen (Begr. RegE vom 6.1.2016, BT-Drs. 18/7195, 34). In den Fällen, die Akten betreffen, die über die üblichen Angaben formellen Charakters und Amtsbescheide hinaus Angaben und Schriftstücke aller Art, welche persönliche und betriebliche Verhältnisse des Inhabers oder Eingaben dritter Stellen betreffen, enthalten (vgl. Beschwerdesenat 2b BlPMZ 1957, 323 f.), ist das Gesuch auf Einsicht dem Inhaber zuzuleiten und diesem die **Möglichkeit zur Stellungnahme** einzuräumen.

11   Nach Abschluss des Eintragungsverfahrens ist die Markenabteilung **zuständig,** die in der Regel mit einem Beamten oder einer Beamtin des gehobenen Dienstes oder vergleichbaren Angestellten besetzt ist (vgl. § 56 Abs. 2 S. 2, Abs. 3 S. 1; § 5 Abs. 1 Nr. 13 WahrnV).

D. Online-Akteneinsicht

12   **Abs. 3** enthält im Hinblick auf die vollelektronische Aktenführung im Markenbereich die Rechtsgrundlage, die Einsicht in die Akten eingetragener Marken (Abs. 2) künftig auch über das Internet zu ermöglichen.

E. Ausschlussgründe

13   Die Schrankenregelung des **Abs. 4** gilt unterschiedslos für alle Formen der Akteneinsicht und unabhängig vom Stand des Markenverfahrens. Damit ist gleichermaßen für Akten von angemeldeten wie eingetragenen Marken das Interesse des Antragstellers an der Einsichtnahme und das Gegeninteresse des Anmelders, den Inhalt der ganzen Akte oder einzelner Teile nicht offenzulegen, gegeneinander abzuwägen (Amtl. Begr. BlPMZ 1994, 94). Dabei ist auch das Recht auf informationelle Selbstbestimmung des Antragsgegners in die Abwägungsentscheidung einzubeziehen (BGH GRUR 2007, 628 – MOON). Im Rahmen der Abwägung können jedoch einzelne Akteninhalte, die persönliche Lebenssachverhalte (zB persönliche gesundheitsbezogene Informationen, wenn diese beispielsweise im Rahmen eines Wiedereinsetzungsgesuches angebracht wurden) oder Geschäftsgeheimnisse betreffen (BPatG BeckRS 2015, 13972 – Gewährung der Einsicht in die Akte der Markenanmeldung) oder in unzulässiger Weise dazu dienen sollen, Prozess- und Beweismaterial gegen den Rechtsinhaber zu sammeln, ausgenommen werden (vgl. Beschwerdesenat 2b

BlPMZ 1957, 323 (324)). Weitere Ausschlussgründe konnten sich nach zeitweiliger Auffassung des DPMA aus dem UrhG ergeben, da der Antragsteller eines Akteneinsichtsgesuchs nicht zu dem Kreis der Berechtigten zu zählen sei, für den die Schrankenregelung des § 45 UrhG gelte (vgl. Argumentation des DPMA in BPatG BeckRS 2015, 09334 und BPatG BeckRS 2015, 09189, die die Frage der Ausnahme von Nichtpatentliteratur von der Akteneinsicht in Form von Kopien betreffen). Durch die Entscheidung des BPatG vom 23.3.2015 (BPatG BeckRS 2015, 09189) wurde jedoch ausdrücklich das Gegenteil festgestellt, nämlich, dass der Eingriff in das Urheberrecht, der sich aus der Herstellung von Kopien bzw. Ausdrucken von urheberrechtlich geschützten Akteneilen und der Übersendung dieser Unterlagen an den Antragsteller der Akteneinsicht ergibt, durch § 45 UrhG gerechtfertigt ist. Denn es handelt sich um die Herstellung einzelner Vervielfältigungsstücke von Werken zur Verwendung in Verfahren vor einer Behörde. Bedeutung kann diese Entscheidung für die zur Amtsakte gereichten Unterlagen zur Glaubhaftmachung und den Nachweis der Verkehrsdurchsetzung, der Stärkung der Kennzeichnungskraft oder zur Benutzung einer Marke nach Erhebung der Einrede mangelnder Benutzung sowie für Rechercheunterlagen haben.

Durch das Zweite Gesetz zur Vereinfachung und Modernisierung des Patentrechts vom **14** 10.8.2021 (BGBl. I 3490) wurde Abs. 4 mWv 18.8.2021 dahingehend ergänzt, dass auch solche Akteninhalte von der Akteneinsicht ausgenommen sind, die offensichtlich gegen die öffentliche Ordnung oder die guten Sitten (→ § 8 Rn. 704; → § 8 Rn. 708) verstoßen (§ 62 Abs. 4 Nr. 3).

F. Regelung des Abs. 5

Das Markenregister wird in Form einer **elektronischen Datenbank** beim DPMA geführt **15** (vgl. § 24 MarkenV). Es kann im Internet unter https://register.dpma.de/DPMAregister/marke/basis (zuletzt abgerufen am 17.12.2022) **kostenfrei** abgerufen werden. Das Register enthält die in § 25 MarkenV aufgeführten Angaben.

§ 62a Datenschutz

¹**Soweit personenbezogene Daten im Register oder in öffentlich zugänglichen elektronischen Informationsdiensten des Deutschen Patent- und Markenamtes enthalten sind, bestehen nicht**
1. **das Recht auf Auskunft gemäß Artikel 15 Absatz 1 Buchstabe c der Verordnung (EU) 2016/679,**
2. **die Mitteilungspflicht gemäß Artikel 19 Satz 2 der Verordnung (EU) 2016/679 und**
3. **das Recht auf Widerspruch gemäß Artikel 21 Absatz 1 der Verordnung (EU) 2016/679.**
²**Das Recht auf Erhalt einer Kopie nach Artikel 15 Absatz 3 der Verordnung (EU) 2016/679 wird dadurch erfüllt, dass die betroffene Person Einsicht in das Register oder in öffentlich zugängliche elektronische Informationsdienste des Deutschen Patent- und Markenamtes nehmen kann.**

Der durch das Gesetz zur Änderung des Bundesversorgungsgesetzes und anderer Vorschriften **1** vom 17.7.2017 (BGBl. I 2541) mit Wirkung zum 25.5.2018 in das MarkenG aufgenommene § 62a bewirkt den Ausschluss bestimmter Rechte betroffener Personen und Pflichten des DPMA als Verantwortlichem nach der DS-GVO (VO (EU) 2016/679). Die Vorschrift ist auf solche personenbezogenen Daten von Markenanmeldern und Markeninhabern sowie sonstigen Verfahrensbeteiligten bezogen, die im Markenregister veröffentlicht werden.

Aufgrund von § 62a S. 1 Nr. 1 ist das DPMA nicht verpflichtet, darüber Auskunft zu erteilen, **2** wer in die personenbezogenen Daten des für jedermann kostenfrei einsehbaren Markenregisters Einsicht genommen hat. Eine solche Auskunft könnte das DPMA auch nicht erteilen, weil die hierfür erforderlichen Angaben nicht erhoben werden. § 62a S. 1 Nr. 3 schließt das aus der DS-GVO folgende Widerspruchsrecht der betroffenen Person, deren personenbezogene Daten aufgrund bestehender Publikationspflichten (§ 33 Abs. 3, § 41 Abs. 2; §§ 23, 25 MarkenV) im Markenregister veröffentlicht werden, aus.

§ 63 Kosten der Verfahren

(1) ¹**Sind an dem Verfahren mehrere Personen beteiligt, so kann das Deutsche Patent- und Markenamt in der Entscheidung bestimmen, daß die Kosten des Verfahrens ein-**

schließlich der Auslagen des Deutschen Patent- und Markenamts und der den Beteiligten erwachsenen Kosten, soweit sie zur zweckentsprechenden Wahrung der Ansprüche und Rechte notwendig waren, einem Beteiligten ganz oder teilweise zur Last fallen, wenn dies der Billigkeit entspricht. ²Die Bestimmung kann auch getroffen werden, wenn der Beteiligte die Erinnerung, die Anmeldung der Marke, den Widerspruch oder den Antrag auf Erklärung des Verfalls oder der Nichtigkeit ganz oder teilweise zurücknimmt oder wenn die Eintragung der Marke wegen Verzichts oder wegen Nichtverlängerung der Schutzdauer ganz oder teilweise im Register gelöscht wird. ³Soweit eine Bestimmung über die Kosten nicht getroffen wird, trägt jeder Beteiligte die ihm erwachsenen Kosten selbst.

(2) ¹Wenn eine Entscheidung nach Absatz 1 ergeht, setzt das Deutsche Patent- und Markenamt den Gegenstandswert fest; § 23 Absatz 3 Satz 2 und § 33 Absatz 1 des Rechtsanwaltsvergütungsgesetzes gelten entsprechend. ²Der Beschluss über den Gegenstandswert kann mit der Entscheidung nach Absatz 1 verbunden werden.

(3) Das Deutsche Patent- und Markenamt kann anordnen, dass die Gebühr nach dem Patentkostengesetz für die beschleunigte Prüfung, für das Widerspruchs-, Verfalls- oder Nichtigkeitsverfahren ganz oder teilweise zurückgezahlt wird, wenn dies der Billigkeit entspricht.

(4) ¹Der Betrag der zu erstattenden Kosten wird auf Antrag durch das Deutsche Patent- und Markenamt festgesetzt. ²Die Vorschriften der Zivilprozessordnung über das Kostenfestsetzungsverfahren (§§ 103 bis 107) und die Zwangsvollstreckung aus Kostenfestsetzungsbeschlüssen (§§ 724 bis 802) sind entsprechend anzuwenden. ³An die Stelle der Erinnerung tritt die Beschwerde gegen den Kostenfestsetzungsbeschluß. ⁴§ 66 ist mit der Maßgabe anzuwenden, daß die Beschwerde innerhalb von zwei Wochen einzulegen ist. ⁵Die vollstreckbare Ausfertigung wird vom Urkundsbeamten der Geschäftsstelle des Bundespatentgerichts erteilt.

Überblick

Die folgenden Abschnitte enthalten eine kurze Darstellung zur Kostengrundentscheidung (→ Rn. 1 ff.) sowie zum Gegenstandswert (→ Rn. 6 ff.). Ähnlich wie § 71 bestimmt § 63, dass jeder Beteiligte im Regelfall seine Kosten selbst trägt (→ Rn. 1). Ebenso kommt in Ausnahmefällen nach Abs. 3 eine Rückzahlung von Gebühren in Betracht (→ Rn. 16). Die Festsetzung des Gegenstandswerts nach Abs. 2 (→ Rn. 6) und die Kostenfestsetzung nach Abs. 4 (→ Rn. 17) spielen eine Rolle, wenn Kosten aus Billigkeitsgründen (→ Rn. 1, → Rn. 2) einem Beteiligten auferlegt wurden.

A. Regelung des Abs. 1

1 Abs. 1 enthält Bestimmungen für die möglichen Kostenanordnungen im mehrseitigen Verfahren. Als Spezialregelung steht sie einer analogen Anwendung von § 269 Abs. 3 S. 2 Hs. 1 ZPO entgegen (für den Fall der Rücknahme des Widerspruchs BPatG BeckRS 2016, 11048 – Santox/Santos de Cartier). Die Wahl des Wortes „Soweit" in S. 3 legt ein **Regel-Ausnahme-Verhältnis** fest: Im Regelfall tragen die Beteiligten die ihnen erwachsenen Kosten selbst; nur im Ausnahmefall, nämlich bei Vorliegen von Billigkeitsgründen, die stets besondere Umstände voraussetzen (BGH GRUR 1972, 600 – Lewapur), kann hiervon abgewichen werden. Dies ist ua dann der Fall, wenn ein Verhalten eines Beteiligten mit der prozessualen Sorgfalt nicht zu vereinbaren ist, etwa weil die **Rechtsverfolgung offensichtlich aussichtslos** ist (ua **bejaht** bei Festhalten an offensichtlich schutzunfähiger Marke: BPatG GRUR-RS 2021, 34362 – Kostentragung eines aussichtslosen Beschwerdeverfahrens (Baumwollblüte); bejaht bei offenkundigem Fehlen von Nichtigkeitsgründen: BPatG GRUR-RS 2020, 6965 – Keine bösgläubige Anmeldung einer einen fremden Namen enthaltenden Marke (Speckmann's); bejaht bei Wegfall der Widerspruchsmarke durch Verfallslöschung und nicht unverzüglicher Rücknahme des Widerspruchs: BPatG GRUR-RS 2020, 39864 – Unzulässiges Widerspruchsverfahren nach Löschungsentscheidung wegen Verfalls; bejaht bei fehlender Aktivlegitimation und Nichtzahlung der Widerspruchsgebühr: BPatG BeckRS 2016, 15959 – Kosten bei unzulässigem Widerspruch; BeckRS 2008, 18856; 2015, 16331 – Kostenentscheidung bei Rücknahme der Beschwerde; bejaht wegen ersichtlicher Unähnlichkeit der Vergleichsmarken im Widerspruchsverfahren: PharmR 2016, 336 – Afrokulabo/Umkaloabo; bejaht wegen Nichtnachweises der Bevollmächtigung trotz Rüge und Aufforderung zum Nachweis:

BPatG GRUR-RS 2021, 49041 – SUPERTOX/SUPERTOX; **kein schuldhafter Verstoß** gegen allgemeine prozessuale Sorgfaltspflichten: BPatG GRUR-RS 2021, 29105 – AUTOteam: Nicht-verlängerung der Marke drei Jahre nach Widerspruch im Löschungsverfahren; GRUR-RS 2020, 15247 – K: Beschwerderücknahme nach gerichtlichem Hinweis; GRUR-RS 2020, 3432 – NJW-Orange: zumTeil unsachliche Verfahrensführung und offene Rechtsfrage; GRUR-RS 2019, 35224 – JOKER Speed Shop/FENDT Joker: Verfallsreife und Marken(un)ähnlichkeit; BeckRS 2019, 20789 – Intesia Group/INTESA: Rechtzeitigkeit der Rücknahme des Widerspruchs nach Abschluss von Nichtigkeitsverfahren gegen die Widerspruchsmarken; BeckRS 2017, 150136 – Freiherr von Göler: falsche rechtliche Beurteilung und vermeintlich mangelhafte Verfahrensfüh-rung; GRUR-Prax 2016, 147 – IMMOBILIEN LOUNGE/Immobilien Lounge München: Widerspruch aus markenrechtlich schutzunfähigen, aber unternehmenskennzeichenmäßig schutz-fähigen Unternehmenskennzeichen; BeckRS 2016, 13556 – Macon Relax Vital: Löschungsgrund und Abgrenzungsvereinbarung; Beschl. v. 21.11.2016 – 26 W (pat) 6/15 – Urban Drinks: Festhal-ten an Rechtsstandpunkt nach Senatshinweis; BeckRS 2016, 14479 – Rücknahme des Wider-spruchs; GRUR-RS 2021, 52293 – INJEX/INJEKT: Verfahrensfortführung nach BGH-Entschei-dung). Das schließt es aber in aller Regel aus, die Kosten nach dem Maß des Unterliegens bzw. Obsiegens unter den Beteiligten zu verteilen (BPatG GRUR-RS 2020, 11109 – ALPHA PLUS PROFILE; BeckRS 2019, 20789 – Intesia Group/INTESA; BeckRS 2016, 13556 – Macon Relax Vital; BeckRS 2016, 11048 – Santox/Santos de Cartier; 2006, 135875 – cysat/C.I.S.A.G; aA für § 71 Abs. 1 BPatG BeckRS 2012, 03140 – fotografierter Schuh, wonach der Verfahrensausgang im Rahmen der Billigkeitsentscheidung berücksichtigt werden müsse). Lediglich in krassen Fällen kann der Verfahrensausgang auch eine Kostenauferlegung rechtfertigen (BPatG BeckRS 2010, 2467 – APOPLUS/PLUS; BeckRS 2009, 15365). In **Nebenverfahren** entspricht allerdings die Kostenauferlegung zu Lasten der unterlegenen Partei der Billigkeit (zum Akteneinsichtsverfahren BPatG GRUR-RS 2020, 41747 – Lichtmiete; GRUR-RS 2020, 40764 – SILENTIA; BeckRS 2019, 22743 – Zurückweisung des Akteneinsichtsgesuchs in einer Markensache; BeckRS 2018, 47221 – APO; BeckRS 2015, 13972 – TRANSZENDENTALE MEDITATION; BeckRS 2010, 17152 – Akteneinsicht nach Eintragung einer Marke; GRUR 2000, 331; zur isolierten Kostenbe-schwerde BPatG BeckRS 2017, 150136 – Freiherr von Göler; zum Kostenfestsetzungsverfahren BPatG GRUR-RS 2020, 43801 – Gegenstandswertfestsetzung durch Kostenbeamten). Die Anmeldung einer Marke ohne vorhergehende Recherche nach älteren Rechten rechtfertigt eine Auferlegung der Kosten des Widerspruchsverfahrens zu Lasten des Inhabers der angegriffenen Marke nicht; es sei denn, der Inhaber der angegriffenen Marke wurde rechtzeitig vor Ablauf der Widerspruchsfrist auf eine eindeutig verwechselbar ältere Marke hingewiesen und erhält seine Marke dennoch aufrecht (BPatG BeckRS 2016, 12974 – Inselkind Usedom/Inselkind).

In der Regel kein Fall, der eine Kostenauferlegung rechtfertigt, liegt vor, wenn der Erinnerungs- **2** führer seine **Erinnerung nicht begründet** (so für die Beschwerde BPatG BeckRS 1999, 158518 – HECO/Meco) und über diese nach Lage der Akten entschieden wird, da eine solche Verpflichtung nicht besteht, oder wenn der Widerspruch, der Nichtigkeitsantrag oder die Erinne-rung (teilweise) **zurückgenommen** wird (BPatG GRUR-RS 2022, 31875 – AURA/Aura Pura; BeckRS 2016, 19340 – Vital You!/VITAL; BeckRS 2010, 23083 – Z.plus/PLUS). Jedoch können Kosten einem Widersprechenden auferlegt werden, wenn dieser bei bestrittener Benutzung ein Rechtsmittel einlegt und jede Glaubhaftmachung der **Benutzung unterlässt** (BPatG GRUR 1996, 981 – ESTAVITAL/EL'VITAL; vgl. auch BPatG BeckRS 2009, 1629 – ALISA/ALISA; BeckRS 2002, 15744; ausnahmsweise Absehen von der Kostenauferlegung: BPatG GRUR-RS 2021, 11641 – aurea/AURUM) oder das Widerspruchsverfahren unter Berufung auf den nach gefestigter Rechtsprechung im Widerspruchsverfahren unerheblichen **Einwand der Bösgläubig-keit** der Anmeldung der angegriffenen Marke weiterverfolgt (BPatG GRUR-RS 2022, 34907 – Engelbrecht/Stadtbäckerei Engelbrecht GmbH). Eine Kostenauferlegung kommt auch in Betracht, wenn das Rechtsmittel, obwohl objektiv keine Erfolgsaussichten bestehen, nur eingelegt wurde, um außerhalb des Verfahrens liegende Ziele (zB um Raum für Vergleichsgespräche zu schaffen) zu verfolgen (BPatG BeckRS 2016, 118046 – Kostenauferlegung aus Billigkeitsgründen bei Ver-säumung der Widerspruchsfrist im Schutzentziehungsverfahren).

Wird eine Marke im Nichtigkeitsverfahren gemäß §§ 50, 53 wegen **Bösgläubigkeit** gelöscht, **3** entspricht es der Billigkeit, dem Markeninhaber die Kosten aufzuerlegen (BPatG BeckRS 2014, 02592; 2015, 14904 – Kostenauferlegung im Markenlöschungsverfahren wegen Bösgläubigkeit). Denn wer rechtsmissbräuchlich Markenschutz beansprucht, muss sich die zur Beseitigung der rechtswidrigen Zeichenlage notwendigen Maßnahmen zurechnen lassen (BPatG BeckRS 2016, 15355 – Yogilotus). Dies gilt auch dann, wenn das Nichtigkeitsverfahren gegenstandslos wird, weil die angegriffene Marke wegen Verzichts des Markeninhabers oder aus einem anderen Grund gelöscht wird und das Nichtigkeitsverfahren wegen Bösgläubigkeit voraussichtlich Erfolg gehabt hätte (BPatG BeckRS 2014, 02592). Hiervon zu unterscheiden ist der Fall, in dem die angegriffene Marke eingetragen bleibt und das Nichtigkeitsverfahren gegenstandslos wird, weil der Nichtigkeitsantragsteller seinen Antrag mangels Interesse an der Weiterverfolgung des Begehrens zurücknimmt. Hält der Nichtigkeitsantragsteller in einer solchen Situation an seinem Kostenantrag fest, ist mangels Interesse an der Hauptsacheentscheidung nicht zu prüfen, ob der Nichtigkeitsantrag Aussicht auf Erfolg gehabt hätte. Eine Kostenauferlegung kann bei Nichtigerklärung und Löschung der Marke wegen Bösgläubigkeit ausnahmsweise unterbleiben, wenn Markeninhaber und Antragsteller (des Nichtigkeitsantrags) gleichermaßen in rechtlich zu beanstandender Weise gehandelt haben (BPatG GRUR-Prax 2018, 466 – Netzwerk JOKER).

4   In der Kostengrundentscheidung werden den Beteiligten bei teilweisem Auferlegen die Kosten des Verfahrens entweder quotiert (BPatG GRUR-RS 2020, 39864 – Unzulässiges Widerspruchsverfahren nach Löschungsentscheidung wegen Verfalls) oder hinsichtlich konkreter Einzelkosten auferlegt. Eine Auferlegung nach Zeitabschnitten ist dagegen möglich, wenn damit auch eine neue Gebühr oder besondere Auslagen (Reisekosten) anfallen. Die mit der Hauptsacheentscheidung ergangene Kostengrundentscheidung kann **isoliert angefochten** werden (BPatG BeckRS 2016, 03281 – Beurteilung der Kostenfrage – Widerspruch; BeckRS 2016, 07075 – PCG-KUNST-STOFF-PFLEGE – Nichtigkeitsverfahren).

B. Regelung des Abs. 2

5   Zum 1.7.2016 wurde durch das Gesetz zur Änderung des Designgesetzes und weiterer Vorschriften des gewerblichen Rechtsschutzes vom 4.4.2016 (BGBl. I 558) in dem neu eingefügten Abs. 2 die Rechtsgrundlage für die Festsetzung des Gegenstandswertes im mehrseitigen Verfahren durch den für die Kostengrundentscheidung zuständigen Spruchkörper geschaffen. Für die bisherige Praxis der inzidenten Festlegung des Gegenstandswertes im Kostenfestsetzungsbeschluss durch den Kostenbeamten ist damit grundsätzlich (vgl. Ausnahmefall: BPatG GRUR-RS 2020, 43801 – Gegenstandswertfestsetzung durch Kostenbeamten) kein Raum mehr.

6   Der **Spruchkörper setzt den Gegenstandswert fest,** wenn eine Kostengrundentscheidung nach Abs. 1 ergangen ist. Eine solche Entscheidung liegt nur dann vor, wenn eine Tenorierung der Kostengrundentscheidung erfolgt ist. Keine Entscheidung ist demnach ergangen, wenn in dem Hauptsachebeschluss lediglich in den Gründen ausgeführt wird, dass es bei der gesetzlichen Grundregelung, dass jeder Beteiligte die ihm erwachsenen Kosten selbst trägt (§ 63 Abs. 1 S. 3), verbleibt.

7   Die Entscheidung über den Gegenstandswert kann entweder mit dem Hauptsachebeschluss verbunden werden oder in einem separaten Beschluss ergehen (§ 63 Abs. 2 S. 2). Wird sie mit dem Hauptsachebeschluss verbunden, besteht die Möglichkeit der isolierten Anfechtung. Wurde im Verfahren vor dem DPMA kein Gegenstandswert festgesetzt, kann eine Festsetzung des Gegenstandswertes für das amtliche Verfahren nicht im Rahmen eines etwaigen Beschwerdeverfahrens durch das BPatG erfolgen. Ein hierauf gerichteter Antrag ist unzulässig (BPatG BeckRS 2019, 31453 – Gegenstandswert vor BPatG bei intensiv genutzter Marke).

8   Die **Höhe des Gegenstandswertes** wird vom Spruchkörper nach **billigem Ermessen** bestimmt (§ 63 Abs. 2 S. 1, § 23 Abs. 3 S. 2 RVG). Eine Bindung an einen vom Antragsteller beantragten Gegenstandswert besteht insoweit nicht (BPatG BeckRS 2007, 65385 – SAMADHI). Der Gegenstandswert darf in Verfahren vor dem DPMA und dem BPatG den Betrag von 500.000 Euro nicht übersteigen (§ 23 Abs. 3 S. 2 Hs. 2 RVG). Dies gilt nicht für Rechtsbeschwerdeverfahren (BGH BeckRS 2017, 141159 – Gegenstandswert Quadratische Tafelschokoladenverpackung: 750.000 Euro; BeckRS 2016, 21255 – Sparkassen-Rot: Gegenstandswert 10 Mio. Euro).

9   Im **Widerspruchsverfahren** ist das wirtschaftliche Interesse des Inhabers der angegriffenen Marke an der Aufrechterhaltung seiner Marke maßgeblich für die Bewertung der Höhe des Gegenstandswertes (BGH GRUR 2006, 704 – Markenwert; beispielhaft s. auch BPatG BeckRS 2019, 29782 – Gegenstandswert im markenrechtlichen Widerspruchsverfahren), wobei es für die Höhe des Gegenstandswertes ohne Bedeutung ist, wie viele Personen an dem Schutzrecht bzw. seiner Verteidigung beteiligt sind (BPatG GRUR-RS 2020, 43801 – Gegenstandswertfestsetzung durch Kostenbeamten). Ebenfalls nicht entscheidend ist das Interesse des Inhabers der Widerspruchsmarke an der Löschung der angegriffenen Marke (BGH GRUR 2006, 704 – Markenwert).

10   Als **Regelgegenstandswert** im gerichtlichen Verfahren wird vom BGH und der Mehrheit der Markensenate des BPatG (Fundstellen s. BPatG BeckRS 2016, 01659 – ICH BIN ICH; vgl. auch BeckRS 2019, 29782 – Gegenstandswert in markenrechtlichen Widerspruchsverfahren) **bei unbenutzten Marken 50.000 Euro** angenommen (BGH GRUR 2006, 704 – Markenwert).

Diesen Wert hat auch das DPMA seinen Kostenfestsetzungsentscheidungen in den letzten Jahren meist zugrunde gelegt. Nach der Rechtsprechung stellt der Betrag von 50.000 Euro unter Berücksichtigung von verschiedenen Fallgestaltungen einen angemessenen Mittelwert dar, der auch die Kosten für die Entwicklung und Eintragung der Marke sowie das wirtschaftliche Interesse des Inhabers der angegriffenen Marke, verfahrensbedingte Umsatzausfälle zu vermeiden, umfasst (BPatG BeckRS 2015, 14899 – Bestimmung des Gegenstandswertes in Markensachen bei Widerspruchsverfahren).

Eine **Abweichung vom Regelgegenstandswert** kommt bei Vorliegen besonderer Umstände **11** in Betracht. Beispielsweise ist eine Erhöhung möglich, wenn die angegriffene Marke bereits benutzt wurde oder wird (BPatG GRUR 1999, 65 – P-Plus), sie Basismarke für eine IR-Marke in mehreren Staaten ist (BPatG BeckRS 2008, 27075 – Kosten des Widerspruchsverfahrens) oder sie einen nicht unwesentlichen Teil der Firmenbezeichnung des Inhabers der Marke beinhaltet (BPatG GRUR 1999, 64 – Gegenstandswert für Widerspruchsverfahren). Eine Verringerung des Regelgegenstandswertes ist zB möglich, wenn der Inhaber der angegriffenen Marke sein wirtschaftliches Interesse an der Aufrechterhaltung der Marke in nachvollziehbarer Weise selbst niedriger beziffert (BPatG BeckRS 2016, 09042 – Kosten nach Widerspruchsrücknahme).

Im **Nichtigkeitsverfahren** ist nach der Rechtsprechung des BGH sowie mehrerer Markense- **12** nate des BPatG, welcher sich auch das DPMA angeschlossen hat, für die Bestimmung der Höhe des Gegenstandswertes das wirtschaftliche Interesse des Markeninhabers an der Aufrechterhaltung seiner Marke entscheidend (BGH GRUR-RS 2020, 3415 – VENOM; BeckRS 2018, 10451 – H 15; GRUR-RS 2017, 141159 – Gegenstandswert Quadratische Tafelschokoladenverpackung; BeckRS 2016, 21255 – Sparkassen-Rot; 2015, 19674 – Langenscheidt-Gelb; GRUR 2006, 704 – Markenwert). In Abweichung hiervon legen einige Markensenate des BPatG bei der Festsetzung des Gegenstandswertes wegen des Popularcharakters des Nichtigkeitsverfahrens das Interesse der Allgemeinheit an der Löschung der angegriffenen Marke zugrunde (s. ua BPatG GRUR-RS 2020, 3432 – NJW-Orange; BeckRS 2016, 07854 – Ismaqua). Dieses Interesse ist weder gleichzusetzen mit dem Interesse des Antragstellers an der Markenlöschung noch mit dem Interesse des Markeninhabers an dem Fortbestehen des Markenschutzes. Entscheidend für die Bewertung dieses Interesses sind die wirtschaftlichen Nachteile, die für die Allgemeinheit im Fall der Rechtsbeständigkeit der angegriffenen Marke zu erwarten sind (BPatG BeckRS 2011, 05956 – Gegenstandswert im Löschungsverfahren). Hierfür sind insbesondere die Benutzung der angegriffenen Marke (BPatG BeckRS 2014, 09807) sowie die Art der Waren und Dienstleistungen und insbesondere das durch sie bestimmte Ausmaß des Schutzumfangs entscheidend. Dabei gilt: je stärker die Marke benutzt und verteidigt wird und je größer – abhängig von der Art der Waren/Dienstleistungen – die Zahl der angesprochenen Verkehrskreise wie auch der Mitbewerber ist, desto größer sind wirtschaftliche Nachteile sind für die Allgemeinheit im Falle der – zu unterstellenden – Rechtsbeständigkeit der Marke zu erwarten (BPatG BeckRS 2003, 16633; 2015, 09643 – TitanShield). Bei einem Nichtigkeitsantrag wegen Bösgläubigkeit besteht das Interesse der Allgemeinheit in der Beseitigung einer von der Rechtsordnung missbilligten Beeinträchtigung des Wettbewerbs (BPatG BeckRS 2015, 10477).

Als **Regelgegenstandswert** setzen der BGH und die meisten Markensenate des BPatG – **13** unabhängig von dem jeweils zugrunde gelegten Interesse (vgl. → Rn. 12) – einen Betrag in Höhe von **50.000 Euro bei unbenutzten und 100.000 Euro bei benutzten Marken** fest (Fundstellen s. BGH BeckRS 2016, 21255 – Sparkassen-Rot und BPatG BeckRS 2016, 07854 – Ismaqua). Dieser Rechtsprechung ist das DPMA in den letzten Jahren meist gefolgt (s. zB BPatG BeckRS 2019, 10788 – BODE PANZER; BeckRS 2016, 09897 – Schmetterling Riesling).

Eine **Abweichung vom Regelgegenstandswert** kommt bei Vorliegen besonderer Umstände **14** in Betracht. Beispielsweise ist eine Erhöhung möglich, wenn die Marke einen besonders großen Schutzumfang (großes Waren- und Dienstleistungsverzeichnis, großer Verkehrskreis) aufweist (BGH GRUR 2006, 850 – FUSSBALL WM 2006 sowie nachgehend BPatG GRUR 2007, 507 – FUSSBALL WM II), mit ihr hohe Umsätze erzielt wurden (BPatG BeckRS 2009, 03591), sie eine hohe wirtschaftliche Bedeutung besitzt (BGH GRUR-RS 2017, 141159 – Gegenstandswert Quadratische Tafelschokoladenverpackung; BeckRS 2016, 21255 – Sparkassen-Rot) oder mehrere Nichtigkeitsanträge bzw. Anträge vor Zivilgerichten gegen dieselbe Marke anhängig sind oder waren (BPatGE 41, 100 – COTTO). Das Interesse des Markeninhabers an der Aufrechterhaltung seiner Marke ist höher zu bemessen als sein Interesse, seine Marke vor Verletzungen zu schützen (BGH BeckRS 2018, 10451 – H 15, mwN). Eine Verringerung des Regelgegenstandswertes ist möglich, wenn die Marke nur einen ganz geringen Schutzumfang (nur einzelne Waren oder Dienstleistungen, die an einen kleinen Verkehrskreis gerichtet sind, BPatG BeckRS 2003, 16633) besitzt. Die Tatsache, dass eine juristische Person des öffentlichen Rechts Inhaberin der angegriffenen Marke ist, die hoheitlich handeln kann, kann allein nicht zur Reduzierung des Gegenstandswertes führen (BPatG BeckRS 2016, 07854 – Ismaqua).

15   Im **Akteneinsichtsverfahren** bemisst sich die Höhe des Gegenstandswertes nach dem wirtschaftlichen Interesse des Markeninhabers an der von der Akteneinsicht betroffenen Marke und nicht an dem Interesse bzw. der Bedeutung der Akteneinsicht für den die Akteneinsicht Begehrenden (BPatG GRUR 1992, 854 – Streitwert Akteneinsicht; BPatG LSK 2005, 340337 = MittdtPatA2005, 328). Mehrere Senate des BPatG haben den Gegenstandswert insoweit auf **5.000 Euro** festgesetzt (BPatG GRUR-RS 2020, 41747 – Lichtmiete; BeckRS 2019, 22743 – Zurückweisung des Akteneinsichtsgesuchs in einer Markensache; BeckRS 2018, 47221 – APO; BeckRS 2015, 13972 – TRANSZENDENTALE MEDITATION). Hierbei handelt es sich um den in § 23 Abs. 3 S. 2 RVG genannten Regelwert (bei nichtvermögensrechtlichen Gegenständen); eine Orientierung an diesem Wert hatte der 25. Senat des BPatG bereits 2006 angeregt (BPatG GRUR 2007, 176). Ohne nähere Ausführungen zur Höhe des Gegenstandswertes: BGH BeckRS 2007, 08379 – MOON: 10.000 Euro; BeckRS 2000, 05237 – POLIZEI: 10.000 DM.

C. Regelung des Abs. 3

16   Korrespondierende Vorschriften für die **Erinnerungs- und Beschwerdegebühr** enthalten § 64 Abs. 5 und § 66 Abs. 5. Die **Rückzahlung** erfolgt nur aus Billigkeitsgründen (BPatG GRUR-RS 2021, 32427 – Beteiligtenfähigkeit einer Löschungsantragsgegnerin), die nur bei einer ersichtlich fehlerhaften Sachbehandlung durch das DPMA oder nicht eingetretener beschleunigter Prüfung vorliegen. Eine ersichtlich fehlerhafte Sachbehandlung, die eine Rückzahlung der Gebühr für einen Nichtigkeitsantrag rechtfertigt, kann gegeben sein, wenn bei der Eintragung ersichtlich bestehende Schutzhindernisse missachtet wurden (BPatG BeckRS 2017, 150136 – Freiherr von Göler; BeckRS 2010, 9418 – Signalblau und Silber). Die Gebührenrückzahlung wegen fehlerhafter Anwendung des materiellen Rechts ist nur gerechtfertigt, wenn die Rechtsanwendung (zB wegen Nichtbeachtung eindeutiger gesetzlicher Vorschriften oder einer gefestigten Amtspraxis oder ständigen Rechtsprechung) als völlig unvertretbar erscheint (BPatG GRUR-RS 2022, 4134 – Telemichel). Der Antrag auf Rückzahlung der Teilungsgebühr ist mangels Zuständigkeit des BPatG unzulässig, wenn er erstmalig im Beschwerdeverfahren gestellt wird (BPatG GRUR-RS 2022, 4134 – Telemichel). Ebenso ist der Antrag auf Rückzahlung der patentamtlichen Gebühr für einen Nichtigkeitsantrag unzulässig, wenn er erstmalig im Beschwerdeverfahren gestellt wird; ggf. kann er aber im Wege der Umdeutung als Beschwerde gegen die stillschweigende Entscheidung des DPMA, die Nichtigkeitsgebühr nicht zu erstatten, gewertet werden (BPatG BeckRS 2017, 150136 – Freiherr von Göler).

D. Regelung des Abs. 4

17   Abs. 4 betrifft das **Kostenfestsetzungsverfahren**. Zuständig ist nach § 7 Abs. 2 WahrnV, § 65 Abs. 1 Nr. 12 die mit einem Beamten oder einer Beamtin des gehobenen Dienstes besetzte Markenabteilung. Die Entscheidung ergeht durch Beschluss, gegen den das Rechtsmittel der Beschwerde gegeben ist. Die Beschwerdefrist beträgt zwei Wochen. Die Beschwerdegebühr beträgt 50 Euro (GV 401200 PatKostG, Teil B). Ausgehend von dem durch den Spruchkörper nach Abs. 2 festgestellten Gegenstandswert bestimmt der Kostenbeamte die Kosten (BPatG BeckRS 2016, 128367 – Erstattungsfähigkeit der Kosten der Doppelvertretung durch PA und RA in Löschungsverfahren). In der Regel ist in markenrechtlichen Verfahren eine Vertretung durch einen RA zweckentsprechend; die Höhe der erstattungsfähigen Gebühren richtet sich dabei nach dem RVG (BPatG GRUR-RS 2021, 37246 – Anwaltliche Vertretung in Markenlöschungsverfahren). In einem gegen den Kostenfestsetzungsbeschluss gerichteten Beschwerdeverfahren wird die Höhe der festgesetzten Kosten, nicht aber die Höhe des anderweitig bestandskräftig festgesetzten Gegenstandswerts überprüft (BPatG BeckRS 2018, 47235 – Im Löschungsverfahren ergangener Kostenfestsetzungsbeschluss).

18   Weil auf das patentamtliche Kostenfestsetzungsverfahren § 308 ZPO als Ausdruck der Dispositionsmaxime analog anwendbar sein soll, ist der Kostenbeamte bei der Festsetzung der Kosten insoweit an den Antrag des Kostengläubigers gebunden, als er keine höheren Kosten als beantragt festsetzen darf (BPatG BeckRS 2014, 08005). Zur Höhe der nach Abs. 1 S. 1 zur zweckentsprechenden Wahrnehmung der Ansprüche und Rechte notwendigen Kosten vgl. BPatG BeckRS 2017, 154130 – Beschwerde gegen Kostenfestsetzung.

19   Ein Antrag auf Festsetzung der Kosten ist mangels Rechtsschutzbedürfnis unzulässig, wenn der Antragsteller die Kostenfestsetzung gegen sich selbst beantragt (BPatG GRUR-RS 2020, 43801 –

Gegenstandswertfestsetzung durch Kostenbeamten). Für den Kostenerstattungsanspruch gilt die 30-jährige Verjährungsfrist des § 197 Abs. 1 Nr. 3 BGB. Sie beginnt mit der Rechtskraft der Kostengrundentscheidung. Nach hM in Rechtsprechung und Literatur kann einem rechtskräftig titulierten Kostenerstattungsanspruch der Einwand der Verwirkung nicht erfolgreich entgegengehalten werden (BPatG GRUR-RS 2020, 43801 – Gegenstandswertfestsetzung durch Kostenbeamten).

Bei Streitgenossenschaften kann jeder von mehreren obsiegenden Streitgenossen allein die Fest- **20** setzung der nur in seiner Person entstandenen Kosten beantragen (BPatG GRUR-RS 2020, 43801 – Gegenstandswertfestsetzung durch Kostenbeamten, ua mit Ausführung zur Erstattung der Anwaltskosten). Die Kosten sind im Kostenfestsetzungsbeschluss vollstreckungsfähig für jeden Streitgenossen (zB Inhabergemeinschaften) einzeln festzusetzen (BPatG GRUR-RS 2020, 43801 – Gegenstandswertfestsetzung durch Kostenbeamten).

§ 64 Erinnerung

(1) ¹**Gegen die Beschlüsse der Markenstellen und der Markenabteilungen, die von einem Beamten des gehobenen Dienstes oder einem vergleichbaren Angestellten erlassen worden sind, findet die Erinnerung statt.** ²**Die Erinnerung hat aufschiebende Wirkung.**

(2) **Die Erinnerung ist innerhalb eines Monats nach Zustellung beim Deutschen Patent- und Markenamt einzulegen.**

(3) ¹**Erachtet der Beamte oder Angestellte, dessen Beschluß angefochten wird, die Erinnerung für begründet, so hat er ihr abzuhelfen.** ²**Dies gilt nicht, wenn dem Erinnerungsführer ein anderer an dem Verfahren Beteiligter gegenübersteht.**

(4) **Über die Erinnerung entscheidet ein Mitglied des Deutschen Patent- und Markenamts durch Beschluss.**

(5) **Die Markenstelle oder die Markenabteilung kann anordnen, dass die Gebühr nach dem Patentkostengesetz für die Erinnerung ganz oder teilweise zurückgezahlt wird.**

(6) ¹**Anstelle der Erinnerung kann die Beschwerde nach § 66 eingelegt werden.** ²**Ist in einem Verfahren, an dem mehrere Personen beteiligt sind, gegen einen Beschluss von einem Beteiligten Erinnerung und von einem anderen Beteiligten Beschwerde eingelegt worden, so kann der Erinnerungsführer ebenfalls Beschwerde einlegen.** ³**Wird die Beschwerde des Erinnerungsführers nicht innerhalb eines Monats nach Zustellung der Beschwerde des anderen Beteiligten gemäß § 66 Abs. 4 Satz 2 eingelegt, so gilt seine Erinnerung als zurückgenommen.**

(7) ¹**Nach Einlegung einer Beschwerde nach Absatz 6 Satz 2 oder nach § 66 Abs. 3 kann über eine Erinnerung nicht mehr entschieden werden.** ²**Eine gleichwohl danach erlassene Erinnerungsentscheidung ist gegenstandslos.**

Überblick

Die Kommentierung befasst sich mit dem Rechtsbehelf der Erinnerung. Neben den für die Zulässigkeit maßgebenden Fragen der Statthaftigkeit (→ Rn. 2), der Frist (→ Rn. 4 ff.) und Form der Erinnerung (→ Rn. 8) werden relevante Gesichtspunkte für das Abhilfeverfahren (→ Rn. 10 ff.) und das Erinnerungsverfahren (→ Rn. 17 ff.), die Rückzahlung der Erinnerungsgebühr (→ Rn. 21 ff.) sowie die Situation beim Zusammentreffen von Erinnerung und Beschwerde (→ Rn. 24 ff.) dargestellt.

Übersicht

A. Allgemeines

1   Das Erinnerungsverfahren ist ein Verfahren, mit dem die Markenstelle von Beamten des gehobenen Dienstes oder vergleichbaren Angestellten getroffene Beschlüsse noch einmal **überprüfen** kann. Auch das Erinnerungsverfahren ist ein Verwaltungsverfahren (BVerfG GRUR 2003, 723 – Arbeitszeitregelung). Zwar hat das BPatG entschieden, dass für das Erinnerungsverfahren im Zweifel die für das Beschwerdeverfahren geltenden Vorschriften entsprechend herangezogen werden können (BPatG GRUR 2000, 815 – Torba/turfa). Diese Aussage ist aber teilweise zu eng, teilweise zu weit. So besteht kein Grund, zB § 80 Abs. 1 nicht anzuwenden, weil den zu berichtigenden Beschluss eine mit einem Beamten des gehobenen Dienstes besetzte Markenstelle erlassen hat. Zum anderen hat der BGH klargestellt, dass für jede Norm der ZPO zu prüfen ist, ob sie für eine analoge Anwendung – unabhängig davon, ob es sich um ein Erinnerungsverfahren handelt oder nicht – in Betracht zu ziehen ist (vgl. zB BGH GRUR 2010, 231 – Legostein). Damit ist klargestellt, dass die Verweisung des § 82 in der Gänze im Verfahren vor der mit einem Beamten des höheren Dienstes besetzten Markenstelle nicht gilt. Zur **Erinnerungsberechtigung** → § 66 Rn. 31 ff. (Beschwerderecht).

B. Statthaftigkeit und Wirkung (Abs. 1)

2   Die Erinnerung ist statthaft gegen Beschlüsse der Markenstelle und Markenabteilungen, die von einem Beamten oder vergleichbaren Angestellten erlassen worden sind. Beschlüsse im Sinn dieser Vorschrift sind alle abschließenden Entscheidungen, die Rechte von Verfahrensbeteiligten berühren können (BPatG GRUR-Prax 2016, 557 – Senorita Rosalita; vgl. → § 61 Rn. 2). Gegen bloße Hinweise ohne verfahrensbeendenden Charakter (vorbereitende Bescheide, wie zB Beanstandungsbescheide oder die Aufforderung zur Glaubhaftmachung der Verkehrsdurchsetzung, und verfahrensleitende Verfügungen, wie zB Fristsetzungen, Ablehnung von Fristgesuchen) ist die Erinnerung nicht statthaft (BPatG GRUR-Prax 2016, 557 – Senorita Rosalita).

3   Die Erinnerung ist ein Rechtsbehelf. Sie einzulegen, löst zwar den Suspensiveffekt, **nicht** aber den **Devolutiveffekt** aus. Die Entscheidung bleibt die des sachlich zuständigen Spruchkörpers Markenstelle, die nunmehr aber mit einem Mitglied des DPMA besetzt ist (Abs. 4). Daraus ergibt sich einerseits, dass alle Feststellungen der Markenstelle und der Partei(en), alle Einreden und sonstigen Verteidigungs- und Angriffsmittel gültig bleiben und nicht erneut vorgebracht werden müssen. Andererseits ist die Markenstelle nicht auf das sachliche und rechtliche Vorbringen, das dem Erstprüferbeschluss zu Grunde lag, beschränkt. Eine unter einer **Bedingung** erhobene Erinnerung ist **unzulässig.**

C. Frist (Abs. 2)

4   Die Frist zur Einlegung der Erinnerung und zur Bewirkung der Zahlung der Erinnerungsgebühr beträgt einen Monat. Die Fristberechnung erfolgt analog § 222 ZPO nach den **§§ 187 ff. BGB.** Der Fristbeginn hängt von der Art der gewählten Zustellung ab. Die Fristdauer beträgt einen Monat, so dass nach § 188 Abs. 2 S. 2 BGB der Tag, der durch seine Benennung dem Tag der Zustellung entspricht, maßgeblich ist. Fällt dieser Tag auf einen Samstag, Sonntag oder Feiertag, so fällt nach § 193 BGB das Fristende auf den nächsten Werktag.

5   Die Regelung der Feiertage ist in den einzelnen Bundesländern unterschiedlich. Bis zum 30.4.2022 sind für den fristwahrenden Eingang die an den Dienststellen München und Jena sowie dem Informations- und Dienstleistungszentrum (Berlin) jeweils geltenden Feiertage maßgebend gewesen (Mitt 8/1999 des Präsidenten des DPMA, BlPMZ 1999, 121). Fristgebundene Erklärungen konnten an den Annahmestellen aller drei Standorte fristwahrend eingereicht werden (Mitt 11/1998 des Präsidenten des DPMA, BlPMZ 1998, 381; Mitt 5/1999 des Präsidenten des DMPA, BlPMZ 1999, 49). Am **1.5.2022** ist die in § 65 Abs. 1 Nr. 15 MarkenG iVm § 18a DPMAV enthaltene **einheitliche Feiertagsregelung** in Kraft getreten (Zweites Gesetz zur Vereinfachung und Modernisierung des Patentrechts vom 10.8.2021, BGBl. I 3490, Art. 5, 7 und 13 2. PatMoG). Danach werden alle an mindestens einem der drei Standorte geltenden gesetzlichen Feiertage fristverlängernd auch an den anderen Standorten des DPMA anerkannt. Für die Fristberechnung kommt es seit dem 1.5.2022 nicht mehr darauf an, an welchem Standort die Unterlagen tatsächlich eingereicht wurden.

5.1   Als **gesetzliche Feiertage** sind – außer den Sonntagen – anerkannt (Mitt 8/1999 des Präsidenten des DPMA, BlPMZ 1999, 121):

Für **München:** 1.) Neujahr (1.1.), 2.) Heilige Drei Könige (6.1.), 3.) Karfreitag, 4.) Ostermontag, 5.) 1. Mai, 6.) Christi Himmelfahrt, 7.) Pfingstmontag, 8.) Fronleichnam, 9.) Mariä Himmelfahrt (15.8.), 10.) Tag der deutschen Einheit (3.10.), 11.) Allerheiligen (1.11.), 12.) Erster Weihnachtsfeiertag (25.12.), 13.) Zweiter Weihnachtsfeiertag (26.12.).

Für **Jena:** 1.) Neujahr (1.1.), 2.) Karfreitag, 3.) Ostermontag, 4.) 1. Mai, 5.) Christi Himmelfahrt, 6.) Pfingstmontag, 7.) Weltkindertag (20.9.), 8.) Tag der deutschen Einheit (3.10.), 9.) Reformationstag (31.10.), 10.) Erster Weihnachtsfeiertag (25.12.), 11.) Zweiter Weihnachtsfeiertag (26.12.).

Für **Berlin:** 1.) Neujahr (1.1.), 2.) Weltfrauentag (8.3.), 3.) Karfreitag, 4.) Ostermontag, 5.) 1. Mai, 6.) Christi Himmelfahrt, 7.) Pfingstmontag, 8.) Tag der deutschen Einheit (3.10.), 9.) Erster Weihnachtsfeiertag (25.12.), 10.) Zweiter Weihnachtsfeiertag (26.12.).

Im Jahr 2017 war der 31.10. (Reformationstag) wegen des 500-jährigen Jubiläums der Veröffentlichung von Martin Luthers 95 Thesen ein bundeseinheitlicher Feiertag. Er galt damit 2017 auch an den Standorten des DPMA in München und Berlin als Feiertag. Der 8.3. (Weltfrauentag) im Bundesland Berlin und der 20.9. (Weltkindertag) in Thüringen sind seit 2019 gesetzliche Feiertage. Im Jahr 2020 war der 8.5. einmalig ein Feiertag im Bundesland Berlin.

Ab **1.5.2022** werden folgende Feiertage an allen Standorten des DPMA fristverlängernd berücksichtigt: **5.2** 1.) Neujahr (1.1.), 2.) Heilige Drei Könige (6.1.), 3.) Weltfrauentag (8.3.), 4.) Karfreitag, 5.) Ostermontag, 6.) 1. Mai, 7.) Christi Himmelfahrt, 8.) Pfingstmontag, 9.) Fronleichnam, 10.) Mariä Himmelfahrt (15.8.), 11.) Weltkindertag (20.9.), 12.) Tag der deutschen Einheit (3.10.), 13.) Reformationstag (31.10.), 14.) Allerheiligen (1.11.), 15.) Erster Weihnachtsfeiertag (25.12.), 16.) Zweiter Weihnachtsfeiertag (26.12.).

Keine Feiertage sind Heiligabend (24.12.) und Silvester (31.12., BeckOK BGB/Henrich BGB **6** § 193 Rn. 10; Grüneberg/Ellenberger BGB § 193 Rn. 6), so dass die Frist auch an diesen Tagen ablaufen kann.

In die Versäumung der Frist zur Einlegung der Erinnerung und zur Bewirkung der Zahlung **7** der Erinnerungsgebühr kann bei Vorliegen der Tatbestandsvoraussetzungen **Wiedereinsetzung in den vorigen Stand** gewährt werden (§ 91). Bei Versäumung der Frist steht in mehrseitigen Verfahren immer der Weg der **Anschlusserinnerung** (BPatG GRUR 1974, 107 Ls. 1) bis zum Erlass einer Entscheidung über die Erinnerung offen, wenn die Gegenpartei ebenfalls Erinnerung eingelegt hatte (Fezer Rn. 6; BPatG GRUR 1974, 107 – Anschlusserinnerung). Wird trotz versäumter Frist im Erinnerungsverfahren entschieden, ist ein derartiger Beschluss nicht nichtig.

Die Erinnerung muss **schriftlich** erhoben werden. Dieses Erfordernis ist zwar im Gegensatz **8** zu § 66 Abs. 2 und zu § 12a WZG nicht (mehr) ausdrücklich erwähnt, folgt jedoch indirekt aus §§ 10, 11 DPMAV, wonach Eingaben an das Amt unterschrieben sein müssen. Unter bestimmten Voraussetzungen kann auch die sog. „Rubrumsunterschrift" nach österreichischem Gerichtsgebrauch, die keine Unterschrift darstellt, dem Schriftformerfordernis genügen (vgl. zu den Voraussetzungen BPatG GRUR-RS 2020, 44191 – Zulässigkeit von Erinnerungs- und Beschwerdeschriftsätzen mit Rubrumsunterschrift). Das Wort „Erinnerung" muss zwar nicht ausdrücklich aufgenommen werden, es muss jedoch zum Ausdruck gebracht werden, dass die Entscheidung des Erstprüfers einer erneuten Überprüfung unterzogen werden soll. Da jedoch gegen diese Beschlüsse auch die Möglichkeit der Direktbeschwerde eröffnet ist, muss klargestellt bzw. erkennbar sein, welcher/s Rechtsbehelf/-mittel erhoben worden ist. Ein Offenlassen oder eine Kumulation sind also nicht möglich. Als Prozesshandlung ist die Erklärung, einen Beschluss anfechten zu wollen, grundsätzlich der Auslegung (analog § 133 BGB) im Rahmen einer Gesamtbetrachtung zugänglich. Maßgeblich ist der objektiv, vom Empfänger vernünftigerweise erkennbare Sinn (BPatG GRUR-RS 2022, 21957 – My KONFOR Möbel/KOINOR). Im Zweifel ist gewollt, „was nach den Maßstäben der Rechtsordnung vernünftig ist und der recht verstandenen Interessenlage entspricht" (BPatG GRUR-RS 2021, 32430 – PremiumSky/SKY und sky). Ggf. sind ergänzend weitere Umstände heranzuziehen, die einen Willen erkennen lassen, der im Wortlaut nicht oder nur unvollständig ausgedrückt war; hierzu können zB die Höhe der gezahlten Gebühren oder die angegebene Gebührennummer gehören (BPatG GRUR-RS 2022, 21957 – My KONFOR Möbel/KOINOR). Wird ohne Abgabe einer zusätzlichen Erklärung lediglich rechtzeitig die Gebühr für die Erinnerung gezahlt, liegt keine ordnungsgemäße Erinnerungseinlegung vor. Denn der Zahlung kann keine hinreichend deutliche Erklärung, einen bestimmten Beschluss mit der Erinnerung angreifen zu wollen, entnommen werden (so für die Beschwerdeeinlegung BPatG BeckRS 2017, 107421 – Anforderungen an die Zulässigkeit einer Beschwerde). Dies gilt auch dann, wenn als Verwendungszweck in der Überweisung oder in dem SEPA-Mandat das Stichwort „Erinnerung" angegeben wird, weil es sich dabei lediglich um eine Zweckangabe für die Zahlung und nicht um die Erklärung, gegen einen bestimmten Beschluss einen Rechtsbehelf einlegen zu wollen, handelt (so für die Beschwerdeeinlegung BPatG BeckRS 2017, 107421 – Anforderungen an die Zulässigkeit einer Beschwerde). Anders als Beschwerden, die gemäß § 1 Abs. 1 Nr. 3b

ERVDPMAV auch elektronisch eingereicht werden können, besteht diese Möglichkeit für die Einlegung der Erinnerung (noch) nicht.

9   Innerhalb der Frist zur Einlegung der Erinnerung muss auch die **Zahlung der Gebühr** bewirkt worden sein (§ 6 Abs. 1 S. 1 PatKostG). Die Höhe der Gebühr beträgt 150 Euro (III.3. Anlage zu § 2 Abs. 1 PatKostG, GV 333000 PatKostG). Die Erinnerungsgebühr ist gemäß A. Abs. 2 der Anlage zu § 2 Abs. 1 PatKostG für jeden Antragsteller gesondert zu zahlen. Gemeinschaftliche Inhaber oder Anmelder einer Marke gelten als ein Erinnerungsführer, wenn sie die Erinnerung gemeinsam einlegen. Für das Anmeldeverfahren bedeutet dies, dass mehrere Markenanmelder, die gemeinsam Erinnerung gegen die Zurückweisung ihrer Anmeldung einlegen, nur eine Erinnerungsgebühr entrichten müssen. Dies war umstritten (vgl. für das Beschwerdeverfahren BPatG BeckRS 2016, 05061 – Beschwerdegebühr für jeden Anmelder bei einer aus mehreren Anmeldern bestehenden Anmeldergemeinschaft; ebenso BPatG BeckRS 2016, 07089 – Rich meets Beautiful; für das Beschwerdeverfahren im Nichtigkeitsverfahren mit mehreren Antragstellern BPatG BeckRS 2019, 31780 – Bro-Secco; für das Patenteinspruchsverfahren BGH GRUR 2017, 1286 – Mehrschichtlager; GRUR 2015, 1255 – Mauersteinsatz; für weitere Einzelheiten Deichfuß GRUR 2015, 1170; aA mit ausführlicher Begründung BPatG GRUR-Prax 2017, 102 – Cevita/CêlaVita, wonach mehrere Inhaber einer im Widerspruchsverfahren angegriffenen Marke, die Erinnerung einlegen, nur eine Gebühr zu entrichten haben, weil sie nicht mehrere sondern ein Antragsteller sind), wurde jedoch durch das Zweite Gesetz zur Vereinfachung und Modernisierung des Patentrechts vom 10.8.2021 (BGBl. I 3490) ausdrücklich klargestellt. Bis zu dieser Klarstellung wurde in Fällen, in denen mehrere Erinnerungsgebühren hätten gezahlt werden müssen, geprüft, ob die entrichtete Erinnerungsgebühr einem Beteiligten zugeordnet werden kann (für die Beschwerdegebühr BGH GRUR 2015, 1255 – Mauersteinsatz), zB aufgrund einer entsprechenden Angabe auf dem Zahlungsträger (BPatG BeckRS 2019, 31780 – Bro-Secco). Konnte die Gebühr keinem Erinnerungsführer zugeordnet werden, war die Erinnerungserklärung im Zweifel dahin auszulegen, dass die Erinnerung von dem im Rubrum der angefochtenen Entscheidung an erster Stelle Genannten erhoben sein sollte (für das Beschwerdeverfahren BGH GRUR 2017, 1286 – Mehrschichtlager; BPatG BeckRS 2018, 34088 – Quinaquanone). Wurde die Erinnerung von mehreren Inhabern einer Marke eingelegt, jedoch nur eine Gebühr entrichtet, die einem Inhaber zugeordnet werden konnte, waren die übrigen Inhaber der Marke notwendige Streitgenossen, weil mehrere Inhaber einer Marke eine Bruchteilsgemeinschaft gemäß § 741 ff. BGB bilden (für das Beschwerdeverfahren BPatG BeckRS 2018, 24565). Ob eine **Wiedereinsetzung in die Zahlungsfrist** in Betracht kommt, ist umstritten (vgl. für das Beschwerdeverfahren: bejaht wegen Fristversäumnis ohne Verschulden BPatG BeckRS 2017, 102861; verneint von BPatG BeckRS 2016, 15960 – Keine Wiedereinsetzung bei Zahlung nur einer Beschwerdegebühr). Wird die Gebühr nicht, nicht vollständig oder zu spät gezahlt, gilt die Erinnerung gemäß § 6 Abs. 2 PatKostG als nicht eingelegt (vgl. auch BPatG BeckRS 2015, 09313 – Hotel Krone Freilassing).

D. Abhilfe (Abs. 3)

10   Die Formulierung in Abs. 3 unterscheidet sich von der in § 66 Abs. 5, die allgemein von der „Stelle" spricht. Abhilfe bedeutet, dem Begehren des Rechtsbehelfs-/-mittelführers vollständig Rechnung zu tragen. Das ist nicht der Fall, wenn der Beschluss des Erstprüfers lediglich aufgehoben wird, ohne dass hieraus eine für den Anmelder/Antragsteller günstig(er)e Sachentscheidung folgt (sog. kassatorische Abhilfe). Der in einer solchen Abhilfeentscheidung liegende Versuch der Heilung von Verfahrensfehlern kann nämlich auch durch das Erinnerungsverfahren erfolgen.

10.1   Dass im Patentverfahren eine kassatorische Abhilfeentscheidung demgegenüber für möglich erachtet wird, liegt in der Tatsache begründet, dass dort ein entsprechendes zweistufiges Prüfungsverfahren nicht existiert.

11   Eine Besonderheit bietet die Erinnerung nach § 46 Abs. 2 MarkenV, die bei Versäumung der viermonatigen Frist zur Vertreterbestellung gegen den endgültig gewordenen refus de protection eingelegt werden kann.

11.1   Beim refus de protection handelt es sich um einen Beschluss (BPatG BeckRS 2000, 15240 – Chronin), nicht um eine Beanstandung, der allerdings der Überprüfung in einem Nachverfahren unterliegt (vgl. §§ 113, 37) und daher vorläufiger Natur ist. Deshalb geht die ständige Praxis des DPMA dahin, einer entsprechenden Erinnerung ohne weiteres stattzugeben, soweit mit ihr auch das Verfahrenshindernis der fehlenden Inlandsvertreterbestellung beseitigt wurde, mit der Modifikation, dass der refus de protection nicht aufgehoben wird, weil dann die Wirkung des § 112 Abs. 1 nicht mehr rückwirkend beseitigt werden könnte, sondern die Marke ohne weiteres für Deutschland Schutz genießen würde. Im Anschluss daran wird die Prüfung der Frage, ob der international registrierten Marke der Schutz für Deutschland verweigert werden muss, wie die Prüfung einer nationalen Markenanmeldung durch einen Beamten des gehobenen Dienstes durchgeführt und durch Beschluss, gegen den ggf. Erinnerung und Beschwerde eröffnet sind, erledigt.

Abhilfe setzt auf jeden Fall die **Einlegung eines Rechtsbehelfs/-mittels** und dessen Zulässig- 12 keit voraus, was eine Rechtsgrundlage für die Abhilfeentscheidung schafft. Eine ohne eine derartige Rechtsgrundlage getroffene Abhilfeentscheidung ist rechtswidrig.

Die **Abhilfe** erfolgt in der Form eines **Beschlusses,** der die zurückweisende Entscheidung 13 aufhebt.

Die **Nichtabhilfe** wird in Form einer **Verfügung** erledigt und zusammen mit der Akte der 14 zweitentscheidenden Markenstelle zugeleitet.

Eine **Teilabhilfe** erledigt das Anmelder-/Antragsbegehren nicht vollständig und ist daher nicht 15 zulässig. Eine nur teilweise Abhilfe ist dennoch wirksam (BPatG BeckRS 2009, 16070 – Seasons).

Die Möglichkeit der Abhilfe besteht nach Abs. 3 S. 2 nur im **einseitigen Verfahren.** 16

E. Zuständigkeit und Entscheidungsgrundlage (Abs. 4)

Das Erinnerungsverfahren wird zwar als justizförmiges Verfahren angesehen, in dem das 17 Antragsprinzip und das Verbot der reformatio in peius gelten. Streng gilt das jedoch nur für die zweiseitigen Verfahren, im einseitigen Verfahren mit gewissen Modifikationen. Mit der Erinnerungseinlegung ist kein Instanzenwechsel verbunden. Damit nimmt der die Erinnerung bearbeitende und entscheidende juristische Prüfer genauso wie der Erstprüfer die Aufgabe einer Markenstelle (§ 56 Abs. 2 S. 2) wahr. Das bedeutet zum einen, dass innerhalb der gestellten Anträge (nach einer Nachbeanstandung zur Wahrung des rechtlichen Gehörs, → § 59 Rn. 15) neue Schutzhindernisse, aber auch neue Tatsachen in das Verfahren eingeführt werden dürfen. Da die Teilzurückweisung einer Anmeldung durch den Erstprüfer nicht zugleich die Feststellung beinhaltet, dass die Marke im Übrigen schutzfähig ist (ebenso Ströbele/Hacker/Thiering/Miosga Rn. 11), kann die Markenstelle auch über den Erstprüferbeschluss hinaus nach Wahrung des rechtlichen Gehörs die Zurückweisung der Anmeldung auf weitere, bislang nicht von der Zurückweisung durch den Erstprüferbeschluss betroffene Waren oder Dienstleistungen erstrecken (BPatG BeckRS 2008, 19253 – Global Player; aA BPatG BeckRS 2009, 14556 – Toners). Ob dies allerdings in einem Beschluss geschehen kann, ist offen; hierfür können Gründe der Verfahrensbeschleunigung sprechen (gegen die Zusammenfassung in einem Beschluss: Fezer Markenpraxis-HdB/Bingener S. 90; vgl. BPatG BeckRS 2008, 19253 – Global Player, wonach die Zurückweisung der Anmeldung durch zwei Beschlüsse die Rückzahlung der Beschwerdegebühr aus Billigkeitsgründen rechtfertigt).

Dies gilt jedoch nicht im Prüfungsverfahren einer international registrierten Marke für die 18 Frage, ob dieser für Deutschland der Schutz zu verweigern ist, da das DPMA die Schutzversagungsgründe binnen einer Ausschlussfrist von einem Jahr (Art. 5 Abs. 5 PMMA, nachdem Deutschland von der in Art. 5 Abs. 2 PMMA eröffneten Möglichkeit, eine längere Frist in Anspruch zu nehmen, keinen Gebrauch gemacht hat) dem internationalen Büro abschließend mitteilen muss.

Im Widerspruchsverfahren kann der über die Erinnerung entscheidende juristische Prüfer 19 wegen des Verbots der Schlechterstellung über eine Zurückweisung des gestellten Antrages nur dann hinausgehen, wenn der andere Beteiligte (vorausgesetzt, er ist durch die Entscheidung des Erstprüfers ebenfalls beschwert) auch eine (Anschluss-)Erinnerung eingelegt hat.

Die Erinnerung kann bis zur Bestandskraft der Entscheidung **zurückgenommen** werden 20 (Fezer Rn. 7).

F. Rückzahlung der Gebühr (Abs. 5)

Auch in diesem Fall trifft das Gesetz eine von § 66 Abs. 5 teilweise abweichende Regelung 21 (vgl. hierzu BPatG BeckRS 2016, 16387 – NIGHTS & MORE), weil in Abs. 5 auch die Möglichkeit besteht, die Erinnerungsgebühr „teilweise" zurückzuerstatten.

Wenngleich im Unterschied zur Kostenentscheidung nach § 63 Abs. 1 nicht ausdrücklich 22 erwähnt, ist allerdings eine solche Rückzahlung nur dann geboten, wenn **Billigkeitsgesichtspunkte** (für die vergleichbare Regelung in § 71: BPatG GRUR-RS 2021, 7314 – Widerspruchsverfahrensunterbrechung bei Verlust der Prozessfähigkeit; BeckRS 2018, 47223 – Rückzahlung der Beschwerdegebühr; GRUR-RS 2016, 01711 – Keine Wiedereinsetzung bei SEPA-Einzugsermächtigung; BeckRS 2016, 09042 – Kosten nach Widerspruchsrücknahme; BeckRS 2016, 08401 – Fehlende Signatur; BeckRS 2016, 08400 – Flow Ride/Flow; BeckRS 2016, 08047 –

programics; BeckRS 2012, 19752 – Oguchi Implant Method; vorsorgliche Beschwerdeeinlegung: BPatG BeckRS 2016, 16008 – Rückzahlung der Gebühr bei gegenstandsloser Beschwerde) sie rechtfertigen. Auch hier ist zu berücksichtigen, dass die Gebührenpflicht den Regelfall bildet (BPatG BeckRS 2012, 19752 – Oguchi Implant Method; BeckRS 2010, 22361 – Igel plus/PLUS; Ingerl/Rohnke § 71 Rn. 35). Als praktisch bedeutsamster Fall kann zB die Verletzung des Gebotes der Wahrung des **rechtlichen Gehörs** (§ 59 Abs. 2) die Anordnung der Rückzahlung der Erinnerungsgebühr rechtfertigen. Dies gilt jedoch nur, wenn und soweit die verfahrensfehlerhafte Behandlung durch die erstentscheidende Markenstelle/Markenabteilung sich ausgewirkt hat, weil auch eine andere Entscheidung in der Sache in Betracht zu ziehen ist (vgl. zB für formlose Mitteilung über die Nichtaussetzung BPatG GRUR-RS 2022, 25900 – Kaave/Kave Home ua). Der Verfahrensfehler selbst wird durch die Einlegung des Rechtsbehelfs ohne weiteres geheilt, da die versäumte Handlung (zB die Gewährung des rechtlichen Gehörs) im Erinnerungsverfahren nachgeholt werden kann.

23   Eine lediglich vom (nicht verfahrensfehlerhaften) Erstprüferbeschluss abweichende Sachentscheidung durch den über die Erinnerung entscheidenden juristischen Prüfer rechtfertigt die Rückzahlung der Erinnerungsgebühr dagegen regelmäßig nicht. Dies gilt ebenso, wenn die Begründung des Beschlusses zwar einzelne Ungereimtheiten aufweist, aber erkennbar ist, dass es sich hierbei um eine offenbare Unrichtigkeit handelt (BPatG BeckRS 2016, 08400 – Flow Ride/ Flow). Zu Einzelheiten → § 71 Rn. 130 ff. (zu § 71 Abs. 3).

G. Fakultative Erinnerung (Abs. 6 und 7)

24   Gegen Beschlüsse, die von einem Beamten des gehobenen Dienstes oder einem vergleichbaren Angestellten erlassen worden sind, ist neben der Erinnerung auch das Rechtsmittel der **Beschwerde** statthaft. Dieses Nebeneinander von Rechtsbehelf und Rechtsmittel bereitet bei zweiseitigen (inter partes) Verfahren mitunter Schwierigkeiten, da von der gesetzlichen Regelung in Abs. 6 nur der Fall umfasst ist, dass die Beteiligten eines Verfahrens unterschiedliche Rechtsmittel bzw. Rechtsbehelfe einlegen. In diesem Fall kann der Erinnerungsführer binnen einer Frist von einem Monat nach S. 2 gleichfalls Beschwerde einlegen. Die Beschwerdegebühr ist dabei mit der Erinnerungsgebühr abgegolten. Bei Nichterhebung der Beschwerde wird nach S. 3 die Rücknahme der Erinnerung fingiert (BPatG GRUR-RS 2022, 25905 – Alex/ALEX ua). In diesem Fall scheidet auch eine Rückzahlung der Erinnerungsgebühr aus (ebenso Ströbele/Hacker/Thiering/ Miosga Rn. 9; aA Büscher in Dittmer/Schiwy/Büscher Rn. 17: Rückzahlung nach § 10 Abs. 2 PatKostG, jedoch ohne darauf einzugehen, dass § 10 Abs. 2 PatKostG auf sonstige Handlungen nicht anwendbar ist). Die Formulierung „oder die Handlung als nicht vorgenommen gilt" in § 10 Abs. 2 PatKostG wurde durch Art. 6 Nr. 4 Gesetz zur Änderung des patentrechtlichen Einspruchsverfahrens und des PatKostG vom 21.6.2006 (BGBl. I 1318) gestrichen. Wurde die Erinnerungsgebühr nicht, nicht vollständig oder verspätet gezahlt, gilt die Beschwerde nach § 6 Abs. 4 PatKostG als zurückgenommen.

25   Nicht geregelt ist jedoch der Fall, wenn mehrere im Verhältnis zueinander nicht Beteiligte **unterschiedliche Rechtsmittel bzw. Rechtsbehelfe** einlegen. Dies kann zB dann vorliegen, wenn mehrere Widersprüche unterschiedlicher Widersprechender in einem Beschluss verbeschieden worden sind. Da in einem solchen Fall die zu einem Verfahren verbundenen Widersprüche in unterschiedlichen Instanzen anhängig sind, müssen diese entweder getrennt und getrennt entschieden oder ausgesetzt werden (BPatG BeckRS 2015, 10469 – Vino Monte/Montes u. Vinha Do Monte; BeckRS 2002, 14937). In der Regel setzt das DPMA in solchen Fällen das Erinnerungsverfahren durch förmlichen Beschluss wegen Sachdienlichkeit gemäß § 32 Abs. 1 MarkenV bis zum Abschluss des Beschwerdeverfahrens aus.

26   Die Beschwerde kann neben der Schriftform im Unterschied zur Erinnerung auch **elektronisch eingelegt** werden (zu Einzelheiten → § 66 Rn. 99 ff.).

27   Im Unterschied zu Abs. 3 trifft die Abhilfeentscheidung im Falle der Direktbeschwerde nach Abs. 6 S. 1 iVm § 66 Abs. 5 die „Stelle", die die Entscheidung getroffen hat.

28   Eine Abhilfe durch den **Vorgesetzten** des Beamten bzw. vergleichbaren Angestellten, der gleichfalls die Aufgaben der Markenstelle wahrnimmt, ist damit vom Normtext her nicht verboten, sondern sogar geboten, denn ob von der Abhilfemöglichkeit Gebrauch gemacht wird, obliegt nicht dem freien Ermessen der Markenstelle. Nicht erforderlich ist es jedoch, die Marke im Hinblick auf eine abweichende Bewertung des Sachverhalts nachzurecherchieren, da dies die Durchführung eines Quasi-Erinnerungsverfahrens bedeuten würde. Im Hinblick auf die knapp bemessene Vorlagefrist genügt der Aktenstand, der in der Regel nur für evident falsche rechtliche

Bewertungen, die sich zudem auch auf das Ergebnis auswirken müssen (keine kassatorische Abhilfe), eine Abhilfemöglichkeit und damit -verpflichtung eröffnet.

Nach Einlegung der Beschwerde nach § 66 Abs. 3 oder § 64 Abs. 6 S. 2 ist der Markenstelle **29** wegen des Devolutiveffekts eine Entscheidung verwehrt. Erlässt sie gleichwohl eine Entscheidung, erwächst diese nicht in Bestandskraft.

§ 64a Kostenregelungen im Verfahren vor dem Deutschen Patent- und Markenamt

Im Verfahren vor dem Deutschen Patent- und Markenamt gilt für die Kosten das Patentkostengesetz.

Überblick

Die folgende Kommentierung gibt einen kurzen Überblick zu Fälligkeit (→ Rn. 5), Zahlung (→ Rn. 8) und den sich aus einer nicht ordnungsgemäßen Zahlung von Kosten ergebenden Folgen (→ Rn. 13).

Übersicht

A. Allgemeines

§ 64a verweist für die Kostenregelungen im Verfahren vor dem DPMA auf das PatKostG. Es **1** handelt sich hierbei um eine rein **deklaratorische Verweisung,** wie sich bereits aus § 1 Abs. 1 PatKostG, der die Anwendbarkeit des PatKostG für die Gebühren des DPMA regelt, ergibt (BPatG BeckRS 2015, 09313 – Hotel Krone Freilassing).

B. Einzelheiten

§ 1 Abs. 2 PatKostG enthält die **Verordnungsermächtigung** für das BMJ, ergänzende Rege- **2** lungen für die Auslagen und die Verwaltungskosten des DPMA sowie für die Zahlungswege und den Zahlungstag ergänzende Regelungen zu treffen. Das BMJ hat hiervon durch den Erlass der DPMAVwKostV und der PatKostZV Gebrauch gemacht. Die DPMAVwKostV enthält für bestimmte Verwaltungskosten zum PatKostG weitgehend übereinstimmende Vorschriften.

Allgemeine Informationen zu den Gebühren enthält auch das **Kostenmerkblatt** (abrufbar **3** unter http://www.dpma.de/docs/service/formulare/allgemein/a9510.pdf, zuletzt abgerufen am 17.12.2022).

Kosten sind sowohl in § 1 Abs. 2 Nr. 2 PatKostG als auch § 1 Abs. 1 DPMAVwKostV als **4** Gebühren und Auslagen **legal definiert.** Welche Gebühren (bzw. Auslagen) hierunter fallen sowie in welcher Höhe sie anfallen, ergibt sich jeweils aus der Anlage Kostenverzeichnis zu § 2 Abs. 1 DPMAVwKostV bzw. § 2 Abs. 1 PatKostG.

Die Gebühren werden mit dem Einreichen einer Anmeldung, dem Stellen eines Antrags oder **5** mit Vornahme einer sonstigen Handlung **fällig** (vgl. § 3 PatKostG). Bedeutung erlangt diese Unterscheidung für die Beurteilung der Folgen einer verfristeten oder einer unvollständigen Zahlung, da das Gesetz hieran unterschiedliche Fiktionswirkungen knüpft (vgl. § 6 Abs. 2 PatKostG). Sonstige Handlungen iSd PatKostG sind nach der nicht abschließenden Aufzählung in § 3 Abs. 1 S. 2 PatKostG die Erinnerungs- oder die Beschwerdeeinlegung, aber auch die Erhebung des Widerspruchs nach § 42. Die Fälligkeit bezeichnet dabei den Zeitpunkt, von dem ab der Kostenschuldner die Leistung erbringen muss (vgl. BPatG BlPMZ 1973, 357). Zahlungen, die vor Fälligkeit geleistet werden, kann das DPMA berücksichtigen, nur in gesetzlich vorgesehenen Fällen (§ 5 PatKostG) muss es diese berücksichtigen (vgl. Schulte/Schell PatKostG § 10 Rn. 20). Damit ist es praktikabel, zur Verkürzung des Zahlungswegs geleistete, aber noch nicht verbrauchte Zahlungen umzubuchen. Problematisch könnte in diesem Zusammenhang höchstens die Frage der Anwendbarkeit der Erstattungsgebühr (→ Rn. 14) sein.

Im Fall des § 64 Abs. 6 S. 2 wird keine Beschwerdegebühr fällig (vgl. § 3 Abs. 1 S. 5 PatKostG). **6** Grund ist, dass der Betroffene ja bereits eine Erinnerungsgebühr entrichtet hat, die ihm auch nicht mehr zurückerstattet werden kann (auch nicht wegen § 10 Abs. 2 PatKostG, der nur für Anmeldungen und Anträge gilt), da bei Nichteinlegung der Beschwerde die Erinnerung nach § 64 Abs. 6 S. 3 als zurückgenommen gilt.

7   Die Dauer und das Ende der **Zahlungsfrist** bemessen sich danach, ob das MarkenG (also das Gesetz selbst) für die Stellung des oder der Vornahme des bzw. der dem Gebührentatbestand zu Grunde liegenden Antrags oder sonstigen Handlung selbst eine Frist vorsieht. Wenn ja, muss innerhalb dieser Frist auch die Gebühr bezahlt werden, sonst beträgt die Zahlungsfrist drei Monate ab Fälligkeit (vgl. § 6 Abs. 1 PatKostG), soweit gesetzlich nichts anderes bestimmt ist. Eine Ausnahme hiervon bildet § 36 Abs. 3 S. 1. Die Nachzahlung von Klassengebühren muss danach innerhalb einer behördlich bestimmten Frist erfolgen.

8   Die möglichen **Zahlungswege** bestimmt § 1 Abs. 1 PatKostZV.

8.1   Zahlungen können demnach derzeit durch Bareinzahlung bei den Geldstellen des DPMA (an den Schaltern der Dokumentenannahme in München, Berlin und Jena möglich), durch Überweisung auf das Konto der zuständigen Bundeskasse für das DPMA (Kontoangaben bei Überweisung aus dem Einheitlichen Euro-Zahlungsraum: Zahlungsempfänger Bundeskasse DPMA, BIC (Swift-Code) MARKEDEF1700, IBAN DE84700000000070001054; Kontoangaben bei Überweisung aus Ländern außerhalb des Einheitlichen Euro-Zahlungsraumes: wie vor, zusätzlich Bankbezeichnung: BBk München), durch Bareinzahlung auf ein Konto der zuständigen Bundeskasse für das DPMA bei einem inländischen oder ausländischen Geldinstitut oder durch Erteilung eines SEPA-Basislastschriftmandats mit Angaben zum Verwendungszweck (Vordrucke A 9530 „SEPA-Basislastschriftmandat" und A 9532 „Angaben zum Verwendungszweck", abrufbar unter https://www.dpma.de/service/formulare/index.html, zuletzt abgerufen am 25.9.2022) geleistet werden. **Voraussetzung** ist insoweit jedoch, dass die Einziehung auch tatsächlich erfolgen kann. Ansonsten gilt die Zahlung als nicht (vgl. Ströbele/Hacker/Thiering/Miosga Rn. 20) bzw. als an dem Tag erfolgt, an dem das Konto die erforderliche Deckung aufweist (so Schulte PatKostZV § 2 Rn. 35). § 1 Abs. 1 Nr. 5 PatKostZV sieht zudem die elektronisch übermittelte Zahlung auf ein Konto der Bundeskasse vor, wenn dieses Zahlungsmittel auf der Internetseite des DPMA bekannt gegeben wurde, was bisher jedoch nicht der Fall ist.

9   Die Gebührenzahlung muss bis zum Ablauf der jeweils bestimmten Frist bewirkt worden sein. Der **Zeitpunkt der Erfüllungswirkung** der in § 1 PatKostZV zulässigen Zahlungswege ist in § 2 PatKostZV geregelt. Aus der gesetzlichen Fiktion („Als Zahlungstag gilt") folgt zum einen, dass grundsätzlich die Erfüllung der durch Anträge und sonstiger Handlungen entstandenen Zahlungsschuld innerhalb der Frist **bewirkt** worden sein muss (vgl. den Wortlaut des § 6 Abs. 1 PatKostG: „ist (...) zu zahlen") und weiterhin die Tatsache, dass § 2 PatKostZV den Zahlungstag im Wege der Fiktion anordnet. Damit ist an sich der Tag der Gutschrift maßgebend. Es wird aber unwiderlegbar vermutet, dass diese zB bei § 2 Nr. 3 PatKostZV zum Zeitpunkt der Einzahlung, bei § 2 Nr. 4 PatKostZV zum Zeitpunkt des Eingangs des SEPA-Basislastschriftmandats mit Angaben zum Verwendungszweck bzw. bei ursprünglicher Einreichung des SEPA-Basislastschriftmandats durch Telefax und Nichteinreichung des Originals binnen Monatsfrist, zum Zeitpunkt des Eingangs des Originals beim DPMA vorgelegen hat. Der Leistungserfolg tritt aber bei der Geldzahlungsschuld (bei unbarer Zahlungsweise) mit der Gutschrift des Zahlungsbetrags auf dem Konto der zuständigen Bundeskasse ein, so dass allein die Vornahme der hierzu erforderlichen Leistungshandlungen innerhalb der Zahlungsfrist nicht ausreicht, um die nach § 6 Abs. 2 PatKostG aus einer verspäteten Zahlung resultierenden Folgen abzuwenden.

10   Die fristwahrende Zahlung ist insbesondere bei **Überweisungen** nicht immer gewährleistet, da die Bearbeitung des Überweisungsauftrags gemäß § 675s BGB einen, bei Überweisungen in Papier zwei Bankgeschäftstage betragen kann. Darüber hinaus bestehen in Deutschland Bankenfeiertage (Heiligabend, Silvester), die keine gesetzlichen Feiertage sind und an denen somit auch Zahlungsfristen ablaufen können. Zu Klarstellungs-, aber auch zu Vereinfachungszwecken bestimmt daher § 2 PatKostG im Wege der gesetzlichen Fiktion einen Zahlungszeitpunkt, bei dem der Eintritt der Erfüllungswirkung teilweise abweichend vom bürgerlichen Recht bestimmt wird.

11   Bei SEPA-Basislastschriftmandaten mit Angaben zum Verwendungszweck fingiert § 2 Nr. 4 S. 1 PatKostZV den Tag als Zahlungstag, an dem diese beiden Dokumente beim DPMA eingehen, bei Vorlage vor Fälligkeit den Fälligkeitstag. Hierbei ist allerdings auf die Gültigkeit des SEPA-Basislastschriftmandats zu achten, da dieses nicht länger als 36 Monate nach Erteilung ungenutzt geblieben gewesen sein darf. Da SEPA-Basislastschriftmandat und die Angaben zum Verwendungszweck auch über Telefax übermittelt werden dürfen (vgl. § 11 DPMAV), stellt dieser Zahlungsweg sicher, auch kurzfristig die Zahlungsschuld erfüllen zu können. Allerdings muss dann das Original des **SEPA-Basislastschriftmandats** zur Wahrung dieses Zahlungstags binnen Monatsfrist nach

Eingang des Telefaxes nachgereicht werden. Andernfalls gilt nach S. 3 der Vorschrift der Tag als Zahlungstag, an dem das Original beim DPMA eingegangen ist (BPatG BeckRS 2019, 6866 – VENOM). Die Fiktion wirkt sich hier zugunsten des Zahlungsverpflichteten aus, da durch den Eingang der Einzugsermächtigung allein die Schuld an sich noch nicht erfüllt wäre (Grüneberg/ Grüneberg BGB § 362 Rn. 11). Dasselbe gilt bei **Bareinzahlungen** auf das Konto der zuständigen Bundeskasse, bei denen bereits der Tag der Bareinzahlung als Zahlungstag gilt. In diesem Fall ist es empfehlenswert (vgl. Kostenmerkblatt), dem DPMA eine Kopie des Einzahlungsbelegs zu übermitteln. Damit ist die Berücksichtigung des begünstigten Zahlungstags sichergestellt. Der Grund liegt darin, dass das DPMA allein durch die Gutschrift auf das Konto der zuständigen Bundeskasse eine Zahlung nach § 1 Nr. 3 PatKostZV nicht von einer Überweisung nach § 1 Nr. 2 PatKostZV unterscheiden kann.

Mindestangaben zum Verwendungszweck sind (bei Zahlung durch SEPA-Basislastschriftman- **12** dat) die Mandatsreferenznummer, das amtliche Aktenzeichen (sofern schon bekannt), die Gebührensumme sowie der konkrete Verwendungszweck durch Angabe einer Gebührennummer oder eine sonstige erläuternde Angabe. Ist ein Euro-Betrag ausgewiesen, ist dieser für das DPMA bindend, das im Hinblick auf seine Höhe keine Änderungen vornehmen darf (BPatG GRUR-RS 2021, 9183 für den Fall, dass das SEPA-Verwendungszweckmandat auf 290 Euro beziffert war, aber tatsächlich 300 Euro fällig waren; BeckRS 2011, 141770 für den Fall, dass die Einzugsermächtigung als Verwendungszweck die Gebührenziffer der Beschwerde aufwies, jedoch nur in Höhe von 150 Euro erteilt worden war). Auch für eine Auslegung in dem Sinn, dass ein vom ausgewiesenen Betrag abweichender Betrag eingezogen werden soll, besteht kein Raum. Bei unbezifferten SEPA-Verwendungszweckmandaten kommt eine Auslegung dahingehend, dass die gesetzliche Gebühr eingezogen werden soll, in Betracht (BPatG GRUR-RS 2021, 9183 – POMONA). Eine Pflicht zur Verwendung des amtlichen Vordrucks „Angaben zum Verwendungszweck" (A 9532) zur Übermittlung dieser Angaben besteht nicht (BPatG GRUR-RS 2020, 2388 – Ungenügende Angaben zum Verwendungszweck eines Basislastschriftverfahrens; BeckRS 2016, 07528 – babygro).

§ 6 Abs. 2 PatKostG enthält als **Konsequenz** einer Nicht-, Teil- oder Zuspätzahlung die **13** **Fiktion der Rücknahme** bei Anmeldungen oder Anträgen und die Fiktion der Nichtvornahme von sonstigen Handlungen (bei Nichtzahlung oder nicht rechtzeitiger Zahlung der Erinnerungsgebühr gilt die Erinnerung als nicht eingelegt: BPatG BeckRS 2016, 128373 – Gartenglück; BeckRS 2015, 09313 – Hotel Krone Freilassing; BeckRS 2013, 08355 – Antrag auf Wiedereinsetzung in die Frist zur Einzahlung der Erinnerungsgebühr; bei Nichtzahlung der Widerspruchsgebühr gilt der Widerspruch als nicht erhoben: BPatG BeckRS 2015, 02948 – Lehmitz/Weinhaus am Stadtrand Dirk Lehmitz e.K.).

Die Fiktion der Nichtvornahme der sonstigen Handlung hat zur Folge, dass die teilweise oder **14** verspätet geleistete Zahlung ohne Rechtsgrund geleistet wurde. Als solche wird sie (entsprechend § 812 Abs. 1 BGB) **zurückerstattet,** jedoch nach Abzug der fällig gewordenen (vgl. § 6 Abs. 2 DPMAVwKostV) Erstattungsgebühr in Höhe von 10 Euro.

Ohne Rechtsgrund gezahlt und daher zurückzuerstatten ist eine Gebühr auch dann, wenn **15** die Anmeldung, der Antrag oder die sonstige Handlung spätestens an dem Tag, an dem die Gebührenzahlung (ggf. im Wege der Fiktion nach § 2 PatKostZV) bewirkt wurde, zurückgenommen worden ist.

Mit Rechtsgrund gezahlte fällige Gebühren können (von der Ausnahme abgesehen, dass sie **16** nach § 63 Abs. 2 aus Billigkeitsgründen erstattet werden) nicht zurückgezahlt werden (vgl. für den sinngemäß erklärten Verzicht auf eine eingetragene Marke: BPatG GRUR-RS 2021, 22246 – Kein Entfallen der Anmeldegebühr bei Rücknahme der Anmeldung nach Eintragung der Marke). Sie sind mit Anmeldung, Antragstellung oder Vornahme der sonstigen Handlung angefallen und mit der Bewirkung der Gebührenzahlung verfallen.

Jedoch kommt im Falle der Rücknahmefiktion nach § 6 Abs. 2 PatKostG, § 36 Abs. 3 S. 2 **17** oder § 15 Abs. 4 S. 1 MarkenV eine **Rückzahlung** dann in Betracht, wenn die beantragte Amtshandlung nicht vorgenommen wurde (§ 10 Abs. 2 PatKostG).

Dies gilt vor allem im Falle der **Teilzahlung,** die der Nichtzahlung gleichgestellt ist (klargestellt **18** durch Streichung der Regelung des § 10 Abs. 2 S. 2 PatKostG aF, GeschmMReformG BlPMZ 2004, 218, die vorsah, dass Teilbeträge nicht erstattet werden; vgl. Ströbele/Hacker/Thiering/ Miosga Rn. 23). Ob eine Teilzahlung vorliegt oder nicht, ist aber für jeden Gebührentatbestand gesondert zu prüfen, so dass insbesondere nicht Anmelde- und Klassengebühr(en) als einheitliche Gebühr betrachtet werden dürfen (vgl. BPatG BeckRS 2009, 24786 – medical Studio; vgl. auch den Wortlaut von § 36 Abs. 3 S. 2 „im Übrigen", woraus ebenfalls folgt, dass sich die Rücknahmefiktion nur auf die Klassengebühr beziehen kann, die nicht vollständig entrichtet wurde).

19   Die Regelung in § 10 Abs. 2 PatKostG bezieht sich ihrem Normzweck entsprechend, Vollstreckungsfälle für die nach wie vor fällige Gebühr zu vermeiden und den Zahlungsverkehr zu beschleunigen (Amtl. Begr. BlPMZ 2002, 36 (43)), auf solche Handlungen, die nicht mehr von Amts wegen rückgängig gemacht werden könnten, zB Eintragung eines Schutzrechts (so Amtl. Begr. BlPMZ 2002, 36 (43); vgl. auch Büscher in Dittmer/Schiwy/Büscher Rn. 5 aE sowie BPatG GRUR-RS 2021, 22246 – Kein Entfallen der Anmeldegebühr bei Rücknahme der Anmeldung nach Eintragung der Marke – zum Widerruf eines SEPA-Lastschriftmandats nach Markeneintragung).

20   **Verspätete Zahlungen** sind unter Einbehaltung der Erstattungsgebühr (→ Rn. 14) zurückzuerstatten, da sie wie im Falle der Nichtvornahmefiktion rechtsgrundlos geleistet wurden (so auch Ströbele/Hacker/Thiering/Miosga Rn. 24).

21   Die DPMAVwKostV enthält keine dem § 6 Abs. 2 PatKostG vergleichbare Regelung. Die Rücknahmefiktion des § 8 Abs. 1 DPMAVwKostV gilt nur für den Fall, dass und soweit das DPMA einen Kostenvorschuss angefordert hatte. § 8 Abs. 2 DPMAVwKostV entspricht dem § 10 Abs. 2 PatKostG.

22   Bei den in § 9 PatKostG erwähnten „Kosten" können die Gebühren nicht gemeint sein, wenn und soweit an deren Nichtzahlung die gesetzliche Fiktionswirkung geknüpft wurde, wonach der Antrag als zurückgenommen oder eine sonstige Handlung als nicht vorgenommen gilt (vgl. § 6 Abs. 2 PatKostG). Es kann nicht sein, dass diese Fiktionswirkung durch § 9 PatKostG obsolet würde. So ist zB auch bei einer offensichtlich fehlerhaften Zurückweisung der Anmeldung neben der Einlegung der Erinnerung auch die Zahlung der Erinnerungsgebühr innerhalb der Zahlungsfrist erforderlich, um den Eintritt der Bestandskraft des Erstprüferbeschlusses zu verhindern. Im Erinnerungsbeschluss kann dann auch über die Rückzahlung der Erinnerungsgebühr entschieden werden.

§ 65 Rechtsverordnungsermächtigung

    (1) Das Bundesministerium der Justiz und für Verbraucherschutz wird ermächtigt, durch Rechtsverordnung ohne Zustimmung des Bundesrates

1. **die Einrichtung und den Geschäftsgang sowie die Form des Verfahrens in Markenangelegenheiten zu regeln, soweit nicht durch Gesetz Bestimmungen darüber getroffen sind,**
2. **weitere Erfordernisse für die Anmeldung von Marken zu bestimmen,**
3. **die Klasseneinteilung von Waren und Dienstleistungen festzulegen,**
4. **nähere Bestimmungen für die Durchführung der Prüfungs-, Widerspruchs-, Verfalls- und Nichtigkeitsverfahren zu treffen,**
5. **Bestimmungen über das Register der eingetragenen Marken und gegebenenfalls gesonderte Bestimmungen über das Register für Kollektivmarken und Gewährleistungsmarken zu treffen,**
6. **die in das Register aufzunehmenden Angaben über eingetragene Marken sowie über Widerspruchs- und Nichtigkeitsverfahren zu regeln und Umfang sowie Art und Weise der Veröffentlichung dieser Angaben festzulegen,**
7. **Bestimmungen über die sonstigen in diesem Gesetz vorgesehenen Verfahren vor dem Deutschen Patent- und Markenamt zu treffen, wie insbesondere das Verfahren bei der Teilung von Anmeldungen und von Eintragungen, das Verfahren zur Erteilung von Auskünften oder Bescheinigungen, das Verfahren der Wiedereinsetzung, das Verfahren der Akteneinsicht, das Verfahren über den Schutz international registrierter Marken und das Verfahren über die Umwandlung von Unionsmarken,**
8. **Bestimmungen über die in das Register aufzunehmenden Angaben über Lizenzen zu treffen,**
9. **Bestimmungen über die Form zu treffen, in der Anträge und Eingaben in Markenangelegenheiten einzureichen sind, einschließlich der Übermittlung von Anträgen und Eingaben durch elektronische Datenübertragung,**
10. **Bestimmungen darüber zu treffen, in welcher Form Beschlüsse, Bescheide oder sonstige Mitteilungen des Deutschen Patent- und Markenamts in Markenangelegenheiten den Beteiligten zu übermitteln sind, einschließlich der Übermittlung durch elektronische Datenübertragung, soweit nicht eine bestimmte Form der Übermittlung gesetzlich vorgeschrieben ist,**

11. Bestimmungen darüber zu treffen, in welchen Fällen und unter welchen Voraussetzungen Eingaben und Schriftstücke in Markenangelegenheiten in anderen Sprachen als der deutschen Sprache berücksichtigt werden,

12. Beamte und Beamtinnen des gehobenen Dienstes oder vergleichbare Angestellte mit der Wahrnehmung von Angelegenheiten zu betrauen, die den Markenabteilungen obliegen und die ihrer Art nach keine besonderen rechtlichen Schwierigkeiten bieten, mit Ausnahme der Beschlußfassung über die Löschung von Marken aufgrund Verzichts, Verfalls oder Nichtigkeit (§ 48 Abs. 1, § 53), der Abgabe von Gutachten (§ 58 Abs. 1) und der Entscheidungen, mit denen die Abgabe eines Gutachten abgelehnt wird,

13. Beamte und Beamtinnen des mittleren Dienstes oder vergleichbare Angestellte mit der Wahrnehmung von Angelegenheiten zu betrauen, die den Markenstellen oder Markenabteilungen obliegen und die ihrer Art nach keine besonderen rechtlichen Schwierigkeiten bieten, mit Ausnahme von Entscheidungen über Anmeldungen und Widersprüche,

14. die in die Veröffentlichung nach § 33 Abs. 3 aufzunehmenden Angaben zu regeln und Umfang sowie Art und Weise der Veröffentlichung dieser Angaben festzulegen,

15. für Fristen in Markenangelegenheiten eine für alle Dienststellen des Deutschen Patent- und Markenamts geltende Regelung über die zu berücksichtigenden gesetzlichen Feiertage zu treffen.

(2) Das Bundesministerium der Justiz und für Verbraucherschutz kann die Ermächtigung zum Erlaß von Rechtsverordnungen nach Absatz 1 durch Rechtsverordnung ohne Zustimmung des Bundesrates ganz oder teilweise dem Deutschen Patent- und Markenamt übertragen.

Überblick

§ 65 verleiht dem Bundesministerium der Justiz und für Verbraucherschutz (→ Rn. 1) oder im Wege der Unterermächtigung dem Deutschen Patent- und Markenamt (Abs. 2; → Rn. 15) die Verordnungsmacht, ergänzende Bestimmungen zum Verfahren zu treffen.

Übersicht

A. Allgemeines

Von dieser **Verordnungsermächtigung** ist durch Erlass der MarkenV, der DPMAV sowie der **1** WahrnV Gebrauch gemacht worden, wobei deren Regelungsgegenstände sich teilweise überschneiden.

B. Regelung des Abs. 1

I. Abs. 1 Nr. 1

Nähere Bestimmungen treffen § 1 Abs. 1, § 5 DPMAV. **2**

II. Abs. 1 Nr. 2

3   Nr. 2 nimmt Bezug auf § 32 Abs. 3. Von dieser Verordnungsermächtigung wurden durch die §§ 2–13, 15, 20 MarkenV sowie durch die §§ 9–12 DPMAV Gebrauch gemacht. § 20 MarkenV ist zwar im Abschnitt 2 der MarkenV enthalten, der ausweislich der Abschnittsüberschrift Regelungen zur „Klasseneinteilung von Waren und Dienstleistungen" an sich Regelungen enthält, die dem Regelungsbereich gemäß § 65 Abs. 1 Nr. 3 zuzuordnen wären. Dennoch zählen die in § 20 MarkenV (zumindest in Abs. 1–3) geregelten Gegenstände zu den weiteren Anmeldeerfordernissen im Sinne der Vorschrift. Wie nämlich ein Vergleich mit dem inhaltsgleichen § 14 Abs. 1 MarkenV in der bis zum Jahre 2004 geltenden Fassung zeigt, der im Teil 2 „Anmeldungen" aufgeführt war, ist nicht davon auszugehen, dass der Verordnungsgeber nunmehr irgendetwas an der bis dahin geltenden Prüfungspraxis ändern wollte. Damit bleibt die inhaltliche Bestimmtheit der Waren- oder Dienstleistungsangabe Voraussetzung für seine Klassifizierbarkeit und damit Eintragbarkeit. Die Waren und Dienstleistungen, für die Markenschutz beantragt wird, müssen so klar und eindeutig vom Anmelder angegeben werden, dass der Umfang des Markenschutzes auf dieser Grundlage von den zuständigen Behörden und den Wirtschaftsteilnehmern schnell, umfassend und unmissverständlich bestimmt werden kann (BPatG GRUR-RS 2020, 8575 – eBI). Ist ein Waren- oder Dienstleistungsbegriff aus sich heraus nicht hinreichend bestimmt, kann bei der Auslegung die geltend gemachte Klassenziffer berücksichtigt werden (BPatG GRUR-RS 2020, 8575 – eBI).

3.1   Zu den weiteren Erfordernissen einer Anmeldung gehört bei Marken, die nichtlateinische Schriftzeichen enthalten, gemäß § 32 Abs. 3 iVm § 65 Abs. 1 Nr. 2 nach § 15 Abs. 2 S. 1 MarkenV das Einreichen einer Transliteration (buchstabengetreue Wiedergabe des nichtlateinischen Markentextes in lateinischer Schrift), einer Transkription und einer deutschen Übersetzung des nichtlateinischen Markentextes. Das Nichteinreichen dieser Unterlagen stellt einen sonstigen Mangel dar, der vom DPMA beanstandet wird. Wird dieser Mangel nicht innerhalb einer vom DPMA bestimmten Frist beseitigt, kann die Markenanmeldung gemäß § 36 Abs. 4 zurückgewiesen werden (BPatG GRUR-RS 2020, 22304 – Zurückweisung der Markenanmeldung eines kyrillischen Wortzeichens). Transliteration, Transkription und Übersetzung des nichtlateinischen Markentextes müssen nicht von einem Rechts- oder Patentanwalt beglaubigt oder von einem öffentlich bestellten Übersetzer angefertigt werden. Das DPMA hat gemäß § 15 Abs. 2 S. 2 MarkenV aber die Möglichkeit, eine Beglaubigung oder die Anfertigung der Unterlagen durch einen öffentlich bestellten Übersetzer unter Setzung einer Frist zu fordern. In der Praxis geschieht dies selten. Bei nicht fristgerechter Einreichung der (nach)geforderten Unterlagen kann die Anmeldung gemäß § 15 Abs. 4 S. 2 MarkenV zurückgewiesen werden.

3.2   § 15 Abs. 3 S. 1 MarkenV bestimmt, dass für den sonstigen fremdsprachigen Inhalt der Anmeldung innerhalb einer Frist von 3 Monaten ab Eingang der Anmeldung beim DPMA eine Übersetzung eingereicht werden muss. Mit dem sonstigen fremdsprachigen Inhalt sind in Abgrenzung zu § 15 Abs. 2 S. 1 MarkenV alle Angaben außer dem in der Markendarstellung enthaltenen Markentext gemeint, also ua das Waren- und Dienstleistungsverzeichnis, Farbangaben, Markenbeschreibungen und Satzungen. Für fremdsprachige Prioritätsunterlagen und Abschriften früherer Anmeldungen trifft § 16 Abs. 2 MarkenV eine Sonderregelung. Bei der in § 15 Abs. 3 S. 1 MarkenV genannten Frist von 3 Monaten handelt es sich um eine gesetzliche Frist, die vom DPMA nicht verlängert werden kann. Wird sie nicht eingehalten, gilt die Anmeldung gemäß § 15 Abs. 4 S. 1 MarkenV als zurückgenommen.

III. Abs. 1 Nr. 3

4   Nähere Bestimmungen hierzu finden sich in §§ 19, 21 MarkenV.

IV. Abs. 1 Nr. 4

5   Weitere Regelungen zum Prüfungsverfahren finden sich in §§ 8, 13–19 DPMAV und § 15 MarkenV, zum Widerspruchsverfahren in §§ 29–32 MarkenV und für Verfalls- und Nichtigkeitsverfahren in §§ 39–42 MarkenV.

5.1   § 30 Abs. 1 S. 1 MarkenV bestimmt, dass ein Widerspruch die zur Identifizierung der angegriffenen Marke, des Widerspruchskennzeichens und des Widersprechenden Angaben enthalten muss. In § 30 Abs. 1 S. 2 MarkenV wird im Einzelnen aufgezählt, welche Angaben dies bei nicht registrierten Widerspruchskennzeichen sind. Die notwendigen Angaben müssen innerhalb der Widerspruchsfrist beim DPMA vorliegen, ansonsten ist der Widerspruch unzulässig (BPatG GRUR-RS 2021, 41697 – RMS ASCONEX/ ASCONEX Beratung Training Seminare; BeckRS 2014, 15516 – SOLITUDE REVIVAL/SOLITUDE REVIVAL ua; BeckRS 2013, 9898 – Unzulässiger Widerspruch wegen Nichteinhaltung der 3-Monatsfrist). Die Unterlagen müssen die notwendigen Angaben eindeutig erkennen lassen (BPatG GRUR-RS 2022,

5116 – LECTAS/LECTAS; BeckRS 2014, 15641 – FFH/Hit Radio FFH), wobei ein Verweis auf ein umfangreiches Anlagenkonvolut, aus dem sich die Angaben ergeben sollen, im Einzelfall nicht ausreichend sein kann (BPatG GRUR-RS 2021, 41697 – RMS ASCONEX/ASCONEX Beratung Training Seminare). Als **Gegenstand** eines Unternehmenskennzeichens können nur die Geschäftsfelder berücksichtigt werden, die innerhalb der Widerspruchsfrist genannt worden sind (BPatG BeckRS 2019, 20887 – CRAFTWERK/ Kraftwerk). Die Angabe zur **Zeichenform** kann sich, wenn sie nicht ausdrücklich mitgeteilt wird, aus der Wiedergabe des Widerspruchskennzeichens ergeben (BPatG BeckRS 2019, 19604 – CRAFT-WERK/ CRAFTWORK ua). Inwieweit eine taggenaue Angabe des **Zeitrangs** erforderlich ist, ist, soweit ersichtlich, noch nicht gerichtlich entschieden. Wird als Zeitrang nur eine Jahreszahl mitgeteilt, so ist für die weitere Prüfung grundsätzlich der 31.12. des mitgeteilten Jahres zugrunde zu legen (BPatG BeckRS 2019, 19604 – CRAFT-WERK/CRAFTWORK ua). Die (konkludente) Inanspruchnahme (irgend-)eines prioritätsälteren Zeitrangs genügt dem Erfordernis von § 30 Abs. 1 S. 2 MarkenV nicht (BPatG BeckRS 2014, 15641 – FFH/Hit Radio FFH).

§ 32 MarkenV bestimmt, wann eine Aussetzung eines Widerspruchsverfahrens außer in der in § 43 **5.2** Abs. 3 geregelten Fallgestaltung in Betracht kommt. Den in § 32 Abs. 2 MarkenV enthaltenen Fallgestaltungen ist der Fall, dass gegen die Widerspruchsmarke ein auf ihre Löschung gerichtetes Widerspruchsverfahren anhängig ist, gleichzustellen (BPatG GRUR-RS 2021, 25660 – Erforderliche Aussetzung des Widerspruchsverfahrens aus nicht bestandskräftiger Widerspruchsmarke). Die Entscheidung über die Aussetzung eines Widerspruchsverfahrens nach § 32 MarkenV ist eine Ermessensentscheidung, bei der insbesondere die Interessen der Verfahrensbeteiligten (ua am zeitnahen Abschluss des Widerspruchsverfahrens) gegeneinander abzuwägen sind (BPatG GRUR-RS 2022, 33693 – Streichglück/Streich ua).

V. Abs. 1 Nr. 5

Vgl. § 24 MarkenV. **6**

VI. Abs. 1 Nr. 6

§ 25 MarkenV regelt den Inhalt des Markenregisters, § 27 MarkenV den Ort, die Form und **7** den Inhalt der Veröffentlichung.

Zum Anspruch auf Löschung eines (Inlands-)Vertreters (§ 25 Nr. 16 MarkenV) aus dem Markenregister **7.1** s. BPatG BeckRS 2008, 21744 – DENTOR; BeckRS 2008, 9925 – John Langford.

Zur Frage, wann eine Eintragung nach § 25 Nr. 21 MarkenV im Markenregister (Nichteingang eines **7.2** Widerspruchs bis zum Ablauf der Widerspruchsfrist) vorzunehmen ist, s. BGH GRUR 2016, 382 Rn. 15 – GOURMET Bio/BioGourmet.

VII. Abs. 1 Nr. 7

Weitere Bestimmungen zum Verfahren bei der Teilung von Anmeldungen/Eintragungen ent- **8** halten §§ 35 und 36 MarkenV, zum Verfahren der Erteilung von Auskünften und Bescheinigungen, zur Berichtigungen/Änderungen des Registerstandes §§ 26 und 27 DPMAV, zur Eintragungen von dinglichen Rechten der § 29 DPMAV, zum Rechtsübergang die §§ 33 und 34 MarkenV, § 28 DPMAV, zur Verlängerung die §§ 37 und 38 MarkenV, zur Akteneinsicht der § 22 DPMAV, zur Schutzbewilligung international registrierter Marken die §§ 43–46 MarkenV.

VIII. Abs. 1 Nr. 8

Ausführungen zu den in das Register aufzunehmenden Angaben über Lizenzen enthalten § 25 **9** Nr. 34a und Nr. 34b, § 42c Abs. 1 S. 3 MarkenV. Sie werden zwar in DPMAregister, nicht jedoch im Markenblatt veröffentlicht (§ 27 Abs. 3 MarkenV).

IX. Abs. 1 Nr. 9

Die Form von Anträgen und Eingaben werden durch §§ 9–12 sowie §§ 16 und 17 DPMAV **10** näher erläutert. Die zwingend vorgeschriebenen Formblätter (für das Anmeldeverfahren s. § 2 MarkenV) werden regelmäßig im BlPMZ bekannt gemacht (vgl. zB Mitt 9/2012, BlPMZ 2012, 154). Gemäß § 12 DPMAV, §§ 1 ff. ERVDPMAV können Anmeldungen und Beschwerden elektronisch eingereicht werden. Nähere Informationen hierzu gibt das DPMA auf der Internetseite www.dpma.de bekannt.

X. Abs. 1 Nr. 10

11   Die Form der Ausfertigungen und Abschriften und deren Übermittlung an die Beteiligten wird durch §§ 20 und 21 DPMAV näher erläutert.

XI. Abs. 1 Nr. 11

12   Nähere Bestimmungen über fremdsprachige Eingaben treffen die §§ 15 und 16 MarkenV; vgl. hierzu auch → Rn. 3 ff.

XII. Abs. 1 Nr. 12

13   Nähere Bestimmungen hierzu treffen § 5 Abs. 1 WahrnV und § 7 WahrnV. Nr. 12 betrifft die Übertragung von Aufgaben der Markenabteilung. Die Übertragung von Aufgaben der Markenstelle wird durch § 56 Abs. 2 S. 3 und 4 geregelt.

XIII. Abs. 1 Nr. 13

14   Nähere Bestimmungen hierzu enthält § 5 Abs. 2 WahrnV.

XIV. Abs. 1 Nr. 14

15   Weitere Bestimmungen zur Veröffentlichung von Anmeldungen enthält § 23 MarkenV.

XV. Abs. 1 Nr. 15

16   Nr. 15 wurde durch das Zweite Gesetz zur Vereinfachung und Modernisierung des Patentrechts vom 10.8.2021 (BGBl. I 3490) neu eingefügt. Auf seiner Basis wurde zum **1.5.2022** eine einheitliche Feiertagsregelung (→ § 64 Rn. 5) eingeführt, die in § 18a DPMAV enthalten ist.

C. Regelung des Abs. 2

17   In § 1 Abs. 2 DPMAV wurde von der in Abs. 2 eröffneten Möglichkeit der **Unterermächtigung** für § 65 Abs. 1 Gebrauch gemacht.

§ 65a Verwaltungszusammenarbeit

Das Deutsche Patent- und Markenamt arbeitet in den Tätigkeitsbereichen, die für den nationalen, internationalen und den Markenschutz in der Europäischen Union von Belang sind, effektiv mit anderen nationalen Markenämtern, der Weltorganisation für geistiges Eigentum und dem Amt der Europäischen Union für geistiges Eigentum zusammen und fördert die Angleichung von Vorgehensweisen und Instrumenten im Zusammenhang mit der Prüfung, Eintragung, Verwaltung und Löschung von Marken.

Überblick

    Die Vorschrift des § 65a wurde durch das Markenrechtsmodernisierungsgesetz in das MarkenG eingefügt.

1   Die europäische Markenrechtsreform soll auch die Zusammenarbeit der nationalen Markenämter untereinander sowie mit dem EUIPO fördern und die Harmonisierung der Praxis in den Ämtern unterstützen. In § 65a werden diese Ziele kodifiziert.

2   Die bereits seit Jahren bestehende Zusammenarbeit soll effektiver gestaltet werden und das DPMA soll eine aktive Rolle in den internationalen Kooperationen einnehmen. Die Zusammenarbeit der Ämter soll bewusst und aktiv gefördert werden (Begründung zum RegE MaMoG, BT-Drs. 19/2898, 85).

Abschnitt 5. Verfahren vor dem Bundespatentgericht

§ 66 Beschwerde

(1) [1]Gegen die Beschlüsse der Markenstellen und der Markenabteilungen findet unbeschadet der Vorschrift des § 64 die Beschwerde an das Bundespatentgericht statt. [2]Die Beschwerde steht den am Verfahren vor dem Deutschen Patent- und Markenamt Beteiligten zu. [3]Die Beschwerde hat aufschiebende Wirkung.

(2) Die Beschwerde ist innerhalb eines Monats nach Zustellung des Beschlusses beim Deutschen Patent- und Markenamt schriftlich einzulegen.

(3) [1]Ist über eine Erinnerung nach § 64 innerhalb von sechs Monaten nach ihrer Einlegung nicht entschieden worden und hat der Erinnerungsführer nach Ablauf dieser Frist Antrag auf Entscheidung gestellt, so ist die Beschwerde abweichend von Absatz 1 Satz 1 unmittelbar gegen den Beschluß der Markenstelle oder der Markenabteilung zulässig, wenn über die Erinnerung nicht innerhalb von zwei Monaten nach Zugang des Antrags entschieden worden ist. [2]Steht dem Erinnerungsführer in dem Erinnerungsverfahren ein anderer Beteiligter gegenüber, so ist Satz 1 mit der Maßgabe anzuwenden, daß an die Stelle der Frist von sechs Monaten nach Einlegung der Erinnerung eine Frist von zehn Monaten tritt. [3]Hat der andere Beteiligte ebenfalls Erinnerung eingelegt, so bedarf die Beschwerde nach Satz 2 der Einwilligung des anderen Beteiligten. [4]Die schriftliche Erklärung der Einwilligung ist der Beschwerde beizufügen. [5]Legt der andere Beteiligte innerhalb einer Frist von einem Monat nach Zustellung der Beschwerde gemäß Absatz 4 Satz 2 ebenfalls Beschwerde ein, so gilt seine Erinnerung als zurückgenommen. [6]Der Lauf der Fristen nach den Sätzen 1 und 2 wird gehemmt, wenn das Verfahren ausgesetzt oder wenn einem Beteiligten auf sein Gesuch oder auf Grund zwingender Vorschriften eine Frist gewährt wird. [7]Der noch übrige Teil der Fristen nach den Sätzen 1 und 2 beginnt nach Beendigung der Aussetzung oder nach Ablauf der gewährten Frist zu laufen. [8]Nach Erlaß der Erinnerungsentscheidung findet die Beschwerde nach den Sätzen 1 und 2 nicht mehr statt.

(4) [1]Der Beschwerde und allen Schriftsätzen sollen Abschriften für die übrigen Beteiligten beigefügt werden. [2]Die Beschwerde und alle Schriftsätze, die Sachanträge oder die Erklärung der Zurücknahme der Beschwerde oder eines Antrags enthalten, sind den übrigen Beteiligten von Amts wegen zuzustellen. [3]Andere Schriftsätze sind ihnen formlos mitzuteilen, sofern nicht die Zustellung angeordnet wird.

(5) [1]Erachtet die Stelle, deren Beschluß angefochten wird, die Beschwerde für begründet, so hat sie ihr abzuhelfen. [2]Dies gilt nicht, wenn dem Beschwerdeführer ein anderer an dem Verfahren Beteiligter gegenübersteht. [3]Die Stelle kann anordnen, daß die Beschwerdegebühr nach dem Patentkostengesetz zurückgezahlt wird. [4]Wird der Beschwerde nicht nach Satz 1 abgeholfen, so ist sie vor Ablauf von einem Monat ohne sachliche Stellungnahme dem Bundespatentgericht vorzulegen. [5]In den Fällen des Satzes 2 ist die Beschwerde unverzüglich dem Bundespatentgericht vorzulegen. [6]In den Verfahren ohne die Beteiligung Dritter im Sinne des Satzes 2 ist ein Antrag auf Bewilligung von Verfahrenskostenhilfe für das Beschwerdeverfahren dem Bundespatentgericht unverzüglich zur Vorabentscheidung vorzulegen.

Überblick

Der 5. Abschnitt des Markengesetzes regelt die Beschwerde zum BPatG speziell für Markensachen.

Die Erinnerung ist kein zwingendes Vorverfahren der Beschwerde (→ Rn. 8).

Beschwerdegegenstand (→ Rn. 9 ff.) können nur im Tenor enthaltene, belastende Regelungen sein (→ Rn. 46). Mit Abhilfe durch das DPMA (→ Rn. 165) entfällt jede Beschwer. Beschwerdeberechtigt sind die am vorausgegangenen Verfahren förmlich Beteiligten (→ Rn. 32 ff.); Verfahrensbeteiligung kann auch auf Rechtsnachfolge (→ Rn. 69 ff.), gewillkürter Prozessstandschaft oder Beitritt beruhen (→ Rn. 63) und durch Pfandrechte (→ Rn. 68), Untergang und Umwandlung von Markenrechten (→ Rn. 78 ff.) bzw. Insolvenz (→ Rn. 171) berührt werden. Die Präsidentin des DPMA kann dem Verfahren nach § 68 beitreten (→ Rn. 63).

Geregelt sind Form (→ Rn. 87 ff.), Frist (→ Rn. 109 ff.) und Gebührenpflicht (→ Rn. 124 ff.). Für die Anschlussbeschwerde (→ Rn. 156 ff.) gelten spezielle Regeln, ebenso für die Wiedereinsetzung (→ Rn. 123) und die Notwendigkeit einer Inlandsvertretung (§ 96, → Rn. 90).

Die Durchgriffsbeschwerde (→ Rn. 150) und die für das DPMA verbindliche Vorlagefrist (→ Rn. 166) dienen dazu, das Verfahren zu beschleunigen.

Beschwerden haben zwar aufschiebende Wirkung (→ Rn. 168), sind aber vor Rechtskraft einer Entscheidung (→ Rn. 189) nicht geeignet, das Markenregister zu verändern (zum vorläufigen Rechtsschutz → Rn. 170).

Die Rücknahme der Beschwerde (→ Rn. 181) bedarf keiner Zustimmung des Gegners.

Übersicht

A. Allgemeines

1 Wo das MarkenG und die §§ 73 ff. PatG keine speziellen Regelungen enthalten, kommen die §§ 65 ff. PatG sowie über § 82 Abs. 1 MarkenG die Vorschriften der ZPO, des GVG, des PatKostG und des GKG zur Anwendung. Als gemeinsame Vorschriften regeln § 92 die Wahrheitspflicht, § 95 die Rechtshilfe, § 95a die elektronische Akte, § 93a die Entschädigungen von Zeugen bzw. Vergütungen von Sachverständigen sowie § 94 die Zustellung.

2 Die Gerichtssprache beim BPatG ist Deutsch (§ 93, vgl. § 126 PatG und § 184 GVG). Ausnahmen, wie sie § 35a PatG und § 4b GebrMG zulassen, gibt es im Markenrecht nicht. Fremdsprachige Eingaben zeigen erst Rechtswirkung, wenn eine der Form genügende **Übersetzung** (§ 16 MarkenV) vorliegt (vgl. BeckOK PatR/Hofmeister PatG § 126 Rn. 3).

3 Wie Rechtsmittel allgemein setzt die Beschwerde voraus, dass die angefochtene Entscheidung in Rechte der Beschwerdeführerin belastend eingreift (**Beschwer,** → Rn. 44).

4 Die Beschwerde ist Rechtsmittel **bedingungsfeindlich** (BPatG BeckRS 2016, 130001); anders Anschlussbeschwerden → Rn. 160.

5 **Hilfsanträge** sind prozessual nur beschränkt zulässig; über zulässige Hilfsanträge sollte zusammen mit dem Hauptantrag entschieden werden (→ § 71 Rn. 139.2). Ins Leere geht die hilfsweise Einschränkung im Waren- und Dienstleistungsverzeichnis (→ § 8 Rn. 121; BGH GRUR 2011, 654 – Yoghurt-gums). Im Hinblick auf die Prozessökonomie erscheinen Beschränkungen der beanspruchten Waren und Dienstleistungen aber sinnvoll (→ § 39 Rn. 16). Zum Teilverzicht → § 48 Rn. 10 f.

6 Das BPatG entscheidet nicht in zweiter Instanz, weil das vorausgehende Verfahren vor dem DPMA ein behördliches ist (Ann § 23 Rn. 1).

7 Verfahren vor dem BPatG sind keine Kennzeichnungsstreitsachen iSd § 140 (→ § 140 Rn. 1 ff.).

B. Fakultative Beschwerde

Wegen § 64 Abs. 6 kann der Betroffene an Stelle der ebenfalls zulässigen Erinnerung sofort **8** Beschwerde einlegen. Hat er zunächst Erinnerung eingelegt, ist die Beschwerde nur noch als Durchgriffsbeschwerde möglich (→ Rn. 150 ff.).

C. Beschwerdegegenstand

Beschwerdefähig sind den Beteiligten bekannt gegebene Beschlüsse der Markenstellen und **9** -abteilungen (→ § 133 Rn. 1) mit Außenwirkung, die Rechte von Verfahrensbeteiligten berühren (vgl. § 146 Abs. 2 VwGO; BPatG GRUR 1987, 807 – Hauptsacheerledigung) – unabhängig davon, wer sie erlassen hat, und von ihrer Bezeichnung (BPatG BeckRS 2015, 09313 – Hotel Krone Freilassing). Maßgeblich ist der **materielle Beschlussbegriff** (BGH GRUR 1972, 535 – Aufhebung der Geheimhaltung). Beschwerdefähig sind alle Beschlüsse, die über einen gesetzlich ausdrücklich vorgesehenen Antrag entscheiden und eine abschließende Regelung treffen (BPatG GRUR 2009, 188 – Inlandsvertreter III), soweit die Beschwerde nicht ausdrücklich ausgeschlossen ist, wie bei der Wiedereinsetzung. Entscheidungen des DPMA über **Befangenheitsanträge** (→ § 57 Rn. 11) sind mit der Beschwerde angreifbar; Entscheidungen des BPatG mit sofortiger Beschwerde, → § 72 Rn. 49.

Mitteilungen über **Umschreibungen** sind keine beschwerdefähigen Entscheidungen. Dagegen **10** gerichtete Eingaben gelten als Anträge auf Rückumschreibung (BGH GRUR 1969, 43 – Marpin; BPatG BeckRS 2011, 13299).

Nicht beschwerdefähig sind innerbehördliche organisatorische Hinweise, Beanstandungen und **11** Mitteilungen des DPMA (BPatG GRUR 1989, 211 – Amtshaftung). Die Ablehnung des Erlasses einer **Vorabentscheidung** zur Bejahung der Zulässigkeit ist für sich genommen kein mit Beschwerde anfechtbarer Akt mit Entscheidungscharakter (BPatG BeckRS 2016, 05063). **Zwischenfeststellungen** sind nicht mit der Beschwerde anfechtbar (→ Rn. 47); gleiches gilt nach § 60 Abs. 2 S. 3 für die **Ablehnung einer Anhörung.** Nicht beschwerdefähig sind gerichtliche Maßnahmen, die keine abschließende Entscheidung enthalten, sondern diese verfahrensleitend vorbereiten, wie das Anberaumen einer mündlichen Verhandlung (→ § 69 Rn. 20), Beweisbeschlüsse bzw. das Ablehnen einer Beweiserhebung (→ § 74 Rn. 5), die Entscheidung, Verfahren zu verbinden (→ § 82 Rn. 2) oder zu trennen, und Informationen.

Unbeschadet dessen können die Folgen solcher für sich genommen nicht angreifbarer Verfügun- **12** gen im Rahmen der Rechtsmittel gegen die endgültige Entscheidung geprüft werden (BVerwG BeckRS 2011, 47893).

Entscheidungen, die eine **Aussetzung** (§ 43 Abs. 3 oder analog § 148 ZPO) bzw. Fortsetzung **13** anordnen oder ablehnen, sind analog § 252 ZPO mit Rechtsmitteln angreifbar, wenn ein Rechtsschutzbedürfnis besteht (HK-MarkenR/Fuchs-Wissemann Rn. 3). Dabei sind die laufenden Benutzungsfristen zu beachten (→ § 70 Rn. 14). Auch die Mitteilung, nicht auszusetzen, kann mit Beschwerde angefochten werden; sie wird allerdings unzulässig, wenn ihr Ziel nicht mehr erreichbar ist (BPatG GRUR-RS 2022, 25900 – Kaave; BeckRS 2018, 25414 – Herzo/Herno). Bei der Frage, ob die Aussetzung des Verfahrens sachdienlich ist (→ § 43 Rn. 78), steht dem DPMA ein Ermessensspielraum zu, den das BPatG im Beschwerdeverfahren lediglich auf Ermessensfehler prüfen kann. Zur Erkennbarkeit der Ermessensausübung → § 71 Rn. 135.

Die Feststellung einer unmittelbar kraft Gesetzes (zB § 6 Abs. 2 PatKostG; § 36 Abs. 2 S. 1, **14** Abs. 3 S. 2, § 40 Abs. 2, § 46 Abs. 3 S. 2) eingetretenen Rechtsfolge (BPatG GRUR 2017, 1172 – Cevita; BeckRS 2016, 128373 – Gartenglück) ist mit Beschwerde angreifbar (zur Rechtsbeschwerde → § 83 Rn. 6.1). Ebenso ist die Anordnung des Leiters der Markenabteilung des DPMA, einer Marke mangels Widerspruchs des Markeninhabers gegen einen Verfallsantrag den Schutz zu entziehen, beschwerdefähig (BPatG BeckRS 2009, 1053 – Rena-ware).

Beschwerdefähig können auch Feststellungen zur Rechtslage aufgrund sachlicher Prüfung sein, **15** wie die Feststellung der Unwirksamkeit der Mandatsniederlegung (BPatG GRUR 2009, 188 (189) – Inlandsvertreter III).

Die isolierte Anfechtung einer **Kostenentscheidung des DPMA** ist möglich (BPatG BeckRS **16** 2017, 150136 – Kosten des Löschungsverfahrens; BeckRS 2016, 07075 – PCG-Kunststoff-Pflege). Daher ist auch die Beschränkung einer umfassenden Beschwerde dahingehend, nur noch die Kostenentscheidung des DPMA zu prüfen, zulässig (→ Rn. 188); zu der dann zu treffenden Kostenentscheidung → § 71 Rn. 54. Das BPatG hat Ermessensentscheidungen des DPMA über die Kostenverteilung gemäß § 63 Abs. 1 S. 1 nicht nur nach allgemeinen Grundsätzen des Verwaltungsverfahrensrechts auf Ermessensfehler hin zu prüfen, sondern im Hinblick auf das justizförmige

Verfahren vor dem Amt vollständig (Ann § 23 Rn. 19; BPatG BeckRS 2009, 17728; Büscher/ Dittmer/Schiwy § 63 Rn. 5; Ströbele/Hacker/Thiering/Knoll § 71 Rn. 10; aA Ingerl/Rohnke/ Nordemann/Grabrucker § 63 Rn. 4).

16.1   Das BPatG lässt es dahingestellt, ob es sich bei der Kostenentscheidung um die Ermessensentscheidung einer Verwaltungsbehörde handelt. Diese könnte dann jedenfalls aufgrund des Rechtsgedankens des § 114 VwGO auf Ermessensfehler geprüft werden (BPatG BeckRS 2018, 24564 – YogiMerino).

17   Die Ablehnung einer Kostenauferlegung durch den Erstprüfer wird nicht Gegenstand des Beschwerdeverfahrens, wenn nur eine Beteiligte Erinnerung und gegen deren Zurückweisung Beschwerde eingelegt hat; auch eine Anschlussbeschwerde (→ Rn. 156) macht dies nicht möglich, wenn keine Anschlusserinnerung (→ § 64 Rn. 7) eingelegt worden war (BPatG GRUR-RS 2021, 46055 – Äskulapstab).

18   Änderung einer eigenen Kostenentscheidung durch das BPatG eröffnet keine isolierte Anfechtungsmöglichkeit (BGH NJW-RR 2015, 1405); einem dadurch belasteten Kostenschuldner steht nur die **Gegenvorstellung** zur Verfügung. Diese führt zu einer Änderung, wenn die Entscheidung in offensichtlichem Widerspruch zum Gesetz steht, gegen ein Verfahrensgrundrecht verstoßen hat oder zu einem groben prozessualen bzw. sozialen Unrecht führt (BPatG BeckRS 2016, 07081 – Bionator/Bionade; BVerfG NJW 2003, 1924; BGH GRUR 2005, 614).

19   Auch wenn die Nichtigkeit von Beschlüssen (→ § 70 Rn. 40 ff.) nur deklaratorisch festgestellt wird, sind Beschwerden gegen **nichtige Beschlüsse** statthaft, da es dem Betroffenen nicht zumutbar ist, selbst die Nichtigkeit festzustellen und bei falscher Einschätzung die Beschwerdefrist zu versäumen. So sind an sich wirkungslose, zB nicht (vollständig) unterschriebene und formnichtige, Bescheide beschwerdefähig (BPatG BeckRS 2016, 03294 – Fehlen einer Signatur; BeckRS 2016, 8401 – fehlende Signatur). Trotz Unterbrechung des Verfahrens nach § 240 ZPO wegen Insolvenz ergangene Beschlüsse sind unwirksam, aber beschwerdefähig (BPatG BeckRS 2018, 21163 – DNARIS; → Rn. 173). Wenn Nichtigkeit festgestellt wird, ist die Beschwerde gegenstandslos und die Beschwerdegebühr ist zurückzuzahlen (→ § 71 Rn. 125; BPatG BeckRS 1999, 15372 – Formmangel).

20   Der erstmalige Antrag auf **Rückzahlung einer amtlichen Gebühr** ist im Beschwerdeverfahren vor dem BPatG unzulässig; er kann aber als Beschwerde gegen die stillschweigende Entscheidung des DPMA, die Gebühr einzubehalten, gewertet werden (BPatG BeckRS 2017, 150136 – Kosten des Löschungsverfahrens).

21   Verwendet das DPMA rechtlich unzulässig die Beschlussform oder fügt es fälschlich eine Rechtsmittelbelehrung (Beschwerde) bei, so ist sowohl die Beschwerde statthaft (**formeller Beschlussbegriff**) als auch das eigentlich statthafte Rechtsmittel (**Meistbegünstigungsklausel;** BPatG BeckRS 2009, 02268 – farbige Beurkundung).

21.1   Eine in Papierform erstellte patentamtliche Mitteilung kann der Sache nach eine mit der Beschwerde anfechtbare Entscheidung sein, wenn sie mit der Unterschrift des Entscheidungsträgers versehen ist (BPatG BeckRS 2007, 07224 – Paraphe); bei elektronischer Aktenführung tritt an die Stelle der Unterschrift die elektronische Signatur („detached signature"; BPatG BeckRS 2013, 17662 – formularmäßige Mitteilung II). Auf die Existenz einer Beschluss-Urschrift kommt es nicht an (BPatG BeckRS 2014, 18178).

22   Das BPatG ist an die **Anträge** der Beteiligten gebunden. Beschwerdegegenstand werden Entscheidungen nur, soweit der Beschwerdeführer sie angreift (Verfügungs oder Antragsgrundsatz); **beschränkte Anträge binden** nach Ablauf der Beschwerdefrist auch die Beteiligten. Nur innerhalb der Beschwerdefrist kann der Beschwerdeführer eine beschränkt eingelegte Beschwerde erweitern, und zwar gegenüber dem DPMA, auch wenn dieses die zunächst beschränkt eingelegte Beschwerde bereits ans BPatG abgegeben hat (BPatG GRUR 2008, 362; Fezer Rn. 15).

23   Die Bestimmungen über die **Klageänderung** gemäß §§ 263, 264 ZPO sind entsprechend anwendbar (BGH GRUR 2003, 342 – Winnetou). Bei einer zulässigen Antragserweiterung im Rahmen eines bereits laufenden Nichtigkeitsverfahrens bedarf es keines weiteren Widerspruchs des Markeninhabers gegen den Nichtigkeitsantrag (BGH GRUR-RS 2020, 19254 – quadratische Tafelschokoladenverpackung II; → § 53 Rn. 70 ff.).

24   Ändert der Markenanmelder seine Marke ab, ist über die ursprüngliche Marke nicht mehr zu entscheiden und der Antrag ist als unzulässig zurückzuweisen. Entscheidet das DPMA über die ursprünglich angemeldete Marke, ist der Beschluss im Beschwerdeverfahren aufzuheben und die Beschwerdegebühr zurückzuzahlen (BPatG BeckRS 2019, 6641 – Berliner (Koch) Salon; BeckRS 2019, 6637 – Berliner (Kost) Salon).

25   Mit der **Dispositionsmaxime** einhergehen die Möglichkeit der Rücknahme der Beschwerde (→ Rn. 181 ff.) sowie (ohne Anschlussbeschwerde) das Verbot der **reformatio in peius.**

Umgekehrt kann das Gericht nicht mehr gewähren als beantragt (§ 308 Abs. 1 S. 1 ZPO, **ne** 26 **ultra petita**). Im Antrag auf Erklärung der Nichtigkeit wegen absoluter Schutzhindernisse nicht angeführte Schutzhindernisse darf das BPatG im Beschwerdeverfahren nicht von Amts wegen prüfen (BGH GRUR-Prax 2018, 122 (Onken) – Traubenzuckertäfelchen). Dagegen können Erinnerungsprüfer und BPatG **im Eintragungsverfahren neue Schutzhindernisse** prüfen, die Erstprüfer bzw. das DPMA nicht zu Grunde gelegt hatten (BPatG GRUR 2013, 737 – Grillmeister, bestätigt durch BGH GRUR 2014, 376).

Im Zweifelsfall ist eine interessensgerechte **Auslegung von Anträgen** dahingehend vorzuneh- 27 men, was vernünftig ist und der recht verstandenen Interessenlage entspricht (BGH NJW 2005, 3415).

Hat das DPMA in einem Beschluss mehrere Widersprüche desselben Widersprechenden 28 zurückgewiesen, ist im Regelfall davon auszugehen, dass sich eine ohne weitere Erklärung einge-legte Beschwerde gegen den angefochtenen Beschluss insgesamt richtet, auch wenn der Betreff des Beschwerdeschriftsatzes nur eine der betroffenen Widerspruchsmarken nennt. Eine Beschrän-kung auf einen der Widersprüche müsste in diesem Fall eindeutig sein (BPatG GRUR-RS 2021, 32430 – Sky/PremiumSky; BeckRS 2018, 16456 – Elysia AL/Eliza, Eliza Hexal). Gleiches gilt auch für Anträge auf Nichtigerklärung, die auf mehreren älteren Rechten einer Inhaberin basieren.

Die Beschwerde kann nicht auf Bestandteile bzw. Beschreibungen der angegriffenen Marke 29 beschränkt werden oder auf eine regionale Benutzung abzielen. **Oberbegriffe** im Waren- und Dienstleistungsverzeichnis sind insgesamt Beschwerdegegenstand, solange der Inhaber der streitge-genständlichen Marke keine Aufgliederung vornimmt (→ § 49 Rn. 38; → § 50 Rn. 39; → § 8 Rn. 117).

Bezieht sich eine Beschwerde nur (noch) auf einen Teil der beanspruchten Waren und Dienst- 30 leistungen, kann das BPatG den Widerspruch nicht hinsichtlich weiterer Waren und Dienstleistun-gen prüfen.

D. Beschwerderecht

I. Prozessfähigkeit

Die Regelungen über die Prozessfähigkeit in der ZPO (§§ 51 ff. ZPO) finden auch vor dem 31 BPatG Anwendung. Bei Zweifeln daran hat dieses gemäß § 139 Abs. 3 ZPO darauf hinzuweisen (BGH BeckRS 2006, 5649) und gegebenenfalls von Amts wegen Beweis zu erheben.

II. Beschwerdeberechtigung

Beschwerdeberechtigt sind die am vorausgegangenen Verfahren förmlich Beteiligten. Zweifel 32 an der Person des Beschwerdeführers müssen vor Ablauf der Beschwerdefrist behoben sein (BGH BeckRS 2008, 10404 – Schönheitsreparaturen; NJW 2002, 1430). Maßgeblich ist die Bezeichnung in der Beschwerdeschrift, die allerdings auslegungsfähig ist. Da Markenrechte aber jederzeit auf Dritte übertragen werden können, die dann gemäß § 28 Abs. 2 abweichend von § 265 Abs. 2 S. 2 ZPO auch ohne Zustimmung der weiteren Beteiligten ab dem Zeitpunkt des Einreichens des Umschreibungsantrags **neben der noch eingetragenen Markeninhaberin** beschwerdebe-rechtigt sind (→ § 28 Rn. 30; BGH GRUR 2000, 892 – MTS), geht aus den Amtsakten oft nicht zweifelsfrei hervor, dass statt eines in der Beschwerdeschrift eindeutig benannten ein anderer Beschwerdeführer sein soll (BPatG BeckRS 2014, 15513 – Rexo/Respo; GRUR 1999, 349 – Umschreibungsantrag). Beschwerden nicht Beteiligter sind unzulässig.

Gemäß § 17 HGB ist die Firma eines **Kaufmanns** der Name, unter dem er seine Geschäfte betreibt. 32.1 Es ist unschädlich, wenn er unter einer von der des Ausgangsverfahrens verschiedenen Firma Beschwerde erhebt (BPatG GRUR-Prax 2018, 190 – eberth/EBERTH).

Kritisch sieht die versehentliche Beteiligung Ströbele/Hacker/Thiering/Knoll Rn. 19 Fn. 40. 32.2

Das DPMA gewährt den in den **EU-Sanktionslisten** genannten russischen Oligarchen weder 33 unmittelbar noch mittelbar Vorteile, dh es bearbeitet Anmeldungen nicht und verfolgt Widersprü-che nicht weiter etc. Ob das BPatG Beschwerden der Betroffenen gar nicht annimmt, oder nur auf Eis legt und wie es mit anhängigen Verfahren umgeht, bleibt abzuwarten.

Ist die Beschwerdeberechtigung einer Beteiligten umstritten, kann diese gemäß § 82 Abs. 1 34 iVm §§ 50, 56 ZPO bis zur rechtskräftigen Feststellung des Mangels mitwirken und Rechtsmittel einlegen, um eine für sie günstige Beurteilung dieser Frage zu erreichen (BPatG BeckRS 2015, 13969 – Cura/Procura; BGH NJW 1993, 2943).

35   Bedürfen **Minderjährige** nach § 1629 BGB der Vertretung durch beide Elternteile, wird mit der Verweigerung der Genehmigung durch einen Elternteil die schwebend unwirksame Beschwerdeeinlegung endgültig unwirksam (§ 89 Abs. 2 ZPO, § 177 BGB). Auch mit Eintritt der Volljährigkeit kann der Vertretene die Beschwerdeeinlegung nach Ablauf der Beschwerdefrist nicht nachträglich selbst genehmigen (BPatG BeckRS 2008, 00428; BeckRS 2009, 17278 – Ismaqua; Grüneberg/Ellenberger BGB § 177 Rn. 6).

36   Ein **Überschreiten der Vertretungsmacht** betrifft allein das Innenverhältnis (BPatG BeckRS 2009, 17278); das BPatG folgt damit auch bei Bürgermeistern nicht dem „bayerischen Sonderweg", wonach die den Bürgermeistern eingeräumte Vertretungsmacht durch das Gesetz selbst auch nach außen hin beschränkt sein soll (Brötel NJW 1998, 1676).

37   Hat eine sich selbst als „Erbin" bezeichnende Person Beschwerde eingelegt, bevor die Frage, wer erbt, geklärt ist, legt das BPatG die Beschwerde als vom **Testamentsvollstrecker** eingelegt aus. Der kann auch schon vor einem Umschreibungsantrag Beschwerde einlegen; § 28 Abs. 2 findet dabei keine Anwendung (BPatG BeckRS 2015, 13969 – pro:med Cura/Procura).

38   **Erlischt die Rechtspersönlichkeit** einer Antragstellerin in einem Popularverfahren, wird ihr Antrag unzulässig (BPatG BeckRS 2013, 05071 – Superfund; BeckRS 2008, 04828 – 24translate; BeckRS 2008, 22272 – SpeedDating; BGH NJW-RR 2011, 115). Ist eine juristische Person wegen Vermögenslosigkeit von Amts wegen gelöscht worden, bleibt die Beschwerde zulässig (BGH GRUR 1977, 508 (509) – Abfangeinrichtung), wenn ein Liquidationsverfahren, etwa gemäß § 66 Abs. 5 GmbHG, vorliegt. Die Marke ist ein verwertbares Vermögen und dessen Verteidigung eine **Abwicklung,** die Rechts- und Parteifähigkeit begründet (§ 69 Abs. 1 GmbHG, § 13 Abs. 1 GmbHG; BPatG GRUR-RS 2021, 36240 – LOVELAS; BeckRS 2018, 16863 – White Smoke; BeckRS 1999, 15371 – copal).

38.1   Wird ein eingetragener Verein von Amts wegen gelöscht, kommt ein identitätswahrender Fortbestand als nicht eingetragener Verein nur in Betracht, wenn die Vereinsmitglieder in einer unverzüglich einberufenen Mitgliederversammlung die Fortsetzung sowie eine geänderte Satzung beschließen; andernfalls befindet sich der eingetragene Verein in Liquidation (OLG Frankfurt BeckRS 2018, 9096 – Home Company).

38.2   Zur Frage, aus welcher Rechtsordnung sich die Rechtspersönlichkeit ergibt, → UMV Art. 3 Rn. 1 ff., → UMV Art. 5 Rn. 2 ff.

38.3   Zustellungen sind an die früheren Gesellschafter und Geschäftsführer gelöschter bzw. untergegangener Gesellschaften zu richten (§ 28 Abs. 3; BPatG BeckRS 2014, 08375 – Evonic).

38.4   Der Verlust der Parteifähigkeit einer KG tritt nicht schon mit der Eintragung der Auflösung im Handelsregister ein, sondern erst mit Vollbeendigung, wenn das letzte Aktivvermögen (auch Markenanmeldungen) verteilt ist (vgl. BGH NJW 1995, 196). Der Eintritt in das Abwicklungsstadium bedingt zwar gemäß § 161 Abs. 2 HGB iVm § 146 Abs. 1 HGB einen Wechsel in der gesetzlichen Vertretung, eine dem anwaltlichen Vertreter vor Eintragung der Auflösung erteilte Vollmacht besteht aber nach § 99 Abs. 1 PatG iVm § 86 ZPO fort (BPatG BeckRS 2016, 07110 – Vorrichtung zum Kalibrieren von Kraftschraubern).

39   Mit der Löschung der Inhaberin der angegriffenen Marke im Handelsregister ist das Widerspruchsverfahren nach § 82 Abs. 1 MarkenG iVm § 241 ZPO unterbrochen, weil der organschaftliche Vertreter seine Vertretungsbefugnis verliert und die Markeninhaberin mangels eines gesetzlichen Vertreters prozessunfähig wird. Soweit das BPatG eine im Handelsregister gelöschte GmbH als prozessfähige Beteiligte ansieht, kann das nicht auf kontradiktorisch ausgestaltete Verfahren übertragen werden (→ Rn. 174; BPatG GRUR-RS 2021, 7314 – REMA soft).

40   Seine Beschwerdeberechtigung verliert, wer darauf verzichtet, was analog § 515 ZPO möglich ist (BPatG BeckRS 2016, 12883 – Rechtsmittelverzicht; BGH NJW-RR 2018, 250; zum Verlust der Anschlussbeschwerde → Rn. 157). **Vertragliche Absprachen** sind wie andere (wettbewerbsrechtliche) Einwände mit der Eintragungsbewilligungsklage geltend zu machen (→ § 44 Rn. 29; → UMV Art. 63 Rn. 75; BGH GRUR 1965, 672 – Agyn; BPatG BeckRS 2019, 5224 – Premium German Beer 12) und können im Übrigen zivilrechtlich mit dem Ziel verfolgt werden, den Antragsteller zur Rücknahme seines Antrags zu verpflichten. Das beim BPatG anhängige Verfahren ist dann auszusetzen.

41   Notwendige **Streitgenossen** (§ 62 ZPO) sind einzeln beschwerdeberechtigt (BGH GRUR 2014, 1024 – VIVA Friseure/VIVA; BPatG BeckRS 1999, 15326 – Cosmos, wo aber die einschlägige Ziffer II.1. nicht abgedruckt ist = BPatGE 42, 107). Die von einem Streitgenossen eingelegte Beschwerde wirkt allerdings für alle, so dass sie im Verfahren zuzuziehen sind (§ 62 Abs. 2 ZPO). Haben mehrere notwendige Streitgenossen jeweils selbständig Beschwerden eingelegt, so wirken sich Zulässigkeitsmängel einer Beschwerde nicht auf die Zulässigkeit der anderen Beschwerden aus (BPatG BeckRS 2009, 17278 – ismaqua). Notwendige Streitgenossen müssen einheitliche

Sachanträge stellen; sonst ist das Verfahren auszusetzen, bis die Divergenz geklärt ist. Ohne Klärung wird die Beschwerde zurückgewiesen (aA Hövelmann Mitt 1999, 129 (133 f.)).

Die Frage, welche Auswirkungen der Tod eines anwaltlich vertretenen, notwendigen Streitgenossen **41.1** auf das Verfahren hat, hat der BGH in der VIVA-Entscheidung (BGH GRUR 2014, 1024 Rn. 12) offengelassen. Teilweise wird angenommen, dass die Erben des verstorbenen Streitgenossen in entsprechender Anwendung des § 62 ZPO durch den oder die anderen Streitgenossen vertreten werden (so BAG NJW 1972, 1388 f.; aA LG München I NJW-RR 2013, 787). Tritt ein Anwalt in der mündlichen Verhandlung (auch) für den verstorbenen Streitgenossen auf und wird dies so protokolliert, bindet die Beweiskraft des Protokolls den BGH im Rechtsbeschwerdeverfahren.

Ohne Angaben dazu, welche gemeinschaftlichen Rechtsbeziehungen im Hinblick auf das Recht **42** an einer Marke bestehen, gelten **mehrere Markeninhaber** als Gemeinschaft nach Bruchteilen gemäß §§ 741 ff. BGB (BGH GRUR 2014, 1024 Rn. 9 – Viva Friseure/VIVA; BPatG GRUR 2004, 685 (688); Fezer § 7 Rn. 59; Ingerl/Rohnke/Nordemann/Grabrucker Vor §§ 14–19d Rn. 12; → § 7 Rn. 16 f.; zur Benutzungsmarke → § 4 Rn. 128 ff.; zur Verfahrenskostenhilfe → § 81a Rn. 55).

Haedicke GRUR 2007, 23 (27) beklagt einen Mangel an praktischem Anschauungsmaterial sowie **42.1** einschlägiger gerichtlicher Entscheidungen zu Marken-Bruchteilsgemeinschaften in ihrer Abgrenzung von BGB-Gesellschaften und betont die Unterschiede zum Patentrecht, die sich aber vor allem auf die Befugnis zur parallelen Benutzung der Marke auswirken. Die Verwendung derselben Marke für Produkte unterschiedlicher Herkunft würde nämlich die Kennzeichnungskraft durch Zuordnungsverwirrungen schmälern, also iSd § 743 Abs. 2 BGB beeinträchtigen.

Widersprechende bzw. Antragsteller in einem Nichtigkeitsverfahren wegen älterer Rechte, die **43** aus verschiedenen Zeichen vorgehen, sind keine notwendigen Streitgenossen. Das gilt auch, wenn das DPMA nicht ausgesetzt, sondern über mehrere Anträge in einem Beschluss entschieden hat (→ Rn. 133; → § 43 Rn. 73 f.; Ingerl/Rohnke/Nordemann/Grabrucker Rn. 29; Ingerl/Rohnke/ Nordemann/Grabrucker § 42 Rn. 68; BGH GRUR 1967, 681 f. – D-Tracetten; BPatG GRUR 2002, 371 (376) – Pressform; anders zum Einspruchsbeschwerdeverfahren BGH BeckRS 2019, 28813 – Karusselltüranlage).

III. Beschwer

Die Beschwer muss bis zur Entscheidung gegeben sein (BGH NJW-RR 2004, 1365). Ihr **44** Wegfall macht das Rechtsmittel unzulässig (BPatG BeckRS 2014, 21901 – Bionator/Bionade).

Bei Beschwerden gegen Kostenfestsetzungsbeschlüsse des DPMA, mit dem Ziel, den darin zu **45** Grunde gelegten oder nach § 63 Abs. 2 festgesetzten Gegenstandswert zu erhöhen, besteht selbst für Kostengläubiger ein Rechtsschutzinteresse, wenn eine Honorarvereinbarung vorliegt. Die Differenz zwischen dem Erstattungsbetrag (nach RVG-Sätzen) und dem Honoraranspruch wird bei einem höheren Gegenstandswert nämlich kleiner (BPatG BeckRS 2015, 17844). Um das daraus resultierende Rechtsschutzinteresse zu belegen, muss die Beschwerdeführerin die Vergütungsvereinbarung vorlegen (OLG Stuttgart BeckRS 2013, 18821; BayVGH BeckRS 2015, 43773 Rn. 3).

Eine Beschwer kann sich nur aus dem Tenor ergeben, nicht aus den Gründen einer Entschei- **46** dung, wobei auch das Fehlen einer Kostenentscheidung im Tenor beschwerend sein kann (BPatG GRUR 2003, 521 (529 f.) – farbige Arzneimittelkapsel; Fezer Rn. 10).

Eine zur Beschwerde berechtigende Beschwer des Anmelders liegt nicht vor, wenn die Eintra- **47** gung unter Ablehnung originärer Schutzfähigkeit auf **Verkehrsdurchsetzung** beruht (→ § 8 Rn. 1099 f.; → § 84 Rn. 3). Auch eine **Zwischenfeststellung** über das Vorliegen absoluter Schutzgründe nach § 8 Abs. 2 Nr. 1–3, die gerichtlich überprüfbar wäre, ist nach hM im deutschen Recht nicht gegeben. Wer zunächst eine gerichtliche Prüfung der absoluten Schutzgründe erreichen will, darf sich erst im Beschwerdeverfahren auf Verkehrsdurchsetzung berufen; er kann dann Zurückverweisung an das DPMA zu deren Prüfung beantragen (BPatG BeckRS 2016, 19111 – Seniorita Rosalita; BeckRS 2010, 01785 – Micropilot; → § 70 Rn. 54, → § 70 Rn. 73; Berlit GRUR-Prax 2014, 128; Albrecht GRUR-Prax 2020, 151). Die Anmelderin kann auch eine Teilung vornehmen und nur für einen Teil Verkehrsdurchsetzung nachweisen, für den anderen aber die originäre Eintragbarkeit ausstreiten. Beides ist vom Zeitaufwand her unbefriedigend und eigentlich nicht erforderlich, da die originäre Eintragungsfähigkeit vorgreiflich, weil sie über das Eintragungsverfahren hinaus Bedeutung gewinnen kann, wie die Beweisschwierigkeiten im Nichtigkeitsverfahren zeigen (→ § 74 Rn. 51, → § 8 Rn. 1108 ff.). Fischoeder (GRUR 2022, 365 (367, 369)) rät wegen dieser **Beweisschwierigkeiten** sogar dazu, in regelmäßigen Abständen erneut Verkehrsbefragungen durchzuführen, was zwar kostspielig ist, aber bei Angriffen hilfreich sein kann. All das zeigt, dass eine Zwischenfeststellung möglich sein müsste.

47.1 Im europäischen Recht kann die Anmelderin die Verkehrsdurchsetzung nach Art. 2 Abs. 2 UMDV hilfsweise geltend machen (→ UMV Art. 59 Rn. 43). Das EUIPO prüft dann zunächst die originäre Unterscheidungskraft des angemeldeten Zeichens und erst nach der rechtskräftigen Entscheidung in letzter Instanz über das Bestehen absoluter Eintragungshindernisse fordert es von der Anmelderin, den Erwerb der Unterscheidungskraft durch Verkehrsdurchsetzung zu belegen (→ UMV Art. 7 Rn. 208). Nur eine erstmalige Geltendmachung der Verkehrsdurchsetzung vor der Beschwerdekammer ist gemäß Art. 27 Abs. 3 DVUM nicht zulässig (→ UMV Art. 95 Rn. 25).

48 Der Anmelder kann die Eintragung anfechten, wenn diese nicht seiner Anmeldung entspricht, sogar wenn sie einen gegenüber der Anmeldung erweiterten Schutz gewährt, muss er doch mit diesbezüglichen Angriffen rechnen (BPatG GRUR 2007, 601 f. – Date 24). Auch eine von seinen Vorstellungen abweichende Klassifizierung kann der Anmelder mit Beschwerde angreifen (BPatG GRUR-Prax 2020, 308).

49 Stützt eine Widersprechende ihren **Widerspruch auf mehrere Marken,** entfällt ihr Rechtsschutzinteresse bezüglich weiterer Widersprüche, wenn ein Widerspruch erfolgreich war (Fezer Rn. 8); sie kann aber gegenüber einer Eintragungsbewilligungsklage oder in (Anschluss-)Beschwerdeverfahren wieder alle Widerspruchsmarken einsetzen (→ Rn. 164; BGH GRUR 1967, 94 – Stute; → UMV Art. 67 Rn. 3.3).

50 Eine von **mehreren Widersprechenden** kann gegen die Zurückweisung ihres Widerspruchs auch dann Beschwerde einlegen, wenn das DPMA die angegriffene Marke auf Grund eines einem Dritten zustehenden Rechts gelöscht hat. Diese Beschwerde ist allerdings zunächst nur unter Vorbehalt gegenstandslos und mit Rechtskraft der Löschung endgültig; die Beschwerdegebühr ist dann zurückzuerstatten (BPatG BeckRS 2016, 16008 – Viva; → § 71 Rn. 124). Nach Erfolg einer Beschwerde der Inhaberin des angegriffenen Zeichens oder einer Eintragungsbewilligungsklage kommt es zur Wiederaufnahme bislang nicht entschiedener Widerspruchsverfahren (BGH GRUR 1967, 94 – Stute; GRUR 2008, 714 – idw).

51 Stützt ein Antragsteller in einem **Nichtigkeitsverfahren** wegen älterer Rechte sein Begehren auf mehrere Zeichen, entfällt sein Rechtsschutzinteresse bezüglich der weiteren Zeichen, wenn ein anderes erfolgreich war. Er kann aber im Beschwerdeverfahren wieder alle älteren Rechte einsetzen.

52 Eine zur Beschwerde berechtigende Beschwer liegt nicht vor, wenn Verfall oder Nichtigkeit aus Gründen festgestellt wurde, die der Antragsteller gar nicht oder nur hilfsweise geltend gemacht hat.

53 Das Interesse der Allgemeinheit an der Beseitigung eines zu Unrecht erteilten Schutzrechts besteht nur, wenn das Schutzrechts noch wirksam ist. Das allgemeine Interesse an der Sicherung einer gesetzeskonformen Erteilungspraxis beim DPMA begründet kein Rechtsschutzbedürfnis (BGH GRUR 2022, 1628 – Stammzellengewinnung; GRUR 1997, 615 – Vornapf).

54 Eine Entscheidung trotz Antragsrücknahme beschwert die Beschwerdeführerin.

55 Wer als nicht in dem betreffenden Gebiet ansässiger Dritter gegen einen Antrag auf Änderung der **Spezifikation einer geschützten geografischen Angabe** einen Einspruch eingelegt hat, kann gegen den Beschluss des DPMA, mit dem dieses die Zulässigkeit der beantragten Änderung feststellt, wegen Fehlens eines berechtigten Interesses grundsätzlich keine Beschwerde erheben – obwohl er als Einsprechender formal beschwerdeberechtigt wäre (BPatG BeckRS 2018, 25741 – Spreewälder Gurken).

E. Verfahrensbeteiligte

56 Das DPMA ist nicht am Verfahren beteiligt; seine Präsidentin kann sich aber beteiligen, wenn sie will (§ 68).

57 Die Beschwerde muss die beschwerdeführende Person eindeutig erkennen lassen (→ Rn. 95).

58 Zum Rechtsnachfolger bei **Umschreibung** → Rn. 70.

59 Wessen Markenrechtsfähigkeit bestritten wird, ist als rechts- und parteifähig zu behandeln (BGH GRUR 2012, 315 Rn. 14 – akustilon).

60 Nicht Verfahrensbeteiligter wird, wer Hinweise gegeben hat (→ § 8 Rn. 981).

61 Hat der BGH eine Sache an das BPatG **zurückverwiesen,** sind wieder alle beteiligt, die ursprünglich beteiligt waren, auch die, die keine Rechtsbeschwerde erhoben haben (BPatG BeckRS 2019, 23864 Rn. 31 – Verarbeitung von Schwarzwälder Schinken).

62 Zur Parteifähigkeit britischer Gesellschaften nach dem **Brexit** → § 82 Rn. 28.

I. Prozessstandschaft, Beitritt

Über § 133 Abs. 3 und § 82 Abs. 1 S. 1 findet für das Beschwerdeverfahren § 66 ZPO **63** Anwendung. Damit kann, ein rechtliches Interesse am Verfahrensausgang vorausgesetzt, jedermann dem Verfahren beitreten, um eine der Parteien zu unterstützen (BPatG GRUR 2014, 192 sub II.2 – Zoigl unter Berufung auf BGH GRUR 1998, 940 f. – Sanopharm und GRUR 2008, 87 Rn. 30 – Rechtsstellung des Einzelrechtsnachfolger zum Patenteinspruchsverfahren.

Der **Beitritt** zu Verfalls- und Nichtigkeitsverfahren nach § 54 ist auch noch im Beschwerdever- **64** fahren möglich (Wirtz Mitt 2020, 210 (211)). Ein Parteiwechsel ist dort aber nach Schluss der mündlichen Verhandlung ohne deren Wiedereröffnung nicht mehr möglich (BPatG BeckRS 2013, 05071 – Superfund).

Verfahrensbeteiligter kann auch sein, wer im Rahmen **gewillkürter Prozessstandschaft** ein **65** Verfahren übernommen hat; so werden oft **Lizenznehmer** tätig (BPatG GRUR 2000, 815 – turfa; → § 42 Rn. 51). Jeder (ausschließliche, im Markenregister eingetragene) Lizenznehmer sollte etwas gegen einen Widerspruch und vor allem gegen einen Antrag auf Erklärung des Verfalls oder der Nichtigkeit unternehmen können, wenn Gefahr besteht, dass die Marke, an der er Lizenzrechte hat, untergeht.

Allerdings soll nach dem EuG das bloße Bestehen einer ausschließlichen Lizenz den Lizenznehmer **65.1** noch nicht berechtigten, allein auf dieser Grundlage Widersprüche einzulegen (EuG T-15/20, GRUR-Prax 2021, 476 (Hirsch) – Skyliners).

Soweit der Lizenznehmer oder Importeur durch die Verwendung eine Benutzungsmarke erlangt haben **65.2** sollte (§ 4 Nr. 2; → § 4 Rn. 112; → § 17 Rn. 30; OLG Köln GRUR-RR 2010, 433 – Oerlikon), wäre dies ein separates Recht und kein Recht an der Marke des Lizenzgebers. Zur Übertragung der Lizenz → § 30 Rn. 138 ff.

Zur rückwirkenden Vereinbarung einer ausschließlichen Patentlizenz BGH GRUR 2022, 893 Rn. 67 – **65.3** Aminosäureproduktion.

Der **Nießbrauchsberechtigte** hat eigene Rechte sogar unter Ausschluss des Markeninhabers **66** (→ § 29 Rn. 16 ff.).

Nicht im Rahmen einer gewillkürten Prozessstandschaft können die **Mitglieder eines Kollek- 67 tivmarken-Verbandes** tätig werden und erst recht nicht Lizenznehmer an einer Kollektivmarke, es sei denn die jeweilige Verbandssatzung erlaubt dies.

II. Pfandgläubiger

Eine Verpfändung (§ 29 MarkenG; Art. 22 UMV) gibt dem Pfandgläubiger – unabhängig von **68** der nach § 29 Abs. 2 möglichen Eintragung ins Register – das Recht, eine Verletzung der Marke aus eigenem Recht geltend zu machen, weil dies dem Erhalt seines Pfandrechts dient (§ 48 Abs. 2; → § 29 Rn. 53 ff.). Dass ein Pfandrecht nicht das Recht umfassen soll, Anträgen auf Erklärung des Verfalls oder der Nichtigkeit zu widersprechen, erscheint nicht konsequent, da der Markeninhaber mit einem Verzicht auf einen Widerspruch gegen Löschungsanträge praktisch auf seine Marke verzichten kann, was § 829 Abs. 1 S. 2 ZPO verhindern soll.

III. Beteiligtenwechsel

Tritt in einem laufenden Verfahren vor Schluss der mündlichen Verhandlung (→ Rn. 64) eine **69** **Rechtsnachfolge** an einem Zeichen ein, finden die §§ 265, 325, 66 ff. ZPO Anwendung (→ § 42 Rn. 54 ff.). Der Rechtsnachfolger kann mit Stellung des **Umschreibungsantrags,** maßgeblich ist der Zugang beim DPMA, das Verfahren nach § 28 Abs. 2 übernehmen (→ § 28 Rn. 9 ff.; zur UMV → Rn. 77) sowie bei gesetzlicher **Gesamtrechtsnachfolge** (BPatG GRUR 1999, 349 – Umschreibungsantrag). Die Vermutung des § 28 Abs. 1 (→ § 28 Rn. 3) ist durch Glaubhaftmachung des Rechtserwerbs zu widerlegen, solange das DPMA nicht umgeschrieben hat (→ § 28 Rn. 11). Bei Benutzungsmarken hat der Übernehmer den Rechtsübergang sogar zu beweisen.

Wer ein Beschwerdeverfahren übernimmt, tritt in die Verfahrensposition der früheren Beteilig- **70** ten ein (BGH GRUR 2008, 87 Rn. 28 – Patentinhaberwechsel im Einspruchsverfahren) und muss in entsprechender Anwendung von § 265 Abs. 2 ZPO deren sämtliche Handlungen gegen sich gelten lassen (BGH GRUR 2020, 870 – INJEKT/INJEX; NJW 2006, 1351 Rn. 25).

Sobald der Antrag auf Änderung des Registers bezüglich des Inhaberwechsels beim Amt einge- **71** gangen ist und sich der Rechtsnachfolger daher an dem Verfahren beteiligen kann, erhält im Falle kollidierender Erklärungen die des Rechtsnachfolgers den Vorrang.

Eine **Namensänderung** führt nicht zu einem Parteiwechsel. **72**

73   Die ursprüngliche Inhaberin von Markenrechten bleibt unabhängig vom Vollzug der Umschreibung befugt, solange der **Rechtsnachfolger** das Verfahren nicht übernommen hat (→ § 28 Rn. 25). Die Rechtskraft erstreckt sich in diesen Fällen auf den Rechtsnachfolger. § 28 Abs. 3 S. 2 regelt die Zustellung des Beschlusses in solchen Fällen.

74   Die ursprüngliche Inhaberin von Markenrechten kann auch nach Vollzug der Umschreibung sie persönlich beschwerende Entscheidungen (neben dem Rechtsnachfolger) angreifen.

75   Nach § 28 Abs. 2 S. 3 bedarf es entgegen § 265 Abs. 2 S. 2 ZPO nicht der Zustimmung des Verfahrensgegners für die Verfahrensübernahme.

76   Bei Übertragung von **Unionsmarken** tritt die neue Inhaberin mit Eintragung automatisch ins Verfahren ein. Für den Erbfall ist allerdings die Marke als Gegenstand des Vermögens subsidiär dem nationalen Recht unterworfen (→ Rn. 37, → UMV Art. 19 Rn. 5). Weiter regeln Art. 22 ff. UMV die dinglichen Rechte, die Zwangsvollstreckung, die Insolvenz sowie die Lizenz.

77   Art. 20 Abs. 4 und 11 UMV verlangt zwar die Eintragung des Übergangs der Rechte an der Unionsmarke. Nach Art. 20 Abs. 12 UMV reicht allerdings der Antrag auf die Eintragung für fristwahrende Erklärungen aus, also ua Widersprüche (→ UMV Art. 20 Rn. 49), Löschungsanträge und darauf bezogene Beschwerden einzulegen.

F. Untergang und Umwandlung von Rechten

78   Mit dem ex nunc wirkenden **Verzicht** auf eine Marke tritt unabhängig vom Vollzug im Register in der Regel die Erledigung eines anhängigen Widerspruchs-, Verfalls-, Nichtigkeits- bzw. Beschwerdeverfahrens ein (→ § 42 Rn. 38 f.; → § 48 Rn. 13). Das ist durch förmlichen Beschluss festzustellen (BPatG GRUR 2010, 363 – Radauswuchtmaschine; BeckRS 2015, 17849). Gegebenenfalls ist eine Kostenentscheidung zu treffen (→ § 71 Rn. 18; zu den Kostenfolgen → § 71 Rn. 52). Ohne besonderes **Feststellungsinteresse** eines Beteiligten wird das Verfahren nicht mehr fortgeführt. Gleiches gilt beim **Untergang** der betroffenen Marke aus anderen Gründen (→ § 71 Rn. 125).

79   Da der Verzicht nur ex nunc wirkt, kann der Löschungsantragsteller auch nach dem Verzicht des Markeninhabers auf die angegriffene Marke ein Interesse an der Feststellung der Nichtigkeit der Marke ex tunc haben (BGH GRUR 2001, 337 – Easypress; → § 48 Rn. 14; → § 71 Rn. 53), es sei denn der Inhaber des angegriffenen Zeichens hat auf alle seine Ansprüche aus der Vergangenheit umfassend verzichtet. Dieser Verzicht muss ausdrücklich erklärt werden; selbst nach einer Aufforderung, diesen Verzicht zu erklären, kann ein Schweigen des Markeninhabers den Verzicht nicht ersetzen (BPatG BeckRS 2018, 11821 in einem Patentnichtigkeitsverfahren).

80   Der Löschungsantragsteller muss eine Konzernverbundenheit mit einem wegen Verletzung in Anspruch Genommenen konkret belegen, um sein Interesse an der Feststellung der Nichtigkeit der Marke aufzuzeigen; eine Zeugenvernehmung zu pauschalen Behauptungen ist insoweit nicht zulässig (BPatG GRUR-RS 2020, 45365 – Leistungskontrolle).

81   Die Inhaberin des angegriffenen Zeichens kann kein Interesse daran geltend machen, den Rechtsbestand ihrer Marke in der Zeit vor dem Verzicht feststellen zu lassen bzw. dass ein zurückgenommener Löschungsantrag zu Unrecht erhoben worden ist (BPatG GRUR-Prax 2019, 527 – Farbmarke Blau; zu einem Gebrauchsmuster BPatG BeckRS 2018, 27429).

82   Ob der Verzicht auf die Registermarke auch eine parallel entstandene Benutzungs oder Notorietätsmarke nach § 4 Nr. 2 und 3 erfasst, ergibt die Auslegung der Verzichtserklärung (→ § 48 Rn. 15).

83   Aufgabe und Veräußerung eines Geschäftsbetriebs führen nicht zum Erlöschen der **Benutzungsmarke,** sondern erst eine (danach) unterbliebene Nutzung (→ § 4 Rn. 117 f.).

84   Die durch **Umwandlung** entstandene nationale Marke ist dasselbe materielle Schutzrecht wie die bisherige Unionsmarke. In Folge dieser Kontinuität wird ein ursprünglich auf die Unionsmarke gestützter Angriff in einen auf eine nationale Marke gestützten transformiert (→ § 42 Rn. 83 ff.).

85   Nach Art. 39 UMV kann die Inhaberin einer nationalen Marke im Falle der Anmeldung einer identischen Unionsmarke dafür den Zeitrang der nationalen Marke in Anspruch nehmen; deren Fortbestand wird unionsrechtlich fingiert (→ § 42 Rn. 86). Damit werden auf die nationale Marke gestützte Verfahren auf der Basis der Unionsmarke in dem Stand weitergeführt, in dem sie sich zum Zeitpunkt der Beanspruchung der **Seniorität** befanden (→ § 42 Rn. 88 f.).

G. Form, Frist und Gebühr

86   Anhängig und rechtshängig werden Verfahren vor dem BPatG mit Eingang des Beschwerdeschriftsatzes **beim DPMA.** Eine Zustellung an den Gegner ist dazu nicht erforderlich (anders § 253 ZPO für Klagen vor den Zivilgerichten).

I. Form (Abs. 2)

Die Beschwerde ist **schriftlich** beim DPMA in München, Jena oder Berlin einzulegen, um **87** diesem die Möglichkeit einer Abhilfe zu erleichtern (Ann PatR § 23 Rn. 39); zur elektronischen Einlegung → Rn. 99; zur Einlegung beim BPatG → Rn. 109. Besondere Anforderungen an den Inhalt der Beschwerdeschrift sieht das Markengesetz nicht vor. Erforderlich ist eine Beschwerdeerklärung, die erkennen lässt, dass der Antrag auf eine Prüfung, Aufhebung oder Änderung einer bestimmten Entscheidung gerichtet ist. Weder die Verwendung des Begriffs „Beschwerde" noch ein bestimmter Antrag sind erforderlich (BPatG BeckRS 2017, 130869 – Wohnungsbau- und Kommissionsgesellschaft Reichenstrasse). Eine Namensverwechslung im Betreff einer Beschwerdeschrift sowie eine falsche Datumsbezeichnung des angegriffenen Beschlusses (Datum der Versendung statt dem der Verkündung) machen als offensichtliche Schreibversehen eine Beschwerde nicht unzulässig (BPatG GRUR-RS 2020, 30554 - Vergrämung). Die Formvorschriften der §§ 10 ff. DPMAV gelten für die Beschwerde nicht.

Für den Erklärungsinhalt eines Schreibens ist auf den Empfängerhorizont abzustellen; eine **88** nachträgliche **Umdeutung** einer Eingabe zu einer Beschwerde kann eine eingetretene Fristversäumung nicht ungeschehen machen (BPatG GRUR-RS 2021, 7576 – Umdeutung). Zu Auslegung im Zusammenhang mit den Angaben zur Beschwerdeführerin → Rn. 32.

Allein die Zahlung der Beschwerdegebühr ersetzt keine Beschwerdeeinlegung, auch wenn ein **89** Beschwerdegegenstand und als Verwendungszweck das Stichwort „Beschwerde" genannt werden (BPatG BeckRS 2018, 15213; 2017, 130869 – Wohnungsbau- und Kommissionsgesellschaft Reichenstrasse, BeckRS 2017, 107421 – F.C. von Bayern München; weniger streng → UMV Art. 68 Rn. 2).

Nähere Bestimmungen zum Zweck einer Zahlung enthalten keine darüberhinausgehende Erklärung, **89.1** durch diese Handlung einen bestimmten Beschluss mit der Beschwerde angreifen zu wollen; denn es könnte sich auch um eine rein vorsorgliche Einzahlung der Beschwerdegebühr handeln (BGH GRUR 1966, 50 – Hinterachse; BPatG GRUR 1965, 695; GRUR 1963, 597).

Da kein Anwaltszwang besteht (§ 81 Abs. 1), kann jeder selbst Beschwerde einlegen. Erst **90** wenn dieser nicht ohne Weiteres entsprochen werden kann und sich ein Verfahren ergibt, wird eine **Inlandsvertretung** erforderlich (BPatG GRUR-RS 2022, 32774 – Crazypatterns; zur Diskussion darüber → § 96 Rn. 4). Die Bestellung ist dann aber nur Zulässigkeitsvoraussetzung, während der Auswärtige im Übrigen auch selbst oder vertreten durch einen anderen tätig werden kann (BPatG BeckRS 1996, 10393 – Ultra Glow; → § 81 Rn. 1). Rechts- und Patentanwälte haben keine **Vollmacht** vorzulegen, solange sich keine Zweifel an der Bevollmächtigung ergeben (→ § 81 Rn. 33); das gilt nicht für notwendige Inlandsvertretung (→ § 96 Rn. 15.1 f.). Dies ist strittig (Gruber GRUR-Prax 2022, 313 – Thrive; Schönig GRUR-Prax 2020, 133), aber bis zu einer Klärung durch den BGH ist vorsichtshalber eine Vollmacht vorzulegen (zum Zeitpunkt → Rn. 92). Das in den gesetzlichen Vorschriften gegenüber Anwälten zum Ausdruck kommende Vertrauen (BPatG BeckRS 1996, 12441 Rn. 11 – Siddah Yoga) muss auch bei Inlandsvertretung gelten (Albrecht GRUR-Prax 2015, 406).

Ausländische Markeninhaber sind über ein Schutzentziehungsverfahren und die Obliegenheit zur **90.1** Bestellung eines Inlandsvertretung in Kenntnis zu setzen; hierfür reicht die Übersendung einer formlosen, mit einfacher Post versendeten Mitteilung nicht aus, so dass das Fehlen einer Inlandsvertretung keine Obliegenheitsverletzung ist und keine vereinfachte Auslandszustellung (→ § 94 Rn. 29.1) möglich ist (BPatG GRUR-RS 2021, 16456 – West Lake).

Eine allgemeine Prozessvollmacht (→ § 81 Rn. 32), die lediglich zur Vertretung vor dem BPatG **91** ermächtigt, umfasst die Bestellung als Inlandsvertretung nicht (BPatG GRUR-RS 2019, 33405, entgegen BPatG BeckRS 2014, 9803).

Die Nichtbestellung einer Inlandsvertretung begründet ein Verfahrenshindernis, so dass ohne **92** sie vorgenommene Verfahrenshandlungen nicht unwirksam, sondern nur mit einem verfahrensrechtlichen Mangel behaftet sind, der behoben werden kann. Die Bestellung kann daher bis zum Ergehen der Sachentscheidung nachgeholt werden (BGH GRUR 2020, 1202 Rn. 11 – YOOFOOD/YO; BPatG GRUR-RS 2021, 644 – COPYSTOP/COPY-TOP; BeckRS 2019, 20908 – Reichsbürger; BeckRS 2015, 14828 – Pokerzeit).

Das BPatG berücksichtigt das Gebot, effektiven Rechtsschutz und ein faires Verfahren zu **93** ermöglichen. Deshalb stellt es an den Nachweis der Inlandsvertretervollmacht keine strengen Anforderungen. Es reicht aus, wenn der anwaltliche Vertreter nur die Urkunde, die ihn unmittelbar gegenüber dem Bundespatentgericht legitimiert, im Original vorlegt. Eine lückenlose Bevollmächtigungskette ist nur bei einem sachlichen Anlass oder konkreten Hinweisen erforderlich (BPatG GRUR-RS 2021, 42369 – Stahlblech).

94   Zudem berücksichtigt das BPatG, ob die Gegenseite den Mangel der Bevollmächtigung „ins Blaue hinein" rügt und damit nur das Ziel verfolgt, den Rechtsstreit zu verschleppen und die Entscheidung in der Sache zu behindern (BPatG GRUR-RS 2021, 42369 – Verfahren zur Warmumformung).

95   Wird innerhalb der Beschwerdefrist nicht erkennbar, wer Beschwerdeführerin ist (→ Rn. 32) oder gegen welche Entscheidung sich die Beschwerde richtet, wird das Gericht sie als unzulässig verwerfen (BGH BeckRS 1973, 31126973 – Warmwasserbereiter; BPatG GRUR 1985, 123 – optische Quarzglasfaser). Die Beschwerde ist unzulässig, wenn die vorgelegten Unterlagen Zweifel an der Person des Einsprechenden offenlassen (BPatG GRUR-Prax 2016, 489 – Jiun-Wei Chang aus Taichung). Das gilt auch für Popularverfahren (BPatG BeckRS 2016, 11049).

96   Überweisungen von einem Konto erlauben dies nicht den Schluss, dass die Kontoinhaber unter einer Phantasiebezeichnung ein Rechtsmittel eingelegt haben. Gibt es keine der Phantasiebezeichnung entsprechende rechtsfähige Körperschaft oder juristische Person, ist das Rechtsmittel mangels Identifizierbarkeit der Rechtsmittelführerin unzulässig (BPatG BeckRS 2019, 28613 – Polizei).

97   Soweit der BGH eine **ladungsfähige Anschrift** verlangt (BGH GRUR 1990, 108 – Messkopf), erhebt das BPatG Bedenken (BPatG BeckRS 2016, 111394). Jedenfalls kann ein entsprechender Mangel in der Tatsacheninstanz geheilt werden (BPatG BeckRS 2016, 11049). Bei juristischen Personen genügt als ladungsfähige Anschrift die im Handelsregister eingetragene Geschäftsanschrift (§§ 170 f. ZPO; BGH GRUR 2018, 1181).

98   Die **Parteibezeichnung** ist der Auslegung zugänglich. Dabei kommt es auf die Deutungsmöglichkeiten für Gericht und Gegenseite an (BPatG BeckRS 2013, 16061 – Kontakt eines auf Substrat angeordneten Drahtleiters).

99   Die **elektronische Einlegung** der Beschwerde und Übermittlung aller Dokumente hat an das elektronische Gerichts- und Verwaltungspostfach DPMAdirektpro zu gehen (§ 3 Abs. 1 S. 1 ERVDPMAV, → § 95a Rn. 2; Ann PatR § 23 Rn. 146; Hiss/Staudigel GRUR-Prax 2021, 39). Eine Heilung diesbezüglicher Mängel ist nicht über § 94 Abs. 2 MarkenG iVm § 189 ZPO möglich (BPatG GRUR-RS 2021, 19297 – NEOVI; GRUR-RS 2020, 37973 – AVIREM/Avira). Zur Unterschrift → Rn. 101.

100   Die Beschwerdeschrift ist zu unterschreiben (§ 10 Abs. 1 DPMAV; BGH GRUR 1989, 506 – Widerspruchsunterzeichnung). Im deutschen Recht wird als **Unterschrift** der Name einer natürlichen Person verlangt (→ Rn. 100.1). Im angelsächsischen Bereich erscheint oft der Name der Kanzlei oder Firma, was das EUIPO als ausreichend ansieht (→ UMV Art. 68 Rn. 4). Dies sollte in der deutschen Praxis wenigstens eine Heilung ermöglichen. Eine **elektronische Signatur** gehört nicht zu den auf Büropersonal übertragbaren Pflichten; Anwälte haben das zu signierende Dokument selbst sorgfältig auf Richtigkeit und Vollständigkeit zu prüfen (BGH BeckRS 2022, 7011).

100.1   Nicht genügend ist das Wort „Rechtsanwalt" ohne Namensangabe (BGH BeckRS 2022, 26486 – einfache Signatur; BAG BeckRS 2020, 26568; BSG BeckRS 2022, 4343).

101   Die qualifizierte Signatur kann auch eine sog. **Container-Signatur** sein; sie muss sich also nicht auf eine einzelne Datei beziehen, sondern kann sich auf ein übergeordnetes Datenobjekt beziehen, das mehrere Dateien zu einer Einheit zusammenfasst (BGH GRUR 2022, 1174 – Container-Signatur im Patentnichtigkeitsverfahren).

102   Das BPatG verlangt, dass zumindest einzelne Buchstaben des Nachnamens ansatzweise erkennbar sind oder charakteristische Merkmale eine Nachahmung erschweren. Eine einfache Linie, die nicht erkennen lässt, dass sie bewusst und gewollt angebracht wurde und nicht bloß versehentlich auf das Schriftstück kam, reicht nicht aus. Es muss sichergestellt sein, dass sich der Erklärende von einer Prozesshandlung nicht unberechtigt distanzieren kann und keine Entscheidung über versehentlich eingereichte Entwürfe ergeht (BPatG BeckRS 2018, 40488 – Argus Protect Security; BeckRS 2018, 20456; 2016, 112136; BGH NJW-RR 2015, 699; BeckRS 2016, 112136). Ein in Druckbuchstaben wiedergegebener Vor- und Zuname erfüllt die Voraussetzungen an eine Unterschrift nicht (BPatG GRUR-RS 2019, 38363 – Bienensauna).

103   Die Unterschrift hat grundsätzlich unter den Erklärungen stehen, die zum notwendigen Inhalt einer Beschwerde gehören (BGH BeckRS 2004, 6986). Aber auch die in Österreich übliche **Rubrumsunterschrift** ist anzuerkennen (ebenso BayVGH BeckRS 2010, 31200; Musielak/Voit/Stadler ZPO § 129 Rn. 9; Vollkommer JZ 1970, 256; AG Hannover BeckRS 2020, 4724; letztlich offengelassen in BPatG GRUR-RS 2020, 44191 – Almwurzerl; zum EUIPO → UMV Art. 68 Rn. 4).

Eine Beschwerde ist auch als Kopie ohne eigenhändige Unterschrift wirksam und fristwahrend **104** erhoben, wenn Umstände, die außerhalb der Erklärung liegen, hinreichenden Anhalt dafür geben, dass eine rechtsverbindliche Erklärung abgegeben werden sollte; das kann sich zB aus der in engem zeitlichem Zusammenhang veranlassten Zahlung der Beschwerdegebühr ergeben (BGH GRUR 1981, 410 – Telekopie; BPatG GRUR-RS 2019, 47291 – Pizza iolo; BeckRS 2016, 118007; BeckRS 2014, 20568 – Weltpferdetag).

Eine falsche Bezeichnung als „Erinnerung" schadet nicht, solange die (gegenüber der Erinne- **105** rung höhere) Beschwerdegebühr bezahlt wurde und nicht auch Erinnerung (§ 64 Abs. 6) statthaft war (→ Rn. 8, → Rn. 87).

Eine **Beschwerdebegründung** ist nicht zwingend erforderlich (BGH GRUR 2003, 1067 f. – **106** BachBlüten Ohrkerze; BPatG GRUR 2005, 679 f. – Bundesfarben). Ihr Fehlen kann aber für die Kosten relevant werden (→ § 71 Rn. 74). Das BPatG mahnt eine (angekündigte) Begründung nicht an; es hat lediglich eine angemessene Zeit abzuwarten, bevor es entscheidet (BPatG GRUR 1997, 223 (224) – Ceco mit Verweis auf BVerfG BeckRS 1963, 366; NJW 1958, 1436; ebenso OLG Köln NJW-RR 1986, 862).

Die unter Verweis auf das RG mit 14 Tagen angegebene angemessene Frist (BPatG GRUR 1997, 223 **106.1** (224) – Ceco) erscheint im Hinblick auf die derzeit durchschnittliche Laufzeit der Markenverfahren beim BPatG mit 21 Monaten laut BPatG-Jahresbericht 2021 S. 65 unrealistisch; ebenso Ströbele/Hacker/Thiering/Knoll Rn. 42 f.

Der Beschwerdeführer, der mit der Beschwerdeeinlegung eine Begründung angekündigt und **107** mit einem weiteren Schriftsatz um Mitteilung gebeten hat, bis wann die Begründung eingereicht werden kann, darf davon ausgehen, dass er Gelegenheit haben wird, seine Beschwerde vor einer Entscheidung zu begründen (BGH GRUR 2022, 189 – Heizkörperdesign; GRUR 2013, 1276 – MetroLinien).

Abschriften für die Verfahrensbeteiligten sind keine Zulässigkeitsvoraussetzung. **108**

Nur für Verfahrensbeteiligte kann das BPatG fehlende Abschriften nachfordern oder selbst kostenpflich- **108.1** tig fertigen. Dies gilt also nicht für Unterlagen zur Information der Präsidentin des DPMA (→ § 68 Rn. 5), solange sie keinen Beitritt erklärt hat (→ § 68 Rn. 12). Abschriften für alle Richter des Spruchkörpers fallen unter VV 7000 Nr. 1b RVG oder unter VV 7000 Nr. 1d RVG. Eine Verpflichtung, diese Kopien zu fertigen, besteht auch über § 125 PatG nicht. Deshalb gehören sie nicht zu den üblichen, von der Verfahrensgebühr abgegoltenen Tätigkeiten (BPatG BeckRS 2012, 15790; Albrecht/Hoffmann Vergütung Rn. 1404).

II. Frist (Abs. 2)

Die Beschwerde ist – eine ordnungsgemäße Rechtsbehelfsbelehrung vorausgesetzt – binnen **109** eines Monats ab Zustellung (→ Rn. 112) beim DPMA einzulegen. Gibt eine unzuständige Stelle, auch das BPatG selbst, die dort eingegangene Beschwerde nicht oder nicht rechtzeitig an das DPMA weiter, obwohl dies innerhalb der Beschwerdefrist möglich gewesen wäre, ist ein Wiedereinsetzungsantrag erfolgreich (BPatG BeckRS 2014, 21901 – Bionator/Bionade; BVerfG NJW 2005, 2137 f.; OVG Lüneburg BeckRS 2014, 45538; v. Pentz NJW 2003, 858 (862)). Die Weitergabe einer elektronisch signierten Beschwerdeschrift kann nur elektronisch erfolgen (OLG Bamberg BeckRS 2022, 11254).

Für Verfahrenshandlungen, vor allem frist- und formgebundene Erklärungen, ist das im Zeitpunkt der **109.1** Vornahme der Handlung bzw. allenfalls das bei Fristablauf geltende Recht maßgeblich (BPatG GRUR-RS 2021, 16456 – West Lake).

Ein Erinnerungsführer, der nach § 64 Abs. 6 wegen der **fakultativen Beschwerde** des Gegners **110** gezwungen ist, Beschwerde einzulegen, soll seine Erinnerung nicht ersatzlos als zurückgenommen gelten (→ § 64 Rn. 24), hat dafür einen Monat Zeit; diese Frist läuft ab Zustellung der fakultativ eingelegten Beschwerde (→ Rn. 129). Für unselbständige **Anschlussbeschwerden** gilt keine Frist (→ Rn. 156 ff.).

Zu spät eingegangene Beschwerden sind – unabhängig von einer rechtzeitigen Zahlung der **111** Beschwerdegebühr – unzulässig (§ 70 Abs. 2), wenn keine Wiedereinsetzung beantragt und gewährt wird.

Maßgebend für den **Beginn der Beschwerdefrist** ist die **Zustellung** des angefochtenen **112** Beschlusses (§ 94) mit ordnungsgemäßer Rechtsmittelbelehrung (§ 61 Abs. 2). Das ist unabhängig von einer früheren Verkündung nach § 61 Abs. 1 S. 2 und unabhängig davon, wann anderen Beschwerdeberechtigten zugestellt wurde (BPatG BeckRS 1999, 15326 – Cosmos); zur Durchgriffsbeschwerde → Rn. 121, → Rn. 150 ff. Bei mehrfachen Zustellungen ist die erste maßgeblich, unabhängig von ihrer Form (OVG Bautzen NVwZ-RR 2014, 285 zum Telefax). Bei der **vereinfachten Auslandszustellung** mit eingeschriebenem Brief nach § 94 Abs. 1 Nr. 1 iVm § 96 Abs. 1 ist in den Akten iVm § 184 Abs. 2 S. 4 ZPO zu vermerken, wann die Aufgabe zur Post erfolgt ist. Entsprechend § 184 Abs. 2 S. 1 ZPO gilt das Schriftstück zwei Wochen nach Aufgabe zur Post als zugestellt (BPatG GRUR-RS 2020, 44191 – Almwurzerl).

113 Eine inhaltlich **fehlerhafte Rechtsmittelbelehrung** schafft auch für Anwälte einen Vertrauenstatbestand, der **Wiedereinsetzung** ermöglicht (BVerfG NJW 2021, 915). Eine Rechtsmittelbelehrung kann das Versäumen einer Rechtsmittelfrist aber ausnahmsweise nicht entschuldigen, wenn sie offenkundig falsch gewesen ist und deshalb – ausgehend von dem bei einem Anwalt vorauszusetzenden Kenntnisstand – nicht einmal den Anschein der Richtigkeit erwecken konnte (BGH NJW 2021, 784; BeckRS 2018, 1908; Deckenbrock NJW 2018, 1636).

114 Liegt das Datum eines **Empfangsbekenntnisses** Wochen nach dem des amtlichen Absendevermerks, rechtfertigt das für sich nicht die Vermutung, dass die Ausfertigung tatsächlich früher eingegangen ist (BGH BeckRS 2021, 33339; BPatG BeckRS 2018, 21165 – Rippenbögen eines Schwenklagers). Verweigert ein Bevollmächtigter trotz mehrfacher Erinnerung die Rücksendung des Empfangsbekenntnisses und trägt er insoweit keine Hinderungsgründe vor, kann der Zeitpunkt der Zustellung nach Aktenlage aus Indizien geschlossen werden (OVG Berlin-Brandenburg BeckRS 2022, 28432).

115 Ein Anwalt darf das Empfangsbekenntnis über die Zustellung fristgebundener rechtsmittelfähiger Entscheidungen erst unterzeichnen, wenn er in seinen Handakten vermerkt hat, dass die Rechtsmittelfrist in seinem Fristenkalender notiert wurde; Patentanwälte treffen vor dem BPatG die gleichen Pflichten wie Rechtsanwälte (BGH BeckRS 2019, 22910; BPatG GRUR-RS 2020, 821 – Empfangsbekenntnis); ebenso für ein papierloses Verfahren: BGH BeckRS 2020, 14339.

116 Liegen voneinander abweichende Empfangsbekenntnisse vor, muss sich der Abgebende am früher mitgeteilten Datum festhalten lassen, wenn er den grundsätzlich zulässigen Nachweis der Unrichtigkeit des auf das frühere Datum lautenden Empfangsbekenntnisses nicht erbringt (OLG Frankfurt BeckRS 2022, 19106).

117 Die **Berichtigung** oder Ergänzung eines anfechtbaren Beschlusses setzt keine neue Beschwerdefrist in Gang, es sei denn, dass erst die Berichtigung oder Ergänzung eine Beschwer bewirkt oder erkennbar macht (BGH NJW-RR 2009, 1443; Fezer § 80 Rn. 5).

118 Über § 82 Abs. 1 MarkenG gelten für die **Fristberechnung** § 222 ZPO und §§ 186 ff. BGB (→ § 64 Rn. 4); es sind alle Feiertage zu berücksichtigen, die an den Standorten des DPMA (München, Jena und Berlin) jeweils gelten; es ist nicht nach Einlegungsort zu unterscheiden (→ § 64 Rn. 5).

119 Die Perforierung (Lochung) des Eingangsdatums auf einem Schriftsatz durch das DPMA ist eine öffentliche Urkunde, die gemäß § 418 Abs. 1 ZPO den vollen Beweis des Eingangsdatums begründet. Wird die Beweiswirkung aber gemäß § 418 Abs. 2 ZPO widerlegt, gilt das Perforationsdatum nicht mehr, sodass der gesamte Sachverhalt der freien Beweiswürdigung unterliegt. Wegen der Beweisnot des Beweisführers hinsichtlich behördeninterner Vorgänge sind die Anforderungen dann nicht mehr hoch (BPatG GRUR-Prax 2018, 193). Hält das Gericht eine eidesstattliche Versicherung für nicht ausreichend, hat es eine Einvernahme des Anwalts als Zeugen in Betracht zu ziehen (BGH BeckRS 2020, 39914; BeckRS 2020, 2022).

119.1 Den Beweis hielt das BPatG durch die Aussage eines Anwalts für erbracht, er habe die Sendung in den Terminbriefkasten der Dienststelle des DPMA in Jena eingeworfen. Eine fehlerhafte Datumsperforierung könnte dadurch zustande gekommen sein, dass sich die Dienststelle Jena die Perforation erspart und die Post gebündelt nach München geschickt habe (BPatG GRUR-Prax 2018, 193).

120 Eine vor Zustellung der schriftlichen, begründeten Entscheidung gegen einen verkündeten Beschluss erhobene Beschwerde ist zulässig. Das kann von Bedeutung sein, wenn das DPMA gegen die Pflicht verstößt, Beschlüsse binnen fünf Monaten zu begründen (→ § 79 Rn. 33), und der Beschwerdeführer dies rügen will (BPatG BeckRS 2016, 18878 – Gitter an Lüftungsanlagen; BeckRS 2011, 13958).

121 Ein Erinnerungsführer, der nach § 66 Abs. 6 einer **Durchgriffsbeschwerde** (→ Rn. 152) der Gegenseite zugestimmt hat, muss innerhalb eines Monats ab Zustellung der Beschwerde des Anderen ebenfalls Beschwerde einlegen, soll seine Erinnerung nicht als ersatzlos zurückgenommen gelten.

122 Zu den Auswirkungen einer Umdeutung → Rn. 88.

123 **Wiedereinsetzung** in die Beschwerdefrist ist nach § 91 möglich. Darüber entscheidet nicht der Rechtspfleger (→ § 91 Rn. 49).

III. Beschwerdegebühr

1. Gebührenpflicht, Prozesskostensicherheit

Nach § 82 Abs. 1 S. 3 MarkenG iVm § 2 Abs. 1 PatKostG ist für jede Beschwerde eine Gebühr **124** zu bezahlen (GV 401100, 401200, 401300 PatKostG), wenn nicht Verfahrenskostenhilfe beantragt wird (→ § 81a Rn. 15, → § 81a Rn. 21). Ohne rechtzeitige Zahlung des vollständigen Gebührenbetrags gilt die Beschwerde als nicht eingelegt (§ 6 Abs. 2 PatKostG; BeckOK PatR/Störzinger PatKostG § 6 Rn. 13). Dies stellt in der Regel nach § 23 Abs. 1 Nr. RPflG die Rechtspflegerin fest, wenn aber ein Wiedereinsetzungsantrag vorliegt, der Senat (BPatG BeckRS 2013, 11969 – Lorenzo).

Hat der Schuldner in der Lastschriftermächtigung einen zu geringen Betrag angegeben, kann **125** dies von Amts wegen korrigiert werden, wenn eine auslegungsfähige Erklärung den Willen zur Zahlung der korrekten Gebühr zeigt (BeckOK PatR/Störzinger PatKostG § 6 Rn. 13).

Von Beschwerdeführern, die ihren (Wohn-)Sitz außerhalb der EU haben, kann zudem **Prozess-** **126** **kostensicherheit** verlangt werden (→ § 82 Rn. 26 f.; Wirtz Mitt 2020, 210 (211)); zu deren Höhe → Rn. 135.

Die rechtzeitige Entrichtung der Beschwerdegebühr ist eine von Amts wegen zu berücksichti- **127** gende Wirksamkeitsvoraussetzung. Unerheblich ist, warum der Beschwerdeführer die Zahlung unterlassen hat (→ Rn. 136). Auf Verwirkung kann sich ein Zahlungspflichtiger auch dann nicht mit Erfolg berufen, wenn das DPMA erst nach mehr als zwei Jahren die rechtzeitige Zahlung rügt (BPatG GRUR-RS 2020, 2388 – Basislastschriftmandat).

Beschwerden gegen Ansätze von Kosten und Vorschüssen nach § 11 Abs. 2 PatKostG sowie **128** von Kosten nach § 12 Abs. 2 DPMAVwKostV sind gebührenfrei. Auch für unselbständige Anschlussbeschwerden (→ Rn. 156) fällt keine Gerichtsgebühr an.

Ein Erinnerungsführer, der nach § 64 Abs. 6 wegen der **fakultativen Beschwerde** des Gegners **129** gezwungen ist, Beschwerde einzulegen (→ Rn. 110), hat dafür keine Beschwerdegebühr bezahlen (→ § 64 Rn. 24). Wird dem ehemaligen Erinnerungsführer im Beschwerdeverfahren Verfahrenskostenhilfe gewährt, müsste die Erinnerungsgebühr, die nunmehr als Beschwerdegebühr gilt, zurückbezahlt werden, da die Pflicht zur Zahlung der Beschwerdegebühr entfällt (→ § 81a Rn. 21).

Dagegen können die beteiligten Anwälte gegenüber ihren Mandanten in diesen Fällen Gebühren für **129.1** Erinnerungs- und Beschwerdeverfahren berechnen (Albrecht/Hoffmann Vergütung Rn. 816 ff.).

Dagegen ist für eine **Durchgriffsbeschwerde** (→ Rn. 150 ff.) innerhalb von drei Monaten **130** ab Einlegung eine Beschwerdegebühr zu zahlen (§ 6 Abs. 1 S. 2 PatKostG) – wenn nicht Verfahrenskostenhilfe beantragt wurde (→ § 81a Rn. 15, → § 81a Rn. 21). Die grundsätzliche Gebührenpflicht erscheint nicht gerecht, da Ursache der erneuten Gebühr (Gericht und Anwalt) die Untätigkeit des Amtes ist (→ § 71 Rn. 143); zumindest sollte die Erinnerungsgebühr auf die Beschwerdegebühr angerechnet und bei Gewährung von Verfahrenskostenhilfe im Beschwerdeverfahren erstattet werden (→ Rn. 129). Gilt die Durchgriffsbeschwerde mangels Zahlung als nicht eingelegt, läuft das Erinnerungsverfahren weiter; es kann auch erneut eine Durchgriffsbeschwerde eingelegt werden. Auch der Erinnerungsführer, der nach § 66 Abs. 6 der Durchgriffsbeschwerde der Gegenseite zugestimmt hat und selbst ebenfalls Beschwerde einlegt (→ Rn. 121), hat die Beschwerdegebühr zu bezahlen. Andernfalls gilt seine Erinnerung als ersatzlos zurückgenommen. Er kann danach keine weitere Durchgriffsbeschwerde einlegen.

Die Beschwerdegebühr ist je Beschwerde auch **gemeinschaftlicher Inhaber** zu bezahlen; **131** gemeinschaftliche Inhaber oder Anmelder eines Schutzrechts gelten als ein Antragsteller, wenn sie gemeinsam Beschwerde einlegen (GV Vorbemerkung B.1 S. 2 PatKostG). Es kann aber auch nur eine Bruchteilseigentümerin Beschwerde einlegen; die anderen werden dann notwendige Streitgenossen (§ 62 ZPO; zur sog. Bruchteilsgemeinschaft → Rn. 42 f.). Eine **Außen-GbR,** die markenrechtsfähig ist (→ § 7 Rn. 17), hat ohnehin nur 1 Gebühr zu bezahlen.

Bei einer Beschwerde durch mehrere Antragsteller, für die fälschlich nur eine Gebühr bezahlt **132** wurde, ist die Reihenfolge der Namensnennung im Rubrum der angefochtenen Entscheidung maßgeblich. Die Zahlung wird dem dort an erster Stelle genannten zugerechnet (BGH BeckRS 2017, 128419 – Mehrschichtlager). Die Reihenfolge der Namensnennung in der Einzugsermächtigung oder im Beschwerdeschriftsatz hat insoweit keine Bedeutung (BPatG BeckRS 2018, 21669 – Rechtssprache).

Weist das DPMA **mehrere Anträge** verschiedener Angreifer, die nicht in Rechtsgemeinschaft **133** stehen, in einem Beschluss zurück, so muss jeder, der Beschwerde einlegt, eine Gebühr zahlen, auch wenn ein Bevollmächtigter für mehrere von ihnen auftritt und die Beschwerden in einem Schriftsatz einlegt (BPatG BeckRS 2016, 15960 – Dali; BeckRS 2016, 19025 – BR Fashion).

134   Weist das DPMA Widersprüche aus mehreren Widerspruchszeichen eines Inhabers zurück, ist seit 14.1.2019 nur eine Beschwerdegebühr zu zahlen. Diese Gebühr erhöht sich nicht pro Widerspruch um eine Zusatzgebühr, wie dies im Widerspruchsverfahren vor dem DPMA der Fall ist → § 42 Rn. 32 (zur Kritik daran s. Ströbele/Hacker/Thiering/Knoll Rn. 48 Fn. 101).

135   Für die **Höhe der Prozesskostensicherheit** (→ Rn. 125) kommt es nicht darauf an, welche Kosten vollstreckt werden könnten, falls ein Widerspruch oder Antrag auf Nichtigerklärung nur teilweise Erfolg hat, da eine summarische Prüfung der Erfolgsaussichten mit dem Zweck der Sicherheitsleistung nicht vereinbar ist (BPatG GRUR-RS 2021, 6537 – Prozesskostensicherheit).

2. Zahlungsweise und -frist

136   Die jeweilige Beschwerdegebühr ist innerhalb der Beschwerderist (→ Rn. 109 ff.) vollständig zu bezahlen. Andernfalls gilt die Beschwerde als nicht eingelegt (§ 6 Abs. 2 PatKostG; zur möglichen Anschlussbeschwerde → Rn. 157). Zu den Auswirkungen einer Umdeutung → Rn. 88.

136.1   Wurde die Zahlung missbräuchlich unterlassen, etwa um einem Übertragungsanspruch zu entgehen, ist das ohne Bedeutung (BPatG BeckRS 2015, 13815 – yagçök).

137   Die Beschwerdegebühr ist **an das DPMA,** nicht an das BPatG zu bezahlen. Zu den Zahlungsmöglichkeiten und dem von der Zahlungsart abhängigen Zahlungszeitpunkt → § 64a Rn. 8 ff. Das einer Beschwerde beiliegende SEPA-Formular hat der unterschreibende Anwalt selbst auf die Richtigkeit zu prüfen (BPatG GRUR-RS 2022, 28302 – SEPA).

138   Bei **Rücklastschrift** und erneuter Zahlung bestimmt mit das Datum der ursprünglichen Gutschrift den Einzahlungstag (BPatG BeckRS 2019, 6866; 2017, 111947).

139   Das DPMA muss die Zahlung einem Verfahren zuordnen können (→ § 64a Rn. 12); das kann aber auch noch nach Fristablauf geklärt werden (BPatG 14 W 522/61, GRUR 1963, 133), nach § 123 Abs. 2 S. 4 PatG innerhalb eines Jahres (BPatG GRUR 1976, 362 – Fegaco Ren). Eine Zuordnung kann nur geändert werden, wenn die bisherige Bestimmung noch nicht zu einem Verfall der Gebühr geführt hat oder offensichtlich unrichtig war. Dagegen muss innerhalb der Frist – gegebenenfalls durch Auslegung – eindeutig erkennbar sein, welcher Zahlungsweg beabsichtigt ist (BPatG GRUR-RS 2020, 2388 – Basislastschriftmandat).

140   Keine Zuordnung ergibt sich aus dem gemeinsamen Versand eines Lastschriftmandats mit einem Vorgang (BPatG BeckRS 2017, 129451 – Cafet/CAFE ETC). Das DPMA hat keine Nachforschungspflicht, ob die gemeinsame Vorlage sinnvoll war oder versehentlich geschah.

141   Die fehlende Angabe des Aktenzeichens kann nachgeholt werden (BPatG BeckRS 2017, 129451 – Cafet/CAFE ETC).

142   Ein unbeziffertes Lastschriftmandat ohne **Betragsangabe** kann das Amt dahingehend auslegen, dass die gesetzliche Gebühr eingezogen werden soll (BPatG BeckRS 2017, 129451 – Cafet/CAFE ETC; BeckRS 2017, 132764). Bei einem bezifferten Lastschriftmandat kann der Zahlungspflichtige das Amt ermächtigen, auch einen höheren Betrag als den angegebenen abzubuchen, falls er **zu wenig** angegeben habe (BPatG BeckRS 2017, 137153). Das DPMA ist nicht verpflichtet, auf Fehler in einem SEPA-Mandat hinzuweisen und bei einem falsch bezifferten Lastschriftmandat die tatsächlich fällige Gebühr einzuziehen (BPatG GRUR-RS 2021, 25085 – Silenta; Albrecht MarkenR 2021, 370).

143   In die Frist zur Zahlung der Beschwerdegebühr ist **Wiedereinsetzung** in den vorigen Stand nach § 91 möglich. Verwechslungen zwischen Erinnerungs- und Beschwerdegebühr gelten nicht als Wiedereinsetzungsgrund (BPatG BeckRS 2013, 19920).

144   Dass eine Beschwerde mangels nicht rechtzeitig bezahlter Beschwerdegebühr als nicht eingelegt gilt, stellt der Rechtspfleger am BPatG fest (§ 23 Abs. 1 Nr. 4 RPflG); zur Anfechtbarkeit → Rn. 14. Die Kostenentscheidung ergeht dabei nach § 71 (Billigkeit; BPatG BeckRS 2016, 12915 – Diesel).

144.1   Die Fiktion der nicht eingelegten Beschwerde ist verfassungsrechtlich unbedenklich (BGH GRUR 1982, 414 (416) – Einsteckschloss), aber eine überflüssige Fehlerquelle und Belastung aller Beteiligten (Ingerl/Rohnke/Nordemann/Grabrucker § 42 Rn. 56; Schmieder GRUR 1977, 244).

145   Eine verspätet bezahlte Beschwerdegebühr ist entsprechend § 812 Abs. 1 BGB nach Abzug der **Erstattungsgebühr** (§ 6 Abs. 2 DPMAVwKostV) zurückzuzahlen, da sie wegen der Fiktion des § 6 Abs. 2 PatKostG ohne Rechtsgrund geleistet wurde. Ohne Rechtsgrund ist eine Gebühr ferner gezahlt, wenn die Anmeldung, der Antrag oder die sonstige Handlung an dem Tag, an dem die Gebührenzahlung bewirkt wurde, zurückgenommen war. Mit Rechtsgrund gezahlte fällige Gebühren können nur nach § 71 Abs. 3 aus Billigkeitsgründen erstattet werden.

Nachdem der Rechtspfleger für die Feststellung zuständig ist, ob eine Beschwerde nach § 6 **146** Abs. 2 PatKostG mangels rechtzeitiger Zahlung als nicht erhoben gilt, hat er auch über die Auswirkungen der Nachholung einer Zahlung sowie über die Wiedereinsetzung zu beschließen (§ 91 Abs. 6). Das ist jedoch keine dem Gebot des gesetzlichen Richters vergleichbare Zuweisung der Zuständigkeit (§§ 6, 8 Abs. 1 RPflG), so dass auch der Senat entscheiden kann (BPatG GRUR-RS 2021, 13001 – Rechtspflegerzuständigkeit; GRUR-RS 2021, 13005 – gesetzlicher Richter).

Gegen die Feststellung einer Rechtspflegerin, dass die Beschwerde als nicht eingelegt gilt, kann **147** die Beschwerdeführerin innerhalb von zwei Wochen gebührenfrei Erinnerung einlegen. Gegen die Entscheidung des Beschwerdesenats ist die (zulassungsfreie) Rechtsbeschwerde nach § 83 Abs. 1 S. 1 gegeben (BGH GRUR 2019, 548 – Future-Institut).

3. Gebühren und Verfahrenskostenhilfe

Ein Antrag auf Verfahrenskostenhilfe für eine (beabsichtigte) Beschwerde hemmt die Gebühren- **148** frist (→ § 81a Rn. 1 ff.; BeckOK PatR/Burianek PatG § 134 Rn. 1 ff.). Dazu muss der Antrag auf Verfahrenskostenhilfe innerhalb der Beschwerdefrist ordnungsgemäß gestellt sein (BGH BeckRS 2017, 104289 Rn. 6; vorgehend BPatG BeckRS 2015, 18885 – Heumaschine). Eine unter dem Vorbehalt, dass die beantragte Verfahrenskostenhilfe abgelehnt wird, gezahlte Beschwerdegebühr, ist bei Gewährung der Verfahrenskostenhilfe zurückzuzahlen (BPatG BeckRS 2015, 09262). Ist keine Gebühr bezahlt worden, eröffnet die Ablehnung der Verfahrenskostenhilfe die Möglichkeit einer unbedingten Beschwerdeeinlegung sowie eine **Nachzahlungsfrist.**

Die längste, theoretisch mögliche Nachzahlungsfrist beläuft sich auf zwei Monate nach Zustel- **149** lung des Beschlusses, der den Antrag auf Verfahrenskostenhilfe zurückgewiesen hat. Dazu muss der Beschwerdeführer am Tag der Zustellung des Beschlusses, gegen den sich die Beschwerde richtet, sowohl Beschwerde eingelegt als auch den Antrag auf Verfahrenskostenhilfe gestellt haben. Dann bleibt die Frist von einem Monat für die Erhebung der Beschwerde und für die Zahlung der Beschwerdegebühr vollständig bestehen; hinzutritt ein weiterer Monat nach § 134 (BPatG BeckRS 2016, 08051 – Nachzahlungsfrist bei Versagung der Verfahrenskostenhilfe).

H. Untätigkeits- und Durchgriffsbeschwerde (Abs. 3)

Eine **Untätigkeitsbeschwerde** sieht das MarkenG nicht vor; der Betroffene kann daher gege- **150** benenfalls nur Dienstaufsichtsbeschwerde einlegen, wenn über seinen Antrag ungebührlich lange nicht entschieden wird (BGH BeckRS 2017, 105802 – Entschädigungsklage; BPatG BeckRS 2011, 27730). Dies ist unbefriedigend; eine Untätigkeitsbeschwerde entsprechend § 75 VwGO wäre schon im Hinblick auf das verfassungsrechtliche Gebot einer effektiven Rechtsschutzgewährung (Art. 19 Abs. 4 GG) vorzuziehen (s. dazu Ströbele/Hacker/Thiering/Knoll Rn. 11; Fezer Rn. 6; aA Starck GRUR 1985, 798 (801)).

Die Regelung zur **Entschädigung** wegen unangemessener Dauer eines Gerichtsverfahrens (→ **151** § 96a Rn. 10) erfasst keine behördlichen Verfahren, die einem gerichtlichen Verfahren vorausgehen (BGH BeckRS 2017, 105802 – Entschädigungsklage).

Hat der Betroffene zunächst im Rahmen der Wahl nach § 64 den Weg der **fakultativen** **152** **Erinnerung** (→ Rn. 8) beschritten, kann er nach Ablauf von sechs bzw. in mehrseitigen Verfahren von zehn Monaten einen Antrag auf Entscheidung stellen. Hat das DPMA nach zwei Monaten ab dessen Zugang bzw. Zulässigkeit (→ Rn. 154) noch immer nicht über die Erinnerung entschieden, ist eine **Durchgriffsbeschwerde** möglich, ohne eine Entscheidung über die Erinnerung abwarten zu müssen. Die Frist wird gehemmt, wenn das Amt das Verfahren ausgesetzt oder einem Beteiligten auf Gesuch oder aufgrund zwingender Vorschriften eine Frist bewilligt hat (Fezer Rn. 27). Die Durchgriffsbeschwerde ist unzulässig, wenn eine Erinnerungsentscheidung bereits erlassen wurde. Eine Erinnerungsentscheidung, die das DPMA nach dem Einlegen einer Durchgriffsbeschwerde erlassen hat, ist gegenstandslos (§ 64 Abs. 7).

In zweiseitigen Verfahren ist die Durchgriffsbeschwerde eines Beteiligten nur zulässig, wenn **153** der andere zugestimmt hat. Hat er dies getan, kann er seinerseits binnen eines Monats Durchgriffsbeschwerde erheben; andernfalls gilt seine Erinnerung als zurückgenommen. Beide müssen trotz verfallener Erinnerungsgebühr jeweils die Beschwerdegebühr entrichten (→ Rn. 121). Eine nur teilweise Zustimmung zu einer Durchgriffsbeschwerde kann bei teilbaren Streitgegenständen dazu führen, dass Beschwerde- und Erinnerungsverfahren parallel laufen (→ § 64 Rn. 25).

Bei einem verfrühten Antrag wird die Durchgriffsbeschwerde erst mit Ablauf dieser Frist zulässig **154** (BPatG BeckRS 2009, 16047 – Euro-Euro).

155   Für die erforderliche Zahlung der Beschwerdegebühr gilt die Dreimonatsfrist nach § 6 Abs. 1 S. 2 PatKostG. Die **doppelte Gebührenbelastung** (zunächst Erinnerungs- dann Beschwerdegebühr) ist angesichts der Verzögerung durch das DPMA kaum verständlich (→ Rn. 130; → § 71 Rn. 143).

I. Anschlussbeschwerde

156   Sind an einem Beschwerdeverfahren mehrere Parteien beteiligt und jeweils beschwert (teilweise Löschung), kann jeder von ihnen Beschwerde einlegen oder sich jederzeit der Beschwerde eines Gegners – allerdings mit entgegengesetzter Zielrichtung – anschließen. Eine Abhilfe nach Abs. 5 ist hier nicht möglich (→ Rn. 165). Für Anschlussbeschwerden fallen keine Beschwerdegebühren an.

157   Die „unselbständig" genannte Anschlussbeschwerde kann jeder Beschwerdegegner erheben, auch wenn er selbst keine Beschwerde eingelegt hatte, eine eingelegte zurückgenommen hat oder wenn seine Beschwerde unzulässig ist oder als nicht eingelegt gilt (BPatG GRUR-Prax 2016, 479 – Music Monster; BeckRS 2009, 02727 – Lichtblick). Auch wer auf sein Beschwerderecht – nicht aber zugleich ausdrücklich auf die Anschlussbeschwerde – verzichtet hat, kann letztere einlegen (§ 567 Abs. 3 ZPO; BPatG GRUR-RS 2020, 39867 – Anschlussbeschwerde; Bender GRUR 2006, 990).

158   Eine Anschlussbeschwerde ist grundsätzlich jederzeit und in jedem Verfahrensstadium möglich – bis zur letzten mündlichen Verhandlung (BPatG GRUR 1997, 54 – S. Oliver; Fezer Rn. 11, 22) bzw. bei Entscheidung ohne mündliche Verhandlung bis zum Erlass der Entscheidung, jedoch nicht mehr nach Rücknahme der Hauptbeschwerde.

159   Für die Anschlussbeschwerde gelten dieselben Formerfordernisse wie für die Beschwerde (→ Rn. 87 ff.). Dennoch wäre es bloße Förmelei, die Einlegung beim DPMA zu verlangen, zumal keine Abhilfe möglich ist (→ Rn. 165). Mangels einzuhaltender **Frist** (→ Rn. 158) kommt es darauf aber ohnehin nicht an. Es bedarf auch keiner ausdrücklichen Benennung als Anschlussbeschwerde; es genügt, der Beschwerde entgegenzutreten und einen eigenen Sachantrag zu stellen (BPatG BeckRS 2019, 9629). Umgekehrt will Knoll bei einer als „Anschlussbeschwerde" bezeichneten Beschwerde, die alle Voraussetzungen einer originären Beschwerde erfüllt, von einer solchen ausgehen (Ströbele/Hacker/Thiering/Knoll Rn. 61).

160   Eine Anschlussbeschwerde kann unter der Bedingung erhoben werden, dass die Beschwerde der Gegenseite für zulässig erachtet wird; **innerprozessuale Bedingungen** sind nämlich zulässig (BPatG GRUR-RS 2021, 18480 – Lasterfassung; GRUR-RS 2020, 39867 – Anschlussbeschwerde).

161   Für die Anschlussbeschwerde ist ein **Gegenseitigkeitsverhältnis** erforderlich (BPatG GRUR 1972, 670 – Krino-Basin). So kann sich ein unterlegener Angreifer nicht der Beschwerde eines anderen ebenfalls unterlegenen Angreifers anschließen – es sei denn als Streithelfer (→ Rn. 63).

162   Die unselbständige Anschlussbeschwerde ist von der Hauptbeschwerde **abhängig;** sie ermöglicht eine sonst ausgeschlossene reformatio in peius zu Lasten des Hauptbeschwerdeführers (→ Rn. 25). Mit der Rücknahme der Hauptbeschwerde verliert die unselbständige Anschlussbeschwerde ihre Wirkung – bleibt aber im Kostenpunkt anhängig (→ § 71 Rn. 18; BGH NJW 1986, 852; anders BPatG BeckRS 2016, 12917 – Bely/Pely).

163   Die fehlende Befristung der Anschlussbeschwerde (→ Rn. 158) schließt nicht aus, dass das Gericht erstmals mit ihr in das Verfahren eingeführte Angriffs- und Verteidigungsmittel wegen **Verspätung** nach § 282 Abs. 2 ZPO sowie § 296 Abs. 2 ZPO zurückweist (→ § 70 Rn. 46; BPatG GRUR 1997, 54 (57 f.) – S. Oliver).

164   Wurde ein Angriff auf mehreren Zeichen gestützt, ist aber nur der Angriff aus einem davon **erfolgreich** und legt der Inhaber des angegriffenen Zeichens hiergegen Beschwerde ein, kann die Anschlussbeschwerde auch auf die übrigen Zeichen gestützt werden (→ Rn. 49 ff.).

J. Abhilfe (Abs. 5)

165   Das DPMA kann einer Beschwerde in **einseitigen Verfahren** (ex-parte) auch auf Grund unzulässiger Beschwerden abhelfen (aA Ingerl/Rohnke/Nordemann/Grabrucker § 67 Rn. 76; Ströbele/Hacker/Thiering/Knoll Rn. 68) und aus Billigkeitserwägungen anordnen, die Beschwerdegebühr zurückzuzahlen (→ § 71 Rn. 137). Wurde allerdings ein Antrag auf Verfahrenskostenhilfe für das Beschwerdeverfahren gestellt, ist jedenfalls eine bedingt eingelegte Beschwerde sofort dem BPatG vorzulegen (→ § 81a Rn. 13). Nachdem § 73 Abs. 4 PatG ohne eine solche Regelung auskommt, ist der Sinn dieser Vorschrift nicht ersichtlich.

Für eine Abhilfe hat das DPMA in einseitigen Verfahren einen Monat ab Einlegung der **166** Beschwerde Zeit, während es in mehrseitigen Verfahren die Beschwerde ohne Prüfung und Stellungnahme unverzüglich dem BPatG vorzulegen hat. Danach kann das DPMA in der Sache nicht mehr tätig werden (Devolutiveffekt).

Eine nur **teilweise Abhilfe** ist wirksam, auch wenn sie verfahrensrechtlich unzulässig sein soll, **167** weil sie den verfahrensökonomischen Zweck nicht erreicht (BPatG BeckRS 2009, 16070 – Seasons). Dagegen ist eine kassatorische Abhilfe, bei der der angefochtene Bescheid aufgehoben wird und eine erneute negative Entscheidung möglich ist, im Markenrecht abzulehnen.

K. Aufschiebende Wirkung (Abs. 1 S. 3), vorläufiger Rechtsschutz

Infolge aufschiebender Wirkung der Beschwerde hat ein angefochtener Beschluss vorläufig **168** keine Rechtsfolgen; alles was dazu dient, den Beschluss auszuführen, hat zu unterbleiben (BPatG GRUR 1976, 418). Weist das DPMA eine Anmeldung nicht in vollem Umfang zurück, so kann nach Beschwerdeeinlegung auch hinsichtlich der nicht zurückgewiesenen Waren bzw. Dienstleistungen keine Eintragung erfolgen. Wer dies erreichen will, muss eine Teilung seiner Marke vornehmen (→ § 40 Rn. 1).

Selbst einer offensichtlich unzulässigen Beschwerde kommt aufschiebende Wirkung zu, da es **169** rechtsstaatlich bedenklich wäre, den Suspensiveffekt von dem diffusen Begriff der Offensichtlichkeit abhängig zu machen (so aber Ströbele/Hacker/Thiering/Knoll Rn. 64; Ingerl/Rohnke/ Nordemann/Grabrucker Rn. 74; vgl. auch die Fallgruppen bei Fezer Rn. 14).

Das BPatG erlässt in Markensachen keine **einstweiligen Verfügungen,** die das Register verän- **170** dern, da dies mit der gebotenen Rechtssicherheit für die Allgemeinheit nicht vereinbar wäre (BPatG GRUR 2001, 339). Vorläufiger Rechtsschutz kann aber geboten sein, um schwere und unzumutbare Nachteile zu verhindern, die das Hauptsacheverfahren nicht mehr beseitigen könnte, oder wenn ein Gericht, dessen Verfahren vorläufigen Rechtsschutz vorsieht, die Sache bindend an das BPatG verwiesen hat (BPatG GRUR 2004, 82 – Thüringer Rostbratwurst; HK-MarkenR/ Fuchs-Wissemann Rn. 15).

Das Unionsmarkengericht kann für die Dauer der Aussetzung des Verfahrens einstweilige Maßnahmen **170.1** treffen (→ UMV Art. 132 Rn. 6).

L. Insolvenz

Marken bzw. Rechte aus Anmeldungen fallen bei Insolvenz des Inhabers als selbstständige **171** Vermögensrechte in die Insolvenzmasse (§ 35 InsO; BPatG BeckRS 2009, 00529 – Mc. Mail/ Mc Post).

Die Wirkungen des eröffneten Insolvenzverfahrens richten sich – auch für Unionsmarken – **172** nach nationalem Recht (→ UMV Art. 24 Rn. 6 ff.; → UMV Art. 27 Rn. 14; → § 29 Rn. 55 ff.).

Nach § 240 ZPO ist ein die Insolvenzmasse betreffendes Verfahren solange unterbrochen, bis **173** es nach § 86 InsO aufgenommen oder das Insolvenzverfahren beendet wird. Trotzdem erlassene Beschlüsse sind unwirksam (→ Rn. 19).

Das DPMA lehnt unter Berufung auf BGH GRUR 2008, 551 – Sägeblatt eine **analoge** **174** **Anwendung des § 240 ZPO** in zweiseitigen Verfahren bei Eröffnung eines Insolvenzverfahrens über das Vermögen des Inhabers der angegriffenen Marke (→ § 29 Rn. 60; → § 42 Rn. 40) ab. Das BPatG hebt aber dementsprechend erlassene Beschlüsse auf; die Vorschriften der ZPO sind grundsätzlich auch in – kontradiktorischen – Verfahren vor dem DPMA anwendbar (BGH GRUR 2010, 231 Rn. 18 – Legostein; BPatG BeckRS 2018, 21163 – DNARIS; → Rn. 39).

Die Erklärung des Insolvenzverwalters, dass Zustellungen zukünftig an ihn zu richten sind, **175** enthält keine **Aufnahme des Verfahrens** gemäß § 86 Abs. 1 InsO (BPatG BeckRS 2018, 21163 – DNARIS/Ilaris).

Unterbrechung von Verfalls- oder Nichtigkeitsverfahren ist geboten, wenn sie im Zeitpunkt **176** der Eröffnung des Insolvenzverfahrens rechtshängig waren (BPatG BeckRS 2015, 09638 – Fan-Dealer). Die Insolvenz desjenigen, der die Löschung einer Marke beantragt, führt zur Unterbrechung des Verfahrens, wenn Löschungsantragsteller und Markeninhaber Wettbewerber sind (→ § 70 Rn. 30). Auch ohne anhängiges Verletzungsverfahren besteht in Löschungsverfahren ein Bezug zum Vermögen des Löschungsantragstellers (BGH GRUR 2019, 549 – Kaffeekapsel). Keine Unterbrechung erfolgt bei Verfahren, die erst nach Eröffnung des Insolvenzverfahrens eingeleitet werden. Unterbrechung ist auch geboten, wenn das Insolvenzverfahren im Ausland eröffnet wurde. Bei einem Schweizer Konkursverfahren handelt es sich um ein nach § 343 Abs. 1 InsO anerkennungsfähiges Insolvenzverfahren, für welches sich die Unterbrechung aus § 352 Abs. 1 InsO ergibt (BGH GRUR 2019, 549 Rn. 11 – Kaffeekapsel).

176.1   Einen nach Eröffnung des Insolvenzverfahrens über das Vermögen des Markeninhabers von diesem oder seinem Vertreter erhobenen markenrechtlichen Widerspruch bzw. Antrag auf Erklärung der Nichtigkeit wegen älterer Rechte kann der Insolvenzverwalters entsprechend § 185 Abs. 2 BGB rückwirkend genehmigen (→ § 42 Rn. 41; BPatG BeckRS 2008, 16114 – perfect/Perfector; aA BPatG BeckRS 2008, 08231 – Focus).

177   Überträgt der Insolvenzverwalter eine streitbefangene Marke auf einen nicht vom Insolvenzverfahren betroffenen Dritten, gehört die Marke nicht mehr zur Insolvenzmasse; das Verfahren kann dann weitergeführt werden (BGH GRUR 2020, 870 – INJEKT/INJEX).

178   Nach Unterbrechung des ersten Verfahrens erneut erhobene Anträge könnten rechtsmissbräuchlich sein.

179   Trotz Unterbrechung des Verfahrens ergangene Entscheidungen sind nicht nichtig, aber mit den statthaften Rechtsmitteln angreifbar (BGH NJW-RR 2013, 1461; BPatG BeckRS 2018, 21163 – DNARIS/Ilaris). Trotz der Unterbrechung des Verfahrens ergangene Entscheidungen sind gemäß § 84 Abs. 2 S. 2 MarkenG iVm § 547 Nr. 4 ZPO aufzuheben (BGH GRUR 2020, 870 – INJEKT/INJEX).

180   Die **Insolvenz des Widersprechenden** führt nicht unbedingt zu einer Unterbrechung des Verfahrens (Fezer Markenpraxis-HdB/Grabrucker I.1.2. Rn. 644); der Insolvenzverwalter erhält dann eine angemessene Äußerungsfrist (BPatG BeckRS 2016, 12852 – Konkurs).

M. Rücknahme der Beschwerde

181   Die Beschwerde kann – wie § 71 Abs. 4 zeigt – ganz oder teilweise zurückgenommen werden (BGH GRUR 1969, 562 – Appreturmittel; Ingerl/Rohnke Rn. 60 f.). Die Rücknahme verlangt wie jede rechtsgestaltende Prozesshandlung Schriftform (→ Rn. 87 ff.; BPatG BeckRS 2009, 27473 – Haus24). Die Erklärung ist bedingungsfeindlich, unanfechtbar und unwiderruflich (BGH NJW-RR 1990, 67); allenfalls Restitution nach § 580 ZPO ist möglich. Die Rücknahme der Beschwerde ist bis zum Eintritt der Rechtskraft der Beschwerdeentscheidung möglich, und zwar auch in Verfahren mit mehreren Beteiligten (BPatG GRUR-RS 2020, 30550 – Klappeantrieb, rkr; BeckRS 2010, 17961; BeckRS 2010, 16259; entgegen BGH GRUR 1988, 364 – Epoxidations-Verfahren; GRUR 1969, 562 – Appreturmittel).

181.1   Der erstinstanzliche gerichtliche Rechtsbehelf gegen eine Entscheidung des DPMA steht einer verwaltungsgerichtlichen Klage nahe, bei der eine Klagerücknahme bis zum Eintritt der Rechtskraft zulässig ist (Ann § 23 Rn. 33; § 92 VwGO, § 102 SGG, § 72 FGO, § 269 ZPO; vgl. auch BGH GRUR 1982, 691 – Anzeigenraum).

182   Die **Rücknahme** bedarf keiner Einwilligung der Beschwerdegegnerin (→ § 82 Rn. 31; BPatG BeckRS 2019, 26091 – Farbmarke Blau). Mit der Rücknahme der Beschwerde wird der angegriffene Beschluss bestandskräftig und rechtsverbindlich, es sei denn, der Beschwerdeführer nimmt auch seine Anmeldung bzw. sein Angriffsmittel zurück.

183   Die **Rücknahme von Löschungsanträgen und Widersprüchen** sowie der **Verzicht auf eine angegriffene Marke** entziehen dem Verfahren die Grundlage und machen Beschwerden gegenstandslos, sodass keine materiellen Feststellungen mehr zu treffen sind. Mit der Rücknahme eines Angriffs werden die eine Löschung aussprechenden Beschlüsse wirkungslos, was das BPatG aus Gründen der Rechtssicherheit von Amts wegen feststellt (BGH GRUR 1998, 818 – Puma; BPatG GRUR-RS 2022, 29215 – Rolling Bull; BeckRS 2017, 137206). Eine Markeninhaberin hat jedoch keinen Anspruch auf die Feststellung, dass ein zurückgenommener Angriff zu Unrecht erfolgt ist (BPatG BeckRS 2019, 26091 – Farbmarke Blau). Eine schutzversagende Entscheidung des DPMA wird nach **Verzicht auf die angemeldete Marke** (→ § 39 Rn. 2) oder deren Löschung aus anderen Gründen im Beschwerdeverfahren wirkungslos (BGH GRUR 2011, 1052 – Telefonsystem; GRUR 1983, 342 – BTR); dies stellt das BPatG nicht ausdrücklich fest (BPatG BeckRS 2007, 11425 – Lichtenstein Pharmazeutica).

184   Die Rücknahme einer Beschwerderücknahme wird nur wirksam, wenn der **Widerruf** dem BPatG vorher oder gleichzeitig zugegangen ist (§ 130 Abs. 1 S. 2 BGB analog). Entscheidend ist allein der Zeitpunkt des Zugangs, nicht der der Kenntnisnahme; es kommt also nicht darauf an, wovon der Empfänger als Erstes Kenntnis genommen hat (BGH NJW 1975, 382). Bei einem Zugang am gleichen Tag ist der Beschwerdeführer darlegungs- und beweispflichtig für die jeweilige Uhrzeit des Zugangs (BPatG BeckRS 2019, 1484). Bei Restitutionsgründen kann die Beschwerderücknahme unter Beachtung der einmonatigen Notfrist des § 586 ZPO widerrufen werden, ist jedoch im Übrigen bindend, und zwar auch dann, wenn das Gericht die Rücknahme durch den erst später als unrichtig erkannten Hinweis, die Beschwerdegebühr sei nicht rechtzeitig bezahlt worden, ausgelöst hat (BPatG BeckRS 1997, 14492 – Sprinkel/Sprengel).

Ist eine Beschwerdeentscheidung bereits ergangen und rechtskräftig geworden, macht die Rück- **185**
nahme der Beschwerde diese Entscheidung nicht wirkungslos (BGH GRUR 1988, 364 f. – Epoxi-
dationsverfahren).

Rücknahmen können zivilrechtlich erzwungen werden. Die Erklärung der Rücknahme gilt **186**
dann mit Rechtskraft des Urteils nach § 894 ZPO als abgegeben.

Für die Wirksamkeit einer Rücknahme reicht es aus, wenn einer von mehreren Bevollmächtig- **187**
ten die Rücknahme erklärt (BGH NJW 2007, 3640 Rn. 25 ff.).

Eine **Teilrücknahme** kann die Beschwerde, etwa auf die Kostenentscheidung, beschränken **188**
(BPatG BeckRS 2015, 14904 – ChemSeal; Fezer Rn. 12; → Rn. 16). Über die Kosten ist auch
nach einer Rücknahme in vollem Umfang zu entscheiden, wenn ein Kostenantrag gestellt oder
die Rückzahlung der Beschwerdegebühr beantragt wurde.

N. Rechtskraft

Gegen den Beschluss über die Beschwerde ist **Rechtsbeschwerde** zum BGH gegeben (→ **189**
§ 83 Rn. 6 f.), sofern der Beschwerdesenat die Rechtsbeschwerde zugelassen hat (→ § 83
Rn. 17 ff.), oder einer der Gründe nach § 83 Abs. 3 vorliegt (→ § 83 Rn. 32 ff.). Außerordentliche
Rechtsbehelfe sind nicht vorgesehen (→ § 83 Rn. 2).

Gegen die Entscheidung des BPatG, die Rechtsbeschwerde nicht zuzulassen, ist keine Nichtzu- **190**
lassungsbeschwerde gegeben (→ § 83 Rn. 5). Nur unter sehr engen Voraussetzungen kann der
Betroffene eine „willkürliche Nichtzulassung" vor dem BGH und letztlich vor dem BVerfG rügen.
Hier ist der Gesetzgeber gefordert, eine **Nichtzulassungsbeschwerde,** wie sie die Zivilgerichte
nach § 544 ZPO haben, zu schaffen. Insbesondere die zu erwartende divergierende Entscheidungspraxis in Verfalls- und Nichtigkeitsverfahren vor dem DPMA bzw. BPatG einerseits und den
Zivilgerichten andererseits erfordert eine solche.

Mit Ablauf der Rechtsbeschwerdefrist erwächst der Beschwerdebeschluss des BPatG in formelle **191**
und materielle Rechtskraft.

O. Anwaltsgebühren

Die Verfahrensgebühr im Beschwerdeverfahren vor dem BPatG beträgt nach VV 3510 RVG **192**
1,3. Bei mündlicher Verhandlung kommt eine 1,2-Terminsgebühr nach VV 3516 RVG hinzu.
Beschwerden gegen Kostenfestsetzungsbeschlüsse (→ § 71 Rn. 182) nennt VV 3510 RVG nicht,
weshalb dafür eine Gebühr nach der Auffangregelung der VV 3500 RVG anfällt. Für schriftliche
Verfahren ist keine Terminsgebühr entsprechend VV 3104 RVG oder VV 3202 RVG vorgesehen.
Im Übrigen ist die VV RVG ohne Besonderheiten anwendbar.

Auf die Verfahrensgebühr kann eine Geschäftsgebühr aus dem Verfahren vor dem DPMA **193**
anzurechnen sein (VV Vorbemerkung 3 Abs. 4 RVG).

Eine **vorzeitige Beendigung** des Auftrags hat keine gebührenrechtlichen Folgen. Insoweit ist **194**
keine Gesetzeslücke anzunehmen, die durch eine analoge Anwendung der VV 3101 RVG geschlossen werden könnte (Gerold/Schmidt/Müller-Rabe VV 3510 Rn. 6).

An Stelle einer Einigungsgebühr fällt bei unstreitiger Erledigung einer einseitigen Sache die **195**
Erledigungsgebühr (VV 1002 RVG) an. Diese Gebühr entsteht, wenn sich eine Rechtssache
ganz oder teilweise nach Aufhebung oder Änderung des mit einem Rechtsbehelf angefochtenen
Verwaltungsakts durch die anwaltliche Mitwirkung erledigt. Das Gleiche gilt, wenn sich eine
Rechtssache ganz oder teilweise durch Erlass eines bisher abgelehnten Verwaltungsakts erledigt.
Dabei dürfen für die besondere Tätigkeit des Anwalts keine strengeren Anforderungen gelten als
im Rahmen der VV 1000 RVG und VV 4141 Abs. 2 RVG. Der Anwalt muss Überzeugungsarbeit
beim DPMA oder bei seinem Mandanten geleistet oder amtliche Beanstandungen (nach § 36)
durch Beschränkungen ausgeräumt haben (OVG Münster BeckRS 2013, 55395; VGH München
BeckRS 2014, 47144) und so die Erledigung ohne streitige Entscheidung bewirkt haben.

§ 67 Beschwerdesenate; Öffentlichkeit der Verhandlung

**(1) Über Beschwerden im Sinne des § 66 entscheidet ein Beschwerdesenat des Bundes-
patentgerichts in der Besetzung mit drei rechtskundigen Mitgliedern.**

(2) Die Verhandlung über Beschwerden gegen Beschlüsse der Markenstellen und der Markenabteilungen einschließlich der Verkündung der Entscheidungen ist öffentlich, sofern die Eintragung veröffentlicht worden ist.

(3) Die §§ 172 bis 175 des Gerichtsverfassungsgesetzes gelten entsprechend mit der Maßgabe, daß

1. die Öffentlichkeit für die Verhandlung auf Antrag eines Beteiligten auch dann ausgeschlossen werden kann, wenn sie eine Gefährdung schutzwürdiger Interessen des Antragstellers besorgen läßt,

2. die Öffentlichkeit für die Verkündung der Entscheidungen bis zur Veröffentlichung der Eintragung ausgeschlossen ist.

Überblick

Diese Vorschrift regelt die Besetzung der Marken-Beschwerdesenate (→ Rn. 2) und die Öffentlichkeit der Verhandlungen (→ Rn. 9).

Verstöße gegen die Öffentlichkeit der Verhandlung eröffnen die Rechtsbeschwerde (→ Rn. 14 ff.). Daran ändern auch Vorschriften zur Bekämpfung einer Pandemie nichts (→ Rn. 18).

Zum Teilnahmerecht der Präsidentin bzw. des Präsidenten des DPMA → Rn. 17.

A. Allgemeines

1   Während die Besetzung der Marken-Beschwerdesenate und die Öffentlichkeit der mündlichen Verhandlung die hier getroffenen speziellen Regelungen gelten, sind für die Ordnungsbefugnisse (Sitzungspolizei) über § 82 Abs. 1 S. 1 MarkenG und über § 69 Abs. 3 PatG die allgemeinen Regelungen der §§ 177 ff. GVG maßgeblich.

B. Besetzung

2   Die Markensenate am BPatG entscheiden in der Besetzung von drei rechtskundigen Mitgliedern iSv § 65 Abs. 2 S. 2 PatG. Das entspricht dem Grundsatz „aller guten Dinge sind drei", der auf das „Thing" (Gericht) zurückgeht (Deutsch NJW 2022, 3129 Rn. 6).

3   Die Zuständigkeit der einzelnen Senate ergibt sich aus der **Geschäftsverteilung des Gerichts** (§ 21e GVG iVm § 68 PatG). Nach Zurückverweisung durch den BGH (→ § 89 Rn. 9) hat der Senat am BPatG zu entscheiden, der die angefochtene Entscheidung erlassen hatte, es sei denn der BGH hat die Sache ausdrücklich entsprechend § 565 Abs. 1 S. 2 ZPO an einen anderen Senat zurückverwiesen (BGH GRUR 1990, 346 – Aufzeichnungsmaterial). Auch im Falle einer solchen Zurückverweisung muss durch abstrakt-generelle Regelung im Vorhinein feststellbar sein, welche konkreten Richter welches konkreten Senats nunmehr zu entscheiden haben (BVerfG NJW 1997, 1497 zu übersetzten Spruchkörpern; Gravenhorst NJW 2018, 2161). Zweifelhaft ist daher, ob der BGH die Möglichkeit hatte, die Sache willkürlich an einen bestimmten anderen Senat zurückzuverweisen, wie er dies in BeckRS 2017, 129360 – Schokoladenstäbchen III getan hat. In Schokoladenstäbchen IV (BGH GRUR 2020, 558) ging der BGH nur auf die **Zurückverweisung an einen anderen Senat** ein, nicht aber auf die Zurückverweisung an einen bestimmten Senat. Diese wäre keine rechtliche Beurteilung, an die das BPatG nach § 89 Abs. 4 S. 2 gebunden wäre. Enthält der Geschäftsverteilungsplan des BPatG dazu keine spezielle Zuständigkeits-Regelung, ist vielmehr zu verfahren, wie nach Feststellung der Befangenheit aller Senatsmitglieder (→ § 72 Rn. 44).

4   Gehören einem Senat mehr als drei Mitglieder an, legt die vom Senat beschlossene **senatsinterne Geschäftsverteilung** Sitzgruppen fest (§ 21g GVG). Diese zu Beginn des Jahres hinterlegte Geschäftsverteilung kann jedermann einsehen; dafür ist kein besonderes Interesse nötig (BGH IV AR (VZ) 2/18, Mitt. 2020, 47).

4.1   Es gehört zum Begriff des gesetzlichen Richters, dass nicht für bestimmte Einzelfälle bestimmte Richter ausgesucht werden, sondern dass die einzelne Sache „blindlings" aufgrund allgemeiner, vorab festgelegter Merkmale an den entscheidenden Richter gelangt (BVerfG NJW 1997, 1497).

5   Nach § 73 Abs. 2 S. 1 bestimmt der **Vorsitzende** ein Mitglied des Senats, das vorbereitende Anordnungen treffen kann. Der Vorsitzende hatte früher nach herrschender Meinung einen richtungsweisenden Einfluss auf die Entscheidungen seines Spruchkörpers auszuüben (RGZ 132, 301; BGH III ZR 298/52, NJW 1953, 1302; BVerwG NJW 1986, 1366; skeptisch BSG 9 RV 390/74, BSGE 40, 53). Das BVerfG hat dies allerdings auf die Verantwortung für einen ordnungsgemäßen

Geschäftsablauf bezogen (BVerfG BeckRS 9998, 112501) und auch in der Literatur findet sich vielfach Kritik an einem zu weitgehen Verständnis des „richtungsweisenden Einflusses" (Lamprecht NJW 2016, 298 (301); Wiebel BB 1992, 573; Meyke DRiZ 1990, 287; Frisch NStZ 1984, 86; Müller NJW 1974, 2242; Mattern JZ 1970, 556; aA Erdsiek NJW 1963, 240).

Alle Geschäftsverteilungspläne unterliegen dem **Einsichtsrecht** (§ 21e Abs. 9 GVG, § 21g **6** Abs. 7 GVG; OVG Münster BeckRS 2022, 30104; OLG Hamm BeckRS 2018, 22847).

Eine **falsche Besetzung** können die Beteiligten mit der zulassungsfreien Rechtsbeschwerde **7** rügen (→ § 83 Rn. 34). Die Zuweisung der Berichterstattung ist rein senatsintern und beeinflusst den gesetzlichen Richter nicht.

Das Mitwirken einer Richterin ohne Beachtung der Mutterschutzfrist führt zu einer falschen Besetzung **7.1** (BGH NJW 2017, 745).

Die Zuweisung an einen **Einzelrichter** (§ 348a ZPO) schließt der Wortlaut des Abs. 1 aus **8** (HK-MarkenR/Fuchs-Wissemann Rn. 1).

C. Öffentlichkeit und Publikation

Die Verhandlungen vor dem BPatG sind nur öffentlich, wenn die strittige Marke bereits veröf- **9** fentlicht worden ist. Bekanntheit und Benutzung des Zeichens berühren diese Frage nicht.

Während also Widerspruchs- und Verfalls- bzw. Nichtigkeitsverfahren grundsätzlich öffentlich **10** sind, sind Verhandlungen über die **Eintragung nationaler Marken** (absolute Verfahren) nicht öffentlich.

Da **IR-Marken** bereits veröffentlicht sind (§ 112 Abs. 1 und § 124), wenn die Schutzerstre- **11** ckung auf Deutschland strittig ist, sind die Verhandlungen hierüber öffentlich.

Über §§ 172 ff., 175 Abs. 2 S. 1 GVG kann der Senat durch Beschluss einzelnen Personen **12** den Zutritt zu nicht öffentlichen Verhandlungen gestatten (vgl. zu Rechtsreferendarinnen und Rechtsreferendaren sowie Patentanwaltskandidatinnen und Patentanwaltskandidaten → § 70 Rn. 6). Umgekehrt kann der Senat die Öffentlichkeit generell oder einzelne Personen von öffentli- chen Verhandlungen **ausschließen,** etwa im Hinblick auf Betriebsgeheimnisse (BGH BeckRS 2020, 27306). Anders als in § 69 Abs. 1 S. 2 PatG fehlt hier der Bezug auf § 171b GVG, weshalb ein Ausschluss der Öffentlichkeit zum Schutz der Privatsphäre nicht möglich ist.

Entgegen § 173 Abs. 1 GVG muss auch die **Verkündung** einer Entscheidung nach § 67 Abs. 3 **13** Nr. 2 nicht-öffentlich sein, wenn sie aufgrund einer nicht-öffentlichen Verhandlung ergangen sind.

Verletzungen der Vorschriften über die Öffentlichkeit des Verfahrens eröffnen grundsätzlich **14** die zulassungsfreie **Rechtsbeschwerde** (§ 83 Abs. 3 Nr. 5). Fehler des Sitzungsdienstes sollen unbeachtlich sein (BGH GRUR 1970, 621 – Sitzungsschild; → § 83 Rn. 57).

Unschädlich ist eine fehlerhafte öffentliche Verhandlung, wenn tatsächlich keine Zuhörer **15** erschienen sind (Ingerl/Rohnke/Nordemann/Grabrucker § 83 Rn. 85; Ströbele/Hacker/Thie- ring/Knoll § 83 Rn. 67).

Während eine fehlerhaft nicht-öffentliche Verhandlung in öffentlicher Form nachgeholt werden **16** kann, ergibt es wenig Sinn, eine fehlerhaft öffentliche Verhandlung in nicht-öffentlicher Form nachzuholen, da dies bereits bekannt gewordene Tatsachen nicht mehr unterdrücken kann. Das mag anders sein, wenn es Hinweise darauf gibt, dass die Beteiligten, Zeugen, Sachverständigen etc. in nicht-öffentlicher Verhandlung andere Angaben gemacht hätten.

Die **Präsidentin** bzw. der Präsident des DPMA kann an allen Terminen, auch an nicht öffentli- **17** chen, teilnehmen (→ § 68 Rn. 2).

Findet die mündliche Verhandlung gemäß § 128a als **Videokonferenz** statt (→ § 69 Rn. 21) **18** haben die Senatsmitglieder im Sitzungssaal anwesend zu sein, der gegebenenfalls für die Öffentlich- keit zugänglich sein muss. Die gilt unbeschadet der Einschränkungen zur Eindämmung einer Pandemie, wie dem Coronavirus (KG BeckRS 2020, 8170 – Architektenhonorar). Zur richterli- chen Beratung per Videokonferenz → § 70 Rn. 8.

Außerdem besteht kraft nationalen Verfassungsrechts eine **Rechtspflicht zur Publikation** von **19** veröffentlichungswürdigen Gerichtsentscheidungen. Dabei handelt es sich um eine verfassungsun- mittelbare Aufgabe der rechtsprechenden Gewalt, die auch Instanzgerichte betrifft. Diese Pflicht resultiert aus dem Rechtsstaatsprinzip, dem Demokratieprinzip und dem Grundsatz der Gewalten- teilung (OLG München GRUR-RS 2020, 20497 - Entscheidungsveröffentlichung). Zu veröffent- lichen sind alle Entscheidungen, an denen ein tatsächliches oder mutmaßliches öffentliches Inte- resse besteht. Das kann sich aus medialer Berichterstattung, Anfragen aus der Öffentlichkeit oder der beabsichtigten Publikation in der juristischen Fachöffentlichkeit ergeben (BVerwG NJW 1997,

2694; Putzke/Zenthöfer NJW 2015, 1777 f.). Diese Pflicht ist eine den Anforderungen des Art. 6 Abs. 3 DS-GVO genügende rechtliche Verpflichtung iSd Art. 17 Abs. 3 lit. b DS-GVO, die das Recht auf Löschung nach Art. 17 Abs. 1 DS-GVO ausschließen kann (VG Stuttgart BeckRS 2022, 18067).

19.1 Ist eine Veröffentlichung durch das Gericht erfolgt, entfällt das nach § 12 Abs. 3 UWG erforderliche berechtigte Interesse; dass bei amtlichen Veröffentlichungen Namen anonymisiert werden, spielt insoweit keine Rolle (BGH GRUR 1968, 437 (439) – Westfalen-Blatt III; OLG Frankfurt GRUR-RS 2021, 9641 – Premiummineralwasser in Bio-Qualität).

20 Der Veröffentlichung steht es auch nicht entgegen, wenn Beteiligte, wie oft als Markeninhaber, ohne großen Aufwand identifiziert werden können und die Entscheidung damit nicht im datenschutzrechtlichen Sinn anonymisiert ist (VG Stuttgart BeckRS 2022, 18067; VGH BW BeckRS 2010, 51399 – Löschungsanspruch).

21 Wenn in Schriftsätzen oder als Anlage dazu auf elektronischem Weg urheberrechtlich geschützte Werke übermittelt werden bzw. in Gerichtsentscheidungen enthalten sind, die online abrufbar oder an Datenbanken, Verlage etc übermittelt werden, ist das keine **öffentliche Wiedergabe,** Vervielfältigung oder Verbreitung iSv §§ 15 ff. UrhG (EuGH C-637/19, GRUR 2020, 1295 - BY/CX; s. dazu König GRUR-Prax 2020, 516).

§ 68 Beteiligung des Präsidenten oder der Präsidentin des Deutschen Patent- und Markenamts

(1) ¹Der Präsident oder die Präsidentin des Deutschen Patent- und Markenamtes kann, wenn er oder sie dies zur Wahrung des öffentlichen Interesses als angemessen erachtet, im Beschwerdeverfahren dem Bundespatentgericht gegenüber schriftliche Erklärungen abgeben, an den Terminen teilnehmen und in ihnen Ausführungen machen. ²Schriftliche Erklärungen des Präsidenten oder der Präsidentin des Deutschen Patent- und Markenamtes sind den Beteiligten von dem Bundespatentgericht mitzuteilen.

(2) ¹Das Bundespatentgericht kann, wenn es dies wegen einer Rechtsfrage von grundsätzlicher Bedeutung als angemessen erachtet, dem Präsidenten oder der Präsidentin des Deutschen Patent- und Markenamtes anheimgeben, dem Beschwerdeverfahren beizutreten. ²Mit dem Eingang der Beitrittserklärung erlangt der Präsident oder die Präsidentin des Deutschen Patent- und Markenamtes die Stellung eines oder einer Beteiligten.

Überblick

Das DPMA ist am Beschwerdeverfahren nicht beteiligt. Das Beteiligungsrecht seiner Präsidentin dient dazu, eine abschließende Klärung grundsätzlicher Fragen zu ermöglichen. Nur durch Beitritt (→ Rn. 6 ff.), nicht durch Teilnahme (→ Rn. 1 ff.) wird sie Verfahrensbeteiligte.

Im Rechtsbeschwerdeverfahren kann der BGH die Beteiligung nicht erstmals anheimgeben (→ Rn. 9).

A. Teilnahme (Abs. 1)

1 Die Präsidentin des DPMA kann im Beschwerdeverfahren ebenso wie im Rechtsbeschwerdeverfahren (→ § 87 Rn. 4) tätig werden, wenn sie selbst dies als angemessen erachtet (Ann PatR § 23 Rn. 44); dabei kommt es nicht darauf an, ob es sich um einseitige oder mehrseitige Verfahren handelt.

2 Die Präsidentin des DPMA kann sich immer sowohl schriftlich als auch mündlich äußern und an mündlichen Verhandlungen teilnehmen, auch wenn diese nicht-öffentlich sind (→ § 67 Rn. 9 ff.). Dabei kann sich die Präsidentin vertreten lassen. Mitglieder des DPMA, deren Entscheidung Gegenstand des Beschwerdeverfahrens ist, sollen die Vertretung übernehmen, um eine unvoreingenommene Stellungnahme ohne Bindung an die angefochtene Entscheidung zu ermöglichen (Goebel GRUR 1985, 641 (644)). Vertreter, die später Richter werden, sind in nachfolgenden Verfahren ausgeschlossen (→ § 72 Rn. 57).

Im Rahmen des „bloßen" Mitwirkens nach Abs. 1 sind keine Sachanträge und keine Rechtsmit- **3** tel möglich. Es ist auch nicht mit einem Kostenrisiko verbunden (anders nach Beitritt; → Rn. 12).

Berücksichtigt das Gericht Äußerungen der Präsidentin bei seiner Entscheidung nicht, können **4** dies nur die Verfahrensbeteiligten als Verfahrensverstoß mit der Rechtsbeschwerde geltend machen (Fezer Rn. 3; Benkard PatG/Schäfers PatG § 76 Rn. 6).

Die Schriftsätze der Beteiligten und Terminsbenachrichtigungen dürfen der Präsidentin des **5** DPMA – auch wenn nicht am Verfahren beteiligt – zugeleitet werden (Goebel GRUR 1985, 641 (644); → § 66 Rn. 108).

B. Beitritt (Abs. 2)

Für den Beitritt geht die Initiative (Anheimgabe) vom Gericht aus. Einen danach erklärten **6** Beitritt kann das Gericht nicht mehr ablehnen (Goebel GRUR 1985, 641 (645 f.)); zur Vertretung → Rn. 3.

Einen den Beitritt anheimgebenden Beschluss sowie die Beitrittserklärung können das Gericht **7** bzw. die Präsidentin widerrufen, wenn die Voraussetzungen dafür nicht mehr bestehen (Fezer Rn. 7; Ingerl/Rohnke/Nordemann/Grabrucker Rn. 9; aA Rn. 3; Benkard PatG/Schäfers/ Schwarz PatG § 77 Rn. 7).

Die Verfahrensbeteiligten sind zu dem Beschluss, den Beitritt anheimzugeben, nicht zu hören; **8** sie können die Anheimgabe auch nur anregen, nicht beantragen, und den Beschluss des Senats darüber nicht anfechten. Ebenso kann die Präsidentin des DPMA nichts dagegen unternehmen, wenn das BPatG den Beitritt nicht anheimgibt (Fezer Rn. 5, 7).

Die Präsidentin kann nach freiem Ermessen den Beitritt ablehnen oder erst in einem späteren **9** Verfahrensstadium erklären, also auch erst im Rechtsbeschwerdeverfahren (→ § 87 Rn. 5; Fezer Rn. 9) – allerdings nicht mehr nach Rechtskraft der Beschwerdeentscheidung. Der BGH kann die Beteiligung nicht erstmals anheimgeben (Ingerl/Rohnke/Nordemann/Grabrucker § 87 Rn. 4; Fezer § 87 Rn. 2).

Ein Beitritt ist noch nach der Beschwerdeentscheidung des BPatG möglich, das ermöglicht **10** dann eine Rechtsbeschwerde (→ § 87 Rn. 6), für die keine **Beschwer** erforderlich ist (→ § 84 Rn. 4).

Die Beitrittserklärung kann in jedem Verfahrensstadium (mit Wirkung ex nunc) zurückgenom- **11** men werden (Fezer Rn. 10).

Anders als bei bloßer Teilnahme (→ Rn. 1) ist die Präsidentin nach einem Beitritt am Verfahren **12** formell beteiligt. Damit ist ein Antragsrecht, etwa auf Zulassung der Rechtsbeschwerde, verbunden. Ferner kann die Präsidentin Rechtsbeschwerde einlegen.

Mit der Antragstellung geht ein Kostenrisiko einher (→ § 71 Rn. 8, → § 90 Rn. 10). **13**

Da die Gründe für den Beschluss, den Beitritt anheimzustellen, den Voraussetzungen für die **14** **Zulassung der Rechtsbeschwerde** (→ § 83 Rn. 32) entsprechen, kann der Senat die Zulassung der Rechtsbeschwerde in den Fällen, in denen er den Beitritt anheimgegeben und nicht widerrufen (→ Rn. 7) hat, nur noch ablehnen, wenn zwischenzeitlich eine höchstrichterliche Entscheidung die maßgebliche Frage geklärt hat.

§ 69 Mündliche Verhandlung

Eine mündliche Verhandlung findet statt, wenn
1. **einer der Beteiligten sie beantragt,**
2. **vor dem Bundespatentgericht Beweis erhoben wird (§ 74 Abs. 1) oder**
3. **das Bundespatentgericht sie für sachdienlich erachtet.**

Überblick

Beschwerdeverfahren vor dem BPatG sind grundsätzlich schriftliche Verfahren. Eine mündliche Verhandlung kann verpflichtend werden, wenn sie ein Beteiligter beantragt hat (→ Rn. 1 ff.), und ist für Beweiserhebungen immer verpflichtend (→ Rn. 18). Das Gericht kann von sich aus immer eine mündliche Verhandlung ansetzen (→ Rn. 20).

Auch bei Videokonferenzen muss die Öffentlichkeit Zutritt haben (→ Rn. 21 ff.).

Übersicht

A. Antrag (Nr. 1)

1   Beschwerdeverfahren vor dem BPatG sind grundsätzlich schriftliche Verfahren. Nur auf einen eindeutigen Antrag eines Beteiligten (→ § 66 Rn. 56 ff.) hin muss das BPatG eine mündliche Verhandlung durchführen, es sei denn es gibt allen übrigen Anträgen des Antragstellers **in vollem Umfang** statt (BPatG 5 W 195/61, GRUR 1962, 190).

1.1   Fuchs-Wissemann betont im Hinblick auf BGH GRUR 2000, 512 – Computer Associates, dass die Verfahrensbeteiligten darüber unterrichtet sein müssen, wenn eine sie betreffende Sache beim BPatG anhängig ist (HK-MarkenR/Fuchs-Wissemann Rn. 1). Nur dann können sie eine mündliche Verhandlung beantragen bzw. bewusst darauf verzichten.

2   In verbundenen Verfahren (→ § 82 Rn. 2) findet eine gemeinsame mündliche Verhandlung statt. Danach können die Verfahren auch jederzeit wieder getrennt werden (§ 150 ZPO).

3   Die Wünsche auf Gewährung rechtlichen Gehörs, auf Gelegenheit zur Stellungnahme oder auf Hinweise sind keine Anträge auf mündliche Verhandlung.

4   Regelmäßig beantragen die Beteiligten eine mündliche Verhandlung **hilfsweise,** also (inzident) für den Fall, dass ihre sonstigen Anträge nicht in vollem Umfang Erfolg haben (→ Rn. 5). Auf diese Weise soll eine Ladung Rückschlüsse auf die Erfolgsaussichten zulassen. Der (Hilfs)Antrag eines Beteiligten schließt eine Entscheidung zu Lasten anderer Beteiligter, die keinen entsprechenden Antrag gestellt haben, ohne mündliche Verhandlung nicht aus.

5   Eine Stattgabe in vollem Umfang bezieht sich in jedem Fall auf den Hauptantrag. Über eine Rückzahlung der Beschwerdegebühr (§ 71 Abs. 3) oder Kostenauferlegung (§ 71 Abs. 1 und 2) soll das BPatG auch ohne mündliche Verhandlung negativ entscheiden können (BPatG BeckRS 2015, 13938 – Partikelstrahlmikroskopiesystem; Fezer Rn. 2). Dies erscheint allerdings nicht gerechtfertigt, wenn ein Beteiligter ausdrücklich einen Kostenantrag bzw. einen Antrag auf Rückzahlung der Beschwerdegebühr gestellt hat. Zumindest sollte ihm das Gericht dazu einen Hinweis geben und nachfragen, ob er auch allein zu einer solchen Frage eine mündliche Verhandlung beantragen wollte. Eine **Zurückverweisung** ans DPMA steht einer Stattgabe nicht gleich.

6   Den (Hilfs-)Antrag auf mündliche Verhandlung kann der Antragsteller jederzeit zurücknehmen; dazu muss das Gericht den Gegner nicht hören (BGH GRUR 2008, 714 – idw). Es sollte ihn aber informieren, damit er ggf. selbst einen solchen Antrag stellen kann (Ingerl/Rohnke/Nordemann/Grabrucker Rn. 14). Bei Rücknahme nach Ladung kann das BPatG den Termin aufheben. Nur ein **Verzicht** auf eine mündliche Verhandlung lässt keinen erneuten Antrag zu; dagegen kann nach einer **Rücknahme** des Antrags dieser jederzeit erneut gestellt werden.

7   Der Rücknahme (nicht dem Verzicht) steht es gleich, um Entscheidung nach Aktenlage zu bitten (Ströbele/Hacker/Thiering/Knoll Rn. 5). Nicht gleich steht der Rücknahme und dem Verzicht die Ankündigung, an der angesetzten Verhandlung nicht teilzunehmen (BPatG BeckRS 2002, 14744 – Zahnrad-Getriebe; aA Ströbele/Hacker/Thiering/Knoll Rn. 5).

8   Hat in einer Sache eine mündliche Verhandlung stattgefunden, ist – auch auf entsprechenden Antrag hin – eine erneute mündliche Verhandlung nur anzuberaumen, wenn sich der Prozesslage in der Zwischenzeit wesentlich verändert hat (BPatG GRUR 1970, 431 – mündliche Verhandlung; vgl. auch BGH GRUR 1996, 399 (401) – Schutzverkleidung; Fezer Rn. 2).

9   Dies gilt ebenso, wenn das BPatG in der mündlichen Verhandlung eine Schriftsatzfrist nachgelassen hat (§ 283 ZPO) oder mit Zustimmung aller Beteiligten ins schriftliche Verfahren übergegangen ist (BPatG GRUR 1970, 431 – mündliche Verhandlung; § 128 Abs. 2 ZPO); auf die Zustimmung dessen, der an der mündlichen Verhandlung nicht teilgenommen hat, kommt es nicht an; § 75 Abs. 2 umfasst auch diese Entscheidung.

10   Nach einem Beschluss, die **Entscheidung an Verkündungs statt** zuzustellen, erfordert eine Änderung des Waren und Dienstleistungsverzeichnisses nur dann eine erneute mündliche Verhandlung, wenn eine unzulässige Erweiterung (→ § 39 Rn. 18) zu prüfen ist (BPatG GRUR 2003, 530 – Waldschlößchen).

Das Gericht kann die **Verhandlung** jederzeit von sich aus **wiedereröffnen** (→ § 76 **11** Rn. 56 ff.).

Über eine **Richterablehnung** ist auf Antrag nach mündlicher Verhandlung zu entscheiden **12** (→ § 72 Rn. 43).

Unabhängig von den Anträgen der Parteien kann das BPatG ohne mündliche Verhandlung **13** eine unzulässige Beschwerde verwerfen (→ § 70 Rn. 1), die Aussetzung des Verfahrens (§ 248 ZPO) beschließen (→ § 70 Rn. 14 ff.), Akteneinsicht gewähren oder versagen und nach § 6 Abs. 2 PatKostG feststellen, dass eine Beschwerde als nicht eingelegt gilt – selbst wenn es dabei einen Wiedereinsetzungsantrag ablehnen muss (BPatG 11 W 299/61, GRUR 1965, 81; → § 91 Rn. 48).

Auch Berichtigungsbeschlüsse (§ 80 Abs. 3) und Beschlüsse über Beschwerden in Kostenfestset- **14** zungsverfahren (§ 63 Abs. 3 MarkenG iVm § 104 ZPO; BPatG BeckRS 2016, 12923) sowie über Erinnerungen gegen Beschlüsse des Rechtspflegers und nachträgliche Entscheidungen über die Kosten des Verfahrens (§ 128 Abs. 3 ZPO) können ohne mündliche Verhandlung ergehen.

Über isolierte **Kostenbeschwerden** (→ § 66 Rn. 16) ist auf Antrag nach mündlicher Verhand- **15** lung zu entscheiden (BPatG GRUR 1975, 393).

Entscheidet das Gericht trotz eines Antrags ohne mündliche Verhandlung und gibt es dabei **16** dem Antragsteller nicht voll recht (→ Rn. 5), liegt eine Verletzung des rechtlichen Gehörs vor, was eine Rechtsbeschwerde nach § 83 Abs. 3 Nr. 3 eröffnet (BGH BeckRS 2006, 07546 – Rossi/ Rossi).

Stellen nicht alle von **mehreren** Widerspruchsführern oder Antragstellern in Verfalls- bzw. **17** Nichtigkeitsverfahren, die nicht notwendige Streitgenossen sind, einen Antrag auf mündliche Verhandlung, kann das Gericht in getrennten Verfahren einmal mit und einmal ohne eine solche entscheiden. Das ist anders bei gegenläufigen selbständigen wie unselbständigen (Anschluss-)Beschwerden.

B. Beweiserhebung (Nr. 2)

Beweiserhebungen verlangen nach § 74 Abs. 1 S. 1 eine mündliche Verhandlung. Dies umfasst **18** nicht die Beschlussfassung, ob Beweis erhoben werden soll (BGH NJW-RR 1995, 700 – Flammenüberwachung), und nicht die Auswertung des Ergebnisses der Beweiserhebung (Fezer Rn. 3).

Sachverständige müssen zur Erläuterung ihrer **Gutachten** auf Antrag der Beteiligten geladen **19** werden (BGH NJW-RR 2017, 1144 – orthopädisches Gutachten).

C. Sachdienlichkeit (Nr. 3)

Das Gericht kann von sich aus immer eine mündliche Verhandlung ansetzen. Die dafür erforder- **20** liche Sachdienlichkeit ist nicht für sich genommen überprüfbar (→ § 66 Rn. 9).

D. Videokonferenz

Nach § 128a ZPO kann das Gericht den Parteien, ihren Bevollmächtigten und Beiständen auf **21** Antrag oder von Amts wegen gestatten, sich während einer mündlichen Verhandlung an einem anderen (inländischen, → Rn. 21.1) Ort aufzuhalten und dort Verfahrenshandlungen vorzunehmen, wenn die Verhandlung in **Bild und Ton** an diesen Ort und in das Sitzungszimmer übertragen wird. Bloße Telefonkonferenzen sind unzulässig (Windau NJW 2020, 2753 (2754)). Das gilt nach § 128a Abs. 2 ZPO auch für Zeugen und Sachverständige. Zur Ladung → § 75 Rn. 10.

Der „andere Ort" muss sich nach hM im Inland befinden, um nicht die territoriale Hoheitsgewalt **21.1** anderer Staaten zu verletzen (kritisch dazu Windau NJW 2020, 2753 (2754 f.)). Jenssen/Schiebel teilen zwar die Bedenken der hM, halten aber die Zuschaltung eines Beteiligten, der durch einen im Bundesgebiet tätigen Bevollmächtigten vertreten ist, für möglich (Jenssen/Schiebel NVwZ 2022, 1416 (1420) unter IV.).

Die Öffentlichkeit muss nicht im Wege der Bild- und Tonübertragung sichtbar sein (Windau NJW **21.2** 2020, 2753 (2754)).

Bei unverschuldeten technischen Problemen, die eine Teilnahme verhindern, ist nach § 337 **22** S. 1 ZPO zu vertagen. Dabei sind an das Verschulden sehr hohe Anforderungen zu stellen (OLG Celle BeckRS 2022, 24712).

Die Senatsmitglieder haben dazu im Sitzungssaal anwesend zu sein, der für die Öffentlichkeit **23** zugänglich sein muss, es sei denn, es wird in nicht-öffentlicher Sitzung verhandelt (→ § 67 Rn. 9).

Die Übertragungsdaten dürfen nicht aufgezeichnet werden (§ 128a Abs. 3 ZPO, vgl. → § 76 **24** Rn. 49 zu Ton- und Filmaufnahmen).

E. Sitzungspolizei

25 Die Ordnung während der mündlichen Verhandlung hat der Vorsitzende zu gewährleisten (→ § 76 Rn. 46 ff.).

26 An der Verhandlung beteiligte Personen dürfen ihr Gesicht während der Sitzung weder ganz noch teilweise verhüllen. Der Vorsitzende kann Ausnahmen gestatten, wenn und soweit die Kenntlichmachung des Gesichts weder zur Identitätsfeststellung noch zur Beweiswürdigung notwendig ist (§ 176 Abs. 2 GVG).

27 Er kann aber anordnen, während der mündlichen Verhandlung eine medizinische Mund-Nasen-Bedeckung zu tragen, wenn dies nach den Empfehlungen des Robert-Koch-Instituts das Infektionsrisiko verringern kann (VGH Mannheim BeckRS 2022, 20104 – Sitzungspolizeiliche Anordnung wegen Corona).

28 Auch die Anforderung eines Antigen- oder PCR-Tests der Verfahrensbeteiligten vor Teilnahme an der mündlichen Verhandlung ist möglich (VGH Mannheim BeckRS 2022, 20104 – Sitzungspolizeiliche Anordnung wegen Corona).

§ 70 Entscheidung über die Beschwerde

(1) Über die Beschwerde wird durch Beschluß entschieden.

(2) Der Beschluß, durch den eine Beschwerde als unzulässig verworfen wird, kann ohne mündliche Verhandlung ergehen.

(3) Das Bundespatentgericht kann die angefochtene Entscheidung aufheben, ohne in der Sache selbst zu entscheiden, wenn

1. das Deutsche Patent- und Markenamt noch nicht in der Sache selbst entschieden hat,

2. das Verfahren vor dem Deutschen Patent- und Markenamt an einem wesentlichen Mangel leidet oder

3. neue Tatsachen oder Beweismittel bekannt werden, die für die Entscheidung wesentlich sind.

(4) Das Deutsche Patent- und Markenamt hat die rechtliche Beurteilung, die der Aufhebung nach Absatz 3 zugrunde liegt, auch seiner Entscheidung zugrunde zu legen.

Überblick

Diese Vorschrift regelt die Entscheidung im Beschwerdeverfahren; zu den Entscheidungsgrundlagen → Rn. 43 ff.; zur Rechtskraft → Rn. 80; zur Behandlung unzulässiger Beschwerden (→ Rn. 11).

Zu keiner Sachentscheidung kommt es bei Aussetzung (→ Rn. 14), Unterbrechung (→ Rn. 28) sowie Ruhen des Verfahrens (→ Rn. 37), bei Vorlagen an den EuGH (→ Rn. 86) und gegenstandslosen Beschwerden (→ Rn. 40) sowie bei Zurückverweisung an das DPMA (→ Rn. 52 ff.); dabei ist das DPMA an die Entscheidung des BPatG gebunden (→ Rn. 76).

Übersicht

A. Entscheidung

Über Beschwerden entscheidet das BPatG durch Beschluss (§§ 194 ff. GVG). Alle zur Entschei- **1** dung berufenen Richterinnen bzw. Richter müssen in geheimer Beratung (→ Rn. 7) offen abstimmen; es gibt keine Stimmenthaltung (§ 195 GVG). Berichterstatter stimmen zuerst ab; zuletzt stimmt die bzw. der Vorsitzende ab. Im Übrigen erfolgt die Abstimmung aufsteigend nach dem Dienstalter; jüngere vor älteren (§ 197 GVG). Es entscheidet die Mehrheit der Stimmen (§ 196 Abs. 1 GVG).

Da die Zahl der gesetzlich bestimmten Richter (drei) nicht unterschritten werden darf, sind **2** verhinderte Richter zu ersetzen (§ 192 Abs. 1 GVG).

Resultieren Entscheidungen aus einer logischen Ableitung, ist die **Abstimmungsmethode** zu **3** beachten. Diese kann Auswirkungen haben, wenn etwa nur ein Richter ein Zeichen für nicht unterscheidungskräftig und ein anderer für beschreibend, üblich, irreführend oder anstößig hält. Ähnlich ist die Situation, wenn nur ein Richter zwei Zeichen für klanglich verwechselbar hält und ein anderer allein schriftbildliche Verwechslungsgefahr als gegeben ansieht. Selbst wenn sie jeweils im Ergebnis übereinstimmen, wird der Dissens bei der Begründung der Entscheidung offensichtlich werden (→ § 79 Rn. 14).

Nicht-binäre Entscheidungen garantieren nicht, dass die letztlich getroffene aggregierte Entscheidung **3.1** die Mehrheit der ersten Präferenz erhält (Kaiser Mehrheitsprinzip S. 21).

Total- und Stufenabstimmung können zu unterschiedlichen Ergebnissen führen. Dies löst § 196 **4** Abs. 3 GVG für Strafsachen. Diese Lösung kann auch für das Markenrecht herangezogen werden, da der Anmelder grundsätzlich ein Recht auf Markeneintragung hat (→ § 33 Rn. 5). Daher muss ein Schutzausschließungsgrund mehrheitlich bejaht werden. Gleiches gilt für Gründe zur Nichtigerklärung einer Marke. Die Gründe, die eine Verwechslungsgefahr tragen, müssen zwar ebenfalls mehrheitlich festgestellt werden. Hier kommt aber hinzu, dass derjenige, der zB eine klangliche Verwechslungsgefahr bejaht, letztlich auch eine komplexe Verwechslungsgefahr annehmen wird.

Die Stufenabstimmung nach Elementen überträgt die Rationalität des Individuums auf die **5** kollektive Ebene (Breetzke DRiZ 1962, 5; Kaiser Mehrheitsprinzip S. 320 Nr. 31), kann aber in Abhängigkeit von der Reihenfolge zu unterschiedlichen Ergebnissen führen. Diese bestimmt zunächst der Vorsitzende, der die Abstimmung leitet (§ 194 Abs. 1 GVG); nach § 194 Abs. 2 GVG entscheidet aber bei Meinungsverschiedenheiten der Senat über den Gegenstand, die Fassung und die Reihenfolge der Fragen sowie über das Ergebnis der Abstimmung (Ernst JZ 2012, 637 (643)). § 194 GVG legt die Letztverantwortung auch insoweit in die Hände des Senats.

Die hM stimmt auch deshalb nach Elementen ab, um sicherzustellen, der Begründungspflicht **6** nachkommen zu können (Kaiser Mehrheitsprinzip S. 320 Nr. 31).

Bei der Beratung und Abstimmung dürfen beim BPatG zu ihrer Ausbildung beschäftigte Perso- **7** nen, soweit die Vorsitzenden dies gestatten, zugegen sein. Das können neben Rechtsreferendaren auch Patentanwaltskandidaten sein (§ 193 GVG). Sie werden gemäß § 23 PatAnwAPrV iVm § 1 VerpflG zur Verschwiegenheit verpflichtet.

Die Beratung kann im Rahmen einer gesicherten **Videokonferenz** erfolgen. Es muss aber **8** gewährleistet sein, dass bei gleichzeitiger Teilnahme sämtlicher an der Entscheidung beteiligten Richterinnen und Richter jede Person jederzeit und zeitgleich mit den Anderen kommunizieren kann und alle die gesamte Kommunikation in Ton und Bild mitverfolgen können. Zudem muss die Beratung und Abstimmung auf der Grundlage einer gesicherten Datenverbindung erfolgen (BFH BeckRS 2021, 8810).

Jeden Beschluss haben alle zur Entscheidung berufenen Richterinnen bzw. Richter zu unter- **9** schreiben (§ 315 ZPO), auch wenn sie im Zeitpunkt der **Unterschrift** nicht mehr dem Senat angehören, der entschieden hat. Zu der Frage, ob akademische Titel zur Unterschrift gehören müssen, s. Majer GS Nagelmann, 1984, 337 ff.

Ist ein Richter nach der Entscheidung aus dem BPatG ausgeschieden, ist seine Unterschrift **10** nach § 315 Abs. 1 S. 2 ZPO zu ersetzen (zur Nachholung → § 80 Rn. 27; BPatG BeckRS 2015, 19686 unter VII. – Systeme zur Platzierung von Material in Knochen). Wird eine Unterschrift zu Unrecht ersetzt, gilt der Beschluss nicht als mit Gründen versehen (BGH GRUR 2016, 860 – Deltamethrin II), was mit zulassungsfreier Rechtsbeschwerde gerügt werden kann (→ § 83 Rn. 58 ff.). Ein wirksames **Ersetzen der Unterschrift** verlangt, im Verhinderungsvermerk den Verhinderungsgrund anzugeben.

Fehlt dies, hat das Rechtsmittelgericht mittels Freibeweises zu klären, ob eine tatsächliche Verhinderung **10.1** und ein Grund für das Ersetzen der Unterschrift vorlagen (BGH GRUR 2016, 860 – Deltamethrin II).

Insoweit liegt eine offenkundige Tatsache iSv § 291 ZPO vor, die weder eines förmlichen Beweises noch eines Freibeweises bedarf, wenn allgemein bekannt war, dass jemand von seinen Dienstpflichten nicht nur vorübergehend, sondern andauernd befreit war (BPatG BeckRS 2018, 27332 – Spannen einer Waffe).

I. Unzulässige Beschwerde (Abs. 2)

11   Unzulässige Beschwerden kann das BPatG ohne mündliche Verhandlung durch Beschluss verwerfen; eventuelle (Hilfs)Anträge auf mündliche Verhandlung (→ § 69 Rn. 13) sind dabei unbeachtlich (BGH GRUR 1963, 279 f. – Weidepumpe). Auch dazu muss eine **Beratung** im Beisein aller beteiligten Richter stattfinden.

II. Zulässige Beschwerde

12   Zulässige Beschwerden weist der Senat (teilweise) zurück, soweit sie keinen sachlichen Erfolg haben. Im Übrigen hebt er die angefochtene Entscheidung (teilweise) auf und entscheidet regelmäßig in der Sache selbst, soweit er keine Zurückverweisung an das DPMA für geboten hält (→ Rn. 52 ff.). Für Eintragung und Löschung einer Marke ist das DPMA zuständig, das aber an die rechtliche Beurteilung durch das BPatG gebunden ist (→ Rn. 76).

13   Das BPatG prüft auch, ob das Verfahren vor dem DPMA Fehler aufwies. So prüft es, ob eine Erinnerung zulässig war (→ Rn. 44) oder ob im Hinblick auf die **Bestandskraft des Erstbeschlusses** der Markenstelle im Erinnerungsverfahren keine Entscheidung mehr ergehen durfte (BPatG BeckRS 2016, 128373 – Gartenglück). Gegebenenfalls hat das BPatG dabei auch die Versagung von Wiedereinsetzung (→ § 91 Rn. 52) zu prüfen sowie, ob einem Nichtigkeitsantrag wegen Verfalls oder älterer Rechte das **Verbot der Doppelbefassung** des § 53 Abs. 1 S. 4 entgegenstand.

III. Aussetzung/Unterbrechung des Verfahrens

1. Aussetzung des Verfahrens

14   Der Beschluss über die Aussetzung nach § 148 ZPO ergeht ohne mündliche Verhandlung und steht im Ermessen des Senats. Dafür sind die Erfolgsaussichten anderer Verfahren, etwa Nichtigkeitsverfahren, zu prüfen, und es kommt auf deren Verfahrensstadium an. Da Marken, anders als Patente und Gebrauchsmuster, keine beschränkte Geltungsdauer haben, ist dabei grundsätzlich weniger Zurückhaltung geboten. Es müssen aber die **Auswirkungen auf die Benutzungsschonfristen,** die eine Aussetzung haben könnte, berücksichtigt werden (→ § 82 Rn. 30; Pemsel GRUR-Prax 2019, 133; Draheim MarkenR 2019, 385 (398); zur drohenden Verjährung LG München I GRUR-Prax 2020, 134).

15   Eine Vorabentscheidung über Anträge, das Verfahren auszusetzen, ist in der Regel nicht veranlasst; der Beschluss könnte nur mit einer zugelassenen Rechtsbeschwerde angegriffen werden (BPatG GRUR-RS 2020, 34450; GRUR-RS 2020, 34451 – Team Business IT).

16   Eine Aussetzung ist wegen Verletzung rechtlichen Gehörs ermessensfehlerhaft, wenn der Aussetzungsantrag der Gegenseite nicht zur Kenntnis gebracht wurde und sie keine Gelegenheit zur Stellungnahme hatte (BPatG BeckRS 2018, 25072 – herzo/Herno).

17   In Beschwerdeverfahren vor dem BPatG gilt § 148 ZPO, so dass für eine Aussetzung immer ein **vorgreifliches Verfahren** anhängig sein muss (→ § 43 Rn. 64 ff.). In diesem Verfahren muss die Löschung der angreifenden Marke zu einem für das auszusetzende Verfahren maßgeblichen Zeitpunkt (→ Rn. 19) wahrscheinlich und die Rechtskraft der diesbezüglichen Entscheidung in absehbarer Zeit zu erwarten sein.

17.1   Eine strafrechtliche Anzeige gegen die an der Entscheidung des DPMA beteiligten Personen schafft keinen Aussetzungsgrund (BPatG BeckRS 2019, 31714).

18   Ob eine Entscheidung in absehbarer Zeit zu erwarten ist, hängt maßgeblich vom Stand des vorgreiflichen Verfahrens ab (BPatG GRUR-RS 2021, 25660 – E.L.S.A.; BeckRS 2019, 1487 Rn. 30; BeckRS 2019, 843; BeckRS 2017, 148183 – Erdmann & Rossi; GRUR 2007, 596 – La Martina; GRUR 1998, 406 – Aussetzung des Widerspruchsverfahrens; GRUR 1998, 59 – Coveri; EuG T-162/18, BeckRS 2019, 1386 – Altus; → § 43 Rn. 65 ff.).

19   Ob ein Nichtigkeitsantrag vor oder nach Einlegung der Beschwerde gestellt wurde, spielt für die Aussetzung keine Rolle. Dagegen kommt es darauf an, ob der Angriff zu einer Vernichtung des älteren Rechts zu einem Zeitpunkt führen kann, der für das auszusetzende Verfahren maßgeblich ist (→ § 50 Rn. 5). Eine Nichtverlängerung oder ein Verfall der Marke können nämlich auch erst später zu einem späteren Zeitpunkt wirksam werden. Gegen eine Aussetzung wegen eines Widerspruchsverfahrens gegen die angreifende Marke spricht, dass eine Eintragungsbewilligungsklage nach § 44 zu einer Verzögerung dieses Verfahrens führen kann (BPatG GRUR-RS 2022, 5510 – KK).

Für die Löschungswiderklage gegen die Klagemarke im Verletzungsprozess hat der BGH anerkannt, **19.1** dass eine Aussetzung des Verletzungsprozesses auch die Löschungswiderklage erfasst, weil diese auf den Unterlassungsanspruch Einfluss haben kann. Mit der Kaffeekapsel-Entscheidung hat der BGH dies auch für das selbstständige Löschungsverfahren anerkannt, wenn sich der Antragsteller in einer ähnlichen Lage befindet wie ein Verletzer und die Beteiligten Wettbewerber sind. Das sollte nicht nur gelten, wenn der Antragsteller bereits potenziell rechtsverletzende Produkte vertreibt (Viefhues GRUR-Prax 2019, 179).

Parallelverfahren sind kein Aussetzungsgrund (BPatG BeckRS 2015, 687 – extrudierte Platte). Auch **19.2** Rechtsstreitigkeiten um Abtretungen von Rechten an Dritte sind nicht vorgreiflich (BPatG BeckRS 1981, 107989). Gleiches gilt für Herausgabeansprüche und Vindikation (BPatG BeckRS 2015, 15646).

Das BPatG muss aussetzen, bis das DPMA über den Antrag auf Berichtung des Protokolls nach § 60 **19.3** Abs. 3 entschieden hat.

Die **Aussetzung eines Widerspruchsverfahrens,** das parallel zu einem Löschungsantragsver **20** fahrens nach §§ 51, 53 Abs. 1 möglich ist (→ § 53 Rn. 2), wegen eines Nichtigkeitsverfahrens ist dagegen geboten, weil an einem „Wettlauf" beider Verfahren kein Interesse besteht (→ § 42 Rn. 16; Ströbele/Hacker/Thiering/Miosga § 53 Rn. 32; Draheim/Fromlowitz GRUR-Prax 2021, 429 unter II.).

Welchen von mehreren Widersprüchen (§ 42) bzw. welches von mehreren relativen, älteren **21** Schutzrechten (§ 51) das DPMA bzw. das BPatG allein als Entscheidungsgrundlage nimmt und welche Parallelverfahren ausgesetzt werden, liegt in ihrem Ermessen (BGH GRUR 1993, 556 (559) – Triangle; Ströbele/Hacker/Thiering/Ströbele § 43 Rn. 107; s. aber → Rn. 20); zur Wiedereröffnung ausgesetzter Verfahren → Rn. 83.

Kein Aussetzungsgrund für die übrigen Verfahren ist es, wenn gegen eine von mehreren angrei **22** fenden Marken ein Verfall- oder Nichtigkeitsverfahren anhängig ist, es sei denn, dass nur der Widerspruch bzw. der Antrag auf Nichtigerklärung aus der so bedrohten Marke voraussichtlich Erfolg hat (BPatG GRUR-Prax 2018, 551 – herzo/Herno).

Es besteht kein Anspruch auf Aussetzung eines Verfahrens, etwa bis zu einer höchstrichterli **23** chen Entscheidung in einem ähnlich gelagerten Verfahren (BVerfG NJW 2008, 504 f.; → § 43 Rn. 64 ff.). Aussetzung ist aber zweckmäßig, wenn das BPatG sonst wiederholt die Rechtsbeschwerde zulassen müsste (BPatG BeckRS 2015, 02946 – Unschuldslamm).

Die Aussetzungspraxis bei Unionsmarken (→ UMV Art. 64 Rn. 44 ff.; → UMV Art. 132 Rn. 2 ff.) **23.1** zeigt Auswirkungen für deutsche Zivilgerichtsverfahren wegen Verletzung von Unionsmarken (OLG Düsseldorf BeckRS 2017, 114519 – sofortige Beschwerde; OLG Hamburg BeckRS 2003, 5803 – Tae Bo; GRUR-RR 2005, 251 – The Home Depot/Bauhaus The Home Store; ähnlich BGH GRUR 2012, 512 Rn. 22 – Kinderwagen).

Verfassungsbeschwerden begründen keine Verpflichtung auszusetzen, wenn keine Zweifel **24** an der Verfassungsmäßigkeit einer entscheidungserheblichen Vorschrift bestehen (BGH GRUR 2007, 859 – Informationsübermittlungsverfahren, zu § 147 Abs. 3 S. 1 Nr. 1 PatG).

Die Aussetzung eines Anmeldeverfahren bis zur rechtskräftigen Entscheidung des EUIPO über **25** eine dort anhängige Markenanmeldung eines identischen Zeichens ist mangels Vorgreiflichkeit nicht geboten (BPatG GRUR-RS 2020, 34450 und GRUR-RS 2020, 34451 – Team Business IT).

Aussetzung hemmt die Verjährung (§ 204 BGB). **26**

Entscheidungen über Aussetzungsanträge sind **beschwerdefähig** (→ § 66 Rn. 13). **27**

2. Unterbrechung des Verfahrens

Die Unterbrechung steht nicht zur Disposition der Beteiligten. Deshalb bedarf es einer entspre **28** chenden Zwischenentscheidung, wenn über den Eintritt Streit besteht (BGH BeckRS 2016, 10199). Diese ist nicht selbstständig anfechtbar.

Wie die Aussetzung (→ Rn. 26) hemmt auch die Unterbrechung die Verjährung (§ 204 BGB). **29**

Die **Insolvenz** eines Markenanmelders verlangt keine Unterbrechung des Verfahrens nach **30** § 240 ZPO, weil kein Verfahrensstillstand eintreten soll. Im zweiseitigen Verfahren ist das anders (→ § 66 Rn. 174); auch Umschreibungsverfahren sind mit Eröffnung des Insolvenzverfahrens unterbrochen (BPatG BeckRS 2017, 137219 – BioPELL). Die Eröffnung eines inländischen oder anerkennungsfähigen ausländischen Insolvenzverfahrens über das Vermögen desjenigen, der die Löschung einer Marke wegen absoluter Schutzhindernisse beantragt, führt zur Unterbrechung des Verfahrens, wenn Löschungsantragsteller und Markeninhaber Wettbewerber sind. In diesem Fall besteht auch ohne anhängiges Verletzungsverfahren ein Bezug des Löschungsverfahrens zum Vermögen des Löschungsantragstellers (BGH BeckRS 2019, 4504 – Kaffeekapsel). Zur Insolvenzmasse gehören Unterlassungsansprüche wegen Schutzrechtsverletzung (BGH GRUR 2010, 342 (344) – Oracle). Trotz der Insolvenz einer früheren Markeninhaberin darf das BPatG über einen Widerspruch entscheiden, wenn ein Dritter die Marke aus der Insolvenzmasse erworben hat und der Umschreibungsantrag bereits gestellt wurde (§ 28 Abs. 2; BGH GRUR 2020, 870 - INJEKT/INJEX).

31   Wurde eine als Markeninhaberin eingetragenen Gesellschaft nach Durchführung der Abwicklung aus dem **Handelsregister gelöscht,** führt das zum Verlust der Prozessfähigkeit und zur Verfahrensunterbrechung. Zur Fortsetzung des Verfahrens ist ein Nachtragsliquidator zu bestellen. Ohne einen solchen ergangene Entscheidungen sind zwar nicht nichtig, aber mit Rechtsmitteln angreifbar (BPatG GRUR-RS 2021, 7314 – REMA soft).

32   Im Falle des Todes einer Beteiligten tritt gemäß § 239 ZPO eine Unterbrechung des Verfahrens bis zu dessen Aufnahme durch einen Rechtsnachfolger oder Nachlasspfleger bzw. Testamentsvollstrecker (§ 243 ZPO) ein, es sei denn die verstorbene Beteiligte war anwaltlich vertreten (§ 246 ZPO). Der Gegner kann eine Aufnahme durch einen Antrag, über den das BPatG entscheidet, erzwingen (§ 239 Abs. 2 ZPO). Bei Tod eines einfachen Streitgenossen wird dessen Verfahren ausgesetzt, was die Verfahren gegenüber den übrigen Streitgenossen nicht berührt (BGH BeckRS 2022, 21086).

33   Tritt während des Verfahrens bezüglich eines der Nacherbfolge unterliegenden Gegenstandes die Nacherbfolge ein, so gelten, sofern der Vorerbe befugt war, ohne Zustimmung des Nacherben über den Gegenstand zu verfügen, gelten gemäß § 242 ZPO hinsichtlich Unterbrechung und Aufnahme des Verfahrens § 239 ZPO entsprechend, es sei denn die verstorbene Beteiligte war anwaltlich vertreten (§ 246 ZPO).

34   Verliert eine Beteiligte die Prozessfähigkeit oder stirbt ihr gesetzlicher Vertreter oder hört seine Vertretungsbefugnis auf, ohne dass die Beteiligte prozessfähig geworden ist, wird das Verfahren gemäß § 241 ZPO unterbrochen bis der gesetzliche Vertreter oder der neue gesetzliche Vertreter von seiner Bestellung dem Gericht Anzeige macht oder der Gegner seine Absicht, das Verfahren fortzusetzen, angezeigt hat und dies der betroffenen Beteiligten mitgeteilt wurde. Dies tritt nicht ein, wenn die betroffene Beteiligte anwaltlich vertreten war und ist (§ 246 ZPO).

35   Eine Unterbrechung durch Anwaltsverlust entsprechend § 244 ZPO tritt beim BPatG nicht ein, da die Verfahren dort ohne Anwaltszwang sind.

36   Hört infolge eines Krieges oder eines anderen Ereignisses, wie etwa eine Pandemie, die Tätigkeit des BPatG auf (Stillstand der Rechtspflege) oder ist es für die Beteiligten nicht mehr erreichbar, so wird für die Dauer dieses Zustandes das Verfahren nach §§ 245, 247 ZPO unterbrochen. Jaspersen erwähnt auch – angesichts der zunehmenden Digitalisierung der Justiz und der anwaltlichen Tätigkeit durch Einführung der eAkte und des elektronischen Rechtsverkehrs – an technische Havarien (BeckOK ZPO/Jaspersen ZPO § 245 Rn. 4).

3. Ruhen des Verfahrens

37   Ein Ruhen des Verfahrens kann das BPatG entsprechend § 251 ZPO im allseitigen Einverständnis anordnen (→ § 82 Rn. 30). Das ist aber meist nicht zweckmäßig und widerspricht der Prozessförderung, weil das strittige Markenrecht Dritte behindern kann (Ströbele/Hacker/Thiering/Ströbele § 43 Rn. 122).

38   Wollen die Beteiligten eine außergerichtliche **Mediation** durchführen lassen, hat das BPatG gemäß § 278a Abs. 2 ZPO das Ruhen des Verfahrens anzuordnen (Haedicke/Timmann PatR-HdB § 16 Rn. 234).

39   In Verfahren mit einfacher Streitgenossenschaft ist ein Ruhen nicht zweckmäßig, wenn nur einzelne Streitgenossen Vergleichsverhandlungen führen (BGH BeckRS 2014, 23277; vgl. auch BGH GRUR 2015, 200).

IV. Gegenstandslose Beschwerde

40   Beschwerden gegen **nichtige Beschlüsse** sind gegenstandslos (→ § 66 Rn. 19). Die Nichtigkeit ist zur Beseitigung eines falschen Rechtsscheins festzustellen.

41   Die Löschung einer Marke aussprechende Beschlüsse werden mit **Rücknahme** des Angriffs wirkungslos (BGH GRUR 1998, 818 – Puma). Beschwerden gegen Löschungsanordnungen sind nach **Wegfall** einer angegriffenen oder Angriffe tragenden Marke gegenstandslos (→ § 66 Rn. 78 ff.). Die Unwirksamkeit des Beschlusses ist von Amts wegen festzustellen, um den durch die Zustellung des Beschlusses entstandenen Anschein der Wirksamkeit zu beseitigen (BPatG GRUR-RS 2022, 29215 – Rolling Bull; BeckRS 2013, 05030 – Reise-Notfallset); dies verlangen Rechtssicherheit und Amtsermittlungsgrundsatz (BPatG BeckRS 2018, 3546 – Amtsermittlungsgrundsatz).

Nach der Rücknahme eines markenrechtlichen Widerspruchs im Beschwerdeverfahren ist jeder Verfahrensbeteiligte berechtigt zu beantragen, dass das BPatG die Wirkungslosigkeit der angefochtenen Beschlüsse des DPMA ausspricht; dies ist nicht auf Entscheidungen beschränkt, in denen das DPMA die teilweise oder vollständige Löschung der angegriffenen Marke angeordnet hat (BPatG GRUR-RS 2021, 5825 – Dr. Becker, in Abgrenzung zu BGH GRUR 1998, 818 – Puma) und setzt kein (besonderes) Rechtsschutzbedürfnis voraus. **41.1**

Ist eine Entscheidung ergangen, weil die Rücknahme des Widerspruchs dem BPatG im Zeitpunkt der Entscheidung unbekannt war, ist die Sache nach Wiederaufnahme des Verfahrens für erledigt zu erklären (EuG T-616/19, BeckRS 2021, 28547). **42**

V. Entscheidungsgrundlage

Das **BPatG ist nicht** an die vom DPMA herangezogenen Gründe **gebunden.** So kann es zB **43** eine Täuschungsgefahr auch dann prüfen, wenn die Markenstelle für eine Schutzversagung nur auf eine beschreibende Bedeutung abgestellt hat (BPatG GRUR 2012, 1148 – Robert Enke; vgl. EuG BeckRS 2012, 81207 Rn. 93 f. – Circon). Dies fällt nicht unter das Verschlechterungsverbot des § 528 ZPO, solange es nur die Begründung betrifft, aber keine weitere Versagung bzw. Zurückweisung enthält **(funktionale Kontinuität,** → UMV Art. 94 Rn. 107).

Das BPatG ist nicht an die Beurteilung der Zulässigkeit der Beschwerde durch das DPMA **44** gebunden (→ Rn. 13), unabhängig davon, ob der Gegner die Unzulässigkeit gerügt hat. Dies setzt aber die Zulässigkeit der Beschwerde voraus; die Beschwerde kann sich also nur auf die von ihr erfassten Waren und Dienstleistungen beziehen (EuG BeckRS 2019, 4366 – Simply.Connected).

Das BPatG ist an die Anträge der Beteiligten gebunden. Es gelten der Grundsatz **ne ultra petita 45** und das Verbot einer **reformatio in peius** (→ § 66 Rn. 22), solange keine Anschlussbeschwerde eingelegt wurde (→ § 66 Rn. 156).

Für **neues Vorbringen** in der mündlichen Verhandlung ist eine **Zurückweisung als verspätet 46** möglich, wenn eine Verzögerung des Verfahrens gerügt wird und die Verspätung auf grober Nachlässigkeit beruht (→ Rn. 71 ff., § 282 Abs. 2 ZPO und § 296 Abs. 2 ZPO; BGH GRUR 1998, 938 – Dragon; → § 43 Rn. 17 ff.); zur Kostenfolge → § 71 Rn. 63. Zur **Einrede der Nichtbenutzung** → Rn. 72. Sind die in dem neuen Vorbringen enthaltenen Tatsachen **unstreitig,** sind sie zu berücksichtigen (BGH GRUR 2022, 1550 – Gehörsverletzung).

Im schriftlichen Verfahren kann keine Verzögerung eintreten; dort hat das BPatG jeden Vortrag **47** vor der Bekanntgabe der Entscheidung zu berücksichtigen (→ § 78 Rn. 22; → § 43 Rn. 19).

Nach Schluss der mündlichen Verhandlung Vorgebrachtes, das der Pflicht zur Beibringung **48** unterlag, darf das BPatG nicht mehr berücksichtigen (§ 296a S. 1 ZPO; § 82 Abs. 1 S. 1 MarkenG; BPatG BeckRS 2016, 07473 – Buy Tube/You Tube).

Verspätetes Vorbringen zu berücksichtigen, kann das rechtliche Gehör verletzen (→ § 43 **49** Rn. 18; BGH BeckRS 2003, 6302 – Minka).

Für das BPatG besteht eine **Selbstbindung** hinsichtlich der eigenen Entscheidungen nach § 82 **50** Abs. 1 S. 1 MarkenG iVm § 318 ZPO nur, sofern es sich um dasselbe Verfahren handelt, wobei Anmelde-, Widerspruchs- sowie Verfalls- und Nichtigkeitsverfahren verschiedene Verfahren sind (BPatG BeckRS 2018, 10202 – M; → UMV Art. 7 Rn. 7 ff.).

Bindung entsteht für das BPatG aus einer erneuten Befassung mit derselben Sache nach Zurück- **51** verweisung an das DPMA und erneuter Beschwerde (→ Rn. 56). Diese besetzungsunabhängige Selbstbindung ist eine zwingende Folge der Bindung des DPMA (→ Rn. 76 ff.; BGH GRUR 2004, 331 – Westie-Kopf). Sie beschränkt sich aber auf die Punkte, die zur Aufhebung der ersten Entscheidung geführt haben (BGH GRUR 1972, 472 – Bindungswirkung; BPatG BeckRS 2017, 139004 – Vorbenutzung saugfähiger Faserstoffbahnen). Zur Bindungswirkung der Rechtsbeschwerdeentscheidung des BGH → § 89 Rn. 11.

B. Zurückverweisung (Abs. 3)

Der Beschwerdesenat kann nach seinem Ermessen den angefochtenen Beschluss aufheben, **52** ohne in der Sache selbst zu entscheiden (vgl. zu Patentsachen BPatG BeckRS 2013, 12231 Ls.

3 – Koaxialkabel). Er hat die Sache dann an das DPMA zurückzuverweisen, damit dieses eine Sachentscheidung treffen kann. Dabei ist in aller Regel eine **Rückzahlung der Beschwerdegebühr** geboten (→ § 71 Rn. 153). Trotz schwerer **Verfahrensverstöße** (→ Rn. 64) kann das BPatG von einer Zurückverweisung absehen und selbst in der Sache entscheiden (BPatG BeckRS 2016, 18878 – Gitter an Lüftungsanlagen). Auch dabei ist meist eine Rückzahlung der Beschwerdegebühr geboten (BPatG GRUR-RS 2020, 12497 – craftguide).

52.1   Bei der Zurückverweisung ist abzuwägen zwischen der Aufgabe eines Rechtsmittels, die Richtigkeit einer Entscheidung prüfen zu lassen, den Anträgen der Parteien, dem Interesse, Verfahren innerhalb einer angemessenen Frist abzuschließen, und dem Umfang der bisherigen Bewertung (EPA GRUR-RS 2019, 45390 - Nummerierung). Eine Zurückverweisung erscheint angemessen, wenn der Anmelder erst im Laufe des Beschwerdeverfahrens Mängel nach § 32 Abs. 3 bzw. nach § 65 Abs. 1 Nr. 2 behebt, etwa indem er das Waren- und Dienstleistungsverzeichnis klar fasst (BPatG BeckRS 2016, 08047 – Bestimmtheit der Klassifizierung).

53   Hat der Beschwerdeführer erst im Beschwerdeverfahren **Wiedereinsetzung** beantragt, hat das DPMA gemäß § 91 Abs. 6 darüber zu entscheiden, so dass eine Zurückverweisung geboten ist. Das BPatG kann als Rechtsmittelgericht die Entscheidung nur ausnahmsweise an sich ziehen, wenn sich die Voraussetzungen der Wiedereinsetzung ohne Weiteres aus den Akten ergeben (BPatG BeckRS 2013, 11946 – Blower Door; BGH NJW 1982, 1873). Kann das BPatG dem Wiedereinsetzungsantrag nicht stattgegeben, ist die Sache zurückzuverweisen, weil dem Antragsteller die Möglichkeit nicht entzogen werden darf, eine aufgrund der Regelung in § 91 Abs. 7 nicht anfechtbare Wiedereinsetzung durch das DPMA zu erwirken (BPatG BeckRS 2017, 126060 – Bosco; zu vergleichbaren Situationen s. BGH NJW-RR 2014, 1532; BAG NJW 2004, 2112 (2113)).

54   Das BPatG kann auch eine Verkehrsdurchsetzung prüfen (s. aber → Rn. 73), um dann selbst zu entscheiden. Abzuwägen ist dabei zwischen Prozessökonomie (BGH GRUR 1998, 395 – Active Line) und Verlust einer Instanz.

54.1   Zum Stand der Diskussion s. Fezer Rn. 8, 13; Ingerl/Rohnke/Nordemann/Grabrucker Rn. 31; BPatG BeckRS 2009, 17905 – Speiseeis; BeckRS 2009, 13953 – Neuss Arcaden.

55   Bei einer bereits einmal zurückverwiesenen Sache ist eine weitere Zurückverweisung kritisch zu prüfen (BGH BeckRS 2018, 6853).

56   Das BPatG ist an die Gründe gebunden, die es einer Zurückverweisung zugrunde gelegt hat, wenn es über die Sache erneut zu entscheiden hat und keine wesentlichen Änderungen eingetreten sind (BPatG GRUR-RS 2020, 18136; → Rn. 51).

I. Fehlende Entscheidung des DPMA (Abs. 3 Nr. 1)

57   Noch nicht (vollständig) in der Sache entschieden hat das DPMA, wenn es (möglicherweise) Entscheidungserhebliches nicht berücksichtigt hat (§ 59), weil es bereits aus anderen Gründen (Unzulässigkeit, Formfehler bei der Anmeldung (§ 36), kein ausreichender Vortrag zur Verkehrsdurchsetzung etc) zu seiner Entscheidung gekommen ist, diese Gründe nach Ansicht des Gerichts aber nicht tragen.

58   Geht das DPMA im Kostenfestsetzungsverfahren über den Antrag hinaus, weil es den Gegenstandswert höher ansetzt als der Antragsteller, ist die Sache wegen eines Verstoßes gegen § 308 ZPO zurückzuverweisen (BPatG BeckRS 2014, 08005). Das gilt nicht bei einer Anpassung des Gegenstandswerts im Rahmen eines Kostenausgleichs (→ § 71 Rn. 91).

59   Zurückverweisung ist ferner geboten, wenn das BPatG eine **andere Markenform** für gegeben hält, als die, über die das DPMA entschieden hat (zB Positionsmarke oder Bildzeichen, abstrakte Farbmarke oder farbige Bildmarke, dreidimensionale Marke oder Positions- bzw. Bildmarke, Gewährleistungsmarke oder Kollektivmarke; BPatG BeckRS 2007, 16688 – Farbe Gelb; Fezer Rn. 9).

59.1   Hat das DPMA über eine farblose Marke entschieden, obwohl die Anmeldung auf eine Marke in Farbe gerichtet war, ist eine Zurückverweisung unter Rückzahlung der Beschwerdegebühr angemessen, auch wenn der Anmelder keine ausreichende Darstellung und Festlegung der Farbe vorgenommen hat, eine Mängelbeseitigung aber noch möglich ist (BPatG BeckRS 2014, 23672 – Roots 64).

60   Gleiches gilt, wenn das Amt seiner Entscheidung ein falsches Waren und Dienstleistungsverzeichnis (→ Rn. 68) zu Grunde gelegt oder eine andere als die angemeldete Marke geprüft hat (BPatG BeckRS 2017, 133074 – „LED Lichtraum" statt „lichträume").

Hält das BPatG andere Schutzhindernisse als die vom DPMA seiner die Eintragung versagenden **61** Entscheidung zu Grunde gelegten für ausschlaggebend (→ Rn. 43), so kann und wird es selbst entscheiden. Hat erst eine Änderung des Waren- und Dienstleistungsverzeichnisses zu einer Täuschungsgefahr geführt (→ § 8 Rn. 625; → § 39 Rn. 20 f.), dürfte jedoch eine Zurückverweisung geboten sein.

Eine Zurückverweisung wäre auch geboten, wenn die Entscheidung beim DPMA entgegen **62** § 35a VwVfG automatisiert, etwa durch **künstliche Intelligenz** (KI) erfolgt wäre; zur Unzulässigkeit von KI-Entscheidungen s. Bingener MarkenR 2021, 233 (236).

II. Wesentlicher Mangel des Verfahrens (Abs. 3 Nr. 2)

Das BPatG kann die angefochtene Entscheidung aufheben, ohne in der Sache selbst zu entscheiden, wenn das Verfahren vor dem DPMA an einem wesentlichen Mangel leidet. Es kann allerdings **63** auch selbst entscheiden (→ Rn. 52).

Ein wesentlicher Mangel des Verfahrens liegt ua vor, wenn das Verfahren keine ausreichende **64** Entscheidungsgrundlage geboten hat, etwa weil das DPMA einen Löschungsantrag nicht ordnungsgemäß zugestellt, das rechtliche Gehör verletzt oder eine gebotene Aufklärung unterlassen hat (BPatG GRUR-RS 2020, 4681; BeckRS 2010, 26253 – Mr. Tuning; krit. Ingerl/Rohnke/ Nordemann/Grabrucker Rn. 31, 37; Fezer Rn. 10, 11). Nimmt die Begründung eines Beschlusses auf einen Beanstandungsbescheid Bezug, der den Beteiligten nicht vor Erlass des Beschlusses zugegangen war, ist sie mangelhaft (BPatG GRUR-RS 2020, 12497 – craftguide).

Ebenso ist eine Entscheidung trotz Unterbrechung des Verfahrens (§ 240 ZPO) mangelhaft **65** (BPatG BeckRS 2008, 15448 – Space Park).

Gleiches gilt für eine Entscheidung, die erst nach Ablauf von fünf Monaten seit Verkündung **66** begründet wird (→ § 61 Rn. 6; BPatG BeckRS 2016, 18878 – Gitter an Lüftungsanlagen).

Es ist ein Verfahrensmangel, wenn das Amt keine ausreichende Begründung gegeben hat (→ **67** § 61 Rn. 6; → § 71 Rn. 144). Besteht die Marke aus einem Wort mit **vielfältigen Bedeutungen** gehört es zu einer ausreichenden Begründung, zu prüfen, welche davon für die beanspruchten Waren und Dienstleistungen in Frage kommen (BPatG BeckRS 2019, 20919 Rn. 10 f. – kleiner Stecher). Formelhafte **Textbausteine** ersetzen keine Begründung, insbesondere nicht die immer gebotene Auseinandersetzung mit der einschlägigen Rechtsprechung (BPatG GRUR-RS 2021, 1312 – Kloster Scheyern).

Dem steht es gleich, wenn das Amt ein Waren- und Dienstleistungsverzeichnis nicht differen- **68** ziert und nachvollziehbar behandelt hat. Ungeachtet der an sich gebotenen Prozessökonomie sieht es das BPatG nicht als seine Aufgabe an, die differenzierte Erstprüfung einer Anmeldung vorzunehmen, wenn das Amt die **Waren und Dienstleistungen zu pauschal gewürdigt** hat (→ § 79 Rn. 22; BPatG GRUR-RS 2022, 31020 – table; GRUR-RS 2021, 3982 – AYYANA/ AYANDA; GRUR-RS 2020, 15059 – Kräuterwasser; GRUR-Prax 2017, 103 – Space IC).

Stellt die Markenabteilung bei der Beurteilung des Schutzhindernisses fehlender Unterschei- **69** dungskraft auf einen **falschen Zeitpunkt** ab (→ § 50 Rn. 5), besteht kein Anlass, die Entscheidung aufzuheben und das Verfahren an das DPMA zurückzuverweisen, wenn sich dies im Ergebnis nicht auf die Entscheidung ausgewirkt hat (BPatG BeckRS 2016, 8269 – PreisRoboter). Stellt das DPMA bei der Prüfung der Bösgläubigkeit einer Anmeldung auf den Zeitpunkt der Eintragung ab, wird das BPatG selbst prüfen, ob sich die maßgeblichen Verhältnisse seit der eigentlich maßgeblichen Anmeldung (→ § 8 Rn. 969) geändert haben (BPatG BeckRS 2017, 121706 – Klammeraffe; BeckRS 2016, 01748 – delikat).

Ist nicht erkennbar, wer den angefochtenen Beschluss verfasst hat und ob er mit Willen des **70** Verfassers in den Verkehr gebracht worden ist, ist der Beschluss unwirksam, so dass es an einer abschließenden Entscheidung fehlt. Eine widersprüchliche oder **fehlende Unterschrift/Signatur** (§ 20 DPMAV, § 5 Abs. 3 EAPatV) kann nicht im laufenden Verfahren geheilt werden; vielmehr ist den Beteiligten ein formgerecht unterzeichneter/signierter Beschluss zuzustellen, um die Beschwerdefrist erneut in Kraft zu setzen (BPatG GRUR-RS 2021, 39718 – widersprüchliche Signatur; BeckRS 2016, 8401 – DZX).

III. Neue Tatsachen und Beweismittel (Abs. 3 Nr. 3)

Allgemein kann das BPatG bei seiner Entscheidung neue Tatsachen berücksichtigen und selbst **71** entscheiden.

Der Inhaber der angegriffenen Marke kann die **Einrede der Nichtbenutzung** auch erstmals **72** im Beschwerdeverfahren erheben. Umgekehrt können Unterlagen zum Nachweis der Benutzung erstmals im Beschwerdeverfahren vorgelegt werden – auch wenn die Benutzung bereits vor dem Amt bestritten war (BPatG GRUR-Prax 2018, 432 – Areva MZ/Arena).

73   Sinnvoll ist eine Zurückverweisung, wenn erstmals **Verkehrsdurchsetzung** geltend gemacht bzw. entscheidungserheblich wird (BPatG GRUR-RS 2022, 8032 – EUROBIKE; GRUR-RS 2019, 46802 – CHECK24). Keine Zurückverweisung ist geboten, um eine bloß behauptete aber nicht oder nur ungenügend dargetane Verkehrsdurchsetzung zu belegen. Zu den Voraussetzungen der **Anfangsglaubhaftmachung** → § 8 Rn. 1103 (Ströbele GRUR 1987, 75).

74   Für neues Vorbringen in der mündlichen Verhandlung ist eine **Zurückweisung als verspätet** möglich, wenn eine Verzögerung des Verfahrens gerügt wird und die Verspätung auf grober Nachlässigkeit beruht (§ 282 Abs. 2 ZPO und § 296 Abs. 2 ZPO; BGH GRUR 1998, 938 – Dragon; → § 43 Rn. 17 ff.); zur Kostenfolge → § 71 Rn. 63. Voraussetzung der Zurückweisung ist, dass der neue Vortrag tatsächliche oder rechtliche Fragen aufwirft, die in der mündlichen Verhandlung nicht oder nur mit unverhältnismäßigem Aufwand zu klären sind. Kann das BPatG an sich das verspätete Vorbringen dagegen noch ohne Weiteres in die mündliche Verhandlung einbeziehen, ohne dass es zu einer Verfahrensverzögerung kommt, liegen die Voraussetzungen für eine Zurückweisung nicht vor (Schülke FS 50 Jahre BPatG, 2011, 435 (445); BGH BeckRS 2012, 08031). Verzögerungen schließt es nicht aus, dass eine **Schriftsatzfrist** gewährt werden kann.

75   Wurde eine Nichtbenutzungseinrede teilweise fallen gelassen (Zugeständnis), kann sie in vollem Umfang wieder aufgegriffen werden. Das BPatG kann das **Wiederaufgreifen** aber nicht mehr berücksichtigen, wenn es zu einem Zeitpunkt geschieht, in dem eine erstmalige Nichtbenutzungseinrede als verspätet zurückzuweisen wäre (BPatG GRUR 2005, 58 – Brelan/Rilan).

C. Bindende Wirkung für das DPMA (Abs. 4)

76   Die Bindungswirkung betrifft nicht nur Zurückverweisungen, sondern auch Entscheidungen über die Eintragung. Hat das BPatG nicht dezidiert über einzelne Formulierungen im Waren und Dienstleistungsverzeichnis entschieden, sondern nur allgemein über Schutzhindernisse, kann das DPMA das Verzeichnis vor Eintragung der Marke aber überarbeiten.

77   Die Bindung des DPMA an Beschlüsse des BPatG umfasst – ähnlich wie die des BPatG nach § 89 Abs. 4 an Entscheidungen des BGH und die nach § 563 Abs. 2 ZPO – nur tragende Gründe; obiter dicta und sog. Segelanweisungen (Ingerl/Rohnke/Nordemann/Grabrucker Rn. 46a) binden nicht (BGH GRUR 1972, 472 (474) – Zurückverweisung; GRUR 1969, 433 (435 f.) – Waschmittel).

78   Die Bindung einer Zurückverweisung entfällt bei einer wesentlichen Änderung der Tatsachen, der Beweislage, des Gesetzes oder nach einer zwischenzeitlichen grundsätzlichen Klärung durch BGH oder EuGH (BGH NJW 2013, 167; Fezer Rn. 14).

79   Vernachlässigt das DPMA die Bindung ohne rechtfertigenden Grund, hat das BPatG in einem nachfolgenden Beschwerdeverfahren die Rückzahlung der Beschwerdegebühr anzuordnen (→ § 71 Rn. 149).

D. Rechtskraft

80   Beschwerdeentscheidungen des BPatG – mit und ohne Zulassung der Rechtsbeschwerde – werden erst mit Ablauf der Rechtsbeschwerdefrist (§ 85 Abs. 1) formell (und soweit möglich materiell) rechtskräftig.

81   Das setzt eine ordnungsgemäße **Rechtsmittelbelehrung** voraus (→ § 79 Rn. 37 f.).

82   **Wiederaufnahme** eines rechtskräftig abgeschlossenen Beschwerdeverfahrens ist analog §§ 578 ff. ZPO zulässig (BPatG Beschl. v. 7.5.1973 – 35 W (pat) 17/71; Ingerl/Rohnke/Nordemann/Grabrucker Rn. 54 ff.). Ist eine Entscheidung trotz Rücknahme des Widerspruchs ergangen, ist eine Wiederaufnahme zur Erledigterklärung des Verfahrens geboten (→ Rn. 42). Die Beteiligung eines ausgeschlossenen Richters kann eine Wiedereinsetzung rechtfertigen (→ § 72 Rn. 50).

83   Der Antrag auf Wiedereintragung einer gelöschten Marke aufgrund eines rechtskräftigen Urteils nach § 44 Abs. 3 führt zur Wiederaufnahme des Eintragungsverfahrens. Zum Zeitpunkt der Löschung der angegriffenen Marke noch weitere anhängige Verfahren, über die bis zu diesem Zeitpunkt noch nicht rechtskräftig entschieden wurde (→ Rn. 21), leben danach wieder auf (→ § 44 Rn. 44; → § 66 Rn. 50).

84   Anderes gilt für Verfahren, die sich durch Löschung bzw. Verfalls- oder Nichtigkeitserklärung der Widerspruchsmarke zunächst erledigt hatten (BPatG BeckRS 2016, 12903 – Tioum; → § 44 Rn. 45). Nur ausgesetzte Verfahren können auch dann wiederaufleben.

85   Da es hinsichtlich der Feststellung des Verfalls und der Nichtigkeit wegen älterer Rechte zu einer divergierenden Rechtsprechung zwischen BPatG und den Zivilgerichten kommen kann,

schmerzt das Fehlen einer § 544 ZPO entsprechenden **Nichtzulassungsbeschwerde** (Albrecht/Hoffmann MarkenR 2020, 1 (9)).

E. Vorlage an den EuGH

Hat das BPatG Zweifel bei der Auslegung einer das deutsche Recht beeinflussenden Richtlinienbestimmung, muss es seine Fragen, wenn es nicht die Rechtsbeschwerde zulässt, nach Art. 267 Abs. 3 AEUV dem EuGH vorlegen (Fezer Markenpraxis-HdB/Grabrucker I.1.2. Rn. 652 ff.). Dem steht § 89 Abs. 4 S. 2 nicht entgegen (BPatG GRUR 2006, 946 (948) – Taschenlampen II). **86**

Unterlässt das BPatG dies, entscheidet es also letztinstanzlich, verletzt es das Recht auf den gesetzlichen Richter (Art. 101 Abs. 1 S. 2 GG; BVerfG BeckRS 2021, 1962). Das eröffnet den Beteiligten die Rüge nach § 83 Abs. 3 Nr. 1 (BGH GRUR 2014, 1132 – Schwarzwälder Schinken). **87**

Vorlagen an den EuGH beruhen auf unanfechtbaren Zwischenentscheidungen (OLG Stuttgart BeckRS 2020, 28345; → § 72 Rn. 38). **88**

F. Gütliche Erledigung

Die **Grenzen gerichtlicher Entscheidungsmöglichkeiten** lassen in vielen Fällen Abgrenzungsvereinbarungen bzw. Beschränkungen im Waren und Dienstleistungsverzeichnis (→ Rn. 92) inter partes als vorteilhafter erscheinen. **89**

In Widerspruchs, Verfalls und Nichtigkeitsverfahren ist der Markenschutz für **Oberbegriffe** insgesamt zu entziehen, wenn auch nur für einen Teil der Waren/Dienstleistungen eine Verwechslungsgefahr bzw. ein Schutzhindernis gegeben ist. Wie DPMA und BPatG Oberbegriffe nicht von sich aus aufgliedern können (→ § 8 Rn. 117), kann auch der Widerspruchsführer bzw. Antragsteller insoweit keinen beschränkten Antrag stellen. Der Anmelder muss Oberbegriffe von sich aus einschränken und damit auf die Marke teilweise verzichten. **90**

Da Widerspruchsführer bzw. Antragsteller oft nicht zu erkennen geben, ob nur einzelne unter einen Oberbegriff fallende Waren und/oder Dienstleistungen stören, empfiehlt es sich für den Inhaber des angegriffenen Zeichens, mit dem Gegner Kontakt aufzunehmen, um dies abzuklären. Das Gericht kann dies gemäß § 278 Abs. 1 ZPO durch vorbereitende Hinweise und/oder eine Erörterung zu Beginn der mündlichen Verhandlung fördern (→ § 76 Rn. 1). **91**

Abgrenzungsvereinbarungen bieten Möglichkeiten, die DPMA und BPatG nicht haben; die Parteien können weniger weitgehende Lösungen vereinbaren, etwa Beschränkungen in der räumlichen Verwendung, auf Verwendungsformen (Farbe, Schreibweise etc), auf Vertriebsmodalitäten und vieles mehr. Zu den kartellrechtlichen Grenzen von Abgrenzungsvereinbarungen s. Kirchhoff GRUR 2017, 248; BGH GRUR 2016, 849 – Pelikan. Vereinbarungen können allerdings kartellrechtliche Verstöße nicht heilen (→ § 76 Rn. 37). Allerdings ist zu beachten, dass Abgrenzungsvereinbarungen **unkündbar** sind (LG München I GRUR-RS 2022, 27570 Rn. 83 ff. – Spezi). **92**

Güteverhandlungen, wie sie für Unionsmarken möglich sind (→ UMV Art. 47 Rn. 25; → UMV Art. 66 Rn. 21; → UMV Art. 64 Rn. 51), und **Mediation** nach § 278a ZPO kommen Kaufleuten entgegen, die unabhängig von der Rechtslage nach raschen Lösungen streben und Abgrenzungsmöglichkeiten suchen, auch um weitere Verfahren zu vermeiden (Sadacharam/Albrecht MarkenR 2021, 416 ff.; → § 76 Rn. 1). **93**

Mediation bietet sich vor allem dort an, wo Emotionen im Spiel sind, wo es also um den Diebstahl von Ideen, um Urheberrechte oder um den Verrat von Geschäftsgeheimnissen geht. Ein Mediator kann dabei helfen, die tatsächlichen Positionen herauszuarbeiten; Mediation bietet sich zudem an, wenn die Beteiligten ein Interesse an weiteren Geschäftsbeziehungen haben, also bei Handelsbeziehungen, Lizenzverhältnissen, Firmenteilungen etc. (Haedicke/Timmann PatR-HdB § 16 Rn. 224, 228). Die deeskalierende Wirkung von Mediationsverfahren kann dafür hilfreich sein, beurteilt sie doch vor allem die gegenwärtige Situation und ist zukunftsgerichtet, während vor Gericht hauptsächlich Vergangenes beurteilt werden muss. **94**

Inhaber von grafisch gestalteten Marken und deren Schöpfer, die Urheberrechte an der Markengestaltung haben, sind unauflöslich aneinandergebunden; Anpassungen der Markenform an den Zeitgeist oder an neue Werbestrategien bedürfen der Zustimmung des Urhebers. Außerdem können Markeninhaber und Urheber ihre Rechte sowohl gemeinsam gegen Dritte durchsetzen als auch mit unterschiedlichen Mitteln, die jeweils nur einem von ihnen zustehen (Sadacharam/Albrecht MarkenR 2021, 416 unter III.; Sadacharam/Albrecht MarkenR 2020, 365 (371) unter VI.). Ihre Situation ist also durchaus vergleichbar mit der von Patentinhabern und Erfindern, **95** insbesondere Arbeitnehmererfindern, sowie mit der von Eheleuten, die trotz einer Ehescheidung immer Eltern bleiben werden. In solchen Beziehungen bietet Mediation ein großes Potential, was sich im Familienrecht deutlich zeigt.

96　　Auch wo mehrere Verfahren parallel oder seriell drohen, spricht vieles für Mediation. Dazu gehören Verfalls- und Nichtigkeitsanträge vor dem DPMA oder den Zivilgerichten. Anders als das bloße Bestreiten der Benutzung im Widerspruchsverfahren, können sie zum endgültigen Verlust der Widerspruchsmarke führen (Albrecht/Hoffmann MarkenR 2020, 1). Haedicke nennt den Mediator in diesen Fällen den „Zaun an der Klippe", über die beide abzustürzen drohten, während das Gericht oder der Insolvenzverwalter nur als Notarzt tätig werden könnten (Haedicke/Timmann PatR-HdB § 16 Rn. 233).

97　　Gerichtsverfahren sind meist öffentlich, während für eine Mediation **Vertraulichkeit** gemäß § 1 Abs. 1 MediationsG gilt. Die Beteiligten können unter sich Vertraulichkeit vereinbaren; der Mediator ist immer zur Vertraulichkeit verpflichtet. Er hat ein Zeugnisverweigerungsrecht nach § 4 S. 1 MediationsG iVm § 383 Abs. 1 Nr. 6 ZPO. Anwälte, die als Mediator tätig waren, können sich darauf über § 43a Abs. 2 S. 1 BRAO und § 18 BORA bzw. § 39a Abs. 2 S. 2 PAO und § 4 BOPA berufen (Sadacharam/Albrecht MarkenR 2021, 416 (417) unter IV.3.).

98　　Wurde die Mediation ohne Anwälte durchgeführt, sollten Anwälte Vereinbarungen prüfen; sie sollen ja eine Lösung auf Dauer garantieren und eine praktikable Umsetzung ermöglichen (Sadacharam/Albrecht MarkenR 2021, 416 (417) unter V.).

99　　Das Honorar von Anwälten in den Mediationsverfahren muss sich daran orientieren, dass die Kosten der Mediation die aus einem Gerichtsverfahren nicht eklatant überschreiten sollten. § 4 Abs. 2 RVG bietet dafür die Möglichkeit, geringere Gebühren zu vereinbaren (Sadacharam/Albrecht MarkenR 2021, 416 (417) unter VI.).

100　Nach bösgläubigen Anmeldungen ist der Spielraum für Vereinbarungen begrenzt, da jeder nicht an die Vereinbarung gebundene die Bösgläubigkeit jederzeit geltend machen kann (→ § 8 Rn. 969 ff.).

§ 71 Kosten des Beschwerdeverfahrens

(1) [1]Sind an dem Verfahren mehrere Personen beteiligt, so kann das Bundespatentgericht bestimmen, daß die Kosten des Verfahrens einschließlich der den Beteiligten erwachsenen Kosten, soweit sie zur zweckentsprechenden Wahrung der Ansprüche und Rechte notwendig waren, einem Beteiligten ganz oder teilweise zur Last fallen, wenn dies der Billigkeit entspricht. [2]Soweit eine Bestimmung über die Kosten nicht getroffen wird, trägt jeder Beteiligte die ihm erwachsenen Kosten selbst.

(2) Dem Präsidenten oder der Präsidentin des Deutschen Patent- und Markenamtes können Kosten nur auferlegt werden, wenn er oder sie nach seinem oder ihrem Beitritt in dem Verfahren Anträge gestellt hat.

(3) Das Bundespatentgericht kann anordnen, daß die Beschwerdegebühr nach dem Patentkostengesetz zurückgezahlt wird.

(4) Die Absätze 1 bis 3 sind auch anzuwenden, wenn der Beteiligte die Beschwerde, die Anmeldung der Marke, den Widerspruch oder den Antrag auf Erklärung des Verfalls oder der Nichtigkeit ganz oder teilweise zurücknimmt oder wenn die Eintragung der Marke wegen Verzichts oder wegen Nichtverlängerung der Schutzdauer ganz oder teilweise im Register gelöscht wird.

(5) Im Übrigen gelten die Vorschriften der Zivilprozessordnung über das Kostenfestsetzungsverfahren (§§ 103 bis 107) und die Zwangsvollstreckung aus Kostenfestsetzungsbeschlüssen (§§ 724 bis 802) entsprechend.

Überblick

Kostenauferlegung richtet sich vor dem BPatG in Markensachen nach der Billigkeit (→ Rn. 20).

Spezielle Gründe für die Kostenauferlegung gibt es in Verfallsverfahren (→ Rn. 26), in Nichtigkeitsverfahren (→ Rn. 32), in Verfahren aus älteren Rechten (→ Rn. 34), nach verfahrensbeendenden Erklärungen (→ Rn. 49), in Nebenverfahren (→ Rn. 54), bei fehlender Benutzung einer Marke, auf die ein Angriff gestützt wurde (→ Rn. 57) sowie bei bösgläubig angemeldeten Marken (→ Rn. 64).

Entscheidungen über die Kostenpflicht sind anfechtbar (→ Rn. 83).

In Verfahren mit nur einem Beteiligten kommt keine Kostenauferlegung in Betracht, sondern nur eine Rückzahlung der Beschwerdegebühr (→ Rn. 124 ff.), auch nach Abhilfe durch das Amt (→ Rn. 129) aber nicht aufgrund jeder Beschwerderücknahme (→ Rn. 127 f.).

Die Präsidentin des DPMA kann Beteiligte sein und – wenn sie Anträge stellt – Kosten zu tragen haben (→ Rn. 8).

Die Festsetzung des Gegenstandswerts (→ Rn. 85) spielt eine Rolle, wo für die Erstattung der Kosten das RVG maßgeblich ist. Für die Wertbestimmung gibt es verschiedene Kriterien (→ Rn. 94 ff.). Zu den Rechtsmitteln gegen die Festsetzung eines Gegenstandswerts → Rn. 122.

Für die Kostenfestsetzung und deren Vollstreckung gilt die ZPO (→ Rn. 156 ff.). Die Kosten einer Doppelvertretung werden dabei selten anerkannt (→ Rn. 172).

Auch Auslagen können zu den Kosten gehören, die zu erstatten sind (→ Rn. 177).

Der Kostenansatz für Auslagen des BPatG (→ Rn. 187) umfasst Zustellungskosten (→ Rn. 190) und gegebenenfalls Beweiserhebungen (→ Rn. 191).

Übersicht

A. Kostengrundentscheidung

Es handelt sich hier um eine vorrangige Spezialnorm, die die Kostengrundentscheidung abweichend vom Unterliegensprinzip des § 91 ZPO regelt. Dies orientiert sich nur an der **Billigkeit** und muss ausdrücklich entschieden werden. **1**

Ob die Regelung mit dem Unionsrecht vereinbar ist, ist umstritten, zumal nach Art. 14 Enforcement-RL für Streitigkeiten im Bereich des gewerblichen Rechtsschutzes sicherzustellen ist, dass die unterlegene Partei die Kosten zu tragen hat. Im Hinblick auf die Beweislast bei **Verfallsverfahren** (→ § 49 Rn. 8) fordert der EuGH die Möglichkeit zur Abwehr von Missbrauch (EuGH C-183/21, GRUR 2022, 573 – Maxxus). Auch allgemein wird gefordert, diese Vorschrift zurückhaltender anzuwenden und dem Gedanken des § 91 ZPO mehr Raum zu lassen (Brandi-Dohrn FS 50 Jahre BPatG, 2011, 569; BPatG GRUR 2000, 331 f.; 2012, 529 – fotografierter Schuh; BeckRS 2011, 145987 – il Punto; Albrecht/Hoffmann Vergütung Rn. 1226). **2**

Die Kostenentscheidung in Verfahren vor dem DPMA regelt § 63. Die Tenorierung „Kosten des Verfahrens" in einer Entscheidung des BPatG unter Bezug allein auf § 71 erfasst nicht die Kosten aus Verfahren vor dem DPMA (BPatG BeckRS 2016, 04071). **3**

Überlässt der BGH die Kostenentscheidung dem BPatG, hat dieses im zurückverwiesenen Verfahren gemäß § 90 – und nicht nach § 71 – über die Kosten zu entscheiden (BPatG GRUR-RS 2020, 29494). **4**

Das BPatG trifft seine Entscheidung über die Kostenpflicht von Amts wegen; ein Antrag ist nicht erforderlich, als Anregung aber durchaus sinnvoll, um einen inzidenten oder floskelhaften Bezug auf die regelmäßige Kostenaufhebung (Abs. 1 S. 2) zu vermeiden. **5**

6   Wo alternative Verfahren vor dem DPMA und Zivilgerichten möglich sind, müssen sich die Angreifer entscheiden, ob sie den Antrag beim DPMA stellen wollen, um das Kostenrisiko von der Summe her klein zu halten, dabei aber die eigenen Kosten regelmäßig selbst tragen zu müssen, oder ob sie vor einem Zivilgericht klagen wollen und bei einem hohen Kostenrisiko die Chance wahrnehmen wollen, die Kosten bei Obsiegen sicher erstattet zu bekommen.

7   In **Verfahren mit nur einem Beteiligten** kommt keine Kostenauferlegung (zu Lasten des DPMA) in Betracht. Das Gericht kann hier nur anordnen, die Beschwerdegebühr zurückzuzahlen (→ Rn. 124 ff.).

8   Tritt die **Präsidentin des DPMA** nach § 68 Abs. 2 dem Verfahren bei, wird sie Beteiligte; stellt sie einen Antrag, kann ihr das BPatG auch Kosten auferlegen. Die bloße Beteiligung nach § 68 Abs. 1 hat dagegen keine Kostenfolgen.

9   Tritt der Rechtsnachfolger eines Markeninhabers als Nebenintervenient auf, schließt es § 265 Abs. 2 S. 3 ZPO aus, § 69 ZPO anzuwenden. Damit hat der Gegner der Hauptpartei gemäß § 101 Abs. 1 ZPO auch die durch die **Nebenintervention** verursachten Kosten zu tragen, wenn er die Kosten des Verfahrens zu tragen hat, sonst der Nebenintervenient selbst. Die §§ 100, 101 Abs. 2 ZPO kommen nicht zum Tragen (BPatG BeckRS 2015, 14910). Nimmt der Nebenintervenient seine Nebenintervention zurück, trägt er in jedem Fall seine außergerichtlichen Kosten selbst (BPatG BeckRS 2015, 19687). Auch die Kosten einer **Streithelferin** sind ausdrücklich auszusprechen.

10   Auch der Teil der Kostenauferlegung, der einen Nebenintervenienten betrifft, ist zu tenorieren (BPatG BeckRS 2015, 14908). Gegen eine Kostenlast hinsichtlich des Nebenintervenienten kann der Beschwerte selten einwenden, die Nebenintervention sei missbräuchlich gewesen und habe allein der Kostengenerierung gedient. § 66 ZPO verlangt für den Beitritt ein rechtliches Interesse, was im Regelfall einen Missbrauch ausschließt (BPatG GRUR 2015, 104 – L-Arginin).

11   Hat der Nebenintervenient einer Vereinbarung der Hauptparteien zugestimmt, die nur die Verteilung der Kosten zwischen diesen regelt, ohne die Kosten der Nebenintervention zu erwähnen, schließt dies regelmäßig einen prozessualen Kostenerstattungsanspruch des Nebenintervenienten aus (BGH NJW 2016, 1893).

12   Die **Kostenentscheidung** regelt die Erstattung dem Grunde nach sowie deren relative Höhe (Quote), nicht deren absolute Höhe. Sie betrifft ohne ausdrückliche Differenzierung (→ Rn. 77) alle Kosten des Verfahrens, also die Beschwerdegebühr, Gerichtskosten sowie die Kosten und Auslagen der Beteiligten, Anwaltsgebühren, Reisen, Kopien etc (vgl. Auflistung bei Albrecht/ Hoffmann Anhang Mustertexte IV.1 – Merkhilfe für Kostenfestsetzungsanträge). Zu ausländischen Anwälten → Rn. 174.

13   Die Höhe der zu erstattenden Beträge ergibt sich bei Rechnungsstellung, wenn der Schuldner diese akzeptiert, oder im Kostenfestsetzungsverfahren (→ Rn. 156 ff.).

I. Notwendigkeit einer Kostengrundentscheidung

14   Eine differenzierte Kostenentscheidung ergeht beim BPatG in der Regel nur auf Antrag.

15   Hat das BPatG über einen Kostenantrag nicht entschieden oder eine erforderliche Kostenentscheidung nicht getroffen, ist eine Ergänzung des Beschlusses möglich (→ § 80 Rn. 25).

16   Vom Grundsatz der Kostenaufhebung abweichende Kostenentscheidungen (Abs. 1 S. 2) sind zu begründen.

17   Eine bewilligte **Verfahrenskostenhilfe** verlangt über § 269 Abs. 4 S. 2 ZPO zwingend eine Kostenentscheidung, da dies die Staatskasse entlasten kann.

18   Auch nach einer **Rücknahme,** selbst vor Ablauf der Beschwerdefrist (BPatG BeckRS 2009, 01786), nach **Erledigung** durch Verzicht und nach **Löschung** bedarf eine Kostenauferlegung einer ausdrücklichen Kostenentscheidung; § 269 Abs. 3 S. 2 ZPO kommt dabei nicht zur Anwendung (BPatG BeckRS 2010, 23083 – Z.plus/Plus).

19   Die Voraussetzungen für eine Kostenentscheidung liegen nicht vor, wenn die **Beschwerde als nicht eingelegt gilt;** insoweit wird ja kein Beschwerdeverfahren anhängig. Nur bei verfahrensbeendenden Rücknahmeerklärungen kann aus Billigkeitsgründen eine Kostenauferlegung in Betracht kommen (BPatG BeckRS 2019, 24062 Rn. 105 – Bro-Secco; BeckRS 2015, 17449 Rn. 10 – Hawk).

II. Entscheidungsgrundlage Billigkeit

20   Kostenauferlegung entspricht immer dann der Billigkeit, wenn das Verhalten eines Verfahrensbeteiligten Kosten (ganz oder teilweise) verursacht hat und mit der bei der Wahrnehmung von Rechten erforderlichen Sorgfalt nicht in Einklang stand (**Sorgfaltspflichtverletzung**).

Haben sich die Beteiligten auf eine Kostenteilung geeinigt, ist das als **Teilvergleich** iSv § 98 **21** ZPO zu berücksichtigen.

Es entspricht dem Recht auf gerichtliche Kontrolle (Art. 19 Abs. 4 S. 1 GG), auch bislang **22** anerkannte Rechtsprechungsgrundsätze einer (erneuten) gerichtlichen Prüfung zu stellen. Selbst eine einheitliche entgegenstehende Entscheidungspraxis (BPatG BeckRS 2013, 14387 – XX; BeckRS 2013, 21042 – Ferdinand-Tönnies) reicht daher nicht aus, Kosten wegen des Betreibens aussichtsloser Verfahren aufzuerlegen.

Ob eine Kostenauferlegung billig ist, wenn **Fehler allein auf amtlicher oder gerichtlicher** **23** **Seite** liegen, ist umstritten; es ist nun einmal das Risiko jedes Beteiligten, dass zunächst zu seinen Gunsten entschieden wird und ein Rechtsmittel der Gegenseite Erfolg hat (Anm. zu AG Siegenburg NJW-Spezial 2020, 221); jedenfalls ist dann die Rückzahlung der Beschwerdegebühr (→ Rn. 130 ff.) angemessen.

Der **Verfahrensausgang** in der Hauptsache ist für sich genommen kein Grund, einem der **24** Beteiligten Kosten aufzuerlegen. Selbst nach einem Erinnerungsverfahren und damit zwei negativen Beschlüssen ist bei einer erfolglosen Beschwerde eine Kostenauferlegung nicht unbedingt billig (BPatG BeckRS 2006, 135875 – cysat).

Von der Einlegung einer von vornherein aussichtslosen Beschwerde mit Kostenfolge ist auszuge- **25** hen, wenn die Beschwerdeführerin einem Antrag auf Erklärung des Verfalls bzw. einem Nichtigkeitsantrag weder fristgemäß noch nachträglich unter Stellung eines Antrags auf Wiedereinsetzung in den vorigen Stand widersprochen hat (BPatG GRUR-RS 2022, 28648 – easy weight).

1. Verfall

War ein Nichtigkeitsantrag die Reaktion auf eine Verletzungsklage, entfallen mit Löschung des **26** angeblich verletzten Zeichens die Ansprüche wegen der angeblichen Verletzung. Dem Anspruchsteller sollten dann die Kosten des Verfalls- oder Nichtigkeitsverfahrens aus Billigkeitsgründen auferlegt werden (Albrecht/Hoffmann MarkenR 2020, 1). Umgekehrt können dem Verletzer zwar Kosten auferlegt werden, wenn sein Löschungsantrag erfolglos bleibt, aber im Moment der Kostenentscheidung steht eine Verletzung meist nicht fest.

Die Kostenauferlegung darf nicht mit der Argumentation, dass es sich beim Verfallsverfahren **27** um ein formales Registerverfahren ohne materielle Prüfung handeln kann, versagt werden. Das ändert ja nichts am Charakter des Verfahrens mit mehreren Beteiligten iSv § 62 (BPatG BeckRS 2008, 188856). Der EuGH fordert sie sogar zur Abwehr missbräuchlicher Anträge (→ Rn. 2).

War Löschungsgrund ein ersichtlich eingetretener Verfall (§ 53), spricht dies für eine Kostenauf- **28** erlegung (BPatG BeckRS 2008, 18856). Wer eine verfallene Marke verteidigt, muss sich entgegenhalten lassen, über die Benutzungslage Bescheid gewusst zu haben (Albrecht/Hoffmann MarkenR 2020, 1 (4)). Auch wer einem Verfallsantrag nicht widersprochen hat, hat die Kosten zu tragen, sollte er gegen die Löschung der Marke Beschwerde erheben (BPatG GRUR-RS 2022, 23675 – easy weight).

Vor Verfallseintritt gestellte Löschungsanträge und Beschwerden haben keine Aussicht auf **29** Erfolg; dies muss zur Auferlegung der Kosten führen (BPatG BeckRS 2008, 18856).

Ist der Verfallsgrund erst nach Antragstellung eingetreten, ist der Antrag im Übrigen abzuweisen; **30** eine **teilweise Kostenauferlegung** auf Kläger oder Antragsteller kommt jedoch nur bei eigenständiger wirtschaftlicher Bedeutung der Zeiträume in Betracht.

Zum fehlenden Widerspruch gegen den Antrag auf Feststellung des Verfalls → Rn. 25. **31**

2. Absolute Schutzhindernisse

Hat ein Löschungsantrag Erfolg, sind dem Inhaber der angegriffenen Marke die Kosten des **32** Verfahrens nicht in jedem Fall aufzuerlegen, kann er sich doch auf die Eintragung und die dieser vorangegangenen amtliche Prüfung berufen (→ Rn. 42); zur Bösgläubigkeit als Löschungsgrund → Rn. 64. Einen Löschungsantrag auf die Schutzhindernisse nach § 8 Abs. 2 Nr. 9–12 (Ursprungsbezeichnungen, geografische Angabe, traditionelle Bezeichnungen für Weine und Spezialitäten sowie Sortenbezeichnungen) gegenüber Marken, die vor dem Inkrafttreten dieser Schutzhindernisse am 14.1.2019 angemeldet wurden (§ 158 Abs. 7), zu stützen, muss zur Kostenauferlegung führen. Wer nach **Ablauf der Zehnjahresfrist** des § 50 Abs. 2 S. 3 einen Antrag auf Löschung wegen eines Schutzhindernisses nach § 8 Abs. 2 Nr. 1–3 stellt, hat die Kosten zu tragen. Zum fehlenden Widerspruch gegen den Löschungsantrag → Rn. 25.

Ist ein Zeichen für sich genommen und ohne jeden Produktzusammenhang, unmittelbar und **33** ohne Nachdenken beschreibend, wie das eine Baumwollblüte zeigende,

ist eine Kostenauferlegung für die nicht Erfolg versprechende Verteidigung gerechtfertigt (BPatG GRUR-RS 2021, 34362 – Baumwollzeichen).

3. Ältere Rechte

34   Zur Kostenauferlegung muss es hier führen, wenn die (Un-)Ähnlichkeit der Zeichen und Waren bzw. Dienstleistungen auf der Hand lag (BPatG BeckRS 2009, 23711 – CigarSpa/Spa) oder ersichtlich nicht gegeben war. Zur fehlenden Kennzeichnungskraft der angreifenden Marke bzw. ihrer Bestandteile → Rn. 46.

34.1   Eine Beschwerde im Widerspruchsverfahren mit dem Ziel, das Verfahren vor dem Hintergrund eines anhängigen Löschungsverfahrens gegen die Widerspruchsmarke offen zu halten, rechtfertigt keine Kostenauferlegung (BPatG GRUR-RS 2019, 35934 – Cusanus).

35   Es führt zur Kostenauferlegung, wenn das angreifende Zeichen nicht älter und die **Prioritätslage** eindeutig war (BPatG BeckRS 2010, 8295 – Tiano; Albrecht/Hoffmann MarkenR 2018, 515 (519) unter II.3).

36   Zu Mängeln beim Nachweis einer **bestrittenen Benutzung** der angreifenden Marke → Rn. 57.

37   Zu Mängeln beim Nachweis des Bestehens einer **Benutzungsmarke** → Rn. 43 f.

38   Wer sich gegen offensichtliche berechtigte Angriffe verteidigt, hat die Kosten zu tragen, wenn ein Blick ins Register gezeigt hätte, dass ein Bestreiten der Benutzung der angreifenden Marke noch nicht möglich ist (BPatG BeckRS 2018, 32118 – Sigma/Sigma) und sich das im Laufe des Verfahrens auch nicht ändern dürfte. Zum fehlenden Widerspruch gegen den Löschungsantrag → Rn. 25.

39   Die **Anmeldung einer Marke ohne vorherige Recherche** nach älteren Rechten ist kein Grund, dem Markeninhaber bei Löschung seiner jüngeren Marke Kosten aufzuerlegen (BPatG GRUR 1973, 529 – Widerspruchskosten; Bugdahl MarkenR 2007, 298 unter III.3).

40   Wer dennoch eine Kostenauferlegung erreichen will, muss die Verletzung von Sorgfaltspflichten erläutern. Dazu sind Dauer und Ersichtlichkeit einer Marktpräsenz älterer entgegenstehender Zeichen aufzuzeigen. Digitale Informationsquellen erhöhen hier die Anforderungen an den Anmelder (Sosnitza GRUR-Beil. 2014, 93).

41   In die Billigkeitsentscheidung hat auch der Gedanke des § 97 Abs. 2 ZPO einzufließen, wonach die obsiegende Partei die Kosten ganz oder teilweise tragen soll, wenn sie im Beschwerdeverfahren Erfolg nur auf Grund neuer Tatsachen hatte, obwohl sie diese bereits im vorausgegangenen Verfahren vorbringen hätte können und dazu auch Anlass hatte (OLG Düsseldorf GRUR-RS 2018, 52233 - Fassadenplatten). Das kann zB betreffen: die Steigerung der Kennzeichnungskraft der eigenen Marke und die Minderung der fremden Marke, etwa auf Grund von Drittmarken, oder Lizenzverträge zum Nachweis der Benutzung durch Dritte. Tatsachen, die jeder durchschnittlich damit befasste Beteiligte in zumutbarer Weise bzw. im normalen Geschäftsablauf recherchieren oder recherchieren lassen hätte können, nicht vorzutragen, ist eine Nachlässigkeit (Hartwig GRUR 2020, 935 (945)).

42   Bei Angriffen aus eingetragenen Marken muss es nicht zur Kostenauferlegung führen, wenn sich die Marke des Angreifers als nicht bestandsfähig erweist. Es würde die Sorgfaltspflicht eines Markeninhabers überspannen, wenn er die Rechtslage besser beurteilen müsste als die Eintragungsbehörde (BGH GRUR 2006, 432 – Verschulden bei unbegründeter Schutzrechtsverwarnung; BPatG BeckRS 2015, 00683 – crosstape; BeckRS 2015, 08931 – Blätterpdf). Nur für den Verfall seiner Marke (→ Rn. 28) und für eine bösgläubige Anmeldung (→ Rn. 64) hat er einzustehen.

Wird ein Widerspruch aufgrund einer rechtskräftigen Verfallserklärung der Widerspruchsmarke unzulässig, muss ihn der Widerspruch unverzüglich nach Rechtskraft der Löschungsentscheidung zurücknehmen, weil er sonst die Kosten der Widerspruchsverfahren zu tragen hat (BPatG GRUR-RS 2020, 39864 – LL/LL).

Ein **Angriff aus einer Benutzungsmarke,** deren Bestand oder Zeitrang der Angreifer nicht **43** nachweisen kann, ist kostenpflichtig zurückzuweisen, soweit nach § 30 Abs. 1 S. 2 MarkenV zur Identifizierung notwendige Angaben fehlen. Der Nachweis ist zwar fortlaufend zu erbringen (→ Rn. 43.1), geschieht dies nicht, ist das aber wie der fehlende Benutzungsnachweis eingetragener Marken (→ Rn. 57) zu behandeln.

Auch wer zunächst alle erforderlichen Unterlagen zum Nachweis seines Schutzrechts (geschäftliche **43.1** Bezeichnungen, Unternehmenskennzeichen, Werktitel) innerhalb der jeweiligen Antragsfrist vorgelegt hatte, muss danach kontinuierlich ergänzendes Material vorlegen, um den Fortbestand während des gesamten Verfahrens zu belegen (BPatG GRUR-Prax 2019, 12; BeckRS 2018, 34097 – Lezzo).

Es genügt nicht zum Nachweis eines nicht eingetragenen Rechts, ein umfangreiches Anlagen- **44** konvolut vorzulegen. Ohne die erforderlichen Angaben zur Identifizierung, ohne eine konkrete Bezugnahme arbeiten weder das DPMA noch das BPatG solche Anlagen durch (BPatG GRUR-RS 2021, 41697 – ASCONEX; GRUR-Prax 2017, 324 – REALFUNDUS; BGH GRUR-Prax 2012, 196 – Landgut Borsig). Dabei kann es nicht darauf ankommen, ob die Inhaberin der angegriffenen Marke das Bestehen der angreifenden bestritten (Albrecht GRUR-Prax 2022, 113).

Ein Angriff aus einer nur **im Ausland benutzten Marke,** im Inland aber nicht bekannt ist, **45** oder aus einer **IR-Marke,** die in Deutschland keinen Schutz genießt, ist kostenpflichtig zurückzuweisen, auch wenn der Angreifer zusätzlich eine geeignete Marke hat, diese aber nicht oder zu spät ins Verfahren einführt (BPatG BeckRS 2014, 23675 – M Menck).

Es entspricht nicht der gebotenen Sorgfalt, einen Angriff auf Bestandteile von Kombinations- **46** Marken zu stützen, die ersichtlich keine oder nur **geringe Kennzeichnungskraft** aufweisen, ohne eine erhöhte Kennzeichnungskraft dieses Bestandteils wenigstens zu behaupten (→ § 14 Rn. 455 f.; → UMV Art. 8 Rn. 103; BPatG GRUR-Prax 2015, 484 – Naturstrom; Marten GRUR Int 2013, 429; Onken GRUR-Prax 2017, 256). An die Ersichtlichkeit der fehlenden oder geminderten Kennzeichnungskraft von Marken und deren Bestandteilen sind strenge Anforderungen zu stellen (BGH GRUR 2020, 870 - INJEKT/INJEX; BPatG GRUR-RS 2022, 5518 – Sallaki-Gall/Sallaki).

Für die Schutzfähigkeit bzw. Unterscheidungskraft **geschäftlicher Bezeichnungen** und **47** **Werktitel** und deren Bestandteile gelten zwar deutlich geringere Anforderungen als bei Marken (BPatG GRUR-Prax 2016, 147 – Immobilien Lounge; BeckRS 2018, 37211 – virtual architecture; dazu Albrecht GRUR-Prax 2019, 112), aber das Vorgehen aus **nicht eingetragenen Zeichen** erfordert generell eine besondere Sorgfalt (→ Rn. 43).

Eine zulässige Benutzungseinrede, auf die der Gegner keinen ernsthaften Versuch des Nachwei- **48** ses der Benutzung unternimmt, begründet eine Kostentragungspflicht (→ Rn. 57 ff.).

4. Verfahrensbeendende Erklärung

Kein Grund, einem Angreifer Kosten aufzuerlegen, ist eine **Rücknahme** (BPatG GRUR-RS **49** 2019, 38497; BeckRS 2016, 09042 – Vivenio/Vivento; BeckRS 2006, 135875 – cysat), auch wenn ihr ausführliche Hinweise des Gerichts vorausgegangen sind (BPatG BeckRS 2018, 37211 – Virtual Architecture; BeckRS 2016, 128364 – Meisterstück). Bei einer Widerspruchsrücknahme aufgrund einer **Einigung** ist eine Kostenauferlegung ohne Hinzutreten besonderer Umstände nicht veranlasst (BPatG GRUR-RS 2021, 26821 – Geo/eo)

Die Entscheidung des BGH GRUR 1967, 553 – Rechtsbeschwerdekosten kann nicht entsprechend **49.1** für die Rücknahme der Beschwerde gelten (anders Fezer § 71 Rn. 6). Der abweichende Ansatz hat seinen Grund in der Normstruktur des § 90 und der darin zum Ausdruck kommenden Wertung des Gesetzgebers zur Kostentragungspflicht des erfolglosen Rechtsbeschwerdeführers (BPatG GRUR-RS 2019, 38497).

Bei einer erzwungenen Rücknahme (→ § 66 Rn. 40) entspricht es allerdings der Billigkeit, **50** demjenigen die Kosten aufzuerlegen, der ein Verfahren abredewidrig oder missbräuchlich eingeleitet hat

Da in der mündlichen Verhandlung eine Rücknahme nicht automatisch zur Kostenauferlegung **51** führt, muss dies auch für die Rücknahme kurz vor dem Termin gelten (BPatG GRUR-RS 2020, 19691; BeckRS 2014, 12870 – idea; strenger BPatG BeckRS 2014, 13364 – Tebo/Tobi).

52   Kein Grund für eine Kostenauferlegung ist es für das BPatG, wenn ein Verfahrensbeteiligter seine Marke **verfallen** lässt, was zur **Erledigung** des Verfahrens führt (→ § 66 Rn. 78; BPatG BeckRS 2019, 12499 – Fabergé Museum). Der BGH sieht dies im Rechtsbeschwerdeverfahren anders (BGH BeckRS 2015, 16319 – Pantoprem; kritisch dazu Koch → § 90 Rn. 8).

53   Der Angreifer sollte einen Löschungsantrag zeitnah zurücknehmen, wenn die angegriffene Marke untergegangen ist (BPatG BeckRS 1998, 14598 – Latour Nomen est Omen). Alternativ kann er auf einen Feststellungsantrag umstellen, wenn der Inhaber des untergegangenen angegriffenen Zeichens nicht auf seine Ansprüche aus der Vergangenheit verzichtet hat (→ § 66 Rn. 79 ff.); zu den Anforderungen an einen solchen Verzicht: BPatG BeckRS 2013, 21035 – law blog.

5. Kosten in Nebenverfahren

54   In Nebenverfahren, die als „echte Streitverfahren" gelten, kommt es regelmäßig auf das Obsiegen an (zB BPatG BeckRS 2018, 47221 – APO; BeckRS 2009, 02933 – Blue Mountain), um wirtschaftlich akzeptable Ergebnisse zu erreichen (BPatG BeckRS 2016, 04071; 2016, 12851). Das betrifft vor allem Streitigkeiten um Kosten. Werden hier höhere Erstattungen erreicht, sollen Verfahrenskosten den Erfolg nicht mindern.

55   Akteneinsichts und Umschreibungsverfahren sind Nebenverfahren, sodass es grundsätzlich angemessen ist, die Kosten entsprechend dem Ausgang des Verfahrens zu verteilen (→ § 63 Rn. 1

56   Betrifft die Beschwerde eine isolierte Anfechtung der **Kostenentscheidung des DPMA** (→ § 66 Rn. 18), die nicht einem Antrag entspricht, sondern von Amts wegen erlassen wurde, kann es dem erfolgreichen Beschwerdeführer unzumutbar sein, im Beschwerdeverfahren die eigenen Kosten tragen zu müssen; dies ist aber umstritten (→ Rn. 23). Dass dies sogar gelten soll, wenn die Kostenauferlegung einem ausdrücklich gestellten Antrag des Gegners entsprochen hat (so BPatG BeckRS 2013, 02300 – Türk Kahvesi), überzeugt ohnehin nicht.

6. Fehlende Benutzung

57   Wer auf eine zulässige Einrede der Nichtbenutzung keinen ernsthaften Versuch unternimmt, eine Benutzung nachzuweisen, läuft in ein Kostenrisiko (BPatG BeckRS 2016, 128365 – Monk; BeckRS 2016, 19340 – Vital You/Vital regional; BeckRS 2016, 128364 – MeisterStück/Meisterstück). Der Versuch muss nicht erfolgreich sein (BPatG GRUR-RS 2021, 36794 – MAXXI CLEAN/maxxiclean; BeckRS 2018, 37830 – petso; GRUR-RS 2022, 5518 – Sallaki-Gall/Sallaki; BeckRS 2016, 12919; Albrecht/Hoffmann Vergütung Rn. 1161; Albrecht/Hoffmann MarkenR 2018, 515 (520) unter III.1.c) Das BPatG sieht jedoch von einer Kostenauferlegung ab, wenn die Nichtbenutzungseinrede erst im Beschwerdeverfahren erhoben wurde, obwohl dies schon im amtlichen Verfahren möglich gewesen wäre (→ Rn. 41; BPatG BeckRS 2018, 22138 – Vigila/ Vubila). Immer hat der Widersprechende dagegen die Kosten zu tragen, wenn er trotz zutreffender und nachvollziehbarer Beanstandung der Benutzung durch das DPMA das Verfahren ohne ergänzendes Vorbringen im Beschwerdeverfahren weiterbetreibt (BPatG GRUR-Prax 2016, 329 – Bandorado/fundorado).

58   Die Rechtsprechung des EuGH (C-668/17, GRUR-RS 2019, 12912 – Boswelan), wonach das Fehlen einer arzneimittelrechtlichen Zulassung und das damit verbundene **Werbeverbot** grundsätzlich einer rechtserhaltenden Benutzung entgegenstehen, ist noch keine gesicherte Dogmatik zu dem angesprochenen Problemfeld; die Glaubhaftmachung einer rechtserhaltenden Benutzung ist damit nicht von vornherein unmöglich (BPatG GRUR-RS 2022, 5518 – Sallaki-Gall/ Sallaki).

59   Es genügt zum Nachweis einer Benutzung nicht allein, ein umfangreiches Anlagenkonvolut vorzulegen (→ Rn. 44).

60   Musste der Angreifer den Einwand der Nichtbenutzung antizipieren, kommt eine Kostenauferlegung in Betracht, wenn er keinen Versuch unternimmt, eine Benutzung aufzuzeigen (BPatG BeckRS 2016, 12919).

61   Dass Kosten auferlegt werden sollen, wenn Benutzungsunterlagen gemäß §§ 282, 296 Abs. 2 ZPO als **verspätet** zurückgewiesen werden (BPatG BeckRS 2007, 02253 – Arena; → § 73 Rn. 19), erscheint nicht schlüssig. Der Fehler ist ja erst eingetreten, als die Verfahrenskosten bereits entstanden waren. Außerdem kommt es selbst dann nicht automatisch zu einer Kostenpflicht, wenn eine dargetane Nutzung nicht als rechtserhaltend gilt, dies aber nicht offensichtlich war.

62   Eine Kostenauferlegung erfolgt, wenn die **Benutzungsmarke** schon deren originäres Bestehen nicht (rechtzeitig) belegt wurde (→ Rn. 43).

63   Ein Beteiligter, der den Termin zur mündlichen Verhandlung nicht wahrnimmt und sich nicht vertreten lässt, geht zwar ein hohes Risiko ein, weil er eine dort erstmals erhobene Nichtbenutzungseinrede nicht als verspätet rügen kann (→ § 70 Rn. 46). Die **Nichtteilnahme** kann aber mannigfaltige Gründe haben und muss nicht auf einer Sorgfaltspflichtverletzung beruhen (BPatG BeckRS 2014, 04250 – rockses/Rockers), die Kostenfolgen nach sich ziehen würde.

7. Bösgläubigkeit

Kosten sind demjenigen aufzuerlegen, der aus einer **bösgläubig** (→ § 8 Rn. 957 ff.) angemel- **64** deten Marken vorgeht oder diese verteidigt (BPatG BeckRS 2018, 24565 – YogiMoon; GRUR-Prax 2013, 182 – XVIII plus). Bei einer anderweitigen Erledigung ist keine Beweiserhebung zur Beurteilung der Bösgläubigkeit möglich. Diese müsste unstreitig oder offenkundig gewesen sein, um zu einer Kostenauferlegung zu führen (BPatG BeckRS 2015, 09643 – TitanShield; BeckRS 2015, 09306 – Radsport R; Albrecht/Hoffmann Vergütung Rn. 1172).

Betrifft ein bösgläubig gestörter Besitzstand nur einen Teil der Waren und Dienstleistungen, **65** muss eine Teillöschung wegen Bösgläubigkeit nicht zwingend zur Kostenauferlegung führen (BPatG GRUR-Prax 2013, 10 – hop on hop off; BeckRS 2010, 00414 – Ivadal; BeckRS 2010, 00415 – Cordarone; BeckRS 2010, 00597 – Flixotide; BeckRS 2010, 15357 – Maxitrol).

Hat sich ein Antragsteller nicht auf Bösgläubigkeit berufen, und wird diese auf den Antrag **66** eines Dritten festgestellt, besteht gegenüber dem aus anderen Gründen vorgehenden Antragsteller keine Kostenpflicht; eine Verfahrensverbindung aus prozessökonomischen Gründen darf dem Markeninhaber nicht zum Nachteil gereichen (BPatG BeckRS 2018, 8409 – CE4 Plus).

Meldet derjenige, der eine fremde Marke als bösgläubig angreift, selbst bösgläubig eine entspre- **67** chende Marke an, etwa weil die Auseinandersetzung einer Gesellschaft noch nicht geklärt ist (→ § 8 Rn. 1035), ist eine Kostenauferlegung nicht billig (BPatG BeckRS 2018, 18757 – Netzwerk Joker).

Wie bei bösgläubigen Anmeldungen ist Kostenauferlegung geboten, wenn eine Marke wegen **68** **Ausnutzens der Wertschätzung** oder Beeinträchtigung der Unterscheidungskraft für nichtig erklärt wird, da dies ebenfalls ein **Handeln in unlauterer Weise** voraussetzt (→ § 9 Rn. 88; Albrecht/Hoffmann MarkenR 2018, 515 (520) unter III.1.d; anders BPatG GRUR-Prax 2016, 441 – Tiger Carbon).

Wie bei bösgläubig angemeldeten Marken verlangt das Verhalten eines **ungetreuen Agenten** **69** (§ 11), ihm die Kosten zur Beseitigung des störenden Zustands aufzuerlegen, die er dem Geschäftsherrn verursacht hat.

Seit 1.10.2017 sind Ansprüche des Geschäftsherrn auf Übertragung vor der Nichtigkeitsabteilung des **69.1** EUIPO möglich; sollte ein Begehren darauf auch in administrativen Verfahren vor dem DPMA möglich werden, verlangt das unredliche Verhalten des ungetreuen Agenten, dass er die Kosten trägt, die der Geschäftsherr aufwenden muss, um den für ihn hinderlichen Zustand durch Löschung oder Übertragungsanspruch zu beseitigen.

Es entspricht der Billigkeit, einem als solchen erkannten **Strohmann** (Umgehung der Rechts- **70** kraft, der Rücksichtnahmepflicht oder von Nichtangriffsabreden) die Kosten des Verfahrens aufzuerlegen (BPatG BeckRS 2015, 16332 – Ballooning; BeckRS 2009, 17278 – Ismaqua). Zur Beweislast hinsichtlich der Strohmanneigenschaft → § 8 Rn. 981.1.

Der BGH (EuGH-Vorlage GRUR 2021, 478 – Leinfelder) scheint allerdings an der Gültigkeit von **70.1** Nichtangriffsabreden zu zweifeln, auch wenn er selbst offenbar anderer Ansicht ist (EuGH C-62/21 anderweitig erledigt), dazu → § 53 Rn. 22.

8. sonstige Gründe für und gegen eine Kostenauferlegung

Der Abbruch von **Vergleichsverhandlungen** führt ebenso wenig dazu, dem dafür Verantwort- **71** lichen Kosten aufzuerlegen, wie ein Verfahren nicht mehr aktiv zu betreiben (BPatG BeckRS 2016, 118046 – E-Bar).

Wem beim Einlegen einer Beschwerde Fehler unterlaufen, wie eine **Fristversäumnis,** hat **72** nicht allein deshalb die Kosten des Verfahrens zu tragen; sich gegen unbegründete oder unzulässige Beschwerden verteidigen zu müssen, liegt im Bereich des allgemeinen Lebensrisikos (EuG T-608/19, GRUR-RS 2020, 8715 – Fristverantwortung). Anders ist dies aber zu sehen, wenn die zur Versagung der Wiedereinsetzung führende Pflichtverletzung auch die Kostenauferlegung billig erscheinen lässt (BPatG BeckRS 2011, 01624; GRUR-RR 2011, 438).

Ein Verhalten kann im Lauf eines Verfahrens unterschiedlich zu beurteilen sein und von einem **73** bestimmten Zeitpunkt an Kostenfolgen bewirken (BPatG BeckRS 2008, 19258 – my extra com/extra).

74   Die Beschwerde **nicht zu begründen,** ist angesichts § 73 Abs. 1 (Amtsermittlung; → § 66 Rn. 106) keine fehlerhafte Verfahrensführung (BPatG BeckRS 1999, 158518 – Heco/Meco; BeckRS 2014, 11324 zum PatG), kann aber im Rahmen der Billigkeitsentscheidung über die Kosten relevant werden, wenn es zeigt, dass die Beschwerde mutwillig oder aus sachfremden Erwägungen eingelegt worden ist (BPatG BeckRS 2015, 10495). Wo aber eine **sofortige Begründung** für die Zulässigkeit des Antrags verlangt wird, wie in § 53 Abs. 1 S. 2, hat es auch Kostenfolgen, diese nicht abzugeben.

75   Ein **Verstoß gegen die Wahrheitspflicht** kann es rechtfertigen, einem Beteiligten Kosten aufzuerlegen (→ § 92 Rn. 8).

75.1   Wahrheitspflicht bezieht sich nur auf tatsächliche Umstände. Überzeugungen unterliegen wie Rechtsmeinungen nicht der Wahrheitspflicht (BPatG GRUR-RS 2021, 50844 – Food Container; BGH GRUR 2006, 754 – Haftetikett).

76   Ein prozessualer Sorgfaltsverstoß, der zur Kostenauferlegung führt, kann darin liegen, den Gegner durch irrelevante oder unzulässige Ausführungen zu verwirren und ihm so einen Mehraufwand aufzuzwingen. Eine Kostenauferlegung ist aber nicht möglich, wenn das DPMA bzw. BPatG die Verwirrung nicht verhindert hat. Es muss schriftsätzliche Ausführungen, die nicht das Verfahren betreffen, beim Weiterleiten an den Gegner als solche kenntlich machen (BPatG BeckRS 2017, 150136 – Kosten des Löschungsverfahrens).

77   Das Gericht kann auch nur bestimmte Kosten einem der Beteiligten auferlegen, wenn ein prozessualer Sorgfaltsverstoß zu eben diesen Kosten geführt hat. Wer etwa durch kurzfristigen Verlegungsantrag beim Gegner unnötige Reise oder Stornokosten verursacht hat, kann insoweit kostenpflichtig werden (BPatG BeckRS 2016, 01741 – Rebeligion true silver/True Religion). Wer an einer auf seinen Antrag hin anberaumten mündlichen Verhandlung nicht teilnimmt, ohne die Gegenseite davon rechtzeitig zu unterrichten, muss unter Umständen die Kosten des Termins (Zeitaufwand, Reisekosten des Gegners) tragen (BPatG GRUR-Prax 2016, 489; BeckRS 2016, 19335 – Gusseisenwerkstoff mit hoher Festigkeit; BeckRS 2014, 13364 – Tebo/Tobi).

78   Rechtzeitige Verlegungsanträge führen nicht zur Pflicht, **Stornokosten** zu erstatten; mit Verlegungen mündlicher Verhandlungen und dem Erfordernis einer Stornierung muss grundsätzlich gerechnet werden (BPatG BeckRS 2018, 15697; BeckRS 2018, 15702 – visora/Werktitel Visora). Anwälte sollten deshalb flexible Tickets verwenden, bei denen eine Umbuchung oder Stornierung möglich ist, weil Terminsabsetzungen bzw. -verlegungen immer möglich sind und weil die Dauer einer mündlichen Verhandlung oft ungewiss ist (OLG Brandenburg BeckRS 2009, 13224; OLG Hamburg BeckRS 2008, 9205; OLG Stuttgart BeckRS 2005, 4823 – fiktive Reisekosten).

79   Es führt nicht zur (teilweisen, also etwa auf die Reisekosten bezogenen) Kostenpflicht, wenn das BPatG schon vor der mündlichen Verhandlung darauf hingewiesen hatte, dass die Beschwerde bzw. die Verteidigung dagegen keine Aussicht auf Erfolg habe, und ein Beteiligter trotz entsprechendem Ladungszusatz daran festhält, seine Interessen in einer mündlichen Verhandlung wahrzunehmen – auch wenn er sich von den Argumenten des Senats letztlich überzeugen lässt und in der mündlichen Verhandlung entsprechend reagiert. Dies gilt umso mehr, wenn der Betreffende vor dem DPMA schon einmal Erfolg hatte (BPatG BeckRS 2018, 37211 – Virtual Architecture).

9. Rechtsverfolgungskosten

80   Der BGH hat in GRUR 2019, 862 – Filmberichterstattung entschieden, dass der Erstverbreiter eines das Persönlichkeitsrecht verletzenden Films unter dem Gesichtspunkt des Schadensersatzes auch für die dem Rechtsinhaber entstandenen Rechtsverfolgungskosten gegen Dritte geradestehen muss. Daran anknüpfend muss im Markenrecht zB der Hersteller rechtsverletzender Waren auch für die dem Markeninhaber durch die Durchsetzung seiner Rechte gegenüber Groß- und Einzelhändlern dieser Waren entstandenen Rechtsverfolgungskosten nach § 14 Abs. 6 haften.

81   Dass die Kosten des Beschwerdeverfahrens gegebenenfalls vor einem Zivilgericht im Wege des Schadensersatzanspruchs geltend gemacht werden können, ist für die Kostenentscheidung in Verfahren vor dem BPatG nicht entscheidungserheblich (BGH GRUR 2000, 1032 (1043) – EQUI 2000; GRUR 2004, 790 (793) – Gegenabmahnung; BPatG GRUR-RS 2022, 5518 – Sallaki-Gall/Sallaki).

82   Zu Kosten der anwaltlichen **Beratung** → Rn. 169.

III. Anfechtung der Kostenentscheidung

83   Kostenentscheidungen des BPatG unterliegen nur zusammen mit der Hauptsacheentscheidung der Prüfung im Rechtsbeschwerdeverfahren (§ 99 ZPO, → § 83 Rn. 14; → § 83 Rn. 7). Auch eine Gegenvorstellung ist nicht möglich (BGH GRUR 1967, 94 (96) – Stute; BPatG GRUR-RS 2022, 8028 – Gegenvorstellung; BeckRS 2014, 21824 – Bionade).

Die Gegenvorstellung ist ein gesetzlich nicht ausdrücklich geregelter Rechtsbehelf, der das Gericht, **83.1** das entschieden hat, veranlassen soll, seine Entscheidung zu ändern, wenn es Gründe übersehen hat oder neue tatsächliche und rechtliche Gründe eingetreten sind. In Verfahren vor dem BPatG ist sie nicht gegeben, weil dies gegen das verfassungsrechtliche Gebot der Rechtsmittelklarheit (BVerfG NJW 2003, 1924 Rn. 68 ff.) verstoßen würde und § 321a ZPO Ersatz bietet (Ströbele/Hacker/Thiering/Knoll § 83 Rn. 4; Albrecht/Hoffmann Vergütung Rn. 1233, 807, 760).

Die Gegenvorstellung ist nicht statthaft, weil Kostenentscheidungen in materielle Rechtskraft erwachsen **83.2** und zusammen mit der Entscheidung in der Hauptsache mit Rechtsbeschwerde nach § 83 angefochten werden können. Die Gegenvorstellung ist aber nur zulässig gegen Entscheidungen, die nicht in materielle Rechtskraft erwachsen, und nur bei Beschlüssen statthaft, die nicht die Instanz abschließen (sonst Gehörsrüge), nicht mit sofortiger Beschwerde oder Rechtsbeschwerde anfechtbar sind und die vom Gericht mangels materieller Rechtskraft (zB Verfahrenskostenhilfe-Beschluss) abgeändert werden dürfen (BPatG BeckRS 2014, 21824; 2014, 21902 – Bionator).

Gegen die Ablehnung eines Antrags auf Erlass einer Kostengrundentscheidung ist die Rechtsbe- **84** schwerde statthaft (→ § 83 Rn. 7).

B. Gegenstandswert

In markenrechtlichen Verfahren vor dem BPatG gilt für eine Festsetzung des Gegenstandswerts **85** nicht § 63 GKG, weil sich die Gerichtsgebühren nicht nach einem Wert richten (BGH BeckRS 2015, 19674 – Gegenstandswert). Der Gegenstandswert spielt nur eine Rolle, wo Anwaltskosten nach dem RVG zu erstatten sind oder ein Anwalt mit seinem Mandanten nach RVG abrechnet. Die **Festsetzung ist zu beantragen;** dazu sollte der Antragsteller sein Interesse an der Festsetzung darlegen (Albrecht/Hoffmann MarkenR 2020, 1).

Da der BGH für das markenrechtliche Rechtsbeschwerdeverfahren den § 23 Abs. 2 S. 1 RVG **86** analog anwendet und eine einheitliche Handhabung bei der Streitwertfestsetzung will, ist diese Vorschrift auch im Beschwerdeverfahren vor dem BPatG analog anzuwenden (BGH GRUR-Prax 2018, 123 – Stelzenmüller). Somit ist der Gegenstandswert nach billigem Ermessen zu bestimmen.

Die Anwendbarkeit des RVG für die Festsetzung des Gegenstandswerts in Verfahren vor dem DPMA **86.1** stellt § 34a Abs. 5 S. 2 DesignG sogar gesetzlich fest.

Beteiligte, die einen bestimmten Gegenstandswert anstreben, sollten nachvollziehbare tatsächli- **87** che Anhaltspunkte vortragen, die einer Schätzung tragen können, und ihr Interesse an der Festsetzung zeigen; Ermittlungen von Amts wegen sind nicht vorgesehen (BPatG BeckRS 2016, 12111). Vom Gegner vorgetragene Umsätze mit Nichtwissen zu bestreiten, kann bei einem Marktteilnehmer, die auch über Konkurrenten informiert sein muss, wie Nichtbestreiten ausgelegt werden, was entsprechend § 138 Abs. 3 ZPO dazu führt, dass das Gericht, die Angaben des Gegners als richtig unterstellt und sogar die Obergrenze des § 23 Abs. 3 S. 2 RVG überschreiten kann (BPatG GRUR-RS 2021, 5080 – Anginin).

Auch derjenige, dessen Kosten der Gegner zu erstatten hat, kann ein Interesse daran haben, **88** dass der Gegenstandswert angehoben wird, wenn er mit seinem Anwalt eine Honorarvereinbarung geschlossen hat. Die Differenz zu dem, was der Gegner nach RVG zu erstatten hat, wird dann geringer (→ § 66 Rn. 44 f.).

Maßgeblicher **Zeitpunkt** für die Wertberechnung ist die Erhebung der Beschwerde (BayVGH **89** BeckRS 2014, 50524). Zwar ist eine endgültige Wertfestsetzung nicht zulässig, solange das Verfahren nicht abgeschlossen ist. Ein vor Verfahrensende ausscheidender Anwalt kann aber nach § 33 RVG eine gesonderte Wertfestsetzung verlangen (OLG Frankfurt NJW 2020, 3668; OLG Oldenburg BeckRS 2018, 1364).

Zuständig für die Festsetzung ist immer der Senat; auch im Kostenfestsetzungsverfahren muss **90** der Rechtspfleger eine Entscheidung des Senats einholen, wenn sich die Beteiligten über den Gegenstandswert nicht einig sind (BGH BeckRS 2014, 08153). Die Festsetzung ist zu begründen (KG BeckRS 2013, 04374).

Besteht Uneinigkeit über den Gegenstandswert oder darüber, ob einzelne Gebühren nach **91** einem anderen Gegenstandswert zu bemessen sind, ist vor der Kostenfestsetzung zunächst eine diesbezügliche richterliche Entscheidung herbeizuführen (OLG München BeckRS 2020, 27590).

An Festsetzungen seitens des DPMA nach § 63 Abs. 2 ist das BPatG nicht gebunden. Es kann **92** analog § 63 Abs. 3 S. 1 Nr. 2 GKG den vom DPMA festgesetzten Wert von Amts wegen ändern, wenn eine Beschwerde bei ihm anhängig ist.

93   Anders als im Rechtsbeschwerdeverfahren (§§ 142, 85 Abs. 2) sowie vor den Zivilgerichten gibt es vor dem BPatG (und dem DPMA) in markenrechtlichen Verfahren **keine Streitwertbegünstigung** (→ § 142 Rn. 3) und nur vor dem BPatG Verfahrenskostenhilfe (§ 81a).

93.1   Zur allgemeinen Kritik an der Streitwertbegünstigung Gruber GRUR 2018, 585.

I. Wertbestimmende Kriterien

94   Anhaltspunkte für eine **Schätzung** des Gegenstandswerts sind unter anderem der Umfang sowie die bisherige Dauer der Benutzung und die sich daraus ergebende Bekanntheit einer Marke. Ferner sind die Einbindung in eine Markenfamilie (**Markenserie**) und die Kosten für die Entwicklung einer Marke maßgeblich. Eine gemeinnützige, nicht gewinnorientierte Nutzung kann den Wert mindern (OLG Hamburg GRUR-RS 2020, 3373).

95   Die Übereinstimmung einer Marke mit der **Geschäftsbezeichnung** des Markeninhabers spricht nur dann für eine Werterhöhung (BPatG GRUR 1972, 669), wenn ein bekanntes Kennzeichen der Marke ein höheres Ansehen verleiht. Ohne das sind Marken und andere Kennzeichen separat zu betrachten, da die Rechte daran ja jederzeit getrennt werden können (Albrecht/Hoffmann MarkenR 2018, 515 (521)).

96   Auch ihre **originäre Kennzeichnungskraft** beeinflusst den Wert einer Marke (Cepl/Voß/Schilling ZPO § 3 Rn. 140; Kodde GRUR 2015, 38 (42)), da davon die Möglichkeiten abhängen, gegen andere Marken vorzugehen und die eigene Marke in den Köpfen der Verbraucher einzuprägen.

97   Geht von einer angegriffenen Marke ein hohes **Störpotenzial** aufgrund eines weiten Warenverzeichnisses aus oder ist eine umfangreiche Klagetätigkeit des Markeninhabers erkennbar, erhöht dies jeweils den Gegenstandswert (BPatG BeckRS 2018, 9387).

98   Allgemein kann es für den Wert einer Marke darauf ankommen, in welchem Maße Marken in der betroffenen **Branche** eine Rolle spielen, welche Akzeptanz sie genießen (BPatG BeckRS 2014, 22607 – STERN jugend forscht) und ob der Markt noch eine Ausbreitung zulässt (Cepl/Voß/Schilling ZPO § 3 Rn. 140, 141). Bei Mode, Parfüm, Sportschuhen und im Automobilbereich etwa sind die Verbraucher besonders markenbewusst. Da kann allerdings zeitbezogen sein; Trends verändern sich.

99   Auf die Person des Markeninhabers kommt es nicht an; ob Inhaber der Marke eine **juristische Person des öffentlichen Rechts** ist oder ein Wettbewerbsverband, hat für den Gegenstandswert keine Bedeutung (BPatG BeckRS 2016, 113300; GRUR-Prax 2021, 609).

100   Die Beurteilung des Wertes richtet sich **in einseitigen Verfahren nach den gleichen Grundsätzen wie in zweiseitigen Verfahren** (vgl. BGH BeckRS 2018, 10451; GRUR 2006, 704 – Markenwert).

101   Eine Abstufung des Gegenstandswerts nach dem **Instanzenzug** ist nicht möglich. Den unterschiedlichen Anforderungen an die Anwälte tragen die unterschiedlichen Gebührensätze ausreichend Rechnung (BGH GRUR-Prax 2018, 123 (Stelzenmüller); BPatG GRUR 2012, 1174 Rn. 28). Dies entspricht der Handhabung in der Verwaltungs-, Arbeits- und Finanzgerichtsbarkeit sowie in der freiwilligen Gerichtsbarkeit (BPatG GRUR 2012, 1174; BeckRS 2013, 14387 – XX).

102   Ansprüche aus allen **Verletzungen sowie alle Lizenzeinnahmen** können den Wert einer Marke zeigen (BGH GRUR 2011, 757 – Nichtigkeitsstreitwert I; BPatG BeckRS 2015, 14026). Eine Gegenstandswertfestsetzung in einem Nichtigkeits- oder Löschungsverfahren unterhalb der in parallelen Verletzungsverfahren zugrunde gelegten Streitwerte kommt regelmäßig nicht in Betracht. Vielmehr ist der Gegenstandswert ohne weitere Anhaltspunkte höher anzusetzen (BGH GRUR 2011, 757).

102.1   In Gebrauchsmustersachen will das BPatG sogar hypothetische und nicht nur geltend gemachte Schadensersatzforderungen berücksichtigen (BPatG GRUR-RS 2021, 5080 – Anginin).

103   Bei **geographischen Herkunftsangaben,** Spezialitäten- und Ursprungsbezeichnungen, Sorten- und Weinbezeichnungen ist der Gegenstandswert gegenüber Individualkennzeichen oft deutlich erhöht, da dort ein kollektives Ansehen hereinspielt. Auch **Kollektivmarken** sind im Hinblick auf das kollektive Interesse wertvoller (LG Berlin GRUR 2005, 958 – Spreewälder Gurken, 1 Million Euro), während **Gewährleistungsmarken** wie auch sonst Marken für Dienstleistungen zu beurteilen sind.

1. Markenanmeldung und -teilung

BGH und BPatG nehmen für die Anmeldung einer Marke 50.000 Euro als Gegenstandswert **104** an, ohne dies mit einer besonderen Benutzung zu begründen (BGH GRUR 2012, 272 – Rheinpark-Center Neuss; BPatG BeckRS 2012, 18349; GRUR 2012, 1174). Für Unionsmarken gelten 250.000 Euro als durchschnittlich angemessen (EuG T-446/07 DEP, GRUR-Prax 2012, 200 – Royal Appliance International). Das Verhältnis der Anmeldegebühren bei Unions- und nationalen Marken würde auf den Gegenstandswert umgesetzt sogar mehr als 70.000 Euro für die nationale Marke ergeben (BPatG BeckRS 2014, 18910 – BBQ; BeckRS 2013, 14387 – XX). Dass Marken vor Aufnahme ihrer Benutzung noch keinen oder allenfalls einen geringen Wert haben sollen, hat der BGH (BeckRS 2017, 139411) nicht anerkannt (krit. dazu Knoll MarkenR 2018, 433).

Durch **Teilung** einer Marke (§§ 40, 46) verringert sich der Wert nicht; auch die Teilungsgebühr **105** entspricht der Höhe nach der Anmeldegebühr.

2. Widerspruchsverfahren

Maßgeblich für die Festsetzung des Gegenstandswerts ist das wirtschaftliche Interesse des Inha- **106** bers der angegriffenen Marke an der Aufrechterhaltung seiner Marke (BGH GRUR-Prax 2018, 123). Dieses Interesse setzt der BGH im Regelfall mit 50.000 Euro an – betont aber zugleich, dass der Wert im Einzelfall angesichts einer umfänglich benutzten Marke deutlich darüber liegen kann (→ Rn. 94 ff.).

Wenn der Widerspruch auf **mehrere Rechte** (§ 42 Abs. 3) gestützt ist, berührt dies den Gegen- **107** standswert nicht, weil sich das wirtschaftliche Interesse des Inhabers der angegriffenen Marke dadurch nicht verändert (BPatG BeckRS 2012, 210684 – Pumastrip; → Rn. 112). Die Handhabung bei Gebrauchsmustern ist insoweit anders (BPatG BeckRS 2015, 13976). Die Anwaltsgebühren sind aber zu erhöhen (→ Rn. 167).

3. Verfall- und Nichtigkeitsverfahren

Für die Verfahren zur Feststellung des Verfalls und der Nichtigkeit wegen älterer Rechte gelten **108** für die Wertbestimmung keine Besonderheiten. Dass sie nach dem Willen des Gesetzgebers kostengünstige Parallelverfahren zur zivilgerichtlichen Löschungsmöglichkeit sein sollen, kann den Wert der Marke nicht mindern (Albrecht/Hoffmann MarkenR 2018, 515 (521)).

In Löschungsverfahren wegen absoluter Schutzhindernisse und Verfall ist das wirtschaftliche **109** Interesse des Markeninhabers an der Aufrechterhaltung seiner Marke maßgeblich (BGH GRUR 2006, 704 – Markenwert; GRUR 2015, 581 – Langenscheidt-Gelb).

Keinesfalls kann sich der im Verfallsverfahren unterlegene Markeninhaber darauf berufen, der **110** Verfall zeige, dass der Wert der Marke gering sei; maßgeblich ist deren **Behinderungspotential** (in einer Gebrauchsmustersache: BPatG BeckRS 2013, 05981 – Amlodipinmaleat).

Soweit die Bösgläubigkeit auf einem fehlenden Benutzungswillen beruht, führt mangelnde **111** Benutzung nicht zu einem geringeren Gegenstandswert; es ist das Behinderungspotential maßgeblich (BPatG BeckRS 2015, 17844; 2014, 07049 – Margerite; Albrecht/Hoffmann Vergütung Rn. 1015; Albrecht/Hoffmann MarkenR 2018, 515 (521)).

Wird ein Antrag auf Nichtigerklärung wegen älterer Rechte auf mehrere Rechte (§ 51 Abs. 1 **112** S. 2) gestützt, berührt dies den Gegenstandswert wie im Widerspruchsverfahren (→ Rn. 107) nicht; die Anwaltsgebühren sind aber zu erhöhen (→ Rn. 167).

Bei den nach § 105 Abs. 3, § 106 Abs. 2 allein dem DPMA zugewiesenen Verfahren zur Feststel- **113** lung des Verfalls bzw. der Nichtigkeit von **Kollektivmarken** kann das kollektive Interesse den Wert erhöhen (→ Rn. 103).

Bei den ebenfalls dem DPMA zugewiesenen Verfahren zur Feststellung des Verfalls und der **114** Nichtigkeit von **Gewährleistungsmarken** (§ 106g Abs. 3, § 106h Abs. 2) gelten die für den Wert von Marken heranzuziehenden Kriterien (→ Rn. 103).

Ein Nichtigkeitsantragssteller kann sich nicht darauf berufen, der Gegenstandswert sei niedriger **115** anzusetzen, weil er die Widerspruchsfrist versäumt habe und nur deshalb nun den Antrag auf Nichtigerklärung stellen müsse (BPatG BeckRS 2016, 09897 – Schmetterling Riesling).

4. Eintragung einer Lizenz

In Streitigkeiten um die Eintragung, Löschung oder Änderung von eingetragenen Lizenzen **116** (→ § 30 Rn. 172 ff.) ergibt sich der Gegenstandswert aus dem Interesse des Klägers an der Lizenz. Es kann anhand der Umsätze, die mit der Lizenz erzielbar sind, geschätzt werden. Ein Teil davon ist dann für das Interesse an der Eintragung oder Löschung der Lizenz anzusetzen. 20 % bis maximal 50 % dürften dafür angemessen sein.

5. Akteneinsicht, Auskunft

117   Im Akteneinsichtsverfahren ist das Interesse des Inhabers der von der Akteneinsicht betroffenen Marke maßgeblich. Nicht zu fragen ist, welche Interessen der Antragsteller verfolgt (BPatG GRUR 1992, 854 f. – Streitwert Akteneinsicht). Für den Normalfall ist der Regelwert des § 23 Abs. 3 RVG von 5.000 Euro angemessen (zB BPatG BeckRS 2019, 22743 Rn. 40 – Zurückweisung des Akteneinsichtsgesuchs in einer Markensache; Fezer Rn. 14).

118   Für den Wert einer **Auskunft** kommt es auf das wirtschaftliche Interesse des Gläubigers an sowie auf das Verhältnis zwischen der Information und dem verfolgten Ziel; dieses Verhältnis wird mit 1/10 bis zu 1/4 angesetzt (Albrecht/Hoffmann Vergütung Rn. 297).

119   Der Wert eines Anspruchs auf Abgabe einer **eidesstattlichen Versicherung** ergibt sich aus dem, was der Gläubiger anstrebt. Er ist umso höher anzusetzen, je geringer die Kenntnisse des Gläubigers von den zur Begründung des Leistungsanspruchs maßgeblichen Tatsachen sind (BGH BeckRS 2018, 8563). Ein Geheimhaltungsinteresse erhöht den Wert (BGH BeckRS 2016, 10843).

6. Ablehnungsverfahren

120   Das Ablehnungsverfahren ist ein **nichtstreitiges Zwischenverfahren,** das nach § 19 Abs. 1 RVG zum Rechtszug bzw. Verfahren gehört (→ § 72 Rn. 51).

121   In Verfahren über die Ablehnung eines Richters entspricht der Wert dem der Hauptsache (BGH BeckRS 2009, 28932; VerfGH BW NJW-RR 2017, 832). Der Gegenstandswert in Streitigkeiten um die **Ablehnung eines Sachverständigen** beträgt ein Drittel der Hauptsache (OLG Brandenburg BeckRS 2018, 26475).

II. Rechtsmittel gegen die Festsetzung des Gegenstandwerts

122   Da beim BPatG gegen Beschlüsse zur Festsetzung des Gegenstandswerts weder Beschwerde noch Erinnerung zulässig ist (§ 68 Abs. 1 S. 5 GKG, § 66 Abs. 3 S. 3 GKG), bleibt nur die **Gegenvorstellung** (anders zur Kostenentscheidung → Rn. 83) binnen sechs Monaten (§ 63 Abs. 3 S. 2 GKG; BGH NJW-RR 2017, 1471; BPatG GRUR 1980, 331; aA Knoll MarkenR 2016, 229). Eine unzulässige Beschwerde wird als Gegenvorstellung behandelt (BGH BeckRS 2016, 109950). Die sechs Monate sind bei übereinstimmender Erledigterklärung ab dem Eingang der letzten Erledigungserklärung bei Gericht zu berechnen (BayVGH BeckRS 2020, 24821 mAnm Schneider NJW-Spezial 2020, 764).

123   Eine **zugelassene Rechtsbeschwerde** ist gemäß § 82 Abs. 1 S. 1 MarkenG iVm § 574 Abs. 2 Nr. 2 ZPO möglich (BPatG BeckRS 2011, 05956 – Andernacher Geysir; GRUR 2012, 1174 Rn. 40; aA BGH BeckRS 2003, 10390 – Rechtsmittel gegen Streitwertfestsetzung; BeckRS 2014, 08153 Rn. 6).

C. Rückzahlung der Beschwerdegebühr (Abs. 3)

124   Allgemein sind ohne Rechtsgrund (zu viel) gezahlte Beträge zurückzuzahlen. Soweit Beschwerden nach § 6 Abs. 2 PatKostG als **nicht eingelegt** gelten, sind die dafür (zu spät oder in nicht ausreichender Höhe) bezahlten Gebühren entsprechend § 812 Abs. 1 BGB nach Abzug der **Erstattungsgebühr** in Höhe von 10 Euro (§ 6 Abs. 2 DPMAVwKostV) zurückzuzahlen, da sie ohne Rechtsgrund geleistet wurden. Das muss nicht ausdrücklich angeordnet werden; für eine Kostenentscheidung ist kein Raum (→ Rn. 19).

125   Gleiches gilt bei gegenstandslosen Beschwerden (→ § 66 Rn. 50, → § 66 Rn. 78) und solchen gegen unwirksame Beschlüsse (BPatG BeckRS 2016, 16008 – Viva).

126   Über die Rückzahlung der Beschwerdegebühr **aus Billigkeitsgründen** (→ Rn. 130) kann das BPatG (auch von Amts wegen) sogar dann befinden, wenn die Beschwerde **unzulässig** war oder der Beschwerdeführer sie zurückgenommen hat (BPatG GRUR-RS 2020, 37701 – Wälzlager; BeckRS 2016, 128366). Musste der Beschwerdeführer um die Tatsachen wissen, die zur Unzulässigkeit geführt haben, kommt keine Rückzahlung der Beschwerdegebühr in Betracht (BPatG BeckRS 2017, 144573).

126.1   Einer Rückzahlung der Beschwerdegebühr steht es nicht im Wege, wenn ein auswärtiger Beschwerdeführer vor Rücknahme keinen Inlandsvertreter bestellt hatte (BPatG GRUR-RS 2020, 37701 – Wälzlager).

I. Rücknahme (Abs. 4)

Die Rücknahme der Beschwerde (→ § 66 Rn. 181 ff.), auch die frühzeitig und sogar innerhalb **127** der Beschwerdefrist erklärte, ist grundsätzlich **kein Rückzahlungsgrund** (BPatG BeckRS 2018, 9278). Dabei spielt es auch keine Rolle, ob bei Rücknahme eine Beschwerdebegründung eingereicht war (BPatG BeckRS 2011, 01025 – springtec; BeckRS 2011, 01027 – locktec). Mit dem Einlegen der Beschwerde ist die Beschwerdegebühr verfallen.

Gleiches gilt für die Rücknahme einer Beschwerde, die zur Fristwahrung aufgrund unklarer **128** Auftragslage veranlasst war.

Dies gilt aber nicht, wenn eine **Abhilfe durch das DPMA** zur Rücknahme geführt hat; zwar **129** fehlt das Rechtsschutzbedürfnis für eine Beschwerde, wenn die Beschwer auf einem einfacheren Wege beseitigt werden kann. Wer Abhilfe beantragt hat, kann aber nicht darauf vertrauen, dass das DPMA seinem Antrag vor Ablauf der Beschwerdefrist stattgibt (BPatG GRUR-RS 2022, 1352 – Abhilfeantrag).

II. Billigkeitsgründe

Das BPatG kann nach Billigkeitsgrundsätzen die Rückzahlung der Beschwerdegebühr anord- **130** nen. Das bedarf keines Antrags (BPatG BeckRS 2016, 16008 – Viva). Es muss ausdrücklich geschehen und kann nur den gesamten bezahlten Betrag betreffen; eine § 63 Abs. 2 entsprechende Vorschrift fehlt hier (BPatG BeckRS 2016, 16387 – nights & more).

Ein Grund für die Rückzahlung kann sich nur aus dem vorgelagerten patentamtlichen Verfah- **131** ren, nicht aus dem Beschwerdeverfahren ergeben (BPatG BeckRS 2013, 08281 – Radio Dresden). Eine Rückzahlung der Beschwerdegebühr ist aber nur geboten, wenn der Fehler für die Erhebung der Beschwerde **ursächlich** war (BPatG BeckRS 2015, 13973 – rcd; BeckRS 2013, 03195 – Race/Rabe) und den Beschwerdeführer kein Verschulden trifft (BPatG GRUR 1996, 303). An Ursächlichkeit fehlt es, wenn die Beschwerdeführerin im Beschwerdeverfahren einen neuen Antrag, etwa unter Beschränkung des Waren- und Dienstleistungsverzeichnisses, gestellt hat (vgl. zu Patentansprüchen: BPatG GRUR-RS 2021, 53622 – Fahrbahnrandzone).

Die fehlerhafte Anwendung materiellen Rechts rechtfertigt die Rückzahlung nur, wenn die **132** Rechtsanwendung völlig unvertretbar war, zB weil eindeutige gesetzliche Vorschriften oder eine gefestigte Amtspraxis bzw. eine ständige Rechtsprechung unbeachtet geblieben sind (BPatG GRUR-RS 2020, 32528 – Springsafe).

Verletzung des rechtlichen Gehörs (→ § 78 Rn. 7 f.) gilt immer als ursächlich (BPatG **133** GRUR-RS 2021, 16456 – West Lake; GRUR-RS 2020, 18995 – Wipeout, rkr). Verstöße gegen nicht den Beschwerdeführer schützende Verfahrensvorschriften führen nicht zur Rückzahlung. **Zustellungsmängel,** insbesondere bei öffentlichen Zustellungen, führen zur Verletzung des rechtlichen Gehörs (BPatG GRUR 2020, 65 und GRUR-RS 2020, 18995 – Inlandsvertreter IV).

Hat das DPMA seine in der Sache richtige Entscheidung auf unzutreffende Gründe gestützt, **134** kann der Beschwerdeführer keine Rückzahlung der Beschwerdegebühr verlangen, wenn er trotz gerichtlicher Hinweise auf die eigentlich tragenden Gründe eine Entscheidung über die Beschwerde beantragt hat (BPatG GRUR-RS 2020, 5336).

Die Rückzahlung der Beschwerdegebühr ist wegen eines erheblichen Verfahrensfehlers anzu- **135** ordnen, wenn in der Entscheidung nicht ersichtlich wird, ob ein **eingeräumtes Ermessen ausgeübt** wurde (BPatG GRUR-RS 2022, 25900 – Kaave).

Konnte der Beschwerdeführer beim Einlegen der Beschwerde noch nicht wissen, dass die **136** angegriffene Marke erloschen war, sollte die Beschwerdegebühr aus Billigkeitsgründen erstattet werden (zum Einspruch gegen ein Patent: BPatG BeckRS 2015, 01364 – Großformat-Bogenoffsetdruckmaschine). Wird eine anderweitige Löschung der angegriffenen Marke nicht innerhalb der Beschwerdefrist bestandskräftig und wird die Beschwerde erst später auf Grund bestandskräftiger Löschung gegenstandslos, ist die Beschwerdegebühr zurückzuzahlen (BPatG BeckRS 2016, 16008 – viva/viva).

Mit dem Versand einer weder unterschriebenen noch elektronisch signierten Mitteilung ohne **137** Rechtsmittelbelehrung gibt das DPMA keinen Anlass, dagegen mit einer unzulässigen Beschwerde vorzugehen; damit besteht kein Anlass für eine Rückzahlung der Beschwerdegebühr (BPatG GRUR-RS 2020, 17438 – Polyvinylacetalen).

Rückzahlung kommt in Betracht, wenn das DPMA der Beschwerde abhilft (§ 66 Abs. 5) oder **138** das **rechtliche Gehör verletzt** (→ § 78 Rn. 7 ff.), die Vorlage an den EuGH unterlassen, den Prüfungsumfang verkannt, eine unzureichende Begründung gegeben (→ § 79 Rn. 20) oder Benutzungsnachweise falsch beurteilt hat (BPatG BeckRS 2013, 10716 – Gemcin/Gencin). Dies ist nicht der Fall, wenn die Beteiligten erst im Beschwerdeverfahren Umstände darlegen, die eine andere Entscheidung rechtfertigen und nicht der Amtsermittlung unterlagen (zum Schutzumfang: BPatG BeckRS 2014, 11330 – Weinhandlung Müller).

138.1   Hat das BPatG einen Beschluss nach § 70 Abs. 3 Nr. 2 aufgehoben, etwa weil der Prüfung durch das DPMA eine andere als der angemeldeten Marke zu Grunde lag, ist die Beschwerdegebühr zurückzuzahlen (BPatG BeckRS 2017, 133074 – LED LICHTRAUM).

138.2   Rückzahlung kommt ferner in Betracht, wenn dem DPMA im Zeitpunkt seiner Entscheidung bekannt war, dass eine Widerspruchsmarke aufgrund Bösgläubigkeit rechtskräftig gelöscht war, aber dies nicht zur Grundlage seiner Kostenentscheidung gemacht hat (BPatG BeckRS 2018, 24565 – YogiMoon).

139   Auch Verstöße gegen die **Verfahrensökonomie** sind Verfahrensfehler. Verfahrensökonomisch fehlerhaft kann die Form der Entscheidung oder deren Erlass-Zeitpunkt sein (BPatG GRUR 1982, 554 – verfrühte Endentscheidung).

139.1   Verfrüht ist die Verbindung der Ablehnung eines Fristverlängerungsgesuchs mit der negativen Sachentscheidung (BPatG 4 W (pat) 6/96, LSK 1997, 200343).

139.2   Eine Entscheidung allein über einen Hauptantrag unter Zurückstellung der Entscheidung über einen Hilfsantrag ist nur in besonderen Ausnahmefällen zulässig. Dass das Verfahrensrecht dies ermöglicht, darf nicht dazu führen, ohne triftigen Grund mehrfache Beschwerden notwendig zu machen (BPatG BeckRS 2012, 00691).

139.3   Entscheidungen trotz angezeigter Vergleichsverhandlungen (BPatG BeckRS 1978, 00285 – Cowa/ Covar) sowie verzögerte Löschungen anderweitig angegriffener Marken sind ebenfalls Verstöße gegen die Verfahrensökonomie (BPatG 27 W (pat) 114/72, Mitt 1974, 92).

140   Eine Zurückweisung wegen **behebbarer Fehler** ist verfahrensfehlerhaft (BPatG BeckRS 1978, 00319).

141   Die Rückzahlung der Beschwerdegebühr ist in einem einseitigen Verfahren anzuordnen, wenn das DPMA entgegen dem ausdrücklichen Antrag des Anmelders bei **mehreren gleichgelagerten Sachen** nicht nur eine Sache entscheidet und die übrigen Sachen aussetzt (→ § 70 Rn. 21), sondern sämtliche Sachen gleichzeitig entscheidet und dadurch den Anmelder zu mehrfacher Beschwerdeeinlegung nötigt (BPatG BeckRS 1975, 00288). Ebenso ist der Zwang, mangels eigentlich gebotener Verfahrensverbindung mehrfach Beschwerden einzulegen, verfahrensfehlerhaft (BPatG GRUR 2005, 865 (870) – Spa).

142   Haben die Verfahrensbeteiligten im Erinnerungsverfahren über einen langen Zeitraum zu materiell-rechtlichen Frage Schriftsätze gewechselt, bevor die Markenstelle ohne vorherigen Hinweis festgestellt hat, dass die Erinnerung als nicht eingelegt gilt, ist die Rückzahlung der Beschwerdegebühr aus Billigkeitsgründen angezeigt (BPatG BeckRS 2017, 101127 – Cevita/Cêlavita).

143   Dass für eine **Durchgriffsbeschwerde** Beschwerdegebühren zu entrichten sind (→ § 66 Rn. 155), zeigt, dass es kein zu berücksichtigender Verfahrensfehler sein kann, nicht innerhalb der Fristen des § 66 Abs. 3 entschieden zu haben (BPatG BeckRS 2009, 10526 – GarageSale). Die doppelte Gebührenbelastung durch Erinnerungs- und Beschwerdegebühr stößt allerdings vor allem deshalb auf Kritik, weil das Amt so auch noch finanziell von seiner Untätigkeit profitiert. Das BPatG berücksichtigt aber wenigstens eine allzu lange Untätigkeit und im Falle des Erfolgs der Beschwerde durch Beschränkung im Waren- und Dienstleistungsverzeichnis, wenn diese schon vor dem Amt möglich gewesen wäre (BPatG GRUR-RS 2021, 3984 - AquaProof).

143.1   Die nach § 96a MarkenG anwendbaren Regelung der §§ 199-201 GVG zur Entschädigung wegen unangemessener Dauer eines Gerichtsverfahrens erfassen keine Verzögerungen im behördlichen Verfahren, das einem gerichtlichen vorausging. Untätigkeit des DPMA eröffnet grundsätzlich keine förmliche Beschwerdemöglichkeit; der BGH verweist die Betroffenen insoweit auf den (keinen Nutzen in der Sache bringenden) Weg der Dienstaufsichtsbeschwerde (§ 128b PatG; BGH BeckRS 2017, 105802 – Entschädigungsklage).

144   Das **Fehlen einer** ausreichenden, alle Waren- und Dienstleistungen erfassenden **Begründung** des Amtsbescheids kann dazu führen, dass das BPatG die Sache ans DPMA zurückverweist und die Rückzahlung der Beschwerdegebühr anordnet (BPatG BeckRS 2016, 114733 – Kerzenzauber; → § 70 Rn. 52; → § 79 Rn. 19 ff.). Allerdings sollte der Beschwerdeführer dies in seiner Stellungnahme zum Beanstandungsbescheid gerügt haben (BPatG BeckRS 2018, 38098 – Modena).

145   Eine **formelhafte Begründung** zur Zurückweisung der Erinnerung unter Verweis auf Gründe des Erstbeschlusses ist kein Rückzahlungsgrund, wenn der Beteiligte gegen einen ausführlich begründeten Erstbeschluss keine neuen Argumente vorgebracht hat.

146   Zwar reicht eine falsche Sach-Beurteilung allein für eine Rückzahlung der Beschwerdegebühr nicht aus, diese ist aber gerechtfertigt, wenn die Begründung völlig neben der Sache liegt und das

Ergebnis schlechterdings unvertretbar ist oder wenn nicht zu erkennen ist, welche tatsächlichen Feststellungen und welche rechtlichen Erwägungen für die getroffene Entscheidung maßgebend waren (BPatG BeckRS 2016, 130565 – Eingabevorrichtung für ein Kraftfahrzeug).

Eine **fehlerhafte Rechtsanwendung** führt nur zur Rückzahlung, wenn sie völlig unvertretbar **147** ist. Eine Auslegung materieller Normen muss das DPMA begründen; liegt dazu noch keine Rechtsprechung vor, ist die Beschwerdegebühr auch dann nicht zurückzuzahlen, wenn das BPatG letztlich eine andere Auslegung vornimmt (BPatG BeckRS 2016, 115625).

Die Annahme der Markenstelle, der Bestandteil „Flow" nehme in der Marke „Flow Ride" keine **147.1** selbstständig kennzeichnende Stellung ein, gilt nicht als völlig unvertretbar. Die Erörterung der selbstständig kennzeichnenden Stellung unter dem Gesichtspunkt einer unmittelbaren Verwechslungsgefahr lässt nicht auf ein unzutreffendes Verständnis dieser Rechtsfigur schließen (BPatG BeckRS 2016, 08400 – Flow/Flow Ride).

Einer fehlerhaften Rechtsanwendung steht es gleich, eine **gefestigte Rechtsprechung nicht 148 zu berücksichtigen** (BPatG BeckRS 2013, 00076 – Leibniz School) oder von einer bisher gepflegten Amtspraxis begründungslos abzuweichen (BPatG GRUR-RR 2008, 261 – Markenumschreibung). Hat die Markenstelle ausländische Voreintragungen nicht berücksichtigt, so muss dies auch dann nicht zur Rückzahlung der Beschwerdegebühr führen, wenn das BPatG die Marke für eintragbar hält (BPatG GRUR-Prax 2012, 379 – Quinté +). Es ist kein Verfahrensfehler, eine in Rechtsprechung und/oder Literatur vertretene Meinung abzulehnen (BPatG BeckRS 2015, 14030). Es muss aber eine (kritische) Auseinandersetzung mit der nicht akzeptierten Ansicht erkennbar sein (BPatG BeckRS 2013, 08352 – Fruit; BeckRS 2012, 22897 – Stadtwerke Augsburg).

Einer fehlerhaften Rechtsanwendung steht es gleich, wenn das DPMA die rechtliche Beurtei- **149** lung des BPatG, die zu einer Aufhebung und **Zurückverweisung** geführt hat, seiner erneuten Entscheidung entgegen § 70 Abs. 4 nicht zugrunde legt; die Rückzahlung der Beschwerdegebühr ist dann anzuordnen (BPatG GRUR-RS 2020, 18136).

Begründet die Markenstelle eine Schutzversagung wegen fehlender Unterscheidungskraft unter **150** Hinweis auf ein angeblich gebräuchliches Wort, das aber als Marke eingetragen ist, müsste sie klarstellen, dass diese Eintragung unrechtmäßig war. Andernfalls ist die Beschwerdegebühr bei Stattgabe zurückzuzahlen (BPatG GRUR 2013, 320 – Trikick).

Lag die mit der Beschwerde gegen eine tatsächlich zu niedrige **Kostenfestsetzung** geltend **151** gemachte Forderung weit neben dem letztlich zugesprochenen, ist die Beschwerdegebühr nicht zurückzuzahlen (BPatG BeckRS 2017, 129136 – Gebührensatz im Gebrauchsmusterlöschungsverfahren zu VV 2300 RVG).

Weist das BPatG die Beschwerde aus anderen Gründen zurück als denen, auf die das DPMA **152** seine Entscheidung gestützt hat, ist eine Rückzahlung nur billig, wenn erkennbar ist, dass der Beschwerdeführer kein Rechtsmittel eingelegt hätte, wenn ihm schon das Amt die letztlich tragenden Gründe genannt hätte.

Bei **Zurückverweisung** (→ § 70 Rn. 52 ff., → § 70 Rn. 64) ist es oft geboten, die Beschwer- **153** degebühr zu erstatten.

Eine Zurückverweisung hat keine Kostenfolgen, wenn der Anmelder erst im Laufe des **154** Beschwerdeverfahrens Verkehrsdurchsetzung geltend gemacht oder Mängel nach § 32 Abs. 3, § 65 Abs. 1 Nr. 2 behoben hat, etwa indem er das Waren- und Dienstleistungsverzeichnis klar fasst (BPatG BeckRS 2016, 08047 – Bestimmtheit der Klassifizierung).

D. Kostenfestsetzung, Zwangsvollstreckung (Abs. 5)

I. Allgemeines

Zuständig für die Kostenfestsetzung ist an sich der Rechtspfleger (§ 23 Abs. 1 Nr. 12 RpflG). **155** Die Beteiligten können aber vereinbaren, dass der Senat die Festsetzung übernehmen soll. Gemäß einer solchen mit Schiedsabreden vergleichbaren Vereinbarung erfolgt dann entsprechend §§ 6, 7 RPflG die Kostenfestsetzung als richterliche Entscheidung. Diese ergeht ohne (weitere) mündliche Verhandlung (§ 82 MarkenG iVm § 128 Abs. 3 ZPO). Gegen sie ist die zulassungsfreie Rechtsbeschwerde nicht eröffnet (BPatG GRUR-RS 2021, 10648; GRUR 2010, 556 - medizinisches Instrument).

Für das Kostenfestsetzungsverfahren wird auf die §§ 103 ff. ZPO verwiesen (vgl. auch Albrecht/ **156** Hoffmann Vergütung Rn. 1241 ff.). Hier werden nur die Besonderheiten in Markensachen vor dem BPatG behandelt.

157   Kein Anspruch auf Kostenfestsetzung besteht, wenn der Erstattungsanspruch erloschen ist. Das könnte durch eine Zahlung an einen anderen Gesamtgläubiger eingetreten sein. Ein Erlöschen durch **Aufrechnung** ist aus prozessökonomischen Gründen zu berücksichtigen, wenn es unstreitig ist oder sich aus den Akten ohne Weiteres ergibt; damit soll die Vollstreckungsgegenklage überflüssig werden (BGH BeckRS 2014, 11507). Der Kostenerstattungsanspruch verjährt nach Rechtskräftigwerden der Kostengrundentscheidung in 30 Jahren (BGH BeckRS 2006, 5024). Entsteht er allein auf Grund der Gesetzeslage (§ 269 Abs. 3 S. 1 ZPO), also ohne gerichtliche Entscheidung, tritt Verjährung in drei Jahren (§ 8 RVG iVm § 195 BGB) ein. **Verjährung** und **Verwirkung** muss der Schuldner aber mit der Vollstreckungsabwehrklage geltend machen (Schneider NJW-Spezial 2015, 411). Bei einer Kostenfestsetzung gegen den eigenen Auftraggeber gemäß § 11 RVG (→ Rn. 162) verjähren die Ansprüche des Anwalts in drei Jahren.

158   In den Verfahren vor DPMA und BPatG besteht keine Anwaltspflicht; für die Erstattung von **Anwaltskosten** ist daher deren Notwendigkeit zu begründen (→ Rn. 172).

159   Einer juristischen Person steht wegen der Teilnahme eines Mitarbeiters an einem Gerichtstermin ein Anspruch auf **Verdienstausfall** zu. Für dessen Berechnung sind für die Entschädigung von Zeugen geltenden Vorschriften (§ 22 JVEG) entsprechend anzuwenden (BGH BeckRS 2008, 26281; BPatG GRUR-RS 2022, 34317 – Signalübertragungssystem II).

159.1   Da die Teilnahme der Beteiligten an Verhandlungsterminen zu ihren grundlegenden prozessualen Rechten gehört, sind die Kosten dafür erstattungsfähig – auch wenn das Gericht das persönliche Erscheinen nicht angeordnet hat (BGH BeckRS 2008, 1257 – Steuerberater kämpft um sein Geld). Dies gilt nur dann nicht, wenn absehbar war, dass keine gütliche Einigung zu erreichen ist oder dass der Mitarbeiter zur Klärung des Sachverhalts aus persönlicher Kenntnis nichts beitragen kann.

159.2   Der Leiter der Marken- oder Rechtsabteilung ist nicht primär mit der persönlichen Teilnahme an mündlichen Verhandlungen befasst. Während die interne Vorbereitung und Befassung mit Rechtsstreitigkeiten zu seinen typischen Aufgaben gehört, gilt die Teilnahme an einer mündlichen Verhandlung als Sonderaufwand, der ersatzfähig ist. Eine Ausnahme macht der BGH (BeckRS 2014, 11253) nur für Behörden bzw. juristische Personen des öffentlichen Rechts, bei denen eine wirtschaftliche Betrachtungsweise nicht geboten ist.

160   Kosten kann das BPatG erst **nach Rechtskraft der Kostengrundentscheidung** festsetzen, weil es in Markensachen keine vorläufig vollstreckbaren Urteile erlässt. Ohne Kostengrundentscheidung ergangene Kostenfestsetzungsbeschlüsse sind mangels Rechtsgrundlage aufzuheben (BPatG BeckRS 2016, 04071).

161   Die Kostenfestsetzung ist für das Beschwerdeverfahren separat durchzuführen und umfasst nicht die Kosten aus dem bzw. den Verfahren vor dem DPMA (→ Rn. 3).

162   Die **Kostenfestsetzung gegen den eigenen Auftraggeber** gemäß § 11 RVG ist für den Patentanwalt nicht möglich (BGH GRUR-Prax 2015, 419; Albrecht/Hoffmann Vergütung Rn. 212 ff.).

163   Im Rahmen des **Kostenausgleichs** sind die Gebühren, die für beide Parteien festzusetzen sind, aus demselben Gegenstandswert zu berechnen. Erscheint nur der einem Kostenfestsetzungsantrag zu Grunde liegende Gegenstandswert angemessen, wird die Forderung des anderen Antragstellers entsprechend angepasst (BPatG BeckRS 2018, 24870).

II. Anwaltskosten

164   Anwaltskosten werden nach dem RVG erstattet. Im Beschwerdeverfahren fallen 1,3 Verfahrens- und 1,2 Terminsgebühren nach VV 3510 RVG und VV 3516 RVG an, sowie in besonderen Konstellationen (Beweiserhebungen) Gebühren nach VV 1010 RVG. Eine VV 3104 Abs. 1 Nr. 1 RVG entsprechende Regel für das Entstehen einer Terminsgebühr ohne mündliche Verhandlung fehlt hier; nach VV Vorbem. 3 Abs. 3 RVG entsteht die Terminsgebühr aber für die Wahrnehmung sowohl von gerichtlichen als auch außergerichtlichen Terminen und Besprechungen, die auf die Vermeidung oder Erledigung des Verfahrens gerichtet sind.

164.1   In den Verfahren vor dem DPMA fällt die Rahmengebühr nach VV 2300 RVG an, die von 0,5 bis 2,5 reicht; im Regelfall 1,3. Die Patentanwaltsgebührenverordnung von 1968 gibt in Markensachen für Widerspruchs- und Löschungsverfahren Gebühren im Verhältnis 1:5 an. Diese Relation lässt sich ausgehend vom Mittelwert 1,3 der Geschäftsgebühr innerhalb der verbleibenden Spanne bis 2,5 nicht spiegeln. Das zeigt jedenfalls, dass der Rahmen ausgeschöpft werden muss und dass bei Löschungsverfahren die obere Grenze anzustreben ist, zumal die 1968 allein berücksichtigten Löschungsverfahren wegen absoluter Hindernisse einen geringeren Aufwand erfordern als Verfahren zur Erklärung der Nichtigkeit wegen älterer Rechte. Eine umfangreiche und/oder schwierige Tätigkeit, die einen 2,0-fachen Satz der Geschäftsgebühr rechtfertigt, ist gegeben, wenn eine mündliche Verhandlung durchgeführt wurde und Besprechungen, die auf eine vergleichsweise Beendigung des Löschungsverfahrens gerichtet waren, im üblichen Rahmen stattgefunden haben (BPatG GRUR 2022, 1630).

Die Kosten eines vom verfahrensführenden Anwalt im eigenen Namen beauftragten **Termins-** **165** **vertreters** sind als Auslagen zu vergüten (Schneider NJW-RR 2022, 412), wenn durch die Beauftragung Reisekosten des verfahrensführenden Anwalts eingespart worden sind (LAG Sachsen-Anhalt BeckRS 2022, 10420; aA OLG München BeckRS 2022, 21032). Kommt es nach der Beauftragung nicht zur mündlichen Verhandlung, sind die Kosten des Terminsvertreters nur noch zur Hälfte zu erstatten (VV 3405 Nr. 2 RVG; OLG Brandenburg BeckRS 2022, 19419).

Auf die Verfahrensgebühr kann eine Geschäftsgebühr aus dem Verwaltungsverfahren anzurech- **166** nen sein (VV Vorbem. 3 Abs. 4 RVG; § 15a RVG). Die Zweijahresfrist des § 15 Abs. 5 S. 2 RVG greift hier in der Regel nicht, weil „Erledigung" im Sinn dieser Vorschrift verlangt, dass der Anwalt seine Verpflichtungen aus dem Anwaltsvertrag vollständig erfüllt hat (VG Cottbus BeckRS 2022, 19456; dazu Schneider NJW-Spezial 2022, 541).

Wird ein **Angriff auf mehrere Rechte** (§ 42 Abs. 3, § 51 Abs. 1 S. 2) gestützt, berührt dies **167** den Gegenstandswert nicht (→ Rn. 107, → Rn. 112). Der Anwalt erhält aber für seine gesteigerte Verantwortung ebenso wie das DPMA eine höhere Gebühr. Im Beschwerdeverfahren kann dies bei der festen Verfahrensgebühr von 1,3 nach VV 3510 RVG aber nicht berücksichtigt werden; VV 1008 RVG (mehrere Personen als Auftraggeber in derselben Angelegenheit) ist hier nicht (analog) anwendbar. Eine angemessene Erhöhung ist daher einer Honorarvereinbarung vorbehalten, die sich an der Erhöhung der amtlichen Widerspruchsgebühr und an VV 1008 RVG orientieren kann.

Wird ein Widerspruch oder Nichtigkeitsantrag auf mehrere Rechte verschiedener Inhaber **168** gestützt, die sich durch einen Anwalt vertreten lassen, mag es sich um eine anwaltliche Tätigkeit in „derselben Angelegenheit" handeln, es fehlt aber sicher an der Identität des Gegenstandes der anwaltlichen Tätigkeit iSd VV 1008 RVG (OLG Frankfurt GRUR-RS 2020, 25180 – Mehrvertretungsgebühr).

Ein Beteiligter, der sich nur anwaltlich **beraten,** aber nicht vertreten lässt, muss die Erstattung **169** der dafür in geringerem Umfang entstandenen Kosten zwar verlangen können (LSG Schleswig-Holstein BeckRS 2021, 3887; OLG Karlsruhe BeckRS 2001, 30174729; KG BeckRS 1989, 1179), ob dies aber im Kostenfestsetzungsverfahren berücksichtigt werden kann, ist umstritten (Schneider NJW-Spezial 2017, 59).

Der vorsteuerabzugsberechtigte Gläubiger kann wahlweise die Erstattung ohne oder mit **Mehr-** **170** **wertsteuer** verlangen (BPatG GRUR 2013, 864 – Lorenzo; Albrecht/Hoffmann Vergütung Rn. 569).

Hat eine Partei irrtümlich erklärt, zum Vorsteuerabzug berechtigt zu sein, und wurde deshalb **171** die Umsatzsteuer auf die Anwaltsvergütung nicht festgesetzt, kann selbst nach Rechtskraft des Kostenfestsetzungsbeschlusses noch Nachfestsetzung der Umsatzsteuer beantragt werden (LG Bonn BeckRS 2019, 27146).

Die Notwendigkeit einer **Doppelvertretung** durch einen Patentanwalt und einen Rechtsan- **172** walt ist vor dem BPatG immer zu prüfen. Für die Verfahren zur Feststellung des Verfalls und Nichtigkeit vor dem DPMA hat der Gesetzgeber betont, sie seien ohne Anwaltszwang ausgestaltet. Damit dürfte eine Doppelvertretung nur ganz besonderen Fällen notwendig sein (Albrecht/Hoffmann MarkenR 2018, 515 (522)). Auch wenn eine bösgläubige Anmeldung eine Rolle spielt, ist keine Doppelvertretung erforderlich (BPatG BeckRS 2011, 16238). In Nebenverfahren, wie Kostenfestsetzung, sind Kosten einer Doppelvertretung grundsätzlich nicht zu erstatten (BPatG BeckRS 2014, 1408). Laufen parallel zivilrechtliche Verfahren, meist Verletzungsverfahren, kann im Hinblick auf die erforderliche Abstimmung des Vorgehens in den jeweiligen Verfahren eine Doppelvertretung erforderlich sein (BGH GRUR 1988, 757 – Düngerstreuer; BPatG BeckRS 2016, 128367; BeckRS 2016, 133954 – Doppelvertretung in Löschungsverfahren); das OLG Düsseldorf (GRUR-RS 2022, 17381 – Patentanwaltskosten) verlangt aber über die parallele Anhängigkeit hinaus eine Entscheidungserheblichkeit. Keinesfalls wird eine Doppelvertretung durch zwei Rechtsanwälte (aus den Parallelverfahren) anerkannt (BPatG GRUR-RS 2022, 22712).

Sieht das BPatG eine Doppelvertretung als geboten an, steht es einer Kostenerstattung nicht entgegen, **172.1** wenn einer der beiden Anwälte zugleich in Untervollmacht für den anderen auftritt (BPatG BeckRS 2016, 133954 – Doppelvertretung in Löschungsverfahren; BeckRS 2016, 128367).

Besonders schwierig ist die Notwendigkeit einer Doppelvertretung zu begründen, wenn von Anfang **172.2** ein Rechtsanwalt aufgetreten ist und der Patentanwalt später hinzugezogen wird (BPatG GRUR-RS 2021, 5080 – Anginin), siehe aber → Rn. 173.

172.3   Der vom EuGH (C-531/20, BeckRS 2022, 8633) für richtlinienwidrig erklärte § 140 Abs. 4 galt für Verfahren vor dem BPatG ohnehin nicht. Zur Anwendbarkeit vor den Zivilgerichten auch ohne Bezug zum Binnenmarkt → § 140 Rn. 63. sowie Hauck/Werner GRUR-Prax 2022, 535).

172.4   Die Drohung mit einem Restitutionsverfahren entspricht keinem anhängigen Verletzungsverfahren und bewirkt damit keine Notwendigkeit einer Doppelvertretung (BPatG GRUR-RS 2022, 31407; BeckRS 2017, 112103; BeckRS 2011, 147997).

173   Eine Doppelvertretung kann erforderlich sein, wenn die **Technizität** eines Markengegenstand iSv § 3 Abs. 2 Nrn. 2 und 3 bzw. Art. 7 Abs. 1 lit. e Ziff. ii und iii UMV zu beurteilen ist. Zur Ermittlung der wesentlichen Merkmale sowie für die Beurteilung der einzelnen Zeichen-Bestandteile sind auch Gutachten heranzuziehen sowie Angaben zu anderen Rechten des geistigen Eigentums, also etwa Patentschriften EuGH GRUR 2010, 1008 – Lego-Baustein; GRUR-Prax 2014, 125 – PI-Design; BPatG BeckRS 2012, 7301 – Haftverschluss). Das zeigt, dass diese Frage die Kompetenz eines Patentanwalts erfordern kann. Lassen sich keine technischen Schutzrechte recherchieren oder wurden solche sogar ausdrücklich versagt, kann der Patentanwalt von sich aus auf eine erkennbare technische Lösung hinweisen und so den Markenschutz angreifen (BGH GRUR 2018, 411 – Traubenzuckertäfelchen). Entscheidend ist nämlich nicht formaler Schutz, sondern allein, ob die gezeigte Gestaltung in den wesentlichen Merkmalen durch eine technische Lösung bestimmt wird. Die technische Funktion des realen Gegenstandes ist fachmännisch zu untersuchen (→ § 74 Rn. 14; EuGH GRUR 2017, 66 – Rubik's cube; Schonhofen GRUR-Prax 2017, 7; Kur GRUR 2017, 134). Kur (GRUR 2017, 134) betont, dass sich EUIPO und EuG beim Rubik's cube (Zauberwürfel) allein an der äußeren Gestaltung orientiert hätten, habe der EuGH als „*künstliche Ahnungslosigkeit*" und verordnete „*Faktenblindheit*" kritisiert. Man müsse den Würfel daher zumindest in die Hand nehmen und als dreidimensionales Gebilde in seiner faktischen Beschaffenheit würdigen. Der Würfel müsse sozusagen gedanklich dekonstruiert werden, um das zugrundeliegende Prinzip und seine Auswirkungen auf die äußere Form des Puzzles zu verstehen („*Reverse Engineering*").

174   **Europäische Rechts- und Patentanwälte** sowie Patentanwälte aus den Mitgliedstaaten des EWR und aus der Schweiz sind vertretungsbefugt (→ § 81 Rn. 10 f.; → § 96 Rn. 10). Im Kostenfestsetzungsverfahren ist zu prüfen (BGH GRUR 2007, 999), ob der betreffende Patentanwalt in das von der Patentanwaltskammer geführte Melderegister eingetragen ist; ob er eingetragen werden hätte können, ist unerheblich. Rechts- und Patentanwälte, die weder in Deutschland noch in einem Mitgliedstaat zugelassen sind, dürfen in Deutschland vor Behörden und Gerichten nicht tätig werden (§§ 1 und 3 RDG); ihre Kosten sind damit nicht zu erstatten (Gruber GRUR Int 2017, 859). Sie können allerdings Rechtsgutachten erstellen, deren Kosten gegebenenfalls nach § 91 ZPO zu erstatten sind (→ § 140 Rn. 112).

175   Auch Patentassessoren sind gemäß §§ 155 f. PAO vertretungsbefugt; ihre Kosten sind zu erstatten (OLG Frankfurt GRUR-Prax 2013, 477).

176   Der Kostenanspruch eines **Patentanwalts in eigener Sache** ist analog § 91 Abs. 2 S. 3 ZPO zu behandeln. Schließlich sind Patentanwälte vor dem BPatG selbständig vertretungsbefugt (→ § 81 Rn. 6).

177   Die Erstattung von besonderen **Auslagen des Anwalts,** die nicht mit der Geschäfts- oder Verfahrensgebühr abgegolten sind, regeln VV 7000 ff. RVG (Albrecht/Hoffmann Vergütung Rn. 1312 ff.). Recherchekosten (→ Rn. 177.1) gehören dazu ebenso selten, wie **Privatgutachten** (→ Rn. 177.2). Dagegen sind **Übersetzungskosten** zu erstatten, wenn ein Verfahrensbeteiligter des Deutschen nicht mächtig ist (BPatG 5 W (pat) 48/81, zitiert nach Schwendy GRUR 1983, 267 (274)) oder wenn das DPMA Übersetzungen von fremdsprachigen Dokumenten gemäß § 16 Abs. 3 MarkenV verlangt. Jeder Verfahrensbeteiligte muss in der Lage sein, dem Verlauf der mündlichen Verhandlungen zu folgen; dafür kann ein Dolmetscher erforderlich sein.

177.1   Zu Recherchekosten muss eine detaillierte Abrechnung vorgelegt werden (BPatG GRUR-RS 2021, 5080 – Anginin).

177.2   Die erstattungsfähigen Kosten eines Privatgutachtens richten sich nach dem, was eine verständig und wirtschaftlich vernünftig denkende Partei für erforderlich gehalten hätte. Ohne gegenteiliger Anhaltspunkte ist für die Erstattung das JVEG maßgeblich (OLG Frankfurt BeckRS 2022, 11273).

178   Für die Erstattung von **Reisekosten** gilt, dass ein Anwalt grundsätzlich das ihm bequemste und zeitgünstigste Verkehrsmittel wählen darf und nicht das billigste Verkehrsmittel wählen muss (BPatG GRUR-RS 2021, 2330 - Taxikosten). Taxikosten für die Fahrt vom BPatG zum Flughafen werden regelmäßig erstattet (BPatG GRUR-RS 2020, 11626 - Kosten im Zwangslizenzverfahren; Albrecht/Hoffmann Vergütung Rn. 1427 ff.).

Die Höhe der nach VV 7005 RVG anfallenden Sätze für Abwesenheits- bzw. **Tagegeld** von **179** 30/45 Euro für Geschäftsreisen im Inland/Ausland unter 4 Stunden, von 50/75 Euro für 4 bis 8 Stunden und von 80/120 Euro bei mehr als 8 Stunden richtet sich nach dem Tag der Beauftragung bzw. Beiordnung (§ 60 RVG) und nicht nach dem Reisetag.

Reisekosten und Verdienstausfall des Beteiligten selbst sind nach §§ 19 ff. JVEG zu erstatten. **180**

Als Kosten für ein **Hotel** in einer Großstadt, wie München als Sitz des BPatG, gelten bislang **181** 180 Euro (ohne Frühstück) als angemessen (BPatG BeckRS 2011, 27858).

III. Festsetzung und Vollstreckung

Die **Festsetzung** erledigt ein Rechtspfleger des BPatG. Dazu muss der Gegenstandwert geklärt **182** sein (→ Rn. 90 f.).

Gegen Kostenfestsetzungsbeschlüsse ist nach § 23 Abs. 2 RPflG innerhalb von zwei Wochen **183** die Erinnerung zulässig. Die Erinnerung ist unabhängig vom Wert der Beschwerde (BPatG GRUR-RS 2022, 34317 – Signalübertragungssystem II).

Zwar wäre gemäß § 11 Abs. 2 S. 7 RPflG iVm § 567 Abs. 2 ZPO die sofortige Beschwerde gegen **183.1** Entscheidungen über die Kosten nur zulässig, wenn der Wert des Beschwerdegegenstands 200 Euro übersteigt, damit wäre aber jede Möglichkeit der richterlichen Überprüfung der Entscheidung eines Rechtspflegers verwehrt, was Art. 19 Abs. 4 GG widerspricht (BVerfGE BeckRS 2001, 30153391).

Über die Erinnerung entscheidet der Senat ohne mündliche Verhandlung durch Beschluss, **184** gegen den keine Rechtsbeschwerde gegeben ist (→ § 83 Rn. 16). Zur Kostenauferlegung nach dem Obsiegensprinzip in diesen Verfahren → Rn. 54, → Rn. 23, → Rn. 151.

Für die **Zwangsvollstreckung** aus Kostenfestsetzungsbeschlüssen des BPatG gelten §§ 794, **185** 795, 798 ZPO entsprechend. Anders als bei der in der Höhe beschränkten Erstattung nach Art. 109 UMV lohnt sich hier die Vollstreckung in der Regel auch (→ UMV Art. 109 Rn. 10).

Für **Vollstreckungsabwehrklagen** (§§ 794, 795, 767 Abs. 1 ZPO) ist das BPatG als Prozessge- **186** richt des ersten Zuges zuständig. Gegen seine Entscheidungen ist kein Rechtsmittel gegeben (BPatG GRUR 1982, 483).

E. Kostenpflicht für gerichtliche Auslagen

Für Auslagen gilt beim BPatG § 1 Abs. 1 S. 2 PatKostG iVm § 19 GKG, weil das PatKostG **187** insoweit keine eigene Regelung enthält (BPatG BeckRS 2019, 31789).

Nach § 4 Abs. 1 Nr. 1 PatKostG ist zur Zahlung der Kosten verpflichtet, wer die Amtshandlung **188** veranlasst oder zu wessen Gunsten sie vorgenommen wird. Das ist in der Regel der Rechtsmittelführer, der das Verfahren in Gang gesetzt hat. Dies gilt auch für Auslagen, die der Begriff „Kosten" umfasst. Da § 4 PatKostG eine insoweit vollständige Regelung zum Kostenschuldner enthält, bedarf es keines Rückgriffs auf das GKG (BPatG BeckRS 2019, 31789).

Diese Kostenpflicht gilt auch ohne eine Kostenauferlegung nach § 71. Die fehlende Kostenauf- **189** erlegung hat lediglich zu Folge, dass nicht § 4 Abs. 1 Nr. 2 PatKostG greift, wonach zur Zahlung der Kosten derjenige verpflichtet ist, dem die Kosten auferlegt wurden.

Für **Zustellungskosten** gilt Anlage 1 zu § 3 Abs. 2 GKG, KV 9002 GKG, das gemäß der **190** Verweisung auf das GKG in § 1 Abs. 1 S. 2 PatKostG zur Anwendung kommt. Die Pauschale KV 9002 GKG wird ua für Zustellungen mit Zustellungsurkunde (PZU) erhoben. In KV 9002 GKG ist zwar angeordnet, dass die Zustellungspauschale neben Gebühren, die sich nach dem Streitwert richten, nur erhoben wird, soweit in einem Rechtszug mehr als zehn Zustellungen anfallen. Für das Beschwerdeverfahren beim BPatG ist die Beschwerdegebühr aber keine streitwertabhängige Gebühr, sodass diese Ausnahme nicht greift (BPatG BeckRS 2019, 12581; 2019, 31789). Die Kosten für eine Zustellung per PZU, weil bisherige Zustellungsversuche Probleme bereiteten (→ § 79 Rn. 9.1), müssen dem Empfänger ausdrücklich auferlegt werden.

Keine Rechtsgrundlage gibt es dafür, im Beschwerdeverfahren entstandene **Zeugen- und** **191** **Sachverständigenkosten** in Rechnung zu stellen, wenn die Beteiligten die Zeugen- und Sachverständigeneinvernahme weder beantragt noch sonst veranlasst haben, sondern das BPatG im Rahmen seiner Amtsermittlungspflicht diese zur Klärung offener Sach- und Rechtsfragen für erforderlich erachtet und von Gerichts wegen veranlasst hat.

Etwas anderes gilt nur, wenn sich ein Beteiligter zur Übernahme der Kosten bereit erklärt hat **192** (BPatG BeckRS 2011, 9529 – Post). Das ist meist bei **Gutachten zur Verkehrsdurchsetzung** der Fall (→ § 74 Rn. 28), nicht jedoch bei deren Prüfung im Nichtigkeitsverfahren (→ § 74 Rn. 52).

193   Zeugen können durch ihr **Ausbleiben** entstandene Kosten zu tragen haben (→ § 74 Rn. 41).
194   **Erinnerungen gegen den Kostenansatz** sind gemäß § 11 Abs. 1 PatKostG gebührenfrei und nicht an eine Frist gebunden. Die Zulässigkeit der Erinnerung richtet sich nach § 11 PatKostG und nicht nach § 66 GKG. Die Verweisung auf das GKG in § 1 Abs. 1 S. 2 PatKostG für Auslagen in Verfahren vor dem BPatG betrifft im Wesentlichen die Vorschriften zu Art und Höhe der Auslagen nach den Tatbeständen des GKG und nicht das Verfahren und die sonstigen Regelungen, soweit das PatKostG hierzu eigene Regelungen enthält (BPatG BeckRS 2019, 12581; aA BPatG BeckRS 2011, 9529 – Post).

§ 72 Ausschließung und Ablehnung

(1) **Für die Ausschließung und Ablehnung der Gerichtspersonen gelten die §§ 41 bis 44 und 47 der Zivilprozeßordnung entsprechend.**

(2) **Von der Ausübung des Amtes als Richter ist auch ausgeschlossen, wer bei dem vorausgegangenen Verfahren vor dem Deutschen Patent- und Markenamt mitgewirkt hat.**

(3) [1]**Über die Ablehnung eines Richters entscheidet der Senat, dem der Abgelehnte angehört.** [2]**Wird der Senat durch das Ausscheiden des abgelehnten Mitglieds beschlußunfähig, so entscheidet ein anderer Beschwerdesenat.**

(4) **Über die Ablehnung eines Urkundsbeamten entscheidet der Senat, in dessen Geschäftsbereich die Sache fällt.**

Überblick

Diese Vorschrift verweist zunächst auf die allgemeinen Regeln der ZPO, schließt davon allerdings nicht passende Vorschriften aus und ergänzt die allgemeinen Ablehnungsgründe (→ Rn. 19) um eine spezifische Regelung wegen eines vorausgegangenen Mitwirkens am DPMA (→ Rn. 54).
Betroffene haben die Pflicht, Gründe, die eine Befangenheit als möglich erscheinen lassen können, von sich aus offenzulegen (→ Rn. 16).
Zu jedem Ablehnungsantrag (→ Rn. 5) hat sich die betroffene Person zu äußern (→ Rn. 11), bevor eine Entscheidung (→ Rn. 43 ff.) getroffen werden kann. Die Rechtsbeschwerde kann das BPatG zulassen (→ Rn. 49).
Auch Urkundsbeamte (→ Rn. 68) und Sachverständige (→ Rn. 69) können abgelehnt werden.

Übersicht

A. Ablehnung

1   Das Recht auf den gesetzlichen Richter ist von grundrechtsgleichem Gewicht (BVerfG BeckRS 2021, 13006 – Grundsätze der Richterablehnung). Es beinhaltet die Garantie, vor einem Richter zu stehen, der unabhängig sowie unparteilich ist und der die Gewähr für Neutralität und Distanz gegenüber den Verfahrensbeteiligten bietet (BVerfG BeckRS 2015, 52391 Rn. 13; BeckRS 9998, 148208; NJW 1971, 1029; NJW 1967, 1123).

2   Wer einen Richter wegen Besorgnis der Befangenheit ablehnen will, muss konkrete Umstände glaubhaft machen, die geeignet sind, Misstrauen gegen die Unparteilichkeit eines Richters zu rechtfertigen. Es kommt nicht darauf an, ob der Richter tatsächlich befangen ist oder sich selbst für befangen hält, sondern darauf, ob ein vernünftig urteilender Beteiligter an der Unvoreingenommenheit des Richters zweifeln kann. Es genügt also der sog. **böse Schein** (BVerfG BeckRS 1992, 4030 – Fall Böckenförde).

3   Die Ablehnung eines Richters wegen Besorgnis der Befangenheit ist kein Instrument zur Fehlerkontrolle (BGH NJW 2002, 2396; BPatG BeckRS 2016, 11419). Deshalb kommt es auf die Fehlerhaftigkeit des Handels regelmäßig nicht an. Verfahrensverstöße tragen allein keinen Befangenheitsvorwurf (BVerwG BeckRS 2015, 53692).

Das Anfordern von Gerichtswachtmeistern zu einer mündlichen Verhandlung begründet für sich keine **3.1** Gründe, Befangenheit der Richter anzunehmen (LG Dessau-Roßlau BeckRS 2015, 15673).

I. Ablehnungsantrag

Den Antrag können nur die Parteien selbst stellen und, in den Grenzen des § 67 ZPO, Streithel- **4** fer (BGH BeckRS 2020, 25245 – begründetes Ablehnungsgesuch).

Für jeden abgelehnten Richter ist ein separater Antrag mit individueller Begründung notwen- **5** dig; die (pauschale) Ablehnung mehrerer Richter oder eines ganzen Senats ist nicht zulässig und damit unbeachtlich (BGH BeckRS 2017, 102352; BPatG GRUR-RS 2020, 15054 – Schmähung; BeckRS 2017, 106544 – Merci). Ist das Ablehnungsgesuch aber dahingehend auszulegen, dass der Antragsteller das Vorliegen eines Befangenheitsgrundes individuell gleichermaßen bei allen Richtern für gegeben erachtet, so ist es zulässig (BGH BeckRS 2020, 25496; BeckRS 2018, 467; BPatG GRUR-RS 2020, 41012).

Ein erneuter Antrag ist unzulässig, wenn er auf Gründe gestützt ist, über die bereits entschieden **6** wurde (BGH BeckRS 2008, 19511; BVerfG BeckRS 1960, 00282; BPatG GRUR-RS 2020, 21053).

Der Antrag darf nicht an eine **Bedingung** geknüpft sein (OLG Stuttgart NJW-RR 2013, 960). **7**

Lässt sich ein Beteiligter oder sein Vertreter in **Kenntnis** eines Ablehnungsgrundes zur Sache **8** ein (BGH NJW-RR 2014, 382) oder stellt er Anträge, verliert er sein Recht, die Befangenheit geltend zu machen (§§ 43, 44 Abs. 4 ZPO). Ohne mündliche Verhandlung reicht hierfür das Einreichen eines Schriftsatzes aus (OVG Bautzen BeckRS 2020, 10060; Kopp/Schenke VwGO § 54 Rn. 14a). Hat ein Beteiligter den Ablehnungsantrag bereits gestellt, ist es unschädlich, wenn er sich auf eine weitere Verhandlung einlässt (BGH NJW-RR 2016, 887). Eine erst spätere Kenntnis der Antragsgründe ist im Antrag glaubhaft zu machen (Ghassemi-Tabar/Nober NJW 2013, 3686 (3688)).

Kenntnis des Befangenheitsgrund muss positiv sein; fahrlässige Unkenntnis genügt nicht. Das **9** Wissen ihres Prozessbevollmächtigten ist der Partei gemäß § 85 Abs. 2 ZPO zuzurechnen. Eine Zusammenrechnung des Wissens der Partei und des Prozessbevollmächtigten findet nicht statt. Dementsprechend ist es nicht ausreichend, wenn der Prozessbevollmächtigte zwar die Namen des Richters kennt, nicht aber die Beziehung dieses Richters zu einer Partei, die die Besorgnis der Befangenheit begründet, während die Partei diese Beziehung kennt, aber nicht weiß, dass gerade dieser Richter zur Mitwirkung an der Entscheidung berufen ist (BGH BeckRS 2020, 25245 – begründetes Ablehnungsgesuch).

Ein selbständiges Ablehnungsverfahren ist auch nach Erlass der eine Instanz beendenden Ent- **10** scheidung durchzuführen, wenn der abgelehnte Richter noch weitere Entscheidungen in Nebenverfahren treffen kann. **Äußerste Zeitgrenze** für die Geltendmachung von Ablehnungsgründen ist die abschließende Erledigung des Rechtsstreits durch eine unanfechtbare Entscheidung (BGH BeckRS 2017, 102352; BPatG GRUR-RS 2020, 8500).

Der abgelehnte Richter hat sich zu den im Gesuch genannten Gründen – nicht zu dessen **11** Zulässigkeit oder Begründetheit – dienstlich zu äußern (§ 44 Abs. 3 ZPO); dazu sind die Beteiligten zu hören. Die **dienstliche Äußerung** ist in der Regel schriftlich abzugeben, aber nur, wenn das Ablehnungsgesuch zulässig ist (→ Rn. 12). Sie ist als richterliche Tätigkeit iSd § 26 DRiG der Dienstaufsicht entzogen (BGH NJW 1980, 2530). Die dienstliche Äußerung kann einen erstmalig auftretenden (weiteren) Ablehnungsgrund zeigen (BPatG BeckRS 2012, 24223 – Scheibenmotor) oder, etwa über eine Entschuldigung und das Eingeständnis eigenen Fehlverhaltens, einen bislang gegebenen beseitigen (BGH BeckRS 2011, 26349). Übersendet der abgelehnte Richter selbst seine dienstliche Stellungnahme an die Beteiligten, rechtfertigt dies keine Besorgnis der Befangenheit (BPatG BeckRS 2018, 9277 – Limbic touch/Limbic).

Ergibt sich der Sachverhalt, auf den ein Ablehnungsgesuch stützt ist ohne weitere Aufklärung **12** vollständig aus den Akten und der Eingabe, kann auf die Einholung einer dienstlichen Äußerung verzichtet werden (BPatG GRUR-RS 2020, 41012; KG BeckRS 2022, 9728). Auch bei gänzlich ungeeigneten Ablehnungsgründen bedarf es keiner dienstlichen Äußerung, und der abgelehnte Richter kann sogar an der Entscheidung über den Befangenheitsantrag mitwirken (BPatG BeckRS 2017, 152132).

Enthält ein Ablehnungsgesuch nur pauschale Schmähungen, fehlt ihm das Rechtsschutzinte- **13** resse; es wird als unzulässig verworfen (BPatG GRUR-RS 2020, 15054 – Schmähung; BeckRS 2019, 16817 – unzulässiges Ablehnungsgesuch; BVerfG BeckRS 2010, 49079).

14   Die dienstliche Äußerung dient allein der Tatsachenfeststellung. Es ist nicht Aufgabe des abgelehnten Richters, die zur Begründung des Ablehnungsantrags vorgebrachten Tatsachen in seiner Erklärung zu würdigen bzw. die von ihm getroffenen Entscheidungen oder seine Rechtsauffassung zu rechtfertigen oder zu verteidigen (KG BeckRS 2022, 9728).

15   Einem abgelehnten Richter erlaubt es § 47 Abs. 1 und 2 ZPO noch, **unaufschiebbare Handlungen** vornehmen. So kann er eine mündliche Verhandlung zu Ende führen; hat das Ablehnungsgesuch aber später Erfolg, ist die Verhandlung ohne ihn zu wiederholen. Bei Erfolg eines Ablehnungsgesuchs werden **frühere Handlungen** und Entscheidungen des abgelehnten Richters allein dadurch nicht unwirksam oder anfechtbar; ein Ablehnungsgrund kann erst Folgen zeigen, wenn die Beteiligten eine Besorgnis der Befangenheit geltend gemacht haben (BGH BeckRS 2006, 15117).

16   Von Amts wegen wird Befangenheit gemäß § 48 ZPO geprüft. Ein betroffener Richter hat gegebenenfalls Gründe, die ihn als befangen erscheinen lassen könnten, von sich aus offenzulegen (BGH GRUR 1995, 216 (219) – Oxygenol II; s. auch → Rn. 26). Dabei handelt es sich um eine Dienstpflicht (BVerfG BeckRS 9998, 148208; Kopp/Schenke VwGO § 54 Rn. 10). Ein Verstoß gegen diese **Anzeigepflicht** ist ein eigenständiger Ablehnungsgrund (OVG Bremen BeckRS 2015, 48613 – Richterablehnung). Wird der Verstoß erst später bekannt, bleibt noch die Rüge der Verletzung des rechtlichen Gehörs (BGH BeckRS 1995, 1066 – Oxygenol II; BVerwG BeckRS 2017, 104371; → Rn. 50).

17   Ein Befangenheitsantrag rechtfertigt keine Wiedereinsetzung in die Frist zur Zahlung der Beschwerdegebühr (BPatG BeckRS 2019, 16817 – unzulässiges Ablehnungsgesuch); das ist nur bei einem Antrag auf Verfahrenskostenhilfe anders (→ § 81a Rn. 15).

II. Befangenheitsgründe

18   Das Ablehnungsverfahren ist nicht dazu bestimmt, Entscheidungen einer weiteren Begutachtung durch die mit dem Ablehnungsgesuch befassten Richter zu unterziehen; es ist kein Instrument zur Fehler- oder Verfahrenskontrolle (BGH NJW 2002, 2396). Etwas anderes gilt nur, wenn eine prozessuale Verhaltensweise oder eine Rechtsauffassung so sehr vom Üblichen und Erwartbaren entfernt ist, dass sich der Eindruck einer sachwidrigen, auf Voreingenommenheit beruhenden Benachteiligung einer Partei geradezu aufdrängt (KG NJW 2004, 2104 (2105); BPatG GRUR-RS 2020, 41012).

19   Ein Richter darf nicht an Sachen mitwirken, an deren Ausgang er ein **persönliches Interesse** hat. Dies liegt auf der Hand, wenn er selbst Verfahrensbeteiligter oder Angehöriger eines Verfahrensbeteiligten ist (§ 41 ZPO); zu sozialen Netzwerken → Rn. 23. Beteiligung (Aktien) an verfahrensbeteiligten Gesellschaften führt nur bei einem relevanten Umfang zur Besorgnis der Befangenheit. Gleiches gilt für das (etwa aus gemeinsamer Ausbildungszeit) herrührende „Du" zwischen Richtern und Anwälten (BGH NJW-RR 2007, 776 f.).

20   Auch die **Mitgliedschaft** in einer am Verfahren beteiligten Vereinigung führt nicht unbedingt zur Befangenheit (BGH GRUR 2003, 368 – GRUR-Mitgliedschaft). Ähnliches gilt für die Mitgliedschaft eines Richters in Religionsgemeinschaften (BVerfG BeckRS 2013, 54015; BayVerfGH BeckRS 2010, 53662), Gewerkschaften (BVerfG BeckRS 1980, 40046) und Parteien.

21   Ablehnungsgründe ergeben sich grundsätzlich nur aus dem Verhältnis Partei-Richter, nicht aus Spannungen zwischen Anwälten und Richtern (OLG Karlsruhe BeckRS 1986, 569). Anders aber ist das zu sehen, wenn der Richter erkennen lässt, nicht hinreichend zwischen Partei und ihrem Bevollmächtigten zu differenzieren (Kopp/Schenke VwGO § 54 Rn. 10 Abs. 2). Anders ist das auch, wenn der Richter in anderer Sache selbst **Mandant** eines Anwalts ist, der einen Verfahrensbeteiligten vertritt (OLG Köln NJW-RR 2019, 885) oder selbst am Verfahren beteiligt ist (OLG Düsseldorf NJW-RR 2018, 448). Dem steht es nicht gleich, wenn ein Familienangehöriger Mandant eines solchen Anwalts ist (KG NJW-RR 2019, 256).

22   **Freundschaftliche oder kollegiale Beziehungen** zwischen Richtern und Beteiligten sind danach zu beurteilen, ob die persönliche Beziehung eine Qualität hat, die bei vernünftiger Betrachtung die Besorgnis der Befangenheit begründete (BGH NJW 1974, 55). Das kann sogar bei einer engen bzw. langjährigen Freundschaft des Ehepartners eines Richters mit einer Prozesspartei der Fall sein (BGH BeckRS 2020, 36457).

23   Zunehmend geraten hier **soziale Netzwerke** in die Diskussion: Rojahn/Jerger etwa halten zwar die gemeinsame Mitgliedschaft in Vereinen sowie Parteien noch nicht für einen Befangenheitsgrund, Kontakte, die über berufsbedingte übliche hinausgehen, aber schon (Rojahn/Jerger NJW 2014, 1147).

Rojahn/Jerger weisen ferner darauf hin, dass Mitgliedschaften in Netzwerken, wie zB Facebook, XING **23.1** oder LinkedIn, Verbindungen nachweisbar machen (BGH GRUR 2003, 368 – GRUR e.V.; BeckRS 2001, 02619; BVerfG BeckRS 1992, 4030 – Fall Böckenförde zu einer Juristen-Vereinigung; OLG Hamm NJW-RR 2012, 1209 f.; OLG Saarbrücken BeckRS 2005, 00392; OLG Frankfurt NJW-RR 1998, 1764 – Rotary; OLG Schleswig BeckRS 1995, 09593; OLG Karlsruhe NJW-RR 1988, 1534). Zu maßgeblichen Funktionen in Vereinigungen: BGH BeckRS 2001, 02619 – GRUR e.V.; OLG Koblenz NJW 1969, 1177; aA OLG Hamburg BeckRS 2003, 00297. Zu politischen Parteien: VGH Mannheim NJW 1975, 1048; OLG Koblenz NJW 1969, 1177).

Die **Teilnahme an einer Tagung** ist keine Zusammenarbeit mit dem Veranstalter, den Refe- **24** renten oder übrigen Teilnehmern (BGH BeckRS 2022, 16592).

Wer ein **Gutachten** erstellt hat, hat zu seinem Auftraggeber ein so enges Verhältnis, dass dessen **25** Gegner Anlass haben, an der Unbefangenheit zu zweifeln (BVerfG BeckRS 1999, 30065750; BeckRS 1992, 8074 – Fall Böckenförde).

Das **Mitwirken von Familienangehörigen** an der zu überprüfenden Entscheidung, etwa **26** beim DPMA, kann Anlass zur Besorgnis der Befangenheit geben (vgl. BGH BeckRS 2020, 4241; anders noch BGH BeckRS 2003, 9925; kritisch dazu bereits Freiber NJW 2004, 650). Gleiches gilt für die Tätigkeit von Familienangehörigen eines Richters bei Anwälten oder Verfahrensbeteiligten (BGH NJW 2019, 516 – Ehefrau als Sekretärin; NJW 2012, 1890). Dies muss jeweils auch für **nichteheliche Lebensgemeinschaften** gelten (aA Kopp/Schenke VwGO § 54 Rn. 10 Abs. 1), die anzuzeigen sind (→ Rn. 16). Ein Verstoß gegen diese Anzeigepflicht ist ein eigenständiger Ablehnungsgrund (OVB Bremen BeckRS 2015, 48613 – Richterablehnung).

Das Mitwirken des abgelehnten Richters an einer juristischen Festschrift kann in einem Rechts- **27** streit, an dem der Geehrte beteiligt ist, die Besorgnis der Befangenheit begründen (BGH BeckRS 2018, 29629).

Rechtliche **Hinweise** (→ § 76 Rn. 15 ff.; → § 78 Rn. 7) und Verfahrenshandlungen, wie **28** etwa die Ladung auf den Hilfsantrag eines der Beteiligten, zeigen den Richter nicht als befangen, käme ohne Hinweise doch sogar eine Verletzung des rechtlichen Gehörs in Betracht (§ 78 Abs. 2). Das verlangt keinen ausdrücklichen Vorbehalt, dass der Hinweis nur eine vorläufige Auffassung wiedergibt (BPatG BeckRS 2018, 9277 – Limbic touch/Limbic). Zum Umgang mit Sachverständigen → Rn. 33. Äußerungen zu den Erfolgsaussichten eines Antrags oder zum möglichen Verfahrensausgang sind für sich kein Ablehnungsgrund (BPatG BeckRS 2016, 11419). Hinweise auf die Sach- und Rechtslage sind der gebotenen Aufklärungs- und Hinweispflicht (§ 139 ZPO) geschuldet. Sie überschreiten nur dann die Grenze zur Befangenheit, wenn sie eine vorzeitige, endgültige Festlegung erkennen lassen oder zeigen, dass sich der Richter nicht mehr mit einer Gegenmeinung auseinandersetzen will oder nicht zu einer sachlichen Prüfung bereit ist (BPatG BeckRS 2012, 24223 – Scheibenmotor; GRUR 1982, 359). Ebenso darf der Richter nicht sachlich unvertretbare Auffassungen vertreten (BVerwG BeckRS 2015, 53692).

Selbst ein irriger oder überflüssiger Hinweis seitens eines Richters kann Befangenheit befürch- **29** ten lassen, wenn dieser den als richtig unterstellten Hinweis nicht geben hätte dürfen (BPatG GRUR-Prax 2019, 12).

Richterliche Hinweise, die zur schlüssigen Formulierung eines unschlüssigen Verfügungsantrags **30** geführt haben, können eine Befangenheit vermuten lassen (OLG Düsseldorf BeckRS 2019, 3488). Gleiches gilt für Hinweise auf Gesichtspunkte, die nur per Einrede geltend gemacht werden können und nicht der Amtsermittlung unterliegen (OLG Hamburg BeckRS 1984, 3682; OLG Bremen BeckRS 1985, 1558 jeweils zu einem richterlichen Hinweis auf die Einrede der Verjährung). Im Rahmen der Erläuterung eines Vergleichsvorschlags ist aber ein Hinweis auf drohende Verjährungsfolgen unschädlich (BGH BeckRS 1997, 9123).

Zwar gilt in markenrechtlichen Verfahren vor dem BPatG weitgehend das Amtsermittlungsprin- **31** zip, wo aber eine Beibringungspflicht gilt (→ § 73 Rn. 9 ff.), können eigene Recherchen eines Richters eine Befangenheit begründen (vgl. OLG Düsseldorf BeckRS 2020, 35240). Die eigenmächtige Erforschung des Sachverhalts durch einen Richter außerhalb einer förmlichen Beweiserhebung kann ein Befangenheitsgrund sein (Kopp/Schenke VwGO § 54 Rn. 11).

Kurze, aber nicht unangemessene **Fristsetzungen** begründen keine Besorgnis der Befangenheit **32** (BVerwG BeckRS 2015, 53692). Soweit Fristen für Stellungnahmen vorgesehen sind, betragen sie ein bis zwei Wochen, höchstens einen Monat. Fristsetzungen, die diese Zeitspannen überschreiten, begegnen keinen Bedenken (BPatG BeckRS 2019, 26675).

Die Beteiligten müssen nicht über jede **Kommunikation mit dem Sachverständigen** unter- **33** richtet werden – nur über dem Sachverständigen erteilte Weisungen (§ 404a Abs. 5 ZPO). Trotzdem sollten Kommunikationsinhalte in den Akten dokumentiert und jedenfalls auf Nachfrage offenbart werden (OLG Hamm NJW-RR 2016, 1206); → § 74 Rn. 27.

34   Äußert der Richter seine Rechtsmeinung (allgemein in Vorträgen, Aufsätzen, Kommentaren etc), ist nicht grundsätzlich Voreingenommenheit zu unterstellen (BVerwG BeckRS 2018, 23514; BGH NJW 2002, 2396; BVerfG NJW 1997, 1500 – Selbstablehnung). Der wissenschaftliche Austausch ist für die Richter oberster Bundesgerichte sogar erwünscht (BGH NJW 2016, 1022 – Silikonbrustimplantate). Der Richter darf sich aber nicht unsachlich und als einer Diskussion seiner Meinung unzugänglich erweisen (→ UMV Art. 169 Rn. 8).

34.1   In einer sehr großzügigen Entscheidung hat es das BPatG (BeckRS 2014, 22806 – joy TV) nicht als Befangenheitsgrund angesehen, dass der Vorsitzende in einem vorausgehenden Verfahren über den Widerspruch des späteren Löschungsantragstellers gegen die angegriffene Marke erklärt hatte, es stehe der damaligen Widersprechenden frei, einen Löschungsantrag zu stellen, weil für einen Teil der Waren und Dienstleistungen Löschungsreife gegeben sei.

35   Prozessuales Vorgehen eines Richters, wie mehrfache Vorlagen an den EuGH, allein begründet die Besorgnis einer Befangenheit nicht (OLG Stuttgart BeckRS 2020, 24504). Auch ein Mitwirken in gleichgelagerten Verfahren zwischen anderen Beteiligten, zeigt zwar – wegen des Beratungsgeheimnisses allerdings weniger als eine Veröffentlichung (→ Rn. 34) – eine Rechtsansicht, belegt aber keine Befangenheit, solange der Richter sich nicht als einer Diskussion seiner Meinung unzugänglich gibt.

36   Benachrichtigt ein Richter, der über Art und Hintergrund einer an ihn persönlich adressierten Eingabe unsicher ist, die für die Sicherheit zuständigen Stellen, ist dies allein kein Grund, an seiner Unparteilichkeit zu zweifeln (BPatG GRUR-RS 2021, 9550 – Sicherheitsbedenken). Gleiches gilt für Maßnahmen im Rahmen der Sitzungspolizei (→ § 76 Rn. 46 ff.), wie das Hinzuziehen eines Wachtmeisters (LG Dessau-Roßlau BeckRS 2015, 15673).

37   Übergeht ein Richter einen Vortrag oder Antrag eines Beteiligten oder weigert er sich, Vorbringen vollständig zur Kenntnis zu nehmen und zu würdigen, ist – neben dem Verstoß gegen das rechtliche Gehör – Befangenheit anzunehmen (BVerfG BeckRS 1979, 109023).

38   Ist ein Verfahren ausgesetzt, weil der Senat es dem EuGH vorgelegt hat, können die unanfechtbare, veröffentlichte Zwischenentscheidung im wissenschaftlichen Bereich auch daran beteiligte Richter diskutieren, ohne damit den Anschein der Befangenheit zu erwecken (BGH NJW 2016, 1022 – Silikonbrustimplantate).

39   Verfahrensanträge abzulehnen, gibt ohne hinzutretende sonstige Gründe keinen Anlass zur Besorgnis der Befangenheit (BPatG BeckRS 2010, 23089 – 9/11). Die Ablehnung eines Antrags auf Terminsverlegung (→ § 75 Rn. 4) begründet eine Besorgnis der Befangenheit nur, wenn die nach § 227 ZPO geforderten erheblichen Gründe offensichtlich (→ Rn. 39.1) vorlagen und die Zurückweisung des Antrags für den Antragsteller unzumutbar war; dies führt zur Verletzung des rechtlichen Gehörs und erweckt den Eindruck einer sachwidrigen Benachteiligung (BGH NJW 2006, 2492 Rn. 31; OLG Zweibrücken BeckRS 2020, 16849 – Corona-Pandemie).

39.1   Wird ein Terminänderungsantrag erst unmittelbar vor dem anberaumten Termin unter Hinweis auf eine Erkrankung gestellt und bleibt keine Zeit, die Partei zur Glaubhaftmachung der Verhandlungs- bzw. Reiseunfähigkeit aufzufordern, müssen die Gründe für die Verhinderung bereits in dem Verlegungsantrag so angegeben und untermauert werden, dass das Gericht die Frage der Verhandlungsfähigkeit selbst beurteilen kann (KG BeckRS 2022, 9728).

40   Die Verzögerung der Entscheidung über Anträge auf **Verfahrenskostenhilfe** kann ebenso ein Befangenheitsgrund sein (Kopp/Schenke VwGO § 54 Rn. 11), wie **Untätigkeit** im Allgemeinen (OLG Düsseldorf BeckRS 1998, 10239 – überlange Verfahrensdauer).

41   **Kritische Fragen** sind im Hinblick auf den gewünschten offenen Austausch zwischen den Beteiligten und dem Gericht ebenso wie einmalige **Unmutsäußerungen** als nachvollziehbare Reaktion kein Grund zur Annahme der Befangenheit. Unmutsäußerungen dürfen aber nicht so weit gehen, dass der Richter erklärt, weder Zeit noch Lust zu haben, sich mit dem Sachvortrag zu befassen, oder dass es dienlich sei, einen bestimmten Sachvortrag zu unterlassen (AnwG Köln NJW-Spezial 2014, 478; OLG Naumburg NJW-RR 2014, 1472).

42   Die private Nutzung eines Mobiltelefons durch Richter während der mündlichen Verhandlung gibt nach BGH (BeckRS 2015, 15045) Anlass zu der Befürchtung, es sei bereits ein bestimmtes Ergebnis festgelegt.

III. Entscheidung (Abs. 3 und 4)

43   Ohne gesetzlichen Ausschlussgrund (Verwandtschaft, Ehe; § 41 ZPO oder § 72 Abs. 2, → Rn. 54 ff.), muss über jeden Befangenheitsantrag in mündlicher Verhandlung entschieden werden

(BPatG BeckRS 2010, 23089 – 9/11; Kirchner GRUR 1974, 363 f.; Benkard PatG/Schäfers PatG § 86 Rn. 21). Das gilt auch, wenn der Richter sich selbst für befangen hält (→ Rn. 16), und für Prüfungen von Amts wegen (§ 48 ZPO).

Es entscheidet gemäß Abs. 3 S. 1 der Senat, dem der Richter angehört, solange er beschlussfähig **44** ist, sonst ein anderer Beschwerdesenat. Dabei sollte die Geschäftsordnung des Gerichts in umgekehrter Reihenfolge zur Vertretungsregelung gelten, damit nicht derjenige über die Befangenheit entscheiden muss, der bei Stattgabe die Vertretung übernehmen muss.

Sollte ein zulässiger Befangenheitsantrag alle Richter des BPatG betreffen, entscheidet gemäß **45** § 45 Abs. 3 ZPO der BGH. Der BGH kann, um Verzögerungen der sachlichen Erledigung des Rechtsstreits zu vermeiden, über ein ihm direkt vorgelegtes Ablehnungsgesuch auch dann entscheiden, wenn die abgelehnten Richter zulässigerweise selbst hierüber hätten entscheiden können (BGH BeckRS 2021, 43484; NJW 2021, 385; NJW 1974, 55).

Beschlussunfähigkeit tritt ein, wenn der zur Entscheidung berufene Senat weder senatsinternen **46** noch über die allgemeine Geschäftsverteilung durch Vertreter ergänzt werden kann oder wenn alle Senatsmitglieder in zulässiger Weise (→ Rn. 5) abgelehnt sind.

Über ersichtlich unzulässige und rechtsmissbräuchliche Ablehnungsgesuche (Verschleppung, **47** Zeitgewinn für eine Benutzungseinrede oder bei drohender Verspätung des Vorbringens) kann der Senat auch in der Besetzung mit dem abgelehnten Richter und ohne dessen dienstliche Äußerung (→ Rn. 12; BGH BeckRS 2020, 13430; BeckRS 2017, 103131; BPatG GRUR-RS 2020, 15054 – Schmähung; BeckRS 2017, 106544; 2017, 115519 – Karriere-Jura; BVerfG NJW-RR 2008, 72 f.; strenger Schneider NJW 2008, 2759), zusammen mit der Hauptsache, entscheiden. Eine Entscheidung in einer Besetzung mit abgelehnten Richtern ist nur möglich, wenn die Prüfung der Rechtsmissbräuchlichkeit keine Beurteilung des Verhaltens des abgelehnten Richters voraussetzt und deshalb auch für diesen keine Entscheidung in eigener Sache ist (VerfGH NRW BeckRS 2020, 2106).

Will das Gericht in einer Besetzung mit abgelehnten Richtern entscheiden, muss es das dem Antragstel- **47.1** ler nicht vorab bekannt geben (BPatG BeckRS 2001, 16244). HK-MarkenR/Fuchs-Wissemann Rn. 3 weist aber zutreffend darauf hin, dass nicht der Eindruck entstehen darf, man habe einen Weg gesucht, eine Prüfung durch andere Richter zu verhindern (ähnlich Schneider NJW 2008, 2759; Günther NJW 1986, 288).

Entscheidet ein abgelehnter Richter selbst anstelle seines Vertreters über einen zulässigen und **48** nicht rechtsmissbräuchlichen Ablehnungsantrag, liegt ein Verstoß gegen den Anspruch auf den gesetzlichen Richter vor, ohne dass es darauf ankommt, ob das Ablehnungsgesuch in der Sache begründet war (BFH NJW 2020, 1614; BVerfG NJW 2013, 1665).

Gegen Entscheidungen die ein Ablehnungsgesuch zurückgewiesen haben, ist nach § 46 Abs. 3 **49** ZPO **sofortige Beschwerde** möglich; im Übrigen sind solche Entscheidungen nicht anfechtbar (BGH GRUR 1990, 434 – Wasserventil). Zu allen (selbständigen) Nebenentscheidungen, nicht nur zu Kostenfragen, kann das BPatG aber die **Rechtsbeschwerde** im Hinblick auf den vom BVerfG (BVerfG NJW 2009, 833 Rn. 10) geforderten effektiven Rechtsschutz die Rechtsbeschwerde **zulassen** (BGH NJW-RR 2005, 294) zulassen, um eine höchstrichterliche Klärung grundsätzlicher Rechtsfragen zu ermöglichen (BPatG GRUR-RS 2021, 5825 – Dr. Becker).

Ein Mitwirken eines an sich ausgeschlossen Richters ist ein Rechtsbeschwerdegrund gemäß **50** § 83 Abs. 3 (→ Rn. 16) sowie ein Wiederaufnahmegrund nach § 579 Abs. 1 Nr. 2 ZPO (Seetzen NJW 1982, 2741; → § 70 Rn. 82). Eine inzidente Prüfung im Rechtsbeschwerdeverfahren ist möglich (Ingerl/Rohnke/Nordemann/Grabrucker Rn. 13; Zöller/Vollkommer ZPO § 46 Rn. 20).

Das Ablehnungsverfahren ist gemäß § 54 Abs. 1 ZPO, § 44 Abs. 1 ZPO, § 46 Abs. 1 ZPO ein **51** nichtstreitiges Zwischenverfahren, das nach § 19 Abs. 1 RVG zum Rechtszug bzw. Verfahren gehört. Die Beteiligten stehen sich dabei nicht als Gegner gegenüber, so dass es weder obsiegende noch unterliegende Beteiligte gibt (Kopp/Schenke VwGO § 54 Rn. 15). Zum **Gegenstandswert** in diesen Verfahren → § 71 Rn. 120.

B. Ausschluss (Abs. 2)

Der Ausschluss tritt kraft Gesetzes ein und verlangt keinen Antrag, wie die Ablehnung (→ **52** Rn. 4). Die Ausschlussgründe sind in § 41 ZPO abschließend aufgeführt, hinzu kommt der Ausschluss wegen Vorbefassung nach Abs. 2 (→ Rn. 54).

Persönliche Beziehungen zu einer Beteiligten führen zum Ausschluss nach § 41 Nr. 1 – Nr. 3 **53** ZPO.

54   Ausgeschlossen ist ein Richter, wenn er gerade bei dem einem Beschwerdeverfahren am BPatG vorausgegangenen Verfahren vor dem DPMA mitgewirkt hat. Abs. 2 ergänzt insoweit den für richterliches **Mitwirken** geltenden § 41 Nr. 6 ZPO, weil das vorausgegangene Verwaltungsverfahren kein „früherer Rechtszug" ist. Das entspricht § 54 Abs. 2 VwGO und § 51 Abs. 2 FGO (BeckOK VwGO/Kimmel VwGO § 54 Rn. 17 f.; Kopp/Schenke VwGO § 54 Rn. 8 f.; zum Patentrecht Ann PatR § 23 Rn. 73). Ein Mitwirken an gleichgelagerten Fällen ist hier nicht relevant (Kopp/Schenke VwGO § 54 Rn. 9), zu einem diesbezüglichen Befangenheitsgrund → Rn. 35.

55   Sachbezogene Ausschlussgründe sind die Vertretung eines Beteiligten (§ 41 Nr. 4 ZPO), eine Zeugenstellung oder Sachverständigentätigkeit (§ 41 Nr. 5 ZPO) sowie ein Mitwirken im Instanzenzug (§ 41 Nr. 6 ZPO). Dazu zählt nicht das Mitwirken an Beweisbeschlüssen, die Tätigkeit als beauftragter oder ersuchter Richter (§ 362 ZPO).

56   Mitwirken verlangt ein Tätigwerden in der Sache, also nicht rein verfahrensleitendes, in der Sache neutrales Vorgehen (BGH GRUR 1999, 43 – ausgeschlossener Richter; BPatG BeckRS 2016, 12880). Während eine Entscheidung über Akteneinsicht als rein verfahrensleitend gilt, ist ein Mitwirken an der Gewährung von **Verfahrenskostenhilfe** wegen der dabei gebotenen Prüfung der Erfolgsaussichten nicht in der Sache neutral. Die Ablehnung der Verfahrenskostenhilfe im gleichen Verfahren ist aber kein Ablehnungsgrund (BVerwG BeckRS 1975, 30427504).

57   Die Vertretung der Präsidentin des DPMA im Falle ihrer Beteiligung oder ihres Beitritts nach § 68 ist ein Mitwirken an einem vorausgegangenen Verwaltungsverfahren (→ § 68 Rn. 2).

58   Das Mitwirken eines Richters am **Gesetzgebungsverfahren** einschlägiger Vorschriften steht dem Mitwirken in einem Verwaltungsverfahren nicht gleich (OVG Bautzen BeckRS 2009, 42471).

59   Die Annahme eines Mitwirkens am Verfahren in derselben Sache verlangt eine förmlich-prozessuale Identität (Ströbele/Hacker/Thiering/Knoll Rn. 10; aA Fezer Rn. 7). Im Nichtigkeitsverfahren ist ausgeschlossen, wer am Erteilungs- oder Einspruchsverfahren mitgewirkt hat (Amtl. Begr. zu § 72).

60   Verfahren in derselben Sache sind zB Stamm- und **Teilungsanmeldung** (BGH GRUR 1999, 43).

61   Dass **Anmelde- und Widerspruchsverfahren** wegen der Gesetzesgliederung Teile des Eintragungsverfahrens sind, führt zu einem schwer verständlichen Gegensatz: dass das Mitwirken im Anmeldeverfahren zum Ausschluss im Widerspruchs-Beschwerdeverfahren, führen soll, aber nicht in Nichtigkeitsverfahren wäre unverständlich. Im Anmelde- und Widerspruchsverfahren sind völlig unterschiedliche Fragen zu klären (Schutzfähigkeit und Verwechslungsgefahr mit anderen Zeichen). Ein Mitwirken im Anmeldverfahren führt weder im Widerspruchsverfahren (so auch Ströbele/Hacker/Thiering/Knoll Rn. 10; HK-MarkenR/Fuchs-Wissemann Rn. 2) noch im Nichtigkeitsverfahren wegen älterer Rechte zum Ausschluss (Ingerl/Rohnke/Nordemann/Grabrucker Rn. 7 ff.). Hingegen gelten in **Anmelde- und Nichtigkeitsverfahren** wegen absoluter Schutzhindernisse (§ 50) weitgehend gleiche Beurteilungskriterien, sodass ein Ausschluss gerechtfertigt ist, wie die Regelung in § 86 Abs. 2 Nr. 2 PatG zu Patenten zeigt.

62   In förmlich-prozessual nicht identischen Verfahren kommt es jedenfalls darauf an, ob nach allgemeinen Grundsätzen (→ Rn. 19) eine Befangenheit anzunehmen ist (BPatG BeckRS 2012, 24223 – Scheibenmotor; BVerwG BeckRS 2010, 45896; NJW 1980, 2722, jeweils zu § 54 Abs. 2 VwGO). Richter, die an einem amtlichen Eintragungsverfahren oder dem nachfolgenden Beschwerdeverfahren mitgewirkt haben, können nicht befangen sein, wenn es um die Nichtigkeit derselben Marke wegen absoluter Schutzhindernisse geht.

63   Ein Mitwirken im **Anmeldverfahren der Widerspruchsmarke** (oder dem diesbezüglichen Beschwerdeverfahren) kann Anhaltspunkte für eine Befangenheit aus der Vorbefassung ergeben, wenn bei der Eintragung der Widerspruchsmarke deren Unterscheidungs- bzw. Kennzeichnungskraft nur beschränkt, etwa im Hinblick auf bestimmte Bestandteile, anerkannt wurde.

64   Für **Verfallsverfahren** gibt ein Mitwirken im Anmelde- oder Widerspruchsverfahren selten Anhaltspunkte für eine Befangenheit aus Vorbefassung, da es in den Verfallsverfahren um die rechtserhaltende Benutzung der Marke geht. Allerdings können Hinweise an einen erfolglosen Widerspruchsführer, er könne einen Löschungsantrag wegen Löschungsreife stellen, eine Befangenheit befürchten lassen (→ Rn. 34.1).

65   Für die **Nichtigkeitsverfahren wegen älterer Rechte** (§ 51) gibt ein Mitwirken am Widerspruchsverfahren Anlass zur Befürchtung der Befangenheit, wenn sich die gleichen Zeichen gegenüberstehen.

66   Im Verfahren wegen der Kosten, Anwaltsvergütung etc. ist das Mitwirken im vorausgegangenen Hauptverfahren kein Ausschlussgrund (LG Köln BeckRS 2022, 14446).

Nach Aufhebung und **Zurückverweisung** durch den BGH wird das BPatG in derselben **67** Instanz tätig, in der es zuvor mit der Sache befasst war; damit liegt kein Ausschlussgrund vor (BVerwG NJW 1975, 1241).

C. Urkundsbeamte (Abs. 4)

Die Ablehnungsgründe für Urkundsbeamte entsprechen denen für Richter (→ Rn. 19 ff.); **68** sonstige Gerichtspersonen werden nicht erfasst.

D. Sachverständige

Ein Sachverständiger kann aus denselben Gründen wie ein Richter abgelehnt werden (§ 406 **69** ZPO, → § 74 Rn. 27; BGH BeckRS 2014, 22293; GRUR 2008, 191 – Sachverständigenablehnung II). Kennt der Sachverständige solche Gründe bereits vor seiner Beauftragung, hat er diese mitzuteilen; andernfalls verliert er seinen Anspruch auf Vergütung (§ 8a Abs. 1 JVEG).

Spricht ein Sachverständiger von einem der Beteiligten als Gegenseite, kann das die Besorgnis **70** der Befangenheit begründen (OLG Frankfurt BeckRS 2018, 18806).

Er kann auch abgelehnt werden, wenn er gerichtliche Aufträge nicht beachtet (OLG Frankfurt **71** BeckRS 2017, 144525), das Beweisthema umformuliert oder seinen Gutachtenauftrag eigenmächtig ändert und dadurch den Eindruck erweckt, er wolle an Stelle des Gerichts festlegen, welche Punkte beweisbedürftig sind (OLG Brandenburg BeckRS 2019, 4166).

Eine Besorgnis der Befangenheit des Sachverständigen kann gerechtfertigt sein, wenn der Sach **72** verständige sich einseitig festlegt und substantiierten Vortrag einer Partei unberücksichtigt lässt (OLG Brandenburg BeckRS 2019, 4166).

§ 73 Ermittlung des Sachverhalts; Vorbereitung der mündlichen Verhandlung

(1) ¹Das Bundespatentgericht ermittelt den Sachverhalt von Amts wegen. ²Es ist an das Vorbringen und die Beweisanträge der Beteiligten nicht gebunden.

(2) ¹Der oder die Vorsitzende oder ein von ihm oder ihr zu bestimmendes Mitglied des Senats hat schon vor der mündlichen Verhandlung oder, wenn eine solche nicht stattfindet, vor der Entscheidung des Bundespatentgerichts alle Anordnungen zu treffen, die notwendig sind, um die Sache möglichst in einer mündlichen Verhandlung oder in einer Sitzung zu erledigen. ²Im übrigen gilt § 273 Abs. 2, Abs. 3 Satz 1 und Abs. 4 Satz 1 der Zivilprozeßordnung entsprechend.

Überblick

Der Pflicht zur Amtsermittlung (Untersuchungsgrundsatz, Inquisitionsmaxime) stehen die Pflichten der Beteiligten zur Mitwirkung und Darlegung (→ Rn. 9 ff.) gegenüber. Der Darlegungspflicht unterliegendes Vorbringen kann verspätet sein (→ Rn. 19).

In Verfallsverfahren sowie nach Nichtbenutzungseinrede im Widerspruchs- oder Nichtigkeitsverfahren haben die Inhaber von Marken deren rechtserhaltende Benutzung nachzuweisen (→ Rn. 12).

Einer schnellen Verfahrenserledigung (Konzentration) dienen vorbereitende Anordnungen (→ Rn. 20 ff.).

A. Amtsermittlung

Die markenrechtlichen Verfahrensvorschriften für DPMA und BPatG sind zwar auf die Erledi **1** gung vieler Verfahren in möglichst kurzer Zeit ausgelegt. Dies beschränkt aber weder das DPMA noch das BPatG auf eine summarische Prüfung (→ § 59 Rn. 1). Beide haben vielmehr alle entscheidungserheblichen Umstände im Rahmen der Anträge, **Dispositionsmaxime,** aber ohne Bindung an Beweisanträge sowie an das tatsächliche und rechtliche Vorbringen der Beteiligten weitgehend von Amts wegen zu ermitteln, wenn ein Verfahren einmal in Gang gesetzt ist (→ § 42 Rn. 59 ff.; → § 66 Rn. 22; → UMV Art. 95 Rn. 2; → UMV Art. 95 Rn. 37).

Das BVerfG stützt die Untersuchungsmaxime nicht nur auf Art. 19 Abs. 4 GG, sondern auch das **1.1** allgemeine Recht auf ein faires Verfahren, das sich aus dem Rechtsstaatsprinzip ableitet. Kontrollentschei dungen über staatliches Handeln müssen auf zureichender richterlicher Sachaufklärung beruhen (BVerwG NVwZ 2006, 700). Knoll kritisiert daher zu Recht das Argument, für umfangreiche und zeitraubende Beweiserhebungen sei in diesem Verfahren generell kein Raum (Ströbele/Hacker/Thiering/Knoll Rn. 5 f.). Auch die Behandlung geografischer Herkunftsangaben und der Verkehrsdurchsetzung zeigt, dass im Registerverfahren durchaus Raum für Ermittlungen ist (→ § 74 Rn. 20 ff.).

1.2   Wo Amtsermittlung geboten ist, hat das BPatG bis an die Grenzen des noch Zumutbaren zu gehen (vgl. BVerwG NVwZ 2005, 1441). Auch der EuGH verlangt eine strenge und umfassende Prüfung (EuGH C-51/10 P, GRUR 2011, 1035 – 1000). Das angemessene Maß an Ermittlungsaufwand hängt weder vom Gegenstandswert ab noch vom Grad der Wahrscheinlichkeit, mit der eine Ermittlung zu sachdienlichen Erkenntnissen führen wird (BVerwG NVwZ 2009, 597).

2   Wegen des Amtsermittlungsprinzips gilt nicht als gerichtsbekannt, was **unstreitig** ist (§ 288 ZPO; BGH GRUR 2000, 886 f. – Bayer/BeiChem; anders bei zugestandener Benutzung → Rn. 18).

3   Der Amtsermittlungsgrundsatz verhindert es, **Kostenvorschüsse** für Beweiserhebungen zu Tatsachen, die diesem Grundsatz unterliegen, also nicht Verkehrsdurchsetzung, zu verlangen (→ § 74 Rn. 9).

4   Amtsermittlung hat ihre Grenze, wo Vorgaben des BGH (→ § 89 Rn. 11) oder Gesetze (→ UMV Art. 135 Rn. 4 ff.) das BPatG binden bzw. wo die Beteiligten mitzuwirken haben (→ Rn. 9 ff.; BPatG GRUR 2014, 104 – Arretierungsvorrichtung).

5   Eine **Bindung** an (eigene) Entscheidungen über die Anmeldung besteht weder im Widerspruchs noch in Nichtigkeitsverfahren wegen absoluter Schutzhindernisse (BPatG BeckRS 2018, 10202 – M; BeckRS 2013, 05577; GRUR 2008, 518 (520) – Karl May). Auch für die Beurteilung der Kennzeichnungskraft besteht insoweit keine Bindung. Nichtigkeitsverfahren wegen älterer Rechte und Widerspruchsverfahren können (zeitlich versetzt) nebeneinander geführt werden; ihr Ausgang hat für das jeweils andere Verfahren keine Bindungswirkung (→ § 51 Rn. 2).

6   Grundsätzlich gilt nach der Vermutungsregelung des § 28 Abs. 1 als materiell berechtigter Markeninhaber eingetragener Zeichen, wer im Register als solcher eingetragen ist. Ohne gegenteilige Anhaltspunkte ist nicht von Amts wegen der Frage nachzugehen, ob abweichend von der **Registerlage** das Markenrecht auf einen Dritten übergangen ist und ob eine als Markeninhaberin eingetragene Gesellschaft noch existiert. Gescheiterte Zustellungsversuche geben allerdings Anlass zu diesbezüglichen Ermittlungen (BPatG BeckRS 2018, 44163 – Phenom).

7   Von Beteiligten oder Dritten (→ § 8 Rn. 981) aufgeworfenen Fragen und Beweisanträgen muss das Gericht nur bei hinreichenden Anhaltspunkten nachgehen (BGH GRUR 1988, 211 f. – Wie hammas denn?) und wenn sie entscheidungserheblich sind. Ermittlungen müssen als geeignet erscheinen, die aufgeworfenen Fragen zu klären (BGH GRUR 1981, 185 f. – Pökelvorrichtung). Die Aufklärungspflicht ist zudem auf solche Umstände beschränkt, die (noch) einer Aufklärung zugänglich sind (BPatG BeckRS 2014, 8224 – Rapsgelb, rkr); das bereitet bei Eintragungen auf Grund nicht ausreichender Verkehrsbefragungen in einem eventuell nachfolgenden Nichtigkeitsverfahren Probleme (→ § 74 Rn. 51 ff.).

8   Verletzt das Gericht seine **Pflicht zur Amtsermittlung,** kann darin die Versagung des rechtlichen Gehörs liegen.

B. Mitwirkungs- und Beibringungspflicht

9   Beschränkt wird die Amtsermittlung einerseits durch die Anträge und andererseits durch die Mitwirkungspflichten der Beteiligten (→ Rn. 4). Diese Pflichten sind als materielle Mitwirkungslast zu verstehen und enthalten **keine Beweisführungslast**).

10   Die Grenze zwischen Amtsermittlung und Beibringungspflicht der Beteiligten ist nur im Einzelfall bestimmbar und jeweils dort zu ziehen, wo es um Tatsachen geht, die ausschließlich einer der Beteiligten kennen kann und die das Gericht mit den ihm gegebenen Aufklärungsmitteln nur schwer herausfinden kann.

11   Kommt ein Beteiligter seiner Mitwirkungspflicht nicht nach, verpflichtet dies das Gericht nicht zu weiteren Ermittlungen auf anderem Weg, solange sich diese nicht aufdrängen (Sendler DVBl 2002, 1412 f.). Eigene Recherchen eines Richters können hier sogar seine Befangenheit begründen (vgl. OLG Düsseldorf BeckRS 2020, 35240).

12   Dem Beibringungsgrundsatz unterliegen, soweit sie nicht gerichtsbekannt (→ Rn. 13) sind, insbesondere:
- **Benutzung** und **Kennzeichnungskraft** der Marke, auf die sich ein Widerspruch oder Nichtigkeitsantrag wegen älterer Rechte stützt (→ § 42 Rn. 65, → § 51 Rn. 4, → § 59 Rn. 1),
- **Bestehen nicht registrierter Rechte** (→ § 42 Rn. 68, → § 51 Rn. 6, → § 53 Rn. 17),

- Rechte aus geschützten **Ursprungsbezeichnungen** und **geografischen Angaben** (→ § 42 Rn. 107),
- Zugehörigkeit zu einer **Markenserie** (→ § 59 Rn. 1),
- **Bekanntheit** einer Marke,
- **Benutzung** einer mit Verfallsantrag angegriffenen Marke (→ § 49 Rn. 8 ff.; BGH GRUR-RS 2021, 5277 – Stella; EuGH GRUR 2014, 776 – Oberbank; GRUR 2020, 1301 – testarossa),
- **Nutzung durch Dritte** und die dazugehörige Zustimmung/Lizenz (→ § 26 Rn. 167 ff.; → UMV Art. 25 Rn. 17.1),
- **Anfangsglaubhaftmachung** einer Verkehrsdurchsetzung (→ § 8 Rn. 1103; → § 74 Rn. 16),
- **Verkehrsdurchsetzung** (§ 8 Abs. 3; → § 74 Rn. 50 f.; → UMV Art. 95 Rn. 24; → § 59 Rn. 11 f.),
- **Voreintragungen** – soweit überhaupt relevant (→ § 59 Rn. 6),
- **Besitzstand** im Rahmen von § 8 Abs. 2 Nr. 14 (→ § 8 Rn. 1007 ff.),
- **Wiedereinsetzungsgründe** (→ § 91 Rn. 44),
- Voraussetzungen einer **Umschreibung** (→ § 27 Rn. 42).

Selbst **gerichtsbekannte Tatsachen,** die mögliche Einwendungen betreffen, sind nur zu berück- **13** sichtigen, wenn die Einwendungsberechtigte diesbezüglich substantiiert vorgetragen hat (OLG Frankfurt GRUR-RS 2022, 17116).

Hinsichtlich des **Wegfalls von Schutzhindernissen** während des Anmeldeverfahrens (§ 37 **14** Abs. 2) betrifft die Pflicht zur Amtsermittlung eine eventuell eingetretene Verkehrsdurchsetzung nicht, sondern nur den sonstigen Wegfall von Schutzhindernissen.

Die Beweislast bezüglich der Benutzung einer mit Verfallsantrag angegriffenen Marke ist zu **15** unterscheiden von der **Darlegungslast, die den Antragsteller trifft.** Das LG Saarbrücken hat dem EuGH die Frage vorgelegt, ob es die MRL verbiete, dem Kläger in einem auf Löschung einer nationalen eingetragenen Marke wegen Verfalls durch Nichtbenutzung gerichteten Zivilverfahren eine von der Beweislast zu unterscheidende Darlegungslast aufzuerlegen, so dass der Kläger die Nichtbenutzung der Marke substantiiert vorzutragen habe, soweit ihm dies möglich sei, und dazu eine eigene, dem Löschungsbegehren und der Eigenart der betroffenen Marke angemessene Recherche am Markt vornehmen müsse (LG Saarbrücken GRUR-RS 2021, 46214 – White Label).

Das LG Saarbrücken (GRUR-RS 2021, 46214 – White Label) war der Ansicht, die MRL enthalte **15.1** keine Regelung der Darlegungslast, und auch aus dem Effektivitätsgebot ergebe sich jedenfalls nicht zwingend, dass an den Kläger in einem Nichtigkeitsverfahren keinerlei Anforderungen in Bezug auf die Substantiierung seiner Klage gestellt werden dürften.

Der EuGH hat dazu festgestellt, dass der Umstand, dass die klagende Partei in bestimmten **16** Verfahren nicht die Beweislast tragen müsse, diese zwar nicht zwangsläufig von der Obliegenheit befreie, in der Klageschrift den Sachverhalt, auf den sie ihre Ansprüche stütze, umfassend darzulegen (EuGH C183/21, GRUR 2022, 3834). Die für einen Antrag auf Erklärung des Verfalls erforderliche Behauptung der Nichtbenutzung eigne sich jedoch ihrer Natur nach nicht für eine detailliertere Darstellung. Das ginge über eine bloße Obliegenheit, den einer Klage zugrunde liegenden Sachverhalt umfassend darzulegen, hinaus. Art. 19 MRL stehe einer nationalen Verfahrensregel entgegen, die in einem Verfahren über den Antrag auf Erklärung des Verfalls einer Marke wegen Nichtbenutzung die klagende Partei verpflichten würde, eine Recherche am Markt über die mögliche Benutzung dieser Marke vorzunehmen und hierzu substantiiert vorzutragen.

Der vom LG Saarbrücken angesprochene Gefahr einer Zunahme missbräuchlicher Löschungsklagen **16.1** hielt der EuGH entgegen, es gäbe verschiedene verfahrensrechtliche Mittel, die geeignet seien, einem Verfahrensmissbrauch vorzubeugen. Dazu gehöre die Möglichkeit, Bestimmungen vorzusehen, die es erlauben, eine Löschungsklage wegen Nichtbenutzung summarisch als offensichtlich unzulässig oder offensichtlich unbegründet abzuweisen. Auch sei es möglich, der klagenden Partei im Fall der Zurückweisung ihrer Anträge die dem Inhaber der angegriffenen Marke entstandenen Kosten aufzuerlegen.

Es führt nicht zur Mitwirkungspflicht der Beteiligten, eine Tatsache als allgemein bekannt zu **17** bezeichnen und deren Widerlegung zu fordern (EuGH C-265/09 P, BeckRS 2010, 91041 Rn. 59 f. – Buchstabe α (alpha)). Zu den **allgemein bekannten Tatsachen** können Wortbedeutungen, Werbeverhalten, Verpackungsgepflogenheiten und formen, Produktgestaltungen, Herstellungszusammenhänge etc zählen (→ UMV Art. 95 Rn. 10 ff.).

Der Inhaber des angegriffenen Zeichens kann eine Benutzung (teilweise) zugestehen (anders **18** → UMV Art. 95 Rn. 48). Dann ist eine tatsächliche Benutzung **als unstreitig** nicht von Amts wegen zu prüfen (→ § 43 Rn. 53).

19　　Ohne gebotene Amtsermittlung kann das BPatG Vorbringen als **verspätet** zurückweisen, wenn eine Verfahrensverzögerung zu befürchten ist (→ § 76 Rn. 9 ff., → § 43 Rn. 17 ff.).

C. Vorbereitende Anordnungen (Abs. 2)

20　　Sie dienen ebenso einer kurzen Verfahrensdauer (s. auch § 96a) wie § 273 ZPO, also das Anfordern von Unterlagen und Auskünften (auch über Amtshilfe, Art. 117 UMV; → UMV Art. 97 Rn. 34 ff.), die Anordnung des persönlichen Erscheinens einer Partei (→ § 75 Rn. 7) und das Hören von Zeugen und Sachverständigen.

21　　Der **Konzentrationsgrundsatz** zielt darauf ab, die Sache in möglichst einer mündlichen Verhandlung abzuschließen (→ § 76 Rn. 2).

§ 74 Beweiserhebung

(1) [1]Das Bundespatentgericht erhebt Beweis in der mündlichen Verhandlung. [2]Es kann insbesondere Augenschein einnehmen, Zeugen, Sachverständige und Beteiligte vernehmen und Urkunden heranziehen.

(2) Das Bundespatentgericht kann in geeigneten Fällen schon vor der mündlichen Verhandlung durch eines seiner Mitglieder als beauftragten Richter Beweis erheben lassen oder unter Bezeichnung der einzelnen Beweisfragen ein anderes Gericht um die Beweisaufnahme ersuchen.

(3) [1]Die Beteiligten werden von allen Beweisterminen benachrichtigt und können der Beweisaufnahme beiwohnen. [2]Sie können an Zeugen und Sachverständige sachdienliche Fragen richten. [3]Wird eine Frage beanstandet, so entscheidet das Bundespatentgericht.

Überblick

Gemäß § 82 Abs. 1 S. 1 erhebt das BPatG in markenrechtlichen Beschwerdeverfahren Beweis nach den einschlägigen Vorschriften der ZPO und setzt dies durch (→ Rn. 41). Beweisaufnahmen betreffen hauptsächlich Verkehrsdurchsetzung (→ Rn. 50) und Bösgläubigkeit (→ Rn. 44).

Die Amtsermittlung (→ Rn. 1 ff.) verhindert teilweise eine entsprechende Anwendung der ZPO sowie Kostenvorschüsse für Beweishebungen (→ Rn. 9). Dagegen gehört die Auswahl der Beweismittel zur Amtsermittlung (→ Rn. 3), so dass das Gericht insoweit nicht an Anträge der Beteiligten gebunden ist. Auch die Auswahl von Gutachtern und Sachverständigen liegt im Ermessen des Gerichts (→ Rn. 23). Die Sachkunde des Gerichts kann Sachverständigengutachten entbehrlich machen (→ Rn. 12). Privatgutachten gehören zum Parteivortrag (→ Rn. 19).

Beweis wird grundsätzlich in der mündlichen Verhandlung erhoben (→ Rn. 34).

Die Beweislast (→ Rn. 42 ff.) und die Beweislage werfen Probleme auf, wenn das einer Eintragung zu Grunde liegende Gutachten zur Verkehrsdurchsetzung in Frage gestellt wird (→ Rn. 51).

Die eidesstattliche Versicherung gilt teilweise als Nachweismittel (→ Rn. 53 ff.); die Abgabe einer falschen eidesstattlichen Versicherung ist strafbar (→ Rn. 62).

Übersicht

A. Allgemeines

1　　Das BPatG hat den entscheidungserheblichen Sachverhalt von Amts wegen zu ermitteln (→ § 73 Rn. 1), soweit die Beteiligten keine Beibringungspflicht trifft (→ § 73 Rn. 9).

2　　Im Hinblick auf den registerrechtlichen Charakter der Verfahren vor dem BPatG sollen dort nur **präsente Nachweise** zugelassen sein. Das ist zu hinterfragen, zumal in Verfallsverfahren und in den Nichtigkeitsverfahren wegen älterer Rechte Benutzungsfragen zu klären sind, für die ein Nachweis durch eidesstattliche Versicherung nicht ausreichen dürfte (→ Rn. 55).

Die Aufzählung der Beweismittel ist nicht abschließend (Fezer Rn. 3). Zu weiteren Beweismit- **3** teln und zur Behandlung von digitalen Unterlagen → UMV Art. 97 Rn. 54 ff. Zur eidesstattlichen Versicherung → Rn. 53 ff. Die Auswahl der Beweismittel gehört zur Amtsermittlung; das Gericht ist insoweit nicht an Anträge der Beteiligten gebunden.

Der Ausdruck von **Bildschirminhalten** ist ein Augenscheinsobjekt, dessen Beweiskraft nach **4** § 286 ZPO zu bestimmen ist (OLG Jena BeckRS 2018, 35992 – Screenshot).

Beweisbeschlüsse sind, ebenso wie die Ablehnung eines Beweisantrags, nicht anfechtbar (§ 355 **5** Abs. 2 ZPO; BGH BeckRS 2022, 18408; → § 66 Rn. 9). Unbeschadet dessen können aber in Rechtsmittelverfahren Mängel gerügt werden, die Folgen solcher für sich genommen nicht angreifbarer Verfügungen sind (BVerwG BeckRS 2011, 47893). So kann die Ablehnung eines Beweisangebots das rechtliche Gehör verletzen (BGH BeckRS 2012, 19272).

Eine **sofortige Beschwerde** ist aber ausnahmsweise statthaft, wenn der Beweisbeschluss eine **6** Verletzung von Grundrechten einer Beteiligten zur Folge hätte, die sich im weiteren Verfahren nicht mehr oder jedenfalls nicht mehr vollständig beheben lässt (BGH BeckRS 2022, 18408).

Eine Rüge mangelnder Aufklärung muss, um Erfolg zu haben, darlegen, dass der Vortrag Anlass **7** gab, ihm nachzugehen (BGH GRUR 2008, 905 (908 Rn. 34) – Pantohexal; GRUR 2008, 909 Rn. 35 – Pantogast) und dass das angebotene Beweismittel geeignet erschien, die aufgeworfenen Fragen zu klären (BGH GRUR 1981, 185 f. – Pökelvorrichtung). Dazu müssen Beweisanträge substantiiert, Beweisthema und Beweismittel präzise formuliert sein. Das bedeutet aber nicht, dass ein bestimmtes Beweisergebnis wahrscheinlich sein muss (BGH NJW 2015, 2344 – überspannte Anforderungen an Beweisangebote und Parteivortrag).

Der Anwalt sollte eine diesbezüglich notwendige Rüge (§ 295 Abs. 1 ZPO; BVerwG NJW 1989, **7.1** 1233) protokollieren lassen (→ § 77 Rn. 6) und dabei sowie in jedem neuen Verhandlungstermin Beweisangebote bzw. -anträge wiederholen (zur Aufklärungsrüge s. BVerwG NJW 2011, 1983; NVwZ 2009, 320).

Anlass zur Beweiserhebung kann die Vorlage einer anwaltlichen Versicherung sein; darin liegt **8** nämlich ein Beweisangebot auf Vernehmung des Verfahrensbevollmächtigten als Zeugen für den Fall, dass das Gericht der anwaltlichen Versicherung keinen Glauben schenkt (BGH BeckRS 2019, 35684).

§ 17 Abs. 3 GKG ist keine Rechtsgrundlage, in Beweisverfahren zwingend einen **Vorschuss** **9** zu fordern, wenn das BPatG von Amts wegen tätig werden muss (BPatG GRUR 2007, 714 – Post; Schoene GRUR 2014, 641; Albrecht/Hoffmann Vergütung Rn. 1136). Verlangt es dennoch einen Vorschuss und wird dieser nicht gezahlt, tritt die Sanktion der Nichtzahlung (§ 379 ZPO) nicht ein. Zur Kostenpflicht → § 71 Rn. 191, zu Verkehrsdurchsetzungsgutachten → Rn. 28.

Zwar verweist § 82 Abs. 1 generell auf die ZPO, aber nur soweit deren Regelungen dem Amtsermitt- **9.1** lungsgrundsatz nicht widersprechen, wie eben ein Kostenvorschuss für Beweisaufnahmen mit Amtsermittlungsgrundsatz (vgl. zur VwGO VGH Mannheim NVwZ-RR 1990, 592; zum MarkenG BGH GRUR 1976, 213 – Brillengestelle; zum UWG BGH GRUR 2010, 365 – Laborgemeinschaften II). Van Bühren NJW-Editorial 36/2014 stellt die Praxis, (meist zu hohe) Vorschüsse zu verlangen, generell in Frage.

§ 379 ZPO verlangt nicht zwingend, Vorschüsse vor Zeugenladung anzufordern, und auch in **10** Fällen mit Prozesskostenhilfe entfällt sie (BeckOK PatR/Buriánek PatG § 129 Rn. 17).

Nur ohne gebotene Amtsermittlung kann das BPatG verspätete Beweisangebote zurückweisen, **11** wenn eine Verfahrensverzögerung zu befürchten ist (→ § 76 Rn. 9 ff., → § 43 Rn. 17 ff.).

B. Gutachten

Anträge der Beteiligten, ein Sachverständigengutachten einzuholen, kann das Gericht nach **12** pflichtgemäßem Ermessen ablehnen, wenn es meint, selbst über die erforderlichen Kenntnisse zu verfügen, oder wenn es sich um allgemein bekannte Tatsachen handelt (BGH BeckRS 2018, 11715 – Standbeutel; GRUR 2006, 589 – Rasierer mit drei Scherköpfen; GRUR 2002, 957 – Zahnstruktur; → UMV Art. 95 Rn. 8 ff.). Die Richter können sich erforderliche Sachkenntnis auch selbst beschaffen, etwa durch das Studium von Fachliteratur (BPatG BeckRS 2019, 15849 – Verschachtelungsmodus dreilagiger Papierprodukte). Darauf sind die Beteiligten jeweils hinzuweisen (BGH NJW 2015, 1311). Auch ist die eigene Sachkunde zu begründen; es liegt sonst ein Verstoß gegen den Anspruch auf rechtliches Gehör vor (BGH GRUR-RS 2020, 17323 – RatPac).

13   Gutachten dienen vor allem für die Feststellung der Verkehrsdurchsetzung; sie können aber auch in Nichtigkeitsverfahren wegen absoluter Schutzhindernisse belegen, wie die Verbraucher ein Zeichen im Anmeldezeitpunkt verstanden haben. Löschungsanträge wegen absoluter Schutzhindernisse sollten möglichst zeitnah zur Eintragung gestellt werden (BGH GRUR 2010, 138 Rn. 48 – Rocher Kugel). Die Schwierigkeiten bei der Feststellung von auf die Vergangenheit bezogenen Tatsachen steigen nämlich mit der Zeit und schließen es zunehmend aus, das Ergebnis auf den Anmeldetag zu beziehen, weshalb derartige Gutachten oft gar nicht erst eingeholt werden (BPatG GRUR-RS 2019, 40172 – Black Friday, rkr); zu allgemeinen Vorbehalten → Rn. 22; zur Beweislast → Rn. 51.

14   Wo die Technizität einer Form zu beurteilen ist, also im Rahmen von § 3 Abs. 2 Nr. 2 und 3 MarkenG bzw. Art. 7 Abs. 1 lit. e Ziff. ii und iii UMV, geht der EuGH davon aus, dass zur Ermittlung der wesentlichen Merkmale sowie für die Beurteilung der einzelnen Zeichen-Bestandteile auch Gutachten heranzuziehen sind (EuGH GRUR 2010, 1008 – Lego-Baustein; GRUR-Prax 2014, 125 – PI-Design). Es kommt dabei allerdings nicht nur auf das an, was die Markendarstellung zeigt, sondern auch auf den realen Gegenstand und dessen tatsächliche Nutzung (EuGH GRUR 2017, 66 – Rubik's cube; GRUR-Prax 2014, 125 – PI-Design; Schonhofen GRUR-Prax 2017, 7; Kur GRUR 2017, 134, jeweils zum Zauberwürfel). Damit kann sich die Frage nach der **technischen Bedingtheit** auf die Sachverständigenebene verlagern.

15   **Gutachten zu Rechtsfragen** darf das Gericht nur zu fremdem Recht einholen (§ 293 ZPO).

16   Allein auf Grund der Behauptung einer Verkehrsdurchsetzung ohne deren Anfangs-Glaubhaftmachung (→ § 8 Rn. 1103) hat das Gericht kein demoskopisches Gutachten einzuholen (BPatG BeckRS 2014, 02071 – Blätterkatalog; Ströbele GRUR 1987, 75 ff.). Bei der Annahme, eine Partei stelle willkürlich Behauptungen auf, ist aber Zurückhaltung geboten (BGH NJW-RR 2015, 829). Ohne hinreichende **Anknüpfungstatsachen** für das Vorliegen einer Verkehrsgeltung, wie Umsatzzahlen, Marktanteile sowie Werbeaufwand, ist die Einholung eines Meinungsforschungsgutachtens von Amts wegen nicht angezeigt (LG Düsseldorf GRUR-RS 2020, 49191 – D2).

17   Damit eine Verkehrsbefragung verwertbar ist, muss die Methode der Erstellung ersichtlich sein; der Zeitpunkt der Erstellung muss für das konkrete Verfahren relevant sein. (→ UMV Art. 97 Rn. 52).

18   Eine Verkehrsbefragung muss eine repräsentative Anzahl von Befragten aus allen relevanten Verkehrskreisen erfasst haben. Die Fragestellungen müssen offen gewesen sein, dh ohne Vorschlag möglicher Antworten. Keinesfalls durften Suggestivfragen gestellt worden sein (→ UMV Art. 97 Rn. 52). Das EUIPO hat 2020 in Zusammenarbeit mit den nationalen Ämtern Empfehlungen zur Erstellung von Meinungsumfragen im Rahmen des Konvergenzprogramms 12 veröffentlicht. Zudem stellt das EUIPO ein Webinar zur Erstellung und Auswertung von Meinungsumfragen zur Verfügung: https://euipo.europa.eu/knowledge/mod/scorm/view.php?id=24644 (Hinweis: als Gast einloggen).

19   Von den Beteiligten vorgelegte **Privatgutachten** sind wie sonstiger Parteivortrag zu behandeln. Wie Zitate aus demoskopischen Meinungsumfragen sowie aus Berichten darüber haben sie wenig Aussagekraft, wenn die zugrundeliegende Fragestellung nicht gänzlich erkennbar ist (BPatG GRUR-RS 2019, 40172 – Black Friday, rkr.). Eine Kostenerstattung kommt für Privatgutachten nur in Ausnahmefällen in Betracht (Albrecht/Hoffmann Vergütung Rn. 1336 ff.); zu Privatgutachten über ausländisches Recht → § 140 Rn. 112. Entscheidungserhebliche Widersprüche zwischen gerichtlich eingeholten Gutachten und Sachverständigenaussagen sowie denen von Privatgutachtern sind aufzuklären; sonst wird das rechtliche Gehör verletzt (BGH BeckRS 2019, 30715).

20   Gutachten zu Gattungsbezeichnung, die als **geographische Herkunftsangabe** registriert werden sollen, haben DPMA bzw. BPatG in Auftrag zu geben und dafür auch die Kosten zu tragen (EuGH C-343/07, GRUR 2009, 961 Rn. 104, 107, 110 – Bayrisches Bier; EuG T-291/03, GRUR 2007, 974 Rn. 72 – Grana Padano; BPatG GRUR 2014, 677 – Bayrisch Blockmalz; Schoene GRUR 2014, 641 ff.).

21   Es dürfen auch Gutachten oder die Feststellung der Verkehrsgeltung aus anderen Verfahren herangezogen werden, sofern sich die maßgeblichen Parameter seither nicht wesentlich geändert haben (BGH GRUR 2009, 766 Rn. 40, 66 – Stofffähnchen; GRUR 1989, 510 (512) – Teekanne II; → § 4 Rn. 97; zum Zeitraum zwischen Anmeldung und Verkehrsbefragung BPatG GRUR-Prax 2013, 272 – Toto; → § 8 Rn. 1106). Die zugrundliegende Fragestellung muss offengelegt sein (→ Rn. 19).

22   Dass Demoskopie bei der Feststellung der **Kennzeichnungskraft** und der **Bekanntheit** einer Marke eine Rolle spielen kann, ist nicht ausgeschlossen (BGH GRUR 2017, 75 – Wunderbaum II). Dem hält Lerach GRUR-Prax 2017, 137 entgegen, die Aussagekraft solcher Gutachten dürfe in markenrechtlichen Verfahren nicht überschätzt werden. Er bezweifelt, dass Verbraucherbefragungen zuverlässige Beweismittel sind, und rückt die aufgeworfenen Fragen in den Bereich der Rechtsfragen, die einer Beweiserhebung nur bedingt zugänglich sind. Dass es sich nicht um Tatsachenfragen, sondern um abstrakte, generalisierende Wertungen handelt, zeigten die unterschiedlichen Erfahrungssätze im Rahmen des UWG und des MarkenG. Auch der BGH bezweifelt jedenfalls, dass Gutachten eine Schwächung originärer Kennzeichnungskraft klären können (BGH GRUR 2017, 75 Rn. 25 – Wunderbaum II).

Die **Auswahl von Gutachtern** liegt generell im Ermessen des Gerichts. Die Beteiligten kön- **23** nen gegebenenfalls eine fehlerhafte Ermessensausübung rügen. Das BPatG bestimmt als Auftraggeber Art und Umfang der Sachverständigentätigkeit und welche Unterlagen dem Sachverständigen auszuhändigen sind (OLG Hamm NJW-RR 2016, 1206).

Überlässt das BPatG das Einholen von Gutachten zur Verkehrsdurchsetzung dem Anmelder, **24** ist eine vorhergehende **Abstimmung,** insbesondere über die maßgeblichen Verkehrskreise und die **Formulierung der Fragen,** zweckdienlich. Erforderliche Gutachten holt in der Regel aber das BPatG ein, wenn es dazu nicht ans DPMA zurückverweist (→ § 70 Rn. 73). Vohwinkel stellt es allerdings in Frage, ob immer eine Verkehrsbefragung erforderlich ist (Vohwinkel Verkehrsdurchgesetzte Marke Rn. 1187 ff.).

Grabrucker kritisiert zu Recht die Praxis, dass die Anmelder selbst Gutachten einholen, und verweist **24.1** dazu auf die damit verbundene Gefahr einer Einflussnahme auf den Gutachter durch den Auftraggeber (Grabrucker GRUR-Prax 2016, 93 sowie jurisPR-WettbR 8/2015 Anm. 2 zu BGH GRUR 2015, 796 – Sparkassenrot).

Eine juristische Person (Meinungsforschungsinstitut) als Gutachter zu bestellen verhindert § 404 **25** ZPO. Lindacher GRUR 2016, 242 schlägt vor, den Auftrag zur Erstellung des Gutachtens an den jeweiligen Projektleiter zu erteilen.

Gutachten sind zwar gemäß § 407a Abs. 2 ZPO höchstpersönlich zu erstellen; der Gutachter **26** darf aber Gehilfen zuziehen (OLG Dresden BeckRS 2020, 37521; s. hierzu Nehm GS Nagelmann, 1984, 213).

Die Beteiligten können einen Sachverständigen aus den gleichen Gründen als **befangen** ableh- **27** nen wie einen Richter (→ § 72 Rn. 69).

Trotz fehlender Rechtsgrundlage für **Vorschüsse** (→ Rn. 9) ist für die Gutachten zur Verkehrs- **28** durchsetzung eine Kostenübernahme durch den Anmelder geboten, da die Verkehrsdurchsetzung dem Beibringungsgrundsatz unterliegt (→ § 73 Rn. 12). Auch in diesem Fall schließt es aber § 122 Abs. 2 ZPO aus, einen Kostenvorschuss zu erheben, sollte **Verfahrenskostenhilfe** bewilligt sein (§ 129 PatG; → § 81a Rn. 23).

Kein Kostenvorschuss kann in der Regel im Nichtigkeitsverfahren wegen absoluter Schutzhin- **29** dernisse erhoben werden, wenn die Beweisaufnahme dazu dient, ein im Eintragungsverfahren eingeholtes Gutachten zur Verkehrsdurchsetzung auf seine Richtigkeit zu prüfen (→ Rn. 52).

Zu den Vergütungsansprüchen → Rn. 63 ff. **30**

C. Urkunden

Zu Urkunden iSv Abs. 1 S. 2 gehören Erklärungen der Beteiligten oder Dritter, eidesstattliche **31** Versicherungen (→ Rn. 53), Auszüge aus Handelsregistern, Verträge, Rechnungen, Bilanzen, Eintragungsurkunden etc. Verkehrsbefragungen gehören zu den Gutachten (→ Rn. 13).

Wikipedia-Auszügen kommt ein geringer Beweiswert zu, da sich Inhalte dort ständig ändern **32** können. Auch **Google-**Recherchen kommt wenig Beweiswert zu (→ UMV Art. 97 Rn. 81).

Internetseiten geben keine Auskunft über den Ort der Benutzung sowie dazu wie häufig und **33** von wem sie konsultiert wurden (EuG T-492/18, BeckRS 2019, 22863 – Scanner Pro; T-633/18, GRUR-RS 2019, 21217 – Ton Jones; → UMV Art. 97 Rn. 81; → § 78 Rn. 4).

D. Beweiserhebung

Beweiserhebung verlangt grundsätzlich eine mündliche Verhandlung (§ 69 Nr. 2). Daher hat **34** das BPatG Sachverständige zur Erläuterung ihrer Gutachten regelmäßig zu laden (BGH NJW-RR 2017, 1144 – orthopädisches Gutachten).

Die Pflicht zur Beweiserhebung in einer mündlichen Verhandlung umfasst nicht die Beschluss- **35** fassung, ob Beweis erhoben werden soll (BGH NJW-RR 1995, 700 – Flammenüberwachung) und nicht das Auswerten des Ergebnisses der Beweiserhebung, auch wenn diese ein beauftragter oder ersuchter Richter durchgeführt hat.

36   Für die Beweisaufnahme durch einen **ersuchten Richter** sind die §§ 361, 362 ZPO, §§ 156 ff. GVG maßgeblich.

37   Vor einer **Parteivernehmung** von Amts wegen (§ 448 ZPO) müssen alle angebotenen Beweismittel ausgeschöpft sein und keinen vollständigen Beweis erbracht haben; ferner muss der Darlegungspflichtige alle zumutbaren Beweise angetreten haben (BGH NJW 2020, 776 – Subsidiarität der Parteivernehmung von Amts wegen).

38   Vernehmungen sind grundsätzlich mündlich (→ UMV Art. 97 Rn. 12). Nur ausnahmsweise ist eine schriftliche Anhörung möglich (Fezer Rn. 7). § 128a Abs. 2 ZPO erlaubt aber auch eine **Videokonferenz** (→ § 77 Rn. 5.1), nicht aber die Vernehmung per FaceTime oder WhatsApp (OVG Bautzen BeckRS 2022, 22402). Für die Beweiswürdigung gelten die allgemeinen Grundsätze (→ § 78 Rn. 1).

38.1   Im europäischen Verfahren sind sogar Telefonkonferenzen möglich (→ UMV Art. 97 Rn. 14).

39   Hat ein Beteiligter nach der Beweisaufnahme durch Sachverständige ohne Vorbehalt Schlussanträge gestellt, ist sein nachträglich geäußerter Wunsch nach einer (erneuten) Befragung des Sachverständigen kein zwingender Grund die mündliche Verhandlung wiederzueröffnen (→ § 76 Rn. 58).

40   Ein **Schriftsatznachlass** zum Zwecke der Beweiswürdigung kommt grundsätzlich nicht in Betracht (Schäfer NJW 2013, 654).

41   Einem ordnungsgemäß geladenen **Zeugen,** der nicht erscheint, kann das Gericht gemäß § 380 ZPO die dadurch verursachten Kosten auferlegen sowie zugleich gegen ihn ein Ordnungsgeld und für den Fall, dass dieses nicht beigetrieben werden kann, Ordnungshaft festsetzen. Im Falle wiederholten Ausbleibens wird das **Ordnungsmittel** noch einmal festgesetzt. Ferner kann das Gericht die zwangsweise Vorführung des Zeugen anordnen (§ 381 ZPO).

E. Beweislast

42   Nicht aufklärbarer Sachverhalt geht zu Lasten dessen, der die materielle Feststellungslast trägt, der sich auf die Rechtsfolgen beruft bzw. für den sich ein Sachverhalt günstig auswirken würde (→ § 59 Rn. 8 ff., Fezer Rn. 4).

43   Der Anmelder muss weder Unterscheidungskraft noch das Fehlen eines Freihaltungsbedürfnisses und anderer Schutzhindernisse beweisen. Lässt sich im **Nichtigkeitsverfahren** im Nachhinein nicht mehr mit der erforderlichen Sicherheit aufklären, ob ein Schutzhindernis im Anmeldezeitpunkt (→ § 8 Rn. 1106) vorlag, sollten verbleibende Zweifel zu Lasten des Antragstellers gehen (zu der insoweit zu bevorzugenden älteren Rechtsprechung des BGH → § 8 Rn. 1114). Zur neueren Rechtsprechung des BGH im Zusammenhang mit der Überprüfung einer Eintragung auf Grund von Verkehrsdurchsetzung im Nichtigkeitsverfahren s. aber → § 8 Rn. 1115 f.

44   Während derjenige, der sich auf **Bösgläubigkeit** des Anmelders beruft, diese grundsätzlich belegen muss, ist es Sache des Anmelders, Tatsachen vorzutragen, die gegen Bösgläubigkeit sprechen (BPatG BeckRS 2014, 08375 – Evonic). Bösgläubigkeit wird aber nicht allein zum Zweck der Kostenauferlegung ermittelt, wenn es für die Entscheidung in der Hauptsache darauf nicht (mehr) ankommt (→ § 71 Rn. 64).

45   Bei einem Antrag auf Erklärung des Verfalls hat der Antragsteller den zur Begründung dienenden Tatsachenstoff und die Beweismittel zwar schon im Antrag anzugeben. Der Antragsgegner kann aber den Vorwurf der Nichtbenutzung nicht lediglich bestreiten, sondern muss zu Art, Zeit und Umfang der Benutzung substantiiert vortragen und die Benutzung belegen (→ Rn. 51; → § 49 Rn. 8). Kommt er dem nicht ausreichend nach, gilt die Behauptung des Antragstellers als zugestanden (§ 138 Abs. 3 ZPO; BGH BeckRS 2017, 126762 – Glückskäse; GRUR 2015, 685 Rn. 15 – Stayer).

46   Die Voraussetzungen einer **Umschreibung** hat der Antragsteller zweifelsfrei nachzuweisen (→ § 27 Rn. 43 ff.).

47   Im Rahmen von Widerspruchsverfahren und Nichtigkeitsverfahren wegen älterer Rechte hat der Angreifer die **Kennzeichnungskraft** und (wenn bestritten) die **Benutzung** seiner Marke zu beweisen.

48   Der Inhaber eines aus einer älteren Marke angegriffenen Zeichens hat die Anhaltspunkte für eine Schwächung der Kennzeichnungskraft zu belegen.

49   Das Fehlen der Schutzfähigkeit nach § 3 Abs. 2 haben Angreifer einer eingetragenen Marke aufzuzeigen (→ Rn. 14).

Die Eintragungshindernisse der § 8 Abs. 2 Nr. 1-3 können überwunden werden, wenn dem **50** Anmelder der Nachweis der **Verkehrsdurchsetzung** des Zeichens gelingt (→ § 8 Rn. 1097; → Rn. 13).

Lässt sich im Nichtigkeitsverfahren wegen absoluter Schutzhindernisse (→ § 8 Rn. 1108 ff.) **51** nicht (mehr) aufklären, ob die Streitmarke tatsächlich bei Eintragung verkehrsdurchgesetzt war (→ Rn. 13), obliegt es generell dem Markeninhaber, die Umstände nachzuweisen, aus denen sich der Bestand seiner Marke ergibt (BGH GRUR-RS 2021, 30850 – NJW-Orange unter Aufgabe seiner bisherigen Rechtsprechung; zur berechtigten Kritik an dieser Regelung der **Beweislast** s. Fischoeder GRUR 2022, 364 (367) unter IV.3; → Rn. 43).

Wird das Gutachten, das zu einer Eintragung wegen Verkehrsdurchsetzung geführt hat, im **52** Nichtigkeitsverfahren in Frage gestellt, gehen dazu erhobene Beweise kostenmäßig zu Lasten dessen, der die **Kosten** des Verfahrens zu tragen hat, bei Aufhebung der Kosten, also im Regelfall, zu Lasten des Gerichts (BPatG BeckRS 2011, 09529 – Post).

F. Eidesstattliche Versicherung

Nachweismittel kann teilweise eine eidesstattliche Versicherung sein. Diese Beweiserleichterung **53** ist im Widerspruchsverfahren (→ § 43 Rn. 51) gerechtfertigt, weil die Beteiligten Fehleinschätzungen mittels Eintragungsbewilligungsklage einer erneuten Prüfung zuführen können.

Der eidesstattlichen Erklärung kommt im deutschen Recht eine weitaus höhere Bedeutung zu **54** als im europäischen (→ UMV Art. 97 Rn. 59 ff.).

Dass die eidesstattliche Versicherung gemäß § 53 Abs. 6 S. 5 auch in **Nichtigkeitsverfahren** **55** **wegen älterer Rechte** vor dem DPMA ein Nachweismittel sein soll, erscheint bedenklich, fehlt es doch hier an einer Möglichkeit zur Fehlerkorrektur, wie sie die Eintragungsbewilligungsklage im Widerspruchsverfahren bietet (Hacker GRUR 2019, 235 (242) unter IX.3).

Jedenfalls im diesbezüglichen Beschwerdeverfahren vor dem BPatG kann das nicht gelten. **56**

Die Beweiskraft einer eidesstattlichen Versicherung ist unter Berücksichtigung aller relevanten **57** Faktoren umfassend zu beurteilen; die Wahrscheinlichkeit der darin enthaltenen Information ist zu prüfen. Zudem sollten grundsätzlich **zusätzliche Beweismittel** den Inhalt einer eidesstattlichen Versicherung stützen (EuG T-409/07, BeckRS 2011, 87120 – acopat, T-28/09, BeckRS 2011, 80043 – Pine Tree; T-303/03, BeckRS 2005, 70415 – Salvita).

Die Formulierung einer eidesstattlichen Versicherung verlangt besondere Sorgfalt. Nachfragen **58** seitens des Gerichts kommen hier naturgemäß nicht in Betracht, und **Hinweise des Gerichts** zur Unvollständigkeit sind nicht zu erwarten (→ § 76 Rn. 27). Es ist also von Anfang an zu zeigen,
* wo die eidesstattliche Versicherung abgegeben werden soll,
* wer die eidesstattliche Versicherung abgibt,
* welche Stellung er im Benutzungszeitraum hatte,
* woher er sein Wissen bezieht,
* wer die Marke benutzt hat,
* Zustimmung des Markeninhabers zur Benutzung durch Dritte,
* Lizenzen (→ § 26 Rn. 167 ff.); ein Hinweis auf eine nach § 30 Abs. 6 eingetragene Lizenz genügt allein nicht,
* inwieweit eine herangezogene Markenserie benutzt wurde,
* wie die konkrete Form der Benutzung aussah,
* wofür die Benutzung im Einzelnen erfolgt ist (Oberbegriffe sind dabei zu vermeiden),
* welcher (Mindest-)Umsatz mit der Marke in der angegebenen Form für konkrete Produkte erzielt wurde,
* dass sich die Angaben auf inländische Vorgänge beziehen,
* dass sich der Abgebende über die Bedeutung und die Strafbarkeit (→ Rn. 62) einer falschen eidesstattlichen Versicherung im Klaren ist (BPatG GRUR 1978, 358 – Druckbehälter).

Der die eidesstattliche Versicherung Abgebende muss auf **Anlagen,** die keinen eigenständigen **59** Beweiswert haben, ausdrücklich Bezug nehmen. Alle Unterlagen sind zu datieren; insbesondere zu **Internetseiten** sind genaue Angaben erforderlich (→ § 78 Rn. 4).

Hält das Gericht seine eidesstattliche Versicherung für nicht ausreichend, hat es eine Einver- **60** nahme des Erklärenden als Zeugen in Betracht zu ziehen; bereits in der Vorlage der eidesstattlichen Versicherung kann ein Beweisangebot auf Vernehmung des Erklärenden als Zeugen zu den darin genannten Tatsachen liegen (→ § 76 Rn. 23).

Stammt eine eidesstattliche Versicherung aus dem Umfeld eines Beteiligten, ist ihr Beweiswert **61** eingeschränkt, wenn sie nicht durch weitere Beweise gestützt wird (→ UMV Art. 97 Rn. 71 f.;

EuG T-321/19, GRUR-RS 2020, 3358 – Jokers wild Casino; T-560/18, BeckRS 2019, 25315 – medizinisches Pflaster; T-28/99, BeckRS 2011, 80043 – PINE TREE).

62   Die Abgabe einer falschen eidesstattlichen Versicherung kann ein Prozessbetrug sein (§ 263 StGB). BPatG und DPMA gehören zu den Stellen iSv § 156 StGB, bei denen im Rahmen anhängiger Verfahren Versicherungen an Eides Statt entgegengenommen werden (BPatG BeckRS 1995, 11968); zum EUIPO → UMV Art. 97 Rn. 60.

G. Vergütungsansprüche von Gutachtern und Zeugen

63   Zeugen und Sachverständige erhalten ihre Vergütung nach dem JVEG (§§ 401, 413 ZPO). Dazu haben sie einen Antrag gemäß den Formvorschriften des § 4 Abs. 6 zu stellen (BeckOK OWiG/Oehme JVEG § 4 Rn. 3).

64   Fahrtkosten werden nach § 5 JVEG erstattet. Zeugen erhalten als Kilometerpauschale 0,35 EUR, Sachverständige 0,42 EUR. Das Tagegeld regelt § 6 JVEG, sonstige Aufwendungen § 7 JVEG.

I. Sachverständige, Gutachter

65   Ihre Vergütungsansprüche nach § 8 JVEG müssen Sachverständige nach § 2 Abs. 1 JVEG innerhalb von drei Monaten vollständig beziffern. Sie verjähren zwei Jahre nach Ablauf des Jahres, in dem sie entstanden sind (§ 2 Abs. 3 JVEG. Auf einen verspäteten Antrag hin gezahlte Vergütungen sind zu erstatten (KG BeckRS 2003, 30317424).

66   Das Honorar des Sachverständigen bemisst sich gemäß § 9 Abs. 1 S. 1 JVEG nach der Anlage 1 zum JVEG. Es kann aber auch vorab vereinbart werden (§ 13 JVEG).

67   Sachverständige haben keinen Vergütungsanspruch, wenn das Gutachten unverwertbar war und der Sachverständige dies zumindest grob fahrlässig verschuldet sowie keine ausreichenden Nachbesserungen oder Ergänzungen vorgenommen hat (§ 8a Abs. 2 JVEG).

68   Steht die Vergütung außer Verhältnis zum Wert des Streitgegenstands und hat der Sachverständige darauf nicht rechtzeitig gemäß § 407a Abs. 4 S. 2 ZPO hingewiesen, bestimmt das Gericht nach billigem Ermessen eine angemessene Vergütung (§ 8a Abs. 3 JVEG). Auch wenn die Vergütung den angeforderten Auslagenvorschuss erheblich übersteigt, muss der Sachverständige darauf frühzeitig hinweisen, sonst erhält er nur eine Vergütung in Höhe des Auslagenvorschusses (§ 8a Abs. 4 JVEG).

69   Für **Mehrexemplare** seines Gutachtens, die den Beteiligten auszuhändigen sind, erhält der Gutachter gemäß § 7 Abs. 2 JVEG eine Erstattung der Auslagen nach VV 7000 RVG und der Kosten des dafür erforderlichen Hilfspersonals (BGH BeckRS 2008, 12100; Albrecht/Hoffmann Vergütung Rn. 1359).

70   Die Höhe der Entschädigung setzt der Urkundsbeamte der Geschäftsstelle formlos fest; der Sachverständige kann aber eine Festsetzung durch das Gericht verlangen (§ 4 Abs. 1 S. 1 JVEG). Eine Beschwerde dagegen ist nicht zulässig (§ 4 Abs. 4 S. 3 JVEG).

II. Zeugen

71   Ihre Ansprüche nach § 19 JVEG haben Zeugen nach § 2 Abs. 1 JVEG innerhalb von drei Monaten geltend zu machen. Verjährung tritt bei rechtzeitiger Geltendmachung nach drei Jahren ein (§ 2 Abs. 3 JVEG).

72   Zeugen, denen ein Verdienstausfall entsteht, erhalten gemäß § 22 JVEG eine Entschädigung, die sich nach dem regelmäßigen Bruttoverdienst einschließlich der vom Arbeitgeber zu tragenden Sozialversicherungsbeiträge richtet und für jede Stunde höchstens 25 Euro beträgt.

73   Zeugen, die einen eigenen Haushalt für mehrere Personen führen, erhalten gemäß § 21 JVEG eine Entschädigung für Nachteile bei der Haushaltsführung von 17 Euro je Stunde,

74   Die Entschädigung für Zeitversäumnis beträgt gemäß § 20 JVEG 4 Euro je Stunde, soweit weder für einen Verdienstausfall noch für Nachteile bei der Haushaltsführung eine Entschädigung zu gewähren ist, es sei denn, dem Zeugen ist durch seine Heranziehung ersichtlich kein Nachteil entstanden.

75   Die Höhe der Entschädigung setzt der Urkundsbeamte der Geschäftsstelle formlos fest; Zeugen können aber eine Festsetzung durch das Gericht verlangen (§ 4 Abs. 1 S. 1 JVEG). Eine Beschwerde gegen den Senatsbeschluss ist nicht gegeben (§ 4 Abs. 4 S. 3 JVEG).

§ 75 Ladungen

(1) ¹Sobald der Termin zur mündlichen Verhandlung bestimmt ist, sind die Beteiligten mit einer Ladungsfrist von mindestens zwei Wochen zu laden. ²In dringenden Fällen kann der Vorsitzende die Frist abkürzen.

(2) Bei der Ladung ist darauf hinzuweisen, daß beim Ausbleiben eines Beteiligten auch ohne ihn verhandelt und entschieden werden kann.

Überblick

Beschwerdeverfahren vor dem BPatG sind grundsätzlich schriftliche Verfahren. Die Beteiligten beantragen die Verhandlung oft hilfsweise (→ Rn. 2).

Es gibt es kein Versäumnisurteil; bei Ausbleiben eines Beteiligten kann das Gericht ohne ihn entscheiden (→ Rn. 11). Einer Überraschungsentscheidung können und müssen Ladungszusätze entgegenwirken (→ Rn. 8, → Rn. 12).

A. Ladung

Beschwerdeverfahren vor dem BPatG sind grundsätzlich schriftliche Verfahren. Auf Antrag **1** eines Beteiligten muss das BPatG aber eine mündliche Verhandlung durchführen (§ 69 Nr. 1), es sei denn, es gibt allen Sachanträgen des Antragstellers statt (→ § 69 Rn. 1). Der Senat selbst kann immer eine mündliche Verhandlung ansetzen, wenn er die Erörterung des Sachverhalts und der aufgeworfenen Fragen für sachdienlich hält (→ § 69 Rn. 20; zu Patentsachen BPatG BeckRS 2013, 12231 Ls. 2 – Koaxialkabel).

Hat ein Beteiligter die Verhandlung **hilfsweise** beantragt, dh inzident für den Fall, dass der **2** Senat seinen sonstigen Anträgen nicht in vollem Umfang stattgibt, kann er aus einer Ladung Schlüsse auf die Erfolgsaussichten der Beschwerde ziehen.

Über § 82 Abs. 1 S. 1 gelten für Terminsbestimmung und Ladung die §§ 214 ff. ZPO. Damit **3** bestimmt der Vorsitzende des Senats den Termin, lädt dazu, hebt ihn gegebenenfalls wieder auf oder verlegt ihn (§§ 216, 227 ZPO). Selbst an einvernehmliche Absprachen der Beteiligten ist er dabei nicht gebunden. **Aufhebung** und **Verlegung** sind kurz zu begründen (§ 227 Abs. 4 S. 2 ZPO). § 227 Abs. 4 S. 3 ZPO schließt Rechtsmittel dagegen aus; die Ablehnung einer Verlegung kann aber ein Befangenheitsgrund sein (→ § 72 Rn. 39). **Gerichtsferien** gibt es beim BPatG nicht.

Anwälte dürfen auch deshalb flexible Tickets verwenden und als notwendige Kosten nach § 91 ZPO **3.1** abrechnen, damit eine Umbuchung oder Erstattung im Fall der Verlegung oder Aufhebung eines Termins zur mündlichen Verhandlung möglich ist (Albrecht/Hoffmann Vergütung Rn. 1432). Dennoch sollte der Antragsteller ein Verlegungsgesuch in zweiseitigen Verfahren mit der Gegenseite absprechen.

Nach § 227 Abs. 1 ZPO kann ein Termin aus einem erheblichen Grund verlegt werden; dieser **4** liegt vor, wenn ein Beteiligter oder sein Vertreter ohne Verschulden am Erscheinen zu dem Termin verhindert ist (BGH GRUR 2010, 231 – Legostein), zB bei einem anderen früher anberaumten Gerichtstermin. Zwar räumt die Kann-Bestimmung des § 227 Abs. 1 S. 1 ZPO immer ein Ermessen bei der Terminänderung ein, aber nur solange, als der Anspruch auf rechtliches Gehör eines Beteiligten nicht berührt ist. Gegen eine Verlegung sprechende Gründe (zB Beschleunigung und Konzentration des Verfahrens) haben dann zurückzutreten (BGH GRUR 2004, 354 – Crimpwerkzeug; BPatG BeckRS 2017, 106333).

Kein erheblicher Grund liegt vor, wenn lange nach Ladung erstmals ein Vertreter benannt wird, der **4.1** wegen anderer Termine verhindert ist (BPatG BeckRS 2018, 004850 – Werkzeughalter).

Terminskollision eines sozietätsangehörigen Verfahrensbevollmächtigten begründet ohne Darlegung **4.2** einer Verhinderung aller Anwälte der Sozietät keinen Grund für eine Terminsverlegung (BSG BeckRS 2005, 153216). Der Wunsch eines Beteiligten nach einer persönlichen Bearbeitung durch „seinen" Verfahrensbevollmächtigten macht es nicht unzumutbar, den Termin beizubehalten (OLG Brandenburg BeckRS 2018, 33633).

Die Pflege von Familienangehörigen kann ein Grund für eine Terminsverlegung sein (BVerwG Hamm **4.3** NJW 1992, 2042).

Beantragen die Beteiligten einvernehmlich die Verlegung, weil sie ernsthafte Vergleichsgespräche führen **4.4** wollen, ist regelmäßig ein erheblicher Grund für eine Terminsverlegung gegeben (BGH BeckRS 2019, 36396).

5   Der Antrag auf Terminaufhebung- bzw. -verlegung muss so früh wie möglich ausdrücklich erfolgen (entsprechend § 227 Abs. 1 ZPO, § 173 S. 1 VwGO), jedenfalls vor Beginn der mündlichen Verhandlung. Eine **konkludente Ablehnung** des Antrags durch Schweigen des Gerichts ist nicht möglich; die Entscheidung ist kurz zu begründen. Ohne dies liegt ein Verfahrensfehler wegen Versagung des rechtlichen Gehörs vor (OVG Münster BeckRS 2022, 16772).

6   Ist ein Anwalt aus gesundheitlichen Gründen langfristig und auf nicht absehbare Zeit daran gehindert, Gerichtstermine wahrzunehmen, ist die Ablehnung eines Antrags auf Terminaufhebung gerechtfertigt. Es ist dem Anwalt zuzumuten, die Leistungen eines anderen Anwalts als Vertreter in Anspruch zu nehmen oder einen Anwaltswechsel anzuregen. In Zeiten einer Pandemie muss dies auch ein Anwalt tun, der auf Grund von Vorerkrankungen in besonderem Maße darauf angewiesen ist, Risiken zu vermeiden (OLG Karlsruhe BeckRS 2021, 19540).

7   Die Ladung zum Termin schickt die Geschäftsstelle dem (Inlands)Vertreter, auch wenn dieser nicht am Termin teilnehmen muss (→ Rn. 14). Die Zustellung muss mindestens zwei Wochen vor dem Terminstag erfolgen (§ 217 ZPO). Die Verkürzung dieser Frist nach Abs. 1 S. 2 ist aber möglich und auch deshalb unanfechtbar, weil § 217 ZPO sogar nur eine Woche bzw. drei Tage verlangt. Die Ladung ist **förmlich zuzustellen** (§ 94 Abs. 2 MarkenG iVm §§ 166–190 ZPO). Nach §§ 141, 273 Abs. 2 Nr. 3 ZPO kann das Gericht das **persönliche Erscheinen** anordnen – mangels Verweises auf § 273 Abs. 4 S. 2 ZPO aber ohne die Möglichkeit, ein Ordnungsgeld zu verhängen. Die Partei, deren persönliches Erscheinen angeordnet ist, kann auch einen Vertreter entsenden, der in der Lage ist, das Erwünschte beizutragen (OLG Hamm BeckRS 2018, 19241 – Ordnungsgeld).

8   Rügen die Parteien **Ladungsfehler** nicht, greift § 295 Abs. 1 ZPO. Ladungsmängel eröffnen, soweit gerügt, über § 83 Abs. 3 Nr. 3 (Versagung rechtlichen Gehörs) die zulassungsfreie Rechtsbeschwerde. Diese ist auch gegeben, wenn das Gericht, ohne dies in einem Ladungszusatz deutlich gemacht zu haben, seiner Entscheidung ein bislang nicht angesprochenes Schutzhindernis oder Rechercheergebnis zu Grund legt (→ § 76 Rn. 15).

9   Durch eine **verspätete Mitteilung** über die Terminsaufhebung verursachte Schäden sind zu ersetzen (OLG Dresden BeckRS 2018, 7497).

10   Auch bei **Videokonferenzen** nach § 128a ZPO (→ § 69 Rn. 21) ist zum Termin am Gerichtsort zu laden. Die Verhandlung selbst findet ja nicht an dem „anderen Ort" statt, und es bleibt möglich, am Gerichtsort zu erscheinen.

B. Ausbleiben (Abs. 2)

11   Bei Ausbleiben eines Beteiligten kann der Senat, nach Feststellung seiner ordnungsgemäßen Ladung im Protokoll, auch ohne ihn verhandeln und entscheiden, worauf bei der Ladung hinzuweisen ist. Das Ausbleiben führt nicht zu einer Versäumnisentscheidung wie nach §§ 330 ff. ZPO – aber zum Verlust der Äußerungsmöglichkeit sowie der Möglichkeit, verspätetes Vorbringen zu rügen; zu den Folgen → § 43 Rn. 17 ff.; → § 70 Rn. 46.

12   Das betrifft aber nur neues Vorbringen der anderen Beteiligten (→ § 76 Rn. 15 ff.). Das Gericht muss, damit keine Überraschungsentscheidung ergeht, vorab, auch mit der Ladung, auf bisher nicht angesprochene Gesichtspunkte hinweisen (→ Rn. 8).

13   Zum **Übergang ins schriftliche Verfahren** kommt es auf die Zustimmung dessen, der an der mündlichen Verhandlung nicht teilnimmt, nicht an; Abs. 2 umfasst auch diesbezügliche Entscheidungen (→ § 69 Rn. 9).

14   Auch ohne einen nach § 96 erforderlichen Inlandsvertreter gilt eine selbst auftretende oder anderweitig vertretene auswärtige Partei nicht als abwesend; sie kann ein gegnerisches Vorbringen als verspätet rügen oder sonst darauf reagieren (→ § 81 Rn. 1).

15   Ein Ausbleiben kann **Kostenfolgen** haben, wenn der nicht erscheint, der die mündliche Verhandlung beantragt hatte (→ § 71 Rn. 77).

§ 76 Gang der Verhandlung

(1) Der oder die Vorsitzende eröffnet und leitet die mündliche Verhandlung.

(2) Nach Aufruf der Sache trägt der oder die Vorsitzende oder der Berichterstatter oder die Berichterstatterin den wesentlichen Inhalt der Akten vor.

(3) Hierauf erhalten die Beteiligten das Wort, um ihre Anträge zu stellen und zu begründen.

(4) Der oder die Vorsitzende hat die Sache mit den Beteiligten in tatsächlicher und rechtlicher Hinsicht zu erörtern.

(5) ¹Der oder die Vorsitzende hat jedem Mitglied des Senats auf Verlangen zu gestatten, Fragen zu stellen. ²Wird eine Frage beanstandet, so entscheidet der Senat.

(6) ¹Nach Erörterung der Sache erklärt der oder die Vorsitzende die mündliche Verhandlung für geschlossen. ²Der Senat kann die Wiedereröffnung beschließen.

Überblick

Diese Vorschrift regelt den Gang der mündlichen Verhandlung weitgehend übereinstimmend zu den §§ 136 ff. ZPO und §§ 90 f. PatG; § 82 verweist zudem auf die ZPO, so dass auch die §§ 278 f., 283, 285 ZPO zur Anwendung kommen; zur sog. Sitzungspolizei → Rn. 46.

Nach dem Versuch einer gütlichen Streitbeilegung (→ Rn. 1) stellt das Gericht den Sachverhalt dar (→ Rn. 3). Dazu müssen sich die Beteiligten äußern können (Abs. 3 und Abs. 4). Vorbringen der Beteiligten kann als verspätet zurückgewiesen werden (→ Rn. 9). Die Beteiligten können von Richterinnen und Richtern aufgeworfene Fragen als unzulässig rügen (→ Rn. 43).

Nach Schluss der mündlichen Verhandlung verlangen die Berücksichtigung weiterer Gesichtspunkte, Verfahrensfehler und Richterwechsel eine Wiedereröffnung (→ Rn. 56).

Übersicht

A. Erörterung der Sache (Abs. 4)

I. Vergleichsanregung

§§ 278a, 278 Abs. 1 ZPO sollen es fördern, den Streit gütlich beizulegen. Dazu dienen vorbereitende Hinweise oder eine Erörterung zu Beginn der mündlichen Verhandlung. Zu den Möglichkeiten der Mediation → § 70 Rn. 93. Zu den Hinweisen zählen auch (unverbindliche) Auskünfte am Ende der mündlichen Verhandlung darüber, wie der Senat zu entscheiden gedenkt; die Beteiligten können dann überlegen, ob sie einer negativen Entscheidung aus dem Weg gehen wollen. Meist ergehen solche Hinweise nur auf ausdrückliche Bitte. **1**

II. Sachverhaltsabklärung

Alle entscheidungserheblichen Tatsachen sind in der mündlichen Verhandlung vorzutragen und zu erörtern (→ § 73 Rn. 21; § 82 Abs. 1 iVm § 272 Abs. 1 ZPO, § 282 Abs. 1 ZPO; BPatG BeckRS 2007, 02253 Rn. 43, 44 – VisionArena/@rena vision). **2**

Nach Eröffnung der mündlichen Verhandlung (Abs. 1) erläutert ein Mitglied des Senats den bisher bekannten Sachverhalt (Abs. 2) und macht ihn so zum Gegenstand der mündlichen Verhandlung. Zur wesentlichen Bedeutung der Einführung s. Gross FS Bornkamm, 2014, 1035 (1036 f.), der die mündliche Verhandlung die Visitenkarte der Justiz nennt. Sind weder Beteiligte noch Zuhörer erschienen, kann dies auch unter Bezugnahme geschehen. **3**

Die Darstellung des Sachverhalts dient zwar auch dem Verständnis der Zuhörer (Öffentlichkeit), vor allem aber gibt sie den Parteien die Information, wovon das Gericht derzeit ausgeht, und damit Hinweise, wo eventuell Korrekturen oder Ergänzungen im Vortrag geboten sind. **4**

Die Erörterung der Sache muss ausschließen, die Beteiligten in den Entscheidungsgründen zu überraschen. Sie müssen bereits in der mündlichen Verhandlung erkennen können, auf welche Tatsachen und rechtlichen Gesichtspunkte es bei der Entscheidung ankommen kann (BGH GRUR 2009, 91 – Antennenhalter; → § 83 Rn. 52). **5**

Bei Nichterscheinen trotz ordnungsgemäßer Ladung mit allen gebotenen Hinweisen (→ Rn. 15 ff.) genügt die Möglichkeit zur Erörterung (→ § 75 Rn. 11). Ein **Versäumnisurteil** gibt es beim BPatG nicht (§ 75 Abs. 2). **6**

6.1   § 251a Abs. 2 ZPO greift nicht, weil das Beschwerdeverfahren grundsätzlich ein schriftliches Verfahren ist.

III. Anträge, Einreden (Abs. 3)

7   Hinsichtlich ihrer Anträge können die Beteiligten auf ihre Schriftsätze Bezug nehmen (vgl. § 297 Abs. 2 ZPO, § 137 Abs. 3 ZPO). Zur bindenden Wirkung der Anträge → § 66 Rn. 22 ff.

8   In besonderer Fülle vorgelegte Unterlagen zur Benutzung eines angemeldeten Zeichens verpflichten das Gericht nachzufragen, ob damit Verkehrsdurchsetzung geltend gemacht werden soll (BGH GRUR 1974, 661 f. − St. Pauli-Nachrichten).

9   Als **verspätet** zurückzuweisen hat das Gericht erstmals in der mündlichen Verhandlung in das Verfahren (auch mit einer Anschlussbeschwerde) eingeführte Angriffs- und Verteidigungsmittel nach § 282 Abs. 2 ZPO (→ UMV Art. 95 Rn. 90 ff.), wenn sonst eine **Verzögerung** des Verfahrens eintreten würde und wenn die Verspätung auf grober **Nachlässigkeit** beruht (§ 296 Abs. 2 ZPO). Ein Schriftsatznachlass führt zu einer Verfahrensverzögerung, weil zu einem zu unterstellenden neuen Vorbringen in einem nachgelassenen Schriftsatz der Gegenseite rechtliches Gehör wiederum gewährt werden müsste (BPatG GRUR-RS 2021, 32428 − Bildwiedergabe).

10   Der Verspätungsvorwurf betrifft nicht jedes neue Vorbringen; bei Vorbringen, das gegenüber dem im Ausgangs- oder Erinnerungsverfahren neu ist (anders → UMV Art. 47 Rn. 7), kommt aber eine **Kostenauferlegung** in Betracht (→ § 71 Rn. 41). Der Verspätungsvorwurf betrifft auch nicht Unterlagen, die auf Nachfrage oder Hinweis des Gerichts vorlegt werden (BPatG GRUR 1997, 54 (57 f.) − S. Oliver; EuG T-227/09, GRUR-Prax 2012, 188).

11   Die Parteien müssen durch richterliche Anordnung (etwa in der Ladung) gehalten gewesen sein, die mündliche Verhandlung durch Schriftsätze oder durch zu Protokoll der Geschäftsstelle abzugebende Erklärungen nach § 129 Abs. 2 ZPO vorzubereiten. Einen Hinweis auf die Folgen verspäteten Vorbringens **(Präklusion)** muss das BPatG dazu nicht gegeben haben (BGH GRUR 2010, 859 Rn. 16 − Malteserkreuz III; BVerfG NJW 1987, 2733 (2735)).

12   Berücksichtigt das Gericht verspätete Einreden, obwohl die genannten Voraussetzungen nicht gegeben sind, verletzt es das rechtliche Gehör (→ § 43 Rn. 18) ebenso, wie wenn es ein Vorbringen zu Unrecht als verspätet zurückgewiesen und deshalb nicht berücksichtigt hat (BGH GRUR 2022, 1550 − Gehörsverletzung; BeckRS 2020, 15610). Für eine Zurückverweisung als verspätet bedarf es keiner gegnerischen Rüge (Ingerl/Rohnke/Nordemann/Schmitz-Fohrmann § 43 Rn. 19); sie steht aber (nicht unumstritten) im **Ermessen** des Gerichts (BeckOK ZPO/Bacher ZPO § 296 Rn. 61).

13   Im **schriftlichen Verfahren** kann keine Verzögerung eintreten; dort hat das Gericht jeden Vortrag vor der Bekanntgabe der Entscheidung zu berücksichtigen.

14   Vor einer Zurückweisung wegen Verspätung muss die betroffene Partei Gelegenheit haben, Umstände vorzutragen, die einer Zurückweisung entgegenstehen können (§ 296 ZPO).

IV. Aufklärungspflicht, Hinweise

15   Das Gericht ist außerhalb der Erörterungs- und Hinweispflicht nicht gehalten, seine Rechtsauffassung vor der mündlichen Verhandlung durch einen entsprechenden Hinweis detailliert mitzuteilen (BPatG BeckRS 2017, 124164 − Revier IP). Es muss den Verfahrensbeteiligten nicht mitteilen, wie es den die Grundlage seiner Entscheidung bildenden Sachverhalt voraussichtlich würdigen wird. Es reicht aus, die Sach- und Rechtslage zu erörtern und den Beteiligten aufzuzeigen, welche Gesichtspunkte voraussichtlich relevant sein werden.

16   Eine Verletzung des Anspruchs auf rechtliches Gehör liegt aber vor, wenn das BPatG keinen Hinweis darauf gegeben hat, dass es von der Auffassung des DPMA abweichen will (vgl. BGH GRUR-RS 2022, 11330 − Auskunft zur Gewinnabschöpfung).

17   Ein Hinweis ist vor allem geboten, wenn es für die Beteiligten nicht vorhersehbar ist, auf welche Erwägungen das Gericht seine Entscheidung stützen wird (BGH GRUR-RS 2019, 33490; GRUR 2013, 318 Rn. 10 − Sorbitol). § 139 ZPO verlangt Hinweise und Rückfragen auch, wenn Verfahrensbeteiligte oder Anwälte erkennbar einen wesentlichen rechtlichen oder tatsächlichen Gesichtspunkt übersehen bzw. für unerheblich erachten oder die Rechtslage ersichtlich anders beurteilen als das Gericht (BGH GRUR 2006, 152 f. − Gallup; BPatG GRUR 2004, 950 (953) − Acelat/Acesal; Schaefer NJW 2002, 849 ff.). Gleiches gilt, wenn ein Beteiligter den gegnerischen Parteivortrag missverstanden hat (BGH GRUR-Prax 2017, 507 (Pauli) − Glückskäse). Richterliche Hinweise sind erst recht geboten, wenn das Gericht zunächst den Eindruck erweckt hatte, ein bestimmter Gesichtspunkt sei nicht entscheidungserheblich.

Das BVerfG nimmt eine **Gehörsverletzung** an, wenn ein Gericht eindeutig formulierte (auch **18** als „vorläufige Einschätzung" bezeichnete Hinweise gegeben hat und davon ohne erneuten Hinweis abrückt (BVerfG NJW 2021, 2581; → § 83 Rn. 51).

Ein Hinweis ist ferner geboten, wenn das Gericht an einer entscheidungserheblichen Rechtsauf- **19** fassung, die es in einem früher zwischen den Parteien geführten Verfahren vertreten hat, nicht mehr festhalten will (BGH BeckRS 2019, 35637). Das muss auch gelten, wenn das Gericht an seiner allgemein bekannten Rechtsprechung nicht mehr festhalten will.

Gleiches gilt, wenn das Gericht seine Entscheidung auf bislang nicht herangezogene Gründe **20** stützen will; etwa, wenn die Markenstelle die eingereichten Benutzungsunterlagen als ausreichend angesehen hat, das Gericht dies aber nicht tut. Ebenso verlangen von Amts wegen ermittelte Rechercheergebnisse, auf die das Gericht seine Entscheidung stützen will, einen Hinweis (→ § 77 Rn. 10).

Schriftsätzliche Ausführungen, die nicht das Verfahren betreffen und Gegner durch irrelevante **21** oder unzulässige Ausführungen verwirren, sind beim Weiterleiten an diese als solche kenntlich zu machen (BPatG BeckRS 2017, 150136 – Kosten des Löschungsverfahrens).

Eine Verletzung des Anspruchs auf rechtliches Gehör liegt vor, wenn irreführende Hinweise **22** gegeben wurden und das zu eine Verkürzung der Rechte eines Beteiligten geführt hat (EuG T-89/18, GRUR-Prax 2019, 304 – Café del Sol II).

Auf unklare oder ergänzungsbedürftige Angaben in **Wiedereinsetzungsgesuchen** ist hinzu- **23** weisen (→ § 91 Rn. 45.1). Schenkt das Gericht einer anwaltlichen Versicherung keinen Glauben, muss es den die Wiedereinsetzung Begehrenden darauf hinweisen und ihm Gelegenheit geben, entsprechenden Zeugenbeweis anzutreten (BGH BeckRS 2020, 39914; BeckRS 2019, 35684). Hält das Gericht seine eidesstattliche Versicherung für nicht ausreichend, hat es eine Einvernahme der Anwältin bzw. des Anwalts als Zeugen in Betracht zu ziehen (→ § 66 Rn. 119).

Ein Hinweis soll geboten sein, wenn eine zunächst unzulässig erhobene **Einrede der Nichtbe- 24 nutzung** erneut erhoben wird und auf Grund des Ablaufs der Benutzungsschonfrist nunmehr wirksam ist (BPatG BeckRS 2008, 26463 – wellSUN/Sunwell).

Keine besondere Aufklärungspflicht besteht, wenn die Beteiligten eine Frage bereits (schriftsätz- **25** lich) kontrovers erörtert haben.

Es besteht kein genereller Vorrang der Pflicht zur **Neutralität** vor der zur Aufklärung (§ 139 **26** ZPO). Die Rechtsprechung dazu ist uneinheitlich, insbesondere dazu, ob die Neutralitätspflicht des Gerichts es verbietet, auf Mängel der eingereichten Benutzungsunterlagen hinzuweisen, auch wenn der Darlegungspflichtige darum gebeten hat (BPatG BeckRS 2015, 13970 – Public Propaganda).

Die meisten Senate des BPatG sehen zu Recht gerichtliche Hinweise zur Benutzung generell als **27** unzulässig an. Dies würde nämlich zu einer Verlagerung der ausschließlich dem Widersprechenden obliegenden Verpflichtung führen, geeignete Tatsachen und Beweismittel beizubringen (BPatG BeckRS 2014, 22802 – Sportarena; BeckRS 2014, 04255; BeckRS 2014, 01362 – IGA TEC/ Imatec; BGH GRUR 1997, 223 (224) – Ceco). Auch Hinweise zum Inhalt von **eidesstattlichen Versicherungen** gibt das BPatG deshalb kaum (→ § 74 Rn. 58).

Folgt man der strengen Auslegung der Neutralitätspflicht, ist es kein Verstoß gegen die Hinweis- **28** pflicht, wenn das Gericht Widersprechende erst in der mündlichen Verhandlung auf Mängel der eingereichten Benutzungsunterlagen hinweist. Diese haben dann keinen Anspruch auf eine weitere mündliche Verhandlung oder eine Schriftsatzfrist zur Vorlage weiterer Unterlagen (BPatG BeckRS 2007, 02253 Rn. 43 ff. – VisionArena/@rena vision).

Gebotene Hinweise muss das Gericht **rechtzeitig** erteilen (BGH BeckRS 2013, 18555 – **29** Transportvergütung; OLG Düsseldorf BeckRS 2013, 00765). Führen sie zu neuem Vorbringen vor der mündlichen Verhandlung, ist das Gericht nicht gehalten, noch vor der mündlichen Verhandlung mitzuteilen, wie es das neue Vorbringen bewertet (BGH GRUR-Prax 2013, 448 Rn. 33 – Mischerbefestigung). Es kann aber einen Schriftsatznachlass gewähren, der gegebenenfalls zur Wiedereröffnung der mündlichen Verhandlung führen kann (→ Rn. 56).

Aufklärung darf nicht zur Beratung der Verfahrensbeteiligten ausarten (→ § 43 Rn. 53 ff.; **30** BPatG GRUR 2004, 950 (953) – Acelat/Acesal; → UMV Art. 95 Rn. 33). Wie Verwaltungsgerichte allgemein darf das BPatG den Rechtsschutz der Beteiligten aber nicht an ihrer Unbeholfenheit bei der Wahrnehmung ihrer Rechte scheitern lassen (BVerwG NVwZ 1985, 36).

Das BPatG darf nur im Anmeldeverfahren Hinweise zur Einschränkung von Oberbegriffen im **31** **Waren- und Dienstleistungsverzeichnis** geben (BGH BeckRS 2012, 18615 – Neuschwanstein mAnm Ziegenaus GRUR-Prax 2012, 435); ist dazu aber nicht verpflichtet (→ § 8 Rn. 122; BPatG BeckRS 2016, 12538 – TV.de).

32   Dass zulässige Hinweise Veranlassung zu neuem Vorbringen oder Angriffsmitteln geben, wenn die Beteiligten daraus die richtigen Schlüsse ziehen, macht Hinweise nicht zu einem Verstoß gegen die Neutralitätspflicht (→ § 72 Rn. 28). Der Hinweis darf die negativen und positiven Konsequenzen eines bestimmten Vorgehens, etwa für Verletzungs- oder sonstige Verfahren vor den Zivilgerichten, zeigen und so zu gütlichen Vereinbarungen anregen. Es ist unbedenklich und nicht zu vermeiden, dass das Gericht bei einer eingehenden Erörterung der Sach- und Rechtslage eine prozessuale Variante kundtut, die nur im Interesse einer Partei steht (BVerfG BeckRS 1989, 06932).

33   Die Gewährung rechtlichen Gehörs fordert kein umfassendes **Rechtsgespräch**. Es reicht regelmäßig aus, wenn das Gericht auf die nach seiner Auffassung maßgeblichen Vorschriften hinweist.

34   Verfahrensbeteiligte dürfen sich nicht darauf verlassen, dass der Senat letztlich der von einem Senatsmitglied geäußerten Auffassung folgt, auch wenn die anderen nicht offen widersprochen haben. Ebenso dürfen sie nicht allein das als entscheidungserheblich ansehen, was das Gericht schwerpunktmäßig erörtert hat, solange es auch andere Gesichtspunkte, wenn auch weniger intensiv, angesprochen hat (BGH GRUR 2013, 318 – Sorbitol).

35   Verfahrensbeteiligte können nicht erwarten, dass das Gericht maßgebliche Hinweise zur Beweiswürdigung, Glaubwürdigkeit von Zeugen etc sowie zu steuerrechtlichen Fragen gibt.

35.1   Gerichte haben zu steuerlichen Folgen von Vergleichen keine Hinweise zu geben, und wenn es nur der wäre, nach § 89 Abs. 2 S. 1 AO eine Auskunft dazu einzuholen. Dies kann zB Lizenzzahlungen betreffen, die umsatzsteuerpflichtig sein und über der Grenze des § 19 UStG liegen können.

36   Die Beteiligten müssen auch ohne einen entsprechenden richterlichen Hinweis damit rechnen, dass das BPatG einem in der mündlichen Verhandlung besprochenen Gutachten folgt (BGH BeckRS 2019, 10853 – biologische Abwasserreinigung).

37   Zu den **kartellrechtlichen Folgen von Abgrenzungsvereinbarungen** können die Verfahrensbeteiligten keinen maßgeblichen Hinweis erwarten – lediglich einen das Problem aufzeigenden (→ § 27 Rn. 14, → § 70 Rn. 92).

38   Unzulässige Hinweise können Verfahrensbeteiligte nicht erwarten, auch wenn sie ausdrücklich darum gebeten haben (BPatG BeckRS 2013, 5069 – Unitron). Allerdings sollte das Gericht erläutern, wenn es zu bestimmten Punkten trotz Antrags keinen Hinweis geben will.

39   Zum Nachweis gebotene Hinweise verlangt es § 139 Abs. 4 ZPO, sie aktenkundig zu machen, in der mündlichen Verhandlungen also zu protokollieren (→ § 77 Rn. 12) oder im Urteil zu manifestieren (OLG Düsseldorf BeckRS 2013, 765).

40   Zur Wahrung des rechtlichen Gehörs kann eine Schriftsatzfrist auch ohne Antrag auf Schriftsatznachlass gewährt bzw. die mündliche Verhandlung **vertagt** werden. Der Schriftsatznachlass kann auch zur Wiedereröffnung der mündlichen Verhandlung führen (→ Rn. 56).

41   Es muss den Beteiligten vor einer Entscheidung ohne mündliche Verhandlung nicht mitgeteilt werden, dass eine weitere angekündigte gegnerische Stellungnahme nicht eingegangen ist, wenn sie bereits Stellung genommen haben (BPatG GRUR-RS 2020, 19689 – UNICUT).

42   Wer die Verletzung einer gerichtlichen Hinweispflicht geltend macht, muss darlegen, wie er auf einen entsprechenden Hinweis reagiert, insbesondere was er hierauf im Einzelnen vorgetragen hätte und wie er weiter vorgegangen wäre. Er kann sich dabei darauf berufen, dass er sein bisheriges Vorbringen aufgegeben, geändert, präzisiert, ergänzt oder berichtigt hätte (BGH GRUR 2018, 740 – Gewohnt gute Qualität).

B. Fragerecht (Abs. 5)

43   Fragen der Beisitzer können nur die Verfahrensbeteiligten beanstanden; das muss auch für Fragen und Verfahrensführung der Vorsitzenden gelten (§ 140 ZPO).

44   Ohne Beanstandung tritt Rügeverlust nach § 295 ZPO ein, so dass Betroffene die Anfechtung der Entscheidung nicht mehr darauf stützen können, eine Frage sei unzulässig gewesen (§ 140 ZPO).

45   Fragen der Richter kann nur ein Senatsbeschluss für unzulässig erklären.

C. Sitzungspolizei

46   Über § 82 Abs. 1 S. 1 MarkenG und § 69 Abs. 3 PatG gelten die §§ 177 ff. GVG entsprechend. Als speziellere Vorschrift geht § 69 Abs. 3 S. 1 PatG dem § 176 GVG vor. Die Sitzungspolizei dient dazu, dass die Vorsitzende bzw. der Vorsitzende für einen ordnungsgemäßen Ablauf der Gerichtssitzung sorgen kann. Störungen der äußeren und inneren Ordnung sind von der Verhandlung fernzuhalten. Um dies zu erreichen, stehen alle erforderlichen und **angemessenen Mittel** (§§ 177 ff. GVG, Entfernen von Personen aus dem Gerichtssaal, Ordnungsgeld oder -haft) zur Verfügung. Maßnahmen im Rahmen der Sitzungspolizei sind grundsätzlich kein Befangenheitsgrund (→ § 72 Rn. 36).

Räumlich umfasst die Sitzungspolizei über den Sitzungssaal hinaus die angrenzenden Räumlich- **47** keiten im Gerichtsgebäude (BVerfG NJW 1996, 310). Sollte die mündliche Verhandlung außerhalb des Gebäudes des BPatG stattfinden, umfasst sie den dafür benutzten Raum (BGH NJW 1979, 770).

Zeitlich umfasst die Sitzungspolizei die Zeit vor und nach der mündlichen Verhandlung, die **48** zur Vorbereitung sowie zum Betreten und Verlassen benötigt wird; ebenso gilt sie in Sitzungspausen (BVerfG NJW 1996, 310).

Vorsitzende haben **Ton- und Filmaufnahmen** gemäß § 82 MarkenG iVm § 169 S. 2 GVG **49** während der mündlichen Verhandlung zu verhindern (BGH NJW 1968, 804); vor oder nach der Verhandlung sowie in Sitzungspausen kann vor Art. 5 Abs. 1 S. 2 GG vorgehen (BVerfG NJW 2014, 3013; BGH NJW 1970, 63). Zu Videokonferenzen → § 69 Rn. 21 ff.

Die Pflicht, wegen einer Pandemie im Sitzungssaal Maske zu tragen, fällt unter die nach § 176 **50** Abs. 1 GVG möglichen Anordnungen (OLG Frankfurt BeckRS 2022, 29018).

Ausübung der Sitzungspolizei ist richterliche Tätigkeit. Gegen Anordnungen der Vorsitzenden **51** sind **keine Rechtsbehelfe** gegeben; eine unzulässige Maßnahme kann aber ein Rechtsbeschwerdegrund sein (BVerfG NJW 1979, 1400; BGH NJW 1962, 1260).

D. Schluss der Verhandlung (Abs. 6 S. 1)

Nach dem formalen Schluss der Verhandlung ist **weiteres sachliches Vorbringen** der Beteilig- **52** ten nicht zu berücksichtigen (§ 296a S. 1 ZPO; § 82 Abs. 1 S. 1 MarkenG; BPatG BeckRS 2016, 7473 – Buy Tube/You Tube). Maßgeblich ist aber ein durch **Teilverzicht** nach Schluss der mündlichen Verhandlung wirksam beschränktes Waren- und Dienstleistungsverzeichnis einer angegriffenen Marke. Eine Prüfung auf eine etwaige unzulässige Erweiterung ist nicht notwendig, wenn das Waren- und Dienstleistungsverzeichnis bloß im Bestimmungs- bzw. Verwendungszweck beschränkt wurde (BPatG GRUR-RS 2021, 31950 – CRETE/CRET).

Eine Ausnahme dazu sind **nachgelassene Schriftsätze** iSv § 283 ZPO. Eine Schriftsatzfrist **53** kann gemäß § 82 Abs. 1 S. 1 iVm § 139 Abs. 5 ZPO nach Schluss der mündlichen Verhandlung nicht mehr gewährt werden.

Anträge auf eine Schriftsatzfrist sowie nicht nachgelassene Schriftsätze, die nach Schluss der **54** mündlichen Verhandlung eingehen, muss das Gericht darauf prüfen, ob sie Anlass zur Wiedereröffnung geben (→ Rn. 56; BPatG BeckRS 2017, 124164 – Revier IP; BGH GRUR 1979, 219 – Schaltungschassis).

Wurde die Verhandlung nach Abschluss eines widerruflichen Vergleichs geschlossen, ohne dass **55** vorher die Erörterung der Sach- und Rechtslage abgeschlossen war, ist dies nicht als Schluss der mündlichen Verhandlung zu werten. Im Falle des Widerrufs des Vergleichs und ohne anschließende verfahrensbeendende Erklärungen muss nämlich noch eine weitere mündliche Verhandlung stattfinden (BPatG BeckRS 2019, 31702 unter Hinweis auf OLG Düsseldorf NJW-RR 2000, 362 sowie OLG München MDR 1997, 402).

E. Wiedereröffnung (Abs. 6 S. 2)

Will der Senat nach Schluss der mündlichen Verhandlung eintretende oder bekannt gewordene **56** Gesichtspunkte berücksichtigen, muss er Wiedereröffnung beschließen. Unter den in § 156 Abs. 2 ZPO genannten Voraussetzungen (1. Verfahrensfehler, § 295 ZPO; 2. nachträglich bekannt gewordene Tatsachen; 3. Richterwechsel) ist Wiedereröffnung sogar zwingend. Das gilt auch, wenn das Gericht ergänzenden Vortrag ermöglichen muss, um das rechtliche Gehör nicht zu verletzen (BPatG BeckRS 2014, 13849 – Meso Body Therapie) oder einen Schriftsatznachlass gewährt hat, der zu neuen Argumenten führt (BGH BeckRS 2019, 36246). § 156 Abs. 2 ZPO enthält keine abschließende Aufzählung.

Fällt nach Schluss der mündlichen Verhandlung, aber vor endgültiger Beratung der Entschei- **57** dung, eine Richterin oder ein Richter dauerhaft aus, ist Wiedereröffnung zwingend geboten, um mit neuer Besetzung zu verhandeln und zu entscheiden (§ 156 Abs. 2 Nr. 3 ZPO iVm § 82 Abs. 1 S. 1; BeckOK ZPO/Wendtland ZPO § 156 Rn. 7; BPatG BeckRS 2019, 26270).

Kein Grund für eine Wiedereröffnung ist es, wenn Beteiligte weitere Fragen an einen Sachver- **58** ständigen stellen möchten, dazu aber schon in der mündlichen Verhandlung ausreichend Gelegenheit hatten und nach der Beweisaufnahme ohne Vorbehalt Schlussanträge gestellt haben (BPatG BeckRS 2017, 130856 – Kleinkläranlage; → § 74 Rn. 39).

59   **Beschränkungen** durch bloßes Streichen eines Begriffs im Waren- und Dienstleistungsverzeichnis **(Teilverzicht)** lässt das BPatG auch nach Schluss der mündlichen Verhandlung ohne Wiedereröffnung, wenn die vorgenommene Änderung keine Prüfung auf etwaige unzulässige Erweiterungen erfordert zu (BPatG GRUR-RS 2021, 31950 – CRETE/CRET; GRUR 2003, 530 f. – Waldschlößchen). Zu klären ist aber, ob die Sache damit für die gegnerische Partei erledigt ist (→ § 70 Rn. 91).

60   Die Wiedereröffnung der mündlichen Verhandlung kann veranlasst sein, um den Beteiligten die Möglichkeit zu geben, zu einem erst nach Schluss der mündlichen Verhandlung ergangenen Urteil des EuGH in einer parallelen Sache Stellung zu nehmen (BPatG BeckRS 2019, 23624 – Plombir).

61   Die Parteien können eine Wiedereröffnung anregen. Eröffnet der Senat die mündliche Verhandlung nicht, können die Beteiligten dies nur im Rahmen der Anfechtung der Endentscheidung rügen. Der Beschluss, die mündliche Verhandlung wieder zu eröffnen, ist unanfechtbar.

62   Nach Wiedereröffnung ist der gesamte Prozessstoff, nicht nur ein die Wiedereröffnung tragender neuer Sachverhalt Verfahrensgegenstand; auch weiteres Vorbringen, das für sich genommen keine Wiedereröffnung tragen würde, ist dann wieder zulässig, soweit es nicht auf Grund der neuen Situation als verspätet anzusehen ist (→ Rn. 9 ff., → § 73 Rn. 19 ff.).

§ 77 Niederschrift

(1) ¹**Zur mündlichen Verhandlung und zu jeder Beweisaufnahme wird ein Urkundsbeamter der Geschäftsstelle als Schriftführer zugezogen.** ²**Wird auf Anordnung des Vorsitzenden von der Zuziehung des Schriftführers abgesehen, besorgt ein Richter die Niederschrift.**

(2) ¹**Über die mündliche Verhandlung und jede Beweisaufnahme ist eine Niederschrift aufzunehmen.** ²**Die §§ 160 bis 165 der Zivilprozeßordnung sind entsprechend anzuwenden.**

Überblick

Die Beachtung der für die Verhandlung vorgeschriebenen Förmlichkeiten kann nur das Protokoll beweisen; zur Beweiskraft der Niederschrift hinsichtlich des Inhalts (→ Rn. 5). Wegen der Beweisfunktion sind Berichtigungen möglich (→ Rn. 15).

Übersicht

A. Erstellung (Abs. 1)

1   Dass Richter die Niederschrift besorgen, ist nicht mehr der in Abs. 1 S. 2 vorgesehene Ausnahmefall; entspricht aber § 159 Abs. 1 S. 2 ZPO.

2   Eine **Aufzeichnung** mittels Tonträger ist den Beteiligten nur ausnahmsweise unter besonderen Umständen gestattet (BPatG BeckRS 2018, 14086).

3   Nicht schriftsätzlich vorbereitete, sondern allein **zu Protokoll erklärte Anträge** (§ 297 ZPO) müssen vorgelesen und vom Antragsteller genehmigt werden (→ Rn. 6). Das Verlesen und Genehmigen von Protokollerklärungen bietet die Gewähr für die Richtigkeit des Protokolls und soll damit seine Beweiskraft untermauern; dies ist aber nicht im Sinne eines zwingenden Formerfordernisses zu verstehen ist (BVerwG BeckRS 2010, 56678 – Genehmigung eines Protokolls). Die Wirksamkeit einer Prozesshandlung berührt ein Verstoß gegen § 162 Abs. 1 ZPO nicht, wenn die Abgabe der Prozesserklärung und deren Inhalt anderweitig festgestellt werden können (BGH BeckRS 2007, 12173; BayVGH BeckRS 2017, 105523).

4   Während die Beteiligten nach § 60 Abs. 3 S. 3 im Verfahren vor dem Amt **Abschriften** von Protokollen zu erhalten haben, fehlt eine entsprechende Vorschrift für Gerichtsprotokolle. Die

Beteiligten können aber Abschriften beantragen (Fezer Rn. 1), sollten sie keines erhalten haben, obwohl dies in der Praxis üblich ist. Das BPatG versendet im Normalfall ohne gesonderten Antrag immer zwei Abschriften (Mitt PräsBPatG Nr. 1/95, BlPMZ 1995, 1).

B. Inhalt

Nach § 160 ZPO hat das Protokoll den Ort (→ Rn. 5.1) und den Tag der Verhandlung, die **5** Bezeichnung des Rechtsstreits, die Namen der Richter sowie gegebenenfalls des Urkundsbeamten und Dolmetschers, der erschienenen Beteiligten sowie deren Vertreter (→ Rn. 5.2), der Zeugen und der Sachverständigen zu enthalten. Es muss ferner zeigen, ob öffentlich verhandelt oder die Öffentlichkeit ausgeschlossen worden ist (→ § 67 Rn. 9 ff.). Die Beweiskraft der Niederschrift regeln die §§ 415 ff. ZPO (→ Rn. 5.3). Für Inhalt und Form, Genehmigung einzelner Passagen, Unterschrift, Berichtigung sowie Wirkung des Protokolls gelten die §§ 160 ff. ZPO.

Bei einer Verhandlung per Bild- und Tonübertragung (**Videokonferenz** nach § 128a ZPO) ist der **5.1** Ort, von dem aus die Beteiligten jeweils an der Verhandlung teilgenommen haben, zu dokumentieren. Das gilt nicht für Verhandlungen per FaceTime, WhatsApp oä (OVG Bautzen BeckRS 2022, 22402).

Für wen ein Vertreter in der mündlichen Verhandlung auftritt, gehört zu den iVm § 160 Abs. 1 Nr. 4 **5.2** ZPO in das Protokoll aufzunehmenden Förmlichkeiten, die an der Beweiskraft des Protokolls (§ 165 S. 1 ZPO) teilnehmen (BGH GRUR 2014, 1024 – Viva Friseure/Viva).

Die Beweiskraft der Niederschrift umfasst nicht die Funktion, in der Bevollmächtigte an der Verhand- **5.3** lung teilgenommen haben (BGH GRUR-RS 2020, 10173).

Die wesentlichen Vorgänge der Verhandlung sind in das Protokoll aufzunehmen; festzuhalten **6** sind Anerkenntnis, Anspruchsverzicht und Vergleich, Anträge, Rücknahme, Verzicht sowie Erklärungen, wenn ihre Feststellung vorgeschrieben ist, Beweiserhebungen, Rügen von Verfahrensfehlern, die ohne Rüge wegen § 295 ZPO folgenlos bleiben müssten, und der Tenor einer verkündeten Entscheidung. Dass rechtsgestaltende Erklärungen, Rücknahmen, Verzichte, Beschränkungen des Waren und Dienstleistungsverzeichnisses vorgelesen und genehmigt wurden, ist zu vermerken. **Vergleiche** sind ohne einen solchen Vermerk formunwirksam und nicht vollstreckbar, auch wenn sie materiell rechtlich als außergerichtlicher Vergleich wirken können (BayVGH NJW 2014, 955).

Beweisergebnisse müssen nach § 161 Abs. 1 Nr. 1 ZPO wegen der Möglichkeit einer Rechts- **7** beschwerde ins Protokoll aufgenommen werden, auch wenn die Rechtsbeschwerde nicht zugelassen wird (Fezer Rn. 8).

Ein **Verkündungsprotokoll** muss nicht genau erkennen lassen, ob die Entscheidung durch **8** Bezugnahme oder Verlesen des Tenors verkündet wurde (→ § 79 Rn. 4) und ob die Entscheidung zu diesem Zeitpunkt bereits vollständig abgefasst war (BGH NJW 2015, 2342; → § 79 Rn. 1).

Anträge auf Protokollierung über § 160 ZPO hinaus, kann das Gericht durch unanfechtba- **9** ren Beschluss ablehnen, wenn es auf die Feststellung des Vorgangs oder auf eine Äußerung nicht ankommt (§ 160 Abs. 4 S. 3 ZPO). Ingerl/Rohnke/Nordemann/Grabrucker Rn. 3 verweisen für solche Fällen auf die Möglichkeit zur Ablehnung der Richter wegen Befangenheit; dies wird aber nur in Ausnahmefällen greifen (→ § 72 Rn. 19 ff.). Über eine spätere Berichtigung ist die Aufnahme nicht mehr erreichbar (→ Rn. 20).

Rechercheergebnisse, auf die das Gericht seine Entscheidung stützt, sollten den Parteien vor **10** oder mit der Ladung zur mündlichen Verhandlung zugesendet worden sein (→ § 76 Rn. 20). Werden sie erstmals in der mündlichen Verhandlung vorgestellt und erörtert, sind sie als Anlagen dem Protokoll beizufügen (BGH GRUR 2004, 77 – Park & Bike) oder als Akteninhalt in Bezug zu nehmen.

Gleiches gilt für Unterlagen (Belege zur Benutzung etc), welche die Beteiligten, die Präsidentin **11** des DPMA (→ § 68 Rn. 2) oder Dritte (→ § 8 Rn. 981) übergeben haben.

Der **Nachweis angemessener Hinweise** verlangt eine Protokollierung; das kann aber im **12** Urteil noch nachgeholt werden (→ § 76 Rn. 39).

Veränderte Waren- und Dienstleistungsverzeichnisse sowie Vergleichsvereinbarungen können **13** als **Anlagen** dem Protokoll beigefügt werden; dazu müssen sie im Protokoll erwähnt sein (§ 160 Abs. 5 ZPO).

§ 163 ZPO verlangt die Unterschriften des Vorsitzenden und ggf. des Urkundsbeamten, aber **14** nicht die des Richters, der die Niederschrift besorgt hat (Fezer Rn. 2; Ströbele/Hacker/Thiering/Knoll Rn. 5).

C. Berichtigung des Protokolls

15   Nach § 164 ZPO iVm § 77 Abs. 2 S. 2 können Unrichtigkeiten des Protokolls jederzeit, aber erst nach Anhörung der Beteiligten (§ 164 Abs. 2 ZPO), berichtigt werden (BPatG BeckRS 2017, 115729). Betrifft die Berichtigung die Aussagen von Zeugen, Sachverständigen oder Beteiligten, sind neben den Beteiligten auch diese zu hören (Fezer Rn. 10). Die Berichtigung kann nur die Stelle vornehmen, vor der die mündliche Verhandlung stattgefunden hat. Eine höhere Instanz muss gegebenenfalls aussetzen, bis über den Antrag auf Berichtung entschieden wurde.

16   Die Ablehnung eines Antrags auf Berichtigung ist ein unanfechtbarer Beschluss.

17   Die Unrichtigkeit wird auf dem ursprünglichen Protokoll vermerkt; das berichtigte Protokoll ist von den Personen zu unterschreiben, die das ursprüngliche unterschrieben haben.

18   Eine Frist für den Antrag auf Protokollberichtigung ist nicht vorgesehen.

19   Eine Berichtigung kommt nicht in Betracht, wenn ein Beteiligter an seiner in der mündlichen Verhandlung geäußerten Ansicht nicht mehr festhält.

20   Keine Protokollberichtigung ist es, wenn eine **Ergänzung des Protokolls** beantragt ist; dazu wäre ein Antrag auf Aufnahme ins Protokoll (→ Rn. 9) vor Schluss der mündlichen Verhandlung erforderlich gewesen (BPatG BeckRS 2017, 130856 – Kleinkläranlage).

§ 78 Beweiswürdigung; rechtliches Gehör

(1) [1]Das Bundespatentgericht entscheidet nach seiner freien, aus dem Gesamtergebnis des Verfahrens gewonnenen Überzeugung. [2]In der Entscheidung sind die Gründe anzugeben, die für die richterliche Überzeugung leitend gewesen sind.

(2) Die Entscheidung darf nur auf Tatsachen und Beweisergebnisse gestützt werden, zu denen die Beteiligten sich äußern konnten.

(3) Ist eine mündliche Verhandlung vorhergegangen, so kann ein Richter, der bei der letzten mündlichen Verhandlung nicht zugegen war, bei der Beschlußfassung nur mitwirken, wenn die Beteiligten zustimmen.

Überblick

Wie allgemein gelten auch vor dem BPatG der Grundsatz der freien Beweiswürdigung (→ Rn. 1) und der Anspruch auf rechtliches Gehör (→ Rn. 7), auf eine Begründung der Beweiswürdigung (→ Rn. 3) sowie auf den gesetzlichen Richter (→ Rn. 30).

A. Überzeugungsbildung und Begründungspflicht (Abs. 1)

1   Das Gericht hat unter Berücksichtigung des gesamten Inhalts der Verhandlung und des Ergebnisses einer etwaigen Beweisaufnahme nach freier Überzeugung zu entscheiden, ob es eine tatsächliche Behauptung für wahr erachtet (→ UMV Art. 97 Rn. 76 ff.). Die Beweiswürdigung ist in Markensachen nicht unterschiedlich zu der in anderen Gerichtsverfahren; insoweit kann daher auf die dazu einschlägige Literatur verwiesen werden, zB BeckOK ZPO/Bacher ZPO § 286 Rn. 5 ff.

2   Bloße Wahrscheinlichkeit der Schutzunfähigkeit bzw. der Verwechslungsgefahr genügt nicht für Versagung oder Entzug des Markenschutzes, auch wenn nie jeder Zweifel oder jede abweichende Möglichkeit ausgeschlossen ist (Fezer Rn. 2). Das Gericht muss subjektiv überzeugt sein; erforderlich ist ein Grad an Wahrscheinlichkeit, der nach der Lebenswahrscheinlichkeit der Gewissheit nahekommt (BGH NJW 1982, 2874 f.).

3   In seinen Beschlüssen hat das BPatG die Gründe anzugeben, die für die richterliche Überzeugung leitend gewesen sind (→ § 83 Rn. 58 ff., BGH NJW-RR 1995, 700 – Flammenüberwachung). Dies kann nicht nachgeholt werden.

4   Der Zeitrang eines auf einer Website publizierten Inhalts unterliegt der freien Beweiswürdigung. Die Beweislage ist hier wegen der **Manipulierbarkeit von Internetinhalten** anders als bei Gedrucktem mit Angabe des Druckdatums (→ § 74 Rn. 33). Ein zu frühes Datum auf dem Ausdruck einer Internetanzeige kann darauf zurückzuführen sein, dass nach einer Änderung des Inhalts der Website das Datum der erstmaligen Einstellung erhalten blieb (BPatG GRUR-RS 2021, 19296 – Radkappe). Nach der Haargummi-Entscheidung des EuG (GRUR-Prax 2021, 746), wonach Glaubhaftigkeit und Beweiskraft von Screenshots nicht mit einer abstrakten und theoretischen Möglichkeit der Manipulierbarkeit in Frage gestellt werden können, lässt sich nach Gerstein die pauschale Annahme, das Datum eines Internetbeweises habe eine geringere Beweiskraft als eine Papierurkunde, nicht mehr halten. Ein Internet-Veröffentlichungsdatum lässt sich nämlich durch datierte Blog-Einträge und Dokumentation des Artikels mit Wayback-Maschinen belegen. Ein Bestreiten der Authentizität von Internetbeweisen erfordert daher einen Nachweis konkreter Fehler und Widersprüche.

Zum Konvergenzprogramm 10 des Europäischen Netzwerks für geistiges Eigentum bezüglich **5** Grundsätze zum Beweiswert von online Nachweisen, Auswertung von Erklärungen und Auskünften → UMV Art. 97 Rn. 78.

Möchte das Gericht eigene Internet-Recherchen verwenden, etwa als offenkundige Tatsache **6** iSd § 291 ZPO, muss es den Beteiligten durch einen Hinweis die Möglichkeit zur Stellungnahme geben. Die kann nur unterbleiben, wenn es sich um Umstände handelt, die den Beteiligten gegenwärtig sind und von deren Entscheidungserheblichkeit sie wissen (BGH BeckRS 2022, 3240).

B. Rechtliches Gehör (Abs. 2)

Ob der in Art. 103 Abs. 1 GG konstituierte Anspruch auf rechtliches Gehör verletzt wurde, **7** ist auch anhand der verfassungsrechtlichen Rechtsprechung zu beurteilen (BGH GRUR 2008, 1027 – Cigarettenpackung; zu Art. 41 GRCh → UMV Art. 94 Rn. 87). Das Gebot rechtlichen Gehörs verpflichtet das Gericht unter anderem dazu, den wesentlichen Kern des Vorbringens der Partei zu erfassen und – soweit er eine zentrale Frage des jeweiligen Verfahrens betrifft – in den Gründen zu bescheiden (BGH BeckRS 2020, 7295; → § 83 Rn. 45).

Grundsätzlich gilt die Vermutung, dass das Gericht das Parteivorbringen lückenlos zur Kenntnis **8** genommen hat (BGH GRUR 2000, 140 – tragbarer Informationsträger). Nur soweit es dies erkennbar nicht getan hat, liegt eine Verletzung des rechtlichen Gehörs vor. Zwar haben grundsätzlich die Parteien darzulegen, dass sie nicht ausreichend gehört wurden, da die Feststellung negativer Tatsachen aber naturgemäß schwierig ist, muss das Fehlen einer nach § 139 Abs. 4 ZPO gebotenen (→ § 76 Rn. 39) Dokumentation (**Protokollierung,** Kopien von Anlagen zur Ladung etc) Berücksichtigung finden (→ § 77 Rn. 12 f.). Fehlt ein Eingehen auf Tatsachenvortrag, lässt dies nicht auf eine Nichtberücksichtigung schließen, wenn der Vortrag unerheblich oder offensichtlich unsubstantiiert war (BGH GRUR-RS 2020, 18135 - Kassieranlage).

Eine andere Würdigung des zur Kenntnis genommenen Vorbringens ist keine Verletzung des rechtlichen **8.1** Gehörs (BGH BeckRS 2013, 04619).

Elektronisch eingereichte Schriftsätze mit Farbbestandteilen für die Papierakten schwarzweiß **9** auszudrucken, verletzt das rechtliche Gehör, weil die eingereichten Dokumente nicht in authentischer, sondern in abgewandelter Form beurteilt werden (KG GRUR-Prax 2020, 427).

Eine Verletzung des Anspruchs auf rechtliches Gehör liegt vor, wenn Hinweise irreführend **10** waren oder gebotene Hinweise unterblieben sind (→ § 76 Rn. 15 ff.).

Eine Verletzung des rechtlichen Gehörs kommt nur in Betracht, wenn ein zu berücksichtigender **11** Schriftsatz bei Gericht eingegangen ist (BGH BeckRS 2022, 13569). Bei zur Post gegebenen Briefen besteht kein Anscheinsbeweis für den Zugang (BGH NJW 2009, 2197).

Den Beteiligten muss es möglich sein, sich zu allen tatsächlichen und rechtlichen Gesichtspunk- **12** ten, die Grundlage der Entscheidungsfindung sind (EuG T-542/10, BeckRS 2012, 81207 Rn. 70 – Circon), zu äußern (→ § 83 Rn. 38 f.). Dabei hat das Gericht die Pflicht, **Hinweise** zu geben (→ § 83 Rn. 48 f.; → § 76 Rn. 15 ff.; BPatG GRUR 2013, 101 f. – Leiterpfad). Es müssen sämtliche Dokumente und Unterlagen allen Beteiligten bekannt sein. Wozu sie nicht Stellung nehmen konnten, darf das Gericht nicht verwerten (Abs. 2).

Eine Gelegenheit zur Stellungnahme ist nur gegeben, wenn den Beteiligten auch bewusst war, **13** dass eine bestimmte Frage der Erörterung bedurfte. Bestand keine Gelegenheit zur Stellungnahme, ist das Verfahren wieder zu eröffnen (→ § 76 Rn. 56 ff.).

Soweit das Gericht Hinweise Dritter aufgreift (→ § 8 Rn. 981), muss es diese ins Verfahren **14** einführen.

Ein Verfahrensfehler ist es, die Ergebnisse eigener Recherchen des Gerichts, den Beteiligten **15** nicht bekanntzugeben (→ § 77 Rn. 10).

(Telefon)**Gespräche** zwischen einem Beteiligten und einem Mitglied des Gerichts bergen die **16** Gefahr einer Verletzung des rechtlichen Gehörs, wenn das Gericht nicht alle Verfahrensbeteiligte über den Gesprächsinhalt unterrichtet (BGH GRUR 2022, 189 – Heizkörperdesign).

Zur Verletzung des rechtlichen Gehörs gehören unterlassene Tatsachenermittlungen (BPatG **17** BeckRS 2009, 17391 – Feststellungspflicht), Zurückweisungen hinsichtlich nicht beanstandeter Waren (BPatG BeckRS 2009, 16070 – Seasons), Entscheidungen auf der Grundlage nicht mitgeteilter Unterlagen und Überlegungen (§ 139 ZPO, BPatG BeckRS 2016, 12904 – Fluicil) oder unter Bezug auf einen Beanstandungsbescheid, der den Beteiligten nicht vor Erlass des Beschlusses zugegangen war (BPatG GRUR-RS 2020, 12497 – craftguide), oder auf nicht veröffentlichte Entscheidungen sowie unterlassene Aufforderungen zu einer möglichen Mängelbeseitigung. Die Möglichkeit einer online Akteneinsicht ersetzt die Mitteilung nicht (BPatG BeckRS 2018, 9144).

18   Eine Verletzung des Anspruchs auf rechtliches Gehör liegt vor, wenn das Gericht ohne vorherigen Hinweis Anforderungen an den Sachvortrag stellt oder auf rechtliche Gesichtspunkte abstellt, mit denen auch ein gewissenhafter und kundiger Verfahrensbeteiligter – selbst unter Berücksichtigung der Vielzahl vertretbarer Rechtsauffassungen – nach dem bisherigen Verfahrensverlauf nicht zu rechnen brauchte (BGH BeckRS 2019, 30695). Haben sich die Beteiligten und das Gericht lediglich mit Fragen der Waren- und Dienstleistungsähnlichkeit befasst, muss der Widersprechende nicht damit rechnen, dass das BPatG einem Bestandteil einer Wort-Bildmarke jegliche Schutzfähigkeit abspricht (BGH BeckRS 2017, 152655 – Die PS-Profis).

19   Überspannt das BPatG die **Anforderungen an die Substantiierung,** verletzt es den Anspruch auf rechtliches Gehör (BGH BeckRS 2019, 20659 mAnm NJW-Spezial 2020, 553).

20   Hat das Gericht eine Frist zur Stellungnahme gesetzt, hat es diese abzuwarten, und kann erst danach entscheiden. Ob die Beteiligten von der Möglichkeit zur Stellungnahme tatsächlich Gebrauch machen, ist unerheblich. Angemessen ist eine Frist von zwei Wochen (→ § 72 Rn. 32). Da der Gegner davon ausgehen darf, dass er die abzuwartende Stellungnahme zur Kenntnis und danach eine angemessene Frist zur Erwiderung erhält, muss ihn das Gericht verständigen, wenn es nicht länger warten will (BGH BeckRS 2013, 18550 – MetroLinien).

21   Das Vorbringen der Gegenseite in der mündlichen Verhandlung darf das Gericht auch dann verwerten, wenn ein Beteiligter trotz ordnungsgemäßer Ladung nicht erschienen ist. Das Gericht selbst darf nicht erstmals in der mündlichen Verhandlung **neue Gesichtspunkte** aufwerfen und danach entscheiden, wenn die betroffene Partei nicht anwesend war.

22   Bei Entscheidungen ohne mündliche Verhandlung hat das Gericht – unabhängig von gesetzten Fristen – alle Stellungnahmen zu berücksichtigen, die eingehen, bevor der Beschluss der Post zur Beförderung übergeben worden ist (BPatG BeckRS 2018, 4638 – Etax/Etax).

23   Hat ein Beteiligter um Fristverlängerung zur Begründung gebeten, kann er grundsätzlich darauf vertrauen, dass das Gericht dem stattgeben wird, wenn er einen erheblichen Grund vorgetragen hat (BGH BeckRS 2017, 114181). Hat das Gericht solchen Anträgen bislang stillschweigend stattgegeben, muss es mitteilen, wenn es ohne weitere Verlängerung entscheiden will (BPatG BeckRS 2015, 17379 – groupsites). Verlängert das Gericht zwar die Frist, aber nicht im beantragten Umfang, müssen die Beteiligten dies berücksichtigen; sie dürfen nicht davon ausgehen, es sei irrtümlich eine kürzere Frist genannt worden (BGH BeckRS 2022, 30268).

24   Hat ein Verfahrensbeteiligter **Hilfsanträge** oder Beschränkungen des Waren und Dienstleistungsverzeichnisses bzw. des Umfangs eines Angriffsmittels angeboten, wäre ein Hinweis, dies sei unnötig, vor einer abschlägigen Entscheidung eine Verletzung des rechtlichen Gehörs. Der Betroffene muss sein Angebot nicht mit der ausdrücklichen Frage verbinden, ob dies erforderlich ist. Hilfreich ist zum Nachweis der Verletzung des rechtlichen Gehörs ein schriftsätzliches oder protokolliertes Angebot (BPatG GRUR 2013, 101 – Leiterpfad; → Rn. 8).

25   Einen **Schriftsatznachlass** zum Zwecke der Beweiswürdigung abzulehnen, ist keine Verletzung des rechtlichen Gehörs (Schäfer NJW 2013, 654).

26   Erst wenn alle anderen Zustellungsarten erfolglos waren, kommt als letztes Mittel der Bekanntgabe die **öffentliche Zustellung** (→ § 94 Rn. 25) in Betracht; andernfalls verstößt sie gegen den Anspruch auf rechtliches Gehör.

27   Die **Gehörsrüge** ist – innerhalb (→ § 82 Rn. 14) – innerhalb einer Notfrist von zwei Wochen nach Kenntnis von der Verletzung des rechtlichen Gehörs zu erheben, also regelmäßig innerhalb von zwei Wochen ab Zustellung der Entscheidung (§ 321a Abs. 2 S. 1 ZPO; BVerfG NJW 2003, 1924 (1929); BGH GRUR 2004, 1061 f. – kosmetisches Sonnenschutzmittel II).

28   **Relevant** wird die Verletzung des rechtlichen Gehörs nur, wenn sie kausal für die Entscheidung war, dh wenn nicht ausgeschlossen werden kann, dass die Entscheidung bei Berücksichtigung des übergegangenen Vorbringens anders ausgefallen wäre (BGH BeckRS 2021, 31935; EuGH C-96/11 P, BeckRS 2012, 81822 Rn. 80 – Schokoladenmaus). Das ist nicht der Fall, wenn überraschende Argumente in den Entscheidungsgründen nur als Bestätigung, Konkretisierung, Verdeutlichung, Erläuterung oder Hilfsbegründung dienen (BGH GRUR 2012, 1236 – Fahrzeugwechselstromgenerator; EuGH BeckRS 2010, 91079 Rn. 15 ff. – packaging; EuG T-317/05, GRUR Int 2007, 330 Rn. 54 f. – Form einer Gitarre).

29   Kommt es nach einer Verletzung des rechtlichen Gehörs zu einer **Zurückverweisung** der Sache, sind die Beteiligten nicht aufzufordern, zu den bislang übergangenen rechtlichen und

tatsächlichen Gesichtspunkten Stellung zu nehmen, da ihnen diese nunmehr ebenso bekannt sind wie ihre Entscheidungsrelevanz.

C. Richterwechsel (Abs. 3)

Einem Richterwechsel müssen die Beteiligten zustimmen, wenn er nach der letzten mündlichen **30** Verhandlung und vor Beschlussfassung lag, also nicht zwischen mehreren Verhandlungen; ohne diese Zustimmung ist eine Wiederaufnahme von Nöten (→ § 76 Rn. 56).

Einen Richterwechsel verhindert die Anordnung nach § 21e Abs. 4 GVG, dass ein Richter **31** trotz seines Wechsels in einen anderen Senat des BPatG für einzelne noch nicht abgeschlossene Verfahren zuständig bleibt.

Nach einem **Übergang ins schriftliche Verfahren** verliert die zuvor stattgefundene mündli- **32** che Verhandlung ihre Funktion als alleinige Grundlage der Entscheidung, weshalb ein Richterwechsel jederzeit möglich ist und keiner Zustimmung der Beteiligten bedarf (BGH GRUR 1971, 532 f. – Richterwechsel I; GRUR 1974, 294 f. – Richterwechsel II; GRUR 1987, 515 – Richterwechsel III; GRUR 1992, 627 f. – Pajero; vgl. HK-MarkenR/Fuchs-Wissemann Rn. 3). Die Beteiligten haben aber ein Interesse an und ein Recht auf Information über den Richterwechsel, damit sie entscheiden können, was sie von den in der mündlichen Verhandlung vorgebrachten Argumenten nochmals betonen wollen.

Ist ein nach Beschlussfassung ausgeschiedener Richter an der Unterschrift verhindert, unter- **33** schreiben nur die verbleibenden Richter den Beschluss (§ 315 ZPO).

Rückwirkende **Änderungen der Geschäftsverteilung** verstoßen gegen Art. 101 GG (vgl. **34** HK-MarkenR/Fuchs-Wissemann Rn. 3).

§ 79 Verkündung; Zustellung; Begründung

(1) [1]Die Endentscheidungen des Bundespatentgerichts werden, wenn eine mündliche Verhandlung stattgefunden hat, in dem Termin, in dem die mündliche Verhandlung geschlossen wird, oder in einem sofort anzuberaumenden Termin verkündet. [2]Dieser soll nur dann über drei Wochen hinaus angesetzt werden, wenn wichtige Gründe, insbesondere der Umfang oder die Schwierigkeit der Sache, dies erfordern. [3]Statt der Verkündung ist die Zustellung der Endentscheidung zulässig. [4]Entscheidet das Bundespatentgericht ohne mündliche Verhandlung, so wird die Verkündung durch Zustellung an die Beteiligten ersetzt. [5]Die Endentscheidungen sind den Beteiligten von Amts wegen zuzustellen.

(2) Die Entscheidungen des Bundespatentgerichts, durch die ein Antrag zurückgewiesen oder über ein Rechtsmittel entschieden wird, sind zu begründen.

Überblick

Diese Vorschrift entspricht wie § 94 PatG vorrangig den §§ 116, 122 VwGO; die §§ 310 ff. ZPO kommen zur Geltung, soweit § 79 dies nicht abweichend regelt.

Diese Vorschrift gilt originär für Endentscheidungen und iVm § 329 ZPO entsprechend für Zwischenentscheidungen.

Geregelt sind die Verkündung des Entscheidungstenors (→ Rn. 1 ff.) sowie die Zustellung der Entscheidung (→ Rn. 7). Die Entscheidung muss begründet sein (→ Rn. 16), wobei die Begründung sowohl inhaltlich ausreichend (→ Rn. 19 ff.) als auch in einen bestimmten zeitlichen Rahmen (→ Rn. 32) vorliegen muss.

§ 232 ZPO verlangt zwingend eine Rechtsmittelbelehrung (→ Rn. 36).

Übersicht

A. Verkündung (Abs. 1 S. 1)

1   Verkündung, also das Verlesen des Tenors (§ 311 Abs. 2 S. 1 ZPO), verlangt eine schriftlich vorliegende Entscheidungsformel, aber nicht zwingend eine Begründung (§ 311 Abs. 3 ZPO).

2   Obwohl Beschlüsse mit ihrer Verkündung sofort wirksam werden, beginnt erst mit der Zustellung an den jeweiligen Beteiligten die **Rechtsbeschwerdefrist** zu laufen (→ Rn. 7). Verkündungsmängel stehen der Wirksamkeit der Entscheidung nur entgegen, wenn wesentliche Formerfordernisse übergangen wurden.

3   **Änderungen** des Tenors sind möglich, solange der Vorsitzende ihn noch nicht vollständig verkündet hat (Fezer Rn. 1).

4   Einen **Verkündungstermin** hat das BPatG bei nachgelassenen Schriftsätzen möglichst binnen dreier Wochen anzuberaumen (§ 283 ZPO). § 311 Abs. 4 ZPO verlangt für einen Verkündungstermin nur die Anwesenheit des Vorsitzenden, der ohne Verlesen auf die Urteilsformel Bezug nehmen kann (§ 311 Abs. 2 S. 2 ZPO). Verkündung im Dienstzimmer eines Richters statt in öffentlicher Sitzung ist unschädlich (BGH NJW-RR 2018, 127).

4.1   § 310 Abs. 2 ZPO und § 315 Abs. 2 ZPO sollen nicht anwendbar sein. Die Entscheidung muss also nicht in vollständiger Form (mit Gründen) abgefasst sein (Ströbele GRUR 1987, 325). Sie muss auch nicht binnen drei Wochen vorliegen (BGH GRUR 1991, 521 – La Perla); zum zeitlichen Rahmen → Rn. 33.

5   **Zustellung an Verkündungs statt** soll einen größeren Zeitraum für Vergleichsverhandlungen, Abgrenzungsvereinbarungen (→ § 70 Rn. 89 ff.), Rücknahme, Verzicht etc. schaffen, aber nicht für neuen Sachvortrag und auf ihre Zulässigkeit hin zu prüfende Änderungen im Waren und Dienstleistungsverzeichnis. Zugestellt werden muss letztlich die vollständige Entscheidung (Tenor, Tatbestand und Gründe). Entsprechend § 117 Abs. 4 VwGO ist die Entscheidung vor Ablauf von zwei Wochen, vom Tag der Verkündung an gerechnet, vollständig abgefasst der Geschäftsstelle zu übermitteln. Kann dies ausnahmsweise nicht geschehen, so ist innerhalb dieser zwei Wochen wenigstens ein von den Richtern unterschriebenes Urteil bestehend nur aus Rubrum und Tenor der Geschäftsstelle zu übermitteln. Tatbestand, Entscheidungsgründe und Rechtsmittelbelehrung sind alsbald nachträglich niederzulegen, von den Richtern besonders zu unterschreiben (→ § 70 Rn. 9) und der Geschäftsstelle zu übermitteln.

6   Neues Vorbringen vor der Zustellung ist darauf zu prüfen, ob es eine Wiederaufnahme erfordert. Im Rahmen seiner Pflicht zur Amtsermittlung kann das Gericht die mündliche Verhandlung wieder eröffnen (§ 76 Abs. 6 S. 2) oder Übergang ins schriftliche Verfahren anregen.

B. Zustellung (Abs. 1 S. 5)

7   Endentscheidungen in schriftlichen Verfahren und Zwischenentscheidungen, die Termine bestimmen oder Fristen setzen, sind zuzustellen (§ 94); sie werden mit der Zustellung wirksam. Auch bei mehreren Beteiligten auf einer Seite ist der Beschluss allen zuzustellen (BPatG BeckRS 2013, 17844 – Stützrahmenwerk). § 28 Abs. 3 ist entsprechend anzuwenden, wenn ein Antrag auf Umschreibung wegen eines **Rechtsübergangs** (→ § 27 Rn. 13 ff.) gestellt ist. Sonstige verkündete Beschlüsse werden formlos mitgeteilt (§ 329 ZPO). Zu **Auslandszustellungen** → § 94 Rn. 27 ff. Für Zustellungen im Verfahren vor dem BPatG gemäß § 94 Abs. 2 wird pauschal auf die Anwendbarkeit der Vorschriften der ZPO verwiesen. Nach § 183 Abs. 1 ZPO iVm Art. 14 VO (EG) Nr. 1393/2007 sowie § 1068 Abs. 1 ZPO können Schriftstücke mit der Post zugestellt werden, wobei zum Nachweis der Zustellung der Rückschein oder ein gleichwertiger Beleg genügt. Vor dem BPatG können daher Zustellungen auch mittels Einschreibens mit (internationalem) Rückschein erfolgen.

8   Bei der **öffentlichen Zustellung** (→ § 94 Rn. 25) wird das Dokument dem Empfänger regelmäßig inhaltlich nicht bekannt; die Zustellung ist reine Fiktion. An die Anordnung der öffentlichen Zustellung sind daher strenge Anforderungen zu stellen (BayVGH Urt. v. 26.4.1989 – 22 B 88.2396, BayVGHE 23, 143). Die zwingend erforderlichen Nachforschungen zum Aufenthaltsort sind in den Akten zu dokumentieren (BPatG GRUR-RS 2020, 18995 – Inlandsvertreter IV (Rechtsbeschwerde ist zugelassen)). Fehlende Nachforschungen und sonstige Fehler führen unabhängig davon, ob sie bekannt und verschuldet waren, zur Unwirksamkeit (OLG Schleswig BeckRS 9998, 18811).

9   Für eine Zustellung per Zustellungsurkunde kann nach § 1 Abs. 1 S. 2 PatKostG iVm § 3 Abs. 2 GKG und KV 9002 GKG eine Auslagenpauschale erhoben werden.

9.1   Obwohl die Zustellungsform im Ermessen des Gerichts liegt (§ 82 Abs. 1 S. 1 iVm §§ 174 ff. ZPO), ist die kostenaufwändige Zustellung per Zustellungsurkunde auf Fälle beschränkt, in denen der Empfänger diese Form veranlasst hat (BPatG BeckRS 2016, 04071), etwa indem er in der Vergangenheit Empfangsbekenntnisse nicht zuverlässig bearbeitet hat; die Kosten dafür müssten ihm ausdrücklich auferlegt werden (→ § 71 Rn. 190).

Eine Postzustellungsurkunde ist eine öffentliche Urkunde, die den vollen Beweis für die eine wirksame **9.2** Zustellung begründenden Tatsachen erbringt; für einen Gegenbeweis sowie das für eine Wiedereinsetzung notwendige fehlende Verschulden sind substantiiert Tatsachen vorzutragen, aus denen sich die Unrichtigkeit der beurkundeten Tatsachen ergibt (BPatG BeckRS 2018, 8410).

Dass bei (ohne mündliche Verhandlung ergangenen) Beschlüssen in mehrseitigen Verfahren für **10** die Wirksamkeit und den Beginn der Rechtsbeschwerdefrist die zeitlich letzte Zustellung maßgeblich sein soll (Fezer Rn. 6 f.), ist strittig; auf der sicheren Seite ist, wer auf die Zustellung an ihn selbst abstellt (BPatG GRUR 1996, 872 – Beschwerdefrist; Büscher/Dittmer/Schiwy/Büscher Rn. 8; Ströbele/Hacker/Thiering/Knoll Rn. 16).

Nur bei Zustellungen an mehrere Bevollmächtigte ist für den Beginn der Rechtsmittelfrist die **11** zeitlich erste Zustellung maßgeblich; es würde auch genügen, nur einem von ihnen zuzustellen (BVerwG BeckRS 2022, 16648).

Zur Zustellung an Vertreter nach **Erlöschen der Vollmacht** → § 81 Rn. 35. **12**

Nach der Eröffnung eines **Insolvenzverfahrens** sind Beschlüsse dem Insolvenzverwalter oder **13** einem von ihm bestellten Vertreter zuzustellen. Zustellungen an Beteiligte oder deren frühere Vertreter sind nicht mehr wirksam, unabhängig davon, ob das BPatG von der Insolvenz Kenntnis hatte (BPatG BeckRS 2019, 31791).

C. Begründungspflicht (Abs. 2)

Über die Begründung entscheidet die Mehrheit (Sachs DRiZ 1925, 154; Seibert MDR 1957, **14** 597; Stöcker JZ 1969, 33). Die Gründe müssen dem Grundsatz der Wahrheit entsprechen, der sogar das Beratungsgeheimnis überwiegen kann (Baumann NJW 1957, 1017). Beruht das Ergebnis einer Totalabstimmung (→ § 70 Rn. 5) nicht auf einheitlichen Gründen, muss die Begründung wahrheitsgemäß alle Ansichten aufführen (Kaiser S. 322 Nr. 45).

Ein Sondervotum eines überstimmten Richters ist beim Bundespatentgericht schon im Hinblick **15** auf das Beratungsgeheimnis nicht möglich (§§ 43, 45 DRiG; Hülle DRiZ 1986, 184; Kohlhaas NJW 1953, 401; Lamprecht DRiZ 1992, 325; Faller DVBl 1995, 985 (988)). In der deutschen Rechtsordnung bildet ein Kollegialgericht eine Einheit, die das Urteil widerspiegeln soll; nur beim BVerfG ermöglicht § 30 Abs. 2 BVerfGG ein Sondervotum.

Das Fehlen einer Begründung kann mit zulassungsfreier Rechtsbeschwerde gerügt werden **16** (§ 83 Abs. 3 Nr. 6). Eine falsche Begründung macht die Entscheidung möglicherweise materiell unrechtmäßig.

Die Begründungspflicht gilt auch, wenn das BPatG in einseitigen Verfahren der Beschwerde **17** stattgibt. Das gilt nicht für stattgebende Entscheidungen, wenn der Anmelder die Waren und Dienstleistungen aus dem Streit genommen hat, auf die das DPMA seine Entscheidung gestützt hatte (zu Patentansprüchen: BPatG BeckRS 2016, 12102). Vor dem BPatG gilt wegen Abs. 2 der § 313a ZPO nicht.

Eine Begründung in **Reimform** kann unangemessen sein und gilt dann nicht als solche, wenn **18** sie Beteiligte in ihrer Würde verletzt und/oder das Ansehen des Gerichts beeinträchtigt (LAG Hamm BeckRS 2008, 53988).

I. Inhalt der Begründung

Den erforderlichen Inhalt der Begründung bestimmen § 313 Abs. 3 ZPO und hinsichtlich der **19** **Beweiswürdigung** § 78 Abs. 1 S. 2 (→ § 78 Rn. 3). § 79 Abs. 2 und § 83 Abs. 3 Nr. 6 verlangen eine Begründung, die die Entscheidungsfindung nachvollziehbar macht (→ § 83 Rn. 58 f.). Das gilt ebenso für Wertfestsetzungen (KG BeckRS 2013, 4374). Dabei kann das Gericht aus ökonomischen Gründen auch an sich vorgreifliche Fragen dahingestellt sein lassen, sogar die Zulässigkeit (Sendler DVBl. 1982, 923). Es ist kein Begründungsmangel, wenn das Gericht zu entscheidungserheblichen Fragen lediglich im Rahmen von Hilfserwägungen Stellung nimmt (BPatG BeckRS 2017, 115579). Zur Begründung ihrer Entscheidung dürfen Richter auch auf Erfahrungssätze zurückgreifen (Lange MarkenR Rn. 423, 415 ff.).

Eine Entscheidung kann knapp gehalten sein, wenn sie klar und eindeutig ist. Das Gericht hat **20** nur die Gründe zu nennen, die es der Entscheidung zu Grunde legt (§ 286 Abs. 1 ZPO; → UMV Art. 94 Rn. 8). Die Umstände des Einzelfalles können die Begründungspflicht erhöhen. Je spezifischer und relevanter der Vortrag einer Partei ist, desto eher ist eine spezifische Auseinandersetzung damit erforderlich. Gleiches gilt, wenn das BPatG seine Entscheidung auf andere Gründe stützt als das DPMA (→ § 70 Rn. 43, → § 70 Rn. 59; Fezer § 78 Rn. 3). Der Zusammenhang zwischen den Tatsachen und den daraus gezogenen Schlüssen ist deutlich zu machen; ein Wiederholen des Gesetzestextes genügt nicht. Der Begründungspflicht kann aber auch eine lückenhafte und unvollständige Begründung genügen, wenn die Verfahrensbeteiligten dem Beschluss entnehmen können, welcher Grund in tatsächlicher und rechtlicher Hinsicht für die Entscheidung maßgebend war (BPatG BeckRS 2019, 10782 – Kasap).

20.1   Der Supreme Court der Vereinigten Staaten beruft sich bei knappen Begründungen sogar auf Bob Dylan und zitiert aus Subterranean Homesick Blues: „You don't need a weatherman to know which way the wind blows."

21   Stellt die Begründung grundsätzlich auf das Verständnis eines Fachpublikums oder professioneller Kunden ab, die spezielle Kenntnis von und Erfahrung mit den beanspruchten Waren oder Dienstleistungen haben, macht die Verwendung des Wortes „Verbraucher" im übrigen Text die Begründung nicht zwingend widersprüchlich (vgl. EuGH BeckRS 2019, 22818 Ls. 2 – Vitromed).

22   In der Begründung sind **alle beanspruchten Waren** und/oder Dienstleistungen zu würdigen (BGH GRUR 2009, 952 Rn. 9 – DeutschlandCard; BPatG BeckRS 2019, 2127 – move; BeckRS 2018, 13489 – Harald Juhnke). Eine globale Begründung reicht nur aus, wenn dieselben Erwägungen eine Kategorie oder Gruppe betreffen; dann muss die Begründung nicht für jede einzelne Position des Waren-/Dienstleistungsverzeichnisses wiederholt werden (BPatG GRUR-RS 2020, 7394 – Eisblock; so auch EuG T-156/19, GRUR-RS 2020, 9857 – we're on it; EuGH C-437/15 P, GRUR Int 2017, 864 – delux). Ein Verstoß gegen die Begründungspflicht ist es aber, verschiedene Waren und/oder Dienstleistungen ohne weitere Begründung gleich zu behandeln oder eine Ware bzw. Dienstleistung überhaupt nicht zu würdigen. Eine **eingehende Differenzierung** verlangt das BPatG ja auch vom DPMA (→ § 61 Rn. 6) und verweist ohne ausreichende Differenzierung, die es zunehmend strenger beurteilt, die Sache ans DPMA zurück (→ § 70 Rn. 68) und ordnet die Erstattung der Beschwerdegebühr an.

23   Ist eine Markenanmeldung wegen absoluter Schutzhindernisse bereits rechtskräftig zurückgewiesen, kann sich zwar das DPMA bei einer identischen Anmeldung durch denselben Anmelder auf die Prüfung einer zwischenzeitlichen Änderung der Sach- und Rechtslage beschränken. Dies gilt aber nicht für das BPatG, wenn der Anmelder erst die zweite Ablehnung mittels Beschwerde vor das BPatG bringt.

24   Zur Vermeidung überflüssiger Schreibarbeiten ist ein **Verweis auf die Begründung des angefochtenen Beschlusses** möglich, wenn die beschwerdeführende Anmelderin nichts vorgetragen hatte, was zur Aufhebung des Beschlusses führen hätte können (BGH GRUR 1993, 896 – Leistungshalbleiter; BPatG GRUR-RS 2022, 30310 – Bohrungsinspektion). Eine solche **Bezugnahme** muss aber erkennbar machen, ob und inwieweit sich die Beschwerdeentscheidung die Begründung des angefochtenen Beschlusses zu eigen macht (→ UMV Art. 94 Rn. 78). Bezugnahmen auf andere Schriftstücke müssen diese genau bezeichnen und aufzeigen, welche Gründe daraus die Entscheidung stützen sollen (BPatG BeckRS 2016, 4244 – waxhouse).

24.1   Das EuG erkennt Hinweise des EUIPO auf nationale Entscheidungen nicht als Begründung an (EuG T-501/13, GRUR-Prax 2016, 167 – Winnetou).

25   Die der Entscheidung zu Grunde gelegten Tatsachen sind anzugeben; ein pauschaler Hinweis auf den Akteninhalt genügt nicht (BGH GRUR 1989, 494 – Schrägliegeeinrichtung). **Verweise** auf bekannte und zugängliche Unterlagen oder andere Entscheidungen können aber zulässig sein (→ § 83 Rn. 61). Auf von den Beteiligten beigebrachte Unterlagen kann verwiesen werden, da diese ja allen bekannt sein müssen (§ 66 Abs. 4). Bezugnahmen auf nicht veröffentlichte und den Beteiligten auch sonst nicht bekannte Entscheidungen sind keine ausreichende Begründung (BGH BeckRS 2008, 20933 Rn. 21 – Christkindles Glühwein).

26   Zitate von **Onlinewörterbüchern** zur semantischen Analyse von in Marken enthaltenen fremdsprachigen Begriffen genügen als Begründung; auch ein erstmals in der Begründung herangezogener Link, der die Beurteilung des Senats lediglich bestätigt, verletzt nicht den Anspruch auf rechtliches Gehör (EuG T-156/19, GRUR-RS 2020, 9857 – we're on it; T-64/09, BeckRS 2010, 91079 – packaging).

27   Das Gericht darf nicht über das entscheidungserhebliche Vorbringen und den Kern dieser Argumente hinweggehen (BGH GRUR 2012, 429 – Simca; → § 83 Rn. 59). Jedes selbständige Angriffs- und Verteidigungsmittel ist separat zu behandeln (BGH GRUR 2005, 258 f. – Roximycin; Fezer § 78 Rn. 3), sofern es rechtlich erheblich ist (BGH GRUR 1980, 846 f. – Lunkerverhütungsmittel). Eines Eingehens auf fern liegende Erwägungen bedarf es allerdings nicht.

Soweit die Beteiligten auf eine ihrer Ansicht nach **bestehende Entscheidungspraxis** verwei- **28** sen, besteht zwar – diese vorausgesetzt – mangels Ermessensspielraum keine Bindungswirkung (→ § 8 Rn. 46), aber dennoch bedarf ein Abweichen davon einer gedanklichen Auseinanderset- zung (→ UMV Art. 95 Rn. 20; → UMV Art. 7 Rn. 8 f.; EuG T-159/15, GRUR-Prax 2016, 474 – Puma). Derartige Eintragungen können ja einen indiziellen, informatorischen Wert haben (→ § 8 Rn. 45 f.). Dabei ist jedoch keine Beurteilung früher eingetragener Marken bzw. deren Kennzeichnungskraft und Schutzumfang vorzunehmen (EuG T-299/09 und T-300/09, BeckRS 2011, 80096 Rn. 41 – Kombination der Farben Ginstergelb und Silbergrau).

Wurde die **Bekanntheit** einer Marke bislang berücksichtigt und soll dies nunmehr nicht mehr **29** geschehen, ist das gesondert zu begründen (vgl. EuGH C-564/16 P, GRUR-Prax 2018, 347 – springende Raubkatze).

Dem Erfordernis, sich mit einer abweichenden Entscheidung auseinanderzusetzen, kann es **30** genügen, bei der Begründung der eigenen Entscheidung auf die Erwägungen einzugehen, auf denen die abweichende Beurteilung beruht. Wie eingehend die schriftlichen Gründe das Ergebnis der gebotenen Auseinandersetzung mit einer anderen Entscheidung widerspiegeln müssen, lässt sich nicht verallgemeinern (BGH GRUR 2015, 199 – Sitzplatznummerierungseinrichtung).

Es ist kein Begründungsmangel, die **Nichtzulassung der Rechtsbeschwerde** nicht zu **31** begründen (BGH BeckRS 2018, 17583; GRUR 1964, 519 – Damenschuh-Absatz).

II. Zeitpunkt der Begründung

Die Begründung kann nicht nachgeholt werden. **32**

Innerhalb des allgemein als angemessen erachteten Zeitraums von **fünf Monaten** ab Verkün- **33** dung für die Begründung (GmS-OGB NJW 1993, 2603) muss der Senat die vollständig schriftlich niedergelegte und unterschriebene Entscheidung der Geschäftsstelle übergeben; eine Zustellung an die Beteiligten ist noch nicht erforderlich (BayVGH BeckRS 2015, 42462 – Bolzplatz; BPatG BeckRS 2013, 01796 – 9,10-Diarylanthracens). Für die Berechnung der fünf Monate ist § 222 Abs. 2 ZPO nicht anwendbar (BAG NJW 2022, 3732 – starre Fünfmonatsfrist zur Absetzung des Berufungsurteils, zu § 72b ArbGG).

Nach diesem Zeitraum gilt die Entscheidung als nicht mehr ausreichend mit Gründen versehen **34** (§ 83 Abs. 3 Nr. 6; BGH GRUR-RR 2009, 191 – Traveltainment; zum Verkündungstermin → Rn. 4.1). Das Gericht müsste daher die mündliche Verhandlung wieder eröffnen (§ 76 Abs. 6 S. 2), wenn kein Übergang ins schriftliche Verfahren möglich ist.

D. Unterschriften

Hierzu → § 70 Rn. 9 ff. **35**

E. Rechtsmittelbelehrung

§ 232 ZPO verlangt zwingend eine Rechtsmittelbelehrung, da in Markensachen vor dem **36** BPatG eine anwaltliche Vertretung nicht obligatorisch ist (→ § 81 Rn. 1).

Zum 1.1.2014 hat das Gesetz zur Einführung einer Rechtsbehelfsbelehrung im Zivilprozess … vom **36.1** 5.12.2012 (BGBl. I 2418) für Rechtsstreitigkeiten, in denen die anwaltliche Vertretung nicht obligatorisch ist, in § 232 ZPO eine Rechtsbehelfsbelehrungspflicht eingeführt. Nach der Gesetzesbegründung gilt die allgemeine Pflicht zur Rechtsbehelfsbelehrung gemäß § 99 Abs. 1 PatG auch in den Verfahren vor dem BPatG.

Keine Rechtsbehelfsbelehrungspflicht besteht nach der Gesetzesbegründung für außerordentli- **37** che Rechtsbehelfe, wie zB die Anhörungsrüge (§ 321a ZPO), sowie für die Möglichkeit, Ergän- zung oder Berichtigung der Entscheidung und des Tatbestands (§ 80) zu beantragen oder die Wiedereinsetzung in den vorigen Stand. Für die Zurückweisung der Beschwerde gegen die Versa- gung einer Kostenauferlegung sieht das BPatG keine Rechtsbehelfsbelehrung veranlasst (BPatG BeckRS 2015, 13952 – naturstrom). Das BPatG belehrt auch über die zulassungsfreie Rechtsbe- schwerde nach § 83 Abs. 3.

Für den Inhalt der Rechtsbehelfsbelehrung sind die entscheidenden Richter bzw. Rechtspfleger **38** verantwortlich.

Die Rechtsbehelfsbelehrung ist vor den Unterschriften einzufügen und nicht nur der Entschei- **39** dung beizufügen. Sie soll vom übrigen Entscheidungstext abgesetzt und als Rechtsbehelfsbeleh- rung erkennbar sein.

40   Enthalten weder der Tenor der Entscheidung noch die Gründe Ausführungen zur Zulassung der Rechtsbeschwerde, ersetzt eine die zugelassene Rechtsbeschwerde betreffende Rechtsmittelbelehrung die Zulassung nicht (vgl. BGH BeckRS 2014, 6966 Rn. 9).

F. Publikation

41   Die Rechtspflicht zur Publikation, eine verfassungsunmittelbare Aufgabe der rechtsprechenden Gewalt, trifft auch das BPatG (→ § 67 Rn. 19).

§ 80 Berichtigungen

(1) Schreibfehler, Rechenfehler und ähnliche offenbare Unrichtigkeiten in der Entscheidung sind jederzeit vom Bundespatentgericht zu berichtigen.

(2) Enthält der Tatbestand der Entscheidung andere Unrichtigkeiten oder Unklarheiten, so kann die Berichtigung innerhalb von zwei Wochen nach Zustellung der Entscheidung beantragt werden.

(3) Über die Berichtigung nach Absatz 1 kann ohne vorherige mündliche Verhandlung entschieden werden.

(4) ¹Über den Antrag auf Berichtigung nach Absatz 2 entscheidet das Bundespatentgericht ohne Beweisaufnahme durch Beschluß. ²Hierbei wirken nur die Richter mit, die bei der Entscheidung, deren Berichtigung beantragt ist, mitgewirkt haben.

(5) Der Berichtigungsbeschluß wird auf der Entscheidung und den Ausfertigungen vermerkt.

Überblick

Berichtigungen können Tenor, Tatbestand und Gründen erfassen sowie von Amts wegen erfolgen (→ Rn. 8). Auch Ergänzungen sind möglich (→ Rn. 20 ff.).

Tatbestandsberichtigung (→ Rn. 11 ff.) ist bei Entscheidung, die auf Grund mündlichen Verhandlung ergangen sind, wichtig, weil der Tatbestand den BGH binden kann (→ Rn. 14). Tatbestandsberichtigung verlangt einen Antrag (→ Rn. 11).

Übersicht

A. Allgemeines

1   Neben dieser Vorschrift sind die §§ 319 ff. ZPO zu beachten. Die Vorschrift gilt analog für Entscheidungen des DPMA (BGH GRUR 1977, 780 f. – Metalloxy). Für Berichtigung der Markenregister → § 45 Rn. 1, → UMV Art. 111 Rn. 4. Zur Berichtigung der Niederschrift (Protokollberichtigung) → § 77 Rn. 15.

2   Die berichtigte Fassung einer Entscheidung tritt rückwirkend an die Stelle der ursprünglichen Fassung ohne die Wirksamkeit und den Lauf der ursprünglichen Rechtsmittelfrist zu beeinflussen (BGH GRUR 1995, 50 – Success) – es sei denn, erst die Berichtigung bewirkt eine Beschwer oder macht diese erkennbar (BGH NJW 1955, 989; Fezer Rn. 5).

3   Unrichtigkeit meint nicht falsche Rechtsauslegung oder -anwendung, sondern Texte, die von dem abweichen, was der Senat zum Ausdruck bringen wollte; das kann auch ein fehlender Text (Auslassung, → Rn. 7) sein; zur **Ergänzung** → Rn. 20 ff.).

4   Fehler in Ausfertigungen haben die Urkundsbeamten der Geschäftsstelle richtig zu stellen; hier liegt keine Unrichtigkeit der Entscheidung vor.

B. Offenbare Unrichtigkeit (Abs. 1)

Die Unrichtigkeit muss offenbar sein; dh für jeden muss sich die Diskrepanz zwischen Erklärtem **5**
und erkennbar Gewolltem aus der Entscheidung selbst oder damit in unmittelbarem Zusammenhang stehenden Umständen klar ergeben. Daher können an der Beseitigung offenbarer Unrichtigkeiten anders als an der Berichtigung (→ Rn. 15) auch Richter mitwirken, die an der zu berichtigenden Entscheidung nicht beteiligt waren.

Widersprüchliche Formulierungen können nur berichtigt werden, wenn erkennbar ist, was **6**
das Gericht wirklich aussagen wollte. So kann der Tenor berichtigt werden, wenn die Begründung
etwas anderes zeigt (BPatG BeckRS 2014, 16315). Das betrifft oft die fehlende Aussage im Tenor
„Im Übrigen wird die Beschwerde zurückgewiesen (BPatG BeckRS 2017, 106073 – Spundwand-
komponente).

Auslassungen können aufgefüllt werden, wenn Erörterungen an anderer Stelle zeigen, was **7**
fehlt.

Die Berichtigung nach Abs. 1 ist immer – auch noch nach Rechtskraft oder eingelegten **8**
Rechtsmitteln – möglich und erfolgt auf Antrag oder von Amts wegen ohne vorherige mündliche
Verhandlung (→ § 69 Rn. 14) durch Beschluss (Abs. 3) des Senats, der die zu berichtigende
Entscheidung erlassen hat.

Wird der Beschlusstenor korrigiert, ist darüber hinaus keine Berichtigung der im Protokoll **9**
enthaltenen, falsch verkündeten Entscheidungsformel erforderlich. Das Protokoll selbst ist ja nicht
unrichtig, und der falsch verkündete Tenor nimmt nicht an der Beweiskraft des Protokolls teil
(BPatG BeckRS 2018, 38238 – Dieselpartikelfilter).

Eine Beispielsliste offensichtlichen Versehens enthält → UMV Art. 102 Rn. 7. **10**

C. Tatbestandsberichtigung (Abs. 2)

Für die Berichtigung des Tatbestands ist ein **fristgebundener Antrag** erforderlich. Die Tatbe- **11**
standsberichtigung erfasst unrichtige und fehlende Darstellungen; der Fehler muss hier nicht offensichtlich sein, sonst würde er schon nach Abs. 1 korrigiert. Hier kann das BPatG nicht von Amts
wegen tätig werden. Das Einlegen einer Rechtsbeschwerde ersetzt diesen Antrag nicht; sie kann
nicht zur Änderung der Entscheidungsgrundlage führen (Fezer Rn. 11).

Die **Frist** von zwei Wochen kann nicht verlängert werden; **Wiedereinsetzung** nach § 91 **12**
Abs. 1 ist möglich.

Über den Antrag ist – wenn beantragt – in mündlicher Verhandlung zu entscheiden (Umkehr- **13**
schluss zu Abs. 3).

Wegen der **Beweiskraft** für das mündliche Parteivorbringen (§ 314 ZPO) ist der Tatbestand **14**
zu berichtigen, soweit er als sachliche Entscheidungsgrundlage für den BGH von Bedeutung sein
kann (BGH GRUR 1997, 634 f. – Turbo II; BPatG GRUR 1978, 40 – Tatbestandsberichtigung)
und das im Tatbestand fehlende Vorbringen nicht schriftsätzlich dokumentiert ist (HK-MarkenR/
Fuchs-Wissemann Rn. 2). Feststellungen des BPatG als letzter Tatsacheninstanz binden den BGH
(§ 89 Abs. 2 MarkenG, § 314 S. 1 ZPO). Nur soweit die zu berichtigenden Fakten, nicht
Rechtsmeinungen, Schlussfolgerungen, (Beweis-)Würdigung (BPatG BeckRS 2015, 10488), bzw.
auszufüllende Lücken für die Rechtsmittelinstanz bedeutsam sein können, besteht insoweit ein
Rechtsschutzbedürfnis (BPatG BeckRS 2014, 16374), also nie bei im schriftlichen Verfahren
ergangenen Beschlüssen, deren Grundlagen urkundlich belegt sein müssen (BPatG BeckRS 2016,
12920; BeckRS 2014, 16374; BeckRS 2014, 19841; KG NJW 1966, 601).

Zur Berichtigung des Tatbestands gehört es auch, in den Entscheidungsgründen enthaltene **15**
Textpassagen zu berichtigen, wenn diese dem Tatbestand zuzuordnen sind, etwa weil sie tatsächliches Vorbringen der Parteien wiedergeben (BPatG GRUR-RS 2020, 26318; BeckRS 2018,
34085). Das gilt nicht für Angaben zu eingereichten Unterlagen, die sich ohnehin in der Akte
finden lassen (BPatG BeckRS 2017, 140255).

Ist gegen den zu berichtigenden Beschluss die Rechtsbeschwerde nicht zugelassen, muss der **16**
Antragsteller substantiiert darlegen, inwieweit die beantragte Berichtigung für die Beurteilung der
Voraussetzungen einer zulassungsfreien Rechtsbeschwerde (§ 83 Abs. 3) bedeutsam sein kann.

Zur Klärung der Frage, ob tatsächlich eine falsche Darstellung vorliegt, ist keine Beweisauf- **17**
nahme möglich (Fezer Rn. 13).

Den Antrag auf Tatbestandsberichtigung darf das Gericht nicht mit der Begründung ablehnen, **18**
auf das zu ergänzende Vorbringen komme es nicht an, wenn das Vorbringen gerade deshalb
dokumentiert werden soll, damit seine Relevanz im Rechtsbeschwerdeverfahren geprüft werden

kann. Macht die Berichtigung Widersprüche zwischen Tatbestand und rechtlicher Würdigung deutlich, verspricht die Rechtsbeschwerde Erfolg (Fezer Rn. 9).

19   Eine Tatbestandsberichtigung ablehnende Beschlüsse sind **unanfechtbar** (Fezer Rn. 9).

D. Ergänzung

20   Ergänzungen nach § 321 ZPO sind möglich, obwohl hier nur von „Berichtigung" gesprochen wird (BPatG BeckRS 2016, 09906 zu § 99 PatG). Dafür ist ein **Antrag** binnen zwei Wochen ab Zustellung der zu ergänzenden Entscheidung erforderlich (§ 321 Abs. 2 ZPO).

21   Zeigt die Berichtigung des Tatbestands, dass das Gericht dort (nunmehr) dargestellte Haupt- oder Nebenanträge ganz oder teilweise übergangen hat, ist eine Ergänzung der Entscheidung möglich (BGH GRUR-Prax 2014, 141; Mes PatG § 95 Rn. 8).

22   Ein **unvollständiger Tatbestand** kann nur in Ausnahmefällen ergänzt werden (BGH GRUR 1997, 119 – Schwimmrahmen-Bremse). Die Aufgabe des Tatbestands besteht in der knappen Darstellung der erhobenen Ansprüche sowie der dazu vorgebrachten Angriffs- und Verteidigungsmittel unter Hervorhebung der gestellten Anträge ihrem wesentlichen Inhalt nach; damit ist dem Erfordernis des § 312 Abs. 2 ZPO Genüge getan, denn eine protokollierende Aufnahme des gesamten Parteivortrags in den Tatbestand ist weder gesetzlich vorgesehen noch sinnvoll, insbesondere wenn die Argumentation der Parteien im Rahmen der Entscheidungsgründe behandelt wird (BPatG BeckRS 2017, 140255).

23   Schafft erst die Berichtigung des Tatbestands die Voraussetzungen einer Ergänzung, so beginnt die **Frist** für den Antrag auf Ergänzung mit der Zustellung des Berichtigungsbeschlusses (BGH BeckRS 9998, 101196; BPatG BeckRS 2012, 04512 – meso).

24   Als Ergänzung kann der Senat die **Rechtsbeschwerde nicht nachträglich** zulassen (BPatG GRUR-RS 2019, 25998). Dies wäre eine unzulässige Änderung des erlassenen Beschlusses (BGH NJW 2004, 779; BPatG GRUR 2007, 156 – Anhörungsrüge; Fezer § 79 Rn. 10), es sei denn das Gericht wollte die Rechtsbeschwerde zulassen, und dies ist versehentlich unterblieben. Dieses Versehen muss sich allerdings aus dem Zusammenhang der Entscheidung selbst oder mindestens aus den Vorgängen bei der Beschlussfassung ergeben, etwa durch Anheimgabe des Beitritts (→ § 68 Rn. 14), und ohne Weiteres deutlich sein (BGH NJW 2005, 156). Eine ergänzende Zulassung der Rechtsbeschwerde ist analog § 321a ZPO möglich, wenn die willkürliche Nichtzulassung Verfahrensgrundrechte des Beschwerdeführers verletzt (BGH NJW 2004, 2529).

25   Das BPatG muss nicht in jedem Fall im Tenor eine **Kostenentscheidung** treffen (→ § 71 Rn. 15).

26   Ist ein vor der Entscheidung gestellter Kostenantrag nicht nur im Tenor, sondern auch in den Gründen unerwähnt geblieben, schließt § 71 Abs. 1 S. 2 eine Ergänzung des Beschlusses nicht aus (BGH BeckRS 2020, 1926; BeckRS 2016, 5745; BPatG Ingerl/Rohnke/Nordemann/Grabrucker § 71 Rn. 9).

27   Die **Unterschrift** eines Richters auf der Urschrift des Beschlusses kann nachgeholt werden, auch nach Ablauf der Frist von fünf Monaten für das Absetzen des Beschlusses (→ § 79 Rn. 33; OVG Münster BeckRS 2014, 50752).

E. Verfahren

28   An einem Berichtigungsbeschluss haben nur diejenigen Richter mitzuwirken, die an dem zu ursprünglichen Beschluss mitgewirkt haben. Ist ein daran beteiligter Richter zwischenzeitlich aus dem richterlichen Dienst ausgeschieden, wirken nur noch die verbliebenen Richter mit (BPatG BeckRS 2019, 27976). Eine Berichtigung ist nur solange möglich, als einer der ursprünglich beteiligten Richter sie vornehmen kann. Ein Richter kann hieran auch nach einem Wechsel in einen anderen Senat des BPatG mitwirken (zu § 96 PatG BPatG BeckRS 2014, 07694), aber nicht mehr nach Abordnung an ein anderes Gericht (OLG Karlsruhe BeckRS 2019, 19422), es sei denn im Rahmen einer Erprobung (OLG Hamburg BeckRS 2019, 19134).

29   Lehnt der Senat eine beantragte Berichtigung ab, ist dagegen kein isoliertes Rechtsmittel gegeben (§ 319 Abs. 2, Abs. 3 Hs. 1 ZPO; § 82 Abs. 2 MarkenG, § 83 Abs. 1 MarkenG; BGH NJW-RR 2004, 1654). Dies gilt – anders als nach § 319 Abs. 3 ZPO – wegen § 82 Abs. 2 auch für Beschlüsse, die eine Berichtung aussprechen. Der Beschluss ist ja ggf. in seiner berichtigten Fassung Gegenstand der Prüfung in der Rechtsbeschwerde.

30   Eines selbständigen Berichtigungsbeschlusses bedarf es nicht, wenn die Berichtigung in der zur Zustellung vorgesehenen vollständigen Fassung des Beschlusses erfolgen kann (BPatG BeckRS 2018, 38238 – Dieselpartikelfilter).

§ 81 Vertretung; Vollmacht

(1) ¹Die Beteiligten können vor dem Bundespatentgericht den Rechtsstreit selbst führen. ²§ 96 bleibt unberührt.

(2) ¹Die Beteiligten können sich durch einen Rechtsanwalt oder Patentanwalt als Bevollmächtigten vertreten lassen. ²Darüber hinaus sind als Bevollmächtigte vor dem Bundespatentgericht vertretungsbefugt nur
1. Beschäftigte des Beteiligten oder eines mit ihm verbundenen Unternehmens (§ 15 des Aktiengesetzes); Behörden und juristische Personen des öffentlichen Rechts einschließlich der von ihnen zur Erfüllung ihrer öffentlichen Aufgaben gebildeten Zusammenschlüsse können sich auch durch Beschäftigte anderer Behörden oder juristischer Personen des öffentlichen Rechts einschließlich der von ihnen zur Erfüllung ihrer öffentlichen Aufgaben gebildeten Zusammenschlüsse vertreten lassen,
2. volljährige Familienangehörige (§ 15 der Abgabenordnung, § 11 des Lebenspartnerschaftsgesetzes), Personen mit Befähigung zum Richteramt und Streitgenossen, wenn die Vertretung nicht im Zusammenhang mit einer entgeltlichen Tätigkeit steht.
³Bevollmächtigte, die keine natürlichen Personen sind, handeln durch ihre Organe und mit der Prozessvertretung beauftragten Vertreter.

(3) ¹Das Gericht weist Bevollmächtigte, die nicht nach Maßgabe des Absatzes 2 vertretungsbefugt sind, durch unanfechtbaren Beschluss zurück. ²Prozesshandlungen eines nicht vertretungsbefugten Bevollmächtigten und Zustellungen oder Mitteilungen an diesen Bevollmächtigten sind bis zu seiner Zurückweisung wirksam. ³Das Gericht kann den in Absatz 2 Satz 2 bezeichneten Bevollmächtigten durch unanfechtbaren Beschluss die weitere Vertretung untersagen, wenn sie nicht in der Lage sind, das Sach- und Streitverhältnis sachgerecht darzustellen.

(4) Richter dürfen nicht als Bevollmächtigte vor dem Gericht auftreten, dem sie angehören.

(5) ¹Die Vollmacht ist schriftlich zu den Gerichtsakten einzureichen. ²Sie kann nachgereicht werden. ³Das Bundespatentgericht kann hierfür eine Frist bestimmen.

(6) ¹Der Mangel der Vollmacht kann in jeder Lage des Verfahrens geltend gemacht werden. ²Das Bundespatentgericht hat den Mangel der Vollmacht von Amts wegen zu berücksichtigen, wenn nicht als Bevollmächtigter ein Rechtsanwalt oder ein Patentanwalt auftritt.

Überblick

Diese Vorschrift regelt nur die gewillkürte Vertretung; für die gesetzliche Vertretung gelten die allgemeinen Regelungen.

Vor dem BPatG besteht kein Anwaltszwang (→ Rn. 1); Ausländer benötigen aber einen Inlandsvertreter (→ Rn. 5).

Die Vertretungsbefugnis ist abschließend geregelt (→ Rn. 6 ff.), zur Notwendigkeit und zum Umfang der Vollmacht → Rn. 27 ff. Die Vollmacht aus dem Anmeldeverfahren hat auch Auswirkungen auf die Benachrichtigung in Verfalls- und Nichtigkeitsverfahren (→ Rn. 31).

Eine „allgemeine Vollmacht", die alle Angelegenheiten umfasst, muss beim DPMA hinterlegt sein (→ Rn. 32).

A. Vertreter

Vor dem BPatG kann sich jeder selbst vertreten. Er kann auch dann selbst Verfahrenshandlungen vornehmen, wenn er einen Vertreter bestellt hat. Das gilt sogar für den, der gemäß § 96 einen **Inlandsvertreter** benötigt (→ Rn. 4). **1**

Die Vorschrift entspricht weitgehend § 79 ZPO sowie dem ebenfalls daran angelehnten § 97 PatG. Für die Vertretung gelten die Vorschriften des ZPO und des BGB; Besonderheiten regeln § 81 und § 96; zum Inlandsvertreter → § 66 Rn. 90 f. sowie → § 96 Rn. 4. Für britische Anwälte hat der zum 31.1.2020 erklärte Austritt Großbritanniens aus der EU, der sog. **Brexit,** Änderungen mit sich gebracht (→ UMV Art. 1 Rn. 19; BlPMZ 2021, 29, 70). **2**

Nicht nach den Vorschriften des Gesetzes vertreten gewesen zu sein, kann der Betroffene rügen (→ § 83 Rn. 56). **3**

4   Jeder Verfahrensbeteiligte kann trotz Bestellung eines (Inlands)Vertreters ohne dessen Begleitung entweder selbst auftreten oder sich im Beschwerdeverfahren durch eine andere vertretungsbefugte Person (→ Rn. 6) vertreten lassen (BPatG GRUR-RS 2021, 1310 – Einlasskrümmer; BeckRS 1996, 12429 – Lifeline New Cotton/Lifetime). Soweit § 96 einen **Inlandsvertreter** verlangt, ist dessen Bestellung nur Zulässigkeitsvoraussetzung (BGH GRUR 1969, 437 – Inlandsvertreter; → § 66 Rn. 90). Die Vollmacht für den Inlandsvertreter schließt eine Prozessvollmacht ein (Fezer Rn. 24).

5   Die Notwendigkeit eines Inlandsvertreters erscheint EU-intern fraglich (→ § 96 Rn. 4).

6   Wer **vertretungsbefugt** ist, regelt Abs. 2 abschließend. Sein S. 1 stellt Patent und Rechtsanwälte für die Verfahren vor dem BPatG gleichberechtigt nebeneinander (Ann § 23 Rn. 138). Diese Vertretungsbefugnis hat zur Folge, dass deutsche Patentanwältinnen und -anwälte die Voraussetzungen des Art. 120 Abs. 2 UMV erfüllen.

7   **Berufsausübungsgesellschaften** sind gemäß § 52k PAO zur Beratung und Vertretung nach § 3 Abs. 2 und 3 PAO befugt. Diese dürfen auch „doppelstöckig" sein (Dahns NJW-Spezial 2022, 638).

8   Den Anwälten stehen deren **allgemeine Vertreter** (§ 53 BRAO, § 46 PAO) und Abwickler (§ 55 BRAO, § 48 PAO) gleich. **Rechtsreferendare** kann der Rechtsanwalt, bei dem sie im Vorbereitungsdienst beschäftigt sind, zur Untervertretung in der Verhandlung vor dem BPatG bevollmächtigen. Ein nicht zum allgemeinen Vertreter/Abwickler bestellter **Patentanwaltskandidat** darf in der mündlichen Verhandlung vor dem BPatG nicht als freiberuflich tätiger Parteivertreter auftreten (BPatG BeckRS 2005, 32633 – Windenergieanlage). Zu **Erlaubnisscheininhabern** s. Benkard PatG/Schäfers PatG § 25 Rn. 13 sowie Fezer Rn. 8 f.

9   Die Vertretungsbefugnis der **Patentassessoren** und **Syndikusanwälte** regeln die §§ 41a ff. PAO. Kosten und Auslagen dafür werden nicht ersetzt (§ 41d Abs. 7 PAO). Dritte können sich durch Patentassessoren und Syndikusanwälte nur vertreten lassen (§ 155 PAO), wenn sie und der Dienstherr des Patentassessors bzw. Syndikuspatentanwalts im Verhältnis zueinander Konzernunternehmen iSv § 18 AktG sind (BPatG GRUR-RS 2020, 15031 – Antriebsinverter; → UMV Art. 119 Rn. 4). Eine Tätigkeit in Rechtsangelegenheiten von Kunden des Arbeitgebers eines Syndikusanwalts ist unabhängig von ihrem Umfang keine Rechtsangelegenheit des Arbeitgebers, selbst wenn sich dieser zu einer Beratung des Kunden verpflichtet hat (BGH NJW 2020, 2966; NJW 2018, 3100; BeckRS 2018, 30038).

10   **Europäische Rechts- und Patentanwälte** sind vor DPMA und BPatG vertretungsbefugt (§ 2 Abs. 1 EuRAG, § 16 S. 1 EuPAG, → § 96 Rn. 10). Gleiches gilt für Patentanwälte aus den Mitgliedstaaten des EWR und aus der Schweiz gemäß § 26 EuPAG (§§ 157 ff. PAO; → § 140 Rn. 98 ff.). Sonstige Rechts- und Patentanwälte, die weder in Deutschland noch in einem Mitgliedstaat zugelassen sind, dürfen in Deutschland vor Behörden und Gerichten nicht tätig werden (§§ 1 und 3 RDG), sie können aber Rechtsgutachten erstellen (→ § 140 Rn. 112). Zu den Auswirkungen des **Brexits** → Rn. 2.

11   § 15 EuPAG verpflichtet europäische Patentanwälte, sich vor der ersten Dienstleistung bei der **Patentanwaltskammer** zu melden, die ein öffentliches elektronisches Meldeverzeichnis führt. Auf eine Vergleichbarkeit des Patentanwaltsberufs im Herkunftsland mit den deutschen Regelungen kommt es nicht mehr an (Gruber GRUR Int 2017, 859). Eine Prozessvertretung als dienstleistender europäischer Patentanwalt iSv § 13 Abs. 1 S. 1 EuPAG ist nicht zulässig, wenn die Patentanwaltskammer die vor Beginn der Tätigkeit gemäß § 15 Abs. 1 EuPAG zu erstattende Meldung als nicht vollständig beurteilt und deshalb eine Eintragung in das Meldeverzeichnis gemäß § 15 Abs. 4 EuPAG bestandskräftig versagt hat (BGH GRUR 2022, 1467 – Verkehrsraumüberwachung).

11.1   Eine Prozessvertretung durch einen dienstleistenden europäischen Patentanwalt iSv § 13 Abs. 1 S. 1 EuPAG ist nicht zulässig, wenn die Patentanwaltskammer die vor Beginn der Tätigkeit gemäß § 15 Abs. 1 EuPAG zu erstattende Meldung als nicht vollständig beurteilt und deshalb eine Eintragung in das Meldeverzeichnis gemäß § 15 Abs. 4 EuPAG versagt hat (BGH GRUR-RS 2022, 20636 – IP Attorney aus Malta).

12   Soweit **Beschäftigte** auftreten dürfen, ist der Begriff weit auszulegen; Behörden und juristische Personen des öffentlichen Rechts können sich auch durch Beschäftigte der Aufsichtsbehörden oder kommunaler Verbände vertreten lassen (Ströbele/Hacker/Thiering/Knoll Rn. 8). Beschäftigte können aber nur natürliche Personen sein.

13   Ob eine **unentgeltliche Vertretung** vorliegt, ist – anders als bei § 6 Abs. 2 RDG – streng zu beurteilen (§ 6 Abs. 1 RDG). Nur insoweit ist ein **Ausschluss** nach Abs. 3 möglich. Er ist sehr zurückhaltend auszusprechen, zumal kein Anwaltszwang besteht.

14   Eine **Vertretung durch juristische Personen** ist abgesehen von Anwaltsgesellschaften (→ Rn. 7) nur durch einen Streitgenossen (§§ 59 ff. ZPO) zugelassen. Auch hier muss die Prozessvertretung unentgeltlich sein (Fezer Rn. 18).

Vor einem Ausschluss und vor einer formal ausgesprochenen **Zurückweisung eines Bevoll-** **15** mächtigten (Abs. 3) kann dieser wirksame Prozesshandlungen vornehmen.

Pensionierte Richter erfasst Abs. 4 seinem Wortlaut nach nicht. Da es ihnen nicht verwehrt **16** ist, eine rechtsberatende Tätigkeit aufzunehmen und sich als Rechtsanwalt bestellen zu lassen, ist auch keine strengere Auslegung geboten (BFH NJW 2009, 1632; VG Münster BeckRS 2015, 54781). Vorbehalte gegen das Auftreten ehemaliger Richter, an dem Gericht, bei dem sie tätig waren, sind jedoch ernst zu nehmen. Es besteht „ein nicht ganz fernliegendes Unbehagen", die zur Entscheidung berufenen Richter könnten in einen Interessenskonflikt geraten (vgl. OLG Nürnberg BeckRS 2009, 16423).

Die Zuziehung eines **Beistands** zur mündlichen Verhandlung gemäß § 90 ZPO iVm § 82 **17** Abs. 1 S. 1 ist keine Vertretung.

Das anwaltliche Berufsrecht enthält das Verbot, widerstreitende Interessen zu vertreten (§ 43a **18** Abs. 4 BRAO; §§ 39a ff. PAO). Verstöße dagegen sind als **„Parteiverrat"** strafrechtlich sanktioniert (§ 356 StGB). Außerdem machen sie nach § 134 BGB Anwaltsverträge nichtig, so dass Honoraransprüche verloren gehen (BGH BeckRS 2016, 10836). Prozesshandlungen sind aber wirksam (BGH BeckRS 2009, 13723; Diller/Enders NJW 2022, 3744).

Die um ein Recht streitenden Parteien können durchaus gegen Dritte gemeinsam vorgehen. **19** So können Auftragnehmer und Auftraggeber bzw. Lizenznehmer und Markeninhaber, die um das Bestehen von Rechten oder deren Umfang streiten, sowie Markeninhaber, die um eine Abgrenzung streiten, gegen Drittmarken gemeinsam vorgehen bzw. die im Übrigen strittigen Marken gegen Angriffe Dritter verteidigen. Übernimmt der Anwalt, der bereits einen der Beteiligten vertritt, auch dieses Verfahren, so ist das kein Parteiverrat, weil er insoweit ja nicht einander entgegengesetzte Interessen vertritt.

Dass ein von einem Anwalt in Markenverletzungsstreitigkeiten vertretenes Unternehmen Einfluss auf Entscheidungen dessen hat, der die Löschung einer Marke einer anderen Mandantin des **20** Anwalts betreibt, reicht nicht aus, um einen **Interessenkonflikt** anzunehmen (vgl. OLG Frankfurt GRUR-Prax 2022, 428 – anwaltlicher Interessenkonflikt in Markenlöschungsverfahren).

Eine Bevollmächtigung bringt für den Anwalt **Beratungspflichten** bei der strategischen Planung einer Marke, deren Erhalt bzw. Verteidigung und der Durchsetzung entstandener Rechte **21** (Albrecht/Hoffmann GRUR-Prax 2020, 117; vgl. auch LG München GRUR-RR 2022, 105 – Flaschenöffner).

Die Beratung im Vorfeld einer Markenanmeldung muss einen möglichst weiten Schutzumfang **22** sowie ein Umgehen aller Schutzverweigerungsgründe im Blick haben. Andererseits (vgl. auch LG München GRUR-RR 2022, 105 – Flaschenöffner).

Geht es um die Abwehr von Angriffen aus älteren Marken bot es sich bisher an, die rechtserhal- **23** tende Benutzung der älteren Marke, auf die der Angriff gestützt wurde, zu bestreiten. Dazu kam am 1.5.2020 die Möglichkeit eines Verfallsantrags vor dem DPMA (§ 53). Im Gegensatz zum Bestreiten der Benutzung, das im Erfolgsfall „nur" zu einer Zurückweisung des Widerspruchs bzw. Nichtigkeitsantrags führt, vernichtet ein erfolgreicher Verfallsantrag die Marke des Angreifers. Auf dieses Risiko hat der Anwalt frühzeitig hinzuweisen.

Inhaber älterer Rechte haben die Möglichkeiten, Widerspruch nach § 42 einzulegen und/oder **24** die Nichtigkeit wegen älterer Rechte entweder vor dem Zivilgericht oder dem DPMA geltend zu machen (§§ 51, 55). Vor- und Nachteile dieser Möglichkeiten hat der Anwalt seinem Mandanten aufzuzeigen (Albrecht/Hoffmann GRUR-Prax 2020, 117). Ferner ist abzustimmen, in welchem Umfang die gegnerische Marke angegriffen werden soll und ggf. auf welche Kennzeichenrechte der Angriff gestützt werden soll. Die Unterschiede zwischen den Verfahren werden Anwälte ihren Mandanten oft nicht in aller Tiefe erläutern können. Sie tragen daher eine hohe Verantwortung bei der Auswahl des Vorgehens.

Der Anwalt hat auch über die **Kostenrisiken** zu unterrichten. Im administrativen Verfahren **25** kann der Mandant das Kostenrisiko von der Summe her klein halten, wird aber die eigenen Kosten regelmäßig selbst tragen müssen. Mit dem Gang zum Zivilgericht nimmt er höhere Kosten in Kauf und erhält dafür die Chance einer vollen Erstattung (Albrecht/Hoffmann MarkenR 2018, 515).

Ferner hat der Anwalt über die unterschiedlichen Anforderungen an eine rechtserhaltende **26** Benutzung und deren Nachweis zu unterrichten (Albrecht/Hoffmann GRUR-Prax 2020, 117).

B. Vollmacht

Der Umfang der Vollmacht ergibt sich aus den §§ 81 ff. ZPO. Umfasst die in den beigezogenen **27** Akten des DPMA enthaltene Vollmacht die Vertretung im Beschwerdeverfahren, kann der Mandant bzw. sein Vertreter darauf Bezug nehmen (BPatG 4 W 23/61, GRUR 1962, 515).

27.1　　Der Umfang einer Vollmacht als Willenserklärung bestimmt sich – vorbehaltlich der für Prozessvollmachten geltenden Sonderregelungen in § 82 Abs. 1 S. 1 iVm §§ 81 ff. ZPO – entsprechend der Auslegungsregel des § 133 BGB danach, wie sie der Vollmachtsempfänger verstehen durfte (BPatG GRUR-Prax 2017, 461 – Goldkehlchen).

28　　Üblicher Weise gilt als vereinbart, dass der mit der Anmeldung beauftragte Patent- oder Rechtsanwalt auch für eventuell nachfolgende gegen die eingetragene Marke eingeleitete Widerspruchsverfahren bevollmächtigt wird (BPatG GRUR-Prax 2017, 461 – Goldkehlchen; GRUR 2008, 74 – Focus Home Collection/Focus; BeckRS 2015, 9316). Zu Verfalls- und Nichtigkeitsanträgen → Rn. 30.

28.1　　In der Sache der Wort-Bild-Marke „Breżniew küsst Honecker" stellte das BPatG für eine Vollmacht in Anmeldeverfahren darauf ab, ob ein Hinweis auf eine Beschränkung der Vollmacht des Anmelders auf das Eintragungsverfahren vorliegt (BPatG BeckRS 2015, 09316). Dies müsse nur bei besonderen Anlässen geprüft werden (BGH GRUR 1987, 286 – Emissionsentscheidung).

29　　Die Vollmacht für die Anmeldung umfasst keine Verfahren, mit denen Rechte aus der eingetragenen Marke geltend gemacht werden.

30　　Die Vollmacht für die Vertretung im Widerspruchsverfahren kann nicht als gleichzeitige Vollmachtserteilung für ein noch nicht anhängiges Nichtigkeitsverfahren ausgelegt werden (BPatG GRUR-Prax 2017, 461 – Goldkehlchen).

31　　Allerdings umfasst die im Anmeldeverfahren erteilte Vollmacht, den **Widerspruch gegen einen Antrag auf Feststellung des Verfalls bzw. der Nichtigkeit** (BPatG BeckRS 2015, 9316 – Breżniew küsst Honecker). Dementsprechend ist die dem Widerspruch zwingend vorausgehende Zustellung bzw. Unterrichtung nach § 53 Abs. 4 und § 54 Abs. 2 an den Bevollmächtigten des Anmeldeverfahren zu richten.

32　　Eine **„allgemeine Vollmacht"** gemäß § 15 Abs. 2 DPMAV muss sich ausdrücklich „auf alle Angelegenheiten" beziehen und dem DPMA zum Zweck der Hinterlegung zugeleitet worden sein (BPatG GRUR-Prax 2017, 461 – Goldkehlchen). Für die Hinterlegung und Registrierung der Vollmacht ist das Original vorzulegen und der vom DPMA vorgegebene Mustertext zu verwenden; Ergänzungen, Änderungen oder Streichungen sind nicht zulässig. Die Einzelheiten der Registrierung sind in der Mitteilung des Präsidenten (DPMA) Nr. 6/06 (BlPMZ 2006, 165) geregelt.

33　　Rechts- und Patentanwälte aus dem Inland müssen (auch bei einem ausländischen Mandanten) eine **schriftliche Vollmacht** nur nach Rüge durch einen anderen Beteiligten vorlegen (BGH BeckRS 2016, 8595; BPatG GRUR-RS 2021, 49041 – SUPERTOX); das ist für **Inlandsvertreter** umstritten (zum Meinungsstreit Gruber Mitt 2020, 449; Schönig GRUR-Prax 2020, 133; → § 66 Rn. 90 f.; → § 96 Rn. 15). Eine lückenlose Bevollmächtigungskette ist nur bei einem sachlichen Anlass oder konkreten Hinweisen erforderlich (BPatG GRUR-RS 2021, 42369 – Stahlblech).

34　　Die Vorlage einer Vollmacht im Laufe des Verfahrens wirkt als Genehmigung; Vollmachtsmängel im Verfahren vor dem DPMA bleiben davon unberührt (BPatG GRUR 1989, 46). Wird die Genehmigung erst nach Ablauf der Widerspruchsfrist erteilt, ist dies unschädlich, weil ihr nach § 82 Abs. 1 S. 1 MarkenG iVm § 89 Abs. 2 Fall 2 ZPO Rückwirkung zukommt (BGH GRUR 2020, 1202 – YOOFOOD/YO; BPatG GRUR 1989, 495 – vollmachtlose Beschwerde).

35　　Für das **Erlöschen der Vollmacht** ist § 87 Abs. 1 ZPO entsprechend anwendbar. Danach wird die Kündigung des Vollmachtvertrags (§ 168 BGB) erst mit der Anzeige gegenüber dem Gegner wirksam. Diese Regelung gilt auch im Verhältnis zu DPMA und BPatG, so dass ohne Anzeige Beschlüsse den anwaltlichen Vertretern auch nach Kündigung wirksam zugestellt werden können (§ 7 Abs. 1 S. 1 VwZG iVm § 94 Abs. 1 MarkenG; BPatG BeckRS 2019, 10779 – Honkatec). § 87 Abs. 1 Hs. 2 ZPO, wonach das Erlöschen der Vollmacht erst mit der Bestellung eines neuen Vertreters wirksam wird, gilt vor dem BPatG mangels Anwaltszwanges nur für den erforderlichen **Inlandsvertreter** (→ § 96 Rn. 26).

36　　Mit der **Eröffnung des Insolvenzverfahrens** über das Vermögen des Vollmachtgebers erlischt die Vollmacht gemäß § 117 Abs. 1 InsO. In diesem Fall kann dem bisherigen Vertreter nicht mehr wirksam zugestellt werden. Eine dennoch erfolgte Zustellung setzt aber den äußeren Anschein einer Entscheidung und eröffnet auch für den bisherigen Vertreter die Möglichkeit, die Entscheidung anzugreifen; dies ist aber schwebend unwirksam bis zur Genehmigung durch den Insolvenzverwalter (BPatG BeckRS 2019, 31791).

§ 81a Verfahrenskostenhilfe

(1) Im Verfahren vor dem Bundespatentgericht erhält ein Beteiligter auf Antrag unter entsprechender Anwendung der §§ 114 bis 116 der Zivilprozessordnung Verfahrenskostenhilfe.

(2) Im Übrigen sind § 130 Absatz 2 und 3 sowie die §§ 133 bis 137 des Patentgesetzes entsprechend anzuwenden.

Überblick

Verfahrenskostenhilfe gewährt das BPatG nur auf einen Antrag hin (→ Rn. 32); darin hat der Antragsteller ein Rechtsschutzinteresse aufzuzeigen (→ Rn. 43).

Für die Verfahrenskostenhilfe vor dem BPatG verweist das MarkenG nicht generell auf die ZPO, sondern nur hinsichtlich Bedürftigkeit (→ Rn. 49), Erfolgsaussichten (→ Rn. 65), Mutwillen (→ Rn. 70), zumutbarem Einsatz von Einkommen und Vermögen (→ Rn. 62), Parteien kraft Amtes (Insolvenz-/Nachlassverwalter, → Rn. 59), juristischen Personen und parteifähigen Vereinigungen (→ Rn. 57).

Im Übrigen gelten die Verweise auf das PatG zum Verfahren (→ Rn. 7), zu den Wirkungen der Verfahrenskostenhilfe (→ Rn. 15), zur Behandlung von Personenmehrheiten (→ Rn. 55), zu Änderung und Aufhebung einer einmal gewährten Verfahrenskostenhilfe (→ Rn. 115 ff.) sowie zur Beiordnung von Anwälten (→ Rn. 76).

Entscheidungen des BPatG über Verfahrenskostenhilfe sind in Markensachen in der Regel nicht anfechtbar (→ Rn. 109 ff.), soweit nicht Rechtspfleger tätig waren (→ Rn. 111).

Zur länderübergreifenden Prozesskostenhilfe → Rn. 135.

Zur Beratungshilfe → Rn. 139.

Übersicht

A. Allgemeines

§ 81a eröffnet Verfahrenskostenhilfe in Markensachen vor dem BPatG und verweist hierzu auf **1** die ZPO sowie das PatG, und dieses wiederum auf weitere Vorschriften der ZPO (vgl. Ann PatR § 23 Rn. 163 ff.). Anders als § 114 ZPO, der alle in der ZPO geregelten Verfahren erfasst, ist die Verfahrenskostenhilfe hier wie im gesamten gewerblichen Rechtsschutz auf die Verfahren beschränkt, für die der Gesetzgeber dies (durchaus auch im eigenen Interesse) vorsieht. Zur Verfahrenskostenhilfe im Rechtsbeschwerdeverfahren → § 88 Rn. 4.

Der Antragsteller hat unter bestimmten Voraussetzungen einen **Rechtsanspruch** auf Verfah- **2** renskostenhilfe (§ 114 Abs. 1 S. 1 ZPO). Ihre Bewilligung ist also eine gebundene Entscheidung, die nicht im Ermessen der zur Entscheidung berufenen Stelle steht. Verfahrenskostenhilfe wird nicht gewährt für das Verfahrenskostenhilfeverfahren selbst und nach hM auch nicht für das Akteneinsichtsverfahren. Letzteres erscheint nicht schlüssig, ist die **Akteneinsicht** doch oft eine vorbereitende Handlung für Verfahren, in denen dann Verfahrenskostenhilfe in Betracht kommt (vgl. Metternich in Fitzner/Lutz/Bodewig, Patentrechtskommentar, 4. Aufl. 2012, Rn. 5). Am Verfahren unbeteiligte Dritte (→ § 62 Rn. 3) müssen allerdings ein Interesse an der Akteneinsicht darlegen, das staatliche Hilfe rechtfertigt.

3   In **markenrechtlichen Verfahren beim DPMA** gibt es keine Verfahrenskostenhilfe (BGH GRUR 2009, 88 – Atoz I). Verfahrenskostenhilfe sollte aber jedenfalls für die dort anhängigen Verfalls- und Nichtigkeitsverfahren möglich werden. Der Ausschluss der Verfahrenskostenhilfe in Markensachen vor dem DPMA mag für Markenanmeldungen und Verlängerungsgebühren gerechtfertigt sein. Mit einer Marke bzw. Markenanmeldung ist – anders als bei Patenten – keine im Interesse der Allgemeinheit liegende unternehmerische, technische oder gestalterische Leistung verbunden, deren Offenbarung eine staatliche Förderung verdient. Dies kann aber in Erinnerungs- und Widerspruchsverfahren sowie Verfahren zur Feststellung des Verfalls und der Nichtigkeit wegen älterer Rechte nicht mehr maßgeblich sein. Letztere sollen zu den entsprechenden Verfahren vor den Zivilgerichten eine kostengünstige Alternative bieten. Dort aber ist Prozesskostenhilfe ohne Weiteres möglich. Unbemittelte Personen dürfen nicht gezwungen sein, den mit höheren Kosten (Anwaltszwang) verbundenen Weg zu den Zivilgerichten zu gehen und dort vom Staat eine höhere Hilfe zu verlangen, als vor DPMA und BPatG anfallen würde (Albrecht/Hoffmann GRUR-Prax 2020, 117 (119) unter IV.).

3.1   Unbemittelte überspringen ja deshalb schon die Erinnerung (→ § 64 Rn. 24) und beschreiten gleich den Beschwerdeweg, wo Verfahrenskostenhilfe möglich ist.

4   Nur im Rechtsbeschwerdeverfahren besteht (zusätzlich zur Verfahrenskostenhilfe) die Möglichkeit, den **Streitwert herabzusetzen** (→ § 71 Rn. 93; → § 142 Rn. 3).

4.1   In Härtefällen oder bei unverhältnismäßigen Kosten der Einziehung kann die Präsidentin des DPMA bzw. des BPatG auch eine Stundung, eine Niederschlagung oder einen Erlass (§ 59 Abs. 1 BHO, § 1 Abs. 2 PatKostG) verfügen. Außerdem werden gemäß § 9 PatKostG Kosten nicht erhoben, wenn sie bei richtiger Sachbehandlung nicht entstanden wären.

5   Folgt die Beschwerde einem zunächst beim DPMA anhängigen Erinnerungsverfahren (zur **fakultativen Beschwerde** → § 64 Rn. 24, zur **Durchgriffsbeschwerde** → § 66 Rn. 152), werfen angefallene bzw. anfallende Gebühren bei der Gewährung von Verfahrenskostenhilfe im Beschwerdeverfahren besondere Probleme auf (→ § 66 Rn. 129, → § 66 Rn. 155).

6   Legt der Gegner eines Erinnerungsführers seinerseits keine Erinnerung, sondern gleich Beschwerde ein, muss der Erinnerungsführer ebenfalls Beschwerde einlegen, soll seine Erinnerung nicht als zurückgenommen gelten (§ 64 Abs. 6). Die Beschwerdegebühr ist dabei mit der Erinnerungsgebühr abgegolten. Sie wäre aber im Fall der Gewährung von Verfahrenskostenhilfe im Beschwerdeverfahren gar nicht zu zahlen. In diesem Fall ist daher die gezahlte Erinnerungsgebühr nicht nur auf die Beschwerdegebühr anzurechnen, sondern sogar zu erstatten (→ § 66 Rn. 129; BeckOK PatR/Albrecht VertrGebErstG § 5 Rn. 19 ff.).

I. Verfahrensfragen

7   § 135 PatG, auf den Abs. 2 verweist, enthält wesentliche Bestimmungen über das Verfahren zur Bewilligung der Verfahrenskostenhilfe.

1. Zuständigkeit

8   Beim BPatG ist der für das Hauptsacheverfahren zuständige Senat auch für die Entscheidung über die dafür beantragte Verfahrenskostenhilfe zuständig. Deshalb hat das DPMA die Sache nach § 66 Abs. 5 S. 6 sofort vorzulegen (→ § 66 Rn. 165), wenn Verfahrenskostenhilfe beantragt ist.

9   Die Entscheidung ergeht **ohne mündliche Verhandlung** (§ 127 Abs. 1 S. 1 ZPO); in zweiseitigen Verfahren kann das Gericht die Beteiligten aber zu einer mündlichen Erörterung laden, wenn es eine Einigung erwartet (vgl. § 118 Abs. 1 S. 3 ZPO).

10   Die **Rechtspfleger** sind nur für einzelne Maßnahmen zuständig (§ 23 RPflG). Sie führen im Auftrag des Vorsitzenden Erhebungen durch und holen Auskünfte ein (§ 118 Abs. 1 S. 3 ZPO). Eine Übertragung der Entscheidung über die Bewilligung der Verfahrenskostenhilfe auf den Rechtspfleger (§ 20 Abs. 2 und 3 RPflG) ist beim BPatG nicht möglich. Dagegen ist der Rechtspfleger für Änderung und Aufhebung der Verfahrenskostenhilfe zuständig (→ Rn. 127). Er entscheidet auch über die Einstellung und Wiederaufnahme von Ratenzahlungen (§ 120 Abs. 3 ZPO).

2. Rechtliches Gehör

Im Interesse des Fiskus ist auch der Gegner zu hören, allerdings nicht zu den persönlichen **11** Voraussetzungen (vgl. § 118 ZPO) und nicht, wenn der Antrag auf Verfahrenskostenhilfe ohne Weiteres zurückzuweisen ist.

Das BPatG darf wie jedes andere Gericht nicht über die Hauptsache entscheiden, solange es **12** über den Antrag auf Verfahrenskostenhilfe noch nicht entschieden hat (BGH BeckRS 2015, 20125). Eine Sachentscheidung verletzt sonst den Antragsteller in seinem Anspruch auf rechtliches Gehör (BPatG BeckRS 2016, 19547). Das gilt auch für Verwerfung der Hauptsache wegen Unzulässigkeit (BGH BeckRS 2016, 115081).

Das DPMA muss jedenfalls bei einer unter der Bedingung, dass Verfahrenskostenhilfe gewährt **13** wird, eingelegten Beschwerde vor einer **Abhilfe,** also in einseitigen Verfahren (→ § 66 Rn. 165), die Entscheidung des BPatG über die Verfahrenskostenhilfe abwarten (§ 66 Abs. 5 S. 6).

II. Wirkungen von Antrag, Bewilligung und Versagung

1. Wirkungen des Antrags

Der Antrag muss innerhalb der Frist für das beabsichtigte Verfahren gestellt und begründet **14** werden.

Der Antrag auf Verfahrenskostenhilfe für eine (beabsichtigte) Beschwerde innerhalb der **15** Beschwerdefrist hemmt über § 134 PatG noch nicht abgelaufene Fristen zur Zahlung der Beschwerdegebühr ab Antragstellung (BeckOK PatR/Buriánek PatG § 129 Rn. 14 ff.; BeckOK PatR/Buriánek PatG § 134 Rn. 1 ff.). Die hemmende Wirkung des Verfahrenskostenhilfeantrags entfällt, wenn dieser nach Ablauf der Zahlungsfrist abgelehnt wird.

Eine **wiederholte Antragstellung** ist nicht unzulässig (BPatG BeckRS 2016, 12853); nur **16** wenn der erneute Antrag auf eine Änderung der sachlichen oder persönlichen Voraussetzungen gestützt ist, kann er aber wieder eine hemmende Wirkung auslösen.

Die hemmende Wirkung des Verfahrenskostenhilfeantrags tritt nur ein, wenn bei Antragstellung **17** noch keine Rechtsfolgen einer nicht erfolgten bzw. mängelbehafteten Zahlung eingetreten waren.

2. Wirkungen der Bewilligung

Nach § 119 Abs. 1 S. 1 ZPO erfasst die Bewilligung der Verfahrenskostenhilfe nur die jeweilige **18** Instanz und keine **Klageerweiterung** sowie keine **weitergehenden Vergleiche,** weil Zurückverweisungen keinen neuen Rechtszug iSd § 119 Abs. 1 S. 2 ZPO eröffnen. Die Bewilligung erfasst aber nach **Zurückverweisung** neu anfallende Kosten.

Selbst wenn auch die Bewilligung von Verfahrenskostenhilfe für einen **Mehrvergleich** (konklu- **19** dent) beantragt wurde, erfasst der Bewilligungsbeschluss diesen Mehrvergleich nur, wenn sich das aus dem Tenor oder den Gründen des Beschlusses ergibt (LAG Sachsen-Anhalt BeckRS 2022, 16711). Bei Bewilligung fällt aus dem Mehrwert eine 1,5-**Einigungsgebühr** an (Anm. Abs. 1 zu VV 1003 RVG) an, wenn der Mehrwert nicht anderweitig gerichtlich anhängig war.

Die Bewilligung der Verfahrenskostenhilfe befreit endgültig von der Pflicht, Gebühren zu zah- **20** len. Sonst wirkt Verfahrenskostenhilfe erst **für die Zukunft** bzw. nicht weiter als bis zum Zeitpunkt der Antragstellung zurück (BPatG BeckRS 1979, 00499).

Die Bewilligung der Verfahrenskostenhilfe befreit von allen Pflichten zur Gebührenzahlung, **21** außer den Verlängerungsgebühren, auch von der zur Zahlung der **Prozesskostensicherheit,** wenn man § 110 ZPO in Verfahren vor dem BPatG überhaupt für anwendbar hält (→ § 82 Rn. 26). Vorsorglich bezahlte Gebühren sind nach Gewährung der Verfahrenskostenhilfe zu erstatten (BPatG BeckRS 2015, 09262).

Soweit in vorangegangenen Erinnerungsverfahren gezahlte Gebühren im Beschwerdeverfahren **22** angerechnet werden, muss die **Erinnerungsgebühr** zurückbezahlt werden (→ Rn. 6; BeckOK PatR/Albrecht VertrGebErstG § 5 Rn. 20).

Eine gewährte Verfahrenskostenhilfe befreit gemäß § 122 Abs. 2 ZPO **alle Beteiligte** von **23** Vorschüssen für Gutachten und Zeugenvernehmung, soweit diese nicht ohnehin der Amtsermittlung unterliegen (→ § 74 Rn. 28).

24   Jede Bewilligung verlangt eine spätere Prüfung der für die Gewährung maßgeblichen persönlichen Verhältnisse, die zu einer **Änderung oder Aufhebung** der Verfahrenskostenhilfe führen
kann (→ Rn. 115 ff.).

25   Die Bewilligung eröffnet die Möglichkeit, dem Begünstigten einen Patent- und/oder Rechtsanwalt bzw. Erlaubnisscheininhaber nach § 133 PatG beizuordnen (→ Rn. 76).

26   Hat das Gericht Verfahrenskostenhilfe bewilligt, verlangt § 269 Abs. 4 ZPO in jedem Fall eine
Kostenentscheidung. Das soll die Staatskasse entlasten. Auch die sonst automatisch geltende
Kostenaufhebung (§ 71) muss das BPatG hier also ausdrücklich anordnen.

27   Die Bewilligung von Verfahrenskostenhilfe hat § 123 ZPO entsprechend auf die Verpflichtung
zur **Erstattung der dem Gegner erwachsenen Kosten** keinen Einfluss. § 4 Abs. 3 S. 2 PatKostG
schützt den Antragsteller nur vor Rückgriffen durch statt seiner aufgrund Haftung in Anspruch
genommene Kostenschuldner (LG Saarbrücken BeckRS 2011, 12837; BeckOK PatR/Störzinger
PatKostG § 4 Rn. 17).

27.1   Die Staatskasse kann, wenn beiden Beteiligten Verfahrenskostenhilfe bewilligt ist, die auf sie nach § 59
Abs. 1 RVG übergegangenen Vergütungsansprüche des Anwalts des Kostengläubigers gegen den Kostenschuldner geltend machen; § 122 Abs. 1 Nr. 1 lit. b ZPO verhindert dies nicht (OLG München BeckRS
2022, 17431; BGH BeckRS 9998, 16333).

28   Die Bewilligung hat für den Gegner eine **Haftungsbeschränkung** nach § 122 Abs. 2 ZPO
in Form einer einstweiligen Befreiung von den rückständigen und entstehenden Gerichtskosten
sowie Gerichtsvollzieherkosten zur Folge (OLG Celle BeckRS 2015, 11277; BeckOK PatR/
Störzinger PatKostG § 4 Rn. 117).

3. Wirkungen der Versagung

29   Der Antragsteller hat die Möglichkeit, den Sachantrag zurückzunehmen oder die Gebühr selbst
zu entrichten, wenn sein Antrag auf Verfahrenskostenhilfe scheitert. Hatte er die Beschwerde
bereits unbedingt eingelegt, kann er diese zurücknehmen oder die Gebühr einfach nicht bezahlen,
damit sie als zurückgenommen gilt (§ 6 Abs. 2 PatKostG).

30   Hat der Antragsteller die Beschwerde nicht mit dem Antrag auf Verfahrenskostenhilfe eingelegt
und die Entscheidung über letzteren abgewartet, muss er bei Zurückweisung des Antrags nach
Ablauf der Beschwerdefrist für ein von ihm dennoch angestrebtes Hauptverfahren **Wiedereinsetzung in die Beschwerdefrist** beantragen (BGH BeckRS 2017, 130259; → § 66 Rn. 123; →
§ 91 Rn. 29).

31   Mit Versagung der Verfahrenskostenhilfe endet die Hemmung der Zahlungsfrist frühestens mit
Ablauf eines Monats seit Zustellung des Beschlusses. Hinzu kommt der noch nicht verbrauchte
Teil der Zahlungsfrist (BPatG GRUR-RS 2020, 15054 – Schmähung; BeckRS 2016, 08051;
BeckRS 2016, 16010; BeckOK PatR/Buriánek PatG § 134 Rn. 13). Ein unzulässiges Rechtsmittel
(→ Rn. 109) verlängert die Frist nicht (BPatG BeckRS 2011, 05627 – TSP).

B. Voraussetzungen

I. Antrag

32   Verfahrenskostenhilfe wird **nur auf Antrag** gewährt.

33   Antragsberechtigt sind natürliche und juristische Personen (→ Rn. 57), auch **Ausländer.** Bei
Ausländern sind für die Bedürftigkeit allerdings die Verhältnisse in ihrer Heimat maßgeblich (→
Rn. 136). Ausländische juristische Personen und parteifähige Vereinigungen müssen in einem
Mitgliedstaat der EU oder einem Vertragsstaat des Abkommens über den EWR gegründet worden
und dort ansässig sein, damit sie Verfahrenskostenhilfe erhalten können (§ 116 Abs. 1 S. 2 ZPO).

34   Den Antrag kann jedermann selbst stellen, er braucht dazu **keinen Vertreter** – auch keinen
Inlandsvertreter.

35   Der Antrag bedarf der **Schriftform,** zur elektronischen Fassung → § 95a Rn. 13. Nur für die
Erklärung über die persönlichen und wirtschaftlichen Verhältnisse sind die amtlichen **Formulare**
zu verwenden (→ Rn. 49; s. auch BeckOK PatR/Buriánek PatG § 135 Rn. 12 ff.).

36   Eine **Erklärung zu Protokoll** sollte entsprechend dem für das Verfahren vor dem BGH
geltenden § 138 Abs. 2 S. 3 möglich sein, dürfte aber daran scheitern, dass keine Regelungslücke
vorliegt (BeckOK PatR/Buriánek PatG § 135 Rn. 12).

37   Der Antrag ist an sich an die Stelle zu richten, die für das betroffene Verfahren zuständig ist
(→ Rn. 8). Da Beschwerden zum BPatG beim DPMA einzulegen sind, ist allerdings auch der

Verfahrenskostenhilfeantrag dafür beim DPMA fristwahrend (BeckOK PatR/Buriánek PatG § 135 Rn. 16).

Wiederholte Anträge sind unzulässig und wirkungslos, also auch nicht fristhemmend, wenn **38** sie sich auf die gleichen Tatsachen und Verhältnisse wie der erste stützen (→ Rn. 16).

Wurde ein Antrag mangels ausreichender Angaben zu den persönlichen wirtschaftlichen Ver- **39** hältnisse abgelehnt, gilt bereits das Anfordern eines Verfahrenskostenhilfeformulars als neuer Antrag (BPatG BeckRS 2016, 12541 – Ismaqua).

Damit der Antrag auf Verfahrenskostenhilfe als Wiedereinsetzungsgesuch wirken kann, muss er **40** alle für die Wiedereinsetzung erforderlichen Angaben enthalten (→ § 91 Rn. 29); zur Möglichkeit einer späteren **Ergänzung** → § 91 Rn. 44 f.

Der Antrag muss hinreichend bestimmt sein. Jedenfalls durch Auslegung muss erkennbar sein, **41** für welches konkrete Verfahren Verfahrenskostenhilfe gewährt werden soll.

Der Antrag muss es ermöglichen, die Erfolgsaussichten und sonstigen sachlichen sowie persönli- **42** chen Voraussetzungen für die Gewährung der Verfahrenskostenhilfe zu prüfen.

II. Rechtsschutzinteresse

Obwohl jedermann Verfall einer Marke bzw. deren Nichtigkeit wegen absoluter Schutzhinder- **43** nisse geltend machen kann, ohne ein eigenes Rechtsschutzinteresse nachweisen zu müssen (→ § 53 Rn. 15), ist für die Gewährung von Verfahrenskostenhilfe in diesbezüglichen Beschwerdeverfahren vor dem BPatG ein solches glaubhaft zu machen (Albrecht/Hoffmann GRUR-Prax 2020, 573 (574) 1.3.; zum Patentrecht BPatG BeckRS 2007, 12244). Es besteht nämlich kein allgemeines Interesse, den Bestand von Schutzrechten auf Kosten der Staatskasse zu klären.

Dagegen dürfte für Markeninhaber sowie Beschwerdegegner ein Rechtsschutzinteresse regel- **44** mäßig bestehen (BPatG BeckRS 2014, 01311 – Fondue-Einrichtung); eine Privilegierung wie in § 132 PatG ist aber nicht vorgegeben.

Ein schutzwürdiges Interesse hat zB, wer aus der Marke abgemahnt oder wegen ihrer Verletzung **45** in Anspruch genommen worden ist oder sich durch die angegriffene Marke in der Verwertung eines eigenen Schutzrechts behindert sieht oder sich sonst in seiner wirtschaftlichen Betätigungsfreiheit jetzt oder in der Zukunft beeinträchtigt fühlen kann (BPatG BeckRS 2007, 12244 – schutzwürdiges Interesse; BeckRS 2016, 19224).

Die gleichen Grundsätze gelten für beitretende Dritte, etwa **Lizenznehmer** nach § 30 Abs. 4. **46**

Kann ein Antragsteller im Zeitpunkt seines Nichtigkeitsantrags noch Widerspruch einlegen, **47** muss sein Antrag nicht mutwillig sein. Ein § 81 Abs. 2 PatG entsprechender Ausschluss ist im Markenrecht nicht vorgesehen. Hat der Antragsteller schon einen Widerspruch eingelegt, ist zu fragen, ob auch ein Vermögender gleichzeitig für beide Verfahren Kosten aufwenden würde (→ Rn. 70).

Die Bewilligung der Verfahrenskosten bei **juristischen Personen** (→ Rn. 33) ist gegenüber **48** natürlichen Personen eingeschränkt (→ Rn. 57).

III. Wirtschaftliche Voraussetzungen

1. Allgemeines

Dem Antrag auf Verfahrenskostenhilfe muss der Antragsteller eine Erklärung über seine persön- **49** lichen und wirtschaftlichen Verhältnisse (Familienverhältnisse, Beruf, Vermögen, Einkommen und Lasten) beifügen (§ 117 Abs. 2 ZPO) und so seine Bedürftigkeit aufzeigen. Dazu hat er das amtliche **Formular** zu verwenden (§ 117 Abs. 4 ZPO). Zur **Berechnung des Einkommens** s. BeckOK ZPO/Reichling ZPO § 115 Rn. 1 ff.

Einzelne Lücken in den Angaben schaden nicht, wenn beigefügte Anlagen sie ohne Weiteres **50** füllen. Wer keine Sozialhilfe bezieht, muss widerspruchsfrei darlegen, wie er seinen Lebensunterhalt finanziert (BGH BeckRS 2018, 36776 – Herstellung der vermögensrechtlichen Lage; BPatG GRUR-RS 2021, 12654 – Lebensunterhalt).

Die für die Entscheidung über den Antrag auf Verfahrenskostenhilfe zuständige Stelle (→ **51** Rn. 8) kann verlangen, dass der Antragsteller seine tatsächlichen Angaben **glaubhaft** macht (§ 118 Abs. 2 S. 1 ZPO), und sie kann eigene Erhebungen durchführen, Auskünfte einholen (§ 118 Abs. 2 S. 2 ZPO) sowie in besonderen Ausnahmefällen, wenn sich der Sachverhalt anders nicht klären lässt, Zeugen oder Sachverständige hören (§ 118 Abs. 2 S. 3 ZPO). Letzteres muss aber ultima ratio sein, denn in erster Linie ist es Sache des Antragstellers, die für die Bewilligung erforderlichen Angaben zu machen.

52   Macht der Antragsteller innerhalb einer vom Gericht gesetzten Frist seine Angaben nicht glaubhaft oder beantwortet er Fragen nicht oder nur ungenügend, lehnt das Gericht die Bewilligung von Verfahrenskostenhilfe ohne Weiteres ab (§ 118 Abs. 2 S. 4 ZPO; BPatG BeckRS 2016, 118007).

52.1   Für die Glaubhaftmachung der Angaben über die persönlichen wirtschaftlichen Verhältnisse geht der Verweis über § 136 S. 1 PatG zu § 118 Abs. 2 und 3 ZPO und für zweiseitige Verfahren über § 136 S. 2 PatG auch auf § 118 Abs. 1 ZPO.

53   Der **Amtsermittlungsgrundsatz** gilt hier zwar nicht, aber das Gericht kann ihm zur Kenntnis gelangtes Vermögen berücksichtigen (BeckOK PatR/Albrecht VertrGebErstG § 1 Rn. 5).

54   In länger andauernden Verfahren kann das Gericht eine **aktualisierte Erklärung** über die persönlichen und wirtschaftlichen Verhältnisse fordern (BeckOK PatR/Albrecht VertrGebErstG § 1 Rn. 82).

2. Mehrere Beteiligte

55   Wegen des Verweises auf § 130 Abs. 3 PatG kann es auch auf die **Vermögensverhältnisse anderer** ankommen (BeckOK PatR/Buriánek PatG § 130 Rn. 3 ff.). Mehrere Markeninhaber müssen die Voraussetzungen für Verfahrenskostenhilfe jeweils einzeln erfüllen und belegen; über ihre Gesuche ist aber insgesamt und einheitlich zu entscheiden (BPatG BeckRS 2016, 17137; BeckOK PatR/Albrecht VertrGebErstG § 1 Rn. 21).

56   Auch die Vermögensverhältnisse eines früheren Markeninhabers sind zu berücksichtigen, um eine pro-forma-Übertragung auf eine mittellose Person zu verhindern.

3. Juristische Personen, Beteiligte kraft Amtes

57   Entsprechend § 116 Abs. 1 Nr. 2 ZPO erhalten juristische Personen (→ Rn. 33, → Rn. 48) sowie parteifähige Vereinigungen Verfahrenskostenhilfe nur, wenn sie selbst (Gesellschaftsvermögen) sowie die sonstigen wirtschaftlich Beteiligten die Kosten nicht aufbringen können. Außerdem müsste es **allgemeinen Interessen** zuwiderlaufen, wenn die Rechtsverfolgung unterbliebe. Allgemeine Interessen liegen vor, wenn die Entscheidung größere Kreise der Bevölkerung oder des Wirtschaftslebens ansprechen oder den Verlust einer größeren Zahl von Arbeitsplätzen nach sich ziehen könnte.

58   Für die Gewährung von Verfahrenskostenhilfe sind ua die Gesellschaftsform, das Bestehen oder Fehlen von Gewinnerzielungsabsicht sowie die Finanzkraft ihrer Gesellschafter oder Anteilseigner maßgeblich. Gesellschaftsvertrag, Gesellschafterlisten, Bilanzen, Gewinn und Verlustrechnungen oder EinnahmenÜberschussausweise sind vorzulegen (BPatG BeckRS 2016, 03656 – BioForge). Ein nicht aktiv am Wirtschaftsleben beteiligtes Unternehmen, das nur Schutzrechte hält und verteidigt, aber nicht nutzt, hat keinen Anspruch auf Verfahrenskostenhilfe (BGH GRUR 2013, 1288 – Kostenbegünstigung III). **Schutzverbände** können zwar in der Regel ein Interesse nachweisen, sollten aber – insbesondere bei privilegierter Stellung finanziell in der Lage sein, die Kosten ihres Vorgehens selbst zu tragen (OLG Frankfurt BeckRS 2017, 144538).

59   Markenrechte zu erhalten bzw. zu verteidigen, kann im Interesse des Bestands und des Wertes von **Insolvenzmassen** oder **Nachlässen** sein. Ihre Verwalter können wie Testamentsvollstrecker als Beteiligte kraft Amtes Verfahrenskostenhilfe beantragen, wenn sie die Kosten aus der verwalteten Vermögensmasse nicht aufbringen können und die Beteiligten (Massegläubiger, Miterben etc) dies ebenfalls nicht können oder ihnen dies nicht zumutbar ist.

60   **Beteiligt** sind Gesellschafter sowie diejenigen, auf deren Vermögen sich das jeweilige Verfahren auswirkt. Ob ihnen die Übernahme der Kosten **zumutbar** ist, hängt davon ab, wie sich ihre Anteile (Quoten) an der Vermögensmasse verändern könnten (BGH BeckRS 2006, 03879). Sind in Insolvenzverfahren Massegläubiger vorrangig zu bedienen, wird es für andere meist unzumutbar sein, Kosten zu tragen.

61   Bei juristischen Personen und parteifähigen Vereinigungen, wie AG, GmbH, oHG, KG, hält Buriánek (BeckOK PatR/Buriánek PatG § 135 Rn. 27) statt der Verfahrenskostenhilfe Instrumente der Wirtschaftsförderung für vorrangig. Das erscheine auch mit Blick auf die haushaltsrechtliche Transparenz angemessener, denn Wirtschaftsförderung sei eher Sache des Wirtschafts- als des Justizministeriums.

4. Einsatz des eigenen Einkommens und Vermögens

Hat der Antragsteller ein Einkommen oder ein einzusetzendes Vermögen, das es ihm ermög- **62** licht, die Verfahrenskosten in **Raten** aufzubringen, kommt eine Bewilligung nicht in Betracht, wenn vier Monatsraten den von der Verfahrenskostenhilfe voraussichtlich umfassten Betrag abdecken (§ 115 Abs. 4 ZPO).

Zahlungsempfänger dafür ist die Bundeskasse (§ 130 Abs. 1 S. 3 PatG). **62.1**

Eine Grenze der Zumutbarkeit definiert § 115 ZPO. **63**

Vermögensgegenstände sind auch gewerbliche Schutzrechte, wie Patente, Marken ua, bei denen **64** neben der Veräußerung die Lizenzierung eine Möglichkeit zum Verwerten ist. Versucht deren Inhaber dies nicht, kann die Verteidigung von Marken als mutwillig erscheinen (→ Rn. 70; BPatG GRUR-RS 2020, 23672 – Unwetterabwehr; BeckRS 2015, 13975 – göttlich modulares Alphabet; BeckRS 2017, 130862 – Lehrmittel).

IV. Erfolgsaussichten

Ob die erforderlichen hinreichenden Erfolgsaussichten bestehen, ist im Verfahrenskostenhilfe- **65** verfahren nur summarisch zu prüfen **(Prognose)**, weil die angestrebte Rechtsverfolgung nicht dort erfolgen soll (BVerfG BeckRS 2013, 47258; s. auch BeckOK PatR/Buriánek PatG § 130 Rn. 13). Summarische Prüfung darf nicht zu hohe Anforderungen an die Erfolgsaussichten stellen (BVerfG BeckRS 2004, 21024).

Ein § 132 Abs. 1 S. 2 PatG vergleichbares Privileg existiert im Markenrecht nicht, so dass auch **66** die Verteidigung gegen Angriffe Erfolg versprechen muss (BPatG GRUR-RS 2020, 41012 – Pauschalablehnung); die Erfolgsaussichten der Verteidigung einer begünstigenden Entscheidung gegen eine Beschwerde sind aber in aller Regel zu bejahen (§ 119 Abs. 1 S. 2 ZPO; BPatG BeckRS 2014, 01311 – Fondue). Gleiches gilt für die erstmalige Verteidigung einer eingetragenen Marke, die ja schon ein Prüfungsverfahren durchlaufen hat.

Erfolgsaussichten liegen selbst dann vor, wenn „nur" eine **Zurückverweisung** an das DPMA **67** in Betracht kommt.

Soll die Rechtsbeschwerde zugelassen werden, ist auch eine beantragte Verfahrenskostenhilfe **68** zu gewähren (BVerfG BeckRS 2015, 46293; BeckRS 2008, 32920 – Fall Gäfgen).

Wie der Antragstellerin in Patentsachen keine Nachteile aus ungeschickten Formulierungen in **69** den Patentansprüchen entstehen sollen (BeckOK PatR/Buriánek PatG § 130 Rn. 18), dürfen in Markensachen Formulierungen im Waren- und Dienstleistungsverzeichnis nicht dazu führen, dass Verfahrenskostenhilfe versagt wird, solange es im Beschwerdeverfahren möglich ist, diese so zu ändern, dass die Beschwerde Erfolg hat bzw. Streitpunkte (inter partes) ausgeräumt werden.

V. Mutwille

Mutwille iSv § 114 Abs. 2 ZPO ist unabhängig von den Erfolgsaussichten. Handelt der Antrag- **70** steller mutwillig, erhält er keine Verfahrenskostenhilfe (BeckOK PatR/Buriánek PatG § 130 Rn. 21 ff.). Bei der Prüfung ist auf das hypothetische Verhalten einer selbstzahlenden Partei abzustellen, die Chancen und Kosten besonnen abwägt (§ 114 Abs. 2 ZPO; BPatG BeckRS 2009, 25151). Sie wird von **mehreren gleichwertigen Wegen** den günstigsten Weg wählen (s. auch → Rn. 47). Es ist daher nicht in jedem Fall mutwillig, verschiedene Verfahren, die wie etwa Nichtigkeits- und Widerspruchsverfahren auf das gleiche Ziel gerichtet sind, nebeneinander zu betreiben.

„Mutwilligkeit" ist ein unbestimmter Rechtsbegriff, der anhand der konkreten Umstände des Einzelfal- **70.1** les geprüft werden muss (BPatG BeckRS 2009, 20024, BeckRS 2011, 28819 – vollautomatisierte Beifahrertür; Timme NJW 2013, 3057; BeckOK ZPO/Reichling ZPO § 114 Rn. 41). Bei der Auslegung besteht kein Ermessensspielraum mit eingeschränkter Überprüfung, sondern ein Beurteilungsspielraum, da unterschiedliche Wertungen möglich sind (BPatG BeckRS 2009, 20024).

Mutwillig handelt auch, wer in rechtsmissbräuchlicher Weise seine Bedürftigkeit herbeiführt **71** (BeckOK ZPO/Reichling ZPO § 114 Rn. 41).

Das Verteidigen von 3D- oder Bildmarken nebeneinander oder neben einem entsprechenden **72** Design ist nicht mutwillig.

Dass für die Annahme von Mutwilligkeit mangels klarer Nachweise der Anschein genügen muss, **73** darf nicht zur Umkehr der Beweislast führen. Der Antragsteller muss nur gegebene Anhaltspunkte entkräften (BPatG GRUR 2000, 306).

74   Bei einer **Vielzahl an Markenanmeldungen** durch dieselbe Person kann es für die Beurteilung der Mutwilligkeit auch eine Rolle spielen, wie sich die Marken voneinander unterscheiden (vgl. BPatG GRUR-Prax 2019, 17 zu Designs).

75   Die Prüfung der Erfolgsaussichten ist gegenüber der der Mutwilligkeit nicht vorgreiflich, da beide Tatbestände einen eigenen Regelungsgehalt haben (BPatG BeckRS 2011, 28819; aA BPatG BeckRS 1998, 14666).

C. Beiordnung eines Anwalts

I. Voraussetzungen der Beiordnung

76   Gibt das Gericht dem Antrag auf Verfahrenskostenhilfe statt, kann es dem Antragsteller auf seinen ausdrücklichen Antrag hin einen zur Übernahme der Vertretung bereiten **(Patent-)Anwalt** oder **Erlaubnisscheininhaber** beiordnen (BeckOK PatR/Buriánek PatG § 133 Rn. 2 ff.). Der Verweis auf § 133 PatG erweitert § 121 Abs. 4 und 5 ZPO für Patentanwälte und Erlaubnisscheininhaber. Sieht das BPatG eine Doppelvertretung als notwendig an, könnte es auch einen Patent- und einen Rechtsanwalt nebeneinander beiordnen; eine **Doppelvertretung** gilt allerdings nur äußerst selten als notwendig (→ § 71 Rn. 172 ff.). Die Verfahren vor dem BPatG hat der Gesetzgeber schließlich bewusst ohne Anwaltszwang ausgestaltet; was eine Doppelvertretung noch weniger als notwendig erscheinen lässt.

77   Korrespondierend zum **Erfordernis eines ausdrücklichen Antrags** (→ Rn. 32) beinhaltet die Gewährung von Verfahrenskostenhilfe keine inzidente Beiordnung des Anwalts, der den Antrag auf Verfahrenskostenhilfe gestellt hat (BPatG GRUR-RS 2022, 10134 – Beiordnung; BeckRS 2009, 08060; BeckRS 2007, 12270).

78   Der vor dem BPatG geltende **Amtsermittlungsgrundsatz** (§ 73 Abs. 1) verhindert nicht generell eine Beiordnung; auch ist deshalb die Notwendigkeit einer Beiordnung nicht strenger als sonst zu prüfen (BGH GRUR 2009, 88; 2010, 270 – Atoz I und III).

79   Auf jeden Fall ist die Beiordnung eines Patentanwalts geboten, wenn die Technizität eines Markengegenstand iSv § 3 Abs. 2 Nr. 2 und Nr. 3 bzw. Art. 7 Abs. 1 lit. e Ziff. ii und iii UMV zu beurteilen ist (→ § 71 Rn. 173), eventuell sogar in Doppelvertretung neben einem Rechtsanwalt.

80   Das Ziel, durch eine rechtzeitige fachliche **Beratung** spätere Probleme zu vermeiden, sollte eine Beiordnung schon dafür in der Regel als erforderlich erscheinen lassen (BeckOK PatR/Albrecht VertrGebErstG § 1 Rn. 33 ff.; BeckOK PatR/Buriánek PatG § 133 Rn. 20).

81   Außerdem haben nach § 121 Abs. 2 letzter Hs. ZPO bedürftige Parteien nach dem Grundsatz der prozessualen **Waffengleichheit** einen Anspruch auf einen Anwalt, wenn der Gegner anwaltlich vertreten ist (BeckOK ZPO/Reichling ZPO § 121 Rn. 26; BVerfG BeckRS 9998, 165031).

82   Allein durch die Beiordnung kommt noch kein **Mandatsverhältnis** zu Stande. Die Partei muss den beigeordneten Anwalt noch beauftragen und eine Prozessvollmacht erteilen. Erst damit entsteht dann auch ein Vergütungsanspruch (→ Rn. 85).

83   Eine **Mandatsniederlegung** ist nicht möglich (OLG Karlsruhe AGS 2017, 582), auch nicht im Überprüfungs- und Aufhebungsverfahren. Ein beigeordneter Anwalt kann aber die **Aufhebung der Beiordnung** nach § 48 Abs. 2 BRAO bzw. § 43 Abs. 2 PAO beantragen, wenn ein wichtiger Grund vorliegt, wie etwa ein Interessenkonflikt (§ 39 Abs. 4 PAO, §§ 43a, 45 BRAO; BeckOK PatR/Buriánek PatG § 133 Rn. 29). Wegen der zusätzlichen Belastung der Staatskasse werden Aufhebungsgründe streng geprüft (OLG Hamm BeckRS 9998, 5503). Entscheidungen des BPatG dazu können nicht angefochten werden.

84   Gibt ein beigeordneter Anwalt seine Zulassung zurück, ist ein neuer Anwalt beizuordnen; das Honorar fällt dann erneut an (OLG Karlsruhe AGS 2018, 85).

II. Vergütung beigeordneter Anwälte

85   Beigeordnete Anwälte haben Anspruch auf Zahlung der gesetzlichen Vergütung aus der Bundeskasse, die §§ 2, 5 VertrGebErstG limitieren. Da die Verfahrenskostenhilfe aus Steuermitteln finanziert wird, sind die gesetzlich vorgesehenen **Vergütungssätze** geringer als die üblichen Honorarsätze nach RVG.

85.1   Für den Anspruch auf Zahlung kommt es allein auf eine formelle Beiordnung an. Es ist nicht von Bedeutung, ob eine beantragte Beiordnung verfahrensfehlerhaft unterlassen wurde oder ob beabsichtigt war, erst zu einem späteren Zeitpunkt darüber zu entscheiden (BPatG GRUR-RS 2022, 10134 – Beiordnung).

85.2   Der Anwalt ist in Bezug auf die Bewilligung der Verfahrenskostenhilfe und die Beiordnung selbst weder antragsberechtigt noch beschwerdebefugt.

Im „Verfahren auf Erstattung der Gebühren und Auslagen" gemäß dem VertrGebErstG handelt der **85.3** Anwalt nicht als Vertreter für den Mandanten, sondern verfolgt eigene (Gebühren-)Interessen. Der Antrag auf Erstattung von Gebühren betrifft ja dem Anwalt selbst zustehende Vergütungsansprüche, nicht die Verfahrenskostenhilfe zugunsten des Mandanten (BPatG GRUR-RS 2022, 10134 – Beiordnung).

In den Verfahren vor dem BPatG ist bezüglich der Vergütung nicht zu differenzieren zwischen **86** Rechts- und Patentanwälten und auch nicht danach, wer in dem seltenen Fall einer Doppelvertretung ($\rightarrow$ § 71 Rn. 172) verfahrensführend und wer mitwirkend tätig ist.

Nur in den Verfahren vor den Zivilgerichten sowie in Rechtsbeschwerdeverfahren gegen Beschlüsse **86.1** der Beschwerdesenate des BPatG vor dem BGH, in denen beigeordnete Patentanwälte neben einem Rechtsanwalt mitwirken, hat der Patentanwalt den Anspruch auf Zahlung der durch § 4a Abs. 3 PAO nochmals eingeschränkten Vergütung nach § 49 RVG. Rechtsanwälte erhalten in diesen Verfahren die vollen Gebühren nach § 49 RVG. Die Formulierung in § 4a PAO „der Patentanwalt erhält eine Gebühr mit einem Gebührensatz von 1,0 und, wenn er eine mündliche Verhandlung oder einen Beweistermin wahrgenommen hat, eine Gebühr mit einem Gebührensatz von 2,0 nach § 49 RVG" muss dabei so gelesen werden, dass Patentanwälte entweder eine Gebühr mit einem Gebührensatz von 1,0 **oder** 2,0 erhalten. Sie würden sonst mit zwei Gebühren insgesamt 3,0 erhalten, während die verfahrensführenden Anwälte maximal eine 1,3 Verfahrensgebühr und eine 1,2 Terminsgebühr, also insgesamt 2,5 Gebührensätze, verdienen können.

Die von der Staatskasse zu zahlenden Gebühren umfassen nach § 9 VertrGebErstG die gesamte **87** Tätigkeit der Vertretung von der Beiordnung bis zur Beendigung des Rechtszuges und können jeweils in jedem Rechtszug nur einmal beansprucht werden. Eine **Terminsgebühr** ist damit ausgeschlossen. Nur für die Vertretung, die auf einen Termin zur Beweisaufnahme oder zur Anhörung eines Beteiligten beschränkt ist, fällt nach § 11 VertrGebErstG eine halbe Gebühr an. Diese kann aber nicht auf die Pauschalgebühren nach § 5 VertrGebErstG aufgeschlagen werden.

Die Gebühren errechnen sich ausgehend von dem in § 2 VertrGebErstG festgelegten Gebühren- **88** satz als Verfahrensgebühr. Für die markenrechtlichen Verfahren listet § 5 VertrGebErstG jeweils Beträge zwischen 3/10 und 20/10 dieses Gebührensatzes auf. Es finden sich zu den Markensachen aber nur die Beschwerdeverfahren gegen die Versagung der Eintragung (13/10) und gegen eine Entscheidung über einen Antrag auf Erklärung des Verfalls oder der Nichtigkeit (20/10) sowie andere Beschwerdeverfahren (3/10). Für **Widerspruchsverfahren** fehlt eine ausdrückliche Regelung, so dass als Gebührensatz nur 3/10 nach § 5 Nr. 3 VertrGebErstG entstehen. Das steht in einem eklatanten Missverhältnis zu den sonstigen Gebührensätzen (BeckOK PatR/Albrecht VertrGebErstG § 5 Rn. 17 ff.) und ist, weil gerade in Widerspruchsverfahren vor dem BPatG oftmals zivilgerichtliche Verfahren in einem Gesamtvergleich beendet werden können bei der Ausarbeitung der Vereinbarung zu berücksichtigen.

An der Gebührenhöhe mit 20/10 ändert sich nichts, wenn ein Antrag auf Erklärung der Nichtigkeit **88.1** wegen älterer Rechte (§ 51 MarkenG) auf mehrere Rechte (§ 51 Abs. 1 S. 2 MarkenG) gestützt wird. Während die Amtsgebühr um 25 % steigt (Nr. 333 350 GV zu § 2 Abs. 1 PatKostG), hat der beigeordnete Anwalt also keinen Vorteil aus dieser Konstellation ($\rightarrow$ § 71 Rn. 167). Verbundene Verfahren werden separat abgerechnet.

Auch die 3/10-Gebühr wird nicht erhöht, wenn ein Widerspruch auf mehrere ältere Rechte gestützt **88.2** ist; auch dies erscheint unangemessen – zumal sich die amtliche Widerspruchsgebühr jeweils um 20 % erhöht (§ 64a MarkenG iVm Nr. 331 610 GV zu § 2 Abs. 1 PatKostG).

Beigeordnete Anwälte können **im Erfolgsfall** ihre Honoraransprüche allerdings nach den **89** regulären RVG-Sätzen gegen in die Kosten verurteilte Gegner geltend machen (§ 136 PatG; § 126 ZPO; BGH BeckRS 2009, 21147). Dieses **Beitreibungsrecht** geht einer Pfändung in den Kostenerstattungsanspruch der Mandantin vor (BGH BeckRS 2015, 20310). Nach Gaier AnwBl 2010, 73 (75) rechtfertigt erst diese Möglichkeit die Reduzierung der vom Staat an beigeordnete Anwälte zu zahlenden Gebühren; damit sei praktisch ein Erfolgshonorar gegeben.

Der Anwalt hat dabei die Wahl, die Kosten in voller Höhe gegen den Gegner festsetzen zu lassen und **89.1** auf eine Abrechnung gegenüber der Staatskasse zu verzichtet oder die reduzierte Vergütung gegen die Staatskasse geltend zu machen und gegenüber dem Kostenschuldner lediglich die Differenz. Eine Einrede aus der Person der Partei gegen diesen Anspruch ist nicht zulässig. Der Gegner kann nur mit Kosten aufrechnen, die nach der in demselben Verfahren über die Kosten erlassenen Entscheidung zu erstatten sind.

Sind die Kosten nach Quoten verteilt, hat der Anwalt das Vorrecht nach § 58 Abs. 2 S. 1 RVG, § 59 **89.2** Abs. 1 S. 2 RVG (Schneider NJW-Spezial 2022, 667: Quotenvorrecht).

90 Die Vertretung hat gegen die Staatskasse sowie den Gegner Anspruch auf die **Umsatzsteuer,** auch wenn ihre Mandantin zum Vorsteuerabzug berechtigt ist (OLG Bamberg BeckRS 2017, 147047; OLG Frankfurt AGS 2018, 146; OLG Braunschweig NJW-Spezial 2017, 572).

90.1 Die Erstattung der Umsatzsteuer richtet sich nach den Bestimmungen des UStG. Anwälte erbringen ihre Leistung am Wohnsitz oder Sitz des Empfängers (§ 3a Abs. 4 S. 1 UStG). Empfänger der Leistung ist die Partei, der der Anwalt beigeordnet wurde.

91 Gebühren aus vorangegangenen Verfahren sind nach § 15a RVG iVm § 12 VertrGebErstG **anzurechnen** (Mayer NJW 2021, 345 Rn. 10). Ebenso sind Zahlungen nach § 9 BerHG auf die Vergütung anzurechnen (§ 58 RVG). Aus Honorarvereinbarungen entstandene Ansprüche sind jedoch nicht anzurechnen (BGH BeckRS 2009, 27229). Vor dem DPMA entstehen allerdings sog. Rahmengebühren iSv § 14 Abs. 1 RVG, die nach § 14 Abs. 2 RVG aufeinander nicht anzurechnen sind; die letzte davon ist aber nach Vorbem. 3 Abs. 4 VV RVG zur Hälfte, bei Wertgebühren jedoch höchstens mit einem Gebührensatz von 0,75 auf folgende Gebühren anzurechnen.

92 Vorschüsse und Zahlungen, die vor oder nach der Beiordnung gezahlt wurden, sind vorrangig auf die Vergütungen anzurechnen, für die kein Anspruch gegen die Staatskasse oder nur unter den Voraussetzungen des § 50 RVG besteht. Ist eine Gebühr, für die kein Anspruch gegen die Staatskasse besteht, auf eine Gebühr anzurechnen, für die so ein Anspruch besteht, vermindert sich der Anspruch gegen die Staatskasse nur insoweit, als die Vertretung durch eine Zahlung auf die anzurechnende Gebühr und den Anspruch auf die ohne Anrechnung ermittelte andere Gebühr insgesamt mehr als den sich aus § 15a Abs. 1 RVG ergebenden Gesamtbetrag erhalten würde. Es wird also die Differenz zwischen der „normalen" und der reduzierten Gebühr nicht angerechnet. Das führt erst bei Werten ab 4.000 Euro zu einer Anrechnung, die aber bei höheren Werten entfällt, wenn die anzurechnende Geschäftsgebühr geringer als die Gebührendifferenz ist.

93 Die Vertretung muss im **Kostenfestsetzungsantrag** entsprechend § 55 Abs. 5 RVG erklären, ob und welche Zahlungen sie bis zum Tag der Antragstellung erhalten hat, und bei Zahlungen auf eine anzurechnende Gebühr den Satz oder den Betrag der Gebühr bzw. bei Wertgebühren den zugrunde gelegten Wert angeben.

94 Zahlungen, die die Vertretung nach der Antragstellung erhalten hat, hat sie unverzüglich anzuzeigen.

95 Ist **Ratenzahlung** eingeräumt (→ Rn. 62), kann die Vertretung die Differenz zwischen Pflichtvergütung und gesetzlichen Vergütung von ihrem Mandanten verlangen (Schneider NJW-Spezial 2016, 91).

96 In Fällen **vorzeitig beendeter Beiordnungen** bestimmt § 10 VertrGebErstG den Gebührenanspruch. Die halbe Gebühr fällt auch dann an, wenn sich die Beiordnung erledigt, ohne dass die beigeordnete Vertretung einen die Sache betreffenden Schriftsatz eingereicht hat. Ausreichend ist jedes Tätigwerden, das nicht lediglich das Verfahrenskostenhilfeverfahren betrifft (BPatG BeckRS 2015, 10493).

III. Auslagenerstattung

97 Neben der Vergütung können beigeordnete Vertretungen auch **Auslagen** geltend machen (→ § 71 Rn. 177 ff.; § 46 RVG; BeckOK PatR/Albrecht VertrGebErstG § 1 Rn. 59 ff.), insbesondere Reisekosten oder die eines **Terminsvertreters** (LAG Sachsen-Anhalt BeckRS 2022, 10420; Schneider NJW-Spezial 2022, 412). Das tatsächliche Entstehen der Auslagen ist glaubhaft zu machen (BPatG BeckRS 2010, 28264).

97.1 Die Beiordnung eines Terminsvertreters ist nicht möglich. § 121 Abs. 4 ZPO enthält nur die Beiordnung eines Verkehrs- oder Beweisanwalts (OLG Zweibrücken BeckRS 2003, 30327526).

98 **Recherchekosten,** um sich Informationen zum Prozessstoff zu beschaffen, gehören zu dem mit der Verfahrensgebühr abgegoltenen allgemeinen Prozessaufwand. Recherchen nach Drittmarken etc können jedoch erstattet werden (BPatG BeckRS 2015, 10485). Die Verfahrensgebühr gilt nur deren Sichtung und Auswertung ab, nicht aber ihre Beschaffung (BPatG BeckRS 1999, 15222 – Eigenrecherche). Recherchen durch Dritte sind durch Rechnung zu belegen (§ 103 Abs. 2 Nr. 2 ZPO); eigene Recherchen werden gemäß §§ 8 und 9 JVEG erstattet (BPatG BeckRS 2010, 28264).

99 Kosten für **Übersetzungen** sind gemäß §§ 8 ff. JVEG durch § 11 JVEG und die tatsächlich in Rechnung gestellten Beträge begrenzt. Die Übersetzung von Schriftstücken, die eine wesentliche Bedeutung haben, ist zur Unterrichtung einer der deutschen Sprache nicht (ausreichend) mächtigen Mandantschaft notwendig. Übersetzungen durch den Anwalt selbst gehören nicht zur Information des Mandanten, die die Verfahrensgebühr abgilt (OLG Düsseldorf GRUR 2009, 448; OLG Köln BeckRS 2002, 11994; BPatG BeckRS 2008, 12972). **Dolmetscher** (aus Deutschland) und der damit verbundene technische Aufwand sind für eine das rechtliche Gehör gewährleistende Teilnahme an der mündlichen Verhandlung erforderlich.

Kopien werden nach VV 7000 RVG erstattet; das gilt auch für Vervielfältigung durch Scannen. **100** Da Kopien, die zur anwaltlichen Tätigkeit zählen, mit der Geschäfts- bzw. Verfahrensgebühr abgegolten sind (§ 15 Abs. 1 RVG), sieht VV 7000 RVG teilweise eine Erstattung erst ab der 101. Kopie vor.

Der Pauschsatz für **Post- und Telekommunikationsdienstleistungen** nach VV 7002 RVG **101** ist auf 20 Euro beschränkt. Alternativ kann der Anwalt nach VV 7001 RVG eine Einzelaufstellung vornehmen.

Die Notwendigkeit jeder einzelnen Auslage ist unabhängig von der der Beiordnung zu prüfen **102** (§ 46 RVG).

Für Auslagen können beigeordnete Vertretungen sogar **Vorschüsse** anfordern (§ 47 RVG; **103** BeckOK PatR/Albrecht VertrGebErstG § 1 Rn. 61).

Wird ein auswärtiger Anwalt beigeordnet, sind dessen **Reisekosten** konkludent als notwendig **104** festgelegt (BGH BeckRS 2006, 13295). Sie werden allerdings oft in der Beiordnung der Höhe nach beschränkt.

Für die Wahrnehmung einer mündlichen Verhandlung oder eines Beweistermins durch mitwirkende **104.1** Patentanwälte werden gemäß § 4a PAO Reisekosten nur ersetzt, wenn das Gericht die Teilnahme für geboten erklärt hat.

Reisekosten sind Fahrten über Stadtgrenzen hinweg. Nur die Beteiligten erhalten sie auch für Fahrten **104.2** innerhalb des Gerichtsorts, weil in §§ 5 und 6 JVEG eine entsprechende Regelung fehlt.

Auch der beigeordnete Anwalt hat grundsätzlich die freie Wahl hinsichtlich der Reisemittel, des Hotels **104.3** und des Abreisezeitpunkts. In der Bahn darf er 1. Klasse fahren, bei Flügen muss er allerdings economy-Tickets nutzen (OLG Stuttgart BeckRS 2005, 4823 – fiktive Reisekosten; OLG Düsseldorf BeckRS 2009, 4217 – Erstattungsfähigkeit von Flugkosten).

Tage- und Abwesenheitsgeld erhalten Anwälte nach VV 7005 RVG. Für Fahrten mit einem **105** PKW werden 0,30 Euro nach VV 7003 RVG bezahlt. Für Fahrten vom und zum Flughafen wird meist ein Taxi erstattet (BPatG GRUR-RS 2021, 2330). Erstattungsfähig sind für Übernachtungskosten in Großstädten ca. 180 Euro (BPatG GRUR-RS 2020, 37693).

IV. Kostenfestsetzung

Die **Kostenfestsetzung** regelt § 12 VertrGebErstG. **106**

Die Kostenfestsetzung beim BPatG richtet sich nach der VwVVergF. Zuständig ist der Urkunds- **107** beamte der Geschäftsstelle (§ 55 Abs. 1 RVG). Gegen seine Entscheidung ist Erinnerung gegeben (§ 23 Abs. 2 RPflG). Gegen die Erinnerungsentscheidung durch den Senat ist keine Rechtsbeschwerde möglich (BGH BeckRS 1987, 2728 – Wärmeaustauscher).

Gebührenansprüche beigeordneter Anwälte **verjähren** nach § 195 BGB in drei Jahren (OLG **108** Düsseldorf BeckRS 2008, 1690).

D. Bestands- und Rechtskraft

I. Rechtsbehelfe und mittel

Beschlüsse des BPatG und des BGH, die Verfahrenskostenhilfe gewähren oder versagen, sind **109** unanfechtbar (§ 135 Abs. 3 PatG). Sie bedürfen daher keiner Rechtsmittelbelehrung (BPatG GRUR-RS 2020, 41012 – Pauschalablehnung). Auch die **Rechtsbeschwerde ist ausgeschlossen** (BGH GRUR 2008, 732 – Tegeler Floristik). Nur die **Aufhebung der Verfahrenskostenhilfe** ist anfechtbar (→ Rn. 134).

Ein **Beschwerderecht der Staatskasse** eröffnet aber § 135 Abs. 3 PatG über den Verweis auf **110** § 127 Abs. 3 ZPO. Die Staatskasse kann sogar Beschwerde zum BGH einlegen. Voraussetzung dafür ist, dass Verfahrenskostenhilfe bewilligt wurde, ohne Monatsraten aus dem Vermögen zu zahlende Beträge festzusetzen. Der Fiskus kann also nur rügen, die bewilligende Stelle habe die persönlichen und wirtschaftlichen Verhältnisse falsch eingestuft (BAG BeckRS 2016, 65150). Die Beschwerde ist nach Ablauf von drei Monaten seit der Verkündung der Entscheidung oder ihrer Übergabe an die Geschäftsstelle unstatthaft.

110.1   Auch die Staatskasse hat bei ihren Beschwerden die jeweiligen Formvorschriften einzuhalten (LG Lübeck BeckRS 2022, 25616).

111   Soweit ein Rechtspfleger tätig war (→ Rn. 10, → Rn. 127), ist als Rechtsbehelf die **Erinnerung** nach § 23 Abs. 2 RPflG gegeben; richterliche Entscheidungen über die Erinnerung sind unanfechtbar (BGH BeckRS 2015, 10763).

112   Unzulässige, aber dennoch eingelegte Beschwerden gegen die Versagung von Verfahrenskostenhilfe gelten als **Gegenvorstellung** (BPatG BeckRS 2016, 17136) oder als **Anhörungsrüge** analog § 99 Abs. 1 PatG iVm § 321a ZPO (BPatG GRUR-RS 2019, 25998). Beide haben **keine hemmende Wirkung** (→ Rn. 15) und sind innerhalb einer Notfrist von zwei Wochen nach Kenntnis von der Verletzung des rechtlichen Gehörs oder eines anderen Verfahrensverstoßes zu erheben, also regelmäßig innerhalb von zwei Wochen ab Zustellung der Entscheidung (§ 321a Abs. 2 S. 1 ZPO; BVerfG NJW 2003, 1924 (1929); BGH BeckRS 2004, 9997 – kosmetisches Sonnenschutzmittel II; BPatG GRUR-RS 2020, 3765).

II. Rechtskraft

113   Ein die Verfahrenskostenhilfe versagender Beschluss ist zwar der materiellen Rechtskraft nicht fähig. Für einen wiederholenden Antrag fehlt jedoch das **Rechtsschutzbedürfnis,** wenn ihn der Antragsteller auf denselben Lebenssachverhalt stützt (OVG Berlin NJW 2009, 388) und sich die wirtschaftlichen Verhältnisse nicht geändert haben.

114   Wenn der erste Antrag nur wegen unzureichender Angaben zu den persönlichen wirtschaftlichen Verhältnisse keinen Erfolg hatte, fehlt für einen neuen Antrag mit erweiterten Angaben das Rechtsschutzbedürfnis nicht von vornherein.

III. Aufhebung und Änderung

115   § 81a gibt über den Bezug auf § 137 PatG sowie auf § 136 PatG und über diesen auf die §§ 120a und 124 ZPO den zuständigen Stellen die Möglichkeit, die bewilligte Verfahrenskostenhilfe sowie die daran anknüpfende Beiordnung eines Anwalts zu ändern oder aufzuheben. Dies geschieht **von Amts wegen** nach pflichtgemäßem Ermessen.

116   § 137 PatG enthält einen **Sondertatbestand** für die Aufhebung (nicht bloße Änderung) einer bewilligten Verfahrenskostenhilfe, wenn die **Verwertung gerade des Schutzrechts,** für dessen Erteilung oder Aufrechterhaltung Verfahrenskostenhilfe gewährt wurde, erfolgreich war (→ Rn. 123).

116.1   § 137 PatG ist keine abschließende Spezialbestimmung, sondern enthält einen zusätzlichen Sondertatbestand. Daneben bleiben die zivilprozessrechtlichen Bestimmungen über die Aufhebung der Verfahrenskostenhilfe anwendbar, soweit auf sie verwiesen wird. Eine spezielle Veränderung der Verhältnisse regelt § 120 Abs. 3 Nr. 2 ZPO (BeckOK PatR/Buriánek PatG § 137 Rn. 4 ff.).

1. Aufhebung

117   Die Bewilligung ist nach § 124 Nr. 1 ZPO aufzuheben, wenn eine vorsätzlich unrichtige Darstellung des Streitverhältnisses oder der Einkommens- und Vermögensverhältnisse zu einer Bewilligung geführt hatte (BPatG BeckRS 2017, 109127).

118   Eine Aufhebung ist nach dieser Vorschrift auch möglich, wenn der Begünstigte entgegen § 120a Abs. 2 S. 1–3 ZPO wesentliche **Verbesserungen** seiner Einkommens- und Vermögensverhältnisse oder Änderungen seiner Anschrift nicht mitgeteilt hat.

119   Ist der Begünstigte nach Umzug und ohne die melderechtlich gebotene Ummeldung auch für einen eventuell beigeordneten Anwalt nicht mehr erreichbar, kann die Verfahrenskostenhilfe nach § 124 Abs. 1 Nr. 4 ZPO wegen grober **Nachlässigkeit** aufgehoben werden (OLG Frankfurt BeckRS 2020, 41016).

120   Ferner führt es zur Aufhebung, wenn der Begünstigte länger als drei Monate mit einer Monatsrate oder einem sonst zu bezahlenden Betrag (→ Rn. 54) im **Zahlungsrückstand** ist.

121   Im Überprüfungs- und Aufhebungsverfahren ist weiterhin der im Bewilligungsverfahren beigeordnete Anwalt vertretungs- und **zustellungsbevollmächtigt** (OLG Karlsruhe AGS 2017, 582).

2. Änderung

122   Nach § 120a ZPO soll das Gericht die Entscheidung über die zu leistenden Zahlungen anpassen (→ Rn. 62), wenn sich die maßgebenden persönlichen oder wirtschaftlichen Verhältnisse wesentlich verändert haben.

3. Aufhebung nach Verwertung

Der Verweis in S. 2 auf den Sondertatbestand des § 137 PatG (→ Rn. 116) zur Aufhebung **123** der Verfahrenskostenhilfe nach verbesserten wirtschaftlichen Verhältnisse des Begünstigten knüpft daran an, dass Marken Vermögensgegenstände sind, deren Nutzung (auch Veräußerung oder Lizenzierung) zu erhöhten Einkünften führen kann (→ Rn. 64). Führt die Nutzung zu Einkünften des Begünstigten, ist dies zu berücksichtigen, denn die gewährte Verfahrenskostenhilfe hat dies zumindest teilweise ermöglicht (BeckOK PatR/Buriánek PatG § 137 Rn. 11 ff.).

Dies setzt voraus, dass die Einkünfte einen Umfang erreicht haben, der es für den Begünstigten **124** zumutbar macht, Kosten zu übernehmen. Maßgebend sind die noch offenen Kosten, die durch (Raten-)Zahlungen noch nicht gedeckt sind (dazu BeckOK ZPO/Reichling ZPO § 120a Rn. 14 ff.).

§ 137 PatG ersetzt die nach § 136 S. 1 PatG anwendbaren ZPO-Regelungen nicht. Er kann **125** nur zur Aufhebung der Verfahrenskostenhilfe führen. Sollten die Einkünfte eine Aufhebung der Verfahrenskostenhilfe nicht rechtfertigen, kommt innerhalb der Vierjahresfrist eine Änderung in Betracht (→ Rn. 122).

Während die allgemeinen Vorschriften eine zeitliche Grenze von vier Jahren enthalten, ermög- **126** licht es § 137 PatG, die Verfahrenskostenhilfe **zeitlich unbegrenzt** aufzuheben. Der Begünstigte hat dementsprechend auch zeitlich unbegrenzt eine **Anzeigepflicht** (BeckOK PatR/Buriánek PatG § 137 Rn. 15). Es muss **von sich aus** jede wirtschaftliche Verwertung der für die Entscheidung über die Verfahrenskostenhilfe zuständigen Stelle anzeigen. Unterlässt er dies, sieht § 137 PatG zwar keine Sanktion vor, erlangt die für die Entscheidung zuständige Stelle aber Kenntnis, kann sie auf deren Grundlage eine Entscheidung nach § 137 PatG treffen.

4. Zuständigkeit

Zuständig für Aufhebung oder Änderung ist an sich die Stelle, die für die Bewilligung der **127** Verfahrenskostenhilfe zuständig war (→ Rn. 8). Beim BPatG ist nach § 23 Abs. 1 Nr. 2 RPflG allerdings der **Rechtspfleger** zuständig.

5. Wirkungen der Aufhebung

Nach einer Aufhebung gemäß §§ 120a, 124 Nr. 4 ZPO und § 137 PatG entfallen die Wirkungen **128** nur **für die Zukunft,** da sie auf nachträglich eingetretener Änderung der Sachlage beruht. Beruhte aber bereits die Bewilligung auf einem Mangel iSv § 124 ZPO, entfallen fast alle Wirkungen ex tunc. Mit der Nichtzahlung von Gebühren verbundene Rechtsnachteile treten allerdings nicht ein. Die Hemmung von Fristen entfällt erst mit Aufhebung der Verfahrenskostenhilfe, die einer Versagung gleichsteht. Strenger ist das zu sehen, wenn der Begünstigte die Verfahrenskostenhilfe mit vorsätzlich falschen Angaben erschlichen hat (§ 124 Nr. 1 und Nr. 2 ZPO). Er ist dann weder schutzwürdig, noch durfte er auf den Bestand der Bewilligung vertrauen (BPatG BeckRS 2017, 109127).

Die entstandenen Verfahrenskosten und die auf die Bundeskasse übergegangenen Ansprüche **129** der beigeordneten Vertreter können nach Aufhebung der Verfahrenskostenhilfe ohne die sich aus § 122 Abs. 1 Nr. 1 ZPO ergebenden Beschränkungen geltend gemacht und beigetrieben werden (§ 1 Abs. 1 Nr. 4a JBeitrG bzw. § 1 Abs. 5 JBeitrG).

Soweit in entsprechender Anwendung des § 122 Abs. 2 ZPO der Verfahrensgegner einstweilen **130** von Kosten befreit war (→ Rn. 23), entfällt auch dies mit der Aufhebung der Bewilligung der Verfahrenskostenhilfe.

Der **beigeordnete Anwalt** muss nach Aufhebung der Verfahrenskostenhilfe an die Staats- **131** kasse nichts zurückzahlen; der Staat muss sich insoweit an den ursprünglich Begünstigten halten. Der Anwalt kann von diesem den Differenzbetrag zwischen den vollen RVG-Gebühren und den vom Staat erhaltenen, reduzierten Zahlungen verlangen; § 122 Abs. 1 Nr. 3 ZPO greift nicht mehr.

Eine Aufhebung der Verfahrenskostenhilfe betrifft auch den Gegner; er kann nunmehr als **132** Zweitschuldner (§ 31 GKG) für gerichtliche Verfahrensgebühren in Anspruch genommen werden (OLG Celle NJW-Spezial 2015, 444).

6. Rechtsmittel gegen die Aufhebung der Verfahrenskostenhilfe

Soweit der Rechtspfleger beim BPatG über die Aufhebung entschieden hat (→ Rn. 127), ist **133** **Erinnerung** nach § 23 Abs. 2 RPflG möglich (→ Rn. 111).

134   Die Aufhebung der Verfahrenskostenhilfe ist anfechtbar (ebenso zu § 146 VwGO: OVG Bautzen BeckRS 2016, 43334), weil § 135 Abs. 3 PatG nur die Beschlüsse nach den §§ 130–133 PatG nennt. Zum **Gegenstandswert** s. § 23a RVG; maßgeblicher Wert sind die Kosten, die die Partei bei Erfolg des Antrags sparen würde (BeckOK RVG/K. Sommerfeldt/M. Sommerfeldt RVG § 23a Rn. 3; Schneider NJW-Spezial 2022, 444).

E. Länderübergreifende Prozesskostenhilfe

135   Die §§ 1076 ff. ZPO, auf die auch § 114 Abs. 1 S. 2 ZPO verweist, vereinfachen eine länderübergreifende Prozesskostenhilfe.

136   Um die **unterschiedlichen Lebenshaltungskosten** berücksichtigen zu können, entscheiden die nationalen Gerichte am Sitz des Antragstellers nach den jeweiligen nationalen Regeln über die Bedürftigkeit (→ Rn. 33).

137   Über die Gewährung der Prozesskostenhilfe entscheidet aber das angerufene Gericht, das nach seinem Recht die Erfolgsaussichten zu beurteilen hat.

137.1   Vor EuG und EuGH erhalten natürliche Personen nach Art. 146 EuGVfO bzw. Art. 115 EuGHVfO Prozesskostenhilfe. Da dort eine dem § 114 ZPO entsprechende Regelung fehlt, schließen nur offensichtlich aussichtslose Verfahren die Hilfe aus.

138   Ein im Revisionsverfahren beigeordneter Rechtsanwalt ist auch zur Vertretung in Vorabentscheidungsverfahren vor dem EuGH berechtigt (BGH BeckRS 2014, 02044).

F. Beratungshilfe

139   Die Voraussetzungen von Beratungs- sowie Verfahrens und Prozesskostenhilfe entsprechen sich weitgehend (§§ 4 ff. BerHG).

140   Beratungshilfe leisten nur Rechtsanwälte, nicht Patentanwälte.

§ 82 Anwendung weiterer Vorschriften; Anfechtbarkeit; Akteneinsicht

(1) ¹**Soweit dieses Gesetz keine Bestimmungen über das Verfahren vor dem Bundespatentgericht enthält, sind das Gerichtsverfassungsgesetz und die Zivilprozeßordnung entsprechend anzuwenden, wenn die Besonderheiten des Verfahrens vor dem Bundespatentgericht dies nicht ausschließen.** ²**§ 227 Abs. 3 Satz 1 der Zivilprozeßordnung ist nicht anzuwenden.** ³**Im Verfahren vor dem Bundespatentgericht gilt für die Gebühren das Patentkostengesetz, für die Auslagen gilt das Gerichtskostengesetz entsprechend.**

(2) Eine Anfechtung der Entscheidungen des Bundespatentgerichts findet nur statt, soweit dieses Gesetz sie zuläßt.

(3) ¹**Für die Gewährung der Akteneinsicht an dritte Personen ist § 62 Abs. 1 bis 4 entsprechend anzuwenden.** ²**Über den Antrag entscheidet das Bundespatentgericht.**

Überblick

Diese Vorschrift verweist eingeschränkt auf allgemeine Vorschriften, etwa zur Verfahrensverbindung und -trennung (→ Rn. 2), soweit das MarkenG keine vorrangigen Bestimmungen enthält oder die Besonderheiten des Verfahrens vor dem BPatG dem nicht entgegenstehen (→ Rn. 23). Konkret ist die Anfechtbarkeit von Entscheidungen des Bundespatentgerichts geregelt (→ Rn. 8). Für die Akteneinsicht wird auf das Amtsverfahren verwiesen (→ Rn. 15 ff.).

Übersicht

A. Allgemeines

Diese Vorschrift verweist ausdrücklich nur auf das GVG, die ZPO, das PatKostG und das GKG. **1** Wegen der Besonderheiten des Verfahrens vor dem BPatG darf es aber kein Denkverbot geben, auch Grundsätze der VwGO oder FGO zu berücksichtigen. Dort gelten nämlich zum Teil ähnliche Verfahrensgrundsätze, vor allem das Amtsermittlungsprinzip.

B. Verfahrensverbindung

Zu den anzuwendenden Vorschriften der ZPO gehören auch die über die Verbindung von **2** Verfahren (§ 147), was für das Verfalls- und Nichtigkeitsverfahren vor dem DPMA in § 53 Abs. 1 S. 7 geregelt ist (→ § 53 Rn. 9). Die Verbindung liegt im Ermessen des Gerichts, das dabei auf die Sachdienlichkeit abstellt (BPatG BeckRS 2012, 13022). Die Beteiligten sind dazu zu hören.

Die Verbindung von Verfahren bietet sich vor allem an, wenn mehrere Nichtigkeits- bzw. **3** Löschungsanträge gegen dieselbe Marke gestellt werden, nicht aber wenn ein Antragsteller verschiedene Marken desselben Inhabers angreift (BPatG BeckRS 2019, 3003).

Bis zur Verbindung bleiben die in später verbundenen Verfahren angefallenen Gebühren unberührt; ihr getrennter Ansatz bleibt bestehen (KG BeckRS 2009, 9030). Eine Zusammenfassung **4** soll sich grundsätzlich nicht zum Nachteil der Prozessbevollmächtigten auswirken. Allerdings kann der Verfahrensbevollmächtigte wählen, ob er die ihm bereits vorher erwachsenen **Verfahrensgebühren,** die er auf keinen Fall verliert, oder lediglich eine Verfahrensgebühr aus dem addierten Wert der Einzelverfahren verlangen will (BGH NJW 2010, 3377; BPatG BeckRS 2019, 2990).

Eine gebührenrechtlich relevante Verfahrensänderung tritt erst mit dem die Verfahren verbin- **5** denden Beschluss ein; durch ihn werden die beiden Verfahren gebührenrechtlich zu „derselben Angelegenheit" iSv § 15 RVG (BPatG BeckRS 2016, 5357).

Trennung verbundener Verfahren erfolgt nach § 150 ZPO, die **Trennung** einheitlich erhobener **6** nach § 145 ZPO. Dies kommt in Betracht, wenn nur ein Beteiligter die Durchführung einer mündlichen Verhandlung beantragt hat und diese gemäß § 69 Nr. 1 erforderlich ist, falls nicht ohnehin insgesamt gemäß § 69 Nr. 2 oder 3 mündlich zu verhandeln ist (BPatG GRUR-RS 2019, 52403 - Carrera/Carrera).

Verfahren, die bei verschiedenen Markensenaten des BPatG anhängig sind, können verbunden **7** werden. Wegen des Austausches des gesetzlichen Richters (Art. 101 Abs. 1 GG) ist dazu die Zustimmung aller Beteiligten erforderlich. Den Beschluss über die Verbindung hat der Senat zu erlassen, der die Verfahren an sich zieht.

C. Anfechtung der Entscheidungen (Abs. 2)

Eine Anfechtung der Entscheidungen des BPatG findet nur statt, soweit es das Markengesetz **8** zulässt, was eine davon unabhängige Verfassungsbeschwerde allerdings nicht ausschließt.

Hinsichtlich der **Rechtsbeschwerde** stehen die Entscheidungen des BPatG Berufungsurteilen **9** gleich (→ § 83 Rn. 1 ff.).

§ 63 Abs. 3 S. 2 und § 71 Abs. 5 verweisen auf die §§ 103–107 ZPO. Zur Kostenfestsetzung **10** → § 71 Rn. 182, → § 83 Rn. 16; zur Festsetzung des Gegenstandswerts → § 71 Rn. 122 ff.

Gegen Entscheidungen, die feststellen, dass die Beschwerde mangels Zahlung der Beschwerde- **11** gebühr als nicht eingelegt gilt (§ 6 Abs. 2 PatKostG), ist die Rechtsbeschwerde statthaft (→ § 83 Rn. 6.1).

Das Rechtsmittel der **sofortigen Beschwerde** ist in markenrechtlichen Verfahren die Aus- **12** nahme (BGH GRUR 1979, 696 – Kunststoffrad; → § 72 Rn. 49).

Gegen **Entscheidungen der Rechtspfleger im Kostenfestsetzungsverfahren** ist Erinne- **13** rung gegeben (→ § 71 Rn. 182).

Eine Selbstkorrektur bei Verstoß gegen das rechtliche Gehör kommt bei den mit der zulassungs- **14** freien Rechtsbeschwerde nach § 83 Abs. 3 Nr. 3 anfechtbaren Beschlüssen des BPatG nicht in Betracht (BPatG GRUR 2007, 156 – Anhörungsrüge). Eine Anhörungsrüge ist nur gegeben gegen Entscheidungen, die weder der Rechtsbeschwerde noch einer späteren Inzidentkontrolle unterliegen (BVerfG NJW 2009, 833), wie Zwischenentscheidungen, Entscheidungen über Ablehnungsgesuche nach § 72 und Wiedereinsetzungsanträge. Sie soll ferner zur Anwendung kommen, wenn der Betroffene von der Gehörverletzung zwar innerhalb der Ausschlussfrist des § 321a Abs. 2 S. 2 ZPO aber erst nach Ablauf der Frist für das ordentliche Rechtsmittel Kenntnis erlangt hat und Wiedereinsetzung in die Frist für die (zulassungsfreie) Rechtsbeschwerde nicht in Betracht kommt. Zur Frist für die Anhörungsrüge → § 78 Rn. 26.

D. Akteneinsicht (Abs. 3)

15   Für die Akteneinsicht wird auf das Amtsverfahren gemäß § 62 verwiesen. Damit ist zunächst ein förmlicher Antrag ausreichend (→ § 62 Rn. 3); zur Zuständigkeit → § 56 Rn. 17. Erst wenn der anzuhörende Inhaber dem entgegentritt, ist eine Abwägung seines Interesses gegen das des Antragstellers vorzunehmen. Der BGH geht davon aus, dass der **Auftraggeber** eines Anwalts nicht namhaft gemacht werden muss (BGH BeckRS 2013, 13059). **Privatgutachter** haben regelmäßig kein Interesse daran, dass nicht bekannt wird, für wen sie tätig geworden sind (BGH GRUR 2018, 444 – Akteneinsicht XXIII).

16   Für elektronisch geführte Akten verweist § 95a Abs. 2 S. 2 auf §§ 299, 299a ZPO.

17   Die Akteneinsicht umfasst nicht der Vorbereitung des Verfahrens dienende Aktenteile (Beiakten) sowie gerichtsinterne Verfügungen. Dagegen sind Hinweise des Gerichts von der Akteneinsicht nur ausgenommen, wenn ein besonderes Interesse an der **Geheimhaltung** gegeben ist (BPatG BeckRS 2016, 19231). Hat das Gericht mit Rücksicht auf einen beim Einreichen der Unterlagen erklärten Vorbehalt einer Partei von einer Weitergabe der Unterlagen an die Gegenpartei abgesehen, fallen diese Unterlagen auch nicht unter die Akteneinsicht (BGH GRUR-Prax 2020, 113 (Druschel)).

18   Die Akteneinsicht ist nach § 62 Abs. 4 Nr. 3 ausgeschlossen, wenn sie auf Akteninhalte bezogen ist, die offensichtlich gegen die öffentliche Ordnung oder die guten Sitten verstoßen.

19   Die Einsicht in **SEPA-Lastschriftmandat-**Unterlagen ist beschränkt; Bankkontendaten einer Person gehören zu den personenbezogenen Daten; das Interesse des Gegners auf Akteneinsicht in die Zahlungsvorgänge kann nur soweit gehen, wie es erforderlich ist, um die Rechtzeitigkeit und Vollständigkeit der Zahlung beurteilen zu können (BPatG BeckRS 2018, 36328 – SEPA-Lastschriftmandat).

20   Bei einem berechtigten Geheimhaltungsinteresse können die Beteiligten teilweise **geschwärzte Dokumente** einreichen (BGH GRUR-Prax 2020, 113); das Recht auf Akteneinsicht umfasst dann keine ungeschwärzte Fassung.

21   Die Akteneinsicht umfasst nicht Unterlagen, die ein Beteiligter wegen eines berechtigten Geheimhaltungsinteresses unter dem Vorbehalt eingereicht hat, dass eine (außergerichtliche) **Geheimhaltungsvereinbarung** geschlossen wird. Solche Dokumente werden ohne Geheimhaltungsvereinbarung keine Prozessakten und keine Entscheidungsgrundlage (BGH GRUR-Prax 2020, 113). Für versehentlich offenbarte Geschäftsgeheimnisse kann eine Geheimhaltung auch nachträglich angeordnet werden (BGH GRUR-Prax 2020, 318 (Leister)).

22   Hat sich ein Beschwerdeverfahren in der Hauptsache erledigt, wird der einem Verfahrensbeteiligten Akteneinsicht gewährende Beschluss gegenstandslos (BGH GRUR 2021, 1555 – Akteneinsicht XXV.

E. Besonderheiten, die eine Anwendung allgemeiner Vorschriften ausschließen

23   Soweit das MarkenG spezielle Bestimmungen enthält, schließen diese entgegenstehende Regelungen in GVG und ZPO aus. Im Übrigen kommt es darauf an, ob allgemeine Regelungen dort für das Verfahren vor dem BPatG passen.

24   Der beim BPatG geltende Untersuchungsgrundsatz **(Amtsermittlung)** schließt die Anwendung von Vorschriften der ZPO zur Beibringung aus, soweit nicht auch vor dem BPatG ein Beteiligter darlegungspflichtig ist (zum **Beibringungsgrundsatz** → § 73 Rn. 12).

25   Die Pflicht zur Amtsermittlung schließt die Zurückweisung verspäteten Vorbringens nicht generell aus (→ § 73 Rn. 19); sie schließt aber Verzichts-, Anerkenntnis und **Versäumnisurteil** aus (→ § 75 Rn. 11). Zu letzterem gehört, dass keine Anwesenheitspflicht besteht, wie ein Umkehrschluss aus § 75 Abs. 2 zeigt.

26   Zwar haben Beschlüsse des BPatG in Markensachen in der Regel keinen vollstreckbaren Inhalt, so dass die Vorschriften zu **Sicherheitsleistungen** (§§ 108 ff. ZPO) nicht anwendbar sind. Da es auch in Markensachen zur Kostenauferlegung kommen kann (→ § 71 Rn. 20 ff.), erscheint die Anwendbarkeit des § 110 ZPO **(Prozesskostensicherheit)** aber sinnvoll, um davor zu schützen, einen Kostenerstattungsanspruch wegen Vermögenslosigkeit des Gegners oder wegen Vollstreckungsproblemen im Ausland nicht realisieren zu können (BGH NJW 1984, 2762).

27   Eine Gesellschaft nach dem Recht eines Mitgliedstaats der EU oder eines Vertragsstaats des EWR-Abkommens mit Sitz in diesem Staat hat keine Prozesskostensicherheit zu leisten, wenn auch der Verwaltungssitz in der EU oder im EWR liegt (BGH GRUR 2016, 1204; OLG München BeckRS 2018, 21416). Wurde ein Sitz in der EU schlüssig dargelegt, muss der Gegner aufzeigen, dass ein Ort in einem Drittstaat als Sitz in Betracht kommt (OLG Karlsruhe BeckRS 2018, 1935 –

irische general partnership; Hoppe GRUR-RR 2018, 393 unter II.1.a). Britische Unternehmen haben Prozesskostensicherheit zu leisten; insoweit gibt es keine Ausnahmeregelungen (BPatG GRUR-RS 2021, 6537 – Prozesskostensicherheit).

Seit dem Vollzug des Austritts des Vereinigten Königreichs aus der EU gemäß Art. 50 EUV **28** **(Brexit)** ist eine britische Limited, die ihren tatsächlichen Verwaltungssitz in Deutschland hat, nach der sogenannten milden Form der Sitztheorie je nach tatsächlicher Ausgestaltung als GbR, OHG oder – bei nur einer Gesellschafterin – als einzelkaufmännisches Unternehmen zu behandeln. Eine Fortgeltung der Gründungstheorie mit der Konsequenz der fortbestehenden Rechts- und Parteifähigkeit einer britischen Limited trotz tatsächlichem Verwaltungssitz in Deutschland wie unter der Geltung der Niederlassungsfreiheit gemäß Art. 49, 54 AEUV folgt nicht aus dem Handels- und Kooperationsabkommen zwischen der EU und dem Vereinigten Königreich (FHA EU/UK) vom 24.12.2020, ABl. EU 2020 L 444, 14 (BGH BeckRS 2021, 2982; OLG München GRUR-RS 2021, 24176; s. dazu Gruppe GRUR-Prax 2021, 761).

Vor dem BPatG findet eine **mündliche Verhandlung** nur nach § 69 statt.   **29**

Verfahren vor dem BPatG sollen im Hinblick auf das öffentliche Markenregister und die Auswir- **30** kungen auf die Benutzungsschonfristen nur in engen Grenzen **ruhen** (→ § 70 Rn. 37) und **ausgesetzt** werden (→ § 70 Rn. 14).

Eine Einwilligung des Gegners in eine **Beschwerderücknahme,** wie sie § 269 ZPO vorsieht, **31** ist in Verfahren vor dem BPatG nicht erforderlich (→ § 66 Rn. 181).

Abschnitt 6. Verfahren vor dem Bundesgerichtshof

§ 83 Zugelassene und zulassungsfreie Rechtsbeschwerde

(1) [1]**Gegen die Beschlüsse der Beschwerdesenate des Bundespatentgerichts, durch die über eine Beschwerde nach § 66 entschieden wird, findet die Rechtsbeschwerde an den Bundesgerichtshof statt, wenn der Beschwerdesenat die Rechtsbeschwerde in dem Beschluß zugelassen hat.** [2]**Die Rechtsbeschwerde hat aufschiebende Wirkung.**

(2) Die Rechtsbeschwerde ist zuzulassen, wenn
1. eine Rechtsfrage von grundsätzlicher Bedeutung zu entscheiden ist oder
2. die Fortbildung des Rechts oder die Sicherung einer einheitlichen Rechtsprechung eine Entscheidung des Bundesgerichtshofs erfordert.

(3) Einer Zulassung zur Einlegung der Rechtsbeschwerde bedarf es nicht, wenn gerügt wird,
1. daß das beschließende Gericht nicht vorschriftsmäßig besetzt war,
2. daß bei dem Beschluß ein Richter mitgewirkt hat, der von der Ausübung des Richteramtes kraft Gesetzes ausgeschlossen oder wegen Besorgnis der Befangenheit mit Erfolg abgelehnt war,
3. daß einem Beteiligten das rechtliche Gehör versagt war,
4. daß ein Beteiligter im Verfahren nicht nach Vorschrift des Gesetzes vertreten war, sofern er nicht der Führung des Verfahrens ausdrücklich oder stillschweigend zugestimmt hat,
5. daß der Beschluß aufgrund einer mündlichen Verhandlung ergangen ist, bei der die Vorschriften über die Öffentlichkeit des Verfahrens verletzt worden sind, oder
6. daß der Beschluß nicht mit Gründen versehen ist.

Überblick

Die §§ 83–90 regeln das Rechtsbeschwerdeverfahren vor dem BGH. Aufgrund der Lückenhaftigkeit der Regelungen ist vielfach, nicht zuletzt, weil die Rechtsbeschwerde dem Rechtsmittel der Revision ähnelt, auf die ZPO, insbesondere die §§ 543 ff., 574 ff. ZPO, zurückzugreifen (→ § 88 Rn. 1 ff.). Die Statthaftigkeit der Rechtsbeschwerde ist in § 83 abschließend geregelt. § 83 Abs. 2 regelt die zugelassene (→ Rn. 17), § 83 Abs. 3 die zulassungsfreie Rechtsbeschwerde (→ Rn. 32).

Übersicht

A. Allgemeines

I. Wesen der Rechtsbeschwerde

1   Mit dem Rechtsbeschwerdeverfahren nach §§ 83 ff. beim BGH hat der Gesetzgeber die im Grunde einzige (aber → Rn. 3) Möglichkeit einer Überprüfung der Entscheidung des BPatG geschaffen. Es ist seinem Wesen nach der Revision ähnlich (BGH GRUR 1988, 191 – Ziegelsteinförmling; GRUR 1986, 453 – Transportbehälter). Als echtes Rechtsmittel hat die Rechtsbeschwerde gemäß § 83 Abs. 1 S. 2 aufschiebende Wirkung, so dass der Beschluss des BPatG bis zur Entscheidung des BGH nicht vollzogen werden kann (→ Rn. 62). Herzstück des Rechtsbeschwerdeverfahrens ist § 83, der fast wortgleich den §§ 100, 103 PatG entspricht und wie diese die Voraussetzungen aufzählt, unter denen die Rechtsbeschwerde zum BGH statthaft ist. Dabei wird deutlich, dass das Gesetz dies nur in ganz engen Grenzen vorsieht: Zum einen muss die Rechtsbeschwerde gegen den Beschluss eines Beschwerdesenats des BPatG iSd § 66 gerichtet sein (→ Rn. 6). Zum anderen muss das BPatG die Rechtsbeschwerde entweder ausdrücklich zugelassen haben (→ Rn. 17) oder einer der in § 83 Abs. 3 aufgezählten, schweren Verfahrensmängel vorliegen (→ Rn. 32). Außerordentliche Rechtsbehelfe sind nicht vorgesehen (→ Rn. 2), ebenso kann gegen die Entscheidung des BPatG, die Rechtsbeschwerde nicht zuzulassen, nicht im Wege der Nichtzulassungsbeschwerde vorgegangen werden (→ Rn. 5). Bei der zulassungsfreien Rechtsbeschwerde iSd § 83 Abs. 3 handelt es sich nicht um eine (modifizierte) Nichtzulassungsbeschwerde, die, vergleichbar mit § 543 Abs. 1 Nr. 2 ZPO, § 544 ZPO, eine (beschränkte) Inhaltskontrolle durch den BGH ermöglicht, sondern diese ist nur im Falle schwerer, abschließend aufgezählter Verfahrensmängel, wie sie auch die absoluten Revisionsgründe in § 547 ZPO vorsehen, statthaft und lässt, im Gegensatz zu der zugelassenen Rechtsbeschwerde iSd § 83 Abs. 2, keine volle revisionsmäßige Überprüfung zu. Das Gesetz erkennt daher das BPatG im Rahmen von dessen Zuständigkeitsbereich grundsätzlich als die letzte Instanz an. Mit der Schaffung der Rechtsbeschwerde im Jahre 1961 wollte der Gesetzgeber primär nur sicherstellen, dass das Interesse der Allgemeinheit an der Klärung grundsätzlicher Rechtsfragen und an der Einheitlichkeit der Rechtsprechung gewahrt ist und dass es nicht zu einander widersprechenden Entscheidungen zwischen dem Amt und dem BPatG auf der einen Seite und den Zivilgerichten auf der anderen Seite kommt (Benkard PatG/Rogge/Fricke PatG Vor § 100 Rn. 1; Löscher GRUR 1966, 5). Ob hieraus aber auch der Schluss gezogen werden kann, den § 83 grundsätzlich eng auszulegen, ist streitig (→ Rn. 18).

II. Keine außerordentlichen Rechtsbehelfe

Ein außerordentlicher Rechtsbehelf im Falle „greifbarer Gesetzeswidrigkeit" ist seit der Schaf- **2** fung der abschließenden Regelung des § 574 Abs. 1 ZPO nicht mehr anerkannt (BGH NJW 2002, 1577; 2003, 3137). Dies muss wegen des Gebots der Rechtsmittelklarheit selbst für die Fälle gelten, in denen die Entscheidung nur schwer mit der Rechtsordnung in Einklang zu bringen ist (BVerfG NJW 2003, 1924). Auch eine Selbstkorrektur von Verfassungsverstößen durch eine Gegenvorstellung ist seit der Neuschaffung des § 321a ZPO, der die Gegenvorstellung nur im Falle von Entscheidungen eines letztinstanzlichen Gerichts zulässt, abzulehnen (offengelassen in BPatG GRUR 2007, 156 – Anhörungsrüge; so aber Voßkuhle NJW 2003, 2193; aA Fezer Rn. 6, der eine analoge Anwendung für geboten hält). Eine Anwendung des § 321a ZPO bleibt aber möglich, wenn es sich um eine Entscheidung des BPatG handelt, die nicht mit der Rechtsbeschwerde angegriffen werden kann (BPatG GRUR 2007, 156 – Anhörungsrüge; Treber NJW 2005, 97).

Unter den strengen Voraussetzungen der §§ 578 ff. ZPO ist jedoch ein Wiederaufnahmeverfah- **3** ren möglich, da in diesen Fällen die Rechtssicherheit hinter der Einzelfallgerechtigkeit zurückste-hen muss (BPatG Mitt 1990, 172 – Restitutionsantrag). Aus diesem Grund bleibt auch eine Verfassungsbeschwerde gestützt auf Art. 19 Abs. 4 GG bei Verletzung des effektiven Rechtsschutzes oder Art. 101 Abs. 1 S. 2 GG bei Entzug des gesetzlichen Richters möglich (BVerfG NJW 2011, 1276; 2009, 572). Die Hürden für diese Verfahren sind freilich hoch.

Nach § 133 S. 3 finden die Vorschriften über das Rechtsbeschwerdeverfahren auch für Rechts- **4** mittel gegen Entscheidungen bezüglich der Eintragung geographischer Angaben und Ursprungs-bezeichnungen entsprechende Anwendung (→ § 133 Rn. 10).

III. Keine Nichtzulassungsbeschwerde

Eine Nichtzulassungsbeschwerde hat der Gesetzgeber bewusst ausgeschlossen. Zum einen sollte **5** dadurch der BGH entlastet werden und zum anderen möglichst schnell eine Klärung der Rechts-lage erfolgen (Amtl. Begr. Abs. 3 zu § 83; BGH GRUR 1977, 214 (215) – Aluminiumdraht; GRUR 1964, 519 (521) – Damenschuhabsatz). Nur unter sehr engen Voraussetzungen kann gegen eine „willkürliche Nichtzulassung" der BGH und (im Gefolge) das BVerfG angerufen werden (→ Rn. 30).

Diese Ausgestaltung der Rechtsmittel mit nur einer gerichtlichen Tatsacheninstanz ist mit dem Grund- **5.1** gesetz vereinbar und stellt keinen Verstoß gegen Art. 19 Abs. 4 GG oder den Justizgewährungsanspruch dar, denn ein gerichtlicher Instanzenzug ist nicht zwingend vorgegeben (BVerfG NJW 2004, 1739; BGH GRUR 1968, 59 – Golden Toast). Ob diese rechtliche Ausgestaltung als geglückt bezeichnet werden kann, darf angesichts der Trennung zwischen den Verfahren vor dem BPatG einerseits und den ordentlichen Gerichten andererseits und des daraus resultierenden Bedürfnisses, Mechanismen zur Vereinheitlichung der Rechtsprechung zu schaffen, bezweifelt werden (Kraßer GRUR 1980, 420 (422)). Das BPatG kann nämlich durch eine Nichtzulassung der Rechtsbeschwerde die Überprüfung der eigenen Rechtsauffassung gezielt verhindern. Damit besteht, zumindest nach der Gesetzessystematik, ein erheblicher Unterschied zum Rechtszug vor den ordentlichen Gerichten, der in Markensachen nicht nur zwei Gerichtsinstanzen vorsieht, sondern dem BGH aufgrund der in Zivilprozessen gemäß § 544 ZPO möglichen Nichtzulassungsbe-schwerde erlaubt, „Fehlurteile" der Oberlandesgerichte zu kassieren, wenn er dies für opportun erachtet. Ob sich dieser Unterschied allein mit einem gesetzlich vermuteten Vertrauensvorschuss für die Senate des BPatG und der Anzahl rechtsbeschwerdefähiger Beschlüsse der Marken-Beschwerdesenate des BPatG pro Jahr begründen lässt, ist fraglich. Das Argument, der BGH lasse bei der Zulassung von Revisionen eine sehr starke Zurückhaltung walten, wie die Entscheidungen des BGH über Nichtzulassungsbeschwerden (§ 544 ZPO) zeigen (vgl. Ströbele/Hacker/Thiering/Knoll Rn. 20), dürfte ebenfalls nicht durchschlagend sein. Es lassen sich regelmäßig BGH Entscheidungen identifizieren, die diese Strenge sicherlich nicht an

den Tag legen, wie die „Goldhasen"-Entscheidungen des BGH belegen, der zwei Mal die Nichtzulassungsbeschwerden der Klägerin gegen Entscheidungen des OLG Frankfurt zugelassen hat (BGH GRUR 2011,
148 – Goldhasen II; OLG Frankfurt GRUR-RR 2012, 255).

B. Rechtsbeschwerdefähiger Beschluss (Abs. 1 S. 1)

I. Beschlüsse nach § 66

6   Die Rechtsbeschwerde kann nur gegen Beschlüsse der Senate des BPatG eingelegt werden,
durch die über eine Beschwerde nach § 66 entschieden wurde. Dagegen findet gegen erstinstanzliche Entscheidungen oder erstmalige Entscheidungen im Beschwerdeverfahren keine Rechtsbeschwerde statt. Letzteres folgt aus dem Wortlaut des Gesetzes, wonach „über" eine Beschwerde
entschieden werden muss (BPatG GRUR 1988, 903 (905); 2001, 339 (341)). Abzustellen ist auf
den Inhalt der Entscheidung und nicht auf die äußere Form (BGH GRUR 2008, 732 Rn. 9,
10 – Tegeler Floristik; GRUR 1993, 890 (891) – Teilungsgebühren). Es gelten insoweit die
gleichen Grundsätze wie im Rahmen des § 66 Abs. 1. Entscheidend ist, ob materiell eine abschließende Regelung getroffen wird (BGH GRUR 1972, 535 – Aufhebung der Geheimhaltung).

6.1   Die Entscheidung, die feststellt, dass die Beschwerde mangels Zahlung der Beschwerdegebühr als nicht
eingelegt gilt (§ 6 Abs. 2 PatKostG), kann als instanzbeendende Entscheidung im Beschwerdeverfahren
statthafter Gegenstand der Rechtsbeschwerde sein. Die rechtliche Tragweite einer solchen Entscheidung
kommt einer Verwerfung der Beschwerde als unzulässig gleich und muss deshalb in gleicher Weise anfechtbar sein. Das gilt unabhängig davon, ob das BPatG die Entscheidung nach § 6 Abs. 2 PatKostG selbst trifft
oder über eine Erinnerung gegen die Entscheidung des Rechtspflegers gemäß § 23 Abs. 1 Nr. 4 RPflG
entscheidet. Ausschlaggebend ist allein, dass die Entscheidung eine die Beschwerde insgesamt erledigende
instanzbeendende Wirkung hat (BGH BeckRS 2019, 4229 Rn. 10 – Future-Institute; NJW-RR 1997,
1195 = GRUR 1997, 636 Rn. 10 – Makol).

7   Ausgenommen sind Neben- und Zwischenfragen, die nicht für den eigentlichen Beschlussge-
genstand entscheidungserheblich sind. Hierunter fallen vorbereitende Äußerungen oder Verfügungen, zB Beanstandungen oder Fristsetzungen, sowie Mitteilungen über kraft Gesetzes eintretende
Rechtsfolgen oder organisatorische Maßnahmen (BGH GRUR 2008, 732 – Tegeler Floristik;
GRUR 1969, 439 – Bausteine, zum PatG). Nicht der Rechtsbeschwerde unterliegen außerdem
Kostenentscheidungen des BPatG, die im Rahmen eines Beschwerdeverfahrens ergangen sind und
nicht isoliert angefochten werden sollen (BPatGE 12, 238 (242)).

7.1   § 11 Abs. 3 PatKostG schließt nicht nur eine Beschwerde, sondern auch eine Rechtsbeschwerde gegen
Entscheidungen des BPatG über den Kostenansatz aus (BGH BeckRS 2015, 15780 – Überraschungsei).
Etwas anderes gilt aber für die Entscheidung, ob eine Kostengrundentscheidung überhaupt ergehen soll.
Ist dies Gegenstand der Hauptsache, soll der Beschluss isoliert angefochten werden können (BGH GRUR
2001, 139 (140) – Parkkarte).

8   Richtet sich die Rechtsbeschwerde nicht gegen eine beschwerdefähige Entscheidung iSd § 83,
so ist sie gemäß § 86 als unzulässig zu verwerfen (BGH GRUR 1986, 453 – Transportbehälter;
→ § 86 Rn. 2).

II. Kostensachen

9   Die Frage, inwieweit Entscheidungen in Kostensachen der Rechtsbeschwerde unterliegen, kann
aufgrund der Vielzahl möglicher Entscheidungen in diesem Bereich nicht einheitlich beantwortet
werden. Es muss vielmehr genau unterschieden werden, aufgrund welcher Norm die Entscheidung
des BPatG erging.

1. Beschwerdeentscheidungen des BPatG zu Kostenentscheidungen des DPMA (§ 63 Abs. 1, 2)

10   Bei den Kostenentscheidungen nach § 63 Abs. 1 und Abs. 2 handelt es sich um Beschlüsse iSd
§ 66, so dass diesbezüglich die Rechtsbeschwerde in jedem Fall eröffnet ist (→ § 66 Rn. 12). Der
Unterschied zwischen Kostensachen nach § 63 Abs. 1 S. 1 bzw. Abs. 2, die im Rahmen eines
Hauptsacheverfahrens ergehen, und solchen nach § 63 Abs. 1 S. 2 iVm S. 1, die isoliert nach
Erledigung der Hauptsache ergehen, spielt somit für die Frage, ob diese der Rechtsbeschwerde
unterliegen, keine Rolle (Ströbele/Hacker/Thiering/Knoll Rn. 13).

2. Beschwerdeentscheidungen zu Kostenfestsetzungsbeschlüssen (§ 63 Abs. 3)

Umstritten ist, ob eine Rechtsbeschwerde gegen Entscheidungen des BPatG zu Beschwerden **11** nach § 63 Abs. 3 S. 3 und 4 iVm § 66 zu Kostenfestsetzungsbeschlüssen möglich ist. Dafür spricht, dass § 63 Abs. 3 S. 2 auf die §§ 103 ff. ZPO verweist (Büscher/Dittmer/Schiwy/Schiwy Rn. 9; Ströbele/Hacker/Thiering/Knoll Rn. 13. Da § 104 Abs. 3 ZPO eine Rechtsmittelregelung enthält, ist von einer Gesamtverweisung auf die Rechtsmittel der ZPO auszugehen (so auch BGH GRUR 1986, 453). Daraus folgt, dass gemäß § 574 ZPO grundsätzlich die Rechtsbeschwerde zum BGH eröffnet ist.

Die Rechtsprechung zur alten Rechtslage, nach der sich die sofortige Beschwerde gemäß § 577 **12** Abs. 1 ZPO als das einzige Rechtsmittel darstellte, hat sich aufgrund der Reform der ZPO erledigt. Geht man davon aus, dass die Verweisung auf die ZPO in § 63 Abs. 3 S. 2 die Regelung über die Rechtsmittel mit einschließt, spricht vieles dafür, jedenfalls eine Beschwerde nach § 83 zuzulassen. Es ist nämlich nicht ersichtlich, warum der Gesetzgeber im markenrechtlichen Verfahren zu Kostenfestsetzungsbeschlüssen von den diesbezüglichen Regelungen der ZPO abweichen wollte (vgl. auch BGH BeckRS 2013, 1586; GRUR Prax 2013, 64 mAnm Kendziur; → § 71 Rn. 123).

Schlussendlich stellt sich die Frage, ob der Mindestbeschwerdegegenstand des § 567 Abs. 2 **13** ZPO von 200 Euro Anwendung finden muss, da im Rechtsmittelverfahren der ZPO nur in diesem Fall eine Rechtsbeschwerde möglich wird. Weil davon auszugehen ist, dass das Ziel einer weitgehenden Angleichung der Rechtsmittel angestrebt wurde, spricht vieles für eine (analoge) Anwendung der Vorschrift.

3. Entscheidungen nach § 71 Abs. 1–3

Im Rahmen der Beschwerde nach § 66 ergehen die Entscheidungen des BPatG über die Kosten **14** des Beschwerdeverfahrens nach § 71 Abs. 1 bis 3. Diese Kostenentscheidungen sind überprüfbar, soweit die Hauptsache ebenfalls mit der Rechtsbeschwerde angegriffen wird (→ § 71 Rn. 83). Eine isolierte Anfechtung der Kostenentscheidung scheidet gemäß § 82 Abs. 2 iVm § 99 Abs. 1 ZPO aus, um eine inzidente Überprüfung der Hauptsache zu verhindern, die dann im Widerspruch zur Entscheidung der Hauptsache selbst stehen könnte (BGH GRUR 1967, 94 (97)).

4. Entscheidungen nach § 71 Abs. 4 iVm § 71 Abs. 1–3

Kostenentscheidungen des BPatG nach § 71 Abs. 4 ergehen nach Erledigung der Hauptsache. **15** Da in der Hauptsache keine Entscheidung ergangen ist, liegt in diesen Fällen keine Entscheidung über eine Beschwerde nach § 66 vor. Aus diesem Grund scheidet eine Rechtsbeschwerde gegen die Entscheidungen nach § 71 Abs. 4 aus (Ströbele/Hacker/Thiering/Knoll Rn. 12).

5. Erinnerungsentscheidungen nach § 23 Abs. 2 RPflG zu Kostenfestsetzungsbeschlüssen des Kostenbeamten beim BPatG nach § 23 Abs. 1 Nr. 12 RPflG

Da eine Erinnerungsentscheidung keinen Beschluss über eine Beschwerde iSd § 66 darstellt, **16** scheidet eine Rechtsbeschwerde gemäß § 83 Abs. 1 aus. Allerdings kann die Verweisung des § 71 Abs. 5, wie im Rahmen der Beschwerdeentscheidungen zu Kostenfestsetzungsbeschlüssen ausgeführt, als Gesamtverweisung auf die Rechtsmittel der ZPO angesehen werden. Gegen die Erinnerungsentscheidung ist damit gemäß § 574 ZPO die Rechtsbeschwerde statthaft (so Ströbele/Hacker/Thiering/Knoll Rn. 17; vgl. auch BGH BeckRS 2013, 1586; aA Büscher/Dittmer/Schiwy/Schiwy Rn. 9). Dafür spricht auch, dass in diesem Verfahren die gleichen Wertungen angestellt werden müssen.

C. Die zugelassene Rechtsbeschwerde (Abs. 2)

I. Allgemeines

In § 83 Abs. 2 hat der Gesetzgeber eine abschließende Regelung der Zulassungsgründe für die **17** Rechtsbeschwerde getroffen. Ein Rechtsbeschwerdeverfahren soll nach dem Willen des Gesetzes in aller Regel auf eine Zulassung durch das BPatG iSd § 83 Abs. 1 S. 1 zurückgehen. Das BPatG trifft zwar die Pflicht, die Beschwerde in den gesetzlich geregelten Fällen zuzulassen, aufgrund der fehlenden Nichtzulassungsbeschwerde kann diese Pflicht aber nur sehr eingeschränkt überprüft werden (→ Rn. 30). Zur (ergänzenden)Auslegung kann jeweils auf die Spruchpraxis zu § 100 Abs. 2 PatG, § 543 Abs. 2 ZPO und § 574 Abs. 2 ZPO zurückgegriffen werden (Ströbele/Hacker/Thiering/Knoll Rn. 20). Vorgenannte Normen der ZPO wurden durch die Reform der ZPO im Jahre 2002 eingeführt, wobei die Rechtsbeschwerde iSd §§ 574 ff. ZPO ebenfalls keine Nichtzulassungsbeschwerde kennt (BGH NJW-RR 2004, 356).

18   Zwar soll durch die Regelungssystematik des § 83 der BGH entlastet werden (BGH GRUR 1977, 214 (215) – Aluminiumdraht), ob daraus aber eine grundsätzlich strenge Auslegung des § 83 Abs. 2 gefolgert werden kann, erscheint fraglich (so aber Ströbele/Hacker/Thiering/Knoll Rn. 19 f. unter Bezugnahme auf die strenge Rechtsprechung des BGH zu Nichtzulassungsbeschwerden gemäß § 544 ZPO). Soweit die Rechtsbeschwerde vom BPatG zugelassen wird, geschieht dies vor allem im Interesse der Allgemeinheit an der Klärung von grundsätzlichen Rechtsfragen und der Vereinheitlichung der Rechtsprechung. Sinnvoll ist dies vor dem Hintergrund, dass die Verfahren vor dem DPMA und dem BPatG unabhängig von den Verfahren in Kennzeichenstreitsachen vor den ordentlichen Gerichten verlaufen. Diese Aufteilung der Zuständigkeiten birgt in hohem Maße die Gefahr einer uneinheitlichen Rechtsprechung in sich, der mit der Durchführung eines Rechtsmittelverfahrens jeweils beim selben Spruchkörper, nämlich dem I. Zivilsenat des BGH, entgegengewirkt werden kann (Löscher GRUR 1966, 5). Darüber hinaus kann der BGH auch dann eine einheitliche Rechtsprechung herbeiführen, wenn einzelne Senate des BPatG differente Auffassungen vertreten. Andererseits wird der BGH auch bei Zulassung der Rechtsbeschwerde nicht von Amts wegen tätig, sondern nur, wenn der unterlegene Beteiligte die Rechtsbeschwerde einlegt und begründet. Insoweit dient das Rechtsbeschwerdeverfahren auch dem Interesse des Einzelnen und der Einzelfallgerechtigkeit. Dies wird auch dadurch gewährleistet, dass der BGH bei Zulassung der Rechtsbeschwerde durch das BPatG nicht nur auf die Überprüfung der vom BPatG aufgeworfenen Rechtsfragen beschränkt ist, sondern eine umfassende, dem Interesse des Einzelnen dienende Rechtsprüfung vornehmen kann.

II. Grundsätzliche Bedeutung der Rechtsfrage (Abs. 2 Nr. 1)

1. Rechtsfrage

19   Das BPatG hat nach § 83 Abs. 2 Nr. 1 die Rechtsbeschwerde zuzulassen, wenn das Verfahren aus seiner Sicht eine Rechtsfrage von grundsätzlicher Bedeutung aufwirft. Unter den Begriff Rechtsfrage fällt jede Subsumtion eines Sachverhalts unter eine Norm oder einen unbestimmten Rechtsbegriff (Fezer Rn. 8). Fragen zum Sachverhalt und zur Sachverhaltsfeststellung durch das BPatG iSd § 89 Abs. 2 sind keine Rechtsfragen. Die Abgrenzung zwischen Rechtsfrage und Tatsachenfrage kann teilweise schwierig sein (Ströbele/Hacker/Thiering/Knoll § 89 Rn. 13). Insbesondere die Beurteilung des Fehlens jeglicher Unterscheidungskraft eines Zeichens nach § 8 Abs. 2 Nr. 1 oder die Waren-, Dienstleistungs- oder Zeichenähnlichkeit im Rahmen der Verwechslungsgefahr gemäß §§ 9, 14 setzen neben rechtlichen Komponenten auch tatsächliche Feststellungen des BPatG voraus. So ist es beispielsweise allein Aufgabe des BPatG als Tatsacheninstanz festzustellen, ob unter Berücksichtigung der Handelsgepflogenheiten im einschlägigen Waren- oder Dienstleistungssektor in Bezug auf das Anmeldezeichen eine beschreibende Benutzung durch die Marktteilnehmer naheliegt. Entsprechendes gilt für die Frage, ob aus Sicht der relevanten Verkehrskreise eine Ähnlichkeit der sich gegenüberstehenden Waren/Dienstleistungen vorliegt (BGH GRUR 1999, 496 f. – TIFFANY; GRUR 2000, 890 f. – IMMUNINE/IMUKIN) oder ob Markenteilen eine kollisionsbegründende Bedeutung innerhalb eines Gesamtzeichens zukommt (BGH GRUR 1998, 815 f. – Nitrangin; GRUR 2002, 167 (168) – BIT/BUD; GRUR 2002, 342 f. – ASTRA/ESTRA-PUREN). Das BPatG kann solche Tatsachenfragen nicht dem BGH zur Klärung vorlegen. Vielmehr ist der BGH nach § 89 Abs. 2 an die Tatsachenfeststellungen des BPatG gebunden. Der BGH kann dann nur überprüfen, ob die Tatsachenfeststellungen des BPatG unter Verstoß gegen allgemeine Erfahrungssätze oder Denkgesetze getroffen wurden (BGH GRUR 1983, 725 (727) – Ziegelsteinförmling; → § 89 Rn. 4).

2. Grundsätzliche Bedeutung

20   Die persönliche oder wirtschaftliche Bedeutung des konkreten Falles für die betroffenen Parteien oder die Bedeutung für die Öffentlichkeit spielt keine Rolle. Entscheidend ist allein die Bedeutung einer bestimmten Rechtsfrage für eine unbestimmte Zahl anderer Streitfälle (BPatGE 5, 192 (198) = GRUR 1965, 253 – Euroyal) und dass aus diesem Grund die Rechtsfrage für die Allgemeinheit von Interesse ist (BVerfG GRUR-RR 2009, 222 – Achteckige Zigarettenschachtel;

BGH GRUR 2003, 259 – Revisionsvoraussetzungen). Die geringe praktische Relevanz der Rechtsfrage ist dabei unerheblich (BPatG BeckRS 2012, 22502 – Fakten statt Akten). Ein Indiz kann das Fehlen höchstrichterlicher Rechtsprechung oder der Streit um die Auslegung einer Vorschrift in der Rechtsprechung oder Literatur sein (vgl. BGH GRUR 1970, 506 (508) – Dilactame). Umgekehrt darf die Frage nicht abschließend höchstrichterlich geklärt sein (BGH GRUR 1962, 163 (164) – Registriersystem). Dies ist sowohl bei einer bestehenden ständigen Rechtsprechung des BGH als auch des EuGH zu bejahen (BPatG GRUR 2000, 149 (151) – WALLIS). Dass sich die Frage zum ersten Mal stellt, reicht für eine grundsätzliche Bedeutung alleine nicht aus, weil dies keinen Rückschluss auf die qualitative Bewertung einer Frage zulässt. Anderenfalls würde im Falle von Gesetzesnovellen immer der Weg zum BGH offen stehen. Dies steht dem Sinn und Zweck der Vorschrift entgegen (Ströbele/Hacker/Thiering/Knoll Rn. 23). Bei Zweifeln an der Verfassungsmäßigkeit einer Vorschrift (BPatG GRUR 1978, 710 – Rosenmontag) wird von einer grundsätzlichen Bedeutung ebenso ausgegangen werden können wie bei Fragen der richtlinienkonformen Auslegung.

20.1 Da die Gründe für den Beschluss, dem Präsidenten des DPMA den Beitritt anheimzustellen (§ 68 Abs. 2), den Voraussetzungen für die Zulassung der Rechtsbeschwerde entsprechen, kann der Beschwerdesenat die Zulassung nur noch ablehnen, wenn zwischenzeitlich eine höchstrichterliche Entscheidung die maßgebliche Frage geklärt hat.

3. Entscheidungserheblich

21 Die Streitfrage kann sowohl formeller als auch materieller Natur sein, muss aber in ihrer rechtlichen und nicht nur tatsächlichen Dimension entscheidungserheblich für das konkrete Verfahren sein (BGH GRUR 1972, 538 – Parkeinrichtung). Der Rechtsstreit muss deshalb von der Streitfrage zumindest abhängen können. Ausführungen in einem obiter dictum erfüllen diese Voraussetzung nicht.

III. Entscheidung des BGH erforderlich (Abs. 2 Nr. 2)

1. Rechtsfortbildung (Abs. 2 Nr. 2 Alt. 1)

22 Die Notwendigkeit der Rechtsfortbildung wird sich in aller Regel mit der grundsätzlichen Bedeutung nach § 83 Abs. 2 Nr. 1 decken (Ullmann WRP 2002, 593 (597)). Die Regelung hat aber eigenständige Bedeutung, wenn die zu klärende Frage über den entscheidungserheblichen Bereich im Rahmen des § 83 Abs. 2 Nr. 1 hinausgeht (Ströbele/Hacker/Thiering/Knoll Rn. 27; v. Gierke/Seiler NJW 2004, 1497 (1499)) oder der Beschwerdesenat eine weitere Differenzierung höchstrichterlicher Rechtsprechung für nötig erachtet (BVerfG GRUR-RR 2009, 222 – Achteckige Zigarettenschachtel). Das BPatG ist zunächst selbst zur Rechtsfortbildung berufen und muss dazu nicht den BGH anrufen (Fezer Rn. 10; Ströbele/Hacker/Thiering/Knoll Rn. 27). Fehlt es jedoch bisher ganz oder teilweise an einer Orientierungshilfe für die rechtliche Beurteilung typischer Lebenssachverhalte ist es angezeigt, den BGH anzurufen (Fezer Rn. 10). In Betracht kommen insbesondere Rechtsfragen, in denen eine Entscheidung zur Ausfüllung von Gesetzeslücken ergehen soll (BGH NJW 2002, 3029 f.) oder die das BPatG in Abweichung von Einrichtungen für das Gemeinschaftsmarkenrecht (zB dem Harmonisierungsamt für den Binnenmarkt) entscheiden will (BPatG GRUR 1999, 1088 (1089) – CREATE (Y)OUR FUTURE).

2. Sicherung einer einheitlichen Rechtsprechung (Abs. 2 Nr. 2 Alt. 2)

23 Zur Zulassung der Rechtsbeschwerde ist ein Senat des BPatG auch dann verpflichtet, wenn er von einer Entscheidung des BGH, eines gleichrangigen Instanzgerichts (insbesondere der Oberlandesgerichte) oder eines anderen Senats des BPatG abweichen will. Im Falle der Abweichung von ständiger Rechtsprechung besteht nämlich die Gefahr, dass andere Gerichte dieser Auffassung folgen (BVerfG GRUR-RR 2009, 222 f. – Achteckige Zigarettenschachtel). Zulassungspflichtig und berechtigt ist nur der Senat des BPatG, der von der bisherigen Spruchpraxis abweichen möchte (BPatG MarkenR 2010, 139 (145) – VOLKSFLAT).

23.1 Nicht erfasst sind Fälle, in denen lediglich die Verkehrsauffassung, mithin eine Tatsachenfrage, nicht jedoch der zu Grunde liegende Rechtssatz abweichend beurteilt wird (BPatG BeckRS 2011, 18575 – Liwell/LIDL; BeckRS 2011, 17940 – Volks.Plasma-TV (Wort-Bild-Marke); BeckRS 2011, 17941 – Volks.Kredit (Wort-Bild-Marke); BVerfG GRUR-RR 2009, 222 (223) – Achteckige Zigarettenschachtel;

BGH MMR 2010, 184; NJW-RR 2007, 1676; → Rn. 19), wobei die Unterscheidung im Einzelfall sehr schwierig sein kann.

24   Entscheidungen des DPMA stellen keine Rechtsprechung dar und fallen somit nicht unter § 83 Abs. 2 Nr. 2 Alt. 2.

25   Weicht die Rechtsprechung des EuG von der des EuGH ab, sollte trotz der unterschiedlichen Rechtsordnungen, in der auch der BGH keine Abweichungen verhindern kann (BPatG GRUR 2009, 491 (493) – Vierlinden), trotzdem darauf abgestellt werden, ob im Einzelfall ein Rechtsfortbildungsbedarf durch die unterschiedlichen Auslegungen besteht (vgl. BGH GRUR 2009, 994 Rn. 17 – Vierlinden).

IV. Entscheidung über Zulassung

1. Beschluss über die Zulassung

26   Das BPatG entscheidet von Amts wegen über die Zulassung (BPatG GRUR 1965, 51). Eine Begründung ist nicht erforderlich (BGH GRUR 1964, 519 – Damenschuhabsatz), die Zulassung muss jedoch in dem Beschluss niedergelegt worden sein, gegen den mit der Rechtsbeschwerde vorgegangen wird. **Nicht ausreichend** ist eine frühere Zulassung des BPatG nach Zurückweisung, weil nun andere Rechtsfragen streitig sein können (BGH GRUR 1967, 548 (550) – Schweißelektrode II). Erscheint die Zulassung nur in den Entscheidungsgründen, reicht dies aus (BGH GRUR 1978, 420 (422) – Fehlerortung). Eine **Nachholung** der Zulassung ist **ausgeschlossen.** Eine Ergänzung gemäß § 321 ZPO oder eine Weiterverführung des Verfahrens gemäß § 321a ZPO scheiden aus, weil § 83 Abs. 3 Nr. 3 eine abschließende Regelung für Versäumnisse im Verfahren darstellt. In bestimmten Fällen ist jedoch eine **Berichtigung** gemäß § 80 möglich (→ § 80 Rn. 1 ff.). Jedoch ist genau zu untersuchen, ob eine unter diese Vorschrift fallende Ergänzung oder eine unzulässige Änderung des Beschlusses vorliegt. Von einer Berichtigung ist nur auszugehen, wenn vergessen wurde, eine beschlossene Zulassung in den Beschluss aufzunehmen (Benkard PatG/Rogge, 10. Aufl. 2006, PatG § 100 Rn. 15), aber nicht, wenn der Zulassungsbeschluss irrtümlich unterblieben ist (BPatGE 22, 45 = FHZivR 26 Nr. 5271). Außerdem muss dieses Versäumnis für Dritte ohne weiteres zu erkennen sein (BGH NJW 2005, 156; NJW 2004, 2389; → § 80 Rn. 24). Enthalten weder der Tenor der Entscheidung noch die Gründe Ausführungen zur Zulassung der Rechtsbeschwerde, ersetzt eine Rechtsmittelbelehrung die Zulassung nicht (vgl. BGH BeckRS 2014, 06966 Rn. 9).

2. Eingeschränkte Zulassung

27   Die Zulassung kann auf bestimmte abgrenzbare Teile des Verfahrens, nicht jedoch auf einzelne Rechtsfragen, beschränkt werden (BGH GRUR 1983, 725 (726) – Ziegelsteinformling I; GRUR 1978, 420 (422) – Fehlerortung). Des Weiteren kann sich die Zulassung auf bestimmte Beteiligte beziehen; eine solche Beschränkung muss jedoch, um wirksam zu sein, unzweideutig ausgesprochen werden, wobei dies ebenfalls in der Begründung des Beschlusses geschehen kann (BGH GRUR 2018, 627 Rn. 9 – Gefäßgerüst GRUR 1993, 969 (970) – Indorektal II).

V. Bindung an die Zulassung

28   Lässt das BPatG die Rechtsbeschwerde in seinem Beschluss zu kann der BGH diese Entscheidung nicht überprüfen, sondern ist – sofern die Rechtsbeschwerde auch statthaft ist (BGH BeckRS 2013, 1586) – daran gebunden und hat eine volle revisionsmäßige Überprüfung durchzuführen (BGH GRUR 1964, 26 – Milburan).

29   Eine Rechtsbeschwerde ist aber nicht bereits dann statthaft, wenn sie durch das BPatG zugelassen worden ist. Auch eine zugelassene Rechtsbeschwerde ist als unzulässig zu verwerfen, wenn sie nach dem Gesetz nicht statthaft ist (BGH BeckRS 2015, 15780 – Überraschungsei; GRUR 2009, 1098 – Leistungshalbleiterbauelement). Der BGH ist also nicht auf die Überprüfung der vom BPatG aufgeworfenen Rechtsfrage(n) beschränkt, sondern hat eine umfassende, auch den Interessen des Rechtsbeschwerdeführers (und ggf. den übrigen Beteiligten) dienende Rechtsprüfung vorzunehmen.

VI. Nichtzulassung nicht überprüfbar

30   Unterbleibt zu Unrecht die Zulassung der Rechtsbeschwerde ist dies dennoch verbindlich und kann mit einem ordentlichen Rechtsmittel nicht angegriffen werden, insbesondere ist eine

Rechtsbeschwerde wegen der Nichtzulassung oder ihrer mangelnden Begründung nicht möglich (Amtl. Begr. Abs. 3 zu § 83; BGH GRUR 2009, 994 – Vierlinden; GRUR 1977, 214 (215) – Aluminiumdraht; GRUR 1964, 519 (521) – Damenschuhabsatz). Auch eine zulassungsfreie Rechtsbeschwerde ist nur unter den in § 83 Abs. 3 aufgeführten Voraussetzungen erfolgreich. Ist die Zulassung der Rechtsbeschwerde jedoch nicht nur die einzig richtige Entscheidung, sondern das Unterbleiben der Zulassung nicht mehr verständlich und offensichtlich unhaltbar, liegt ein Akt der Willkür und damit eine Verletzung des rechtlichen Gehörs vor. Eine zulassungsfreie Rechtsbeschwerde lässt sich dann auf § 83 Abs. 3 Nr. 3 stützen (→ Rn. 55).

30.1 Eine vorschriftswidrige Besetzung gemäß § 83 Abs. 3 Nr. 1 liegt jedoch nicht vor. Dies hat der BGH in Bezug auf eine Verletzung der Vorlagepflicht nach Art. 267 Abs. 3 AEUV klargestellt (BGH GRUR 2014, 1132 – Schwarzwälder Schinken; → Rn. 35.1, → Rn. 53).

31 Des Weiteren besteht nach Ausschöpfung des Rechtsweges einschließlich der Erhebung einer zulassungsfreien Rechtsbeschwerde die Möglichkeit einer Verfassungsbeschwerde, die bei einer sachwidrigen Zulassungsverweigerung wegen Verletzung des Gebots effektiven Rechtsschutzes aus Art. 19 Abs. 4 GG oder des gesetzlichen Richters gemäß Art. 101 Abs. 1 S. 2 GG erfolgreich wäre (BVerfG NJW 2011, 1276 (1277) – Verfassungswidrige Nichtzulassung der Rechtsbeschwerde im Zivilprozess; GRUR-RR 2009, 222 – Achteckige Zigarettenschachtel; MarkenR 2009, 161 (162) = BeckRS 2009, 31759 – IKK Nordrhein-Westfalen; ebenso zur Verweigerung der EuGH-Vorlage → Rn. 53).

D. Zulassungsfreie Rechtsbeschwerde (Abs. 3)

32 Die zulassungsfreie Rechtsbeschwerde dient dem Rechtsschutz des Einzelnen bei besonders gravierenden Verfahrensmängeln, die oftmals Grundrechtsverletzungen darstellen. Die zulassungsfreie Rechtsbeschwerde entlastet somit auch das BVerfG, weil die Zahl der Verfassungsbeschwerden reduziert wird. Strittig ist, ob die zulassungsfreie Rechtsbeschwerde ein ordentlicher Rechtsbehelf iSd Rechtsbehelfsbelehrungsgesetzes ist (→ § 79 Rn. 37 ff.).

I. Allgemeines

33 Lässt das BPatG die Rechtsbeschwerde nicht zu, kann diese nur im Falle des Vorliegens einer der abschließend aufgezählten Verfahrensmängel des § 83 Abs. 3 erhoben werden (BGH GRUR 2008, 1027 – Cigarettenpackung). Der Rechtsbeschwerdeführer muss diesen Mangel substantiiert darlegen (BGH GRUR 2010, 270 Rn. 12 – ATOZ III; GRUR 2009, 994 Rn. 7 – Vierlinden). Das ergibt sich aus dem Wortlaut der Vorschrift („wenn gerügt wird"). Die bloße Bezeichnung des Mangels, ohne beschreibenden Sachvortrag, genügt nicht (BGH GRUR 1983, 640). Nach dem Vortrag richtet sich im Rahmen des § 83 Abs. 3 auch der Prüfungsumfang der Beschwerde.

II. Rüge der vorschriftswidrigen Besetzung (Abs. 3 Nr. 1)

34 Die Rüge vorschriftswidriger Besetzung hat Erfolg, wenn der Senat nach § 67 Abs. 1 nicht ordnungsgemäß besetzt war. Ausreichend ist, dass willkürlich der Geschäftsverteilungsplan nach § 21e GVG oder die Mitwirkungsregel nach § 21g GVG nicht eingehalten wurde. Beruht der Verstoß gegen das GVG auf einem bloßen Irrtum, reicht dies aber nicht aus (BGH GRUR 2003, 546 (547) – TURBO-TABS; GRUR 1983, 114 (115) – Auflaufbremse). Auch ist in jedem Falle nur die fehlerhafte Besetzung der Richter, nicht aber der Berichterstatter, rügefähig (BGH GRUR 1980, 848 (849) – Kühlvorrichtung). Eine Überbesetzung eines Senats kann ebenfalls eine vorschriftswidrige Besetzung darstellen. Einem Senat sollen danach nur so viele Richter angehören dürfen, dass der Vorsitzende nicht zwei völlig personenverschiedene oder drei eigenständige Spruchkörper bilden könnte (vgl. BVerfGE 18, 344 (349) = NJW 1965, 1219). Mit der zulassungsfreien Rechtsbeschwerde nach § 83 Abs. 3 Nr. 1 kann ein Verstoß gegen den Grundsatz des gesetzlichen Richters (Art. 101 Abs. 1 S. 2 GG) nicht gerügt werden (BGH GRUR 2014, 1132 Rn. 17 f. – Schwarzwälder Schinken; GRUR 2014, 1232 Rn. 12 f. – S-Bahn; GRUR-RS 2019, 36491 Ls. 1 – Schokoladenstäbchen IV).

35 Lässt das BPatG trotz eindeutigen Klärungsbedarfs einer Rechtsfrage durch den EuGH nicht nach § 83 Abs. 2 die Rechtsbeschwerde zum BGH zu, legt aber auch nicht – was möglich ist – nach Art. 267 Abs. 3 AEUV selbst dem EuGH vor, liegt darin kein Verstoß gegen § 83 Abs. 3 Nr. 1.

35.1 Der BGH hatte die Frage, ob eine Verletzung der Vorlagepflicht nach Art. 267 Abs. 3 AEUV eine zulassungsfreie Rechtsbeschwerde nach § 83 Abs. 3 Nr. 1 begründen kann (bejahend Büscher/Dittmer/

Schiwy/Schiwy Rn. 27) oder eine zulassungsfreie Rechtsbeschwerde nur wegen einer Verletzung des Anspruchs auf rechtliches Gehör in Betracht kommt (Grabrucker in Fezer Markenpraxis-HdB Rn. 659, 661) lange offengelassen (BGH GRUR 2003, 546 (547) – TURBO-TABS; GRUR 2008, 1027 Rn. 24 – Cigarettenpackung; GRUR 2009, 994 – Vierlinden; MarkenR 2011, 177 Rn. 8 – Ivadal II; GRUR 2013, 1046 – Variable Bildmarke), schloss sich dann aber der Auffassung an, dass kein Fall des § 83 Abs. 3 Nr. 1 vorliegt, da diese Bestimmung allein auf eine falsche personelle Zusammensetzung des BPatG-Senats abstelle (BGH GRUR 2014, 1132 – Schwarzwälder Schinken; GRUR 2014, 1232 – S-Bahn).

III. Beteiligung eines ausgeschlossenen Richters (Abs. 3 Nr. 2)

36   Zur Beurteilung, ob ein ausgeschlossener Richter beteiligt war, → § 72 Rn. 1 ff. Ist ein Ablehnungsgesuch durch das BPatG zurückgewiesen worden, scheidet der Rügegrund wegen § 546 Nr. 2 ZPO iVm § 84 Abs. 2 S. 2 aus (BGH GRUR 1990, 434 – Wasserventil; GRUR 1985, 1039 – Farbfernsehsignal II). Die Ausschließungsgründe in § 83 Abs. 3 Nr. 2 sind außerdem abschließend (BGH GRUR 1976, 440 – Textilreiniger).

IV. Versagung des rechtlichen Gehörs (Abs. 3 Nr. 3)

1. Allgemeines

37   Ob eine Versagung rechtlichen Gehörs vorliegt, kann grundsätzlich anhand der verfassungsrechtlichen Rechtsprechung beurteilt werden, da dieser Rügegrund der Einhaltung der Vorgaben des Art. 103 Abs. 1 GG dient (BGH GRUR 2008, 1027 – Cigarettenpackung). Das Gebot rechtlichen Gehörs verpflichtet ein Gericht, die Ausführungen der Prozessbeteiligten zur Kenntnis zu nehmen und in Erwägung zu ziehen. Art. 103 Abs. 1 GG ist allerdings erst verletzt, wenn sich im Einzelfall klar ergibt, dass das Gericht dieser Pflicht nicht nachgekommen ist (BGH GRUR 2018, 111 Rn. 11 – PLOMBIR; GRUR-RS 2022, 13722 – HUQQA). Das Gebot der Gewährung rechtlichen Gehörs ist nicht verletzt, wenn das Gericht einen Parteivortrag zwar zur Kenntnis genommen und in Erwägung gezogen, daraus jedoch andere rechtliche Schlüsse gezogen hat als die vortragende Partei (BGH BeckRS 2021, 11839 - Hassia; GRUR-RS 2022, 13722 – HUQQA). Es werden zwei Aspekte erfasst: Zum einen muss den Parteien die Möglichkeit gegeben werden, sich rechtlich zu verteidigen (→ Rn. 38) und zum anderen muss das BPatG das Vorgetragene auch berücksichtigen (→ Rn. 45). Gegebenenfalls trifft das BPatG eine richterliche Hinweispflicht (→ Rn. 48). In jedem Fall muss die Verweigerung des rechtlichen Gehörs kausal für die fragliche Entscheidung sein (→ Rn. 52). Ein Verstoß gegen die Vorlagepflicht zum EuGH nach Art. 267 Abs. 3 AEUV ist nur unter sehr engen Voraussetzungen eine Verletzung des Anspruchs auf rechtliches Gehör (→ Rn. 53). Gleiches gilt hinsichtlich eines Verstoßes gegen die Zulassungspflicht nach § 83 Abs. 2 (→ Rn. 55).

2. Möglichkeit rechtlicher Verteidigung

38   Nach § 78 Abs. 2 darf das BPatG seine Entscheidung nur auf Tatsachen und Beweisergebnisse stützen, zu denen die Beteiligten sich äußern konnten. Die Möglichkeit zur rechtlichen Verteidigung garantiert den Beteiligten, dass sie sich vor Erlass der Entscheidung zu dem Sachverhalt äußern, Rechtsausführungen machen (BGH GRUR 2022, 189 – Heizkörperdesign; GRUR-RR 2012, 96 – KRYSTALLPALAST; GRUR 2010, 270 – ATOZ III) sowie Anträge stellen können (BGH GRUR 2001, 337 f. – EASYPRESS; GRUR 2000, 512 f. – COMPUTER ASSOCIATES).

38.1   Da das BPatG im Beschwerdeverfahren daran gehindert ist, seine Entscheidung allein aufgrund des Zeitablaufs seit der Beschwerdeeinlegung zu treffen, wenn der Beschwerdeführer zugleich mit der Beschwerdeeinlegung eine Beschwerdebegründung angekündigt und mit einem weiteren Schriftsatz um Mitteilung gebeten hat, bis wann die Beschwerdebegründung eingereicht werden kann, und das BPatG nach den Umständen dieser Bitte auch entsprechen will, darf in einem solchen Fall der Beschwerdeführer grundsätzlich davon ausgehen, dass er Gelegenheit haben wird, seine Beschwerde vor einer Entscheidung des BPatG zu begründen (BGH GRUR 2022, 189 – Heizkörperdesign)

39   Ein Beschwerdegegner darf grundsätzlich davon ausgehen, dass ihm eine Beschwerdebegründung zur Kenntnis gegeben wird und ihm seinerseits auch eine angemessene Frist zur Erwiderung zusteht (BGH BeckRS 2013, 18552 – M BVB MetroTram); → § 78 Rn. 20.

39.1   Telefongespräche zwischen nur einem Verfahrensbeteiligten und einem Mitglied des Gerichts können den Anspruch auf Gewährung rechtlichen Gehörs, ein faires Verfahren und die Beachtung des Grundsatzes der Waffengleichheit verletzen, wenn nicht danach alle Verfahrensbeteiligten von dem Gesprächsinhalt unterrichtet werden (BGH GRUR 2022, 189 – Heizkörperdesign; BeckRS 2013, 18552 – M BVB MetroTram; GRUR 2012, 89 Rn. 17 – Stahlschluessel).

Das BPatG muss den Beteiligten Zugang zum beschafften, entscheidungsrelevanten Material **40** (→ § 78 Rn. 17) eröffnen (BGH BeckRS 2006, 423 – Mars). Das Beibringen durch einen Beteiligten reicht jedoch aus (BGH BeckRS 2013, 18552).

Das rechtliche Gehör ist verletzt, wenn die Entscheidung auf Verwendungsbeispiele gestützt wird, zu **40.1** denen die nachteilig betroffene Partei sich nicht oder nicht hinreichend äußern konnte (vgl. BGH GRUR 2018, 111 Rn. 12 – PLOMBIR; GRUR 2004, 77 (78) – PARK & BIKE; GRUR 2004, 76, 77 – turkey & corn;).

Das rechtliche Gehör erfordert die Gewährung eines Schriftsatznachlasses, wenn die betroffene Partei **40.2** nicht ohne Weiteres in der Lage ist, zu einem in der mündlichen Verhandlung erteilten Hinweis des Gerichts umfassend und abschließend Stellung zu nehmen. Ist offensichtlich, dass die Partei sich in der mündlichen Verhandlung nicht abschließend erklären kann, so muss das Gericht auch ohne einen Antrag auf Schriftsatznachlass die mündliche Verhandlung vertagen, um Gelegenheit zur Stellungnahme zu geben (BGH GRUR 2018, 111 Rn. 13 – PLOMBIR).

Beantragt eine Partei, das BPatG möge eine Entscheidung an Verkündungs Statt erlassen, bringt sie **40.3** hinreichend deutlich zum Ausdruck, dass sie Gelegenheit zu einer nachträglichen Stellungnahme suchte, deren Inhalt gegebenenfalls das BPatG zu einer Wiedereröffnung der mündlichen Verhandlung hätte veranlassen müssen (BGH GRUR 2018, 111 Rn. 19 – PLOMBIR).

Eine zeitliche Begrenzung der Redezeit ist unschädlich (BVerwG NJW 1962, 124 f.). **41**

Eine Verletzung des rechtlichen Gehörs kann auch in der Verweigerung von Verfahrenskosten- **42** hilfe für das Markenbeschwerdeverfahren liegen, wenn dadurch ein vermögensloser Beschwerde- führer vom Zugang zu Gericht ausgeschlossen wird (BGH GRUR-RR 2011, 391 – TSP Trailer- Stabilization-Program).

Ausreichend kann auch ein schriftliches Verfahren sein (BGH GRUR 2008, 731 Rn. 13 – **43** alphaCAM; GRUR 2003, 1067 f. – BachBlüten Ohrkerze). Es müssen aber – unabhängig von gesetzten Fristen – alle Stellungnahmen berücksichtigt werden (→ § 78 Rn. 22). Nur wenn die Beteiligten auf ein mündliches Verfahren vertrauen konnten, liegt eine Verletzung rechtlichen Gehörs vor (BGH GRUR 2003, 1067 f. – BachBlüten Ohrkerze; GRUR 2000, 512 f. – COMPU- TER ASSOCIATES). In diesem Fall muss auch nicht mehr vorgetragen werden, dass in der mündlichen Verhandlung Entscheidungserhebliches geäußert worden wäre, weil deren genauer Verlauf nicht vorhersehbar ist (BGH BeckRS 2006, 07546 – Rossi).

Zum Anspruch auf rechtliches Gehör zählt auch die Wiedereinsetzung gemäß § 91. Insbeson- **44** dere muss überprüft werden, ob zu hohe Anforderungen an diese gestellt wurden (BGH GRUR 2008, 837 Rn. 9 – Münchner Weißwurst; → § 91 Rn. 15 ff.).

3. Ausreichende Berücksichtigung

Das Gericht muss die Ausführungen der Beteiligten ausreichend berücksichtigen. Der Anspruch **45** geht jedoch nicht so weit, dass sich das Gericht mit jedem Parteivortrag im Einzelnen oder mit sämtlichen vorgetragenen Indizien ausdrücklich zu befassen hat (BGH GRUR 2012, 314 – Medicus.log). Voraussetzung für die Versagung rechtlichen Gehörs ist vielmehr, dass das Gericht über den Kern des Vortrags bzw. dessen Inhalt in der mündlichen Verhandlung oder im Beschluss hinweggeht, obwohl das als übergangen gerügte Vorbringen nach dem Rechtsstandpunkt des Gerichts erheblich war (BGH GRUR 2013, 1046 – Variable Bildmarke; GRUR 2012, 429 – SIMCA; BeckRS 2014, 17643 – Schwarzwälder Schinken).

Das Gebot der Gewährung rechtlichen Gehörs ist nicht verletzt, wenn das BPatG den Parteivortrag **45.1** zwar zur Kenntnis genommen und in Erwägung gezogen, dann jedoch andere rechtliche Schlüsse daraus gezogen hat als die vortragende Partei (BGH GRUR-RS 2021, 11839). Das Verfahren der zulassungsfreien Rechtsbeschwerde dient nicht der Überprüfung, ob die Entscheidung des BPatG in tatsächlicher und rechtlicher Hinsicht fehlerfrei ist (BGH BeckRS 2019, 16748 – Die PS-Profis; GRUR 1999, 500 (501) – DILZEM; GRUR 2000, 53 (54) – SLICK 50; GRUR 2009, 992 Rn. 17, 23 – Schuhverzierung; GRUR 2012, 314 Rn. 14 – Medicus.log; GRUR 2013, 1047 Rn. 12 – Variable Bildmarke; GRUR 2018, 111 Rn. 11 – PLOMBIR; BeckRS 2019, 30308 - Herzo).

Grundsätzlich ist davon auszugehen, dass das Gericht einen Vortrag zur Kenntnis genommen und in **45.2** seinen Erwägungen berücksichtigt hat (BGH GRUR-RR 2012, 232 – Grüner Apfel; GRUR-RR 2012, 96 – KRYSTALLPALAST; GRUR 2010, 270 (271 f.) – ATOZ III). Nur wenn dies offensichtlich nicht der Fall ist, kann eine Verletzung bejaht werden (vgl. BGH GRUR 2018, 111 Rn. 11 – PLOMBIR; GRUR 2014, 1132 – Schwarzwälder Schinken; GRUR 2014, 1232 – S-Bahn). Das Fehlen einer nach § 139 Abs. 4 ZPO gebotenen (→ § 76 Rn. 39) Dokumentation (insbesondere Protokollierung, Kopien von Anlagen zur Ladung) muss Berücksichtigung finden (→ § 77 Rn. 12 f.).

46   Die Zurückweisung eines Beweisantrags genügt nicht für eine Verletzung. Jedoch muss die Nichtberücksichtigung eines Beweisangebots eine Stütze im prozessualen Recht finden (BGH GRUR 2011, 853 f. – Treppenlift; GRUR 2002, 957 – Zahnstruktur). Das Gebot des rechtlichen Gehörs ist aber nicht verletzt, wenn das BPatG ein in Aussicht gestelltes Gutachten nicht abwartet, weil es an ausreichendem Sachvortrag fehlt (BGH GRUR-RS 2020, 26482 Rn. 19 – Lichtmiete).

47   Eine Abweichung von der Verkehrsauffassung stellt für sich betrachtet ebenfalls keine Verletzung dar (GRUR-RS 2021, 11144 – Schalker Meile; zum PatG BGH GRUR 2009, 90 – Beschichten eines Substrats). Gleiches gilt, wenn eine Auseinandersetzung in einem anderen Zusammenhang erfolgt als vom Beteiligten vorgetragen (BGH BeckRS 2008, 20933 – Christkindles Glühwein).

4. Hinweispflicht des Gerichts

48   Das Gericht muss den Beteiligten zu erkennen geben, auf welche Tatsachen und rechtlichen Gesichtspunkte es bei der Entscheidung ankommen kann (BGH GRUR 2010, 1034 – LIME LOGISTIK; GRUR 2009, 91 (92) – Antennenhalter; → § 76 Rn. 15 ff.). Daraus ergibt sich allerdings keine Verpflichtung des BPatG vor seiner Entscheidung auf seine Rechtsauffassung hinzuweisen oder allgemein von seinem Frage- und Aufklärungsrecht Gebrauch zu machen (BGH BeckRS 2013, 01198 – Sorbitol, zu § 100 PatG).

48.1   Das Verfahrensgrundrecht aus Art. 103 Abs. 1 GG bzw. § 83 Abs. 3 Nr. 3 ist dementsprechend nicht verletzt, wenn das BPatG seiner durch einfaches Verfahrensrecht begründeten Hinweis- oder Aufklärungspflicht nicht nachkommt. Eine Verletzung liegt erst vor, wenn das BPatG unvermittelt Anforderungen an den (Sach)Vortrag stellt, mit denen der betroffene Beteiligte nach dem bisherigen Verfahrensverlauf nicht zu rechnen brauchte, weil dies im Ergebnis der Verhinderung des Vortrags gleichkommt (vgl. BVerfG NJW 1991, 2823; 1994, 1274; BGH GRUR-RR 2012, 271 – Wortmarke Post; GRUR Int 2010, 761 (763) – Walzenformgebungsmaschine).

49   Abzustellen ist auf einen vernünftigen Beteiligten, der vertretbare Auffassungen von sich aus in Betracht zieht (BGH GRUR-RS 2020, 13439 – Bro-Secco; BeckRS 2009, 27783 – Jugendherberge; GRUR 2000, 894 – Micro-PUR).

49.1   So begründet die Nichterörterung eines im Ergebnis entscheidungserheblichen Gesichtspunktes in der mündlichen Verhandlung keinen Verstoß gegen den Anspruch auf rechtliches Gehör, zumal wenn dieser Gesichtspunkt in den Schriftsätzen umfassend erörtert wurde (BGH BeckRS 2013, 01198 – Sorbitol, zu § 100 PatG).

50   Bei nur schwer vorhersehbaren Entscheidungen bestehen allerdings Hinweispflichten (BGH GRUR Int 2010, 761 (763) – Walzenformgebungsmaschine; GRUR 2006, 152 – GALLUP), um zu verhindern, dass etwaige Sachvorträge der Beteiligten unterbleiben. An die Unvorhersehbarkeit sind aber strenge Anforderungen zu stellen. Eine bloße Abweichung von bestehender Rechtsprechung reicht beispielsweise nicht aus (BGH BeckRS 2007, 12404 Rn. 14 – ALLTREK; GRUR 2006, 152 – GALLUP). Auch muss das BPatG nicht klären, ob die Partei noch einen weiteren Vortrag beabsichtigt, bevor es ihr eine Entscheidung an Verkündungs statt iSd § 79 Abs. 1 S. 3 zustellt (BGH GRUR 2012, 89 – Stahlschluessel).

51   Plant das Gericht, von zuvor geäußerten eigenen Auffassungen abzuweichen, ist aber von einer Hinweispflicht auszugehen (BGH GRUR 2003, 901 f. – MAZ).

51.1   Dies gilt jedoch dann nicht, wenn das BPatG im Beschwerdeverfahren zunächst erhebliche Zweifel an dem Vorliegen eines Tatbestandsmerkmals hatte, jedoch nach Durchführung des Rechtsbeschwerdeverfahrens und Zurückverweisung an das BPatG das Tatbestandsmerkmal bejahen will, denn dann muss der betroffene Beteiligte aufgrund des Verfahrensverlaufs damit rechnen, dass das BPatG das Tatbestandsmerkmal in der zweiten Beschwerdeentscheidung bejahen wird (BGH GRUR-RR 2012, 271 – Wortmarke Post).

5. Kausalität der Versagung rechtlichen Gehörs

52   Der wegen Versagung rechtlichen Gehörs angefochtene Beschluss muss zumindest auf dem Verstoß beruhen können (BGH BeckRS 2014, 17643 – Schwarzwälder Schinken; GRUR 2008, 1126 – Weisse Flotte; WRP 1997, 762 (764) – Top Selection; vgl. auch BGH GRUR 2009, 1192

(1194) – Polyolefinfolie, zum PatG). Mit der Gehörsrüge hat die Partei zur Entscheidungserheblichkeit des Verfahrensfehlers darzulegen, was sie bei Gewährung des rechtlichen Gehörs vorgetragen hätte und dass nicht auszuschließen ist, dass dieser Vortrag zu einer anderen Entscheidung geführt hätte (BGH GRUR-RS 2020, 13439 – Bro-Secco; GRUR 2018, 111 Rn. 11 – PLOMBIR; GRUR 2008, 1126 Rn. 12 – Weisse Flotte). Dieser Darlegung bedarf es nur dann nicht, wenn die Entscheidungserheblichkeit der Verletzung des Anspruchs auf rechtliches Gehör unmittelbar und zweifelsfrei aus dem bisherigen Prozessstoff ersichtlich ist (vgl. BGH GRUR 2018, 111 Rn. 14 – PLOMBIR; NJW 2016, 2890 Rn. 11).

Dies liegt nahe, wenn der Verstoß eine tragende Erwägung des Gerichts betrifft, zB wenn diese zur **52.1** Begründung der Entscheidung herangezogen wird (BGH GRUR 1997, 637 – TopSelection).

Noch klarer liegt der Fall, wenn ein Verstoß gegen das rechtliche Gehör dazu führt, dass Äußerungen **52.2** eines Beteiligten gänzlich verhindert werden, beispielsweise, weil keine Kostenhilfe für das Verfahren gewährt wurde (BGH GRUR 2009, 88 Rn. 21 – ATOZ I; GRUR 2010, 270 Rn. 26 – ATOZ III). Jedoch ist zu beachten, dass keine uneingeschränkte Kausalitätsvermutung eingreift. Betrifft der Verstoß lediglich Hilfsüberlegungen ist eine Vermutung zu verneinen (BGH GRUR-RR 2008, 363 Rn. 11 – Hanse Naturkost). Liegt der Gehörsverstoß in der Verletzung einer Hinweispflicht muss mit der Rüge ausgeführt werden, wie die betreffende Partei auf einen Hinweis reagiert hätte und was diese im Einzelnen vorgetragen hätte, weil nur so beurteilt werden kann, ob die angefochtene Entscheidung auf dem Gehörverstoß beruht (BGH GRUR 2008, 1126 Rn. 12 – Weisse Flotte; GRUR 2010, 1034 Rn. 17 – LIMES LOGISTIK). Die Kausalität für die Entscheidung ist in diesen Fällen zu beweisen. Abzustellen ist in diesem Zusammenhang allein auf das Vorliegen eines Verstoßes, nicht auf ein Verschulden des Gerichts (BGH GRUR-RR 2008, 260 Rn. 9).

6. Verstoß gegen Vorlagepflicht zum EuGH nach Art. 267 Abs. 3 AEUV

Lässt das BPatG trotz eindeutigen Klärungsbedarfs einer Rechtsfrage durch den EuGH nicht **53** nach § 83 Abs. 2 die Rechtsbeschwerde zum BGH zu, legt aber auch nicht nach Art. 267 Abs. 3 AEUV selbst dem EuGH vor, kann dies eine Verletzung des rechtlichen Gehörs nach Art. 103 Abs. 1 GG und damit eine zulassungsfreie Rechtsbeschwerde iSd § 83 Abs. 3 Nr. 3 begründen (BGH GRUR-RS 2020, 13439 – Bro-Secco; GRUR 2014, 1132 Rn. 13 – Schwarzwälder Schinken; GRUR 2014, 1232 Rn. 30 – S-Bahn; GRUR 2013, 1046 Rn. 16 – Variable Bildmarke; GRUR 2012, 148, 150 – Thüringer Klöße; GRUR-RR 2011, 343 Ls. – CORDARONE). Die Vorlagepflicht gemäß Art. 267 Abs. 3 AEUV kann also in den Fällen bestehen, in denen die Rechtsbeschwerde nicht zugelassen werden soll und sich das BPatG damit zum letztinstanzlichen Gericht macht (aA Ströbele/Hacker/Thiering/Knoll Rn. 78 ff.).

An die Verletzung des rechtlichen Gehörs entgegen Art. 103 Abs. 1 GG sind jedoch hohe Anforderun- **53.1** gen zu stellen, weshalb eine Nichtvorlage aus Willkür zu fordern ist (BGH GRUR 2013, 1046 Rn. 17 – Variable Bildmarke). Die Verletzung des rechtlichen Gehörs muss deshalb offensichtlich unhaltbar und unverständlich sein (BGH GRUR 2012, 148 (150) – Thüringer Klöße; GRUR 2009, 994 Rn. 11 – Vierlinden; GRUR 2003, 546 (547 f.) – TURBO-TABS), was zumindest in den Fällen bejaht werden kann, wenn das BPatG nicht vorlegt, obwohl es Zweifel an der zutreffenden Beurteilung der entscheidungserheblichen Auslegungsfrage hat oder wenn das BPatG bewusst von der Entscheidung des EuGH abweicht, ohne vorzulegen (BGH GRUR 2014, 1132 Rn. 13 – Schwarzwälder Schinken; GRUR 2009, 994 Rn. 11 – Vierlinden).

Bei der Prüfung einer Verletzung von Art. 103 Abs. 1 GG kommt es weniger auf die Vertretbarkeit der **53.2** Auslegung des für den Streitfall maßgeblichen materiellen Unionsrechts an, sondern auf die Vertretbarkeit der Handhabung der Vorlagepflicht nach Art. 267 Abs. 3 AEUV (BVerfG (Kammer) GRUR 2010, 999 Rn. 48 – Drucker und Plotter; BGH GRUR 2013, 1046 Rn. 17 – Variable Bildmarke).

Um die Kontrolle seiner Entscheidung zu ermöglichen, hat das BPatG in seiner Entscheidung Gründe **53.3** anzugeben, die zeigen, ob es sich hinsichtlich des europäischen Rechts ausreichend kundig gemacht und es eine Vorlage überhaupt in Erwägung gezogen hat (BGH GRUR 2013, 1046 Rn. 17 – Variable Bildmarke). Darüber hinaus kann Willkür auch dann vorliegen, wenn noch gar keine Rechtsprechung des EuGH vorliegt oder Rechtsfragen nicht abschließend beurteilt wurden. In diesen Fällen muss das Gericht aber mögliche gegenteilige Auffassungen völlig verkennen (BVerfG GRUR-RR 2009, 223 (224) – Unterlassene EuGH-Vorlage; GRUR 2005, 52 – Unvollständige EuGH-Rechtsprechung). Außerdem darf keine gefestigte Rechtsprechung bestehen, weil diese eine Vorlagepflicht von vorne herein ausschließt.

Nach der Gegenauffassung (Ströbele/Hacker/Thiering/Knoll Rn. 79 ff.) ist ein Verstoß **54** gegen eine Vorlagepflicht zum EuGH nicht denkbar, weil ex ante gesehen, bei fehlerfreier Entscheidung des BPatG, keine Verletzung der Vorlagepflicht gemäß Art. 267 Abs. 3 AEUV bestehe, weil dann immer auch eine Rechtsfrage von grundsätzlicher Bedeutung nach § 83 Abs. 2 Nr. 1 vorläge. Folglich hätte das BPatG die Rechtsbeschwerde zulassen müssen und sei somit nicht letztinstanzliches Gericht. Wenn das Gericht der Zulassung der Rechtsbeschwerde nicht nachgekommen sei, solle vorrangig ein Verstoß gegen § 83 Abs. 2 Nr. 1 im Rahmen des § 83 Abs. 3 Nr. 1 zu rügen sein. Diese Auffassung erscheint gekünstelt, weil sich das BPatG mit der Nichtzulassung der Rechtsbeschwerde faktisch zum letztinstanzlichen Gericht macht und sich für eine Ex-ante-Betrachtung rechtmäßigen Handelns keine Stütze im Gesetz findet (Ingerl MarkenR 2002, 371).

7. Verstoß gegen Zulassung der Rechtsbeschwerde nach Abs. 2

55   Eine unterbliebene Zulassung der Rechtsbeschwerde kann gemäß § 83 Abs. 3 Nr. 3 iVm Art. 103 Abs. 1 GG eine zulassungsfreie Rechtsbeschwerde eröffnen. Dies setzt voraus, dass die Rechtsbeschwerde rügt, das BPatG habe entscheidungserhebliches Vorbringen des Rechtsbeschwerdeführers übergangen, mit dem dieser geltend gemacht hat, der Streitfall erfordere eine Zulassung der Rechtsbeschwerde nach § 83 Abs. 2 (BGH GRUR 2014, 1232 Rn. 14 – S-Bahn). Fehlt es an diesem Vortrag muss das BPatG die unterbliebene Zulassung der Rechtsbeschwerde nicht näher begründen (BGH GRUR 2014, 1232 Rn. 15 – S-Bahn).

V. Mangelnde Vertretung (Abs. 3 Nr. 4)

56   Ein Vertretungsmangel ist anzunehmen, wenn ein prozessunfähiger Beteiligter nicht ordnungsgemäß vertreten wurde (BGH GRUR 1990, 348 f. – Gefäßimplantat) oder ein Vertreter ohne Vertretungsmacht handelt. Das bloße Fehlen der schriftlichen Vollmacht soll jedoch nicht ausreichen (Löscher GRUR 1966, 5 (16)). Die fehlerhafte Ladung zur mündlichen Verhandlung wird entgegen der früheren Rechtsprechung nicht mehr als Fall einer mangelnden Vertretung, sondern nur noch von § 83 Abs. 3 Nr. 3 erfasst (BGH GRUR 2000, 512 (513) – COMPUTER ASSOCIATES). Die Rüge kann allein vom Betroffenen geltend gemacht werden (BGH GRUR 1990, 348 (350) – Gefäßimplantat).

VI. Verstoß gegen das Öffentlichkeitsprinzip (Abs. 3 Nr. 5)

57   Ein Verstoß gegen die Öffentlichkeit des Verfahrens liegt vor, wenn die Öffentlichkeit entgegen § 67 Abs. 2 ausgeschlossen oder entgegen § 67 Abs. 3 zugelassen wurde (BGH GRUR 1970, 621 – Sitzungsschild; → § 67 Rn. 14). In letzterem Fall muss aber zumindest ein potentieller Zuschauer anwesend gewesen sein (Ströbele/Hacker/Thiering/Knoll Rn. 67). Außerdem muss der Verstoß vom Gericht verschuldet worden sein. Eine Sorgfaltspflichtverletzung des Sitzungsdienstes reicht nicht aus (BGH GRUR 1970, 621 (622) – Sitzungsschild; so auch Zöller/Lückemann GVG § 169 Rn. 11). Begründet wird dies damit, dass die Vorschriften zur Öffentlichkeit der Verhandlung zwar eine grundlegende Einrichtung des Rechtsstaats schützen, die Auslegung aber nicht so weit gehen muss, dass auch Fälle, in denen dem Gericht die Beschränkung des Zugangs zur Verhandlung gar nicht ersichtlich ist, darunter fallen. Durch gelegentliches Fehlverhalten eines untergeordneten Hilfsorgans wird nach Ansicht des BGH nicht das Vertrauen der Allgemeinheit in die Objektivität der Rechtspflege erschüttert; das Gericht muss zwar während der gesamten Verhandlung der Wahrung der Öffentlichkeit Aufmerksamkeit widmen, die Anforderungen an diese Aufmerksamkeit dürfen aber nicht überspannt werden (BGH NJW 1969, 756). Hat das Gericht nach einer fehlerhaften mündlichen Verhandlung, weil unter Ausschluss der Öffentlichkeit verhandelt, danach aber im schriftlichen Verfahren entschieden, so genügt dies für § 83 Abs. 3 Nr. 5 nicht, da der Beschluss des Gerichts nicht „auf Grund" dieser mündlichen Verhandlung ergangen ist (BGH NJW 2005, 3710).

VII. Mangelnde Begründung (Abs. 3 Nr. 6)

58   Gemäß § 79 Abs. 2 muss eine Begründung abgegeben werden, durch die die Entscheidungsfindung für den Beschluss nachzuvollziehen ist (→ § 79 Rn. 16 ff.). Dem trägt § 83 Abs. 3 Nr. 6 Rechnung. Der Rügegrund ist deshalb zum einen zu bejahen, wenn eine Begründung vollständig fehlt. Ausreichend ist aber auch, wenn überhaupt nicht durchschaubar ist, welche Überlegungen der Entscheidung zu Grunde liegen. Dies kann zB an der Unverständlichkeit oder Widersprüchlichkeit der Ausführungen liegen (BGH BeckRS 2008, 20485 Rn. 11 – Karl May; GRUR 2000, 53 f. – Slick 50; NJW-RR 1995, 700 – Flammenüberwachung; GRUR 1989, 425 – Superplanar; vgl. zum PatG BGH GRUR 2008, 458 Rn. 14 – Durchflusszähler; grundlegend BGH GRUR

1963, 645 – Warmpressen). Das Gleiche gilt für Leerformeln oder die bloße Wiederholung des Gesetzestextes (BGH GRUR 2008, 458 Rn. 14 – Durchflusszähler; GRUR 1963, 645 f. – Warmpressen).

Unzulässig ist die bloße Rüge des Inhalts der Begründung. Geschützt wird nämlich allein das **59** Vorliegen einer Begründung, dh die Mitteilung der entscheidungserheblichen Gründe, nicht jedoch deren rechtliche Überprüfung (BGH GRUR-RS 2020, 13439 – Bro-Secco; GRUR-RR 2012, 311 – Grüner Apfel II; GRUR-RR 2012, 232 – Grüner Apfel; GRUR 2009, 992 Rn. 25 – Schuhverzierung; GRUR 2003, 546 f. – TURBO-TABS; Mitt 2003, 70 = BeckRS 2002, 08285 – TACO BELL; vgl. zum PatG BGH GRUR 2008, 458 Rn. 13 – Durchflusszähler). Dem Erfordernis einer Begründung ist schon genügt, wenn die Entscheidung zu jedem selbstständigen Angriffs- und Verteidigungsmittel Stellung nimmt (BGH GRUR-RS 2020, 30188 – Auto Bild.de/auto-bid.de; GRUR-RS 2020, 13439 – Bro-Secco; GRUR 2013, 1046 Rn. 8 – Variable Bildmarke; GRUR 2009, 992 Rn. 25 – Schuhverzierung). Auch die Unverständlichkeit einzelner Teile der Begründung ist unschädlich, solange der Rest der Ausführungen zur Begründung der Entscheidung ausreichend ist (BGH GRUR 1994, 215 (216) – Boy; GRUR 1989, 425 – Superplanar mwN).

Wird auf ein entscheidungserhebliches Vorbringen eines Beteiligten in der Begründung nicht **60** eingegangen, kann dies einen Rügegrund darstellen. In diesen Fällen muss darauf abgestellt werden, ob ein selbständiges Angriffs- oder Verteidigungsmittel (§ 146 ZPO) – zB eine Nichtbenutzungseinrede nach § 43, Verfristung des Widerspruchs oder der Beschwerde – in der Begründung unberücksichtigt geblieben ist (BGH GRUR 2009, 992 Rn. 25 – Schuhverzierung; GRUR 2003, 546 f. – TURBO-TABS; vgl. zum PatG weiter BGH GRUR 2008, 458 Rn. 14 – Durchflusszähler). Dieses Verteidigungsmittel muss darüber hinaus entscheidungserheblich gewesen sein (BGH GRUR 2001, 46 f. – Abdeckrostverriegelung; GRUR 1963, 645 (647) – Warmpressen). Abzustellen ist auf die Sicht des Gerichts, da auch hier eine inhaltliche Überprüfung zu unterlassen ist. Deshalb können, auch im Falle der Abweichung von ständiger Rechtsprechung, keine besonderen Anforderungen an die Begründung gestellt werden. Selbst die Berücksichtigung von bestehender Rechtsprechung wird nach dem Sinn und Zweck der Vorschrift nicht gefordert werden können (BGH BeckRS 2002 30287328 – MAGNUM; GRUR 2000, 53 – Slick 50; zum PatG BGH GRUR 1998, 907 f. – Alkyläther).

Verweise auf Unterlagen oder andere Entscheidungen – beispielsweise um Wiederholungen **61** zu vermeiden – können zulässig sein. Die Quelle muss den Beteiligten aber zugänglich oder bekannt sein. Der Verweis auf veröffentlichte (BGH GRUR 1968, 615 f. – Ersatzzustellung) oder den Parteien bekannte Entscheidungen (BGH BeckRS 2008, 20933 Rn. 21 – Christkindles Glühwein) reicht deshalb aus. Auf die Gründe eines Zwischenbescheids (BGH GRUR 1963, 645) oder einer Entscheidung des DPMA (BGH GRUR 1993, 896) kann ebenfalls verwiesen werden. Wird die Begründung nicht in der vorgesehenen Frist niedergelegt und unterschrieben, stellt dies einen Rügegrund dar. Es ist davon auszugehen, dass auch hier die **fünfmonatige Frist** der Rechtsprechung zu § 548 ZPO Anwendung findet (BGH GRUR-RR 2009, 191 – TRAVELTAINMENT).

E. Wirkung der Rechtsbeschwerde (Abs. 1 S. 2)

Die statthafte Rechtsbeschwerde entfaltet mit Einlegung aufschiebende Wirkung. Auf ihre **62** Zulässigkeit nach § 86 kommt es grundsätzlich nicht an. Allerdings ist die aufschiebende Wirkung bei offensichtlicher Unzulässigkeit zu verneinen (Ströbele/Hacker/Thiering/Knoll Rn. 73).

F. Anschlussrechtsbeschwerde

Ist der Gegner der Rechtsbeschwerde ebenfalls beschwert, kann er analog §§ 574 Abs. 4, 554 **63** ZPO eine Anschlussrechtsbeschwerde einlegen (vgl. BGH GRUR 1983, 725 (727) – Ziegelsteinförmling I). Es gilt die einmonatige Frist seit Zustellung der Begründung der Rechtsbeschwerde gemäß § 574 Abs. 4 ZPO. Ist die Rechtsbeschwerde nicht zugelassen, muss ein Rügegrund aus dem Katalog des § 83 Abs. 3 auch für die Anschlussrechtsbeschwerde vorliegen. Die Anschlussrechtsbeschwerde ist jedoch unselbständig und hängt von der Wirksamkeit der Rechtsbeschwerde des Gegners ab. Wird diese verworfen oder zurückgenommen wird auch die Anschlussrechtsbeschwerde unwirksam (§ 574 Abs. 4 S. 3 ZPO).

§ 84 Beschwerdeberechtigung; Beschwerdegründe

(1) Die Rechtsbeschwerde steht den am Beschwerdeverfahren Beteiligten zu.

(2) ¹**Die Rechtsbeschwerde kann nur darauf gestützt werden, daß der Beschluß auf einer Verletzung des Rechts beruht.** ²**Die §§ 546 und 547 der Zivilprozeßordnung gelten entsprechend.**

Überblick

§ 84 regelt in Abs. 1, wer beschwerdeberechtigt ist (→ Rn. 2) und in Abs. 2, auf welche Gründe die Rechtbeschwerde gestützt werden kann (→ Rn. 5).

A. Allgemeines

1　　§ 84 entspricht wortgleich § 101 PatG, weshalb oftmals auf bestehende Rechtsprechung zum PatG zurückgegriffen werden kann.

B. Beschwerdeberechtigung (Abs. 1)

I. Beteiligte

2　　Beschwerdeberechtigt sind nach § 84 Abs. 1 die Beteiligten des Beschwerdeverfahrens. Wie beim Beschwerdeverfahren vor dem BPatG richtet sich der Beteiligtenbegriff auch vor dem BGH nach § 66 Abs. 1 S. 2. Insoweit kann auf die dortigen Ausführungen verwiesen werden (→ § 66 Rn. 1 ff.). Der Präsident des DPMA kann wie im Beschwerdeverfahren Beteiligter werden (→ Rn. 4). Im Falle des Rechtsübergangs ist § 28 Abs. 2 anzuwenden (→ § 28 Rn. 17). Lässt sich der Rechtsbeschwerde nicht entnehmen, wer Beschwerdeführer ist, muss sie als unzulässig verworfen werden (BGH NJW 1956, 1600 zur ZPO).

II. Beschwer

3　　Der Rechtsbeschwerdeführer muss durch die Entscheidung des BPatG beschwert sein (BGH GRUR 2006, 701 Rn. 7 – Porsche 911; GRUR 1967, 94 (95 f.) – Stute), dh die Entscheidung muss ihm weniger gewähren, als er gefordert hat (BGH GRUR 1967, 435 – Isoharnstoffäther; → § 66 Rn. 44 ff.). Bei einer zugelassenen Rechtsbeschwerde nach § 83 Abs. 2 muss die Beschwer nicht auf dem Grund für die Zulassung beruhen, da in diesem Fall immer eine umfassende Überprüfung der Rechtmäßigkeit der Entscheidung durch den BGH erfolgt (BGH GRUR 1984, 797 (798) – Zinkenkreisel; → § 83 Rn. 18). Eine Beschwer ist auch schon dann zu bejahen, wenn das BPatG eine Schutzunfähigkeit nach § 8 Abs. 2 Nr. 1–3 annimmt, jedoch das Verfahren an das DPMA zur Prüfung der Verkehrsdurchsetzung gemäß § 8 Abs. 3 zurückverweist (BGH GRUR 1978, 591 – KABE). Bejaht das BPatG hingegen selbst die Verkehrsdurchsetzung, liegt keine Beschwer vor, weil dann der Antrag gegen die Zurückverweisung einer Markenanmeldung erfolgreich ist (BGH GRUR 2006, 701 Rn. 7–9 – Porsche 911; BeckRS 2006, 6086 Rn. 7–9 – Porsche 996).

4　　Der Präsident des DPMA kann dagegen als Beteiligter nach § 68 Abs. 2 (→ § 68 Rn. 12) allein wegen der Verfolgung des öffentlichen Interesses die Rechtsbeschwerde erheben (BGH GRUR 1989, 103 (104) – Verschlussvorrichtung für Gießpfannen; GRUR 1986, 877 – Kraftfahrzeuggetriebe; aA Goebel GRUR 1985, 641 (647)).

C. Rechtsbeschwerdegründe (Abs. 2)

I. Verletzung einer Rechtsnorm

5　　Die Rechtsbeschwerde muss auf die Verletzung einer Rechtsnorm im Verfahren vor dem BPatG gestützt werden (BGH GRUR 1998, 394 (395) – Active Line; GRUR 2001, 139 – Parkkarte, zum PatG). Nach § 84 Abs. 2 S. 2 iVm § 546 ZPO muss eine Norm, dh ein Gesetz, eine Verordnung oder Gewohnheitsrecht (BGH GRUR 1966, 50 (52) – Hinterachse; GRUR 1967, 586 (588) – Rohrhalterung), nicht richtig angewendet worden sein. Dies umfasst sowohl materielles Recht als auch Verfahrensrecht. Ein Verstoß gegen Verfahrensrecht setzt allerdings gemäß § 85 Abs. 4 Nr. 3 eine vorherige Rüge des Fehlers voraus. Handelt es sich um eine zulassungsfreie

Rechtsbeschwerde werden, um § 83 Abs. 3 nicht zu umgehen, nur die dort aufgeführten Verfahrensfehler geprüft.

II. Beruhen auf der Rechtsverletzung (Abs. 2 S. 1)

Liegt eine Verletzung materiellen Rechts vor, ist das Kausalitätserfordernis gewahrt, wenn die **6** richtige Anwendung der verletzten Vorschrift zu einem anderen Ergebnis führt. Im Falle von Verfahrensverstößen muss dagegen eine andere Entscheidung nur möglich erscheinen (vgl. BGH BeckRS 2016, 11737 Rn. 16; NJW 1995, 1841 (1842); Musielak/Voit/Ball ZPO § 545 Rn. 11; BeckOK ZPO/Kessal-Wulf ZPO § 545 Rn. 3). In den Fällen des § 547 ZPO, der über § 84 Abs. 2 S. 2 zur Anwendung kommt, wird dies unwiderleglich vermutet. Die dort aufgezählten, besonders schweren Verfahrensverstöße entsprechen weitgehend den Gründen des § 83 Abs. 3 für die Statthaftigkeit der Rechtsbeschwerde. Dies macht sie zu sogenannten doppelrelevanten Umständen, da sie sowohl für die Zulässigkeit als auch für die Begründetheit der Rechtsbeschwerde von Bedeutung sind (Schultz Rn. 4).

Von § 547 ZPO nicht erfasst ist die Rüge der Versagung rechtlichen Gehörs gemäß § 83 Abs. 3 **7** Nr. 3. Bei dieser ist die Kausalität deshalb gesondert festzustellen (BGH GRUR 1997, 223 (224) – Ceco; GRUR 1997, 637 (638) – Top Selection; → § 83 Rn. 52). Eine weitere Ausnahme wird für den Rechtsbeschwerdegrund der fehlenden Begründung im Rahmen des § 83 Abs. 3 Nr. 6 gemacht, soweit die Nichtbeachtung eines Angriffs- oder Verteidigungsmittels gerügt wird. Auch hier muss die Kausalität gesondert festgestellt werden (BGH GRUR 2001, 46 – Abdeckvorrichtung; GRUR 1963, 645 (647) – Warmpressen; → § 83 Rn. 60).

§ 85 Förmliche Voraussetzungen

(1) Die Rechtsbeschwerde ist innerhalb eines Monats nach Zustellung des Beschlusses beim Bundesgerichtshof schriftlich einzulegen.

(2) In dem Rechtsbeschwerdeverfahren vor dem Bundesgerichtshof gelten die Bestimmungen des § 142 über die Streitwertbegünstigung entsprechend.

(3) [1]Die Rechtsbeschwerde ist zu begründen. [2]Die Frist für die Begründung beträgt einen Monat. [3]Sie beginnt mit der Einlegung der Rechtsbeschwerde und kann auf Antrag vom Vorsitzenden verlängert werden.

(4) Die Begründung der Rechtsbeschwerde muß enthalten
1. die Erklärung, inwieweit der Beschluß angefochten und seine Abänderung oder Aufhebung beantragt wird,
2. die Bezeichnung der verletzten Rechtsnorm und
3. wenn die Rechtsbeschwerde auf die Verletzung von Verfahrensvorschriften gestützt wird, die Bezeichnung der Tatsachen, die den Mangel ergeben.

(5) [1]Vor dem Bundesgerichtshof müssen sich die Beteiligten durch einen beim Bundesgerichtshof zugelassenen Rechtsanwalt als Bevollmächtigten vertreten lassen. [2]Auf Antrag eines Beteiligten ist seinem Patentanwalt das Wort zu gestatten. [3]Von den Kosten, die durch die Mitwirkung eines Patentanwalts entstehen, sind die Gebühren nach § 13 des Rechtsanwaltsvergütungsgesetzes und außerdem die notwendigen Auslagen des Patentanwalts zu erstatten.

Überblick

§ 85 regelt die Einlegung (→ Rn. 2) und Begründung der Rechtsbeschwerde. Bei der Begründung sind Form und Frist (→ Rn. 4) sowie Inhalt (→ Rn. 6) zu beachten. Des Weiteren wurden der Anwaltszwang (→ Rn. 9) und die Kosten des Verfahrens (→ Rn. 10) besonders geregelt.

A. Allgemeines

§ 85 stellt besondere formelle Anforderungen an die Einlegung der Rechtsbeschwerde. Er **1** entspricht weitgehend § 102 PatG. Ob die Zulässigkeitsvoraussetzungen vorliegen, prüft der BGH von Amts wegen. Entspricht die Rechtsbeschwerde nicht den Voraussetzungen des § 85, so ist diese gemäß § 86 S. 2 als unzulässig zu verwerfen (→ § 86 Rn. 2).

B. Ordnungsgemäße Einlegung der Rechtsbeschwerde (Abs. 1)

2   Die Rechtsmittelfrist beträgt gemäß § 85 Abs. 1 einen Monat ab Zustellung der Entscheidung des BPatG. Im Falle der Zustellung an Verkündungs Statt gemäß § 79 Abs. 1 S. 3 ist streitig, ob bei mehreren Verfahrensbeteiligten auf den jeweiligen Empfänger oder die zeitlich letzte Zustellung abgestellt werden soll. Aufgrund der Schwierigkeit, die Zustellung an die anderen Beteiligten festzustellen, sollte auf die Zustellung an den Rechtsbeschwerdeführer selbst abgestellt werden (so auch Ströbele/Hacker/Thiering/Knoll § 79 Rn. 16; Büscher/Dittmer/Schiwy/Schiwy § 79 Rn. 8; → § 79 Rn. 10). Die überwiegende Meinung hält indes die zeitlich letzte Zustellung für entscheidend, weil der durch die Zustellung ersetzte Termin nicht gespalten sein soll (BGH NJW 1994, 3359; Fezer § 79 Rn. 6). Unschädlich ist, wenn der Verfahrensbevollmächtigte im Rubrum nicht genannt wird (BGH GRUR 1995, 50 – Success). Hat ein Verfahrensbeteiligter mehrere Bevollmächtigte, so kann an jeden Bevollmächtigten wirksam zugestellt werden, wobei bereits die zeitlich erste Zustellung die Beschwerdefrist laufen lässt (vgl. BVerwG NJW 1998, 3582 zur VwGO).

3   Die Beschwerde ist beim BGH einzulegen und muss gemäß § 85 Abs. 5 S. 1 von einem dort zugelassenen Anwalt (→ Rn. 9) unterschrieben sein (BGH GRUR 1985, 1052 (1053) – LECO). Durch eine Einlegung beim BPatG wird die Beschwerdefrist (→ Rn. 4) nicht gewahrt (Fezer Rn. 2; → § 86 Rn. 3). Nach § 95a ist die Einlegung auch in elektronischer Form möglich. Die Zulässigkeit der Rechtsbeschwerde ist nicht von der Zahlung einer Gebühr (→ Rn. 10) abhängig. Ein Antrag auf Wiedereinsetzung nach §§ 233 ff. ZPO ist möglich.

C. Ordnungsgemäße Begründung (Abs. 3 und 4)

I. Form und Frist der Begründung (Abs. 3)

4   Die Beschwerde ist zu begründen. Anderenfalls ist diese als unzulässig zu verwerfen (Fezer Rn. 7; Ströbele/Hacker/Thiering/Knoll Rn. 4; → § 86 Rn. 2). Die Beschwerdebegründungsfrist beträgt gemäß § 85 Abs. 3 grundsätzlich einen Monat ab Einlegung der Rechtsbeschwerde, kann allerdings gemäß § 85 Abs. 3 S. 3 vom Vorsitzenden Richter auf Antrag hin verlängert werden. Auch bezüglich der Begründungsfrist ist ein Antrag auf Wiedereinsetzung in den vorigen Stand nach §§ 233 ff. ZPO möglich. Ein solcher Antrag ist aber nur erforderlich, wenn die Begründungsfrist unabhängig von der Einlegungsfrist abgelaufen ist (BGH GRUR 2009, 427 Rn. 3 – ATOZ II). Die Beschwerdebegründung muss schriftlich erfolgen, ist also von einem beim BGH zugelassenen Rechtsanwalt (→ Rn. 9) zu unterschreiben (BGH GRUR 1985, 1052 (1053) – LECO). Darüber hinaus muss sie die angegriffene Entscheidung sowie den Rechtsmittelführer und -gegner erkennen lassen (BGH NJW-RR 2008, 1161).

5   Es ist nicht möglich, nach Ablauf der Frist Gründe für die Zulässigkeit oder Begründetheit der Rechtsbeschwerde nachzuschieben, selbst wenn diese von Amts wegen zu prüfen sind (§§ 557 Abs. 3, 577 Abs. 2 S. 3 ZPO). Auch eine teilweise Unzulässigkeit der Rechtsbeschwerde ist möglich, wenn auf einen Teil der Entscheidung in der Begründung nicht eingegangen wird (BGH GRUR 2006, 679 Rn. 26 – Porsche Boxster; GRUR 2006, 701 Rn. 11 – Porsche 911).

II. Notwendiger Inhalt (Abs. 4)

6   Die Begründung muss gemäß § 85 Abs. 4 Nr. 1 darlegen, inwieweit der Beschluss aufgehoben werden soll. Dabei genügt es, wenn der Umfang der erstrebten Aufhebung erkennbar ist. Eines förmlichen Antrags bedarf es nicht (BGH GRUR 1979, 619 – Tabelliermappe). Der Wortlaut der Vorschrift, der von einer Abänderung spricht, ist wegen § 89 Abs. 4 als Redaktionsfehler anzusehen, weil der BGH die Entscheidung nicht ändern, sondern nur zurückverweisen kann, vgl. aber → § 89 Rn. 10.2.

7   § 85 Abs. 4 Nr. 2 fordert die Bezeichnung der verletzten Norm. Es ist jedoch davon auszugehen, dass keine genaue Angabe eines Paragraphen erforderlich ist (Ströbele/Hacker/Thiering/Knoll Rn. 6). Werden Verfahrensmängel gemäß § 85 Abs. 4 Nr. 3 gerügt, sind die Tatsachen darzulegen aus denen sich diese ergeben. Zweck dieses Begründungserfordernisses ist es, dem Rechtsbeschwerdegericht die Prüfung zu ermöglichen, ob die angefochtene Entscheidung auf dem gerügten Verfahrens-, insbesondere Gehörsverstoß beruht (vgl. BGH GRUR 2008, 1126 Rn. 12 – Weiße Flotte). Deshalb ist der Prozessvorgang, dessen Verfahrensfehlerhaftigkeit behauptet wird, unter Angabe der Einzeltatsachen, aus denen sich der Mangel ergeben soll, genau zu bezeichnen (BGH BeckRS 2011, 26161 – Gelbe Seiten). Wo nötig (→ § 84 Rn. 6), muss aus dem Tatsachenvertrag auch die Kausalität der Verfahrensmängel für die Entscheidung ersichtlich sein (Büscher/Dittmer/

Schiwy/Schiwy Rn. 8). Bei einem Gehörsverstoß ist also auszuführen, dass die angefochtene Entscheidung jedenfalls auf dem Verfahrensfehler beruhen kann. Bei einer Rüge wegen übergangenen Beweisantritts muss neben Beweisthema und Beweismittel angegeben werden, zu welchem Punkt das BPatG rechtsfehlerhaft eine an sich gebotene Beweisaufnahme unterlassen haben soll und welches Ergebnis diese Beweisaufnahme hätte zeitigen müssen (BGH BeckRS 2011, 2616 Rn. 8 ff. – Gelbe Seiten).

D. Rücknahme der Beschwerde und der zugrundeliegenden Anträge

Die Rechtsbeschwerde kann bis zum Erlass eines rechtskräftigen Beschlusses im Rechtsbe- **8** schwerdeverfahren jederzeit und ohne Einwilligung des Gegners zurückgenommen werden. Dies muss wegen § 85 Abs. 5 S. 1 aber durch einen beim BGH zugelassenen Rechtsanwalt erfolgen (→ Rn. 9). Die Rücknahme der zugrundeliegenden Verfahrensanträge (beispielsweise des Löschungsantrags) ist im Rahmen der Rechtsbeschwerde von Amts wegen zu berücksichtigen und kann zu einer Erledigung der Hauptsache führen, wenn sie dem Verfahren insgesamt die Grundlage entzieht. Die Rücknahme von Verfahrensanträgen unterliegt keinem Anwaltszwang. Es reicht, dass die Rechtsbeschwerde an sich statthaft ist (BGH GRUR 1974, 465 (466) – Lomapect).

E. Anwaltszwang (Abs. 5 S. 1 und 2)

Die Verhandlungsfähigkeit des Beschwerdeführers setzt gemäß § 85 Abs. 5 die Vertretung durch **9** einen beim BGH zugelassenen Rechtsanwalt voraus. Dies gilt auch für den Präsidenten des DPMA, wenn er gemäß § 68 Abs. 2 dem Verfahren beigetreten ist. Ein Patentanwalt ist zwar nicht vertretungsberechtigt, er kann jedoch gemäß § 85 Abs. 5 S. 2 durch Äußerungen am Verfahren mitwirken. Dies gilt nach § 156 PAO auch für einen Patentassessor in ständigem Dienstverhältnis (Fezer Rn. 17). Anders als in der ZPO ist trotz Säumnis eines Beteiligten das Verfahren ohne ihn fortzuführen und in der Sache zu entscheiden, weil Säumnisfolgen nicht vorgesehen sind (BGH GRUR 2001, 1151 (1152) – marktfrisch; vgl. auch Benkard/Rogge PatG § 108 Rn. 2 zum PatG).

F. Kosten (Abs. 2 und 5 S. 3)

Die Gerichtskosten bemessen sich nicht nach dem PatKostG, das nur Gebührenregelungen für **10** die Verfahren vor dem BPatG und DPMA trifft (§ 1 PatKostG), sondern nach dem GKG (§ 1 Abs. 1 Nr. 14 GKG).

Seit dem Gesetz zur Änderung des patentrechtlichen Einspruchsverfahrens und des Patentkostengesetzes **10.1** mit Wirkung zum 1.7.2006 richten sich diese aber auch nicht mehr nach dem Streitwert, der nach § 51 Abs. 1 GKG nach billigem Ermessen zu bestimmen war (BGH GRUR 2006, 704 – Markenwert). Vielmehr besteht für das Rechtsbeschwerdeverfahren in Sachen des gewerblichen Rechtschutzes eine Fixgebühr, die nach dem Kostenverzeichnis zum GKG gegenwärtig 825 Euro beträgt (GKG KV 1255) und sich bei Rücknahme der Rechtsbeschwerde oder entsprechender Erledigungserklärungen vor Zugang der Rechtsbeschwerdebegründung auf 110 Euro reduziert (KV 1256 GKG).

Insofern ist die bisherige Praxis des BGH, fast ausnahmslos den Gegenstandswert von Amts wegen zu **10.2** bestimmen, nach dem GKG, insbesondere §§ 62, 63 GKG, nicht geboten (Ströbele/Hacker/Thiering/Knoll § 90 Rn. 24). Der BGH scheint seine Praxis nunmehr aber auch zu ändern (BGH BeckRS 2015, 19674 unter Verweis auf Büscher/Dittmer/Schiwy/Büscher § 90 Rn. 12)

Bedeutung hat die Festsetzung nur für die Bemessung der Anwaltsgebühren (BGH BeckRS **11** 2015, 19674).

Allerdings ist der BGH nicht aufgerufen, den Streitwert ohne Antrag eines Verfahrensbeteiligten von **11.1** Amts wegen festzusetzen (so auch BGH BeckRS 2015, 19674). § 32 Abs. 1 RVG sieht – entgegen landläufiger Praxis der Gerichte – nicht vor, dass der Streit-/Gegenstandswert gerichtsseitig festgesetzt werden muss, sondern setzt eine Festsetzung aufgrund einer anderen Vorschrift voraus (Schneider/Thiel NJW 2013, 25). Daran fehlt es jedoch, da seit dem 1.7.2006 eine gerichtliche Fixgebühr besteht (→ Rn. 10; Ströbele/Hacker/Thiering/Knoll § 90 Rn. 24). Insofern bedarf es eines Antrages iSd § 33 RVG (im Beschwerdeverfahren ständige Praxis des BPatG; → § 71 Rn. 84 ff.). Trotz mangelnder GKG- bzw. RVG-Konformität lässt sich eine aufgedrängte Streitwertfestsetzung durch den BGH mit dem pragmatischen Argument, wegen § 90 Abs. 2 gebe es viele Fälle mit Kostenauflegung, verteidigen (Ströbele/Hacker/Thiering/Knoll § 90 Rn. 25).

Der BGH gibt, soweit erkennbar, nie die Vorschrift an, auf dessen Grundlage er den Gegenstandswert **11.2** festsetzt und dessen Höhe bemisst (Ströbele/Hacker/Thiering/Knoll § 90 Rn. 27). Sowohl im Eintragungs-

als auch im Widerspruchsverfahren bestimmt der BGH regelmäßig einen Gegenstandswert von 50.000 Euro (BGH GRUR 2006, 704 – Markenwert). Dies gilt auch bei einer zulassungsfreien Rechtsbeschwerde (BGH GRUR 2009, 994 – Vierlinden, Gegenstandswert wiedergegeben in BeckRS 2009, 21882).

11.3   Maßgeblich für die Festsetzung des Gegenstandswerts ist das wirtschaftliche Interesse des Markeninhabers an der Aufrechterhaltung seiner Marke. Dieses Interesse sei im Regelfall mit 50.000 Euro zu bemessen. Eine niedrigere oder höhere Wertfestsetzung könnten nur besondere Umstände rechtfertigen. Auf das Interesse des Inhabers der Widerspruchsmarke an der Löschung des prioritätsjüngeren Zeichens oder der gewerblichen Bedeutung der Widerspruchsmarke kommt es nicht an (BGH GRUR 2006, 704 – Markenwert). Lediglich in Löschungsverfahren überschreitet der BGH gelegentlich diesen Regelstreitwert mit Rücksicht auf das Interesse der Allgemeinheit an einer Löschung einer zu Unrecht eingetragenen Marke und dem Interesse des Markeninhabers an der Aufrechterhaltung seiner umfänglich benutzten Marke (BGH GRUR 2008, 510 = BeckRS 2008, 07104 – Milchschnitte: 100.000 Euro; GRUR 2009, 669 = BeckRS 2009, 12987 – POST: 200.000 Euro; BeckRS 2018, 10451 – H 15: 300.000 Euro; GRUR 2009, 954 = BeckRS 2009, 10272 – Kinder III: 500.000 Euro; BeckRS 2015, 19674 – gelbe Farbmarke: 500.000 Euro; Gegenstandswert jeweils in BeckRS wiedergegeben).

G. Unselbständige Anschlussrechtsbeschwerde

12   Soweit eine rechtswirksame (zugelassene oder zulassungsfreie) Rechtsbeschwerde eingelegt ist, über die noch nicht entschieden ist und die nicht zurückgenommen worden ist, kann sich der Rechtsbeschwerdebeklagte der Beschwerde in entsprechender Anwendung der § 574 Abs. 4 ZPO und § 554 ZPO anschließen soweit er durch die angefochtene Beschwerdeentscheidung (ebenfalls) beschwert ist (vgl. auch die Ausführungen zur Anschlussbeschwerde (→ § 66 Rn. 156). Sie ist innerhalb einer Frist von einem Monat nach Zustellung der Rechtsbeschwerdebegründung einzulegen und zu begründen (BGH GRUR 1983, 725 (727) – Ziegelsteinformling); ausdrücklich § 574 Abs. 4 ZPO in der Neufassung durch Art. 2 ZPO-RG vom 27.7.2001 (BGBl. I 1887). Die Anschlussrechtsbeschwerde kann auf jeden Rechtsbeschwerdegrund gestützt werden, soweit die Rechtsbeschwerde nicht (rechtswirksam) beschränkt wurde. Bei einer nicht zugelassen Rechtsbeschwerde kommen lediglich die Rügen des § 83 Abs. 3 in Betracht (Ströbele/Hacker/Thiering § 83 Rn. 74).

§ 86 Prüfung der Zulässigkeit

[1]Der Bundesgerichtshof hat von Amts wegen zu prüfen, ob die Rechtsbeschwerde an sich statthaft und ob sie in der gesetzlichen Form und Frist eingelegt und begründet ist. [2]Liegen die Voraussetzungen nicht vor, so ist die Rechtsbeschwerde als unzulässig zu verwerfen.

Überblick

§ 86 regelt die Prüfung der Zulässigkeit der Rechtsbeschwerde durch den BGH von Amts wegen (→ Rn. 2). Sind die Zulässigkeitsvoraussetzungen nicht erfüllt, verwirft der BGH die Rechtsbeschwerde als unzulässig (→ Rn. 4)

A. Allgemeines

1   § 86 entspricht § 104 PatG und § 552 ZPO und trägt damit dem Umstand Rechnung, dass der BGH die Zulässigkeit der Rechtsbeschwerde prüft, bevor er sich mit ihrer Begründetheit auseinandersetzt (Musielak/Voit/Ball ZPO § 552 Rn. 1).

B. Prüfung der Zulässigkeit

2   Der BGH prüft im Rahmen der Zulässigkeitsprüfung gemäß § 86 S. 1 von Amts wegen die Rechtsbeschwerdefähigkeit der angegriffenen Entscheidung (→ § 83 Rn. 6 ff.), die Beschwerdeberechtigung des Rechtsbeschwerdeführers (→ § 84 Rn. 2), Frist und Form der Einlegung (→ § 85 Rn. 2) sowie die Begründung (→ § 85 Rn. 4) der Rechtsbeschwerde. Nur eine gänzlich fehlende Begründung führt zur Unzulässigkeit, eine lückenhafte Begründung, zum Beispiel hinsichtlich der Kausalität eines Verfahrensfehlers iSd § 83 Abs. 3, führt nicht zu einer Unzulässigkeit, aber zur Unbegründetheit (Ströbele/Hacker/Thiering/Knoll Rn. 3; vgl. auch BGH GRUR 2008, 1126 – Weisse Flotte).

Die Aufzählung des § 86 S. 1 ist nicht abschließend. Weitere Zulässigkeitsvoraussetzungen wie **3** die Beschwer (BGH GRUR 2006, 701 – Porsche 911), das Rechtsschutzbedürfnis und die Partei-, Prozess- und Postulationsfähigkeit sind ebenfalls von Amts wegen zu prüfen.

C. Entscheidung

Ist auch nur eine der oben angeführten Zulässigkeitsvoraussetzungen nicht erfüllt, muss die **4** Rechtsbeschwerde gemäß § 86 S. 2 durch Beschluss nach Maßgabe des § 89 Abs. 1–3 als unzulässig verworfen werden. Die Entscheidung ist zu begründen und den Beteiligten zuzustellen, kann aber ohne mündliche Verhandlung ergehen. Eine Hinweispflicht des Gerichts und eine vorherige Anhörung der Beteiligten ist grundsätzlich nicht erforderlich, besteht aber, wenn der Beschluss eine unzulässige Überraschungsentscheidung darstellen würde. In einem solchen Fall ist dem Rechtsmittelführer rechtliches Gehör zu dem Zulässigkeitsmangel zu gewähren (BGH NJW-RR 2006, 142 (143) zur ZPO; Büscher/Dittmer/Schiwy/Schiwy Rn. 3). Das ergibt sich aus Art. 103 GG und § 139 ZPO, wonach eine Hinweispflicht besteht, wenn der fragliche Punkt vom Beteiligten erkennbar nicht berücksichtigt worden ist (vgl. Benkard/Rogge PatG § 104 Rn. 2 zum PatG). Durch den Verwerfungsbeschluss tritt kein Verlust der Rechtsbeschwerdeberechtigung ein. Da die angefochtene Entscheidung des BPatG erst mit Ablauf der Rechtsbeschwerdefrist rechtskräftig wird, ist eine erneute Einlegung der Rechtsbeschwerde innerhalb der Monatsfrist des § 85 Abs. 1 möglich (BGH GRUR 1972, 196 – Dosiervorrichtung).

§ 87 Mehrere Beteiligte

(1) ¹**Sind an dem Verfahren über die Rechtsbeschwerde mehrere Personen beteiligt, so sind die Beschwerdeschrift und die Beschwerdebegründung den anderen Beteiligten mit der Aufforderung zuzustellen, etwaige Erklärungen innerhalb einer bestimmten Frist nach Zustellung beim Bundesgerichtshof schriftlich einzureichen. ²Mit der Zustellung der Beschwerdeschrift ist der Zeitpunkt mitzuteilen, in dem die Rechtsbeschwerde eingelegt ist. ³Die erforderliche Zahl von beglaubigten Abschriften soll der Beschwerdeführer mit der Beschwerdeschrift oder der Beschwerdebegründung einreichen.**

(2) **Ist der Präsident oder die Präsidentin des Deutschen Patent- und Markenamts nicht am Verfahren über die Rechtsbeschwerde beteiligt, so ist § 68 Abs. 1 entsprechend anzuwenden.**

Überblick

§ 87 regelt das Verfahren, wenn mehrere Personen am Rechtsbeschwerdeverfahren beteiligt sind. Geregelt sind zum einen Zustellungen der Rechtsbeschwerdeschrift und begründung an die anderen Beteiligten (→ Rn. 2) und zum anderen die Mitwirkungsmöglichkeiten des Präsidenten des DPMA, wenn dieser nicht am Rechtsbeschwerdeverfahren beteiligt ist (→ Rn. 4). Der Präsident des DPMA kann dem Rechtsbeschwerdeverfahren noch unter der Voraussetzung beitreten, dass das BPatG ihm den Beitritt zum Beschwerdeverfahren gemäß § 68 Abs. 2 anheimgestellt hatte (→ Rn. 5).

A. Allgemeines

Die Vorschrift entspricht – bis auf die Verweisung auf § 68 Abs. 1 MarkenG – dem § 105 **1** PatG.

B. Mehrere Beteiligte (Abs. 1)

Unabhängig davon, ob sie sich aktiv am Verfahren beteiligen, sind alle Beteiligten des Beschwer- **2** deverfahrens beim BPatG an dem Verfahren über die Rechtsbeschwerde beteiligt (Fezer Rn. 2; Ströbele/Hacker/Thiering/Knoll Rn. 2 mwN). Darunter fallen auch Nebenintervenienten (BGH GRUR 1968, 86 (87) – Ladegerät). Mehrere Beteiligte liegen sowohl dann vor, wenn sich mehrere Personen, zB im Widerspruchs- oder Verfalls- und Nichtigkeitsverfahren, gegenüberstehen, als auch wenn mehrere Personen auf derselben Seite agieren, zB mehrere Anmelder oder Widersprechende (Fezer Rn. 1).

3　　Abs. 1 regelt die **Zustellung der Rechtsbeschwerdeschrift und -begründung** an die anderen Beteiligten. Dabei ist auch der Zeitpunkt der Einlegung der Rechtsbeschwerde mitzuteilen. Gemäß Abs. 1 S. 3 soll der Beschwerdeführer beglaubigte Kopien der Schriftstücke einreichen, um eine ordnungsgemäße Zustellung zu beschleunigen. Die Beteiligten werden außerdem aufgefordert, durch einen beim BGH zugelassenen Rechtsanwalt (§ 85 Abs. 5) nötige Erklärungen abzugeben. Eine Pflicht zur Erklärung ergibt sich hieraus indes nicht (Fezer Rn. 5). Zur Wahrung rechtlichen Gehörs hat der BGH eine Erklärungsfrist auszusprechen. Auf Antrag kann diese Frist verlängert werden.

C. Mitwirkungsmöglichkeiten des Präsidenten des DPMA (Abs. 2)

4　　Die Möglichkeit zur Mitwirkung am Rechtsbeschwerdeverfahren wird dem Präsidenten des DPMA gemäß § 87 Abs. 2, § 68 Abs. 1 auch dann gewährt, wenn er nicht infolge eines Beitritts gemäß § 68 Abs. 2 Beteiligter des Verfahrens geworden ist. Er kann entsprechend § 68 Abs. 1 sowohl an Terminen teilnehmen als auch insbesondere Erklärungen abgeben. Mangels Beteiligtenstellung kann er sein Äußerungsrecht in diesem Fall ohne Vertretung durch einen beim BGH zugelassenen Rechtsanwalt gemäß § 85 Abs. 5 ausüben (Ströbele/Hacker/Thiering/Knoll Rn. 4). Der BGH kann unabhängig von einer bisherigen Mitwirkung des DPMA Präsidenten diesem Gelegenheit zur Stellungnahme geben.

D. Beitritt des Präsidenten des DPMA zum Verfahren

5　　Zwar sieht das MarkenG (wie das PatG) den Beitritt des DPMA Präsidenten erst während des Rechtsbeschwerdeverfahrens nicht vor, dennoch ist der Beitritt noch möglich, wenn das BPatG ihm schon in der Beschwerdeinstanz einen Beitritt gemäß § 68 Abs. 2 anheimgestellt hat. Es besteht ein Interesse der Allgemeinheit klärungsbedürftige Rechtsfragen, die sich möglicherweise erst im Rechtsbeschwerdeverfahren stellen, durch den Präsidenten neutral darstellen zu lassen (Büscher/Dittmer/Schiwy/Schiwy § 88 Rn. 4; Ströbele/Hacker/Thiering/Knoll Rn. 5; aA Goebel GRUR 1985, 641 (647); Fezer Rn. 2 mit der Begründung, dass § 87 Abs. 2 nicht auf § 68 Abs. 2 verweise, der den Beitritt für das Beschwerdeverfahren zulasse). Der BGH kann dem Präsidenten des DPMA den Beitritt nicht anheimstellen, denn § 87 Abs. 2 verweist lediglich auf § 68 Abs. 1 und nicht auf § 68 Abs. 2.

6　　Da der Präsident des DPMA (unter den vorgenannten Bedingungen) noch dem laufenden Rechtsbeschwerdeverfahren beitreten kann, kann er erst recht schon nach der Beschwerdeentscheidung des BPatG dem Beschwerdeverfahren beitreten, um eine Rechtsbeschwerde einzulegen (Büscher/Dittmer/Schiwy/Schiwy Rn. 4; Ströbele/Hacker/Thiering/Knoll Rn. 5; Schulte/Kühnen PatG § 77 Rn. 8 zum PatG). Dies mit dem Argument zu verneinen, der Präsident sei nicht beschwert (Goebel GRUR 1985, 641 (647), überzeugt nicht, weil auch in Bezug auf das Beschwerdeverfahren, eine Beschwerdeberechtigung ohne eigene Beschwer gegeben ist (Büscher/Dittmer/Schiwy/Schiwy Rn. 4; → § 84 Rn. 4).

7　　Durch den Beitritt erlangt der Präsident die Stellung eines Beteiligten. Entscheidungen sind ihm ab dem Zeitpunkt des Beitritts zuzustellen.

§ 88 Anwendung weiterer Vorschriften

(1) [1]Im Verfahren über die Rechtsbeschwerde gelten die Vorschriften der Zivilprozessordnung über Ausschließung und Ablehnung der Gerichtspersonen (§§ 41 bis 49), über Prozessbevollmächtigte und Beistände (§§ 78 bis 90), über Zustellungen von Amts wegen (§§ 166 bis 190), über Ladungen, Termine und Fristen (§§ 214 bis 229) und über Wiedereinsetzung in den vorigen Stand (§§ 233 bis 238) entsprechend. [2]Im Falle der Wiedereinsetzung in den vorigen Stand gilt § 91 Abs. 8 entsprechend. [3]Auf Antrag ist einem Beteiligten unter entsprechender Anwendung des § 138 des Patentgesetzes Verfahrenskostenhilfe zu bewilligen.

(2) Für die Öffentlichkeit des Verfahrens gilt § 67 Abs. 2 und 3 entsprechend.

Überblick

§ 88 Abs. 1 S. 1 verweist auf bestimmte Vorschriften der ZPO, die im Rechtsbeschwerdeverfahren entsprechend anwendbar sind (→ Rn. 2). Es stellt sich die Frage, ob nicht genannte Vorschriften der ZPO im Einzelfall (trotzdem) anwendbar sind (→ Rn. 3). § 88 Abs. 1 S. 3 verweist bezüglich des grundsätzlich möglichen Verfahrenskostenhilfeverfahrens auf § 138 PatG (→ Rn. 4). In § 88 Abs. 2 wird die Öffentlichkeit des Verfahrens unter Verweis auf § 67 Abs. 2 und 3 gesondert geregelt (→ Rn. 20). Zur Akteneinsicht → Rn. 21.

Übersicht

A. Allgemeines

Die Vorschrift entspricht partiell § 106 PatG. **1**

B. Anwendung der ZPO (Abs. 1)

I. In Abs. 1 aufgezählte ZPO-Vorschriften

Die in § 88 Abs. 1 aufgeführten ZPO Vorschriften verdrängen zwar die allgemeinen Regelungen des MarkenG, insbesondere die §§ 91, 94, anwendbar bleiben dennoch die leges speciales des MarkenG, die gerade das Rechtsbeschwerdeverfahren betreffen und deshalb vorgehen. So geht etwa hinsichtlich des Anwaltszwangs im markenrechtlichen Rechtsbeschwerdeverfahren der § 85 Abs. 5 den §§ 79, 90 ZPO vor und ist § 321a ZPO wegen der abschließenden Regelung des § 83 Abs. 3 Nr. 3 nicht anwendbar. Die Nichtanwendbarkeit einzelner Vorschriften aus den verwiesenen Abschnitten der ZPO ist denkbar und muss im Einzelfall geprüft werden (vgl. Benkard/Rogge PatG § 106 Rn. 1 zum PatG). § 88 Abs. 1 S. 2 verweist zusätzlich auf § 91 Abs. 8, um im Falle von Anträgen auf Wiedereinsetzung (§§ 233 ff. ZPO) gutgläubige Dritte zu schützen. **2**

II. Anwendbarkeit in Abs. 1 nicht genannter ZPO-Vorschriften

Anders als im Beschwerdeverfahren, für das in § 82 Abs. 1 S. 1 eine Generalverweisung auf die ZPO erfolgt, ist im Rechtsbeschwerdeverfahren eine generelle Anwendung der ZPO ausgeschlossen. Trotzdem ist davon auszugehen, dass die Verweisung des § 88 Abs. 1 auf bestimmte ZPO Vorschriften nicht abschließend ist (Büscher/Dittmer/Schiwy/Schiwy Rn. 1). Dies folgt aus der lückenhaften Regelung des Rechtsbeschwerdeverfahrens und der Ähnlichkeit zum Rechtsmittel der Revision (§§ 542 ff. ZPO) und dem Rechtsbeschwerdeverfahren (§§ 574 ff. ZPO) der ZPO. Aufgrund der Parallelen zum Beschwerdeverfahren wird die Anwendung dieser Vorschriften mit der Generalverweisung des § 82 Abs. 1 S. 1 begründet (BGH GRUR 1999, 998 – Verfahrenskostenhilfe; GRUR 2000, 892 (893) – MTS). Die §§ 123 ff. GVG sind unmittelbar anwendbar. **3**

C. Verfahrenskostenhilfe (Abs. 1 S. 3)

§ 88 Abs. 1 S. 3 ist mit Wirkung zum 1.1.2014 neu in das MarkenG eingefügt worden. Trotz Fehlens einer ausdrücklichen gesetzlichen Regelung bis dahin hat der BGH die Möglichkeit einer Verfahrenskostenhilfe im Rechtsbeschwerdeverfahren seit geraumer Zeit und wiederholt für gegeben erachtet (BGH GRUR 1999, 998 – Verfahrenskostenhilfe; GRUR 2008, 732 – Tegeler Floristik; BeckRS 2012, 06796 – Sachsendampf). **4**

I. Verfahrensfragen

§ 88 Abs. 1 S. 3 regelt die Verfahrenskostenhilfe im Rechtsbeschwerdeverfahren durch den Verweis auf § 138 PatG, so dass der generelle Verweis auf die ZPO in § 82 nicht zum Tragen **5** kommt. § 138 Abs. 1 PatG verweist bezüglich der Bedürftigkeit, Erfolgsaussichten und fehlenden Mutwillen auf § 114 ZPO, auf § 115 ZPO für den vorrangigen Einsatz von Einkommen und Vermögen und für Anträge von Parteien kraft Amtes, juristische Personen und parteifähige Vereinigungen auf § 116 ZPO. § 138 Abs. 2 PatG enthält Regeln zum Verfahren, insbesondere zur Verfahrenseinleitung. Dementsprechend fehlt in § 138 Abs. 3 PatG ein Verweis auf § 135 PatG. Über § 136 sind weitere Verfahrensbestimmungen der ZPO anwendbar, wie die Erklärung über die persönlichen und wirtschaftlichen Verhältnisse und deren Glaubhaftmachung (§ 114 Abs. 2–4 ZPO, § 118 Abs. 2 und 3 ZPO) sowie zur Anhörung des Gegners in zweiseitigen Verfahren (§ 118 Abs. 1 ZPO). § 138 Abs. 3 PatG verweist bezüglich der Wirkungen der Verfahrenskostenhilfe auf § 130 Abs. 2 PatG, § 134 PatG, für die Behandlung von Personenmehrheiten auf § 130 Abs. 3 PatG. Entsprechend der Regelung in § 138 Abs. 3 PatG kann ein beim BGH zugelassener Rechtsanwalt beigeordnet werden.

6   Der I. Zivilsenat des BGH ist für die Entscheidung über die dafür beantragte Verfahrenskostenhilfe zuständig, die ohne mündliche Verhandlung ergeht (§ 127 Abs. 1 S. 1 ZPO). Wenn der BGH eine Einigung erwartet, kann er in zweiseitigen Verfahren die Beteiligten zu einer mündlichen Erörterung laden (vgl. § 118 Abs. 1 S. 3 ZPO). Hinsichtlich der Zuständigkeit des Rechtspflegers → § 81a Rn. 10. Hinsichtlich des „rechtlichen Gehörs" → § 81a Rn. 11.

7   Da die Gerichtsgebühren schon mit der Einlegung der Rechtsbeschwerde fällig werden (§ 6 Abs. 1 Nr. 4 GKG), kann es zur **Vermeidung einer Gebührenlast** angezeigt sein, vor Einlegung der Rechtsbeschwerde eine Entscheidung über die Bewilligung der Verfahrenskostenhilfe herbeizuführen. Hierfür muss innerhalb der Rechtsbeschwerdefrist ein den gesetzlichen Anforderungen genügender Antrag auf Verfahrenskostenhilfe eingereicht werden (→ § 81a Rn. 15). Wenn dadurch die Frist zur Einlegung der Rechtsbeschwerde (§ 85 Abs. 1) versäumt wird, liegt darin für den wirtschaftlich nicht leistungsfähigen Beteiligten im Umstand, der nach ständiger Rechtsprechung die **Wiedereinsetzung in die versäumte Frist** rechtfertigt, wenn der Antrag auf Verfahrenskostenhilfe vor Ablauf der Rechtsmittelfrist eingereicht wurde (→ § 81a Rn. 30).

8   Der Antragsteller hat bei Vorliegen der Voraussetzungen einen **Rechtsanspruch** auf Verfahrenskostenhilfe. Verfahrenskostenhilfe wird nicht gewährt für das Verfahrenskostenhilfeverfahren und das Akteneinsichtsverfahren (→ § 81a Rn. 2).

II. Voraussetzungen der Gewährung

1. Antrag

9   Nur auf Antrag wird Verfahrenskostenhilfe gewährt. Zur personellen Antragsberechtigung → § 81a Rn. 33, zum Zeitpunkt der Antragstellung → § 81a Rn. 1 ff. Das Gesuch ist schriftlich oder ggf. als elektronisches Dokument (§ 135 Abs. 1 S. 3) beim BGH einzureichen. Es kann auch zu Protokoll der Geschäftsstelle erklärt werden (§ 138 Abs. 2 PatG). Es unterliegt daher trotz § 85 Abs. 5 nicht dem Anwaltszwang und muss nicht durch einen beim BGH zugelassenen Rechtsanwalt eingereicht werden. Der Antragsteller muss Ausführungen machen, die es dem BGH ermöglichen, zu prüfen, ob die Rechtsbeschwerde hinreichende Aussicht auf Erfolg bietet. Insofern kann auf die Rechtsbeschwerdebegründung verwiesen werden. Bei der zugelassenen Rechtsbeschwerde reicht ein Verweis auf die Akten, soweit sich hieraus der wesentliche Streitstand ergibt. Stützt sich die Beschwerde auf die Verletzung von Verfahrensvorschriften iSd § 83 Abs. 3, ist auszuführen, worin der Verfahrensmangel erblickt wird.

2. Rechtschutzbedürfnis

10   In Bezug auf Löschungsanträge und bei juristischen Personen ist die Gewährung der Verfahrenskostenhilfe von einem besonderen Rechtschutzinteresse abhängig (→ § 81a Rn. 43).

3. Wirtschaftliche Voraussetzungen

11   Verfahrenskostenhilfe kann auch im Rechtsbeschwerdeverfahren nur bei mangelnder wirtschaftlicher Leistungsfähigkeit des Antragstellers (→ § 81a Rn. 49) gewährt werden. Bei mehreren Beteiligten, insbesondere mehreren Markeninhabern → § 81a Rn. 55, bei Beteiligten kraft Amtes → § 81a Rn. 57. Zum geforderten zumutbaren Einsatz von Einkommen und Vermögen iSd § 115 ZPO → § 81a Rn. 62. Bei juristischen Personen und parteifähigen Vereinigungen sind die Hürden der Bewilligung gemäß § 88 Abs. 1 S. iVm § 138 Abs. 1 PatG und § 116 S. 1 Nr. 2 ZPO besonders hoch, weil die Voraussetzung, dass die Unterlassung der Rechtsverfolgung oder

Rechtsverteidigung allgemeinen Interessen zuwiderlaufen würde, besonders eng auszulegen ist (BGH GRUR-RS 2020, 41971 – Retrolympics).

4. Erfolgsaussichten der Rechtsbeschwerde

Verfahrenskostenhilfe kann nur bei hinreichender Erfolgsaussicht bewilligt werden. Deren **12** Bestehen ist im Wege einer **Prognose** zu prüfen, denn die vollständige Rechtsprüfung darf nicht in das Verfahrenskostenhilfeverfahren verlagert werden (BVerfG BeckRS 2013, 47258; NJW 2004, 1789). Auch die Verteidigung des Markeninhabers gegen Widersprüche und Löschungsanträge muss Erfolg versprechen. Eine § 132 Abs. 1 S. 2 PatG vergleichbare Privilegierung existiert nicht (→ § 81a Rn. 66). Soweit bei einem zweiseitigen Verfahren der **Beschwerdegegner** Verfahrenskostenhilfe beantragt, ist die Erfolgsaussicht nach § 138, 136 PatG, § 119 S. 2 ZPO grundsätzlich nicht zu prüfen. Wenn sich allerdings die rechtliche oder tatsächliche Grundlage für die BPatG Entscheidung nachträglich ändert, kann entgegen § 119 Abs. 1 S. 2 ZPO ausnahmsweise eine Prüfung der Erfolgsaussichten zulässig sein (BeckOK ZPO/Reichling ZPO § 119 Rn. 32 mwN). Anders gelagert ist auch die Frage, ob die Verteidigung überhaupt **notwendig** ist, solange es hieran fehlt, ist die Prozesskostenhilfe für den Beschwerdegegner zu versagen (BeckOK ZPO/ Reichling ZPO § 119 Rn. 31 mwN). Legt der Beschwerdegegner **Anschlussbeschwerde** ein, hängt die Verfahrenskostenhilfe davon ab, ob diese über die erforderliche Erfolgsaussicht verfügt (OLG Karlsruhe BeckRS 2005, 02610).

Bei den Erfolgsaussichten der vom BPatG **zugelassenen Rechtsbeschwerde** (§ 83 Abs. 1 und **13** 2) darf der BGH keine allzu strengen Anforderungen stellen, denn die Rechtsfrage, wegen deren grundsätzlicher Bedeutung die Rechtsbeschwerde vom BPatG zugelassen ist, sollte nicht im Verfahren über die Bewilligung der Verfahrenskostenhilfe entschieden werden (vgl. BVerfG NJW 1991, 413; 1992, 889). Ergeben sich bei der gebotenen summarischen Prüfung evident **keine entscheidungserheblichen Rechtsfragen,** die einer Klärung durch den BGH bedürfen, kommt es für die Bewilligung der Prozesskostenhilfe aber allein auf die Erfolgsaussichten in der Sache an (vgl. BGH BeckRS 2013, 10584; ZInsO 2014, 2222).

Strenger ist der Prüfungsmaßstab bei **zulassungsfreien Rechtsbeschwerden.** Hier erfolgt **14** eine vollständige Prüfung der Rechtsbeschwerdevoraussetzungen gemäß § 83 Abs. 3 faktisch schon im Verfahrenskostenhilfeverfahren (vgl. BGH BeckRS 2003, 03465; 2001, 30189716; 2000, 30121247 – Rechtsbeschwerden in einer Markensache, gestützt auf die Rüge der Verletzung des rechtlichen Gehörs und des Begründungsmangels).

5. Mutwillen

Nach § 114 ZPO darf der Antragsteller nicht mutwillig agieren (→ § 81a Rn. 70). **15**

III. Wirkungen der Bewilligung

Die Bewilligung befreit den Antragsteller von der Gebührenzahlung (→ § 81a Rn. 21). **16**

IV. Bestands- und Rechtskraft

Beschlüsse des BGH, die Verfahrenskostenhilfe gewähren oder versagen, sind unanfechtbar **17** (§ 135 Abs. 3 PatG). Die **Rechtsbeschwerde ist ausgeschlossen** (BGH GRUR-RR 2010, 496 – TSP; GRUR 2008, 732 – Tegeler Floristik). Vgl. zu Rechtsbehelfen und Rechtsmitteln → § 81a Rn. 109, zur Rechtskraft → § 81a Rn. 113, zu Aufhebung und Änderung → § 81a Rn. 115.

V. Länderübergreifende Prozesskostenhilfe

Näher → § 81a Rn. 135. **18**

VI. Beratungshilfe

Näher → § 81a Rn. 140. **19**

D. Öffentlichkeitsgrundsatz (Abs. 2)

Anwendbar sind die Bestimmungen des Beschwerdeverfahrens (§ 67 Abs. 2 und 3), die die **20** §§ 169 ff. GVG insoweit verdrängen. Sie enthalten jedoch eine Verweisung auf §§ 172–175 GVG (→ § 67 Rn. 12).

E. Möglichkeit der Akteneinsicht

21   Das MarkenG enthält keine Vorschrift, die die Einsicht in die Gerichtsakten des BGH regelt. Aus diesem Grund ist die allgemeine Vorschrift des § 299 Abs. 1 ZPO heranzuziehen, die auch im Rahmen des Beschwerdeverfahrens Anwendung findet (§ 82 Abs. 1 S. 1). Stellen Dritte einen Antrag auf Akteneinsicht, ist § 82 Abs. 3 S. 2 als lex specialis entsprechend anzuwenden. Danach entscheidet, solange das Verfahren anhängig ist, der zuständige I. Zivilsenat des BGH entsprechend § 82 Abs. 3 S. 1 iVm § 62 (BGH GRUR 1983, 365 – Akteneinsicht Rechtsbeschwerdeakten). Werden die Akten an das BPatG zurückgegeben, trifft dieses die Entscheidung (BPatGE 22, 66 (67) = BeckRS 1979, 00475).

§ 89 Entscheidung über die Rechtsbeschwerde

(1) ¹Die Entscheidung über die Rechtsbeschwerde ergeht durch Beschluß. ²Die Entscheidung kann ohne mündliche Verhandlung getroffen werden.

(2) Der Bundesgerichtshof ist bei seiner Entscheidung an die in dem angefochtenen Beschluß getroffenen tatsächlichen Feststellungen gebunden, außer wenn in bezug auf diese Feststellungen zulässige und begründete Rechtsbeschwerdegründe vorgebracht sind.

(3) Die Entscheidung ist zu begründen und den Beteiligten von Amts wegen zuzustellen.

(4) ¹Im Falle der Aufhebung des angefochtenen Beschlusses ist die Sache zur anderweitigen Verhandlung und Entscheidung an das Bundespatentgericht zurückzuverweisen. ²Das Bundespatentgericht hat die rechtliche Beurteilung, die der Aufhebung zugrunde gelegt ist, auch seiner Entscheidung zugrunde zu legen.

Überblick

§ 89 regelt die Entscheidung über die Rechtsbeschwerde. Die Form der Entscheidung (→ Rn. 2) ist in Abs. 1 geregelt. Der Prüfungsumfang ist in Abs. 2 (→ Rn. 3) ausgeführt. Dabei muss jedoch zwischen der zugelassenen (→ Rn. 6) und der zulassungsfreien (→ Rn. 7) Rechtsbeschwerde unterschieden werden. In Abs. 3 findet sich die Begründung und Zustellung (→ Rn. 8), in Abs. 4 die Zurückverweisung des erfolgreich angefochtenen Beschlusses (→ Rn. 9).

A. Allgemeines

1   Die Vorschrift entspricht den §§ 107, 108 PatG. Die Parallelvorschriften des Beschwerdeverfahrens finden sich in §§ 69, 70, 79.

B. Form der Entscheidung (Abs. 1)

2   Der BGH entscheidet gemäß § 89 Abs. 1 S. 1 über die Rechtsbeschwerde durch Beschluss. Ob der Senat eine mündliche Verhandlung anberaumt, liegt in seinem eigenen (pflichtgemäßen) Ermessen (Fezer Rn. 1). Ein Anspruch auf eine mündliche Verhandlung besteht jedenfalls nicht (anders im Beschwerdeverfahren gemäß § 69 Nr. 1), die Parteien können einen Termin zu dieser nur anregen (Büscher/Dittmer/Schiwy/Schiwy Rn. 2). Im Falle einer mündlichen Verhandlung müssen sich die Beteiligten durch einen nach § 85 Abs. 5 S. 1 beim BGH zugelassenen Anwalt vertreten lassen. Es besteht jedoch ein eigenes Äußerungsrecht des Patentanwalts gemäß § 85 Abs. 5 S. 2. Ist ein Beteiligter nicht ordnungsgemäß vertreten, wird trotzdem in der Sache entschieden, so dass die Säumnis keine Folgen mit sich bringt (BGH GRUR 2001, 1151 (1152) – marktfrisch; GRUR 2007, 321 (322) – COHIBA). Bei bloßer Teilnahme des Präsidenten des DPMA gemäß § 87 Abs. 2, § 68 Abs. 2, dh ohne formelle Beteiligtenstellung, benötigt dieser keine Vertretung (Ströbele/Hacker/Thiering/Knoll Rn. 2).

C. Prüfungsumfang (Abs. 2)

I. Allgemeines

Gemäß Abs. 2 besteht grundsätzlich eine Bindung des BGH an die Tatsachenfeststellungen, **3** die sich aus der Niederschrift der mündlichen Verhandlung (→ § 77 Rn. 6 ff.) und aus den Beschlüssen des BPatG nebst Unterlagen oder andere Entscheidungen, auf die Bezug genommen wird (→ § 83 Rn. 61), ergeben. Neuer Tatsachenvortrag ist nicht zulässig (vgl. BGH GRUR 1993, 655 (656) – Rohrausformer; GRUR 1972, 642 (644) – Lactame; GRUR 1968, 86 (90) – Ladegerät; GRUR 1966, 499 (500) – Merck).

Vorgenannte Bindung wird nur in Ausnahmefällen durchbrochen. Ein solcher liegt vor, wenn **4** die Rügegründe für die Rechtsbeschwerde gerade auf die Mängel der Tatsachenfeststellung zurückzuführen sind. Zum Beispiel, wenn Verfahrensvorschriften durch die Tatsachenbewertung des BPatG iSd § 85 Abs. 4 Nr. 3 verletzt wurden. Gleiches gilt, wenn die Zulässigkeit oder die Fortsetzung des Rechtsbeschwerdeverfahrens von Tatsachenfeststellungen abhängt (BGH GRUR 1983 342 (343) – BTR; GRUR 1985, 1052 (1053) – LECO). Zum anderen besteht keine Bindung, wenn Tatsachenfeststellungen widersprüchlich, lückenhaft oder völlig unverständlich sind (BGH NJW 2000, 3007 zur ZPO).

Die Unterscheidung zwischen Rechtsfragen und Tatsachenfeststellungen ist oftmals komplex, **5** weil zentrale markenrechtliche Prüfungen gleichermaßen von rechtlichen und tatsächlichen Komponenten bestimmt werden, insbesondere von der „Tatsachenfeststellung" des Verkehrsverständnisses abhängen (zur Unterscheidungskraft → § 8 Rn. 137, zur Ähnlichkeit Waren/Dienstleistungen → § 14 Rn. 314, zur Markenähnlichkeit → § 14 Rn. 336, zum Gesamteindruck der Marke → § 14 Rn. 375), die auf tatrichterlichem Gebiet liegt (vgl. BGH GRUR 2018, 301 Rn. 13 – Pippi Langstrumpf-Marke). Diese Feststellung kann im Rechtsbeschwerdeverfahren nur darauf überprüft werden, ob der Tatrichter einen zutreffenden Rechtsbegriff zu Grunde gelegt und entsprechend den Denkgesetzen und der allgemeinen Lebenserfahrung geurteilt hat und das gewonnene Ergebnis von den getroffenen Feststellungen getragen wird (vgl. BGH GRUR 2018, 301 Rn. 13 – Pippi Langstrumpf-Marke; GRUR 2016, 1167 Rn. 19 – Sparkassen-Rot). Der Rechtsbeschwerdeführer darf nicht seine eigene Tatsachenwürdigung an die Stelle derjenigen des Tatrichters beim BPatG setzen (BGH GRUR 2018, 79 Rn. 33 – OXFORD/Oxford Club).

II. Zugelassene Rechtsbeschwerde (§ 83 Abs. 2)

Bei der nach § 83 Abs. 2 zugelassenen Rechtsbeschwerde prüft der Senat alle in Betracht **6** kommenden Fehler bei der Anwendung materiellen oder formellen Rechts durch das BPatG (BGH GRUR 1998, 394 (395) – Active Line; GRUR 2001, 139 – Parkkarte zum PatG). Es findet also eine vollständige revisionsmäßige Überprüfung der Entscheidung statt. Eine Beschränkung auf die Rechtsfrage, derentwegen die Zulassung der Rechtsbeschwerde erfolgt ist, besteht nicht (BGH GRUR 2000, 895 – Ewing; GRUR 2000, 603 (604) – Ketof/ETOP).

III. Zulassungsfreie Rechtsbeschwerde (§ 83 Abs. 3)

Im Falle einer zulassungsfreien Rechtsbeschwerde können nur die nach § 83 Abs. 3 gerügten **7** Verfahrensmängel überprüft werden, weil ansonsten die besonderen Zulassungserfordernisse des § 83 Abs. 2 durch eine Rüge des Verfahrens umgangen werden könnten (BGH WRP 2003, 1445 (1447) – PARK & BIKE; BeckRS 2003, 09336 – turkey & corn).

D. Begründung und Zustellung (Abs. 3)

Der Beschluss über die Rechtsbeschwerde ist gemäß § 89 Abs. 3 zu begründen (Fezer Rn. 12). **8** Dieser Beschluss ist den Beteiligten zuzustellen gemäß §§ 166 ff. ZPO, die über § 88 Abs. 1 S. 1 zur Anwendung kommen (Ströbele/Hacker/Thiering/Knoll Rn. 3).

E. Zurückverweisung (Abs. 4)

Ist die Rechtsbeschwerde zulässig und begründet, hat der BGH den angefochtenen Beschluss **9** aufzuheben und die Sache an das BPatG zurückzuverweisen (BGH GRUR 2009, 701 Rn. 6 – Niederlegung der Inlandsvertretung). In entsprechender Anwendung von §§ 563 Abs. 1 S. 2 und 577 Abs. 4 S. 3 ZPO ist eine Zurückverweisung an einen anderen Senat des Bundespatentgerichts möglich, wenn es aufgrund einer Häufung von Sachfehlern oder eines Mangels an Unvoreingenommenheit des Ausgangsgerichts geboten erscheint, einen anderen Spruchkörper mit der erneuten Behandlung der Sache zu befassen (BGH BeckRS 2003, 09280 – PARK & BIKE; GRUR-RS 2019, 36491 – Schokoladenstäbchen IV). Eine eigene Entscheidung ist, auch wenn Entscheidungsreife zu bejahen wäre (vgl. § 577 Abs. 5 ZPO oder § 563 Abs. 3 ZPO), aufgrund der eindeutigen Formulierung des § 89 Abs. 4 S. 1 grundsätzlich ausgeschlossen (BGH GRUR 1998, 394 (395) – Active Line).

10   Der BGH lässt jedoch aus Gründen der Prozessökonomie Ausnahmen zu. Dies gilt, wenn keine Entscheidung mehr zu treffen ist, zum Beispiel aufgrund eines Verzichts auf die Marke oder einer Zurücknahme der Anmeldung.

10.1   Gleiches gilt, wenn eine Zurückverweisung völlig überflüssig ist, weil das BPatG die Beschwerde wegen einer absolut eindeutigen Rechtslage sofort zurückweisen würde (BGH GRUR 1998, 394 (396) – Active Line).

10.2   Darüber hinaus erfolgte ausnahmsweise keine Zurückverweisung an das BPatG aufgrund des Gebots des effektiven Rechtsschutzes nach Art. 19 Abs. 4 GG und des Rechts auf einen wirksamen Rechtsbehelf nach Art. 47 GRCh in einem Nichtigkeitsverfahren nach § 50 (BGH GRUR 2016, 1167 Rn. 115 f. – Sparkassen-Rot). Danach ist nach § 50 Abs. 2 S. 1 für die Frage des Vorliegens von Schutzhindernissen der Zeitpunkt der Entscheidung über den Nichtigkeitsantrag maßgeblich. Das ist zunächst der Zeitpunkt der Entscheidung des DPMA und im Beschwerdeverfahren der Zeitpunkt der mündlichen Verhandlung vor dem BPatG. Bei einer Zurückverweisung der Sache an das BPatG, wäre es deshalb auf den Zeitpunkt der neuerlichen Entscheidung des Bundespatentgerichts angekommen. Dies hätte dazu führen können, dass sämtliche vorliegenden demoskopischen Gutachten durch Zeitablauf nicht mehr aussagekräftig gewesen wären und erneut Beweiserhebungen erforderlich geworden wären. Eine derartige Verfahrensverzögerung brauche der Markeninhaber in dem seit mehr als sechs Jahren andauernden Nichtigkeitsverfahren nicht hinzunehmen, wenn die Sache zur Endentscheidung reif sei. Der BGH sah sich auch nicht in entsprechender Anwendung des § 308 ZPO an einer abschließenden Entscheidung gehindert, weil der Markeninhaber beantragt hatte, den Beschluss des BPatG aufzuheben und die Sache an das BPatG zurückzuverweisen, da er nur der Vorschrift des § 89 Abs. 4 S. 1 Rechnung getragen habe und die Auslegung des Rechtsschutzziels des Markeninhabers ergebe, dass dieser die Zurückweisung der Löschungsanträge begehrt habe. Die hiergegen von den Antragstellerinnen eingelegte Verfassungsbeschwerde hat das BVerfG nicht zur Entscheidung angenommen (BVerfG GRUR 2018, 403). Zwar kann Art. 101 Abs. 1 S. 2 GG verletzt sein, wenn ein an die tatsächlichen Feststellungen der Vorinstanz gebundenes Revisionsgericht eine nach dem Stand des Verfahrens gebotene Zurückverweisung an das Tatsachengericht zwecks weiterer Sachaufklärung unterlässt. Die Verkennung der dem Revisionsgericht gezogenen Grenzen verstoße aber nur dann gegen Art. 101 Abs. 1 S. 2 GG, wenn sie von willkürlichen Erwägungen bestimmt sei. Das Vorgehen des Bundesgerichtshofs sei jedenfalls nicht willkürlich gewesen. Eine abschließende Entscheidung des BGH über eine markenrechtliche Rechtsbeschwerde anstelle einer Zurückverweisung gemäß § 89 Abs. 4 sei mit Gewährleistung des gesetzlichen Richters (Art. 101 Abs. 1 S. 2 GG) vereinbar (BVerfG GRUR 2018, 403 Rn. 9).

11   Das BPatG ist an die rechtliche Beurteilung des BGH gemäß § 89 Abs. 4 S. 2 gebunden, soweit es sich um tragende Erwägungen zur Sache handelt (BPatG GRUR-RR 2017, 52 – Schokoladenstäbchen III; BeckRS 2014, 23676 – DESPERADO). Tatsächliche Erfahrungssätze sind hiervon aber nicht erfasst (BGH GRUR 1995, 408 (410) – PROTECH). Im Laufe des Verfahrens geäußerte Rechtsauffassungen, die nicht unmittelbar entscheidungserheblich sind, werden von der Bindungswirkung ebenfalls nicht erfasst (BGH GRUR 1967, 548 (551) – Schweißelektrode). Die Bindungswirkung entfällt außerdem, wenn sich die Rechtsprechung des BGH oder EuGH zwischenzeitlich geändert hat (BGH GRUR 2007, 55 Rn. 12 – Farbmarke gelb/ grün II; BPatG GRUR 2006, 946 (948) – Taschenlampen II).

§ 89a Abhilfe bei Verletzung des Anspruchs auf rechtliches Gehör

¹Auf die Rüge der durch die Entscheidung beschwerten Partei ist das Verfahren fortzuführen, wenn das Gericht den Anspruch dieser Partei auf rechtliches Gehör in entscheidungserheblicher Weise verletzt hat. ²Gegen eine der Endentscheidung vorausgehende Entscheidung findet die Rüge nicht statt. ³§ 321a Abs. 2 bis 5 der Zivilprozessordnung ist entsprechend anzuwenden.

Überblick

§ 89a eröffnet dem BGH die Möglichkeit einer Selbstkorrektur (→ Rn. 1), um die Zahl der Verfassungsbeschwerden zu reduzieren. Dabei ist zum einen die Statthaftigkeit der Anhörungsrüge zu beachten (→ Rn. 3) und zum anderen die Einhaltung des vorgeschriebenen Verfahrens (→ Rn. 5).

A. Allgemeines

§ 89a entspricht inhaltlich § 122a PatG und wurde zum 1.7.2006 ins Gesetz eingefügt. Eine **1** analoge Anwendung des § 321a ZPO ist überflüssig. Über § 89a S. 3 findet § 321a ZPO aber weiterhin Anwendung. Durch § 89a hat der BGH nun die Möglichkeit einer Selbstkorrektur im Falle der Verletzung des rechtlichen Gehörs. Zu beachten ist jedoch, dass die Vorschrift nur Fälle der erstmaligen Verletzung rechtlichen Gehörs in letzter Instanz erfasst. Dies gilt selbst für Fälle, in denen die Verletzung rechtlichen Gehörs in der Vorinstanz gerügt wurde (BGH GRUR 2008, 932 Rn. 6 – Gehörsrügenbegründung).

Grund der Regelung war eine Entscheidung des BVerfG, wonach den letztinstanzlichen Fachgerichten **1.1** die Möglichkeit einer Selbstkorrektur gegeben werden sollte, um die Zahl der Verfassungsbeschwerden, gestützt auf die Verletzung rechtlichen Gehörs aus Art. 103 Abs. 1 GG, zu reduzieren (BVerfG NJW 2003, 1924).

Die Anwendung auf die pflichtwidrige **Unterlassung einer Vorlage an den EuGH** ist bis **2** jetzt noch nicht entschieden worden (BGH GRUR 2006, 346 Rn. 6 – Jeans II; ZUM 2009, 287 Rn. 4 = BeckRS 2009, 04812). Bei Entzug des gesetzlichen Richters kommt eine entsprechende Anwendung in Betracht. Folgt man dieser Ansicht nicht, lässt sich das gleiche Ergebnis durch eine Anwendung des § 321a ZPO erzielen (BGH GRUR 2008, 932 – Gehörsrügenbegründung).

B. Statthaftigkeit

Die Statthaftigkeit der Anhörungsrüge ist nur zu bejahen, wenn es sich um eine instanzabschlie- **3** ßende Entscheidung des BGH handelt (Fezer Rn. 6). Es gilt gemäß § 321a Abs. 2 S. 1 ZPO eine **Notfrist** von zwei Wochen ab Kenntniserlangung der Verletzung. Der Zeitpunkt der Kenntniserlangung muss glaubhaft gemacht werden (Büscher/Dittmer/Schiwy/Schiwy Rn. 3). In aller Regel wird die Frist mit Zustellung des Beschlusses zu laufen beginnen (Ströbele/Hacker/Thiering/Knoll Rn. 10). Des Weiteren ist die **Ausschlussfrist** von einem Jahr gemäß § 321a Abs. 2 S. 2 ZPO zu beachten.

Rügeberechtigt ist nur ein beschwerter Beteiligter (Ströbele/Hacker/Thiering/Knoll Rn. 7). **4** Die vorgeschriebene Form ergibt sich aus § 321a Abs. 2 S. 4 und 5 ZPO, wonach die Rüge das Verfahren bezeichnen muss (Büscher/Dittmer/Schiwy/Schiwy Rn. 4). Der Rügeberechtigte muss sich durch einen beim Bundesgerichtshof zugelassenen Rechtsanwalt als Bevollmächtigten vertreten lassen (vgl. BGH BeckRS 2019, 16748 Rn. 5 – Anhörungsrüge im markenrechtlichen Rechtsbeschwerdeverfahren). Inhaltlich muss dargelegt werden, warum eine Verletzung des rechtlichen Gehörs vorliegt (§ 321a Abs. 2 S. 5 ZPO).

C. Verfahren

Das Gericht prüft von Amts wegen die Zulässigkeit gemäß § 321a Abs. 4 S. 1 ZPO. Gemäß **5** § 321a Abs. 3 ZPO hat der Gegner der Rüge einen Anspruch auf rechtliches Gehör. Ist die Rüge unzulässig, wird sie gemäß § 321a Abs. 4 S. 2 ZPO verworfen; ist sie zulässig, aber unbegründet, wird sie gemäß § 321a Abs. 4 S. 3 ZPO zurückgewiesen. Dies erfolgt durch einen zu begründenden Beschluss (§ 321a Abs. 4 S. 4 und 5 ZPO). Die Kostenentscheidung ergeht dann analog § 90 Abs. 2 (Ströbele/Hacker/Thiering/Knoll Rn. 12).

Stellt das Gericht die Begründetheit der Rüge in Form eines Gehörverstoßes, auf dem die **6** Entscheidung beruhen könnte, fest, ist das Verfahren fortzusetzen. Dies geschieht, indem es in die Lage vor dem Schluss der mündlichen Verhandlung zurückversetzt wird (§ 321a Abs. 5 ZPO). Nach Gewährung des rechtlichen Gehörs entscheidet das Gericht erneut, indem es gemäß § 321a Abs. 5 S. 3 ZPO iVm § 343 ZPO die Entscheidung aufrechterhält oder ganz oder teilweise aufhebt und durch die neue Entscheidung ganz oder teilweise ersetzt.

§ 90 Kostenentscheidung

(1) ¹Sind an dem Verfahren mehrere Personen beteiligt, so kann der Bundesgerichtshof bestimmen, daß die Kosten des Verfahrens einschließlich der den Beteiligten erwach-

senen Kosten, soweit sie zur zweckentsprechenden Wahrung der Ansprüche und Rechte notwendig waren, einem Beteiligten ganz oder teilweise zur Last fallen, wenn dies der Billigkeit entspricht. [2]Die Bestimmung kann auch getroffen werden, wenn der Beteiligte die Rechtsbeschwerde, die Anmeldung der Marke, den Widerspruch oder den Antrag auf Erklärung des Verfalls oder der Nichtigkeit ganz oder teilweise zurücknimmt oder wenn die Eintragung der Marke wegen Verzichts oder wegen Nichtverlängerung der Schutzdauer ganz oder teilweise im Register gelöscht wird. [3]Soweit eine Bestimmung über die Kosten nicht getroffen wird, trägt jeder Beteiligte die ihm erwachsenen Kosten selbst.

(2) [1]Wird die Rechtsbeschwerde zurückgewiesen oder als unzulässig verworfen, so sind die durch die Rechtsbeschwerde veranlaßten Kosten dem Beschwerdeführer aufzuerlegen. [2]Hat ein Beteiligter durch grobes Verschulden Kosten veranlaßt, so sind ihm diese aufzuerlegen.

(3) Dem Präsidenten oder der Präsidentin des Deutschen Patent- und Markenamts können Kosten nur auferlegt werden, wenn er oder sie die Rechtsbeschwerde eingelegt oder in dem Verfahren Anträge gestellt hat.

(4) Im Übrigen gelten die Vorschriften der Zivilprozessordnung über das Kostenfestsetzungsverfahren (§§ 103 bis 107) und die Zwangsvollstreckung aus Kostenfestsetzungsbeschlüssen (§§ 724 bis 802) entsprechend.

Überblick

§ 90 regelt die Kostentragung im Rechtsbeschwerdeverfahren. Unabhängig davon regelt § 63 die Kosten des patentamtlichen Verfahrens, während § 71 die Kosten des Beschwerdeverfahrens bestimmt. Zu unterscheiden ist das Verfahren mit einem (→ Rn. 2) oder mehreren Beteiligten (→ Rn. 3 ff.). Des Weiteren ist zwischen einer erfolglosen (→ Rn. 4) und einer erfolgreichen Rechtsbeschwerde (→ Rn. 7) zu differenzieren.

A. Allgemeines

1   § 90 findet nur teilweise inhaltliche Entsprechung in § 109 PatG. Abgesehen von strukturellen Unterschieden in den Absätzen und Abweichungen im Wortlaut regelt Abs. 1 S. 1 darüber hinaus ausdrücklich die den Beteiligten erwachsenen Kosten. Des Weiteren enthält Abs. 2 S. 2 eine Bestimmung zu verfahrensbeendenden Erklärungen der Beteiligten. Auch im Vergleich zu § 71 weist § 90 Abweichungen auf. § 90 enthält keine § 71 Abs. 2, 4 entsprechende Regelung, wonach dem Präsidenten des DPMA bei verfahrensbeendenden Rücknahmeerklärungen Kosten auferlegt werden können. Der BGH ist nicht verpflichtet, im Rechtsbeschwerdeverfahren eine Kostenentscheidung zu erlassen (Fezer Rn. 2).

B. Rechtsbeschwerdeverfahren mit einem Beteiligten

2   In diesen Fällen hat der Beschwerdeführer gemäß § 22 Abs. 1 S. 1 GKG die Gerichtskosten und seine eigenen außergerichtlichen Kosten unabhängig vom Verfahrensausgang selbst zu tragen (BPatGE 5, 249 (251) = GRUR 1964, 634; BPatGE 17, 172 = FHZivR 22 Nr. 5338). Ein Umkehrschluss aus § 90 Abs. 2 S. 1, wonach bei einer erfolglosen Rechtsbeschwerde die durch diese veranlassten Kosten dem Beschwerdeführer aufzuerlegen sind, findet nicht statt. Allerdings ist eine Niederschlagung der Gerichtskosten gemäß § 21 GKG wegen fehlerhafter Sachbehandlung möglich. Dazu ist ein entsprechender Kostenausspruch durch den BGH erforderlich (BGH GRUR-RR 2009, 191 – In-Travel Entertainment/TRAVELTAINMENT).

C. Rechtsbeschwerdeverfahren mit mehreren Beteiligten

3   Dieses ist gegeben, wenn sich Beteiligte im Rechtsbeschwerdeverfahren prozessual gegenüberstehen, beispielsweise der Anmelder einer Marke auf der einen Seite und ein Widersprechender andererseits. Wenn Beteiligte gemeinschaftlich streiten, wie bei der Anmeldung einer Marke durch mehrere Anmelder, liegen die Voraussetzung nicht vor (Fezer Rn. 3).

I. Erfolglose Rechtsbeschwerde

1. Zurückweisung oder Verwerfung der Rechtsbeschwerde (Abs. 2 S. 1)

Abs. 1 S. 3 geht von dem Grundsatz aus, dass jeder Beteiligte seine eigenen Kosten zu tragen **4** hat. Eine Einschränkung enthält Abs. 2 S. 1, der eine Kostenregelung zu Lasten des erfolglosen Rechtsbeschwerdeführers konstituiert (BPatG GRUR 2007, 507 (508) – FUSSBALL WM 2006 II; BGH GRUR 2006, 850 – FUSSBALL WM 2006). Eine Ausnahme besteht nur im Falle einer Sorgfaltspflichtverletzung eines anderen Beteiligten nach Abs. 2 S. 2 (→ § 71 Rn. 20).

2. Rücknahme der Rechtsbeschwerde

Eine Rücknahme der Rechtsbeschwerde rechtfertigt im Rahmen der Billigkeitsentscheidung **5** nach Abs. 1 S. 1, 2 dem Rechtsbeschwerdeführer in der Regel die Kostentragung aufzuerlegen (BGH GRUR 1967, 553 – Rechtsbeschwerdekosten; Ströbele/Hacker/Thiering/Knoll Rn. 12).

3. Sonstige Rücknahmeerklärungen des Rechtsbeschwerdeführers (Abs. 1 S. 2)

Auch bei anderen Erklärungen des Rechtsbeschwerdeführers, die zu einer Erledigung der **6** Hauptsache führen, wie die Rücknahme der Markenanmeldung, des Widerspruchs oder der Löschungserklärung, entspricht es in der Regel der Billigkeit dem Rechtsbeschwerdeführer nach Abs. 1 S. 1, 2 die Kosten aufzuerlegen, wenn damit einer Erfolglosigkeit der Rechtsbeschwerde vorgegriffen wird (BGH GRUR 1998, 818 (819) – Puma; GRUR 1994, 104 – Akteneinsicht XIII; Ströbele/Hacker/Thiering/Knoll Rn. 15; aA wohl Fezer Rn. 6 bei nicht als aussichtslos zu beurteilender Rechtsbeschwerde).

II. Erfolgreiche Rechtsbeschwerde

Im Falle einer erfolgreichen Rechtsbeschwerde kann gemäß Abs. 1 S. 1 im Rahmen einer **7** Billigkeitsentscheidung den gegnerischen Beteiligten (wie bei § 71; → § 71 Rn. 1 ff.) die Kosten des Verfahrens ganz oder teilweise auferlegt werden. Sowohl das Ob als auch das Wie der Kostenauferlegung ist eine Ermessensentscheidung (BGH GRUR 1962, 273 (274) – Beschwerdekosten; GRUR 1972, 600 (601) – Lewapur). Ob die Kostentragung durch einen Beteiligten der Billigkeit entspricht, bestimmt sich nach den Umständen des konkreten Einzelfalles, die sich aus dem Verhalten sowie den Verhältnissen der Beteiligten ergeben (BPatG GRUR 1962, 517). Zwar ist in einem kontradiktorischen Verfahren regelmäßig der Verfahrensausgang für die Kostenentscheidung maßgeblich (BGH BlPMZ 1966, 197 (201) = GRUR 1966, 319 – Seifenzusatz; BlPMZ 1966, 309 (313) = GRUR 1966 698 – Akteneinsicht IV). Dennoch stellt das Unterliegen des Rechtsbeschwerdegegners keinen zwingenden Grund dar, ihm aus Billigkeitsgründen die gesamte Kosten aufzuerlegen (BGH GRUR 1972, 600 (601) – Lewapur). Es bleibt in der Regel bei dem Grundsatz, dass jeder Beteiligte seine Kosten selbst tragen soll, wie dies auch Abs. 1 S. 3 vorsieht. Wenn ein Beteiligter vorwerfbar unnötige oder unnötig hohe Kosten verursacht, dann ist eine Kostenauferlegung gerechtfertigt. Unabhängig vom Ausgang des Verfahrens sind regelmäßig aus Billigkeitsgründen dem Beteiligten die Kosten aufzuerlegen, die er durch sein unsachgemäßes Verhalten provoziert hat und die er hätte vermeiden können (BPatGE 17, 151 (154) = FHZivR 22 Nr. 5466 – Anginfant; BPatG Mitt 1971, 55 = FHZivR 17 Nr. 5339). Die Auferlegung der Kosten einer mündlichen Verhandlung ist dann gerechtfertigt, wenn derjenige, der die mündliche Verhandlung herbeigeführt hat, ihr ohne rechtzeitige Benachrichtigung des Gegners fernbleibt (zum Beschwerdeverfahren s. BPatG Mitt 1978, 76).

III. Rücknahme von Verfahrenshandlungen durch Rechtsbeschwerdegegner (Abs. 1 S. 2)

Nimmt der Rechtsbeschwerdegegner die Anmeldung der Marke, den Widerspruch oder den **8** Antrag auf Löschung ganz oder teilweise zurück oder sorgt er durch Verzicht oder wegen Nichtverlängerung der Schutzdauer für die vollständige oder teilweise Löschung der streitgegenständlichen Marke im Register, können ihm zwar nach Abs. 1 S. 2 im Rahmen einer Billigkeitsentscheidung nach Abs. 1 S. 1 die Kosten ganz oder teilweise auferlegt werden. Dies wird jedoch sicherlich nur ausnahmsweise in Betracht kommen, da das BPatG seine Rechtsposition in seinem Beschluss bestätigt hat. Insofern ist es nicht ohne weiteres gerechtfertigt, dem Rechtsbeschwerdegegner allein auf Grund dieses Verhaltens die Kosten des Rechtsbeschwerdeverfahrens aufzuerlegen (aA BGH BeckRS 2015, 16319 – PANTOPREM; Büscher/Dittmer/Schiwy/Büscher § 90 Rn. 6).

Insofern ist es nicht zwingend, dem Markeninhaber die Kosten des Rechtsbeschwerdeverfahrens aufzulegen, wenn er das Beschwerdeverfahren beim BPatG noch gegen den Widersprechenden gewonnen hatte und während des Rechtsbeschwerdeverfahrens auf die angegriffene Marke verzichtet (aA BGH BeckRS 2015, 16319 – PANTOPREM).

IV. Grobes Verschulden eines Beteiligten (Abs. 2 S. 2)

9   Losgelöst vom Verfahrensausgang kann der BGH nach Abs. 2 S. 2 einem Beteiligten die Kosten auferlegen, die er durch grobes Verschulden verursacht hat (→ § 71 Rn. 20). Damit besteht zum einen eine Ausnahmeregelung zur zwingenden Kostenauferlegung nach Abs. 2 S. 1 zum anderen findet im Anwendungsbereich des Abs. 2 S. 2 eine Billigkeitsentscheidung nach Abs. 1 nicht statt, wenngleich die Kostenregelung des Abs. 2 S. 2 regelmäßig selbst einer Billigkeitserwägung entspricht (Fezer Rn. 8).

V. Kostenlast für Präsident des DPMA (Abs. 3)

10   Nach Abs. 3 können im Falle eines Beitritts zum Verfahren auch dem Präsidenten des DPMA Kosten auferlegt werden, wenn er die Rechtsbeschwerde eingelegt oder eigene Anträge gestellt hat. In diesen Fällen sind ihm nach richtiger Auffassung, unabhängig vom Ausgang des Verfahrens, die Kosten aufzuerlegen, weil es unbillig wäre, einem (privaten) Verfahrensbeteiligten Kosten aufzuerlegen, die allein wegen des Interesses der Allgemeinheit entstehen (BPatG GRUR 1990, 512 (513) – Öffentliches Interesse; BPatG GRUR 1990, 512; → § 71 Rn. 8; anders aber Ströbele/Hacker/Thiering/Knoll Rn. 20 mwN, mit der Begründung, auf diese Weise würde ein Beitritt des Präsidenten faktisch verhindert).

D. Entscheidung des BGH

11   Der BGH kann die Kostenentscheidung bezüglich des Rechtsbeschwerdeverfahrens an sich ziehen (BGH Mitt 2002, 423 (424) = BeckRS 2002, 06033 – Zahl 6; GRUR 2002, 970 (972) – Zahl 1, zu § 90 Abs. 2; GRUR 1998, 817 (818) – DORMA) oder dies dem BPatG überlassen. Im Falle der Aufhebung und Zurückverweisung (§ 89 Abs. 4) ist es sinnvoll, dass der BGH die Kostenentscheidung dem BPatG überlässt (s. etwa BGH GRUR 1963, 626 (629) – Sunsweet). Trotz Zurückverweisung entscheidet der BGH wiederum selbst über die Kosten der Rechtsbeschwerde, wenn die Sache an sich zur Endentscheidung reif ist (s. etwa BPatGE 3, 248 (256) = GRUR 1963, 630 – Polymar/Polymer; BPatG GRUR 1966, 436 (439) – VITA-MALZ).

E. Erstattungsfähige Kosten

12   Zur Höhe der Gerichtskosten und Rechtsanwaltsgebühren → § 85 Rn. 10. Die Gebühren des Patentanwalts bemessen sich nach dem RVG (§ 85 Abs. 5 S. 4; kritisch Rojahn/Rechtorschek Mitt 2014, 1; über Schadensersatz kann ggf. mehr erstattet werden OLG Hamburg BeckRS 2013, 19124). Ob es notwendig war, einen Patentanwalt heranzuziehen, sollte nachgewiesen werden (→ § 71 Rn. 172, → § 81 Rn. 17).

F. Kostenfestsetzungsverfahren

13   Das Kostenfestsetzungsverfahren und die Zwangsvollstreckung richten sich nach der ZPO, auf die Abs. 4 verweist. Zuständig ist der Rechtspfleger beim BPatG gemäß § 103 Abs. 2 S. 1 ZPO iVm § 23 Abs. 1 Nr. 12 RPflG. Gegen seine Entscheidung kann eine Erinnerung gemäß § 11 Abs. 1 RPflG, § 23 Abs. 2 RPflG eingelegt werden (→ § 71 Rn. 160 ff., → § 71 Rn. 182 ff.).

Abschnitt 7. Gemeinsame Vorschriften

§ 91 Wiedereinsetzung

(1) ¹**Wer ohne Verschulden verhindert war, dem Deutschen Patent- und Markenamt oder dem Bundespatentgericht gegenüber eine Frist einzuhalten, deren Versäumung nach gesetzlicher Vorschrift einen Rechtsnachteil zur Folge hat, ist auf Antrag wieder**

in den vorigen Stand einzusetzen. [2]Dies gilt nicht für die Frist zur Erhebung des Widerspruchs und zur Zahlung der Widerspruchsgebühr (§ 6 Abs. 1 Satz 1 des Patentkostengesetzes).

(2) Die Wiedereinsetzung muß innerhalb von zwei Monaten nach Wegfall des Hindernisses beantragt werden.

(3) [1]Der Antrag muß die Angabe der die Wiedereinsetzung begründenden Tatsachen enthalten. [2]Diese Tatsachen sind bei der Antragstellung oder im Verfahren über den Antrag glaubhaft zu machen.

(4) [1]Die versäumte Handlung ist innerhalb der Antragsfrist nachzuholen. [2]Ist dies geschehen, so kann Wiedereinsetzung auch ohne Antrag gewährt werden.

(5) Ein Jahr nach Ablauf der versäumten Frist kann die Wiedereinsetzung nicht mehr beantragt und die versäumte Handlung nicht mehr nachgeholt werden.

(6) Über den Antrag beschließt die Stelle, die über die nachgeholte Handlung zu beschließen hat.

(7) Die Wiedereinsetzung ist unanfechtbar.

(8) Wird dem Inhaber einer Marke Wiedereinsetzung gewährt, so kann er Dritten gegenüber, die in dem Zeitraum zwischen dem Eintritt des Rechtsverlustes an der Eintragung der Marke und der Wiedereinsetzung unter einem mit der Marke identischen oder ihr ähnlichen Zeichen gutgläubig Waren in den Verkehr gebracht oder Dienstleistungen erbracht haben, hinsichtlich dieser Handlungen keine Rechte geltend machen.

Überblick

§ 91 ermöglicht die Wiedereinsetzung in den vorigen Stand, wenn ein Verfahrensbeteiligter im Verfahren vor dem DPMA oder dem BPatG (→ Rn. 2) eine Frist (→ Rn. 7 ff.) unverschuldet versäumt und dadurch einen Rechtsnachteil erlitten (→ Rn. 12 f.) hat. Da alle Verfahrensgesetze entsprechende Regelungen enthalten (→ Rn. 1), gibt es zur Frage, wann Verschulden vorliegt und wann nicht (→ Rn. 15 ff.), eine Vielzahl von Gerichtsentscheidungen. Oft geht es dabei um die Zurechnung des Verschuldens Dritter (→ Rn. 30 ff.). Allerdings ist in einigen Fällen nach dem MarkenG die Wiedereinsetzung ausgeschlossen (→ Rn. 4 ff.).

Der Antragsberechtigte (→ Rn. 42) muss im Antrag alle für die Wiedereinsetzung relevanten Tatsachen vortragen (→ Rn. 44) und diese auch glaubhaft machen (→ Rn. 46). Der Antrag auf Wiedereinsetzung ist fristgebunden (→ Rn. 38 ff.); nur in Ausnahmefällen kommt eine Wiedereinsetzung von Amts wegen in Betracht (→ Rn. 47). Die zuständige Stelle (→ Rn. 48 f.) hat vor der Entscheidung über die Wiedereinsetzung die Gegenpartei zu hören (→ Rn. 50).

Die Wiedereinsetzung ist unanfechtbar (→ Rn. 52) und für die Gerichte bindend (→ Rn. 54). Gutgläubige Dritte genießen für die Zeit zwischen dem Rechtsverlust und der Wiedereinsetzung Schutz (→ Rn. 56 ff.).

Eine Parallelvorschrift findet sich in § 123 PatG. § 123 PatG unterscheidet sich aber in mehreren Punkten von § 91 (→ Rn. 1; → Rn. 43; → Rn. 59).

Übersicht

A. Allgemeines

1   Die Wiedereinsetzung ist ein Rechtsinstitut, das man in fast allen deutschen Prozessordnungen und Verfahrensgesetzen findet (zB in §§ 233 ff. ZPO, § 70 Abs. 2 VwGO, § 110 AO, § 27 SGB X). Für das Patentverfahren gibt es mit **§ 123 PatG** eine Parallelvorschrift. Allerdings ermöglicht § 91 MarkenG im Gegensatz zu § 123 Abs. 1 S. 2 PatG die Wiedereinsetzung auch in die Fristen zur Einreichung von Anmeldungen, für die eine **Priorität in Anspruch genommen** wird (vgl. Begr. BT-Drs. 12/6581, 89, 107; ferner → Rn. 7.2).

2   § 91 betrifft die dem **DPMA** oder dem **BPatG** gegenüber einzuhaltenden Fristen. Die Wiedereinsetzung im Rechtsbeschwerdeverfahren vor dem **BGH** ist in § 88 Abs. 1 geregelt; § 88 Abs. 1 verweist auf die §§ 233–238 ZPO und auf die Regelung des § 91 Abs. 8.

2.1   § 91 ist weiter formuliert als § 233 ZPO: Wurde die Frist zur Beantragung einer Urteilsergänzung nach § 321 Abs. 2 ZPO versäumt, kommt daher im Verfahren vor dem BPatG grundsätzlich eine Wiedereinsetzung in Betracht, im Verfahren vor dem BGH dagegen nicht.

3   Um die Wiedereinsetzungsverfahren zu vermeiden, hat der Gesetzgeber mit der Weiterbehandlung nach § 91a eine **Alternative** zu Wiedereinsetzung geschaffen, die allerdings in der Praxis nur die Frist nach § 36 Abs. 4 betrifft (→ Rn. 14).

B. Gesetzlicher Ausschluss der Wiedereinsetzung

4   Ausdrücklich ausgeschlossen ist nach § 91 Abs. 1 S. 2 eine Wiedereinsetzung in den vorigen Stand in denjenigen Fällen, in denen die Frist des § 42 Abs. 1 zur Erhebung des **Widerspruchs gegen eine Markeneintragung** versäumt wurde. Gleiches gilt, sofern zwar der Widerspruch innerhalb der Dreimonatsfrist des § 42 Abs. 1 eingelegt wurde, jedoch die **Widerspruchsgebühr** nicht innerhalb dieser Frist eingezahlt wurde und damit der Widerspruch nach § 6 Abs. 2 PatKostG als zurückgenommen gilt.

5   Ausgeschlossen ist eine Wiedereinsetzung ferner nach § 91a Abs. 3 bei Versäumung der Frist für den Antrag auf **Weiterbehandlung** der Anmeldung und der Frist zur Zahlung der Weiterbehandlungsgebühr.

6   Wird die Frist zur Einlegung eines Einspruchs gegen die beabsichtigte Eintragung **geographischer Angaben** und Ursprungsbezeichnungen in das von der EU-Kommission geführte Register versäumt oder die Einspruchsgebühr nicht rechtzeitig bezahlt, ist nach § 131 Abs. 2 S. 2 eine Wiedereinsetzung nicht möglich.

C. Wiedereinsetzungsfähige Fristen

7   Eine Frist ist ein bestimmter oder jedenfalls bestimmbarer Zeitraum (RGZ 120, 362). Die **Benutzungsschonfrist** des § 43 Abs. 1 S. 1 ist allerdings keine Frist iSd § 91 Abs. 1 (BPatG GRUR 1999, 1002 (1004) – SAPEN), da diese Frist nicht gegenüber dem DPMA einzuhalten ist; gleiches gilt für die Fristen nach § 51 Abs. 2 S. 1 und nach § 49 Abs. 1 S. 3. Auch die Jahresfrist des **§ 91 Abs. 5** (→ Rn. 40) ist – aus Gründen der Rechtssicherheit – keine wiedereinsetzungsfähige Frist. Die Frist nach **§ 44 Abs. 2** fällt nicht unter § 91, da diese Frist gegenüber dem LG (§ 140 Abs. 1) einzuhalten ist (so auch Draheim → § 44 Rn. 20). Die Antragsfrist für den Antrag auf Löschung nach **§ 50 Abs. 2 S. 3** ist dagegen eine echte Frist, die dem DPMA gegenüber einzuhalten ist. Auch das Gebot der Rechtssicherheit steht in diesen Fällen einer Wiedereinsetzung nicht entgegen; diese Frist ist daher wiedereinsetzungsfähig (so wie hier Ingerl/Rohnke/Nordemann/Grabrucker Rn. 7; aA Büscher/Dittmer/Schiwy/Büscher Rn. 5, ohne Begründung). Für die hier vertretene Auffassung spricht, dass nach § 233 ZPO auch bei Versäumung einer Notfrist (§ 224 Abs. 1 S. 2 ZPO) Wiedereinsetzung gewährt werden kann.

7.1   Von Fristen abzugrenzen sind **Termine** (vgl. § 186 BGB). Ein Termin ist ein Zeitpunkt, an dem etwas geschehen soll oder eine Rechtswirkung eintritt (so die Definition bei VGH München NJW 1991, 1250 (1251)). Bei Terminen ist keine Wiedereinsetzung möglich. Kommt es nicht zu einer für einen bestimmten

Termin geplanten **Markenanmeldung** (zB wegen einer Störung des Internets), ist daher eine rückwirkende Zubilligung des geplanten Anmeldetermins nicht möglich (zum entsprechenden Fall der verspäteten Abgabe einer Erklärung der Lizenzbereitschaft im Patentrecht vgl. Patentamt MuW 1937, 313 rechte Spalte unten).

Eine (wiedereinsetzungsfähige) Frist ist dagegen die Frist nach § 34 Abs. 3 bei Inanspruchnahme einer **7.2** **ausländischen Priorität** (BPatG BeckRS 2014, 01380; vgl. auch BT-Drs. 12/6581, 89, 107).

Zur Frist nach **§ 36 Abs. 4** → Rn. 14. **7.3**

Eine Wiedereinsetzung in die **zuschlagsfreie Zahlungsfrist** nach § 7 Abs. 1 S. 1 PatKostG ist **nicht** **7.4** **möglich**, da einem solchen Antrag das Rechtsschutzbedürfnis fehlt. Zumindest bei Versäumung sowohl der Frist zur zuschlagsfreien als auch zur zuschlagspflichtigen Zahlung der Verlängerungsgebühren ist nur eine Wiedereinsetzung in die zuschlagspflichtige Zahlungsfrist möglich. Die Versäumung der zuschlagsfreien Zahlungsfrist führt nicht zu einem Verlust des Schutzrechts nach § 47 Abs. 6, sondern hat nur die Verpflichtung zur Zahlung des Zuschlags nach § 7 Abs. 1 S. 2 PatKostG zur Folge. Der Sinn und Zweck der zuschlagspflichtigen Nachfrist besteht darin, den bei Fristversäumnis der eigentlichen Zahlungsfrist ansonsten eintretenden Schutzrechtsverlust zu vermeiden und dem Schutzrechtsinhaber in einem einfachen Verfahren die Möglichkeit zu geben, sein Schutzrecht durch Nachzahlung mit Zuschlag aufrecht zu erhalten, und zwar unabhängig von der Frage, ob die Fristversäumnis verschuldet war oder nicht. Dieses Ziel würde konterkariert, wenn der Schutzrechtsinhaber die Wahl zwischen dem Wiedereinsetzungsantrag und der Zahlung mit Zuschlag hätte (BPatG BeckRS 2019, 7404).

Angesichts der weiten Formulierung in § 91 Abs. 1 (vgl. demgegenüber die konkrete Aufzäh- **8** lung in § 233 ZPO) ist die Möglichkeit der Wiedereinsetzung nicht auf Fristen in **anhängigen** **Gerichts-** oder **Verwaltungsverfahren** beschränkt, sondern umfasst **auch sonstige Fristen** wie die Frist zur Zahlung der Verlängerungsgebühr nach § 47 Abs. 3 iVm § 7 Abs. 1 S. 1 PatKostG.

Wiedereinsetzungsfähige Fristen sind unter anderem folgende Fristen: Frist zur Zahlung der Anmelde- **8.1** gebühr (§ 36 Abs. 3), zur Zahlung der Teilungsgebühr bei Teilung einer Anmeldung (§ 40 Abs. 2) sowie einer Eintragung (§ 46 Abs. 3), zur Zahlung der Verlängerungsgebühr (§ 47 Abs. 3; dazu BPatG BeckRS 2010, 19795), die Widerspruchsfrist im Verfalls- oder Löschungsverfahren (§ 53 Abs. 4), die Erinnerungsfrist (§ 64 Abs. 2), die Beschwerdefrist (§ 66 Abs. 2), die Frist zur Einzahlung der Beschwerdegebühr (BPatG BeckRS 2012, 18935) und die Frist für einen Antrag auf Tatbestandsberichtigung nach § 80 Abs. 2.

Enthielt ein Beschluss des DPMA keine oder eine unrichtige **Rechtsmittelbelehrung** und konnte **8.2** daher nach § 61 Abs. 2 S. 3 nur innerhalb eines Jahres seit Zustellung ein Rechtsmittel eingelegt werden, so ist nach § 61 Abs. 2 S. 4 auf diese Jahresfrist § 91 entsprechend anzuwenden.

Die Abgabe einer Teilungserklärung nach § 46 unterliegt keiner Frist; daher ist auch keine Wiedereinset- **8.3** zung möglich (BPatG BeckRS 2010, 11243).

D. Fristversäumnis

Die Wiedereinsetzung setzt ferner voraus, dass eine **Frist überhaupt versäumt** wurde. Ver- **9** säumt wurde eine Frist, wenn eine Handlung überhaupt nicht, nicht rechtzeitig oder nicht formgerecht vorgenommen wurde.

Wiedereinsetzung kommt auch dann in Betracht, wenn ein Anwalt zwar ein Rechtsmittel fristgerecht **9.1** eingelegt hat, der betreffende Schriftsatz aber ohne Verschulden des Anwalts auf Grund eines Versehens einer Bürokraft **nicht vollständig übermittelt** wurde (BGH NJW 2000, 364 (365)).

Bei **Streitigkeiten über den Eingang** eines Schriftstücks erbringt ein gerichtlicher Eingangsstempel **9.2** gemäß § 418 Abs. 1 ZPO den vollen Beweis für einen an diesem Tag erfolgten Eingang. Dieser Beweis kann nach § 418 Abs. 2 ZPO durch Gegenbeweis entkräftet werden; die bloße Glaubhaftmachung iSd § 294 Abs. 1 ZPO durch einen Anwalt genügt aber nicht. Das Gericht muss der Partei in diesem Fall jedoch Gelegenheit geben, Zeugenbeweis anzutreten (BGH NJW-RR 2020, 499).

Ist die Frist noch gar **nicht abgelaufen,** kann nicht vorsorglich für den Fall der Fristversäumung die **9.3** Wiedereinsetzung beantragt werden (BGH GRUR 2009, 427 – ATOZ II).

Wurde ein Antrag **fristgerecht gestellt** und nach Fristablauf auf Grund eines Irrtums zurückge- **10** zogen, ist später eine Wiedereinsetzung in die ursprüngliche Frist nicht möglich.

Hat eine Partei rechtzeitig Beschwerde nach § 66 eingelegt und dann auf Grund eines Irrtums nach **10.1** Ablauf der Beschwerdefrist die **Beschwerde wieder zurückgenommen,** ist keine Wiedereinsetzung möglich, die eine erneute Beschwerde ermöglichen würde: Im Zeitpunkt des Ablaufs der Beschwerdefrist lag eine zulässige Beschwerde vor; die betreffende Partei war daher nicht an der Einhaltung der Beschwerdefrist gehindert (BPatGE 38, 71 (74) – Spi/SPL).

11 Ist **streitig, ob** eine **Frist versäumt** wurde oder nicht, kann die Partei die Einhaltung der Frist behaupten und in einem Hilfsantrag Wiedereinsetzung für den Fall beantragen, dass das DPMA bzw. das BPatG eine Fristversäumnis feststellt (BGH NJW 1997, 1312).

11.1 Liegen die Voraussetzungen für eine Wiedereinsetzung vor, kann die Frage, ob tatsächlich ein Fristversäumnis vorliegt, offen bleiben (BGH NJW-RR 2002, 1070).

E. Rechtsnachteil durch die Versäumung der Frist

12 Die Versäumung einer Frist muss nach einer gesetzlichen Vorschrift einen Rechtsnachteil zur Folge haben. Ob jemand einen Rechtsnachteil erleidet oder nicht, beurteilt sich allein danach, ob die unmittelbare Folge der Säumnis, gemessen an dem von der Norm zu Grunde gelegten regelmäßigen Verlauf der Dinge, **im Allgemeinen nachteilig** ist. Es kommt nicht darauf an, ob sich die Rechtsfolge auf Grund besonderer (rechtlicher oder wirtschaftlicher) Umstände oder Verfahrenslagen im konkreten Einzelfall als nachteilig oder vorteilhaft erweist (BGH GRUR 1999, 574).

13 Der Rechtsnachteil muss eine **unmittelbare Folge** der Fristversäumnis sein. Hat ein Beschwerdeführer eine richterlich gesetzte Frist zur Bestellung eines Inlandsvertreters gemäß § 96 versäumt und wurde die Beschwerde dann als unzulässig verworfen (→ § 96 Rn. 17), ist die richterlich gesetzte Frist nicht wiedereinsetzungsfähig.

13.1 Die Fristversäumnis ist hier nämlich nicht der tragende Grund für die ihr zeitlich nachfolgende rechtsnachteilige Entscheidung und hat damit keinen Rechtsnachteil iSd § 91 zur Folge (BGH GRUR 1990, 113). Während der BGH in dieser Entscheidung noch von „tragendem Grund" sprach und sich dagegen wandte, eine unmittelbare Folge der Säumnis zu fordern, hat er 1998 in einem Leitsatz eben diese „unmittelbare Folge" gefordert (BGH GRUR 1999, 574 – Mehrfachsteuersystem).

14 Die Versäumung der **Frist nach § 36 Abs. 4** hat nach nicht unbestrittener Auffassung unmittelbare Rechtsfolgen für den Anmelder und ist damit wiedereinsetzungsfähig.

14.1 Bezüglich der Frist des § 36 Abs. 4 wird vertreten, dass diese nicht wiedereinsetzungsfähig sei, weil nicht die Versäumung dieser Frist zur Zurückweisung der Anmeldung führe, sondern die nicht rechtzeitig vorgenommene Mängelbeseitigung (Ströbele/Hacker/Thiering/Miosga Rn. 6; ähnlich → § 36 Rn. 10). Da aber Mängel nur innerhalb der vom DPMA gesetzten Frist unter Wahrung des ursprünglichen Anmeldetags behoben werden können (BPatG GRUR-RR 2014, 20 (21) unter II.2 – GbR-Vertreter), hat die vom DPMA gesetzte Frist Rechtsfolgen. Die Frist des § 36 Abs. 4 ist daher wiedereinsetzungsfähig. Dafür spricht auch der Zweck des § 91a, der nach der Gesetzesbegründung das DPMA von den Wiedereinsetzungsverfahren entlasten soll (→ § 91a Rn. 1). Einziger möglicher Entlastungspunkt sind die Wiedereinsetzungsverfahren wegen Fristen nach § 36 Abs. 4. Sollten diese aber gar nicht wiedereinsetzungsfähig sein, würde der Gesetzeszweck des § 91a nicht erreicht.

F. Fristversäumnis ohne Verschulden

I. Allgemeine Kriterien

15 Die Frist muss ohne Verschulden des Beteiligten versäumt worden sein. Verschulden liegt vor, wenn der Säumige die Frist vorsätzlich oder fahrlässig versäumt hat, also selbst bei **leichter Fahrlässigkeit.** Der Säumige war nur dann ohne Verschulden an der Einhaltung der Frist verhindert, wenn er die für einen gewissenhaften, seine Belange sachgerecht wahrnehmenden Verfahrensbeteiligten gebotene und ihm nach den konkreten Umständen zumutbare Sorgfalt beachtet hat (BPatGE 24, 127). Die Anforderungen an den Verfahrensbeteiligten müssen sich dabei aber in den Grenzen halten, die der tatsächlich vorhandenen praktischen Möglichkeiten und der von einer verständigen, wirtschaftlich denkenden Person zu erwartenden Sorgfalt entsprechen (BPatGE 10, 307). Bei **Rechts- und bei Patentanwälten** sind an die Sorgfaltspflichten besondere Anforderungen zu stellen.

15.1 Allerdings ist auch bei Anwälten als Verschuldensmaßstab nicht von der äußersten und größtmöglichen Sorgfalt auszugehen, sondern von der von einem **ordentlichen Rechtsanwalt** zu fordernden **üblichen Sorgfalt** (BGH NJW-RR 2016, 126 Rn. 12).

15.2 **Patentanwälte** werden hinsichtlich des Sorgfaltserfordernisses den Rechtsanwälten gleichgestellt (BGH GRUR 2001, 411 (412) – Wiedereinsetzung V; GRUR 2004, 80; BPatG BeckRS 2011, 07988).

15.3 Zum Verschulden eines Anwalts bei einer unrichtigen Rechtsmittelbelehrung → Rn. 17.

II. Rechtsunkenntnis und Rechtsirrtum

Kennt ein Beteiligter die **geltenden Rechtsnormen** nicht, liegt grundsätzlich Verschulden **16** vor, da nach dem Grundsatz der formellen Publizität Gesetze mit ihrer Verkündung im Bundesgesetzblatt allen Normadressaten als bekannt gelten (BSG BeckRS 2003, 40345; BPatG BeckRS 2009, 02916). Eine Unkenntnis von Rechten, deren befristete Ausübung im Gesetz selbst geregelt ist, kann eine Wiedereinsetzung daher grundsätzlich nicht rechtfertigen.

Bei **Rechtsänderungen** wird man darauf abstellen müssen, ob diese in Fachzeitschriften behandelt **16.1** wurden oder das DPMA die Verfahrensbeteiligten darüber informiert hat. Nur wenn das nicht der Fall war, besteht für eine gewisse **Übergangsfrist** die Möglichkeit der Wiedereinsetzung (Gruber NJ 2018, 392). Dabei ist zu bedenken, dass es im Kennzeichenrecht relativ häufig zu Rechtsänderungen kommt. Dies hat zB dazu geführt, dass im RegE MaMoG vom 27.4.2018 nicht von der aktuellen Version des § 96 ausgegangen wird, sondern von der durch eine Gesetzesänderung vom 12.5.2017 (BGBl. I 1121 (1149)) mit Wirkung vom 17.5.2017 aufgehobenen Version. Wenn also selbst der deutsche Gesetzgeber keinen vollständigen Überblick über die Gesetzesänderungen hat, dann kann man von einem Anwalt, der auch noch die Entwicklungen des Unionsrechts im Auge behalten muss, wohl kaum die sofortige Kenntnis aller Gesetzesänderungen verlangen. Dies spricht für eine großzügige Handhabung der Wiedereinsetzung.

Weiß ein Markeninhaber nicht, dass er die Zahlungsfristen für die **Markenverlängerungsgebühr** **16.2** eigenverantwortlich einhalten muss und dass das DPMA ihn auf Grund einer entsprechenden Änderung des § 47 seit 2002 nicht mehr auf die Gefahr der Löschung der Marke bei Nichtzahlung hinweisen muss, ist dies kein Wiedereinsetzungsgrund (BPatG BeckRS 2015, 13819 = Mitt 2015, 477).

Auch ein **Rechtsirrtum** ist grundsätzlich kein Wiedereinsetzungsgrund, außer wenn er auf **17** einer **unrichtigen Rechtsmittelbelehrung** durch die Behörde oder das Gericht basiert (BGH NJW 1993, 3206 zur unrichtigen Rechtsmittelbelehrung durch einen Fachsenat beim OLG) und wenn die Belehrung **nicht offenkundig fehlerhaft** und der durch sie verursachte Irrtum nachvollziehbar ist (BGH NJW 2012, 2443; 2018, 164). Der Irrtum ist nicht unverschuldet, wenn die Belehrung der anwaltlich vertretenen Partei Hinweise auf die einschlägigen Rechtsvorschriften enthielt, anhand derer der Anwalt unschwer Frist und Form des zulässigen Rechtsbehelfs **hätte ermitteln können** (BGH NJW-RR 2010, 1297 (1298)). Allerdings hat das BVerfG später entschieden, dass bei einer nicht ohne Weiteres erkennbaren fehlerhaften Rechtsbehelfsbelehrung die Wiedereinsetzungsregelungen auch für Anwälte „mit besonderer Fairness" zu handhaben seien (BVerfG NJW 2021, 915 (917)).

Dass das Markenrecht eine **Spezialmaterie** ist, entlastet weder den Gewerbetreibenden noch dessen **17.1** Rechtsberater. Es gehört zur verkehrsüblichen Sorgfalt eines Gewerbetreibenden, sich in dieser Spezialmaterie rechtzeitig entweder durch eigenes Fachpersonal oder durch auf dieses Rechtsgebiet spezialisierte Rechts- oder Patentanwälte **beraten zu lassen** (BPatG BeckRS 2009, 02403). Übernimmt ein im Markenrecht unerfahrener Rechtsanwalt ein entsprechendes Mandat, muss er sich die notwenigen Kenntnisse verschaffen oder den Rat eines Fachkundigen einholen (BPatG BeckRS 2007, 12752).

Wenn ein Verfahrensbevollmächtigter Erinnerung und Beschwerde verwechselt, liegt kein Wiedereinsetzungsgrund vor (BPatG BeckRS 2013, 19920). **17.2**

Auf die Richtigkeit der Auskunft des **Geschäftsstellenbeamten des BPatG** über die prozessualen Wirkungen einer Zustellung darf ein Rechtsanwalt dagegen grundsätzlich nicht vertrauen **18** (BGH GRUR 1995, 50 – Success).

Im Fall Success ging es um die einfache Frage, ob durch die Zustellung eines **im Rubrum berichtigten** **18.1** **Urteils** eine neue Frist in Gang gesetzt wurde. **Fehlen** bei der ersten Ausfertigung eines Urteils am Seitenrand **einige Wörter** und kommt es deswegen zu einer **zweifachen Zustellung** eines Urteils und erfolgt eine – unzutreffende – Erklärung der Urkundsbeamtin der Geschäftsstelle des LG, dass die zuerst erteilte Ausfertigung als gegenstandslos betrachtet werden könne, hat der BGH dagegen **Verschulden des Anwalts verneint,** der auf diese Auskunft vertraut hat (BGH NJW-RR 2005, 1658 (1659); BeckRS 2013, 05055).

Unterlief dem Anwalt angesichts einer **unsicheren Rechtslage** ein Rechtsirrtum, liegt grund- **19** sätzlich ein Wiedereinsetzungsgrund vor (BPatGE 27, 212 (214)).

Der Rechtsirrtum eines Rechtsanwalts ist allerdings dann nicht unverschuldet, wenn bei einer **Geset-** **19.1** **zesänderung** die **Mehrheit in der Literatur** und die erste veröffentlichte Entscheidung eines Oberlandesgerichts zu der streitigen Frage eine andere – nämlich die zutreffende – Rechtsauffassung vertraten (BGH NJW 2011, 386; BPatGE 27, 212 (214), wo der BGH anders als vor ihm das BPatG urteilte). Umgekehrt liegt dann, wenn ein OLG und alle gängigen Handkommentare zu dem betreffenden Rechtsgebiet eine unzutreffende Auffassung vertraten, welcher der Anwalt gefolgt ist, ein Wiedereinsetzungsgrund vor (BGH NJW 1985, 495 (496)).

19.2   Liegt noch keine Entscheidung zur entscheidungserheblichen Frage vor und wurde sie im Schrifttum noch nicht behandelt, so ist zu prüfen, ob die **Gesetzesbegründung** dazu eine Aussage enthält (OLG Braunschweig NJW 2019, 2176 Rn. 70).

19.3   Ist **offen,** wie die Rechtsprechung bei einer gesetzlichen Neuregelung einen bestimmten Fall behandeln wird, müsse der Rechtsanwalt, so der BGH, im Interesse seines Mandanten den **sicheren Weg** wählen; bei Fristen also die kürzere der beiden in Frage kommenden Fristen beachten (BGH GRUR 2001, 271 (272)). Die Argumentation des BGH überzeugt nicht: Die Frage des sicheren Weges stellt sich im Rahmen der Anwaltshaftung (dazu zB BGH NJW 1974, 1865 (1866)), also im Verhältnis zum Mandanten (→ Rn. 53.1), nicht im Verhältnis zu einer Behörde oder einem Gericht. Aus dem Rechtsstaatprinzip folgt, dass dem Rechtssuchenden ein wirkungsvoller Rechtsschutz zur Verfügung stehen muss. Daher darf das Kostenrisiko den Zugang zu den Gerichten nicht in unzumutbarer, aus Sachgründen nicht zu rechtfertigender Weise erschweren (BVerfG NJW 1992, 1673). Das wäre aber der Fall, wenn Rechtssuchende eine bislang ungeklärte Frage nicht zur Entscheidung bringen könnten, ohne ein stark erhöhtes Risiko zu tragen. Angesichts der unsicheren Rechtslage hätte in dem vom BGH entschiedenen Fall Wiedereinsetzung gewährt werden müssen.

III. Verspäteter Posteingang

20   Beteiligte dürfen eine **Frist bis zur äußersten Grenze ausnutzen** (BVerfG NJW 1975, 1405; BGH NJW 1990, 188).

20.1   Die ältere Rechtsprechung vertrat die Auffassung, dass derjenige, der eine fristgebundene Handlung erst im letztmöglichen Zeitpunkt vornimmt, die Folgen aller damit verbundenen, in seinem Einflussbereich liegenden Gefahren zu tragen habe, denn er beraube sich selbst der Möglichkeit, die Folgen nachträglich erkannter Irrtümer oder Versehen noch rechtzeitig zu beseitigen. Daher treffe den Beteiligten in diesem Fall eine erhöhte Sorgfaltspflicht (so noch BPatGE 7, 230 (232)).

20.2   Diese Rechtsprechung ist überholt. Zwar wird nach wie vor eine erhöhte Sorgfaltspflicht angenommen. Es kommt aber nicht darauf an, wie die Fristversäumung am sichersten vermieden worden wäre, denn die Wiedereinsetzung ist nicht von der Beachtung der äußersten nach den Umständen zu erwartenden Sorgfalt abhängig, sondern es genügt das **Fehlen eines Verschuldens** (BGH NJW 1992, 2488 (2489) zu § 233 ZPO mit Hinweis auf die geänderte Fassung dieser Norm). Daher liegt zB kein Verschulden vor, wenn ein Rechtsanwalt auf der Fahrt mit dem Pkw zum Gerichtsbriefkasten zur Ablieferung eines fristgebundenen Schriftsatzes durch ein verkehrswidrig abgestelltes Fahrzeug behindert wird und dadurch die Frist nicht wahren kann (BGH NJW 1989, 2393).

21   Beteiligte dürfen auf eine normale **Postlaufzeit** vertrauen (BVerfG NJW-RR 2000, 726). In der Regel kann man davon ausgehen, dass ein Brief den Empfänger am nächsten oder übernächsten Zustelltag erreicht.

21.1   Die Rechtsprechung des BGH, dass man erfahrungsgemäß dann, wenn der Brief **am Freitag** oder am Samstag **aufgegeben** wird, nicht ohne weiteres damit rechnen könne, dass er auch am Montag zugestellt wird (so noch BGH NJW 1990, 188), wurde vom BVerfG für eine unzulässige Differenzierung gehalten (BVerfG NJW 1995, 1210).

22   Verzögerungen bei der Briefbeförderung, welche der Beteiligte nicht zu vertreten hat, sind unverschuldet (BVerfG NJW-RR 2000, 726). Der Rechtsanwalt ist grundsätzlich nicht verpflichtet, sich nach dem rechtzeitigen **Eingang zu erkundigen** (BGH NJW 1983, 1471). Verschulden liegt allerdings in diesen Fällen dann vor, wenn bei Zugang einer gerichtlichen Mitteilung über das Eingangsdatum einer Rechtsmittelschrift nicht überprüft wurde, ob die Rechtsmittelschrift rechtzeitig bei Gericht eingegangen ist (BGH NJW 1992, 2098).

22.1   Aus dem verfassungsrechtlichen Anspruch auf ein faires Verfahren ergibt sich nicht, dass das DPMA beim Eingang eines Schreibens am letzten Tag einer Frist die Wirksamkeit des Zugangs prüfen muss, um erforderlichenfalls sofort einen Hinweis zu geben (BPatG GRUR-RS 2021, 19297 Rn. 41).

23   Wählt ein Beteiligter in einer Situation, in der er ausnahmsweise nicht auf die Einhaltung normaler Postlaufzeiten vertrauen durfte (zB bei einem **Poststreik**), für die Beförderung eines fristgebundenen Schriftstücks gleichwohl den Postweg, obwohl sichere Übermittlungswege (zB Benutzung eines Telefaxgeräts) zumutbar sind, liegt Verschulden vor. Ist allerdings in einer solchen Situation nicht von vornherein bekannt, ob und für wie lange die konkrete Gefahr von Verzögerungen besteht, muss er nicht immer einen anderen Übermittlungsweg einschlagen. Er kann die

Sendung auf den Postweg geben, ist allerdings dann gehalten, das ihm im Zeitpunkt des Briefeinwurfs bekannte Risiko durch eine Nachfrage nach dem Eingang der Sendung aufzufangen (BVerfG NJW 1995, 1210 (1211)).

Bei einem auf bestimmte Gebiete beschränkten Streik darf man auf eine Auskunft der Deutschen Post **23.1** AG vertrauen, dass für den geplanten Sendungsverlauf einer Postsendung streikbedingte Beeinträchtigungen nicht bekannt seien (BGH NJW 2016, 2750).

Verschulden liegt vor, wenn ein Schreiben **unzulänglich adressiert** war und deshalb verspätet **24** zuging (BVerwG NJW 1990, 1747). Ein Prozessbevollmächtigter darf nicht darauf vertrauen, dass die Post einen fehlerhaft adressierten Brief an eine **öffentliche Einrichtung** wie ein Gericht trotz **falscher Anschrift** (zum Verschulden bei Adressierung an ein **unzuständiges** Gericht → Rn. 36) unmittelbar zustellen wird; dies gilt zumindest für Großstädte mit einer Vielzahl von Gerichten (VGH München BeckRS 2014, 53001). Verschulden liegt auch vor, wenn die **Postleitzahl** nicht oder nicht korrekt angegeben war (so OLG Düsseldorf NJW 1994, 2841; aA OLG Stuttgart NJW 1982, 2832 mit widersprüchlicher Begründung, da das OLG selbst ausführt, dass die Postleitzahl die Bearbeitung von Sendungen beschleunigen soll).

IV. Einzelfälle

Arbeitsüberlastung eines Berufsträgers ist kein Entschuldigungsgrund (BPatG BPMZ 1983, **25** 305 (306); BGH NJW 1996, 997 (998)).

Von einer Stresssituation wegen Arbeitsüberlastung ist abzugrenzen die vegetative Stresssituation. Bei **25.1** einer auf Grund verschiedener gesundheitlicher Beschwerden erstmals auftretenden „**vegetativen Stresssituation**", die Konzentrationsstörungen zur Folge hatte, sei, so der BGH, Wiedereinsetzung zu gewähren (BGH GRUR 1999, 522 – Konzentrationsstörung).

Eine **Krankheit** ist nur dann ein Entschuldigungsgrund, wenn der Betreffende **plötzlich** krank **26** wird und die Krankheit so schwer ist, dass man dem Erkrankten weder zumuten kann, die Frist einzuhalten, noch einen Dritten mit der Wahrnehmung seiner Interessen zu beauftragen (BFH BeckRS 1983, 05125; BGH NJW 2009, 3037 (3038)). Sind in einer **Sozietät** mehrere Personen mit der Prozessführung beauftragt, ist sicher zu stellen, dass bei Verhinderung des die Sache tatsächlich bearbeitenden Sozietätsmitglieds die anderen beauftragten Sozietätsmitglieder die erforderlichen fristwahrenden Maßnahmen ergreifen (BFH BeckRS 2002, 25001156).

Es gehört zu den Sorgfaltspflichten eines Anwalts, Verwaltungsakte des DPMA seinem **Man- 27 danten** auch dann noch **zu übermitteln,** wenn dieser ihn vorher angewiesen hat, in der Sache nichts mehr zu unternehmen. Das Außerachtlassen dieser zu fordernden Sorgfalt ist dem vertretenen Anmelder selbst zuzurechnen (BPatGE 15, 52 (54 f.)).

Bei **Überweisungen** der in markenrechtlichen Verfahren anfallenden Gebühren ist zu beach- **28** ten, dass §§ 675s, 675t BGB Ausführungsfristen für Zahlungsvorgänge vorsehen. Ein Gebührenschuldner kann daher davon ausgehen, dass spätestens am **zweiten Geschäftstag,** nachdem er seiner Bank den **Überweisungsauftrag erteilt** hat, das Geld dem DPMA gutgeschrieben wurde. Ein Wiedereinsetzungsgrund liegt vor, wenn Kreditinstitute diese Fristen überschreiten.

Die Ausführungsfrist für **Zahlungsvorgänge** regelt § 675s BGB. Danach muss bei Überweisungen der **28.1** Zahlungsbetrag beim Empfängerinstitut spätestens **einen Geschäftstag** nach Zugang des Zahlungsauftrags bei dem beauftragten Kreditinstitut eingegangen sein (BPatG BeckRS 2015, 09261).

Nach § 675t Abs. 1 S. 1 BGB ist das **Empfängerinstitut** verpflichtet, eingegangene Beträge **unverzüg- 28.2 lich zu buchen.** Unverzüglich bedeutet, dass der Betrag taggleich, spätestens jedoch einen Geschäftstag nach dem Eingang der Zahlung beim Empfängerinstitut dem Empfängerkonto gutgeschrieben werden muss (BPatG GRUR 2017, 1172 (1173) – Cevita).

Von einem derartigen **Ablauf darf** auch der **Gebührenschuldner ausgehen.** Eine spätere Gutschrift **28.3** auf dem Konto des Empfängers liegt nicht im Verantwortungsbereich des Gebührenschuldners und ist deshalb als unverschuldet anzusehen (BPatG GRUR 2017, 1172 – Cevita).

§ 2 Nr. 2 PatKostZV stellt auf den Tag ab, an dem der Betrag auf dem Konto der zuständigen Bundeskasse **28.4** für das DPMA gutgeschrieben wird. Die Wertstellung hat jedoch zu dem Geschäftstag zu erfolgen, an dem der Zahlungsbetrag auf dem Konto der Bank des Zahlungsempfängers eingegangen ist (§ 675t Abs. 1 S. 2 BGB). Da die Wertstellung den Zeitpunkt des Beginns der Verzinsung bestimmt, spricht die Systematik des BGB dafür, dass „gutgeschrieben" in § 2 Nr. 2 PatKostZV „valutiert" meint und damit die oben genannte Frist sogar nur **einen Tag** beträgt.

Wird ein **SEPA-Basislastschriftmandat** durch Telefax übermittelt, ist dessen Original nach § 2 Nr. 4 **28.5** S. 2 PatKostZV innerhalb einer Frist von einem Monat nach Eingang des Telefax nachzureichen; andernfalls gilt als Zahlungstag der Tag des Eingangs des Originals (§ 2 Nr. 4 S. 3 PatKostZV). Wird diese Monatsfrist versäumt, ist die Unkenntnis hinsichtlich der Vorschriften des PatKostZV kein Wiedereinsetzungsgrund (BPatG BeckRS 2016, 01711).

28.6   Ein Wiedereinsetzungsgrund liegt auch vor, wenn das Kreditinstitut trotz klarer Anweisung in Folge eines **eigenmächtigen Spesenabzugs** einen zu geringen Geldbetrag überweist (BPatGE 42, 23 (25)).

28.7   Kein Wiedereinsetzungsgrund liegt vor, wenn eine fristgemäße Zahlung scheiterte, weil das bezogene Konto **nicht ausreichend gedeckt** war (BPatG BeckRS 2017, 110655).

29   Ist eine Partei wegen ihres wirtschaftlichen Unvermögens daran gehindert, eine fristwahrende Handlung rechtzeitig vorzunehmen und hat sie für ein beabsichtigtes Rechtsmittel innerhalb der Rechtsmittelfrist **Prozesskostenhilfe** (bzw. Verfahrenskostenhilfe bei Prozessen vor dem BPatG) beantragt und erfolgt die Entscheidung des Gerichts über diesen Antrag erst nach Ablauf der Rechtsmittelfrist, liegt kein Verschulden bezüglich der Fristversäumnis vor (BGH NJW-RR 2009, 789; NJW-RR 2018, 61; Albrecht/Hoffmann Vergütung Rn. 1626 ff.). Voraussetzung hierfür ist aber, dass die Partei bis zum Ablauf der Frist einen den gesetzlichen Anforderungen entsprechenden Antrag auf Prozesskostenhilfe eingereicht und alles in ihren Kräften Stehende getan hat, damit über den Antrag ohne Verzögerung sachlich entschieden werden kann, und sie deshalb vernünftigerweise nicht mit einer Verweigerung der Prozesskostenhilfe rechnen musste (BGH BeckRS 2014, 16213 Rn. 3 mwN). Daran fehlt es, wenn die Partei im Prozesskostenhilfeantrag – für sie selbst offensichtlich – wahrheitswidrig angegeben hat, über keine Bankkonten zu verfügen (BGH NJW 2015, 1312).

29.1   Zur Frist für den Wiedereinsetzungsantrag in diesen Fällen → Rn. 38.3.

G. Zurechnung des Verschuldens bei Einschaltung Dritter

30   Der Beteiligte muss sich das Verschulden seines **gesetzlichen Vertreters** oder seines Bevollmächtigten zurechnen lassen. Parteien müssen daher für das Verschulden ihres Prozessbevollmächtigten einstehen (BGH GRUR 2000, 1010 (1011) – Schaltmechanismus; GRUR 2007, 261 Rn. 10 – Empfangsbekenntnis).

31   Das Verschulden von **Hilfspersonen** ist dem Beteiligten dagegen nicht zuzurechnen. Bei der Übertragung von Fristsachen auf Hilfspersonen liegt aber dann ein Verschulden des Beteiligten vor, wenn er oder sein Bevollmächtigter bei der Auswahl, der Unterweisung oder der Beaufsichtigung der Hilfspersonen schuldhaft gehandelt hat. Das Büropersonal muss daher **geschult** sein, es muss regelmäßig über die Bedeutung und die Berechnung von Fristen **belehrt** werden und eine Überwachung der Fristen muss **organisatorisch** gesichert (BGH GRUR 2008, 837 (838) – Münchner Weißwurst) sein. Dazu muss ein Fristen(kontroll)buch geführt werden oder eine entsprechende Kontrolle bestehen.

31.1   Die **Eintragung von Fristen** darf grundsätzlich nicht auf Auszubildende übertragen werden, denen die notwendige Erfahrung fehlt (BGH BeckRS 2015, 20797).

31.2   Ein **Organisationsmangel** liegt vor, wenn ein Beteiligter sein Büropersonal nicht angewiesen hat, dass bei zwei oder mehr Rechtsmitteln in einer Angelegenheit eines Mandanten auf jeden Fall für jedes dieser Rechtsmittel eine gesonderte Fristnotierung erforderlich ist (BGH NJW 1992, 2488).

31.3   Die Pflicht, für einen mangelfreien Zustand des ausgehenden fristwahrenden Schriftsatzes über das **beA** zu sorgen, kann ein Rechtsanwalt nicht auf das Kanzleipersonal übertragen (BGH NJW 2022, 1964).

32   Klassischer Fall für einen Wiedereinsetzungsgrund ist die zuverlässige Bürokraft, die einmal versehentlich eine **Rechtsmittelschrift falsch adressiert** hat. Es wird vom Berufsträger nicht verlangt, dass er die Adressierung noch einmal kontrolliert (BGH NJW 1982, 2670; 1989, 2393 (2394)).

33   Hat der Beteiligte allerdings eine **konkrete Fehlerquelle aufgedeckt,** darf er nicht mehr auf die Einhaltung der allgemein gegebenen Anweisungen vertrauen, sondern er muss der Sicherung einer Frist seine besondere eigene Aufmerksamkeit widmen (BGH NJW 1985, 1710 (1711) Ls., zur handschriftlichen Änderung des Eingangsstempels durch das Büropersonal auf einem zugestellten Urteil).

H. Wahrscheinlichkeit der Wiedereinsetzung

34   Die Anforderungen an den Nachweis, dass kein Verschulden vorliegt, hängen daher davon ab, ob der Berufsträger selbst gehandelt hat oder ob er sein Büropersonal eingeschaltet hat. Im erstgenannten Fall ist es selten, dass der Nachweis gelingt, dass kein Verschulden vorliegt, im zweiten Fall ist dieser Nachweis dagegen relativ einfach zu erbringen. Nach Ansicht des Gesetzgebers führt dies dazu, dass „der Säumige oft **vorgeschobene Entschuldigungsgründe** vorträgt" (so BT-Drs. 14/6203, 64). In der Praxis werden daher die meisten Wiedereinsetzungsanträge darauf gestützt, dass dem qualifizierten und geschulten Büropersonal trotz eines Fristenkontrollbuchs ein Fehler unterlaufen sei.

I. Kausalzusammenhang zwischen Verschulden und Fristversäumnis

Die Verletzung einer Sorgfaltspflicht steht der Wiedereinsetzung nur dann entgegen, wenn bei **35** ihrer Beachtung die Fristversäumung verhindert worden wäre (BGH NJW-RR 1997, 1298). Waren **mehrere Umstände** für die Fristversäumnis ursächlich, von denen zumindest einer von der antragstellenden Partei verschuldet war, ist eine Wiedereinsetzung ausgeschlossen (BGH GRUR 1974, 679 (680)).

Bei Schreiben, die an ein unzuständiges Gericht adressiert wurden, ist die Rechtsprechung **36** großzügiger: Wird ein Schreiben an ein **unzuständiges Gericht** geschickt, welches das Schreiben erst nach längerer Zeit weiterleitet, wirkt sich das Verschulden der Partei oder ihres Vertreters dann nicht mehr aus (allerdings auch nur dann nicht), wenn die fristgemäße Weiterleitung an das zuständige Rechtsmittelgericht im ordentlichen Geschäftsgang ohne weiteres erwartet werden konnte (BGH NJW-RR 2004, 1655).

Zur Frage, unter welchen Voraussetzungen das unzuständige Gericht, bei dem das Schreiben einging, **36.1** das zuständige Gericht erkennen konnte, vgl. BGH NJW 1989, 2395. Zur Frage, in welchem Zeitraum ein Schreiben weiterzuleiten ist, vgl. BVerfG NJW 2005, 2137 (wenn eine Weiterleitung länger als neun Tage dauert, liegt ein Wiedereinsetzungsgrund vor). Eine schnelle Weiterleitung kann erwartet werden, wenn ein Schreiben, das der Absender an das DPMA hätte richten müssen, an das Bundespatentgericht geschickt wurde (BPatG BeckRS 2010, 30697).

Das unzuständige Gericht muss bei einem in Kürze erfolgenden Fristablauf einen Schriftsatz nicht als **36.2** besonders eilig oder per Fax weiterleiten (BGH NJW-RR 2016, 1340 (1341)).

Verliert ein schuldhaftes Verhalten der antragstellenden Partei seine rechtliche Erheblichkeit **37** durch ein **späteres Ereignis,** das weder der Partei noch ihrem Vertreter zuzurechnen ist, liegt ein Wiedereinsetzungsgrund vor (BGH BeckRS 2005, 01898 – Kanold).

J. Frist für den Antrag auf Wiedereinsetzung und die Nachholung der versäumten Handlung

Der Antrag auf Wiedereinsetzung muss innerhalb von **zwei Monaten** nach Wegfall des Hinder- **38** nisses gestellt werden (§ 91 Abs. 2). Da es sich beim Wegfall des Hindernisses um ein Ereignis iSd § 187 Abs. 1 BGB handelt, wird der Tag, an dem das Hindernis wegfiel, bei der Berechnung der Zweimonatsfrist nicht mitgerechnet. Ein Hindernis entfällt, wenn der Säumige oder sein Vertreter nicht mehr gehindert ist, die versäumte Handlung nachzuholen, oder wenn der Säumige oder sein Vertreter erkennt oder bei gehöriger Sorgfalt hätte erkennen können, dass er eine Frist versäumt hat und ein Wiedereinsetzungsantrag nötig ist (BPatGE 15, 52 (54)). Innerhalb dieser Frist muss auch die **versäumte Handlung** nachgeholt werden (§ 94 Abs. 4 S. 1).

Ein fristgerecht eingereichter Antrag auf Fristverlängerung zur Nachholung der versäumten Handlung **38.1** ist mit einer Nachholung nicht gleichzusetzen und reicht für die Fristwahrung nicht (BPatG GRUR 2009, 95 (96) – Weiterbehandlung).

Die versäumte Handlung muss ordnungsgemäß, dh auch bei der zuständigen Stelle, nachgeholt werden **38.2** (BPatG GRUR 2008, 362 (364)).

Höchstrichterlich ungeklärt ist bislang die Frage (vgl. BGH BeckRS 2011, 11531 Rn. 22), ob dann, **38.3** wenn eine Beschwerde unter dem Vorbehalt der Bewilligung der **Verfahrenskostenhilfe** (→ Rn. 29) eingelegt wurde, die Frist für die Wiedereinsetzung in die Beschwerdefrist zwei Monate nach § 91 Abs. 2 oder nur einen Monat nach § 66 Abs. 2 beträgt (dazu Ströbele/Hacker/Thiering/Knoll § 81a Rn. 18, der selbst nicht Stellung nimmt). Da § 66 Abs. 2 von „Beschwerde" und § 91 Abs. 2 von „Wiedereinsetzung" spricht, ist mE die Zweimonatsfrist einschlägig.

Kommt es nach Überweisung eines Gebührenbetrags durch eine Anwaltskanzlei zu einer **Rückbu-** **38.4** **chung,** ist dies ein so außergewöhnlicher und bedeutsamer Vorgang, dass er sofort dem Anwalt vom Büropersonal zur Kenntnis gebracht werden muss. Geschieht dies nicht, liegt ein Organisationsmangel vor. Bei einer Rückbuchung beginnt die Wiedereinsetzungsfrist daher unmittelbar nach der Information über die Rückbuchung zu laufen (BPatG BeckRS 2017, 110655).

39 Bei **Versäumung dieser Wiedereinsetzungsfrist** von zwei Monaten ist eine weitere Wiedereinsetzung (Wiedereinsetzung in die Wiedereinsetzungsfrist) möglich.

39.1 Die ältere Rechtsprechung hatte dies verneint (vgl. BPatGE 19, 44 (46) mwN). Die neuere, ständige Rechtsprechung des BGH bejaht aber diese Möglichkeit der Wiedereinsetzung in die Wiedereinsetzungsfrist (BGH GRUR 2001, 271 (272); NJW 2013, 697 Rn. 11).

40 Nach **Ablauf der Einjahresfrist** kann nach § 91 Abs. 5 die Wiedereinsetzung grundsätzlich nicht mehr beantragt werden (BPatG BeckRS 2016, 09908). Die Ausschlussfrist nach § 91 Abs. 5 läuft unabhängig von der Frist nach § 91 Abs. 1 und 2 (BPatG BeckRS 2007, 07226); dies gilt auch bei Fortbestehen einer unverschuldeten Verhinderung (BPatG BeckRS 2013, 04544).

40.1 Wurde der **Antrag rechtzeitig** gestellt, muss das Wiedereinsetzungsverfahren allerdings nicht innerhalb der Jahresfrist **abgeschlossen** sein (BPatGE 34, 195 (197)).

40.2 Wenn die Fristüberschreitung **ausschließlich** auf Umstände zurückzuführen ist, die der Sphäre des DPMA oder des BPatG zuzurechnen sind, ist **ausnahmsweise** die Jahresfrist nicht anzuwenden (dazu grundlegend BPatG BeckRS 2009, 10792 – Überwachungsvorrichtung; BeckRS 2012, 08429 – Wäschespinne; ferner BPatG BeckRS 2014, 04602; 2014, 18233).

40.3 Ein nach Ablauf eines Jahres nach dem Ende der versäumten Frist gestellter Antrag auf Wiedereinsetzung in den vorigen Stand ist allerdings auch dann unzulässig, wenn die Fristversäumung dadurch verursacht worden ist, dass ein zuzustellendes Schriftstück von der Person, an die eine **zulässige Ersatzzustellung** (§ 178 ZPO) erfolgt ist, dem Empfänger vorenthalten wurde (BGH NJW-RR 2016, 638).

41 Diese Ausschlussfrist dient der Rechtssicherheit. Daher ist auch bezüglich dieser **Einjahresfrist** selbst ist **keine Wiedereinsetzung** möglich (BPatG BeckRS 2013, 04544; BPatGE 34, 195 (197) zu § 123 PatG).

K. Antragsberechtigung, Antragsform und Antragsinhalt

42 **Antragsberechtigt** ist der **Markeninhaber.** Ist der Markeninhaber zwischenzeitlich verstorben, ist **sein Erbe** oder die Erbengemeinschaft als Gesamtrechtsnachfolger (§§ 1922, 1937, 2032 BGB) zur Stellung eines Wiedereinsetzungsantrags befugt (BPatGE 29, 244 (245)). Neben dem als Markeninhaber Eingetragenen ist ferner der **Käufer einer Marke** antragsberechtigt, selbst wenn dieser noch nicht im Markenregister eingetragen ist. Das setzt aber voraus, dass der Käufer zuvor den Antrag auf Umschreibung gestellt hat (BPatG BeckRS 2008, 25423 unter II.2; im Ergebnis wohl auch BGH GRUR 2008, 551 Rn. 7 – Sägeblatt, beide Entscheidungen zum PatG).

43 Während die Parallelvorschrift des § 123 Abs. 2 S. 1 PatG ausdrücklich fordert, dass die Wiedereinsetzung „schriftlich beantragt werden" müsse, schreibt der Wortlaut des § 91 Abs. 3 die **Schriftform** nicht vor. Dabei handelt es sich allerdings wohl um eine redaktionelle Ungenauigkeit. Der Umstand, dass zB außer § 123 Abs. 2 S. 1 PatG auch § 236 Abs. 1 ZPO (iVm § 129 Abs. 1 ZPO) die Schriftform für einen Wiedereinsetzungsantrag fordert, zeigt, dass das Schriftformerfordernis ein allgemeines Rechtsprinzip ist und daher auch im MarkenG gilt.

44 Innerhalb der zweimonatigen Antragsfrist müssen alle **Tatsachen vorgetragen** werden, welche für die Gewährung der Wiedereinsetzung in den vorigen Stand von Bedeutung sein können (§ 91 Abs. 3 S. 1). Die Partei hat ihr fehlendes Verschulden an der Nichteinhaltung der Frist schlüssig darzulegen. Durch eine aus sich heraus verständliche, geschlossene Schilderung der tatsächlichen Abläufe ist anzugeben, auf welchen konkreten Umständen die Fristversäumnis beruht (BGH NJW-RR 2005, 793 (794)). Ferner müssen sich dem Sachvortrag diejenigen Umstände entnehmen lassen, aus denen sich ergibt, dass der **Wiedereinsetzungsantrag rechtzeitig** nach Wegfall des Hindernisses gestellt ist (BGH NJW-RR 2004, 282 (283)). Außerdem sind die Tatsachen vorzutragen, aus denen sich ergibt, dass die **versäumte Handlung** nachgeholt wurde.

44.1 Wurde eine **Zahlungsfrist** versäumt, ist ggf. auch vorzutragen, dass die Absicht bestand, diese Frist zu wahren (BPatGE 25, 65 (67)). In diesem Verfahren bestand die Besonderheit, dass es Anhaltspunkte dafür gab, dass die **Zahlung bewusst unterlassen** worden sein könnte.

44.2 Wird bei Versäumung einer vom DPMA gesetzten Frist Wiedereinsetzung beantragt und gleichzeitig gegen die Zurückweisung Beschwerde eingelegt, sollte die **Beschwerde nicht „hilfsweise"** für den Fall eingelegt werden, dass die Wiedereinsetzung keinen Erfolg hat. Die Einlegung der Beschwerde ist bedingungsfeindlich; damit liegt bei einer „hilfsweisen" Einlegung einer Beschwerde keine wirksame Beschwerde vor (BPatG BeckRS 2012, 16513).

45 Ein **Nachschieben von Gründen** nach Fristablauf ist unzulässig (BGH NJW-RR 2004, 282 (283)). Lediglich erkennbar unklare oder **ergänzungsbedürftige Angaben** dürfen nach Fristablauf noch erläutert oder vervollständigt werden (BGH NJW 1991, 1892 zu § 234 ZPO; NJW 2014, 77). Bei einem fristgemäßen Schreiben ohne jede Substantiierung ist eine Konkretisierung nach Fristablauf nicht zulässig (BGH NJW 2002, 2107 (2108) unter IV.2b).

Die Partei ist auf ersichtlich unvollständige Angaben **hinzuweisen**. Die Verletzung dieser Hinweispflicht **45.1** kann einen Verstoß gegen den Grundsatz der Gewährung rechtlichen Gehörs begründen (BGH GRUR 2008, 837 (838) – Münchner Weißwurst).

Die Tatsachen, welche die Wiedereinsetzung begründen, müssen **glaubhaft gemacht** werden **46** (§ 91 Abs. 3 S. 2). Die Glaubhaftmachung muss **nicht** bereits **mit der Antragstellung** erfolgen. Nach § 91 Abs. 3 S. 2 können Tatsachen noch „im Verfahren über den Antrag" glaubhaft gemacht werden. Wird in einem Antrag die Handlung eines Dritten behauptet, die für die Wiedereinsetzung wesentlich ist, muss angegeben werden, wie diese Handlung glaubhaft gemacht werden soll (BGH NJW 1959, 2063 f.). Zur Glaubhaftmachung geeignet ist nach § 294 ZPO auch eine **eidesstattliche Versicherung** (BPatG BeckRS 2009, 02916). Bei der Tatsachenbestätigung durch einen Anwalt genügt eine **anwaltliche Versicherung,** da ein Anwalt ein Organ der Rechtspflege ist (§ 1 BRAO).

Wenn allerdings angesichts konkreter Anhaltspunkte davon auszugehen ist, dass mit überwiegender **46.1** Wahrscheinlichkeit die Schilderung des Rechtsanwalts nicht zutrifft, genügt eine anwaltliche Versicherung nicht (BGH NJW 2015, 349).

L. Wiedereinsetzung ohne Antrag

Nach § 91 Abs. 4 S. 2 ist eine Wiedereinsetzung **von Amts wegen** ohne Antrag möglich. Diese **47** kommt aber nur dann in Betracht, wenn alle die Wiedereinsetzung rechtfertigenden Tatsachen zum Zeitpunkt der Nachholung der versäumten Handlung aktenkundig waren (BPatGE 25, 121) oder offenkundig (§ 291 ZPO) sind. Zudem muss die versäumte Handlung innerhalb der Antragsfrist nachgeholt worden sein.

Die Wiedereinsetzung von Amts wegen steht **nicht im Ermessen** der zuständigen Stelle (BPatG **47.1** BeckRS 2019, 28612 Rn. 20; aA im Hinblick auf den Wortlaut („kann") BAG NJW 1989, 2708 unter 2.c bb mwN).

Ist die versäumte Handlung innerhalb der Jahresfrist nachgeholt werden, kann die Wiedereinsetzung **47.2** von Amts wegen auch noch **nach Ablauf der Jahresfrist** erfolgen (BPatGE 34, 195 (197)).

M. Zuständige Stelle für die Entscheidung über den Antrag

Nach § 91 Abs. 6 entscheidet über den Wiedereinsetzungsantrag die Stelle, welche über die **48** nachgeholte Handlung zu beschließen hat. Über den Antrag auf Wiedereinsetzung in den vorigen Stand bezüglich der **Beschwerdefrist** des § 66 Abs. 2 kann das DPMA nur entscheiden, wenn es Wiedereinsetzung gewähren und der Beschwerde nach § 66 Abs. 5 S. 1 abhelfen will. Andernfalls entscheidet das BPatG als diejenige Stelle, welche über die Beschwerde gemäß § 67 zu befinden hat (BPatGE 25, 119, zu § 123 PatG; BGH GRUR 2009, 521 (522) – Gehäusestruktur). Das DPMA kann nicht über die Wiedereinsetzung entscheiden, wenn dem Beschwerdeführer ein **anderer Verfahrensbeteiligter** gegenübersteht, da das DPMA nach § 66 Abs. 5 S. 2 nicht befugt ist, in diesem Fall der Beschwerde abzuhelfen (BPatG BeckRS 2013, 11946 – Blower Door).

Bei Versäumung der **Beschwerdefrist** hat die betreffende Partei den Antrag auf Wiedereinsetzung **48.1** **beim DPMA einzureichen,** da die Beschwerde selbst nach § 66 Abs. 2 beim DPMA einzulegen ist. Will das DMPA der Beschwerde nicht abhelfen, muss es den Antrag auf Wiedereinsetzung an das BPatG weiterleiten.

Soweit im Beschwerdeverfahren die Zuständigkeit beim Rechtspfleger liegt, entscheidet dieser **49** auch über die Wiedereinsetzung (BPatG BeckRS 2013, 7972 – Renz; Ströbele/Hacker/Thiering/ Knoll Rn. 30). Die Prüfung der Frage, ob die **Beschwerdegebühr** nicht, nicht vollständig oder nicht rechtzeitig gezahlt worden ist, obliegt zwar dem Rechtspfleger; dieser hat bei Nichtzahlung, nicht vollständiger oder nicht rechtzeitiger Zahlung gemäß § 23 Abs. 1 Nr. 4 RPflG festzustellen, dass die Beschwerde gemäß § 82 Abs. 1 S. 3 MarkenG iVm § 6 Abs. 2 PatKostG als nicht erhoben gilt. Da der Rechtspfleger aber nur eine deklaratorische Feststellung trifft (BGH GRUR 2010, 231 Rn. 16 – Legostein), ist für den Wiedereinsetzungsantrag der Markenbeschwerdesenat zuständig (BPatG BeckRS 2013, 11969 – Lorenzo; GRUR 2017, 1172 – Cevita).

49.1   Hat der Beschwerdeführer die Frist für den Widerspruch gegen einen Löschungsantrag nach **§ 53 Abs. 5 S. 1** versäumt und **erst im Beschwerdeverfahren** Wiedereinsetzung beantragt, hat das DPMA gemäß § 91 Abs. 6 darüber zu entscheiden, so dass eine Zurückverweisung geboten ist. Das BPatG kann als Rechtsmittelgericht die Entscheidung aber ausnahmsweise an sich ziehen, wenn sich die Voraussetzungen der Wiedereinsetzung ohne Weiteres aus den Akten ergeben (BPatG BeckRS 2013, 11946 – Blower Door; BGH NJW 1982, 1873). Kann es dem Wiedereinsetzungsantrag nicht stattgegeben, ist die Sache zurückzuverweisen, weil dem Antragsteller die Möglichkeit nicht entzogen werden darf, eine aufgrund der Regelung in § 91 Abs. 7 nicht anfechtbare Wiedereinsetzung durch das DPMA zu erwirken (BPatG BeckRS 2017, 126060 – Bosco; zu vergleichbaren Situationen BGH NJW-RR 2014, 1532; BAG NJW 2004, 2112 (2113)).

N. Anhörung der Gegenpartei und Beteiligung Dritter

50   Die **Gegenpartei** ist vor der Wiedereinsetzung zu hören; die Anhörungspflicht ergibt sich aus Art. 103 Abs. 1 GG (BVerfG NJW 1982, 2234).

51   **Sonstige Dritte** sind am Wiedereinsetzungsverfahren auch dann nicht zu beteiligen, wenn der Markeninhaber gegen sie einen Verletzungsprozess führt (BPatG BeckRS 2014, 06612; BGH GRUR 2015, 927 – Verdickerpolymer II).

O. Rechtsbehelfe und Rechtsmittel gegen die Entscheidung

52   Wird Wiedereinsetzung **gewährt,** ist diese Entscheidung unanfechtbar (§ 91 Abs. 7).

52.1   Die gegnerische Partei kann allerdings, falls sie nicht gehört wurde, eine **Gehörsrüge** nach § 321a ZPO erheben (BGH NJW-RR 2009, 642).

53   Wird der Antrag auf Wiedereinsetzung **abgelehnt,** kann der Antragsteller Erinnerung (§ 64) oder Beschwerde (§ 66) einlegen.

53.1   Hat das gegen die ablehnende Entscheidung eingelegte Rechtsmittel keinen Erfolg und basiert das Fristversäumnis auf einem Anwaltsverschulden, haftet der Anwalt seinem Mandanten wegen Verletzung der Pflichten aus dem Anwaltsvertrag auf Schadensersatz.

P. Rechtswirkung der Wiedereinsetzung

54   Durch die Wiedereinsetzung gilt die versäumte (und zwischenzeitlich nachgeholte) Handlung als rechtzeitig erfolgt. Wird Wiedereinsetzung von der **zuständigen Stelle** gewährt, ist diese Entscheidung für die **Gerichte bindend** (BGH GRUR 1952, 564 (565) – Wäschepresse).

54.1   Die ältere Rechtsprechung vertrat die Auffassung, dass dieser Grundsatz bei (Patent-) **Verletzungsprozessen** nicht gelte, wenn die vom Beklagten erhobene **Einrede der Arglist** wegen Erschleichung der Wiedereinsetzung begründet wäre (so vorsichtig BGH GRUR 1952, 564 (565) – Wäschepresse („könnte ... sein"); ausdrücklich dann, sogar im Leitsatz, BGH GRUR 1956, 265 (269) – Rheinmetall-Borsig I). Diese Auffassung lässt sich mit der Festlegung des Gesetzgebers, dass die Wiedereinsetzung unanfechtbar ist, nicht vereinbaren, denn indirekt wird damit doch die Begründetheit der Wiedereinsetzung überprüft.

55   Hat das DPMA die Wiedereinsetzung gewährt, obwohl das BPatG **zuständig** gewesen wäre, ist das BPatG an diese Entscheidung nicht gebunden (BGH GRUR 1999, 574 (576) – Mehrfachsteuersystem).

Q. Schutz gutgläubiger Dritter im Falle der Wiedereinsetzung

56   § 91 Abs. 8 schützt gutgläubige Dritte. Der Markeninhaber hat gegen sie **keine Ansprüche** für den Zeitraum zwischen dem Rechtsverlust und der Wiedereinsetzung (BT-Drs. 12/6581, 107).

56.1   Wenn der Dritte im Zeitpunkt des Rechtsverlustes gutgläubig war, ist es unerheblich, ob die Verletzungshandlung bereits vor dem Rechtsverlust begonnen wurde oder nicht (aA Ströbele/Hacker/Thiering/Knoll Rn. 39 unter Hinweis auf die patentrechtliche Entscheidung BGH GRUR 1956, 265 (268) – Rheinmetall-Borsig I, die sich jedoch mit einer ganz anderen Frage beschäftigt, nämlich ob nach der Wiedereinsetzung eines Patentinhabers ein Weiterbenutzungsrecht besteht).

57   **Gutgläubigkeit** iSd § 91 Abs. 8 setzt nicht voraus, dass der Benutzer den Rechtsverlust an der Eintragung der Marke kannte; auch Benutzer ohne diese Kenntnis werden geschützt (BGH

GRUR 1952, 564 (566) – Wäschepresse, zum PatG). Der gute Glaube fehlt nur dann, wenn der Benutzer entweder davon ausging, dass er bestehende Markenrechte verletzt, oder den Rechtsverlust an der Eintragung der Marke kannte und mit dem Wiederaufleben der Marke gerechnet hat oder rechnen musste.

Dem Gesetzeswortlaut nach greift dieser Anspruchsausschluss nur, wenn der Dritte unter einem **58** mit der Marke identischen oder ähnlichen Zeichen Waren in den Verkehr gebracht oder Dienstleistungen erbracht hat. Der Sinn und Zweck der Norm spricht dafür, dass der Ausschlusstatbestand weit zu verstehen ist und daher **alle Benutzungshandlungen** iSd § 14 von dem Ausschluss erfasst werden.

Ein **Weiterbenutzungsrecht** steht dem Dritten aber nach Wiedereinsetzung des Markeninha- **59** bers **nicht** zu; insoweit unterscheidet sich § 91 Abs. 8 von der entsprechenden Vorschrift des Patentgesetzes, da § 123 Abs. 5 PatG ein solches Recht einräumt.

§ 91a Weiterbehandlung der Anmeldung

(1) Ist nach Versäumung einer vom Deutschen Patent- und Markenamt bestimmten Frist die Markenanmeldung zurückgewiesen worden, so wird der Beschluss wirkungslos, ohne dass es seiner ausdrücklichen Aufhebung bedarf, wenn der Anmelder die Weiterbehandlung der Anmeldung beantragt und die versäumte Handlung nachholt.

(2) ¹Der Antrag ist innerhalb einer Frist von einem Monat nach Zustellung der Entscheidung über die Zurückweisung der Markenanmeldung einzureichen. ²Die versäumte Handlung ist innerhalb dieser Frist nachzuholen.

(3) Gegen die Versäumung der Frist nach Absatz 2 und der Frist zur Zahlung der Weiterbehandlungsgebühr nach § 6 Abs. 1 Satz 1 des Patentkostengesetzes ist eine Wiedereinsetzung nicht gegeben.

(4) Über den Antrag beschließt die Stelle, die über die nachgeholte Handlung zu beschließen hat.

Überblick

Diese Vorschrift ergänzt § 91 (→ Rn. 10 f.). Sie erfasst nur die vom DPMA gesetzten Fristen, nicht jedoch die vom BPatG gesetzten und auch nicht die gesetzlichen Fristen (→ Rn. 2). Ihre praktische Bedeutung beschränkt sich daher auf die vom DPMA nach § 36 gesetzten Fristen (→ Rn. 3 f.). Die Weiterbehandlung setzt einen fristgebundenen Antrag (→ Rn. 5) und die Zahlung einer Weiterbehandlungsgebühr (→ Rn. 6) voraus.

Die Vorschrift entspricht § 123a PatG.

A. Allgemeines

Mit dieser Norm, die am 1.1.2005 in Kraft trat (vgl. Art. 30 Abs. 3 KostenberG vom 13.12.2001, **1** BGBl. I 3656), sollen nach dem Willen des Gesetzgebers die aufwändigen Wiedereinsetzungsverfahren nach § 91 vermieden werden (dazu BT-Drs. 14/6203, 69, 64).

Nach dem Wortlaut des § 91a Abs. 1 erfasst diese Regelung nur **vom DPMA gesetzte** **2** **Fristen.** Bei Versäumung einer **gesetzlichen Frist** ist daher keine Weiterbehandlung, sondern nur eine Wiedereinsetzung nach § 91 möglich (BPatG BeckRS 2007, 65508 zum PatG).

Vorbild des § 91a war Art. 121 EPÜ. Dieser betrifft im Unterschied zu § 91a aber nicht nur vom Amt **2.1** gesetzte, sondern auch gesetzlich geregelte Fristen. Auf Grund der Einschränkung auf vom DPMA gesetzte Fristen hat § 91a daher nur einen begrenzten Anwendungsbereich.

Die Versäumung einer Frist muss zur **Zurückweisung** der Markenanmeldung geführt haben **3** (§ 91a Abs. 1). Dies ist bei der nicht fristgemäßen Mängelbeseitigung nach **§ 36 Abs. 4** der Fall. Damit stehen dem Anmelder in diesem Fall zwei Möglichkeiten offen, denn die Frist nach § 36 Abs. 4 ist eine wiedereinsetzungsfähige Frist (→ § 91 Rn. 14).

Ist die Markenanmeldung nicht zurückgewiesen worden, sondern gilt sie kraft Gesetzes als **4** **zurückgenommen** (§ 36 Abs. 2 S. 1, § 36 Abs. 3 S. 2), ist § 91a seinem Wortlaut nach nicht anwendbar. Der Gesetzeszweck des § 91a, nämlich das DPMA zu entlasten, lässt aber auch auf diese Fälle übertragen. Daher ist § 91a bei einer gesetzlichen Rücknahmefiktion analog anzuwenden (Büscher/Dittmer/Schiwy/Büscher Rn. 4).

B. Antrag

5   Die Frist zur Stellung des Weiterbehandlungsantrags beträgt **einen Monat** nach Zustellung der Zurückweisungsentscheidung (§ 91a Abs. 2 S. 1). Der Antrag muss, wie der Wiedereinsetzungsantrag nach § 91, schriftlich gestellt werden. Eine Begründung ist nicht erforderlich. Innerhalb der Monatsfrist ist auch die versäumte **Handlung nachzuholen** (§ 91a Abs. 2 S. 2).

6   Zugleich ist eine **Weiterbehandlungsgebühr** nach GV 333050 PatKostG in Höhe von 100 Euro zu zahlen. Die Gebühr ist nach § 6 Abs. 1 S. 1 PatKostG innerhalb der für die Stellung des Antrags bestimmten Frist, also innerhalb der Frist des § 91a Abs. 2, zu zahlen. Wird sie innerhalb dieser Frist nicht vollständig eingezahlt, gilt der Antrag nach § 6 Abs. 2 PatKostG als zurückgenommen.

6.1   Die Weiterbehandlungsgebühr wird **nicht zurückgezahlt,** wenn die Voraussetzungen einer Weiterbehandlung nicht gegeben sind (BPatG GRUR-RS 2022, 19615), also auch dann nicht, wenn die Weiterbehandlung wegen verspäteter oder unvollständiger Zahlung als zurückgenommen gilt.

7   Bei Versäumung der Frist zur Antragstellung oder zur Gebührenzahlung ist **keine Wiedereinsetzung** möglich (§ 91a Abs. 3).

C. Beschluss über den Antrag

8   Liegen die Voraussetzungen des § 91a vor, ist das DPMA verpflichtet, die Markenanmeldung weiterzubehandeln; diese Weiterbehandlung steht nicht in seinem Ermessen. Den Zurückweisungsbeschluss muss das DPMA dabei nicht ausdrücklich aufheben (§ 91a Abs. 1 S. 1); will das DPMA ihn im Interesse der Rechtssicherheit aufheben, steht § 91a Abs. 1 S. 1 dem nicht entgegen.

9   Die Zuständigkeitsregelung in Abs. 4 ist mit der in § 91 Abs. 6 getroffenen Regelung identisch. Verfahrensbeteiligter ist außer dem DPMA nur der antragstellende Anmelder.

D. Wahlmöglichkeit Wiedereinsetzung/Weiterbehandlung

10   Hat ein Anmelder unverschuldet eine vom DPMA gesetzte Frist versäumt, hat er die **Wahl,** ob er die Wiedereinsetzung nach § 91 oder die Weiterbehandlung der Anmeldung nach § 91a beantragt. Wählt er die Weiterbehandlung, muss er zwar eine Gebühr bezahlen (§ 91a Abs. 3), hat dafür aber den Vorteil, dass es unerheblich ist, ob die Frist wirklich unverschuldet versäumt hat oder nicht.

11   Zudem ist zu beachten, dass sowohl der Beginn als auch die Dauer der **Antragsfristen unterschiedlich** geregelt sind. Für den Wiedereinsetzungsantrag gilt eine Frist von bis zu zwei Monaten nach Wegfall des Hindernisses (§ 91 Abs. 2), für den Antrag auf Weiterbehandlung eine Frist von einem Monat nach Zustellung der Entscheidung (§ 91a Abs. 2 S. 1).

12   Ferner ist zu beachten, dass es bei der Weiterbehandlung im Gegensatz zur Wiedereinsetzung (dort § 91 Abs. 8) keinen **Schutz gutgläubiger Dritter** gibt.

§ 92 Wahrheitspflicht

In den Verfahren vor dem Deutschen Patent- und Markenamt, dem Bundespatentgericht und dem Bundesgerichtshof haben die Beteiligten ihre Erklärungen über tatsächliche Umstände vollständig und der Wahrheit gemäß abzugeben.

Überblick

Diese Vorschrift gilt sowohl für das schriftliche Verfahren als auch für mündliche Verhandlungen. Die Rechtsfolgen eines Verstoßes gegen die Wahrheitspflicht (→ Rn. 1 f.) ergeben sich in erster Linie aus Normen außerhalb des MarkenG (→ Rn. 4 ff.). Ein Verstoß gegen die Wahrheitspflicht kann dazu führen, dass der betreffenden Partei die Kosten auferlegt werden (→ Rn. 8).
§ 92 entspricht § 138 Abs. 1 ZPO und § 124 PatG.

A. Umfang der Wahrheitspflicht

1   Sowohl die **Parteien** als auch **ihre Vertreter** müssen diejenigen Umstände **vollständig** angeben, aus denen sich die von ihnen jeweils erwünschte Rechtsfolge ergibt. Die Norm untersagt ferner den Beteiligten, eine Aussage über Tatsachen **wider besseres Wissen** zu machen. Die Wahrheitpflicht betrifft nur tatsächliche Umstände. Dazu gehören auch Rechtstatsachen; Rechtsausführungen sind dagegen von der Wahrheitpflicht nicht umfasst.

Von der gesetzlichen Wahrheitpflicht zu unterscheiden ist die vertragliche **Pflicht eines Rechtsanwalts,** in einem Prozess alles – einschließlich **Rechtsausführungen** – vorzubringen, was die Entscheidung des Gerichts im Sinne seines Mandanten beeinflussen kann. Verletzt er diese Sorgfaltspflicht und kommt es dadurch zu einem für seinen Mandanten ungünstigen Urteil, haftet der Rechtsanwalt seinem Mandanten für den durch das Urteil entstandenen Schaden (BGH NJW 2016, 957). Auch wenn es der BGH nicht ausdrücklich sagt, muss man die Pflicht des Anwalts, Rechtsausführungen zu machen, auf schwierige und ungewöhnliche Rechtsfragen beschränken. **1.1**

Dabei ist aber zu beachten, dass auch für den Zivilprozess und entsprechende Verfahren anerkannt ist, dass die Wahrheitpflicht einer Partei dort ihre Grenzen findet, wo die Partei gezwungen wäre, eine ihr zur **Unehre gereichende Tatsache** oder eine von ihr begangene **strafbare Handlung** zu offenbaren (BVerfG NJW 1981, 1431). **2**

Entsprechendes „dürfte gelten", so die Formulierung des BVerfG, wenn es um Belastungen von nahen **Angehörigen** geht. Den grundrechtlich gegen einen Zwang zur Selbstbezichtigung geschützten Prozessparteien und Verfahrensbeteiligten könne dann aber das Risiko einer für sie **ungünstigen Tatsachenwürdigung** auferlegt werden (BVerfG GRUR 2019, 606 Rn. 13). **2.1**

Sofern es sich um ein **Geschäftsgeheimnis** (§ 2 GeschGehG) handelt, besteht in gewissen Fällen nach § 4 GeschGehG ein Offenlegungsverbot. Dies betrifft vor allem Fälle, in denen ein Geschäftsgeheimnis durch unbefugte Aneignung erlangt wird oder eine Verpflichtung besteht, das Geschäftsgeheimnis nicht offenzulegen. Allerdings gehen nach § 1 Abs. 2 GeschGehG öffentlich-rechtliche Vorschriften zur Offenlegung von Geschäftsgeheimnissen diesem Gesetz vor. § 92 ist eine öffentlich-rechtliche Vorschrift, und zwar nicht nur bezüglich der Verfahren vor dem DPMA (dazu BVerwG GRUR 1959, 435), sondern auch bezüglich der Gerichtsverfahren (die Rechtswegzuweisung an die ordentliche Gerichtsbarkeit durch den Gesetzgeber vermag an der materiellen Natur der Streitigkeiten nichts zu ändern). **3**

§ 145a PatG erklärt die §§ 16–20 GeschGehG (Einstufung von Informationen durch das Gericht als geheimhaltungsbedürftig, sofern eine Partei dies beantragt) für entsprechend anwendbar, das MarkenG enthält dagegen keine Verweisung auf das GeschGehG. **3.1**

B. Rechtsfolgen eines Verstoßes gegen diese Pflicht

§ 92 sieht keine Sanktion für den Fall vor, dass ein Beteiligter die Wahrheitpflicht verletzt. Erkennt das DPMA oder das Gericht, dass der Tatsachenvortrag unzutreffend ist, wird es ihn auf Grund des Grundsatzes der freien Beweiswürdigung (§ 59 Abs. 1 für das Verfahren vor dem DPMA, § 73 Abs. 1, § 78 Abs. 1 für das Verfahren vor dem BPatG; § 286 Abs. 1 ZPO für das Verfahren vor dem BGH) nicht berücksichtigen. **4**

Hat eine Partei gegen die Wahrheitpflicht verstoßen, kann der Gegner mit einer **Restitutionsklage** nach § 580 Nr. 4 ZPO eine Wiederaufnahme des rechtskräftig abgeschlossenen Prozesses herbeiführen. **5**

Sofern der Prozessbevollmächtigte ohne Absprache mit seinem Mandanten gegen die Wahrheitpflicht verstoßen hat, kann der Mandant gestützt auf § 280 Abs. 1 BGB gegen den Prozessbevollmächtigten vorgehen und von ihm seinen Schaden, nämlich die durch die Restitutionsklage des Gegners entstandenen Prozesskosten, ersetzt verlangen. **5.1**

Ein Verstoß gegen die Wahrheitpflicht berechtigt den Gegner nur dann zum Widerruf eines **Rechtsmittelverzichts,** wenn ein Restitutionsgrund geltend gemacht wird und auch tatsächlich vorliegt (BGH NJW 1985, 2335 unter 3b). **6**

Die Lüge einer Partei kann außerdem **Schadensersatzansprüche** des Prozessgegners nach § 826 BGB und nach § 823 Abs. 2 iVm § 263 StGB begründen. Ferner kann sie als **Prozessbetrug** nach § 263 StGB strafbar sein. **7**

Ein Verstoß gegen die Wahrheitpflicht kann ferner dazu führen, dass derjenigen Partei, welche gegen diese Pflicht verstoßen hat, die **Verfahrenskosten** aus Billigkeitsgesichtspunkten gemäß § 63 Abs. 1 auferlegt werden (BPatG BeckRS 2009, 22334; 2009, 16087). **8**

§ 93 Amtssprache und Gerichtssprache

¹Die Sprache vor dem Deutschen Patent- und Markenamt und vor dem Bundespatentgericht ist deutsch. ²Im übrigen finden die Vorschriften des Gerichtsverfassungsgesetzes über die Gerichtssprache Anwendung.

Überblick

Der Grundsatz, dass Amts- und Gerichtssprache deutsch (→ Rn. 1 f.) ist, kennt einige Ausnahmen (→ Rn. 3; → Rn. 8 f.; → Rn. 12; → Rn. 13 ff.). Spezielle Bestimmungen dazu enthält die MarkenV (→ Rn. 13 ff.).

Deutsch als Gerichtssprache verlangt in der mündlichen Verhandlung Dolmetscher (→ Rn. 5 f.) sowie die Übersetzung aller Schriftstücke (→ Rn. 7). Bei Übersetzungen stellt sich die Frage, wer die dafür aufzuwendenden Kosten zu tragen hat (→ Rn. 16 ff.).

Eine Parallelvorschrift findet sich in § 126 PatG.

Übersicht

A. Allgemeines

1   Nach § 93 S. 1 ist die **deutsche Sprache** die Amts- und Gerichtssprache vor dem DPMA und dem BPatG.

1.1   § 93 fordert nicht, dass Schriftstücke in deutscher Sprache orthografisch und grammatikalisch keine **Fehler aufweisen;** es ist ausreichend, dass der Sinn des Schreibens erkennbar ist.

1.2   Die Festlegung, dass Gerichtssprache deutsch ist, verletzt weder das **Recht auf rechtliches Gehör** gemäß Art. 103 Abs. 1 GG noch den Grundsatz der Gewährleistung eines rechtsstaatlichen fairen Verfahrens (BVerfG NVwZ 1987, 785).

2   **Regionalsprachen** wie Niederdeutsch (Plattdeutsch) sind eigenständige Sprachen und daher nicht unter „deutsche Sprache" zu subsumieren (BGH GRUR 2003, 226 – Läägeünnerloage).

2.1   Der BGH begründet dies damit, dass **Niederdeutsch** in der Erklärung der Bundesrepublik Deutschland zur Vorbereitung der Ratifizierung der Europäischen Charta der Regional- oder Minderheitensprachen vom 23.1.1998 (BGBl. II 1334) erwähnt werde und damit jedenfalls im bestimmten Umfang wie eine eigenständige Sprache zu behandeln sei.

2.2   § 93 S. 2 verweist unter anderem auf § 184 S. 2 GVG, der bestimmt, dass Sorben in ihren Heimatkreisen vor Gericht **sorbisch** sprechen können. Das BPatG liegt nicht in einem Heimatkreis der Sorben. Der Umstand, dass die sorbische Sprache in § 184 S. 2 GVG ausdrücklich erwähnt wird, belegt, dass sorbisch nicht unter den Begriff „deutsche Sprache" fällt. Sorbisch ist daher keine vom Gesetz zugelassene Sprache in Verfahren vor dem BPatG.

2.3   Typisch **österreichische** oder **schweizerische** Ausdrücke können verwendet werden, wenn sich ihr Sinn dem normalen deutschen Leser erschließt oder wenn sie im Duden aufgeführt sind. So das Bundesaufsichtsamt für das Kreditwesen, das „Jänner" akzeptiert hat (dazu Kandlbinder ÖBA 1991, 872 (877)). Zu weitgehend Ströbele/Hacker/Thiering/Knoll Rn. 1, der anscheinend die Verwendung des in Österreich und in der Schweiz gesprochenen Deutsch generell für zulässig hält.

3   Spezielle, **vorrangige Regelungen** gibt es in internationalen Abkommen. So erlauben die in Umsetzung völkerrechtlicher Verpflichtungen erlassene § 107 Abs. 2 für die **internationale Registrierung** von Marken nach dem MMA und § 119 Abs. 2 für die internationale Registrierung von Marken nach dem PMMA die Einreichung fremdsprachiger Anmeldungen (nämlich wahlweise in französischer oder in englischer Sprache). Auch die nach § 34 Abs. 3 S. 2 für die Inanspruchnahme der Priorität einer ausländischen Anmeldung nach der **PVÜ** (Art. 6^{quinquies} PVÜ) vorzulegende Abschrift der Anmeldung ist im Regelfall nicht in deutscher Sprache verfasst.

Vorrangig können auch Vorschriften des **Unionsrechts** sein. Bis zum 22.3.2016 konnten Anmeldungen **3.1** für Unionsmarken auch beim DPMA eingereicht werden; für die Anmeldung einer Unionsmarke gingen damals Art. 25 Abs. 1 lit. b UMV 2009 iVm Art. 26 UMV 2009 dem § 93 vor.

B. Dolmetscher und Übersetzer

§ 93 S. 2 verweist auf die „Vorschriften des GVG über die Gerichtssprache". Diese sind im **4** Fünfzehnten Titel des GVG geregelt (§§ 184–191a GVG). Dazu zählen auch die Bestimmungen für **hör- oder sprachbehinderte** Personen (§ 186 GVG) und für **blinde oder sehbehinderte** Personen (§ 191a GVG). Im Rechtsbeschwerdeverfahren vor dem **BGH** gelten die §§ 184 ff. GVG direkt.

Nach § 185 Abs. 1 S. 1 GVG ist bei mündlichen Verhandlungen dann, wenn eine der beteiligten **5** Personen der deutschen Sprache nicht mächtig ist, ein **Dolmetscher** zuzuziehen. Die Zuziehung eines Dolmetschers kann nach § 185 Abs. 2 GVG aber unterbleiben, wenn die beteiligen Personen sämtlich der fremden Sprache mächtig sind.

Ein Verstoß gegen § 185 GVG liegt nicht nur dann vor, wenn die gebotene Hinzuziehung eines **6** Dolmetschers unterblieb, sondern auch dann, wenn die Übersetzung durch einen hinzugezogenen Dolmetscher an **erheblichen Mängeln** leidet. Erkennt der Anwalt einer nicht deutsch sprechenden Partei, dass der Dolmetscher unrichtig oder unvollständig übersetzt, muss er dies **rechtzeitig rügen** (§ 295 Abs. 1 ZPO), andernfalls erlischt das Rügerecht (BVerwG NVwZ 1983, 668; 1999, 65 (66)).

Die Festlegung in § 184 GVG und in § 93 S. 1, dass die Gerichtssprache deutsch ist, bezieht **7** sich nicht nur auf die Gerichtsverhandlung und die Entscheidungen des Gerichts, sondern auch auf den **gesamten Schriftverkehr** mit dem Gericht. So sind in einer Fremdsprache abgefasste Studien, auf deren Ergebnisse sich eine Partei in ihrem Sachvortrag bezieht, in ihrem wesentlichen Inhalt in deutscher Sprache wiederzugeben. Soweit sich eine Partei auf bestimmte Textstellen der Veröffentlichung stützen will, müssen diese Textstellen im fremdsprachigen Originaltext sowie in einer Arbeitsübersetzung in deutscher Sprache wiedergegeben werden (OLG Hamburg GRUR-RR 2008, 100).

Ist ein Urteil bereits rechtskräftig und stellt eine Partei dann erst fest, dass die Übersetzung fehlerhaft **7.1** war, und hätte eine zutreffende Übersetzung zu einer für sie günstigeren Entscheidung geführt, kann sie in analoger Anwendung des § 580 Nr. 7 lit. b ZPO **Restitutionsklage** erheben (Schütze FS Sandrock, 2000, 871 (876)).

Auch wenn die Sprache vor dem DPMA und dem BPatG grundsätzlich deutsch ist, ist nach **8** der Rechtsprechung anerkannt, dass unter bestimmten Umständen **fremdsprachige Ausdrücke** oder Begriffe verwendet werden können, zB wenn deren Verwendung auf einem Fachgebiet allgemein anerkannt ist, wenn sich eine einheitliche deutsche Entsprechung noch nicht herausgebildet hat, oder wenn dem deutsch sprechenden Fachmann ihre Bedeutung ohne weiteres klar ist (BPatG BeckRS 2011, 27921 zu § 126 PatG).

Ein Ausländer darf Schriftstücke in ausländischer Schrift **unterzeichnen.** Zumindest dann, **9** wenn der Name des Unterzeichners auch in deutschen Schriftzeichen auf dem Schriftstück oder in dem Begleitschreiben erscheint, genügt dies dem Zweck des § 184 GVG (VGH München NJW 1978, 510 (511) unter b – in casu ging es um arabische Schriftzeichen).

Auch wenn die betroffene Partei die deutsche Sprache nicht versteht, ist eine Entscheidung **10** nicht von Amts wegen zu übersetzen und die Übersetzung der Entscheidung beizufügen. **Rechtsmittelfristen** werden (allein) durch die Zustellung der in deutscher Sprache abgefassten Entscheidung in Lauf gesetzt (OLG Brandenburg NJW-RR 2007, 70).

Zur **Wahrung einer Rechtsmittelfrist** reicht die Einreichung eines in einer fremden Sprache abgefass- **10.1** ten Schriftsatzes allein nicht aus (BGH NJW 1982, 532; BayObLG NJW-RR 1987, 379).

§ 93 bezieht sich **nur auf Erklärungen** vor dem DPMA und dem BPatG, nicht auch auf **11** Beweismittel.

Die Regelung in § 93 verbietet weder dem DPMA noch dem BPatG, fremdsprachige Unterla- **12** gen und Dokumente zu **berücksichtigen** (BT-Drs. 12/6581, 107). Es liegt nach § 142 Abs. 3 ZPO iVm § 82 Abs. 1 S. 1 im Ermessen des BPatG, ob es bei einer in einer fremden Sprache abgefassten **Urkunde** von einer Partei die Beibringung einer Übersetzung fordert.

C. Spezielle Bestimmungen in der MarkenV

13   Nach § 65 Abs. 1 Nr. 11 wird das BMJ ermächtigt, für das **Verfahren vor dem DPMA** Bestimmungen darüber zu treffen, in welchen Fällen und unter welchen Voraussetzungen Eingaben und Schriftstücke in Markenangelegenheiten in anderen Sprachen als der deutschen Sprache berücksichtigt werden. Solche Bestimmungen finden sich in den **§§ 15 und 16 MarkenV.** Danach können fremdsprachige Anmeldungen eingereicht (§ 15 MarkenV) und Schriftstücke in fremden Sprachen vorgelegt (§ 16 MarkenV) werden.

14   Bei **fremdsprachigen Anmeldungen** ist innerhalb von drei Monaten ab Eingang der Anmeldung beim DPMA eine deutsche Übersetzung einzureichen (§ 15 Abs. 3 MarkenV). Die Übersetzung muss von einem Rechtsanwalt oder Patentanwalt beglaubigt oder von einem öffentlich bestellten Übersetzer angefertigt sein (§ 15 Abs. 2 S. 2 MarkenV). Einer Anmeldung in einer fremden Sprache wird, wenn die Voraussetzungen des § 32 Abs. 2 erfüllt sind, ein Anmeldetag nach § 33 Abs. 1 zuerkannt (§ 15 Abs. 1 MarkenV); Anmeldetag ist also nicht der Tag, an dem die Übersetzung beim DPMA einging, sondern bereits der Tag, an dem die Anmeldung in einer fremden Sprache beim DPMA einging. Wird die Übersetzung allerdings nicht innerhalb der **Dreimonatsfrist** eingereicht, gilt die Anmeldung nach § 15 Abs. 4 MarkenV als zurückgenommen.

14.1   Wenn in der Markenwiedergabe **nichtlateinische Schriftzeichen** (zB arabische, chinesische, griechische oder kyrillische Schriftzeichen) enthalten sind, muss der Markenanmeldung eine deutsche Übersetzung, eine Transliteration und eine Transkription des nichtlateinischen Textes beigefügt werden (§ 15 Abs. 2 S. 1 MarkenV, RL Markenanmeldung idF vom 1.8.2018 Teil I 5 a).

15   § 16 Abs. 1 MarkenV regelt die Sprachenfrage bei Prioritätsbelegen, Belegen über eine im Ursprungsland eingetragene Marke, Unterlagen zur Glaubhaftmachung oder zum Nachweis von Tatsachen (dazu BPatG BeckRS 2008, 24975), Stellungnahmen und Bescheinigungen Dritter, Gutachten und Nachweisen aus Veröffentlichungen. Deutsche Übersetzungen von fremdsprachigen **Prioritätsbelegen** und Abschriften früherer **Anmeldungen** sind nur auf Aufforderung des DPMA nachzureichen (§ 16 Abs. 2 MarkenV). Bei **Schriftstücken in einer fremden Sprache** kommt es auf die Sprache an: Bei Schriftstücken in englischer, französischer, italienischer oder spanischer Sprache kann das DPMA verlangen, dass innerhalb eines Monats nach Eingang des Schriftstücks in fremder Sprache eine Übersetzung eingereicht wird (§ 16 Abs. 3 MarkenV), bei Schriftstücken in einer anderen Fremdsprache ist immer eine Übersetzung einzureichen. Wird die Übersetzung erst nach Ablauf der Monatsfrist eingereicht, so gilt nach § 16 Abs. 5 S. 1 MarkenV das Schriftstück als zum Zeitpunkt des Eingangs der Übersetzung zugegangen.

15.1   Hat das DPMA keine Übersetzung eines Schriftstücks in englischer, französischer, italienischer oder spanischer Sprache verlangt, hindert dieser Umstand das BPatG nicht, im Beschwerdeverfahren nach § 184 GVG (iVm § 82 Abs. 1) eine Übersetzung zu fordern, wenn es diese für notwendig erachtet.

D. Ersatz der Kosten für Übersetzer und Dolmetscher

16   Wird in einem mehrseitigen Verfahren vor dem **DPMA** ein Beteiligter aufgefordert, eine Übersetzung beizubringen, so sind die **Übersetzungskosten** notwendige Kosten iSd § 63 Abs. 1 und können dem anderen Beteiligten auferlegt werden (BPatG BeckRS 2008, 12972).

17   Bei einem Prozess vor dem **BPatG** kann eine der deutschen Sprache nicht mächtige Partei nach § 91 ZPO gegenüber einem kostenpflichtigen Gegner die **Übersetzungskosten** geltend machen, die zur zweckentsprechenden Rechtsverfolgung notwendig waren.

17.1   Die §§ 8, 11 **JVEG,** wonach das Honorar für Übersetzungen nach Anschlägen abgerechnet wird, finden unmittelbar nur auf die vom Gericht beauftragten Übersetzer Anwendung, nicht aber auf das Honorar für eine Übersetzung, die von einer Partei in Auftrag gegeben wurde (Touissant/Weber, Kostenrecht, 52. Aufl. 2022, JVEG § 8 Rn. 9). Das JVEG ist aber entsprechend anzuwenden (LG Mannheim BeckRS 1977, 01340 Rn. 12 f.).

18   Das gilt für alle im Verwaltungsverfahren und im Prozess gewechselten Schriftstücke, auch für die Übersetzung der **vom eigenen Anwalt gefertigten Schriftsätze** (OLG Düsseldorf BeckRS 2009, 25832).

18.1   Der obsiegenden Partei sind auch die Kosten für die **Übersetzung der instanzbeendenden Gerichtsentscheidung** zu erstatten, weil sie überprüfen können muss, ob die Entscheidung Anlass für eine Berichtigung oder Ergänzung gibt (OLG Düsseldorf GRUR-RR 2012, 493 (494)).

Die Ansicht, dass bei Übersetzungen aus nicht gängigen Sprachen **ins Englische** und dann vom **18.2** Englischen ins Deutsche die Kosten für beide Übersetzungen erstattungsfähig seien (so Albrecht/Hoffmann Vergütung Rn. 1387), überzeugt nicht. Dies wäre nur möglich, wenn kein Übersetzer zu finden ist, der eine direkte Übersetzung vornehmen kann. Der Hinweis, dass der Weg über die englische Sprache in der Praxis oft gewählt wird, vermag keinen zweifachen Erstattungsanspruch zu begründen: Dies geschieht deswegen, weil man die Übersetzung in die englische Sprache für andere Verfahren verwenden möchte.

Eine in Deutschland ansässige Gesellschaft hat auch dann keinen Anspruch auf Ersatz der Kosten für **18.3** die Übersetzung einer Klageschrift und des Entwurfs einer Klageerwiderung, wenn sie als **Teil eines weltumspannenden Unternehmens** ihr Vorgehen mit einer übergeordneten Geschäftsebene im Ausland abstimmen musste (OLG Frankfurt WRP 2006, 1274 Ls.).

Eine durch **sinngemäße Übersetzung** eines Schriftsatzes gegebene Information oder die **19** Abfassung oder Lektüre von Schreiben in fremder Sprache hält sich allerdings im Rahmen der anwaltlichen Tätigkeit und ist nicht gesondert zu vergüten (so zutreffend Ott AnwBl. 1981, 173 (175); Löber RIW 1993, 943; LG Mannheim BeckRS 1977, 01340 Rn. 6).

In diesem Fall können die Fremdsprachenkenntnisse des Anwalts aber über die Höhe der Geschäftsge- **19.1** bühr nach VV 2300 RVG berücksichtigt werden, da dann regelmäßig eine über den 1,3-fachen Satz hinausgehende Gebühr gerechtfertigt ist (BPatG BeckRS 2014, 08005).

Erscheint eine ausländische Partei zur mündlichen Verhandlung mit einem **Simultandolmet-** **20** **scher,** sind die dafür anfallenden Kosten nicht erstattungsfähig, wenn der Parteivertreter und seine Anwälte in einer ihnen gemeinsam geläufigen Fremdsprache kommunizieren können. Dabei ist es grundsätzlich ausreichend, wenn der Parteivertreter von seinen Anwälten nur sinngemäß über den Verlauf und den Inhalt der Verhandlung unterrichtet wird (OLG Düsseldorf BeckRS 2016, 09162).

Die Kosten für einen Simultandolmetscher sind aber dann zu erstatten, wenn auf Seiten des **21** Parteivertreters **keine Fremdsprachenkenntnisse** vorhanden sind, die eine Verständigung mit den Anwälten erlauben würden, **oder** wenn bei **Abwägung** zwischen den durch die fehlende Übersetzung entstehenden Erschwernissen einerseits und den in Rede stehenden Kosten andererseits sinnvollerweise von der Möglichkeit der Simultanübersetzung Gebrauch zu machen ist (zB wegen Unverzichtbarkeit des Sachverstandes des Parteivertreters).

§ 93a Entschädigung von Zeugen, Vergütung von Sachverständigen

Zeugen erhalten eine Entschädigung und Sachverständige eine Vergütung nach dem Justizvergütungs- und -entschädigungsgesetz.

Überblick

§ 93a wurde durch das KostRMoG vom 5.5.2004 (BGBl. I 718) in das MarkenG eingefügt. Das JVEG wird hier, wie in vielen anderen Gesetzen, kraft Verweisung für anwendbar erklärt. Diese Verweisung gilt für die Verfahren vor dem DPMA, dem BPatG und dem BGH. Das JVEG enthält allgemeine Vorschriften zum Entstehen und Erlöschen des Entschädigungs- und des Vergütungsanspruchs (→ Rn. 1 ff.) sowie zur Höhe der Entschädigung und der Vergütung (→ Rn. 6 ff.).

Eine entsprechende Verweisung enthält § 128a PatG.

A. Allgemeine Vorschriften des JVEG

Die §§ 1–4b JVEG enthalten allgemeine Vorschriften. Dort werden der Geltungsbereich und **1** die Anspruchsberechtigten (§ 1 JVEG), das Erlöschen und die Verjährung des Anspruchs (§ 2 JVEG), der **Vorschuss** (§ 3 JVEG) sowie die Festsetzung der Entschädigung (§ 4 JVEG) geregelt (zum JVEG näher Touissant/Weber, Kostenrecht, 52. Aufl. 2022, Kap. 3 III 1).

Die **Parteien** werden nicht „als Zeugen oder Sachverständige" iSd JVEG herangezogen, auch **2** dann nicht, wenn eine Partei durch Parteivernehmung nach §§ 445 ff. ZPO zur Beweisperson wird, denn die Parteien werden in § 1 JVEG nicht erwähnt.

Dies gilt jedoch nicht, wenn eine Partei vom Gericht versehentlich als Zeuge geladen wurde. Musste **2.1** die Partei den Irrtum des Gerichts bezüglich der Ladung erkennen, steht ihr allerdings kein Anspruch zu.

3   Der Anspruch auf Vergütung oder Entschädigung **erlischt** nach § 2 Abs. 1 JVEG, wenn er nicht innerhalb von **drei Monaten** nach Beendigung der Zuziehung (§ 2 Abs. 1 S. 2 Nr. 2 JVEG) bei der Stelle, welche den Berechtigten herangezogen oder beauftragt hat, geltend gemacht wird.

4   Über die Entschädigung und Vergütung entscheidet in **Verfahren vor dem BPatG** das BPatG durch Beschluss, wenn der Berechtigte oder die Staatskasse die gerichtliche Festsetzung beantragt (§ 4 Abs. 1 S. 1 und S. 2 Nr. 1 JVEG). Hat das BPatG die Entschädigung oder Vergütung festgesetzt, ist gegen diesen Beschluss nach § 4 Abs. 4 S. 3 JVEG **keine Beschwerde** an den BGH zulässig. § 4a JVEG (der § 321a ZPO nachgebildet ist) sieht lediglich bei Verletzung des Anspruchs auf rechtliches Gehör die Möglichkeit einer Rüge vor, die bei dem Gericht zu erheben ist, dessen Entscheidung angegriffen wird (§ 4a Abs. 2 S. 4 JVEG).

5   Für das **Verfahren vor dem DPMA** gibt es keine Norm, welche regelt, wer über ein Rechtsmittel gegen die Entscheidung des DPMA bezüglich einer Zeugenentschädigung oder Sachverständigenvergütung entscheiden muss. Der Systematik des JVEG entspricht es am ehesten, § 11 Abs. 2 S. 1 RPflG analog anzuwenden. Danach ist eine befristete Erinnerung möglich. Zuständig für die Entscheidung über die Erinnerung ist das BPatG.

5.1   Man könnte auch daran denken, § 64a iVm § 11 Abs. 2 PatKostG analog anzuwenden. Eine analoge Anwendung des § 4 Abs. 3 JVEG kommt dagegen nicht in Betracht, weil diese Norm die Beschwerde davon abhängig macht, dass der Wert des Beschwerdegegenstands 200 Euro übersteigt. Nach Art. 19 Abs. 4 GG muss aber eine Entscheidung immer durch eine gerichtliche Instanz überprüft werden können. Ströbele/Hacker/Thiering/Knoll Rn. 6 will dennoch § 4 Abs. 3 JVEG anwenden; in verfassungskonformer Auslegung soll aber die Wertgrenze nicht gelten.

B. Entschädigung und Vergütung

6   Die Vergütung der Sachverständigen richtet sich nach den §§ 8–14 JVEG, die Entschädigung der Zeugen nach den §§ 19–22 JVEG. **Gemeinsame Vorschriften** finden sich in § 5 JVEG (Fahrtkostenersatz), in § 6 JVEG (Tage- und Übernachtungsgeld als Entschädigung für den Aufwand) und in § 7 JVEG (Ersatz für sonstige Aufwendungen; dazu gehört nach § 7 Abs. 2 JVEG auch ein Anspruch auf eine Pauschale für Kopien).

6.1   Ein Privatgutachten fällt nicht unter §§ 8 ff. JVEG.

7   Nicht ausdrücklich erwähnt werden in § 93a die im JVEG zusätzlich genannten **Dolmetscher** und Übersetzer. Für das Verfahren vor dem BPatG ergibt sich die Anwendung des JVEG auf diese Berufsgruppen unmittelbar aus § 82 Abs. 1 S. 1 MarkenG iVm §§ 401, 413 ZPO. Dies betrifft in der Praxis allerdings nur diejenigen Fälle, in denen das BPatG einen Dolmetscher bestellt. Die Beibringung von Übersetzungen ist nach § 93 Sache der Parteien (→ § 93 Rn. 17).

8   Holt das BPatG im Festsetzungsverfahren nach § 11 RVG analog oder nach §§ 103 ff. ZPO eine Stellungnahme der **Patentanwaltskammer** zur Höhe des Gebührenanspruchs des Patentanwalts ein, verdrängt das RVG als spezielleres Gesetz das JVEG, weshalb der Patentanwaltskammer in analoger Anwendung von § 14 Abs. 3 S. 2 RVG kein Anspruch auf Entschädigung zusteht (aA OLG Hamm GRUR 1989, 932 Ls.; LG Düsseldorf Mitt 2001, 139).

8.1   Ist in einem Prozess die Höhe der Rahmengebühr eines Rechtsanwalts streitig, so hat das Gericht nach § 14 Abs. 3 S. 1 RVG ein Gutachten des Vorstands der Rechtsanwaltskammer einzuholen. Für diesen Fall bestimmt § 14 Abs. 3 S. 2 RVG: „Das Gutachten ist kostenlos zu erstatten." Die **Rechtsprechung** lehnt die analoge Anwendung des § 14 Abs. 3 S. 2 RVG auf die Patentanwaltskammer ab. Das OLG Hamm will die Kammer nach dem JVEG entschädigen, wobei das Gericht im Leitsatz darauf abstellt, dass die Einholung eines Gutachtens der Patentanwaltskammer in dem streitgegenständlichen Fall auf Grund eines ausdrücklich so bezeichneten „Beweisbeschlusses" erfolgte (OLG Hamm GRUR 1989, 932 Ls.). Das LG Düsseldorf hat entschieden, dass die Patentanwaltskammer zur kostenlosen Gutachtenerstellung verpflichtet sei (LG Düsseldorf Mitt 2001, 139). Es fehle eine § 14 RVG entsprechende Vorschrift. Auch eine analoge Anwendung komme nicht in Betracht.

8.2   Für eine entsprechende Anwendung des § 14 RVG spricht die gesetzlich definierte **Aufgabe der Patentanwaltskammer.** Die Patentanwaltskammer hat die Aufgabe, die Belange des Berufsstands zu wahren (§ 54 PAO). Ein Gebührengutachten soll sicherstellen, dass im Streit um Gebühren die sachkundige Auffassung der Berufsvertretung bei der Entscheidungsfindung des Gerichts bekannt ist (so LG Baden-Baden Rpfleger 2001, 324 für Rechtsanwaltskammern). Dieser Aspekt und der Umstand, dass es für Patentanwälte kein dem RVG entsprechendes Gesetz gibt (→ § 140 Rn. 68) und das RVG auf den Berufsstand der Patentanwälte für anwendbar erklärt wird (→ § 140 Rn. 69 ff.), sprechen für eine analoge Anwendung des § 14 Abs. 3 S. 2 RVG (dazu ausführlich Gruber Rpfleger 2019, 7; aA Gmeiner Rpfleger 2019, 444).

§ 94 Zustellungen; Verordnungsermächtigung

(1) Für Zustellungen im Verfahren vor dem Deutschen Patent- und Markenamt gelten die Vorschriften des Verwaltungszustellungsgesetzes mit folgenden Maßgaben:

1. [1]An Empfänger, die sich im Ausland aufhalten und die entgegen dem Erfordernis des § 96 keinen Inlandsvertreter bestellt haben, kann mit eingeschriebenem Brief durch Aufgabe zur Post zugestellt werden. [2]Gleiches gilt für Empfänger, die selbst Inlandsvertreter im Sinne des § 96 Abs. 2 sind. [3]§ 184 Abs. 2 Satz 1 und 4 der Zivilprozessordnung gilt entsprechend.

2. Für Zustellungen an Erlaubnisscheininhaber (§ 177 der Patentanwaltsordnung) ist § 5 Abs. 4 des Verwaltungszustellungsgesetzes entsprechend anzuwenden.

3. [1]An Empfänger, denen beim Deutschen Patent- und Markenamt ein Abholfach eingerichtet worden ist, kann auch dadurch zugestellt werden, daß das Schriftstück im Abholfach des Empfängers niedergelegt wird. [2]Über die Niederlegung ist eine Mitteilung zu den Akten zu geben. [3]Auf dem Schriftstück ist zu vermerken, wann es niedergelegt worden ist. [4]Die Zustellung gilt als am dritten Tag nach der Niederlegung im Abholfach bewirkt.

4. [1]Für die Zustellung von elektronischen Dokumenten ist ein Übermittlungsweg zu verwenden, bei dem die Authentizität und Integrität der Daten gewährleistet ist und der bei Nutzung allgemein zugänglicher Netze die Vertraulichkeit der zu übermittelnden Daten durch ein Verschlüsselungsverfahren sicherstellt. [2]Das Bundesministerium der Justiz und für Verbraucherschutz erlässt durch Rechtsverordnung, die nicht der Zustimmung des Bundesrates bedarf, nähere Bestimmungen über die nach Satz 1 geeigneten Übermittlungswege sowie die Form und den Nachweis der elektronischen Zustellung.

(2) Für Zustellungen im Verfahren vor dem Bundespatentgericht gelten die Vorschriften der Zivilprozessordnung.

Überblick

§ 94 Abs. 1 verweist für Zustellungen im Rahmen von kennzeichenrechtlichen Verfahren vor dem DPMA grundsätzlich auf das Verwaltungszustellungsgesetz (→ Rn. 1 f.), § 94 Abs. 2 für das Verfahren vor dem BPatG auf die ZPO (→ Rn. 3).

Dem Adressaten (→ Rn. 4 ff.) kann nach dem VwZG auf verschiedene Arten zugestellt werden (→ Rn. 10 ff.), nämlich durch die Post mit Zustellungsurkunde (→ Rn. 11), durch die Post mittels Einschreiben (→ Rn. 12 ff.), gegen Empfangsbekenntnis (→ Rn. 18 ff.), über De-Mail-Dienste (→ Rn. 24) und durch öffentliche Zustellung (→ Rn. 25 f.). Besonderheiten gibt es bei einer Zustellung im Ausland (→ Rn. 27 ff.). An Erlaubnisscheininhaber kann nach § 94 Abs. 1 Nr. 2 gegen Empfangsbekenntnis zugestellt werden (→ Rn. 38). Nach § 94 Abs. 1 Nr. 3 kann auch durch Niederlegung im Abholfach zugestellt werden (→ Rn. 39 f.). Die Zustellung elektronischer Dokumente regelt § 94 Abs. 1 Nr. 4 (→ Rn. 41). Zustellungsmängel können geheilt werden (→ Rn. 42).

Eine Parallelvorschrift findet sich in § 127 Abs. 1 Nr. 2–5, Abs. 2 PatG; eine § 127 Abs. 1 Nr. 1 PatG entsprechende Regelung fehlt im MarkenG (→ Rn. 16).

Übersicht

A. Grundsätzliches

1   § 94 Abs. 1 verweist für Zustellungen im Rahmen von markenrechtlichen Verfahren vor dem DPMA grundsätzlich auf das VwZG, wobei für vier, in den Nr. 1–4 aufgelisteten Konstellationen Sonderregeln gelten. Dabei ist zu beachten, dass es im Verfahren vor dem DPMA **nur Zustellungen von Amts wegen** gibt und keine Zustellungen von Anwalt zu Anwalt, denn für dieses Verfahren gibt es keine dem § 195 ZPO entsprechende Vorschrift.

1.1   Durch Art. 4 Nr. 13 Gesetz zur Änderung des Designgesetzes und weiterer Vorschriften des gewerblichen Rechtsschutzes vom 4.4.2016 (BGBl. I 558) wurde § 94 Abs. 1 Nr. 4 in das Gesetz eingefügt; diese Änderung trat am 1.10.2016 in Kraft (Art. 15 Gesetz zur Änderung des Designgesetzes und weiterer Vorschriften des gewerblichen Rechtsschutzes). Gesetzestechnisch ist dabei unbefriedigend, dass nun ein einheitlicher Sachverhalt – der **elektronische Rechtsverkehr** – an mehreren Stellen geregelt wird: Verordnungsermächtigungen enthalten § 94 und § 95a; zudem überschneiden sich die drei einschlägigen Verordnungen (ERVDPMAV, BGH/BPatGERVV, EAPatV; dazu → § 95a Rn. 12 ff.) teilweise (Gruber DuD 2017, 633).

2   Zugestellt wird im Verfahren vor dem **DPMA** nach § 1 Abs. 2 VwZG, soweit dies durch Rechtsvorschrift oder behördliche Anordnung bestimmt ist. Zugestellt werden müssen Beschlüsse des DPMA (§ 61 Abs. 1 S. 1). Soweit durch Gesetz oder Rechtsverordnung eine Zustellung nicht vorgesehen ist, werden nach § 21 DPMAV Bescheide und sonstige Mitteilungen des DPMA formlos versandt.

3   Die Regelung des § 94 Abs. 2 wurde durch das Zustellungsreformgesetz vom 25.6.2001 (BGBl. I 1206) eingeführt. Danach gelten seither für Zustellungen im Verfahren vor dem **BPatG** ausschließlich die Vorschriften der **ZPO**; von der ZPO abweichende Sonderregeln existieren hier nicht. Im Rechtsbeschwerdeverfahren vor dem **BGH** erklärt § 88 Abs. 1 die Vorschriften über die Zustellung von Amts wegen (§§ 166–190 ZPO) für anwendbar. Damit erfolgt sowohl bei Verfahren vor dem BPatG als auch bei Verfahren vor dem BGH die Zustellung nach den Vorschriften der ZPO. Zuzustellen sind insbesondere gerichtliche Entscheidungen, die einen Vollstreckungstitel bilden oder die der sofortigen Beschwerde oder Erinnerung unterliegen (§ 82 iVm § 329 Abs. 3 ZPO).

3.1   Dabei ist zu beachten, dass – anders als nach dem VwZG – nach § 179 S. 3 ZPO auch trotz einer **Annahmeverweigerung** das Schriftstück als zugestellt gilt.

B. Zustellungsadressat

4   Zuzustellen ist ein Schreiben demjenigen, der vom Inhalt des Schreibens **betroffen ist.** Maßgeblicher **Zeitpunkt** für die Bestimmung des Adressaten ist der Zeitpunkt des Wirksamwerdens der Entscheidung. Wirksam wird ein Beschluss mit der ersten Herausgabe aus dem inneren Geschäftsbereich, also mit der Herausgabe der Ausfertigung des Beschlusses durch die Geschäftsstelle an die Postabfertigungsstelle (BPatG BeckRS 2000, 15202 Rn. 9 f.).

5   Bei **Geschäftsunfähigen** oder beschränkt Geschäftsfähigen ist an ihren gesetzlichen Vertreter zuzustellen. Gleiches gilt bei Personen, für die ein **Betreuer** bestellt ist, soweit der Aufgabenkreis des Betreuers reicht (§ 6 Abs. 1 VwZG).

6   Bei Behörden wird an den Behördenleiter, bei juristischen Personen, nicht rechtsfähigen Personenvereinigungen und Zweckvermögen an ihre **gesetzlichen Vertreter** zugestellt (§ 6 Abs. 2 S. 1 VwZG).

7   Sind **mehrere Personen** betroffen, ist – sofern diese Personen einen gemeinsamen Bevollmächtigten benannt haben – nach § 7 Abs. 1 S. 3 VwZG an diesen Bevollmächtigten zuzustellen. Vertritt ein **Zustellungsbevollmächtigter** mehrere Beteiligte, sind ihm gemäß § 7 Abs. 2 VwZG so viele **Ausfertigungen** oder Abschriften zuzustellen, wie er Beteiligte vertritt. Erhält er weniger Ausfertigungen oder Abschriften, ist die Zustellung unwirksam (BPatG GRUR 1999, 702 – Verstellvorrichtung). Bei der Zustellung von Dokumenten in **elektronischer Form** findet § 7 Abs. 2 VwZG nach § 5 Abs. 5 ERVDPMAV allerdings keine Anwendung; hier ist also eine einzige Ausfertigung oder Abschrift ausreichend (BT-Drs. 18/7195, 38).

8   § 14 Abs. 1 S. 1 DPMAV schreibt bei mehreren Anmeldern oder Inhabern einer Marke diesen vor, dass sie einen Vertreter bestellen müssen, der für alle Beteiligten zustellungs- und empfangsbevollmächtigt ist. Fehlt eine solche Angabe, so gilt nach § 14 Abs. 1 S. 2 DPMAV diejenige Person als zustellungs- und empfangsbevollmächtigt, die **zuerst genannt** ist. Allerding kann die Zustellung an einen Bevollmächtigten nur dann für und gegen den Vertretenen wirken, wenn dieser eine ausdrückliche Vollmacht erteilt hat, oder auf Grund seines Verhaltens vom

Vorliegen einer solchen Bevollmächtigung ausgegangen werden kann. Bei einem erkennbar **entgegenstehenden Willen** der Markeninhaber kann mit der Regelung des § 14 DPMAV daher durch eine Zustellung an einen der Rechtsinhaber nicht eine Wirkung für und gegen die anderen Rechtsinhaber erreicht werden (BPatG BeckRS 2009, 02759 – RENAPUR).

An einen Bevollmächtigten muss gemäß § 7 Abs. 1 S. 2 VwZG zugestellt werden, wenn er **9** eine schriftliche **Vollmacht** vorgelegt hat. Eine nach Vorlage einer Vollmacht noch erfolgte Zustellung an den Vertretenen ist unwirksam (BGH GRUR 1993, 476 (477)). Ist ein Vertreter aufgetreten, ohne eine Vollmacht zu den Akten zu reichen, hat das DPMA nach § 7 Abs. 1 S. 1 VwZG die Wahl, die Zustellung an die Partei oder an deren Vertreter zu bewirken (dazu BGH GRUR 1991, 814 (815) – Zustellungsadressat). Dieses Wahlrecht besteht allerdings nur dann, wenn es keine abweichende interne Verwaltungsregelung beim DPMA gibt.

Nach der Hausverfügung Nr. 10 des Präsidenten des DPMA ist auch dann, wenn keine Vollmacht **9.1** vorgelegt wurde, **stets an den Bevollmächtigten** zuzustellen. Damit ist das Wahlrecht der Markenstelle durch eine allgemeine Verwaltungsvorschrift in der Weise **eingeschränkt,** dass nur noch die Zustellung an den Bevollmächtigten den rechtlichen Vorgaben entspricht (BPatG GRUR 2008, 364 (366)).

C. Zustellungsarten nach dem VwZG

I. Übersicht

Das VwZG kennt folgende **besondere Zustellungsarten:** Die Zustellung durch die Post mit **10** Zustellungsurkunde (§ 3 VwZG), die Zustellung durch die Post mittels Einschreiben (§ 4 VwZG), die Zustellung durch die Behörde gegen Empfangsbekenntnis (§ 5 Abs. 1 VwZG), die elektronische Zustellung gegen Abholbestätigung über De-Mail-Dienste (§ 5a VwZG) und die öffentliche Zustellung bei unbekanntem Aufenthalt (§ 10 VwZG). Das DPMA hat nach § 2 Abs. 3 S. 1 VwZG die **Wahl** zwischen den einzelnen Zustellungsarten. Es muss jedoch nach § 2 Abs. 3 S. 2 VwZG iVm § 5 Abs. 5 S. 2 VwZG elektronisch zustellen, wenn auf Grund einer Rechtsvorschrift ein Verfahren auf Verlangen des Empfängers in elektronischer Form abgewickelt wird.

II. Zustellung durch die Post mit Zustellungsurkunde

Soll durch die Post mit Zustellungsurkunde zugestellt werden, übergibt das DPMA der Post **11** den Zustellungsauftrag, das zuzustellende Dokument in einem verschlossenen Umschlag und einen vorbereiteten Vordruck einer Zustellungsurkunde (§ 3 Abs. 1 VwZG). **Post** ist dabei nicht zwangsläufig die Deutsche Post AG, sondern jeder nach § 33 Abs. 1 PostG beliehene Unternehmer (vgl. auch § 168 Abs. 1 S. 2 ZPO). Für die Ausführung der Zustellung gelten die §§ 177–182 ZPO entsprechend (§ 3 Abs. 2 S. 1 VwZG).

Die Postzustellungsurkunde ist eine öffentliche Urkunde iSd § 418 Abs. 1 ZPO; sie erbringt den vollen **11.1** Beweis für die in ihr bezeugten Tatsachen.

III. Zustellung durch die Post mittels Einschreiben

Bei einer Zustellung durch die Post mittels Einschreiben gilt das Dokument am **dritten Tag** **12** nach der Aufgabe zur Post als zugestellt, es sei denn, dass es nicht oder zu einem späteren Zeitpunkt zugegangen ist (§ 4 Abs. 2 S. 2 VwZG).

Bei der Berechnung der Drei-Tages-Frist wird der **Tag** der Aufgabe zur Post **nicht mitgezählt.** **12.1**
Die Drei-Tages-Frist ist auch dann zugrunde zu legen, wenn das Schriftstück nachweislich bereits **vor** **12.2** Ablauf der Drei-Tages-Frist zuging (BPatG BeckRS 2010, 11243).
Nach § 4 Abs. 2 S. 4 VwZG ist der Tag der Aufgabe zur Post in den **Akten zu vermerken.** Gibt es **12.3** keinen entsprechenden Vermerk, greift die Zugangsfiktion nicht (so für die entsprechende Norm im Sozialrecht BSG BeckRS 2007, 43997 = BSGE 97, 279 Rn. 15). Der Vermerk kann allerdings auch nachträglich angebracht werden (BVerwG NVwZ 1985, 900). Ferner ist eine Heilung nach § 8 VwZG möglich.

Tage im Sinne dieser Norm sind nach der Rechtsprechung (BPatG Mitt 1984, 177 (178); **13** GRUR 1999, 569 (570) unter II.1.; BeckRS 2017, 105907) **Kalendertage** und nicht Werktage.

Das BPatG hat zu dieser Frage eine einheitliche Linie. In der Literatur (Ströbele/Hacker/Thiering/ **13.1** Knoll Rn. 16 Fn. 34) wird fälschlich behauptet, das BPatG sei in BPatG GRUR 1999, 569 von dieser Linie abgewichen. Dort heißt es jedoch: „Dass es sich dabei um einen Feiertag handelt, spielt keine Rolle".

Das BPatG stützt dieses Ergebnis auf die Überlegung, dass der Gesetzgeber bei Vorschriften, die auf einen bestimmten Tag abstellen, regelmäßig den Kalendertag meine und bei Abweichungen von diesem Grundsatz dies ausdrücklich erwähne, wie zB bei § 193 BGB (BPatG Mitt 1984, 177 (178)). Die Berücksichtigung von Werktagen im Gegensatz zum Sonnabend, Sonn- oder Feiertag betreffe zudem stets den Ablauf einer Frist, nicht aber die Fixierung eines Ereignisses wie in § 4 Abs. 2 S. 2 VwZG und § 94 Abs. 1 Nr. 3 S. 3, die hier als eine echte Fiktion konstruiert seien.

13.2   Der Ansicht des BPatG ist zuzustimmen. Für sie spricht der Grund für die Regelungen in § 222 Abs. 2 ZPO und § 193 BGB. Mit diesen Bestimmungen wollte nämlich der Gesetzgeber vermeiden, dass Leistungen an Wochenenden und an Feiertagen vorgenommen werden müssen (BGH NJW 2007, 1581 Rn. 25). Dieser Gedanke kommt bei § 4 Abs. 2 S. 2 VwZG und § 94 Abs. 1 Nr. 3 S. 4 nicht zum Tragen, da diese Normen nicht das Fristende, sondern den Fristbeginn regeln.

13.3   Die Auffassung des BPatG wird von den Verwaltungsgerichten und dem BSG geteilt (dazu ausführlich Gruber NJ 2017, 190). Allein der **BFH** vertritt (zur Parallelvorschrift § 122 Abs. 2 Nr. 1 AO) die Auffassung, dass sich die Drei-Tage-Frist zwischen der Aufgabe des Verwaltungsaktes zur Post und seiner vermuteten Bekanntgabe bis zum nachfolgenden Werktag **verlängere,** wenn der dritte Tag dieses Drei-Tage-Zeitraums auf einen Sonntag, gesetzlichen Feiertag oder Sonnabend fällt (BFH NJW 2004, 94). Der Bescheidempfänger soll die Rechtsbehelfsfrist grundsätzlich voll nutzen können. Sie würde aber unzulässig verkürzt, so der BFH, wenn die Rechtsbehelfsfrist am Sonntag beginne, obwohl an diesem Tag keine Möglichkeit des Zugangs bestand und am Sonnabend eine Abholung aus dem Postfach nicht erwartet werden konnte. Dieses Argument ist nur auf den ersten Blick überzeugend: Die nach den meisten Gesetzen vier Wochen während Rechtsmittelfrist umfasst nicht immer die gleiche Zahl an Werktagen, da Feiertage während des Fristlaufs die Frist nicht verlängern. Insoweit ist kein Grund ersichtlich, der eine unterschiedliche Behandlung von einem Feiertag am Beginn der Frist und einem Feiertag im Laufe der Frist rechtfertigen würde.

13.4   § 18a DPMA-VO regelt diesen Fall nicht. Diese Norm bezieht sich nur auf das Ende von Fristen, die dem DPMA gegenüber einzuhalten sind, nicht jedoch auf den Fristbeginn.

14   Der **Tag der Aufgabe zur Post** muss den Beteiligten **auf der Ausfertigung nicht mitgeteilt** werden (BPatG BeckRS 2017, 105907). Albrecht (Albrecht GRUR-Prax 2017, 202) hält dies rechtspolitisch für unglücklich. Dem lässt sich entgegenhalten, dass der Poststempel bereits einen Anhaltspunkt bietet und zudem der Betreffende sich in Zweifelsfällen beim DPMA nach dem Datum der Aufgabe zur Post erkundigen kann.

15   Diese Vorschrift enthält eine **widerlegbare Zugangsvermutung.** So stellt zB die Zustellungsurkunde der Deutschen Post AG lediglich ein Indiz für das Vorhandensein einer Wohnung des Zustellungsempfängers dar, das jedoch durch eine plausible und schlüssige Darstellung entkräftet werden kann (BPatG BeckRS 2009, 11159 – BIO SUN). Ist der Zugang eines Schreibens zweifelhaft, muss das DPMA den Zugang und dessen Zeitpunkt nachweisen (BPatG BeckRS 2012, 23309).

16   Wird die **Annahme** der Zustellung durch eingeschriebenen Brief **verweigert,** gilt die Zustellung auch dann nicht als bewirkt, wenn der Zustellungsempfänger keinen gesetzlichen Grund für seine Verweigerung hat; das Schriftstück ist dem Absender als unzustellbar zurückzuschicken (Engelhard/App/Schlatmann VwZG § 4 Rn. 14).

16.1   Dagegen bestimmt § 127 Abs. 1 Nr. 1 PatG, dass dann, wenn die Annahme der Zustellung durch eingeschriebenen Brief ohne gesetzlichen Grund verweigert wird, die Zustellung gleichwohl als bewirkt gilt; eine entsprechende Norm fehlt aber im MarkenG.

17   Zugestellt werden kann nur ein Brief, nicht aber ein **Paket,** in dem mehrere Schriftstücke übersandt werden, die **unterschiedliche Verfahren** betreffen (BPatG BeckRS 2009, 24789).

IV. Zustellung gegen Empfangsbekenntnis

18   Nach § 5 Abs. 4 VwZG kann ua an **Rechtsanwälte** und an **Patentanwälte** auch auf andere Weise, auch **elektronisch,** gegen Empfangsbekenntnis zugestellt werden. Nach dem Sinn und Zweck der Norm fallen auch die nicht ausdrücklich genannten Rechtsanwalts- und **Patentanwaltsgesellschaften** unter § 5 Abs. 4 VwZG.

19   § 5 Abs. 5 S. 1 VwZG erweitert den Kreis derjenigen, an die **elektronisch** zugestellt werden kann, auf sonstige Empfänger, die „hierfür einen Zugang eröffnet" haben. Für die Eröffnung eines Zugangs reicht es nicht, dass eine **Privatperson** ihre E-Mail-Adresse im Briefkopf auf ihren Schreiben angibt. Bei Bürgern kann von einer Eröffnung des Zugangs nur ausgegangen werden, wenn sie dies gegenüber der Behörde ausdrücklich erklärt haben (so die Gesetzesbegründung, BT-Drs. 15/5216, 13).

Eine Literaturstimme (Büscher/Dittmer/Schiwy/Büscher Rn. 10) plädiert in Abweichung von der **19.1** Gesetzesbegründung für eine weite Auslegung des § 5 Abs. 5 S. 1 VwZG. Diese Ansicht überzeugt nicht, da es für die elektronische Zustellung an Privatpersonen mittlerweile mit § 5a VwZG eine spezielle Norm gibt.

Eine Erweiterung des Kreises derjenigen Personen, denen elektronisch zugestellt werden kann, ist durch **19.2** das Gesetz zur Änderung des DesignG und weiterer Vorschriften des gewerblichen Rechtsschutzes vom 4.4.2016 (BGBl. I 558) nicht erfolgt. Dieses Gesetz bezweckt nach der Gesetzesbegründung zwar die Erleichterung des elektronischen Rechtsverkehrs beim DPMA (BT-Drs. 18/7195, 22), aber nur durch eine Erleichterung bei der Durchführung einer elektronischen Zustellung – insbesondere hinsichtlich der elektronischen Signatur und des Nachweises der Zustellung (dazu wurde § 5 in die ERVDPMAV eingefügt) –, nicht jedoch durch eine Ausweitung des Kreises derjenigen, denen elektronisch zugestellt werden kann.

Die Zustellung ist wirksam erfolgt, wenn der Zustellungsempfänger das zuzustellende Schrift- **20** stück mit dem **Willen** entgegengenommen hat, es als zugestellt anzusehen, und dies durch Unterzeichnung des Empfangsbekenntnisses beurkundet (BGH NJW 2006, 1206 (1207)).

Zustellungsdatum ist der Tag, an dem der Rechtsanwalt als Zustellungsadressat vom Zugang **21** des übermittelten Schriftstücks Kenntnis erlangt und es empfangsbereit entgegengenommen hat (BGH NJW 2006, 1206 (1207)).

Zum **Nachweis** der Zustellung genügt nach § 5 Abs. 7 S. 1 VwZG das mit Datum und **22** Unterschrift versehene **Empfangsbekenntnis,** das an die Behörde durch die Post oder elektronisch zurückzusenden ist.

Wurde **elektronisch** zugestellt, gibt es für das elektronisch verschickte Empfangsbekenntnis besondere **22.1** Anforderungen (→ Rn. 41.2).

Das datierte und unterschriebene Empfangsbekenntnis erbringt als öffentliche Urkunde Beweis **23** nicht nur für die Entgegennahme des darin bezeichneten Schriftstücks als zugestellt, sondern auch dafür, dass der darin genannte Zustellungszeitpunkt der Wirklichkeit entspricht (BGH NJW 2003, 2460). An den **Nachweis eines falschen Datums** sind daher strenge Anforderungen zu stellen. Der Gegenbeweis ist erst erbracht, wenn die Beweiswirkungen des § 174 ZPO vollständig entkräftet sind und wenn **jede Möglichkeit ausgeschlossen** ist, dass die Angabe auf dem Empfangsbekenntnis richtig sein könnte (BVerfG NJW 2001, 1563; BGH NJW 2006, 1206 (1207)). Bloße Zweifel an der Richtigkeit des Zustellungsdatums genügen nicht (BGH NJW 2003, 2460).

Überholt daher die ältere Rspr, zB BPatGE 19, 47, wo eine dreiwöchige Postlaufzeit über die Weih- **23.1** nachtstage zur Vermutung eines früheren Zugangs führte.

V. Zustellung über De-Mail-Dienste

Bei der elektronischen Zustellung über De-Mail-Dienste **(§ 5a VwZG;** dazu BT-Drs. 17/ **24** 3630, 45–47) tritt an die Stelle des Empfangsbekenntnisses die **Abholbestätigung** nach § 5 Abs. 9 DeMailG (§ 5a Abs. 3 S. 1 VwZG).

S. dazu auch § 5 Abs. 2 S. 2 ERVDPMAV, der fordert, dass die Signatur des Dienstanbieters das DPMA **24.1** als Nutzer des De-Mail-Kontos erkennen lassen muss.

VI. Öffentliche Zustellung

Eine öffentliche Zustellung ist nach § 10 VwZG nur zulässig, wenn zuvor alle Möglichkeiten, **25** eine zustellungsfähige Adresse herauszufinden, erfolglos ausgeschöpft wurden. Solche **Nachforschungen** sind insbesondere bei den Einwohnermeldeämtern und sonstigen Registerbehörden vorzunehmen. Ggf. sind auch Anwaltsverzeichnisse heranzuziehen oder Mitteilungen an eine bekannte Postfachadresse des Empfängers zu richten (BPatG BeckRS 2009, 02701 – MONTANA; BeckRS 2009, 11552 – LUXOR). Es ist zu prüfen, ob der Markeninhaber über eine Homepage mit Kontaktdaten verfügt (BPatG GRUR 2020, 65 Rn. 34). Ferner ist eine Nachfrage beim Antragsteller der Schutzentziehung geboten (BPatG GRUR 2020, 65 Rn. 34). Die Nachforschungen müssen sich allerdings nicht auf das Ausland erstrecken, jedoch ist ggf. bei dem WIPO der aktuelle Aufenthalt eines IR-Markeninhabers zu erfragen (BPatG BeckRS 2009, 02701 – MONTANA). Die Nachforschungen sind zwingend in der Akte zu dokumentieren (BPatG GRUR 2020, 65 Rn. 35). Wird eine öffentliche Zustellung ohne entsprechende vorherige Nachforschungen vorgenommen, führt dies zur Unwirksamkeit der Zustellung (BPatG BeckRS 2009, 11552 – LUXOR).

26   Die öffentliche Zustellung erfolgt durch Bekanntmachung einer Benachrichtigung an der Stelle, die vom DPMA hierfür allgemein bestimmt ist, oder durch Veröffentlichung im Bundesanzeiger (§ 10 Abs. 2 S. 1 VwZG). Das Dokument gilt als zugestellt, wenn seit dem Tag der Bekanntmachung der Benachrichtigung **zwei Wochen** vergangen sind (§ 10 Abs. 2 S. 6 VwZG).

26.1   Es ist unerheblich, ob der Adressat tatsächlich von dem Schriftstück Kenntnis erhielt. Die bloße Unkenntnis von der öffentlichen Zustellung rechtfertigt auch **keine Wiedereinsetzung** nach § 91.

D. Verfahrensbeteiligte im Ausland ohne Inlandsvertreter

27   An Verfahrensbeteiligte im **Ausland,** welche keinen Inlandsvertreter bestellt haben, kann nach § 94 Abs. 1 Nr. 1 per Einschreiben durch Übergabe (dazu § 4 Abs. 1 VwZG) oder per Einschreiben mit Rückschein (§ 175 ZPO) zugestellt werden. Die Zustellung an einen Markeninhaber im Ausland kann aber nur erfolgen, wenn dieser einen Inlandsvertreter nicht bestellt hat (BGH GRUR 1993, 476 (477) – Zustellungswesen).

27.1   § 94 Abs. 1 Nr. 1 weicht von den Regeln über die Zustellung im Ausland nach § 9 VwZG ab. § 9 VwZG berücksichtigt völkerrechtliche Vorbehalte bei der Zustellung im Ausland. Diesen Vorbehalten trägt § 94 Abs. 1 Nr. 1 nicht Rechnung.

27.2   Die **Verweisung** in § 94 Abs. 1 Nr. 1 S. 2 ist **fehlerhaft.** Der Gesetzgeber hatte bei der Verabschiedung des Gesetzes zur Umsetzung der Berufsanerkennungsrichtlinie und zur Änderung weiterer Vorschriften im Bereich der rechtsberatenden Berufe (BGBl. 2017 I 1121) den damals geltenden § 96 Abs. 2 gestrichen, die Verweisung aber nicht angepasst. Die aufgehobene Vorschrift betraf **Patentanwälte aus EU- und EWR-Mitgliedstaaten.** Da ein offensichtliches Redaktionsversehen vorliegt, bezieht sich die Verweisung auf die nun von § 96 Abs. 1 erfassten Patentanwälte aus den EU- und EWR-Mitgliedstaaten. Die **Schweiz** wurde im aufgehobenen § 96 Abs. 2 aF nicht erwähnt (→ § 96 Rn. 11.1); Patentanwälten aus der Schweiz kann daher nicht nach § 94 Abs. 1 Nr. 1 S. 2 zugestellt werden.

28   Mit dem Gesetz zur Vereinfachung und Modernisierung des Patentrechts ist die Formulierung in § 94 weggefallen, dass für den Empfänger die Notwendigkeit zur Bestellung eines Inlandsvertreters im Zeitpunkt der zu bewirkenden Zustellung **erkennbar sein musste.** Aus der Gesetzesbegründung (BT-Drs. 16/11339, 29 iVm 26) ergibt sich, dass damit keine Änderung der Rechtslage bewirkt werden sollte, sondern dass der Gesetzgeber diese Formulierung schlicht für entbehrlich hielt, weil unterstellt werden könne, dass die Notwendigkeit der Bestellung eines Inlandsvertreters für auswärtige Beteiligte auf Grund der klaren gesetzlichen Regelung erkennbar sei.

29   Wenn der Zustellungsadressat allerdings durch die beabsichtigte Zustellung **erstmals** in Bezug auf das konkrete Schutzrecht in ein Verfahren vor dem DPMA **einbezogen werden** soll und deshalb zuvor keinen Anlass hatte, als verfahrenseinleitende Maßnahme einen Inlandsvertreter zu bestellen, sollen die von der Rechtsprechung entwickelten Regeln nach wie vor gelten (BT-Drs. 16/11339, 27).

29.1   In diesen Fällen könne nur dann eine Obliegenheitsverletzung angenommen werden, wenn das DPMA den Zustellungsadressaten vom Erfordernis eines Inlandsvertreters **in Kenntnis gesetzt** habe. Vorher sei eine Zustellung nach § 94 Abs. 1 Nr. 1 ausgeschlossen (so auch BPatG BeckRS 2012, 08795 – fritel).

29.2   Die lange praktizierte Verfahrensweise des DPMA, den im Ausland ansässigen Markeninhaber mit einer formlosen Mitteilung durch einfachen Brief vom Erfordernis der Bestellung eines Inlandsvertreters zu informieren und danach ein Schreiben über die Schutzentziehung mit Aufgabe zur Post zuzustellen, wird den Anforderungen des § 94 nicht gerecht (BPatG GRUR 2020, 65 = GRUR-Prax 2020, 65, bearb. Gruber; GRUR 2021, 888; GRUR-RS 2021, 16456).

30   **Innerhalb der EU** (mit Ausnahme Dänemarks (→ § 140 Rn. 116); mit Dänemark wurde ein Erstreckungsabkommen geschlossen, das die EuZVO für anwendbar erklärt) ist eine Zustellung gemäß der VO (EU) 2020/1784 des Europäischen Parlaments und des Rates über die Zustellung gerichtlicher und außergerichtlicher Schriftstücke in Zivil- und Handelssachen in den Mitgliedstaaten **(EuZVO)** vom 25.11.2020 (ABl. EU L 405, 40) vorrangig (welche seit dem 1.7.2022 die VO (EG) 1393/2007 vom 13.11.2007 ersetzt). Das hat der BGH zwar bislang nur hinsichtlich der Zustellung nach § 184 Abs. 1 ZPO entschieden (BGH NJW 2011, 1885; 2011, 2218), auf den § 94 Abs. 1 Nr. 1 S. 3 gerade nicht verweist. Es ist aber kein Grund ersichtlich, wieso die Zustellung nach § 94 anders als die Zustellung nach § 184 ZPO zu behandeln sein sollte.

30.1   So im Ergebnis auch BPatG GRUR-RS 2020, 19807 m. Bespr. Gruber MR-Int 2020, 113.

31   Als Regelfall sehen die Art. 3 ff. EuZVO 2022 die Zustellung durch Übermittlungs- und Empfangsstellen vor. Art. 18 EuZVO 2022 erlaubt grundsätzlich auch die Zustellung per Post durch **Einschreiben mit Empfangsbestätigung** (deutsche Umsetzungsvorschrift: § 1068 Abs. 1 ZPO).

Gibt es außerhalb des Anwendungsbereichs der EuZVO durch **völkerrechtliche Verträge** 32 vereinbarte Zustellungsverfahren, so sind diese als speziellere Regelungen vorrangig. Die bezüglich des Verhältnisses EuZVO/§ 94 genannten Argumente lassen sich auf diese Konstellation übertragen.

Der Gesetzgeber sah selbst, dass die Regelung in **§ 94 Abs. 1 Nr. 1** mit dem **Völkerrecht** 33 **schwerlich vereinbar** ist.

So steht in der Gesetzesbegründung (BT-Drs. 16/11339, 14), dass die praktisch einfach zu handhabende 33.1 gewöhnliche Zustellung per Post problematisch erscheine, weil nach international herrschender Rechtsauffassung jede amtliche Zustellungshandlung auf fremdem Staatsgebiet Hoheitsrechte des Empfängerstaats berühre und deshalb grundsätzlich nur mit dessen Billigung vorgenommen werden solle. Innerhalb der EU ermögliche allerdings die EuZVO die unmittelbare Zustellung durch die Post. Damit seien „jedenfalls in diesem Bereich" die völkerrechtlichen Bedenken gegen die Zustellung durch Einschreiben mit Rückschein entfallen. Nach den Ausführungen des Gesetzgebers sind Zustellungen außerhalb der EU, die nicht im Rahmen eines völkerrechtlichen Abkommens erfolgen, daher völkerrechtswidrig.

Einige Seiten weiter, im „Besonderen Teil" (S. 27), wird dann allerdings ausgeführt, dass die Zustellung 33.2 in § 94 Abs. 1 Nr. 1 „zusätzlich" mittels eingeschriebenen Briefs erfolgen soll, „um – ungeachtet der Zustellungsfiktion zum Zeitpunkt der Aufgabe des Schriftstücks zur Post – die Sicherheit des Zugangs beim Empfänger zu erhöhen". In § 94 Abs. 1 Nr. 1 werde auf die Aufgabe des Schriftstückes zur Post, die im Inland stattfindet, abgestellt, und es handle sich daher rechtlich um eine **Zustellung im Inland,** die aus völkerrechtlicher Sicht unbedenklich sei. Alternativen dazu gibt es nicht, so die Gesetzesbegründung apodiktisch. Eine entgegen dem geltenden Recht im Empfangsstaat vorgenommene Auslandszustellung durch **eingeschriebenen Brief** könnte im Nachhinein Auswirkungen auf die Wirksamkeit solcher Zustellungen haben, wenn dieses Vorgehen von einem Beteiligten gerügt werde. Vor diesem Hintergrund rechtfertige es das besondere Bedürfnis nach zügiger und gesicherter Zustellung im Bereich des gewerblichen Rechtsschutzes ausnahmsweise und begrenzt auf die hier zu regelnden Zustellungen des DPMA, den Zugang der zuzustellenden Postsendungen **zu fingieren.**

An dieser Argumentation ist zwar richtig, dass der BGH bei einer im Ausland ansässigen Partei bereits 33.3 die Aufgabe eines Briefes zur Post als Zustellung gemäß § 175 Abs. 1 S. 2 und 3 ZPO aF angesehen hat (BGH NJW 1987, 592; 1992, 1701). Eine Zustellung nach § 175 ZPO aF stelle eine Zustellung im Inland dar, da sie mit der Aufgabe des zuzustellenden Schriftstücks zu einem inländischen Postamt als bewirkt gelte, und zwar auch dann, wenn der Zustellungsadressat im Ausland wohne. Die Zustellung auch an eine im Ausland wohnende Person in dieser vereinfachten, fiktiven Form zu ermöglichen, sei gerade der Sinn dieser Norm (BGH NJW 1987, 592). Das BVerfG hielt die Regelung in § 175 ZPO aF für verfassungsrechtlich unbedenklich (BVerfG NJW 1997, 1772), ohne in seinem Nichtannahmebeschluss allerdings das Völkerrecht überhaupt anzusprechen. Der BGH hat sich dieser Auffassung angeschlossen (BGH NJW 2012, 2588 (2589)); die Regelung sei weder verfassungswidrig noch verletze sie das in Art. 6 Abs. 1 EMRK garantierte Recht auf ein faires Verfahren. § 94 Abs. 1 Nr. 1 S. 1 sieht jedoch – in Abweichung von § 175 ZPO aF und § 184 Abs. 1 S. 2 ZPO nF, die eine Zustellung mit **einfachem Brief** durch Aufgabe zur Post anordnen – die Zustellung durch **eingeschriebenen Brief** vor.

Ein Einschreiben im Ausland kann nicht als Zustellung im Inland behandelt werden (Gruber 34 NJ 2016, 7). Eine Zustellung durch die Post mittels Einschreiben kann entweder mittels Einschreiben durch Übergabe oder mittels Einschreiben mit Rückschein erfolgen (§ 4 Abs. 1 VwZG). Damit findet ein wesentlicher Bestandteil des gesetzlich definierten Zustellungsaktes (Übergabe bzw. Einschreiben) im Ausland statt. Eine gesetzliche Fiktion, dass die Zustellung dennoch im Inland stattfinde, ist bei dieser Zustellungsweise deswegen nicht möglich. Zudem ist hinsichtlich der Gesetzesbegründung nicht nachvollziehbar, wieso ein nationales Bedürfnis nach zügiger Zustellung das Völkerrecht aushebeln soll. Die Zustellung gemäß § 94 Abs. 1 Nr. 1 ist daher, sofern der Empfänger seinen Wohnsitz nicht in einem EU-Mitgliedstaat hat, völkerrechtswidrig und damit **unwirksam** (Art. 25 GG).

Diese Ansicht vertritt – mit Hinweis auf Gruber NJ 2016, 7 – nun auch BeckOK PatR/Hofmeister 34.1 PatG § 127 Rn. 12. Nicht eingegangen auf diese Frage ist BPatG GRUR 2020, 65 – Inlandsvertreter IV, das diese Problematik offensichtlich gar nicht sah (Gruber GRUR-Prax 2020, 65).

Bezüglich der **Fristen** verweist § 94 Abs. 1 Nr. 1 S. 3 auf § 184 Abs. 2 S. 1 und 4 ZPO. Nach 35 § 184 Abs. 2 S. 1 ZPO gilt das Schriftstück **zwei Wochen** nach Aufgabe zur Post als zugestellt (vgl. zu dieser Fiktion BPatG BeckRS 2012, 12736 unter II.3. – MELIFLOR).

36   Zum Nachweis der Zustellung ist nach § 184 Abs. 2 S. 4 ZPO in den **Akten zu vermerken,** zu welcher Zeit und unter welcher Anschrift das Schriftstück zur Post gegeben wurde. Der Vermerk ist eine öffentliche Urkunde iSd § 418 ZPO. Inwieweit nachträgliche Änderungen des Vermerks seine Beweiskraft ganz oder teilweise aufheben oder mindern, entscheidet das Gericht im Streitfall gemäß § 419 ZPO nach freier Überzeugung.

37   Unerheblich ist, ob das Schriftstück den Adressaten **tatsächlich erreicht** hat. Erhielt der Adressat das Schriftstück ohne sein Verschulden nicht, ist dies ein Wiedereinsetzungsgrund nach § 91 (BGH NJW 2000, 3284 (3285)).

E. Zustellung an Erlaubnisscheininhaber

38   Für Erlaubnisscheininhaber (§ 160 PAO iVm § 177 PAO aF) verweist § 94 Abs. 1 Nr. 2 auf § 5 Abs. 4 VwZG. An diese kann also gegen **Empfangsbekenntnis** zugestellt werden. Diese Verweisung ist jedoch **nicht analog** auf **Patentassessoren** anzuwenden, da keine Gesetzeslücke besteht; Patentassessoren kann daher nicht per Empfangsbekenntnis zugestellt werden (BPatG GRUR 1998, 729 – EKOMAX/Ökomat).

F. Zustellung durch Niederlegung im Abholfach

39   Eine besondere Zustellungsart, die das VwZG nicht kennt, sieht § 94 Abs. 1 Nr. 3 vor. Danach kann durch Niederlegung im Abholfach zugestellt werden, sofern der Empfänger ein solches **Fach beim DPMA** hat. Über die Niederlegung ist eine Mitteilung zu den Akten zu geben (§ 94 Abs. 1 Nr. 3 S. 2); ferner ist auf dem im Abholfach niedergelegten Schriftstück das Datum der Niederlegung zu vermerken (§ 94 Abs. 1 Nr. 3 S. 3).

39.1 Bis zum 1.10.2016 war noch eine „schriftliche" Mitteilung erforderlich; das Schriftformerfordernis entfiel durch Gesetz vom 4.4.2016 (BGBl. I 558).

40   Nach § 94 Abs. 1 Nr. 3 S. 4 wird **unwiderlegbar** (BPatGE 17, 3 (4 f.)) vermutet, dass die Zustellung am **dritten Tag** nach der Niederlegung im Abholfach bewirkt wurde.

40.1 Tage iSd Norm sind **Kalendertage** (→ Rn. 13).

40.2 Kann der Empfänger nachweisen, dass er das Schriftstück nicht erhalten hat, kommt **Wiedereinsetzung** nach § 91 in Betracht (BGH NJW 2000, 3284 (3285)).

G. Elektronische Zustellung

41   **Schreiben des DPMA** können nach dem auf Grund der Ermächtigung in § 94 Abs. 1 Nr. 4 erlassenen § 5 Abs. 1 S. 1 ERVDPMAV (zu dieser Verordnung → § 95a Rn. 13 f.) auch in elektronischer Form verschickt werden; diese Schreiben müssen mit einer **fortgeschrittenen** oder **qualifizierten** elektronischen Signatur nach Art. 3 Nr. 11 und 12 VO (EU) 910/2014 versehen sein. § 5 Abs. 1 S. 2 ERVDPMAV stellt klar, dass die Signatur nicht an jeder einzelnen Datei angebracht werden muss, sondern auch die gesamte elektronische Nachricht umfassen kann (dazu BT-Drs. 18/7195, 37). Kraft der Verweisung in § 94 Abs. 2 gilt im Verfahren **vor dem BPatG** § 130a ZPO; dieser fordert eine **qualifizierte** elektronische Signatur (§ 130a Abs. 3 ZPO).

41.1 Die Regelung in § 5 Abs. 1 S. 2 ERVDPMAV dient nur der Klarstellung; schon vorher hatte der BGH die Auffassung vertreten, dass eine **„Container-Signatur"** ausreichend ist (BGH NJW 2013, 2034 Rn. 10). Die abweichende Auffassung des BPatG, dass diese Rechtsprechung nicht auf Dokumente des DPMA zu übertragen sei (BPatG GRUR 2014, 913 Rn. 2.1.9 – Elektronischer Winkelstecker II), ist durch die Neufassung der ERVDPMAV überholt.

41.2 Elektronische Zustellungen sind nach § 5 Abs. 3 ERVDPMAV mit dem **Hinweis** „Zustellung gegen Empfangsbekenntnis" zu **kennzeichnen.** Diese spezielle Regelung verdrängt § 5 Abs. 6 VwZG (BT-Drs. 18/7195, 38).

41.3 Nach § 5 Abs. 4 ERVDPMAV muss bei einer elektronischen Zustellung das **Empfangsbekenntnis** bei einer elektronischen Rücksendung mit einer qualifizierten elektronischen Signatur nach der VO (EU) 910/2014 oder mit einer fortgeschrittenen elektronischen Signatur, die von einer internationalen, auf dem Gebiet des gewerblichen Rechtsschutzes tätigen Organisation herausgegeben wird und sich zur Bearbeitung durch das DPMA eignet, versehen sein. Das Zertifikat muss durch das DPMA oder durch eine vom ihm beauftragte Stelle überprüfbar sein.

H. Heilung von Zustellungsmängeln

Ist ein Dokument nicht formgerecht zugestellt worden, gilt es nach § 8 VwZG als in dem **42** Zeitpunkt zugestellt, in dem es dem Empfänger **tatsächlich zugegangen** ist bzw. bei einer elektronischen Zustellung nach § 5 Abs. 5 VwZG in dem Zeitpunkt, in dem der Empfänger das Empfangsbekenntnis zurückgesendet hat.

Die Heilung von Zustellungsmängeln ist auch dann möglich, wenn durch die Zustellung eine **Frist 42.1 für ein Rechtsmittel** in Lauf gesetzt wird (BPatG BeckRS 2009, 11159 – BIO SUN; anderslautende ältere Rechtsprechung ist wegen der Änderung des § 94 Abs. 2 mit Wirkung vom 1.7.2002 durch das Zustellungsreformgesetz überholt).

Eine Heilung kommt nicht in Betracht, wenn das DPMA selbst in dem Schreiben ausführt, dass mit **42.2** der Übersendung des Beschlusses keine Zustellung erfolge, und daher ein **Zustellungswille** fehlt (BPatG BeckRS 2009, 11159 – BIO SUN).

Die Heilung nach § 8 VwZG erstreckt sich nur auf Mängel des Zustellungsvorgangs, nicht hingegen **42.3** auf Mängel, die dem zuzustellenden **Schriftstück selbst** anhaften (VG Darmstadt BeckRS 2010, 54422).

§ 95 Rechtshilfe

(1) Die Gerichte sind verpflichtet, dem Deutschen Patent- und Markenamt Rechtshilfe zu leisten.

(2) ¹Im Verfahren vor dem Deutschen Patent- und Markenamt setzt das Bundespatentgericht auf Ersuchen des Deutschen Patent- und Markenamts Ordnungs- oder Zwangsmittel gegen Zeugen oder Sachverständige fest, die nicht erscheinen oder ihre Aussage oder deren Beeidigung verweigern. ²Ebenso ist die Vorführung eines nicht erschienenen Zeugen anzuordnen.

(3) ¹Über das Ersuchen nach Absatz 2 entscheidet ein Beschwerdesenat des Bundespatentgerichts in der Besetzung mit drei rechtskundigen Mitgliedern. ²Die Entscheidung ergeht durch Beschluß.

Überblick

Diese Norm legt fest, unter welchen Voraussetzungen die Gerichte dem DPMA Rechtshilfe leisten müssen. § 95 unterscheidet zwischen der Rechtshilfe allgemein (Abs. 1; → Rn. 1 f.) und der Rechtshilfe durch das BPatG (Abs. 2 und 3; → Rn. 4 f.).

Die Rechtshilfepflicht der Gerichte gegenüber dem BPatG ergibt sich nicht aus § 95, sondern unmittelbar aus Art. 35 GG (→ Rn. 3).

Für Patentverfahren gibt es mit § 128 PatG eine Parallelvorschrift. Der Wortlaut des § 128 PatG ist jedoch mit demjenigen des § 95 nicht identisch (→ Rn. 3).

A. Rechtshilfe durch Gerichte allgemein

Eine Verpflichtung zur Rechtshilfe findet man in vielen Verfahrensgesetzen (zB § 13 FGO). **1** Diese Normen, wie auch § 95, betreffen immer nur die Rechtshilfe durch **deutsche Gerichte.** Die Rechtshilfe durch ausländische Gerichte ist für diejenigen Fälle, in denen diese Gerichte überhaupt zur Rechtshilfe verpflichtet sind, in internationalen Abkommen geregelt.

Die Durchführung der Rechtshilfe durch Gerichte der **EU-Mitgliedstaaten** (außer Dänemark; → **1.1** § 140 Rn. 116) ist in der VO (EU) 2020/1783 des Rates vom 25.11.2020 über die Zusammenarbeit zwischen den Gerichten der Mitgliedstaaten auf dem Gebiet der Beweisaufnahme in Zivil- oder Handelssachen (ABl. EU 2020 L 405, 1) geregelt. Nationale Umsetzungsnormen für Rechtshilfeersuchen deutscher Gerichte an Gerichte der EU-Mitgliedstaaten enthalten die §§ 1072, 1073 ZPO.

Soll ein Gericht der ordentlichen Gerichtsbarkeit dem DPMA Rechtshilfe leisten, sind die **2** Einzelheiten in den **§§ 156 ff. GVG** geregelt. Rechtshilfegericht ist in diesem Fall das **Amtsgericht,** in dessen Bezirk die Amtshandlung vorgenommen werden soll (§ 157 Abs. 1 GVG). Das Rechtshilfegericht darf nach § 158 GVG das Ersuchen nur ablehnen, wenn die vorzunehmende Handlung nach dem Recht des ersuchten Gerichts verboten ist.

Eine Pflicht zur Rechtshilfe durch Gerichte besteht nach dem Gesetzeswortlaut nur gegenüber **3** dem DPMA, nicht aber **gegenüber dem BPatG.** Insoweit weicht § 95 Abs. 1 von der Parallelvorschrift im PatG ab, denn in § 128 PatG wird auch das BPatG erwähnt. Mit der vom Patentgesetz abweichenden Formulierung wollte der Gesetzgeber aber das BPatG nicht aus dem Kreis der Rechtshilfeberechtigten ausschließen. Aus der Gesetzesbegründung (BT-Drs. 12/6581, 107) ergibt sich vielmehr, dass er eine Berücksichtigung des BPatG in § 95 schlicht für überflüssig hielt, da sich die Rechtshilfepflicht der Gerichte gegenüber dem BPatG bereits aus Art. 35 GG ergibt. Wieso der Gesetzgeber allerdings nur beim BPatG auf eine spezielle Regelung verzichtet hat, ist unklar.

3.1 Rechtshilfeverfahren auf Ersuchen des BPatG regelt daher die allgemeine Vorschrift des § 82 Abs. 1 S. 1; diese Norm verweist auf das GVG und damit auch auf die §§ 156 ff. GVG.

B. Rechtshilfe durch das BPatG

4 **Ordnungs- und Zwangsmittel** gegen Zeugen oder Sachverständige kann das DPMA nicht selbst festsetzen; es muss das BPatG ersuchen, eine entsprechende Anordnung zu treffen (§ 95 Abs. 2 und 3). Gleiches gilt für die **Vorführung eines** nicht erschienenen **Zeugen.** Das BPatG kann dabei nur die Rechtmäßigkeit (dazu §§ 380, 381, 390, 402, 409, 410 ZPO), nicht auch die Zweckmäßigkeit des Ersuchens überprüfen.

5 Das BPatG entscheidet über das Ersuchen durch **Beschluss** (§ 95 Abs. 3 S. 2). Zuständig für diesen Beschluss ist ein Beschwerdesenat in der Besetzung mit drei rechtskundigen Mitgliedern. Gegen den Beschluss des BPatG ist kein Rechtsmittel gegeben (§ 82 Abs. 2).

§ 95a Elektronische Verfahrensführung; Verordnungsermächtigung

(1) Soweit in Verfahren vor dem Deutschen Patent- und Markenamt für Anmeldungen, Anträge oder sonstige Handlungen die Schriftform vorgesehen ist, gelten die Regelungen des § 130a Absatz 1, 2 Satz 1, Absatz 5 und 6 der Zivilprozessordnung entsprechend.

(2) ¹Die Prozessakten des Bundespatentgerichts und des Bundesgerichtshofs können elektronisch geführt werden. ²Die Vorschriften der Zivilprozessordnung über elektronische Dokumente, die elektronische Akte und die elektronische Verfahrensführung im Übrigen gelten entsprechend, soweit sich aus diesem Gesetz nichts anderes ergibt.

(3) Das Bundesministerium der Justiz und für Verbraucherschutz bestimmt durch Rechtsverordnung ohne Zustimmung des Bundesrates
1. den Zeitpunkt, von dem an elektronische Dokumente bei dem Deutschen Patent- und Markenamt und den Gerichten eingereicht werden können, die für die Bearbeitung der Dokumente geeignete Form, ob eine elektronische Signatur zu verwenden ist und wie diese Signatur beschaffen ist;
2. den Zeitpunkt, von dem an die Prozessakten nach Absatz 2 elektronisch geführt werden können, sowie die hierfür geltenden organisatorisch-technischen Rahmenbedingungen für die Bildung, Führung und Aufbewahrung der elektronischen Prozessakten.

Überblick

Zweck der Norm ist die Beschleunigung und Erleichterung des Rechtsverkehrs. Die Vorschrift ermöglicht es den Beteiligten (verpflichtet sie aber nicht dazu), beim DPMA (→ Rn. 4; → Rn. 13 f.), dem BPatG sowie dem BGH (→ Rn. 8; → Rn. 15) Dokumente in elektronischer Form (→ Rn. 2) einzureichen. Ferner erlaubt sie die elektronische Verfahrensführung bei Prozessen (→ Rn. 8 ff.). § 95a regelt in den Abs. 1 und 2 nur allgemein die Rahmenbedingungen hinsichtlich der Zulässigkeit elektronischer Dokumente in Verfahren vor dem DPMA, dem BPatG und dem BGH.

Die konkrete Ausgestaltung des elektronischen Rechtsverkehrs obliegt dem BMJ. Dazu ermächtigt § 95a Abs. 3 das BMJ zum Erlass von Verordnungen zur Einreichung elektronischer Dokumente beim DPMA (→ Rn. 13 f.) und bei den Gerichten (→ Rn. 15 f.) sowie zur Führung von elektronischen Prozessakten (→ Rn. 18 f.). Diese Rechtsverordnungen regeln auch die Frage, was für Anforderungen an die elektronische Signatur (→ Rn. 3) zu stellen sind (→ Rn. 14; → Rn. 16).

Eine Parallelvorschrift findet sich in § 125a PatG.

Übersicht

A. Allgemeines

Diese Norm wurde durch Art. 4 Abs. 3 Nr. 2 Transparenz- und Publizitätsgesetz vom 19.7.2002 **1** (BGBl. I 2681) in das MarkenG eingefügt und durch das PatRModG vom 31.7.2009 (BGBl. I 2521) geändert. Ferner wurde § 95a Abs. 3 Nr. 1 durch das Gesetz zur Novellierung patentrechtlicher Vorschriften und anderer Gesetze des gewerblichen Rechtsschutzes vom 19.10.2013 (BGBl. I 3830) geändert. Mit letztgenanntem Gesetz wurde die Grundlage für Signaturerleichterungen im Rechtsverkehr zwischen Anmeldern und dem DPMA geschaffen. Die Verweisung auf § 130a ZPO in Abs. 1 wurde durch Art. 10 Gesetz zur Förderung des elektronischen Rechtsverkehrs mit den Gerichten vom 10.10.2013 (BGBl. I 3786) mit Wirkung zum 1.1.2018 neu gefasst.

Was ein **elektronisches Dokument** (§ 130a ZPO) ist, wird im Gesetz nicht definiert. Allge- **2** mein wird darunter ein Dokument verstanden, das aus einer in einer elektronischen Datei enthaltenen Datenfolge besteht und das nur mit Hilfe einer EDV-Anlage gelesen werden kann. So ist zB eine **E-Mail** ein elektronisches Dokument (BGH NJW 2006, 2263 Rn. 20). Ein **Telefax** ist dagegen kein elektronisches Dokument, denn das Dokument ist in diesem Fall der Ausdruck und nicht die Datei selbst (BGH NJW 2008, 2649 Rn. 11, 19).

Für per Computerfax übermittelte Schreiben war eine besondere Regelung nicht notwendig, denn **2.1** diese erfüllen nach der Rechtsprechung das Erfordernis der Schriftform auch dann, wenn sie keine Unterschrift enthalten (BGH GRUR 2003, 1068 – Computerfax).

Die elektronische Signatur wird in § 95a Abs. 3 Nr. 1 angesprochen; definiert wird sie im **3** Markengesetz nicht. Die Definition findet sich in Art. 3 VO (EU) 910/2014. **Elektronische Signaturen** sind Daten in elektronischer Form, die anderen elektronischen Daten beigefügt oder logisch mit ihnen verbunden werden und die der Unterzeichner zum Unterzeichnen verwendet (Art. 3 Nr. 10 VO (EU) 910/2014). Eine **fortgeschrittene elektronische Signatur** ist eine elektronische Signatur, (a) die eindeutig dem Unterzeichner zugeordnet ist, (b) die die Identifizierung des Unterzeichners ermöglicht, (c) die unter Verwendung elektronischer Signaturerstellungsdaten erstellt wird, die der Unterzeichner mit einem hohen Maß an Vertrauen unter seiner alleinigen Kontrolle verwenden kann, und (d) die so mit den auf diese Weise unterzeichneten Daten verbunden ist, dass eine nachträgliche Veränderung der Daten erkannt werden kann (Art. 3 Nr. 11 VO (EU) 910/2014 iVm Art. 26 VO (EU) 910/2014). Eine **qualifizierte elektronische Signatur** ist eine fortgeschrittene elektronische Signatur, die von einer qualifizierten elektronischen Signaturerstellungseinheit erstellt wurde und auf einem qualifizierten Zertifikat für elektronische Signaturen beruht (Art. 3 Nr. 12 VO (EU) 910/2014).

B. Elektronische Dokumente im Verwaltungsverfahren

§ 95a Abs. 1 ermöglicht die Einreichung elektronischer Dokumente beim **DPMA** auch für **4** diejenigen Verfahren, für welche die **Schriftform** (dazu § 126 Abs. 1 BGB) vorgeschrieben ist. Das Schriftformerfordernis ist im Rechtsverkehr mit dem DPMA der Regelfall, da nach § 10 Abs. 1 DPMAV Originale von Anträgen und Eingaben grundsätzlich unterschrieben einzureichen sind.

Nach § 95a Abs. 1 iVm § 130a Abs. 1 und Abs. 2 S. 1 ZPO genügt die Aufzeichnung als **5** elektronisches Dokument der Schriftform, wenn das Dokument für die Bearbeitung durch das Gericht geeignet ist. Ist ein übermitteltes elektronisches Dokument für das Gericht zur **Bearbeitung nicht geeignet,** ist dies dem Absender unter Angabe der geeigneten technischen Rahmenbedingungen unverzüglich mitzuteilen (§ 95a Abs. 1 iVm § 130a Abs. 6 S. 1 ZPO).

§ 95a Abs. 1 verweist für das Verfahren vor dem **DPMA** nur auf § 130a Abs. 1, 2 S. 1, Abs. 5 **6** und 6 ZPO, nicht jedoch auf § 130a Abs. 3 ZPO. Daraus lässt sich der Schluss ziehen, dass elektronische Dokumente **nicht** stets **zwingend** mit einer **qualifizierten elektronischen Signatur** nach der VO (EU) 910/2014 versehen sein müssen. Diese Auffassung wurde bestätigt durch die Neufassung des Abs. 3 Nr. 1 im Jahr 2013. Nach der Gesetzesbegründung (BT-Drs. 17/10308, 20) soll mit dieser Änderung klargestellt werden, dass das BMJ nicht nur ermächtigt ist, die Art der für die Kommunikation zwischen Nutzer und DPMA erforderlichen elektronischen Signatur zu bestimmen, sondern dass es auch in dem bestehenden gesetzlichen Rahmen festlegen kann, für welche Fälle der elektronischen Kommunikation mit dem DPMA überhaupt ein Signaturerfordernis gelten soll. Damit könne das BMJ in geeigneten Fällen der in Europa zu beobachtenden Entwicklung (zB beim EUIPO) Rechnung tragen, dass die Kommunikation mit den Ämtern auf einfachem elektronischem Wege, dh ohne Signaturerfordernis, vermehrt möglich ist. § 95a Abs. 1 legt allerdings nur den **Gestaltungsspielraum des BMJ** fest; die durch das BMJ diesbezüglich erlassenen konkreten Regelungen erfolgten auf Grundlage der Verordnungsermächtigung des § 95a Abs. 3 Nr. 1 (→ Rn. 13).

7 Nach § 95a Abs. 1 iVm § 130a Abs. 5 ZPO ist ein elektronisches Dokument **eingegangen,** sobald die für den Empfang bestimmte Einrichtung des DPMA es gespeichert hat. Zuständig ist nach § 3 Abs. 1 S. 1 ERVDPMAV (→ Rn. 13) die elektronische Annahmestelle des DPMA. Wann das Dokument dem zuständigen Bearbeiter vorliegt, gelesen oder ausgedruckt wird, ist unbeachtlich (BGH GRUR 2020, 980 Rn. 12).

C. Anwendbarkeit der ZPO bei Prozessen

8 Die **Prozessakten** können elektronisch geführt werden (§ 95a Abs. 2 S. 1). Die **Akteneinsicht** in elektronisch geführte Prozessakten ist in § 95a Abs. 2 S. 2 iVm § 299 Abs. 3 ZPO und § 299a ZPO geregelt.

9 Obwohl § 82 Abs. 1 für das Verfahren vor dem BPatG bereits eine allgemeine Verweisung auf die Vorschriften der ZPO enthält, verweist § 95a Abs. 2 S. 2 aus Gründen der Klarstellung (so BT-Drs. 16/11339, 26, Nr. 13 iVm BT-Drs. 16/11339, 29, Nr. 6) noch speziell auf die Regelungen zur elektronischen Verfahrensführung der ZPO. Diese gelten somit sowohl für das Verfahren vor dem **BPatG** als auch für das Verfahren vor dem **BGH,** soweit das MarkenG keine Sonderregeln enthält.

10 Eine solche **Sonderregel** existiert bezüglich der **elektronischen Signatur.** § 130a Abs. 3 ZPO fordert eine qualifizierte elektronische Signatur, § 95a Abs. 3 Nr. 1 iVm BGH/BPatGERVV lässt auch eine fortgeschrittene elektronische Signatur zu (→ Rn. 16).

11 Die **Verweisung** auf die Vorschriften der ZPO in § 95a Abs. 2 S. 2 bezieht sich ferner insbesondere (dazu BT-Drs. 16/11339, 26) auf § 130b ZPO (gerichtliche elektronische Dokumente allgemein), § 105 ZPO (elektronischer Kostenfestsetzungsbeschluss), § 164 ZPO (elektronischer Berichtigungsvermerk), § 253 ZPO (Entbehrlichkeit der Beifügung von Abschriften), § 319 ZPO (elektronischer Urteilsberichtigungsbeschluss) und § 371a ZPO (Beweiskraft elektronischer Dokumente).

D. Verordnungen zur elektronischen Verfahrensführung

12 Von der Verordnungsermächtigung nach § 95a Abs. 3 Nr. 1 und 2 hat das BMJ Gebrauch gemacht und insgesamt drei Rechtsverordnungen erlassen.

I. Rechtsverkehr beim DPMA: ERVDPMAV

13 Von der Verordnungsermächtigung nach § 95a Abs. 3 Nr. 1 hat das BMJ Gebrauch gemacht durch die Verordnung über den elektronischen Rechtsverkehr beim **Deutschen Patent- und Markenamt** (ERVDPMAV) vom 1.11.2013 (BGBl. I 3906).

13.1 Die ERVDPMAV geht nach § 2 Abs. 1 S. 2 MarkenV iVm § 12 DPMAV sowie nach § 21 Abs. 2 DPMAV der MarkenV und der DPMAV vor.

13.2 Die ERVDPMAV vom 1.11.2013 ersetzt die Vorgängerversion vom 26.9.2006 (BGBl. I 2159).

13.3 Ergänzend zur Verordnungsermächtigung in § 95a Abs. 3 Nr. 1 enthält § 94 Abs. 1 Nr. 4 eine weitere Ermächtigung: In dem einen Fall (§ 95a Abs. 3 Nr. 1) geht es um Schreiben an das DPMA, in dem anderen Fall (§ 94 Abs. 1 Nr. 4) um Schreiben des DPMA an Verfahrensbeteiligte. Beide Konstellationen werden in einer einzigen Verordnung geregelt, der ERVDPMAV.

13.4 Mit § 1 Abs. 2 ERVDPMAV soll verdeutlicht werden, dass materiell-rechtliche Erklärungen Formerfordernissen außerhalb der ERVDPMAV unterliegen können. Eine Einreichung über die elektronische Anmeldeplattform des DPMA ist daher unter Umständen nicht formwirksam. Dies betrifft zB die Vorlage einer

Vollmachtsurkunde gemäß § 174 BGB, einer Bürgschaftserklärung sowie einer Vollmacht zur Übernahme der Bürgschaft (dazu Gruber DuD 2019, 57).

Nach § 1 Abs. 1 Nr. 3 ERVDPMAV können in Markenverfahren für Anmeldungen und **14** Beschwerden elektronische Dokumente eingereicht werden. Bei **Anmeldungen** können elektronische Dokumente auch **signaturfrei** eingereicht werden (§ 2 Abs. 1 Nr. 1 ERVDPMAV), bei **Beschwerden** müssen die Dokumente dagegen **signaturgebunden** sein. Die elektronischen Dokumente sind im zweitgenannten Fall mit einer qualifizierten elektronischen Signatur gemäß Art. 3 Nr. 12 VO (EU) 910/2014 oder mit einer fortgeschrittenen elektronischen Signatur zu versehen, die von einer internationalen, auf dem Gebiet des gewerblichen Rechtsschutzes tätigen Organisation herausgegeben wird und sich zur Bearbeitung durch das DPMA eignet (§ 3 Abs. 3 ERVDPMAV). Die **Bearbeitungsvoraussetzungen** gibt das DPMA über die Internetseite www.dpma.de bekannt (§ 4 ERVDPMAV).

§ 130a Abs. 4 Nr. 2 ZPO, welcher das **beA** als sicheren Übermittlungsweg bezeichnet, ist nach § 95a **14.1** Abs. 1 nicht entsprechend anwendbar (BPatG GRUR-RS 2021, 19297 Rn. 15).

II. Rechtsverkehr beim BGH und BPatG: Die BGH/BPatGERVV

Von der Verordnungsermächtigung nach § 95a Abs. 3 Nr. 1 hat das BMJ ferner durch die **15** Verordnung über den elektronischen Rechtsverkehr beim **Bundesgerichtshof** und **Bundespatentgericht** (BGH/BPatGERVV) vom 24.8.2007 (BGBl. I 2130) Gebrauch gemacht, welche am 1.9.2007 (§ 4 BGH/BPatGERVV) in Kraft trat.

Die Verordnung über die technischen Rahmenbedingungen des elektronischen Rechtsverkehrs und **15.1** über das besondere elektronische Behördenpostfach (Elektronischer-Rechtsverkehr-Verordnung – **ERVV**) vom 24.11.2017 (BGBl. I 3803), in Kraft seit dem 1.1.2018, **gilt nicht für Verfahren in Kennzeichensachen.** Für diese Verfahren gilt die BGH/BPatGERVV fort (BR-Drs. 645/17, 21).

Nach § 1 BGH/BPatGERVV iVm der Anlage zu § 1 können beim BPatG und beim BGH in **16** Verfahren nach dem MarkenG elektronische Dokumente eingereicht werden. Nach § 2 Abs. 2a BGH/BPatGERVV (iVm Nr. 8 und Nr. 11 der Anlage zu § 1) sind elektronische Dokumente mit einer **qualifizierten elektronischen Signatur** gemäß Art. 3 Nr. 12 VO (EU) 910/2014 oder mit einer **fortgeschrittenen elektronischen Signatur** zu versehen, die von einer internationalen Organisation auf dem Gebiet des gewerblichen Rechtsschutzes herausgegeben wird und sich zur Bearbeitung durch das jeweilige Gericht eignet. Die **Betriebsvoraussetzungen** geben die Gerichte nach § 3 BGH/BPatGERVV auf ihren in § 2 Abs. 1 BGH/BPatGERVV bezeichneten Internetseiten bekannt.

Nach § 2 Abs. 5 S. 3 BGH/BPatGERVV muss sich bei der Einreichung einer **ZIP-Datei** die Signatur **16.1** auf das Dokument und nicht auf die ZIP-Datei beziehen.

Im Gegensatz zu dem Verfahren vor dem DPMA (dort § 3 Abs. 2 ERVDPMAV) sieht § 2 BGH/ **17** BPatGERVV **nicht** die Möglichkeit vor, elektronische Dokumente auch auf einem **Datenträger** einzureichen.

III. Führung elektronischer Prozessakten: EAPatV

Die Führung von elektronischen **Prozessakten** wurde auf Grundlage des § 95a Abs. 3 Nr. 2 **18** durch die Verordnung über die elektronische Aktenführung bei dem Patentamt, dem Patentgericht und dem Bundesgerichtshof **(EAPatV)** vom 10.2.2010 (BGBl. I 83) geregelt.

§ 1 EAPatV ermächtigt die Gerichte, Verfahrensakten ganz oder teilweise auch elektronisch zu **19** führen. Nach § 2 EAPatV gelten für Verfahren **vor dem DPMA** die **Regelungen der ZPO** über die elektronische Aktenführung entsprechend; für das BPatG und den BGH ergibt sich eine entsprechende Anwendung bereits aus § 95a Abs. 2 S. 2.

Die Form der **Ausfertigungen** und Abschriften eines elektronischen Dokuments regelt § 6 **20** EAPatV.

Auf diese Bestimmung verweist auch § 20 Abs. 1 S. 4 DPMAV. **20.1**

§ 96 Inlandsvertreter

(1) Wer im Inland weder einen Wohnsitz, Sitz noch Niederlassung hat, kann an einem in diesem Gesetz geregelten Verfahren vor dem Deutschen Patent- und Markenamt oder

dem Bundespatentgericht nur teilnehmen und die Rechte aus einer Marke nur geltend machen, wenn er einen Rechtsanwalt oder Patentanwalt als Vertreter bestellt hat, der zur Vertretung im Verfahren vor dem Deutschen Patent- und Markenamt, dem Bundespatentgericht und in bürgerlichen Streitigkeiten, die diese Marke betreffen, sowie zur Stellung von Strafanträgen befugt und bevollmächtigt ist.

(2) ¹Der Ort, an dem ein nach Absatz 1 bestellter Vertreter seinen Geschäftsraum hat, gilt im Sinne des § 23 der Zivilprozessordnung als der Ort, an dem sich der Vermögensgegenstand befindet. ²Fehlt ein solcher Geschäftsraum, so ist der Ort maßgebend, an dem der Vertreter im Inland seinen Wohnsitz, und in Ermangelung eines solchen der Ort, an dem das Deutsche Patent- und Markenamt seinen Sitz hat.

(3) Die rechtsgeschäftliche Beendigung der Bestellung eines Vertreters nach Absatz 1 wird erst wirksam, wenn sowohl diese Beendigung als auch die Bestellung eines anderen Vertreters gegenüber dem Deutschen Patent- und Markenamt oder dem Bundespatentgericht angezeigt wird.

Überblick

Das Erfordernis des Inlandsvertreters dient der Vereinfachung des Verfahrens mit Auswärtigen (→ Rn. 1). Die Obliegenheit, einen Inlandsvertreter zu bestellen, knüpft an den Aufenthalt eines Verfahrensbeteiligten im Ausland an (→ Rn. 3). Zum Inlandsvertreter können deutsche Rechts- und Patentanwälte (→ Rn. 9) bestellt werden sowie Rechts- und Patentanwälte aus einem EU-Mitgliedstaat, aus einem EWR-Mitgliedstaat und aus der Schweiz (→ Rn. 10), sofern sich der betreffende Dienstleister in eine von der Patentanwaltskammer bzw. Rechtsanwaltskammer geführte Liste eintragen lassen hat. Entsprechendes gilt für nicht als Patentanwalt zugelassene Dienstleister aus den genannten Staaten, sofern im Herkunftsstaat der Patentanwaltsberuf nicht reglementiert ist: Auch sie können in Deutschland tätig werden, sofern sie in die von der Patentanwaltskammer geführte Liste eingetragen wurden (→ Rn. 12).

Wird ein Inlandsvertreter nicht bestellt, ist dieser Umstand allein kein Grund, eine Marke zu löschen (→ Rn. 18). Auch nach Erteilung einer Vollmacht (→ Rn. 14 ff.) kann der im Ausland ansässige Beteiligte noch selbst Verfahrenshandlungen vornehmen (→ Rn. 19). Das Mandat eines Inlandsvertreters endet erst, wenn die Beendigung des Mandats und zusätzlich die Bestellung eines anderen Vertreters dem DPMA bzw. dem BPatG angezeigt wird (→ Rn. 26 f.).

Für die Bestimmung des Gerichtsstands wird grundsätzlich auf den Ort abgestellt, an dem der Inlandsvertreter seinen Geschäftsraum hat (→ Rn. 23 ff.).

Eine Parallelvorschrift findet sich in § 25 PatG.

Übersicht

A. Allgemeines

1   Diese Vorschrift greift in denjenigen Fällen, in denen ein Verfahrensbeteiligter im Ausland wohnt bzw. dort seinen Sitz hat. Anknüpfungspunkt ist nur der **Aufenthalt im Ausland,** nicht die Staatsangehörigkeit. Diese Norm dient dazu, dem DPMA, dem BPatG und den übrigen Verfahrensbeteiligten den Verkehr mit im Ausland ansässigen Verfahrensbeteiligten zu erleichtern (BGH GRUR 1969, 437 (438) – Inlandsvertreter).

1.1   Durch das Gesetz zur Umsetzung der Berufsanerkennungsrichtlinie und zur Änderung weiterer Vorschriften im Bereich der rechtsberatenden Berufe vom 12.5.2017 (BGBl. I 1121) wurde unter anderem die **vorübergehende Tätigkeit ausländischer Patentanwälte neu geregelt.** Die Gesetzesänderung (dazu BT-Drs. 18/9521) dient der Umsetzung der RL 2013/55/EU, durch welche die Diplomanerkennungs-RL 2005/36/EG grundlegend geändert wurde. Erstmals ausdrücklich geregelt hat der deutsche

Gesetzgeber in dem Umsetzungsgesetz die vorübergehende Erbringung von Dienstleistungen in Deutschland durch Patentanwälte aus den anderen Mitgliedstaaten der EU, den Vertragsstaaten über den Europäischen Wirtschaftsraum (EWR) und der Schweiz. Dazu wurde als Art. 5 Umsetzungsgesetz ein „Gesetz über die Tätigkeit europäischer Patentanwälte in Deutschland **(EuPAG)**" erlassen, welches an die Stelle des bisherigen PAZEignPrG tritt.

Ferner wurde § 96 geändert (Art. 15 Umsetzungsgesetz; dazu BT-Drs. 18/9521, 236 f.). Der **bisherige** **1.2** **Abs. 2,** welcher die Vertretungsbefugnis durch ausländische Patentanwälte geregelt hat, wurde aufgehoben (dabei wurde vergessen, die Verweisung in § 94 Abs. 1 Nr. 1 S. 2 anzupassen). Gleichzeitig wurden in Abs. 1 bei der Formulierung „im Inland einen Rechtsanwalt oder Patentanwalt als Vertreter bestellt hat" die Wörter „im Inland" gestrichen und am Satzende die Wörter „befugt und" eingefügt, so dass nun jeder Rechts- oder Patentanwalt als Vertreter bestellt werden kann, sofern er zur Vertretung im Verfahren vor dem DPMA, dem BPatG und in bürgerlichen Streitigkeiten befugt ist.

Beim MaMoG ist dem Gesetzgeber ein Redaktionsversehen unterlaufen: Er spricht in Art. 1 Nr. 70 **1.3** MaMoG im Hinblick auf die Änderung des § 96 (DPMA statt Patentamt und Bundespatentgericht statt Patentgericht) irrtümlich von Abs. 3 S. 2 und Abs. 4 und übersieht dabei, dass der ursprüngliche Abs. 2 wegfiel und sich dadurch die Absatznummern verschoben haben. Da das Redaktionsversehen offensichtlich ist, wurde auch in der offiziellen Gesetzesfassung die Änderung an der richtigen Stelle vorgenommen.

Auch in einem Vertragsstaat der **Pariser Verbandsübereinkunft** ansässige Personen sind von **2** der Verpflichtung, einen Inlandsvertreter zu bestellen, nicht befreit, da Art. 2 Abs. 3 PVÜ ausdrücklich einen entsprechenden Vorbehalt enthält.

B. Zur Vertreterbestellung verpflichteter Personenkreis

Die Anknüpfungskriterien des § 96 Abs. 1 werden im MarkenG nicht definiert. Im Interesse **3** der Einheit der Rechtsordnung müssen daher die Definitionen, die man in anderen Gesetzen findet, für das MarkenG übernommen werden. **Wohnsitz** ist nach § 7 BGB der Ort, an dem sich eine natürliche Person ständig niederlässt. **Sitz** einer juristischen Person ist derjenige Ort, den ihre Satzung bzw. ihr Gesellschaftsvertrag als Sitz bestimmt (§ 5 AktG, § 4a GmbHG). Ist ein Sitz in der Satzung nicht bestimmt, ist Sitz der Gesellschaft der Ort, an welchem die Verwaltung geführt wird (vgl. § 24 BGB bezüglich des Vereins). **Niederlassung** ist derjenige Ort, von dem aus Gewerbetreibende ihre Geschäfte dauerhaft leiten (erwähnt wird die Niederlassung zB auch in § 21 Abs. 1 ZPO); auch eine Zweigniederlassung ist eine Niederlassung iSd § 96 Abs. 1. Eine Niederlassung liegt allerdings nur dann vor, wenn der fragliche Unternehmensteil so eingerichtet und tätig ist, dass Dritte das Vorhandensein einer **Niederlassung erkennen** können; zu einer Niederlassung gehört daher auch ein eigener Telefonanschluss (BPatG Mitt 1982, 77).

Eigenständige **Tochterfirmen** einer ausländischen Gesellschaft sind keine Niederlassung dieser Gesell- **3.1** schaft im Inland. Werden sie nicht im Namen und auf Rechnung der Muttergesellschaft tätig, bedarf diese eines Inlandsvertreters (BPatG GRUR-RS 2021, 1310).

Angesichts der mittlerweile bestehenden Möglichkeiten, Schriftstücke an Empfänger in anderen **4** EU-Mitgliedstaaten zuzustellen, ist die Auffassung des BPatG (BeckRS 2019, 20908) mit dem EU-Recht nicht zu vereinbaren, dass nach dem Wortlaut des § 96 Abs. 1 auch für **Beteiligte** **mit Sitz in einem Mitgliedstaat der EU** die Bestellung eines Inlandsvertreters gefordert wird. Diese Norm ist unionsrechtskonform dahingehend auszulegen (zu dieser Auslegung EuGH 157/ 86, BeckEuRS 1988, 142148 Rn. 11 – Murphy), dass das Wort „Inland" im Text dieser Norm die ganze EU meint (Gruber EWS 2017, 326).

Für das **Verfahren vor dem BPatG** ergibt sich das unmittelbar aus dem Unionsrecht. Nach Art. 14 **4.1** Enforcement-RL (RL 2004/48/EG vom 29.4.2004 zur Durchsetzung der Rechte des geistigen Eigentums) müssen die EU-Mitgliedstaaten bei Prozessen zur Durchsetzung der Rechte des geistigen Eigentums sicherstellen, dass die Prozesskosten und sonstigen Kosten der obsiegenden Partei in der Regel, soweit sie zumutbar und angemessen sind, von der unterlegenen Partei getragen werden, sofern Billigkeitsgründe dem nicht entgegenstehen. Der EuGH hat festgestellt, dass sich der Anwendungsbereich des Art. 14 Enforcement-RL auch auf die Anwaltskosten erstreckt (EuGH C-57/15, GRUR Int 2016, 963). Diese Norm verlange jedoch nur die Erstattung der „zumutbaren" Kosten; was zumutbar ist, sei ua im Lichte des Art. 3 Abs. 1 Enforcement-RL festzustellen. Danach dürfen die von den Mitgliedstaaten vorgesehenen Verfahren nicht unnötig kostspielig sein.

Die Beauftragung eines Inlandsvertreters verursacht zusätzliche Kosten (→ Rn. 10.3). Diese zusätzli- **4.2** chen Kosten sind nur dann mit dem EU-Recht zu vereinbaren, wenn sie notwendig sind. Bei Verfahrensbeteiligten aus anderen EU-Mitgliedstaaten könnte eine Zustellung gerichtlicher Schriftstücke gemäß der

VO (EU) 2020/1784 (EuZVO; → § 94 Rn. 30) erfolgen. Das BPatG könnte also ohne rechtliche Schwierigkeiten Verfahrensbeteiligten mit Sitz in einem EU-Mitgliedstaat Schriftstücke zustellen.

4.3　　　Für das **Verfahren vor dem DPMA** gibt es (im Gegensatz zum Unionsmarkenverfahren vor dem EUIPO, wo nach Art. 119 UMV nur dann die Bestellung eines Vertreters gefordert wird, wenn ein Beteiligter seinen Sitz außerhalb des EWR hat) keine speziellen Regelungen im Recht der EU. Allerdings sieht § 94 Abs. 1 Nr. 1 für das Verfahren vor dem DPMA vor, dass immer dann, wenn kein Inlandsvertreter bestellt wurde, mit eingeschriebenem Brief durch Aufgabe zur Post zugestellt werden kann (→ § 94 Rn. 27 ff.). Kraft der Verweisung in § 94 ist daher auch im Verfahren vor dem DPMA die EuZVO anwendbar.

4.4　　　Zudem dürfte das EU-Recht die möglichen völkerrechtlichen Vorbehalte verdrängen. Zum einen wurde das materielle Markenrecht in den EU-Mitgliedstaaten so stark angeglichen, dass es kaum noch Unterschiede gibt (→ Einleitung Rn. 61 ff.). Zum anderen gibt es in der EU den in Art. 4 Abs. 3 EUV niedergelegten Grundsatz der loyalen Zusammenarbeit; danach achten und unterstützen sich die Union und die Mitgliedstaaten gegenseitig bei der Erfüllung der Aufgaben, die sich aus den Verträgen ergeben. Nach Art. 67 Abs. 4 AEUV erleichtert die Union den Zugang zum Recht. Konkretisiert wird dieser Grundsatz auch in Erwägungsgrund Nr. 3 S. 2 Enforcement-RL: „Daher ist darauf zu achten, dass das materielle Recht auf dem Gebiet des geistigen Eigentums, das heute weitgehend Teil des gemeinschaftlichen Besitzstandes ist, in der Gemeinschaft wirksam angewandt wird." Da einerseits das Markenrecht in der EU kaum noch Unterschiede aufweist (und zwar sowohl im Verhältnis Unionsmarke/nationale Marke als auch auf Ebene der nationalen Markenrechte), andererseits sich die EU als Raum der Freiheit, der Sicherheit und des Rechts versteht (vgl. Titel V des AEUV), ist kein Grund ersichtlich, der gegen eine Zustellung von Schriftstücken in Markensachen durch einen EU-Mitgliedstaat an Verfahrensbeteiligte in einem anderen EU-Mitgliedstaat sprechen würde.

4.5　　　Zudem darf die Beschleunigung der Zustellung zwischen den Mitgliedstaaten nicht dazu führen, dass in irgendeiner Weise die Verteidigungsrechte beeinträchtigt werden, die den Zustellungsempfängern aus dem Recht auf ein faires Verfahren erwachsen (EuGH NJW 2013, 443 Rn. 35). Ob dem im Ausland ansässigen Markeninhaber durch § 96 die Wahrnehmung seiner Rechte erschwert wird, weil er sich nicht darauf verlassen kann, dass der Rechtsanwalt, den er gegebenenfalls Jahre zuvor mandatiert hat, überhaupt noch zu seiner Vertretung bereits und in der Lage ist, erscheint zumindest diskussionswürdig (so OLG Düsseldorf GRUR-RR 2021, 443 (446)).

4.6　　　Draheim (→ § 42 Rn. 50) sieht die Gefahr, dass ohne die Bestellung eines Inlandsvertreters die Möglichkeit der Kontaktaufnahme mit dem im Ausland ansässigen Markeninhaber erschwert würde. Folgt man der hier vertretenen Auffassung, dass eine Zustellung durch das DPMA innerhalb der EU problemlos möglich ist, besteht diese Gefahr nicht. Seiler meint, dass für die hier vertretene Auffassung „gute Argumente" sprächen, dass aber einer unionsrechtskonformen Auslegung der Wortlaut des § 96 Abs. 1 entgegenstehen dürfte (HK-MarkenR/Seiler Rn. 4).

4.7　　　Das BPatG fordert zwar auch bei einer im EU-Ausland ansässigen Person einen Inlandsvertreter (BeckRS 2019, 20908); das Gericht hat allerdings die unionsrechtliche Problematik überhaupt nicht gesehen.

C. Erfasste Verfahrensarten

5　　　Die Pflicht zur Bestellung eines Inlandsvertreters besteht im Verfahren vor dem **DPMA,** vor dem **BPatG** und vor den **ordentlichen Gerichten.** Letztere wurden durch das KostenberG vom 13.12.2001 (BGBl. I 3656) in den Anwendungsbereich des § 96 einbezogen (durch den – sprachlich nicht sehr klaren – Zusatz „und die Rechte aus einer Marke nur geltend machen"). Aus der Gesetzesbegründung (BT-Drs. 14/6203, 69) ergibt sich, dass man damit diejenigen Verfahren vor den Landgerichten erfassen wollte, bei denen kein Anwaltszwang besteht, insbesondere die Beantragung einer einstweiligen Verfügung. Im Rechtsbeschwerdeverfahren vor dem **BGH** stellt sich das Problem nicht, da sich dort die Beteiligten durch einen beim BGH zugelassenen Rechtsanwalt vertreten lassen müssen (§ 85 Abs. 5 S. 1).

5.1　　　§ 46 MarkenV fordert vom Inhaber einer **international registrierten Marke** die Bestellung eines Inlandsvertreters, ohne dass zB darauf abgestellt wird, ob der Markeninhaber im Inland eine Zweigniederlassung hat. Durch diese Verordnungsnorm wird aber der Anwendungsbereich des § 96 nicht erweitert (so zutreffend → § 113 Rn. 28.1).

6　　　Die Bestellung eines Inlandsvertreters ist dann nicht notwendig, wenn einem Antrag ohne weiteres, dh **ohne** förmliche und **zustellungsbedürftige Entscheidung** oder **Beteiligung eines Dritten,** stattgegeben werden kann. Somit ist für die Rücknahme einer Anmeldung, die Verlängerung, die Stellung eines Antrags auf Umschreibung und Teilung sowie für die Erhebung von Widersprüchen (BPatG GRUR-RS 2021, 49041 Rn. 17) bzw. die bloße Einlegung von Erinnerungen oder **Beschwerden** ein Inlandsvertreter nicht erforderlich (so RL Markenanmeldung idF vom 1.8.2018, Teil I 4 C (3)). Ergibt sich aus der Einlegung der Beschwerde ein **Verfahren,** weil zB dem Antrag nicht ohne weiteres entsprochen werden kann, muss ein Inlandsvertreter bestellt werden (BPatG BeckRS 2015, 14828).

§ 96 gilt nur für **eingetragene Marken.** Dafür spricht, dass diese Vorschrift im Teil 3, Verfahren **7** in Markenangelegenheiten, steht. Auch der Sinn und Zweck der Norm spricht gegen eine extensive Auslegung. Diese Sondervorschrift zielt in erster Linie auf das Verfahren vor dem DPMA ab. Bei nicht eingetragenen Marken gibt es keinen Grund, bei Prozessen vom allgemeinen Zivilprozessrecht abzuweichen.

Diese Ansicht ist in der neueren Literatur vorherrschend. Die Gegenauffassung, dass die Vorschrift auch **7.1** auf die nicht eingetragenen Marken anzuwenden sei, wurde ua von Seiler bis zur 3. Aufl. des HK-MarkenR vertreten; in der 4. Aufl. hat er sich der hier vertretenen Ansicht angeschlossen (HK-MarkenR/Seiler Rn. 12).

Dieser Aspekt, dass die Bestellung eines Inlandsvertreters in erster Linie das DPMA entlasten **8** soll, spricht ferner dagegen, diese Vorschrift auf die **außergerichtliche Geltendmachung** von Rechten aus einer Marke anzuwenden.

Das LG Hamburg (GRUR-RS 2022, 412 m. Bespr. Gruber GRUR-Prax 2022, 313) führt aus, dass **8.1** der gesetzlich vorgeschriebene Mindestumfang nach dem Gesetzeswortlaut auch sämtliche Rechtsstreitigkeiten vor den ordentlichen Gerichten umfasse, welche die Marke betreffen. Damit erfordere § 96 die Erteilung einer Prozessvollmacht iSd § 81 ZPO. Diese erfasse ihrerseits auch die Entgegennahme von markenrechtlichen **Abmahnungen.** Diese Entscheidung überzeugt nicht, denn das LG zitiert § 96 Abs. 1 ungenau. Dort wird einleitend von „einem in diesem Gesetz geregelten Verfahren" gesprochen. Die vorgerichtliche Abmahnung ist jedoch nicht im MarkenG geregelt; sie gehört zum außergerichtlichen Bereich. Die Kosten der Abmahnung fallen daher auch nicht unter § 140 Abs. 4 (→ § 140 Rn. 91). Diese unterschiedliche Behandlung ist auch sachlich gerechtfertigt: Die Schwierigkeiten, die bei der Auslandszustellung von Hoheitsakten (Entscheidungen des DPMA oder der Gerichte) auftreten, stellen sich bei der Abmahnung nicht. Für die Einschaltung eines Inlandsvertreters besteht bei der Abmahnung somit kein Anlass.

D. Personenkreis der Vertretungsberechtigten

Inlandsvertreter können **Rechtsanwälte und Patentanwälte** sein (§ 96 Abs. 1 S. 1). Gemeint **9** sind damit zum einen in Deutschland zugelassene Rechtsanwälte und Patentanwälte. Vertretungsberechtigt sind ferner **Erlaubnisscheininhaber** (gemäß § 160 PAO iVm § 178 PAO aF) und **Patentassessoren** (auf Grund des § 155 Abs. 2 PAO), sofern der Dritte und der Dienstherr des Patentassessors in einem in § 155 Abs. 1 PAO beschriebenen Rechtsverhältnis stehen.

Die Vertretungsbefugnis für Erlaubnisscheininhaber und Patentassessoren widerspricht zwar dem Wort- **9.1** laut des § 96 Abs. 1 („Rechtsanwalt oder Patentanwalt"); die PAO ist für diese Konstellation aber die speziellere Regelung und geht daher vor.

Bezüglich der beim **BGH zugelassenen Rechtsanwälte** wird § 96 Abs. 1 durch die speziellere Norm **9.2** des § 172 BRAO verdrängt. Nach dieser Bestimmung dürfen beim BGH zugelassene Rechtsanwälte nur vor obersten Gerichtshöfen des Bundes auftreten. Da das BPatG zwar ein Bundesgericht ist (Art. 96 Abs. 1 GG; § 65 Abs. 1 PatG), jedoch kein Oberster Gerichtshof, weil gegen seine Beschlüsse Rechtsbeschwerde beim BGH eingelegt werden kann (Art. 96 Abs. 3 GG; § 83), ist es den beim BGH zugelassenen Rechtsanwälten nach § 172 BRAO verwehrt, vor dem BPatG aufzutreten.

§ 13 Abs. 1 EuPAG (iVm § 96 Abs. 1) erweitert den Personenkreis der Vertretungsberechtigten **10** um **Patentanwälte** aus den **EU-Mitgliedstaaten,** § 26 EuPAG um Patentanwälte aus den **EWR-Mitgliedstaaten** und aus der **Schweiz** (Gruber GRUR Int 2017, 859). Die entsprechende Vertretungsbefugnis von **europäischen Rechtsanwälten** ergibt sich aus § 1 EuRAG (iVm der Anlage zu § 1 EuRAG) iVm §§ 25 und 27 EuRAG.

Die Vertretungsbefugnis durch ausländische Berufsträger wurde mehrfach erweitert: durch das **Kosten- 10.1 berG vom 13.12.2001** (BGBl. 2001 I 3656), das **PatRModG vom 31.7.2009** (BGBl. 2009 I 2521) und das Gesetz zur Umsetzung der Berufsanerkennungsrichtlinie und zur Änderung weiterer Vorschriften im Bereich der rechtsberatenden Berufe **vom 12.5.2017** (BGBl. 2017 I 1121).

Bis zum Inkrafttreten des KostenberG am 1.1.2002 mussten alle Auswärtigen, dh Personen ohne Wohn- **10.2** sitz, Sitz oder Niederlassung in Deutschland, einen Inlandsvertreter bestellen. Die EU-Kommission hielt diese Regelung für unvereinbar mit den Grundsätzen der Dienstleistungsfreiheit innerhalb der EU. Daher sollten nun nicht nur inländische Rechtsanwälte und Patentanwälte, sondern auch solche aus einem anderen Mitgliedstaat der EU oder einem Vertragsstaat des EWR-Abkommens als Vertreter im Sinne dieser Vorschrift bestellt werden können (BT-Drs. 14/6203, 60–62, 69). Durch das KostenberG wurden § 96 Abs. 2 aF in das MarkenG eingefügt. Nach dieser Vorschrift kann ein Staatsangehöriger eines Mitgliedstaats der EU oder eines anderen Vertragsstaates des EWR-Abkommens zur Erbringung von Dienstleitungen als Vertreter bestellt werden.

10.3   Um die zügige Durchführung von Verfahren sicherzustellen, mussten Auswärtige im Verfahren einen Zustellungsbevollmächtigten bestellen, wenn ein im EU- oder EWR-Ausland ansässiger Vertreter bestellt wurde. Nach § 96 Abs. 2 S. 2 MarkenG idF des KostenberG konnte daher ein Verfahren nur betrieben werden, wenn im Inland ein Rechtsanwalt oder Patentanwalt als Zustellungsbevollmächtigter bestellt worden ist. Aber auch die Regelung des KostenberG verstieß nach Ansicht der EU-Kommission noch gegen EU-Recht. Durch das zwingende Erfordernis eines Zustellungsbevollmächtigten im Inland für im EU-Ausland niedergelassene Rechtsanwälte könnten diese die ihnen nach dem EU-Vertrag garantierte Dienstleistungsfreiheit nicht ungehindert ausüben, denn die Beauftragung eines Zustellungsbevollmächtigten im Inland verursache zusätzliche Kosten und Belastungen. Daher wurde das Erfordernis eines Zustellungsbevollmächtigten für Inlandsvertreter aus dem EU-Ausland sowie aus EWR-Vertragsstaaten durch das am 1.10.2009 in Kraft getretene PatRModG gestrichen. Nach Streichung des § 96 Abs. 2 S. 2 aF bedarf es nicht mehr der zusätzlichen Stellung eines deutschen Rechts- oder Patentanwalts als Zustellungsbevollmächtigten.

10.4   Das Gesetz vom 12.5.2017 begünstigt vor allem diejenigen Berufsträger, in deren Heimatstaat der Rechtsanwalts- bzw. Patentanwaltsberuf nicht reglementiert ist. Auch sie sind unter bestimmten Voraussetzungen nun vertretungsbefugt.

11   **EWR-Mitgliedstaaten** sind **Island, Norwegen** und **Liechtenstein.** Kein EWR-Mitgliedstaat ist der EFTA-Staat **Schweiz,** da in der Schweiz 1992 der bereits unterzeichnete EWR-Vertrag in einer Volksabstimmung abgelehnt wurde. Die Schweizer Berufsträger sind aber auf Grund des Abkommens zwischen der Schweizerischen Eidgenossenschaft einerseits und der Europäischen Gemeinschaft und ihren Mitgliedstaaten andererseits über die Freizügigkeit (BGBl. 2001 II 810, in Kraft seit dem 1.6.2002, BGBl. 2002 II 1692) wie EU-Bürger zu behandeln.

11.1   Die Einbeziehung der Berufsträger aus der **Schweiz** erfolgte erst durch das Gesetz zur Umsetzung der Berufsanerkennungsrichtlinie und zur Änderung weiterer Vorschriften im Bereich der rechtsberatenden Berufe vom 12.5.2017 (BGBl. I 1121). Die Schweiz sollte zwar 2009 laut der Gesetzesbegründung zum PatRModG in die Vertretungsbefugnis einbezogen werden, tauchte dann aber im Gesetzestext nicht auf (dazu ausführlich Gruber GRUR Int 2014, 1125). Dieses Redaktionsversehen (dazu BT-Drs. 18/9521, 237: „schwer nachvollziehbare Problemlage") wurde erst 2017 korrigiert.

12   Vertretungsbefugt sind auch Dienstleister, in deren Heimatstaat der **Patentanwaltsberuf nicht reglementiert** ist, sofern sie in eine von der Patentanwaltskammer geführte Liste eingetragen wurden (→ § 140 Rn. 100).

13   Rechtsanwälte **aus anderen Staaten** als EU- oder EWR-Mitgliedstaaten oder der Schweiz, deren Befugnis zur Rechtsbesorgung in Deutschland sich nur auf das ausländische Recht erstreckt (§ 10 Abs. 1 Nr. 3 RDG), können nicht zum Inlandsvertreter bestellt werden (so zutreffend RL Markenanmeldung idF vom 15.12.2009, Nr. 4.2.2 Abs. 2 S. 3; nicht mehr so deutlich die RL idF vom 1.8.2018, Teil I 4 C (2); ferner BT-Drs. 18/9521, 236).

E. Erteilung der Vollmacht

14   Die Bestellung des Inlandsvertreters erfolgt grundsätzlich durch eine entsprechende **schriftliche Vollmacht.** Diese muss beim DPMA bzw. beim BPatG eingereicht werden. Für das Verfahren vor dem DPMA sind die Anforderungen an eine Vollmacht und die Art der Einreichung in § 15 DPMAV, für das Verfahren vor dem BPatG in § 81 Abs. 5 geregelt.

15   Allerdings ist der in § 81 Abs. 6 S. 2 zum Ausdruck kommende Rechtsgedanke, wonach die **Vorlage** einer schriftlichen Vollmacht nicht erforderlich ist, wenn ein Rechtsanwalt oder ein Patentanwalt als Bevollmächtigter auftritt und weder Anhaltspunkte für einen Mangel der Vollmacht erkennbar sind, noch ein solcher gerügt wurde, nach richtiger Ansicht auch auf den Inlandsvertreter nach § 96 anzuwenden (Gruber Mitt 2020, 449).

15.1   Der 29. Senat des BPatG vertritt die Auffassung, dass eine Vollmacht vorzulegen sei; als Verfahrensvoraussetzung unterliege die Vollmacht iSd § 96 Abs. 1 nicht wie allgemeine Verfahrensvollmachten der eingeschränkten Prüfung nach § 81 Abs. 6 S. 2; § 88 Abs. 2 ZPO (BPatG BeckRS 2015, 14828; ebenso der 20. Senat, BPatG GRUR-RR 2016, 135 – Antennenanordnung). Ähnlich hat bereits früher der 21. Senat argumentiert, der seine Auffassung damit begründet, dass § 81 Abs. 6 vom Bevollmächtigten und nicht vom Vertreter oder Inlandsvertreter spreche (BPatG BeckRS 2011, 02137). Da jedoch auch der Inlandsvertreter eine Vollmacht benötigt, ist diese Argumentation nicht überzeugend.

Zutreffend daher die Auffassung des 23. Senats (BPatG BeckRS 2014, 09803). Dieser weist darauf hin, **15.2** dass sich in §96 keine Regelung findet, dass die Inlandsvollmacht schriftlich vorgelegt werden müsse. Regelungen über den Nachweis der Vollmacht enthielten nur §81 Abs. 5 und 6. Eine andere Auslegung, so das BPatG, würde zudem zu einem Wertungswiderspruch in Bezug auf die im Wortlaut fast übereinstimmende Regelung des §88 Abs. 2 ZPO führen. Nach dieser Norm ist selbst dann die Vorlage einer schriftlichen Prozessvollmacht für einen Rechtsanwalt nicht erforderlich, wenn der Vertretene – etwa im Verfahren vor dem LG – nicht postulationsfähig ist. Im Falle des notwendigen Inlandsvertreters ist zwar die Bestellung eines Vertreters erforderlich, der Vertretene ist aber im Prozess selbst voll handlungsfähig. Es sei daher nicht einzusehen, warum im Verfahren vor dem BPatG strengere Voraussetzungen gelten sollten als im Zivilprozess mit Anwaltszwang. In diesem Zusammenhang sei auch zu berücksichtigen, dass der Gesetzgeber in §88 Abs. 2 ZPO als auch in §81 Abs. 6 S. 2 davon ausgehe, dass ein Rechts- oder Patentanwalt schon aus berufsrechtlichen und wirtschaftlichen Gründen nicht für einen Dritten als Vertreter auftrete, ohne von diesem ordnungsgemäß bevollmächtigt zu sein. So auch der 25. Senat (BPatG GRUR-RS 2021, 49041).

Zu beachten ist in diesem Zusammenhang auch, dass nach der Rechtsprechung des **BVerfG** ein Gericht **15.3** nur bei begründeten Zweifeln am Auftrag das Fehlen einer Vollmacht berücksichtigen darf (BVerfG NJW 2022, 1441).

Eine **Bevollmächtigungskette**, die zum anwaltlichen Vertreter führt, muss nicht lückenlos mit Origi- **15.4** nalurkunden belegt werden, da das Gebot, effektiven Rechtsschutz zu gewährleisten, es dem Gericht verbietet, durch übermäßig strenge Anforderungen beim Vollmachtnachweis den Anspruch auf die Durchsetzung materiellen Rechts unzumutbar zu verkürzen (BPatG GRUR-RS 2021, 42369).

Der **Umfang** der Vertretungsbefugnis ergibt sich aus dem Wortlaut der Vollmacht. Verweist **16** diese auf §96 Abs. 1, ist damit regelmäßig auch das Recht mit umfasst, eine Anmeldung zurückzunehmen (BGH GRUR 1972, 536 – Akustische Wand, zum PatG).

Bei einem Verweis auf §96 Abs. 1 sind **rein materiellrechtliche Verfügungen** (zB ein Verzicht **16.1** nach §48, eine Übertragung oder Lizenzerteilungen) von der Vollmacht nicht gedeckt (Ströbele/Hacker/Thiering/Knoll Rn. 19), denn §96 stellt auf „in diesem Gesetz geregelte Verfahren" ab.

Das OLG Düsseldorf (GRUR-RR 2021, 443 Rn. 39) betont, dass es auf den **Wortlaut** der vom **16.2** Markeninhaber tatsächlich erteilten Vollmacht ankomme. Die Benennung eines Inlandsvertreters gegenüber dem DPMA könne nicht als Kundgebung einer Bevollmächtigung iSd §171 BGB angesehen werden, da die **Rechtsscheingrundsätze der §§171 ff. BGB** nach der Rechtsprechung des BGH (vgl. BGH NJW 2004, 839 (840)) auf die Prozessvollmacht nicht anwendbar sind (dazu Gruber GRUR-Prax 2022, 313).

F. Rechtsfolgen

Wird trotz Notwendigkeit kein Inlandsvertreter bestellt, begründet dies bei einer Beschwerde **17** gegen die Zurückweisung einer **Markenanmeldung** ein Verfahrenshindernis. Eine Sachentscheidung kann dann ergehen, wenn der Mangel behoben ist. Wird er bis zum Schluss der mündlichen Verhandlung vor dem BPatG nicht behoben, ist eine eingelegte Beschwerde als **unzulässig zu verwerfen** (BPatG BeckRS 2015, 14828).

Hat ein **Markeninhaber keinen Inlandsvertreter** bestellt, ist dieser Umstand allein kein **18** Grund, eine angegriffene Marke zu löschen (BGH GRUR 2000, 895 – EWING, zur alten Rechtslage; damals gab es die besonderen Beendigungsvoraussetzungen des §96 Abs. 4 noch nicht). Es ist aber über die vom Widersprechenden eingelegte Beschwerde in der Sache zu entscheiden (BPatG GRUR 1998, 59 (60) – Coveri); in diesem Fall ist im Wege der Auslandszustellung (→ §94 Rn. 27 ff.) dem sich im Ausland aufhaltenden Markeninhaber direkt zuzustellen.

Im Verfahren vor dem BPatG kann ein Verfahrensbeteiligter, der keinen Inlandsvertreter bestellt hat, **18.1** im Beschwerdeverfahren selbst auftreten (→ §81 Rn. 1).

§96 Abs. 1 hindert den im Ausland ansässigen Beteiligten nach Bestellung eines Inlandsvertreters **19** nicht daran, **selbst Verfahrenshandlungen** vorzunehmen (BPatG BPatGE 4, 160 (161); BGH GRUR 1969, 437 – Inlandsvertreter).

Der ausländische Verfahrensbeteiligte kann, sofern eine wirksame Inlandsvertretung besteht, sich auch **19.1** durch **andere Personen vertreten lassen,** die keine Rechts- oder Patentanwälte sind (BPatG BeckRS 1996, 10393 Rn. 24 – ULTRA GLOW).

Hinsichtlich der Frage, ob jemand, der als Inlandsvertreter nach §96 Abs. 1 bevollmächtigt ist, **20** **Untervollmachten** auch an Personen erteilen kann, die nicht zum in §96 Abs. 1 genannten

Personenkreis gehören, ist zu differenzieren: Mit dem Sinn und Zweck der Norm, einen für die in § 96 Abs. 1 genannten Verfahren vertretungsberechtigten Bevollmächtigten zu bestellen, lässt sich die Erteilung einer Zustellungsvollmacht nicht vereinbaren. Eine Untervollmacht, Erklärungen abzugeben, kann jedoch auch jemanden erteilt werden, der nicht zu dem gerade genannten Personenkreis gehört.

20.1   Die Ansicht des Patentamtes (DPA BlPMZ 1954, 439), dass eine auch die Zustellung umfassende Untervollmacht erteilt werden könne (so heute noch HK-MarkenR/Seiler Rn. 18; Ströbele/Hacker/ Thiering/Knoll Rn. 20), ist überholt. Das DPA hatte seine Auffassung damit begründet, dass es dann die Wahl habe, ob es an den Haupt- oder an den Unterbevollmächtigten zustelle. Seit Inkrafttreten des VwZG gilt dies nicht mehr. Nach § 7 Abs. 1 S. 2 VwZG muss, sofern eine schriftliche Vollmacht vorliegt, zwingend an den Bevollmächtigten zugestellt werden; dies wäre hier der Unterbevollmächtigte. Damit würde aber die Regelung des § 96 Abs. 1 unterlaufen, dass im Interesse der **Rechtssicherheit** nur Angehörige bestimmter **reglementierter Berufe** als Zustellungsbevollmächtigte in Betracht kommen.

20.2   Soweit dies von seiner Vollmacht gedeckt ist, kann ein Inlandsvertreter dagegen Untervollmachten ausstellen, die zur **Abgabe von Erklärungen** gegenüber dem DPMA berechtigen.

21   Der Name und der Sitz des Vertreters werden in das **Markenregister eingetragen** (§ 25 Nr. 16 MarkenV). Der eingetragene Inlandsvertreter hat nur dann einen Anspruch auf **Löschung dieser Eintragung** gemäß Art. 16 DS-GVO, wenn sie unrichtig ist. Andere Anspruchsgrundlagen für eine Löschung gibt es nicht (BPatG GRUR 2009, 185 (186) – Eintragung des Inlandsvertreters (zur damals geltenden, Art. 16 DS-GVO entsprechenden Vorschrift des § 20 Abs. 1 S. 1 BDSG 2003).

22   Die **Eintragung** eines Inlandsvertreters in das Markenregister hat allerdings **keine rechtsverbindliche Bedeutung.** So muss ein tatsächlich legitimierter Inlandsvertreter auch ohne Eintragung im Register als solcher behandelt werden, während einer Person, die ohne Rechtsgrund in das Register als Inlandsvertreter eingetragen wurde, diese Stellung nicht zugemessen werden darf (BPatG GRUR 2009, 188 (191) – Inlandsvertreter III).

G. Gerichtsstand nach § 96 Abs. 2

23   Nach § 23 S. 1 Alt. 2 ZPO ist für Klagen wegen vermögensrechtlicher Ansprüche gegen eine Person, die im Inland keinen Wohnsitz hat, das Gericht zuständig, in dessen Bezirk sich der mit der Klage in Anspruch genommene Gegenstand befindet. Der ist bei eingetragenen Marken in ganz Deutschland belegen. § 96 Abs. 2 S. 1 ersetzt den „Gegenstand" in § 23 ZPO durch den **Geschäftsraum des Inlandsvertreters.** Dieser ist Anknüpfungspunkt für die örtliche Zuständigkeit.

24   Hat der Inlandsvertreter keinen Geschäftsraum in Deutschland, ist nach § 96 Abs. 2 S. 2 das für dessen **Wohnsitz** in Deutschland zuständige Gericht, und – wenn er auch keinen Wohnsitz in Deutschland hat – das LG München I am **Sitz des DPMA** zuständig.

24.1   Hat der Inlandsvertreter einen Geschäftsraum bzw. Wohnsitz in Deutschland, ist ausschließlich dieser Ort für die Zuständigkeit des Gerichts entscheidend. § 96 Abs. 2 S. 2 kommt nach seinem Wortlaut in diesem Fall nicht zur Anwendung (LG München GRUR 1962, 165 – Aufspritzverfahren).

25   § 96 Abs. 2 ergänzt nur § 23 ZPO. Ist auf Grund eines Staatsvertrags oder EU-Normen kein deutscher Gerichtsstand gegeben, schafft § 96 Abs. 2 keine **internationale Zuständigkeit.**

H. Mandatsbeendigung

26   Ein einmal erteiltes Mandat bleibt nach § 96 Abs. 3 im Verhältnis zum DPMA und dem BPatG solange wirksam, bis diesen nicht nur die Mandatsbeendigung, sondern zusätzlich noch die **Bestellung eines anderen Inlandsvertreters** angezeigt wird. Bis zu dieser Mitteilung kann dem bisherigen Inlandsvertreter wirksam zugestellt werden.

26.1   Aus dem Sinn und Zweck des § 96 Abs. 3 folgt, dass bei einem Verfahren vor dem DPMA die Anzeige dem DPMA gegenüber und bei einem Verfahren vor dem BPatG dem BPatG gegenüber erfolgen muss.

26.2   Die Regelung des § 96 Abs. 3 gilt allerdings nur für die rechtsgeschäftliche Beendigung des Mandats. Ein Mandat endet automatisch, wenn der **Inlandsvertreter stirbt** (§ 673 BGB). Durch den Tod des Inlandsvertreters wird das Verfahren nicht analog § 244 ZPO unterbrochen (BGH GRUR 1969, 437 (438) – Inlandsvertreter).

27   Wie die Formulierung „die rechtsgeschäftliche Beendigung" in § 96 Abs. 3 zeigt, bleibt der bisherige Inlandsvertreter solange auch im **Innenverhältnis** zum Vertretenen zur Vertretung berechtigt und verpflichtet, bis sowohl die Beendigung als auch die Bestellung eines anderen Vertreters dem DPMA bzw. dem BPatG angezeigt wird. Bis zur Bestellung eines anderen Inlandsvertreters bleibt der bisherige Inlandsvertreter daher auch im Markenregister eingetragen (seit der Einfügung des § 96 Abs. 3 ist dies klar; zum früheren Streitstand BPatG GRUR 2009, 185 (187) – Eintragung des Inlandsvertreters).

Eine Anwendung des § 96 Abs. 3 kommt nur in Betracht, soweit und solange für ein marken- **28** rechtliches Verfahren oder eine Verfahrenshandlung gemäß § 96 Abs. 1 die Bestellung eines Inlandsvertreters **erforderlich ist.** Für eine Weitergeltung der Inlandsvertretung außerhalb solcher anhängiger Verfahren besteht keine rechtliche Grundlage (BPatG GRUR 2009, 188 (190) – Inlandsvertreter III).

Nicht erwähnt werden in § 96 Abs. 3 die **Landgerichte.** Für diese greift die dem § 96 Abs. 3 **29** entsprechende Vorschrift des § 87 Abs. 1 Hs. 2 ZPO.

§ 96a Rechtsschutz bei überlangen Gerichtsverfahren

Die Vorschriften des Siebzehnten Titels des Gerichtsverfassungsgesetzes sind auf Verfahren vor dem Bundespatentgericht und dem Bundesgerichtshof entsprechend anzuwenden.

Überblick

Diese Norm verweist auf die §§ 198–201 GVG (→ Rn. 1). Dort findet sich die Regelung, dass derjenige, welcher infolge einer unangemessenen Dauer eines Gerichtsverfahrens (→ Rn. 3 ff.) als Verfahrensbeteiligter einen Nachteil erleidet, einen Anspruch auf eine angemessene Entschädigung hat (→ Rn. 10).

Dieser Anspruch setzt voraus, dass der betroffene Verfahrensbeteiligte zuvor das Gericht mit einer Rüge auf die Verzögerung hingewiesen hat (→ Rn. 8). Für die Klagen auf Entschädigung ist im Rahmen des § 96a der BGH zuständig (→ Rn. 9).

Die Vorschrift entspricht § 128b PatG.

A. Allgemeines

§ 96a und die §§ 198 ff. GVG (dazu Althammer/Schäuble NJW 2012, 1) sind am 3.12.2011 **1** in Kraft getreten (BGBl. 2011 I 2302). Hintergrund dieser Neuregelung (dazu BT-Drs. 17/3802) war die Rechtsprechung des **EGMR** im Hinblick auf Art. 6 Abs. 1 EMRK: Der EGMR hat einen wirksamen Rechtsbehelf in Deutschland gegen überlange Verfahrensdauern gefordert (zuerst freundlich: EGMR NJW 2006, 2389 – Sürmeli; dann bestimmt: EGMR NJW 2010, 3355 – Rumpf). Die Regelungen im GVG sind daher auch im Lichte der EGMR-Rechtsprechung auszulegen.

Art. 6 EMRK nachgebildet ist **Art. 47 Abs. 2 GRCh.** Diese Bestimmung gilt für Anwendungsfälle **1.1** des EU-Rechts. Ein Sachverhalt fällt dann unter das Unionsrecht, wenn der mitgliedstaatliche Rechtsakt vollständig unionsrechtlich determiniert ist. Art. 47 Abs. 2 GRCh gewährt einen Rechtsanspruch auf eine Verhandlung innerhalb einer angemessenen Frist, und zwar sowohl vor dem EuGH als auch vor den Gerichten der EU-Mitgliedstaaten. Auch wenn die zu Art. 47 Abs. 2 GRCh ergehende Rechtsprechung des EuGH unmittelbar nur die Unionsmarkengerichte nach § 122 betrifft und für Ansprüche wegen überlanger Verfahrensdauern vor dem BPatG nicht das Gewicht der Rechtsprechung des EGMR hat, so ist sie doch als Auslegungshilfe für die Auslegung der §§ 198 ff. GVG nützlich.

§ 96a erklärt die §§ 198 ff. GVG für entsprechend anwendbar für Verfahren vor dem **BPatG** **2** und dem **BGH.** Kennzeichenstreitsachen (§ 140) und Strafverfahren auf Grund der §§ 143 ff. werden von dieser Verweisung nicht erfasst; für diese Verfahren vor den ordentlichen Gerichten gelten die §§ 198 ff. GVG **unmittelbar.**

B. Überlange Gerichtsverfahren

Unter Gerichtsverfahren iSd §§ 198 ff. GVG ist dabei das **gesamte Verfahren** zu verstehen, **3** auch wenn dieses über mehrere Instanzen geführt wurde (BVerwG NJW 2014, 96; so auch EGMR NJW 1979, 477 Rn. 98 – König). Ist ein **Vorverfahren** vorgeschrieben (wie in § 42), ist dieser Zeitraum mitzurechnen (EGMR NJW 1979, 477 Rn. 98 – König). Ein Verfahren endet erst dann, wenn die Entscheidung der letzten Instanz **rechtskräftig** ist. Auch die Zeit für Verfahrensabschnitte, die zeitlich nach dem Urteil folgen, wie zB das **Kostenfestsetzungsverfahren,** werden bei der Berechnung der Frist berücksichtigt (EGMR BeckRS 2014, 01301 Rn. 78 – Gromzig). Kam es im Laufe des Verfahrens zu einem **Vorabentscheidungsersuchen** an den EuGH, ist dieser Zeitraum mit zu berücksichtigen (EGMR 19.1.1989 – Nr. 13539/88 – Christiane Dufay).

4 Was eine **angemessene Dauer** eines Verfahrens ist, ist anhand der Umstände des Einzelfalls zu bestimmen (EGMR NJW 1979, 477 Rn. 99 – König). Dabei stellt der EGMR insbesondere auf die Komplexität der Rechts- und Sachfragen des Falles, das Verhalten des Beschwerdeführers und der Justizbehörden sowie auf die Bedeutung der Sache für den Beschwerdeführer ab (EGMR NJW 1989, 652 – Deumeland). Diese Rechtsprechung wurde in den Gesetzeswortlaut des § 198 Abs. 1 S. 2 GVG übernommen („insbesondere nach der Schwierigkeit und Bedeutung des Verfahrens und nach dem Verhalten der Verfahrensbeteiligten und Dritter"). Bei Kennzeichenstreitigkeiten relevant sein kann insbesondere das zweite Kriterium. Geht es in einem Rechtsstreit um die **berufliche Existenz einer Partei,** ist dieser Umstand bei der Frage, was eine „angemessene Frist" ist, mit zu berücksichtigen (EGMR NJW 1979, 477 Rn. 111 – König).

4.1 Grundsätzlich ist es zulässig, wenn ein Gericht aus verfahrensökonomischen Gründen den **Ausgang von Parallelverfahren** abwarten will. Die Entscheidung des Gerichts müsse jedoch, so der EGMR, verhältnismäßig im Hinblick auf die besonderen Umstände der Rechtssache sein (EGMR NJ 2007, 406 Rn. 43 = BeckRS 2008, 06723 – Kirsten).

5 Für die Frage, ob die Verfahrensdauer angemessen ist, kommt es nicht darauf an, ob sich der zuständige Spruchkörper pflichtwidrig verhalten hat (BT-Drs. 17/3802, 19). Ein Verstoß gegen Art. 6 Abs. 1 EMRK liegt allerdings insbesondere dann vor, wenn durch Terminsaufhebungen ein **Verfahrensstillstand** eintrat, für den der beklagte Staat keine Rechtfertigung vorträgt (EGMR NJW 2001, 2694 Rn. 130 – Kudla).

6 Eine **chronische Überlastung** von Gerichtszweigen kann eine überlange Verfahrensdauer nicht rechtfertigen (EGMR NJW 2001, 213 Rn. 43 – Klein).

7 Der Zeitfaktor ist insbesondere bei Rechtsstreitigkeiten um **Eventmarken** von großer Bedeutung. So hatte sich Ferrero in dem bekannten Rechtsstreit um die Marke „Fußball WM 2006" (BPatG GRUR 2005, 948; BGH GRUR 2006, 850) beklagt, die Entscheidung sei so spät erfolgt, dass sie sich wirtschaftlich kaum noch ausgewirkt habe. Dort betrug der Zeitraum zwischen Einlegung der Beschwerde und der Verkündung des BGH-Beschlusses ein Jahr und sieben Monate. Zwar ist bei der Beurteilung, ob eine Verfahrensdauer angemessen ist, auch die Bedeutung der Sache für den Beschwerdeführer zu berücksichtigen. Ist sie für ihn sehr wichtig, müssen die Gerichte zügig Recht sprechen. Eine Gesamtprozessdauer von zwei Jahren wird man aber regelmäßig auch bei Eventmarken noch als angemessen ansehen können. Die vom EGMR zugunsten der Bürger entschiedenen Klagen betrafen meist Verfahren, die **über fünf Jahre** gedauert haben (vgl. zB EGMR NJW 2015, 759 Rn. 81; s. ferner die Übersicht über die gerügten Verfahrensdauern bei Villiger, Handbuch der EMRK, 2. Aufl. 1999, 296–298).

7.1 Eine der wenigen Entscheidungen des EGMR, bei der ein Zeitraum von unter zwei Jahren als unangemessen lang angesehen wurde, ist das Verfahren Pailot/Frankreich (Reports 1998-II, Nr. 69). Dort hatte ein an HIV erkrankter Arbeitnehmer vom französischen Staat Schadensersatz gefordert; das Verfahren dauerte ein Jahr und zehn Monate. Es ging nach dem unbestrittenen Vortrag des Beschwerdeführers um eine einfache Rechtsfrage. In seinem Urteil vom 22.4.1998 hebt der EGMR die besondere Bedeutung des Verfahrens für den Beschwerdeführer hervor. Grundsätzlich lässt sich feststellen, dass der EGMR bei Klagen von schwerkranken oder alten Patienten, in Familien- und Kindschaftssachen und bei Arbeitnehmerklagen ein (besonders) zügiges Verfahren fordert, nicht aber bei Wirtschaftsstreitigkeiten. So hat er in einer Zivilrechtssache, die über drei Instanzen ging, einen Zeitraum von fünf Jahren noch als angemessen angesehen (EGMR 4.12.2003 – Nr. 36843/97 – Hadjikostava).

C. Verfahrensrechtliche Besonderheiten

8 In formaler Hinsicht ist zu beachten, dass in einem ersten Schritt der betroffene Verfahrensbeteiligte zwingend das Gericht, das seiner Ansicht nach zu langsam agiert, mit einer **Rüge** auf die Verzögerung hinweisen muss (§ 198 Abs. 3 S. 1 GVG). Wenn das Verfahren dann trotz der Rüge nicht in einem angemessenen Zeitraum zum Abschluss kommt, kann der betreffende Verfahrensbeteiligte eine Entschädigungsklage (§ 198 Abs. 5 GVG) erheben (dazu Schenke NJW 2015, 433). Nach § 198 Abs. 5 S. 1 GVG kann der Entschädigungsanspruch frühestens sechs Monate nach wirksamer Erhebung der Verzögerungsrüge geltend gemacht werden.

Klagegegner ist bezüglich der Verfahren vor dem BPatG und dem BGH die Bundesrepublik 9
Deutschland (§ 200 S. 2 GVG). Zuständig für diese Klagen gegen die Bundesrepublik Deutschland
ist der **BGH** (§ 201 Abs. 1 S. 2 GVG).

D. Anspruch auf Entschädigung

Wird der Klage stattgegeben, umfasst die angemessene **Entschädigung** bei materiellen Nach- 10
teilen den Ausgleich für Vermögenseinbußen; ein **entgangener Gewinn** wird dagegen vom
Entschädigungsanspruch nicht umfasst (vgl. BT-Drs. 17/3802, 34, 40).

Ist eine Wiedergutmachung für **andere Nachteile als Vermögensnachteile** nicht auf andere 11
Weise – zB durch die Feststellung des Entschädigungsgerichts, dass die Verfahrensdauer unange-
messen war – möglich, hat der Betroffene nach § 198 Abs. 2 S. 3 GVG Anspruch auf eine
Entschädigung iHv 1.200 Euro für jedes Jahr der Verzögerung.

Teil 4. Kollektivmarken

§ 97 Kollektivmarken

(1) ¹Als Kollektivmarken können alle als Marke schutzfähigen Zeichen im Sinne des § 3 eingetragen werden, die geeignet sind, die Waren oder Dienstleistungen der Mitglieder des Inhabers der Kollektivmarke von denjenigen anderer Unternehmen nach ihrer betrieblichen oder geographischen Herkunft, ihrer Art, ihrer Qualität oder ihren sonstigen Eigenschaften zu unterscheiden. ²Eine Kollektivmarke muss bei der Anmeldung als solche bezeichnet werden.

(2) Auf Kollektivmarken sind die Vorschriften dieses Gesetzes anzuwenden, soweit in diesem Teil nicht etwas anderes bestimmt ist.

Überblick

Für die Eintragungsfähigkeit gelten gemäß Abs. 2 die allgemeinen Regeln mit einigen Besonderheiten (→ Rn. 16 ff.). Soweit § 8 Abs. 3 die Überwindung von Eintragungshindernissen durch Verkehrsdurchsetzung zulässt, gilt dies auch für Kollektivmarken (→ Rn. 20). Auch kann die Kollektivmarke durch Benutzung entstehen (→ Rn. 21 ff.)

Übersicht

A. Allgemeines

1   Im früheren WZG hießen die heutigen Kollektivmarken „Verbandszeichen". Die Regelungen der §§ 17–23 WZG entsprachen im Wesentlichen §§ 97 ff.

2   Kollektivmarken spielen zahlenmäßig gegenwärtig keine große Rolle. Ihre lange Tradition, die mit den Zunft- und Gildezeichen begann, erlebt allerdings eine Renaissance in dem registermäßigen Schutz von Lebensmittelspezialitäten, den die EU in mehreren Verordnungen geschaffen hat (vgl. § 99; §§ 130 ff.).

I. Vorgaben von PVÜ und MRL, Regelung in der UMV, MRL 2008, MRL 2015, MaMoG

3   Gemäß Art. 7bis PVÜ muss das nationale Recht Marken ausländischer Verbände schützen, die Ausgestaltung des nationalen Schutzes ist aber dort nicht definiert.

4   Die MRL erklärt die Existenz von Kollektivmarken im nationalen Recht bisher für fakultativ zulässig (Art. 1 MRL 2008; zur neuen MRL → Rn. 6). Soweit ein nationales Recht Kollektivmarken vorsieht, gelten fast alle Vorschriften der MRL auch für diesen Markentyp. Eine in Deutschland nicht umgesetzte Sonderregelung enthält Art. 4 Abs. 4 lit. d MRL 2008, wonach das nationale Recht auch nicht mehr rechtsgültige Kollektivmarken als Eintragungshindernis anerkennen kann. Die von Art. 15 Abs. 1 MRL 2008 zugelassenen besonderen Verfallsgründe enthält § 105. Art. 15 Abs. 2 S. 1 MRL 2008 erlaubt die Eintragung geografischer Herkunftsangaben als Kollektivmarken (umgesetzt in § 99) und schreibt ein Benutzungsrecht für Ortsansässige, aber Kollektivfremde vor (umgesetzt in § 100 Abs. 1).

5   Die UMV sieht in Art. 74–82 UMV Unionskollektivmarken vor. Die dortigen Regelungen entsprechen denen des MarkenG.

6   Künftig muss das nationale Recht gemäß Art. 29 Abs. 1 MRL Kollektivmarken vorsehen. Ihre Existenz wird also anders als zuvor nicht mehr fakultativ sein. Art. 29 ff. MRL enthalten detaillierte

Vorgaben an das nationale Recht der Kollektivmarke. Diese entsprechen aber den jetzigen Regelungen in §§ 97 ff. Sie lösen darum für den deutschen Gesetzgeber nahezu keinen Handlungsbedarf aus (s. im Einzelnen jeweils bei den Einzelnormen). Während die MRL 2015 die Kollektivmarke für obligatorisch erklärt, bleibt die Gewährleistungsmarke fakultativ (Art. 28 Abs. 1 MRL). §§ 106a ff. sehen ihre Existenz jetzt vor.

§ 97 Abs. 1 wurde durch das MaMoG um S. 2 ergänzt, demzufolge Kollektivmarken bei der **7** Anmeldung so bezeichnet werden müssen. Eine sachliche Änderung im Vergleich zur jetzigen Praxis ist das nicht; es soll ausweislich der Entwurfsbegründung vor allem die Unterscheidung von der Gewährleistungsmarke sicherstellen.

II. Funktion und Zweck der Kollektivmarke

Kollektivmarken haben wie Individualmarken eine **Herkunftsfunktion.** Diese besteht aber **8** nicht darin, auf die Herkunft der Produkte aus einem bestimmten Geschäftsbetrieb hinzuweisen (für die Individualmarke s. § 3). Die Kollektivmarke unterscheidet vielmehr die Produkte der Kollektivmitglieder von denjenigen der nicht kollektivangehörigen Unternehmen. Sie kann darüber hinaus, wie sich aus § 97 Abs. 1 ergibt, auch eingetragen werden, wenn sie Produkte nach deren geografischer Herkunft, Art, Qualität oder sonstigen Eigenschaften von anderen Produkten unterscheidet (BGH GRUR 1996, 270 (271) – Madeira). Auch bei geografischen Kollektivmarken steht aber die Herkunft aus dem Verband, nicht die Angabe der geografischen Herkunft im Vordergrund (EuGH GRUR 2017, 1257 Rn. 63 – Darjeeling). Die Garantie der geografischen Herkunft als solcher kann nicht durch die Gewährleistungsmarke erfolgen, die das MarkenG seit dem MaMoG in §§ 106a ff. bereitstellt (§ 106a Abs. 1 Nr. 3 aE, s. zum inhaltsgleichen Regierungsentwurf des MaMoG und zum Verhältnis der beiden Markenkategorien zueinander Fezer GRUR 2017, 1188 (1190); Dröge GRUR 2017, 1198 (1201)).

Kollektivmarken können dann sinnvoll sein, wenn kleinere Unternehmen zur Marktdurchdrin- **9** gung allein nicht in der Lage sind (s. zB die Wort-/Bild-Kollektivmarke des deutschen Imkerverbandes „Deutscher Honig"; zur Eintragungsfähigkeit BPatG BeckRS 2009, 17782). Die Kollektivmarke kann auch benutzt werden, um mehreren Herstellern, welche die Marke nutzen, objektive Produkteigenschaften vorzugeben. Das ist etwa bei der deutschen Kollektivmarke Nr. 843004 „GOLDEN TOAST" schon im Warenverzeichnis der Fall („mindestens 50% Weizen aus Nordamerika").

Mit Kollektivmarken können Kommunen oder örtliche Vereinigungen den regionalen Betrieben behilf- **9.1** lich sein (Harte-Bavendamm GRUR 1996, 717; Albrecht/Hoffmann Geistiges Eigentum S. 42–45; Markfort/Albrecht apf 2013, 5 (9)). Das Registrierungssystem ist bei Kollektivmarken deutlich weniger komplex als bei den Spezialvorschriften der EU zu geografischen Angaben. Außerdem sind geografische Kollektivmarken in allen Produktkategorien möglich. So können Kommunen regionale Anbieter unterstützen und ihnen Anreize bieten, in der Region zu bleiben oder ihre Produktion sogar dorthin zu verlagern. Fezer schlug vor, Gewährleistungsmarken zuzulassen, die gerade die geografische Herkunft signalisieren, anders aber § 106a Abs. 1 Nr. 3 idF des MaMoG, Art. 83 Abs. 1 UMV.

Zur Ausübung der **Qualitätsfunktion** ist eine Kollektivmarke ihrer Natur nach besonders **10** geeignet. Darum kann die Abweichung von Qualitätsstandards viel eher als bei einer Individualmarke die Zeichenbenutzung irreführend machen (BGH GRUR 1984, 737 (738) – Ziegelfertigstürze, bejaht irreführende Benutzung einer Kollektivmarke, die normalerweise die Einhaltung eines bestimmten Herstellungsverfahrens signalisierte). Mit diesem Unterschied zwischen Kollektivmarken und Individualmarken befasst sich EuGH GRUR Int 2017, 630 – W.F. Gözze Frottierweberei). Danach ist die Anbringung einer Individualmarke auf Waren in der Art eines Gütezeichens keine rechtserhaltende Benutzung der Individualmarke. Das beruht auf dem Unterschied der Funktionen von Individual- und Kollektivmarke.

Das Urteil des EuGH betrifft eine Warenmarke. Es betrifft nicht die Frage, ob eine zB für „Dienstleistun- **10.1** gen der Qualitätssicherung in Bezug auf (bestimmte Produkte)" eingetragene Individualmarke rechtserhaltend (oder, wenn die gekennzeichneten Produkte nicht aus dem Qualitätssicherungssystem stammen: rechtsverletzend) für diese Dienstleistungen benutzt werden kann (Schoene GRUR Prax 2017, 300). Die Frage ist zu bejahen, schon weil § 3 Dienstleistungsmarken anerkennt und es keinen Grund gibt, Qualitätssicherungsunternehmen wie dem TÜV oder der DEKRA zu versagen, ihre Dienstleistungen unter einer Individualmarke anzubieten (ebenso zur Koexistenz von Gewährleistungsmarken mit Individualmarken bei Qualitätssicherungsdienstleistungen Dröge GRUR 2017, 1198 (1201). Slopek (→ UMV Art. 83 Rn. 7 ff.) weist zutreffend darauf hin, dass die bisher mangels Gewährleistungsmarke gerade die Individualmarke das Instrument für die registermäßige Absicherung von Prüfzeichen war, solange sich das fragliche Zeichen nicht gerade im Hinweis auf die Qualität erschöpft und darum dem Eintragungshindernis „Beschaffenheitsangabe" unterliegt (→ Rn. 19). Letzteres ist aber bei einer Qualitätssicherungs-Dienstleistungsmarke nicht der Fall, weil sie die Herkunft der Dienstleistung aus dem betreffenden Unternehmen signalisiert und darum die Hauptfunktion jeder Individualmarke erfüllt. S. außerdem zu einem solchen Fall EuG zu Halloumi (→ § 100 Rn. 14 ff.).

10.2 Allerdings kann auch eine primär solche Dienstleistungen anzeigende Kollektivmarke zugleich die Funktion einer Waren-Kollektivmarke erfüllen. So hat der EuGH dem EuG aufgegeben zu prüfen, ob die Kollektivmarke des „Dualen Systems Deutschland", der sog. **Grüne Punkt,** den benutzenden Unternehmen auch dazu dient, für die von ihnen vertriebenen Waren einen Absatzmarkt zu sichern, indem sie den Verbraucher durch den Grünen Punkt auf die Teilnahme an dem Abfallentsorgungssystem hinweisen, sodass der Grüne Punkt dann nicht nur für die Dienstleistung „Abfallentsorgung" benutzt wäre, sondern auch für die Ware, die in der gekennzeichneten Verpackung enthalten ist (EuGH C-143/19, BeckRS 2019, 31236 Rn. 66).

11 Enthält eine Kollektivmarkensatzung (zum Satzungserfordernis vgl. § 102) Qualitätsvorgaben, dann ist sie zugleich ein **Gütezeichen.** Das Kollektiv muss dann offen für die Aufnahme von Neumitgliedern sein (§ 20 Abs. 6 GWB), Dritte können auch Anspruch auf Lizenzierung des Zeichens haben (Ingerl/Rohnke Rn. 10). Außerdem muss die Satzung die Einhaltung des Qualitätsversprechens durch neutrale Kontrollen absichern (→ § 102 Rn. 21).

12 **Kollektivmarken,** die **als Gütezeichen** fungieren, sind ein **häufiger Fall.** Nachdem das MarkenG in § 106a ff. nun die **Gewährleistungsmarke** kennt, stellt sich die **Frage, ob Gütezeichen weiter (auch) als Kollektivmarken** eingetragen werden können. Fest steht, dass alte Gütezeichen, die als Kollektivmarken eingetragen sind, von der Einführung der Gewährleistungsmarke unberührt bleiben. Zwar könnte man vielleicht auf den (wohl unrichtigen, s. sofort) Gedanken kommen, dass sie mit Einführung der Gewährleistungsmarke irreführend geworden sind, weil sie jetzt vorspiegeln, eine Markenart zu sein, die sie nicht sind. Das hätte aber keine rechtlichen Auswirkungen. Insbesondere wäre eine Löschung nicht möglich. Denn eine täuschende Marke unterliegt zwar einem absoluten Eintragungshindernis (§ 8 Abs. 2 Nr. 4). Das stellt auch einen Löschungsgrund dar, aber nur dann, wenn der Löschungsgrund schon bei der Eintragung vorlag (arg. e § 50 Abs. 1 „entgegen (…) § 8 eingetragen worden sind"). Daran fehlt es bei Kollektivmarken, die eingetragen wurde, als es noch keine Gewährleistungsmarke gab. Darum können alte Gütezeichen-Kollektivmarken eingetragen bleiben.

13 Fraglich ist, ob **Neueintragungen von Kollektivmarken möglich sind, deren Satzung Qualitätsanforderungen aufstellt,** die auch eine Gewährleistungsmarkensatzung enthalten könnte. Das wirft die **ungeklärte Frage** nach dem **Verhältnis zwischen Gewährleistungs-, Kollektiv- und Individualmarke im Zusammenhang mit Prüfzeichen** auf. Im Ergebnis dürfte auch bei Neuanmeldungen ein **Vorrang der Gewährleistungsmarke zu verneinen** sein.

13.1 Die Anforderung bei einer Gewährleistungsmarke, dass ihr Inhaber selbst mit der Vermarktung der beanspruchten Dienstleistungen nicht befasst sein darf (§ 106b Abs. 1) können zB genossenschaftlich organisierte Hersteller, die unter dem gemeinsamen Dach ihrer Genossenschaftsmarke operieren, nicht erfüllen, da üblicherweise auch **die Genossenschaft als Zwischenhändler an der Vermarktung** der Produkte teilnimmt. Eine solche Genossenschaft **kann für die Waren ihrer Mitglieder keine Gewährleistungsmarke anmelden.** Sie kann **aber das Gütezeichen als Individualmarke anmelden, indem sie in Klasse 42 Qualitätssicherungsdienstleistungen für ihre Produkte beansprucht,** die Qualitätsprüfung von unabhängigen Dritten durchführt, vorschreibt, dass nur konforme Produkte die Qualitätssicherungsmarke tragen dürfen und all dies durch Lizenzverträge mit ihren Mitgliedern absichert. Erst recht kann solche **Qualitätssicherungsdienstleistungen ein außenstehender Dritter als Individualmarke schützen** und auf dem Markt anbieten. Dafür, dass Kennzeichenschutz für Qualitätssicherung auch in den EU-Staaten, die die Gewährleistungsmarke schon länger kennen, auch ohne Nutzung der Gewährleistungsmarke erfolgt sein muss, spricht die sehr geringe Zahl der Gewährleistungsmarken (zB im Vereinigten Königreich). Dies zeigt, dass Qualitätssicherungssysteme mit anderen Zeichenformen operiert haben müssen (s. mit Zahlenmaterial Anm. Schoene GRUR-Prax 2020 (bei Redaktionsschluss noch unveröffentlicht) zu BGH GRUR-RS 2019, 35025 Rn. 16 ff. – IVD-Gütesiegel).

13.2 Es gibt, wenn sowieso für Individualmarkenschutz für Prüfzeichen möglich ist, keinen Grund, es einer Genossenschaft zu versagen, auch in die Bedingungen für die Benutzung der Genossenschaftskollektivmarke qualitative Anforderungen aufzunehmen. Dies könnte sie in Lizenzverträgen, in der sie zur Voraussetzung für die Benutzung ihrer Kollektiv- oder auch einer Individualmarke macht, sowieso. Es gibt dann keinen Anlass, ihr zu verbieten, Qualitätsanforderungen in die Satzung ihrer Kollektivmarke aufzunehmen. Die §§ 97 ff. verbieten das an keiner Stelle, und auch die Regeln über die Gewährleistungsmarke lassen kein solches Verbot erkennen.

Darum **sollte man auch weiterhin Kollektivmarkensatzungen zulassen, die qualitative Anfor-**   13.3
derungen aufstellen, jedenfalls solange nicht der irreführende Eindruck entsteht, die Marke sei eine
Gewährleistungsmarke. Ein solcher Eindruck wird aber kaum jemals entstehen, da der Verkehr aber (bisher
jedenfalls) den Unterschied zwischen Kollektiv- und Gewährleistungsmarken nicht kennt (BGH GRUR-
RS 2019, 35025 Rn. 16 ff. – IVD-Gütesiegel). Allerdings muss **jedes Gütezeichen, ob es eine Indivi-
dual-, Kollektiv- oder Gewährleistungsmarke ist,** zur Vermeidung von Irreführungen die **Anforderungen erfüllen,** die der Rechtsprechung zufolge der Verkehr an Gütezeichen generell stellt: Die Gütezei-
chenbedingungen müssen vorsehen, dass ein **neutraler, kompetenter Dritter das Produkt nach
objektiven und aussagekräftigen Kriterien auf Mindestanforderungen bei relevanten Eigenschaften geprüft hat** (BGH GRUR-RS 2019, 35025 – IVD-Gütesiegel im Anschluss an BGH GRUR 2016,
1076 Rn. 39 – LGA tested). Festzuhalten ist aber mit dieser Maßgabe, dass es **einen Vorrang der Gewährleistungsmarke bei Gütezeichen wohl nicht gibt.**

B. Verweisungsvorschrift (Abs. 2)

Soweit nichts anderes geregelt ist oder sich im Einzelfall Abweichendes aus den Besonderheiten   14
der Kollektivmarke ergibt, gelten die Regelungen des MarkenG zur Individualmarke. Dazu gehören insbesondere die allgemeinen Grundsätze zur Verwechslungsgefahr (BPatG GRUR 1998, 148
(152) – SAINT MORIS/St. Moritz) und zur Eintragungsfähigkeit, für die etwa bei abstrakten
Farb-Kollektivmarken keine anderen Anforderungen gelten als bei Individualmarken. So stellt der
EuGH mangels Entscheidungserheblichkeit gar nicht darauf ab, dass es sich bei der fraglichen
Farbmarke um eine Kollektivmarke handelte (EuGH GRUR 2014, 766 – Sparkassen-Rot),
obwohl dies in der Vorlageentscheidung (BPatG GRUR 2013, 844) offengelegt war. Auch für
die Waren- und Dienstleistungsähnlichkeit bzw. die Frage der Bekanntheit gelten dieselben Grundsätze wie bei Individualmarken (EuGH GRUR 2017, 1257 Rn. 50 ff. – Darjeeling).

Die **Sonderregeln** betreffen erstens die Inhaberschaft (§ 98). Zweitens können gemäß § 99   15
entgegen § 8 Abs. 2 Nr. 2 auch geografische Herkunftsangaben als Kollektivmarken geschützt
werden, wobei § 100 Abs. 1 den dadurch erreichbaren Schutz durch Drittbenutzungsrechte wieder
aufweicht. § 100 Abs. 2 betrifft die rechtserhaltende Benutzung, § 101 Abs. 1, Abs. 2 die Aktivlegitimation im Verletzungsfall. § 102 regelt besondere Anmeldeerfordernisse, § 103 den Umfang der
Prüfung des Amtes. § 104 begründet Mitwirkungspflichten des Markeninhabers. § 105 enthält
einen zusätzlichen Verfallsgrund für Kollektivmarken, § 106 einen besonderen Nichtigkeitsgrund.

C. Anforderungen an die Eintragbarkeit des Zeichens

Für die Eintragungsfähigkeit von Zeichen gelten gemäß Abs. 2 die allgemeinen Regeln mit   16
einigen Besonderheiten.

I. Zulässige Markenformen

Abs. 1 stellt mit seinem Hinweis auf § 3 klar, dass es für die Form der Kollektivmarke keine   17
besonderen Anforderungen gibt. Wortmarken, Bildmarken, aber auch abstrakte Farbmarken
(BPatG BeckRS 2009, 16719) sind möglich. Ebenso kann, wenn die Anforderungen von §§ 3, 8
eingehalten sind, die Verpackung oder Form der Ware als Kollektivmarke eingetragen werden.

II. Unterscheidungskraft

Die im Rahmen von § 8 Abs. 2 Nr. 1 zu prüfende Unterscheidungskraft betrifft, dem Begriff   18
und der Funktion der Kollektivmarke entsprechend, nicht die betriebliche Herkunft, sondern das
Zeichen muss auf die Herkunft der damit gekennzeichneten Produkte aus einem Unternehmens-
kollektiv hinweisen können (BGH GRUR 1977, 488 (489) – DIN-GEPRÜFT).

Teilweise wird missverständlich formuliert, dass zur Unterscheidungskraft der Kollektivmarke nicht   18.1
notwendigerweise die Eignung gehöre, auf die Herkunft der Produkte aus dem Kollektiv hinzuweisen,
sondern dass die Unterscheidungskraft auch andere Eigenschaften, wie zB die geografische Herkunft oder
Qualität betreffen könne (so Ströbele/Hacker/Thiering/Hacker § 103 Rn. 3). Richtig daran ist, dass es
gemäß § 99 bei Kollektivmarken das Eintragungshindernis „Beschreibung der geografischen Herkunft der
Produkte" nicht gibt. Es reicht aber auch für die Eintragungsfähigkeit als Kollektivmarke keinesfalls aus,
dass das Zeichen Produkte bloß nach ihrer Qualität, nicht aber nach ihrer Herkunft aus dem Kollektiv
unterscheiden kann. Schon aus dem Wortlaut des § 97 ergibt sich, dass die Eignung, auf die Herkunft aus
dem Kollektiv hinzuweisen, die Grundvoraussetzung ist; die Eignung des Zeichens zur Qualitätsunterschei-
dung allein begründet die Schutzfähigkeit nicht. Darum ist etwa die Bezeichnung „GG", die im Verkehr

als „Großes Gewächs" verstanden wird, nicht als Kollektivmarke für Wein eintragbar (→ Rn. 19). Dasselbe ergibt sich aus § 103, der für die Prüfung der Kollektivmarkenanmeldung pauschal auf § 37 und damit auch auf die dort genannten Eintragungshindernisse des § 8 verweist.

III. Eintragungshindernisse

19   Auch aus § 8 Abs. 2 Nr. 2–14 darf sich kein Eintragungshindernis ergeben. Das bedeutet wegen § 8 Abs. 2 Nr. 2, dass gesetzlich vorgeschriebene Begriffe, die als solche generischen Charakter haben, nicht eingetragen werden können. So scheitert an § 97 Abs. 2, § 8 Abs. 2 Nr. 2 ein kollektivmarkenmäßiger Schutz der Bezeichnung „Volksbank", da das KWG diesen Begriff für alle Banken bestimmter Struktur vorschreibt (OLG Frankfurt a. M. WRP 2007, 671 (673) – Volksbank). An Art. 7 Abs. 1 lit. c UMV scheiterte die Eintragung der Unionskollektivmarke „GG" für „Alkoholische Getränke (ausgenommen Biere)", weil das Zeichen vom Verkehr im Zusammenhang mit Wein als Abkürzung von „Großes Gewächs", dh als Benennung von Weinen höherer Qualität verstanden wird (EuG T-278/09, BeckRS 2012, 82434 Rn. 49 ff.).

20   Das Eintragungshindernis „Hinweis auf geografische Herkunft des Produkts" gilt für Kollektivmarken nicht. Dazu und zum Sonderfall der personengebunden geografischen Herkunftsangabe vgl. § 99 (→ § 99 Rn. 1 ff.).

21   Soweit § 8 Abs. 3 die Überwindung von Eintragungshindernissen durch **Verkehrsdurchsetzung** zulässt, gilt dies gemäß § 97 Abs. 2 auch für Kollektivmarken (EuGH C-217/13, GRUR 2014, 776 – Sparkassen-Rot; → Rn. 14). Dabei kann der erforderliche Grad der Verkehrsdurchsetzung von der Natur des Eintragungshindernisses abhängen (OLG Frankfurt WRP 2007, 671 (673) – Volksbank). Für die Verkehrsdurchsetzung ist nicht erforderlich, dass der Verkehr in dem Zeichen gerade ein Verbandszeichen sieht. Es reicht vielmehr, wenn der Verkehr in Folge der markenmäßigen Benutzung überhaupt einen Herkunftshinweis darin erkennt; ob er diesen als Hinweis auf ein Einzelunternehmen oder auf einen Verband wahrnimmt, ist gleichgültig (BGH GRUR 1957, 88 (91) – Ihr Funkberater; GRUR 1964, 381 – WKS-Möbel; Eisenführ/Schennen/Schennen GMV Art. 66 Rn. 25 zu Art. 74 UMV).

D. Entstehung der Kollektivmarke – Wechsel der Markenart, Benutzungskollektivmarke?

22   Kollektivmarken entstehen in UMV und MarkenG durch Eintragung, und zwar schlicht dadurch, dass in der Markenanmeldung angegeben wird, dass es sich um eine Kollektivmarke handeln soll (so ausdrücklich Art. 74 Abs. 1 UMV, § 97 Abs. 1 S. 2 idF des MaMoG). Ein nachträglicher Wechsel von Kollektiv- zu Individualmarke ist nicht möglich, weil das den Charakter der Marke verändern und darum den Grundsatz der Unveränderlichkeit des Schutzgegenstandes verletzen würde (BPatG BeckRS 2016, 11516).

23   Während sich in der UMV, die schon die Benutzungsindividualmarke nicht kennt (Art. 6 UMV), die Frage nach einer Benutzungskollektivmarke nicht stellt, sind im MarkenG gemäß § 97 Abs. 2, § 4 Nr. 2 auch Benutzungskollektivmarken anzuerkennen.

23.1   Dies ergibt sich aus einem Rückgriff auf die Rechtsprechung zum WZG, derzufolge auch Kollektivmarken durch Verkehrsgeltung infolge Benutzung entstehen konnten. Solche Benutzungskollektivmarken wurden „Verbandsausstattungen" genannt (BGH GRUR 1964, 381 (384) – WKS-Möbel; ebenfalls für das WZG BGH GRUR 2002, 616 – Verbandsausstattungsrecht). Ihre Zulässigkeit stützte der BGH rechtspolitisch nicht nur auf das offensichtliche Interesse der Verbände, ihren Besitzstand an einem durchgesetzten Zeichen rechtlich zu sichern, sondern auch auf die Notwendigkeit, Dritte vor mehrfacher, womöglich widersprüchlicher Inanspruchnahme durch mehrere Verbandsunternehmen zu schützen. Die Verbandsausstattung stellte durch die klare Zuordnung des Zeichenrechts sicher, dass grundsätzlich nur eine einzige aktivlegitimierte Stelle existierte (BGH GRUR 2002, 616 (617) – Verbandsausstattungsrecht; zu den dazu möglichen Regelungen in der Satzung s. § 102 Abs. 2 Nr. 6).

23.2   Dieses Argument erscheint zwingend, so dass auch unter Geltung des MarkenG sowohl die Interessen der Zeichennutzer als auch der Dritten für die Anerkennung einer Benutzungskollektivmarke sprechen. Da sowohl die MRL 2008 als auch die MRL 2015 sowohl die Benutzungsmarke (Erwägungsgrund 11 MRL) als auch die Kollektivmarke zulassen und sie kein Verbot der Benutzungskollektivmarke enthalten, kann jetzt und auch zukünftig auf die zu § 25 WZG entwickelten Grundsätze zurückgegriffen werden.

24   Danach muss das fragliche Zeichen gerade als Kollektivmarke durchgesetzt sein. Das Zeichen muss in der Weise Verkehrsgeltung erlangt haben, dass der Verkehr darin eine Zusammengehörigkeit der Mitbenutzer erkennt. Entscheidend ist, ob die Benutzer bei ihrer Zeichennutzung dem

Publikum in objektiv zutreffender Weise so gegenübertreten, dass sie als eine wirtschaftliche Einheit, nicht hingegen als miteinander konkurrierende Unternehmen aufgefasst werden (BGH GRUR 2002, 616 (618) – Verbandsausstattungsrecht). Wenn der Verkehr das Zeichen nicht das Zeichen eines Verbandes sieht, der es seinen Mitgliedern für deren Produkte zur Verfügung stellt, sondern als ein Zeichen, das jedes einer Mehrzahl von Unternehmen je nur für sich benutzt, dann entsteht bloß eine Benutzungs-Individualmarke bei den Unternehmen, aber keine Kollektivmarke beim Verband (Baumbach/Hefermehl WZG § 25 Rn. 98).

Damit eine Benutzungskollektivmarke entsteht, muss es wirklich einen Zusammenschluss von **25** Unternehmen geben (BGH GRUR 2002, 616 (618) – Verbandsausstattungsrecht), denn nur dann kann die Verbandsverkehrsgeltung entstanden sein, schon, weil es sonst keinen tauglichen Inhaber (vgl. § 99) gäbe.

Eine Zeichensatzung ist anders als bei der einzutragenden Kollektivmarke (vgl. § 102) bei der **26** Benutzungskollektivmarke nicht erforderlich. Denn die Voraussetzungen für die Zeichennutzung lassen sich auch anders regeln (so ausdrücklich für § 25 WZG: BGH GRUR 2002, 616 (617) – Verbandsausstattungsrecht; das WZG sah eigentlich beim Verbandszeichen in § 18 WZG eine Zeichensatzung vor; Ingerl/Rohnke Rn. 17; aA Fezer Rn. 14 im Anschluss an Baumbach/Hefermehl WZG § 25 Rn. 99).

Ist auf diese Weise eine Benutzungskollektivmarke entstanden, dann stehen Verbietungsrechte **27** nur dem Verband zu (so bei BGH GRUR 2002, 616 (617) – Verbandsausstattungsrecht).

§ 98 Inhaberschaft

[1]Inhaber von angemeldeten oder eingetragenen Kollektivmarken können nur Verbände von Herstellern, Erzeugern, Dienstleistungsunternehmern oder Händlern sein, einschließlich der Dachverbände und Spitzenverbände, deren Mitglieder selbst Verbände sind, die die Fähigkeit haben, im eigenen Namen Träger von Rechten und Pflichten zu sein, Verträge zu schließen oder andere Rechtshandlungen vorzunehmen und vor Gericht zu klagen und verklagt zu werden. [2]Diesen Verbänden sind die juristischen Personen des öffentlichen Rechts gleichgestellt.

A. Allgemeines, MaMoG

Art. 29 Abs. 2 MRL enthält die Vorgaben an die Inhaberschaft von Kollektivmarken. Inhaber **1** einer Kollektivmarke können „rechtsfähige Verbände" und juristische Personen sein. Nicht zugelassen sind also, anders als bei Individualmarken (§ 7), natürliche Personen. Gewisse Mindestvorgaben an die Binnenstruktur des Verbandes ergeben sich aus den Vorgaben an die Markensatzung in § 102 (→ § 102 Rn. 1 ff.). § 98 idF des MaMoG passt den Wortlaut der Norm an Art. 29 Abs. 2 MRL an und stellt die Voraussetzungen an die Kollektivmarkenfähigkeit klarer, ohne dass dies sachliche Änderungen bewirkt.

B. Taugliche Inhaber

I. Verbände

Der Begriff „Verband" ist dem deutschen Gesellschaftsrecht fremd. Er geht zurück auf Art. 7bis **2** Abs. 3 PVÜ (Ingerl/Rohnke Rn. 2; Ströbele/Hacker/Thiering/Hacker Rn. 2). Danach muss der Verband, der im Herkunftsland die Verbandsmarke innehat („bestehender" Verband), auch im Schutzland als existent anerkannt werden. Der Begriff „Verband" ist im Markenrecht autonom auszulegen (Ingerl/Rohnke Rn. 2).

1. Kollektivmarkenfähige Zusammenschlüsse

„Rechtsfähig" ist ein Verband, wenn er Rechte innehaben und Verbindlichkeiten eingehen **3** kann. Das Wort „rechtsfähig" fällt in § 98 idF des MaMoG weg, da es auch Art. 29 Abs. 2 MRL nicht enthält. Stattdessen kommt es nun darauf an, ob der Verband „die Fähigkeit (hat), im eigenen Namen Träger von Rechten und Pflichten zu sein, Verträge zu schließen oder andere Rechtshandlungen vorzunehmen und vor Gericht zu klagen und verklagt zu werden". In der Sache bedeutet das keine Änderung, da auch zuvor anerkannt war, dass GbRs, obwohl nicht rechtsfähig, ebenso wie jede juristische Person sowie KG und OHG kollektivmarkenfähig sind

(Ingerl/Rohnke Rn. 6; Ströbele/Hacker/Thiering/Hacker Rn. 3; im Ergebnis so zur GMV Eisenführ/Schennen/Schennen GMV Art. 66 Rn. 14 zu Art. 74 UMV, der dort generell auf die Erörterungen zur Rechtsfähigkeit in der Kommentierung zu Art. 3 UMV verweist, der wiederum das Erfordernis der Rechtsfähigkeit genauso formuliert wie Art. 74 Abs. 1 UMV). Dach- und Spitzenverbände, deren Mitglieder ebenfalls Verbände sind, können ebenfalls Kollektivmarkeninhaber sein.

4   Die Kollektivmarkenfähigkeit des **nicht eingetragenen Vereins** war streitig, weil § 54 BGB ausdrücklich bestimmt, dass er nicht rechtsfähig ist. Das ist durch die neue Fassung von § 98 endgültig geklärt. § 54 BGB verweist für den nicht rechtsfähigen Verein auf die Vorschriften über die **GbR,** so dass er rechtlich ebenso handeln kann wie eine GbR. Da darüber hinaus § 50 ZPO ausdrücklich bestimmt, dass nicht rechtsfähige Vereine klagen und verklagt werden können, erfüllen sie alle Voraussetzungen der MaMoG-Fassung von § 98 und sind kollektivmarkenfähig. Etwa bei Gewerkschaften gibt es auch ein praktisches Bedürfnis dafür. Dies gilt auch unter Art. 29 MRL und § 98 idF des MaMoG. Zwar können danach nur noch Verbände von Erzeugern oder Händlern von Waren- und Dienstleistungen Inhaber von Kollektivmarken sein. Es ist also, anders als bei Individualmarken, ein gewisser Geschäftsbetrieb erforderlich (Ströbele/Hacker/Thiering/Hacker Rn. 1). Dies kommt aber bei Gewerkschaften durchaus in Betracht, da sie zB Rechtsberatungsdienstleistungen erbringen und dafür die Eintragung einer Kollektivmarke denkbar wäre. Da im übrigen die Anforderungen an die Inhaberschaft bei § 98 dieselben sind wie bei § 7, ist auf die dortigen Ausführungen zu verweisen (→ § 7 Rn. 13 ff.).

5   Nicht kollektivmarkenfähig sind Verbände, die auch nicht individualmarkenfähig sind. Das sind zB die Erbengemeinschaft (str.; → § 3 Rn. 14), die reine Innengesellschaft (Ingerl/Rohnke § 7 Rn. 11), die Bruchteilsgemeinschaft (→ § 7 Rn. 14). Nicht kollektivmarkenfähig sind schließlich, weil kein Verband, natürliche Personen.

2. Binnenstruktur

6   Nähere Vorgaben an die Ausgestaltung der Rechtsverhältnisse zwischen dem Verband und seinen Mitgliedern sowie deren Berechtigung an der Kollektivmarke ergeben sich aus den Anforderungen an die Satzung in § 102 (→ § 102 Rn. 1 ff.). § 98 in der Fassung des MaMoG verlangt ebenso wie Art. 74 Abs. 1 S. 2 **UMV** einen Verband „von Herstellern, Erzeugern, Dienstleistungserbringern oder Händlern". Früher sprach § 98 nicht von „Herstellern" etc. Die Änderung beruht auf Art. 29 Abs. 2 **MRL,** demzufolge Verbände nur kollektivmarkenfähig sind, wenn ihre Mitglieder Unternehmen sind.

II. Verbände des öffentlichen Rechts

7   Ob eine öffentlich-rechtliche Stelle eine juristische Person des öffentlichen Rechts ist, bestimmen die Spezialgesetze. Praktisch bedeutsam sind Gebietskörperschaften (Bund, Länder, Gemeinden (s. zur Kollektivmarkenfähigkeit der letzteren BGH GRUR 1993, 832 – Piesporter Goldtröpfchen), Berufsvereinigungen (Landwirtschaftskammern, Industrie- und Handelskammern, Rechtsanwaltskammern), für die das jeweils gesetzlich festgestellt ist.

III. Ausländische Verbände und ausländische Personen des öffentlichen Rechts

8   Die Kollektivmarkenfähigkeit ausländischer Verbände richtet sich wegen Art. 7bis Abs. 3 PVÜ nach dem Personalstatut, das sich wiederum nach dem tatsächlichen Sitz der Hauptverwaltung richtet (Ingerl/Rohnke Rn. 7). Die deutschen Gerichte prüfen im Streitfall also das ausländische Recht.

9   Dasselbe gilt für die Rechtsfähigkeit ausländischer juristischer Personen des öffentlichen Rechts. Auch für sie ist ihr Heimatrecht maßgeblich (BGH GRUR 1996, 270 – Madeira, bejaht für das portugiesische „Instituto do Vinho da Madeira"; BPatG GRUR Int 1967, 72 – D mit Frostblumen, dort verneint für den „Absatzrat der dänischen Landwirtschaftskammer").

C. Verstoß – Sanktionen

10   § 98 ist konstitutiv (Ingerl/Rohnke Rn. 4). Eine Kollektivmarkeneintragung für eine Person oder Gruppe, die nicht Kollektivmarkeninhaber sein kann, darf nicht erfolgen.

I. Eintragung für untauglichen Inhaber

§ 103 sieht vor, dass die Kollektivmarkenanmeldung unter anderem dann zurückgewiesen wird, **11**
wenn sie nicht § 98 entspricht. Das bedeutet, dass für einen nicht kollektivmarkenfähigen Anmelder (zB eine natürliche Person) keine Kollektivmarke eingetragen wird. § 106 bestimmt, dass Kollektivmarken, die unter Verstoß gegen § 103 eingetragen wurden, für nicht erklärt und gelöscht werden können. So können Kollektivmarken, die für untaugliche Inhaber eingetragen sind, wieder beseitigt werden.

II. Übertragung auf untauglichen Inhaber

§ 98 verbietet in Abweichung von § 27 auch die Übertragung der Kollektivmarke auf einen **12**
untauglichen Erwerber (Ingerl/Rohnke Rn. 4). Die Sanktionierung einer solchen Übertragung sollte über § 105 Abs. 1 Nr. 1 erfolgen. Danach kann eine Kollektivmarke auf Antrag wegen Verfall gelöscht werden, wenn der Inhaber nicht mehr besteht. Hier wie dort ist ein zunächst tauglicher Inhaber später weggefallen. Ob dieser Wegfall durch Auflösung des Verbandes eintritt (das ist die Fallgestaltung, die § 105 Abs. 1 Nr. 1 im Blick hat, Ingerl/Rohnke § 105 Rn. 3) oder durch inkorrekte Übertragung der Kollektivmarke, spielt für die Interessenlage keine Rolle.

§ 99 Eintragbarkeit von geographischen Herkunftsangaben als Kollektivmarken

Abweichend von § 8 Abs. 2 Nr. 2 können Kollektivmarken ausschließlich aus Zeichen oder Angaben bestehen, die im Verkehr zur Bezeichnung der geographischen Herkunft der Waren oder der Dienstleistungen dienen können.

Überblick

§ 99 ermöglicht markenrechtlichen Schutz für geografische Herkunftsangaben. Er steht so neben den speziellen Schutzinstrumenten der EU für geografische Angaben und für Spezialitätenamen bei mehreren Produktgruppen des Lebensmittelsektors (→ Rn. 2). § 99 überwindet nur das Eintragungshindernis „Beschreibung der geografischen Herkunft"; die anderen Eintragungshindernisse bleiben unberührt (→ Rn. 5). Der Schutzumfang geografischer Kollektivmarken ist eng (→ § 100 Rn. 1 ff.).

A. Allgemeines

§ 99 nutzt die Befugnis aus Art. 15 Abs. 2 MRL 2008, Art. 29 Abs. 2 MRL und bestimmt für **1**
Kollektivmarken eine Ausnahme von § 8 Abs. 2 Nr. 2. Darum können geografische Angaben als Kollektivmarken eingetragen werden. Die von Art. 15 Abs. 2 S. 2, Art. 29 Abs. 2 MRL zum Schutz der kollektivfremden, insbesondere ortsansässigen Benutzer geforderten Drittbenutzungsrechte enthält § 100 Abs. 1. Das MaMoG ließ § 99 unverändert.

B. Geografische Herkunftsangaben – Schutzsysteme

Geografische Herkunftsangaben sind im MarkenG ohne Eintragung durch §§ 126 ff. geschützt, **2**
außerdem durch den Irreführungsschutz in § 5 UWG und § 12 Abs. 1 LFGB, Art. 7 Abs. 1 lit. a LMIV. Dieser Schutz bleibt auch für geografische Namen anwendbar, die eigentlich als geografische Angaben/geschützte Ursprungsbezeichnungen nach den einschlägigen EU-Verordnungen eingetragen werden könnten, die aber nicht eingetragen sind, etwa weil niemand einen Eintragungsantrag gestellt hat (→ § 130 Rn. 5; BGH GRUR 2016, 743 Rn. 17 f. – Himalaya Salz; OLG Stuttgart GRUR-RR 2019, 521 Rn. 59 ff. – Hohenloher Weiderind; ausführlich Schoene MarkenR 2014, 273 ff.; Ströbele/Hacker/Thiering/Hacker Rn. 6, die dort angeregte Vorlage an den EuGH dürfte angesichts der Klarheit der Rechtslage nicht notwendig sein). Zwischenstaatlichen Schutz geben mehrere multilaterale und bilaterale Abkommen (→ § 126 Rn. 2 ff.; → Einleitung Rn. 177), aber nicht über § 8 Abs. 2 Nr. 9 (→ § 8 Rn. 923).

Das kooperative Konzept der geografischen Kollektivmarke, das den Zeichen der Gilden und **3**
Zünfte ähnelt, erlebt eine Renaissance in Gestalt des registermäßigen Schutzes geografischer Herkunftsangaben und Spezialitäten bei Agrarprodukten und Lebensmitteln. Für diesen Produktbereich wurde erstmals mit der VO (EWG) Nr. 2081/1992 ein komplexes Verfahren zur Registrie-

rung geografischer Produktnamen geschaffen, das für eingetragene Namen einen sehr umfassenden Schutz vorsieht. Diesen Ansatz hat die EU seitdem ausgebaut. Derzeit gibt es Spezialregelungen
- für Lebensmittel und Agrarerzeugnisse: VO (EU) 1151/2012 (s. hierzu §§ 130 ff. und die dortige Kommentierung),
- für Spirituosen: VO (EG) 110/2006,
- für Weine: VO (EU) 1308/2013,
- und für aromatisierte Weine: VO (EU) 251/2014,

wobei zu jeder dieser Verordnungen auch Ausführungsbestimmungen existieren.

4   Die Regelungen dieser Verordnungen zur Eintragung und Benutzung der geschützten Namen ähneln einem Kollektiv-, noch mehr aber einem Gewährleistungsmarkensystem (§§ 106a ff., dort ist aber die Anknüpfung an die geografische Herkunft anders als bei Kollektivmarken in § 99 verboten). Auf zwei wesentliche Unterschiede der g.g.A.-/-g.U.-Schutzsysteme zu Kollektiv- und Gewährleistungsmarken sei hingewiesen: Erstens setzt die Eintragung nach diesen Spezialverordnungen voraus, dass die Erzeugnisse mit dem betreffenden Namen besondere herkunftsbedingte Eigenschaften haben (ausreichend: besonderer Ruf, s. etwa Art. 5 VO (EU) 1151/2012). Solche besonderen Eigenschaften sind für eine Kollektivmarkeneintragung nicht erforderlich. Außerdem sind die Herstellungsanforderungen der Spezifikation bzw. der technischen Unterlage allgemeinverbindlich; alle Hersteller – ob Mitglied der Antragstellervereinigung oder nicht – müssen sich daran halten (s. etwa Art. 12 Abs. 1 VO (EU) 1151/2012). Für eine Kollektivmarke ist zwar eine Kollektivmarkensatzung erforderlich (§ 102, Art. 75 UMV); diese gilt aber nur für die Kollektivmitglieder, für andere Benutzungsberechtigte gilt sie, nur wenn sie sich der Satzung unterworfen haben. Für Kollektivfremde gilt die Satzung nicht. Darum dürfen bei „reinen geografischen Kollektivmarken" (dh reinen geografischen Angaben ohne grafische oder andere Zusätze) auch Produkte, die von der Satzung abweichen, unter der geografischen Herkunftsangabe vermarktet werden, solange dies in Einklang mit den guten Sitten steht (§ 100 Abs. 1, Art. 74 Abs. 2 UMV). Ein Widerspruch zu den guten Sitten wird etwa dann nicht vorliegen, wenn die Satzung vorschreibt, dass die Kollektivmarke in einer bestimmten Größe auf den Produktverpackungen erscheinen muss, der Kollektivfremde aber die wortgleiche geografische Herkunftsangabe größer oder kleiner schreibt. Enthält die Kollektivmarkensatzung Qualitätsvorgaben, so sind solche Vorgaben für Kollektivfremde häufig unverbindlich, weil es in der Regel den guten Sitten entspricht, das fragliche Produkt auch (etwas) anders herzustellen (s. Beispielsfall „Halloumi"; → § 100 Rn. 14 ff.), der BGH hat allerdings eine Kollektivmarkenverletzung bei einer Benutzung der Marke durch einen Dritten für nicht satzungskonforme Waren bejaht, da der Dritte den Ruf der Kollektivmarke ausnutzte und sich in ihren Sog begab (BGH GRUR 2021, 1395 – Hohenloher Landschwein, → § 100 Rn. 15).

C. Anwendungsbereich von § 99 – nur „echte" geografische Angaben

5   § 99 modifiziert § 8 Abs. 2 Nr. 2. Anders als eine Individualmarke kann eine Kollektivmarke auch dann eingetragen werden, wenn das betreffende Zeichen bloß die geografische Herkunft des damit gekennzeichneten Produkts angibt. Das gilt nach dem Wortlaut des § 99 auch dann, wenn das Zeichen ausschließlich aus der geografischen Herkunftsangabe besteht. Soweit Dritte ein Freihaltebedürfnis haben, hindert das nicht die Eintragung. Freihaltebedürfnisse werden vielmehr berücksichtigt in der Schutzschranke des § 100. Auch eine geografische Kollektivmarke unterscheidet die Produkte aber primär nicht nach ihrer geografischen, sondern nach ihrer Herkunft vom Markeninhaber, dem Kollektiv (→ § 97 Rn. 8).

6   § 99 beseitigt nur das Eintragungshindernis „Beschreibung der geografischen Herkunft", nicht andere Eintragungshindernisse (BGH GRUR 1996, 270 f. – Madeira; BPatG GRUR 1998, 148, 153 – SAINT MORIS/St. Moritz).

6.1   Weder als Individual- noch als Kollektivmarke eintragungsfähig ist darum das Zeichen „GG" für „Wein", denn es wird vom Publikum als „Großes Gewächs" verstanden. Ihm steht darum auch gar nicht das mit § 99 überwindbare Eintragungshindernis „Beschreibung der geografischen Herkunft" entgegen, sondern „Beschreibung einer (anderen) Produkteigenschaft". Davon stellen § 99 bzw. Art. 74 Abs. 1 UMV nicht frei (EuG T-278/09, BeckRS 2012, 82434 mAnm Schoene GRUR-Prax 2013, 38).

7   Aus demselben Grunde kann ein geografischer Produktname, der seine geografische Bedeutung verloren hat und so zum Gattungsbegriff, dh zur üblichen Bezeichnung eines geografisch nicht spezifizierten Produktes geworden ist, auch nicht als geografische Kollektivmarke eingetragen werden. Denn ihm steht das von § 99 nicht berührte Eintragungshindernis aus § 8 Abs. 2 Nr. 3 (üblich gewordene Bezeichnung) entgegen.

Das betrifft etwa die Käsebezeichnung „Camembert". Siehe insofern zum Parallelproblem „Gattungsbe- **7.1** griff" im (heutigen) Art. 3 Nr. 6 VO (EU) 1151/2012, Art. 6 Abs. 1 VO (EU) 1151/2012 die Eintragungsverordnung der Kommission 1107/1996, mit der eine Vielzahl von Einzelangaben registriert wurde. Dort hält Fn. 7 zB zum geschützten Namen „Camembert de Normandie" fest, dass der Schutz des Namens „Camembert" nicht beantragt sei; sinngleiche Fußnoten finden sich für die Begriffe „Emmentaler", „Gouda", „Edamer" uvm.

Das Eintragungshindernis, das daraus entsteht, dass der ursprünglich geografisch verstandene Begriff **7.2** die geografische Bedeutung verloren hat und zum Gattungsbegriff geworden ist, kann dadurch überwunden werden, dass der Kollektivmarkenanmelder dem geografischen Begriff einen „relokalisierenden Zusatz" gibt, der deutlich macht, dass der fragliche geografische Name wirklich geografisch und nicht als Rezepturangabe verstanden werden soll. Der relokalisierende Begriff muss aber für den Verkehr auch wirklich diese Funktion haben. Die Relokalisierung des Gattungsbegriffs „Pils" auf die Stadt Pilsen wurde nach Verkehrsbefragung beim Wort „Ur-Pils" verneint (OLG Köln LMRR 1980, 35). Auch beim Wort „Original" wurde die Relokalisierung verneint für „Original Bauernbrot", weil „Bauernbrot" schon kein geografischer Begriff und folglich nicht relokalisierbar sei (OLG Stuttgart NStZ 1981, 66). Das EuG sieht „Original Eau de Cologne" nicht als kollektivmarkenfähig an, weil sich „Original Eau de Cologne" so wenig wie der Gattungsbegriff „Eau de Cologne" auf „Köln" beziehe, sondern das Produkt allgemein, ohne geografische Anknüpfung, von Nachahmungen unterscheide (EuG T-556/13, BeckRS 2014, 82416; → § 126 Rn. 40 f.).

Als Ausnahmeregelung sind Art. 74 Abs. 2 S. 1 UMV, § 99 eng auszulegen (EuG T-341/09, **8** GRUR Int 2011, 1094 (1096) Rn. 35 – Consejo Regulador de la Denominación de Origen Txakoli de Alava ua/HABM; T-534/10, BeckRS 2012, 81205 Rn. 49 – Organismos Kypriakis Galaktokomikis Viomichanias/HABM). Ein Begriff, der nur „im Grunde" (→ UMV Art. 74 Rn. 15) eine geografische Angabe darstellt, ist nicht eintragungsfähig.

Demzufolge ist das baskische Wort „Txakoli" nicht kollektivmarkenfähig für Wein. Denn die gleichwer- **8.1** tigen Begriffe „Chakoli/Txakolina" sind „ergänzende traditionelle Begriffe" iSd (mittlerweile außer Kraft getretenen) VO (EG) 753/2002, heute Art. 112 ff. VO (EU) Nr. 1308/2013. Als solche geben sie nach der Definition in Art. 112 Abs. 1 lit. b VO (EU) 1308/2013 nicht die geografische Herkunft eines Weines an, sondern beziehen sich viel diffuser bloß „auf ein Verfahren der Erzeugung, Bereitung und Reifung bzw. auf Qualität, Farbe oder Art des Weins oder einen Ort oder ein historisches Ereignis im Zusammenhang mit diesen Erzeugnissen". Es handelte sich bei „Txakoli" also nur um einen Begriff mit geografischem Anklang, aber nicht um eine wirkliche geografische Angabe. Darum ist er trotz Art. 74 Abs. 2 S. 1 UMV (entspricht § 99) nicht eintragungsfähig (EuG T-341/09, GRUR Int 2011, 1094 Rn. 35 – Consejo Regulador de la Denominación de Origen Txakoli de Alava ua/HABM).

§ 100 Schranken des Schutzes; Benutzung

(1) [1]Zusätzlich zu den Schutzschranken, die sich aus § 23 ergeben, gewährt die Eintragung einer geographischen Herkunftsangabe als Kollektivmarke ihrem Inhaber nicht das Recht, einem Dritten zu untersagen, solche Angaben im geschäftlichen Verkehr zu benutzen, sofern die Benutzung den guten Sitten entspricht und nicht gegen § 127 verstößt. [2]Insbesondere kann eine solche Marke einem Dritten, der zur Benutzung einer geografischen Bezeichnung berechtigt ist, nicht entgegengehalten werden.

(2) Die ernsthafte Benutzung einer Kollektivmarke durch mindestens eine hierzu befugte Person oder durch den Inhaber der Kollektivmarke gilt als Benutzung im Sinne des § 26.

Überblick

Abs. 1 betrifft nur geografische Kollektivmarken (→ Rn. 3 ff.), Abs. 2 betrifft alle Kollektivmarken. Abs. 1 führt dazu, dass Vorgaben der Kollektivmarkensatzung, grundsätzlich auch die dort getroffene konkrete Abgrenzung des Gebiets, für Kollektivfremde irrelevant sind (→ Rn. 11). Er hat angesichts der europäischen Rechtsprechung (→ Rn. 13 ff.) ganz restriktive Bedeutung für den Schutzumfang geografischer Kollektivmarken (→ Rn. 14 ff.). Die Regelung zur Benutzungszurechnung in Abs. 2 stellt keine besonderen Probleme (→ Rn. 18 ff.).

Übersicht

A. Allgemein, MaMoG

1   Abs. 1 regelt das Recht insbesondere ortsansässiger Produzenten, eine geografische Kollektivmarke zu benutzen. Dieses Drittbenutzungsrecht ist die Umsetzung von Art. 15 Abs. 2 S. 2 MRL 2008. Dem entspricht Art. 29 Abs. 2 MRL. Der mit dem MaMoG eingeführte S. 2 von § 100 Abs. 1 stellt noch einmal ausdrücklich klar, dass die geografische Kollektivmarke einem berechtigten Benutzer der geografischen Herkunftsangabe nicht entgegengehalten werden kann.

2   Abs. 2 enthält eine Sonderregel zur rechtserhaltenden Drittbenutzung, die letztlich nur eine Klarstellung der eigentlich schon aus § 26 Abs. 2 folgenden Vorgaben ist. § 100 Abs. 2 entspricht Art. 10 Abs. 3 lit. a MRL 2008, Art. 32 MRL. Die UMV enthält in Art. 74 Abs. 2 S. 2 UMV, Art. 78 UMV entsprechende Regelungen. § 100 Abs. 2 idF des MaMoG stellt zusätzlich auch ausdrücklich klar, dass die Benutzung durch den Dritten „ernsthaft" sein muss, um § 26 zu genügen. Eine sachliche Änderung ist das nicht.

B. Drittbenutzungsrechte und Schutzumfang bei geografischen Kollektivmarken

3   Während § 100 Abs. 1 von „guten Sitten" spricht, ist in Art. 28 MRL (Art. 15 Abs. 2 MRL 2008), Art. 29 Abs. 3 MRL sowie in Art. 74 Abs. 2 S. 2 UMV von „anständige(n) Gepflogenheiten in Gewerbe oder Handel" die Rede. Beides ist – schon um Richtlinienkonformität sicherzustellen – sinngleich auszulegen.

4   Letztlich geht die Freistellungswirkung von § 100 Abs. 1 nicht sehr weit über die von § 23 hinaus (Ingerl/Rohnke Rn. 4). Denn die Benutzung einer als Kollektivmarke eingetragenen „reinen" geografischen Herkunftsangabe (dh einer Marke, die nur aus der geografischen Herkunftsangabe ohne andere grafische ohne andere Zusätze besteht) ist schon nach § 97 Abs. 2, § 23 zulässig, wenn sie „zur Angabe der geografischen Herkunft" und in den Grenzen der „guten Sitten" erfolgt, und dasselbe verlangt auch § 100 Abs. 1.

5   Gegen die guten Sitten verstößt nicht nur die Irreführung über die wirkliche geografische Herkunft des Produktes, die über den Verweis auf § 127 erfasst ist (Ingerl/Rohnke Rn. 5; → Rn. 21).

6   Zu beachten ist, dass Abs. 1 nur für die Benutzung von Kollektivmarken gilt, die „echte" geografische Herkunftsangaben schützen. Da etwa personengebundene Herkunftsangaben keine geografischen Herkunftsangaben sind (→ § 126 Rn. 26), greift bei ihnen auch Abs. 1 nicht ein (OLG Hamburg MD 1999, 536 (543) – Rügenwalder Teewurst; Ingerl/Rohnke Rn. 4).

I. Schutzumfang reiner geografischer Kollektivmarken

7   Abs. 1 hat bei einer Drittbenutzung, die über die geografische Herkunft des Produkts irreführt, keine praktische Bedeutung. Solche irreführenden Benutzungen stellt er nicht frei.

1. Kein Einwand „Gattungsbegriff"

8   Der Verletzer kann der geografischen Kollektivmarke nicht entgegenhalten, sie sei nicht geschützt, weil sie eigentlich gar nicht eintragungsfähig, etwa weil der geografische Name in Wirklichkeit nie ein solcher gewesen oder aber zum Gattungsbegriff geworden sei. Zwar kann ein Gattungsbegriff nicht als geografische Kollektivmarke eingetragen werden (→ § 99 Rn. 7). Aber das Verletzungsgericht ist auch bei Kollektivmarken wegen der Verweisvorschrift des § 97 Abs. 2 an die Vermutung der Rechtsgültigkeit der Marke gebunden (zu Individualmarken s. Ingerl/Rohnke § 14 Rn. 17). Da der Einwand „Gattungsbegriff" bei einer geografischen Kollektivmarke die

Eintragung hindern würde, ist er wegen dieser Gültigkeitsvermutung im Verletzungsverfahren unzulässig. Der mutmaßliche Verletzer kann allenfalls ein Löschungsverfahren einleiten (§ 50 Abs. 1 iVm § 8 Abs. 2 Nr. 2, Nr. 3) und im Hinblick auf dessen Vorgreiflichkeit die Aussetzung des Verletzungsprozesses verlangen (§ 148 ZPO; Ingerl/Rohnke § 14 Rn. 17 für Individualmarken).

Diese Bindungswirkung der Kollektivmarkeneintragung macht ihre Durchsetzung einfacher als **9** die einer nicht eingetragenen geografischen Herkunftsangabe, der im Verletzungsprozess der Einwand „Gattungsbegriff" in vollem Umfang entgegengehalten werden kann (§ 126 Abs. 2).

Die geografische Kollektivmarke erleichtert so gegenüber dem sonst bestehenden Schutzinstru- **10** mentarium der §§ 126 ff. das Vorgehen gegen die in geografischer Hinsicht irreführende Verwendung des eingetragenen geografischen Namens.

2. Schutz gegen Irreführung in geografischer Hinsicht

Materiell sind bei der Frage, ob eine geografische Irreführung vorliegt, im Grundsatz dieselben **11** Prüfungen anzustellen wie bei § 127 Abs. 1. Insbesondere kann für die Frage der Abgrenzung des geografischen Gebietes nicht ohne weiteres auf das in der Satzung zugelassene Produktionsgebiet abgestellt werden. Denn dessen Abgrenzung muss nicht mit derjenigen identisch sein, die sich bei Zugrundelegung der „guten Sitten" ergibt. Es muss vielmehr unabhängig von der Kollektivmarkensatzung definiert werden, was im Sinne der „guten Sitten", dh der „anständigen Gepflogenheiten in Handel und Gewerbe", und das heißt vor allem auch: im Verständnis der Verbraucher als das geografische Gebiet anzusehen ist.

3. Schutz gegen Drittbenutzung ohne geografische Irreführung

Auch außerhalb der europäischen Spezialregelungen zum Schutz geografischer Angaben und **12** Ursprungsbezeichnungen (VO (EU) 1151/2012, VO (EU) 1308/2013, VO (EU) 2019/787 und VO (EU) 251/2014, → § 130 Rn. 3 ff.) ist es möglich, Qualitätsanforderungen an Produkte mit der geografischen Herkunftsangabe zu stellen. Art. 12 Abs. 5 VO (EU) 1151/2012 lässt für eingetragene Namen die Verwendung geografischer Kollektivmarken auf dem Etikett im Zusammenhang mit den Ausdrücken „geschützte Ursprungsbezeichnung"/„geschützte geografische Herkunftsangabe" ausdrücklich zu. Auch für Produktnamen, die eingetragen werden könnten, aber nicht eingetragen sind, sind Kollektivmarken möglich. Denn für nicht eingetragene, aber eintragungsfähige Namen gibt es keinen Vorrang der fraglichen Verordnungen gegenüber den kollektivmarkenrechtlichen Regelungen (ausführlich Schoene MarkenR 2014, 273 (281)). Verstöße eines Verbandsexternen gegen Qualitätsregelungen der Satzung werden nur sehr selten die Grenzen des Drittbenutzungsrechts aus § 100 bzw. Art. 74 Abs. 2 S. 2 UMV überschreiten.

a) Ausgangspunkt: keine besondere Kennzeichnungskraft geografischer Kollektiv- 13 marken, Bekanntheit geografischer Kollektivmarken. Die vom EuGH bestätigte Rechtsprechung des EuG illustriert, dass der wertungsmäßige Ursprung der in § 100 Abs. 1 bzw. Art. 74 Abs. 2 S. 2 UMV für Kollektivfremde vorgesehenen Gestattung, den geografischen Namen zu verwenden, solange dies nicht geografisch irreführt, die von Haus aus geringe Kennzeichnungskraft geografischer Kollektivmarken ist. Die Kennzeichnungskraft geografischer Kollektivmarken wird genauso bestimmt wie die von Individualmarken (§ 97 Abs. 2). Darum führt die Bekanntheit des geografischen Namens nicht dazu, dass auch die Kollektivmarke, die ihn enthält oder aus ihm besteht, als solche, also als Marke, bekannt ist (EuGH GRUR 2017, 1257 ff. – Darjeeling, neue Klage anhängig EuG T-282/19, GRUR-RS 2021, 5187). Umgekehrt sieht das EuG in dem ausdrücklichen Drittbenutzungsrecht aus § 100 Abs. 1 bzw. Art. 74 Abs. 2 S. 2 UMV sogar ein Indiz dafür, dass die Eintragung einer reinen Kollektivmarke (dh nur des geografischen Produktnamens, ohne grafische oder andere Zusätze) keine Vermutung für eine durchschnittliche Kennzeichnungskraft dieser Kollektivmarke begründet. Vielmehr haben danach reine geografische Kollektivmarken, weil sie eben per definitionem glatt beschreibend und darum nur wegen der Ausnahmeregelung des Art. 74 Abs. 2 UMV bzw. § 99 überhaupt eintragungsfähig sind, regelmäßig „keine besondere Kennzeichnungskraft" (EuG T-534/10, BeckRS 2012, 81205 Rn. 52, 55 – Organismos Kypriakis Galaktokomikis Viomichanias/HABM). Umgekehrt erreicht eine geografische Kollektivmarke Bekanntheit iSv § 9 Abs. 1 Nr. 3 nicht dadurch, dass der geografische Name als solcher bekannt ist, sondern dadurch, dass aus der Kollektivmarke darauf geschlossen wird, dass die Produkte vom Kollektiv herrühren. Wenn in diesem Sinne Bekanntheit vorliegt, dann richtet sich die Frage, ob eine unlautere Rufausbeutung, oder -verwässerung vorliegt, nach denselben Maßstäben wie bei einer Individualmarke (Rufausbeutung durch Imagetransfer bei Kollektivmarke „Darjeeling" (für Tee) durch Bekleidungs- bzw. Bekleidungseinzelhandelsmarke für möglich gehalten und zwecks Feststellung der Bekanntheit der Kollektivmarke zurückverwiesen: EuG T-624/13, BeckRS 2015, 81392 Rn. 142, 144; ebenso vom selben Tage zu anderen Widerspruchs-kollektivmarken mit dem Wortbestandteil „Darjeeling" EuG T-625/13, T-626/13, T-627/13, nachfolgend EuGH GRUR 2017, 1257 ff. – Darjeeling, nunmehr neue Klage anhängig EuG T-282/19, GRUR-RS 2021, 5187).

13.1   Das EuG sprach der geografischen Kollektivmarke „Halloumi" nur schwache Kennzeichnungskraft zu. Darum liege „Hellim" trotz Warenidentität sowie gewisser begrifflicher Ähnlichkeit außerhalb des Schutzbereichs von „Halloumi" (EuG T-534/10, BeckRS 2012, 81205 Rn. 52 – Organismos Kypriakis Galaktokomikis Viomichanias/HABM; bestätigt von EuGH C-393/12 P, BeckRS 2013, 80684 – HELLIM; dazu Anm. Schoene GRUR-Prax 2013, 265). In dem Fall kollidierten zwei sog. „mittelbare geografische Herkunftsangaben" (zum Begriff → § 126 Rn. 17 ff.) von der Insel Zypern: Das türkisch-zypriotische Wort „Hellim" (als geografische Herkunftsangabe für einen Käse von Zypern) mit der für Käse eingetragenen geografischen Kollektivmarke „Halloumi", einem griechisch-zypriotischen Wort. Das EuG bejahte zwar angesichts der Bedeutungsidentität, aber verschiedenen Sprachherkunft eine gewisse begriffliche Ähnlichkeit (→ Rn. 14). Die Beschwerdekammer habe aber zutreffend eine Kennzeichnungsschwäche der Kollektivmarke angenommen, so dass keine Verwechslungsgefahr vorliege.

13.2   Für das Ergebnis spricht auch ein Erst-Recht-Schluss: wenn kollektivfremde zypriotische Hersteller wegen Art. 74 Abs. 2 S. 2 UMV bzw. § 100 sogar das eingetragene Zeichen „Halloumi" benutzen dürfen, dann muss das erst recht für Wort „Hellim" gelten. Das EuG stellt aber ausdrücklich darauf ab, dass „Hellim" trotz Ähnlichkeit/Warenidentität schon gar nicht in dem engen Schutzbereich von „Halloumi" liege, so dass es der Rechtfertigung durch § 100, Art. 74 Abs. 2 S. 2 UMV nicht bedurfte.

13.3   Mit inhaltlich identischen Erwägungen wurde die Verwechslungsgefahr zwischen der britischen Gewährleistungsmarke „Halloumi" und „Pallas Halloumi" und „Comboys Halloumi" (beide mit Bildbestandteilen) verneint (EuG T-847/16, BeckRS 2018, 16005 – COWBOYS HALLOUMI; T-825/16, BeckRS 2018, 16017 – Pallas Halloumi; zu beiden Anm. Schoene GRUR-Prax 2018, 427). Der EuGH entschied über das Rechtsmittel der dort klagenden Republik Zypern nicht mehr, weil die britische Gewährleistungsmarke „Halloumi" zwischenzeitlich wegen eines Versehens der Markeninhaberin, der Republik Zypern, gelöscht worden war (EuGH C-608/18 P, C-609/18 P, C-767/18 P, BeckRS 2020, 7561; zum Hintergrund Schoene GRUR-Prax 2020, 280).

14   **b) Konsequenz: Schutz gegen Drittbenutzung ohne geografische Irreführung nur ausnahmsweise.** Die „Halloumi"-Entscheidung des EuG bindet zwar den nationalen Richter nicht, weil sie naturgemäß in keinem Vorlageverfahren erging, für die das EuG generell nicht zuständig ist. Sie ist aber überzeugend begründet und vom EuGH bestätigt, so dass aus ihr auch für die Auslegung von § 100 zu folgern ist: Eine geografische Kollektivmarke begründet kaum jemals Ansprüche gegen einen Kollektivfremden, der zwar gegen qualitätsbezogene Satzungsvorgaben verstößt, aber nicht über die geografische Herkunft der Produkte irreführt. Denn die Grenzen der guten Sitten werden ohne geografische Irreführung regelmäßig nur dann überschritten sein, wenn die von der Satzung aufgestellten Qualitätsanforderungen im Verkehrsverständnis schon so verfestigt sind, dass der geografische Name zu einer qualifizierten geografischen Herkunftsangabe geworden ist. Denn dann (und erst dann) ist die betreffende Qualitätsanforderung schon über § 127 Abs. 2 – also auch ohne die Kollektivmarke – allgemeinverbindlich geworden.

14.1   Das OLG Düsseldorf verbot aus der Unionskollektivmarke „Halloumi" einen Halloumi, der nicht in Zypern oder nicht mit zypriotischer Milch **oder** nicht nach den Vorgaben der Kollektivmarkensatzung hergestellt war (so der Tenor der landgerichtlichen Entscheidung, den OLG Düsseldorf BeckRS 2006, 11376 wiedergibt und insofern bestätigt). Verboten wird damit also auch jeder Halloumi, der zwar auf Zypern, aber nicht satzungskonform hergestellt ist.

14.2   Dieses umfassende Verbot von satzungswidrigem „Halloumi" ist unter Zugrundelegung des zitierten EuG-Urteils mit den tatsächlichen Feststellungen des OLG nicht zu rechtfertigen. Denn ein solches Verbot setzt angesichts des Drittbenutzungsrechts aus § 100 Abs. 1 bzw. Art. 74 Abs. 2 S. 2 UMV voraus, dass jeder Verstoß gegen Satzungsvorgaben zugleich einen Verstoß gegen die „anständigen Gepflogenheiten im Handel"/„guten Sitten" darstellt. Von einer automatischen Identität zwischen den Vorgaben der Satzung und den Anforderungen der guten Sitten kann man aber nicht ausgehen, denn die Satzung darf von den Kollektivmitgliedern etwas mehr fordern als die guten Sitten von den Kollektivfremden (→ § 102 Rn. 18 ff.). Das OLG Düsseldorf hätte deshalb begründen müssen, dass im Falle von „Halloumi" **jeder** denkbare Satzungsverstoß zugleich einen Sittenverstoß darstellt. Das tut die Entscheidung nicht, und darum ist sie im Hinblick auf diesen Teil des Tenors mindestens unzureichend begründet, wahrscheinlich aber auch im Ergebnis falsch.

14.3   Die These, dass aus geografischen Kollektivmarken idR nicht gegen satzungswidrige, aber geografisch korrekte Benutzungen des geografischen Namens durch Kollektivfremde vorgegangen werden kann, steht auch im Einklang mit der Entscheidung „RIOJAVINA" (EuG T-138/09, BeckRS 2010, 90718, insbesondere Rn. 60; das Rechtsmittel wurde durch begründungslosen Beschluss zurückgewiesen: EuGH C-388/10 P, BeckEuRS 2011, 571952). Dort hat das EuG zwischen der unter anderem für Essig angemeldeten Marke „RIOJAVINA" und der widersprechenden, für Wein eingetragenen Unionskollektivmarke Verwechslungsgefahr trotz nur geringer Warenähnlichkeit, aber erheblicher Zeichenähnlichkeit bejaht. In Bezug auf Art. 74 Abs. 2 S. 2 UMV weist das EuG gerade darauf hin, dass die stattgebende Widerspruchsentscheidung nicht die **Benutzung** des jüngeren Zeichens, sondern nur dessen Eintragung verhindere. Darum stehe Art. 74 Abs. 2 S. 2 UMV der Bejahung der Verwechslungsgefahr im Registerverfahren nicht entgegen. Dies stützt die Annahme, dass die durch einen Kollektivfremden erfolgende, zwar satzungswidrige, aber nicht geografisch irreführende Benutzung des geografischen Namens aus der gleichlautenden geografischen Kollektivmarke in der Regel nicht verboten werden kann.

Bei der **Abwägung,** ob die Drittbenutzung der Kollektivmarke, die nicht die Vorgaben der **15** Kollektivmarkensatzung einhält, noch den guten Sitten iSd § 100 entspricht, kann allerdings, so der BGH, auch die **Qualitätsfunktion der Marke** berücksichtigt werden (BGH GRUR 2021, 1395 Ls. – Hohenloher Landschwein). Der BGH bejaht trotz des Drittbenutzungsrechts eine Verletzung der Kollektivmarke, weil der Dritte die geografische Kollektivmarke in identischer Form benutzt und den Verbrauchern keinerlei Hinweis darauf gegeben hatte, dass seine Produkte nicht aus dem Kollektivverband stammten. Es sei ihm darum gegangen, den **festgestellten guten Ruf der Kollektivmarke auszunutzen** und sich in den **Sog der Marke** zu begeben (BGH GRUR 2021, 1395 Rn. 42 – Hohenloher Landschwein). Das stelle einen Verstoß gegen die guten Sitten dar. Dieser Verstoß sei trotz des Regelungssystems der VO (EU) 1151/2012 auch als Kollektivmarkenverletzung aufgreifbar. Denn das **Verhältnis zwischen Marken und geschützten geografischen Angaben**/geschützten Ursprungsbezeichnungen sei durch Art. 14 VO (EU) 1151/2012 abschließend geregelt, sowohl die Kollektivmarke als auch die VO (EU) 1151/2012 beruhten auf europäischen, vollharmonisierten Vorgaben. Darum sei auch im (theoretischen) Geltungsbereich der VO (EU) 1151/2012 der durch eine Kollektivmarkensatzung ermöglichte Schutz der Qualitätsfunktion der Marke anzuerkennen, sodass der Verstoß gegen Qualitätsvorgaben eine Verletzung der Kollektivmarke darstellen könne (BGH GRUR 2021, 1395 Rn. 50 – Hohenloher Landschwein).

II. Schutzumfang geografischer Kollektivmarken mit phantasievollen Bestandteilen

Wenn eine geografische Kollektivmarke außer der geografischen Herkunftsangabe wörtliche **16** oder grafische Zusätze enthält, muss man in Kollisionsfällen berücksichtigen, dass die geografische Herkunftsangabe nach der europäischen Rechtsprechung (→ Rn. 13) regelmäßig zwar „keine besondere" Kennzeichnungskraft hat, aber bei angemessener Zeichen- und Produktähnlichkeit grundsätzlich den vollen Verwechslungsschutz genießt. Eine Verletzung wird also noch leichter zu bejahen sein, wenn das Kollisionszeichen auch Ähnlichkeiten mit den willkürlich gewählten Bestandteilen der Kollektivmarke aufweist. Dann kann der Sittenverstoß auch daraus folgen, dass sich der Drittbenutzer unnötig eng an frei wählbare Zeichenelemente anhängt (in diesem Sinne Ingerl/Rohnke Rn. 5; dem folgend BGH GRUR 2003, 242 (245) – Dresdner Christstollen).

III. Rechtserhaltende Benutzung (Abs. 2)

Während sich Abs. 1 nur mit geografischen Kollektivmarken befasst, betrifft Abs. 2 alle Kollek- **17** tivmarken, also auch Gütezeichen und alle anderen denkbaren Formen (Ingerl/Rohnke Rn. 7). Da § 97 Abs. 2 auch auf das Erfordernis der rechtserhaltenden Benutzung verweist, gelten die allgemeinen Anforderungen der §§ 25, 26 ebenso für Kollektivmarken, seien es geografische oder andere.

Abs. 2 knüpft daran an, dass es bei Kollektivmarken anders als bei Individualmarken naturgemäß **18** nicht nur einen, sondern mehrere Benutzungsberechtigte gibt. Unabhängig von der Zahl der Kollektivmitglieder oder sonst Benutzungsberechtigten genügt die Benutzung durch den Inhaber oder eine einzige benutzungsbefugte Person.

Das bedeutet erstens, dass die **Benutzung durch** einen bloß über Abs. 1 legitimierten **Außen- 19 stehenden** nicht reicht (Ingerl/Rohnke Rn. 7). Wird also ein als Kollektivmarke eingetragener Name von einem Kollektivfremden ohne Zustimmung des Kollektivmarkeninhabers benutzt, dann ist dies keine rechtserhaltende Benutzung. Stimmt allerdings der Kollektivmarkeninhaber dieser Benutzung durch den Kollektivfremden zu, dann liegt eine rechtserhaltende Benutzung vor, wenn der Kollektivfremde nicht nur den geografischen Namen verwenden will, sondern ihn auch als die Kollektivmarke verwenden will, dh mit **Fremdbenutzungswillen** benutzt (→ § 26 Rn. 170).

Die Frage stellt sich im Übrigen nur bei reinen geografischen Kollektivmarken, also Wortmarken, die außer dem geografischen Produktnamen („Xstädter Brot") keine weiteren Bestandteile enthalten. Denn bei geografischen Kollektivmarken, die außer dem geografischen Produktnamen weitere Bestandteile enthalten, haben Kollektivfremde kein Benutzungsrecht aus § 100 Abs. 1, so dass sie ohne Zustimmung des Markeninhabers ohnehin nicht benutzen dürfen.

20   Zweitens bedeutet dies, dass es wie bei der Benutzungszurechnung über § 26 Abs. 2 einer **Benutzungsgestattung** durch den Inhaber bedarf, damit die Benutzung als rechtserhaltende zugerechnet wird. Allerdings liegt in der Kollektivmitgliedschaft regelmäßig, nämlich wenn die Kollektivmarkensatzung die Benutzungsbefugnis an die Mitgliedschaft knüpft, auch schon die Benutzungsgestattung.

21   Die Kollektivmarke kann auch von ihrem Inhaber allein hinreichend benutzt werden. Dies wäre etwa der Fall bei einer Winzergenossenschaft, die eine Kollektivmarke für eine bestimmte Weinbergslage hält und unter der Kollektivmarke Wein vertreibt (Ingerl/Rohnke Rn. 7).

22   Die Benutzung muss für die geschützten Waren und Dienstleistungen erfolgen. Zu der ua für „Abfallentsorgung" (Klasse 42), aber auch für diverse Waren in Klasse 1−34 eingetragene Kollektiv-Bildmarke **„Der Grüne Punkt"** meinte das EuG, sie werde für keine einzige dieser Waren benutzt, da der Verkehr die Marke so verstehe, dass sie **keine immaterielle Eigenschaft der Waren** („die Ware stammt von einem bestimmten Unternehmen") bezeichnet, sondern nur **eine immaterielle Eigenschaft der Verpackung,** nämlich dass der Verpackungsabfall wegen entsprechender Lizenzen zwischen dem Markeninhaber und dem Verpackungsverwender in den Abfallbehälter des Dualen Systems entsorgt werden darf (EuG T-253/17, GRUR-Prax 2019, 60 = BeckRS 2018, 31767 Rn. 42 f. – Der Grüne Punkt – Duales System Deutschland GmbH/EUIPO). Nach dieser Auffassung wäre der „Grüne Punkt" für Waren insgesamt nicht rechtserhaltend benutzt – wohl aber für Abfallentsorgung (die Nichtbenutzung für Dienstleistungen war im Verfahren des EuG nicht geltend gemacht, s. EuG BeckRS 2018, 31767 Rn. 7).

23   Dem ist der **EuGH nicht völlig gefolgt.** Auch **eine primär Dienstleistungen anzeigende Kollektivmarke könne zugleich die Funktion einer Waren-Kollektivmarke** erfüllen. Der EuGH hat dem EuG aufgegeben zu prüfen, ob die Kollektivmarke des „Dualen Systems Deutschland", der sog. **Grüne Punkt,** den benutzenden Unternehmen auch dazu dient, für die von ihnen vertriebenen Waren einen Absatzmarkt zu sichern, indem sie den Verbraucher durch den Grünen Punkt auf die Teilnahme an dem Abfallentsorgungssystem hinweisen, sodass der Grüne Punkt dann nicht nur für die Dienstleistung „Abfallentsorgung" benutzt wäre, sondern auch für die Ware, die in der gekennzeichneten Verpackung enthalten ist (EuGH C-143/19, BeckRS 2019, 31236 Rn. 66).

24   Ebenso wird die für „Zahntechnikerdienstleistungen" eingetragene Kollektivmarke nicht rechtserhaltend benutzt, wenn sie nur für „Dienstleistungen eines Innungsdachverbandes" (also Beratung der Mitglieder uÄ) verwendet wird (LG Mannheim BeckRS 2007, 11351; Ingerl/Rohnke Rn. 7).

§ 101 Klagebefugnis; Schadensersatz

(1) Soweit in der Kollektivmarkensatzung nichts anderes bestimmt ist, kann eine zur Benutzung der Kollektivmarke berechtigte Person Klage wegen Verletzung einer Kollektivmarke nur mit Zustimmung ihres Inhabers erheben.

(2) Der Inhaber der Kollektivmarke kann auch Ersatz des Schadens verlangen, der den zur Benutzung der Kollektivmarke berechtigten Personen aus der unbefugten Benutzung der Kollektivmarke oder eines ähnlichen Zeichens entstanden ist.

Überblick

§ 101 regelt die Klagebefugnis bei der Kollektivmarke (→ Rn. 2 ff.) und die Berechtigung zur Geltendmachung von Schadensersatzansprüchen (→ Rn. 6 f.). Da es zu Parallelprozessen kommen kann, tritt das Problem der doppelten Rechtshängigkeit auf (→ Rn. 7).

A. Allgemeines, MaMoG

1   Die MRL 2008 enthält für das von § 101 Geregelte keine Vorgaben. Die MRL enthält Regelungen in Art. 34 MRL (zum Änderungsbedarf → Rn. 5.1). Änderungen von § 101 dürften dadurch nicht veranlasst sein. § 101 entspricht Art. 80 UMV. § 101 betrifft nur markenrechtliche Ansprüche,

nicht solche aus dem UWG oder BGB (Büscher/Dittmer/Schiwy/Büscher Rn. 6). § 101 idF des MaMoG spricht nicht mehr von „Markensatzung", sondern von „Kollektivmarkensatzung", um den Unterschied zur Gewährleistungsmarkensatzung deutlich zu machen. Einen sachlichen Unterschied zur Vorversion begründet das nicht.

B. Regelungsgehalt

§ 101 betrifft das Vorgehen gegen Kollektiv**fremde**. Hat ein Kollektiv**mitglied** gegen die **2** Benutzungsbedingungen der Satzung verstoßen, dann folgen Ansprüche des Verbands aus § 97 Abs. 2, § 30 Abs. 2 analog, weil die Situation dem Verstoß des Lizenznehmers gegen Bedingungen des Lizenzvertrages vergleichbar ist (BGH GRUR 2003, 242 (244) – Dresdner Christstollen; Fezer § 102 Rn. 10).

I. Klagebefugnis (Abs. 1)

Abs. 1 berücksichtigt die Tatsache, dass es unter den Verbandsmitgliedern oder zwischen Verband und Mitgliedern verschiedene Auffassungen über das Vorgehen gegen einen kollektivfremden Verletzer geben kann. Gemäß Abs. 1 entscheidet letztlich der Kollektivmarkeninhaber. Im Individualmarkenrecht entspricht dem das Entscheidungsvorrecht des Markeninhabers vor dem Lizenznehmer, § 30 Abs. 3 (Ingerl/Rohnke Rn. 1, allerdings mit Verweis auf § 30 Abs. 4). Das benutzungsberechtigte Kollektivmitglied wird also über Abs. 1 auch insofern einem Lizenznehmer gleichgestellt.

Mit Ermächtigung des Kollektivmarkeninhabers können auch Benutzungsberechtigte Verlet- **4** zungsklage erheben. Die Ermächtigung kann im Einzelfall oder generell schon in der Markensatzung erteilt werden (Ingerl/Rohnke Rn. 5; Büscher/Dittmer/Schiwy/Büscher Rn. 3). Wer für die Erteilung der Ermächtigung zuständig ist, regeln die Satzung oder die für den Inhaber generell geltenden Vertretungsvorschriften (Bürgermeister einer Kommune, Vorstand beim e.V.). Die Zustimmung kann auch konkludent erteilt werden, indem das Kollektiv den Rechtsstreit mit seinen Mitgliedern gemeinsam führt (OLG Hamburg MD 1999, 536 (542) – Rügenwalder Teewurst). Die Ermächtigung kann auf Eilfälle beschränkt oder in anderer Weise bedingt sein (Ingerl/Rohnke Rn. 5).

Macht der **Benutzungsberechtigte** Ansprüche geltend, dann handelt er in **Prozessstand-** **5** **schaft,** weil das eigentliche Recht beim Kollektivmarkeninhaber liegt (Ingerl/Rohnke Rn. 5; Büscher/Dittmer/Schiwy/Büscher Rn. 3). Das bedeutet, dass eine gemeinsame Verfolgung durch Kollektivmarkeninhaber und Benutzungsberechtigten im selben Prozess dann möglich ist, wenn der Prozessstandschafter (= Benutzungsberechtigte) ein schutzwürdiges Interesse daran hat, dass er neben dem Inhaber auch selbst Ansprüche geltend macht (Büscher/Dittmer/Schiwy/Büscher Rn. 3).

Bei § 101 Abs. 1 besteht auch unter der MRL kein Änderungsbedarf. Zwar verweist Art. 34 Abs. 1 **5.1** MRL auf Art. 25 Abs. 3 S. 1 MRL. Danach kann der Lizenznehmer eine Markenverletzungsklage zunächst nur mit Zustimmung des Inhabers erheben. Wenn aber der Inhaber trotz Aufforderung nicht selbst innerhalb angemessener Frist Verletzungsklage erhebt, dann kann der Inhaber einer ausschließlichen Lizenz auch ohne Zustimmung wegen Verletzung klagen. Dieselben Regelungen enthält die UMV (Art. 80 Abs. 1 UMV verweist auf Art. 25 Abs. 3, 4 UMV). Für Art. 80 Abs. 1 UMV soll diese Verweisung sich nicht auf Art. 25 Abs. 3 S. 2 UMV beziehen, weil niemand ein ausschließliches Recht zur Benutzung einer Kollektivmarke haben kann (→ UMV Art. 80 Rn. 1). In der UMV kann also ein Benutzungsberechtigter nie ohne Zustimmung des Kollektivmarkeninhabers eine Verletzungsklage erheben (ebenso Eisenführ/ Schennen/Schennen UMV Art. 80 Rn. 3, aber ohne Begründung). Da es bei Kollektivmarken kein Alleinbenutzungsrecht geben kann, wäre es nicht sachgerecht, (jeden) Kollektivmarken-Benutzungsberechtigten autonom zur Klage zu ermächtigen. Dies könnte dazu führen, dass sich eine prozessökonomisch unsinnige Vielzahl von Verletzungsprozessen entwickelt. Darum sind die Verweisungen in Art. 80 UMV so zu lesen, dass sie sich nicht auf Art. 25 Abs. 3 S. 2 MRL 2008, Art. 25 Abs. 3 S. 2 UMV beziehen. Wenn man diese Einschränkung der Verweisung auch für Art. 34 Abs. 1 MRL akzeptiert, dann ist § 101 Abs. 1 auch zukünftig richtlinienkonform.

II. Schadensersatz (Abs. 2)

Abs. 2 trägt der Tatsache Rechnung, dass bei einer Kollektivmarkenverletzung der Schaden oft **6** bei den Verbandsmitgliedern auftritt, während das verletzte Schutzrecht beim Verband liegt, dass also bei der Kollektivmarke der Schadensersatzberechtigte und der Geschädigte nicht dieselbe

Person sind. Der Verband wird häufig wirtschaftlich gar keinen Schaden haben, etwa wenn er keinen eigenen Geschäftsbetrieb hat und aus der Marke auch keine Lizenzeinnahmen erzielt (Ingerl/Rohnke Rn. 1). Solche Fälle, in denen Anspruchsinhaber und Geschädigter nicht identisch sind, löst Abs. 2 über eine **Drittschadensliquidation,** indem er es gestattet, dass der Kollektivmarkeninhaber denjenigen Schaden geltend macht, der den Benutzungsberechtigten entstanden ist (Ingerl/Rohnke Rn. 1; Büscher/Dittmer/Schiwy/Büscher Rn. 6). Dieses Recht ist aber nicht zwingend exklusiv. Denn soweit die Benutzungsberechtigten nach Abs. 1 selbst klagen dürfen, können sie auch selbst Schadensersatz verlangen. Natürlich kann der Kollektivmarkeninhaber seinen eigenen Schaden geltend machen (Ingerl/Rohnke Rn. 5). Für die Schadenshöhe gelten die allgemeinen Regeln zur dreifachen Schadensberechnung (Ingerl/Rohnke Rn. 5). Allerdings können **geografische** Kollektivmarken an Ortsfremde lizensiert werden, so dass insofern der Schaden nicht lizenzanalog berechnet werden kann.

6.1　　　§ 101 Abs. 2 entspricht Art. 34 Abs. 2 MRL bis auf die Tatsache, dass Art. 34 MRL sich nur auf Schadensersatz „aus der unberechtigten Benutzung der Marke" bezieht, während § 101 Abs. 2 den Schaden aus der Benutzung „der Kollektivmarke oder eines ähnlichen Zeichens" betrifft. Der Wortlaut von Art. 34 Abs. 2 MRL entspricht Art. 80 Abs. 2 UMV. Die Nichterwähnung von ähnlichen Marken hat keine sachliche Bedeutung (→ UMV Art. 80 Rn. 1). Es kann sich bei dem Formulierungsunterschied nur um ein Redaktionsversehen handeln.

III. Parallele Klagen von Inhaber und Benutzungsberechtigtem, Beitritt

7　　　Bei parallelen Klagen von Benutzungsberechtigtem und Verband steht der jeweils späteren Klage die Rechtshängigkeit der früheren entgegen (Ingerl/Rohnke Rn. 5), wenn beide Klagen wirklich denselben Anspruch betreffen. Unzulässige doppelte Rechtshängigkeit tritt also etwa ein, wenn der Kollektivmarkeninhaber seinen eigenen Schaden und den aller Benutzungsberechtigten einklagt und später ein Benutzungsberechtigter einen Prozess wegen seines eigenen Schadens beginnt. Keine doppelte Rechtshängigkeit indes liegt vor, wenn Kollektivmarkeninhaber und Benutzungsberechtigter in getrennten Prozessen den jeweils eigenen Schaden geltend machen (Büscher/ Dittmer/Schiwy/Büscher Rn. 6).

8　　　Gemäß Art. 34 Abs. 1 MRL iVm Art. 25 MRL muss jeder Benutzungsberechtigte der vom Kollektivmarkeninhaber erhobenen Verletzungsklage beitreten können. Das ist in §§ 101, 97, 30 MarkenG nicht umgesetzt. Die Normen müssen, was möglich ist, richtlinienkonform ausgelegt werden (so Ströbele/Hacker/Thiering/Hacker Rn. 7).

§ 102 Kollektivmarkensatzung

(1) Der Anmeldung der Kollektivmarke muß eine Kollektivmarkensatzung beigefügt sein.

(2) Die Kollektivmarkensatzung muß mindestens enthalten:
1. Namen und Sitz des Verbandes,
2. Zweck und Vertretung des Verbandes,
3. Voraussetzungen für die Mitgliedschaft,
4. Angaben über den Kreis der zur Benutzung der Kollektivmarke befugten Personen,
5. die Bedingungen für die Benutzung der Kollektivmarke und
6. Angaben über die Rechte und Pflichten der Beteiligten im Falle von Verletzungen der Kollektivmarke.

(3) Besteht die Kollektivmarke aus einer geographischen Herkunftsangabe, muß die Satzung vorsehen, daß jede Person, deren Waren oder Dienstleistungen aus dem entsprechenden geographischen Gebiet stammen und den in der Kollektivmarkensatzung enthaltenen Bedingungen für die Benutzung der Kollektivmarke entsprechen, Mitglied des Verbandes werden kann und in den Kreis der zur Benutzung der Kollektivmarke befugten Personen aufzunehmen ist.

(4) Die Kollektivmarkensatzung wird im Register eingetragen.

(5) Die Einsicht in die Kollektivmarkensatzung steht jeder Person frei.

Überblick

Die Vorlage der Markensatzung aus Abs. 1 ist bei der Kollektivmarke ein zusätzliches Erfordernis der Anmeldung. Es tritt neben die in § 37 genannten Anforderungen. Abs. 2 regelt den Mindestinhalt der Satzung (→ Rn. 7 ff.). Abs. 3 stellt sicher, dass bei geografischen Kollektivmarken ortsansässige Kollektivfremde nicht nur ein Benutzungsrecht haben (§ 100 Abs. 1), sondern auch dem Kollektiv beitreten können; ein ähnliches Beitrittsrecht kann es auch bei nicht-geografischen Kollektivmarken geben (→ Rn. 13 ff.). Abs. 4 schreibt die Eintragung der Satzung ins Register vor, Abs. 5 schafft ein generelles Recht, die Kollektivmarkensatzung einzusehen (→ Rn. 5 ff.).

Übersicht

A. Allgemeines

I. Regelungen in UMV, MRL, MaMoG

Zur Markensatzung fanden sich früher in der MRL 2008 keine Regelungen, nunmehr aber in **1** Art. 30 Abs. 1 MRL 2015. § 102 Abs. 2 Nr. 1 (Pflicht zur Angabe von Namen/Sitz des Verbandes) und Nr. 2 (Zweck, Vertretung des Verbandes) haben keine Entsprechung in der MRL; zum daraus resultierenden Änderungsbedarf und seiner Umsetzung im MaMoG s. unten bei der Kommentierung der Ziffern. Art. 75 Abs. 1 UMV entspricht § 102 Abs. 1. § 102 idF des MaMoG spricht nicht mehr von „Markensatzung", sondern von „Kollektivmarkensatzung", um den Unterschied zur Gewährleistungsmarkensatzung deutlich zu machen. § 102 idF des MaMoG sieht nunmehr im neuen Abs. 4 vor, dass die Kollektivmarkensatzung im Markenregister eingetragen wird. Dadurch soll die Information der Öffentlichkeit über die Benutzungsbedingungen sichergestellt werden.

II. Objektive Auslegung der Satzung

Die Satzung ist – anders als etwa Lizenzverträge – nicht danach auszulegen, was die Parteien **2** bei ihrer Niederlegung meinten oder was die Interessen der damals beteiligten Gründungsmitglieder waren. Weil sich der Mitgliederbestand ändern kann und die öffentlich einsehbare Satzung beitrittswilligen Dritten Auskunft über Voraussetzung und Konsequenzen des Kollektivbeitritts geben muss, ist sie vielmehr objektiv und einheitlich nach dem Empfängerhorizont auszulegen.

Die Ziele der Gründer, die Entstehungsgeschichte des Verbandes haben darum geringe Bedeutung und **2.1** verlieren sie noch mit zunehmender Dauer der Verbandsexistenz (BGH GRUR 2003, 242 (244) – Dresdner Christstollen, mit Bezugnahme auf vereinsrechtliche Vorentscheidungen, Büscher/Dittmer/Schiwy/ Büscher Rn. 12). Außerhalb der Satzung liegende Umstände spielen grundsätzlich keine Rolle, es sei denn ihre Kenntnis kann **ausnahmsweise** von allen (potentiellen!) Mitgliedern erwartet werden (BGH GRUR 2003, 242 (244) – Dresdner Christstollen – in casu verneint, mit Bezugnahme auf BGH GRUR 1976, 43 (46) – Deutscher Sportbund: Rückverweisung zwecks Klärung, ob alle Mitglieder des DSB, dh die Sport-Landesverbände, solche satzungsexternen Umständen kannten).

B. Einzelregelungen

I. Satzungsvorlage bei Anmeldung – Verstoß

Die Markensatzung muss bei der Anmeldung mit vorgelegt werden. Geschieht dies aber nicht, **3** so ist es (nur) ein „sonstiger Mangel" iSv § 36 Abs. 4. Er führt also nicht zur Aberkennung der Priorität des Anmeldetages (§ 6 Abs. 2). Denn die Verschiebung des Anmeldetages tritt nur ein, wenn eines der in § 33 Abs. 1 genannten Anmeldungserfordernisse fehlt (Ingerl/Rohnke Rn. 5; Büscher/Dittmer/Schiwy/Büscher Rn. 3). Für die Zuerkennung der Priorität des Anmeldetages erforderlich ist aber die Angabe von Name und Sitz des Verbandes (§ 102 Abs. 2 Nr. 1), denn sie identifizieren den Anmelder und fallen darum unter § 32 Abs. 2 Nr. 1. Ihr Fehlen führt darum zur Verschiebung des Anmeldetages gemäß § 33 Abs. 1 (Ingerl/Rohnke Rn. 5).

4   Das Fehlen der Satzung oder unzulässige Regelungen darin führen − nach fruchtloser Fristset-zung − zur Zurückweisung der Anmeldung (§ 103). Ist die Kollektivmarke unter Verstoß gegen § 103 eingetragen worden, also zB ohne oder mit unzulässiger Satzung, so stellt dies einen Nichtig-keitsgrund dar (§ 106).

II. Öffentlichkeit der Satzung – Einsichtsrecht

5   Die Markensatzung wurde bisher nicht im Register veröffentlicht, weil § 25 MarkenV dies nicht anordnete (Büscher/Dittmer/Schiwy/Büscher Rn. 4). Dem Register ließ sich nur entneh-men, dass die fragliche Marke eine Kollektivmarke ist (§ 25 Nr. 9); § 102 idF des MaMoG sieht nun in Abs. 4 vor, dass die Satzung im Markenregister vermerkt wird. Das Einsichtsrecht aus § 102 Abs. 4 und das Einsichtsrecht aus Abs. 5 ermöglichen Beitrittsinteressenten und auch Kollektivmitgliedern, den amtlichen Inhalt der Markensatzung zu erfahren.

6   Das Satzungseinsichtsrecht setzt nach der Eintragung, aber auch schon während des Eintragungs-verfahrens **keinerlei berechtigtes Interesse** voraus (Ingerl/Rohnke Rn. 16). Es geht insofern weiter als das Recht auf Einsicht in die übrigen Aktenbestandteile aus § 62 Abs. 1. Nach der Eintragung kann jedermann außer der Satzung auch die gesamte restliche Markenakte einsehen (§ 97 iVm § 62 Abs. 2, 3).

III. Inhalt der Satzung

1. Allgemeines

7   Die Kollektivmarkensatzung ist zu unterscheiden von der eigentlichen „Verfassung" des Verban-des (Büscher/Dittmer/Schiwy/Büscher Rn. 1), also von der Vereinssatzung beim e.V., dem Gesell-schaftsvertrag der KG oder der GmbH oder öffentlich-rechtlichen Organisationsregeln, die den Kollektivmarkeninhaber betreffen (Kommunalverfassung, Satzungen der Berufskammern etc). Deren Regelungen sind also nicht mit der Kollektivmarkensatzung zu verwechseln und sie sollten auch nicht darin auftauchen, weil das bei Änderungen des einen Textes zu unnötigem Änderungs-bedarf im anderen führt.

8   Die Kollektivmarkensatzung enthält nur Regelungen im Zusammenhang mit der Kollektiv-marke. Dies kann Beziehungen zwischen Verband und Mitgliedern betreffen (Lizenzgebühren), Beziehungen zwischen den Mitgliedern untereinander und, etwa im Hinblick auf Klagebefugnisse (§ 101) auch Beziehungen zwischen Verband oder Mitgliedern einerseits und andererseits Dritten. Die Kollektivmarkensatzung muss bzw. darf Folgendes regeln bzw. nicht vorsehen:

2. Name und Sitz des Verbandes (Abs. 1 Nr. 1)

9   Der „Name" ist die vollständige Bezeichnung des Anmelders einschließlich der Rechtsform. Der „Sitz" bezeichnet nur den Ort. Die vollständige Anschrift muss zwar wegen § 5 Abs. 1 Nr. 3 MarkenV iVm § 32 Abs. 2 angegeben sein. Sie sollte aber nur im Anmeldeformular genannt sein, nicht in der Satzung, weil sonst jeder Umzug im Ort eine Satzungsänderung erforderlich macht (Büscher/Dittmer/Schiwy/Büscher Rn. 6).

9.1   § 102 Abs. 2 Nr. 1 hat keine Entsprechung in Art. 30 MRL 2008. Das ist unschädlich. Denn der Name und der Sitz des Verbandes müssen sowieso angegeben werden, damit die Identität des Markenanmelders klar ist. Insofern kann diese Vorgabe jedenfalls auf Art. 37 Abs. 1 lit. b MRL gestützt werden, wonach bei jeder Markenanmeldung Angaben gemacht werden müssen, die die Identität des Anmelders feststellen lassen.

3. Zweck und Vertretung des Verbandes (Abs. 1 Nr. 2)

10   Die Bestimmungen zum Zweck und die Vertretungsregeln ergeben sich aus der „Verfassung" des Verbandes, also aus der Vereinssatzung, dem Gesellschaftsvertrag, der Kommunalverfassung etc. Bei „Vertretung" muss die Satzung nur das Gremium nennen (Ingerl/Rohnke Rn. 7). Die je aktuell vertretungsbefugten Personen ergeben sich bei Vereinen und Handelsgesellschaften aus den öffentlichen Registern (Büscher/Dittmer/Schiwy/Büscher Rn. 7), sonst aus der Dokumentation der betreffenden Handlungen des Kollektivmarkeninhabers (Bestellung des Bürgermeisters etc).

§ 102 Abs. 2 Nr. 2 hat keine Entsprechung in der MRL. Insofern zwingt das deutsche Recht dazu, **10.1** Angaben in der Kollektivmarkensatzung zu machen, die von der MRL nicht als Mindestinhalt genannt werden. Dies wirft die Frage auf, ob § 102 Abs. 2 Nr. 2 (der vom MaMoG nicht berührt wird) richtlinienwidrig ist. Für seine Richtlinienwidrigkeit spricht, dass Art. 31 MRL die Gründe abschließend aufzählt, aus denen eine Kollektivmarkenanmeldung zurückgewiesen werden kann. Zu diesen Gründen gehört auch, dass die Kollektivmarkensatzung nicht den Vorgaben von Art. 30 MRL entspricht. Art. 30 MRL enthält aber eben Mindestvorgaben. Darum dürfte es zulässig sein, Angaben zum Vertreter zu verlangen (so Ströbele/Hacker/Thiering/Hacker Rn. 3); die gegenteilige Auffassung aus den vorherigen Bearbeitungen wird aufgegeben.

4. Voraussetzungen für die Mitgliedschaft (Abs. 1 Nr. 3)

Mitglieder des Verbandes können zum einen Personen sein, die die Kollektivmarke benutzen **11** wollen. Mitglieder können aber auch andere Personen sein. Es kann „außerordentliche Mitglieder", „Fördermitglieder" oder „Ehrenmitglieder", also Personen, die sich um die Marke oder die betreffenden Produkte verdient gemacht haben, geben (Ingerl/Rohnke Rn. 8). § 102 Abs. 2 Nr. 3 betrifft mitgliedschaftliche Rechte, nicht das Recht, die Marke zu benutzen.

5. Anspruche auf Aufnahme ins Kollektiv

Bei geografischen Kollektivmarken, bei Gütezeichen und unter Umständen auch bei anderen **12** Kollektivmarken gibt es einen Anspruch auf Aufnahme ins Kollektiv.

Dies hatte bisher keine Entsprechung in der MRL 2008. In der MRL sieht nunmehr Art. 30 Abs. 2 **12.1** S. 2 vor, dass die Markensatzung „es jeder Person, deren Waren oder Dienstleistungen aus dem betreffenden geografischen Gebiet stammen, gestatten (muss), Mitglied des Verbandes zu werden, der Inhaber der Marke ist, sofern diese Person alle anderen Bedingungen der Satzung erfüllt." Von dieser Vorgabe unterscheidet sich § 102 Abs. 3 darin, dass danach nicht nur die Person des Aspiranten alle Voraussetzungen der Kollektivmarkensatzung erfüllen muss, sondern auch seine Waren oder Dienstleistungen müssen den Benutzungsbedingungen der Satzung entsprechen. Dieser wortlautmäßige Unterschied bedeutet aber keinen Unterschied in der Sache. Denn wenn die Kollektivmarkensatzung vorsieht, dass die Kollektivmarke nur für Produkte mit bestimmten Eigenschaften geführt werden darf, dann erfüllt ein Benutzungsinteressent nur dann alle Voraussetzungen der Kollektivmarkensatzung, wenn er auch Produkte mit solcher Eigenschaft herstellt. Man wird also eine Satzungsvorgabe „nur Produkte mit Eigenschaft X" auch als eine Vorgabe an die Person des Benutzenden ansehen können, der nämlich ein „Hersteller/Händler von Produkten mit Eigenschaft X" sein muss. Darum dürfte § 102 Abs. 3 mit Art. 30 MRL in Einklang stehen.

a) Aufnahmeanspruch bei geografischen Kollektivmarken. § 102 Abs. 3 schreibt bei **13** geografischen Kollektivmarken vor, dass jeder, dessen Produkte aus dem Gebiet stammen und die Satzungsanforderungen erfüllen, die Möglichkeit zum Beitritt und zum Erwerb der Benutzungsberechtigung haben muss. Dieses Beitrittsrecht ergänzt das Drittbenutzungsrecht aus § 100. Das Beitrittsrecht aus § 100 Abs. 3 gilt nur bei „reinen" geografischen Kollektivmarken, also bei Zeichen, die nur aus der geografischen Herkunftsangabe ohne grafische oder wörtliche Zusätze bestehen und darum nur wegen § 99 eintragungsfähig sind. Im Ergebnis gibt es dasselbe Beitrittsrecht aber auch bei einer grafisch ausgestalteten geografischen Kollektivmarke. Denn eine solche wird, da sie die geografische Herkunft und so eine Eigenschaft des damit gekennzeichneten Produkts signalisiert, wohl stets ein Gütezeichen sein, so dass der diesbezügliche und im Wesentlichen inhaltsgleiche Aufnahmeanspruch eingreift (→ Rn. 15 ff.; ausführlich dazu und zu dem verwandten Anspruch auf Aufnahme in die Antragstellervereinigung beim Schutz von g.g.A./g.U. Schoene Anm. ZLR 2015, 236 (245 ff.) zu VG Köln „Uhlen").

Sieht die Satzung den Aufnahmeanspruch nicht vor, so ergibt er sich aus § 823 Abs. 2 BGB, **14** § 1004 BGB (Ingerl/Rohnke Rn. 14). Dieser deliktische Anspruch kann einem Verletzungsanspruch als Einwendung entgegengehalten werden kann (§ 242 BGB, s. Büscher/Dittmer/Schiwy/Büscher Rn. 16).

b) Allgemeiner Aufnahmeanspruch. Der Anspruch auf Aufnahme in eine Gütezeichenge- **15** meinschaft folgt aus § 20 Abs. 6 GWB (s. dazu etwa Bechtold/Bechtold GWB § 20 Rn. 50 ff.). Bei anderen Markenkollektiven kann er sich zum einen aus § 826 BGB ergeben. Dies ist der Fall, wenn die Ablehnung im Verhältnis zu bereits aufgenommenen Mitgliedern eine ungerechtfertigte

Ungleichbehandlung und unbillige Benachteiligung des Bewerbers darstellt. Dabei sind die Interessen des Bewerbers und des Kollektivs gegeneinander abzuwägen (BGH GRUR 1986, 332 – Aikido-Verband; Ingerl/Rohnke Rn. 15). Es kommt also darauf an, ob die Satzungsbestimmung generell oder ihre konkrete Anwendung diskriminierend sind. Ein Aufnahmeanspruch aus § 4 Nr. 4 UWG kommt in Betracht, wenn der Verband benutzt wird, um Vorteile gegenüber Mitbewerbern zu erlangen und das den Beitrittsinteressenten unlauter behindert.

6. Angaben über Benutzungsberechtigte (Abs. 1 Nr. 4)

16   Die Satzung kann den Kreis der Benutzungsberechtigten grundsätzlich frei definieren. Sie kann etwa nur Mitgliedern das Recht zur Markenbenutzung einräumen. Sie kann den Kreis der Benutzungsberechtigten auch enger ziehen als den Kreis der Mitglieder (Ingerl/Rohnke Rn. 9). Sie muss aber umgekehrt auch nicht vorsehen, dass die Mitgliedschaft Voraussetzung der Benutzungsberechtigung ist. Für geografische Kollektivmarken ist das sogar verboten (§ 100 Abs. 1), aber auch die Satzungen anderer Kollektivmarken können Kollektivfremden die Markenbenutzung gestatten (Ingerl/Rohnke Rn. 8; Büscher/Dittmer/Schiwy/Büscher Rn. 9).

17   Die Definition des Benutzungsberechtigten darf keine Irreführung begründen. Wenn also die Kollektivmarke suggeriert, die Benutzer seien besonders qualifiziert, dann müssen die satzungsmäßigen Benutzungsvoraussetzungen auch eine entsprechende Qualifikation der Benutzer verlangen (Ingerl/Rohnke Rn. 9).

7. Bedingungen für die Benutzung der Kollektivmarke (Abs. 1 Nr. 5)

18   Auch die Benutzungsbedingungen sind grundsätzlich frei wählbar. Die Benutzungsberechtigten dürfen das Gütezeichen nur für Produkte benutzen, die den satzungsmäßigen Anforderungen entsprechen.

19   **a) Zulässige Benutzungsbedingungen.** Die Festlegung ist besonders bedeutsam, wenn die Kollektivmarke bestimmte Eigenschaften der Waren oder Dienstleistungen garantiert, also bei Gütezeichen. Spezielle Qualitätsanforderungen stellen häufig auch geografische Kollektivmarken, die außer der Anordnung, dass die Produkte aus dem betreffenden Gebiet stammen müssen (schon dies eine Qualitäts-, da Eigenschaftsregelung) noch andere Produkteigenschaften definieren (§ 102 Abs. 3). Handelt es sich bei der fraglichen geografischen Herkunftsangabe um eine solche, mit der der Verkehr spezifische Qualitätserwartungen verbindet („qualifizierte geografische Herkunftsangabe" iSv § 127 Abs. 2; → § 127 Rn. 18 ff.), dann **muss** die Satzung, um eine Irreführung zu vermeiden, diese vom Verkehr erwarteten Merkmale auch fordern.

19.1   Ingerl/Rohnke Rn. 10 sprechen davon, die Satzung „könne" diese Anforderungen aufgreifen. Das dürfte aber zu wenig sein. Denn wenn die Benutzungsbedingungen eine über § 127 Abs. 2 sowieso schon allgemeinverbindlich gewordene Qualitätserwartung nicht berücksichtigen, dann lassen sie für sich genommen eine irreführende Markenbenutzung zu. Das Amt müsste die Anmeldung als Anmeldung einer irreführenden Marke zurückweisen (§ 103, § 8 Abs. 2 Nr. 4).

20   Die Benutzungsbedingungen können auch eine bestimmte Schreibweise, grafische Gestaltung der Marke oder deren Kombination mit einem Unternehmenskennzeichen vorschreiben (Ingerl/Rohnke Rn. 10).

21   Bei **Verstoß** gegen Benutzungsbedingungen tritt keine Erschöpfung ein (BGH GRUR 2003, 242 (245) – Dresdner Christstollen). Die Markensatzung kann darüber hinaus regeln, wie der Verband die Einhaltung der Benutzungsbedingungen kontrolliert und gegen Verstöße vorgeht. Es muss jedenfalls entweder in der Markensatzung oder auch in der Satzung des Inhabers, dem Gesellschaftsvertrag oder in Vereinbarungen mit den Benutzern **Kontrollmechanismen** und **Sanktionen** geben (Ingerl/Rohnke Rn. 12). Denn die Kollektivmarke wird löschungsreif, wenn der Verband gegen Verstöße nicht einschreitet (§ 105 Abs. 1 Nr. 2).

22   **b) Unzulässige Benutzungsbedingungen.** Benutzungsbedingungen können insbesondere wegen eines Verstoßes gegen Irreführungsverbote (§ 5 UWG, § 12 LFGB) oder gegen das Behinderungsverbot (§ 826 BGB, § 4 Nr. 4 UWG) rechtswidrig sein. Behinderung kann insbesondere vorliegen, wenn künstliche Benutzungsbeschränkungen aufgestellt werden, die nur eine kleine Gruppe von „Gründungsmitgliedern" erfüllen kann. Das kann auch bei „künstlichen" Anforderungen an geografische Herkunftsangaben der Fall sein (Ingerl/Rohnke Rn. 10; zB BPatG GRUR 2014, 192 (196) hielt bei der beantragten g.g.A. „Zoigl" die Beschränkung des Brauens auf gemeinsam genutzte Braustätten („Kommunbraustätten") für unzulässig).

Darum dürfen die Benutzungsbedingungen einer **geografischen Kollektivmarke** (ob mit 23 grafischen Zusätzen oder ohne) das Gebiet nicht enger abgrenzen als es nach der Verkehrsauffassung der Fall ist (Büscher/Dittmer/Schiwy/Büscher Rn. 15). Die Benutzungsbedingungen bei einer „reinen geografischen Kollektivmarke" (einer Kollektivmarke, die nur aus der geografischen Herkunftsangabe, ohne grafische oder wörtliche Zusätze besteht und darum nur wegen § 99 eintragungsfähig ist) dürfen auch sonst, qualitativ, nicht strenger sein als die Verkehrserwartungen, welche die geografische Herkunftsangabe auslöst. Darüber hinausgehende Einschränkungen sind unzulässig (Ingerl/Rohnke Rn. 14). Denkbar ist aber, dass die Kollektivmarkensatzung Vorgaben an die Benutzung der Kollektivmarke, etwa an die Größe des Schriftzugs, macht. Man sollte es auch zulassen, dass die Kollektivmarkensatzung qualitative Anforderungen an die Produkte zwar nicht neu kreiert, aber konkretisiert, also etwa bei einem Erzeugnis konkrete Mindestwerte definiert, auch wenn der Verkehr von deren Höhe nur eine diffuse Vorstellung hat.

Dafür spricht Erwägungsgrund 35 MRL, demzufolge Kollektivmarken nützliche Hinweise darauf sind, 23.1 dass die gekennzeichneten Produkte „**bestimmte** gemeinsame Eigenschaften" haben. Das deutet darauf hin, dass es dem Wesen und Zweck der Kollektivmarke entspricht, Produkteigenschaften exakt zu definieren. Darum sollte man es auch bei reinen geografischen Kollektivmarken gestatten, dass Qualitätsvorgaben zwar nicht neu geschaffen, aber doch vorhandene Qualitätsvorstellungen quantifiziert werden. In der Praxis macht erst dies verifizierbar, ob die Produkte der Kollektivmitglieder satzungskonform sind oder nicht. Die Interessen der Kollektivfremden an der Benutzung der geografischen Angabe für Produkte, die die betreffenden Werte nicht einhalten, werden nicht berührt, weil dies wegen § 100 Abs. 1 in den Grenzen der guten Sitten möglich bleibt (zu OLG Düsseldorf BeckRS 2006, 11376 – Halloumi; näher → § 100 Rn. 18 ff.).

Zu beachten ist, dass dieses Problem nur bei „reinen geografische Kollektivmarken" überhaupt auf- 23.2 taucht. Bei grafisch ausgestalteten geografischen Kollektivmarken darf die Satzung durchaus strengere Qualitätsanforderungen aufstellen als sie die Verkehrsvorstellung hat, solange in den Bedingungen keine unlautere oder sonst rechtswidrige Behinderung liegt. Das wird aber bei echten Qualitätsanforderungen, solange sie nicht willkürlich sind, kaum je der Fall sein.

Das **Amt** muss Markenanmeldungen, deren Satzungen unzulässige Benutzungsbedingungen 24 enthalten, wegen § 103 **zurückweisen,** wenn die Satzung nicht nachgebessert wird (§ 97 Abs. 2, § 36 Abs. 4).

8. Rechte und Pflichten der Beteiligten bei Markenverletzungen (Abs. 1 Nr. 6)

Die Rechte und Pflichten von Verband und Benutzungsberechtigten (dies sind die Beteiligten, 25 arg. e § 101 Abs. 1: Büscher/Dittmer/Schiwy/Büscher Rn. 15) müssen nicht in der Satzung definiert sein, denn dort muss es lediglich „Angaben" dazu geben (Ingerl/Rohnke Rn. 13). Es kann also auf andere Regelungen Bezug genommen werden, insbesondere auf das Gesetz, also § 101 (Büscher/Dittmer/Schiwy/Büscher Rn. 11).

§ 103 Prüfung der Anmeldung

(1) Die Anmeldung einer Kollektivmarke wird außer nach § 37 auch dann zurückgewiesen, wenn sie nicht den Voraussetzungen der §§ 97, 98 oder 102 entspricht oder wenn die Kollektivmarkensatzung gegen die öffentliche Ordnung oder die guten Sitten verstößt.

(2) Die Anmeldung einer Kollektivmarke wird außerdem zurückgewiesen, wenn die Gefahr besteht, dass das Publikum über den Charakter oder die Bedeutung der Marke irregeführt wird, insbesondere wenn diese Marke den Eindruck erwecken kann, als wäre sie etwas anderes als eine Kollektivmarke.

(3) Die Anmeldung einer Kollektivmarke wird nicht zurückgewiesen, wenn der Anmelder die Kollektivmarkensatzung so ändert, dass die Zurückweisungsgründe der Absätze 1 und 2 nicht mehr bestehen.

Überblick

§ 103 ergänzt die Zurückweisungsbefugnisse aus § 37 bei Verstößen gegen §§ 97, 98 und 102. Die MRL regelt dies nicht; Art. 74 UMV und Art. 31 MRL enthalten entsprechende Vorschriften. § 103 MaMoG spricht wie sonst auch nicht mehr von „Markensatzung", sondern von „Kollektivmarkensatzung". Das Irreführungsverbot in § 103 Abs. 2 ist durch das MaMoG neu eingeführt worden. Die Korrekturbefugnis in Abs. 3 befand sich vor dem MaMoG inhaltsgleich in Abs. 1.

1 Zu den Anforderungen von §§ 97, 98 und 102 → § 97 Rn. 15 ff., → § 98 Rn. 2 ff., → § 102 Rn. 8 ff.). Die Anmeldung ist gemäß § 103 aber auch zurückzuweisen, wenn die Markensatzung gegen die öffentliche Ordnung oder die guten Sitten verstößt. Gegen die guten Sitten wird verstoßen, wenn angesichts der Markensatzung eine Täuschung des Publikums zu befürchten ist oder die Verbandsgründer erkennbar beabsichtigen, die Kollektivmarke unter Verstoß gegen § 20 Abs. 6 GWB oder § 826 BGB zu monopolisieren (→ § 102 Rn. 14). Die Sittenwidrigkeit bzw. der Verstoß gegen die öffentliche Ordnung muss sich aus der Satzung selbst ergeben; es gelten die Prüfungsintensitäten von § 8 (Ingerl/Rohnke Rn. 2; → § 8 Rn. 701 ff., → § 8 Rn. 804, → UMV Art. 76 Rn. 2).

1.1 § 103 verstößt in zweierlei Hinsicht gegen die MRL. Zum einen wird über die Bezugnahme auf § 102 auch das Fehlen der Angabe von „Zweck und Vertretung des Verbandes" zum Zurückweisungsgrund. Dieser Zurückweisungsgrund ist aber den Art. 31, 30 Abs. 2 MRL nicht zu entnehmen. Er wird also dadurch zu beseitigen sein, dass § 102 geändert wird.

1.2 Nicht in § 103 enthalten war vor dem MaMoG der Zurückweisungsgrund von Art. 31 Abs. 2 MRL. Dieser Zurückweisungsgrund betrifft den Fall der Gefahr, dass die Marke über ihren Charakter oder ihre Bedeutung irreführt, insbesondere wenn sie den Eindruck erweckt, sie sei etwas anderes als eine Kollektivmarke. Der Zurückweisungsgrund betrifft also, vereinfacht gesprochen, irreführende Kollektivmarken. Dieser Zurückweisungsgrund war schon vor dem MaMoG über die Verweisung in § 97 Abs. 2 auf § 8 Abs. 2 Nr. 4 (täuschende Marken) erfassbar. Eine Änderung von § 103 wäre also durch Art. 31 Abs. 2 MRL nicht unbedingt veranlasst gewesen; § 103 Abs. 2 idF des MaMoG sieht den Zurückweisungsgrund nun ausdrücklich vor. Dies dient ausweislich der Entwurfsbegründung insbesondere dazu, die Unterscheidung zwischen Kollektivmarken und Gewährleistungsmarken (§§ 106a ff. idF des MaMoG) sicherzustellen.

2 Das DPMA muss dem Anmelder Gelegenheit geben, **Bedenken** gegen die Markensatzung **auszuräumen,** indem er etwa die Satzung entsprechend ändert. Dafür setzt es ihm eine Frist nach § 36 Abs. 4 (Ingerl/Rohnke Rn. 3). Bei fruchtlosem Fristablauf weist es die Anmeldung zurück.

§ 104 Änderung der Kollektivmarkensatzung

(1) Der Inhaber der Kollektivmarke hat dem Deutschen Patent- und Markenamt jede Änderung der Kollektivmarkensatzung mitzuteilen.

(2) Im Falle einer Änderung der Kollektivmarkensatzung sind die §§ 102 und 103 entsprechend anzuwenden.

(3) Für die Zwecke dieses Gesetzes wird die Änderung der Kollektivmarkensatzung erst ab dem Zeitpunkt wirksam, zu dem die Änderung im Register eingetragen ist.

(4) Schriftliche Bemerkungen Dritter gemäß § 37 Absatz 6 Satz 2 können auch in Bezug auf geänderte Kollektivmarkensatzungen eingereicht werden.

Überblick

Die Markensatzung der Kollektivmarke kann geändert werden. Änderungen sind dem Amt mitzuteilen (→ Rn. 4 ff.). Die Nichtmitteilung führt nicht zur Unwirksamkeit, hat aber gewisse Konsequenzen (→ Rn. 5 ff.).

A. Allgemeines, MaMoG

1 Parallelvorschriften enthält Art. 79 UMV. Auch danach sind Änderungen der Markensatzung dem Amt mitzuteilen, ebenso Art. 82 UMV zur Unionsgewährleistungsmarke. Die Markensatzung ist – wie alle Bestandteile der Akten zu eingetragenen Marke (§ 62 Abs. 2) – öffentlich. § 102 Abs. 4 ermöglicht die Einsicht in die Kollektivmarkensatzung auch schon während des Eintragungsverfahrens. Folglich stellt die Pflicht, Änderungen der Markensatzung dem Amt anzuzeigen, sicher, dass die Akteneinsicht den je gültigen Stand der Satzung zeigt. § 104 idF des MaMoG spricht nicht mehr von „Markensatzung", sondern von „Kollektivmarkensatzung", um den Unterschied zur Gewährleistungsmarkensatzung deutlich zu machen. § 104 Abs. 3 idF des MaMoG sieht vor, dass die Änderung der Satzung im Markenregister vermerkt und erst mit diesem Vermerk wirksam wird. Abs. 4 ermöglicht es Dritten, nicht nur zur Kollektivmarkenanmeldung, sondern auch zu jeder angemeldeten Satzungsänderung Stellung zu nehmen.

B. Satzungsänderung

I. Änderung der Satzung

Dass die Markensatzung geändert werden kann, ist im MarkenG nicht ausdrücklich angeordnet; **2** § 104 setzt dies voraus. Der Grundsatz, dass Marken unveränderlich sind, wird dadurch nicht verletzt. Denn der Markenschutz wird definiert durch das Zeichen und das Produktverzeichnis, die beide von Änderungen der Markensatzung unberührt bleiben.

Wenn die geänderte Markensatzung als Anlage zu einer Kollektivmarkenanmeldung zur Eintragungsverweigerung führen würde, dann führt die von § 104 Abs. 2 angeordnete entsprechende **3** Anwendung von § 103 dazu, dass das Amt die Änderung der Markensatzung zurückweist. Die bisherige Fassung der Satzung bleibt dann verbindlich (Ingerl/Rohnke Rn. 1).

Auch die Übertragung der Kollektivmarke verlangt eine Änderung der Markensatzung, da die **4** Angaben über den Inhaber der Kollektivmarke geändert werden müssen (§ 102 Abs. 2 Nr. 1 und 2). Das gilt auch, wenn der Rechtsübergang nach § 27 Abs. 2 erfolgt.

II. Mitteilung der Änderung

Die Mitteilungspflicht gilt nur für die Markensatzung, nicht für die Satzung des Verbandes, der **5** sie erlassen hat und Inhaber der Kollektivmarke ist.

Bei einer nicht mitgeteilten Satzungsänderung war vor dem MaMoG streitig, ob sie nur dann **6** ohne rechtliche Wirkung bleibt, wenn der Betroffene die Änderung nicht kannte und nicht kennen musste (so Fezer Rn. 2 und die wohl hM zum WZG, etwa Baumbach/Hefermehl, 17. Aufl. 1993, WZG § 18 Rn. 9; Busse/Starck, 6. Aufl. 1990, WZG § 18 Rn. 4) oder ob sie generell unbeachtlich war (Ingerl/Rohnke Rn. 1; Büscher/Dittmer/Schiwy/Büscher Rn. 1).

Art. 79 Abs. 4 UMV ordnet ausdrücklich an, dass eine Satzungsänderung für die Zwecke der **7** UMV solange wirkungslos bleibt, bis das Amt im Register auf die erfolgte Änderung hingewiesen hat. Auch Art. 34 Abs. 4 MRL-E sieht vor, dass die nationalen Markengesetze künftig eine solche Vorschrift enthalten müssen, was in § 104 idF des MaMoG durch den neuen Abs. 3 umgesetzt ist.

Für **Altfälle** kann die Frage, ob nicht mitgeteilte Kollektivmarkensatzungsänderungen wirksam **8** sind, relevant bleiben.

Die von der hM angenommene generelle Wirkungslosigkeit nicht mitgeteilter Änderungen wird damit **8.1** begründet, dass das MarkenG keine Vorschriften wie § 15 HGB und § 892 BGB enthält. Darum gibt es im MarkenG in der Tat auch nicht die für den Schutz des guten Glaubens an das Register (§ 15 HGB) bzw. das Grundbuch (§ 892 BGB) geregelte Ausnahme, dass derjenige die wahre Sachlage gegen sich gelten lassen muss, der sie kennt oder kennen muss. Darum, so die hM, wirken nicht mitgeteilte Änderungen der Kollektivmarkensatzung nie (Büscher/Dittmer/Schiwy/Büscher Rn. 1).

Der Vergleich mit § 15 HGB, § 892 BGB überzeugt aber nicht. Grundbuch und Handelsregister geben **8.2** Gutglaubensschutz, das MarkenG tut dies aber außer in § 28 gerade nicht. Darum muss es auch die Ausnahme „kein Gutglaubensschutz bei Kennen der wahren Sachlage" nicht vorsehen. Vor allem aber wird der Inhalt der Kollektivmarkensatzung ja gerade nicht Inhalt des Markenregisters, sondern die Satzung ist bloß Bestandteil der Registerakten (→ 102 Rn. 5). Die Grundbuchakten und die Handelsregisterakten genießen aber auch im HGB und BGB keinen Gutglaubensschutz. So wird bekanntlich nicht im Handelsregister vermerkt, wer Inhaber eines GmbH-Geschäftsanteils ist. Die Geschäftsführer sind zwar verpflichtet, die Übertragung von Geschäftsanteilen dem Handelsregister mitzuteilen. Tun sie das aber nicht, ist die Übertragung trotzdem wirksam. Ein Dritter konnte bis zur Novelle des § 16 GmbHG im Jahre 2008 nicht darauf vertrauen, dass die letzte bei der Handelsregisterakte befindliche Gesellschafterliste (noch) richtig ist. Erst seit 2008 gewährt § 16 Abs. 3 GmbHG Gutglaubensschutz in Anlehnung an § 892 BGB (Noack/Servatius/Haas/Servatius GmbHG § 16 Rn. 26). Es galt also bis 2008 sogar im GmbH-Recht die wahre Rechtslage und nicht das, was sich aus der Handelsregisterakte ergibt. So wird auch außerhalb der Übergangsregelung des § 3 Abs. 3 EGGmbHG weiter daran festgehalten, dass die wahre Rechtslage gilt und in Altfällen unrichtiger Gesellschafterlisten der gutgläubige Erwerb vom Nichtberechtigten nicht möglich ist, weil § 16 GmbHG aF weiter gilt (Noack/Servatius/Haas/Servatius GmbHG § 16 Rn. 47).

Auch vorliegend fehlt eine im Register vermerkbare Tatsache. Das spricht dafür, auch hier in Altfällen, **8.3** wie bis 2008 bei der Veräußerung von GmbH-Anteilen, die wahre Rechtslage als maßgeblich anzusehen.

Das korrespondiert auch mit Art. 79 Abs. 4 UMV, der eine ausdrückliche Sanktion für die Unterlassung der Mitteilung anordnet (→ UMV Art. 79 Rn. 1 ff.). Diese Anordnung ist nämlich nur erforderlich, weil sich ohne solche Anordnung keine Sanktion aus der Rechtslage ergibt. Weil § 104 diese ausdrückliche Sanktion nicht enthält, wäre es contra legem, sie dort hineinzulesen.

8.4 Für Altfälle spricht also angesichts des Unterschieds zwischen der UMV und dem MarkenG und auch aus dogmatischen Erwägungen mehr dafür, Satzungsänderungen bei deutschen Kollektivmarken trotz fehlender Mitteilung als wirksam anzusehen. Allerdings wird das Fehlen der Mitteilung an das Amt oft dazu führen, dass der Verstoß gegen die neue, nicht mitgeteilte Satzung schuldlos ist. Man wird vom Kollektivmarkeninhaber detaillierte Darlegungen dazu verlangen können, dass im Einzelfall ein Mitglied von der Änderung der Satzung Kenntnis hatte oder hätte haben können.

9 Hat der Kollektivmarkeninhaber seinen Mitgliedern und womöglich auch Nichtmitgliedern vertragliche Nutzungsbefugnisse erteilt (was auch bei Nichtmitgliedern möglich ist, solange dies keine Irreführungsgefahr begründet, Beispiel: OLG Celle GRUR 1985, 547 – Buskomfort: Kollektivmarke, die Bus-Qualität angibt), so muss sich das Prozedere bei Änderungen der Nutzungsbedingungen auch an diesen vertraglichen Vorgaben messen lassen. Denn eine bloße Satzungsänderung kann nicht ohne Weiteres, automatisch, vertragliche Benutzungsbedingungen ändern.

9.1 Dem trägt Art. 79 Abs. 4 UMV dadurch Rechnung, dass er die Wirkungslosigkeit nicht mitgeteilter Satzungsänderungen ausdrücklich nur „für die Zwecke dieser Verordnung" anordnet. Dies wird man so lesen müssen, dass die materielle Unwirksamkeit oder Wirksamkeit der Satzungsänderung durchaus auch auf vertraglicher Basis beruhen kann.

10 Eine solche automatische Änderung tritt vielmehr nur ein, wenn erstens der etwaige Nutzungsvertrag zwischen dem Kollektivmarkeninhaber und dem Dritten dynamisch auf den jeweiligen Satzungsinhalt verweist und zweitens dieser dynamische Verweis wirksam ist, also insbesondere einer AGB-Prüfung standhält.

10.1 Letzteres wird zwar oft zu bejahen sein, weil die Satzung und deren Änderbarkeit zur Kollektivmarke gehören und es folglich dem Leitbild (§ 307 Abs. 2 Nr. 1 BGB) auch der Kollektivmarkenlizenzierung entspricht, dass der Nutzungsvertrag dynamisch auf die Kollektivmarkensatzung verweist. Zum Leitbild gehört aber dann auch § 104 Abs. 1, so dass Satzungsänderungen dem Amt mitgeteilt werden müssen. Darum wird ein dynamischer Verweis auf die Kollektivmarkensatzung AGB-rechtlich nur haltbar sein, wenn der Verweis ausdrücklich oder stillschweigend mindestens auch voraussetzt, dass die fragliche Satzungsänderung erst wirksam wird, wenn sie dem Amt mitgeteilt worden ist.

11 In Fällen vertraglich abgesicherter Nutzungsbefugnisse ist folglich eine Änderung der Benutzungsbedingungen nicht einfach dadurch zu erreichen, dass die Kollektivmarkensatzung geändert wird, auch wenn dies dem Amt mitgeteilt wird. Vielmehr muss sich der Kollektivmarkeninhaber an die **vertraglich vereinbarten Unterrichtungsmodalitäten** halten. Wenn es sich um Nutzungsverträge in Form von AGB handelt, muss die Änderung, weil dies zum Leitbild der Kollektivmarkennutzung gehört, mindestens dem Amt mitgeteilt sein.

§ 105 Verfall

(1) Die Eintragung einer Kollektivmarke wird außer aus den in § 49 genannten Verfallsgründen auf Antrag für verfallen erklärt und gelöscht,
1. wenn der Inhaber der Kollektivmarke nicht mehr besteht,
2. wenn der Inhaber der Kollektivmarke keine geeigneten Maßnahmen trifft, um zu verhindern, daß die Kollektivmarke mißbräuchlich in einer den Verbandszwecken oder der Kollektivmarkensatzung widersprechenden Weise benutzt wird,
3. wenn die Art, in der die Marke von berechtigten Personen benutzt worden ist, bewirkt hat, dass die Gefahr besteht, dass das Publikum im Sinne von § 103 Absatz 2 irregeführt wird, oder
4. wenn eine Änderung der Kollektivmarkensatzung entgegen § 104 Abs. 2 in das Register eingetragen worden ist, es sei denn, daß der Inhaber der Kollektivmarke die Kollektivmarkensatzung erneut so ändert, daß der Löschungsgrund nicht mehr besteht.

(2) Als eine mißbräuchliche Benutzung im Sinne des Absatzes 1 Nr. 2 ist es insbesondere anzusehen, wenn die Benutzung der Kollektivmarke durch andere als die zur Benutzung befugten Personen geeignet ist, das Publikum zu täuschen.

(3) ¹Der Antrag auf Erklärung des Verfalls nach Absatz 1 ist beim Deutschen Patent- und Markenamt zu stellen. ²Das Verfahren richtet sich nach § 53.

Überblick

Zum Verfall einer Kollektivmarke führen die Auflösung des Inhabers (→ Rn. 2), ein Missbrauch der Kollektivmarke (→ Rn. 4) sowie in Altfällen eine für die Eintragung nicht ausreichende oder unzulässig geänderte Markensatzung (→ Rn. 13). Der Verfall kann auch nur einen Teil der Waren und Dienstleistungen betreffen (→ Rn. 16). Abs. 2 nennt als Beispiel für die missbräuchliche Benutzung die täuschungsgeeignete Verwendung. Da der Markeninhaber Pflichten zur Vermeidung von Missbrauch hat, kann er auch für eine Verletzung dieser Pflichten haften (→ Rn. 12). Abs. 3 regelt das Verfallsverfahren (→ Rn. 19).

§ 105 ergänzt § 49 Abs. 2. Er entspricht im Wesentlichen Art. 81 UMV. Die **Löschungsgründe** **1** **des § 49** gelten also auch für Kollektivmarken (zum Verfall wegen Nichtbenutzung → § 49 Rn. 5 ff.; zum Verfall wegen Täuschungseignung → § 49 Rn. 32 ff.; → § 8 Rn. 580 ff.; zum Verfall wegen fehlender Markenrechtsfähigkeit → § 49 Rn. 23). Art. 15 Abs. 1 MRL 2008 und Art. 35 MRL gestatten für die Kollektivmarken spezielle Verfallsgründe. Diese werden in § 105 idF des MaMoG umgesetzt, der nur redaktionelle Änderungen enthält.

Übersicht

A. Wegfall des Inhabers (Abs. 1 Nr. 1)

Die Kollektivmarke verfällt, wenn ihr Inhaber aufgelöst wird und vorher keine Übertragung **2** auf einen anderen Verband erfolgt ist. Dieser Verfall verhindert, dass Nutzungsberechtigte, die etwa nach der Satzung zur selbständigen Geltendmachung von Rechten aus der Marke befugt sind (§ 101 Abs. 1), aus der inhaberlosen Marke gegen Dritte vorgehen.

Der Verfallsgrund von § 105 Abs. 1 Nr. 1 ist in der MRL nicht enthalten. Man wird aber aus Art. 31 **2.1** Abs. 2 MRL (Benutzung der Marke erweckt den Eindruck, sie sei keine Kollektivmarke) iVm Art. 35 lit. b MRL einen entsprechenden Löschungsgrund herleiten können. Denn wenn die Kollektivmarke keinen Inhaber mehr hat, gibt es niemanden mehr, der von Rechts wegen und umfassend dazu bestimmt und befugt ist, die Benutzung der Kollektivmarke zu überwachen, die Satzung an sich ändernde Erfordernisse anzupassen etc. Wird die Marke trotzdem als Kollektivmarke aufrechterhalten, entsteht der irreführende Eindruck, es handele sich um eine Kollektivmarke, die so von ihrem Inhaber überwacht wird, wie es das Konzept der Kollektivmarke verlangt. Darum sind eine Kollektivmarke und ihre Benutzung, wenn der Inhaber nicht mehr existiert, irreführend iSv Art. 35 lit. b MRL. Die Kollektivmarke kann also dann auch nach dem Konzept der MRL gelöscht werden. Eine Streichung des Verfallsgrundes in § 105 Abs. 1 Nr. 1 durch das MaMoG war deshalb nicht erforderlich und ist auch nicht erfolgt.

Ob der Inhaber der Kollektivmarke noch besteht, richtet sich nach dem Gesellschaftsrecht **3** seines Heimatstaates, also nach demjenigen am Ort seines Sitzes (Ingerl/Rohnke Rn. 3). Verliert ein Verein durch Eröffnung des Insolvenzverfahrens seine Rechtsfähigkeit (§ 42 Abs. 1 BGB), gilt für die Dauer der Liquidation die Rechtsfähigkeit noch als vorhanden, soweit der Liquidationszweck es erfordert. Das ist der Fall, solange der Verein noch Ansprüche hat. Hindert aber allein die Existenz der Kollektivmarke die Vollbeendigung des Vereins, dann bleibt die Kollektivmarke außer Betracht. Denn sonst entstünde ein circulus vitiosus: die Marke könnte nicht gelöscht werden, weil der Verein noch als rechtsfähig gilt und folglich noch ein Inhaber vorhanden ist; der Verein könnte nicht erlöschen, weil er die Marke noch hat. Das muss vermieden werden (Büscher/Dittmer/Schiwy/Büscher Rn. 3).

Im Löschungsverfahren wird der Verein, Verband oder die juristische Person vom letzten gesetzlichen **3.1** Vertretungsorgan vertreten. Nach der Beendigung der Liquidation sowie im Falle der Wiedereröffnung der Liquidation sind die letzten Liquidatoren Vertreter.

B. Missbräuchliche, irreführende Nutzung (Abs. 1 Nr. 2 und Nr. 3)

I. Voraussetzung

4   Der Verfallsgrund von § 105 Abs. 1 Nr. 2 entspricht Art. 35 lit. a MRL. Früher knüpfte § 21 Abs. 1 S. 1 Nr. 2 WZG den Verfall schon an die bloße Duldung von Missbräuchen. Daraus wurde gefolgert, dass zur Vermeidung des Verfalls das Einschreiten gegen jegliche missbräuchliche Benutzung erforderlich sei. Die jetzige Gesetzesfassung wird einhellig so verstanden, dass die bloße Untätigkeit nicht die Löschung zur Folge hat (Büscher/Dittmer/Schiwy/Büscher Rn. 6; Fezer Rn. 4; Ingerl/Rohnke Rn. 4). Nicht jede Untätigkeit gegenüber satzungswidrigen Benutzungen oder der Benutzung durch Nichtberechtigte führt zur Löschungsreife. Der Inhaber darf Kosten und Risiken abwägen. Er ist nur verpflichtet, **geeignete Maßnahmen** gegen Missbrauch zu ergreifen.

5   Zu weit geht es, wenn Ingerl/Rohnke dem Inhaber aufgeben wollen, eine Stelle (zB eine Anwaltskanzlei) mit der Überwachung zu beauftragen und in Gestalt etwa einer angemessenen Prozesskostenrücklage die gerichtliche Verfolgung von Verstößen zu ermöglichen (Ingerl/Rohnke Rn. 4). Wird erkennbarer Missbrauch mehrfach nicht gerichtlich geahndet, kann dies zwar den Verfall auslösen, aber es ist auch denkbar, dass der Markeninhaber andere als rein juristische Maßnahmen ergreift, um die Missbräuche abzustellen.

6   Büscher/Dittmer/Schiwy/Büscher Rn. 7 fasst die Anforderungen prägnant zusammen. Verfall tritt ein, wenn
- die Kollektivmarke in einer den Verbandszwecken oder der Satzung widersprechenden Weise benutzt wurde;
- die Benutzung missbräuchlich war;
- der Verband diese missbräuchlichen Umstände kannte;
- die Rechtsverfolgung aussichtsreich erschien;
- der Kollektivmarkeninhaber zum Tätigwerden aufgefordert wurde;
- es geeignete Maßnahmen gab;
- der Inhaber sie nicht ergriff;
- obwohl der Missbrauch nicht so geringfügig war, dass Einschreiten unzumutbar gewesen wäre.

7   Abs. 2 nennt als Beispiel missbräuchlicher Benutzung die Eignung zur Täuschung über die Benutzungsberechtigung. Denkbar sind ebenfalls Täuschungen über die Produktqualität, wenn die Satzung dafür Vorgaben macht und diese missbräuchlich nicht eingehalten werden (Ingerl/Rohnke Rn. 5). Tatsächliche **Täuschungen** müssen nicht nachgewiesen sein (→ § 8 Rn. 603). Ob eine Täuschungsgefahr gegeben ist, stellt das DPMA aufgrund eigener Sachkunde fest.

8   Art. 76 Abs. 2 UMV erweitert das Irreführungsverbot des Art. 7 Abs. 1 lit. g UMV um Täuschungen über den Charakter oder die Bedeutung der Marke selbst (→ UMV Art. 76 Rn. 3). Eine Kollektivmarke kann deshalb irreführend benutzt sein, wenn die Benutzung den Eindruck erweckt, das Zeichen sei eine Individualmarke (→ § 8 Rn. 686; → UMV Art. 76 Rn. 2). Dieser Verfallsgrund kann über die Verweisung in § 97 Abs. 2 der Regelung in § 49 Abs. 2 Nr. 2 entnommen werden (→ Rn. 2.1).

9   Kein Missbrauch sind Satzungsverstöße, die aus Sicht der Verbraucher keine Relevanz haben, zB die Anpassung der Herstellungsvorgänge an neue technische und wissenschaftliche Erkenntnisse bzw. Kundenansprüche, sofern nicht gerade die fragliche Komponente, etwa die traditionelle Herstellungsart, aus Sicht der Verbraucher von Bedeutung ist. Wie bei § 8 Abs. 2 Nr. 4 (→ § 8 Rn. 631) kommt es also auf die Eignung der womöglich missbräuchlichen Benutzung an, das Publikum in seinen wirtschaftlichen Entschlüssen **(geschäftlichen Entscheidungen)** zu beeinflussen.

9.1   Eine geschäftliche Entscheidung ist jede Entscheidung eines Verbrauchers über Erwerb oder Nichterwerb und damit unmittelbar zusammenhängende Entscheidungen wie das Aufsuchen des Geschäfts (EuGH C-281/12, BeckRS 2013, 82378 Rn. 36 – Trento Sviluppo/AGCM).

10   Die Kollektivmarke verfällt gemäß § 105 Abs. 1 Nr. 3 außerdem, wenn sie so benutzt wird, dass ein Fall von § 103 Abs. 2 verwirklicht wird, wenn also die Benutzung das Publikum über die Bedeutung der Kollektivmarke irreführen oder es glauben lassen kann, die Marke sei etwas anderes als eine Kollektivmarke. Dieser Verfallsgrund beruht auf Art. 35 lit. b MRL. Er war bis zum MaMoG nicht in § 105 enthalten. Er konnte über die Verweisung in § 97 Abs. 2 der Regelung in § 49 Abs. 2 Nr. 2 entnommen werden. Danach tritt Verfall ein, wenn die Marke in Folge der Benutzung durch den Inhaber oder mit seiner Zustimmung irreführungsgeeignet geworden ist.

Das schloss den Verfallsgrund aus Art. 35 lit. b MRL ein. Darum bedeutet die im MaMoG vorgenommene Ergänzung von § 105 nur eine Klarstellung.

§ 103 Abs. 2 greift also ein, wenn schon die Marke also solche in dieser Weise irreleitend ist, **11** § 105 Abs. 1 Nr. 3 greift erst dann ein, wenn zwar die Marke als solche in Ordnung ist, aber ihre konkrete Verwendung am Markt die Irreführung auslöst, indem die Marke etwa mit Hinzufügung eines Hoheitszeichens und damit so benutzt wird, als wäre sie ein staatlich verliehenes Gewährzeichen.

II. Schadensersatz

Wenn der Kollektivmarkeninhaber seine Pflichten, Missbrauch zu verhindern (→ Rn. 5 f.) **12** verletzt, können neben den Verfall auch Ansprüche auf Schadensersatz treten. Fezer Rn. 9 stützt diese Ansprüche im Anschluss an Literatur zu § 21 WZG auf § 823 Abs. 2 BGB, weil § 105 mit seiner Pflicht des Kollektivmarkeninhabers zum Vorgehen gegen missbräuchliche Benutzungen ein Schutzgesetz sei. Das bloße Eingetragensein eines Zeichens bedeutet nicht, dass seine Benutzung rechtmäßig ist (KG NJW-RR 1995, 1446 (1447) mwN – Der Grüne Punkt).

Schadensersatzansprüche gegen den Verband hat etwa das satzungstreue Kollektivmitglied, das **13** Geld in die Werbung für das Zeichen investiert hat, welches vergebens aufgewendet ist, wenn das Zeichen gelöscht und außerdem ökonomisch wertlos wird, weil der Inhaber gegen andere, täuschende Kollektivmitglieder nicht vorgeht. Der Schadensersatzanspruch folgt dann aber nicht aus § 823 BGB, sondern daraus, dass der Kollektivmarkeninhaber seine Pflichten aus der Sonderrechtsbeziehung zu den Kollektivmitgliedern schlecht erfüllt hat.

Sofern die Kollektivmarkennutzung zugleich ein anderes, älteres Zeichen iSv §§ 14 ff. verletzt, **14** sind ebenfalls Schadensersatzansprüche gegen die benutzenden Kollektivmitglieder denkbar, aber auch gegen den Kollektivmarkeninhaber, der zumindest Gehilfe der von ihm gestatteten Markennutzungen ist.

Nr. 3 wurde eingefügt mWv 14.1.2019 durch Gesetz vom 11.12.2018 (BGBl. I 2357). **15**

C. Änderung der Markensatzung (Abs. 1 Nr. 4)

Die Vornahme unzulässiger Änderungen in der Markensatzung begründet einen Verfallsgrund, **16** wenn diese Änderungen ins Register eingetragen wurden und die dann rechtswidrige Satzung (ggf. nach Hinweis) nicht korrigiert wird.

Indes wurde zwischenzeitlich, nach dem Wegfall von § 18 Nr. 11 MarkenV, die Änderung der **17** Markensatzung gar nicht mehr in das Register eingetragen. Denn § 25 MarkenV sieht dies nicht mehr vor. Nr. 4 hat daher nur noch für bereits vorgenommene, schon im Register vermerkte Satzungsänderungen nach früherem Recht Bedeutung (Ingerl/Rohnke § 104 Rn. 1); und jetzt wieder für Änderungen seit Inkrafttreten des MaMoG (Ströbele/Hacker/Thiering/Hacker Rn. 11). Unter dem Recht bis 2019 vorgenommene (nicht im Register eingetragene) unzulässige Änderungen der Markensatzung können formlos rückgängig gemacht werden bzw. bleiben unberücksichtigt (Ströbele/Hacker/Thiering/Hacker Rn. 6; Ströbele/Hacker/Thiering/Hacker § 104 Rn. 11). Da jetzt wegen § 104 Abs. 3 Änderungen wieder eingetragen werden müssen, ist auch der Verfallsgrund von § 105 Abs. 1 Nr. 4 wieder aufgelebt (Ströbele/Hacker/Thiering/Hacker § 104 Rn. 11).

D. Verfahren (Abs. 3)

Widerspricht der Inhaber der Löschung nicht, so wird die Kollektivmarke gelöscht. Darum ist **18** es im Ergebnis für den Löschungsantragsteller unschädlich, wenn der Markeninhaber nicht mehr auffindbar sein sollte. Denn schlägt die Zustellung fehl, kann das Amt mangels Widerspruch löschen (§ 54 Abs. 5 S. 1; Ingerl/Rohnke § 53 Rn. 3). Im Fall des Widerspruchs gegen die Löschung, muss der Antragsteller einen Monat nach Zustellung des Widerspruchs eine Gebühr zahlen, sonst ist das Verfahren abgeschlossen (§ 54 Abs. 5 S. 4, S. 5). Wird die gebühr fristgerecht gezahlt (§ 54 Abs. 2 S. 3), ist das Löschungsverfahren ausschließlich vor dem DPMA durchzuführen, denn Abs. 3 verweist nur auf § 54, nicht auf die Löschungsklage des § 55.

Die Marke wird nur für die Waren/Dienstleistungen gelöscht, für die der Verfallsgrund vorliegt **19** (§ 49 Abs. 3). Im Löschungsantrag sind die Waren/Dienstleistungen zu bezeichnen, deren Löschung beantragt wird (→ § 49 Rn. 28), was natürlich auch einfach dadurch geschehen kann, dass deutlich gemacht wird, dass die Marke insgesamt, für alle Produkte, gelöscht werden soll. Bleibt unklar, welche Produkte gemeint sind, ist der Antrag unbestimmt und damit unschlüssig. Wenn sich die im Antrag bezeichneten Löschungsgründe nur auf einige der beanspruchten Produkte beziehen, so ist er im Hinblick auf die übrigen Produkte unschlüssig und damit unbegründet. Ihm kann deshalb auch dann nicht stattgegeben werden, wenn der Markeninhaber nicht widerspricht. Aber auch ein Antrag, der insgesamt unschlüssig ist, muss zugestellt werden. Zu den Folgen eines unschlüssigen Antrags, dem nicht widersprochen wird, → § 106 Rn. 6.1.

§ 106 Nichtigkeit wegen absoluter Schutzhindernisse

[1]**Die Eintragung einer Kollektivmarke wird außer aus den in § 50 genannten Nichtigkeitsgründen auf Antrag für nichtig erklärt und gelöscht, wenn sie entgegen § 103 eingetragen worden ist.** [2]**Betrifft der Nichtigkeitsgrund die Kollektivmarkensatzung, so wird die Eintragung nicht für nichtig erklärt und gelöscht, wenn der Inhaber der Kollektivmarke die Kollektivmarkensatzung so ändert, dass der Nichtigkeitsgrund nicht mehr besteht.**

(2) [1]**Der Antrag auf Erklärung der Nichtigkeit nach Absatz 1 ist beim Deutschen Patent- und Markenamt zu stellen.** [2]**Das Verfahren richtet sich nach § 53.**

Überblick

§ 106 enthält einen über § 50 hinausgehenden Löschungsgrund für Kollektivmarken. Das MaMoG sieht bei § 106 bis auf den Verweis auf das im MaMoG in § 53 neu geregelte Amtslöschungsverfahren nur redaktionelle Änderungen vor.

A. Nichtigkeitsgründe

1   Nichtigkeitsgründe ergeben sich für Kollektivmarken über § 50 iVm den für alle Marken geltenden § 3, § 7 und § 8 (für die Anforderungen an die Aufrechterhaltung einer Kollektiv-Farbmarke s. EuGH C-217/13, GRUR 2014, 776 – Sparkassen-Rot). Außerdem werden durch den Verweis auf § 103 auch Verstöße gegen § 97 (Anforderungen an die Unterscheidungskraft), § 98 (Anforderungen an die Person des Inhabers) und § 102 (Anforderungen an die Satzung) zu Nichtigkeitsgründen (Ingerl/Rohnke Rn. 2).

B. Verfahren

2   Für das Verfahren verweist § 106 auf den mit dem MaMoG umfassend umgestalteten § 53, s. dazu die Kommentierung dort.

3   Die Löschung erfolgt auf Antrag. Diesen kann jedermann stellen **(Popularverfahren,** vgl. auch § 54 Abs. 1 S. 2; → § 54 Rn. 1 f.). Verstöße gegen § 102 (Satzungsfehler) muss der Antragsteller gegenüber dem Markeninhaber vor Antragstellung rügen und ihm Gelegenheit geben, die Satzung zu ändern (→ § 104 Rn. 1 ff.), um sie den Erfordernissen von § 102 (wieder) anzupassen.

4   Die Marke wird nur für den Teil der Waren/Dienstleistungen gelöscht, für den ein Verfallsgrund vorliegt (§ 49 Abs. 3; → § 50 Rn. 29). Im Löschungsantrag sind die Waren/Dienstleistungen zu bezeichnen, deren Löschung beantragt wird oder diejenigen, die im Register eingetragen bleiben sollen (→ § 49 Rn. 28; zu den Konsequenzen bei Verstößen → § 105 Rn. 19).

5   **Prüfungsgegenstand** ist ausschließlich die Marke in ihrer eingetragenen Form, nicht eine davon abweichende oder eine missbräuchlich verwendete Gestaltung; zum Missbrauch → § 105 Rn. 4.

C. Frist, Verwirkung

6   Die Löschungsgründe aus § 3, § 7 und § 8 Abs. 2 Nr. 4–10 können zeitlich unbegrenzt geltend gemacht werden. Schutzhindernisse nach § 8 Abs. 2 Nr. 1–3 müssen innerhalb einer Frist von zehn Jahren seit dem Eintragungstag geltend gemacht werden (§ 50 Abs. 2 S. 2; → § 50 Rn. 28.1 f.). Die Zehnjahresfrist wird vom Eintragungsdatum an berechnet (→ § 50 Rn. 23; BPatG BeckRS 2013, 8817 – Gute Laune Drops).

6.1   Wird der Löschungsantrag erst nach Ablauf dieser Frist gestellt, dann ist er unschlüssig und er wird, auch wenn der Markeninhaber dem Antrag nicht widerspricht, abgelehnt (so wohl auch Ströbele/Hacker/Thiering/Miosga § 54 Rn. 19, wonach die Löschung auch dann, wenn der Markeninhaber nicht widerspricht, die Schlüssigkeit des Löschungsantrags voraussetzt). Zwar nimmt BPatG BeckRS 2009, 3591 –

Pinocchio nach Ablauf der Zehnjahresfrist nicht Unbegründetheit, sondern (ohne weitere Begründung) Unzulässigkeit des Löschungsantrags an. Das ist aber schon für den Bestandsschutz aus § 50 Abs. 1 nicht überzeugend. Denn § 50 Abs. 1 S. 1 und S. 2 sehen dem Wortlaut nach zwei systematisch gleichrangige Bestandsschutzvarianten vor: die Löschung einer Marke ist zum einen ausgeschlossen, wenn ein früher bestehendes Eintragungshindernis nicht mehr besteht, und zum anderen nach Ablauf der Zehnjahresfrist. Die Prüfung, ob ein früher bestehendes Löschungshindernis noch fortbesteht, kann man aber nicht auf der Zulässigkeitsebene abhandeln, weil sie eine materiell-rechtliche Untersuchung erfordert. Der spätere Wegfall des Eintragungshindernisses macht also den Löschungsantrag nicht unzulässig, sondern unbegründet. Die Ablehnung eines solchen Löschungsantrags bloß wegen Unzulässigkeit wäre zudem prozessunökonomisch, weil die Prüfung „lag das Eintragungshindernis ursprünglich vor? Wenn ja: ist es mittlerweile weggefallen?" sehr aufwendig sein kann, aber bei Abhandlung auf Zulässigkeitsebene ihr Ergebnis noch nicht einmal in volle Bestandskraft erwüchse. Darum sollte die Prüfung auf der Begründetheitsebene stattfinden. Da der zweite Bestandsschutztatbestand „Eintragung älter als zehn Jahre" systematisch gleichrangig ist, muss dort dasselbe gelten: Ein nach Ablauf der Zehnjahresfrist gestellter Löschungsantrag ist nicht unzulässig, sondern unbegründet (im Ergebnis ebenso → § 53 Rn. 1 ff.).

Verwirkung des Rechts zur Antragstellung nach § 242 BGB kommt in Ausnahmefällen in **7** Betracht, wenn eine über mehrere Jahrzehnte andauernde Benutzung unbeanstandet geblieben ist und ein Besitzstand von erheblichem Wert vorliegt (→ § 50 Rn. 24; ausführlich Fezer § 50 Rn. 33; auch Ingerl/Rohnke § 50 Rn. 18 jedenfalls für „extrem gelagerte Ausnahmefälle" m. Beispiel; aA Ströbele/Hacker/Thiering/Miosga § 50 Rn. 22).

D. Zeitpunkt der Feststellung der Nichtigkeit

Wie bei § 50 Abs. 1 führen Eintragungshindernisse nur dann zur Löschung, wenn sie bereits **8** zum Zeitpunkt der Anmeldung gegeben waren und (außer Bösgläubigkeit nach § 8 Abs. 2 Nr. 10; → § 50 Rn. 16) noch im Zeitpunkt der Entscheidung über den Löschungsantrag vorliegen (→ § 50 Rn. 4 ff.).

Teil 5. Gewährleistungsmarken

§ 106a Gewährleistungsmarken

(1) [1]Der Inhaber der Gewährleistungsmarke gewährleistet für die Waren und Dienstleistungen, für die sie angemeldet wird, das Vorliegen einer oder mehrerer der folgenden Eigenschaften:
1. das Material,
2. die Art und Weise der Herstellung der Waren oder der Erbringung der Dienstleistungen,
3. die Qualität, die Genauigkeit oder andere Eigenschaften mit Ausnahme der geografischen Herkunft.
[2]Die Marke muss geeignet sein, Waren und Dienstleistungen, für die die Gewährleistung besteht, von solchen Waren und Dienstleistungen zu unterscheiden, für die keine derartige Gewährleistung besteht. [3]Eine Gewährleistungsmarke muss bei der Anmeldung als solche bezeichnet werden.

(2) Auf Gewährleistungsmarken sind die Vorschriften dieses Gesetzes anzuwenden, soweit in diesem Teil nicht etwas anderes bestimmt ist.

Überblick

Mit der Implementierung der Gewährleistungsmarke in das deutsche Markenrecht soll der wirtschaftlichen **Bedeutung von Gütezeichen** (→ Rn. 1) Rechnung getragen werden. Unabhängige Markeninhaber sollen ihr Gütesiegel an auserwählte Unternehmen vergeben können, die zuvor in einer **Satzung** festgelegte Kriterien erfüllen. Bei Gewährleistungsmarken steht im Vergleich zu Individualmarken nicht die Herkunftsfunktion, sondern die **Garantiefunktion** (→ Rn. 2) im Vordergrund. Es gelten die Prinzipien der **Neutralität** (→ Rn. 3) und **Transparenz** (→ Rn. 4). Der Markeninhaber unterliegt **Prüf- und Überwachungspflichten** (→ Rn. 5).

Abs. 1 S. 1 regelt die **gewährleistungsfähigen Eigenschaften** (→ Rn. 6), zu denen ausdrücklich **nicht die geographische Herkunft** (→ Rn. 7) zählt.

Abs. 1 S. 2 normiert das Erfordernis der Unterscheidungseignung (→ Rn. 8) unter besonderer Herausstellung der auch für die spezifische Unterscheidungskraft (→ Rn. 10) relevanten Gewährleistungsfunktion.

Abs. 1 S. 3 verlangt bereits bei der **Anmeldung** (→ Rn. 11) die Klarstellung, dass eine Gewährleistungsmarke angemeldet wird.

Abs. 2 enthält den **Generalverweis** (→ Rn. 12) auf die allgemein markenrechtlichen Vorschriften, soweit diese nicht durch §§ 106a ff. verdrängt werden.

A. Allgemeines zur Gewährleistungsmarke

I. Gütezeichen

1   Bislang wurden Gütezeichen („qualitätsanzeigende Kennzeichen") als Individual- bzw. Kollektivmarke geschützt. Sie kennzeichnen die Beschaffenheit des Produkts und in dem Verkehr als Hinweis auf eine bestimmte Qualität. Im Unterschied zu Gewährleistungsmarken sind Markeninhaber und Markennutzer dabei identisch, so dass diese Zeichen immer auch einen Hinweis auf die Herkunft der Produkte verkörpern. Durch die Identität von Markeninhaber und Markennutzer fehlte es an einer objektivierten Grundlage für die erforderliche Neutralität. Sofern es sich um Kollektivmarken handelte, fehlte die Transparenz einer Satzung. Nicht zuletzt führte bei Gütezeichen auch der unter dem Primat der Herkunftsfunktion zu beurteilende Benutzungszwang zu Problemen der Rechtserhaltung. Der Gegenentwurf hierzu ist die Gewährleistungsmarke, die eine rechtssichere und transparente Markenform in das deutsche Markensystem einführen und den wachsenden Bedürfnissen des Wirtschaftsverkehrs nach güte- und qualitätsanzeigenden Kennzeichnungen Rechnung tragen soll.

II. Garantiefunktion

2   Gewährleistungsmarken dienen nicht als Herkunftshinweis auf ein bestimmtes Unternehmen; sie unterscheiden Produkte einer bestimmten vom Markeninhaber gewährleisteten Qualität von

anderen Produkten ohne solche Gewährleistung. Die Gewährleistungsmarke erbringt also keinen Hinweis auf die Herkunft des gekennzeichneten Produkts, sondern macht dieses vielmehr von anderen Produkten unterscheidbar, für die keine solche Gewährleistung besteht. Mit anderen Worten versteht der Verkehr eine Gewährleistungsmarke als Hinweis auf eine bestimmte, von unabhängiger Stelle gewährleistete Eigenschaft des gekennzeichneten Produkts. Diese Garantiefunktion hat maßgeblichen Einfluss auf die Beurteilung der Unterscheidungseignung (→ Rn. 8) und Unterscheidungskraft (→ Rn. 10) der Gewährleistungsmarke.

III. Neutralitätsgebot

Der Markeninhaber nimmt die Rolle eines Zertifizierers ein und übt selbst keine Tätigkeit aus, **3** die die Produktion oder Verbreitung gekennzeichnete Produkte umfasst. Der Markeninhaber darf mit den Zeichennutzer nicht identisch sein. Hintergrund hierfür ist die Gewährleistungsfunktion: eine Gewährleistungsmarke gibt dem Verkehr vorrangig einen Hinweis auf eine Eigenschaft des Produkts, die von unabhängiger Stelle gewährleistet wird. Damit ist nicht vereinbar, wenn der Markeninhaber selbst ein unmittelbares wirtschaftliches Eigeninteresse an der erfolgreichen Vermarktung der Produkte hätte. Vielmehr muss sichergestellt sein, dass die Nutzungsbedingungen unabhängig von einem solchen Eigeninteresse geprüft werden. Das Interesse des Markeninhabers muss darin liegen, dass der Lizenznehmer die Bedingungen einhält, die vom Inhaber in der Satzung niedergelegt worden sind. Das Neutralitätsgebot findet konkreten Niederschlag in den durch § 106b Abs. 1 aufgestellten Anforderungen an den Inhaber (→ § 106b Rn. 5).

IV. Transparenzgebot

Die Nutzungsbedingungen der Gewährleistungsmarke werden in der Gewährleistungsmarken- **4** satzung festgeschrieben und sind für jedermann öffentlich zugänglich. Das Transparenzgebot findet seinen konkreten Niederschlag in den durch § 106d aufgestellten Anforderungen und Veröffentlichungspflichten für die Gewährleistungsmarkensatzung (→ § 106d Rn. 1 ff.).

V. Prüf- und Überwachungspflichten

Der Inhaber der Gewährleistungsmarke ist verpflichtet, die in der Satzung niedergelegten **5** Gewährleistungseigenschaften bei der Lizenzvergabe zu prüfen und die Benutzung der Gewährleistungsmarke durch den Lizenznehmer zu überwachen. Versäumt der Markeninhaber diese in der Satzung niedergelegten Kontrollpflichten nachhaltig, kann dies letzten Endes sogar zum Verfall und damit zur Löschung der Gewährleistungsmarke führen. Die Prüf- und Überwachungspflichten des Markeninhabers finden ihren konkreten Niederschlag in den durch § 106g Abs. 1 Nr. 2, Nr. 3 geregelten Verfallsgründen (→ § 106g Rn. 1 ff.).

B. Gewährleistungsfähige Eigenschaften

I. Positiv genannte Eigenschaften

Abs. 1 S. 1 zählt eine Reihe gewährleistungsfähige Eigenschaften **beispielhaft** („… oder andere **6** Eigenschaften …) auf.

II. Ausschluss geografischer Herkunft

Explizit ausgeschlossen ist die Gewährleistung geographischer Herkunft. **7**

C. Inhaltliche Anforderungen

I. Unterscheidungseignung

Abs. 1 S. 2 modifiziert die in § 3 Abs. 1 enthaltene allgemeine Schutzvoraussetzung der (abstrak- **8** ten) Unterscheidungseignung. Dabei wird der Vorrang der Garantiefunktion (→ Rn. 3) vor der nach § 3 Abs. 1 maßgeblichen Herkunftsfunktion betont.

Die Gesetzesbegründung spricht hier unscharf von Unterscheidungskraft, was jedoch nicht in **9** die allgemeine markenrechtliche Terminologie passt. Die Unterscheidungseignung nach § 3 Abs. 1 ist deswegen abstrakt, weil sie unabhängig von den angemeldeten Waren und Dienstleistungen zu prüfen ist. Ein Bezug zu den angemeldeten Waren und Dienstleistungen enthält auch Abs. 1 S. 2

nicht. Die demgegenüber konkrete, also in Bezug auf die angemeldeten Produkte zu prüfende Unterscheidungskraft ist in § 8 Abs. 2 Nr. 1 geregelt.

II. Unterscheidungskraft

10   Auch wenn Abs. 1 S. 2 die Unterscheidungseignung betrifft (→ Rn. 9), bedarf die Gewährleistungsmarke gleichwohl ebenfalls konkreter Unterscheidungskraft. Auf deren Beurteilung bei der Gewährleistungsmarke hat die in Abs. 1 S. 2 in den Vordergrund gestellte Garantiefunktion (→ Rn. 2) maßgeblichen Einfluss.

D. Festlegung bei der Anmeldung

11   Die erheblich unterschiedlichen Anforderungen ua an Inhalt (→ Rn. 8 ff.), Inhaberqualifikation (→ § 106b Rn. 5) sowie an Satzung der Gewährleistungsmarke (→ § 106d Rn. 1 ff.) machen es erforderlich, dass diese bereits bei der Anmeldung als solche benannt wird.

E. Generalverweis

12   Abs. 2 enthält den Generalverweis auf die allgemein markenrechtlichen Vorschriften, soweit diese nicht durch §§ 106a ff. verdrängt werden. Parallelvorschrift für die Kollektivmarken ist § 97 Abs. 2.

F. Parallelvorschrift UMV

13   Parallelvorschrift im Unionsmarkenrecht ist **Art. 83 Abs. 1, 3 umv** (→ UMV Art. 83 → UMV Art. 83 Rn. 1 ff.).

§ 106b Inhaberschaft und ernsthafte Benutzung

(1) Inhaber von angemeldeten oder eingetragenen Gewährleistungsmarken kann jede natürliche oder juristische Person, einschließlich Einrichtungen, Behörden und juristischer Personen des öffentlichen Rechts sein, sofern sie keine Tätigkeit ausübt, die die Lieferung von Waren oder Dienstleistungen, für die eine Gewährleistung besteht, umfasst.

(2) Die ernsthafte Benutzung einer Gewährleistungsmarke durch mindestens eine hierzu befugte Person gilt als Benutzung im Sinne des § 26.

Überblick

Die Norm regelt die Inhaberschaft und ernsthafte Benutzung von Gewährleistungsmarken.

Abs. 1 konstituiert besondere, über die allgemeinen Inhabervoraussetzungen nach § 7 hinausgehende Anforderungen an die Eigenschaften des Inhabers von Gewährleistungsmarken und errichtet damit ein **formalisiertes Neutralitätsgebot** (→ Rn. 5).

Abs. 2 modifiziert die in § 26 geregelten allgemeinen Anforderungen an die rechtserhaltende Benutzung einer Marke, in dem der Kreis der relevanten Benutzer auf alle hierzu befugten Personen (→ Rn. 12) erweitert und zugleich klargestellt wird, dass die Benutzung durch eine (→ Rn. 13) dieser Personen ausreicht.

A. Inhaberschaft

1   Die Fähigkeit, Inhaber einer Marke zu sein, wird allgemein in § 7 geregelt. § 7 nennt sowohl natürliche als auch juristische Personen sowie rechtsfähige Personengesellschaften. Letztere nennt § 106b als spezielle Norm für die Gewährleistungsmarke nicht. Im Gegenzug dazu sollen ausdrücklich öffentlich rechtliche Institutionen gewährleistungsmarkenrechtsfähig sein.

I. Zugelassenen Rechtsformen

1. Natürliche und juristische Personen

Abs. 1 lässt – insoweit deckungsgleich § 7 – natürliche und juristische Personen (einschließlich **2** juristischer Personen des öffentlichen Rechts) als Markeninhaber zu.

2. Rechtsfähige Personengesellschaften

Nicht ausdrücklich genannt werden – im Unterschied zu § 7 – rechtsfähige Personengesellschaf- **3** ten als zulässige Inhaber von Gewährleistungsmarken. Trotz dieser offensichtlichen Abweichung von § 7 ist nicht davon auszugehen, dass rechtsfähige Personengesellschaften als Inhaber von Gewährleistungsmarken ausgeschlossen werden sollten. Da Abs. 1 ausdrücklich Einzelpersonen als Inhaber von Gewährleistungsmarken zulässt, ist nicht ersichtlich, warum das für eine rechtsfähige Personengesellschaft nicht gelten soll. Der Wortlaut von Abs. 1 erklärt sich vielmehr aus der wortlautgetreuen Umsetzung von Art. 28 Abs. 2 MRL, der seinerseits nicht darauf Rücksicht nimmt, dass rechtsfähige Personengesellschaften nach deutschem Recht keine juristischen Personen darstellen.

3. Einrichtungen, Behörden und juristische Personen des öffentlichen Rechts

Abs. 1 nennt ausdrücklich diverse öffentlich rechtliche Institutionen, konkret Einrichtungen **4** des öffentlichen Rechts und Behörden. Zweck dieser Erweiterung der Gewährleistungsmarken-rechtsfähigkeit ist es, besonders staatliche Einrichtungen, denen man im besonderen Maße die notwendige Neutralität und Durchsetzungsfähigkeit zutraut, als Inhaber einer Gewährleistungs-marke zuzulassen.

Einrichtungen des öffentlichen Rechts sind hierbei besonders benannt und bilden einen Auf- **5** fangtatbestand für alle die Institutionen, die nicht Behörde oder juristische Person des öffentlichen Rechts sind. Staatlich betriebene Unternehmen, die in Form einer privat-rechtlichen juristischen Person agieren, sind bereits juristische Person. Es muss sich in der Praxis daher zeigen, für welche Institutionen dieser Auffangtatbestand gelten wird und ob sich in der Praxis überhaupt ein Anwen-dungsbereich ergeben wird.

II. Formalisiertes Neutralitätsgebot

Als weitere Anforderung an die Inhaberschaft verlangt Abs. 1, dass der Inhaber die zertifizierten **6** Waren oder Dienstleistungen **nicht selbst anbietet.** Das für die Gewährleistungsmarke geltende Neutralitätsgebot wird somit durch formalisierte Anforderungen an den Geschäftsbetrieb des Inha-bers verwirklicht. Erreicht werden soll nicht nur eine neutrale Bewertung der Waren oder Dienst-leistungen bei der Lizenzvergabe, sondern auch eine weitere regelmäßige und unabhängige Kon-trolle der Qualitätsstandards. Ausgeschlossen ist jedoch nicht, dass der Inhaber einer Gewährleistungsmarke andere Waren und Dienstleistungen anbietet, für die von ihm keine Zertifi-zierung vorgenommen wird.

Teilweise wird die Frage aufgeworfen, wie weit sich dieses Neutralitätsgebot auf Unternehmen **7** erstreckt, zu denen eine **gesellschaftsrechtliche Verbundenheit** besteht. Hier wird vor allem die Konstellation thematisiert, dass der Inhaber der Gewährleistungsmarke über ein Tochterunter-nehmen die relevanten Produkte anbietet (→ UMV Art. 83 Rn. 17; Thünken GRUR-Prax 2016, 494). Geeigneter Ansatzpunkt könnten hier die Kriterien (insbesondere Beteiligungsverhältnisse) sein, die zu einem verbundenen Unternehmen nach § 15 AktG führen. Insoweit ist auch die Konstellation zu erfassen, dass der Inhaber der Gewährleistungsmarke seinerseits von einem Unter-nehmen beherrscht wird, das die Produkte anbietet, auf die sich der Schutz der Gewährleistungs-marke bezieht.

In Bezug auf die Parallelvorschrift des Art. 83 Abs. 2 UMV verbieten die Prüfungsrichtlinien des **7.1** EUIPO bereits jede wirtschaftliche Verbundenheit des Inhabers der Gewährleistungsmarke zu einem Unter-nehmen, das die fraglichen Produkte anbietet (https://guidelines.euipo.europa.eu/1004918/912764/richt-linien-zu-marken/4-spezifische-anforderung-an-die-inhaberschaft). Der Begriff der wirtschaftlichen Ver-bundenheit erscheint als Abgrenzungskriterium dabei allerdings wenig geeignet. In § 79 Abs. 2 S. 2 VgV werden darunter zB auch ständige Geschäftspartner verstanden (Beck VOB/B/Schneider VgV § 79 Rn. 92). Das würde damit auch die Lizenznehmer des Inhabers der Gewährleistungsmarke umfassen und somit diesem nach der Vergabe der ersten Lizenz die Eignung als Inhaber entziehen.

III. Befähigung zur Gewährleistung nicht erforderlich

8   Dass der Anmelder auch tatsächlich zur Gewährleistung befähigt ist, wird von Abs. 1 nicht verlangt und ist daher – jedenfalls im Rahmen der Anmeldung – nicht zu prüfen. Art. 28 Abs. 2 S. 1 MRL hat das Kriterium der Befähigung zur Gewährleistung als fakultative Voraussetzung für die Person des Anmelders eröffnet. Da diesbezügliche Eigenschaften oder Fähigkeiten des Anmelders bislang im markenrechtlichen Eintragungsverfahren nicht geprüft wurden und auch Art. 83 Abs. 2 UMV keine diesbezügliche Voraussetzung enthält, wurde in Abs. 1 davon abgesehen.

IV. Rechtsübergang

9   In Ermangelung besonderer Vorschriften der §§ 106a ff. für den Rechtsübergang gelten über den Generalverweis des § 106a Abs. 2 für den Rechtsübergang die allgemeinen Regeln des § 27, insbesondere der Grundsatz der freien Übertragbarkeit. Hierbei sind jedoch die Besonderheiten der Gewährleistungsmarke zu beachten; sie dürfen durch einen Rechtsübergang nicht umgangen werden. So gelten alle Beschränkungen, die für den Anmelder einer Gewährleistungsmarke gelten, auch für den neuen Inhaber der Marke. Insbesondere darf auch der neue Inhaber nicht selbst Waren oder Dienstleistungen anbieten.

B. Rechtserhaltende Benutzung

I. Allgemeiner Benutzungszwang

10   Für Gewährleistungsmarken gilt gemäß § 106a Abs. 2 iVm §§ 25, 26 bzw. iVm § 106g Abs. 1, § 49 der gleiche Benutzungszwang wie für alle anderen Registermarken. Modifikationen hierzu ergeben sich einerseits aus Abs. 2 in Bezug auf den Kreis der in Frage kommenden Benutzer, andererseits aus dem Vorrang der Garantiefunktion der Gewährleistungsmarke.

II. Benutzung durch einen Lizenznehmer

11   Abs. 2 stellt klar, dass als rechtserhaltende Benutzung genügt, wenn diese durch mindestens eine hierzu befugte Person erfolgt.

1. Befugte Person

12   Befugte Person ist typischerweise der Lizenznehmer, dessen Handeln allerdings ohnehin in aller Regel bereits gemäß § 26 Abs. 2 dem Markeninhaber zugerechnet wird. Insofern wird durch Abs. 2 klargestellt, dass die Benutzung durch die befugte Person bei der Gewährleistungsmarke nicht als eigene Benutzung des Markeninhabers (die es wegen des Neutralitätsgebot gerade nicht geben darf) gilt, sondern ohne den Umweg über die Zurechnung an den Markeninhaber unmittelbar als rechtserhaltende Benutzung iSv § 26 gilt.

2. Mindestens ein befugter Benutzer

13   Zugleich stellt Abs. 2 klar, dass die zwar typischerweise auf eine Benutzung durch viele Lizenznehmer geradezu angelegte Gewährleistungsmarke gleichwohl auch dann rechtserhaltend benutzt wird, wenn dies nur durch einen befugten Benutzer geschieht.

C. Parallelnorm in der UMV

14   Parallelvorschrift im Unionsmarkenrecht ist **Art. 83 Abs. 2 UMV.**

§ 106c Klagebefugnis; Schadensersatz

(1) Soweit in der Gewährleistungsmarkensatzung nichts anderes bestimmt ist, kann eine zur Benutzung der Gewährleistungsmarke berechtigte Person Klage wegen Verletzung der Gewährleistungsmarke nur erheben, wenn der Inhaber der Gewährleistungsmarke dem zustimmt.

(2) Der Inhaber der Gewährleistungsmarke kann auch Ersatz des Schadens verlangen, der den zur Benutzung der Gewährleistungsmarke berechtigten Personen aus der unbe-

fugten Benutzung der Gewährleistungsmarke oder eines ähnlichen Zeichens entstanden ist.

Überblick

Die Gestaltung der Vorschrift ist der entsprechenden Regelung aus § 101 für Kollektivmarken entlehnt.

Abs. 1 ermöglicht jeder zur Benutzung der Gewährleistungsmarke berechtigten Person die **1** Erhebung der Verletzungsklage, allerdings nur soweit der Inhaber zustimmt.

Abs. 2 konstituiert eine gesetzliche Prozessstandschaft des Inhabers der Gewährleistungsmarke **2** in Anbetracht des Schadens, den seine Lizenznehmer erlitten haben.

Parallelvorschrift auf Unionsebene ist **Art. 90 UMV.** **3**

§ 106d Gewährleistungsmarkensatzung

(1) Der Anmeldung der Gewährleistungsmarke muss eine Gewährleistungsmarkensatzung beigefügt sein.

(2) Die Gewährleistungsmarkensatzung muss mindestens enthalten:

1. Name des Inhabers der Gewährleistungsmarke,
2. eine Erklärung des Inhabers der Gewährleistungsmarke, selbst keine Tätigkeit auszuüben, die die Lieferung von Waren oder Dienstleistungen, für die eine Gewährleistung übernommen wird, umfasst,
3. eine Darstellung der Gewährleistungsmarke,
4. die Angabe der Waren und Dienstleistungen, für die eine Gewährleistung bestehen soll,
5. Angaben darüber, welche Eigenschaften der Waren oder Dienstleistungen von der Gewährleistung umfasst werden,
6. die Bedingungen für die Benutzung der Gewährleistungsmarke, insbesondere die Bedingungen für Sanktionen,
7. Angaben über die zur Benutzung der Gewährleistungsmarke befugten Personen,
8. Angaben über die Art und Weise, in der der Inhaber der Gewährleistungsmarke die von der Gewährleistung umfassten Eigenschaften zu prüfen und die Benutzung der Marke zu überwachen hat,
9. Angaben über die Rechte und Pflichten der Beteiligten im Fall von Verletzungen der Gewährleistungsmarke.

(3) Die Gewährleistungsmarkensatzung wird im Register eingetragen.

(4) Die Einsichtnahme in die Gewährleistungsmarkensatzung steht jeder Person frei.

Überblick

Die Norm verwirklicht das dem Konzept der Gewährleistungsmarke zu Grunde liegende Transparenzgebot.

Abs. 1 verlangt, dass der Satzungsentwurf der Anmeldung der Gewährleistungsmarke beigefügt ist.

Abs. 2 regelt die inhaltlichen Anforderungen an die Satzung, insbesondere Nutzungsbedingungen und Kontrollpflichten.

Abs. 3 bestimmt die Eintragung der Satzung im Register.

Abs. 4 garantiert die Möglichkeit der Einsichtnahme in die Satzung durch jedermann, und damit die Offenkundigkeit der Nutzungsbedingungen und Kontrollpflichten.

Abs. 1 verlangt, dass der **Satzungsentwurf** der Anmeldung der Gewährleistungsmarke **beige-** **1** **fügt** ist. Dieser ist vom Amt nach § 106e zu prüfen. Ergänzt wird dies durch § 106f Abs. 1, wonach das Amt über jede Änderung der Satzung zu unterrichten ist, die wiederum gemäß § 106f Abs. 2, § 106e zu prüfen ist.

Abs. 2 regelt die **inhaltlichen Anforderungen** an die Satzung, insbesondere Nutzungsbedin- **2** gungen und Kontrollpflichten. Die erforderlichen Angaben sollen die Identität des Inhabers (Abs. 2 Nr. 1) und die transparente Neutralität der Nutzung (Abs. 2 Nr. 2) sicherstellen. In die Satzung aufzunehmen ist auch eine Darstellung der Gewährleistungsmarke (Abs. 2 Nr. 3). Überdies sind die Produkte, für die eine Gewährleistung erfolgen soll, anzugeben (Abs. 2 Nr. 4), zudem haben Angaben über diejenigen Eigenschaften der Produkte zu erfolgen, die Gegenstand der Gewährleistung sein sollen (Abs. 2 Nr. 5). Schließlich sind die Nutzungsbedingungen einschließlich der möglichen Sanktionen und ihrer Voraussetzungen aufzuzeigen.

3 Abs. 3 bestimmt die **Eintragung** der Satzung im Register.

4 Abs. 4 garantiert die Möglichkeit der **Einsichtnahme** in die Satzung durch jedermann, und damit die Offenkundigkeit der Nutzungsbedingungen und Kontrollpflichten.

5 Parallelvorschrift auf Unionsebene ist **Art. 84 UMV.**

§ 106e Prüfung der Anmeldung

(1) Die Anmeldung einer Gewährleistungsmarke wird außer nach § 37 auch zurückgewiesen, wenn sie nicht den Voraussetzungen der §§ 106a, 106b Absatz 1 oder § 106d entspricht oder wenn die Gewährleistungsmarkensatzung gegen die öffentliche Ordnung oder die guten Sitten verstößt.

(2) Die Anmeldung einer Gewährleistungsmarke wird außerdem zurückgewiesen, wenn die Gefahr besteht, dass das Publikum über den Charakter oder die Bedeutung der Marke irregeführt wird, insbesondere wenn diese Marke den Eindruck erwecken kann, als wäre sie etwas anderes als eine Gewährleistungsmarke.

(3) Die Anmeldung wird nicht zurückgewiesen, wenn der Anmelder die Gewährleistungsmarkensatzung so ändert, dass die Zurückweisungsgründe der Absätze 1 und 2 nicht mehr bestehen.

Überblick

Die Norm trifft Regelungen zur Prüfung der Anmeldung von Gewährleistungsmarken.

Abs. 1 erweitert die bei jeder Marke von Amts wegen zu prüfenden Schutzhindernisse gemäß § 37 um die spezifische Schutzhindernisse, die aus der Natur und Konzeption der Gewährleistungsmarke resultieren.

Abs. 2 bestimmt zusätzliche Zurückweisungsgründe, um die Trennschärfe der Gewährleistungsmarke zu gewährleisten.

Abs. 3 eröffnet eine Heilungsmöglichkeit bei Fortfall der spezifischen Zurückweisungsgründe durch Satzungsänderung.

1 Abs. 1 modifiziert die in § 37 für jede Art von Marke festgelegten Schutzhindernisse. Zunächst wird klargestellt, dass diese gleichfalls für die Gewährleistungsmarke gelten. Allerdings erweitert Abs. 1 diese Schutzhindernisse auf die Einhaltung der Anforderungen der §§ 106a, 106b Abs. 1 und § 106d sowie auf die Fälle, in denen die Satzung gegen die öffentliche Ordnung oder die guten Sitten verstößt.

2 Abs. 2 bestimmt **zusätzliche Zurückweisungsgründe,** um Charakter und Bedeutung der Gewährleistungsmarke nicht zu verwässern. Die gleiche Konzeption und Stoßrichtung ist von der Kollektivmarke her aus § 103 Abs. 2 bekannt.

3 Abs. 3 regelt die **Heilung** der Eintragungshindernisse aus Abs. 1 und Abs. 2, sobald die entsprechenden Zurückweisungsgründe entfallen. Erforderlich ist, dass diese in Folge entsprechender Satzungsänderung fortfallen. Damit ist die Heilungsmöglichkeit auf Fälle beschränkt, in denen der Wegfall der Zurückweisungsgründe auch tatsächlich durch Änderung der Satzung erfolgen kann. Sofern ein anderer, von der Satzung unabhängiger Zurückweisungsgrund wegfällt, genügt das nach Abs. 2 nicht für eine Heilung. In dem Fall bleibt dem Anmelder nur die Neuanmeldung.

4 Parallelvorschrift auf Unionsebene ist **Art. 85 UMV.**

§ 106f Änderung der Gewährleistungsmarkensatzung

(1) Der Inhaber der Gewährleistungsmarke hat dem Deutschen Patent- und Markenamt jede Änderung der Gewährleistungsmarkensatzung mitzuteilen.

(2) Im Fall einer Änderung der Gewährleistungsmarkensatzung sind die §§ 106d und 106e entsprechend anzuwenden.

(3) Für die Zwecke dieses Gesetzes wird die Änderung der Gewährleistungsmarkensatzung erst ab dem Zeitpunkt wirksam, zu dem die Änderung ins Register eingetragen worden ist.

(4) Schriftliche Bemerkungen Dritter gemäß § 37 Absatz 6 Satz 2 können auch in Bezug auf geänderte Gewährleistungsmarkensatzungen eingereicht werden.

Überblick

Die Norm regelt die Anforderungen und Möglichkeiten der Änderung der Gewährleistungsmarkensatzung.

Abs. 1 stellt auch im Fall der Änderung das Transparenzgebot sicher und verpflichtet zur Mitteilung von Änderungen an das Amt.

Abs. 2 verlangt auch im Fall der Änderung eine Satzungsprüfung von Amts wegen.

Abs. 3 stellt sicher, dass die Satzungsänderung erst nach erfolgter Prüfung wirksam wird.

Abs. 4 erweitert die Möglichkeit schriftlicher Bemerkungen Dritter auf das Verfahren der nachlaufenden Prüfung von Satzungsänderungen.

Abs. 1 stellt auch im Fall der Änderung das Transparenzgebot sicher und verpflichtet zur Mitteilung von Änderungen an das Amt. **1**

Abs. 2 verlangt auch im Fall der Änderung eine Satzungsprüfung von Amts wegen. **2**

Abs. 3 stellt sicher, dass die Satzungsänderung erst nach erfolgter Prüfung – und der dieser nachfolgenden Eintragung – wirksam wird. **3**

Abs. 4 erweitert die Möglichkeit schriftlicher Bemerkungen Dritter auf das Verfahren der nachlaufenden Prüfung von Satzungsänderungen. § 37 Abs. 6 S. 2 ist insoweit systematisch bedingt nur auf das Anmeldeverfahren bezogen. Da die Prüfung der Änderung der Satzung nach den Maßstäben des Anmeldeverfahrens zu erfolgen hat, ist dies konsequent. Es ermöglicht dem Amt eine sachgerechte Entscheidung unter Einbeziehung aller Erkenntnismöglichkeiten und erspart dem frühzeitig reagierenden Dritten ein aufwändiges Nichtigkeitsverfahren. **4**

Parallelvorschrift auf Unionsebene ist **Art. 88 UMV.** **5**

§ 106g Verfall

(1) Die Eintragung einer Gewährleistungsmarke wird außer aus den in § 49 genannten Verfallsgründen auf Antrag auch in den folgenden Fällen für verfallen erklärt und gelöscht:
1. **wenn der Inhaber der Gewährleistungsmarke die Erfordernisse des § 106b nicht mehr erfüllt,**
2. **wenn der Inhaber der Gewährleistungsmarke keine geeigneten Maßnahmen trifft, um zu verhindern, dass die Gewährleistungsmarke missbräuchlich in einer der Gewährleistungsmarkensatzung widersprechenden Weise benutzt wird,**
3. **wenn die Gewährleistungsmarke von berechtigten Personen so benutzt worden ist, dass die Gefahr besteht, dass das Publikum nach § 106e Absatz 2 irregeführt wird, oder**
4. **wenn eine Änderung der Gewährleistungsmarkensatzung entgegen § 106f Absatz 2 gemäß § 106d Absatz 3 in das Register eingetragen worden ist, es sei denn, dass der Inhaber der Gewährleistungsmarke die Gewährleistungsmarkensatzung erneut so ändert, dass der Verfallsgrund nicht mehr besteht.**

(2) Als eine missbräuchliche Benutzung im Sinne des Absatzes 1 Nummer 2 ist es insbesondere anzusehen, wenn die Benutzung der Gewährleistungsmarke durch andere als die zur Benutzung befugten Personen geeignet ist, das Publikum zu täuschen.

(3) ¹**Der Antrag auf Erklärung des Verfalls nach Absatz 1 ist beim Deutschen Patent- und Markenamt zu stellen.** ²**Das Verfahren richtet sich nach § 53.**

Überblick

Die Norm stellt sicher, dass die Gewährleistungsmarke aus dem Register entfernt werden kann, wenn sie ihre Garantiefunktion infolge ihrer konkreten Benutzung verliert oder die Einhaltung des formalisierten Neutralitätsgebots gefährdet ist.

Abs. 1 enthält besondere, über § 49 hinausgehende Verfallsgründe, insbesondere Wegfall der Inhaberanforderungen, Nichteinhaltung der Kontrollpflichten sowie Irreführungsgefahr.

Abs. 2 nennt als konkreten Fall die Täuschungsgefahr bei Benutzung durch unbefugte Personen.

Abs. 3 weist das Verfallsverfahren dem DPMA zu.

1   Abs. 1 stellt zunächst klar, dass die Allgemeinverfallsgründe aus § 49 auch für die Gewährleistungsmarke gelten, konstituiert aber zusätzliche, spezifische Verfallsgründe für die Gewährleistungsmarke. Abs. 1 Nr. 1 betrifft den Fall, dass der Markeninhaber gegen das formalisierte Neutralitätsgebot verstößt und gleichwohl seinerseits Produkte anbietet, für die er Zertifizierungen ausgibt. Abs. 1 Nr. 2 verlangt vom Inhaber geeignete Maßnahmen, um funktionswidrige Benutzungshandlungen der Gewährleistungsmarke zu verhindern. Abs. 1 Nr. 3 erklärt es zum Verfallsgrund, wenn die konkrete Benutzung den Charakter als Gewährleistungsmarke in Frage stellt.

2   Abs. 2 nennt als konkreten Fall die Täuschungsgefahr bei Benutzung durch unbefugte Personen. Damit wird die Nicht-Einhaltung der Überwachungspflichten des Markeninhabers sanktioniert.

3   Abs. 3 weist das Verfallsverfahren für Gewährleistungsmarken ausschließlich dem DPMA zu.

4   Parallelvorschrift auf Unionsebene ist **Art. 91 UMV.**

§ 106h Nichtigkeit wegen absoluter Schutzhindernisse

(1) ¹Die Eintragung einer Gewährleistungsmarke wird außer aus den in § 50 genannten Nichtigkeitsgründen auf Antrag auch für nichtig erklärt und gelöscht, wenn sie entgegen § 106e nicht zurückgewiesen und eingetragen worden ist. ²Betrifft der Nichtigkeitsgrund die Gewährleistungsmarkensatzung, so wird die Eintragung nicht für nichtig erklärt und gelöscht, wenn der Inhaber der Gewährleistungsmarke die Gewährleistungsmarkensatzung so ändert, dass der Nichtigkeitsgrund nicht mehr besteht.

(2) ¹Der Antrag auf Erklärung der Nichtigkeit nach Absatz 1 ist beim Deutschen Patent- und Markenamt zu stellen. ²Das Verfahren richtet sich nach § 53.

Überblick

Die Norm regelt die zusätzlichen, spezifischen Nichtigkeitsgründe für Gewährleistungsmarken.

Abs. 1 ermöglicht die Überprüfung der Eintragungsentscheidung im Hinblick auf die spezifische Schutzhindernisse des § 106e. Für in der Satzung liegenden Nichtigkeitsgründe wird allerdings eine Heilungsmöglichkeit eingeräumt.

Abs. 2 weist das Nichtigkeitsverfahren ausschließlich dem DPMA zu.

1   Abs. 1 stellt zunächst klar, dass die allgemeinen Nichtigkeitsgründe gemäß § 50 gleichfalls für die Gewährleistungsmarke gelten. Darüber hinaus werden die Nichtigkeitsgründe im Hinblick auf die spezifische Schutzhindernisse des § 106e ausgeweitet. Damit ist sichergestellt, dass im Nichtigkeitsverfahren die Eintragungsentscheidung im Hinblick auf sämtliche für die Gewährleistungsmarke geltenden Schutzhindernisse stattfinden kann. Soweit die Nichtigkeitsgründe in der Gewährleistungssatzung begründet sind, eröffnet Abs. 1 S. 2 jedoch eine Heilungsmöglichkeit im Fall der ausreichenden Satzungsänderung.

2   Abs. 2 weist das Nichtigkeitsverfahren ausschließlich dem DPMA zu.

3   Parallelvorschrift auf Unionsebene ist **Art. 92 UMV.**

Teil 6. Schutz von Marken nach dem Protokoll zum Madrider Markenabkommen; Unionsmarken

Abschnitt 1. Schutz von Marken nach dem Protokoll zum Madrider Markenabkommen

§ 107 Anwendung der Vorschriften dieses Gesetzes; Sprachen

(1) Die Vorschriften dieses Gesetzes sind auf internationale Registrierungen von Marken nach dem Protokoll vom 27. Juni 1989 zum Madrider Abkommen über die internationale Registrierung von Marken (BGBl. 1995 II S. 1016, 1017), das zuletzt durch die Verordnung vom 24. August 2008 (BGBl. 2008 II S. 822) geändert worden ist (Protokoll zum Madrider Markenabkommen), die durch Vermittlung des Deutschen Patent- und Markenamts vorgenommen werden oder deren Schutz sich auf das Gebiet der Bundesrepublik Deutschland erstreckt, entsprechend anzuwenden, soweit in diesem Abschnitt oder im Protokoll zum Madrider Markenabkommen nichts anderes bestimmt ist.

(2) Sämtliche Anträge sowie sonstige Mitteilungen im Verfahren der internationalen Registrierung und das Verzeichnis der Waren und Dienstleistungen sind nach Wahl des Antragstellers in französischer oder in englischer Sprache einzureichen.

Überblick

Die Vorschrift wurde neu gefasst mWv 1.5.2022 durch Gesetz vom 10.8.2021 (BGBl. I 3490).

§§ 107–119 dienen der Umsetzung des Madrider Systems zur internationalen Registrierung von Marken, dh des Protokolls zum Madrider Markenabkommen in deutsches Recht (→ Rn. 11). Sie sind daher nur zusammen mit den Regeln des Protokolls zum Madrider Markenabkommen und der Ausführungsordnung zum Protokoll verständlich.

Die internationale Registrierung baut stets auf einer Basismarke auf (→ Rn. 7).

Die Vorschrift erweitert auch die Amtssprachen vor dem DPMA (→ Rn. 15).

A. Das Madrider System zur internationalen Registrierung von Marken

I. Protokoll zum Madrider Markenabkommen

Das System der internationalen Registrierung von Marken ist ein ursprünglich auf zwei internationalen Vertragswerken beruhendes System zur Vereinfachung des Schutzes einer bestehenden oder im Entstehen begriffenen Marke in anderen Ländern. Es wurde am 14.4.1891 in Madrid durch das „Madrider Abkommen zur internationalen Registrierung von Marken" („Madrider Markenabkommen", MMA) gegründet und trat im Jahre 1892 in Kraft. Das Madrider Markenabkommen wurde ergänzt durch ein weiteres internationales Vertragswerk, das „Protokoll zum Madrider Abkommen" (PMMA) aus dem Jahre 1989, das am 1.12.1995 in Kraft trat, dessen Umsetzung erst am 1.4.1996 begann. Das MMA und das PMMA bildeten zusammen das **„Madrider System",** das ein Sonderabkommen iSd Art. 19 PVÜ („Pariser Konvention zum Schutz des gewerblichen Eigentums" − „Pariser Verbandsübereinkunft") darstellt. Die Details sind in der „Ausführungsordnung zum Protokoll zum Madrider Abkommen zur internationalen Registrierung von Marken" (AusfO PMMA) geregelt (https://wipolex.wipo.int/en/text/585604, Stand: 1.11.2022, zuletzt abgerufen am 12.11.2022). **1**

Seit 31.10.2015 gibt es keinen Mitgliedstaat der Madrider Union mehr, der nicht (auch) Mitglied des PMMA ist (WIPO Information Notice No. 39/2015, s. www.wipo.int/edocs/madrdocs/en/2015/madrid_2015_39.pdf, zuletzt abgerufen am 10.11.2022). Wegen des **Vorrangs** des PMMA gegenüber dem MMA nach Art. 9sexies Abs. 1 PMMA erfolgt die internationale Registrierung von Marken daher nur noch nach dem PMMA. Das Madrider System zur internationalen Registrierung von Marken beruht seither nur noch auf einem Vertragswerk, dem PMMA (https://wipolex.wipo.int/en/text/283483, zuletzt abgerufen am 12.11.2022). Die Vorschriften zum MMA gelten nur noch, soweit auf sie verwiesen wird. **2**

3   Jedes Mitglied der PVÜ kann Vertragspartei des Protokolls zum Madrider Abkommen werden (Art. 14 Abs. 1 lit. a PMMA).

4   **Mitglied** des PMMA (anders als seinerzeit des MMA) können auch zwischenstaatliche Organisationen, dh internationale Staatenvereinigungen werden, sofern zumindest einer der Staaten ein Mitglied der PVÜ ist und die Organisation eine Behörde zur Eintragung von Marken im Gebiet der Vereinigung unterhält (Art. 14 Abs. 1 lit. b PMMA), zB die Europäische Union. Die an dem System beteiligten Staaten („Vertragsparteien") bilden die „Madrider Union".

5   Eine **Übersicht** über alle 112 Mitglieder des PMMA findet sich auf der Website der WIPO unter www.wipo.int/export/sites/www/treaties/en/documents/pdf/madrid_marks.pdf (zuletzt abgerufen am 10.11.2022).

6   Das Madrider System wird durch das Internationale Büro der Weltorganisation für Geistiges Eigentum „World Intellectual Property Organization" **(WIPO)** bzw. „Organisation Mondiale de la Propriété Intellectuelle" **(OMPI)** in Genf verwaltet, bei der es sich um eine Teilorganisation der Vereinten Nationen handelt und die das Internationale Markenregister führt. Im nachfolgenden wird das Internationale Büro zur Vereinfachung mit der gängigen englischsprachigen Kurzform „WIPO" der Weltorganisation selbst benannt.

II. Basismarke und internationale Registrierung

7   Die internationale Registrierung
* baut stets auf einer nationalen (oder – im Falle der Unionsmarke – einer regionalen Marke) als „Basismarke" in einem der Vertragsstaaten auf, dessen Markenamt als „Ursprungsbehörde" bezeichnet wird und
* erstreckt sich nur auf die bei Antragstellung oder nachträglich benannten Vertragsstaaten.

8 Sie ist somit immer eine **Zweit-Registrierung** und kann das Land der Basismarke nicht als Vertragsstaat benennen, auf den sich die internationale Registrierung erstrecken soll. Es wird vielmehr die Basismarke im Wege der internationalen Registrierung auf andere Staaten erstreckt.

9   Von diesem Grundsatz gibt es für Deutschland **zwei Ausnahmen:**
* Bei Benennung der EU in einer internationalen Registrierung, deren Basismarke eine deutsche Marke ist, wird Deutschland als Land der Basismarke zwar nicht als Vertragsstaat benannt, auf den sich die internationale Registrierung erstrecken soll (benannt wird die EU). Tatsächlich erstreckt sich die internationale Registrierung aber auch auf Deutschland, weil es EU-Mitgliedstaat und damit von der internationalen Registrierung mit Wirkung für die EU erfasst wird. In Deutschland ist die Marke damit doppelt registriert, durch die Basismarke und den EU-Anteil der internationalen Registrierung.
* Bei Benennung der DDR in einer internationalen Registrierung, deren Basismarke eine BRD-Marke war, wurde der Schutz der internationalen Registrierung in der DDR gemäß § 4 Abs. 1, 2 ErstrG auf das Territorium der ehemaligen BRD und der Schutz der Basismarke auf das Territorium der ehemaligen DDR ausgedehnt. In Deutschland ist die Marke damit doppelt registriert, durch die BRD-Basismarke und den DDR-Anteil der internationalen Registrierung.

10 Als **Basismarke** einer internationalen Registrierung ist eine Marke aber nur geeignet, wenn sie in einem Vertragsstaat eingetragen (oder angemeldet ist), zu dem der Anmelder der internationalen Registrierung durch Niederlassung, Wohn-/Geschäftssitz oder Nationalität eine besondere Beziehung hat. Eignet sich eine nationale Marke nicht als Basismarke für eine internationale Registrierung, weil der Anmelder im betreffenden Staat weder über eine Niederlassung noch über einen Wohn-/Geschäftssitz verfügt noch die Nationalität des betreffenden Staates besitzt, ist die internationale Registrierung der Marke zurückzuweisen. Erfolgt sie – fehlerhaft – gleichwohl, gibt es dagegen kein reguläres Rechtsmittel, da das Madrider System keinen Rechtsschutz des Einzelnen gegen Entscheidungen der WIPO kennt. Die WIPO führt ein Verfahren nur mit den jeweiligen nationalen Behörden durch. Selbst dort, wo die WIPO ausnahmsweise direkten Kontakt mit dem Markeninhaber aufnimmt, ist kein Rechtsschutz gegen ihre Entscheidung vorgesehen. Für diesen Fall wurde vorgeschlagen, dass die nationale Behörde, bei der die Basismarke eingetragen ist, analog Art. 9bis Abs. 2, 3 MMA die Löschung solle verlangen können (Beyerlein WRP 2008, 617 (619 f.)). Da seit dem 31.10.2015 alle internationalen Registrierungen den Regeln des PMMA unterliegen, ist das MMA allerdings nicht mehr anwendbar; das PMMA seinerseits enthält keine dem Art. 9bis Abs. 2, 3 MMA entsprechende Vorschrift. Eine Schutzverweigerung durch die benannten Staaten ist in diesem Fall nicht möglich, da diese nach Art. 5 Abs. 1 S. 2 PMMA den Schutz nur aus Gründen verweigern dürfen, aus denen sie auch eine nationale Markenanmeldung zurückweisen dürften. Es bleibt daher nur die Anregung an die WIPO, eine amtsseitige Berichtigung nach Regel 28 Abs. 1, Regel 11 Abs. 4 AusfO PMMA vorzunehmen.

B. Umsetzung des Madrider Systems in deutsches Recht

I. Grundsatz

Die Umsetzung des Madrider Systems zur internationalen Registrierung von Marken in deut- **11**
sches Recht erfolgt dergestalt, dass auf internationale Registrierungen,
• die auf einer deutschen Marke beruhen (§§ 108–111) oder
• deren Schutz sich auf Deutschland erstreckt (§§ 112–118)
grundsätzlich die Regelungen des MarkenG Anwendung finden. Das gilt nicht nur für Verfahren
vor dem DPMA, sondern auch für Verfahren vor den ordentlichen Gerichten, insbesondere die
Durchsetzung der Marke gegen Verletzungen, aber auch verfahrensrechtliche Detailaspekte wie zB
die Akteneinsicht (BGH GRUR 2012, 317 – Schokoladenstäbchen) oder Rechtsmittel bezüglich
verfahrensfehlerhafter Entscheidungen (BPatG BeckRS 2012, 12946 – Käseschnecke).

II. Ausnahmen

Besonderheiten können sich aber zB daraus ergeben, dass international registrierte Marken nur **12**
in das internationale Markenregister der WIPO und nicht in das deutsche Markenregister des
DPMA eingetragen und nur in dem von der WIPO herausgegebenen Blatt „Gazette OMPI des
marques internationales"/„WIPO Gazette of International Marks" und nicht im Markenblatt des
DPMA veröffentlicht werden. So gelten Sonderregeln für
• das Anmeldeverfahren (an Stelle der §§ 32 ff. gelten die §§ 108–113 iVm Regeln 8–13 AusfO
PMMA),
• das Widerspruchsverfahren (zu §§ 42, 43 sind die §§ 114, 116 Abs. 1 zu beachten),
• die Verlängerung (an Stelle des § 47 gelten die Regeln 29–31 AusfO PMMA),
• die Löschung (an deren Stelle bei IR-Marken die Schutzentziehung tritt; es sind § 115 sowie
Art. 5 Abs. 6, 6 Abs. 2–4 PMMA und Regel 19, 22 AusfO PMMA zu beachten) und
• den Rechtsübergang (an Stelle der §§ 27, 28 gelten die Art. 9 PMMA und Regel 25 AusfO
PMMA).
Aufgrund des sog. „telle-quelle-Schutzes" gemäß Art. 6^{quinquies} PVÜ ergeben sich dagegen keine **13**
Sonderregeln, da die Schutzvoraussetzungen gemäß §§ 3, 8 Abs. 2 gemäß Erwägungsgrund 12
MRL PVÜ-konform auszulegen sind. Widersprüche zu den Schutzhindernissen des Art. 6^{quinquies}
Abschnitt B PVÜ sind daher ausgeschlossen (BGH GRUR 2008, 1000 – Käse in Blütenform II;
GRUR 2007, 973 (974) – Rado-Uhr III; GRUR 2006, 589 (590) – Rasierer mit drei Scherköpfen;
GRUR 2001, 413 (414) – SWATCH; GRUR 1999, 728 (729) – Premiere II).
Zum Zeitpunkt des Inkrafttretens des MarkenG galt nach der sog. „Sicherungsklausel" des **14**
Art. 9^{sexies} PMMA aF noch der Vorrang des MMA. Die §§ 107–125 gingen daher bei der
Umsetzung der Regeln des MMA und des PMMA vom MMA aus und sahen hinsichtlich des
PMMA nur einige Sonderregelungen vor, in Bezug auf die sich das PMMA vom MMA unterschei-
det. Seit Art. 9^{sexies} PMMA nF den Vorrang des PMMA vor dem MMA festgelegt hat und es seit
31.10.2015 keinen Staat mehr gibt, der nicht Mitglied des PMMA ist, findet das **MMA keine
Anwendung** mehr.

III. Sprachen (Abs. 2)

§ 107 Abs. 2 ist eine Ausnahme zur Regelung des § 93 S. 1, wonach Amtssprache vor dem **15**
DPMA die deutsche Sprache ist.
Für die internationale Registrierung gelten grundsätzlich die **drei Amtssprachen** der WIPO, **16**
nämlich Französisch, Englisch und Spanisch. Deutschland hat bei der Umsetzung zum 1.10.2009
die an sich vorgesehene dritte Sprache Spanisch als Verfahrenssprache ausgeschlossen. Seit dem
1.10.2009 konnten daher Anträge auf internationale Registrierung, nur in englischer oder französischer Sprache eingereicht werden.

§ 108 Antrag auf internationale Registrierung

**(1) ¹Der Antrag auf internationale Registrierung einer zur Eintragung in das Register
angemeldeten Marke oder einer in das Register eingetragenen Marke nach Artikel 3 des
Protokolls zum Madrider Markenabkommen ist beim Deutschen Patent- und Markenamt zu stellen. ²Der Antrag kann vor der Eintragung der Marke gestellt werden, wenn**

die internationale Registrierung auf der Grundlage einer im Register eingetragenen Marke vorgenommen werden soll.

(2) Soll die internationale Registrierung auf der Grundlage einer im Register eingetragenen Marke vorgenommen werden und wird der Antrag auf internationale Registrierung vor der Eintragung der Marke in das Register gestellt, so gilt er als am Tag der Eintragung der Marke zugegangen.

(3) Mit dem Antrag ist das Verzeichnis der Waren und Dienstleistungen, nach Klassen geordnet in der Reihenfolge der internationalen Klassifikation von Waren und Dienstleistungen, einzureichen.

Überblick

Die Vorschrift wurde neu gefasst mWv 1.5.2022 durch Gesetz vom 10.8.2021 (BGBl. I 3490).

§ 108 regelt einige wenige Details der internationalen Registrierung einer deutschen Marke nach sowie vor Registrierung unter dem Regime des PMMA.

Zum Waren- und Dienstleistungsverzeichnis (→ Rn. 42) muss bei Benennung der USA eine Benutzungsabsichtserklärung vorgelegt werden (→ Rn. 42).

Übersicht

A. Antrag auf internationale Registrierung einer deutschen Marke (Abs. 1)

I. Vermittlung durch das DPMA

1   Der Antrag auf internationale Registrierung einer deutschen Basismarke (im Sprachgebrauch des PMMA das „Gesuch um internationale Registrierung" bzw. „Internationales Gesuch") richtet sich an die WIPO, ist jedoch bei beim DPMA einzureichen. Für den Antrag ist das vorgeschriebene englische oder französische **Formular der WIPO** zu verwenden (vgl. Art. 3 Abs. 1 PMMA, Regel 9 Abs. 2 AusfO PMMA, § 43 MarkenV). Dazu muss der Madrid Application Assistant, eine elektronische Version des Formulars MM2 auf der Website der WIPO verwendet werden. Nach Vervollständigung wird es als PDF zur Weiterleitung an das DPMA zur Verfügung gestellt (https://efiling.madrid.wipo.int/application-assistant/home.xhtml, zuletzt abgerufen am 14.11. 2022).

1.1   Eine **unmittelbare Einreichung** bei der WIPO ist **nicht zulässig**; ein dort eingereichtes Registrierungsgesuch würde an den Absender zurückgesendet. Der Grund hierfür liegt darin, dass für die internationale Registrierung eine Bescheinigung der Behörde des Ursprungslandes zur Richtigkeit der Registerdaten erforderlich ist (Art. 3 Abs. 1 PMMA). Die einzureichenden Unterlagen ergeben sich aus Regel 9 Abs. 4, 5 AusfO PMMA. Zu den sonstigen Formerfordernissen hat das DPMA ein Merkblatt und Anleitungen zum Ausfüllen des Antragsformulars einschließlich Begleitbriefformular herausgegeben (www.dpma.de).

II. Mehrere Basismarken – eine internationale Registrierung/eine Basismarke – mehrere internationale Registrierungen

Der Antrag auf internationale Registrierung kann auf **mehrere Basismarken** gestützt werden, **2** sofern es sich um die gleiche Marke und denselben Inhaber handelt und die Waren und Dienstleistungen der internationalen Registrierung von der einen oder anderen Basismarke erfasst werden (Regel 9 Abs. 5 lit. e AusfO PMMA).

Sollen mehrere internationale Registrierungen auf der Grundlage derselben Basismarke erfolgen, so muss für jede internationale Registrierung ein **gesonderter Antrag** gestellt werden **3** (Ströbele/Hacker/Thiering/Miosga Rn. 2).

III. Prüfung durch das DPMA

Das DPMA prüft, ob die international zu registrierende, dh die Basismarke eingetragen ist, ob **4** die Angaben im Antrag auf internationale Registrierung mit denen im Register des DPMA übereinstimmen, ob der Antragsteller antragsberechtigt ist, ob der Antrag auf dem richtigen Formular vorgenommen und vollständig ist und ob die Gebühren zutreffend angegeben worden sind.

Das DPMA prüft hingegen **nicht,** ob die benannten Staaten für die Benennung geeignet sind. **5**

Zum **Umfang** der Prüfungspflicht s. BPatG GRUR 1984, 437 – TENTE. **6**

1. Bestehen einer geeigneten Basismarke

Ob die im Antrag benannte Basismarke für eine internationale Registrierung geeignet ist, hing **7** in der Vergangenheit davon ab, ob die internationale Registrierung nach den Regeln des MMA oder des PMMA erfolgte: Eine internationale Registrierung aufgrund des **MMA** war nur auf der Basis einer bereits erfolgten Eintragung im Ursprungsland möglich (Art. 1 Abs. 2 MMA). Eine internationale Registrierung aufgrund des **PMMA** ist dagegen auch auf der Basis einer bloßen Markenanmeldung im Ursprungsland möglich (Art. 2 Abs. 1 PMMA).

Seit 31.10.2015 erfolgt die internationale Registrierung von Marken nur noch nach dem **8** PMMA. Daher ist eine Eintragung der Basismarke nicht mehr erforderlich.

Die Vorschrift des § 108 sieht daher vor, dass der Antrag auf internationale Registrierung **9** **wahlweise** auf die bloße Anmeldung oder auf die eingetragene Marke gestützt werden kann, auf die bloße Markenanmeldung insbesondere, um der IR-Marke deren Zeitrang zukommen zu lassen, auf eine eingetragene Marke insbesondere, um zunächst abzuwarten, ob der Marke in der Bundesrepublik Deutschland Schutz gewährt wird, da der Schutz aus der IR-Marke nach Art. 6 Abs. 3 PMMA nicht in Anspruch genommen werden kann, wenn der Antrag auf Eintragung der deutschen Basismarke zurückgewiesen wird.

Beides kann aber dadurch erreicht werden, dass für die Basismarke **beschleunigte Prüfung 10** beantragt wird. Sofern der Markeninhaber bereit ist, die Beschleunigungsgebühr zu bezahlen, ist die Möglichkeit der internationalen Registrierung auf der Grundlage einer bloßen Markenanmeldung daher von geringer praktischer Bedeutung.

Soll die internationale Registrierung auf eine eingetragene Marke gestützt werden, so kann **11** der Antrag nach § 108 Abs. 2 bereits **vor der Eintragung** gestellt werden. Der Antrag gilt dann aber erst als am Tag der Markeneintragung beim DPMA eingegangen. Das DPMA leitet ihn daher erst nach der Eintragung der deutschen Basismarke an die WIPO weiter.

Die Basismarke muss zum **Zeitpunkt** der Einreichung des Antrags auf internationale Registrie- **12** rung beim DPMA und noch zum Zeitpunkt der Weiterleitung an die WIPO anhängig und in Kraft sein (Regel 22 AusfO PMMA).

2. Übereinstimmung der Angaben im Antrag auf internationale Registrierung mit der Basismarke

Das DPMA prüft insbesondere, ob das Waren- und Dienstleistungsverzeichnis der internationa- **13** len Registrierung von demjenigen der Basismarke vollständig erfasst wird und daher keine Erweiterung gegenüber der Basismarke darstellt, ob geltend gemachte Farbansprüche auch für die Basismarke geltend gemacht wurden, oder die Farbe auch ohne Farbanspruch von der Basismarke erfasst wird (Regel 9 Abs. 5 lit. d Ziff. v AusfO PMMA) und ob bei nicht-traditionellen Marken ein entsprechender Antrag auf Eintragung der Basismarke als Farbmarke, 3D-Marke, Hörmarke, Kollektivmarke, Gewährleistungsmarke etc gemacht wurde (Regel 9 Abs. 5 lit. d Ziff. iii AusfO PMMA),

Um als **Basismarke** geeignet zu sein, müssen die Angaben im Antrag auf internationale Regist- **14** rierung mit denen im Register des DPMA übereinstimmen (Art. 3 Abs. 1 PMMA, Regel 9 Abs. 5

lit. d AusfO PMMA). Die Übereinstimmung muss in Bezug auf den Inhaber, die Marke und das Waren- und Dienstleistungsverzeichnis bestehen.

15   **a) Identität des Inhabers.** Inhaberidentität ist **im strengen Sinne** zu verstehen. Es reicht nicht aus, wenn das Gesuch von einem verbundenen Unternehmen (zB Mutter- oder Tochtergesellschaft) oder Lizenznehmer des Inhabers der Basismarke vorgenommen wird.

16   **b) Identität der Marken.** Die Angabe der Marke im Antrag auf internationale Registrierung muss der Basismarke entsprechen.

17   Die WIPO behandelt alle Marken als **Bilddateien,** auch wenn die Basismarke eine Wortmarke ist, erlaubt jedoch die Angabe, dass es sich bei der Marke um eine Marke in Standardschrift handeln soll, wenn dies tatsächlich so ist; im Formblatt kann dies insoweit angegeben werden, wenn die Basismarke eine Wortmarke ist oder wenn die Basismarke als Bildmarke eingereicht wurde, jedoch tatsächlich ausschließlich aus Worten besteht, die in Standardschrift (wie zB Times New Roman oder Arial) ohne zusätzliche grafische Elemente oder besondere Schrifteffekte (wie alternierende Verwendung von Klein- und Großbuchstaben, Unterstreichung, Schrägschrift) geschrieben sind.

18   **Obligatorisch** ist, dass eine für die internationale Registrierung beanspruchte Farbe auch in der Basismarke beansprucht worden ist bzw. dass die Basismarke tatsächlich dieselben Farben aufweist (Regel 9 Abs. 4 lit. a Ziff. vii, Abs. 5 lit. d Ziff. v AusfO PMMA), eine für die internationale Registrierung beanspruchte nicht-traditionelle Marke (Farbmarke, 3D-Marke, Hörmarke etc) oder Kollektiv- oder Gewährleistungsmarke auch in der Basismarke beansprucht worden ist (Regel 9 Abs. 4 lit. a Ziff. vii^bis–x, Abs. 5 lit. d Ziff. iii AusfO PMMA) und für andere als lateinische Schriftzeichen eine Transliteration in lateinische Schriftzeichen beigefügt wird (Regel 9 Abs. 4 lit. a Ziff. xii AusfO PMMA).

19   **Fakultativ** ist es möglich, in den Antrag auf internationale Registrierung eine in der Basismarke enthaltene Beschreibung (Regel 9 Abs. 4 lit. a Ziff. xi AusfO PMMA), eine Übersetzung der Marke oder die Angabe, dass die Marke keine Bedeutung hat und nicht übersetzt werden kann (Regel 9 Abs. 4 lit. b Ziff. iii AusfO PMMA) oder einen Disclaimer aufzunehmen. Ein Disclaimer ist auch möglich, wenn die Basismarke einen solchen nicht Disclaimer enthält (Regel 9 Abs. 4 lit. b Ziff. v AusfO PMMA); er hat die Wirkungen des nationalen Rechts des Bestimmungsamts, ist also in Ländern wirkungslos, deren Markenrecht keinen Disclaimer kennt.

20   **c) Identität der Waren und Dienstleistungen.** Zur Identität der Waren und Dienstleistungen → Rn. 42 ff.

3. Antragsberechtigung

21   Die Antragsberechtigung war bis zum 31.10.2015 unterschiedlich geregelt, je nachdem, ob die internationale Registrierung nach dem MMA oder dem PMMA erfolgte.

21.1   Antragsberechtigt nach dem **MMA** (Art. 1 Abs. 2 MMA) war in strenger Reihenfolge zunächst wer in Deutschland eine tatsächliche und nicht nur zum Schein bestehende gewerbliche Niederlassung hatte. Wer zwar nicht in Deutschland aber in einem anderen Vertragsstaat des MMA eine solche Niederlassung hatte, konnte eine internationale Registrierung nur einer im Land der Niederlassung eingetragenen Basismarke beantragen; wer in mehreren Vertragsstaaten des MMA eine solche Niederlassung hatte und über nationale Marken verfügte, konnte wählen, welche Marke Basismarke sein soll. Sodann war antragsberechtigt, wer weder in Deutschland noch in einem anderen Vertragsstaat eine gewerbliche Niederlassung, in Deutschland aber einen Wohnsitz hatte. Wer zwar nicht in Deutschland aber in einem anderen Vertragsstaat des MMA/PMMA einen Wohnsitz hatte, konnte eine internationale Registrierung nur einer im Land des Wohnsitzes eingetragenen Basismarke beantragen. Schließlich war antragsberechtigt, wer in Deutschland oder in einem anderen Vertragsstaat weder eine gewerbliche Niederlassung noch einen Wohnsitz hatte, aber über die deutsche Staatsangehörigkeit verfügte.

22   Antragsberechtigt nach dem **PMMA** (Art. 2 Abs. 2 PMMA) ist, wer in Deutschland entweder eine gewerbliche Niederlassung oder einen Wohnsitz hat oder über die deutsche Staatsangehörigkeit verfügt, unabhängig davon ob eine gewerbliche Niederlassung, ein Wohnsitz oder eine Staatsangehörigkeit (auch) in einem bzw. in Bezug auf einen anderen Vertragsstaat vorliegt; der Antragsteller kann insofern die Basismarke und damit das Land der Ursprungsbehörde frei wählen. Bei einer internationalen Registrierung, die auf mehrere Basismarken gestützt ist, ist auch bei Antragstellung durch mehrere Antragsteller nur der Antragsteller desselben Landes antragsberechtigt, da es nur eine Ursprungsbehörde geben kann.

Seit 31.10.2015 gibt es keinen Mitgliedstaat der Madrider Union mehr, der nicht (auch) Mit- **23** glied des PMMA ist. Wegen des **Vorrangs** des PMMA gegenüber dem MMA nach Art. 9sexies Abs. 1 PMMA erfolgt die internationale Registrierung von Marken daher nur noch nach dem PMMA.

4. Zutreffende Angabe der Gebühren

Zu den Gebühren → § 121 Rn. 1. **24**

5. Benennung der Vertragsstaaten

Welche Vertragsstaaten im Antrag auf internationale Registrierung benannt werden können, **25** hing bis zum 31.10.2015 davon ab, nach welchem **Vertragswerk** die internationale Registrierung erfolgen sollte: War das Land der Ursprungsbehörde ausschließlich Mitglied des MMA („Abkommensstaat"), war nur das MMA anwendbar und konnten nur solche Staaten benannt werden, die ihrerseits Mitglied des MMA sind (als reine „Abkommensstaaten" oder als „Mischstaaten", die gleichzeitig Mitglied in PMMA sind). War das Land der Ursprungsbehörde ausschließlich Mitglied des PMMA („Protokollstaat"), war nur das PMMA anwendbar und konnte die internationale Registrierung nur Staaten benannt werden, die ihrerseits Mitglied des PMMA sind (sei es als reine „Protokollstaaten" oder als „Mischstaaten", die gleichzeitig Mitglied im MMA sind). War das Land der Ursprungsbehörde Mitglied sowohl des MMA als auch des PMMA („Mischstaat"), konnten Staaten benannt werden, die Mitglied des MMA oder des PMMA waren (sei es als reine „Abkommensstaaten" oder „Protokollstaaten" oder als „Mischstaaten"). Ob sich eines solches Gesuch nach dem MMA oder dem PMMA richtete, hing von den benannten Staaten ab: Wurden in dem Gesuch ausschließlich Staaten benannt, die nur dem MMA angehörten („Abkommensstaaten"), war nur das MMA anwendbar. Wurden in dem Gesuch ausschließlich Staaten benannt, die nur dem PMMA angehörten („Protokollstaaten"), war nur das PMMA anwendbar.

Handelte es sich bei dem Gesuch um ein **Mischgesuch,** dh wurden in dem Gesuch Staaten **26** benannt, die sowohl dem MMA als auch dem PMMA angehörten („Mischstaaten"), so galt bis zum 1.9.2008 die „Sicherungsklausel" des Art. 9sexies PMMA, wonach das MMA vorrangig anzuwenden war. Seit Änderung des Art. 9sexies PMMA war das PMMA vorrangig anzuwenden. Es galt somit Folgendes: Wurden in dem Gesuch ausschließlich „Mischstaaten" benannt, so war nur das PMMA anwendbar. Wurden in dem Gesuch sowohl „Protokollstaaten" als auch „Mischstaaten" benannt, so war nur das PMMA anwendbar. Wurden in dem Gesuch sowohl „Abkommensstaaten" als auch „Mischstaaten" benannt, so war auf die „Abkommensstaaten" nur das MMA, auf die „Mischstaaten" nur das PMMA anwendbar. Wurden in dem Gesuch sowohl „Abkommensstaaten" als auch „Protokollstaaten" sowie „Mischstaaten" benannt, so war auf die „Abkommensstaaten" nur das MMA, auf die „Protokollstaaten" und die „Mischstaaten" nur das PMMA anwendbar.

Da Deutschland Mitglied sowohl des MMA als auch des PMMA ist, bedeutete dies für die **27** Prüfung der Eintragung der Basismarke: Wurde im Gesuch um internationale Registrierung (auch) ein Staat benannt, der nur Mitglied des MMA war, so galten für die Benennung dieses Staates die Vorschriften des MMA; die Basismarke musste daher eingetragen sein. War das Gesuch um internationale Registrierung in diesem Fall auf eine bloße Markenanmeldung gestützt, so war es **insofern fehlerhaft.**

Seit 31.10.2015 gibt es keinen Mitgliedstaat der Madrider Union mehr, der nicht (auch) Mit- **28** glied des PMMA ist. Wegen des **Vorrangs** des PMMA gegenüber dem MMA nach Art. 9sexies Abs. 1 PMMA erfolgt die internationale Registrierung von Marken daher nur noch nach dem PMMA. Die früheren Regelungen zum anwendbaren Vertragswerk sind daher allenfalls noch zur Prüfung älterer internationaler Registrierungen auf eventuelle Fehlerhaftigkeit von Bedeutung.

6. Vollständigkeit/Fehlerfreiheit des Antrags

Ist der Antrag auf internationale Registrierung **fehlerfrei,** wird er mit einer entsprechenden **29** Mitteilung an die WIPO weitergeleitet. Wird der Antrag auf mehrere Basismarken gestützt, erstreckt sich die Erklärung des DPMA auf alle Basismarken (Regel 9 Abs. 5 lit. e AusfO PMMA).

Ist der Antrag **fehlerhaft,** weist das DPMA den Antragsteller auf die Fehler hin und fordert **30** ihn zur Berichtigung auf (Mitteilung Nr. 17/99, DPMA BlPMZ 1999, 325). Unterbleibt die Berichtigung, wird der Antrag gleichwohl an die WIPO weitergeleitet, da diesem die abschließende Beurteilung zukommt.

Die **WIPO** überprüft die Gebühren (Regel 11 Abs. 3 AusfO PMMA; Fehlbeträge können **31** innerhalb von drei Monaten vom Antragsteller oder dem DPMA nachgezahlt werden), die Angaben zur Basismarke (Regel 11 Abs. 4 AusfO PMMA; Mängel können innerhalb von drei Monaten vom DPMA behoben werden), die Klassifikation (Regel 12 AusfO PMMA; Mängel können innerhalb von drei Monaten vom DPMA behoben werden (→ Rn. 44 ff.)), die Bestimmtheit, Verständlichkeit und sprachliche Richtigkeit der Angaben zu den Waren bzw. Dienstleistungen (Regel 13 AusfO PMMA; Mängel können innerhalb von drei Monaten vom DPMA behoben werden und das Vorliegen eventueller sonstiger Mängel (Regel 11 Abs. 2 AusfO PMMA; sie können innerhalb von drei Monaten vom Antragsteller behoben werden).

32   Allerdings beurteilt die WIPO nicht, ob die Basismarke im Ursprungsland zu Recht eingetragen oder in den benannten Staaten schutzfähig ist; dies obliegt allein den nationalen Behörden.

7. Vertretung

33   Der Antragsteller einer internationalen Registrierung kann einen Vertreter bestellen, muss dies aber nicht (Regel 3 Abs. 1 AusfO PMMA). Bei Bestellung eines Vertreters kommuniziert die WIPO bis auf wenige Ausnahmen nur noch mit dem Vertreter. Die Vorlage einer besonderen **Vollmacht** ist nicht erforderlich, wohl aber die Angabe einer E-Mail-Adresse; die Bestellung erfolgt elektronisch via eMadrid, ebenso die Änderung des Namens und/oder der Adresse des Vertreters.

34   An die Person des Vertreters werden keine besonderen Anforderungen bestellt, weder was eine persönliche Qualifikation, Zulassung oder Registrierung angeht, noch was die Nationalität oder den Sitz des Vertreters angeht.

IV. Weitere Voraussetzungen

35   Die weiteren Voraussetzungen für die Schutzerstreckung gemäß PMMA, zB die Antragsberechtigung und das weitere Verfahren, sind nicht in § 108, sondern im **PMMA** geregelt (Art. 2, 3 PMMA).

B. Antrag auf internationale Registrierung einer deutschen Marke vor Eintragung (Abs. 2)

I. Zugangsfiktion

36   Als Tag der internationalen Registrierung gilt nach Art. 3 Abs. 4 S. 2 PMMA der Tag, an dem beim DPMA die internationale Registrierung beantragt wird, wenn der Eintragungsantrag innerhalb von zwei Monaten nach dem Zugang des Antrags beim DPMA der WIPO in Genf zugeleitet wird.

37   Anders als im Anwendungsbereich des MMA kann eine internationale Registrierung im Anwendungsbereich des PMMA auch erfolgen, wenn die **Basismarke noch nicht eingetragen** ist. Das DPMA kann den Antrag auf internationale Registrierung daher schon an die WIPO weiterleiten, auch wenn die Basismarke noch nicht eingetragen ist.

II. Bedeutung der Zugangsfiktion für den Zeitrang der internationalen Registrierung

38   Die Zugangsfiktion des § 108 Abs. 1 ist relevant für den **Zeitrang** der internationalen Registrierung, wenn die internationale Registrierung erst auf der Grundlage einer eingetragenen Basismarke erfolgen soll:

39   Der Zeitrang der international registrierten Marke hängt grundsätzlich vom **Registrierungsdatum** ab. Dieses entspricht nicht dem Datum der tatsächlichen Registrierung, sondern bestimmt sich grundsätzlich nach dem Datum des Eingangs des Antrags auf internationale Registrierung bei der WIPO. Allerdings erhält die internationale Registrierung als Registrierungsdatum das Eingangsdatum des Gesuchs beim DPMA und damit regelmäßig einen besseren Zeitrang (Art. 3 Abs. 4 PMMA), wenn das DPMA das Registrierungsgesuch innerhalb von zwei Monaten nach der Antragstellung an die WIPO übermittelt.

40   Die international registrierte Marke erhält nach Art. 4 Abs. 2 PMMA iVm Art. 4 PVÜ die **Priorität** der Ursprungsmarke, wenn die internationale Registrierung innerhalb von sechs Monaten nach der Heimatanmeldung erfolgt. Andernfalls ist das Datum der internationalen Registrierung für den Zeitrang maßgeblich (Art. 4 Abs. 1 PMMA, § 112 iVm § 6 Abs. 2). Kann sie nicht mehr in Anspruch genommen werden, führt § 108 Abs. 2 aber zumindest dazu, dass die international registrierte Marke den Zeitrangs des Datums des Zugangs des Antrags beim DPMA beanspruchen kann.

C. Waren- und Dienstleistungsverzeichnis (Abs. 3)

Mit dem Antrag auf internationale Registrierung ist das Verzeichnis der Waren und Dienstleis- **41** tungen einzureichen, für das die internationale Registrierung der Basismarke begehrt wird. Das Waren- und Dienstleistungsverzeichnis muss von demjenigen der Basismarke vollständig erfasst sein.

I. Sprache des Verzeichnisses

Auch das Verzeichnis der Waren und Dienstleistungen ist in englischer oder französischer Spra- **42** che einzureichen (§ 107 Abs. 3). Für die Übersetzung kann auf den „Madrid Goods & Services Manager" der WIPO (https://webaccess.wipo.int/mgs/, zuletzt abgerufen am 14.11.2022) zurückgegriffenen werden. Die WIPO ist an die Übersetzung aber nicht gebunden.

II. Klassifizierung der Waren und Dienstleistungen

Das Waren- und Dienstleistungsverzeichnis der internationalen Registrierung muss von demje- **43** nigen der Basismarke vollständig erfasst sein, kann also im Vergleich zu demjenigen der Basismarke identisch oder enger sein, jedoch nicht breiter. Diesem Vergleich ist das Verzeichnis der Basismarke zu dem Zeitpunkt der Einreichung des Antrags auf internationale Registrierung zu Grunde zu legen. Eine vor Antragstellung erfolgende Einschränkung der Basismarke ist daher für die internationale Registrierung maßgeblich.

Innerhalb dieser Grenzen kann das Verzeichnis für verschiedene benannte Vertragsstaaten **44** **unterschiedlich** sein.

Das Verzeichnis ist nach dem **Nizzaer Klassifikationsabkommen** (NKA) zu klassifizieren **45** (vgl. Regel 9 Abs. 4 lit. a Ziff. xiii AusfO PMMA). Die aktuelle Liste von Waren und Dienstleistungen findet sich im Internet unter www.wipo.int/classifications/nice/en/classifications.html (zuletzt abgerufen am 14.11.2022). Auch für die Zuordnung einzelner Waren und Dienstleistungen kann auf den „Madrid Goods & Services Manager" der WIPO (→ Rn. 43) zurückgegriffen werden. Können Waren oder Dienstleistungen in mehrere Klassen fallen, müssen sie in jeder relevanten Klasse aufgeführt werden. Andernfalls gelten sie als auf diejenige Klasse beschränkt, für die sie aufgeführt sind, was die nationalen Behörden bei der Bestimmung des Schutzumfangs nicht bindet (Ströbele/Hacker/Thiering/Miosga Rn. 4).

Die vom Markeninhaber vorgenommene Klassifizierung wird **von der WIPO geprüft** (Art. 3 **46** Abs. 2 PMMA). Unterbleibt diese Klassifizierung oder ist sie fehlerhaft, wird der Antrag aber nicht zurückgewiesen. Vielmehr macht die WIPO einen gebührenpflichtigen Vorschlag für eine Neuklassifikation (Art. 3 Abs. 2 S. 2 PMMA, Regel 12 Abs. 1 AusfO PMMA), für die eine Gebühr anfällt. Dadurch wird ein Prioritätsverlust vermieden. Der **Vorschlag für die Neuklassifikation** wird dem DPMA und dem Antragsteller mitgeteilt. Das DPMA kann gegenüber der WIPO innerhalb von drei Monaten zu dem Vorschlag Stellung nehmen. Nimmt das DPMA innerhalb der drei Monate keine Stellung, wird die Marke mit der neuen Klassifizierung eingetragen. Das DPMA kann vor Abgabe seiner Erklärung gegenüber der WIPO eine Stellungnahme des Antragstellers einholen, ohne allerdings an sie gebunden zu sein; das DPMA erinnert den Antragsteller ggf. nach zwei Monaten, doch wird die Dreimonatsfrist der WIPO dadurch nicht berührt! Erfolgt eine Stellungnahme, kann die WIPO ihren Vorschlag für die Neuklassifizierung ändern, zurücknehmen oder ungeachtet der Stellungnahme umsetzen. Sie ist an die Erklärung des DPMA nicht gebunden. DPMA und Antragsteller werden entsprechend benachrichtigt.

Bei Benennung der **USA** ist auf dem **Formular MM18** (www.wipo.int/madrid/en/forms, **47** zuletzt abgerufen am 14.11.2022) die vom USPTO geforderte **Benutzungsabsichtserklärung** abzugeben, dh die Erklärung, dass der Anmelder die gutgläubige Absicht hat, die Marke im Zusammenhang mit den angegebenen Waren und Dienstleistungen zu legalen geschäftlichen Zwecken in den USA zu benutzen. Sie muss in englischer Sprache erfolgen, selbst wenn der Antrag auf internationale Registrierung in französischer Sprache gestellt wird. Die Benennung der Waren und Dienstleistungen muss der US-Praxis genügen, dh **meist sehr viel spezifischer** sein, als in der Basismarke geschehen. Andernfalls wird das Schutzgewährungsgesuch durch das USPTO beanstandet. Das Formular enthält zudem die Erklärung, dass der Unterzeichner der Meinung ist, der Anmelder sei zur Benutzung berechtigt, und nach bestem Wissen davon ausgeht, das keine andere Person das Recht habe, die Marke – in identischer oder verwechselbar ähnlicher Form – zu benutzen. Die Richtigkeit der Erklärung ist schließlich in strafbewehrter Form zu versichern.

III. Bestimmtheit der Angaben zu den Waren und Dienstleistungen

48   Die vom Markeninhaber verwendeten Formulierungen der Waren und Dienstleistungen werden von der WIPO geprüft. Eine eventuelle Beanstandung wird dem DPMA und dem Antragsteller mitgeteilt. Das DPMA kann gegenüber der WIPO innerhalb von drei Monaten zu dem Vorschlag Stellung nehmen. Nimmt das DPMA innerhalb der drei Monate keine Stellung oder hält die WIPO einen Formulierungsvorschlag nicht für geeignet, wird die Marke mit der Formulierung wie beantragt eingetragen. Die WIPO weist aber darauf hin, dass die Formulierung zu unbestimmt, unverständlich oder sprachlich nicht korrekt ist. Dieser **Hinweis** wird veröffentlicht, was die Ämter der benannten Vertragsstaaten zu besonders genauer Prüfung veranlassen kann.

§ 109 Gebühren

(1) Soll die internationale Registrierung auf der Grundlage einer im Register eingetragenen Marke vorgenommen werden und ist der Antrag auf internationale Registrierung vor der Eintragung der Marke in das Register gestellt worden, so wird die nationale Gebühr nach dem Patentkostengesetz für die internationale Registrierung am Tag der Eintragung fällig.

(2) ¹Die nationale Gebühr nach dem Patentkostengesetz für die internationale Registrierung ist innerhalb eines Monats nach Fälligkeit zu zahlen. ²Die Fälligkeit richtet sich nach § 3 Absatz 1 des Patentkostengesetzes oder nach Absatz 1.

Überblick

Die Vorschrift wurde neu gefasst mWv 1.5.2022 durch Gesetz vom 10.8.2021 (BGBl. I 3490). § 109 regelt zwei spezielle Aspekte der Fälligkeit der nationalen Gebühr gemäß Art. 8 Abs. 1 MMA für die internationale Registrierung einer deutschen Marke. Die Zahlungspflichten sowie die Folgen ihrer Verletzung regelt das PatKostG.

A. Gebühren der internationalen Registrierung

1   Für die internationale Registrierung fallen auf **zwei Ebenen** Gebühren an, die nationale Gebühr der Behörde des Ursprungslandes (Art. 8 Abs. 1 PMMA) und die internationalen Gebühren des Internationalen Büros (Art. 8 Abs. 2 Ziff. i PMMA iVm GebVerzAusfO PMMA).

2   § 109 betrifft die **nationale Gebühr** des **DPMA**.

B. Nationale Gebühr

3   Gebührenpflicht, Gebührenhöhe, Fälligkeit, Zahlungsfrist und Folgen der nicht vollständigen und der nicht rechtzeitigen Zahlung der nationalen Gebühren sind nach § 64a für das Verfahren vor dem DPMA einheitlich im **PatKostG** geregelt (→ § 64a Rn. 1). § 109 regelt in Abs. 1 nur noch eine besondere Fälligkeit der nationalen Gebühr bei verfrühter Antragstellung (§ 108 Abs. 2) sowie in Abs. 2 die gegenüber § 6 Abs. 1 S. 2 PatKostG verkürzte einmonatige Zahlungsfrist, die sowohl für den Normalfall der Fälligkeit bei regulärer Antragstellung (§ 3 Abs. 1 PatKostG) als auch bei verfrühter Antragstellung (§ 109 Abs. 1) gilt.

4   In Einzelnen gilt Folgendes:
- Die Pflicht zur Zahlung der nationalen Gebühr folgt aus § 64a MarkenG iVm § 2 Abs. 1 PatKostG iVm GV 334100 PatKostG.
- Die nationale Gebühr beträgt 180 Euro (GV 334100 PatKostG).
- Grundsätzlich ist die nationale Gebühr bei Antragstellung, dh mit dem Eingang des Registrierungsgesuchs beim DPMA fällig (§ 64a MarkenG iVm § 3 Abs. 1 PatKostG). Ausnahmsweise wird sie erst mit der Eintragung fällig, wenn die Marke bei Einreichung des Antrags auf internationale Registrierung noch nicht in das Markenregister eingetragen ist (§ 109 Abs. 1 als lex specialis zu § 64a MarkenG iVm § 3 Abs. 1 PatKostG).
- Grundsätzlich wäre die nationale Gebühr innerhalb von drei Monaten ab Fälligkeit zu zahlen (§ 6 Abs. 1 S. 2 PatKostG). Ausnahmsweise wird die Zahlungsfrist durch § 109 Abs. 1 auf einen Monat nach Fälligkeit (nach § 64a MarkenG iVm § 3 Abs. 1 PatKostG oder nach § 109 Abs. 1) verkürzt, damit die Zahlungsfrist nicht mit der zweimonatigen Frist zur Weiterleitung der

Anträge auf internationale Registrierung in Konflikt gerät (§ 109 Abs. 2 als lex specialis zu § 6 Abs. 1 PatKostG).

- Als Verfahrensgebühr verfällt die Gebühr mit der Fälligkeit, kann also bei Rücknahme des Registrierungsgesuchs weder ganz noch teilweise erstattet werden, sondern nur, wenn die Rücknahmeerklärung vor oder gleichzeitig mit dem Registrierungsgesuch eingeht, oder wenn das Gesuch im Zeitpunkt der Zahlung bereits zurückgenommen war.
- Wird die Gebühr nicht, nicht vollständig oder nicht rechtzeitig gezahlt, gilt der Antrag auf internationale Registrierung nach als zurückgenommen (§ 64a MarkenG iVm § 6 Abs. 2 PatKostG). Unvollständig oder verspätet gezahlte Gebühren werden zurückerstattet, weil die Bearbeitung der Anmeldung nach § 5 Abs. 1 PatKostG erst nach Zahlung der Gebühr erfolgt und insoweit die beantragte Amtshandlung iSd § 10 Abs. 2 PatKostG noch nicht vorgenommen wurde.

Die Gebühr kann durch **Bareinzahlung, Überweisung** oder Erteilung einer **Einzugsermächti-** 5 **gung** erfolgen (§ 1 Abs. 1 PatKostZV). Bei Erteilung einer Einzugsermächtigung empfiehlt das DPMA zur Vermeidung von Irrtümern und Verzögerungen die Verwendung eines amtlichen Vordrucks.

Nach Zahlung der nationalen Gebühr leitet das DPMA den Antrag an die WIPO weiter. 6

C. Internationale Gebühren

Die internationalen Gebühren umfassen folgende Gebühren (Art. 8 Abs. 2 Ziff. i–iii PMMA 7 iVm GebVerzAusfO PMMA): Grundgebühr (653 CHF bzw. 903 CHF bei farbigen Wiedergaben), Klassengebühren (100 CHF für jede die dritte Klasse übersteigende Klasse) und Ergänzungsgebühren (100 CHF für jedes Land, für das der Schutz beansprucht wird).

Es gilt aber die **Besonderheit des PMMA,** dass auf Erklärung eines Vertragsstaats anstelle der 8 auf ihn entfallenden Ergänzungsgebühr eine **individuelle Gebühr** zu zahlen ist (Art. 8 Abs. 7 lit. a S. 2 Ziff. ii PMMA), deren Höhe für jedes Land, für das der Schutz beansprucht wird, individuell bestimmt ist. Von der Möglichkeit, eine individuelle Gebühr zu verlangen, hat Deutschland **keinen Gebrauch** gemacht.

Die internationalen Gebühren sind **unmittelbar an die WIPO** und nicht an das DPMA zu 9 zahlen (Regel 10, 34 Abs. 2 GAusfO PMMA). Gleichwohl ist aber dem Gesuch um internationale Registrierung das Gebührenberechnungsblatt (Anhang zum WIPO-Formblatt MM2) als notwendiger Bestandteil des Gesuchs beizufügen. Andernfalls erlässt die WIPO einen Beanstandungsbescheid. Das DPMA prüft demgegenüber nicht, ob das Gebührenberechnungsblatt beigefügt ist oder zutreffend ausgefüllt ist. Vielmehr leitet es das Gebührenberechnungsblatt ohne Prüfung an die WIPO weiter.

Zur Gebührenberechnung steht auf der Website der WIPO ein **Gebührenkalkulator** zur 10 Verfügung (https://madrid.wipo.int/feecalcapp/).

§ 110 Vermerk in den Akten, Eintragung im Register

(1) Ist die internationale Registrierung auf der Grundlage einer zur Eintragung in das Register angemeldeten Marke vorgenommen worden, so sind der Tag und die Nummer der internationalen Registrierung in den Akten der angemeldeten Marke zu vermerken.

(2) ¹Der Tag und die Nummer der internationalen Registrierung, die auf der Grundlage einer im Register eingetragenen Marke vorgenommen worden ist, sind in das Register einzutragen. ²Satz 1 ist auch anzuwenden, wenn die internationale Registrierung auf der Grundlage einer zur Eintragung in das Register angemeldeten Marke vorgenommen worden ist und die Anmeldung zur Eintragung geführt hat.

Überblick

Die Vorschrift wurde neu gefasst mWv 1.5.2022 durch Gesetz vom 10.8.2021 (BGBl. I 3490). § 110 regelt den Umfang, in dem eine internationale Registrierung einer deutschen Marke auch in das vom DPMA geführte Markenregister einzutragen ist (→ Rn. 2), sowie in das der WIPO (→ Rn. 1) und die Veröffentlichung (→ Rn. 3), mit der die Frist für Widersprüche (→ Rn. 14) beginnt. Die Benutzungsschonfrist (→ Rn. 14) beginnt mit der Schlussmitteilung (→ Rn. 15).

A. Eintragung der internationalen Registrierung

I. Eintragung im Markenregister der WIPO

1   Die internationale Registrierung einer Marke erfolgt im Markenregister der WIPO. Dort werden in Bezug auf die internationale Registrierung **folgende Angaben** eingetragen (Regel 14 Abs. 2 AusfO PMMA): Alle in der Anmeldung enthaltenen Angaben, außer den Daten einer unzulässig in Anspruch genommenen Priorität, das Datum der internationalen Registrierung, die Nummer der internationalen Registrierung, ggf. die Klassifizierungssymbole von Bildbestandteilen und ggf. Datum, Nummer und Waren bzw. Dienstleistungen der früheren Marke, deren Seniorität in Anspruch genommen wird.

II. Eintragung im Markenregister des DPMA

2   Im Markenregister des DPMA erfolgt in dem Fall, in dem die internationale Registrierung auf einer deutschen Basismarke beruht, bei der deutschen Basismarke eine Eintragung des Tages und der Nummer ihrer internationalen Registrierung (vgl. auch § 15 Nr. 32 MarkenV iVm § 65 Abs. 1 Nr. 6), in dem Fall, in dem Deutschland in der internationalen Registrierung einer ausländischen Marke als Schutzland benannt wird, keine Eintragung oder Veröffentlichung (§ 27 Abs. 3 iVm § 25 Nr. 31 MarkenV, vgl. Art. 3 Abs. 5 PMMA) – anders als etwa beim EUIPO, das Benennungen der EU im Blatt für Unionsmarken (Art. 185 UMV). Bei einer internationalen Registrierung auf der Grundlage einer Markenanmeldung (Abs. 1) werden die Daten zunächst in der Akte der angemeldeten Marke vermerkt; sobald die Anmeldung zur Eintragung geführt hat werden die Angaben – entsprechend einer internationalen Registrierung auf der Grundlage einer Markeneintragung – in das Register übernommen (Abs. 2).

B. Veröffentlichung der internationalen Registrierung

3   Die internationale Registrierung wird in der wöchentlich erscheinenden **„WIPO Gazette of International Marks"** veröffentlicht (Regel 32 Abs. 1 lit. a Ziff. i AusfO PMMA). Die „Gazette" ist nur noch elektronisch abrufbar (https://www.wipo.int/madrid/en/madridgazette/). Zudem sind die Einträge im internationalen Register und die in der Gazette veröffentlichten Angaben im Internet in der Datenbank **„Madrid Monitor"** des internationalen Büros abrufbar (https://www3.wipo.int/madrid/monitor/en/).

4   Die Daten werden anhand der WIPO INID Kennzahlen („Internationally agreed Numbers for the Identification of Data") erfasst und veröffentlicht. Elemente einer fremdsprachigen Markenveröffentlichung können auf diese Weise ohne Sprachkenntnisse identifiziert und zugeordnet werden. Für die Daten sind die Standards „WIPO Standard ST 60" (http://www.wipo.int/export/sites/www/standards/en/pdf/03-60-01.pdf) für die Daten der Marke und „WIPO Standard ST 3" (http://www.wipo.int/export/sites/www/standards/en/pdf/03-03-01.pdf) für die Zwei-Buchstaben-Abkürzung der Länder maßgeblich.

5   Tag und Nummer der Eintragung im Markenregister der WIPO werden vom DPMA in das Register **eingetragen, aber nicht veröffentlicht** (§ 27 Abs. 3 iVm § 25 Nr. 31 MarkenV). Die Eintragung ist insofern von Bedeutung, als das DPMA jede Rechtsänderung hinsichtlich der Ursprungsmarke, die den Schutz aus der internationalen Registrierung berührt, der WIPO mitzuteilen hat, also auch ein Erlöschen des Schutzes der Basismarke innerhalb der ersten fünf Jahren nach der Registrierung vom Basisgesuch bzw. der Basiseintragung, in denen die internationale Registrierung von der Basismarke abhängig ist (Art. 6 Abs. 3 PMMA). Erlischt in dieser Zeit der Schutz aus der Basismarke, dann kann auch der Schutz aus der IR-Marke nicht mehr in Anspruch genommen werden.

C. Daten der internationalen Registrierung

6   Bei der internationalen Registrierung einer deutschen Basismarke sind **folgende Daten** zu unterscheiden:

I. Datum der Eintragung der Basismarke

7   Das Datum der Eintragung der Basismarke ist maßgeblich, wenn einer internationalen Registrierung auf der Grundlage einer Markeneintragung nach Art. 4 PVÜ ihre Priorität in Anspruch genommen wird (Art. 4 Abs. 2 PMMA), sofern die Basismarke innerhalb von sechs Monaten nach

der Anmeldung eingetragen ist, der Antrag auf internationale Registrierung innerhalb von sechs Monaten nach der Anmeldung mit den Angaben zur Priorität beim DPMA eingegangen ist und das DPMA innerhalb von zwei Monaten nach Eingang des Antrag auf internationale Registrierung diesen an das Internationale Büro weitergeleitet worden ist.

II. Datum der Eintragung der internationalen Registrierung

Als das im Register eingetragene „Registrierungsdatum", dh der Tag der internationalen **8** Registrierung gemäß Art. 3 Abs. 4 PMMA, gilt der Tag des Eingangs des Registrierungsantrags beim DPMA, wenn er innerhalb von zwei Monaten nach Eingang beim DPMA beim Internationale Büro eingeht (Art. 3 Abs. 4 S. 2 PMMA), des Eingangs des Registrierungsantrags beim Internationale Büro, wenn er später als zwei Monate nach Eingang beim DPMA beim Internationale Büro eingeht (Art. 3 Abs. 4 S. 3 PMMA) bzw. der Tag der Eintragung der Basismarke im Fall des § 108 Abs. 2.

Mit ihm **beginnt** der Schutz der Marke (§ 112 Abs. 1; → § 112 Rn. 1). **9**

Weist der Antrag **Mängel** bei elementaren Angaben (Antragsteller, benannte Staaten, Marke, **10** Waren bzw. Dienstleistungen) auf, kann dies zu einer Verschiebung des Registrierungsdatum führen (Regel 15 Abs. 1 AusfO PMMA).

III. Datum der tatsächlichen Eintragung der internationalen Registrierung

Das „Datum der tatsächlichen Eintragung" der internationalen Registrierung (Regel 14 Abs. 1 **11** AusfO PMMA) ist – anders als das Datum, mit dem die internationale Registrierung im Register eingetragen ist und dass sich nach dem Antrag beim DPMA oder bei der WIPO bestimmt – das Datum, an dem die Mitteilung üb ein er die internationale Registrierung an die Behörden der benannten Staaten versendet wird (Fiktion der Regel 18 Abs. 1 lit. a Ziff. iii AusfO PMMA). Das PMMA enthält zu diesem Datum keine ausdrückliche Regelung. Mit ihm beginnt unmittelbar die Frist für eine Schutzverweigerung durch die Behörden der benannten Staaten nach Art. 5 Abs. 2 PMMA und mittelbar die Benutzungsschonfrist nach § 115 Abs. 2 Nr. 2, § 116, § 117 (→ § 115 Rn. 4; → § 116 Rn. 3; → § 117 Rn. 3), wenn innerhalb der Frist dem Internationalen Büro weder eine Mitteilung über die Schutzbewilligung noch über die (vorläufige) Schutzverweigerung zugegangen ist.

IV. Datum der Veröffentlichung der internationalen Registrierung

Die Eintragung der IR-Marke wird vom DPMA **nicht veröffentlicht** (vgl. § 27 Abs. 3, § 25 **12** Nr. 31 MarkenV). Sie ist aber gleichwohl von Bedeutung, da die IR-Marke in den ersten fünf Jahren nach der Registrierung vom Basisgesuch bzw. der Basiseintragung abhängig ist (Art. 6 Abs. 2 PMMA) und das DPMA nach Art. 6 Abs. 3 PMMA jede Rechtsänderung hinsichtlich der Ursprungsmarke, die den Schutz aus der internationalen Registrierung berührt, dem Internationalen Büro mitzuteilen hat. Erlischt in dieser Zeit der Schutz aus der Basismarke, dann kann auch der Schutz aus der IR-Marke nicht mehr in Anspruch genommen werden. Deshalb teilt das DPMA dem Internationalen Büro Rechtsänderungen hinsichtlich der Basismarke mit.

Soweit der Veröffentlichung der internationalen Registrierung rechtliche Bedeutung zukommt, **13** ist statt der fehlenden Veröffentlichung durch das DPMA die Veröffentlichung der internationalen Registrierung in der „WIPO **Gazette** of International Marks" maßgeblich; sie tritt an die Stelle der Eintragung im deutschen Markenregister.

Mit ihr beginnt die **Frist** zur Erhebung von Widersprüchen gegen die Schutzgewährung der **14** internationalen Registrierung (§ 114 Abs. 2; → § 114 Rn. 3); mit ihr endet bei einem Widerspruch gegen die Schutzgewährung der für eine rechtserhaltende Benutzung der Widerspruchsmarke relevante **Benutzungszeitraum** (§ 114 Abs. 1 iVm § 43 Abs. 1 S. 1 iVm § 41 S. 2).

V. Datum der Schlussmitteilung

Internationale Registrierungen ausländischer Basismarken, die in Deutschland Schutz genießen, **15** werden beim DPMA nicht registriert (→ Rn. 2). Bei ihnen erteilt das **DPMA** bei Schutzbewilligung eine Schlussmitteilung.

Mit der Schlussmitteilung **beginnt die Benutzungsschonfrist** in den Fällen, in denen die **16** Schutzbewilligung vor Ablauf der Jahresfrist des Art. 5 Abs. 2 PMMA erfolgt, weil entweder keine Schutzverweigerung erfolgt (Regel 18ter Abs. 1 AusfO PMMA) oder das Schutzverweigerungsverfahren vorher abgeschlossen wird (Regel 18ter Abs. 2 AusfO PMMA).

§ 111 Nachträgliche Schutzerstreckung

(1) ¹**Der Antrag auf nachträgliche Schutzerstreckung einer international registrierten Marke nach Artikel 3ter Absatz 2 des Protokolls zum Madrider Markenabkommen kann beim Deutschen Patent- und Markenamt gestellt werden.** ²**Soll der Schutz auf der Grundlage einer im Register eingetragenen Marke nachträglich erstreckt werden und wird der Antrag schon vor der Eintragung der Marke gestellt, so gilt er als am Tag der Eintragung zugegangen.**

(2) Die nationale Gebühr nach dem Patentkostengesetz für die nachträgliche Schutzerstreckung ist innerhalb eines Monats nach Fälligkeit (§ 3 Absatz 1 des Patentkostengesetzes) zu zahlen.

Überblick

Die Vorschrift wurde neu gefasst mWv 1.5.2022 durch Gesetz vom 10.8.2021 (BGBl. I 3490).

§ 111 Abs. 1 begründet die Vermittlungszuständigkeit des DPMA als Ursprungsbehörde iSd Art. 3ᵗᵉʳ Abs. 2 PMMA für Anträge auf nachträgliche Schutzerstreckung internationaler Registrierungen einer deutschen Marke.

Übersicht

A. Antrag auf nachträgliche Schutzerstreckung (Abs. 1)

I. Möglichkeit der nachträglichen Schutzerstreckung

1   Nach Art. 3ᵇⁱˢ PMMA erstreckt sich der Schutz aus der internationalen Registrierung der Marke nur auf die Mitgliedsstaaten, für die der Schutz beantragt worden ist. Die Wirkung einer internationalen Registrierung kann aber nach Art. 3ᵗᵉʳ Abs. 2 PMMA nachträglich auf weitere Vertragsstaaten des PMMA erstreckt werden, etwa weil der Inhaber aus unternehmerischen Gründen zunächst kein Interesse am Schutz in dem weiteren Vertragsstaat hatte, weil ein Versuch, Schutz der international registrierten Marke in dem weiteren Vertragsstaat zu erlangen, an einer Schutzverweigerung scheiterte und nach dem Wegfall des Schutzverweigerungsgrundes als **erneuter Antrag** ein weiterer Versuch unternommen werden soll, in dem weiteren Vertragsstaat Schutz der international registrierten Marke zu erlangen, weil ein ursprünglich in dem weiteren Vertragsstaat bestehender Schutz der international registrierten Marke durch Verzicht oder ein Nichtigkeitsverfahren entfallen ist oder weil der weitere Vertragsstaaten erst nachträglich dem PMMA beigetreten ist.

2   Eine nachträgliche Schutzerstreckung einer internationalen Registrierung auf einen Mitgliedstaat des PMMA ist auch im Rahmen der Umwandlung einer nachträglichen Schutzerstreckung einer Mitgliedsorganisation des PMMA, dh der EU, möglich (Art. 9ᑫᵘⁱⁿᑫᵘⁱᵉˢ PMMA, Regel 24 Abs. 7 AusfO PMMA) möglich.

3   Wird der Antrag auf nachträgliche Schutzausdehnung, der auf eine eingetragene Marke gestützt wird, schon vor der Eintragung der deutschen Basismarke gestellt wird, dann gilt das Schutzausdehnungsgesuch als am Tag der Eintragung zugegangen als (§ 111 Abs. 1 S. 2). Diese Regelung ist für das Wirksamwerden der Schutzausdehnung von Bedeutung. Nach Art. 3ᵗᵉʳ Abs. 2 S. 5 PMMA wird die Schutzausdehnung mit dem Zeitpunkt der Registrierung wirksam, dh mit dem Registrierungsdatum als dem Datum des Eingangs des Registrierungsantrags bei der WIPO, ausnahmeweise das Eingangsdatum des Gesuchs beim DPMA, wenn das Gesuch innerhalb von zwei Monaten nach diesem Zeitpunkt beim Internationalen Büro eingegangen ist (Art. 3 Abs. 4 PMMA), und aufgrund der Fiktion des § 111 Abs. 1 S. 2 beginnt die Zweimonatsfrist bei vorzeitig eingereichten Gesuchen mit der Heimateintragung, wenn das Gesuch innerhalb der Zweimonatsfrist bei der WIPO eingeht (s. auch die Ausführungen zu § 108 Abs. 2; → § 120 Rn. 1 ff.).

II. Zuständigkeit

§ 111 § Abs. 1 begründet die Vermittlungszuständigkeit des DPMA für Anträge auf nachträgli- **4** che Schutzerstreckung internationaler Registrierungen mit deutscher Basismarke. Der Antrag auf nachträgliche Schutzerstreckung kann grundsätzlich **wahlweise** („kann") beim DPMA als vermittelnde Behörde des Ursprungslandes oder unmittelbar bei der WIPO gestellt werden.

Die Möglichkeit der unmittelbaren Antragstellung bei der WIPO ist aber ausnahmsweise ausge- **5** schlossen, dh der Antrag **muss** beim DPMA gestellt werden, wenn die Voraussetzungen der Regel 24 Abs. 2 lit. a Ziff. iii AusfO PMMA erfüllt ist, dh wenn eine nachträgliche Schutzerstreckung im Rahmen einer Umwandlung nach Regel 24 Abs. 7 AusfO PMMA erfolgt. Wird der Antrag auf nachträgliche Schutzerstreckung in diesen Fällen gleichwohl direkt beim Internationalen Büro eingereicht, wird die nachträgliche Benennung nicht als solche betrachtet und das Internationale Büro teilt dies dem Anmelder mit (Regel 24 Abs. 10 AusfO PMMA).

III. Inhalt des Antrags

Die erforderlichen **Angaben** im Antrag beschränken sich im Wesentlichen auf die Nummer **6** der internationalen Registrierung, die Angaben zum Anmelder, seiner Anmeldeberechtigung und seinem Vertreter, die benannten Vertragsstaaten, die Waren und Dienstleistungen und eine eventu- ell erforderliche Benutzungsabsichtserklärung.

Die nachträgliche Schutzerstreckung muss sich nicht zwingend auf alle von der internationalen **7** Registrierung erfassten Waren und Dienstleistungen beziehen, sondern kann sich auf einen Teil beschränken. Die nachträgliche Schutzerstreckung in Bezug auf einen weiteren Vertragsstaat kann daher auch durch mehrere nachträgliche Schutzerstreckungen für jeweils verschiedene Waren und Dienstleistungen sukzessiv erfolgen. Das Verzeichnis darf nur nicht breiter sein als das der internati- onal registrierten Marke, auch wenn es von der Basismarke abgedeckt wäre, da es sich nicht um eine erneute internationale Registrierung, sondern um die territoriale Erweiterung einer bereits bestehenden international registrierten Marke handelt. Bei Schutzerstreckung nur auf einen Teil der Waren und Dienstleistungen der internationalen Registrierung sind diese im Einzelnen anzu- geben. Das Verzeichnis muss nicht für alle nachträglich benannten Staaten übereinstimmen; für verschiedene Staaten können unterschiedliche Verzeichnisse eingereicht werden.

Für den Antrag ist nach Art. 3ter Abs. 2 PMMA iVm Regel 24 Abs. 2 lit. b AusfO PMMA **8** das amtliche **Formblatt MM4** per eMadrid zu verwenden (www.wipo.int/madrid/en/forms, zuletzt abgerufen am 18.11.2022).

Der Antrag **gilt als zurückgenommen,** wenn ein Mangel nicht innerhalb von drei Monaten **9** nach Mitteilung der Mangelhaftigkeit des Antrags behoben wird (Regel 24 Abs. 5 lit. b Ziff. i AusfO PMMA).

IV. Verfahren

Das Prüfungsverfahren vor der WIPO und den nationalen Behörden entspricht demjenigen **10** der ursprünglichen internationalen Registrierung. Die Verfahrensvorschriften der **GAusfO PMMA** über die Schutzverweigerung gelten bei nachträglicher Schutzerstreckung daher entspre- chend (Regel 24 Abs. 9 AusfO PMMA).

V. Sprache

Der Antrag auf nachträgliche Schutzerstreckung kann grundsätzlich **unabhängig** von der Spra- **11** che, in der der ursprüngliche Antrag auf internationale Registrierung eingereicht wurde, in engli- scher, französischer oder spanischer Sprache eingereicht werden (Regel 6 Abs. 2 AusfO PMMA), wobei nach Art. 3ter Abs. 2 PMMA iVm Regel 24 Abs. 2 lit. b AusfO PMMA ein amtliches **Formblatt** zu verwenden ist. Nachträgliche Schutzerstreckungen einer internationalen Registrie- rung mit deutscher Basismarke, dh solcher die beim DPMA einzureichen sind, können aber nur in englischer oder französischer Sprache erfolgen.

VI. Datum, Zeitrang und Schutzdauer der nachträglichen Schutzerstreckung

1. Datum

12   Eine nachträgliche Schutzerstreckung erhält – sofern sie **mangelfrei** ist – das Datum des **Eingangs beim DPMA,** wenn der Antrag dort eingereicht wurde und sofern es innerhalb von zwei Monaten nach diesem Datum beim Internationale Büro eingeht, oder des **Eingangs beim Internationalen Büro,** wenn der Antrag unmittelbar dort eingereicht wurde oder, bei Vermittlung durch das DPMA, erst nach Ablauf der zwei Monatsfrist beim Internationalen Büro eingeht.

13   Bedeutung kann dies erlangen, wenn mit der nachträglichen Schutzerstreckung oder in engem zeitlichem Zusammenhang mit ihr eine Änderung der internationalen Registrierung vorgenommen werden soll, weil eine Änderung erst mit ihrer tatsächlichen Eintragung im Register wirksam wird. Wird die nachträgliche Schutzerstreckung zudem über das DPMA eingereicht, erhält der Antrag bei Weiterleitung innerhalb von zwei Monaten sogar das Datum des dortigen Eingangs. In diesem Fall besteht die Gefahr, dass die nachträgliche Schutzerstreckung wegen ihrer früheren Wirkung ungewollt von der Änderung, zB einem Verzicht, miterfasst wird. Dies kann dadurch vermieden werden, dass mit dem Gesuch um nachträgliche Schutzerstreckung beantragt wird, dass die nachträgliche Schutzerstreckung erst nach Eintragung der Änderung wirksam werden soll; der nachträgliche Schutzerstreckung wird dann trotz des grundsätzlich maßgeblichen Datums des Eingangs beim Internationalen Büro eine spätere Wirksamkeit zuerkannt (Regel 24 Abs. 3 lit. c Ziff. ii AusfO PMMA).

14   Eine nachträgliche Schutzerstreckung erhält – sofern sie **mangelhaft** ist – das Datum des **Eingangs der Berichtigung,** wenn der Antrag auf nachträgliche Schutzerstreckung unmittelbar beim Internationalen Büro eingereicht wurde und sich der Mangel auf „essentialia" des Antrags, dh die Nummer der internationalen Registrierung, die benannten Vertragsstaaten, die Waren und Dienstleistungen oder eine eventuell erforderliche Benutzungsabsichtserklärung bezieht (Regel 24 Abs. 3 lit. a Ziff. i, iii und iv, lit. b AusfO PMMA) oder, wenn der Antrag über die Ursprungsbehörde, dh das DPMA, eingereicht wurde, sich der Mangel auf „essentialia" des Antrags bezieht und der Mangel nicht innerhalb von zwei Monaten nach Mitteilung der Mangelhaftigkeit des Antrags behoben wird (Regel 24 Abs. 6 lit. c Ziff. i AusfO PMMA).

15   Eine nachträgliche Schutzerstreckung erhält – sofern sie **mangelhaft** ist – das Datum des **Eingangs bei der Ursprungsbehörde,** dh beim DPMA, wenn der Antrag auf nachträgliche Schutzerstreckung über die Ursprungsbehörde, dh das DPMA, eingereicht wurde und sich der Mangel auf andere Punkte des Antrags als „essentialia" bezieht (Regel 24 Abs. 6 lit. c Ziff. ii AusfO PMMA).

16   Eine nachträgliche Schutzerstreckung erhält – sofern sie **mangelhaft** ist – das Datum des **Eingangs beim Internationalen Büro,** wenn der Antrag auf nachträgliche Schutzerstreckung unmittelbar beim Internationalen Büro eingereicht wurde und sich der Mangel auf andere Punkte des Antrags als „essentialia" bezieht (Regel 24 Abs. 6 lit. c Ziff. ii AusfO PMMA).

2. Zeitrang

17   Die nachträgliche Schutzerstreckung erlaubt **nicht** die Übernahme der Priorität der Registrierung; maßgebend ist stattdessen der Zeitpunkt des Erstreckungsantrages.

3. Schutzdauer

18   Die Schutzdauer der nachträglichen Schutzerstreckung endet am selben Tag wie der Schutz der international registrierten Marke, ist im ersten Schutzzeitabschnitt also nur eine Restschutzdauer.

VII. Eintragung im Markenregister des DPMA

19   Nachträgliche Schutzerstreckungen deutscher Basismarken werden im Gegensatz zur erstmaligen internationale Registrierungen nicht in das Markenregister eingetragen (Ströbele/Hacker/Thiering/Miosga § 123 Rn. 2).

B. Gebühren (Abs. 2)

20   Für die internationale Registrierung fallen auf **zwei Ebenen** Gebühren an: die nationale Gebühr der Behörde des Ursprungslandes (DPMA) (Art. 8 Abs. 1 PMMA) und die internationalen Gebühren des Internationalen Büros (Art. 8 Abs. 2 PMMA).

§ 111 betrifft die **nationale Gebühr** des **DPMA**. Die internationalen Gebühren sind in Regel **21**
34 Abs. 2 AusfO PMMA und dem GebVerzAusfO PMMA geregelt.

I. Nationale Gebühren

Gebührenpflicht, Gebührenhöhe, Fälligkeit, Zahlungsfrist und Folgen der unvollständigen oder **22**
verspäteten Zahlung der nationalen Gebühren sind nach § 64a für das Verfahren vor dem DPMA
einheitlich im **PatKostG** geregelt.

Es gilt Folgendes: **23**

- Die Pflicht zur Zahlung der nationalen Gebühr folgt aus § 64a MarkenG iVm § 2 Abs. 2
  PatKostG iVm GV 334300 PatKostG.
- Die nationale Gebühr beträgt 120 Euro (GV 334300 PatKostG).
- Die nationale Gebühr ist bei der Antragstellung, dh mit dem Eingang des Registrierungsgesuchs
  beim DPMA fällig (§ 64a MarkenG iVm § 3 Abs. 1 PatKostG).
- Grundsätzlich wäre die nationale Gebühr innerhalb von drei Monaten ab Fälligkeit zu zahlen
  (§ 6 Abs. 1 S. 2 PatKostG). Ausnahmsweise wird die Zahlungsfrist durch § 111 Abs. 2 auf einen
  Monat nach Fälligkeit (§ 64a MarkenG iVm § 3 Abs. 1 PatKostG) verkürzt, damit die Zahlungsfrist nicht mit der zweimonatigen Frist zur Weiterleitung der Anträge auf internationale Registrierung in Konflikt gerät (§ 111 Abs. 2 MarkenG als lex specialis zu § 6 Abs. 1 PatKostG).
- Als Verfahrensgebühr verfällt sie mit der Fälligkeit, kann also bei Rücknahme des Registrierungsgesuchs weder ganz noch teilweise erstattet werden, sondern nur, wenn die Rücknahmeerklärung vor oder gleichzeitig mit dem Registrierungsgesuch eingeht, oder wenn das Gesuch im
  Zeitpunkt der Zahlung bereits zurückgenommen war.
- Wird die Gebühr nicht, nicht vollständig oder nicht rechtzeitig gezahlt, gilt der Antrag auf
  internationale Registrierung als zurückgenommen (§ 64a MarkenG iVm § 6 Abs. 2 PatKostG).
  Unvollständig oder verspätet gezahlte Gebühren werden zurückerstattet, weil die Bearbeitung
  der Anmeldung nach § 5 Abs. 1 PatKostG erst nach Zahlung der Gebühr erfolgt und insoweit
  die beantragte Amtshandlung iSd § 10 Abs. 2 PatKostG noch nicht vorgenommen wurde.

Die Gebühr kann durch Bareinzahlung, Überweisung oder durch Erteilung einer Einzugsermäch- **24**
tigung erfolgen (§ 1 Abs. 1 PatKostZV). Bei Erteilung einer Einzugsermächtigung empfiehlt das
DPMA zur Vermeidung von Irrtümern und Verzögerungen die Verwendung eines amtlichen
Vordrucks. Nach Zahlung der nationalen Gebühr leitet das DPMA den Antrag an die WIPO
weiter.

Nach Zahlung der nationalen Gebühr leitet das DPMA den Antrag an das Internationale Büro **25**
der WIPO weiter.

II. Internationale Gebühren

Die internationalen Gebühren (Art. 8 Abs. 2 und 7 PMMA iVm dem GebVerzAusfO PMMA) **26**
bestehen aus einer Grundgebühr (300 CHF) und einer Ergänzungsgebühr (100 CHF für jedes
Verbandsland, für das der Schutz nachgesucht wird) oder individuellen Gebühr, wenn ein Vertragsstaat eine individuelle Gebühr festgesetzt hat, die anstatt der Ergänzungsgebühr zu zahlen ist.

Die internationalen Gebühren sind **unmittelbar an die WIPO** und nicht an das DPMA zu **27**
zahlen (Regel 34 Abs. 2 AusfO PMMA). Gleichwohl ist aber dem Gesuch um internationale
Registrierung das Gebührenberechnungsblatt (Anhang zum WIPO-Formblatt MM 2) als notwendiger Bestandteil des Gesuchs beizufügen. Anderenfalls erlässt die WIPO einen Beanstandungsbescheid. Das DPMA prüft demgegenüber nicht, ob das Gebührenberechnungsblatt beigefügt ist
oder zutreffend ausgefüllt ist. Vielmehr leitet es das Gebührenberechnungsblatt ohne Prüfung an
die WIPO weiter.

Zur Gebührenberechnung steht auf der Website der WIPO ein **Gebührenkalkulator** zur **28**
Verfügung (https://madrid.wipo.int/feecalcapp/, zuletzt abgerufen am 18.11.2022).

§ 112 Wirkung der internationalen Registrierung und der nachträglichen Schutzerstreckung

**(1) [1]Die internationale Registrierung oder die nachträgliche Schutzerstreckung einer
Marke, deren Schutz nach Artikel 3 und 3ter des Protokolls zum Madrider Markenabkommen auf das Gebiet der Bundesrepublik Deutschland erstreckt worden ist, hat dieselbe Wirkung, wie wenn die Marke am Tag der internationalen Registrierung nach
Artikel 3 Absatz 4 des Protokolls zum Madrider Markenabkommen oder am Tag der**

Eintragung der nachträglichen Schutzerstreckung nach Artikel 3ter Absatz 2 des Protokolls zum Madrider Markenabkommen zur Eintragung in das vom Deutschen Patent- und Markenamt geführte Register angemeldet und eingetragen worden wäre.

(2) Die in Absatz 1 bezeichnete Wirkung gilt als nicht eingetreten, wenn der international registrierten Marke nach den §§ 113 bis 115 der Schutz verweigert wird.

Überblick

Die Vorschrift wurde neu gefasst mWv 1.5.2022 durch Gesetz vom 10.8.2021 (BGBl. I 3490).

§ 112 ist die Zentralnorm des Schutzes internationaler Registrierungen ausländischer Marken in Deutschland. Er regelt die Wirkung, den die internationale Registrierung in Deutschland entfaltet.

Inhalt und Umfang des Schutzes bestimmen sich nach nationalem Recht (→ Rn. 1). Für den Zeitrang des Schutzes in Deutschland ist die internationale Registrierung maßgebend (→ Rn. 5).

Das DPMA kann den Schutz verweigern (→ Rn. 7), der Inhaber kann auf ihn verzichten (→ Rn. 8).

A. Wirkung einer internationalen Registrierung (Abs. 1)

I. Maßgeblichkeit des nationalen Markenrechts

1   Inhalt und Umfang des Schutzes einer international registrierten Marke bestimmen sich gemäß Art. 4 PMMA nach dem nationalen Recht der einzelnen Markenverbandsstaaten. In Deutschland bestimmt sich die Rechtsstellung des Inhabers einer internationalen Registrierung somit nach dem MarkenG. Der Rechtsinhaber genießt daher in demselben Umfang Schutz, den das MarkenG einer beim DPMA eingetragenen deutschen Marke gewährt (BGH GRUR Int 1967, 396 – Napoléon II; GRUR 1969, 48 – Alcacyl). Das ergibt sich bereits aus Art. 4 Abs. 1 lit. a S. 1 PMMA, der unmittelbar in Deutschland gilt. Soweit ausländische Rechtsordnungen weitergehende Rechte des Inhabers der Basismarke vorsehen, sind diese in Deutschland unerheblich, da dem Inhaber der erstreckten ausländischen Basismarke im Inland lediglich die Rechte des Inhabers einer deutschen Marke zustehen (BGH GRUR 1969, 48 – Alcacyl). Nach Einführung des § 30 Abs. 6 hat Deutschland auch die Erklärung nach Regel 20bis Abs. 6 lit. a AusfO PMMA zurückgenommen (WIPO-Mitteilung Nr. 55/2019); damit haben Lizenzen, die im Internationalen Register eingetragen sind, die gleiche Wirkung wie nach § 30 Abs. 6 im Register des DPMA eingetragene Lizenzen.

2   Die Wirkung des § 112 gilt auch bei **nachträglicher Schutzerstreckung** der internationalen Registrierung auf Deutschland nach § 111, und zwar auch, wenn der Schutz für Deutschland bereits rechtskräftig verweigert oder auf den Schutz verzichtet worden war. Der erneute Versuch, durch nachträgliche Schutzerstreckung der internationalen Registrierung Schutz in Deutschland zu erlangen, ist grundsätzlich hinzunehmen und kann allenfalls ausnahmeweise als rechtsmissbräuchlich zurückgewiesen werden (BGH GRUR 1979, 549 (550) – Meprial; GRUR 1998, 702 (703) – Protest).

II. Vorverlegung des Schutzes der internationalen Registrierung

3   Die international registrierte Marke wird mit dem Tag der internationalen Registrierung nach Art. 3 Abs. 4 S. 1 PMMA, dh mit dem **Tag des Eingangs des Registrierungsantrags** bei der WIPO (Art. 3 Abs. 4 S. 1 PMMA) oder sogar des Eingangs des Registrierungsantrags beim DPMA, wenn er innerhalb von zwei Monaten nach Eingang beim DPMA bei der WIPO eingeht (Art. 3 Abs. 4 S. 2 PMMA), einer deutschen angemeldeten und **(bereits) eingetragenen Marken gleichgestellt.** Anmeldung und Eintragung fallen also fiktiv zusammen. Im Ergebnis wird der Inhaber der internationalen Registrierung damit im Vergleich zum Inhaber einer deutschen Marke begünstigt, da deren Schutz nicht schon mit der Anmeldung beim DPMA, sondern erst mit der Eintragung beginnt. Verletzungsansprüche können daher aus einer international registrierten Marke in Deutschland ab dem Tag des Eingangs des Registrierungsantrags oder bei erst nachträglicher Schutzerstreckung auf Deutschland ab dem Tag Eingangs des Schutzerstreckungsantrags geltend gemacht werden (BGH GRUR 2008, 160 (161) – CORDARONE), während es auf das Datum der Veröffentlichungen hierzu nicht ankommt.

4   Faktisch wird die international registrierte Marke aber frühestens mit Eintragung im Register der WIPO durchsetzbar, da sie erst ab diesem Zeitpunkt **dokumentiert** ist.

III. Zeitrang der internationalen Registrierung

Weiter regelt § 112 Abs. 1 den Zeitrang des Schutzes in Deutschland, für den die internationale 5
Registrierung nach Art. 3 Abs. 4 PMMA maßgebend ist (zB BGH GRUR 2008, 160 (161) –
CORDARONE; auch bei späteren Berichtigungen im internationalen Register: OLG Hamburg
MarkenR 2009, 220 (222) – Schokostäbchen), so dass ggf. der Rückbezug auf den Zeitpunkt des
Eingangs des Antrags beim Amt des Ursprungsstaates zu beachten ist.

Eine internationale Registrierung kann die **Priorität nach Art. 4 PVÜ** in Anspruch nehmen, 6
sei es der Basismarke oder der Markenanmeldung in einem anderen PVÜ-Staat.

B. Wegfall der Schutzwirkung

I. Schutzverweigerung (Abs. 2)

Nach §§ 113–115 kann das DPMA ausländischen Marken den Schutz verweigern, womit von 7
der Ermächtigung des Art. 5 PMMA iVm Art. 6^quinquies PVÜ Gebrauch gemacht wird. Wenn
einer international registrierten Marke nach den §§ 113–115 der Schutz für die Bundesrepublik
Deutschland verweigert wird, dann **entfällt ihre Wirkung rückwirkend;** sie gilt als nicht eingetreten (§ 112 Abs. 2; vgl. § 52 Abs. 2). In diesem Fall können aus der international registrierten
Marke in der Bundesrepublik Deutschland keine Rechte geltend gemacht werden. Hat der Inhaber
wegen des Schutzes der Marke bereits ab dem Tag der internationalen Registrierung nach Art. 4
PMMA die Rechte aus der international registrierten Marke durchgesetzt, stellt sich die Rechtsdurchsetzung nachträglich als unberechtigt dar.

II. Verzicht

Unabhängig von der Schutzverweigerung kann die Wirkung der internationalen Registrierung 8
ausbleiben, wenn der Inhaber den **Antrag auf Schutzerstreckung zurücknimmt.** Dies kann –
anders als der Teilverzicht auf die internationale Registrierung – auch im nationalen Verfahren
gegenüber dem DPMA erfolgen und sogar konkludent durch Beschränkung eines gegen einen
Widerspruch gerichteten Zurückweisungsantrag, wenn die Zurückweisung des Widerspruchs nur
für einen Teil der von dem Schutzerstreckungsgesuch erfassten Waren oder Dienstleistungen beantragt wird (BPatG BeckRS 2007, 07443 – FIESTA/TESTA).

C. Übertragung einer internationalen Registrierung

I. Materiell-rechtliche Übertragung der internationalen Registrierung

Eine internationale Registrierung kann insgesamt oder teilweise (für einzelne Vertragsstaaten 9
oder für einzelne Waren- oder Dienstleistungen) übertragen werden. Da die internationale Registrierung in Bezug auf jeden benannten Vertragsstaat die gleiche Wirkung entfaltet wie eine in
diesem Vertragsstaat eingetragene nationale Marke (Art. 4 Abs. 1 lit. a PMMA), unterliegt auch
die Übertragung der internationalen Registrierung in Bezug auf jeden benannten Vertragsstaat
den nationalen Vorschriften des betreffenden Vertragsstaates (→ § 27 Rn. 68 ff.). Wird die internationale Registrierung nur in Bezug auf einen benannten Vertragsstaat übertragen, bedeutet dies,
dass die Übertragung nur dem Recht des betreffenden Vertragsstaats unterliegt. Wird die internationale Registrierung in Bezug auf alle oder zumindest mehrere benannte Vertragsstaaten übertragen, bedeutet dies, dass die Übertragung dem Recht mehrerer, nämlich aller betreffenden Vertragsstaaten unterliegt.

Die Übertragung insbesondere einer gesamten internationalen Registrierung muss daher, um 10
wirksam zu sein, den rechtlichen Anforderungen **verschiedener Rechtsordnungen** genügen.
Sie sollte daher sowohl in Bezug auf die formalen Anforderungen (zB Schriftform, beiderseitige
Unterschrift, notarielle Beglaubigung, Legalisierung, etc) wie auch in Bezug auf die materiellen
Anforderungen (zB Übertragung auch des der Marke anhaftenden „Goodwill", Angabe einer
erbrachten Gegenleistung, etc) anhand der Anforderungen der strengsten anwendbaren Rechtsordnung erfolgen, um sicherzustellen, dass die internationale Registrierung tatsächlich insgesamt
übertragen wird. Besondere formale Anforderungen werden allerdings von vielen Rechtsordnungen nur für die Eintragung der Übertragung im Register, nicht aber für die materiell-rechtliche
Übertragung als solche vorgeschrieben. Sie spielen daher keine Rolle, da die international registrierte Marke nur im internationalen Register eingetragen ist und umgeschrieben werden muss.

11   Eine internationale Registrierung kann auch **ohne die zugehörige Basismarke** übertragen werden (und umgekehrt). Aus dem Wortlaut des Art. 6 Abs. 3 PMMA folgt, dass dies auch schon während der fünfjährigen Abhängigkeit der international registrierten Marke von der Basismarke gilt; die Abhängigkeit betrifft wegen ihres Zweckes, einen „Zentralangriff" auf die international registrierte Marke zu ermöglichen (BPatG GRUR 1990, 129 (130) – Ginny), nur den Bestand, nicht aber die Zugehörigkeit zum gleichen Inhaber (so auch v. Schultz/Brandi-Dohrn § 27 Rn. 16; Fezer Markenpraxis-HdB/Gaedertz/Grundmann Rn. 332; aA aber Fezer Markenpraxis-HdB/Fammler Rn. 797; Fezer MMA Art. 9bis Rn. 2, für den Fall der Übertragung der Basismarke ohne die zugehörige international registrierte Marke).

II. Mögliche Erwerber der internationalen Registrierung

12   Da sich die Übertragung einer internationalen Registrierung nach dem jeweiligen nationalen Recht des benannten Vertragsstaates richtet, ist die wirksame Übertragung einer internationalen Registrierung nicht davon abhängig, dass der Erwerber berechtigt ist, internationale Registrierungen vorzunehmen, dh dass er in einem Vertragsstaat der Madrider Union eine gewerbliche Niederlassung, einen Wohnsitz oder die Staatsangehörigkeit besitzt. Dies ist nur – aber immerhin – für die Eintragung der Übertragung im Register der WIPO relevant. Hat der Erwerber weder gewerbliche Niederlassung noch Wohnsitz in einem Vertragsstaat noch die Staatsangehörigkeit eines solchen, kann er die international registrierte Marke daher zwar wirksam erwerben, doch ist eine **Eintragung** der Übertragung im Register der WIPO nicht möglich (→ § 27 Rn. 72 ff.; Ströbele/Hacker/Thiering/Hacker § 27 Rn. 62; Guide to the International Registration of Marks, B.II.73, Rn. 61.01). Relevant ist dies dort, wo an die Eintragung rechtliche Wirkungen geknüpft werden, zB eine Vermutung der Inhaberschaft an der Marke oder die Möglichkeit zB als Widersprechender an einem Amtsverfahren teilzunehmen. Wird die Übertragung gleichwohl im Register der WIPO eingetragen, kann die WIPO das Register zwar berichtigen (Regel 28 Abs. 1 AusfO PMMA). Die nationalen Behörden der von der internationalen Registrierung benannten Vertragsstaaten können die Übertragung aber nicht nach Regel 27 Abs. 4 AusfO PMMA für unwirksam erklären, da sich die – materielle-rechtliche – Wirksamkeit der Übertragung nach den nationalen Vorschriften der benannten Vertragsstaaten richtet und diese den Erwerb einer **nationalen Marke** regelmäßig nicht an Niederlassung, Wohnsitz oder Staatsangehörigkeit in Bezug auf einen Vertragsstaat des PMMA verlangen.

13   Eine nur teilweise übertragene Marke kann durch **Verschmelzung** wieder zusammengeführt werden, sobald der Inhaber der ursprünglichen und der abgespaltenen Marke durch Rückübertragung oder weitere Übertragung wieder übereinstimmt (Regel 27ter Abs. 1 AusfO PMMA). Der gebührenfreie Antrag ist auf dem **Formular MM 23** wiederum direkt bei der WIPO oder beim Heimatamt des Inhabers einzureichen.

III. Umschreibung der internationalen Registrierung

14   Die Umschreibung wird mit dem **Formular MM5** pe eMadrid beantragt (www.wipo.int/madrid/en/forms, zuletzt abgerufen am 23.11.2022). Entspricht der Antrag den Vorschriften, so trägt das Internationale Büro die Änderung im internationalen Register ein, teilt dies den Behörden der benannten Vertragsparteien mit, in denen die Änderung wirksam wird, und benachrichtigt den neuen und den früheren Inhaber sowie, falls der Antrag von einer Behörde eingereicht wurde, die betreffende Behörde (Regel 27 Abs. 1 lit. a AusfO PMMA).

§ 113 Prüfung auf absolute Schutzhindernisse

(1) ¹**International registrierte Marken werden in gleicher Weise wie zur Eintragung in das Register angemeldete Marken nach § 37 auf absolute Schutzhindernisse geprüft.** ²**§ 37 Absatz 2 ist nicht anzuwenden.**

(2) An die Stelle der Zurückweisung der Anmeldung (§ 37 Absatz 1) tritt die Verweigerung des Schutzes.

Überblick

Mit der Regelung des § 113 Abs. 1 wird von der Ermächtigung des Art. 5 Abs. 1 PMMA Gebrauch gemacht, internationale Registrierungen ausländischer Marken mit Schutzerstreckung auf Deutschland auf ihre Schutzfähigkeit zu überprüfen (→ Rn. 1) und ihnen ggf. den Schutz zu verweigern. Dabei gelten die gleichen Prüfungskriterien wie bei einer deutschen Marke; auch Verkehrsdurchsetzung kommt in Betracht (→ Rn. 7). Die Prüfung ist unabhängig von der Schutzfähigkeit im Ursprungsland (→ Rn. 6).

Eine Schutzverweigerung muss in der Regel innerhalb eines Jahres ausgesprochen werden (→ Rn. 12); das kann auch nur vorläufig geschehen, um eine genauere Prüfung zu ermöglichen (→ Rn. 16). Danach ist ein Inlandsvertreter zu bestellen (→ Rn. 27), der Rechtsmittel einlegen kann (→ Rn. 28).

Zur Abschlussmitteilung → Rn. 30, zur Schutzbewilligung → Rn. 34.

Anträge auf Schutzerstreckung können wiederholt gestellt werden (→ Rn. 33).

Übersicht

A. Prüfung von international registrierten Marken auf absolute Schutzhindernisse (Abs. 1)

I. Prüfung entsprechend nationaler Prüfungspraxis

1. Gegenstand der Prüfung

Gegenstand der Prüfung ist die **Veröffentlichung** gemäß Art. 3 Abs. 4 PMMA. Bei ersichtlichen Mängeln der Druckwiedergabe, muss das DPMA aber auch auf die Veröffentlichung der Ursprungsmarke zurückgreifen (vgl. BPatG GRUR 1993, 123 (124) – Verpackungsbox; Ströbele/Hacker/Thiering/Miosga Rn. 6). Mit dem Übergang auf elektronische Veröffentlichungen dürften solche Fälle kaum noch auftreten. **1**

2. Inhalt der Prüfung

International registrierte Marken werden vom **DPMA** wie deutschen Markenanmeldungen nach § 37 geprüft (→ § 37 Rn. 1), dh auf die Schutzfähigkeit des Zeichens als Marke nach § 3 (→ § 3 Rn. 1), auf das Vorliegen von absoluten Schutzhindernissen nach § 8 (→ § 8 Rn. 1) und auf das Bestehen älterer notorisch bekannter Marken nach § 10 (→ § 10 Rn. 1). **2**

Es kann daher auf die **Entscheidungspraxis zum MarkenG** verwiesen werden (zu Details → Rn. 3.1). **3**

Dabei sind zwar die **Grenzen** zu berücksichtigen, die durch Art. 6bis, 6ter und 6^{quinquies} B PVÜ als vorrangige Regelungen der PVÜ gesetzt sind (BPatG GRUR 1996, 408 – Cosa Nostra). Eine Schutzverweigerung darf nur auf die in Art. 6bis, 6ter und 6^{quinquies} B PVÜ erschöpfend aufgezählten Versagungsgründe gestützt werden, mit denen auch einer im Ausland eingetragenen Marke im Fall einer nationalen Anmeldung der Schutz versagt werden dürfte (Art. 6^{quinquies} A PVÜ, „Telle-quelle-Schutz"). Gemäß Erwägungsgrund 12 MRL sind aber die auf ihrer Grundlage erlassenen nationalen Vorschriften PVÜ-konform auszulegen; durch § 8 Abs. 2 wurde die MRL umgesetzt. Daher entsprechen die Schutzhindernisse des § 8 Abs. 2 **3.1** denen des Art. 6^quinquies lit. a PVÜ (BGH GRUR 2008, 1000 (1001) – Käse in Blütenform II; GRUR 2007, 973 (974) – Rado-Uhr III; GRUR 2004, 329 – Käse in Blütenform I; GRUR 2001, 413 (414) – SWATCH). Ob sich das Eintragungshindernis dabei unmittelbar aus der PVÜ (BGH GRUR 2001, 413 (414) – SWATCH; GRUR 2001, 416 – OMEGA; GRUR 2001, 418 (419) – Montre) oder aus den Regelungen des MarkenG ergibt, die lediglich am Maßstab der PVÜ zu messen sind (Ströbele/Hacker/Thiering/Miosga Rn. 3), ist daher nicht mehr von Bedeutung.

4   Wird ein der WIPO mitgeteilter Schutzverweigerungstatbestand **später gesetzlich neu geregelt,** dann kommt eine Schutzverweigerung auf Grund der Nachfolgeregelung nur insoweit in Betracht, als sich diese mit der früheren Regelung deckt. Soweit das MarkenG die im WZG enthaltenen Schutzverweigerungsgründe (Eintragungshindernisse) nicht nur neu formuliert, sondern erweitert hat, kann eine solche Änderung der Rechtslage wegen der vorrangigen Vorschriften des Art. 5 Abs. 1 S. 2 PMMA keine Berücksichtigung finden. Diese Vorschriften überlagern die Übergangsregelung des § 152 (BPatG GRUR 1996, 408 (409) – COSA NOSTRA). Hat etwa das DPMA einer IR-Marke den Schutz nach § 4 Abs. 2 Nr. 4 WZG verweigert, so kann nach Inkrafttreten des MarkenG der Schutzverweigerungstatbestand des § 8 Abs. 2 Nr. 5 nur insoweit herangezogen werden, als er sich mit dem Verbot Ärgernis erregender Darstellungen nach § 4 Abs. 2 Nr. 4 WZG deckt (BPatG GRUR 1996, 408 (409) – COSA NOSTRA).

5   Registriert die WIPO einen Antrag auf Schutzausdehnung der Basismarke auf Deutschland, obwohl dieser Marke bereits früher der Schutz für Deutschland unanfechtbar verweigert worden war, so darf ihr wegen **Rechtsmissbrauchs** der Schutz ohne Sachprüfung erneut verweigert werden, es sei denn, der insoweit darlegungspflichtige Markeninhaber trägt eine Änderung der rechtlichen oder tatsächlichen Verhältnisse vor, die eine nochmalige Überprüfung rechtfertigen könnten (BGH GRUR 1979, 549 – Mepiral).

II. Unabhängigkeit vom Schutz der Marke im Ursprungsland

6   Der Schutz kann auch dann verweigert werden, wenn die Schutzfähigkeit im Ursprungsland bejaht worden war (BGH GRUR 2001, 413 (414) – Swatch; GRUR 1995, 732 (734) – Füllkörper; GRUR 1957, 215 (219) – Flava Erdgold). Auch eine Verkehrsdurchsetzung im Ursprungsland garantiert daher keinen Schutz der nicht von Haus aus unterscheidungskräftigen Marke im benannten Land. Immerhin kann eine Verkehrsdurchsetzung im Ursprungsland eine solche im benannten Land fördern.

III. Verkehrsdurchsetzung

7   Die Schutzhindernisse des § 8 Abs. 2 können durch Erlangung von Verkehrsdurchsetzung in Deutschland überwunden werden (§ 8 Abs. 3; → § 8 Rn. 1096 ff.), da nach Art. 6^quinquies A PVÜ „alle Tatumstände zu berücksichtigen sind, insbesondere die Dauer des Gebrauchs der Marke". Allerdings muss die Verkehrsdurchsetzung zum Zeitpunkt der Schutzerstreckung auf Deutschland vorgelegen haben. Andernfalls ist der Schutz zu verweigern. PMMA und PVÜ sehen nämlich anders als § 37 Abs. 2 (→ § 37 Rn. 15) **keine Verschiebung des Prioritätszeitpunkts** vor und lassen sie daher nicht zu (vgl. auch § 112 Abs. 1 S. 2; BPatG GRUR 1996, 492 – Premiere II). § 113 Abs. 1 S. 2 enthält daher nur eine Klarstellung. Wird das Schutzhindernis zu einem späteren Zeitpunkt überwunden, bleibt dem Markeninhaber aber die Möglichkeit, durch eine nachträgliche Schutzerstreckung nach Art. 3ter PMMA Schutz der Marke in Deutschland – dann mit entsprechend späterem Zeitrang – zu erlangen. Der Inhaber einer international registrierten Marke ist daher nicht schlechter gestellt als der Inhaber einer deutschen Marke (BPatG GRUR 1996, 492 – Premiere II).

IV. Ergebnis der Prüfung

1. Kein Schutzhindernis

8   Besteht kein Schutzhindernis, wird der international registrierten Marke der Schutz in Deutschland gewährt. Über das Ergebnis der Prüfung wird **keine Zwischenmitteilung** an die WIPO gemacht. Eine Vertragspartei des PMMA, die die international registrierte Marke auf absolute Schutzverweigerungsgründe geprüft, jedoch keine solchen festgestellt hat, kann zwar der WIPO gemäß Regel 18bis AusfO PMMA eine Mitteilung machen, dass die Prüfung auf absolute Schutzverweigerungsgründe abgeschlossen ist und keine Schutzverweigerungsgründe festgestellt wurden, die Marke aber noch Gegenstand von Widersprüche sein kann oder ist, mit der Folge, dass nach

Ablauf der Widerspruchsfrist eine erneute Mitteilung zu erfolgen hat. Von dieser Möglichkeit macht das DPMA aber keinen Gebrauch. Es wartet vielmehr zunächst den Ablauf der Widerspruchsfrist ab, um sodann beide Arten von Schutzverweigerungsgründen in einer Mitteilung abzudecken.

2. Schutzhindernis

Besteht ein Schutzhindernis, wird der international registrierten Marke der Schutz in Deutschland **verweigert**. 9

B. Schutzverweigerung (Abs. 2)

Da die deutschen Anteile (Benennungen) von internationalen Registrierungen nicht in das Markenregister des DPMA eingetragen werden, tritt in dem Fall, in dem absolute Schutzhindernisse vorliegen, nach § 113 Abs. 2 an die Stelle der Zurückweisung der Anmeldung die Verweigerung des Schutzes iSd Art. 5 Abs. 1 PMMA. 10

Besteht nach Auffassung des DPMA ein **absolutes Eintragungshindernis,** so teilt es der WIPO mit, dass es den Schutz der international registrierten Marke in Deutschland vorläufig verweigert. 11

I. Schutzverweigerungsfrist

1. Fristlänge

Die Schutzverweigerung muss auch für nach dem PMMA international registrierte Marken grundsätzlich **innerhalb eines Jahres** nach der internationalen Registrierung oder dem Ausdehnungsgesuch ausgesprochen werden (Art. 5 Abs. 2 lit. a PMMA); die Frist kann durch nationale Vorschriften verkürzt, nicht aber verlängert werden. Das MarkenG sieht aber keine Verkürzung vor, so dass es für den deutschen Anteil von internationalen Registrierungen bei der einjährigen Frist bleibt. 12

Die Vertragsstaaten des PMMA können erklären, dass an die Stelle des einjährigen Prüfungszeitraums ein **Zeitraum von 18 Monaten** tritt (Art. 5 Abs. 2 lit. b PMMA), wie es zB die Europäische Union und zwölf EU-Mitgliedstaaten getan haben. Bei der Erstreckung einer internationalen Registrierung mit Basismarke in einem Staat, der sowohl Mitglied des MMA als auch des PMMA ist („Mischstaat"), auf einen anderen Mischstaat bleibt die im Grundsatz geltende – aus dem MMA stammende – Schutzverweigerungsfrist von zwölf Monaten aber bestehen, selbst wenn der benannte Mischstaat eine Erklärung über die Verlängerung der Schutzverweigerungsfrist auf 18 Monate abgegeben hat, denn obwohl zwischen Mischstaaten nach Art. 9^{sexies} PMMA das PMMA vorrangig ist, erklärt Art. 9^{sexies} Abs. 1 lit. b PMMA eine entsprechende Erklärung für wirkungslos. 13

2. Fristbeginn

Die Frist zur Mitteilung der Schutzverweigerung beginnt mit der **tatsächlichen Eintragung** der erstmaligen Registrierung oder einer nachträglichen Benennung im Register, wofür es nach der gesetzlichen Fiktion der Regel 18 Abs. 1 lit. a Ziff. iii AusfO PMMA auf die Versendung der Mitteilung über die Registrierung/Benennung ankommt. Sie beginnt also nicht schon mit dem Eingang des Registrierungsantrags, mag dieser auch als Registrierungsdatum gelten (BPatG GRUR 2006, 868 (870) – goseven; BeckRS 2009, 01820 – LOKMAUS). 14

3. Verspätung

Bei fristgerechter Zusendung wird die vorläufige Schutzverweigerung in das internationale Register eingetragen und übermittelt die WIPO dem Inhaber der international registrierten Marken eine Kopie der Mitteilung des DPMA (Regel 17 Abs. 4 AusfO PMMA). Wird eine Schutzverweigerung verspätet mitgeteilt, wird sie **nicht berücksichtigt** und entfaltet **keine rechtlichen Wirkungen;** der Vertragsstaat kann den Schutz nicht mehr von Beginn an versagen (Art. 5 Abs. 2 PMMA). Demzufolge wird die Schutzverweigerung auch nicht im internationalen Register vermerkt. Gleichwohl übersendet die WIPO die Schutzverweigerungsmitteilung an den Inhaber der international registrierten Marke, teilt ihm und der mitteilenden Behörde aber mit, dass und warum die vorläufige Schutzverweigerung nicht als solche betrachtet wird (Regel 18 Abs. 1 lit. a Ziff. iii, lit. b, Abs. 2 lit. a AusfO PMMA). Der Inhaber der international registrierten Marke 15 erlangt durch die Mitteilung davon Kenntnis, dass der Schutz der Marke durch potentielle Konflikte gefährdet ist und kann sich darauf einstellen, da der zunächst gewährte Schutz immer noch durch ein nachträgliches Schutzentziehungsverfahren wieder entfallen kann.

II. Vorläufige Schutzverweigerung

16   Da innerhalb der Jahresfrist regelmäßig keine endgültige Entscheidung über die Schutzverweigerung getroffen werden kann, wird zunächst eine nur vorläufige Schutzverweigerung ausgesprochen wird („refus provisoire"), in der die möglicherweise bestehenden Schutzverweigerungsgründe mitgeteilt werden.

17   Die **Mitteilung** der vorläufigen Schutzverweigerung wird vom DPMA an das Internationale Büro gesandt und von diesem an den Markeninhaber weitergeleitet (näher Regel 17 AusfO PMMA). Schutzverweigerungen werden in der Praxis durch **Formulare** mitgeteilt. Die von den verschiedenen Vertragsstaaten verwendeten Formulare sind nicht einheitlich, seit September 2009, dh seit das Internationale Büro den Vertragsstaaten Formulare zur Verfügung stellt, nimmt die Vereinheitlichung aber zu.

1. Wirkung der vorläufigen Schutzverweigerung

18   Der mit der Eintragung vorläufig gewährte Schutz wird durch den „refus provisoire" vorläufig wieder aufgehoben. Die vorläufige Schutzverweigerung wirkt gleichwohl tatsächlich schutzverweigernd, wird also durch die endgültige Schutzverweigerung („refus definitive") nicht erst „aktiviert", sondern nur bestätigt, und nur durch eine Schutzgewährung („Final Disposition on Status of a Mark"/„Statement of Grant of Protection") aufgehoben. Wird der Schutz vom DPMA nur für einzelne Waren oder Dienstleistungen verweigert, wird der Schutz gleichwohl für die gesamte Marke vorläufig verweigert.

19   Mit einer (rechtskräftigen) endgültigen Schutzverweigerung entfällt der – vorläufige – Schutz der international registrierten Marke **rückwirkend** (§ 112 Abs. 2; → § 112 Rn. 7). Die Eintragung der Schutzverweigerung in das internationale Register nach Regel 18ter Abs. 6 AusfO PMMA hat nur deklaratorische Wirkung.

20   Seit Februar 2019 ist es möglich, die Teilung der Eintragung in Bezug auf einen benannten Vertragsstaat zu beantragen. Die Waren oder Dienstleistungen werden dann in Form einer neuen **Teilungseintragung** unter der gleichen Eintragungsnummer mit einem Großbuchstaben abgespalten (Regel 27bis AusfO PMMA). Für die Eintragung mit den nicht von der Schutzverweigerung betroffenen Waren oder Dienstleistungen kann der Schutz dann bewilligt und das Schutzverweigerungsverfahren auf die parallele Eintragung mit den von der Schutzverweigerung betroffenen Waren oder Dienstleistungen beschränkt werden. Die Teilungseintragung ist auf dem **Formular MM 22** einzureichen, allerdings nicht bei der WIPO, sondern beim DPMA, das den Antrag an die WIPO weiterleitet. Die Gebühr der WIPO beträgt 177 CHF. Zu einem späteren Zeitpunkt, insbesondere nach Beendigung des Schutzverweigerungsverfahren können beide Eintragungen (anders als im deutschen Recht) durch einen Verschmelzungsantrag wieder zusammengeführt werden (Regel 27ter Abs. 2 AusfO PMMA). Der Antrag ist auf dem **Formular MM 24** wiederum beim DPMA einzureichen. Die Teilung wird mit dem Tag eingetragen, an dem sie bei der WIPO eingegangen ist (Regel 27bis Abs. 4 lit. b AusfO PMMA). Die abgespaltene Teilungseintragung ist jedoch mit demselben Tag wirksam und genießt den gleichen Zeitrang wie die Stammeintragung, muss aber auch zum gleichen Zeitpunkt verlängert werden. Die abgespaltene Teilungseintragung bleibt mit der Stammeintragung **akzessorisch verbunden;** eine Löschung der Stammeintragung führt auch zur Löschung der Teilungseintragung (Regel 22 Abs. 2 lit. b AusfO PMMA).

2. Inhalt der vorläufigen Schutzverweigerung

21   Nach Art. 5 Abs. 2 PMMA sind mit der Schutzversagung **alle Gründe mitzuteilen,** dh der Schutz kann nur aus solchen Gründen verweigert werden, die das DPMA der WIPO fristgemäß mitgeteilt hat (BGH GRUR 1993, 43 (44) – Römigberg; BPatG GRUR 1998, 146 (148) – Plastische Marke; GRUR 1996, 492 – PREMIERE II; BPatGE 27, 148 (149) – moi). Diese beziehen sich auf die gesetzlichen Versagungsgründe, also ist insbesondere das vom DPMA angenommene Eintragungshindernis im Einzelnen zu benennen. Es müssen allerdings nicht sämtliche Tatsachen mitgeteilt werden, auf die sich die Schutzversagung stützt. Im anschließenden amtlichen (ggf. auch noch im nachfolgenden Beschwerdeverfahren, da auch insoweit der Grundsatz der Amtsermittlung gilt) und gerichtlichen Verfahren können neue Tatsachen berücksichtigt werden, solange hierdurch der Beweggrund für die Schutzversagung nicht verändert wird (BGH GRUR 2005, 578 (579) – LOKMAUS).

Der Schutz kann – ohne Verstoß gegen das Recht auf rechtliches Gehör – ausnahmsweise auch **22** wegen eines **anderen Grundes als dem mitgeteilten** versagt werden, wenn die beiden Gründe einander gleichgeachtet werden können (BGH GRUR 1993, 43 (44) – Römigberg; BPatG GRUR 1996, 492 (493) – PREMIERE II; GRUR 1996, 494 – PREMIERE III). Zu beachten ist in diesem Zusammenhang aber, dass insbesondere die Schutzverweigerung wegen mangelnder Unterscheidungskraft (subjektiv verstandene Verkehrsauffassung) nicht mit derjenigen wegen eines Freihaltebedürfnisses (objektiv verstandenes Bedürfnis der Wettbewerber) gleichgeachtet wird (BPatG GRUR 1996, 492 (493) – PREMIERE II).

Zum **Inhalt der Schutzverweigerungsmitteilung** s. Regel 17 Abs. 2 und 3 AusfO PMMA. **23**

3. Sprache der vorläufigen Schutzverweigerung

Die Mitteilung der vorläufigen Schutzverweigerung durch das DPMA erfolgt nach eigenem **24** **Ermessen** der Behörde in Englisch oder Französisch; die Eintragung in das internationale Register erfolgt in Englisch, Französisch und Spanisch; die Mitteilung der WIPO an den Inhaber der international registrierten Marke, mit dem eine Kopie der Schutzverweigerungsmitteilung des DPMA übersandt wird, erfolgt in der Sprache, in der die internationale Registrierung angemeldet wurde bzw. die Sprache, die der Anmelder als Verfahrenssprache gewählt hat.

Zur Sprachregelung s. Regel 6 AusfO PMMA. **25**

4. Mängel der vorläufigen Schutzverweigerung

Die Schutzverweigerungsmitteilung kann Mängel enthalten, von denen einige heilbar sind, **26** andere nicht (s. hierzu Regel 18 Abs. 1 lit. a und b, Abs. 2 AusfO PMMA). Sind sie **heilbar,** setzt die WIPO dem DPMA eine **Frist** von zwei Monaten zur Heilung des Mangels. Auch eine mangelhafte Schutzverweigerungsmitteilung sowie die Aufforderung zur Korrektur werden dem Inhaber der international registrierten Marke mitgeteilt. Er kann sich daher in der zweimonatigen Korrekturfrist bereits mit den Schutzverweigerungsgründen befassen und im Falle eines Widerspruchs mit dem Inhaber der Widerspruchsmarke Verhandlungen aufnehmen.

5. Rechtsmittel gegen die vorläufige Schutzverweigerung

Nach einer vorläufigen Schutzverweigerung ist innerhalb von vier Monaten ein **Inlandsvertre-** **27** **ter** zu bestellen (§ 96; → § 96 Rn. 1), der gegenüber dem DPMA zur vorläufigen Schutzverweigerung Stellung nimmt (§ 46 Abs. 1 MarkenV). Nach der Bestellung des Inlandsvertreters stellt das DPMA die Schutzverweigerung dem Vertreter erneut zu und setzt eine neue Frist für die Stellungnahme.

III. Entscheidung

Ist der Widerspruch zulässig, wird aber kein Inlandsvertreter bestellt oder erfolgt die Bestellung **28** verspätet, wird die **Schutzverweigerung endgültig** (§ 36 Abs. 2 MarkenV; BPatG BeckRS 2000, 15240 – CHRONIN). Gegen den Beschluss stehen dem Markeninhaber die **Rechtsmittel** des nationalen Rechts (Art. 5 Abs. 3 PMMA), dh Erinnerung (§ 64) und Beschwerde (§ 66) zur Verfügung (Ingerl/Rohnke Rn. 10; Ströbele/Hacker/Thiering/Miosga § 114 Rn. 7). Die einmonatige Erinnerungs- oder Beschwerdefrist beginnt mit dem Ende der viermonatigen Frist ohne Zustellung eines weiteren Bescheides zu laufen. Wird kein Rechtsmittel eingelegt, wird die Entscheidung rechtskräftig, die Schutzverweigerung unanfechtbar (§ 46 Abs. 2 S. 1 MarkenV). Voraussetzung für den Fristlauf ist eine ordnungsgemäße Rechtsmittelbelehrung im Schutzverweigerungsbescheid (§ 46 Abs. 2 S. 2–3 MarkenV).

Dem Wortlaut nach verlangt **§ 46 MarkenV** für jeden Inhaber einer international registrierten Marke **28.1** die Bestellung eines Inlandsvertreters. Dies deckt sich allerdings nicht mit § 96, zB wenn Inhaber der international registrierten Marke die inländische Zweigniederlassung eines ausländischen Unternehmens ist; diese unterliegt nicht dem Bestellungszwang nach § 96. In solchen Fällen muss die Angabe der Anschrift der inländischen Zweigniederlassung für die weitere Korrespondenz im Widerspruchsverfahren genügen. Eine Ausdehnung des Bestellungszwangs über § 96 hinaus dürfte von der Verordnungsermächtigung für die MarkenV gemäß § 65 nicht gedeckt sein.

Wird rechtzeitig ein **Inlandsvertreter** bestellt, trifft das DPMA unter Berücksichtigung seiner **29** Stellungnahme eine Sachentscheidung. Hält es die Schutzhindernisse nicht mehr für gegeben, wird die vorläufige Schutzverweigerung aufgehoben und der Marke in Deutschland – ggf. teil-weise – Schutz gewährt. Hält es die Schutzhindernisse dagegen weiterhin für gegeben, wird der international registrierten Marke der Schutz in Deutschland durch Beschluss endgültig verweigert. Gegen den Beschluss stehen dem Markeninhaber die Rechtsmittel des nationalen Rechts zu (Art. 5 Abs. 3 PMMA), dh Erinnerung (§ 64) und Beschwerde (§ 66). Wird keine Rechtsmittel eingelegt, wird die Entscheidung rechtskräftig.

IV. Abschlussmitteilung

30   Nach **endgültigem Abschluss** des Verfahrens versendet das DPMA die – seit 1.9.2009 ver-pflichtende – Abschlussmitteilung nach Regel 18ter AusfO PMMA, dass die Schutzverweigerung aufgehoben und der Marke insgesamt Schutz in Deutschland gewährt wurde (Regel 18ter Abs. 2 lit. i AusfO PMMA) („Statement of Grant of Protection" oder „Final Disposition on Status of a Mark") oder die Schutzverweigerung für einen Teil der Waren und Dienstleistungen des Verzeich-nisses aufgehoben und der Marke insofern Schutz in Deutschland gewährt wurde, wenn sich die Schutzverweigerung nur auf einen Teil der Waren und Dienstleistungen des Verzeichnisses bezieht (Regel 18ter Abs. 2 Ziff. ii AusfO PMMA) – die Abschlussmitteilung ersetzt insoweit den Antrag auf Eintragung der Einschränkung (BPatG GRUR 2008, 512 (515) – Ringelnatz) –, oder der Marke insgesamt der Schutz in Deutschland verweigert wurde (Regel 18ter Abs. 3 AusfO PMMA) („Confirmation of Total Provisional Refusal").

31   Diese Abschlussmitteilung stellt keinen beschwerdefähigen Bescheid, sondern eine **bloße Mit-teilung** dar, die nicht in Rechte eingreift (BPatG BeckRS 2000, 15240 – CHRONIN). Die WIPO trägt die endgültige Schutzverweigerung in das internationale Register ein und übermittelt eine Kopie hiervon an den Inhaber der internationalen Registrierung (Regel 18ter Abs. 5 AusfO PMMA).

32   Das DPMA teilt dem Markeninhaber den Tag des Zugangs der Abschlussmitteilung gesondert mit, weil mit dem Tag des Zugangs die Benutzungsschonfrist beginnt (§ 115 Abs. 2, § 116 Abs. 1; → § 115 Rn. 4; → § 116 Rn. 3).

V. Erneute Schutzerstreckung

33   Nach erfolgter Schutzverweigerung kann der Anmelder einen erneuten Antrag auf Schutzer-streckung auf Deutschland stellen. In die Sachprüfung tritt das DPMA aber nur ein, wenn **neue rechtliche oder tatsächliche Gesichtspunkte** vorgebracht werden (BGH GRUR 1979, 549 (550) – Mepiral; BPatG GRUR 1998, 702 (703) – PROTEST). Diese Veränderung kann jedoch auch in einer bloßen Änderung der Spruchpraxis liegen (Ingerl/Rohnke Rn. 12; Ströbele/Hacker/Thiering/Miosga § 112 Rn. 4).

C. Schutzbewilligung

34   Erfolgt keine Schutzverweigerung, tritt nach § 112 Abs. 2 e contrario eine Erstreckung des Schutzes der IR-Marke ein, die nur unter den Voraussetzungen von § 115 (→ § 115 Rn. 1) wieder entzogen werden kann, und wird die Abschlussmitteilung über die Schutzgewährung gemäß Regel 18ter Abs. 1 AusfO PMMA („Grant of Protection") an die WIPO versandt.

35   Die Schutzbewilligung wird vom DPMA weder in ein Register eingetragen noch veröffentlicht (§ 25 iVm § 65 Abs. 1 Nr. 6). Sie kann nur der amtlichen Veröffentlichung in der als Datenbank verfügbaren „Gazette of International Marks"/„Gazette des marques internationals" und der nicht-amtlichen Datenbank „Madrid Monitor" entnommen werden. Das DPMA teilt dem Markeninha-ber aber den Tag des Zugangs der Abschlussmitteilung gesondert mit, weil mit dem Tag des Zugangs die Benutzungsschonfrist beginnt (§ 115 Abs. 2, § 116 Abs. 1).

§ 114 Widerspruch gegen eine international registrierte Marke

(1) An die Stelle der Veröffentlichung der Eintragung (§ 41 Absatz 2) tritt für interna-tional registrierte Marken die Veröffentlichung in dem vom Internationalen Büro der Weltorganisation für geistiges Eigentum herausgegebenen Veröffentlichungsblatt.

(2) Die Frist zur Erhebung des Widerspruchs (§ 42 Absatz 1) gegen die Schutzgewäh-rung für international registrierte Marken beginnt mit dem ersten Tag des Monats, der dem Monat folgt, der als Ausgabemonat desjenigen Heftes des Veröffentlichungsblattes

angegeben ist, in dem die Veröffentlichung der international registrierten Marke enthalten ist.

(3) An die Stelle der Löschung der Eintragung (§ 43 Absatz 2 Satz 1) tritt die Verweigerung des Schutzes.

Überblick

§ 114 ergänzt die allgemeine Verweisungsnorm des § 107 um Sonderregeln für Widersprüche (→ Rn. 7) gegen internationale Registrierungen ausländischer Marken mit Schutzerstreckung auf Deutschland, um den Besonderheiten der internationalen Registrierung gerecht zu werden, die sich durch das Registrierungsverfahren nach dem PMMA ergeben. Dabei stimmen Fristbeginn (→ Rn. 9) und Fristberechnung (→ Rn. 3) nicht mit der Frist bei deutschen Marken nach § 42 Abs. 1 überein.

Die Schutzverweigerung ist an Fristen gebunden (→ Rn. 9); daher erfolgt zunächst eine vorläufige Schutzversagung (→ Rn. 11). Für das Widerspruchsverfahren ist dann ein Inlandsvertreter zu bestellen (→ Rn. 20). Das Verfahren wird mit einer Abschlussmitteilung beendet (→ Rn. 21).

Übersicht

A. Veröffentlichung von IR-Marken (Abs. 1)

Internationale Registrierungen werden gemäß Art. 3 Abs. 4 S. 5 PMMA in einem von der **1** WIPO herausgegebenen Veröffentlichungsblatt, der „Gazette des Marques Internationales" bzw. „WIPO Gazette of International Marks", veröffentlicht (Regel 32 Abs. 1 lit. a Ziff. i AusfO PMMA). Die Einträge im internationalen Register und die in der Gazette veröffentlichten Angaben sind im Internet in der Datenbank „Madrid Monitor" des internationalen Büros abrufbar (www3.wipo.int/madrid/monitor/en). Art. 3 Abs. 5 S. 2 PMMA verbietet ein zusätzliches Veröffentlichungserfordernis auf nationaler Ebene. Deswegen sieht § 114 Abs. 1 vor, dass die für deutsche Marken vorgeschriebene Veröffentlichung der Eintragung im Markenblatt des DPMA (§ 41 S. 2; → § 41 Rn. 1; §§ 27, 28 MarkenV) bei internationalen Registrierungen durch deren Veröffentlichung ersetzt wird.

„Erneuerungen" von internationalen Registrierungen nach Art. 7 PMMA stellen keine Neu- **2** eintragungen, sondern bloße Verlängerungen dar und eröffnen daher keine Widerspruchsmöglichkeit (BPatG GRUR 1969, 245; BPatGE 19, 196). Etwas anderes gilt für die Veröffentlichung der Berichtigung einer hinsichtlich ihrer Wiedergabe fehlerhaft veröffentlichten Marke; sie setzt eine neue Widerspruchsfrist in Gang (BPatG GRUR Int 1974, 289 – RE POMORO). Der Schutz einer international registrierten Marke kann nach Art. 5 Abs. 1 PMMA iVm Art. 6^{quinquies} B Nr. 1 PVÜ auch versagt werden, wenn Löschungsgründe nach allgemeinem Wettbewerbsrecht vorliegen (BGH GRUR 1955, 575 – Hückel), dies allerdings nicht im Widerspruchsverfahren.

B. Beginn der Widerspruchsfrist (Abs. 2)

Nach den §§ 107, 42 kann gegen international registrierte Marken, deren Schutz auf die **3** Bundesrepublik Deutschland erstreckt worden ist, in gleicher Weise Widerspruch erhoben werden wie gegen im Markenregister eingetragene Marken. Für die Berechnung der Widerspruchsfrist tritt die Veröffentlichung der internationalen Registrierungen in der „Gazette" an die Stelle der Veröffentlichung der Eintragung im Markenblatt (§ 41).

Der Schutz einer internationalen Registrierung kann nach Art. 5 Abs. 1 PMMA iVm Art. 6^{quinquies} B **3.1** Nr. 1 PVÜ versagt werden, wenn die Marke geeignet ist, Rechte Dritter im Schutzland zu verletzen. Der Tatbestand der Markenverletzung richtet sich nach den nationalen Vorschriften, dh §§ 9–13.

4   Die dreimonatige Widerspruchsfrist beginnt anders als nach § 42 Abs. 1 nicht schon mit dem Tag der Veröffentlichung nach § 114 Abs. 1, sondern erst mit dem ersten Tag des auf den angegebenen Ausgabemonat des heute elektronischen Veröffentlichungsblatts der WIPO folgenden Monats. Wann das Veröffentlichungsblatt tatsächlich erschienen ist, spielt demgegenüber keine Rolle.

5   Die **Fristberechnung** erfolgt nach den §§ 186 ff. BGB, dh der erste Tag des Folgemonats wird mitgerechnet (§ 187 Abs. 2 S. 1 BGB), die Widerspruchsfrist endet mit dem Ablauf des letzten Tages des dritten Monats (§ 188 Abs. 2 Alt. 2 BGB), und fällt der letzte Tag der Widerspruchsfrist auf einen Samstag, auf einen Sonntag oder auf einen am Sitz einer für die Einreichung zuständigen Dienststelle des DPMA staatlich anerkannten allgemeinen Feiertag, so endet die Frist erst mit dem Ablauf des nächsten Werktages (§ 193 BGB).

6   Eine **Wiedereinsetzung in den vorigen Stand** bei Versäumung der Frist ist ausgeschlossen (§ 91 Abs. 1 S. 2).

C. Schutzverweigerung bei Widerspruch (Abs. 3)

7   Wird kein Widerspruch gegen die Schutzgewährung der international registrierten Marke in Deutschland eingelegt, wird ihr der Schutz in Deutschland gewährt. Wird ein erfolgreicher Widerspruch gegen die Schutzgewährung eingelegt, wird der international registrierten Marke der Schutz in Deutschland verweigert.

8   Da die deutschen Anteile (Benennungen) von internationalen Registrierungen meist neben weiteren Anteilen bestehen, erfolgt im Falle eines erfolgreichen Widerspruchs naturgemäß nicht die Löschung der internationalen Registrierung insgesamt. Da die deutschen Anteile (Benennungen) von internationalen Registrierungen zudem nicht in das Markenregister des DPMA eingetragen werden, kann auch der deutsche Anteil nicht gelöscht werden. Vielmehr tritt nach § 114 Abs. 3 im Falle eines erfolgreichen Widerspruchs an die Stelle der Löschung der Eintragung (§ 43 Abs. 2) die auf Deutschland beschränkte Verweigerung des Schutzes (Art. 5 PMMA).

I. Schutzverweigerungsfrist

9   Die Schutzverweigerung muss auch unter der Geltung des PMMA grundsätzlich innerhalb eines Jahres nach der internationalen Registrierung oder dem Ausdehnungsgesuch ausgesprochen werden (Art. 5 Abs. 2 lit. a PMMA, Regel 18 Abs. 1 lit. a Ziff. iii AusfO PMMA).

10   Die **Frist** zur Mitteilung der Schutzverweigerung beginnt mit der tatsächlichen Eintragung der erstmaligen Registrierung oder einer nachträglichen Benennung im Register. Wird eine Schutzverweigerung **verspätet** mitgeteilt, wird sie nicht berücksichtigt und entfaltet keine rechtlichen Wirkungen (Regel 18 Abs. 1 lit. a Ziff. iii AusfO PMMA). Insofern ist auf die diesbezüglichen Ausführungen zu § 113 verwiesen (→ § 113 Rn. 1 ff.).

II. Vorläufige Schutzverweigerung

11   Wird ein Widerspruch eingelegt, **prüft das DPMA** nur (Ströbele/Hacker/Thiering/Miosga, Rn. 4), ob der Widerspruch rechtzeitig und formgerecht eingegangen ist und die Widerspruchsgebühr gezahlt wurde.

12   Eine **sachliche Prüfung** des Widerspruchs findet wegen der Zweiseitigkeit des Verfahrens zu diesem Zeitpunkt noch **nicht** statt. Da innerhalb der Jahresfrist regelmäßig keine endgültige Entscheidung über den Widerspruch getroffen werden kann, wird zunächst eine nur vorläufige Schutzverweigerung ausgesprochen wird („refus provisoire"), in der der Widerspruch mitgeteilt wird.

13   Die **Mitteilung** der vorläufigen Schutzverweigerung wird vom DPMA an das Internationale Büro gesandt und von diesem an den Markeninhaber weitergeleitet (näher Regel 17 AusfO PMMA).

14   Der mit der Eintragung vorläufig gewährte Schutz wird durch den **„refus provisoire"** vorläufig wieder aufgehoben (§ 113).

15   Die **Schutzverweigerung** kann nicht auf andere als die fristgerecht mitgeteilten Widersprüche gestützt werden (BPatG Mitt 1985, 217 – La Navarre; BPatGE 27, 148 – MOI). Unberührt bleibt die Schutzentziehung aufgrund späterer Nichtigkeitsklage (vgl. BGH GRUR 1970, 302 (305) – Hoffmann's Katze; GRUR 1955, 575 (578) – Hückel; s. § 113).

16   Die Mitteilung der vorläufigen Schutzverweigerung durch die nationale Behörde erfolgt nach eigenem **Ermessen** der Behörde auf Englisch, Französisch oder Spanisch; die Eintragung in das Internationale Register erfolgt in allen drei Sprachen (§ 113).

Die Schutzverweigerungsmitteilung der nationalen Behörde kann **Mängel** enthalten, von denen **17** einige heilbar sind, andere nicht (§ 113).

In dem Schutzverweigerungsbescheid ist nach § 46 Abs. 1 MarkenV eine **Frist** von vier Mona- **18** ten ab Absendung der (Kopie der) Mitteilung über die vorläufige Schutzverweigerung durch die WIPO an den Markeninhaber zu setzen, innerhalb derer der Markeninhaber einen Inlandsvertreter bestellen muss (§ 113). Nach der Bestellung des Inlandsvertreters stellt das DPMA die Schutzver- weigerung dem Vertreter erneut zu und setzt eine neue Frist für die Stellungnahme.

III. Widerspruchsverfahren, Entscheidung

Ist der Widerspruch zulässig, wird aber kein Inlandsvertreter bestellt oder erfolgt die Bestellung **19** verspätet, wird die **Schutzverweigerung endgültig** (§ 36 Abs. 2 MarkenV; BPatG BeckRS 2000, 15240 – CHRONIN). Gegen den Beschluss stehen dem Markeninhaber die **Rechtsmittel** des nationalen Rechts zu (Art. 5 Abs. 3 PMMA), dh Erinnerung (§ 64) und Beschwerde (§ 66) zur Verfügung (Ingerl/Rohnke Rn. 8; Ströbele/Hacker/Thiering/Miosga Rn. 7). Die einmonatige Erinnerungs- oder Beschwerdefrist beginnt mit dem Ende der viermonatigen Frist ohne Zustel- lung eines weiteren Bescheides zu laufen. Wird keine Rechtsmittel eingelegt, wird die Entschei- dung rechtskräftig, die Schutzverweigerung unanfechtbar (§ 46 Abs. 2 S. 1 MarkenV). Vorausset- zung für den Fristlauf ist eine ordnungsgemäße Rechtsmittelbelehrung im Schutzverweigerungs- bescheid (§ 46 Abs. 2 S. 2–3 MarkenV).

Dem Wortlaut nach verlangt **§ 46 MarkenV** für jeden Inhaber einer international registrierten Marke **19.1** die Bestellung eines Inlandsvertreters. Dies deckt sich allerdings nicht mit § 96 (→ § 96 Rn. 1), zB wenn Inhaber der internationalen Registrierung die inländische Zweigniederlassung eines ausländischen Unternehmens ist; diese unterliegt nicht dem Bestellungszwang nach § 96. In solchen Fällen muss die Angabe der Anschrift der inländischen Zweigniederlassung für die weitere Korrespondenz im Wider- spruchsverfahren genügen. Eine Ausdehnung des Bestellungszwangs über § 96 hinaus dürfte von der Verordnungsermächtigung für die MarkenV gemäß § 65 nicht gedeckt sein.

Wird rechtzeitig ein **Inlandsvertreter** bestellt, führt das DPMA das **Widerspruchsverfahren 20** durch, dh Widerspruch und ggf. Widerspruchsbegründung werden dem Markeninhaber bzw. dessen Vertreter zur Stellungnahme übersandt. Unter Berücksichtigung seiner Stellungnahme trifft das DPMA dann eine Sachentscheidung: Erweist sich der Widerspruch als unzulässig oder unbe- gründet, wird die vorläufige Schutzverweigerung aufgehoben und der Marke in Deutschland – ggf. teilweise – Schutz gewährt. Erweist sich der Widerspruch dagegen als begründet, wird der international registrierten Marke der Schutz in Deutschland durch Beschluss endgültig verweigert. Gegen den Beschluss stehen dem Markeninhaber die Rechtsmittel des nationalen Rechts zu (Art. 5 Abs. 3 PMMA), dh Erinnerung (§ 64; → § 64 Rn. 1) und Beschwerde (§ 66; → § 66 Rn. 1) zur Verfügung. Wird keine Rechtsmittel eingelegt, wird die Entscheidung rechtskräftig.

IV. Abschlussmitteilung

Nach endgültigem Abschluss des Verfahrens versendet das DPMA die – seit 1.9.2009 verpflich- **21** tende – Abschlussmitteilung nach Regel 18ter AusfO PMMA (s. § 113) an die WIPO.

Bei Schutzverweigerungen aus **mehreren Gründen,** dh wenn eine Schutzverweigerung **22** bezüglich einiger Waren und Dienstleistungen aus absoluten Gründen und bzgl. anderer Waren und Dienstleistungen wegen eines Widerspruchs erlassen wurde, oder wenn mehrere Widersprü- che eingereicht wurden, werden nach Erledigung der Beanstandung aus absoluten Gründen oder nach Abschluss eines von mehreren Widerspruchsverfahren keine Zwischenmitteilungen erlassen. Es erfolgt vielmehr nur eine einzige Schlussmitteilung sobald alle Verfahren rechtskräftig abge- schlossen sind.

Das DPMA teilt dem Markeninhaber den Tag des Zugangs der Abschlussmitteilung gesondert **23** mit, weil mit dem Tag des Zugangs die Benutzungsschonfrist beginnt (§ 115 Abs. 2, § 116 Abs. 1). Zur Schutzbewilligung → § 113 Rn. 34.

§ 115 Schutzentziehung

(1) An die Stelle des Antrags (§ 49) oder der Klage (§ 55) auf Erklärung des Verfalls einer Marke oder des Antrags auf Erklärung der Nichtigkeit wegen absoluter Schutzhin- dernisse (§ 50) oder des Antrags oder der Klage auf Erklärung der Nichtigkeit wegen

des Bestehens älterer Rechte (§ 51) tritt für international registrierte Marken der Antrag oder die Klage auf Schutzentziehung.

(2) Im Falle des Antrags oder der Klage auf Schutzentziehung nach § 49 Absatz 1 oder § 55 wegen mangelnder Benutzung tritt an die Stelle des Tages, ab dem kein Widerspruch mehr gegen die Marke möglich ist,

1. der Tag, an dem das Schutzerstreckungsverfahren abgeschlossen wurde, oder
2. der Tag, an dem die Frist des Artikels 5 Absatz 2a des Protokolls zum Madrider Markenabkommen abgelaufen ist, sofern bis zu diesem Zeitpunkt dem Internationalen Büro der Weltorganisation für geistiges Eigentum weder eine Mitteilung über die Schutzbewilligung noch eine Mitteilung über die vorläufige Schutzverweigerung zugegangen ist.

Überblick

Die Vorschrift wurde neu gefasst mWv 1.5.2022 durch Gesetz vom 10.8.2021 (BGBl. I 3490).

Für internationale Registrierungen ausländischer Marken mit Schutzerstreckung auf Deutschland gelten über § 107 die Verfalls- und Nichtigkeitsgründe des MarkenG im Rahmen des Art. 5 Abs. 1 S. 2–3 PMMA iVm Art. 6^{quinquies} PVÜ wie für deutsche Eintragungen (→ Rn. 2).

§ 115 ergänzt die allgemeine Verweisungsnorm des § 107 um eine Sonderregel für die Benutzungsschonfrist internationaler Registrierungen (→ Rn. 4).

A. Allgemeines

1   Für internationale Registrierungen ausländischer Marken mit Schutzerstreckung auf Deutschland gelten über § 107 die Verfalls- und Nichtigkeitsgründe des MarkenG im Rahmen des Art. 5 Abs. 1 S. 2–3 PMMA iVm Art. 6^{quinquies} PVÜ wie für deutsche Eintragungen. Die Regelung des § 115 ist erforderlich, um den Besonderheiten der internationalen Registrierung gerecht zu werden, die sich durch das Registrierungsverfahren nach dem PMMA ergeben.

1.1   Die Schutzentziehung ist zu unterscheiden von der „Schutzverweigerung" durch das DPMA (s. § 113 und § 114), vom Erlöschen des Schutzes wegen Wegfalls der Ursprungsmarke (Art. 6 Abs. 3 PMMA) und vom freiwilligen Verzicht auf den Schutz der internationalen Registrierung entweder in einem (oder mehreren aber nicht allen) benannten Vertragsstaat für alle Waren und Dienstleistungen (PMMA) oder in allen benannten Vertragsstaaten für einzelne, mehrere oder alle Waren und Dienstleistungen (Art. 6 Abs. 3 PMMA).

B. Schutzentziehungsgründe (Abs. 1)

2   Die internationale Registrierung kann wegen Verfalls (§ 49), absoluter Schutzhindernisse (§ 50) oder älterer Rechte (§ 51) nachträglich „für ungültig erklärt" (Art. 5 Abs. 6 PMMA und Regel 19 AusfO PMMA), dh ihr Schutz nachträglich wieder entzogen werden. Dabei sind die jeweiligen **Beschränkungen** (§ 50 Abs. 2–4) und **Bedingungen** (§§ 53, 55) zu berücksichtigen. § 115 Abs. 1 stellt dazu klar, dass in diesen Fällen nicht die Erklärung des Verfalls oder der Nichtigkeit der internationalen Registrierung insgesamt, sondern nur eine auf Deutschland beschränkte „Schutzentziehung" beantragt werden kann.

C. Schutzentziehungsverfahren

3   Die Schutzentziehung kann sowohl im amtlichen Verfahren nach § 53 (→ § 53 Rn. 1) wie auch im gerichtlichen Klageverfahren nach § 55 (→ § 55 Rn. 1) betrieben werden.

3.1   Hinsichtlich der **Tenorierung** ist zu unterscheiden:

3.2   Erfolgt die Schutzentziehung im amtlichen Verfahren nach § 53, wird die Schutzentziehung seitens des DPMA durch Beschluss ausgesprochen und der WIPO gemäß Art. 5 Abs. 6 S. 2 PMMA zur – deklaratorischen – Eintragung in das internationale Register mitgeteilt (Regel 19 AusfO PMMA).

3.3   Erfolgt die Schutzentziehung dagegen im gerichtlichen Klageverfahren nach § 55, richtet sich die Klage nicht auf Schutzentziehung, sondern auf Erklärung des Verfalls oder der Nichtigkeit (zur insofern bis 13.1.2019 noch maßgeblichen Einwilligung des beklagten Markeninhabers in die Schutzentziehung BGH GRUR 2003, 428 (430) – BIG BERTHA; GRUR 2006, 941 (942) – Tosca Blu). Mit Eintritt der Rechtskraft des Urteils gilt die Einwilligung als erteilt. Nach Art. 5 Abs. 6 PMMA sind aber nur die nationalen Markenbehörden befugt, der internationalen Registrierung den Schutz gegen den Willen des Markeninhabers zu entziehen. Das Löschungsurteil kann daher nicht direkt bei der WIPO vorgelegt werden. Das rechtskräftige Urteil wird daher dadurch vollstreckt, dass eine Ausfertigung dem DPMA vorgelegt und die Schutzentziehung beantragt wird (§ 894 ZPO). Das DPMA spricht die Schutzentziehung durch Beschluss aus und teilt dies dem Internationalen Büro gemäß Art. 5 Abs. 6 PMMA, Regel 19 AusfO PMMA zur deklaratorischen Eintragung in das internationale Register mit. Der Beschluss des DPMA kann zwar mir der Erinnerung oder Beschwerde nach den allgemeinen Regeln der §§ 64, 66 (→ § 64 Rn. 1; → § 66 Rn. 1) angefochten werden, doch beschränkt sich die Prüfung darauf, ob das vorgelegte Urteil rechtskräftig ist, gegen den eingetragenen Inhaber wirkt und die Marke betrifft, hinsichtlich derer die Schutzentziehung beantragt wird. Bei der Verurteilung auf Einwilligung des beklagten Markeninhabers in die Schutzentziehung handelt es sich zwar letztlich um einen – zwangsweise erfolgenden – Verzicht auf den Schutz, nicht aber um eine Nichtigerklärung. Gleichwohl ist die Vorgehensweise eine pragmatische Lösung des Dilemmas, dass die gerichtliche Schutzentziehung in Art. 5 Abs. 6 PMMA nicht vorgesehen ist.

D. Berechnung der Benutzungsschonfrist (Abs. 2)

Internationale Registrierungen mit Schutz in Deutschland unterliegen ebenso dem **Benutzungszwang** wie deutsche Marken. Auch sie müssen nach einer fünfjährigen Benutzungsschonfrist, die nach Abschluss des Eintragungsverfahrens zu laufen beginnt, benutzt werden um nicht dem Verfall preisgegeben zu sein. **4**

Sieht ein Mitgliedstaat nach der Eintragung ein Widerspruchsverfahren vor, werden die fünf **5** Jahre von dem Tag an gerechnet, ab dem kein Widerspruch mehr gegen die Marke möglich ist, beziehungsweise ab dem Tag, an dem die das Widerspruchsverfahren beendende Entscheidung Rechtskraft erlangt hat oder der Widerspruch zurückgenommen wurde, vgl. Art. 16 Abs. 2 MRL. Bei international registrierten Marken werden die fünf Jahre von dem Tag an gerechnet, ab dem der Schutz der Marke nicht mehr zurückgewiesen oder gegen sie kein Widerspruch mehr erhoben werden kann. Wurde Widerspruch erhoben oder ein Einwand aus absoluten oder relativen Gründen mitgeteilt, wird die Frist von dem Tag an gerechnet, an dem eine das Widerspruchsverfahren beendende Entscheidung oder eine Entscheidung über die absoluten oder relativen Ablehnungsgründe Rechtskraft erlangt hat oder der Widerspruch zurückgenommen wurde (vgl. Art. 16 Abs. 3 MRL). Bislang war im Rahmen des § 115 Abs. 2 Nr. 1 der Tag maßgeblich, an dem die Mitteilung über die Schutzbewilligung dem Internationalen Büro zugegangen ist. Diese Regelung musste in Ansehung des Art. 16 Abs. 3 MRL geändert werden. Da die Richtlinie bei Verfahren stets von dem letztmöglichen Zeitpunkt ausgeht, also von dem Zeitpunkt, ab dem die Marke vollen Schutz genießt, ist auch bei internationalen Verfahren auf den Zeitpunkt abzustellen, an dem gegen die Marke kein Widerspruch erhoben werden kann und keine Zurückweisung möglich ist. Die Widerspruchsfrist beginnt in Schutzerstreckungsverfahren mit der Veröffentlichung der internationalen Registrierung nach Maßgabe des § 114 Abs. 1 zu laufen. Das Verfahren der Schutzerstreckung von internationalen Registrierungen in Deutschland ist ähnlich ausgestaltet wie Verfahren vor Ämtern, die kein nachgeschaltetes Widerspruchsverfahren haben. Art. 16 Abs. 1 MRL sieht in diesen Fällen den Beginn des Benutzungszeitraums „nach Abschluss des Eintragungsverfahrens" – also nach Prüfung sämtlicher Schutzhindernisse – vor. Bei internationalen Registrierungen ist dies der Abschluss des Schutzerstreckungsverfahrens.

§ 115 Abs. 2 Nr. 2 bleibt – abgesehen von terminologischen Anpassungen – in seiner bisherigen **6** Fassung erhalten. Nach Maßgabe des Art. 5 Abs. 2 PMMA müssen die Vertragsparteien dem Internationalen Büro ihre Schutzverweigerung unter Angabe aller Gründe innerhalb eines Jahres nach der internationalen Registrierung mitteilen. Wenn dem Internationalen Büro zu diesem Zeitpunkt weder eine Mitteilung über die Schutzbewilligung noch eine Mitteilung über die vorläufige Schutzrechtsverweigerung übermittelt wurde, kann der Marke der Schutz nicht mehr verweigert werden. Spätestens ab diesem Zeitpunkt beginnt die Benutzungsschonfrist folglich zu laufen.

Dies gilt nach Art. 5 Abs. 2 lit. a PMMA auch bei Anwendbarkeit des **PMMA,** da Deutschland **7** keinen Gebrauch von der Verlängerungsmöglichkeit auf 18 Monate gemacht hat (Art. 5 Abs. 2 lit. b–d PMMA; → § 113 Rn. 1 ff.).

§ 116 Widerspruch aufgrund einer international registrierten Marke und Antrag oder Klage auf Erklärung der Nichtigkeit aufgrund einer international registrierten Marke

(1) Wird aufgrund einer international registrierten Marke Widerspruch gegen die Eintragung einer Marke erhoben, so ist § 43 Absatz 1 mit der Maßgabe anzuwenden,

dass an die Stelle des Zeitpunkts, ab dem kein Widerspruch mehr gegen die Marke möglich war, einer der in § 115 Absatz 2 bezeichneten Tage tritt.

(2) Wird aufgrund einer international registrierten Marke ein Antrag auf Erklärung der Nichtigkeit einer eingetragenen Marke nach § 51 gestellt oder eine solche Klage erhoben, so sind § 53 Absatz 6 und § 55 Absatz 3 mit der Maßgabe anzuwenden, dass an die Stelle des Zeitpunkts, ab dem kein Widerspruch mehr gegen die Marke möglich war, einer der in § 115 Absatz 2 bezeichneten Tage tritt.

Überblick

Die Vorschrift wurde neu gefasst mWv 1.5.2022 durch Gesetz vom 10.8.2021 (BGBl. I 3490)

§ 116 ergänzt die allgemeine Verweisungsnorm des § 107 um eine Sonderregel für Widersprüche und Löschungsklagen aus international registrierten Marken. Sie ist erforderlich, um den Besonderheiten der internationalen Registrierung gerecht zu werden, die sich durch das Registrierungsverfahren nach dem MMA ergeben.

A. Berechnung der Benutzungsschonfrist

1 Ebenso wie auf deutsche Marken können Widersprüche auf international registrierte Marken gestützt oder in einem Löschungsverfahren international registrierte Marken als ältere Marken geltend gemacht werden.

2 Nach § 25 Abs. 1 kann der Markeninhaber keine Verletzungsansprüche aus der eingetragenen Marke geltend machen, wenn das Markenrecht auf Grund mangelnder Benutzung **gelöscht** werden könnte (→ § 25 Rn. 1 ff.). Dies gilt nach § 107 auch für internationale Registrierungen mit Erstreckung auf Deutschland. Die Durchsetzung einer solchen international registrierten Marke setzt daher in gleicher Weise wie eine deutsche Marke ggf. voraus, dass die international registrierte Marke nach § 26 **rechtserhaltend benutzt** worden ist (→ § 26 Rn. 1 ff.).

3 § 116 verweist für die **Berechnung der Benutzungsschonfrist** auf die Regelung des § 115 Abs. 2. Insofern wird auf die Ausführungen zu § 115 verwiesen (→ § 115 Rn. 1 ff.). Dabei geht es aber um die Anwendung des § 53 Abs. 6, nicht des – offenbar fälschlicherweise genannten – § 53 Abs. 5.

B. Parallele Regelung

4 Die Parallelregelung für Verletzungsklagen aus einer international registrierten Marke enthält § 117 (→ § 117 Rn. 2).

§ 117 Ausschluss von Ansprüchen wegen mangelnder Benutzung

Werden Ansprüche im Sinne der §§ 14 und 18 bis 19c wegen der Verletzung einer international registrierten Marke geltend gemacht, so ist § 25 mit der Maßgabe anzuwenden, dass an die Stelle des Zeitpunkts, ab dem kein Widerspruch mehr gegen die Marke möglich war, einer der in § 115 Absatz 2 bezeichneten Tage tritt.

Überblick

§ 117 ergänzt die allgemeine Verweisungsnorm des § 107 um eine Sonderregel für Verletzungsklagen aus international registrierten Marken. Sie ist erforderlich, um den Besonderheiten der internationalen Registrierung gerecht zu werden, die sich durch das Registrierungsverfahren nach dem PMMA ergeben.

A. Berechnung der Benutzungsschonfrist

1 Ebenso wie auf deutsche Marken können Verletzungsklagen auf international registrierte Marken gestützt werden.

2 Nach § 25 Abs. 1 kann der Markeninhaber keine Verletzungsansprüche aus der eingetragenen Marke geltend machen, wenn das Markenrecht auf Grund mangelnder Benutzung gelöscht werden könnte (→ § 25 Rn. 1). Dies gilt nach § 107 auch für internationale Registrierungen mit Erstreckung auf Deutschland. Die Durchsetzung einer international registrierten Marke setzt daher in gleicher Weise wie bei einer deutschen Marke ggf. voraus, dass die international registrierte Marke nach § 26 **rechtserhaltend benutzt** worden ist (→ § 26 Rn. 1).

§ 117 verweist für die Berechnung der Benutzungsschonfrist auf die Regelung des § 115 Abs. 2. **3** Insofern wird auf die Kommentierung zu § 115 verwiesen (→ § 115 Rn. 1 ff.).

B. Parallele Regelung

Die Parallelregelung für Widerspruchs- und Nichtigkeitsklageverfahren findet sich in § 116 **4** (→ § 116 Rn. 2).

§ 118 Umwandlung einer internationalen Registrierung

(1) Wird beim Deutschen Patent- und Markenamt ein Antrag nach Artikel 9^{quinquies} des Protokolls zum Madrider Markenabkommen auf Umwandlung einer im internationalen Register gemäß Artikel 6 Absatz 4 des Protokolls zum Madrider Markenabkommen gelöschten Marke gestellt und geht der Antrag mit den erforderlichen Angaben dem Deutschen Patent- und Markenamt innerhalb einer Frist von drei Monaten nach dem Tag der Löschung der Marke im internationalen Register zu, so ist der Tag der internationalen Registrierung dieser Marke nach Artikel 3 Absatz 4 des Protokolls zum Madrider Markenabkommen oder der Tag der Eintragung der nachträglichen Schutzerstreckung nach Artikel 3ter Absatz 2 des Protokolls zum Madrider Markenabkommen, gegebenenfalls mit der für die internationale Registrierung in Anspruch genommenen Priorität, für die Bestimmung des Zeitrangs im Sinne des § 6 Absatz 2 maßgebend.

(2) Der Antragsteller hat eine Bescheinigung des Internationalen Büros der Weltorganisation für geistiges Eigentum einzureichen, aus der sich die Marke und die Waren oder Dienstleistungen ergeben, für die sich der Schutz der internationalen Registrierung vor ihrer Löschung im internationalen Register auf die Bundesrepublik Deutschland erstreckt hatte.

(3) Der Antragsteller hat außerdem eine deutsche Übersetzung des Verzeichnisses der Waren oder Dienstleistungen, für die die Eintragung beantragt wird, einzureichen.

(4) ¹Der Antrag auf Umwandlung wird im Übrigen wie eine Anmeldung zur Eintragung einer Marke behandelt. War jedoch am Tag der Löschung der Marke im internationalen Register die Frist nach Artikel 5 Absatz 2a des Protokolls zum Madrider Markenabkommen zur Verweigerung des Schutzes bereits abgelaufen und war an diesem Tag kein Verfahren zur Schutzverweigerung oder zur Schutzentziehung anhängig, so wird die Marke ohne vorherige Prüfung unmittelbar nach § 41 Absatz 1 in das Register eingetragen. ²Gegen die Eintragung einer Marke nach Satz 2 kann kein Widerspruch erhoben werden.

Überblick

Die Vorschrift wurde neu gefasst mWv 1.5.2022 durch Gesetz vom 10.8.2021 (BGBl. I 3490). § 118 ermöglicht es, eine internationale Registrierung durch Umwandlung in nationale Marken zu „retten", wenn ihre Basismarke entfällt (→ Rn. 1). § 118 setzt Art. 9^{quinquies} PMMA in deutsches Recht um. Dabei geht die Vorschrift insofern noch etwas weiter, als sie nicht nur die Inanspruchnahme des Zeitrangs (→ Rn. 4) der gescheiterten internationalen Registrierung erlaubt, sondern eine echte Umwandlung, dh eine Übernahme des Prüfungsstandes der internationalen Registrierung (Abs. 4 S. 2).

Zu den für eine Umwandlung erforderlichen Unterlagen → Rn. 6.

Zur Gebührenzahlung umfasst die Umwandlungsgebühr und die Klassengebühren (→ Rn. 10), was für die Rücknahmefiktion Probleme bereiten kann (→ Rn. 13.1).

A. Abhängigkeit der international registrierten Marke von der Basismarke

Die international registrierte Marke ist nach Art. 6 Abs. 2 PMMA für einen Zeitraum von **fünf** **1** **Jahren** vom Bestand der Ursprungsmarke abhängig. Das bedeutet, dass der durch die internationale Registrierung erlangte Schutz nach Art. 6 Abs. 3 PMMA nicht mehr in Anspruch genommen werden kann, wenn in diesem Zeitraum die Basismarke (oder Anmeldung) wegen Rücknahme,

Zurückweisung, Verfalls, Verzichts oder Nichtigkeit gelöscht oder ein auf die Löschung gerichtetes Verfahren beantragt wird (selbst wenn es erst nach Ablauf der fünf Jahre zu einer rechtskräftigen Entscheidung führt) („Zentralangriff"). Die internationale Registrierung wird nach Art. 6 Abs. 4 PMMA gelöscht, nachdem die Ursprungsbehörde die Löschung der Basismarke der WIPO mitgeteilt hat. Für diese Mitteilung gibt es keine Frist. Hat eine EU-Benennung im Rahmen der internationalen Registrierung die Seniorität einer deutschen Basismarke in Anspruch genommen, lebt die Basismarke des DPMA nach Verzicht oder Nichtverlängerung der Basismarke im Senioritätsanspruch des EU-Anteils uneingeschränkt weiter (Art. 39 Abs. 3 UMV). Das DPMA teilt in diesem Fall nach bisheriger Praxis der WIPO die Löschung der Basismarke nicht mit; stattdessen muss zunächst die Feststellung der Ungültigkeit der deutschen Basismarke nach § 120 betrieben werden, die dann nach Art. 39 Abs. 4 UMV zum Erlöschen der Seniorität führt. Bis dahin muss ggf. separat gegen die Länderanteile der internationalen Registrierung vorgegangen werden.

2   Entfällt die Basismarke nur **zu einem Teil,** dh nur für einzelne Waren oder Dienstleistungen, so gilt dies entsprechend für die internationale Registrierung.

3   Entfällt auf diese Weise der Schutz der international registrierten Marke, so steht es dem Inhaber frei, in den in der internationalen Registrierung benannten Vertragsstaaten Markenschutz durch **neue, nationale Markenanmeldungen** nachzusuchen. Dies würde aber grundsätzlich mit einem Verlust der Priorität einhergehen, da die neuen nationalen Markenanmeldungen den Zeitrang ihrer Anmeldung erhalten würden.

B. Umwandlung unter Wahrung des Zeitrangs (Abs. 1)

4   Daher gewährt Art. 9^{quinquies} PMMA in diesem Fall aber die Möglichkeit, für die neue, nationale Markenanmeldung den Zeitrang der gescheiterten internationalen Registrierung in Anspruch zu nehmen. Dies gilt einschließlich deren Inanspruchnahme des Zeitrangs der Ursprungsmarke, denn der in Anspruch genommene Zeitrang der internationalen Registrierung bestimmt sich nach dem Tag der Anmeldung zur Eintragung im Ursprungsland, wenn die internationale Registrierung innerhalb von sechs Monaten nach der Heimatanmeldung erfolgt (Art. 4 Abs. 2 PMMA iVm Art. 4 PVÜ), andernfalls nach dem Datum der internationalen Registrierung (Art. 4 Abs. 1 lit. a PMMA iVm §§ 124, 112, 6 Abs. 2).

5   Eine solche Inanspruchnahme des Zeitrangs der gescheiterten internationalen Registrierung kommt allerdings nach Art. 9^{quinquies} PMMA nur in Betracht, wenn die Löschung der internationalen Registrierung auf Antrag der Ursprungsbehörde nach Art. 6 Abs. 4 PMMA erfolgte (bei einer Löschung auf Antrag des Markeninhabers ist demgegenüber eine Umwandlung ausgeschlossen (Ströbele/Hacker/Thiering/Miosga § 125 Rn. 1), die Waren bzw. Dienstleistungen der neuen nationalen Markenanmeldung vom Waren- und Dienstleistungsverzeichnis der international registrierten Marke umfasst waren, die international registrierten Marke in dem betreffenden Staat Schutz für die betreffenden Waren bzw. Dienstleistungen entfaltet hat und die neue, nationale Markenanmeldung innerhalb von drei Monaten nach der Löschung der internationalen Registrierung bei der nationalen Behörde eingereicht wird.

C. Erforderliche Unterlagen (Abs. 2 und 3)

6   Der Antragsteller muss für die Umwandlung der internationalen Registrierung folgende Unterlagen einreichen: Eine Bescheinigung der WIPO über die gelöschte internationale Registrierung (§ 118 Abs. 2) zur Prüfung der Übereinstimmung der angemeldeten Marke mit der früheren international registrierten Marke sowie eine deutsche Übersetzung des Verzeichnisses der Waren und Dienstleistungen (§ 118 Abs. 3) wegen der Regelung des § 107 Abs. 2, nach der der Antragsteller das Verzeichnis der Waren und Dienstleistungen nach dessen Wahl in französischer oder in englischer Sprache einreichen kann.

D. Behandlung des Umwandlungsantrags (Abs. 4)

7   Der Umwandlungsantrag ist wie eine Markenanmeldung nach § 32 zu behandeln (→ § 32 Rn. 1), dh die Marke ist – grundsätzlich – auf absolute und relative Schutzhindernisse zu prüfen. Es gilt jedoch die Besonderheit, dass die Marke **ohne vorherige Prüfung** unmittelbar in das Register eingetragen wird, wenn die IR-Marke im Zeitpunkt ihrer Löschung bereits Schutz in Deutschland genießt, dh die Jahresfrist des Art. 5 Abs. 2 PMMA zur Mitteilung einer Schutzverweigerung ohne entsprechende Mitteilung abgelaufen ist oder etwaige Schutzverweigerungsverfahren oder Schutzentziehungsverfahren zwischenzeitlich zugunsten des Markeninhabers rechts-

kräftig abgeschlossen sind, dh also das Amtsprüfungsverfahren auf absolute Schutzhindernisse bereits durchgeführt wurde und Widerspruchsverfahren bereits abgeschlossen oder gar nicht eingeleitet worden waren. Für eine erneute Prüfung besteht dann kein Bedürfnis. Ein Widerspruch gegen die Eintragung ist daher in diesem Fall nicht möglich (§ 118 Abs. 4 S. 3). Hierin zeigt sich, dass § 118 nicht nur eine Prioritätsregelung enthält, sondern eine echte Umwandlung vorsieht.

Für den **Inhaber älterer Rechte** in Deutschland bedeutet das, dass er auch bei einem innerhalb   8
der ersten fünf Jahre eingeleiteten Zentralangriff gegen die ausländische Basismarke gegen die umgewandelte Marke mit einem Nichtigkeitsantrag (§ 53) oder einer Nichtigkeitsklage (§ 55) vorgehen muss. Dies kann er nur dadurch vermeiden, dass er parallel zum Zentralangriff gegen die ausländische Basismarke auch in Deutschland Widerspruch gegen die Schutzgewährung der internationalen Registrierung erhebt.

E. Gebühren

Gebührenpflicht, Gebührenhöhe, Fälligkeit, Zahlungsfrist und Folgen der nicht vollständigen   9
und der nicht rechtzeitigen Zahlung der Gebühren sind nach § 64a für das Verfahren vor dem DPMA einheitlich im **PatKostG** geregelt (→ § 64a Rn. 1). Es gilt Folgendes:

Die Pflicht zur Zahlung der nationalen Gebühr folgt aus § 64a iVm § 2 Abs. 2 PatKostG.   10
Danach fallen folgende Gebühren an: Eine Umwandlungsgebühr in Höhe von 300 Euro (GV 334500 PatKostG), bei Kollektivmarken in Höhe von 900 Euro (GV 334600 PatKostG) und eine Klassengebühr in Höhe von 100 Euro pro zusätzliche Klasse, wenn die Waren oder Dienstleistungen nach der Umwandlung in mehr als drei Klassen fallen (GV 334700 PatKostG), bei Kollektivmarken in Höhe von 150 Euro (GV 334800 PatKostG).

Die Gebühren werden mit der Antragstellung, dh mit dem Eingang des Umwandlungsantrags   11
beim DPMA **fällig** (§ 64a iVm § 3 Abs. 1 PatKostG) und sind innerhalb von drei Monaten ab Fälligkeit zu zahlen (§ 64a iVm § 6 Abs. 1 S. 2 PatKostG). Als Verfahrensgebühr verfallen sie mit der Fälligkeit, können also bei Rücknahme des Registrierungsgesuchs weder ganz noch teilweise erstattet werden, sondern nur, wenn die Rücknahmeerklärung vor oder gleichzeitig mit dem Umwandlungsantrag eingeht, oder wenn der Antrag im Zeitpunkt der Zahlung bereits zurückgenommen war.

Werden die Gebühren **nicht, nicht vollständig oder nicht rechtzeitig gezahlt,** gilt der   12
Antrag auf internationale Registrierung als zurückgenommen (§ 64a iVm § 6 Abs. 2 PatKostG). Unvollständig oder verspätet gezahlte Gebühren werden zurückerstattet, weil die Bearbeitung der Anmeldung nach § 5 Abs. 1 PatKostG erst nach Zahlung der Gebühr erfolgt und insoweit die beantragte Amtshandlung iSd § 10 Abs. 2 PatKostG noch nicht vorgenommen wurde.

Zahlt der Anmelder die Umwandlungsgebühr, jedoch die **Klassengebühren** für jede die   13
dritte Klasse übersteigende Klasse **nicht, nicht vollständig oder nicht rechtzeitig,** gilt der Umwandlungsantrag ebenfalls als in vollem Umfang zurückgenommen (vgl. Ströbele/Hacker/Thiering/Miosga § 125 Rn. 3, die nicht zwischen der Umwandlungsgebühr und den Klassengebühren differenziert).

Die **Anwendung der Rücknahmefiktion** des § 6 Abs. 2 PatKostG auf Fälle **nur säumiger Klassen-**   13.1
gebühren entspricht allerdings nicht dem Ziel des § 118, die Umwandlung wie eine neue Markenanmeldung zu behandeln. Werden bei einer Markenanmeldung beim DPMA die Klassengebühren nicht, nicht rechtzeitig oder nicht vollständig gezahlt, setzt das Amt dem Anmelder nach § 36 Abs. 3 zunächst eine Nachfrist zur Zahlung. Erst nach ungenutztem Verstreichen der Nachfrist gilt die Anmeldung als zurückgenommen. Zahlt der Anmelder unvollständig und erklärt er nicht, welche Waren- oder Dienstleistungsklassen durch den gezahlten Gebührenbetrag gedeckt werden sollen, sind zunächst die Leitklassen und dann die übrigen Klassen in Reihenfolge der Klasseneinteilung zu berücksichtigen und gilt die Anmeldung nur im Übrigen als zurückgenommen. § 118 legt nahe, § 36 Abs. 3 auch auf die Umwandlung anzuwenden (Fezer § 125 Rn. 10).

Abschnitt 2. Unionsmarken

§ 119 Anwendung der Vorschriften dieses Gesetzes

Die Vorschriften dieses Gesetzes sind auf Marken, die nach der Verordnung (EU) 2017/1001 des Europäischen Parlaments und des Rates vom 14. Juni 2017 über die

Unionsmarke (ABl. L 154 vom 16.6.2017, S. 1) angemeldet oder eingetragen worden sind, in den Fällen der Nummern 1 und 2 unmittelbar und in den Fällen der Nummern 3 bis 6 entsprechend wie folgt anzuwenden:

1. für die Anwendung des § 9 (relative Schutzhindernisse) sind angemeldete oder eingetragene Unionsmarken mit älterem Zeitrang den nach diesem Gesetz angemeldeten oder eingetragenen Marken mit älterem Zeitrang gleichgestellt, jedoch mit der Maßgabe, dass an die Stelle der Bekanntheit im Inland gemäß § 9 Absatz 1 Nummer 3 die Bekanntheit in der Union gemäß Artikel 9 Absatz 2 Buchstabe c der Verordnung (EU) 2017/1001 tritt;

2. dem Inhaber einer eingetragenen Unionsmarke stehen neben den Ansprüchen nach den Artikeln 9 bis 13 der Verordnung (EU) 2017/1001 die Ansprüche auf Schadensersatz (§ 14 Absatz 6 und 7), Vernichtung und Rückruf (§ 18), Auskunft (§ 19), Vorlage und Besichtigung (§ 19a), Sicherung von Schadensersatzansprüchen (§ 19b) und Urteilsbekanntmachung (§ 19c) zu;

3. werden Ansprüche aus einer eingetragenen Unionsmarke gegen die Benutzung einer nach diesem Gesetz eingetragenen Marke mit jüngerem Zeitrang geltend gemacht, so ist § 21 Absatz 1 entsprechend anzuwenden;

4. wird ein Widerspruch gegen die Eintragung einer Marke (§ 42) auf eine eingetragene Unionsmarke mit älterem Zeitrang gestützt, so ist § 43 Absatz 1 mit der Maßgabe entsprechend anzuwenden, dass an die Stelle der Benutzung der Marke mit älterem Zeitrang gemäß § 26 die Benutzung der Unionsmarke mit älterem Zeitrang nach Artikel 18 der Verordnung (EU) 2017/1001 tritt;

5. wird ein Antrag (§ 53 Absatz 1) oder eine Klage (§ 55 Absatz 1) auf Erklärung des Verfalls oder der Nichtigkeit der Eintragung einer Marke auf eine eingetragene Unionsmarke mit älterem Zeitrang gestützt, so
   a) ist § 51 Absatz 2 Satz 1 entsprechend anzuwenden;
   b) sind § 53 Absatz 6 und § 55 Absatz 3 mit der Maßgabe entsprechend anzuwenden, dass an die Stelle der Benutzung der Marke mit älterem Zeitrang gemäß § 26 die Benutzung der Unionsmarke nach Artikel 18 der Verordnung (EU) 2017/1001 tritt;

6. Anträge auf Beschlagnahme bei der Einfuhr und Ausfuhr können von Inhabern eingetragener Unionsmarken in gleicher Weise gestellt werden wie von Inhabern von nach diesem Gesetz eingetragenen Marken; die §§ 146 bis 149 sind entsprechend anzuwenden.

Überblick

Die Vorschrift ist im Jahr 1996 durch das MarkenRÄndG vom 19.7.1996 (BGBl. I 1014) als § 125b in das MarkenG eingefügt worden (BT-Drs. 13/3841, 11 ff.). Mit Wirkung zum 14.1.2019 wurde die Vorschrift durch Art. 1 Nr. 96 Gesetz zur Umsetzung der RL (EU) 2015/2436 des Europäischen Parlaments und des Rates vom 16.12.2015 zur Angleichung der Rechtsvorschriften der Mitgliedstaaten über die Marken (Markenrechtsmodernisierungsgesetz – MaMoG) an die neue Terminologie und Artikelfolge der Unionsmarkenverordnung und die zum Teil neue Terminologie des Markengesetzes angepasst. Durch das Art. 5 Nr. 12 Zweites Gesetz zur Vereinfachung und Modernisierung des Patentrechts vom 10.8.2021 (BGBl. I 3490) wurde die Nummerierung der Norm zu § 119 geändert. Wesentliche inhaltliche Änderungen sind mit der Neufassung und Neunummerierung nicht verbunden. § 119 regelt, in welchen Fällen die Vorschriften des Markengesetzes, insbesondere die §§ 120 ff., auf Unionsmarken anzuwenden sind. Insoweit ist zu berücksichtigen, dass die rechtlichen Verhältnisse im Zusammenhang mit der Unionsmarke durch die UMV sowohl materiellrechtlich als auch verfahrensrechtlich grundsätzlich abschließend geregelt werden. Die nationalen Bestimmungen kommen daher nur in den Fällen zur Anwendung, in denen dies durch die UMV ausdrücklich zugelassen wird (Art. 17 UMV). In § 119 sind daher die Bestimmungen enthalten, die die UMV materiell und in verfahrensrechtlicher Hinsicht ergänzen. Insoweit gelten die Bestimmungen des Markengesetzes unmittelbar, sofern aus einer Unionsmarke ein relatives Schutzhindernis abgeleitet werden kann (§ 119 Nr. 1) und aufgrund der Verletzung einer Unionsmarke Ansprüche geltend gemacht werden (§ 119 Nr. 2). Für die Fälle in denen das Schutzhindernis der Verwirkung einer eingetragenen Unionsmarke entgegengehalten wird (§ 119 Nr. 3), die Benutzung einer Marke im Widerspruchsverfahren nachgewiesen wird (§ 119 Nr. 4) oder die Verwirkung bzw. Einrede der Nichtbenutzung einer Unionsmarke im Rahmen einer

Löschungsklage erhoben wird (§ 119 Nr. 5), sowie bei Anträgen auf Beschlagnahme (§ 119 Nr. 6) gelten die Bestimmungen des Markengesetzes entsprechend.

A. Die Unionsmarke als relatives Schutzhindernis (Nr. 1)

Durch die gesetzliche Regelung in § 119 Nr. 1 werden die verbindlichen Vorgaben des Art. 4 **1** Abs. 2 lit. a Ziff. i, lit. b und c sowie Abs. 3 MRL in nationales Recht umgesetzt. Die Vorschrift sieht vor, dass im Rahmen der Anwendung des § 9, dh bei der Frage des Vorliegens von relativen Schutzhindernissen, die angemeldeten oder eingetragenen Unionsmarken mit älterem Zeitrang den nach dem Markengesetz angemeldeten oder eingetragenen Marken mit älterem Zeitrang grundsätzlich gleichgestellt sind. Dies hat zur Konsequenz, dass einer prioritätsjüngeren nationalen Marke auch eine prioritätsältere Unionsmarke als relatives Schutzhindernis entgegengehalten werden kann. Bei der Bestimmung der Priorität der Unionsmarke ist auch zu beachten, dass die Unionsmarke unter bestimmten Voraussetzungen (vgl. Art. 39 und 40 UMV) den Zeitrang einer älteren nationalen Marke in Anspruch nehmen kann (vgl. Ströbele/Hacker/Thiering/Thiering § 125b Rn. 4; zur Gemeinschaftsmarke Fezer § 125b Rn. 3).

Die Unionsmarken können als relative Schutzhindernisse sowohl im Widerspruchsverfahren **2** nach § 42 Abs. 2 Nr. 1 als auch im Löschungsverfahren nach § 51 Abs. 1, § 55 eingewandt werden (vgl. Ingerl/Rohnke/Nordemann/Kouker Rn. 6).

Eine Sonderregelung besteht im Hinblick auf die unterschiedlichen territorialen Wirkungen **3** der nationalen Marke und der Unionsmarke, weshalb nach der Regelung des § 119 Nr. 1 S. 2 an die Stelle der Bekanntheit der nationalen Marke im Inland (§ 9 Abs. 1 Nr. 3) die Bekanntheit der Unionsmarke in der Union (Art. 9 Abs. 2 lit. c UMV) tritt (vgl. Ingerl/Rohnke/Nordemann/ Kouker Rn. 5; zur Gemeinschaftsmarke Fezer § 125b Rn. 3;). Dies bedeutet allerdings nicht, dass die Unionsmarke tatsächlich in der gesamten Union bekannt sein muss, vielmehr ist eine Bekanntheit der Unionsmarke bei einem wesentlichen Teil des Publikums, welches von den durch die Marke erfassten Waren oder Dienstleistungen betroffen ist, in einem wesentlichen Teil des Unionsgebietes ausreichend (vgl. Ströbele/Hacker/Thiering/Thiering § 125b Rn. 7; Ingerl/Rohnke/ Nordemann/Kouker Rn. 5). Sofern im jeweiligen Einzelfall davon ausgegangen werden kann, dass das Hoheitsgebiet eines Mitgliedstaates als wesentlicher Teil des Unionsgebiets angesehen werden kann, so kann auch die Bekanntheit in diesem Mitgliedstaat bereits für eine Bekanntheit der Unionsmarke in der Union ausreichend sein (vgl. Ströbele/Hacker/Thiering/Thiering § 125b Rn. 7; zur Gemeinschaftsmarke EuGH GRUR 2009, 1158 Rn. 30 – PAGO/Tirolmilch; bestätigt durch EUGH GRUR 2019, 621 Rn. 50 – ÖKO-Test Verlag/Dr. Liebe; LG Hamburg MarkenR 2007, 444 (447) – PILGRIM; Ingerl/Rohnke/Nordemann/Kouker Rn. 5). Für die Verwendung als relatives Schutzhindernis iSd § 9 ist nicht erforderlich, dass die Unionsmarke zwingend auch in der Bundesrepublik Deutschland verwendet worden sein muss, vielmehr genügt die Benutzung der Marke innerhalb der Union, sofern sich diese auf einen wesentlichen Teil des Unionsgebiets bezieht (vgl. Ströbele/Hacker/Thiering/Thiering § 125b Rn. 7; Ingerl/Rohnke/Nordemann/ Kouker Rn. 5).

B. Ansprüche aufgrund der Verletzung einer Unionsmarke (Nr. 2)

Da die Folgen der Verletzung einer Unionsmarke durch die UMV nur teilweise geregelt werden, **4** sieht § 119 Nr. 2 ergänzend vor, dass der Inhaber einer eingetragenen Unionsmarke – neben den Ansprüchen nach den Art. 9–13 UMV – die gleichen Ansprüche auf Schadensersatz (§ 14 Abs. 6 und 7), Vernichtung und Rückruf (§ 18), Auskunft (§ 19), Vorlage und Besichtigung (§ 19a), Sicherung von Schadensersatzansprüchen (§ 19b) sowie Urteilsbekanntmachung (§ 19c) hat, wie der Inhaber einer nationalen Marke (vgl. Ingerl/Rohnke/Nordemann/Kouker Rn. 8; Fezer § 125b Rn. 4).

Nach Art. 9 UMV iVm Art. 130 Abs. 1 S. 1 UMV steht dem Inhaber einer Unionsmarke **5** zwar ein **Unterlassungsanspruch** zu, sofern das angegriffene Zeichen in einer Weise benutzt wird, dass die Verbraucher es als Hinweis auf die Herkunft der damit gekennzeichneten Waren oder Dienstleistungen aus einem bestimmten Unternehmen auffassen. Grundsätzlich besteht der Unterlassungsanspruch nach Art. 9 UMV auch dann für das gesamte Gebiet der Europäischen Union, wenn die Verletzung der Unionsmarke nur in einem der Mitgliedstaaten begangen worden ist, da diese innerhalb des Unionsgebiets einheitliche Wirkung entfaltet. Jedenfalls begründet die Begehung einer Unionsmarkenverletzung in einem Mitgliedstaat zumindest die für den Unterlassungsanspruch erforderliche **Erstbegehungsgefahr** in den übrigen Mitgliedstaaten (vgl. Ströbele/ Hacker/Thiering/Thiering § 125b Rn. 13; zur Gemeinschaftsmarke EuGH GRUR 2011, 518

Rn. 44 f., 50 – DHL Express France/Chronopost). Allerdings muss das angerufene Unionsmarkengericht das Verbot, die Verletzungshandlungen vorzunehmen bzw. fortzusetzen, dann **territorial einschränken,** wenn der Kläger seinen Klageantrag ausdrücklich auf einen bestimmten Mitgliedstaat oder einen bestimmten Teil des Unionsgebiets beschränkt hat oder wenn der Beklagte darlegen und beweisen kann, dass die Unionsmarke des Klägers durch seine Handlungen in bestimmten Teilgebieten der Union nicht beeinträchtigt werden kann, zum Beispiel weil nur in manchen Sprachräumen der Union eine Verwechslungsgefahr zwischen der Unionsmarke und dem angegriffenen Zeichen besteht, in anderen Sprachräumen jedoch nicht (vgl. EuGH GRUR 2016, 1166 Rn. 31 ff. – combit/Commit; Ströbele/Hacker/Thiering/Thiering § 125b Rn. 18; zur Gemeinschaftsmarke EuGH GRUR 2011, 518 Rn. 46 ff. – DHL Express France/Chronopost; BGH GRUR 2008, 254 Rn. 40 – THE HOME STORE; Schricker/Bastian/Knaak, Gemeinschaftsmarke und Recht der EU-Mitgliedstaaten, 2006, § 9 Rn. 192–198; Sosnitza GRUR 2011, 465 (468 f.)).

6   Darüber hinaus sieht Art. 11 Abs. 2 UMV vor, dass der Anmelder einer Unionsmarke eine **angemessene Entschädigung** für solche Handlungen verlangen kann, die nach Veröffentlichung der Anmeldung einer Unionsmarke vorgenommen werden und nach der Veröffentlichung der Eintragung aufgrund der dann eintretenden Wirkungen der Unionsmarke verboten werden (vgl. Ströbele/Hacker/Thiering/Thiering § 125b Rn. 28; Ingerl/Rohnke/Nordemann/Kouker Rn. 9). Auf der Grundlage von Art. 12 UMV kann der Inhaber einer Unionsmarke bei der Verwendung des jeweiligen Zeichens in **Wörterbüchern oder ähnlichen Nachschlagewerken** zudem einen **Hinweisanspruch** geltend machen (vgl. zur Gemeinschaftsmarke Fezer § 125b Rn. 4). Ferner kann der Inhaber einer Unionsmarke nach Art. 13 UMV gegen die unberechtigte Benutzung seiner Unionsmarke als **Agentenmarke** vorgehen und nach Art. 21 UMV deren Übertragung auf sich verlangen (vgl. Ströbele/Hacker/Thiering/Thiering § 125b Rn. 28; zur Gemeinschaftsmarke Fezer § 125b Rn. 4).

7   Außerhalb der Art. 9–13 UMV ergeben sich die rechtlichen Folgen der Verletzung einer Unionsmarke nach nationalem Recht (Art. 129 Abs. 2 UMV, Art. 130 Abs. 2 UMV). Nach Art. 129 Abs. 2 UMV wendet das betreffende Unionsmarkengericht in allen Markenfragen, die nicht durch die UMV erfasst werden, das geltende nationale Recht an. Gemäß Art. 130 Abs. 2 UMV kann das Unionsmarkengericht zudem vom anwendbaren Recht vorgesehene Maßnahmen ergreifen oder Anordnungen treffen, die ihm im jeweiligen Einzelfall zweckmäßig erscheinen. Beide Vorschriften sind so zu verstehen, dass sie auch auf das internationale Privatrecht verweisen (Ströbele/Hacker/Thiering/Thiering § 125b Rn. 35). Welches Recht auf Folgeansprüche anzuwenden ist, richtet sich daher nach Art. 8 Abs. 2 Rom II-VO (Ströbele/Hacker/Thiering/Thiering § 125b Rn. 36). Maßgeblich ist nicht das Recht eines jeden Staates, in dem die einzelnen Verletzungshandlungen begangen wurden oder drohen, sondern es ist ein einheitliches Anknüpfungskriterium zu bestimmen. Dabei ist eine **Gesamtwürdigung des Verhaltens des Verletzers** vorzunehmen, um den Ort zu bestimmen, an dem die ursprüngliche Verletzungshandlung, auf die das vorgeworfene Verhalten zurückgeht, begangen worden ist oder droht. Dies kann zB der Internetauftritt des Verletzers sein und damit derjenige Ort, von dem aus die Internetseite betrieben wird, oder auch derjenige Ort, von dem aus Waren versendet werden (BGH GRUR 2018, 84 Rn. 33 ff. – Parfummarken; vgl. zum Gemeinschaftsgeschmacksmuster EuGH GRUR 2017, 1120 Rn. 104 – Nintendo/BigBen). Dies gilt nach Auffassung des EuGH nicht für Annexansprüche, die nur in Bezug auf das Gebiet eines Mitgliedstaates geltend gemacht werden, sofern die Verletzungsklage im Gerichtsstand der unerlaubten Handlung erhoben worden ist und ausschließlich die in einem einzigen Mitgliedstaat begangenen oder drohenden Verletzungshandlungen zum Gegenstand hat. In diesem Fall sei das Recht dieses Mitgliedstaates anzuwenden (EuGH GRUR 2022, 569 Rn. 44 f. – Acacia/BMW; vgl. auch → UMV Art. 129 Rn. 34 ff.). Strittig ist nach wie vor die Frage, ob im Anwendungsbereich der Art. 129 Abs. 2 UMV, Art. 130 Abs. 2 UMV eine **Rechtswahl** durch die Beteiligten möglich ist. Dies erscheint im Hinblick auf Art. 8 Abs. 3 Rom II-VO nicht der Fall zu sein (vgl. Ströbele/Hacker/Thiering/Thiering § 125b Rn. 44; Ingerl/Rohnke/Nordemann/Kouker Rn. 13; zur Gemeinschaftsmarke vgl. auch BGH GRUR 2008, 254 Rn. 44 – THE HOME STORE, wonach die Zulässigkeit einer Rechtswahl eher zweifelhaft sein soll, wobei zum Zeitpunkt der Entscheidung Art. 8 Abs. 3 Rom II-VO noch nicht einschlägig war).

8   Die dem Inhaber einer Unionsmarke nach deutschem Recht zustehenden Ansprüche sind im Einzelnen in § 119 Nr. 2 aufgeführt. Diese Regelung ist durch Art. 4 Nr. 8 Gesetz zur Verbesserung der Durchsetzung von Rechten des geistigen Eigentums vom 7.7.2008 (BGBl. I 1191 = BlPMZ 2008, 274) neu gefasst worden und durch das zweite Gesetz zur Vereinfachung und Modernisierung des Patentrechts vom 10.8.2021 (BGBl. I 3490) redaktionell korrigiert worden. Die Vor schrift sieht – wie schon zuvor – die entsprechende Anwendung der gesetzlichen Regelungen zum **Schadensersatz** (§ 14 Abs. 6 und Abs. 7), zur **Vernichtung** (§ 18 Abs. 1) sowie über die Pflicht zur **Auskunftserteilung** (§ 19) vor. Zudem kann der Inhaber einer Unionsmarke im Falle der Verletzung die durch das Gesetz zur Verbesserung der Durchsetzung von Rechten des geistigen Eigentums eingeführten Ansprüche geltend machen, zu denen der Anspruch auf **Rückruf** (§ 18 Abs. 2) sowie **Vorlage- und Besichtigungsansprüche** (§ 19a) gehören. Darüber hinaus kann der Inhaber einer Unionsmarke von dem Verletzer die **Vorlage von Unterlagen** verlangen, die für die Sicherung der Erfüllung von Schadensersatzansprüchen erforderlich sind (§ 19b). Ferner kann der Inhaber einer Unionsmarke unter bestimmten Voraussetzungen die **öffentliche Bekanntmachung des Urteils** beanspruchen (§ 19c). Der bisher zum Zwecke der Schadensberechnung aus den allgemeinen Regelungen abgeleitete **Auskunftsanspruch** über den Umfang der Verletzungshandlung ergibt sich nunmehr, ebenso wie ein möglicher **Bereicherungsanspruch,** aus § 19d. Über § 19d MarkenG iVm § 1004 BGB gelten auch die allgemeinen Regelungen über den **Anspruch auf Beseitigung** einer durch die Verletzung der Unionsmarke eingetretenen dauerhaften Störung.

Ein ausdrücklicher Verweis auf den Schadensersatzanspruch des Geschäftsherrn **gegen seinen** **9** **untreuen Agenten bzw. Vertreter** nach § 17 Abs. 2 S. 2 ist in § 119 Nr. 2 nicht vorgesehen. Aus diesem fehlenden Verweis kann jedoch nicht gefolgert werden, dass bei einer Unionsmarke ein solcher Schadensersatzanspruch des Geschäftsherrn gegen seinen Agenten bzw. Vertreter nicht besteht. Vielmehr steht dem Inhaber einer Unionsmarke, wenn er zugleich auch Inhaber einer entsprechenden deutschen Marke ist, ein Schadensersatzanspruch unmittelbar aus § 14 Abs. 6 zu. Zudem kann der Geschäftsherr als Inhaber einer Unionsmarke einen Schadensersatzanspruch gegen den untreuen Agenten bzw. Vertreter aus § 117 Nr. 2 iVm § 14 Abs. 6 ableiten. Für den Fall, dass der Geschäftsherr Inhaber einer Unionsmarke und der Agent Inhaber einer gleichlautenden deutschen Marke ist, ist für die Beurteilung ihres Verhältnisses § 17 Abs. 2 S. 2 maßgeblich (vgl. Ströbele/Hacker/Thiering/Thiering § 125b Rn. 28). Ein Schadensersatzanspruch des Geschäftsherrn gegenüber dem Agenten bzw. Vertreter als Inhaber einer Unionsmarke scheidet daher nur dann aus, wenn der Geschäftsherr weder eine nationale noch eine Unionsmarke innehat (vgl. Ströbele/Hacker/Thiering/Thiering § 125b Rn. 28).

C. Verwirkung (Nr. 3)

Aus § 119 Nr. 3 ergibt sich, dass bei der Geltendmachung von Ansprüchen aus einer eingetrage- **10** nen Unionsmarke gegen die Benutzung einer nach dem Markengesetz eingetragenen Marke mit jüngerem Zeitrang die Regelung des § 21 Abs. 1 (Verwirkung) entsprechend heranzuziehen ist. Nach § 21 Abs. 1 kann der Inhaber einer Marke nicht verlangen, dass die Benutzung einer eingetragenen Marke mit jüngerem Zeitrang für die Waren oder Dienstleistungen, für die sie eingetragen sind, untersagt wird, soweit der Markeninhaber die Benutzung der Marke während eines Zeitraums von fünf aufeinanderfolgenden Jahren in Kenntnis dieser Benutzung geduldet hat, es sei denn, dass die Anmeldung der Marke mit dem jüngeren Zeitrang bösgläubig vorgenommen worden ist.

Nach Art. 61 UMV ist die Verwirkung nur im Verhältnis von zwei Unionsmarken zueinander **11** (Art. 61 Abs. 1 UMV) sowie im Verhältnis älterer nationaler Rechte zu jüngeren Unionsmarken (Art. 61 Abs. 2 UMV) vorgesehen. Diese Regelung der UMV wurde durch § 119 Nr. 3 dahingehend ergänzt, dass eine Verwirkung auch dann eintreten kann, wenn aus einer älteren Unionsmarke gegen eine jüngere nationale Marke vorgegangen werden soll, der Inhaber der prioritätsälteren Unionsmarke jedoch über einen Zeitraum von fünf aufeinanderfolgenden Jahren die Benutzung der prioritätsjüngeren nationalen Marke geduldet hat (vgl. auch Ingerl/Rohnke/Nordemann/Kouker Rn. 16, wonach § 119 Nr. 3 aufgrund der Neufassung des Art. 16 UMV jedenfalls für eingetragene nationale Marken überflüssig geworden sei und daher ersatzlos gestrichen werden könnte).

Dagegen sind § 21 Abs. 2–4 und damit insbesondere die **allgemeinen Verwirkungsgrund-** **12** **sätze** nach § 242 BGB auf Unionsmarken nicht übertragbar, da dies weder in der UMV noch durch die MRL vorgesehen wird (vgl. Ströbele/Hacker/Thiering/Thiering § 125b Rn. 47 (in Bezug auf eingetragene nationale Marken); aA Schricker/Bastian/Knaak § 125b Rn. 164–165; Ströbele/Hacker/Thiering/Thiering § 125b Rn. 42 (in Bezug auf nicht eingetragene nationale Kennzeichenrechte und ungeschützte Zeichen); diff. Ingerl/Rohnke/Nordemann/Kouker Rn. 16 f., der die analoge Anwendung des § 21 Abs. 2 bei Duldung eines nicht eingetragenen deutschen Kennzeichenrechts bejaht, die analoge Anwendung des § 21 Abs. 4 und damit der allgemeinen Verwirkungsgrundsätze aber ablehnt).

13   Die Ansprüche aus der Unionsmarke **verjähren** aufgrund der Verweisung in § 20 nach den Vorschriften des Abschnitts fünf des ersten Buches des BGB (§§ 194 ff. BGB; Kober-Dehm in Ströbele/Hacker, 11. Aufl. 2015, § 125b Rn. 13). Danach verjähren Ansprüche aufgrund einer Markenverletzung grundsätzlich innerhalb der Regelverjährungsfrist von drei Jahren (§ 195 BGB).

D. Nachweis der Benutzung im Widerspruchsverfahren (Nr. 4)

14   § 119 Nr. 4 sieht für den Fall, dass ein Widerspruch gegen die Eintragung einer Marke auf eine eingetragene Unionsmarke mit älterem Zeitrang gestützt wird, vor, dass die Bestimmungen zum Nachweis der Benutzung nach § 43 Abs. 1 entsprechend anzuwenden sind, wobei an die Stelle der Benutzung der Marke mit älterem Zeitrang gemäß § 26 die Benutzung der Unionsmarke mit älterem Zeitrang tritt (Art. 18 UMV). Die Vorschrift entspricht damit Art. 46 Abs. 1–3 MRL, welche in Art. 5 Abs. 2 lit. a Ziff. i MRL auch auf die Unionsmarke als älteres Recht verweist. Der Widerspruchsführer hat insoweit eine ernsthafte Benutzung der Unionsmarke in der Union nachzuweisen (Ströbele/Hacker/Thiering/Thiering § 125b Rn. 50). Allerdings muss diese ernsthafte Benutzung nicht notwendig in allen Mitgliedstaaten stattfinden, weshalb der Widerspruchsführer nicht zwingend nachweisen muss, dass die Benutzung auch in der Bundesrepublik Deutschland stattgefunden hat (vgl. Ingerl/Rohnke/Nordemann/Kouker Rn. 19; Fezer § 125b Rn. 6).

15   Von den Umständen des jeweiligen Einzelfalls abhängig ist, ob im Rahmen des Widerspruchsverfahrens die **Benutzung in nur einem Mitgliedstaat** genügt, um diese nachzuweisen. Dafür sprach zunächst die – allerdings nicht rechtsverbindliche – gemeinsame Erklärung des Rates und der Kommission der Europäischen Gemeinschaften anlässlich der Annahme der GMV vom 20.12.1993, aus der sich ergibt, dass bereits die Benutzung in einem Mitgliedstaat ausreichend sein soll (so zur Gemeinschaftsmarke auch BPatG GRUR 2006, 682 (684) – UNDERGROUND; OLG Hamburg GRUR-RR 2005, 312 (314) – NEWS). Der EuGH hat insoweit jedoch entschieden, dass für die Beurteilung, ob eine ernsthafte Benutzung in der Union vorliegt, die Grenzen der Hoheitsgebiete der Mitgliedstaaten außer Betracht zu lassen sind (EuGH GRUR 2013, 182 Rn. 44 – Leno Merken (ONEL/OMEL)). Dabei stellte der EuGH ausdrücklich klar, dass eine Übertragung der Grundsätze zur erforderlichen Bekanntheit einer Unionsmarke innerhalb der Union (vgl. zur Gemeinschaftsmarke EuGH GRUR 2009, 1158 Rn. 30 – PAG/Tirolmilch) nicht möglich ist (EuGH GRUR 2013, 182 Rn. 53 – Leno Merken (ONEL/OMEL)). Eine ernsthafte Benutzung liegt laut dem EuGH vielmehr dann vor, wenn die Unionsmarke entsprechend ihrer Hauptfunktion und zu dem Zweck benutzt wird, für die von ihr geschützten Waren oder Dienstleistungen Marktanteile in der Gemeinschaft zu gewinnen. Für diese Prüfung sei die Größe des Gebiets nur als ein Faktor neben anderen relevanten Faktoren wie insbesondere den Merkmalen des Marktes, der Art der durch die Marke geschützten Waren oder Dienstleistungen und dem quantitativen Umfang der Benutzung zu berücksichtigen (EuGH GRUR 2013, 182 Rn. 56 ff. – Leno Merken (ONEL/OMEL)). Somit ist eine ernsthafte Benutzung jedenfalls nicht grundsätzlich ausgeschlossen, wenn die Benutzung der Unionsmarke auf einen Mitgliedstaat beschränkt ist (Ströbele/Hacker/Thiering/Thiering § 125b Rn. 53; zu den Anforderungen an eine ernsthafte Benutzung der Unionsmarke auch → UMV Art. 18 Rn. 55 ff.).

16   Der Umfang der durch den Markeninhaber nachzuweisenden Tatsachen ergibt sich aus § 43 Abs. 1. Danach muss der Inhaber der eingetragenen Unionsmarke mit älterem Zeitrang im Rahmen des Widerspruchsverfahrens insbesondere nachweisen, dass er die Unionsmarke innerhalb der letzten fünf Jahre vor der Veröffentlichung der Eintragung der Unionsmarke, gegen die der Widerspruch gerichtet ist, gemäß Art. 18 UMV benutzt hat.

17   Bei einem erfolgreichen Widerspruch kann der Anmelder eine Eintragungsbewilligung nach § 44 geltend machen, da die Unionsmarke dann als älteres Recht iSd § 9 anzusehen ist (→ § 44 Rn. 4).

E. Verwirkung und Einrede der Nichtbenutzung bei Anträgen auf Erklärung des Verfalls oder der Nichtigkeit der Eintragung einer Marke (Nr. 5)

18   Nach § 119 Nr. 5 kann der Inhaber einer Unionsmarke mit älterem Zeitrang einen Antrag oder eine Klage auf Erklärung des Verfalls oder der Nichtigkeit der Eintragung der jüngeren Marke nach §§ 49, 51 stellen. Gemäß § 119 Nr. 5 lit. a ist jedoch § 51 Abs. 2 S. 1 entsprechend anzuwenden, sodass dem Inhaber der älteren Unionsmarke die Einrede der Verwirkung entgegengehalten werden kann, wenn dieser die Benutzung der jüngeren Marke für die Waren und Dienstleistungen, für die sie eingetragen ist, während eines Zeitraums von fünf aufeinanderfolgenden

Jahren in Kenntnis dieser Benutzung geduldet hat, es sei denn, dass die Anmeldung der jüngeren Marke bösgläubig vorgenommen worden ist.

§ 119 Nr. 5 lit. b verweist auf § 53 Abs. 6 und § 55 Abs. 3 und stellt somit klar, dass die **Einrede** **19** **der Nichtbenutzung** gemäß § 53 Abs. 6 und § 55 Abs. 3 in Verfalls- und Nichtigkeitsverfahren aufgrund einer Unionsmarke entsprechend heranzuziehen ist, allerdings mit der Maßgabe, dass die Benutzung nach Art. 18 UMV in der Union stattfinden muss, was nicht zwingend eine Benutzung in der Bundesrepublik Deutschland voraussetzt (vgl. Ströbele/Hacker/Thiering/Thiering § 125b Rn. 50 ff., 56; Ingerl/Rohnke/Nordemann/Kouker Rn. 23).

F. Beschlagnahmeanträge (Nr. 6)

Bei der Verletzung einer Unionsmarke sind auch die Regelungen hinsichtlich der Grenzbe- **20** schlagnahme nach den §§ 146 ff. entsprechend anzuwenden. Insoweit kann der Inhaber einer Unionsmarke die Beschlagnahme von Waren beantragen, sofern diese bei der Ein- oder Ausfuhr rechtswidrig gekennzeichnet sind (Ströbele/Hacker/Thiering/Thiering § 125b Rn. 58; vgl. zur Gemeinschaftsmarke Fezer § 125b Rn. 9).

§ 120 Nachträgliche Feststellung der Ungültigkeit einer Marke

(1) [1]Ist für eine angemeldete oder eingetragene Unionsmarke der Zeitrang einer im **Register des Deutschen Patent- und Markenamts eingetragenen Marke nach Artikel 39 oder Artikel 40 der Unionsmarkenverordnung in Anspruch genommen worden und ist die im Register des Deutschen Patent- und Markenamts eingetragene Marke wegen Nichtverlängerung der Schutzdauer nach § 47 Absatz 8 oder wegen Verzichts nach § 48 Absatz 1 gelöscht worden, so kann auf Antrag nachträglich die Ungültigkeit dieser Marke wegen Verfalls oder wegen Nichtigkeit festgestellt werden. [2]In diesem Fall entfal- tet der Zeitrang keine Wirkung.**

(2) [1]Die Feststellung der Ungültigkeit erfolgt unter den gleichen Voraussetzungen **wie eine Erklärung des Verfalls oder der Nichtigkeit. [2]Jedoch kann die Ungültigkeit einer Marke wegen Verfalls nach § 49 Abs. 1 nur festgestellt werden, wenn die Vorausset- zungen für die Erklärung des Verfalls nach dieser Vorschrift auch schon in dem Zeit- punkt gegeben waren, in dem die Marke wegen Nichtverlängerung der Schutzdauer oder wegen Verzichts gelöscht worden ist.**

(3) Das Verfahren zur Feststellung der Ungültigkeit richtet sich nach den Vorschriften, **die für das Verfalls- und Nichtigkeitsverfahren einer eingetragenen Marke gelten, mit der Maßgabe, daß an die Stelle der Erklärung des Verfalls oder der Nichtigkeit der Marke die Feststellung ihrer Ungültigkeit tritt.**

Überblick

Der Anmelder einer Unionsmarke hat nach Art. 39 Abs. 1 UMV die Möglichkeit, für diese Unionsmarke in einem Mitgliedstaat der EU die Priorität einer ihm gehörenden, vorbestehenden und identisch übereinstimmenden nationalen Marke (oder des entsprechenden nationalen Teils einer IR-Marke) in Anspruch zu nehmen. Diese Möglichkeit besteht für den Anmelder einer Unionsmarke auch noch nach der Eintragung der Unionsmarke (vgl. Art. 40 UMV). Nach Art. 39 Abs. 3 UMV, Art. 40 Abs. 4 UMV hat dies die alleinige Wirkung, dass dem Inhaber der Unions- marke, falls er auf die ältere Marke verzichtet oder sie erlöschen lässt, weiter dieselben Rechte zugestanden werden, die er gehabt hätte, wenn die ältere Marke weiterhin eingetragen gewesen wäre. Jedoch erlischt gemäß Art. 39 Abs. 4 UMV, Art. 40 Abs. 4 UMV der in Anspruch genom- mene Zeitrang, wenn die ältere Marke für nichtig oder für verfallen erklärt wird. Da eine solche Erklärung allerdings nicht mehr möglich ist, wenn der Inhaber der älteren nationalen Marke auf die Marke verzichtet hat oder sie erloschen ist, sieht Art. 6 S. 1 MRL die nachträgliche Feststellung der Nichtigkeit oder des Verfalls der älteren nationalen Marke vor. Eine solche führt gemäß Art. 6 S. 2 MRL dazu, dass der Zeitrang keine Wirkung mehr entfaltet. Durch § 120 werden diese Vorgaben in das deutsche Recht umgesetzt.

Die Norm wurde durch das Markenrechtsänderungsgesetz 1996 (BGBl. I 1014) als § 125c aF eingeführt und durch Art. 1 Nr. 97 Gesetz zur Umsetzung der RL (EU) 2015/2436 des Europä- ischen Parlaments und des Rates vom 16.12.2015 zur Angleichung der Rechtsvorschriften der

Mitgliedstaaten über die Marken (Markenrechtsmodernisierungsgesetz – MaMoG) mit Wirkung zum 14.1.2019 an die neue Terminologie und Artikelfolge der UMV sowie die zum Teil neue Terminologie des MarkenG angepasst. Durch Art. 5 Nr. 13 Zweites Gesetz zur Vereinfachung und Modernisierung des Patentrechts vom 10.8.2021 (BGBl. I 3490) wurde die Nummerierung zu § 120 geändert und eine redaktionelle Korrektur vorgenommen. § 120 Abs. 1 enthält den – lediglich klarstellenden – Hinweis, dass der Zeitrang der älteren nationalen Marke keine Wirkung mehr entfaltet, wenn die Ungültigkeit dieser Marke nachträglich festgestellt wurde.

A. Nachträgliche Feststellung der Ungültigkeit (Abs. 1)

1   § 120 Abs. 1 ordnet an, dass die nationale Marke, die wegen Nichtverlängerung der Schutzdauer nach § 47 Abs. 8 oder in Folge eines Verzichts nach § 48 Abs. 1 gelöscht worden ist und deren Zeitrang durch den Inhaber der Unionsmarke nach Art. 39, 40 UMV zuvor in Anspruch genommen worden ist, nachträglich auf Antrag für verfallen (§ 49) oder für nichtig (§§ 50, 51) erklärt werden kann. Der Zeitrang der für verfallen oder für nichtig erklärten nationalen Marke entfaltet dann keine Wirkung mehr.

B. Voraussetzung der Ungültigkeitsfeststellung (Abs. 2)

2   Nach § 120 Abs. 2 S. 1 erfolgt die Feststellung der Ungültigkeit unter den gleichen Voraussetzungen wie eine Erklärung des Verfalls oder der Nichtigkeit, wodurch auf die Verfallsgründe des § 49 sowie die Nichtigkeitsgründe der §§ 50, 51 Bezug genommen wird. Für die Voraussetzungen dieser Verfalls- und Nichtigkeitsgründe kann daher auf die dortigen Kommentierungen verwiesen werden.

3   Unklar war bis vor kurzem, zu welchem **Zeitpunkt** die Voraussetzungen des jeweils geltend gemachten Verfalls- oder Nichtigkeitsgrundes vorgelegen haben müssen. Art. 14 MRL 2008, der vor der Novellierung der Richtlinie eine mit Art. 6 MRL vergleichbare Regelung enthielt, machte diesbezüglich keine Angaben. Nach § 120 Abs. 2 S. 2 kann die Ungültigkeit einer Marke wegen Verfalls nach § 49 Abs. 1 nur festgestellt werden, wenn die Voraussetzungen für die Erklärung des Verfalls nach dieser Vorschrift auch schon in dem Zeitpunkt gegeben waren, in dem die Marke wegen Nichtverlängerung der Schutzdauer oder wegen Verzichts gelöscht worden ist. Aus der Formulierung der Vorschrift („auch schon") schloss der BGH, dass die Voraussetzungen des Verfalls zu zwei Zeitpunkten vorliegen müssen: Zum einen zum Zeitpunkt der Entscheidung über die Feststellungsklage und zum anderen zu dem Zeitpunkt, in dem die Marke wegen Nichtverlängerung oder Verzichts gelöscht worden ist (vgl. BGH GRUR 2017, 517 Rn. 15 ff. – PUC). Der BGH zweifelte allerdings an der Vereinbarkeit dieser Auslegung von § 120 (125c aF) mit Art. 14 MRL 2008 und legte die Frage dem EuGH zur Vorabentscheidung (Art. 267 AEUV) vor. Der EuGH entschied insoweit, dass sich aus dem Wortlaut und Zweck des Art. 14 MRL 2008 ergebe, dass mit der fraglichen Prüfung festgestellt werden soll, ob die Voraussetzungen für die Ungültigkeit oder den Verfall zu dem Zeitpunkt erfüllt waren, zu dem auf die ältere Marke verzichtet wurde oder zu dem sie erlosch. Daher sei es mit Art. 14 MRL 2008 nicht zu vereinbaren, wenn verlangt werde, dass die Voraussetzungen auch zu dem Zeitpunkt erfüllt sein müssen, zu dem über den Antrag auf nachträgliche Feststellung der Ungültigkeit oder des Verfalls entschieden werde (EuGH GRUR 2018, 616 Rn. 26 – P & C Hamburg/P & C Düsseldorf (PUC); BGH GRUR 2019, 527 Rn. 22 – PUC II). Diese Auslegung des Art. 14 MRL 2008 stimmt auch mit der in Art. 6 MRL enthaltenen Regelung überein. Eine inhaltliche Änderung der Vorschrift durch das MaMoG war daher nicht erforderlich.

C. Feststellungsverfahren (Abs. 3)

4   Nach § 120 Abs. 3 richtet sich das Verfahren zur Feststellung der Ungültigkeit nach denjenigen Vorschriften, die für das Verfahren zur Erklärung des Verfalls oder der Nichtigkeit einer eingetragenen Marke (§§ 53–55) gelten. Allerdings tritt insoweit an die Stelle der Löschung der eingetragenen Marke die Feststellung ihrer Ungültigkeit. Aus § 120 Abs. 1 ergibt sich, dass das Feststellungsverfahren nicht von Amts wegen eingeleitet wird, sondern einen Antrag voraussetzt (Ströbele/Hacker/Thiering/Thiering § 125c Rn. 15).

§ 121 Umwandlung von Unionsmarken

(1) Ist dem Deutschen Patent- und Markenamt ein Antrag auf Umwandlung einer angemeldeten oder eingetragenen Unionsmarke nach Artikel 139 Absatz 3 der Unions-

markenverordnung übermittelt worden, so sind die Gebühr und die Klassengebühren nach dem Patentkostengesetz für das Umwandlungsverfahren mit Zugang des Umwandlungsantrages beim Deutschen Patent- und Markenamt fällig.

(2) ¹Betrifft der Umwandlungsantrag eine Marke, die noch nicht als Unionsmarke eingetragen war, so wird der Umwandlungsantrag wie die Anmeldung einer Marke zur Eintragung in das Register des Deutschen Patent- und Markenamts behandelt mit der Maßgabe, dass an die Stelle des Anmeldetages nach § 33 Absatz 1 der Anmeldetag der Unionsmarke nach Artikel 32 der Unionsmarkenverordnung oder der Tag einer für die Unionsmarke in Anspruch genommenen Priorität tritt. ²War für die Anmeldung der Unionsmarke der Zeitrang einer im Register des Deutschen Patent- und Markenamts eingetragenen Marke nach Artikel 39 der Unionsmarkenverordnung in Anspruch genommen worden, so tritt dieser Zeitrang an die Stelle des nach Satz 1 maßgeblichen Tages.

(3) ¹Betrifft der Umwandlungsantrag eine Marke, die bereits als Unionsmarke eingetragen war, so trägt das Deutsche Patent- und Markenamt die Marke ohne weitere Prüfung unmittelbar nach § 41 Absatz 1 unter Wahrung ihres ursprünglichen Zeitrangs in das Register ein. ²Gegen die Eintragung kann Widerspruch nicht erhoben werden.

(4) Im übrigen sind auf Umwandlungsanträge die Vorschriften dieses Gesetzes für die Anmeldung von Marken anzuwenden.

Überblick

§ 121 enthält Regelungen für das nationale Verfahren zur Umwandlung einer Unionsmarke in eine nationale Marke nach Art. 139 ff. UMV. Insoweit legt § 121 Abs. 1 zunächst fest, dass bei Übermittlung eines Antrags auf Umwandlung einer angemeldeten oder eingetragenen Unionsmarke nach Art. 140 Abs. 5 UMV die Gebühr bzw. die Klassengebühren nach dem Patentkostengesetz mit Zugang des Umwandlungsantrags beim DPMA fällig werden. War die Unionsmarke im Zeitpunkt des Zugangs des Umwandlungsantrags als solche noch nicht eingetragen, so ergibt sich aus § 121 Abs. 2 S. 1, dass dieser Antrag wie die Anmeldung einer nationalen Marke beim DPMA zu behandeln ist, wobei an die Stelle des Anmeldetages iSd § 33 Abs. 1 der Anmeldetag der jeweiligen Unionsmarke iSd Art. 32 UMV oder der Tag einer für diese Unionsmarke in Anspruch genommenen Priorität tritt. § 121 Abs. 2 S. 2 sieht sodann vor, dass eine hinsichtlich der Unionsmarke in Anspruch genommene Priorität auch für die Anmeldung der nationalen Marke erhalten bleibt. Ist die Marke im Zeitpunkt des Eingangs des Umwandlungsantrags bereits als Unionsmarke eingetragen, so ergibt sich aus § 121 Abs. 3, dass das DPMA die Marke ohne sachliche Prüfung unmittelbar nach § 41 mit der ursprünglichen Priorität in das Register einzutragen hat. Die Möglichkeit eines Widerspruchs gegen diese Eintragung besteht nach § 121 Abs. 3 S. 2 nicht. Schließlich ergibt sich aus § 121 Abs. 4, dass für die Anträge auf Umwandlung einer Unionsmarke im Übrigen die Vorschriften des MarkenG bezüglich der Anmeldung von Marken anzuwenden sind.

A. Regelungszusammenhang

§ 121 wurde im Jahr 1996 durch das MarkenRÄndG vom 19.7.1996 (BGBl. I 1014) in das **1** Markengesetz als § 125d eingefügt. Durch Art. 9 Nr. 28 Kostenbereinigungsgesetz (BlPMZ 2002, 14 ff.) wurde § 121 Abs. 1 im Jahr 2002 neu gefasst. Die nach § 121 Abs. 2 aF früher erforderliche Prüfung der Zulässigkeit des Umwandlungsantrags durch das DPMA (Art. 108 Abs. 2 GMV aF) wurde durch das Gesetz zur Änderung des Patentgesetzes und anderer Vorschriften des gewerblichen Rechtsschutzes vom 9.12.2004 (BGBl. I 3232) aufgehoben. Aufgrund dieser Anpassung sind die früheren Abs. 3–5 des § 121 nunmehr in den Abs. 2–4 vorgesehen. Mit Wirkung zum 14.1.2019 wurde § 121 durch Art. 1 Nr. 98 Gesetz zur Umsetzung der RL (EU) 2015/2436 des Europäischen Parlaments und des Rates vom 16.12.2015 zur Angleichung der Rechtsvorschriften der Mitgliedstaaten über die Marken (Markenrechtsmodernisierungsgesetz – MaMoG) an die neue Terminologie und Artikelfolge der Unionsmarkenverordnung angepasst. Durch Art. 5 Nr. 14 Zweites Gesetz zur Vereinfachung und Modernisierung des Patentrechts vom 10.8.2021 (BGBl. I 3490) wurde die Nummerierung von § 125d zu § 121 geändert.

§ 121 beruht auf der Regelung des Umwandlungsverfahrens in den **Art. 139 ff. UMV**, die **2** vorsehen, dass eine angemeldete oder eingetragene Unionsmarke in eine nationale Markenanmeldung umgewandelt werden kann, wenn die Anmeldung der Unionsmarke entweder zurückgewiesen oder zurückgenommen worden ist oder sie als zurückgenommen gilt (Art. 139 Abs. 1 lit. a UMV) oder wenn die eingetragene Unionsmarke ihre Wirkung verloren hat (Art. 139 Abs. 1 lit. b UMV).

3   Eine Umwandlung kann dagegen nicht erfolgen, sofern die Unionsmarke nach Art. 58 UMV für verfallen erklärt worden ist, es sei denn, der Inhaber der Unionsmarke kann in dem für die Umwandlung vorgesehenen Mitgliedstaat eine ausreichende Benutzung belegen (Art. 139 Abs. 2 lit. a UMV), was nach dem Recht des betreffenden Mitgliedstaats zu beurteilen ist (vgl. Ströbele/Hacker/Thiering/Thiering § 125d Rn. 5; Ingerl/Rohnke/Nordemann/Kouker Rn. 6). Darüber hinaus ist die Umwandlung einer Unionsmarke nach Art. 139 Abs. 2 lit. b UMV auch dann nicht möglich, wenn die Umwandlung für einen Mitgliedstaat beantragt wird, in dem ein absoluter oder relativer Nichtigkeits- bzw. Verfallsgrund rechtskräftig festgestellt worden ist.

4   Nach Art. 140 Abs. 1 UMV iVm Art. 139 Abs. 4–6 UMV muss der **Umwandlungsantrag** innerhalb von drei Monaten seit der Rücknahme/Zurückweisung der Anmeldung bzw. dem Erlöschen der eingetragenen Unionsmarke eingereicht werden. Wird diese Frist nicht gewahrt, so kann sich der Anmelder nach Art. 139 Abs. 7 UMV trotz formgerechter Anmeldung der Unionsmarke nicht mehr auf die prioritätswahrende Wirkung in dem jeweiligen Mitgliedstaat berufen und der Umwandlungsantrag wird zurückgewiesen (vgl. Ströbele/Hacker/Thiering/Thiering § 125d Rn. 7; Ingerl/Rohnke/Nordemann/Kouker Rn. 7).

B. Nationales Verfahren nach § 121

I. Nationale Umwandlungsgebühr

5   Für das nationale Verfahren zur Umwandlung einer Unionsmarke sind nach § 2 Abs. 1 PatKostG iVm GV 335200 PatKostG und GV 335400 PatKostG die nationale Umwandlungsgebühr sowie für jede Klasse ab der zweiten Klasse Klassengebühren zu zahlen. Die **Fälligkeit** der Umwandlungsgebühr sowie der etwaigen Klassengebühren tritt nach § 121 Abs. 1 mit dem Zugang des Umwandlungsantrags beim DPMA ein. Nach der Regelung in § 6 Abs. 1 S. 2 PatKostG sind die jeweiligen Gebühren **innerhalb von drei Monaten** ab ihrer jeweiligen Fälligkeit zu zahlen (vgl. Ströbele/Hacker/Thiering/Thiering § 125d Rn. 10; Ingerl/Rohnke/Nordemann/Kouker Rn. 8; Fezer § 125d Rn. 8).

II. Formelle Anforderungen an den Umwandlungsantrag

6   Da die Zulässigkeitsvoraussetzungen für eine Umwandlung der Unionsmarke nach Art. 139 UMV bereits umfassend durch das EUIPO überprüft worden sind (Art. 140 Abs. 3 S. 1 UMV), ist eine nochmalige Prüfung des Umwandlungsantrags durch die nationalen Erteilungsbehörden überflüssig. Aufgrund dieser bereits durch das EUIPO vorgenommenen Überprüfung der Zulässigkeit der Umwandlung der Unionsmarke durch das EUIPO ist auch die im früheren § 125d Abs. 2 aF vorgesehene Prüfung auf nationaler Ebene entfallen.

III. Weitere Verfahrensschritte

7   Aus § 121 Abs. 2 ergibt sich zunächst, dass Umwandlungsanträge, die **Unionsmarkenanmeldungen** betreffen, wie nationale Markenanmeldungen zu behandeln sind. Nach § 121 Abs. 2 S. 1 tritt an die Stelle des Anmeldetages iSv § 33 Abs. 1 der Anmeldetag der Unionsmarke (Art. 32 UMV), so dass für den Beginn der Schutzdauer der nationalen Marke der Tag der Anmeldung der Unionsmarke maßgeblich ist (vgl. Ströbele/Hacker/Thiering/Thiering § 125d Rn. 12; Ingerl/Rohnke/Nordemann/Kouker Rn. 13). Nach Art. 139 Abs. 3 UMV kann für die nationale Marke auch eine frühere Priorität nach Art. 39 UMV in Anspruch genommen werden, sofern diese bereits bei der Anmeldung der Unionsmarke in Anspruch genommen worden ist (vgl. Ströbele/Hacker/Thiering/Thiering § 125d Rn. 12; Ingerl/Rohnke/Nordemann/Kouker Rn. 13; Eisenführ FS v. Mühlendahl, 2005, 351 ff.; Schäfer GRUR 1998, 350 (351)). In diesem Fall tritt gemäß § 121 Abs. 2 S. 2 der Zeitrang der älteren nationalen Marke an die Stelle des Anmeldetags der Unionsmarke.

8   Die auf diese Weise umgewandelte Unionsmarkenanmeldung wird durch das DPMA wie eine nationale Anmeldung geprüft, insbesondere findet eine uneingeschränkte Prüfung auf absolute Schutzhindernisse iSd § 8 statt (vgl. Ströbele/Hacker/Thiering/Thiering § 125d Rn. 13; Ingerl/Rohnke/Nordemann/Kouker Rn. 14). Es besteht insoweit keine Bindungswirkung der Prüfungsergebnisse des EUIPO für das DPMA (vgl. Ströbele/Hacker/Thiering/Thiering § 125d Rn. 13;

Ingerl/Rohnke/Nordemann/Kouker Rn. 14; Büscher/Dittmer/Schiwy/Schalk § 125d Rn. 2). Gegen die umgewandelte Marke kann nach ihrer Eintragung auch ein Widerspruch nach § 42 erhoben werden (vgl. Ströbele/Hacker/Thiering/Thiering § 125d Rn. 13; Ingerl/Rohne/Nordemann/Kouker Rn. 14).

Hiervon abweichend sind Umwandlungsanträge nach § 121 Abs. 3 zu behandeln, wenn sie **9** sich auf eine bereits **eingetragene Unionsmarke** beziehen. Insoweit besteht keine Veranlassung diese in Deutschland bereits wirksam unter Schutz gestellten Marken durch das DPMA nochmals prüfen zu lassen (vgl. Ströbele/Hacker/Thiering/Thiering § 125d Rn. 14; Ingerl/Rohnke/Nordemann/Kouker Rn. 15). Stattdessen ordnet § 121 Abs. 3 an, dass entsprechende Umwandlungsanträge **ohne weitere Prüfung** auf das Bestehen von absoluten oder relativen Schutzhindernissen mit der ursprünglichen Priorität einzutragen sind. Auch die Möglichkeit eines Widerspruchs besteht nach Maßgabe des § 121 Abs. 3 S. 2 hinsichtlich derartiger Umwandlungsanträge, die sich auf eine bereits eingetragene Unionsmarke beziehen, nicht.

Schließlich sieht § 121 Abs. 4 vor, dass auf Umwandlungsanträge die allgemeinen Vorschriften **10** des MarkenG für die Anmeldung von nationalen Marken anzuwenden sind. Insoweit besteht eine Verpflichtung des Antragstellers zur **Bestellung eines Inlandsvertreters** (vgl. § 96). Zudem sind nach § 93 der Umwandlungsantrag sowie die diesem beigefügten Unterlagen (wie das Waren- und Dienstleistungsverzeichnis) **in deutscher Sprache** einzureichen (Ströbele/Hacker/Thiering/Thiering § 125d Rn. 15; aA Ingerl/Rohnke/Nordemann/Kouker Rn. 10 unter Verweis auf die Praxis des DPMA). Es ist zudem darauf hinzuweisen, dass nach der Rechtsprechung des BGH die Umwandlung der Anmeldung einer Unionsindividualmarke in die Anmeldung einer deutschen Kollektivmarke nur möglich ist, wenn bereits bei der Unionsmarkenmeldung eine Erklärung nach § 65 Abs. 1 Nr. 2 MarkenG iVm § 4 MarkenV abgegeben worden ist. Begründet wird dies damit, dass § 121 nur dasjenige materielle Schutzrecht erhalten soll, das der Anmelder einer Unionsmarke bereits erlangt hat, Individual- und Kollektivmarke hingegen verschiedene Markenarten darstellen (BPatG BeckRS 2016, 11516 – De-Mail).

§ 122 Unionsmarkenstreitsachen; Unionsmarkengerichte

(1) Für alle Klagen, für die nach der Unionsmarkenverordnung die Unionsmarkengerichte im Sinne des Artikels 123 Absatz 1 der Unionsmarkenverordnung zuständig sind (Unionsmarkenstreitsachen), sind als Unionsmarkengerichte im ersten Rechtszug die Landgerichte ohne Rücksicht auf den Streitwert ausschließlich zuständig.

(2) Unionsmarkengericht zweiter Instanz ist das Oberlandesgericht, in dessen Bezirk das Unionsmarkengericht erster Instanz seinen Sitz hat.

(3) ¹Die Landesregierungen werden ermächtigt, durch Rechtsverordnung die Unionsmarkenstreitsachen für die Bezirke mehrerer Unionsmarkengerichte einem dieser Gerichte zuzuweisen. ²Die Landesregierungen können diese Ermächtigung durch Rechtsverordnung auf die Landesjustizverwaltungen übertragen.

(4) Die Länder können durch Vereinbarung den Unionsmarkengerichten eines Landes obliegende Aufgaben ganz oder teilweise dem zuständigen Unionsmarkengericht eines anderen Landes übertragen.

(5) Auf Verfahren vor den Unionsmarkengerichten ist § 140 Absatz 4 und § 142 entsprechend anzuwenden.

Überblick

Die Vorschrift regelt die ausschließliche Zuständigkeit der Landgerichte als Unionsmarkengerichte erster Instanz sowie die jeweils zugehörigen Oberlandesgerichts als Unionsmarkengericht zweiter Instanz. Zudem enthält § 122 Abs. 3 eine Konzentrationsermächtigung, nach der die Landesregierungen durch Rechtsverordnung Unionsmarkenstreitsachen für die Bezirke mehrerer Unionsmarkengerichte einem der Unionsmarkengerichte zuweisen können. Auch eine länderübergreifende Konzentration ist nach § 122 Abs. 4 möglich. Durch den in § 122 Abs. 5 enthaltenen Verweis sind die Vorschriften des § 140 Abs. 4 und des § 142 in Verfahren vor den Unionsmarkengerichten entsprechend anwendbar.

A. Normzweck, Entstehungsgeschichte

1   § 122 ist im Jahre 1996 durch das MarkenRÄndG vom 19.7.1996 als § 125e aF in das MarkenG eingefügt worden (BGBl. I 1014; BT-Drs. 13/3841, 15). Durch Art. 5 Nr. 14 Zweites Gesetz zur Vereinfachung und Modernisierung des Patentrechts vom 10.8.2021 (BGBl. I 3490) wurde die Nummerierung zu § 122 geändert. Art. 123 Abs. 1 UMV verpflichtet die Mitgliedstaaten der EU, eine möglichst geringe Zahl von nationalen Gerichten erster und zweiter Instanz zu benennen, die die ihnen durch die UMV zugewiesenen Aufgaben (vor allem die Zuständigkeit für Klagen betreffend Verletzung und Rechtsgültigkeit von Unionsmarken, vgl. Art. 124 UMV) übernehmen (Unionsmarkengerichte). Dieser Verpflichtung kommt § 122 Abs. 1 nach. Durch Art. 1 Nr. 99 Gesetz zur Umsetzung der RL (EU) 2015/2436 des Europäischen Parlaments und des Rates vom 16.12.2015 zur Angleichung der Rechtsvorschriften der Mitgliedstaaten über die Marken (Markenrechtsmodernisierungsgesetz – MaMoG) wurde § 122 (§ 125e aF) zum 14.1.2019 an die neue Terminologie und Artikelfolge der Unionsmarkenverordnung angepasst.

B. Ausschließliche Zuständigkeit der Landgerichte (Abs. 1)

2   § 122 Abs. 1 sieht die ausschließliche sachliche Zuständigkeit der Landgerichte als Unionsmarkengerichte erster Instanz für alle erstinstanzlichen Unionsmarkenstreitsachen vor, ohne dass es insoweit auf den Streitwert des Rechtsstreits ankommt. Nach Art. 124 UMV sind **Unionsmarkenstreitsachen**
- Klagen wegen der Verletzung oder drohenden Verletzung einer Unionsmarke;
- Klagen auf Feststellung der Nichtverletzung;
- Klagen über Entschädigungsansprüche nach Art. 11 Abs. 2 UMV; sowie
- die in Art. 128 UMV genannten Widerklagen auf Erklärung des Verfalls oder der Nichtigkeit einer Unionsmarke.

3   Nicht durch § 122 Abs. 1 erfasst werden Streitigkeiten über **Ansprüche aus nationalen Marken,** die mit einer Unionsmarke identisch sind, da es sich insoweit nicht um eine Unionsmarkenstreitsache handelt (vgl. zur Gemeinschaftsmarke BGH GRUR 2004, 860 (862) – Internet-Versteigerung).

4   Nach § 131 Abs. 1 UMV können bei **Maßnahmen des einstweiligen Rechtsschutzes** einschließlich etwaiger Sicherungsmaßnahmen neben den Unionsmarkengerichten auch die allgemein zuständigen Gerichte eines Mitgliedstaates entscheiden, was zu einer parallelen Zuständigkeit der Kennzeichenstreitgerichte nach § 140 für derartige Eilmaßnahmen führt (vgl. Ströbele/Hacker/Thiering/Thiering § 125e Rn. 42; Ingerl/Rohnke § 125e Rn. 26). Allerdings ist zu berücksichtigen, dass eine Maßnahme des einstweiligen Rechtsschutzes, die durch ein Kennzeichenstreitgericht iSv § 140 erlassen wird, nur für das Gebiet der Bundesrepublik Deutschland Wirkung entfaltet. Eine unionsweit wirkende einstweilige Verfügung oder eine unionsweit wirkende Sicherungsmaßnahme kann daher aufgrund der Regelung in § 131 Abs. 2 UMV nur durch ein Unionsmarkengericht angeordnet werden (vgl. Ströbele/Hacker/Thiering/Thiering § 125e Rn. 46; Ingerl/Rohnke/Nordemann/Kouker Rn. 10).

5   Sofern es sich nicht um eine Unionsmarkenstreitsache iSv Art. 124 UMV handelt, ergibt sich die sachliche Zuständigkeit der Landgerichte aus Art. 134 Abs. 1 UMV iVm § 140 Abs. 1 und Abs. 2 (vgl. Ströbele/Hacker/Thiering/Thiering § 125e Rn. 63; Ingerl/Rohnke/Nordemann/Kouker Rn. 51). Zu den Streitigkeiten, die **keine Unionsmarkenstreitsachen** iSv Art. 124 UMV sind, zählen insbesondere rechtliche Auseinandersetzungen
- bezüglich des Rechtsübergangs an einer Unionsmarke,
- bezüglich der Gewährung von Lizenzrechten an einer Unionsmarke sowie
- im Zusammenhang mit den in Art. 137 und 138 UMV bezeichneten Ansprüchen auf Untersagung der Benutzung einer Unionsmarke (vgl. Ströbele/Hacker/Thiering/Thiering § 125e Rn. 59 f.; Ingerl/Rohnke/Nordemann/Kouker Rn. 51 f.).

6   Die internationale Zuständigkeit in Unionsmarkenstreitsachen ist in Art. 125 UMV geregelt. Die örtliche Zuständigkeit der Unionsmarkengerichte ergibt sich aus § 124.

C. Unionsmarkengerichte zweiter Instanz (Abs. 2)

7   Nach § 122 Abs. 2 sind die Unionsmarkengerichte zweiter Instanz die Oberlandesgerichte, in deren Bezirk das jeweilige als Unionsmarkengericht erster Instanz zuständige Landgericht seinen Sitz hat. Aus dem in Art. 133 Abs. 3 UMV enthaltenen Verweis auf die entsprechenden nationalen Vorschriften ergibt sich zudem, dass der BGH in der Revisionsinstanz als Unionsmarkengericht zuständig ist (vgl. Ingerl/Rohnke/Nordemann/Kouker Rn. 6).

D. Konzentrationsermächtigung (Abs. 3)

§ 122 Abs. 3 enthält eine Konzentrationsermächtigung für die jeweiligen Bundesländer, wonach **8** diese durch Rechtsverordnung Unionsmarkenstreitsachen einem oder mehreren bestimmten Landgerichten zuweisen können. Die Bundesländer haben von dieser Konzentrationsermächtigung wie folgt Gebrauch gemacht (vgl. Ströbele/Hacker/Thiering/Thiering § 125e Rn. 33):

- **Baden-Württemberg:** LG Mannheim für den Bezirk des OLG Karlsruhe und LG Stuttgart für den Bezirk des OLG Stuttgart,
- **Bayern:** LG Nürnberg-Fürth für die Bezirke des OLG Nürnberg und des OLG Bamberg und LG München I für den Bezirk des OLG München,
- **Berlin:** LG Berlin,
- **Brandenburg:** LG Berlin,
- **Bremen:** LG Bremen,
- **Hamburg:** LG Hamburg,
- **Hessen:** LG Frankfurt a. M.,
- **Mecklenburg-Vorpommern:** LG Rostock,
- **Niedersachen:** LG Braunschweig,
- **Nordrhein-Westfalen:** LG Düsseldorf,
- **Rheinland-Pfalz:** LG Koblenz für den Bezirk des OLG Koblenz und LG Frankenthal (Pfalz) für den Bezirk des OLG Zweibrücken,
- **Saarland:** LG Saarbrücken,
- **Sachsen:** LG Leipzig,
- **Sachsen-Anhalt:** LG Magdeburg,
- **Schleswig-Holstein:** LG Kiel,
- **Thüringen:** LG Erfurt.

E. Länderübergreifende Konzentrationsermächtigung (Abs. 4)

Da Art. 123 Abs. 1 UMV vorgibt, dass eine möglichst geringe Anzahl von Unionsmarkenge- **9** richten eingerichtet werden soll, können die Bundesländer durch Vereinbarung dem Unionsmarkengericht eines Bundeslandes auch Aufgaben des Gerichts eines anderen Bundeslandes übertragen (§ 122 Abs. 4). Von dieser Ermächtigung ist bisher lediglich durch die Bundesländer Berlin und Brandenburg Gebrauch gemacht worden, mit der Folge, dass (auch) für Unionsmarkenstreitsachen in Brandenburg das LG Berlin in erster Instanz zuständig ist.

Um sich widersprechende Entscheidungen verschiedener Unionsmarkengerichte zu vermeiden, **10** werden durch die Art. 122 ff. UMV besondere Vorgaben für das Verfahren vor den Unionsmarkengerichten gemacht. Sieht die UMV keine besonderen Verfahrensvorschriften vor, so finden nach Art. 129 Abs. 3 UMV die Verfahrensvorschriften Anwendung, die in dem Mitgliedstaat, in dem das jeweils zuständige Gericht seinen Sitz hat, auf gleichartige Verfahren betreffend nationale Marken anwendbar sind.

F. Verweis auf § 140 (Abs. 5)

§ 122 Abs. 5 verweist für das Verfahren vor den Unionsmarkengerichten auf die entsprechende **11** Anwendbarkeit des § 140 Abs. 4. Danach sind von den Kosten, die durch die Mitwirkung eines Patentanwalts in einer Unionsmarkensache entstehen, die Gebühren nach § 13 RVG und außerdem die notwendigen Auslagen des Patentanwalts zu erstatten (zur Unionsrechtswidrigkeit der bislang vorherrschenden unwiderlegbaren Vermutung der Notwendigkeit einer Doppelvertretung vgl. EuGH GRUR 2022, 853 – NovaText; vgl. auch → § 140 Rn. 59 ff.). Darüber hinaus ist durch den Verweis in § 122 Abs. 5 die Vorschrift der Streitwertbegünstigung in § 142 entsprechend anwendbar.

§ 123 Unterrichtung der Kommission

Das Bundesministerium der Justiz und für Verbraucherschutz teilt der Kommission der Europäischen Gemeinschaften die Unionsmarkengerichte erster und zweiter Instanz sowie jede Änderung der Anzahl, der Bezeichnung oder der örtlichen Zuständigkeit der Gemeinschaftsmarkengerichte erster und zweiter Instanz mit.

Überblick

Die Vorschrift betrifft die Verpflichtung des BMJV, die Kommission der Europäischen Gemeinschaft über die national eingerichteten Unionsmarkengerichte zu informieren. Da die für die ursprüngliche Mitteilung geltende Dreijahresfrist bereits im Jahr 1997 geendet hat, kommt der Vorschrift heute nur noch Bedeutung für Änderungsmitteilungen des BMJV im Hinblick auf die Unionsmarkengerichte zu.

1   § 123 wurde im Jahre 1996 durch das MarkenRÄndG vom 19.7.1996 (BGBl. I 1014; BT-Drs. 13/3841, 15) als § 125f aF in das MarkenG eingefügt. Durch Art. 1 Nr. 100 Gesetz zur Umsetzung der RL (EU) 2015/2436 des Europäischen Parlaments und des Rates vom 16.12.2015 zur Angleichung der Rechtsvorschriften der Mitgliedstaaten über die Marken (Markenrechtsmodernisierungsgesetz – MaMoG) wurde § 125f aF zum 14.1.2019 an die neue Terminologie der Unionsmarkenverordnung angepasst und durch Art. 5 Nr. 14 Zweites Gesetz zur Vereinfachung und Modernisierung des Patentrechts vom 10.8.2021 (BGBl. I 3490) wurde die Nummerierung zu § 123 geändert. Die Vorschrift enthält eine Verpflichtung des BMJV, der Kommission der EU die **Unionsmarkengerichte erster und zweiter Instanz** sowie jede Änderung der Anzahl, der Bezeichnung oder der örtlichen Zuständigkeit dieser benannten nationalen Unionsmarkengerichte mitzuteilen. Eine entsprechende Verpflichtung ergab sich bereits aus Art. 91 Abs. 2 GMV aF, wonach die Mitgliedstaaten gegenüber der Kommission verpflichtet waren, innerhalb von drei Jahren nach dem Inkrafttreten der GMV (idF der VO (EG) Nr. 40/94) eine Aufstellung der Unionsmarkengerichte mit Angaben über deren Anzahl, Bezeichnung sowie örtliche Zuständigkeit zu übermitteln. In der GMV idF der VO (EG) 207/2009 ergab sich die Verpflichtung aus Art. 95 Abs. 2. Mittlerweile sind alle Mitgliedstaaten ihrer Mitteilungspflicht nachgekommen, sodass die Regelung in der neugefassten UMV entfallen ist. Nach § 123 besteht die Mitteilungspflicht gegenüber der Kommission auch bei **späteren Änderungen** der Unionsmarkengerichte (vgl. auch Art. 123 Abs. 2 UMV).

2   § 123 weist die **Zuständigkeit** für derartige Mitteilungen gegenüber der Kommission dem BMJV zu.

3   Die Benennung der Unionsmarkengerichte hatte nach Art. 91 Abs. 5 GMV (idF der VO (EG) 40/94) bzw. nach dem weggefallenen Art. 95 Abs. 5 GMV (idF der VO (EG) 207/2009) **konstitutive Bedeutung** für die Zuständigkeit der Unionsmarkengerichte. Für Änderungsmitteilungen gemäß Art. 123 Abs. 2 UMV galt und gilt dies hingegen nicht (vgl. Ströbele/Hacker/Thiering/Thiering § 125f Rn. 4).

§ 124 Örtliche Zuständigkeit der Unionsmarkengerichte

¹Sind nach Artikel 125 der Unionsmarkenverordnung deutsche Unionsmarkengerichte international zuständig, so gelten für die örtliche Zuständigkeit dieser Gerichte die Vorschriften entsprechend, die anzuwenden wären, wenn es sich um eine beim Deutschen Patent- und Markenamt eingereichte Anmeldung einer Marke oder um eine im Register des Deutschen Patent- und Markenamts eingetragene Marke handelte. ²Ist eine Zuständigkeit danach nicht begründet, so ist das Gericht örtlich zuständig, bei dem der Kläger seinen allgemeinen Gerichtsstand hat.

Überblick

§ 124 wurde durch das MarkenRÄndG vom 19.7.1996 (BGBl. 1996 I 1014; BT-Drs. 13/3841, 15 f.) als § 125g aF in das MarkenG eingefügt und durch Art. 1 Nr. 101 Gesetz zur Umsetzung der RL (EU) 2015/2436 des Europäischen Parlaments und des Rates vom 16.12.2015 zur Angleichung der Rechtsvorschriften der Mitgliedstaaten über die Marken (Markenrechtsmodernisierungsgesetz – MaMoG) zum 14.1.2019 an die neue Terminologie und Artikelfolge der Unionsmarkenverordnung angepasst. Durch Art. 5 Nr. 14 Zweites Gesetz zur Vereinfachung und Modernisierung des Patentrechts vom 10.8.2021 (BGBl. I 3490) wurde die Nummerierung zu § 124 geändert. Die Vorschrift betrifft die örtliche Zuständigkeit der Landgerichte, die als Unionsmarkengerichte fungieren. Für den Fall, dass deutsche Gerichte nach Art. 125 UMV international zuständig sind, verweist § 124 auf die Vorschriften über die örtliche Zuständigkeit, die anzuwenden wären, wenn es sich um eine nationale Marke handeln würde.

A. Zuständigkeit bei Unionsmarkenstreitsachen

I. Internationale Zuständigkeit

Die internationale Zuständigkeit der Unionsmarkengerichte ergibt sich aus Art. 125 UMV, **1** soweit es sich um eine **Unionsmarkenstreitsache** iSv Art. 124 UMV handelt.

Nach Art. 125 Abs. 1 UMV sind für Verfahren, durch die eine in Art. 124 UMV genannte Klage **2** oder Widerklage anhängig gemacht werden, die Gerichte desjenigen Mitgliedstaats zuständig, in dem der Beklagte seinen Wohnsitz oder – in Ermangelung eines Wohnsitzes in einem Mitgliedstaat – eine Niederlassung hat. Hat der Beklagte weder einen Wohnsitz noch eine Niederlassung in einem Mitgliedstaat, so ist nach Art. 125 Abs. 2 UMV das Gericht zuständig, in dem der Kläger seinen Wohnsitz oder – in Ermangelung eines Wohnsitzes in einem Mitgliedstaat – eine Niederlassung hat. Haben weder Kläger noch Beklagter einen Wohnsitz oder eine Niederlassung in einem Mitgliedstaat, so sind nach Art. 125 Abs. 3 UMV die Gerichte des Mitgliedstaats zuständig, in dem das EUIPO seinen Sitz hat, mithin die spanischen Gerichte (vgl. Ströbele/Hacker/ Thiering/Thiering § 125e Rn. 11; → UMV Art. 125 Rn. 1 ff.). Namentlich sind dies in erster Instanz das Handelsgericht in Alicante (Juzgados de lo Mercantil de Alicante) und in zweiter Instanz das Landgericht in Alicante (Audiencia Provincial de Alicante). Art. 125 Abs. 1– 3 UMV finden keine Anwendung, wenn sich die Parteien auf einen Gerichtsstand geeinigt haben oder der Beklagte sich rügelos auf die Klage einlässt (vgl. Art. 125 Abs. 4 UMV; → UMV Art. 125 Rn. 28). Das nach diesen Regelungen international zuständige Gericht ist nach Art. 126 Abs. 1 UMV für drohende und begangene Verletzungshandlungen sowie Benutzungshandlungen iSv Art. 11 Abs. 2 UMV im **gesamten Gemeinschaftsgebiet** zuständig.

Daneben besteht nach Art. 125 Abs. 5 UMV eine Zuständigkeit der Gerichte des Mitgliedstaates, **3** in dem eine Verletzungs- oder Benutzungshandlung droht oder bereits begangen worden ist. Allerdings ist die Zuständigkeit des insoweit angerufenen Gerichts nach Art. 126 Abs. 2 UMV auf Verletzungshandlungen in dem betreffenden Mitgliedstaat beschränkt (→ UMV Art. 125 Rn. 29 ff.).

II. Örtliche Zuständigkeit

Nach § 124 S. 1 sind für die Bestimmung der örtlichen Zuständigkeit in einer Unionsmarken- **4** streitsache dieselben Vorschriften heranzuziehen, die gelten würden, wenn es sich um eine beim DPMA eingereichte Anmeldung einer Marke oder um eine im Register des DPMA eingetragene Marke handelt. Insoweit sind die §§ 140, 141 sowie die §§ 12 ff. ZPO für die Bestimmung der örtlichen Zuständigkeit heranzuziehen. Bei Verletzungsklagen kommt insoweit – neben den auf den Beklagten abstellenden Gerichtsständen (§§ 12, 17 ZPO) – insbesondere der Gerichtsstand der unerlaubten Handlung gemäß § 32 ZPO in Betracht (vgl. Ströbele/Hacker/Thiering/Thiering § 125g Rn. 3; Ingerl/Rohnke/Nordemann/Kouker Rn. 1).

Sofern die internationale Zuständigkeit des nach § 32 ZPO örtlich zuständigen Gerichts auf **5** Art. 125 Abs. 1–4 UMV beruht, folgt aus Art. 126 Abs. 1 UMV eine unionsweite Zuständigkeit des Gerichts, ohne nach Art. 126 Abs. 2 UMV auf inländische Verletzungshandlungen beschränkt zu sein (vgl. Ströbele/Hacker/Thiering/Thiering § 125g Rn. 4; Ingerl/Rohnke/Nordemann/ Kouker Rn. 3; Fayaz GRUR Int 2009, 459 (465); Hoffrichter-Daunicht Mitt 2008, 450 (451); → UMV Art. 126 Rn. 1).

Da nach Art. 125 Abs. 2 UMV der Wohnsitz bzw. die Niederlassung des Klägers für die **6** internationale Zuständigkeit der deutschen Gerichte maßgeblich sein kann, der Beklagte aber weder einen Wohnsitz noch eine Niederlassung in der Bundesrepublik Deutschland haben und auch die Verletzungshandlung nicht im Inland begangen sein muss, kann sich die Situation ergeben, dass die örtliche Zuständigkeit der international zuständigen deutschen Gerichte nicht durch Heranziehung der allgemeinen zivilprozessualen Regelungen geklärt werden kann. Für diesen Fall sieht § 124 S. 2 vor, dass das Gericht örtlich zuständig ist, in dessen Bezirk der Kläger seinen allgemeinen Gerichtsstand hat (vgl. Ströbele/Hacker/Thiering/Thiering § 125g Rn. 5; Ingerl/ Rohnke/Nordemann/Kouker Rn. 2).

B. Zuständigkeit bei anderen Streitsachen im Zusammenhang mit Unionsmarken

Außerhalb des Art. 124 UMV, dh bei Nichtvorliegen einer Unionsmarkenstreitsache (zB bei Klagen **7** im Zusammenhang mit der Übertragung einer Unionsmarke oder einer Lizenz), wird die internationale Zuständigkeit gemäß Art. 122 UMV grundsätzlich nach der Brüssel Ia-VO bestimmt (vgl. Ströbele/Hacker/Thiering/Thiering § 125e Rn. 61). Sofern sich danach die internationale Zuständigkeit der deutschen Gerichte ergibt, richtet sich die örtliche Zuständigkeit gemäß Art. 134 UMV ebenfalls nach den nationalen Bestimmungen, so dass auch insoweit die §§ 140, 141 MarkenG sowie die §§ 12 ff. ZPO maßgeblich sind (vgl. Ströbele/Hacker/Thiering/Thiering § 125e Rn. 64).

§ 125 Insolvenzverfahren

(1) Ist dem Insolvenzgericht bekannt, daß zur Insolvenzmasse eine angemeldete oder eingetragene Unionsmarke gehört, so ersucht es das Amt der Europäischen Union für geistiges Eigentum im unmittelbaren Verkehr,
1. die Eröffnung des Verfahrens und, soweit nicht bereits darin enthalten, die Anordnung einer Verfügungsbeschränkung,
2. die Freigabe oder die Veräußerung der Unionsmarke oder der Anmeldung der Unionsmarke,
3. die rechtskräftige Einstellung des Verfahrens und
4. die rechtskräftige Aufhebung des Verfahrens, im Falle einer Überwachung des Schuldners jedoch erst nach Beendigung dieser Überwachung, und einer Verfügungsbeschränkung
in das Register für Unionsmarken oder, wenn es sich um eine Anmeldung handelt, in die Akten der Anmeldung einzutragen.

(2) [1]Die Eintragung in das Register für Unionsmarken oder in die Akten der Anmeldung kann auch vom Insolvenzverwalter beantragt werden. [2]Im Falle der Eigenverwaltung (§ 270 der Insolvenzordnung) tritt der Sachwalter an die Stelle des Insolvenzverwalters.

Überblick

§ 125 wurde durch das MarkenRÄndG vom 19.7.1996 (BGBl. I 1014; BT-Drs. 13/3841, 16) als § 125h aF eingefügt und mit Wirkung zum 14.1.2019 durch Art. 1 Nr. 102 Gesetz zur Umsetzung der RL (EU) 2015/2436 des Europäischen Parlaments und des Rates vom 16.12.2015 zur Angleichung der Rechtsvorschriften der Mitgliedstaaten über die Marken (Markenrechtsmodernisierungsgesetz – MaMoG) an die neue Terminologie der Unionsmarkenverordnung angepasst. Durch Art. 5 Nr. 14 Zweites Gesetz zur Vereinfachung und Modernisierung des Patentrechts vom 10.8.2021 (BGBl. I 3490) wurde die Nummerierung hin zu § 125 geändert. Die Vorschrift enthält Regelungen für den Fall der Insolvenzbefangenheit einer Unionsmarke, die Art. 24 UMV ergänzen. Aus § 125 lässt sich die Zuständigkeit des Insolvenzgerichtes ableiten, Angaben zum Status des Insolvenzverfahrens bei **Insolvenzbefangenheit** einer Unionsmarke dem EUIPO mitzuteilen (→ Rn. 3). Darüber hinaus sieht § 125 Abs. 2 vor, dass die entsprechenden Angaben auch auf Antrag des **Insolvenzverwalters** bzw. **Sachwalters** in das beim EUIPO geführte Register bzw. die Akte der Unionsmarke eingetragen werden können (→ Rn. 4).

1   Nach Art. 24 Abs. 1 UMV wird bis zum Inkrafttreten gemeinsamer Vorschriften der Mitgliedstaaten der EU auf dem Gebiet des Insolvenzrechts das durch die Anmeldung oder Eintragung einer Unionsmarke begründete Recht von einem Insolvenzverfahren nur in dem Mitgliedstaat erfasst, in dem zuerst ein solches Verfahren eröffnet wird (vgl. Ingerl/Rohnke/Nordemann/Kouker Rn. 1; zur Gemeinschaftsmarke Fezer § 125h Rn. 1). Nach Art. 24 Abs. 3 UMV werden deshalb die entsprechenden Angaben auf Antrag der zuständigen nationalen Stelle in das Unionsmarkenregister eingetragen und in dem Blatt für Unionsmarken gemäß Art. 116 UMV veröffentlicht.

2   § 125 ergänzt die Regelung des Art. 24 Abs. 3 UMV, indem er die „zuständige nationale Stelle" konkretisiert und die Antragsbefugnis auf den Insolvenzverwalter sowie den Sachwalter erweitert.

3   Nach § 125 Abs. 1 sollen die zuständigen Insolvenzgerichte das EUIPO unmittelbar ersuchen, die in § 125 Abs. 1 aufgeführten Angaben in das Register oder die Akten von Anmeldungen einzutragen, soweit sie Kenntnis davon haben, dass zur Insolvenzmasse eine angemeldete oder eingetragene Unionsmarke gehört. Der Antrag kann
- die **Eröffnung** des Insolvenzverfahrens sowie die Anordnung einer **Verfügungsbeschränkung** (§ 125 Abs. 1 Nr. 1),
- die **Freigabe** oder **Veräußerung** der Unionsmarke bzw. deren Anmeldung (§ 125 Abs. 1 Nr. 2),
- die rechtskräftige **Einstellung** des Insolvenzverfahrens (§ 125 Abs. 1 Nr. 3), sowie
- die rechtskräftige **Aufhebung** des Insolvenzverfahrens oder einer Verfügungsbeschränkung (§ 125 Abs. 1 Nr. 4)

betreffen.

Aufgrund der Regelung in § 125 Abs. 2 kann die Eintragung in das beim EUIPO geführte **4** Register oder der Vermerk in der Akte auch vom Insolvenzverwalter veranlasst werden. Im Falle der Eigenverwaltung nach § 270 InsO tritt an die Stelle des Insolvenzverwalters der Sachwalter, der den Schuldner beaufsichtigt (vgl. Ingerl/Rohnke/Nordemann/Kouker Rn. 1; zur Gemeinschaftsmarke Fezer § 125h Rn. 1).

§ 125a Erteilung der Vollstreckungsklausel

[1]**Für die Erteilung der Vollstreckungsklausel nach Artikel 110 Absatz 2 Satz 3 der Unionsmarkenverordnung ist das Bundespatentgericht zuständig.** [2]**Die vollstreckbare Ausfertigung wird vom Urkundsbeamten der Geschäftsstelle des Bundespatentgerichts erteilt.**

Überblick

§ 125a wurde durch Art. 9 Nr. 29 Kostenbereinigungsgesetz vom 13.12.2001 (BGBl. I 3656; BT-Drs. 14/6203) als § 125i aF eingefügt und durch Art. 1 Nr. 103 Gesetz zur Umsetzung der RL (EU) 2015/2436 des Europäischen Parlaments und des Rates vom 16.12.2015 zur Angleichung der Rechtsvorschriften der Mitgliedstaaten über die Marken (Markenrechtsmodernisierungsgesetz – MaMoG) mWv 14.1.2019 an die neue Terminologie und Artikelfolge der Unionsmarkenverordnung angepasst. Durch Art. 5 Nr. 14 Zweites Gesetz zur Vereinfachung und Modernisierung des Patentrechts vom 10.8.2021 (BGBl. I 3490) wurde die Nummerierung hin zu § 125a geändert. Die Vorschrift sieht vor, dass das BPatG für die Erteilung von Vollstreckungsklauseln für die Kostenfestsetzungsentscheidungen des EUIPO zuständig ist und die vollstreckbare Ausfertigung vom Urkundsbeamten der Geschäftsstelle des BPatG erteilt wird. Die materiellen Voraussetzungen für die Erteilung der Vollstreckungsklausel ergeben sich aus den § 794 Abs. 1 Nr. 2 ZPO, §§ 795, 724, 725 ZPO und § 798 ZPO.

A. Gesetzliche Grundlagen

Die Kostenfestsetzungsentscheidungen des EUIPO sind nach Art. 110 Abs. 1 UMV **vollstreck-** **1** **bare Titel.** Für die Zwangsvollstreckung aus Kostenfestsetzungsentscheidungen des EUIPO (einschließlich seiner Beschwerdekammern) sind nach Art. 110 Abs. 2 S. 1 UMV die Regelungen des nationalen Zivilprozessrechts desjenigen Mitgliedstaates maßgeblich, auf dessen Hoheitsgebiet die jeweilige Vollstreckungsmaßnahme stattfinden soll. Die Vollstreckung einer Kostenfestsetzungsentscheidung des EUIPO in Deutschland ist deshalb nur auf Grundlage einer Ausfertigung der Kostenfestsetzungsentscheidung des EUIPO möglich, die mit einer in Deutschland erteilten Vollstreckungsklausel versehen ist. Gemäß Art. 110 Abs. 2 S. 2, 3 UMV bestimmt jeder Mitgliedstaat eine Behörde, die diese Vollstreckungsklausel erteilt.

Der deutsche Gesetzgeber hat mit der Regelung in § 125a S. 1 das BPatG als für die Erteilung **2** der Vollstreckung zuständige Behörde bestimmt. Die vollstreckbare Ausfertigung wird gemäß § 125a S. 2 vom Urkundsbeamten der Geschäftsstelle des BPatG erteilt, dessen Aufgabe durch einen Rechtspfleger wahrgenommen wird (§ 23 Abs. 1 Nr. 13 RPflG). Die gesetzliche Regelung folgt insoweit der für die Erteilung vollstreckbarer Ausfertigungen von Kostenfestsetzungsbeschlüssen des DPMA geltenden Regelung (vgl. § 63 Abs. 3 S. 5) und verfolgt das Ziel, die Erteilung von Vollstreckungsklauseln bei im Inland zu vollstreckenden Titeln des DPMA oder des EUIPO durch Zuweisung an den Urkundsbeamten der Geschäftsstelle des BPatG innerhalb der Justizverwaltung zu konzentrieren (vgl. Ingerl/Rohnke/Nordemann/Kouker Rn. 1; zur Gemeinschaftsmarke Fezer § 125i Rn. 2).

B. Materieller Prüfungsumfang, Rechtsmittel

Die Prüfung durch den Urkundsbeamten ist nach Art. 110 Abs. 2 S. 3 UMV auf die Echtheit des **3** vorgelegten Titels beschränkt (Ströbele/Hacker/Thiering/Thiering § 125i Rn. 3; Ingerl/Rohnke/Nordemann/Kouker Rn. 1). Als Rechtsmittel gegen eine Entscheidung des Rechtspflegers ist die Erinnerung gemäß § 23 Abs. 2 RPflG gegeben.

Teil 7. Geographische Herkunftsangaben

Abschnitt 1. Schutz geographischer Herkunftsangaben

§ 126 Als geographische Herkunftsangaben geschützte Namen, Angaben oder Zeichen

(1) Geographische Herkunftsangaben im Sinne dieses Gesetzes sind die Namen von Orten, Gegenden, Gebieten oder Ländern sowie sonstige Angaben oder Zeichen, die im geschäftlichen Verkehr zur Kennzeichnung der geographischen Herkunft von Waren oder Dienstleistungen benutzt werden.

(2) ¹Dem Schutz als geographische Herkunftsangaben sind solche Namen, Angaben oder Zeichen im Sinne des Absatzes 1 nicht zugänglich, bei denen es sich um Gattungsbezeichnungen handelt. ²Als Gattungsbezeichnungen sind solche Bezeichnungen anzusehen, die zwar eine Angabe über die geographische Herkunft im Sinne des Absatzes 1 enthalten oder von einer solchen Angabe abgeleitet sind, die jedoch ihre ursprüngliche Bedeutung verloren haben und als Namen von Waren oder Dienstleistungen oder als Bezeichnungen oder Angaben der Art, der Beschaffenheit, der Sorte oder sonstiger Eigenschaften oder Merkmale von Waren oder Dienstleistungen dienen.

Überblick

Gemäß § 1 Nr. 3 schützt das Markengesetz neben Marken und geschäftlichen Bezeichnungen auch geografische Herkunftsangaben. Dem Schutz der geografischen Herkunftsangaben widmet sich Teil 7 des MarkenG mit den §§ 126–139. Während Abschnitt 1 mit den §§ 126–129 den Schutz der geografischen Herkunftsangaben durch das deutsche Markengesetz normiert, verknüpft Abschnitt 2 mit den §§ 130–136 die europarechtlichen Normen, die dem Schutz der geografischen Angaben und Ursprungsbezeichnungen für Agrarerzeugnisse und Lebensmittel dienen, mit dem deutschen Markenrecht.

§ 126 Abs. 1 bestimmt die Tatbestandsvoraussetzungen einer geografischen Herkunftsangabe iSd deutschen Markenrechts (→ Rn. 8); der Umfang des markenrechtlichen Schutzes von geografischen Herkunftsangaben wird in § 127 normiert, während § 128 die Ansprüche im Falle einer Verletzung dieses markenrechtlichen Schutzes bestimmt. Nicht vom Schutz der §§ 126 ff. umfasst sind indes Gattungsbezeichnungen, die – in Abgrenzung zu den geografischen Herkunftsangaben – in § 126 Abs. 2 definiert werden (→ Rn. 29).

Ebenfalls ist das Verhältnis der markenrechtlichen Vorschriften zu lebensmittelrechtlichen Schutznormen zu beachten (→ Rn. 7).

Übersicht

A. Allgemeines

Geografische Herkunftsangaben zählen zu den ältesten Mitteln, um Waren zu kennzeichnen **1** (vgl. Omsels Herkunftsangaben Rn. 2; Loschelder FS Tilmann, 2003, 403). Die Funktion als Kennzeichnungsmittel ist ein Merkmal, das die geografische Herkunftsangabe gemeinsam mit Marken und geschäftlichen Bezeichnungen aufweist (Büscher GRUR Int 2008, 977). Der Verbraucher kennt geografische Herkunftsangaben insbesondere im Zusammenhang mit Lebensmitteln (zB „Nürnberger Lebkuchen", „Thüringer Rostbratwurst", „Nürnberger Rostbratwürste", „Allgäuer Emmentaler", „Schwarzwälder Schinken", „Westfälischer Knochenschinken", „Schwäbische Spätzle", „Schwäbische Maultaschen") und Haushaltsgegenständen („Solinger Messer"). Der Angabe, das Produkt stamme aus einer bestimmten Region oder aus einem bestimmten Ort, entnimmt der Verbraucher zum einen, das Produkt entspreche in der Art und Weise seiner Erzeugung oder seiner Zusammensetzung den übrigen Produkten gleicher Art mit identischer Herkunftsangabe. Zum anderen weckt die geografische Herkunftsangabe beim Verbraucher Wertvorstellungen an das Produkt und wirkt wertsteigernd (vgl. Loschelder MarkenR 2015, 225 f.; Ströbele/Hacker/Thiering/Hacker Rn. 1; Martinek/Semler/Flohr/Lakkis VertriebsR-HdB/Lakkis § 56 Rn. 17). Überdies zieht der Verbraucher bei einigen Produkten mit geografischen Herkunftsangaben Rückschlüsse auf deren Qualität (sog. qualifizierte Herkunftsangaben, → § 127 Rn. 18 ff.). Doch auch ohne einen besonderen, positiven Ruf des Produkts oder dessen Herkunftsgebiets kann eine geografische Herkunftsangabe für den Verbraucher von Bedeutung sein, zB weil er einen persönlichen Bezug zu dem Herkunftsgebiet hat und sich dem Herkunftsgebiet zB aufgrund von Heimatgefühlen emotional verbunden fühlt oder weil er selbst in dem Herkunftsgebiet lebt. Wachsende Bedeutung hat dabei auch die Absicht von Verbrauchern, mit dem Erwerb eines Produkts aus der „eigenen" Region sowohl die heimische Wirtschaft zu stärken als auch unter dem Gesichtspunkt der „Nachhaltigkeit" besonders verantwortungsbewusst zu agieren, zB weil lange Transportwege vermieden werden und das Produkt infolgedessen auch besonders frisch ist (vgl. Gloy/Loschelder/Danckwerts WettbR-HdB/Schoene § 73 Rn. 3).

Infolgedessen sind geografische Herkunftsangaben auch für die Wirtschaft bedeutsam. Sie können für **1.1** die Vermarktung und die Preisbildung eines Produkts, das eine geografische Herkunftsangabe führen darf, von hohem Wert sein (so ausdrücklich Begr. RegE eines Gesetzes zur Reform des Markenrechts – Markenrechtsreformgesetz, BT-Drs. 12/6581, 116; BGH GRUR 2001, 73 (77) – Stich den Buben; vgl. auch Loschelder FS Ahrens, 2016, 255 f.). So können sie der Schaffung und Erhaltung eines Kundenstamms dienen (EuGH C-469/00, GRUR 2003, 609 (612) – Grana Padano) und letztlich auch den Absatz des Produktes fördern. Die hohe Bedeutung der geografischen Herkunftsgaben erfordert es, sie rechtlich zu erfassen und auch zu schützen.

B. Strukturen des Schutzes geografischer Herkunftsangaben

I. Schutz durch internationales Recht

Geografische Herkunftsangaben werden sowohl nach nationalem als auch nach europäischem **2** und internationalem Recht geschützt (vgl. Loschelder FS Ahrens, 2016, 255 f.). Im europäischen Recht sind Herkunftsangaben vor allem durch die VO (EU) 1151/2012 vom 21.11.2012 über Qualitätsregelungen für Agrarerzeugnisse und Lebensmittel geschützt, die zum 3.1.2013 in Kraft trat, die VO (EG) 510/2006 ersetzte und seitdem den europarechtlichen Rahmen zum Schutz von geografischen Angaben und Ursprungsbezeichnungen bestimmt (→ § 130 Rn. 1 ff.).

Im internationalen Rechtsverkehr werden geografische Herkunftsangaben sowohl durch multi- **3** laterale Abkommen wie die Pariser Verbandsübereinkunft (→ Einleitung Rn. 196 ff.), das Madrider Herkunftsabkommen, das TRIPS-Abkommen (→ Einleitung Rn. 199 ff.) und das Lissabonner Abkommen über Ursprungsbezeichnungen und geografische Angaben, als auch durch bilaterale Abkommen geschützt (vgl. Mey/Eberli GRUR Int 2014, 321 (323 f.); Gloy/Loschelder/Danckwerts WettbR-HdB/Schoene § 73 Rn. 99 ff., 96 f.).

3.1   An bilateralen Abkommen sind die Verträge Deutschlands mit Frankreich (v. 8.3.1960, BGBl. 1960 II 22), Italien (v. 23.7.1963, BGBl. 1965 II 156), Griechenland (v. 16.4.1964, BGBl. 1965 II 176), Schweiz (v. 7.3.1967, BGBl. 1969 II 138), Spanien (v. 11.9.1970, BGBl. 1972 II 109), Österreich (v. 6.10.1981, bislang nur von Österreich ratifiziert) und Kuba (v. 22.3.1954, BGBl. 1964 II 1112) zu nennen (vgl. Gloy/Loschelder/Danckwerts WettbR-HdB/Schoene § 73 Rn. 99 ff., 96 f.; MüKoBGB/Drexl Rom II-VO Art. 6 Rn. 33 ff., 39 ff.; Ströbele/Hacker/Thiering/Hacker Rn. 16 ff.; Fezer Vor § 126 Rn. 11 ff.; v. Schultz/Gruber Vor §§ 126–129 Rn. 20 f.; Mey/Eberli GRUR Int 2014, 321 (324); Sosnitza MarkenR § 19 Rn. 2; Ohly/Sosnitza/Sosnitza UWG § 5 Rn. 401; Loschelder FS Ahrens, 2016, 255 (267)). Mit dem Abkommen zwischen der Europäischen Union und der Regierung der Volksrepublik China über die Zusammenarbeit im Bereich der geografischen Angaben und deren Schutz (EUCNggaAbk) vom 14.9.2020 (ABl. EU 2020 L 408 I, 3), dessen Inkrafttreten zum 1.3.2021 erfolgte, sollen 100 europäische geografische Angaben in China und im Gegenzug 100 chinesische geografische Angaben in der EU geschützt werden (aus Deutschland zählen zu diesen Angaben „Rheinhessen", „Mosel" und „Franken" für Weine sowie „Münchener Bier" und „Bayerisches Bier").

3.2   Ebenfalls entfaltet Schutz die Genfer Akte des Lissabonner Abkommens über Ursprungsbezeichnungen und geografische Angaben (GenfA-LUA) vom 24.10.2019 (ABl. 2019 L 271, 15), die am 26.2.2020 in Kraft trat (vgl. Ströbele/Hacker/Thiering/Hacker Rn. 20 ff.). Deren Schutz erstreckt sich zum einen auf jede in der Ursprungsvertragspartei geschützte, aus dem Namen eines geografischen Gebiets bestehende oder diesen enthaltende **Bezeichnung,** die den dortigen Ursprung einer Ware angibt und die der Ware ihr Ansehen verdankt; zum anderen erstreckt sich der Schutz auf jede in der Ursprungsvertragspartei geschützte, aus dem Namen eines geografischen Gebiets bestehende oder diesen enthaltende **Angabe,** die den dortigen Ursprung einer Ware angibt, wenn eine bestimmte Qualität, das Ansehen oder eine andere Eigenschaft der Ware im Wesentlichen auf ihrer geografischen Herkunft beruht. Dabei ist eine Ursprungsvertragspartei jeder Staat, der eine Vertragspartei des Lissabonner Abkommens ist (somit jede Vertragspartei), und in dem das geografische Ursprungsgebiet liegt; zu diesen Staaten zählen neben den Staaten der EU, die am 26.11.2019 den Beitritt zur Genfer Akte erklärte, auch Staaten Afrikas (zB Togo, Tunesien, Marokko, Gabun), Asiens (zB Iran, Kambodscha, Türkei) und Mittelamerikas (zB Mexiko und Costa Rica) wie auch europäische Nicht-EU-Staaten (zB Albanien, Georgien, Moldawien) und Israel. Für die Schweiz hat der Schweizer Bundesrat in seiner Sitzung vom 5.6.2020 den Antrag auf Beitritt der Schweiz zur Genfer Akte verabschiedet. Diese Staaten können die in ihren Staaten geschützten Ursprungsbezeichnungen und geografische Angaben eintragen lassen in das sog. Internationale Register, das von der WIPO geführt wird. Nach Veröffentlichung der Eintragung durch die WIPO ist die Ursprungsbezeichnung bzw. geografische Angabe auch in allen Staaten, die Ursprungsvertragsparteien sind, geschützt. Somit ermöglicht das Lissabonner Abkommen seinen Mitgliedstaaten den „Export" des Schutzes einer im Ursprungsland anerkannten und bei der WIPO registrierten geschützten Ursprungsbezeichnung bzw. geografischen Angaben in andere Abkommensstaaten (Schoene GRUR-Prax 2017, 550; vgl. auch Fezer/Büscher/Obergfell/Marx UWG S-10 Rn. 325 ff.). Gleichzeitig bestehen durch die Genfer Akte vom Lissabonner Abkommen fortan in Deutschland absolute Schutzhindernisse gemäß § 8 Abs. 2 Nr. 9–11 für die Eintragung einer Marke, die eine Ursprungsbezeichnung oder geografische Angabe enthält, die im Staat einer anderen Vertragspartei gemäß dem Lissabonner Abkommen geschützt ist (vgl. ausf. → § 8 ff.).

II. Schutz im nationalen Recht durch §§ 126 ff. MarkenG

1. Schutz vor dem Inkrafttreten des MarkenG

4   Bis zum Inkrafttreten des MarkenG am 1.1.1995 gab es in Deutschland keinen unmittelbaren markenrechtlichen Schutz für geografische Herkunftsangaben und deren Verwendung.

4.1   Bis 1994 bestand lediglich über einen allgemeinen wettbewerbsrechtlichen Ansatz sowie über Vorschriften im Warenzeichenrecht (§ 26 WZG) und Lebensmittelrecht (§ 17 Abs. 1 Nr. 5 LMBG) Schutz vor der Verwendung unzutreffender geografischer Herkunftsangaben (Beier/Knaak GRUR Int 1992, 411 f.; Sosnitza MarkenR § 20 Rn. 1; Ströbele/Hacker/Thiering/Hacker Rn. 5).

4.2   Der lediglich mittelbar Schutz durch das Wettbewerbsrecht entfaltete sich bis 1994, indem die Verwendung unzutreffender geografischer Herkunftsangaben als Irreführung iSv § 3 UWG aF (nun § 5 UWG) angesehen wurde (vgl. bereits Beier GRUR 1963, 169 f.). Vorrangiges Ziel war es, die Lauterkeit des geschäftlichen Verkehrs zu wahren; die Institution des Wettbewerbs sollte vor einer derartigen Irreführung geschützt werden (BVerfG GRUR 1979, 773 (777) – Weinbergsrolle). Ein Schutz der Herkunftsbezeichnung selbst sowie ein daraus resultierender Schutz von Konkurrenten des wettbewerbswidrigen Verwenders und von Wettbewerbern, die die geografische Herkunftsangabe ordnungsgemäß nutzten, war indes nicht primärer Gesetzeszweck, sondern lediglich ein Rechtsreflex (BVerfG GRUR 1979, 773 (777) – Weinbergsrolle).

Eine Irreführung gemäß § 3 UWG aF war dann gegeben, wenn Angaben zu Waren geeignet waren, **4.3** eine unrichtige Vorstellung über deren geografische Herkunft zu erzeugen, und in dem Punkt und in dem Umfang, in dem sie von der Wahrheit abwichen, die Kauflust der angesprochenen Verkehrskreise im Sinne der allgemeinen Wertschätzung beeinflussen konnten (BGH GRUR 1982, 564 (566) – Elsässer Nudeln; GRUR 1981, 71 (73) – Lübecker Marzipan). Maßgebend für die Beurteilung, ob überhaupt eine geografische Herkunftsangabe in Abgrenzung zu einer Gattungsbezeichnung (→ Rn. 29 ff.), zu einer Phantasiebezeichnung (→ Rn. 23) oder zu einer personen- oder betriebsbezogenen Herkunftsangabe (→ Rn. 24 f.) vorlag, war die Verkehrsauffassung; so setzte der wettbewerbsrechtliche Irreführungsschutz bei unmittelbaren geografischen Herkunftsangaben voraus, dass mehr als 15% der maßgebenden Verkehrskreise in der Angabe einen Hinweis auf die geografische Herkunft einer Ware erkannten (Knaak GRUR 1995, 103 (105)).

Neben dem unmittelbaren wettbewerbsrechtlichen Schutz bestand ein strafrechtlich ausgestalteter **4.4** Schutz für geografische Herkunftsangaben durch das bis zum 31.12.1994 geltende Warenzeichengesetz. So wurde nach § 26 Abs. 1 WZG bestraft, wer im geschäftlichen Verkehr Waren oder ihre Verpackung oder Umhüllung mit einer falschen Angabe über den Ursprung versah, die geeignet war, einen Irrtum zu erregen. Nicht als falsche Angaben über den Ursprung anzusehen waren gemäß § 26 Abs. 4 WZG solche Bezeichnungen, die zwar einen geografischen Namen enthielten oder von ihm abgeleitet waren, in Verbindung mit der Ware ihre ursprüngliche Bedeutung jedoch verloren hatten und im geschäftlichen Verkehr ausschließlich als Warenname oder Beschaffenheitsangabe dienen. Wenngleich inhaltlich als Strafvorschrift ausgestaltet, bei deren Verletzung Geld- oder Haftstrafen drohten, hatte auch § 26 WZG wettbewerbsrechtlichen Charakter und sollte den Verkehr vor Irreführungen schützen (BGH GRUR 1974, 781 f. – Sweden). Zudem begründete § 26 WZG als anerkanntes Schutzgesetz iS § 823 Abs. 2, § 1004 BGB auch zivilrechtliche Schadensersatz- und Unterlassungsansprüche (Beier GRUR 1963, 169 (174)). Da der Tatbestand von § 26 WZG bereits das Versehen der Ware oder Verpackung mit einer falschen Angabe umfasste, griff der durch § 26 WZG bezweckte Schutz bereits vor einem Inverkehrbringen der Ware und somit früher als der Schutz über § 3 UWG aF (Beier GRUR 1963, 169 (174)). Mit dem Inkrafttreten des MarkenG am 1.1.1995 trat das WZG und damit auch § 26 WZG außer Kraft.

Art. 7 Abs. 1 lit. a LMIV sowie § 11 LFGB, der § 17 Abs. 1 Nr. 5 LMBG ersetzte und ebenfalls auf **4.5** den Schutz vor Täuschung und Irreführung ausgerichtet ist (→ Rn. 7), kommen gegenüber den §§ 126 ff. nachrangig zur Anwendung; durch diese Normen bestand und besteht zusätzlich ein spezieller lebensmittelrechtlicher Schutztatbestand, wonach eine verbotene Irreführung dann vorlag, wenn ein Lebensmittel mit einer zur Täuschung geeigneten Angabe über seine Herkunft auf den Markt gebracht oder beworben wird. Da Art. 7 Abs. 1 lit. a LMIV und § 11 LFGB anerkannte Marktverhaltensregeln iSd § 3a UWG (vormals § 4 Nr. 11 UWG aF) sind (vgl. Gloy/Loschelder/Danckwerts WettbR-HdB/Schoene § 73 Rn. 60; Ohly/Sosnitza/Ohly UWG § 3a Rn. 61; BGH GRUR 2020, 432 – Kulturchampignons II; OLG Stuttgart GRUR-RR 2019, 469 (471) = GRUR-Prax 2019, 440 mAnm Schoene – Hohenloher Landschwein; OLG München GRUR-RR 2016, 270 = GRUR-Prax 2016, 218 mAnm Schoene – Klosterseer; OLG Celle GRUR-RR 2019, 490 = GRUR-Prax 2019, 473 mAnm Gerstberger; OLG Stuttgart GRUR-RR 2014, 251 (254) = GRUR-Prax 2013, 552 mAnm Weiß – Mark Brandenburg; LG München I BeckRS 2018, 15421 = GRUR-Prax 2018, 585 mAnm Schulteis – Original Ettaler Kloster Glühwein), führen Verstöße dagegen zu wettbewerbsrechtlichen Unterlassungsansprüchen.

2. Schutz durch §§ 126 ff. MarkenG

Seit dem 1.1.1995 schützt das MarkenG neben Marken und geschäftlichen Bezeichnungen in **5** den §§ 126 ff. (seit Inkrafttreten des Gesetzes zur Umsetzung der Richtlinie (EU) 2056/2436 des Europäischen Parlaments und des Rates vom 16. Dezember 2015 zur Angleichung der Rechtsvorschriften der Mitgliedstaaten über die Marken – Markenrechtsmodernisierungsgesetz – MaMoG vom 11.12.2018 (BGBl. I 2357) am 14.1.2019 Teil 7 des MarkenG, bis dahin Teil 6 des MarkenG) ausdrücklich auch geografische Herkunftsangaben (vgl. § 1 Nr. 3). Während § 126 Abs. 1 die geografische Herkunftsangabe als Schutzobjekt definiert, bestimmt § 127 den Umfang des Schutzes von geografischen Herkunftsangaben durch das deutsche Markenrecht; die markenrechtlichen Ansprüche im Falle eines Verstoßes gegen § 127 folgen aus § 128. Darüber hinaus können geografische Herkunftsangaben auch **Markenschutz als Kollektivmarke** (§ 99; → § 99 Rn. 5 ff.) sowie in Ausnahmefällen auch als Individualmarke erlangen (Ingerl/Rohnke/Nordemann/A. Nordemann § 1 Rn. 7).

Die §§ 126–129 sind für den Schutz geografischer Herkunftsangaben leges speciales gegenüber **6** den allgemeinen wettbewerbsrechtlichen Schutznormen §§ 3, 5 UWG (v. Schultz/Gruber Vor §§ 126–129 Rn. 5; Ohly/Sosnitza/Sosnitza UWG § 5 Rn. 331; Fezer/Büscher/Obergfell/Marx UWG S-10 Rn. 29; Götting/Nordemann/Nordemann UWG § 5 Rn. 1.143; Bornkamm GRUR 2005, 97 f.; Erdmann GRUR 2001, 609 ff.; BGH GRUR 2002, 160 f. – Warsteiner III; GRUR

1999, 252 f. – Warsteiner II; GRUR 2001, 73 (76) – Stich den Buben; OLG Stuttgart GRUR-RR 2014, 251 (253) = GRUR-Prax 2013, 552 mAnm Weiß – Mark Brandenburg).

7   Ebenfalls sind die §§ 126 ff. vorrangig gegenüber den lebensmittelrechtlichen Schutznormen des LFGB (→ Rn. 4.5; Meyer/Streinz/Meyer LFGB § 11 Rn. 71).

7.1   Wie § 2 ausdrücklich klarstellt, schließt der Schutz von geografischen Herkunftsangaben nach dem MarkenG deren Schutz durch die Anwendung anderer Vorschriften nicht generell aus. Insofern kommt für geografische Herkunftsangaben eine ergänzende Anwendung der Normen des UWG sowie von Art. 7 Abs. 1 lit. a LMIV und von § 11 LFGB neben den §§ 126 ff. zumindest in Betracht, soweit die Vorschriften des MarkenG dafür noch Raum lassen (Streinz/Kraus LebensmittelR-HdB/Leible III Rn. 520). So bleibt eine Anwendung der §§ 3, 5 UWG denkbar bei Sachverhalten, die von den markenrechtlichen Normen nicht erfasst werden (Gloy/Loschelder/Danckwerts WettbR-HdB/Schoene § 73 Rn. 58, 60; BGH GRUR 1999, 252 f. – Warsteiner II). Dies ist zB der Fall, wenn eine geografische Herkunftsangabe nicht für eine Ware, sondern als Bestandteil der Firmenbezeichnung eines Unternehmens verwendet wird (BGH GRUR 2001, 73 (76) – Stich den Buben).

C. Geografische Herkunftsangaben (Abs. 1)

I. Legaldefinition

8   Die geografische Herkunftsangabe als Schutzobjekt im deutschen Markenrecht wird in § 126 Abs. 1 legal definiert. So sind geografische Herkunftsangaben im Sinne des Markenrechts zum einen Namen von Orten, Gegenden, Gebieten oder Ländern und zum anderen Angaben oder Zeichen, die im geschäftlichen Verkehr zur Kennzeichnung der geografischen Herkunft von Waren oder Dienstleistungen benutzt werden. Um geografische Herkunftsangaben handelt es sich indes nicht bei Angaben, die zwar einen örtlichen Bezug aufweisen, aber nicht zur Bezeichnung der Herkunft einer Ware oder Dienstleistung verwendet werden und als solche vom angesprochenen Verkehrskreis auch nicht aufgefasst werden können (vgl. EuGH C-488/16 P, GRUR 2018, 1146 = GRUR-Prax 2018, 424 mAnm Onken – Neuschwanstein; vgl. auch LG München I BeckRS 2018, 15421 = GRUR-Prax 2018, 585 mAnm Schulteis – Original Ettaler Kloster Glühwein). Negativ abzugrenzen sind geografische Herkunftsangaben zudem von Gattungsbezeichnungen gemäß § 126 Abs. 2 (→ Rn. 29), die nicht vom Schutz gemäß der §§ 126 ff. umfasst sind.

9   Sind die Tatbestandsvoraussetzungen nach § 126 Abs. 1 erfüllt, liegt eine einfache geografische Herkunftsangabe vor, bei der es sich um eine unmittelbare Herkunftsangabe (→ Rn. 14 ff.) oder mittelbare Herkunftsangabe (→ Rn. 18 ff.) handeln kann. Nicht erforderlich für eine einfache geografische Herkunftsangabe nach Abs. 1 ist indes, dass der Verbraucher infolge der Hervorhebung ihrer Herkunft besondere, auf regionale oder örtliche Eigenheiten zurückzuführende Erwartungen an die Qualität oder Art einer Ware oder Dienstleistung knüpft (vgl. v. Schultz/Gruber Rn. 3; Ströbele/Hacker/Thiering/Hacker Rn. 71; BGH GRUR 1999, 252 f. – Warsteiner II; GRUR 2002, 160 f. – Warsteiner III; GRUR 2002, 1074 f. – Original Oettinger; OLG Stuttgart GRUR-RR 2019, 521 – Hohenloher Landschwein/Hohenloher Weiderind II; bestätigt durch BGH, GRUR 2021, 1395 = GRUR-Prax 2019, 630 mAnm Schulteis – Hohenloher Landschwein). Ist eine geografische Herkunftsangabe darüber hinaus geeignet, auf Qualitätsmerkmale oder sonstige besondere Eigenschaften der mit ihr bezeichneten Ware oder Dienstleistung hinzuweisen, handelt es sich um eine **qualifizierte geografische Herkunftsangabe** (HK-MarkenR/Fuchs-Wissemann Rn. 4; Ströbele/Hacker/Thiering/Hacker § 127 Rn. 30), die über § 127 Abs. 2 in einem stärkeren Umfang geschützt ist als eine einfache geografische Herkunftsangabe (→ § 127 Rn. 18 ff.).

II. Rechtsnatur

10   Marken und geschäftliche Bezeichnungen sind in ihrer Rechtsnatur als subjektive Rechte anerkannt. Die Rechtsnatur einer geografischen Herkunftsangabe als dem dritten – neben der Marke und der geschäftlichen Bezeichnung – in § 1 genannten Schutzobjekt des Markengesetzes war dagegen lange Zeit strittig.

11   So ist es nach nunmehr fast einhelliger Ansicht eine Folge des Kennzeichenschutzes an geografischen Herkunftsangaben, dass diese als immaterialgüterrechtliche Vermögensrechte zu verstehen seien und in ihrer Rechtsnatur subjektive Rechte darstellen (Fezer Rn. 4; Gloy/Loschelder/Danckwerts WettbR-HdB/Schoene § 73 Rn. 16; Knaak GRUR 1995, 103 (105); Büscher GRUR Int 2008, 977 (983); Loschelder FS Fezer, 2016, 711 (713 ff.); Loschelder MarkenR 2015, 225 (227); Büscher/Dittmer/Schiwy/Büscher Rn. 18; vgl. auch Lange MarkenR § 1 Rn. 116; Kiefer

WRP 2016, 1458 (1462 ff.); nun auch BGH GRUR 2016, 741 f. = GRUR-Prax 2016, 284 mAnm Heim – Himalaya-Salz; vgl. hierzu auch Büscher GRUR 2017, 105 (115 f.); geografische Herkunftsangaben als eigenen, nicht nur auf wettbewerbsrechtlichen Schutz ausgerichteten Schutzgegenstand anerkennend auch Ströbele/Hacker/Thiering/Hacker Rn. 13).

Die Auffassung, eine geografische Herkunftsangaben als subjektives Recht anzusehen, wird zudem mit **11.1** dem Argument begründet (ausführlich Loschelder FS Fezer, 2016, 711 (716 ff.); vgl. auch Ahrens GRUR Int 1997, 508 (512); Loschelder MarkenR 2015, 225 (227)), dass nach der Rechtsprechung des EuGH geografische Herkunftsangaben zum gewerblichen und kommerziellen Eigentum iSv Art. 36 AEUV (vormals Art. 30 EGV) zählen (EuGH C-3/91, GRUR Int 1993, 76 (79) – Turrón; C-469/00, GRUR 2003, 609 (612) – Grana Padano; C-325/00, GRUR Int 2002, 1021 (1023) – CMA-Gütezeichen; C-108/01, GRUR 2003, 616 (619) – Prosciutto di Parma; C-56/16 P, GRUR 2018, 89 (92) – Port Charlotte = GRUR-Prax 2017, 485 mAnm Schoene; vgl. auch BGH GRUR 2007, 67 f. – Pietra di Soln).

Demgegenüber hatte ein Teil der Literatur lange Zeit in einer geografischen Herkunftsangabe **12** kein subjektives Recht erkannt und – auch unter Hinweis auf die einstige Rechtsprechung (BGH GRUR 2001, 420 (422) – SPA; GRUR 1999, 252 (254) – Warsteiner II) – betont, der Schutz der geographischen Herkunftsangaben nach dem MarkenG sei vor allem wettbewerbsrechtlicher Natur (vgl. zum Meinungsstreit Ingerl/Rohnke/Nordemann/A. Nordemann Vor §§ 126–139 Rn. 1).

So wurde als ein grundlegender Unterschied zu einem subjektiven Recht darauf abgestellt, dass bei **12.1** geografischen Herkunftsangaben die Berechtigung zu deren Nutzung nicht aus rechtsgeschäftlichen Erklärungen oder behördlichen oder gerichtlichen Handlungen folge, sondern auf rein tatsächlichen Verhältnissen (geografische Herkunft des Produkts und Verkehrsauffassung) beruhe (vgl. Ingerl/Rohnke/Nordemann/A. Nordemann Vor §§ 126–139 Rn. 1). Für diese frühere Auffassung sprach lange Zeit auch die frühere Rechtsprechung des BGH, wonach die geografische Herkunftsangabe im Gegensatz zu einem subjektiven Recht keinen einzelnen „Inhaber" kenne, der über die Herkunftsangabe wie über ein Recht verfügen könne, indem er sie zB veräußert oder Lizenzen an ihr erteilt (BGH GRUR 2007, 884 – Cambridge Institute); es fehle die Zuordnung der Kennzeichnung zu einem bestimmten ausschließlichen Rechtsträger (BGH GRUR 1999, 252 (254) – Warsteiner II; vgl. auch HK-MarkenR/Fuchs-Wissemann Rn. 1; v. Schultz/Gruber Vor §§ 126–129 Rn. 3; MüKoUWG/Ruess UWG § 5 Rn. 692; Schulte-Beckhausen GRUR Int 2008, 984 (987); Sosnitza MarkenR § 20 Rn. 3).

Zwar mögen die Gesamtschau der §§ 126 ff. und vor allem ein Vergleich zB zu §§ 14, 15, die **13** ein subjektives Recht des Markeninhabers begründen, auf den ersten Blick darauf hindeuten, dass die geografischen Herkunftsangaben durch die §§ 126 ff. ursprünglich einen wettbewerbsrechtlichen Schutz erfahren sollten, ohne dabei subjektive Rechte für deren Nutzer zu begründen (vgl. zur historischen Entwicklung Ingerl/Rohnke/Nordemann/A. Nordemann Vor §§ 126–139 Rn. 1; Köhler/Bornkamm/Feddersen/Bornkamm/Feddersen UWG § 5 Rn. 2.246; OLG Stuttgart GRUR-RR 2014, 251 (253) = GRUR-Prax 2013, 552 mAnm Weiß – Mark Brandenburg). Diese ursprünglich wettbewerbsrechtliche Ausrichtung der §§ 126 ff. verdeutlicht insbesondere § 128, wonach die nach § 8 Abs. 2 UWG Anspruchsberechtigten auch aktivlegitimiert sind, Ansprüche aus einer unberechtigten Nutzung von geografischen Herkunftsangaben geltend zu machen (vgl. Sosnitza MarkenR § 20 Rn. 3; Ohly/Sosnitza/Sosnitza UWG § 5 Rn. 327; vgl. auch Ingerl/Rohnke/Nordemann/A. Nordemann Vor §§ 126–139 Rn. 1; v. Schultz/Gruber Vor §§ 126–129 Rn. 4). Indes kann gegen die frühere Ansicht, wonach eine geografische Herkunftsangabe kein subjektives Recht sei, eingewendet werden, ein subjektives Recht setze gerade nicht voraus, dass, wie zB das Miteigentum zeigt, das Recht nur einem einzigen Rechtssubjekt zusteht und nur eine einzige Person als Rechtsträger über das subjektive Recht verfügen kann (so auch Sosnitza MarkenR § 20 Rn. 3). Des Weiteren hat nunmehr auch mit der genannten Literatur (→ Rn. 11) die Rechtsprechung entschieden, eine Fortentwicklung des Schutzes geografischer Herkunftsangaben nach den §§ 126 ff. zu einem kennzeichenrechtlichen Schutz anzuerkennen (so nunmehr ausdrücklich BGH GRUR 2016, 741 f. = GRUR-Prax 2016, 284 mAnm Heim – Himalaya-Salz; vgl. zur Entwicklung der Rechtsprechung auch Büscher GRUR 2017, 105 (115 f.); Thiering GRUR 2016, 983 (994 f.); Köhler/Bornkamm/Feddersen/Bornkamm/Feddersen UWG § 5 Rn. 2.247).

III. Unmittelbare geografische Herkunftsangaben

Geografische Herkunftsangaben sind **Namen** von Orten, Gegenden, Gebieten oder Ländern. **14** Sie sind sog. unmittelbare geografische Herkunftsangaben, da ihr Name bereits einen direkten geografischen Bezug zu der den Namen tragenden Ware bzw. Dienstleistung ausdrückt. Hierzu zählen Namen von Städten, Bundesländern, Staaten und Erdteilen (BGH GRUR 2007, 884 (886) – Cambridge Institute; GRUR 2002, 1074 f. – Oettinger; GRUR 1981, 71 – Lübecker Marzipan; GRUR 1971, 29 – Deutscher Sekt; OLG München GRUR-RR 2002, 64 – Habana; OLG Frankfurt GRUR-RR 2016, 74 f. = GRUR-Prax 2016, 38 mAnm Dück – Vogel-Germany; OLG Braunschweig GRUR-RR 2019, 59 – Made in Germany; BPatG BeckRS 2017, 114570 – Weinpalais Nordheim; BeckRS 2019, 11316 – Wellington; GRUR-RS 2022, 4615 – Peking). Indes wurde der Name „Klostersee" als ein Ort, der in Deutschland neunmal existiert und nicht überregional bekannt ist, nicht als geografische Herkunftsangabe für Bier angesehen, vgl. OLG München GRUR-RR 2016, 270 = GRUR-Prax 2016, 218 mAnm Schoene – Klosterseer).

15   Da eine Herkunftsangabe nicht voraussetzt, dass sie sich auf eine eigenständige, politisch-abgegrenzte geografische Einheit bezieht, sind auch Namen von Orts-/Stadtteilen oder (bundes-)landübergreifenden **Regionen** geografische Herkunftsangaben (vgl. Fezer Rn. 10; Ströbele/Hacker/Thiering/Hacker Rn. 60), wie zB „Elsass" (BGH GRUR 1982, 564 (566) – Elsässer Nudeln), „Westerwald" (OLG Koblenz GRUR 1984, 45 – Serie Westerwald), „Ötztal" (BPatG BeckRS 2018, 11204 – Ötztal/Der Höhepunkt Tirols/The Peak of Tirol) oder „Schwaben" (verwendet in der Wortkombination „Schwaben Bräu", die bei einem dermaßen gekennzeichneten Produkt die Bedeutung erweckt, es handele sich um ein in Schwaben gebrautes Bier, vgl. BPatG BeckRS 2017, 124457 – Schwaben Bräu; s. auch Kortge/Mittenberger-Huber GRUR 2018, 460 (464)). Auch Flüsse, Gewässer, Gebirge oder **Naturlandschaften** können geografische Herkunftsangaben sein, insb. dann, wenn sie als Ort für den Vertrieb von Waren in Betracht kommen oder zugleich die angrenzenden Gebiete, Regionen oder Landschaften hinreichend deutlich bezeichnen (Fezer Rn. 10; Ströbele/Hacker/Thiering/Hacker Rn. 57; OLG Hamm GRUR-RR 2011, 72 f. – Himalaya-Salz; BPatG GRUR 2022, 1750 f. = GRUR-Prax 2022, 513 mAnm Wulf – Alzette). Auch muss die Herkunftsangabe keine amtliche, aktuelle Bezeichnung sein, sondern es kann sich auch um eine im allgemeinen Sprachgebrauch verwendete oder veraltete Bezeichnung handeln (Ingerl/Rohnke/Nordemann/A. Nordemann Rn. 4; OLG Stuttgart GRUR-RR 2014, 251 (253) = GRUR-Prax 2013, 552 mAnm Weiß – Mark Brandenburg). Demgegenüber sind beschreibende Begriffe für Gebiete, die zwar aus historischem Verständnis heraus abstrakt mit einer Region oder einem Staatenraum in Verbindung gebracht werden, die aber keine genauen Gebietsgrenzen vorweisen, keine geografischen Herkunftsangaben (zB „Abendland" oder „Morgenland", vgl. BPatG BeckRS 2018, 8405).

16   Eine unmittelbare geografische Herkunftsangabe setzt nicht voraus, dass der Name in unveränderter Form als Substantiv verwendet wird. So kann auch bei einer adjektivischen Verwendung des Namens eine geografische Herkunftsangabe vorliegen (Ingerl/Rohnke/Nordemann/A. Nordemann Rn. 4; Ströbele/Hacker/Thiering/Hacker Rn. 57; vgl. auch BGH GRUR 1982, 564 (566) – Elsässer Nudeln; OLG Nürnberg GRUR 1987, 538 – Nürnberger Christkindles Markt; OLG München GRUR-RR 2016, 272 = GRUR-Prax 2016, 217 mAnm Schoene – Chiemseer – Chiemgauer Brauhaus Rosenheim; LG Magdeburg BeckRS 2016, 106051 – Sudenburger Bier, Sudenburger Brauhaus, Sudenburger Bierbrauhaus und Magdeburger Biertradition; BPatG BeckRS 2012, 23270 – Ahrtaler). Im Vergleich zur substantivischen Verwendung betont gerade die adjektivische Verwendung den Herkunftsbezug noch etwas stärker und intensiver (vgl. hierzu auch die Beispiele bei Loschelder MarkenR 2015, 225: „Kölnisch Wasser" anstatt „Wasser aus Köln", „Bayerisches Bier" anstatt „Bier aus Bayern"). Auch Wortschöpfungen mit geografischen Bestandteilen können als geografische Herkunftsangabe angesehen werden (zB die Wortschöpfungen „DelmeGas" und „DelmeStrom", bei denen der Begriffsbestandteil „Delme" ua auf den durch Niedersachsen fließenden Fluss „Delme" als auch auf eine lokale Abkürzung für die Stadt Delmenhorst hindeuten, vgl. BPatG BeckRS 2017, 123210 – DelmeGas; BeckRS 2017, 123211 – DelmeStrom).

17   Für den Schutz eines Namens als geografische Herkunftsangabe ist es keine Voraussetzung, dass die Verbraucher den Namen bereits als geografische Herkunftsangabe auffassen oder ihnen der Name als Herkunftsangabe bekannt ist (vgl. BGH GRUR 1999, 252 (254) – Warsteiner II). Ebenso berührt es nicht den Schutz einer geografischen Herkunftsangabe an sich, wenn noch weitere, andere, anderweitig gelegene Orte oder Ortsteile den identischen Namen der geografischen Herkunftsangabe führen und insoweit eine Mehrdeutigkeit besteht (vgl. BPatG BeckRS 2017, 114570 – Weinpalais Nordheim). Auch eine nur geringe Bekanntheit eines Ortes schließt dessen Eignung als geografische Angabe nicht aus; einer überregionalen Bekanntheit der Ortsangabe bedarf es nicht zwingend (so BPatG BeckRS 2016, 14776 – MITO; BeckRS 2015, 14016 – Königsfelder Stern; vgl. auch BGH GRUR 2003, 882 (883) – Lichtenstein; BPatG BeckRS 2015, 01384 – Kanzlei Hamburg Gänsemarkt). Vielmehr ist nach dem Wortlaut von § 126 Abs. 1 die geografische Herkunftsangabe objektiv zu bestimmen (so ausdrücklich Ströbele/Hacker/Thiering/Hacker Rn. 62).

IV. Mittelbare geografische Herkunftsangaben

Im Gegensatz zu unmittelbaren geografischen Herkunftsangaben, deren geografischer Bezug **18** direkt aus deren Namen deutlich wird, handelt es bei den mittelbaren geografischen Herkunftsangaben um Angaben oder Zeichen, bei deren Betrachtung der Verbraucher einen Rückschluss auf deren geografische Herkunft vornimmt.

Hierbei kann es sich um auf der Ware oder deren Verpackung angebrachte Angaben und **19** Zeichen handeln (vgl. Gloy/Loschelder/Danckwerts WettbR-HdB/Schoene § 73 Rn. 20; Ingerl/Rohnke/Nordemann/A. Nordemann Rn. 6; Ohly/Sosnitza/Sosnitza UWG § 5 Rn. 339 ff.; Ströbele/Hacker/Thiering/Hacker Rn. 64; v. Schultz/Gruber Vor §§ 126–129 Rn. 9). Beispiele dafür sind:

- typische, vielfach aus Flaggen oder Wappen hergeleitete Farben von Ländern (zB Rot-Weiß-Grün als Nationalfarben Ungarns, vgl. BGH GRUR 1982, 685 f. – Ungarische Salami II; GRUR 1981, 666 f. – Ungarische Salami I) oder von Bundesländern (zB Rot-Weiß als Landesfarben von Tirol, vgl. BPatG BeckRS 2018, 11204 – Ötztal/Der Höhepunkt Tirols/The Peak of Tirol) oder Nationalflaggen als solche (zur Deutschlandflagge vgl. OLG Köln GRUR-RR 2006, 286 f. – Deutschlandflagge; zum weißen Kreuz auf rotem Grund, wie es von der Flagge der Schweiz bekannt ist, vgl. LG Hamburg GRUR-RS 2019, 53002; einschr. OLG Hamburg GRUR-RS 2019, 52994; zur Flagge der USA RG GRUR 1930, 326 f.);
- Wappen, Karten oder Umrisse von geografischen Gebieten, wie zB Inseln („Sylt-Umriss") oder Landesgrenzen („Schleswig-Holstein-Karte" für Waren aus Schleswig-Holstein);
- Wahrzeichen von Städten oder Regionen, wie zB die Wartburg für Eisenach (OLG Jena GRUR 2000, 435 f.), der Römer für Frankfurt am Main (BGH GRUR 1955, 91 f. – Mouson), Windmühlenlandschaften für die Niederlande (RG GRUR 1932, 810 (813) – Holländische Windmühlenlandschaft), die Quadriga des Brandenburger Tores für Berlin (LG Berlin BeckRS 2016, 16255; BPatG BeckRS 2010, 9410 – Quadriga) oder der Kölner Dom für Köln (LG Köln GRUR 1954, 211 – Kölnisch Wasser; das BPatG sieht im Kölner Dom das Wahrzeichen der Stadt Köln schlechthin, das so bekannt sei, dass es von maßgeblichen Teilen des Verkehrs spontan mit der Stadt Köln assoziiert werde (BPatG BeckRS 2007, 7537 – Kölner Dom); in einer späteren Entscheidung schränkt das BPatG indes ein, dass der Kölner Dom nach wie vor ein Sakralbau und keine mit dem Wort „Köln" gleichzusetzende Angabe sei; demnach bestehe für eine Bildmarke mit dem Kölner Dom auch nicht generell ein Schutzhindernis nach § 8 Abs. 2 Nr. 2 (BPatG GRUR-RR 2013, 17 – Kölner Dom II));
- Symbole oder Wappentiere von Städten, wie zB für Berlin der Bär (LG Berlin GRUR 1952, 253 – Berliner Bär), bekannte und zugleich die Region kennzeichnende Baustile, wie zB der Abdruck des „Schwarzwald-Hauses" für einen Hinweis auf eine Herkunft eines Produktes aus dem Schwarzwald (OLG Karlsruhe BeckRS 2014, 10407 = GRUR-Prax 2014, 342 mAnm Schulteis – Schwarzwald-Spirituosen) oder die Region symbolisierende Trachten, wie zB die Darstellung einer Dame in schwarzwaldtypischer Tracht mit sog. Bollenhut, um die Herkunft des Produkts aus dem Schwarzwald anzudeuten (vgl. OLG Karlsruhe BeckRS 2014, 10407 = GRUR-Prax 2014, 342 mAnm Schulteis – Schwarzwald-Spirituosen; LG Mannheim BeckRS 2017, 116300 = GRUR-Prax 2017, 338 mAnm Schulteis – Schwarzwaldmarie; OLG Karlsruhe GRUR-RR 2018, 43).
- größere, länderübergreifend bekannte Festlichkeiten, die mit einer Stadt oder Region verbunden werden (LG München I GRUR-RR 2008, 339 f. – Oktoberfest-Bier).

Hinsichtlich der Angaben zu Arealen unterscheidet die Rechtsprechung zur Unterscheidungskraft bzw. **19.1** zum Freihaltungsbedürfnis danach, welche Aktivitäten dort stattfinden können, bspw. ob die benannten Örtlichkeiten als Herstellungs- bzw. Vertriebsstätten sowie als Ort für die Erbringung einer Dienstleistung in Betracht kommen (so BPatG GRUR 2012, 838 – Dortmunder U; vgl. auch BGH GRUR 2012, 534 – Landgut Borsig; BPatG BeckRS 2010, 14892 – Speicherstadt; BeckRS 2009, 772 – Weltkulturerbe Zollverein; BeckRS 2012, 6390 = GRUR-Prax 2012, 190 mAnm Dönch – Koutoubia; BeckRS 2010, 16685 = GRUR-Prax 2010, 341 mAnm Schmitz – Ulmer Münster II; BeckRS 2009, 02905 – Ulmer Münster I; BeckRS 2012, 12472 – Bundeshaus Berlin) und ob dafür der Inhaber des Hausrechts den Namen freigeben kann (BPatG BeckRS 2010, 19797 – Konstanzer Konzilgespräch; GRUR-RR 2013, 20 f. – Telespargel Event).

Die Rechtsprechung zur Unterscheidungskraft bzw. zum Freihaltungsbedürfnis unterscheidet auch zwi- **19.2** schen wörtlichen Ortsbenennungen und bildlichen Darstellungen (BPatG BeckRS 2008, 05291 – Münchner Hofbräuhaus; BeckRS 2007, 07537; GRUR-RR 2013, 17 – Kölner Dom I und II mit unterschiedlicher Wertung; ohne diese Differenzierung noch BPatG BeckRS 2008, 00427 – zusammengestellte Münchner Wahrzeichen; BeckRS 2008, 08232 – Dresdner Vedute; vgl. auch BPatG BeckRS 2010, 09410 – Quadriga, in der auch noch die Unterschiede zur realen Quadriga auf dem Brandenburger Tor vernachlässigt wurden).

20   Auch Erzeugnisse, die mit sog. **Dialektworten** vertrieben werden, können selbst ohne spezifizierende geografische Angabe (wie zB das Adjektiv „fränkisch") einen Rückschluss auf ihre geografische Herkunft erwirken, sofern bereits das verwendete Dialektwort im Ursprungsgebiet des Erzeugnisses einen Rückschluss auf dessen Herkunft zulässt (so drücke zB bei Hagebuttenkonfitüren das Dialektwort „Hiffenmark" selbst ohne die spezifizierende geografische Angabe „fränkisch" aus, dass es sich um ein aus Franken stammendes Produkt handelt, so BPatG GRUR 2017, 528 (534) = GRUR-Prax 2016, 481 mAnm Elkemann – Hiffenmark II; vgl. auch Kortge/Mittenberger-Huber GRUR 2017, 451 (455 f.)). Darüber hinaus kann eine mittelbare geografische Herkunftsangabe auch in der Art der Verpackung und **Aufmachung** einer Ware gesehen werden, wenn diese gemeinhin als Merkmal einer Ware aus einer bestimmten Region verstanden wird.

20.1   Ein Beispiel für eine Aufmachung, die auf eine Herkunft aus einer bestimmten Region schließen lässt, kann auch eine Flaschenform sein, wie zB die Bocksbeutelflasche (Ingerl/Rohnke/Nordemann/A. Nordemann Rn. 6; Ströbele/Hacker/Thiering/Hacker Rn. 64; BGH GRUR 1971, 313 f. – Bocksbeutelflasche) oder die Cantil-Flasche (vgl. BGH GRUR 1979, 415 f. – Cantil-Flasche). Der BGH sah in der Bocksbeutelflasche eine mittelbare Herkunftsangabe für Wein aus Franken (BGH GRUR 1971, 313 f. – Bocksbeutelflasche), und das deutsche Weinrecht gestattete einst die Verwendung der Bocksbeutelfalsche nur für Qualitätsweine b.A. vor allem nur aus Franken und aus dem badischen Taubertal und dem Schüpfergrund. Indes erkannte der EuGH, dass derartige Beschränkungen im deutschen Weinrecht dem europäischen Recht entgegenstehen (vgl. EuGH GRUR Int 1984, 291 ff. – Bocksbeutel; vgl. auch Köhler/Bornkamm/Feddersen/Bornkamm/Feddersen UWG § 5 Rn. 043; MüKoUWG/Ruess UWG § 5 Rn. 71). Mittlerweile ist europarechtlich abschließend normiert, welche Weine in der Bocksbeutelflasche vertrieben werden dürfen, darunter aus Deutschland nur deutsche Weine mit Ursprungsbezeichnung von Franken sowie von Baden mit Ursprung im Taubertal oder im Schüpfergrund oder mit Ursprung in den Teilgemeinden Neuweier, Steinbach, Umweg und Varnhalt der Gemeinde Baden-Baden (vgl. Anh. XVII VO (EG) 607/2009; vgl. Sosnitza/Meisterernst/Boch Lebensmittelrecht, WeinV § 33a Rn. 2a ff.; Schoene GRUR-Prax 2020, 43).

V. Ausländische geografische Herkunftsangaben

21   Sofern die geografische Herkunftsangabe von den zur Nutzung Berechtigten im Geschäftsverkehr genutzt wird (zur Nutzung → Rn. 26 ff.), ist es für den Schutz gemäß §§ 126 ff. unerheblich, ob sich die geografische Angabe auf ein Gebiet in Deutschland oder im Ausland bezieht. Auch ausländische geografische Herkunftsangaben sind von Abs. 1 tatbestandlich umfasst, und zwar unabhängig davon, ob sie auch im Ausland als geografische Herkunftsangabe geschützt sind (Ströbele/Hacker/Thiering/Hacker Rn. 72 f.; v. Schultz/Gruber Rn. 7).

22   Hat sich allerdings eine einstige ausländische geografische Herkunftsangabe, deren Ursprungsland ein EU-Mitgliedstaat ist, in ihrem Ursprungsland zu einer Gattungsbezeichnung entwickelt und ist sie infolgedessen dort nicht mehr als geografische Herkunftsangabe geschützt, so ist sie auch in Deutschland nicht mehr als geografische Herkunftsangabe nach § 126 Abs. 1 zu schützen. Würde sie ungeachtet der Entwicklungen in ihrem Ursprungsland in Deutschland immer noch als geografische Herkunftsangabe nach § 126 Abs. 1 geschützt, so könnte ein Verstoß gegen Art. 34, 36 AEUV darin erkannt werden, wenn in Deutschland der Vertrieb von Waren, die diese einstige geografische Herkunftsangabe – nunmehr Gattungsbezeichnung – führen, ohne von dort zu stammen, als Verstoß nach § 127 Abs. 1 verfolgt würde (vgl. Ingerl/Rohnke/Nordemann/A. Nordemann Rn. 12; Ströbele/Hacker/Thiering/Hacker Rn. 73 iVm Rn. 41; v. Schultz/Gruber Rn. 7; EuGH C-3/91, GRUR Int 1993, 76 (79) – Exportur; C-478/07, GRUR 2010, 143 (147) – American Bud I; BGH GRUR 1994, 307 (309) – Mozzarella I; GRUR 1994, 310 (311) – Mozzarella II; BPatG BeckRS 2009, 26940 – Thüringer Klöße). Vor diesem Hintergrund wäre eine derartige Herkunftsangabe, die sich zu einer Gattungsbezeichnung entwickelt hat, fortan auch in Deutschland als **Gattungsbezeichnung** nach Abs. 2 einzuordnen.

VI. Ausschluss von Phantasiebezeichnungen

23   Keine geografischen Herkunftsangaben iSd Abs. 1 sind sog. Phantasiebezeichnungen. Diese zeichnen sich dadurch aus, dass sie zwar in ihrem Namen eine geografische Angabe tragen, allerdings aufgrund der produktspezifischen Eigenart der diesen Namen führenden Waren offen-

kundig ist, dass die Angabe nicht auf die Herkunft der Ware, die diese Bezeichnung führt, hinweisen soll und als Produktionsstätte erkennbar ausscheidet (vgl. BGH GRUR 1999, 252 (254) – Warsteiner II; GRUR 1983, 768 (770) – Capri-Sonne), wie zB die Bezeichnung „Montblanc" für Schreibgeräte (v. Schultz/Gruber Rn. 9; Ingerl/Rohnke/Nordemann/A. Nordemann Rn. 8; Sosnitza MarkenR § 20 Rn. 7; Gloy/Loschelder/Danckwerts WettbR-HdB/Schoene § 73 Rn. 41) oder Ortsnamen für Fahrzeugtypen, zB „Opel Ascona" oder „Opel Monza". Besonderheiten gelten auch hinsichtlich der Verwendung von Namen sakraler Bauten; so ist die zB die Bezeichnung „Ulmer Münster" für ein Bier keine geografische Herkunftsangabe, da eine geografische Herkunftsangabe regelmäßig als der Ort der Herstellung einer Ware bzw. der Erbringung einer Dienstleistung anzusehen ist, was für Bier beim Ulmer Münster offenkundig nicht der Fall sein kann (so BPatG BeckRS 2010, 16685 = GRUR-Prax 2010, 341 mAnm Schmitz – Ulmer Münster II; vgl. auch BPatG BeckRS 2009, 02905 – Ulmer Münster I; BeckRS 2012, 6390 = GRUR-Prax 2012, 190 mAnm Dönch – Koutoubia; vgl. auch BPatG BeckRS 2016, 118100 – Carmeliter Taler, wonach der Begriff „Carmeliter" im Gegensatz zum Berg „Karmel", nach dem der Karmeliter-Orden benannt ist, keine geografische Angabe ist, vgl. hierzu auch Kortge/Mittenberger-Huber GRUR 2018, 460 (462)). Auch Weine führen vielfach Phantasiebezeichnungen, zB wenn sie den Namen eines Heiligen tragen (zB „St. Lamprecht" oder „Maria Magdalena", vgl. VG Würzburg LMuR 2015, 173 (178)); ist indes nach dem Namen des Heiligen bereits ein Ort benannt, aus dem Wein stammt, so ist das Führen des Namens des Heiligen für derartige Weine nicht als eine Phantasiebezeichnung, sondern als eine Herkunftsangabe anzusehen (zB „St. Adelgund", vgl. Sosnitza/Meisterernst/Rathke WeinG § 25 Rn. 131; Schulteis GRUR-Prax 2018, 340).

VII. Ausschluss von personen- oder betriebsbezogenen Herkunftsangaben

Ebenfalls nicht zu den geografischen Herkunftsangaben iSd Abs. 1 zählen Angaben, die auf ein **24** geografisches Gebiet hinweisen, in dem die diese Angabe tragende Ware zwar einst produziert wurde, jedoch dieser geografische Bezug nicht mehr gegeben ist, da zB aufgrund von politischen Einflüssen, wie zB Aussiedlungen (vgl. BGH GRUR 1956, 270 (273) – Rügenwalder Teewurst I), Vertreibungen oder Änderungen von Gebietsgrenzen, die Herstellung derartiger Waren nunmehr an anderen (beliebigen) Produktionsstätten erfolgt (Ströbele/Hacker/Thiering/Hacker Rn. 74; Sosnitza MarkenR § 20 Rn. 8).

Bezeichnen derartige einstige geografische Angaben auch nicht mehr die Art der Waren (wie **25** dies zB der Fall ist bei dem Begriff „Pils" als Abkürzung der Bezeichnung „Pilsener/Pilsener Bier", um auszudrücken, dass es sich um eine Bier nach Pilsener Brauart handelt, vgl. Hickler, Die Geschichte des Schutzes geografischer Herkunftsangaben in Deutschland, 2012, 171 f.), können sie heute einen Hersteller bzw. eine Gruppe von Herstellern, die (ihre) einst in dem in der Angabe bezeichneten Gebiet hergestellten Waren nunmehr an anderer Stelle produzieren, als Marke kennzeichnen (Ströbele/Hacker/Thiering/Hacker Rn. 74, 88; vgl. auch Ingerl/Rohnke/Nordemann/ A. Nordemann Rn. 8; Büscher/Dittmer/Schiwy/Büscher Rn. 30). Bekannte Beispiele für derartige einstige Herkunftsangaben sind Bezeichnungen wie „Rügenwalder Teewurst" oder „Königsberger Marzipan" (Sosnitza MarkenR § 20 Rn. 8; BGH GRUR 2006, 74 f. – Königsberger Marzipan; GRUR 1995, 354 f. – Rügenwalder Teewurst II; GRUR 1956, 270 (272 f.) – Rügenwalder Teewurst I; → § 100 Rn. 6).

VIII. Nutzung zur Kennzeichnung im geschäftlichen Verkehr

1. Nutzung zur Kennzeichnung der geografischen Herkunft von Waren und Dienstleistungen

Soweit Abs. 1 eine Nutzung zur Kennzeichnung der geografischen Herkunft von Waren und **26** Dienstleistungen voraussetzt, geht aus dem Wortlaut nicht eindeutig hervor, ob der dieses Tatbestandsmerkmal begründende Relativsatz sich lediglich auf die in Abs. 1 genannten sonstigen Angaben und Zeichen und somit auf die mittelbaren geografischen Herkunftsangaben oder auf sämtliche Herkunftsangaben beziehen soll.

In der Literatur wird überwiegend die Auffassung vertreten, dass sich die Tatbestandsvoraussetzung der **26.1** Benutzung auf sämtliche geografische Herkunftsangaben nach Abs. 1 erstreckt (vgl. dazu Büscher/Dittmer/Schiwy/Büscher Rn. 24; Fezer Rn. 13; HK-MarkenR/Fuchs-Wissemann Rn. 3; Gloy/Loschelder/ Danckwerts WettbR-HdB/Schoene § 73 Rn. 41; Ströbele/Hacker/Thiering/Hacker Rn. 67; Knaak GRUR 1995, 103 (105); Streinz/Kraus LebensmittelR-HdB/Leible III Rn. 521a). Für diese Auffassung spricht insbesondere, dass ein Bedürfnis, den Wert einer geografischen Herkunftsangabe nach Abs. 1 zu schützen, nur dann gegeben sein kann, wenn die Herkunftsangabe benutzt wird und somit ihren Wert entfalten kann.

26.2   Nach anderer Auffassung bezieht die Tatbestandsvoraussetzung der Benutzung sich nur auf mittelbare geografische Herkunftsangaben (Ingerl/Rohnke/Nordemann/A. Nordemann Rn. 9 f.; Sosnitza MarkenR 2000, 77 (85); Ullmann GRUR 1999, 666 ff.; OLG Karlsruhe GRUR-RR 2013, 327 (329) – Erzincan). Für eine derartige Auffassung spricht auf den ersten Blick das Argument, dass anderenfalls zB eine Gemeinde ohne eigene Industrie keine Ansprüche wegen einer Verletzung von § 127 gegenüber ausländischen Produzenten geltend machen könnte, die ihre Produkte nicht in der Gemeinde produzieren, diese Produkte aber mit dem Namen dieser Gemeinde versehen (so das Beispiel bei Ingerl/Rohnke/Nordemann/A. Nordemann Rn. 9 mit Hinweis auf OLG München GRUR-RR 2016, 272 – Chiemseer; OLG München GRUR 2016, 270 – Klosterseer).

26.3   Gegen die letztgenannte Auffassung kann allerdings eingewendet werden, dass auch gegenüber Produzenten zumindest wettbewerbsrechtliche Ansprüche in Betracht kommen.

27   Wettbewerbsrechtliche Ansprüche kommen zB in Betracht im Falle der Produktion von Lebensmitteln aus §§ 5, 3a UWG (vormals § 4 Nr. 11 UWG aF) iVm § 11 LFGB wegen einer irreführenden Herkunftsangabe (so Streinz/Kraus LebensmittelR-HdB/Leible III Rn. 521a), so dass es der einschränkenden Auslegung dergestalt, das Benutzungserfordernis nur auf mittelbare geografische Herkunftsangaben zu beziehen, nicht bedarf; die unterschiedlichen Auffassungen (→ Rn. 26.1 f.) führen somit im praktischen Ergebnis nicht zu erheblichen Divergenzen. Gleichwohl wäre es begrüßenswert, wenn der Gesetzgeber den Anwendungsbereich des Benutzungserfordernisses in § 126 Abs. 1 klarstellen würde.

2. Nutzung im geschäftlichen Verkehr

28   Die Nutzung der geografischen Herkunftsangabe hat im inländischen geschäftlichen Verkehr zu erfolgen. Dieses Tatbestandsmerkmal ist in gleicher Weise auszulegen wie in § 14 Abs. 2 (Ströbele/Hacker/Thiering/Hacker Rn. 68). Unter einer Nutzung im geschäftlichen Verkehr ist – in Übereinstimmung mit der identischen Tatbestandsvoraussetzung in §§ 127, 128 Abs. 1 S. 1 und § 135 Abs. 1 S. 1 – jede Handlung zu verstehen, die einem eigenen oder fremden Geschäftszweck dient und auf die Förderung der eigenen oder fremden erwerbswirtschaftlichen oder sonstigen beruflichen Tätigkeit ausgerichtet ist (vgl. → § 14 Rn. 65; Büscher/Dittmer/Schiwy/Büscher § 14 Rn. 108; Ströbele/Hacker/Thiering/Hacker § 14 Rn. 57; EuGH C-236/08 bis C-238/08, GRUR 2010, 445 (447) – Google-France; BGH GRUR 2008, 702 (705) – Internet-Versteigerung III).

D. Kein Schutz von Gattungsbezeichnungen (Abs. 2)

I. Gattungsbezeichnung iSd § 126 Abs. 2 S. 2

29   Nicht vom Schutz der §§ 126 ff. umfasst sind geografische Herkunftsangaben nach § 126 Abs. 1, bei denen es sich um Gattungsbezeichnungen handelt (Abs. 2 S. 1). Gemäß der Definition dieses negativen Tatbestandsmerkmals in Abs. 2 enthalten Gattungsbezeichnungen zwar eine Angabe über die geografische Herkunft oder sind von einer solchen Angabe abgeleitet. Allerdings haben sie ihre ursprüngliche Bedeutung verloren und dienen nur noch als Namen von Waren oder Dienstleistungen oder als Bezeichnungen oder Angaben der Art, der Beschaffenheit, der Sorte oder sonstigen Eigenschaften oder Merkmale von Waren oder Dienstleistungen. Der unmittelbare Zusammenhang zwischen dem geografischen Ursprung des Erzeugnisses einerseits und einer bestimmten Qualität, dem Ansehen oder einer anderen Eigenschaft des Erzeugnisses, die sich aus diesem geografischen Ursprung ergibt, andererseits ist verschwunden; die Bezeichnung beschreibt nur noch eine bestimmte Art oder einen bestimmten Typ von Erzeugnissen (vgl. EuGH C-343/07, GRUR 2009, 961 (967) – Bayerisches Bier) und ist damit zu einer allgemeinen Bezeichnung für das Erzeugnis geworden (BPatG GRUR 2017, 528 (531) = GRUR-Prax 2016, 481 mAnm Elkemann – Hiffenmark II).

1. Verlust der ursprünglichen Bedeutung

30   Für die Beurteilung, ob die abstrakt gefasste Voraussetzung des Verlustes der ursprünglichen Bedeutung erfüllt ist, ist nicht nur auf das Verständnis der Wettbewerber des Nutzers der Angabe abzustellen, sondern auf das Bewusstsein des gesamten angesprochenen Verkehrskreises inklusive der Verbraucher, an die sich die Angabe richtet (vgl. Ströbele/Hacker/Thiering/Hacker Rn. 77; v. Schultz/Gruber Rn. 13). Die Feststellung, ob die Bezeichnung anstelle der ursprünglichen Bedeutung nunmehr einen Gattungscharakter erlangt hat, hat anhand einer umfassenden Prüfung vorrangig nach objektiven Kriterien zu erfolgen, wofür allein Belege aus Wörterbüchern und Fachliteratur nicht ausreichen. Stattdessen ist es ein gewichtiges Indiz für eine Entwicklung zur Gattungsbezeichnung, wenn die betreffende Bezeichnung in größerem Umfang für gleichartige Erzeugnisse benutzt wird, die nicht aus dem bezeichneten Gebiet stammen, insbesondere wenn derartige Erzeugnisse ohne Beanstandung in das ursprüngliche Herkunftsgebiet exportiert werden (BPatG GRUR 2017, 528 (531) – Hiffenmark II = GRUR-Prax 2016, 481 mAnm Elkemann; EuGH C-465/02, GRUR Int 2006, 728 (734 f.) – Feta II; EuG T-291/03, GRUR 2007, 974 (976) – GRANA BIRAGHI/grana padano). Dagegen spricht es gegen das Vorliegen einer Gattungsbezeichnung, wenn auf der Aufmachung des Erzeugnisses nach wie vor auf das ursprüngliche Herkunftsgebiet Bezug genommen wird (vgl. EuGH C-465/02, GRUR Int 2006, 728 (734) – Feta II; EuG T-291/03, GRUR 2007, 974 (976) – GRANA BIRAGHI/grana padano; BPatG GRUR 2017, 528 (531) – Hiffenmark II = GRUR-Prax 2016, 481 mAnm Elkemann).

Ob ein derartiger Verlust der ursprünglichen Bedeutung als geografische Herkunftsangabe ein- **31** getreten ist, ist restriktiv zu beurteilen (vgl. bereits BGH GRUR 1965, 317 f. – Kölnisch Wasser; GRUR 1956, 270 f. – Rügenwalder Teewurst I; RG GRUR 1934, 62 – Nordhäuser; BayObLG LRE 10, 28 (34) – Bamberger Hörnchen; BPatG GRUR 2017, 528 (531) – Hiffenmark II = GRUR-Prax 2016, 481 mAnm Elkemann; BPatG GRUR 2014, 677 (679) – Bayrisch Blockmalz).

So ist ein derartiger Bedeutungsverlust nur dann zu bejahen, wenn nur noch ein geringer, unbeachtlicher **31.1** Teil des Verkehrskreises die Angabe nach wie vor als geografische Herkunftsangabe betrachtet. Ein derartiger Verlust ist in der Regel gegeben, wenn nur noch ein Anteil von allenfalls 10% bis 15% des angesprochenen Verkehrskreises in der Angabe einen Hinweis auf deren geografische Herkunft erkennt (vgl. Ströbele/Hacker/Thiering/Hacker Rn. 76; Ingerl/Rohnke/Nordemann/A. Nordemann Rn. 15; v. Schultz/Gruber Rn. 13; vgl. auch Gloy/Loschelder/Danckwerts WettbR-HdB/Schoene § 73 Rn. 29 und BGH GRUR 1959, 365 f. – Englisch Lavendel, wonach ein Verlust noch nicht eingetreten ist, wenn noch 16% des Verkehrskreises die Angabe als geografische Herkunftsangabe ansehen; nach BGH GRUR 1981, 71 (74) – Lübecker Marzipan, war eine Umwandlung in eine Gattungsbezeichnung noch nicht erfolgt, wenn noch ein Anteil von 13,7% des Verkehrskreises in der Angabe eine Herkunftsangabe erkannte; abstellend auf einen Schwellenwert von 10% und weniger Sosnitza MarkenR § 20 Rn. 6).

Wie die unterschiedlichen Bewertungen in Rechtsprechung und Literatur verdeutlichen, wird **32** man kaum einen starren Schwellenwert bestimmen können, ab dessen Unterschreiten stets von einem Verlust der ursprünglichen Bedeutung als geografische Herkunftsangabe ausgegangen werden kann.

Dies gilt umso mehr, als die Ergebnisse von Befragungen des angesprochenen Verkehrskreises zur **32.1** Ermittlung eines etwaigen Bedeutungsverlustes vielfach auch von Zufälligkeiten abhängen können (kritisch zu derartigen Feststellungen der Verkehrsauffassung auch Ströbele/Hacker/Thiering/Hacker Rn. 77). Derartige Zufälligkeiten können bedingt sein zB durch die Art der Fragestellung, durch die Wichtigkeit und Notwendigkeit der Ware und damit deren allgemeine Bekanntheit oder durch den zeitlichen Kontext von derartigen Befragungen (zB bei Befragungen zu einer Ware, die zufälligerweise zum Zeitpunkt der Befragung eine erhöhte Medienpräsenz aufwies).

Auch der Wert von 10% (→ Rn. 31.1) sollte nicht als starrer Schwellenwert begriffen werden. **33** Er ist vielmehr unter Berücksichtigung des jeweiligen Einzelfalls auf seine Angemessenheit hin zu überprüfen.

Zu den Beispielen aus der Rechtsprechung für eine Umwandlung einer geografischen Herkunftsangabe **33.1** in eine Gattungsbezeichnung zählen (vgl. Ingerl/Rohnke/Nordemann/A. Nordemann Rn. 15: v. Schultz/Gruber Rn. 13; Gloy/Loschelder/Danckwerts WettbR-HdB/Schoene § 73 Rn. 19) ua die Angaben „Stonsdorfer" (BGH GRUR 1974, 337 f.), „Steinhäger" (BGH GRUR 1957, 128 f.), „Kölnisch Wasser" (BGH GRUR 1965, 317 f.) oder „Ostfriesischer Tee" (BGH GRUR 1977, 159 f.) sowie „Dresdner Stollen" bis zu seiner Schutzerlangung als Kollektivmarke (BGH GRUR 1989, 440 f. – Dresdner Stollen I; GRUR 1990, 461 – Dresdner Stollen II).

2. Verbleibender Zweck als Name oder Angabe der Art, der Beschaffenheit oder der Sorte

Ist bereits festgestellt worden, dass die geografische Angabe ihre ursprüngliche Bedeutung über **34** die Angabe einer Herkunft verloren hat, kann sie fortan nur noch dazu dienen, der Ware oder

Dienstleistung einen Namen zu verleihen oder als Bezeichnung bzw. Angabe einer Art, Beschaffenheit oder Sorte eine Abgrenzung zu anderen Gattungen vorzunehmen. Eine eigenständige praktische Bedeutung dieser Tatbestandsvoraussetzung wird daher in der Regel zu verneinen sein.

II. Gattungsbezeichnungen, die nicht aus geografischen Herkunftsangaben hervorgingen

35   Keine geografischen Herkunftsangaben nach Abs. 1 sind zudem jene Gattungsbezeichnungen, die zwar eine geografische Bezeichnung führen, die aber seit jeher nach der Verkehrsauffassung nicht als Kennzeichnung ihrer geografischen Herkunft verstanden wurden, sondern als Gattungsbegriff in Abgrenzung zu anderen Waren- oder Dienstleistungsgattungen (zB Wiener Schnitzel, vgl. Sosnitza/Meisterernst/Rathke LMIV Art. 7 Rn. 318). Derartige Gattungsbezeichnungen genießen erst recht keinen Schutz nach Abs. 2, auch wenn bei ihnen kein Verlust einer – ohnehin niemals vorhandenen – Bedeutung als geografische Herkunftsangabe eingetreten ist (so ausdrücklich Ströbele/Hacker/Thiering/Hacker Rn. 80), wie zB die Bezeichnung „Hamburger" für ein Frikadellen-Brötchen.

36   Gleiches gilt für Gattungsbezeichnungen, die in Verordnungen, Richtlinien oder Lebensmittel-Leitsätzen ausdrücklich als **Sorten** aufgeführt werden. Hierzu zählen zB gemäß § 7 Abs. 1 KäseV iVm Anlage I KäseV sog. Standardkäsesorten, wie „Emmentaler" oder „Tilsiter" (vgl. Ströbele/Hacker/Thiering/Hacker Rn. 77; Omsels Herkunftsangaben Rn. 672), die vom Bund für Lebensmittelrecht und Lebensmittelkunde als Gattungsbezeichnungen anerkannten Brotsorten, wie zB „Münsterländer/Westfälischer Bauernstuten", „Paderborner Brot" oder „Schwarzwälder Brot/Badisches Landbrot"(vgl. Sosnitza/Meisterernst/Zipfel Vorbem. C 305 Rn. 53) oder die in den „Leitsätzen für Feine Backwaren" genannten Verkehrsbezeichnungen, wie zB „Frankfurter Kranz", „Schwarzwälder Kirschtorte" oder „Dänischer Plunder"/„Kopenhagener" (vgl. Sosnitza/Meisterernst/Zipfel Vorbem. C 305 Rn. 46).

37   Ebenfalls keine geografischen Herkunftsangaben sind jene Gattungsbezeichnungen, bei denen man nach allgemeinem Sprachverständnis zwar irrtümlicherweise einen Herkunftsbezug vermuten könnte, bei dem es sich allerdings tatsächlich ursprünglich zB um einen Personennamen handelte, wie zB bei „Kassler (Rippenspeer)", benannt nach dem Koch Caßler (so Sosnitza/Meisterernst/Rathke LMIV Art. 7 Rn. 321; vgl. auch Helm FS Vieregge, 1995, 335 (340); Ohly/Sosnitza/Sosnitza UWG § 5 Rn. 348).

III. Rückumwandlung von Gattungsbezeichnungen in geografische Herkunftsangaben

38   Wie sich geografische Herkunftsangaben in Gattungsbezeichnungen umwandeln können, kann auch eine umgekehrte Entwicklung dergestalt eintreten, dass sich Gattungsbezeichnungen zu geografischen Herkunftsangaben entwickeln.

38.1   Eine derartige Umwandlung erfolgt allerdings nicht bereits dann, wenn ein nicht nur unbeachtlicher Teil des Verkehrskreises und somit – gemäß den oben genannten für eine Umwandlung einer Herkunftsangabe in eine Gattungsbezeichnung in der Regel beachtlichen Schwellenwerten (→ Rn. 31) mehr als 10% des Verkehrskreises annehmen, die Angabe stehe nicht mehr für eine Gattungsbezeichnung, sondern für eine geografische Herkunftsangabe. Vielmehr kann eine derartige Umwandlung erst bejaht werden, wenn der überwiegende Teil des Verkehrskreises (vgl. BGH GRUR 1986, 469 f. – Stangenglas II; GRUR 1957, 128 (131) – Steinhäger; GRUR 1965, 317 (319) – Kölnisch Wasser) und somit mehr als 50% des angesprochenen Verkehrs die Angabe nicht mehr als Gattungsbezeichnung, sondern als geografische Herkunftsangabe betrachten (vgl. Ingerl/Rohnke/Nordemann/A. Nordemann Rn. 16; v. Schultz/Gruber Rn. 14; Ströbele/Hacker/Thiering/Hacker Rn. 85).

39   Der für eine Umwandlung von einer Gattungsbezeichnung in eine geografische Herkunftsangabe erforderliche Schwellenwert von mehr als 50% des Verkehrskreises ist für einen einzelnen Hersteller in der Regel nur über einen sehr langen Zeitraum hinweg und auch nur in geringem Umfang selbständig beeinflussbar. Die Rückentwicklung zur Herkunftsangabe bedarf großer Aufwendungen, ist aber bereits erfolgt (zur Entwicklung der Bezeichnung „Nürnberger Bratwurst" vgl. Reinhart WRP 2003, 1313).

40   Auch wenn eine derartige Rückentwicklung zur geografischen Herkunftsangabe nicht gelingt, hat zumindest derjenige Hersteller, der eine Ware an ihrem traditionellen Ursprungsort bzw. Ursprungsregion nach überlieferter dortiger Rezeptur produziert, ein berechtigtes Interesse, auf die Herkunft dieser Waren von ihrem geografischen Ursprung deutlich hinzuweisen (vgl. LG Nürnberg-Fürth, GRUR-RS 2021, 24683 = GRUR-Prax 2022, 26 mAnm Schulteis – Original Nürnberger Rotbier). Derartige Hinweise können erfolgen durch sog. **relokalisierende Zusätze,**

wie zB durch die Begriffe „Original", „Echt-", „Alt-" oder „Ur-" (Ströbele/Hacker/Thiering/ Hacker Rn. 84; Ingerl/Rohnke/Nordemann/A. Nordemann Rn. 16; BGH GRUR 1986, 316 (317) – Urselters I). Sofern der angesprochene Verkehrskreis mit dieser um einen relokalisierenden Zusatz ergänzten Angabe noch die Vorstellung an einen Ort oder an eine Region verbindet, unterfallen derartige Angaben wieder dem Schutzregime der §§ 126, 127 Abs. 1 (Gloy/Loschelder/ Danckwerts WettbR-HdB/Schoene § 73 Rn. 30; Schulteis GRUR-Prax 2022, 26; BGH GRUR 1982, 111 (114) – Original Maraschino, wonach ein als „Original Maraschino" bezeichnetes Getränk beim angesprochenen Verkehrskreis nicht bereits den Eindruck erweckte, es stammte aus der Ursprungsregion Dalmatien, sondern allenfalls aus Südeuropa).

Allein die Verwendung eines relokalisierenden Zusatzes lässt jedoch noch nicht den Umkehr- **41** schluss zu, geografische Angaben auf der Ware ohne derartige relokalisierende Zusätze seien bereits deshalb Gattungsbezeichnungen, weil andernfalls ein derartiger Zusatz überflüssig wäre. Denn vielfach finden sich in der Praxis solche Zusätze auch bei unstrittigen geografischen Herkunftsangaben auf Waren, deren Hersteller durch derartige ausdrückliche Hinweise den geografischen Ursprung ihrer Produkte noch stärker betonen möchten (vgl. Schoene GRUR-Prax 2010, 209 (212); BPatG GRUR 2014, 677 (679) – Bayrisch Blockmalz). Sie können aber den Schutz gefährden, wie die nach Zurückziehung des Schutzantrags gegenstandslose Entscheidung des BPatG zur Münchner Weißwurst zeigt (BPatG BeckRS 2009, 05722 = GRUR 2009, 506 Ls. – Münchner Weißwurst; Albrecht/Hoffmann Geistiges Eigentum 118).

Der Schutz für die Münchner Weißwurst ist daran gescheitert, dass es das erklärte Motiv für den Antrag **41.1** auf Schutz war, dass es bereits „Originale" gab und Weißwürste auch andernorts hergestellt werden. Das BPatG hat deshalb angenommen, es handele sich um eine Gattungsbezeichnung, die nicht (mehr) als geografische Herkunftsangabe eintragungsfähig iSd Art. 3 Abs. 1 EWG-Ursprungsbezeichnungen-Verordnung ist. „Münchner Weißwurst" ist zwar ein Name für ein Lebensmittel, der sich auf einen Ort bezieht, wo das Lebensmittel ursprünglich hergestellt oder vermarktet wurde, der jedoch der gemeinhin übliche Name dafür geworden ist. Dabei stellte das BPatG auf die Marktsituation ab, wo Zusätze, wie „Original" oder „Echt" eine geografische Herkunftsangabe von Gattungsbezeichnungen abgrenzen (BPatG BeckRS 2009, 5722 – Münchner Weißwurst).

§ 127 Schutzinhalt

(1) **Geographische Herkunftsangaben dürfen im geschäftlichen Verkehr nicht für Waren oder Dienstleistungen benutzt werden, die nicht aus dem Ort, der Gegend, dem Gebiet oder dem Land stammen, das durch die geographische Herkunftsangabe bezeichnet wird, wenn bei der Benutzung solcher Namen, Angaben oder Zeichen für Waren oder Dienstleistungen anderer Herkunft eine Gefahr der Irreführung über die geographische Herkunft besteht.**

(2) **Haben die durch eine geographische Herkunftsangabe gekennzeichneten Waren oder Dienstleistungen besondere Eigenschaften oder eine besondere Qualität, so darf die geographische Herkunftsangabe im geschäftlichen Verkehr für die entsprechenden Waren oder Dienstleistungen dieser Herkunft nur benutzt werden, wenn die Waren oder Dienstleistungen diese Eigenschaften oder diese Qualität aufweisen.**

(3) **Genießt eine geographische Herkunftsangabe einen besonderen Ruf, so darf sie im geschäftlichen Verkehr für Waren oder Dienstleistungen anderer Herkunft auch dann nicht benutzt werden, wenn eine Gefahr der Irreführung über die geographische Herkunft nicht besteht, sofern die Benutzung für Waren oder Dienstleistungen anderer Herkunft geeignet ist, den Ruf der geographischen Herkunftsangabe oder ihre Unterscheidungskraft ohne rechtfertigenden Grund in unlauterer Weise auszunutzen oder zu beeinträchtigen.**

(4) **Die vorstehenden Absätze finden auch dann Anwendung, wenn Namen, Angaben oder Zeichen benutzt werden, die der geschützten geographischen Herkunftsangabe ähnlich sind oder wenn die geographische Herkunftsangabe mit Zusätzen benutzt wird, sofern**
1. **in den Fällen des Absatzes 1 trotz der Abweichung oder der Zusätze eine Gefahr der Irreführung über die geographische Herkunft besteht oder**
2. **in den Fällen des Absatzes 3 trotz der Abweichung oder der Zusätze die Eignung zur unlauteren Ausnutzung oder Beeinträchtigung des Rufs oder der Unterscheidungskraft der geographischen Herkunftsangabe besteht.**

Überblick

Während § 126 die geografische Herkunftsangabe als Schutzobjekt begrifflich definiert und ihre Schutzvoraussetzungen normiert, bestimmt § 127 den Inhalt und Umfang des Schutzes im deutschen Markenrecht. Hierbei ist zu unterscheiden zwischen dem Schutz nach Abs. 1 (→ Rn. 3), der sich auf sämtliche geografischen Herkunftsangaben iSd § 126 erstreckt, und einem erweiterten Schutzumfang, der auf sog. qualifizierte geografische Herkunftsangaben (Abs. 2, → Rn. 18) bzw. geografische Herkunftsangaben, die einen besonderen Ruf genießen (Abs. 3, → Rn. 27) ausgerichtet ist. Den Schutz durch das deutsche Markenrecht rundet Abs. 4 ab, wonach geografische Herkunftsangaben auch geschützt werden vor einer Benutzung in Form von Angaben, die ihnen ähneln (→ Rn. 37), wenn dies die Gefahr einer Irreführung (→ Rn. 38) begründet oder den Ruf der geografischen Herkunftsangabe berührt (→ Rn. 40).

Übersicht

A. Struktur der Norm

1   Der von § 127 normierte Schutz geografischer Herkunftsangaben weist eine **dreistufige Schutzstruktur** auf (vgl. Knaak GRUR 1995, 105 f.; Fezer Rn. 1). Sein Abs. 1 begründet einen Schutz der geografischen Herkunftsangaben vor der Gefahr einer Irreführung (→ Rn. 3). Dieser **Irreführungsschutz** erstreckt sich auf sämtliche geografische Herkunftsangaben, die den in § 126 Abs. 1 bestimmten Tatbestandsvoraussetzungen entsprechen (vgl. Schulte-Beckhausen GRUR Int 2008, 984 (987)). Einen weitergehenden Schutz im Vergleich zu Abs. 1 sieht Abs. 2 vor, der sich auf geografische Herkunftsangaben für Waren und Dienstleistungen bezieht, die sich durch besondere Eigenschaften oder **besondere Qualitäten** auszeichnen (sog. qualifizierte geografische Herkunftsangaben, → Rn. 18); derartige Herkunftsangaben dürfen nur für solche Waren und Dienstleistungen benutzt werden, die, auch wenn sie eine gleiche geografische Herkunft aufweisen, ebenfalls über diese besonderen Eigenschaften oder Qualitäten verfügen (vgl. Knaak GRUR 1995, 105 f.). Abs. 3 schützt geografische Herkunftsangaben, die einen **besonderen Ruf** genießen (→ Rn. 27); derartige Herkunftsangaben dürfen ungeachtet einer Irreführungsgefahr nicht verwendet werden für Waren oder Dienstleistungen, wenn dadurch der Ruf der geografischen Herkunftsangabe unlauter ausgenutzt oder beeinträchtigt werden könnte. Der von Abs. 3 begründete Schutz geht somit über einen reinen Irreführungsschutz hinaus (Schulte-Beckhausen GRUR Int 2008, 984 (988)).

2   Zusätzlich zu diesem dreistufigen System eines Schutzes vor einer irreführenden bzw. unzulässigen Verwendung geografischer Herkunftsangaben begründet Abs. 4 einen Schutz vor der Verwendung von solchen Namen, Angaben oder Zeichen, die geschützten geografischen Herkunftsangaben ähneln oder um **Zusätze** ergänzt werden. Eine derartige Nutzung ist ebenfalls unzulässig, wenn dadurch eine Irreführungsgefahr (→ Rn. 38) begründet wird (Abs. 4 Nr. 1) oder wenn die

Nutzung zu einer Ausbeutung oder einer **Beeinträchtigung eines besonderen Rufes** dieser geografischen Herkunftsangabe (→ Rn. 40) führen kann (Abs. 4 Nr. 2).

B. Schutz vor Irreführung (Abs. 1)

§ 127 Abs. 1 bestimmt, dass geografische Herkunftsangaben im geschäftlichen Verkehr nicht **3** benutzt werden dürfen für Waren oder Dienstleistungen, die nicht über die durch die geografische Herkunftsangabe bezeichnete Herkunft verfügen, sofern bei einer derartigen Benutzung die Gefahr der Irreführung über die geografische Herkunft besteht. Wie aus dem Wortlaut deutlich hervorgeht, setzt der Verbotstatbestand des Abs. 1 nicht voraus, dass eine Irreführung tatsächlich erfolgt ist; vielmehr genügt bereits die abstrakte Gefahr einer Irreführung durch eine tatsächlich erfolgte Benutzung einer geografischen Herkunftsangabe für Waren oder Dienstleistungen mit einer anderen Herkunft (HK-MarkenR/Fuchs-Wissemann Rn. 1; Ströbele/Hacker/Thiering/Hacker Rn. 2; Ströbele/Hacker/Thiering/Hacker § 126 Rn. 8; Gloy/Loschelder/Danckwerts WettbR-HdB/Schoene § 73 Rn. 30).

I. Schutzobjekt

Der Schutz nach Abs. 1 bezieht sich auf sämtliche geografischen Herkunftsangaben gemäß **4** § 126 Abs. 1 (einfache Herkunftsangaben), somit auf Namen von Orten, Gegenden oder Ländern sowie auf sonstige Angaben oder Zeichen, die im geschäftlichen Verkehr zur Kennzeichnung der geografischen Herkunft von Waren oder Dienstleistungen benutzt werden. Nicht vom Irreführungsschutz des Abs. 1 umfasst sind somit zB Gattungsbezeichnungen (→ § 126 Rn. 29 ff.) oder Phantasiebezeichnungen mit geografischen Angaben, wie zB „Opel Ascona" oder „Opel Monza" (→ § 126 Rn. 23; vgl. Ströbele/Hacker/Thiering/Hacker Rn. 6; Gloy/Loschelder/Danckwerts WettbR-HdB/Schoene § 73 Rn. 41).

Im Gegensatz zum europarechtlichen Schutz geografischer Herkunftsangaben, der **5**
- der sich auf der Grundlage der VO (EU) 1151/2012 auf geschützte Ursprungsbezeichnungen und geschützte geografische Angaben für Agrarerzeugnisse und Lebensmittel sowie seit dem 7.12.2021 auch auf aromatisierte Weine gemäß Art. 3 Abs. 2 VO (EU) 251/2014 und andere alkoholische Getränke mit Ausnahme von Spirituosen und Weinbauerzeugnissen konzentriert (→ § 130 Rn. 4; → § 130 Rn. 4.2),
- der gemäß den Art. 92 ff. VO (EU) 1308/2013 Herkunftsangaben für Weinbauerzeugnisse (→ § 130 Rn. 4.1) umfasst
- und gemäß den Art. 21 ff. VO (EU) 2019/787 geografische Angaben für Spirituosen (→ § 130 Rn. 4.3) umfasst,

reicht der Kreis der von § 127 Abs. 1 umfassten Schutzobjekte über die o.g., vom europarechtlichen Schutz umfassten Erzeugnisse hinaus; so erstreckt sich er auf Waren jeglicher Art sowie auf Dienstleistungen, wie zB das Anbieten von Sprachkursen (BGH GRUR 2007, 884 (887) – Cambridge Institut; vgl. auch Ingerl/Rohnke/Nordemann/A. Nordemann Rn. 2), und somit auch auf Tätigkeiten und nicht nur auf körperliche Gegenstände.

II. Irreführung über geografische Herkunft

1. Verwendung einer geografischen Herkunftsangabe trotz anderer Herkunft

Ein Verstoß gegen Abs. 1 setzt voraus, dass eine geografische Herkunftsangabe iSd § 126 Abs. 1 **6** im geschäftlichen Verkehr verwendet wird für eine Ware oder Dienstleistung, die nicht aus dem Ort, der Gegend, dem Gebiet oder dem Land stammt, auf das sich die Herkunftsangabe bezieht (vgl. LG Magdeburg BeckRS 2016, 106051: Verwendung der Angaben „Sudenburger Bier" oder „Magdeburger Bier" für Bier, das nicht dort, sondern in Oberfranken gebraut wird; LG München I BeckRS 2018, 15421 = GRUR-Prax 2018, 585 mAnm Schulteis: Verwendung der Angabe „Original Ettaler Kloster Glühwein" für einen Glühwein, dessen Produktionsstätte nicht das Kloster Ettal ist). Dabei ist das Tatbestandsmerkmal des geschäftlichen Verkehrs, in dem die Herkunftsangabe benutzt wird, wie in § 126 Abs. 1, § 128 1 S. 1 und § 135 Abs. 1 S. 1 zu verstehen als jede Handlung, die einem eigenen oder fremden Geschäftszweck dient und auf die Förderung der eigenen oder fremden erwerbswirtschaftlichen oder sonstigen beruflichen Tätigkeit ausgerichtet ist (vgl. EuGH C-236/08 bis C-238/08, GRUR 2010, 445 (447) – Google-France; BGH GRUR 2008, 702 (705) – Internet-Versteigerung III; → § 14 Rn. 65; Büscher/Dittmer/Schiwy/Büscher § 14 Rn. 108; Ströbele/Hacker/Thiering/Hacker § 14 Rn. 57).

7   Die Ware oder Dienstleistung, deren Herkunftsangabe gegen § 127 Abs. 1 verstößt, muss somit in Wahrheit eine andere Herkunft haben als jene Ware oder Dienstleistung, die die geografische Herkunftsangabe führen darf. Der Verbotstatbestand des § 127 wird nicht erfüllt, wenn die Ware lediglich aus einer Randlage und nicht aus dem vielfach auch vom Verbraucher als Mittelpunkt angesehenen Zentrum einer Region stammt, die in der Herkunftsangabe benannt ist (vgl. LG Mannheim BeckRS 2017, 116300 = GRUR-Prax 2017, 338 mAnm Schulteis – Schwarzwaldmarie). Zudem ist angesichts einer von Arbeitsteilung geprägten Wirtschaft mit an unterschiedlichen Orten vorgenommenen Produktionsschritten, an deren Ende vielfach eine zusammengesetzte Ware mit Komponenten unterschiedlicher räumlicher Herkunft steht, eine eindeutige Bestimmung eines einzigen Herkunftsortes einer Ware zumeist nur noch eingeschränkt möglich. Somit ist es schwierig festzustellen, ob eine Ware tatsächlich aus einem anderen Ort oder einem anderen Gebiet als dem in der Herkunftsangabe bezeichneten stammt, insbesondere wenn zumindest einzelne Produktionsschritte in der von der Herkunftsangabe umfassten Region erfolgten. So wurde zB die Bezeichnung eines Schaumweins als „Italian Rosé" und „Produkt of Italy", dessen Trauben zwar in Italien geerntet wurden, aber dessen sog. „zweite Gärung" als weiterer Herstellungsschritt in Spanien erfolgte, noch als zulässig angesehen unter Hinweis darauf, dass Art. 45 Abs. 1 lit. a und Abs. 2 lit. a VO (EU) 2019/33 als der für Produkte im Weinsektor einschlägigen Verordnung verschiedene Herstellungsprozesse in unterschiedlichen Staaten zulasse (so OLG Frankfurt NJW-RR 2020, 1368 = GRUR-Prax 2020, 530 mAnm Kiefer – Italian Rosé). Entscheidend für die Beurteilung des Herkunftsgebiets einer Ware oder Dienstleistung ist dabei die **Verkehrsauffassung** (Mey/Eberli GRUR Int 2014, 321 (330); Ströbele/Hacker/Thiering/Hacker Rn. 9; Büscher/Dittmer/Schiwy/Büscher Rn. 8; OLG Hamm GRUR-RR 2011, 72 f. – Himalaya-Salz; OLG Düsseldorf BeckRS 2011, 13055 = GRUR-Prax 2011, 280 mAnm Aßhoff – Made in Germany; OLG Stuttgart GRUR-RR 2014, 251 (254) = GRUR-Prax 2013, 552 mAnm Weiß – Mark Brandenburg; OLG Köln GRUR-RR 2015, 7 (9) = GRUR-Prax 2014, 440 mAnm Ziegenaus – Made in Germany; OLG München GRUR-RR 2016, 270 = GRUR-Prax 2016, 218 mAnm Schoene – Klosterseer; OLG Braunschweig GRUR-RR 2019, 59 – Made in Germany).

8   Hinsichtlich der Auffassung des Verkehrskreises über die Herkunft einer Ware ist zu differenzieren, um welche Art einer Ware es sich handelt. So geht der angesprochene Verkehrskreis bei Agrarerzeugnissen, Rohstoffen und unbearbeiteten Produkten davon aus, dass die Herkunft jener Produkte identisch ist mit dem Ort, an dem diese Produkte aus der Natur gewonnen werden (vgl. Gloy/Loschelder/Danckwerts WettbR-HdB/Schoene § 73 Rn. 44; Büscher/Dittmer/Schiwy/Büscher Rn. 10; Sosnitza GRUR 2016, 347 f.; Ströbele/Hacker/Thiering/Hacker Rn. 11; BGH GRUR 2016, 741 (743 f.) = GRUR-Prax 2016, 284 mAnm Heim – Himalaya-Salz; OLG Hamm GRUR-RR 2011, 72 f. – Himalaya-Salz; LG Nürnberg-Fürth BeckRS 2015, 10521 – Bayer. Pilze & Waldfrüchte). Handelt es sich indes um Waren, die in einem mehrstufigen Produktionsprozess gefertigt werden, so ist dem Verkehrskreis in der Regel bewusst, dass die Ware nicht komplett an einem Ort hergestellt wurde; der Verkehrskreis sieht daher bei derartigen Waren die Herkunft aus dem Ort, an dem die die Qualität ausmachenden **wesentlichen Produktionsschritte** erfolgt sind (vgl. Büscher GRUR 2017, 105 (115); Sosnitza GRUR 2016, 347 f.; Martinek/Semler/Flohr/Lakkis VertriebsR-HdB/Lakkis § 56 Rn. 18; Gloy/Loschelder/Danckwerts WettbR-HdB/Schoene § 73 Rn. 44; Ingerl/Rohnke/Nordemann/A. Nordemann Rn. 3; Mey/Eberli GRUR Int 2014, 321 (330); Büscher/Dittmer/Schiwy/Büscher Rn. 10; Ströbele/Hacker/Thiering/Hacker Rn. 10; BGH GRUR 1973, 594 f. – Ski-Sicherheitsbindung; BGH GRUR-RR 2015, 209 = GRUR-Prax 2015, 130 mAnm Heim – Made in Germany; GRUR 2016, 406 (407 ff.) = GRUR-Prax 2016, 107 mAnm Schulteis – Piadina-Rückruf; OLG Düsseldorf BeckRS 2011, 13055 = GRUR-Prax 2011, 280 mAnm Aßhoff – Made in Germany; OLG Köln GRUR-RR 2015, 7 (8) = GRUR-Prax 2014, 440 mAnm Ziegenaus – Made in Germany; OLG Frankfurt GRUR-RR 2016, 74 = GRUR-Prax 2016, 38 mAnm Dück – Vogel-Germany; GRUR-RS 2020, 21585). Dabei kann eine Irreführung über die geografische Herkunft eines Produktes auch vorliegen, wenn das Produkt ein Logo trägt, das den Unternehmensnamen und das Land oder die Region des Unternehmenssitzes zwar korrekt wiedergibt, das Logo aufgrund seines Gesamtgepräges (zB auch aufgrund von relokalisierenden Zusätzen wie „Original-", → § 126 Rn. 40) nach der Verkehrsauffassung nicht als Unternehmens-, sondern als Herkunftszeichen aufgefasst wird und auf Produkten angebracht wird, die nicht am Unternehmenssitz, sondern in gänzlich anderen Regionen gefertigt werden, ohne dass hierauf durch klarstellende Zusätze (zB „Made in China") hingewiesen wird (OLG Frankfurt GRUR-RR 2016, 74 = GRUR-Prax 2016, 38 mAnm Dück – Vogel-Germany; OLG Frankfurt BeckRS 2011, 14804 = WRP 2011, 1218; OLG Braunschweig GRUR-RR 2019, 59 – Made in Germany).

2. Gefahr der Irreführung

Die Gefahr der Irreführung ist gegeben, wenn durch die Benutzung der geografischen Her- **9** kunftsangabe für Waren oder Dienstleistungen mit einer anderen Herkunft ein nicht unwesentlicher Teil des Verkehrskreises zu der unzutreffenden Vorstellung gelangen könnte, die Ware oder Dienstleistung stamme tatsächlich aus dem mit der geografischen Herkunftsangabe bezeichneten Ort, Gebiet oder Land (BGH GRUR 1999, 252 (255) – Warsteiner II; GRUR 2001, 420 f. – SPA; OLG Hamm GRUR-RR 2011, 72 f. – Himalaya-Salz; LG Magdeburg BeckRS 2016, 106051 – Sudenburger Bier, Sudenburger Brauhaus, Sudenburger Bierbrauhaus und Magdeburger Biertradition; Ingerl/Rohnke/Nordemann/A. Nordemann Rn. 3). Ein nicht unwesentlicher Teil des Verkehrskreises lag gemäß der Rechtsprechung zu § 3 UWG aF vor, wenn eine Irreführungsquote von 10–15% erreicht war (BGH GRUR 1981, 71 (74) – Lübecker Marzipan; GRUR 1999, 252 (255) – Warsteiner II; vgl. auch Büscher/Dittmer/Schiwy/Büscher Rn. 11). Vor dem Hintergrund des Zwecks von Abs. 1, einen wirksamen Schutz des Verkehrskreises vor einer Irreführung durch geografische Herkunftsangaben zu erzielen, ist es daher konsequent, an § 127 Abs. 1 keine höheren Anforderungen an den Schutz vor Irreführungen zu stellen als bei dem wettbewerbsrechtlichen Irreführungsschutz nach § 3 UWG aF bzw. § 5 UWG (so auch Sosnitza MarkenR § 20 Rn. 11; Ströbele/Hacker/Thiering/Hacker Rn. 14; Gloy/Loschelder/Danckwerts WettbR-HdB/Schoene § 73 Rn. 42). Demnach ist auch bei der Auslegung von Abs. 1 eine Gefahr einer Irreführung grundsätzlich anzunehmen, wenn die Benutzung der Herkunftsangabe bei einer Quote von 10–15% des Verkehrskreises eine unrichtige Vorstellung über die geografische Herkunft der Ware oder Dienstleistung hervorrufen kann (demgegenüber gegen eine Festlegung auf eine bestimmte Irreführungsquote, sondern für einen Ansatz eines individuellen Maßstabs unter Berücksichtigung einer Interessenabwägung Ingerl/Rohnke/Nordemann/A. Nordemann Rn. 3).

Für die Annahme einer **Fortwirkung früherer Irreführungen** kommt es darauf an, ob frühere **10** Angaben in einem solchen Umfang und in einer solchen Intensität verwendet worden sind, dass sie sich einem rechtserheblichen Teil der angesprochenen Verkehrskreise genügend eingeprägt haben, um fortwirken zu können (BGH GRUR 1958, 86 – Ei-fein; GRUR 1971, 255 (257) – Plym-Gin; GRUR 2007, 67 (69) – Pietra di Soln).

Bei Pietra di Soln hatte das Berufungsgericht (OLG München GRUR-RR 2004, 252 f.) ua darauf **10.1** abgestellt, dass die Beklagte die geografische Herkunftsangabe in einer früheren Fassung ihres Internetauftritts mit der Bezeichnung „Pietra di Solnhofen" identisch verwendet und damit eine Irreführungsgefahr begründet habe, die fortwirke, weil das Publikum mit der neueren Bezeichnung mangels eindeutiger Abstandnahme jene frühere verbinde und auf diese Weise in seiner mit der Wirklichkeit nicht im Einklang stehenden Auffassung vom Inhalt der späteren Bezeichnung bestärkt werde. Gegen diese Erwägungen äußerte der BGH Bedenken: Zwar könne eine irreführende Angabe zur Folge haben, dass auch ein späteres Verhalten den Verkehr wegen der Fortwirkung der früheren Angabe irreführt (vgl. BGH GRUR 1982, 685 f. – Ungarische Salami II). Eine derartige Fortwirkung dürfe jedoch nicht bloß unterstellt werden. Vielmehr setze die Annahme einer Fortwirkung eine tragfähige tatsächliche Grundlage voraus, an der es im Rechtsstreit Pietra di Soln nach der Auffassung des BGH und im Gegensatz zur Auffassung des OLG München gefehlt habe (BGH GRUR 2007, 67 (69) – Pietra di Soln; vgl. Köhler/Bornkamm/Feddersen/Bornkamm/Feddersen UWG § 5 Rn. 1.124). Letztlich erkannte aber auch der BGH, dass das OLG München zumindest im Ergebnis zutreffend angenommen habe, die Beklagte habe mit der Bezeichnung „Pietra di Soln" für industriell hergestellte Keramikplatten und -fliesen eine der geografischen Herkunftsangabe „Solnhofen" (eine im Altmühltal nahe Eichstätt gelegene Gemeinde, die bekannt ist für ihre aus dortigem Naturstein gewonnenen wertvollen (Boden-)Platten, sog. „Solnhofener Platten"/„Solnhofener Lithografiersteine") ähnliche Angabe verwendet, und es habe deshalb die Gefahr der Irreführung über die geografische Herkunft ihrer Erzeugnisse bestanden (BGH GRUR 2007, 67 (69) – Pietra di Soln).

III. Kausalität der irreführenden Benutzung für eine Gefährdung des Schutzobjektes

Selbst wenn der Wortlaut der Verbotsnorm des Abs. 1 erfüllt ist, kann sich die Frage stellen, ob **11** eine restriktive Auslegung von dem Hintergrund ihres Schutzwecks in jenen Einzelfällen geboten erscheint, in denen ungeachtet der irreführenden Benutzung von Herkunftsangaben eine Beeinträchtigung der geografischen Herkunftsangabe als Schutzobjekt weder eintrat noch drohte. Derartige Erwägungen könnten insbesondere in Betracht kommen, wenn die irreführende Benutzung keine Relevanz für das Verbraucherverhalten aufweist oder wenn versucht wurde, bei der unzulässigen Benutzung der geografischen Herkunftsangabe die Gefahr der Irreführung zu reduzieren oder auszuschließen.

1. Relevanz der irreführenden Benutzung für das Verbraucherverhalten

12 Die Rechtsprechung sieht eine Relevanz der Irreführung für das Verbraucherverhalten nicht als erforderlich (BGH GRUR 2001, 420 f. – SPA; GRUR 1999, 252 (255)).

12.1 An eine Berücksichtigung einer etwaigen Relevanz der irreführenden Benutzung geografischer Herkunftsangaben für das Verbraucherverhalten zB dergestalt, dass die Irreführung das Kaufverhalten der Verbraucher beeinflussen muss, kann gedacht werden, wenn man den Irreführungsschutz nach Abs. 1 lediglich als besondere Form des wettbewerbsrechtlichen Irreführungsschutzes betrachtete, bei dem die Irreführung eine wettbewerbsrechtliche Relevanz aufweisen muss (vgl. v. Schultz/Gruber Rn. 3; Sosnitza MarkenR § 20 Rn. 11; ähnlich zu § 8 Abs. 2 Nr. 4 → § 8 Rn. 580 ff.).

12.2 Eine derartige restriktive Anwendung von Abs. 1 ist allerdings bedenklich. Zum einen stellt er lediglich auf eine Irreführungsgefahr ab. Unerheblich ist somit, ob die irreführende Benutzung der geografischen Herkunftsangabe einen Schaden für diejenigen verursacht, die die geografische Herkunftsangabe berechtigterweise verwenden dürfen. Infolgedessen erscheint es mit der Struktur eines derartigen Gefährdungstatbestandes kaum vereinbar, bei der Anwendung dieser Norm zu berücksichtigen, ob ein Verletzungserfolg durch das unzulässige Verhalten in Form der irreführenden Benutzung bspw. dergestalt eingetreten ist, dass sich die Verbraucher bei ihrem Kaufverhalten in relevantem Umfang auch für solche Waren oder Dienstleistungen entscheiden, die irreführenderweise eine geografische Herkunftsangabe tragen. Vor diesem Hintergrund überzeugt es, dass die Rechtsprechung eine Relevanz der Irreführung für das Verbraucherverhalten als nicht erforderlich ansieht (→ Rn. 12; vgl. auch Kiefer, Geografischer Irreführungsschutz, 2019, 166 f.; Ingerl/Rohnke/Nordemann/A. Nordemann Rn. 4 f.).

13 Auch im Hinblick auf die Schutzfunktion von § 127 Abs. 1 ist zu beachten, dass eine Relevanz der irreführenden Benutzung für das Verbraucherverhalten prozessual von demjenigen, der Ansprüche aus Abs. 1 geltend macht, kaum oder nur mit erheblichem Mehraufwand dargelegt werden kann (vgl. Büscher/Dittmer/Schiwy/Büscher Rn. 12). Eine Einschränkung von Abs. 1 durch eine im Wortlaut der Norm nicht aufgeführte Tatbestandsvoraussetzung der Relevanz würde daher den von § 127 bezweckten Schutz wieder einschränken (vgl. auch Kiefer, Geografischer Irreführungsschutz, 2019, 166 f.).

2. Bedeutung entlokalisierender Zusätze für die Irreführungsgefahr

14 Es besteht selbst bei einer Verwendung entlokalisierender Zusätze (zB „Mark Brandenburg-Milch, abgefüllt in Köln", OLG Stuttgart GRUR-RR 2014, 251 (255) – Mark Brandenburg = GRUR-Prax 2013, 552 mAnm Weiß; „Chiemseer – Chiemgauer Brauhaus Rosenheim", OLG München GRUR-RR 2016, 272 = GRUR-Prax 2016, 217 mAnm Schoene – Chiemseer – Chiemgauer Brauhaus Rosenheim; „Himalaya KönigsSalz aus Pakistan/Punjab", OLG Köln GRUR-RS 2022, 7189 = GRUR-Prax 2022, 639 mAnm Schulteis – Himalaya KönigsSalz) das Risiko, dass der Verbraucher eine derartig ergänzte Herkunftsangabe missversteht und somit die Gefahr einer Irreführung fortbesteht (vgl. Fezer/Büscher/Obergfell/Marx UWG S-10 Rn. 121). Dieses Risiko wird insbesondere dann noch bejaht werden können, wenn ein derartiger Zusatz nur klein gestaltet ist bzw. durch die Art und Weise seiner Gestaltung im Vergleich zur Herkunftsangabe in den Hintergrund tritt und somit dem Verbraucher gerade nicht ins Auge springt (vgl. OLG Stuttgart GRUR-RR 2014, 251 (255) = GRUR-Prax 2013, 552 mAnm Weiß – Mark Brandenburg; LG München I BeckRS 2018, 15421 = GRUR-Prax 2018, 585 mAnm Schulteis – Original Ettaler Kloster Glühwein; vgl. auch LG Düsseldorf GRUR-RS 2018, 41694 – Chiemseer Bier).

14.1 Hinsichtlich der in Abs. 1 vorausgesetzten Irreführungsgefahr könnte argumentiert werden, eine solche sei zumindest dann wieder gebannt, wenn hinreichend deutlich bei der Benutzung klargestellt werde, dass die benutzte geografische Herkunftsangabe nicht als Angabe über den Herstellungsort zu verstehen sei (vgl. Ingerl/Rohnke/Nordemann/A. Nordemann Rn. 6; v. Schultz/Gruber Rn. 4; OLG Frankfurt GRUR-RR 2016, 74 (76) = GRUR-Prax 2016, 38 mAnm Dück – Vogel-Germany; OLG Braunschweig GRUR-RR 2019, 59 – Made in Germany; OLG München GRUR-2002, 357 – MARKE Ulmer Münster; LG Nürnberg-Fürth BeckRS 2015, 10521 – Bayer. Pilze & Waldfrüchte; LG München I BeckRS 2018, 15421 = GRUR-Prax 2018, 585 mAnm Schulteis – Original Ettaler Kloster Glühwein; vgl. auch OLG Jena GRUR-RR 2003, 77 betreffend eine „Bockwurst Halberstädter Art" mit Hinweis auf deren Produktionsort in Hessen; Streinz/Kraus LebensmittelR-HdB/Rützler II Rn. 34a). Für eine derartige Einschränkung spricht auf den ersten Blick, dass die Gefahr einer Irreführung objektiv ausgeschlossen erscheint, wenn aufgrund eines aufklärenden Hinweises zur tatsächlichen Herkunft einer Ware oder Dienstleistung die Bedeutung der unzulässig verwendeten geografischen Herkunftsangabe wieder abgeschwächt wird, auch wenn dadurch gleichzeitig an eine unzulässige Rufausbeutung nach Abs. 3 gedacht werden kann („Lübecker Marzipan, hergestellt in München", Beispiel nach Sosnitza MarkenR § 20 Rn. 13).

Darüber hinaus kann der Schutz der geografischen Herkunftsangabe nach wie vor beeinträchtigt **15** werden, wenn der Verbraucher infolge entlokalisierender Zusätze annimmt, nahezu jede Ware oder Dienstleistung dürfe sich unabhängig von ihrer tatsächlichen Herkunft mit einer geografischen Herkunftsangabe herausstellen, sofern die eigentliche Aussage dieser Herkunftsangabe gleich wieder durch Zusätze zurückgenommen werden würde.

Letztlich könne eine derartige Praxis auch dazu führen, dass das Ansehen von Waren mit geografischen **15.1** Herkunftsangaben und insbesondere etwaige Qualitätserwartungen an diese Waren abgeschwächt würden, wenn geografische Herkunftsangaben durch eine Kombination mit entlokalisierenden Zusätzen nahezu beliebig verwendet werden dürften. Daher erscheint es sachgerecht, zumindest bei unmittelbaren geografischen Herkunftsangaben (→ § 126 Rn. 14 ff.) sowie bei qualifizierten Herkunftsangaben (→ Rn. 18 ff.) nur anhand eines sehr strengen Maßstabes die Beseitigung einer Irreführungsgefahr durch entlokalisierende Zusätze zu verneinen, nämlich dann, wenn derartige Zusätze klar iSv eindeutig und wahrnehmbar sind (vgl. Ströbele/Hacker/Thiering/Hacker Rn. 42; Fezer/Büscher/Obergfell/Marx UWG S 10 Rn. 144; BGH GRUR 1971, 29 (32) – Deutscher Sekt; GRUR 1973, 201 f. – Trollinger; GRUR 1982, 564 f. – Elsässer Nudeln; GRUR 2002, 1074, 1076 – Original Oettinger; OLG Braunschweig GRUR-RR 2019, 59 – @Germany GmbH; OLG München GRUR-RR 2002, 357 – Ulmer Münster; OLG Köln GRUR-RS 2022, 7189 = GRUR-Prax 2022, 639 mAnm Schulteis – Himalaya KönigsSalz; vgl. auch OLG München GRUR-RR 2016, 272 f. = GRUR-Prax 2016, 217 mAnm Schoene – Chiemseer – Chiemgauer Brauhaus Rosenheim; OLG Karlsruhe GRUR-RR 2013, 327 (330) – Erzincan; LG Magdeburg BeckRS 2016, 106051 – Sudenburger Bier, Sudenburger Brauhaus, Sudenburger Bierbrauhaus und Magdeburger Biertradition), während bei mittelbaren Herkunftsangaben (→ § 126 Rn. 18 ff.; → § 8 Rn. 675) aufgrund ihres weniger deutlichen Herkunftshinweises ein weniger strenger Maßstab hinsichtlich entlokalisierender Zusätze angelegt werden kann (so auch Ingerl/Rohnke/Nordemann/A. Nordemann Rn. 6; v. Schultz/ Gruber Rn. 4; vgl. auch Gloy/Loschelder/Danckwerts WettbR-HdB/Schoene § 73 Rn. 45).

IV. Beachtung des Grundsatzes der Verhältnismäßigkeit

In der Rechtsprechung anerkannt ist – ähnlich wie im Anwendungsbereich des allgemeinen **16** wettbewerbsrechtlichen Irreführungsverbotes (vgl. Ströbele/Hacker/Thiering/Hacker Rn. 22) – eine Einschränkung des Schutzes nach § 127 Abs. 1 unter Berufung auf den Vorbehalt der Verhältnismäßigkeit (BGH GRUR 1999, 252 (255) – Warsteiner II; GRUR 2002, 160 f. – Warsteiner III; GRUR 2002, 1074 (1076) – Original Oettinger; LG Magdeburg BeckRS 2016, 106051 – Sudenburger Bier, Sudenburger Brauhaus, Sudenburger Bierbrauhaus und Magdeburger Biertradition; vgl. auch Ingerl/Rohnke/Nordemann/A. Nordemann Rn. 10; anders zu § 8 Abs. 2 Nr. 4 → § 8 Rn. 580 f.).

Dieser Vorbehalt erfordert, das Interesse der Verbraucher und der Mitbewerber, nicht über die **17** Herkunft des Produkts irregeführt zu werden, abzuwägen mit dem – zumeist betrieblichen – Interesse desjenigen, der eine geografische Herkunftsangabe irreführend benutzt. Grundlage dieser Abwägung ist es, dass grundsätzlich kein schutzwürdiges Interesse daran bestehen kann, eine geografische Herkunftsangabe unrichtig oder irreführend zu verwenden (vgl. BGH GRUR 1981, 71 f. – Lübecker Marzipan; GRUR 2002, 160 (162) – Warsteiner III; GRUR 2002, 1074 (1076) – Original Oettinger; OLG München GRUR-RR 2016, 272 f. = GRUR-Prax 2016, 217 mAnm Schoene – Chiemgauer Brauhaus Rosenheim; OLG Köln GRUR-RS 2022, 7189 = GRUR-Prax 2022, 639 mAnm Schulteis – Himalaya KönigsSalz). Hat indes ein Unternehmen die geografische Herkunftsangabe über einen längeren Zeitraum irreführend benutzt, ohne dass dies beanstandet wurde, und führte diese Benutzung zu einer nur geringen Irreführungsquote, so kann es sich in Einzelfällen als unverhältnismäßig erweisen, eine derartige Benutzung zu untersagen, anstatt dem Unternehmen zB eine weitere Benutzung unter Verwendung eines entlokalisierenden Zusatzes zu gestatten (vgl. Ingerl/Rohnke/Nordemann/A. Nordemann Rn. 10; Ströbele/Hacker/Thiering/ Hacker Rn. 23, 26; Büscher/Dittmer/Schiwy/Büscher Rn. 19; BGH GRUR 2002, 1074 (1076) – Original Oettinger).

C. Schutz qualifizierter geografischer Herkunftsangaben (Abs. 2)

Nach § 127 Abs. 2 darf in den Fällen, in denen sich die durch eine geografische Herkunftsangabe **18** gekennzeichneten Waren oder Dienstleistungen durch eine besondere **Eigenschaft** oder eine besondere **Qualität** auszeichnen, eine geografische Herkunftsangabe nur dann für derartige Waren oder Dienstleistungen im geschäftlichen Verkehr genutzt werden, wenn diese ebenfalls diese Eigenschaft oder Qualität aufweisen. Im Gegensatz zu Abs. 1, der nach seinem Wortlaut als Verbotstatbestand formuliert ist („dürfen… nicht…bezeichnet werden …"), ist Abs. 2 als eingeschränkter Erlaubnistatbestand ausgestaltet („dürfen nur benutzt werden").

I. Schutzobjekt

19   Qualitäten oder Eigenschaften müssen objektiv bestimmbar sein (OLG Jena GRUR-RR 2003, 77 (79) – Halberstädter Würstchen; vgl. auch Ingerl/Rohnke/Nordemann/A. Nordemann Rn. 12; Büscher/Dittmer/Schiwy/Büscher Rn. 24; Ströbele/Hacker/Thiering/Hacker Rn. 33; OLG Stuttgart BeckRS 2019, 16861 = GRUR-Prax 2019, 441 mAnm Schulteis – Hohenloher Landschwein/Hohenloher Weiderind II). Unerheblich ist indes, ob der Verkehrskreis derartige Qualitäten oder Eigenschaften – zutreffend oder fälschlich – der Ware oder Dienstleistung zumisst oder subjektiv von deren Vorhandensein ausgeht (Ingerl/Rohnke/Nordemann/A. Nordemann Rn. 12; Büscher/Dittmer/Schiwy/Büscher Rn. 24; HK-MarkenR/Fuchs-Wissemann Rn. 5). Weitere Voraussetzung ist, dass die besondere Qualität oder Eigenschaft ihre Ursache in der geografischen Herkunft der Ware oder Dienstleistung hat (HK-MarkenR/Fuchs-Wissemann Rn. 5; Büscher/Dittmer/Schiwy/Büscher Rn. 23; OLG Stuttgart BeckRS 2019, 16861 = GRUR-Prax 2019, 441 mAnm Schulteis – Hohenloher Landschwein/Hohenloher Weiderind II).

20   Da die Qualität oder Eigenschaft einen **ursächlichen Bezug** zur geografischen Herkunft aufweisen muss, kommt ein Schutz für Erzeugnisse mit lediglich gleichen Vertriebsformen oder Herstellungsverfahren im Rahmen eines historisch begründeten Sonderrechtssystems, die sich nicht auf die Erzeugnisse auswirken, nicht in Betracht (BPatG GRUR 2014, 192 – Zoigl).

20.1   2008 hatte eine Vereinigung den Antrag auf Eintragung der geografischen Angabe „Zoigl" für „Bier" gestellt, das ausschließlich und traditionell in Kommunbrauhäusern hergestellt werde. Das BPatG (GRUR 2014, 192 – Zoigl) sah eine ungerechtfertigte Spezifikation darin, dass Mitglieder des Antragstellers nur die Eigentümer bestimmter Grundstücke sein könnten und ein Beitritt Dritter nicht möglich sei und somit der Antragsteller einen geschlossenen Personenkreis repräsentiere. Es gehe allein um die Festschreibung eines historisch begründeten genossenschaftsähnlichen Sonderrechtssystems zur Organisation des Brauverlaufs, dessen Tradition nach 1945 unterbrochen worden sei und erst jetzt wieder aufleben solle.

21   Soweit es sich bei den Waren um Agrarerzeugnisse oder Lebensmittel handelt, die Qualitätserzeugnisse sind und deren Bezeichnungen als Ursprungsangaben oder geografische Angaben auf der Grundlage der VO (EU) 1151/2012 (vormals VO (EG) 510/2006) geschützt sind (→ § 130 Rn. 1 ff.), geht für qualifizierte Herkunftsangaben von Agrarerzeugnissen und Lebensmittel der europarechtliche Schutz durch die VO (EU) 1151/2012 dem nationalen Schutz nach § 127 Abs. 2 vor und ist insoweit auch abschließend (Ströbele/Hacker/Thiering/Hacker Rn. 35 mwH zum Vorrang des europarechtlichen Schutzes von Herkunftsangaben für Weine und Spirituosen; EuGH C-478/07, GRUR 2010, 143 (149 ff.) – American Bud II; BGH GRUR 2012, 394 (397) – Bayerisches Bier II). Nach früherer Rechtsprechung hatte der EuGH den Anwendungsbereich der einstigen VO (EG) 510/2006 wie auch der von dieser ersetzten VO (EWG) 2081/92 als abschließend gegenüber nationalstaatlichem Recht auch in jenen Konstellationen angesehen, in denen bereits nur die **Möglichkeit** bestand, als eine auf der Grundlage der genannten Verordnungen eingetragene Herkunftsangabe nach europäischen Recht geschützt zu werden (so noch EuGH C-478/07, GRUR 2010, 143 (150) – American Bud II, zur VO (EG) 510/2006). In der Literatur wurde ein derartig extensiver Anwendungsbereich des europarechtlichen Schutzes teilweise kritisch betrachtet, zumal dies in Bezug auf Agrarerzeugnisse und Lebensmittel nahezu zu einer Aushebelung des Schutzes nach nationalstaatlichem Recht für qualifizierte geografische Herkunftsangaben nach § 127 Abs. 2 geführt hätte; ein restlicher Anwendungsbereich des nationalstaatlichen Schutzes wäre allenfalls nur noch für Industrieerzeugnisse und Dienstleistungen verblieben (so Büscher/Dittmer/Schiwy/Büscher Rn. 29; vgl. auch Fassbender/Herbrich GRUR Int 2014, 765 (770)). Diese extensive Anwendung der europarechtlichen Normen hat der EuGH indes in seiner jüngsten Rechtsprechung dahingehend eingeschränkt, als dass eine geografische Herkunftsangabe, die noch nicht als solche auf der Grundlage der o.g. europäischen Verordnungen zum Schutze geografischer Herkunftsangaben eingetragen wurde, auch noch nicht von deren Anwendungsbereich umfasst ist. In derartigen Konstellationen stehe das europäische Recht der Anwendung nationalstaatlicher Regelungen für geografische Herkunftsangaben nicht entgegen, sofern zumindest der nach nationalstaatlichem Rechte begründete Schutz die Ziele der heutigen VO (EU) 1151/2012 (vormals VO (EG) 510/2006) nicht beeinträchtige und nicht gegen die Regeln des freien Warenverkehrs in der EU verstoße (EuGH C-35/13, GRUR 2014, 674 (676) = GRUR-Prax 2014, 276 mAnm Schoene – Salame Felino; vgl. auch OLG Stuttgart BeckRS 2019, 16861 =

GRUR-Prax 2019, 441 mAnm Schulteis – Hohenloher Landschwein/Hohenloher Weiderind II; → § 130 Rn. 5).

Da § 127 Abs. 2 allein auf die Qualität oder die Eigenschaft und damit sozusagen auf das **22** Ergebnis eines Fertigungsprozesses abstellt, ist es für den Schutz qualifizierter geografischer Herkunftsangaben unerheblich, nach welcher Herstellungsmethode die Qualität oder Eigenschaft herbeigeführt wurde (aA Ingerl/Rohnke/Nordemann/A. Nordemann Rn. 13). Soweit indes auch eine ortsübliche oder **traditionelle Herstellungsmethode** geschützt werden soll, kommt zumindest für Lebensmittel, Agrarerzeugnisse und aromatisierte Weine ein Schutz als garantiert traditionelle Spezialität auf Grundlage der VO (EU) 1151/2012 in Betracht (→ § 130 Rn. 15).

II. Nutzung trotz fehlender Eigenschaft oder Qualität

Eine Verletzung von Abs. 2 liegt vor, wenn eine qualifizierte geografische Herkunftsangabe **23** benutzt wird für eine Ware oder Dienstleistung, die nicht die besondere Qualität oder Eigenschaft jener Waren oder Dienstleistungen aufweist, die die geografische Herkunftsangabe führen dürfen. Die Benutzung der Ware oder Dienstleistung hat wie in Abs. 1 im geschäftlichen Verkehr zu erfolgen (→ Rn. 6).

Da maßgebliches Kriterium von Abs. 2 das Vorhandensein der Qualität oder Eigenschaft ist, **24** liegt eine unzulässige Benutzung iSd § 127 Abs. 2 auch dann vor, wenn eine Ware zwar in dem in der Herkunftsangabe genannten Ort, Gebiet oder Land produziert wurde, allerdings nicht die für die qualifizierte geografische Herkunftsangabe charakteristische Güte oder Eigenschaft aufweist (Sosnitza MarkenR § 20 Rn. 14; Knaak GRUR 1995, 105 f.; v. Schultz/Gruber Rn. 9). Insofern begründet Abs. 2 einen erweiterten Irreführungsschutz dergestalt, dass der Verkehrskreis sich darauf verlassen können soll, dass die mit einer qualifizierten geografischen Herkunftsangabe versehenen Waren oder Dienstleistungen nicht nur über die genannte Herkunft, sondern auch über die derartigen Waren oder Dienstleistungen anhaftenden Qualitäten oder Eigenschaften verfügen.

Im Gegensatz zu Abs. 1 setzt Abs. 2 allerdings nicht voraus, dass die unzulässige Nutzung **25** der qualifizierten geografischen Herkunftsangaben die Gefahr einer Irreführung begründet (vgl. Büscher/Dittmer/Schiwy/Büscher Rn. 27). Obwohl der erweiterte Irreführungsschutz Zweck von Abs. 2 ist, liegt ein Verstoß dagegen auch in Konstellationen vor, in denen der Verkehrskreis positive Kenntnis hat oder erkennen kann, dass die unzulässig mit einer qualifizierten geografischen Herkunftsangabe gekennzeichnete Ware oder Dienstleistung gerade nicht die notwendige Qualität oder Eigenschaft aufweist (v. Schultz/Gruber Rn. 10; Ströbele/Hacker/Thiering/Hacker Rn. 33).

Da Abs. 2 als rein **objektiv ausgestalteter Tatbestand** somit für qualifizierte geografische **26** Herkunftsangaben einen absoluten Schutz unabhängig von einer Irreführungsgefahr für den Verkehrskreis begründet, ist es für Abs. 2 – im Gegensatz zum Schutz einfacher geografischer Herkunftsangaben nach Abs. 1 – auch unerheblich, ob die irreführende Benutzung relevant für das Verhalten der Verbraucher und insbesondere für deren Kaufverhalten war (→ Rn. 11 ff.) oder ob die Irreführungsgefahr ausnahmsweise durch entlokalisierende Zusätze reduziert oder ausgeschlossen werden kann (→ Rn. 14 ff.; Büscher/Dittmer/Schiwy/Büscher Rn. 27).

D. Schutz geografischer Herkunftsangaben mit besonderem Ruf (Abs. 3)

Sofern eine geografische Herkunftsangabe einen besonderen Ruf genießt, darf sie gemäß Abs. 3 **27** im geschäftlichen Verkehr unabhängig von der Gefahr einer Irreführung nicht für Waren oder Dienstleistungen anderer Herkunft benutzt werden, sofern eine derartige Benutzung geeignet wäre, den Ruf der geografischen Herkunftsangabe ohne Rechtfertigung unlauter auszunutzen oder zu beeinträchtigen. Wie Abs. 1 ist somit auch Abs. 3 als Verbotstatbestand anzusehen. Die Norm ist zudem als **Gefährdungstatbestand** ausgestaltet, da sie lediglich auf die Geeignetheit zur Rufausbeutung oder Rufbeeinträchtigung und somit nicht auf einen bereits eingetretenen Verletzungserfolg abstellt.

Vor Inkrafttreten des Markengesetzes wurde ein Schutz geografischer, einen besonderen Ruf vorweisen- **27.1** der Herkunftsangaben vor Rufausbeutung und Rufbeeinträchtigung hergeleitet aus § 1 UWG aF (vgl. Büscher/Dittmer/Schiwy/Büscher Rn. 30; Ströbele/Hacker/Thiering/Hacker Rn. 36; BGH GRUR 1988, 453 (455) – Ein Champagner unter den Mineralwässern; GRUR 1991, 465 f. – Salomon; OLG München GRUR-RR 2002, 64 (66 f.) – Habana).

I. Schutzobjekt

1. Geografische Herkunftsangabe

28 Der Schutz des Abs. 3 setzt eine geografische Herkunftsangabe iSd § 126 Abs. 1 voraus. Nicht erforderlich ist, dass es sich um eine qualifizierte geografische Herkunftsangabe gemäß Abs. 2 handelt.

2. Besonderer Ruf

29 Zusätzliche Voraussetzung für den Schutz nach Abs. 3 ist ein besonderer Ruf. Aus dem Wortlaut von Abs. 3 gehen indes keine Kriterien für die Besonderheit eines Rufes hervor. Mit Blick auf den Schutzzweck von Abs. 3, Rufausbeutungen und Rufbeeinträchtigungen zu vermeiden, ist ein besonderer Ruf nicht bereits zu bejahen, wenn eine mit der geografischen Herkunftsangabe versehene Ware oder Dienstleistung über eine große Bekanntheit verfügt. Vielmehr meint Abs. 3 einen positiven Ruf im Sinne eines besonderen Ansehens. Dieses **Ansehen** muss nicht auf objektiven Eigenschaften basieren (vgl. BGH GRUR 2012, 394 (398) – Bayerisches Bier II); vielmehr kann das besondere Ansehen auch resultieren aus der Vermutung, die die geografische Herkunftsangabe führende Ware oder Dienstleistung sei qualitativ gut oder weise einen hohen **Prestigewert** oder ein herausragendes **Image** auf (Büscher/Dittmer/Schiwy/Büscher Rn. 31; Gloy/Loschelder/Danckwerts WettbR-HdB/Schoene § 73 Rn. 50; Ströbele/Hacker/Thiering/Hacker Rn. 37; v. Schultz/Gruber Rn. 12; BGH GRUR 1985, 550 (552) – Dimple; GRUR 1991, 465 f. – Salomon; GRUR 2002, 426 f. – Champagner bekommen, Sekt bezahlen; OLG München GRUR-RR 2002, 64 (66 f.) – Habana; vgl. auch LG München I GRUR-RR 2008, 339 f. – Oktoberfest-Bier. Ausnahmsweise kann, wie zuletzt der EuGH erkannte, die Vermischung von Lebensmitteln mit Herkunftsangaben mit hohem Prestigewert mit anderen Zutaten, um daraus ein neues Endprodukt zu entwickeln und dieses sodann – entsprechend den Bezeichnungsgewohnheiten im Verkehr – als Lebensmittel unter einer eigenständigen Bezeichnung zu vertreiben, die auch die Herkunftsangabe enthält, noch zulässig sein, sofern das die Herkunftsangabe führende Lebensmittel wesentlich und erkennbar den Geschmack des neuen Endprodukts prägt (vgl. EuGH C-393/16, GRUR 2018, 327 = GRUR-Prax 2018, 61 mAnm Schöllmann – Champagner-Sorbet; vgl. auch Schoene GRUR 2018, 331 f.; GRUR-Prax 2015, 30 (32); Loschelder MarkenR 2015, 225 (231 ff.); OLG München GRUR 2015, 388 (391) – Champagner-Sorbet; BGH GRUR 2016, 970 – Vorlagebeschluss „Champagner Sorbet" = GRUR-Prax 2016, 348; zu den Ausführungen und Schlussanträgen des Generalanwalts beim EuGH zum genannten Vorlagebeschluss s. BeckRS 2017, 117882 = GRUR-Prax 2017, 415 mAnm Schoene – Champagner-Sorbet). Gleichzeitig wirft diese Rechtsprechung allerdings die Folgefrage auf, ab wann überhaupt von einer „wesentlichen und erkennbaren" Prägung des Geschmacks des neuen Endprodukts gesprochen werden kann und welche Kriterien hierzu zugrundezulegen sind (vgl. auch Schoene GRUR 2018, 331 f.).

30 Indes verfügt eine geografische Herkunftsangabe noch nicht über einen besonderen Ruf, wenn lediglich der in der Herkunftsangabe enthaltene Ort („London", „New York") eine hohe Bekanntheit aufweist, selbst wenn der Verkehr damit bestimmte Assoziationen bzw. Vorstellungen bezüglich einer bestimmten Lebensweise verbindet (OLG München GRUR-RR 2002, 64 (66 f.) – Habana).

II. Ausnutzen oder Beeinträchtigen des Rufes oder der Unterscheidungskraft

1. Verletzungshandlung

31 § 127 Abs. 3 setzt eine Benutzung einer geografischen Herkunftsangabe mit einem besonderen Ruf für Waren oder Dienstleistungen anderer Herkunft voraus. Die unzulässige Verwendung einer derartigen geografischen Herkunftsangabe muss sich somit gemäß dem Wortlaut der Norm auf Waren oder Dienstleistungen beziehen, die aus einem anderen Ort, Gebiet oder Land stammen (Büscher/Dittmer/Schiwy/Büscher Rn. 33; Sosnitza WRP 2018, 647 f.; OLG Stuttgart BeckRS 2019, 16861 = GRUR-Prax 2019, 441 mAnm Schulteis – Hohenloher Landschwein/Hohenloher Weiderind II).

31.1 Angesichts des Schutzzwecks von § 127 Abs. 3, die Ausnutzung oder Beeinträchtigung des Rufes oder der Unterscheidungskraft einer geografischen Herkunftsangabe zu unterbinden, stellt sich die Frage, ob der Wortlaut der Norm angesichts seiner Einschränkung auf Waren oder Dienstleistungen anderer Herkunft diesem Schutzzweck teilweise entgegensteht. So schützt § 127 Abs. 3 gemäß seinem Wortlaut geografische Herkunftsangaben nicht vor Ausnutzungen oder Beeinträchtigungen durch Waren oder Dienstleistungen, die die **gleiche** Herkunft, aber eine andere Gattung aufweisen. Um Ausnutzungen und Beeinträchtigungen des Rufes und der Unterscheidungskraft durch Waren oder Dienstleistungen gleicher Herkunft mit anderer Gattung zu unterbinden, wird in Teilen der Literatur eine analoge Anwendung von § 127 Abs. 3 befürwortet (Ströbele/Hacker/Thiering/Hacker Rn. 41; Fezer Rn. 29; Fezer/Büscher/Obergfell/Marx UWG S-10 Rn. 132, 134). Fraglich ist allerdings, ob es eines derartigen Schutzes durch eine analoge Anwendung von § 127 Abs. 3 tatsächlich bedarf, zumal die Hersteller von Waren anderer Gattung durchaus ein berechtigtes Interesse daran haben können, auf die Herkunft ihrer Waren hinzuweisen (so auch einschränkend die Argumentation bei Büscher/Dittmer/Schiwy/Büscher Rn. 44). Auch erscheint fraglich, ob in derartigen Konstellationen tatsächlich eine Gefahr der Rufausnutzung oder beeinträchtigung besteht, da der angesprochene Verkehrskreis den besonderen Ruf einer geografischen Herkunftsangabe in der Regel mit einer bestimmten Warengattung oder Dienstleistung verbindet und somit nicht der Fehlvorstellung ausgesetzt ist, dieser besondere Ruf einer geografischen Herkunftsangabe erstrecke sich auf andere oder gar alle Warengattungen oder Dienstleistungen mit gleicher Herkunft (kritisch zur analogen Anwendung von § 127 Abs. 3 auch Sosnitza WRP 2018, 647 (649)). Sofern indes in derartigen Konstellationen dennoch die Gefahr einer Rufausnutzung oder -beeinträchtigung besteht, kämen zudem wettbewerbsrechtliche Ansprüche aus §§ 3 ff. UWG in Betracht; eine Schutzlosigkeit gegenüber der Ausnutzung oder Beeinträchtigung des Rufes oder der Unterscheidungskraft einer geografischen Herkunftsangabe durch Waren oder Dienstleistungen anderer Gattung mit **gleicher** Herkunft und damit eine die analoge Anwendung von § 127 Abs. 3 rechtfertigenden Regelungslücke beständen daher nicht (vgl. auch Omsels Herkunftsangaben Rn. 630; Sosnitza WRP 2018, 647 (651)).

Während bei geografischen Herkunftsangaben ein Verstoß nach § 127 Abs. 3 nur bei Waren und Dienstleistungen mit anderer Herkunft denkbar ist, kann bei nach der VO (EU) 1151/2012 geschützten Ursprungsbezeichnungen (g.U., → § 130 Rn. 7 ff.) oder geschützten geografischen Angaben (g.g.A., → § 130 Rn. 11 ff.) eine Verletzungshandlung nach Art. 13 Abs. 1 VO (EU) 1151/2012 auch durch eine Bezeichnung von Produkten vorliegen, die die gleiche geografische Herkunft wie das durch die VO (EU) 1151/2012 geschützte Produkt aufweisen, indes nicht dessen Produktspezifikation erfüllen (vgl. Schoene AUR 2019, 260; auch → § 135 Rn. 3.1).

Die Benutzung hat zudem **im geschäftlichen Verkehr** zu erfolgen. Die Benutzung muss **32** somit dem eigenen oder fremden Geschäftszweck dienen und auf die Förderung der eigenen oder fremden erwerbswirtschaftlichen oder sonstigen beruflichen Tätigkeit ausgerichtet sein (→ Rn. 6). Nicht erforderlich ist, dass die geografische Herkunftsangabe wie eine Marke oder ein Kennzeichen verwendet wird (Büscher/Dittmer/Schiwy/Büscher Rn. 33; Ströbele/Hacker/Thiering/Hacker Rn. 40; BGH GRUR 2002, 426 f. – Champagner bekommen, Sekt bezahlen; LG München I GRUR-RR 2008, 339 f. – Oktoberfest-Bier).

2. Eignung zur Ausnutzung oder Beeinträchtigung

Eine Benutzung der geografischen Herkunftsangabe ist dann zur Ausnutzung des Rufes geeig- **33** net, wenn infolge einer derartigen Benutzung die Möglichkeit besteht, dass der besondere Ruf der geografischen Herkunftsangabe übertragen wird auf andere Waren oder Dienstleistungen anderer Herkunft, die eine derartige Herkunftsangabe nicht führen dürfen. Derartige Waren oder Dienstleistungen könnten hinsichtlich ihrer Güte oder Exklusivität in der Vorstellung des Verkehrskreises aufgewertet oder gleichgestellt werden mit jenen Waren oder Dienstleistungen, die eine Herkunftsangabe, die einen besonderen Ruf genießt, zulässigerweise führen (vgl. Büscher/Dittmer/Schiwy/Büscher Rn. 36; v. Schultz/Gruber Rn. 12; BGH GRUR 2002, 426 f. – Champagner bekommen, Sekt bezahlen; OLG Braunschweig GRUR-RR 2019, 59 (61); OLG München GRUR-RR 2002, 64 (66 f.) – Habana; vgl. auch BGH GRUR 2016, 970 – Vorlagebeschluss „Champagner Sorbet" = GRUR-Prax 2016, 348 mAnm Schoene; EuGH C-393/16, GRUR 2018, 327 = GRUR-Prax 2018, 61 mAnm Schöllmann – Champagner-Sorbet; vgl. auch Schoene GRUR 2018, 329 f.).

Eine Eignung zur Beeinträchtigung der Unterscheidungskraft ist dann zu bejahen, wenn die unzulässige **33.1** Benutzung den Wert der geografischen Herkunftsangabe mit besonderem Ruf für Werbezwecke mindern kann (Büscher/Dittmer/Schiwy/Büscher Rn. 38).

Die Verletzungshandlung ist zur Ausnutzung der Unterscheidungskraft geeignet, wenn sie bei einer **33.2** Ware oder Dienstleistung, die unzulässigerweise eine geografische Herkunftsangabe mit besonderem Ruf führt, als Mittel zur Aufmerksamkeitssteigerung und zur Weckung von Assoziationen eingesetzt wird (vgl. v. Schultz/Gruber Rn. 15; Büscher/Dittmer/Schiwy/Büscher Rn. 39; OLG München GRUR-RR 2002, 64 (66 f.) – Habana).

Geeignet, den Ruf zu beeinträchtigen, ist die Verletzungshandlung dann, wenn durch sie ein **34** negatives Image auf die geografische Herkunftsangabe übertragen werden kann, bspw. indem sie für gänzlich unpassende Waren oder für Waren oder Dienstleistungen minderer Güte oder mit einem schlechteren Image verwendet wird (vgl. v. Schultz/Gruber § 12 Rn. 14; Büscher/Dittmer/Schiwy/Büscher Rn. 37).

3. Unerheblichkeit einer Irreführungsgefahr

35   Im Gegensatz zu Abs. 1 setzt Abs. 3 ausdrücklich nicht voraus, dass die unzulässige Benutzung die Gefahr einer Irreführung begründet. Somit stellt sich hier auch nicht die Frage, ob die unzulässige Benutzung das Verhalten der Verbraucher in relevanter Weise beeinflusst (→ Rn. 11 ff.) oder ob die Eignung zur Ausbeutung oder Ausnutzung des Rufes oder der Unterscheidungskraft ausnahmsweise durch entlokalisierende Zusätze ausgeschlossen werden kann (→ Rn. 14 ff.).

4. Nutzung in unlauterer Weise und ohne rechtfertigenden Grund

36   Die beiden Tatbestandsvoraussetzungen in Abs. 3, dass die Benutzung in unlauterer Weise und ohne rechtfertigenden Grund erfolgt, entsprechen der Formulierung in § 14 Abs. 2 Nr. 3 zum Schutz bekannter Marken, so dass auf die entsprechende Kommentierung zu § 14 verwiesen wird (→ § 14 Rn. 557 ff., → § 14 Rn. 560).

E. Schutz gegen ähnliche Angaben (Abs. 4)

37   Geografische Herkunftsangaben werden nach Abs. 4 auch in jenen Fällen geschützt, wenn Namen, Angaben oder Zeichen benutzt werden, die geografischen Herkunftsangaben lediglich ähneln, oder wenn geografische Herkunftsangaben mit **Zusätzen** benutzt werden und darüber hinaus ein Tatbestand nach Abs. 4 Nr. 1 oder Nr. 2 erfüllt ist. Für die Beurteilung, ob eine Ähnlichkeit besteht, ist darauf abzustellen, ob der angesprochene Verkehrskreis die ähnlich verwendete geografische Herkunftsangabe nach ihrem Gesamteindruck als sinngleich mit der eigentlichen geografischen Herkunftsangabe auffasst (Ingerl/Rohnke/Nordemann/A. Nordemann Rn. 21; BGH GRUR 2007, 67 (69) – Pietra di Soln; zur Fortwirkung früherer irreführender Verwendungen → Rn. 10).

I. Schutz vor Irreführung (Abs. 4 Nr. 1)

38   Geografische Herkunftsangaben sind geschützt vor ähnlichen geografischen Herkunftsangaben und vor um Zusätze ergänzte geografische Herkunftsangaben für Waren oder Dienstleistungen anderer Herkunft, durch deren Nutzung trotz ihrer Abweichungen oder Zusätze die Gefahr einer Irreführung besteht (Abs. 4 Nr. 1 iVm Abs. 1). Für die Beurteilung, ob eine Irreführung gegeben ist, ist auf den angesprochenen Verkehrskreis abzustellen (→ Rn. 9).

39   Da Abs. 4 Nr. 1 die Gefahr einer Irreführung voraussetzt, stellt sich die Frage, ob ähnlich wie bei § 127 Abs. 1 unter strengen Voraussetzungen **entlokalisierende Zusätze** die Gefahr einer Irreführung ausnahmsweise ausschließen können (→ Rn. 14 f.). Gegen einen generellen Ausschluss einer Irreführungsgefahr spricht, dass nach Abs. 4 Nr. 1 eine unzulässige Benutzung ausdrücklich gerade auch in jenen Fällen vorliegen kann, wenn die um einen Zusatz ergänzte geografische Herkunftsangabe verwendet wird. Vor diesem Hintergrund könnte ein entlokalisierender Zusatz ausnahmsweise allenfalls dann die Gefahr einer Irreführung ausschließen, wenn der Zusatz überaus deutlich und unmissverständlich klarstellt, dass keine geschützte geografische Herkunftsangabe nach § 126 Abs. 1 benutzt wird (vgl. Ströbele/Hacker/Thiering/Hacker Rn. 46).

II. Schutz vor Ruf- oder Unterscheidungsausbeutung oder beeinträchtigung (Abs. 4 Nr. 2)

40   Nach Abs. 4 Nr. 2 iVm Abs. 3 ist eine unzulässige Benutzung einer geografischen Herkunftsangabe gegeben, wenn diese ungeachtet von Abweichungen oder von Zusätzen geeignet ist, den Ruf oder die Unterscheidungskraft der geschützten geografischen Herkunftsangabe iSd Abs. 3 auszunutzen oder zu beeinträchtigen (hinsichtlich des Tatbestandsmerkmals der Ausnutzung oder Beeinträchtigung des Rufes oder der Unterscheidungskraft → Rn. 33 ff.).

§ 128 Ansprüche wegen Verletzung

(1) [1]**Wer im geschäftlichen Verkehr Namen, Angaben oder Zeichen entgegen § 127 benutzt, kann von den nach § 8 Abs. 3 des Gesetzes gegen den unlauteren Wettbewerb**

zur Geltendmachung von Ansprüchen Berechtigten bei Wiederholungsgefahr auf Unterlassung in Anspruch genommen werden. [2]Der Anspruch besteht auch dann, wenn eine Zuwiderhandlung droht. [3]Die §§ 18, 19, 19a und 19c gelten entsprechend.

(2) [1]Wer dem § 127 vorsätzlich oder fahrlässig zuwiderhandelt, ist dem berechtigten Nutzer der geographischen Herkunftsangabe zum Ersatz des durch die Zuwiderhandlung entstandenen Schadens verpflichtet. [2]Bei der Bemessung des Schadensersatzes kann auch der Gewinn, den der Verletzer durch die Verletzung des Rechts erzielt hat, berücksichtigt werden. [3]§ 19b gilt entsprechend.

(3) § 14 Abs. 7 und § 19d gelten entsprechend.

Überblick

§ 128 begründet die markenrechtlichen Ansprüche im Falle einer Verletzung geografischer Herkunftsangaben aufgrund einer Benutzung entgegen § 127 (→ Rn. 3). Dabei unterscheidet die Norm zwischen Unterlassungsansprüchen aus Abs. 1 (→ Rn. 16 ff.) und Schadensersatzansprüchen aus Abs. 2 (→ Rn. 29 ff.). Zudem können aufgrund der in Abs. 1 S. 3 angeordneten entsprechenden Geltung von §§ 18, 19, 19a und § 19c ua Ansprüche auf Vernichtung, Rückruf oder Auskunft (→ Rn. 18) sowie Vorlage- und Besichtigungsansprüche (→ Rn. 35 ff.) als Annexansprüche bestehen. Überdies stellen sich Fragen zur Haftung des Betriebsinhabers (→ Rn. 41) und zu Möglichkeiten einer Exkulpation (→ Rn. 42) wie auch zu sonstigen Ansprüchen mit Anspruchsgrundlagen außerhalb des Markengesetzes (→ Rn. 44).

Übersicht

A. Allgemeines

Mit § 128 wurde für den zivilrechtlichen Schutz der geografischen Herkunftsangaben im deutschen Markenrecht für die zuvor aus §§ 1, 3 UWG aF bzw. § 823 Abs. 2 BGB iVm § 26 WZG hergeleiteten Unterlassungs- und Schadensersatzansprüche eine **einheitliche, markenrechtliche Anspruchsgrundlage** geschaffen (BT-Drs. 12/6581, 119; vgl. auch v. Schultz/Gruber Rn. 1). **1**

Infolge seiner **Neufassung** durch Art. 4 Nr. 9 Gesetz zur Verbesserung der Durchsetzung von Rechten des geistigen Eigentums vom 7.7.2008 (BGBl. I 1191 (1196)) begründet § 128 seit seinem Inkrafttreten am 1.9.2008 zum einen weiterhin Unterlassungsansprüche, die – wie nun Abs. 1 S. 2 klarstellt – auch bei drohender Zuwiderhandlung bestehen können, und Schadensersatzansprüche. Zum anderen sieht § 128 nunmehr auch Ansprüche aus den für entsprechend anwendbar erklärten §§ 18, 19, 19a und § 19c vor (→ Rn. 18). Schadensersatzansprüche können indes, wie bislang gemäß Abs. 2 nur dem unmittelbar durch die Zuwiderhandlung Verletzten zustehen. **2**

B. Ansprüche aus Abs. 1

I. Verletzungshandlung

3   Ein Anspruch aus Abs. 1 S. 1 setzt voraus, dass im geschäftlichen Verkehr ein Name, eine Angabe oder ein Zeichen unter Verstoß gegen § 127 benutzt wurde. Dabei sind Name, Angabe und Zeichen im gleichen Sinne wie in § 126 zu verstehen (→ § 126 Rn. 14 ff., → § 126 Rn. 18 ff.).

1. Verstoß gegen § 127

4   Eine Verletzungshandlung iSd § 128 Abs. 1 S. 1 liegt vor, wenn eine geografische Herkunftsangabe benutzt wurde unter Verstoß gegen den bereits einfache geografische Herkunftsangaben schützenden Verbotstatbestand nach § 127 Abs. 1, gegen den qualifizierte geografische Herkunftsangaben schützenden Erlaubnistatbestand nach § 127 Abs. 2 oder gegen den Verbotstatbestand im Hinblick auf einen besonderen Ruf genießende geografische Herkunftsangaben nach § 127 Abs. 3 sowie unter Verstoß gegen § 127 Abs. 4 iVm § 127 Abs. 1–3. Derartige Verletzungshandlungen können zB erfolgen, indem unzulässigerweise geografische Herkunftsangaben auf Waren oder Verpackungen angebracht oder in der Werbung verwendet werden (vgl. Ingerl/Rohnke/Nordemann/A. Nordemann Rn. 2). Eine Differenzierung danach, ob sich die Verletzungshandlung gegen eine einfache oder eine qualifizierte Herkunftsangabe richtet, sieht Abs. 1 weder auf Tatbestandsseite noch auf Rechtsfolgenseite vor. Gleichwohl kann in Betracht kommen, dass der Verletzte im Falle einer Verletzung einer qualifizierten geografischen Herkunftsangabe einen höheren wirtschaftlichen Schaden erlitten hat als bei einer Verletzung einer einfachen geografischen Herkunftsangabe, was zumindest im Falle eines Schadensersatzanspruchs (zB aus Abs. 2, → Rn. 29 ff.) von Bedeutung sein kann.

5   Da die vier Verletzungstatbestände nach § 127 Abs. 1–4, auf die § 128 Abs. 1 S. 1 abstellt, ihrerseits jeweils an eine **Benutzung** anknüpfen, hat die in § 128 Abs. 1 S. 1 zugrunde gelegte Tathandlung der „Benutzung" keine weitere, über die Verletzungshandlung als solche in Gestalt eines Verstoßes gegen § 127 hinausgehende Bedeutung (OLG Köln GRUR-RS 2022, 7186); denn wäre eine Benutzung zu verneinen, fehlte es bereits an einem Verstoß gegen § 127. Ebenfalls ist es für einen Anspruch aus § 128 Abs. 1 S. 1 ohne Belang, wenn ohne kennzeichenmäßige Benutzung der geografischen Herkunftsangabe der Verletzer gegen § 127 Abs. 3 verstoßen hat. Für einen Anspruch aus § 128 Abs. 1 S. 1 genügt bereits der Verstoß gegen § 127 Abs. 3, der seinerseits keine kennzeichenmäßige Benutzung der geografischen Herkunftsangabe verlangt (→ § 127 Rn. 32; vgl. Ingerl/Rohnke/Nordemann/A. Nordemann Rn. 2; Büscher/Dittmer/Schiwy/Büscher Rn. 14; Ströbele/Hacker/Thiering/Hacker § 127 Rn. 40; BGH GRUR 2002, 426 f. – Champagner bekommen, Sekt bezahlen).

6   Ebenso wenig ist es eine eigenständige Anspruchsvoraussetzung von § 128 Abs. 1, dass die Benutzung unbefugt erfolgte. Denn ob eine geografische Herkunftsangabe unbefugt benutzt wurde, ist bereits für einen Verstoß gegen § 127 von Belang, den seinerseits § 128 Abs. 1 S. 1 voraussetzt (vgl. Ingerl/Rohnke/Nordemann/A. Nordemann Rn. 2).

2. Verletzungshandlung im geschäftlichen Verkehr

7   Dem Wortlaut nach erfordert Abs. 1 S. 1, dass sich die Verletzungshandlung im geschäftlichen Verkehr ereignet hat. Das Tatbestandsmerkmal des geschäftlichen Verkehrs ist weit auszulegen (→ § 126 Rn. 28).

8   Eine eigenständige Bedeutung für einen Anspruch aus Abs. 1 hat das Tatbestandsmerkmal einer Benutzung im geschäftlichen Verkehr indes nicht, denn auch ein Verstoß gegen § 127, auf den § 128 Abs. 1 S. 1 Bezug nimmt, setzt voraus, dass der Verstoß, wie zB die unberechtigte Nutzung einer qualifizierten geografischen Herkunftsangabe nach § 127 Abs. 2 oder die Ausbeutung des Rufes einer geografischen Herkunftsangabe nach § 127 Abs. 3, im geschäftlichen Verkehr erfolgt.

II. Wiederholungsgefahr

9   Weitere Anspruchsvoraussetzung von Abs. 1 S. 1 ist die Wiederholungsgefahr der Benutzung einer geografischen Herkunftsangabe entgegen § 127. Diese ist gegeben, wenn die begangene Verletzungshandlung die Gefahr begründet, dass der Verletzer die gleiche oder zumindest eine in ihrem Kern gleichartige Verletzungshandlung erneut begehen wird (vgl. Ohly/Sosnitza/Ohly UWG § 8 Rn. 7; Büscher/Dittmer/Schiwy/Büscher Rn. 17; BGH GRUR 2008, 702 (706) –

Internet-Versteigerung III). Dabei spricht für das Vorliegen der Wiederholungsgefahr eine widerlegliche tatsächliche Vermutung, wonach ein bereits einmal begangener Wettbewerbsverstoß dessen Wiederholung befürchten lässt (Ohly/Sosnitza/Ohly UWG § 8 Rn. 8; Ingerl/Rohnke/Nordemann/Jaworski Vor §§ 14–19d Rn. 159 f.; Büscher/Dittmer/Schiwy/Büscher Rn. 17; BGH GRUR 2001, 453 (455) – TCM-Zentrum; GRUR 2008, 1108 (1110) – Haus und Grund III; GRUR 2009, 1162 (1164) = GRUR-Prax 2009, 11 mAnm Gründig-Schnelle – Dax; LG Nürnberg-Fürth BeckRS 2015, 10521 – Bayer. Pilze & Waldfrüchte).

III. Aktivlegitimation

Ein Anspruch aus § 128 Abs. 1 S. 1 kann geltend gemacht werden von dem berechtigten **10** Benutzer einer geografischen Herkunftsangabe (vgl. Ingerl/Rohnke/Nordemann/A. Nordemann Rn. 4; Dörre/Maaßen GRUR-RR 2008, 269 (271); v. Schultz/Gruber Rn. 3; Ströbele/Hacker/Thiering/Hacker Rn. 5; Büscher/Dittmer/Schiwy/Büscher Rn. 7; BGH GRUR 2008, 884 (887) – Cambridge Institute) sowie von den Anspruchsberechtigten gemäß § 8 Abs. 3 UWG. Die Erweiterung der Anspruchsberechtigung bei Ansprüchen aus Abs. 1 über den berechtigten Benutzer hinaus auf Verbände und qualifizierte Einrichtungen iSd § 8 Abs. 3 UWG (→ Rn. 13 ff.) verdeutlicht das öffentliche Interesse an einer Vermeidung einer unzulässigen Nutzung geografischer Herkunftsangaben durch Dritte (vgl. Büscher/Dittmer/Schiwy/Büscher Rn. 5).

1. Mitbewerber nach § 8 Abs. 3 Nr. 1 UWG

Ein Mitbewerber iSv § 8 Abs. 3 Nr. 1 UWG ist gemäß der Legaldefinition in § 2 Abs. 1 **11** Nr. 3 UWG jeder Unternehmer, der mit einem oder mehreren Unternehmern als Anbieter oder Nachfrager von Waren oder Dienstleistungen in einem konkreten Wettbewerbsverhältnis steht (vgl. Fezer Rn. 10; BGH GRUR 2008, 884 (887) – Cambridge Institute). Ein konkretes Wettbewerbsverhältnis ist gegeben, wenn die anspruchsbegründende Wettbewerbshandlung objektiv geeignet ist, den wirtschaftlichen Erfolg des unzulässig handelnden Wettbewerbers auf Kosten des Mitbewerbers zu fördern (Fezer Rn. 10).

Zu den nach Abs. 1 aktivlegitimierten Mitbewerbern zählen auch jene berechtigten Nutzer **12** einer geografischen Herkunftsangabe, die ihre mit dieser bezeichneten Dienstleistungen oder Waren räumlich beschränkt anbieten, so dass sie sich räumlich nicht mit den vom Verletzer angebotenen Waren oder Dienstleistungen berühren (Büscher/Dittmer/Schiwy/Büscher Rn. 7; Ströbele/Hacker/Thiering/Hacker Rn. 5; BGH GRUR 2008, 884 (887) – Cambridge Institute).

2. Rechtsfähige Verbände nach § 8 Abs. 3 Nr. 2 UWG

Rechtsfähige Verbände zur Förderung gewerblicher oder selbständiger beruflicher Interessen **13** sind nach § 128 Abs. 1 S. 1 iVm § 8 Abs. 3 Nr. 2 UWG berechtigt, Unterlassungsansprüche geltend zu machen.

Ihnen muss eine erhebliche Zahl von Unternehmern angehören, die Waren oder Dienstleistungen **13.1** gleicher oder verwandter Art auf demselben Markt vertreiben, soweit sie insbesondere mit ihrer personellen, sachlichen und finanziellen Ausstattung in der Lage sind, ihre satzungsmäßigen Aufgaben der Verfolgung gewerblicher oder selbstständiger beruflicher Interessen tatsächlich wahrzunehmen und soweit die Zuwiderhandlung gegen § 127 die Interessen ihrer Mitglieder berührt. Hierzu muss der Satzungszweck derartiger Verbände die Förderung der gewerblichen oder selbständigen beruflichen Interessen vorsehen (Ingerl/Rohnke/Nordemann/A. Nordemann Rn. 6; Köhler/Bornkamm/Feddersen/Köhler/Feddersen UWG § 8 Rn. 3.33 iVm UWG § 8b Rn. 3; Götting/Nordemann/Schmitz-Fohrmann/Schwab UWG § 8 Rn. 131; BGH GRUR 2003, 454 f. – Sammelmitgliedschaft; GRUR 1965, 485 f. – Versehrtenbetrieb).

Die erforderliche erhebliche Anzahl von Unternehmern ist gegeben, wenn die dem Verband angehören- **13.2** den Unternehmer nicht nur aufgrund ihrer Quantität, sondern vor allem auch aufgrund des qualitativen Aspekts ihres Marktgewichts ein gemeinsames Interesse ihrer Branche verkörpern (Fezer Rn. 12 f.). Für die Beurteilung, ob die dem Verband angeschlossenen Unternehmer Waren oder Dienstleistungen gleicher oder verwandter Art vertreiben, ist ein weiter Maßstab anzulegen (Götting/Nordemann/Schmitz-Fohrmann/Schwab UWG § 8 Rn. 132). So genügt es, dass sich die Waren oder Dienstleistungen zumindest dermaßen nahestehen, dass ein Mitbewerber durch ein wettbewerbswidriges Verhalten des anderen beeinträchtigt werden kann (Fezer Rn. 14; Ströbele/Hacker/Thiering/Hacker Rn. 6; Köhler/Bornkamm/Feddersen/Köhler/Feddersen UWG § 8 Rn. 3.42; BGH GRUR 2007, 610 f. – Sammelmitgliedschaft V; GRUR 2015, 1240 – Der Zauber des Nordens).

3. Qualifizierte Einrichtungen nach § 8 Abs. 3 Nr. 3 UWG

14   Nach § 8 Abs. 3 Nr. 3 UWG können Ansprüche geltend gemacht werden von Einrichtungen zum Schutze von Verbraucherinteressen, die in die Liste qualifizierter Einrichtungen nach § 4 UKlaG oder in das Verzeichnis der Kommission der Europäischen Gemeinschaft nach Art. 4 Unterlassungsklagen-RL eingetragen sind. Die eine Aktivlegitimation begründende Eintragung wirkt für derartige Einrichtungen konstitutiv.

14.1   Erforderlich für eine Eintragung ist es, dass die Satzung derartiger Einrichtungen das Engagement für den Schutz von Verbraucherinteressen als Einrichtungszweck ausweist und dass sich dieses Engagement auch auf aufklärende und beratende Tätigkeiten gegenüber den Verbrauchern erstreckt (Ingerl/Rohnke/Nordemann/A. Nordemann Rn. 8). Auch wenn die Gerichte im Verfahren nicht überprüfen, ob die Eintragung rechtmäßig erfolgte oder ob die Eintragungsvoraussetzungen noch erfüllt sind, so können sie zumindest untersuchen, ob die Rechtsverfolgung einer Verletzung geografischer Herkunftsangaben von ihrem Satzungszweck gedeckt ist (vgl. Büscher/Dittmer/Schiwy/Büscher Rn. 10).

14.2   Angesichts des – auch in Erwägungsgrund Nr. 2 VO (EU) 1151/2012 betonten – hohen Interesses der Bürger und Verbraucher an Agrarerzeugnissen oder Lebensmitteln mit bestimmbaren Merkmalen, die eine Verbindung zu ihrem geografischen Ursprung aufweisen, ist es konsequent, auch die dem Schutz der Verbraucherinteressen verpflichteten qualifizierten Einrichtungen als berechtigt anzusehen.

14.3   Im Gegensatz zu Verbänden nach § 8 Abs. 3 Nr. 2 UWG ist für qualifizierte Einrichtungen nach § 8 Abs. 3 Nr. 3 die Anzahl ihrer Mitglieder unerheblich. Entscheidend ist allein, ob die Einrichtung in der Lage ist, ihre satzungsmäßigen Aufgaben und Ziele zu erfüllen, wobei Zweifel an der Leistungsfähigkeit umso berechtigter erscheinen können, je geringer die Mitgliederzahl der Einrichtung ist (Ingerl/Rohnke/Nordemann/A. Nordemann Rn. 8).

4. Industrie- und Handelskammern, Handwerkskammern nach § 8 Abs. 3 Nr. 4 UWG

15   Schließlich sind die in § 8 Abs. 3 Nr. 4 UWG aufgeführten Industrie- und Handelskammern sowie die Handwerkskammern berechtigt, Unterlassungsansprüche aus § 128 Abs. 1 S. 1 geltend zu machen, sofern der Verstoß, dessen Unterlassung begehrt wird, einen Bezug zum Aufgabenbereich der jeweiligen Kammer aufweist (Büscher/Dittmer/Schiwy/Büscher Rn. 11; Ohly/Sosnitza/Ohly UWG § 8 Rn. 113). Nicht anspruchsberechtigt und aktivlegitimiert sind indes andere Berufskammern, wie zB Ärzte- oder Wirtschaftsprüferkammern. Derartige Kammern könnten allenfalls als rechtsfähiger Verband zur Förderung gewerblicher oder selbständiger beruflicher Interessen aktivlegitimiert sein, sofern sie die Tatbestandsvoraussetzungen von § 8 Abs. 3 Nr. 2 UWG erfüllen (→ Rn. 13; Fezer Rn. 16; Ingerl/Rohnke/Nordemann/A. Nordemann Rn. 10; Ohly/Sosnitza/Ohly UWG § 8 Rn. 113; Götting/Nordemann/Schmitz-Fohrmann/Schwab UWG § 8 Rn. 141; BGH GRUR 2006, 598 f. – Zahnarztbriefbogen; OLG Koblenz GRUR 1995, 144 – Beratende Ingenieure).

IV. Rechtsfolgen

1. Unterlassungsanspruch (Abs. 1 S. 1)

16   Sind die Anspruchsvoraussetzungen nach Abs. 1 S. 1 erfüllt, kann der Anspruchsberechtigte vom Anspruchsgegner die Unterlassung der Benutzung der geografischen Herkunftsangabe entgegen § 127 verlangen. Zudem können die Gerichte zusätzlich zur Unterlassung Sanktionen, wie zB Ordnungsgeld oder Ordnungshaft, androhen, die die künftige Beachtung der Unterlassung sichern sollen. Sofern durch die widerrechtliche Nutzung der geografischen Herkunftsangabe ein widerrechtlicher Zustand eingetreten ist, steht dem Anspruchsberechtigten aus Abs. 1 S. 1 zudem ein Anspruch auf Beseitigung eines derartigen Zustandes zu (Büscher/Dittmer/Schiwy/Büscher Rn. 20; Fezer Rn. 19; BGH GRUR 2001, 420 (422) – SPA; zu § 135 Abs. 1 → § 135 Rn. 23).

2. Vorbeugender Unterlassungsanspruch (Abs. 1 S. 2)

17   Aus § 128 Abs. 1 S. 2 kann der Anspruchsberechtigte zudem einen vorbeugenden Unterlassungsanspruch bereits ab dem Zeitpunkt geltend machen, in dem erstmals eine Zuwiderhandlung in Gestalt einer Benutzung einer geografischen Herkunftsangabe entgegen § 127 droht. Die hierzu erforderliche Erstbegehungsgefahr setzt voraus, dass bereits greifbare, ernstliche und unmittelbare Anhaltspunkte dafür bestehen, der Anspruchsgegner werde sich in nächster Zeit rechtswidrig verhalten, indem er eine geografische Herkunftsangabe entgegen § 127 benutzt, und somit eine

Verletzungshandlung unmittelbar drohend bevorsteht (Büscher/Dittmer/Schiwy/Büscher Rn. 18; Ingerl/Rohnke/Nordemann/Jaworski Vor §§ 14–19d Rn. 159; Ohly/Sosnitza/Ohly UWG § 8 Rn. 25; BGH GRUR 2001, 1174 f. – Berühmungsaufgabe; GRUR 2008, 912 f. – Metrosex; GRUR 2008, 1002 f. – Schuhpark; GRUR 2012, 728 (730) – Einkauf aktuell). Beispiele hierfür können Absichtserklärungen des Anspruchsgegners sowie Vorbereitungen oder Ankündigungen von Werbemaßnahmen sein, die auf eine Zuwiderhandlung konkret und ernsthaft hindeuten (vgl. Ohly/Sosnitza/Ohly UWG § 8 Rn. 28).

3. Vernichtungs- und Rückrufanspruch, Auskunftsanspruch (Abs. 1 S. 3)

Neben dem Anspruch auf Unterlassung kann der Anspruchsberechtigte auch die Annexansprüche aus §§ 18, 19, 19a und 19c geltend machen. Angesichts der Anwendbarkeit dieser Normen können im Falle einer Zuwiderhandlung gegen § 127 die Anspruchsberechtigten nach § 128 Abs. 1 – mit Ausnahme des Schadensersatzanspruchs – die gleichen Rechte geltend machen wie der Inhaber einer Marke bei der Verletzung seines Markenrechts (→ Rn. 2; vgl. auch BT-Drs. 16/5048, 44; Ingerl/Rohnke/Nordemann/A. Nordemann Rn. 11; v. Schultz/Gruber Rn. 12; vgl. auch Dörre/Maaßen GRUR-RR 2008, 269 (271); Fezer Rn. 2; Ströbele/Hacker/Thiering/Hacker Rn. 1). **18**

Aus § 128 Abs. 1 S. 3 iVm § 18 Abs. 1 kann der Anspruchsberechtigte gegenüber dem Anspruchsgegner einen **Vernichtungsanspruch** geltend machen. Dieser Anspruch sieht vor, dass der Anspruchsgegner die in seinem Besitz oder Eigentum befindlichen Waren, die unter Verstoß gegen § 127 widerrechtlich gekennzeichnet wurden, zu vernichten hat (§ 18 Abs. 1 S. 1) mitsamt Geschäftspapieren und Werbemitteln, die die widerrechtlich gekennzeichneten Waren abbilden oder auf diese Waren Bezug nehmen (vgl. Ingerl/Rohnke/Nordemann/Wirtz § 18 Rn. 13). Der Anspruch erstreckt sich zudem auf jene im Besitz oder Eigentum des Anspruchsgegners stehenden Materialien und Gegenstände, die zumindest vorwiegend zur widerrechtlichen Kennzeichnung gedient haben (§ 18 Abs. 1 S. 2); hierfür kommen zB Druckplatten oder Druckvorlagen (vgl. Ingerl/Rohnke/Nordemann/Wirtz § 18 Rn. 14) mit der unzulässig benutzten geografischen Herkunftsangabe in Betracht. Soweit die geografische Herkunftsangabe unzulässigerweise für Dienstleistungen benutzt wurde, kann aus § 128 Abs. 1 S. 3 iVm § 18 Abs. 1 S. 1 zumindest die Vernichtung von Werbematerialien, insbesondere Broschüren, Flyer, Poster und Geschäftspapiere, in denen der Anspruchsgegner die angebotene Dienstleistung widerrechtlich mit einer geografischen Herkunftsangabe gekennzeichnet hat, verlangt werden. **19**

Ein Vernichtungsanspruch kann in Ausnahmefällen allerdings versagt werden, wenn die Anordnung der Vernichtung unverhältnismäßig ist (§ 18 Abs. 3 S. 1), was insbesondere anhand des Grades des Verschuldens im Zusammenhang mit der widerrechtlichen Kennzeichnung sowie unter Berücksichtigung der wirtschaftlichen Bedeutung der Vernichtung und der Verletzungshandlung im jeweiligen Einzelfall zu beurteilen ist (vgl. Ingerl/Rohnke/Nordemann/Wirtz § 18 Rn. 21). **20**

Der Anspruchsberechtigte kann zudem aus § 128 Abs. 1 S. 3 iVm § 18 Abs. 2 einen **Rückrufanspruch** geltend machen, der den Anspruchsgegner verpflichtet, die widerrechtlich gekennzeichneten Waren aus ihren Vertriebswegen zurückzurufen oder sie daraus endgültig zu entfernen. Wie bei einem Vernichtungsanspruch (→ Rn. 19) kann in engen Ausnahmefällen ein Ausschluss des Rückrufanspruchs angesichts einer Unverhältnismäßigkeit des Rückrufs denkbar sein (§ 18 Abs. 3 S. 1). **21**

Darüber hinaus kann der Anspruchsberechtigte einen **Auskunftsanspruch** aus § 128 Abs. 1 S. 3 iVm § 19 geltend machen. Dieser Anspruch richtet sich zum einen gegen denjenigen, der die geografische Herkunftsangabe entgegen § 127 benutzt (§ 19 Abs. 1). Zum anderen kann sich der Auskunftsanspruch ausnahmsweise gegen Dritte richten (§ 19 Abs. 2); ein derartiger Auskunftsanspruch **gegen Dritte** setzt voraus, dass die Verletzung der Rechte des Anspruchsberechtigten offensichtlich ist oder der Anspruchsberechtigte gegen den Verletzer wegen dessen widerrechtlicher Nutzung eine (Unterlassungs-)Klage erhoben hat; weitere Voraussetzung des Auskunftsanspruchs gegen einen Dritten ist es, dass dieser in gewerblichem Ausmaß die widerrechtlich mit geografischer Herkunftsangabe gekennzeichnete Ware in seinem Besitz hatte bzw. eine derart gekennzeichnete Dienstleistung in Anspruch nahm, selbst als Dienstleister zur widerrechtlichen Benutzung der geografischen Herkunftsangabe beitrug (zB ein Spediteur der widerrechtlich gekennzeichneten Ware, vgl. Ingerl/Rohnke/Nordemann/Wirtz § 19 Rn. 20) oder an der Herstellung, an der Erzeugung oder an dem Vertrieb der widerrechtlich gekennzeichneten Ware beteiligt war (§ 19 Abs. 2 S. 1 Nr. 1–4). **22**

Indes besteht kein Auskunftsanspruch gegenüber jenen Dritten, denen im Klageverfahren des Anspruchsberechtigten gegen den Verletzer ein Zeugnisverweigerungsrecht nach §§ 383–385 ZPO zusteht **22.1**

(§ 19 Abs. 2 S. 1), wie zB Kreditinstitute, es sei denn, die Auskunft richtet sich auf ein vom Kreditinstitut für den Verletzer geführtes Konto, das im Zusammenhang mit einer offensichtlichen Zuwiderhandlung gegen § 127 genutzt wurde (OLG Naumburg GRUR-RR 2012, 388 f.; einschränkend im Hinblick auf die zitierte Kontoführung für den Verletzer BGH GRUR 2016, 497 (499) = GRUR-Prax 2016, 196 mAnm Czychowski – Davidoff Hot Water II, im Anschluss an EuGH C-580/13, GRUR 2015, 894 = GRUR-Prax 2015, 319 mAnm Hansen – Coty Germany/Sparkasse Magdeburg). Der Auskunftsanspruch umfasst Angaben über Namen und Anschrift der Hersteller, Lieferanten und anderer Vorbesitzer der Waren oder Dienstleistungen sowie der gewerblichen Abnehmer und Verkaufsstellen, für die die widerrechtlich gekennzeichneten Waren oder Dienstleistungen bestimmt waren (vgl. § 19 Abs. 3 Nr. 1), sowie Angaben über die Menge der hergestellten, ausgelieferten, erhaltenen oder bestellten Waren mitsamt den hierfür bezahlten Preisen (vgl. § 19 Abs. 3 Nr. 2).

23   Ausnahmsweise kann ein Auskunftsanspruch allerdings ausgeschlossen sein, wenn unter Berücksichtigung des jeweiligen Einzelfalls die begehrte Auskunft unverhältnismäßig ist.

24   Aus § 128 Abs. 1 S. 3 iVm § 19a Abs. 1 S. 1 kann der Anspruchsberechtigte **Vorlage- und Besichtigungsansprüche** geltend machen. Diese Ansprüche erstrecken sich auf die Vorlage von Urkunden des Verletzers oder auf eine Besichtigung der widerrechtlich mit geografischen Herkunftsangaben gekennzeichneten Waren, sofern die Vorlage bzw. Besichtigung für den Anspruchsberechtigten erforderlich ist, um seine Ansprüche begründen zu können.

25   Bei hinreichender Wahrscheinlichkeit, dass die widerrechtliche Kennzeichnung in gewerblichem Ausmaß erfolgte, kann der Anspruchsberechtigte vom Verletzer auch die Vorlage von Bank-, Handels- und Finanzunterlagen verlangen.

26   Sofern der Verletzer darlegen kann, dass bei Erfüllung des Vorlage- oder Besichtigungsanspruchs der Anspruchsberechtigte **vertrauliche Informationen** erfahren könnte (zB Rezepturen, Herstellungsmethoden, Preise, Kalkulationen oder Kundeninformationen, vgl. Ingerl/Rohnke/Nordemann/Wirtz § 19a Rn. 18), kann er vom Gericht verlangen, dass eine mildere, einzelfallspezifische Maßnahme trifft (§ 19a Abs. 1 S. 3).

27   Ferner besteht kein Anspruch auf Vorlage von Urkunden oder auf Besichtigung, wenn dies im Einzelfall unverhältnismäßig ist (§ 19a Abs. 2).

28   Schließlich steht dem Anspruchsberechtigten ein **Bekanntmachungsanspruch** aus § 128 Abs. 1 S. 3 iVm § 19c zu, wenn ihm im Urteil des vorausgegangenen Klageverfahrens gegen den Verletzer die Befugnis zugesprochen wurde, das Urteil auf Kosten des Verletzers zu veröffentlichen. Für eine derartige Bekanntmachung, wie sie auch bei einer strafrechtlichen Verurteilung des Verletzers nach § 144 Abs. 5 angeordnet werden kann (→ § 144 Rn. 12), bestimmt das Gericht nach seinem Ermessen die Art und Weise, wie die Bekanntmachung erfolgen kann (§ 19c S. 2), zB das Medium oder die Aufmachung der Bekanntmachung (vgl. Ingerl/Rohnke/Nordemann/Wirtz § 19c Rn. 9).

C. Anspruch aus Abs. 2

29   Während Abs. 1 einen Unterlassungsanspruch begründet, ist Abs. 2 die Anspruchsgrundlage für einen markenrechtlichen Schadensersatzanspruch, der dem berechtigten Nutzer einer geografischen Herkunftsangabe gegenüber demjenigen zusteht, der vorsätzlich oder fahrlässig gegen § 127 zuwidergehandelt hat.

I. Verletzungshandlung

30   Wie Abs. 1 knüpft auch Abs. 2 an eine Zuwiderhandlung gegen § 127 an. Im Gegensatz zum verschuldensunabhängig ausgestalteten Unterlassungsanspruch aus § 128 Abs. 1 setzt § 128 Abs. 2 allerdings ein Zuwiderhandeln voraus, das **vorsätzlich oder fahrlässig** erfolgt ist.

30.1   Für die Beurteilung, ob Vorsatz oder Fahrlässigkeit gegeben war, gelten – wie bei § 14 Abs. 6 – die allgemeinen zivilrechtlichen Grundsätze, so dass Fahrlässigkeit zu bejahen ist, wenn der Verletzer die im Verkehr erforderliche Sorgfalt außer Acht gelassen hatte (§ 276 Abs. 2 BGB), und dass eine vorsätzliche Zuwiderhandlung vorliegt, wenn die Verletzungshandlung in Kenntnis aller Tatbestandsmerkmale vorgenommen wurde (vgl. Ingerl/Rohnke/Nordemann/A. Nordemann Rn. 15 iVm Ingerl/Rohnke/Nordemann/J. B. Nordemann Vor §§ 14–19d Rn. 279 ff.; Ströbele/Hacker/Thiering/Thiering § 14 Rn. 686 f.; Büscher/Dittmer/Schiwy/Büscher § 128 Rn. 23).

II. Aktivlegitimation

31   Im Gegensatz zu den Unterlassungsansprüchen aus Abs. 1, die dem berechtigten Nutzer sowie den in § 8 Abs. 3 UWG genannten Anspruchsberechtigten zustehen (→ Rn. 10 f.), kann **lediglich**

der berechtigte Nutzer einer geografischen Herkunftsangabe einen Schadensersatzanspruch aus Abs. 2 S. 1 geltend machen (vgl. Ingerl/Rohnke/Nordemann/A. Nordemann Rn. 13; Ströbele/Hacker/Thiering/Hacker Rn. 13; Büscher/Dittmer/Schiwy/Büscher Rn. 24; BGH GRUR 2008, 884 (887) – Cambridge Institute; OLG München GRUR-RR 2016, 270 f. = GRUR-Prax 2016, 218 mAnm Schoene – Klosterseer).

III. Rechtsfolge

1. Schadensersatzanspruch (Abs. 2 S. 1)

Der Verletzer hat dem berechtigten Nutzer, der ihn auf Schadensersatz aus § 128 Abs. 2 S. 1 **32** in Anspruch nimmt, den entstandenen Schaden zu ersetzen. Zur Berechnung des zu ersetzenden Schadens kommt eine **Lizenzanalogie** ausdrücklich **nicht** in Betracht, da bei geografischen Herkunftsangaben eine Lizenzierung von vornherein ausscheidet (so die Begründung zur Neufassung von § 128 durch das Gesetz von 7.7.2008 (→ Rn. 2), BT-Drs. 16/5048, 44).

Dem berechtigten Nutzer verbleiben daher zwei Möglichkeiten zur Ermittlung seines Schadens. **33** Zum einen kann er den konkreten, ihm durch die widerrechtliche Benutzung der geografischen Herkunftsangabe entstandenen Schaden inklusive des **entgangenen Gewinns** nach § 252 BGB geltend machen (vgl. Dörre/Maaßen GRUR-RR 2008, 269 (271); Ströbele/Hacker/Thiering/Hacker Rn. 17; Büscher/Dittmer/Schiwy/Büscher Rn. 26). Zum anderen kann der berechtigte Nutzer unter Berufung auf Abs. 2 S. 1 bei der Bemessung des Schadensersatzes den Gewinn, den der Verletzer durch seine widerrechtliche Benutzung erzielt hat, berücksichtigen. Eine derartige Schadensberechnung unter Zugrundelegung des **Verletzergewinns** wird sich für den berechtigten Nutzer allerdings als problematisch erweisen. Da vielfach zahlreiche berechtigte Nutzer der geografischen Herkunftsangabe existieren, steht der Verletzergewinn nicht allein jenem berechtigten Nutzer zu, der seinen Schadensanspruch einklagt.

Daher könnte es als naheliegend erscheinen, sämtliche berechtigte Nutzer, die einen Anspruch aus **33.1** § 128 Abs. 2 wegen einer widerrechtlichen Nutzung einer geografischen Herkunftsangabe gegen den gleichen Verletzer geltend machen könnten, als eine Gesamtgläubigerschaft iSd § 428 BGB anzusehen (so Omsels Herkunftsangaben Rn. 701 f.; Ingerl/Rohnke/Nordemann/A. Nordemann Rn. 14;). Folge einer derartigen Gesamtgläubigerschaft wäre, dass jeder Gläubiger den gesamten Verletzergewinn geltend machen könnte und der Verletzer nur einmal den Verletzergewinn abführen müsste. Allerdings wäre auch eine derartige Gesamtgläubigerschaft, die zudem weder im Wortlaut von § 128 noch in der Gesetzesbegründung eine Stütze findet (kritisch daher Dörre/Maaßen GRUR-RR 2008, 269 (271)) problematisch, da sich die Frage stellt, welcher Anteil einem berechtigten Nutzer zusteht (vgl. auch Ströbele/Hacker/Thiering/Hacker Rn. 17; Büscher/Dittmer/Schiwy/Büscher Rn. 27).

Hinterlegt der Verletzer seinen gesamten Verletzergewinn gemäß § 432 Abs. 1 S. 2 BGB (so Ströbele/ **33.2** Hacker/Thiering/Hacker Rn. 17), um so das Risiko mehrerer Klagen auf Auskehrung des Verletzergewinns zu reduzieren, löst dies nicht die Problematik, wie der hinterlegte Betrag verteilt werden soll (so auch der Einwand bei Büscher/Dittmer/Schiwy/Dittmer Rn. 27).

Gleiches gilt für eine gemeinsame Klage auf Auskehrung des gesamten Verletzergewinns von allen **33.3** berechtigten Nutzern gemeinsam oder im Wege der Prozessstandschaft von einem berechtigten Nutzer (so Büscher/Dittmer/Schiwy/Dittmer Rn. 28). Hier besteht zudem das praktische Problem, die Ansprüche sämtlicher berechtigten Nutzer in einem gemeinsamen Klageverfahren zu bündeln (so der Einwand von Ströbele/Hacker/Thiering/Hacker Rn. 17 in der Fn. 21).

Angesichts der praktischen und prozessualen Schwierigkeiten bei der Geltendmachung des **34** Verletzergewinns gemäß Abs. 2 S. 2 erscheint es sachgerecht für den berechtigten Nutzer, seinen eigenen konkret erlittenen Schaden inklusive des entgangenen Gewinns geltend zu machen und die Angaben des Verletzers zur Höhe des Verletzergewinns zugrundezulegen.

2. Sicherung von Schadensersatzansprüchen (Abs. 2)

Darüber hinaus kann der berechtigte Nutzer zur Sicherung und Durchsetzung seiner Schadens- **35** ersatzansprüche **Vorlageansprüche aus § 19b** geltend machen, dessen entsprechende Geltung Abs. 2 S. 3 vorsieht. So kann unter Berufung auf § 19b Abs. 1 S. 1 bei einer im gewerblichen Ausmaß begangenen Rechtsverletzung in Gestalt der widerrechtlichen Benutzung einer geografischen Herkunftsangabe der berechtigte Nutzer verlangen, dass ihm der Verletzer seine Bank-, Finanz- oder Handelsunterlagen vorlegt oder ihm zumindest einen geeigneten Zugang hierzu verschafft, wenn ohne eine Vorlage derartiger Unterlagen die Durchsetzung des Schadensersatzanspruchs fraglich ist.

36   Eine **Rechtsverletzung** im gewerblichen Ausmaß liegt vor, wenn der Verletzer wiederholt derartige Rechtsverletzungen begangen hat, um dadurch dauerhaft unmittelbare oder mittelbare wirtschaftliche oder kommerzielle Vorteile zu erlangen (vgl. Büscher/Dittmer/Schiwy/Büscher § 19b Rn. 3, Büscher/Dittmer/Schiwy/Büscher § 19 Rn. 18; Ströbele/Hacker/Thiering/Thiering § 19b Rn. 10, Ströbele/Hacker/Thiering/Thiering § 19 Rn. 27). Da der Anspruch aus § 128 abstellt auf Zuwiderhandlungen gegen § 127, die ihrerseits eine widerrechtliche Benutzung im geschäftlichen Verkehr voraussetzen, wird das Tatbestandsmerkmal einer Rechtsverletzung im gewerblichen Ausmaß in der Regel erfüllt sein.

37   Sofern indes der Verletzer gegen derartige Ansprüche, die sich zB auf die Vorlage von Bankkontoumsatzübersichten beziehen können, gemäß § 19b Abs. 1 S. 2 einwendet, die vorzulegenden Unterlagen und Informationen seien vertraulich, trifft das Gericht unter Berücksichtigung des Schutzes der **Vertraulichkeit** und unter Wahrung des Grundsatzes der Verhältnismäßigkeit die erforderlichen einzelfallspezifischen und milderen Maßnahmen (vgl. Omsels Herkunftsangaben Rn. 713).

38   Ist die begehrte Vorlage der Unterlagen unverhältnismäßig, ist der Anspruch ausgeschlossen (§ 19b Abs. 2).

D. Löschungs- und Rücknahmeanspruch

39   Sofern eine geografische Herkunftsangabe von einer prioritätsjüngeren Registermarke vereinnahmt wird, werden die Rechte der berechtigten Nutzer der geografischen Herkunftsangabe berührt, soweit deren Nutzung und deren bisheriger Schutz nach den §§ 126 ff. eingeschränkt würden durch die prioritätsjüngere Registermarke. Daher sind geografische Herkunftsangaben ein relatives Schutzhindernis für prioritätsjüngere Registermarken (§ 13 Abs. 2 Nr. 5). Wurde ungeachtet dieses relativen Schutzhindernisses die prioritätsjüngere Marke eingetragen, so besteht gemäß § 51 Abs. 1, § 55 Abs. 2 Nr. 3 für die nach § 8 Abs. 3 UWG zur Geltendmachung von Ansprüchen Berechtigten, auf die auch § 128 Abs. 1 S. 1 abstellt, ein Beseitigungsanspruch in Gestalt eines Anspruchs auf Löschung der prioritätsjüngeren Marke (vgl. Ströbele/Hacker/Thiering/Hacker Rn. 21, 23 f.; v. Schultz/Gruber Rn. 11).

40   Sofern ein Markenschutz für die prioritätsjüngere Registermarke nur beantragt wurde, die Registermarke allerdings noch nicht in das Register eingetragen wurde, besteht anstelle eines Löschungsanspruchs ein Anspruch auf **Rücknahme der Markenmeldung** (BGH GRUR 2001, 422 – SPA; Ströbele/Hacker/Thiering/Hacker § 128 Rn. 22 iVm Ströbele/Hacker/Thiering/Miosga § 55 Rn. 8 ff.).

E. Haftung des Betriebsinhabers (Abs. 3 iVm § 14 Abs. 7)

41   Infolge der von Abs. 3 angeordneten entsprechenden Geltung von § 14 Abs. 7 haftet der Betriebsinhaber, wenn in seinem geschäftlichen Betrieb Angestellte oder Beauftragte geografische Herkunftsangaben entgegen § 127 benutzt haben (vgl. BGH GRUR 2016, 741 (745) = GRUR-Prax 2016, 284 mAnm Heim – Himalaya-Salz). Die Haftung erstreckt sich sowohl auf Unterlassungsansprüche aus Abs. 1 als auch auf Schadensersatzansprüche aus Abs. 2, sofern die Angestellten oder Beauftragten des Betriebsinhabers vorsätzlich oder fahrlässig gehandelt haben. Ein etwaiges eigenes Verschulden des Betriebsinhabers ist für seine Haftung ebenso wenig erforderlich wie ein tatsächlicher Einfluss des Betriebsinhabers auf das Handeln seiner Angestellten oder Beauftragten; er haftet damit auch für deren ohne sein Wissen oder sogar gegen seinen Willen begangene Zuwiderhandlungen gegen § 127 (vgl. BGH GRUR 2009, 1167 (1170) – Partnerprogramm; OLG Hamm BeckRS 2012, 22998 – Google-Adwords-Werbung = MMR 2013, 41 mAnm Albrecht).

42   Ferner besteht für den Betriebsinhaber **keine Möglichkeit zu einer Exkulpation,** wie sie nach § 831 BGB bei schädigenden Handlungen durch Verrichtungsgehilfen denkbar ist (vgl. Ingerl/Rohnke/Nordemann/J. B. Nordemann Vor §§ 14–19d Rn. 57; Fezer Rn. 29, § 14 Rn. 1055; Ströbele/Hacker/Thiering/Thiering § 14 Rn. 474; HK-MarkenR/Fuchs-Wissemann Rn. 5; BGH GRUR 2005, 864 – Meißner Dekor II).

42.1   Zwar kann der Betriebsinhaber gegen seine Haftung für Schadensersatzansprüche einwenden, sein Angestellter oder Beauftragter habe weder vorsätzlich noch fahrlässig eine geografische Herkunftsangabe entgegen § 127 Abs. 1 benutzt. Derartige Einwendungen dürften in der Praxis aber zumeist wenig Aussicht auf Erfolg haben, da die Rechtsprechung strenge Anforderungen an die Sorgfaltspflichten stellt, wie zB im Vorfeld einer Benutzung umfassende Recherchen hinsichtlich entgegenstehender Rechte Dritter (vgl. Ingerl/Rohnke/Nordemann/Jaworski Vor §§ 14–19d Rn. 280 f.; Ströbele/Hacker/Thiering/Thiering

§ 14 Rn. 688; BGH GRUR 2008, 1104 (1107) – Haus und Grund II; OLG Frankfurt GRUR-RR 2017, 401 f. – Weinstein).

Dabei sind im Vorfeld einer Benutzung **Recherchen und Klärungen durchzuführen** (vgl. **43** dazu Ingerl/Rohnke/Nordemann/Jaworski Vor §§ 14–19d Rn. 280 f.; BGH GRUR 1995, 825 (828 f.) – Torres; GRUR 1991, 153 (155) – Pizza & Pasta) unabhängig davon, dass angesichts eines fehlenden Registers für geografische Herkunftsangaben iSd §§ 126 ff. die Recherchemöglichkeiten im Vergleich zu Marken eingeschränkt sind.

Während ein Ausschluss des Verschuldens bei Verletzungshandlungen umfassende und sorgfältige vorheri- **43.1** ge Recherchen erfordert, sind die Anforderungen an Recherchen im Vorfeld von Markenanmeldungen geringer; so ist eine Anmeldung einer Marke ohne vorherige Recherche nach älteren Rechten nach hM noch kein Grund für eine Kostenauferlegung im Widerspruchsverfahren, es sei denn, es lagen Hinweise auf eine eindeutig verwechselbare ältere Marke vor (→ § 71 Rn. 20 f.).

F. Sonstige Ansprüche (Abs. 3 iVm § 19d)

Gemäß § 128 Abs. 3 iVm § 19d in entsprechender Anwendung bleiben Ansprüche aus anderen **44** gesetzlichen Vorschriften von den Ansprüchen aus § 128 Abs. 1 und Abs. 2 unberührt. Hierbei können insbesondere Ansprüche aus §§ 3, 5 UWG sowie aus § 11 LFGB in Betracht kommen (→ § 126 Rn. 7.1; Büscher/Dittmer/Schiwy/Büscher Rn. 33; Ströbele/Hacker/Thiering/ Hacker Rn. 26; v. Schultz/Gruber Rn. 2, 11; Leible in Streinz/Kraus LebensmittelR-HdB III Rn. 520; Meyer/Streinz/Meyer LFGB § 11 Rn. 85).

§ 129 Verjährung

Ansprüche nach § 128 verjähren gemäß § 20.

Wie § 136 im Hinblick auf Ansprüche aus § 135 verweist § 129 für die Verjährung der Ansprü- **1** che aus § 128 auf § 20. So gelten gemäß § 20 für die Verjährung von Ansprüchen die Vorschriften des fünften Abschnitts des ersten Buches des Bürgerlichen Gesetzbuches (§§ 194–218 BGB) entsprechend.

Demzufolge gilt für Ansprüche nach § 128 die regelmäßige Verjährungsfrist von drei Jahren **2** gemäß § 195 BGB; sie beginnt gemäß § 199 Abs. 1 Nr. 1 und 2 BGB mit Ablauf des Jahres, in dem der Anspruch entstanden ist und der Gläubiger von den anspruchsbegründenden Umständen und der Person des Schuldners Kenntnis erlangte oder ohne grobe Fahrlässigkeit hätte erlangen müssen. Zu den Einzelheiten sei verwiesen auf die Kommentierung zu § 20 (→ § 20 Rn. 6, → § 20 Rn. 12 ff.).

Abschnitt 2. Schutz von geographischen Angaben und Ursprungsbezeichnungen gemäß der Verordnung (EU) Nr. 1151/2012

§ 130 Verfahren vor dem Deutschen Patent- und Markenamt; nationales Einspruchsverfahren

(1) Anträge auf Eintragung einer geographischen Angabe oder einer Ursprungsbezeichnung in das Register der geschützten Ursprungsbezeichnungen und der geschützten geographischen Angaben, das von der Europäischen Kommission nach Artikel 11 der Verordnung (EU) Nr. 1151/2012 des Europäischen Parlaments und des Rates vom 21. November 2012 über Qualitätsregelungen für Agrarerzeugnisse und Lebensmittel (ABl. L 343 vom 14.12.2012, S. 1) in ihrer jeweils geltenden Fassung geführt wird, sind beim Deutschen Patent- und Markenamt einzureichen.

(2) Für die in diesem Abschnitt geregelten Verfahren sind die im Deutschen Patent- und Markenamt errichteten Markenabteilungen zuständig.

(3) Bei der Prüfung des Antrags holt das Deutsche Patent- und Markenamt die Stellungnahmen des Bundesministeriums für Ernährung und Landwirtschaft, der zuständi-

gen Fachministerien der betroffenen Länder, der interessierten öffentlichen Körperschaften sowie der interessierten Verbände und Organisationen der Wirtschaft ein.

(4) [1]Das Deutsche Patent- und Markenamt veröffentlicht den Antrag. [2]Gegen den Antrag kann innerhalb von zwei Monaten seit Veröffentlichung von jeder Person mit einem berechtigten Interesse, die im Gebiet der Bundesrepublik Deutschland niedergelassen oder ansässig ist, beim Deutschen Patent- und Markenamt Einspruch eingelegt werden.

(5) [1]Entspricht der Antrag den Anforderungen der Verordnung (EU) Nr. 1151/2012 und den zu ihrer Durchführung erlassenen Vorschriften, stellt das Deutsche Patent- und Markenamt dies durch Beschluss fest. [2]Andernfalls wird der Antrag durch Beschluss zurückgewiesen. [3]Das Deutsche Patent- und Markenamt veröffentlicht den stattgebenden Beschluss. [4]Kommt es zu wesentlichen Änderungen der nach Absatz 4 veröffentlichten Angaben, so werden diese zusammen mit dem stattgebenden Beschluss veröffentlicht. [5]Der Beschluss nach Satz 1 und nach Satz 2 ist dem Antragsteller und denjenigen zuzustellen, die fristgemäß Einspruch eingelegt haben.

(6) [1]Steht rechtskräftig fest, dass der Antrag den Anforderungen der Verordnung (EU) Nr. 1151/2012 und den zu ihrer Durchführung erlassenen Vorschriften entspricht, so unterrichtet das Deutsche Patent- und Markenamt den Antragsteller hierüber und übermittelt den Antrag mit den erforderlichen Unterlagen dem Bundesministerium der Justiz und für Verbraucherschutz. [2]Ferner veröffentlicht das Deutsche Patent- und Markenamt die Fassung der Spezifikation, auf die sich die positive Entscheidung bezieht. [3]Das Bundesministerium der Justiz und für Verbraucherschutz übermittelt den Antrag mit den erforderlichen Unterlagen an die Europäische Kommission.

(7) Sofern die Spezifikation im Eintragungsverfahren bei der Europäischen Kommission geändert worden ist, veröffentlicht das Deutsche Patent- und Markenamt die der Eintragung zugrunde liegende Fassung der Spezifikation.

Überblick

Der Anwendungsbereich dieser Vorschrift zielt auf den Schutz geografischer Bezeichnungen für Agrarerzeugnisse und Lebensmittel (→ Rn. 3), soweit diese nicht eine Gattungsbezeichnung (→ Rn. 17) führen, nach Maßgabe der VO (EU) 1151/2012 und deren Durchführungsvorschriften. Dabei gehen die diesen Schutz begründenden EU-Normen den nationalen Schutznormen vor (→ Rn. 5). Die geschützten geografischen Bezeichnungen sind geschützte Ursprungsbezeichnungen (→ Rn. 7) und geschützte geografische Angaben (→ Rn. 11).

Das Verfahren zur Erlangung dieses Schutzes hat eine Phase auf nationaler Ebene (→ Rn. 33) und eine Phase auf Gemeinschaftsebene (→ Rn. 20). In der nationalen Phase werden der Antragsgegenstand (→ Rn. 35), das Antragsrecht (→ Rn. 37) und die Formalien des Antrags (→ Rn. 39) mit der Spezifikation (→ Rn. 40) geprüft. Während der nationalen Verfahrensphase können Einsprüche aus Deutschland erhoben werden (→ Rn. 48). Gegen den Beschluss des DPMA (→ Rn. 52) sind Rechtsmittel gemäß § 133 gegeben. Stattgebende Beschlüsse gehen über das BMJV an die Kommission (→ Rn. 54) und werden mit der Spezifikation vom DPMA veröffentlicht.

In der gemeinschaftsrechtlichen Phase können Einsprüche aus anderen Ländern erhoben werden (→ Rn. 25). Danach kann die Eintragung ins Register (→ Rn. 27) geschehen (zu deren Rechtsfolgen → Rn. 28). Der mit Wirkung zum 1.7.2016 neu eingefügte Abs. 7 sieht vor, dass das DPMA auch Änderungen der Spezifikation veröffentlicht, die in der gemeinschaftsrechtlichen Phase im Eintragungsverfahren bei der Europäischen Kommission erfolgen (→ Rn. 55).

Übersicht

A. Schutz geografischer Bezeichnungen

I. Allgemeines

Geografische Herkunftsangaben wurden europarechtlich zunächst geschützt durch die am **1** 24.7.1993 in Kraft getretene **VO (EWG) 2081/92** zum Schutz von geografischen Angaben und Ursprungsbezeichnungen für Agrarerzeugnisse und Lebensmittel (ABl. EG 1992 L 208, 1). Näher → Rn. 1.1.

Diese Verordnung ermöglichte auch einen Schutz von Herkunftsangaben aus Drittländern, allerdings **1.1** nur unter den engen Voraussetzungen des Art. 12 VO (EWG) 2081/92. Diese Voraussetzungen hätten für das Drittland faktisch bedeutet, im eigenen Land ein ähnliches System wie das nach VO (EWG) 2081/92 zum Schutze von Herkunftsangaben zu übernehmen (Heine GRUR 1993, 96 (103)). Auf Antrag der USA und Australiens erkannte die Welthandelsorganisation daher in zwei Entscheidungen vom 15.3.2005, die VO (EWG) 2081/92 verstoße mit Art. 12 VO (EWG) 2081/92 gegen das TRIPS-Abkommen (vgl. WTO-Panel Bericht v. 15.3.2005 – WT/DS174/R, GRUR Int 2006, 930; vgl. auch Omsels Herkunftsangaben Rn. 95; Sosnitza MarkenR § 21 Rn. 1). Infolgedessen wurde sie zum 31.3.2006 ersetzt durch die VO (EG) 510/2006 des Rates vom 20.3.2006 zum Schutz von geografischen Angaben und Ursprungsbezeichnungen für Agrarerzeugnisse und Lebensmittel (ABl. EG 2006 L 93, 12).

Am 3.1.2013 trat die **VO (EU) 1151/2012** über Qualitätsregelungen für Agrarerzeugnisse und **2** Lebensmittel (Qualitätsregelungen-VO) vom 21.11.2012 (ABl. EU 2012 L 343, 1, zuletzt geändert durch VO (EU) 2021/2117), in Kraft und ersetzte damit die Vorschriften der VO (EG) 510/ 2006 wie auch die der VO (EG) 509/2006 über die garantiert traditionellen Spezialitäten bei Agrarerzeugnissen und Lebensmitteln. Gleichzeitig sollten damit die Normen für geschützte Ursprungsbezeichnungen und geschützte geografische Angaben gemäß der einstigen VO (EG) 510/2006 sowie die Normen für garantiert traditionelle Spezialitäten aus Gründen der Klarheit und Transparenz in einem einzigen Rechtsrahmen zusammengefasst werden (vgl. Erwägungsgründe 13 und 14 VO (EU) 1151/2012; vgl. auch Omsels MarkenR 2013, 209; Schoene ZLR 2015, 236; Teufer ZLR 2015, 15 (21)). Wie bereits der Titel der VO (EU) 1151/2012 andeutet („Verordnung über Qualitätsregelungen für Agrarerzeugnisse und Lebensmittel"), zielt sie wie auch die ihr vorangegangenen VO (EG) 510/2006 und VO (EWG) 2081/92 in erster Linie auf die Förderung der Agrarwirtschaft und – anders als das Lauterkeitsrecht – nicht auf den Schutz des Verbrauchers (vgl. Loschelder GRUR 2016, 339 (341)). Dies zeigt auch der Erwägungsgrund 18 VO (EU) 1151/2012, wonach durch den Schutz von Ursprungsbezeichnungen und geografischen Angaben den Landwirten und den Erzeugern ein gerechtes Einkommen für die hochwertige Qualität und Merkmale eines bestimmten Erzeugnisses gesichert werden soll (vgl. auch Loschelder GRUR 2016, 339 (341)). Erst als eine Konsequenz dieses Schutzes stellt Erwägungsgrund 18 VO (EU) 1151/2012 auf den Verbraucher ab: so sollen dem Verbraucher klare Informationen über Erzeugnisse mit besonderen Merkmalen aufgrund des geografischen Ursprungs bereitgestellt werden, damit er seine Kaufentscheidungen gut informiert treffen kann. Zum früheren Recht → Rn. 2.1 ff.

Bis zum 2.1.2013 wurde ein europarechtlicher Schutz für geografische Herkunftsangaben gewährt **2.1** durch die **VO (EG) 510/2006** zum Schutz von geografischen Angaben und Ursprungsbezeichnungen für

Agrarerzeugnisse und Lebensmittel. Mit dieser Verordnung – wie auch mit der durch sie außer Kraft getretenen VO (EWG) 2081/92 – hatte die Kommission auf das steigende Interesse der Verbraucher nach Agrarerzeugnissen und Lebensmitteln mit bestimmbarer geografischer Herkunft reagiert und beabsichtigt, derartige Produkte zu fördern. Zum 3.1.2013 ersetzte die VO (EU) 1151/2012 über Qualitätsregelungen für Agrarerzeugnisse und Lebensmittel die VO (EG) 510/2006. Weiterhin können demnach Agrarerzeugnisse und Lebensmittel, die die in der jeweiligen Spezifikation aufgeführten Bedingungen erfüllen, mit einer geschützten, in einem auf Gemeinschaftsebene geführten Register eingetragenen geografischen Angabe oder Ursprungsbezeichnung gekennzeichnet werden. Der Eintragung einer geografischen Angabe bzw. Ursprungsbezeichnung sowie etwaigen späteren Änderungen dieser Eintragung geht jeweils ein mehrstufiges Prüfungsverfahren auf nationaler Ebene und auf Gemeinschaftsebene voraus. Während sich die gemeinschaftsrechtliche Prüfung ausschließlich an den Normen der VO (EU) 1151/2012 (vormals VO (EG) 510/2006) mit ihren Durchführungsvorschriften orientiert, greifen für das nationale Verfahren zusätzlich die §§ 130–136. Diese nationalstaatlichen Normen begründen die Stellung und Funktionen des DPMA innerhalb des nationalen Prüfungsverfahrens und gestalten das nationale Prüfungsverfahren konkret aus.

2.2   Durch Art. 4 Gesetz zur Änderung des Designgesetzes und weiterer Vorschriften des gewerblichen Rechtsschutzes vom 4.4.2016 (BGBl. I 558) **änderte** der Gesetzgeber die §§ 130–136 **mit Wirkung ab dem 1.7.2016** ua dergestalt, dass diese Normen nun nicht mehr auf die VO (EG) 510/2006 verweisen; sondern auf die VO (EU) 1151/2012. Materielle Auswirkungen hat diese Anpassung der Verweisung in den §§ 130–136 indes nicht; denn bereits seit dem Inkrafttreten der VO (EU) 1151/2012 am 3.1.2013 waren die Bezugnahmen auf die VO (EG) 510/2006 in den §§ 130 ff. als Bezugnahmen auf die Normen der VO (EU) 1151/2012 gemäß deren Entsprechungstabelle in Anh. II VO (EU) 1151/2012 zu lesen (vgl. Art. 58 Abs. 2 VO (EU) 1151/2012). Diese Kommentierung orientiert sich an der VO (EU) 1151/2012 und verweist in Klammerzusätzen auf die entsprechenden Normen der einstigen VO (EG) 510/2006.

2.3   **Bilateral** werden durch das Abkommen zwischen der Europäischen Union und der Regierung der Volksrepublik China über die Zusammenarbeit im Bereich der geografischen Angaben und deren Schutz (EUCNggaAbk) vom 14.9.2020 (ABl. EU 2020 L 408 I, 3), das zum 1.3.2021 in Kraft getreten ist, 100 europäische geografische Angaben in China und im Gegenzug 100 chinesische geografische Angaben in der EU geschützt (vgl. → § 126 Rn. 3.1). Durch die Erklärung der EU vom 26.11.2019, zur Genfer Akte des Lissabonner Abkommens über Ursprungsbezeichnungen und geografische Angaben (ABl. EU 2019 L 271, 15) beizutreten und die am 26.2.2020 in Kraft trat, werden die nach Maßgabe der VO (EU) 1151/2012 geschützten Ursprungsbezeichnungen und geografischen Angaben auch in den Staaten der anderen Vertragsparteien des Lissabonner Abkommens geschützt, sobald die WIPO gemäß Art. 6 GenfA-LUA auf Antrag der EU-Kommission diese geschützten Ursprungsbezeichnungen bzw. geografischen Angaben in das sog. Internationale Register eingetragen und die Eintragung veröffentlicht hat (vgl. auch → § 126 Rn. 3.2).

II. Anwendungsbereich

3   Wie die Verordnungen VO (EWG) 2081/92 und die VO (EG) 510/2006 ermöglicht auch die VO (EU) 1151/2012 den Schutz von Herkunftsangaben zunächst nur für Agrarerzeugnisse und Lebensmittel. Gemäß Art. 2 VO (EU) 1151/2012 zählen hierzu
• die in Anh. I AEUV genannten Agrarerzeugnisse für den menschlichen Verzehr sowie
• die in Anh. I VO (EU) 1151/2012 aufgeführten weiteren Agrarerzeugnisse und Lebensmittel.
Zu derartigen Agrarerzeugnissen gemäß Anh. I AEUV, deren Herkunft nach den Vorgaben der VO (EU) 1151/2012 geschützt werden kann, zählen ua lebende Tiere, Fleisch, Fleischzubereitungen wie auch Fische, Muscheln und Schalentiere (zB der als geografische Angabe geschützte „Fränkischer Karpfen"/„Frankenkarpfen"/„Karpfen aus Franken" (s. VO (EU) 1007/2012)) sowie Waren tierischen Ursprungs, Gemüse (zB die geschützten geografischen Angaben „Bayerischer Meerrettich"/„Bayerischer Kren" (s. VO (EG) 1197/2007), „Wallbecker Spargel" (s. VO (EU) 765/2013) oder „Beelitzer Spargel" (s. VO (EU) 2018/399)), Pflanzen und genießbare Früchte, Fette und Öle (zB das als geografische Angabe geschützte „Steirische Kürbiskernöl" (s. VO (EG) 1263/1996)). Der Anh. I VO (EU) 1151/2012 dehnt – wie einst Anh. I VO (EG) 510/2006 – diesen Anwendungsbereich ua aus auf die für die Lebensmittelindustrie und für die Verbraucher gleichermaßen bedeutsamen Lebensmittel wie Backwaren, feine Backwaren, Süßwaren und Kleingebäck und Teigwaren (geschützte geografische Angaben bei Teigwaren sind zB „Schwäbische Spätzle"/„Schwäbische Knöpfle" (s. VO (EU) 186/2012) und „Schwäbische Maultauschen"/ „Schwäbische Suppenmaultaschen" (s. VO (EG) 991/2009); ein aktuelles Beispiel aus dem Bereich der Süßwaren ist die seit dem 28.11.2018 geschützte geografische Angabe „Bayrisch Blockmalz" (s. VO (EU) 2018/1851)), Getränke auf der Grundlage von Pflanzenextrakten und vor allem Bier (geschützte geografische Angaben sind zB „Kulmbacher Bier", „Mainfranken Bier", „Bayerisches Bier", „Dortmunder Bier" (s. allesamt Anh. VO (EG) 1549/98)). Überdies verfügen vereinzelte

Bezeichnungen sogar über einen Schutz als geografische Angabe, obwohl deren Bezeichnung keinerlei geografischen Bezug erkennen lässt (so zB die geschützte geografische Angabe „Kölsch" für Bier (s. VO (EG) 2325/97), die geschützte geografische Angabe „Flönz" für eine rheinländische geräucherte Fleischspezialität (s. VO (EU) 2016/1242) oder die geografische Angabe „Hüttentee" für einen Likör, vgl. Anh. III Nr. 33 Spirituosen-VO).

Ausdrücklich ausgenommen vom Anwendungsbereich der VO (EU) 1151/2012 waren **4** ursprünglich **Weinbauerzeugnisse** (mit Ausnahme von Weinessig), aromatisierte Weine und Spirituosen (Art. 2 Abs. 2 VO (EU) 1151/2012; so auch bereits Art. 1 Abs. 1 UAbs. 2 VO (EG) 510/2006; vgl. auch Thiering GRUR 2021, 1461 (1474); EuGH C-783/19, GRUR 2021, 1390 = GRUR-Prax 2021, 665 mAnm Schulteis – Champanillo; BGH BeckRS 2018, 31389 – Champagner Sorbet). Seit der Änderung der VO (EU) 1151/2012 durch die VO (EU) 2021/2117 wurden diese Ausnahmen eingeschränkt; so sind seit dem 7.12.2021 gemäß Art. 2 Abs. 2 VO (EU) 1151/ 2012 nur noch Spirituosen oder Weinbauerzeugnisse iSv Anh. VII Teil IV VO (EU) 1308/2013 (mit Ausnahme von Weinessig) vom Anwendungsbereich der VO (EU) 1151/2012 ausgenommen, während seit dem 7.12.2021 bei den im Anh. I VO (EU) 1151/2012 aufgeführten Agrarerzeugnissen und Lebensmitteln, deren Ursprungsbezeichnungen und geografische Angaben Schutz nach der VO (EU) 115/2012 erlangen können, auch aromatisierte Weine gemäß Art. 3 Abs. 2 VO (EU) 251/2014 sowie andere alkoholische Getränke mit Ausnahme von Spirituosen und Weinbauerzeugnissen gemäß Anh. VII Teil II VO (EU) 1308/2013 wie auch Bienenwachs angeführt sind.

Herkunftsangaben für Weinbauerzeugnisse werden geschützt durch die Art. 92 ff. VO (EU) 1308/ **4.1** 2013; vgl. Ströbele/Hacker/Thiering/Hacker § 126 Rn. 45; Fezer/Büscher/Obergfell/Marx UWG S-10 Rn. 201; Schoene GRUR 2021, 1394; Schoene ZLR 2015, 236 f.; Schulteis GRUR-Prax 2015, 267; EuGH C-783/19, GRUR 2021, 1390 = GRUR-Prax 2021, 665 mAnm Schulteis – Champanillo), ergänzt ua durch die VO (EU) 2019/33 mit ihren Vorschriften zu geschützten Ursprungsbezeichnungen, geschützten geografischen Angaben und traditionellen Begriffe sowie zur Etikettierung und Aufmachung im Weinsektor (vgl. Boch, Weingesetz, 7. Aufl. 2019, Weingesetz Einleitung Rn. 43; OLG Frankfurt NJW-RR 2020, 1368 = GRUR-Prax 2020, 530 mAnm Kiefer – Italian Rosé; VG Würzburg BeckRS 2019, 10013 = GRUR-Prax 2019, 428 mAnm Schulteis – Qualitätswein Franken), und durch die ergänzenden Vorgaben des nationalen Gesetzgebers in § 3 Abs. 2 WeinG, § 24 Abs. 2 Nr. 1 WeinG, § 39 WeinV (vgl. BayVGH BeckRS 2017, 116460 = GRUR-Prax 2017, 416 mAnm Schulteis – Iphöfer Julius Echter Berg; VG Würzburg BeckRS 2019, 10013 = GRUR-Prax 2019, 428 mAnm Schulteis – Qualitätswein Franken). Die VO (EU) 1308/2013 ersetzte die seit dem 1.8.2009 geltende Wein-DVO (VO (EG) 607/2009, (ABl. EG 2009 L 193, 60) mitsamt deren Verweisungen auf die VO (EG) 479/2008 (ABl. EG 2008 L 148, 1), die in die VO (EG) 491/2009 (ABl. EG 2009 L 154, 1) integriert wurde (vgl. Hieronimi ZLR 2012, 529 ff.; Ströbele/Hacker/Thiering/Hacker Rn. 11). Es ist anerkannt, dass die VO (EU) 1308/2013 teilweise fast wörtlich der VO (EU) 1151/2012 entspricht und in gleicher Weise ausgelegt werden kann (Schoene GRUR 2018, 784 f.; EuGH C-783/19, GRUR 2021, 1390 = GRUR-Prax 2021, 665 mAnm Schulteis – Champanillo; C-393/16, GRUR 2018, 327 = GRUR-Prax 2018, 61 mAnm Schöllmann – Champagner-Sorbet).

Waren Herkunftsangaben für aromatisierte Weine bis zum 6.12.2021 geschützt durch die Art. 10 ff. **4.2** VO (EU) 251/2014, die am 28.3.2015 an die Stelle der VO (EWG) 1601/1991 getreten waren (Ströbele/ Hacker/Thiering/Hacker § 126 Rn. 45; Fezer/Büscher/Obergfell/Marx UWG S-10 Rn. 201; Schoene GRUR 2021, 1394; Schulteis GRUR-Prax 2015, 177), so sind sie gemäß Art. 2 Abs. 2 VO (EU) 1151/ 2012 seit dem 7.12.2021 vom Schutzumfang der VO (EU) 1151/2012 umfasst. Seit dem 7.12.2021 werden gemäß Art. 16a VO (EU) 1151/2012 Namen, die in das Register gemäß Art. 21 VO (EU) 251/2014 eingetragen sind, automatisch als geschützte geografische Angaben in das Register gemäß Art. 11 VO (EU) 1151/2012 (→ Rn. 27) übernommen. Die entsprechenden Spezifikationen gelten als Spezifikationen für die Zwecke des Art. 7 VO (EU) 1151/2012.

Die beiden derzeit einzigen Beispiele aus Deutschland für ein aromatisiertes Weinerzeugnis, das eine geschützte geografischen Angabe führen darf und hierzu im Register gemäß Art. 21 VO (EU) 251/2014 aufgeführt ist, sind „Nürnberger Glühwein" und „Thüringer Glühwein" (vgl. Schulteis GRUR-Prax 2020, 635).

Geografische Angaben für Spirituosen werden geschützt durch die Art. 21 ff. VO (EU) 2019/787 **4.3** (Spirituosen-VO 2021), die seit dem 8.6.2019 an die Stelle der Art. 15 ff. VO (EG) 110/2008 (Spirituosen-VO 2008) traten (zum Schutz geografischer Angaben durch die Spirituosen-VO vgl. Ströbele/Hacker/ Thiering/Hacker § 126 Rn. 45; Fezer/Büscher/Obergfell/Marx UWG S-10 Rn. 201a; Schoene GRUR 2021, 1394; Schoene GRUR 2018, 784 f.; Schulteis GRUR-Prax 2018, 537; EuGH C-44/17, BeckRS 2018, 10467 = GRUR-Prax 2018, 302 mAnm Douglas – Scotch Whiskey Association/Michael Klotz – Glen Buchenbach; LG Hamburg GRUR-RR 2017, 312 f. = GRUR-Prax 2017, 326 mAnm Schoene – Glen Buchenbach; OLG Hamburg GRUR-RS 2019, 39823 = GRUR-Prax 2020, 211 mAnm Schulteis –

Glen Els; LG Hamburg GRUR-RS 2019, 37772 – The Alrik). Die europarechtlichen Vorgaben der Spirituosen-VO werden in Deutschland ergänzt durch die Alkoholhaltige Getränke-Verordnung – AGeV; so enthalten die § 8 Abs. 2 AGeV, §§ 9, 9a AGeV zusätzliche, über die Spirituosen-VO hinausgehende Voraussetzungen, damit deutsche Spirituosen die entsprechende geografische Angabe führen dürfen (zu den Anforderungen an eine geografische Bezeichnung einer Spirituose iSv § 8 Abs. 2 AGeV vgl. Schulteis GRUR-Prax 2018, 537; Streinz/Kraus LebensmittelR-HdB/Rützler II Rn. 324 ff.; vgl. OLG Karlsruhe BeckRS 2014, 10407 = GRUR-Prax 2014, 342 mAnm Schulteis – Schwarzwald-Spirituosen). Waren früher noch in Anh. III Spirituosen-VO zahlreiche geografische Angaben von europäischen Spirituosen wie auch von in Drittländern hergestellten Spirituosen (so zB die Angaben „Ron de Guatemala" oder „Tequila") aufgeführt, hatte gemäß Art. 33 Abs. 1 Spirituosen-VO 2021 die Kommission bis zum 8.6.2021 ein neues, öffentlich zugängliches, stets aktualisiertes Register der geografischen Angaben von Spirituosen zu erlassen. Die Kommission kam dieser Vorgabe nach, indem sie in das internetbasierte EU-Register „eAmbrosia" (→ Rn. 6.1) nun auch ein Spirituosenregister einfügte (abrufbar unter https://ec.europa.eu/geographical-indications-register, zuletzt abgerufen am 9.1.2023). Infolgedessen konnte zum 20.10.2021 auch die Anlage 4 AGeV, die bislang die geschützten deutschen geografischen Angaben aufgeführt hatte, aufgehoben werden (vgl. Art. 2 Nr. 4 Zweite Verordnung zur Änderung der Weinverordnung und der Alkoholhaltige Getränke-Verordnung vom 11.10.2021, BGBl. I 4683). Beispiele für deutsche geografische Angaben für Spirituosen sind zB „Schwarzwälder Himbeergeist", „Fränkisches Kirschwasser", „Bayerischer Gebirgsenzian", „Chiemseer Klosterlikör", „Münsterländer Korn" oder auch zuletzt „Bayerischer Blutwurz".

4.4   Nach wie vor erstreckt sich das europäische Schutzregime für geografische Herkunftsangaben aber nicht zB auf handwerkliche und industrielle Erzeugnisse. Auch aus diesem Grunde können in Deutschland noch weiterhin Bestimmungen über einzelne geografische Herkunftsangaben für derartige Erzeugnisse zumindest in einer Rechtsverordnung auf der Grundlage von § 137 normiert werden (→ § 137 Rn. 3), wie es sodann auch seit 1995 in der SolingenV für Schneidwaren, vor allem für Scheren, Messer und Bestecke (→ § 137 Rn. 8), und seit 2022 in der GlashütteV bzgl. Uhren (→ § 137 Rn. 9) geschieht. In der EU wurde hierin eine Schutzlücke erkannt, über deren Schließung in den kommenden Jahren verhandelt werden soll. Hierzu hat die Europäische Kommission am 13.4.2022 einen Vorschlag für eine „Verordnung über den Schutz geografischer Angaben für handwerkliche und industrielle Erzeugnisse und zur Änderung der Verordnungen (EU) 2017/1001 und (EU) 2019/1753 des Europäischen Parlaments und des Rates und des Beschlusses (EU) 2019/1754 des Rates" (COM(2022) 174 final, 2022/0115 (COD)) veröffentlicht. Daran anschließend hat auch der Ministerrat der EU-Staaten in seiner Sitzung vom 1.12.2022 ein Mandat für Verhandlungen mit dem Europäischen Parlament über den Schutz geografischer Angaben für handwerkliche und gewerbliche Erzeugnisse angenommen mit dem Ziel, das aktuelle europäische System zum Schutz geografischer Angaben für landwirtschaftliche Erzeugnisse zu erweitern auf handwerkliche oder industrielle Erzeugnisse (vgl. Rat der EU Doc. 14703, 1). Nach derzeitigem Stand sollen diesen Verhandlungen in einer Verordnung über den Schutz geografischer Angaben für handwerkliche und industrielle Erzeugnisse münden (vgl. Schulteis GRUR-Prax 2023, 1 (4)).

5   Sind Herkunftsangaben vom Anwendungsbereich der VO (EU) 1151/2012 umfasst und sind sie als geschützte Ursprungsbezeichnung oder geschützte geografische Angabe eingetragen, gelten für derartige Herkunftsangaben die Normen der VO (EU) 1151/2012 **abschließend und vorrangig** gegenüber nationalstaatlichen Normen, die den Schutz von Herkunftsangaben bezwecken (EuGH C-129/97 und C-130/97, GRUR Int 1998, 790 (792) – Chiciak und Fol, zur VO (EWG) 2081/92; C-478/07, GRUR 2010, 143 (150) – American Bud II, zur VO (EG) 510/2006; vgl. auch EuGH C-56/16 P, GRUR 2018, 89 (95) – GRUR-Prax 2017, 485 mAnm Schoene – Port Charlotte, bzgl. Produkte des Weinsektors gemäß Art. 92 ff. VO (EU) 1308/2013). Nach der einstigen Rechtsprechung des EuGH sollte der Anwendungsbereich der VO (EWG) 2081/92 und der VO (EG) 510/2006 auch dann abschließend gegenüber dem nationalstaatlichen Recht sein, wenn bereits nur die **Möglichkeit** der Eintragung einer Herkunftsangabe als geschützte Ursprungsbezeichnung oder geschützte geografische Angabe bestand (s. noch EuGH C-478/07, GRUR 2010, 143 (150) – American Bud II, zur VO (EG) 510/2006). Gegen eine derartig weite Auslegung des Anwendungsbereichs der Verordnungen zum geografischen Herkunftsschutz wurde in der Literatur vielfach Kritik vorgetragen, ua mit dem Argument, dadurch würde der nationale Schutz qualifizierter geografischer Herkunftsangaben nach § 127 Abs. 2 nahezu ausgehebelt und nur noch auf Industrieerzeugnisse und Dienstleistungen reduziert (so Büscher/Dittmer/Schiwy Büscher § 127 Rn. 29; Fassbender/Herbrich GRUR Int 2014, 765 (770); Ströbele/Hacker Thiering/Hacker § 126 Rn. 55). In seiner jüngeren Rechtsprechung hat der EuGH nunmehr einschränkend entschieden, dass eine geografische Herkunftsangabe, die noch nicht eingetragen ist, nicht vom Anwendungsbereich der oben genannten Verordnungen für geografische Herkunftsangaben umfasst ist und dass dies der Anwendung nationalstaatlicher Regelungen für geografische

Herkunftsangaben nicht entgegenstehe; insbesondere seien geografische Ursprungsbezeichnungen, die nur dazu dienten, die geografische Herkunft eines Erzeugnisses unabhängig von dessen besonderen Eigenschaften herauszustellen, nicht vom Anwendungsbereich der VO umfasst. Voraussetzung für eine Anwendung der nationalstaatlichen Regelungen auf noch nicht eingetragene Herkunftsangaben sei, dass der nationale Schutz die Ziele der VO (EWG) 2081/92, der späteren VO (EG) 510/2006 und der heutigen VO (EU) 1151/2012 nicht beeinträchtige und nicht gegen die Regeln des freien Warenverkehrs in der EU verstoße (EuGH C-35/13, GRUR 2014, 674 (676) = GRUR-Prax 2014, 276 mAnm Schoene – Salame Felino; vgl. auch OLG Stuttgart BeckRS 2019, 16861 – Hohenloher Landschwein/Hohenloher Weiderind II; bestätigt durch BGH GRUR 2021, 1395 = GRUR-Prax 2021, 630 mAnm Schulteis – Hohenloher Landschwein). Eine solche Beeinträchtigung sieht der EuGH, wenn der nationale Schutz den Verbrauchern gewährleiste, dass die diesen Schutz genießenden Erzeugnisse eine bestimmte Qualität oder Eigenschaft aufweisen; so habe sich der nationale Schutz nur darauf zu konzentrieren, dass die Herkunft der Erzeugnisse aus dem betreffenden geografischen Gebiet garantiert werde (EuGH C-35/13, GRUR 2014, 674 (676) = GRUR-Prax 2014, 276 mAnm Schoene – Salame Felino; vgl. auch ausführlich Schoene ZLR 2017, 729 (731 ff.) sowie Schoene MarkenR 2014, 273 ff.).

5.1 Ist der Anwendungsbereich VO (EU) 1151/2012 eröffnet, so gilt sie – wie ihre Vorgängernormen der VO (EG) 510/2006 – somit auch vorrangig und abschließend gegenüber den §§ 126–129 (Ingerl/Rohnke/Nordemann/A. Nordemann Rn. 1; v. Schultz/Gruber Vor §§ 130–139 Rn. 31; Sosnitza MarkenR § 21 Rn. 23). Für jene Herkunftsangaben zu Lebensmitteln und Agrarzeugnissen, für die eine Eintragung nach den Vorgaben der VO (EU) 1151/2012 gar nicht in Betracht kommt, kann allein das nationale Recht einen Schutz begründen. Dies ist der Fall bei einfachen Herkunftsangaben zu Agrarerzeugnissen und Lebensmitteln, bei denen kein Zusammenhang zwischen ihrer Qualität und der geografischen Herkunft besteht und bei denen der Verbraucher aus der Herkunftsangabe auch keine Qualitätsvorstellung herleitet (Ingerl/Rohnke/Nordemann/A. Nordemann § 127 Rn. 11; so auch bereits zur VO (EWG) 2081/92 Loschelder ZLR 2001, 115 (117); EuGH C-312/98, GRUR 2001, 64 (66) – Warsteiner; C-216/01, GRUR Int 2004, 131 (135) – American Bud I).

5.2 Ein ähnliches Rangverhältnis besteht auch bei den Ursprungsbezeichnungen und geografischen Angaben für Weine. Existiert für einen Wein eine geschützte Ursprungsbezeichnung nach Art. 92 ff. VO (EU) 1308/2013, so ist für die Beurteilung, ob ein Wein diese Ursprungsbezeichnung führen darf, allein auf deren Produktspezifikation abzustellen. Etwaige zusätzliche nationalstaatliche Regelungen, die die Produktspezifikation, die nach Art. 94 Abs. 2 VO (EU) 1308/2018 dem Schutzantrag beigefügt war, ändern, indem sie zB die von der g.U. umfassten Anbauflächen modifizieren oder zusätzliche Kriterien für die Bestockung der Rebflächen vorsehen, sind irrelevant (BVerwG BeckRS 2021, 16339 = GRUR-Prax 2021, 553 mAnm Schulteis – Rheinhessen; OVG Koblenz BeckRS 2020, 22910 – Rheinhessen; VG Würzburg BeckRS 2019, 10013 = GRUR-Prax 2019, 428 mAnm Schulteis – Qualitätswein Franken).

III. Geschützte Bezeichnungen

6 Während Titel I (= Art. 1–3 VO (EU) 1151/2012) der VO (EU) 1151/2012 die allgemeinen Bestimmungen normiert, konzentriert sich ihr Titel II (= Art. 4–16 VO (EU) 1151/2012) auf die besonderen Bestimmungen für geschützte Ursprungsbezeichnungen und geschützte geografische Angaben. Diese Bezeichnungen dürfen gemäß Art. 11 Abs. 2 VO (EU) 1151/2012, Art. 12 Abs. 6 VO (EU) 1151/2012 auch in Etikettierungen von Erzeugnissen aus Drittländern erscheinen, die unter einem in dem Register eingetragenen Namen vermarktet werden und die in der Union im Rahmen eines internationalen Abkommens, bei dem die Union Vertragspartei ist, geschützt sind. Zu den bekannteren Erzeugnissen aus Drittländern, die diese Bezeichnungen führen dürfen, zählen zB aus Indien der Tee „Darjeeling" (geschützte geografische Angabe, s. VO (EU) 1050/2011) und aus Kolumbien der „Café de Colombia" (geschützte geografische Angabe, s. VO (EG) 1050/2007). Einen Überblick über sämtliche Produkte, die als geschützte Ursprungsangabe oder geschützte geografische Angaben anerkannt sind oder für die ein derartiger Schutz beantragt wurde, gewährt zum einen eine Recherche in der amtlichen Datenbank „DPMAregister" (abrufbar über die Internetseite des DPMA www.dpma.de), zum anderen die von der Europäischen Kommission geführte Datenbank „eAmbrosia".

6.1 eAmbrosia ist ein seit dem 1.4.2019 gepflegtes internetbasiertes EU-Register der geografischen Angaben für Lebensmittel wie auch für Weine, aromatisierte Weine und Spirituosen, abrufbar unter https://ec.europa.eu/geographical-indications-register (zuletzt abgerufen am 9.1.2023). eAmbrosia hat am 1.1.2020 die einstige sog. „DOOR-Liste" als bisheriges, von der Europäischen Kommission geführtes Portal für geschützte geografische Angaben abgelöst.

6.2   Zudem kann seit dem 25.11.2020 im vom Amt der Europäischen Union für geistiges Eigentum (EUIPO) geführten internetbasierten Benutzerportal GIview recherchiert werden nach allen geografischen Angaben für Weinerzeugnisse, Spirituosen und aromatisierten Weinerzeugnisse, Agrarerzeugnisse und Lebensmitteln, die auf EU-Ebene geschützt sind; (einschließlich derer von Drittländern, die aufgrund bilateraler oder multilateraler Übereinkommen auf EU-Ebene geschützt sind), abrufbar unter https://www.tmdn.org/giview/ (zuletzt abgerufen am 9.1.2023).

1. Geschützte Ursprungsbezeichnungen (g.U.)

7   Gemäß Art. 5 Abs. 1 VO (EU) 1151/2012 (Art. 2 Abs. 1a VO (EG) 510/2006) bezeichnet der Ausdruck „Ursprungsbezeichnung" im Sinne dieser Verordnung einen Namen, der auch ein traditionell verwendeter Name sein kann, der zur Bezeichnung eines Erzeugnisses verwendet wird,
- dessen Ursprung in einem bestimmten Ort, in einer bestimmten Gegend oder, in Ausnahmefällen, in einem bestimmten Land liegt,
- das seine Qualität oder Eigenschaften überwiegend oder ausschließlich den geografischen Verhältnissen einschließlich der natürlichen und menschlichen Einflüsse verdankt und
- dessen Produktionsschritte alle in dem abgegrenzten geografischen Gebiet erfolgen.

Dabei sind unter einem **Produktionsschritt** die Erzeugung, die Verarbeitung oder die Zubereitung des Erzeugnisses zu verstehen (Art. 3 Abs. 7 VO (EU) 1151/2012). Ist die Ursprungsbezeichnung von der Kommission anerkannt und in das hierfür geführte Register eingetragen worden, ist für Produkte, die die Voraussetzungen dieser Ursprungsbezeichnung erfüllen, eine Etikettierung mit folgendem Unionszeichen vorgesehen:

Das Unionszeichen für eine geschützte Ursprungsbezeichnung.

8   Grundlage für die Verwendung dieses Zeichens ist Art. 12 Abs. 2 VO (EU) 1151/2012, der die Einführung eines Unionszeichen vorsah, um geschützte Ursprungsbezeichnungen bekannt zu machen. Die „Delegierte VO (EU) 664/2014 der Kommission vom 18.12.2013 zur Ergänzung der VO (EU) 1151/2012 im Hinblick auf die Festlegung der EU-Zeichen für geschützte Ursprungsbezeichnungen, geschützte geografische Angaben und garantiert traditionelle Spezialitäten sowie im Hinblick auf bestimmte herkunftsbezogene Vorschriften, Verfahrensvorschriften und zusätzliche Übergangsvorschriften" (ABl. EU 2012 L 179, 17) führt in Anh. VO (EU) 664/2014 das zu verwendende, oben abgebildete Unionszeichen auf. Es zeigt ein gelbes Symbol, umrandet vom aus der EU-Fahne bekannten Kreis mit zwölf gelben Sternen auf rotem Grund, der seinerseits umgeben ist von einem gelben Rand, der in roter Schrift den Schriftzug „GESCHÜTZTE URSPRUNGSBEZEICHNUNG" trägt und nach außen hin rot gezackt ist. Dieses Unionszeichen wird den Verbrauchern zumeist bekannt sein, zumal es dem Gemeinschaftszeichen entspricht, das bereits vor Inkrafttreten der VO (EU) 1151/2012 zu verwenden war gemäß Art. 8 Abs. 2 VO (EG) 510/2006 iVm Anh. VO (EG) 628/2008 (ABl. EG 2008 L 173, 3). Darüber hinaus können gemäß Art. 12 Abs. 4 VO (EU) 1151/2012 zusätzlich auch Darstellungen des geografischen Ursprungsgebiets sowie Texte, Abbildungen und Zeichen, die sich auf den Mitgliedstaat oder die Gegend des geografischen Ursprungsgebietes beziehen, in der Etikettierung erscheinen.

8.1   Ebenfalls ist es denkbar, dass Weine das oben genannte Unionszeichen für geschützte Ursprungsbezeichnungen führen (vgl. Art. 120 Abs. 1 lit. e VO (EU) 1308/2013). Zwar bestimmt sich der Schutz für Herkunftsangaben von Weinbauerzeugnissen nicht nach der VO (EU) 1151/2012; jedoch können Ursprungsbezeichnungen für Weinbauerzeugnisse nach den Art. 92 ff. VO (EU) 1308/2013 (→ Rn. 4.1) geschützt sein (vgl. EuGH C-783/19, GRUR-RS 2021, 26141 = GRUR-Prax 2021, 665 mAnm Schulteis – Champanillo). So ist gemäß Art. 93 Abs. 1 lit. a VO (EU) 1308/2013 bei Weinen unter einer geschützten Ursprungsbezeichnung der Name, einschließlich eines traditionell verwendeten Namens, der zur Bezeichnung eines Erzeugnisses iSd Art. 92 Ab. 1 VO (EU) 1308/2013 verwendet wird, der zur

Bezeichnung eines Erzeugnisses gemäß Art. 92 Abs. 1 VO (EU) 1308/2013 (insbesondere Wein und Likör-, Schaum- und Perlwein) dient, das – ähnlich wie bei geschützten Ursprungsbezeichnungen gemäß der VO (EU) 1151/2012 –

- seine Qualität oder Eigenschaften überwiegend oder ausschließlich den geografischen Verhältnissen einschließlich der natürlichen und menschlichen Einflüsse verdankt,
- dessen Ursprung in einem bestimmten Ort, in einer bestimmten Gegend oder, in Ausnahmefällen, in einem bestimmten Land liegt,
- aus Weintrauben gewonnen wird, die ausschließlich aus diesem geografischen Gebiet stammen,
- dessen Herstellung in diesem geografischen Gebiet erfolgt und
- aus Rebensorten gewonnen wird, die zu „Vitis vinifera" oder einer Kreuzung zwischen der Art Vitis vinifera und einer anderen Art der Gattung Vitis angehören.

8.2 Zudem sieht im Hinblick auf eine Süßung von Qualitäts- oder Prädikatsweinen, die eine derartige geschützte Ursprungsbezeichnung führen, Anh. I D Nr. 3 VO (EU) 2019/934 vor, dass die Süßung nur innerhalb der Region, aus der der betreffende Wein stammt, oder in einem Gebiet in unmittelbarer Nähe dieser Region erfolgen darf; zudem muss der Traubenmost, der für die Süßung verwendet wird, aus der derselben Region wie der gesüßte Wein stammen (vgl. auch Schulteis GRUR-Prax 2020, 324).

8.3 Werden die Ursprungsbezeichnungen für derartige Weinbauerzeugnisse im Anschluss an ein nationales Vorverfahren und an eine Prüfung durch die Kommission gemäß den Art. 92 ff. VO (EU) 1308/2013 geschützt, werden sie in ein von der Kommission geführtes Register für geschützte Ursprungsbezeichnungen und geografische Angaben eingetragen (Art. 104 VO (EU) 1308/2013). Dieses Register ist enthalten in dem von der Europäischen Kommission geführten elektronischen Register „eAmbrosia – das EU-Register der geografischen Angaben", abrufbar unter https://ec.europa.eu/geographical-indications-register (zuletzt abgerufen am 6.10.2022). Dieses seit dem 1.4.2019 gepflegte EU-Register ersetzt für Ursprungsbezeichnungen und geografische Angaben im Weinsektor die einstige „E-Bacchus-Datenbank" (vgl. hierzu noch VG Würzburg BeckRS 2019, 10013 – Qualitätswein Franken), die ebenfalls von der Europäischen Kommission durch die Generaldirektion Landwirtschaft und ländliche Entwicklung (AGRI) geführt wurde.

8.4 Zu diesen geschützten Ursprungsbezeichnungen zählen die Namen der dreizehn deutschen Weinanbaugebiete gemäß § 3 Abs. 1 Nr. 1–13 WeinG, wie zB „Franken" (vgl. VG Würzburg BeckRS 2019, 10013 – Qualitätswein Franken = GRUR-Prax 2019, 428 mAnm Schulteis), „Rheinhessen" (vgl. BVerwG BeckRS 2021, 16339 = GRUR-Prax 2021, 553 mAnm Schulteis – Rheinhessen; OVG Koblenz, BeckRS 2020, 22910 – Rheinhessen), „Württemberg" oder „Baden", wie auch zuletzt für Weine die Namen „Würzburger Stein Berg" (s. VO (EU) 2020/1751), „Bürgstadter Berg" (s. VO (EU) 2017, 832), „Monzinger Niederberg" " (s. VO (EU) 2018/1963), „Uhlen Blaufüßer Ley" (s. VO (EU) 2018/1964), „Uhlen Roth Lay" (s. VO (EU) 2018/1965) und „Uhlen Laubach" (s. VO (EU) 2018/1966).

8.5 Zusätzlich zu dem europarechtlichen Schutz durch die VO (EU) 1308/2013 sollen künftig durch das „Abkommen zwischen der Europäischen Union und der Regierung der Volksrepublik China über die Zusammenarbeit im Bereich der geografischen Angaben und deren Schutz" (ABl. EU 2020 L 408 I, 3) in China ua die Angaben „Rheinhessen", „Mosel" und „Franken" als Ursprungsbezeichnung für Weine geschützt werden (→ Rn. 2.3; → § 126 Rn. 3.1).

9 Wesentliches Kennzeichnen von Agrarerzeugnissen und Lebensmitteln, für die ein Schutz über eine Ursprungsbezeichnung gemäß der VO (EU) 1151/2012 in Betracht kommt, ist ein unmittelbarer **Zusammenhang zwischen ihrer Qualität** oder ihren Merkmalen einerseits **und** ihrem **örtlichen Ursprung** andererseits. Dieser Zusammenhang kann aus den besonderen, an ihrem Ursprungsort vorherrschenden geografischen Bedingungen, wie zB Sonneneinstrahlung, Temperaturschwankungen, Pflanzenwelt (EuGH C-465/02 und C-466/02, GRUR 2006, 71 (73) – Feta II) oder Bodenbeschaffenheit (Sosnitza MarkenR § 20 Rn. 5), oder aus den für die Region typischen natürlichen oder menschlichen Einflüssen auf das Erzeugnis resultieren, zB die Art der Tierhaltung oder der Beweidung (EuGH C-465/02 und C-466/02, GRUR 2006, 71 (73) – Feta II) oder ortstypische traditionelle Herstellungsmethoden (Ingerl/Rohnke/Nordemann/A. Nordemann Rn. 4).

10 Gemäß Art. 5 Abs. 3 VO (EU) 1151/2012 können Namen, die bereits vor dem 1.5.2004 im Ursprungsland als Ursprungsbezeichnung anerkannt worden sind, geschützten Ursprungsbezeichnungen gemäß Art. 5 Abs. 1 VO (EU) 1151/2012 gleichgestellt werden, wenn die **Rohstoffe** für das betreffende Erzeugnis aus einem anderen geografischen Gebiet oder aus einem Gebiet stammen, das größer ist als das abgegrenzte geografische Gebiet, sofern

- das Gebiet, in dem der Rohstoff gewonnen wird, abgegrenzt ist,
- besondere Bedingungen für die Gewinnung der Rohstoffe bestehen und
- ein Kontrollsystem die Einhaltung der vorgenannten Bedingungen für die Gewinnung der Rohstoffe sicherstellt.

Hierzu stellt Art. 5 Abs. 3 VO (EU) 1151/2012 klar, dass zu diesen Rohstoffen lediglich lebende Tiere, Fleisch und Milch zählen. In der Praxis hat dieser Gleichstellungstatbestand, der nur für geschützte Ursprungsbezeichnungen und nicht für geschützte geografische Angaben greift, vor allem praktische Bedeutung für italienische Käse- und Schinkenproduzenten (Ströbele/Hacker/Thiering/Hacker Rn. 17 mit Hinweis auf die Spezifikation von Parma-Schinken, ABl. 2004 C 86, 7; demnach darf der Rohstoff für Parmaschinken nicht nur aus der Provinz Parma, Region Emilia-Romagna, sondern ua auch – was vermutlich allenfalls nur einem Teil der Verbraucher bei der Bezeichnung „Parmaschinken" bewusst ist – aus den Regionen Venetien, Lombardei, Piemont, Umbrien, Toskana, und Latium stammen).

2. Geschützte geografische Angaben (g.g.A.)

11   Eine geschützte geografische Angabe gemäß Art. 5 Abs. 2 VO (EU) 1151/2012 (Art. 2 Abs. 1b VO (EG) 510/2006) ist ein Name, einschließlich eines traditionell verwendeten Namens, der zur Bezeichnung eines Erzeugnisses verwendet wird,
* dessen Ursprung in einem bestimmten Ort, in einer bestimmten Gegend oder in einem bestimmten Land liegt,
* dessen Qualität, Ansehen oder eine andere Eigenschaft wesentlich auf diesen geografischen Ursprung zurückzuführen ist und
* bei dem wenigstens einer der Produktionsschritte in dem abgegrenzten geografischen Gebiet erfolgt.

Produkte, die eine geschützte geografische Angabe führen und die die Spezifikationsvoraussetzungen hierzu erfüllen, haben bislang auf ihrer Verpackung das folgende Unionszeichen zu führen:

Das Unionszeichen für eine geschützte geografische Angabe.

12   Wie für Ursprungsbezeichnungen sieht auch für geografische Angaben Art. 12 Abs. 2 VO (EU) 1151/2012 iVm Anh. VO (EU) 664/2014 die Verwendung dieses eigenständigen Unionszeichens verbindlich vor, um die geografische Angabe bekannt zu machen. Es entspricht in weiten Teilen dem Unionszeichen für Ursprungsbezeichnungen und unterscheidet sich lediglich dadurch, dass das gelbe Symbol und der gelbe Sternenkranz nun auf blauem Grund abgebildet sind und der gelbe Rand in blauer Schrift den Schriftzug „GESCHÜTZTE GEOGRAFISCHE ANGABE" trägt sowie nach außen hin blaue Zacken aufweist. Dieses Unionszeichen ist identisch mit dem Gemeinschaftszeichen, das bereits bislang für geografische Angaben gemäß Art. 8 Abs. 2 VO (EG) 510/2006 iVm Anh. VO (EG) 628/2008 (ABl. EG 2008 L 173, 3) zu verwenden war. Zur Etikettierung → Rn. 8.

12.1   Ähnlich wie bei geschützten Ursprungsbezeichnungen (→ Rn. 8.1) gilt auch für das Zeichen für geschützte geografische Angaben, dass es auch genutzt werden kann für Weinbauerzeugnisse, die eine geografische Angabe nach den Art. 92 ff. VO (EU) 1308/2013 tragen (vgl. Art. 120 Abs. 1 lit. e VO (EU) 1308/2013; zur Geltung der VO (EU) 1308/2013 anstelle der VO (EU) 1151/2012 → Rn. 4.1). Gemäß Art. 93 Abs. 1 lit. b VO (EU) 1308/2013 ist eine geografische Angabe der Name einer Gegend, eines bestimmten Ortes oder in ordnungsgemäß gerechtfertigten Ausnahmefällen auch eines Landes für die Bezeichnung eines Weinbauerzeugnisses gemäß Art. 92 Abs. 1 VO (EU) 1308/2013 (insbesondere Wein und Likör-, Schaum- und Perlwein), das
* eine bestimmte Güte, ein bestimmtes Ansehen oder andere Eigenschaften, die sich aus diesem geografischen Ursprung ergeben, hat,
* aus Trauben gewonnen wird, die zu mindestens 85 % aus diesem geografischen Gebiet stammen,
* das in diesem geografischen Gebiet hergestellt wird
* und aus Rebsorten gewonnen wird, die zu „Vitis vinifera" oder einer Kreuzung zwischen der Sorte Vitis vinifera oder einer anderen Sorte der Gattung Vitis gehören.

Auch derartige geschützte geografische Angaben erlangen den Schutz gemäß den Art. 92 ff. VO (EU) **12.2**
1308/2013 nach dem erfolgreichen Durchlaufen eines nationalen Vorverfahrens und nach einer Prüfung
durch die Kommission. Anschließend werden auch sie in das von der Kommission geführte Register für
geschützte Ursprungsbezeichnungen und geografische Angaben eingetragen, Art. 104 VO (EU) 1308/
2013, das in dem elektronischen Register „eAmbrosia – das EU-Register der geografischen Angaben",
abrufbar unter https://ec.europa.eu/geographical-indications-register, zuletzt abgerufen am 6.10.2022, enthalten ist. Beispiele für geschützte geografische Angaben für deutsche Weinbauerzeugnisse sind „Pfälzer
Landwein", „Badischer Landwein", „Rheinburgen Wein" oder „Landwein Neckar".

Im Gegensatz zur geografischen Herkunftsangabe gemäß § 126 Abs. 1 erfordert die geografische **13**
Angabe gemäß Art. 5 Abs. 2 VO (EU) 1151/2012 wie auch bereits gemäß Art. 2 Abs. 1a
VO (EG) 510/2006 eine **nachweisbare Verbindung zwischen** geografischer **Herkunft und
Produkteigenschaft** (Ströbele/Hacker/Thiering/Hacker Rn. 19; v. Schultz/Gruber Vor §§ 130–
139 Rn. 8; Markfort/Albrecht apf 2013, 5 f.). Dennoch ist die geografische Angabe damit nicht
zwangsläufig gleichbedeutend mit einer qualifizierten Herkunftsangabe gemäß § 127 Abs. 2; denn
im Gegensatz zur Letztgenannten muss bei der geografischen Angabe die Verbindung zwischen
Herkunft und Produkteigenschaft nicht auf qualitativen Merkmalen basieren, sondern es genügt
bereits, wenn das Agrarerzeugnis oder Lebensmittel **allein aufgrund seiner Herkunft besonderes Ansehen** genießt (vgl. Omsels Herkunftsangaben Rn. 49 f.; Ströbele/Hacker/Thiering/
Hacker Rn. 19; EuGH C-343/07, GRUR 2009, 961 (967) – Bayerisches Bier). Demnach kann
auch das Ansehen als solches, ohne dass es auf besonderen Qualitätsmerkmalen basiert, eine herkunftsbezogene Eigenschaft des Agrarerzeugnisses oder Lebensmittels bilden (Kopacek/Kortge
GRUR 2012, 440 (449); BPatG BeckRS 2012, 4513 = GRUR-Prax 2012, 137 mAnm Gründig-
Schnelle – Hiffenmark). Zur früheren Rechtsprechung → Rn. 13.1.

Anders entschied noch das BPatG (BeckRS 2010, 19674 – Altbayerischer Senf), wonach es nicht **13.1**
ausreicht, wenn der Verkehr mit der geografischen Angabe lediglich eine allgemeine Wertschätzung verknüpft und nicht bereits auch eine konkrete Qualitätserwartung, die auf zusätzlichen Merkmalen beruht.

Im Vergleich zur geschützten Ursprungsbezeichnung sind die Anforderungen an eine geschützte **14**
geografische Angabe insofern weniger streng, als dass nicht alle drei Produktionsschritte, sondern
nur ein Produktionsschritt des Produktionsprozesses (Erzeugung, Verarbeitung oder Zubereitung) in dem in der Angabe genannten Gebiet erfolgen muss. Das für die Herstellung verwendete Rohmaterial kann aus einer anderen Region stammen.

3. Garantiert traditionelle Spezialitäten (g.t.S.)

Neben den geschützten geografischen Angaben und geschützten Ursprungsbezeichnungen sind **15**
von der VO (EU) 1151/2012 für Lebensmittel, Agrarerzeugnisse, aromatisierte Weine und andere
alkoholische Getränke mit Ausnahme von Spirituosen und Weinbauerzeugnissen auch die sog.
garantiert traditionellen Spezialitäten (g.t.S.) umfasst (bis zum 2.1.2013 in der VO (EG) 509/2006
normiert). Sie sind gemäß Art. 23 Abs. 2 VO (EU) 1151/2012 iVm dem Anh. VO (EU) 664/
2014 mit dem folgenden Unionszeichen zu kennzeichnen, das den Unionszeichen für geschützte
Ursprungsbezeichnungen bzw. für geschützte geografische Angaben sehr ähnelt:

Das Unionszeichen für eine garantiert traditionelle Spezialität.
Dieses Unionszeichen enthält in seiner Mitte nicht das Symbol der beiden oben genannten
Unionszeichen, sondern nur den gelben Sternenkranz auf blauem Grund, der umgeben ist von
einem gelben Rand mit gelben Zacken, der den Schriftzug „GARANTIERT TRADITIONELLE
SPEZIALITÄT" trägt. Auch die garantiert traditionellen Spezialitäten sind aufgeführt in der von

der Europäischen Kommission geführten Datenbank „eAmbrosia" und dort abrufbar unter https://ec.europa.eu/geographical-indications-register (zuletzt abgerufen am 9.1.2023); sie sind indes bislang nicht aufgeführt im vom EUIPO geführten internetbasierten Portal GIview (vgl. → Rn. 6.2).

16   Die Anerkennung als garantierte traditionelle Spezialität (zB „Serrano-Schinken", vgl. Anh. I VO (EG) 1204/2008 – „Jamón Serrano"; ein Antrag auf Schutz als geografische Angabe wurde am 26.9.2016 bei der Kommission eingereicht; über ihn ist noch nicht entschieden worden) beruht im Gegensatz zu den geschützten geografischen Angaben und geschützten Ursprungsbezeichnungen nicht auf regional-örtlichen Gesichtspunkten, sondern soll die traditionelle Zusammensetzung eines Produkts oder dessen traditionelle Herstellungs- und/oder Verarbeitungsmethodik betonen. „Garantiert traditionelle Spezialität" ist **keine geografische Herkunftsangabe** und nicht vom Anwendungsbereich der §§ 130–136, die sich nur auf den Schutz von geografischen Angaben und Ursprungsbezeichnungen beziehen, umfasst. Angesichts der grundlegenden Unterschiede einer garantiert traditionellen Spezialität zu einer geografischen Herkunftsangabe erscheint es misslich, dass das derzeitige Unionszeichen für eine garantiert traditionelle Spezialität angesichts seiner Größe und seiner farblichen und strukturellen Gestaltung sehr dem Unionszeichen einer geschützten geografischen Angabe ähnelt. Der Verbraucher, dem die geringen und feinen Unterscheide zwischen diesen beiden Unionszeichen in der Regel nicht bekannt sein werden, kann somit leicht irrtümlich annehmen, dass bspw. der als garantiert traditionelle Spezialität zu kennzeichnende „Serrano-Schinken" („Jamón Serrano") einen ähnlich engen regionalen Bezug aufweisen muss wie zB der „Westfälische Knochenschinken", der „Schwarzwälder Schinken", der „Ammerländer Schinken", der „Holsteiner Schinken", der „Tiroler Speck" oder der „Jamón de Serón", die allesamt jeweils als geschützte geografische Angabe registriert sind.

16.1   Diese fehlende Trennschärfe und das Risiko einer Verwechslung einer garantiert traditionellen Spezialität mit einer anderen geografischen Herkunftsangabe wird für den Verbraucher noch gesteigert, wenn zB als garantiert traditionelle Spezialität geschützte Begriffe Bestandteile einer Ursprungsbezeichnung oder einer geografischen Angabe sind; so ist zB der Begriff „Mozzarella" als garantiert traditionelle Spezialität geschützt (vgl. Anh. I VO (EG) 1204/2008) und zugleich begrifflich umfasst in der geschützten Ursprungsbezeichnung „Mozzarella di Bufala Campana" (vgl. VO (EG) 1107/1996).

16.2   Auch fällt zunehmend auf, dass als „Garantiert traditionelle Spezialität" anerkannte Lebensmittel als Zutat verwendet werden, um sodann – unter Verwendung des o.g. Unionszeichens – in einem Produkt unter einem ganz anderen Namen in den Verkehr gebracht zu werden und dort als solches einen eigenen Anschein von Exklusivität und Original beim Verbraucher erwecken. So wird vielfach Käse zB als „Bio Tierwohl Käse" oder „Weinbauernkäse" zusammen mit dem Unionszeichen für garantiert traditionelle Spezialitäten in den Verkehr gebracht und erzeugt damit beim Verbraucher den Eindruck, ein besonders exklusives Erzeugnis zu sein, obwohl der Käse das Unionszeichen nur deshalb führt, weil er Heumilch und damit eine garantiert traditionelle Spezialität als Zutat enthält, auf die auf der Verpackung aber vielfach nur unscheinbar hingewiesen wird.

16.3   Für Weinbauerzeugnisse ist zwar das Führen einer geschützten Ursprungsbezeichnung (→ Rn. 8.1) oder einer geschützten geografischen Angabe (→ Rn. 12.1) gemäß den Art. 92 ff. VO (EU) 1308/2013 grundsätzlich denkbar. Jedoch können Weinbauerzeugnisse nicht als garantiert traditionelle Spezialität gekennzeichnet werden und somit auch nicht das o.g. Zeichen tragen; allenfalls können sie noch einen sog. „traditionellen Begriff" gemäß Art. 112 ff. VO (EU) 1308/2013 führen. Ein derartiger „traditioneller Begriff" ist gemäß Art. 112 VO (EU) 1308/2013 ein traditionell in einem Mitgliedstaat verwendeter Name für ein Erzeugnis gemäß Art. 92 Abs. 1 VO (EU) 1308/2013 (insbesondere Wein und Likör-, Schaum- und Perlwein),

• um entweder anzuzeigen, dass das Erzeugnis eine geschützte Ursprungsbezeichnung oder eine geschützte geografische Angabe nach Unions- oder nationalen Rechtsvorschriften hat,

• oder um die Erzeugungs- oder Reifungsmethode oder die Qualität und die Farbe des Erzeugnisses mit einer geschützten Ursprungsbezeichnung oder einer geschützten geografischen Angabe sowie die Art des Ortes oder ein besonderes geschichtliches Ereignis im Zusammenhang mit diesen Erzeugnissen zu bezeichnen.

16.4   Derartige gemäß den Art. 112 ff. VO (EU) 1308/2013 anerkannte „traditionelle Begriffe" können ebenfalls abgerufen werden über das von der Europäischen Kommission geführte elektronische Register „eAmbrosia – das EU-Register der geografischen Angaben" unter dem Stichwort „In der Europäischen Union geschützte traditionelle Begriffe für Wein", abrufbar unter https://ec.europa.eu/info/food-farming-fisheries/food-safety-and-quality/certification/quality-labels/geographical-indications-register/tdt (zuletzt abgerufen am 9.1.2023). Beispiele für „traditionelle Begriffe" für Weinbauerzeugnisse aus Deutschland sind „Affentaler", „Ehrentrudis", „Federweißer" (vgl. VG Trier BeckRS 2018, 11832 = GRUR-Prax 2018, 412 mAnm Schulteis), „Liebfrau(en)milch", „Schillerwein" oder „Weißherbst". Auch „Qualitätsperlwein b.A." ist ein nach Art. 112 ff. VO (EU) 1308-2013 geschützter traditioneller Begriff (vgl. Sosnitza/

Meisterernst/Boch WeinG Vor § 22b Rn. 467 ff.); handelt es sich um Perlwein, bei dem Kohlensäure, auch wenn sie aus anderen Weinen stammt, zugesetzt wurde, so ist dieser als „Perlwein mit zugesetzter Kohlensäure" zu kennzeichnen (so BVerwG BeckRS 2021, 5334 = GRUR-Prax 2021, 425 mAnm Schulteis; zuvor auch OVG Koblenz BeckRS 2020, 22916), was zur Folge hat, dass ein derartiger Perlwein nicht mehr den traditionellen Begriff „Qualitätsperlwein b.A." und auch keine geschützte Ursprungsbezeichnung wie „Franken" oder „Württemberg" (→ Rn. 8.4) mehr führen kann.

4. Keine Eintragung von Gattungsbezeichnungen

Keinen Schutz als geografische Angabe oder Ursprungsbezeichnung kann indes eine Gattungs- **17** bezeichnung erlangen (Art. 6 Abs. 1 VO (EU) 1151/2012 und Art. 13 Abs. 2 VO (EU) 1151/2012; zuvor Art. 3 Abs. 1 UAbs. 1 VO (EG) 510/2006; vgl. auch Loschelder MarkenR 2015, 225 (230 f.) mit Hinweis auf „Gouda" und „Edamer" als Gattungsbezeichnungen für Käse). Unter einer solchen Gattungsbezeichnung sind Produktnamen zu verstehen, die, obwohl sie auf den Ort, die Region oder das Land verweisen, in dem das Erzeugnis ursprünglich hergestellt oder vermarktet wurde, zu einer allgemeinen Bezeichnung für ein Erzeugnis in der Union geworden sind, Art. 3 Abs. 6 VO (EU) 1151/2012 (ähnlich wie einst Art. 3 Abs. 1 UAbs. 2 VO (EG) 510/2006). Für den Verbraucher dürfte es indes missverständlich sein, wenn derartige Gattungsbezeichnungen, wie zB „Gouda" oder „Edamer" mit einem weiteren geografischen Begriff ergänzt werden und sodann als geografische Angabe, wie zB „Gouda Holland" (vgl. VO (EU) 1122/2010), oder – zB bei Konzentration auf eine noch kleinere Region – als Ursprungsbezeichnung, wie zB „Noord-Hollandse Gouda" oder „Noord-Hollandse Edammer" (vgl. VO (EG) 1107/96), geschützt werden (kritisch zu dieser Entwicklung auch Loschelder MarkenR 2015, 225 (230 f.); vgl. auch BGH BeckRS 2018, 13007 = GRUR-Prax 2018, 328 mAnm Schoene – Vorlagebeschluss Aceto Balsamico di Modena – Deutscher Balsamico).

Ob dies der Fall ist, beurteilt sich anhand einer umfassenden Prüfung und vor allem nach **18** objektiven Kriterien (BPatG GRUR-RR 2012, 150 (152) – Obazda). Ein Indiz, dass es sich bei dem Namen um eine Gattungsbezeichnung handelt, kann dabei sein, dass der Name auch für ähnliche oder gleichartige Produkte verwendet wird, die nicht aus dem im Namen bezeichneten Region stammen (Ströbele/Hacker/Thiering/Hacker Rn. 38; Ingerl/Rohnke/Nordemann/A. Nordemann Rn. 8; EuGH C-465/02 und C-466/02, GRUR 2006, 71 (73) – Feta II; BPatG GRUR-RR 2012, 150 (152) – Obazda). Hingegen spricht es gegen das Vorliegen einer Gattungsbezeichnung, wenn die Aufmachung von Erzeugnissen, die außerhalb des ursprünglichen Herkunftsgebiets hergestellt wurden, weiterhin auf das ursprüngliche Herkunftsgebiet Bezug nimmt (BPatG GRUR-RR 2012, 150 (152) – Obazda; vgl. auch EuGH C-465/02 und C-466/02, GRUR 2006, 71 (73) – Feta II; EuG T-291/03, GRUR 2007, 974 (976) – GRANA BIRAGHI/grana padano). Für die Feststellung, ob gemäß der Auffassung der Verbraucher eine bestimmte Bezeichnung als eine geografische Bedeutung oder als eine allgemeine Bedeutung und daher als Gattungsbezeichnung anzusehen ist, kommt auch die Einholung eines demoskopischen Gutachtens durch das DPMA in Betracht (BPatG GRUR 2014, 677 (680) – Bayrisch Blockmalz).

Indes ist es keine Voraussetzung für eine Gattungsbezeichnung, dass – wie aus der Formulierung **19** „in der Union" bzw. vormals gemäß der VO (EG) 510/2006 „in der Gemeinschaft" geschlossen werden könnte – der Name in jedem Mitgliedstaat zu einer Gattungsbezeichnung geworden ist (Ströbele/Hacker/Thiering/Hacker Rn. 36), was auch aus rein tatsächlichen Gründen ausgeschlossen sein kann angesichts der steigenden Anzahl an Mitgliedstaaten, in denen das Erzeugnis ggf. noch gar nicht bekannt ist.

IV. Prüfungs- und Eintragungsverfahren

Der Schutz als Ursprungsbezeichnung oder geografische Angabe setzt einen **Antrag** auf Eintra- **20** gung gemäß Art. 49 VO (EU) 1151/2012 voraus. Nach stattgebender Prüfung des Antrags gemäß Art. 50 VO (EU) 1151/2012 schließt das Verfahren mit der Eintragung der Ursprungsbezeichnung bzw. der geografischen Angabe in das von der Kommission geführte Register.

1. Prüfung im Mitgliedstaat und auf Gemeinschaftsebene

Der Eintragungsantrag ist zunächst auf **nationaler Ebene** im Mitgliedstaat zu prüfen. Der **21** Mitgliedstaat hat durch seine Prüfung sicherzustellen, dass der Antrag gerechtfertigt ist und die Anforderungen der VO (EU) 1151/2012 erfüllt (Art. 49 Abs. 2 UAbs. 2). Gemäß Art. 49 Abs. 3 UAbs. 1 hat der Mitgliedstaat im Rahmen seines Prüfungsverfahrens auch die Möglichkeit eines

nationalen Einspruchsverfahrens zu eröffnen. In Deutschland erfolgt diese Prüfung durch das DPMA gemäß den §§ 130 ff. (zu den Rechtsmitteln → Rn. 48).

22   Nach Abschluss des Prüfungsverfahrens auf nationaler Ebene durch stattgebenden Beschluss des DPMA (Abs. 5 S. 1) leitet der Mitgliedstaat den Antrag mitsamt den Prüfungsunterlagen an die Kommission weiter zur **Prüfung auf Gemeinschaftsebene.**

22.1   Art. 50 Abs. 1 VO (EU) 1151/2012 verlangt, wie schon Art. 6 Abs. 1 VO (EG) 510/2006 auch von der Kommission eine Prüfung des Antrags auf geeignete Art und Weise, um sicherzustellen, dass der Antrag gerechtfertigt ist und die Anforderungen der einschlägigen Regelungen erfüllt; die Prüfung durch die Kommission umfasst somit nicht nur die förmlichen Eintragungsvoraussetzungen, sondern eine vollumfängliche Sachprüfung (vgl. Ströbele/Hacker/Thiering/Hacker Rn. 66, 138 ff.; v. Schultz/Gruber Vor §§ 130–139 Rn. 14; Omsels Herkunftsangaben Rn. 92).

23   Gelangt die Kommission nach ihrer Sachprüfung zu der Auffassung, der Antrag erfülle die Anforderungen der VO (EU) 1151/2012, erfolgt eine **Veröffentlichung** des sog. **einzigen Dokuments** mitsamt der Fundstelle der veröffentlichten Produktspezifikation im Amtsblatt der Europäischen Union, Art. 50 Abs. 2 lit. a VO (EU) 1151/2012. Bei diesem einzigen Dokument, das als Muster im Anh. I VO (EU) 668/2014 abgedruckt ist, handelt es sich um eine dem Eintragungsantrag beigefügte Zusammenfassung folgender Angaben gemäß Art. 8 Abs. 1 lit. c VO (EU) 1151/2012:
- die wichtigsten Anforderungen der **Produktspezifikation:** Name und Beschreibung des Erzeugnisses, gegebenenfalls unter Einbeziehung der besonderen Vorschriften für dessen Aufmachung und Etikettierung, sowie eine kurze Beschreibung der Abgrenzung des geografischen Gebiets;
- eine **Beschreibung des Zusammenhangs** des Erzeugnisses mit den in Art. 5 Abs. 1 oder Abs. 2 VO (EU) 1151/2012 genannten geografischen Verhältnissen oder dem geografischen Ursprung, gegebenenfalls unter Einbeziehung besonderer Angaben zur Beschreibung des Erzeugnisses oder des Gewinnungsverfahrens, die diesen Zusammenhang begründen.

24   Bei nicht stattgebender Prüfung lehnt die Kommission den Eintragungsantrag förmlich ab (Art. 52 Abs. 1 VO (EU) 1151/2012).

2. Einspruch gegen die beabsichtigte Eintragung

25   **Innerhalb von drei Monaten** ab der Veröffentlichung des Antrags mitsamt Spezifikation im Amtsblatt gemäß Art. 50 Abs. 2 lit. a VO (EU) 1151/2012 können die Behörden eines anderen Mitgliedstaates oder eines Drittlands sowie jede natürliche oder juristische Person, die ein berechtigtes Interesse darlegen kann und in einem anderen Mitgliedstaat als dem Antragsmitgliedstaat niedergelassen oder ansässig ist, Einspruch gegen die beabsichtigte Eintragung bei der Kommission einlegen, Art. 51 Abs. 1 VO (EU) 1151/2012 (zum Einspruch gegen in Deutschland eingereichte Anträge durch in Deutschland niedergelassene oder ansässige Personen → Rn. 48 ff.). Wird dort ein Einspruch erhoben, so ist gemäß Art. 51 Abs. 2 VO (EU) 1151/2012 innerhalb von zwei Monaten zu dem Einspruch eine Einspruchsbegründung einzureichen; gemäß Art. 9 Abs. 1 VO (EU) 668/2014 hat sich diese Einspruchsbegründung an dem Muster im Anh. III VO (EU) 668/ 2014 zu orientieren. Nach Erhalt der Einspruchsbegründung prüft die Kommission die Zulässigkeit dieser Einspruchsbegründung (Art. 51 Abs. 2 VO (EU) 1151/2012).

25.1   Art. 7 Abs. 1 VO (EG) 510/2006 sah noch eine sechsmonatige Einspruchsfrist vor. Ein Ziel dieser Fristverkürzung war insbesondere, das Antragsverfahrens mitsamt einem etwaigen Einspruchsverfahren zu straffen (vgl. auch Erwägungsgrund 22 VO (EU) 1151/2012; zu den Auswirkungen dieser europarechtlichen Fristreduzierung auf das nationale Markenrecht → § 131 Rn. 7 f.).

26   Ist der Einspruch zulässig gemäß Art. 10 Abs. 1 VO (EU) 1151/2012, ersucht die Kommission den Antragsteller und den Einspruchsführer, geeignete Konsultationen aufzunehmen, um eine einvernehmliche Regelung herbeizuführen (Art. 51 Abs. 3 VO (EU) 1151/2012). Über den Abschluss dieser Konsultationen ist unter Verwendung des Musters gemäß Anh. IV VO (EU) 668/2014 die Kommission zu informieren. Wird im Zuge des Eintragungsverfahrens vor der Kommission die ursprüngliche Spezifikation geändert, so sieht der zum 1.7.2016 neu eingefügte § 130 Abs. 7 vor, dass das DPMA die geänderte Spezifikation zu veröffentlichen hat (→ Rn. 55). Kann in den Konsultationen keine Einigung erzielt werden, entscheidet die Kommission über den Einspruch (Art. 52 Abs. 3 VO (EU) 1151/2012).

3. Eintragung in das Register der Kommission

Wird kein zulässiger Einspruch eingelegt, erlässt die Kommission Durchführungsrechtsakte für 27 die Eintragung des Namens der Ursprungsbezeichnung bzw. der geografischen Angabe (Art. 52 Abs. 2 und 4 VO (EU) 1151/2012) in das hierzu gemäß Art. 11 Abs. 1 VO (EU) 1151/2012 zu führende Register. In dieser Verordnung zur Eintragung einer Bezeichnung in das Register der geschützten Ursprungsbezeichnungen und der geschützten geografischen Angaben kann die Kommission allerdings auch klarstellen, dass einzelne Bestandteile der Bezeichnung durchaus noch verwendet werden können von Herstellern, deren Erzeugnisse bereits bislang zulässigerweise Bestandteile der geschützten Bezeichnung führten, ohne dass deren Erzeugnisse die Spezifikation der geschützten Bezeichnung erfüllten. Eine derartige in der Verordnung bereits betonte Beschränkung des Schutzumfangs kommt insbesondere bei jenen Bestandteilen der Bezeichnung in Betracht, die als Gattungsbezeichnung anzusehen sind, und ist in der Rechtsprechung des EuGH anerkannt (so zur Bezeichnung „Deutscher Balsamico" OLG Karlsruhe GRUR-RR 2017, 264 – Aceto Balsamico de Modena = GRUR-Prax 2017, 104 mAnm Schulteis; vgl. BGH BeckRS 2018, 13007 – Vorlagebeschluss Aceto Balsamico di Modena – Deutscher Balsamico = GRUR-Prax 2018, 328 mAnm Schoene; EuGH C-130/97, GRUR Int 1998, 790 Rn. 26 – Chiciak und Fol; C-519/14, BeckEuRS 2015, 447523 Rn. 21 – Gouda Holland; C-517/14, BeckEuRS 2015, 447246 Rn. 21 – Edam Holland). Ebenfalls erlässt die Kommission Durchführungsrechtsakte für eine Eintragung, wenn nach zulässigem Einspruch Antragsteller und Einspruchsführer im Rahmen ihrer Konsultationen nach Art. 51 Abs. 3 UAbs. 1 VO (EU) 1151/2012 eine einvernehmliche Regelung erzielt haben (Art. 52 Abs. 3 lit. a VO (EU) 1151/2012) oder wenn der Einspruch zurückgewiesen wird (Art. 52 Abs. 3 lit. b VO (EU Nr. 1151/2012). Die Kommission veröffentlicht die erfolgte Registereintragung im Amtsblatt der Europäischen Union (Art. 52 Abs. 4 VO (EU) 1151/2012).

V. Rechtsfolgen der Eintragung durch die Kommission

1. Rechtsfolgen für berechtigte Verwender

Ab der Veröffentlichung der Eintragung kann jeder Marktteilnehmer die geschützte Ursprungs- 28 bezeichnung bzw. die geschützte geografische Angabe verwenden, sofern das von ihm vermarktete Agrarerzeugnis oder Lebensmittel der Spezifikation der eingetragenen geografischen Bezeichnung entspricht, Art. 12 Abs. 1 VO (EU) 1151/2012 (Art. 8 Abs. 1 VO (EG) 510/2006). Mit der Eintragung erlangt der berechtigte Verwender somit zum einen ein **Benutzungsrecht** (Omsels Herkunftsangaben Rn. 33). Zum anderen entsteht ein eingeschränktes Ausschließlichkeitsrecht, das die Berechtigten vor einer missbräuchlichen Verwendung der eingetragenen Bezeichnung durch Dritte schützt (Omsels Herkunftsangaben Rn. 33; EuGH C-108/01, GRUR 2003, 616 (619) – Prosciutto di Parma; C-388/95, GRUR Int 2000, 750 (754) – Rioja). Dieser Schutz richtet sich gemäß Art. 13 Abs. 1 VO (EU) 1151/2012 gegen
- jede direkte oder indirekte kommerzielle Verwendung eines eingetragenen Namens für Erzeugnisse, die nicht unter die Eintragung fallen, wenn diese Erzeugnisse mit den unter diesem Namen eingetragenen Erzeugnissen vergleichbar sind oder wenn durch diese Verwendung das Ansehen des geschützten Namens ausgenutzt, geschwächt oder verwässert wird, auch wenn diese Erzeugnisse als Zutaten verwendet werden;
- jede widerrechtliche Aneignung, Nachahmung oder Anspielung, selbst wenn der tatsächliche Ursprung des Erzeugnisses oder der Dienstleistung angegeben ist oder wenn der geschützte Name in Übersetzung oder zusammen mit Ausdrücken wie „Art", „Typ", „Verfahren", „Fasson", „Nachahmung" oder dergleichen verwendet wird, auch wenn dieses Erzeugnis als **Zutat** verwendet wird;
- alle sonstigen falschen oder irreführenden Angaben, die sich auf Herkunft, Ursprung, Natur oder wesentliche Eigenschaften der Erzeugnisse beziehen und auf der Aufmachung oder der äußeren Verpackung, in der Werbung oder in Unterlagen zu den betreffenden Erzeugnissen erscheinen, sowie die Verwendung von Behältnissen, die geeignet sind, einen falschen Eindruck hinsichtlich des Ursprungs zu erwecken;
- alle sonstigen Praktiken, die geeignet sind, den Verbraucher in Bezug auf den tatsächlichen Ursprung des Erzeugnisses irrezuführen.

Die Festschreibung der Eigenschaften, die die mit der eingetragenen Bezeichnung versehenen 29 Erzeugnisse aufweisen müssen, stärkt zudem den Ruf dieser Erzeugnisse, deren Qualität und letztlich auch deren Wertschätzung bei dem Verbraucher (Omsels Herkunftsangaben Rn. 33; EuGH C-108/01, GRUR 2003, 616 (619) – Prosciutto di Parma; C-388/95, GRUR Int 2000,

750 (754) – Rioja; C-3/91, GRUR Int 1993, 76 f. – Exportur), was die Annahme einer Verletzung dieses Prestiges erleichtert.

2. Weitergehende Rechtsfolgen

30   Wurde eine Bezeichnung eingetragen, so schützt sie Art. 13 Abs. 2 VO (EU) 1151/2012 vor einer **Umwandlung in eine Gattungsbezeichnung.** Der Gefahr der Umwandlung, wie sie gerade für nach nationalem Recht geschützte qualifizierte geografische Herkunftsangaben, mit denen die Verbraucher besondere Eigenschaften oder Qualitäten verbinden, besteht (vgl. Gloy/ Loschelder/Danckwerts WettbR-HdB/Helm § 73 Rn. 19), sind die nach der VO (EU) 1151/2012 geschützten Bezeichnungen somit nicht ausgesetzt; sie genießen dadurch einen **Bestandsschutz** (Sosnitza MarkenR § 21 Rn. 19).

31   Zudem ist gemäß Art. 14 Abs. 1 VO (EU) 1151/2012 ein Antrag auf Eintragung einer prioritätsjüngeren **Marke,** die einen der oben genannten Verletzungstatbestände erfüllt und die die gleiche Erzeugnisklasse betrifft, abzulehnen; zur Frage, ob darauf auch ein Löschungsantrag gestützt werden kann, → § 8 Rn. 13 ff. Maßgeblich ist dabei, ob bereits im Moment, in dem der Antrag auf Eintragung der Bezeichnung bei der Kommission eingereicht wurde, die Eintragung der Marke beantragt wurde (v. Schultz/Gruber Vor §§ 130–139 Rn. 27; Ströbele/Hacker/Thiering/Hacker Rn. 55).

32   Demgegenüber bestehen für prioritätsältere Marken Weiterbenutzungsrechte gemäß Art. 14 Abs. 2 VO (EU) 1151/2012, sofern sie vor dem Zeitpunkt des Schutzes der Ursprungsbezeichnung bzw. geografischen Angabe im Ursprungsland oder vor dem 1.1.1996 in gutem Glauben im Gebiet der Gemeinschaft angemeldet, eingetragen oder durch Verwendung erworben wurden (vgl. Ströbele/Hacker/Thiering/Hacker Rn. 63 f.; Ströbele/Hacker/Thiering/Hacker § 135 Rn. 57 ff.; vgl. auch Ingerl/Rohnke/Nordemann/A. Nordemann Rn. 10; v. Schultz/Gruber Vor §§ 130– 139 Rn. 26).

B. Antrag auf Eintragung an das DPMA (Abs. 2)

33   Die nationalen Vorschriften zur Ausführung der Qualitätsregelungen-VO finden sich in den §§ 130–136 (→ Rn. 33.1).

33.1   Diese Normen, ergänzt durch Teil 6, §§ 47–55 MarkenV, bilden die rechtliche Grundlage, mit der Deutschland seine mitgliedstaatliche Pflicht nach Art. 49 Abs. 2 UAbs. 2 VO (EU) 1151/2012 erfüllt, die Antragsprüfung sicherzustellen. Dazu gehört ein geeignetes Prüfungsverfahren, um festzustellen, ob Eintragungsanträge gerechtfertigt sind und die Anforderungen der Qualitätsregelungen-VO erfüllen (vgl. auch Ingerl/Rohnke/Nordemann/A. Nordemann Rn. 23; Büscher/Dittmer/Schiwy/Büscher Rn. 1).

34   Bezieht sich der Antrag auf die Eintragung einer Ursprungsbezeichnung oder einer geografischen Angabe in das von der Kommission geführte Register (→ Rn. 27) auf ein geografisches Gebiet in einem Mitgliedstaat, ist der Antrag an den Mitgliedstaat zu richten (Art. 49 Abs. 2 UAbs. 1 VO (EU) 1151/2012). § 130 überträgt diese europarechtliche Norm in nationales Recht.

I. Antragsgegenstand

35   Gegenstand des Antrags nach § 130 Abs. 1 ist entweder die Eintragung einer geschützten Ursprungsbezeichnung gemäß der Definition nach Art. 5 Abs. 1 VO (EU) 1151/2012 (Art. 2 Abs. 1a VO (EG) 510/2006, → Rn. 7 ff.) oder einer geschützten geografischen Angabe nach Art. 5 Abs. 2 VO (EU) 1151/2012 (Art. 2 Abs. 1b VO (EG) 510/2006, → Rn. 11 ff.). Indes kann sich der Eintragungsantrag nach § 130 Abs. 1 nicht richten auf eine garantierte traditionelle Spezialität gemäß Art. 17 ff. VO (EU) 1151/2012, auch wenn der Verbraucher die bisherigen Kennzeichnungen derartiger Spezialitäten durch das hierfür zu verwendende Unionszeichen (→ Rn. 15 f.) leicht mit der Kennzeichnung von Ursprungsbezeichnungen oder geografischen Angaben angesichts ähnlicher Unionszeichen verwechseln könnte.

36   Eine weitere, wenngleich nicht ausdrücklich in § 130 Abs. 1 genannte, jedoch aus Art. 49 Abs. 2 UAbs. 1 VO (EU) 1151/2012 herzuleitende Voraussetzung des Gegenstands des Antrags an das DPMA ist es, dass sich das vom Antrag umfasste geografische Gebiet in Deutschland (sonst → Rn. 36.1) befindet (vgl. Ingerl/Rohnke/Nordemann/A. Nordemann Rn. 23).

36.1   Liegt das geografische Gebiet in einem **anderen Mitgliedstaat** als Deutschland, so ist der Eintragungsantrag in diesem anderen Mitgliedstaat zu stellen (vgl. Fezer Rn. 4; Ströbele/Hacker/Thiering/Hacker Rn. 28; BPatG GRUR 2004, 66 f. – Königsberger Marzipan). Befindet sich das geografische Gebiet, auf das sich der Eintragungsantrag bezieht, in einem Drittland (dh in einem Gebiet außerhalb der EU), ist gemäß Art. 49 Abs. 5 VO (EU) 1151/2012 der Antrag entweder direkt oder über die Behörden des Drittlandes an die Kommission zu richten; der Antrag ist zu ergänzen um den Nachweis, dass die zur Eintragung bestimmte Bezeichnung auch im Drittland geschützt ist (Knaak GRUR Int 2006, 893 f.).

II. Antragsteller

Zulässiger Antragsteller kann nur eine **Vereinigung** nach Art. 49 Abs. 1 UAbs. 1 S. 1 VO **37** (EU) 1151/2012 (Art. 5 Abs. 1 VO (EG) 510/2006) sein, die mit dem Erzeugnis arbeitet, dessen Name eingetragen werden soll. Auch können mehrere Vereinigungen aus verschiedenen Mitgliedstaaten oder Drittländern einen gemeinsamen Antrag auf Eintragung stellen (Art. 49 Abs. 1 VO (EU) 1151/2012). Nicht erforderlich ist, dass sich alle Erzeuger aus dem abgegrenzten geografischen Gebiet des Erzeugnisses, für das der Herkunftsschutz beantragt werden soll, in der Vereinigung zusammengeschlossen haben; denn anderenfalls könnte faktisch jeder einzelne Erzeuger gleich einem Vetorecht eine Antragstellung vereiteln, solange er sich nicht der Vereinigung anschließt (vgl. auch OGH Wien BeckRS 2019, 45431 = GRUR-Prax 2020, 370 mAnm Schulteis – Steirisches Kürbiskernöl; so auch im Hinblick auf Ursprungsbezeichnungen von Weinen nach der VO (EU) 1308/2013 VG Köln BeckRS 2015, 45023; 2015, 44895 = ZLR 2015, 229 = GRUR-Prax 2015, 267 mAnm Schulteis – Uhlen). Allerdings wird man einem derartigen Erzeuger aus dem abgegrenzten geografischen Gebiet, der noch nicht der Vereinigung angehört, aber an dem Herkunftsschutz für seine Erzeugnisse interessiert ist, einen Anspruch auf Aufnahme in die Vereinigung zugestehen (BPatG GRUR 2014, 192 (194) – Zoigl; bejahend auch Schoene ZLR 2015, 236 (245 f.) hinsichtlich des Schutzes von Ursprungsbezeichnungen für Weine nach der VO (EU) 1308/2013; Schulteis GRUR-Prax 2015, 267).

Gemäß Art. 49 Abs. 1 UAbs. 2 VO (EU) 1151/2012 (vormals Art. 5 Abs. 1 UAbs. 2 S. 2 VO **38** (EG) 510/2006 iVm Art. 16c VO (EG) 510/2006, Art. 2 VO (EG) 1898/2006) kann auch eine einzelne **natürliche oder juristische Person** einer antragsberechtigten Vereinigung gleichstellt werden. Dies setzt voraus, dass sie zum einen nachweist, der einzige Erzeuger in dem abgegrenzten geografischen Gebiet zu sein, der einen Antrag einreichen möchte, und zum anderen, dass das abgegrenzte geografische Gebiet Merkmale besitzt, die sich erheblich von denen der benachbarten Gebiete unterscheiden, oder dass sich die Merkmale des Erzeugnisses von denen der Erzeugnisse aus benachbarten Gebieten unterscheiden (vgl. Ingerl/Rohnke/Nordemann/A. Nordemann Rn. 18; Büscher/Dittmer/Schiwy/Büscher Rn. 29; Fezer Rn. 9; BPatG LMRR 2006, 87 – Halberstädter Würstchen; BeckRS 2012, 4513 = GRUR-Prax 2012, 137 mAnm Gründig-Schnelle – Hiffenmark).

III. Antragsform und -inhalt

1. Formblatt gemäß § 47 MarkenV

Der Antrag auf Eintragung einer Ursprungsbezeichnung oder geografischen Angabe muss unter **39** Verwendung des vom DPMA herausgegebenen Formblattes erfolgen, § 47 Abs. 1 MarkenV (FormK MarkenR/Schulte-Beckhausen F 2687). In dem Antrag sind gemäß § 47 Abs. 2 MarkenV anzugeben:
- Name und Anschrift des Antragstellers,
- Rechtsform, Größe und Zusammensetzung der den Antrag stellenden Vereinigung,
- falls für den Antragsteller ein Vertreter bestellt worden ist, der Name und die Anschrift des Vertreters,
- der als geografische Angabe oder Ursprungsbezeichnung zu schützende Name,
- die Art des Agrarerzeugnisses oder Lebensmittels,
- die Spezifikation nach nunmehr Art. 7 Abs. 1 VO (EU) 1151/2012 (Art. 4 Abs. 2 VO (EG) 510/2006).

2. Spezifikation

Die Spezifikation gemäß Art. 7 Abs. 1 VO (EU) 1151/2012 definiert das Erzeugnis und skizziert **40** dessen besondere Kennzeichen und Eigenschaften. Die Spezifikation bildet somit aus Sicht des Antragstellers und des Verbrauchers den wesentlichen Schwerpunkt des Antrags auf Schutz einer geografischen Bezeichnung (vgl. v. Schultz/Gruber § 132 Rn. 1).

Damit nach Abschluss des Eintragungsverfahrens ein Agrarerzeugnis oder Lebensmittel die **41** eingetragene Ursprungsbezeichnung bzw. geografische Angabe führen darf, muss es der Spezifikation entsprechen (vgl. Büscher/Dittmer/Schiwy/Büscher Rn. 29). Hierzu muss die Spezifikation gemäß Art. 7 Abs. 1 lit. a–h VO (EU) 1151/2012 mindestens folgende Angaben enthalten:

- den als Ursprungsbezeichnung oder geografische Angabe zu schützenden Namen in der Art und Weise, wie er im Handel oder im allgemeinen Sprachgebrauch verwendet wird, und zwar ausschließlich in den Sprachen, die historisch zur Beschreibung des betreffenden Erzeugnisses in dem abgegrenzten geografischen Gebiet verwendet werden oder wurden (Art. 7 Abs. 1 lit. a VO (EU) 1151/2012);
- eine Beschreibung des Erzeugnisses, gegebenenfalls einschließlich der Rohstoffe, sowie der wichtigsten physikalischen, chemischen, mikrobiologischen oder organoleptischen Eigenschaften des Erzeugnisses (Art. 7 Abs. 1 lit. b VO (EU) 1151/2012);
- die Abgrenzung des geografischen Gebiets unter Berücksichtigung des Zusammenhangs zwischen der Qualität oder den Merkmalen des Erzeugnisses und den geografischen Verhältnissen und gegebenenfalls die Angaben über die Erfüllung der Bedingungen gemäß Art. 5 Abs. 3 (Art. 7 Abs. 1 lit. c VO (EU) 1151/2012);
- Angaben, aus denen hervorgeht, dass das Erzeugnis aus dem abgegrenzten geografischen Gebiet iSv Art. 5 Abs. 1 oder 2 stammt (Art. 7 Abs. 1 lit. d VO (EU) 1151/2012);
- die Beschreibung des Verfahrens zur Gewinnung des Erzeugnisses und gegebenenfalls die redlichen und ständigen örtlichen Verfahren sowie die Angaben über die Aufmachung, wenn die antragstellende Vereinigung dies so festlegt und eine hinreichende produktspezifische Rechtfertigung dafür liefert, warum die Aufmachung in dem abgegrenzten geografischen Gebiet erfolgen muss, um die Qualität zu wahren und um den Ursprung oder die Kontrolle zu gewährleisten; dabei ist dem Unionsrecht, insbesondere den Vorschriften über den freien Waren- und Dienstleistungsverkehr, Rechnung zu tragen (Art. 7 Abs. 1 lit. e VO (EU) 1151/2012). Eine Angabe über die Aufmachung kann sich zB auf die Verpackung, aber auch auf sonstige Formen der Herrichtung des Erzeugnisses für den Verkauf (zB Vorgaben für das Schneiden von Erzeugnissen, die in Scheiben aufgeschnitten verkauft) erstrecken und setzt voraus, dass sie durch einen der drei in Art. 7 Abs. 1 lit. e VO (EU) 1151/2012 Gründe produktspezifisch gerechtfertigt ist (BGH GRUR 2021, 615 = GRUR-Prax 2021, 170 mAnm Schulteis – Schwarzwälder Schinken II, im Anschluss an EuGH C-367/17, GRUR 2019, 183 = GRUR-Prax 2019, 59 mAnm Onken – Schwarzwälder Schinken; BPatG BeckRS 2019, 23864 = GRUR-Prax 2019, 552 mAnm Onken – Schwarzwälder Schinken). Eine solche notwendige produktspezifische Rechtfertigung liegt ausnahmsweise vor, wenn das Erzeugnis bei einer Verarbeitung außerhalb des Erzeugungsgebiets im Vergleich zu anderen vergleichbaren Erzeugnissen erhöhten Risiken ausgesetzt ist, denen mit den vorgesehenen Maßnahmen für die Aufmachung wirksam begegnet werden kann; eine derartige Rechtfertigung wurde zB verneint für eine Spezifikationsänderung, wonach der als geografische Angabe geschützte „Schwarzwälder Schinken fortan" nur im Schwarzwald geschnitten und verpackt werden darf (BGH GRUR 2021, 615 = LMuR 2021, 178 mAnm Roffael = GRUR-Prax 2021, 170 mAnm Schulteis – Schwarzwälder Schinken II, im Anschluss an EuGH C-367/17, GRUR 2019, 183 = GRUR-Prax 2019, 59 mAnm Onken – Schwarzwälder Schinken);
- einen Nachweis (Art. 7 Abs. 1 lit. f VO (EU) 1151/2012) für
  o den in Art. 5 Abs. 1 vorgesehenen Zusammenhang zwischen der Qualität oder den Merkmalen des Erzeugnisses und den geografischen Verhältnissen oder
  o gegebenenfalls den in Art. 5 Abs. 2 vorgesehenen Zusammenhang zwischen einer bestimmten Qualität, dem Ansehen oder einem anderen Merkmal des Erzeugnisses und dem geografischen Ursprung;
- den Namen und die Anschrift der Behörden oder – falls verfügbar – den Namen und die Anschrift der Stellen, die die Einhaltung der Bestimmungen der Produktspezifikation kontrollieren, und ihre besonderen Aufgaben (Art. 7 Abs. 1 lit. g VO (EU) 1151/2012);
- alle Vorschriften für die Etikettierung des betreffenden Erzeugnisses (Art. 7 Abs. 1 lit. h VO (EU) 1151/2012).

Zudem darf die Spezifikation nur sachlich berechtigte Benutzungsbedingungen enthalten und keine ungerechtfertigten Beschränkungen zulasten möglicher Konkurrenten der Hersteller des Erzeugnisses, für die der Schutz als Ursprungsbezeichnung oder geografische Angabe beantragt wird, enthalten (Ströbele/Hacker/Thiering/Hacker Rn. 112; Schulteis GRUR-Prax 2021, 170; BPatG GRUR 2014, 192 – Zoigl; GRUR-RR 2012, 150 (153) – Obazda; BeckRS 2010, 22360 – Bayerischer Süßer Senf).

IV. Antragsgebühr

Mit der Einreichung des Eintragungsantrags werden die Antragsgebühren fällig (§ 3 Abs. 1 **42** PatKostG). Die Gebühr für einen Eintragungsantrag beträgt derzeit 900 Euro (vgl. § 2 Abs. 1 PatKostG iVm GV 336100 PatKostG). Entrichtet der Antragsteller die Gebühr nicht **innerhalb von drei Monaten ab Fälligkeit,** so gilt der Antrag als zurückgenommen (§ 6 Abs. 1 und 2 PatKostG).

C. Antragsbearbeitung im DPMA

I. Antragsprüfung

Für die Prüfung und Bearbeitung des Eintragungsantrags sind die im DPMA errichteten Mar- **43** kenabteilungen zuständig (§ 130 Abs. 2).

Das DPMA hat umfassend zu prüfen, ob der Antrag den Anforderungen der VO (EU) 1151/ **44** 2012 entspricht; die Prüfung hat sich dabei sowohl auf die formellen als auch auf die materiellen Eintragungsvoraussetzungen zu erstrecken (Büscher/Dittmer/Schiwy/Büscher Rn. 56; Fezer Rn. 22; EuGH C-269/99, GRUR Int 2002, 523 (527) – Spreewälder Gurken; C-343/07, GRUR 2009, 961 (965) – Bayerisches Bier). Schwerpunkte der Prüfung können naturgemäß Untersuchungen sein, ob das antragsgegenständliche Erzeugnis jene Eigenschaften besitzt, die es gemäß der dem Antrag beigefügten Spezifikation auszeichnen, oder ob diese Eigenschaften einen Bezug zur geografischen Herkunft des Erzeugnisses aufweisen (Ingerl/Rohnke/Nordemann/A. Nordemann Rn. 23).

Für die Prüfung des DPMA gilt der Grundsatz der Amtsermittlung nach § 59 Abs. 1 S. 1. So **45** ist das DPMA nicht an die Ausführungen des Antragstellers in dessen Antrag oder an dessen sonstigen Sachvortrag gebunden und kann stattdessen vom Antragsteller verlangen, weitere Angaben, die es als entscheidungserheblich ansieht, darzulegen (v. Schultz/Gruber Rn. 6; Ingerl/Rohnke/Nordemann/A. Nordemann Rn. 23; BGH GRUR 1988, 211 f. – wie hammas denn).

II. Antragsveröffentlichung (Abs. 4)

Das DPMA hat den Eintragungsantrag zu veröffentlichen (§ 130 Abs. 4 S. 1). Hierzu sind **46** gemäß § 48 Abs. 1 MarkenV mindestens Name und Anschrift des Antragstellers sowie eines etwaigen Vertreters des Antragstellers, der als Ursprungsbezeichnung oder geografische Angabe zu schützende Name, die Art des Agrarerzeugnisses oder Lebensmittels und dessen Spezifikation zu veröffentlichen. Zudem ist in der Antragsveröffentlichung auf die Möglichkeit eines Einspruchs (→ Rn. 48 ff.) hinzuweisen (§ 48 Abs. 2 MarkenV).

III. Einholung Stellungnahmen Dritter (Abs. 3)

Um umfassend prüfen zu können, ob der Antrag auf Eintragung gerechtfertigt ist und die **47** genannten (→ Rn. 7 ff.) Voraussetzungen erfüllt, hat das DPMA gemäß § 130 Abs. 3 Stellungnahmen des Bundesministeriums für Ernährung und Landwirtschaft (BMEL), der zuständigen Fachministerien der betroffenen Länder, der interessierten öffentlichen Körperschaften sowie der interessierten Verbände und Organisationen der Wirtschaft einzuholen, um erforderlichenfalls auch auf die Fachkunde der Verwaltung sowie der Wirtschaft und Verbraucherschutzverbände zurückgreifen zu können. Zu den betroffenen Ländern, auf deren Fachministerien Abs. 3 verweist, können neben den Bundesländern auch Mitgliedstaaten oder Drittstaaten zählen (Büscher/Dittmer/Schiwy/Büscher Rn. 56). Hinsichtlich der interessierten Verbände ist in erster Linie an das Deutsche Institut zum Schutz geografischer Herkunftsangaben e.V. (Köln) und an das Deutsche Institut für Gütesicherung und Kennzeichnung e.V. – RAL (St. Augustin) zu denken.

IV. Einspruch gegen den Antrag

Gegen den Antrag auf Eintragung kann bislang innerhalb von zwei Monaten ab Veröffentlichung **48** jede Person mit berechtigtem Interesse, die im Gebiet der Bundesrepublik Deutschland niedergelassen oder ansässig ist, beim DPMA Einspruch einlegen (§ 130 Abs. 4 S. 2).

Mit diesem nationalen Einspruchsverfahren, das dem Einspruchsverfahren auf europäischer Ebene vor **48.1** der Kommission zeitlich vorgeschaltet ist, wird die Vorgabe Art. 49 Abs. 3 UAbs. 1 VO (EU) 1151/2012 (Art. 5 Abs. 5 UAbs. 1 VO (EG) 510/2006) umgesetzt, wonach jeder Mitgliedstaat im Laufe der Antragsprüfung eine ausreichende Frist zu setzen hat, innerhalb derer jede natürliche oder juristische Person mit berechtigtem Interesse, die im Mitgliedstaat niedergelassen oder ansässig ist, einen Einspruch gegen den Antrag einlegen kann.

48.2   Ein derartiges vorgeschaltetes nationales Einspruchsverfahren war in der VO (EWG) 2081/92 noch nicht vorgesehen. Art. 7 VO (EWG) 2081/92 sah allenfalls ein Einspruchsverfahren auf Gemeinschaftsebene vor für eine natürliche oder juristische Person mit Sitz außerhalb des Mitgliedstaats, in dem der Eintragungsantrag gestellt wurde (Fezer Rn. 16; EuGH C-269/99, GRUR Int 2002, 523 (527) – Spreewälder Gurken).

48.3   § 130 Abs. 4 S. 2 sieht eine zweimonatige Einspruchsfrist seit dem 17.10.2013 vor. An diesem Tage trat unter anderem Art. 4 Nr. 3 Gesetz zur Modernisierung des Geschmacksmustergesetzes sowie zur Änderung der Regelungen über die Bekanntmachungen zum Ausstellungsschutz vom 10.10.2013 (BGBl. I 3799) in Kraft, wodurch die ursprünglich viermonatige Einspruchsfrist in Abs. 4 S. 2 auf zwei Monate verkürzt wurde (vgl. auch BT-Drs. 17/13428, 18, 43).

48.4   Seit dem 1.7.2016 erhebt das DPMA für das nationale Einspruchsverfahren eine Gebühr in Höhe von 120 Euro (vgl. § 2 Abs. 1 PatKostG iVm GV 336150 PatKostG). Bis zum 30.6.2016 sah die Anlage zu § 2 Abs. 1 PatKostG noch keine derartige Gebührenerhebung für das nationale Einspruchsverfahren vor.

49   Da das derzeitige nationale Einspruchsverfahren nach § 130 Abs. 4 nur den in Deutschland niedergelassenen oder ansässigen Personen offen steht, bleibt den außerhalb von Deutschland niedergelassenen oder ansässigen Personen die Möglichkeit, nach Weiterleitung an die Kommission (→ Rn. 22) über ihren Mitgliedstaat das Einspruchsverfahren auf Gemeinschaftsebene gemäß Art. 51 Abs. 1 UAbs. 2 VO (EU) 1151/2012 einzuleiten (→ Rn. 25 f.; → § 131 Rn. 4; Büscher/Dittmer/Schiwy/Büscher Rn. 59).

50   Gemäß § 49 Abs. 1 MarkenV soll für den nationalen Einspruch das vom DPMA herausgegebene Formblatt verwendet werden, und zwar gemäß § 49 Abs. 2 MarkenV unter Angabe (vgl. FormK Marke/Schulte-Beckhausen F 2726)
- der geografischen Angabe oder Ursprungsbezeichnung, gegen deren Eintragung sich der Einspruch richtet,
- des Namens und der Anschrift des Einsprechenden,
- des Namens und der Anschrift eines etwaigen bestellten Vertreters,
- der Umstände, die das berechtigte Interesse des Einsprechenden darlegen,
- der Gründe, auf die sich der Einspruch stützt.

51 Ein **berechtigtes Interesse** des Einsprechenden ist zu bejahen, wenn dieser substantiieren kann, dass die beabsichtigte Eintragung ihn in seinen Rechten berührt. Das DPMA nimmt bei der Prüfung des Antrags die Ausführungen im Einspruch zur Kenntnis und kann diese berücksichtigen; indes trifft das DPMA – im Gegensatz zur Widerspruchsbehörde im verwaltungsrechtlichen Widerspruchsverfahren – keine förmliche Entscheidung (zB Zurückweisung) unmittelbar gegenüber dem Einsprechenden. Mit dem Einspruch im nationalen Einspruchsverfahren vor dem DPMA erlangt der Einsprechende somit lediglich die Stellung eines förmlichen Verfahrensbeteiligten (Ströbele/Hacker/Thiering/Hacker Rn. 122; Büscher/Dittmer/Schiwy/Büscher Rn. 58), dem unter anderem der Beschluss über den Eintragungsantrag zuzustellen ist (vgl. § 130 Abs. 5 S. 5). Indes ist der Einspruch, anders als der Widerspruch im Verwaltungsverfahren, **kein subjektiver Rechtsbehelf** (Ströbele/Hacker/Thiering/Hacker Rn. 116; Büscher/Dittmer/Schiwy/Büscher Rn. 58). Angesichts dieser abgeschwächten Stellung ist das berechtigte Interesse des Einsprechenden auch nicht als verfahrensrechtliche Zulässigkeitsvoraussetzung für das nationale Einspruchsverfahren nach § 130 Abs. 4 anzusehen, an dessen Bestehen das DPMA eine Berücksichtigung oder Bearbeitung des Einspruchs knüpfen würde (vgl. Ströbele/Hacker/Thiering/Hacker Rn. 121; aA Büscher/Dittmer/Schiwy/Büscher Rn. 59). Verfahrensrechtliche Bedeutung hat der Einspruch für den Einsprechenden lediglich insoweit, als er aufgrund seines Einspruchs später Rechtsmittel nach § 133 gegen Entscheidungen des DPMA einlegen kann; erst bei der Entscheidung über die Zulässigkeit eines derartigen Rechtsmittels ist es eine verfahrensrechtliche Voraussetzung, dass der Einsprechende tatsächlich über ein berechtigtes Interesse an einem Einspruch verfügt (→ § 133 Rn. 4; Ströbele/Hacker/Thiering/Hacker Rn. 121).

V. Beschluss des DPMA über den Antrag (Abs. 5)

52   Nach Abschluss seiner Sachprüfung gibt das DPMA dem Antrag durch Beschluss statt oder erlässt einen Zurückweisungsbeschluss (§ 130 Abs. 5 S. 1 und 2); gegen den Beschluss des DPMA ist die Beschwerde nach § 133 statthafter Rechtsbehelf (vgl. BPatG GRUR-RS 2021, 39932 = GRUR-Prax 2022, 80 mAnm. Schoene – Dithmarscher Gans).

53   Der Beschluss über die Stattgabe wie auch über die Zurückweisung des Antrags auf Eintragung ist dem Antragsteller und auch denjenigen, die fristgerecht Einsprüche nach Abs. 4 S. 2 eingereicht haben, zuzustellen. Den stattgebenden Beschluss hat das DPMA zu veröffentlichen (§ 130 Abs. 5

S. 3). Sofern im Antragsverfahren der ursprüngliche, nach § 130 Abs. 4 S. 1 veröffentlichte Antrag wesentlich abgeändert wurde, sind auch diese Änderungen zusammen mit dem stattgebenden Beschluss zu veröffentlichen. Gegen die abgeänderte Antragsstattgabe nach § 130 Abs. 5 S. 4 können diejenigen, deren berechtigte Interessen die abgeänderte Antragsstattgabe verletzt, sodann die Rechtsmittel gemäß § 133 einlegen; dies können der Antragsteller, dessen Antrag nicht vollumfänglich stattgegeben wurde, und ein Einsprechender sein, dessen Einspruch nicht von der abgeänderten Antragsstattgabe abgeholfen wurde.

D. Unterrichtungspflichten des DPMA (Abs. 6)

Steht rechtskräftig fest, dass der Antrag den Anforderungen der VO (EU) 1151/2012 entspricht, **54** hat das DPMA hierüber den Antragsteller zu unterrichten und den Antrag mitsamt Unterlagen dem BMJV zu übermitteln (§ 130 Abs. 6 S. 1). Das DPMA hat darüber hinaus die Spezifikation, die der rechtskräftigen Antragsstattgabe zugrunde lag, zu veröffentlichen (§ 130 Abs. 6 S. 2).

E. Veröffentlichungen und Änderungen im Eintragungsverfahren bei der Europäischen Kommission (Abs. 7)

Den vom DPMA übersendeten Antrag mitsamt den erforderlichen Unterlagen leitet das BMJV **55** weiter an die Kommission, die ihrerseits prüft, ob der Antrag alle Anforderungen erfüllt (→ Rn. 21 ff.). Erfüllt der Antrag die Anforderungen, veröffentlicht die Kommission den Eintragungsantrag mitsamt dem einzigen Dokument (→ Rn. 23) im Amtsblatt der Europäischen Union; wird hiergegen kein Einspruch nach Art. 51 Abs. 1 VO (EU) 1151/2012 eingelegt, veröffentlicht die Kommission die erfolgte Registereintragung im Amtsblatt (Art. 52 Abs. 2 und 4 VO (EU) 1151/ 2012); anderenfalls entscheidet die Kommission über den Antrag im Rahmen des Einspruchsverfahrens. Wird im Zuge des Eintragungsverfahrens vor der Kommission die Spezifikation geändert, hat das DPMA seit dem 1.7.2016 gemäß § 130 Abs. 7 die geänderte Spezifikation zu veröffentlichen. Gelangt die Kommission indes zu der Auffassung, der Antrag erfülle nicht alle Anforderungen, lehnt sie den Antrag ab.

Für einen Überblick über das Verfahren auf Grundlage der VO (EG) 510/2006, die mit Ausnahme der **55.1** von sechs auf drei Monate verkürzten Einspruchsfrist der VO (EU) 1151/2012 inhaltlich weitestgehend entspricht, sei auch verwiesen auf die Übersicht bei Büscher/Dittmer/Schiwy/Büscher (letztmals dort abgedruckt: Büscher/Dittmer/Schiwy/Büscher 2. Aufl. 2011, Rn. 64).

§ 131 Zwischenstaatliches Einspruchsverfahren

(1) Einsprüche nach Artikel 51 Absatz 1 Unterabsatz 2 der Verordnung (EU) Nr. 1151/ 2012 gegen die beabsichtigte Eintragung von geographischen Angaben oder Ursprungsbezeichnungen in das von der Europäischen Kommission geführte Register der geschützten Ursprungsbezeichnungen und der geschützten geographischen Angaben sind beim Deutschen Patent- und Markenamt innerhalb von zwei Monaten ab der Veröffentlichung einzulegen, die im Amtsblatt der Europäischen Union nach Artikel 50 Absatz 2 der Verordnung (EU) Nr. 1151/2012 vorgenommen wird.

(2) ¹Die Zahlungsfrist für die Einspruchsgebühr richtet sich nach § 6 Abs. 1 Satz 1 des Patentkostengesetzes. ²Eine Wiedereinsetzung in die Einspruchsfrist und in die Frist zur Zahlung der Einspruchsgebühr ist nicht gegeben.

Überblick

Während § 130 Abs. 4 S. 2 in Deutschland niedergelassenen oder ansässigen Personen einen Einspruch gegen beim DPMA eingereichte Anträge zum Schutz geografischer Angaben oder Ursprungsbezeichnungen zu Gebieten in Deutschland im nationalen Einspruchsverfahren ermöglicht, bezieht sich § 131 auf das zwischenstaatliche Einspruchsverfahren gegen Schutzanträge aus anderen Mitgliedstaaten oder Drittländern nach Art. 51 Abs. 1 VO (EU) 1151/2012. Da die VO (EU) 1151/2012 mit ihrem Inkrafttreten am 3.1.2013 die VO (EG) 510/2006 ersetzte, hat der Gesetzgeber zum 1.7.2016 die bisherigen Verweisungen in den §§ 130 ff. auf Normen der VO (EG) 510/2006 angepasst auf die entsprechenden Normen der VO (EU) 1151/2012; ungeachtet dessen waren die Verweise in § 131 auf die VO (EG) 510/2006 seit dem 3.1.2013 ohnehin als

Verweise auf die VO (EU) 1151/2012 zu lesen, wie auch bereits Art. 58 VO (EU) 1151/2012 Abs. 2 iVm Anlage II VO (EU) 1151/2012 klagestellt hatte. Ein Einspruch im zwischenstaatlichen Einspruchsverfahren kann unter Beachtung der verkürzten (→ Rn. 8) Einspruchsfrist (→ Rn. 7) erhoben werden, nachdem die Europäische Kommission den Schutzantrag im Amtsblatt der Europäischen Gemeinschaften veröffentlicht hat, sofern die Einspruchsberechtigung (→ Rn. 3) und die Einspruchsbefugnis (→ Rn. 5) gegeben sind. Die Entscheidung darüber trifft zunächst das DPMA, das nur die Formalien prüft (→ Rn. 13), und sodann die Kommission (→ Rn. 16).

Übersicht

A. Einspruchsgegenstand

1   Gemäß § 131 Abs. 1 kann sich der Einspruch richten gegen die beabsichtigte Eintragung von Ursprungsbezeichnungen oder geografischen Angaben in das von der Kommission der Europäischen Gemeinschaften geführte Register der geschützten Ursprungsbezeichnungen und geschützten geografischen Angaben. Hierbei handelt es sich ausschließlich um Ursprungsbezeichnungen und geografische Angaben, für die ein Schutzantrag in einem **anderen** Mitgliedstaat als Deutschland (→ Rn. 1.1) oder in einem Drittland gestellt wurde (vgl. Fezer Rn. 3; Ingerl/Rohnke/Nordemann/A. Nordemann Rn. 2).

1.1   Schutzanträge zu Ursprungsbezeichnungen oder geografischen Angaben, die sich auf Gebiete in Deutschland beziehen, sind kein zulässiger Gegenstand eines Einspruchs nach § 131 Abs. 1; gegen derartige Anträge kommt allein ein Einspruch nach § 130 Abs. 4 S. 2 in Betracht.

2   Zudem kann gemäß § 132 Abs. 1 iVm § 131 Abs. 1 ein Einspruch im zwischenstaatlichen Einspruchsverfahren eingereicht werden gegen einen Antrag auf Änderung einer Spezifikation einer geschützten Ursprungsbezeichnung oder geschützten geografischen Angabe aus einem anderen Mitgliedstaat oder Drittland. Schließlich ist ein Einspruch im zwischenstaatlichen Einspruchsverfahren statthaft gegen einen Antrag auf Löschung einer geschützten Ursprungsbezeichnung oder geografischen Angabe (§ 132 Abs. 2 iVm § 131 Abs. 1).

B. Einspruchsberechtigung

3   Für das Verständnis des zwischenstaatlichen Einspruchsverfahrens sind zunächst dessen Grundlagen in Art. 50 und Art. 51 VO (EU) 1151/2012 (vormals Art. 6 und 7 VO (EG) 510/2006) zu beachten. Grundlage ist die Veröffentlichung nach Art. 8 Abs. 1 lit. c VO (EU) 1151/2012 (→ § 130 Rn. 23) mitsamt der Spezifikationsfundstelle im Amtsblatt der Europäischen Union.

4   Innerhalb von drei Monaten ab der Veröffentlichung im Amtsblatt kann zum einen gemäß Art. 51 Abs. 1 UAbs. 1 VO (EU) 1151/2012 jeder Mitgliedstaat oder jedes Drittland Einspruch direkt bei der Kommission einlegen (vgl. Ströbele/Hacker/Thiering/Hacker Rn. 5). Zum anderen kann gemäß Art. 51 Abs. 1 UAbs. 2 VO (EU) 1151/2012 (vormals Art. 7 Abs. 2 VO (EG) 510/2006) jede natürliche oder juristische Person mit berechtigtem Interesse, die in einem anderen Mitgliedstaat als dem, aus dem die Eintragung stammt, oder in einem Drittland niedergelassen oder ansässig ist (→ Rn. 4.1), gegen die beabsichtigte Eintragung Einspruch einlegen.

4.1   Auf derartige Einsprüche bezieht sich § 131 Abs. 1, wie der Verweis auf Art. 51 Abs. 1 UAbs. 2 VO (EU) 1151/2012 (vormals Art. 7 Abs. 2 VO (EG) 510/2006) verdeutlicht; lediglich eine derartige Person, wie sie in Art. 51 Abs. 1 UAbs. 2 VO (EU) 1151/2012 genannt ist, kann berechtigt sein, einen Einspruch nach § 131 Abs. 1 zu erheben.

C. Einspruchsbefugnis

5   Die Einspruchsbefugnis setzt voraus, dass die einspruchsberechtigte natürliche oder juristische Person darlegt, durch die beabsichtigte Eintragung der geografischen Bezeichnung in einem

berechtigten Interesse betroffen zu sein. Diese weit auszulegende Tatbestandsvoraussetzung (vgl. Ströbele/Hacker/Thiering/Hacker Rn. 7 iVm § 133 Rn. 6) ist erfüllt, wenn der Einsprechende eine aktuelle oder auch nur potentielle, nicht außerhalb jeder Wahrscheinlichkeit liegende wirtschaftliche Betroffenheit durch die Eintragung darlegen kann, ohne bereits in seinen subjektiven Rechten beeinträchtigt sein zu müssen (Ingerl/Rohnke/Nordemann/A. Nordemann Rn. 2; Ströbele/Hacker/Thiering/Hacker Rn. 7 iVm § 133 Rn. 3 ff.; v. Schultz/Gruber Rn. 3).

Ein berechtigtes Interesse fehlt Personen, die lediglich mit einer Ware handeln, die mit einer **6** geografischen Bezeichnung gekennzeichnet ist (Ströbele/Hacker/Thiering/Hacker Rn. 7 iVm § 133 Rn. 8). Für einen Einspruch gemäß § 132 Abs. 1 S. 1 iVm § 131 Abs. 1 gegen einen Antrag auf **Änderung der Spezifikation** einer geografischen Bezeichnung fehlt das berechtigte Interesse auch Ortsfremden, die die Bezeichnung nicht nutzen dürfen (Ströbele/Hacker/Thiering/Hacker Rn. 7 iVm § 133 Rn. 12; BPatG BeckRS 2010, 16290 = GRUR-Prax 2010, 339 mAnm Schoene – Nürnberger Bratwürste; GRUR 2019, 415 = GRUR-Prax 2019, 11 mAnm Schulteis – Spreewälder Gurken).

D. Einspruchsfrist und Einspruchsgebühren

Vor dem Hintergrund der einst sechsmonatigen Frist für Einsprüche nach Art. 7 Abs. 2 VO **7** (EG) 510/2006 war die einst in § 131 Abs. 1 in der bis zum 16.10.2013 geltenden Fassung vorgesehene Frist von vier Monaten ab dem Zeitpunkt der Veröffentlichung der beabsichtigten Eintragung im Amtsblatt der Europäischen Gemeinschaften für einen Einspruch beim DPMA bis zum 3.1.2013 noch ausreichend, um den Einspruch fristgerecht in den verbleibenden maximal zwei Monaten vom DPMA über das BMJV an die Kommission weiterleiten zu können.

Mit Inkrafttreten der VO (EU) 1151/2012 gilt seit dem 3.1.2013 auf europäischer Ebene nur **8** noch eine dreimonatige Einspruchsfrist (vgl. Art. 51 Abs. 1 UAbs. 1 VO (EU) 1151/2012). Folglich war die in § 131 Abs. 1 in der bis zum 16.10.2013 geltenden Fassung vorgesehene viermonatige Frist zu lang, um eine fristgerechte Weiterleitung des Einspruchs an die Kommission zu gewährleisten. Der Gesetzgeber hatte deshalb durch Art. 4 Nr. 4 Gesetz zur Modernisierung des Geschmacksmustergesetzes sowie zur Änderung der Regelungen über die Bekanntmachungen zum Ausstellungsschutz vom 10.10.2013 (BGBl. I 3799) die viermonatige **Einspruchsfrist** in Abs. 1 auf zwei Monate **verkürzt** (vgl. auch BT-Drs. 17/13428, 18, 43); die Änderung von Abs. 1 trat am 17.10.2013 in Kraft. Durch die Reduzierung der Einspruchsfrist von vier auf zwei Monate kann die dreimonatige Frist gegenüber der Kommission wieder eingehalten werden (vgl. zu diesen zwischenzeitlichen Widersprüchlichkeiten bei den Fristen auch Ströbele/Hacker/Thiering/Hacker, 12. Aufl. 2018, Rn. 10).

Ist die Einspruchsfrist nicht gewahrt, kann **keine Wiedereinsetzung** in die Einspruchsfrist **9** beantragt werden (§ 131 Abs. 2 S. 2).

Innerhalb der Einspruchsfrist von zwei Monaten ist auch die Gebühr in Höhe von 120 Euro **10** für den Einspruch zu entrichten (§ 6 Abs. 1 PatKostG, § 2 Abs. 1 PatKostG iVm GV 336200 PatKostG). Bei nicht fristgemäßer Zahlung der Gebühr stellt das DPMA durch Beschluss fest, dass der Einspruch als nicht erhoben gilt (§ 131 Abs. 2 S. 1 iVm § 6 Abs. 1 und 2 PatKostG). Eine **Wiedereinsetzung** in die Frist zur **Zahlung der Gebühr** ist ausgeschlossen (§ 131 Abs. 2 S. 2).

E. Einspruchsform

Der Einspruch muss eine Erklärung enthalten, aus der hervorgeht, dass der Eintragungsantrag **11** gegen die gegebenen Anforderungen verstoßen könnte (Art. 51 Abs. 1 UAbs. 3 VO (EU) 1151/ 2012). Für die Einspruchseinreichung soll gemäß § 50 Abs. 1 MarkenV das vom DPMA herausgegebene Formblatt verwendet werden, in dem insbesondere anzugeben sind (vgl. § 50 Abs. 2 MarkenV; FormK MarkenR/Schulte-Beckhausen F 2726):
- die geografische Angabe oder Ursprungsbezeichnung, gegen deren Eintragung sich der Einspruch richtet,
- die EG-Nummer und das Datum der Veröffentlichung im Amtsblatt der Europäischen Union,
- der Name und die Anschrift des Einsprechenden,
- falls ein Vertreter bestellt worden ist, der Name und die Anschrift des Vertreters,
- die Umstände, aus denen sich das berechtigte Interesse des Einsprechenden ergibt.

Darüber hinaus ist der Einspruch gemäß § 50 Abs. 3 S. 1 MarkenV innerhalb von zwei Monaten **12** nach Einreichung des Einspruchs zu begründen. Hierzu sind die Gründe nach Art. 10 Abs. 1 lit. a–d VO (EU) 1151/2012 anzugeben, auf die sich der Einspruch stützt, zB auf einen Verstoß gegen Art. 10 Abs. 1 lit. a VO (EU) 1151/2012 iVm Art. 5 VO (EU) 1151/2012, weil die

Spezifikation das das Erzeugnis kennzeichnende geografische Gebiet fehlerhaft wiedergibt (Ströbele/Hacker/Thiering/Hacker Rn. 13; EuGH C-269/99, GRUR Int 2002, 523 (526 f.) – Spreewälder Gurken; vgl. auch BPatG BeckRS 2007, 18180 – Schrobenhausener Spargel).

F. Entscheidung über den Einspruch

I. Prüfungen des DPMA

13   Das DPMA prüft bei Einsprüchen nach § 131 Abs. 1 lediglich, ob die natürliche oder juristische Person, die den Einspruch eingelegt hat, die Einspruchsfrist nach § 131 Abs. 1 eingehalten sowie fristgerecht die Einspruchsgebühr gezahlt hat; eine weitergehende Zulässigkeitsprüfung und eine sachlich-materielle Prüfung des Einspruchs erfolgen dabei nicht (Ingerl/Rohnke/Nordemann/A. Nordemann Rn. 4; Ströbele/Hacker/Thiering/Hacker Rn. 14).

14   Sind diese beiden formellen Voraussetzungen erfüllt, übersendet das DPMA unverzüglich den Einspruch mitsamt Anlagen an das Bundesministerium der Justiz und für Verbraucherschutz, § 51 MarkenV, damit dieses sodann diesen Einspruch aufnehmen und als mitgliedstaatlichen Einspruch der Bundesrepublik Deutschland bei der Kommission einreichen kann unter Wahrung der dreimonatigen Frist (→ Rn. 8). Ebenso wenig wie das DPMA ist das Bundesministerium der Justiz und für Verbraucherschutz befugt, den Einspruch in sachlicher Hinsicht zu überprüfen (Ströbele/Hacker/Thiering/Hacker Rn. 15).

15   Ist eine der beiden unter → Rn. 13 genannten Voraussetzungen nicht erfüllt, hat das DPMA durch Beschluss entweder den Einspruch zurückzuweisen, weil die Einspruchsfrist versäumt wurde, oder, sofern die Einspruchsgebühr nicht fristgerecht gezahlt wurde, auf der Grundlage von § 6 Abs. 2 PatKostG durch Beschluss festzustellen, dass der Einspruch als nicht vorgenommen gilt (Ströbele/Hacker/Thiering/Hacker Rn. 16). Die natürliche oder juristische Person, die den Einspruch eingereicht hat, kann gegen den Beschluss das Rechtsmittel der **Beschwerde** nach § 133 S. 1 einlegen (vgl. Ingerl/Rohnke/Nordemann/A. Nordemann Rn. 4; Ströbele/Hacker/Thiering/Hacker Rn. 14).

II. Prüfungen der Kommission der Zulässigkeitsvoraussetzungen

16   Wird der Einspruch vom DPMA über das Bundesministerium der Justiz und für Verbraucherschutz der Kommission vorgelegt (→ Rn. 14), prüft die Kommission, ob der Einspruch zulässig ist gemäß Art. 10 Abs. 1 VO (EU) 1151/2012. Dies ist der Fall, wenn der Einspruch innerhalb der dreimonatigen Frist (→ Rn. 8) bei der Kommission eingegangen ist und sodann begründet wird (vgl. Art. 10 Abs. 1 lit. a–d VO (EU) 1151/2012), dass
• der Antrag auf Eintragung oder Änderung des Namens der geografischen Angabe oder Ursprungsbezeichnung nicht die Bedingungen nach Art. 5 VO (EU) 1151/2012 erfüllt, wozu auch Einwendungen gegen die Spezifikation zählen, zB weil diese das geografische Gebiet, aus dem das Erzeugnis zu stammen hat, unzutreffend wiedergegeben hat oder diese ungerechtfertigte Beschränkungen (→ § 130 Rn. 41) aufweist (Ströbele/Hacker/Thiering/Hacker Rn. 13) oder
• die Eintragung des vorgeschlagenen Namens nicht mit Art. 6 Abs. 2, 3 oder 4 VO (EU) 1151/ 2012 vereinbar ist oder
• sich die Eintragung des vorgeschlagenen Namens nachteilig auf das Bestehen eines ganz oder teilweise gleichlautenden Namens oder einer Marke oder auf das Bestehen von Erzeugnissen auswirken würde, die sich zum Zeitpunkt der Veröffentlichung des Antrags bereits seit mindestens fünf Jahren rechtmäßig im Verkehr befinden oder
• der Name, dessen Eintragung beantragt wird, eine Gattungsbezeichnung ist.

17   Erachtet die Kommission den Einspruch als zulässig, ersucht sie die Parteien des Einspruchsverfahrens, miteinander geeignete **Konsultationen** aufzunehmen (Art. 51 Abs. 3 VO (EU) 1151/2012). Ziel der Konsultationen soll es sein, innerhalb eines dreimonatigen, auf Ersuchen des Antragsstellers auf sechs Monate verlängerbaren Zeitraums eine Einigung zu treffen; eine solche Einigung könnte zB auch eine Änderung der antragsgegenständlichen Spezifikation beinhalten, wobei dann das DPMA die geänderte Spezifikation gemäß dem zum 1.7.2016 neu eingefügten § 130 Abs. 7 zu veröffentlichen hätte. Über den Abschluss der Konsultationen ist die Kommission zu informieren mittels eines Dokuments gemäß dem Muster nach Anh. IV Lebensmittel-DVO (EU) 668/2014. Kommt keine Einigung zustande, entscheidet die Kommission gemäß Art. 52 Abs. 3 lit. b VO (EU) 1151/2012 über den Einspruch, indem sie die geografische Bezeichnung antragsgemäß als Verordnung in das Register der geschützten Ursprungsbezeichnungen und geschützten geografischen Angaben aufnimmt oder den Antrag zurückweist.

Hat der Einspruch Erfolg, so dass der Antrag auf Eintragung bzw. Änderung zurückgewiesen **18** wird, kann der Antragsteller gegen die Zurückweisung des Antrags als Maßnahme, die ihn unmittelbar und individuell betrifft, eine **Nichtigkeitsklage** erheben (vgl. Meyer/Koch GRUR 1993, 113 (115, 119); Tilmann GRUR Int 1993, 610 (616); Ströbele/Hacker/Thiering/Hacker Rn. 18). Hat der Einspruch indes keinen Erfolg und nimmt die Kommission sodann die beantragte Eintragung vor, kann hiergegen ein Mitgliedstaat im Wege der Nichtigkeitsklage nach Art. 263 AEUV klagen. Eine natürliche oder juristische Person kann, sofern sie einen zulässigen Einspruch eingelegt hatte, allenfalls klagen, wenn sie ausnahmsweise von der Verordnung, mit der die Eintragung vorgenommen wird, **unmittelbar betroffen** (→ Rn. 18.1) ist (vgl. Büscher/Dittmer/Schiwy/Büscher § 130 Rn. 40; Ströbele/Hacker/Thiering/Hacker Rn. 19; Ströbele/Hacker/Thiering/Hacker § 130 Rn. 146 ff.).

Das Erfordernis der **unmittelbaren Betroffenheit** wird damit begründet, dass die Eintragung aufgrund **18.1** ihres Rechtsaktes als Verordnung nur normative Wirkung entfaltet. Somit sei der Einspruchsführer nicht in seinen individuellen Rechten berührt (EuG GRUR-RR 2007, 358 f. – Miel de Provence).

§ 132 Antrag auf Änderung der Spezifikation, Löschungsverfahren

(1) Für Anträge auf Änderung der Spezifikation einer geschützten geographischen Angabe oder einer geschützten Ursprungsbezeichnung nach Artikel 53 Absatz 2 Satz 1 der Verordnung (EU) Nr. 1151/2012 gelten die §§ 130 und 131 entsprechend.

(2) Für Anträge auf Löschung einer geschützten geographischen Angabe oder einer geschützten Ursprungsbezeichnung nach Artikel 54 Absatz 1 Satz 1 der Verordnung (EU) Nr. 1151/2012 gelten die §§ 130 und 131 entsprechend.

Überblick

Während § 130 als nationale Vorschrift das Verfahren für eine Eintragung einer Ursprungsbezeichnung bzw. geografischer Angabe gemäß VO (EU) 1151/2012 normiert, bezieht sich § 132 als nationalstaatliche Norm auf jene Anträge, die nach einer bereits erfolgten Eintragung noch folgen können: der Antrag auf Änderung der Spezifikation (Abs. 1; → Rn. 1) und der Antrag auf Löschung einer geografischen Angabe (Abs. 2; → Rn. 14); zum Amtslöschungsverfahren → Rn. 13. Seit dem 1.7.2016 verweist § 132 auf die einschlägigen Normen der zum 1.3.2013 in Kraft getretenen VO (EU) 1151/2012; bis zum 30.6.2016 verwies § 132 noch auf die Normen der VO (EG) 510/2006, was zur Folge hatte, dass seit dem 3.1.2013 gemäß Art. 58 Abs. 2 VO (EU) 1151/2012 iVm Anlage II die Verweise in § 132 auf die außer Kraft getretenen Normen der VO (EG) 510/2006 als Verweise auf die an deren Stelle getretenen Normen der VO (EU) 1151/2012 zu lesen waren.

Übersicht

A. Antrag auf Änderung einer Spezifikation (Abs. 1)

Nach § 132 Abs. 1 gelten für Anträge auf Änderung der Spezifikation einer geschützten geogra- **1** fischen Angabe oder geschützter Ursprungsbezeichnung die §§ 130, 131 entsprechend. § 132 Abs. 1 hat somit keinen eigenständigen Regelungsgehalt (vgl. Ingerl/Rohnke/Nordemann/A. Nordemann Rn. 1), sondern erschöpft sich zum einen in der Betonung, dass eine Spezifikationsänderung auf der europarechtlichen Grundlage, nämlich seit dem 3.1.2013 Art. 53 VO (EU) 1151/2012 (vormals Art. 9 Abs. 2 VO (EG) 510/2006) erfolgt, und zum anderen in der Verweisung auf die §§ 130, 131, die somit nicht nur für die Beantragung der Eintragung, sondern auch für die Spezifikationsänderung das nationale Eintragungsverfahren normieren.

1.1   Seit dem 1.7.2016 wird für die Bearbeitung eines Antrags auf Änderung der Spezifikation nach § 132 Abs. 1 eine Gebühr in Höhe von 200 Euro erhoben (vgl. § 2 Abs. 1 PatKostG iVm GV 336250 PatKostG). Bis zum 30.6.2016 wurde der Änderungsantrag noch kostenlos bearbeitet, wie auch der zum 30.6.2016 aufgehobene § 132 Abs. 1 S. 2 klarstellte.

I. Antragsberechtigung

2   Gemäß Art. 53 Abs. 1 VO (EU) 1151/2012 kann eine Vereinigung, die den Bedingungen von Art. 49 Abs. 1 VO (EU) 1151/2012 entspricht, die Genehmigung einer Änderung der Spezifikation beantragen, sofern sie hieran ein berechtigtes Interesse hat. Somit ist nicht nur antragsberechtigt, wer seinerzeit die Eintragung beantragt hat; vielmehr kann den Antrag auf Änderung einer Spezifikation auch eine andere Vereinigung oder eine ihr gleichgestellte natürliche oder juristische Person stellen, sofern sie das antragsgegenständliche Agrarerzeugnis oder Lebensmittel selbst anbaut oder erzeugt (Ingerl/Rohnke/Nordemann/A. Nordemann Rn. 2; so auch mit Blick auf die VO (EG) 510/2006: Fezer Rn. 3; Omsels Herkunftsangaben Rn. 99; v. Schultz/Gruber Rn. 2).

II. Antragsform

3   Der Antrag hat die beabsichtigten Änderungen zu beschreiben und zu begründen, Art. 53 Abs. 1 UAbs. 2 VO (EU) 1151/2012. Unter Verwendung des vom DPMA herausgegebenen Formblatts nach § 52 Abs. 1 MarkenV sind gemäß § 52 Abs. 2 MarkenV in dem Antrag anzugeben (FormK MarkenR/Schulte-Beckhausen F 2740):
- die eingetragene geografische Angabe oder Ursprungsbezeichnung,
- der Name und die Anschrift des Antragstellers,
- die Rechtsform, Größe und Zusammensetzung der den Antrag stellenden Vereinigung,
- falls ein Vertreter bestellt worden ist, der Name und die Anschrift des Vertreters,
- die Umstände, aus denen sich das berechtigte Interesse des Antragstellers ergibt,
- die Rubriken der Spezifikation, auf die sich die Änderungen beziehen,
- die beabsichtigten Änderungen und deren Begründung.

III. Änderungsgrund

4   Die Ursachen für eine Spezifikationsänderung können vielfältig sein. Neben **Berichtigungen** von inhaltlichen Fehlern im einstigen Antrag auf Eintragung (vgl. Ströbele/Hacker/Thiering/ Hacker Rn. 10) kann eine beantragte Änderung auch Folge einer **geänderten Rechtslage** sein (vgl. BPatG GRUR 2012, 398 f. = GRUR-Prax 2012, 31 mAnm Schulteis – Schwarzwälder Schinken), wie zB strengere Voraussetzungen an die Lebensmittelkennzeichnung (BPatG BeckRS 2010, 16290 = GRUR-Prax 2010, 339 mAnm Schoene – Nürnberger Bratwürste). Auch kann eine Spezifikationsänderung aus **technischen Neuerungen** bei der Erzeugung, Verarbeitung oder Zubereitung resultieren oder der **Sicherung oder Steigerung der Qualität** des Erzeugnisses dienen (vgl. Ströbele/Hacker/Thiering/Hacker Rn. 10; Schoene GRUR-Prax 2010, 339; BGH GRUR 2021, 615 = GRUR-Prax 2021, 170 mAnm Schulteis – Schwarzwälder Schinken II; BPatG BeckRS 2019, 23864 = GRUR-Prax 2019, 552 mAnm Onken – Schwarzwälder Schinken), zB auch durch eine Verbesserung der **Kontrolleffektivität** sowie der **Rückverfolgbarkeit,** um dadurch zB den Ursprung des Erzeugnisses zu gewährleisten (EuGH C-367/17, GRUR 2019, 183 = GRUR-Prax 2019, 59 mAnm Onken – Schwarzwälder Schinken; zuvor BPatG GRUR 2012, 398 (400) = GRUR-Prax 2012, 31 mAnm Schulteis – Schwarzwälder Schinken). Ferner können Änderungen der Spezifikationen den Anpassungen an geänderte **Verbrauchererwartungen** (weniger Fettanteil etc) geschuldet sein. Indes scheidet eine **Spezifikationsänderung mit neuen Vorgaben für die Aufmachung** eines Erzeugnisses aus, wenn sie durch keinen der drei in Art. 7 Abs. 1 lit. e VO (EU) 1151/2012 aufgeführten Gründe produktspezifisch gerechtfertigt ist (so wurde zB die Spezifikationsänderung für „Schwarzwälder Schinken" zurückgewiesen, wonach dieser nur noch dann als solcher in Scheiben geschnitten verkauft werden dürfe, wenn das Schneiden im Schwarzwald geschah, vgl. BGH GRUR 2021, 615 = GRUR-Prax 2021, 170 mAnm Schulteis – Schwarzwälder Schinken II, im Anschluss an EuGH C-367/17, GRUR 2019, 183 = GRUR-Prax 2019, 59 mAnm Onken – Schwarzwälder Schinken; und BPatG BeckRS 2019, 23864 = GRUR-Prax 2019, 552 mAnm Onken – Schwarzwälder Schinken). Dabei obliegt den nationalen Gerichten und nicht dem EuGH die abschließende Entscheidung, inwieweit eine

Änderung der Spezifikation erforderlich, verhältnismäßig und somit letztlich gerechtfertigt ist, um die Qualität eines Erzeugnisses zu wahren oder dessen Ursprung oder die Kontrolle der Spezifikation für die geschützte geografische Angabe zu gewährleisten (EuGH C-367/17 GRUR 2019, 183 = GRUR-Prax 2019, 59 mAnm Onken – Schwarzwälder Schinken; BGH GRUR 2021, 615 = GRUR-Prax 2021, 170 mAnm Schulteis – Schwarzwälder Schinken II).

Die VO (EU) 1151/2012 differenziert zwischen wesentlichen (→ Rn. 9) und geringfügigen **5** Änderungen (→ Rn. 6).

1. Geringfügige Änderungen

§ 132 Abs. 1 hat keine Bedeutung für geringfügige Änderungen, deren Rechtsgrundlage Art. 53 **6** Abs. 2 UAbs. 2 und 3 VO (EU) 1151/2012 (vormals Art. 9 Abs. 2 S. 2 VO (EG) 510/2006) ist. Über derartige Anträge auf geringfügige Änderungen entscheidet allein die Kommission in einem **vereinfachten Verfahren** (vgl. Ströbele/Hacker/Thiering/Hacker Rn. 7; BGH GRUR 2020, 415 (417) = GRUR-Prax 2020, 128 mAnm Schulteis – Spreewälder Gurken; EuGH C-785/18, GRUR 2020, 413 – Comté); eine Beteiligung des DPMA an diesem Verfahren ist nicht vorgesehen. Gibt die Kommission dem Antrag auf eine derartige geringfügige Änderung statt, veröffentlicht sie das nunmehr geänderte einzige Dokument und die Fundstelle der geänderten Spezifikation im Amtsblatt der Europäischen Union (Art. 53 Abs. 2 UAbs. 2 VO (EU) 1151/2012). Ein Einspruch gegen eine derartige Entscheidung kann nicht eingelegt werden (Omsels Herkunftsangaben Rn. 101; BGH GRUR 2020, 415 (417) = GRUR-Prax 2020, 128 mAnm Schulteis – Spreewälder Gurken).

Ein Antrag auf Änderung der geschützten Ursprungsbezeichnung oder geschützten geografi- **7** schen Angabe für ein Erzeugnis gilt dann als geringfügig (Art. 53 Abs. 2 UAbs. 3 VO (EU) 1151/2012), wenn
- die Änderung kein wesentliches Merkmal des Erzeugnisses betrifft,
- im Falle einer geschützten Ursprungsbezeichnung die Änderung nicht den Zusammenhang gemäß Art. 7 Abs. 1 lit. f Ziff. i VO (EU) 1151/2012 zwischen der Qualität oder den Merkmalen des Erzeugnisses und den geografischen Verhältnissen ändert,
- im Falle einer geschützten geografischen Angabe die Änderung nicht den Zusammenhang gemäß Art. 7 Abs. 1 lit. f Ziff. ii VO (EU) 1151/2012 zwischen einer bestimmten Qualität, dem Ansehen oder einem anderen Merkmal des Erzeugnisses und dem geografischen Ursprung ändert,
- die Änderung keine Änderung des Namens oder eines Teils des Namens des Erzeugnisses betrifft,
- die Änderung keine Auswirkungen auf die Abgrenzung des geografischen Gebiets hat oder
- die Änderung nicht zu einer Zunahme der Beschränkungen des Handels mit dem Erzeugnis oder seinen Rohstoffen führt.

Andernfalls ist die Änderung nicht als geringfügig, sondern als **wesentlich** anzusehen (→ **8** Rn. 8.1). Der Änderungsantrag ist dann nach § 132 Abs. 1 S. 2 iVm § 130 wie ein Neuantrag auf Eintragung zu behandeln (vgl. EuGH C-785/18, GRUR 2020, 413 – Comté; Schlussantrag GA C-785/18, BeckRS 2019, 22347 – Comté; BGH GRUR 2020, 415 (417) = GRUR-Prax 2020, 128 mAnm Schulteis – Spreewälder Gurken).

Klarheit darüber, ob die beantragte Änderung geringfügig ist, erhält der Antragsteller erst **durch die** **8.1** **Entscheidung der Kommission;** denn das Geringfügigkeitsmerkmal, dass die Änderung kein wesentliches Merkmal des Erzeugnisses betrifft, verlagert letztlich nur die Auslegung des abstrakten Tatbestandsmerkmals der Geringfügigkeit hin zum gleichermaßen abstrakten, unbestimmten Tatbestandsmerkmal der Wesentlichkeit eines Erzeugnismerkmals.

2. Nicht geringfügige (wesentliche) Änderungen

Führt die Änderung zu einer oder mehreren Änderungen der Spezifikation, die nicht geringfü- **9** gig sind, so unterliegt der Änderungsantrag dem Verfahren gemäß den Art. 49 bis 52 VO (EU) 1151/2012, wie Art. 53 Abs. 2 UAbs. 1 klarstellt (früher Art. 9 Abs. 2 S. 1 VO (EG) 510/2006), auf den § 132 Abs. 1 S. 1 verweist. Nicht geringfügige Änderungen sind solche (s. auch GA Schlussantrag C-785/18, BeckRS 2019, 22347 – Comté),
- die wesentlichen Merkmale des Erzeugnisses betreffen,
- die den Zusammenhang zwischen der Qualität oder den Merkmalen des Erzeugnisses und den geografischen Verhältnissen oder den Zusammenhang zwischen einer bestimmten Qualität, dem Ansehen oder einem anderen Merkmal des Erzeugnisses und dem geografischen Ursprung verändern,

- die den Namen oder einen Teil des Namens des Erzeugnisses ändern,
- die Auswirkungen auf die Abgrenzung des geografischen Gebiets haben oder
- die zu einer Zunahme der Beschränkungen des Handels mit dem Erzeugnis oder seinen Rohstoffen führen.

10 Ein derartiger Antrag zur wesentlichen **Änderung** einer geografischen Bezeichnung muss somit das gleiche Verfahren durchlaufen wie der erstmalige Antrag auf Eintragung (→ § 130 Rn. 20 ff.; Omsels Herkunftsangaben Rn. 101; Fezer Rn. 5; Ströbele/Hacker/Thiering/Hacker Rn. 6; EuGH C-785/18, GRUR 2020, 413 – GAEC Jeanningros; C-53/20, GRUR 2021, 860 = GRUR-Prax 2021, 336 mAnm Schoene – Spreewälder Gurken; BGH GRUR 2022, 156 (158) = GRUR-Prax 2022, 122 mAnm Schoene – Spreewälder Gurken). Dabei war in der Rechtsprechung ungeklärt, ob ein berechtigtes Interesse für einen Einspruch gegen eine nicht nur geringfügige Änderung auch solch ein Wirtschaftsbeteiligter hat, der ortsfremd ist oder das Erzeugnis, für das die geschützte geografische Angabe eingetragen ist, gar nicht produziert, es aber zumindest produzieren könnte (verneint von BPatG GRUR 2019, 415 = GRUR-Prax 2019, 11 mAnm Schulteis – Spreewälder Gurken; vgl. hierzu sodann den an den EuGH gerichteten Vorlagebeschluss des BGH GRUR 2020, 415 = GRUR-Prax 2020, 128 mAnm Schulteis – Spreewälder Gurken). Nach Auffassung des EuGH ist das berechtigte Interesse gegeben bei jeder aktuellen oder potenziellen, jedoch nicht außerhalb jeder Wahrscheinlichkeit liegenden wirtschaftlichen Betroffenheit einer natürlichen oder juristischen Person und dies nicht nur bei Wirtschaftsbeteiligten, die vergleichbare Erzeugnisse oder Lebensmittel herstellen oder deren Erzeugnisse die betreffende geschützte geografische Angabe tragen. Somit kann nach der aktuellen Rechtsprechung des EuGH das berechtigte Interesse auch zB bei ortsfremden Produzenten gegeben sein (EuGH C-53/20, GRUR 2021, 860 = GRUR-Prax 2021, 336 mAnm Schoene – Spreewälder Gurken; sodann auch BGH GRUR 2022, 156 (158) = GRUR-Prax 2022, 122 mAnm Schoene – Spreewälder Gurken).

10.1 Eine Konsequenz der Rechtsprechung des EuGH, wonach auch zB bei ortsfremden Produzenten das berechtigte Interesse für einen Einspruch gegen einen Antrag auf eine g.U.- bzw. g.g.A.-Spezifikation gegeben sein kann, kann allerdings nun auch sein, dass querulatorische Einsprüche die Änderung von Spezifikationen böswillig zu verschleppen versuchen (Schoene GRUR-Prax 2021, 336; Schulteis GRUR-Prax 2020, 128). Gerade Spezifikationsänderungen, die zur Bewahrung der Qualität der Erzeugnisse, die die g.U. bzw. g.g.A. führen, erforderlich sind, würden bei derartigen querulatorischen Einsprüchen erschwert. Somit könnte die sehr weite Fassung des Personenkreises von (ortsfremden) Einsprechenden entgegen der Auffassung des EuGH (vgl. EuGH C-53/20, GRUR 2020, 861 Rn. 45 – Spreewälder Gurken) gerade nicht die Einhaltung der hohen Qualität und der Art der Herstellung bestimmter Erzeugnisse fördern.

10.2 Zu verneinen ist das berechtigte Interesse allenfalls dann, wenn die Gefahr, dass die Interessen einer solchen Person beeinträchtigt werden, nicht äußerst unwahrscheinlich oder hypothetisch ist, was von den mitgliedstaatlichen Gerichten zu prüfen sei (EuGH C-53/20, GRUR 2021, 860 = GRUR-Prax 2021, 336 mAnm Schoene – Spreewälder Gurken; BGH GRUR 2022, 156 (158) = GRUR-Prax 2022, 122 mAnm Schoene – Spreewälder Gurken).

IV. Gebühren für einen Antrag auf Änderung einer Spezifikation

11 Für einen Antrag auf Änderung einer Spezifikation gemäß § 132 Abs. 1 ist gemäß § 2 Abs. 1 PatKostG iVm GV 336250 PatKostG eine Gebühr in Höhe von 200 Euro vom Antragsteller innerhalb von drei Monaten ab Antragstellung (§ 6 Abs. 1 S. 2 PatKostG) zu zahlen.

B. Antrag auf Löschung (Abs. 2)

12 Ähnlich wie Abs. 1 beschränkt sich auch Abs. 2 im Hinblick auf die Löschung einer geschützten geografischen Angabe oder geschützten Ursprungsbezeichnung auf die Bezugnahme auf Art. 54 VO (EU) 1151/2012 und auf die Anordnung der entsprechenden Geltung von §§ 130, 131. Zu differenzieren ist dabei zwischen dem Amts und dem Antragslöschungsverfahren (vgl. Ingerl/Rohnke/Nordemann/A. Nordemann Rn. 3; Ströbele/Hacker/Thiering/Hacker Rn. 17).

I. Amtslöschungsverfahren

13 Gemäß 54 Abs. 1 UAbs. 1 Alt. 1 VO (EU) 1151/2012 kann die Kommission Durchführungsrechtsakte zur Löschung der geschützten geografischen Angabe oder geschützten Ursprungsbezeichnung erlassen, wenn einer der folgenden Fälle gegeben ist:

- Bei dem Erzeugnis ist eine Übereinstimmung mit den Anforderungen der Spezifikation nicht gewährleistet.
- Es wurde in den letzten sieben Jahren unter der geschützten Ursprungsbezeichnung oder der geschützten geografischen Angabe kein Erzeugnis in den Verkehr gebracht.

II. Antragslöschungsverfahren

Unabhängig von der Kommission kann gemäß Art. 54 Abs. 1 UAbs. 1 Alt. 2 VO (EU) 1151/ **14** 2012 (Art. 12 Abs. 2 VO (EG) 510/2006) jede natürliche oder juristische Person **mit berechtigtem Interesse** unter Angabe ihrer Gründe die Löschung einer Eintragung beantragen.

Für den Löschungsantrag ist das Formblatt des DPMA zu verwenden, § 53 Abs. 1 MarkenV, **15** in dem gemäß § 52 Abs. 2 MarkenV anzugeben sind (s. FormK MarkenR/Schulte-Beckhausen F 2754):

- die geografische Angabe oder die Ursprungsbezeichnung, die gelöscht werden soll,
- der Name und die Anschrift des Antragstellers,
- falls ein Vertreter bestellt ist, der Name und die Anschrift des Vertreters,
- Umstände, aus denen sich das berechtigte Interesse des Antragstellers ergibt,
- Gründe für die Löschung.

Konkrete Gründe, die eine Löschung im Antragslöschungsverfahren voraussetzen, sind nirgends **16** geregelt. Gleiches gilt für die konkreten Voraussetzungen, unter denen einem von interessierten Dritten gestellten Löschungsantrag stattzugeben ist. Fraglich ist daher, ob ein Dritter mit berechtigtem Interesse auch noch im Anschluss an ein erfolgreich abgeschlossenes Eintragungsverfahren mitsamt den intensiven Prüfungen des DPMA und der Kommission, ob die Eintragungsvoraussetzungen erfüllt sind, die Löschung beantragen kann mit der Begründung, die Eintragungsvoraussetzungen seien vom DPMA oder der Kommission verkannt worden oder es hätten Eintragungshindernisse bestanden. Zwar enthalten die VO (EU) 1151/2012 und auch die VO (EG) 510/2009 sowie die VO (EG) 1896/2006 keine Anhaltspunkte, dass eine nochmalige Überprüfung durch das DPMA oder die Kommission nach abgeschlossenem Eintragungsverfahren auf Antrag eines Dritten möglich sein soll (so Büscher/Dittmer/Schiwy/Büscher Rn. 6). Allerdings lassen Art. 54 Abs. 1 UAbs. 1 Alt. 2 VO (EU) 1151/2012 wie auch bereits Art. 12 Abs. 2 VO (EG) 510/2006 einen derartig begründeten Löschungsantrag eines Dritten mit berechtigtem Interesse gerade zu, was den Rückschluss rechtfertigt, ein derartiger Löschungsantrag eines Dritten könne nicht von vornherein unter Hinweis auf das einstige erfolgreiche und abgeschlossene Eintragungsverfahren zurückgewiesen werden. Ob ein derartiger Löschungsantrag letztlich auch in der Sache mit der Begründung, das DPMA oder die Kommission hätten einst eine Eintragungsvoraussetzung verkannt, Erfolg haben kann, erscheint angesichts des sehr prüfungsintensiv gestalteten Eintragungsverfahrens eher fernliegend.

III. Gebühren für einen Antrag auf Löschung

Wird eine Löschung einer geschützten geografischen Angabe oder einer geschützten **17** Ursprungsbezeichnung gemäß § 132 Abs. 2 beantragt, hat der Antragsteller gemäß § 2 Abs. 1 PatKostG iVm GV 336300 PatKostG eine Gebühr in Höhe von 120 Euro zu zahlen; die Zahlungsfrist beträgt wiederum drei Monate ab Antragstellung (§ 6 Abs. 1 S. 2 PatKostG).

§ 133 Rechtsmittel

¹**Gegen Entscheidungen, die das Deutsche Patent- und Markenamt nach den Vorschriften dieses Abschnitts trifft, findet die Beschwerde zum Bundespatentgericht und die Rechtsbeschwerde zum Bundesgerichtshof statt.** ²**Gegen eine Entscheidung nach § 130 Abs. 5 Satz 1 steht die Beschwerde denjenigen Personen zu, die gegen den Antrag fristgerecht Einspruch eingelegt haben oder die durch den stattgebenden Beschluss auf Grund der nach § 130 Abs. 5 Satz 4 veröffentlichten geänderten Angaben in ihrem berechtigten Interesse betroffen sind.** ³**Im Übrigen sind die Vorschriften dieses Gesetzes über das Beschwerdeverfahren vor dem Bundespatentgericht (§§ 66 bis 82) und über das Rechtsbeschwerdeverfahren vor dem Bundesgerichtshof (§§ 83 bis 90) entsprechend anzuwenden.**

Überblick

§ 133 stellt zum einen klar, welche Rechtsmittel generell gegen Entscheidungen, die das DPMA auf Grundlage der §§ 130–136 getroffen hat, in Betracht kommen (S. 1; → Rn. 1). Zum anderen normiert § 133, welche Rechtsmittel insbesondere bei Stattgabe des ursprünglichen oder des im nationalen Prüfungsverfahren abgeänderten Eintragungsantrags denjenigen zustehen, die gegen den Eintragungsantrag Einspruch eingelegt haben bzw. durch die Abänderung in ihrem berechtigten Interesse betroffen sind (S. 2; → Rn. 2). Für den Verfahrensablauf verweist S. 3 auf die allgemeinen Normen für die Verfahren vor dem BPatG und dem BGH (→ Rn. 10), die entsprechende Anwendung finden (→ Rn. 7).

A. Statthaftigkeit der Beschwerde (S. 1)

1   Gemäß § 133 S. 1 ist gegen Entscheidungen, die das DPMA nach den Vorschriften des zweiten Abschnitts des sechsten Teils (§§ 130–136) getroffen hat, die Beschwerde zum Bundespatentgericht sowie sodann gegen den Beschluss über die Beschwerde die Rechtsbeschwerde zum Bundesgerichtshof statthaft. Zu den Entscheidungen, die das DPMA gemäß §§ 130 ff. getroffen hat, zählen:
- Zurückweisung eines Antrags auf Eintragung einer geografischen Angabe oder Ursprungsbezeichnung (§ 130 Abs. 5 S. 2; vgl. BPatG GRUR-RS 2021, 39932 = GRUR-Prax 2022, 80 mAnm Schoene – Dithmarscher Gans);
- Zurückweisung eines Antrags auf Änderung der Spezifikation einer geografischen Angabe oder Ursprungsbezeichnung (§ 132 Abs. 1 S. 1 iVm § 130 Abs. 5 S. 2);
- Zurückweisung eines Antrags auf Löschung einer geografischen Angabe oder Ursprungsbezeichnung (§ 132 Abs. 2 S. 1 iVm § 130 Abs. 5 S. 2);
- Zurückweisung eines Einspruchs nach § 131 Abs. 1, weil nicht innerhalb der zweimonatigen Einspruchsfrist nach § 131 Abs. 1 eingereicht wurde;
- Feststellung, dass ein Einspruch nach § 131 Abs. 1 als nicht erhoben gilt, weil die Einspruchsgebühr nicht fristgerecht gezahlt wurde (§ 131 Abs. 2 iVm § 6 Abs. 1 und 2 PatKostG).

B. Besondere Beschwerdeberechtigungen (S. 2)

2   Während die Beschwerde nach S. 1 der statthafte Rechtsbehelf in den Fällen ist, in denen ein Eintragungs-, Änderungs- oder Löschungsantrag durch Beschluss zurückgewiesen oder ein belastender feststellender Beschluss erging, und somit erhoben werden kann von demjenigen, der unmittelbarer Adressat einer belastenden Entscheidung des DPMA ist, begründet S. 2 für zwei Konstellationen eine besondere Beschwerdeberechtigung für unmittelbare Adressaten.

I. Beschwerdeberechtigung nach S. 2 Alt. 1

3   Gemäß § 133 S. 2 Alt. 1 ist eine Beschwerde statthaft gegen den Beschluss, einem Antrag auf Eintragung einer geografischen Angabe oder Ursprungsbezeichnung antragsgemäß stattzugeben (§ 130 Abs. 5 S. 1), sofern der Beschwerdeführer **zuvor** gegen den Antrag fristgerecht **Einspruch** nach § 130 Abs. 4 S. 2 **eingelegt** hat.

4   Wenngleich die Beschwerdeberechtigung hier – im Gegensatz zur Beschwerdeberechtigung nach § 133 S. 2 Alt. 2 (→ Rn. 5) – ein berechtigtes Interesse des Beschwerdeführers nicht ausdrücklich voraussetzt, so ist dieses gleichwohl nicht entbehrlich. Auch hier prüft das BPatG, ob der Beschwerdeführer über das berechtigte Interesse für die Einlegung seines Einspruchs nach § 130 Abs. 4 S. 2 verfügte, der seinerseits Voraussetzung ist, um eine Beschwerde nach § 133 S. 2 Alt. 1 einlegen zu können (so auch v. Schultz/Gruber Rn. 2; Ströbele/Hacker/Thiering/Hacker Rn. 3; BPatG BeckRS 2010, 16290 = GRUR-Prax 2010, 339 mAnm Schoene – Nürnberger Bratwürste; GRUR 2019, 415 (417) = GRUR-Prax 2019, 11 mAnm Schulteis – Spreewälder Gurken).

II. Beschwerdeberechtigung nach S. 2 Alt. 2

5   Zudem ist gemäß § 133 S. 2 Alt. 2 die Beschwerde statthaft gegen den Beschluss, einem Antrag auf Eintragung einer geografischen Angabe oder Ursprungsbezeichnung unter wesentlichen Änderungen stattzugeben (§ 130 Abs. 5 S. 4). Voraussetzung für eine derartige Beschwerde ist es, dass der Beschwerdeführer darlegen kann, durch die im stattgebenden Beschluss vorgesehenen Änderungen in seinem **berechtigten Interesse** betroffen zu sein (BPatG LMRR 2010, 156 = GRUR-Prax 2010, 339 mAnm Schoene – Nürnberger Rostbratwurst). Im Gegensatz zur Beschwerde nach § 133 S. 2 Alt. 1 erfordert die Beschwerdeberechtigung hier nicht, dass der Beschwerdeführer zuvor bereits einen Einspruch eingelegt hat (vgl. Ingerl/Rohnke/Nordemann/A. Nordemann Rn. 2). Es genügt die Betroffenheit seines berechtigten Interesses, wobei dieses Tatbestandsmerkmal wie bei Einsprüchen (→ § 131 Rn. 5) weit auszulegen und als erfüllt anzusehen ist, wenn der Beschwerdeführer eine zumindest potentielle, nicht außerhalb jeder Wahrscheinlichkeit liegende wirtschaftliche Betroffenheit durch die in abgeänderter Form erfolgte Eintragung darlegen kann (vgl. auch Ströbele/Hacker/Thiering/Hacker Rn. 6; EuGH C-53/20, GRUR 2021, 860 = GRUR-Prax 2021, 336 mAnm Schoene – Spreewälder Gurken; BGH GRUR 2022, 156, 158 = GRUR-Prax 2022, 122 mAnm Schoene – Spreewälder Gurken).

Zu beachten ist, dass jenen Betroffenen, die nach § 133 S. 2 Alt. 2 beschwerdeberechtigt sind, **6** im Gegensatz zu den Einspruchsführern nach § 130 Abs. 4 S. 1 kein Beschluss über die Stattgabe des Antrags zugestellt wird. Somit kann von ihnen auch nicht verlangt werden, innerhalb der **einmonatigen Beschwerdefrist** ab der – nicht an sie erfolgten – Zustellung des Beschlusses nach § 133 S. 3 iVm § 66 Abs. 2 die Beschwerde einzureichen (so auch Ströbele/Hacker/Thiering/Hacker Rn. 14; Büscher/Dittmer/Schiwy/Büscher Rn. 5). Soweit in der Literatur vertreten wird, die einmonatige Beschwerdefrist werde stattdessen mit der Veröffentlichung des stattgebenden Beschlusses im Markenblatt in Gang gesetzt (so Ströbele/Hacker/Thiering/Hacker Rn. 14; vgl. auch Fezer Rn. 8), spricht gegen eine derartige Auffassung, dass die Betroffenen ggf. auch keine Kenntnis von der Veröffentlichung des Beschlusses im Markenblatt erlangt haben. Da von diesen Beschwerdeberechtigten schwerlich erwartet werden kann, jeden dort veröffentlichten Beschluss dahingehend zu überprüfen, ob und inwieweit sie durch diesen betroffen sind, kann stattdessen angenommen werden, dass diese Beschwerdeberechtigten in der Regel ohne Verschulden verhindert waren, die Beschwerdefrist nach § 66 Abs. 2 einzuhalten, so dass ihnen auf Antrag Wiedereinsetzung nach § 91 Abs. 1 S. 1 zu gewähren ist (vgl. auch Ströbele/Hacker/Thiering/Hacker Rn. 14). Für diese Auffassung spricht zudem, dass – im Gegensatz zu § 131 Abs. 1 und 2 – in § 130 und in § 133 eine **Wiedereinsetzung** gerade nicht ausdrücklich ausgeschlossen ist (so auch Büscher/Dittmer/Schiwy/Büscher Rn. 5).

C. Anwendbares Verfahrensrecht

Für das Beschwerdeverfahren nach § 133 gelten die verfahrensrechtlichen Normen der §§ 66– **7** 82 entsprechend (§ 133 S. 3).

D. Begründetheit

Die Beschwerde nach § 133 S. 1 hat Erfolg, wenn der Beschluss, den Antrag auf Eintragung **8** oder Löschung einer geografischen Angabe oder Ursprungsbezeichnung oder Änderung eines Spezifikation zurückzuweisen, rechtswidrig war, weil der Antrag entgegen der Auffassung des DPMA den Voraussetzungen der VO (EU) 1151/2012 (vormals VO (EG) 510/2006) mitsamt Durchführungsvorschriften entsprach (vgl. BPatG GRUR-RS 2021, 39932 – Dithmarscher Gans), oder wenn der Feststellungsbeschluss rechtswidrig war, weil entgegen der Annahme der DPMA die Einspruchsfrist gewahrt bzw. die Einspruchsgebühr fristgerecht gezahlt wurde.

Die Beschwerde nach § 133 S. 2 hat Erfolg, wenn einem Antrag stattgeben wurde, obwohl **9** dieser Antrag nicht den Voraussetzungen der VO (EU) 1151/2012 (vormals VO (EG) 510/2006) mitsamt den einschlägigen Durchführungsvorschriften entsprach (vgl. Büscher/Dittmer/Schiwy/Büscher Rn. 6).

E. Rechtsmittel gegen den Beschluss des BPatG

Gegen den Beschluss des BPatG über die Beschwerde nach § 133 ist das Rechtsmittel der **10** Rechtsbeschwerde zum BGH (§ 133 S. 1) bei entsprechender Anwendung von §§ 83–90 gegeben (§ 133 S. 3).

§ 133a [nicht mehr belegt]

§ 134 Überwachung

(1) Die nach der Verordnung (EU) Nr. 1151/2012 und den zu ihrer Durchführung erlassenen Vorschriften erforderliche Überwachung und Kontrolle obliegt den nach Landesrecht zuständigen Stellen.

(2) ¹Soweit es zur Überwachung und Kontrolle im Sinn des Absatzes 1 erforderlich ist, können die Beauftragten der zuständigen Stellen bei Betrieben, die Agrarerzeugnisse oder Lebensmittel in Verkehr bringen oder herstellen (§ 3 Absatz 1 Nummer 1 des Lebensmittel- und Futtermittelgesetzbuchs) oder innergemeinschaftlich verbringen, einführen oder ausführen, während der Geschäfts- oder Betriebszeit
1. Geschäftsräume und Grundstücke, Verkaufseinrichtungen und Transportmittel betreten und dort Besichtigungen vornehmen,
2. Proben gegen Empfangsbescheinigung entnehmen; auf Verlangen des Betroffenen ist ein Teil der Probe oder, falls diese unteilbar ist, eine zweite Probe amtlich verschlossen und versiegelt zurückzulassen,
3. Geschäftsunterlagen einsehen und prüfen,
4. Auskunft verlangen.
²Diese Befugnisse erstrecken sich auch auf Agrarerzeugnisse oder Lebensmittel, die an öffentlichen Orten, insbesondere auf Märkten, Plätzen, Straßen oder im Umherziehen in den Verkehr gebracht werden.

(3) Inhaber oder Leiter der Betriebe sind verpflichtet, das Betreten der Geschäftsräume und Grundstücke, Verkaufseinrichtungen und Transportmittel sowie die dort vorzunehmenden Besichtigungen zu gestatten, die zu besichtigenden Agrarerzeugnisse oder Lebensmittel selbst oder durch andere so darzulegen, dass die Besichtigung ordnungsgemäß vorgenommen werden kann, selbst oder durch andere die erforderliche Hilfe bei Besichtigungen zu leisten, die Proben entnehmen zu lassen, die geschäftlichen Unterlagen vorzulegen, prüfen zu lassen und Auskünfte zu erteilen.

(4) Erfolgt die Überwachung bei der Einfuhr oder bei der Ausfuhr, so gelten die Absätze 2 und 3 entsprechend auch für denjenigen, der die Agrarerzeugnisse oder Lebensmittel für den Betriebsinhaber innergemeinschaftlich verbringt, einführt oder ausführt.

(5) Der zur Erteilung einer Auskunft Verpflichtete kann die Auskunft auf solche Fragen verweigern, deren Beantwortung ihn selbst oder einen der in § 383 Abs. 1 Nr. 1 bis 3 der Zivilprozessordnung bezeichneten Angehörigen der Gefahr strafrechtlicher Verfolgung oder eines Verfahrens nach dem Gesetz über Ordnungswidrigkeiten aussetzen würde.

(6) ¹Für Amtshandlungen, die nach Artikel 37 Absatz 1 der Verordnung (EU) Nr. 1151/2012 zu Kontrollzwecken vorzunehmen sind, werden kostendeckende Gebühren und Auslagen erhoben. ²Die kostenpflichtigen Tatbestände werden durch das Landesrecht bestimmt.

Überblick

Die Art. 36, 37 und 39 VO (EU) 1151/2012 (vormals Art. 10, 11 VO (EG) 510/2006) sehen vor, dass Behörden oder Produktzertifizierungsstellen der Mitgliedstaaten geografische Angaben und Ursprungsbezeichnungen zu überwachen und hinsichtlich der Einhaltung der Spezifikationsanforderungen zu kontrollieren haben. § 134, der mit Wirkung vom 1.9.2008 durch Gesetz vom 7.7.2008 (BGBl. I 1191) neu gefasst wurde, seit dem 1.7.2016 auf die zum 3.1.2013 in Kraft getretenen einschlägigen Normen der VO (EU) 1151/2012 verweist und zuletzt in Abs. 2 S. 1 geändert wurde mit Wirkung vom 10.8.2021 durch Art. 10 Abs. 1 Viertes Gesetz zur Änderung des Lebensmittel- und Futtermittelgesetzbuches sowie anderer Vorschriften vom 27.7.2021 (BGBl. I 3274), greift diese Verpflichtung auf und begründet gesetzgeberische Befugnisse für die Errichtung von derartigen Behörden und Kontrollstellen mitsamt deren Kompetenzen (→ Rn. 1). Abs. 2 regelt die Befugnisse der Kontrollstellen (→ Rn. 3 ff.). Die Abs. 3–5 regeln die Mitwirkungspflichten (→ Rn. 7 f.) und Abs. 6 die Kostentragung (→ Rn. 10 ff.).

A. Zuständigkeitszuweisung (Abs. 1)

1   Nach § 134 Abs. 1 obliegen den nach Landesrecht zuständigen Stellen (→ Rn. 1.1) die nach der VO (EU) 1151/2012 und deren Durchführungsvorschriften erforderlichen Überwachungen und Kontrollen. Demnach ist der Landesgesetzgeber dafür zuständig, die hierfür benötigten Kontrollstellen auf landesrechtlicher Grundlage einzurichten und diesen die für die Überwachungs- und Kontrollaufgaben erforderlichen Kompetenzen zuzuweisen.

So ist zB die **zuständige Kontrollstelle** iSd § 134:   1.1
- in **Baden-Württemberg** das Regierungspräsidium Karlsruhe (vgl. § 3 Abs. 2 Nr. 3 MarktErnZuVO BW – Verordnung zur Bestimmung von zuständigen Behörden im Bereich Markt und Ernährung vom 13.5.2005, GBl. 411),
- in **Brandenburg** das Landesamt für Ernährung und Landwirtschaft (vgl. § 1 BbgMaGLSpGÜZuVO – Verordnung über Zuständigkeiten für die Überwachung nach dem Markengesetz und dem Lebensmittelspezialitätengesetz vom 14.5.2001, GVBl. II 194),
- in **Nordrhein-Westfalen** das Landesamt für Natur, Umwelt und Verbraucherschutz (vgl. § 2 Abs. 1 Nr. 2 ZustVOAgrar NRW – Verordnung zur Regelung von Zuständigkeiten und zur Übertragung von Ermächtigungen zum Erlass von Rechtsverordnungen für Bereiche der Agrarwirtschaft vom 5.2.2019, GV. NW. 116),
- in **Sachsen-Anhalt** das Landesverwaltungsamt (vgl. § 1 Abs. 1 S. 1 KontrStZulVO LSA – Verordnung über die Zulassung privater Kontrollstellen zum Schutz geografischer Angaben und Ursprungsbezeichnungen für Agrarerzeugnisse und Lebensmittel sowie garantiert traditioneller Spezialitäten im Land Sachsen-Anhalt vom 10.6.2014, GVBl. 261),
- in **Schleswig-Holstein** das Ministerium für Energiewende, Landwirtschaft, Umwelt, Natur und Digitalisierung (vgl. § 2 MarkenGEÜZustVO SH – Landesverordnung zur Übertragung einer Ermächtigung und zur Bestimmung der zuständigen Stelle nach dem Markengesetz vom 18.3.1995, GVOBl. 148).

Gemäß Art. 36 Abs. 1 VO (EU) 1151/2012 benennen die Mitgliedstaaten die zuständigen   2
Behörden, die für die amtlichen Kontrollen zuständig sind, mit denen geprüft wird, ob die Erzeugnisse die rechtlichen Anforderungen der Qualitätsregelungen erfüllen und insbesondere die Produktspezifikationen einhalten. Die Kommission macht sodann die Namen und Anschriften dieser Behörden öffentlich zugänglich und aktualisiert diese Informationen regelmäßig (Art. 37 Abs. 3 UAbs. 1 VO (EU) 1151/2012).

B. Befugnisse der Kontrollstellen (Abs. 2)

Die Befugnisse der zuständigen Behörden und Kontrollstellen bestehen gegenüber Betrieben,   3
die Agrarerzeugnisse oder Lebensmittel in den Verkehr bringen oder herstellen (→ Rn. 3.1),
innergemeinschaftlich verbringen (→ Rn. 3.2), einführen oder ausführen.

Hinsichtlich des **„Herstellens"** ist aufgrund des Verweises in Abs. 2 auf die Definition nach § 3 Abs. 1   3.1
Nr. 1 LFGB in der seit dem 10.8.2021 geltenden Fassung abzustellen. Demnach ist „Herstellen" auch iSd
§ 134 Abs. 2 das „Gewinnen, einschließlich des Schlachtens oder Erlegens lebender Tiere, deren Fleisch
als Lebensmittel zu dienen bestimmt ist, das Herstellen, das Zubereiten, das Be- und Verarbeiten und das
Mischen."

Anders als in § 3 Nr. 1 LFGB aF, auf den noch Abs. 2 in der bis zum 9.8.2021 geltenden Fassung   3.2
verweist, weist § 3 Abs. 1 LFGB nF **keine Definition des Inverkehrbringens** mehr auf. Der Gesetzgeber
begründet seinen Verzicht auf diese Definition in § 3 Abs. 1 LFGB damit, dass ua auch das Inverkehrbringen
gen bereits in unmittelbar geltenden Rechtsvorschriften der Europäischen Union definiert sei und unmittelbar
bar in allen Mitgliedstaaten gelte; eine zusätzliche Begriffsbestimmung, die letztlich nur auf die Definition
des EU-Rechts verweise, sei entbehrlich, weshalb auch die einstige Begriffsbestimmung des Inverkehrbringens
gens in § 3 Nr. 1 LFGB aF nunmehr aufgehoben wurde (BT-Drs. 19/25319, 47). Für Lebensmittel gilt
daher hinsichtlich des Inverkehrbringens die Definition aus Art. 3 Nr. 8 VO (EG) 178/2002, wonach unter
dem Inverkehrbringen das Bereithalten von Lebensmitteln für Verkaufszwecke einschließlich des Anbietens
zum Verkauf oder jeder anderen Form der Weitergabe, gleichgültig, ob unentgeltlich oder nicht, sowie
den Verkauf, den Vertrieb oder andere Formen der Weitergabe selbst zu verstehen ist (vgl. auch Sosnitza/
Meisterernst/Rathke Lebensmittelrecht, VO (EG) 178/2002 Art. 3 Rn. 43 ff.).

Zweck der Kontrollen durch die Behörden und Kontrollstellen ist die von Art. 36 Abs. 3   4
VO (EU) 1151/2012, Art. 37 Abs. 1 VO (EU) 1151/2012 geforderte Sicherstellung, dass die
Agrarerzeugnisse und Lebensmittel, die mit Ursprungsbezeichnungen oder geografischen Angaben
gekennzeichnet sind, deren Spezifikationsanforderungen gemäß Art. 7 VO (EU) 1151/2012 (vormals
mals Art. 4 VO (EG) 510/2006) erfüllen (sog. **Herstellerkontrolle,** vgl. Ströbele/Hacker/Thiering/Hacker Rn. 5; v. Schultz/Gruber Rn. 1). Darüber hinaus soll die Überwachung sicherstellen,
dass auch die weiteren Vorgaben erfüllt und beachtet werden, zB indem die Bezeichnung
„geschützte Ursprungsbezeichnung" oder „geschützte geografische Angabe" nicht unbefugt oder
unzulässig verwendet wird (sog. **Missbrauchskontrolle,** vgl. Ströbele/Hacker/Thiering/Hacker
Rn. 6; v. Schultz/Gruber Rn. 1).

Im Rahmen der Hersteller- und Missbrauchskontrolle sind die zuständigen Behörden und   5
Kontrollstellen berechtigt (§ 134 Abs. 2 S. 1 Nr. 1–4), während der Geschäfts- oder Betriebszeiten

Verkaufs- und Geschäftsräume, Grundstücke und Transportmittel zu betreten und zu besichtigen, Proben zu entnehmen, Geschäftsunterlagen einzusehen und zu prüfen sowie – sozusagen als Auffangtatbestand – Auskünfte zu verlangen. Gemäß § 134 Abs. 2 S. 2 erstrecken sich diese Rechte über die Geschäftsräume hinaus auf Agrarerzeugnisse und Lebensmittel der Betriebe, die an öffentlichen Orten, wie zB Märkten und Straßen, angeboten werden.

6   Die Behörden und Kontrollstellen haben bei der Vornahme ihrer Befugnisse das **Erforderlichkeitsprinzip** zu beachten und somit das für den Adressaten mildeste Mittel auszuwählen, das geeignet ist, den angestrebten Zweck zu erreichen. Da ein Vorgehen mit Öffentlichkeitswirkung in der Regel belastender ist als ein Vorgehen innerhalb der Betriebssphäre, darf von der Befugnis nach § 134 Abs. 2 S. 2 grundsätzlich erst dann Gebrauch gemacht werden, wenn ein Vorgehen nach § 134 Abs. 2 S. 1 ungeeignet erscheint.

C. Pflichten und Rechte der Unternehmen (Abs. 3–5)

7   § 134 Abs. 3 normiert eine **Duldungspflicht** für die Inhaber und Leiter der Betriebe dergestalt, dass sie den Mitarbeitern der zuständigen Behörden und Kontrollstellen die Ausübung ihrer Betretungs- und Besichtigungsrechte zu gestatten haben. Ferner obliegt ihnen die **Mitwirkungspflicht,** ihre Agrarerzeugnisse und Lebensmittel darzulegen, damit die Proben entnommen werden können, sowie ihre geschäftlichen Unterlagen zur Prüfung vorzulegen und auf Verlangen **Auskunft** zu erteilen.

8   Die Pflichten nach Abs. 2 und 3 erstrecken sich im Rahmen der Aus- und Einfuhrüberwachung auch auf diejenigen, die für den Betriebsinhaber die Agrarerzeugnisse verbringen, einführen oder ausführen (Abs. 4). In Betracht kommen derartige Maßnahmen der Behörden und Kontrollstellen insbesondere gegenüber Spediteuren oder Lageristen.

9   Eingeschränkt ist die Verpflichtung zur Auskunftserteilung, soweit dem Auskunftsverpflichteten ein **Auskunftsverweigerungsrecht** zusteht, weil er sich oder einen in § 383 Abs. 1 Nr. 1–3 ZPO Angehörigen bei Erteilung der Auskunft der Gefahr einer strafrechtlichen Verfolgung oder eines Ordnungswidrigkeitsverfahrens aussetzen würde (Abs. 5).

D. Kostenerhebung (Abs. 6)

10   Soweit Maßnahmen zu dem Zweck der Herstellerkontrolle (→ Rn. 4) und somit zu Kontrollzwecken nach Art. 37 Abs. 1 VO (EU) 1151/2012 vorgenommen werden, werden nach dem Kostendeckungsprinzip Gebühren und Auslagen erhoben (Abs. 6 S. 1), für die im Landesrecht entsprechende Kostentatbestände zu verankern sind (Abs. 6 S. 2). **Kostenschuldner** derartiger Gebühren und Abgaben sind die von den Kontrollen erfassten Wirtschaftsbeteiligten (Art. 37 Abs. 1 UAbs. 2 S. 1 VO (EU) 1151/2012). Unerheblich für die Verpflichtung zur Kostentragung ist, ob die Kontrolle ergab, dass der Hersteller die geografische Bezeichnung rechtmäßig verwendet hatte, oder ob der Hersteller Anlass zu Beanstandungen gab, die die Behörde zur Kontrolle veranlasst hatten (Ingerl/Rohnke/Nordemann/A. Nordemann Rn. 11; HK-MarkenR/Fuchs-Wissemann Rn. 12).

11   Wird die Behörde oder Kontrollstelle indes im Rahmen der **Missbrauchskontrolle** (→ Rn. 4) tätig, greift Art. 37 Abs. 1 UAbs. 2 S. 1 VO (EU) 1151/2012, der sich lediglich auf die Kosten für die Einhaltung der Spezifikation und somit für Maßnahmen der Herstellerkontrolle beschränkt, nicht. Demnach können die Kosten für Maßnahmen der Missbrauchskontrolle auch nicht von den rechtmäßigen Nutzern der geografischen Bezeichnung beansprucht werden, sondern nur von jenen Herstellern, die eine geografische Bezeichnung unzulässig verwendet haben (vgl. Ströbele/Hacker/Thiering/Hacker Rn. 12).

12   Sowohl für die Herstellerkontrolle als auch für die Missbrauchskontrolle können die Mitgliedstaaten einen Beitrag zu den Kosten leisten, wie Art. 37 Abs. 1 UAbs. 2 S. 2 VO (EU) 1151/2012 nunmehr im Gegensatz zur einstigen VO (EG) 510/2006 klarstellt.

§ 135 Ansprüche wegen Verletzung

(1) [1]**Wer im geschäftlichen Verkehr Handlungen vornimmt, die gegen Artikel 13 der Verordnung (EU) Nr. 1151/2012 verstoßen, kann von den nach § 8 Abs. 3 des Gesetzes gegen den unlauteren Wettbewerb zur Geltendmachung von Ansprüchen Berechtigten bei Wiederholungsgefahr auf Unterlassung in Anspruch genommen werden.** [2]**Der**

Anspruch besteht auch dann, wenn eine Zuwiderhandlung erstmalig droht. [3]Die §§ 18, 19, 19a und 19c gelten entsprechend.

(2) **§ 128 Abs. 2 und 3 gilt entsprechend.**

Überblick

§ 135 ist die Rechtsgrundlage für zivilrechtliche Ansprüche bei Verstößen (→ Rn. 2 ff.) gegen die VO (EU) 1151/2012, die zum 3.1.2013 an die Stelle der VO (EG) 510/2006 getreten ist. Rechte zur Weiterbenutzung (→ Rn. 15 ff.) schließen Verstöße aus. Neben dem eine behördliche Überwachung normierenden und somit eher öffentlich-rechtlich ausgestalteten § 134 und dem auf strafrechtlichen Schutz ausgerichteten § 144 rundet § 135 somit den Schutz der geografischen Bezeichnungen zivilrechtlich ab und definiert dabei den Kreis der Anspruchsberechtigten (→ Rn. 18).

Zu differenzieren ist dabei zwischen Unterlassungsansprüchen (→ Rn. 23 f.), Beseitigungsansprüchen (→ Rn. 25), Schadensersatzansprüchen (→ Rn. 26 f.) sowie Vernichtungs-, Rückruf- und Auskunftsansprüchen (→ Rn. 29), die aus Verstößen gegen Art. 13 VO (EU) 1151/2012 resultieren.

Für alle diese Ansprüche haften Betriebsinhaber (→ Rn. 31) ohne Möglichkeit der Exkulpation (→ Rn. 32).

Übersicht

A. Allgemeines

Wenngleich der in Art. 13 VO (EU) 1151/2012 (bis zum 3.1.2013: Art. 13 VO (EG) 510/2006) gemeinschaftsrechtlich normierte Verletzungstatbestand aufgrund seiner allgemeinen und unmittelbaren Geltung (Art. 288 UAbs. 2 AEUV) bereits einen Schutz für eingetragene geografische Bezeichnungen entfaltet, wird dieser Schutz durch § 135 unmittelbar im nationalen Recht verankert und konkretisiert, indem die Rechtsfolgen eines Verstoßes gegen die Verletzungstatbestände (→ Rn. 23) und der Kreis der Anspruchsberechtigten (→ Rn. 18 ff.) genannt werden. In seiner Struktur ist § 135 eng angelehnt an § 128 und sieht ebenfalls eine entsprechende Geltung von §§ 18, 19, 19a und 19c vor. Eine analoge Anwendung von § 135 kommt zudem in Betracht, wenn gegen Art. 103 Abs. 2 VO (EU) 1308/2013 bzw. vormals Art. 118m VO (EG) 1234/2007 als jene Normen verstoßen wurde, die den Schutz geografischer Angaben für Weinbauerzeugnisse und somit für Weine normieren (vgl. BGH GRUR 2019, 185 = GRUR-Prax 2019, 35 mAnm Schoene – Champagner Sorbet II). Ebenfalls ist § 135 analog anzuwenden bei einem Verstoß gegen Art. 21 Abs. 2 VO (EU) 2019/787 (Spirituosen-VO 2021; zuvor Art. 16 VO (EG) 110/2008) als Normen von Verordnungen, die den Schutz geografischer Angaben für Spirituosen bezwecken (vgl. Schulteis GRUR-Prax 2018, 537; OLG Hamburg GRUR-RS 2019, 39823 = GRUR-Prax 2020, 211 mAnm Schulteis – Glen Els; GRUR-RS 2022, 685 = GRUR-Prax 2022, 436 mAnm Schulteis – Glen Buchenbach; zuvor LG Hamburg GRUR-RR 2017, 312 f. = GRUR-Prax 2017, 326 mAnm Schoene – Glen Buchenbach; LG Hamburg BeckRS 2019, 5866 = GRUR-Prax 2019, 256 mAnm Brommer – Glen Buchenbach II; s. auch → § 130 Rn. 4.2).

B. Verletzungshandlung

I. Verletzungshandlung im geschäftlichen Verkehr

2   Ein Anspruch aus Abs. 1 S. 1 setzt voraus, dass eine gegen Art. 13 VO (EU) 1151/2012 verstoßende Handlung im geschäftlichen Verkehr vorgenommen wurde. Das – weit auszulegende – Tatbestandsmerkmal des geschäftlichen Verkehrs umfasst in Einklang mit § 128 Abs. 1 S. 1 und § 14 Abs. 2 jede Handlung, die einem eigenen oder fremden Geschäftszweck dient und auf die Förderung der eigenen oder fremden erwerbswirtschaftlichen oder sonstigen beruflichen Tätigkeit ausgerichtet ist (vgl. → § 14 Rn. 65; Büscher/Dittmer/Schiwy/Büscher § 14 Rn. 108; Ströbele/Hacker/Thiering/Hacker § 14 Rn. 57; EuGH C-236/08 bis C-238/08, GRUR 2010, 445 (447) – Google-France; BGH GRUR 2008, 702 (705) – Internet-Versteigerung III; GRUR 2020, 294 (296) = GRUR-Prax 2020, 101 mAnm Schulteis – Culatello di Parma; OLG Köln GRUR-RR 2019, 251 (253) = GRUR-Prax 2019, 88 mAnm Bünger – Culatello di Parma). Zum früheren Recht → Rn. 2.1 ff.

2.1   **Bis zum 30.6.2016** verwies § 135 Abs. 1 auch auf Art. 8 VO (EG) 510/2006. Da bisherige Verweisungen auf die Normen der VO (EG) 510/2006 als Bezugnahmen auf die entsprechenden Nachfolge-Normen der VO (EU) 1151/2012 gemäß deren Entsprechungstabelle in Anh. II VO (EU) 1151/2012 zu lesen waren, stellte sich somit bis zum 30.6.2016 die Frage, inwieweit ein Verstoß gegen Art. 8 VO (EG) 510/2006 bzw. in der Zeit vom 3.1.2013 bis zum 30.6.2016 gegen Art. 12 VO (EU) 1151/2012 als jener Norm, die Art. 8 VO (EG) 510/2006 ersetzte, noch einen Anspruch aus § 135 Abs. 1 begründen konnte.

2.2   So sieht Art. 12 Abs. 1 VO (EU) 1151/2012 (vormals Art. 8 Abs. 1 VO (EG) NR. 510/2006) vor, dass geschützte Ursprungsbezeichnungen und geschützte geografische Angaben von jedem Marktteilnehmer verwendet werden dürfen, der ein Erzeugnis vermarktet, das der betreffenden Produktspezifikation entspricht. Da Art. 12 Abs. 1 VO (EU) 1151/2012 (wie vormals Art. 8 Abs. 1 VO (EG) 510/2006) seinem Wortlaut nach kein Verbot, sondern ein **Benutzungsrecht** (→ § 130 Rn. 28) begründet, konnte diese Norm allenfalls im Wege des Umkehrschlusses als Verletzungstatbestand iSd § 135 Abs. 1 begriffen werden, wenn die Norm eine Nutzung der eingetragenen Bezeichnung ohne Benutzungsrecht untersagen sollte, zB weil ein mit einer geschützten geografischen Bezeichnung versehenes Lebensmittel nicht die erforderlichen Spezifikationsanforderungen erfüllte (Fezer Rn. 3). Einen derartigen Schutz vor einer Verwendung der eingetragenen Bezeichnung für Erzeugnisse, die nicht die Spezifikationsanforderungen der Bezeichnung erfüllten, sieht aber bereits Art. 13 Abs. 1 lit. a VO (EU) 1151/2012 (wie auch bereits Art. 13 Abs. 1 lit. a VO (EG) 510/2006) vor, auf den seit dem 1.7.2006 § 135 Abs. 1 einzig verweist. Daher ist es keine Einschränkung des Schutzes, dass seit dem 1.7.2016 § 135 Abs. 1 nicht mehr auf Art. 12 Abs. 1 VO (EU) 1151/2012 als jene Norm, die an die Stelle von Art. 8 Abs. 1 VO (EG) 510/2006 getreten ist, verweist.

2.3   § 135 Abs. 1 verwies **bis zum 30.6.2016** zudem auf Art. 8 Abs. 2 VO (EG) 510/2006 (nunmehr Art. 12 Abs. 3 VO (EU) 1151/2012), der eine **Kennzeichnungspflicht** begründete. Dieser Verweis führte zur Folgefrage, ob ein Verwender, dessen Agrarerzeugnis oder Lebensmittel der Spezifikation der von ihm verwendeten geografischen Bezeichnung entsprach und der somit über ein Benutzungsrecht verfügte, eine von § 135 sanktionierte Verletzungshandlung beging, indem er sein in den Verkehr gebrachtes Produkt nicht mit der geschützten Ursprungsbezeichnung oder geschützten geografischen Angabe oder mit dem Gemeinschaftszeichen etikettierte. Der Wortlaut von § 135 sprach bis zum 30.6.2016 dafür, derartige Fälle als Verletzungshandlung nach § 135 Abs. 1 anzusehen (vgl. Büscher/Dittmer/Schiwy/Büscher Rn. 3; Fezer Rn. 3). Stellte man hingegen auf den Normzweck ab, die Erkennbarkeit von geschützten Bezeichnungen im Verkehr durch eine Etikettierung als „geschützte Ursprungsbezeichnung" bzw. „geschützte geografische Angabe" in Verbindung mit dem Gemeinschaftszeichen zu steigern, nicht aber – zusätzlich zum europarechtlichen Schutzregime – den Irreführungsschutz zu stärken, sprach dies für die Auffassung, dass ein Verstoß gegen die Kennzeichnungspflicht keine Verletzungsansprüche nach § 135 Abs. 1 begründet (vgl. auch HK-MarkenR/Geitz Rn. 5). Für diese Auffassung wurde auch das Gesetzgebungsverfahren zum Gesetz zur Verbesserung der Durchsetzung von Rechten des geistigen Eigentums vom 7.7.2008 (BGBl. I 1191) angeführt, durch das § 135 in seine bis zum 30.6.2016 geltende Fassung geändert worden war. So sollte ausweislich der Begründung im Regierungsentwurf zum Gesetz vom 7.7.2008 § 135 lediglich an § 128 angeglichen werden (BT-Drs. 16/5048, 46), weil dort übersehen worden sei, dass Art. 8 Abs. 2 VO (EG) 510/2006 im Gegensatz zum einstigen Art. 8 VO (EWG) 2081/92 eine Kennzeichnungspflicht enthalten habe. Unter Berücksichtigung dieser Erwägungen des Gesetzgebers wurde daher der bis zum 30.6.2016 vorgesehene Verweis von § 135 Abs. 1 auf den gesamten Art. 8 VO (EG) 510/2006 (nunmehr Art. 12 VO (EU) 1151/2012) als gesetzgeberisches Versehen erkannt (zur Historie noch Ströbele/Hacker/Hacker, 11. Aufl. 2014, Rn. 7; Ingerl/Rohnke, 3. Aufl. 2010, Rn. 2). Mit der Änderung von § 135 zum 1.7.2016 dergestalt, dass § 135 nicht mehr auf Art. 12 VO (EU) 1151/2012 als Nachfolgenorm von Art. 8 VO (EG) 510/2006 verweist, hat sich die bis zum 30.6.2016 bestehende Problematik des gesetzgeberischen

Versehens nunmehr erledigt (vgl. Ströbele/Hacker/Thiering/Hacker Rn. 5). Erkennt indes der Rechtsverkehr oder die Verwaltung einen Verstoß gegen die Kennzeichnungspflicht, so kann hiergegen immer noch vorgegangen werden im Rahmen der behördlichen Überwachung nach § 134.

II. Verstoß gegen Art. 13 VO (EU) 1151/2012

Art. 13 VO (EU) 1151/2012 (vormals Art. 13 Abs. 1 lit. a–d VO (EG) 510/2006) umfasst vier **3** eigenständige Verletzungstatbestände, die den Schutz einer eingetragenen geografischen Bezeichnung vor einer unzulässigen Verwendung bezwecken. Inhaltlich entsprechen sie den früheren vier Verletzungstatbeständen (→ Rn. 3.1 f.) gemäß Art. 13 Abs. 1 lit. a–d VO (EWG) 2081/92.

Anders als bei den nur bei gebietsfremden Produkten denkbaren Verstößen nach § 127 Abs. 3 (→ **3.1** § 127 Rn. 31) bei geografischen Herkunftsangaben, die nicht nach der VO (EU) 1151/2012 geschützt sind, kann eine Verletzungshandlung nach Art. 13 Abs. 1 VO (EU) 1151/2012 nicht nur bei Produkten gebietsfremder Hersteller vorliegen, sondern auch bei Produkten, die zwar die gleiche geografische Herkunft wie das durch die VO (EU) 1151/2012 geschützte Produkt aufweisen, indes nicht dessen Produktspezifikation erfüllen (vgl. Schoene AUR 2019, 260).

Hinsichtlich der Systematik dieser vier Verletzungstatbestände fällt auf, dass diese – betrachtet in ihrer **3.2** Reihenfolge von lit. a bis lit. d – einen immer schwächeren Bezug zur eingetragenen Bezeichnung aufweisen. Ist zudem zB der Verletzungstatbestand nach lit. a erfüllt, untersucht der EuGH nicht noch, ob einer der nachfolgenden Verletzungstatbestände nach lit. b bis lit. d erfüllt ist (Loschelder MarkenR 2022, 208 (210); Schoene GRUR 2018, 784).

1. Unzulässige kommerzielle Verwendung

Art. 13 Abs. 1 lit. a VO (EU) 1151/2012 (nahezu identisch mit dem vormaligen Art. 13 Abs. 1 **4** lit. a VO (EG) 510/2006) schützt eingetragene Namen von Ursprungsbezeichnungen und geografischen Angaben gegen jede direkte oder indirekte kommerzielle Verwendung für Erzeugnisse, die nicht unter die Eintragung fallen, wenn diese Erzeugnisse mit den unter diesem Namen eingetragenen Erzeugnissen vergleichbar sind oder wenn durch diese Verwendung das Ansehen des geschützten Namens ausgenutzt wird, auch wenn entsprechende Erzeugnisse als **Zutaten** verwendet werden. Verwendung iSv Art. 13 Abs. 1 lit. a VO (EU) 1151/2012 ist eng auszulegen, da andernfalls die Unterscheidung zwischen einer Verwendung und einer Anspielung iSv Art. 13 Abs. 1 lit. b VO (EU) 1151/2012 gegenstandslos würde (so auch bzgl. einer unzulässigen Verwendung geografischer Angaben im Weinsektor gemäß Art. 103 Abs. 2 lit. a VO (EU) 1308/2013 EuGH C-783/19, GRUR-RS 2021, 26141 – Champanillo).

Eine kommerzielle Verwendung ist gegeben, wenn die Bezeichnung bei einem Handeln im **5** geschäftlichen Verkehr verwendet wird (Omsels Herkunftsangaben Rn. 131). Direkt wird eine Bezeichnung verwendet, wenn sie unmittelbar auf dem Agrarerzeugnis bzw. dem Lebensmittel oder auf dessen Verpackung angebracht ist (Tilmann GRUR 1992, 829 (833); Ströbele/Hacker/Thiering/Hacker Rn. 10). Eine **indirekte Verwendung** liegt vor, wenn das nicht unter die Eintragung fallende Erzeugnis Bezug nimmt auf die geschützte Bezeichnung und somit eine Gleichartigkeit zum Ausdruck bringt, zB im Rahmen der Werbung oder durch Begleitpapiere (Tilmann GRUR 1992, 829 (833); Ingerl/Rohnke/Nordemann/A. Nordemann Rn. 5; Ströbele/Hacker/Thiering/Hacker Rn. 10; EuGH C-44/17, GRUR 2018, 843 = GRUR-Prax 2018, 302 mAnm Douglas = GWR 2018, 260 mAnm Dück – Scotch Whiskey Association/Michael Klotz – Glen Buchenbach).

Mit Blick auf das Ziel, die Marktteilnehmer davor zu schützen, dass Erzeugnisse, die unberech- **6** tigterweise eine geografische Bezeichnung führen, mit jenen Erzeugnissen verwechselt werden, die den Anforderungen und Spezifikationen entsprechen, schränkt das Tatbestandsmerkmal der **Vergleichbarkeit** der Erzeugnisse den Anwendungsbereich von Art. 13 Abs. 1 lit. a Alt. 1 VO (EU) 1151/2012 ein auf jene Erzeugnisse, die der Verbraucher als gleichwertig auffassen könnte (Omsels Herkunftsangaben Rn. 135; vgl. auch Sosnitza WRP 2018, 647 (649); Schoene GRUR 2018, 784 (786 f.)).

Ist keine Vergleichbarkeit gegeben, weil zB eine Backware mit einem eingetragenen Namen **7** einer Wurstware oder eines Bieres bezeichnet wird, besteht in der Regel keine Gefahr der Irreführung des Verkehrs. In derartigen Konstellationen kommt jedoch ein Schutz über Art. 13 Abs. 1 lit. a Alt. 2 VO (EU) 1151/2012 (vormals Art. 13 Abs. 1 lit. a Alt. 2 VO (EG) 510/2006) in Betracht, wenn das **Ansehen** eines Erzeugnisses, das diese geografische Bezeichnung führen darf, **ausgenutzt** werden soll für andere Erzeugnisse (Omsels Herkunftsangaben Rn. 135; Ströbele/Hacker/Thiering/Hacker Rn. 12; Schoene GRUR 2018, 784 (786 f.); LG Berlin GRUR-RR 2005, 353 – Mit Spreewälder Gurken).

2. Aneignung, Nachahmung oder Anspielung

8   Eingetragene Namen von Ursprungsbezeichnungen und geografischen Angaben schützt Art. 13 Abs. 1 lit. b VO (EU) 1151/2012 (vormals Art. 13 Abs. 1 lit. b VO (EG) 510/2006) vor jeder widerrechtlichen Aneignung (→ Rn. 9), Nachahmung (→ Rn. 10) oder Anspielung (→ Rn. 11), selbst wenn der tatsächliche Ursprung des Erzeugnisses oder der Dienstleistung angegeben ist oder wenn der geschützte Name in Übersetzung oder zusammen mit Zusätzen wie „Art", „Typ", „Verfahren", „Fasson", „Nachahmung" oder dergleichen verwendet wird (vgl. auch Scho-ene GRUR 2018, 784 (787 f.); Sosnitza WRP 2018, 647 (650); Dück EuZW 2017, 876). Auch verbietet Art. 13 Abs. 1 lit. b VO (EU) 1151/2012 Handlungen, die im Gegensatz zu den Verlet-zungshandlungen nach Art. 13 Abs. 1 lit. a VO (EU) 1151/2012 zwar weder direkt noch indirekt den geschützten Namen selbst verwenden, aber den Verbraucher dazu veranlassen, eine hinrei-chend enge Verbindung mit diesem Namen herzustellen (EuGH C-490/19, GRUR 2021, 490 = GRUR-Prax 2021, 14 mAnm Schulteis – Morbier; bezogen auf Spirituosen vgl. auch EuGH C-44/17, GRUR 2018, 843 = GRUR-Prax 2018, 302 mAnm Douglas = GWR 2018, 260 mAnm Dück – Scotch Whiskey Association/Michael Klotz – Glen Buchenbach). Dies gilt zum Zwecke eines umfassenden Schutzes sowie nunmehr gemäß Art. 13 Abs. 1 lit. b letzter Hs. VO (EU) 1151/2012 auch bei jenen Produkten, die das den geschützten Namen führende Erzeugnis als Zutat verwenden (vgl. zur Verwendung von mit Ursprungsbezeichnungen oder geografischen Angaben geschützten Produkten als Zutaten auch Ströbele/Hacker/Thiering/Hacker Rn. 17 ff.; Omsels MarkenR 2013, 209, 211; BGH GRUR 2008, 413 f. – Bayerisches Bier; GRUR 2020, 294 = GRUR-Prax 2020, 101 mAnm Schulteis – Culatello di Parma; OLG Köln GRUR-RR 2019, 251 (253) = GRUR-Prax 2019, 88 mAnm Bünger – Culatello di Parma). Zu Kombinatio-nen → Rn. 8.1.

8.1   **Kombinationen** mit Ausdrücken wie „Art", „Typ", „Verfahren", „Original" oder „Echt" fördern dagegen sogar für nach deutschem Recht geschützte Herkunftsangaben sowie für alle noch nicht eingetrage-nen Bezeichnungen die für einen (künftigen) Schutz **schädliche Entwicklung zur Gattungsbezeich-nung** (BPatG BeckRS 2009, 05722 = GRUR 2009, 506 Ls. – Münchner Weißwurst; Markfort/Albrecht apf 2013, 5 (8 f.); Dück EuZW 2017, 876).

9   Eine **Aneignung** ist gegeben, wenn das Erzeugnis, das nicht zur Führung der geografischen Bezeichnung berechtigt ist, diese Bezeichnung nahezu identisch übernimmt (Ströbele/Hacker/Thiering/Hacker Rn. 24; BGH GRUR 2016, 970 = GRUR-Prax 2016, 348 mAnm Schoene – Vorlagebeschluss „Champagner Sorbet"). Zur Abgrenzung → Rn. 9.1.

9.1   Wird bei Produkten des Weinsektors eine geschützte Ursprungsangabe als Teil der Bezeichnung eines Lebensmittels verwendet (zB „Champagner Sorbet"), das zwar nicht in Gänze der Produktspezifikation der geschützten Ursprungsangabe entspricht, jedoch **eine Zutat enthält,** die die Produktspezifikation erfüllt, liegt darin noch keine widerrechtliche Aneignung; denn mit der Aufnahme der die geschützte Ursprungsbezeichnung führenden Zutat in die Bezeichnung des Lebensmittels wird die geschützte Ursprungsbezeichnung direkt verwendet, um offen eine mit ihr zusammenhängende geschmackliche Eigen-schaft anzudeuten, was keine Aneignung darstellt (so für geografische Angaben im Weinsektor im Hinblick auf eine Aneignung gemäß Art. 103 Abs. 2 lit. b VO (EU) 1308/2013 EuGH C-393/16, GRUR 2018, 327 = GRUR-Prax 2018, 61 mAnm Schöllmann – Champagner-Sorbet; vgl. auch Schoene GRUR 2018, 331 f.).

10   Eine **Nachahmung** erfordert begrifflich, dass die beanstandete Bezeichnung ihrem Sinn nach denselben Eindruck erweckt wie die eingetragene Bezeichnung (so bereits auch BT-Drs. 16/5048, 46; vgl. auch Ströbele/Hacker/Thiering/Hacker Rn. 24; BGH GRUR 2016, 970 – Vorlagebe-schluss „Champagner Sorbet" = GRUR-Prax 2016, 348 mAnm Schoene).

11   Das Tatbestandsmerkmal der **Anspielung** ist erfüllt, wenn der Verbraucher bei Betrachtung des Erzeugnisses einen gedanklichen Bezug zu dem Erzeugnis herstellt, das die geografische Bezeichnung führen darf (Ströbele/Hacker/Thiering/Hacker Rn. 26; EuGH C-87/97, GRUR Int 1999, 443 (445) – Gorgonzola/Cambozola; C-132/05, GRUR 2008, 524 f. – Parmesan; C-490/19, GRUR 2021, 490 = GRUR-Prax 2021, 14 mAnm Schulteis – Morbier; bezogen auf geografische Angaben bei Spirituosen gemäß Art. 16 lit. b VO (EG) 110/2008 vgl. auch EuGH C-44/17, GRUR 2018, 843 = GRUR-Prax 2018, 302 mAnm Douglas = GWR 2018, 260 mAnm Dück – Scotch Whiskey Association/Michael Klotz – Glen Buchenbach; C-75/15, GRUR 2016, 388 f. – Viiniverla = GRUR-Prax 2016, 80 mAnm Schoene; bezogen auf geografische Angaben im Weinsektor im Hinblick auf eine Anspielung gemäß Art. 103 Abs. 2 lit. b VO (EU) 1308/2013 vgl. EuGH C-393/16, GRUR 2018, 327 = GRUR-Prax 2018, 61 mAnm Schöllmann – Champagner-Sorbet; vgl. auch Schoene GRUR 2018, 331 f.). Dies bedeutet aber nicht zwangsläufig, dass das Erzeugnis mit dem Erzeugnis, das von der Ursprungsbezeichnung bzw. von der geografischen Angaben erfasst ist, identisch oder ähnlich ist (so auch bzgl. geografischer Angaben im Weinsektor EuGH C-783/19, GRUR 2021, 1390 = GRUR-Prax 2021, 665 mAnm Schulteis – Champanillo). Unter dem Verbraucher ist der normal informierte, angemessen aufmerksame und verständige europäische Durchschnittsverbraucher zu verstehen (vgl. Hacker GRUR 2020, 587 (588); EuGH C-75/15, GRUR 2016, 388 f. = GRUR-Prax 2016, 80 mAnm Schoene – Viiniverla; C-44/17, GRUR 2018, 843 = GRUR-Prax 2018, 302 mAnm Douglas = GWR 2018, 260 mAnm Dück – Scotch Whiskey Association/Michael Klotz – Glen Buchenbach; C-614/17, GRUR 2019, 737 (740) = GRUR-Prax 2019, 277 mAnm Elkemann – Queso Manchego; C-490/19, GRUR 2021, 490 = GRUR-Prax 2021, 14 mAnm Schulteis – Morbier). Stellt man indes auf den Verbraucher aus dem Herkunftsland des Erzeugnisses ab (vgl. hierzu ausweichend EuGH C-614/17, GRUR 2019, 737 (740) = GRUR-Prax 2019, 277 mAnm Elkemann – Queso Manchego, der auf die vorgelegte Frage, ob bzgl. des Begriffs des normal informierten, angemessen aufmerksamen und verständigen Durchschnittsverbrauchers nur auf die Verbraucher des Mitgliedstaats, in dem das Erzeugnis hergestellt wird, abzustellen ist, entschied, der Begriff des normal informierten, angemessen aufmerksamen und verständigen europäischen Durchschnittsverbrauchers sei so auszulegen, dass ein effektiver und einheitlicher Schutz der eingetragenen Bezeichnungen vor jeder Anspielung im gesamten Unionsgebiet sichergestellt wird), kann dies dazu führen, dass dieser aufgrund seiner genaueren örtlichen Kenntnisse – anders als zB der europäische Durchschnittsverbraucher oder der Verbraucher aus einem anderen als dem Herkunftsland – gerade keine unzulässige Anspielung erkennt, bspw. weil für ihn die streitgegenständliche Bezeichnung keinerlei Anlass für eine Beanstandung gibt (vgl. Hacker GRUR 2020, 587 (590); Schoene AUR 2019, 260 (262); Loschelder MarkenR 2022, 208 (214); LG Hamburg BeckRS 2016, 130681 hinsichtlich der in Italien beanstandungslos gebräuchlichen Bezeichnung „Culatello di Parma", in der indes der BGH (GRUR 2020, 294 = GRUR-Prax 2021, 101 mAnm Schulteis) und zuvor das OLG Köln (GRUR-RR 2019, 251 = GRUR-Prax 2019, 88 mAnm Bünger) eine unzulässige Anspielung auf die geschützte Ursprungsbezeichnung „Prosciutto di Parma" erkannt hatten). Eine Anspielung kommt zB in Betracht bei einer phonetisch ähnlich klingenden Produktbezeichnung (Ingerl/Rohnke/Nordemann/A. Nordemann Rn. 9; EuGH C-132/05, GRUR 2008, 524 (526) – Parmesan). Ebenfalls eine Anspielung vorliegen durch die Verwendung eines Bildzeichens, das dem Verbraucher ein Erzeugnis, welches eine Ursprungsbezeichnung oder geografische Angabe führen darf, in Erinnerung rufen kann (EuGH C-614/17, GRUR 2019, 737 f. = GRUR-Prax 2019, 277 mAnm Elkemann – Queso Manchego; C-490/19, GRUR 2021, 490 = GRUR-Prax 2021, 14 mAnm Schulteis – Morbier). Zudem ist das Tatbestandsmerkmal der Anspielung weit auszulegen (EuGH C-783/19, GRUR 2021, 1390 = GRUR-Prax 2021, 665 mAnm Schulteis – Champanillo; C-87/97, GRUR Int 1999, 443 (445) – Gorgonzola/Cambozola; OLG Hamburg GRUR-RS 2019, 39823 = GRUR-Prax 2020, 211 mAnm Schulteis – Glen Els; GRUR-RR 2004, 36 f. – Spreewälder Gurken), auch um zu vermeiden, dass sich die geschützte Bezeichnung infolge widerrechtlicher Anspielungen zu einer Gattungsbezeichnung entwickelt (HK-MarkenR/Geitz Rn. 9).

Die Frage, ob das Tatbestandsmerkmal der Anspielung erfüllt ist, kann sich insbesondere auch dann **11.1** stellen, wenn ein Produkt nur mit einem oder mehreren (Wort-)Bestandteilen aus einer geschützten geografischen Bezeichnung bezeichnet wird, ohne deren Spezifikation zu erfüllen, es sei denn, die jeweilige Verordnung zur Eintragung einer Bezeichnung in das Verzeichnis der geschützten Ursprungsbezeichnungen lässt die Verwendung einzelner Bestandteile der Bezeichnung ausdrücklich zu (zur Zulässigkeit der Bezeichnung „Deutscher Balsamico", weil sich der Schutz der geografischen Angabe „Aceto Balsamico di Modena" nicht erstreckt auf die Verwendung ihrer einzelnen nicht geografischen Begriffe und somit auch nicht auf den Begriff „Balsamico" als italienischer Übersetzung des Adjektivs „balsamisch", das keinerlei geografische Konnotation hat, vgl. EuGH C-432/18, GRUR 2020, 69 = GRUR-Prax 2019, 548 mAnm Schoene – Aceto Balsamico di Modena; im Anschluss daran auch BGH GRUR 2020, 884 = GRUR-Prax 2020, 445 mAnm Schulteis – Deutscher Balsamico II; OLG Karlsruhe GRUR-RS 2021, 4896; zuvor BGH GRUR 2018, 848 = GRUR-Prax 2018, 328 mAnm Schoene – Vorlagebeschluss Aceto Balsamico di Modena – Deutscher Balsamico; OLG Karlsruhe GRUR-RR 2017, 264 = GRUR-Prax 2017, 104 mAnm Schulteis – Aceto Balsamico di Modena; anders noch die Vorinstanz LG Mannheim BeckRS 2015, 16946 = GRUR-Prax 2015, 485 mAnm Schulteis – Deutscher Balsamico). So erkannte die Rechtsprechung in Deutschland in der Bezeichnung „Culatello di Parma" für ein aufgeschnittenes Rohschinkenprodukt eine unzulässige Anspielung auf die geschützte Ursprungsbezeichnung „Prosciutto di Parma" (so BGH GRUR 2020, 294 = GRUR-Prax 2020, 101 mAnm Schulteis – Culatello di Parma; zuvor auch OLG Köln GRUR-RR 2019,

251 (254) = GRUR-Prax 2019, 88 mAnm Bünger – Culatello di Parma; LG Köln GRUR-RS 2017, 102052; vgl. zu dieser Rechtsprechung auch krit. Anm. Hacker GRUR 2020, 587 (590), wonach in Deutschland die Verwendung von Begriffen wie „Culatello di Parma" untersagt wird, obwohl sie in der Herkunftsregion jener Produkte, die die geschützte geografische Bezeichnung „Prosciutto di Parma" führen dürfen, durchaus gebräuchlich sind und nicht beanstandet werden; in gleicher Weise erscheint es widersprüchlich, wenn einst deutsche Instanzengerichte die Bezeichnung „Deutscher Balsamico" als widerrechtliche Anspielung auf die g.g.A. „Aceto Balsamico di Modena" ansahen (so LG Mannheim BeckRS 2015, 16946 – Deutscher Balsamico = GRUR-Prax 2015, 485 mAnm Schulteis), während Produzenten des „Aceto Balsamico di Modena" in dessen Herkunftsland und auch darüber hinaus Produkte als „Crema die Balsamico" und somit mit einer vergleichbaren Wortschöpfung vertreiben konnten, ohne dass dies gerichtlich sanktioniert wurde, vgl. Schulteis GRUR-Prax 2020, 445). Demgegenüber sei die Gemeinschaftsmarke „Port Charlotte" keine unzulässige Verwendung der geschützten Ursprungsbezeichnung „Porto" bzw. „Port" (vgl. auch die Entscheidungen EuGH C-56/16 P, GRUR 2018, 89 (95) = GRUR-Prax 2017, 485 mAnm Schoene – Port Charlotte; zuvor auch EuG T-659/14, GRUR Int 2016, 144 = GRUR-Prax 2016, 101 mAnm Schoene – Port Charlotte). Eine Beschränkung des Schutzumfangs durch die jeweilige Verordnung zur Eintragung der geschützten Bezeichnung, wie sie auch der EuGH in seiner Rechtsprechung bereits anerkannt hat (EuGH C-130/97, GRUR Int 1998, 790 Rn. 26 – Chiciak und Fol; C-519/14, BeckEuRS 2015, 447523 Rn. 21 – Gouda Holland; C-517/14, BeckEuRS 2015, 447246 Rn. 21 – Edam Holland), kommt insbesondere in Betracht, wenn der verwendete Bestandteil der Bezeichnung eine Gattungsbezeichnung oder ein schlichtweg üblicher Begriff ist (Schoene ZLR 2020, 35 (40 f.); Omsels WRP 2020, 287 f.; EuGH C-432/18, GRUR 2020, 69 = GRUR-Prax 2019, 548 mAnm Schoene – Aceto Balsamico di Modena; anschließend hierzu auch BGH GRUR 2020, 884 = GRUR-Prax 2020, 445 mAnm Schulteis – Deutscher Balsamico II; zuvor auch OLG Karlsruhe GRUR-RR 2017, 264 = GRUR-Prax 2017, 104 mAnm Schulteis – Aceto Balsamico di Modena; vgl. auch BGH GRUR 2018, 848 = GRUR-Prax 2018, 328 mAnm Schoene – Vorlagebeschluss Aceto Balsamico di Modena – Deutscher Balsamico; EuGH C-132/05, GRUR 2008, 524 (526) – Parmesan).

11.2   Darüber hinaus ist eine sich aus mehreren Worten zusammensetzende geschützte geografische Bezeichnung nicht davor geschützt, dass einzelne dieser Worte verwendet werden, die für sich betrachtet zwar keine Gattungsbezeichnung sind, aber das Produkt nur allgemein beschreiben und somit einen eher generischen Charakter aufweisen. Ein derartiges Wort kann in dem Begriff „Balsamico" erkannt werden, der zwar ein Bestandteil der geschützten geografischen Angabe „Aceto Balsamico di Modena" ist, jedoch selbst nur die Bedeutung von „balsamisch würzig" (vgl. Schoene GRUR-Prax 2018, 328; so auch EuGH C-432/18, GRUR 2020, 69 = GRUR-Prax 2019, 548 mAnm Schoene – Aceto Balsamico di Modena) hat und somit nur ein Adjektiv ist, das die Produkte bezeichnet, die die Eigenschaft oder den Geruch des Balsams haben (vgl. OLG Karlsruhe GRUR-RS 2021, 4896; zuvor auch OLG Karlsruhe GRUR-RR 2017, 264 = GRUR-Prax 2017, 104 mAnm Schulteis – Aceto Balsamico di Modena); es ist kein geografischer Begriff und weist auch keinen geografischen Bezug auf. Infolgedessen sehen auch der EuGH wie zuvor der Generalanwalt in dem Vorabentscheidungsersuchen in Sachen „Deutscher Balsamico" das Wort „Balsamico" lediglich als ein Wort an, das zu allgemein sei, um eigens als geografische Bezeichnung geschützt zu werden, und somit weiterhin isoliert und außerhalb der geschützten geografischen Bezeichnung verwendet werden darf für die Kennzeichnung von Produkten (vgl. EuGH C-432/18, GRUR 2020, 69 = GRUR-Prax 2019, 548 mAnm Schoene – Aceto Balsamico di Modena; Schlussantrag GA C-432/18, BeckRS 2019, 15876 – Aceto Balsamico di Modena; vgl. auch BGH GRUR 2020, 884 = GRUR-Prax 2020, 445 mAnm Schulteis – Deutscher Balsamico II; GRUR 2018, 848 (851) = GRUR-Prax 2018, 328 mAnm Schoene – Vorlagebeschluss Aceto Balsamico di Modena – Deutscher Balsamico; OLG Karlsruhe GRUR-RS 2021, 4896).

11.3   Die Darlegungs- und Beweislast, dass es sich bei dem verwendeten Bestandteil der Bezeichnung um eine Gattungsbezeichnung bzw. um einen allgemeinen Begriff und somit nicht um einen geografischen Begriff handelt, obliegt dabei dem Verwender, dem die widerrechtliche Anspielung vorgeworfen wird (EuGH C-132/05, GRUR 2008, 524 (526) – Parmesan).

11.4   Bei Produkten des Weinsektors stellt es keine widerrechtliche Anspielung dar, wenn eine geschützte Ursprungsangabe verwendet wird als Teil der Bezeichnung, unter der ein Lebensmittel verkauft wird, das zwar nicht in Gänze der Produktspezifikation der geschützten Ursprungsangabe entspricht, in dem aber das die geschützte Ursprungsangabe führende Produkt als Zutat enthalten ist und das wesentlich und erkennbar den Geschmack dieses Lebensmittels prägt (so bzgl. geografischer Angaben im Weinsektor gemäß Art. 103 Abs. 2 lit. b VO (EU) 1308/2013 EuGH C-393/16, GRUR 2018, 327 = GRUR-Prax 2018, 61 mAnm Schöllmann – Champagner-Sorbet; vgl. auch Schoene GRUR 2018, 331 f.). Gleichzeitig lässt allerdings diese EuGH-Rechtsprechung bislang noch offen, ab wann eine Zutat überhaupt wesentlich und erkennbar den Geschmack dieses Lebensmittels prägt. Im Nachgang zu der genannten Entscheidung des EuGH entschied der BGH, es sei darauf abzustellen, ob das Lebensmittel einen Geschmack aufweist, der hauptsächlich durch die Zutat hervorgerufen wird, die die geschützte Ursprungsangabe trägt (BGH GRUR

2019, 185 = GRUR-Prax 2019, 35 mAnm Schoene – Champagner Sorbet II). Ein Anhaltspunkt dafür, dass die Zutat sich dermaßen deutlich auf den Geschmack des Lebensmittels auswirkt, wird dann angenommen werden können, wenn zB der Verbraucher die Zutat in dem Lebensmittel herausschmeckt (vgl. auch Schoene GRUR 2018, 784 (789 f.)). So wurde eine widerrechtliche Anspielung letztlich bejaht bei einem Sorbet, das als „Champagner-Sorbet" bezeichnet wurde und Champagner zwar enthielt, jedoch nur wie ein Birnen-Sorbet mit einem Hauch Alkohol schmeckte (so OLG München GRUR-RS 2021, 16840 = GRUR-Prax 2021, 522 mAnm Schulteis – Champagner Sorbet, im Anschluss an BGH GRUR 2019, 185 = GRUR-Prax 2019, 35 mAnm Schoene – Champagner Sorbet II).

Wie der EuGH für Spirituosen bei der Auslegung von Art. 16 lit. b VO (EG) 110/2008 entschied, **11.5** kann eine Anspielung kann auch in Betracht kommen, wenn für den normal informierten, angemessen aufmerksamen und verständigen europäischen Durchschnittsverbraucher bei der Bezeichnung eines Produkts zwar keine klangliche und/oder visuelle Ähnlichkeit besteht, aber eine inhaltliche Nähe und somit auf diesem Wege ein unmittelbarer gedanklicher Bezug zu einem Produkt erzeugt wird, das durch eine geografische Angabe geschützt ist. Dabei kommt es nicht darauf an, ob die streitige Bezeichnung dem Namen des Unternehmens und/oder des Herstellungsorts des Produkts entspricht, das die geschützte geografische Angabe führen darf (EuGH C-44/17, GRUR 2018, 843 (847 f.) = GRUR-Prax 2018, 302 mAnm Douglas = GWR 2018, 260 mAnm Dück – Scotch Whiskey Association/Michael Klotz – Glen Buchenbach; C-75/15, GRUR 2016, 388 f. = GRUR-Prax 2016, 80 mAnm Schoene – Viiniverla). Infolge dieser Rechtsprechung des EuGH wurde zuletzt bei Spirituosen erkannt, dass die Bezeichnung „Glen Buchenbach" bereits eine inhaltliche Nähe zur geschützten Bezeichnung „Scotch Whisky" erzeuge und somit eine Anspielung gemäß Art. 16 lit. b VO (EG) 110/2008 sei (LG Hamburg GRUR-RS 2022, 685 = GRUR-Prax 2022, 436 mAnm Schulteis – Glen Buchenbach; einschränkend zuvor noch LG Hamburg BeckRS 2019, 5866 = GRUR-Prax 2019, 256 mAnm Brommer – Glen Buchenbach II). Zwar verweist § 135 Abs. 1 S. 1 nicht auf die VO (EG) 110/2008, sondern auf die VO (EU) 1151/2012, die auf Spirituosen nicht anwendbar ist; allerdings kommt eine analoge Anwendung von § 135 auf die Verbotstatbestände aus Art. 16 Spirituosen-VO in Betracht (vgl. OLG Hamburg GRUR-RS 2019, 39823 = GRUR-Prax 2020, 211 mAnm Schulteis – Glen Els; GRUR-RS 2022, 685 = GRUR-Prax 2022, 436 mAnm Schulteis – Glen Buchenbach; vgl. auch Schoene GRUR 2021, 1394; LG Hamburg GRUR-RS 2019, 37772 – The Alrik).

Eine widerrechtliche Anspielung iSd § 135 setzt indes nicht voraus, dass sie die Gefahr einer Verwechs- **11.6** lung des Erzeugnisses begründet (Ströbele/Hacker/Thiering/Hacker Rn. 26; EuGH C-75/15, GRUR 2016, 388 (391) = GRUR-Prax 2016, 80 mAnm Schoene – Viiniverla; C-132/05, GRUR 2008, 524 f. – Parmesan; C-87/97, C-87/97, GRUR Int 1999, 443 (445) – Gorgonzola/Cambozola; BGH GRUR 2008, 413 f. – Bayerisches Bier; OLG München GRUR Int 2013, 368 (373) = GRUR-Prax 2013, 87 mAnm Juretzek – Bavaria Holland Beer II).

3. Sonstige falsche oder irreführende Angaben

Eingetragene Namen von geschützten Ursprungbezeichnungen oder geschützten geografischen **12** Angaben werden gemäß Art. 13 Abs. 1 lit. c VO (EU) 1151/2012 (vormals Art. 13 Abs. 1 lit. c VO (EG) 510/2006) geschützt gegen alle sonstigen falschen oder irreführenden Angaben, die sich auf Herkunft, Ursprung, Natur oder wesentliche Eigenschaften der Erzeugnisse beziehen und auf der Aufmachung oder der äußeren Verpackung, in der Werbung oder in Unterlagen zu den betreffenden Erzeugnissen erscheinen. Das gilt auch für die Verwendung von **Behältnissen**, die geeignet sind, einen falschen Eindruck hinsichtlich des Ursprungs zu erwecken. Der Schutz durch diesen Tatbestand, der wie ein Auffangtatbestand im Hinblick auf eine irreführende produktbezogene Kennzeichnung formuliert ist, erstreckt sich damit nicht nur auf eine unzulässige Verwendung der geografischen Bezeichnung, sondern auch auf mittelbare Herkunftsangaben (Ingerl/Rohnke/Nordemann/A. Nordemann Rn. 13; vgl. auch BGH GRUR 2016, 970 = GRUR-Prax 2016, 348 mAnm Schoene – Vorlagebeschluss „Champagner Sorbet").

4. Sonstige irreführende Praktiken

Art. 13 Abs. 1 lit. d VO (EU) 1151/2012 (vormals Art. 13 Abs. 1 lit. d VO (EG) 510/2006) **13** schützt Ursprungsbezeichnungen und geografische Angaben gegen alle sonstigen Praktiken, die geeignet sind, den Verbraucher in Bezug auf den tatsächlichen Ursprung des Erzeugnisses irrezuführen. Im Vergleich zu dem auffangtatbestandähnlich gestalteten Abs. 1 lit. c, der sich auf eine Kennzeichnung durch falsche oder irreführende Angabe jeglicher Art bezieht, ist Abs. 1 lit. d ein Auffangtatbestand, der letztlich vor jeglicher Handlung schützen soll, die sich im Hinblick auf die eingetragene geografische Bezeichnung als irreführend für den Verbraucher auswirken könnte.

13.1   Angesichts des ohnehin schon sehr weiten Schutzumfangs bei den anderen Tatbeständen des Art. 13 Abs. 1 lit. a–c VO (EU) 1151/2012 konnte es durchaus als fraglich angesehen werden, ob Art. 13 Abs. 1 lit. d VO (EU) 1151/2012 überhaupt noch einen eigenständigen Anwendungsbereich aufweist (vgl. Ingerl/Rohnke/Nordemann/A. Nordemann Rn. 13). Nach der Rechtsprechung des EuGH ist ein Verstoß gegen Art. 13 Abs. 1 lit. d VO (EU) 1151/2012 allerdings zB dann gegeben, wenn ein Produkt, das eine Ursprungsbezeichnung oder geografische Angabe nicht führen darf, zwar nicht den Namen dieser Ursprungsbezeichnung oder geografischen Angabe wörtlich verwendet, allerdings eine Form oder ein Erscheinungsbild aufweist, die bzw. das für das Erzeugnis, das berechtigterweise eine Ursprungsbezeichnung bzw. geografische Angabe führt, charakteristisch ist und somit den Verbraucher zu der Annahme veranlassen kann, dieses Produkt sei sehr wohl ein Erzeugnis, das diese Ursprungsbezeichnung bzw. geografische Angabe führen darf (EuGH C-490/19, GRUR 2021, 490 = GRUR-Prax 2021, 14 mAnm Schulteis – Morbier). Um zu beurteilen, ob ein derartiger Verstoß vorliegt, ist zum einen wiederum auf die Wahrnehmung eines normal informierten, angemessen aufmerksamen und verständigen europäischen Durchschnittsverbrauchers abzustellen, zum anderen sind alle maßgeblichen Umstände des Einzelfalls zu berücksichtigen, wozu insbesondere die Modalitäten zählen, unter denen die betreffenden Erzeugnisse der Öffentlichkeit angeboten und vermarktet werden (vgl. EuGH C-490/19, GRUR 2021, 490 = GRUR-Prax 2021, 14 mAnm Schulteis – Morbier; C-432/18, GRUR 2020, 69 = GRUR-Prax 2019, 548 mAnm Schoene – Aceto Balsamico di Modena). Fraglich ist allerdings, ob damit der ohnehin recht unbestimmt gefasste Verbotstatbestand des Art. 13 Abs. 1 lit. d VO (EU) 1151/2012 zu extensiv ausgelegt wird; denn bei einem derartigen aus der EuGH-Rechtsprechung hergeleiteten Verständnis könnte der Vertrieb von nahezu jedem Produkt als unzulässig angesehen werden kann, sofern es einem Erzeugnis mit einer Ursprungsbezeichnung bzw. mit einer geografischen Angabe ähnelt, auch wenn es selbst die Ursprungsbezeichnung bzw. geografische Angabe überhaupt nicht verwendet. Bei dem im oben genannten EuGH-Urteil streitgegenständlichen „Morbier"-Käse lag eine optische, für den „Morbier" charakteristische Besonderheit vor in Gestalt eines schwarzen Kohlestreifens, der allerdings zumindest dann nicht erkennbar ist, wenn der „Morbier" nicht als aufgeschnittenes Stück, sondern als ganzer Käselaib vertrieben wird. Überträgt man diese Rechtsprechung aber auf Erzeugnisse, die eine geschützte Ursprungsbezeichnung bzw. geschützte geografische Angabe führen dürfen und kein derartiges typisierendes Erscheinungsbild aufweisen (zB Käse, den die geschützte Ursprungsbezeichnung „Noord-Hollandse Gouda" oder die geschützte geografische Angabe „Gouda" führen darf), erscheint es fragwürdig, einen Verstoß gegen Art. 13 Abs. 1 lit. d VO (EU) 1151/2012 zu bejahen bei einem Produkt, das keine derartige Ursprungsbezeichnung bzw. geografische Angabe führt, sondern lediglich einem derartigen Erzeugnis ohne ein aus Verbrauchersicht typisierendes Erscheinungsbild (zB „Gouda"-Käse oder „Noord-Hollandse Gouda"-Käse) ähnelt (vgl. auch OLG Karlsruhe GRUR-RS 2021, 4896).

5. Begrenzung des Schutzes im Hinblick auf Gattungsbezeichnungen

14   Enthält eine geschützte Ursprungsbezeichnung oder eine geschützte geografische Angabe den als Gattungsbezeichnung angesehenen Namen eines Erzeugnisses, so gilt gemäß Art. 13 Abs. 1 UAbs. 2 VO (EU) 1151/2012 (vormals Art. 13 Abs. 1 UAbs. 2 VO (EG) 510/2006) die Verwendung dieser Gattungsbezeichnung für das betreffende Erzeugnis oder Lebensmittel nicht als Verstoß gegen Art. 13 Abs. 1 lit. a oder b VO (EU) 1151/2012 (vgl. BGH GRUR 2020, 294 (297) = GRUR-Prax 2020, 101 mAnm Schulteis – Culatello di Parma; BeckRS 2018, 13007 = GRUR-Prax 2018, 328 mAnm Schoene – Vorlagebeschluss Aceto Balsamico di Modena – Deutscher Balsamico; EuGH C-432/18, GRUR 2020, 69 = GRUR-Prax 2019, 548 mAnm Schoene – Aceto Balsamico di Modena; OLG Köln GRUR-RR 2019, 251 (254) = GRUR-Prax 2019, 88 mAnm Bünger – Culatello di Parma). Vielfach setzen sich geschützte Ursprungsbezeichnungen oder geschützte geografische Angaben zusammen aus einer Gattungsbezeichnung, ergänzt um einen geografischen Zusatz, was nicht zuletzt deshalb sachgerecht sein kann, damit der Verbraucher überhaupt erkennt, um was für eine Art von Lebensmittel oder Agrarerzeugnis es sich handelt. Art. 13 Abs. 1 UAbs. 2 VO (EU) 1151/2012 stellt somit klar, dass zB von der geschützten geografischen Angabe „Schwarzwälder Schinken" (zu dessen Schutz als geografische Angabe vgl. BPatG GRUR 2012, 398 = GRUR-Prax 2012, 31 mAnm Schulteis – Schwarzwälder Schinken) die Gattungsbezeichnung „Schinken" als Bestandteil der eingetragenen Bezeichnung auch weiterhin isoliert verwendet werden darf (vgl. Ingerl/Rohnke/Nordemann/A. Nordemann Rn. 15).

6. Weiterbenutzungsrecht

15   Art. 14 Abs. 2 VO (EU) 1151/2012 (vormals 14 Abs. 2 VO (EG) 510/2006) begründet ein Weiterbenutzungsrecht für jene Marken, deren Verwendung Art. 13 Abs. 1 VO (EU) 1151/2012 widerspricht, unter den drei Voraussetzungen,

- dass die Marke vor dem Zeitpunkt der Einreichung des Antrags auf Schutz der Ursprungsbezeichnung oder der geografischen Angaben im Ursprungsland angemeldet, eingetragen oder, sofern dies nach den einschlägigen Rechtsvorschriften vorgesehen ist, durch Verwendung im Gebiet der Europäischen Union erworben wurde (prioritätsältere Marke),
- dass die Marke in gutem Glauben im Gebiet der Gemeinschaft angemeldet, eingetragen oder – sofern dies nach den einschlägigen Rechtsvorschriften vorgesehen ist – durch Verwendung erworben wurde
- und dass keine Gründe für eine Ungültigerklärung oder den Verfall dieser Marke gemäß der UMV 2009 (VO (EG) 207/2009) über die Gemeinschaftsmarke oder der MRL 2008 vorliegen.

Sind diese drei Voraussetzungen kumulativ erfüllt, kann der Markeninhaber seine prioritätsältere Marke ungeachtet der Eintragung einer Ursprungsbezeichnung oder geografischen Angabe auch weiterhin nutzen (vgl. EuGH C-343/07, GRUR 2009, 961 (968 f.) – Bayerisches Bier).

Darüber hinaus kann losgelöst von Art. 14 VO (EU) 1151/2012 die Kommission auf der **16** Grundlage von Art. 15 Abs. 2 VO (EU) 1151/2012 ungeachtet eines Widerspruchs zu Art. 13 Abs. 1 VO (EU) 1151/2012 durch Durchführungsrechtsakte das gemeinsame Weiterbestehen einer nicht eingetragenen Bezeichnung neben einem eingetragenen Namen für Erzeugnisse aus einem Mitgliedstaat oder in einem Drittland gestatten, wenn die folgenden Bedingungen erfüllt sind und nachgewiesen werden:

- die nicht eingetragene Bezeichnung wurde seit mindestens 25 Jahren vor Eintragung des Antrags auf Eintragung bei der Kommission rechtmäßig und auf der Grundlage der ständigen und redlichen Gebräuche verwendet;
- mit der Verwendung der nicht eingetragenen Bezeichnung wurde zu keinem Zeitpunkt beabsichtigt, das Ansehen des eingetragenen Namens auszunutzen;
- der Verbraucher wurde in Bezug auf den tatsächlichen Ursprung des Erzeugnisses nicht irregeführt; eine Irreführung darf auch nicht möglich gewesen sein.

Eine derartige Weiterbenutzung der identischen nicht eingetragenen Bezeichnung infolge einer **17** Gestattung durch die Kommission ist **begrenzt** auf eine Dauer von maximal 15 Jahren; zudem ist die Weiterbenutzung der nicht eingetragenen Bezeichnung nur zulässig, wenn das Ursprungsland auf deren Etikett deutlich sichtbar angegeben ist, Art. 15 Abs. 3 VO (EU) 1151/2012 (vormals Art. 13 Abs. 4 UAbs. 3 VO (EG) 510/2006).

C. Aktivlegitimation

Der Anspruch auf Unterlassung von Verstößen gegen Art. 13 VO (EU) 1151/2012 (vormals **18** Art. 13 VO (EG) 510/2006) nach § 135 Abs. 1 S. 1 kann – wie auch der Anspruch aus § 128 Abs. 1 – geltend gemacht werden von den in § 8 Abs. 3 UWG aufgeführten Anspruchsberechtigten. Den Anspruch auf Schadensersatz aus § 135 Abs. 2 iVm § 128 Abs. 2 kann nur der berechtigte Nutzer der geografischen Bezeichnung geltend machen (vgl. Ingerl/Rohnke/Nordemann/A. Nordemann Rn. 21 iVm Ingerl/Rohnke/Nordemann/A. Nordemann § 128 Rn. 13). Demnach kann ein Mitbewerber, der seinerseits ebenfalls nicht zur Nutzung der geografischen Bezeichnung berechtigt ist, allenfalls einen Unterlassungsanspruch aus § 135 Abs. 1 S. 1, indes keinen Schadensersatzanspruch geltend machen (Ingerl/Rohnke/Nordemann/A. Nordemann § 128 Rn. 13). Schließlich kann auch der berechtigte Nutzer einer geografischen Bezeichnung Unterlassungsansprüche aus § 135 Abs. 1 S. 1 und Schadensersatzansprüche aus Abs. 2 iVm § 128 Abs. 2 auch dann geltend machen, wenn er nicht Mitbewerber des Anspruchsgegners ist (vgl. Büscher/Dittmer/Schiwy/Büscher Rn. 4; Omsels Herkunftsangaben Rn. 679; Büscher GRUR Int 2005, 801 (807 f.); BGH GRUR 2007, 884 (886 f.) – Cambridge Institute, jeweils zu Unterlassungs- und Schadensersatzansprüchen aus § 128).

I. Mitbewerber (§ 8 Abs. 3 Nr. 1 UWG)

Anspruchsberechtigter Mitbewerber iSv § 8 Abs. 3 Nr. 1 UWG ist gemäß der Legaldefinition **19** in § 2 Abs. 1 Nr. 3 UWG jeder Unternehmer, der mit einem oder mehreren Unternehmern als Anbieter oder Nachfrager von Waren oder Dienstleistungen in einem konkreten Wettbewerbsverhältnis steht. Dieses ist gegeben, wenn die anspruchsbegründende Wettbewerbshandlung objektiv geeignet ist, den wirtschaftlichen Erfolg des Anspruchsschuldners auf Kosten des Mitbewerbers zu fördern (Fezer Rn. 10). Dass der Mitbewerber seinerseits die geografische Bezeichnung führen darf, ist für die Beurteilung seiner Anspruchsberechtigung im Hinblick auf den Unterlassungsanspruch aus § 135 Abs. 1 somit nicht erforderlich.

II. Verbände (§ 8 Abs. 3 Nr. 2 UWG)

20 Gemäß § 135 Abs. 1 S. 1 iVm § 8 Abs. 3 Nr. 2 UWG sind rechtsfähige Verbände zur Förderung gewerblicher oder selbständiger beruflicher Interessen berechtigt, Unterlassungsansprüche geltend zu machen (→ § 128 Rn. 13).

III. Qualifizierte Einrichtungen (§ 8 Abs. 3 Nr. 3 UWG)

21 Zu den qualifizierten Einrichtungen nach § 8 Abs. 3 Nr. 3 UWG zählen jene Einrichtungen zum Schutze von Verbraucherinteressen, die eingetragen sind in die Liste nach § 4 UKlaG oder in das Verzeichnis der Kommission der EU nach Art. 4 Unterlassungsklagen-RL (→ § 128 Rn. 14).

IV. Industrie- und Handelskammern, Handwerkskammern

22 Ebenfalls anspruchsberechtigt sind die Industrie- und Handelskammern sowie die Handwerkskammern (§ 8 Abs. 3 Nr. 4 UWG; → § 128 Rn. 15).

D. Rechtsfolgen

I. Unterlassungsanspruch (Abs. 1 S. 1)

23 Der Anspruchsberechtigte kann aus § 135 Abs. 1 S. 1 von demjenigen, der gegen Art. 13 VO (EU) 1151/2012 verstoßen hat, die Unterlassung des Verstoßes verlangen, wobei der Normverstoß eine tatsächliche Vermutung für das Bestehen der ebenfalls tatbestandlich erforderlichen Wiederholungsgefahr begründet. Kann der Verletzer darlegen, dass ihm durch eine sofortige Unterlassung unverhältnismäßige Nachteile, wie zB eine existentielle Gefährdung seines Betriebs, drohen, so kann das Gericht dem Verletzer ausnahmsweise noch eine Aufbrauchs- oder Umstellungsfrist gewähren, sofern dadurch die Belange der Mitbewerber und auch der Allgemeinheit nicht unzumutbar beeinträchtigt werden (vgl. OLG Köln GRUR 2007, 793 f. – Altenburger Ziegenkäse).

24 Zudem besteht – wie auch bei Ansprüchen aus § 128 Abs. 1 S. 2 – ein vorbeugender Unterlassungsanspruch, sofern der Anspruchsinhaber substantiiert darlegt, dass ein erstmaliger Verstoß droht (→ § 128 Rn. 17).

II. Beseitigungsanspruch (Abs. 1)

25 Wenngleich § 135 Abs. 1 S. 1 ausdrücklich nur einen Unterlassungsanspruch begründet, ist anerkannt, dass iVm Art. 13 VO (EU) 1151/2012 (vormals Art. 13 VO (EG) 510/2006) auch ein Beseitigungsanspruch bestehen kann (BGH GRUR 2012, 394 (396) – Bayerisches Bier II; GRUR 2001, 420 (422) – SPA im Hinblick auf § 128 Abs. 1). Ein derartiger Beseitigungsanspruch kommt insbesondere in Betracht bei der Anmeldung von Marken, die eine bereits eingetragene Ursprungsbezeichnung oder geografische Angabe beeinträchtigen würden; in derartigen Fällen kann auf der Grundlage des Beseitigungsanspruchs unter Hinweis auf das ältere Recht aus der geschützten Bezeichnung die Rücknahme der Markenanmeldung verlangt werden (Omsels Herkunftsangaben Rn. 694; Fezer Rn. 11).

III. Schadensersatzanspruch (§ 135 Abs. 1 und 2)

26 Der berechtigte Nutzer kann vom unberechtigten Nutzer einer eingetragenen Ursprungsbezeichnung oder geografischen Angabe Schadensersatz verlangen, wenn dieser vorsätzlich oder fahrlässig Art. 13 VO (EU) 1151/2012 (vormals Art. 13 VO (EG) 510/2006) verletzt hat (§ 135 Abs. 1 und 2 iVm § 128 Abs. 2 S. 1). Bei der Bemessung des Schadensersatzes kann der **Gewinn** berücksichtigt werden, den der unberechtigte Nutzer durch die Verletzung erlangt (§ 128 Abs. 2 S. 2; keine Lizenzanalogie, → § 128 Rn. 32). Während Gläubiger des Unterlassungsanspruchs aus § 135 Abs. 1 neben dem berechtigten Nutzer auch die in § 8 Abs. 3 UWG genannten Anspruchsberechtigen und somit auch Verbände und Organisationen sein können, können Schadensersatzansprüche nur berechtigte Nutzer geltend machen, wie § 128 Abs. 2 S. 1 klarstellt (vgl. Ingerl/Rohnke/Nordemann/A. Nordemann Rn. 21 iVm Ingerl/Rohnke/Nordemann/A. Nordemann § 128 Rn. 13; Büscher/Dittmer/Schiwy/Büscher Rn. 6; Omsels Herkunftsangaben Rn. 696; → § 128 Rn. 31).

27 **Zur Sicherung** und Durchsetzung seiner Schadensersatzansprüche kann der berechtigte Nutzer zudem die **Auskunfts- und Vorlageansprüche** aus § 19b geltend machen, auf die § 128 Abs. 2 S. 3 verweist (→ § 128 Rn. 35).

Sind die Anspruchsvoraussetzungen erfüllt, könnte der in Anspruch genommene Verletzer **28** allenfalls einwenden, dass ggf. die Geltendmachung solcher Ansprüche rechtsmissbräuchlich erfolgt. Eine Rechtsmissbräuchlichkeit kann zB in Betracht kommen, wenn der Anspruchsberechtigte seine Ansprüche nur gegen vereinzelte Verletzer geltend macht und von der Verfolgung seiner Ansprüche gegen andere, die die gleiche Verletzung begangen haben, ohne nachvollziehbaren Grund absieht (BGH GRUR 2020, 294 (299) = GRUR-Prax 2020, 101 mAnm Schulteis – Culatello di Parma; OLG Köln GRUR-RR 2019, 251 (258) = GRUR-Prax 2019, 88 mAnm Bünger – Culatello di Parma).

IV. Vernichtungs- und Rückrufanspruch, Auskunftsanspruch

Im Falle eines erfolgten oder drohenden Verstoßes gegen Art. 13 VO (EU) 1151/2012 (vormals **29** Art. 13 VO (EG) 510/2006) sieht § 135 Abs. 1 S. 3 die entsprechende Geltung von §§ 18, 19, 19a und 19c vor. Der Anspruchsberechtigte kann somit die Vernichtung (§ 18 Abs. 1; → § 128 Rn. 19) sowie nach Maßgabe von § 18 Abs. 2 den Rückruf (→ § 128 Rn. 21) jener Waren verlangen, die unter Verstoß gegen Art. 12, 13 VO (EU) 1151/2012 gekennzeichnet wurden. Zudem kann der Anspruchsberechtigte aus § 19 als Annexanspruch (vgl. OLG Köln GRUR 2007, 793 f. – Altenburger Ziegenkäse) die unverzügliche Auskunft vom Verletzer über die Herkunft und den Vertriebsweg der widerrechtlich gekennzeichneten Waren verlangen (→ § 128 Rn. 22; vgl. auch BGH GRUR 2020, 294 (296) = GRUR-Prax 2020, 101 mAnm Schulteis – Culatello di Parma; OLG Köln GRUR-RR 2019, 251 (259) = GRUR-Prax 2019, 88 mAnm Bünger – Culatello di Parma). Auch kann der Anspruchsberechtigte gemäß § 135 Abs. 1 S 3 iVm § 19c S. 1 in entsprechender Geltung die Bekanntmachung des seiner Klage stattgebenden Urteils verlangen (→ § 128 Rn. 28).

Ferner kann der Anspruchsberechtigte aus § 19a Abs. 1 S. 1 die Vorlage von Urkunden des **30** Verletzers sowie die Besichtigung der wettbewerbswidrigen Ware des Verletzers verlangen, sofern dies für den Anspruchsberechtigten erforderlich ist, um seine Ansprüche zu begründen (→ § 128 Rn. 24). Bei hinreichender Wahrscheinlichkeit, dass der Verstoß in gewerblichem Ausmaß (zu diesem Tatbestandsmerkmal → § 128 Rn. 36) begangen wurde, erstreckt sich der Vorlageanspruch auch auf Bank-, Handels- und Finanzunterlagen des Verletzers. Wie bei Ansprüchen aus § 19b Abs. 1 kann der Verletzer vom Gericht verlangen, eine mildere, einzelfallspezifische Maßnahme zu treffen, sofern die vorzulegenden Unterlagen vertrauliche Informationen enthalten (→ § 128 Rn. 37; zu sonstigen Ansprüchen aus anderen gesetzlichen Vorschriften, wie zB aus dem UWG oder LFGB, → § 128 Rn. 44, → § 126 Rn. 7.1).

V. Haftung des Betriebsinhabers (Abs. 2)

Aufgrund des Verweises auf § 128 Abs. 3 gilt für Unterlassungsansprüche aus § 135 Abs. 1 auch **31** § 14 Abs. 7 entsprechend mit der Konsequenz, dass für Verstöße gegen Art. 13 VO (EU) 1151/ 2012, die in einem geschäftlichen Betrieb von Angestellten oder Beauftragten begangen wurden, der Betriebsinhaber haftet (→ § 128 Rn. 41).

Die Möglichkeit einer **Exkulpation,** wie sie nach § 831 BGB bei schädigenden Handlungen **32** durch Verrichtungsgehilfen in Betracht kommen kann, besteht für den Betriebsinhaber nicht (→ § 128 Rn. 42).

§ 136 Verjährung

Die Ansprüche nach § 135 verjähren nach § 20.

Gemäß § 20 gelten für die Verjährung von Ansprüchen die Vorschriften des fünften Abschnitts **1** des ersten Buches des Bürgerlichen Gesetzbuches (§§ 194–218 BGB) entsprechend.

Für die Ansprüche nach § 135 gilt daher die regelmäßige Verjährungsfrist von drei Jahren **2** gemäß § 195 BGB. Gemäß § 199 Abs. 1 Nr. 1 und 2 BGB beginnt die Verjährungsfrist mit dem Schluss des Jahres, in dem der Anspruch entstanden ist und der Gläubiger von den anspruchsbegründenden Umständen und der Person des Schuldners Kenntnis erlangte oder ohne grobe Fahrlässigkeit hätte erlangen müssen. Zu den Einzelheiten sei verwiesen auf die Kommentierung zu § 20 (→ § 20 Rn. 6; → § 20 Rn. 12 ff.).

Abschnitt 3. Ermächtigungen zum Erlaß von Rechtsverordnungen

§ 137 Nähere Bestimmungen zum Schutz einzelner geographischer Herkunftsangaben

(1) Das Bundesministerium der Justiz und für Verbraucherschutz wird ermächtigt, im Einvernehmen mit den Bundesministerien für Wirtschaft und Energie und für Ernährung und Landwirtschaft durch Rechtsverordnung mit Zustimmung des Bundesrates nähere Bestimmungen über einzelne geographische Herkunftsangaben zu treffen.

(2) ¹In der Rechtsverordnung können

1. durch Bezugnahme auf politische oder geographische Grenzen das Herkunftsgebiet,
2. die Qualität oder sonstige Eigenschaften im Sinne des § 127 Abs. 2 sowie die dafür maßgeblichen Umstände, wie insbesondere Verfahren oder Art und Weise der Erzeugung oder Herstellung der Waren oder der Erbringung der Dienstleistungen oder Qualität oder sonstige Eigenschaften der verwendeten Ausgangsmaterialien wie deren Herkunft, und
3. die Art und Weise der Verwendung der geographischen Herkunftsangabe

geregelt werden. ²Bei der Regelung sind die bisherigen lauteren Praktiken, Gewohnheiten und Gebräuche bei der Verwendung der geographischen Herkunftsangabe zu berücksichtigen.

Überblick

Auf der Grundlage der Ermächtigung durch § 137 kann das Bundesministerium der Justiz und für Verbraucherschutz („BMJV"; aktuell in der 20. Legislaturperiode trägt es die Bezeichnung „Bundesministerium der Justiz") Rechtsverordnungen mit näheren Bestimmungen über geografische Herkunftsangaben erlassen. Gemäß Abs. 2 können derartige Rechtsverordnungen konkrete Anforderungen an geografische Herkunftsangaben vorsehen (→ Rn. 3), wie zB die Art und Weise, wie sie verwendet werden dürfen. Angesichts dieser allgemeinen markenrechtlichen Rechtsverordnungsermächtigung sind spezialgesetzliche Ermächtigungsgrundlagen für Rechtsverordnungen zum Schutze geografischer Herkunftsangaben (→ Rn. 8) fortan entbehrlich. Zu den Rechtsfolgen von Verstößen → Rn. 9.

Übersicht

A. Ermächtigung zum Erlass von Rechtsverordnungen (Abs. 1)

1   § 137 ermächtigt das BMJV, in Rechtsverordnungen (→ Rn. 1.1) nähere Bestimmungen über einzelne geografische Herkunftsangaben zu normieren.

1.1   Derartige Rechtsverordnungen sind im Einvernehmen mit dem Bundesministerium für Wirtschaft und Energie („BMWi"; aktuell in der 20. Legislaturperiode trägt es die Bezeichnung „Bundesministerium für Wirtschaft und Klimawandel") und mit dem Bundesministerium für Ernährung und Landwirtschaft (BMEL) zu entwickeln und bedürfen der Zustimmung des Bundesrates. Ziel des Gesetzgebers war es, mit § 137 im Markenrecht eine allgemeine Ermächtigungsgrundlage für Rechtsverordnungen zu schaffen, die anderweitige, in einzelnen Spezialgesetzen enthaltene Rechtsverordnungsermächtigungen zum Schutz geografischer Herkunftsangaben entbehrlich werden lassen (so die Begründung im RegE zum Markenrechtsreformgesetz vom 14.1.1994, BT-Drs. 12/6581, 123).

2   Gleichzeitig betonte die Begründung des Gesetzesentwurfs, das BMJV beabsichtige, von dieser Ermächtigung nur in den wirklich erforderlichen Fällen, in denen nicht bereits ein anderweitiges geeignetes Instrumentarium zum Schutz geografischer Herkunftsangaben existiert, Gebrauch zu machen. Zu Beispielen → Rn. 2.1.

Als ein **Beispiel** für ein derartiges geeignetes Instrumentarium verwies die Begründung auf das vom **2.1** Deutschen Institut zur Gütesicherung und Kennzeichnung – RAL (St. Augustin) verwaltete System der Herkunftsgewährzeichen (vgl. BT-Drs. 12/6581, 123). In der Tat hat seitdem die Bundesregierung nur sehr restriktiv von der Rechtsverordnungsermächtigung gemäß § 137 Gebrauch gemacht, nämlich zum einen mit dem Erlass der **SolingenV** vom 16.12.1994 (→ Rn. 8); Ströbele/Hacker/Thiering/Hacker Rn. 4; Fezer/Büscher/Obergfell/Marx UWG S-10 Rn. 160), zum anderen mit dem Erlass der **GlashütteV** vom 22.2.2022 (→ Rn. 9).

B. Regelungsgehalt der Rechtsverordnungen (Abs. 2)

Mit einer Rechtsverordnung auf der Grundlage von § 137 Abs. 2 können nähere Bestimmungen **3** sowohl für qualifizierte als auch für einfache geografische Herkunftsangaben normiert werden, sofern diese eines der in § 137 Abs. 2 enumerativ aufgeführten Regelungsziele verfolgt.

I. Bestimmung des Herkunftsgebietes

Nach § 137 Abs. 2 S. 1 Nr. 1 kann die Rechtsverordnung das Herkunftsgebiet einer geografi- **4** schen Herkunftsangabe näher bestimmen, indem sie unmittelbar Bezug nimmt auf politische oder geografische Grenzen. Für geografische Herkunftsangaben drängt sich eine derartige Bestimmung durch eine Rechtsverordnung am stärksten auf, zumal dann allein anhand objektiver, eindeutiger Kriterien bestimmt werden kann, ob eine solche Bestimmung auch erfüllt ist.

II. Bestimmung der Qualität oder sonstiger Eigenschaften

§ 137 Abs. 2 S. 2 Nr. 2 ermächtigt das BMJV, in Rechtsverordnungen Regelungen zur Qualität **5** oder zu sonstigen Eigenschaften iSd § 127 Abs. 2 von Waren oder Dienstleitungen mitsamt den dafür maßgeblichen Umständen zu treffen, wie zB bei Waren die Herstellungsverfahren oder die Art und Weise der Erzeugung sowie bei Dienstleistungen die Art und Weise ihrer Erbringung. Zudem können Regelungen hinsichtlich der Qualität oder der sonstigen Eigenschaften der für die Waren verwendeten Ausgangsmaterialien (→ Rn. 5.1) bestimmt werden.

Die Anknüpfung an die **Qualität und Eigenschaften** geografischer Herkunftsangaben und der Verweis **5.1** auf § 127 Abs. 2 zeigen, dass sich Rechtsverordnungen mit Regelungen gemäß § 137 Abs. 2 S. 1 Nr. 2 vorwiegend auf **qualifizierte** geografische Herkunftsangaben beziehen.

III. Bestimmung der Verwendung

Bestimmungen zur Art und Weise der Verwendung geografischer Herkunftsangaben gemäß **6** § 137 Abs. 2 S. 1 Nr. 3 können zB vorsehen, dass eine geografische Herkunftsangabe nur in einer vorgegebenen Art und Weise auf der Ware oder deren Verpackung abgebildet oder angebracht wird (vgl. Fezer Rn. 3; Ströbele/Hacker/Thiering/Hacker Rn. 3).

IV. Berücksichtigung lauterer Praktiken, Gewohnheiten und Gebräuche

Bei der Ausgestaltung der Regelungen nach § 137 Abs. 2 S. 1 Nr. 1–3 hat das BMJV zu berück- **7** sichtigen, mit welchen Praktiken, Gewohnheiten und Gebräuchen eine geografische Herkunftsan- gabe bisher verwendet wurde (§ 137 Abs. 2 S. 2). Das soll sicherstellen, dass Bestimmungen der Rechtsverordnung in Einklang stehen mit der Verkehrsauffassung und dass eine bislang zulässige Verwendung infolge einer Rechtsverordnung nach § 137 nicht umschlägt in eine unzulässige (vgl. Ingerl/Rohnke/Nordemann/A. Nordemann Rn. 3; Fezer Rn. 4).

C. Schutz des Namens „Solingen"

Die Verordnung zum Schutz des Namens Solingen (Solingenverordnung – **SolingenV**) vom **8** 16.12.1994 (BGBl. I 3833) war bis zum Erlass der Verordnung zum Schutz des Namens Glashütte vom 22.2.2022 (BGBl. I 218; → Rn. 9) die einzige auf der Grundlage von § 137 erlassene Rechtsverordnung. Zum früheren Recht → Rn. 8.1.

Die SolingenV trat **zum 1.1.1995** an die Stelle des Gesetzes zum Schutz des Namens Solingen (Solin- **8.1** gen-Gesetz) vom 25.7.1938 und seiner Durchführungsverordnung (RGBl. 1938 I 953, 954), das die geografische Herkunftsangabe „Solingen" schützte für Schneidwaren, vor allem für Scheren, Messer und Bestecke, die innerhalb des Solinger Industriegebietes bearbeitet oder fertig gestellt wurden.

8.2 Die SolingenV führt diesen Schutz durch das Solingen-Gesetz ohne eine inhaltliche Verkürzung oder zeitliche Lücke fort (vgl. BT-Drs. 12/6581, 123; vgl. auch Ströbele/Hacker/Thiering/Hacker Rn. 4; Ohly/Sosnitza/Sosnitza UWG § 5 Rn. 393; Dück/Maschemer GRUR-Int 2015, 220 (224 f.); Omsels Herkunftsangaben Rn. 671). Sie sieht vor, dass der Name „Solingen" im geschäftlichen Verkehr nur für solche Schneidwaren benutzt werden darf, die **in allen wesentlichen Herstellungsstufen innerhalb des Solinger Industriegebiets** bearbeitet und fertig gestellt worden sind und nach Rohstoff und Bearbeitung geeignet sind, ihren arteigenen Verwendungszweck zu erfüllen (§ 1 SolingenV). Indes finden sich in der SolingenV (anders als der in 2022 in Kraft getretenen GlashütteV, vgl. → Rn. 9.4 f.) keine Vorgaben, was genau unter den wesentlichen Herstellungsstufen für die von der SolingenV umfassten Schneidwaren zu verstehen ist.

8.3 Das **Solinger Industriegebiet** als von der SolingenV normiertes Herkunftsgebiet umfasst das Gebiet der kreisfreien Stadt Solingen und das Gebiet der im Kreis Mettmann gelegenen Stadt Haan (vgl. § 2 SolingenV).

8.4 Zu den **Schneidwaren** iSd § 1 SolingenV zählen gemäß § 3 SolingenV ua Scheren, Messer, Klingen, Bestecke, blanke Waffen aller Art, schneidende Küchenwerkzeuge, Haarschneidemaschinen, Schermaschinen, Rasiermesser, Rasierklingen und Rasierapparate.

D. Schutz des Namens „Glashütte"

9 Die Verordnung zum Schutz des Namens Glashütte (Glashütteverordnung – **GlashütteV**) vom 22.2.2022 (BGBl. I 218) schützt die Herkunftsangabe „Glashütte" für Uhren (vgl. Schulteis GRUR-Prax 2023, 1 ff.). Zu Hintergrund und Inhalt der GlashütteV näher → Rn. 9.1.

9.1 Die GlashütteV greift auf, dass in Glashütte seit dem 19. Jahrhundert Uhren hergestellt werden, die eine **besondere Qualität** aufweisen. Diese besondere Qualität wurde bislang insbesondere dadurch erreicht, dass die Hersteller in gegenseitiger Abstimmung bestimmte Qualitätsmerkmale vereinbart und konsequent eingehalten hatten, die bis heute Grundlage für die in Glashütte hergestellten Uhren sind. Somit steht die Herkunftsangabe „Glashütte" bei Uhren in besonderer Weise für deutsche Handwerkskunst und Uhrmachertradition (so ausdrücklich das BMJ als Verordnungsgeber in seiner Begründung zur GlashütteV, vgl. BT-Drs. 853/21, 5).

9.2 Die am 9.3.2022 in Kraft getretene GlashütteV sieht vor, dass die Herkunftsangabe „Glashütte im geschäftlichen Verkehr nur für solche Uhren verwendet werden darf, die **im Herkunftsgebiet hergestellt** worden sind (§ 1 GlashütteV). Dieses Herkunftsgebiet erstreckt sich gemäß § 2 GlashütteV auf die Stadt Glashütte, die Ortsteile Bärenstein und Lauenstein der Stadt Altenberg für die Zulieferung und Veredlung sowie auf die Landeshauptstadt Dresden für die Veredlungsschritte „Werkteile plattieren", „Werkteile galvanisieren", „Werkteile rhodinieren" und „Laserarbeiten".

9.3 Gemäß der weit gefassten Definition in § 3 GlashütteV sind „Uhren" iSd Verordnung Instrumente, deren Hauptfunktion die Zeitmessung ist, aber sonstige Instrumente mit Zeitmessfunktion. Hierzu zählen nach der Begründung des Verordnungsgebers auch zB nautische Instrumente (vgl. BT-Drs. 853/21, 5).

9.4 Im Sinne von § 1 GlashütteV ist eine Uhr gemäß § 5 GlashütteV dann im Herkunftsgebiet hergestellt, wenn die in § 5 Nr. 1 GlashütteV aufgeführten **Herstellungsstufen** (Montage und das Ingangsetzen des Uhrwerks, die Reglage, die Montage des Ziffernblatts, das Setzen der Zeiger, das Einschalen des Uhrwerks) vollständig im Gebiet Glashütte im Freistaat Sachsen erfolgt sind und gemäß § 5 Nr. 2 GlashütteV in den **wesentlichen Herstellungsstufen** zusammen mehr als 50% der Wertschöpfung im Herkunftsgebiet erzielt wurde. Diese wesentlichen Herstellungsstufen sind gemäß § 4 Abs. 1 GlashütteV
- die Herstellung des Uhrwerks,
- die Einschalung des Uhrwerks
- und die Endkontrolle der Uhr.

9.5 Dabei ist allerdings zu beachten, dass gemäß § 5 Nr. 1 lit. e GlashütteV das Einschalen des Uhrwerks – und damit eine in § 4 Abs. 1 Nr. 2 GlashütteV angeführte wesentliche Herstellungsstufe – ohnehin vollständig im Gebiet der Stadt Glashütte zu erfolgen hat. Da die in den wesentlichen Herstellungsstufen gemäß § 5 Nr. 2 GlashütteV zu erzielende 50%ige Wertschöpfung eine kumulative Größe ist („zusammen mehr als 50%"), wäre es nach dem Wortlaut von § 5 GlashütteV aber zumindest denkbar und zulässig, wenn die Herstellung des Uhrwerks und die Einschalung des Uhrwerks vollständig und somit mit 100%iger Wertschöpfung in Glashütte erfolgen, indes die Endkontrolle der Uhr mit zB 20%iger Wertschöpfung oder sogar überhaupt nicht im Herkunftsgebiet geschieht, sofern insgesamt doch immer noch eine Wertschöpfung von 50% im Herkunftsgebiet erzielt wird (vgl. Schulteis GRUR-Prax 2023, 1 (3)).

9.6 Was unter der „Herstellung des Uhrwerks" als wesentliche Herstellungsstufe gemäß § 4 Abs. 1 Nr. 1 GlashütteV zu verstehen ist, normiert § 4 Abs. 2 GlashütteV; so zählen zur Herstellung des Uhrwerks im

Wesentlichen folgende Herstellungsstufen: die Fertigung oder Veredlung von Teilen des Uhrwerks, die Montage von Teilen des Uhrwerks, das Ingangsetzen, die Reglage, die Montage des Zifferblattes, das Setzen der Zeiger, die Schlusskontrolle des Uhrwerks und die Chronometerzertifizierung, soweit sie im Herkunftsgebiet durchgeführt wird.

E. Rechtsfolgen bei Verstößen

Im Falle eines Verstoßes gegen eine auf der Grundlage von §137 erlassene Rechtsverordnung **10** kommt neben zivilrechtlichen Ansprüchen aus §§127, 128 eine **strafrechtliche Verfolgung** aufgrund eines Verstoßes gegen §144 Abs. 1 Nr. 1 oder, wenn die unzulässige Nutzung der Herkunftsangabe „Solingen" bzw. „Glashütte" in der Absicht erfolgt, den Ruf oder die Unterscheidungskraft dieser geographischen Herkunftsangabe auszunutzen oder zu beeinträchtigen, nach §144 Abs. 1 Nr. 2 MarkenG iVm der SolingenV bzw. der GlashütteV als Rechtsverordnungen nach §137 Abs. 1 MarkenG in Betracht (→ §144 Rn. 1; vgl. auch Fürmann MarkenR 2003, 381; Leitner/Rosenau Wirtschafts- und Steuerstrafrecht/Reinbacher §144 Rn. 7; Büscher/Dittmer/ Schiwy/Büscher Rn. 1; Schulteis GRUR-Prax 2023, 1 f.).

§138 Sonstige Vorschriften für das Verfahren bei Anträgen und Einsprüchen nach der Verordnung (EU) Nr. 1151/2012

(1) Das Bundesministerium der Justiz und für Verbraucherschutz wird ermächtigt, durch Rechtsverordnung ohne Zustimmung des Bundesrates nähere Bestimmungen über das Antrags-, Einspruchs-, Änderungs- und Löschungsverfahren (§§130 bis 132) zu treffen.

(2) Das Bundesministerium der Justiz und für Verbraucherschutz kann die Ermächtigung zum Erlass von Rechtsverordnungen nach Absatz 1 durch Rechtsverordnung ohne Zustimmung des Bundesrates ganz oder teilweise auf das Deutsche Patent- und Markenamt übertragen.

Überblick

Während die §§130–136 die gesetzlichen Grundlagen für die Beantragung des Schutzes für geografische Angaben und Ursprungsbezeichnungen auf der Grundlage der VO (EU) 1151/2012 sowie für Änderungen und Löschungen derartiger geschützter Bezeichnungen und hiergegen gerichteter Einsprüche bildeten und somit die VO (EU) 1151/2012 in ihren Grundzügen durch nationales Gesetzesrecht umgesetzt haben, erfolgt die weitere konkrete Ausgestaltung durch Rechtsverordnungen. §138 ist hierzu die Ermächtigungsgrundlage, aufgrund derer Rechtsverordnungen entweder unmittelbar vom BMJV gemäß §138 Abs. 1 (→ Rn. 2) oder nach Übertragung der Rechtsverordnungskompetenz gemäß §138 Abs. 2 vom DPMA (→ Rn. 3) erlassen werden können.

A. Allgemeines

§138 wurde zum 1.7.2016 redaktionell durch Art. 4 Nr. 24 Gesetz zur Änderung des Designge- **1** setzes und weiterer Vorschriften des gewerblichen Rechtsschutzes vom 4.4.2016 (BGBl. I 558) angepasst. Seitdem verweist die Norm auf die VO (EU) 1151/2012, die zum 3.1.2013 an die Stelle der VO (EG) 510/2006 trat. Zuvor wurde §138 durch Art. 4 Nr. 11 Gesetz zur Verbesserung der Durchsetzung von Rechten des geistigen Eigentums vom 7.7.2008 (BGBl. I 1191) neu gefasst und trat in der damaligen Fassung zum 1.9.2008 in Kraft. Durch die damalige Neufassung wurden die Überschrift an die VO (EG) 510/2006, die die VO (EWG) 2081/92 ersetzte, angepasst und der einstige Verweis in Abs. 1 auf die §§130–133 durch einen Verweis auf die §§130–132 ersetzt (→ Rn. 5). Eine grundlegende inhaltliche Änderung der Norm trat dadurch auch damals nicht ein; die Vorschrift entsprach weiterhin dem bis zum 1.9.2008 geltenden Recht (BT-Drs. 16/5048, 44; vgl. auch Fezer Rn. 1).

B. Rechtsverordnung des BMJV (Abs. 1)

§138 Abs. 1 ermächtigt das BMJV, selbst die näheren Bestimmungen über das Antrags-, **2** Einspruchs-, Änderungs- und Löschungsverfahren (§§130–132) zu den nunmehr auf der Grundlage der VO (EU) 1151/2012 geschützten geografischen Angaben und geschützten Ursprungsbezeichnungen in einer Rechtsverordnung auszugestalten. Solche Rechtsverordnungen bedürfen, anders als diejenigen nach §§ 137, 139 (→ § 137 Rn. 1.1; → § 139 Rn. 2.1), nicht der Zustimmung des Bundesrates.

C. Übertragungskompetenz (Abs. 2)

3   Anstatt die §§ 130–132 unmittelbar durch eine eigene Rechtsverordnung auszugestalten, kann das BMJV die Ermächtigung, Rechtsverordnungen nach Abs. 1 zu erlassen, durch Rechtsverordnung, die ebenfalls nicht der Zustimmung des Bundesrates bedarf, ganz oder teilweise auf das DPMA übertragen (§ 138 Abs. 2). Zur DPMAV → Rn. 3.1.

3.1   Eine derartige Übertragung der Rechtsverordnungskompetenz hat BMJV getroffen in der Verordnung über das Deutsche Patent- und Markenamt (DPMA-Verordnung – DPMAV). So sieht § 1 Abs. 2 DPMAV ua vor, dass die Ermächtigung zum Erlass von Rechtsverordnungen gemäß § 138 Abs. 1 übertragen wird auf das DPMA.

4   Das DPMA hat die ihm in § 1 Abs. 2 DPMAV übertragene Rechtsverordnungskompetenz ausgeübt, indem es auf der Grundlage von § 138 Abs. 1 in Teil 6 der Verordnung zur Ausführung des Markengesetzes (Markenverordnung – **MarkenV**) nähere Bestimmungen über das Antrags-, Einspruchs-, Änderungs- und Löschungsverfahren zu den geschützten geografischen Angaben und geschützten Ursprungsbezeichnungen getroffen hat (vgl. Fezer Rn. 4). So gestalten die §§ 47–49 MarkenV (Teil 6 Abschnitt 1 MarkenV) das Eintragungsverfahren aus, die §§ 50–51 MarkenV (Teil 6 Abschnitt 2 MarkenV) das zwischenstaatliche Einspruchsverfahren nach § 131 MarkenG und die §§ 52–54 MarkenV (Teil 6 Abschnitt 3 MarkenV) Änderungen der Spezifikationen, Löschungen sowie die Akteneinsicht zu geografischen Angaben und Ursprungsbezeichnungen.

D. Zum 1.7.2016 erfolgte Anpassungen im Hinblick auf die VO (EU) 1151/2012

5   Da am 3.1.2013 die VO (EU) 1151/2012 die VO (EG) 510/2006 ersetzt hat (→ § 130 Rn. 2), war es für den Gesetzgeber und das DPMA notwendig, die Verweise auf die VO (EG) 510/2006 in § 138 sowie in §§ 47 ff. MarkenV zu ersetzen durch Verweise auf die VO (EU) 1151/2012, wie es sodann zum 1.7.2016 erfolgt ist. Abgesehen von Änderungen bei den Einspruchsfristen (→ § 130 Rn. 48; → § 131 Rn. 8) waren infolge des Inkrafttretens der VO (EU) 1151/2012 keine grundlegenden inhaltlichen Änderungen bei den §§ 47 ff. MarkenV erforderlich.

§ 139 Durchführungsbestimmungen zur Verordnung (EU) Nr. 1151/2012; Verordnungsermächtigung

(1) ¹Das Bundesministerium der Justiz und für Verbraucherschutz wird ermächtigt, im Einvernehmen mit dem Bundesministerium für Wirtschaft und Energie und dem Bundesministerium für Ernährung und Landwirtschaft durch Rechtsverordnung mit Zustimmung des Bundesrates weitere Einzelheiten des Schutzes von Ursprungsbezeichnungen und geographischen Angaben nach der Verordnung (EU) Nr. 1151/2012 zu regeln, soweit sich das Erfordernis hierfür aus der Verordnung (EU) Nr. 1151/2012 oder den zu ihrer Durchführung erlassenen Vorschriften des Rates oder der Europäischen Kommission ergibt. ²In Rechtsverordnungen nach Satz 1 können insbesondere Vorschriften über
1. die Kennzeichnung der Agrarerzeugnisse oder Lebensmittel,
2. die Berechtigung zum Verwenden der geschützten Bezeichnungen oder
3. die Voraussetzungen und das Verfahren bei der Überwachung oder Kontrolle beim innergemeinschaftlichen Verbringen oder bei der Einfuhr oder Ausfuhr
erlassen werden. ³Rechtsverordnungen nach Satz 1 können auch erlassen werden, wenn die Mitgliedstaaten nach den dort genannten gemeinschaftsrechtlichen Vorschriften befugt sind, ergänzende Vorschriften zu erlassen.

(2) ¹Die Landesregierungen werden ermächtigt, durch Rechtsverordnung die Durchführung der nach Artikel 37 Absatz 1 der Verordnung (EU) Nr. 1151/2012 erforderlichen Kontrollen zugelassenen privaten Kontrollstellen zu übertragen oder solche an der Durchführung dieser Kontrollen zu beteiligen. ²Die Landesregierungen können auch

die Voraussetzungen und das Verfahren der Zulassung privater Kontrollstellen durch Rechtsverordnung regeln. [3]Sie sind befugt, die Ermächtigung nach den Sätzen 1 und 2 durch Rechtsverordnung ganz oder teilweise auf andere Behörden zu übertragen.

Überblick

Mit § 139 Abs. 1 ermächtigt der Gesetzgeber das BMJV, Rechtsverordnungen zu erlassen (→ Rn. 2), die insbesondere Vorgaben für die Verwendung von geschützten geografischen Angaben und geschützten Ursprungsbezeichnungen auf der Grundlage der VO (EU) 1151/2012 (vormals VO (EG) 510/2006) sowie für die Kennzeichnung und für den Transfer von Waren mit derartigen geografische Bezeichnungen enthalten. Gemäß § 139 Abs. 2 sind die Landesregierungen befugt, durch Rechtsverordnung Vorgaben für die Durchführung von Kontrollen zu erlassen (→ Rn. 5).

A. Allgemeines

§ 139 wurde zum 1.7.2016 durch Art. 4 Nr. 25 Gesetz zur Änderung des Designgesetzes und **1** weiterer Vorschriften des gewerblichen Rechtsschutzes vom 4.4.2016 (BGBl. I 558) redaktionell angepasst. Diese Norm verweist nun auf die VO (EU) 1151/2012, die zum 3.1.2013 an die Stelle der VO (EG) 510/2016 trat. Zuvor wurde § 139 zum 1.9.2008 neu gefasst (→ Rn. 1.1) durch Art. 4 Nr. 12 Gesetz zur Verbesserung der Durchsetzung von Rechten des geistigen Eigentums vom 7.7.2008 (BGBl. I 1191).

Die Neufassung 2008 passte die Überschrift und die Verweise im Gesetzestext an die VO (EG) 510/ **1.1** 2006 an. Inhaltlich entspricht die Norm weitgehend dem bis zum 1.9.2008 geltenden Recht (BT-Drs. 16/ 5048, 44; vgl. Fezer Rn. 1).

B. Rechtsverordnungen des BMJV (Abs. 1)

§ 139 Abs. 1 S. 1 ermächtigt das BMJV, in Rechtsverordnungen (→ Rn. 2.1) weitere Einzelhei- **2** ten zum Schutz der geschützten geografischen Angaben und geschützten Ursprungsbezeichnungen nach der VO (EU) 1151/2012 zu regeln.

Die Rechtsverordnungen sind **im Einvernehmen** mit dem Bundesministerium für Wirtschaft und **2.1** Energie (BMWi) und mit dem Bundesministerium für Ernährung und Landwirtschaft (BMEL) zu entwerfen und bedürfen der Zustimmung des Bundesrates. Sie sind nur zu erlassen, soweit sich aus der VO (EU) 1151/2012 und deren Durchführungsvorschriften die **Erforderlichkeit** eigener mitgliedstaatlicher Regelungen ergibt (vgl. auch Fezer Rn. 4).

Derartige Rechtsverordnungen können sich gemäß § 139 Abs. 1 S. 2 Nr. 1–3 erstrecken auf **3** Vorgaben zur Kennzeichnung der Agrarerzeugnisse oder Lebensmittel, die geografische Angaben oder Ursprungsbezeichnungen führen, zur Berechtigung zum Verwenden der geschützten Bezeichnungen oder zu den Voraussetzungen und zu dem Verfahren bei der Überwachung oder Kontrolle beim innergemeinschaftlichen Verbringen oder bei der Ein- und Ausfuhr. Darüber hinaus können gemäß § 139 Abs. 1 S. 3 Rechtsverordnungen erlassen werden, mit denen die Mitgliedstaaten die ihnen auf der Grundlage der VO (EU) 1151/2012 eingeräumten Befugnisse ausüben, ergänzende Vorschriften zu schaffen.

§ 139 Abs. 1 ermöglicht somit, Änderungen im Unionsrecht, die geschützte Ursprungsbezeich- **4** nungen oder geschützte geografische Angaben betreffen und die Umsetzungsrechtsakte der Mitgliedstaaten erfordern, rascher und flexibler in nationales Recht umzusetzen, da anstelle einer Änderung der §§ 130 ff. im Wege eines förmlichen Gesetzgebungsverfahrens lediglich die auf der Grundlage von § 139 Abs. 1 erlassenen Rechtsverordnungen (s. aber → Rn. 4.1) durch den Verordnungsgeber geändert werden können (vgl. Fezer Rn. 3; v. Schultz/Gruber Rn. 1).

Allerdings wurde auf dieser Ermächtigungsgrundlage bislang **noch keine Rechtsverordnung** erlassen **4.1** (vgl. Ingerl/Rohnke/Nordemann/A. Nordemann Rn. 1; Ströbele/Hacker/Thiering/Hacker Rn. 2; Büscher/Dittmer/Schiwy/Büscher Rn. 1).

C. Rechtsverordnungen der Länder (Abs. 2)

Auf der Grundlage von § 139 Abs. 2 können die Landesregierungen Rechtsverordnungen erlas- **5** sen, mit denen sie die nach Art. 37 VO (EU) 1151/2012 durchzuführenden Kontrollen der Einhaltung der Spezifikationen auf private Kontrollstellen übertragen oder private **Kontrollstellen** an derartigen Kontrollen zumindest beteiligen. In diesen Rechtsverordnungen können sie gemäß Abs. 2 S. 2 zudem Zulassungsvoraussetzungen und verfahren für private Kontrollstellen normieren, wobei sicherzustellen ist, dass die Kontrollstellen zur Sicherstellung einer hinreichenden Sachkunde und Qualität bei den Kontrollen die Vorgaben gemäß Art. 39 VO (EU) 1151/2012 erfüllen. Zu privaten Unternehmen → Rn. 5.1.

5.1   Soweit **private Unternehmen** auf Grundlage derartiger Rechtsverordnungen Kontrollen durchführen oder sich an diesen beteiligen, handeln sie als **Beliehene** (vgl. Ströbele/Hacker/Thiering/Hacker Rn. 3).

6   Anstatt derartige Rechtsverordnungen selbst zu erlassen, können die Landesregierungen durch Rechtsverordnungen die Ermächtigung zum Erlass von Rechtsverordnungen mit den in § 139 Abs. 2 S. 1 und 2 aufgeführten Regelungsinhalten **auf andere Behörden ihres jeweiligen Bundeslandes übertragen** (Übersicht zu den Ländern → Rn. 6.1 ff.).

6.1   Eine derartige Übertragung erfolgte in **Baden-Württemberg** auf das Ministerium für Ländlichen Raum und Verbraucherschutz, das seinerseits die Befugnis zum Erlass von Rechtsverordnungen nach § 139 Abs. 2 S. 3 weiter übertragen darf auf die Regierungspräsidien (vgl. § 9 SubdelVO MLR – Verordnung der Landesregierung zur Übertragung von Ermächtigungen auf das Ministerium Ländlicher Raum vom 17.2.2004, GBl. 115), in deren Folge die Ermächtigungen nach § 139 Abs. 2 S. 1 und S. 2 weiter übertragen wurden auf das Regierungspräsidium Karlsruhe (vgl. § 1 Nr. 2 ZustVOLWirtsch – Verordnung der Landesregierung über Vor-Ort-Zuständigkeiten im Bereich Landwirtschaft vom 7.12.2009, GBl. 759).

6.2   In **Bayern** erfolgte eine Übertragung nach § 139 Abs. 2 S. 3 hinsichtlich Rechtsverordnungen nach § 139 Abs. 2 S. 1 und S. 2 auf das Staatsministerium für Ernährung, Landwirtschaft und Forsten (vgl. § 6 Nr. 12 BayDelV – Verordnung über die Zuständigkeit zum Erlass von Rechtsverordnungen (Delegationsverordnung) vom 28.1.2014, GVBl. 22).

6.3   In **Brandenburg** erfolgte nach § 139 Abs. 2 S. 3 eine Übertragung der der Landesregierung durch § 139 Abs. 2 S. 1 und 2 erteilten Ermächtigungen, die erforderlichen Kontrollen zugelassenen privaten Kontrollstellen zu übertragen oder zugelassene private Kontrollstellen bei der Durchführung der Kontrollen zu beteiligen sowie die Voraussetzungen und das Verfahren der Zulassung privater Kontrollstellen zu regeln, auf das Landesamt für Ernährung und Landwirtschaft (vgl. § 2 BbgMaGLSpGÜZuVO – Verordnung über Zuständigkeiten für die Überwachung nach dem Markengesetz und dem Lebensmittelspezialitätengesetz vom 14.5.2001, GVBl. II 194).

6.4   In **Hessen** erfolgte eine Übertragung nach § 139 Abs. 2 S. 3 hinsichtlich Rechtsverordnungen nach § 139 Abs. 2 S. 1 und S. 2 auf das Regierungspräsidium Gießen (vgl. § 1 Abs. 3 Nr. 1 LFNDZustV – Verordnung zur Übertragung von Befugnissen der Landesregierung zum Erlass von Rechtsverordnungen und zur Bestimmung von Zuständigkeiten in den Bereichen Landwirtschaft, Forsten und Naturschutz vom 29.10.2014, GVBl. 255).

6.5   In **Nordrhein-Westfalen** erfolgte eine Übertragung nach § 139 Abs. 2 S. 3 hinsichtlich Rechtsverordnungen nach § 139 Abs. 2 S. 1 und S. 2 auf das Landesamt für Natur, Umwelt und Verbraucherschutz (vgl. § 7 Abs. 2 Nr. 1 ZustVOAgrar – Verordnung zur Regelung von Zuständigkeiten und zur Übertragung von Ermächtigungen zum Erlass von Rechtsverordnungen für Bereiche der Agrarwirtschaft vom 5.2.2019, GV 116).

6.6   In **Sachsen** erfolgten Übertragungen nach § 139 Abs. 2 S. 3 hinsichtlich Rechtsverordnungen nach § 139 Abs. 2 S. 2 auf das Staatsministerium für Energie, Klimaschutz, Umwelt und Landwirtschaft bzw. hinsichtlich Rechtsverordnungen nach § 139 Abs. 2 S. 1 auf das Landesamt für Umwelt, Landwirtschaft und Geologie (vgl. § 1 Abs. 1 Nr. 6 bzw. § 2 Nr. 2 LaFoVErmÜVO – Verordnung der Sächsischen Staatsregierung zur Übertragung von Verordnungsermächtigungen im Bereich der Land- und Forstwirtschaft sowie des Verbraucherschutzes vom 7.1.2016, GVBl. 5).

6.7   In **Sachsen-Anhalt** erfolgten Übertragungen nach § 139 Abs. 2 S. 3 hinsichtlich Rechtsverordnungen nach § 139 Abs. 2 S. 1 und 2 auf das für Landwirtschaft zuständige Ministerium (vgl. § 1 Nr. 4 VO zur Übertragung von Verordnungsermächtigungen im Bereich der Landwirtschaft – Subdelegationsverordnung Landwirtschaft – vom 2.8.2013, GVBl. 403).

6.8   In **Schleswig-Holstein** wurde nach § 139 Abs. 2 S. 3 die Ermächtigung, Rechtsverordnungen nach § 139 Abs. 2 S. 1 und 2 zu erlassen, auf das Ministerium für Energiewende, Landwirtschaft, Umwelt, Natur und Digitalisierung übertragen (vgl. § 1 MarkenGEÜZustVO – Landesverordnung zur Übertragung einer Ermächtigung und zur Bestimmung der zuständigen Stelle nach dem Markengesetz vom 18.3.1995, GVOBl. 148).

Teil 8. Verfahren in Kennzeichenstreitsachen

§ 140 Kennzeichenstreitsachen

(1) Für alle Klagen, durch die ein Anspruch aus einem der in diesem Gesetz geregelten Rechtsverhältnisse geltend gemacht wird (Kennzeichenstreitsachen), sind die Landgerichte ohne Rücksicht auf den Streitwert ausschließlich zuständig.

(2) ¹Die Landesregierungen werden ermächtigt, durch Rechtsverordnung die Kennzeichenstreitsachen insgesamt oder teilweise für die Bezirke mehrerer Landgerichte einem von ihnen zuzuweisen, sofern dies der sachlichen Förderung oder schnelleren Erledigung der Verfahren dient. ²Die Landesregierungen können diese Ermächtigung auf die Landesjustizverwaltungen übertragen. ³Die Länder können außerdem durch Vereinbarung den Gerichten eines Landes obliegende Aufgaben insgesamt oder teilweise dem zuständigen Gericht eines anderen Landes übertragen.

(3) Zur Sicherung der in diesem Gesetz bezeichneten Ansprüche auf Unterlassung können einstweilige Verfügungen auch ohne die Darlegung und Glaubhaftmachung der in den §§ 935 und 940 der Zivilprozessordnung bezeichneten Voraussetzungen erlassen werden.

(4) Von den Kosten, die durch die Mitwirkung eines Patentanwalts in einer Kennzeichenstreitsache entstehen, sind die Gebühren nach § 13 des Rechtsanwaltsvergütungsgesetzes und außerdem die notwendigen Auslagen des Patentanwalts zu erstatten.

Überblick

Für Kennzeichenstreitsachen (→ Rn. 1 ff.) sind ausschließlich die Landgerichte zuständig (→ Rn. 11). Verfahren vor dem BPatG fallen nicht unter Kennzeichenstreitsachen (→ Rn. 1). Auch die Abmahnung gehört nicht zu den Kennzeichenstreitsachen (→ Rn. 91 ff.); dagegen ist die Klage auf Erstattung der Kosten einer Abmahnung eine Kennzeichenstreitsache (→ Rn. 96).

Die Bundesländer können Kennzeichenstreitsachen bei bestimmten Landgerichten konzentrieren (→ Rn. 23 f.). Ob die Gerichte des betreffenden Bundeslandes allerdings überhaupt zuständig sind, ist nicht im MarkenG geregelt, sondern richtet sich nach den allgemeinen Regelungen der ZPO (→ Rn. 16 ff.).

Für einstweilige Verfügungen enthält § 140 Abs. 3 eine von der ZPO abweichende Regelung (→ Rn. 31). Mit einem Abschlussschreiben (→ Rn. 46) versucht der Verfügungskläger oft, auf der Grundlage einer einstweiligen Verfügung außergerichtlich eine abschließende Regelung herbeizuführen.

§ 140 Abs. 4 regelt die Erstattungsfähigkeit der Kosten des Patentanwalts (→ Rn. 55 ff.). Die vom BGH bislang praktizierte Auslegung dieser Norm wurde durch das EuGH-Urteil vom 28.4.2022 in der Rs. C-531/20 – NovaText für unionsrechtswidrig erklärt (→ Rn. 58). Außer den Kosten sind auch die Auslagen erstattungsfähig (→ Rn. 78 ff.). Besonderheiten sind bei Prozessen in eigener Sache (→ Rn. 84 f.) sowie bei Rechts- und Patentanwälten aus derselben Kanzlei (→ Rn. 87) zu beachten.

Auch Patentanwälte aus EU- und EWR-Mitgliedstaaten sowie aus der Schweiz können sich auf § 140 Abs. 4 berufen (→ Rn. 98 ff.). Gleiches gilt für ausländische Markenrechtsspezialisten aus den genannten Staaten, in denen der Patentanwaltsberuf nicht reglementiert ist und die sich in das von der Patentanwaltskammer geführte Register eintragen ließen (→ Rn. 100). § 140 Abs. 4 greift nicht jedoch nicht für Patentanwälte aus sonstigen Staaten (→ Rn. 104 ff.). Für die Kosten der Letztgenannten besteht aber, wenn diese Kosten zur Rechtsverfolgung notwendig waren, ein Erstattungsanspruch nach § 91 ZPO (→ Rn. 108 ff.). Unter den Erstattungsanspruch nach § 91 ZPO können Kosten für einen Verkehrsanwalt (→ Rn. 109 f.), für einen ausländischen Berater (→ Rn. 111) oder für ein Privatgutachten über ausländisches Recht (→ Rn. 112 f.) fallen. Die Höhe der Gebühren des ausländischen Patentanwalts ist auf die nach dem RVG zulässige Gebührenhöhe beschränkt, und zwar sowohl beim Anspruch nach § 140 Abs. 4 (→ Rn. 102) als auch beim Anspruch nach § 91 ZPO (→ Rn. 110).

Für Patentstreitsachen gibt es mit § 143 PatG eine Parallelvorschrift.

§ 122 Abs. 5 verweist für Unionsmarkenstreitsachen auf § 140 Abs. 4.

§ 140 regelt nicht die internationale Zuständigkeit der deutschen Gerichte für Kennzeichenstreitsachen. Die wichtigste Regelung in diesem Bereich ist die VO (EU) 1215/2012 (→

Rn. 114 ff.). Beim Gerichtsstand nach dieser VO ist zwischen Klagen wegen der Eintragung oder Gültigkeit von Marken (→ Rn. 121) und wegen Markenverletzungen (→ Rn. 122 ff.) zu unterscheiden. Besonderheiten gibt es bei mehreren Beklagten (→ Rn. 130 ff.).

Übersicht

A. Legaldefinition

1   § 140 Abs. 1 enthält eine Legaldefinition der Kennzeichenstreitsache. Verfahren vor dem **BPatG** fallen **nicht** unter die Kennzeichenstreitsachen. § 140 Abs. 1 bezieht sich ausdrücklich nur auf „Klagen", nicht auch auf Beschwerden (BPatG BeckRS 2016, 128367 Rn. 28).

1.1   Der Begriff Kennzeichenstreitsache umfasst Streitigkeiten um Ansprüche, die im MarkenG genannte Kennzeichen iSd § 1 Nr. 1–3 betreffen, also eingetragene Marken sowie Marken, die durch Benutzung Verkehrsgeltung erworben haben, geographische Herkunftsangaben, geschützte geographische Angaben, Ursprungsbezeichnungen, Unternehmenskennzeichen (OLG Dresden GRUR 1997, 468) sowie Werktitel.

1.2   § 122 Abs. 1 definiert die **Unionsmarkenstreitsache** als Streitsache, für die die Unionsmarkengerichte zuständig sind (Art. 124 UMV). Unionsmarkenstreitsachen sind daher keine Kennzeichenstreitsachen. Allerdings verweist § 122 Abs. 5 für Unionsmarkenstreitsachen auf § 140 Abs. 4.

2   Der Begriff der Kennzeichenstreitsache ist im Hinblick auf den Zweck der Vorschrift **weit auszulegen.** Erforderlich, aber auch ausreichend ist ein Bezug zum MarkenG dergestalt, dass das Rechtsverhältnis, aus dem der geltend gemachte Anspruch abgeleitet wird, den Bestimmungen des MarkenG unterliegt (BGH GRUR 2004, 622 – ritter.de). Maßgeblich ist insoweit der **Sachvortrag des Klägers** oder des Widerklägers. Eine Kennzeichenstreitsache liegt nur dann nicht vor, wenn dem streitgegenständlichen Sachverhalt jeglicher Bezug zu den angeführten Normen des MarkenG fehlt und zweifelsfrei feststeht, dass ihre Erwähnung in der Klage nur der Zuständigkeitserschleichung oder der Produzierung zusätzlicher Kosten dienen kann (OLG Köln BeckRS 2013, 09686).

2.1   Unter § 140 fallen alle Ansprüche aus rechtsgeschäftlichen Erklärungen und vertraglichen Vereinbarungen, deren Gegenstand die Inhaberschaft an oder die Rechte aus einem Kennzeichenrecht sind (OLG Köln

BeckRS 2014, 04199). Auch Streitigkeiten aus einem **Markenlizenzvertrag** sind daher Kennzeichenstreitsachen (OLG München NJW 1963, 2280 zur Patentstreitsache).

Kennzeichenstreitsachen sind ferner Ansprüche auf Zahlung einer **Vertragsstrafe** aus einem Unterlassungsvertrag, der zum Zweck der Abwehr gegenüber kennzeichenrechtlichen Ansprüchen geschlossen wurde (OLG München GRUR-RR 2004, 190; LG Mannheim BeckRS 2015, 09990 unter II 2 b aa (1)). **2.2**

Kennzeichenstreitsachen sind auch Klagen aus Ansprüchen aus einem **Schuldanerkenntnis,** das im Zusammenhang mit einem Anspruch aus einem Kennzeichenrechtsverhältnis gegeben wurde (BGH GRUR 1968, 307 (308) – Haftbinde). **2.3**

Hat bei einem Unterlassungsanspruch der Beklagte das Kennzeichen nicht im **geschäftlichen Verkehr** genutzt, liegt keine Kennzeichensache vor (LG Augsburg BeckRS 2016, 10202). Die Auffassung des LG Augsburg trifft aber nur dann zu, wenn die Nutzung außerhalb des geschäftlichen Verkehrs zweifelsfrei feststeht (was in casu zumindest zweifelhaft war). **2.4**

Namensrechtliche Ansprüche sind keine Kennzeichenstreitsache (BGH GRUR 2006, 158 Rn. 15; 2019, 983). **2.5**

Zu den Kennzeichenstreitsachen zählen auch Verfahren der **einstweiligen Verfügung,** durch die ein Anspruch aus einem der im MarkenG geregelten Rechtsverhältnisse geltend gemacht wird (BGH GRUR 2012, 756 Rn. 19 mwN – Kosten des Patentanwalts III). **3**

Zum zuständigen Gericht bei einer einstweiligen Verfügung → Rn. 39. **3.1**

Auch eine **Vollstreckungsgegenklage** nach §§ 769, 767 ZPO gegen eine Verurteilung wegen einer Kennzeichenverletzung ist eine Kennzeichenstreitsache (OLG Düsseldorf GRUR 1985, 220). **4**

Nach allgemeiner Meinung fallen **Zwangsvollstreckungsverfahren gemäß §§ 887–890 ZPO** unter den Begriff „Kennzeichenstreitsache" (OLG Stuttgart GRUR 2005, 976; OLG Düsseldorf GRUR 1983, 512; OLG Frankfurt GRUR 1979, 340; OLG München GRUR 1978, 499). Gleiches gilt für die Herausgabevollstreckung nach **§ 883 Abs. 1 ZPO** zur Sicherung des Anspruchs auf Vernichtung markenverletzender Gegenstände (OLG Düsseldorf BeckRS 2010, 16066). **5**

Die Pfändung einer Marke nach **§ 857 ZPO** ist eine Kennzeichenstreitsache. **6**

AA LG Düsseldorf NJWE-WettbR 1998, 186: Zuständig sei nicht das Landgericht, sondern das Amtsgericht als Vollstreckungsgericht gemäß § 828 ZPO. § 140 Abs. 1 gelte seinem Wortlaut nach nur für „Klagen". Zwar würde diese Vorschrift extensiv ausgelegt. Der Zweck des § 140 Abs. 1, die besondere Erfahrung der Kennzeichenstreitgerichte zu nutzen, gebiete die Einbeziehung der Pfändung einer Marke in die ausschließliche Zuständigkeit nicht. **6.1**

Diese Ansicht überzeugt nicht. Zwangsvollstreckungsmaßnahmen werden in § 29 Abs. 1 Nr. 2 ausdrücklich erwähnt. Diese Erwähnung der Zwangsvollstreckung, wie auch das vom LG selbst gesehene Problem, dass die Zwangsvollstreckung in eine Marke Probleme der Bewertung der Marke aufwerfen kann, sprechen dafür, dass nicht nur die Zwangsvollstreckung zur Erwirkung von Handlungen (§ 887 ZPO) oder zur Erzwingung von Unterlassungen oder Duldung (§ 890 ZPO), sondern auch die Zwangsvollstreckung wegen Geldforderungen in Rechte (§§ 826–863 ZPO) eine Kennzeichenstreitsache sein kann. **6.2**

Wenn der Patentanwalt an der **vorgerichtlichen** Rechtsverteidigung zur Abwehr einer **unberechtigten Schutzrechtsverwarnung** mitgewirkt hat, ist dies keine Kennzeichenstreitsache (BGH GRUR 2012, 756 Rn. 25 – Kosten des Patentanwalts III). **7**

Zur Frage, wann eine **Abmahnung** unter § 140 fällt, näher → Rn. 91. **8**

Endet eine Kennzeichenstreitsache mit einem Anerkenntnisurteil und wird dann eine **Beschwerde gegen den Kostenfestsetzungsbeschluss** nach § 99 Abs. 2 ZPO, § 93 ZPO eingelegt, ist dieses Beschwerdeverfahren keine Kennzeichenstreitsache (OLG Zweibrücken GRUR-RR 2009, 327 – Patentanwaltskosten im Kennzeichenstreit). **9**

Bei Streitigkeiten vor deutschen Gerichten über **ausländische Marken** ist § 140 Abs. 1 entsprechend anzuwenden (OLG Düsseldorf GRUR Int 1968, 100; OLG Frankfurt GRUR 1983, 435, beide zu einem ausländischen Patent). Dafür spricht die Ähnlichkeit der in diesen Prozessen typischerweise angesprochenen Probleme mit denjenigen Problemen, die in Prozessen über deutsche Marken zu lösen sind. **10**

Auch praktische Gesichtspunkte rechtfertigen die Analogie: Nur bei den Kennzeichenstreitgerichten ist Literatur zu ausländischen Markenrechten (zB die GRUR Int, ferner Bücher wie HK-MarkenR und Lange IntMarkenR/KennzeichenR mit Länderberichten) vorhanden. **10.1**

B. Zuständige Gerichte

I. Sachliche Zuständigkeit

11   Angesichts der speziellen Materie weist der Gesetzgeber nach § 140 Abs. 1 die Kennzeichenstreitsachen immer den **Landgerichten** zu, auch bei geringen Streitwerten, bei denen sonst nach § 23 GVG die Amtsgerichte zuständig sind. Nach dem Gesetzeswortlaut handelt es sich bei der Zuständigkeit der Landgerichte um eine **ausschließliche Zuständigkeit.**

12   Die Zuständigkeit eines **Amtsgerichts** kann auch nicht durch eine Gerichtsstandsvereinbarung begründet werden; eine solche Vereinbarung ist nach § 40 Abs. 2 S. 1 Nr. 2 ZPO unzulässig. Ferner kann durch rügeloses Verhandeln zur Hauptsache vor dem Amtsgericht dessen Zuständigkeit nicht begründet werden (§ 40 Abs. 2 S. 2 ZPO).

13   Kennzeichenstreitsachen sind nach § 95 Abs. 1 Nr. 4 lit. c GVG **Handelssachen.** Stellt der Kläger gemäß § 96 Abs. 1 GVG in der Klageschrift oder der Beklagte gemäß § 98 Abs. 1 GVG vor der Verhandlung zur Sache (§ 101 GVG) einen entsprechenden Antrag, ist der Rechtsstreit daher vor der Kammer für Handelssachen zu verhandeln.

13.1   Ob ein solcher Verweisungsantrag sinnvoll ist, hängt vom Geschäftsverteilungsplan des jeweiligen Landgerichts ab. Oft sind Kennzeichenstreitsachen nur einer Zivilkammer, aber mehreren Kammern für Handelssachen zugewiesen, so dass die Richter der betreffenden Zivilkammer in dieser Materie mehr Erfahrung haben.

13.2   Besteht am LG eine für Kennzeichenstreitsachen zuständige Kammer, entscheidet nach § 348 Abs. 1 Nr. 2 lit. k ZPO die Kammer und nicht ein Kammermitglied als originärer Einzelrichter. Wenn die Sache keine besonderen Schwierigkeiten aufweist, kann die Kammer sie jedoch nach § 348a ZPO einem Einzelrichter übertragen. Ist die Sache dagegen bei einer Kammer für Handelssachen anhängig, ist eine Übertragung auf einen Einzelrichter nicht möglich (§ 349 Abs. 4 ZPO).

14   § 140 Abs. 1 fordert nicht ausdrücklich, dass innerhalb des Landgerichts eine **Kammer speziell für Kennzeichenstreitsachen** zuständig sein soll. Dieses Erfordernis ergibt sich aber aus dem Sinn und Zweck der Zuweisung dieser Streitigkeiten an bestimmte Gerichte und wurde in der Praxis auch so umgesetzt. Sollte im Einzelfall eine Kennzeichenstreitigkeit zu Unrecht vor einer anderen Kammer verhandelt werden, will der BGH (BGH GRUR 1962, 305 (306) – Federspannvorrichtung) den Parteien kein Recht auf eine Verweisung an die für Kennzeichenstreitsachen zuständige Kammer einräumen, da es eine reine Angelegenheit der inneren Geschäftsverteilung sei, welche Kammer innerhalb des mit dieser Sonderaufgabe betrauten Landgerichts Kennzeichenstreitsachen bearbeitet. Diese Argumentation verkennt, dass in dem vom BGH entschiedenen Fall nach dem Geschäftsverteilungsplan eine andere als die tatsächlich mit der Angelegenheit befasste Kammer zuständig war. Die Parteien konnten sich also auf die Entziehung ihres gesetzlichen Richters berufen (§ 547 Nr. 1 ZPO, § 579 Abs. 1 Nr. 1 ZPO).

14.1   Allerdings ist zu beachten, dass in diesen Fällen eine **Verfassungsbeschwerde** im Regelfall nicht erfolgreich sein wird. Nach der Rechtsprechung (BVerfG NJW 1965, 1323) wird das in Art. 101 Abs. 1 S. 2 GG garantierte Recht auf den gesetzlichen Richter nur verletzt, wenn eine Maßnahme willkürlich ist, nicht aber, wenn sie lediglich auf einem Rechtsirrtum beruht.

15   § 140 Abs. 1 begründet die Zuständigkeit staatlicher Gerichte nicht, sondern setzt sie voraus. Nach § 1030 Abs. 1 ZPO können vermögensrechtliche Ansprüche Gegenstand einer **Schiedsvereinbarung** sein (zu Schiedsverfahren im gewerblichen Rechtsschutz vgl. Gruber Mitt 2010, 210). Besteht eine wirksame Schiedsvereinbarung, wird die ausschließliche Zuständigkeit des Schiedsgerichts (dazu § 1032 ZPO) durch § 140 Abs. 1 daher nicht verdrängt.

II. Örtliche Zuständigkeit – Grundsätzliches

16   Regelungen zur örtlichen Zuständigkeit enthält das MarkenG nur in § 96 Abs. 2 (iVm § 23 ZPO) für den Fall, dass ein Inlandsvertreter bestellt wurde, und mittelbar in § 140 Abs. 2, der die Zuständigkeitsübertragung durch eine Landesregierung auf **bestimmte Landgerichte** ermöglicht. Diese Zuständigkeitsübertragung setzt jedoch voraus, dass ein Landgericht des betreffenden Bundeslandes nach den allgemeinen Regelungen der **ZPO** überhaupt zuständig ist.

16.1   Für den **Instanzenzug** in Kennzeichenstreitsachen enthält das MarkenG keine besonderen Bestimmungen. Für die Berufung gegen ein Urteil eines für Kennzeichenstreitsachen zuständigen LG ist daher das diesem allgemein übergeordnete OLG zuständig.

Grundsätzlich ist das Gericht zuständig, bei dem der **Beklagte** seinen **allgemeinen Gerichts-** 17
stand hat **(§ 12 ZPO).** Der allgemeine Gerichtsstand einer natürlichen Person wird durch den
Wohnsitz bestimmt (§ 13 ZPO), der einer juristischen Person durch ihren Sitz (§ 17 ZPO). Hat
jemand zum Betrieb einer Fabrik, einer Handlung oder eines anderen Gewerbes eine Niederlassung, von der aus unmittelbar Geschäfte geschlossen werden, so können gegen ihn alle Klagen,
die auf den Geschäftsbetrieb der Niederlassung Bezug haben, bei dem Gericht des Ortes erhoben
werden, wo sich die Niederlassung befindet (§ 21 Abs. 1 ZPO).

Hat jemand im Inland keinen Wohnsitz, kommt der besondere Gerichtsstand des **Vermögens** 18
(§ 23 ZPO) in Betracht. § 23 ZPO wird bei Kennzeichenstreitsachen durch § 96 Abs. 2 (→ § 96
Rn. 23 ff.) ergänzt.

Eingetragene Marken stellen einen Vermögenswert dar, der am Ort der Eintragung belegen ist (LG **18.1**
München I GRUR 1959, 156 – LACO). Damit ist dann, wenn dem Beklagten eine beim DPMA eingetra-
gene Marke gehört, auch für Rechtsstreitigkeiten über andere, nicht eingetragene Marken das LG München
I nach § 23 ZPO zuständig.

Ferner kommt der besondere Gerichtsstand der **unerlaubten Handlung** nach **§ 32 ZPO** in 19
Betracht. Danach ist für Klagen aus unerlaubten Handlungen das Gericht zuständig, in dessen
Bezirk die Handlung begangen wurde. In den Anwendungsbereich des § 32 ZPO fallen auch die
aus der Verletzung eines Markenrechts resultierenden Ansprüche (BGH GRUR 1994, 530 (531) –
Beta). Begehungsort ist jeder Ort, an dem eines der Tatbestandsmerkmale verwirklicht wurde.
Das kann sowohl der Ort sein, an dem die Verletzungshandlung begangen wurde, als auch der
Ort, an dem der Erfolg eintrat (BGH GRUR 2007, 884 Rn. 23 – Cambridge Institute).

Bei Verletzung einer deutschen Marke durch einen **Internetauftritt** kann der Kläger daher unter den **19.1**
für Kennzeichenstreitsachen zuständigen deutschen Landgerichten ein Landgericht auswählen (LG Hamburg BeckRS 2015, 20053; GRUR-RS 2020, 47953).

Bei einer Markenrechtsverletzung auf einer **internationalen Leitmesse** in Deutschland liegt der Bege- **19.2**
hungsort der Markenrechtsverletzung nicht zwingend in Deutschland. Der als Verletzer in Anspruch
Genommene ist ggf. dafür darlegungs- und beweispflichtig, dass er seine Produkte nur außerhalb Deutschlands vertreibt (LG Düsseldorf BeckRS 2015, 05511; dazu Hahn/Breuer GRUR-Prax 2015, 187).

Auch bei Wettbewerbsbehinderung eines deutschen Unternehmens auf einem **Auslandsmarkt** durch **19.3**
missbräuchliches Ausnutzen einer Marke durch ein anderes deutsches Unternehmen ist die Zuständigkeit
deutscher Gerichte nach § 32 ZPO gegeben (OLG Hamm NJW-RR 1986, 1047 (1048)).

Bei mehreren möglichen Gerichtsständen hat der **Kläger die Wahl** (§ 35 ZPO). 20

Der wahlberechtigte Kläger kann die Klage bei dem Gericht anhängig machen, das ihm am besten **20.1**
geeignet erscheint, unabhängig von der Frage, welcher Gerichtsstand die **geringsten Kosten** verursacht.
Die Zweckmäßigkeit der Gerichtswahl ist im Kostenfestsetzungsverfahren nicht zu überprüfen, wohl aber
Rechtsmissbrauch (Albrecht/Hoffmann Vergütung Rn. 1468).

Für Anträge auf eine **einstweilige Verfügung** (→ Rn. 31) ist, sofern bereits ein Verletzungs- 21
prozess anhängig ist, das Gericht der Hauptsache örtlich zuständig (§ 937 Abs. 1 ZPO, § 943
Abs. 2 ZPO).

Ob dies auch bei einer anhängigen negativen Feststellungsklage gilt, ist umstritten. Die hM verneint **21.1**
dies zutreffend, vgl. BGH GRUR 1994, 846 (848) – Parallelverfahren II.

Weist der Sachverhalt einen **Auslandsbezug** auf, stellt sich zudem die Frage, ob die deutschen 22
Gerichte international überhaupt zuständig sind (→ Rn. 114 ff.).

III. Örtliche Zuständigkeit – Konzentrationsermächtigung

§ 140 Abs. 2 S. 1 enthält eine **Konzentrationsermächtigung,** von der mittlerweile alle 23
Bundesländer Gebrauch gemacht haben, in denen sich die Frage nach einer Konzentration gestellt
hat. Grund für die Konzentration der Prozesse bei einem Gericht ist, dass Kennzeichenstreitsachen
schwierige Probleme aufwerfen können und es daher besonders sachkundiger Richter bedarf,
um diese Probleme gut zu lösen. Die Landesregierungen können diese Ermächtigung auf die
Landesjustizverwaltungen übertragen (§ 140 Abs. 2 S. 2). Folgende **Landgerichte** haben auf
Grund von Rechtsverordnungen die Zuständigkeit für Kennzeichenstreitsachen zugewiesen
bekommen:
- **Baden-Württemberg:** für die Landgerichte des OLG-Bezirks Karlsruhe das LG Mannheim,
  für die Landgerichte des OLG-Bezirks Stuttgart das LG Stuttgart (§ 13 Abs. 1 ZuVOJu vom
  20.11.1998, GBl. 680, zuletzt geändert durch VO vom 29.11.2022, GBl. 645);

- **Bayern:** für die Landgerichte des OLG-Bezirks München das LG München I, für die Landgerichte der OLG-Bezirke Nürnberg und Bamberg das LG Nürnberg-Fürth (§ 43 GZVJu vom 11.6.2012, GVBl. 295, zuletzt geändert durch VO vom 13.12.2022, GVBl. 727);
- **Hessen:** LG Frankfurt a.M. (§ 40 JuZuV vom 3.6.2013, GVBl. 386, zuletzt geändert durch VO vom 14.12.2022, GVBl. 782);
- **Mecklenburg-Vorpommern:** LG Rostock (§ 4 Abs. 1 Nr. 3 KonzVO M-V vom 16.1.2008, GVOBl. 18, zuletzt geändert durch VO vom 22.2.2018, GVOBl. 59);
- **Niedersachsen:** LG Braunschweig (§ 5 ZustVO-Justiz vom 18.12.2009, GVBl. 506, zuletzt geändert durch VO vom 20.12.2022, GVBl. 758);
- **Nordrhein-Westfalen:** für die Landgerichte des OLG-Bezirks Düsseldorf das LG Düsseldorf, für die Landgerichtsbezirke Bielefeld, Detmold, Münster und Paderborn das LG Bielefeld, für die Landgerichtsbezirke Arnsberg, Bochum, Dortmund, Essen, Hagen und Siegen das LG Bochum, für die Landgerichte des OLG-Bezirks Köln das LG Köln (§ 1 VO vom 30.8.2011, GV 468, zuletzt geändert durch VO vom 25.3.2014, GV 249);
- **Rheinland-Pfalz:** für die Landgerichte des OLG-Bezirks Zweibrücken das LG Frankenthal (Pfalz), für die Landgerichte des OLG-Bezirks Koblenz das LG Koblenz (§ 8 VO v. 22.11.1985, GVBl. 267, zuletzt geändert durch VO vom 27.11.2019, GVBl. 345);
- **Sachsen:** LG Leipzig (§ 14 SächsJOrgVO vom 7.3.2016, GVBl. 103, zuletzt geändert durch VO vom 24.10.2022, GVBl. 542);
- **Sachsen-Anhalt:** LG Magdeburg (§ 6 LSAZivGerZustVO vom 1.9.1992, GVBl. 664, zuletzt geändert durch VO vom 12.2.2021, GVBl. 57);
- **Schleswig-Holstein:** LG Kiel (§ 23 Abs. 2 JZVO vom 15.11.2019, GVOBl. 546, zuletzt geändert durch Gesetz vom 29.7.2022, GVOBl. 771);
- **Thüringen:** LG Erfurt (§ 5 GerZustVO vom 17.11.2011, GVBl. 511, zuletzt geändert durch VO vom 6.12.2019, GVBl. 562).

24 Keine Rechtsverordnung, sondern ein Gesetz regelt die Zuständigkeit in **Brandenburg,** da für Brandenburg ein Gericht in einem anderen Bundesland, nämlich das LG Berlin zuständig ist, vgl. § 1 Gesetz zu dem Staatsvertrag zwischen dem Land Berlin und dem Land Brandenburg vom 20.11.1995 über die Zuständigkeit des Landgerichts Berlin für Rechtsstreitigkeiten über technische Schutzrechte (GVBl. I 288 idF des Gesetzes vom 20.4.2006, GVBl. I 54). Der Titel des Staatsvertrags ist irreführend, da er nicht nur technische Schutzrechte, sondern auch Kennzeichenstreitsachen betrifft (vgl. Art. 1 Staatsvertrag). Eine solche länderübergreifende Zuständigkeitsübertragung sieht § 140 Abs. 2 S. 3 ausdrücklich vor.

24.1 Die Zuständigkeitszuweisung in § 140 Abs. 2 stimmt in allen Bundesländern – außer in NRW – mit der Zuständigkeitszuweisung für **Unionsmarkenstreitsachen** in § 122 überein. In **NRW** besteht die Besonderheit, dass für Unionsmarkenstreitsachen nur das LG Düsseldorf zuständig ist. Stützt ein Kläger einen Anspruch sowohl auf eine Unionsmarke als auch auf eine identische nationale Marke, muss er ggf. vor zwei verschiedenen Landgerichten Klage erheben. Der Vorschlag, vor dem für die nationale Marke zuständigen LG Klage zu erheben und dann einen Antrag zu stellen, den Rechtsstreit insgesamt an das für die Unionsmarkenstreitsache zuständige LG Düsseldorf zu verweisen (so Strauss GRUR 2011, 401 (403)), ist deswegen nicht überzeugend, weil ein solcher Verweisungsbeschluss mit der Regelung des § 140 nicht vereinbar wäre (zur Problematik der Verweisung in diesen Fällen OLG Köln GRUR 2002, 104; OLG Hamm BeckRS 2016, 12036 – in beiden Fällen lag kein wirksamer Verweisungsantrag vor).

24.2 Bei Klagen vor **Gerichten verschiedener Mitgliedstaaten** wegen Verletzung sowohl einer Unionsmarke als auch einer identischen nationalen Marke enthält **Art. 136 UMV** eine Regelung. Es erscheint sinnvoll, den Rechtsgedanken des Art. 136 Abs. 1 UMV analog auf die Fälle einer im nationalen Rahmen geteilten Zuständigkeit für nationale Marken einerseits und für Unionsmarken andererseits anzuwenden. Dann müsste das später angerufene Gericht das Verfahren aussetzen, bis das zuerst angerufene Gericht entschieden hat. Die Analogie ist aber nur hinsichtlich Art. 136 Abs. 1 UMV möglich; Art. 136 Abs. 2 und 3 UMV sind nicht analog auf solche Fälle anzuwenden (→ UMV Art. 136 Rn. 19).

25 Keine spezielle Regelung gibt es in **Berlin,** in **Bremen,** in **Hamburg** und im **Saarland,** da es dort jeweils nur ein Landgericht gibt (LG Berlin, LG Bremen, LG Hamburg und LG Saarbrücken) und die Zuständigkeit für Kennzeichenstreitsachen nicht auf ein Gericht eines anderen Bundeslandes übertragen wurde.

26 Auch wenn nur in § 140 Abs. 1 ausdrücklich von einer **„ausschließlichen Zuständigkeit"** gesprochen wird, ist auch die örtliche Zuständigkeit nach § 140 Abs. 2 eine ausschließliche (aA OLG Dresden GRUR 1998, 69, das sich auf eine Literaturstimme zum WZG stützt; dagegen zu Recht Fezer NJW 1997, 2915 (2916)). Dies ergibt sich aus dem Sinn und Zweck der Norm, mit der eine Zuweisung der Kennzeichenstreitsachen an spezialisierte Gerichte erreicht werden soll.

Die Regelung der ausschließlichen Zuständigkeit nach § 140 Abs. 2 bezieht sich nach dem Sinn und **26.1** Zweck der Norm immer **nur auf das betreffende Bundesland.** Sie verbietet den Parteien nicht, nach § 38 Abs. 1 ZPO eine Gerichtsstandsvereinbarung zu treffen, dass ein für Kennzeichenstreitsachen zuständiges LG eines anderen Bundeslandes für ihren Rechtsstreit zuständig sein soll.

Geht es in einem Rechtsstreit neben Ansprüchen nach dem MarkenG zugleich auch um **27** Ansprüche nach einem anderen Gesetz, kann die Regelung zur örtlichen Zuständigkeit nach § 140 Abs. 2 in Konkurrenz zur Regelung der ausschließlichen örtlichen Zuständigkeit nach einem anderen Gesetz stehen. Bezüglich des Gerichtsstands für Ansprüche nach dem **UWG** enthält § 141 für diesen Fall eine Kollisionsregel. Bei **kartellrechtlichen** Rechtsstreitigkeiten verdrängt die Zuständigkeitsregelung in §§ 87, 89 GWG wegen des in § 88 GWG enthaltenen Rechtsgedankens die Zuständigkeitsregelung des § 140 (BGH GRUR 1960, 350 (351) – Malzflocken, m. krit. Anm. Axster; GRUR 1968, 218 (219) – Kugelschreiber); damit entscheidet in diesen Fällen das für kartellrechtliche Streitigkeiten zuständige Gericht auch über Kennzeichenstreitsachen.

Insoweit einschränkend das LG Braunschweig: Es bestehe zwar ein grundsätzlicher Vorrang des Kartell- **27.1** gerichts. Wenn der kennzeichenrechtliche Teil des Rechtsstreits aber größer sei als der kartellrechtliche Teil, sei das Kennzeichengericht zuständig (LG Braunschweig BeckRS 2013, 15286 Rn. 7a). Dem ist – auch wenn damit ein etwas schwammiges Abgrenzungskriterium zu Grunde gelegt wird – zuzustimmen: Man würde dem Rechtsuchenden keinen guten Dienst erweisen, wenn man ihm den Richter, auf dessen spezielle kennzeichenrechtlichen Sachkenntnis er sich verlassen kann, entziehen würde (so bereits Axster GRUR 1960, 352 (353)).

IV. Klageerhebung vor einem unzuständigen Gericht

Wird ein Amtsgericht oder ein örtlich unzuständiges Landgericht angerufen, ist die Klage als **28** unzulässig **abzuweisen.** Das Gericht muss jedoch vorher den Kläger gemäß § 139 Abs. 2 ZPO auf die Unzuständigkeit des Gerichts **hinweisen.** Der Kläger kann dann beantragen, dass der Rechtsstreit nach § 281 Abs. 1 ZPO an das zuständige Landgericht verwiesen wird.

Im Falle einer Verweisung muss der Kläger die im Verfahren vor dem angegangenen Gericht entstande- **28.1** nen **Kosten** nach § 281 Abs. 3 S. 2 ZPO auch dann tragen, wenn er in der Hauptsache obsiegt.

Entscheidet ein Amtsgericht oder örtlich unzuständiges Landgericht und wird die **Berufung** **29** ausschließlich auf die mangelnde Zuständigkeit des erstinstanzlichen Gerichts gestützt, liegt keine hinreichende Berufungsbegründung vor und die Berufung ist auf Grund von § 513 Abs. 2 ZPO **unzulässig** (BGH NJW-RR 2005, 501).

Irreführend OLG Karlsruhe (GRUR 1997, 359 unter I.), das dieses Ergebnis auf § 529 Abs. 2 ZPO **29.1** stützt und damit unterstellt, dass im Falle einer Rüge der Unzuständigkeit in der Berufungsbegründung eine Prüfung der Zuständigkeit durch das OLG zulässig wäre. Der Berufungsausschluss des § 513 Abs. 2 ZPO greift allerdings nicht, wenn ein erstinstanzliches Gericht seine Zuständigkeit verneint. In diesem Fall prüft das Berufungsgericht die Zuständigkeit.

Auch die **Revision** kann nach § 545 Abs. 2 ZPO nicht auf eine mangelnde Zuständigkeit **30** gestützt werden (BGH NJW-RR 2006, 930 (931)). Selbst dann, wenn ein Berufungsgericht die örtliche Zuständigkeit des angerufenen Gerichts verneint und deswegen die Revision zugelassen hat, ist wegen § 545 Abs. 2 ZPO eine Prüfung der Zuständigkeit durch den BGH ausgeschlossen (BGH GRUR 2001, 368; BeckRS 2016, 20396).

Dagegen ist die **internationale Zuständigkeit** Prozessvoraussetzung und daher im Revisionsverfahren **30.1** von Amts wegen zu prüfen (BGH GRUR 2012, 621 Rn. 17 – OSCAR; NJW 2017, 827 Rn. 15).

C. Einstweilige Verfügungen, Dringlichkeitsvermutung und Abschlussschreiben

I. Überblick

§ 140 Abs. 3, der durch das MaMoG eingefügt wurde, entspricht § 12 Abs. 1 UWG (§ 12 **31** Abs. 2 UWG aF). Danach können einstweilige Verfügungen auch ohne die Darlegung und Glaubhaftmachung der in den §§ 935 und 940 ZPO bezeichneten Voraussetzungen erlassen werden.

Laut der Gesetzesbegründung (BT-Drs. 19/4879, 6) soll mit dieser Regelung eine einheitliche Rechts- **31.1** praxis geschaffen werden (zur zuvor bestehenden Rechtslage Meinhardt GRUR-Prax 2015, 27). Die Einbeziehung in das MaMoG ist systematisch nicht überzeugend, denn dieses dient der Umsetzung der

31.2   RL (EU) 2015/2436, welche diese Frage gar nicht behandelt; das Problem wird dagegen in Art. 9 Abs. 3 Enforcement-RL vom 29.4.2004 geregelt.

31.2   § 140 Abs. 3 bezieht sich nur auf Unterlassungsansprüche (§ 14 Abs. 5, § 15 Abs. 2, § 17 Abs. 2 S. 1, § 128 Abs. 1, § 135 Abs. 1); Herausgabeansprüche nach § 19a Abs. 3 (→ § 19a Rn. 18) werden daher nicht erfasst.

31.3   Eine analoge Anwendung auf **Unterlassungsansprüche nach bürgerlichem Recht** (§ 823 Abs. 1 BGB, § 1004 Abs. 1 BGB) ist nach dem Willen des Gesetzgebers nicht möglich, da § 140 Abs. 3 nur von der Sicherung der „in diesem Gesetz bezeichneten Ansprüche auf Unterlassung" spricht (OLG Düsseldorf GRUR-RR 2021, 443 (445)).

31.4   Die Dringlichkeitsvermutung greift nach dem Wortlaut des § 140 Abs. 3 nicht nur bei eingetragenen Marken, sondern auch für die nach § 4 Nr. 2, § 4 Nr. 3 geschützten Kennzeichen (Schacht GRUR-Prax 2020, 120 (121)).

31.5   Diese Vorschrift findet auch bei einer Verletzung von **Unionsmarken** Anwendung. Zwar wird § 140 Abs. 3 in § 122 Abs. 5 nicht erwähnt. Die Anwendbarkeit ergibt sich aber aus Art. 129 Abs. 3 UMV (LG Düsseldorf BeckRS 2019, 30125 Rn. 8; OLG Hamburg GRUR-RS 2022, 30473 Rn. 68).

31.6   Da nach § 140 Abs. 3 eine Dringlichkeitsvermutung besteht, ist die frühere Rechtsprechung, dass die **Erfolgsaussichten** eines anhängigen **Löschungsverfahrens** gegen die Verfügungsmarke bei der Prüfung der Dringlichkeit zu berücksichtigen sind (so zB OLG Düsseldorf GRUR-RR 2012, 146), überholt (das übersieht Cepl/Voß/Voß ZPO § 940 Rn. 161).

II. Widerlegung der Dringlichkeitsvermutung

32   Die Dringlichkeitsvermutung kann durch das Verhalten des Antragstellers **widerlegt werden.** Sie wird insbesondere dann widerlegt, wenn der Antragsteller mit der Rechtsverfolgung zu lange wartet oder wenn er das Verfahren **nicht zügig betreibt** (BGH GRUR 2000, 151). Sie ist daher widerlegt, wenn der Antragsteller gegen eine bestimmte Verletzungshandlung nicht vorgegangen ist, obwohl er positive Kenntnis von Tatsachen hatte, welche die Markenverletzung begründen, oder sich bewusst dieser Kenntnis verschlossen hat.

32.1   Dies gilt grundsätzlich auch dann, wenn später die gleiche Verletzungshandlung durch **einen anderen Verletzer** begangen wird (OLG Frankfurt GRUR-RR 2020, 368).

32.2   Im Regelfall sind **Fristverlängerungs- oder Terminverlegungsanträge** als dringlichkeitsschädlich anzusehen, wenn sie vom ungesicherten Antragsteller gestellt werden. Ein Verfügungsgrund ist selbst dann zu verneinen, wenn das Gericht einen derartigen Antrag ablehnt (OLG München GRUR-RR 2022, 152).

32.3   Die **Frist zur Berufungseinlegung** und zur Berufungsbegründung darf der Antragsteller allerdings voll ausschöpfen (OLG München GRUR 1992, 328).

33   Auch wenn ein Markeninhaber gegen die Anmeldung und Eintragung einer identischen Marke durch einen Dritten nicht vorgegangen ist, kann er – sobald die Marke durch den Dritten **dann tatsächlich benutzt wird** – im Wege der einstweiligen Verfügung dagegen vorgehen (OLG Hamburg GRUR-RR 2002, 345 (346)).

34   Ein Zeitraum von **sechs Wochen** stellt einen groben Zeitrahmen dar, innerhalb dessen der Markeninhaber gegen eine Markenverletzung vorzugehen hat (OLG Frankfurt GRUR-RR 2020, 368).

34.1   Die OLG legen **unterschiedliche Zeiträume** als Richtwert zugrunde. Die Spanne reicht von einem Monat (OLG München GRUR-RR 2016, 499 Rn. 77) bis zu zwei Monaten (OLG Düsseldorf GRUR-RR 2011, 315 (316) zum UWG).

34.2   Bei einer **Überschreitung des Richtwerts** für ein dringlichkeitsschädliches Zuwarten hat der Verfügungskläger besondere Umstände darzulegen und ggf. glaubhaft zu machen, die ihn an der Einhaltung der Frist gehindert haben (OLG Stuttgart ZUM-RD 2009, 455 (456)).

35   Die Dringlichkeitsfrist **beginnt zu laufen,** sobald positive Kenntnis von der drohenden oder bereits erfolgten Markenrechtsverletzung und der Person des Verletzers erlangt wird (OLG Frankfurt GRUR-RR 2020, 102 Rn. 12). Auf die Kenntnis unwesentlicher Details kommt es allerdings nicht an (OLG Frankfurt GRUR-RR 2020, 134 Rn. 22 – Skylines). Der positiven Kenntnis ist die grob fahrlässige Unkenntnis gleichzusetzen (OLG Stuttgart GRUR-RR 2014, 251).

35.1   Abzustellen ist auf die Kenntnis des für die Verfolgung von Markenrechtsverletzungen **zuständigen Sachbearbeiters** (OLG Köln GRUR-RR 292 (293)). Diesem gleichzustellen sind Personen, die in der Lage sind, die rechtliche Relevanz einer entsprechenden Information zu erkennen und die den zuständigen Entscheidungsträger informieren können (OLG Köln BeckRS 2014, 15437).

Die Dringlichkeitsvermutung **entfällt,** wenn der Antragsteller von der erwirkten einstweiligen **36** Verfügung nicht zeitnah Gebrauch macht. Der Antragsgegner kann dann ihre Aufhebung durchsetzen (OLG Köln GRUR-RR 2018, 95 Rn. 24).

Die Dringlichkeit entfällt nicht, wenn der auf Unterlassung in Anspruch Genommene **ernsthaft 36.1 erklärt,** dass er die fragliche **Handlung künftig unterlassen werde.** Zwar vertraten bayerische Oberlandesgerichte (zB OLG Nürnberg GRUR-RR 2019, 64 – CurryWoschdHaus) eine andere Auffassung. Mit der Schaffung des § 140 Abs. 3 sollte die Rechtsprechung aber vereinheitlicht werden (BT-Drs. 19/4879, 2). Daher kann diese Rechtsprechung nicht mehr aufrechterhalten werden (so OLG Düsseldorf GRUR-RR 2021, 443 Rn. 30; wobei der Gesetzgeber allerdings nicht gesagt hat, dass sich die bayerischen Gerichte den Gerichten in NRW anschließen müssen, denn eine einheitliche Rechtspraxis würde auch erreicht, wenn die Gerichte in NRW die Kriterien aus Bayern übernehmen).

Ferner ist die **Vollziehungsfrist** von einem Monat nach Zustellung zu beachten; danach ist **37** eine Vollstreckung der einstweiligen Verfügung nicht mehr statthaft (§ 929 Abs. 2 S. 1 ZPO).

III. Verfahrensfragen

Der Antrag kann durch eine **Partei selbst** gestellt werden; Anwaltszwang besteht nicht (§ 936 **38** ZPO, § 920 Abs. 3 ZPO, § 78 Abs. 3 ZPO).

Der Antrag kann auch nach der mündlichen Verhandlung noch ohne Zustimmung des Antragsgegners **38.1 zurückgenommen** werden.

Zuständig ist nach § 937 Abs. 1 ZPO, § 943 Abs. 2 ZPO das **Gericht der Hauptsache** (→ **39** Rn. 21).

Die einstweilige Verfügung wird als Beschluss oder nach Anberaumung eines Termins zur mündlichen **39.1** Verhandlung als Urteil erlassen. Das Gericht hat nach pflichtgemäßem Ermessen zu entscheiden, ob eine **mündliche Verhandlung** notwendig ist. Gegen eine als Beschluss erlassene einstweilige Verfügung kann Widerspruch eingelegt werden (§ 936 ZPO, § 924 Abs. 1 ZPO).

Zur internationalen Zuständigkeit → Rn. 122.1. **39.2**

Zum **Streitwert** bei einstweiligen Verfügungen → § 142 Rn. 11; zum Antrag auf Streitwertbegünsti- **39.3** gung bei diesen Verfahren → § 142 Rn. 15.2.

Die **Gegenseite** muss vor Erlass einer einstweiligen Verfügung **gehört werden** (BVerfG **40** GRUR 2022, 429).

In besonderen Verfahrenslagen des einstweiligen Rechtsschutzes ist zwar eine vorherige Anhörung **40.1** verzichtbar, wenn sie den Zweck des Verfahrens vereiteln würde (BVerfG NJW 2018, 3631 (3632 Rn. 15)). Es ist aber nicht ersichtlich, dass bei einem Unterlassungsanspruch nach dem MarkenG diese Voraussetzung gegeben sein könnte.

Auch wenn die Norm auf einer Richtlinie beruht, ist in Verfahren des einstweiligen Rechts- **41** schutzes auf eine **Vorlage an den EuGH** nach Art. 267 AEUV zu verzichten (EuGH NJW 1977, 1585).

Eine **Revision** an den BGH ist bei einer einstweiligen Verfügung nach § 542 Abs. 2 S. 1 ZPO ausge- **41.1** schlossen.

Das Gericht bestimmt nach § 938 Abs. 1 ZPO nach **freiem Ermessen,** welche Anordnungen **42** zur Erreichung des von dem Antragsteller verfolgten Zwecks erforderlich sind. Es muss sich dabei aber im Rahmen des vom Antragsteller formulierten Antrags halten.

Die Zustellung eines Antrags auf Erlass einer einstweiligen Verfügung führt zu einer **Hemmung 43 der Verjährung** (§ 204 Abs. 1 Nr. 9 BGB).

Eine einstweilige Verfügung kann wegen **veränderter Umstände** aufgehoben werden (§ 927 **44** ZPO).

Erweist sich die einstweilige Verfügung als von Anfang an ungerechtfertigt, so muss der Antrag- **45** steller dem Antragsgegner nach § 945 ZPO den **Schaden ersetzen,** der ihm aus der Vollziehung der angeordneten Maßnahme entstanden ist.

IV. Abschlussschreiben

Die Parteien können vereinbaren, dass die einstweilige Verfügung als endgültige Regelung **46** behandelt wird. Die Aufforderung des Verfügungsklägers an den Verfügungsbeklagten, eine entsprechende Erklärung **(Abschlusserklärung)** abzugeben, wird **„Abschlussschreiben"** genannt.

46.1   Das Abschlussschreiben ist eine **Schöpfung der Rechtspraxis,** die bislang gesetzlich nicht geregelt wurde, da die Rechtsprechung die Probleme mit den bestehenden Rechtsinstituten lösen konnte. Zu den dogmatischen Fragen s. Berger GRUR 2020, 1165.

46.2   Für eine außergerichtliche Beendigung spricht, dass die relevanten Fragen im Regelfall schon im Verfügungsverfahren behandelt wurden und die tatsächliche Sachverhaltsaufklärung bei Kennzeichenstreitigkeiten meist unproblematisch ist: Die Schutzrechtslage ergibt sich bei eingetragenen Marken aus dem Register und die Verletzungshandlung lässt sich durch die Vorlage von Produktfotos und Internetausdrucken dokumentieren (Meinhardt GRUR-Prax 2015, 27 (28)).

47   Der Kläger darf nicht sofort nach Vorliegen der einstweiligen Verfügung ein Abschlussschreiben versenden. Er muss eine **Wartefrist** einhalten; diese muss **mindestens zwei Wochen** betragen (BGH GRUR 2015, 822; 2017, 1160).

47.1   Diese Frist gilt unabhängig davon, ob die einstweilige Verfügung durch Beschluss oder Urteil erlassen wurde (BGH GRUR 2017, 1160 – BretarisGenuair).

48   Der BGH unterscheidet zwischen der (zweiwöchigen) **Wartefrist,** die dem Beklagten zusteht, um gegebenenfalls unaufgefordert eine Abschlusserklärung abzugeben, und der (nach Ablauf der Wartefrist relevanten) **Erklärungsfrist,** während der ein Beklagter prüfen kann, ob er eine Abschlusserklärung abgibt. Eine Erklärungsfrist ist dann zu gewähren, wenn der Beklagte vor Ablauf der Wartefrist **mitteilt, dass er prüft,** ob ein Hauptsacheverfahren durchgeführt werden soll (BGH GRUR 2015, 822 Rn. 17). In diesem Fall muss dem Beklagten insgesamt ein der Berufungsfrist nach § 517 ZPO entsprechender Zeitraum von einem Monat zur Verfügung stehen, um zu entscheiden, ob er den Unterlassungsanspruch endgültig anerkennen will (OLG München GRUR-RS 2020, 26444).

49   Eine **zu kurz bemessene Frist** setzt eine angemessene Frist in Gang (BGH GRUR 2015, 822 – Kosten für Abschlussschreiben II).

50   Für die **Erstattung der Kosten** des Abschlussschreibens gelten die **Grundsätze der Geschäftsführung ohne Auftrag** (§§ 670, 677, 683 BGB). Voraussetzung für die Kostenerstattung ist daher, dass die Versendung des Abschlussschreibens **erforderlich** war und dem **mutmaßlichen Willen des Beklagten** entsprach. Dem mutmaßlichen Willen des Beklagten entspricht es im Regelfall, da es ihm zeigt, wie er weitere Prozesskosten vermeiden kann. Dies gilt auch dann, wenn er anwaltlich vertreten ist, weil nicht sicher ist, dass sein Anwalt von sich aus die Sinnhaftigkeit der Abgabe einer Abschlusserklärung prüft. Eine Kostenerstattungspflicht besteht aber nicht, wenn der Kläger dem Beklagten nicht **ausreichend Gelegenheit** gab, **von sich aus** eine Abschlusserklärung abzugeben (BGH GRUR 2015, 822 – Kosten für Abschlussschreiben II); hier fehlt es an der Erforderlichkeit.

50.1   Da ein Anspruch aus GoA greift, besteht keine Regelungslücke; einer analogen Anwendung des **§ 13 Abs. 3 UWG** bedarf es daher nicht (BGH GRUR 2015, 822 Rn. 14 – Kosten für Abschlussschreiben II). Neben der GoA ist die spezialgesetzliche **Schadensersatzvorschrift § 14 Abs. 6** eine gleichrangige Anspruchsgrundlage. Diese setzt allerdings im Gegensatz zur GoA eine von Kläger nachzuweisende Verletzung von Verhaltenspflichten voraus und kommt bei Störerhaftung nicht zum Tragen (BGH GRUR 2015, 485 – Kinderhochstühle im Internet III).

50.2   Ein Abschlussschreiben und die damit verbundenen Kosten sind nicht erforderlich, wenn der Beklagte unmissverständlich zu erkennen gibt, dass er die einstweilige Verfügung **nicht** als endgültige Regelung **akzeptiert** (OLG Hamburg GRUR-RR 2014, 229). Das ist zB der Fall, wenn der Beklagte **bereits ein Rechtsmittel eingelegt** und der Kläger davon Kenntnis hat; ein Kostenerstattungsanspruch besteht daher nicht.

50.3   Das Gleiche gilt, wenn der Beklagte von sich aus eine Abschlusserklärung abgegeben hat, bevor er das Abschlussschreiben erhält.

51   Zu den notwendigen Kosten gehören die der **anwaltlichen Vertretung.** Für das Abschlussschreiben bzw. die Abschlusserklärung entstehen gesonderte Geschäftsgebühren nach VV 2300 RVG (§ 17 Nr. 4 lit. b RVG) mit einem Satz von 1,3 (BGH GRUR 2010, 1038 – Kosten für Abschlussschreiben I). In der Regel handelt es sich dabei **nicht** um Schreiben **einfacher Art** iSv VV 2302 RVG (BGH GRUR 2015, 822 – Kosten für Abschlussschreiben II).

51.1   Ein Schreiben einfacher Art ist ausnahmsweise dann anzunehmen, wenn der Antragsgegner seinen Widerspruch in der mündlichen Verhandlung im Verfügungsverfahren zurückgenommen und dort bereits die Abgabe einer Abschlusserklärung **in Aussicht gestellt** hat (BGH GRUR 2010, 1038 Rn. 32 – Kosten für Abschlussschreiben I).

Allein wegen des Verzichts auf Rechtsmittel fällt daneben **keine Einigungsgebühr** an, soweit nicht **51.2** zusätzliche Regelungen in der vom Beklagten akzeptierten Abschlusserklärung (die über den Gegenstand des einstweiligen Verfügungsverfahrens hinausgehen) einem Vergleich entsprechen.

Kosten einer **Doppelvertretung** sind nur dann ersatzfähig, wenn es um Ansprüche aus § 3 Abs. 2 **51.3** Nr. 2 geht (→ Rn. 58, → Rn. 65).

Weil die Abschlusserklärung ein Hauptsacheverfahren entbehrlich macht und durch sie die **52** einstweilige Verfügung einem rechtskräftigen Hauptsachetitel gleichsteht, werden Abschlussschreiben und Abschlusserklärung gebührenrechtlich als zum Hauptsacheverfahren gehörend behandelt (BGH GRUR 1973, 384; NJW 2008, 1744). Gebühren werden daher nach dem **vollen Streitwert** berechnet.

Diese Zuordnung ist deswegen wichtig, weil bei Verfügungsverfahren ein geringerer Streitwert anzuset- **52.1** zen ist (→ § 142 Rn. 11).

In der Praxis wird das Abschlussschreiben immer mit einer **Fristsetzung** verbunden, weil sonst **53** das Risiko besteht, dass man zu früh Klage erhebt und der Beklagte dann ein sofortiges Anerkenntnis (mit der Kostenfolge des § 93 ZPO) abgibt.

In der **Abschlusserklärung** sollte der Beklagte auf alle Rechtsmittel (§ 924 ZPO) verzichten, **54** ferner auf den Antrag, dem Kläger aufzugeben, innerhalb einer zu bestimmenden Frist Klage zu erheben (§ 926 ZPO) sowie auf den Antrag nach § 927 ZPO auf Aufhebung des Arrestes wegen veränderter Umstände, soweit es nicht um nachträglich entstandene Einwendungen geht, welche er auch mit einer Vollstreckungsabwehrklage geltend machen könnte. Das OLG Stuttgart empfiehlt die Formulierung, dass der Schuldner den Verfügungstitel als nach Bestandskraft und Wirkung einem rechtskräftigen Hauptsachetitel gleichwertig anerkennt und demgemäß auf alle Rechte des Vorgehens gegen den Titel oder den zu Grunde liegenden Anspruch verzichtet, soweit auch ein Vorgehen gegen den rechtskräftigen Hauptsachetitel ausgeschlossen wäre (OLG Stuttgart NJOZ 2007, 3651).

Die Abschlusserklärung entfaltet nur dann ihre Wirksamkeit, wenn sie **unbedingt und vorbehaltslos** **54.1** abgegeben wird (BGH GRUR 1991, 76 – Abschlusserklärung).

Der Schuldner kann sich allerdings den **Rechtsbehelf nach § 927 ZPO** vorbehalten, soweit es um **54.2** nachträglich entstandene Einwendungen geht, welche er auch mit einer **Vollstreckungsabwehrklage** nach § 767 ZPO geltend machen könnte (BGH GRUR 2009, 1096 – Mescher weis).

Die Abschlusserklärung hängt nicht von einer bestimmten **Form** ab. Sie kann auch per E-Mail abgege- **54.3** ben werden. Da in diesem Fall aber die Möglichkeit besteht, dass die rechtliche Urheberschaft bestritten wird, muss auf Verlangen ein Schreiben in Papierform nachgereicht werden (BGH NJW 1990, 3147 – Unterwerfung durch Fernschreiben).

D. Kosten des Patentanwalts

I. Grundlagen

§ 140 Abs. 4 regelt die **Erstattungsfähigkeit der Kosten** des Patentanwalts. Vor den Landge- **55** richten müssen sich die Parteien nach § 78 Abs. 1 S. 1 ZPO durch einen Rechtsanwalt vertreten lassen. Die **Mitwirkungsbefugnis des Patentanwalts** ergibt sich aus § 140 Abs. 4 nur mittelbar. Direkt wird sie in § 3 Abs. 2 Nr. 1 PAO geregelt. Danach hat ein Patentanwalt die Aufgabe, in Angelegenheiten der Erlangung, Aufrechterhaltung, Verteidigung oder Anfechtung einer Marke oder eines anderen nach dem MarkenG geschützten Kennzeichens andere zu beraten und Dritten gegenüber zu vertreten. Nach § 4 Abs. 1 PAO ist ihm im Prozess auf Antrag einer Partei das Wort zu gestatten.

Bei älteren Entscheidungen und Publikationen ist zu beachten, dass sich die **Absätze** in § 140 durch **55.1** das MaMoG **verschoben** haben. Bis zum 14.1.2019 fand sich die Regelung des jetzigen Abs. 4 in Abs. 3.

Dass Patentanwälte zusammen mit einem Rechtsanwalt oder Hochschullehrer des Rechts (dazu Art. 19 **55.2** Abs. 7 EuGH-Satzung; zur Definition des Hochschullehrers vgl. Gruber NJ 2018, 56) in Vorabentscheidungsverfahren nach Art. 267 AEUV vor dem **EuGH** auftreten dürfen, ergibt sich aus der Verweisung in Art. 19 Abs. 4 EuGH-Satzung auf das einschlägige nationale Verfahrensrecht. Dabei ist aber zu beachten, dass die EuGH-Entscheidung Häupl (EuGH C-246/05, BeckRS 2007, 70399 – Häupl) nicht auf Deutschland übertragbar ist: Dort war, wie sich aus dem Rubrum ergibt, einem österreichischen Patentanwalt die Vertretung vor dem EuGH gestattet worden, weil er im Ausgangsverfahren in Österreich auch vertretungsbefugt war.

55.3   Wurde nicht ein Patentanwalt, sondern ein **Patentassessor** (OLG Frankfurt BeckRS 2013, 16793) oder ein **Erlaubnisscheininhaber** (OLG Düsseldorf GRUR 1967, 326) beauftragt, kommt nicht ein Anspruch analog § 140 Abs. 4, sondern nur ein Erstattungsanspruch nach § 91 Abs. 1 ZPO in Betracht.

55.4   Der Ersatzanspruch nach § 140 Abs. 4 betrifft nur das Prozessrechtsverhältnis zwischen den an einem Rechtsstreit beteiligten Parteien (BGH GRUR 2016, 526 Rn. 46). Steht der Partei, die den Rechtsstreit verliert, ein Schadensersatzanspruch gegen einen **Dritten** zu, muss der Dritte die Kosten des Patentanwalts nur ersetzen, wenn sie notwendig waren.

56   Der Anspruch nach § 140 Abs. 4 setzt nur voraus, dass die Streitsache **jedenfalls auch** unter kennzeichenrechtlichen Gesichtspunkten zu prüfen ist. Dabei ist es unschädlich, wenn die Klage in erster Linie auf eine andere, zB eine wettbewerbsrechtliche, Grundlage gestützt wird (KG NJWE-WettbR 2000, 222). Besteht allerdings **nur** ein Anspruch auf **nichtkennzeichnungsrechtlicher Grundlage,** nicht dagegen auf kennzeichnungsrechtlicher, sind die Patentanwaltskosten nicht nach § 140 Abs. 4 erstattungsfähig (BGH GRUR 2019, 983).

56.1   Wenn die Klage auf nichtkennzeichenrechtlicher Grundlage Erfolg hat und über einen **hilfsweise** geltend gemachten **kennzeichenrechtlichen Anspruch** nicht entschieden wird, sind die Patentanwaltskosten **nicht** nach § 140 Abs. 4 erstattungsfähig (BGH GRUR 2019, 983; aA OLG München BeckRS 2018, 45023; OLG Frankfurt GRUR-RR 2013, 184; OLG Köln BeckRS 2006, 6199).

56.2   Die Auffassung des BGH wirft schwer lösbare praktische Probleme auf (dazu Gruber WRP 2020, 10). Er hat nur den Fall im Blick, dass ein nichtkennzeichenrechtlicher Anspruch bejaht wird und daher über den hilfsweise geltend gemachten kennzeichenrechtlichen Anspruch nicht entschieden werden muss. Aber wie ist es, wenn der nichtkennzeichenrechtliche Anspruch sich als unbegründet erweist? Muss dann das Gericht einen neuen Termin ansetzen, damit die Parteien zu dem zweiten Termin, in dem über den kennzeichenrechtlichen Anspruch verhandelt wird, in Begleitung eines Patentanwalts erscheinen können? Probleme wirft auch die Konstellation auf, dass das Gericht den kennzeichenrechtlichen Anspruch zwar für unbegründet hält, der hilfsweise geltend gemachte nichtkennzeichenrechtliche Anspruch dafür erfolgreich ist. Hier wurde ein kennzeichenrechtlicher Anspruch verhandelt und der Beklagte bekam hinsichtlich dieses Anspruchs Recht. Ist hier § 140 Abs. 4 oder § 91 ZPO einschlägig für den Kostenersatzanspruch?

57   Erstattungsfähig sind nicht nur die Kosten im Verfahren vor dem **LG**, sondern auch die Kosten im Verfahren vor dem **OLG** und vor dem **BGH** (BGH GRUR 2004, 1062 – mitwirkender Patentanwalt). Kommt es in dem Rechtsstreit zu einem Vorabentscheidungsverfahren vor dem **EuGH** nach Art. 267 AEUV (→ Rn. 55.1), bei dem der Patentanwalt mitwirkt, werden auch diese Kosten von § 140 Abs. 4 umfasst.

57.1   Wirkt ein Patentanwalt bei einer Beschwerde nach § 544 ZPO gegen die Nichtzulassung der Revision mit, sind die Kosten des Patentanwalts in diesem **Nichtzulassungsbeschwerdeverfahren** nach § 140 Abs. 4 erstattungsfähig (OLG Frankfurt BeckRS 2016, 02490).

57.2   Die Erstattung der Kosten einer Doppelvertretung nach § 140 Abs. 4 ist auf die Klageverfahren vor den ordentlichen Gerichten beschränkt. Eine analoge Anwendung auf **Verwaltungsverfahren** vor dem DPMA ist nicht möglich, da die Tatbestände sich nicht ähneln (BPatG BeckRS 2011, 16238). Als Anspruchsgrundlage kommt in diesen Fällen jedoch § 63 Abs. 3, § 82 Abs. 1 S. 1 iVm § 91 ZPO in Betracht. Danach setzt ein Erstattungsanspruch voraus, dass die Doppelvertretung zur zweckentsprechenden Rechtsverfolgung notwendig war.

57.3   Bei einer **Rechtsbeschwerde** gegen eine Entscheidung des BPatG ergibt sich der Anspruch auf Ersatz der Patentanwaltskosten aus § 85 Abs. 5 S. 3.

57.4   Bei einer **Verfassungsbeschwerde** kann die Mitwirkung eines Patentanwalts neben einem Rechtsanwalt zur zweckentsprechenden Rechtsverfolgung notwendig und damit können seine Kosten nach § 34a Abs. 2 BVerfGG erstattungsfähig sein (vgl. dazu allgemein BVerfG NJW 1999, 133).

II. „Mehrleistung" des Patentanwalts und das EuGH-Urteil NovaText

58   Früher wurde die Ansicht vertreten, dass ein Kostenerstattungsanspruch auch dann besteht, wenn der Patentanwalt gegenüber dem Rechtsanwalt keine „**Mehrleistung**" erbracht hat (BGH GRUR 2012, 756 (757) – Kosten des Patentanwalts III; OLG Frankfurt GRUR 1998, 1034). Einen **grundlegenden Wechsel der Rechtsprechung** bewirkte das EuGH-Urteil vom 28.4.2022 (EuGH C-531/20, GRUR 2022, 853 – NovaText).

58.1   Zur Vorgeschichte des Verfahrens Gruber ZRP 2017, 53; Gruber EWS 2020, 273; Gruber MarkenR 2022, 101. Vgl. ferner den Vorlagebeschluss BGH GRUR 2020, 1239 – Kosten des Patentanwalts VI, mAnm Gruber Mitt 2020, 573.

Der **EuGH** hat die bisherige Rechtsprechung, wonach unwiderlegbar unterstellt wurde, dass   **59**
bei Kennzeichenstreitsachen, bei denen neben einem Rechtsanwalt ein Patentanwalt auftrat, die
Mitwirkung eines Patentanwalts, dh eine **Doppelvertretung,** notwendig war, für **unionsrechtswidrig erklärt** (EuGH C-531/20, GRUR 2022, 853 – NovaText).

Allerdings ist zu beachten, dass der vom EuGH entschiedene Fall eine Unionsmarke betraf.   **60**
Geht es in einem Rechtsstreit zwischen zwei in Deutschland ansässigen Parteien dagegen um
eine nationale Marke, fehlt ein **Bezug zum Binnenmarkt,** weshalb die EuGH-Rechtsprechung
mangels Kompetenz der EU für diese Fälle keine Auswirkung hat.

In den Erwägungsgründen der Enforcement-RL wird gleich in Erwägungsgrund Nr. 1 Enforcement-   **60.1**
RL ausgeführt, dass diese Richtlinie der Verwirklichung des Binnenmarktes diene. Die Errichtung eines
Binnenmarktes ist ein Ziel, für welches die Union unstreitig zuständig ist (Art. 3 Abs. 3 S. 1 EUV). Die
Union ist ermächtigt, zur Verwirklichung des Binnenmarktes nach Art. 26, 114 AEUV Richtlinien zu
erlassen, die den gewerblichen Rechtsschutz betreffen. In Erwägungsgrund Nr. 3 Enforcement-RL kommt
dann die Aussage, man müsse die Rechte des geistigen Eigentums wirksam durchsetzen können. Auch
dieser Ansicht wird man zustimmen können.

Das Problem ist hier aber der **Bezug zum „Binnenmarkt".** Es stellt sich die Frage (dazu Gruber   **60.2**
MR-Int 2021, 32): Wieso berührt es den Binnenmarkt, wenn ein Markeninhaber mit Sitz in Deutschland
einen Markenrechtsverletzer, der auch seinen Sitz in Deutschland hat, vor einem deutschen Gericht verklagt? Zur Begründung, wieso die Regulierung in dieser Richtlinie den Binnenmarkt relevant sein
sollen, heißt es in den Erwägungsgründen Enforcement-RL: „(Nr. 8) Die Unterschiede zwischen den
Regelungen der Mitgliedstaaten hinsichtlich der Instrumente zur Durchsetzung der Rechte des geistigen
Eigentums beeinträchtigen das reibungslose Funktionieren des Binnenmarktes und verhindern, dass die
bestehenden Rechte des geistigen Eigentums überall in der Gemeinschaft in demselben Grad geschützt
sind. Diese Situation wirkt sich nachteilig auf die Freizügigkeit im Binnenmarkt aus und behindert die
Entstehung eines Umfelds, das einen gesunden Wettbewerb begünstigt. (Nr. 9) Die derzeitigen Unterschiede schwächen außerdem das materielle Recht auf dem Gebiet des geistigen Eigentums und führen zu
einer Fragmentierung des Binnenmarktes in diesem Bereich. Dies untergräbt das Vertrauen der Wirtschaft
in den Binnenmarkt und bremst somit Investitionen in Innovation und geistige Schöpfungen. Verletzungen
von Rechten des geistigen Eigentums stehen immer häufiger in Verbindung mit dem organisierten Verbrechen. Die verstärkte Nutzung des Internet ermöglicht einen sofortigen globalen Vertrieb von Raubkopien.
Die wirksame Durchsetzung des materiellen Rechts auf dem Gebiet des geistigen Eigentums bedarf eines
gezielten Vorgehens auf Gemeinschaftsebene. Die Angleichung der diesbezüglichen Rechtsvorschriften der
Mitgliedstaaten ist somit eine notwenige Voraussetzung für das reibungslose Funktionieren des Binnenmarktes."

Bereits die tatsächlichen Annahmen in den Erwägungsgründen überzeugen nicht. So wird behauptet,   **60.3**
die Wirtschaft begrüße unionsrechtliche Regelungen im Bereich des gewerblichen Rechtsschutzes. Die
Gesetzgebungsgeschichte des EU-Patents mit einheitlicher Wirkung zeigt jedoch, dass genau das Gegenteil
der Fall ist. Für Streitigkeiten über dieses Patent wurde eigens das Einheitliche Patentgericht geschaffen,
welches keine Institution der EU ist, sondern auf einem völkerrechtlichen Vertrag basiert (dazu Gruber
IWRZ 2017, 266). Grund dafür war, dass mehrere EU-Mitgliedstaaten dem EuGH mangelnde Qualität
hinsichtlich seiner markenrechtlichen Entscheidungen vorwarfen und daher verhinderten, dass der EuGH
auch noch für das Patentrecht zuständig wird (vgl. Eck GRUR Int 2014, 114 (116); Götting ZEuP 2014,
349 (365)). Wenn also nicht einmal die Regierungen der EU-Mitgliedstaaten die Aktivitäten des EuGH
im Bereich des Markenrechts für geglückt halten, wird man dies der Industrie erst recht nicht unterstellen
können.

Das zentrale Argument in den Erwägungsgründen ist der Binnenmarkt. Die Begründung, wieso die   **60.4**
Enforcement-RL eine notwendige Voraussetzung für das reibungslose Funktionieren des Binnenmarkts
sein soll, ist jedoch mehr als gewagt. Der Kampf gegen das global agierende, organisierte Verbrechen ist
zwar ein lobenswertes Ziel. Mit dem Binnenmarkt hat dieses Ziel aber wenig zu tun und mit den Prozesskosten im Kennzeichenrecht schon gar nichts. Der Binnenmarkt ist (nur) dann tangiert, wenn es sich um
einen **grenzüberschreitenden Sachverhalt** handelt. Bei gewerblichen Schutzrechten gilt jedoch der
Grundsatz der Territorialität; danach entfaltet ein Schutzrecht seine Wirkung nur in dem Staat, in dem
es erteilt wurde. Mögliche Wettbewerbsverzerrungen durch unterschiedliche rechtliche Regelungen der
verschiedenen EU-Mitgliedstaaten sind somit nicht denkbar: Wer auf dem deutschen Markt tätig ist,
benötigt eine Marke für Deutschland; mit einer in Frankreich angemeldeten Marke ist dem Unternehmen
nicht gedient.

Verzerrungen könnte es daher nur geben, wenn ein Markeninhaber die freie Wahl hätte, in welchem   **60.5**
EU-Mitgliedstaat er Klage wegen einer Markenrechtsverletzung erhebt. Das ist ein Problem der justiziellen
Zusammenarbeit in der EU, welches von der EU durch die Brüssel Ia-VO geregelt wurde. Bei Klagen
wegen der Verletzung einer nationalen Marke kann nach Art. 7 Nr. 2 Brüssel Ia-VO an dem Ort Klage

erhoben werden, an dem das schädigende Ereignis eingetreten ist oder einzutreten droht. Dabei umfasst die Formulierung „Ort, an dem das schädigende Ereignis eingetreten ist oder einzutreten droht" nach der Rechtsprechung des EuGH (→ Rn. 123) sowohl den Ort des Schadenseintritts als auch den Ort des für den Schaden ursächlichen Geschehens. Die Möglichkeit eines Forum Shoppings könnte durch entsprechende Zuständigkeitsregelungen vermieden werden; es müssen deswegen nicht alle nationalen Kostenvorschriften harmonisiert ausnehmen. Im Übrigen ist zu bedenken, dass bei Klagen wegen Verletzung einer Unionsmarke die Regelungen der UMV nach Art. 122 Abs. 2 UMV die Brüssel Ia-VO teilweise verdrängen. Nach Art. 125 Abs. 5 UMV sind für diese Klagen die Gerichte desjenigen Mitgliedstaates zuständig, in dem eine Verletzungshandlung begangen wurde. Anknüpfungspunkt ist daher nur der Vorfall, welcher der behaupteten Verletzung zu Grunde liegt. Zwar hat der EuGH in diesem Punkt seine Rechtsprechung etwas modifiziert: Während er zuerst allein auf den Handlungsort abgestellt hat, vertrat er später die Ansicht, dass die Auslegung von Art. 125 Abs. 5 UMV und die von Art. 7 Nr. 2 Brüssel Ia-VO „eine gewisse Kohärenz aufweisen" müsse. Die Rechtsprechung zur UMV zeigt aber doch, dass sich ein Forum Shopping im Markenrecht einfach vermeiden lässt.

60.6   Wenn der Binnenmarkt direkt nicht berührt ist, könnte man noch an eine Annexkompetenz denken. Nach der „Implied powers"-Doktrin (dazu Borchardt, Die rechtlichen Grundlagen der Europäischen Union, 7. Aufl. 2020, Rn. 480 f.) besteht auch ohne ausdrückliche Erwähnung in den Verträgen eine Zuständigkeit, sofern diese zur effektiven Ausführung einer ausdrücklich zugewiesenen Kompetenz erforderlich ist. Eine solche Annexkompetenz zur Harmonisierung des materiellen Markenrechts in der EU würde dann bestehen, wenn die Durchsetzung der Rechte aus einer Marke vor deutschen Gerichten im Hinblick auf die Prozesskosten für den Markeninhaber wirtschaftlich nicht sinnvoll wäre und daher die EU dem materiellen Markenrecht nur durch eigene prozessuale Regelungen Geltung verschaffen könnte. Die große Zahl an Markenrechtsprozessen in Deutschland spricht aber gegen diese Annahme; eine entsprechende **Annexkompetenz besteht** daher **nicht.**

61   Aber auch für die rein nationalen Fälle hat die bisherige Rechtsprechung keinen Bestand. Sie widerspricht dem **Verfassungsrecht** (vgl. Barnitzke GRUR 2016, 908). Im Folgenden wird zuerst die EuGH-Rechtsprechung für diejenigen Fälle skizziert, die einen Bezug zum Binnenmarkt aufweisen (→ Rn. 62). Dann wird auf die reinen Inlandsfälle eingegangen (→ Rn. 63).

III. Grenzüberschreitende Sachverhalte und das Unionsrecht

62   Der EuGH stellt in seiner Entscheidung NovaText fest, dass der Begriff „Prozesskosten" auch die Anwaltshonorare umfasse. Die Mitgliedstaaten dürften nicht eine Kategorie von Prozesskosten oder anderen Kosten von jeder gerichtlichen Kontrolle hinsichtlich ihrer Zumutbarkeit und Angemessenheit ausnehmen. Die Gerichte müssten vielmehr anhand der **spezifischen Merkmale** des bei ihnen anhängigen Verfahrens prüfen können, ob die der obsiegenden Partei entstandenen Prozesskosten zumutbar und angemessen sind (EuGH C-531/20, GRUR 2022, 853 – NovaText).

62.1   Nach Art. 3 Abs. 1 S. 2 Enforcement-RL sieht ua vor, dass die von den Mitgliedstaaten vorgesehenen Verfahren im Bereich des gewerblichen Rechtsschutzes nicht „unnötig … kostspielig" sein dürfen. Der EuGH erwähnt zwar diesen Artikel (EuGH C-531/20, GRUR 2022, 853 Rn. 23, 24), stellt aber im Folgenden nur auf Art. 14 Enforcement-RL ab, wonach die erstattungsfähigen Prozesskosten und sonstigen Kosten „zumutbar und angemessen" sein müssen, und zitiert dann erst am Schluss (EuGH C-531/20, GRUR 2022, 853 Rn. 52) wieder Art. 3 Enforcement-RL. Der BGH hatte in der Vorlagefrage in Anlehnung an § 91 Abs. 1 ZPO von Kosten gesprochen, die „zur zweckentsprechenden Rechtsverfolgung notwendig" sind. Dieses Kriterium ist präziser als die Formulierung in der Richtlinie – vor allem „zumutbar" stellt sonst regelmäßig auf die (wirtschaftliche) Situation des Betroffenen ab, die hier jedoch nicht relevant ist. Auch wenn der EuGH die Vorlagefrage umformuliert hat, geht es also um die Notwendigkeit der Kosten.

IV. Reine Inlandssachverhalte und Verfassungsrecht

63   § 140 Abs. 4 verstößt gegen **Art. 3 GG,** weil Kennzeichenstreitsachen ohne sachlichen Grund anders behandelt werden als sonstige zivilrechtliche Streitigkeiten (Barnitzke GRUR 2016, 908). Derzeit ist dazu ein Verfahren vor dem BVerfG anhängig (→ Rn. 63.5). Es ist zu erwarten, dass das **BVerfG** für diese Fälle eine einschränkende Auslegung des § 140 Abs. 4 fordert, die dem Wortlaut des § 91 Abs. 1 ZPO entspricht.

63.1   So in der Tendenz auch BPatG GRUR 2000, 331 (333) – Kostenfestsetzung, das ausführt, dass die Doppelvertretungsregelung für patentrechtliche Verfahren in hohem Maße sinnvoll sei, weil dort Rechtsprobleme und naturwissenschaftlich-technische Fragen der Erfindungstätigkeit oftmals in untrennbarem Zusammenhang stünden und Rechtsanwälte auf den fachkundigen Rat eines Patentanwalts angewiesen sein könnten. Wieso es diese Kostenregel allerdings auch im MarkenG gebe, sei dagegen nicht verständlich, denn in Markensachen würden sich die Tätigkeiten von Rechtsanwälten und Patentanwälten in keiner Weise unterscheiden. Das BPatG musste mangels Entscheidungserheblichkeit keine „verbindliche Antwort" (so die Formulierung des Gerichts) auf die Frage geben, ob die derzeitige Rechtslage gegen Art. 3 GG verstößt. In casu ging es um die Mitwirkung eines Patentanwalts im Rechtsbeschwerdeverfahren und die Regelung des § 85 Abs. 5 S. 3, wonach die Kosten für die Mitwirkung eines Patentanwalts stets zu ersetzen sind, die eines – neben dem am BGH zugelassenen Bevollmächtigten – mitwirkenden Anwalts aber nicht. Entsprechendes gilt für den Kostenersatzanspruch nach § 140 Abs. 4, der von der sonst im Zivilprozess geltenden Erstattungsnorm § 91 ZPO abweicht.

Obwohl der Prozessverlierer durch § 140 Abs. 4 mit Zusatzkosten belastet wird, verhindert diese **63.2** Regelung nicht, dass der obsiegende Markeninhaber in der Praxis meist nur einen Teil seiner Prozesskosten erstattet bekommt, denn der Umstand, dass die Erstattung gemäß § 140 Abs. 4 nach dem RVG erfolge, kann dazu führen, dass der Gegner weniger erstatten muss, als der Prozessgewinner seinem Patentanwalt zu bezahlen hat. Stundensätze, die über die RVG-Sätze hinausgehen, müssen vom Prozessverlierer nämlich nicht erstattet werden. Zu einer zusätzlichen Belastung des Prozessgewinners kommt es ferner im Fall der Streitwertbegünstigung (→ § 142 Rn. 1). Wenn der Kläger gegen einen Beklagten, dem Streitwertbegünstigung gewährt wurde, gewinnt, hat er gegen den streitwertbegünstigten Prozessverlierer bezüglich seiner eigenen Anwaltskosten nur einen Kostenerstattungsanspruch, der auf Basis des reduzierten Streitwerts berechnet wird, während er selbst seinem Anwalt für Gebühren nach dem vollen Streitwert haftet. Diese Gebührendifferenz muss der Prozessgewinner selbst tragen; bei Einschaltung eines Patentanwalts wird der Betrag verdoppelt.

Verfassungsrechtlich unbedenklich halten § 140 Abs. 4 dagegen KG BeckRS 2018, 29685 (dazu Gruber **63.3** IPRB 2019, 54), OLG München GRUR-RR 2004, 224 und OLG Hamburg MDR 1998, 1311. Nach der vertretbaren Entscheidung des Gesetzgebers bringe der Patentanwalt in Kennzeichenstreitsachen eine Sachkunde ein, die über diejenige des beauftragten Rechtsanwalts hinausgehe. Vergleichbare Regelungen enthielten ua § 143 Abs. 3 PatG und § 27 Abs. 3 GebrMG. Hintergrund dieser Regelungen sei die Überlegung, dass es in den vorgenannten Streitsachen regelmäßig um komplexe Fragestellungen mit technischem Einschlag gehe, deren Beherrschung von Rechtsanwälten nicht verlangt werden könne. Ähnliche Erwägungen hätten den Gesetzgeber offenbar bei der Schaffung des § 140 Abs. 4 geleitet. Das überzeugt nicht: Zwar hat ein Patentanwalt eine besondere technische Sachkunde; dass diese für Kennzeichensachen relevant sein soll, ist nicht ersichtlich. Auch die Gesetzessystematik spricht gegen diese Annahme. In Markensachen sind die Beschwerdesenate des BPatG nach § 67 Abs. 1 MarkenG mit rechtskundigen Mitgliedern besetzt (während in Patentsachen nach § 67 PatG auch technische Mitglieder mitwirken). Wenn also der Spruchkörper in Kennzeichensachen keinen technischen Sachverstand benötigt, wird man dies auch für die Anwaltschaft in diesen Verfahren annehmen dürfen. Ergänzend ist darauf hinzuweisen, dass im Zusammenhang mit § 3 Abs. 2 Nr. 2 gelegentlich technische Überlegungen eine Rolle spielen können; diese seltenen Fälle rechtfertigen aber nicht eine generelle Umkehrung der allgemeinen Erstattungsgrundsätze.

Unabhängig von der Frage, ob die Regelung des § 140 Abs. 4 zum Zeitpunkt des Inkrafttretens des **63.4** Warenzeichengesetzes im Jahr 1936 verfassungsmäßig war, wird man spätestens seit Schaffung des „Fachanwalts für gewerblichen Rechtsschutz" im Jahr 2006 die Notwendigkeit der Beiziehung eines Patentanwalts verneinen müssen, da es hinreichend im Markenrecht qualifizierte Rechtsanwälte gibt.

Zu dieser Frage ist eine **Verfassungsbeschwerde** beim BVerfG **anhängig** (1 BvR 1183/16). Wenn **63.5** Patentanwaltskosten in reinen Inlandsfällen geltend gemacht werden, sollte die unterlegene Partei daher die Aussetzung des Kostenfestsetzungsverfahrens gemäß § 148 Abs. 2 ZPO beantragen.

V. Notwendigkeit der Mitwirkung eines Patentanwalts

Somit können Patentanwälte ihre Kosten nur ersetzt bekommen, wenn die Mitwirkung des **64** Patentanwalts analog § 91 ZPO „zur zweckentsprechenden Rechtsverfolgung oder Rechtsverteidigung notwendig" war (dazu Gruber Mitt 2020, 573).

Nach einer Formulierung des BGH in der Entscheidung „Kosten des Patentanwalts II" ist die Mitwir- **64.1** kung eines Patentanwalts regelmäßig nur dann erforderlich, wenn er für die Rechtsverteidigung Aufgaben übernommen hat, die zum typischen Arbeitsgebiet eines Patentanwalts gehören (BGH GRUR 2011, 754 Rn. 27), wie etwa eine **Recherche zum Registerstand** oder zur Benutzungslage (BGH GRUR 2011, 754 Rn. 35). Allerdings schränkt der BGH dies ein: Hinzukommen müsse, dass der Rechtsanwalt nicht imstande ist, selbst diese Tätigkeit durchzuführen (BGH GRUR 2011, 754 Rn. 21). Diese Argumentation ist nicht logisch aufgebaut: Notwendig ist eine Mitwirkung doch nicht deswegen, weil die Tätigkeit zum typischen Arbeitsgebiet eines Patentanwalts gehört – notwendig ist sie vielmehr nur dann, wenn ein Rechtsanwalt die betreffende Leistung nicht fachgerecht erbringen kann. Selbst wenn der BGH mit seiner Formulierung nur andeuten wollte, dass Patentanwälte mehr Erfahrung mit Markenrecherchen haben als Rechtsanwälte (was aber keine Notwendigkeit der Mitwirkung zu begründen vermag), so trifft die

Annahme in dieser Allgemeinheit nicht mehr zu: Wer Fachanwalt für gewerblichen Rechtsschutz (§ 14h FAO) werden will, muss praktische Erfahrungen im Kennzeichenrecht nachweisen (§ 5 Abs. 1 lit. o FAO). Zumindest seit Schaffung des Fachanwalts für gewerblichen Rechtsschutz wird man daher die Notwendigkeit der Beiziehung eines Patentanwalts bei Markenrechtsstreitigkeiten verneinen müssen. So hat der BGH später entschieden, dass ein Fachanwalt für gewerblichen Rechtsschutz im Stande sein müsse, eine Markenrecherche durchzuführen (BGH GRUR 2012, 759 – Kosten des Patentanwalts IV). Zudem würde eine Markenrecherche durch einen Patentanwalt nicht eine Verfahrens- und eine Terminsgebühr rechtfertigen, sondern nur einen eigenen Anspruch auf Recherchekosten (dazu Albrecht/Hoffmann Vergütung Rn. 1325 ff.) begründen.

64.2   Diese Ansicht vertrat früher das OLG Stuttgart GRUR-RR 2004, 279 (280). Es sei zu prüfen, ob die Zuziehung eines Patentanwalts auch **verfahrensrechtlich gerechtfertigt** sei, denn es bestehe die grundsätzliche Verpflichtung zur kostenschonenden Prozessführung. Das OLG Stuttgart hatte diese Auffassung aber zwischenzeitlich – wenn auch nicht ausdrücklich – aufgegeben (OLG Stuttgart BeckRS 2014, 01501). Das Ergebnis der Entscheidung OLG Stuttgart GRUR-RR 2004, 279 (280) ist im Lichte der neueren EuGH-Rechtsprechung zwar zutreffend; die Begründung des OLG Stuttgart war im Zeitpunkt des Erlasses des Beschlusses jedoch nicht überzeugend.

65   Vor der Einführung des besonderen gesetzlichen Kostenerstattungsanspruchs in Kennzeichenstreitsachen für Patentanwälte bestand die Auffassung, dass immer dann, wenn zur Führung des Rechtsstreits nicht **technische Kenntnisse,** sondern lediglich Rechtskenntnisse erforderlich sind, kein Anspruch auf Erstattung der Patentanwaltskosten besteht (OLG Hamburg Mitt 1909, 116, bearb. Wassermann). Die einzige Norm im MarkenG, bei der sich technische Fragen stellen können, ist **§ 3 Abs. 2 Nr. 2.** Nur wenn diese Norm in einem Rechtsstreit eine Rolle spielt, ist die Mitwirkung eines Patentanwalts zur zweckentsprechenden Rechtsverfolgung notwendig.

66   Eine Mitwirkung kann in diesen Fällen, in denen es um technische Fragen geht, zB darin liegen, dass der Patentanwalt dem prozessbevollmächtigten Rechtsanwalt mit seinem Spezialwissen beratend zur Seite steht oder für die Führung des Prozesses notwendige Informationen verschafft (OLG Düsseldorf GRUR-RR 2012, 308 (309) – Fahrbare Betonpumpen).

67   Auch wenn eine Partei in einer Kennzeichenstreitsache ein Rechtsmittel nach eigenem Bekunden **„nur vorsorglich"** eingelegt hat, kann die Gegenpartei grundsätzlich sowohl die Kosten für einen Rechtsanwalt als auch für einen Patentanwalt ersetzt bekommen. Die „vorsorgliche Einlegung" eines Rechtsmittels kennt die ZPO nicht. Der Gesetzgeber hat den Parteien ausreichend Zeit zugebilligt, um sich zu überlegen, ob sie ein Rechtsmittel einlegen wollen oder nicht. Wenn sie innerhalb dieses Zeitrahmens zu keiner endgültigen Entscheidung gekommen sind, liegt dies regelmäßig daran, dass der Rechtsanwalt und/oder sein Mandant die Angelegenheit nicht mit der notwendigen Eile betrieben haben/hat. Dieses Säumnis kann nicht dazu führen, dass die Verteidigungsmöglichkeiten der Gegenpartei eingeschränkt werden (BPatG BeckRS 2016, 11626; BGH NJW 2003, 756 (757)).

VI. Höhe der Gebühren des Patentanwalts

68   Die **Vergütung des Patentanwalts** ist gesetzlich – sieht man von Bestimmungen zur Honorarteilung (§ 43a PAO), zum Erfolgshonorar (§ 43b PAO) und zum beigeordneten Patentanwalt (§ 4a Abs. 3 PAO) ab – nicht geregelt. Der Honoraranspruch des Patentanwalts richtet sich daher für die Mitwirkung in Rechtsstreitigkeiten vor den ordentlichen Gerichten, sofern keine Vereinbarung getroffen wurde, grundsätzlich gemäß § 612 Abs. 2 BGB nach dem RVG (OLG Karlsruhe GRUR 1997, 359 unter II.2.).

68.1   Zur Vergütung des Patentanwalts vgl. auch Albrecht/Hoffmann Vergütung Rn. 236 ff.

68.2   Der **beigeordnete Patentanwalt** erhält nach § 4a PAO (in der ab 1.8.2022 geltenden Fassung) nur eine reduzierte Vergütung (dazu Albrecht/Hoffmann GRUR-Prax 2022, 301).

68.3   Die Vergütung des Patentanwalts **gegenüber seinem Auftraggeber** kann nicht durch das Gericht analog **§ 11 RVG** festgesetzt werden (BGH GRUR 2015, 1253). Der BGH stellt auf den Wortlaut ab. § 11 RVG erwähne nur den Rechtsanwalt, nicht aber den Patentanwalt. Zudem sei die Vergütung des Patentanwalts im Gegensatz zu derjenigen des Rechtsanwalts nicht gesetzlich festgelegt. Das Festsetzungsverfahren durch den Rechtspfleger nach § 11 RVG sei aber auf eine gesetzliche Gebührenordnung zugeschnitten.

69   Daher verweist § 140 Abs. 4 direkt auf **§ 13 RVG.** § 13 RVG legt die Höhe der Gebühren fest, die sich nach dem Gegenstandswert richten.

70   Nach § 51 Abs. 1 GKG ist in Verfahren nach dem Markengesetz der **Gegenstandswert** „nach billigem Ermessen zu bestimmen" (→ § 142 Rn. 6 ff.). In Markenrechtsstreitigkeiten nimmt der

BGH einen Regelgegenstandswert von 50.000 Euro an (BGH GRUR 2006, 704). § 22 Abs. 2 S. 1 RVG begrenzt den Gegenstandswert auf 30 Millionen Euro. Ferner ist zu beachten, dass bei Kennzeichenstreitsachen eine Streitwertbegünstigung nach § 142 in Betracht kommt.

Bei einer **objektiven Klagehäufung** beschränkt sich die auf § 140 Abs. 4 gestützte Erstattungs- **71** pflicht auf die – abtrennbaren – kennzeichenrechtlichen Ansprüche (OLG Stuttgart GRUR-RR 2009, 79 – Patentanwaltskosten bei Klagehäufung; in casu hatte der Kläger einen Unterlassungsanspruch sowohl bezogen auf ein Unternehmenskennzeichen als auch bezogen auf eine technische Zeichnung geltend gemacht).

§ 13 RVG ist im Zusammenhang mit § 2 RVG zu lesen; dieser verweist auf das **Vergütungsver-** **72** **zeichnis** in Anlage 1 des RVG. Dort sind die Gebühren geregelt. Durch das KostenberG vom 13.12.2001 (BGBl. I 3656) wurde mit Wirkung zum 1.1.2002 die seinerzeit in § 140 Abs. 5 aF vorgesehene Beschränkung der Patentanwaltskosten auf eine volle Gebühr aufgehoben, weil diese Beschränkung die tatsächliche Arbeitsleistung des Patentanwalts nicht ausreichend berücksichtigt hat (vgl. BT-Drs. 14/6203, 64 zu Art. 7 Nr. 37 KostenberG).

Auch wenn § 140 Abs. 4 dem Wortlaut nach nur auf § 13 RVG verweist (der lediglich die Grundgebühr **72.1** festlegt), ist allgemein anerkannt, dass der Gesetzgeber damit auch eine Einbeziehung des § 2 Abs. 2 RVG (aus dem sich etwaige Erhöhungen oder Ermäßigungen ergeben) gewollt hat (vgl. OLG Frankfurt GRUR-RR 2005, 104 – Textilhandel).

Der Patentanwalt kann regelmäßig eine **Geschäftsgebühr von 1,3** verlangen (VV 2300 RVG). **73** Bei umfangreichen oder schwierigen Tätigkeiten ist auch eine höhere Gebühr gerechtfertigt (dazu Albrecht/Hoffmann Vergütung Rn. 503 ff.).

Für die **erste Instanz** steht dem Patentanwalt ein Anspruch auf eine Verfahrensgebühr iHv **74** 1,3 nach VV 3100 RVG und eine Terminsgebühr iHv 1,2 nach VV 3104 RVG (bei einem Versäumnisurteil nur iHv 0,5 nach VV 3105 RVG) und ggf. eine Einigungsgebühr iHv 1,0 nach VV 1003 RVG zu.

Der Umstand, dass der Patentanwalt nicht postulationsfähig ist, steht dem Anspruch auf eine **75** **Terminsgebühr** nicht entgegen (OLG Düsseldorf GRUR-RR 2003, 125 (126)). Nimmt ein Patentanwalt an der mündlichen Verhandlung teil, so steht ihm daher unabhängig davon, ob er das Wort ergreift oder nicht, ein Kostenerstattungsanspruch in Höhe einer Terminsgebühr zu (OLG München GRUR 2004, 536; OLG Düsseldorf GRUR-RR 2012, 308 (309) – Fahrbare Betonpumpen). Ein Anspruch auf eine Terminsgebühr besteht allerdings nicht, wenn der Patentanwalt nicht selbst am Termin teilnimmt, sondern sich durch einen Rechtsanwalt vertreten lässt, der nicht auch Patentanwalt ist (OLG Braunschweig NJW-RR 2012, 242).

Eine **Einigungsgebühr** steht dem Patentanwalt nach der Rechtsprechung (OLG München **76** BeckRS 2005, 33661; OLG München Mitt 2004, 437; OLG Köln Mitt 2002, 563 (564)) allerdings nur zu, wenn er an den Vergleichsverhandlungen beteiligt war.

In den drei Entscheidungen wurde festgestellt, dass der Patentanwalt „wesentlich" bzw. „maßgeblich" **76.1** zu dem Vergleichsabschluss beigetragen hat bzw. dass seine Mitwirkung „kausal für das Zustandekommen des Vergleichs" war. Im Lichte des EuGH-Urteils C-531/20, GRUR 2022, 853 – NovaText, ist an dieser Rechtsprechung festzuhalten.

Die Gebühren für die Mitwirkung bei einer **Berufung** oder **Revision** richten sich nach den **77** VV 3200–3210 RVG. Für das **Revisionsverfahren** kann der Patentanwalt eine Verfahrensgebühr nach VV 3206 RVG von 1,6 und eine Terminsgebühr nach VV 3210 RVG von 1,5 erhalten.

Die besondere **Verfahrensgebühr** für Revisionsverfahren nach VV 3208 RVG von 2,3 für einen beim **77.1** BGH zugelassenen Rechtsanwalt können Patentanwälte mangels einer solchen Zulassung nicht fordern (vgl. BGH GRUR 2004, 1062 (1063) – Mitwirkender Patentanwalt; aA Ingerl/Rohnke/Nordemann/ Bröcker Rn. 78, welcher für eine Anwendung der für BGH-Anwälte geltenden Gebühren plädiert).

Für die **Terminsgebühr** sieht das RVG keine Kopplung an die besondere Zulassung beim BGH vor, **77.2** weshalb hier der volle Satz zu gewähren ist (so auch Albrecht/Hoffmann Vergütung Rn. 689; aA lediglich Ströbele/Hacker/Thiering/Thiering Rn. 108, der die Terminsgebühr auf den Satz von 1,2 begrenzen will und verkennt, dass VV 3210 RVG – im Gegensatz zu VV 3206 RVG – nicht auf die besondere Zulassung als BGH-Anwalt abstellt).

Eine Gebühr von 0,8 nach VV 3403 RVG fällt an, wenn ein Patentanwalt an der Prüfung der Erfolgsaus- **77.3** sichten und der sachlichen Auseinandersetzung mit der **Nichtzulassungsbeschwerde** mitwirkt (BGH GRUR 2019, 870; zu einer Patentstreitsache).

VII. Erstattung der Auslagen des Patentanwalts

78　　**Auslagen** des Patentanwalts sind nur zu erstatten, wenn sie notwendig waren. Als Auslagen kommen in erster Linie **Reisekosten** in Betracht (dazu BGH GRUR 2006, 702 Rn. 23). Die Fahrtkosten bei Benutzung eines privaten Kraftfahrzeugs berechnen sich nach VV 7003 ff. RVG. Ferner können Kosten für **Recherchen** anfallen.

78.1　　Fahren ein Rechtsanwalt und ein vom gleichen Mandanten beauftragter Patentanwalt zu einem Prozesstermin, müssen sie selbst dann keine **Fahrgemeinschaft** bilden, wenn sie derselben Kanzlei angehören (OLG Frankfurt BeckRS 2018, 34242). Dazu kritisch Gruber GRUR-Prax 2019, 72, der bei einer Auslegung im Lichte der Enforcement-RL nur in begründeten Fällen einen Ersatzanspruch auf die bei getrennter Anreise entstandenen Kosten für begründet hält.

78.2　　Eine Teilnahme am **Verkündungstermin** ist für eine zweckentsprechende Rechtsverfolgung nicht notwendig und die Kosten daher weder für Rechtsanwälte noch für Patentanwälte erstattungsfähig (BVerwG NJW 2012, 1827 für Rechtsanwälte). Dies gilt jedoch nicht, wenn ein Gericht keine telefonischen Auskünfte über den Prozessausgang erteilt; dann ist die Teilnahme des Rechtsanwalts (nicht auch des Patentanwalts) am Termin notwendig.

78.3　　Auch für eigene **Recherchen** können Auslagen beansprucht werden (OLG Karlsruhe GRUR 1983, 507 – Eigene Recherchekosten; OLG München BeckRS 1988, 07450; OLG Frankfurt GRUR 1996, 967 – Recherche-Kosten; überholt daher OLG Frankfurt GRUR 1979, 76 (77) – Zusatzgebühr, wo das Gericht noch die Auffassung vertrat, dass eigene Recherchen mit den Gebühren abgegolten seien).

79　　Wenn bereits vor der Verhandlung offensichtlich war, dass die **besondere Kompetenz** eines Patentanwalts in der mündlichen Verhandlung **nicht benötigt** wird, sind die Auslagen eines Patentanwalts für die Wahrnehmung eines Verhandlungstermins nicht zu ersetzen.

79.1　　So OLG Düsseldorf BeckRS 2012, 11247; GRUR-RR 2012, 308 (310) – Fahrbare Betonpumpen, allerdings mit einer problematischen Begründung, da es damals das Urteil EuGH C-531/20, GRUR 2022, 853 – NovaText noch nicht gab.

80　　Kein Anspruch besteht, wenn zwar in der vorprozessualen Korrespondenz der Anspruch ua mit dem MarkenG begründet wurde, die Klage dann aber nur noch auf andere Rechtsgrundlagen als das MarkenG gestützt wird. Die **bloße Möglichkeit,** dass der Kläger in der mündlichen Verhandlung den Anspruch doch wieder **auf das MarkenG stützt,** rechtfertigt die Teilnahme eines Patentanwalts am Gerichtstermin nicht. Der gegnerische Prozessverlierer muss dessen Reisekosten daher nicht ersetzen (OLG Stuttgart BeckRS 2007, 16317).

VIII. Nachweis der Mitwirkung

81　　Für den Nachweis der Mitwirkung des Patentanwalts und der hierdurch entstandenen Kosten reicht es regelmäßig aus, dass die Mitwirkung eines Patentanwalts **anwaltlich versichert** wird (OLG Saarbrücken GRUR-RR 2009, 326 (327)). Den beteiligten Anwälten kann weder die wahrheitswidrige Behauptung einer Mitwirkung noch die Erstellung von Scheinrechnungen unterstellt werden (OLG Düsseldorf GRUR-RR 2012, 308 (309) – Fahrbare Betonpumpen; OLG Saarbrücken GRUR-RR 2009, 326 (327)).

81.1　　Der EuGH (C-531/20, GRUR 2022, 853 – NovaText) schreibt zwar, die unbedingte und automatische Einbeziehung von Kosten mittels einfacher ehrenwörtlicher Erklärung eines Vertreters einer Partei des Rechtsstreits könnte die Tür zur missbräuchlichen Rechtsausübung öffnen. Der allgemeine Begriff „Vertreter" verschleiert, dass es sich dabei entweder um einen Patentanwalt oder um einen Rechtsanwalt handelt. Diese beiden Berufsgruppen sind unabhängige Organe der Rechtspflege (§ 1 PAO, § 1 BRAO). Auch wenn die Formulierung des EuGH in diesem Punkt anders verstanden werden kann, fordert er wohl für den Nachweis der Mitwirkung außer der Versicherung nicht noch zusätzlich weitere Beweismittel. Er wollte nur auf die Risiken einer zu weitgefassten Erstattungspflicht hinweisen. Abgesehen davon stellt sich die praktische Frage, durch welche Belege eine Mitwirkung nachgewiesen werden könnte.

82　　Ausreichend ist sogar schon, wenn die Mitwirkung zu Beginn des Verfahrens **angezeigt** und später eine auf das Verfahren bezogene Rechnung vorgelegt wird (OLG Frankfurt GRUR-RR 2012, 307). Dabei macht es keinen Unterschied, ob die Mitwirkungsanzeige vom mitwirkenden Patentanwalt oder von der vertretenden Anwaltskanzlei stammt (OLG Nürnberg GRUR-RR 2003, 29).

83　　Wird die Mitwirkung eines Patentanwalts zu Beginn des Verfahrens **nicht angezeigt,** schließt dies die Erstattungsfähigkeit der Kosten des Patentanwalts nicht aus. Entscheidend ist allein, ob eine Mitwirkung des Patentanwalts stattgefunden hat; diese Mitwirkung kann auch noch nachträglich im **Kostenfestsetzungsverfahren** glaubhaft gemacht werden (OLG Frankfurt GRUR-RR 2003, 125 – Mitwirkungsanzeige; OLG Düsseldorf GRUR-RR 2012, 308 (309) – Fahrbare Betonpumpen).

Macht eine Prozesspartei erst mit der Beschwerde gegen den Kostenfestsetzungsbeschluss die Mitwirkung eines Patentanwalts geltend, sind ihr auch bei einem Erfolg der Beschwerde die **Kosten des Beschwerdeverfahrens** nach § 97 Abs. 2 ZPO aufzuerlegen (OLG Frankfurt GRUR-RR 2003, 125 – Mitwirkungsanzeige). **83.1**

IX. Prozess in eigener Sache

Wirkt ein Patentanwalt in eigener Sache an einem Prozess mit, findet nach der **Rechtsprechung** § 140 Abs. 4 **keine Anwendung** (OLG Frankfurt Mitt 1980, 18; OLG Karlsruhe GRUR 1985, 127; dazu kritisch Gruber Mitt 2018, 264). **84**

Wird ein **Rechtsanwalt** in eigener Sache vor einem Zivilgericht tätig, hat er nach **§ 91 Abs. 2 S. 3 ZPO** einen Anspruch auf Erstattung derjenigen Gebühren und Auslagen, die er als Gebühren und Auslagen eines bevollmächtigten Rechtsanwalts erstattet verlangen könnte. Anders ist die Gesetzeslage beim Patentanwalt: Wirkt dieser in eigener Sache an einem Prozess vor dem Landgericht oder einer höheren Instanz mit, gibt es für ihn weder eine dem § 91 Abs. 2 S. 3 ZPO entsprechende Vorschrift noch wird im MarkenG auf diese Norm verwiesen. In Betracht kommt daher nur eine analoge Anwendung des § 91 Abs. 2 S. 3 ZPO; die Rechtsprechung lehnt diese Analogie jedoch ab und gewährt dem Patentanwalt keinen Anspruch. **84.1**

Zunächst ist zu beachten, dass der Gesetzgeber einen Kostenersatzanspruch bei einer Doppelvertretung nur für den Bereich des gewerblichen Rechtsschutzes geregelt hat, nicht aber bei **Urheberrechtsstreitsachen.** Dieser Umstand wird in der zivilprozessualen Literatur oft übersehen, so zB, wenn Schneider schreibt, die Regelung des § 91 Abs. 2 S. 3 ZPO gelte für Patentanwälte nicht und als Beleg für diese Aussage auf je eine Entscheidung des BayVerfGH (NJW 1993, 2794) und des OLG München (AnwBl 1993, 289 = BeckRS 1990, 00029) verweist (Prütting/Gehrlein/Schneider, 11. Aufl. 2019, ZPO § 91 Rn. 69). Beide Verfahren betrafen urheberrechtliche Streitigkeiten und sind daher für die Erstattungsfähigkeit der Kosten bei Streitigkeiten im Bereich des Kennzeichenrechts ohne Aussagekraft. **84.2**

Einschlägig für das Kennzeichenrecht sind dagegen die oben genannten Entscheidungen des OLG Frankfurt und des OLG Karlsruhe. Beide lehnen eine analoge Anwendung des § 91 Abs. 2 S. 3 ZPO ab. Begründet wird diese ablehnende Haltung damit, dass § 91 Abs. 2 S. 3 ZPO eine **Ausnahmevorschrift** und daher eng auszulegen sei. Dieses Argument überzeugt nicht. Die historische Auslegung führt zu einem anderen Ergebnis: Früher verwies die Gebührenordnung für Patentanwälte in Abschnitt N bei Verfahren auf Festsetzung eines Gegenstandswerts zur Berechnung der Gebühren eines Patentanwalts auf die damals noch geltende BRAGO, in der früher die Vorschrift des § 91 Abs. 2 S. 3 ZPO als § 7 enthalten war (darauf weist BPatG GRUR 1982, 293 (294) hin). § 7 BRAGO wurde aus systematischen Gründen 1957 durch § 91 Abs. 2 S. 4 ZPO (heute § 91 Abs. 2 S. 3 ZPO) ersetzt. Der heute in § 91 Abs. 2 S. 3 ZPO verankerte Regelungsgehalt ist also lediglich, so die treffende Formulierung von Albrecht/Hoffmann (Albrecht/Hoffmann Vergütung Rn. 890), vom Gebührenrecht in das Zivilprozessrecht „verschoben" worden. Dass Patentanwälte in § 91 ZPO nicht ausdrücklich erwähnt werden, dürfte daran liegen, dass der Gesetzgeber diesen Berufsstand – sieht man von den Spezialgesetzen im Bereich des gewerblichen Rechtsschutzes ab – durchgehend ignoriert und auch das RVG nicht entsprechend auf die Patentanwälte anzuwenden ist. **84.3**

Das OLG Frankfurt führt ferner aus, dass im Rahmen des § 91 ZPO auch ein Rechtsanwalt, der in eigener Sache einen beauftragten Bevollmächtigten unterrichtet, nicht gegenüber seinem Gegner eine Verkehrsgebühr geltend machen könne, weil er nämlich selbst in der Lage sei, die sachgerechten Informationen mitzuteilen. Ebenso wenig könne daher ein Patentanwalt daraus einen gebührenrechtlichen Erstattungsanspruch herleiten, dass er seinen Bevollmächtigten über patentrechtliche Fragen und Probleme selbst hinreichend unterrichten kann. Dabei übersieht das OLG, dass ein Patentanwalt regelmäßig nicht nur als Verkehrsanwalt tätig wird, sondern am Gerichtstermin teilnimmt; er hat damit nicht nur Anspruch auf eine Geschäftsgebühr, sondern auch – obwohl er nicht postulationsfähig ist – auf eine Terminsgebühr und – wenn er an den Vergleichsverhandlungen beteiligt war – ggf. zusätzlich auf eine Einigungsgebühr (→ Rn. 73 ff.). **84.4**

Ferner stellt das OLG Frankfurt auf den **Wortlaut** ab: Ein Patentanwalt „wirke nicht mit", wenn die Kläger selbst Patentanwälte seien. Der vom OLG Frankfurt als Problem angesehene Begriff „Mitwirkung" in § 140 Abs. 4 rührt daher, dass sich die Parteien vor den Landgerichten nach § 78 Abs. 1 S. 1 ZPO durch einen Rechtsanwalt vertreten lassen müssen. Da § 91 Abs. 2 S. 2 ZPO auch die Kosten mehrerer Rechtsanwälte grundsätzlich für erstattungsfähig erklärt, steht die „Mitwirkung" einer Erstattungsfähigkeit nach § 91 ZPO nicht entgegen. **84.5**

Für die hier vertretene Auffassung spricht der **Sinn und Zweck** des Kostenersatzanspruchs bei Selbstvertretung. Dazu führt das BVerfG aus (BVerfG NJW 1980, 1677): „Für den Zivilprozess bestimmt § 78 **84.6**

Abs. 4 ZPO, dass ein Rechtsanwalt, der im Anwaltsprozess vertretungsberechtigt ist, ‚sich selbst vertreten' kann. Angesichts dieser verfahrensrechtlichen Regelung wird der Rechtsanwalt, der im Zivilprozess obsiegt und ‚sich selbst vertreten' hat, nach § 91 Abs. 2 S. 3 ZPO (…) kostenrechtlich so behandelt, als habe er sich von einem bevollmächtigten Rechtsanwalt vertreten lassen. Diese kostenrechtliche Konsequenz liegt nahe: es besteht kein überzeugender Grund, den unterliegenden Prozessgegner, der die Kosten zu tragen hat, nur deshalb von der Erstattung des der Gegenseite entstandenen vermögenswerten Aufwandes freizustellen, weil der sich ‚selbst vertretende' Rechtsanwalt die Rolle eines Prozessbevollmächtigten der Sache nach selbst voll ausfüllen durfte. § 91 Abs. 2 S. 3 ZPO wird deshalb von der Rechtsprechung auch in Zivilverfahren herangezogen, die eine anwaltliche Vertretung nicht erfordern. Entsprechend finden die § 78 Abs. 4 ZPO, § 91 Abs. 2 S. 3 ZPO auch im verwaltungsgerichtlichen, finanzgerichtlichen, sozialgerichtlichen, arbeitsgerichtlichen und verfassungsgerichtlichen Verfahren Anwendung." Für eine weite Auslegung des § 140 Abs. 4 spricht daher vor allem, dass ein Ausschluss des sich selbst vertretenden Patentanwalts vom Anwendungsbereich dieser Norm zu unbilligen Ergebnissen führt: Wird ein Dritter, der Patentanwalt ist, eingeschaltet, muss der Prozessverlierer dessen Kosten ersetzen; vertritt ein Patentanwalt dagegen sich selbst, erfolgt keine Kostenerstattung, obwohl der Patentanwalt Zeit in den Prozess investieren muss.

85   Der Sinn und Zweck des § 140 Abs. 4 spricht entgegen der Auffassung der Rechtsprechung dafür, dass auch die Kosten der Selbstvertretung von dieser Norm erfasst werden (im Ergebnis ebenso Albrecht/Hoffmann Vergütung Rn. 766).

86   Ist ein Patentanwalt Partner einer **Partnerschaftsgesellschaft,** die Inhaberin der prozessgegenständlichen Marke ist, liegt keine Selbstvertretung vor, denn eine Partnerschaftsgesellschaft ist nach § 7 Abs. 2 PartGG iVm § 124 HGB parteifähig. Der Patentanwalt wird hier rechtlich also nicht in eigener Sache tätig (so OLG Dresden BeckRS 2008, 02748).

X. Besondere Konstellationen: Rechts- und Patentanwalt

87   Ein Erstattungsanspruch nach § 140 Abs. 4 besteht auch dann, wenn der Patentanwalt **derselben Sozietät** angehört wie der Rechtsanwalt (OLG Nürnberg GRUR 1990, 130; BPatG GRUR 1991, 205 – Anwaltliche Doppelqualifikation).

88   Tritt im Prozess ein Vertreter mit **Doppelqualifikation** auf, nämlich ein sowohl als Rechts- als auch als Patentanwalt zugelassener Prozessbevollmächtigter, hat der Prozessvertreter zusätzlich zum Anspruch auf die Vergütung für seine Rechtsanwaltstätigkeit einen Anspruch nach § 140 Abs. 4 (BGH GRUR 2003, 639).

88.1   Das BPatG (BPatG GRUR 1991, 205 (206) – Anwaltliche Doppelqualifikation) vertritt eine andere Auffassung (für Patentnichtigkeitsverfahren). Es stellt auf das Wort „Mitwirkung" ab. Gegen diese Ansicht spricht der Wortlaut (es heißt „eines Patentanwalts" und nicht etwa „eines weiteren Prozessbevollmächtigten, der Patentanwalt ist") und der Sinn und Zweck der Norm: Jede Prozesspartei hat ein Recht darauf, dass ihre Vertretung sowohl vertiefte juristische als auch vertiefte technisch-naturwissenschaftliche Kenntnisse hat. Dem Prozessverlierer entsteht durch diese Auslegung kein Nachteil; er spart sogar bei den notwendigen Auslagen, die er mal erstatten muss. Anscheinend hält das BPatG an seiner Rechtsprechung nicht fest, vgl. BPatG BeckRS 2016, 128367 Rn. 27: Es sei „in der Rechtsprechung anerkannt", dass bei einer Doppelqualifikation auch die Patentanwaltsgebühren zu erstatten sind.

88.2   Ein doppelter Vergütungsanspruch setzt allerdings voraus, dass der betreffende Berufsträger **sowohl** in seiner Eigenschaft **als Rechtsanwalt** als auch in seiner Eigenschaft **als Patentanwalt mandatiert** worden ist. Davon kann man immer dann ausgehen, wenn auf der Vollmacht beide Berufe genannt werden.

XI. Honorarklage und außergerichtliche Kosten

89   § 140 Abs. 4 ist nicht immer entsprechend auf die **Honorarklage** eines Rechts- oder Patentanwalts anwendbar. Bei Honorarklagen ist eine Doppelvertretung nur dann notwendig, wenn zur Beurteilung der Frage, ob die Honorarforderung berechtigt ist, das Verständnis des Schutzrechts eine Rolle spielt und es deshalb eines besonderen Sachverstands bedarf, um die für das Entgelt des Rechtsanwalts maßgeblichen Umstände zu erfassen und beurteilen zu können (BGH GRUR 2013, 756 – Patentstreitsache II).

90   Auf **außergerichtliche Patentanwaltskosten** ist § 140 Abs. 4 nicht entsprechend anwendbar (BGH GRUR 2012, 756 Rn. 21 – Kosten des Patentanwalts III). Dieser Fall betrifft in der Praxis die vorgerichtlichen Kosten der Abwehr einer unberechtigten Schutzrechtsverwarnung und die Kosten der Abmahnung und wird näher unter → Rn. 91 ff. behandelt.

XII. Abmahnverfahren

Da die Abmahnung eine kostspielige Streitsache vermeiden soll, weshalb sie als Geschäftsfüh- **91** rung ohne Auftrag für den Abgemahnten gilt (BGH NJW 1970, 243 – Fotowettbewerb), gehört sie zum außergerichtlichen Bereich.

Neben der Geschäftsführung ohne Auftrag gemäß § 677 BGB, § 683 Abs. 1 BGB, § 670 BGB **92** kommen § 823 BGB und § 13 Abs. 3 UWG als Anspruchsgrundlage für die Erstattung der Abmahnkosten in Betracht.

Der BGH stützt den Anspruch in ständiger Rechtsprechung auf die Geschäftsführung ohne **93** Auftrag (BGH GRUR 2012, 304 Rn. 21 mwN – Basler Haar-Kosmetik; ebenso OLG Stuttgart GRUR-RR 2012, 412 (413)). Umstritten ist in der Literatur die Grundlage für die Erstattung der Kosten des Abgemahnten (Chudziak GRUR 2012, 133; Albrecht/Hoffmann Vergütung Rn. 487 ff.).

§ 140 Abs. 4 greift nicht bei vorgerichtlichen **Abmahnkosten.** Hat neben einem Rechtsanwalt **94** auch ein Patentanwalt an der vorgerichtlichen Abmahnung wegen einer Markenverletzung mitge- wirkt, kann die Erstattung der durch die Mitwirkung des Patentanwalts entstandenen Kosten nach §§ 677, 683 S. 1, 670 BGB nur beansprucht werden, wenn der Anspruchsteller darlegt und beweist, dass die Mitwirkung des Patentanwalts erforderlich war. Diese Voraussetzung wird nach der Rechtsprechung regelmäßig nur dann erfüllt, wenn der Patentanwalt Aufgaben übernommen hat, die – wie etwa Recherchen zum Registerstand – zum typischen Arbeitsgebiet eines Patentan- walts gehören (BGH GRUR 2011, 754 Rn. 16–19 – Kosten des Patentanwalts II; GRUR 2012, 756 Rn. 21–24 – Kosten des Patentanwalts III). Allerdings sei in diesem Fall allein der nicht weiter substantiierte Vortrag, der Patentanwalt habe eine Markenrecherche durchgeführt, nicht dazu geeignet, die Erforderlichkeit der Mitwirkung eines Patentanwalts neben einem Rechtsanwalt mit Erfahrung im Markenrecht darzulegen (BGH GRUR 2012, 759 – Kosten des Patentanwalts IV).

Aus Sicht des Mandanten ist diese Diskussion müßig: Ihm ist es regelmäßig egal, wer die **95** Markenrecherche durchführt. Ihn interessiert nur, ob die Recherche sorgfältig durchgeführt wurde oder nicht, denn hinsichtlich der Kosten gibt es für ihn keinen Unterschied. Sei es, dass der Rechtsanwalt die Recherche getätigt hat, sei es, dass sie vom Patentanwalt durchgeführt wurde: Der Mandant muss in beiden Fällen (nur) eine Recherchegebühr zahlen (Gruber MarkenR 2022, 101 (103); → Rn. 64.1).

Zur Frage, unter welchen Voraussetzungen eine **unberechtigte Verwarnung** aus einem Kennzeichen- **95.1** recht den Autor dieser Verwarnung zum Schadensersatz verpflichtet, vgl. BGH GRUR 2005, 882 (883) – Unberechtigte Schutzrechtsverwarnung I; GRUR 2016, 630 (632) – Unberechtigte Schutzrechtsverwar- nung II.

§ 140 Abs. 4 greift dagegen, wenn eine **Klage auf Erstattung der Kosten** einer vorgerichtli- **96** chen Abmahnung wegen einer Markenverletzung erhoben wird (OLG Frankfurt GRUR-RR 2001, 199; 2012, 307). Dann liegt eine Kennzeichensache iSv § 140 Abs. 1 vor, da die Frage, ob die Abmahnung berechtigt war oder nicht, eine kennzeichenrechtliche Beurteilung voraussetzt. Die Kosten für die Mitwirkung eines Patentanwalts in einem solchen Klageverfahren sind daher erstattungsfähig.

Das OLG Frankfurt (GRUR-RR 2012, 307) hat angesichts dieser unterschiedlichen Behandlung der **96.1** Patentanwaltskosten zu Recht festgestellt, es verkenne nicht, „dass sich im Einzelfall ein gewisser **Wertungs- widerspruch** ergeben kann, wenn die Kosten des für die kennzeichenrechtliche Abmahnung zusätzlich beauftragten Patentanwalts nach den vom BGH entwickelten Grundsätzen nicht erstattungsfähig sind, während im nachfolgenden gerichtlichen Verfahren, in dem (nur noch) die Kosten für die Abmahnung eingeklagt werden, die Kosten des hierfür hinzugezogenen Patentanwalts nach § 140 Abs. 4 erstattungsfähig sind. Dies allein kann es jedoch nicht rechtfertigen, die Regelung des § 140 Abs. 4 nicht anzuwenden." Mit der Entscheidung EuGH C-531/20, GRUR 2022, 853 – NovaText wurde der Wertungswiderspruch aufgehoben. Zur Klarstellung sollte der Gesetzgeber § 140 Abs. 4 ergänzen und die „Notwendigkeit" der Mitwirkung eines Patentanwalts fordern. Das BMJ hatte bereits im Jahr 2006 entsprechende Überlegungen angestellt, die jedoch angesichts des Widerstands der betroffenen Berufsgruppen nicht weiterverfolgt wur- den (vgl. Tyra WRP 2007, 1059 (1065)).

E. Sonderfall ausländische Patentanwälte

Seit dem NovaText-Urteil des EuGH sind auch gemäß § 140 Abs. 4 nur noch die notwendigen **97** Kosten zu ersetzen (EuGH C-531/20, GRUR 2022, 853 – NovaText); insoweit entspricht diese Regelung dem § 91 Abs. 1 ZPO. Da § 140 Abs. 4 aber im Gegensatz zu § 91 Abs. 1 ZPO auf das RVG verweist, muss nach wie vor geprüft werden, unter welche der beiden Normen der Sachverhalt fällt.

I. § 140 Abs. 4 und vom EU-Recht erfasste Patentanwälte

98   Es ist in Rechtsprechung (OLG Düsseldorf GRUR 1988, 761 – Irischer Patentanwalt; OLG Koblenz GRUR-RR 2002, 127 (128) – Ferrari-Armbanduhren; OLG Zweibrücken GRUR-RR 2004, 343 – Testkaufkosten; BGH GRUR 2007, 999 (1000) – consulente in marchi) und Literatur (vgl. zB HK-MarkenR/Ekey § 140 Rn. 53) unstreitig, dass angesichts des Grundsatzes der Dienstleistungsfreiheit in der EU (vgl. dazu OLG Frankfurt GRUR-RR 2006, 422 (423) – consulente in marchi) unter den Begriff „Patentanwalt" in § 140 Abs. 4 auch Patentanwälte **aus den EU-Mitgliedstaaten** zu subsumieren sind. Ferner fallen unter diese Norm Patentanwälte **aus den EWR-Mitgliedstaaten** (das sind – neben den EU-Mitgliedstaaten) derzeit Island, Liechtenstein und Norwegen) und **aus der Schweiz.** Für die Patentanwälte aus den EWR-Mitgliedstaaten ergibt sich die Gleichsetzung mit den Kollegen aus EU-Mitgliedstaaten aus dem EWR-Abkommen, für die Patentanwälte aus der Schweiz aus dem Abkommen vom 21.6.1999 zwischen der Schweizerischen Eidgenossenschaft einerseits und der Europäischen Gemeinschaft und ihren Mitgliedstaaten andererseits (BGBl. 2001 II 810; dazu → § 96 Rn. 11.1; ferner KG GRUR-RR 2008, 373 – Schweizer Anwalt; Gruber GRUR Int 2014, 1125).

98.1   Der dienstleistende europäische Patentanwalt hat nach § 16 S. 1 EuPAG die Stellung eines inländischen Patentanwalts. Damit wurde Rechtsklarheit bezüglich der Anwendbarkeit des Kostenerstattungsanspruchs in § 140 Abs. 4 MarkenG geschaffen. § 16 S. 1 EuPAG bestätigt die bisherige Rechtsprechung, dass auch Patentanwälte aus anderen EU-Mitgliedstaaten einen entsprechenden Anspruch haben. Gleiches gilt für Patentanwälte aus den Mitgliedstaaten des EWR und aus der Schweiz, denn § 26 EuPAG bezieht Berufsträger aus diesen Herkunftsstaaten ausdrücklich in das Gesetz mit ein.

99   Diese Gleichstellung der Patentanwälte aus EU- und aus EWR-Mitgliedstaaten sowie aus der Schweiz mit den deutschen Patentanwälten gilt unabhängig davon, ob eine der Parteien ihren **Sitz im In- oder im Ausland** hat (OLG Frankfurt GRUR-RR 2006, 422 (423) – consulente in marchi). Die Anwendung des § 140 Abs. 4 ist dabei nach Ansicht des BGH (BGH GRUR 2007, 999 (1000) – consulente in marchi) auch nicht davon abhängig, ob ein **ausländisches Kennzeichenrecht** oder eine **Unionsmarke** Gegenstand des Verfahrens ist.

100   Erstattungsfähig nach § 140 Abs. 4 sind auch die Kosten für Vertreter aus EU-Mitgliedstaaten (sowie dem EWR und der Schweiz), in deren Herkunftsstaat der **Patentanwaltsberuf nicht reglementiert** ist (das betrifft derzeit Bulgarien, Dänemark, Griechenland, Irland, Island, Kroatien, Norwegen, Malta (dazu BGH GRUR 2014, 508 (509); Gruber GRUR-Prax 2022, 529), Rumänien, Schweden und Zypern). Deren Kosten waren bislang nur nach § 91 ZPO erstattungsfähig (vgl. BPatG BeckRS 2016, 11627). Seit Inkrafttreten des EuPAG können auch sie sich in die von der Patentanwaltskammer geführte Liste eintragen lassen (→ Rn. 100.3 f.) und fallen dann unter § 140 Abs. 4 (Gruber GRUR Int 2017, 859).

100.1   Ingerl/Rohnke machen die **Einschränkung,** dass diese Auslegung nicht gelten solle bei „Mißbrauchsfällen dergestalt, dass ein die Mitwirkung legitimierender Bezug der vertretenen Partei oder der Streitsache selbst gerade zu diesem ausländischen Patentanwalt … fehlt" (Ingerl/Rohnke Rn. 65; anderer Ansicht nun Ingerl/Rohnke/Nordemann/Bröcker Rn. 65). Diese Einschränkung lässt sich mit dem Unionsrecht nicht vereinbaren. Eine Partei muss nicht begründen, wieso sie statt eines deutschen Patentanwalts einen Patentanwalt aus einem anderen EU-Mitgliedstaat beigezogen hat (Gruber GRUR Int 2016, 1025).

100.2   Ingerl/Rohnke berücksichtigen nicht, dass zwischen den Patentanwälten der verschiedenen EU-Mitgliedstaaten ein Wettbewerbsverhältnis (vgl. EuGH C-289/02, NJW 2004, 833 Rn. 36 – AMOK Verlag) herrscht. Eine der Grundfreiheiten der Europäischen Union ist die **Dienstleistungsfreiheit.** Diese wird in Art. 56 ff. AEUV geregelt. Nach Art. 56 AEUV müssen Staatsangehörige aus anderen Mitgliedstaaten der Union gleich behandelt werden wie eigene Staatsangehörige. Zwar können die Mitgliedstaaten der EU nach Art. 51 AEUV iVm Art. 62 AEUV Tätigkeiten, die mit der Ausübung öffentlicher Gewalt verbunden sind, vom Anwendungsbereich der Freizügigkeitsregelungen ausnehmen. Rechts- und Patentanwälte fallen nach der Rechtsprechung des EuGH (EuGH 2/74, NJW 1975, 513 (515) – Reyners) jedoch nicht unter diese Ausnahmeregel. Patentanwälte können sich daher auf den Grundsatz der Freizügigkeit innerhalb der EU berufen. Die Rechtsprechung (EuGH C-76/90, GRUR Int 1991, 807 Rn. 12 – Säger/Dennemeyer) bejaht einen Verstoß gegen den Gleichbehandlungsgrundsatz bereits dann, wenn Maßnahmen „geeignet sind, die Tätigkeit des Dienstleistenden, der in einem anderen Mitgliedstaat ansässig ist und dort rechtmäßig Dienstleistungen erbringt, zu unterbinden, zu behindern oder weniger attraktiv zu machen". Würde man bei reinen Inlandssachverhalten die Kosten des ausländischen Patentanwalts nicht nach § 140

Abs. 4 für erstattungsfähig erklären, würde ausländischen Patentanwälten die Tätigkeit in Deutschland erschwert.

Die **vorübergehende Dienstleistung** durch ausländische Patentanwälte ist seit dem Inkrafttreten des **100.3** Gesetzes vom 12.5.2017 (BGBl. I 1121) einfachgesetzlich in den §§ 13–19 **EuPAG** geregelt. Diese Normen unterscheiden danach, ob der Beruf des Patentanwalts im Herkunftsstaat reglementiert ist oder nicht. Nach § 13 Abs. 1 EuPAG dürfen natürliche Personen, die in einem anderen EU-Mitgliedstaat zur Ausübung des Berufs des Patentanwalts rechtmäßig niedergelassen sind, die Tätigkeiten eines Patentanwalts in Deutschland vorübergehend ausüben. Ist im ausländischen Niederlassungsstaat weder der Beruf des Patentanwalts noch die Ausbildung zum Beruf des Patentanwalts reglementiert, darf die Tätigkeit als dienstleistender europäischer Patentanwalt nach § 14 EuPAG nur ausgeübt werden, wenn der Patentanwalt den Beruf in einem anderen Mitgliedstaat innerhalb der vorangegangenen zehn Jahre mindestens ein Jahr lang ausgeübt hat.

Der dienstleistende europäische Patentanwalt ist nach § 15 Abs. 1 EuPAG verpflichtet, vor der ersten **100.4** Erbringung einer Dienstleistung der **Patentanwaltskammer Meldung** zu erstatten. Welche Unterlagen einzureichen sind, hängt davon ab, ob im Herkunftsland der Beruf und die Ausbildung des Patentanwalts reglementiert sind (§ 15 Abs. 1 Nr. 4 EuPAG) oder nicht (§ 15 Abs. 1 Nr. 6 EuPAG). Wenn die Unterlagen vollständig vorliegen, wird der betreffende Patentanwalt in ein von der Patentanwaltskammer zu führendes öffentliches elektronisches Meldeverzeichnis eingetragen (§ 15 Abs. 4 S. 1 EuPAG). Die Eintragung und die Einsicht in das Meldeverzeichnis sind kostenfrei (§ 15 Abs. 4 S. 6 EuPAG).

Wird der ausländische Patentanwalt nicht **in Deutschland tätig,** fehlt eine kollisionsrechtliche **100.5** Anknüpfung an das deutsche Recht; § 140 Abs. 4 findet dann keine Anwendung (aA Ströbele/Hacker/Thiering/Thiering Rn. 100).

Die Frage, ob diejenigen Kosten, die in einer Kennzeichenstreitsache durch die Mitwirkung **101** eines Patentanwalts aus einem EU-Mitgliedstaats entstehen, in entsprechender Anwendung des § 140 Abs. 4 erstattungsfähig sind oder nicht, ist nach Ansicht des BGH (BGH GRUR 2007, 999 Rn. 16) – consulente in marchi) **im Kostenfestsetzungsverfahren** zu prüfen. Voraussetzung für eine analoge Anwendung des § 140 Abs. 4 ist, so der BGH im Jahr 2007, dass der ausländische Patentanwalt in Kennzeichenstreitsachen nach seiner Ausbildung und nach dem Tätigkeitsbereich, für den er in dem anderen Mitgliedstaat zugelassen ist, einem in Deutschland zugelassenen Patentanwalt im Wesentlichen gleichgestellt werden könne. Diese Prüfung ist seit Inkrafttreten des EuPAG entbehrlich. Im Kostenfestsetzungsverfahren ist nun lediglich zu prüfen, ob der betreffende Patentanwalt in das von der Patentanwaltskammer geführte **Melderegister eingetragen** wurde (so im Anschluss an Gruber GRUR Int 2017, 859 (860) nun auch Ingerl/Rohnke/Nordemann/Bröcker Rn. 65). Wenn dies nicht der Fall ist, können seine Kosten nicht nach § 140 Abs. 4 erstattet werden, unabhängig von der Frage, ob der betreffende Dienstleister grundsätzlich in die Liste hätte eingetragen werden können. Für **Altfälle** → Rn. 101.1 ff.

Bezüglich der bisherigen Rechtslage setzt die Gleichstellung nach Ansicht des BGH wohl voraus, dass **101.1** der Patentanwaltsberuf in dem betreffenden ausländischen Staat **überhaupt reglementiert** ist, denn das Gericht spricht von „Zulassung". Dieser Auffassung ist zuzustimmen. § 140 Abs. 4 stellt auf den „Patentanwalt" ab, der in Deutschland ein reglementierter Beruf ist. Als Ausnahmevorschriften ist § 140 Abs. 4 eng auszulegen. Daher muss auch der ausländische Patentanwalt in seinem Herkunftsstaat zugelassen sein.

Weniger überzeugend ist dagegen die Äußerung des BGH, dass zu prüfen sei, ob die Ausbildung **101.2** und der Tätigkeitsbereich des ausländischen Patentanwalts denjenigen **eines deutschen Patentanwalts** **entsprechen.** Diese Prüfung hat bereits der Gesetzgeber vorgenommen; es genügt daher ein Blick in die (mittlerweile außer Kraft getretene) **Anlage zu § 1 PAZEignPrG** (so im Ergebnis auch BPatG BeckRS 2016, 11627). Die dort aufgeführten ausländischen Berufsträger können den deutschen Patentanwälten ohne nähere Prüfung gleichgestellt werden. Folgende EU- bzw. EWR-Mitgliedstaaten sind dort **nicht** **aufgeführt** (dazu BGBl. 2005 I 2560): Bulgarien, Dänemark, Griechenland, Irland, Island, Kroatien, Norwegen, Malta, Rumänien, Schweden und Zypern. Hier ist in Zweifelsfällen zu prüfen, ob in dem betreffenden Staat der Patentanwaltsberuf mittlerweile reglementiert wurde.

Die einzige veröffentlichte Entscheidung (KG GRUR-RR 2008, 373 – Schweizer Anwalt) zur Frage **101.3** der Gleichstellung, die zeitlich nach der BGH-Entscheidung erging, betraf die **Schweiz,** wo der Patentanwaltsberuf bis 2011 – und damit zum Zeitpunkt der Entscheidung des KG im Jahr 2008 – kein reglementierter Beruf war und erst seit 2013 in der Anlage zu § 1 PAZEignPrG aufgeführt wird. Dieser Umstand erklärt den auf den ersten Blick etwas merkwürdigen Sachverhalt der KG-Entscheidung, dass nämlich schweizerische Rechtsanwälte (und nicht Patentanwälte) einen Anspruch nach § 140 Abs. 4 geltend gemacht haben. Das KG hat die Vergleichbarkeit geprüft und festgestellt, dass schweizerische Rechtsanwälte nicht mit den deutschen Patentanwälten vergleichbar sind. Die Entscheidung überzeugt bezüglich der Begründung nicht. Angesichts des Umstands, dass der Patentanwaltsberuf damals in der Schweiz nicht reglementiert war, kam § 140 Abs. 4 gar nicht als Anspruchsgrundlage in Betracht (sondern nur ein Anspruch nach § 91 ZPO; → Rn. 111).

101.4   Bei Markenstreitsachen besteht hinsichtlich der bei der **WIPO eingetragenen Markenvertreter** keine Vergleichbarkeit mit deutschen Patentanwälten, da diese Eintragung keine Eignungsprüfung voraussetzt (KG GRUR-RR 2008, 373 (374) – Schweizer Anwalt).

102   Art. 57 Abs. 3 AEUV sieht vor, dass der grenzüberschreitend tätige Dienstleister seine Tätigkeit vorübergehend in einem anderen EU-Mitgliedstaat unter den Voraussetzungen ausüben kann, welche dieser Staat seinen eigenen Staatsangehörigen vorschreibt. Nach Ansicht des EuGH (EuGH C-289/02, NJW 2004, 833 Rn. 30, 31 – AMOK Verlag) steht diese Norm nicht einer von der Rechtsprechung eines Mitgliedstaats entwickelten Regel entgegen, wonach die Kosten, welche die unterlegene Partei der obsiegenden Partei erstatten muss, bei Einschaltung eines in einem anderen Mitgliedstaat niedergelassenen Anwalts auf die Höhe der Kosten begrenzt ist, die bei Vertretung durch einen im Forumstaat niedergelassenen Anwalt angefallen wären. Diese Auffassung trage dem Grundsatz der Vorhersehbarkeit Rechnung, da nur so die Partei, welche einen Rechtsstreit anstrengt und damit in Gefahr laufe, im Unterliegensfall die Kosten ihres Gegners zu tragen, die Kosten abschätzen könne. § 140 Abs. 4 verweist auf das RVG. Daher kann auch ein ausländischer Patentanwalt **maximal nur die nach dem RVG zulässigen Gebühren** verlangen.

102.1   Allerdings steht nach der Rechtsprechung des EuGH Art. 14 Enforcement-RL vom 29.4.2004 zur Durchsetzung der Rechte des geistigen Eigentums einer nationalen Regelung entgegen, die Pauschaltarife vorsieht, bei denen nicht gewährleistet ist, dass wenigstens ein erheblicher und angemessener Teil der Kosten, die der obsiegenden Partei entstanden sind, von der unterlegenen Partei getragen wird (EuGH C-57/15, GRUR Int 2016, 963 mit Bespr. Gruber IWRZ 2017, 34). Die Enforcement-RL erweitert aber nicht die Wirkungskraft der Dienstleistungs-RL: Auch wenn eine Partei einen ausländischen Patentanwalt beigezogen und ihm vertraglich ein nach seinem Heimatstaat übliches Honorar (das über den deutschen Sätzen liegt) zugebilligt hat, muss die Gegenseite, wenn sie den Prozess verliert, maximal das nach dem RVG zulässige Honorar bezahlen, denn zur Durchsetzung eines Anspruchs ist es nicht notwendig, einen ausländischen Patentanwalt beizuziehen.

103   **Geringere Gebühren** als in Deutschland zulässig kann der ausländische Patentanwalt jedoch verlangen. So hat der EuGH (EuGH C-94/04 und C-202/04, NJW 2007, 281 (285) Rn. 59 ff. – Cipolla) entschieden, dass zwingende Mindesthonorare den Zugang von in einem anderen Mitgliedstaat niedergelassenen Anwälten zum betreffenden Markt für juristische Dienstleistungen erschweren können, denn sie nähmen ihnen die Möglichkeit, durch geringere Honorarforderungen als den in der betreffenden Gebührenordnung festgesetzten Honoraren den Anwälten aus dem betreffenden EU-Mitgliedstaat wirksame Konkurrenz zu machen. Ein Mindesthonorar sei somit geeignet, die Ausübung von Dienstleistungstätigkeiten von Anwälten aus anderen EU-Mitgliedstaaten zu beschränken und stelle daher eine Beschränkung iSd Art. 56 AEUV dar.

103.1   Ein derartiges Verbot könne allerdings gerechtfertigt sein, so der EuGH, wenn es zwingenden **Gründen des Allgemeinwohls** entspreche und geeignet sei, die Verwirklichung des mit ihm verfolgten Ziels zu gewährleisten, und nicht über das hinausgehe, was zur Erreichung dieses Ziels erforderlich sei. Sowohl der Schutz der Verbraucher als auch der Schutz einer geordneten Rechtspflege seien Ziele, die als zwingende Gründe des Allgemeininteresses angesehen werden können und mit denen sich eine Beschränkung des Dienstleistungsverkehrs rechtfertigen lässt. Daher sei zu prüfen, ob für die Anwälte geltende Berufsregeln und insbesondere Vorschriften über die Organisation, die Qualifikation, das Standesrecht, die Kontrolle und die Haftung als solche ausreichen, um die Ziele des Verbraucherschutzes und der geordneten Rechtspflege zu erreichen.

103.2   Hier stellt sich schon die Frage, ob der Wortlaut des § 140 Abs. 4 („sind … zu erstatten") so zu verstehen ist, dass der ausländische Patentanwalt nicht weniger als die nach dem RVG vorgesehenen Gebühren verlangen darf. Der übliche Sprachgebrauch spricht gegen diese Auslegung. Diese Frage kann letztlich dahingestellt bleiben, da der ausländische Patentanwalt einem reglementierten Beruf angehört und damit die vom EuGH aufgestellten Kriterien für die Geltung des ausländischen Gebührenrechts regelmäßig erfüllt sind.

II. § 140 Abs. 4 und vom EU-Recht nicht erfasste Patentanwälte

104   Ob auch Patentanwälte aus anderen als den oben genannten Staaten unter § 140 Abs. 4 fallen, ist **in der Literatur umstritten.** Die Rechtsprechung (OLG Koblenz GRUR-RR 2002, 127 (128) – Ferrari-Armbanduhren; OLG Zweibrücken GRUR-RR 2004, 343 – Testkaufkosten; OLG Düsseldorf BeckRS 2010, 19461) hat diese Frage bislang offen gelassen; dort heißt es bezüglich eines Kostenerstattungsanspruchs für ausländische Patentanwälte stets: „jedenfalls dann, wenn sie in der EU ansässig sind". Bejaht wird diese Frage von Teilen der Literatur. Während Fezer vorsichtig formuliert, dass der Grundsatz der Erstattungsfähigkeit der Kosten eines ausländischen Patentanwalts allgemein für ausländische Patentanwälte und nicht nur für Patentanwälte in den Mitgliedstaaten der EU und des EWR gelten „sollte" (Fezer Rn. 50), schreiben Ingerl/Rohnke, dass gegen eine Ausdehnung dieses Grundsatzes auf Patentanwälte außerhalb der EU „noch keine überzeugenden Einwände vorgebracht" worden seien (Ingerl/Rohnke Rn. 65; vorsichtiger jetzt Ingerl/Rohnke/Nordemann/Bröcker Rn. 65: Kostenerstattungsanspruch „jedenfalls für Patentanwälte aus Mitgliedstaaten der EU").

Ingerl/Rohnke vernachlässigen bei dieser Betrachtung den Hintergrund der Anwendung des **105** Grundsatzes der Kostenerstattung auf die Kosten eines Patentanwalts aus einem EU-Mitgliedstaat. Die **historische Auslegung** spricht dafür, unter „Patentanwalt" in § 140 Abs. 4 nur deutsche Patentanwälte zu verstehen, denn der Gesetzgeber hatte bei der Formulierung der Vorgängerregelung des § 140 Abs. 4, des § 32 Abs. 5 WZG, unter „Patentanwalt" lediglich den Berufsträger im Sinne des Patentanwaltsgesetzes verstanden. Diese Auslegung ist jedoch, wie das OLG Düsseldorf (OLG Düsseldorf GRUR 1988, 761 – Irischer Patentanwalt) zutreffend formuliert hat, durch vorrangiges späteres Recht, nämlich EU-Recht, überholt.

Gegen eine Einbeziehung von Patentanwälten aus Drittstaaten spricht im Übrigen nicht nur **106** die historische Auslegung, sondern auch die **grammatikalische Auslegung** (es wird nur der deutsche Begriff verwendet) und vor allem der Auslegungsgrundsatz, dass **Ausnahmeregelungen** (und dazu zählt § 140 Abs. 4) **eng auszulegen** sind.

Der Gesetzgeber selbst hat dazu im Jahr 2017 ausgeführt (BT-Drs. 18/9521, 236): „Rechts- **107** und Patentanwälte, die weder in Deutschland noch in einem Mitgliedstaat zugelassen sind, dürfen in Deutschland vor Behörden und Gerichten nicht tätig werden (vgl. dazu die §§ 1 und 3 RDG für die außergerichtliche Vertretung und die jeweiligen verfahrensrechtlichen Bestimmungen wie zB § 97 Abs. 2 PatG für die gerichtliche Vertretung)". Patentanwälte, die weder aus EU- noch aus EWR-Mitgliedstaaten noch aus der Schweiz kommen, können also nicht vor Gericht auftreten und fallen daher nicht unter § 140 Abs. 4. Daher sind ihre Kosten auch **nicht erstattungsfähig;** sie können höchstens Rechtsgutachten erstellen, wobei die Gutachtenkosten dann ggf. nach § 91 ZPO zu erstatten sind (→ Rn. 112 f.).

Art. 56 Abs. 1 AEUV **verbietet Beschränkungen des freien Dienstleistungsverkehrs** innerhalb **107.1** der Union. Konkretisiert wird die Dienstleistungsfreiheit (vgl. dazu BGH GRUR 2014, 508 (509)) durch die Dienstleistungs-RL (RL 2006/123/EG, ABl. EG 2006 L 376, 36) sowie die Berufsanerkennungs-RL (RL 2005/36/EG, ABl. EU 2005 L 255, 22). Die Berufsanerkennungs-RL gilt für abgeschlossene Ausbildungen für staatlich reglementierte Berufe. Auf Grund des EU-Rechts ist der Anwendungsbereich des § 140 Abs. 4 daher auf die Patentanwälte aus den EU-Mitgliedstaaten (auch Patentanwälte fallen unter die Dienstleistungs-RL, vgl. EuGH C-130/01, GRUR Int 2003, 629 (631)) und über – von der EU abgeschlossene – internationale Abkommen auf Patentanwälte aus den EWR-Staaten und der Schweiz erstreckt worden. Das EU-Recht fordert aber nur eine Berücksichtigung von Patentanwälten aus den genannten Staaten, nicht auch aus Drittstaaten.

Die Verpflichtung zu einer Gleichstellung ergibt sich auch nicht aus dem **GATS-Abkommen** (BGBl. **107.2** 1994 II 1643), da mit diesem Abkommen der Marktzugang auf die außergerichtliche beratende Tätigkeit beschränkt wurde (GATS-Anlage – Liste der besonderen Verpflichtungen der EU vom 7.3.2019, ABl. EU 2019 C 278, 1); die Vertretung vor Gericht wird davon nicht erfasst (Ewig NJW 1995, 434 (435)).

Der BGH (BGH GRUR 2020, 781 – EPA-Vertreter) scheint angesichts des Wortes „Mitwirkung" der **107.3** Ansicht zu sein, dass der Gesetzgeber mit seinen Äußerungen in BT-Drs. 18/9521, 236, die Fälle des § 140 Abs. 4 nicht im Auge hatte. In der Gesetzesbegründung heißt es aber: „außergerichtliche und gerichtliche" Vertretung; der Gesetzgeber hat bewusst eine weite Formulierung gewählt. Die Ansicht des BGH überzeugt daher nicht.

III. Kostenerstattungsanspruch nach § 91 ZPO

Die Kosten eines ausländischen Rechtsberaters können jedoch **unabhängig von § 140 Abs. 4** **108** **MarkenG** nach § 91 Abs. 1 S. 1 ZPO zu erstatten sein.

Nicht nur ein Rechtsanwalt, sondern auch ein Patentanwalt am Geschäftsort der Partei kann **109** als **Verkehrsanwalt** tätig werden und die Korrespondenz mit dem Prozessbevollmächtigten am Gerichtsort führen (Albrecht/Hoffmann Vergütung Rn. 897). Sofern eine der Parteien im Ausland ansässig ist, kann die Einschaltung eines ausländischen Patentanwalts als Verkehrsanwalt regelmäßig als notwendig angesehen werden (OLG Stuttgart GRUR-RR 2005, 69 (70) mwN – Londoner Verkehrsanwalt). Für eine ausländische Partei können hierbei Sprachkenntnisse, große Entfernung zum Gerichtsort und mangelnde Vertrautheit mit dem fremden Rechtskreis die Inanspruchnahme eines Verkehrsanwalts erforderlich machen (OLG Düsseldorf BeckRS 2010, 19461; BPatG GRUR

2011, 463 (464) – Britischer Verkehrsanwalt). Bei einem Unternehmen, das laufend eine Vielzahl von Rechtsstreitigkeiten in Markensachen zu führen hat, ist auch das Interesse zu berücksichtigen, mit besonders sachkundigen Beratern seines Vertrauens in örtlicher Nähe zusammenzuarbeiten (BGH GRUR 2007, 999 (1000) – consulente in marchi). Wenn allerdings ein ausländischer Markeninhaber bereits eine Vielzahl von Markenrechtsprozessen in Deutschland geführt hat und ständig vom selben deutschen Prozessbevollmächtigten vertreten wurde, ist kein Verkehrsanwalt im Ausland notwendig (OLG Frankfurt GRUR-RR 2006, 422 (424) unter 2. – consulente in marchi).

109.1   Ist die ausländische Partei **selbst rechtskundig** und der **deutschen Sprache mächtig,** sind die Kosten eines Verkehrsanwalts nicht erstattungsfähig (OLG Hamburg VersR 1986, 477). Ähnlich BGH GRUR 2012, 319: Die Mitwirkung eines ausländischen Verkehrsanwalts ist nicht erforderlich, wenn der deutsche Verfahrensbevollmächtigte bereits über alle nötigen Informationen verfügt oder wenn es für die ausländische Partei möglich, zumutbar und kostengünstiger ist, den inländischen Prozessbevollmächtigten unmittelbar zu informieren.

109.2   Auch im **Verfahren vor dem DPMA** kann ein Verkehrsanwalt notwendig sein (BPatG GRUR 2011, 463 (464) – Britischer Verkehrsanwalt).

109.3   Beauftragt eine ausländische Partei einen deutschen Anwalt, besteht unabhängig von ihrer Prozessrolle hinsichtlich der **Wahl des Anwalts** grundsätzlich keine Beschränkung auf einen der **am Sitz des Prozessgerichts** niedergelassenen Anwälte (BGH GRUR 2014, 607; NJW 2017, 2626).

110   Hinsichtlich der Höhe des Erstattungsanspruchs vertrat die hM lange Zeit die Auffassung, dass dieser sich nach dem ausländischen Recht bestimme. Dem trat das OLG Stuttgart entgegen (OLG Stuttgart GRUR-RR 2005, 69 (70) – Londoner Verkehrsanwalt). Es **begrenzt** die Höhe dieses Erstattungsanspruchs **auf die Höhe der Gebührensätze des deutschen Rechts.** Der prozessuale Erstattungsanspruch nach § 91 ZPO dürfe nicht von der Begrenzung getrennt werden, die das deutsche Kostenrecht zum Schutz des erstattungspflichtigen Gegners entwickelt habe. Die Entscheidung wurde vom BGH bestätigt (BGH NJW 2005, 1373).

111   Kosten für **Beratungsleistungen durch ausländische Spezialisten** aus anderen Staaten als den EU-Mitgliedstaaten, den EWR-Mitgliedstaaten oder der Schweiz können nach § 91 Abs. 1 ZPO erstattungsfähig sein.

111.1   Vgl. BPatG BeckRS 2016, 11627: Es „muss es einer … Partei möglich sein, ihr berechtigtes Interesse zu verfolgen und als zur vollen Wahrnehmung ihrer Belange erforderlichen Schritt einen aus ihrer Sicht ausgewiesenen technischen Experten aus dem Heimatland zu betrauen."

111.2   Zur **Haftung** der Rechts- und Patentanwälte bei grenzüberschreitenden Sachverhalten vgl. Gruber MDR 1998, 1399-1401; Hoffmann Mitt 2007, 63.

112   Wenn ein ausländisches Recht in einem Prozess relevant ist, können ferner die Kosten eines **Rechtsgutachtens** nach § 91 ZPO erstattungsfähig sein. Ob ein Erstattungsanspruch nach § 91 ZPO besteht, hängt davon ab, ob eine verständige und wirtschaftlich vernünftige Partei die Maßnahme, welche die Kosten ausgelöst hat, im Zeitpunkt ihrer Veranlassung als sachdienlich ansehen durfte (BGH GRUR 2007, 999 (1000) – consulente in marchi). Der kostenverursachende Aufwand muss notwendig gewesen sein; ein Prozesserfolg ist für die Notwendigkeit aber nicht maßgeblich (BPatG GRUR 1976, 608 (609)).

113   Die Kosten eines Privatgutachtens über ausländisches Recht sind daher immer dann erstattungsfähig, wenn die auftraggebende Partei nur so ihre Rechtsansicht hinreichend darlegen kann (OLG Frankfurt GRUR 1953, 500 (502); 1993, 161 – Französischer Rechtsanwalt). Wird ein ausländischer Rechts- oder Patentanwalt nicht als Prozessvertreter oder Verkehrsanwalt, sondern als Gutachter tätig, beschränkt sich die Prüfung der geltend gemachten Kosten im Kostenfestsetzungsverfahren – da für gutachterliche Tätigkeiten gesetzliche Gebührenvorschriften in Deutschland nicht existieren – allein darauf, ob die Honorarvereinbarung Anhaltspunkte dafür bietet, dass überhöhte bzw. nicht **sachgerechte Forderungen** erhoben worden sind (OLG Naumburg BeckRS 2013, 22093 – consulente in marchi).

F. Exkurs: Internationales Prozessrecht

I. Brüssel I-VO, Brüssel Ia-VO und LugÜ

114   Die internationale Zuständigkeit deutscher Gerichte in Markensachen ergibt sich für Verfahren, die **nach dem 9.1.2015** eingeleitet wurden, aus der **VO (EG) 1215/2012** des Rates vom 12.12.2012 über die gerichtliche Zuständigkeit und die Anerkennung und Vollstreckung von

Entscheidungen in Zivil- und Handelssachen (ABl. EG 2012 L 351, 1; **Brüssel Ia-VO;** dazu Alio NJW 2014, 2395). Die Brüssel Ia-VO gilt in den EU-Mitgliedstaaten – mit Ausnahme Dänemarks – unmittelbar und einheitlich (Art. 288 Abs. 2 AEUV). Die Regelungen der Brüssel Ia-VO genießen in ihrem Anwendungsbereich **Vorrang vor den nationalen Zuständigkeitsregelungen** und sind von Amts wegen anzuwenden. Die §§ 12 ff. ZPO haben also nur noch Bedeutung für die Bestimmung des in Deutschland örtlich zuständigen Gerichts und nicht mehr für die Frage, ob deutsche Gerichte überhaupt zuständig sind.

Auf welche vom **Mutterland räumlich getrennten Territorien** der EU-Mitgliedstaaten die Brüssel **114.1** Ia-VO Anwendung findet, ergibt sich aus Art. 355 AEUV. Nach Art. 355 Abs. 1 AEUV gilt das Unionsrecht und damit auch die Brüssel Ia-VO ua für die zu Spanien gehörenden Kanarischen Inseln.

Die Brüssel Ia-VO ist Gegenstand von Gesetzesreformen geworden. Sie wurde durch die VO (EU) **114.2** 542/2014 des Europäischen Parlaments und des Rates vom 15.5.2014 zur Änderung der VO (EU) 1215/ 2012 bezüglich der hinsichtlich des Einheitlichen Patentgerichts und des Benelux-Gerichtshofs anzuwendenden Vorschriften (ABl. EU 2014 L 163, 1) geändert. Diese Änderungen ergaben sich aus der Notwendigkeit, das System der internationalen Zuständigkeit in Zivil- und Handelssachen mit dem Übereinkommen über ein einheitliches Patentgericht (dazu Gruber GRUR Int 2015, 323) in Einklang zu bringen (vgl. Kommissionsvorschlag vom 26.7.2013, KOM(2013) 554 endg.). Auf die internationale Zuständigkeit in Markensachen wirken sich die Änderungen nicht aus.

Die VO (EU) 1215/2012 (Brüssel Ia-VO) **ersetzt** mit Wirkung zum 10.1.2013 die VO (EG) **115** 44/2001 des Rates vom 22.12.2000 über die gerichtliche Zuständigkeit und die Anerkennung und Vollstreckung von Entscheidungen in Zivil- und Handelssachen (ABl. EG 2001 L 12, 1; **Brüssel I-VO**). Gemäß Art. 80 Brüssel Ia-VO sind Verweisungen auf die Brüssel I-VO als Bezugnahmen auf die Brüssel Ia-VO zu lesen.

Art. 81 Brüssel Ia-VO bestimmt, dass die Verordnung in ihren wesentlichen Teilen erst **ab dem** **115.1** **10.1.2015** gilt (s. auch Art. 66 Brüssel Ia-VO). Auf Verfahren, die vor jenem Datum eingeleitet wurden, findet weiterhin die Brüssel I-VO Anwendung.

Während die materiellen Regelungen der Brüssel Ia-VO im Verhältnis zum geltenden Recht weitge- **115.2** hend – jedenfalls für die hier erörterten Fragen – unverändert geblieben sind, hat sich die **Nummerierung** der Vorschriften nahezu durchgängig **verschoben.** Die neue Nummerierung lässt sich dem Anh. III (Entsprechungstabelle) zur Brüssel Ia-VO entnehmen; abgedruckt in ABl. EU 2012 L 351, 29. Im Folgenden wird die Brüssel Ia-VO zitiert und in Klammern jeweils der entsprechende Artikel der Brüssel I-VO genannt.

Eine materielle Änderung ergab sich hinsichtlich der Rechtsbehelfe gegen Entscheidungen über den **115.3** **Antrag auf Vollstreckbarerklärung** einer in einem anderen EU-Mitgliedstaat ergangenen Entscheidung. Für diese war unter dem Geltungsbereich der Brüssel I-VO nach Art. 39 Abs. 2 Brüssel I-VO immer das LG am Wohnsitz des Schuldners zuständig. Diese Vorschrift ging den ZPO-Regelungen vor (OLG Köln GRUR-RR 2005, 34 (35)). Die Brüssel Ia-VO enthält keine Art. 39 Abs. 2 Brüssel I-VO entsprechende Norm.

Die Sonderstellung des EU-Mitgliedstaats **Dänemark** ergibt sich aus einer Sondervereinbarung **116** zum Amsterdamer Vertrag vom 2.10.1997.

Nach dem „Protokoll über die Position Dänemarks" zu diesem Abkommen beteiligt sich Dänemark **116.1** wegen verfassungsrechtlicher Bedenken nicht an den in Titel IV des EG-Vertrags genannten Maßnahmen. Titel IV des Vertrags (Art. 61–69 Abkommen EG-Dänemark) betrifft den freien Personenverkehr, wozu nach Art. 61 lit. c Abkommen EG-Dänemark auch Maßnahmen im Bereich der justiziellen Zusammenarbeit gehören.

Im Interesse der Rechtseinheit wurde am 19.10.2005 jedoch zwischen der EG und dem Königreich **116.2** Dänemark ein „Abkommen über die gerichtliche Zuständigkeit und die Anerkennung und Vollstreckung von Entscheidungen in Zivil- und Handelssachen" (ABl. EG 2005 L 299, 62) unterzeichnet, das am 1.7.2007 in Kraft trat (ABl. EG 2007 L 94, 70). Damit wurden die Regelungen der Brüssel I-VO auch im Verhältnis Dänemarks zu den übrigen Staaten der EU **für anwendbar erklärt.**

Da die Brüssel I-VO in Dänemark nicht unmittelbar gilt, treten auch Änderungen dort nicht automa- **116.3** tisch in Kraft (Art. 3 Abs. 1 ZivHandZustAbk EG-DK). Dänemark hat sich jedoch verpflichtet, jeweils innerhalb von 30 Tagen nach einer Änderung bekanntzugeben, ob es diese umsetzen wird (Art. 3 Abs. 2 ZivHandZustAbk EG-DK). Im Fall der Brüssel Ia-VO ist eine solche Mitteilung durch Schreiben vom 20.12.2012 erfolgt (ABl. EG 2013 L 79, 4). Für die Umsetzung war noch ein Beschluss des dänischen Parlaments notwendig; dieser ist zwischenzeitlich erfolgt.

Der **persönliche Anwendungsbereich** der Brüssel Ia-VO ist gegeben, wenn der **Beklagte** **117** seinen Wohnsitz in einem EU-Mitgliedstaat hat (Art. 4, 5 und 6 Brüssel Ia-VO; früher Art. 2, 3 und 4 Brüssel I-VO). Unerheblich ist dagegen, ob der Kläger seinen Wohnsitz in einem EU-Mitgliedstaat oder in einem Drittstaat hat. Bezüglich des **sachlichen Anwendungsbereichs** ist zu beachten, dass die Brüssel I-VO für die Schiedsgerichtsbarkeit keine Anwendung findet (Art. 1 Abs. 2 lit. d Brüssel Ia-VO; früher Art. 1 Abs. 2 lit. d Brüssel I-VO).

118   Um die prozessualen Vorteile des EuGVÜ vom 9.10.1978 (BGBl. 1983 II 802; 1986 II 1020), der Vorgängerregelung der Brüssel I-VO, auch auf andere, nicht der EU angehörende europäische Staaten zu erstecken, wurde zwischen der EG und einigen europäischen Staaten 1988 ein weitgehend wortgleiches Parallel-Abkommen geschlossen, das sog **Lugano-Übereinkommen** (BGBl. 1995 II 221; LugÜ). Im Jahr 2007 trat eine überarbeitete Fassung dieses Abkommens in Kraft (ABl. EU 2009 L 147, 5). Das Abkommen von 2007 gilt im Verhältnis zur **Schweiz,** zu **Norwegen** und zu **Island** (ABl. EU 2010 L 140, 1; ABl. EU 2011 L 138, 1).

118.1   Bei Zweifelsfragen hinsichtlich des Lugano-Übereinkommens ist der **EuGH** für die Auslegung zuständig (BGH NVZ 2013, 177 (179)). Für die **Auslegung** dieser Abkommen gelten dieselben Grundsätze wie für die Auslegung der Brüssel Ia-VO (BGH NJW 2017, 827 Rn. 16).

119   Nicht durch EU-Verordnungen oder Staatsverträge geregelt ist die internationale Zuständigkeit im Verhältnis zum EFTA- und EWR-Mitgliedstaat **Liechtenstein.** Dieser Umstand sollte bei der Abfassung von Gerichtsstandsklauseln mit liechtensteinischen Vertragspartnern und bei einer Klageerhebung berücksichtigt werden, denn Entscheidungen liechtensteinischer Gerichte werden in Deutschland mangels Verbürgung der Gegenseitigkeit **nicht anerkannt** (§ 328 Abs. 1 Nr. 5 ZPO) und können daher in Deutschland nicht vollstreckt (§ 722 ZPO iVm § 723 Abs. 2 ZPO) werden (OLG Koblenz IPRax 1984, 267 = RIW 1985, 153; OLG Stuttgart BeckRS 2014, 18413).

120   Mit dem Austritt des **Vereinigten Königreichs** aus der EU zum 31.12.2020 gelten im bilateralen Verhältnis die EU-Verordnungen nicht mehr. Ein Beitrittsgesuch des Vereinigten Königreichs zum Lugano-Abkommen hat die Europäische Kommission abgelehnt (Kohler ZEuP 2021, 781). Die Anerkennung und Vollstreckung von Urteilen aus dem Vereinigten Königreich richtet sich daher grundsätzlich nach § 328 ZPO. Da teilweise spezielle Abkommen greifen und auch in den übrigen Fällen die Gegenseitigkeit der Anerkennung wohl verbürgt ist, sind die Urteile in Deutschland vollstreckbar (§ 328 Abs. 1 Nr. 5 ZPO).

120.1   Zum einen greift das Abkommen vom 14.7.1960 zwischen der Bundesrepublik Deutschland und dem Vereinigten Königreich Großbritannien und Nordirland über die gegenseitige Anerkennung und Vollstreckung gerichtlicher Entscheidungen (BGBl. 1961 II 302). Dieses Abkommen betrifft aber nur Urteile, die auf **Zahlung einer bestimmten Geldsumme** lauten.

120.2   Ferner kann das Haager Übereinkommen über Gerichtsstandsvereinbarungen (HGÜ) vom 30.6.2005 (ABl. 2009 L 133, 3) einschlägig sein. Alle EU-Mitgliedstaaten (außer Dänemark) sind dem HGÜ bereits 2015 beigetreten und das Vereinigte Königreich mit Wirkung zum 1.1.2021. Das Abkommen erlaubt die Anerkennung und Vollstreckung von Entscheidungen eines in einer **ausschließlichen Gerichtsstandsvereinbarung benannten Gerichts.**

II. Klagen wegen der Eintragung oder Gültigkeit von Marken

121   Für Klagen, welche die Eintragung oder die Gültigkeit von Marken zum Gegenstand haben, sind nach **Art. 24 Nr. 4 Brüssel Ia-VO** (früher Art. 22 Nr. 4 Brüssel I-VO) ausschließlich die Gerichte des Mitgliedstaats zuständig, in dessen Hoheitsgebiet die Registrierung beantragt oder vorgenommen worden ist. Auch zivilrechtliche Klagen auf Eintragungsbewilligung (§ 44) sowie auf Erklärung des Verfalls oder der Nichtigkeit (§ 55) fallen auf Grund des engen Sachzusammenhangs unter diese Norm. In der Entscheidung GAT/LuK hat der EuGH ferner festgestellt, dass die ausschließliche Zuständigkeit der Gerichte im Land der Registrierung auch dann zu beachten ist, wenn die Gültigkeit eines eingetragenen Rechts lediglich als **Einrede** geltend gemacht wird (EuGH C-4/03, GRUR 2007, 49 – GAT/LuK).

121.1   Die Entscheidung GAT/LuK des EuGH ist von weiten Teilen der Literatur kritisiert worden (s. insbesondere Heinze/Roffael GRUR Int 2006, 787). Das Verletzungsverfahren könnte nämlich auch ausgesetzt werden, bis über die Frage der Gültigkeit der Marke in einem anderen Verfahren entschieden worden ist.

121.2   Nicht erfasst von Art. 24 Nr. 4 Brüssel Ia-VO (früher Art. 22 Nr. 4 Brüssel I-VO) werden Streitigkeiten über die Frage, wem das Recht an einer Marke zusteht. Kropholler/v. Hein, Europäisches Zivilprozessrecht, 9. Aufl. 2011, Brüssel Ia-VO Art. 22 Rn. 48, wollen unter Hinweis auf EuGH Rs. 288/82, AP Brüsseler Abkommen Art. 16 Nr. 1 – Duijnstee/Goderbauer, daher auch die Klage auf Eintragungsbewilligung und auf Löschung einer Marke vom Anwendungsbereich des Art. 24 Nr. 4 Brüssel Ia-VO (früher Art. 22

Nr. 4 Brüssel I-VO) ausschließen. Bei jenem Fall ging es jedoch um eine Streitigkeit hinsichtlich des Arbeitnehmererfinderrechts und der EuGH hob hervor, dass sich der Rechtsstreit auf die sich aus dem Arbeitsverhältnis ergebenden Rechte bezieht; die Entscheidung passt daher nicht in diesen Zusammenhang.

Unter Art. 24 Nr. 4 Brüssel Ia-VO (früher Art. 22 Nr. 4 Brüssel I-VO) fällt auch eine Klage auf **121.3** Einwilligung der Schutzentziehung einer **IR-Marke;** diese Klage muss vor den Gerichten desjenigen EU-Mitgliedstaats erhoben werden, in dessen Hoheitsgebiet das fragliche Schutzrecht registriert worden ist (BGH GRUR 2006, 941 (942) – TOSCA BLU).

Bei einer **Gerichtsstandsklausel** zugunsten eines Drittstaats ist das Gericht am Sitz des in der EU **121.4** beheimateten Beklagten zuständig, wenn der Beklagte nicht den Mangel der Zuständigkeit geltend macht (EuGH C-175/15, GRUR Int 2016, 494 – Taser International).

III. Klagen wegen Markenrechtsverletzungen

Der (besondere) Gerichtsstand der unerlaubten Handlung ist in **Art. 7 Nr. 2 Brüssel Ia-VO** **122** (früher Art. 5 Nr. 3 Brüssel I-VO) geregelt. Danach kann eine Person, die ihren Wohnsitz im Hoheitsgebiet eines EU-Mitgliedstaats hat, in einem anderen Mitgliedstaat vor dem Gericht des Ortes, an dem das schädigende Ereignis eingetreten ist oder einzutreten droht, verklagt werden. Zur Begründung der internationalen Zuständigkeit deutscher Gerichte reicht es aus, dass die Verletzung des Markenrechts im Inland behauptet wird und – so zumindest der BGH – diese nicht von vornherein ausgeschlossen ist (BGH GRUR 2018, 84 Rn. 47 – Parfummarken). Die Zuständigkeit ist nicht davon abhängig, dass eine Rechtsverletzung tatsächlich eingetreten ist (BGH GRUR 2005, 431 (432) – MARITIME).

Einstweilige Verfügung (→ Rn. 31) können nach Art. 35 Brüssel Ia-VO auch bei einem Gericht **122.1** eines anderen Mitgliedstaats als demjenigen, dessen Gericht für die Entscheidung des Rechtsstreites in der Hauptsache zuständig ist, beantragt werden. Ungeschriebene Voraussetzung dafür ist, dass zwischen dem Gegenstand der beantragten Maßnahme und der gebietsbezogenen Zuständigkeit des angerufenen Gerichts eine „reale Verknüpfung" besteht (EuGH C-391/95, EuZW 1999, 413 Rn. 40 – Van Uden Maritime).

Diese besondere Zuständigkeitsregel des Art. 7 Nr. 2 Brüssel Ia-VO (früher Art. 5 Nr. 3 **123** Brüssel I-VO), mit welcher vom Grundsatz der Zuständigkeit der Gerichte am Beklagtenwohnsitz abgewichen wird, beruht darauf, dass zwischen der Streitigkeit und den Gerichten des Ortes, an dem das schädigende Ereignis eingetreten ist, eine besonders enge Beziehung besteht. Dabei umfasst die Formulierung „Ort, an dem das schädigende Ereignis eingetreten ist oder einzutreten droht" sowohl den **Ort des Schadenseintritts** als auch den **Ort des für den Schaden ursächlichen Geschehens** (EuGH C-509/09, GRUR 2012, 300 Rn. 40 – eDate Advertising und Martinez; C-523/10, GRUR 2012, 654 Rn. 19 – Wintersteiger).

Bei Verletzung einer **Unionsmarke** ist zu beachten, dass nach Art. 122 Abs. 2 UMV die Regelungen **123.1** der UMV bei Klagen wegen Verletzung einer Unionsmarke die Brüssel Ia-VO teilweise verdrängen (BGH GRUR 2018, 84 Rn. 23 – Parfummarken). Nach Art. 125 Abs. 5 UMV sind für diese Klagen die Gerichte desjenigen Mitgliedstaates zuständig, in dem eine Verletzungshandlung begangen wurde. Anknüpfungspunkt ist daher nur der Vorfall, welcher der behaupteten Verletzung zu Grunde liegt. Allerdings ist zu beachten, dass der EuGH in diesem Punkt seine Rechtsprechung etwas modifiziert hat: Während er zuerst nur auf den Handlungsort abgestellt hat (EuGH C-360/12, GRUR 2014, 806 – Coty; dazu Kur GRUR Int 2014, 749), hat er später gemeint, dass die Auslegung von Art. 125 Abs. 5 UMV und die von Art. 7 Nr. 2 Brüssel Ia-VO „eine gewisse Kohärenz aufweisen" müsse (EuGH C-172/18, GRUR 2019, 1047 Rn. 58 – AMS Neve).

Ort der Verwirklichung des Schadenserfolges ist bei der Verletzung von Rechten des **124** geistigen Eigentums nach der Rechtsprechung des EuGH das Gebiet des Staates, in **welchem das fragliche Recht geschützt** ist (EuGH C-523/10, GRUR 2012, 654 Rn. 24–29 – Wintersteiger; BGH GRUR 2018, 84 Rn. 48 – Parfummarken). Damit wird eine Markenrechtsverletzung anders behandelt als eine Verletzung des Persönlichkeitsrechts, da im letztgenannten Fall diejenige Person, die sich in ihren Rechten verletzt fühlt, die Möglichkeit hat, bei den Gerichten des Mitgliedstaates, in dem sich der Mittelpunkt ihrer Interessen befindet, eine Klage auf Ersatz des gesamten entstandenen Schadens zu erheben (EuGH C-509/09, GRUR 2012, 300 Rn. 52 – eDate Advertising u. Martinez). Diese unterschiedliche Behandlung von Marken- und Persönlichkeitsrechtsverletzung begründet der EuGH damit, dass die Persönlichkeitsrechte in allen Mitgliedstaaten geschützt sind, der Schutz der Marke sich dagegen grundsätzlich auf das Gebiet des Staates beschränkt, in dem sie eingetragen ist (EuGH C-523/10, GRUR 2012, 654 Rn. 25 – Wintersteiger).

125   Die räumliche Begrenzung des Schutzbereichs einer Marke bedeutet aber nicht, dass zwangsläufig nur Gerichte desjenigen Mitgliedstaats, in dem die Marke eingetragen ist, zuständig sind. Nach
der Rechtsprechung des EuGH sind auch die Gerichte am Ort des für eine behauptete Verletzung
einer nationalen Marke **ursächlichen Geschehens** zuständig. Diese Zuständigkeit begründet der
EuGH damit, dass die Gerichte an diesem Ort über das betreffende Geschehen ohne Schwierigkeiten Beweis erheben können (EuGH C-523/10, GRUR 2012, 654 Rn. 33 – Wintersteiger). Bei
Markenrechtsverletzungen im Internet ist Ort des ursächlichen Geschehens im Regelfall der
Sitz des markenrechtswidrig Handelnden (BGH GRUR 2018, 84 Rn. 31, 37 – Parfummarken). Der Standort des **Servers** ist irrelevant, denn im Hinblick auf das mit den Zuständigkeitsregelungen verfolgte Ziel der Vorhersehbarkeit kann der Standort des Servers nicht als Ort des ursächlichen Geschehens angesehen werden, weil es meist unklar ist, wo er sich befindet (in diesem Sinne
EuGH C-523/10, GRUR 2012, 654 Rn. 36 – Wintersteiger).

126   Der BGH hat die Frage aufgeworfen, ob es bei Markenrechtsverletzungen im Internet für die
Begründung des Gerichtsstandes der unerlaubten Handlung nach Art. 7 Nr. 2 Brüssel Ia-VO
(früher Art. 5 Nr. 3 Brüssel I-VO) zusätzlich erforderlich ist, dass sich der **Internetauftritt**
bestimmungsgemäß auf das Inland richtet. Der BGH konnte diese Frage bislang offen lassen
(zuletzt BGH GRUR 2015, 1004 Rn. 15 – IPS/ISP), fügte aber hinzu, dass für dieses Erfordernis
spreche, dass damit die Zahl der möglichen Gerichtsstände begrenzt werde (BGH GRUR 2005,
431 (432) – MARITIME). Dieser Argumentationsansatz trennt nicht klar zwischen dem Gerichtsstand und der Begründetheit der Klage; er vermischt zudem Kriterien für Gerichtsstände bei
Verletzung des Persönlichkeitsrechts mit denen für Markenrechtsverletzungen.

127   Für **Persönlichkeitsverletzungen** hat der EuGH diese Frage mittlerweile entschieden. Der
EuGH hat ausgeführt, dass nach dem Kriterium der Verwirklichung des Schadenserfolges die
Gerichte jedes Mitgliedstaats zuständig sind, in dessen Hoheitsgebiet ein im Internet veröffentlichter Inhalt zugänglich ist oder war. Er fügte dann zwar noch hinzu, dass diese Gerichte nur für die
Entscheidung über den Schaden zuständig seien, der im Hoheitsgebiet des Mitgliedstaates des
angerufenen Gerichts verursacht worden ist (EuGH C-509/09, GRUR 2012, 300 Rn. 51 – eDate
Advertising und Martinez), doch dieser Zusatz ist dem Umstand geschuldet, dass bei Persönlichkeitsverletzungen in jedem Land, in dem der Verletzungserfolg eintrat, Klage erhoben werden
kann. Ähnlich argumentiert der EuGH bei einer **Verletzung des Urheberrechts** (EuGH C-
441/13, EuZW 2015, 398 – Heiduk; dem folgt nun auch der BGH GRUR 2016, 1048).

128   Bei **Markenrechtsverletzungen** haben wir eine ganz andere Situation: Es gibt einen Gerichts-
stand an dem Ort, an dem die Marke eingetragen wurde (und nur hier ist ein Schaden entstanden),
und einen Gerichtsstand an dem Ort, an dem die Verletzungshandlung begangen wurde. In dieses
System kann man nicht die Zielgerichtetheit des Internetauftritts hineinpressen und auch die
Gefahr vieler Gerichtsstände droht nicht (in der Tendenz wie hier Stellungnahme der GRUR
GRUR 2018, 595 (597)). Auch wenn der BGH in einer Entscheidung aus dem Jahr 2012 (BGH
GRUR 2012, 621 Rn. 21 – OSCAR) die Frage nach wie vor für umstritten hält, ist sie durch
die EuGH-Rechtsprechung geklärt (s. zu diesen Fragen zuletzt EuGH C-170/12, GRUR Int
2013, 1073 Rn. 43 – Pinckney).

IV. Negative Feststellungsklagen

129   Der Gerichtsstand der unerlaubten Handlung nach Art. 7 Nr. 2 Brüssel Ia-VO (früher Art. 5
Nr. 3 Brüssel I-VO) gilt auch für Klagen auf **Feststellung der Nichtverletzung** (EuGH C-133/
11, GRUR 2013, 98 – Folien Fischer/Ritrama). Damit ist die Situation im nationalen Recht
eine andere als im Unionsmarkenrecht: Dort findet die für Leistungsklagen bestehende Option
der Klageerhebung in dem Mitgliedstaat, in dem die Verletzung begangen wurde, keine Anwendung auf negative Feststellungsklagen (Art. 125 Abs. 5 UMV).

129.1   In diesem Zusammenhang ist auf das Problem der sog. „**Torpedoklagen**" hinzuweisen, auch wenn
diese im Markenrecht eine geringere Bedeutung haben als im Patentrecht. Mit der Torpedoklage wird
versucht, die Durchsetzung von Unterlassungsansprüchen hinauszuschieben. Dazu wird eine negative Feststellungsklage in einem anderen Staat der EU erhoben, im Zivilprozess gewöhnlich lange dauern (zB
Belgien). Die „Blockadewirkung" der Torpedoklage folgt aus Art. 29 Abs. 1 Brüssel Ia-VO (früher Art. 27
Brüssel I-VO): Jedes später begonnene Verfahren über denselben Anspruch ist danach auszusetzen, bis das
zuerst angerufene Gericht über seine Zuständigkeit entschieden hat (vgl. dazu Carl, Einstweiliger Rechtsschutz bei Torpedoklagen, 2007). Zur Frage, wann Ansprüche aus Delikt und Ansprüche aus Vertrag als
„derselbe Anspruch" anzusehen sind, vgl. BGH BeckRS 2016, 04198.

V. Mehrere Beklagte

Art. 8 Nr. 1 Brüssel Ia-VO (früher Art. 6 Nr. 1 Brüssel I-VO) gewährt die Möglichkeit, **130** mehrere Personen vor den Gerichten des Ortes zu verklagen, an dem **einer von ihnen seinen Wohnsitz** hat, sofern zwischen den Klagen eine so **enge Beziehung** gegeben ist, dass eine gemeinsame Verhandlung und Entscheidung geboten erscheint, um zu vermeiden, dass in getrennten Verfahren widersprechende Entscheidungen ergehen könnten. Dies setzt voraus, dass sich die jeweils geltend gemachten Ansprüche auf dieselbe Sach- und Rechtslage beziehen (EuGH C-145/10, GRUR 2012, 166 Rn. 79 – Painer/Standard VerlagsGmbH).

Bei grenzüberschreitenden Sachverhalten – etwa bei der Verletzung von Markenrechten in ver- **131** schiedenen Staaten durch mehrere Beteiligte – ist fraglich, ob die geforderte enge Beziehung bereits dadurch ausgeschlossen wird, dass die verletzten Marken jeweils unterschiedlichen Rechtsordnungen unterliegen. In einer zum Patentrecht ergangenen Entscheidung war dies vom EuGH angenommen worden (EuGH C-539/03, GRUR Int 2006, 836 Rn. 31 – Roche/Primus). In einer späteren Entscheidung zum Urheberrecht wurde diese strikte Haltung jedoch insoweit revidiert, als die Rechtsverschiedenheit als solche keinen zwingenden Hinderungsgrund für die Anwendung von Art. 8 Nr. 1 Brüssel Ia-VO (früher Art. 6 Nr. 1 Brüssel I-VO) darstellt (EuGH C-145/10, GRUR 2012, 166 Rn. 80 – Painer/Standard VerlagsGmbH; s. auch EuGH C-98/06, NJW 2007, 3702 Rn. 41 – Freeport). So soll Art. 8 Nr. 1 Brüssel Ia-VO (früher Art. 6 Nr. 1 Brüssel I-VO) insbesondere dann zur Anwendung kommen können, wenn die **Rechtsverletzungen** in den einzelnen Ländern von den Beklagten jeweils **gemeinsam vorgenommen** wurden (EuGH C-616/10, GRUR 2012, 1169 – Solvay/Honeywell).

Aber auch wenn dies nicht der Fall ist, bleibt Art. 8 Nr. 1 Brüssel Ia-VO (früher Art. 6 **132** Nr. 1 Brüssel I-VO) – bei übereinstimmender Sachlage – umso eher anwendbar, je stärker die Rechtsgrundlagen harmonisiert und die nationalen Vorschriften daher in den Grundzügen identisch sind (EuGH C-145/10, GRUR 2012, 166 Rn. 82 – Painer/Standard VerlagsGmbH).

Welche Bedeutung dieser Rechtsprechung für das Markenrecht zukommt, ist noch nicht **133** geklärt. Da durch die MRL jedoch ein hohes Maß an Harmonisierung erzielt wurde, kann grundsätzlich davon ausgegangen werden, dass die Anwendung von Art. 8 Nr. 1 Brüssel Ia-VO (früher Art. 6 Nr. 1 Brüssel I-VO) in Betracht kommt, wenn der Verletzung von Markenrechten in verschiedenen Staaten durch mehrere Personen ein **einheitlicher Sachverhalt** zugrunde liegt und es sich bei den betroffenen Marken um parallele Rechte – dh gleiche oder ähnliche Marken – handelt.

§ 141 Gerichtsstand bei Ansprüchen nach diesem Gesetz und dem Gesetz gegen den unlauteren Wettbewerb

Ansprüche, welche die in diesem Gesetz geregelten Rechtsverhältnisse betreffen und auf Vorschriften des Gesetzes gegen den unlauteren Wettbewerb gegründet werden, brauchen nicht im Gerichtsstand des § 14 des Gesetzes gegen den unlauteren Wettbewerb geltend gemacht zu werden.

Überblick

§ 141 regelt das Verhältnis von § 140 zu § 14 UWG. § 141 betrifft insbesondere diejenigen Fälle, in denen ein Klagebegehren nicht nur auf das MarkenG, sondern hilfsweise auch auf das UWG gestützt wird. Der Gerichtsstand des § 14 UWG (→ Rn. 2) ist in diesem Fall nicht zwingend (→ Rn. 1). § 141 räumt dem Kläger eine Wahlmöglichkeit bezüglich des Gerichtsstandes ein (→ Rn. 3 f.).

A. Gerichtsstand des § 14 UWG

Rechtsstreitigkeiten, bei welchen der Anspruch auf Normen des UWG gestützt wird, brauchen **1** nicht im Gerichtsstand des § 14 UWG geltend gemacht werden, sofern eine Kennzeichenstreitsache vorliegt (LG Hamburg GRUR-RR 2002, 267 – schuhmarkt.de).

Gerichtsstand des **§ 14 UWG** ist bei dem Gericht, in dessen Bezirk der Beklagte seinen **2** allgemeinen Gerichtsstand hat (§ 14 Abs. 2 S. 1 UWG). Nach § 14 Abs. 2 S. 2 UWG ist ferner das Gericht zuständig, in dessen Bezirk die **Zuwiderhandlung begangen** wurde. Der letztgenannte Gerichtsstand ist für klagende Mitbewerber immer gegeben, für die in § 8 Abs. 3 Nr. 2–4 UWG genannten klageberechtigten Verbände und Kammern nur dann, wenn der Beklagte im Inland keinen allgemeinen Gerichtsstand hat (§ 14 Abs. 2 S. 3 Nr. 2 UWG). Da der klagende Markeninhaber regelmäßig Mitbewerber ist, kann er nach dem UWG bei dem Gericht Klage erheben, wo die wettbewerbswidrige Handlung begangen wurde. Allerdings greift § 14 Abs. 2 S. 2 UWG nicht für Rechtsstreitigkeiten wegen Zuwiderhandlungen in Telemedien (§ 14 Abs. 2 S. 3 Nr. 1 UWG); diese Ausnahme betrifft Zuwiderhandlungen im **Internet** (dazu OLG Düsseldorf GRUR 2021, 984 Rn. 20).

B. Auswirkungen der Wahlmöglichkeit

3   Da auch in Wettbewerbsstreitsachen nach § 14 Abs. 1 UWG ausschließlich die **Landgerichte** zuständig sind, führt die Wahlmöglichkeit des § 141 zu keiner abweichenden sachlichen Zuständigkeit.

4   Bei widerstreitender örtlicher Zuständigkeit verschiedener Landgerichte kann der **Kläger wählen,** ob er vor dem nach § 140 oder dem nach § 14 UWG örtlich zuständigen Gericht Klage erhebt.

4.1   Da sich die örtliche Zuständigkeit sowohl nach dem UWG (→ Rn. 2) als auch nach dem MarkenG (→ § 140 Rn. 17 ff.) nach dem allgemeinen Gerichtsstand des Beklagten oder dem Ort der Begehung der Handlung richtet, hat diese Wahlmöglichkeit keine größere praktische Relevanz. Sie wirkt sich nur dann aus, wenn der Landesgesetzgeber die Konzentrationsermächtigung dazu genutzt hat, um Wettbewerbs- und Kennzeichenstreitsachen jeweils verschiedenen Landgerichten zuzuweisen. So sind in Sachsen für Wettbewerbsstreitsachen das LG Leipzig für die LG-Bezirke Chemnitz und Zwickau und das LG Dresden für die LG-Bezirke Dresden und Görlitz zuständig (§ 13 JOrgVO), für Kennzeichenstreitsachen ist dagegen nur das LG Leipzig zuständig (→ § 140 Rn. 23).

§ 142 Streitwertbegünstigung

(1) Macht in bürgerlichen Rechtsstreitigkeiten, in denen durch Klage ein Anspruch aus einem der in diesem Gesetz geregelten Rechtsverhältnisse geltend gemacht wird, eine Partei glaubhaft, daß die Belastung mit den Prozeßkosten nach dem vollen Streitwert ihre wirtschaftliche Lage erheblich gefährden würde, so kann das Gericht auf ihren Antrag anordnen, daß die Verpflichtung dieser Partei zur Zahlung von Gerichtskosten sich nach einem ihrer Wirtschaftslage angepaßten Teil des Streitwerts bemißt.

(2) [1]**Die Anordnung nach Absatz 1 hat zur Folge, daß die begünstigte Partei die Gebühren ihres Rechtsanwalts ebenfalls nur nach diesem Teil des Streitwerts zu entrichten hat.** [2]**Soweit ihr Kosten des Rechtsstreits auferlegt werden oder soweit sie diese übernimmt, hat sie die von dem Gegner entrichteten Gerichtsgebühren und die Gebühren seines Rechtsanwalts nur nach dem Teil des Streitwerts zu erstatten.** [3]**Soweit die außergerichtlichen Kosten dem Gegner auferlegt oder von ihm übernommen werden, kann der Rechtsanwalt der begünstigten Partei seine Gebühren von dem Gegner nach dem für diesen geltenden Streitwert beitreiben.**

(3) [1]**Der Antrag nach Absatz 1 kann vor der Geschäftsstelle des Gerichts zur Niederschrift erklärt werden.** [2]**Er ist vor der Verhandlung zur Hauptsache zu stellen.** [3]**Danach ist er nur zulässig, wenn der angenommene oder festgesetzte Streitwert später durch das Gericht heraufgesetzt wird.** [4]**Vor der Entscheidung über den Antrag ist der Gegner zu hören.**

Überblick

Um auch wirtschaftlich schwächeren Parteien eine Rechtsverteidigung zu ermöglichen, sieht § 142 in Verfahren vor Gerichten der ordentlichen Gerichtsbarkeit (→ Rn. 3) die Möglichkeit der Streitwertbegünstigung vor (→ Rn. 1). Durch die Streitwertbegünstigung wird der Streitwert (→ Rn. 6 ff.) herabgesetzt; allerdings muss dem Begünstigten ein gewisses Kostenrisiko verbleiben (→ Rn. 29 f.).

Die Voraussetzungen der Streitwertbegünstigung unterscheiden sich materiell (→ Rn. 22; → Rn. 25) und hinsichtlich des Verfahrens (→ Rn. 18) von denen der Prozesskostenhilfe.

Streitwertbegünstigung wird nur auf Antrag (→ Rn. 13 ff.) gewährt. Der Antrag ist grundsätzlich vor der Verhandlung zur Hauptsache zu stellen (→ Rn. 15). Entscheidend ist die wirtschaftliche Lage der antragstellenden Partei (→ Rn. 19 f.); die Erfolgsaussichten der Rechtsverteidigung sind grundsätzlich unbeachtlich (→ Rn. 22), es sei denn, Rechtsmissbrauch liegt vor (→ Rn. 24 ff.). Vor seiner Entscheidung muss das Gericht den Gegner anhören (→ Rn. 18).

Wird Streitwertbegünstigung gewährt, profitiert davon nur der Begünstigte (→ Rn. 31 ff.); verliert die Gegenseite den Prozess, kann sie sich nicht auf den reduzierten Streitwert berufen (→ Rn. 35). Gegen eine Entscheidung des Gerichts über den Antrag auf Streitwertbegünstigung ist als Rechtsmittel für den durch den Beschluss Beschwerten (→ Rn. 37 f.) die Beschwerde nach § 68 GKG gegeben (→ Rn. 36). Verbessern sich die wirtschaftlichen Verhältnisse des Begünstigten nach dem Beschluss über die Streitwertbegünstigung, kann das Gericht den Beschluss wieder ändern (→ Rn. 39).

Eine Parallelvorschrift findet sich in § 144 PatG.

Übersicht

A. Normzweck und Verfassungsrecht

Mit der Streitwertbegünstigung trägt der Gesetzgeber dem Umstand Rechnung, dass im Markenrecht die Streitwerte (→ Rn. 6) im Regelfall hoch sind. Sie dient dazu, dass auch wirtschaftlich (dieser Begriff ist weiter als „finanziell") nicht so gut gestellten natürlichen oder juristischen Personen die Teilnahme an Markenrechtsprozessen ermöglicht bzw. erleichtert wird. Von dieser Regelung kann eine Partei sowohl dann profitieren, wenn sie Klägerin ist, als auch dann, wenn sie Beklagte ist; auch sonstige Prozessbeteiligte mit einem eigenen Kostenrisiko (zB Nebenintervenienten) können Streitwertbegünstigung beantragen. Wenn das Gericht eine Streitwertbegünstigung anordnet, kommt diese nur der begünstigten Partei zugute. **1**

Regelungen zur Streitwertbegünstigung findet man auch in § 144 PatG, § 26 GebrMG, § 54 DesignG, § 12 Abs. 3 UWG und in § 22 GeschGehG. Neben diesen ist § 51 Abs. 5 GKG aufgeführten Normen sieht außerdem § 11 Abs. 2 HalbLSchG kraft einer Verweisung auf § 26 GebrMG eine Streitwertherabsetzung vor. Ferner gibt es außerhalb des gewerblichen Rechtsschutzes in § 247 Abs. 2 AktG eine entsprechende Regelung. **1.1**

Verfassungsrechtlich ist die Streitwertbegünstigung **problematisch** (Gruber GRUR 2018, 585). **2**

Das **BVerfG** hat in einem Nichtannahmebeschluss vom 16.1.1991 eine auf **Art. 3 GG** und **Art. 2 GG** gestützte **Verfassungsbeschwerde einer Prozesspartei** gegen einen Streitwertherabsetzungsbeschluss **abgewiesen** (BVerfG NJW-RR 1991, 1134). Unter Hinweis auf diese Entscheidung hat später auch das BPatG die Ansicht vertreten, dass Streitwertbegünstigungen als sachlich begründete Ausgestaltungen gesetzgeberischen Ermessens verfassungsgemäß sind (BPatG GRUR-RR 2012, 132 f. – Kostenquotelung). Der Gesetzgeber, so das BVerfG in seiner Entscheidung von 1991, sei aus Gründen des sozialen Rechtsstaats und der in Art. 3 Abs. 1 GG gewährleisteten Rechtsgleichheit gehalten, die prozessuale Stellung von bemittelten und unbemittelten Parteien im Bereich des Rechtsschutzes weitgehend anzugleichen. Ein wirtschaftliches Ungleichgewicht zwischen den Parteien sei also ein Unterschied, der eine die Disparität weitgehend aufhebende Regelung grundsätzlich zu rechtfertigen vermag. Auch Art. 2 GG sei nicht verletzt. Zwar sei die Freiheit im wirtschaftlichen Verkehr als Ausfluss der allgemeinen Handlungsfreiheit von Art. 2 Abs. 1 GG geschützt. Der durch Art. 2 Abs. 1 GG geschützte Bereich sei allerdings dann nicht verletzt, wenn den Betroffenen ein angemessener Spielraum verbleibe, sich als Unternehmer wirtschaftlich frei zu entfalten. Dass dieser Spielraum durch die Streitwertbegünstigung unangemessen beeinträchtigt werde, sei nicht erkennbar. **2.1**

2.2   Da Beschwerdeführerin eine Partei war, konnte das BVerfG nicht darauf eingehen, ob durch die Streitwertbegünstigung **Grundrechte der Anwälte** verletzt werden. In Betracht kommen insoweit ein Verstoß gegen das Grundrecht auf freie Berufsausübung **(Art. 12 Abs. 1 GG)** und gegen die Eigentumsgarantie (Art. 14 GG). Nach Ansicht des DAV verstößt die Streitwertbegünstigung gegen Art. 14 GG (DAV AnwBl 1964, 168 (171)), weil der Streitwertbegünstigungsbeschluss rückwirkende Kraft habe und daher einen enteignungsgleichen Eingriff darstelle. In erster Linie kommt jedoch ein Verstoß gegen Art. 12 GG in Betracht. Die Garantie der freien Berufsausübung schließt auch die Freiheit ein, das Entgelt für berufliche Leistungen mit den Interessenten auszuhandeln. Eingriffe in die Berufsausübungsfreiheit sind nur dann mit Art. 12 Abs. 1 GG vereinbar, wenn sie auf einer gesetzlichen Grundlage beruhen, die durch ausreichende Gründe des Gemeinwohls gerechtfertigt ist. Die Beschränkungen stehen unter dem Gebot der Wahrung des Grundsatzes der Verhältnismäßigkeit. Der Eingriff muss zur Erreichung des Eingriffsziels geeignet sein und darf nicht weiter gehen, als es die Gemeinwohlbelange erfordern (so BVerfG NJW 2007, 979 (980)).

2.3   Die Förderung der prozessualen Waffengleichheit ist zwar im Interesse des Gemeinwohls. Dieses Ziel zu Lasten des Anwalts im Wege der Streitwertherabsetzung zu erreichen, ist jedoch seit der (bedingten) Zulässigkeit der Vereinbarung eines **Erfolgshonorars** nicht mehr verhältnismäßig. Das Erfolgshonorar für Anwälte, das früher in Deutschland immer für unzulässig gehalten wurde, ist durch eine BVerfG-Entscheidung vom 12.12.2006 in einem gewissen Umfang für zulässig erklärt worden (BVerfG NJW 2007, 979). Nach Ansicht des BVerfG verstößt das uneingeschränkte Verbot anwaltlicher Erfolgshonorare gegen das Grundrecht auf freie Berufsausübung (Art. 12 Abs. 1 GG). Der Gesetzgeber reagierte auf diese BVerfG-Entscheidung mit dem Gesetz zur Neuregelung des Verbots der Vereinbarung von Erfolgshonoraren, das am 1.7.2008 in Kraft trat (BGBl. 2008 I 1000). Gemäß § 49b Abs. 2 S. 1 BRAO iVm § 4a RVG sowie § 43b Abs. 2 PAO darf ein Erfolgshonorar vereinbart werden, wenn der Auftraggeber auf Grund seiner wirtschaftlichen Verhältnisse bei verständiger Betrachtung ohne die Vereinbarung eines Erfolgshonorars von der Rechtsverfolgung abgehalten würde.

2.4   Betrachtet man die Fälle, für welche das BVerfG die **Zulässigkeit eines Erfolgshonorars** für notwendig erachtet, stellt man fest, dass diese mit denjenigen, für welche **Streitwertbegünstigung** zu gewähren ist, **identisch** sind. So heißt es in der BVerfG-Entscheidung: „Vor diesem Hintergrund können auch Rechtsuchende, die auf Grund ihrer Einkommens- und Vermögensverhältnisse keine Prozesskostenhilfe oder Beratungshilfe beanspruchen können, vor der Entscheidung stehen, ob es ihnen die eigene wirtschaftliche Lage vernünftigerweise erlaubt, die finanziellen Risiken einzugehen, die angesichts des unsicheren Ausgangs der Angelegenheit mit der Inanspruchnahme qualifizierter rechtlicher Betreuung und Unterstützung verbunden ist. ... Für diese Rechtsuchenden ist das Bedürfnis anzuerkennen, das geschilderte Risiko durch Vereinbarung einer erfolgsbasierten Vergütung zumindest teilweise auf den vertretenden Rechtsanwalt zu verlagern."

2.5   Es stehen nunmehr zwei verschiedene Rechtsinstitute zur Verfügung, um wirtschaftlich schwachen Parteien einen Zugang zur Justiz zu gewährleisten: Das Erfolgshonorar und die Streitwertbegünstigung. Der Antrag auf Streitwertermäßigung kann nach § 142 Abs. 3 S. 2 bis zur Verhandlung zur Hauptsache gestellt werden. Anwaltszwang besteht für diesen Antrag nicht. Es ist also durchaus möglich, dass ein Anwalt eine Prozessvertretung im Kennzeichenrecht im Hinblick auf einen bestimmten Streitwert übernimmt, Schriftsätze fertigt und sein Mandant dann kurz vor der Hauptverhandlung einen Antrag auf Streitwertherabsetzung stellt. Gibt das Gericht diesem Antrag statt, erhält der Anwalt für seine bereits erbrachten Leistungen weniger, als er berechtigter Weise erwarten durfte. Im Übrigen ist zu bedenken, dass der Gesetzgeber zwar mit der Streitwertherabsetzung eine Regelung zur Reduzierung der Anwaltshonorare geschaffen hat, bezüglich der Haftung hat er für diesen Fall dagegen keine Sonderregel vorgesehen. Daher stehen bei der Streitwertbegünstigung Honorar und Haftungsrisiko nicht in einem ausgewogenen Verhältnis.

2.6   Der Eingriff in die Berufsausübungsfreiheit durch die Streitwertermäßigung ist daher **unverhältnismäßig**. Es steht nämlich ein anderes, gleich wirksames, aber die Berufsfreiheit weniger einschränkendes Mittel zur Verfügung: Auch mit dem Erfolgshonorar, welches ein die Berufsfreiheit weniger einschränkendes Mittel als die Streitwertbegünstigung ist, da es im Gegensatz zur Streitwertermäßigung nicht ohne Zustimmung des unmittelbar betroffenen Anwalts zur Anwendung kommt, kann das vom Gesetzgeber verfolgte Ziel erreicht werden.

B. Anwendungsbereich des § 142

3   § 142 Abs. 1 betrifft nicht die Verfahren vor dem DPMA, da der Wortlaut des § 142 eine „Klage" voraussetzt. § 142 Abs. 1 setzt ferner „bürgerliche Rechtsstreitigkeiten" voraus. Für diese sind die Gerichte der ordentlichen Gerichtsbarkeit zuständig (§ 13 GVG). § 142 findet **keine Anwendung** auf die Beschwerdeverfahren nach § 66 **vor dem BPatG** (BPatG BeckRS 2018, 9387 Rn. 18), denn die Norm steht im Teil 7 „Verfahren in Kennzeichenstreitsachen" des Markengesetzes, und für Kennzeichenstreitsachen sind nach § 140 die Landgerichte zuständig. Wird die

Entscheidung des BPatG im Rechtsbeschwerdeverfahren vor dem **BGH** angegriffen, kommt für das Verfahren vor dem BGH § 142 allerdings kraft der **Verweisung** in § 85 Abs. 2 zur Anwendung.

Ob Streitwertbegünstigung auch bei der als Popularklage ausgestalteten **Löschungsklage wegen Ver-** **3.1** **falls** nach § 55 Abs. 2 Nr. 1 gewährt werden kann, wird von Traub Freundesgabe Söllner, 1990, 577 (592), bezweifelt. Die Rechtsprechung hat es allerdings abgelehnt, die Popularklagebefugnis einzuschränken (BGH GRUR 2005, 1047 (1048) – OTTO); dies spricht dagegen, einem Kläger in diesem Fall die Streitwertbegünstigung zu versagen.

§ 142 Abs. 1 erwähnt ausdrücklich nur Klagen. Für **einstweilige Verfügungsverfahren** (→ **4** Rn. 11) ist die Vorschrift analog anzuwenden (OLG Koblenz GRUR 1996, 139; KG GRUR-RR 2017, 127, gehen davon ohne weitere Erörterung aus). Dafür spricht, dass einstweilige Verfügungsverfahren Kennzeichenstreitsachen iSd § 140 sind (→ § 140 Rn. 3).

Bei Rechtsstreitigkeiten wegen **Verletzung einer Unionsmarke** kann Streitwertbegünstigung **5** gewährt werden. § 122 Abs. 5 verweist auf § 142.

C. Höhe des vollen Streitwerts

Das Gericht muss zunächst den vollen Streitwert (wenigstens vorläufig) festsetzen; dann erst **6** kann es über die Streitwertbegünstigung entscheiden. Nach § 51 Abs. 1 GKG ist in Verfahren nach dem Markengesetz der **Gegenstandswert** „nach billigem Ermessen zu bestimmen". Maßgeblicher Zeitpunkt für die Wertfestsetzung ist der Termin der Klageerhebung (§ 40 GKG; dazu OLG Koblenz GRUR 1996, 139 (140) – Streitwert).

In Markenrechtsstreitigkeiten nimmt der BGH einen **Regelgegenstandswert** von **50.000** **7** **Euro** an (BGH GRUR 2006, 704 – Markenwert; GRUR-RS 2022, 17577; anders für markenrechtliche Löschungsverfahren vor dem BPatG (nur) der 25. Senat des BPatG, der 25.000 Euro ansetzt (BPatG GRUR-RR 2015, 229) – gegen diese Ansicht der 26. Senat, BPatG GRUR-RR 2016, 381 – Universum). Im Einzelfall kann der Wert angesichts des Interesses des Markeninhabers an der Aufrechterhaltung seiner Marke auch **deutlich darüber liegen** (vgl. BGH BeckRS 2015, 19674 Rn. 8 – Langenscheidt-Gelb: 500.000 Euro bei Markenlöschverfahren, 260.000 Euro bei Verletzungsverfahren).

Nach § 39 Abs. 2 GKG beträgt der Streitwert höchstens 30 Millionen Euro; § 22 Abs. 2 S. 1 RVG **7.1** begrenzt den Gegenstandswert auf dieselbe Summe.

Streitwertangaben in der Klageschrift binden das Gericht nicht, sie haben aber indizielle **8** Bedeutung (BGH GRUR 1986, 93 (94) – Berufungssumme).

Davon abzugrenzen sind Streitwertangaben im **Kostenfestsetzungsantrag:** Es ist auf Grund der **8.1** Antragsbindung (ne ultra petitum) unzulässig, höhere Kosten als die beantragten festzusetzen (BPatG BeckRS 2014, 08005). Somit setzt die Streitwertangabe hier eine Obergrenze, die das Gericht nicht überschreiten darf (unterschreiten darf es diese Grenze).

Entscheidendes Kriterium für die Höhe des Streitwerts ist in erster Linie das **wirtschaftliche** **9** **Interesse des Klägers** an der Durchsetzung der Ansprüche. **Wertbestimmende Faktoren** sind dabei die Art und der Umfang der Verletzungshandlung („Angriffsfaktor") sowie die Umsätze, die mit den mit dem Kennzeichen versehenen Produkten erzielt wurden (OLG Karlsruhe Mitt 1972, 166 (167)). Zu berücksichtigen sind ferner die Dauer und der Umfang der Benutzung des Kennzeichens, der Bekanntheitsgrad und Ruf des Kennzeichens, der Grad der originären Kennzeichnungskraft der Marke und die allgemeine Bedeutung von Kennzeichen für den Absatz bei den betreffenden Produkten (OLG Frankfurt GRUR-RR 2005, 239 (240) unter II.).

Generalpräventive Erwägungen sind bei der Streitwertfestsetzung nicht mit zu berücksichti- **10** gen (OLG Frankfurt GRUR-RR 2005, 71 (72) – Toile Monogram).

Anders für das Urheberrecht OLG Hamburg GRUR-RR 2004, 342 (343) – Kartenausschnitte, da sich **10.1** die strafrechtliche Verfolgung von Urheberrechtsverletzungen angesichts der Überlastung der Strafverfolgungsbehörden als „stumpfes Schwert" erwiesen habe. Hiergegen kann man einwenden, dass es Sache des Gesetzgebers ist, dagegen vorzugehen. Auf jeden Fall ist dieser Gedanke auf das Markenrecht nicht übertragbar, da dort die Zahl der Straftaten geringer und zugleich die Verurteilungsquote höher ist.

Es gibt einen zivilrechtlichen Grundsatz, dass bei **einstweiligen Verfügungsverfahren** ein **11** geringerer Streitwert als für die Hauptsache anzusetzen ist (OLG Nürnberg GRUR 2007, 815 (816) – Kennzeichenstreitwert; OLG Hamburg GRUR-RS 2021, 56189). Wird ausnahmsweise die Hauptsache vorweggenommen, kann deren Wert angesetzt werden.

11.1   So wie hier auch Ekey (HK-MarkenR/Ekey Rn. 14; ähnlich Ströbele/Hacker/Thiering/Thiering Rn. 3), der meint, wenn der Erlass der einstweiligen Verfügung zur Erledigung der Auseinandersetzung zwischen den Parteien hinsichtlich des Unterlassungsanspruchs führe, sei der annähernde Wert des Hauptsacheverfahrens für diesen Verfügungsantrag anzunehmen. Ähnlich das OLG Rostock: Wenn der Verfügungskläger seinen Antrag zurückzieht, weil er davon ausgeht, dass der Antrag nicht erfolgreich sein wird, und damit auch der Rechtsstreit praktisch entschieden ist, ist der Wert der Hauptsache anzusetzen (OLG Rostock GRUR-RR 2009, 39 – Moonlight).

12   Bei einer **Auskunftsklage** (§ 19) ist der Wert des Auskunftsanspruchs nicht identisch mit dem Wert des Leistungsanspruchs, sondern in der Regel nur mit einem Teilwert des Leistungsanspruchs zu bemessen. Dabei werden üblicherweise 1/4 bis 1/10 angesetzt (BGH NZG 2016, 114 Rn. 8).

D. Antrag und Verfahren vor dem angerufenen Gericht

13   Die Streitwertbegünstigung wird nur **auf Antrag** gewährt. Der Antrag kann schriftlich erfolgen oder gemäß § 142 Abs. 3 S. 1 vor der Geschäftsstelle des Gerichts zur Niederschrift erklärt werden. Anwaltszwang besteht nicht (§ 78 Abs. 3 ZPO). In dem Antrag muss die betreffende Partei **konkret** angeben, wie hoch der herabgesetzte Streitwert sein soll.

14   Der Antrag muss für **jede Instanz neu** gestellt werden (OLG Karlsruhe GRUR 1962, 586). Das Gericht muss dann auch in jeder Instanz die Voraussetzungen neu prüfen.

15   Der Antrag ist zweckmäßigerweise mit der Klageerhebung zu stellen. Er muss nach § 142 Abs. 3 S. 2 **vor** der **Verhandlung zur Hauptsache** gestellt werden (OLG Hamburg GRUR 1957, 146 (147)). Das setzt aber voraus, dass vorher bereits ein Streitwert festgesetzt oder angenommen worden war (so bereits KG GRUR 1938, 41 (42)). Wird erst nach oder mit der gerichtlichen Entscheidung zur Hauptsache ein Streitwert festgesetzt, so kann der Antrag dann noch innerhalb einer **angemessenen Frist** gestellt werden (BGH GRUR 1965, 562; BPatG GRUR 1982, 363; OLG Koblenz GRUR 1996, 139 (140)). Bei der Bemessung dieser Frist ist zu bedenken, dass es in der Regel **keiner längeren Überlegungszeit** bedarf, weil die wirtschaftliche schwache Partei sich bereits bei Einleitung des Verfahrens über das Kostenrisiko Rechnung ablegen muss (OLG Hamburg WRP 1974, 499).

15.1   Wird der Streitwert erst im ersten und einzigen Termin zur mündlichen Verhandlung festgesetzt, muss der Antrag auf eine Streitwertbegünstigung auf jeden Fall **vor Beendigung der Instanz** gestellt werden, denn die betreffende Partei soll sich entscheiden, bevor sie den Ausgang des Verfahrens kennt (OLG Hamburg WRP 1974, 499).

15.2   Der Antrag auf Streitwertermäßigung ist nicht mehr zulässig, wenn er im **Verfahren auf Erlass einer einstweiligen Verfügung** erst nach Abgabe der **Abschlusserklärung** gestellt wird, da diese Erklärung die Instanz beendet hat (KG GRUR-RR 2017, 127; besprochen von Gruber GRUR-Prax 2017, 57).

15.3   Wer ein Mandat im Kennzeichenrecht übernimmt, sollte **gleich bei Mandatsübernahme klären,** ob eine **Streitwertbegünstigung in Betracht kommt** oder nicht. Sollten die Voraussetzungen für eine Streitwertbegünstigung erfüllt sein, muss der Anwalt seinen Mandanten entsprechend informieren. Versäumt es der Anwalt, seinen Mandanten rechtzeitig über die Möglichkeit der Streitwertbegünstigung zu informieren, und kann deswegen der Antrag auf Streitwertbegünstigung nicht mehr fristgemäß gestellt werden, besteht die Gefahr, dass sich der Anwalt einem Schadensersatzanspruch ausgesetzt sieht, wenn sein Mandant den Prozess verliert. Die Höhe dieses Schadensersatzanspruchs bestimmt sich nach der Differenz zwischen den Gebühren nach dem vollen und den Gebühren nach dem reduzierten Streitwert. Betroffen davon sind die Gebühren des eigenen Rechts- und des eigenen Patentanwalts, des Rechts- und des Patentanwalts der Gegenseite sowie die Gerichtskosten (Gruber GRUR-Prax 2017, 57).

15.4   Der Gebührenrechtsausschuss des DAV (AnwBl 1964, 168 (169)) geht davon aus, dass eine Partei **bereits vor Klageerhebung** unter Vorlage eines Klageentwurfs Streitwertbegünstigung beantragen kann. Diese Ansicht lässt sich aber mit dem Wortlaut des § 142 („Rechtsstreitigkeiten, in denen durch Klage ein Anspruch ... geltend gemacht wird") nicht vereinbaren (vgl. demgegenüber die Formulierung in § 114 ZPO zum Antrag auf Prozesskostenhilfe: „... wenn die beabsichtigte Rechtsverfolgung oder Rechtsverteidigung ..."). Das Gericht darf daher über den Antrag erst entscheiden, wenn eine Klage anhängig ist.

16   Nach der erstmaligen Festsetzung des Streitwerts ist der Antrag **nur dann** noch zulässig, wenn der angenommene oder festgesetzte Streitwert später durch das Gericht **heraufgesetzt** wird (§ 142 Abs. 3 S. 3).

16.1   Die Auffassung, dass er auch dann später noch zulässig sein soll, wenn sich die wirtschaftlichen Verhältnisse der antragstellenden Partei „ganz entscheidend" **verschlechtert haben** (so OLG Düsseldorf GRUR 1985, 219, ohne eigene Begründung; ähnlich OLG München GRUR 1991, 561), lässt sich weder mit dem insoweit klaren Wortlaut des § 142 Abs. 3 noch mit dem Sinn und Zweck der Norm vereinbaren: Durch die Streitwertbegünstigung soll erreicht werden, dass niemand aus Kostengründen von der Verteidigung seiner Rechte abgehalten wird. Ist die Klage erhoben und hat die kostenrelevante Hauptverhandlung bereits begonnen, sind alle kostenverursachenden Entscheidungen bereits getroffen. Wenn dann erst der Antrag auf Streitwertbegünstigung gestellt wird, hat die Frage der Streitwertbegünstigung auf die Möglichkeit einer Partei, ihre Rechte vor Gericht durchzusetzen, keinen Einfluss mehr.

Diejenige Partei, welche die Streitwertbegünstigung beantragt, muss glaubhaft machen, dass **17** die Belastung mit den Prozesskosten nach dem vollen Streitwert ihre wirtschaftliche Lage erheblich gefährden würde (§ 142 Abs. 1 S. 1). Zur **Glaubhaftmachung** sind nach § 294 ZPO alle Beweismittel zulässig, auch Versicherungen an Eides statt.

Vor der Entscheidung über den Antrag muss das Gericht den **Gegner anhören** (§ 142 Abs. 3 **18** S. 4). § 142 enthält keine dem § 117 Abs. 2 S. 2 ZPO entsprechende Vorgabe, dass die Erklärung und die **Belege dem Gegner** nur mit Zustimmung der antragstellenden Partei **zugänglich gemacht werden** dürfen. Auch eine entsprechende Anwendung des § 117 Abs. 2 S. 2 ZPO kommt nicht in Betracht (aA Ströbele/Hacker/Thiering/Thiering Rn. 29), denn beim Prozesskostenhilfeverfahren hat der Gegner des Antragstellers kein Anhörungsrecht zu der vom Gericht vorzunehmenden Prüfung, ob die persönlichen und wirtschaftlichen Verhältnisse der antragstellenden Partei die Bewilligung der Prozesskostenhilfe rechtfertigen (BGH NJW 2015, 1827 Rn. 18). Insoweit unterscheidet sich das PKH-Verfahren von der Streitwertbegünstigung. Würde man der anderen Partei bei der Streitwertbegünstigung über die wirtschaftlichen Verhältnisse des Antragstellers nichts mitteilen, wäre das vom Gesetz eingeräumte Anhörungsrecht sinnentleert (so auch OLG Stuttgart GRUR-RS 2022, 2394 zum UWG).

E. Voraussetzungen der Herabsetzung des Streitwerts

Die Anordnung der Streitwertbegünstigung setzt zwingend voraus, dass die Belastung mit den **19** Prozesskosten nach dem vollen Streitwert die **wirtschaftliche Lage** der antragstellenden Partei erheblich gefährden würde (OLG Stuttgart WRP 1982, 489 (490)). Eine erhebliche Gefährdung der wirtschaftlichen Lage des Antragstellers liegt nicht schon immer dann vor, wenn er bei Prozessverlust für die nach vollem Streitwert berechneten Prozesskosten einen Kredit aufnehmen müsste. Vielmehr müsste in diesen Fällen die wirtschaftliche Lage des Antragstellers durch diese Kosten nachhaltig negativ beeinflusst werden. Das zur Glaubhaftmachung vom Antragsteller vorgelegte Zahlenmaterial ist dabei durch das Gericht **bilanzkritisch zu würdigen** (KG GRUR 1983, 595 – Bilanzkritische Würdigung).

Bei einer **vermögenslosen** oder nur über nicht nennenswertes Vermögen verfügenden und **20** wirtschaftlich **nicht mehr tätigen juristischen Person** kommt eine solche Gefährdung regelmäßig nicht mehr in Betracht (BPatG BeckRS 2013, 08356; BGH GRUR 1953, 284; GRUR 2013, 1288 – Kostenbegünstigung III). Zur Vermeidung von Missbräuchen kann es zudem erforderlich sein, auch die Einkommens- und Vermögensverhältnisse **dritter Personen** einzubeziehen, wenn der Rechtsstreit **in deren Interesse geführt** wird (BPatG BeckRS 2013, 08356; BGH GRUR 2013, 1288).

Ein Anspruch auf Streitwertbegünstigung ist nur dann ausgeschlossen, wenn der Antragsteller **dauerhaft** **20.1** wirtschaftlich nicht mehr tätig ist. Wenn das Unternehmen später wieder wirtschaftlich tätig sein will, kommt grundsätzlich eine Streitwertbegünstigung in Betracht (Gruber DZWIR 2020, 12).

Bei einer **natürlichen Person** hat das OLG München eine Streitwertbegünstigung abgelehnt, weil der **20.2** Antragsteller eine eidesstattliche Versicherung abgegeben hatte und „endgültig vermögenslos" sei (OLG München BeckRS 2008, 141832). Diese Entscheidung überzeugt nicht. Eine natürliche Person kann durch Arbeit oder andere Weise wieder finanziell gesunden. Die Belastung mit hohen Prozesskosten könnte dem aber entgegenstehen.

Im Antrag auf Streitwertbegünstigung muss dargelegt werden, wie ein Prozess trotz der wirtschaftlich **20.3** schwierigen Lage des Antragstellers bei Gewährung der Streitwertbegünstigung **finanzierbar ist.** Im Regelfall setzt die Rechtsverteidigung in diesen Fällen voraus, dass Dritte die Kosten vorschießen oder dass der Antragsteller einen Antrag auf Prozesskostenhilfe gestellt hat.

Einem **ausländischen Antragsteller** kann das Gericht auch dann Streitwertbegünstigung **21** gewähren, wenn Gegenseitigkeit nicht verbürgt ist (BGH GRUR 1979, 572 – Schaltröhre).

F. Prozesskostenhilfe neben der Streitwertbegünstigung

Die Anordnung der Streitwertbegünstigung schließt die Gewährung von Prozesskostenhilfe **22** (§§ 114 ff. ZPO) nicht aus (BGH GRUR 1953, 123). Die Tatbestandsvoraussetzungen der Streitwertbegünstigung und der Prozesskostenhilfe sind **nicht identisch** (→ Rn. 25): Prozesskostenhilfe darf nur gewährt werden, wenn neben der Bedürftigkeit des Antragstellers auch die beabsichtigte Rechtsverfolgung oder Rechtsverteidigung hinreichende Aussicht auf Erfolg bietet und nicht mutwillig erscheint (§ 114 ZPO). Der Wortlaut des § 142 stellt nicht auf die Erfolgsaussicht ab; die Gewährung der Streitwertbegünstigung setzt daher eine **aussichtsreiche Rechtsverfolgung nicht** voraus (OLG Koblenz GRUR 1996, 139 (140)).

22.1　　Die **Streitwertbegünstigung** führt im Gegensatz zur Prozesskostenhilfe ferner zu einer **endgültigen Kostenermäßigung:** Verbessern sich nach Abschluss des Klageverfahrens die wirtschaftlichen Verhältnisse des Begünstigten, muss er keine Nachzahlung leisten. Zudem umfasst die **Prozesskostenhilfe nur die eigenen Kosten;** bei einer Prozessniederlage könnte daher trotz Prozesskostenhilfe die Insolvenz drohen. Diese Gefahr lässt sich nur durch die Streitwertbegünstigung bannen.

22.2　　Wurde sowohl Prozesskostenhilfe als auch Streitwertbegünstigung gewährt und ist der Anwalt der begünstigten Partei nach § 121 ZPO beigeordnet, richtet sich sein Vergütungsanspruch nach § 49 RVG, wobei aber der volle, ungeminderte Streitwert zu Grunde zu legen ist (BGH GRUR 1953, 250; Albrecht/ Hoffmann GRUR-Prax 2022, 301).

G. Ermessensausübung: Rechtsmissbrauch als Ablehnungsgrund

23　　Die Anordnung der Streitwertbegünstigung steht nach dem Wortlaut des Gesetzes im **Ermessen** („so kann") des Gerichts.

23.1　　Bei der Ausübung des Ermessens muss das Gericht beachten, dass der **Justizgewährungsanspruch** nach Art. 19 Abs. 4 GG eine Wertfestsetzung verbietet, welche den Zugang zu den Gerichten durch Schaffung eines unzumutbaren Kostenrisikos erschweren würde (BVerfG NJW-RR 2000, 946 (947)). Liegen alle Voraussetzungen für eine Streitwertbegünstigung vor, ist daher das **Ermessen auf Null reduziert;** das Gericht muss die Streitwertbegünstigung gewähren.

23.2　　Nach **Art. 14 Enforcement-RL** (RL 2004/48/EG des Europäischen Parlaments und des Rates vom 29.4.2004 zur Durchsetzung der Rechte des geistigen Eigentums) müssen die Mitgliedstaaten sicherstellen, dass die Prozesskosten und sonstigen Kosten der obsiegenden Partei in der Regel, soweit sie zumutbar und angemessen sind, von der unterlegenen Partei getragen werden, sofern Billigkeitsgründe dem nicht entgegenstehen. Der EuGH hat festgestellt, dass sich der Anwendungsbereich des Art. 14 Enforcement-RL auch auf die Anwaltskosten erstreckt (EuGH BeckRS 2016, 81750 m. Bespr. Gruber IWRZ 2017, 34). Diese Norm verlange jedoch nur die Erstattung der „zumutbaren" Kosten; was zumutbar ist, sei ua im Lichte des Art. 3 Abs. 1 Enforcement-RL festzustellen. Danach dürfen die von den Mitgliedstaaten vorgesehenen Verfahren nicht unnötig kostspielig sein. Bezüglich des weiteren Kriteriums der „angemessenen" Kosten führt der EuGH aus, dass diesem nur dann Rechnung getragen werde, wenn wenigstens ein Anspruch auf die **Erstattung eines erheblichen Teils der** tatsächlich entstandenen zumutbaren **Kosten** besteht. Da sowohl die Enforcement-RL als auch § 142 auslegungsbedürftige unbestimmte Rechtsbegriffe enthalten, ist § 142 angesichts des Auslegungsspielraums grundsätzlich mit dem Unionsrecht vereinbar. Allerdings ist zu bedenken, dass im Kennzeichenrecht die Streitwerte und damit auch die Anwaltshonorare regelmäßig hoch sind. Wenn diese nicht voll erstattet werden, muss der Prozessgewinner auf Grund der Streitwertbegünstigung der Gegenseite eventuell beachtliche Kosten selber tragen. Es stellt sich daher die Frage, ob § 142 bei einer Auslegung im Lichte der Enforcement-RL überhaupt noch einen praktischen Anwendungsbereich hat.

24　　Das allgemeine Prinzip, dass **rechtsmissbräuchliches Vorgehen** nicht geschützt ist, ist bei der Ausübung des Ermessens zu berücksichtigen. Daher ist einem Antragsteller Streitwertbegünstigung zu versagen, wenn dessen Rechtsverfolgung oder Rechtsverteidigung mutwillig und offensichtlich aussichtslos ist (OLG Koblenz GRUR 1996, 139 (140)).

24.1　　Wenn eine Partei in **offensichtlich bösgläubiger Weise** (§ 8 Abs. 2 Nr. 14) eine Marke eintragen ließ, um andere Gewerbetreibende unter Druck zu setzen, liegt Rechtsmissbrauch vor (Ströbele/Hacker/ Thiering/Thiering Rn. 24).

25　　Das RG vertrat die Auffassung, dass ein Antrag auf Streitwertbegünstigung immer dann abgelehnt werden könne, wenn bereits ein Antrag auf **Prozesskostenhilfe** (→ Rn. 22) wegen mangelnder Erfolgsaussicht der Rechtsverfolgung abgelehnt wurde (RG GRUR 1938, 325). Dieser Ansicht trat zu Recht das OLG München entgegen, das diese Auslegung für nicht vereinbar mit dem Wortlaut und Zweck des § 142 (in casu ging es um das PatG) hält (OLG München NJW 1959, 52 (53)).

26　　Rechtsmissbrauch hat die Rechtsprechung (KG GRUR 1983, 673 (674) – Falscher Inserent) auch bejaht, wenn der Beklagte den Kläger nach einer Abmahnung darauf hingewiesen hatte, dass der Verstoß nicht von ihm begangen wurde, hier also ein **Irrtum bezüglich der Person des Verletzers** vorliege, und der Kläger dennoch ohne weitere tatsächliche Nachforschungen Klage gegen den Abgemahnten erhoben hat (der Fall betraf das UWG).

Ein Antrag auf Streitwertbegünstigung kann rechtsmissbräuchlich sein, wenn der antragstellende **27** Beklagte trotz einer **eindeutigen Markenrechtsverletzung** auf die vom Markeninhaber ausgesprochene Abmahnung nicht reagiert und damit dem Unterlassungsgläubiger Veranlassung zur Klageerhebung gegeben hat (OLG Hamburg GRUR 1985, 148; OLG Frankfurt GRUR-RR 2005, 296 – Goldschmuckstücke; GRUR-RR 2020, 559). Rechtsmissbrauch liegt in diesen Fällen aber nur vor, wenn vom Antragsteller auf Grund der von ihm ausgeübten Tätigkeit zu erwarten ist, dass er die Sach- und Rechtslage **richtig beurteilen konnte** und keine vernünftigen Gründe dafür ersichtlich sind, dass er auf die Abmahnung nicht reagiert hat.

Unzutreffend ist die Auffassung des OLG Hamburg (GRUR 1957, 146), das meint, wenn eine **28** Partei auf die **Erhöhung des Streitwerts hingewirkt** habe, widerspreche es dem Grundsatz von Treu und Glauben, wenn sie später Streitwertbegünstigung beantrage. Dieser Antrag sei dann rechtsmissbräuchlich und daher abzulehnen. Das Gericht verkennt, dass es sich bei der Streitwertfestsetzung und der Streitwertbegünstigung um zwei unterschiedliche Vorgänge handelt, die auch unterschiedlichen Regelungen unterliegen. Bei einem gegebenen Sachverhalt steht die Festsetzung der Höhe des Streitwerts (→ Rn. 6) nicht zur Disposition der Parteien (§ 3 ZPO). Weist eine Partei das Gericht darauf hin, dass die beabsichtigte Streitwertfestsetzung ihrer Ansicht nach nicht korrekt ist, darf ihr das nicht zum Nachteil gereichen.

Im Streitwertfestsetzungsverfahren gilt der Amtsermittlungsgrundsatz. Das Gericht muss von Amts **28.1** wegen richtig festsetzen (OLG Köln BeckRS 2019, 15648 Rn. 31 = JurBüro 2019, 464). Eine Partei kann daher gar nicht auf eine Erhöhung des Streitwerts „hinwirken". Insoweit besteht ein Unterschied zum UWG: Während in Verfahren nach dem MarkenG gemäß § 51 Abs. 1 GKG der Streitwert nach billigem Ermessen zu bestimmen ist, bestimmt sich der Streitwert nach dem UWG gemäß § 51 Abs. 2 GKG nach der sich aus dem Antrag des Klägers für ihn ergebenden Bedeutung der Sache.

H. Umfang der Herabsetzung des Streitwerts

Bei der Bemessung des herabgesetzten Streitwerts ist zu berücksichtigen, so der BGH, dass **29** dem Antragsteller ein gewisses **Kostenrisiko verbleiben** soll, das in einem angemessenen Verhältnis zum normalen Risiko, dem erhöhten Risiko der Gegenpartei und seinen Vermögensverhältnissen steht (BGH BeckRS 2009, 25824).

Problematisch ist die von einzelnen Oberlandesgerichten entwickelte Methode (dazu OLG **30** Koblenz GRUR 1984, 746), schematisch einen **Sockelbetrag** für den Streitwert festzulegen (in der Praxis meist 10.000 Euro, vgl. OLG Brandenburg GRUR-RS 2021, 12898, besprochen von Gruber GRUR-Prax 2021, 393), bis zu dem eine Partei nach Ansicht des Gerichts die Kosten voll tragen kann, und bei diesen Sockelbetrag übersteigenden Streitwerten 10% des den Sockelbetrags übersteigenden Betrags für die Höhe des ermäßigten Streitwerts in Ansatz zu bringen. Diese offensichtlich der Justizentlastung dienende Methode wird dem Grundsatz der Einzelfallentscheidung nicht gerecht, den die Ermessensentscheidung nach § 142 Abs. 1 fordert.

I. Rechtsfolgen der Streitwertbegünstigung

Wird Streitwertbegünstigung gewährt, verringern sich entsprechend die Gerichts- und Anwalts- **31** kosten (nur) für die **begünstigte Partei.** Ist sie Klägerin, muss sie, wenn sie den Antrag auf Streitwertbegünstigung bereits mit Klageerhebung gestellt hat, lediglich einen entsprechend **ermäßigten Kostenvorschuss** leisten.

Wenn sie **verliert,** muss sie nicht nur ihrem eigenen **Anwalt** sowie ihrem **Patentanwalt** deren **32** Gebühren nach dem geringeren Streitwert bezahlen, auch die Kostenerstattung für den Anwalt sowie den Patentanwalt der Gegenseite richtet sich nach dem geringeren Streitwert. Für die Gebühren des Rechtsanwalts der Gegenseite ergibt sich die Gebührenminderung direkt aus § 142 Abs. 2 S. 2, für die Gebühren des Patentanwalts aus dem Verweis in § 140 Abs. 4 auf § 13 RVG. Tritt in Prozessen vor dem LG, in denen ausnahmsweise kein Anwaltszwang besteht (zB bei Beantragung einer einstweiligen Verfügung), nur ein Patentanwalt auf, sind nach dem Sinn und Zweck des § 142 Abs. 2 auch dessen Gebühren nur nach dem ermäßigten Streitwert zu erstatten (RG GRUR 1940, 152 (153)).

Gegenüber seinem **eigenen Mandanten** hat der **Anwalt der Gegenseite** aber Anspruch auf Gebühren **32.1** nach dem vollen Streitwert. Eine Streitwertbegünstigung führt daher dazu, dass die Gegenseite auch dann, wenn sie den Prozess gewinnt, einen Teil ihrer Anwaltskosten **selbst tragen** muss.

33   Der Begünstigte haftet der **Staatskasse** im Unterliegensfall nur für die Gerichtskosten nach dem ermäßigten Streitwert. Die Streitwertbegünstigung erfasst aber nur diejenigen Gebühren, die sich nach dem Streitwert bemessen.

33.1   Wenn der **streitwertbegünstigte Kläger** zwar **gewinnt,** er die Gerichtskosten beim **zahlungsunfähigen Gegner** aber nicht beitreiben kann, ist die streitwertbegünstigte Partei Kostenschuldner nach § 22 GKG, gegen den die Staatskasse unter den Voraussetzungen des § 31 Abs. 2 GKG vorgehen kann. Die Streitwertbegünstigung hinsichtlich der Gerichtskosten ist daher auch in diesem Fall zu gewähren (so iE auch Ströbele/Hacker/Thiering/Thiering Rn. 34), sofern der Prozess nicht wirtschaftlich sinnlos (keine Markenrechtsverletzung mehr im Zeitpunkt der Klageerhebung auf Grund der Insolvenz und Einstellung des Geschäftsbetriebs des Beklagten) war.

34   **Kosten und Auslagen** werden daher von der Streitwertbegünstigung nicht erfasst. Deswegen sind zB trotz einer Streitwertbegünstigung die gerichtlichen Auslagen für den Sachverständigen voll zu tragen bzw. zu erstatten (OLG München GRUR 1960, 79 – Sachverständigenkosten).

35   **Gewinnt** diejenige Partei, der Streitwertbegünstigung gewährt wurde, den Prozess, und wird die gegnerische Seite verurteilt, die Kosten zu tragen, so berechnen sich die zu erstattenden Kosten des Anwalts der obsiegenden, streitwertbegünstigten Partei nach dem **vollen Streitwert.** Der Anwalt der streitwertbegünstigten Partei kann in diesem Fall nach § 142 Abs. 2 S. 3 seine Gebühren im eigenen Namen **direkt von der Gegenseite** erstattet verlangen (BPatG GRUR-RR 2012, 132).

35.1   Gewinnt der Streitwertbegünstigte den Rechtsstreit **nur teilweise,** wird die Kostenquotelung gemäß § 92 ZPO nach dem Teilstreitwert berechnet. Der Anwalt des Streitwertbegünstigten hat aber gegenüber dem Prozessgegner einen Erstattungsanspruch, der sich nach dem ungekürzten Streitwert berechnet. Dies kann dazu führen, dass die begünstigte Partei trotz höherer Kostenlast-Quote mehr erstattet bekommt, als sie ihrerseits der überwiegend obsiegenden Partei erstatten muss (BPatG GRUR-RR 2012, 132 (133) – Kostenquotelung).

J. Rechtsmittel gegen den Beschluss

36   Die Streitwertherabsetzung erfolgt durch einen Beschluss gemäß § 63 GKG (OLG München NJW 1959, 52). Sowohl gegen einen ablehnenden als auch gegen einen stattgebenden Beschluss über einen Antrag auf Streitwertbegünstigung kann **Streitwertbeschwerde** nach § 68 GKG einlegt werden (OLG München NJW 1959, 52; BGH GRUR-RS 2021, 14956).

36.1   Die Beschwerde ist nur zulässig, wenn der Beschwerdewert **200 Euro übersteigt** (§ 68 Abs. 1 S. 1 GKG) oder wenn das Gericht, das die angefochtene Entscheidung erlassen hat, wegen der grundsätzlichen Bedeutung der zur Entscheidung stehenden Frage die Beschwerde zulässt (§ 68 Abs. 1 S. 2 GKG).

36.2   Wurde der Beschluss von einem OLG erlassen, findet nach § 68 Abs. 1 S. 5 GKG iVm § 66 Abs. 3 S. 3 GKG keine Beschwerde statt (BGH GRUR-RS 2021, 14956 Rn. 10).

36.3   Das Beschwerdegericht hat im Streitwertfestsetzungsverfahren eine selbständige Ermessensentscheidung zu treffen (OLG Karlsruhe Mitt. 1972, 166 (167)).

37   **Beschwerdeberechtigt** sind zum einen die **Parteien.** Bei der Streitwertbeschwerde besteht **kein Anwaltszwang** (§ 78 Abs. 3 ZPO). Allerdings ist eine Beschwerdeberechtigung nur gegeben, wenn der Betreffende durch den Beschluss **beschwert** ist (KG WRP 1978, 300).

37.1   Beschwerdeberechtigt ist die **Partei, deren Antrag** auf Streitwertbegünstigung **abgelehnt** wird (OLG Frankfurt MuW 1937, 313). Die antragstellende Partei ist ferner beschwerdeberechtigt, wenn ihr zwar Streitwertbegünstigung gewährt wird, aber nicht in der **beantragten Höhe** (OLG Karlsruhe GRUR 1962, 586 zum PatG).

37.2   Wird Streitwertbegünstigung **gewährt,** kann die **gegnerische Partei** dagegen vorgehen (KG WRP 1978, 300; OLG München NJW 1959, 52; OLG Frankfurt MuW 1937, 313). Sie ist durch die Streitwertbegünstigung beschwert, denn wenn sie gewinnt, hat sie gegen den streitwertbegünstigten Prozessverlierer bezüglich ihrer eigenen Anwaltskosten nur einen Kostenersatzanspruch, der auf Basis des reduzierten Streitwerts berechnet wird (→ Rn. 32), während sie selbst ihrem Anwalt für Gebühren nach dem vollen Streitwert haftet (KG WRP 1978, 300). Durch diese **Gebührendifferenz** ist sie **unmittelbar beschwert.**

38   Beschwerdeberechtigt sind ferner die **Rechts- und Patentanwälte** der Parteien sowie die **Staatskasse** (Gruber MDR 2016, 310).

38.1   Ein **Rechtsanwalt** kann **im Namen seines Mandanten** in den oben dargestellten Fällen Beschwerde einlegen. Der Anwalt kann aber auch aus **eigenem Recht** (§ 32 Abs. 2 S. 1 RVG) Beschwerde einlegen (OLG Koblenz GRUR 1996, 139; KG WRP 1978, 300). Entscheidend für die Frage, ob die Beschwerde im Namen des Mandanten oder im eigenen Namen eingelegt wurde, ist die **Formulierung in der Beschwerdeschrift** (vgl. OLG Brandenburg NJW-RR 2005, 80; BGH NJW-RR 1986, 737). Albrecht/Hoffmann vertreten die Auffassung, dass es bei einer Beschwerde gegen einen zu niedrig festgesetzten Gegenstandswert unwahrscheinlich sei, dass die Beschwerde „namens und im Auftrag" des Mandanten eingelegt werde, auch wenn der Anwalt dies so schreibe (Albrecht/Hoffmann Vergütung Rn. 372). Das ist aber zu weitgehend. Zwar können Gerichte prozessuale Erklärungen auslegen (BGH BeckRS 2017, 102825; NJW 2014, 155 (157)); die Erklärung ist hier aber klar und somit nicht auslegungsfähig. Eine entsprechende Nachfrage des Gerichts würde daher die Grenzen der Hinweispflicht des Gerichts nach § 139 Abs. 3 ZPO überschreiten: Ein Anwalt muss wissen, was er beantragt und in wessen Namen er den Antrag stellt.

Legt ein Rechtsanwalt **im eigenem Namen** Beschwerde ein, ist er nur beschwerdeberechtigt, wenn **38.2** er durch den Beschluss **beschwert ist** (irreführend KG WRP 1978, 134 (135), das aus § 32 Abs. 2 S. 1 RVG eine generelle Beschwerdeberechtigung ableitet und dabei übersieht, dass diese Norm nur eine grundsätzliche Beschwerdeberechtigung postuliert; hinzutreten muss noch eine konkrete Beschwer). Ergänzend ist darauf hinzuweisen, dass eine **Weisung des Mandanten** an den Anwalt, von einer Streitwertbeschwerde aus eigenem Recht des Anwalts abzusehen, **unbeachtlich** ist (OLG Koblenz NJW-RR 2011, 1205).

Der **Rechtsanwalt des Antragstellers** ist nur bei einem **zu niedrig** angesetzten Streitwert beschwert, **38.3** denn nur dann muss er eine Gebührenminderung hinnehmen (dazu allgemein OLG Köln NJW-RR 1999, 1303). Wenn die Streitwertbegünstigung **abgelehnt** wurde, steht dem Anwalt der antragstellenden Partei daher **kein Beschwerderecht** aus eigenem Recht zu.

Der **Rechtsanwalt der Gegenpartei** ist bei **Gewährung** der Streitwertbegünstigung beschwert. Er **38.4** kann zwar von seiner eigenen Partei Gebühren nach dem vollen Streitwert fordern, falls sein Mandant den Rechtsstreit gewinnt. Wird sein Mandant aber zahlungsunfähig, entfällt für den Rechtsanwalt durch die Streitwertbegünstigung eine Sicherung eines Teils seines Anspruchs (so zutreffend KG WRP 1978, 134 (135); Ingerl/Rohnke/Nordemann/Bröcker Rn. 36; aA ohne Begründung für die entsprechende Regelung im PatG Benkard PatG/Grabinski/Zülch PatG § 144 Rn. 10).

Auf Grund der Regelung des § 140 Abs. 4, die auf das RVG verweist, sind außerdem die von den **38.5** Parteien beauftragten **Patentanwälte** (sofern ihre Mitwirkung zur zweckentsprechenden Rechtsverfolgung notwendig war) entsprechend dem zu den Rechtsanwälten Gesagten beschwerdeberechtigt (OLG Karlsruhe Mitt 1972, 166 (167)).

Wurde Streitwertbegünstigung gewährt, ist ferner der **Vertreter der Staatskasse** beschwerdeberechtigt, **38.6** da die Streitwertbegünstigung zu einer Minderung der vom Begünstigten zu zahlenden Gerichtskosten führt (allgemein zur Beschwerdeberechtigung des Vertreters der Staatskasse OLG Düsseldorf NJW-RR 2000, 1382 Rn. 5a).

K. Abänderung des Streitwertherabsetzungsbeschlusses

Verbessern sich die Vermögensverhältnisse derjenigen Partei, der Streitwertbegünstigung gewährt **39** wurde, im Laufe des Gerichtsverfahrens, kann das Gericht seinen Beschluss über die Streitwertbegünstigung nach § 63 Abs. 3 S. 1 GKG bis zum Abschluss des Verfahrens in der jeweiligen Instanz wieder **ändern** (OLG Düsseldorf Mitt 1973, 177 (178); KG GRUR 1938, 40 (41)).

Dafür spricht insbesondere, dass sonst die gegnerische Partei ohne jeden sachlichen Grund bei einem **39.1** Prozessgewinn einen Teil ihrer eigenen Kosten tragen müsste (→ Rn. 32.1). Auch die Staatskasse und der eigene Anwalt würden bei einem Prozessverlust des Streitwertbegünstigten sonst ohne sachlichen Grund eine Gebührenmindereinnahme hinnehmen müssen.

Die Änderung erfolgt **rückwirkend** (aA Gaedeke JW 1938, 3009 (3011), der nur bei unwahren oder **39.2** unvollständigen Angaben eine Rückwirkung zulassen will), denn das Vertrauen der begünstigten Partei in die Gewährung der Streitwertbegünstigung steht immer unter dem Vorbehalt, dass sich die Vermögensverhältnisse des Begünstigten nicht verbessern. Zudem besteht eine Kostenerstattungspflicht der begünstigten Partei, wenn sie den Prozess verliert, erst immer ab dem Zeitpunkt, zu dem das Verfahren der jeweiligen Instanz beendet ist.

Wenn ein Antrag fristgerecht gestellt wurde, ihn das Gericht aber abgelehnt hat, weil die **40** Streitwertbegünstigung durch die wirtschaftliche Lage der antragstellenden Partei nicht gerechtfertigt war, und sich anschließend die wirtschaftliche Lage der antragstellenden Partei im Laufe des Prozesses **verschlechtert,** ist es nach dem Gesetzeszweck (→ Rn. 16.1) dagegen nicht geboten, den ursprünglichen Beschluss zu ändern. Der Umstand, dass die Gegenseite bei einer nachträglichen Streitwertbegünstigung einem erhöhten Kostenrisiko ausgesetzt wäre, mit dem sie bei Prozessbeginn nicht rechnen konnte, spricht vielmehr gegen eine Abänderungsmöglichkeit.

Teil 9. Straf- und Bußgeldvorschriften; Beschlagnahme bei der Einfuhr und Ausfuhr

Abschnitt 1. Straf- und Bußgeldvorschriften

§ 143 Strafbare Kennzeichenverletzung

(1) Wer im geschäftlichen Verkehr widerrechtlich

1. entgegen § 14 Abs. 2 Satz 1 Nr. 1 oder 2 ein Zeichen benutzt,
2. entgegen § 14 Abs. 2 Satz 1 Nr. 3 ein Zeichen in der Absicht benutzt, die Unterscheidungskraft oder die Wertschätzung einer bekannten Marke auszunutzen oder zu beeinträchtigen,
3. entgegen § 14 Abs. 4 Nr. 1 ein Zeichen anbringt oder entgegen § 14 Abs. 4 Nr. 2 oder 3 eine Aufmachung oder Verpackung oder ein Kennzeichnungsmittel anbietet, in den Verkehr bringt, besitzt, einführt oder ausführt, soweit Dritten die Benutzung des Zeichens
   a) nach § 14 Abs. 2 Satz 1 Nr. 1 oder 2 untersagt wäre oder
   b) nach § 14 Abs. 2 Satz 1 Nr. 3 untersagt wäre und die Handlung in der Absicht vorgenommen wird, die Ausnutzung oder Beeinträchtigung der Unterscheidungskraft oder der Wertschätzung einer bekannten Marke zu ermöglichen,
4. entgegen § 15 Abs. 2 eine Bezeichnung oder ein Zeichen benutzt oder
5. entgegen § 15 Abs. 3 eine Bezeichnung oder ein Zeichen in der Absicht benutzt, die Unterscheidungskraft oder die Wertschätzung einer bekannten geschäftlichen Bezeichnung auszunutzen oder zu beeinträchtigen,

wird mit Freiheitsstrafe bis zu drei Jahren oder mit Geldstrafe bestraft.

(2) Handelt der Täter in den Fällen des Absatzes 1 gewerbsmäßig oder als Mitglied einer Bande, die sich zur fortgesetzten Begehung solcher Taten verbunden hat, so ist die Strafe Freiheitsstrafe von drei Monaten bis zu fünf Jahren.

(3) Der Versuch ist strafbar.

(4) In den Fällen des Absatzes 1 wird die Tat nur auf Antrag verfolgt, es sei denn, daß die Strafverfolgungsbehörde wegen des besonderen öffentlichen Interesses an der Strafverfolgung ein Einschreiten von Amts wegen für geboten hält.

(5) [1]Gegenstände, auf die sich die Straftat bezieht, können eingezogen werden. [2]§ 74a des Strafgesetzbuchs ist anzuwenden. [3]Soweit den in § 18 bezeichneten Ansprüchen auf Vernichtung im Verfahren nach den Vorschriften der Strafprozeßordnung über die Entschädigung des Verletzten (§§ 403 bis 406c der Strafprozeßordnung) stattgegeben wird, sind die Vorschriften über die Einziehung (§§ 74 bis 74f des Strafgesetzbuches) nicht anzuwenden.

(6) [1]Wird auf Strafe erkannt, so ist, wenn der Verletzte es beantragt und ein berechtigtes Interesse daran dartut, anzuordnen, daß die Verurteilung auf Verlangen öffentlich bekanntgemacht wird. [2]Die Art der Bekanntmachung ist im Urteil zu bestimmen.

Überblick

§ 143 stellt die widerrechtliche Benutzung von nach diesem Gesetz geschützten Kennzeichen im geschäftlichen Verkehr unter Strafe. Abs. 1 enthält den Grundtatbestand (→ Rn. 5), Abs. 2 die Qualifikation der gewerbsmäßigen Begehung (→ Rn. 12). Die versuchte Begehung ist nach Abs. 3 strafbar (→ Rn. 14). Die qualifizierte Kennzeichenverletzung nach Abs. 2 wird von Amts wegen verfolgt (→ Rn. 18). Die einfache Kennzeichenverletzung nach Abs. 1 nur dann, wenn an der Verfolgung ein besonderes öffentliches Interesse besteht. Ansonsten hat der Verletzte nach Abs. 4 Strafantrag zu stellen (→ Rn. 16). Abs. 5 regelt die strafrechtliche Einziehung und Vernichtung von kennzeichenverletzenden Gegenständen (→ Rn. 20 ff.). Auf Antrag des Verletzten kann das erkennende Gericht nach Abs. 6 die Veröffentlichung des Urteils aussprechen (→ Rn. 23).

Eckhardt

Übersicht

A. Allgemeines

Neben der Regelung der zivilrechtlichen Folgen einer Kennzeichenverletzung befand es der **1** Gesetzgeber schon 1990 für notwendig additiv strafrechtliche Sanktionen in das damalige Warenzeichengesetz (WZG) einzufügen. Die Regelung wurde 1995 im Zuge der Ablösung des WZG durch das MarkenG im Wesentlichen übernommen. Durch die zusätzliche strafrechtliche Sanktionierung von Kennzeichenverletzung wird die **Präventivwirkung** des MarkenG vor allem im Kampf gegen **Produktpiraterie** wesentlich verstärkt. Zudem kann der Verletzte durch **Akteneinsicht** seines Rechtsanwaltes (§ 406e StPO) auch selbst unmittelbar von einem Strafverfahren profitieren, indem er die ermittelten Erkenntnisse im Zivilprozess als **Beweismittel** anführt. Tritt er gemäß § 395 Abs. 1 Nr. 6 StPO als **Nebenkläger** auf, entfällt gemäß § 406e Abs. 1 S. 2 StPO die für die Akteneinsicht sonst nötige Darlegung eines **berechtigten Interesses** (Meyer-Goßner/Schmitt StPO § 406e Rn. 3).

Anwendungsfelder können sich jedoch auch in zunächst unerwarteten Bereichen ergeben: Ein **2** interessanter Ansatz aus der Literatur sieht eine Anwendungsmöglichkeit von kennzeichenrechtlichen Straftatbeständen zur Schließung von Strafbarkeitslücken bei modernen Betrugsformen über das Internet. Beim sog. **Phishing** werden Nutzern Emails mit gefälschten Kennzeichen, häufig von Banken, zugesandt, die dem gutgläubigen Nutzer Passwörter und andere sensible Daten entlocken sollen. Sofern der Täter zunächst nur solche E-Mails verschickt hat, ohne eine unmittelbare Zugriffsmöglichkeit auf das Vermögen des Getäuschten erlangt zu haben, konnte eine Strafbarkeit bislang nicht immer überzeugend begründet werden (Fischer StGB § 263 Rn. 173; Fischer StGB § 269 Rn. 8). Da es sich bei dem Versand entsprechender E-Mails aber schon um eine widerrechtliche Benutzung von Kennzeichen im geschäftlichen Verkehr handelt, kann eine bestehende Strafbarkeitslücke über § 143 geschlossen werden (Beck/Dornis CR 2007, 642 (644)).

Die MRL und die UMV enthalten keine strafrechtlichen Regelungen. **Unionsmarken** wurden **3** aber bereits 1996 durch die Änderungen des MarkenRÄndG vom 19.7.1996 (BGBl. I 1014) in den Schutzbereich des § 143 aufgenommen. Im Jahr 2001 wurde die strafbare Verletzung von Unionsmarken dann durch das Kostenbereinigungsgesetz vom 13.12.2001 (BGBl. I 3656) in § 143a eigenständig geregelt. Für **IR-Marken** mit Schutz in Deutschland gilt § 143 Abs. 1 Nr. 1–3 über §§ 107, 112 bzw. §§ 119, 124.

Auf europäischer Ebene ist zukünftig mit einer weitgehenden **Vereinheitlichung** zu rechnen. **4** Aktuell existiert ein Vorschlag der Kommission vom 26.4.2006 für eine Richtlinie über strafrechtliche Maßnahmen zur Durchsetzung der Rechte des geistigen Eigentums (KOM(2006) 168 endg.). Gegen eine Harmonisierung strafrechtlicher Sanktionen im gewerblichen Rechtsschutz bestehen aber auch **Bedenken.** In einer umfassenden Stellungnahme argumentiert das Max-Planck-Institut für Innovation und Wettbewerb gegen den Vorschlag der Kommission. Befürchtet wird eine zu pauschale Strafandrohung, die das „ultima ratio"-Gebot des Strafrechts verletzt und zu einem den freien Wettbewerb gefährdenden Missbrauch führen könnte (Hilty/Kur/Peukert GRUR Int 2006, 722).

B. Grundtatbestand

I. Objektiver Tatbestand

§ 143 verweist vollständig auf die zivilrechtlichen Tatbestände der § 14 und § 15. Mithin **5** unterliegt **jede Kennzeichenverletzung** der Strafbarkeit. Die Verweisung auf zivilrechtliche Tatbestände hat zur Folge, dass die ermittelnde Staatsanwaltschaft nach § 154d StPO die Tatbestandsfrage auf ein **zivilrechtliches Verfahren** abwälzen kann (Meyer-Goßner/Schmitt StPO § 154d Rn. 1). Gleiches gilt für das Strafgericht gemäß § 262 Abs. 2 StPO. Kommt der Verletzte der Pflicht zur Klärung der Tatbestandsfrage durch ein zivilrechtliches Verfahren nicht innerhalb der gesetzten **Frist** nach, kann das Verfahren durch die Staatsanwaltschaft **eingestellt** bzw. durch das Strafgericht **ausgesetzt** werden. Richtigerweise wird im Interesse einer wirksamen strafrechtlichen Verfolgung von **Produktpiraterie** darauf hingewiesen, dass von den Rechten aus §§ 154d, 262 Abs. 2 StPO nicht vorschnell Gebrauch gemacht werden sollte (Ströbele/Hacker/Thiering/ Thiering Rn. 17; Ingerl/Rohnke/Nordemann/Bröcker Rn. 5). Anderenfalls würde der Sinn und Zweck der strafrechtlichen Verfolgung von Kennzeichenverletzung konterkariert.

1. Handeln im geschäftlichen Verkehr

6 Alle Tatbestände setzen ein Handeln im geschäftlichen Verkehr voraus. Der Begriff ist mit der Verwendung in § 14 und § 15 bedeutungsgleich (→ § 14 Rn. 662).

2. Kennzeichenverletzung

7 Die Verletzung einer Marke ist strafbar gemäß § 143 Abs. 1 Nr. 1, 2 und 3. Tatbestandlich muss demnach eine Markenverletzung nach § 14 Abs. 2 oder Abs. 4 vorliegen (→ § 14 Rn. 1 ff.). § 143 verweist nicht auf § 14 Abs. 3, der eine nicht abschließende Aufzählung von Beispielen für das Tatbestandsmerkmal „benutzen" enthält (Ingerl/Rohnke § 14 Rn. 219). Sämtliche Handlungsalternativen sind aber im Begriff „benutzen" enthalten und werden daher über § 143 Abs. 1 Nr. 1 und Nr. 2, § 14 Abs. 2 erfasst (LG Meiningen NStZ 2003, 41). Der fehlende Verweis auf § 14 Abs. 3 hat daher aus rechtlicher Sicht keine Bedeutung.

8 Ebenso strafbar ist gemäß § 143 Abs. 1 Nr. 4 und 5 die Verletzung einer **geschäftlichen Bezeichnung** nach § 15 Abs. 2 oder Abs. 3 (→ § 15 Rn. 1 ff.).

II. Subjektiver Tatbestand

9 Der Verletzer muss **vorsätzlich** gehandelt haben. Vorsätzlich handelt, wer einen rechtswidrigen Erfolg mit **Wissen** und **Willen** verwirklicht, obwohl ihm ein rechtmäßiges Handeln zugemutet werden kann, so dass auch das Bewusstsein der Pflichtwidrigkeit oder des Unerlaubten erforderlich ist (so schon BGH NJW 1965, 962 (963)). Der Vorsatz muss sich auf alle Tatbestandsmerkmale beziehen. Die strafrechtliche Doktrin unterscheidet dabei die Absicht, den direkten Vorsatz und den Eventualvorsatz.

10 Die verschiedenen Tatbestände aus Abs. 1 setzen unterschiedliche Vorsatzformen voraus. Grundsätzlich genügt **Eventualvorsatz,** also das „für möglich halten" einer Kennzeichenverletzung durch die Tathandlung. Die Strafbarkeit wegen Verletzung einer **bekannten Marke** (§ 14 Abs. 2 Satz 1 Nr. 3) bzw. einer **bekannten geschäftlichen Bezeichnung** (§ 15 Abs. 3) setzt darüber hinaus voraus, dass der Täter in der **Absicht** gehandelt hat, die Unterscheidungskraft oder Wertschätzung einer bekannten Marke oder geschäftlichen Bezeichnung auszunutzen oder zu beeinträchtigen (§ 143 Abs. 1 Nr. 2 und Nr. 5) bzw. die Ausnutzung oder Beeinträchtigung zu ermöglichen (§ 143 Abs. 1 Nr. 3 lit. b). Absicht liegt vor, wenn es dem Täter gerade darauf ankommt den tatbestandlichen Erfolg herbeizuführen. Hier steht das **voluntative** Vorsatzelement im Vordergrund.

11 Eine **fahrlässige** Kennzeichenverletzung ist gemäß § 15 StGB nicht strafbar.

III. Widerrechtlichkeit

12 Strafbarkeitsvoraussetzung ist schließlich die Widerrechtlichkeit der Handlung. Widerrechtlichkeit entfällt nicht nur dann, wenn eine **Zustimmung** des Rechteinhabers vorliegt (vgl. § 14 und § 15 „ohne Zustimmung" bzw. „unbefugt"), sondern auch dann, wenn einem zivilrechtlichen Anspruch ein oder mehrere **Schutzhindernisse** nach den §§ 21–25 entgegenstehen (vgl. Amtl. Begr. RegE zum Markenrechtsreformgesetz zu § 143; der Verweis auf § 20 darin ist unrichtig, vgl. Ingerl/Rohnke/Nordemann/Bröcker Rn. 9). Widerrechtlichkeit liegt ferner nicht vor, wenn die Marke nach § 49 **löschungsreif** ist.

C. Qualifikation (Abs. 2)

13 Strafschärfend wirken sich die **gewerbsmäßige Begehung** oder das Handeln als Mitglied einer Bande aus. Es handelt sich um einen strafrechtlich typischen **Qualifikationstatbestand.**

Gewerbsmäßige Begehungsweise ist nicht mit dem schon in Abs. 1 vorausgesetzten Handeln im geschäftlichen Verkehr gleichzusetzen. Gewerbsmäßig handelt, wer sich aus **wiederholter Tatbegehung** eine nicht nur vorübergehende, nicht ganz unerhebliche **Einnahmequelle** verschaffen will (Fischer StGB Vor § 52 Rn. 61 mwN). Die Wiederholungsabsicht muss sich dabei gerade auf das Delikt beziehen, dessen Tatbestand durch das Merkmal der Gewerbsmäßigkeit qualifiziert ist BGH NJW 1996, 1069).

D. Versuch (Abs. 3)

Bereits die versuchte Kennzeichenverletzung ist nach Abs. 3 strafbar. Voraussetzung ist nach **14** allgemeinen strafrechtlichen Regeln in subjektiver Hinsicht der Tatentschluss, sowie in objektiver Hinsicht ein unmittelbares Ansetzen zur Tat. Die praktische Relevanz der Versuchsstrafbarkeit ist jedoch inzwischen gering, da der Tatbestand des § 14 Abs. 4 selbst nun schon **Vorbereitungshandlungen** erfasst und so im Rahmen von § 143 Abs. 1 Nr. 3 immer schon **Vollendung** vorliegt.

E. Irrtümer

Die im allgemeinen Teil des StGB geregelten Irrtumsregeln finden auch im Rahmen von § 143 **15** Anwendung. Ein **Tatbestandsirrtum** gemäß § 16 StGB liegt vor, wenn der Täter einen Umstand nicht kennt, der zum gesetzlichen Tatbestand gehört. Er handelt dann ohne **Vorsatz,** was eine Strafbarkeit nach § 143 ausschließt (→ Rn. 9 ff.). Demgegenüber liegt gemäß § 17 StGB ein **Verbotsirrtum** vor, wenn dem Täter bei der Begehung der Tat die Einsicht fehlt, Unrecht zu tun. Jedoch schließt nur der **unvermeidbare** Verbotsirrtum die **Schuld** aus. Unvermeidbar ist ein Verbotsirrtum aber nur dann, wenn der Täter auch bei Anstrengung aller geistigen Erkenntniskräfte und Nutzung aller zur Verfügung stehender Informationsquellen nicht zur Unrechtseinsicht gekommen wäre (Fischer StGB § 17 Rn. 7 ff.). Dies umfasst stets auch die Pflicht zur Einholung von qualifiziertem Rechtsrat. Eine erfolgreiche Exkulpation nach § 17 StGB kommt daher im Kennzeichenrecht praktisch nicht vor. Der **vermeidbare** Verbotsirrtum führt dagegen nur zu einer fakultativen Strafmilderung nach § 49 Abs. 1 StGB.

F. Rechtsfolgen

I. Strafverfolgung auf Antrag

§ 143 Abs. 1 ist grundsätzlich ein **Antragsdelikt.** Das Strafantragserfordernis ist kein Tatbe- **16** standsmerkmal, sondern reine Prozessvoraussetzung. Die versuchte oder vollendete Kennzeichenverletzung ist stets rechtswidrig, wird aber strafrechtlich nur dann verfolgt, wenn der Verletzte dies nach den §§ 77 ff. StGB beantragt. Es gilt gemäß § 77b StGB eine dreimonatige **Antragsfrist** ab Kenntnis der Tat.

Wird die Klage nach den §§ 153 ff. StPO aus Opportunitätsgründen nicht erhoben oder einge- **17** stellt, so bleibt dem Verletzten noch der **Privatklageweg** gemäß § 374 Abs. 1 Nr. 8 StPO. Zu der Entscheidung, ob eine öffentliche Klage erhoben wird, wird die Staatsanwaltschaft insbesondere prüfen, ob ein **öffentliches Interesse** an der Strafverfolgung vorliegt. Eine Definition dazu bietet Nr. 261 RiStBV. Zu berücksichtigen sind danach insbesondere das Ausmaß der Schutzrechtsverletzung, der eingetretene oder drohende wirtschaftliche Schaden und die vom Täter erstrebte Bereicherung.

II. Strafverfolgung von Amts wegen

Ist der Qualifikationstatbestand der **gewerbsmäßigen Begehung** erfüllt (→ Rn. 13) oder **18** besteht ein **besonderes öffentliches Interesse** an der Strafverfolgung, so ermitteln die Behörden **von Amts wegen.** Die Kennzeichenverletzung wird damit zu einem **Offizialdelikt.** In diesen Fällen hat der Verletzte keine Möglichkeit die Strafverfolgung durch Rücknahme seines Antrags zu stoppen, etwa um eine außergerichtliche Einigung anzustreben. Ein **besonderes öffentliches Interesse** liegt nach Nr. 261a RiStBV insbesondere dann vor, wenn der Täter einschlägig vorbestraft ist, ein erheblicher Schaden droht oder eingetreten ist, die Tat den Verletzten in seiner wirtschaftlichen Existenz bedroht oder die öffentliche Sicherheit oder die Gesundheit der Verbraucher gefährdet. Diese Definition wird zwar zum Teil als zu eng angesehen (Ingerl/Rohnke/Nordemann/Bröcker Rn. 7), ist aber auch nicht bindend. Die zuständige Strafverfolgungsbehörde entscheidet über die Strafverfolgung von Amts wegen nach eigenem **Ermessen.** Die Entscheidung ist gerichtlich nicht überprüfbar.

III. Strafmaß

19   Die Strafandrohung für das **Grunddelikt** (Abs. 1) beträgt Freiheitsstrafe bis zu drei Jahre oder Geldstrafe. Ist die **Qualifikation** der gewerbsmäßigen Begehung (Abs. 2) erfüllt, erhöht sich das Strafmaß auf bis zu fünf Jahre oder Geldstrafe. Für die jeweilige Berechnung gelten die §§ 39 und 40 StGB. Liegt nur ein nach Abs. 3 strafbarer **Versuch** vor, kann das Gericht die Strafe gemäß § 23 Abs. 2 StGB, § 49 Abs. 1 StGB nach eigenem Ermessen mildern. Handelt es sich um einen strafbaren **untauglichen Versuch,** kann das Gericht gemäß § 23 Abs. 3 StGB, § 49 Abs. 2 StGB die Strafe nach seinem Ermessen mildern oder ganz von Strafe absehen.

IV. Einzug und Vernichtung von Gegenständen (Abs. 5)

20   Nach Abs. 5 können Gegenstände, auf die sich die Tat bezieht eingezogen werden. Die strafrechtliche **Einziehung** ist allgemein in § 74 StGB geregelt. Danach setzt die Einziehung voraus, dass der Gegenstand durch die Tat hervorgebracht oder zu Ihrer Begehung oder Vorbereitung gebraucht oder bestimmt gewesen ist. Dies beinhaltet aber nur jene Gegenstände, die als **Werkzeug** der Tat dienen. Das kennzeichenverletzende Produkt selbst fällt aber gerade nicht darunter (Fezer Rn. 39). Bei Abs. 5 handelt es sich somit um eine für das Kennzeichenrecht notwendige, die Einziehung über § 74 Abs. 1 StGB erweiternde Norm iSv § 74 Abs. 4 StGB.

21   Nach § 74 Abs. 4 StGB sind die § 74 Abs. 2 und Abs. 3 StGB entsprechend anzuwenden. Danach dürfen nur solche Gegenstände eingezogen werden, die zur Zeit der Entscheidung dem Täter oder Teilnehmer gehören oder zustehen, oder solche, die nach ihrer Art und den Umständen die Allgemeinheit gefährden oder von denen die Gefahr ausgeht, dass sie geeignet sind rechtswidriger Taten zu ermöglichen. Gegenstände, die eine solche Gefahr begründen sind auch dann einzugsfähig, wenn der Täter ohne Schuld handelte.

22   Macht der Verletze Vernichtungsansprüche gemäß § 18 selbst erfolgreich geltend, tritt die Vernichtung nach § 143 Abs. 5 subsidiär zurück.

V. Urteilsveröffentlichung (Abs. 6)

23   Erkennt das Gericht auf Strafe, so kann es nach Abs. 6 **auf Antrag** des Verletzten zusätzlich anordnen, dass das Urteil **öffentlich bekannt** gemacht wird. Ob im Einzelfall ein **berechtigtes Interesse** des Verletzten an einer Veröffentlichung besteht, sowie über Art und Umfang der Veröffentlichung, befindet es nach eigenem **Ermessen.** Mit Art und Umfang sind der Veröffentlichungsort, die Veröffentlichungsdauer und die Veröffentlichungsintensität gemeint. Je nach dem welchen Zweck die Veröffentlichung im konkreten Fall haben und welches Publikum erreicht werden soll, bietet sich die Veröffentlichung in **unterschiedlichen Medien** an. In der Regel kommt eine Veröffentlichung in Fernsehen, Rundfunk oder Printmedien in Betracht. Die Veröffentlichung erhöht zum einen die Strafintensität des Urteils, dient aber auch dazu die öffentliche Meinungsbildung zu beeinflussen. So kann der Verletzte ein **berechtigtes Interesse** daran haben, öffentlich klarzustellen, dass seine Erzeugnisse die legalen, die des Verletzers die illegalen sind. Eine übermäßige öffentliche Herabsetzung des Schädigers ist aber zu vermeiden. Daher wird das Gericht in der Regel nur den Urteilstenor, nicht aber die genauen Entscheidungsgründe veröffentlichen lassen.

G. Verjährung

24   Straftaten nach § 143 **verjähren** gemäß § 78 Abs. 3 Nr. 4 StGB **nach fünf Jahren.** Die Verjährungsfrist beginnt gemäß § 78a StGB mit der **Beendigung** der Tat. Eine Tat ist beendet, wenn das Tatgeschehen seinen vollständigen Abschluss gefunden hat. Die für zivilrechtliche Streitigkeiten geltende Verjährung nach § 20 findet keine Anwendung (Ingerl/Rohnke/Nordemann/Bröcker Rn. 9).

§ 143a Strafbare Verletzung der Unionsmarke

(1) Wer die Rechte des Inhabers einer Unionsmarke nach Artikel 9 Absatz 1 der Unionsmarkenverordnung verletzt, indem er trotz eines Verbotes und ohne Zustimmung des Markeninhabers im geschäftlichen Verkehr

1. ein mit der Unionsmarke identisches Zeichen für Waren oder Dienstleistungen benutzt, die mit denjenigen identisch sind, für die sie eingetragen ist,
2. ein Zeichen benutzt, wenn wegen der Identität oder Ähnlichkeit des Zeichens mit der Unionsmarke und der Identität oder Ähnlichkeit der durch die Unionsmarke und das Zeichen erfassten Waren oder Dienstleistungen für das Publikum die Gefahr von Verwechslungen besteht, einschließlich der Gefahr, dass das Zeichen mit der Marke gedanklich in Verbindung gebracht wird, oder
3. ein mit der Unionsmarke identisches Zeichen oder ein ähnliches Zeichen für Waren oder Dienstleistungen benutzt, die nicht denen ähnlich sind, für die die Unionsmarke eingetragen ist, wenn diese in der Gemeinschaft bekannt ist und das Zeichen in der Absicht benutzt wird, die Unterscheidungskraft oder die Wertschätzung der Unionsmarke ohne rechtfertigenden Grund in unlauterer Weise auszunutzen oder zu beeinträchtigen,

wird mit Freiheitsstrafe bis zu drei Jahren oder mit Geldstrafe bestraft.

(2) § 143 Abs. 2 bis 6 gilt entsprechend.

Überblick

§ 143a regelt die Strafbarkeit der vorsätzlichen Verletzung einer Unionsmarke und ergänzt insoweit die für die Verletzung nationaler Marken geltende Strafvorschrift (§ 143). Der objektive Tatbestand setzt das Vorliegen einer Verletzungshandlung (→ Rn. 4), das Bestehen eines Verbotes (→ Rn. 6), die fehlende Zustimmung des Markeninhabers (→ Rn. 7) sowie ein Handeln im geschäftlichen Verkehr (→ Rn. 8) voraus. In subjektiver Hinsicht fordert die Strafnorm Vorsatz sowie im Rahmen des strafrechtlichen Bekanntheitsschutzes eine Beeinträchtigungs- oder Ausnutzungsabsicht des Handelnden (→ Rn. 9 f.). Aufgrund des Verweises in § 143a Abs. 2 gelten die Regelungen zur gewerbsmäßigen und bandenmäßigen Begehung, zur Versuchsstrafbarkeit, zur Einziehung und zur Bekanntmachung des Urteils entsprechend; zudem handelt es sich bei der Verletzung einer Unionsmarke um ein Antragsdelikt (→ Rn. 11).

A. Entstehungsgeschichte, Normzweck

§ 143a wurde durch Art. 9 Nr. 35 Kostenbereinigungsgesetz vom 13.12.2001 (BGBl. I 3656; **1** s. auch BlPMZ 2002, 14 ff.) eingefügt. Durch Art. 1 Nr. 109 MaMoG vom 11.12.2018 (BGBl. I 2357) wurde die Vorschrift geändert, jedoch – wohl versehentlich – zunächst nur teilweise an die neue Terminologie der UMV angepasst; erst durch Gesetz vom 10.8.2021 (BGBl. I 3490) wurde der Begriff „Gemeinschaftsmarke" jeweils durch „Unionsmarke" ersetzt. Zudem wurde durch das MaMoG die Verweisung auf Art. 9 Abs. 1 S. 2 GMV geändert. § 143a verweist stattdessen nun auf Art. 9 Abs. 1 UMV. Indes ist fraglich, ob nicht eigentlich eine Verweisung auf Art. 9 Abs. 2 UMV gewollt war, da dieser inhaltlich Art. 9 Abs. 1 S. 2 GMV entspricht. Auf die Prüfung einer Strafbarkeit nach § 143a dürfte dieses Versehen jedoch keine Auswirkungen haben (bzgl. der vor Inkrafttreten des MaMoG fehlerhaften Verweisung auf Art. 9 Abs. 1 S. 2 GMV vgl. BGH NJW 2018, 801 Rn. 8 ff. – Mio Calvino). § 143a regelt die Strafbarkeit der Verletzung einer Unionsmarke nunmehr unmittelbar im MarkenG. Von der zuvor in den § 143 Abs. 1a, § 143 Abs. 7 aF vorgesehenen Blankettermächtigung hat der Gesetzgeber keinen Gebrauch gemacht und dies mit der Übersichtlichkeit einer unmittelbaren Regelung im MarkenG für den Rechtsanwender begründet (Amtl. Begr. Bl. 2002, 59). Die § 143 Abs. 1a, § 143 Abs. 7 aF sind daher mit Einführung des § 143a aufgehoben worden.

Die UMV selbst sieht – in Ermangelung einer Regelungskompetenz des Unionsgesetzgebers **2** auf dem Gebiet des Strafrechts – keine Verpflichtung der EU-Mitgliedstaaten zur Einführung eines Straftatbestandes bei der Verletzung einer Unionsmarke vor (vgl. Ingerl/Rohnke/Nordemann/Bröcker Rn. 1). Die Verpflichtung zur Einführung eines Straftatbestandes bei der Verletzung einer Unionsmarke ergibt sich für die Bundesrepublik Deutschland jedoch aus Art. 61 TRIPS, wonach die Mitgliedstaaten zur Einführung von Strafen bei vorsätzlicher Nachahmung von Marken verpflichtet sind (vgl. zur Gemeinschaftsmarke Fezer Rn. 2). Durch § 143a wird die Verletzung einer Unionsmarke im gleichen Umfang strafbewehrt wie die Verletzung einer nationalen Marke.

B. Tatbestand

Die nach § 143a Abs. 1 strafbaren Verletzungshandlungen orientieren sich im Wesentlichen an **3** den in **Art. 9 Abs. 2 UMV** genannten Verbotstatbeständen. Insoweit hat der deutsche Gesetzgeber den Wortlaut des Art. 9 Abs. 2 UMV übernommen, um die Übereinstimmung der unmittelbar geltenden Rechtsgewährung durch die UMV und der Strafbewehrung sicherzustellen (vgl. Ingerl/ Rohnke/Nordemann/Bröcker Rn. 2; zur Gemeinschaftsmarke Fezer Rn. 5). Damit knüpft der Tatbestand des § 143a Abs. 1 unmittelbar an die in der UMV genannten Verletzungshandlungen und den durch die UMV gewährten Schutzumfang der Unionsmarke an (vgl. zur Gemeinschaftsmarke Fezer Rn. 5).

I. Objektive Tatbestandsmerkmale

4   § 143a Abs. 1 setzt zunächst das Vorliegen einer **Verletzungshandlung** voraus. Die in § 143a Abs. 1 Nr. 1–3 genannten **Verletzungshandlungen** geben tatbestandlich weitgehend die Verletzungshandlungen des Art. 9 Abs. 2 lit. a–c UMV wieder (vgl. Ströbele/Hacker/Thiering/Thiering Rn. 6):
- § 143a Abs. 1 Nr. 1 schützt vor der identischen Verwendung der Unionsmarke für identische Waren und Dienstleistungen (**strafrechtlicher Identitätsschutz**);
- § 143a Abs. 1 Nr. 2 stellt die Verwendung von mit der Unionsmarke identischen oder ähnlichen Zeichen für identische oder ähnliche Waren unter Strafe, sofern hierdurch für das Publikum die Gefahr von Verwechslungen hervorgerufen wird (**strafrechtlicher Verwechslungsschutz**);
- Schließlich darf nach § 143a Abs. 1 Nr. 3 ein Zeichen, das mit einer bekannten Unionsmarke identisch oder dieser ähnlich ist, nicht für nicht identische oder nicht ähnliche Waren benutzt werden, wenn das Zeichen in der Absicht benutzt wird, die Unterscheidungskraft oder die Wertschätzung der Unionsmarke ohne rechtfertigenden Grund in unlauterer Weise auszunutzen oder zu beeinträchtigen (**strafrechtlicher Bekanntheitsschutz**).

5   Hingegen sind Fälle der Benutzung eines Zeichens, das mit einer bekannten Unionsmarke identisch oder dieser ähnlich ist, für identische oder ähnliche Waren oder Dienstleistungen nicht von § 143a Abs. 1 Nr. 3 erfasst. Einer Anwendung des § 143a Abs. 1 Nr. 3 auf diese Fälle, die seit der Neufassung des Art. 9 UMV zivilrechtlich von Art. 9 Abs. 2 lit. c UMV erfasst werden, dürfte das strafrechtliche Analogieverbot entgegenstehen (vgl. Ströbele/Hacker/Thiering/Thiering Rn. 6).

6   § 143a Abs. 1 setzt weiterhin voraus, dass der Täter die Benutzung der Unionsmarke **trotz eines Verbotes** vorgenommen hat. Durch die Anknüpfung an dieses Tatbestandsmerkmal wird sichergestellt, dass die Strafbarkeit nicht über die Reichweite der unionsrechtlichen Rechtsgewährung hinausgeht (vgl. Ströbele/Hacker/Thiering/Thiering Rn. 8; ausführlich Ingerl/Rohnke/ Nordemann/Bröcker Rn. 2; zur Gemeinschaftsmarke Fezer Rn. 6). Für das Bestehen eines Verbotes ist nicht erforderlich, dass der Markeninhaber vor der Verletzungshandlung gegenüber dem jeweiligen Täter tatsächlich ein Verbot ausgesprochen hat, vielmehr genügt bereits das absolut wirkende Verbot der Benutzung der Unionsmarke, welches zumindest nach deren Veröffentlichung gegenüber Jedermann wirkt (vgl. BGH NJW 2018, 801 Rn. 7 – Mio Calvino; Ingerl/Rohnke/ Nordemann/Bröcker Rn. 2; zur Gemeinschaftsmarke Fezer Rn. 6). Der Umfang des Benutzungsverbots entspricht damit dem Verbot der Nutzung einer nationalen Marke (vgl. zur Gemeinschaftsmarke Fezer Rn. 6).

7   Die strafbare Benutzung einer Unionsmarke ist auch bei Vorliegen einer **Zustimmung des Markeninhabers** ausgeschlossen. Insoweit wirkt die Einwilligung des vermeintlich Verletzten nicht lediglich als Rechtfertigungsgrund, sondern schließt bereits die Verwirklichung des objektiven Tatbestandes aus.

8   Die Strafbarkeit ist – in Übereinstimmung mit Art. 9 UMV und § 143 Abs. 1 – darauf beschränkt, dass die Unionsmarke im **geschäftlichen Verkehr** benutzt wird. Der Begriff des geschäftlichen Verkehrs ist mit demjenigen in §§ 14, 15 bedeutungsgleich. Verletzungshandlungen, die lediglich im privaten Bereich und ohne Verfolgung eines geschäftlichen Zwecks vorgenommen werden, bleiben straffrei. Zu Einzelheiten → § 14 Rn. 64 ff.

II. Subjektive Tatbestandsmerkmale

9   Da § 143a eine Strafbarkeit für die fahrlässige Verletzung einer Unionsmarke nicht vorsieht und nach § 15 StGB ein **fahrlässiges Verhalten** nur dann strafbar ist, wenn dies ausdrücklich durch Gesetz angeordnet wird, ist für die Verwirklichung des Straftatbestandes in subjektiver Hinsicht **Vorsatz** erforderlich. Der Täter muss demnach bewusst und gewollt den objektiven Tatbestand des § 143a verwirklichen, wobei es genügt, wenn er die Verwirklichung der objektiven Tatbestandsmerkmale billigend in Kauf nimmt.

10   Bei Rechtsverletzungen außerhalb des Ähnlichkeitsbereiches der geschützten Waren und Dienstleistungen (§ 143a Abs. 1 Nr. 3) setzt der subjektive Tatbestand zusätzlich voraus, dass der

Täter in der **Absicht** handelt, die Unterscheidungskraft oder die Wertschätzung der Unionsmarke ohne rechtfertigenden Grund in unlauterer Weise auszunutzen oder zu beeinträchtigen (vgl. zur Gemeinschaftsmarke Fezer Rn. 8).

III. Analoge Anwendung des § 143 Abs. 2–6

Durch den Verweis in § 143a Abs. 2 wird gewährleistet, dass der strafrechtliche Schutzumfang **11** der Unionsmarke auch im Übrigen dem der nationalen Marke entspricht (Amtl. Begr. Bl. 2002, 60). So wird durch die Bezugnahme auf § 143 Abs. 2 das Strafmaß bei **gewerbsmäßiger oder bandenmäßiger Begehung** erhöht. Auch die **Strafbarkeit des Versuchs** ist durch den Verweis auf § 143 Abs. 3 gegeben. Wie sich aus dem Verweis auf § 143 Abs. 4 ergibt, wird die Verletzung einer Unionsmarke grundsätzlich nur auf **Antrag** verfolgt, es sei denn, die Strafverfolgungsbehörde hält ein besonderes öffentliches Interesse für gegeben. Zudem gelten aufgrund der Bezugnahme in § 143a Abs. 2 die Regelungen über die **Einziehung** (§ 143 Abs. 5) und über die **Bekanntmachung der Verurteilung** (§ 143 Abs. 6) entsprechend. Die Befugnis des Verletzten zur Erhebung einer Privat- bzw. Nebenklage ergibt sich aus § 374 Abs. 1 Nr. 8 StPO bzw. aus § 395 Abs. 1 Nr. 6 StPO.

§ 144 Strafbare Benutzung geographischer Herkunftsangaben

(1) **Wer im geschäftlichen Verkehr widerrechtlich eine geographische Herkunftsangabe, einen Namen, eine Angabe oder ein Zeichen**
1. **entgegen § 127 Abs. 1 oder 2, jeweils auch in Verbindung mit Abs. 4 oder einer Rechtsverordnung nach § 137 Abs. 1, benutzt oder**
2. **entgegen § 127 Abs. 3, auch in Verbindung mit Abs. 4 oder einer Rechtsverordnung nach § 137 Abs. 1, in der Absicht benutzt, den Ruf oder die Unterscheidungskraft einer geographischen Herkunftsangabe auszunutzen oder zu beeinträchtigen,**
wird mit Freiheitsstrafe bis zu zwei Jahren oder mit Geldstrafe bestraft.

(2) **Ebenso wird bestraft, wer entgegen Artikel 13 Absatz 1 Buchstabe a oder b der Verordnung (EU) Nr. 1151/2012 des Europäischen Parlaments und des Rates vom 21. November 2012 über Qualitätsregelungen für Agrarerzeugnisse und Lebensmittel (ABl. L 343 vom 14.12.2012, S. 1) im geschäftlichen Verkehr**
1. **einen eingetragenen Namen für ein dort genanntes Erzeugnis verwendet oder**
2. **sich einen eingetragenen Namen aneignet oder ihn nachahmt.**

(3) **Der Versuch ist strafbar.**

(4) **Bei einer Verurteilung bestimmt das Gericht, daß die widerrechtliche Kennzeichnung der im Besitz des Verurteilten befindlichen Gegenstände beseitigt wird oder, wenn dies nicht möglich ist, die Gegenstände vernichtet werden.**

(5) ¹**Wird auf Strafe erkannt, so ist, wenn das öffentliche Interesse dies erfordert, anzuordnen, daß die Verurteilung öffentlich bekanntgemacht wird.** ²**Die Art der Bekanntmachung ist im Urteil zu bestimmen.**

Überblick

Während § 128 und § 135 zivilrechtliche Ansprüche zum Schutze geografischer Herkunftsangaben bzw. geografischer Angaben oder Ursprungsbezeichnungen begründen und § 134 auf einen öffentlich-rechtlich ausgerichteten Schutz von geografischen Angaben und Ursprungsbezeichnungen abzielt, begründet § 144 den strafrechtlichen Schutz von geografischen Herkunftsangaben. Abs. 1 normiert die Strafbarkeit einer widerrechtlichen Benutzung von Herkunftsangaben, Namen, Angaben und Zeichen, die gemäß § 127 oder durch Rechtsverordnungen nach § 137 Abs. 1 geschützt sind (→ Rn. 1); Abs. 2 schützt strafrechtlich die nach Maßgabe der europarechtlichen Verordnungen geschützten geografischen Angaben und Ursprungsbezeichnungen (→ Rn. 3). Nach Abs. 3 ist schon der Versuch strafbar (→ Rn. 10). Als Nebenstrafen kommen nach Abs. 4 die Beseitigung und Vernichtung der im Besitz des Verurteilten befindlichen Gegenstände (→ Rn. 11) sowie nach Abs. 5 die Bekanntmachung der Verurteilung (→ Rn. 12 f.) in Betracht.

A. Strafbarkeit (Abs. 1)

I. Widerrechtliche Benutzung (Abs. 1 Nr. 1)

1   Nach § 144 Abs. 1 Nr. 1 macht sich strafbar, wer im geschäftlichen Verkehr widerrechtlich eine geografische Herkunftsangabe, einen Namen, eine Angabe oder ein Zeichen unter Verstoß gegen § 127 Abs. 1 oder Abs. 2 oder gegen eine Rechtsverordnung, die gemäß § 137 Abs. 1 erlassen wurde, benutzt. Der objektive Straftatbestand orientiert sich somit daran, ob der zivilrechtliche Verletzungstatbestand nach § 127 erfüllt ist (vgl. MüKoStGB/Maske-Reiche Rn. 1; Leitner/Rosenau Wirtschafts- und Steuerstrafrecht/Reinbacher Rn. 4; Böxler, Markenstrafrecht, 2013, 213; Glandien, Fehlvorstellungen im Markenstrafrecht, 2018, 302 ff.; kritisch zum Umfang von § 144, der jede vorsätzliche widerrechtliche Nutzung einer geografischen Herkunftsangabe unter Strafe stellt, Hildebrandt Marken § 27 Rn. 111). Durch den Verweis auf § 127 Abs. 4 wird die Strafbarkeit erweitert auf jene Konstellationen, in denen Namen, Angaben oder Zeichen verwendet werden, die geschützten geografischen Angaben **ähnlich** sind. Für das Tatbestandsmerkmal des Benutzens ist auf die Definitionen einer Benutzung in § 26 Abs. 1 – Abs. 4 abzustellen.

1.1   Als Rechtsverordnung nach § 137 Abs. 1 kommt zum einen die Verordnung zum Schutz des Namens Solingen (SolingenV) vom 16.12.1994 (BGBl. I 3833) in Betracht (→ § 137 Rn. 8; Fürmann MarkenR 2003, 381; Leitner/Rosenau Wirtschafts- und Steuerstrafrecht/Reinbacher Rn. 7; Achenbach/Ransiek/Rönnau WirtschaftsStrafR–HdB/Ebert-Weidenfeller Teil 11 Kap. 4 Rn. 129; Ströbele/Hacker/Thiering/Hacker Rn. 3).

1.2   Zum anderen trat am 9.3.2022 die Verordnung zum Schutz des Namens Glashütte (Glashütteverordnung – GlashütteV) vom 22.2.2022 (BGBl. I 218) als weitere, zweite Rechtsverordnung nach § 137 Abs. 1 in Kraft (vgl. Schulteis GRUR-Prax 2023, 1 ff.). Sie schützt die Herkunftsangabe „Glashütte" für Uhren und greift damit den Umstand auf, dass in Glashütte seit dem 19. Jahrhundert Uhren mit einer besonderen Qualität hergestellt werden und dass infolgedessen die Herkunftsangabe „Glashütte" bei Uhren in besonderer Weise für deutsche Handwerkskunst und Uhrmachertradition steht (so ausdrücklich das BMJ als Verordnungsgeber in seiner Begründung zur GlashütteV, vgl. BT-Drs. 853/21, 5; → § 137 Rn. 9).

2   Der subjektive Tatbestand erfordert **Vorsatz,** wobei einfacher und somit auch bedingter Vorsatz genügt (v. Schultz/Gruber Rn. 2; Ströbele/Hacker/Thiering/Hacker Rn. 5; Leitner/Rosenau Wirtschafts- und Steuerstrafrecht/Reinbacher Rn. 8).

II. Widerrechtliche Benutzung (Abs. 1 Nr. 2)

3   Eine Strafbarkeit nach § 144 Abs. 1 Nr. 2 erfordert als **objektive Tatbestandsmerkmale** die Benutzung einer geografischen Herkunftsangabe, eines Namens, einer Angabe oder eines Zeichens entgegen § 127 Abs. 3 oder einer nach § 137 Abs. 1 erlassenen Rechtsverordnung. Die Bezugnahme auf den Verletzungstatbestand nach § 127 Abs. 3 verdeutlicht, dass § 144 Abs. 1 Nr. 2 den strafrechtlichen Schutz von geografischen Herkunftsangaben, die sich durch einen besonderen Ruf auszeichnen, bezweckt, während § 144 Abs. 1 Nr. 1 auch einfache geografische Herkunftsangaben strafrechtlich schützt. Wie nach § 144 Abs. 1 Nr. 1 kann eine Strafbarkeit bereits dann vorliegen, wenn Namen, Angaben oder Zeichen verwendet werden, die qualifizierten geografischen Herkunftsangaben **ähnlich** sind.

4   Der **subjektive Tatbestand** von § 144 Abs. 1 Nr. 2 geht über den Vorsatz hinsichtlich der objektiven Tatbestandsmerkmale hinaus und setzt zusätzlich eine Benutzung in der **Absicht** voraus, den Ruf oder die Unterscheidungskraft einer geografischen Herkunftsangabe auszunutzen oder zu beeinträchtigen (vgl. auch Leitner/Rosenau Wirtschafts- und Steuerstrafrecht/Reinbacher Rn. 8; Böxler, Markenstrafrecht, 2013, 215).

III. Widerrechtlichkeit der Benutzung

5   Die Benutzung geschieht widerrechtlich, wenn der Benutzer materiell-rechtlich nicht zur Benutzung der geografischen Herkunftsangabe berechtigt ist. Erfolgt die Benutzung einer geografischen Herkunftsangabe in Einklang mit den gesetzlichen Vorgaben für deren Benutzung, ist die Widerrechtlichkeit ungeachtet einer durch die Benutzung erzeugten etwaigen Irreführungsgefahr ausgeschlossen (Achenbach/Ransiek/Rönnau WirtschaftsStrafR–HdB/Ebert-Weidenfeller Teil 11 Kap. 4 Rn. 138; OLG Hamburg GRUR-RR 2004, 36 f. – Spreewälder Gurken).

6   Die Widerrechtlichkeit entfällt auch nicht infolge einer Zustimmung oder Einwilligung desjenigen, der durch die geografische Herkunftsangabe geschützt wird; denn die geografische Herkunftsangabe entfaltet einen kollektiven Schutz für all diejenigen, die zur Nutzung der geografischen Herkunftsangabe berechtigt sind. Folglich steht dieser Schutz nicht zur Disposition eines Einzelnen, der zur Nutzung der geografischen Herkunftsangabe berichtigt ist, so dass dessen Einwilligung die Widerrechtlichkeit nicht entfallen lässt (vgl. auch Leitner/Rosenau Wirtschafts- und Steuerstrafrecht/Reinbacher Rn. 4; → §126 Rn. 12).

IV. Strafmaß

Verstöße nach §144 Abs. 1 Nr. 1 oder Nr. 2 können geahndet werden mit einer Freiheitsstrafe **7** bis zu zwei Jahren oder mit einer Geldstrafe.

B. Strafbarkeit (Abs. 2)

§144 Abs. 2 begründet die Strafbarkeit desjenigen, der entgegen Art. 13 Abs. 1 lit. a oder b **8** VO (EU) 1151/2012 im geschäftlichen Verkehr entweder eine eingetragene Bezeichnung für ein dort genanntes Erzeugnis verwendet (Abs. 2 Nr. 1) oder die eingetragene Bezeichnung sich aneignet oder nachahmt (Abs. 2 Nr. 2). §144 Abs. 2 setzt somit eine Verletzungshandlung voraus und ergänzt diese um die weiteren Tatbestandsmerkmale nach Abs. 2 Nr. 1 oder 2. Dabei entspricht das Strafmaß für eine Straftat nach §144 Abs. 2 dem Strafmaß für Straftaten nach §144 Abs. 1. Da §144 Abs. 2 die in Art. 13 Abs. 1 lit. b VO (EU) 1151/2012 aufgeführte widerrechtliche **Aneignung** oder **Nachahmung** ausdrücklich nennt, **nicht** aber die ebenfalls in Art. 13 Abs. 1 lit. b VO (EU) 1151/2012 aufgeführte **Anspielung**, ist die **Anspielung** auf eine eingetragene Bezeichnung nicht strafrechtlich nach §144 Abs. 2, sondern allenfalls zivilrechtlich sanktionierbar (vgl. Ingerl/Rohnke/Nordemann/Bröcker Rn. 2; Ströbele/Hacker/Thiering/Hacker Rn. 10; Leitner/Rosenau Wirtschafts- und Steuerstrafrecht/Reinbacher Rn. 9; Achenbach/Ransiek/Rönnau WirtschaftsStrafR-HdB/Ebert-Weidenfeller Teil 11 Kap. 4 Rn. 138, 140).

Angesichts dieser unterschiedlichen strafrechtlichen Konsequenzen ist es daher für einen Verletzer **8.1** durchaus von hoher Bedeutung, ob sein Verhalten zB eine Nachahmung oder eine Anspielung iSv Art. 13 Abs. 1 lit. b VO (EU) 1151/2012 darstellt, vor allem wenn im Einzelfall nicht immer trennscharf zwischen einer Nachahmung und einer Anspielung differenziert werden kann (vgl. Achenbach/Ransiek/Rönnau WirtschaftsStrafR-HdB/Ebert-Weidenfeller Teil 11 Kap. 4 Rn. 140; vgl. auch Glandien, Fehlvorstellungen im Markenstrafrecht, 2018, 322).

Dass die **Verwendung einer falschen oder irreführenden Angabe** iSv Art. 13 Abs. 1 lit. c VO (EU) **8.2** 1151/2012 wie auch **alle sonstigen Praktiken** iSv Art. 13 Abs. 1 lit. d VO (EU) 1151/2012, die geeignet sind, den Verbraucher in Bezug auf den tatsächlichen Ursprung des Erzeugnisses irrezuführen, nicht vom Straftatbestand nach §144 Abs. 2 umfasst sind, erscheint folgerichtig; denn angesichts dessen, dass die beiden auffangtatbestandähnlich ausgestalteten Verbotstatbestände aus Art. 13 Abs. 1 lit. c und d VO (EU) 1151/2012 im Wortlaut unbestimmter als die Verbotstatbestände aus Art. 13 Abs. 1 lit. a und b VO (EU) 1151/2012 gefasst sind und noch dazu auch in der EuGH-Rechtsprechung sehr extensiv ausgelegt werden (EuGH C-490/19, GRUR-RS 2020, 35406 = GRUR-Prax 2021, 14 mAnm Schulteis – Morbier; kritisch → §135 Rn. 13.1), könnte eine Strafbarkeit wegen eines Verstoßes zB gegen Art. 13 Abs. 1 lit. d VO (EU) 1151/2012 als kaum vereinbar mit dem verfassungsrechtlichen Bestimmtheitsgrundsatz aus Art. 103 Abs. 2 GG für das deutsche Strafrecht (vgl. Schönke/Schröder/Hecker StGB §1 Rn. 17) angesehen werden.

Mit dem zum 1.7.2016 in §144 Abs. 2 aufgenommenen ausdrücklichen Verweis auf Art. 13 **9** Abs. 1 lit. a und b VO (EU) 1151/2012, der zum 3.1.2013 den nahezu identischen Art. 13 Abs. 1 lit. a und b VO (EG) 510/2006 ersetzte, hat der Gesetzgeber zugleich dem bis zum 30.6.2016 denkbaren Einwand den Boden entzogen, dass der Straftatbestand des §144 Abs. 2 auf seit dem 3.1.2013 außer Kraft getretene Normen verweise und deshalb nicht hätte angewendet werden dürfen (vgl. Leitner/Rosenau Wirtschafts- und Steuerstrafrecht/Reinbacher Rn. 9).

C. Strafbarkeit des Versuchs (Abs. 3)

Gemäß §144 Abs. 3 ist der Versuch des Straftatbestands nach §144 Abs. 1 bzw. Abs. 2 strafbar. **10**

D. Anordnung von Nebenstrafen

I. Beseitigung, Vernichtung (Abs. 4)

Das Strafgericht bestimmt in seiner Verurteilung zusätzlich zum verhängten Strafmaß als Neben- **11** strafe, dass die widerrechtliche, den Straftatbestand nach §144 Abs. 1 oder Abs. 2 erfüllende

Kennzeichnung auf jenen Gegenständen, die sich noch im Besitz des Verurteilten befinden, beseitigt wird, zB durch Entfernen von Verpackungsteilen, Übermalen oder sonstige Formen der Unkenntlichmachung (vgl. Ströbele/Hacker/Thiering/Hacker Rn. 13). Eine strafrechtliche Einziehung auf der Grundlage von §§ 74, 74a StGB ist indes in § 144 – und somit anders als in § 143 – nicht vorgesehen (vgl. MüKoStGB/Maske-Reiche Rn. 10; Leitner/Rosenau Wirtschafts- und Steuerstrafrecht/Reinbacher Rn. 10; Achenbach/Ransiek/Rönnau WirtschaftsStrafR-HdB/ Ebert-Weidenfeller Teil 11 Kap. 4 Rn. 145; Böxler, Markenstrafrecht, 2013, 219). Ist eine Beseitigung nicht möglich, bestimmt das Gericht die Vernichtung der Gegenstände.

II. Öffentliche Bekanntmachung der Verurteilung (Abs. 5)

12   Gemäß § 144 Abs. 5 S. 1 hat das Gericht, sofern es das öffentliche Interesse erfordert, anzuordnen, dass die Verurteilung öffentlich bekanntgemacht wird. Über die Anordnung der öffentlichen Bekanntmachung hat das Gericht von Amts wegen zu entscheiden (vgl. Böxler, Markenstrafrecht, 2013, 219). § 144 Abs. 5 verlangt im Gegensatz zu § 143 Abs. 6 für die öffentliche Bekanntmachung keinen Antrag des Verletzten, in dem dieser sein berechtigtes Interesse an der Bekanntmachung darzulegen hat (Ströbele/Hacker/Thiering/Hacker Rn. 14; Leitner/Rosenau Wirtschafts- und Steuerstrafrecht/Reinbacher Rn. 10). Im Vorfeld einer derartigen Anordnung hat das Gericht abzuwägen, ob eine öffentliche Bekanntmachung unter Berücksichtigung der berechtigten Interessen des Verurteilten unverhältnismäßig oder zum Schutze des Geschädigten und der Interessen des Rechtsverkehrs geeignet, erforderlich und verhältnismäßig ist. Dabei wird eine Bekanntmachung der Verurteilung umso eher als verhältnismäßig zu bewerten sein, je stärker und intensiver der strafrechtliche Verstoß durch den Verurteilten war.

13   Die nach § 144 Abs. 5 S. 1 ebenfalls im Urteil zu bestimmende Art der Bekanntmachung umfasst die Festlegung, in welcher Zeitung bis zu welchem Zeitpunkt und in welcher Größe der Urteilstenor veröffentlicht werden muss. Dabei liegen Art und Umfang der Bekanntmachung der Verurteilung im Ermessen des Gerichts. Ziel des Gerichts sollte es dabei sein, die Bekanntmachung in einem Veröffentlichungsorgan zu platzieren, bei dem angenommen werden kann, dass es jene Adressatenkreise erreicht, die von der strafbaren Benutzung Kenntnis erlangt haben (vgl. Dönch GRUR-Prax 2014, 174 f.). Gleichzeitig ist unter Abwägung der Interessen der Geschädigten mit denen des Verurteilten zu vermeiden, den Verurteilten durch die Bekanntmachung öffentlich übermäßig herabzusetzen; denn eine derartige Bekanntmachung der Verurteilung könnte unverhältnismäßig sein (Ströbele/Hacker/Thiering/Hacker Rn. 14).

E. Öffentliches Interesse an der Strafverfolgung

14   Grundsätzlich wird das öffentliche Interesse an der Verfolgung einer Straftat regelmäßig zu bejahen sein, wenn der Rechtsfrieden über den Lebenskreis des Verletzten hinaus gestört ist und die Strafverfolgung ein gegenwärtiges Anliegen der Allgemeinheit ist, wofür das Ausmaß der Rechtsverletzung, die Art der Tatausführung und die Beweggründe des Täters oder die Stellung des Verletzten im öffentlichen Leben maßgebend sind (BeckOK StPO/Temming RiStBV 260 Rn. 2). Für die Verfolgung einer Straftat nach § 144 muss indes nicht gesondert untersucht werden, ob diese Kriterien im Einzelfall erfüllt sind; denn gemäß Nr. 260 Abs. 1 S. 2 Nr. 1 RiStBV und Nr. 261 S. 1 RiStBV wird das öffentliche Interesse an der Strafverfolgung in der Regel zu bejahen sein, wenn gegen § 144 schuldhaft verstoßen wurde und eine nicht nur geringfügige Schutzrechtsverletzung vorliegt. Gemäß Nr. 260 Abs. 1 S. 2 Nr. 1 RiStBV liegt eine nicht nur geringfügige Schutzrechtsverletzung vor, wenn durch die Tathandlung ein erheblicher Teil der Verbraucher irregeführt werden kann. Gemäß Nr. 261 S. 2 RiStBV sind für die Beurteilung, ob eine nicht nur geringfügige Schutzrechtsverletzung vorliegt, insbesondere das Ausmaß der Schutzrechtsverletzung, der eingetretene oder drohende wirtschaftliche Schaden und die vom Täter erstrebte Bereicherung, zu berücksichtigen.

§ 145 Bußgeldvorschriften

(1) Ordnungswidrig handelt, wer im geschäftlichen Verkehr widerrechtlich in identischer oder nachgeahmter Form

1.   ein Wappen, eine Flagge oder ein anderes staatliches Hoheitszeichen oder ein Wappen eines inländischen Ortes oder eines inländischen Gemeinde- oder weiteren Kommunalverbandes im Sinne des § 8 Abs. 2 Nr. 6,

2. ein amtliches Prüf- oder Gewährzeichen im Sinne des § 8 Abs. 2 Nr. 7 oder
3. ein Kennzeichen, ein Siegel oder eine Bezeichnung im Sinne des § 8 Abs. 2 Nr. 8
zur Kennzeichnung von Waren oder Dienstleistungen benutzt.

(2) Ordnungswidrig handelt, wer vorsätzlich oder fahrlässig
1. entgegen § 134 Abs. 3, auch in Verbindung mit Abs. 4,
   a) das Betreten von Geschäftsräumen, Grundstücken, Verkaufseinrichtungen oder Transportmitteln oder deren Besichtigung nicht gestattet,
   b) die zu besichtigenden Agrarerzeugnisse oder Lebensmittel nicht so darlegt, daß die Besichtigung ordnungsgemäß vorgenommen werden kann,
   c) die erforderliche Hilfe bei der Besichtigung nicht leistet,
   d) Proben nicht entnehmen läßt,
   e) geschäftliche Unterlagen nicht oder nicht vollständig vorlegt oder nicht prüfen läßt oder
   f) eine Auskunft nicht, nicht richtig oder nicht vollständig erteilt oder
2. einer nach § 139 Abs. 1 erlassenen Rechtsverordnung zuwiderhandelt, soweit sie für einen bestimmten Tatbestand auf diese Bußgeldvorschrift verweist.

(3) Die Ordnungswidrigkeit kann in den Fällen des Absatzes 1 mit einer Geldbuße bis zu zweitausendfünfhundert Euro und in den Fällen des Absatzes 2 mit einer Geldbuße bis zu zehntausend Euro geahndet werden.

(4) In den Fällen des Absatzes 1 ist § 144 Abs. 4 entsprechend anzuwenden.

(5) Verwaltungsbehörde im Sinn des § 36 Abs. 1 Nr. 1 des Gesetzes über Ordnungswidrigkeiten ist in den Fällen des Absatzes 1 das Bundesamt für Justiz.

Überblick

§ 145 enthält im Wesentlichen zwei verschiedene, unabhängige Ordnungswidrigkeitstatbestände. Nach Abs. 1 wird die widerrechtliche Benutzung bestimmter staatlicher oder amtlicher Zeichen und Bezeichnungen im geschäftlichen Verkehr mit Bußgeld geahndet (→ Rn. 2), Abs. 2 sanktioniert die Verletzung kennzeichenrechtlicher Mitwirkungs- und Duldungspflichten (→ Rn. 7). Die Höhe der Geldbußen bestimmt sich nach Abs. 3 (→ Rn. 5, → Rn. 10). Abs. 4 ermöglicht es den nach Abs. 5 zuständigen Stellen (→ Rn. 12) widerrechtliche Gegenstände im Sinne von Abs. 1 zu beseitigen bzw. zu vernichten (→ Rn. 6).

A. Allgemeines

Die Tatbestände des § 145 Abs. 1 und Abs. 2 sind Ordnungswidrigkeiten iSv § 1 Abs. 1 **1** OWiG. **Ordnungswidrigkeiten** sind danach rechtswidrige und vorwerfbare Handlung, die den Tatbestand eines Gesetzes verwirklichen und mit Geldbußen geahndet werden können. Die in Abs. 1 geregelten Tatbestände setzen die Pflichten des deutschen Gesetzgebers aus Art. 6ter PVÜ um. Abs. 2 bezieht sich auf die in § 134 Abs. 3 und Abs. 4 geregelten Mitwirkungs- und Duldungspflichten von Inhabern oder Leitern von Betrieben der Agrar- und Lebensmittelbranche, die auf die Bestimmungen aus Art. 36 ff. VO (EU) 1151/2012 (früher Art. 10, 11 VO (EG) 510/2006) zurückgehen (→ § 134 Rn. 7 f.).

B. Widerrechtliche Benutzung bestimmter staatlicher oder amtlicher Zeichen und Bezeichnungen (Abs. 1)

I. Tatbestand

Tatbestandsmäßig nach Abs. 1 handelt, wer die in § 8 Abs. 2 Nr. 6–8 abschließend aufgezählten **2** Kennzeichen widerrechtlich **benutzt.** Die Anmeldung oder Eintragung des Zeichens ist nicht Voraussetzung. Die Benutzung ist **widerrechtlich,** wenn keine vorherige behördliche Genehmigung eingeholt wurde. Die Zeichen müssen nicht notwendigerweise in identischer Form benutzt werden, es genügt, wenn die Zeichen **nachgeahmt** werden. Wann im Falle einer Nachahmung von einer tatbestandlichen Benutzung ausgegangen werden kann, bestimmt sich nach der **Verkehrsauffassung.** Hält der maßgebliche verständige Durchschnittsverbraucher das Zeichen für echt, liegt eine tatbestandliche Benutzung vor.

Abs. 1 erfasst nach der Grundsatzregel des § 10 OWiG nur **vorsätzliches Handeln.** Die nur **3** **fahrlässige Begehung** ist daher **nicht** tatbestandsmäßig. Es genügt aber schon bedingter Vorsatz.

Der Täter muss die widerrechtliche Benutzung eines tatbestandlichen Zeichens also wenigstens für möglich halten und billigend in Kauf nehmen. Ihn treffen aber keine Prüfungspflichten, wie sie für eine fahrlässige Begehung im Rahmen einer objektiven Sorgfaltspflichtverletzung Voraussetzung wären. Weiß der Täter also nicht, dass es sich bei dem Zeichen um ein im Sinne von Abs. 1 tatbestandliches Zeichen handelt, kann er gemäß § 11 Abs. 1 OWiG nicht nach Abs. 1 belangt werden.

4   Der **Versuch** ist gemäß § 13 Abs. 2 OWiG mangels ausdrücklicher Anordnung nicht strafbar. Das OWiG geht gemäß § 14 Abs. 1 OWiG vom sogenannten **Einheitstäter** aus, an der Tat **Beteiligte** werden daher immer als **Täter** bestraft. Neben Abs. 1 kann **§ 124 OWiG** einschlägig sein, der ebenfalls die unbefugte Benutzung staatlicher Flaggen und Wappen für ordnungswidrig erklärt. Da Abs. 1 aber zusätzlich das **Handeln im geschäftlichen Verkehr** voraussetzt, ist er gegenüber § 124 OWiG **lex specialis.**

II. Rechtsfolge

5   Für Ordnungswidrigkeiten nach Abs. 1 kann gemäß Abs. 3 ein **Bußgeld bis zu 2.500 Euro** verhängt werden. Die genaue Höhe des Bußgeldes bestimmt die zuständige Behörde nach eigenem **Ermessen.**

6   Zur Beendigung des Störungszustandes kann sie zudem gemäß Abs. 4 iVm § 144 Abs. 4 die **Beseitigung** bzw. **Vernichtung** tatbestandlicher Gegenstände anordnen. Die Beseitigung und Vernichtung stehen in einem **Stufenverhältnis.** Nach dem Grundsatz der **Verhältnismäßigkeit** hat die Behörde stets das mildeste Mittel anzuwenden. Die Vernichtung kommt daher nur in Betracht, wenn eine Beseitigung nicht möglich ist.

C. Verletzung kennzeichenrechtlicher Mitwirkungs- und Duldungspflichten (Abs. 2 Nr. 1)

I. Tatbestand

7   Der Tatbestand in Abs. 2 Nr. 1 dient der Durchsetzung der aus § 134 Abs. 3 und Abs. 4 hervorgehenden **Mitwirkungs- und Duldungspflichten** von **Inhabern** oder **Leitern** von **Betrieben,** die **Agrarerzeugnisse oder Lebensmittel** in den Verkehr bringen oder herstellen oder innergemeinschaftlich verbringen, ein- oder ausführen.

8   Die Inhaber oder Leiter entsprechender Betriebe sind gemäß § 134 Abs. 3 verpflichtet das **Betreten und die Besichtigung der Geschäftsräume und Grundstücke** zu Untersuchungszwecken zu gestatten (→ § 134 Rn. 7). Entsprechendes gilt gemäß § 134 Abs. 4 für Dritte, die tatbestandliche Erzeugnisse für den Betriebsinhaber innergemeinschaftlich verbringen, ein- oder ausführen (→ § 134 Rn. 8).

9   Kommt der Inhaber, Leiter oder Dritte seinen Mitwirkungs- und Duldungspflichten **vorsätzlich oder fahrlässig** nicht nach, handelt er tatbestandlich iSv Abs. 2 Nr. 1. Der Einwand des Täters, er habe **keine Kenntnis** seiner Pflichten aus § 134 Abs. 3 oder Abs. 4 gehabt, führt daher gemäß § 11 Abs. 1 OWiG **nicht** zur Bußgeldbefreiung. Die fehlende Kenntnis seiner Pflichten lässt auch gemäß § 11 Abs. 2 OWiG nicht die **Vorwerfbarkeit** entfallen, da die Unkenntnis in aller Regel **vermeidbar** ist.

II. Rechtsfolge

10   Für Ordnungswidrigkeiten nach Abs. 2 kann gemäß Abs. 3 ein **Bußgeld bis zu 10.000 Euro** verhängt werden. Die genaue Höhe des Bußgeldes bestimmt die zuständige Behörde nach eigenem **Ermessen.**

D. Verletzung von Durchführungsbestimmungen VO (EU) 1151/2012 (Abs. 2 Nr. 2)

11   Nach § 139 kann das BMJV durch Rechtsverordnung weitere Einzelheiten des Schutzes von Ursprungsbezeichnungen und geographischen Angaben nach der VO (EU) 1151/2012 (früher VO (EG) 510/2006) regeln (→ § 139 Rn. 1). Zum Schutz einer solchen Rechtsverordnung enthält Abs. 2 Nr. 2 eine Bußgeldbewährung für Zuwiderhandlungen, soweit der in Rede stehende Tatbestand auf Abs. 2 Nr. 2 verweist. Da das BMJV bislang von dieser Möglichkeit keinen Gebrauch gemacht hat und daher **keine entsprechende Rechtsverordnung existiert,** läuft die Bußgeldandrohung aus Abs. 2 Nr. 2 momentan leer.

E. Zuständige Behörden (Abs. 5)

Zuständige Verwaltungsbehörde für das Bußgeldverfahren nach Abs. 1 und die Beseitigung **12** bzw. Vernichtung von Gegenständen nach Abs. 4 ist gemäß Abs. 5 iVm § 36 Abs. 1 Nr. 1 OWiG das **Bundesamt für Justiz.** Mangels einer ausdrücklichen Zuständigkeitsregelung für Fälle des Abs. 2 kommt § 36 Abs. 1 Nr. 2 lit. a OWiG zur Anwendung. Danach ist die nach Landesrecht **fachlich zuständige oberste Landesbehörde** auch zuständige Verwaltungsbehörde für das Bußgeldverfahren.

Abschnitt 2. Beschlagnahme von Waren bei der Einfuhr und Ausfuhr

§ 146 Beschlagnahme bei der Verletzung von Kennzeichenrechten

(1) [1]**Waren, die widerrechtlich mit einer nach diesem Gesetz geschützten Marke oder geschäftlichen Bezeichnung versehen sind, unterliegen, soweit nicht die Verordnung (EU) Nr. 608/2013 des Europäischen Parlaments und des Rates vom 12. Juni 2013 zur Durchsetzung der Rechte geistigen Eigentums durch die Zollbehörden und zur Aufhebung der Verordnung (EG) Nr. 1383/2003 des Rates (ABl. L 181 vom 29.6.2013, S. 15) in ihrer jeweils geltenden Fassung anzuwenden ist, auf Antrag und gegen Sicherheitsleistung des Rechtsinhabers bei ihrer Einfuhr oder Ausfuhr der Beschlagnahme durch die Zollbehörde, sofern die Rechtsverletzung offensichtlich ist.** [2]**Dies gilt für den Verkehr mit anderen Mitgliedstaaten der Europäischen Union sowie mit den anderen Vertragsstaaten des Abkommens über den Europäischen Wirtschaftsraum nur, soweit Kontrollen durch die Zollbehörden stattfinden.**

(2) [1]**Ordnet die Zollbehörde die Beschlagnahme an, unterrichtet sie unverzüglich den Verfügungsberechtigten sowie den Antragsteller.** [2]**Dem Antragsteller sind Herkunft, Menge und Lagerort der Waren sowie Name und Anschrift des Verfügungsberechtigten mitzuteilen.** [3]**Das Brief- und Postgeheimnis (Artikel 10 des Grundgesetzes) wird insoweit eingeschränkt.** [4]**Dem Antragsteller wird Gelegenheit gegeben, die Waren zu besichtigen, soweit hierdurch nicht in Geschäfts- oder Betriebsgeheimnisse eingegriffen wird.**

Überblick

Abs. 1 regelt die zollamtliche Beschlagnahme von Waren, die **Kennzeichenrechte verletzen.** Für die Beschlagnahme gelten folgende Voraussetzungen: **Antrag** (→ Rn. 8 ff.) des Rechtsinhabers (→ Rn. 10 ff.) und Sicherheitsleistung (→ Rn. 16 ff.) sowie Feststellung einer **offensichtlichen Rechtsverletzung** (→ Rn. 40 ff.) durch widerrechtliche Kennzeichnung (→ Rn. 29 ff.). Ferner wird der Anwendungsbereich durch Anordnung des **Vorrangs der VO (EU) 608/2013** (→ § 150 Rn. 4) erheblich eingeschränkt (→ Rn. 4 ff.).

Unmittelbar nach der Anordnung der Beschlagnahme erfolgen nach Abs. 2 die erforderlichen **Mitteilungen an die Verfahrensbeteiligten** (→ Rn. 51 ff.). Der Antragsteller erhält nach Abs. 2 S. 4 ein Besichtigungsrecht (→ Rn. 53).

In Deutschland fanden in den Jahren 2015–2017 jährlich stets über 21.000 Aufgriffe statt (in 2014: 45.700, EU-weit ca. 63.000), mit einem Warenwert von jeweils knapp unter 200 Mio. Euro (in der EU: 670 Mio. Euro). Dabei ist die Marke seit jeher das wichtigste Schutzrecht, auf die sowohl nach Anzahl als auch nach Warenwert über die letzten Jahre hinweg sowohl in Deutschland als in der EU jeweils deutlich über 80 % der aufgegriffenen Waren entfallen.

Übersicht

A. Allgemeines

1   Der Antrag auf Beschlagnahme dient **präventiv** dazu, zukünftige Verletzungen frühzeitig − nämlich bei der Ein- oder Ausfuhr − festzustellen, um sie sodann unterbinden zu können. Der Antrag erfordert keine bereits konkret vorliegende Kennzeichenrechtsverletzung, sondern wird unabhängig davon gestellt. Für den Antrag bedarf es auch keiner Erstbegehungsgefahr (zur Begründung von Erstbegehungsgefahr durch Feststellung markenverletzender Lieferung im Rahmen der Grenzbeschlagnahme OLG Bremen NJWE-WettbR 2000, 46 f.) oder eines konkreten Verdachts. Die beantragte Beschlagnahme dient der **Sicherstellung des Vernichtungsanspruchs** nach § 18 (LG Düsseldorf GRUR 1996, 66 (68) − adidas-Import).

2   Abs. 1 S. 1 begründet einen **eigenständigen Anspruch** des Rechtsinhabers auf Beschlagnahme durch die Zollbehörden. Dieser Anspruch tritt zu den in §§ 14 ff. geregelten Rechten wegen Kennzeichenrechtsverletzung hinzu. Der Anspruch wird nach Abs. 1 S. 2 klarstellend dahin eingeschränkt, dass die Zollbehörden innerhalb des europäischen Wirtschaftsraums nicht zur Einrichtung zusätzlicher Kontrollen allein zum Zweck der Beschlagnahme verpflichtet sind.

3   Der Antrag setzt nach Abs. 1 eine Verletzung von Kennzeichenrechten, dh **Marken** oder **geschäftlichen Bezeichnungen** voraus. Gemäß § 119 Nr. 6 können auch Inhaber von **Unionsmarken** Anträge nach §§ 146–149 stellen. Der Antrag kann aber auch auf **weitere Schutzrechte** gestützt werden. Entsprechende Regelungen gelten für Urheberrechte (§§ 111b f. UrhG); Patente (§ 142a PatG), Gebrauchsmuster (§ 25a GebrMG), Designs (§ 55 DesignG), Sortenschutzrechte (§ 40a SortSchG). Der Antragsteller kann in seinen Antrag sämtliche ihm zustehenden Schutzrechte einbeziehen. Für **geografische Herkunftsangaben** gilt § 151.

B. Anwendungsbereich

4   Der Anwendungsbereich der §§ 146–148 wird erheblich **eingeschränkt** durch den insoweit **vorrangigen Anwendungsvorrang der VO (EU) 608/2013 (Produktpiraterie-VO).** Der Anwendungsbereich der Produktpiraterie-VO (im Detail → § 150 Rn. 8 ff.) betrifft mehrere Bereiche. Die Produktpiraterie-VO gilt in räumlicher Hinsicht für die Tätigkeit der Zollbehörden an den EU-Außengrenzen. Danach verbleibt für §§ 146–148 der gesamte **innergemeinschaftliche Warenverkehr.** Dieser ist jedoch wegen dort kaum noch stattfindender Kontrollen (Abs. 1 S. 2) wenig relevant.

5   Ferner greift die Produktpiraterie-VO bei Marken nur, wenn diese eingetragen sind (→ § 150 Rn. 13 f.), nicht aber bei **Benutzungsmarken** (§ 4 Nr. 2) oder Notorietätsmarken (§ 4 Nr. 3). Von den geschäftlichen Bezeichnungen (§ 5) erfasst die Produktpiraterie-VO nur Handelsnamen (→ § 150 Rn. 15), nicht aber **Werktitel** (§ 5 Abs. 3). Bei deren Verletzung sind die §§ 146–148 für die Beschlagnahme auch an den EU-Außengrenzen anwendbar.

6   Auf **Originalwaren,** die vom Rechtsinhaber oder mit seiner (grundsätzlichen) Zustimmung hergestellt wurden, haben die Zollbehörden keinen Zugriff nach der Produktpiraterie-VO. Dies betrifft insbesondere Fälle des **Parallelimports** (→ § 150 Rn. 19 ff.) sowie von **Lizenzware,** die unter Überschreitung der vertraglichen Höchstmenge hergestellt wurde („Overrun"; → § 150 Rn. 21 f.). Insoweit ist ein Anwendungsbereich von §§ 146–148 auch für eingetragene Marken und Handelsnamen eröffnet.

7   Die Produktpiraterie-VO verlangt für eine Kennzeichenverletzung Warenidentität oder jedenfalls hochgradige Warenähnlichkeit („derartige Waren", vgl. Art. 2 Nr. 5 lit. a Produktpiraterie-

VO). § 146 hingegen stellt keine solch hohen Anforderungen an die Warenähnlichkeit (→ Rn. 45). Insofern ist bei fehlender Warenidentität, aber bei gleichwohl bestehender **Warenähnlichkeit** ein weiterer Anwendungsbereich der §§ 146–148 gegeben.

C. Antrag und formelle Voraussetzungen

Die Voraussetzungen für den Antrag sind überwiegend **formeller Natur.** Über den Antrag **8** wird unabhängig vom konkreten Verdachtsfall entschieden (→ Rn. 1), die materiellen Voraussetzungen (→ Rn. 24 ff.) für die konkrete Beschlagnahme werden demgegenüber von den Zollbehörden jeweils im konkreten Verdachtsfall geprüft.

Für das nationale Beschlagnahmeverfahren besteht ein **striktes Antragserfordernis.** Anders **9** als bei der Produktpiraterie-VO (→ § 150 Rn. 20) kann ohne Antrag nicht einmal ein nur kurzfristiges Festhalten von Waren erfolgen (Ströbele/Hacker/Thiering/Thiering Rn. 28), um den Rechtsinhaber in Kenntnis zu setzen und ihm Gelegenheit zur Stellung eines Antrags zu geben. Zur Beschlagnahme → Rn. 9.1.

Die Zollbehörden sind gleichwohl nicht daran gehindert, eine Beschlagnahme nach §§ 94 ff. StPO **9.1** vorzunehmen, die bereits wegen des Anfangsverdachts einer Straftat nach §§ 143, 143a gerechtfertigt wäre (LG Kleve BeckRS 2010, 29945) und sich auch auf Geschäfts- sowie Privaträume des Beschuldigten erstrecken kann (LG Meiningen NStZ 2003, 41).

I. Antragsteller

Abs. 1 S. 1 setzt einen Antrag des Rechtsinhabers voraus. Rechtsinhaber ist zunächst der **10** **materiell-berechtigte Inhaber** der Marke bzw. der geschäftlichen Bezeichnung. Ferner kann der Antrag aber auch durch **Lizenznehmer** wirksam gestellt werden. Eine solche Erweiterung entspricht dem Verständnis der Produktpiraterie-VO, die in Art. 3 Nr. 2 lit. a Produktpiraterie-VO die Antragsbefugnis für nationale Anträge jedem Nutzungsberechtigten zuspricht, der vom Rechtsinhaber förmlich ermächtigt wurde, Verletzungsverfahren einzuleiten (zur vorangehenden VO (EG) 1383/2003 vgl. Ströbele/Hacker/Thiering/Thiering Rn. 27; Ingerl/Rohnke Rn. 6).

In der Literatur wird zum Teil eine Begrenzung auf die Inhaber **ausschließlicher Lizenzen** **11** gefordert (Dreier/Schulze/Dreier UrhG § 111b Rn. 8; aA Fezer Rn. 7; FormK MarkenR/ v. Welser Rn. 3405). Andererseits wird aber auch eine Ausweitung auf **verbundene Unternehmen** (Ingerl/Rohnke Rn. 6) bzw. deutsche **Tochterfirmen** (OLG Hamburg GRUR-RR 2002, 129 – Kfz-Ersatzteile) oder aber auch auf einfache Lizenznehmer (Ströbele/Hacker/Thiering/ Thiering Rn. 27) vertreten. Zu internationalen Marken ausländischer Inhaber → Rn. 11.1.

Insbesondere bei internationalen Marken ausländischer Inhaber ist der inländische Lizenznehmer häufig **11.1** deutlich besser informiert über drohende Importe und deutlich schneller handlungsfähig. Zudem wird der Lizenznehmer durch Pirateriewaren auf zumindest im gleichen Maße geschädigt war wie der Inhaber selbst. Ausschließliche Lizenznehmer sind sogar regelmäßig die Hauptgeschädigten durch den Import rechtsverletzender Produkte. Dies spricht dafür, auch ihnen die Antragsbefugnis zuzugestehen. Da auch die Schadensersatzpflicht den jeweiligen Antragsteller selbst trifft (§ 149), ist keine gesteigerte Unbedachtheit bei der Antragstellung durch Lizenznehmer zu befürchten. Überdies bedarf der Lizenznehmer im weiteren Verfahren der Zustimmung des Markeninhabers (§ 30 Abs. 3), um die nach § 147 Abs. 3 S. 2 erforderliche vollziehbare gerichtliche Entscheidung zu erwirken (so auch Fezer Rn. 7).

Der **Nachweis der Rechtsinhaberschaft** ist entbehrlich, wenn Antragsteller der eingetragene **12** Inhaber selbst ist. Dieser muss keine Unterlagen hierzu einreichen. Andere Antragsteller müssen ihre Berechtigung allerdings nachweisen. Im Fall der **Rechtsnachfolge** ist daher der Übertragungsvertrag bzw. eine entsprechende Bestätigung des als Inhaber noch nicht eingetragenen Rechtsvorgängers vorgelegt werden. **Lizenznehmer** von Unionsmarken können die Lizenz im Markenregister eintragen lassen; im Übrigen wäre der Lizenzvertrag oder eine entsprechende Bestätigung der Lizenz durch den eingetragenen Inhaber vorzulegen. **Vertreter** müssen eine Vollmacht vorlegen (Ströbele/Hacker/Thiering/Thiering Rn. 28); sie stellen den Antrag – anders als Lizenznehmer – nicht im eigenen Namen, sondern im Namen ihres Auftraggebers.

II. Verfügungsberechtigter

Der Begriff des Verfügungsberechtigten findet sich erst in Abs. 2 im Zusammenhang mit der **13** Benachrichtigung nach Beschlagnahme. Der – präventive – Antrag auf Beschlagnahme richtet sich nicht (zwangsläufig) gegen Waren eines bestimmten Verfügungsberechtigten. Daher gibt es auch **keinen formellen Antragsgegner** und der Antragsteller muss im Antrag keinen Verfügungsberechtigten angeben. Weiterführend → Rn. 13.1.

13.1   Allerdings empfiehlt es sich zur Steigerung des praktischen Erfolgs des Antrags, sämtliche Betracht kommenden Verfügungsberechtigten zu nennen, damit so Verdachtsfälle leichter aufgefunden werden können.

14   Der Verfügungsberechtigte erlangt erst dann eine formalisierte Verfahrensposition, wenn eine Beschlagnahme seiner Waren angeordnet wird, von der er zu benachrichtigen ist. Verfügungsberechtigter ist grundsätzlich der **Eigentümer** der jeweiligen Waren. Wenn der Eigentümer nicht feststeht, greift die Zollverwaltung auf die Vermutungen des § 1006 BGB (→ Rn. 14.1) zurück und behandelt das **Transportunternehmen** der Waren als Verfügungsberechtigten (Ströbele/Hacker/Thiering/Thiering Rn. 35).

14.1   Die Vermutungen des § 1006 BGB passen indessen nicht. Die Eigentumsvermutung greift nur bei Eigenbesitz. Dieser kann bei einem Transportunternehmen nicht angenommen werden. Zu § 18 – immerhin dem Vernichtungsanspruch, der durch die Beschlagnahme gesichert werden soll (→ Rn. 1) – wird darauf hingewiesen, dass die Vermutung des § 1006 BGB nur zugunsten, nicht aber zulasten des Besitzers wirkt (Ströbele/Hacker/Thiering/Thiering § 18 Rn. 30 Fn. 33).

III. Zuständige Behörde

15   Zuständig für den **Antrag** ist nach § 148 Abs. 1 S. 1 die Generalzolldirektion (→ § 148 Rn. 1). Die Prüfung der Waren erfolgt durch die Hauptzollämter/Zollstellen. Diese ordnen ebenfalls die Beschlagnahme an, nehmen die Mitteilungen nach Abs. 2 vor und sind im weiteren Verfahren zuständig (→ § 148 Rn. 2).

IV. Sicherheitsleistung

16   Die erforderliche Sicherheitsleistung soll die voraussichtlichen Kosten der zollamtlichen Lagerung und ggf. Vernichtung (zu den Kostenpositionen → § 148 Rn. 6) abdecken. Zudem soll auch das Risiko eines Vollziehungsschadens (→ § 149 Rn. 12 ff.) des Verfügungsberechtigten im Fall der späteren Aufhebung der Beschlagnahme gesichert werden.

17   Die **Höhe** der Sicherheitsleistung ist gesetzlich nicht vorgegeben, insbesondere gehört sie nicht zu den Kosten nach § 148 Abs. 2. Die Generalzolldirektion hat sie nach verwaltungsrechtlichen Grundsätzen (§ 40 VwVfG) im pflichtgemäßen Ermessen festzusetzen (vgl. Stelkens/Bonk/Sachs/Sachs VwVfG § 40 Rn. 24, 46). Maßstab ist insbesondere die Verhältnismäßigkeit. Dabei **schätzt** die Behörde das mögliche Ausmaß eines Vollziehungsschadens nach Art und Umfang der zu erwartenden Beschlagnahme und bemisst auf dieser Grundlage die Sicherheitsleistung (zur Höhe → Rn. 17.1).

17.1   Häufig wird die Sicherheitsleistung innerhalb eines Rahmens zwischen 10.000 und 30.000 Euro bemessen (Büscher/Dittmer/Schiwy/Büscher Rn. 15; Ingerl/Rohnke Rn. 7).

18   Die Höhe der Sicherheitsleistung kann **nachträglich heraufgesetzt** werden, wenn sie sich als zu niedrig erweist (dies ergibt sich aus der Dienstanweisung der Bundesfinanzverwaltung zum Schutz des geistigen Eigentums im siebten Absatz Satz 2).

19   Erbracht wird die Sicherheitsleistung in aller Regel durch **selbstschuldnerische Bankbürgschaft** auf erstes Anfordern (§ 148 Abs. 2 iVm § 178, § 241 Abs. 1 Nr. 7, § 244 Abs. 1 AO) gegenüber der Bundesrepublik Deutschland. Im Übrigen richtet die Sicherheitsleistung sich nach §§ 241, 242 AO. Zu einem Formular → Rn. 19.1.

19.1   Für die Sicherheitsleistung durch selbstschuldnerische Bankbürgschaft auf erstes Anfordern hält die Generalzolldirektion ein geeignetes Formular im Internet bereit (http://www.zoll.de/SharedDocs/Downloads/DE/FormulareMerkblaetter/Verbote-Beschraenkungen/0134_2008.pdf?__blob=publicationFile).

V. Gebundene Entscheidung

20   Liegen die formellen Voraussetzungen vor, hat die Generalzolldirektion dem Antrag stattzugeben (vgl. BeckOK VwVfG/Heßhaus VwVfG § 22 Rn. 11).

VI. Kosten

21   Der Antrag selbst ist **gebührenfrei**. Die Kosten des Beschlagnahmeverfahrens, insbesondere die Auslagen der Zollbehörden und die Gebühren der Vernichtung, richten sich nach § 148 Abs. 2 (→ § 148 Rn. 5).

VII. Mitteilungen an Zollbehörden

Wird dem Antrag stattgegeben, unterrichtet die Generalzolldirektion alle Zollstellen im Bun- **22** desgebiet und das Zollkriminalamt per Dienstanweisung (Ströbele/Hacker/Hacker, 11. Aufl. 2014, Rn. 30), damit diese entsprechende Verdachtsfälle erkennen und darauf reagieren können. Darüber hinaus erfolgt eine Veröffentlichung der gültigen Grenzbeschlagnahmeanträge durch das BMF in der Vorschriftensammlung der Bundesfinanzverwaltung (Ströbele/Hacker/Hacker, 11. Aufl. 2014, Rn. 30).

VIII. Geltungsdauer

Der Antragsteller bestimmt die Geltungsdauer seines Antrags, die allerdings **maximal ein Jahr** **23** beträgt (§ 148 Abs. 1 S. 1). Allerdings kann der Antrag beliebig oft **wiederholt** (→ § 148 Rn. 4) werden (§ 148 Abs. 1 S. 2), was faktisch einer Verlängerung gleichkommt.

IX. Rechtsmittel gegen die Ablehnung des Antrags

Gegen die Ablehnung des Grenzbeschlagnahmeantrags besteht die Möglichkeit des **Einspruchs** **24** **nach § 347 Abs. 1 Nr. 1 AO** bzw. bei dessen Erfolglosigkeit der Klage nach § 33 Abs. 1 Nr. 1 FGO. Die Überwachung des grenzüberschreitenden Warenverkehrs stellt eine Maßnahme der **Steueraufsicht** (§ 209 AO) dar, gegen die Rechtsschutz im Rahmen des Abgabenrechts und durch die Finanzgerichtsbarkeit besteht (vgl. BFH GRUR Int 2000, 780 – Jockey; IStR 2000, 224). Streitigkeiten, die die Ablehnung des Antrags betreffen, sind Abgabenangelegenheiten.

D. Materielle Voraussetzungen der Beschlagnahme

Liegt ein positiv beschiedener, gültiger (→ Rn. 23) Antrag auf Grenzbeschlagnahme vor, prüfen **25** die Zollbehörden bei den untersuchten Waren, ob die nachfolgenden materiellen Voraussetzungen für die Anordnung der Beschlagnahme vorliegen.

I. Waren

Naturgemäß können nur (körperliche) Waren beschlagnahmt werden. Allerdings muss die zu **26** beschlagnahmende Ware nicht unmittelbar selbst widerrechtlich gekennzeichnet sein. Es genügt, wenn die widerrechtliche Kennzeichnung sich nur auf der **Verpackung** der Ware, einem Aufkleber auf der Ware, einem Anhänger oder Ähnlichem befindet (OLG Hamburg GRUR-RR 2002, 129 – Kfz-Ersatzteile; Ströbele/Hacker/Thiering/Thiering Rn. 11; Büscher/Dittmer/Schiwy/ Büscher Rn. 8). Zum Umfang der Beschlagnahme → Rn. 26.1.

Neben der (verpackten) Ware selbst können auch deren **Kennzeichnungsmittel** separat beschlagnahmt **26.1** werden. Dies gilt insbesondere für (noch) leere Verpackungen, Embleme, Anhänger, Aufkleber, aber auch für Prospekte, Bedienungs- und Gebrauchsanweisung, Garantiedokumente (Ströbele/Hacker/Thiering/ Thiering Rn. 11; Büscher/Dittmer/Schiwy/Büscher Rn. 8; Fezer Rn. 28; aA Ingerl/Rohnke Rn. 3). Zur effektiven Durchsetzung des Vernichtungsanspruchs (s. dazu BT-Drs. 11/4792, 41) kommt ferner auch eine Beschlagnahme von **Materialien** und **Geräten** iSd § 18 Abs. 1 S. 2 (Druckstöcke pp.) in Betracht (insoweit für eine analoge Anwendung des § 146 Fezer Rn. 29; aA Ingerl/Rohnke Rn. 3). Darin, dass diese Gegenstände der der Vernichtung nach § 18 unterliegen (Ströbele/Hacker/Thiering/Thiering § 18 Rn. 20; Fezer § 18 Rn. 33 f.) besteht auch mit den Vertretern der Gegenmeinung Einigkeit (Ingerl/ Rohnke § 18 Rn. 11, 13). Einer, soweit sie über den Warenbegriff des § 146 (dazu Fezer Rn. 27) hinausgeht, analogen Anwendung stünde jedoch das Erfordernis einer offensichtlichen Kennzeichenverletzung entgegen (Ingerl/Rohnke Rn. 3). Das vermag nach der hier vertretenen Ansicht nicht zu überzeugen: Die Offensichtlichkeit bestimmt eine Eingriffsschwelle für das Tätigwerden der Zollbehörden (→ § 149 Rn. 6 f.). Zu ihrer Beurteilung kommt es auf die materielle Rechtslage an, sie trägt jedoch selber jedoch nicht zu dieser bei (so auch Fezer Rn. 8). Eine Erstreckung der materiell-rechtlichen Verletzungshandlungen auch auf die Ein- und Ausfuhr von Kennzeichnungsmitteln, Materialien, Geräten etc. im Analogiewege erweitert damit zunächst nur den Anwendungsbereich des § 146. Innerhalb dieser erweiterten Grenzen haben die Zollbehörden die Offensichtlichkeit einer Kennzeichenrechtsverletzung zu prüfen (→ Rn. 40).

II. Widerrechtliche Kennzeichnung

1. Relevante Kennzeichenrechte

27   Der Anspruch auf Beschlagnahme besteht bei Verletzungen **jeglicher Kennzeichen der §§ 4, 5**. Erfasst werden also eingetragene Marken (§ 4 Nr. 1), Benutzungsmarken (§ 4 Nr. 2), Notorietätsmarken (§ 4 Nr. 3), Unternehmenskennzeichen (§ 5 Abs. 1 S. 1), sonstige geschäftliche Bezeichnungen (§ 5 Abs. 1 S. 2), Werktitel (§ 5 Abs. 2). Ferner werden auch Kollektivmarken (§ 126) erfasst. Ebenfalls geschützt sind Unionsmarken (§ 119 Nr. 6) sowie Internationale Registrierungen mit Schutzerstreckung für Deutschland (§ 107 Abs. 1, § 119 Abs. 1).

28   § 146 regelt **nicht** die Beschlagnahme wegen Verletzung **geographischer Herkunftsangaben**. Das diesbezügliche Verfahren richtet sich nach § 151. Sofern eine geographische Herkunftsangabe zudem als (Kollektiv)Marke eingetragen ist, besteht aber diesbezüglich die Möglichkeit eines Antrags nach § 146.

2. Widerrechtlichkeit der Kennzeichnung

29   Die erforderliche Rechtswidrigkeit setzt eine Kennzeichenrechtsverletzung nach **§ 14 Abs. 2 bzw. § 15 Abs. 2, 3** voraus. Es muss also ein Fall der Doppelidentität ($\rightarrow$ § 14 Rn. 265), der Verwechslungsgefahr ($\rightarrow$ § 14 Rn. 275; $\rightarrow$ § 15 Rn. 33) oder des Bekanntheitsschutzes ($\rightarrow$ § 14 Rn. 536; $\rightarrow$ § 15 Rn. 61) vorliegen. Infolge der zusätzlichen Voraussetzung, dass die Rechtsverletzung offensichtlich ($\rightarrow$ Rn. 40 ff.) sein muss, begründet nicht jede Rechtsverletzung einen Anspruch auf Beschlagnahme. Insbesondere an Verwechslungsgefahr und auch an Bekanntheitsschutz sind gesteigerte Anforderungen zu stellen ($\rightarrow$ Rn. 46).

3. Handeln im geschäftlicher Verkehr

30   Rechtsverletzungen nach §§ 14 ff. erfassen nur Handlungen im geschäftlichen Verkehr (Büscher/Dittmer/Schiwy/Büscher Rn. 8; Ingerl/Rohnke Rn. 8). Bei Unternehmern wird das Handeln im geschäftlichen Verkehr vermutet ($\rightarrow$ § 14 Rn. 69). Demgegenüber muss bei Privatpersonen deren Handeln im geschäftlichen Verkehr positiv festgestellt werden ($\rightarrow$ § 14 Rn. 70). Hierzu wendet die Zollverwaltung im **Reiseverkehr** Wertgrenzen ($\rightarrow$ Rn. 30.1) an, bei deren Überschreitung sie von einem kommerziellen Charakter ausgeht.

30.1   Diese Wertgrenzen finden sich in http://www.zoll.de/DE/Privatpersonen/Reisen/Rueckkehr-aus-einem-Nicht-EU-Staat/Zoll-und-Steuern/Reisefreimengen/reisefreimengen_node.html. Sie richten sich, sofern sich die Grenzwerte nicht (insbesondere bei Genussmitteln) nach Stückzahl oder Gewicht bemessen, nach dem Einkaufspreis in dem Land, aus dem eingeführt wird, und liegen bei See- oder Flugreisen bei 430 Euro, bei Personenreisen mit anderen Verkehrsmitteln bei 300 Euro und bei Personen, die unter 15 Jahre alt sind, bei 175 Euro (unabhängig vom Verkehrsmittel). Ferner ist erforderlich, dass die Waren im persönlichen Gepäck mitgeführt werden.

31   Im **Postverkehr** wendet die Zollverwaltung diese Wertgrenzen hingegen nicht an (Ströbele/Hacker/Thiering/Thiering Rn. 14). Dies soll der Unterbindung des sog. „Ameisenverkehrs" dienen. Bei Postsendungen unter Privatleuten kann jedoch nicht ohne weiteres von einem Handeln im geschäftlichen Verkehr ausgegangen werden (s. auch Ströbele/Hacker/Thiering/Thiering Rn. 14). Eine Beschlagnahme von Postsendungen unter Privatleuten ohne Feststellung von Umständen, die klar für ein Handeln im geschäftlichen Verkehr sprechen, ist somit nicht von § 146 gedeckt.

4. Schranken

32   Keine Rechtsverletzung liegt vor, wenn eine der Schranken der §§ 20 ff. greift. **Verjährung** (§ 20) scheidet allerdings naturgemäß aus, da Ein- und Ausfuhr eine gegenwärtige Verletzungshandlung darstellen ($\rightarrow$ § 20 Rn. 17).

33   Auch **Verwirkung** (§ 21) wird – jedenfalls beim Import – regelmäßig ausscheiden, da nach höchstrichterlicher Rechtsprechung jede Einfuhr eine neue ($\rightarrow$ Rn. 33.1) Verletzungshandlung darstellt, die nicht verwirkt sein kann ($\rightarrow$ § 21 Rn. 41; vgl. BGH GRUR 2013, 1161 Rn. 21 – Hard Rock Cafe).

33.1   Der BGH geht davon aus, dass jede „gleichartige Verletzungshandlung" einen neuen Unterlassungsanspruch begründet. Damit bezieht er sich auf eine vorangegangene Entscheidung (BGH GRUR 2012, 928 Rn. 23–26 – Honda-Grauimport), die sich allerdings tatbestandlich nur mit Importen zu befassen hatte.

Die Argumente des Senats lassen sich auf die Ausfuhr übertragen: Wenn die Untätigkeit eines Markeninhabers nicht dazu führen soll, dass er seine Rechte wegen Verwirkung nicht mehr durchzusetzen vermag, so muss dies unabhängig davon gelten, für welchen Markt die rechtsverletzenden Waren bestimmt sind. Ist also Anknüpfungspunkt für den BGH einzig die (zeitweise tolerierte) Rechtsverletzung, kann es keinen Unterschied machen, ob diese in einer Ein- oder Ausfuhr liegt.

Der Tatbestand des **Zwischenrechts** (§ 22) kann hingegen durchaus vorliegen. Allerdings **34** besteht für ein solches Zwischenrecht eine erhebliche Darlegungslast für den Inhaber des jüngeren Kennzeichens. Solange dieser sein Zwischenrecht nicht eindeutig nachweist, gilt die Vermutung des Rechtsbestands des älteren Kennzeichens. Sollte der Antragsteller mit der Einfuhr von Waren rechnen, deren Verfügungsberechtigter sich auf ein Zwischenrecht berufen könnte, sollte der Antragsteller bereits mit dem Antrag vortragen, warum ein Zwischenrecht ausscheidet.

Die Benutzung der Marke als **beschreibende Angabe** (§ 23 Nr. 2) scheidet jedenfalls in **35** typischen Piraterefällen (nämlich unmittelbaren Produktnachahmungen unter originalgetreuer Verwendung der Marke) aus. Sofern der Antragsteller jedoch auch mit einer solchen Verwendung der Marke rechnen muss, die in den Regelungsbereich der Schranke des § 23 Nr. 2 fallen könnte, sollte er darlegen, warum die Schranke keine Anwendung findet.

Die wichtigste Schranke bei der Grenzbeschlagnahme stellt die **Erschöpfung** (§ 24) dar. Dies **36** insbesondere im Fall von Parallelimporten (→ Rn. 48).

Eine **Nichtbenutzung** (§ 25) wird im Verletzungsverfahren nur auf Einrede berücksichtigt. **37** Der Nachweis rechtserhaltender Benutzung wird von den Zollbehörden nicht gefordert, auch wenn die Benutzungsschonfrist (→ § 25 Rn. 1 ff.) abgelaufen ist.

III. Bei Einfuhr oder Ausfuhr – Transit

Nach seinem Wortlaut erfasst § 146 die Einfuhr und die Ausfuhr, nicht hingegen den Transit. **38** Transit meint die (zollrechtlich) ununterbrochene und bloße Durchfuhr der Waren (BGH GRUR 2007, 875 Rn. 8, 11 f. – Durchfuhr von Originalware; EuGH C-281/05, GRUR 2007, 146 Rn. 19 – Diesel). Demgegenüber kein Transit ist die „Durchfuhr im weiteren Sinne" (Begriff nach v. Schultz/Eble Rn. 16), also die Einfuhr allein zum Zwecke der Veräußerung der eingeführten Waren im Inland und der anschließenden Ausfuhr. Anders als beim Transit befinden die Waren sich nicht in einem durchgängigen Zollverfahren, sondern gelangen (zunächst) in den zollrechtlich freien Verkehr, was beim Transit gerade nicht der Fall ist (vgl. nur BGH GRUR 2007, 875 Rn. 14 – Durchfuhr von Originalware). Die Gefahr, dass nicht alle betroffenen Waren auch wieder ausgeführt werden, ist gegenüber einem echten Transit ersichtlich erhöht. Zu Verdachtsmomenten → Rn. 38.1 f.

Allein die Bezeichnung eines Transports als „Transit" führt jedoch nicht dazu, dass die betroffenen **38.1** Waren nicht mehr Gegenstand einer Beschlagnahme werden könnten. Denn ungeachtet der ursprünglichen Anmeldung ist es möglich, dass die Waren von einem Transit- in ein Einfuhrverfahren überführt werden. Eine Beschlagnahme kann daher auch bei Waren, die als Transitwaren deklariert sind, vorgenommen werden, wenn der Verdacht des Handels im Inland besteht (OLG Nürnberg GRUR-RR 2002, 98 f.; vgl. auch EuGH C-281/05, GRUR 2007, 146 Rn. 27, 34 – Diesel). Solche **Verdachtsmomente** können sein zB ein Bestimmungsort im (vorgeblichen) Transitstaat, Ungereimtheiten bei der Rechnungslegung oder die Glaubwürdigkeit der Anmeldung belastende Zeugenaussagen seitens der am Transport beteiligten Unternehmen und Personen (OLG Nürnberg GRUR 2002, 98 f.). Auch geschäftliche Handlungen, die sich an Verbraucher in der Union richten, wie zB die Bewerbung oder der (rein schuldrechtliche) Verkauf der betroffenen Waren, können die Gefahr einer Kennzeichenrechtsverletzung begründen und damit die Beschlagnahme rechtfertigen (EuGH C-446/09, C-495/09, GRUR 2012, 828 Rn. 57, 71 – Philips und Nokia). Das gilt auch dann, wenn Werbung oder Verkauf vor dem Eintreffen der Waren im Zollgebiet der EU erfolgten.

Gegen diese Auffassung wird Folgendes vertreten (Ströbele/Hacker/Thiering/Thiering Rn. 23): Auch **38.2** für die Frage, ob tatsächlich eine Durchfuhr oder aber in Wahrheit doch Einfuhr vorliege, könne kein Verdacht ausreichen, sondern müsse ebenfalls „denknotwendig" der Maßstab der Offensichtlichkeit (näher *zu diesem Maßstab* → *Rn. 40*) gelten. Dieser Maßstab beziehe sich nämlich „auf die Rechtsverletzung insgesamt". Es wird auch von der oben genannten Ansicht durchaus anerkannt, dass der Tatbestand des § 146 nicht etwa an der Benutzung der Marke ansetzt, sondern an dem widerrechtlichen „Versehen" von Waren mit der fraglichen Kennzeichnung (Ströbele/Hacker/Thiering/Thiering Rn. 12). Dieses „Versehen" ist jedoch unabhängig von der Beurteilung als Einfuhr oder Durchfuhr. Sofern im Anschluss von „die Rechtsverletzung" die Rede ist, verweist dies auf eben jenes „Versehen" mit der Kennzeichnung. Dass in den Tatbestand gleichwohl das eigenständige Merkmal einer markenverletzenden Handlung hineingelesen wird, mag im Ergebnis zutreffen und auch mit der EuGH-Rechtsprechung (Nokia) korrespondieren. Das besagt jedoch nicht automatisch, dass insoweit ebenfalls der Offensichtlichkeitsmaßstab gelten muss, den der EuGH überhaupt nicht anwendet. Die erweiternde Auslegung des Tatbestands des § 146 ist damit nur insoweit angemessen, als dass der reine Transit mangels Markenverletzung ausgenommen bleibt. Angesichts des Ausnahmecharakters eines reinen Transits und den Umgehungsgefahren ist es jedoch berechtigt, den Verdacht auf eine verkappte Einfuhr ausreichen zu lassen.

39   Die Änderungen infolge der Markenreform 2016 ermöglichen die effektive Erfassung des Transits über § 150: Der insoweit neugefasste Art. 9 Abs. 4 UAbs. 1 UMV sieht vor, dass der Inhaber einer Unionsmarke auch berechtigt ist, Dritten zu untersagen, Waren mit kollidierenden Marken in die Union zu verbringen, **ohne** die Waren dort in den zollrechtlich freien Verkehr zu verbringen. Nur wenn der Markeninhaber im endgültigen Bestimmungsland (innerhalb oder außerhalb der EU) keinen Unterlassungsanspruch hat, erlischt gemäß Art. 9 Abs. 4 UAbs. 2 UMV der Unterlassungsanspruch (→ UMV Art. 9 Rn. 96; BeckOK UMV/Müller UMV Art. 9 Rn. 99). Die Beweislast dafür, dass der Unterlassungsanspruch im Bestimmungsland fehlt, bürdet Art. 9 Abs. 4 UAbs. 2 UMV dem Anmelder oder Besitzer der beschlagnahmten Waren auf (BeckOK UMV/Müller UMV Art. 9 Rn. 99). Dieser Nachweis ist allerdings im Rechtsverletzungsverfahren zu führen, das nach der Produktpiraterie-VO eingeleitet wurde. Ein solches Verfahren steht bei einer Beschlagnahme nach §§ 146–149 gerade nicht zur Verfügung. Zu § 14a→ Rn. 39.1 f.

39.1   Für **nationale Registermarken** enthält Art. 10 Abs. 4 UAbs. 1 MRL zur Angleichung der Rechtsvorschriften der Mitgliedstaaten über die Marken, der bis 14.1.2019 in nationales Recht umzusetzen ist, eine gleichlautende Regelung. Nach dem **MaMoG** wird dies durch **§ 14a** umgesetzt, der ebenfalls vorsieht, dass der Beweis des fehlenden Unterlassungsanspruchs im Bestimmungsland im Rechtsverletzungsverfahren zu erbringen ist, das nach der Produktpiraterie-VO eingeleitet wurde (§ 14a Abs. 2). Damit führt auch § 14a nicht dazu, dass die §§ 146–149 auf den Transit anwendbar wären. Ein Vergleich des Anwendungsbereichs von §§ 146–149 mit § 14a zeigt, dass Überschneidungen nur bestehen, sofern eine Verletzung von Werktiteln vorläge.

39.2   Die vom BGH noch zum WZG ergangene Rechtsprechung, nach der ein Spediteur beim Warentransit zumindest (nicht-markenrechtlicher) Störer iSd § 1004 BGB sein konnte (BGH GRUR 1957, 352 – Pertussin II), hat der BGH inzwischen aufgegeben (BGH GRUR 2012, 1263 – Clinique happy).

IV. Offensichtliche Rechtsverletzung

40   Mit der Voraussetzung der Offensichtlichkeit soll bewirkt werden, dass die Beschlagnahme von Waren, die einen erheblichen Eingriff in den Warenverkehr bedeutet, **bei unklarer Rechtslage unterbleibt** und ungerechtfertigte Beschlagnahmen weitgehend ausgeschlossen werden (BT-Drs. 11/4792, 41; OLG Hamburg BeckRS 2005, 30359816 sub II.2.d – Hamburg; BFH GRUR Int 2000, 780 (782) – Jockey). Hintergrund ist die Tatsache, dass die Beschlagnahme einen erheblichen Eingriff darstellt, der ohne vorherige Anhörung des Betroffenen erfolgt und einer ausreichenden Rechtfertigung bedarf (vgl. BeckOK PatR/Voß PatG § 142a Rn. 6). Die erforderliche Offensichtlichkeit der Rechtsverletzung bezieht sich sowohl auf die Prüfung der Kennzeichenrechtsverletzung (→ Rn. 43 ff.) als auch auf etwaige Schranken, insbesondere die Erschöpfung (→ Rn. 47). Die Frage nach der Offensichtlichkeit erfordert eine **Beurteilung im Einzelfall**.

40.1   Da der Antrag sich noch nicht auf eine konkrete Verletzung bezieht „muss (in diesem Stadium des Verfahrens) ein schlüssiger, glaubhafter Vortrag ausreichen, aus dem sich eine (angebliche) bevorstehende Rechtsverletzung verhältnismäßig leicht und eindeutig erkennen lässt" (BFH GRUR Int 2000, 780 (782) – Jockey).

1. Prüfungsmaßstab

41   Die Beurteilung der offensichtlichen Rechtsverletzung erfolgt durch einen Zollbeamten und nicht durch ein Gericht. Damit ist einerseits die verfassungsrechtliche Legitimation der Beschlagnahme schwächer, zum anderen kann von der Zollverwaltung nicht die gleiche kennzeichenrechtliche Fachkenntnis erwartet werden wie von einem entsprechend spezialisierten Gericht. Vor diesem Hintergrund ist der Maßstab der Offensichtlichkeit nach Abs. 1 S. 1 eigenständig zu beurteilen und insbesondere nicht mit dem Merkmal der Offensichtlichkeit nach § 19 gleichzusetzen (Ingerl/Rohnke Rn. 4). Die Rechtsverletzung muss für den Zollbeamten ohne weiteres erkennbar sein und auf der Hand liegen; er darf **keinen vernünftigen Zweifel** haben (Ströbele/Hacker/Thiering/Thiering Rn. 19; Büscher/Dittmer/Schiwy/Büscher Rn. 12; Ingerl/Rohnke Rn. 4). Gerade im Unterschied zur Produktpiraterie-VO (→ § 150 Rn. 71) reicht nicht aus, dass eine Markenverletzung möglich ist oder ein dahingehender Verdacht besteht (vgl. BeckOK PatR/ Voß PatG § 142a Rn. 7). Daher dürfen auch keine Anhaltspunkte dafür vorliegen, dass der Sachverhalt in entscheidenden Punkte lückenhaft ist oder sich kurzfristig ändern wird (vgl. Wandtke/ Bullinger/Kefferpütz UrhG § 111b Rn. 38).

Nicht offensichtlich sein muss hingegen, dass auch die Voraussetzungen des § 18 gegeben sind. **42** Bei der Entscheidung nach § 18 handelt es sich um eine durch das Gericht auszusprechende Rechtsfolge. Sie erfordert eine besondere Fachkenntnis und ist schon deswegen erst in einem zweiten Prüfschritt, nach dem Aufhalten der betroffenen Waren durch die Zollbehörden, sinnvoll vorzunehmen. Davon ging auch der Gesetzgeber aus, der den „Spielraum der Gerichte" (BT-Drs. 11/4792, 28) betonte. Auch aus dem Regel-Ausnahme-Verhältnis von Vernichtung zu anderweitiger Beseitigung der Rechtsverletzung ergibt sich schon, dass üblicherweise aus der Rechtsverletzung die Vernichtung der betroffenen Waren folgt (→ § 18 Rn. 78; vgl. BT-Drs. 11/4792, 27). Von dieser gesetzgeberischen Wertung muss auch der Zollbeamte bei seiner Prüfung ausgehen können (näher→ Rn. 42.1).

Das gilt auch dann, wenn man mit dem LG Düsseldorf GRUR 1996, 66 (68) – adidas-Import annimmt, **42.1** ein Einfuhrverbot für rechtsverletzende Waren könne ein verhältnismäßiges Minus zur Vernichtung darstellen. Denn wenn der Zoll auf Basis der gerichtlichen Entscheidung die Einfuhr von Waren, deren Vernichtung unverhältnismäßig ist, zumindest aber verhindern soll, so muss er sie auch dazu zuvor aufgehalten haben. Für eine Verortung der Verhältnismäßigkeitsprüfung allein im gerichtlichen Verfahren spricht ferner, dass die Rechtsprechung die Verhältnismäßigkeit auch unter Gesichtspunkten des Verschuldens beurteilt (BGH GRUR 2006, 504 – Parfümtestkäufe; GRUR 1997, 899 – Vernichtungsanspruch; vertiefend Fezer § 18 Rn. 101). Dass eine solche Prüfung die Aufgaben des Zolls häufig übersteigen kann, liegt auf der Hand. Diesem Ergebnis entspricht schließlich, dass der Beklagte im Zivilverfahren die Darlegungs- und Beweislast für das Vorliegen einer Ausnahme nach § 18 Abs. 3 trägt (Ingerl/Rohnke § 18 Rn. 28).

2. Kennzeichenkollision

Regelmäßig offensichtlich ist die Rechtsverletzung im Fall der Doppelidentität, die zugleich **43** Standardfall der klassischen Produktpiraterie ist. Deutlich schwieriger zu beurteilen sind die für die Verwechslungsgefahr erforderliche Zeichen- und Warenähnlichkeit oder gar der Bekanntheitsschutz.

Zu eng wäre es aber, stets **Zeichenidentität** iSv § 14 Abs. 2 Nr. 1 zu fordern, da diese **44** nur sehr restriktiv angenommen wird und bereits im Fall kleinerer Zusätze oder unwesentlicher Abwandlungen ausscheidet (→ § 14 Rn. 269). Für eine offensichtliche Rechtsverletzung muss die verwendete Bezeichnung aber zumindest **in erheblichen Teilen identisch** mit den geschützten Kennzeichen sein (Ströbele/Hacker/Hacker, 11. Aufl. 2014, Rn. 19; Büscher/Dittmer/Schiwy/ Büscher Rn. 12; Ingerl/Rohnke Rn. 4). Teilweise wird nicht an eine Teilidentität angeknüpft, sondern eine sehr hohe Zeichenähnlichkeit gefordert (Ströbele/Hacker/Thiering/Thiering Rn. 20). Zu zusammengesetzten Marken → Rn. 44.1.

Auch dann verbleiben gerade im Bereich zusammengesetzter Marken noch erhebliche rechtliche **44.1** Schwierigkeiten bei der Beurteilung der Zeichenähnlichkeit (zB bei der Frage der selbständig kennzeichnenden Stellung eines Elements; → § 14 Rn. 478 ff.).

Warenähnlichkeit genügt für die Beschlagnahme nach Abs. 1 (im Unterschied zur Produktpi- **45** raterie-VO, die explizit Warenidentität verlangt, → Rn. 7). Bei der Beurteilung der Warenähnlichkeit kann der Zoll auf Hilfsmittel zurückgreifen. Zwar beurteilt sich auch Warenähnlichkeit auf Basis einer markenrechtlichen Wertung (→ § 14 Rn. 315). Sie ist aber isoliert von Zeichenähnlichkeit oder Kennzeichnungskraft festzustellen (→ § 14 Rn. 312). Angesichts einer endlichen Anzahl von Waren kann sie vielfach schematisch beantwortet werden. Insoweit kann der Zoll auf Sammlungen (zB Richter/Stoppel) zurückgreifen, die Entscheidungen von Ämtern und Gerichten zur Warenähnlichkeit katalogisiert haben. Hilfreich ist insbesondere auch das Suchprogramm „CF Similarity" des EUIPO (http://euipo.europa.eu/sim/), mit dem sich die Entscheidungen des EUIPO und weiterer teilnehmender Markenämter zur Warenähnlichkeit recherchieren lassen. Sofern sich danach eine **nicht nur geringe Warenähnlichkeit** ergibt, spricht dies – zusammen mit dem ohnehin erforderlichen hohen Zeichenähnlichkeitsgrad (→ Rn. 44) für eine offensichtliche Verwechslungsgefahr (vgl. Ströbele/Hacker/Thiering/Thiering Rn. 20; aA Büscher/Dittmer/ Schiwy/Büscher Rn. 12: hochgradige Warenähnlichkeit – aber ohne das Hilfsmittel der Entscheidungssammlung zu berücksichtigen). Allerdings kann ein Zollbeamter auch ohne Auflistung der konkreten Warenkonstellation zumindest Fälle hochgradiger Warenähnlichkeit eindeutig feststellen.

46   **Bekanntheit** ist für die Zollbehörden nicht – jedenfalls nicht zweifelsfrei – festzustellen. Allerdings kann der Antragsteller die Bekanntheit seiner Marke durch entsprechende Urteile glaubhaft machen, in denen die Bekanntheit bereits festgestellt wurde. Allerdings ist dann immer noch die unzulässige Ausbeutung oder Schädigung der Unterscheidungskraft bzw. Wertschätzung der Marke zu prüfen. Auch hier dürfte eine offensichtliche Rechtsverletzung für den Zoll zuverlässig nur auf Basis von Urteilen in unmittelbar übertragbaren Fällen festzustellen sein.

3. Erschöpfung – Identifizierung von Originalware

47   Gerade im Fall der Doppelidentität und auch sonst naturgetreuen Nachahmung des Piraterieprodukts muss die Zollverwaltung sicherstellen, dass nicht Originalware beschlagnahmt wird. Hintergrund hierfür ist nicht etwa der Schutz des Herstellers davor, selbst Opfer seines eigenen Beschlagnahmeantrags zu werden, sondern vielmehr der Schutz seiner Abnehmer, die insbesondere infolge Erschöpfung zulässigerweise die Ware ein- oder ausführen. Zur Erkennung von Nachahmungen ist die Behörde in schwierigen Fällen darauf angewiesen, dass der Antragsteller auf eindeutige **Erkennungsmerkmale** von Original bzw. Nachahmung hinweist (zB Codes, Verpackung, Hologramme usw). Sinnvoll ist auch die Hinzuziehung eines **Fachmanns** aus dem Unternehmen des Antragstellers.

4. Parallelimport

48   Beim Parallelimport wird Originalware eingeführt, die allerdings dann rechtsverletzend ist, wenn keine Erschöpfung vorliegt, die Ware also **nicht mit Zustimmung** des Rechtsinhabers im EWR in den Verkehr gelangt ist (§ 24 Abs. 1), oder der Rechtsinhaber **berechtigte Gründe** gegen die Markenverwendung vorbringen kann (§ 24 Abs. 2).

49   Originalhersteller verwenden oft Codierungssysteme, um kenntlich zu machen, auf welchem Markt ein Artikel in Verkehr gebracht wird, und auf diese Weise ihre Vertriebssysteme zu kontrollieren. Anhand solcher Codierungen kann festgestellt werden, ob die Ware mit Zustimmung des Rechtsinhabers im EWR in den Verkehr gelangt ist oder nicht. Schwieriger ist die Prüfung, ob berechtigte Gründe gegen die Markenverwendung sprechen (→ § 24 Rn. 36 ff.).

49.1   Der Offensichtlichkeit der Markenrechtsverletzung steht es nicht entgegen, dass es sich um Originalware handelt, die Rechtsverletzung sich also nicht schon aus der Beschaffenheit der Ware ergibt. Werden im Grenzbeschlagnahmeantrag Anhaltspunkte (zB Angaben zum Transportweg, Zollwert der Waren, bestimmte – bereits bekannte – Im- oder Exporteure) genannt, die die Rechtsverletzung erkennbar machen, hat die Zollbehörde die Überprüfung verdächtiger Waren unter Beachtung auch dieser Aspekte vorzunehmen (BFH DStRE 2000, 431 (434)).

E. Verfahren der Beschlagnahme

50   Erkennt die Zollverwaltung eine offensichtliche Rechtsverletzung (→ Rn. 40 ff.), ergeht durch sie im Wege des Verwaltungsakts die **Anordnung** der Beschlagnahme bezüglich der verletzenden Waren. Beschlagnahme ist die Sicherstellung der Waren durch Entziehung der tatsächlichen Verfügungsgewalt des Betroffenen und Unterwerfung unter staatliche Herrschaft (vgl. Park, HdB Durchsuchung und Beschlagnahme, Rn. 424). Dies geschieht praktisch, indem die Zollbehörde die Waren **in Gewahrsam** nimmt.

F. Unterrichtung nach erfolgter Beschlagnahme (Abs. 2)

51   Abs. 2 legt die Verfahrensschritte unmittelbar nach der Beschlagnahme fest. Dabei handelt es sich namentlich um die Unterrichtung des Verfügungsberechtigten (→ Rn. 54) und des Antragstellers (→ Rn. 52), der zudem einen Besichtigungsanspruch hat (→ Rn. 53). Das daran anschließende weitere Verfahren nach Beschlagnahme regelt § 147.

I. Unterrichtung an den Antragsteller

52   Der Antragsteller ist unverzüglich zu unterrichten, Abs. 2 S. 1. Ihm sind zur näheren Beurteilung, ob er das Verfahren mit dem Ziel der Vernichtung fortsetzen möchte, die insoweit **wesentlichen Angaben** über die beschlagnahmten Waren (Herkunft, Menge und Lagerort) und über den Verfügungsberechtigten (Name und Anschrift) mitzuteilen (Abs. 2 S. 2).

52.1   Warenherkunft und Identität des Verfügungsberechtigten können dem Antragsteller Aufschluss darüber geben, ob tatsächlich eine Verletzung vorliegt. Die Warenmenge ist für die Bedeutung der Rechtsverletzung, aber auch für das Ausmaß eines drohenden Schadensersatzes relevant. Die Angaben insgesamt sind zudem erforderlich, um eine später ggf. erforderlich werdende gerichtliche Entscheidung nach § 147 Abs. 3 S. 2 erlangen zu können (EuGH C-223/98, GRUR Int 2000, 163 Rn. 26 f. – Adidas).

Ergänzend zu diesen Angaben hat der Antragsteller einen **Besichtigungsanspruch** nach Abs. 2 **53** S. 4. Erst anhand eines unmittelbaren Eindrucks von den konkreten Waren kann der Antragsteller die Rechtsverletzung eingehend beurteilen und in einem nachfolgenden Verletzungsverfahren dem Gericht substantiiert darstellen. Anstelle einer Besichtigung vor Ort kann die Zollverwaltung dem Antragsteller auch Warenproben schicken (Ströbele/Hacker/Thiering/Thiering Rn. 37; BeckOK UrhG/Sternberg-Lieben UrhG § 111b Rn. 40). Das wird zwar unter Hinweis auf das fremde Eigentum in Abrede gestellt (Deumeland GRUR 2006, 994 f.). Das überzeugt aber jedenfalls dann nicht, wenn viele Waren von geringem Einzelwert vorhanden sind.

II. Unterrichtung an den Verfügungsberechtigten

Auch der Verfügungsberechtigte (→ Rn. 13) ist unverzüglich zu unterrichten (Abs. 2 S. 1). **54** Der Inhalt der Benachrichtigung an den Verfügungsberechtigten wird in Abs. 2 nicht ausdrücklich geregelt. Der Verfügungsberechtigte ist über sein **Widerspruchsrecht** zu unterrichten und insofern auch über die Widerspruchsfrist sowie über die Rechtsfolge eines nicht fristgerechten Widerspruchs (Ingerl/Rohnke Rn. 9; Fezer Rn. 31; dies aus § 150 Abs. 4 S. 2 aF schließend: Ströbele/Hacker/Thiering/Thiering § 147 Rn. 2). Die Unterrichtung ist **zuzustellen** (§ 147 Abs. 1). Zum Beginn der Widerspruchsfrist → Rn. 54.1.

Eine ordnungsgemäße Belehrung könnte zudem **Voraussetzung für den Beginn der Widerspruchs-** **54.1** **frist** sein. Dies ist bei Rechtsbehelfsbelehrungen vielfach der Fall (vgl. § 79 VwVfG, § 58 Abs. 1 VwGO). Nach dem OWiG (§ 52 Abs. 1 OWiG iVm § 44 StPO) ist die unterbleibende Rechtsbehelfsbelehrung zumindest Grund für eine Wiedereinsetzung in den vorigen Stand. Allerdings stellt der Widerspruch iSd § 147 kein Rechtsmittel gegen die Beschlagnahme dar; diese sind in § 148 aufgezählt (→ § 148 Rn. 13). Zudem erwächst die Beschlagnahmeanordnung nicht ohne weiteres in Rechtskraft, selbst wenn ein fristgerechter Widerspruch unterbleibt (Ströbele/Hacker/Thiering/Thiering § 147 Rn. 3). Der Widerspruch hat auch keinen Suspensiveffekt. Er ist kein Rechtsbehelf nach § 79 VwVfG, da er kein Antrag auf Durchführung eines behördlichen Überprüfungsverfahrens ist (vgl. BeckOK VwVfG/Kunze VwVfG § 79 Rn. 6), sondern lediglich die ausdrücklich verweigerte Zustimmung zum vereinfachten Einziehungsverfahren. Da die Beschlagnahme allerdings Besitz- bzw. Eigentumsrechte des Verfügungsberechtigten betrifft, spricht vieles dafür, diese Rechte durch **entsprechende Anwendung** der Vorschriften über das Rechtsbehelfsverfahren zu schützen. Diese Überlegungen werden freilich hinfällig, wenn die Zollstelle die Waren zwischenzeitlich einzieht und damit die Beschlagnahme endet.

G. Parallelvorschriften bzw. Ähnlichkeiten zu anderen Vorschriften

Zu § 146 bestehen Parallelvorschriften in den sonstigen Gesetzen über die gewerblichen Schutz- **55** rechte sowie das Urheberrecht; namentlich in § 142a Abs. 1, 2 PatG, § 55 DesignG, § 25a Abs. 1, 2 GebrMG sowie § 111b Abs. 1, 2 UrhG.

§ 147 Einziehung; Widerspruch; Aufhebung der Beschlagnahme

(1) **Wird der Beschlagnahme nicht spätestens nach Ablauf von zwei Wochen nach Zustellung der Mitteilung nach § 146 Abs. 2 Satz 1 widersprochen, ordnet die Zollbehörde die Einziehung der beschlagnahmten Waren an.**

(2) **[1]Widerspricht der Verfügungsberechtigte der Beschlagnahme, unterrichtet die Zollbehörde hiervon unverzüglich den Antragsteller. [2]Dieser hat gegenüber der Zollbehörde unverzüglich zu erklären, ob er den Antrag nach § 146 Abs. 1 in bezug auf die beschlagnahmten Waren aufrechterhält.**

(3) **[1]Nimmt der Antragsteller den Antrag zurück, hebt die Zollbehörde die Beschlagnahme unverzüglich auf. [2]Hält der Antragsteller den Antrag aufrecht und legt er eine vollziehbare gerichtliche Entscheidung vor, die die Verwahrung der beschlagnahmten Waren oder eine Verfügungsbeschränkung anordnet, trifft die Zollbehörde die erforderlichen Maßnahmen.**

(4) **[1]Liegen die Fälle des Absatzes 3 nicht vor, hebt die Zollbehörde die Beschlagnahme nach Ablauf von zwei Wochen nach Zustellung der Mitteilung an den Antragstel-**

ler nach Absatz 2 auf. [2]Weist der Antragsteller nach, daß die gerichtliche Entscheidung nach Absatz 3 Satz 2 beantragt, ihm aber noch nicht zugegangen ist, wird die Beschlagnahme für längstens zwei weitere Wochen aufrechterhalten.

Überblick

§ 147 regelt das Verfahren im **Anschluss an die Beschlagnahme** (zur Beschlagnahme → § 146 Rn. 51):

Im sog. **vereinfachten Verfahren** nach Abs. 1 (→ Rn. 2), bei dem der Verfügungsberechtigte keinen Widerspruch erhebt, kann ohne weiteres die **Einziehung** erfolgen.

Leitet der Verfügungsberechtigte mit seinem Widerspruch das **Widerspruchsverfahren** (→ Rn. 3) ein, wird der Antragsteller nach Abs. 2 unterrichtet und hat seinerseits die Möglichkeit, seinen Antrag (in Bezug auf die konkreten Waren) zurücknehmen (→ Rn. 10)

Entscheidet sich nach Widerspruch des Verfügungsberechtigten auch der Antragsteller für eine streitige Auseinandersetzung, bedarf es der **gerichtlichen Entscheidung** über das Schicksal der beschlagnahmten Waren (Abs. 3 S. 2; → Rn. 16).

Übersicht

A. Allgemeines

1   Der in § 147 vorgesehene gestaffelte Verfahrensablauf ist auf ein schnelles und **ökonomisches Verfahren** ausgerichtet. Bevor der Antragsteller gezwungen wird, ein gerichtliches Verfahren (→ Rn. 11) anzustrengen, erhalten nacheinander beide Beteiligten die Möglichkeit, kampflos aufzugeben. Davon wird rege Gebrauch gemacht. Bei ca. 80% der Beschlagnahmen (→ § 146 Rn. 51) verstreicht die Widerspruchsfrist (→ Rn. 5) ohne Gegenwehr des Verfügungsberechtigten, so dass die Einziehung (→ Rn. 2) erfolgen kann. Wird hingegen Widerspruch erhoben und damit eine erhöhte Konfrontationsbereitschaft des Verfügungsberechtigten signalisiert, kann der Antragsteller auf die Fortsetzung der Beschlagnahme verzichten (→ Rn. 15) um insbesondere das Risiko des verschuldensunabhängigen Schadensersatzanspruchs gem. § 149 zu vermeiden (→ § 149 Rn. 1 ff.). Zur Statistik → Rn. 1.1.

1.1   Nach der Statistik „Gewerblicher Rechtsschutz" des Zoll für das Jahr 2016 (abrufbar unter http://www.zoll.de/SharedDocs/DE/Die-Zollverwaltung/statistik_gew_rechtsschutz_2016.html?nn=19350) wurde im Jahr 2016 in 80% der Fälle (19.064 Aufgriffe) das vereinfachte Vernichtungsverfahren nach Art. 11 VO (EG) Nr. 1383/2003 (nunmehr Art. 25 ff. VO (EU) Nr. 608/2013) gewählt. Ähnliche Zahlen dürften für die Einziehung nach Abs. 1 gelten.

B. Ohne Widerspruch: Einziehung im vereinfachten Verfahren (Abs. 1)

2   Erfolgt – wie regelmäßig – **kein Widerspruch** innerhalb der Widerspruchsfrist, findet das vereinfachte Verfahren statt und die Zollbehörde ordnet die Einziehung an. Einziehung ist der originäre Eigentumserwerb der beschlagnahmten Waren durch den Staat. Mit Rechtskraft der Anordnung der Einziehung ist dieser Eigentumserwerb vollzogen (vgl. § 74e Abs. 1 StGB, § 26 OWiG). Im Anschluss an die Rechtskraft der Einziehungsanordnung vernichtet die Behörde die Ware (→ Rn. 28).

C. Widerspruchsverfahren (Abs. 2)

Das Widerspruchsverfahren ist **rein formell,** ohne jede materiell-rechtliche Prüfung (→ **3** Rn. 7, → Rn. 10; vgl. auch die formellen Widerspruchsverfahren bei der Markenlöschung: § 53 Abs. 3, Abs. 4, → § 53 Rn. 1; § 54 Abs. 2, → § 53 Rn. 55). Der Widerspruch muss daher **keine Begründung** enthalten (→ Rn. 8). Über den Widerspruch findet auch keine Entscheidung statt (Ströbele/Hacker/Thiering/Thiering Rn. 5). Unterbleibt der Widerspruch, führt das lediglich zur Zulässigkeit des vereinfachten Einziehungsverfahrens (OLG München NJWE-WettbR 1997, 252). Mit seinem Widerspruch verhindert der Verfügungsberechtigte die Einziehung und wahrt seine Rechte. Der Widerspruch zwingt (→ Rn. 10) den Antragsteller, wenn er den Antrag nicht zurücknimmt (→ Rn. 15), eine gerichtliche Entscheidung (→ Rn. 16) herbeizuführen, in deren Rahmen dann materiell-rechtlich entschieden wird.

I. Widerspruchsberechtigter

Der Widerspruch ist vom Verfügungsberechtigten (→ § 146 Rn. 13) einzulegen. Das ist grund- **4** sätzlich der Eigentümer der beschlagnahmten Waren (→ § 146 Rn. 14). Allerdings kann die in § 146 Abs. 2 S. 1 vorgesehene, an den Verfügungsberechtigten zu erteilende Mitteilung über die Beschlagnahme auch zB an das Transportunternehmen erfolgen, wenn der Eigentümer nicht feststeht (→ § 146 Rn. 14). In diesem Fällen ist stets auch der **Adressat dieser Mitteilung** zum Widerspruch berechtigt.

II. Widerspruchsfrist

Die Widerspruchsfrist beträgt **zwei Wochen.** Eine Fristverlängerung ist nicht möglich. Die **5** Frist beginnt mit der Zustellung der Mitteilung an den Verfügungsberechtigten nach § 146 Abs. 2 S. 1 (→ § 146 Rn. 55), dass seine Ware beschlagnahmt wurde. In der Mitteilung muss auf die Möglichkeit des Widerspruchs und die Frist hingewiesen werden (→ § 146 Rn. 55).

Die Widerspruchsfrist beginnt ohne diese Rechtsbehelfsbelehrung nicht zu laufen (→ § 146 Rn. 54). **5.1** In der Praxis wird die Behörde zwei Wochen nach der Benachrichtigung die Einziehung anordnen (→ Rn. 2) und nach deren Rechtskraft die Ware vernichten (→ Rn. 28), solange sie die fehlende Belehrung nicht von sich aus prüft oder der Widerspruch noch rechtzeitig vor der Vernichtung erfolgt. Damit geht es dann allenfalls noch um einen Amtshaftungsanspruch nach § 839 BGB, Art. 34 GG oder um einen Folgenbeseitigungsanspruch.

III. Adressat des Widerspruchs

Der Widerspruch ist an die zuständige Zollbehörde zu richten. Das ist die Behörde, die die **6** Beschlagnahme angeordnet hat.

IV. Form und Inhalt des Widerspruchs

Der Widerspruch bedarf **keiner Begründung.** Er sollte allerdings als Widerspruch gekenn- **7** zeichnet sein.

Ebenfalls als Widerspruch behandelt wird der **Antrag auf gerichtliche Entscheidung** über **8** die Beschlagnahme gemäß § 148 Abs. 3 S. 1 iVm § 62 OWiG (OLG München NJWE-WettbR 1997, 252 f.; Ströbele/Hacker/Thiering/Thiering Rn. 4). Das ist unbedenklich, solange die Widerspruchsfrist nicht verstrichen ist. In dem Antrag auf gerichtliche Entscheidung liegt eindeutig auch die Mitteilung, dass der Verfügungsberechtigte der Beschlagnahme nicht zustimmt.

Ferner wird erwogen, den Einspruch gegen die Einziehung gemäß § 148 Abs. 3 S. 1 iVm § 67 **9** OWiG dem Widerspruch (näher → Rn. 9.1) gleichzustellen.

Allerdings erfolgt die Einziehung erst nach Ablauf der Widerspruchsfrist. Gegen die Behandlung als **9.1** Widerspruch bestehen Bedenken, ebenso wie bei einem Antrag auf gerichtliche Entscheidung nach § 148 Abs. 3 S. 1 iVm § 62 OWiG, der nach Ablauf der Widerspruchsfrist gestellt wird. Es ist gerade Sinn des vereinfachten Verfahrens, die Entscheidung über die Einziehung beschleunigt herbeiführen zu können. Wird im Rahmen dieses Verfahrens eine Entscheidung getroffen, so stehen dem Verfügungsberechtigten die Rechtsmittel des § 148 Abs. 3 zur Seite. Könnte er durch einen Einspruch gegen die Einziehung das Verfahren jedoch in einen Zustand vor Ablauf der Widerspruchsfrist zurückversetzen, würde gerade dieser vereinfachte – gesetzgeberisch gewollte – Verfahrensablauf verhindert. Nach Ablauf der Widerspruchsfrist eingelegte Rechtsmittel nach § 148 Abs. 3 sind daher nicht als (beachtlicher) Widerspruch zu behandeln (aA OLG München NJWE-WettbR 1997, 252 f.). Im Ergebnis wird damit dem Verfügungsberechtigten die Möglichkeit genommen, den Antragsteller auch nach Ablauf der Widerspruchsfrist noch über Abs. 3 S. 2 zur Einleitung eines Zivilverfahrens (oder zur Rücknahme seines Antrags) zu zwingen. Vielmehr trägt nun der Verfügungsberechtigte das Prozessrisiko aus der Verfolgung seiner Rechtsmittel. Dem Antragsteller bleibt es indes unbenommen, in der Zwischenzeit seinerseits ein Zivilverfahren anzustrengen, wenn er seine Erfolgsaussichten in diesem Fall höher einschätzt.

D. Verfahren nach Widerspruch (Abs. 2 und 3)

10   Der fristgerechte (→ Rn. 5) Widerspruch setzt den Antragsteller unter Zugzwang. Die Zollbehörde unterrichtet den Antragsteller unverzüglich über den Widerspruch (Abs. 2 S. 1). Diese Mitteilung stellt den Antragsteller vor die **Wahl,** seinen Antrag (in Bezug auf die konkreten Waren) **zurückzunehmen** (Abs. 3 S. 1; → Rn. 15) oder aber den Antrag aufrechtzuerhalten (Abs. 2 S. 2). In letzterem Fall hat er in der Folge eine gerichtliche Entscheidung zu erwirken (Abs. 3 S. 2; → Rn. 16).

11   Trifft der Antragsteller **keine Wahl** innerhalb von zwei Wochen nach Mitteilung über den Widerspruch, hebt die Zollbehörde die Beschlagnahme auf (Abs. 4 S. 1; → Rn. 16). Gleiches gilt, falls der Antragsteller innerhalb von zwei Wochen keine gerichtliche Entscheidung vorlegt (Abs. 3 S. 2, Abs. 4 S. 1) oder zumindest nachweist, dass er eine solche beantragt hat (Abs. 4 S. 2).

I. Erklärungsfrist (Abs. 2 S. 2)

12   Abs. 2 S. 2 verlangt, dass der Antragsteller **unverzüglich** über das Schicksal seines Antrags in Bezug auf die beschlagnahmten Waren entscheidet, nachdem ihm der Widerspruch mitgeteilt wurde. Demgegenüber bestimmt Abs. 4 S. 1 eine **Zweiwochenfrist,** nach deren fruchtlosem Ablauf die Beschlagnahme aufgehoben wird. Diese Zweiwochenfrist ist aber nicht als Definition der Unverzüglichkeit für die Ausübung der Wahl in Abs. 2 S. 2 zu verstehen. Unverzüglichkeit bedeutet auch bei Abs. 2 S. 2, dass der Antragsteller nicht schuldhaft zögern darf (§ 121 BGB). Das kann auch deutlich unter zwei Wochen der Fall sein (→ § 149 Rn. 10). Beide Zeitvorgaben laufen nebeneinander und haben einen anderen Anwendungsbereich:

13   Unverzüglichkeit ist für die **Rücknahme des Antrags** dann erforderlich, wenn der Antragsteller damit die Schadensersatzpflicht nach § 149 vermeiden möchte, die nur bei schuldhaftem Zögern mit der Rücknahme eintritt (→ § 149 Rn. 10 f.; näher → Rn. 13.1).

13.1   Gleichwohl führt auch eine nicht mehr unverzügliche Rücknahme des Antrags noch zur Aufhebung der Beschlagnahme.

14   Die Einhaltung der Zweiwochenfrist ist demgegenüber relevant, um durch die **Aufrechterhaltung des Antrags** (und Vorlage der gerichtlichen Entscheidung; → Rn. 17) die Aufhebung der Beschlagnahme zu verhindern. Für die behördliche Entscheidung über das weitere Schicksal der beschlagnahmten Waren kommt es daher allein auf die starre Zwei-Wochen-Frist an. Die vom Einzelfall abhängige Beurteilung der Unverzüglichkeit hat erst im etwaigen Schadensersatzverfahren zu erfolgen (→ § 149 Rn. 10).

II. Antragsrücknahme (Abs. 3 S. 1)

15   Die Antragsrücknahme führt zur **Aufhebung der Beschlagnahme** (Abs. 3 S. 1). Der Antragsrücknahme steht es gleich, wenn der Antragsteller nicht innerhalb von zwei Wochen nach Mitteilung über den Widerspruch erklärt, den Antrag aufrecht zu erhalten, bzw. keine gerichtliche Entscheidung vorlegt (Abs. 3 S. 2).

III. Gerichtliche Entscheidung (Abs. 3 S. 2, Abs. 4)

16   Nimmt der Antragsteller seinen Antrag nicht zurück, muss er fristgerecht (→ Rn. 17) eine gerichtliche Entscheidung vorlegen. Die Erklärung der Aufrechterhaltung des Antrags nach Abs. 2 S. 2 ist nur eine Vorstufe auf dem Weg zur gerichtlichen Entscheidung. Ohne gerichtliche Entscheidung wird die Beschlagnahme ungeachtet der Aufrechterhaltung des Antrags aufgehoben (Abs. 4 S. 1).

1. Frist (Abs. 4)

17   Die Frist zur Beibringung der gerichtlichen Entscheidung beträgt **zwei Wochen** (Abs. 4 S. 1). Sie kann um bis zu zwei weitere Wochen auf **maximal vier Wochen** verlängert werden, wenn der Antragsteller eine gerichtliche Entscheidung beantragt hat, sie ihm jedoch noch nicht zugegangen ist (Abs. 4 S. 2).

2. Art der Entscheidung

Abs. 3 S. 2 stellt keine besonderen Anforderungen an die Entscheidung. Allerdings muss es **18** zwingend eine gerichtliche Entscheidung sein. Dieser **Richtervorbehalt** ist ausnahmslos. Auch solche behördlichen Entscheidungen, die – etwa bei Gefahr in Verzug – (vorläufig) anstelle gerichtlicher Anordnungen treten dürfen, genügen nicht.

Innerhalb der knappen Frist des Abs. 4 sind jedoch keine Entscheidungen im Rahmen normaler **19** gerichtlicher Verfahren zu erreichen. Insofern bieten sich zivilrechtlich vor allem **einstweilige Verfügungen** (BeckOK ZPO/Mayer ZPO § 935 Rn. 1 ff.; BeckOK ZPO/Mayer ZPO § 940 Rn. 1 ff.) der Zivilgerichte an. In diese Richtung deutet auch die ausdrückliche Erwähnung der Verwahrung in Abs. 3 S. 2, die nur als vorläufiges Sicherungsmittel in Betracht kommt. **Zuständig** für den Erlass der einstweiligen Verfügung ist die Kennzeichenstreitkammer des örtlich zuständigen Landgerichts (→ § 140 Rn. 11), wobei die Konzentration auf bestimmte Landgerichte zu beachten ist (→ § 140 Rn. 23).

Da Kennzeichenrechtsverletzungen strafbar nach §§ 143, 143a (→ § 143 Rn. 1 ff.) sind, kommt **20** auch die Beschlagnahme als Beweismittel im Rahmen des Ermittlungsverfahrens nach **§§ 94 ff. StPO** in Betracht (Ströbele/Hacker/Thiering/Thiering Rn. 9; Büscher/Dittmer/Schiwy/ Büscher Rn. 4), sofern diese vom Richter angeordnet wurde (§ 98 Abs. 1 S. 1 StPO; → Rn. 20.1).

Auf eine solche gerichtliche Entscheidung hat der Antragsteller jedoch wenig Einfluss, da er sie nicht **20.1** selbst beantragen kann. Darüber hinaus dient diese Form der Beschlagnahme anderen Zwecken als der späteren Vernichtung und kann diese nicht effektiv sichern (→ Rn. 31).

3. Inhalt der Entscheidung

Nach Abs. 3 S. 2 muss die gerichtliche Entscheidung auf **Verwahrung** der Waren lauten oder **21** **Verfügungsbeschränkungen** anordnen. Ein bloßes Unterlassungsgebot, auch wenn dies faktisch einem vorläufigen Vertriebsverbot gleichkommt, genügt insoweit nicht (BeckOK PatR/Voß PatG § 142a Rn. 27). Die Entscheidung muss für die Zollbehörde klar erkennen lassen, wie sie konkret mit den beschlagnahmten Waren verfahren soll. Trifft die Entscheidung keine Anordnung bezüglich der beschlagnahmten Waren, so fehlt es an einer gerichtlichen Entscheidung und die Beschlagnahme ist aufzuheben. Die Art der vom Gericht angeordneten Sicherungsmaßnahme hängt vom Inhalt des zu sichernden Anspruchs ab.

Die in Abs. 3 S. 2 angesprochene **Verwahrung** dient der Sicherung des Vernichtungsanspruchs **22** nach § 18 (OLG Hamburg GRUR-RR 2002, 129 – Kfz-Ersatzteile; vgl. LG Düsseldorf GRUR 1996, 66 f. – adidas-Import). Sie hindert den Verfügungsberechtigten daran, die Ware der Vernichtung zu entziehen, ohne aber bereits die Hauptsache vorwegzunehmen. Die eine Verwahrung anordnende Entscheidung eines Zivilgerichts lautet typischerweise auf **Herausgabe an den Gerichtsvollzieher zur Verwahrung.** Zur Zollbehörde → Rn. 22.1.

Ein zivilrechtlicher Anspruch auf Verwahrung durch die Zollbehörde besteht hingegen nicht (aA LG **22.1** Bremen BeckRS 2015, 18984 – Zauberwürfel).

Ein Vernichtungsanspruch ist allerdings nicht per se bei jeder Kennzeichenrechtsverletzung **23** gegeben, sondern weist besondere Voraussetzungen auf, insbesondere darf die Vernichtung nicht unverhältnismäßig sein (→ § 18 Rn. 78). Besteht eine schützenswerte Möglichkeit für die Entfernung des verletzenden Kennzeichens (→ § 18 Rn. 83) können dadurch erhebliche Zweifel am Vernichtungsanspruch begründet werden. Insofern kommt allerdings eine **Verfügungsbeschränkung** in Betracht, da der Verfügungsberechtigte die Ware jedenfalls nicht unverändert bzw. nicht nach Deutschland importieren darf. In diesem Sinne hat das LG Düsseldorf ein „Einfuhrverbot" statt der beantragten Verwahrung ausgesprochen (LG Düsseldorf GRUR 1996, 66 (68) – adidas-Import). Allerdings stellt sich insoweit die Frage der Vollziehung bezüglich der bereits beschlagnahmten Ware (→ Rn. 30.1). Umgekehrt ist für den Vernichtungsanspruch – anders als für die Beschlagnahme gemäß § 146 Abs. 1 S. 1 (→ § 146 Rn. 40) – **keine offensichtliche Rechtsverletzung erforderlich.** Insoweit erfolgt bei der gerichtlichen Entscheidung keine Überprüfung der ursprünglichen Rechtmäßigkeit der Beschlagnahme, solange ein materiellrechtlicher Vernichtungsanspruch besteht. Zur MRL → Rn. 23.1.

Art. 10 Abs. 4 UAbs. 1 MRL zur Angleichung der Rechtsvorschriften der Mitgliedstaaten über die **23.1** Marken gewährt Markeninhabern auch für **Transitfälle** (→ § 146 Rn. 39.1) einen Unterlassungsanspruch, auch wenn die Waren nicht in den zollrechtlich freien Verkehr verbracht werden. Nur wenn der Anmelder oder Besitzer der Waren im Rechtsverletzungsverfahren nachweisen kann, dass der Markeninhaber im endgültigen Bestimmungsland (innerhalb oder außerhalb der EU) keinen Unterlassungsanspruch hat, erlischt gemäß Art. 10 Abs. 4 UAbs. 2 MRL der Unterlassungsanspruch. Diese Regelung der MRL ist bis 14.1.2019 in nationales Recht umzusetzen. Dieser Unterlassungsanspruch wurde eigens für die Grenzbeschlagnahme geschaffen, ein konkret damit korrespondierender Vernichtungsanspruch wurde insoweit hingegen nicht vorgesehen. Allerdings bezieht der allgemeine Vernichtungsanspruch sich auf Rechtsverletzungen nach §§ 14, 15, so dass nach den allgemeinen Voraussetzungen auch insoweit ein Vernichtungsanspruch besteht. Scheitert der Vernichtungsanspruch, stellt sich auch hier die Frage, wie ein in die Zukunft gerichteter Unterlassungsanspruch eine vollziehbare Entscheidung bezüglich des Verbleibs der bereits beschlagnahmten Ware darstellen soll (→ Rn. 30.1).

24   Hält das Gericht zB eine mündliche Verhandlung oder eine Anhörung des Verfügungsberechtigten für geboten, kann das eine fristgerechte Entscheidung innerhalb der zwei (bzw. maximal vier) Wochen gefährden. Für diesen Fall kommt eine **vorläufige Sicherstellungsanordnung** in Betracht (Ströbele/Hacker/Thiering/Thiering Rn. 10; Büscher/Dittmer/Schiwy/Büscher Rn. 4).

4. Passivlegitimation

25   Antragsgegner der gerichtlichen Entscheidung ist primär der **Eigentümer** der Ware. Steht der Eigentümer allerdings nicht fest, kommt auch das **Transportunternehmen** als Verfügungsberechtigter in Betracht (→ § 146 Rn. 14). Diesem gegenüber kann auch die Anordnung der Verwahrung bzw. von Verfügungsbeschränkungen erfolgen, da insoweit dessen Gewahrsam betroffen ist. Die Rechte des – im Verborgenen bleibenden – Eigentümers sind insoweit nicht schutzwürdig.

5. Zustellung der vorzulegenden Entscheidung an Verfügungsberechtigten?

26   Abs. 3 S. 2 verlangt die fristgerechte Vorlage der gerichtlichen Entscheidung. Der Antragsteller muss zur Wahrung der Frist des Abs. 4 S. 1 nicht nachweisen, dass die Verfügung auch dem Verfügungsberechtigten zugestellt wurde. Im Fall einer einstweiligen Verfügung im Beschlusswege erteilt das Gericht zwar nur dem Antragsteller eine Ausfertigung, die dieser dann dem Antragsgegner im Parteiwege zuzustellen hat. Diese Parteizustellung ist auch Wirksamkeitsvoraussetzung der Beschlussverfügung („Wirksamkeitszustellung"). Abs. 4 S. 2 stellt gleichwohl nur auf den Zugang der Entscheidung beim Antragsteller ab. Da die Behörde die gerichtliche Entscheidung auf Sicherstellung zu vollziehen hat, kann sie hierzu gleichwohl den Nachweis der Zustellung verlangen, für den dann allerdings nicht die Frist des Abs. 4 S. 1 maßgeblich ist.

E. Weitere Verfahrensschritte bis zur Vernichtung oder Rückgabe

27   §§ 147 ff. regeln nicht mehr, wie nach Einziehung (→ Rn. 2) bzw. gerichtlicher Entscheidung (→ Rn. 16) mit der Ware zu verfahren ist.

28   Im Fall der **Einziehung** geht mit der Rechtskraft der Anordnung der Einziehung das Eigentum auf den Staat über (→ Rn. 2). Sodann vernichtet die Zollbehörde die Ware (Ingerl/Rohnke Rn. 2), was zeitnah erfolgt, um weitere Kosten durch längere Lagerung zu vermeiden.

29   Erhält der Gerichtsvollzieher zur **Verwahrung** Gewahrsam an der Ware, so behält er diesen, bis entweder der zu sichernde Vernichtungsanspruch – ebenfalls durch den Gerichtsvollzieher – vollstreckt wird, oder die einstweilige Verfügung aufgehoben wird (zB wegen veränderter Umstände oder rechtskräftiger Abweisung des Vernichtungsanspruchs).

30   Ordnet die gerichtliche Entscheidung lediglich **Verfügungsbeschränkungen** an, so hat die Zollbehörde im Verfügungsberechtigten die Waren unter Einhaltung dieser Beschränkungen herauszugeben und die Beschlagnahme damit aufzuheben. Zur Rechtsprechung → Rn. 30.1.

30.1   In der „adidas-Import"-Entscheidung des LG Düsseldorf ist das Einfuhrverbot als Unterlassungstitel ausgesprochen, der durch Ordnungsmittel im Fall der Zuwiderhandlung vollzogen wird (LG Düsseldorf GRUR 1996, 66 (68) – adidas-Import). Daraus kann die Zollbehörde keine konkrete Handlungsanweisung entnehmen, unter welchen Voraussetzungen sie dem Verfügungsberechtigten die Ware herausgeben darf.

31   Die gerichtliche Anordnung der **Beschlagnahme nach §§ 94 ff. StPO** (→ Rn. 20) verfolgt nicht den Zweck der Sicherstellung einer Vernichtung, sondern dient allein der Beweissicherung für das Strafverfahren. Sie ist daher aufzuheben, soweit der Gegenstand für die weitere Untersuchung nicht mehr zu Beweiszwecken erforderlich ist (BeckOK StPO/Ritzert StPO § 98 Rn. 12)

und erlischt spätestens mit rechtskräftiger Entscheidung im Strafverfahren (OLG Düsseldorf NJW 1995, 2239; OLG Karlsruhe Justiz 1977, 356; BeckOK StPO/Ritzert StPO § 98 Rn. 12). Sollte zuvor ein vollstreckbarer Titel auf Vernichtung vorliegen, kann die Vernichtung durch Herausgabe an den Gerichtsvollzieher nach Beendigung der Beschlagnahme erfolgen. Anderenfalls sind die Waren nach Beendigung der Beschlagnahme nach §§ 94 ff. StPO an den Verfügungsberechtigten zurückzugeben (OLG Karlsruhe Justiz 1977, 356).

F. Parallelvorschriften bzw. Ähnlichkeiten zu anderen Vorschriften

Zu § 147 bestehen Parallelvorschriften in den sonstigen Gesetzen über die gewerblichen Schutz- **32** rechte sowie das Urheberrecht, namentlich in § 142a Abs. 3, 4 PatG, § 56 Abs. 1–4 DesignG, § 25a Abs. 3, 4 GebrMG sowie § 111b Abs. 3, 4 UrhG.

§ 148 Zuständigkeiten; Rechtsmittel

(1) [1]Der Antrag nach § 146 Abs. 1 ist bei der Generalzolldirektion zu stellen und hat Wirkung für ein Jahr, sofern keine kürzere Geltungsdauer beantragt wird. [2]Der Antrag kann wiederholt werden.

(2) Für die mit dem Antrag verbundenen Amtshandlungen werden vom Antragsteller Kosten nach Maßgabe des § 178 der Abgabenordnung erhoben.

(3) [1]Die Beschlagnahme und die Einziehung können mit den Rechtsmitteln angefochten werden, die im Bußgeldverfahren nach dem Gesetz über Ordnungswidrigkeiten gegen die Beschlagnahme und Einziehung zulässig sind. [2]Im Rechtsmittelverfahren ist der Antragsteller zu hören. [3]Gegen die Entscheidung des Amtsgerichts ist die sofortige Beschwerde zulässig. [4]Über die sofortige Beschwerde entscheidet das Oberlandesgericht.

Überblick

Abs. 1 bestimmt die **Zuständigkeit** (→ Rn. 1) für den Antrag nach § 146 Abs. 1 und dessen **Geltungsdauer** (→ Rn. 3). **Abs. 2** regelt die mit der Durchführung des Verfahrens verbundenen **Kosten** (→ Rn. 5). **Abs. 3** normiert die statthaften **Rechtsmittel** (→ Rn. 23).

Übersicht

A. Zuständigkeit und Form des Antrags

Die Zuständigkeit für Anträge auf Beschlagnahme durch die Zollbehörden liegt bei der **Gene-** **1** **ralzolldirektion** (GZD). Innerhalb der Bundesfinanzdirektion übernimmt die bei der Generalzolldirektion Direktion VI angesiedelte Zentralstelle Gewerblicher Rechtsschutz (ZGR), Sophienstraße 6, 80333 München, die Bearbeitung der Anträge.

Für die Entscheidung über die Anordnung der Beschlagnahme und das weitere Verfahren ist **2** hingegen die **handelnde Zollbehörde** zuständig. Zum Antrag beim Zoll → Rn. 2.1.

Der Zoll nimmt die Anträge nur in – für die Beteiligten praktischer – elektronischer Form entgegen. **2.1** Dazu stellt er unter https://www.zgr-online.zoll.de/zgr das Portal „ZGR-online" bereit, über welches die

Anträge auf Grenzbeschlagnahme in vereinheitlichter Form gestellt werden können. Dabei handelt es sich um ein Hybridverfahren. Die bereits online erfassten Daten werden an die Zentralstelle Gewerblicher Rechtsschutz übermittelt, die Anträge müssen danach jedoch noch zur rechtswirksamen Unterschrift ausgedruckt und ebenfalls an die ZGR gesendet werden.

B. Geltungsdauer des Antrags

3   Wird dem Antrag stattgegeben (worüber die GZD alle Zollstellen und das Zollkriminalamt unterrichtet; → § 146 Rn. 22) entfaltet er seine Wirkung maximal ein Jahr lang (Abs. 1 S. 1). Zur Frist → Rn. 3.1.

3.1   Die Verkürzung der maximalen Geltungsdauer auf ein Jahr diente seinerzeit der Anpassung an die VO (EG) 1383/2003 (Produktpiraterie-VO 2003; BT-Drs. 16/5048, 42 f.); die entsprechende Bestimmung im früheren Art. 8 Abs. 1 Produktpiraterie-VO 2003 findet sich im neuen Art. 11 Abs. 1 Produktpiraterie-VO wieder, so dass Änderungen in Abs. 1 insofern unwahrscheinlich sind.

4   Eine **kürzere Geltungsdauer** kann beantragt werden. Ebenso kann die Geltung durch **Wiederholung des Antrags** faktisch verlängert werden. Die Wiederholung ist ebenfalls über das Portal ZGR-online möglich. Die Zollverwaltung empfiehlt eine rechtzeitige Antragstellung und empfiehlt dafür einen Vorlauf von 30 Tagen. Die Wirkung des Antrags entfällt vorzeitig, sobald das von § 146 vorausgesetzte Schutzrecht entfällt (v. Schultz/Eble Rn. 3).

C. Kosten des Verfahrens

I. Kostenpositionen

5   Für die antragsgemäß vorgenommenen Amtshandlungen werden Kosten nach Maßgabe des § 178 AO erhoben (Abs. 2). Einschlägig ist die nach § 178 Abs. 3 AO erlassene ZollKostV (Zollkostenverordnung vom 6.9.2009, BGBl. I 3001). Auslagen, die sich aus der Antragstellung selbst ergeben, können als Kosten auferlegt werden, ansonsten ist die Antragstellung **gebührenfrei.** Die einzelnen Kostenpositionen ergeben sich aus Anlage 2 ZollKostV (näher → Rn. 5.1).

5.1   Teils wird auch in jüngerer Zeit noch auf § 12 ZKostV 1970 (die **frühere ZKostV** vom 26.6.1970, BGBl. I 848, ist zum 1.10.2009 **außer Kraft getreten**) verwiesen. Diese Rechtslage ist überholt. Die Regelungen der früheren ZKostV (§ 12 ZKostV 1970) finden sich zwar weitgehend, jedoch nicht identisch in § 9 ZollKostV wieder. Der Umfang der zu erhebenden Auslagen nach § 9 Abs. 1 ZollKostV wurde gegenüber § 12 Abs. 1 ZKostV 1970 erweitert. Wegen der schon nach der ZollKostV (§ 2 ZollKostV) weitreichenden Kostenpflicht dürfte der einzig relevante Fall allerdings die Erhebung von Beiträgen für andere in- und ausländische Behörden sein (§ 10 Abs. 1 Nr. 7 VwKostG). Im Übrigen wurde die Unterscheidung zwischen den alten und den neuen Bundesländern bei der Bemessung der Stunden- und Monatsgebühren aufgegeben (nunmehr § 3 ZollKostV). Hinsichtlich der Stundengebühren wurde ein Mittelwert zwischen den alten Gebührensätzen gebildet, die Monatsgebühren wurden insgesamt angehoben.

6   Hauptsächlich werden Auslagen und Gebühren für die **Lagerung** und die ggf. vorzunehmende **Vernichtung** der beschlagnahmten Waren erhoben (Büscher/Dittmer/Schiwy/Büscher Rn. 4). Der größte Posten, auf den der Antragsteller dabei zumindest in gewissem Umfang Einfluss nehmen kann, sind die Kosten der Lagerung. Kommt es zu einer gerichtlichen Auseinandersetzung, kann die Lagerung über einen erheblichen Zeitraum andauern. Der Antragsteller sollte daher frühzeitig bei der beschlagnahmenden Zollstelle auf eine kostengünstige Verwahrung hinwirken (so auch v. Schultz/Eble Rn. 4). Dies gilt umso mehr angesichts der Praxis einiger Zollbehörden, die Einziehungsverfügung so spät als möglich auszusprechen und den Antragsteller so möglichst lange mit der Kostenpflicht zu belasten (dazu Fezer Markenpraxis-HdB/Hirsch I 4 Rn. 234). Zur Kritik → Rn. 6.1.

6.1   Kritisch scheint, dass sich Zollbehörden von Antragstellern **vor Erlass der Beschlagnahmeanordnung** die Kostenübernahme auch über die Einziehung hinaus zusichern lassen (Hirsch in Fezer HdB Markenpraxis I 4 Rn. 234). Einerseits geht mit der Einziehung das Eigentum an der Ware nach dem Grundsatz des § 75 StGB auf den Staat über (Thiering in Ströbele/Hacker/Tiering § 147 Rn. 2; Büscher/Dittmer/Schiwy/Büscher § 147 Rn. 2), der damit auch allein über die weitere Behandlung der Ware entscheidet. Die Entscheidung ob, oder wie zeitnah, sie vernichtet wird, trifft damit die Zollbehörde. Im Übrigen dürfte es sich beim Erlass der Beschlagnahmeverfügung – wenn dem Grenzbeschlagnahmeantrag stattgegeben und die Sicherheit geleistet wurde, und soweit die Rechtsverletzung offensichtlich ist – um eine gebundene Entscheidung handeln (vgl. BeckOK VwVfG/Heßhaus VwVfG § 22 Rn. 11). Sie ist daher unabhängig von einer Übernahmeerklärung des Antragstellers zu erlassen.

Die **Sicherheitsleistung** nach § 146 Abs. 1 S. 1 dient auch zur Absicherung dieser Ansprüche **7** der Zollbehörde gegen den Antragsteller, die sich aus dem Grenzbeschlagnahmeverfahren ergeben (Thiering in Ströbele/Hacker/Tiering § 146 Rn. 32; Büscher/Dittmer/Schiwy/Büscher § 146 Rn. 15; Ingerl/Rohnke § 146 Rn. 7). Sie werden im Zweifel also aus der Sicherheitsleistung beigetrieben. Ist der Antragsteller gewillt, eine Kostenübernahme (was insbesondere die Lagerkosten betrifft) auch über die Einziehung der Waren hinaus zuzusichern, sollte in der Übernahmeerklärung zumindest klargestellt werden, dass diese zusätzlichen Kosten nicht von der Sicherheitsleistung erfasst werden sollen.

II. Kostenschuldner

Kostenschuldner ist der **Antragsteller** (OLG Köln GRUR-RR 2005, 342 f. – Lagerkosten **8** nach Grenzbeschlagnahme). Das gilt auch, wenn der Antrag nicht vom Schutzrechtsinhaber selbst gestellt wird, sondern zB von einem Lizenznehmer (→ § 146 Rn. 11). In diesem Fall besteht kein zusätzlicher Anspruch der Zollbehörden gegen den Schutzrechtsinhaber. Der Verweis auf den „Rechtsinhaber oder denjenigen, der den Antrag (…) gestellt hat" in § 9 Abs. 3 ZollKostV ist insofern angesichts des klaren Wortlauts des Abs. 2 unglücklich, führt jedoch zu keinem anderen Ergebnis. Eine Kostenpflicht des unmittelbaren Störers oder des Markenverletzers ist nicht vorgesehen (Weber WRP 2005, 961).

Der Antragsteller bleibt Kostenschuldner für die Kosten, die während des andauernden Grenz- **9** beschlagnahmeverfahrens bezüglich der konkreten Waren anfallen. Das heißt entweder bis zu dem Zeitpunkt, zu dem man die Waren freigegeben werden, oder aber bis der Staat im Rahmen der Einziehung die Verantwortung für sie übernimmt (vgl. Hirsch in Fezer HdB Markenpraxis I 4 Rn. 234). Letzteres zumindest, falls nicht der Antragsteller eine weitergehende Kostenübernahme zugesichert hat (→ Rn. 6), die dann aber aus sich heraus die Kostenschuld begründet.

III. Kostenerstattungsanspruch

Die Kosten des Grenzbeschlagnahmeverfahrens, die der Antragsteller der Behörde schuldet, **10** kann er als **Schadensersatz** von einem schuldhaft handelnden Verletzer ersetzt verlangen (statt vieler v. Schultz/Eble Rn. 8; Ingerl/Rohnke § 146 Rn. 8). Diese zivilrechtliche Inanspruchnahme ist von der Kostenpflicht nach Abs. 2 zu unterscheiden. Sie beurteilt sich nach den Vorschriften des MarkenG (§ 14 Abs. 6, § 15 Abs. 5) und des BGB (§§ 249 ff. BGB) zum Schadensersatz.

Allerdings wird der Antragsteller auf den eigentlichen Verletzer, also auf den Importeur selbst, **11** oft keinen Zugriff haben. Insofern stellt sich die Frage, ob und falls ja inwieweit sich **Lagerhalter** und **Transportunternehmer** in Anspruch genommen werden können, wenn bei ihnen kennzeichenrechtsverletzende Waren aufgegriffen werden. Eine Inanspruchnahme wird weitestgehend nicht für möglich gehalten. Soweit es sich – wie regelmäßig – bei den besagten Personen um **Störer** handelt, ist deren Haftung auf Unterlassung und Beseitigung der Störung beschränkt (v. Schultz/Eble Rn. 5; Ingerl/Rohnke § 146 Rn. 8; zum Entstehen der für die Störereigenschaft bedeutsamen Prüfungspflichten OLG Hamburg BeckRS 2007, 14400 – YU GI OH!-Karten; NJOZ 2001, 631 (633)). Schadensersatz kommt jedoch dann in Betracht, wenn es nicht um Störerhaftung, sondern um die Haftung als Täter oder Teilnehmer geht. Dafür ist ein entsprechender Tatbeitrag sowie – für den Schadensersatz – **Verschulden** erforderlich (v. Schultz/Eble Rn. 5; wohl auch Thiering in Ströbele/Hacker/Tiering Rn. 6). Auch Ansprüche aus **Geschäftsführung ohne Auftrag** oder **Bereicherungsrecht** scheiden mangels Fremdgeschäftsführungswillens des Antragstellers bzw. mangels Bereicherung des Verfügungsberechtigten aus (OLG Köln GRUR-RR 2005, 342 – Lagerkosten nach Grenzbeschlagnahme; v. Schultz/Eble § 146 Rn. 5; aA Weber WRP 2005, 961; kritisch auch Benkard/Grabinski/Zülch PatG § 142a Rn. 10). Zur Rechtsprechung → Rn. 11.1.

Die Rechtsprechung ist in der Frage, ob Lagerhalter und Transportunternehmer als Störer oder nach **11.1** den Grundsätzen von Täterschaft und Teilnahme haften, uneins. Während der Xa. Zivilsenat im Patentrecht von der Haftung eines Spediteurs als Gehilfe ausging (BGH GRUR 2009, 1142 – MP3-Player-Import; aA Büscher/Dittmer/Schiwy/Büscher Rn. 5), geht der BGH im Markenrecht tendenziell weiterhin von Störerhaftung aus (BGH GRUR 2011, 617 – Sedo; GRUR 2007, 708 – Internet-Versteigerung II; GRUR 2008, 702 – Internet-Versteigerung III; s. dazu auch Fezer Markenpraxis-HdB/Hirsch I 4 Rn. 235 mwN). Zum Teil wird vertreten, dass der schuldlos handelnde Störer unter dem Aspekt der Folgenbeseitigung zumindest die **Vernichtungskosten** aus dem Vernichtungsanspruch nach § 18 zu tragen hätte (Ingerl/

Rohnke § 146 Rn. 8). Damit ist allerdings nicht gemeint, dass die Vernichtungskosten im Rahmen des Grenzbeschlagnahmeverfahrens dem Lagerhalter oder Transportunternehmer auferlegt werden sollen (vgl. Ingerl/Rohnke § 18 Rn. 36; gegen eine unmittelbare Anwendung der Rechtsfolge des § 18 auch OLG Köln GRUR-RR 2005, 342 – Lagerkosten nach Grenzbeschlagnahme).

D. Rechtsmittel gegen Beschlagnahme und Einziehung

12   Der **Verfügungsberechtigte** kann sowohl die Beschlagnahme (→ § 146 Rn. 50) als auch die Einziehung (→ § 147 Rn. 2) der aufgegriffenen Waren durch die Zollbehörde mit den (öffentlich-rechtlichen) Rechtsmitteln anfechten, die ihm im Bußgeldverfahren nach dem OWiG zur Verfügung stünden (Abs. 3 S. 1). Diese Möglichkeit kann er statt des Widerspruchs (→ § 147 Rn. 3 ff.) aber auch daneben wahrnehmen (vgl. v. Schultz/Eble Rn. 6). Für den Verfügungsberechtigten kommt der Rechtsweg naturgemäß erst nach der Beschlagnahme in Frage; der Antragsteller hat im Fall der Ablehnung seines Antrags den Weg zu den Finanzgerichten zu beschreiten (→ § 146 Rn. 24; BFH IStR 2000, 224).

I. Rechtsmittel nach Abs. 3 S. 1 iVm OWiG

1. Arten der Rechtsmittel

13   Gegen die **Beschlagnahme** ist die Beantragung einer **gerichtlichen Entscheidung** (→ Rn. 14) nach § 62 Abs. 1 OWiG, gegen die **Einziehung** der **Einspruch** (→ Rn. 18) nach § 67 Abs. 1 S. 1 OWiG statthaft. Beide Rechtsmittel sind bei der zuständigen Zollbehörde einzulegen (zur Beschlagnahme s. § 62 Abs. 2 S. 2 OWiG iVm § 306 Abs. 1 StPO, vgl. KK-OWiG/Kurz OWiG § 62 Rn. 11; zur Einziehung s. § 67 Abs. 1 S. 1 OWiG). Zuständig ist ausschließlich das **Amtsgericht**. Für die gerichtliche Entscheidung ergibt sich diese Zuständigkeit aus § 62 Abs. 2 S. 1 OWiG, § 68 Abs. 1 S. 1 OWiG. Für die Entscheidung über den Einspruch ergibt sie sich aus § 87 Abs. 3 S. 2 OWiG, § 67 Abs. 1 S. 1 OWiG, § 68 Abs. 1 S. 1 OWiG. Für den Antrag auf gerichtliche Entscheidung ist **keine Frist** vorgegeben (Thiering in Ströbele/Hacker/Tiering Rn. 11). Der Einspruch ist mit einer Frist von **zwei Wochen** einzulegen (§ 67 Abs. 1 S. 1 OWiG). Nach Ablauf der Widerspruchsfrist eingelegte Rechtsmittel gemäß § 148 Abs. 3 sind nicht als (beachtlicher) Widerspruch iSd § 147 Abs. 1 zu behandeln (→ § 147 Rn. 9.1; aA OLG München NJWE-WettbR 1997, 252 f.). Zur Belehrung → Rn. 13.1.

13.1   Über den Einspruch als befristeter Rechtsbehelf (KK-OWiG/Lampe OWiG § 50 Rn. 9) ist der Verfügungsberechtigte nach § 50 Abs. 2 OWiG, § 66 Abs. 2 Nr. 1 OWiG zu belehren. (Zum Inhalt der Belehrung KK-OWiG/Lampe OWiG § 50 Rn. 10 ff.) Unterbleibt eine **richtige und vollständige** Belehrung, so beeinträchtigt dies die Wirksamkeit des Einziehungsbeschlusses **nicht** (BGH NJW 2002, 2171 (2173); NStZ 1984, 181). Gleichwohl ist in diesem Fall regelmäßig eine Wiedereinsetzung in den vorigen Stand gemäß § 52 Abs. 1 OWiG iVm § 44 StPO möglich (KK-OWiG/Lampe OWiG § 50 Rn. 20). Wegen der Erweiterung des § 37 VwVfG um einen sechsten Absatz (mWv 1.8.2013) dürfte auch der Beschlagnahmebeschluss zwingend mit einer Rechtsbehelfsbelehrung zu versehen sein, so dass der Verfügungsberechtigte zumindest auf § 62 OWiG hingewiesen wird. Zum Anwendungsbereich von § 37 Abs. 6 VwVfG ausführlich Stelkens/Bonk/Sachs/Stelkens VwVfG § 37 Rn. 146 ff. Die gerichtliche Entscheidung nach § 62 OWiG ist grundsätzlich unbefristet, so dass eine unterbleibende Rechtsbehelfsbelehrung insoweit jedoch keine Bedeutung erfahren dürfte. Denkbar sind hingegen Amtshaftungsansprüche, wenn die vorgeschriebene Belehrung unterbleibt (vgl. BGH NJW 1984, 168; Stelkens/Bonk/Sachs/Stelkens VwVfG § 37 Rn. 163).

2. Antrag auf gerichtliche Entscheidung (gegen Beschlagnahme), § 62 Abs. 1 OWiG

14   Im Rahmen der gerichtlichen Entscheidung nach § 62 Abs. 1 OWiG hat zunächst die Zollbehörde die Zulässigkeit und Begründetheit des Antrags auf diese Entscheidung selbst zu prüfen (KK-OWiG/Kurz OWiG § 62 Rn. 21). Hält sie den Antrag für zulässig und begründet, so hat sie **abzuhelfen** (§ 62 Abs. 2 S. 2 OWiG iVm § 306 Abs. 2 Hs. 1 StPO). Hilft sie nicht oder nur teilweise ab, hat sie den Antrag sofort, spätestens aber drei Tage nach seinem Eingang, an das zuständige **Amtsgericht** weiterzuleiten (§ 62 Abs. 2 OWiG iVm § 306 Abs. 2 Hs. 2 StPO).

15   Wird der Antrag vom Gericht nicht als unzulässig verworfen, so überprüft es die angegriffene Beschlagnahmeanordnung in **tatsächlicher und rechtlicher** Hinsicht (KK-OWiG/Kurz OWiG § 62 Rn. 24). Hält es dies für notwendig, kann es eigene Ermittlungen durchführen. Hält es den Antrag danach für unbegründet, so weist es ihn als unbegründet zurück. Andernfalls erlässt das Gericht selbst die notwendige Sachentscheidung und hebt die angefochtene Beschlagnahmeanord-

nung auf (KK-OWiG/Kurz OWiG § 62 Rn. 26). Ist der Antragsteller zwischenzeitlich, beispielsweise wegen der Rückübertragung der Rechte an den streitbefangenen Waren (vgl. OLG Düsseldorf NStZ-RR 1997, 116 f.), nicht mehr beschwert, so ist der Antrag auf gerichtliche Entscheidung als **unzulässig** zu verwerfen.

Der Antrag auf gerichtliche Entscheidung hat grundsätzlich **keinen Suspensiveffekt** (§ 62 **16** Abs. 2 OWiG iVm § 307 Abs. 1 StPO); die Zollbehörde oder, nach Übersendung des Antrags, das Amtsgericht können die Aussetzung des Vollzugs allerdings anordnen (§ 307 Abs. 2 StPO).

Die **Auferlegung der Kosten** des Verfahrens erfolgt nach § 62 Abs. 2 S. 2 OWiG entsprechend **17** der §§ 464–473a StPO (ausführlich KK-OWiG/Kurz OWiG § 62 Rn. 29).

3. Einspruch (gegen Einziehung), § 67 Abs. 1 S. 1 OWiG

Nach Einlegung des Einspruchs hat die Zollbehörde zunächst das **Zwischenverfahren** nach **18** § 69 OWiG durchzuführen. Hält sie den Einspruch für zulässig, so kann sie den Sachverhalt abermals ermitteln. Dies hat umfassend zu erfolgen (§ 53 Abs. 1 OWiG; KK-OWiG/Ellbogen OWiG § 69 Rn. 10, 12). Verwirft die Zollbehörde den Einspruch nicht nach § 69 Abs. 1 OWiG als unzulässig, nimmt aber auch den Einziehungsbescheid nicht zurück, so übersendet sie die Akten über die Staatsanwaltschaft an das **Amtsgericht** (§ 69 Abs. 3 OWiG). Zum Verfahren näher → Rn. 18.1 f.

Zum (weitgehend formellen) Verfahren bei der Staatsanwaltschaft vor Aktenvorlage beim Amtsgericht **18.1** nach § 69 Abs. 4 S. 2 OWiG s. KK-OWiG/Ellbogen OWiG § 69 Rn. 86 ff. Nimmt die Zollbehörde den Bußgeldbescheid zurück, so sind die **Kosten** des Verfügungsberechtigten – auf dessen Antrag – der Staatskasse aufzuerlegen; nimmt er den Einspruch zurück, trägt er die Verfahrenskosten bis zur Rücknahme (KK-OWiG/Ellbogen OWiG § 69 Rn. 129 ff.).

Der (dem Bußgeldbescheid gleichstehende, § 87 Abs. 3 S. 2 OWiG) Einziehungsbescheid ist Verfahrens- **18.2** voraussetzung des gerichtlichen Verfahrens nach §§ 71 f. OWiG. Er hat den Charakter einer Beschuldigung (KK-OWiG/Senge OWiG § 71 Rn. 6). Diese Beschuldigung erhebt die Zollbehörde mit Erlass des Einziehungsbescheids; sie wird mit der Staatsanwaltschaft mit Aktenvorlage an das Gericht aufrechterhalten und grenzt damit den Prozessgegenstand ein, § 66 OWiG (BGH NJW 1970, 2222). Das Gericht überprüft daher nicht den Einziehungsbescheid, sondern entscheidet auf Grundlage der im gerichtlichen Verfahren aufrechterhaltenen Beschuldigung des Verfügungsberechtigten selbst (KK-OWiG/Senge OWiG § 71 Rn. 6).

Über den Einspruch wird dann im Rahmen der **Hauptverhandlung** nach § 71 OWiG ent- **19** schieden. Sofern das Gericht eine solche für entbehrlich hält und der Verfügungsberechtigte sowie die Staatsanwaltschaft nicht widersprechen, kann die Entscheidung auch durch **Beschluss** (§ 72 Abs. 1 OWiG) ergehen.

Das **Beschlussverfahren** nach § 72 OWiG weist in weiten Teilen Entsprechungen zum Verfah- **20** ren nach § 71 OWiG auf, so dass hier lediglich eine punktuelle Darstellung erfolgt. Das schriftliche Verfahren nach § 72 OWiG setzt einen **Hinweis** (§ 72 Abs. 1 S. 2 OWiG) an die Verfahrensbeteiligten (dazu KK-OWiG/Senge OWiG § 72 Rn. 36) voraus. Er ist entbehrlich, wenn dem schriftlichen Verfahren in einem früheren Verfahrensstadium (zB bei Einlegung des Einspruchs) bereits zugestimmt wurde (KK-OWiG/Senge OWiG § 72 Rn. 40). Da eine Hauptverhandlung nicht stattfindet, wird allein der **Akteninhalt** Grundlage der **richterlichen Überzeugungsbildung** (KK-OWiG/Senge OWiG § 72 Rn. 58). Im schriftlichen Verfahren ist die **reformatio in peius zulässig** (KK-OWiG/Senge OWiG § 72 Rn. 59); da Verfahrensgegenstand jedoch die Beschlagnahme ist, ist eine Verschlechterung für den Verfügungsberechtigten aus praktischen Gründen nicht zu besorgen. Zu den formalen Vorgaben an Rubrum, Beschlussformel und Beschlussgründe s. KK-OWiG/Senge OWiG § 72 Rn. 63 ff. Der Beschluss führt wie ein Urteil zum Verfahrensabschluss und muss daher ebenfalls eine **Kostenentscheidung** treffen; sie bestimmt sich wegen § 46 Abs. 1 OWiG nach §§ 465, 467 StPO (KK-OWiG/Senge OWiG § 72 Rn. 68).

Entsprechend § 244 StPO gilt auch für die Hauptverhandlung nach § 71 OWiG der **Amtser-** **21** **mittlungsgrundsatz** (§ 77 OWiG; zur Beweisaufnahme auch KK-OWiG/Senge OWiG § 71 Rn. 75). Das Gericht entscheidet nach Abschluss der Beweisaufnahme nach **freier richterlicher Überzeugung** entsprechend § 261 StPO (KK-OWiG/Senge OWiG § 71 Rn. 79 ff.). Im gerichtlichen Verfahren besteht, anders als im schriftlichen Verfahren nach § 72 OWiG, **kein Verschlechterungsverbot** (KK-OWiG/Senge OWiG § 71 Rn. 6).

Die **Kostenentscheidung** folgt den §§ 465, 467 StPO. **22**

II. Rechtsmittel nach Abs. 3 S. 3, 4

23   Gegen die Entscheidungen des Amtsgerichts ist die **sofortige Beschwerde** zum Oberlandesgericht zulässig (Abs. 3 S. 3, 4). Die sofortige Beschwerde steht allein dem **Verfügungsberechtigten** zu, der anders als der Antragsteller im Rechtsmittelverfahren Beteiligter ist (Ingerl/Rohnke Rn. 2). Die Beschwerde ist gemäß § 46 Abs. 1 OWiG, § 306 Abs. 1 StPO beim **Amtsgericht** einzulegen. Die Frist beträgt eine Woche (§ 46 Abs. 1 OWiG, § 311 Abs. 2 Hs. 1 StPO). Zum weiteren Rechtsschutz → Rn. 23.1.

23.1   Abs. 3 S. 3, 4 **erweitert** den Rechtsschutz des Verfügungsberechtigten über das nach den Vorschriften des OWiG übliche Maß hinaus. Gegen die gerichtliche Entscheidung nach § 62 Abs. 1 OWiG ist die **sofortige** Beschwerde ausdrücklich nicht vorgesehen (§ 62 Abs. 2 S. 2 OWiG). Im Verfahren nach einem zulässigen Einspruch gelten gemäß § 71 Abs. 1 OWiG iVm § 411 Abs. 1 S. 2 StPO die Vorschriften der StPO über die Hauptverhandlung. Auch diese sehen eine sofortige Beschwerde für den Verfügungsberechtigten, mit Ausnahme der Verhandlung in seiner Abwesenheit (§ 231a Abs. 3 StPO), nicht vor.

III. Rechte des Antragstellers im Verwaltungsverfahren (Abs. 3 S. 2)

24   Der Antragsteller ist im gesamten Rechtsmittelverfahren **zu hören,** also auch im Rahmen der sofortigen Beschwerde (Thiering in Ströbele/Hacker/Tiering Rn. 12). Er ist jedoch nicht Beteiligter des Rechtsmittelverfahrens nach Abs. 3 S. 1 und somit **nicht beschwerdeberechtigt** (Ingerl/Rohnke Rn. 2). Zum Zusammenhang mit der Einziehung → Rn. 24.1.

24.1   Der Antragsteller ist auch nicht als „andere Person" nach § 62 Abs. 1 S. 1 OWiG in Form des Einziehungsbeteiligten (vgl. KK-OWiG/Kurz OWiG § 62 Rn. 9) beschwerdeberechtigt. Einziehungsbeteiligter ist nach § 431 Abs. 1 S. 1 Nr. 2 StPO, wer „sonstige Rechte" an den einzuziehenden Gegenständen hat, wobei sonstige Rechte allein **beschränkt dingliche Rechte** meint (KK-StPO/Schmidt StPO § 431 Rn. 7). Solche Rechte hat der Antragsteller jedoch nicht.

E. Parallelvorschriften bzw. Ähnlichkeiten zu anderen Vorschriften

25   Zu § 148 bestehen Parallelvorschriften in den sonstigen Gesetzen über die gewerblichen Schutzrechte sowie das Urheberrecht, namentlich in § 142a Abs. 6, 7 PatG, § 57 Abs. 1, 2 DesignG, § 25a Abs. 6, 7 GebrMG sowie § 111b Abs. 6, 7 UrhG.

§ 149 Schadensersatz bei ungerechtfertigter Beschlagnahme

Erweist sich die Beschlagnahme als von Anfang an ungerechtfertigt und hat der Antragsteller den Antrag nach § 146 Abs. 1 in bezug auf die beschlagnahmten Waren aufrechterhalten oder sich nicht unverzüglich erklärt (§ 147 Abs. 2 Satz 2), so ist er verpflichtet, den dem Verfügungsberechtigten durch die Beschlagnahme entstandenen Schaden zu ersetzen.

Überblick

§ 149 gewährt einen eigenständigen Schadensersatzanspruch (→ Rn. 1) des Verfügungsberechtigten, wenn die **Beschlagnahme von Anfang an ungerechtfertigt** war (→ Rn. 2 ff.) erweist. Zur Begründung der Haftung reicht es aus, dass der Antragsteller die Beschlagnahme nicht unverzüglich durch Antragsrücknahme aufhebt und den Schuldner hierdurch unnötig lange der Zwangswirkung der Beschlagnahme aussetzt (→ Rn. 10).

Der Anspruch aus § 149 richtet sich auf Ersatz des **durch die Beschlagnahme** verursachten (→ Rn. 12 ff.) Schadens. Inhalt und Umfang der Ersatzpflicht folgen aus §§ 249 ff. BGB (→ Rn. 14).

Der Schadensersatzanspruch ist **verschuldensunabhängig.** Es handelt sich um eine Ausnahmeregelung, deren Anwendungsbereich nicht entsprechend ausgedehnt werden kann, die aber die allgemeinen, verschuldensabhängigen Schadensersatzansprüche nicht ausschließt.

Übersicht

A. Voraussetzungen

Der Schadensersatzanspruch hat zwei Voraussetzungen. Zum einen muss es sich um eine im **1** Zeitpunkt ihrer Anordnung **ungerechtfertigte Beschlagnahme** (→ Rn. 2) handeln. Zum anderen muss der Antragsteller die **Fortdauer der Beschlagnahme** durch sein Tun oder Unterlassen verursacht haben, nachdem der Verfügungsberechtigte Widerspruch (→ § 147 Rn. 3 ff.) erhoben hat. Der Antragsteller muss jedoch **nicht schuldhaft** handeln (zu § 945 ZPO BGH GRUR 1992, 203 (205) – Roter mit Genever; Büscher/Dittmer/Schiwy/Büscher Rn. 1). Zur ZPO → Rn. 1.1.

§ 149 ist an die Regelung des § 945 ZPO, über die Vollstreckung einer von Anfang an ungerechtfertigten **1.1** einstweiligen Verfügung, angelehnt (noch zu § 28 Abs. 5 WZG BT-Drs. 11/4792, 36). Soweit Rechtsprechung und Literaturmeinungen übertragbar sind, wird daher im Folgenden auch § 945 ZPO dargestellt.

I. Beschlagnahme von Anfang an ungerechtfertigt

Die Beschlagnahme muss sich als **von Anfang an** ungerechtfertigt erweisen. Eine entsprechende Anwendung auf Fälle, in denen die Beschlagnahme nach ihrer Anordnung ungerechtfertigt wird, scheidet aus. **2**

Die **Beurteilung,** ob die Beschlagnahme ungerechtfertigt war, erfolgt durch das Gericht des **3** Schadensersatzprozesses unter Zugrundelegung des Standpunktes eines objektiven Betrachters (BeckOK ZPO/Mayer ZPO § 945 Rn. 10; MüKoZPO/Drescher ZPO § 945 Rn. 10). Das Risiko einer fehlerhaften Einschätzung der Rechtslage trägt der Antragsteller (BGH GRUR 1992, 203 (206) – Roter mit Genever; Ingerl/Rohnke Rn. 1).

1. Fehlende Kennzeichenrechtsverletzung

Die Beschlagnahme ist immer dann ungerechtfertigt, wenn es schon an der Kennzeichenrechts- **4** verletzung fehlt (v. Schultz/Eble Rn. 2; Ströbele/Hacker/Thiering/Thiering Rn. 5; Büscher/Dittmer/Schiwy/Büscher Rn. 2; Ingerl/Rohnke Rn. 1). Festzustellen ist dies vom Gericht des Schadensersatzprozesses. Dabei entfaltet eine Entscheidung im Rechtsverletzungsverfahren **Bindungswirkung** im Rahmen ihrer materiellen Rechtskraft (BGH GRUR 1993, 998 – Verfügungskosten; Büscher/Dittmer/Schiwy/Büscher Rn. 2). Art. 9 Abs. 4 UAbs. 1 UMV gewährt Inhabern einer Unionsmarke auch für **Transitfälle** einen Unterlassungsanspruch, wobei allerdings zweifelhaft ist, ob hierdurch auch das Beschlagnahmeverfahren nach §§ 146–149 eröffnet wird, oder aber dieser Anspruch allein über Verfahren nach § 150 iVm Produktpiraterie-VO gesichert werden kann (→ § 146 Rn. 39). Sollten §§ 146–149 anwendbar sein, gilt: Nur wenn der Anmelder oder Besitzer der Waren im Rechtsverletzungsverfahren nachweisen kann, dass der Markeninhaber im endgültigen Bestimmungsland (innerhalb oder außerhalb der EU) keinen Unterlassungsanspruch hat, **erlischt** gemäß Art. 9 Abs. 4 UAbs. 2 UMV der Unterlassungsanspruch. Darunter ist ein Erlöschen ex nunc zu verstehen, so dass die Beschlagnahme nicht von Anfang ungerechtfertigt war. Damit besteht in diesen Fällen kein Schadensersatzanspruch nach § 149. Zu nationalen Registermarken → Rn. 4.1.

Für **nationale Registermarken** enthält Art. 10 Abs. 4 UAbs. 1 MRL zur Angleichung der Rechtsvor- **4.1** schriften der Mitgliedstaaten über die Marken, der bis 14.1.2019 in nationales Recht umzusetzen ist, eine zu Art. 9 Abs. 4 UAbs. 1 UMV gleichlautende Regelung. Allerdings ist auch hier wieder der Beweis des fehlenden Unterlassungsanspruchs im Bestimmungsland im Rechtsverletzungsverfahren zu erbringen hat, das nach der Produktpiraterie-VO eingeleitet wurde, so dass auch zweifelhaft ist, ob der auf den Transit bezogene Unterlassungsanspruch über §§ 146–149 gesichert werden kann (→ § 146 Rn. 39).

5   Die Beschlagnahme wegen Verletzung einer Marke kann auch dann von Anfang an ungerechtfertigt sein, wenn die **Marke später gelöscht** wird. Dies setzt allerdings die Rückwirkung der Löschung gemäß § 52 Abs. 1, 2 auf (mindestens) den Zeitpunkt der Beschlagnahme voraus. Der Rückwirkungsausschluss nach § 52 Abs. 3 Nr. 1 kann keine Anwendung finden, da die Beschlagnahmeanordnung bereits keine Entscheidung in einem Verletzungsverfahren ist und zudem in der Konstellation des § 149, die einen Widerspruch voraussetzt, nicht rechtskräftig werden kann. Vielmehr bedarf es dann einer gerichtlichen Entscheidung, die über das weitere Schicksal der Waren entscheidet (→ § 147 Rn. 21) und für die dann § 945 ZPO bzw. § 717 Abs. 2 ZPO gilt.

2. Fehlende Offensichtlichkeit

6   Für die Anordnung der Beschlagnahme ist die Offensichtlichkeit der Kennzeichenrechtsverletzung Voraussetzung (→ § 146 Rn. 40 ff.). Allerdings macht die fehlende Offensichtlichkeit einer gleichwohl bestehenden Kennzeichenrechtsverletzung die Beschlagnahme nicht ungerechtfertigt (BeckOK PatR/Voß PatG § 142 Rn. 30; v. Schultz/Eble Rn. 2; Ströbele/Hacker/Thiering/Thiering Rn. 6; aA Büscher/Dittmer/Schiwy/Büscher Rn. 2; unklar Ingerl/Rohnke Rn. 1). Zur Begründung → Rn. 6.1 f.

6.1   Dafür spricht, dass die Begründung zum Entwurf des PrPG die bei den Ausführungen zur ungerechtfertigten Beschlagnahme die Offensichtlichkeit der Rechtsverletzung nicht als Voraussetzung nennt (BT-Drs. 11/4792, 36), wobei diese Erwägungen auf einem Vergleich von § 28 Abs. 5 WZG mit § 945 ZPO beruhen.

6.2   Parallelen zur Offensichtlichkeit der Kennzeichenrechtsverletzung gemäß § 146 bestehen im Rahmen des § 945 ZPO bei der summarischen Prüfung sowie bei der Glaubhaftmachung (des Verfügungsanspruchs). Es handelt sich jeweils um die Wahrscheinlichkeit von Umständen, deren Vorliegen die Inanspruchnahme des Verfügungsberechtigten (BT-Drs. 11/4792, 41) bzw. Antragsgegners (vgl. MüKoZPO/Drescher ZPO § 920 Rn. 15 ff.) rechtfertigen. Für den Schadensersatzanspruch nach § 945 ZPO ist allerdings gerade unbeachtlich, ob es an der Glaubhaftmachung des Verfügungsanspruchs fehlt, da der Schadensersatzanspruch bereits dann entfällt, wenn die Sicherungsvoraussetzungen objektiv vorgelegen haben (BGH GRUR 1992, 203 (206) – Roter mit Genever; MüKoZPO/Drescher ZPO § 945 Rn. 12; Zöller/Vollkommer ZPO § 945 Rn. 8). Auf die Offensichtlichkeit der Rechtsverletzung kann es daher für § 149 ebenfalls nicht ankommen.

7   Es handelt sich bei der Offensichtlichkeit also um eine Eingriffsschwelle, unterhalb derer die Zollbehörde nicht tätig wird (so auch Ströbele/Hacker/Thiering/Thiering Rn. 6). Nach der Gegenauffassung, die bei fehlender Offensichtlichkeit Schadensersatz zuspricht, würde jedoch infolge der bestehenden Kennzeichenrechtsverletzung kaum ein erstattungsfähiger Schaden vorliegen (→ Rn. 13.1).

3. Fehlen formeller Voraussetzungen der Beschlagnahme

8   Auch eine **fehlende Sicherheitsleistung** (→ § 146 Rn. 16 ff.) führt nicht zur Unrechtmäßigkeit der Beschlagnahme. Die Sicherheitsleistung (§ 146 Abs. 1) ist Voraussetzung des Einschreitens der Zollbehörde. Sie stellt eine Verfahrensvoraussetzung dar. Ihr Fehlen ist, entsprechend den Prozessvoraussetzungen bei § 945 ZPO, unbeachtlich (MüKoZPO/Drescher ZPO § 945 Rn. 12). Ausschlaggebend ist allein die materielle Rechtslage (→ Rn. 7; BeckOK PatR/Voß PatG § 142 Rn. 30; v. Schultz/Eble Rn. 2; Ströbele/Hacker/Thiering/Thiering Rn. 6; insoweit wohl auch Ingerl/Rohnke Rn. 1). Zur Gegenauffassung → Rn. 8.1.

8.1   Der Gegenauffassung (Büscher/Dittmer/Schiwy/Büscher Rn. 2) liegt eine zu formale Betrachtung zugrunde. Der Verweis auf das OLG Hamburg (OLG Hamburg BeckRS 2005, 30359816 – Hamburg) ist nicht nachzuvollziehen. In dem angeführten Beschluss wird die Sicherheitsleistung nicht thematisiert. Das bloße Fehlen der Sicherheitsleistung führt kaum zu einem erstattungsfähigen Schaden, da der Verfügungsberechtigte die Waren infolge der Kennzeichenrechtsverletzung ohnehin nicht hätte verwerten dürfen (→ Rn. 13.1).

9   Ebenfalls macht die **nicht rechtzeitige Vorlage der gerichtlichen Entscheidung** die Beschlagnahme nicht ungerechtfertigt (aA Büscher/Dittmer/Schiwy/Büscher Rn. 2). § 149 setzt voraus, dass die unberechtigte Beschlagnahme und deren Aufrechterhaltung **kumulativ** vorliegen. Das ergibt sich schon aus dem natürlichen zeitlichen Ablauf, denn erst nach der Beschlagnahme (und diesbezüglichem Widerspruch des Verfügungsberechtigten) ist der Antragsteller überhaupt zur Rückantwort nach § 147 Abs. 2, 3 verpflichtet. Eine nicht rechtzeitig vorgelegte gerichtliche Entscheidung (→ § 147 Rn. 16) kann frühestens ab diesem Zeitpunkt eine rechtliche Wirkung entfalten, nicht aber über diesen Zeitpunkt hinaus zurückwirken und die Beschlagnahme selbst ungerechtfertigt machen. Zu § 945 ZPO → Rn. 9.1.

Parallel hierzu liegt der Fall, dass bei § 945 ZPO die einstweilige Verfügung mangels rechtzeitiger **9.1** Vollziehung oder Zustellung aufgehoben wird. Dies wird ebenfalls nicht als Fall des § 945 ZPO verstanden.

II. Verhalten des Antragstellers

Neben der objektiv ungerechtfertigten Beschlagnahme erfordert der Schadensersatzanspruch **10** nach § 149 ein Verhalten des Antragstellers, das zur **Fortdauer der Beschlagnahme** führt, entweder weil der Antragsteller den Beschlagnahmeantrag aufrecht erhält (§ 147 Abs. 3 S. 2) oder sich auf die Mitteilung (→ § 146 Rn. 52) der Zollbehörde hin nicht unverzüglich über das Schicksal seines Beschlagnahmeantrags erklärt (§ 147 Abs. 2 S. 2). Unverzüglich ist die Erklärung, entsprechend § 121 BGB, wenn sie ohne schuldhaftes Verzögern ergeht (Büscher/Dittmer/ Schiwy/Büscher Rn. 2).

Nimmt der Antragsteller hingegen seinen Antrag (spätestens) umgehend nach dem Widerspruch **11** des Verfügungsberechtigten zurück, so tritt die Schadensersatzpflicht jedenfalls nach dieser Norm nicht ein (v. Schultz/Eble Rn. 3; Ströbele/Hacker/Thiering/Thiering Rn. 8; Büscher/Dittmer/ Schiwy/Büscher Rn. 2). Verschuldensabhängige Schadensersatzansprüche bleiben unberührt.

B. Schadensersatz

I. Schaden durch die Beschlagnahme

Der Schaden muss durch die Beschlagnahme entstanden sein, also **adäquat kausal** auf die **12** Beschlagnahme zurückzuführen sein. Zur (bestehenden) Drucksituation → Rn. 12.1.

Eines besonderen durch den Anspruchsteller verursachten Vollstreckungsdrucks (zu der zu § 945 ZPO **12.1** geführten Diskussion BeckOK ZPO/Mayer ZPO § 945 Rn. 27 ff.) bedarf es bei § 149 nicht. Mit Beschlagnahme der Waren liegt eine durch den Antragsteller kausal herbeigeführte Drucksituation zu Lasten des Verfügungsberechtigten naturgemäß vor.

Nicht von § 149 umfasst sind Schäden, die nicht durch die Beschlagnahme, sondern wegen **13** der Beschlagnahme entstehen, dh sich aus der reinen Kenntnis um eine bevorstehende oder derzeitige Beschlagnahme ergeben (vgl. BeckOK ZPO/Mayer ZPO § 945 Rn. 28). Zu anderen Ansichten → Rn. 13.1.

Ansichten, die eine **ungerechtfertigte Beschlagnahme** auch bei Vorliegen einer objektiven **Kennzei-** **13.1** **chenrechtsverletzung** annehmen (→ Rn. 7, → Rn. 8.1), müssten an dieser Stelle zumindest einen Schaden ablehnen (so auch Büscher/Dittmer/Schiwy/Büscher Rn. 2). Da nämlich die rechtsverletzenden Waren materiell-rechtlich dem Vernichtungsanspruch unterlagen und der Verfügungsberechtigte sie nicht verwerten durfte, konnte durch ihre Beschlagnahme daher kein erstattungsfähiger Schaden entstehen.

II. Schadensumfang

Die Höhe des ersatzfähigen Schadens bemisst sich gemäß §§ 249 ff. BGB nach dem **negativen** **14** **Interesse** des Verfügungsberechtigten. Er ist so zu stellen, als hätte die Beschlagnahme nicht stattgefunden. Soweit angefallen, umfasst der Schadensersatz daher auch die **Rechtsverfolgungs-** **kosten** des Verfügungsberechtigten sowie eventuelle **Gewinneinbußen** (v. Schultz/Eble Rn. 4; Ingerl/Rohnke Rn. 1; eine Auflistung möglicher Schadenspositionen bei BeckOK PatR/Voß PatG § 142 Rn. 34). Berücksichtigt wird der Schaden auch dann, wenn zusätzlich zur Beschlagnahme eine einstweilige Verfügung nach §§ 935, 940 ZPO die Überlassung der Waren an den Verfügungsberechtigten hindert, die Beschlagnahme im Hauptsacheverfahren jedoch aufgehoben wird (v. Schultz/Eble Rn. 1).

III. Mitverschulden

Ein Mitverschulden des Verfügungsberechtigten gemäß § 254 BGB ist grundsätzlich schadens- **15** mindernd zu berücksichtigen. Dies setzt jedoch ein besonders **erhebliches Verschulden** voraus, da das Risiko der Beschlagnahme nach § 149 grundsätzlich beim Antragsteller liegt (vgl. BGH NJW 1990, 2689 f.; BeckOK ZPO/Mayer ZPO § 945 Rn. 36). Diese gesetzliche Risikoverteilung ist im Rahmen von § 254 BGB zu berücksichtigen.

IV. Verjährung

16   Die Verjährung richtet sich nach **§§ 194 ff. BGB.** Auf die Rechtsnatur der Haftung gemäß § 149 kommt es dafür nicht an; ohnehin laufen die Verjährungsfristen für Ansprüche aus Deliktsrecht und Gefährdungshaftungen – soweit man diese Unterscheidung überhaupt vornehmen möchte – weitgehend gleich (vgl. nur §§ 194 ff. BGB, § 17 UmweltHG, § 14 StVG). Eine abweichende Bestimmung zur Verjährung (so zB § 12 ProdHaftG) enthält das MarkenG nicht.

C. Verfahren

I. Allgemeines

17   Der Schadensersatzanspruch ist geltend zu machen durch **Leistungsklage vor den ordentlichen Gerichten.** Denkbar ist auch eine Feststellungsklage, allerdings wird der Schaden regelmäßig nicht erst nach längerer Zeit bezifferbar sein und ein Feststellungsinteresse fehlen. Im Hauptsacheklageverfahren wegen der Rechtsverletzung ist **Widerklage** möglich und – soweit dort bezifferte Zahlung eingeklagt wird – auch **Aufrechnung** (vgl. zu § 945 ZPO BeckOK ZPO/Mayer ZPO § 945 Rn. 40; MüKoZPO/Drescher ZPO § 945 Rn. 28; Musielak/Voit/Huber ZPO § 945 Rn. 10).

II. Gerichtsstand und Zuständigkeit

18   Neben dem allgemeinen Gerichtsstand gilt nach § 32 ZPO auch der **besondere Gerichtsstand der unerlaubten Handlung** (vgl. zu § 945 ZPO BGHZ 75, 1; OLG Hamburg Beschl. v. 11.2.2004, BeckRS 2016, 13995).

19   Es handelt sich um eine **Kennzeichenstreitsache** gemäß § 140 Abs. 1, da der Schadensersatzanspruch im MarkenG geregelt ist (→ § 142 Rn. 1). Insoweit liegt auch gemäß § 95 Abs. 1 Nr. 4 Buchst. c GVG eine **Handelssache** vor.

III. Beweislast

20   Der auf Schadensersatz Beklagte, also der **Antragsteller,** trägt die Beweislast dafür, dass die von ihm beantragte Beschlagnahme von Anfang an gerechtfertigt war. Er beruft sich nämlich im Schadensersatzprozess seines Anspruchs auf die (rechtmäßige) Beschlagnahme (vgl. zu § 945 BGH GRUR 1992, 203 (206) – Roter mit Genever).

D. Konkurrenzen

21   Konkurrenzen des Anspruchs nach § 149 mit den **§§ 823, 826 BGB** sind denkbar (so auch Ströbele/Hacker/Thiering/Thiering Rn. 1; Büscher/Dittmer/Schiwy/Büscher Rn. 3). Sie sind in der Praxis jedoch ohne Bedeutung, da §§ 823, 826 BGB ein Verschulden erfordern, in der Rechtsfolge – Ersatz des negativen Interesses – jedoch über § 149 nicht hinausgehen (Ingerl/Rohnke Rn. 1).

22   **Keine Konkurrenz** besteht mangels Anspruchs gemäß § 149, wenn die Beschlagnahme aus wettbewerbsfeindlichen Motiven beantragt, auf den Widerspruch des Verfügungsberechtigten hin der Antrag jedoch sofort zurückgenommen wird (→ Rn. 11). In solchen Fällen ist der Antragsteller jedoch nach dem allgemeinen Deliktsrecht schadensersatzpflichtig (vgl. BGH GRUR 2005, 882 – Unberechtigte Schutzrechtsverwarnung; MüKoBGB/Wagner, 8. Aufl. 2020, BGB § 823 Rn. 374 ff.; MüKoBGB/Wagner, 8. Aufl. 2020, BGB § 826 Rn. 220).

22.1   Wird die Beschlagnahme zu wettbewerbswidrigen Zwecken missbraucht, besteht bei einer vorsätzlichen sittenwidrigen Schädigung ein Anspruch nach § 826 BGB (Ströbele/Hacker/Thiering/Thiering Rn. 8; Büscher/Dittmer/Schiwy/Büscher Rn. 3). In diesen Fällen wird die Sittenwidrigkeit, bei Instrumentalisierung hoheitlicher Gewalt im Wissen um die fehlende Berechtigung und wegen der Ergänzungsfunktion des Deliktsrechts zum Immaterialgüterrecht (dazu MüKoBGB/Wagner, 8. Aufl. 2020, BGB § 826 Rn. 220 f.), regelmäßig anzunehmen sein. Darüber hinaus können Ansprüche nach § 823 Abs. 1 BGB wegen der Besitzentziehung durch die Beschlagnahme bestehen (Büscher/Dittmer/Schiwy/Büscher Rn. 3), sowie

Ansprüche aus § 823 Abs. 2 BGB iVm Schutzgesetzen (Ströbele/Hacker/Thiering/Thiering Rn. 8) in Betracht kommen.

Eine **Konkurrenz zu § 945 ZPO** besteht für den Zeitraum nach Erlass einer einstweiligen **23** Verfügung, wenn die Beschlagnahme durch die Verfügung zunächst bestätigt, im Hauptsacheverfahren jedoch aufgehoben wird (v. Schultz/Eble Rn. 1; Ströbele/Hacker/Thiering/Thiering Rn. 3). Lag in diesem Fall eine Markenverletzung objektiv nicht vor, dann hat ein Verfügungsanspruch von Anfang an nicht bestanden, so dass auch die einstweilige Verfügung ungerechtfertigt erfolgt ist (MüKoZPO/Mayer ZPO § 945 Rn. 9 f.) und dann § 945 ZPO greift. Hatte die einstweilige Verfügung eine eigenständige Sicherungsanordnung getroffen, stellt sich die Frage, wie die Zollbehörde ab dann mit der Beschlagnahme umgeht, diese also fortsetzt, oder aber (nur noch) die gerichtliche Sicherstellung vollzieht. Nur bei Fortsetzung der Beschlagnahme auch nach Vollziehung der Sicherungsanordnung der einstweiligen Verfügung kommt für diesen Zeitraum dann ein zu § 945 ZPO konkurrierender Anspruch nach § 149 in Betracht. Hacker und Eble gehen wohl davon aus, dass die Beschlagnahme aufrechterhalten wird, wegen des Verfügungsverbotes durch die einstweilige Verfügung. Ob auch eine einstweilige Verfügung dazu führt, dass der Zoll das behördliche Verfahren einstellt, oder ob er das erst bei einem Endurteil tut (so wie bei den amtsgerichtlichen Urteilen im Rechtsschutz nach § 148), ist offen.

E. Parallelvorschriften bzw. Ähnlichkeiten zu anderen Vorschriften

Zu § 149 bestehen Parallelvorschriften in den sonstigen Gesetzen über die gewerblichen Schutz- **24** rechte sowie das Urheberrecht, namentlich in § 142a Abs. 5 PatG, § 56 Abs. 5 DesignG, § 25a Abs. 5 GebrMG sowie § 111b Abs. 5 UrhG.

§ 150 Verfahren nach der Verordnung (EU) Nr. 608/2013

Für das Verfahren nach der Verordnung (EU) Nr. 608/2013 gelten § 148 Absatz 1 und 2 sowie § 149 entsprechend, soweit die Verordnung keine Bestimmungen enthält, die dem entgegenstehen.

Überblick

Die Norm ist inzwischen auf die VO (EU) 608/2013 (Produktpiraterie-VO) abgestimmt (→ Rn. 1). Die Produktpiraterie-VO regelt das Verfahren nahezu vollständig selbst (zur Struktur der Produktpiraterie-VO → Rn. 2). Das **Verfahren nach der Produktpiraterie-VO** stellt sich im **Überblick** wie folgt dar:

Das Tätigwerden der Zollbehörden besteht in der Aussetzung der Überlassung bzw. der Zurückhaltung von Waren (Art. 17 ff. Produktpiraterie-VO) sowie in deren anschließender Vernichtung (Art. 23 ff. Produktpiraterie-VO). Die Zollbehörden werden nur an den Außengrenzen der EU, dh im Warenverkehr mit Drittstaaten, tätig (Art. 1 Produktpiraterie-VO).

Bevor die Zollbehörden ein solches Tätigwerden prüfen, ist grundsätzlich ist seitens des Rechtsinhabers ein Antrag erforderlich (Art. 17 Abs. 1 Produktpiraterie-VO; → Rn. 26). Wird diesem Antrag stattgegeben, heißt der Rechtsinhaber „Inhaber der Entscheidung". Die Zollbehörden können aber auch von Amts wegen tätig werden (Art. 18 Abs. 1 Produktpiraterie-VO), wobei dann ein nachfolgender Antrag notwendig wird (Art. 18 Abs. 4 lit. b Produktpiraterie-VO; → Rn. 27). Im Kleinsendungsverfahren bedarf es hingegen keines Antrags (Art. 26 Produktpiraterie-VO; → Rn. 103).

Das konkrete Tätigwerden der Zollbehörden erfordert den Verdacht auf Rechtsverletzung (→ Rn. 64). Über die Aussetzung der Überlassung bzw. Zurückhaltung der Ware wird der Anmelder/ Besitzer unterrichtet (Art. 17 Abs. 3 Produktpiraterie-VO, Art. 18 Abs. 3 Produktpiraterie-VO), und der Inhaber der Entscheidung informiert (Art. 17 Abs. 4 Produktpiraterie-VO, Art. 18 Abs. 4 Produktpiraterie-VO; → Rn. 69), der auch Gelegenheit zur Prüfung der Ware erhält (Art. 19 Produktpiraterie-VO; → Rn. 72).

Im Anschluss findet die sog. vereinfachte Vernichtung (→ Rn. 87) statt, falls der Anmelder oder Besitzer der Ware in die Vernichtung einwilligt oder von seiner Einwilligung ausgegangen werden kann (Art. 23 Abs. 1 lit. c Produktpiraterie-VO; → Rn. 91). Anderenfalls muss ein gerichtliches Verletzungsverfahren eingeleitet werden (Art. 23 Abs. 3 S. 2 Produktpiraterie-VO; → Rn. 97). In diesem Fall hält die Zollbehörde die Ware zurück, bis ein gerichtlicher Titel auf Sicherstellung oder Vernichtung vorliegt.

Die Haftung des Antragstellers wird geregelt in Art. 28 Produktpiraterie-VO (→ Rn. 112).
Die Kosten des Verfahrens sind Gegenstand von Art. 29 Produktpiraterie-VO (→ Rn. 119).

Übersicht

A. Inkrafttreten und Aufbau der VO (EG) 1383/2003 (Produktpiraterie-VO)

I. Geltung ab 1.1.2014

Die VO (EG) 1383/2003 (Produktpiraterie-VO 2003) ist mit Wirkung zum 31.12.2013 außer **1** Kraft getreten. An ihre Stelle ist die VO (EG) 1383/2003 (Produktpiraterie-VO) getreten (Art. 38 Produktpiraterie-VO). Inzwischen – seit 1.7.2016 – ist § 150 auf die Produktpiraterie-VO abgestimmt. Die Neufassung der Norm verzichtet – konsequenterweise – gänzlich auf eigenständige Regelungen und **verweist** lediglich auf § 148 Abs. 1 und 2 sowie auf § 149. Zudem wird klargestellt, dass die Produktpiraterie-VO vorrangiges Unionsrecht ist, dh im Kollisionsfall diese Regelungen hinter deren Bestimmungen zurücktreten. Die mit der Neufassung einhergehende Streichung zahlreicher Regelungen bedeutet nicht, dass diese auch sämtlich inhaltlich geändert worden wären. Zum früheren Recht → Rn. 1.1 ff.

Die damals in Abs. 4 S. 1 vorgesehene **Fiktion der Zustimmung in die Vernichtung** seitens des **1.1** Anmelders oder Besitzers der Waren, falls dessen Widerspruch ausbleibt, konnte nicht beibehalten werden. Vielmehr sieht Art. 23 Abs. 1 UAbs. 1 lit. c Produktpiraterie-VO vor, dass in diesem Fall die Zollbehörden von der Zustimmung zwar ausgehen können (→ Rn. 91), dies aber nicht zwingend ist (vgl. Art. 23 Abs. 3 S. 1 Produktpiraterie-VO; → Rn. 91.1).

Die Streichung von Abs. 5, der die Kostentragung regelte, heißt jedoch nicht, dass der Antragsteller **1.2** nunmehr die Kosten nicht mehr zu tragen hätte. Vielmehr ergibt sich dies in Zukunft aus § 148 Abs. 2, auf den verwiesen wird. Es handelt sich somit um eine Verschlankung des Gesetzes und nicht eine zwingende Umsetzung der Produktpiraterie-VO. Die Belastung mit den **Kosten der Vernichtung** bleibt wie bei der Vorgängerverordnung (Art. 11 Abs. 1 zweiter Spiegelstrich Produktpiraterie-VO 2003) den Mitgliedstaaten zur Disposition gestellt (Art. 23 Abs. 2 S. 1 Produktpiraterie-VO, Art. 29 Abs. 1 UAbs. 1 Produktpiraterie-VO). Davon macht auch die Neufassung der Norm weiterhin in der Weise Gebrauch, dass der Antragsteller die Kosten zu tragen hat.

Die früher in Abs. 7 vorgeschriebene Aufbewahrungsfrist ist überholt, da Produktpiraterie-VO schreibt **1.3** keine **Aufbewahrungsfrist** vorsieht. Die Entnahme von Proben und Mustern ist allerdings als Kann-Vorschrift ausgestaltet (Art. 23 Abs. 2 S. 2 Produktpiraterie-VO). Soweit der Inhaber einer Entscheidung die Proben oder Muster als Beweismittel benötigt, können sie ihm nach Art. 19 Produktpiraterie-VO zur Verfügung gestellt werden (→ Rn. 72, → Rn. 82).

Der weiterhin vorhandene (früher in Abs. 8 geregelte) Verweis auf § 149 wird durch die – vorrangigen – **1.4** Regelungen des **Schadensersatzes** durch Art. 28 Produktpiraterie-VO teilweise eingeschränkt.

Die Verfahrensregelungen der übrigen Absätze konnten ersatzlos gestrichen werden, da diese ohnehin **1.5** unmittelbar in der Produktpiraterie-VO enthalten sind.

II. Aufbau der Produktpiraterie-VO

Der strukturierte Aufbau der Produktpiraterie-VO ist wie folgt zusammenzufassen (Inhaltsüber- **2** sicht → Rn. 7.1):

3   Kapitel I: Vorab wird der **Anwendungsbereich** (Art. 1 Produktpiraterie-VO; → Rn. 8) definiert und es finden sich die zentralen **Begriffsbestimmungen** (Art. 2 Produktpiraterie-VO).

4   Kapitel II: Im ersten Hauptteil wird das **Antragsverfahren** behandelt, das sich in die **Antragstellung** (Art. 3 ff. Produktpiraterie-VO; → Rn. 26 ff.) und die **Entscheidung über den Antrag** (Art. 7 ff. Produktpiraterie-VO; → Rn. 44 ff.) gliedert.

5   Kapitel III: Im zweiten Hauptteil wird die Tätigkeit der Zollbehörden geregelt, die zunächst in der **Zurückbehaltung von Waren** (Art. 17 ff. Produktpiraterie-VO; → Rn. 63 ff.) sowie in deren anschließender **Vernichtung** (Art. 23 ff. Produktpiraterie-VO; → Rn. 87 ff.) besteht.

6   Kapitel IV: Ferner erfolgen Regelungen zur **Haftung** – der Zollbehörde gegenüber dem Antragsteller (Art. 27 Produktpiraterie-VO) bzw. des Antragstellers gegenüber dem Besitzer der Ware (Art. 28 Produktpiraterie-VO; → Rn. 112) –, zu den **Kosten des Verfahrens** (Art. 29 Produktpiraterie-VO; → Rn. 119) sowie zur Pflicht der Mitgliedstaaten, die Einhaltung der Verpflichtungen des Antragstellers durch entsprechende **Sanktionen** (Art. 30 Produktpiraterie-VO) sicherzustellen.

7   Kapitel V und VI: Schließlich erfolgen überwiegend administrative Regelungen zur behördlichen Zusammenarbeit und zum Binnenrecht, die für den Antragsteller und den Besitzer der Ware nur von untergeordnetem Interesse sind.

7.1   **Inhaltsübersicht der Produktpiraterie-VO:**

Art. 28 Produktpiraterie-VO – Haftung des Inhabers der Entscheidung
Art. 29 Produktpiraterie-VO – Kosten
Art. 30 Produktpiraterie-VO – Sanktionen
Kapitel V: Informationsaustausch
Art. 31 Produktpiraterie-VO – Austausch von Daten zwischen den Mitgliedstaaten und der Kommission
über Entscheidungen im Zusammenhang mit Anträgen und mit der Zurückhaltung von Waren
Art. 32 Produktpiraterie-VO – Einrichtung einer zentralen Datenbank
Art. 33 Produktpiraterie-VO – Datenschutzbestimmungen
Kapitel VI: Ausschuss, Befugnisübertragung und Schlussbestimmungen
Art. 34 Produktpiraterie-VO – Ausschussverfahren
Art. 35 Produktpiraterie-VO – Ausübung übertragener Befugnisse
Art. 36 Produktpiraterie-VO – Gegenseitige Amtshilfe
Art. 37 Produktpiraterie-VO – Berichterstattung
Art. 38 Produktpiraterie-VO – Aufhebung
Art. 39 Produktpiraterie-VO – Übergangsbestimmungen
Art. 40 Produktpiraterie-VO – Inkrafttreten und Anwendung

B. Gegenstand und Anwendungsbereich der Produktpiraterie-VO

Die Produktpiraterie-VO regelt das zollbehördliche Tätigwerden an den **Außengrenzen der** 8
EU (Art. 1 Produktpiraterie-VO) in Bezug auf Waren, die im **Verdacht** (→ Rn. 64) stehen, ein
Recht geistigen Eigentums zu verletzen.

Der Anwendungsbereich wird bestimmt durch die **relevanten Schutzrechte** (Art. 2 Nr. 1 9
Produktpiraterie-VO; → Rn. 11) sowie die **Ausnahmen** vom Anwendungsbereich (Art. 1
Abs. 3–5 Produktpiraterie-VO; → Rn. 19 ff.).

Der Anwendungsbereich der Produktpiraterie-VO definiert zugleich den **Ausschluss des** 10
Anwendungsbereichs des nationalen Zollbeschlagnahmeverfahrens nach §§ 146 ff., da
§ 146 Abs. 1 S. 1 insoweit einen Anwendungsvorrang der Produktpiraterie-VO konstituiert (→
§ 146 Rn. 4).

I. Relevante Schutzrechte: Recht geistigen Eigentums (Art. 2 Nr. 1 Produktpiraterie-VO)

Die von der Produktpiraterie-VO erfassten Schutzrechte werden in Art. 2 Nr. 1 Produktpirate- 11
rie-VO als **„Recht geistigen Eigentums"** definiert. Auf ein solches Recht geistigen Eigentums
stellt zum einen die Antragsberechtigung ab (Art. 3 Produktpiraterie-VO). Auch die Eingriffsbe-
fugnisse der Zollbehörden verlangen den Verdacht, dass eine Ware ein Recht geistigen Eigentums
verletzt (Art. 17 Abs. 1 Produktpiraterie-VO, Art. 23 Abs. 1 Produktpiraterie-VO).

Zu diesen Rechten geistigen Eigentums zählen neben 12
- Geschmacksmustern (Art. 2 Nr. 1 lit. b Produktpiraterie-VO),
- Urheberrechten (Art. 2 Nr. 1 lit. c Produktpiraterie-VO),
- Patenten (Art. 2 Nr. 1 lit. e Produktpiraterie-VO),
- ergänzenden Schutzzertifikaten (Art. 2 Nr. 1 lit. e, f Produktpiraterie-VO),
- Sortenschutzrechten (Art. 2 Nr. 1 lit. h Produktpiraterie-VO),
- Gebrauchsmustern (Art. 2 Nr. 1 lit. k Produktpiraterie-VO),
- Topografien von Halbleitererzeugnissen (Art. 2 Nr. 1 lit. j Produktpiraterie-VO),
- folgende Kennzeichenrechte: Marken (Art. 2 Nr. 1 lit. a, Nr. 2 Produktpiraterie-VO), Handels-
  namen (Art. 2 Nr. 1 lit. l Produktpiraterie-VO), Geografische Angaben (Art. 2 Nr. 1 lit. d,
  Nr. 4 Produktpiraterie-VO).

1. Marken (Art. 2 Nr. 1 lit. a, Nr. 2 Produktpiraterie-VO)

Marken iSd Produktpiraterie-VO sind 13
- **Unionsmarken** (Art. 2 Nr. 2 lit. a Produktpiraterie-VO, Art. 1 UMV),
- **Eingetragene Marken** eines EU-Staats bzw. beim Benelux-Amt (Art. 2 Nr. 2 lit. b Produktpi-
  raterie-VO, § 4 Nr. 1),
- **Internationale Registrierungen** mit Wirkung für (mindestens) einen EU-Staat bzw. die EU
  (Art. 2 Nr. 2 lit. c Produktpiraterie-VO, § 107 Abs. 1, § 119 Abs. 1).

Nicht in den Anwendungsbereich der Produktpiraterie-VO gehören damit 14
- Benutzungsmarken (§ 4 Nr. 2) und
- notorisch bekannte Marken (§ 4 Nr. 3).

2. Handelsnamen (Art. 2 Nr. 1 lit. l Produktpiraterie-VO)

15 Anwendung findet die Produktpiraterie-VO auch auf Handelsnamen, die als ausschließliches Recht geistigen Eigentums geschützt sind (Art. 2 Nr. 1 lit. l Produktpiraterie-VO). Als ausschließliches Recht sind gemäß § 15 Abs. 1 die geschäftlichen Bezeichnungen des § 5 geschützt (→ § 15 Rn. 50). § 5 erfasst insbesondere **Firma** (§ 5 Abs. 2 S. 1 Alt. 2; → § 5 Rn. 20 ff.), **Firmenschlagwörter** (→ § 5 Rn. 33 ff.) und **besondere Geschäftsabzeichen** (→ § 5 Rn. 62 f.). Daneben schützt § 5 aber auch Bezeichnungen ohne Namensfunktion, wie (einfache) Geschäftsabzeichen (§ 5 Abs. 2 S. 2) und Werktitel (§ 5 Abs. 3). Davon sind nur die (einfache) Geschäftsabzeichen Handelsname iSv Art. 2 Nr. 1 lit. l Produktpiraterie-VO, nicht aber Werktitel (so auch Ströbele/Hacker/Thiering/Thiering Rn. 14).

15.1 Die Produktpiraterie-VO definiert nicht, was ein Handelsname ist. Nach der Rechtsprechung des EuGH dient der Handelsname dazu, ein Geschäft zu bezeichnen (EuGH C-17/06, GRUR 2007, 971 Rn. 21 – Céline). Dies ist auch bei Geschäftsabzeichen ohne Namensfunktion der Fall (→ § 5 Rn. 62), nicht aber bei einem Werktitel, der zwar Namensfunktion haben kann, aber insoweit kein Geschäft, sondern ein Werk bezeichnet (→ § 5 Rn. 158, → § 5 Rn. 166).

3. Geografische Angaben (Art. 2 Nr. 1 lit. d, Nr. 4 Produktpiraterie-VO)

16 In den Anwendungsbereich der Produktpiraterie-VO fällt eine Reihe geschützter geografischer Angaben. Dazu zählen nach Art. 2 Nr. 4 lit. a–d Produktpiraterie-VO zunächst die nach der jeweiligen **EU-Verordnung** geschützten geografischen Angaben für
- Agrarerzeugnisse und **Lebensmittel,** VO (EU) 1151/2012,
- **Wein,** VO (EG) 1234/2007,
- Aromatisierte **weinhaltige Getränke,** VO (EU) 251/2014,
- **Spirituosen,** VO (EU) 2019/787.

17 Geografische Herkunftsangaben nach § 126 fallen in den Anwendungsbereich der Verordnung, weil sie ein **ausschließliches Recht** geistigen Eigentums sind, wie es nach Art. 2 Nr. 4 lit. e Produktpiraterie-VO erforderlich ist. Zwar wurde vertreten, dass geografische Herkunftsangaben iSd § 126 lediglich wettbewerbsrechtlich begründen, dies ist aber vom BGH inzwischen zugunsten eines kennzeichenrechtlichen Schutzes abgelehnt worden (BGH GRUR 2016, 741 Rn. 13 – Himalaya-Salz). Zu den Folgen → Rn. 17.1 f. Zur Darstellung des früheren Streitstands → § 126 Rn. 10 ff.

17.1 Die Anerkennung kennzeichenrechtlichen Schutzes geografischer Herkunftsangaben nach § 126 führt zu einem entsprechenden ausschließlichen Recht. Die berechtigten Nutzer der geografischen Herkunftsangabe – und zugleich nach § 128 Abs. 2 zur Geltendmachung von Schadensersatz Anspruchsberechtigten – haben ein gegenüber allen anderen (unberechtigten) Nutzern wirkendes, und damit ausschließliches Recht.

17.2 Ebenso handelt es sich um **Rechte geistigen Eigentums.** Zwar vertreten auch diejenigen, die zwar geografische Herkunftsangaben gemäß § 126 als absolute Rechte klar befürworten, dass es sich gleichwohl nicht um Immaterialgüterrechte handele (Büscher/Dittmer/Schiwy/Büscher Rn. 18). Dies ua gestützt auf die mangelnde Übertragbarkeit und Lizenzierbarkeit, welche allerdings auch zB beim Immaterialgüterrecht des Unternehmenskennzeichens zumindest nur sehr eingeschränkt bestehen (→ § 27 Rn. 77 ff.; → § 30 Rn. 43 ff.). Insbesondere schreibt Art. 4 lit. b VO (EU) 1151/2012 vor, dass der Schutz geografischer Herkunftsangaben als Rechte geistigen Eigentums zu gewährleisten ist. Diese Norm ist für die Auslegung, was ein Rechts geistigen Eigentums iSd Art. 2 Nr. 4 lit. e Produktpiraterie-VO darstellt, maßgeblich. Auch der BGH stützt sich für die Anerkennung kennzeichenrechtlichen Schutzes ausdrücklich und vorbehaltlos auf diese Norm (BGH GRUR 2016, 741 Rn. 13 – Himalaya-Salz).

18 Schließlich sind solche geografischen Angaben geschützt, die durch ein **Abkommen zwischen der EU und einem Drittland** geschützt werden (Art. 2 Nr. 4 lit. f Produktpiraterie-VO; → § 126 Rn. 3.1).

II. Ausnahmen vom Anwendungsbereich

1. Originalware, insbesondere Parallelimport (Art. 1 Abs. 5 Alt. 1 Produktpiraterie-VO)

19 Ausdrücklich ausgeschlossen vom Anwendungsbereich sind **Originalwaren,** die also entweder vom Rechtsinhaber selbst oder mit seiner Zustimmung hergestellt wurden (Art. 1 Abs. 5 Alt. 1 Produktpiraterie-VO). Da Originalware grundsätzlich bereits infolge Erschöpfung schon keine

Rechtsverletzung begründet, wirkt sich der Ausschluss von Originalware aus dem Anwendungsbereich der Produktpiraterie-VO daher gerade auf Fälle fehlender Erschöpfung aus. Das ist einerseits der Fall, wenn die Originalware **außerhalb des Europäischen Wirtschaftsraums** in Verkehr gebracht wurde. Andererseits sind es die Fälle unzulässigen **Parallelimports,** wenn trotz erstmaligem Inverkehrbringen im Europäischen Wirtschaftsraum mit Zustimmung des Rechtsinhabers gleichwohl Erschöpfung nach § 24 Abs. 2 ausgeschlossen ist. Das betrifft insbesondere die Bereiche Arzneimittel, Medizinprodukte, Pflanzenschutz.

Der Ausschluss von Originalware vom Anwendungsbereich der Produktpiraterie-VO eröffnet **20** die Möglichkeit, deren Beschlagnahme nach dem nationalen Grenzbeschlagnahmeverfahren gemäß §§ 146 ff. zu beantragen (→ § 146 Rn. 6).

2. Lizenzware bei Mengenüberschreitung (Art. 1 Abs. 5 Alt. 2 Produktpiraterie-VO)

Ferner ausgenommen ist solche Lizenzware (→ Rn. 21.1), die unter Überschreitung lizenzver- **21** traglich geregelten Höchstmenge hergestellt wird, sog. **„Overrun".**

Lizenzware ist grundsätzlich Originalware und daher nicht rechtsverletzend, so dass es bereits an einem **21.1** Rechtsverstoß fehlt und überdies Art. 1 Abs. 5 Alt. 1 Produktpiraterie-VO greift. Allerdings führt die Überschreitung bestimmter lizenzvertraglicher Vorgaben dazu, dass der Lizenzgeber unmittelbar aus der Marke gegen den Lizenzgeber vorgehen kann; die Überschreitung einer vereinbarten Höchstmenge zählt indes nicht dazu (§ 30 Abs. 2; → § 30 Rn. 66). Art. 1 Abs. 5 Alt. 2 Produktpiraterie-VO stellt insoweit klar, dass die Überschreitung einer lizenzvertraglich geregelten Höchstmenge jedenfalls keinen von der Produktpiraterie-VO erfassten Verstoß darstellt.

3. Einfuhr zu besonderen Zwecken (Art. 1 Abs. 3 Produktpiraterie-VO)

Nach Art. 1 Abs. 3 Produktpiraterie-VO sind auch solche Waren dem Anwendungsbereich der **22** Produktpiraterie-VO entzogen, die den Regelungen über die Einfuhr „zu besonderen Zwecken" unterliegen. Das betrifft insbesondere Waren, die nach der VO (EU) 1186/2009 (Zollbefreiungs-VO) privilegiert (→ Rn. 22.1) zu behandeln sind. Wegen der in Art. 2 Abs. 1 lit. c Zollbefreiungs-VO vorgesehenen Beschränkung auf **privat genutztes Übersiedlungsgut** (zB in Form von Haushaltsgegenständen, Güter aus Erbschaft, uA) ist davon auszugehen, dass die markenrechtliche Bedeutung dieser Ausnahme gering ausfallen wird (so auch Rinnert GRUR 2014, 241 (243 f.)).

Sofern eine privilegierte Einfuhr von Gegenständen, die zur Herstellung markenrechtsverletzender **22.1** Waren dienen, erfolgt, wäre dies über das nationale Recht zu lösen (→ § 146 Rn. 26.1). Solche Fälle sind jedoch eher unwahrscheinlich, soweit sie eine Betriebsauflösung in einem Drittstaat und die Betriebsverlagerung in die Union voraussetzen (Art. 28–33 Zollbefreiungs-VO).

4. Waren ohne gewerblichen Charakter im persönlichen Gepäck (Art. 1 Abs. 4 Produktpiraterie-VO)

Ebenfalls ausgenommen sind Waren, die ohne gewerblichen Charakter, im persönlichen Gepäck **23** von Reisenden, mitgeführt werden. Das Vorliegen eines gewerblichen Charakters bestimmt die Zollverwaltung regelmäßig nach den **Wertgrenzen** im Reiseverkehr (→ § 146 Rn. 30.1). Die hieran geübte Kritik, der Gesetzgeber habe es versäumt, zur „massenwirksamen Schärfung des Bewusstseins" im privaten Bereich „Maßnahmen mit Appellfunktion" einzuführen (Rinnert GRUR 2014, 241 f.) überzeugt nicht. Die betreffenden Fälle dürften schon ihrer Anzahl nach nur einen geringen Teil aller markenverletzenden Importe darstellen: über 94% aller Waren die im Verdacht stehen, geistige Eigentumsrechte zu verletzen, werden als Fracht, nur 5,7% hingegen von Passagieren eingeführt (Report on EU customs enforcement of IPR, 2012, 19).

5. Versendung an Privatpersonen

Fälle des Postversands fallen nicht unter die Ausnahmevorschrift von Art. 1 Abs. 4 Produktpira- **24** terie-VO, da es an der Mitführung im persönlichen Gepäck fehlt. In diesen Fällen war bisher zum Teil die Auffassung vertreten worden, dass ein Eingreifen der Zollbehörden daran scheitert, dass es sich **auf Seiten des Bestellers** nicht um ein Handeln im geschäftlichen Verkehr iSd § 14 Abs. 2 handelt (aA für den Regelfall der Schickschuld bereits bisher Weber WRP 2005, 961 (946); ebenso jetzt der EuGH, s. unten). Die Vorschläge der Kommission zur Revision der MRL sehen daher vor, dass der Rechtsinhaber die Einfuhr von Waren zukünftig bereits unterbinden lassen kann, wenn **nur der Versender im geschäftlichen Verkehr handelt** (Art. 10 Abs. 4

MRL-E, COM(2013) 162 final). Diese Änderung könnte sich jedoch als unnötig erweisen (→ § 14 Rn. 81), da der EuGH in der Sache Blomqvist/Rolex (EuGH C-98/13, GRUR 2014, 283 Rn. 33 f. – Blomqvist) festgestellt hat, dass bereits nach geltendem Recht von einer Markenverletzung auszugehen ist, wenn ein kommerzielles Unternehmen gefälschte Ware an einen – auch privaten – Abnehmer in der EU verkauft und die Ware in Erfüllung des Kaufvertrages an diesen Abnehmer versendet. Im konkreten Fall wurde eine Uhr der Marke Rolex in China bestellt, nach Dänemark geliefert, dort vom Zoll aufgegriffen und durch Rolex die Nachahmung festgestellt.

6. Ununterbrochener Transit (Art. 1 Abs. 1 lit. c Produktpiraterie-VO)

25   Bislang waren die Fälle ununterbrochenen Transits dem Anwendungsbereich der Produktpiraterie-VO entzogen (BGH GRUR 2012, 1263 – Clinique happy). Art. 1 Abs. 1 Produktpiraterie-VO setzt für das Tätigwerden der Zollbehörden voraus, dass die betroffenen Waren im Verdacht stehen, ein Recht geistigen Eigentums zu verletzen. Solange die betroffenen Waren dem Zollverschluss unterliegen, werden sie nicht in Verkehr gebracht. Deshalb waren sie bislang nicht geeignet, ein Recht geistigen Eigentums iSd Art. 1 Abs. 1 Produktpiraterie-VO zu verletzen (EuGH C-281/05, GRUR 2007, 146 Rn. 19 – Diesel). Der neugefasste und am 23.3.2016 in Kraft getretene **Art. 9 UMV** gewährt nun einen **Unterlassungsanspruch auch für den Transit:** Art. 9 Abs. 4 UAbs. 1 UMV sieht vor, dass der Inhaber einer Unionsmarke auch berechtigt ist, Dritten zu untersagen, Waren mit kollidierenden Marken in den Mitgliedstaat zu verbringen, **ohne** die Waren dort in den zollrechtlich freien Verkehr zu verbringen. Nur wenn der Anmelder oder Besitzer der Waren im – vom Rechtsverletzungsverfahren (→ Rn. 97) nachweisen kann, dass der Markeninhaber im endgültigen Bestimmungsland (innerhalb oder außerhalb der EU) keinen Unterlassungsanspruch hat, erlischt gemäß Art. 9 Abs. 4 UAbs. 2 UMV der Unterlassungsanspruch. Zur MRL und zur Rechtsprechung → Rn. 25.1 ff.

25.1   Für **nationale Registermarken** enthält Art. 10 Abs. 4 MRL zur Angleichung der Rechtsvorschriften der Mitgliedstaaten über die Marken, der bis **14.1.2019** in nationales Recht umzusetzen war, gleichlautende Regelungen.

25.2   Nach der derzeitigen Rechtsprechung des EuGH ist die Fiktion, Waren im Nichterhebungsverfahren gelangten nicht in das Unionsgebiet (EuGH C-383/98, GRUR Int 2000, 748 Rn. 34 – Polo/Lauren) umfassend. Der Gerichtshof **unterscheidet nicht** danach, ob die betroffenen Waren in einem Mitgliedstaat **rechtmäßig hergestellt** wurden, oder ob die Waren **rechtswidrig hergestellt** wurden (EuGH C-281/05, GRUR 2007, 146 Rn. 34 – Diesel). Die Durchfuhr kann der Antragsberechtigte nur dann verbieten, wenn die betroffenen Waren „Gegenstand einer Handlung (…) die notwendig das Inverkehrbringen der Waren in diesem Durchfuhrmitgliedstaat bedeutet" sind, während die bloße Gefahr dessen nicht ausreicht (EuGH C-281/05, GRUR 2007, 146 Rn. 23 f. – Diesel). Vor dem Hintergrund dieser klaren Vorgabe des EuGH bleibt derzeit für ein Einschreiten der Zollbehörden allein aufgrund eines Verdachts der Rechtsverletzung, wie es der Erwägungsgrund 11 Produktpiraterie-VO (für Arzneimittel) und Art. 1 Abs. 1 Produktpiraterie-VO vorsehen, bei Transitfällen kein Raum.

25.3   Offen ist die Frage, wie sich angesichts der grundsätzlichen Beweislast des Anmelders oder Besitzers einerseits, in Anbetracht der typischen Probleme des Beweises negativer Tatsachen andererseits die **konkrete Verteilung der Darlegungs- und Beweislast** darstellt. Der Rechtsinhaber kann sich auch im Rechtsverletzungsverfahren zunächst damit begnügen, den Bestand seiner für den Antrag auf Beschlagnahme erforderlichen Schutzrechte zu belegen, da daraus auch die Rechtsverletzung für die Durchfuhr folgt. Es erscheint auch zumutbar, dass der Anmelder oder Besitzer im Bestimmungsland nach dort eingetragenen entsprechenden Schutzrechten recherchiert und dies vorträgt. Ergibt sich danach, dass keine entsprechenden Marken im Bestimmungsland eingetragen sind, dürfte dann der Rechtsinhaber im Rahmen einer sekundären Darlegungslast gehalten sein, zumindest vorzutragen, über welche Schutzrechte mit Wirkung für das Bestimmungsland er zu verfügen meint (vgl. BGH BeckRS 2017, 117730). Sofern der Bestand der Schutzrechte von einer Benutzung der Marke im Bestimmungsland abhängt, wird man auch insoweit dem Rechtsinhaber bestimmte Darlegungen zur Benutzung erwarten dürfen.

25.4   Ferner stellt sich die Frage, ob insoweit nur markenrechtliche Ansprüche zu berücksichtigen sind. In Betracht kommen auch alle weiteren Schutzrechte, die Gegenstand eines Antrags auf Beschlagnahme sein können, jedenfalls soweit sich ihrem Wesen nach dafür qualifizieren (territorial können Unionsschutzrechte grundsätzlich keinen Schutz in einem Drittland begründen, so dass die territoriale Reichweite insoweit unbeachtlich ist). Teilweise wird vertreten, auch Benutzungsmarken – dem Anwendungsbereich der Produktpiraterie-VO entzogen (→ Rn. 14) – seien bei Schutz im Drittland zu berücksichtigen (Hacker MarkenR 2017, 93). Darüber hinaus wird sogar vertreten, dass außerdem auch zB wettbewerbsrechtliche – und sogar regulatorische – Unterlassungsansprüche im Zielland zu berücksichtigen sind (→ UMV Art. 9

Rn. 97). Dies erscheint allerdings im Hinblick auf den Schutzzweck der Produktpiraterie-VO eher zweifelhaft.

C. Antrag

I. Grundsätzliches Antragserfordernis

Im Regelfall werden die Zollbehörden erst auf Antrag iSd Art. 2 Nr. 9–11 Produktpiraterie- **26** VO tätig. Art. 17 Abs. 1 Produktpiraterie-VO, Art. 26 Abs. 1 lit. c Produktpiraterie-VO setzen eine Entscheidung über die Stattgabe eines Antrags voraus (→ Rn. 66).

Eine **Ausnahme** vom vorherigen Antragserfordernis sieht Art. 18 Abs. 1 Produktpiraterie-VO **27** für den Fall vor, dass die Zollbehörden einen eigenen Verdacht einer Rechtsverletzung schöpfen (→ Rn. 76), und stellt in diesem Fall die Zurückhaltung der Ware in das Ermessen der Zollbehörden. Auch hierbei ist vom Antragsberechtigten gleichwohl ein **nachträglicher Antrag** zu stellen, wenn er die Vernichtung erzielen möchte, andernfalls ist die Zurückhaltung der Waren zu beenden (Art. 18 Abs. 3 UAbs. 3, 4 lit. b Produktpiraterie-VO).

II. Antragsart: Unionsantrag/nationaler Antrag (Art. 2 Nr. 9–11 Produktpiraterie-VO)

Die Produktpiraterie-VO kennt zwei verschiedene Antragsarten. Unionsantrag und nationaler **28** Antrag unterscheiden sich sowohl hinsichtlich ihrer räumlichen und sachlichen Anwendbarkeit, der Antragsberechtigung (→ Rn. 32) als auch der zulässigen Verfahren (→ Rn. 103 zu Kleinsendungsverfahren).

1. Unionsantrag (Art. 2 Nr. 10 Produktpiraterie-VO)

Mit dem Unionsantrag kann der Antragsteller beantragen, dass die Zollbehörden von **zwei** **29** **oder mehreren** (auch: aller) **Mitgliedstaaten** in ihren jeweiligen Staaten tätig werden. Dabei erfordern Unionsanträge allerdings die Inhaberschaft eines Rechts, das auf Rechtsvorschriften der Union mit unionsweiter Wirkung beruht (Art. 4 Produktpiraterie-VO). Damit kommen – in Bezug auf Kennzeichen – für den Unionsantrag nur Inhaber von Unionsmarken und Internationaler Registrierungen mit Benennung der EU in Betracht, sowie für die Berechtigten unionsweiter geografischer Angaben.

Wird eine Zollbehörde wegen eines eigenen Verdachts nach Art. 18 Produktpiraterie-VO tätig, **30** so kann der erforderliche nachträgliche Antrag nicht als Unionsantrag gestellt werden (Art. 18 Abs. 3 Produktpiraterie-VO iVm Art. 5 Abs. 3 lit. b Produktpiraterie-VO).

2. Nationaler Antrag (Art. 2 Nr. 11 Produktpiraterie-VO)

Der nationale Antrag ist demgegenüber auf das Tätigwerden der Zollbehörden des Mitgliedstaa- **31** tes gerichtet, in dem er gestellt wird. Der nationale Antrag kann bezogen auf alle Rechte geistigen Eigentums iSd Art. 2 Nr. 1 Produktpiraterie-VO gestellt werden. Wurden die Zollbehörden ohne Antrag nach Art. 18 Produktpiraterie-VO tätig, so muss der nachträgliche Antrag nach Art. 18 Abs. 3 Produktpiraterie-VO iVm Art. 5 Abs. 3 lit. b Produktpiraterie-VO als nationaler Antrag gestellt werden.

III. Antragsberechtigung

Die Anforderungen an die Berechtigung, einen Antrag zu stellen, sind von der Art des Antrags **32** (→ Rn. 28) abhängig. Gemeinsame Voraussetzung ist, dass der Antragsteller berechtigt sein muss, ein Schutzrechts-Verletzungsverfahren in Bezug auf den Mitgliedstaat zu führen, in dem die Behörde tätig werden soll (Art. 3 Produktpiraterie-VO).

1. Vollberechtigung für beide Antragsarten (Art. 3 Nr. 1 Produktpiraterie-VO)

Rechtsinhaber (Art. 2 Nr. 8 Produktpiraterie-VO) dürfen sowohl nationale Anträge als auch **33** Unionsanträge stellen (Art. 3 Nr. 1 lit. a Produktpiraterie-VO), wobei für den Unionsantrag nur bestimmte Rechte in Betracht kommen (Art. 4 Produktpiraterie-VO; → Rn. 29).

Im Fall geschützter **geografischer Angaben** (→ Rn. 16) können die in den jeweiligen EU- **34** Verordnungen genannten **Berechtigten** (Vereinigungen, Erzeugergruppen und berechtigte Wirtschaftsteilnehmer) Anträge stellen (Art. 3 Nr. 1 lit. d Produktpiraterie-VO). Antragsberechtigt sind ferner auch die insoweit zuständigen **Kontrollstellen und Behörden.** Zu Details → Rn. 34.1 f.

34.1   Die Antragsberechtigten hinsichtlich unionsrechtlich geschützter geografischer Angaben sind im Einzelnen:

- Bei Agrarerzeugnissen und Lebensmitteln Vereinigungen von Erzeugern oder Verarbeitern, oder, unter besonderen Voraussetzungen, einzelne natürliche Personen, die mit den Erzeugnissen arbeiten (Art. 49 Abs. 1 VO (EU) 1151/2012).
- Bei Wein Gruppen von Erzeugern oder einzelne Erzeuger, für den von ihnen hergestellten Wein (Art. 118e Abs. 1 VO (EG) 1234/2007).
- Bei aromatisierten weinhaltigen Getränken und Spirituosen die Erzeuger der Waren (vgl. Art. 12 Abs. 1, 2 VO (EU) 251/2014 bzw. Art. 24 Abs. 1–3 VO (EU) 2019/787, jeweils iVm Art. 3 Nr. 1 lit. d Produktpiraterie-VO).

34.2   Die in Art. 3 Nr. 1 lit. b, c Produktpiraterie-VO genannten Verwertungsgesellschaften und Berufsorganisationen spielen im Kennzeichenrecht keine Rolle.

2. Weitere Antragsberechtigte für Unionsanträge (Art. 3 Nr. 3 Produktpiraterie-VO)

35   Unionsanträge können zudem auch von Nutzungsberechtigten gestellt werden, die die folgenden Anforderungen erfüllen:

36   Es muss sich um **ausschließliche Lizenznehmer** handeln. Ausschließliche Lizenz ist in Art. 2 Nr. 23 Produktpiraterie-VO definiert als eine (ggf. auch begrenzte) Lizenz, die in ihrem Geltungsbereich sämtliche anderen Personen, auch den Lizenzgeber selbst, von der Nutzung ausschließt. Die ausschließliche Lizenz muss sich auf **sämtliche Mitgliedstaaten** erstrecken, für die der Unionsantrag gestellt wird, und zwar jeweils deren gesamtes Gebiet.

37   Der Lizenznehmer muss **förmlich ermächtigt** worden sein, Verletzungsverfahren zu führen. Insoweit ist eine durch die Rechtsinhaber erteilte, schriftliche Ermächtigung zur Prozessführung zu verlangen. Diese kann jedenfalls im Markenrecht nicht bereits in der ausschließlichen Lizenz gesehen werden, da auch der ausschließliche Markenlizenznehmer nach § 30 Abs. 3 bzw. Art. 22 Abs. 3 UMV zur Verfahrensführung der Einwilligung des Lizenzgebers bedarf.

3. Weitere Antragsberechtigte für nationale Anträge (Art. 3 Nr. 2 Produktpiraterie-VO)

38   Nationale Anträge können **auch einfache Lizenznehmer** stellen, die allerdings ebenfalls förmlich ermächtigt worden sein müssen, Verletzungsverfahren zu führen. Im Umkehrschluss zu Art. 3 Nr. 3 Produktpiraterie-VO, der eine Lizenz für das gesamte Gebiet des jeweiligen Mitgliedstaats verlangt, genügt hier auch eine auf einen Teil eines Mitgliedstaats begrenzte Lizenz (Art. 3 Nr. 2 lit. a Produktpiraterie-VO).

39   Im Fall lediglich nach nationalem Recht geschützter **geografischer Angaben** (→ § 126 Rn. 5 ff.) können auch die in den Rechtsvorschriften der Mitgliedstaaten genannten Berechtigten, sowie die insoweit zuständigen Kontrollstellen und Behörden, einen nationalen Antrag stellen (Art. 3 Nr. 2 lit. b Produktpiraterie-VO). Als Berechtigte kommen insoweit die berechtigten Nutzer gemäß § 128 Abs. 2 S. 1 in Betracht (→ § 128 Rn. 31 ff.).

IV. Höchstzahl der Anträge, Anträge in mehreren Mitgliedstaaten

40   Aus ein und demselben geschützten Recht kann für jeden Mitgliedstaat nur ein nationaler Antrag **und** ein Unionsantrag gestellt werden (Art. 5 Abs. 4 Produktpiraterie-VO). Weitere Anträge aus diesem Recht sind für diesen Mitgliedstaat dann unzulässig. Eine **Ausnahme** gilt allerdings für Unionsanträge von Lizenznehmern: Diese können auch dann noch aus dem gleichen Recht für das gleiche Land einen Unionsantrag stellen, wenn bereits ein diesbezüglicher Unionsantrag des Rechtsinhabers vorliegt. Dabei sind allerdings die Voraussetzungen für die Antragsberechtigung von Lizenznehmern für Unionsanträge zu berücksichtigen (Art. 3 Nr. 3 Produktpiraterie-VO; → Rn. 35 ff.).

V. Zuständige Behörde und Form des Antrags (Art. 5 Produktpiraterie-VO)

41   Die für die Bearbeitung der Anträge zuständige Zollbehörde wird von jedem Mitgliedstaat bestimmt (Art. 5 Abs. 1 S. 1 Produktpiraterie-VO). Eine Übersicht der nationalen Zollbehörden der Mitgliedstaaten findet sich unter http://ec.europa.eu/taxation_customs/common/links/customs/index_de.htm. In Deutschland ist die Generalzolldirektion zuständig (→ § 146 Rn. 15), dort die Direktion VI, Zentralstelle Gewerblicher Rechtsschutz (→ § 148 Rn. 1). Zum Formblatt → Rn. 41.1.

Für den Antrag ist das von der Kommission erstellte Formblatt (erlassen durch VO (EU) 1352/2013) **41.1**
zu verwenden (Art. 5 Abs. 2 S. 2 Produktpiraterie-VO), sofern nicht die Entgegennahme und Bearbeitung
der Anträge mittels EDV angeboten wird (Art. 5 Abs. 6 Produktpiraterie-VO). Anträge an die BFD Südost
sind, wie die Anträge nach § 146, über **ZGRonline** (→ § 148 Rn. 2.1) zu stellen.

VI. Inhalt des Antrags (Art. 6 Abs. 3 Produktpiraterie-VO)

Die erforderlichen Angaben bestimmen sich nach Art. 6 Abs. 3 Produktpiraterie-VO, und **42**
umfassen ua:
- die **Rechtsstellung des Antragstellers** gemäß Art. 3 Produktpiraterie-VO (Art. 6 Abs. 3 lit. b
  Produktpiraterie-VO),
- das oder die **durchzusetzende(n) Recht(e)** (Art. 6 Abs. 3 lit. e Produktpiraterie-VO),
- Informationen, die zur **Erkennung** der potentiell rechtsverletzenden Waren beitragen (Art. 6
  Abs. 3 lit. h Produktpiraterie-VO),
- Angaben zu juristischen und technischen **Vertretern** des Antragstellers (Art. 6 Abs. 3 lit. k
  Produktpiraterie-VO). Zu nachträglichen Angaben → Rn. 42.1.

Wird der Antrag nachträglich im Rahmen des Verfahrens nach Art. 18 Abs. 3 Produktpiraterie-VO **42.1**
gestellt, wird der Antragsteller gemäß Art. 5 Abs. 3 lit. c Produktpiraterie-VO von der Pflicht befreit,
solche Angaben zum Gegenstand des Antrags zu machen, die sich auf die Beschaffenheit der betroffenen
Waren und auf das Risiko einer Verletzung des zugrundeliegenden Rechts beziehen (Art. 6 Abs. 3 lit. g–
i Produktpiraterie-VO). Solche Anträge entfalten Wirkung nur für die **konkret betroffenen Waren.** Soll
er darüber hinaus wie ein normaler nationaler Antrag behandelt werden, können die Angaben nach Art. 6
Abs. 3 lit. g–i Produktpiraterie-VO binnen **zehn Tagen** nach der Mitteilung über die Aussetzung der
Überlassung bzw. über die Zurückhaltung nachgetragen werden (Art. 11 Abs. 2 Produktpiraterie-VO).

Der Antrag muss darüber hinaus diverse **Verpflichtungserklärungen** des Antragstellers (lit. l– **43**
o, q) enthalten. Diese Verpflichtungen betreffen insbesondere die Übernahme der Kosten des
zollbehördlichen Verfahrens gemäß Art. 29 Produktpiraterie-VO, die Übernahme der Kosten
im Kleinsendungsverfahren nach Art. 26 Produktpiraterie-VO, sowie der Haftung nach Art. 28
Produktpiraterie-VO.

D. Entscheidung über den Antrag

I. Voraussetzungen: Vollständigkeit des Antrags und Entscheidungsfristen

Über vollständige Anträge entscheidet die zuständige Zollbehörde binnen **30 Arbeitstagen** **44**
nach Eingang des Antrags (Art. 9 Abs. 2 S. 1 Produktpiraterie-VO). Handelt es sich um einen
nachträglich gestellten Antrag nach Art. 18 Abs. 3 Produktpiraterie-VO, Art. 5 Abs. 3 Produktpiraterie-VO, so beträgt diese Frist zwei Arbeitstage nach Eingang des Antrags (Art. 9 Abs. 2 S. 2
Produktpiraterie-VO).

Hält die zuständige Zollbehörde den Antrag hingegen für **unvollständig,** so fordert sie den **45**
Antragsteller auf, binnen zehn Arbeitstagen die fehlenden Angaben nachzutragen. Während dieser
Zeit wird die Frist nach Art. 9 Abs. 1 Produktpiraterie-VO ausgesetzt (Art. 7 Abs. 1 Produktpiraterie-VO). Werden die fehlenden Angaben nicht fristwahrend nachgetragen, so lehnt die Zollbehörde den Antrag gemäß Art. 7 Abs. 2 Produktpiraterie-VO ab.

II. Inhalt der Entscheidung

Die Entscheidung lautet auf Stattgabe des Antrags oder auf dessen Ablehnung (Art. 9 Abs. 1 **46**
Produktpiraterie-VO). Lehnt die Zollbehörde den Antrag ab, so hat sie ihre Entscheidung zu
begründen und mit einer Rechtsbehelfsbelehrung zu versehen (Art. 9 Abs. 1 S. 2 Produktpiraterie-
VO). Die weiteren Regelungen der Produktpiraterie-VO betreffen die stattgebende Entscheidung.

III. Wirksamwerden der Entscheidung über den Antrag

Wird dem Antrag stattgegeben, bestimmt sich die Wirksamkeit dieser Entscheidung danach, **47**
ob weitere Zwischenschritte zur Übermittlung notwendig sind. Entscheidungen über die Stattgabe
von **nationalen Anträgen,** werden am Tag nach der Entscheidung wirksam (Art. 10 Abs. 1
UAbs. 1 Produktpiraterie-VO). Dasselbe gilt für **Unionsanträge** in dem Mitgliedstaat in dem sie
gestellt wurden (Art. 10 Abs. 2 UAbs. 1 lit. a Produktpiraterie-VO).

48   In allen **anderen Mitgliedstaaten** werden Unionsanträge am Tag nach der Benachrichtigung der zuständigen Zollbehörden nach Art. 14 Abs. 2 Produktpiraterie-VO wirksam, wenn der Antragsteller nach Art. 29 Abs. 3 Produktpiraterie-VO für die Kosten notwendiger Übersetzungen aufgekommen ist (Art. 10 Abs. 2 UAbs. 1 lit. b Produktpiraterie-VO).

IV. Gebühren (Art. 8, 12 Abs. 6 Produktpiraterie-VO)

49   Die Bearbeitung der Anträge sowie die Verlängerung einer Entscheidung über die Stattgabe ist **gebührenfrei** (Art. 8, 12 Abs. 6 Produktpiraterie-VO).

V. Geltungsdauer der Entscheidung und Verlängerung

50   Die Produktpiraterie-VO sieht neben Regelungen zur **Geltungsdauer** der Entscheidung über die Stattgabe des Antrags (→ Rn. 51 ff.) und deren **Änderung** (→ Rn. 54) auch umfangreiche **Mitteilungspflichten** für Antragsteller (→ Rn. 57 ff.) und zuständige Zollbehörde (→ Rn. 56) vor. Dabei sind insbesondere die Mitteilungspflichten des Antragstellers zu beachten, da andernfalls die Zollbehörde ihr Tätigwerden aussetzen oder ihre Entscheidung aufheben kann.

1. Geltungsdauer (Art. 11 Produktpiraterie-VO)

51   Wenn die zuständige Zollbehörde einem Antrag stattgibt, legt sie fest, für welche Dauer sie bzw. alle zuständigen Zollbehörden tätig werden (Art. 11 Abs. 1 UAbs. 1 Produktpiraterie-VO). Dieser Zeitraum beginnt am Tag nach der Entscheidung über die Stattgabe und darf maximal **ein Jahr** betragen. Zu einer kürzeren Geltungsdauer → Rn. 51.1.

51.1   Es kann auch eine kürzere Geltungsdauer als ein Jahr beantragt werden. Art. 11 Abs. 1 UAbs. 2 Produktpiraterie-VO sieht mit der Formulierung „darf (…) nicht überschreiten" eine kürzere Frist als ein Jahr ausdrücklich vor. Da es sich bei den Entscheidungen über die Stattgabe um mitwirkungsbedürftige Entscheidungen handelt (vgl. auch Art. 12 Abs. 1 Produktpiraterie-VO), muss der Antragsteller auch ein „Weniger" beantragen können.

52   **Entfällt die Antragsberechtigung** des Inhabers der Entscheidung – insbesondere weil ihm das zugrundeliegende Recht nicht mehr zusteht – so werden die Zollbehörden nicht mehr tätig (Art. 11 Abs. 3 Produktpiraterie-VO). Die Entscheidung über die Stattgabe wird in diesen Fällen von der ursprünglichen Zollbehörde entsprechend geändert oder aufgehoben (Art. 11 Abs. 3 Produktpiraterie-VO; → Rn. 55).

2. Verlängerung (Art. 12 Produktpiraterie-VO)

53   Entscheidungen über die Stattgabe können von der ursprünglichen Zollbehörde auf Antrag des Inhabers der Entscheidung verlängert werden. Voraussetzung ist, dass gegen den Inhaber der Entscheidung **keine offenen Verbindlichkeiten** der Zollbehörde auf Basis der Produktpiraterie-VO bestehen (Art. 12 Abs. 1 Produktpiraterie-VO). Der Antrag ist spätestens **30 Tage vor Ablauf** der Geltungsdauer zu stellen, andernfalls kann die Zollbehörde ihn ablehnen (Art. 12 Abs. 2 Produktpiraterie-VO). Die Verlängerung darf **maximal ein Jahr** betragen und beginnt am ersten Tag nach Ablauf der aktuellen Geltungsdauer (Art. 12 Abs. 4 Produktpiraterie-VO). Entscheidungen über die Verlängerung werden für alle Anträge mit diesem Tag wirksam (Art. 10 Abs. 1 UAbs. 2, Abs. 2 UAbs. 2 Produktpiraterie-VO).

VI. Änderung und Aufhebung der Entscheidung

1. Änderungen der Schutzrechtsliste auf Antrag des Inhabers der Entscheidung (Art. 13 Produktpiraterie-VO)

54   Auf Antrag des Inhabers einer Entscheidung kann die ursprüngliche Zollbehörde die **Liste** der **aufgeführten Rechte** gemäß Art. 13 Abs. 1 Produktpiraterie-VO ändern. Soll ein neues Recht hinzugefügt werden, muss der Antrag die Angaben nach Art. 6 Abs. 3 lit. c, e Produktpiraterie-VO enthalten, also einen Nachweis der Antragsberechtigung und Informationen über das Recht, dessen Durchsetzung beantragt wird, sowie Informationen zur Beschaffenheit der betroffenen Waren und zum Risiko der Verletzung des betroffenen Rechts (→ Rn. 42); bei Unionsanträgen muss es sich um ein unionsweites Recht handeln (Art. 4 Produktpiraterie-VO, Art. 13 Abs. 2, 3 Produktpiraterie-VO). Die Wirksamkeit solcher Änderungen bestimmt sich nach Art. 10 Abs. 1 UAbs. 1, Abs. 2 UAbs. 1 Produktpiraterie-VO (→ Rn. 47).

2. (Teil-)Aufhebung der Entscheidung (Art. 11 Abs. 3 S. 2 Produktpiraterie-VO)

Bei nachträglichem Wegfall der **Antragsberechtigung** des Inhabers der Entscheidung – insbe- **55** sondere weil ihm das zugrundeliegende Recht nicht mehr zusteht – wird die Entscheidung über die Stattgabe von der ursprünglichen Zollbehörde entsprechend aufgehoben bzw. geändert, soweit noch für einen Teil der Schutzrechte die Antragsberechtigung fortbesteht. Über solche Änderungen der Antragsberechtigung ist der Inhaber der Entscheidung mitteilungspflichtig (Art. 15 Produktpiraterie-VO; → Rn. 57).

VII. Mitteilungspflichten der Zollbehörde (Art. 14 Produktpiraterie-VO)

Art. 14 Produktpiraterie-VO regelt die Mitteilungspflichten der Zollbehörden untereinander **56** (Art. 14 Abs. 1, 2, 4 Produktpiraterie-VO) sowie die Verpflichtung zur Zusammenarbeit bei der Umsetzung von Unionsanträgen (Art. 14 Abs. 3 Produktpiraterie-VO).

Diese Vorschriften sind für den Rechtsanwender außerhalb der Zollbehörden von untergeordnetem **56.1** Interesse. Praktische Bedeutung erlangen sie höchstens, wenn sie verletzt werden und so die Zollbehörden einzelner Mitgliedstaaten nicht gegen Rechtsverletzungen einschreiten (können). Dass in diesen Fällen nach dem jeweiligen mitgliedstaatlichen Recht **Staatshaftungsansprüche** bestehen, ist nicht auszuschließen. Für eine Haftung nach § 839 BGB scheint dies jedoch angesichts der notwendigen Sonderverbindung zwischen der verletzten Amtspflicht und dem Geschädigten (sog. Drittbezogenheit, dazu MüKoBGB/ Papier/Shirvani BGB § 839 Rn. 284 ff.) zweifelhaft, insbesondere angesichts der Wertung des Art. 27 Produktpiraterie-VO.

VIII. Pflichten des Inhabers der Entscheidung

1. Mitteilungspflichten des Inhabers der Entscheidung (Art. 15 f. Produktpiraterie-VO)

Bestimmte Änderungen hat der Inhaber der Entscheidung mitzuteilen. Diese Änderungen **57** lassen sich in zwei Kategorien fassen. Dies sind zum einen nach Art. 15 lit. a, b Produktpiraterie-VO Mitteilungen über solche Änderungen, die zur **Aufhebung bzw. Änderung** der Entscheidung nach Art. 11 Abs. 3 S. 2 Produktpiraterie-VO führen (→ Rn. 55). Tritt ein solcher Fall ein, verliert der Inhaber der Entscheidung seine Entscheidung über die Stattgabe ganz oder teilweise.

Zum anderen sind Änderungen der in Art. 6 Abs. 3 Produktpiraterie-VO genannten Informati- **58** onen mitzuteilen (Art. 15 lit. c Produktpiraterie-VO). Solche Angaben betreffen ua die Angaben zum Inhaber der Entscheidung selbst, bezüglich seiner Vertreter sowie ferner aktualisierte Informationen, die das Erkennen der geschützten Waren erleichtern, etc. Die Mitteilung dieser Änderungen dient der Aktualisierung des Datenbestandes der Zollbehörden und der Sicherung der Effizienz des Zollwesens. Die Missachtung der Mitteilungspflichten nach Art. 15 lit. c Produktpiraterie-VO kann jedoch ebenfalls empfindliche Folgen für den Inhaber der Entscheidung bedeuten.

Die Mitteilungen haben an die Zollbehörde zu erfolgen, die die ursprüngliche Entscheidung **59** über die Stattgabe erlassen hat. **Unterbleibt eine dieser Mitteilungen,** so kann die Zollbehörde entscheiden, ihr Tätigwerden für den Rest der Geltungsdauer auszusetzen (Art. 16 Abs. 2 UAbs. 1 lit. a Produktpiraterie-VO). Handelt es sich um einen Unionsantrag, so gilt diese Entscheidung nur für den Mitgliedstaat, in dem die entscheidende Behörde belegen ist (Art. 16 Abs. 2 UAbs. 2 Produktpiraterie-VO). Zur Durchsetzung → Rn. 59.1.

Die Durchsetzung dieser Mitteilungspflichten obliegt nach Art. 30 Produktpiraterie-VO den Mitglied- **59.1** staaten. Dazu haben sie nötigenfalls auch „wirksame, verhältnismäßige und abschreckende" **Sanktionen** einzuführen. Entsprechende Änderungen des MarkenG dürfen erwartet werden.

2. Sonstige Pflichten des Inhabers der Entscheidung (Art. 16 Produktpiraterie-VO)

Art. 16 Produktpiraterie-VO sanktioniert neben der Missachtung der Mitteilungspflichten des **60** Inhabers der Entscheidung (→ Rn. 57) auch die Nichterfüllung weiterer Pflichten. Gemäß Art. 21 Produktpiraterie-VO ist der Inhaber der Entscheidung verpflichtet, die durch die Zollbehörden erlangten **Informationen,** Proben und Muster nur zu bestimmten Zwecken zu verwenden. Missbraucht er diese Informationen, so droht ihm bei einem nationalen Antrag die Aufhebung der Entscheidung über die Stattgabe oder die Ablehnung eines Antrags auf Verlängerung der Entscheidung durch die Behörde, die die ursprüngliche Entscheidung erlassen hat (Art. 16 Abs. 1 lit. a Produktpiraterie-VO). Handelt es sich um einen Unionsantrag, so können die Behörden der

Mitgliedstaaten, in denen die Informationen bereitgestellt oder missbraucht wurden, die Gültigkeit der Entscheidung für ihr Hoheitsgebiet aussetzen (Art. 16 Abs. 1 lit. b Produktpiraterie-VO). Näher zu den Informationen → Rn. 60.1.

60.1   Bei den Informationen nach Art. 21 Produktpiraterie-VO handelt es sich um solche Informationen, die der Inhaber der Entscheidung im Rahmen der in Art. 21 Produktpiraterie-VO abschließend aufgezählten zollbehördlichen Verfahren und zur Rechtsverfolgung erlangt hat. Dazu gehören ua sowohl sachbezogene Informationen über Art und Anzahl der Waren oder Analysen der von den Zollbehörden zur Verfügung gestellten Proben und Muster, als auch personenbezogene Daten des Empfängers, Anmelders oder Versenders der Waren.

61   Die **Sanktionen** gemäß Art. 16 Abs. 2 Produktpiraterie-VO (→ Rn. 59 zu den Mitteilungspflichten) können die Zollbehörden auch beschließen, wenn der Inhaber der Entscheidung
- die überlassenen Proben und Muster (Art. 19 Produktpiraterie-VO) nicht zurücksendet (Art. 16 Abs. 2 UAbs. 1 lit. b Produktpiraterie-VO),
- seinen Pflichten zur Kostenübernahme und Bereitstellung von Übersetzungen (Art. 29 Abs. 1, 3 Produktpiraterie-VO) nicht nachkommt (Art. 16 Abs. 2 UAbs. 1 lit. c Produktpiraterie-VO), oder
- „ohne triftigen Grund" das Rechtsverletzungsverfahren iSd Art. 23 Abs. 3 Produktpiraterie-VO, Art. 26 Abs. 9 Produktpiraterie-VO nicht einleitet (Art. 16 Abs. 2 UAbs. 1 lit. d Produktpiraterie-VO). Zu Durchsetzung → Rn. 61.1.

61.1   Auch die Durchsetzung dieser Pflichten obliegt nach Art. 30 Produktpiraterie-VO den Mitgliedstaaten, so dass auch insofern Änderungen des MarkenG zu erwarten sind.

62   Die Pflicht des Inhabers der Entscheidung zur Mitwirkung an der Aktualisierung der Entscheidung ist grundsätzlich unproblematisch. **Bedenklich** ist hingegen die in Art. 16 Abs. 2 UAbs. 1 lit. d Produktpiraterie-VO statuierte **Pflicht,** das Rechtsverletzungsverfahren einzuleiten, sofern nicht **triftige Gründe** dem entgegenstehen. Dazu, was ein triftiger Grund – oder nach der englischen Fassung eine „valid reason" – ist, verhält sich die Produktpiraterie-VO nämlich nicht. Zur amtlichen Begründung → Rn. 62.1 f.

62.1   Im **Kommissions-Entwurf** zur Produktpiraterie-VO (COM/2011/0285 final), der die Regelung des heutigen Art. 16 Abs. 2 UAbs. 1 lit. d Produktpiraterie-VO bereits enthielt, heißt es in der Begründung: „Es werden weitere Bestimmungen vorgeschlagen, um die Interessen rechtschaffener Wirtschaftsbeteiligter vor einem möglichen **Missbrauch der Zolldurchsetzungsverfahren** zu schützen (…)". Vor diesem Hintergrund scheint ein Verständnis des Art. 16 Abs. 2 UAbs. 1 lit. d Produktpiraterie-VO dahingehend, dass lediglich der Missbrauch der zollbehördlichen Verfahren sanktioniert werden sollte, naheliegend. Wenig erhellend ist insofern auch der Verweis auf Art. 23 Abs. 3, 26 Abs. 9 Produktpiraterie-VO. Beide Normen gehen von einer Situation aus, in der der Anmelder bzw. Besitzer der Waren der Vernichtung **nicht widersprochen** hat (vgl. Art. 23 Abs. 1 UAbs. 1 lit. c, Abs. 3 Produktpiraterie-VO, Art. 26 Abs. 6 und 8 Produktpiraterie-VO), die Zollbehörden aber **dennoch** davon ausgehen, er stimme der Vernichtung der Waren **nicht zu.** Die Zollbehörden treffen insoweit eine Entscheidung über das **mutmaßliche Interesse** des Anmelders bzw. Besitzers der Waren (→ Rn. 91.1). Damit verlassen sie ihre ansonsten rein verfahrensbegleitende Rolle, setzen sich über den konkludent erklärten Willen des Anmelders bzw. Besitzers hinweg und nehmen (mutmaßlich zu Gunsten des Anmelders bzw. Besitzers) selbst Partei im zollbehördlichen Verfahren. Vorgaben zum Umgang mit den Folgen dieses Dazwischentretens der Zollbehörden macht die Produktpiraterie-VO nicht. Aus einer derart diffusen Situation heraus die Aussetzung des Tätigwerdens in Aussicht zu stellen ist fragwürdig und wird hoffentlich in der Praxis die Ausnahme bleiben.

62.2   Sollte sich der Inhaber einer Entscheidung doch einmal mit dieser Situation konfrontiert sehen, stellt sich gleichwohl die Frage, ob nicht schon die Aufforderung ein Verfahren nach Art. 23 Abs. 3 Produktpiraterie-VO, Art. 26 Abs. 8 Produktpiraterie-VO einzuleiten einen triftigen Grund darstellt, genau das nicht zu tun. Denn wenn die – fachkundige – Zollbehörde hinsichtlich des Verfahrens vom Regelfall (vgl. Erwägungsgrund 16 Produktpiraterie-VO) abweicht, ist es nicht unwahrscheinlich, dass es sich auch materiell-rechtlich um eine Ausnahme handelt. Die Zollbehörde selbst gibt damit Anlass, die Einleitung eines Rechtsverletzungs-Verfahrens noch einmal zu überdenken.

E. Tätigwerden der Zollbehörden

63   Das Tätigwerden der Zollbehörden besteht in der **Aussetzung der Überlassung** (zur Definition → Rn. 63.1) bzw. **Zurückhaltung der Waren** (Art. 17 Abs. 1 Produktpiraterie-VO bzw. Art. 18 Abs. 1 Produktpiraterie-VO, → Rn. 80) sowie in deren anschließender **Vernichtung** (Art. 23 Produktpiraterie-VO; → Rn. 87). Sofern die Vernichtung im vereinfachten Verfahren am Widerspruch des Anmelders oder Besitzers der Waren scheitert, halten die Zollbehörden die Waren weiter zurück, um dem Inhaber des betroffenen Rechts die Möglichkeit zu geben, ein gerichtliches Rechtsverletzungsverfahren (→ Rn. 97) durchzuführen (Erwägungsgrund 15 Produktpiraterie-VO).

Aussetzung der Überlassung ist das Aussetzen einer „Handlung, durch die die Zollbehörden Waren für **63.1** das Zollverfahren zur Verfügung stellen, in das die betreffenden Waren übergeführt werden." (Art. 2 Nr. 18 Produktpiraterie-VO iVm Art. 5 Nr. 30 VO (EU) 952/2013). Die Aussetzung der Überlassung erfolgt somit, wenn eine Zollanmeldung angenommen wurde. In allen anderen Fällen wird die Zurückhaltung der Waren ausgesprochen. Die Rechtsfolgen der beiden Maßnahmen unterscheiden sich nicht.

I. Grundvoraussetzung: Verdacht einer Rechtsverletzung

Jegliches Tätigwerden der Zollbehörde setzt zunächst voraus, dass es sich um Waren handelt, **64** die im Verdacht stehen, ein Recht geistigen Eigentums zu verletzen. In Bezug auf Marken verlangt Art. 2 Nr. 5 lit. a Produktpiraterie-VO die Verwendung eines zumindest **hochgradig ähnlichen Zeichens** („in seinen wesentlichen Merkmalen nicht von einer solchen Marke zu unterscheiden") sowie zumindest **hochgradige Warenähnlichkeit** („derartige Waren"). Der Verdacht erfordert **hinreichende Anhaltspunkte** für eine solche Rechtsverletzung (Art. 2 Nr. 7 Produktpiraterie-VO). Diese hinreichenden Anhaltspunkte müssen jedoch keine Offensichtlichkeit, nicht einmal eine besondere Wahrscheinlichkeit begründen, sondern nur den Anschein der Verletzung eines Rechts geistigen Eigentums. Ein Tätigwerden ist den Behörden vielmehr bereits dann möglich, wenn es nach ihren Erkenntnissen **möglich** ist, dass die betroffenen Waren rechtsverletzend sind. Die Eingriffsschwelle nach Art. 17 Abs. 1 Produktpiraterie-VO, Art. 18 Abs. 1 Produktpiraterie-VO liegt damit niedriger als die nach § 146 (→ § 146 Rn. 41). Zum früheren Recht → Rn. 64.1.

Schon zur Produktpiraterie-VO 2003 wurde vertreten, dass der Verdacht keine besonders hohe Wahr- **64.1** scheinlichkeit erforderlich ist (mit Darstellung des Streitstands Ingerl/Rohnke Rn. 4). Die Gegenauffassung, die eine **überwiegende Wahrscheinlichkeit** einer Rechtsverletzung fordern (Ströbele/Hacker/Hacker, 10. Aufl. 2012, Rn. 25) forderte, ist angesichts der Definition in Art. 2 Nr. 7 Produktpiraterie-VO und des im Erwägungsgrund 3 Produktpiraterie-VO ausgedrückten Gedankens der Stärkung der Zollbehörden überholt.

Zu den Waren zählen nicht nur die mutmaßlich rechtsverletzenden Waren selbst (Art. 2 Nr. 7 **65** lit. a Produktpiraterie-VO), sondern auch Formen und Matrizen, die zur Herstellung solcher Waren entworfen oder angepasst wurden (Art. 2 Nr. 7 lit. c Produktpiraterie-VO). Die auch insoweit als Gegenstand des Verdachts erforderliche Rechtsverletzung folgt aus § 18 Abs. 1 S. 2. Danach besteht der Vernichtungsanspruch auch bezüglich im Eigentum des Verletzers stehender Materialien und Geräte, die vorwiegend zur widerrechtlichen Kennzeichnung der Waren gedient haben (→ § 18 Rn. 21).

II. Verfahren bei Tätigwerden auf Antrag (Art. 17 Produktpiraterie-VO)

Im Regelfall werden die Zollbehörden aufgrund einer Entscheidung über die Stattgabe eines **66** Antrags tätig (Art. 17 Produktpiraterie-VO). Das Tätigwerden ohne vorherige Stattgabe eines Antrags ist demgegenüber ins Ermessen der Behörde gestellt (Art. 18 Abs. 1 Produktpiraterie-VO; → Rn. 80).

1. Vorab ggf. sachdienliche Informationen (Art. 17 Abs. 2 Produktpiraterie-VO)

In Zweifelsfällen können die Zollbehörden den Inhaber der Entscheidung auffordern, ihnen **67** weitere sachdienliche Informationen zukommen zu lassen. Dass gilt namentlich für den Fall, dass die Zollbehörden Waren ermitteln, bei denen es sich um solche iSd Art. 17 Abs. 1 Produktpiraterie-VO handeln könnte, die Angaben nach Art. 6 Abs. 3 Produktpiraterie-VO (→ Rn. 42) im Antrag jedoch nicht ausreichen, um den Verdacht zu erhärten. Die Zollbehörden können dem Inhaber der Entscheidung dazu auch Informationen über die tatsächliche oder schätzweise Menge, sowie die tatsächliche oder vermutliche Art der betroffenen Waren, sowie Abbildungen dieser, übermitteln (Art. 17 Abs. 2 Produktpiraterie-VO). Auf solche erweiterte Nachforschungen der Zollbehörden besteht **kein Anspruch.** Umgekehrt handelt es sich auch **nicht** um eine **Mitwirkungspflicht** des Inhabers der Entscheidung. Für diese erweiterte Prüfung vor der Entscheidung über die Aussetzung der Überlassung bzw. die Zurückhaltung der Waren ist **keine Frist** vorgesehen.

2. Gebundene Entscheidung (Art. 17 Abs. 1 Produktpiraterie-VO)

68   Ermitteln die Zollbehörden Waren, die im Verdacht stehen, ein Recht geistigen Eigentums zu verletzen, welches durch eine Entscheidung über die Stattgabe eines Antrags geschützt ist, so sind die Behörden auch zum Tätigwerden **verpflichtet** (Art. 17 Abs. 1 Produktpiraterie-VO). In diesem Fall setzen sie die Überlassung der Waren aus, bzw. halten diese zurück. Ab diesem Zeitpunkt beginnt für den Inhaber der Entscheidung auch die Kostenpflicht nach Art. 29 Abs. 1 UAbs. 1 Produktpiraterie-VO.

3. Unterrichtung der Beteiligten über die Aussetzung der Überlassung bzw. Zurückhaltung (Art. 17 Abs. 3 Produktpiraterie-VO)

69   Haben die Zollbehörden die Aussetzung der Überlassung bzw. die Zurückhaltung der Waren verfügt, so unterrichten sie sowohl den Anmelder bzw. Besitzer der Waren als auch den Inhaber der Entscheidung (Art. 17 Abs. 3 UAbs. 3 Produktpiraterie-VO) über diese Maßnahme. Befinden sich die Waren im Besitz mehrerer Personen, so ist die Zollbehörde nur dazu verpflichtet, einen der Besitzer zu unterrichten (Art. 17 Abs. 3 UAbs. 2 Produktpiraterie-VO).

70   **Besitzer** sind nach Art. 2 Nr. 14 Produktpiraterie-VO der Eigentümer, ferner Personen mit einer eigentumsähnlichen Verfügungsmacht, sowie Personen mit der tatsächlichen Verfügungsmacht über die Waren. Als Besitzer iSd Art. 2 Nr. 14 Produktpiraterie-VO, Art. 17 Abs. 3 Produktpiraterie-VO können somit auch unrechtmäßige Besitzer, nicht jedoch mittelbare Besitzer (zum Begriff MüKoBGB/Schäfer BGB § 868 Rn. 11) angesehen werden. Anders als beim Verfügungsberechtigten im Verfahren nach § 146 Abs. 2 (zum dortigen Parallelproblem → § 146 Rn. 14) ist eine Behandlung von **Transportpersonen** als Besitzer iSd Art. 2 Nr. 14 Produktpiraterie-VO, Art. 17 Abs. 3 Produktpiraterie-VO also ohne weiteres möglich.

71   Die Unterrichtung des Anmelders bzw. Besitzers erfolgt **binnen eines Arbeitstages** nach Anordnung der jeweiligen Maßnahme, die des Inhabers der Entscheidung soll noch am selben Tag, muss jedenfalls aber umgehend, nach der Information des Anmelders bzw. Besitzers erfolgen. Dieser Gleichlauf ist auch angezeigt, denn mit der Unterrichtung beginnen auch die für das Vernichtungsverfahren relevanten Fristen nach Art. 23 Abs. 1 Produktpiraterie-VO. Die Unterrichtung enthält gemäß Art. 17 Abs. 3 UAbs. 4 Produktpiraterie-VO „Angaben" zum dem Vernichtungsverfahren nach Art. 23 Produktpiraterie-VO. Es handelt sich dabei Angaben zum Verfahrensablauf, sowie zu den Rechten und Pflichten der Beteiligten im Verfahren nach Art. 23 Produktpiraterie-VO.

71.1   Diese Informationspflichten sind mit denen nach § 146 Abs. 2 S. 1 vergleichbar (→ § 146 Rn. 54). Auf den **Anmelder bzw. Besitzer** der Waren ist die dort beschriebene Rechtslage gemäß § 150 Abs. 8 entsprechend anwendbar. Da Art. 17 Abs. 3 UAbs. 4 Produktpiraterie-VO die Einbeziehung der Angaben zum Verfahren nach Art. 23 Produktpiraterie-VO aber auch in die Unterrichtung des **Inhabers der Entscheidung** vorsieht, muss auch diesem eine über Art. 17 Abs. 4 Produktpiraterie-VO hinausgehende Information zuteilwerden (vgl. Art. 18 Abs. 3 UAbs. 5 Produktpiraterie-VO). Die in § 150 Abs. 8 geregelte entsprechende Anwendung des § 146 Abs. 2 S. 1 auf den Inhaber der Entscheidung bedeutet also, dass er durch die Zollbehörden zumindest über seine Pflichten nach Art. 23 Abs. 1 UAbs. 1 lit. a, b Produktpiraterie-VO zu informieren ist. Die Obliegenheit zur Einleitung eines Rechtsverletzungsverfahrens entsteht erst nach einem Einschreiten der Zollbehörde (Art. 23 Abs. 3 S. 1 Produktpiraterie-VO) und nach Ablauf der Fristen nach Art. 23 Abs. 1 Produktpiraterie-VO. Sie kann aus diesem Grund nicht bereits Gegenstand einer nach Art. 23 Abs. 3 UAbs. 3 Produktpiraterie-VO **umgehenden** Unterrichtung sein.

72   Sobald die Beteiligten unterrichtet sind, können sie gemäß Art. 19 Abs. 1 Produktpiraterie-VO die Waren **prüfen.** Dem Inhaber der Entscheidung können darüber hinaus auf Antrag auch repräsentative Proben oder Muster der Waren überlassen bzw. übermittelt werden (Art. 19 Abs. 2 S. 2 Produktpiraterie-VO). Zu einem Hinweis des Zolls → Rn. 72.1.

72.1   **Hinweis des Zolls:** Für Deutschland gibt es die Möglichkeit die Anträge auf Übermittlung von Daten und Übersendung von Muster und Proben bereits bei der Antragstellung bei der Zentralstelle gewerblicher Rechtsschutz zu beantragen. Dies kann auch für bereits bestehende Entscheidungen jederzeit nachgeholt werden   (http://www.zoll.de/DE/Fachthemen/Verbote-Beschraenkungen/Gewerblicher-Rechtsschutz/ Marken-und-Produktpiraterie/Taetigwerden-der-Zollbehoerden/Taetigwerden-nach- Gemeinschaftsrecht/taetigwerden-nach-gemeinschaftsrecht_node.html).

4. Weitere Information der Beteiligten (Art. 17 Abs. 4 Produktpiraterie-VO)

Ferner haben die Zollbehörden die Beteiligten gemäß Art. 17 Abs. 4 Produktpiraterie-VO **73** auch über die tatsächliche oder vermutliche **Art und Menge der betroffenen Waren** zu informieren. Sind Abbildungen der Waren vorhanden, so übermitteln sie auch diese (Art. 17 Abs. 4 S. 1 Produktpiraterie-VO). Insbesondere für den Inhaber der Entscheidung sind diese Informationen zur Beurteilung, ob er das Verfahren mit dem Ziel der Vernichtung fortsetzen möchte (→ § 146 Rn. 52), relevant.

Darüber hinaus ist dem Inhaber der Entscheidung **auf Antrag** Auskunft zu erteilen über **74**
* **personenbezogene** Angaben (Namen und Anschrift des Empfängers, des Versenders, sowie des Anmelders bzw. Besitzers der betroffenen Waren),
* das konkrete **Zollverfahren,** in dem die Waren sich befinden, sowie
* den Ursprung, die Herkunft und die Bestimmung der Waren.

Diese Informationen unterliegen der **strengen Zweckbindung** des Art. 21 Produktpiraterie- **75** VO. Verwendet der Inhaber der Entscheidung sie zu anderen als den dort genannten Zwecken, riskiert er die Sanktionen gemäß Art. 16 Abs. 1 Produktpiraterie-VO (→ Rn. 60).

III. Verfahren bei Tätigwerden ohne Antrag (Art. 18 Produktpiraterie-VO)

Art. 18 Produktpiraterie-VO regelt – als Ausnahme zum vorherigen Antragserfordernis des **76** Art. 17 Produktpiraterie-VO – das Tätigwerden der Zollbehörden **ohne vorherigen Antrag.** Dabei entspricht das Verfahren nach Art. 18 Produktpiraterie-VO in weiten Teilen dem nach Art. 17 Produktpiraterie-VO. Im Folgenden werden die Unterschiede dargestellt.

1. Beschränkter Anwendungsbereich: keine verderbliche Ware (Art. 18 Abs. 1 Produktpiraterie-VO)

Das Verfahren nach Art. 18 Produktpiraterie-VO ist nicht zulässig, wenn es sich um verderbliche **77** Waren iSd Art. 2 Nr. 20 Produktpiraterie-VO handelt. Waren, die nach Einschätzung der Zollbehörden im Falle der Aussetzung ihrer Überlassung bzw. Zurückhaltung **innerhalb von 20 Tagen verderben,** sind daher ausgeschlossen.

Darüber hinaus muss es sich um Waren handeln, die **nicht** bereits **Gegenstand einer Entschei- 78 dung** über die Stattgabe eines Antrags sind, gleichwohl jedoch im Verdacht (→ Rn. 64) stehen, ein Recht geistigen Eigentums zu verletzen. Weiterführend → Rn. 78.1.

Nach dem Wortlaut würde das auch für Waren gelten, die Gegenstand eines Antrags waren, welcher **78.1** von der zuständigen Zollbehörde aus **materiell-rechtlichen** Gründen **abgelehnt** wurde (Art. 9 Abs. 1 Produktpiraterie-VO). Auch in diesem Fall läge keine dem Antrag stattgebende Entscheidung vor. Dieses Ergebnis wäre indes offenkundig unrichtig. Hat die zuständige Behörde einen Antrag abgelehnt, so kann sie nicht bei unveränderter Rechtslage zu einem späteren Zeitpunkt annehmen, dieser Antrag könne erfolgreich nachgeholt werden. Eine derartige Verwaltungspraxis wäre, zumindest solange ein wirksamer Ablehnungsbescheid besteht, willkürlich. Wurde gegen die Ablehnung des Antrags gerichtlicher Rechtsschutz in Anspruch genommen, und die Ablehnung des Antrags per Urteil bestätigt, ist die Zollbehörde schon durch dieses Urteil daran gehindert, eine abweichende Rechtslage anzunehmen und Waren aufzuhalten. Wurde der Antrag hingegen abgelehnt, obwohl ein Anspruch auf Stattgabe/Erteilung der Entscheidung wäre diese Ablehnung dann zwar materiell rechtswidrig, aber zunächst einmal dennoch wirksam (§ 43 Abs. 2 VwVfG). Erkennt die Behörde dies im Verfahren nach Art. 18 Produktpiraterie-VO, könnte und müsste sie Ablehnung nach § 48 VwVfG zurücknehmen.

2. Vorab ggf. sachdienliche Informationen (Art. 18 Abs. 2 Produktpiraterie-VO)

Die Aufforderung zur Übermittlung sachdienlicher Informationen zu den betroffenen Waren **79** kann nach Art. 18 Abs. 2 Produktpiraterie-VO – da es noch keinen Inhaber einer Entscheidung gibt – an alle Personen oder Einrichtungen ergehen, die **möglicherweise zur Antragstellung berechtigt** sind. Zu deren Ermittlung können die Zollbehörden andere zuständige Behörden um Amtshilfe ersuchen (Art. 18 Abs. 3 UAbs. 4 Produktpiraterie-VO). Im Übrigen entspricht Art. 18 Abs. 2 Produktpiraterie-VO dem Art. 17 Abs. 2 Produktpiraterie-VO (→ Rn. 66). Es dürfen keine weitergehenden Informationen als zu **Menge** und **Art** (ggf. durch Abbildungen) der Waren erteilt werden.

3. Ermessensentscheidung (Art. 18 Abs. 1 Produktpiraterie-VO)

80   Die Aussetzung der Überlassung bzw. Zurückhaltung der Waren nach Art. 18 Abs. 1 Produktpi-raterie-VO ist in das Entschließungsermessen der zuständigen Zollbehörde gestellt. Der – für deutsche Behörden nach § 40 VwVfG zu beachtende – Zweck dieses Ermessens wird durch den Erwägungsgrund 15 Produktpiraterie-VO konturiert und liegt in der **zügigen Durchsetzung** der Rechte geistigen Eigentums. Der **Verdacht einer Rechtsverletzung** (→ Rn. 64) genügt.

4. Unterrichtung der Beteiligten (Art. 18 Abs. 3 Produktpiraterie-VO)

81   Art. 18 Abs. 3 Produktpiraterie-VO entspricht weitgehend Art. 17 Abs. 3 Produktpiraterie-VO. Statt des – naturgemäß fehlenden – Inhabers der Entscheidung werden die **potentiellen Antragsberechtigten** über die Tatsache der Aussetzung oder Zurückhaltung der Waren unter-richtet. Dabei sind auch Informationen zu **Art und Menge** der betroffenen Waren zu erteilen. Das ist zwar in Art. 18 Abs. 3 Produktpiraterie-VO nicht ausdrücklich geregelt, anders als in Art. 17 Abs. 4 S. 1 Produktpiraterie-VO (→ Rn. 73). Ohne diese Angaben, insbesondere zur Art der Ware, würde die Unterrichtung über die Aussetzung oder Zurückhaltung der Waren weitgehend inhaltsleer. Es ist auch nicht geregelt, dass diese Angaben zu einem späteren Zeitpunkt zu erfolgen hätten, vielmehr gestattet Art. 18 Abs. 2 Produktpiraterie-VO sie Mitteilung gerade dieser – und keiner anderen – Informationen bereits für den Fall der vorherigen Einholung sachdienlicher Informationen. Ein gegenüber der Erteilung der Informationen zu Menge und Art in diesem Verfahrensstadium überwiegend schützenswertes Interesse des Anmelders oder Besitzers der Waren ist nicht ersichtlich.

82   Hingegen setzt die Erteilung der weiteren Informationen zu Namen und Anschriften des Besitzers und Empfängers der Ware, zum Zollverfahren sowie zu Herkunft und Bestimmung der Waren voraus, dass zuvor dem nachträglichen Antrag stattgegeben wurde (Art. 18 Abs. 5 Produktpiraterie-VO; → Rn. 85). Gleiches gilt für die Möglichkeit der **Prüfung der Waren** (zB anhand von Proben oder Muster) nach Art. 19 Abs. 1 Produktpiraterie-VO. Näher → Rn. 82.1.

82.1   Der (potentielle) Rechtsinhaber muss also zunächst mit seinem Antrag nach Art. 18 Abs. 3 Produktpira-terie-VO, Art. 5 Abs. 3 Produktpiraterie-VO (→ Rn. 83) erfolgreich sein. Reizen Antragsteller und zustän-dige Zollbehörde die jeweiligen Fristen (Art. 5 Abs. 3 lit. a Produktpiraterie-VO, Art. 9 Abs. 2 Produktpira-terie-VO) aus, können bis dahin **sechs Arbeitstage** seit der Mitteilung vergehen. Da der (spätere) Inhaber der Entscheidung jedoch innerhalb von zehn Tagen nach der Mitteilung entscheiden muss, ob er das Vernichtungsverfahren (→ Rn. 87) einleiten möchte (Art. 23 Abs. 1 UAbs. 1 lit. a, b Produktpiraterie-VO), bleibt ihm unter Umständen zur Prüfung der Waren nur wenig Zeit. Dementsprechende **Vorberei-tungen** sollten daher bereits bei Antragstellung getroffen werden.

5. Nachträglicher Antrag (Art. 18 Abs. 3 Produktpiraterie-VO, Art. 5 Abs. 3 Produktpiraterie-VO)

83   Ermitteln die Zollbehörden einen potentiell Antragsberechtigten, so kann dieser **binnen vier Arbeitstagen** nach Mitteilung über die Aussetzung der Überlassung bzw. die Zurückhaltung der Waren bei der zuständigen Zollbehörde (→ Rn. 41) einen Antrag gemäß Art. 18 Abs. 3 Produktpiraterie-VO iVm Art. 5 Abs. 3 Produktpiraterie-VO stellen (Art. 5 Abs. 3 lit. a Produktpi-raterie-VO). Bei dem zu stellenden Antrag muss es sich um einen nationalen Antrag (→ Rn. 31) handeln (Art. 5 Abs. 3 lit. b Produktpiraterie-VO). Zum Nachreichen von Angaben → Rn. 83.1.

83.1   Angaben, die sich auf die betroffenen Waren und auf das Risiko einer Verletzung des zugrundeliegenden Rechts beziehen (→ Rn. 42.1), sind bei dem nachträglichen Antrag **entbehrlich** (Art. 5 Abs. 3 lit. c Produktpiraterie-VO). Allerdings bleibt der Antrag dann auf die **konkrete Maßnahme** beschränkt. Soll dem Antrag auch darüber hinaus stattgegeben werden, so dass er zum vollwertigen Antrag nach Art. 17 Abs. 2 Produktpiraterie-VO erstarkt und somit als auch Grundlage für ein Tätigwerden in zukünftigen Verdachtsfällen taugt, sind diese Angaben binnen **zehn Arbeitstagen** nach der Mitteilung nachzureichen (Art. 11 Abs. 2 Produktpiraterie-VO).

84   Der nachträglich gestellte Antrag ist im beschleunigten Verfahren gemäß Art. 9 Abs. 2 Produkt-piraterie-VO **binnen zwei Arbeitstagen** zu bescheiden. Im Übrigen richtet sich das Antragsver-fahren nach Art. 10 Abs. 1 Produktpiraterie-VO (→ Rn. 47 ff.). Werden die Informationen zur Beschaffenheit der betroffenen Waren und zum Risiko der Verletzung des betroffenen Rechts (→ Rn. 42.1) nachgetragen, so bestimmt sich die Geltungsdauer (→ Rn. 51) der Entscheidung über den Antrag nach Art. 11 Abs. 1 Produktpiraterie-VO.

6. Nach Stattgabe des Antrags: weitergehende Information (Art. 18 Abs. 5 Produktpiraterie-VO)

Wird dem nachträglichen Antrag stattgegeben, sind dem daraus hervorgehenden Inhaber der   **85** Entscheidung nach Art. 18 Abs. 5 Produktpiraterie-VO auf Antrag die weitergehenden Informationen zu Namen und Anschriften des Besitzers und Empfängers der Ware, zum Zollverfahren sowie zu Herkunft und Bestimmung der Waren mitzuteilen. Ferner kann dem Inhaber der Entscheidung die Prüfung der Ware nach Art. 19 Abs. 1 Produktpiraterie-VO ermöglicht werden.

7. Andernfalls: Genehmigung der Überlassung bzw. Beendigung der Zurückhaltung (Art. 18 Abs. 4 Produktpiraterie-VO)

Erhält die zuständige Behörde keinen nachträglichen Antrag bzw. lehnt sie ihn ab (Art. 18   **86** Abs. 4 lit. b Produktpiraterie-VO), oder kann sie **innerhalb eines Arbeitstages** nach Aussetzung der Überlassung bzw. nach Zurückhaltung der Waren überhaupt keine Antragsberechtigten ermitteln (Art. 18 Abs. 4 lit. a Produktpiraterie-VO), so genehmigt sie die Überlassung der Waren bzw. hebt deren Zurückhaltung auf, soweit alle Zollförmlichkeiten erfüllt sind.

IV. Vereinfachte Vernichtung (Art. 23 Produktpiraterie-VO)

Das vereinfachte Vernichtungsverfahren ist wegen seiner erwiesenen besonderen Effektivität   **87** (Erwägungsgrund 16 Produktpiraterie-VO) als **Standardverfahren** im zollbehördlichen Umgang mit potentiell rechtsverletzenden Waren nach der Produktpiraterie-VO vorgesehen. Es kann eingeleitet werden, nachdem durch die zuständige Zollbehörde die Überlassung der Waren ausgesetzt, bzw. die Waren zurückgehalten wurden (Art. 23 Abs. 1 UAbs. 1 lit. a, b Produktpiraterie-VO). Voraussetzung ist nicht die positive Feststellung einer Rechtsverletzung nach den mitgliedstaatlichen Vorschriften. Es genügt eine entsprechende Erklärung des Inhabers der Entscheidung ($\rightarrow$ Rn. 88) sowie die Zustimmung des Anmelders oder Besitzers der Ware ($\rightarrow$ Rn. 90), die auch im Fall seines Schweigens von der Behörde unterstellt werden kann ($\rightarrow$ Rn. 91). Widerspricht der Anmelder oder Besitzer der Ware, scheidet die vereinfachte Vernichtung aus, und der Inhaber der Entscheidung muss das gerichtliche Verfahren anstreben ($\rightarrow$ Rn. 97). Zu Sanktionen $\rightarrow$ Rn. 87.1.

Allerdings ist mit der vereinfachten Vernichtung für den Anmelder bzw. Besitzer der Waren die Angele-   **87.1** genheit nicht zwingend erledigt. Markenverletzungen sind Straftatbestände (§ 143). Die Mitgliedstaaten sind nicht daran gehindert, auch im Fall des vereinfachten Vernichtungsverfahrens Sanktionen gegen den Anmelder bzw. Besitzer zu verhängen (zur vorangehenden Produktpiraterie-VO 2003 s. EuGH C-93/08, GRUR 20089, 482 – Schenker/Valsts ieņēmumu dienests).

1. Erklärungen des Inhabers der Entscheidung

Zur Einleitung des Vernichtungsverfahrens bedarf es zwei verschiedener Erklärungen des Inha-   **88** bers der Entscheidung. Einerseits hat er der Zollbehörde zu bestätigen, dass nach seiner Ansicht ein **Recht geistigen Eigentums verletzt** ist. Zum anderen hat er ausdrücklich der **Vernichtung zuzustimmen**. Beide Erklärungen müssen binnen zehn Arbeitstagen nach der Mitteilung über die Aufhaltung der Waren bzw. bei verderblichen Waren binnen drei Arbeitstagen bei der zuständigen Zollbehörde eingehen (Art. 23 Abs. 1 UAbs. 1 lit. a, b Produktpiraterie-VO). Es gibt **keine Möglichkeit der Fristverlängerung** (Art. 23 Abs. 4 Produktpiraterie-VO sieht nur für die Fristen des Art. 23 Abs. 3 Produktpiraterie-VO die Möglichkeit zur Fristverlängerung vor).

Erhält die zuständige Zollbehörde **nicht fristgerecht** beide Erklärungen des Inhabers der   **89** Entscheidung, so überlässt sie unmittelbar nach Abschluss der aller Zollförmlichkeiten die Waren bzw. beendet deren Zurückhaltung (Art. 23 Abs. 1 UAbs. 2 Produktpiraterie-VO). Allerdings hat der Inhaber der Entscheidung die Möglichkeit, statt dieser Erklärungen ein Rechtsverletzungsverfahren einzuleiten und die Zollbehörde fristgerecht zu unterrichten. In diesem Fall setzt die Behörde die Aussetzung der Überlassung oder Zurückhaltung der Waren gleichwohl fort (Art. 23 Abs. 1 UAbs. 2 Produktpiraterie-VO).

2. Erklärungen des Anmelders oder Besitzers der Waren

Der Anmelder oder Besitzer der Waren kann der zuständigen Zollbehörde entweder seine   **90** **Zustimmung** zur Vernichtung oder seinen **Widerspruch** gegen die Vernichtung – ebenfalls binnen zehn bzw. drei Arbeitstagen – (Art. 23 Abs. 1 UAbs. 1 lit. c Produktpiraterie-VO) mitteilen. Auch hier gibt **keine Möglichkeit der Fristverlängerung** ($\rightarrow$ $\rightarrow$ Rn. 88 aE). Stimmt er zu, so kommt es zur Vernichtung (→ Rn. 93) der Waren. Widerspricht er der Vernichtung, so ist das gerichtliche Verletzungsverfahren (→ Rn. 97 einzuleiten (vgl. Art. 23 Abs. 3 Produktpiraterie-VO).

91   Das **Schweigen** des Anmelders bzw. Besitzers gilt nicht automatisch als erteilte Zustimmung (Art. 23 Abs. 1 UAbs. 1 lit. c, Abs. 3 Produktpiraterie-VO). Die zuständige Zollbehörde hat dann anstelle des Anmelders bzw. Besitzers eine eigene Entscheidung zu treffen. Sie **kann** davon ausgehen, dass dieser mit der Vernichtung einverstanden ist (Art. 23 Abs. 1 UAbs. 1 lit. c Produktpiraterie-VO), **muss dies aber nicht** (Art. 13 Abs. 3 Produktpiraterie-VO). Die Fiktion des § 150 Abs. 4 S. 1, nach der Schweigen Zustimmung bedeutet, kann insoweit keine Anwendung finden, da sie die – überholte – Regelung in Art. 11 Abs. 1 S. 5 Produktpiraterie-VO 2003 wiedergibt. Die Produktpiraterie-VO sieht auch nicht vor, dass die Mitgliedstaaten derartige Fiktionen regeln können. Folgerichtig wird diese Fiktion in der ab 1.7.2016 geltenden Neufassung der Norm ersatzlos gestrichen. Zum früheren Recht → Rn. 91.1 f.

91.1   Insofern ergibt sich ein deutlicher **Unterschied** zu der früheren Rechtslage, nach der die Zustimmung noch **als erteilt galt** (Art. 11 Abs. 1 Produktpiraterie-VO 2003). Das verwundert, zumal diese Ausweitung der Befugnisse der Zollbehörden durch die Erwägungsgründe nicht gestützt wird. Teilweise wird Art. 23 Abs. 1 UAbs. 1 lit. c Produktpiraterie-VO weiterhin als Zustimmungsfiktion – und in dieser Funktion zugleich als „Kern des vereinfachten Vernichtungsverfahrens" verstanden (Ströbele/Hacker/Thiering/Thiering Rn. 41). Allerdings regelt Art. 23 Abs. 3 Produktpiraterie-VO – ebenso wie Art. 26 Abs. 8 Produktpiraterie-VO im Kleinsendungsverfahren (→ Rn. 103) – ausdrücklich den Fall, dass der Anmelder bzw. Besitzer der Waren der Vernichtung **nicht widersprochen** hat, die Zollbehörden aber **dennoch** davon ausgehen, er stimme der Vernichtung der Waren **nicht zu.** Dieser Fall könnte bei einer Fiktion nie eintreten. Die Zollbehörden müssen insoweit eine eigene Entscheidung treffen, die sie an die Stelle einer Erklärung des Anmelders bzw. Besitzers setzen. Sie bekommen damit die Kompetenz, ein **mutmaßliches Interesse** des Anmelders bzw. Besitzers der Waren in das Verfahren einzubeziehen, auch wenn dies von der Intention der Produktpiraterie-VO, im Regelfall das vereinfachte Vernichtungsverfahren durchzuführen (so der Erwägungsgrund 16 Produktpiraterie-VO) abweicht.

91.2   Eine solche zollbehördliche Entscheidung gemäß Art. 23 Abs. 3 Produktpiraterie-VO wirft eine ganze Reihe von Folgefragen auf, auf die die Produktpiraterie-VO keine Antwort gibt: Was passiert, wenn die Waren zwar nicht vernichtet werden, der Anmelder bzw. Besitzer sich jedoch nicht (mehr) um sie bemüht? Eignet sich der jeweilige Mitgliedstaat diese Waren irgendwann, und wenn ja nach welcher Rechtsgrundlage, an? Wer trägt (bis dahin) die Kosten der notwendigen Lagerung? Art. 29 Produktpiraterie-VO dürfte überspannt sein, wenn eine durch die Zollbehörden verhinderte Vernichtung als „Abhilfe (durch) (...) Vernichtung" verstanden werden soll.

92   Soweit es die deutschen Zollbehörden betrifft, sollte die Annahme der Verweigerung der Zustimmung dennoch die Ausnahme bleiben. Soweit die Zollbehörden ihr Ermessen ausüben, haben sie dies pflichtgemäß zu tun. Sie sind also insbesondere an den Zweck der Ermächtigungsgrundlage gebunden (§ 40 VwVfG). Gemäß Erwägungsgrund 16 Produktpiraterie-VO, auch mit Blick auf die Vorgängernorm des Art. 11 Abs. 1 Produktpiraterie-VO 2003, ist die behördliche Verhinderung des vereinfachten Vernichtungsverfahrens offenkundig nicht Zweck des Art. 23 Abs. 3 Produktpiraterie-VO. Nur in besonders gelagerten Ausnahmefällen kann angenommen werden, dass der sich nicht äußernde Anmelder oder Besitzer der Ware nicht mit der Vernichtung einverstanden ist. Da solche Fälle nicht von vornherein ausgeschlossen erscheinen, ist es insoweit sachgerecht, die ausnahmslose Fiktion abzuändern. Zur Kritik → Rn. 92.1 f.

92.1   Allerdings wäre es vorzugwürdig gewesen, die Produktpiraterie-VO hätte die Annahme der Zustimmung zu Vernichtung als Regelfall gekennzeichnet, um den Ausnahmecharakter anderweitiger Entscheidungen klarzustellen.

3. Durchführung der Vernichtung (Art. 23 Abs. 2 Produktpiraterie-VO)

93   Die Vernichtung der Waren wird unter zollamtlicher Überwachung durchgeführt (Art. 23 Abs. 2 S. 1 Produktpiraterie-VO). Sie erfolgt auf Verantwortung des Inhabers der Entscheidung und, auf Verlangen der Zollbehörden, auch auf dessen **Kosten** (→ Rn. 119; Art. 23 Abs. 2 S. 1 Produktpiraterie-VO, Art. 29 Abs. 1 UAbs. 1 Produktpiraterie-VO).

94   Vor der Vernichtung der Waren kann die zuständige Zollbehörde **Proben oder Muster** der Waren nehmen, die sie auch zu Schulungszwecken verwenden kann (Art. 23 Abs. 2 S. 2 Produktpiraterie-VO). Die Entnahme von Proben nach Art. 23 Abs. 2 S. 2 Produktpiraterie-VO ist von der Überlassung von Proben und Mustern an den Inhaber der Entscheidung (→ Rn. 72, →

Rn. 82) gemäß Art. 19 Produktpiraterie-VO zu unterscheiden. Insbesondere dürfen Proben und Muster nicht dauerhaft bei diesem verbleiben (Art. 19 Abs. 3 Produktpiraterie-VO).

4. Umgang mit den Waren während des Vernichtungsverfahrens (Art. 25 Produktpiraterie-VO)

Waren, die **zur Vernichtung bestimmt** sind (Art. 23, 26 Produktpiraterie-VO), dürfen im **95** Ergebnis den Mitgliedstaat, in dem sie aufgegriffen wurden, nicht wieder verlassen (Art. 23 Abs. 1 lit. b–f Produktpiraterie-VO). Ein Transport durch das Zollgebiet der Union ist allein zum Zwecke der Vernichtung und unter zollamtlicher Überwachung zulässig (Art. 25 Abs. 2 Produktpiraterie-VO).

Eine Ausnahme sieht Art. 25 Abs. 1 lit. a Produktpiraterie-VO vor, nach dem die Waren in **96** den zollrechtlich freien Verkehr gelangen dürfen, wenn die Zollbehörden dies zum Zwecke der **Wiederverwertung** oder einer **nicht-geschäftlichen** Verwendung, auch zu „Sensibilisierungs-, Schulungs- und Bildungszwecken", für notwendig erachten. In jedem Fall ist jedoch die **Zustimmung** des Inhabers der Entscheidung erforderlich. Weiterführend → Rn. 96.1.

Ob die Zollbehörden von dieser Befugnis in nennenswertem Umfang Gebrauch machen, wird sich **96.1** zeigen. Hinsichtlich der **Kosten** könnte sich aus der **Wiederverwertung** für den Inhaber der Entscheidung ein Vorteil ergeben. Zwar stellt die Wiederverwertung eine Vernichtung iSd Art. 2 Nr. 16 Produktpiraterie-VO dar, mit deren Kosten der Inhaber der Entscheidung belastet werden kann (Art. 29 Abs. 1 Produktpiraterie-VO). Dadurch sollen jedoch nur die bei den Zollbehörden tatsächlich angefallenen Kosten gedeckt werden (vgl. Erwägungsgrund 24 Produktpiraterie-VO), so dass sie sich finanzielle Vorteile aus der Wiederverwertung anrechnen lassen müssten.

V. (Gerichtliches) Verletzungsverfahren

Widerspricht (→ Rn. 90) der Anmelder oder Besitzer der Ware der Vernichtung im verein- **97** fachten Verfahren, oder **geht die Behörde davon** aus (→ Rn. 91), dass der Anmelder oder Besitzer nicht mit der Vernichtung einverstanden ist, so hat der Inhaber der Entscheidung durch Einleitung des gerichtlichen Verletzungsverfahrens die Feststellung der Rechtsverletzung anzustreben (Art. 23 Abs. 3 S. 2 Produktpiraterie-VO). Bei der Feststellung der Rechtsverletzung kommen **sämtliche markenrechtliche Verletzungstatbestände** in Betracht, insbesondere auch Verwechslungsgefahr gemäß § 14 Abs. 2 Nr. 2 bzw. Art. 9 Abs. 2 lit. b UMV. Die Anforderung an das Beschlagnahmeverfahren, dass es ein der Marke hochgradig ähnliches Zeichen für hochgradig ähnliche Produkte benutzt worden sein muss (→ Rn. 64) wirkt nicht im Rechtsverletzungsverfahren fort (auch wenn ohne diese Voraussetzungen die Beschlagnahme eigentlich gar nicht hätte erfolgen dürfen). Zum früheren Recht → Rn. 97.1.

Dass es sich um ein **gerichtliches** Verletzungsverfahren handeln muss, ging früher aus § 150 Abs. 8 aF **97.1** iVm § 147 Abs. 3 hervor. Die Produktpiraterie-VO selbst sieht keine Beschränkung auf gerichtliche Verfahren vor. Gerichtsverfahren zur Feststellung von Rechtsverletzungen werden lediglich in Erwägungsgrund 13 Produktpiraterie-VO im Zusammenhang mit der Antragsberechtigung erwähnt, aber bei den entsprechenden Vorschriften hierzu nicht mehr aufgegriffen. In Bezug auf bestimmte Schutzrechte in Art. 24 Abs. 2 lit. b Produktpiraterie-VO vielmehr ausdrücklich die Rede von der Behörde, die für die Feststellung, ob ein Recht geistigen Eigentums verletzt ist, zuständig ist. Für die Vorgängerverordnung Produktpiraterie-VO 2003 hat der EuGH ausdrücklich anerkannt, dass die Mitgliedstaaten auch vorsehen können, dass das Verfahren zur Feststellung der Rechtsverletzung von den Verwaltungsbehörden durchgeführt wird, insbesondere auch von der Zollbehörde selbst, solange es sich um ein gerichtsförmiges Verfahren nach Art. 41 TRIPS handelt (zu Art. 13 Produktpiraterie-VO 2003 s. EuGH C-583/12, BeckRS 2014, 80692 Rn. 49).

Um zu verhindern, dass die Zollbehörden die Waren überlassen bzw. deren Zurückhaltung **98** beenden, muss der Inhaber der Entscheidung das Rechtsverletzungsverfahren einleiten, und den Zollbehörden hierüber Nachweis erbringen (Art. 23 Abs. 5 Produktpiraterie-VO). Die **Frist** hierzu beträgt zehn Arbeitstage ab Mitteilung der Aussetzung der Überlassung bzw. Zurückhaltung der Ware (Art. 23 Abs. 3 S. 2 Produktpiraterie-VO). Damit müsste das Rechtsverletzungsverfahren aber eingeleitet werden noch bevor der Anmelder oder Besitzer der Waren zur Vernichtung Stellung nehmen muss und damit feststeht, ob ein Rechtsverletzungsverfahren überhaupt erforderlich ist. Auf begründeten Antrag kann jedoch eine **Fristverlängerung** um bis zu weitere zehn Arbeitstage erfolgen (Art. 23 Abs. 4 Produktpiraterie-VO). Diese Fristverlängerung ist auch erforderlich, um zu verhindern, dass das Rechtsverletzungsverfahren zeitgleich mit dem vereinfachten

Vernichtungsverfahren betrieben werden muss. Bei verderblichen Waren beträgt diese Frist drei Arbeitstage und kann nicht verlängert werden (Art. 23 Abs. 3 S. 2, Abs. 4 Produktpiraterie-VO). Daher muss bei verderblichen Waren das Rechtsverletzungsverfahren vorsorglich umgehend eingeleitet werden, auch wenn sich nachträglich herausstellt, dass die vereinfachte Vernichtung durchgeführt werden kann. Zu den Folgen einer unterbleibenden Verfahrenseinleitung gemäß Art. 16 Abs. 2 UAbs. 1 lit. d Produktpiraterie-VO (→ Rn. 59).

98.1   **Hinweis des Zolls:** Für Verzögerungen, die der Inhaber der Entscheidung selbst zu verantworten hat (zB langwieriger Musterversand ins Ausland, Fehlen einer kompetenten Urlaubsvertretung des Ansprechpartners oder sonstige organisatorische Mängel), wird grundsätzlich keine Fristverlängerung gewährt (http://www.zoll.de/DE/Fachthemen/Verbote-Beschraenkungen/Gewerblicher-Rechtsschutz/Marken-und-Produktpiraterie/Taetigwerden-der-Zollbehoerden/Taetigwerden-nach-Gemeinschaftsrecht/taetigwerden-nach-gemeinschaftsrecht_node.html).

99   Zur Form des gerichtlichen Verletzungsverfahrens macht Art. 23 Produktpiraterie-VO keine Vorgaben. Möglich ist die (bloße) Einleitung eines **Hauptsacheverfahrens,** da die kurzen Fristen nur für die Verfahrenseinleitung gelten. Bei dem Verdacht auf Rechtsverletzung von Marken oder geografischen Angaben besteht auch nicht die Gefahr, dass die Zollbehörden die Waren nach Einleitung des Rechtsverletzungsverfahrens (gegen Sicherheitsleistung) frühzeitig freigeben, da dies in Art. 24 Produktpiraterie-VO nur für andere Schutzrechte als Kennzeichenrechte (vor allem für Patentrechte) vorgesehen ist. Insoweit hat der Markeninhaber bzw. der Berechtigte an geografischen Angaben angesichts der andauernden Aussetzung der Überlassung bzw. Zurückhaltung kein diesbezügliches Sicherungsbedürfnis, das bei Inhabern anderer Rechte diesen eine einstweilige Verfügung nahelegen würde. Allerdings genügt es ohne weiteres, wenn isoliert, also ohne Hauptsacheverfahren, ein **einstweiliges Verfügungsverfahrens** eingeleitet wird (BeckOK PatR/Voß PatG § 142a Rn. 56). Zur Kritik → Rn. 99.1.

99.1   Dem wird vereinzelt widersprochen (Ströbele/Hacker/Thiering/Thiering Rn. 62 ff.), die davon ausgehen, das Rechtsverletzungsverfahren müsse eine endgültige Entscheidung über die Vernichtung der Waren treffen. (Benkard/Grabinski/Zülch PatG § 142a Rn. 23 halten ein Hauptsacheverfahren zumindest für sinnvoll). Eine solche Voraussetzung findet sich jedoch nicht in der Produktpiraterie-VO, die lediglich ein Verfahren zur Feststellung, ob ein Recht geistigen Eigentums verletzt wurde, verlangt (Art. 23 Abs. 3 S. 2 Produktpiraterie-VO). Auch im einstweiligen Verfügungsverfahren findet eine umfassende Prüfung (und damit auch Feststellung) der Rechtsverletzung statt.

100   Das Rechtsverletzungsverfahren nach Art. 23 Abs. 3 Produktpiraterie-VO muss **nicht zwingend auf eine Vernichtung der Waren abzielen.** Damit besteht ein wichtiger Unterschied zum Verfahren nach §§ 146 ff., das – jedenfalls grundsätzlich – darauf gerichtet sein muss, einen Vernichtungsanspruch sichern (→ § 146 Rn. 21; zur – problematischen – Ausnahme → § 147 Rn. 30.1). Daher genügt es, wenn insbesondere („nur") ein Unterlassungsanspruch geltend gemacht wird (so auch BeckOK PatR/Voß PatG § 142a Rn. 56; aA Ströbele/Hacker/Thiering/Thiering Rn. 64 – allerdings die Problematik im Hinblick auf § 14a erkennend, auf den der Vernichtungsanspruch gemäß § 18 nicht erstreckt ist → § 14a Rn. 16.1). Allerdings bleibt auch hier offen, was mit der Ware zu geschehen hat, wenn im Rechtsverletzungsverfahren nicht die Vernichtung angeordnet wird, sondern ggf. „nur" Verfügungsbeschränkungen (→ § 147 Rn. 30.1).

VI. Überlassung der Waren bzw. Beendigung der Zurückhaltung

101   Die Zollbehörden überlassen die Waren bzw. beenden deren Zurückhaltung, wenn der Anmelder oder Besitzer der Vernichtung widerspricht – bzw. dies zu unterstellen ist – und der Inhaber der Entscheidung nicht fristgerecht die Einleitung des Rechtsverletzungsverfahrens unterrichtet worden ist (Art. 23 Abs. 5 Produktpiraterie-VO).

102   Darüber hinaus sind folgende Tatbestände für die Überlassung der Waren bzw. Beendigung der Zurückhaltung zusammenzufassen (aber → Rn. 102.1):

- Nach Tätigwerden ohne Antrag konnten **keine potentiell verletzten Berechtigten ermittelt** werden (Art. 18 Abs. 4 lit. a Produktpiraterie-VO; → Rn. 81).
- Nach Tätigwerden ohne Antrag hat **niemand einen Antrag gestellt** bzw. wurde keinem Antrag stattgegeben (Art. 18 Abs. 4 lit. b Produktpiraterie-VO; → Rn. 83).
- Nach Unterrichtung von der Aussetzung der Überlassung oder Zurückhaltung der Waren hat der Inhaber der Entscheidung entweder die **Rechtsverletzung nicht bestätigt** oder in die **Vernichtung nicht eingewilligt** (Art. 23 Abs. 1 UAbs. 2 Produktpiraterie-VO; → Rn. 90).

Das gilt jedoch dann nicht, wenn die Zollbehörden über die Einleitung eines Rechtsverletzungsverfahrens unterrichtet wurden.

- Das **Rechtsverletzungsverfahren endet erfolglos** in dem Sinne, dass keine Vernichtung der Waren oder anderweitige Regelung des Verbleibs der Waren angeordnet wird.
- **Entfällt die Antragsberechtigung** (insbesondere das betroffene Schutzrecht), sind die Waren ebenfalls zu überlassen bzw. ihre Zurückhaltung zu beenden. Insoweit ist Art. 11 Abs. 3 S. 1 Produktpiraterie-VO entsprechend anzuwenden, nachdem die Behörden in diesem Fall nicht tätig werden.
- Der Inhaber der Entscheidung hat jederzeit das Recht, auf die weitere Tätigkeit der Zollbehörden zu verzichten, indem er – in Bezug auf die konkreten Waren – seinen **Antrag zurücknimmt.**

102.1 Die frühzeitige Überlassung der Waren im Fall eines laufenden Rechtsverletzungsverfahrens (Art. 24 Produktpiraterie-VO) findet nur bei anderen Schutzrechten, nicht aber bei Kennzeichenrechten statt.

VII. Kleinsendungsverfahren (Art. 26 Produktpiraterie-VO)

103 Das Kleinsendungsverfahren nach Art. 26 Produktpiraterie-VO entspricht in weiten Teilen dem Vernichtungsverfahren nach Art. 23 Produktpiraterie-VO; insoweit wird auf die dortige Kommentierung (→ Rn. 87) verwiesen. Das Kleinsendungsverfahren bedarf allerdings stets einer Entscheidung über die **Stattgabe eines Antrags,** in dem Kleinsendungsverfahren ausdrücklich beantragt wurde (Art. 26 Abs. 1 lit. c und d Produktpiraterie-VO). Auf die weiteren Besonderheiten wird im Folgenden eingegangen.

1. Eingeschränkter Anwendungsbereich (Art. 26 Abs. 1 Produktpiraterie-VO)

104 Der Anwendungsbereich des Kleinsendungsverfahrens ist gegenüber dem Vernichtungsverfahren nach Art. 23 Produktpiraterie-VO eingeschränkt. Er umfasst lediglich solche Waren, die im Verdacht (→ Rn. 64) stehen, nachgeahmte oder unerlaubt hergestellte Waren zu sein (Art. 26 Abs. 1 lit. a Produktpiraterie-VO). Unter den Begriff der nachgeahmten Waren gemäß Art. 2 Nr. 5 Produktpiraterie-VO fallen nur Waren, die **Marken** oder **geografischen Angaben** verletzen. Die Verletzung von Handelsnamen hingegen ist weder hiervon noch vom Begriff der unerlaubt hergestellten Waren gemäß Art. 2 Nr. 6 Produktpiraterie-VO erfasst.

105 Es darf sich **nicht** um **verderbliche Waren** iSd Art. 2 Nr. 20 Produktpiraterie-VO handeln. Für die Waren muss eine Entscheidung über die Stattgabe eines Antrags ergangen sein, mit welchem auch gemäß Art. 6 Abs. 3 lit. q Produktpiraterie-VO die Anwendung des Kleinsendungsverfahrens beantragt wurde (Art. 26 Abs. 1 lit. b–d Produktpiraterie-VO).

106 Schließlich muss es sich um eine **Kleinsendung** iSd Art. 2 Nr. 19 handeln (Art. 26 Abs. 1 lit. e Produktpiraterie-VO). Kleinsendungen sind solche Warenlieferungen, die mittels **Post** oder **Eilkurier** zugestellt werden und entweder höchsten **drei „Einheiten"** oder **unter 2 kg** Bruttogewicht ausmachen.

2. Unterrichtung des Anmelders bzw. Besitzers der Waren (Art. 26 Abs. 3, 4 Produktpiraterie-VO)

107 Der Anmelder oder Besitzer der Waren wird gemäß Art. 26 Abs. 3 Produktpiraterie-VO über die Aussetzung der Überlassung bzw. über die Zurückhaltung der Waren informiert. Diese Information entspricht im Wesentlichen der nach Art. 17 Abs. 3 UAbs. 1, 4 Produktpiraterie-VO (→ Rn. 69). Darüber hinaus enthält sie den Hinweis darauf, dass die zuständige Zollbehörde die **Vernichtung** der betroffenen Waren **beabsichtigt.** Der Anmelder bzw. Besitzer kann darauf binnen zehn Tagen Stellung nehmen; Art. 26 Abs. 4 Produktpiraterie-VO entspricht insoweit Art. 23 Abs. 1 UAbs. 1 lit. c Produktpiraterie-VO (→ Rn. 90).

108 Eine Unterrichtung des **Inhabers der Entscheidung** (Art. 17 Abs. 3, 4 Produktpiraterie-VO) findet gemäß Art. 26 Abs. 2 Produktpiraterie-VO nicht statt. Dementsprechend sind auch die Vorschriften über Proben und Muster (Art. 19 Abs. 2, 3 Produktpiraterie-VO) nicht anwendbar.

3. Vernichtung der Waren (Art. 26 Abs. 5–7 Produktpiraterie-VO)

109 Stimmt der Anmelder bzw. Besitzer der Waren der Vernichtung zu, so erfolgt sie unter zollamtlicher Aufsicht (Art. 26 Abs. 5, 7 S. 1 Produktpiraterie-VO). Insoweit bestehen Entsprechungen zu Art. 23 Abs. 2 Produktpiraterie-VO (→ Rn. 93). Erhält die zuständige Zollbehörde binnen zehn Tagen keine Stellungnahme des Anmelders bzw. Besitzers, so **kann** sie von dessen Zustimmung zur Vernichtung ausgehen, Art. 26 Abs. 6 Produktpiraterie-VO (entspricht insoweit Art. 23 Abs. 1 UAbs. 1 lit. c Produktpiraterie-VO; → Rn. 91). Im Kleinsendungsverfahren ist zu erwägen, an die unterstellte Zustimmung des Anmelders oder Besitzers der Waren höhere Anforderungen als sonst (unterstellte Zustimmung ist dort der Regelfall; → Rn. 92) zu stellen. Im Kleinsendungsverfahren liegt nämlich keine Erklärung des Inhabers der Entscheidung vor, dass die konkrete Ware tatsächlich rechtsverletzend ist. Daher ist zu fordern, dass die Zollbehörde zumindest mit **überwiegender Wahrscheinlichkeit** von einer Rechtsverletzung ausgeht. Wird diese erhöhte Wahrscheinlichkeitsschwelle nicht erreicht, ist für die vereinfachte Vernichtung kein Raum und dem Inhaber der Entscheidung bleibt nur die Einleitung des Rechtsverletzungsverfahrens (→ Rn. 111).

110   Bei ungestörtem Verfahrensablauf erfolgt **nach** der Vernichtung, und soweit beantragt und angemessen, eine Unterrichtung des **Inhabers der Entscheidung.** Mit dieser wird er über die tatsächliche oder vermutliche Art und Menge der vernichteten Waren informiert (Art. 26 Abs. 7 S. 2 Produktpiraterie-VO). Die **Kosten** (→ Rn. 119) der Vernichtung können auch im Kleinsendungsverfahren dem Inhaber der Entscheidung auferlegt werden (Art. 29 Abs. 1 UAbs. 1 Produktpiraterie-VO).

4. Anderenfalls: Einleitung des Rechtsverletzungsverfahrens (Art. 26 Abs. 8, 9 Produktpiraterie-VO)

111   Scheitert die vereinfachte Vernichtung, hat die Zollbehörde dies dem Inhaber der Entscheidung mitzuteilen und ihm auf Antrag auch die **Informationen** zugänglich zu machen, auf die er im normalen Antragsverfahren nach Art. 17 Abs. 4 S. 2 Produktpiraterie-VO Zugriff hätte (→ Rn. 74; Art. 26 Abs. 8 S. 2 Produktpiraterie-VO). Damit wird dieser auch hier in die Lage versetzt, die Vernichtung durch ein Rechtsverletzungsverfahren zu erreichen. Damit die Behörde die Waren nicht überlässt bzw. deren Zurückhaltung beendet, muss der Inhaber der Entscheidung auch hier die Einleitung des Rechtsverletzungsverfahrens fristgerecht mitteilen. Die Frist beträgt zehn Tage ab der oben genannten Mitteilung über das Scheitern der vereinfachten Vernichtung (Art. 26 Abs. 9 Produktpiraterie-VO).

F. Haftung des Inhabers der Entscheidung (Art. 28 Produktpiraterie-VO)

112   Keine Haftung besteht für den Antragsteller, dessen Antrag abgelehnt wird, sowie für Antragsberechtigte iSd Art. 18 Abs. 3 UAbs. 3 Produktpiraterie-VO, die keinen nachträglichen Antrag nach Art. 18 Abs. 3 Produktpiraterie-VO stellen.

113   Die Haftung des Inhabers der Entscheidung besteht **verschuldensunabhängig** in drei Fallgruppen:
• Der Inhaber der Entscheidung hat dazu beigetragen, dass ein nach der Produktpiraterie-VO ordnungsgemäß eingeleitetes **Verfahren eingestellt** wird, oder
• er hat dazu beigetragen, dass **Proben und Muster** nicht zurückgegeben, beschädigt oder unbrauchbar werden, oder
• es stellt sich später heraus, dass die Waren **kein Recht geistigen Eigentums verletzen.**

114   Die ersten beiden Fallgruppen setzen dabei zumindest **Zurechenbarkeit** voraus („aufgrund einer Handlung oder eines Unterlassens des Inhabers der Entscheidung"). Proben und Muster können auch ohne Zutun des Inhabers der Entscheidung beschädigt werden, so dass es hier an der Zurechenbarkeit fehlen kann. Die Tatbestände, bei denen ein Verfahren eingestellt wird, knüpfen indessen regelmäßig an ein dem Inhaber der Entscheidung zurechenbares Verhalten an (Erklärungen oder Unterrichtungen werden nicht fristgemäß vorgenommen, Antragsrücknahme oder Entfall der Antragsberechtigung, → Rn. 32). Nur beim **Wegfall der Antragsberechtigung** könnte eine ursächliche Mitwirkung des Inhabers der Entscheidung ggf. fehlen. War die Antragsberechtigung schon vor Aussetzung der Überlassung oder Zurückhaltung der Waren entfallen, nur den Behörden noch nicht bekannt, hat der Inhaber der Entscheidung gegen seine Mitteilungspflichten verstoßen (→ Rn. 57) und ist bereits deswegen verantwortlich. Eine gesonderte Prüfung der Zurechenbarkeit ist somit nur dann erforderlich, wenn der Wegfall der Antragsberechtigung nach der Aussetzung der Überlassung oder Zurückhaltung der Waren erfolgt.

115   Die letzte Fallgruppe setzt die **Feststellung** voraus, dass die betroffenen Waren **nicht rechtsverletzend** sind. Das ist dahin zu verstehen, dass keine Verletzung derjenigen Rechte vorliegt, auf die der Antrag des Inhabers der Entscheidung gestützt wurde. Unter Feststellung ist die gerichtliche Feststellung, insbesondere **im nachgelagerten Rechtsverletzungsverfahren** gemeint. Sofern der Inhaber der Entscheidung ein solches Rechtsverletzungsverfahren versäumt

oder seinen Antrag zurückgenommen hat, haftet er bereits nach der ersten Fallgruppe. Sofern ein Rechtsverletzungsverfahren nicht erforderlich war, weil der Anmelder bzw. Besitzer der Waren keinen Widerspruch eingelegt hat, obwohl er ordnungsgemäß benachrichtigt wurde, dürfte ihn zumindest ein ganz überwiegendes Mitverschulden treffen. Ungeachtet dessen hat der Anmelder bzw. Besitzer der Waren die Möglichkeit, inzident im Schadensersatzprozess die Nichtverletzung von Rechten geistigen Eigentums feststellen zu lassen. Zur Einstellung → Rn. 115.1 ff.

Hinsichtlich der neu eingeführten Variante der **Einstellung des Verfahrens** stellt sich die Frage, von **115.1** welchem **Verfahrensbegriff** Art. 28 Produktpiraterie-VO ausgeht. Die Produktpiraterie-VO verwendet den Begriff uneinheitlich. Denkbar ist daher sowohl ein enger als auch ein weiter Verfahrensbegriff. Bei **restriktiver Auslegung** wären Verfahren iSd Art. 28 Produktpiraterie-VO zumindest solche die im 1. Abschnitt des dritten Kapitels unter der Überschrift „Vernichtung von Waren, **Einleitung von Verfahren** und frühzeitige Überlassung von Waren" geregelt sind. Also das vereinfachte Vernichtungsverfahren und das Kleinsendungsverfahren. Dass es sich bei ihnen offensichtlich um Verfahren iSd Art. 28 Produktpirate-rie-VO handelt legt auch der Wortlaut der Produktpiraterie-VO an verschiedenen Stellen nahe (vgl. nur Erwägungsgrund 17, 28 Produktpiraterie-VO, Art. 6 Abs. 3 lit. q Produktpiraterie-VO, Art. 16 Abs. 2 UAbs. 1 lit. d Produktpiraterie-VO, Art. 17 Abs. 3 UAbs. 4 Produktpiraterie-VO, Art. 18 Abs. 3 UAbs. 5 Produktpiraterie-VO, Art. 26 Abs. 1 lit. d, Abs. 2 Produktpiraterie-VO). Diese Annahme passt auch zur Systematik der Produktpiraterie-VO, die anlässlich genau dieser beiden Verfahren an anderer Stelle Sanktionen vorsieht (Art. 16 Abs. 2 UAbs. 1 lit. d Produktpiraterie-VO). Das ist auch vom Ergebnis her stimmig: Leitet der Inhaber der Entscheidung ein Verfahren nach Art. 23, 26 Produktpiraterie-VO ein, sorgt jedoch dafür, dass es nicht zum Abschluss gebracht wird, kommt es zu keiner Feststellung darüber, ob ein Recht geistigen Eigentums verletzt ist. Dem Anmelder bzw. Verletzer der Waren würde damit kein Schadensersatz-anspruch nach Art. 28 Produktpiraterie-VO zukommen. Zumindest nicht, wenn nicht der Anmelder bzw. Besitzer der Waren von sich aus dafür sorgt, dass festgestellt wird, dass seine Waren kein Recht geistigen Eigentums verletzt haben. Damit würden ihm jedoch zunächst Kosten und Risiko einer negativen Feststel-lungsklage auferlegt. Das macht es dem Inhaber der Entscheidung einfacher, die Verfahren nach Art. 23, 26 Produktpiraterie-VO wettbewerbswidrig gegen den Anmelder bzw. Besitzer in Stellung zu bringen.

Eine derart enge Auslegung führ allerdings zu Schutzlücken beim Tätigwerden nach Art. 17, 18 Pro- **115.2** duktpiraterie-VO. Wenn es sich bei der Aussetzung der Überlassung bzw. bei der Zurückhaltung nicht um Verfahren iSd Art. 28 Produktpiraterie-VO handelte, ließen diese sich relativ gefahrlos zu wettbewerbswid-rigen Zwecken missbrauchen (vgl. zur entsprechenden Situation nach nationalem Recht (→ § 149 Rn. 22). Es ist also vorzugswürdig mit einem **weiten Verfahrensbegriff** davon auszugehen, dass auch das Tätigwer-den nach Art. 17, 18 Produktpiraterie-VO als Verfahren iSd Art. 28 Produktpiraterie-VO gelten. Der Wortlaut der Produktpiraterie-VO erlaubt diese Annahme (vgl. Erwägungsgrund 19 Produktpiraterie-VO, Art. 1 Abs. 1 Produktpiraterie-VO). Art. 16 Abs. 2 UAbs. 1 lit. d Produktpiraterie-VO soll gerade verhin-dern, dass Inhaber der Entscheidung zwar das Tätigwerden der Zollbehörden nach Art. 17, 18 Produktpira-terie-VO herbeiführen, dann aber kein Vernichtungsverfahren anstrengen. Insofern ist es schlüssig, auch die Schadensersatzpflicht aus Art. 28 Produktpiraterie-VO auf das Tätigwerden nach Art. 17, 18 Produktpi-raterie-VO auszudehnen, um die Missbrauchsgefahr möglichst gering zu halten. **Verfahren** iSd Art. 28 Produktpiraterie-VO ist somit jedes zollbehördliche Handeln nach Art. 17, 18, 23 und 26 Produktpiraterie-VO.

Bei diesem Verständnis des Art. 28 Produktpiraterie-VO ergibt sich allerdings ein Widerspruch, soweit **115.3** die Haftung unterschiedslos auf jedes Handeln oder Unterlassen erstreckt wird, das zur **Einstellung eines Verfahrens** nach Vorschriften der Produktpiraterie-VO führt. Zur Einstellung kommt es nämlich auch, wenn der Inhaber der Entscheidung nicht das Rechtsverletzungs-Verfahren nach Art. 23 Abs. 3 Produktpi-raterie-VO, Art. 26 Abs. 8 Produktpiraterie-VO einleitet (→ Rn. 97, → Rn. 110). Dieses Unterlassen sieht Art. 16 Abs. 2 UAbs. 1 lit. d Produktpiraterie-VO – eine Norm die ebenso wie Art. 28 Produktpiraterie-VO Sanktionscharakter besitzt – bei Vorliegen **triftiger Gründe** (→ Rn. 61 f.) jedoch gerade vor. Wird ein Verfahren nach Art. 23, 26 Produktpiraterie-VO also bei Vorliegen triftiger Gründe eingestellt, kann **keine Haftung** des Inhabers der Entscheidung aus Art. 28 Produktpiraterie-VO bestehen. Dieser Wider-spruch ist im Kollisionsfall durch eine entsprechend restriktive Auslegung des Art. 28 Produktpiraterie-VO zu lösen. In der Gesamtschau ist die engere Auslegung des Verfahrensbegriffs – nach der dieses Problem nicht entstehen könnte – demgegenüber abzulehnen.

Die Haftung erfolgt im Einklang mit den anwendbaren Rechtsvorschriften. Darin kann nicht **116** eine reine Rechtsgrundverweisung gesehen werden. Art. 28 Produktpiraterie-VO regelt den Haf-tungstatbestand eigenständig. Der Inhaber der Entscheidung muss nach Art. 6 Abs. 3 lit. n Produkt-piraterie-VO eine Verpflichtungserklärung zur Übernahme der Haftung unter den Bedingungen gemäß Art. 28 abgeben.

Dagegen wird vertreten, dass die Haftung sich – wie schon nach Art. 19 Abs. 3 Produktpiraterie- **117** VO 2003 – nach den entsprechenden **nationalen Vorschriften** richten soll, dh über § 150 nach

§ 149 (Ströbele/Hacker/Thiering/Thiering Rn. 51; Rinnert GRUR 2014, 241 (244)). Dann würde die verschuldensunabhängige Haftung nur dann bestehen, wenn die Aussetzung der Überlassung oder Zurückbehaltung der Waren von Anfang an unberechtigt war **und** der Anmelder oder Besitzer der Waren Widerspruch eingelegt hat. In allen anderen Fällen würde die Haftung des Inhabers der Entscheidung nicht nur Verschulden voraussetzen, sondern es müsste auch ein anderweitiger Haftungstatbestand erfüllt sein. Selbst wenn ein Haftungstatbestand zB durch Nichterfüllung von Mitwirkungspflichten begründet werden könnte, würde daraus ein adäquat verursachter Schaden allenfalls für die Zukunft ergeben. Art. 28 Produktpiraterie-VO zielt jedoch ersichtlich auf eine Haftung ab, die auf den Zeitpunkt der der Überlassung oder Zurückbehaltung der Waren zurückwirkt. Damit wäre durch eine Rechtsgrundverweisung wesentlichen Regelungen des Art. 28 Produktpiraterie-VO die Grundlage entzogen.

118   Inhalt und Umfang der Schadensersatzpflicht bestimmen sich nach §§ 249 ff. BGB (→ § 149 Rn. 14), eine weitergehende Haftung aus **unerlaubter Handlung** (→ § 149 Rn. 21) ist nicht ausgeschlossen.

G. Kosten (Art. 29 Produktpiraterie-VO)

119   Während der Antrag selbst gebührenfrei ist (→ Rn. 49), können gemäß Art. 29 Abs. 1 UAbs. 1 Produktpiraterie-VO beim Inhaber der Entscheidung Kosten erhoben werden, die im zollbehördlichen Verfahren, ab Aussetzung der Überlassung bzw. ab der Zurückhaltung der Waren, angefallen sind. Darunter fallen insbesondere Kosten der

* **Lagerung** (Art. 17 Abs. 1 Produktpiraterie-VO, Art. 18 Abs. 1 Produktpiraterie-VO) und Behandlung, wie zB der **Entnahme von Proben** (Art. 19 Abs. 2, 3 Produktpiraterie-VO), sowie
* Kosten, die sich aus der Vornahme von Abhilfemaßnahmen (hier vor allem die **Vernichtung** nach Art. 23, 26 Produktpiraterie-VO) ergeben. Näher zu Kosten → Rn. 119.1.

119.1   Da die Produktpiraterie-VO hinsichtlich des Kostenrechts keine weiteren Vorgaben macht, ist insoweit gemäß § 150 iVm § 148 Abs. 2, § 178 AO die bereits zu § 148 Abs. 2 dargestellte ZollKostV (→ § 148 Rn. 5 ff.) anzuwenden.

120   Darüber hinaus sind dem Inhaber der Entscheidung auf Antrag Ort und Art der Lagerung mitzuteilen, sowie die dafür schätzungsweise anfallenden Kosten (Art. 29 Abs. 1 UAbs. 2 Produktpiraterie-VO).

121   Soweit im Rahmen der Bearbeitung eines Unionsantrags die Zollbehörden **Übersetzungen** benötigen, hat der Inhaber der Entscheidung diese Unterlagen den Zollbehörden auf seine Kosten zur Verfügung zu stellen.

122   Hinsichtlich dieser Kosten kann sich der Inhaber einer Entscheidung in Deutschland bei einem schuldhaft handelnden Verletzer schadlos halten (→ § 148 Rn. 10 ff.; Kühnen GRUR 2014, 921 (925)). Das befreit ihn gemäß Art. 29 Abs. 2 Produktpiraterie-VO jedoch nicht von der Kostenpflicht nach Art. 29 Abs. 1, 3 Produktpiraterie-VO.

H. Parallelvorschriften bzw. Ähnlichkeiten zu anderen Vorschriften

123   Zu § 150 bestehen Parallelvorschriften in § 111c UrhG sowie in § 57a DesignG, § 142b PatG und § 25b GebrMG.

§ 151 Verfahren nach deutschem Recht bei geografischen Herkunftsangaben

(1) ¹**Waren, die widerrechtlich mit einer nach diesem Gesetz oder nach Rechtsvorschriften der Europäischen Union geschützten geographischen Herkunftsangabe versehen sind, unterliegen, soweit nicht die Verordnung (EU) Nr. 608/2013 anzuwenden ist, bei ihrer Einfuhr, Ausfuhr oder Durchfuhr der Beschlagnahme zum Zwecke der Beseitigung der widerrechtlichen Kennzeichnung, sofern die Rechtsverletzung offensichtlich ist. ²Dies gilt für den Verkehr mit anderen Mitgliedstaaten der Europäischen Union sowie mit den anderen Vertragsstaaten des Abkommens über den Europäischen Wirtschaftsraum nur, soweit Kontrollen durch die Zollbehörden stattfinden.**

(2) ¹**Die Beschlagnahme wird durch die Zollbehörde vorgenommen. ²Die Zollbehörde ordnet auch die zur Beseitigung der widerrechtlichen Kennzeichnung erforderlichen Maßnahmen an.**

(3) Wird den Anordnungen der Zollbehörde nicht entsprochen oder ist die Beseitigung untunlich, ordnet die Zollbehörde die Einziehung der Waren an.

(4) ¹Die Beschlagnahme und die Einziehung können mit den Rechtsmitteln angefochten werden, die im Bußgeldverfahren nach dem Gesetz über Ordnungswidrigkeiten gegen die Beschlagnahme und Einziehung zulässig sind. ²Gegen die Entscheidung des Amtsgerichts ist die sofortige Beschwerde zulässig. ³Über die sofortige Beschwerde entscheidet das Oberlandesgericht.

Überblick

Abs. 1 S. 1 regelt den Anwendungsbereich, insbesondere den **Anwendungsvorrang der VO (EU) 608/2013** (→ Rn. 1) sowie die Voraussetzungen der Beschlagnahme, nämlich die **offensichtlich** (→ Rn. 10) **widerrechtliche Kennzeichnung** (→ Rn. 9) mit einer geschützten **geografischen Herkunftsangabe** (→ Rn. 3).

Nach Abs. 2 S. 1 nehmen die Zollbehörden die Beschlagnahme **von Amts wegen** (→ Rn. 6) vor und zwar nach Abs. 2 S. 2. mit dem vorrangigen **Zweck der Kennzeichenbeseitigung** (→ Rn. 12).

Die Einziehung mit dem Zweck der **Vernichtung** ist für die Fälle des Abs. 3 vorgesehen (→ Rn. 13).

Abs. 4 regelt die **Rechtsmittel** (→ Rn. 14).

A. Anwendungsbereich

Der Anwendungsbereich von § 151 steht (genauso wie derjenige von § 146) unter dem **Anwendungsvorrang der VO (EU) 608/2013 (Produktpiraterie-VO).** Dieser Anwendungsvorrang betrifft mehrere Bereiche: **1**

Die Produktpiraterie-VO gilt in räumlicher Hinsicht für die Tätigkeit der Zollbehörden an den EU-Außengrenzen. Danach verbleibt für § 151 der gesamte **innergemeinschaftliche Warenverkehr.** Dieser ist jedoch wegen dort kaum noch stattfindender Kontrollen, Abs. 1 S. 2, wenig relevant. **2**

Ferner gilt die Produktpiraterie-VO für diejenigen geografischen Angaben, die **durch EU-Verordnung** geschützt sind (→ § 150 Rn. 16) oder die durch ein **Abkommen** zwischen der EU und einem Drittstaat geschützt sind (→ § 150 Rn. 18). Für diese geografischen Angaben schließt die Produktpiraterie-VO eine Anwendung von § 151 (außerhalb des innergemeinschaftlichen Warenverkehrs) aus. Nach der hier vertretenen Auffassung (→ § 150 Rn. 17) stellen auch (sonstige) **geografische Herkunftsangaben nach § 126** ausschließliche Rechte geistigen Eigentums dar und fallen somit gemäß Art. 2 Nr. 4 lit. e Produktpiraterie-VO in den Anwendungsbereich der Produktpiraterie-VO. Damit verbleibt für § 151 insgesamt nur ein Anwendungsbereich im (insoweit für Grenzbeschlagnahmen eher unbedeutenden) innergemeinschaftlichen Verkehr. Zum früheren Recht → Rn. 3.1. **3**

Nach der zuvor geltenden VO (EG) 1383/2003 (Produktpiraterie-VO 2003) wurden geografische Herkunftsangaben, die nach nationalem Recht geschützt sind, unstreitig erfasst (Ströbele/Hacker/Thiering/Thiering Rn. 2). Der daraus resultierende Anwendungsvorrang wurde von der Rechtsprechung allerdings regelmäßig nicht beachtet (vgl. OLG Hamburg MD 2005, 1067 – Hamburg; OLG Hamm GRUR-RR 2006, 12 – Excellanc Germany; OLG Jena BeckRS 2010, 05948 – Lausitzer Früchte). Die damalige Kritik an dem Verfahren nach der Produktpiraterie-VO 2003, das einen „berechtigten" Ansprechpartner voraussetzt (vgl. Art. 2 Abs. 1, 4 Abs. 1 Produktpiraterie-VO 2003; ausf. Ströbele/Hacker/Hacker, 10. Aufl. 2012, Rn. 4), hat sich wohl erledigt. Art. 3 Abs. 2 Nr. 1 lit. a Produktpiraterie-VO und Art. 2 Nr. 8, Nr. 1 lit. d, Nr. 4 lit. e Produktpiraterie-VO sehen ein Antragsrecht auch für die „Rechteinhaber" von geografischen Herkunftsangaben vor (→ § 150 Rn. 34). **3.1**

B. Beschlagnahme

Die Beschlagnahme nach § 151 entspricht im Wesentlichen derjenigen nach § 146 (→ § 146 Rn. 50), unterscheidet sich jedoch in bestimmten Punkten (zum Antragserfordernis → Rn. 6; zum Transit → Rn. 8) deutlich davon. **4**

I. Verfahrensvorschriften

1. Zuständigkeit

5   Zuständig für die Grenzbeschlagnahme nach § 151 sind die (Haupt-)Zollämter, soweit sie ein- oder aus- oder durchgeführte Waren stellen, oder Waren bei ihnen angemeldet werden. Sie steht jedoch ebenso wie die Beschlagnahme nach § 146 unter dem **Vorbehalt,** dass die Zollbehörden überhaupt Grenzkontrollen vornehmen (Fezer Rn. 12).

2. Kein Antragserfordernis

6   Geografische Herkunftsangaben iSd §§ 126 ff. können von mehr als einer Person rechtmäßig in Anspruch genommen werden, so dass es an einem persönlich abgrenzbaren „Berechtigten", entsprechend dem Verfügungsberechtigten nach § 146, fehlt. § 151 ist als **reiner Offizialtatbestand** ausgestaltet, die Zollbehörden werden ausschließlich von Amts wegen tätig. Ein Antrag ist weder erforderlich noch vorgesehen. Aus diesem Grund ist auch eine Sicherheitsleistung keine Voraussetzung des Verfahrens nach § 151. Ein Tätigwerden der Zollbehörden kann zwar von jedermann angeregt werden (Ingerl/Rohnke Rn. 2), ein durchsetzbarer Anspruch darauf besteht jedoch nicht.

7   Ob zukünftig in § 151 – entsprechend dem Verfahren nach der Produktpiraterie-VO (→ § 150 Rn. 34) – ein Antragserfordernis vorgesehen wird, bleibt abzuwarten.

II. Voraussetzungen der Beschlagnahme

1. Ein-, Aus- und Durchfuhr

8   Abweichend von § 146 erfasst § 151 auch den Warentransit, also auch die „Durchfuhr im engeren Sinne" (→ § 146 Rn. 38 f.; v. Schultz/Eble § 146 Rn. 16).

2. Widerrechtliche Kennzeichnung der Ware

9   Die Ware (→ § 146 Rn. 26) muss widerrechtlich mit einer geschützten geografischen Herkunftsangabe gekennzeichnet sein. Daher hat ein Verstoß gegen § 127, Art. 13 Abs. 1 VO (EG) 510/2006 oder Art. 21 VO (EU) 2019/787 vorzuliegen. Die Kennzeichnungen können auch auf der Verpackung der Waren angebracht sein (vgl. OLG Hamburg MD 2005, 1067 – Hamburg; GRUR-RR 2002, 129 – Kfz-Ersatzteile).

3. Offensichtlichkeit

10   Die Widerrechtlichkeit der Kennzeichnung muss offensichtlich sein. Eine besondere Überprüfung der Rechtmäßigkeit der Verwendung von geografischen Herkunftsangaben auf Waren, Verpackungen, etc müssen die Zollbehörden nicht vornehmen. Zur Kritik → Rn. 10.1.

10.1   Mit Blick auf die Verpflichtungen aus MHA und PVÜ wird das Kriterium der Offensichtlichkeit kritisiert, weil es keine Verpflichtung zur gezielten Prüfung von Waren auf die Ordnungsmäßigkeit ihrer geografischen Herkunftsangaben begründet (Ströbele/Hacker/Thiering/Thiering Rn. 8).

4. Geschäftlicher Verkehr

11   Schließlich muss die Ein-, Aus- oder Durchfuhr im geschäftlichen Verkehr erfolgen, andernfalls scheidet eine Verletzung der §§ 126 ff. aus (für das Unionsrecht vgl. Art. 1 Abs. 4 Produktpiraterie-VO, Art. 21 VO (EU) 2019/787). Der private Reise- oder Geschenkverkehr (zu den Wertgrenzen → § 146 Rn. 30.1) unterliegt der Beschlagnahme nicht, sofern nicht Anlass zur Annahme eines Handelns im geschäftlichen Verkehr (→ § 146 Rn. 30) besteht (Ströbele/Hacker/Thiering/Thiering Rn. 9).

C. Verfahren nach Beschlagnahme

I. Kennzeichenbeseitigung (Abs. 2 S. 2)

12   Wurden die aufgegriffenen Waren beschlagnahmt, so ordnet die Zollbehörde die Maßnahmen an, die sie zur Beseitigung der widerrechtlichen Kennzeichen für erforderlich hält (Abs. 2 S. 2). Ihr kommt insofern Auswahlermessen zu.

II. Einziehung und Vernichtung (Abs. 3)

Die Beseitigung kann im Einzelfall untunlich sein (Abs. 3). Dies ist der Fall, wenn zB die **13** Kennzeichnung nicht zu entfernen ist, ohne die Ware zu beschädigen oder zu zerstören, oder die Kosten der Beseitigung im Vergleich zum Wert der Ware unverhältnismäßig hoch wären. In diesen Fällen ist die Einziehung der Waren anzuordnen (v. Schultz/Eble Rn. 3). So ist auch zu verfahren, wenn der Anordnung zur Beseitigung der Kennzeichen nicht entsprochen wird (Ingerl/Rohnke Rn. 4).

D. Rechtsmittel (Abs. 4)

Dem Verfügungsberechtigten stehen nach Abs. 4 gegen Beschlagnahme und Einziehung die **14** gleichen Rechtsmittel wie bei **§ 148 Abs. 3** zur Verfügung (→ § 148 Rn. 13). Nicht geregelt ist hingegen, ob und ggf. welches Rechtsmittel gegen die Anordnung der Beseitigung nach Abs. 2 S. 2 stattfindet. Insofern wird das Rechtsmittel gegen die Beschlagnahmeanordnung, also die gerichtliche Entscheidung (→ § 148 Rn. 14 f.), auch auf die Beseitigungsanordnung für anwendbar gehalten (Ströbele/Hacker/Thiering/Thiering Rn. 13).

Teil 10. Übergangsvorschriften

§ 152 Anwendung dieses Gesetzes

Die Vorschriften dieses Gesetzes finden, soweit nachfolgend nichts anderes bestimmt ist, auch auf Marken, die vor dem 1. Januar 1995 angemeldet oder eingetragen oder durch Benutzung im geschäftlichen Verkehr oder durch notorische Bekanntheit erworben worden sind, und auf geschäftliche Bezeichnungen Anwendung, die vor dem 1. Januar 1995 nach den bis dahin geltenden Vorschriften geschützt waren.

Überblick

Die §§ 152–164 enthalten Übergangsvorschriften zum Inkrafttreten des MarkenG am 1.1.1995. § 152 bestimmt die grundsätzliche Anwendbarkeit des MarkenG auch auf vor seinem Inkrafttreten geschützte Marken und geschäftliche Bezeichnungen, soweit die §§ 153–164 keine gegenteiligen Anordnung enthalten.

A. Allgemeines

1 Die Übergangsvorschriften der §§ 152–164 beruhen im Wesentlichen auf Vorgaben der MRL und sind mit ihr konform (Fezer Rn. 2). Allerdings ordnet die MRL – anders als § 152 im deutschen Recht – die **grundsätzliche Anwendbarkeit** des neuen Kennzeichenrechts auf bereits geschützte Kennzeichen nicht ausdrücklich an. Sie geht vielmehr in den Art. 3 Abs. 4 MRL 2008, Art. 4 Abs. 6 MRL 2008, Art. 5 Abs. 4 MRL 2008 und Art. 10 Abs. 3 lit. a MRL 2008 davon aus und bestimmt Detail- und Ausnahmeregeln, die sich in den §§ 153–164 wiederfinden.

B. Anwendungsbereich

2 § 152 ist anwendbar auf alle **Marken,** die vor dem 1.1.1995 durch Anmeldung oder Eintragung, Benutzung im geschäftlichen Verkehr oder notorische Bekanntheit geschützt waren. Er ist ferner anwendbar auf **geschäftliche Bezeichnungen,** die nach bisherigem Recht, namentlich den § 16 UWG aF, § 12 BGB, geschützt waren. Dagegen waren **Geografische Herkunftsangaben** vor Inkrafttreten des MarkenG noch nicht als subjektive Immaterialgüterrechte anerkannt (Fezer Rn. 5); auf sie sind die §§ 152 ff. daher folgerichtig nicht anwendbar.

3 Die durch § 152 angeordnete Anwendbarkeit des MarkenG bezieht sich nur auf bereits geschützte **Rechte,** nicht aber die Rechte betreffende **Verfahrenshandlungen.** Für frist- und formgebundene **Erklärungen** und **Gebührenzahlungen** gilt daher weiterhin das zum Zeitpunkt der Vornahme der Handlung geltende Recht (BGH GRUR 2000, 328 (329) – Verlängerungsgebühr II; Ströbele/Hacker/Thiering/Hacker Rn. 3).

4 Unberührt bleiben auch Sachverhalte, die vor Inkrafttreten des MarkenG bereits rechtlich **abgeschlossen** sind. Gemeint sind damit **bereits entstandene Schuldverhältnisse:** Auskunfts- und Schadensersatzansprüche, die sich auf Kennzeichenverletzungen beziehen, die vor Inkrafttreten des MarkenG begangen wurden, sind bereits vollständig entstanden. Auf sie ist daher ausschließlich das zum Zeitpunkt der Verletzung geltende Recht anzuwenden. Dieser für Schuldverhältnisse allgemeingültige Grundsatz ergibt sich aus dem Rechtsgedanken des Art. 170 EGBGB (MüKoBGB/Krüger, 5. Aufl. 2010, EGBGB Art. 170 Rn. 3) und wird durch § 152 nicht verändert.

5 Anders verhält es sich bei **in die Zukunft gerichteten Ansprüchen:** Unterlassungs- und Beseitigungsansprüche sind **nicht rechtlich abgeschlossen; s**ie bestehen in jedem Moment, in dem ein geschütztes Kennzeichen verletzt ist. Sie richten sich daher wegen § 152 allein nach den Vorschriften des MarkenG (Ingerl/Rohnke/Nordemann/Bröcker Rn. 5).

§ 153 Schranken für die Geltendmachung von Verletzungsansprüchen

(1) Standen dem Inhaber einer vor dem 1. Januar 1995 eingetragenen oder durch Benutzung oder notorische Bekanntheit erworbenen Marke oder einer geschäftlichen Bezeichnung nach den bis dahin geltenden Vorschriften gegen die Benutzung der Marke, der geschäftlichen Bezeichnung oder eines übereinstimmenden Zeichens keine Ansprü-

che wegen Verletzung zu, so können die Rechte aus der Marke oder aus der geschäftlichen Bezeichnung nach diesem Gesetz nicht gegen die Weiterbenutzung dieser Marke, dieser geschäftlichen Bezeichnung oder dieses Zeichens geltend gemacht werden.

(2) Auf Ansprüche des Inhabers einer vor dem 1. Januar 1995 eingetragenen oder durch Benutzung oder notorische Bekanntheit erworbenen Marke oder einer geschäftlichen Bezeichnung ist § 21 mit der Maßgabe anzuwenden, daß die in § 21 Abs. 1 und 2 vorgesehene Frist von fünf Jahren mit dem 1. Januar 1995 zu laufen beginnt.

Überblick

§ 153 enthält in Abs. 1 und Abs. 2 zwei unabhängige Übergangsregelungen, welche die Geltendmachung von Verletzungsansprüchen aus Altrechten beschränken. Abs. 1 bestimmt, dass der Inhaber einer Marke oder einer geschäftlichen Bezeichnung dann nicht aus dem MarkenG gegen die Weiterbenutzung eines über § 152 geschützten Altkennzeichens vorgehen kann, wenn schon nach den vormals geltenden Vorschriften keine Verletzungsansprüche wegen der Benutzung bestanden (→ Rn. 1). Der inzwischen obsolete Abs. 2 ist eine Übergangsregelung für die durch das MarkenG neu eingeführte fünfjährige Höchstfrist innerhalb der Verwirkungsregeln nach § 21 Abs. 1 und 2 (→ Rn. 4).

A. Weitergeltung rechtmäßiger Benutzung (Abs. 1)

§ 153 Abs. 1 dient der Umsetzung von Art. 5 Abs. 4 MRL und soll verhindern, dass gegen **1** **Benutzungshandlungen,** die nach bisherigem Recht rechtmäßig waren, nun über § 152 nach neuem Recht vorgegangen wird. Eine solche Regelung wurde für notwendig erachtet, da der unbestimmte Rechtsbegriff der **Ähnlichkeit** in Art. 5 Abs. 1 lit. b und Abs. 2 MRL dazu führen könnte, dass **bisher rechtmäßige Benutzungshandlungen** von nun an beanstandet werden könnten (BT-Drs. 12/6581, 128). Neue Unterlassungsansprüche hinsichtlich bisher rechtmäßigen Verhaltens sollten durch das Inkrafttreten der nationalen Umsetzungen der Richtlinie gerade nicht entstehen.

§ 153 Abs. 1 gilt gleichermaßen für **Marken** und **geschäftliche Bezeichnungen.** In beiden **2** Fällen kann gegen die nach **altem Recht** rechtmäßige Weiterbenutzung nicht nach Vorschriften des MarkenG vorgegangen werden. Eine tatbestandliche **Weiterbenutzung** liegt nur vor, wenn die Benutzung nicht zwischenzeitlich mit endgültigem Willen eingestellt wurde (Ingerl/Rohnke/Nordemann/Bröcker Rn. 11).

Bei § 153 Abs. 1 handelt es sich um eine **Einwendung.** Er ist daher auch ohne Geltendmachung **3** des Beklagten **von Amts wegen** zu beachten. Das Recht auf Weiterbenutzung besteht nur für den Benutzer selbst und ist **nicht** durch Rechtsgeschäft auf einen Dritten **übertragbar.**

B. Verwirkung (Abs. 2)

§ 153 Abs. 2 bezieht sich auf die durch das MarkenG erstmals geschaffene Höchstfrist von fünf **4** Jahren in den Verwirkungtatbeständen nach § 21 Abs. 1 und Abs. 2. Die Regelung ist missverständlich formuliert: Die Höchstfrist beginnt nicht, wie der Wortlaut vermuten lässt, zwingend **am,** sondern nur **nicht vor** dem 1.1.1995 zu laufen. Die Vorschrift hat heute aber offenkundig **keine rechtliche Bedeutung mehr** (Ingerl/Rohnke/Nordemann/Bröker Rn. 22).

§ 154 Dingliche Rechte; Zwangsvollstreckung; Konkursverfahren

(1) Ist vor dem 1. Januar 1995 an dem durch die Anmeldung oder Eintragung einer Marke begründeten Recht ein dingliches Recht begründet worden oder war das durch die Anmeldung oder Eintragung begründete Recht Gegenstand von Maßnahmen der Zwangsvollstreckung, so können diese Rechte oder Maßnahmen nach § 29 Abs. 2 in das Register eingetragen werden.

(2) Absatz 1 ist entsprechend anzuwenden, wenn das durch die Anmeldung oder Eintragung einer Marke begründete Recht durch ein Konkursverfahren erfaßt worden ist.

Überblick

Vor Inkrafttreten des MarkenG am 1.1.1995 war unter dem WZG die nach § 29 Abs. 2 mögliche Eintragung dinglicher Rechte oder Zwangsvollstreckungsmaßnahmen sowie eines Konkursvermerks in das Register nicht ausdrücklich vorgesehen. Dem trägt § 154 Rechnung.

1   Abs. 1 bestimmt, dass dingliche Rechte oder Maßnahmen der Zwangsvollstreckung, die vor dem Inkrafttreten des MarkenG begründet wurden, auch noch nach Inkrafttreten des MarkenG in das Register eingetragen werden können (BPatG Beschl. v. 10.5.1995 – 28 W (pat) 24/95, nv).

2   Gleiches gilt nach Abs. 2 für Konkursverfahren und entsprechend für Gesamtvollstreckungsverfahren des Beitrittsgebiets (§ 1 Abs. 4 S. 2 GesO; vgl. Fezer Rn. 2).

3   Heute hat die Vorschrift aufgrund des zeitlichen Bezugs zu Ereignissen aus der Zeit vor dem 1.1.1995 praktisch keine Bedeutung mehr (vgl. Ingerl/Rohnke Rn. 1).

§ 155 Lizenzen

Auf vor dem 1. Januar 1995 an dem durch die Anmeldung oder Eintragung, durch die Benutzung oder durch die notorische Bekanntheit einer Marke begründeten Recht erteilte Lizenzen ist § 30 mit der Maßgabe anzuwenden, daß diesen Lizenzen die Wirkung des § 30 Abs. 5 nur insoweit zugute kommt, als es sich um nach dem 1. Januar 1995 eingetretene Rechtsübergänge oder an Dritte erteilte Lizenzen handelt.

Überblick

Die Vorschrift regelt als Übergangsbestimmung die Behandlung von Lizenzverträgen, die vor dem 1.1.1995, dh vor Inkrafttreten des Markengesetzes, abgeschlossen wurden.

1   § 155 ist eine **Übergangsvorschrift.** Sie regelt den Umgang mit Lizenzen, die an gemäß § 4 geschützten Marken **vor dem 1.1.1995** erteilt wurden. Soweit es sich um Lizenzen iSd **§ 30** handelt (→ § 30 Rn. 10 ff.), gilt auch für diese § 30. Jedoch wird der Sukzessionsschutz nur eingeschränkt gewährt: Er wird dem Lizenznehmer nur gegenüber solchen später erteilten Lizenzen oder Rechtsübergängen zuteil, die „nach dem 1. Januar 1995" erfolgt sind.

2   Der Wortlaut „nach dem 1. Januar 1995" wurde aufgrund eines **Redaktionsversehens** gewählt. Gemeint ist **„ab dem** 1. Januar 1995", weil das Markengesetz bereits zu diesem Zeitpunkt in Kraft war (BT-Drs. 12/6581, 129).

3   Gegenüber vor dem 1.1.1995 erteilten Lizenzen und Rechtsübergängen greift der Sukzessionsschutz des § 30 Abs. 5 nicht, weil „sich die Beteiligten an der (...) bisherigen Rechtslage orientiert haben" (BT-Drs. 12/6581, 129). Diese frühere Rechtslage erkannte Lizenzen ausschließlich schuldrechtliche Wirkungen zu. Lizenzen und Rechtsübergänge, die zwar zeitlich an zweiter Stelle, jedoch vor dem 1.1.1995 erfolgt sind, schmälern die Wirkung der zuerst erteilten Lizenz daher möglicherweise, so dass sich Haftungsfragen ergeben können.

§ 156 Löschung einer eingetragenen Marke wegen absoluter Schutzhindernisse

[1]Ist vor dem 1. Januar 1995 ein Verfahren von Amts wegen zur Löschung der Eintragung einer Marke wegen des Bestehens absoluter Schutzhindernisse nach § 10 Absatz 2 Nummer 2 des Warenzeichengesetzes eingeleitet worden oder ist vor diesem Zeitpunkt ein Antrag auf Löschung nach dieser Vorschrift gestellt worden, so wird die Eintragung nur gelöscht, wenn die Marke sowohl nach den bis dahin geltenden Vorschriften als auch nach den Vorschriften dieses Gesetzes nicht schutzfähig ist. [2]Dies gilt auch dann, wenn nach dem 1. Januar 1995 ein Verfahren nach § 54 zur Löschung der Eintragung einer Marke eingeleitet wird, die vor dem 1. Januar 1995 eingetragen worden ist.

Überblick

§ 156 wurde durch Art. 4 Nr. 31 Gesetz zur Änderung des Designgesetzes und weiterer Vorschriften des gewerblichen Rechtsschutzes vom 4.4.2016 (BGBl. I 558) geändert und enthält Übergangsregelungen für Löschungsverfahren wegen absoluter Schutzhindernisse (aufgrund von

Löschungsanträgen wegen absoluter Schutzhindernisse, für die ausschließlich das DPMA zuständig ist), deren Gegenstand vor dem 1.1.1995 eingetragene Marken sind (§ 162 Abs. 2 aF, § 162 Abs. 1 ist jetzt weggefallen).

Die Vorschrift enthält Bestimmungen über die Anwendung der sog. **Meistbegünstigungs-** **1** **klausel** mit der Maßgabe, dass in § 156 (wie auch in § 157 Abs. 1) die Anwendung des Prinzips der Meistbegünstigung unabhängig davon eingreift, wann der Löschungsantrag gestellt worden ist (dh ob vor oder nach dem Stichtag des 1.1.1995). Davon ausgehend, dass nach § 50 Abs. 2 S. 1 eine Marke wegen absoluter Schutzhindernisse nur dann löschungsreif ist, wenn ein Schutzhindernis sowohl im Anmeldezeitpunkt (vgl. BGH GRUR 2013, 1143 – Aus Akten werden Fakten) als auch im Entscheidungszeitpunkt gegeben war und ist, regelt § 156 S. 2 den Spezialfall, dass zu den beiden fraglichen Zeitpunkten unterschiedliche gesetzliche Bestimmungen anwendbar waren, nämlich im Eintragungszeitpunkt das WZG, im Entscheidungszeitpunkt das MarkenG.

§ 156 S. 1 bestimmt, dass bei Auseinanderfallen der rechtlichen Entscheidungsgrundlagen zu **2** den maßgeblichen Zeitpunkten die Marke sowohl nach WZG als auch nach MarkenG löschungsreif sein muss (vgl. Ströbele/Hacker/Thiering/Hacker Rn. 3).

Die Meistbegünstigungsklausel gilt zum einen für vor dem 1.1.1995 gestellte Löschungsanträge **3** (§ 156 S. 1) und zum andern nach § 156 S. 2 für nach dem 1.1.1995 gestellte Löschungsanträge, die sich auf vor dem 1.1.1995 eingetragene Marken beziehen (BGH GRUR 2006, 588 – Scherkopf; Ströbele/Hacker/Thiering/Hacker Rn. 4; Fezer Rn. 4, 5; Ingerl/Rohnke/Nordemann/ Bröcker Rn. 1, der die Regelung aber für überflüssig erachtet, da nach § 54 ohnehin eine Löschungsreife zum Zeitpunkt der Eintragung und zum Entscheidungszeitpunkt vorgesehen ist).

Problematisch erscheinen diejenigen Fälle, in denen Schutzhindernisse nach dem WZG unter **4** geänderten Voraussetzungen bestanden haben, so etwa bei der abstrakten Unterscheidungseignung nach § 3 Abs. 1 sowie bei den Tatbeständen des § 3 Abs. 2 Nr. 1–3, die zwar auch nach dem WZG anerkannt waren, jedoch unter abweichenden Voraussetzungen (BGH GRUR 2006, 588 – Scherkopf, zum Schutzhindernis des § 3 Abs. 2 Nr. 2 bei Abbildung der Ware; GRUR 2007, 325 – Kinder (schwarz-rot), zur Einordnung des Benutzungswillens; Ströbele/Hacker/Thiering/ Hacker Rn. 6). Auch die Bösgläubigkeit, die zwar im WZG keinen Eintragungsversagungstatbestand bildete, war bereits vor Inkrafttreten des MarkenG, wenn auch aufgrund außerzeichenrechtlicher Vorschriften (Beseitigung eines rechtswidrigen Störungszustands nach UWG), zu berücksichtigen (Ströbele/Hacker/Thiering/Hacker Rn. 8; BGH GRUR 2007, 324 f. – Kinder (schwarzrot); GRUR 1980, 110 – TORCH).

Das Erfordernis der Erhebung eines Löschungsantrags in der zeitlichen Grenze von zehn Jahren **5** ab Eintragung der Marke in den Fällen des § 8 Abs. 2 Nr. 1–3 (§ 50 Abs. 2 S. 2) ist auf Löschungsanträge, die vor dem 1.1.1995 gestellt wurden, nicht anwendbar (BPatG BeckRS 1997, 11133 – Propack; offengelassen in BGH GRUR 2006, 588 – Scherkopf; Ingerl/Rohnke/Nordemann/Bröcker Rn. 1; Ströbele/Hacker/Thiering/Hacker Rn. 9). Dies wird jedoch anders zu sehen sein im Falle eines nach dem 1.1.1995 gestellten Löschungsantrags gegen eine nach WZG eingetragene Marke, wenn auch der Wortlaut des § 50 Abs. 2 S. 2 voraussetzt, dass eine Marke entgegen § 8 Abs. 2 Nr. 1–3 MarkenG eingetragen ist, was bei einer Eintragung nach WZG begrifflich nicht der Fall sein kann (Ströbele/Hacker/Thiering/Hacker Rn. 8).

Auf Löschungsverfahren, in denen eine mangelnde Schutzfähigkeit einer nach WZG eingetra- **6** genen Marke gemäß § 3 Abs. 1, Abs. 2, § 8 Abs. 2 Nr. 4–10 geltend gemacht wird, ist § 50 Abs. 2 S. 2 nicht anwendbar, da es sich um Schutzhindernisse im Allgemeininteresse handelt, die insoweit einem Vertrauens- oder Bestandsschutz des Zeicheninhabers vorgehen (Ströbele/Hacker/Thiering/Hacker Rn. 10; BGH GRUR 2006, 588 Rn. 14 – Scherkopf, wobei im Ergebnis die Frage der generellen Anwendbarkeit von § 50 Abs. 2 S. 2 auf Altmarken aber offenblieb).

§ 157 Löschung einer eingetragenen Marke wegen des Bestehens älterer Rechte

(1) [1]**Ist vor dem 1. Januar 1995 eine Klage auf Löschung der Eintragung einer Marke aufgrund einer früher angemeldeten Marke nach § 11 Abs. 1 Nr. 1 des Warenzeichengesetzes oder aufgrund eines sonstigen älteren Rechts erhoben worden, so wird, soweit in Absatz 2 nichts anderes bestimmt ist, die Eintragung nur gelöscht, wenn der Klage sowohl nach den bis dahin geltenden Vorschriften als auch nach den Vorschriften dieses Gesetzes stattzugeben ist.** [2]**Dies gilt auch dann, wenn nach dem 1. Januar 1995 eine Klage nach § 55 auf Löschung der Eintragung einer Marke erhoben worden ist oder nach dem 1. Mai 2020 ein Antrag nach § 53 auf Erklärung des Verfalls und der Nichtigkeit einer Marke gestellt wird, die vor dem 1. Januar 1995 eingetragen worden ist.**

(2) ¹In den Fällen des Absatzes 1 Satz 1 ist § 51 Abs. 2 Satz 1 und 2 nicht anzuwenden. ²In den Fällen des Absatzes 1 Satz 2 ist § 51 Abs. 2 Satz 1 und 2 mit der Maßgabe anzuwenden, daß die Frist von fünf Jahren mit dem 1. Januar 1995 zu laufen beginnt.

Überblick

§ 157 (vgl. BGBl. 2016 I 558; § 163 aF) enthält Übergangsregelungen für Löschungsklagen wegen des Bestehens älterer Rechte (§ 55) sowohl für Fälle, in denen eine Löschungsklage bei den Zivilgerichten vor dem 1.1.1995 erhoben wurde als auch hinsichtlich Klagen, die nach dem 1.1.1995 erhoben wurden, jedoch Marken betreffen, die aufgrund des WZG eingetragen wurden. Die Regelung des § 157 soll eine reibungslose Anwendung des MarkenG unter Berücksichtigung des Bestandsschutzes für Marken, die aufgrund des WZG eingetragen wurden, gewährleisten (Amtl. Begr. zu § 163; Ströbele/Hacker/Thiering/Hacker Rn. 1; Fezer Rn. 2).

§ 157 Abs. 2 schließt die Anwendbarkeit der Verwirkungsregelung durch Duldung (§ 51 Abs. 2) aus (→ Rn. 3).

A. Meistbegünstigungsklausel (Abs. 1)

1   In § 157 Abs. 1 ist die sog. Meistbegünstigungsklausel enthalten, wobei die Regelung in § 157 Abs. 1 § 156 entspricht. Wurde gemäß § 157 Abs. 1 S. 1 eine Löschungsklage vor dem 1.1.1995 erhoben, konnte diese nur erfolgreich sein, wenn sie sowohl nach dem WZG als auch nach dem MarkenG begründet war (Meistbegünstigungsklausel). Gemäß § 157 Abs. 1 S. 2 findet das Prinzip der Meistbegünstigung auch Anwendung auf die Verfahren, in denen eine Löschungsklage nach dem Stichtag 1.1.1995 gegen die Eintragung einer Marke erhoben wird, die nach WZG eingetragen wurde oder vor dem Stichtag angemeldet, aber erst nach Inkrafttreten des MarkenG eingetragen wurde; auf letztere war § 157 entsprechend anzuwenden (BGH GRUR 2000, 875 f. – Davidoff; GRUR 2004, 235 (238) – Davidoff II; GRUR 2000, 1032 f. – EQUI 2000; Fezer Rn. 5; Ingerl/Rohnke/Nordemann/Bröcker Rn. 4).

2   Der Hauptanwendungsfall der Meistbegünstigungsklausel führte dazu, dass in Fällen des erweiterten Schutzumfangs der älteren Marke (abgestufte Regelungen des § 9) aufgrund des MarkenG gegenüber dem WZG die jüngere Marke gleichwohl nicht löschungsreif war, wenn sie vor dem Inkrafttreten des MarkenG nicht vom damals anzusetzenden Schutzumfang umfasst worden war (Fezer Rn. 5), da die ältere Marke nicht nachträglich von einem Rechtszuwachs profitieren konnte (Ingerl/Rohnke/Nordemann/Bröcker Rn. 5 unter Hinweis auf die Amtl. Begr. zu § 163). Weiterhin betraf § 157 Abs. 1 die Fälle, in denen die ältere Marke wegen mangelnder Benutzung aufgrund der strengeren Vorschriften im WZG den Benutzungszwang betreffend löschungsreif war, die Einrede gemäß § 51 Abs. 4 Nr. 1 jedoch mit Inkrafttreten des geänderten § 26 Abs. 3 nicht mehr durchgriff und deshalb eine Löschungsreife der jüngeren Marke nicht mehr gegeben war. Ebenso stand § 157 der Löschungsreife aufgrund außerzeichenrechtlicher Löschungsklagen, die sich auf einen Beseitigungsanspruch aus früherem Recht, zB § 1 UWG oder § 823 Abs. 1 BGB iVm § 1004 BGB gründeten, entgegen (Ingerl/Rohnke/Nordemann/Bröcker Rn. 5).

B. Einschränkung der Meistbegünstigung bei Verwirkung (Abs. 2)

3   Einer Ausnahme bedarf allerdings die Anwendung der Meistbegünstigungsklausel auf die Verwirkung. Da die in § 51 Abs. 2 S. 1 und 2 vorgesehene Verwirkung des Löschungsanspruchs im WZG nicht enthalten war, kommt eine rückwirkende Anwendung nicht in Betracht. Nach § 157 Abs. 2 beginnt daher die in § 51 Abs. 2 S. 1 und S. 2 enthaltene Frist von fünf Jahren, in der eine **Duldung** der Benutzung der jüngeren Marke durch den Inhaber des älteren Rechts stattgefunden hat, frühestens mit dem Stichtag des Inkrafttretens des MarkenG am 1.1.1995 zu laufen (Amtl. Begr. zu § 162; Ströbele/Hacker/Thiering/Hacker Rn. 6; Fezer Rn. 6).

§ 158 Übergangsvorschriften

(1) Artikel 229 § 6 des Einführungsgesetzes zum Bürgerlichen Gesetzbuche findet mit der Maßgabe entsprechende Anwendung, dass § 20 in der bis zum 1. Januar 2002 geltenden Fassung den Vorschriften des Bürgerlichen Gesetzbuchs über die Verjährung in der bis zum 1. Januar 2002 geltenden Fassung gleichgestellt ist.

(2) Ist die Anmeldung vor dem 1. Oktober 2009 eingereicht worden, ist für den gegen die Eintragung erhobenen Widerspruch § 42 Absatz 1 und 2 in der bis zum 1. Oktober 2009 geltenden Fassung anzuwenden.

(3) Ist die Anmeldung zwischen dem 1. Oktober 2009 und dem 14. Januar 2019 eingereicht worden, ist für den gegen die Eintragung erhobenen Widerspruch § 42 Absatz 1 und 2 in der bis zum 14. Januar 2019 geltenden Fassung anzuwenden.

(4) Ist der Widerspruch vor dem 14. Januar 2019 erhoben worden, findet § 42 Absatz 3 und 4 keine Anwendung.

(5) Ist in einem Verfahren über einen Widerspruch, der vor dem 14. Januar 2019 erhoben worden ist, die Benutzung der Marke, wegen der Widerspruch erhoben worden ist, bestritten worden oder wird die Benutzung in einem solchen Widerspruchsverfahren bestritten, so sind die §§ 26 und 43 Absatz 1 in ihrer bis dahin geltenden Fassung weiter anzuwenden.

(6) Ist der Antrag auf Löschung einer eingetragenen Marke wegen Verfalls gemäß § 49 vor dem 14. Januar 2019 gestellt oder die Löschungsklage wegen Verfalls oder aufgrund älterer Rechte gemäß § 51 vor diesem Zeitpunkt erhoben worden, so sind § 49 Absatz 1, § 51 Absatz 4 Nummer 1, § 55 Absatz 3 und § 26 in ihrer bis dahin geltenden Fassung weiter anzuwenden.

(7) § 8 Absatz 2 Nummer 9 bis 12 gilt nicht für Marken, die vor dem 14. Januar 2019 beim Deutschen Patent- und Markenamt angemeldet worden sind.

(8) § 50 Absatz 2 Satz 1 gilt nur für Anträge gemäß § 50 Absatz 1, die nach dem 14. Januar 2019 erhoben worden sind. Ist der Antrag gemäß § 50 Absatz 1 vor dem 14. Januar 2019 gestellt worden, so ist § 50 Absatz 2 in seiner bisher geltenden Fassung anz1uwenden.

(9) [1]Für Erinnerungen und Beschwerden, die vor dem 1. Oktober 2009 eingelegt worden sind, gelten die §§ 64 und 66 in der bis zum 1. Oktober 2009 geltenden Fassung. [2]Für mehrseitige Verfahren, bei denen von einem Beteiligten Erinnerung und von einem anderen Beteiligten Beschwerde eingelegt worden ist, ist für die Anwendbarkeit der genannten Vorschriften der Tag der Einlegung der Beschwerde maßgebend.

(10) § 102 Absatz 4 gilt nicht für Kollektivmarken, die vor dem 14. Januar 2019 eingetragen worden sind.

Überblick

Diese Vorschrift ist eine Übergangsregelung bei Gesetzesänderungen.

Bezüglich der **Verjährung** wird § 20 den entsprechenden BGB-Vorschriften gleichgestellt **1** (Abs. 1).

Widersprüche gegen Marken, die vor dem 1.10.2009 angemeldet wurden, können nach der **2** bis 30.9.2009 geltenden Fassung des § 42 nicht auf geschützte Ursprungsbezeichnungen, geschützte geografische Angaben sowie nicht eingetragene Marken und geschäftliche Bezeichnungen gestützt werden (Abs. 2). Widersprüche gegen Marken, die zwischen dem 1.10.2009 und dem 14.1.2019 angemeldet wurden, können nach der bis 13.1.2019 geltenden Fassung des § 42 immer noch nicht auf geschützte Ursprungsbezeichnungen und geschützte geografische Angaben gestützt werden – aber auf eingetragene Marken und geschäftliche Bezeichnungen (Abs. 3).

Vor dem 14.1.2019 eingelegte Widersprüche können nicht auf mehrere Rechte gestützt werden **3** (Abs. 4).

In Widerspruchsverfahren, die vor dem 14.1.2019 eingeleitet wurden, muss auch auf beiderseiti- **4** gen Antrag keine Frist von mindestens zwei Monaten eingeräumt werden, um eine gütliche Einigung zu ermöglichen (Abs. 4).

In Widerspruchsverfahren, die einen vor dem 14.1.2019 eingelegten Widerspruch betreffen, **5** gelten für die Nichtbenutzungseinrede nach Abs. 5 § 26 und § 43 Abs. 1 in der bis 13.1.2019 geltenden Fassung. Damit genügt **Glaubhaftmachung der Benutzung** (→ § 43 Rn. 64). Für die Berechnung der Benutzungsschonfrist sind die Veröffentlichung der Eintragung der Marke, gegen die sich der Widerspruch richtet, und der Eintragungstag der Widerspruchsmarke maßgeblich. Es gilt auch noch der **zweite „gleitende" Benutzungszeitraum,** dh endet der Zeitraum von fünf Jahren der Nichtbenutzung nach der Veröffentlichung der Eintragung, so hat der Widersprechende, wenn die Benutzung bestritten ist, glaubhaft zu machen, dass die Marke innerhalb der letzten fünf Jahre vor der Entscheidung über den Widerspruch benutzt worden ist.

6   Über **Verfalls- und Nichtigkeitsverfahren wegen älterer Rechte** hat das DPMA seit 1.5.2020 in der Sache zu entscheiden; dafür ist das seit 14.1.2019 geltende Recht maßgebend (Abs. 6).

7   Für vor dem 14.1.2019 gestellte **Verfallsanträge** ist das bis dahin geltende Recht anzuwenden, dh für die Berechnung der Frist, in der die angegriffene Marke benutzt werden muss, ist die Veröffentlichung der Eintragung maßgebend. Ebenso ist bei vor dem 14.1.2019 erhobenen **Nichtigkeitsklagen** wegen älterer Rechte auf die Eintragung der älteren Marke abzustellen.

8   Abs. 5 und 6 müssen analog für **Verletzungsverfahren** gelten, so dass § 25 in seiner bisherigen Fassung auf Verletzungsklagen, die vor dem 14.1.2019 erhoben wurden, anzuwenden ist.

9   Die **Schutzhindernisse** des § 8 Abs. 2 Nr. 9–12 können entsprechend Abs. 7 nur Marken entgegengehalten werden, die nach dem 14.1.2019 angemeldet wurden. Eine frühere in Anspruch genommene Priorität ändert daran nichts. Für Anträge nach § 50 (Nichtigkeit wegen absoluter Schutzhindernisse) legt dies Abs. 8 fest.

10   Für die Wahl zwischen **Erinnerungen** und **Beschwerden,** die vor dem 1.10.2009 eingelegt worden sind, ist nach Abs. 9 auf die damalige Gesetzeslage abzustellen – also bevor mit § 64 Abs. 6 S. 1 die freie Wahl zwischen Erinnerung und Beschwerde neu eingefügt wurde. Hat einer von mehreren Beteiligten vor dem 1.10.2009 Erinnerung und einer nach dem 1.10.2009 Beschwerde eingelegt, bestimmt die Beschwerde das anzuwendende neuere Recht.

11   **Kollektivmarkensatzungen** werden im Register nur eingetragen, wenn auch die Marke selbst nach dem 14.1.2019 eingetragen wurde (Abs. 10).

§ 159 Schutzdauer und Verlängerung

(1) Die Vorschriften dieses Gesetzes über die Schutzdauer und ihre Verlängerung (§ 47) sind auf vor dem 14. Januar 2019 eingetragene Marken mit der Maßgabe anzuwenden, dass für die Berechnung der Frist, nach der die Schutzdauer endet, § 47 Absatz 1 in seiner bis dahin geltenden Fassung weiter anzuwenden ist.

(2) Für eingetragene Marken, deren Schutzdauer gemäß § 47 Absatz 1 spätestens zwölf Monate nach dem 31. Januar 2019 endet, sind die §§ 3, 5 und 7 des Patentkostengesetzes vom 13. Dezember 2001 (BGBl. I S. 3656), das zuletzt durch Artikel 13 des Gesetzes vom 4. April 2016 (BGBl. I S. 558) geändert worden ist, in ihrer bis dahin geltenden Fassung weiter anzuwenden.

Überblick

§ 159 regelt die Übergangsvorschriften hinsichtlich der Schutzdauer für Marken, die noch vor Inkrafttreten des MaMoG eingetragen wurden, und hinsichtlich der Zahlungsfristen für Marken, die bis 31.1.2020 zur Verlängerung anstehen.

1   Zur Berechnung der Schutzdauer und der Zahlungsfristen → § 47 Rn. 3 bzw. → § 47 Rn. 9 ff.

§ 160 (aufgehoben)

Überblick

§ 160 wurde durch Art. 4 Gesetz zur Änderung des Designgesetzes und weiterer Vorschriften des gewerblichen Rechtsschutzes vom 4.4.2016 (BGBl. I 558) aufgehoben.

1   Die Übergangsvorschrift regelte, dass die Verlängerungsgebühr für Marken, deren Schutzdauer vor Inkrafttreten des MarkenG ablief, noch nach dem WZG gezahlt werden konnte. Sie war nicht mehr von Bedeutung.

§ 161 (aufgehoben)

Überblick

§ 161 wurde durch Art. 4 Nr. 30 Gesetz zur Änderung des Designgesetzes und weiterer Vorschriften des gewerblichen Rechtsschutzes vom 4.4.2016 (BGBl. 2016 I 558) aufgehoben.

§ 162 (nicht mehr belegt)

Überblick

§ 162 wurde durch Art. 4 Nr. 30 Gesetz zur Änderung des Designgesetzes und weiterer Vorschriften des gewerblichen Rechtsschutzes vom 4.4.2016 (BGBl. 2016 I 558) aufgehoben (vgl. jetzt § 156).

§ 163 (nicht mehr belegt)

Überblick

§ 163 wurde durch Art. 4 Nr. 30 Gesetz zur Änderung des Designgesetzes und weiterer Vorschriften des gewerblichen Rechtsschutzes vom 4.4.2016 (BGBl. 2016 I 558) aufgehoben (vgl. jetzt § 157).

§ 164 (aufgehoben)

Überblick

Diese Vorschrift wurde mit Wirkung vom 1.10.2009 (BGBl. 2009 I 2521) aufgehoben.

§ 165 (nicht mehr belegt)

Überblick

§ 165 wurde durch Art. 4 Nr. 33 Gesetz zur Änderung des Designgesetzes und weiterer Vorschriften des gewerblichen Rechtsschutzes vom 4.4.2016 (BGBl. 2016 I 558) zu § 158.

1 § 165 Abs. 7 lautete in der bis zum 30.6.2006 geltenden Fassung: Für die in § 96 genannten Verfahren, die vor dem 1.1.2002 anhängig geworden sind, gilt § 96 in der bis zum 1.1.2002 geltenden Fassung. Diese enthielt folgende Regelung: In diesem Fall kann ein Verfahren jedoch nur betrieben werden, wenn im Inland ein Rechtsanwalt oder Patentanwalt als Zustellungsbevollmächtigter bestellt worden ist (dazu auch Ingerl/Rohnke § 96 Rn. 3).

Verordnung (EU) 2017/1001 des Europäischen Parlaments und des Rates vom 14. Juni 2017 über die Unionsmarke (UMV)

ABL. EU 2017 L 154, 1

DAS EUROPÄISCHE PARLAMENT UND DER RAT DER EUROPÄISCHEN UNION –
gestützt auf den Vertrag über die Arbeitsweise der Europäischen Union, insbesondere auf Artikel 118 Absatz 1,
auf Vorschlag der Europäischen Kommission,
nach Zuleitung des Entwurfs des Gesetzgebungsakts an die nationalen Parlamente,
gemäß dem ordentlichen Gesetzgebungsverfahren[1],
in Erwägung nachstehender Gründe:

(1) Die Verordnung (EG) Nr. 207/2009 des Rates[2] ist mehrfach und in wesentlichen Punkten geändert worden[3]. Aus Gründen der Übersichtlichkeit und Klarheit empfiehlt es sich, diese Verordnung zu kodifizieren.

(2) Mit der Verordnung (EG) Nr. 40/94 des Rates[4], die im Jahr 2009 als Verordnung (EG) Nr. 207/2009 kodifiziert wurde, wurde ein spezifisches Markenrechtsschutzsystem für die Union geschaffen, das parallel zu dem auf mitgliedstaatlicher Ebene verfügbaren Markenschutz gemäß den nationalen Markensystemen, die durch die Richtlinie 89/104/EWG des Rates[5] – kodifiziert als Richtlinie 2008/95/EG des Europäischen Parlaments und des Rates[6] – harmonisiert wurden, den Schutz von Marken auf Ebene der Union vorsieht.

(3) Die harmonische Entwicklung des Wirtschaftslebens innerhalb der Union und eine beständige und ausgewogene Wirtschaftsausweitung sind durch die Vollendung und das reibungslose Funktionieren des Binnenmarktes zu fördern, der mit einem einzelstaatlichen Markt vergleichbare Bedingungen bietet. Um einen solchen Markt zu verwirklichen und seine Einheit zu stärken, sollten nicht nur die Hindernisse für den freien Waren- und Dienstleistungsverkehr beseitigt und ein System des unverfälschten Wettbewerbs errichtet, sondern auch rechtliche Bedingungen geschaffen werden, die es den Unternehmen ermöglichen, ihre Tätigkeiten in den Bereichen der Herstellung und der Verteilung von Waren und des Dienstleistungsverkehrs an die Dimensionen eines gemeinsamen Marktes anzupassen. Eine der besonders geeigneten rechtlichen Möglichkeiten, über die die Unternehmen zu diesem Zweck verfügen sollten, ist die Verwendung von Marken, mit denen sie ihre Waren oder Dienstleistungen in der gesamten Union ohne Rücksicht auf Grenzen kennzeichnen können.

(4) Für die Verwirklichung der oben erwähnten Ziele der Union ist ein Markensystem der Union erforderlich, das den Unternehmen ermöglicht, in einem einzigen Verfahren Unionsmarken zu erwerben, die einen einheitlichen Schutz genießen und im gesamten Gebiet der Union wirksam sind. Der hier aufgestellte Grundsatz der Einheitlichkeit der Unionsmarke sollte gelten, sofern in dieser Verordnung nichts anderes bestimmt ist.

(5) Im Wege der Angleichung der Rechtsvorschriften kann das Hindernis der territorialen Beschränkung der Rechte, die den Markeninhabern nach den Rechtsvorschriften der Mitgliedstaaten zustehen, nicht beseitigt werden. Um den Unternehmen eine unbehinderte Wirtschaftstätigkeit im gesamten Binnenmarkt zu ermöglichen, sollte es möglich sein, Mar-

---

[1] [Amtl. Anm.:] Standpunkt des Europäischen Parlaments vom 27. April 2017 (noch nicht im Amtsblatt veröffentlicht) und Beschluss des Rates vom 22. Mai 2017.

[2] [Amtl. Anm.:] Verordnung (EG) Nr. 207/2009 des Rates vom 26. Februar 2009 über die Unionsmarke (ABl. L 78, 24.3.2009, S. 1).

[3] [Amtl. Anm.:] Siehe Anhang II.

[4] [Amtl. Anm.:] Verordnung (EG) Nr. 40/94 des Rates vom 20. Dezember 1993 über die Gemeinschaftsmarke (ABl. L 11 vom 14.1.1994, S. 1).

[5] [Amtl. Anm.:] Erste Richtlinie 89/104/EWG des Rates vom 21. Dezember 1988 zur Angleichung der Rechtsvorschriften der Mitgliedstaaten über die Marken (ABl. L 40 vom 11.2.1989, S. 1).

[6] [Amtl. Anm.:] Richtlinie 2008/95/EG des Europäischen Parlaments und des Rates vom 22. Oktober 2008 zur Angleichung der Rechtsvorschriften der Mitgliedstaaten über die Marken (kodifizierte Fassung) (Text von Bedeutung für den EWR) (ABl. L 299 vom 8.11.2008, S. 25).

Schödel

ken einzutragen, die einem einheitlichen, unmittelbar in allen Mitgliedstaaten geltenden Unionsrecht unterliegen.

(6) Die seit der Einrichtung des Gemeinschaftsmarkensystems gesammelten Erfahrungen haben gezeigt, dass Unternehmen innerhalb der Union und in Drittstaaten das System angenommen haben, das eine erfolgreiche und tragfähige Ergänzung und Alternative zum Markenschutz auf mitgliedstaatlicher Ebene geworden ist.

(7) Das Unionsmarkenrecht tritt jedoch nicht an die Stelle der Markenrechte der Mitgliedstaaten, denn es erscheint nicht gerechtfertigt, die Unternehmen zu zwingen, ihre Marken als Unionsmarken anzumelden.

(8) Unternehmen, die keinen Markenschutz auf Unionsebene wollen oder denen ein solcher Schutz verwehrt ist, die auf nationaler Ebene jedoch problemlos Markenschutz beantragen können, benötigen weiterhin Markenschutz auf nationaler Ebene. Jede Person, die Markenschutz beantragen möchte, sollte selbst entscheiden können, ob der Markenschutz nur als nationale Marke in einem oder mehreren Mitgliedstaaten oder nur als Unionsmarke oder für beide Ebenen beantragt wird.

(9) Das Recht aus der Unionsmarke sollte nur durch Eintragung erworben werden können, die insbesondere dann verweigert wird, wenn die Marke keine Unterscheidungskraft besitzt, wenn sie rechtswidrig ist oder wenn ihr ältere Rechte entgegenstehen.

(10) Ein Zeichen sollte in jeder geeigneten Form unter Verwendung allgemein zugänglicher Technologie dargestellt werden dürfen und damit nicht notwendigerweise mit grafischen Mitteln, soweit die Darstellung eindeutig, präzise, in sich abgeschlossen, leicht zugänglich, verständlich, dauerhaft und objektiv ist.

(11) Zweck des durch die eingetragene Unionsmarke gewährten Schutzes ist es, insbesondere die Herkunftsfunktion der Marke zu gewährleisten; dieser Schutz sollte im Falle der Identität zwischen der Marke und dem Zeichen und zwischen den Waren oder Dienstleistungen absolut sein. Der Schutz sollte sich ebenfalls auf Fälle der Ähnlichkeit von Zeichen und Marke sowie Waren und Dienstleistungen erstrecken. Der Begriff der Ähnlichkeit sollte im Hinblick auf die Verwechslungsgefahr ausgelegt werden. Die Verwechslungsgefahr sollte die spezifische Voraussetzung für den Schutz darstellen; ob sie vorliegt, hängt von einer Vielzahl von Umständen ab, insbesondere dem Bekanntheitsgrad der Marke auf dem Markt, der gedanklichen Verbindung, die das benutzte oder eingetragene Zeichen zu ihr hervorrufen kann, sowie dem Grad der Ähnlichkeit zwischen der Marke und dem Zeichen und zwischen den damit gekennzeichneten Waren oder Dienstleistungen.

(12) Zur Gewährleistung der Rechtssicherheit und der vollständigen Übereinstimmung mit dem Prioritätsgrundsatz, dem zufolge eine eingetragene ältere Marke Vorrang vor einer später eingetragenen Marke genießt, muss vorgesehen werden, dass die Durchsetzung von Rechten aus einer Unionsmarke die Rechte, die Inhaber vor dem Anmelde- oder Prioritätstag der Unionsmarke erworben haben, nicht beeinträchtigt. Dies steht in Einklang mit Artikel 16 Absatz 1 des Übereinkommens über handelsbezogene Aspekte der Rechte des geistigen Eigentums vom 15. April 1994.

(13) Benutzt ein Unternehmen dasselbe oder ein ähnliches Zeichen als Handelsnamen, sodass eine Verbindung zwischen dem Unternehmen mit dieser Firmenbezeichnung und den Waren oder Dienstleistungen dieses Unternehmens hergestellt wird, so kann es hinsichtlich der kommerziellen Herkunft der Waren oder Dienstleistungen zu Verwechslungen kommen. Die Verletzung einer Unionsmarke sollte demnach auch die Benutzung des Zeichens als Handelsnamen oder als ähnliche Benennung umfassen, solange die Benutzung der Unterscheidung von Waren oder Dienstleistungen dient.

(14) Um Rechtssicherheit und volle Übereinstimmung mit den spezifischen Unionsvorschriften zu gewährleisten, sollte der Inhaber einer Unionsmarke einem Dritten die Benutzung eines Zeichens in der vergleichenden Werbung untersagen können, wenn diese vergleichende Werbung gegen die Richtlinie 2006/114/EG des Europäischen Parlaments und des Rates[7] verstößt.

(15) Um den Markenschutz sicherzustellen und wirksam gegen Produktpiraterie vorzugehen, und im Einklang mit den internationalen Verpflichtungen der Union gemäß dem Rahmen der Welthandelsorganisation (WTO), insbesondere Artikel V des Allgemeinen Zoll- und Handelsabkommens (GATT) über die Freiheit der Durchfuhr sowie, bezüglich Generika der auf der WTO-Ministerkonferenz in Doha am 14. November 2001 angenommenen „Erklärung

---

[7] [Amtl. Anm.:] Richtlinie 2006/114/EG des Europäischen Parlaments und des Rates vom 12. Dezember 2006 über irreführende und vergleichende Werbung (ABl. L 376 vom 27.12.2006, S. 21).

über das TRIPS-Abkommen und die öffentliche Gesundheit", sollte der Inhaber einer Unionsmarke Dritten verbieten können, im geschäftlichen Verkehr Waren in die Union zu verbringen, ohne diese in den zollrechtlich freien Verkehr zu überführen, wenn die Waren aus Drittstaaten stammen und ohne Zustimmung eine Marke aufweisen, die mit der für derartige Waren eingetragenen Unionsmarke identisch oder im Wesentlichen identisch ist.

(16) Hierzu sollte es für Inhaber von Unionsmarken erlaubt sein, die Einfuhr rechtsverletzender Waren und ihre Überführung in alle zollrechtlichen Situationen, einschließlich Durchfuhr, Umladung, Lagerung, Freizonen, vorübergehender Verwahrung, aktiver Veredelung oder vorübergehender Verwendung, zu verhindern, und zwar auch dann, wenn diese Waren nicht dazu bestimmt sind, in der Union in Verkehr gebracht zu werden. Bei der Durchführung der Zollkontrollen sollten die Zollbehörden die in der Verordnung (EU) Nr. 608/2013 des Europäischen Parlaments und des Rates[8] vorgesehenen Befugnisse und Verfahren, auch auf Ersuchen der Rechteinhaber, wahrnehmen. Insbesondere sollten die Zollbehörden die einschlägigen Kontrollen anhand von Kriterien der Risikoanalyse durchführen.

(17) Einerseits muss eine wirksame Durchsetzung der Markenrechte gewährleistet werden, und andererseits muss vermieden werden, dass der freie Handel mit rechtmäßigen Waren behindert wird; damit dies miteinander in Einklang gebracht werden kann, sollte der Anspruch des Inhabers einer Unionsmarke erlöschen, wenn im Zuge des Verfahrens, das vor dem für eine Sachentscheidung über eine Verletzung der Unionsmarke zuständigen Unionsmarkengericht eingeleitet wurde, der Anmelder oder der Besitzer der Waren in der Lage ist nachzuweisen, dass der Inhaber der Unionsmarke nicht berechtigt ist, das Inverkehrbringen der Waren im Endbestimmungsland zu untersagen.

(18) Artikel 28 der Verordnung (EU) Nr. 608/2013 sieht vor, dass ein Rechteinhaber dann für Schäden gegenüber dem Besitzer der Waren haftbar gemacht werden kann, wenn unter anderem in der Folge festgestellt wird, dass die betreffenden Waren kein Recht des geistigen Eigentums verletzen.

(19) Geeignete Maßnahmen sollten ergriffen werden, um eine reibungslose Durchfuhr von Generika sicherzustellen. In Bezug auf Internationale Freinamen (INN) als weltweit anerkannte allgemeine Bezeichnungen für Wirkstoffe in pharmazeutischen Zubereitungen muss unbedingt den bestehenden Einschränkungen in Bezug auf die Wirkung von Markenrechten der Europäischen Union Rechnung getragen werden. Daher sollte der Inhaber einer Unionsmarke nicht berechtigt sein, einem Dritten aufgrund von Ähnlichkeiten zwischen dem INN des in dem Arzneimittel enthaltenen Wirkstoffs und der Marke zu untersagen, Waren in die Union zu verbringen, ohne die Waren dort in den zollrechtlich freien Verkehr zu überführen.

(20) Damit die Inhaber von Unionsmarken wirksam gegen Nachahmungen vorgehen können, sollten sie das Anbringen einer rechtsverletzenden Marke auf Waren sowie bestimmte Vorbereitungshandlungen, die vor dem Anbringen ausgeführt werden, untersagen können.

(21) Die ausschließlichen Rechte aus einer Unionsmarke sollten deren Inhaber nicht zum Verbot der Benutzung von Zeichen oder Angaben durch Dritte berechtigen, die rechtmäßig und damit im Einklang mit den anständigen Gepflogenheiten in Gewerbe und Handel benutzt werden. Um für Handelsnamen und Unionsmarken bei Konflikten gleiche Bedingungen sicherzustellen, sollte die Benutzung von Handelsnamen vor dem Hintergrund, dass diesen regelmäßig unbeschränkter Schutz vor jüngeren Marken eingeräumt wird, nur die Verwendung des Personennamens des Dritten einschließen. Des Weiteren sollte die Verwendung von deskriptiven oder nicht unterscheidungskräftigen Zeichen oder Angaben allgemein gestattet sein. Auch sollte der Inhaber nicht berechtigt sein, die rechtmäßige und redliche Benutzung der Unionsmarke zum Zwecke der Identifizierung der Waren oder Dienstleistungen als die des Inhabers oder des Verweises darauf zu untersagen. Eine Benutzung einer Marke durch Dritte mit dem Ziel, die Verbraucher auf den Wiederverkauf von Originalwaren aufmerksam zu machen, die ursprünglich vom Inhaber der Unionsmarke selbst oder mit dessen Einverständnis in der Union verkauft wurden, sollte als rechtmäßig betrachtet werden, solange die Benutzung gleichzeitig den anständigen Gepflogenheiten in Gewerbe oder Handel entspricht. Eine Benutzung einer Marke durch Dritte zu künstlerischen Zwecken sollte als rechtmäßig betrachtet werden, sofern sie gleichzeitig den anständigen Gepflogenheiten in Gewerbe oder Handel entspricht. Außerdem sollte die vorliegende Verordnung so ange-

---

[8] [Amtl. Anm.:] Verordnung (EU) Nr. 608/2013 des Europäischen Parlaments und des Rates vom 12. Juni 2013 zur Durchsetzung der Rechte geistigen Eigentums durch die Zollbehörden und zur Aufhebung der Verordnung (EG) Nr. 1383/2003 des Rates (ABl. L 181 vom 29.6.2013, S. 15).

wendet werden, dass den Grundrechten und Grundfreiheiten, insbesondere dem Recht auf freie Meinungsäußerung, in vollem Umfang Rechnung getragen wird.

(22) Aus dem Grundsatz des freien Warenverkehrs folgt, dass es von wesentlicher Bedeutung ist, dass der Inhaber der Unionsmarke einem Dritten die Benutzung der Marke für Waren, die im Europäischen Wirtschaftsraum unter der Marke von ihm oder mit seiner Zustimmung in den Verkehr gebracht worden sind, nicht untersagen kann, außer wenn berechtigte Gründe es rechtfertigen, dass der Inhaber sich dem weiteren Vertrieb der Waren widersetzt.

(23) Zur Gewährleistung von Rechtssicherheit und zum Schutz rechtmäßig erworbener Markenrechte ist es angemessen und notwendig, unbeschadet des Grundsatzes, wonach eine jüngere Marke vor einer älteren Marke zurücksteht, festzulegen, dass Inhaber von Unionsmarken nicht berechtigt sein sollten, sich der Benutzung einer jüngeren Marke zu widersetzen, wenn die jüngere Marke zu einem Zeitpunkt erworben wurde, zu dem die ältere Marke gegenüber der jüngeren Marke nicht durchgesetzt werden konnte.

(24) Der Schutz der Unionsmarke sowie jeder eingetragenen älteren Marke, die ihr entgegensteht, ist nur insoweit berechtigt, als diese Marken tatsächlich benutzt werden.

(25) Aus Gründen der Billigkeit und Rechtssicherheit sollte die Benutzung einer Unionsmarke in einer Form, die von der Eintragung nur in Bestandteilen abweicht, ohne dass dadurch die Unterscheidungskraft der Marke beeinflusst wird, ausreichend sein, um die Rechte aus der Marke zu wahren, unabhängig davon, ob die Marke in der benutzten Form auch eingetragen ist.

(26) Die Unionsmarke sollte als ein von dem Unternehmen, dessen Waren oder Dienstleistungen sie bezeichnet, unabhängiger Gegenstand des Vermögens behandelt werden. Sie sollte übertragen werden, an Dritte verpfändet werden oder Gegenstand von Lizenzen sein können.

(27) Das mit dieser Verordnung geschaffene Markenrecht bedarf für jede einzelne Marke des administrativen Vollzugs auf der Ebene der Union. Deshalb ist es erforderlich, unter Wahrung des bestehenden organisatorischen Aufbaus der Union und des institutionellen Gleichgewichts ein fachlich unabhängiges sowie rechtlich, organisatorisch und finanziell hinreichend selbständiges Amt der Europäischen Union für geistiges Eigentum (im Folgenden „Amt") vorzusehen. Für dieses Amt ist die Form einer Einrichtung der Union mit eigener Rechtspersönlichkeit erforderlich und geeignet, welche ihre Tätigkeit gemäß den ihr in dieser Verordnung zugewiesenen Befugnissen im Rahmen des Unionsrechts und unbeschadet der von den Organen der Union wahrgenommenen Befugnisse ausübt.

(28) Der Unionsmarkenschutz wird für spezifische Waren oder Dienstleistungen gewährt, deren Eigenschaften und Anzahl den Umfang des Schutzes bestimmen, den der Markeninhaber genießt. Daher ist es unerlässlich, in dieser Verordnung Vorschriften für die Bezeichnung und Klassifizierung von Waren und Dienstleistungen festzulegen und Rechtssicherheit und eine solide Verwaltung zu gewährleisten, indem vorgeschrieben wird, dass die Waren und Dienstleistungen, für die Markenschutz beantragt wird, vom Anmelder so klar und eindeutig anzugeben sind, dass die zuständigen Behörden und die Wirtschaftsteilnehmer allein auf dieser Grundlage den beantragten Schutzumfang bestimmen können. Die Verwendung allgemeiner Begriffe ist dahin gehend auszulegen, dass sie nur die Waren und Dienstleistungen einschließen, die eindeutig von der wörtlichen Bedeutung des Ausdrucks erfasst sind. Inhaber von Unionsmarken, die aufgrund der Praxis des Amtes vor dem 22. Juni 2012 im Zusammenhang mit einer gesamten Klasse des im Abkommen von Nizza über die internationale Klassifikation von Waren und Dienstleistungen für die Eintragung von Marken vom 15. Juni 1957 festgelegten Klassifikationssystems eingetragen wurden, sollten die Möglichkeit erhalten, ihre Listen der Waren und Dienstleistungen anzupassen, damit sichergestellt ist, dass der Inhalt des Registers im Einklang mit der Rechtsprechung des Gerichtshofs der Europäischen Union den Erfordernissen im Hinblick auf Klarheit und Eindeutigkeit genügt.

(29) Um unnötige Verzögerungen bei der Eintragung einer Unionsmarke zu vermeiden, empfiehlt es sich, einen Rahmen für optionale Recherchen in Bezug auf Unionsmarken und nationale Marken vorzusehen, der in Bezug auf die Bedürfnisse und Präferenzen der Nutzer flexibel gestaltet werden sollte. Die optionalen Recherchen in Bezug auf Unionsmarken und nationale Marken sollten ergänzt werden, indem dem Publikum im Rahmen der Zusammenarbeit zwischen dem Amt und den Zentralbehörden für den gewerblichen Rechtsschutz der Mitgliedstaaten, einschließlich des Benelux-Amts für geistiges Eigentum, umfassende, schnelle und leistungsfähige Rechercheinstrumente kostenfrei zur Verfügung gestellt werden.

(30) Den von den Entscheidungen des Amtes in Markensachen Betroffenen ist ein rechtlicher Schutz zu gewährleisten, welcher der Eigenart des Markenrechts voll gerecht wird. Zu diesem Zweck sollte vorgesehen werden, dass die Entscheidungen der verschiedenen Entscheidungs-

instanzen des Amtes mit der Beschwerde anfechtbar sind. Eine Beschwerdekammer des Amtes sollte über die Beschwerde entscheiden. Die Entscheidungen der Beschwerdekammern sollten ihrerseits mit der Klage beim Gericht anfechtbar sein; dieses kann die angefochtene Entscheidung aufheben oder abändern.

(31) Um den Schutz der Unionsmarken sicherzustellen, sollten die Mitgliedstaaten gemäß ihrer innerstaatlichen Regelung eine möglichst begrenzte Anzahl nationaler Gerichte erster und zweiter Instanz benennen, die für Fragen der Verletzung und der Gültigkeit von Unionsmarken zuständig sind.

(32) Es ist entscheidend, dass sich Entscheidungen über die Gültigkeit und die Verletzung der Unionsmarke wirksam auf das gesamte Gebiet der Union erstrecken, da nur so widersprüchliche Entscheidungen der Gerichte und des Markenamtes und eine Beeinträchtigung des einheitlichen Charakters der Unionsmarke vermieden werden können. Die Bestimmungen der Verordnung (EU) Nr. 1215/2012 des Europäischen Parlaments und des Rates[9] sollten für alle gerichtlichen Klagen im Zusammenhang mit den Unionsmarken gelten, es sei denn, dass die vorliegende Verordnung davon abweicht.

(33) Es soll vermieden werden, dass sich in Rechtsstreitigkeiten über denselben Tatbestand zwischen denselben Parteien voneinander abweichende Gerichtsurteile aus einer Unionsmarke und aus parallelen nationalen Marken ergeben. Zu diesem Zweck soll, sofern Klagen in demselben Mitgliedstaat erhoben werden, sich nach nationalem Verfahrensrecht – das durch diese Verordnung nicht berührt wird – bestimmen, wie dies erreicht wird; hingegen erscheinen, sofern Klagen in verschiedenen Mitgliedstaaten erhoben werden, Bestimmungen angebracht, die sich an den Vorschriften über Rechtshängigkeit und damit im Zusammenhang stehenden Verfahren der Verordnung (EU) Nr. 1215/2012 orientieren.

(34) Zur Förderung besser aufeinander abgestimmter Verfahren und der Entwicklung gemeinsamer Instrumente muss ein angemessener Regelungsrahmen für die Zusammenarbeit zwischen dem Amt und den Zentralbehörden für den gewerblichen Rechtsschutz der Mitgliedstaaten geschaffen werden, einschließlich des Benelux-Amts für geistiges Eigentum, der die zentralen Bereiche der Zusammenarbeit bestimmt und es dem Amt ermöglicht, relevante gemeinsame Projekte, die im Interesse der Union und der Mitgliedstaaten liegen, zu koordinieren und diese Projekte bis zu einem bestimmten Höchstbetrag zu finanzieren. Solche Kooperationsmaßnahmen sollten den Unternehmen zugutekommen, die die Markensysteme in Europa benutzen. Durch die Projekte, insbesondere die Datenbanken zu Recherche- und Konsultationszwecken, sollten den Nutzern des in dieser Verordnung geregelten Systems der Union zusätzliche, inklusive, effiziente und kostenfreie Instrumente an die Hand gegeben werden, die den spezifischen Erfordernissen Rechnung tragen, die sich aus der Einheitlichkeit der Unionsmarke ergeben.

(35) Es ist wünschenswert, eine gütliche, zügige und effiziente Streitbeilegung zu erleichtern, indem das Amt mit der Einrichtung eines Mediationszentrums beauftragt wird, dessen Dienste jeder in Anspruch nehmen könnte, um eine einvernehmliche Einigung bei Streitigkeiten im Zusammenhang mit Unionsmarken und Gemeinschaftsgeschmacksmustern herbeizuführen.

(36) Die Einrichtung des Markensystems der Union hat zu einer Zunahme der finanziellen Belastung für die Zentralbehörden für den gewerblichen Rechtsschutz und andere Behörden der Mitgliedstaaten geführt. Die zusätzlichen Kosten sind zurückzuführen auf die Bearbeitung einer höheren Zahl von Widerspruchs- und Nichtigkeitsverfahren, die Unionsmarken betreffen oder die von den Inhabern solcher Marken angestrengt wurden, auf Sensibilisierungsmaßnahmen im Zusammenhang mit dem Markenrecht der Union sowie auf Tätigkeiten, mit denen die Durchsetzung der Rechte aus Unionsmarken gewährleistet werden soll. Es sollte daher sichergestellt werden, dass das Amt Teile der Kosten, die den Mitgliedstaaten aufgrund ihrer Rolle bei der Gewährleistung des reibungslosen Funktionierens des Markensystems der Union entstehen, ausgleicht. Voraussetzung für die Zahlung eines solchen Ausgleichs sollte die Vorlage einschlägiger statistischer Daten durch die Mitgliedstaaten sein. Der Umfang eines solchen Ausgleichs sollte so erfolgen, dass er nicht zu einem Haushaltsdefizit für das Amt führt.

(37) Es wird für notwendig erachtet, dem Amt einen eigenen Haushalt zuzubilligen, um eine völlige Selbständigkeit und Unabhängigkeit zu gewährleisten. Die Einnahmen des Haushalts

---

[9] [Amtl. Anm.:] Verordnung (EU) Nr. 1215/2012 des Europäischen Parlaments und des Rates vom 12. Dezember 2012 über die gerichtliche Zuständigkeit und die Anerkennung und Vollstreckung von Entscheidungen in Zivil- und Handelssachen (ABl. L 351 vom 20.12.2012, S. 1).

umfassen in erster Linie das Aufkommen an Gebühren, die von den Benutzern des Systems zu zahlen sind. Das Haushaltsverfahren der Union findet jedoch auf eventuelle Zuschüsse aus dem Gesamthaushaltsplan der Union Anwendung. Außerdem ist es angezeigt, dass die Überprüfung der Kontenabschlüsse vom Rechnungshof vorgenommen wird.

(38) Im Interesse einer wirtschaftlichen Haushaltsführung sollte es vermieden werden, dass das Amt Haushaltsüberschüsse akkumuliert. Die vom Amt vorgehaltene Finanzreserve in Höhe des Betrags zur Deckung der operativen Ausgaben während eines Jahres, die die Betriebskontinuität und die Durchführung seiner Aufgaben gewährleisten soll, sollte davon unberührt bleiben. Diese Reserve sollte nur dazu verwendet werden, die Kontinuität der Aufgaben des Amtes gemäß dieser Verordnung sicherzustellen.

(39) Angesichts der grundlegenden Bedeutung der Höhe der an das Amt zu entrichtenden Gebühren für das Funktionieren des Markensystems der Union und für dessen ergänzende Rolle zu den nationalen Markensystemen ist es notwendig, diese Gebühren in dieser Verordnung in Form eines Anhangs direkt festzulegen. Die Höhe der Gebühren sollte so bemessen werden, dass erstens die Einnahmen hieraus grundsätzlich einen ausgeglichenen Haushalt des Amtes gewährleisten, zweitens eine harmonische Koexistenz und Komplementarität zwischen dem Markensystem der Europäischen Union und den nationalen Markensystemen gewährleistet ist, wobei auch der Umfang des von der Unionsmarke abgedeckten Marktes und die Bedürfnisse von kleinen und mittleren Unternehmen berücksichtigt werden, und drittens gewährleistet wird, dass die Rechte der Inhaber von Unionsmarken in den Mitgliedstaaten effizient durchgesetzt werden.

(40) Um eine wirksame, effiziente und zügige Prüfung und Eintragung von Anmeldungen einer Unionsmarke durch das Amt mithilfe transparenter, sorgfältiger, gerechter und ausgewogener Verfahren sicherzustellen, sollte der Kommission die Befugnis übertragen werden, gemäß Artikel 290 des Vertrages über die Arbeitsweise der Europäischen Union (AEUV) Rechtsakte zu erlassen, in denen die Einzelheiten der Verfahren für die Einreichung und Prüfung eines Widerspruchs und der Verfahren für die Änderung einer Anmeldung festgelegt werden.

(41) Damit sichergestellt ist, dass eine Unionsmarke wirksam und effizient durch transparente, sorgfältige, gerechte und ausgewogene Verfahren für verfallen oder nichtig erklärt werden kann, sollte der Kommission die Befugnis übertragen werden, gemäß Artikel 290 AEUV Rechtsakte zu erlassen, in denen die Verfahren bezüglich der Erklärung des Verfalls und der Nichtigkeit festgelegt werden.

(42) Um eine wirksame, effiziente und vollständige Prüfung von Entscheidungen des Amtes durch die Beschwerdekammern im Rahmen eines transparenten, sorgfältigen, gerechten und ausgewogenen Verfahrens zu ermöglichen, das die in dieser Verordnung festgelegten Grundsätze berücksichtigt, sollte der Kommission die Befugnis übertragen werden, gemäß Artikel 290 AEUV Rechtsakte zu erlassen, in denen der formale Inhalt einer Beschwerde, das Verfahren zur Einreichung und Prüfung einer Beschwerde, der formale Inhalt und die Form von Entscheidungen der Beschwerdekammer und die Erstattung der Gebühren für das Beschwerdeverfahren festgelegt werden.

(43) Um ein reibungsloses, wirksames und effizientes Funktionieren des Markensystems der Union sicherzustellen, sollte der Kommission die Befugnis übertragen werden, gemäß Artikel 290 AEUV Rechtsakte zu erlassen, in denen die Anforderungen an die Einzelheiten mündlicher Verhandlungen und die Modalitäten der Beweisaufnahme, die Modalitäten der Zustellung, die Kommunikationsmittel und die von den Verfahrensbeteiligten zu verwendenden Formblätter, Regeln für die Berechnung und Dauer der Fristen, die Verfahren für den Widerruf einer Entscheidung oder für die Löschung einer Eintragung im Register, die Modalitäten für die Wiederaufnahme von Verfahren und die Einzelheiten im Zusammenhang mit der Vertretung vor dem Amt festgelegt werden.

(44) Um eine wirksame und effiziente Organisation der Beschwerdekammern sicherzustellen, sollte der Kommission die Befugnis übertragen werden, gemäß Artikel 290 AEUV Rechtsakte zu erlassen, in denen die Einzelheiten der Organisation der Beschwerdekammern festgelegt werden.

(45) Um die wirksame und effiziente Registrierung internationaler Marken in vollständiger Übereinstimmung mit den Regeln des Protokolls zu dem am 27. Juni 1989 in Madrid unterzeichneten Protokoll zum Madrider Abkommen über die internationale Registrierung von Marken (im Folgenden „Madrider Protokoll") über die internationale Registrierung von Marken zu gewährleisten, sollte der Kommission die Befugnis übertragen werden, gemäß Artikel 290 AEUV Rechtsakte zu erlassen, in denen die Einzelheiten der Verfahren zur Einreichung und Prüfung eines Widerspruchs, einschließlich der erforderlichen Mitteilungen an die Weltorga-

nisation für geistiges Eigentum (WIPO), und die Einzelheiten des Verfahrens für internationale Registrierungen, die sich auf eine Basisanmeldung oder eine Basiseintragung einer Kollektiv-, Gewährleistungs- oder Garantiemarke stützen, festgelegt werden.

(46) Es ist von besonderer Bedeutung, dass die Kommission im Zuge ihrer Vorbereitungsarbeit angemessene Konsultationen, auch auf der Ebene von Sachverständigen, durchführt, und dass diese Konsultationen mit den Grundsätzen in Einklang stehen, die in der Interinstitutionellen Vereinbarung vom 13. April 2016 über bessere Rechtsetzung[10] niedergelegt wurden. Um insbesondere eine gleichberechtigte Beteiligung an der Ausarbeitung der delegierten Rechtsakte zu gewährleisten, erhalten das Europäische Parlament und der Rat alle Dokumente zur gleichen Zeit wie die Sachverständigen der Mitgliedstaaten, und ihre Sachverständigen haben systematisch Zugang zu den Sitzungen der Sachverständigengruppen der Kommission, die mit der Ausarbeitung der delegierten Rechtsakte befasst sind.

(47) Zur Gewährleistung einheitlicher Bedingungen für die Durchführung dieser Verordnung sollten der Kommission Durchführungsbefugnisse im Hinblick auf die Festlegung von Einzelheiten in Bezug auf Anmeldungen, Anträge, Bescheinigungen, Inanspruchnahmen, Vorschriften, Mitteilungen und sonstige Unterlagen im Rahmen der durch diese Verordnung festgelegten einschlägigen Verfahrensanforderungen sowie im Hinblick auf die Höchstsätze der für die Durchführung der Verfahren notwendigen Kosten und der tatsächlich entstandenen Kosten, die Einzelheiten in Bezug auf Veröffentlichungen im Blatt für Unionsmarken und im Amtsblatt des Amtes, die Modalitäten des Informationsaustauschs zwischen dem Amt und den nationalen Behörden, detaillierte Regelungen in Bezug auf Übersetzungen von Begleitunterlagen in schriftlichen Verfahren, die genauen Arten von Entscheidungen, die durch ein einzelnes Mitglied der Widerspruchs- oder der Nichtigkeitsabteilung zu treffen sind, Einzelheiten in Bezug auf die Mitteilungspflicht gemäß dem Madrider Protokoll und detaillierte Anforderungen in Bezug auf Anträge auf territoriale Ausdehnung des Schutzes im Anschluss an die internationale Registrierung übertragen werden. Diese Befugnisse sollten im Einklang mit der Verordnung (EU) Nr. 182/2011 des Europäischen Parlaments und des Rates[11] ausgeübt werden.

(48) Da die Ziele dieser Verordnung von den Mitgliedstaaten nicht ausreichend verwirklicht werden können, sondern vielmehr wegen ihres Umfangs und ihrer Wirkungen auf Unionsebene besser zu verwirklichen sind, kann die Union im Einklang mit dem in Artikel 5 des Vertrags über die Europäische Union verankerten Subsidiaritätsprinzip tätig werden. Entsprechend dem in demselben Artikel genannten Grundsatz der Verhältnismäßigkeit geht diese Verordnung nicht über das für die Verwirklichung dieser Ziele erforderliche Maß hinaus —

HABEN FOLGENDE VERORDNUNG ERLASSEN:

---

[10] [Amtl. Anm.:] ABl. L 123 vom 12.5.2016, S. 1.
[11] [Amtl. Anm.:] Verordnung (EU) Nr. 182/2011 des Europäischen Parlaments und des Rates vom 16. Februar 2011 zur Festlegung der allgemeinen Regeln und Grundsätze, nach denen die Mitgliedstaaten die Wahrnehmung der Durchführungsbefugnisse durch die Kommission kontrollieren (ABl. L 55 vom 28.2.2011, S. 13).

Kapitel I. Allgemeine Bestimmungen

Art. 1 Unionsmarke

(1) Die entsprechend den Voraussetzungen und Einzelheiten dieser Verordnung eingetragenen Marken für Waren oder Dienstleistungen werden nachstehend „Unionsmarken" genannt.

(2) ¹Die Unionsmarke ist einheitlich. ²Sie hat einheitliche Wirkung für die gesamte Union: sie kann nur für dieses gesamte Gebiet eingetragen oder übertragen werden oder Gegenstand eines Verzichts oder einer Entscheidung über den Verfall der Rechte des Inhabers oder die Nichtigkeit sein, und ihre Benutzung kann nur für die gesamte Union untersagt werden. ³Dieser Grundsatz gilt, sofern in dieser Verordnung nichts anderes bestimmt ist.

Überblick

Art. 1 führt die Unionsmarke als Rechtsinstitut ein und legt zugleich ihre grundlegenden Wirkungen fest. Wesentlich und in Art. 1 Abs. 2 niedergelegt ist das Prinzip der Einheitlichkeit im Unionsgebiet (→ Rn. 7 ff.; Abs. 2). Weitere grundlegende Prinzipien sind die der Koexistenz (→ Rn. 5), der Autonomie (→ Rn. 6 ff.) und der Äquivalenz (→ Rn. 16 ff.). Von Bedeutung mit Blick auf die Prinzipien der Einheitlichkeit und der Äquivalenz sind die Auswirkungen des Brexit auf die Rechte von Unionsmarkenanmeldern und inhabern, sowohl im Vereinigten Königreich als auch in den verbleibenden Mitgliedstaaten, die daher an dieser Stelle geschlossen behandelt werden (→ Rn. 19).

Übersicht

A. Einführung; Begriff der Unionsmarke

Die VO (EU) 2017/1001 des Europäischen Parlaments und des Rates vom 14.6.2017 über die **1** Unionsmarke (ABl. EU 2017 L 154, 1), kurz UMV, ist die kodifizierte Fassung der zuvor geltenden VO (EG) Nr. 207/2009 des Rates vom 26.2.2009 über die Unionsmarke, geändert durch die am 23.3.2016 in Kraft getretene Änderungsverordnung (VO (EU) 2015/2424 des Europäischen Parlaments und des Rates vom 16.12.2015). Diese war ihrerseits eine kodifizierte Fassung der zuvor geltenden VO (EG) Nr. 40/94 des Rates vom 20.12.1993 über die Gemeinschaftsmarke. Der Begriff der „Gemeinschaftsmarke" wurde eigentlich bereits mit dem Vertrag von Lissabon obsolet, da die Europäische Gemeinschaft in der Rechtspersönlichkeit der EU aufging. Die Begrifflichkeiten im EU-Markenrecht wurden jedoch erst durch die Änderungs-VO (EU) 2015/2424 umgesetzt. Aus der Gemeinschaftsmarke wurde die **„Unionsmarke"** (dementsprechend auch nunmehr „Unionskollektivmarke", „Unionsgewährleistungsmarke" und „Unionsmarkengerichte").

Die (kodifizierte) UMV trat am 1.10.2017 in Kraft. Zu diesem Zeitpunkt traten auch diejenigen **2** Vorschriften der Änderungs-VO (EU) 2015/2424 in Kraft, die nicht bereits ab 23.3.2016 Geltung hatten, sowie die Sekundärrechtsvorschriften, die an die Stelle der ehemaligen Durchführungsverordnung (GMDV – VO (EG) Nr. 2868/95 der Kommission vom 13.12.1995 zur Durchführung der VO (EG) Nr. 40/94) sowie der Verfahrensordnung der Beschwerdekammern (VO (EG) Nr. 216/96 der Kommission vom 5.2.1996 über die Verfahrensordnung vor den Beschwerdekammern des Harmonisierungsamts für den Binnenmarkt) getreten sind. Diese sind nunmehr (nach Neuerlass und Anpassung an die kodifizierte UMDV) die **Unionsmarkendurchführungsverordnung – UMDV** (Durchführungsverordnung (EU) 2018/626 der Kommission vom 5.3.2018 mit Einzelheiten zur Umsetzung von Bestimmungen der VO (EU) 2017/1001 des Europäischen Parlaments und des Rates über die Unionsmarke und zur Aufhebung der Durchführungsverordnung (EU) 2017/1431) sowie die **Delegierte Verordnung über die Unionsmarke – DVUM** (Delegierte VO (EU) 2018/625 der Kommission vom 5.3.2018 zur Ergänzung der Verordnung (EU) 2017/1001 des Europäischen Parlaments und des Rates über die Unionsmarke und zur Aufhebung der Delegierten VO (EU) 2017/1430).

3   Die **Reichweite** der Unionsmarke deckt sich mit der in Art. 355 AEUV niedergelegten Reichweite **der EU-Verträge,** die nicht vollständig mit den jeweiligen Hoheitsgebieten der Mitgliedstaaten übereinstimmt. Hier geht es um Gebiete in äußerster Randlage, aber auch geografisch in Europa gelegene Gebiete. Mit dem Ausscheiden eines Mitgliedstaates aus der EU (also zB des Vereinigten Königreichs) verliert die Unionsmarke dort ihre Wirkung. Rechteinhaber sollen jedoch nach den für das Vereinigte Königreich und im Austrittsabkommen vorgesehenen Regelungen keine Rechte verlieren (näher → Rn. 19 ff.).

3.1   Kurz sei an dieser Stelle beispielhaft erwähnt, in welchen Gebieten die Unionsmarke **nicht gilt:** Nordzypern (Zypern), Färöer Inseln und Grönland (Dänemark), Saint-Barthélemy (das, obwohl in Art. 355 Abs. 2 AEUV genannt, am 1.1.2012 seinen Status geändert hat). Die Unionsmarke **gilt** hingegen auf den Ålandinseln (Finnland), auf den Azoren und Madeira (Portugal), in Ceuta, Melilla und auf den Kanarischen Inseln (Spanien), auf den Französischen Antillen (Guadeloupe, Martinique, Saint-Martin, nur eben nicht Saint-Barthélemy), auf Mayotte und in Französisch-Guyana sowie auf Réunion (alle Frankreich). Sie galt noch nie auf den britischen Kanalinseln, vor dem Brexit jedoch galt sie in Gibraltar sowie auf der Insel Man, die zwar nicht zur EU gehörte, auf die die Unionsmarke jedoch einseitig erstreckt war.

B. Entstehung mittels Eintragung; Typen

4   Der Wortlaut von Abs. 1 stellt klar, dass der Begriff der Unionsmarke eingetragenen Marken vorbehalten ist. Weitere Kommentare hierzu finden sich unter Art. 6 (→ Art. 6 Rn. 1 ff.). Unionsmarken können Unionsindividualmarken sein, Unionskollektivmarken (→ Art. 74 Rn. 1 ff.) oder, seit 1.10.2017, Unionsgewährleistungsmarken (→ Art. 83 Rn. 1 ff.). Alle unterliegen in gleicher Weise den Grundprinzipien der Unionsmarke der Koexistenz, Autonomie, Einheitlichkeit und Äquivalenz. Allerdings existieren Kollektiv- und Gewährleistungsmarken nicht notwendig in gleicher Weise auf nationaler Ebene, da ihre Einführung nach RL 95/2008/EG (MRL 2008) optional war.

4.1   Die Einführung von Gewährleistungsmarken auf nationaler Ebene ist weiterhin optional (Art. 29 MRL), zwingend ist nur die Einführung von Kollektivmarken (Art. 28 MRL).

C. Grundprinzipien der Unionsmarke

I. Koexistenz

5   Die Unionsmarke hat die nationalen Marken nicht ersetzt, sondern wurde ihnen an die Seite gestellt. Die Systeme koexistieren. Weitere Anmerkungen hierzu finden sich in der Einleitung (→ Einl. Rn. 109 ff.). Soweit das Prinzip der Koexistenz bedeutet, dass Unionsmarken auf nationaler Ebene in (mindestens) gleicher Weise geschützt sind wie nationale Marken, und ältere nationale Marken sich gegenüber späteren Unionsmarken durchsetzen, spricht man auch vom Grundsatz der Äquivalenz (→ Rn. 16 ff.).

II. Autonomie

6   Die UMV ist alleinige Grundlage für Wirksamkeit, Schutz und Reichweite der Unionsmarke. Sie ist autonom auszulegen, unabhängig von der Interpretation derselben Begriffe durch nationale Instanzen. Insofern wird der Grundsatz der Autonomie immer wieder bemüht, um trotz weitreichender Harmonisierung des nationalen und des Unionsmarkenrechts nationalen auch höchstrichterlichen Entscheidungen keine Präzedenzwirkung zukommen zu lassen in Unionsmarkensachen (ständige Rechtsprechung, zB EuG T-647/14, BeckRS 2016, 80060 Rn. 36 – DUALTOOLS; EuGH C-445/12 P, GRUR Int 2014, 161 Rn. 48 – Passaia/BASKAYA; s. auch Hildebrandt/Sosnitza/Sosnitza Rn. 10). Freilich können solche Vorentscheidungen nicht nur berücksichtigt

werden (EuG T-535/08, BeckRS 2012, 82080 Rn. 89 – Emidio Tucci/Tuzzi), sie müssen es sogar: ihre Nichtberücksichtigung kann zur Aufhebung der Entscheidung führen (so zB EuG T-378/13, BeckRS 2016, 81249 – ENGLISH PINK; insofern nicht Gegenstand des Beschwerdeverfahrens vor dem EuGH, s. EuGH C-226/15 P, GRUR-RR 2016, 328). Dies ist richtig: wenn die Gerichte der Mitgliedstaaten den identischen oder einen vergleichbaren Sachverhalt für ihr Gebiet beurteilen, bedarf es schon einer Erklärung, warum das Amt in Alicante oder die Gerichte in Luxemburg zB die Einschätzung des Durchschnittsverbrauchers in dem betreffenden Land zutreffender beurteilen. Immerhin handelt es sich bei den materiellrechtlichen Entscheidungen im europäischen Markenrecht, wie das Gericht und der Gerichtshof stets hervorheben, um gebundene Entscheidungen (zB EuG T-767/16, BeckRS 2017, 141682 Rn. 48 – metals). Die unterschiedliche Anwendung der identischen Norm auf den identischen Sachverhalt kommt daher der Aussage gleich, dass die andere Sichtweise (des nationalen Richters) falsch ist. Die Autonomie ist hierfür eine schwache Begründung. Tatsächlich eingeschränkt jedoch wird die Autonomie nur durch vorrangiges Unionsprimärrecht und daraus resultierende Grundsätze (EuGH C-226/15 P, GRUR-RR 2016, 328 Rn. 51, 66 – PINK LADY); Unionssekundärrecht findet daneben ergänzende Anwendung, soweit die UMV keine abschließende Regelung trifft. Auf ergänzendes Unionsrecht verweist die UMV ausdrücklich im Bereich der absoluten (Art. 7 Abs. 1 lit. j–m) und der relativen Eintragungshindernisse (Art. 8 Abs. 4, 6) sowie – subsidiär – in Kapitel X hinsichtlich der gerichtlichen Zuständigkeit und der Anerkennung und Vollstreckung von Entscheidungen in Zivil- und Handelssachen (Art. 122 Abs. 1).

III. Einheitlichkeit

Abs. 2 legt fest, dass die Eintragung der Unionsmarke nur für das gesamte Gebiet der Union **7** erfolgt und sie auch nur für dieses Gesamtgebiet Wirkung hat. Es handelt sich also nicht um ein Bündel nationaler (oder territorialer) Rechte. Art. 50, 56 erlauben nur eine sachliche, nicht aber geografische Teilung der Anmeldung oder Eintragung (→ Einl. Rn. 105 ff.). Zum Brexit → Rn. 19 ff. sowie → Einl. Rn. 99 ff.

Über die **Inhaberschaft** an der Marke kann nur einheitlich verfügt werden. Etwas anderes gilt **8** nur für Lizenzen (→ Art. 25 Rn. 12).

Für **Erwerb und Verlust** der Unionsmarke ist der Einheitlichkeitsgrundsatz für den Inhaber **9** umfassend, was nicht nur vorteilhaft ist. Bereits bei Vorliegen eines relativen oder absoluten Eintragungshindernisses in einem einzigen Mitgliedstaat ist die Eintragung zu versagen oder die eingetragene Marke für nichtig zu erklären. Dies macht insbesondere den Erwerb und Erhalt von Unionsmarken, die aus neuen Markenformen bestehen, sehr schwer (zB EuG T411/14, GRUR-RS 2016, 80388 – Coca-Cola Konturflasche ohne Riffelung; EuG T307/17, BeckRS 2019, 11610 – adidas abstrakte 3-Streifen-Marke, mAnm Lührig GRUR-Prax 2019, 328; T-340/18, BeckRS 2019, 12518 – Gibson). In der Sache KIT KAT-Form eines Schokoladenriegels, in der es um die Anforderungen an den Nachweis erlangter Unterscheidungskraft in der Union ging, hat der EuGH bekräftigt, dass Unterscheidungskraft für jeden einzelnen Mitgliedstaat nachzuweisen sei (EuGH C84/17 P ua, GRUR 2018, 1141 Rn. 79; s. auch EuGH C547/17 P, BeckEuRS 2018, 575567 – BASIC NET). Dass der Markenanmelder unter Umständen Mitgliedstaaten für den Nachweis erlangter Unterscheidungskraft gruppieren kann (EuGH C84/17 P ua, GRUR 2018, 1141 Rn. 80), ist ein schwacher Trost, zumal die Voraussetzungen hierfür alles andere als klar sind (näher → Art. 7 Rn. 223 ff.; Hildebrandt/Sosnitza/Sosnitza Rn. 18).

Widersprüche oder Nichtigkeitsanträge aus einer älteren gegen eine jüngere Unionsmarke sind **10** insgesamt erfolgreich (und verhindern die Umwandlung unionsweit), wenn der Konflikt nur in einem Teil der Union besteht. So reicht etwa Verwechslungsgefahr in einem einzigen Sprachraum der Union, um die zu verhindern oder sie für nichtig erklären zu lassen (EuG T33/03, GRUR Int 2005, 586 – Shark/HAI; T-71/15, BeckRS 2017, 135066 – LAND ROVER), selbst dann, wenn die Verwechslungsgefahr aus der Übereinstimmung in einem Bestandteil stammt, der in (auch großen) Teilen der Union beschreibend oder schwach ist (zB EuG T-109/16, BeckRS 2016, 128158 – RESPIMER; bestätigt durch EuGH C-662/16 P, BeckRS 2017, 123181; s. auch EuG T-144/16, BeckRS 2017, 130040 – MULTIPHARMA). Gleiches gilt, wenn die ältere Unionsmarke irgendwo in der Union Bekanntheitsschutz genießt (wobei Bekanntheit in nur einem Mitgliedstaat ausreichen kann; EuGH C301/07, GRUR 2009, 1158 – PAGO/Tirolmilch) und dort eine Rufausbeutung vorliegt.

Komplizierter ist es bei der gerichtlichen **Durchsetzung** der Unionsmarke. Zwar erstreckt **11** sich zunächst die Reichweite des von einem gemäß Art. 125 Abs. 1–4 zentral zuständigen Unionsmarkengericht, soweit es ein Wohnsitzgericht oder ein diesem gleichgestelltes Gericht ist, ausgesprochenen Verbots von Handlungen, die eine Unionsmarke verletzen oder zu verletzen drohen, grundsätzlich auf das gesamte Gebiet der Union (EuGH C-316/05, GRUR 2007, 228 Rn. 43 – Nokia/Wärdell; C235/09, GRUR Int 2011, 514 – DHL/Chronopost; → Art. 125 Rn. 1 ff.). Das Einheitlichkeitsprinzip hat hier jedoch zahlreiche wichtige Ausnahmen (näher → Einl. Rn. 107 ff.). Zunächst kann der Markeninhaber bereits in seinen Anträgen die Reichweite der Entscheidung territorial begrenzen.

12   Ferner kann der materielle Anspruch nicht unionsweit gegeben sein, etwa weil die Verwechslungsgefahr nicht in der ganzen Union besteht, oder weil die Bekanntheit in Teilen der Union nicht so weit reicht, dass eine Rufübertragung, Verwässerung oder Rufschädigung zu besorgen sind. So kann in einem Verletzungsverfahren der Beklagte den Beweis erbringen, dass die Benutzung des fraglichen Zeichens in bestimmten Bereichen insbesondere aus sprachlichen Gründen die Funktionen der Marke nicht beeinträchtigt oder nicht beeinträchtigen kann (EuGH C-235/09, GRUR Int 2011, 514 Rn. 48 – DHL/Chronopost). Dass die Wirkung der Unionsmarke nicht unionsweit einheitlich sein muss, sondern aufgrund unterschiedlicher Gegebenheiten, insbesondere unterschiedlichen Sprachverständnisses, anders sein kann, hat der EuGH wiederholt bestätigt (EuGH C-223/15, GRUR 2016, 1166 – Combit Software/Commit Business Solutions; C-93/16, GRUR 2017, 1132 = MarkenR 2017, 330 – KERRYGOLD/KERRYMAID). Die Beweislast liegt jedoch beim Beklagten, der sich auf eine Ausnahme vom Einheitlichkeitsprinzip beruft.

12.1   Wie genau die Beweislastverteilung ist bei Ansprüchen aus der Unionsmarke, die auf Bekanntheit gestützt sind, ist nach PAGO (EuGH C301/07, GRUR 2009, 1158 – PAGO/Tirolmilch) und Iron & Smith (EuGH C-125/14, GRUR 2015, 1002 – Iron & Smith/Unilever) nicht ganz klar. Wenn das Prinzip der Einheitlichkeit ernst zu nehmen ist, sollte es für den Kläger zunächst ausreichen, nachzuweisen, dass seine Marke „in der Union" bekannt ist, wobei das Gebiet eines Mitgliedstaates ausreichen kann. Es wäre dann am Beklagten, zumindest prima facie nachzuweisen, dass die Bekanntheit territorial beschränkt ist, und konkret anzugeben, für welche Gebiete sie nicht vorliegt. Nach Iron & Smith muss jedoch im Schutzgebiet ein wirtschaftlich nicht unerheblicher Teil der Verkehrskreise die Marke kennen. Soweit es nur um Durchsetzung in einem begrenzten Gebiet geht, sollte der Kläger (oder Widerspruchsführer) daher Bekanntheit irgendwo in der Union und Kenntnis seitens eines nicht unerheblichen Teils des Verkehrs im Schutzgebiet nachweisen. Je höher der Bekanntheitsgrad und je weiter verbreitet die Bekanntheit – und je näher am Schutzgebiet, umso eher wird sich das nationale Gericht überzeugen lassen, dass der erforderliche Kenntnisgrad erreicht ist. Soweit es jedoch um EU-weite Unterlassungsverfügungen geht, sollten Gerichte nicht darauf bestehen, dass Bekanntheit für die gesamte EU nachgewiesen wird. Hier ist ein Mittelweg zu beschreiten, da sonst die Einheitlichkeit für bekannte Unionsmarken verloren ginge.

12.2   S. zum Ganzen auch Hildebrandt/Sosnitza/Sosnitza Rn. 24; Sosnitza, Der unionsmarkenrechtliche Einheitlichkeitsgrundsatz und die Verwechslungsgefahr bei gespaltener Verkehrsauffassung, GRUR 2016, 1240; Kochendörfer, Die Einheitlichkeit der Unionsmarke im Verletzungsfall, GRUR 2016, 778; Knaak, Unionsmarkenschutz bei Koexistenz in Teilen der Union, GRUR 2018, 50.

13   Erst recht können sich territoriale Unterschiede beim Bekanntheitsschutz nach Art. 9 Abs. 2 lit. c ergeben. Dass die Unionsmarke im Verletzungsgebiet bekannt sei, ist nach EuGH nicht erforderlich; vielmehr soll es ausreichen, dass Bekanntheit irgendwo in der Union vorliegt und in dem Mitgliedstaat, in dem die Bekanntheit geltend gemacht wird, ein wirtschaftlich nicht unerheblicher Teil der Verkehrskreise die Marke kennt (EuGH C-125/14, GRUR 2015, 1002 – Iron & Smith/Unilever; im Unterschied zu BGH GRUR 2013, 1239 Rn. 67 - Volkswagen). Das Problem bleibt freilich, dass auch die eigentliche Verletzung vorliegen muss, für die jedenfalls eine gedankliche Verbindung unerlässlich ist, da sonst keine Rufübertragung oder Verwässerung stattfinden kann (näher → Art. 9 Rn. 40 ff.; vgl. auch Hildebrandt/Sosnitza/Sosnitza Rn. 27 f.).

14   Schließlich können sich Abweichungen vom Einheitlichkeitsprinzip auch aus den **Schutzschranken** des Art. 14 Abs. 1 lit. b, Abs. 2 ergeben. Was beschreibend ist oder unterscheidungskräftig, bzw. welche tatbestandlich rechtsverletzenden Benutzungen den anständigen Gepflogenheiten in Gewerbe oder Handel entsprechen, kann unterschiedlichen Verkehrsauffassungen unterliegen. Die Schutzschranken müssen daher – genauso wie die Verwechslungsgefahr selbst – nicht notwendig in der ganzen Union gleichermaßen greifen (aA Hildebrandt/Sosnitza/Sosnitza Rn. 29; Eisenführ/Schennen/Schennen Rn. 35; wie hier iErg Eisenführ/Schennen/Eberhardt Art. 14 Rn. 39). Dies ist freilich anders für Schranken, die nicht von der Verkehrsauffassung abhängen, wie insbesondere die der Erschöpfung nach Art. 15.

15   Gegen die **Benutzung der Unionsmarke** können aus älteren nationalen Marken oder sonstigen Rechten Unterlassungsansprüche begründet sein, die ihre Einheitlichkeit einschränken (→ Art. 137 Rn. 1 ff., → Art. 138 Rn. 1 f.). Für die nach 1996 zum Unionsgebiet beigetretenen 13

Mitgliedstaaten (zuletzt Kroatien am 1.7.2013) gilt das Gleiche gemäß Art. 209 (→ Art. 209 Rn. 1, → Art. 209 Rn. 8).

IV. Grundsatz der Äquivalenz

Unionsmarken und nationale Marken sind im Verhältnis zueinander gleichwertig. Unionsmarke **16** haben in nationalen Verfahren die Wirkung eines älteren Rechts (Art. 5 Abs. 2 lit. a Ziff. i MRL; für Deutschland § 119 MarkenG). In Widerspruchsverfahren vor dem Amt können Unionsmarken auch nationale Marken (Art. 8 Abs. 2 lit. a Ziff. ii) und IR-Marken mit Wirkung für einen Mitgliedstaat (Art. 8 Abs. 2 lit. a Ziff. iii) entgegengehalten werden sowie sonstige nicht eingetragene Kennzeichenrechte (Art. 8 Abs. 4) und geografische Herkunftsangaben (Art. 8 Abs. 6). Für das Nichtigkeitsverfahren kommen zudem Rechte nicht kennzeichenrechtlicher Art hinzu, insbesondere Namens und Urheberrechte sowie Designs (→ Art. 60 Rn. 12 ff. zu Art. 60 Abs. 2).

Auch hinsichtlich des Benutzungszwangs in Verfahren vor dem Amt werden Unionsmarken **17** und nationale Marken im Wesentlichen gleichbehandelt (Art. 47 Abs. 2, 3; für das Nichtigkeitsverfahren vgl. Art. 64 Abs. 2, 3). Gleiches gilt für nationale Verfahren (§ 119 Nr. 4 MarkenG; → MarkenG § 119 Rn. 14 ff.).

Die Äquivalenz kommt auch in den Rechtsinstituten der Umwandlung und des Zeitrangs **18** (Seniorität) zum Tragen. Bei Umwandlung einer Unionsmarke oder Unionsmarkenanmeldung in eine nationale Anmeldung gilt nach Art. 139 das Anmelde- oder Prioritätsdatum der Unionsmarke für die nationale Anmeldung (→ Art. 139 Rn. 1 ff.). Das Institut der Zeitrangansprüche (→ Art. 39 Rn. 1 ff.) zeigt die vom Gesetz gewollte wechselseitige Austauschbarkeit von Unionsmarke und nationalen Marken, was ihre Rechtswirkungen auf nationalem Gebiet betrifft.

D. Brexit

I. Austritt des Vereinigten Königreichs und Austrittsabkommen

Mit Wirkung vom 1.2.2020 trat das Vereinigte Königreich aus der EU aus (Brexit) (→ Einl. **19** Rn. 99 ff.). Das Austrittsabkommen (Abkommen über den Austritt des Vereinigten Königreichs Großbritannien und Nordirland aus der Europäischen Union und der Europäischen Atomgemeinschaft, ABl. 2020 L 29, 7– BrexitAbk) sah in Art. 126 BrexitAbk einen Übergangszeitraum vor, der am 31.12.2020 endete. Während des Übergangszeitraums galt das Unionsrecht für und im Vereinigten Königreich weiter (Art. 127 Abs. 1 BrexitAbk), seit dem 1.1.2021 ist das Vereinigte Königreich auch aus markenrechtlicher Sicht kein Teil der EU mehr.

Das BrexitAbk enthält in Titel IV „Geistiges Eigentum" (Art. 54–61 BrexitAbk) spezifische **20** Regelungen für den Schutz von Marken und anderen geistigen Schutzrechten nach Ablauf der Übergangsfrist. Diese werden ergänzt durch Art. 67 BrexitAbk für anhängige Zivilverfahren, Art. 86 ff. BrexitAbk betreffend Verfahren vor dem EuGH sowie Art. 95 BrexitAbk, wonach bis zum Ende des Übergangszeitraums erlassene Entscheidungen von Unionsgerichten und behörden für das Vereinigte Königreich und seine Einwohner verbindlich bleiben. Weitere Regelungen finden sich in den britischen EU Exit Regulations für markenrechtliche Fragen (The Trade Marks (Amendment etc. (EU Exit) Regulations 2019 – Statutory Instrument [„SI"] 2019 No. 269; abrufbar unter www.legislation.gov.uk).

Der Exekutivdirektor des EUIPO gab am 10.9.2020 die Mitteilung Nr. 2/20 heraus, in der **21** das Amt die für die Verfahren vor dem Amt wichtigsten Auswirkungen des Brexit darstellt. Diese findet sich auf der Webseite des EUIPO (auf Englisch) unter https://euipo.europa.eu/ohimportal/en/Brexit-q-and-a. Die Mitteilung des Amtes betrifft neben den Auswirkungen auf Zeitrang, Umwandlung, anhängige Widerspruchs- und Nichtigkeitsverfahren (inklusive Benutzungs- und Bekanntheitsfragen) und Internationale Eintragungen vor allem die Vertretung vor dem Amt.

Rechtsnachteile für Markeninhaber und anmelder aufgrund des Brexits wurden weitgehend **22** vermieden. Bei Ablauf des Übergangszeitraums eingetragene Unionsmarken wurden kostenfrei in nationale Marken im Vereinigten Königreich „umgewandelt" oder „geklont". Zu diesem Datum anhängige Unionsmarkenanmeldungen konnten bis zum 30.9.2021 im Vereinigten Königreich unter Wahrung des Anmelde- oder Prioritätsdatums neu angemeldet werden. Weitere Regelungen des BrexitAbk befassen sich mit Benutzung und Bekanntheit, Verlängerung, Umwandlung von kurz vor dem Stichtag gelöschten Unionsmarken, Erschöpfung, sowie Fragen der Gerichtsbarkeit und Vertretung.

II. Rechtsfolgen für Inhaber und Anmelder von Unionsmarken

23   **Automatische „Umwandlung" von Unionsmarken** in „comparable trade marks" = „abgeleitete britische Marken" im Vereinigten Königreich: Alle bis Ablauf des Übergangszeitraums eingetragenen Unionsmarken wurden nach Ablauf des Übergangszeitraums automatisch und ohne Antrag oder Gebührenzahlung seitens der Inhaber in entsprechende UK-Marken umgewandelt (Art. 54–56 BrexitAbk, Art. 1 ff. SI 2019 No. 269). Dies galt auch für IR-Marken, die die EU benennen, soweit der EU-Benennung zum Stichtag bereits Schutz gewährt wurde. Die aus der Umwandlung hervorgehenden britischen Marken erhielten die gleiche Priorität bzw., soweit einschlägig, den Zeitrang einer zuvor bestehenden britischen Marke. Die automatische Umwandlung führte zum 1.1.2021 fast zu einer Verdreifachung des Datenbestands beim UKIPO.

23.1   Die Eintragungsnummern der aus der Quasi-Umwandlung hervorgehenden britischen Marken sind: UK009 + die letzten 8 Ziffern der Unionsmarke oder UK008 + die letzten 8 Ziffern der in der EU geschützten IR Marke. Eine britische Korrespondenzadresse während drei Jahren nach Ablauf der Übergangsfrist für abgeleitete britische Marken ist nicht nötig, soweit sie aus Unionsmarken hervorgegangen sind; umgewandelte IR-Marken hingegen bedürfen einer solchen Korrespondenzadresse (→ Rn. 24).

24   Hinsichtlich der **Vertretungsregelungen** gilt Folgendes: Vor dem **UKIPO:** Vertreter aus den EWR-Staaten waren vor dem UKIPO bis zum 31.12.2020 uneingeschränkt vertretungsbefugt. Ab 1.1.2021 ist für neue Verfahren vor dem UKIPO eine **Korrespondenzadresse** im Vereinigten Königreich, auf den Kanalinseln oder in Gibraltar erforderlich. Vertreter aus den EWR-Staaten bleiben jedoch für zum Stichtag anhängige Verfahren befugt; insofern muss also keine neue Korrespondenzadresse angegeben werden. Dies ist weiterhin erforderlich für eine Übergangszeit von drei Jahren für abgeleitete britische Marken, soweit sie aus Unionsmarken hervorgehen (Art. 55 Abs. 2 BrexitAbk). Nach Ablauf dieser Zeit braucht solange keine britische Korrespondenzadresse angegeben zu werden, solange keine Verfahrenshandlungen notwendig werden. Die Übergangszeit von drei Jahren gilt nicht für britische Marken, die aus die Union benennenden internationalen Eintragungen abgeleitet sind; insofern ist daher für Verfahrenshandlungen jeglicher Art bereits ab dem Stichtag eine britische Korrespondenzadresse erforderlich. Vor dem **EUIPO:** Für die Vertretung vor dem EUIPO gilt Art. 120, der für Rechtsanwälte eine Zulassung innerhalb der Union und für Markenanwälte (also zB UK trade mark attorneys) diese sowie eine EU-Staatsangehörigkeit verlangt. Nur von letzterem Erfordernis kann unter bestimmten Voraussetzungen freigestellt werden. Eine Ausnahme sieht Art. 97 BrexitAbk für laufende Verfahren vor. Hiernach bleiben die britischen Anwälte in am Stichtag laufenden Verfahren weiterhin vertretungsbefugt (hierzu Ziff. 25 ff. der Mitteilung 2/2020 des Exekutivdirektors des EUIPO). Dies gilt also zB für Anmeldeverfahren bis hin zur Eintragung einschließlich sämtlicher Annexverfahren wie etwa Umwandlung oder Übertragung. Es gilt jedoch nicht für – neue – **Klagen vor dem EuG.** Barrister aus dem Vereinigten Königreich können nach Ablauf der Übergangsfrist keine Klage gegen eine EUIPO Entscheidung erheben, jedenfalls dann, wenn auch diese Entscheidung erst nach dem Stichtag ergangen ist (EuG T424/21, GRUR-RS 2021, 39318 – Daimler; anderes gilt für zum Stichtag bereits laufende EuG-Verfahren, s. zB EuG T-486/20, BeckRS 2022, 27918 Rn. 11, 12 – Swisse).

24.1   Solange ein britischer Vertreter noch an laufenden Verfahren beteiligt ist, wird auch seine ID-Nummer beim EUIPO nicht gelöscht, während generell die ID-Nummern der britischen Vertreter am 1.1.2021 gelöscht wurden.

25   Unionsmarken, die sich zum Ablauf des Übergangszeitraums noch im **Anmeldestadium** befanden, und IR-Marken, denen noch kein Schutz gewährt wurde, konnten gemäß Art. 59 BrexitAbk unter Inanspruchnahme der Priorität oder des Anmeldetages der Unionsmarke binnen neun Monaten ab Ablauf des Übergangszeitraums im Vereinigten Königreich erneut angemeldet werden. Voraussetzung war, dass zumindest ein Anmeldetag zuerkannt war und keine endgültige Zurückweisung vorlag. Die Neuanmeldung musste freilich für dieselbe Marke sein und die Waren oder Dienstleistungen mussten dieselben oder von der Unionsmarkenanmeldung oder IR-Marke umfasst sein.

26   Für am Stichtag **anhängige Löschungsverfahren** gegen Unionsmarken sieht Art. 54 Abs. 3 BrexitAbk vor, dass die Löschung einer Unionsmarke aufgrund eines vor Ende des Übergangszeitraums eingeleiteten Löschungsverfahrens auch das abgeleitete britische Marken erfassen soll; allerdings ist nach Art. 54 Abs. 3 UAbs. 2 BrexitAbk das Vereinigte Königreich nicht zur Löschung verpflichtet, wenn keiner der geltend gemachten Verfalls- oder Nichtigkeitsgründe dort Anwendung findet. Es ist zweckmäßig, das UKIPO über den Abschluss des EUIPO-Verfahrens zu unterrichten, um die Löschung auch der abgeleiteten Marke zu erreichen, von selbst scheint das in der Regel nicht zu passieren. Umgekehrt gilt, dass eine Unionsmarke nicht mehr gelöscht werden kann, wenn die geltend gemachten Löschungsgründe allein im Vereinigten Königreich belegen sind. Nichtigkeitsgründe in der EU müssen nach richtiger Auffassung des EUIPO nicht nur im Moment der Anmeldung der angegriffenen Marke, sondern auch zum Zeitpunkt der Entscheidung über den Löschungsantrag bestehen (vgl. → Rn. 30 ff.).

Das UKIPO stellt in Löschungsverfahren grundsätzlich auf die Sach- und Rechtslage im Zeitpunkt der **26.1** Anmeldung der angegriffenen Marke ab, nicht (auch) auf den Entscheidungszeitpunkt. Der Grund hierfür scheint zu sein, dass das Verfahren sozusagen als „Umweg" zu einer eigentlich im Zeitpunkt des Löschungsantrags zu treffenden Entscheidung gesehen wird. Eine Ausnahme gilt wie gesagt für abgeleitete britische Marken, bei denen nicht auf den Antragszeitpunkt (als sie noch eine Unionsmarke war) abgestellt wird, sondern auf die Frage, ob im Vereinigten Königreich ein Löschungsgrund vorliegt.

Verlängerung: Die abgeleitete britische Marke unterliegt den britischen Regelungen. Sie läuft **27** zum gleichen Zeitpunkt ab wie die entsprechende Unionsmarke. Verlängerungsanträge sind beim UKIPO zu stellen.

Eine **Benutzung** der Marke vor dem Stichtag ausschließlich in der EU-27 hat rechtserhaltende **28** Wirkung für die abgeleitete britische Marke, die für bis zu fünf Jahre nach Stichtag fortwirkt (Art. 54 Abs. 5 lit. b BrexitAbk, Art. 7−9 SI 2019 No. 269). Umgekehrt gilt dasselbe: War die Benutzung im Vereinigten Königreich vor dem Stichtag rechtserhaltend für die Unionsmarke, bleibt sie das auch über diesen Zeitpunkt hinaus, da die Benutzung in der Union stattfand (s. hierzu EuG T-766/20, GRUR-RS 2022, 3738 Rn. 25 ff. − STONES).

In der Mitteilung Nr. 2/2020 (Ziff. 14) hielt das EUIPO daran fest, dass die Benutzung allein im **28.1** Vereinigten Königreich im Lauf der Zeit (also im Verlauf der fünf Jahre nach dem Stichtag) an Bedeutung verliere für die Frage der rechtserhaltenden Benutzung in der Union. Es muss sich erst noch zeigen, ob sich dies in der Rechtsprechung des Amtes niederschlägt.

Für die **Bekanntheit** der Marke sieht Art. 54 Abs. 5 lit. c BrexitAbk vor, dass eine bis zum **29** Ablauf des Übergangszeitraums nur in der EU-27 begründete Bekanntheit im Vereinigten Königreich auch nach seinem Ausscheiden zur Geltendmachung der Bestimmungen für bekannte Marken berechtigt. Soweit es jedoch auf die Zeit nach dem Übergangszeitraum ankommt, ist auf die Bekanntheit im Vereinigten Königreich abzustellen (s. auch Art. 10 SI 2019 No. 269). Gleiches gilt zwar theoretisch auch umgekehrt: eine Unionsmarke, die vor dem Austritt des Vereinigten Königreichs dort Bekanntheit erlangt hat, ist in der Union bekannt. Die Frage ist jedoch, wie sich das im Widerspruchs- oder Nichtigkeitsverfahren vor dem EUIPO auswirkt.

Bei **Widerspruchs- oder Nichtigkeitsverfahren** vor dem EUIPO, die **auf ältere Rechte 30 im Vereinigten Königreich gestützt** waren, stellt sich die Frage, ob diese mit Ablauf des Übergangszeitraums obsolet wurden. Dies war von Anfang an die Auffassung des EUIPO. Danach muss das ältere Recht gegenüber der Unionsmarke oder Unionsmarkenanmeldung auch im Zeitpunkt einer Entscheidung über die Widersprüche oder Nichtigkeitsanträge durchsetzbar sein, nicht nur im Anmeldezeitpunkt (Ziff. 15 Mitteilung 2/2020). Nachdem das Vereinigte Königreich nunmehr ein Drittland ist, stellt ein nur dort bestehendes Recht kein relatives Eintragungshindernis mehr dar nach Art. 8. Gleichermaßen besteht eine nur dort gegebene Bekanntheit oder erhöhte Unterscheidungskraft nicht mehr in der Union.

Für die Auffassung des Amtes spricht, dass bisher nicht angezweifelt wurde, dass der während **31** eines Widerspruchs- oder Nichtigkeitsverfahrens eintretende Verfall oder Ablauf eines älteren Rechts dazu führt, dass dieses kein Eintragungshindernis mehr darstellt (so zuletzt für den Verfall eines älteren nationalen Geschmacksmusterrechts im Nichtigkeitsverfahren gegen eine Unionsmarke EuG T169/19, GRUR-Prax 2021, 406 Rn. 33 mAnm Möller Style & Taste/EUIPO; s. auch Rn. 3; T162/18, GRUR-Prax 2019, 133 Rn. 41 mAnm Pemsel − ALTUS; offengelassen in EuG T342/20, GRUR-RS 2021, 29107 Rn. 17 − Abresham Super Basmati, Rechtsmittel des Amtes anhängig unter C-801/21 P). Der Inhaber eines älteren Rechts, das im Geltungsbereich der Unionsmarke keinerlei Wirkung entfaltet, hat auch kein Rechtsschutzbedürfnis, weil er kein materiellrechtliches Interesse an der Verhinderung oder Nichtigerklärung der Unionsmarkeneintragung hat und auch die Benutzung der Unionsmarke aufgrund des im Drittland belegenen Rechts nicht untersagen kann. Das EuG vertrat jedoch zuweilen die Auffassung, dass es im Widerspruchsverfahren ausschließlich auf den Bestand des älteren Rechts im Zeitpunkt der Anmeldung ankomme (so EuG T281/21, GRUR-RS 2022, 4397 Rn. 28, 29 − APE TEES, Rechtsmittel zugelassen (C337/22 P); zuvor bereits − allerdings jeweils nur obiter dicta und nicht näher begründet − EuG T-467/20, GRUR-RS 2021, 36753 Rn. 57−60 − Zara; T-598/18, GRUR-RS 2020,

3157 Rn. 19 – BROWNIE; T421/18, GRUR-RS 2020, 35963 Rn. 34, 35 – MUSIKISS; explizit anders aber jetzt EuG T222/21, GRUR-RS 2022, 26940 Rn. 96 ff. – SHOPPI unter ausdrücklichem Hinweis auf das Territorialitätsprinzip (GRUR-RS 2022, 26940 Rn. 103) und die fehlende Durchsetzbarkeit des älteren britischen Rechts gegenüber der Benutzung der jüngeren Unionsmarke).

31.1   Relative Eintragungshindernisse sollten nur greifen, wenn sie auch im Zeitpunkt der Entscheidung gegeben sind – das ist bereits im Namen angelegt (nicht „Anmeldungshindernisse"). Es gibt keinen rechtlichen oder systematischen Grund, ausschließlich auf den Anmeldezeitpunkt abzustellen und Vermögenswerte zu zerstören ohne materielles Rechtsschutzinteresse seitens der Inhaber außerhalb der EU belegener Rechte. Schließlich werden auch Widersprüche und Löschungsanträge zurückgewiesen, die auf ältere Marken oder andere Rechte gestützt sind, die zwar im Zeitpunkt der jüngeren Anmeldung rechtswirksam waren, aber ihre Wirkung verloren haben durch Verfall, Verzicht oder Ablauf der Schutzdauer. Dies entspricht ständiger Rechtsprechung des Amtes, weshalb Widerspruchs- und Löschungsverfahren in der Regel in Ansehung von Verfallsverfahren gegen die geltend gemachten älteren Rechte auch ausgesetzt werden sollten (EuG T-544/14, BeckRS 2015, 81733 – ALETE; T-40/09, BeckRS 2016, 128675 – VOGUE CAFÉ; → Art. 47 Rn. 29).

31.2   Die zitierte gegenläufige Auffassung mancher Kammern des EuG wird außer mit Verweisen auf die eigene Rechtsprechung nicht begründet oder belegt. In APE TEES geht das Gericht sogar soweit, von einer „nunmehr gefestigten Rechtsprechung" zu sprechen (EuG T-281/21, GRUR-RS 2022, 4397 Rn. 28, Rechtsmittel anhängig unter EuGH C-337/22 P, zugelassen am 16.11.2022), obwohl es durchaus gegenteilige Auffassungen und Entscheidungen gibt und die jeweils zitierten Entscheidungen wie gesagt nur obiter dicta enthielten. Soweit das EuG im Übrigen in BROWNIE (EuG T-598/18, GRUR-RS 2020, 3157) auf GOLDEN BALLS (EuG T-8/17, BeckRS 2018, 25066 Rn. 74–77) und LES COMPLICES (EuG T-342/12, BeckRS 2015, 81373 Rn. 25) verweist, überzeugt dies nicht. Bei GOLDEN BALLS ging es darum, festzuhalten, dass die Bekanntheit der älteren Marke jedenfalls im Anmeldezeitpunkt der angegriffenen Marke gegeben sein musste – die Entscheidung betraf nicht die Frage, ob sie im Entscheidungszeitpunkt nach wie vor bestehen muss. Und bei LES COMPLICES ging es um die Frage, ob der nach der Beschwerdekammerentscheidung eingetretene Verfall im Gerichtsverfahren zu berücksichtigen ist, obwohl es da um die Überprüfung der Rechtmäßigkeit dieser Entscheidung geht.

31.3   Vielfach wurde auch auf den Zeitpunkt der Beschwerdekammerentscheidung abgestellt, häufig der vom EUIPO vor dem Gericht eingenommenen Position entsprechend (so EuG T-756/20 GRUR-RS 2021, 33799 Rn. 17 – VDL E-POWERED; ebenso zuletzt EuG T-222/21, GRUR-RS 2022, 26940 Rn. 101 – SHOPPI). In ihrem Rechtsmittel zu BASMATI, über dem EuGH zugelassen wurde (EuGH C801/21 P, BeckRS 2022, 13034), hat das Amt jedoch nunmehr die – zutreffende – Auffassung vertreten, dass das ältere Recht im Zeitpunkt der letzten Entscheidung in der Sache noch wirksam sein müsse.

31.4   Für Verletzungsverfahren dürfte gelten, dass zwar Unterlassungsverfügungen nicht mehr auf eine nur im Vereinigten Königreich bestehende Bekanntheit gestützt werden können, hinsichtlich des Schadensersatzes aber darauf abgestellt wird, ob vormals eine Verletzung vorlag (entsprechend EuGH C-622/18, GRUR 2020, 635 – Cooper).

31.5   Im Übrigen lässt das EuG mehrfach durchklingen, dass es die Regel, wonach es allein auf den Anmeldezeitpunkt ankomme, auf Nichtigkeitsverfahren nicht anwenden möchte (s. EuG T-281/21, GRUR-RS 2022, 4397 Rn. 40 – APE TEES, Rechtsmittel anhängig unter EuGH C-337/22 P und zugelassen; T342/20, GRUR-RS 2021, 29107 Rn. 22 – Abresham Super Basmati, Rechtsmittel des Amtes anhängig unter C801/21 P; Zulassung durch den EuGH: BeckRS 2022, 13034). Das wäre auch contra legem, man denke nur an Art. 64 Abs. 2 (doppelter Benutzungszwang).

31.6   Die Unterscheidung zwischen Widerspruchs- und Nichtigkeitsverfahren, was den relevanten Zeitpunkt zur Beurteilung älterer Rechte betrifft, zeigt ein fragwürdiges Verständnis vom Verhältnis von Eintragungs- und Nichtigkeitsgründen zueinander – aber die APE TEES-Entscheidung des EuG enthält insgesamt zahlreiche fragwürdige Aussagen, die ein Fehlverständnis grundsätzlicher Fragen des Markenrechts zu zeigen scheinen (etwa EuG T-281/21, GRUR-RS 2022, 4397 Rn. 42: als ob das Widerspruchsverfahrens etwas mit einem Benutzungsrecht der jüngeren Marke zu tun hätte; GRUR-RS 2022, 4397 Rn. 45: Annahme eines Konflikts zwischen behaupteten Rechten in UK und nach Umwandlung erlangter nationaler Marken in den verbleibenden Mitgliedstaaten unter Verkennung des Territorialitätsprinzips). Es ist zu hoffen, dass das hiergegen vom Amt eingelegte Rechtsmittel vor dem EuGH Gehör findet; immerhin wurde das Rechtsmittel des Amtes am 16.11.2022 zugelassen (EuGH C-337/22 P).

32   Soweit vor Ablauf der Übergangsfrist **Erschöpfung** in der Union eingetreten ist, gilt dies auch weiterhin (Art. 61 BrexitAbk). Ansonsten sieht der britische Gesetzgeber ein Festhalten an der EWR-weiten Erschöpfung vor. Umgekehrt jedoch führt ein erstmaliges Inverkehrbringen im Vereinigten Königreich nach dem Stichtag nicht zur Erschöpfung einer Unionsmarke.

Anträge auf **Umwandlung** einer gelöschten Unionsmarke oder zurückgewiesenen oder **33**
zurückgenommenen Unionsmarkenanmeldung nach Art. 139 in eine britische Markenanmeldung
waren nur bis zum Stichtag möglich. Eine Umwandlung in eine nationale Anmeldung für einen
außerhalb der Union gelegenen Staat ist nicht möglich, so dass seit Ablauf des Übergangszeitraums
das Vereinigte Königreich in einem Umwandlungsantrag nicht mehr benannt werden kann. Dies
galt auch dann, wenn die Dreimonatsfrist für die Umwandlung am Stichtag noch nicht abgelaufen
war (Ziff. 10, Mitteilung 2/2020).

III. Folgen für weitere anhängige Verfahren

Mit anhängigen **Verfahren vor den Gerichten der Union** befasst sich das Austrittsabkommen in **34**
Titel X (Art. 86 ff. BrexitAbk). Insoweit sollte der Gerichtshof weiterhin verbindlich über Vorlagefragen entscheiden, die ihm von einem britischen Gericht vor Ablauf der Übergangsfrist vorgelegt wurden (Art. 86 Abs. 2 BrexitAbk), allerdings sind derzeit keine markenrechtlichen Vorlagen aus dem Vereinigten Königreich anhängig. Britische Anwälte, die zu dem Zeitpunkt in einem Verfahren vor dem
EuGH vertretungsbefugt waren, blieben dies in diesem Verfahren auch, und Gleiches gilt für Verfahren
vor dem EuG (vgl. EuG T-486/20, BeckRS 2022, 27918 Rn. 11, 12 – Swisse). Anhängige Klage-
und Beschwerdeverfahren, die sich an ein Verfahren vor dem EUIPO anschließen, werden nicht angesprochen; dass EuG und EuGH insoweit zuständig bleiben, ist außer Frage, und für die materiellrechtlichen Auswirkungen des unterdessen eintretenden Brexit bedarf es keiner Sonderregelungen.

Das letzte markenrechtliche Vorlageverfahren aus dem Vereinigten Königreich war Sky v. Skykick (C- **34.1**
371/18, GRUR 2020, 288) zu Fragen der Präzision in Waren- und Dienstleistungsverzeichnissen und zum
Erfordernis der Benutzungsabsicht bei Anmeldung. Dieses wurde am 29.1.2020 entschieden.

Art. 95 BrexitAbk sieht vor, dass vor Ablauf des Übergangszeitraums ergangene Entscheidungen von **34.2**
Unionsagenturen, darunter das EUIPO, die das Vereinigte Königreich oder eine dort sesshafte oder niedergelassene natürliche oder juristische Person betreffen, verbindlich bleiben, und ihre Rechtmäßigkeit allein
durch den EuGH gemäß Art. 263 AEUV überprüft werden kann.

Zum Stichtag **anhängige Verfahren vor den ordentlichen Gerichten** werden in Art. 67 **35**
BrexitAbk angesprochen. Dies betrifft alle Verfahren, die die Durchsetzung einer Unionsmarke
in oder mit Wirkung für das Vereinigte Königreich zum Gegenstand haben oder den Bestand
oder Rechte an einer Unionsmarke betreffen. Gemäß Art. 67 Abs. 1 lit. b BrexitAbk gelten
insoweit die **Zuständigkeitsbestimmungen der UMV** weiter. Gleiches gilt gemäß Art. 67
Abs. 1 lit. a BrexitAbk für die Zuständigkeitsbestimmungen der Brüssel Ia-VO. Eine einmal nach
diesen Vorschriften begründete Zuständigkeit entfällt nicht im Laufe des Verfahrens. Während
damit Fragen der Zuständigkeit geregelt sind, bleibt abzuwarten, wie die Gerichte der Mitgliedstaaten mit der Frage umgehen, dass die Marke, um die es geht, ab dem Stichtag nicht mehr für das
Vereinigte Königreich gilt, es dort aber eine abgeleitete britische Marke gibt. Hier könnte an
eine partielle Auswechslung der Anspruchsgrundlage gedacht werden, wie dies für Umwandlung
diskutiert und zuweilen praktiziert wird (näher → MarkenG § 42 Rn. 83; → Art. 139 Rn. 47),
so dass für Ansprüche, die sich auf das Vereinigte Königreich beziehen, nicht dort erneut geklagt
werden muss aufgrund der abgeleiteten Marke. Eben dies ist in Art. 20 SI 2019 No. 269 für
im Vereinigten Königreich anhängige Gerichtsverfahren vorgesehen. Danach bezieht sich die
Zuständigkeit der **Unionsmarkengerichte des Vereinigten Königreichs** neben der (verbleibenden) Unionsmarke auch auf die **abgeleitete Marke** im Vereinigten Königreich (Art. 20
Abs. 3). Entsprechend darf das dortige Unionsmarkengericht im Falle einer Widerklage auch
sowohl die Unionsmarke als auch die daraus abgeleitete britische Marke für verfallen oder nichtig
erklären (Art. 20 Abs. 4). Es ist zu hoffen, dass Entsprechendes für die Unionsmarkengerichte der
(verbleibenden) Mitgliedstaaten beschlossen oder sich herausbilden wird.

Art. 21 SI 2019 No. 269 hält ferner fest, dass vor dem Stichtag ergangene **Unterlassungsverfü- 36**
gungen mit Wirkung für das Vereinigte Königreich auch nach dem Stichtag ihre Wirkung behalten, als sei die Unterlassungsverfügung (auch) auf die abgeleitete Marke im Vereinigten Königreich
gestützt gewesen.

Auf die möglichen Auswirkungen von zum Stichtag vor dem EUIPO anhängigen **Nichtig- 37**
keitsverfahren auf die aus der Unionsmarke hervorgegangene nationale britische Marke wurde
bereits hingewiesen (→ Rn. 26). Soweit vor dem UKIPO Widersprüche oder Nichtigkeitsanträge
anhängig sind, die auf Unionsmarken gestützt sind, werden diese auf Basis der nationalen britischen
Marke fortgeführt.

Hervorzuheben ist schließlich die Regelung des Art. 19 SI 2019 No. 269, die vorsieht, dass **38**
Bezugnahmen auf Unionsmarken in Dokumenten nach dem Stichtag grundsätzlich als

Bezugnahmen auch auf die abgeleitete britische Marke zu verstehen sind. Ferner soll eine vor dem Stichtag mit Blick auf eine ältere Unionsmarke erteilte **Zustimmung** zu bestimmten Handlungen so verstanden werden, dass sie auch für die von dieser Unionsmarke abgeleitete britische Marke gilt. Beide Regelungen lassen den Gegenbeweis zu, sind aber der Rechtssicherheit und dem Rechtsfrieden zuträglich und dürften in der Regel auch dem Erklärungswillen entsprechen.

Art. 2 Amt

(1) Es wird ein Amt der Europäischen Union für geistiges Eigentum (im Folgenden „Amt") errichtet.

(2) Alle Verweise auf das Harmonisierungsamt für den Binnenmarkt (Marken, Muster und Modelle) im Unionsrecht gelten als Verweise auf das Amt.

Überblick

Art. 2 war die Grundlage für die Errichtung des Amtes der Europäischen Union für geistiges Eigentum, bis 2016 Harmonisierungsamt für den Binnenmarkt (Marken, Muster und Modelle). Die Abkürzung „EUIPO" (Englisch: „European Union Intellectual Property Office") wird in allen Sprachversionen einheitlich verwendet.

A. Allgemeines

1   Das Amt mit Sitz in Alicante, Spanien, ist die zentrale Instanz für die Anmeldung und Eintragung, sowie weitgehend auch für die Löschung (Ausnahme: Art. 128) von Unionsmarken. Das Amt ist als Agentur der Union (Art. 142; → Art. 142 Rn. 1 ff.) der Rechtsaufsicht der Kommission unterstellt (→ Einl. Rn. 60). Die Kompetenzen des Amtes sind nicht auf Unionsmarken beschränkt, sondern erstrecken sich auch auf eingetragene Gemeinschaftsgeschmacksmuster. Im Jahr 2012 wurde ferner die Europäische Beobachtungsstelle für Verletzungen von Rechten des geistigen Eigentums („Observatory") in die Zuständigkeit des EUIPO überführt. Im Übrigen unterstützt das Amt Harmonisierung und Rechtsvereinheitlichung im Bereich des Marken- und Designrechts in der EU und sogar weltweit und treibt diese voran.

B. Aufbau, Zuständigkeit und Name

2   Vorschriften über Aufbau und Zuständigkeiten des Amtes sind in Kapitel XII (Art. 142 ff.) konzentriert. Die Rechtsstellung des Amtes als Agentur der Union mit Rechtspersönlichkeit ist in Art. 142 angesprochen (→ Art. 142 Rn. 1). Art. 153 ff. regeln Zusammensetzung und Aufgaben des Verwaltungsrates, Art. 157 f. die Aufgaben und Rechtsstellung des Exekutivdirektors (vormals: Präsidenten), und Art. 159 ff. die Zusammensetzung und Zuständigkeiten der operativen Abteilungen (→ Art. 159 Rn. 1).

3   Die Zuständigkeiten des Amtes im Bereich des Schutzes des Geistigen Eigentums in der EU und darüber hinaus sind umfassend und nunmehr in Art. 151 kodifiziert (→ Art. 151 Rn. 1). Verwiesen wird auch auf die Erwägungsgründe 29 und 30 VO (EU) 2015/2424 (aF). Das Amt nahm auch bereits seit längerem zahlreiche Aufgaben jenseits der Eintragung von Marken und Designs wahr. So wurden 2010 der Kooperationsfonds und 2011 das Konvergenzprogramm aus der Wiege gehoben und das Europäische Netzwerk für Marken und Geschmacksmuster (EuropeanTMDN) gebildet. Hierfür wurde mit Art. 152 eine Rechtsgrundlage geschaffen (→ Art. 152 Rn. 1). Beim Kooperationsfonds geht es um die gemeinsame Entwicklung und Nutzung von Arbeitsmitteln oder „Tools" im Bereich des geistigen Eigentums, also eine überwiegend technische Zusammenarbeit der Ämter, die Arbeitsmittel wie TMview, TMclass, Similarity Datenbank, DesignView und DesignClass hervorgebracht hat (→ Art. 152 Rn. 14). Das Konvergenzprogramm hingegen zielt auf eine weitere Annäherung der Praktiken der Ämter in der EU, die das harmonisierte Recht anwenden. In diesem Rahmen wurden bereits zahlreiche Gemeinsame Mitteilungen veröffentlicht, die sich auf der Webseite des TMDN finden unter www.tmdn.org/network/converging-practices (→ Art. 152 Rn. 15 ff.).

4   Der Name des Amtes war bis zum Inkrafttreten der VO (EU) 2015/2424 „Harmonisierungsamt für den Binnenmarkt", abgekürzt „HABM". Die Abkürzungen in anderen Sprachversionen folgten den Anfangsbuchstaben in jenen Sprachen (Englisch „OHIM", Spanisch „OAMI" etc). Der vormalige Name findet sich weiterhin in Verweisen auf vor der Rechtsänderung ergangene Entscheidungen des EuG und EuGH.

Art. 3 Rechtsfähigkeit

Für die Anwendung dieser Verordnung werden Gesellschaften und andere juristische Einheiten, die nach dem für sie maßgebenden Recht die Fähigkeit haben, im eigenen Namen Träger von Rechten und Pflichten jeder Art zu sein, Verträge zu schließen oder andere Rechtshandlungen vorzunehmen und vor Gericht zu stehen, juristischen Personen gleichgestellt.

Überblick

Art. 3 stellt teilrechtsfähige Personenverbände den juristischen Personen gleich und erweitert damit den Kreis derer, die Unionsmarken innehaben (Art. 5) und in Verfahren vor dem Amt auftreten können. Maßgeblich ist dabei das jeweils für die Personenmehrheit geltende Recht (→ Rn. 2).

Der Verweis in das jeweils anwendbare Recht ist ein **Rechtsgrundverweis,** kein Rechtsfolgen- 1 verweis: Es kommt nicht darauf an, ob das nationale Recht die betreffende Personenmehrheit juristischen Personen gleichstellt, sondern lediglich darauf, dass diese Rechten und Pflichten „jeder Art" haben, Rechtshandlungen im eigenen Namen vornehmen und vor Gericht stehen kann. In der Regel wird freilich auch das anwendbare Recht eine entsprechende Gleichstellung vornehmen (für das deutsche Recht → MarkenG § 7 Rn. 11).

Unsicherheit besteht nach wie vor bei **teilrechtsfähigen Personenmehrheiten.** Die Beschwerdekam- 1.1 mer des Amtes etwa hatte für eine niederländische maatschap (vergleichbar der deutschen Außen-GbR) die Fähigkeit zur Markeninhaberschaft anerkannt, weil der Anmelder niederländische Urteile vorgelegt hatte, die gegen maatschappen ergangen waren (HABM BK 28.7.1998 – R 195/1998-1 – Nauta Dutilh). Daraus allein folgt aber noch nicht die Rechtsfähigkeit der maatschap (Eisenführ/Schennen/Schennen Art. 2 Rn. 19). Für die Beschwerdekammer war entscheidend, dass die Personenmehrheit unter einem gemeinsamen Namen auftritt und die Fähigkeit besitzt, im eigenen Namen am Handelsverkehr teilzunehmen und ihr daraus Rechte und Pflichten erwachsen können.

Anwendbar ist jeweils das **nationale Recht des Sitzlandes.** Dies gilt unabhängig davon, ob 2 das Sitzland ein EU-Mitgliedstaat ist. Bei europäischen Rechtsformen, etwa der Europäischen Wirtschaftlichen Interessenvereinigung (EWIV), Europäischen Aktiengesellschaft (SE) oder Europäischen Genossenschaft (SCE), entscheidet sich die Rechtsfähigkeit nach Unionsrecht.

Vorgesehen war ursprünglich auch die Entwicklung einer europäischen GmbH, der **Societas Privata** 2.1 **Europaea** (SPE). Unter den Mitgliedstaaten konnte indes bisher kein Konsens über den bereits 2008 vorgelegten Kommissionsvorschlag (KOM (2008) 396) erzielt werden. Die von der Kommission vorgeschlagene europäische Einmanngesellschaft, Societas Unius Personae (SUP) (s. den Vorschlag vom 9.4.2014, KOM [2014] 212 final) stellt dagegen keine genuine Unionsrechtsform dar, sondern eine harmonisierte Rechtsform nach den einzelnen Rechtsordnungen der Mitgliedstaaten.

Zu **Körperschaften des öffentlichen Rechts** hatte das EuG Gelegenheit, sich im Falle SUEDTIROL 2.2 zu äußern (EuG T11/15, BeckRS 2016, 81641 Rn. 18 ff.) und bereits zuvor – inzident – im Falle MONACO (EuG T-197/13, BeckRS 2015, 80074 Rn. 32).

Ein Beispiel für einen Fall, in dem das **Fehlen der Rechtsfähigkeit** angenommen wurde, findet sich 2.3 in der Entscheidung der BK 5.11.2014 – R 2463/2013-5 – slim choc. Hier war der Widersprechende ein **Trust** nach dem Recht von Gibraltar. Die Beschwerdekammer entschied, dass ein Trust, wie ein Joint Venture, keine eigene Rechtspersönlichkeit besitze.

Hat das Amt wegen der **Teilrechtsfähigkeit** der betreffenden Personenmehrheit nach dem 3 anwendbaren Recht Zweifel, so ist es an deren Vertreter, diese zu zerstreuen, wobei eine der Amtssprachen zu verwenden ist. Zu den notwendigen Angaben über den Anmelder in der Unionsmarkenanmeldung → Art. 31 Rn. 3. Bei fehlender Rechtsfähigkeit wird die Anmeldung zurückgewiesen.

Bei späterem **Wegfall der Rechtsfähigkeit** gilt: Eine nicht rechtsfähige Person ist nicht postu- 4 lationsfähig und kann weder gegenüber dem Amt Verfahrenshandlungen vornehmen noch Rechte auf die Marke erwerben oder aus ihr wahrnehmen (Eisenführ/Schennen/Schennen Rn. 6). Eine Markenanmeldung ist nach Wegfall der Rechtsfähigkeit des Anmelders zurückzuweisen. Widersprüche oder Nichtigkeitsanträge werden unzulässig (für die zuweilen abweichende Praxis des Amtes bei bereits eingelegten Widersprüchen und Nichtigkeitsanträgen aber → Art. 5 Rn. 4.3).

Kapitel II. Materielles Markenrecht

Abschnitt 1. Begriff und Erwerb der Unionsmarke

Art. 4 Markenformen

Unionsmarken können Zeichen aller Art sein, insbesondere Wörter, einschließlich Personennamen, oder Abbildungen, Buchstaben, Zahlen, Farben, die Form oder Verpackung der Ware oder Klänge, soweit solche Zeichen geeignet sind,

a) Waren oder Dienstleistungen eines Unternehmens von denjenigen anderer Unternehmen zu unterscheiden und

b) in dem Register der Unionsmarken (im Folgenden „Register") in einer Weise dargestellt zu werden, dass die zuständigen Behörden und das Publikum den Gegenstand des dem Inhaber einer solchen Marke gewährten Schutzes klar und eindeutig bestimmen können.

Überblick

Art. 4 bestimmt die als Unionsmarken zulässigen Markenformen. Der Katalog ist nicht abschließend (→ Rn. 1 ff.). Die Markenform ist in der Unionsmarkenanmeldung anzugeben; Näheres hierzu bestimmt Art. 3 UMDV (→ Rn. 3). Nach Art. 4 muss ein Zeichen zwei Voraussetzungen erfüllen, um als Unionsmarke eingetragen werden zu können. Es muss erstens zur Unterscheidung von Waren oder Dienstleistungen grundsätzlich geeignet, also abstrakt unterscheidungskräftig sein (→ Rn. 5). Zweitens muss es im Register der Unionsmarken klar und eindeutig dargestellt werden können (→ Rn. 6). Das Erfordernis der grafischen Darstellung ist entfallen, was aber nicht heißt, dass nunmehr alle denkbaren Zeichen vom Grundsatz her eintragbar wären. Die (visuelle) Darstellung der Marke ist, wo sie möglich ist, allein ausschlaggebend für den Schutzgegenstand. Beschreibungen der Marke sind nur noch zulässig, wo dies ausdrücklich vorgesehen ist; dies ist insbesondere nicht der Fall bei Bild-, Form- und Hörmarken (→ Rn. 11). Die Nennung bestimmter Markenformen in Art. 4 besagt nichts für ihre konkrete Unterscheidungskraft (→ Rn. 29). Genügt ein Zeichen den Anforderungen des Art. 4, ist dies iVm Art. 7 Abs. 1 lit. a und ggf. Art. 59 Abs. 1 lit. a ein absolutes Eintragungshindernis oder ein absoluter Nichtigkeitsgrund (→ Rn. 30). Der EuGH hat klargestellt, dass die Bestimmtheit des Waren- und Dienstleistungsverzeichnisses von Art. 4 nicht erfasst und damit ihr Fehlen kein Nichtigkeitsgrund ist (→ Rn. 31).

Übersicht

A. Nicht abschließende Liste der möglichen Zeichen

1   Nach Art. 4 können „Zeichen aller Art" Unionsmarken sein. Voraussetzung ist lediglich, dass es sich um „Zeichen" handelt. Zeichen werden durch die fünf Sinne des Menschen wahrgenommen. Die Grenze liegt dort, wo der betreffende Gegenstand nur durch den Intellekt, also durch Einsatz des Verständnisses, wahrzunehmen ist, es sich also um ein „Konzept" handelt (EuGH C321/03, GRUR 2007, 231 – Dyson; → MarkenG § 3 Rn. 23).

1.1   Statt es hier am Zeichenbegriff fehlen zu lassen, hätte sich der „Dyson"-Fall, in dem es laut Beschreibung der Marke um einen durchsichtigen Staubauffangbehälter unbestimmter Form ging, auch über die ungenügende Bestimmtheit des Zeichens lösen lassen.

v. Bomhard

Die in Art. 4 genannten Beispiele für Markenformen – Wörter, Abbildungen, Buchstaben, **2** Zahlen, Farben, Formen und Klänge – sind nicht abschließend, auch wenn Farben und Klänge (beide im MarkenG seit jeher ausdrücklich genannt) erst zum 1.10.2017 hinzugekommen sind. In der jetzt geltenden Fassung ist Art. 4 zum 1.10.2017 in Kraft getreten. Er ist im Wesentlichen wortgleich zu Art. 3 MRL. Obwohl die Markenformen zu den vormals nicht berücksichtigten Fragen des Verfahrensrechts gehören, hat der EuGH zur vormaligen Richtlinie betont, dass der harmonisierte Markenbegriff nach Art. 3 Abs. 1 eine einheitliche Auslegung erfordere, damit „die Funktionsfähigkeit des Markenanmeldesystems" nicht beeinträchtigt werde (EuGH C578/ 17, GRUR 2019, 511 Rn. 23 – Hartwall). Dass die möglichen Markenformen theoretisch unbegrenzt sind und Art. 4 keine Grenzen setzt, illustriert Art. 3 UMDV, der sich mit der Wiedergabe der Marke in der Unionsmarkenanmeldung befasst. Art. 3 Abs. 3 UMDV nennt in lit. a–j folgende Markenformen: Wortmarken, Bildmarken (einschließlich Wort-/Bildmarken), Formmarken, Positionsmarken, Mustermarken (im Sinne von „pattern"), Farbmarken (wobei Art. 3 Abs. 3 lit. f zwischen Ziff. i Einfarbenmarken und Ziff. ii Farbkombinationsmarken unterscheidet), Hörmarken, Bewegungsmarken, Multimediamarken (Kombination von Bild und Ton), Hologrammmarken. Art. 3 Abs. 4 UMDV bestimmt darüber hinaus, dass eine sonstige Marke, die unter keine dieser Kategorien fällt, den Anforderungen der Bestimmtheit genügen muss. Wenn auch die Mehrzahl dieser Markenformen zuvor nicht ausdrücklich vorgesehen war, waren sie doch bereits vor der Neufassung des Art. 4 als Unionsmarken zulässig. Insofern entspricht die Neufassung mehr der Kodifizierung einer geltenden Praxis als einer Erweiterung des Kreises zulässiger Unionsmarken. Im Rahmen des Konvergenzprogramms KP11 haben sich die Mitgliedstaaten weitgehend auf gemeinsame Definitionen sowie die Art der Darstellung der verschiedenen Markenformen geeinigt (näher → Art. 152 Rn. 76 ff.).

Die Markenform ist in der Unionsmarkenanmeldung anzugeben für alle in Art. 3 Abs. 3 UMDV **3** genannten Markenformen (→ Rn. 2), s. Art. 3 Abs. 2 UMDV. Die Angabe ist von Bedeutung für die Anforderungen an die Wiedergabe der Marke, wozu Art. 3 Abs. 3 UMDV genaue Bestimmungen enthält, sowie für die Prüfung der Eintragungsfähigkeit. Wenn auch, vor allem in der Anfangszeit des EUIPO, hier häufig fehlerhafte (oder keine) Angaben gemacht und Markenkategorien in der Folge umdefiniert wurden, um Irrtümern seitens der Anmelder Rechnung zu tragen, ist mittlerweile klar, dass die Markenform durch die Kategorisierung im Anmeldeformular unveränderlich festgelegt ist. Insofern hat der EuGH nunmehr festgestellt, dass ein Widerspruch zwischen Wiedergabe und Angabe des Markentyps dazu führe, dass es an Klarheit und Präzision der Wiedergabe der Marke in der Anmeldung fehle (EuGH C578/17, GRUR 2019, 511 Rn. 40 – Hartwall).

Der Fall Hartwall betraf die Anmeldung eines geschwungenen blauen „Banners" mit grauen Konturen **3.1** für Mineralwasser. Der Anmelder hatte die Marke als Farbmarke bezeichnet. Hierin wurde ein Widerspruch gesehen. Dies ist interessant mit Blick auf den Fall Red Bull, in dem gerade eine konkrete Darstellung der Farbkombinationsmarke verlangt wurde (→ Rn. 23). Es ist ferner interessant, dass das EuG in dem Fall MHCS betreffend das Orange von Veuve Cliquot (EuG T-274/20, GRUR-RS 2021, 25970) auf Hartwall keinen Bezug nimmt. Auch hier hatte der Anmelder zunächst „Bildmarke" angegeben. Die Beschwerdekammer legte das Zeichen noch im Anmeldeverfahren als Farbmarke aus. Im Register blieb sie jedoch als „Bildmarke" eingetragen. Das Gericht hielt die seinerzeitige Umqualifizierung durch die BK für verbindlich. Zur Zurückweisung des Nichtigkeitsantrags nach der Entscheidung des EuG s. BK R 118/2022-4, GRUR-RS 2022, 21558 Rn. 44–71 konkret zu Art. 4.

Aufschlussreich hierzu ist auch der Fall Enercon (zuletzt EuG T36/16, BeckRS 2017, 112252 = **3.2** GRUR-Prax 2017, 303; bestätigt durch EuGH C-433/17 P, BeckRS 2018, 26133). In der zweiten Entscheidung des EuG in dieser Sache stellte es klar, dass sich die Prüfung an die in der Anmeldung angegebene Markenform (Farbmarke) zu halten habe und es keine Möglichkeit der Umkategorisierung gebe (EuG T-36/16, BeckRS 2017, 112252 Rn. 37, 38). Hier ging es um eine farbige Darstellung eines Windenergiekonverters, die als „Farbmarke" angemeldet worden war und als solche erstinstanzlich für nichtig erklärt wurde. Die Beschwerdekammer hielt die Marke hingegen für eine Bildmarke und damit unterscheidungskräftig. Das EuG hob auf (EuG T245/12, BeckRS 2014, 80143 mAnm Zenker GRUR-Prax 2014, 80; bestätigt durch den EuGH (EuGH C-35/14 P, BeckRS 2015, 80380). Daraufhin erklärte auch die Beschwerdekammer die (Farb-)Marke für nichtig; dies wurde bestätigt. Parallel hatte Enercon 2012 neu angemeldet, wiederum als „Farbmarke per se", und auf die Zurückweisung der Marke hin argumentiert, es handle sich um eine Bildmarke. Dies hat der EuGH letztinstanzlich zurückgewiesen (EuGH C-170/15 P, BeckRS 2016, 80205).

Mit der genauen Bedeutung der Kategorisierung einer Marke in der Anmeldung, vor allem im Fall **3.3** der Divergenz zwischen Darstellung und angegebener Kategorie, beschäftigt sich das Konvergenzprogramm KP11, das im April 2021 abgeschlossen wurde (näher → Art. 152 Rn. 76 ff.).

4   Der Katalog der zulässigen Markenformen in Art. 4 und Art. 3 UMDV ist nicht abschließend, wie Art. 3 Abs. 4 UMDV deutlich macht. Dennoch ist zu erwähnen, dass zwei vielfach diskutierte Markenformen hier keinen Niederschlag gefunden haben, nämlich die Geruchs- und die haptischen (also Tast-) Marken (→ Rn. 8, → Rn. 9). Dies dürfte daran liegen, dass der Gesetzgeber grundsätzliche Zweifel hegt an deren Darstellbarkeit im Register.

B. Abstrakte Unterscheidungskraft

5   Nach Art. 4 muss ein Zeichen zur Unterscheidung von Waren oder Dienstleistungen grundsätzlich geeignet sein. Die konkrete Unterscheidungskraft erwächst noch nicht aus der allgemeinen Markenfähigkeit (EuGH C-265/09, BeckEuRS 2010, 526211 – HABM/BORCO-Marken-Import Matthiesen; verb. Rs. C217/13 und C-218/13, GRUR 2014, 776 = EuZW 2014, 707 mAnm Samwer – Sparkassen-Rot). Die Unterscheidungseignung iSv Art. 4 ist unabhängig von den konkret von einer Marke abgedeckten Waren oder Dienstleistungen zu prüfen. Nach Unionsmarkenrecht gibt es keine Kategorie von Zeichen, die von Haus aus ungeeignet sind, Waren oder Dienstleistungen zu unterscheiden (EuGH C-299/99, GRUR 2002, 804 – Philips/Remington).

5.1   Anschaulich ist das häufige Beispiel von „Apple" – eine für Äpfel natürlich glatt beschreibende Angabe, für Computer hingegen eine ohne weiteres (auch konkret) unterscheidungskräftige Marke.

5.2   Eine besonders hohe Komplexität des Zeichens könnte unter Umständen der Unterscheidungseignung entgegenstehen, weil die relevanten Verkehrskreise nicht in der Lage sind, sich das Zeichen einzuprägen. Dies könnte sich auch aus dem Merkmal der „In-sich-Abgeschlossenheit" ergeben (→ MarkenG § 3 Rn. 32). Allerdings ist kein Fall bekannt, in dem eine Anmeldung aufgrund ihrer hohen Komplexität bereits als nicht markenfähig zurückgewiesen wurde. Der Nichtigkeitsantragssteller in dem Fall betreffend die Marke „AFHKMSTY" argumentierte in diese Richtung (allerdings im Rahmen des Art. 7 Abs. 1 lit. b), was die BK allerdings zurückwies (EUIPO R 1698/2020-4, GRUR-RS 2020, 56894 Rn. 17). Das EuG hat ferner eine Kombination zahlreicher farbiger Quadranten wegen ihrer Komplexität für nicht konkret unterscheidungskräftig gehalten (EuG T-400/07, GRUR Int 2009, 513 – GretagMacbeth LLC/ HABM), die abstrakte Unterscheidungseignung jedoch nicht in Frage gestellt.

C. Darstellbarkeit im Register, Bestimmtheitserfordernis

6   Wahrscheinlich die meistdiskutierte Änderung in der UMV gegenüber dem bis 30.9.2017 geltenden Recht war die Abschaffung des Kriteriums der grafischen Darstellbarkeit. An deren Stelle ist das **Bestimmtheitserfordernis** der Darstellung im Register getreten. Art. 4 lit. b sagt hierzu, dass die Darstellung der Marke im Register den Behörden und dem Publikum „den Gegenstand des dem Inhaber [der] Marke gewährten Schutzes klar und eindeutig bestimmen können". Im Hintergrund standen hier die **„Sieckmann-Kriterien"** (EuGH C-273/00, GRUR 2003, 145 Rn. 55 – Sieckmann/DPMA; vgl. auch → MarkenG § 3 Rn. 27 ff.), die sich auch im Erwägungsgrund Nr. 10 UMV finden sowie in Art. 3 Abs. 1 UMDV. Danach muss die Darstellung der Marke „eindeutig, präzise, in sich abgeschlossen, leicht zugänglich, verständlich, dauerhaft und objektiv" sein. Darauf, dass die Darstellung mit dem in der Anmeldung angegebenen Markentyp übereinstimmen muss, wurde bereits hingewiesen (→ Rn. 3)

6.1   Das neue Recht hat aus „klar, eindeutig …" in Sieckmann gemacht „eindeutig, präzise …". Gemeint ist dasselbe, wenn auch UMDV in Art. 3 Abs. 1 UMDV noch dazu verlangt, dass die Registerdarstellung den beteiligten Verkehrskreisen ermöglichen müsse, den Schutzgegenstand „klar und präzise" festzustellen. Das ist eine simple Tautologie.

6.2   Der Wegfall des Erfordernisses der grafischen Darstellbarkeit geht zurück auf den Vorschlag in der Studie des Max-Planck-Instituts zur Modernisierung des europäischen Markenrechts (Knaak/Kur/v. Mühlendahl GRUR Int 2012, 197 (199 f.)).

7   Die Anforderungen an die Wiedergabe der Marke in der Anmeldung, die sich aus Art. 3 Abs. 3 UMDV ergeben, tragen dem Bestimmtheitserfordernis Rechnung. Aus praktischer Sicht haben sich Änderungen vor allem für Form-, Klang-, Bewegungs- und Hologrammmarken ergeben, sowie, was die Unzulässigkeit von Beschreibungen betrifft, für Bild- und dreidimensionale Marken. Bezeichnend ist, dass die UMDV keine Angaben zu Geruchs- und haptischen Marken enthält.

7.1   Mit den Einzelheiten zur grafischen Darstellung von vor allem unkonventionellen Markenformen befasst sich das Konvergenzprogramm KP11. Näher hierzu → Art. 152 Rn. 76 ff.

8   Bei **Geruchsmarken** ist nach wie vor fraglich, ob sie in einer Weise im Register dargestellt werden können, die den Anforderungen an die Bestimmtheit Rechnung trägt. Solange Gerüche nicht über das Internet verbreitet werden können, bleibt fraglich, wie solche Marken darzustellen und zugänglich zu machen sein sollen. Daran, dass chemische Formeln (aus Zugänglichkeitsgründen) oder Umschreibungen („riecht wie") (aus Bestimmtheitsgründen) nicht ausreichen, dürfte nicht zu rütteln sein. Seit Sieckmann ist klar, dass eine Beschreibung eines Geruchs nicht klar, eindeutig und objektiv genug ist (EuGH C273/00, GRUR 2003, 145 Rn. 70 – Sieckmann; Weiteres zu Geruchsmarken → MarkenG § 3 Rn. 46 f.).

Die gegenteilige, vielfach beachtete frühe Beschwerdekammerentscheidung zu der Marke „THE **8.1** SMELL OF FRESH CUT GRASS" (HABM BK R 156/1998-2, IIC 1999, 308 – smell of fresh cut grass) wurde bereits durch die Sieckmann-Entscheidung (EuGH C-273/00, GRUR 2003, 145 Rn. 68 ff. – Sieckmann/DPMA) überholt. S. auch für den mittels des Bildes einer Erdbeere und der Beschreibung „Duft einer reifen Erdbeere" grafisch dargestellten Erdbeergeruch für eine Reihe von Produkten einschließlich Bekleidung, Schreibwaren und Reinigungs- und Pflegeprodukten EuG T305/04, GRUR 2006, 327 – Eden SARL/HABM.

Was **Tastmarken** oder **haptische Marken** betrifft, bezweifelt das Amt zwar deren grundsätzli- **9** che Markenfähigkeit nicht. Die notwendige Bestimmtheit der Darstellung wirft jedoch Probleme auf (HABM BK R 1174/2006-1 – DaimlerChrysler AG – Kraftfahrzeugteil (Tastmarke)), und daran hat der Wegfall des Erfordernisses der grafischen Darstellbarkeit wenig geändert. Auch eine ertastbare Oberfläche ist nicht per Internet übertragbar, und eine Beschreibung („fühlt sich an wie") ist ebenso wenig zulässig als einzige Wiedergabe der Marke wie bei der Geruchsmarke. Die Einreichung eines Musters ist nach wie vor nicht zulässig. Haptische Marken werden im bisherigen Entwurf der Gemeinsamen Mitteilung über die Darstellung neuer Markenformen im Rahmen des Konvergenzprogramms KP11 (→ Rn. 7.1) nicht erwähnt.

Diskutiert wird die Eintragungsfähigkeit von Marken in Braille als Tastmarken (s. zB Hasselblatt **9.1** EUTMR/Hasselblatt Art. 7 Rn. 330). Die als Beispiel in Braille eingetragene deutsche Marke Nr. 30259811 ist jedoch als Bildmarke eingetragen. Ihre Eintragbarkeit steht natürlich außer Frage. Nach hiesiger Ansicht sollte die Eintragung einer Wortmarke ihre Darstellung in allen Standardschriftarten umfassen – und dazu sollte auch Braille gerechnet werden. Ein Interesse an einer gesonderten Eintragung einer Marke in Brailleschrift, deren Schutzgegenstand ja gerade nicht der haptische Eindruck der Oberflächenbeschaffung, sondern das Wort an sich ist, ist nicht ersichtlich.

Besondere Probleme hinsichtlich des Bestimmtheitsgrundsatzes wirft die **Farbkombinations- 10 marke** auf. Hierzu schreibt Art. 3 Abs. 3 lit. f Ziff. ii UMDV vor, dass die Darstellung die „systematische Anordnung der Farbenkombination in einer einheitlichen und vorgegebenen Weise" zeige. Damit setzt die UMDV – mit einiger Verspätung – die Vorgaben des EuGH in dem Urteil Heidelberger Bauchemie (EuGH C-49/02, GRUR 2004, 858 Rn. 32 f.) um, wonach die erforderliche Eindeutigkeit „bei einer grafischen Darstellung von zwei oder mehr abstrakt und konturlos beanspruchten Farben nur dann gewährleistet [ist], wenn sie systematisch so angeordnet ist, dass die betreffenden Farben in vorher festgelegter und beständiger Weise verbunden sind". Der Wortlaut der neuen UMDV griff insoweit der Entscheidung des EuG in Sachen Red Bull/ EUIPO – Optimum vor (EuG T101/15, T-102/15, BeckEuRS 2015, 434015; bestätigt in EuGH C124/18 P, GRUR-RS 2019, 15894; näher → Rn. 23).

D. Wiedergabe der Marke in der Anmeldung; Definitionsfragen; Beschreibung

Aus Art. 3 Abs. 2 und Abs. 3 UMDV ergibt sich, dass eine **Beschreibung** nur in den Fällen **11** zulässig ist, in denen sie **ausdrücklich erlaubt** wird. Dies ist bei Positions-, Muster-, Farbkombinations- und Bewegungsmarken der Fall sowie bei nicht ausdrücklich genannten Markenformen (Art. 3 Abs. 4 UMDV). Nicht zulässig ist (aus schwer nachzuvollziehenden Gründen) eine Beschreibung hingegen insbesondere bei Bild-, Form-, Hör-, Multimedia- und Hologrammmarken. Dies folgt unmittelbar aus der UMDV; das Amt hat insoweit keinen Entscheidungsspielraum (s. auch Richtlinien, Teil B, Abschnitt 2, Nr. 9.2).

Soweit eine Beschreibung zulässig ist, muss sie nach Art. 3 Abs. 2 UMDV mit der Wiedergabe **12** der Marke im Einklang stehen und „darf den Anwendungsbereich nicht vergrößern". Dabei ist „Anwendungsbereich" eine etwas unglückliche Übersetzung von „scope"; gemeint ist, dass die Beschreibung den Schutzgegenstand nicht erweitern darf.

Dies entspricht der Praxis des Amtes. Allerdings hat das Amt zuweilen die (angebliche) fehlende Über- **12.1** einstimmung der Beschreibung mit dem grafisch dargestellten Gegenstand verwechselt mit einer angeblichen Erweiterung des Schutzbereichs. Regelmäßig handelte es sich dabei um verbale Einschränkungen des

Erscheinungsbildes, zB der Position des dargestellten Gegenstandes, die gerade nicht das Erscheinungsbild erweiterten, sondern es einschränkten und damit präzisierten.

13   Art. 3 Abs. 1 UMDV verweist auf allgemein zugängliche Technologien. Was bei der Darstellung der angemeldeten Marken im Einzelnen zu beachten und an technologischen Darstellungsmitteln zulässig ist, ergibt sich aus den nach Art. 3 Abs. 5 UMDV erlassenen Beschlüssen des Exekutivdirektors; weitere Hinweise finden sich in den Richtlinien des Amtes, Teil B, Abschnitt 2, Nr. 9.3. Vgl. im Übrigen → Art. 31 Rn. 11 ff.

14   Die Darstellung der verschiedenen Markenformen ist für jede einzelne Markenform in Art. 3 UMDV erschöpfend aufgeführt. Weiterhin ist auf die Gemeinsame Mitteilung über die Darstellung neuer Markenformen hinzuweisen, die aus dem Konvergenzprogramm KP11 hervorgegangen und im Rahmen der Konvergenz der Verfahren auf der Webseite www.tmdn.org/network/converging-practices veröffentlicht ist (näher → Rn. 7.1; → Art. 152 Rn. 76). Sie enthält einen tabellarischen Überblick der aus Sicht der verschiedenen Ämter in der EU einschließlich natürlich des EUIPO zulässigen Darstellungsformen und Dateiformate.

15   Gemäß Art. 3 Abs. 3 lit. a UMDV müssen **Wortmarken** aus „der Standardschrift entnommenen Schriftzeichen oder einer Kombination davon" bestehen. Standardschrift bedeutet auch Standardlayout. Eine Wortmarke, die über mehr als eine Zeile verläuft, behandelt das Amt als Bildmarke (vgl. Richtlinien, Teil B, Abschnitt 2, Nr. 9.3.1). Das Amt übernimmt die Groß- und Kleinschreibung sowie etwaige Sonderzeichen so, wie durch den Anmelder angegeben. Auch Binnenversalien machen aus einer Wort- keine Bildmarke. Zahlensymbole, Tastatursymbole und Interpunktionszeichen sind ebenso zulässig als Bestandteile von Wortmarken.

16   Standardschrift ist nur eine in der Union verwendete amtliche Schrift, also lateinische, griechische oder kyrillische Schrift inkl. der gängigen Sonderzeichen. Schriftzeichen aus in der EU nicht amtlichen Sprachen, etwa Chinesisch oder Arabisch, werden als Bildmarken geführt. Im Unterschied zu diversen anderen Markensystemen verlangt das Amt bei solchen Zeichen weder eine Transliteration noch eine Übersetzung.

17   **Bildmarken** sind alle Zeichen, die grafische Besonderheiten jedweder Art aufweisen, insbesondere also auch in einer besonderen Schriftart oder in **Farbe** gehaltene oder mehrzeilig geschriebene Wortzeichen. Den Begriff „Wort-/Bildmarke" kennt das Unionsmarkenrecht nicht. Bildmarken sind bei elektronischer Anmeldung in jpg-Form beizufügen und bei nicht elektronischer Anmeldung gemäß Art. 3 Abs. 5 UMDV auf einem gesonderten DIN-A4-Blatt.

17.1   Die Anmeldung neuer Markenformen geht nur elektronisch oder per Post oder Kurier. Seit 1.3.2021 ist Fax als Kommunikationsmittel mit dem Amt abgeschafft und stellt das Amt andere Zustellungsmittel auf seiner Webseite bereit, deren Verlässlichkeit bisher noch nicht bewiesen ist. Bereits seit 1.1.2018 war die Anmeldung per Fax nur zulässig, wenn das elektronische Anmeldesystem nicht funktionierte (Entscheidung EX-17-4 des Exekutivdirektors).

17.2   Art. 3 Abs. 8 UMDV schreibt vor, dass die Wiedergabe der Marke eine Qualität haben muss, die eine Vergrößerung oder Verkleinerung auf 8 x 8 cm zulässt. Damit rückt die Vorschrift von der vormaligen genauen Vorgabe von Mindest-Pixelzahlen und Dateigröße in Regel 3 Abs. 2 GMDV a. F. ab.

18   Eine **Beschreibung** ist bei Bildmarken nicht mehr zulässig und Gleiches gilt für die Angabe der Farben (die zuvor nicht nur zulässig, sondern zwingend vorgeschrieben war und übergenau geprüft wurde). Die Bildmarke wird damit allein durch ihre Darstellung definiert. Allerdings lässt das Amt Farbangaben zu. Diesen kommt für die Unionsmarke keine Rechtswirkung zu und sie werden auch nicht mit veröffentlicht, sie mögen jedoch für die Internationalisierung der Marke erforderlich sein.

19   **Dreidimensionale** Zeichen, also **Formmarken,** sind in Art. 3 Abs. 3 lit. c UMDV definiert als Marken, „die aus einer dreidimensionalen Form besteh[en] oder sich darauf erstreck[en]". Dies zielt auf Kombinationsmarken, die neben der Form weitere Zeichen (Wörter, Logos, Farben) aufweisen. Für Formmarken ist nunmehr im Fall der elektronischen Anmeldung eine unbegrenzte Anzahl von Ansichten zulässig. Bei elektronischer Anmeldung ist also auch eine filmische Darstellung oder sind computergenerierte Bilder denkbar, die die Form von allen Seiten zeigen. Nur bei Papieranmeldung gilt nach wie vor die Obergrenze von sechs Ansichten, die alle auf demselben Blatt enthalten sein müssen. Eine **Beschreibung** der Marke oder Farbangaben sind wiederum nicht zulässig.

20   Mit der **Positionsmarke** befasst sich Art. 3 Abs. 3 lit. d UMDV. Danach besteht eine Positionsmarke „aus der besonderen Platzierung oder Anbringung der Marke auf dem Produkt". Eine Überlappung mit der Definition der Formmarke ist nicht von der Hand zu weisen, kann doch die – an einer bestimmten Position angebrachte – „Marke" ihrerseits eine Form sein (s. etwa Steiff

Knopf im Ohr, in EuG T-433/12, T-434/12, GRUR 2014, 285 als Positionsmarke behandelt). Bei einer solchen Überlappung kommt es auf die Bezeichnung und Darstellung der Marke an; Art. 3 Abs. 3 lit. d UMDV ist lex specialis. Die Definition und Anforderungen an die Darstellung von Positionsmarken stimmen im Wesentlichen mit der geltenden Praxis des Amtes überein. Neu ist allerdings die offizielle Anerkennung von unterbrochenen oder gestrichelten Linien zum visuellen Ausschluss dessen, was nicht von der Marke umfasst ist. Die Richtlinien führen hierzu weiter aus, der visuelle Ausschluss sei „zwingend" (Teil B, Abschnitt 2, Nr. 9.3.4). Variable Positionen sind nicht zulässig. Eine Beschreibung ist bei Positionsmarken optional, Farbangaben sollen hingegen unzulässig sein und werden vom Amt gelöscht. Gemeint ist hier die gesonderte Angabe der Farben; die Angabe von Farben in einer Beschreibung ist hingegen natürlich durchaus möglich. Bei Positionsmarken auf dreidimensionalen Gegenständen schließlich ist es möglich, wie bei einer dreidimensionalen Marke bis zu sechs Ansichten auf einem Blatt einzureichen.

20.1 Die Positionsmarke wurde durch die Beschwerdekammern in das Unionsmarkenrecht eingeführt, nachdem sie zuvor bereits in Deutschland anerkannt worden war (grundlegend HABM BK R 938/2000-1 – Positionsmarke; s. auch HABM BK R 983/2001-3 – Roter Punkt; BK R 174/2001-2 – Webkante; BK R 394/2005-4 – Bremstrommel; BK R 306/2007-1 – Zwei Streifen auf Schuh; BK R 247/2007 – Längsrillen; aus der Rechtsprechung EuGH C-429/2010, GRUR Int 2011, 720 – Strumpfspitze in Orange II; EuG T-434/12, GRUR 2014, 285 – Steiff).

20.2 Abgrenzungsfragen zwischen „Formmarke", „Positionsmarke" und „anderer Marke" stellten sich auch im Louboutin Vorlageverfahren um die rote Schuhsohle (zwei Schlussanträge GA Szpunar C-163/16, BeckRS 2017, 116316 nach Vorlage an die Große Kammer vom 6.2.2018). Hier ging es um die Anwendbarkeit von Art. 3 Abs. 1 lit. e Ziff. iii MRL 2008 (also ohne die Ergänzung der „anderen charakteristischen Merkmale"). Entgegen den Schlussanträgen des GA Szpunar entschied der EuGH klar, dass die auf eine Form aufgebrachte Farbe nicht mit der Form gleichzusetzen ist (EuGH C-163/16, GRUR 2018, 842). Dies ist zu begrüßen: Jedenfalls im Bereich der Definition der Markenformen ist klar zwischen Form-, Positions- und Farbmarken zu unterscheiden.

20.3 Das Amt ist der Auffassung, dass eine Positionsmarke niemals den gesamten in der Anmeldung dargestellten Gegenstand bedecken könne. Dies ist fragwürdig, da es ja gerade darum gehen kann, wie genau das Zeichen großflächig den Gegenstand bedeckt. Hierzu gibt es soweit ersichtlich noch keine höherinstanzlichen Entscheidungen. Der Auffassung scheint jedoch das Urteil des EuGH C456/19, GRUR 2020, 1195 – Aktiebolaget Östgötatrafiken entgegenzustehen. In dem diesem Urteil zugrundeliegenden Fall waren die streitbefangenen Positionsmarken großflächig auf Fahrzeugen (nicht nur Fahrzeugteilen) aufzubringende orange Ovale auf rotem Hintergrund. Diese waren ursprünglich als Bildmarken angemeldet, aber für die Prüfung (in Schweden) als Positionsmarken umqualifiziert worden. Eine solche Umqualifizierung wäre für eine jetzige Unionsmarkenanmeldung nicht möglich, da dies in den Kern der Marke eingreifen würde; der Fall zeigt jedoch, dass die Oberfläche des Gegenstands komplett bedeckende Zeichen durchaus Positionsmarken sein können.

21 **Mustermarken** bestehen aus wiederkehrenden Mustern und werden durch eine grafische Darstellung des Wiederholungsmusters wiedergegeben. Eine Beschreibung ist auch hier optional.

22 Abstrakte **Farbmarken** sind nunmehr konkret in Art. 4 angeführt und entsprechend in Art. 3 Abs. 3 lit. f UMDV näher behandelt, wobei Ziff. i die Einfarben- und Ziff. ii die Farbkombinationsmarke betrifft. Für die Einfarbenmarke wird festgehalten, dass sie durch eine Darstellung der Farbe und den Hinweis auf einen allgemein anerkannten Farbcode wiedergegeben werden müsse. Dies entspricht den Anforderungen, die der EuGH bereits in „Libertel" (EuGH C-104/01, GRUR 2003, 604) aufgestellt hatte. Eine Beschreibung der Einfarbenmarke ist nicht zulässig.

22.1 Dass ein Farbcode angegeben werden müsse, verlangte der EuGH seinerzeit, um die Dauerhaftigkeit der im Register enthaltenen Angaben zu garantieren. Das Amt stellte jedoch in der Folge klar, dass die Dauerhaftigkeit einer elektronischen Darstellung auch ohne Farbcodeangabe gewährleistet sei, und bestand daher nicht auf dessen Angabe (Mitteilung des Präsidenten Nr. 6/03 vom 10.11.2003).

22.2 Zugleich hat das Amt die **Hinzufügung einer Farbcodeangabe** nach Anmeldung und Eintragung der Farbmarke zugelassen (Mitteilung des Präsidenten Nr. 6/03 vom 10.11.2003; s. etwa UM Nr. 212787 – Magenta). Diese wurde nicht als unzulässige Änderung der Marke, sondern als nachgeschobene weitere Konkretisierung der in erster Linie durch die Wiedergabe der Farbe selbst bestimmten Marke gesehen. Dies trug der Tatsache Rechnung, dass Markeninhaber vor Erlass des Libertel-Urteils (EuGH C-104/01, GRUR 2003, 604) keine Veranlassung hatten, anzunehmen, dass ein Farbcode notwendig sei, und greift nicht in mögliche Rechte Dritter ein, da nur Farbcodes zugelassen werden, die der in der grafischen Wiedergabe gezeigten Farbe entsprechen.

22.3 Unklar ist, was ein Anmelder angeben soll, wenn die Farbe in keinem existierenden allgemein anerkannten Farbcode enthalten ist. Nachdem die Angabe des Farbcodes nunmehr durch die UMDV vorgeschrieben ist, kann in solchen Fällen nur mit den nächstliegenden Tönen gearbeitet werden, zumal ja auch eine Beschreibung nicht zulässig ist.

22.4 Zur „Umqualifizierung" von Bild- zu Farbmarken → Rn. 3.

23 Für **Farbkombinationen** gilt das Gleiche wie für abstrakte Farbmarken. Ihre grafische Darstellung ist durch entsprechend eingefärbte Felder auf dem Zusatzblatt möglich. Zusätzlich sind gemäß Art. 3 Abs. 3 lit. f Ziff. ii UMDV Farbcodes anzugeben. Eine Beschreibung ist nicht zwingend erforderlich, aber möglich und auch ratsam.

24 Notwendig ist seit „Heidelberger Bauchemie" (EuGH C-49/02, GRUR 2004, 858 – Heidelberger Bauchemie GmbH) auch die Angabe der **prozentualen Verteilung der Farben** in Bezug auf die angemeldeten Waren oder Dienstleistungen. Hier hatte der EuGH gesagt, dass bei einer grafischen Darstellung von zwei oder mehr abstrakt und konturlos beanspruchten Farben nur dann die eindeutige und dauerhafte Wiedergabe gewährleistet sei, wenn sie systematisch so angeordnet seien, dass die betreffenden Farben in vorher festgelegter und beständiger Weise verbunden sind. Die bloße form- und konturlose Zusammenstellung zweier oder mehrerer Farben oder die Nennung zweier oder mehrerer Farben „in jeglichen denkbaren Formen" weise dagegen nicht die erforderlichen Merkmale der Eindeutigkeit und Beständigkeit auf. Die Anmeldung müsse eine **systematische Anordnung** enthalten, in der die betreffenden Farben in vorher festgelegter und beständiger Weise verbunden sind. Wie in → Rn. 10 ausgeführt, wurde dies im Wortlaut des Art. 3 Abs. 3 lit. f Ziff. ii UMDV umgesetzt. Hier werden sehr strenge Maßstäbe angelegt. In dem Urteil vom 29.7.2019 (EuGH C124/18 P, GRUR-RS 2019, 15894 – Red Bull blau/silber; hierzu Viefhues GRUR-Prax 2019, 377) bestätigte der EuGH das Urteil des EuG vom 30.11.2017 (EuG T101/15 und T102/15, BeckRS 2017, 133166), das die Farbkombinationsmarke Blau/ Silber, dargestellt im Verhältnis 50:50, für nichtig erklärt hatte, weil die Eintragung nicht die genaue Anordnung oder das genaue Arrangement der Farben erkennen lasse. Danach ist nur ein sehr geringer Abstraktionsgrad möglich für solche Marken; allein die äußeren Konturen müssen nicht festgelegt sein. Andererseits hat das EuG die Darstellung der Farben Grau und Orange im Verhältnis 50:50 im Zusammenhang mit der Beschreibung, dass die Farbe Orange auf die obere und die Farbe Grau die untere Hälfte von Kettensägen aufgebracht werde, für ausreichend bestimmt gehalten (EuG T-193/18, GRUR-RS 2021, 5189 - Andreas Stihl).

24.1 Nach der Red Bull-Entscheidung wurde die abstrakte Farbkombinationsmarke für tot erklärt. Die Entscheidung „Andreas Stihl" (EuG T-193/18, GRUR-RS 2021, 5189) jedoch zeigt, dass man mittels einer hinreichend genauen Beschreibung doch noch zu einer bestimmten und eindeutigen Markendarstellung für eine solche Markenform kommen kann – jedenfalls dann, wenn die Waren hinreichend eingeschränkt und aufteilbar sind (etwa in „oberer" und „unterer Teil"). Anekdotisch ist anzumerken, dass die Farbdarstellung in jenem Fall aus zwei horizontalen Balken bestand, von denen der obere grau und der untere orange war, also in einem gegenüber der Beschreibung umgekehrten Verhältnis.

24.2 In Hartwall (EuGH C-578/17, BeckRS 2019, 4243 Rn. 40 – Hartwall; hierzu auch → Rn. 3, → Rn. 3.1) hat der EuGH festgestellt, dass ein nicht auflösbarer Widerspruch zwischen Markentyp und -darstellung vorliege, wenn die Marke wie ein „Bildzeichen" erscheine, aber als Farbmarke qualifiziert werde. Wo genau die Linie zwischen „zu vage" (Red Bull) und „zu genau" (Hartwall) zu ziehen ist, muss sich erst noch zeigen.

24.3 Anschauliche Beispiele finden sich in den Richtlinien, Teil B, Abschnitt 2, Nr. 9.3.6.

24.4 Bei den Beschwerdekammern sind Farbkombinationsmarken auch seit Red Bull zuweilen weniger streng beurteilt worden. In der Entscheidung Blau/Schwarz (HABM BK R 828/2012-1 Rn. 21) wurde ein horizontal in zwei Felder getrenntes Farbfeld „Blau und Schwarz" nebst RAL-Angaben und einer 50:50-Verteilung für hinreichend bestimmt gehalten. Die Entscheidung Hellgrün/Schwarz (EUIPO BK R 2286/20195) beschäftigt sich ausschließlich mit der (fehlenden) Unterscheidungskraft der Kombination, obwohl die Beschreibung der zwei gleich großen Farbfelder nur besagte „Die Marke besteht aus den Farben X und Y" (unter Angabe der Pantone Nummern).

25 Für **Hörmarken** bestimmt Art. 3 Abs. 3 lit. g UMDV, dass die Marke durch eine Tondatei oder durch eine „genaue Wiedergabe des Klanges in Notenschrift" wiederzugeben sei. Diese Entweder-oder-Lösung ist neu und wiederum mit Blick auf internationale Sachverhalte unerfreulich. Reicht der Anmelder sowohl eine Tondatei als auch eine Notenschrift ein, wird er aufgefordert, sich zu entscheiden. Eine Tondatei, die nur im Falle von E-filing zulässig ist, muss im **mp3-Format** vorliegen und darf nicht größer als 2 MB sein (vgl. Richtlinien, Teil B, Abschnitt 2, Nr. 9.3.7). Streaming und Tonschleifen sind nicht zulässig. In der Praxis zeigt sich, dass seit der Rechtsänderung am 1.10.2017 die Mehrzahl der Anmelder Tondateien bevorzugt.

Die Richtlinien weisen darauf hin, dass Tondateien für die Wiedergabe der Marke nach dem Madrider **25.1** System nicht zulässig sind; sollte die Marke also als Basis für eine internationale Anmeldung dienen, ist die Alternative der Notenschrift zu wählen.

Ein Sonagramm ist nicht mehr zulässig. Wird neben einer Tondatei auch ein Sonagramm eingereicht, **25.2** wird das Amt das Sonagramm aus der Datei entfernen. Bereits früher wurde die Eignung eines Sonagramms zur grafischen Darstellung eines Klangs bezweifelt (HABM BK R 708/2006-4 – TARZANSCHREI); die Diskussion erledigte sich jedoch durch die Zulassung von zusätzlichen Tondateien im Jahre 2005.

. Nach der „Shield Mark"-Entscheidung muss eine **Notenschrift** in Takte gegliedert sein und einen **25.3** Notenschlüssel, Noten- und Pausenzeichen, deren Form ihren relativen Wert angeben, und ggf. Vorzeichen enthalten (EuGH C-283/01, GRUR 2004, 54 Rn. 62 – Shield Mark/Kist). Eine Angabe der Instrumentierung wurde jedoch nicht verlangt, obwohl natürlich die Klänge, die zB durch Geige, Gitarre, Xylophon, Saxophon, Mundorgel, menschliche Stimme oder Synthesizer erzeugt werden, einen unterschiedlichen Gesamteindruck hervorrufen. Die UMDV spricht nun von „exakter Notenschrift". Dies bedeutet nach den Richtlinien, dass sie die **Wiedergabe aller für die Interpretation der Tonfolge erforderlichen Elemente** enthält; das Tempo wird jedoch wie auch die Instrumentierung als optional bezeichnet.

Bewegungsmarken sind in Art. 3 Abs. 3 lit. h UMDV angesprochen. Sie waren bereits bisher **26** anerkannt, ihre grafische Darstellung stieß jedoch immer wieder an Grenzen. Hier werden wiederum zwei – einander ausschließende – Möglichkeiten der Darstellung angeboten, nämlich die Videodatei oder eine Reihe aufeinander folgender Standbilder. Wird die Variante der Standbilder gewählt, so können diese nummeriert sein oder durch eine Beschreibung ergänzt werden, in der die Sequenz erläutert wird. Die Richtlinien des Amtes (Teil B, Abschnitt 2, Nr. 9.3.8) weisen darauf hin, dass Videoformate als Basis für internationale Anmeldungen nicht zugelassen sind und im Übrigen auf jeden Fall mit der Anmeldung selbst einzureichen sind.

Zu den Schwierigkeiten mit der grafischen Darstellung von komplexen Bewegungsmarken unter der **26.1** Geltung der GMV und der UMV vor dem 1.10.2017 s. BK R 1439/2016-2 – Nuevolution A/S. Hier wurde mittels fünfzehn Bildern versucht, die Rotation rot-lila durchscheinender Hexagongebilde darzustellen; dies wurde als zu unbestimmt zurückgewiesen.

Ein Video zur Darstellung der Marke muss im MP4 Format sein und 8.000 Kilobyte pro Sekunde und **26.2** 20MB nicht überschreiten. Die Richtlinien enthalten im Übrigen Beispiele zulässiger und unzulässiger Darstellungen.

Wirklich neu sind die **Multimediamarken** (Art. 3 Abs. 3 lit. i UMDV, Richtlinien Teil B, **27** Abschnitt 2, Nr. 9.3.9). Diese können Farb-, Wort- und Bildbestandteile enthalten, entscheidend ist jedoch die Kombination von Bild und Klang.

Eine Anmeldung ist nur per eFiling und die Wiedergabe der Marke nur mittels audiovisueller Datei **27.1** im Format MP4 möglich; dabei ist die Größe nach den Richtlinien auf 8.000 Kilobyte pro Sekunde beschränkt.

Zuletzt sind **Hologrammmarken** zu nennen. Deren Eintragbarkeit wurde auch bisher grund- **28** sätzlich bejaht, auch wenn die grafische Wiedergabe dem eigentlichen Erscheinungsbild nicht gerecht werden kann. Art. 3 Abs. 3 lit. j UMDV lässt nun – wiederum alternativ – eine Videodatei oder eine fotografische Darstellung mit den für die vollumfängliche Darstellung des Hologrammeffekts erforderlichen Ansichten zu. Wird letztere Variante gewählt, ist die Zahl der Ansichten unbegrenzt, solange diese bei Anmeldungen per E-Filing in eine einzige JPEG-Datei und bei Anmeldungen in Papierform auf ein einziges DIN A4-Blatt passen (Richtlinien des Amtes, Teil B, Abschnitt 2, Nr. 9.3.10).

E. Keine Vermutung konkreter Unterscheidungskraft

Die Nennung einer bestimmten Markenform in Art. 4 besagt nichts über die konkrete Unter- **29** scheidungskraft der Marken. Selbst die Regel, dass für alle Markenformen die gleichen Grundsätze zur Beurteilung der Unterscheidungskraft gelten, folgt nicht aus Art. 4, sondern unmittelbar aus Art. 7. Allerdings sollte eine Beurteilung im Rahmen des Art. 7 nicht dazu führen, dass die Eintragbarkeit bestimmter Kategorien von Zeichen grundsätzlich in Frage gestellt wird. Für hiermit vereinbar gehalten wird die Rechtsprechung, wonach bestimmte Zeichentypen dem Verbraucher weniger zu seiner Orientierung in einem diversifizierten Markt dienen als andere. Allerdings kann einem Zeichen nicht alleine wegen seiner Zugehörigkeit zu einer bestimmten Markenkategorie die Unterscheidungskraft abgesprochen werden (EuGH C-578/17, BeckRS 2019, 4243 Rn. 35 – Hartwall). Auch soweit Produktformen und Produktverpackungen deshalb nicht als Herkunftshinweis aufgefasst werden, weil sie stets mit Wort- oder Bildmarken versehen sind, ist dies mit Art. 4 unvereinbar, der Produktformen ausdrücklich nennt (vgl. EuGH C-344/10, GRUR 2012, 610 Rn. 49 ff. – Freixenet; s. auch EuGH C265/09, GRUR 2010, 1096 – Buchstabe α, zu den ebenfalls in Art. 4 genannten Einzelbuchstaben).

30   Genügt ein Zeichen nicht den Anforderungen des Art. 4, ist dies iVm Art. 7 Abs. 1 lit. a und ggf. Art. 59 Abs. 1 lit. a ein absolutes Eintragungshindernis oder ein absoluter Nichtigkeitsgrund (→ Art. 7 Rn. 21 ff.).

F. Bestimmtheit des Waren- und Dienstleistungsverzeichnisses nicht erfasst

31   Dass die Bestimmtheit des Waren- und Dienstleistungsverzeichnisses elementar dazu beiträgt, den Schutzgegenstand im Interesse Dritter klar einzugrenzen, hatte die Große Kammer des EuGH in IP TRANSLATOR (EuGH C-307/10, GRUR 2012, 822) hervorgehoben (näher → Art. 33 Rn. 3 ff.). Dabei zitierte der EuGH ausführlich (EuGH C307/10, GRUR 2012, 822 Rn. 46–48) aus seinen früheren Urteilen Sieckmann (EuGH C273/00, GRUR 2003, 145 Rn. 40) und Heidelberger Bauchemie (EuGH C-49/02, GRUR 2004, 858 Rn. 28) zur notwendigen Bestimmtheit der Darstellung des Zeichens. Im Hinblick darauf und auf der Suche nach adäquaten Rechtsfolgen aus der fehlenden Bestimmtheit des Verzeichnisses war in der Folge argumentiert worden, dass ein nicht hinreichend klar und präzise formuliertes Warenverzeichnis gegen Art. 4 verstoße und damit gemäß Art. 7 Abs. 1 lit. a iVm Art. 59 Abs. 1 lit. a zur (Teil-)Nichtigkeit führe (so zB v. Bomhard/v. Mühlendahl/v. Kapff, Concise European Trademark Law, Art. 7 unter 4.c). Dem hat der EuGH jedoch in SkyKick (EuGH C371/18, GRUR 2020, 288 – SkyKick) eine Absage erteilt. Er stellte lapidar fest, dass sich Art. 4 ausschließlich auf das Zeichen beziehe; Gleiches gelte für seine früheren Aussagen in Sieckmann und Heidelberger Bauchemie (EuGH C-307/10, GRUR 2012, 822 Rn. 64).

31.1   Unklaren und überbreiten Begriffen in Warenverzeichnissen (konkret „Software") kann nach SkyKick auch nicht mit dem Hinweis auf die öffentliche Ordnung begegnet werden; auch dies stellte der EuGH lediglich fest ohne Angabe von Gründen (EuGH C371/18, GRUR 2020, 288 Rn. 66) und entgegen der Argumentation von GA Tanchev (Schlussanträge GA Tanchev C-371/18, BeckRS 2019, 24362 Rn. 59 ff.; hierzu Viefhues GRUR-Prax 2019, 502). Freilich kann Bösgläubigkeit vorliegen, wenn die Markeneintragung anderen Zwecken dient als der Unterscheidung von Waren oder Dienstleistungen (näher → Art. 59 Rn. 15, → Art. 59 Rn. 41); dies ist jedoch angesichts der Beweislast, die der Nichtigkeitsantragsteller trägt, ein stumpfes Schwert.

Art. 5 Inhaber von Unionsmarken

Inhaber von Unionsmarken können alle natürlichen oder juristischen Personen, einschließlich Körperschaften des öffentlichen Rechts sein.

Überblick

Nach Art. 5 können alle natürlichen und juristischen Personen Inhaber von Unionsmarken sein. Art. 3 stellt den juristischen Personen solche Vereinigungen gleich, die nach dem für sie maßgeblichen Recht Inhaber von Rechten und Pflichten sein können (→ Rn. 2). Art. 5 erweitert den Kreis des Weiteren um Körperschaften des öffentlichen Rechts. Die Rechtsform ist in der Unionsmarkenanmeldung anzugeben (→ Rn. 3). Eine geographische Einschränkung gibt es seit der Gemeinschaftsmarkenreform 2004 nicht mehr (→ Rn. 4). Zugleich ist der Verlust der Fähigkeit, Rechtsinhaber zu sein, als Verfalls- und Nichtigkeitsgrund entfallen, was zuweilen zu Problemen führt.

1   Inhaber von Unionsmarken können zunächst alle **natürlichen Personen** sein. Die Rechtsfähigkeit wird vom Gemeinschaftsrecht nicht vorausgesetzt. Hier gelten jeweils die Beschränkungen des nationalen Rechts.

2   Ferner können auch **juristische Personen** und **Personenvereinigungen,** die nach dem für sie maßgeblichen Recht Inhaber von Rechten und Pflichten sein können, Inhaber von Unionsmarken sein (→ Art. 3 Rn. 1 ff.), sowie Körperschaften des öffentlichen Rechts (hierzu EuG T-11/15, BeckRS 2016, 81641 Rn. 19 – SUEDTIROL).

3   Bei juristischen Personen sind nach Art. 2 Abs. 1 lit. a S. 2 UMDV die „amtliche Bezeichnung und die **Rechtsform**" anzugeben, wobei deren gewöhnliche Abkürzung (zB GmbH, Ltd., S.r.l.) ausreicht (s. hierzu BK 11.02.2019 – R 1153/2018-4 Rn. 16 ff. – Jakober Rechtsanwälte: „Freibe-

rufler" keine Rechtsform). Nach den Richtlinien ist ferner der **Sitz** anzugeben (vgl. EUIPO Richtlinien, Teil B, Abschnitt 2, Nr. 8.1). Nachweise der Existenz oder Rechtsfähigkeit werden vom Amt nicht verlangt. Auch Anmeldungen von in Gründung befindlichen juristischen Personen sind zulässig, wie in den Richtlinien ausdrücklich bestimmt.

Bei US-amerikanischen Gesellschaften „empfiehlt das Amt gegebenenfalls dringend die Angabe des **3.1** Bundesstaates der Gesellschaftsgründung [State of Incorporation], damit in der Datenbank eindeutig zwischen unterschiedlichen Eigentümern unterschieden werden kann" (EUIPO Richtlinien, Teil B, Abschnitt 2, Nr. 8.1). Zwingend ist die Angabe damit nicht, wird aber dennoch in der Regel vom Amt verlangt.

Das Amt prüft, ob der Anmelder Markeninhaber iSv Art. 5 sein kann. Verneint das Amt dies, fordert **3.2** es den Anmelder auf, fristgemäß Stellung zu nehmen und weist bei fehlender oder ungenügender Antwort die Anmeldung als unzulässig zurück (Art. 41 Abs. 2 und 4). Wie der Fall „Jakober Rechtsanwälte" (→ Rn. 3), nimmt es das Amt mit dieser Prüfung weniger genau als die Beschwerdekammern.

Eine geografische Beschränkung enthält Art. 5 nicht. Die **Beschränkung** auf Angehörige von **4** Staaten der PVÜ und solcher, bei denen Reziprozität gewährleistet war, und die bereits aufgrund des TRIPS Abkommens auf Angehörige von WTO-Staaten erweitert worden war, wurde 2004 **gestrichen** (hinsichtlich der Fortgeltung geografischer Beschränkungen bei der Inanspruchnahme von Priorität → Art. 34 Rn. 10). Ebenfalls gestrichen wurden Art. 51 Abs. 1 GMV aF und Art. 52 Abs. 1 lit. a GMV aF, wonach die fehlende Qualifizierung als Gemeinschaftsmarkeninhaber Nichtigkeits- und ihr Wegfall Verfallsgrund waren. Dies führt dazu, dass die UMV keine Rechtsfolgen für den Verlust der Fähigkeit bereithält, gemäß Art. 5 und Art. 3 Inhaber von Unionsmarken zu sein. Nur in laufenden Verfahren gilt Art. 106 UMV. Eine eingetragene Unionsmarke kann daher nach Auffassung des Amtes auch dann, wenn ihr Inhaber nicht mehr existiert, nicht gelöscht werden, weil es keine ungeschriebenen Löschungsgründe gebe.

Die Nichtigkeitsabteilung des Amtes hatte noch zur GMV 2004 entschieden (Entscheidung Nr. 340C **4.1** 000256511/1 – The Cabouchon Collection Plc./Tarsi Corp NV), dass selbst dann, wenn der Markeninhaber aus dem Handelsregister gestrichen wurde, kein Löschungsgrund vorläge, da Unionsmarken als Immaterialgut regelmäßig im Zuge einer Insolvenz einen Käufer fänden. Dabei übersieht das Amt jedoch den Unterschied zwischen Insolvenz und Liquidation einer Gesellschaft.

Von einer solchen „Geistermarke" können weiterhin **Rechtswirkungen** ausgehen. Zwar werden man- **4.2** gels handlungsfähigen Inhabers keine Verletzungsstreitigkeiten oder Widersprüche aufgrund relativer Eintragungshindernisse iSd Art. 8 mehr angestrengt (zu laufenden Widersprüchen → Rn. 4.3). Soweit jedoch nationale Ämter in der EU weiterhin von Amts wegen relative Eintragungshindernisse prüfen, könnten hier Anmelder nationaler Marken auf unüberwindliche Hindernisse stoßen, da von nicht existenten Gesellschaften auch keine schriftliche Zustimmung zu bekommen ist.

Für das **Widerspruchs- und Nichtigkeitsverfahren** ist zu differenzieren. Bei Wegfall des Anmelders **4.3** oder Inhabers oder Eröffnung des Insolvenzverfahrens wird das Verfahren unterbrochen, bis der Rechtsnachfolger feststeht (Art. 106; s. auch Art. 72 Abs. 1 DVUM). Für den Widersprechenden oder Nichtigkeitsantragsteller gilt das nicht. Die Richtlinien bemerken hierzu lapidar, dass das Verfahren wegen der Insolvenz des Widersprechenden nicht unterbrochen wird, auch dann nicht, wenn der Widerspruch auf eine ältere Unionsmarke gestützt ist (Richtlinien des Amtes, Teil C, Abschnitt 1, Nr. 7.5.5; s. auch EUIPO BK 28.4.2015 – R 2404/20134 – Gestickte Naht). Über die Rechtsfolgen des Wegfalls des Widersprechenden oder Nichtigkeitsantragstellers besteht keine Einigkeit. Zum Fehlen dessen Rechtsfähigkeit s. EUIPO BK 5.11.2014 – R 2463/2013-5 – slim choc.

Art. 6 Erwerb der Unionsmarke

Die Unionsmarke wird durch Eintragung erworben.

Überblick

Art. 6 besagt, dass es nur eingetragene Unionsmarken gibt. Unionsbenutzungsmarken gibt es nicht, und in der Union notorisch bekannte Marken gemäß Art. 6bis PVÜ werden nur nach dem jeweiligen nationalen Recht der Mitgliedstaaten geschützt. Im Übrigen erkennt die Verordnung nicht eingetragene nach nationalem Recht geschützte Rechte an und schützt diese im Verhältnis zu jüngeren Unionsmarken.

1 Unionsmarken können nach Art. 6 nur durch Eintragung erworben werden. Ohne Eintragung kann kein unionsweiter einheitlich wirkender Markenschutz erworben werden. Nicht eingetragene Markenrechte können hingegen nur nach dem nationalen Recht der Mitgliedstaaten erworben werden, wobei die Voraussetzungen sehr unterschiedlich sind und namentlich Spanien, Frankreich und die Benelux-Staaten außer iSv Art. 6bis PVÜ notorisch bekannten Zeichen keinerlei Markenschutz zukommen lassen.

1.1 Die von der Kommission in Auftrag gegebene Studie zum Funktionieren des Markensystems in Europa vom 15.2.2011, durchgeführt vom Max Planck Institut, hatte vorgeschlagen, den bisher nur in manchen Mitgliedstaaten bestehenden Schutz nicht eingetragener bekannter Marken entsprechend Art. 6bis PVÜ auf die Unionsebene zu übertragen (s. Knaak/Kur/v. Mühlendahl GRUR Int 2012, 197 (201); auch → Einl. Rn. 285). Dabei sollte der Schutz nur für solche Bereiche des Unionsgebiets gewährt werden, in denen Bekanntheit vorliege (Knaak/Kur/v. Mühlendahl GRUR Int 2012, 197 (201, 203 f.)). Entsprechende Regelungen wurden jedoch in der VO (EU) 2015/2424 nicht aufgenommen.

2 Das Eintragungsprinzip des Art. 6 kommt in der Verordnung weiter dadurch zum Ausdruck, dass der Begriff „Unionsmarke" ohne weitere Qualifikation nur für bereits eingetragene Marken, nicht aber für Unionsmarkenanmeldungen gilt. Soweit Vorschriften auch für Anmeldungen gelten, wird dies ausdrücklich festgehalten (zB Art. 28). Dem entspricht auch die Regelung des Art. 11 Abs. 1, wonach Rechte aus der Unionsmarke Dritten erst mit **Veröffentlichung der Eintragung** entgegengehalten werden können.

3 Vor Veröffentlichung der Eintragung der Unionsmarke ist der Anmelder jedoch nicht völlig rechtlos gestellt. Der Europäische Gerichtshof für Menschenrechte hat festgestellt, dass bereits die durch die Markenanmeldung begründete **Anwartschaft** dem grundrechtlich geschützten Privateigentum unterfällt (EGMR GrK 11.1.2007 – 73049/01, GRUR 2007, 696 – Anheuser Busch). Art. 11 Abs. 2 gibt dem Unionsmarkeninhaber Kompensationsrechte für rechtsverletzende Handlungen ab Veröffentlichung der Anmeldung (hierzu EuGH C280/15, GRUR 2016, 810 = GRUR Prax 2016, 403 mAnm Schoene; → Art. 11 Rn. 2). Das Vollrecht entsteht jedoch erst mit der Veröffentlichung der Eintragung.

4 Die Verordnung erkennt nicht eingetragene nach nationalem Recht geschützte Rechte an und schützt sie im Verhältnis zu Unionsmarken. Als Widerspruchs- und Nichtigkeitsgründe werden notorisch bekannte (Art. 8 Abs. 2 lit. c) und nicht eingetragene Marken (Art. 8 Abs. 4) ausdrücklich genannt. Art. 8 Abs. 4 nennt weiter „sonstige im geschäftlichen Verkehr benutzte Kennzeichenrechte" (→ Art. 8 Rn. 175 ff.). Dies macht diese nicht eingetragenen Rechte freilich nicht zu unionsweiten Rechten, soweit sie nicht anderweitig auf Unionsrecht basieren. Das Unionsmarkenrecht hält lediglich Rechtsfolgen für solche Rechte bereit, deren Schutz sich im Übrigen nach dem jeweils einschlägigen Recht richtet.

4.1 Nicht alle EU-Mitgliedstaaten schützen nicht eingetragene Marken jenseits von Art. 6bis PVÜ. Ein Überblick darüber, welche EU-Mitgliedstaaten nicht eingetragene Markenrechte schützen und unter welchen Voraussetzungen, findet sich bei v. Bomhard/Geier MarkenR 2016, 497. Änderungen gegenüber dieser Darstellung könnten sich freilich durch die Novellierung der nationalen Markengesetze im Zuge der Umsetzung der Richtlinie ergeben haben.

Art. 7 Absolute Eintragungshindernisse

(1) Von der Eintragung ausgeschlossen sind
a) **Zeichen, die nicht unter Artikel 4 fallen;**
b) **Marken, die keine Unterscheidungskraft haben;**
c) **Marken, die ausschließlich aus Zeichen oder Angaben bestehen, welche im Verkehr zur Bezeichnung der Art, der Beschaffenheit, der Menge, der Bestimmung, des Wertes, der geografischen Herkunft oder der Zeit der Herstellung der Ware oder der Erbringung der Dienstleistung oder zur Bezeichnung sonstiger Merkmale der Ware oder Dienstleistung dienen können;**
d) **Marken, die ausschließlich aus Zeichen oder Angaben zur Bezeichnung der Ware oder Dienstleistung bestehen, die im allgemeinen Sprachgebrauch oder in den redlichen und ständigen Verkehrsgepflogenheiten üblich geworden sind;**
e) **Zeichen, die ausschließlich bestehen aus**
   i) **der Form oder einem anderen charakteristischen Merkmal, die bzw. das durch die Art der Ware selbst bedingt ist;**

    ii)   **der Form oder einem anderen charakteristischen Merkmal der Ware, die bzw. das zur Erreichung einer technischen Wirkung erforderlich ist;**

    iii) **der Form oder einem anderen charakteristischen Merkmal, die bzw. das der Ware einen wesentlichen Wert verleiht;**

f)   **Marken, die gegen die öffentliche Ordnung oder gegen die guten Sitten verstoßen;**

g)   **Marken, die geeignet sind, das Publikum zum Beispiel über die Art, die Beschaffenheit oder die geografische Herkunft der Ware oder Dienstleistung zu täuschen;**

h)   **Marken, die mangels Genehmigung durch die zuständigen Stellen gemäß Artikel 6ter der Pariser Verbandsübereinkunft zum Schutz des gewerblichen Eigentums (im Folgenden „Pariser Verbandsübereinkunft") zurückzuweisen sind;**

i)   **Marken, die nicht unter Artikel 6ter der Pariser Verbandsübereinkunft fallende Abzeichen, Embleme und Wappen, die von besonderem öffentlichem Interesse sind, enthalten, es sei denn, dass die zuständigen Stellen ihrer Eintragung zugestimmt haben;**

j)   **Marken, die nach Maßgabe von Unionsvorschriften, von nationalem Recht oder von internationalen Übereinkünften, denen die Union oder der betreffende Mitgliedstaat angehört, und die Ursprungsbezeichnungen und geografische Angaben schützen, von der Eintragung ausgeschlossen sind;**

k)   **Marken, die nach Maßgabe von Unionsvorschriften oder von internationalen Übereinkünften, denen die Union angehört, und die dem Schutz von traditionellen Bezeichnungen für Weine dienen, von der Eintragung ausgeschlossen sind;**

l)   **Marken, die nach Maßgabe von Unionsvorschriften oder von internationalen Übereinkünften, denen die Union angehört, und die dem Schutz von garantiert traditionellen Spezialitäten dienen, von der Eintragung ausgeschlossen sind;**

m) **Marken, die aus einer im Einklang mit den Unionsvorschriften oder nationalem Recht oder internationalen Übereinkünften, denen die Union oder der betreffende Mitgliedstaat angehört, zu Sortenschutzrechten eingetragenen früheren Sortenbezeichnung bestehen oder diese in ihren wesentlichen Elementen wiedergeben und die sich auf Pflanzensorten derselben Art oder eng verwandter Arten beziehen.**

    (2) Die Vorschriften des Absatzes 1 finden auch dann Anwendung, wenn die Eintragungshindernisse nur in einem Teil der Union vorliegen.

    (3) Die Vorschriften des Absatzes 1 Buchstaben b, c und d finden keine Anwendung, wenn die Marke für die Waren oder Dienstleistungen, für die die Eintragung beantragt wird, infolge ihrer Benutzung Unterscheidungskraft erlangt hat.

Überblick

    Art. 7 enthält die sog. absoluten Eintragungshindernisse für Unionsmarken, analog zu den absoluten Schutzhindernissen des § 8 MarkenG.

    Da die absoluten Eintragungshindernisse nicht dem Schutz privater, sondern öffentlicher Interessen dienen, sind sie vom EUIPO von Amts wegen zu prüfen (→ Rn. 2). Ihr Vorliegen muss stets zur Zurückweisung der angemeldeten Unionsmarke, oder auf Antrag Dritter zu deren Nichtigerklärung führen (Art. 59).

    Die einzelnen, in Art. 7 Abs. 1 lit. a–m normierten, Eintragungshindernisse weisen erhebliche Überschneidungen mit denen des § 8 Abs. 1 und Abs. 2 Nr. 1–10 MarkenG auf, da die UMV alle Eintragungshindernisse enthält, die nach Art. 4 Abs. 1 MRL für die Mitgliedstaaten verpflichtend sind.

    Im Unterschied zum deutschen Recht sieht die UMV für Formmarken und andere nicht traditionelle Marken, die in technischer oder ästhetischer Hinsicht funktional sind, ein absolutes Eintragungshindernis vor (Art. 7 Abs. 1 lit. e; → Rn. 122 ff.), anstatt ihnen bereits die Markenfähigkeit abzusprechen (→ MarkenG § 3 Rn. 64 ff.). Daneben stellt die UMV zusätzliche Eintragungshindernisse für Marken auf, die geografische Angaben oder Ursprungsbezeichnungen enthalten (Art. 7 Abs. 1 lit. j; → Rn. 187 ff.), sowie seit der Reform 2016/2017 (→ Rn. 16) auch für Marken, die mit älteren traditionellen Bezeichnungen für Weine (lit. k, → Rn. 192 ff.) und garantiert traditionellen Spezialitäten (lit. l, → Rn. 195 f.) in Konflikt stehen. Art. 7 Abs. 1 lit. m, sieht zudem vor, dass Marken, die eine geschützte Sortenangabe enthalten, unter bestimmten Voraussetzungen von der Eintragung ausgeschlossen sind (→ Rn. 197 ff.).

    Das Unionsmarkenrecht enthält anders als das deutsche Markenrecht (→ MarkenG § 8 Rn. 957 ff.) kein absolutes Eintragungshindernis für bösgläubig angemeldete Marken. Wenn der

Anmelder bei der Anmeldung der Marke bösgläubig war, führt dies nach Art. 59 Abs. 1 lit. b jedoch auf Antrag beim EUIPO oder auf Widerklage im Verletzungsverfahren zur Nichtigerklärung der Marke.

Für die Zurückweisung der Marke genügt es gemäß Art. 7 Abs. 2, dass eines der in Abs. 1 genannten Eintragungshindernisse in einem Teil der Union vorliegt (→ Rn. 200).

Analog zur Verkehrsdurchsetzung im deutschen Recht (→ MarkenG § 8 Rn. 79 ff.) sieht Art. 7 Abs. 3 vor, dass Marken, denen es an Unterscheidungskraft fehlt, die beschreibenden Charakter haben, oder zur Bezeichnung der fraglichen Waren und Dienstleistungen üblich geworden sind, dennoch eingetragen werden können, falls sie infolge ihrer Benutzung Unterscheidungskraft erlangt haben (→ Rn. 206 ff.).

Ist eine Unionsmarke entgegen Art. 7 eingetragen worden, so wird sie gemäß Art. 59 Abs. 1 lit. a auf Antrag beim EUIPO oder auf Widerklage im Verletzungsverfahren für nichtig erklärt. Hat sie erst nach dem Anmeldetag die Unterscheidungskraft verloren, so kann dies allenfalls zur Erklärung des Verfalls nach Art. 58 Abs. 1 lit. b führen.

Übersicht

A. Einleitung

I. Allgemeine Prüfungsmaßstäbe

1   Die einzelnen Eintragungshindernisse sind im Licht des Allgemeininteresses auszulegen, das ihnen jeweils zu Grunde liegt. Sie sind voneinander unabhängig und müssen getrennt geprüft werden (EuGH C-53/01 ua, GRUR 2003, 514 Rn. 67, 72 – Linde/dreidimensionale Warenform-marken; zur Kritik daran → Rn. 88.1). Dies soll – trotz Überschneidungen – auch für Art. 7

Abs. 1 lit. b–d UMV gelten (EuGH C-517/99, GRUR Int 2002, 145 Rn. 68 – Merz & Krell („Bravo"); C-363/99, GRUR 2004, 674 Rn. 67 – Postkantoor; näher zu diesem interessenbezogenen Ansatz des EuGH → MarkenG § 8 Rn. 60 ff.). Aus der Art des Zeichens dürfen sich keine Unterschiede für den Prüfungsmaßstab ergeben (EuGH C-53/01 ua, GRUR 2003, 514 Rn. 42 – Linde/dreidimensionale Warenformmarken; C-64/02 P, GRUR 2004, 1027 Rn. 33 f. – Das Prinzip der Bequemlichkeit).

Das Verbot unterschiedlicher Prüfungsmaßstäbe schließt es jedoch nicht aus, zu berücksichtigen, dass **1.1** die Verbraucher verschiedene Zeichenformen unterschiedlich wahrnehmen (s. etwa zu Waren und Verpackungsformen EuGH C-53/01 ua, GRUR 2003, 514 Rn. 48 – Linde/dreidimensionale Warenformmarken; C-218/01, EuZW 2004, 182 Rn. 38 – Perwoll, zu Farben; C-104/01, GRUR Int 2003, 638 Rn. 27, 66 f. – Libertel; zu Slogans C-64/02 P, GRUR 2004, 1027 Rn. 35 f. – Das Prinzip der Bequemlichkeit; → MarkenG § 8 Rn. 35 f.).

Maßgeblicher Zeitpunkt für die Beurteilung der absoluten Schutzhindernisse ist allein der **2 Anmeldetag** der Marke (EuGH C-332/09 P, MarkenR 2010, 439 Rn. 41 = BeckRS 2010, 91251 – Flugbörse; EuG T-573/18, GRUR-RS 2020, 665 Rn. 51 f. – Schnürsenkel). Dies schließt allerdings nicht aus, dass dem Anmeldetag vor- oder nachgelagerte Umstände für die Beurteilung relevant sein können (EuG T-254/20, GRUR-RS 2021, Rn. 93–95 – Hummer). Verliert die Marke etwa erst im Laufe des Eintragungsverfahrens ihre zum Anmeldezeitpunkt bestehende Unterscheidungskraft (→ Rn. 38) oder wird sie während dieses Verfahrens üblich (→ Rn. 118), ist sie dennoch einzutragen. Das konsequente Abstellen auf die tatsächlichen Umstände zum Anmeldetag soll der Rechtssicherheit dienen. Hingegen soll die zeitlich anwendbare materiellrechtliche Vorschrift anhand des Eintragungszeitpunkts zu bestimmen sein (EuGH C-21/18, BeckRS 2019, 3328 Rn. 30 ff. – Manhattan).

Der Sachverhalt, aufgrund dessen ein absolutes Eintragungshindernis vorliegen könnte, ist vom **3** EUIPO – unter Wahrung des Grundsatzes des **rechtlichen Gehörs** (Art. 42 Abs. 2 iVm Art. 94 Abs. 1 S. 2; zu den Grenzen vgl. EuG T-298/19, GRUR-RS 2021, 34740 Rn. 87 – Rote Schnürsenkelenden II; T-210/20, GRUR-RS 2021, 31125 Rn. 48 ff. – $ Cash App) – **von Amts wegen zu prüfen** (Art. 95 Abs. 1). Dies darf nicht zu Lasten des Anmelders relativiert oder umgekehrt werden (EuGH C-265/09 P, GRUR 2010, 1096 Rn. 58 – Buchstabe α). Um eine ungerechtfertigte Eintragung von Marken zu verhindern, muss die Prüfung absoluter Schutzhindernisse durch das EUIPO **streng und umfassend** sein (EuGH C-104/01, GRUR 2003, 604 Rn. 59 – Libertel; zur Rezeption dieser Rechtsprechung in Deutschland → MarkenG § 8 Rn. 28 ff.), **konkret** erfolgen und **schlüssig begründet** (Art. 94 Abs. 1 S. 1) werden: Annahmen oder bloße Zweifel genügen nicht (EuGH C-265/09 P, GRUR 2010, 1096 Rn. 46 – Buchstabe α). Dies gilt – soweit eine Prüferentscheidung beschwerdegegenständlich ist (Art. 27 Abs. 1 UMDV; EuG T-251/17, BeckRS 2019, 4366 Rn. 28–30 – Simply Connected; T-747/18, BeckRS 2019, 31598 Rn. 21 f. – Blume) – auch für die Beschwerdekammern des EUIPO (EuG T-278/18, BeckRS 2019, 1301 Rn. 29–31 – Dentaldisk).

Wehrt sich der Anmelder jedoch gegen einen vom EUIPO auf allgemeine praktische Erfahrung gestütz- **3.1** ten Befund, hat er durch konkrete und fundierte Angaben darzulegen, dass die Anmeldemarke eintragbar ist (EuG T-433/12, GRUR-Prax 2014, 33 Rn. 22 – Knopf im Ohr eines Stofftiers; T-298/19, GRUR-RS 2021, 34740 Rn. 73 f. – Rote Schnürsenkelenden II). Eine unzureichende Prüfung durch das EUIPO löst dagegen keine Darlegungs- oder Beweislast des Anmelders aus (EuGH C-265/09 P, GRUR 2010, 1096 Rn. 59, 60 – Buchstabe α).

Ob die angemeldete Marke unter eines der Eintragungshindernisse fällt, ist, anders als bei der **4** Beurteilung der abstrakten Markenfähigkeit im Rahmen des Art. 4, stets konkret in **Bezug auf die angemeldeten Waren oder Dienstleistungen** zu prüfen, nicht aber auf Umstände auszudehnen, welche – wie etwa ihre mögliche oder konkrete Benutzung – der Marke selbst nicht eigen sind (EuG T-224/01, GRUR Int 2003, 829 Rn. 76 – Nu-Tride). Die Prüfung ist hierbei für jede der angemeldeten Waren oder Dienstleistungen einzeln durchzuführen. Sie kann dementsprechend zu unterschiedlichen Ergebnissen kommen (EuGH C-239/05, GRUR 2007, 425 Rn. 32 – MT& C/BMB; C-363/99, GRUR 2004, 674 Rn. 33, 73 – Postkantoor; → MarkenG § 8 Rn. 37 f.). Auch kann die Prüfung – insbesondere bei der Verwendung zu weiter Oberbegriffe – vom Anmelder eine Beschränkung des Waren und Dienstleistungsverzeichnisses erfordern.

Die Eintragung ist insgesamt zu versagen, wenn das Zeichen auch nur hinsichtlich eines Teils der von **4.1** einem Oberbegriff erfassten Waren bzw. Dienstleistungen nicht schutzfähig ist (EuG T-359/99, GRUR 2001, 835, Rn. 33 – EuroHealth, ständige Rechtsprechung, s. auch EuG T-82/17, BeckRS 2018, 29223

Rn. 43, 48 – Exxtra Deep; T-780/21, BeckRS 2022, 33852 Rn. 48 – LiLAC). Eine Ausnahme gilt für täuschende Angaben gemäß Abs. 1 lit. g (→ Rn. 172 f.). Eine Beschränkung kann nur der Anmelder selbst vornehmen. Das Amt hat gemäß Art. 49 Abs. 1 und Art. 33 Abs. 2 lediglich zu prüfen, ob die Beschränkung im Interesse der Rechtssicherheit für Dritte nachvollziehbar ist und die Art der Ware insbesondere nach Maßgabe ihres Zwecks objektiv bestimmt (EuGH C-363/99, GRUR 2004, 674 Rn. 114 f. – Postkantoor; EuG T-314/17, BeckRS 2018, 9735 Rn. 33 ff. – Mezza; T-168/21, GRUR-RS 2022, 26113 Rn. 23 ff. – Lichtblau). Dies gilt auch für die Beschwerdekammer (Art. 27 Abs. 5 UMDV; vgl. EuG T-629/18, GRUR-RS 2019, 7740 Rn. 23 ff. – Sprechblase). Eine hilfsweise Einschränkung unter der Bedingung, dass die zu streichenden Waren oder Dienstleistungen beanstandet werden, ist nicht zulässig (EuG T-402/02, GRUR Int 2005, 317 Rn. 33 f. – Bonbonverpackung; T-219/00, GRUR Int 2002, 600 Rn. 60 f. – Ellos). Ist das Anmeldeverfahren vor dem EuG anhängig, ist nur die ersatzlose Streichung – nicht aber die Änderung der Beschreibung – der Waren oder Dienstleistungen zulässig (EuG T-304/06, GRUR Int 2009, 410 Rn. 27 ff. – Mozart; T-795/21, GRUR-RS 2022, 23216 Rn. 10 ff., 34 – Li-Safe).

5 Die Entscheidung, mit der die Eintragung einer Marke abgelehnt wird, ist grundsätzlich **für jede** betroffene **Ware oder Dienstleistung** separat zu **begründen.** Eine pauschale Begründung für mehrere oder alle betroffenen Waren oder Dienstleistungen ist allerdings zulässig, wenn dasselbe Eintragungshindernis einer homogenen Kategorie oder Gruppe von Waren oder Dienstleistungen entgegengehalten wird (EuGH C-239/05, GRUR 2007, 425 Rn. 34, 37 – MT&C/BMB; EuG T-118/06, GRUR Int 2009, 741 Rn. 28 – Ultimate Fighting Championship; auch → Art. 94 Rn. 15).

5.1 Diese für die Zulässigkeit einer pauschalen Begründung notwendige Homogenität der betroffenen Waren und Dienstleistungen bestimmt sich nach denjenigen Eigenschaften dieser Waren und Dienstleistungen, welche – aufgrund der Wahrnehmung des angemeldeten Zeichens durch die relevanten Verkehrskreise – für das Vorliegen des zu prüfenden absoluten Eintragungshindernisses maßgeblich sind (EuGH C-437/15 P, BeckRS 2017, 109925 Rn. 31–34, 38, 39 – deluxe). Diese den betroffenen Waren oder Dienstleitungen gemeinsame Eigenschaft muss nicht deren jeweilige Haupteigenschaft darstellen (EuG T-235/17, BeckRS 2018, 3529 Rn. 43 – Mobile living made easy; T-804/17, GRUR-RS 2019, 4902 Rn. 46 – Zwei konvexe rote Linien; T-729/19, GRUR-RS 2020, 14944 Rn. 35 f. – Favorit). Wurde die Homogenität der betroffenen Waren und Dienstleistungen vom EUIPO hinreichend dargelegt, obliegt es dem Anmelder, diese Beurteilung durch konkrete und fundierte Angaben zu widerlegen (EuG T-210/20, GRUR-RS 2021, 31125 Rn. 44 – $ Cash App).

6 Die Prüfung des angemeldeten Begriffs bzw. der Wortbestandteile der angemeldeten Marke ist in allen Amtssprachen der EU durchzuführen. Begriffe in anderen **Sprachen** sind zu berücksichtigen, wenn diese von einem wesentlichen Teil der angesprochenen Verkehrskreise zumindest in einem Teil der Union verstanden werden (→ Rn. 92; → Rn. 203).

II. Frühere Entscheidungen und Prüfungsrichtlinien des EUIPO

7 Das EUIPO verfügt in seinen Entscheidungen über die Eintragung eines Zeichens als Unionsmarke gemäß der UMV über einen durchaus weiten Beurteilungsspielraum. Dennoch trifft es hier laut ständiger Rechtsprechung keine Ermessensentscheidungen, sondern gebundene Entscheidungen, deren Rechtmäßigkeit allein auf der Grundlage der UMV in ihrer Auslegung durch den Unionsrichter zu bestimmen ist (Legalitätsprinzip, s. EuGH C-37/03 P, GRUR 2006, 229 Rn. 47 – BioID). Damit kann sich der Anmelder einer Unionsmarke nicht auf eine fehlerhafte Rechtsanwendung zugunsten eines Dritten berufen (EuGH C-51/10 P, GRUR 2011, 1035 Rn. 75, 76 – 1000). Abgesehen von den in Art. 166 Abs. 8 und Art. 71 Abs. 2 geregelten Spezialfällen besteht folglich **keine Selbstbindung** des EUIPO an seine **früheren Entscheidungen.**

8 Allerdings obliegt dem EUIPO die – sich aus den Grundsätzen der Gleichbehandlung und ordnungsgemäßen Verwaltung ergebende – **Pflicht,** seine eigenen bereits zu ähnlichen Anmeldungen ergangenen Entscheidungen in Bezug auf die Frage **zu berücksichtigen,** ob im gleichen Sinne zu entscheiden ist oder nicht (EuGH C-51/10 P, GRUR 2011, 1035 Rn. 73, 74 – 1000; C-564/16 P, BeckRS 2018, 13336 Rn. 60 ff. – Springende Raubkatze). Diese stellt sich als eine **Begründungspflicht** dar (EuG T-379/19, GRUR-RS 2020, 13522 Rn. 85 f. – Serviceplan).

8.1 Eine ausdrückliche Begründung ist erforderlich, wenn der Anmelder substantiiert zur Maßgeblichkeit von Voreintragungen vorgetragen hat (verneint etwa in EuG T-829/17, BeckRS 2019, 4361 Rn. 73 – Schräge rote Kurven; bejaht etwa in EuG T-624/18, ECLI:EU:T:2019:868 Rn. 35 f. – GRES ARAGÓN). In diesem Fall kann ein schlichter Hinweis auf die fehlende rechtliche Bindungswirkung früherer Entscheidungen des EUIPO und auf die dargelegten Zurückweisungsgründe einen Verstoß gegen diese Begründungspflicht darstellen (anders aber EuG T-123/18, GRUR-RS 2019, 1355 Rn. 37 – Herzkontur, unter Verweis auf den Umstand, dass die Prüfung strikt in Bezug auf die angemeldete Marke durchzuführen ist; T-48/19, GRUR-RS 2020, 26589 Rn. 58 – (smart:)things, unter Verweis auf die fehlende Begründung von Entscheidungen über die Eintragung). Ein solcher Verstoß rechtfertigt allerdings für sich genommen nicht die Aufhebung der Zurückweisungsentscheidung (EuG T-492/11, BeckRS 2013, 81810 Rn. 34 – Tampon; T-117/18 ua, BeckRS 2019, 12291 Rn. 120–122 – 200 Panoramicznych ua). Entscheidungen können grundsätzlich auch mittels konkreter Verweise auf Feststellungen in Vorentscheidungen begründet werden (EuG T-132/21, GRUR-RS 2022, 3709 Rn. 27–29 – Loop). Zur Berücksichtigung von Voreintragungen durch das DPMA → MarkenG § 8 Rn. 44 ff.

Die gemäß Art. 157 Abs. 4 lit. a iVm Art. 153 Abs. 1 lit. l erlassenen **Prüfungsrichtlinien** 9 des EUIPO entfalten zwar – vorbehaltlich ihrer Vereinbarkeit mit höherrangigem Recht – eine Selbstbeschränkung (EuG T-410/07, BeckRS 2009, 70499 Rn. 20 – Jurado). Dies gilt jedoch nicht für die Beschwerdekammern (Art. 166 Abs. 7 S. 2; vgl. EuG T-290/15, BeckEuRS 2016, 490837 Rn. 73 – Smarter Travel; T-568/18, BeckRS 2019, 31982 Rn. 75 – Bell), denen diesbezüglich allenfalls eine Begründungspflicht obliegt.

Entscheidungen der Großen Beschwerdekammer des EUIPO binden sowohl die Prüfer 10 also auch die Beschwerdekammern (Art. 166 Abs. 8). Besteht zu einer im Beschwerdeverfahren entscheidungserheblichen **Rechtsfrage eine divergierende Entscheidungspraxis der Beschwerdekammern,** muss diese Rechtsfrage der Großen Beschwerdekammer vorgelegt werden (Art. 37 Abs. 1 DVUM; EuG T-788/19, GRUR-RS 2020, 26583 Rn. 119 ff. – Sakkattack).

III. Verhältnis zum Nichtigkeitsverfahren

Wurde eine Marke entgegen Art. 7 eingetragen, kann sie auf Antrag für nichtig erklärt werden 11 (Art. 59 Abs. 1 lit. a). Daher besteht **grundsätzlich kein schutzwürdiges Vertrauen** in die Rechtmäßigkeit einer Eintragung (EuGH C-124/18P, GRUR-RS 2019, 15894 Rn. 82 aE – Blau-Silber; s. auch EuG T-101/15, BeckRS 2017, 133166 Rn. 134 ff. – Blau-Silber; T-834/19, GRUR-RS 2021, 24159 Rn. 83 ff. – e★message). Über die Nichtigkeit entscheidet das EUIPO oder, soweit Nichtigkeitswiderklage im Verletzungsverfahren vor den Unionsmarkengerichten erhoben wurde, das angerufene Unionsmarkengericht. Die Nichtigkeitsgründe wegen absoluter Schutzhindernisse sind mit den absoluten Eintragungshindernissen des Art. 7 Abs. 1 deckungsgleich, der Prüfungsumfang des EUIPO aber gemäß Art. 95 Abs. 1 und aufgrund der Gültigkeitsvermutung der eingetragenen Unionsmarke auf den Parteivortrag und offenkundige Tatsachen beschränkt (EuG T-854/19, GRUR-RS 2021, 13107 Rn. 39–41 – Montana; T-486/20, BeckRS 2022, 27918 Rn. 67 f., 75 ff. – Swisse). Die **bösgläubige Anmeldung** (Art. 59 Abs. 1 lit. b) kommt im Nichtigkeitsverfahren als absolutes Schutzhindernis (EuGH C-104/18P, BeckRS 2019, 20743 Rn. 53 – Stylo & Koton) noch hinzu.

IV. Verhältnis zum nationalen Recht

Der EuGH begreift das Unionsmarkenrecht als ein **autonomes,** von jedem nationalen System 12 unabhängigen **System,** das aus einer Gesamtheit von Vorschriften besteht und Zielsetzungen verfolgt, die ihm eigen sind. Angemeldete Marken sind daher allein auf der Grundlage der einschlägigen Unionsregelung zu beurteilen. Nationale Voreintragungen können daher allenfalls (indiziell) berücksichtigt werden (stRspr, s. EuGH C-238/06 P, GRUR 2008, 339 Rn. 65 f., 68 – Plastikflaschenform; zur Konvergenz der Prüfung als Ziel der Rechtsangleichung → MarkenG § 8 Rn. 42 f.).

Eine Ausnahme gilt nur, soweit Art. 7 ausdrücklich auf nationales Recht verweist. Dies ist der Fall für 12.1 Kollisionen mit Ursprungsbezeichnungen und geografischen Angaben (→ Rn. 187) sowie Sortenangaben (→ Rn. 197), die nach mitgliedstaatlichem Recht geschützt sind und soweit letzteres nicht bereits in harmonisierten EU-Regelungen verdrängt wurde und damit unanwendbar ist (EuGH C-478/07, GRUR 2010, 143 Rn. 129 – Budějovický Budvar; C-56/16 P, GRUR Int 2018, 369 Rn. 96, 107 – Port Charlotte).

Das EUIPO muss sich daher weder die von nationalen Markenbehörden oder Gerichten gestell- 13 ten Anforderungen oder vorgenommenen Beurteilungen zu eigen machen, noch eine angemeldete Marke deshalb zur Eintragung zulassen oder zurückweisen, weil die nationale Behörde dies getan hat (EuGH C-238/06 P, GRUR 2008, 339 Rn. 73 – Plastikflaschenform; EuG T-117/18 ua, BeckRS 2019, 12291 Rn. 106 – 200 Panoramicznych ua). Das EUIPO muss im Gegenteil eine

eigenständige Beurteilung des Sachverhalts im Lichte der UMV vornehmen (EuG T-501/13, BeckRS 2016, 80522 Rn. 35 ff. – Winnetou).

14   Wird eine Unionsmarkenanmeldung zurückgewiesen, so berührt dies weder die Gültigkeit noch den Schutz einer identischen voreingetragenen nationalen Marke. Dies folgt aus der Autonomie des Unionsmarkensystems, welches nicht an die Stelle der nationalen Markenrechte tritt (Erwägungsgrund 7; s. EuGH C-238/06 P, GRUR 2008, 339 Rn. 56 ff. – Plastikflaschenform; s. auch EuGH C-783/18 P, BeckRS 2019, 17322 Rn. 12–14 – Glasamphore).

V. Verhältnis zum internationalen Recht

15   Art. 7 wurde in Teilen wörtlich aus Art. 6^{quinquies} B Nr. 2 PVÜ übernommen und zeigt so den Einfluss des internationalen Rechts auf das Unionsmarkenrecht (s. hierzu Beier GRUR Int 1992, 243 (246 ff.); → Einl. Rn. 263 f.).

16   Maßgeblich geblieben ist der Wortlaut der PVÜ ua für das Schutzhindernis der beschreibenden Angaben (Art. 4 Abs. 1 lit. c MRL und Art. 7 Abs. 1 lit. c UMV). Auch der Schutz amtlicher Hoheits- und Prüfzeichen sowie der Schutz von Zeichen zwischenstaatlicher Organisationen findet seine Grundlage in der PVÜ. Beim Schutz geografischer Angaben setzt Art. 7 Abs. 1 lit. j die aus Art. 23 TRIPS resultierende Verpflichtung um. Die Vorschrift dient zudem dem Schutz älterer Rechte sowie der Verhinderung von Verkehrstäuschungen und steht insoweit im Einklang mit Art. 6^{quinquies} B Nr. 1 sowie Art. 10bis PVÜ. Eingehend zur Geschichte und zur Kritik → MarkenG § 8 Rn. 9 f. Zu den für Art. 7 Abs. 1 lit. e erforderlichen Beschränkungen → MarkenG § 8 Rn. 12.1.

17   Neben multilateralen Abkommen wie TRIPS, PVÜ (vgl. Art. 2 Abs. 1 TRIPS) und der Genfer Akte des Lissabonner Abkommens über Ursprungsbezeichnungen und geografische Angaben können auch bilaterale Abkommen, die von der EU mit Drittstaaten abgeschlossen wurden, für die Prüfung von absoluten Eintragungshindernissen relevante Regelugen enthalten. Dies gilt insbesondere für den Schutz von Ursprungsbezeichnungen und geografischen Angaben (→ Rn. 187; s. EuG T55/14, MarkenR 2016, 272 Rn. 12 ff. = BeckRS 2015, 80962 – Lembergerland) sowie von Sortenangaben (→ Rn. 197). Abkommen der Mitgliedstaaten untereinander sowie mit Drittstaaten gehören dagegen in der Systematik des EU-Rechts zum nationalen Recht (→ Rn. 12).

B. Katalog der absoluten Eintragungshindernisse (Abs. 1)

I. Fehlende Markenfähigkeit (Abs. 1 lit. a)

18   Nach Art. 7 Abs. 1 lit. a sind Zeichen von der Eintragung ausgeschlossen, die nicht unter Art. 4 fallen, dh Zeichen, die keine Unionsmarke sein können, weil es ihnen entweder an der erforderlichen Darstellbarkeit fehlt oder weil sie bereits abstrakt nicht geeignet sind, die Waren oder Dienstleistungen eines Unternehmens von denjenigen anderer Unternehmen zu unterscheiden.

19   Hierdurch soll sichergestellt werden, dass **Zeichen,** die nicht hinreichend klar definiert werden können, nicht als Marke eingetragen werden. Problematisch ist dies insbesondere bei so genannten neuen Markenformen, wie etwa Geruchs- oder Geschmacksmarken (EuG T-305/04, GRUR 2006, 327 – Duft einer reifen Erdbeere; → Rn. 85), oder bei Farbmarken (→ Rn. 77 ff.), die Schutz für eine Farbkombination in jeglicher Erscheinungsform beanspruchen (EuGH C-49/02, GRUR 2004, 858 – Heidelberger Bauchemie).

20   Seit 2017 ist zwar das Erfordernis der **grafischen** Darstellbarkeit des Zeichens entfallen. Dennoch müssen Marken weiterhin im Register so dargestellt werden können, dass die zuständigen Behörden und das Publikum den Gegenstand und Umfang des Schutzrechtes **klar** und **eindeutig** bestimmen können (Art. 4 lit. b und Erwägungsgrund 10 UMV; Art. 3 und Erwägungsgrund 4 UMDV). Diesem Ziel soll die in Art. 3 Abs. 3 UMDV vorgegebene Typologie der Markenformen dienen. Da diese Typologie weder völlig trennscharf noch abschließender Natur (Art. 3 Abs. 4 UMDV) ist, stellt sich die Problematik der Bestimmtheit (s. dazu etwa EuG T-580/15, BeckRS 2017, 123128 Rn. 36 f. – Form eines Feuerzeugs mit Wortelement Clipper; T-101/15, BeckRS 2017, 133166 Rn. 37 ff. – Blau-Silber) bei manchen neuen Markenformen auch in Zukunft. Keine Auswirkungen haben diese Änderungen auf die allgemeinen Grundsätze zur Prüfung der Unterscheidungskraft (→ Rn. 25; EuG T-595/17, BeckRS 2018, 23006 Rn. 43 – Gelb und Grau).

21   Art. 7 Abs. 1 lit. a **erfasst nicht das Waren- und Dienstleistungsverzeichnis** (EuGH C-371/18, GRUR 2020, 288 Rn. 56 ff. – SkyKick; → Art. 4 Rn. 31), denen bei Unklarheit bzw. fehlender Bestimmtheit vor der Eintragung Art. 33 Abs. 4 entgegenzuhalten ist und welche nach

ihrer Eintragung – soweit diese nicht ausnahmsweise Bösgläubigkeit zu Zeitpunkt der Anmeldung begründen – auf dem Wege des Benutzungszwangs zu begrenzen bzw. zu bereinigen sind.

Art. 7 Abs. 1 lit. a ist im Anmeldeverfahren (aber auch – soweit vom Nichtigkeitsantragsteller **22** geltend gemacht – im Nichtigkeitsverfahren) notwendigerweise **vorrangig zu prüfen** (EuG T-124/20, GRUR-RS 2021, 29104 Rn. 46 ff. – Winkelmuster zwischen zwei parallelen Linien; T-274/20, GRUR-RS 2021, 25970 Rn. 32 ff. – Farbton Orange; T-487/21, GRUR-RS 2022, 34705 Rn. 35–37, 40, 47 – Zylindrisches sanitäres Einsetzteil).

Das Eintragungshindernis der fehlenden Markenfähigkeit kann – anders als die Eintragungshin- **23** dernisse des Art. 7 Abs. 1 lit. b–d – nicht dadurch überwunden werden, dass der Anmelder nachweist, dass die angemeldete Marke infolge ihrer Benutzung Unterscheidungskraft (Art. 7 Abs. 3) erlangt hat (→ Rn. 206 ff.).

II. Fehlende Unterscheidungskraft (Abs. 1 lit. b)

1. Allgemeines

Der Zurückweisungsgrund des Art. 7 Abs. 1 lit. b dient dem **Schutz** der betrieblichen **Her-** **24** **kunftsfunktion** als Hauptfunktion der Marke (s. Erwägungsgrund 11; EuGH 102/77, GRUR Int 1978, 291 Rn. 7 – Centrafarm; C-104/01, GRUR 2003, 604 Rn. 62 – Libertel; C-329/02 P, GRUR 2004 Rn. 23, 27 – SAT.2) und damit insbesondere des maßgeblichen Verbrauchers der bezeichneten Waren und Dienstleistungen. Marken ohne Unterscheidungskraft ermöglichen es nämlich dem Verbraucher nicht, den Erwerb einer Ware bzw. die Inanspruchnahme einer Dienstleistung eines bestimmten Erzeugers oder Dienstleisters an einer früheren positiven oder negativen Kauferfahrung auszurichten (EuG T-79/00, BeckEuRS 2002, 263793 Rn. 26 – Lite; T-522/19, GRUR-RS 2020, 23633 Rn. 42 – BBQ Barbecue Season). Daher kann allein aus dem Umstand, dass die Marke keine Wettbewerber beeinträchtigt, nicht auf ihre Unterscheidungskraft geschlossen werden (EuG T-501/21, GRUR-RS 2022, 26106 Rn. 28 – Linienkombination).

Eine Marke besitzt Unterscheidungskraft im Sinne der Vorschrift, wenn sie geeignet ist, die **25** Waren oder Dienstleistungen, für welche die Eintragung beantragt wird, als von einem bestimmten Unternehmen stammend zu kennzeichnen und sie somit von denjenigen anderer Unternehmen zu unterscheiden (EuGH C-456/01 P und C-457/01 P, GRUR Int 2004, 631 Rn. 34 – Dreidimensionale Tablettenform I).

Die allgemeine Markenfähigkeit eines Zeichens (→ Rn. 21) impliziert nicht notwendiger- **26** weise, dass dieses Zeichen in Bezug auf eine bestimmte Ware oder Dienstleistung unterscheidungskräftig iSv Art. 7 Abs. 1 lit. b ist (EuGH C-456/01 P und C-457/01 P, GRUR Int 2004, 631 Rn. 32 – Dreidimensionale Tablettenform I). Unterscheidungskraft verlangt allerdings auch keine besondere Originalität oder Kreativität und keine Neuheit (EuGH C-329/02 P, GRUR 2004, 943 Rn. 40 – SAT.2); diese können jedoch Indizien für Unterscheidungskraft sein (EuGH C-398/08, GRUR 2010, 228 Rn. 57 – Vorsprung durch Technik; s. aber EuG T-573/18, GRUR-RS 2020, 665 Rn. 62 f. – Schnürsenkel).

Der EuGH hat die vom EuG regelmäßig verwendete Formel, es genüge ein „Mindestmaß" **27** bzw. „Minimum" an Unterscheidungskraft nur in einer Entscheidung und dort in eher beiläufiger Form aufgegriffen (EuGH C-398/08 P, GRUR 2010, 228 Rn. 39 – Vorsprung durch Technik; näher hierzu sowie zur Rezeption dieser Rechtsprechung in Deutschland → MarkenG § 8 Rn. 28 ff.; zum Leitmotiv des EuGH „Gewährleistung des unverfälschten Wettbewerbs" → MarkenG § 8 Rn. 27).

Der Anwendungsbereich des Art. 7 Abs. 1 lit. b überscheidet sich mit dem – grundsätzlich **28** getrennt zu prüfenden (→ Rn. 1) – Eintragungshindernis des Art. 7 Abs. 1 lit. c (→ Rn. 87 ff.), da einer iSv Art. 7 Abs. 1 lit. c beschreibenden Marke es regelmäßig auch an Unterscheidungskraft fehlt (EuGH C-191/01, GRUR 2004, 146 Rn. 30 – DOUBLEMINT, stRspr; vgl. EuG T-229/18, BeckRS 2019, 10401 Rn. 77 – Biolatte). Umgekehrt folgt aus dem Fehlen eines beschreibenden Charakters einer Marke allerdings nicht ihre Unterscheidungskraft. Art. 7 Abs. 1 lit. b **erfasst** nämlich **alle Umstände,** aufgrund derer der maßgebliche Verbraucher ein Zeichen nicht als Hinweis auf den betrieblichen Ursprung der mit diesem Zeichen versehenen Waren oder Dienstleistungen wahrnehmen kann und letztere daher nicht von denen anderer Unternehmen zu unterscheiden vermag (EuGH C-51/10 P, GRUR 2011, 1035 Rn. 46 f. – 1000; zu den verfahrensrechtlichen Konsequenzen s. EuG T-188/21, GRUR-RS 2021, 38864 Rn. 14 ff. – Malle). Die von der Rechtsprechung zur Feststellung des beschreibenden Charakters einer Marke entwickelten Kriterien sind daher (entgegen einer Tendenz in der jüngeren EuG-Rechtsprechung, vgl. etwa

EuG T-36/19 Rn. 36, 39 – ElitePartner) nicht notwendigerweise auf die Prüfung der Unterscheidungskraft übertragbar (EuGH C-214/19 P, GRUR-RS 2020, 21408 Rn. 34 f. – achtung!).

29 Marken, denen es an Unterscheidungskraft fehlt, können im Einzelfall dennoch eingetragen werden, wenn sie gemäß Art. 7 Abs. 3 infolge ihrer Benutzung Unterscheidungskraft erlangt haben (→ Rn. 206 ff.).

2. Prüfungsmaßstäbe

30 Bei der Prüfung der Unterscheidungskraft sind neben der Marke in der angemeldeten Form **alle relevanten Tatsachen und Umstände** zu berücksichtigen (EuGH C-363/99, GRUR 2004, 674 Rn. 37 – Postkantoor).

31 Die Unterscheidungskraft einer Marke ist nicht abstrakt, sondern **konkret** zum einen in Bezug auf die angemeldeten **Waren oder Dienstleistungen** und zum anderen im Hinblick auf die Anschauung der maßgeblichen **Verkehrskreise** zu beurteilen (EuGH C-218/01, EuZW 2004, 182 Rn. 51 – Perwoll; C-456/01 P, GRUR Int 2004, 631 Rn. 35 – Dreidimensionale Tablettenform I).

32 Die **maßgeblichen Verkehrskreise** sind anhand der beanspruchten Waren- und Dienstleistungen zu ermitteln. Sie setzen sich nämlich aus den durchschnittlich informierten, aufmerksamen und verständigen Durchschnittsverbrauchern dieser Waren bzw. -empfängern dieser Dienstleistungen zusammen (EuGH C-210/96, GRUR Int 1998, 795 Rn. 31, 37 – Gut Springenheide; C-299/99, EuZW 2002, 507 Rn. 63 – Philips/Form eines Rasierapparats). Zur Behandlung unterschiedlicher Verkehrsauffassungen → MarkenG § 8 Rn. 108.

33 **„Durchschnittsverbraucher"** als Rechtsbegriff (EuG T-678/21, BeckRS 2022, 33853 Rn. 24 – Vsl3total) umfasst sowohl Endverbraucher als auch entsprechende Fachkreise (EuG T-69/19, BeckRS 2019, 32124 Rn. 19 – Bad Reichenhaller Alpensaline). Auch wenn letztere aufgrund ihrer Fachkenntnisse ein abweichendes Zeichenverständnis haben können (EuG T-721/15, BeckRS 2017, 109461 Rn. 27 – DINCH), wirkt sich deren fachliche Spezialisierung aber nicht auf die rechtlichen Kriterien für die Beurteilung der Unterscheidungskraft eines Zeichens aus (EuG T-171/12, BeckEuRS 2012, 680433 Rn. 42 – Form eines Spannschlosses; T-51/22, BeckRS 2022, 20651 Rn. 44 – Zitruspresse). Insbesondere folgt aus dem naturgemäß höheren **Aufmerksamkeitsgrad** von spezialisierten Fachkreisen nicht, dass eine geringere Unterscheidungskraft des Zeichens ausreicht, da die Schwelle der Unterscheidungseignung nicht von dem Aufmerksamkeitsgrad relevanten Verkehrs abhängt (EuGH C-311/11 P, GRUR Int 2012, 914 Rn. 48 ff. – Wir machen das Besondere einfach; EuG T-123/18, GRUR-RS 2019, 1355 Rn. 17 – Herzkontur; T-210/20, GRUR-RS 2021, 31125 Rn. 59 – $ Cash App).

34 Da der Durchschnittsverbraucher eine Marke normalerweise als Ganzes wahrnimmt und nicht auf die verschiedenen Einzelheiten achtet, ist für die Beurteilung der Unterscheidungskraft einer Marke auf den von ihr hervorgerufenen **Gesamteindruck** abzustellen (ständige Rechtsprechung, vgl. EuGH C-104/00 P, GRUR 2003, 58 Rn. 24 – Companyline; C-468/01 P, GRUR Int 2004, 635 Rn. 44 – Dreidimensionale Tablettenform II; C-453/11 P, BeckRS 2012, 81266 Rn. 40 – Timehouse). Ein zusammengesetztes Zeichen kann deshalb insgesamt unterscheidungskräftig sein, selbst wenn die einzelnen Bestandteile für sich genommen dies nicht sind (EuGH C-304/06 P, GRUR 2008, 608 Rn. 41 – EuroHYPO; C-37/03 P, GRUR 2006, 229 Rn. 29 – BioID; → Rn. 41).

35 Dies schließt jedoch nicht aus, dass die einzelnen Gestaltungselemente des **Zeichens** zunächst nacheinander geprüft werden. Es kann sich nämlich als zweckmäßig erweisen, bei der Gesamtbeurteilung jeden einzelnen Bestandteil der Marke zu untersuchen (EuGH C-468/01 P – C-472/01 P, GRUR Int 2004, 635 Rn. 45 – Dreidimensionale Tablettenform II).

36 Die Prüfung des von der Marke hervorgerufenen Gesamteindrucks muss im Hinblick auf die bezeichneten **Waren und Dienstleistungen** vorgenommen werden, da sich etwa der beschreibende oder anpreisende Sinngehalt eines Zeichenelements dem maßgeblichen Verbraucher konkret gerade durch den Bezug die bezeichneten Waren und Dienstleistungen erschließt (EuG T-463/17, BeckRS 2018, 7126 Rn. 54 – Raise; T-116/21, GRUR-RS 2022, 931 Rn. 36 – Wild).

37 Ist eine aus beschreibenden Bestandteilen zusammengesetzte Marke auch als Ganzes beschreibend, so fehlt es der Marke auch an Unterscheidungskraft (→ Rn. 28). Sollte ein aus beschreibenden Bestandteilen zusammengesetzte Gesamtbegriff aber eine eigenständige nicht-beschreibende Bedeutung erlangt haben, schließt dies eine fehlende Unterscheidungskraft aber nicht grundsätzlich aus und ist daher getrennt zu prüfen (EuGH C-304/06 P, GRUR 2008, 608 Rn. 60–62 – EuroHYPO). Allerdings ist aus einer tatsächlichen Verwendung des Zeichens (bzw. eines seiner Bestandteile) als solcher nicht umgekehrt zu schließen, dass es vom relevanten Verkehr als unter-

scheidungskräftig wahrgenommen wird; die durch Benutzung erlangte Unterscheidungskraft ist ausschließlich im Rahmen von Art. 7 Abs. 3 zu prüfen (EuG T-483/20, GRUR-RS 2022, 238 Rn. 49 – Stiefel; T-277/21, GRUR-RS 2022, 5766 Rn. 25–26 – Dreizackige Elemente).

Aufgrund von **sprachlichen** (→ Rn. 6, → Rn. 92), aber auch kulturellen, sozialen und **38** wirtschaftlichen Unterschieden innerhalb der EU kann eine Marke in einem Mitgliedstaat (EuGH C-421/04, GRUR 2006, 411 Rn. 25 – Matratzen) oder in Teilen eines solchen (EuG T-830/16, BeckRS 2018, 32735 Rn. 52–54 – Plombir) über Unterscheidungskraft verfügen, in anderen aber nicht. Fehlt es der Marke auch nur in einem Teil der EU an Unterscheidungskraft, ist ihre Eintragung nach Art. 7 Abs. 1 lit. b iVm Abs. 2 (→ Rn. 200 ff.) abzulehnen. Dies gilt auch für umgangssprachliche Ausdrücke, die nur von einem Teil der relevanten Verkehrskreise verstanden werden (EuG T-503/19, GRUR-RS 2020, 9849 Rn. 41 ff. – Xoxo).

Das EUIPO muss die konkrete Prüfung der Unterscheidungskraft auf alle Verwendungen der **39** angemeldeten Marke erstrecken, welche es mit Hilfe seiner Sachkunde (und ggf. des Sachvortrags des Anmelders) in dem betreffenden Wirtschaftszweig als praktisch bedeutsam erkennt (EuGH C-541/18, BeckRS 2019, 20753 Rn. 25 ff. – #darferdas?; s. auch EUIPO R 2672/2017-G Rn. 31 ff. – Geometrisches Muster). Für die konkrete Prüfung ist auf den in der Anmeldung beanspruchten Schutzumfang der Marke abzustellen und nicht auf ihre tatsächliche Benutzung oder auf Umstände, welche in der Person des Anmelders liegen (zB Luxushersteller, Traditionsunternehmen, Preisgestaltung etc.). Fehlt es der Marke in einer ihrer praktisch bedeutsamen – und von dem beanspruchten Schutzumfang erfassten – Verwendung an Unterscheidungskraft, ist sie zurückzuweisen (EuG T-658/18, BeckRS 2019, 31741 Rn. 36, 70 ff. – Karomuster). Das Anbringen des Zeichens auf, in oder neben der bezeichneten Ware hat nicht automatisch seine Wahrnehmung als Marke zur Folge, da das Eintragungshindernis des Art. 7 Abs. 1 lit. b umgangen würde (EuG T-345/20, GRUR-RS 2021, 8052 Rn. 56 – Men+; s. auch EuG T-117/21, GRUR-RS 2022, 9300 Rn. 59 – Sportschuh mit gekreuzten Streifen).

Der Umstand, dass der Anmelder seinen Ausschliesslichkeitsanspruch bereits erfolgreich durch- **40** setzen konnte (EuG T-553/12, BeckRS 2014, 81513 Rn. 46 – Bateaux mouches) oder umgekehrt das angemeldete Zeichen unter Umständen ohne seine Zustimmung auf dem Markt benutzt wird (EuG T-340/18, BeckRS 2019, 12518 Rn. 40 – Gitarrenkorpus), ist für die Beurteilung der inhärenten Unterscheidungskraft der Marke nicht relevant (EuG T-483/20, GRUR-RS 2022, 238 Rn. 110 – Stiefel; T-51/22, EuG T-51/22, BeckRS 2022, 20651 Rn. 53 – Zitruspresse).

3. Unterscheidungskraft einzelner Markenformen

a) Wortmarken. Bei aus mehreren Wörtern oder aus einem Wort und einer Zahl **zusammen- 41 gesetzten Marken** kann die Prüfung der Unterscheidungskraft zunächst für jeden ihrer Begriffe oder Bestandteile getrennt erfolgen. Das Endergebnis muss aber auf jeden Fall von einer Prüfung der Marke in ihrer Gesamtheit abhängen (→ Rn. 31). Der Umstand allein, dass die einzelnen Bestandteile für sich genommen nicht unterscheidungskräftig sind, heißt nicht, dass ihre Kombination nicht unterscheidungskräftig sein könnte (EuGH C-329/02 P, GRUR 2004, 943 Rn. 28 – SAT.2). Die Vermutung, dass Bestandteile, die isoliert betrachtet nicht unterscheidungskräftig sind, auch im Falle ihrer Kombination nicht unterscheidungskräftig sein können, ist daher unzulässig. Es ist stets auf die Gesamtwahrnehmung der Wortzusammenstellung durch den Durchschnittsverbraucher (→ Rn. 30) abzustellen (EuGH C-329/02 P, GRUR 2004, 943 Rn. 35 – SAT.2).

Die Tatsache, dass eine Kombination wie etwa SAT.2 nicht ungewöhnlich ist und keinen **42** besonders hohen Grad an Erfindungsreichtum ausdrückt, genügt nicht zum Nachweis fehlender Unterscheidungskraft. Die Eintragung eines Zeichens als Marke hängt nicht von der Feststellung eines bestimmten Niveaus der sprachlichen oder künstlerischen Kreativität oder Einbildungskraft des Markeninhabers ab. Eine dem Urheberrecht entsprechende Schöpfungshöhe ist nicht erforderlich (→ Rn. 26). Es genügt, dass die Marke es den maßgeblichen Verkehrskreisen ermöglicht, die Herkunft der durch diese Marke bezeichneten Waren oder Dienstleistungen zu erkennen und sie von denen anderer Unternehmen zu unterscheiden (EuGH C-329/02 P, GRUR 2004, 943 Rn. 40 f. – SAT.2).

Die **Mehrdeutigkeit** der Marke kann zur seiner Unterscheidungskraft (→ Rn. 25) beitragen **43** (s. etwa EuG T-481/20, GRUR-RS 2021, 14305 Rn. 40 – CoolTUBE). Voraussetzung ist allerdings, dass die Mehrdeutigkeit des Zeichens konkret in Bezug auf die beanspruchten Waren oder Dienstleistungen wahrgenommen wird (vgl. EuGH C-214/19 P, GRUR-RS 2020, 21408 Rn. 28–30 – achtung!) bzw. praktisch bedeutsam ist (EuG T-523/20, GRUR-RS 2021, 29988 Rn. 48 – Blockchain Island; EuGH C-541/18, BeckRS 2019, 20753 Rn. 33 – #darferdas?).

Auch ist zu beachten, dass die Mehrdeutigkeit des Zeichens allein für dessen Unterscheidungskraft nicht entscheidend ist (EuG T-882/19, GRUR-RS 2020, 32061 Rn. 48 – ΑΠΛΑ!).

44   Art. 4 sieht ausdrücklich vor, dass auch **Personennamen** Unionsmarken sein können. Marken, die aus einem Personennamen bestehen, werden nach denselben Kriterien beurteilt wie andere Marken auch; es dürfen keine strengeren Beurteilungskriterien angewendet werden, selbst wenn es sich um einen verbreiteten Namen handelt (EuGH GRUR 2004, 946 Rn. 25, 26 – Nichols; Onken, Die Verwechslungsgefahr bei Namensmarken, 2011, 91 f.; v. Bassewitz GRUR Int 2005, 660 f.; zur strengeren Handhabung in den USA → MarkenG § 8 Rn. 132.1). Dieser Umstand kann sich allerdings auf den Schutzumfang auswirken. Gleiches gilt für Namen von Prominenten, auch von Staatsoberhäuptern. Etwas anderes gilt nur, wenn ein Name zur beschreibenden Sachangabe geworden ist (EuG T-304/06, GRUR Int 2009, 410 – Mozart für Süßwaren). Bei gesetzlich geschützten Namen kann die Anmeldung als Unionsmarke außerdem einen Verstoß gegen die guten Sitten bzw. die öffentliche Ordnung iSv Art. 7 Abs. 1 lit. f darstellen (HABM BK 17.9.2012 – R 2613/2011-2 – ATATURK; → Rn. 161).

45   **Einzelne Buchstaben** können Art. 4 zufolge grundsätzlich ebenfalls Unionsmarken darstellen. Einen Grundsatz, dass Marken, die aus einzelnen Buchstaben bestehen, keine Unterscheidungskraft zukäme, gibt es nicht. Insbesondere kommt es nicht auf die sprachliche oder künstlerische Originalität des Zeichens an (→ Rn. 26). Allerdings kann sich die Feststellung der Unterscheidungskraft für solche Marken im Einzelfall als schwieriger erweisen als für andere Wortmarken (→ Rn. 1.1; EuGH C-265/09 P, GRUR 2010, 1096 Rn. 38, 39 – Buchstabe α). Auch die Unterscheidungskraft von Einzelbuchstaben ist stets konkret im Einzelfall zu prüfen (vgl. etwa hinsichtlich des Buchstabens „E" die Urteile EuG T-302/06, GRUR Int 2008, 1035 Rn. 38 ff. – „E"; T-329/06, GRUR Int 2008, 838 Rn. 25 ff. – „E").

46   Dies gilt auch für **andere Schriftzeichen** wie das Euro- oder das Dollarzeichen (EuG T-665/19, GRUR-RS 2020, 35170 Rn. 83 ff. – €$), welche als Währungssymbole auch von Art. 7 Abs. 1 lit. i erfasst sein können (→ Rn. 186).

47   Auch der Umstand, dass ein Zeichen ausschließlich aus **Ziffern** besteht (die wie Buchstaben in Art. 4 aufgeführt sind), steht als solcher dessen Eintragung als Marke nicht entgegen (EuGH C-51/10 P, GRUR 2011, 1035 Rn. 29 – 1000), wobei jedoch stets im Einzelfall zu prüfen ist, ob die angemeldeten Ziffern für die fraglichen Waren bzw. Dienstleistungen beschreibend (im Fall von „1000" bejaht für Druckerzeugnisse; → Rn. 90) oder sonst nicht unterscheidungskräftig sind.

48   **Abkürzungen** sind nach den allgemeinen Grundsätzen schutzfähig (EuG T-318/09, BeckRS 2011, 81066 Rn. 18 f. – TDI). Sie dürfen aber nicht in der Marke als Abkürzung beschreibender Begriffe erläutert werden (EuGH C-90/11, C-91/11, GRUR 2012, 616 Rn. 32 – MMF/NAI → Rn. 100).

49   Für **Werbeslogans** gelten nach der Rspr grundsätzlich die gleichen Kriterien zur Beurteilung der Unterscheidungskraft wie bei allen anderen Markenformen (→ Rn. 1; EuGH C-311/11 P, GRUR Int 2012, 914 Rn. 25 – Wir machen das Besondere einfach; C-398/08 P, GRUR 2010, 228 Rn. 35 f. – Vorsprung durch Technik).

50   Die Schwierigkeiten, die im Falle von Werbeslogans möglicherweise mit der Bestimmung der Unterscheidungskraft einhergehen, rechtfertigen es nicht, besondere Kriterien aufzustellen, die das Kriterium der Unterscheidungskraft ersetzen oder von ihm abweichen; das Fehlen von „Originalität" bzw. „Phantasieüberschuss" begründet für sich noch nicht das Fehlen der Unterscheidungskraft (→ Rn. 26; EuGH C-64/02 P, GRUR 2004, 1027 Rn. 11, 12, 36 – Das Prinzip der Bequemlichkeit; C-311/11 P, GRUR Int 2012, 914 Rn. 25 – Wir machen das Besondere einfach, s. aber EuG T-362/17, BeckRS 2018, 13210 Rn. 39 – Feel Free). Auch die Tatsache, dass eine Marke als Anpreisung oder Werbeslogan wahrgenommen wird, reicht für sich genommen noch nicht aus, um ihr die Unterscheidungskraft abzusprechen (EuGH C-398/08 P, GRUR 2010, 228 Rn. 44, 45 – Vorsprung durch Technik). Die Qualifizierung eines Begriffs als Slogan (vgl. etwa EuG T-250/17, BeckRS 2018, 223 Rn. 25 – avanti; T-434/18, BeckRS 2019, 24546 Rn. 14–16 – Ultrarange) ist somit für die Prüfung dessen Unterscheidungskraft nicht entscheidend (zu Werbeschlagwörtern → Rn. 55).

51   Für die Unterscheidungskraft eines Slogans kann sprechen, dass die Marke mehrdeutig (→ Rn. 43), kurz und prägnant ist, ein Wortspiel darstellt, als phantasievoll, überraschend und unerwartet und damit als merkfähig aufgefasst wird, eine besondere Originalität oder einen besonderen Anklang hat und damit bei den Verbrauchern einen Denkprozess anstößt oder einen Interpretationsaufwand erfordert (EuGH C-398/08 P, GRUR 2010, 228 Rn. 47, 57 – Vorsprung durch Technik; C-311/11 P, GRUR Int 2012, 914 Rn. 37 – Wir machen das Besondere einfach; s. aber EuG T-49/19, GRUR-RS 2020, 9362 Rn. 35 – Create Delightful Human Environments).

Dennoch ist bei der Anmeldung von Werbeslogans als Unionsmarke Vorsicht geboten. Solche **52** Slogans haben regelmäßig nur dann Aussicht auf Erfolg, wenn sich anhand der oben (→ Rn. 51) genannten Kriterien argumentieren lässt, dass in ihnen mehr als eine bloße Werbebotschaft gesehen wird. Werbeübliche Übertreibungen reichen dafür grundsätzlich nicht aus (EuG T-102/18, GRUR-Prax 2019, 7 Rn. 30 – „Upgrade your personality").

Als unterscheidungskräftig sah der EuGH den Slogan „Vorsprung durch Technik" an, da hier **53** eine gewisse Originalität gegeben und ein Interpretationsaufwand erforderlich sei (EuGH C-398/08 P, GRUR 2010, 228 Rn. 52 ff.). Das EuG bejahte die Unterscheidungskraft der Slogans „Wet dust can't fly" ua für Staubsauger (EuG T-133/13, BeckEuRS 2015, 408601 Rn. 49 f.), „Love to lounge" ua für Bekleidungsstücke (EuG T-305/16, BeckRS 2017, 142982 Rn. 93 ff.) und „it's like milk but made for humans" für Milchprodukte (EuG T-253/20, GRUR-RS 2021, 303 Rn. 44–48).

Weit häufiger wurde dagegen die Unterscheidungskraft von Slogans verneint (s. auch EuG T- **54** 707/19, GRUR-RS 2020, 11783 Rn. 34 – one-off; T-49/19, GRUR-RS 2020, 9362 Rn. 31 ff. – Create Delightful Human Environments). Dies gilt etwa für den Slogan „Qualität hat Zukunft" ua für Schreibwaren und Büroartikel (EuG T-22/12, BeckRS 2012, 82612), „La qualité est la meilleure des recettes" für Lebensmittel (EuG T-570/11, BeckEuRS 2014, 386491) sowie die ua für Finanzdienstleistungen beanspruchten Slogans „Leistung aus Leidenschaft" (EuG T-538/11, BeckRS 2014, 80608), „Investing for a new world" (EuG T-59/14, BeckRS 2016, 80108 Rn. 33 f.) und „So what do I do with my money" (EuG T-609/13, BeckRS 2016, 80110 Rn. 30–41). Ebenso wenig als unterscheidungskräftig angesehen wurden etwa „We know abrasives" für Schleifmittel (EuG T-297/17, BeckRS 2018, 6369), „Ab in den Urlaub" für Reisedienstleistungen (EuG T-273/12, BeckRS 2014, 81051), „Upgrade your personality" im Zusammenhang mit Computer- und Videospielen (EuG T-102/18, GRUR-Prax 2019, 7), „See More. Reach More. Treat More" für medizinische Apparate (EuG T-555/18, BeckRS 2019, 4804), „Inventemos el futuro" für Dienstleitungen im Bereich der Erdöl- und Gasraffinerie (EuG T-8/19, GRUR-RS 2020, 1153), „Weniger Migräne. Mehr vom Leben." für Informationsdienstleistungen zur Behandlung von Migräne (EuG T-697/19, GRUR-RS 2020, 14946), „we do support" für Wartungsdienste für Unternehmens- und Datenbanksoftware (EuG T-634/21, BeckRS 2022, 16378), sowie „Du bist, was du erlebst" (EuG T-301/15, BeckRS 2016, 81124) und „we're on it" (EuG T-156/19, GRUR-RS 2020, 9857) jeweils für ein breites Spektrum an Waren und Dienstleistungen.

Die für Slogans geltenden Grundsätze (→ Rn. 49 ff.) gelten auch für **Werbeschlagwörter** **55** (EuG T-3/21, GRUR-RS 2021, 29133 Rn. 33, 34 – Unstoppable) sowie Aufforderungen (EuG T-290/20, BeckEuRS 2021, 740378 Rn. 43 ff. – goclean), Grußformeln (EuG T-310/08, GRUR-RR 2011, 250 – executive edition), Gefühlsbekundungen (EuG T-503/19, GRUR-RS 2020, 9849 Rn. 45–48 – Xoxo) usw.

Die übliche Bezeichnung sportlicher oder kultureller (Groß-)**Veranstaltungen** (Fußball WM, **56** Olympische Spiele, Preisverleihungen) oder sonstiger Ereignisse ist in der Regel weder für das Ereignis selbst unterscheidungskräftig, noch für Waren und Dienstleistungen, die mit diesem Ereignis in Zusammenhang gebracht werden, sei es als Sonderanfertigung, als Sonderangebot oder als notwendige oder zusätzliche Leistung aus Anlass dieses Ereignisses (HABM BK 20.6.2008 – R 1466/2005-1 – World Cup 2006, zitiert bei v. Kapff GRUR Int 2011, 676 (682); so auch für Deutschland BGH GRUR 2006, 850 Rn. 20 – FUSSBALL WM 2006; s. auch Lerach MarkenR 2008, 461 ff.).

Internetadressen können zwar unterhalb einer Top-Level-Domain nur einmal vergeben wer- **57** den (EuG T-117/06, GRUR Int 2008, 330 Rn. 44 – suchen.de). Dennoch muss ein als Marke angemeldeter Domainname in Bezug auf die mit der Anmeldung beanspruchten Waren und Dienstleistungen unterscheidungskräftig sein (näher → MarkenG § 8 Rn. 308 f.).

b) Bildmarken (mit Wortbestandteilen). Bei Marken, die **Wort- und Bildelemente** kom- **58** binieren, kommt es, wenn der Wortbestandteil nicht unterscheidungskräftig ist, für die Frage der Eintragungsfähigkeit regelmäßig darauf an, ob die Bildelemente dem Gesamteindruck der angemeldeten Marke Unterscheidungskraft verleihen (EuGH C-37/03 P, GRUR 2006, 229 – BioID; C-92/10, GRUR Int 2011, 255 – Best Buy). Um Schutz begründen zu können, muss die Grafik ein hinreichendes Gewicht innerhalb des Gesamtzeichens haben. Dieses Gewicht kann geringer sein, wenn der Wortbestandteil an der oberen Grenze zur Unterscheidungskraft steht. Die Grafik darf aber in keinem Fall hinter dem schutzunfähigen Wortbestandteil dergestalt zurück-treten, dass ausschließlich letzterer das Gesamtzeichen prägt (EuGH C-37/03 P, GRUR 2006, 229 Rn. 71 ff. – BioID; → MarkenG § 8 Rn. 385). Das Zeichen ® verleiht einem Zeichen für sich genommen noch keine Unterscheidungskraft (EuGH C-37/03 P, GRUR 2006, 229 Rn. 72 – BioID).

59   Wenn das Wortelement als Hauptbestandteil und vorherrschendes Element der fraglichen Marke seinem Inhalt nach den Verbraucher auf ein Merkmal der Waren oder Dienstleistungen hinweist und in erster Linie als verkaufsfördernde bzw. Werbebotschaft aufgefasst wird, fehlt der Marke regelmäßig die Unterscheidungskraft (EuG T-222/14 RENV, BeckRS 2018, 14037 Rn. 58 – deluxe). Dies gilt auch dann, wenn das Wortelement keine Informationen über die Art der bezeichneten Waren oder Dienstleistungen vermittelt (EuG T-122/01, GRUR Int 2003, 834 Rn. 30 – Best Buy).

60   Fehlt dem Wortelement die Unterscheidungskraft, so führen eine grafische Ausgestaltung des Wortes oder weitere Bildelemente nicht ohne Weiteres zur Unterscheidungskraft der Marke als Ganzes. An der Unterscheidungskraft fehlt es insbesondere dann, wenn die grafische Ausgestaltung des Wortes nur dazu dient, die durch die Wortelemente zum Ausdruck gebrachte Information zu unterstreichen (EuG Urt. v. 11.7.2017 – T-623/15, GRUR-RS 2017, 116429 Rn. 50 f. – Jede Flasche zählt). Gleiches gilt, wenn es sich bei den Bildelementen um einfache geometrische Formen oder übliche Darstellungsformen handelt (vgl. hierzu zB EuG T-504/12, BeckRS 2014, 82348 – Notfall Creme; T-344/14, BeckRS 2014, 82662 – Deluxe). Eine Unterscheidungskraft aufgrund der grafischen Elemente wird sich nur dann annehmen lassen, wenn diese die Wahrnehmung der Marke durch die maßgeblichen Verkehrskreise „unmittelbar und dauerhaft prägen" (vgl. EuG T-277/18, BeckRS 2019, 5288 Rn. 38 mwN – Pick & Win Multislot) und damit den Verkehr von der beschreibenden Botschaft des Wortelements „ablenken" (vgl. EuG T-220/17, BeckRS 2018, 6399 Rn. 29, 32 – 100% Pfalz; T-69/19, BeckRS 2019, 32124 Rn. 41 f. – Bad Reichenhaller Alpensaline; T-361/18, BeckRS 2019, 31889 Rn. 52 ff. – Sir Basmati Rice; T-152/20, GRUR-RS 2020, 33186 Rn. 70 ff. – HomeConnect; T-270/21, BeckRS 2022, 233 Rn. 31 f. – Pure Beauty).

61   Nachdem Bildmarken mit nicht unterscheidungskräftigen Wortelementen und sehr einfach gehaltenen Bildelementen jahrelang vom EUIPO – trotz der gegenläufigen Entscheidungspraxis der Beschwerdekammern und der Rechtsprechung des EuGH und des EuG (vgl. dazu EUIPO, Große BK, R 1801/2017-GB Rn. 71 – easyBank) – häufig eingetragen wurden, ist die Prüfungspraxis die EUIPO strenger geworden (s. zur diesbezüglichen seit 2015 angestrebten Gemeinsamen Praxis des EUIPO und der nationalen Markenämter EuG T-428/17, GRUR-RS 2018, 7029 Rn. 62 f. – Alpinewelten; die Gemeinsame Praxis ist abrufbar unter https://www.tmdn.org/ network/documents/10181/f939b785-df77-4b67-ba43-623aa0e81 ff.b).

62   **c) Bildmarken (ohne Wortbestandteile).** Äußerst einfach gehaltene Zeichen, die aus einer **geometrischen Grundfigur** wie einem Kreis, einer Linie, einem Rechteck oder einem Fünfeck bestehen, fehlt es regelmäßig an Unterscheidungskraft. Sie werden von den Verbrauchern nicht als Marke angesehen, sofern sie keine weiteren Elemente enthalten, die sie von der üblichen Darstellung solcher Formen unterscheiden (EuG T-304/05, GRUR Int 2008, 51 – Darstellung eines Fünfecks). Dies gilt bei sehr einfachen Figuren auch dann, wenn sie in Farbe gehalten sind (EuG T-499/09, BeckRS 2011, 81119 – purpurnes Rechteck). Die **Kombination mehrerer einfacher Figuren** kann demgegenüber ein hinreichendes Maß an Eigentümlichkeit aufweisen und so als betrieblicher Herkunftshinweis wirken (HABM BK R 37/99-3, GRUR Int 1999, 966 f. – Dreiecke, unter Bezugnahme auf R 182/1998-1 – sedici quadrati und R 199/1998-2 – sechseckige Gitterform); s. aber EuG T-470/16, GRUR-RS 2017, 114548 Rn. 29 ff. – Darstellung eines Dreiecks).

63   Auch „**äußerst einfachen**" Formen, welche – wie etwa einfache, **geschwungene Linien** – nicht aus einer geometrischen Grundfigur bestehen, wird regelmäßig die originäre Unterscheidungskraft fehlen (EuG T-291/16, Rn. 31–33 – aus zwei Linien geformter spitzer Winkel; T-804/17, GRUR-RS 2019, 4902 Rn. 23–27 – Zwei konvexe rote Linien; T-449/18, BeckRS 2019, 10552 Rn. 28 ff. – Achteckiges Polygon; s. aber EUIPO-BK, R 1518/2020-2 – Oval shape with a dash). Dies gilt insbesondere auch für Waren, bei denen entsprechende Gestaltungen üblich sind, wie etwa bei Schuhen (vgl. EuG T-53/13, BeckRS 2014, 82560 – Wellenlinie) oder Hosen (EuG T-283/07, BeckRS 2009, 70503 – Gesäßtasche rechts). Ebenfalls nicht unterscheidungskräftig für Waren aus dem Bekleidungssektor sind unauffällige, allgemein übliche **Karomuster** (EuG T-26/11, BeckRS 2012, 81937 – Karomuster). Vorsicht ist darüber hinaus geboten bei Bildmarken, die aus einer **Darstellung der beanspruchten Waren** oder deren Verpackung bestehen; ihnen kann nach den Grundsätzen der Rspr zu dreidimensionalen Marken die Unterscheidungskraft fehlen (→ Rn. 65, → Rn. 70).

Umgekehrt begründet allein der Umstand, dass das angemeldete Zeichen weder eine geometri- **64** sche Grundfigur noch äußerst einfach gestaltet ist, keine Unterscheidungskraft (EuG T-501/21, GRUR-RS 2022, 26106 Rn. 18 – Linienkombination). Auch kann die **Komplexität** der Marke ihrer Merkfähigkeit und damit ihrer Unterscheidungskraft entgegenstehen (vgl. EuG T-259/21, GRUR-RS 2022, 50 Rn. 34–36 – Ornamentales Muster für Fliesen).

Personenabbildungen sind nach allgemeinen Grundsätzen (→ Rn. 25) zu beurteilen (vgl. auch → **64.1** Rn. 44 zu Personennamen) und können grundsätzlich unterscheidungskräftig sein. Bejaht wurde dies bisher für die Darstellung eines Frauenkopfs auf einem Passfoto (EUIPO BK R 2063/2016-4 Rn. 37; zum deutschen Recht → MarkenG § 8 Rn. 436 ff.).

d) Dreidimensionale Formmarken. Nicht selten werden dreidimensionale Marken (s. nun **65** Art. 3 Abs. 3 lit. c UMDV) angemeldet, die aus der Form der Ware selbst – dh einer Gesamtheit der Linien oder Konturen, die die betreffende Ware räumlich begrenzen (EuGH C-163/16, EuZW 2018, 559 Rn. 21 – Farbe auf Schuhsohle) – oder ihrer Verpackung bestehen. Zuweilen ist in diesem Fall bereits eines der dann vorrangig zu prüfenden absoluten Eintragungshindernisse des Art. 7 Abs. 1 lit. e erfüllt (→ Rn. 123 ff.). Die Marke kann auch beschreibend iSv Art. 7 Abs. 1 lit. c sein (→ Rn. 109). Insbesondere wird es der Marke aber häufig an Unterscheidungskraft fehlen. Hierzu hat die Rechtsprechung eine Reihe von Grundsätzen entwickelt (kritisch zum Ansatz des EuGH Kur → MarkenG § 8 Rn. 66 ff.).

Danach ist zunächst zu berücksichtigen, dass Marken, die aus der Form der Ware selbst bestehen, **66** von den maßgeblichen Verkehrskreisen nicht notwendig in gleicher Weise wahrgenommen werden wie Wort- oder Bildmarken, die von dem Erscheinungsbild der mit der Marke bezeichneten Waren unabhängig sind (→ Rn. 1.1). Fehlen grafische oder Wortelemente, so schließen die Durchschnittsverbraucher aus der Form der Waren oder der ihrer Verpackung gewöhnlich nicht auf deren Herkunft (EuGH C-456/01 P und C-457/01 P, GRUR Int 2004, 631 Rn. 38 – Dreidimensionale Tablettenform I). In der Praxis kann es daher schwieriger sein, die Unterscheidungskraft einer aus der Form der Ware bestehenden Marke nachzuweisen, als die einer Wort- oder Bildmarke (EuGH C-53/01 ua, GRUR 2003, 514 Rn. 46, 48 – Linde/dreidimensionale Warenformmarken).

Je mehr sich die angemeldete Form der Form annähert, in der die betreffende Ware am **67** wahrscheinlichsten in Erscheinung tritt, umso eher ist zu erwarten, dass dieser Form die Unterscheidungskraft fehlt. Demzufolge besitzt nur eine Marke Unterscheidungskraft, die **erheblich von der Norm oder der Branchenüblichkeit abweicht** und **deshalb** ihre wesentliche herkunftskennzeichnende Funktion erfüllt (EuGH C-456/01 P und C-457/01 P, GRUR Int 2004, 631 Rn. 39 – Dreidimensionale Tablettenform I; C-783/18 P, BeckRS 2019, 31325 Rn. 26, 29 – Glasamphore; EuG T-862/19, GRUR-RS 2020, 32063 Rn. 36–47 – dunkle Flasche; T-51/22, BeckRS 2022, 20651 Rn. 65 – Zitruspresse). Dies steht in einem Spannungsverhältnis zu Abs. 1 lit. e Ziff. iii (→ Rn. 148 f.).

Dieses Erfordernis setzt das Bestehen einer bestimmten Norm bzw. Branchenüblichkeit auf **68** dem betreffenden Markt voraus, die nicht notwendigerweise auf das Gebiet der EU beschränkt sein muss (EuG T-340/18, BeckRS 2019, 12518 Rn. 46 ff. – Gitarrenkorpus). Dies ist anhand der tatsächlichen Gegebenheiten auf dem betreffenden Markt zu ermitteln (EuG T-658/18, BeckRS 2019, 31741 Rn. 51 – Karomuster) und darzulegen (EuG T-118/20, GRUR-RS 2020, 35162 Rn. 42 ff. – Verpackung). Dieser Markt ist nicht notwendigerweise auf die konkret von der Anmeldung beanspruchten Waren beschränkt (EuGH C-173/04 P, GRUR Int 2006, 226 Rn. 32 – Standbeutel; EuG T-546/19, GRUR-RS 2020, 4835 Rn. 27 f. – vergoldeter Behälter). Die Norm bzw. Branchenüblichkeit ist nicht auf die statistisch am meisten verbreitete Form beschränkt (EuG T-488/20, GRUR-RS 2021, 18330 Rn. 48 – Lippenstift). Ist dieser Markt durch eine große Formenvielfalt geprägt, schließt dies eine erhebliche Abweichung in der Regel aus (EuG T-340/18, BeckRS 2019, 12518 Rn. 46–48, 35 f., 39 – Gitarrenkorpus; T-570/19, GRUR-RS 2020, 4284 Rn. 29, 32 – geflochtener Käsestrang). Bestimmte Ästhetik, Originalität und sonstige Auffälligkeiten begründen für sich genommen weder eine erhebliche Abweichung von der Norm oder Branchenüblichkeit noch die Unterscheidungskraft der Form (EuG T-489/17, GRUR-RS 2019, 77 Rn. 43 mwN – Flaschenverschluss; T-570/19, GRUR-RS 2020, 4284 Rn. 33 – geflochtener Käsestrang; T-259/21, GRUR-RS 2022, 50 Rn. 27–29 – Ornamentales Muster für Fliesen). Soweit eine bestimmte Ästhetik eine „objektive und ungewöhnliche visuelle Wirkung" begründet, kann sie allerdings für die Prüfung einer erheblichen Abweichung von der Norm oder Branchenüblichkeit berücksichtigt werden (EuGH C-783/18 P, BeckRS 2019, 31325 Rn. 32 – Glasamphore; EuG T-488/20, GRUR-RS 2021, 18330 Rn. 44 – Lippenstift). Auch der Umstand, dass die angemeldete Form eine „Variante" der üblichen Formen dieser Warengattung ist, reicht nicht aus, um der Marke Unterscheidungskraft zu verleihen (EuGH C-136/02 P, GRUR Int 2005, 135 Rn. 32 – Maglite), weil dann Gestaltungselemente umso weniger als Hinweis auf die betriebliche Herkunft der Waren wirken (EuGH C-98/11 P, GRUR Int 2012, 637 – Schokoladenhase; C-24/05 P, GRUR Int 2006, 842 – Bonbons in leicht ovaler Form; EuG T-15/05, GRUR Int 2006, 746; T-449/07, GRUR Int 2009, 861 zu Wurstformen). Unerheblich ist ein bestehender Schutz als Design bzw. Gemeinschaftsgeschmacksmuster und ein renommierter Designer als Schöpfer der Marke (EuGH C-136/02 P, GRUR Int 2005, 135 Rn. 24 f. – Maglite; EuG T-71/06, BeckRS 2007, 70924 Rn. 30 – Gondelverkleidung; T-351/07, BeckEuRS 2008, 488270 – Sonnendach; T-573/18, GRUR-RS 2020, 665 Rn. 64 f. – Schnürsenkel).

69   Diese Grundsätze gelten auch für Waren, die nur verpackt vermarktet werden können (zB Flüssigkeiten, Pulver), mit der Maßgabe, dass für die Beurteilung auf die Verpackungsform abzustellen ist. Eine dreidimensionale Marke, die aus einer solchen **Verpackung** besteht, hat nur dann Unterscheidungskraft, wenn die Verpackungsform erheblich von der Norm oder Branchenüblichkeit abweicht (EuGH C-344/10 P, C-345/10 P, GRUR 2012, 610 Rn. 47 – Freixenet; EuG T-546/19, GRUR-RS 2020, 4835 Rn. 25 – vergoldeter Behälter, zur Kritik an dieser Rechtsprechung → MarkenG § 8 Rn. 494). In diesem Fall ist es möglich, dass sich das Fehlen der Unterscheidungskraft auf mehrere Waren erstreckt, welche verschiedenen Märkten bzw. einem weiter gefassten Markt zugehörig sind (EuGH C-173/04 P, GRUR Int 2006, 226 Rn. 32 ff. – Standbeutel; EuG T-68/18, BeckRS 2019, 22781 Rn. 50–53 – Bocksbeutel; T-546/19, GRUR-RS 2020, 4835 Rn. 27 f. – vergoldeter Behälter).

70   Gleiches gilt im Falle von Bildmarken, die aus einer **zweidimensionalen Darstellung der Ware oder ihrer Verpackung** bestehen (EuGH C-25/05 P, GRUR 2006, 1022 Rn. 29 – Wicklerform), sowie für alle weiteren Fälle, in denen die Marke mit dem Erscheinungsbild der Ware „verschmilzt" (vgl. EuG T-547/08, BeckRS 2010, 90732 Rn. 26 – Einfärbung des Zehenbereichs einer Socke).

71   Ein **Verschmelzen von Ware und Marke** ist beispielsweise bei Marken gegeben, die nicht aus der Form der Ware bzw. ihrer Verpackung als solcher, sondern lediglich **aus einem Teil** bzw. einem bestimmten Aspekt (**Muster**) derselben bestehen (EuGH C-26/17 P, BeckRS 2018, 21409 Rn. 34 f. – Sich kreuzende Wellenlinien), wie zB der mattierten Oberfläche von Flaschen in Verbindung mit einem bestimmten Farbton (EuGH C-344/10 P, C-345/10 P, GRUR 2012, 610 Rn. 48 – Freixenet). Auch in solchen Fällen besteht die Marke nicht aus einem Zeichen, das vom Erscheinungsbild der mit ihr gekennzeichneten Ware unabhängig ist. Einen weiteren Fall des Verschmelzens von Ware und Marke bilden die im deutschen Recht als eigene Markenform anerkannten Kennfadenmarken (→ MarkenG § 8 Rn. 529 f.). Für die Prüfung des Verschmelzens mit der Ware ist nicht auf die wahrscheinlichste, sondern auf die **mögliche Verwendung** der Marke abzustellen (EuGH C-26/17 P, BeckRS 2018, 21409 Rn. 40–43 – Sich kreuzende Wellenlinien).

72   Die bloße Feststellung, eine bestimmte dreidimensionale Marke könne ohne Hinzufügung eines Wortelementes nicht als Marke „funktionieren", darf indes nicht die Prüfung ersetzen, ob die Marke erheblich von der Norm oder der Branchenüblichkeit (→ Rn. 67) abweicht. Eine solche Beurteilung hätte nämlich zur Folge, dass Marken, die aus dem Erscheinungsbild der Aufmachung der Ware selbst bestehen und keine Aufschrift oder kein Wortelement aufweisen, systematisch von dem durch die UMV gewährten Schutz ausgeschlossen würden. Eine Entscheidung, die allein auf einer solchen Erwägung beruht, ist daher rechtsfehlerhaft (EuGH C-344/10 P, C-345/10 P, GRUR 2012, 610 Rn. 49–52 – Freixenet).

73   Zwar kann grundsätzlich auch der zeichnerischen Darstellung der **Ausstattung einer Verkaufsstätte** die für die Markenfähigkeit erforderliche abstrakte Unterscheidungskraft zukommen (EuGH C-421/13, GRUR 2014, 866 Rn. 20 ff. – Apple/DPMA, mAnm Knaak GRUR 2014, 868). Dies bedeutet jedoch nicht, dass einer solchen Marke auch konkrete Unterscheidungskraft in Bezug auf die angemeldeten Waren und Dienstleistungen zukommt. Dies ist stets im Einzelfall zu prüfen (s. etwa EUIPO BK R 2224/2015-1 – Form einer gewöhnlichen Verkaufsstätte).

74   e) Positionsmarken. Vor dem Inkrafttreten der UMDV am 1.10.2017 (s. Art. 3 Abs. 3 lit. d UMDV) wurden sog. Positionsmarken nicht ausdrücklich im Gesetz als eigene Markenform erwähnt. Dieser Umstand war jedoch für die Eintragungsfähigkeit von Positionsmarken ohne Bedeutung, da Art. 4 GMV – ebenso wenig wie nunmehr Art. 4 UMV und Art. 3 UMDV – keine abschließende Aufzählung derjenigen Zeichen enthielt, die Gemeinschafts- bzw. heute Unionsmarken sein können (EuG T-547/08, BeckRS 2010, 90732 Rn. 19 – Einfärbung des Zehenbereichs einer Socke, Anm. Bogatz GRUR-Prax 2010, 412).

Positionsmarken haben die Anbringung von Bild- oder dreidimensionalen Elementen an einer 75
bestimmten Stelle auf der Produktoberfläche zum Gegenstand; sie stehen daher sowohl den Bildmarken als auch den dreidimensionalen Marken nahe. Die spezifische Anbringung des Zeichens
ist durch eine entsprechende **Darstellung,** in welcher die nicht beanspruchten Elemente vorzugsweise durch unterbrochene oder gestrichelte Linien visuell auszuschließen sind, klarzustellen; die
Darstellung kann durch eine zusätzliche **Beschreibung** ergänzt werden (Art. 3 Abs. 3 lit. d
UMDV, vgl. auch EuG T-68/16, GRUR-Prax 2018, 147 Rn. 41–43 – Sportschuh-Kreuz; T-
638/16, BeckRS 2018, 31059 Rn. 37 ff. – Linien auf einem Schuh). Die gesetzgeberische Anerkennung der Positionsmarken als eine eigene Markenform dürfte für die Beurteilung der Unterscheidungskraft ohne Bedeutung sein (EuG T-547/08, BeckRS 2010, 90732 Rn. 20, 21 – Einfärbung des Zehenbereichs einer Socke).

Auch wenn Positionsmarken grundsätzlich keinen Schutz für eine bestimmte Warenform bean- 76
spruchen (EuGH C-163/16, EuZW 2018, 559 Rn. 24 – Farbe auf Schuhsohle), dürften sie
dennoch regelmäßig mit dem Erscheinungsbild der Waren verschmelzen. Ist dies der Fall, so sind
die Grundsätze zur Unterscheidungskraft von dreidimensionalen Marken (EuG T547/08, BeckRS
2010, 90732 Rn. 26 – Einfärbung des Zehenbereichs einer Socke; → Rn. 65 ff.; T-669/18,
BeckRS 2019, 27837 Rn. 27 f. – Lochbild eines Strahlreglers) anzuwenden, dh es muss eine
erhebliche Abweichung von der Norm oder der Üblichkeit in der jeweiligen Branche vorliegen,
damit der Marke Unterscheidungskraft zukommt (EuG T-208/12, BeckRS 2013, 81459 Rn. 33,
36 – Rote Schnürsenkelenden I; T-152/07, BeckRS 2009, 70997 – Geometrische Felder auf dem
Ziffernblatt einer Uhr). Keine erhebliche Abweichung im oben genannten Sinne sah das EuG
beispielsweise im Fall eines Knopfs im Ohr eines Stofftieres (EuG T-434/12, GRUR 2014, 285)
bzw. eines mittels Knopfes befestigten Fähnchens (EuG T-433/12, BeckRS 2014, 80046). Ebenso
wenig traf dies für die quadratische Anordnung von vier – in einer von Haus aus nicht kennzeichnungskräftigen Grundfarbe gehaltenen – geometrischen Grundformen zu (EuG T-184/17,
GRUR-RS 2018, 21380 Rn. 46–50, 55–57 – Vier grüne Quadrate auf einer Waage). Ein gesteigerter Aufmerksamkeitsgrad des relevanten Verbrauchers hat nicht notwendigerweise zur Folge,
dass eine Abweichung von der Norm als Herkunftshinweis wahrgenommen wird (EuG T-669/
18, BeckRS 2019, 27837 Rn. 36 – Lochbild eines Strahlreglers).

Zu den ähnlichen Erwägungen der deutschen Rechtsprechung → MarkenG § 8 Rn. 501 ff.; Schuma- 76.1
cher (→ MarkenG § 8 Rn. 507) lehnt angesichts der vielen möglichen Positionsmarken allgemeingültige
Vorgaben dazu ab, nach welchen Regeln sich die Bestimmung ihrer Schutzfähigkeit zu richten hat, da
diese je nach Art des Zeichens verschieden sein müssen.

f) Farbmarken. Im Zusammenhang mit abstrakten Farbmarken (→ Rn. 22) hat der EuGH 77
in seinem Urteil in der Rechtssache Libertel (EuGH C-104/01, GRUR 2003, 604) ein Allgemeininteresse anerkannt, die allgemeine Verfügbarkeit von Farben nicht ungerechtfertigt zu beschränken
(→ MarkenG § 8 Rn. 62 ff.). Dies gilt auch im Zusammenhang mit Dienstleistungen (vgl. EuGH
C-45/11 P, GRUR Int 2012, 333 Rn. 43 – Farbkombination Grau/Rot I; näher → MarkenG
§ 8 Rn. 465). Zur Entwicklung der Rechtsprechung auf EU-Ebene und in Deutschland →
MarkenG § 8 Rn. 445 ff.

Der Verbraucher wird regelmäßig nur in der betreffenden Branche ungewöhnliche Farben oder 78
Farbkombinationen als Unterscheidungszeichen auffassen (EuG T-499/09, GRUR Int 2011, 948
Rn. 19 f. – Rechteck in Purpur; T-400/07, GRUR Int 2009, 513 Rn. 35 – Kombination von
24 Farbkästchen). Es darf sich also nicht um eine Farbe handeln, die regelmäßig und üblicherweise
im Zusammenhang mit den beanspruchten Waren und Dienstleistungen verwendet wird (Warnfar-
ben, Geschmacksangaben etc, vgl. aber auch EuG T-187/19, GRUR-RS 2020, 22121 Rn. 44 ff. –
Lila). Hellgrün gilt zB als werbeüblicher Hinweis auf Frische und Natürlichkeit (HABM BK R
122/1998-3, GRUR Int 1999, 543 – light green), die Kombination verschiedener Schattierungen
von Grün als Hinweis auf den ökologischen Charakter der bezeichneten Ware (EuG T-36/16,
BeckRS 2017, 112252 Rn. 47 – Schattierungen in Grün).

Je größer die Zahl der Waren oder Dienstleistungen ist, für die die Eintragung der Marke 79
beantragt wird, umso eher kann sich das durch die Marke gewährte Ausschließlichkeitsrecht als
übertrieben erweisen und der Aufrechterhaltung eines unverfälschten Wettbewerbssystems sowie
dem Allgemeininteresse zuwiderlaufen, dass die Verfügbarkeit der Farben für andere Wirtschaftsteilnehmer nicht ungerechtfertigt beschränkt wird (EuGH C-104/01, GRUR 2003, 604 Rn. 55,
56 – Libertel).

Vor diesem Hintergrund kommt einer **einzelnen Farbe** als solcher (s. Art. 3 Abs. 3 lit. f Ziff. i 80
UMDV) inhärente Unterscheidungskraft unabhängig von ihrer Benutzung nur unter außerge-

wöhnlichen Umständen zu. Dies ist dann vorstellbar, wenn eine sehr beschränkte Anzahl von Waren und Dienstleistungen beansprucht wird und der maßgebliche Markt sehr spezifisch ist (EuGH C-104/01, GRUR 2003, 604 Rn. 66 – Libertel). Eine derartige besondere Beschränkung der beanspruchten Waren ist dann nicht gegeben, wenn diese unterschiedliche Funktionen erfüllen; auch kann nicht bereits dann von einem sehr spezifischen Markt ausgegangen werden, wenn Schutz für relative teure, an Fachverbraucher gerichtete Waren beansprucht wird (EuG T-621/21, GRUR-RS 2022, 28731 Rn. 48-50 – Himmelblau; zum spezifischen Markt s.a. → MarkenG § 8 Rn. 450 ff.). Eine einzelne Farbe kann aber grundsätzlich Unterscheidungskraft durch Benutzung erwerben (→ Rn. 199 ff.; EuGH C-104/01, GRUR 2003, 604 Rn. 67 – Libertel; bejaht von HABM BK 4.5.2007 – R 1620/2006-2 – Farbmarke lila; BK 28.5.2008 – R 550/2005-1 – Farbmarke rot).

81   Marken, die aus der **Kombination zweier Farben** bestehen (s. Art. 3 Abs. 3 lit. f Ziff. ii UMDV), können im Einzelfall bereits über originäre Unterscheidungskraft verfügen (vgl. HABM BK R 325/2002-2, GRUR 2005, 598 – Farbmarke blau/rot; BK 27.10.2003 – R 31/2003-1 – Farbmarke blau/gelb; EuG T-316/00, GRUR Int 2003, 59 Rn. 61 – Grau und Grün; EuGH C-45/11 GRUR Int 2012, 333 Rn. 49 – Lichtgrau/Verkehrsrot). Von besonderer Bedeutung bei Farbkombinationsmarken ist die der Prüfung der Unterscheidungskraft vorgelagerte Frage der Darstellbarkeit, da der EuGH in diesem Zusammenhang gesteigerte Anforderungen an die Bestimmtheit der Farbkombination stellt (EuGH C-49/02, GRUR 2004, 858 Rn. 22 ff. – Heidelberger Bauchemie).

82   **Kombinationen von drei und mehr Farben** dürften regelmäßig über die erforderliche Unterscheidungskraft verfügen, jedenfalls wurde eine Vielzahl solcher Farbkombinationsmarken vom EUIPO beanstandungslos eingetragen. Besteht die Marke aus einer Vielzahl verschiedener Farben, kann es ihr jedoch dann an Unterscheidungskraft fehlen, wenn die Farbkombination so komplex ist, dass es den relevanten Verkehrskreisen schwerfallen wird, sich zuverlässig an die genauen Farben und deren Anordnung zu erinnern. Dies hat das EuG im Falle einer Kombination von 24 Farben angenommen, die ohne eine bestimmte Systematik in mehreren Spalten und Reihen angeordnet waren, so dass die angemeldete Marke den Eindruck eines farbigen Gitters hervorrief (EuG T-400/07, GRUR Int 2009, 513 – Kombination von 24 Farbkästchen).

83   **g) Weitere nicht traditionelle Markenformen.** Hinsichtlich der Unterscheidungskraft von **Hörmarken,** welche nach Abschaffung des Erfordernisses der grafischen Darstellbarkeit nunmehr auch als Tondatei reproduziert werden dürfen (Art. 3 Abs. 3 lit. g UMDV), gelten die allgemeinen Prüfungsmaßstäbe. Dabei sind insbesondere die – sich unter Umständen dynamisch entwickelnden – Gegebenheiten auf dem betreffenden Markt in Rechnung zu stellen (EuG T-668/19, GRUR-RS 2021, 17242 Rn. 26 – Klänge beim Öffnen einer Dose). Einfachste Tonfolgen, wie beispielsweise zwei aufeinanderfolgende identische Noten, bleiben dem Verkehr nicht in Erinnerung und werden dementsprechend gar nicht erst als Marke wahrgenommen, so dass es ihnen an Unterscheidungskraft fehlt (vgl. EuG T-408/15, BeckRS 2016, 82345 Rn. 50 ff. – Plim-Plim). Klangmarken müssen über eine **„gewisse Resonanz"** verfügen, um als Marke wahrgenommen werden zu können; daran fehlt es insbesondere, wenn der Klang als funktionaler Bestandteil der bezeichneten Ware wahrgenommen wird oder nur als „Indikator ohne wesenseigene Merkmale" (EuG T-668/19, GRUR-RS 2021, 17242 Rn. 24 – Klänge beim Öffnen einer Dose).

84   An der abstrakten Markenfähigkeit von **Tastmarken,** welche der Gesetzgeber nicht in seine Typologie der Markenformen aufgenommen hat und daher unter die Auffangkategorie der sonstigen Marken des Art. 3 Abs. 4 UMDV fallen, dürften zwar keine Zweifel bestehen (von der Rechtsprechung in Deutschland wurde diese bereits ausdrücklich anerkannt; → MarkenG § 8 Rn. 518). Fraglich ist aber, wie bei anderen nicht traditionellen Markenformen, auch hier, ob die maßgeblichen Verbraucher sie als Herkunftshinweis wahrnehmen (→ Rn. 1.1; vgl. EuGH C-25/05 P, GRUR 2006, 1022 Rn. 27 – Wicklerform; C-96/11 P, GRUR Int 2012, 1017 Rn. 35 – Schokoladenmaus; C-104/01, GRUR 2003, 604 Rn. 65 – Libertel; C-64/02 P, GRUR 2004, 1027 Rn. 34 – Das Prinzip der Bequemlichkeit). Ob die zur Oberflächengestaltung einer Flasche ergangene Entscheidung des EuGH C-344/10 P, C-345/10 P, GRUR 2012, 610 – Freixenet, die Eintragung haptischer Marken erleichtern kann, bleibt abzuwarten (s. EuG T-487/21, GRUR-RS 2022, 34705 Rn. 51-58 – Zylindrisches sanitäres Einsetzteil).

85   Die abstrakte Markenfähigkeit olfaktorischer Zeichen **(Geruchsmarken;** → Rn. 22), welche der Gesetzgeber ebenfalls nicht in seine nicht abschließende Typologie der Markenformen aufgenommen hat, hat der EuGH grundsätzlich anerkannt, jedoch an die Darstellbarkeit der Marke äußerst hohe Anforderungen gestellt (EuGH C-273/00, GRUR 2003, 145 – Sieckmann). Diese Anforderungen wurden vom Gesetzgeber – trotz des Wegfalls des Erfordernisses der grafischen

Darstellbarkeit – nicht abgesenkt, sondern vielmehr kodifiziert (Art. 4 lit. b und Erwägungsgrund 10 UMV sowie Art. 3 UMDV und Erwägungsgrund 4 UMDV). Solche Jedenfalls muss die Geruchsmarke, um unterscheidungskräftig zu sein, einen gegenüber den Waren funktional unabhängigen und eigenständigen Charakter haben (HABM BK R 711/1999-3, GRUR 2002, 348 Rn. 40 – Der Duft von Himbeeren). Gleiches gilt für **Geschmacksmarken** (gustatorische Marken).

Als weitere nichtkonventionelle Markenformen nennt Art. 3 Abs. 3 UMDV **Bewegungsmar-** **86** **ken, Multimediamarken** und **Hologrammmarken.** Auch bei diesen Markenformen stellt sich im Einzelfall die Frage, ob die jeweilige Marke tatsächlich als Herkunftshinweis wahrgenommen wird. Dies wurde etwa in Bezug die Bereitstellung von Lebensmitteln verneint für eine Bewegung eines Kochs beim Salzen eines Stücks Fleisch (EUIPO BK R 2661/2017-5).

III. Beschreibender Charakter (Abs. 1 lit. c)

1. Allgemeines

Nach Art. 7 Abs. 1 lit. c sind Marken von der Eintragung ausgeschlossen, die ausschließlich **87** aus Zeichen oder Angaben bestehen, welche im Verkehr zur Bezeichnung der Art, der Beschaffenheit, der Menge, der Bestimmung, des Wertes, der geografischen Herkunft oder der Zeit der Herstellung der Ware oder der Erbringung der Dienstleistung oder zur Bezeichnung sonstiger Merkmale der Ware oder Dienstleistung dienen können (→ Rn. 102).

Art. 7 Abs. 1 lit. c verfolgt das im Allgemeininteresse liegende Ziel, dass Zeichen oder Angaben, **88** welche die beanspruchten Waren- oder Dienstleistungen beschreiben, **von allen frei verwendet** werden können und nicht aufgrund ihrer Eintragung als Marke einem bestimmten Unternehmen vorbehalten werden (EuGH verb. Rs. C-108/97, C-109/97, GRUR Int 1999, 727 Rn. 25 – Chiemsee; C-191/01, GRUR 2004, 146 Rn. 31 – Doublemint). Die Vorschrift schützt somit in erster Linie die Konkurrenten auf dem betreffenden Markt gegen eine Monopolisierung von beschreibenden Zeichen. Nicht erforderlich ist das Bestehen eines konkreten, gegenwärtigen oder ernsthaften Freihaltebedürfnisses (EuGH verb. Rs. C-108/97, C-109/97, GRUR Int 1999, 727 Rn. 35 – Chiemsee). Auch die Anzahl der Konkurrenten des Anmelders, die ein Interesse an der Nutzung der angemeldeten Marke haben könnten, ist unerheblich (EuGH C-363/99, GRUR 2004, 674 Rn. 58 – Postkantoor).

Kur hält die starre und ausschließliche Deutung der Eintragungshindernisse der fehlenden Unterschei- **88.1** dungskraft und des beschreibenden Charakters als Ausprägungen unterschiedlicher Formen des Allgemeininteresses durch den EuGH nicht für sachgerecht. Der Ansatz der EuGH-Rechtsprechung ist ihr zufolge abzulehnen, da und soweit er verhindert, dass substanzielle Freihaltungsinteressen bei der Prüfung der Schutzhindernisse berücksichtigt werden können. Vielmehr seien Aspekte des Freihaltungsinteresses zu berücksichtigen, soweit dafür ein besonderer Anlass bestehe (→ MarkenG § 8 Rn. 73 ff.). Nach der von Kur vertretenen Auffassung ist die von der hM postulierte, kategorische Trennung zwischen den einzelnen Schutzhindernissen des Art. 7 Abs. 1 lit. b–d zugunsten eines flexibleren Ansatzes aufzugeben. Diese Schutzhindernisse seien Teilelemente einer umfassenden Prüfung, deren Ergebnis als „konkrete Markenfähigkeit" – in Entsprechung zur „abstrakten Markenfähigkeit" (Art. 4) – bezeichnet werden könne.

Marken, die ausschließlich aus beschreibenden Angaben bestehen, können im Einzelfall den- **89** noch eingetragen werden, wenn sie gemäß Art. 7 Abs. 3 infolge ihrer Benutzung Unterscheidungskraft erlangt haben (→ Rn. 206 ff.).

2. Prüfungsmaßstäbe

Eine Marke ist beschreibend iSv Art. 7 Abs. 1 lit. c, wenn sie zu den fraglichen Waren oder **90** Dienstleistungen einen **hinreichend direkten und konkreten Bezug** aufweist, der es den angesprochenen Verkehrskreisen ermöglicht, **unmittelbar und ohne weitere Überlegung** eine Beschreibung dieser Waren oder Dienstleistungen oder eines ihrer Merkmale zu erkennen (EuG T-19/04, GRUR Int 2005, 842 Rn. 25 – Paperlab; vgl. auch EuGH C-494/08 P, GRUR 2010, 534 Rn. 29 – Pranahaus; C-383/99 P, GRUR 2001, 1145 – baby-dry). Lediglich **beschreibende Anklänge** und Andeutungen stehen der Eintragung dagegen nicht entgegen (zu sog. „sprechende Marken" vgl. EuG T-348/20, GRUR-RS 2021, 8749 Rn. 29 mwN – Gewürzsommelier). Damit muss der beschreibende Charakter eines Zeichens in Bezug auf die beanspruchten Waren und Dienstleistungen und auf das **Verständnis der maßgeblichen Verkehrskreise** beurteilt werden (→ Rn. 31 ff.), wobei es auf deren Aufmerksamkeitsgrad nicht ankommt (EuG T-175/19,

GRUR-RS 2019, 32126 Rn. 23–25 – eVoter; T-806/19, GRUR-RS 2022, 2455 Rn. 28 – Andorra), wohl aber auf einen möglichen Sprachwandel (EuG T-255/19, BeckRS 2019, 31246 Rn. 28 – Bioton).

91   Maßgeblich sind **sämtliche Verbraucherkreise,** die als Abnehmer oder Interessenten der beanspruchten Waren oder Dienstleistungen in Betracht kommen (EuGH C-421/04, GRUR 2006, 411 Rn. 26 – Matratzen Concord; verb. Rs. C-108/97, C-109/97, GRUR 1999, 723 Rn. 29 – Chiemsee). Sind mehrere entscheidungserhebliche Verkehrskreise vorhanden, liegt das Eintragungshindernis schon dann vor, wenn einer dieser Verkehrskreise dem Zeichen beschreibenden Charakter beimisst (EuGH C-363/99, GRUR 2004, 674 Rn. 58 – Postkantoor).

92   In der Regel ist auf die objektive (dh korrekte) Wahrnehmung des Begriffs durch den maßgeblichen, der einschlägigen **Sprache** mächtigen Verbraucher (vgl. EuG T-236/16, GRUR-RS 2017, 113922 Rn. 38 – zum wohl) abzustellen. Die **Sprachkenntnis** kann bei Muttersprachlern unterstellt werden, muss aber für Fremdsprachen grundsätzlich belegt werden – wobei für einen großen Teil der Verkehrskreise in der EU von einer Kenntnis des englischen Grundwortschatzes ausgegangen werden kann (EuG T-651/19, GRUR-RS 2020, 13518 Rn. 37, 38 – Credit24). Für die Frage, ob ein Begriff in beschreibender Weise verwendet werden kann, ist nicht ausschließlich auf dessen Bedeutung in den Amtssprachen der Union bzw. der Mitgliedstaaten abzustellen (→ Rn. 6). Auch Begriffe aus anderen Sprachen, die **weder Amtssprachen der Union noch ihrer Mitgliedstaaten** sind, müssen nach Art. 7 Abs. 1 lit. c iVm Art. 7 Abs. 2 (→ Rn. 200 ff.) zurückgewiesen werden, wenn sie von einem wesentlichen Teil der angesprochenen Verkehrskreise zumindest in einem Teil der Union als beschreibend verstanden werden (EuG T-72/11, BeckRS 2012, 82225 Rn. 35, 36 – Espetec, für die katalanische Bezeichnung einer Wurstsorte; T-432/16, T-432/16, BeckRS 2017, 117448 Rn. 26 ff. – медведь, russisches Wort für „Bär"; T-830/16, BeckRS 2018, 32735 Rn. 66, 75 – Plombir, russisches Wort für Speiseeis; T-765/16, BeckRS 2018, 297 Rn. 44–46, 48 – Tofio, nicht ausreichend vom EUIPO dargetan für einen überholten Begriff der kanarischen Mundart des Spanischen). Auch aus der Benutzung eines Begriffs außerhalb der EU kann auf eine mögliche beschreibende Verwendung in der EU geschlossen werden (s. EuG T-108/09, GRUR Int 2010, 877 Rn. 32 – MEMORY, für eine beschreibende Verwendung in den USA).

93   Für einen **Oberbegriff** im Waren und Dienstleistungsverzeichnis besteht das Eintragungshindernis bereits dann, wenn das Zeichen für eine unter den Oberbegriff fallende Ware oder Dienstleistung beschreibend ist; einschränken kann dies nur der Anmelder (→ Rn. 4.1). Beschreibt das Zeichen eine **komplexe Ware,** ist es auch für die Bestandteile und das Zubehör dieser Ware beschreibend (EuG T-152/20, GRUR-RS 2020, 33186 Rn. 41 – HomeConnect, mwN; T-386/20, GRUR-RS 2021, 17218 Rn. 38 – Intelligence, accelarated).

94   Der beschreibende Charakter der angemeldeten Marke ist in der Regel unproblematisch zu bejahen, wenn das Zeichen **tatsächlich** zur Beschreibung der Merkmale der angemeldeten Waren oder Dienstleistungen **benutzt** wird (EuG T-801/19, GRUR-RS 2020, 25149 Rn. 45 f. – PedalBox+). Dies wird regelmäßig – aber nicht notwendigerweise (EuG T-856/16, BeckRS 2017, 121536 Rn. 38 – Longhorn Steakhouse; T-720/20, GRUR-RS 2022, 5772 Rn. 41 – Scruffs) – bereits dann anzunehmen sein, wenn ein lexikalischer Nachweis vorliegt (zu Online-Wörterbüchern vgl. EuG, T-205/21 GRUR-RS 2021, 41932 Rn. 30 – Liftbot). Gleiches gilt, wenn (zB mittels einer Internetsuchmaschine ermittelte) konkrete Nachweise einer tatsächlichen beschreibenden Verwendung vorliegen (EuG T-804/16, BeckRS 2018, 129 Rn. 31 ff. – Dual Edge; T-663/18, GRUR-RS 2019, 41200 Rn. 33 – soba). Die mittlerweile grundsätzlich anerkannte (EuG T-180/17, BeckRS 2018, 22748 Rn. 77, 78 – EM; vgl. auch EuG T-117/18 ua, BeckRS 2019, 12291 Rn. 48, 49 – 200 Panoramicznych ua; T-523/20, GRUR-RS 2021, 29988 Rn. 43 ff. – Blockchain Island; T-367/21, GRUR-RS 2022, 23235 Rn. 37 – Ready 4You) Aussagekraft von Online-Quellen und nutzerbetriebenen Online-Nachschlagewerken ist dabei mit besonderer Vorsicht zu prüfen (EuG T-650/16, BeckRS 2017, 120577 Rn. 22 f. – QD; T-738/19, GRUR-RS 2020, 23623 Rn. 38 ff. – Wi-Fi Powered by The Cloud). Die Häufigkeit der Eingabe des Zeichens in Internet-Suchmaschinen stellt für sich genommen keinen Nachweis für dessen beschreibende Verwendung dar (EuG T-607/21, GRUR-RS 2022, 23222 Rn. 76 – Skilltree Studios mwN.).

95   Allerdings ist aus einer – selbst langjährigen – tatsächlichen Verwendung des Zeichens (bzw. eines seiner Bestandteile) als solcher nicht umgekehrt zu schließen, dass es vom relevanten Verkehr nicht als beschreibend wahrgenommen wird. Die durch Benutzung erlangte Unterscheidungskraft ist ausschließlich im Rahmen von Art. 7 Abs. 3 zu prüfen (EuG T-60/20, GRUR-RS 2021, 28117 Rn. 44–46 – Mastihacare; T-617/20, GRUR-RS 2021, 30989 Rn. 62 ff. – Standardkessel;

T-332/20, GRUR-RS 2021, 13527 Rn. 47 – Royal Bavarian Beer; T-13/18, BeckRS 2019, 22719 Rn. 62 – Crédit Mutuel).

Da es sich bei der angemeldeten Marke nicht um die ausschließliche Bezeichnung der fraglichen **96** Merkmale handeln muss (EuGH C-363/99, GRUR 2004, 674 Rn. 57 – Postkantoor), ist das Bestehen von **Alternativbezeichnungen** der betreffenden Waren- bzw. Dienstleistungsmerkmale **unerheblich,** selbst wenn letztere gebräuchlicher sind (EuG T869/16, BeckRS 2018, 225 Rn. 58 – Swissgear). Gleiches gilt, wenn die Benutzung eines Begriffs gesetzlich reglementiert oder einem bestimmten Unternehmen vorbehalten ist (EuG T-13/18, BeckRS 2019, 22719 Rn. 63 – Crédit Mutuel).

Aus Wortlaut („dienen können") wie Normzweck (→ Rn. 88, vgl. auch EuGH C-214/19 P, **97** GRUR-RS 2020, 21408 Rn. 34 f. – achtung!) folgt allerdings, dass eine **tatsächlich beschrei-bende Verwendung nicht erforderlich** ist. Entscheidend ist vielmehr, ob die Marke beschrei-bend verwendet werden kann (EuGH C-191/01, GRUR 2004, 146 Rn. 32 – Doublemint; EuG T-19/04, GRUR Int 2005, 842 Rn. 34 – Paperlab; T-375/16, BeckRS 2017, 145622 Rn. 58, 59 – Instasite; T-702/20, GRUR-RS 2021, 25965 Rn. 48–50 – made of wood) bzw. dies für die Zukunft **vernünftigerweise zu erwarten** ist (EuGH C-363/99, GRUR 2004, 674 Rn. 56 – Postkantoor; EuGH C-51/10 P, GRUR 2011, 1035 Rn. 50 – 1000). Daher sprechen das Fehlen eines lexikalischen Nachweises oder der tatsächlichen beschreibenden Verwendung des Zeichens für sich genommen ebenso wenig für dessen Schutzfähigkeit wie seine Mehrdeutigkeit.

Das Eintragungshindernis des Art. 7 Abs. 1 lit. c greift bereits dann, wenn die Marke zumindest **98** in **einer ihrer möglichen Bedeutungen** ein Merkmal der angemeldeten Waren oder Dienstleis-tungen bezeichnet (EuGH C-191/01, GRUR 2004, 146 Rn. 32 f. – Doublemint; C-265/00, GRUR 2004, 680 Rn. 39 – biomild; C-80/09 P, GRUR Int 2010, 503 Rn. 37 – Patentconsult; EuG T-28/06, GRUR Int 2008, 151 Rn. 27 – Vom Ursprung her vollkommen). Auch die Beschreibung eines nach dem gegenwärtigen Stand der Technik nicht existierenden Merkmals der Waren oder Dienstleistungen kann von Art. 7 Abs. 1 lit. c erfasst sein (EuG T-458/13, BeckRS 2014, 82446 Rn. 21 f. mwN – Graphene). Dagegen soll ein Begriff, welcher in abwertender Weise spezifisch und ausschließlich die illegale Ausübung einer bestimmten wirtschaftlichen Tätigkeit bezeichnet, grundsätzlich nicht dazu geeignet sein, dessen legale Ausübung zu beschreiben (EuG T-501/18, GRUR-RS 2019, 39652 Rn. 50 ff. – Cinkciarz).

Zusammengesetzte Zeichen sind stets nach ihrem **Gesamteindruck** zu untersuchen (EuGH **99** C-363/99, GRUR 2004, 674 Rn. 96 – Postkantoor; C-408/08 P, GRUR 2010, 931 Rn. 62 – Color Edition; C-265/00, GRUR 2004, 680 Rn. 41 – Biomild). Bei **Abwandlungen** und **Fehlschreibweisen** ist zu fragen, ob sie der Verbraucher als solche erkennt oder ohne Weiteres mit der beschreibenden Angabe gleichsetzt (EuG T-48/07, GRUR Int 2008, 1037 Rn. 30 – BioGeneriX) oder ob die Abwandlung selbst zu einer beschreibenden Angabe geworden ist (EuG GRUR Int 2002, 604 Rn. 33 – lite statt light). Trotz abweichender Schreibweise als beschreibend zurückgewiesen wurden zB „FRESHHH" für Lebensmittel (EuG T-147/06, GRUR Int 2009, 516), „Magicrown" ua für Zahnkronen (EuG T-218/16, GRUR-RS 2017, 109855 Rn. 28–31), „Soilxplorer" ua für Bodenanalysegeräte (EuG T-300/21, BeckRS 2022, 489 Rn. 32 ff.), „Hyperlighteyewear" u.a. für Brillen (EuG T-801/21, Rn. 30 ff.) und „Cash4Life" ua für (EuG T-554/21, GRUR-RS 2022, 36994 Rn. 31 – Ziffer „4" in „sms-Sprache" verstanden als englisches Wort „for").

Die bloße **Kombination von Bestandteilen,** die für sich genommen beschreibend sind, bleibt **100** im Allgemeinen ihrerseits selbst beschreibend. Dies ist nur dann anders, wenn die Kombination über die Summe ihrer Bestandteile hinausgeht, insbesondere wenn das zusammengesetzte Wort eine ihm eigene – ihrerseits nicht beschreibende – Bedeutung erlangt hat (EuGH C-363/99, GRUR 2004, 674 Rn. 98–100 – Postkantoor). Umgekehrt können Zusätze in der Wahrnehmung des Verbrauchers einen – an sich nicht beschreibenden – Bestandteil dergestalt „erklären", dass letzterer selbst beschreibend wird. Dies ist insbesondere dann der Fall, wenn eine nichtssagende Buchstabenkombination sich aufgrund von Zusätzen als die **Abkürzung** der beschreibenden Bestandteile der Marke darstellt (EuGH C-90/11, C-91/11, GRUR 2012, 616 Rn. 29 ff. – Multi Markets Fund MMF/NAI – Der Natur-Aktien-Index; → Rn. 48; s. auch → MarkenG § 8 Rn. 257 ff.). Eine so zusammengesetzte Marke ist dann insgesamt beschreibend und nach Art. 7 Abs. 1 lit. c zurückzuweisen.

Die **grafische Ausgestaltung** eines beschreibenden Begriffes kann letzteren verstärken (EuG **101** T-464/20, GRUR-RS 2021, 17215 Rn. 44 – Your daily protein). Sie lässt den beschreibenden Charakter der angemeldeten Marke nicht entfallen, wenn es sich bei den Bildelementen lediglich um einfache geometrische Formen (→ Rn. 62 f.) oder nur gering stilisierte Schriftarten handelt (EuG T559/10, BeckRS 2012, 82084 Rn. 25–27 – natural beauty; T-594/15, BeckEuRS 2017,

503581 Rn. 31 ff. – metabolic balance; T-767/16, BeckRS 2017, 141682 Rn. 34 ff. – metals; T-686/18, GRUR-RS 2019, 23143 Rn. 42 – Legalcareers). Gleiches gilt für das Hinzufügen nicht beschreibender **Bildelemente,** wenn diese den beschreibenden Charakter des Begriffes nicht verändern (→ Rn. 60 f.).

3. Maßgebliche Merkmale

102 Art. 7 Abs. 1 lit. c bezieht sich **grundsätzlich auf jedes Merkmal** der bezeichneten Waren und Dienstleistungen, da die Vorschrift neben Art, Beschaffenheit, Menge, Bestimmung, Wert, geografischer Herkunft, Zeit der Herstellung bzw. Erbringung auch auf „sonstige Merkmale" verweist (EuGH C-51/10 P, GRUR 2011, 1035 Rn. 49 – 1000).

103 Das betreffende Merkmal muss **objektiv** sein und der bezeichneten Ware oder Dienstleistung **wesensmäßig innewohnen** (EuG T-522/19, GRUR-RS 2020, 23633 Rn. 17 aE – BBQ Barbecue Season, unter Verweis auf EuGH C-488/16 P, GRUR-Prax 2018, 424 Rn. 44 – Neuschwanstein).

103.1 Insbesondere in Bezug auf Namen von Farben (→ Rn. 111) hat der EuG in seiner jüngeren Rechtsprechung präzisiert, dass das Merkmal der Ware objektiv und dauerhaft eigen – und von der subjektiven Wahrnehmung durch den jeweiligen Verbraucher unabhängig – ist (EuG T-133/19, GRUR-RS 2020, 13523 Rn. 37, 44 f. – off-white). Auch wenn dabei immer die spezifischen Umstände des Einzelfalls – insbesondere die Farbe, die Art der Ware und die Art der Bezugnahme auf die Farbe – zu berücksichtigen sind (EuG T-498/21, GRUR-RS 2022, 23226 Rn. 44 – Black Irish; T-598/20, GRUR-RS 2021, 39485 Rn. 60 f. – Arch Fit), steht dies in einem gewissen Spannungsverhältnis (vgl. aber auch EuG T-780/21, BeckRS 2022, 33852 Rn. 48 – LiLAC; T-802/21, GRUR-RS 2022, 26096 Rn. 26 ff. – Just Organic) zur älteren – konsequenter auf das durch Art. 7 Abs. 1 lit. c geschützte Allgemeininteresse (→ Rn. 88) ausgerichteten – Rechtsprechungslinie des EuG. Letzterer zufolge ist es etwa unerheblich, ob der beschriebene Umstand für die beanspruchten Waren und Dienstleistungen einen (technischen) Sinn hat (EuG T-28/06, GRUR Int 2008, 151 Rn. 35 – Vom Ursprung her vollkommen) und ob diese das Merkmal tatsächlich aufweisen (EuG T-458/13, BeckRS 2014, 82446 Rn. 21 f. – Graphene, mwN; T-183/20, GRUR-RS 2021, 12478 Rn. 46 – Teslaplatte). Auch ist es nicht erforderlich, dass die betreffende Ware mit den entsprechenden Eigenschaften bereits auf dem Markt angeboten wird (EuG T-35/17, BeckRS 2018, 564 Rn. 33 aE – iGrill). Es genügt, wenn die Verbraucher eine Angabe als möglicherweise merkmalsbeschreibend ansehen (Fezer MarkenG § 8 Rn. 379).

104 Dabei muss das durch die Marke beschriebene Merkmal **nicht wirtschaftlich wesentlich,** sondern kann auch nebensächlicher Natur sein. Art. 7 Abs. 1 lit. c nimmt insoweit aufgrund des ihm zugrundeliegenden Allgemeininteresses (→ Rn. 88) keine Unterscheidung vor (EuGH C-363/99, GRUR 2004, 674 Rn. 102 – Postkantoor; C-51/10 P, GRUR 2011, 1035 Rn. 49 – 1000; EuG T-116/21, GRUR-RS 2022, 931 Rn. 45 – Wild).

104.1 Damit präzisierte und korrigierte der EuGH eine frühere, in seinem „Baby-dry"-Urteil (C-383/99 P, GRUR 2001, 1145 Rn. 39) verwendete unglückliche Formulierung, welche sich auf „wesentliche Merkmale" bezog. Vereinzelt wurde aber weiterhin auf die nunmehr überholte – und aufgrund des Art. 7 Abs. 1 lit. c zugrundeliegenden Allgemeininteresses unzutreffende – Terminologie Bezug genommen (s. EuGH C-494/08 P, GRUR 2010, 534 Rn. 28 – Pranahaus sowie die folgende „Zitatkette: EuG T-588/14, BeckEuRS 2015, 446935 Rn. 21 – FlexValve; T-513/13, GRUR-RS 2015, 80369 Rn. 27 – SafeSet; T-19/04, GRUR Int 2005, 842 Rn. 24 – Paperlab, welches auf Rn. 39 des „Baby-dry"-Urteils die EuGH Bezug nimmt). In keinem dieser Fälle war dieser Aspekt jedoch entscheidungserheblich. In den Fällen, in denen es auf die Wesentlichkeit der jeweiligen Merkmale ankam, wurde dieses Kriterium richtigerweise unter Bezugnahme auf das „Postkantoor"-Urteil verworfen (s. etwa EuG T-228/13, BeckRS 2014, 80920, Rn. 33 – Exact mit Verweis auf EuG T-61/12, BeckEuRS 2013, 421586 Rn. 37, welches seinerseits auf Rn. 102 des „Postkantoor"-Urteils Bezug nimmt; s. auch EuG T-878/16, BeckRS 2017, 132101 Rn. 33 – Karelia).

105 Bei der **Bestimmung** der Waren und Dienstleistungen kann es sich um eine spezifische Art und Weise ihrer Produktion, Anwendung, ihrer Funktion, ihres Anwendungsbereichs sowie um das von ihrer Nutzung bzw. Inanspruchnahme zu erwartende Ergebnis handeln. Beschreibend ist daher zB die Bezeichnung „made of wood" für Kleidung (Hinweis auf Herstellung aus Textilfasern aus Holzzellulose, EuG T-702/20, GRUR-RS 2021, 25965 Rn. 48–50 – made of wood) oder „Trustedlink" für Waren und Dienstleistungen aus dem IT-Bereich (Hinweis auf vertrauenswürdige Verbindung, EuG T-345/99, GRUR Int 2001, 241 Rn. 36 – Trustedlink). Unerheblich ist, ob es sich bei der beschriebenen Verwendung um die einzige Nutzungsmöglichkeit handelt, oder ob daneben weitere in Betracht kommen (EuG T-315/03, GRUR Int 2005, 837 Rn. 72 – Rockbass; T-573/21, GRUR-RS 2022, 16379 Rn. 50 f. – Rapidguard).

Bestimmungsangaben im oben genannten Sinn sind weiterhin Angaben über die intendierten **Abneh-** **105.1** **merkreise** (EuG T-219/00, GRUR Int 2002, 600 Rn. 33 – Ellos, span. ugs. für „Männer"), den **Ort** des Vertriebs, der Benutzung der Ware oder der Erbringung der Dienstleistung (EuG T-13/22, GRUR-RS 2022, 30489 Rn. 39 ff. – Polis Loutron, griech. für „das Bad der Stadt"), die **Art der Nutzung** einer Ware oder den **Zweck** der Erbringung einer Dienstleistung (zB EuG GRUR Int 2008, 851 – The Coffee Store; T-286/08, BeckRS 2010, 91465 – Hallux für „Bequemschuhe"; EuGH C-21/12 P, BeckRS 2013, 80173 – Restore, zum Wiederherstellen der Gesundheit).

Wertbeschreibende Angaben sind beispielsweise allgemeine Aussagen wie „echt", „wert- **106** voll", „preiswert", „exklusiv", „billig" etc; außerdem Angaben wie „Premium XL" bzw. „Pre- mium L" (EuG verb. Rs. T-582/11 und T-583/11, BeckRS 2013, 80121) oder „GG" (Abkürzung für „Großes Gewächs" im Weinsektor, EuG Rs. T278/09, BeckRS 2012, 82434).

Erhebliche Bedeutung kommt der Beschreibung der **geografischen Herkunft** zu. Eine solche **107** stellt grundsätzlich ein relevantes Merkmal der bezeichneten Waren und Dienstleistungen dar (EuG T-790/17, BeckRS 2018, 29165 Rn. 36 – St. Andrews). Bei Marken, die Ortsangaben enthalten, ist zunächst vorrangig zu prüfen, ob die Bezeichnung als Ursprungsbezeichnung oder geografische Angabe geschützt ist, so dass die Marke möglicherweise bereits nach Art. 7 Abs. 1 lit. j (→ Rn. 187 ff.) von der Eintragung ausgeschlossen ist. Ein solcher Schutz schließt die Anwendbarkeit des Art. 7 Abs. 1 lit. c nicht aus (EuGH C-629/17, BeckRS 2018, 31053 Rn. 26 – adegaborba), sondern dürfte dessen Anwendbarkeit vielmehr indizieren (anders EuG T-122/17, BeckRS 2018, 26130 Rn. 60 – Devin). Ist ein solcher spezieller Schutz nicht gegeben, kommt es darauf an, ob das angesprochene Publikum die Angabe als Bezeichnung eines geografischen Ortes erkennt (EuGH C-139/16, GRUR Int 2017, 760 Rn. 17–20 – La Milla de Oro; nicht nachgewiesen etwa in EuG T-854/19, GRUR-RS 2021, 13107 Rn. 89-93 – Montana und T-701/21, GRUR-RS 2022, 32528 Rn. 83 – Casellapark) und diesen als möglichen Ursprungs- oder Bestimmungsort mit der beanspruchten Ware oder Dienstleistung gegenwärtig in Verbindung bringt bzw. vernünftigerweise zukünftig in Verbindung bringen kann (EuG T869/16, BeckRS 2018, 225 Rn. 42 – Swissgear; T-357/20, BeckEuRS 2021, 742801 Rn. 47 – Nashe Makedonsko Pilsner Beer; T-806/19, GRUR-RS 2022, 2455 Rn. 39, 51 – Andorra; T-680/21, GRUR-RS 2022, 6656 Rn. 50 – Amsterdam Poppers).

Dies ist insbesondere – jedoch nicht notwendigerweise – dann der Fall, wenn das Publikum aufgrund **107.1** der geografischen Angabe eine besondere Wertschätzung oder positive Vorstellungen mit den damit gekenn- zeichneten Waren und Dienstleistungen verbindet (EuGH verb. Rs. C-108/97, C-109/97, GRUR 1999, 726 Rn. 26, 29–31 und 37 – Chiemsee; bejaht bei EuG T-197/13, GRUR-RR 2015, 143 Rn. 47 – Monaco; T-806/19, GRUR-RS 2022, 2455 Rn. 60, 70, 79 ff. – Andorra; verneint bei EuG T-379/03, GRUR 2006, 240 – Cloppenburg; EuGH C-488/16 P, GRUR-Prax 2018, 424 Rn. 50, 53 – Neuschwan- stein; EuG T-122/17, BeckRS 2018, 26130 Rn. 50 f. – Devin).

Die Schwelle zur beschreibenden Angabe liegt niedrig. Es bedarf besonderer Anhaltspunkte **108** dafür, dass eine Ortsbezeichnung ausnahmsweise nicht geeignet ist, als Angabe über die geografi- sche Herkunft zu wirken. Dies ist insbesondere dann unwahrscheinlich, wenn die Angabe eine große Region bezeichnet und es sich bei den bezeichneten Waren und Dienstleistungen um solche handelt, welche grundsätzlich in jeder Region von gewisser wirtschaftlicher Bedeutung angeboten werden (EuG T-11/15, BeckRS 2016, 81641 Rn. 41–46 – Suedtirol). Allerdings sind in Bezug auf die tatsächliche bzw. potenzielle Wahrnehmung von Ortsnamen grundsätzlich keine anderen – und insbesondere keine niedrigeren – Anforderungen an den relevanten Verbraucher zu stellen als in Bezug auf sonstige (nicht-geografische) Begriffe (anders wohl EuG T-122/17, BeckRS 2018, 26130 Rn. 66 ff. – Devin; T-701/21, GRUR-RS 2022, 32528 Rn. 88 – Casella- park).

Auch wenn der Bestimmungsort der Waren und Dienstleistungen grundsätzlich ein relevantes Merkmal **108.1** der bezeichneten Waren und Dienstleistungen darstellt, soll der Umstand, dass die Anbringung des Zeichens die bezeichneten Waren zu Souvenirartikeln macht, als solcher kein Merkmal iSv Art. 7 Abs. 1 lit. c darstellen (EuGH C-488/16 P, GRUR-Prax 2018, 424 Rn. 44 ff. – Neuschwanstein; s. auch EuG T-93/ 20, GRUR-RS 2021, 5183 Rn. 27 f. – Windsor-Castle).

Nicht nur Wortmarken, sondern zB auch **dreidimensionale Marken,** die aus der Form **109** (EuGH C-53/01 ua, GRUR 2003, 514 Rn. 66 ff. – Linde/dreidimensionale Warenformmarken) oder der Verpackung (EuGH C-218/01, EuZW 2004, 182 Rn. 42 – Perwoll) der Ware bestehen, können beschreibend iSv Art. 7 Abs. 1 lit. c sein, da die Vorschrift hinreichend offen formuliert ist, um eine Vielzahl unterschiedlicher Marken, einschließlich Warenformmarken, zu erfassen. Eine dreidimensionale Marke kann auch eine bestimmte Eigenschaft der bezeichneten Ware bezeichnen (EuG T-747/18, BeckRS 2019, 31598 Rn. 66 ff. – Blume).

109.1   Zuweilen ist in diesem Fall bereits eines der vorrangigen Eintragungshindernisse des Art. 7 Abs. 1 lit. e erfüllt (→ Rn. 122 ff.). In der Praxis beanstandet das EUIPO dreidimensionale Marken normalerweise jedoch nicht aufgrund von Art. 7 Abs. 1 lit. c. Zur etwas anderen BGH-Rechtsprechung → MarkenG § 8 Rn. 491 ff.

110   **Sonstige Merkmale:** eine Marke kann auch dann als beschreibend iSv Art. 7 Abs. 1 lit. c angesehen werden, wenn sie geeignet ist, den **gedanklichen Inhalt** oder den **Gegenstand** der angemeldeten Waren oder Dienstleistungen anzugeben, insbesondere bei Druckerzeugnissen, Datenträgern, Bildungs- und Unterhaltungsdienstleistungen oder Veranstaltungen (etwa „Klassik" für CDs, „History" für Bücher, „Rom" für Reiseführer, „English" für Sprachkurse, zu „Electronica" für Messen zu elektronischen Waren s. EuG T-32/00, GRUR Int 2001, 338 Rn. 42–44).

110.1   Nach aA beschreiben offene Bezeichnungen, die ohne Kontext für alles stehen können, den Inhalt nicht in einer den Markenschutz verhindernden Weise, zumal nahezu jedes aussagekräftige Wort etwas bezeichne, das Inhalt einer publizistischen Darstellung oä sein könne (so Rohnke FS 50 Jahre BPatG, 2011, 707 ff.). Dieser Ansicht zufolge sind solche Wörter keine hinreichend eigenschaftsbeschreibenden Angaben, da es an einer eindeutigen Inhaltsangabe fehle. Das angesprochene Publikum könne allein daraus nicht auf einen bestimmten Inhalt schließen. So könne es sich um Sachbücher, Bildbände oder Romane handeln. Als inhaltsbeschreibende Angaben seien aber nur solche Aussagen von der Eintragung ausgeschlossen, die dem Konsumenten eine konkrete Vorstellung vom Inhalt vermittelten.

111   Auch **Namen von Farben** sind nach Art. 7 Abs. 1 lit. c zurückzuweisen, wenn sie für Waren angemeldet werden, bei denen die fragliche Farbe vernünftigerweise von den maßgeblichen Verkehrskreisen als eines ihrer – nicht notwendigerweise wirtschaftlich wesentlichen – Merkmale wahrgenommen werden kann. Dies wurde etwa bejaht für „Blau" in Bezug auf alkoholfreie Getränke (EuG T-375/17, BeckRS 2018, 10918 Rn. 31 f. – Blue), für „Schwarz" in Bezug auf Bier und Kaffeegetränke (EuG T-498/21, GRUR-RS 2022, 23226 Rn. 44 – Black Irish) oder „Lila" für Kosmetika (EuG T-780/21, BeckRS 2022, 33852 Rn. 48 – LiLAC). Dagegen wurde dies verneint für „Weiß" in Bezug ua auf Küchenmaschinen und Haushaltsgeräte (EuG T-423/18, GRUR-RS 2019, 7763 Rn. 45 – vita), „gebrochen weiß" ua für Uhren und Edelsteine (EuG T-133/19, GRUR-RS 2020, 13523 Rn. 43–46 – off-white) und „siena" für Raucherartikel (EuG T-130/20, GRUR-RS 2021, 13255 Rn. 59 – Sienna Selection).

111.1   Weitere **Beispiele beschreibender Marken** aus der Rechtsprechung des EuG/EuGH:
- ecoDoor (ua für Haushalts- und Küchengeräte, Verkaufsautomaten für Getränke), EuGH C-126/13 P, GRUR-RR 2014, 448 – beschreibend hinsichtlich Teil der Waren (Tür);
- RESTORE (für chirurgische und ärztliche Instrumente und Apparate, von Fachkreisen verstanden iSv „heilen, wiederherstellen (der Gesundheit"), EuGH C-21/12 P, BeckRS 2013, 80173; s. auch COMPLIANT CONSTRUCT (für chirurgische Implantate verstanden als Hinweis auf die Elastizität der Waren), EuG T-291/18, BeckRS 2019, 10986;
- PERLÉ (für Weine und Schaumweine), EuG T-104/11, BeckRS 2013, 80207;
- STEAM GLIDE (für Bügeleisen), EuG T-544/11, BeckRS 2013, 80119;
- TDI (für Kraftfahrzeuge), EuG T-318/09, BeckRS 2011, 81066;
- 1000 (ua für Druckerzeugnisse, Zeitungen – beschreibt Menge), EuGH C-51/10 P, GRUR 2011, 1035 Rn. 29; s. auch die Kombination der Zahlen 200, 300, 400, 500 und 1000 mit dem Wort Panoramicznych, für Zeitschriften: beschreibt Anzahl eines bestimmten Typs von Kreuzworträtseln; EuG T-117/18 ua, BeckRS 2019, 12291 Rn. 44, 45); 4600 für druckluftbetriebene Farbspritzpistolen – beschreibt Druckstärke; T-214/16, GRUR-RS 2017, 116920 Rn. 36–39, ebenso für die Zahlen 1000, 2000, 3000, 4000, 5000 und 6000; T-299/17 bis T304/17, BeckRS 2018, 9566);
- secret.service (ua für Indexierung, Archivierung und Vernichtung von Akten und Dokumenten), EuG T-163/16, BeckRS 2017, 110093;
- MÄNNERSPIELPLATZ (ua für Veranstaltung von Unterhaltungsshows), EuG T-372/16, BeckRS 2017, 109693;
- MULTIFRUITS (ua für geld- und münzbetätigte Spielautomaten und Glücksspiele), EuG T-355/16, BeckRS 2017, 110098;
- SATISFYERMEN (ua für Vibratoren als sexuelle Hilfsmittel für Erwachsene und Massagegeräte), EuG T-427/18, BeckRS 2019, 638;

- ViruProtect (ua für pharmazeutische Erzeugnisse und Desinfektionsmittel), EuG T-487/18, GRUR-RS 2020, 999;
- CROSS (als Abkürzung für „cross-country" ua für Fahrzeuge und -teile), EuG T-42/19, GRUR-RS 2020, 409;
- GEWÜRZSOMMELIER (verstanden als Experten auf dem Gebiet der Gewürze als beschreibenden Hinweise auf Waren und Dienstleistungen auf diesem Gebiet), EuG T-348/20, GRUR-RS 2021, 8749;
- CLUSTERMEDIZIN (Beschreibung einer ganzheitlichen Heilmethode), EuG T-233/21, GRUR-RS 2022, 491;
- WILD (im Glücksspielbereich iSv. „Joker" eingesetzter Begriff bzw. Symbol als beschreibende Angabe für Spielautomaten und Casino-Glücksspiele), EuG T-116/21, GRUR-RS 2022, 931.

Kein beschreibender Charakter wurde demgegenüber angenommen für: **111.2**

- COLLEGE (ua für Dienstleistungen eines Reisebüros, Organisation von Sightseeing-Touren, Hoteldienstleistungen), EuG T165/11, BeckRS 2012, 81709;
- AROMA (für elektronische Kochutensilien), EuG T-749/14, BeckRS 2016, 81472;
- SCOPE (für Versicherungs- und Finanzdienstleistungen), EuG T-90/15, BeckRS 2016, 80502;
- AMPHIBIAN (für wasserdichte Uhren), EuG T-215/16, BeckRS 2017, 105510 Rn. 43–47, s. aber auch Rn. 48–54;
- ANTICO CASALE („alter Bauernhof" für Lebensmittel und darauf bezogene Einzelhandelsdienstleistungen), EuG T-327/16, BeckRS 2017, 122138 Rn. 27 f.
- VANGUARD (bei fehlendem Nachweis für die Tatsache, dass die konkret bezeichneten Verteidigungswaffen auch von Vortruppen von Armee- und Polizeieinheiten eingesetzt werden), EuG T-93/16, BeckRS 2018, 24196 Rn. 40 ff.
- CARACTERE (zu unspezifisch, um eine konkrete Eigenschaft von Waren oder Dienstleistungen zu beschreiben), EuG T-743/17, BeckRS 2018, 31763 Rn. 36 ff.
- WAVE (mehrere Gedankenschritte erforderlich, um mögliche Eigenschaften von Aquarienleuchten zu beschreiben), EuG T-869/19, GRUR-RS 2020, 23622 Rn. 25-28;
- MAKEBLOCK (auch aufgrund der Darstellung des Buchstabens „O" als Zahnrad zu unspezifisch, um Roboter [Maschinen] und Bauklötze [Spielwaren] zu beschreiben), EuG T-86/21, GRUR-RS 2022, 3111;
- SCRUFFS (umgangspr. Begriff für abgetragene Kleidung, die verschmutzt/zerstört werden kann und daher keine objektive Eigenschaft von (Schutz-)Kleidung beschreibt), EuG T-720/20, GRUR-RS 2022, 5772 Rn. 27.

IV. Üblich gewordene Bezeichnungen (Abs. 1 lit. d)

Art. 7 Abs. 1 lit. d stellt ein absolutes Eintragungshindernis für Marken auf, die ausschließlich **112** aus Zeichen oder Angaben zur Bezeichnung der Ware oder Dienstleistung bestehen, die im allgemeinen Sprachgebrauch oder in den redlichen und ständigen Verkehrsgepflogenheiten **üblich** geworden sind. Auch Marken, welche unter Abs. 1 lit. d fallen, können dennoch eingetragen werden, wenn sie für die beanspruchten Waren und Dienstleistungen gemäß Art. 7 Abs. 3 Unterscheidungskraft durch Benutzung (wieder-)erlangt haben (→ Rn. 206 ff.).

Der Anwendungsbereich des Art. 7 Abs. 1 lit. d, welcher sich mit denjenigen der Art. 7 **113** Abs. 1 lit. b und lit. c überschneidet, umfasst alle Bezeichnungen, welche in den maßgeblichen Verkehrskreisen für die betreffenden Waren und Dienstleistungen üblich geworden sind. Es kommt somit nicht darauf an, ob die Marke Eigenschaften oder Merkmale der bezeichneten Waren und Dienstleistungen beschreibt (EuGH C-517/99, GRUR 2001, 1148 Rn. 35 ff. – Bravo). Üblich gewordenen Bezeichnungen fehlt es stets auch an Unterscheidungskraft (EuGH C-517/99, GRUR 2001, 1148 Rn. 37 – Bravo).

Aufgrund der erwähnten Überschneidungen mit anderen absoluten Eintragungshindernissen **114** wird die Vorschrift vom EUIPO nur in seltenen Fällen als eigenständige Rechtsgrundlage einer Zurückweisung herangezogen.

Nicht ausreichend für die Anwendung von Art. 7 Abs. 1 lit. d ist die Tatsache, dass der **115** angemeldete Begriff Eingang in den allgemeinen Sprachgebrauch gefunden hat. Vielmehr muss dieser Begriff gerade **zur Bezeichnung der angemeldeten Waren und Dienstleistungen** üblich geworden sein (EuGH C-517/99, GRUR 2001, 1148 Rn. 31 – Bravo; → MarkenG § 8 Rn. 568 ff.). Dies ergibt sich mittlerweile auch aus dem Wortlaut von Art. 7 Abs. 1 lit. d UMV (anders dagegen Art. 4 Abs. 1 lit. d MRL und Art. 6^{quinquies} B Nr. 2 PVÜ).

Auch dieses Eintragungshindernis ist konkret im Hinblick auf die relevanten Verkehrskreise zu **116** prüfen (→ Rn. 31 f.). Die angemeldete Bezeichnung muss von verschiedenen Wirtschaftsteilnehmern auf dem Markt benutzt worden sein. Die Benutzung nur durch ein einziges vom Anmelder verschiedenes Unternehmen reicht hierfür nicht aus, insbesondere dann nicht, wenn diese Drittbenutzung vom Markenanmelder unterbunden werden konnte (EuG T-507/08, GRUR Int 2011, 1081 Rn. 62–64 – 16PF).

117 Die Tatsache, dass die angemeldete Marke aus Zeichen oder Angaben besteht, die sonst als Werbeschlagworte, Qualitätshinweise oder Aufforderungen zum Kauf der Waren oder Dienstleistungen, auf die sich die Marke bezieht, verwendet werden, reicht für sich genommen nicht aus, um den Tatbestand des Abs. 1 lit. d zu erfüllen (vgl. EuGH C-517/99, GRUR 2001, 1148 Rn. 40 – Bravo).

118 Maßgeblicher Zeitpunkt ist auch hier ausschließlich der **Anmeldetag** (→ Rn. 2; EuGH C-192/03 P, BeckRS 2005, 70092 Rn. 40 – BSS). Dies kann im Einzelfall dazu führen, dass Marken, die erst im Laufe des Eintragungsverfahrens üblich werden, dennoch eingetragen werden. Wenn die Ursache hierfür im Verhalten oder der Untätigkeit ihres Inhabers liegt, wäre eine analoge Anwendung von Art. 58 Abs. 1 lit. b in Erwägung zu ziehen.

119 Zur Üblichkeit von Marken, die dem Namen bekannter **Kulturgüter, gemeinfreier oder urheberrechtlich geschützter Werke entsprechen** gibt es, soweit ersichtlich, auf Europäischer Ebene bislang keine Rechtsprechung. Zur Diskussion in Deutschland → MarkenG § 8 Rn. 547.

120 Die Nennung einer Marke in **Wörterbüchern, Lexika** und dergleichen ist für sich allein kein Beweis für eine Umwandlung eines Begriffs in eine Gattungsbezeichnung. Sonst hätte Art. 12, der den Inhabern eingetragener Marken formale Rechte einräumt, keinen Sinn. Dagegen zeigt die Nennung in Verzeichnissen wie dem INN (International Non-Proprietary Names) ein Verständnis als Gattungsbezeichnung (vgl. EuG T-215/20, GRUR-RS 2021, 14307 Rn. 56 – Hyal).

121 Es folgen Beispiele aus der Rechtsprechung des EuG:

121.1 Üblichkeit bejaht:
- 5HTP (Abkürzung für Wirkstoff '5-Hydroxytryptophan'), ua für pharmazeutische Erzeugnisse (EuG T-190/09, GRUR Int 2011, 519);
- WEISSE SEITEN, ua für Branchenverzeichnisse (EuG T-322/03, GRUR 2006, 498);
- BSS (Abkürzung für 'Balanced Salt Solutions'), für pharmazeutische Augenheilmittel (EuG T-237/01, GRUR Int 2003, 751).

121.2 Üblichkeit verneint:
- 16PF (Abkürzung für '16 personality factors'), ua für Persönlichkeitstests (EuG T-507/08, GRUR Int 2011, 1081);
- I.T.@MANPOWER, für Waren und Dienstleistungen in Klassen 9, 16, 35, 38, 41 und 42 (EuG T-248/05, Slg. 2008, II-00196 Rn. 58–63)
- K-9, für Geschirre, Lederleinen, Schuhwerk, Bekleidung und Kopfbedeckungen, Sportartikel in Klassen 18, 25 und 28 (EuG T-878/19, BeckEuRS 2021, 706201 – K-9, Anm. Albrecht GRUR-Prax 2021, 306).

V. Aus der Art der Ware resultierende, funktional bedingte oder wertbildende Formen und andere charakteristische Warenmerkmale (Abs. 1 lit. e)

1. Allgemeines

122 Die Vorschrift steht der Eintragung von ausschließlich aus der Form oder einem anderen charakteristischen Merkmal einer Ware bestehenden Zeichen entgegen, wenn einer der in Art. 7 Abs. 1 lit. e Ziff. i–iii genannten Tatbestände erfüllt ist (EuGH C-299/99, EuZW 2002, 507 Rn. 76 – Philips/Form eines Rasierapparats). Gemäß Art. 7 Abs. 1 lit. e sind von der Eintragung ausgeschlossen:
- Zeichen, die ausschließlich aus der Form oder einem anderen charakteristischen Merkmal der Ware bestehen, die bzw. das durch die Art der Ware selbst bedingt ist (Art. 7 Abs. 1 lit. e Ziff. i),
- Zeichen, die ausschließlich aus der Form oder einem anderen charakteristischen Merkmal der Ware bestehen, die bzw. das zur Erreichung einer technischen Wirkung erforderlich ist, (Art. 7 Abs. 1 lit. e Ziff. ii),
- Zeichen die ausschließlich aus der Form oder einem anderen charakteristischen Merkmal der Ware bestehen, die bzw. das der Ware einen wesentlichen Wert verleiht (Art. 7 Abs. 1 lit. e Ziff. iii).

123 **a) Unüberwindbares Eintragungshindernis.** Die in Art. 7 Abs. 1 lit. e genannten Eintragungshindernisse gehen aufgrund Art. 7 Abs. 3 (→ Rn. 135) den Eintragungshindernissen der fehlenden Unterscheidungskraft (→ Rn. 24 ff., zu 3D-Marken → Rn. 65 ff.) und des beschreibenden Charakters (→ Rn. 87 ff., zu 3D-Marken → Rn. 109) vor und sind daher **vorrangig** zu prüfen (EuGH C-53/01 ua, GRUR 2003, 514 Rn. 44, 65 – Linde/dreidimensionale Warenformmarken).

Die Eintragungshindernisse des Art. 7 Abs. 1 lit. e Ziff. i–iii können nicht durch eine Benutzung **124** der Marke im Verkehr (→ Rn. 206 ff.) überwunden werden (EuGH C-299/99, GRUR 2002, 804 Rn. 57, 75 f. – Philips/Form eines Rasierapparats). Dies folgt nicht nur aus dem Wortlaut von Art. 7 Abs. 3, der ausdrücklich nur auf Art. 7 Abs. 1 lit. b–d Bezug nimmt (EuG T-621/15, BeckRS 2017, 105865 Rn. 32 – Form einer motorisch betätigten Seilwinde), sondern auch aus dem Regelungszweck des Art. 7 Abs. 1 lit. e (→ Einl. Rn. 10 f., → Einl. Rn. 157 aE).

b) Regelungszweck. Die **ratio** der in Art. 7 Abs. 1 lit. e vorgesehenen Eintragungshindernisse **125** besteht darin, zu verhindern, dass der Schutz des Markenrechts seinem Inhaber ein Monopol für technische Lösungen oder Gebrauchseigenschaften einer Ware einräumt, die der Benutzer auch bei den Waren der Mitbewerber suchen kann. Hierdurch soll vermieden werden, dass der durch das Markenrecht gewährte Schutz über den Schutz der Zeichen hinausgeht, anhand derer sich eine Ware oder Dienstleistung von den von Mitbewerbern angebotenen Waren oder Dienstleistungen unterscheiden lassen, und zu einem Hindernis für die Mitbewerber wird, Waren mit diesen technischen Lösungen oder diesen Gebrauchseigenschaften im Wettbewerb mit dem Markeninhaber frei anzubieten (EuGH C-299/99, GRUR 2002, 804 Rn. 78 – Philips/Form eines Rasierapparats; EuGH C-205/13, GRUR 2014, 1097 Rn. 20 – Hauck/Kinderstuhl „Tripp Trapp").

Die Vorschrift verfolgt somit das im Allgemeininteresse liegende Ziel, dass eine Form bzw. ein **126** anderes charakteristisches Merkmal der Ware, die bzw. das im Wesentlichen einer technischen Funktion entspricht und gewählt wurde, um diese zu erfüllen, von allen frei verwendet werden kann (EuGH C-299/99, GRUR 2002, 804 Rn. 80 – Philips/Form eines Rasierapparats), soweit nicht Patent-, Gebrauchsmuster, oder Design bzw. Geschmacksmusterrechte entgegenstehen. Insbesondere gilt es zu verhindern, dass über den Umweg des Markenrechts andere gewerbliche Schutzrechte mit begrenzter Schutzdauer (Patente, Geschmacksmuster) verewigt werden (EuGH C-205/13, GRUR 2014, 1097 Rn. 19 – Hauck/Kinderstuhl „Tripp Trapp"; C-237/19, GRUR 2020, 631 Rn. 50 – Gömböc).

Allerdings sind die in Art. 7 Abs. 1 lit. e Ziff. i–iii genannten Tatbestände jeweils **eigenständig** **127** und unabhängig voneinander anzuwenden (EuGH C-205/13, GRUR 2014, 1097 Rn. 39 – Hauck/Kinderstuhl „Tripp Trapp"). Es ist grundsätzlich möglich, dass eine Marke unter mehrere der in lit. e genannten Eintragungshindernisse fällt. Die Zurückweisung der Anmeldung setzt dann jedoch voraus, dass mindestens eines dieser Eintragungshindernisse auf das fragliche Zeichen voll anwendbar ist (EuGH C-215/14, GRUR Int 2015, 1028 Rn. 48 – Nestlé/Kit Kat). Betreffen die einzelnen Eintragungshindernisse jeweils nur Teile der Marke, so dass erst durch die Kombination mehrerer Eintragungshindernisse die Marke in ihrer Gesamtheit erfasst würde, greift Art. 7 Abs. 1 lit. e nicht.

c) Form der Ware. Art. 7 Abs. 1 lit. e Ziff. i–iii betrifft zunächst Marken, die ausschließlich **128** aus der **„Form der Ware"** bestehen (→ Rn. 65 ff.). Dies bezieht sich auf die Gesamtheit der Linien oder Konturen, welche die betreffende Ware räumlich begrenzen (EuGH C-163/16, EuZW 2018, 559 Rn. 21 – Farbe auf Schuhsohle; EuG T-324/18, BeckRS 2019, 7883 Rn. 54, 64 – goldfarbene Flasche).

Auch die Form der **Verpackung** der Ware kann erfasst sein, wenn die betreffenden Waren **129** keine ihnen innewohnende Form haben – insbesondere wenn sie in körniger, pudriger oder flüssiger Konsistenz hergestellt werden (EuGH C-456/01 P und C-457/01 P, GRUR 2004, 428 Rn. 33–37 – Henkel; → Rn. 69) – und ihre Vermarktung daher notwendigerweise einer Verpackung bedarf.

Aus der Form der Ware im oben genannten Sinne bestehen im Übrigen auch Marken, bei **130** denen es sich um eine **zweidimensionale Darstellung** der Warenform – oder der Verpackungsform – handelt (s. zu Art. 7 Abs. 1 lit. e Ziff. ii EuG T-416/10, BeckRS 2012, 81253 Rn. 24 ff. – Oberfläche mit schwarzen Punkten; → Rn. 70). Eine auf eine bestimmte Stelle der Ware aufgebrachte **Farbe** (EuGH C-163/16, EuZW 2018, 559 Rn. 23 – Farbe auf Schuhsohle) oder angebrachte **zweidimensionale Muster** stellen jedoch an sich keine „Form" iSv Art. 7 Abs. 1 lit. e dar (EuGH C-21/18, BeckRS 2019, 3328 Rn. 38–42 – Manhattan).

Umfasst werden grds auch solche Zeichen, die aus der Form eines **Teils** der Ware bestehen, **131** welche zur Erreichung einer technischen Wirkung erforderlich ist (EuG T-164/11, BeckRS 2012, 82158 – Messergriff; s. auch EuGH C-421/15P, GRUR Int. 2017, 623 Rn. 40 f. – Oberfläche mit schwarzen Punkten). Dies gilt zumindest dann, wenn solche Formen einen wesentlichen Teil der Gesamtware darstellen (EuGH C-818/18P ua, GRUR-RS 2021, 12918 Rn. 71 – Rille in Form eines „L").

d) Wesentliche Merkmale der dargestellten Form. Ein Zeichen besteht in Anbetracht der **132** Ratio der in Art. 7 Abs. 1 lit. e normierten Eintragungshindernisse dann „**ausschließlich**" aus der Form der Ware, wenn seine **wesentlichen Merkmale** – dh die wichtigsten oder bedeutenden Merkmale der dargestellten Form – durch die Art der Ware selbst bedingt (EuGH C-205/13, GRUR 2014, 1097 Rn. 22 – Hauck/Kinderstuhl „Tripp Trapp"), zur Erreichung einer technischen Wirkung erforderlich (EuGH C-299/99, GRUR 2002, 804 Rn. 80 – Philips/Form eines Rasierapparats; C-48/09 P, GRUR 2010, 1008 Rn. 52, 63 f. – Lego) oder einen wesentlichen Wert verleiht (EuGH C-237/19, GRUR 2020, 631 Rn. 47 – Gömböc).

133   Das Abstellen auf die „wesentlichen Merkmale" (EuGH C-48/09 P, GRUR 2010, 1008 Rn. 52 – Lego) soll einerseits sicherstellen, dass Abs. 1 lit. e bei Vorliegen von nur „geringfügigen" nichtfunktionellen bzw. willkürlichen Elementen anwendbar ist. In solchen Fällen bleiben nämlich die wesentlichen Merkmale des angemeldeten Zeichens durch die Art bzw. die Funktionalität bestimmt (s. etwa EuG T-580/15, BeckRS 2017, 123128 Rn. 34 ff. – Form eines Feuerzeugs mit Wortelement Clipper). Andererseits soll Abs. 1 lit. e nicht der Eintragung solcher Marken entgegenstehen, welche ein „wichtiges" nichtfunktionelles Element – etwa dekorativer, phantasievoller oder willkürlicher Art – enthalten (EuGH C-48/09 P, GRUR 2010, 1008 Rn. 52 – Lego).

134   Die Prüfung des Art. 7 Abs. 1 lit. e erfordert daher notwendigerweise zunächst eine ordnungsgemäße **Ermittlung der wesentlichen Merkmale** (EuGH C-48/09 P, GRUR 2010, 1008 Rn. 86 ff. – Lego; C-205/13, GRUR 2014, 1097 Rn. 21 – Hauck/Kinderstuhl „Tripp Trapp"). Diese hat **konkret** und im Hinblick auf das jeweils untersuchte Eintragungshindernis zu erfolgen. Weiterhin muss sie **objektiv** im Wege einer Einzelfallbeurteilung erfolgen, so dass die Wahrnehmung der Marke durch die angesprochenen Verkehrskreise allenfalls ein nützliches Beurteilungskriterium, nicht aber ausschlaggebend sein kann (EuGH C-48/09 P, GRUR 2010, 1008 Rn. 75 f. – Lego; C-237/19, GRUR 2020, 631 Rn. 31 – Gömböc). Insbesondere kommt es auf die Frage der Unterscheidungskraft der Elemente nicht an (EuGH C-421/15P, GRUR Int. 2017, 623 Rn. 32 ff. – Oberfläche mit schwarzen Punkten; EuG T-261/18, GRUR-RS 2019, 22717 Rn. 51 ff. – Schwarzes Viereck mit sieben konzentrischen blauen Kreisen; T-455/20, BeckEuRS 2021, 743831 Rn. 85 ff. – Orangenes Quadrat mit sieben schwarzen konzentrischen Kreisen; T-264/21, GRUR-RS 2022, 5767 Rn. 40–44 – Rebound-Stiefel). Auch muss die Ermittlung der wesentlichen Merkmale der Form **umfassend** sein und kann ggf. auch die **Einbeziehung nicht sichtbarer Elemente** erforderlich machen (EuGH C-30/15 P, GRUR Int 2017, 140 Rn. 46–51 – Rubik's cube I; bestätigt in EuGH C-237/19, GRUR 2020, 631 Rn. 30 – Gömböc).

135   **e) Andere charakteristische Merkmale.** Der Anwendungsbereich der Art. 7 Abs. 1 lit. e Ziff. i–iii umfasst seit dem Inkrafttreten der VO (EU) 2015/2424 am 23.3.2016 auch solche Marken, die ausschließlich aus einem **„anderen charakteristischen Merkmal"** der beanspruchten Waren bestehen, wenn dieses Merkmal durch die Art der Ware selbst bedingt ist, zur Erreichung einer technischen Wirkung erforderlich ist oder der Ware einen wesentlichen Wert verleiht. Solche charakteristischen Merkmale könnten etwa die Farbe, der Geruch oder auch der Klang einer Ware sein (s. auch → MarkenG § 3 Rn. 72 f.) und betreffen somit neben den Warenformmarken auch andere neue Markenformen wie zB Farb-, Klang-, Geruchs- oder Multimediamarken. Auch wenn der Begriff des „anderen charakteristischen Merkmals" noch nicht von der Unionsrechtsprechung ausgelegt wurde, dürfte dieser die Eintragung solcher Markenformen als Unionsmarken nicht erleichtern.

2. Formen bzw. Merkmale, die durch die Art der Ware selbst bedingt sind (Abs. 1 lit. e Ziff. i)

136   Gemäß Art. 7 Abs. 1 lit. e Ziff. i sind Zeichen, die ausschließlich aus der Form (→ Rn. 128) oder einem anderen charakteristischen Merkmal (→ Rn. 135) der Ware bestehen, die bzw. das durch die Art der Ware selbst bedingt ist, von der Eintragung ausgeschlossen. Die Norm hatte ursprünglich einen sehr engen Anwendungsbereich und erfasste lediglich die Fälle, in denen die angemeldete Form mit der Form der Ware **identisch** ist. Die Vorschrift soll zunächst verhindern, dass Markeninhaber ein Monopol auf ganze Warenkategorien erhalten (Gielen/v. Bomhard/v. Kapff Art. 7 Kap. 8.a). Das EUIPO nennt in seinen Prüfungsrichtlinien (Teil B, Abschnitt 4, Kap. 6) als Beispiel für eine solche Anwendung von lit. e Ziff. i die realistische Darstellung einer Banane, angemeldet für Bananen. Ein weiteres Beispiel wäre etwa die Form eines Fußballs, angemeldet für Fußbälle.

137   Neben den offensichtlichen Fällen ist die Vorschrift darüber hinaus – zur Sicherstellung ihres Schutzzwecks der Freihaltung der wesentlichen Eigenschaften der in der Marke dargestellten Ware für alle Wettbewerber (EuGH C-205/13, GRUR 2014, 1097 Rn. 20 – Hauck/Kinderstuhl „Tripp Trapp" unter Verweis auf Schlussanträge Generalanwalt BeckRS 2014, 80871 Rn. 28 und 54) – auf Formen anzuwenden, wenn **alle** ihre **wesentlichen Merkmale** (→ Rn. 132 ff.) für

die **gattungstypischen Funktionen** der betreffenden Ware **unentbehrlich** sind bzw. dieser **innewohnen** (EuGH C-205/13, GRUR 2014, 1097 Rn. 23 ff. – Hauck/Kinderstuhl „Tripp Trapp"). Eine Anwendung von Art. 7 Abs. 1 lit. e Ziff. i ist hingegen dann ausgeschlossen, wenn dies für mindestens ein wesentliches Element der Form nicht zutrifft, etwa weil es dekorativ oder phantasievoll ist (EuGH C-205/13, GRUR 2014, 1097 Rn. 22 – Hauck/Kinderstuhl „Tripp Trapp").

In welchen konkreten Fällen Art. 7 Abs. 1lit. e Ziff. i in dieser erweiterten Auslegung anwendbar **138** sein soll, lässt sich der Rechtsprechung indes noch nicht entnehmen. Auch führt die erweiterte Auslegung der Vorschrift durch die Bezugnahme auf die „gattungstypischen Funktionen" zu Abgrenzungsschwierigkeiten mit Art. 7 Abs. 1 lit. e Ziff. ii. Dazu kommt, dass die Vorschrift nun auch Marken erfasst, die ausschließlich aus einem „anderen charakteristischen Merkmal" der Ware, als der Form, bestehen. Im Ergebnis besteht hier ein gewisses Maß an Rechtsunsicherheit.

3. Formen bzw. Merkmale der Ware, die zur Erreichung einer technischen Wirkung erforderlich sind (Abs. 1 lit. e Ziff. ii)

Nach Art. 7 Abs. 1 lit. e Ziff. ii sind Zeichen, die ausschließlich aus der Form (→ Rn. 128 ff.) **139** oder einem anderen charakteristischen Merkmal (→ Rn. 135) der Ware bestehen, die bzw. das zur Erreichung einer technischen Wirkung erforderlich ist, von der Eintragung ausgeschlossen.

a) Verkörperung einer technischen Lösung. Die Tatbestandsmerkmale „ausschließlich" **140** und „erforderlich" sollen sicherstellen, dass nach Art. 7 Abs. 1 lit. e Ziff. ii allein diejenigen Warenformen bzw. -merkmale von der Eintragung ausgeschlossen sind, durch die **nur eine technische Lösung verkörpert** wird und deren Eintragung als Marke deshalb die Verwendung dieser technischen Lösung durch andere Unternehmen tatsächlich behindern würde (EuGH C-48/09 P, GRUR 2010, 1008 Rn. 48 – Lego).

Art. 7 Abs. 1 lit. e Ziff. ii ist somit dann einschlägig, wenn die Form keine wesentlichen **141** Merkmale aufweist, welche nichtfunktionell bzw. willkürlich sind (EuGH C-237/19, GRUR 2020, 631 Rn. 26 – Gömböc). Weder dem Wortlaut noch dem Zweck der Vorschrift ist dagegen zu entnehmen, dass die wesentlichen Merkmale ihrerseits ausschließlich technisch bedingt sein müssen: es genügt, dass die wesentlichen Merkmale für das Erreichen der technischen Wirkung technisch kausal und hinreichend (→ Rn. 143 ff.) sind (EuGH C-48/09 P, GRUR 2010, 1008 Rn. 53 und EuG T-270/06, GRUR-RR 2009, 52 Rn. 39 – Lego; EuG T-164/11, BeckRS 2012, 82158 Rn. 40 – Messergriff).

b) Wesentliche Merkmale der dargestellten Form. Damit ist zunächst zwingend (EuG T- **142** 44/16, BeckRS 2018, 566 Rn. 46 – transdermales Pflaster) objektiv, konkret und umfassend im Hinblick auf die technische Funktion der dargestellten Ware zu prüfen, welches die wesentlichen Merkmale der dargestellten Form sind, wobei die Prüfung nicht auf die Wiedergabe der Marke beschränkt ist (zu diesem ersten Prüfungsschritt → Rn. 132 ff.). Der Ansatz, die Feststellung der wesentlichen Merkmale nur auf Grundlage der Wiedergabe der Marke und ggf. ihrer Beschreibung im Register vorzunehmen und die nicht sichtbaren Elemente erst im Rahmen der Prüfung ihrer Kausalität für das Erreichen der technischen Wirkung hinzuzuziehen (so EuG T-601/17, BeckRS 2019, 26755 Rn. 65–70 – Rubik's cube II, unter Verweis auf EuGH C-163/16, EuZW 2018, 559 Rn. 21 f. – Farbe auf Schuhsohle), könnte in bestimmten Fallkonstellationen den Schutzzweck der Vorschrift verfehlen.

c) Kausalität für das Erreichen der technischen Wirkung. Weiterhin muss die Form bzw. **143** alle ihre wesentlichen Merkmale „**technisch kausal**" (EuG T-270/06, GRUR-RR 2009, 52 Rn. 39 – Lego) und damit für das Erreichen der technischen Wirkung notwendig sein. Im Hinblick auf den Normzweck des Art. 7 Abs. 1 lit. e Ziff. ii müssen sie hierfür aber **nicht hinreichend** sein, so dass ein kausaler Beitrag für das Erreichen der technischen Wirkung reicht (EuG T-601/17, BeckRS 2019, 26755 Rn. 94–97 – Rubik's cube II; EuGH C-237/19, GRUR 2020, 631 Rn. 32 – Gömböc; anders noch EuG T-270/06, GRUR-RR 2009, 52 Rn. 39 – Lego; s. auch EuG T-447/16, BeckRS 2018, 25972 Rn. 72 in seiner Klarstellung durch den EuGH C-818/18 P ua, GRUR-RS 2021, 12918 Rn. 74 – Rille in Form eines „L"). Sind die wesentlichen Merkmale der angemeldeten Form technisch bedingt, ist lit. e Ziff. ii auch dann anwendbar, wenn die technische Wirkung nur im Zusammenspiel mit nicht sichtbaren Merkmalen erreicht wird.

Auch die in einem zweiten Prüfungsschritt zu untersuchende Kausalität der Form für das **144** Erreichen der technischen Wirkung ist **konkret** und **umfassend** im Hinblick auf die technische Funktion der dargestellten Ware zu beurteilen, und zwar **einschließlich** ihrer **nicht sichtbaren Elemente** (EuGH C-30/15 P, GRUR Int 2017, 140 Rn. 47 ff. – Rubik's cube; C-237/19,

GRUR 2020, 631 Rn. 33 ff. – Gömböc). Der Begriff der „technischen Lösung" beschränkt sich auf die **Funktionsweise der Ware** selbst. Die Funktionalität der Form bzw. der Merkmale ist **objektiv** und damit unabhängig von der Verbraucherwahrnehmung zu prüfen (EuGH C-237/19, GRUR 2020, 631 Rn. 34–36 – Gömböc), muss sich allerdings nicht notwendigerweise auf dieselbe technische Funktion beziehen (EuG T-44/16, BeckRS 2018, 566 Rn. 100, 38 – transdermales Pflaster). Dagegen bezieht sich die Bestimmung der Funktionalität nicht auf die Herstellungsweise der Ware (EuGH C-215/14, GRUR Int 2015, 1028 Rn. 57 – Nestlé/Kit Kat). Ist die Form einer Ware einer bestimmten Herstellungsmethode geschuldet, spricht dies demnach nicht gegen die Eintragungsfähigkeit dieser Form als Marke (kritisch zu dieser Entscheidung → MarkenG § 3 Rn. 91).

145   **d) Unerheblichkeit von Alternativformen oder -merkmalen.** Die Verfügbarkeit von **Alternativformen** bzw. -merkmalen, mit denen sich die gleiche technische Wirkung erzielen lässt, steht der Anwendung von Art. 7 Abs. 1 lit. e Ziff. ii nicht entgegen (EuGH C-299/99, GRUR 2002, 804 Rn. 81–83 – Form eines Rasierapparats). Zum einen bleibt die betreffende Form bzw. das jeweilige Merkmal auch bei der Verfügbarkeit von Alternativformen „erforderlich" zur Erreichung einer technischen Wirkung und damit funktional bedingt. Zum anderen würde die Zahl der Alternativformen begrenzt und technische Lösungen – aufgrund des Schutzes auch für ähnliche Zeichen – den Mitbewerbern entzogen (EuGH C-48/09 P, GRUR 2010, 1008 Rn. 87, 42 – Lego). Dies zeigt, dass die Herstellungsmodalitäten der Ware für die Frage, welches die wesentlichen funktionellen Merkmale ihrer Form sind, nicht maßgeblich sind (EuGH C-215/14, GRUR Int 2015, 1028 Rn. 56 – Nestlé/Kit Kat).

4. Formen bzw. Merkmale, die der Ware einen wesentlichen Wert verleihen (Abs. 1 lit. e Ziff. iii)

146   Zeichen die ausschließlich aus der Form (→ Rn. 128 ff.) der Ware bestehen, die bzw. das der Ware einen wesentlichen Wert verleiht, sind nach Art. 7 Abs. 1 lit. e Ziff. iii von der Eintragung ausgeschlossen (sog. „ästhetische Funktionalität"; s. umfassend Mayer, Ästhetische Funktionalität im Unionsmarkenrecht, 2021). Mit dem Inkrafttreten der VO (EU) 2015/2424 am 23.3.2016 wurde diese Regelung nicht abgeschafft (s. etwa die Anregung des Max-Planck-Instituts, Study on the Overall Functioning of the European Trade Mark System, 2011, 72 ff.; auch → MarkenG § 3 Rn. 108 zu den Parallelvorschriften des § 3 Abs. 2 Nr. 3 MarkenG bzw. Art. 4 Abs. 1 lit. e Ziff. iii MRL), sondern auf andere charakteristische Merkmale (→ Rn. 135) ausgedehnt.

147   Art. 7 Abs. 1 lit. e Ziff. iii bezweckt zu verhindern, dass eine Form, welche durch ihre Attraktivität die Kaufentscheidung für die Ware in sehr großem Maß bestimmt, durch ein Unternehmen monopolisiert wird (EuGH C-237/19, GRUR 2020, 631 Rn. 40 f. – Gömböc) und der Markenschutz zu einem unlauteren – dh nicht auf einem Preis- und Qualitätswettbewerb beruhenden – Wettbewerbsvorteil führt (s. Schlussanträge Generalanwalt BeckRS 2014, 80871 Rn. 79 in EuGH C-205/13, GRUR 2014, 1097 – Hauck/Kinderstuhl „Tripp Trapp"). Weiterhin soll dieses Eintragungshindernis verhindern, dass andere – zeitlich begrenzte – Schutzrechte durch den auf Dauer angelegten Markenschutz verewigt werden (EuGH C-205/13, GRUR 2014, 1097 Rn. 31 – Hauck/Kinderstuhl „Tripp Trapp"; C-237/19, GRUR 2020, 631 Rn. 50 – Gömböc).

148   Der Anwendungsbereich der Vorschrift bezog sich ursprünglich nur auf die Form der Ware und nicht auf andere Gesichtspunkte wie technische Eigenschaften, Art der Herstellung, Material oder Identität ihres Entwerfers, welche den wesentlichen Wert und Attraktivität der Ware bestimmen könnten (EuGH C-237/19, GRUR 2020, 631 Rn. 42, 60 – Gömböc). Der wesentliche Wert der Ware im Sinne dieser Vorschrift ist nicht auf den rein künstlerischen oder dekorativen Wert beschränkt: auch nicht-ästhetische Aspekte der Form können der Ware einen wesentlichen Wert verleihen (EuGH C-237/19, GRUR 2020, 631 Rn. 46 – Gömböc).

149   Zu prüfen ist, ob aus objektiven und verlässlichen Gesichtspunkten hervorgeht, dass die Entscheidung der Verbraucher, die betreffende Ware zu kaufen, in sehr großem Maß durch ein oder mehrere Merkmale der Form bestimmt ist, aus der das Zeichen ausschließlich besteht (EuGH C-237/19, GRUR 2020, 631 Rn. 41, 59 – Gömböc). So kann das Eintragungshindernis des Art. 7 Abs. 1 lit. e Ziff. iii erfüllt sein, wenn – für Waren, bei denen das Design ein sehr wichtiges Kriterium für die Wahl des Verbrauchers ist – die angemeldete Form ein ganz besonderes Design aufweist, welches die Anziehungskraft der fraglichen Ware erhöht und welchem ein erhebliches Gewicht als Verkaufsargument zukommt (bejaht in EuG T-508/08, GRUR Int 2012, 560 Rn. 73–78 – Form eines Lautsprechers II).

150   Beurteilungskriterien sind nach der Rechtsprechung die Art Warenkategorie, der künstlerische Wert der fraglichen Form, ihre Andersartigkeit im Vergleich zu anderen auf dem jeweiligen Markt allgemein genutzten Formen, ein bedeutender Preisunterschied gegenüber ähnlichen Produkten, eine auf die ästhetischen Eigenschaften der Ware ausgerichtete Vermarktungsstrategie (EuGH C-205/13, GRUR 2014, 1097 Rn. 35 – Hauck/Kinderstuhl „Tripp Trapp") sowie (in beschränktem Maße) auch die Verbraucherwahrnehmung (EuGH C-237/19, GRUR 2020, 631 Rn. 41, 59 – Gömböc). Der Umstand, dass das Zeichen musterrechtlich geschützt ist oder ausschließlich aus der Form eines dekorativen Gegenstands besteht, impliziert nicht automatisch die Anwendbarkeit dieses Eintragungshindernisses (EuGH C-237/19, GRUR 2020, 631 Rn. 62 – Gömböc).

In Anbetracht des Schutzzwecks der Vorschrift ist es unbeachtlich, dass die Form der Ware **151** zugleich auch andere wesentliche Eigenschaften – etwa funktioneller Art – hat oder dass zugleich auch andere Eigenschaften der Ware letzterer einen wesentlichen Wert verleihen (EuGH C-205/13, GRUR 2014, 1097 Rn. 30, 32 – Hauck/Kinderstuhl „Tripp Trapp").

Die Vorschrift des Art. 7 Abs. 1 lit. e Ziff. iii steht in einem Spannungsfeld zur Rechtsprechung **152** des EuGH zu Art. 7 Abs. 1 lit. b, der zufolge Marken, die aus der Form der Ware bestehen, nur dann Unterscheidungskraft besitzen, wenn ihre Form erheblich von den branchenüblichen Formen abweicht (EuGH C-456/01 P und C-457/01 P, GRUR Int 2004, 631 Rn. 39 – Dreidimensionale Tablettenform I; C-136/02 P, GRUR Int 2005, 135 Rn. 31 – Maglite; → Rn. 67). Denn sobald diese Abweichung dazu führt, dass das Design die Anziehungskraft der Waren für die Verbraucher und damit ihren Wert objektiv erhöht, kann die Marke aus diesem Grund zurückgewiesen werden. Eine solche Marke wird auch nicht durch eine – zusätzlich – aufgrund Benutzung erlangte Bekanntheit eintragungsfähig (EuGH C-371/06, GRUR 2007, 970 Rn. 22, 27, 28 – Benetton/G-Star).

VI. Verstoß gegen die öffentliche Ordnung oder gegen die guten Sitten (Abs. 1 lit. f)

1. Allgemeines

Nach Art. 7 Abs. 1 lit. f sind Marken, die gegen die öffentliche Ordnung oder gegen die guten **153** Sitten verstoßen, von der Eintragung ausgeschlossen. **Zweck** der auf Art. 6^{quinquies} (B) Abs. 3 PVÜ zurückgehenden Vorschrift ist nicht die Identifizierung aller Marken, deren Benutzung möglicherweise gemäß Art. 137 Abs. 2 zu unterbinden ist (HABM R 495/2005-G Rn. 13 – SCREW YOU). Verhindert werden soll vielmehr die Eintragung solcher Marken, deren Verwendung gegen die **Grundwerte einer zivilisierten Gesellschaft** verstoßen oder aufgrund ihres zutiefst beleidigenden Aussagehalts als **unsittlich** zu qualifizieren sind. Verwaltungsorgane wie das EUIPO sollten nicht aktiv diejenigen unterstützen, die mit Hilfe derartiger Marken ihre geschäftlichen Zwecke zu fördern versuchen. Allerdings ist – wie sich bereits aus Art. 137 Abs. 2 ergibt – es nicht Aufgabe des EUIPO, Verstöße allein gegen den „guten Geschmack" zu sanktionieren (EuGH C-240/18 P, GRUR 2020, 395 Rn. 41 – Fack Ju Göhte; s. auch Stellungnahme GA C-240/18 P, BeckRS 2019, 12828 Rn. 96). Eine Zurückweisung der angemeldeten Marke als sittenwidrig setzt vielmehr eine von der Gesellschaft **nicht hinnehmbare Unvereinbarkeit** mit **grundlegenden moralischen Werten und Normen** voraus (EuGH C-240/18 P, GRUR 2020, 395 Rn. 39, 41 – Fack Ju Göhte).

Die Anwendung von Art. 7 Abs. 1 lit. f muss auch der **Meinungsäußerungsfreiheit** (Art. 11 **154** GRCh) des Markenanmelders Rechnung tragen (EuGH C-240/18 P, GRUR 2020, 395 Rn. 56 – Fack Ju Göhte, unter Verweis auf den 2015 neu eingefügten Erwägungsgrund 21; s. auch HABM R 495/2005-G Rn. 14 ff. – SCREW YOU; anders noch EuG T-417/10, BeckRS 2012, 81132 Rn. 26 – ¡Que buenu ye! HIJOPUTA). In Grenzfällen dürfte sich dies in Zusammenschau mit Art. 137 Abs. 2 zugunsten des Anmelders auswirken. Die praktischen Auswirkungen dieser Berücksichtigungs- und damit verbundenen Begründungspflicht (vgl. etwa EGMR Rs. 69317/14, GRUR-Prax 2018, 131 – Jesus und Maria) sind im Einzelnen noch unklar.

2. Prüfungsmaßstäbe

Auch bei der Anwendung von Art. 7 Abs. 1 lit. f ist grundsätzlich die **Wahrnehmung** der **155** angesprochenen Verkehrskreise (→ Rn. 32) maßgeblich. Dabei ist der objektivierte Maßstab einer **vernünftigen Person mit normaler Empfindlichkeits- und Toleranzschwelle** abzustellen (EuGH C-240/18 P, GRUR 2020, 395 Rn. 42 – Fack Ju Göhte). Nicht maßgeblich ist damit die Wahrnehmung solcher Minderheiten, die äußerst sittenstreng sind oder die selbst grobe Obszönitäten akzeptabel finden (HABM Große BK 6.7.2006 – R 495/2005-G Rn. 21 – SCREW YOU; EuG T-526/09, GRUR Int 2012, 247 Rn. 12 – PAKI). Ebenso wenig kommt es auf die Wahrnehmung oder Absichten des Markenanmelders an (EuG T-1/17, BeckRS 2018, 2915 Rn. 41 – La Mafia se sienta en la mesa).

156   Allerdings ist Prüfung **nicht** notwendigerweise auf die **unmittelbar** durch die bezeichneten Waren oder Dienstleistungen **angesprochenen Verkehrskreise beschränkt,** da auch andere Personen dem Zeichen im Alltag zufällig begegnen oder diesem – etwa aufgrund von Werbung – nicht ausweichen können (EuG T-526/09, GRUR Int 2012, 247 Rn. 18 – PAKI; T-52/13, BeckRS 2013, 82162 Rn. 19 – FICKEN; so auch die Rechtsprechung in Deutschland, → MarkenG § 8 Rn. 733 f.).

156.1   Der Supreme Court der USA spricht deshalb von „captive audience" (zB in Frisby v. Schultz 487 U.S. 474; Cohen v. California, 403 U.S. 15, 21 (1971); Erznoznik v. City of Jacksonville, 422 U.S. 205, 209-10 (1975); Fikentscher NJW 1998, 1337).

157   Ein Verstoß gegen Art. 7 Abs. 1 lit. f kann bei **besonders anstößigen Zeichen** auch unabhängig von den bezeichneten Waren angenommen werden (EuG T-526/09, GRUR Int 2012, 247 Rn. 15 – PAKI; T-1/17, BeckRS 2018, 2915 Rn. 40 – La Mafia se sienta en la mesa), muss aber entsprechend begründet werden (Art. 94 Abs. 1 S. 1; s. auch EuGH C-240/18 P, GRUR 2020, 395 Rn. 43, 52, 55 – Fack Ju Göhte).

158   Dabei ist auf den **Gesamteindruck** abzustellen (EuGH C-240/18 P, GRUR 2020, 395 Rn. 43 – Fack Ju Göhte; EuG T-266/13, BeckRS 2014, 81980 Rn. 29, 35 – CURVE, für rumänischen Ausdruck für Hure, mit HABM 4.6.2014 – R 203/2014-2 – AIRCURVE; s. auch HABM 21.12.2009 – 8411787 – f_ckface; 29.5.2015 – 13632849 – chwdp, für Abkürzung für das polnische Äquivalent von „fuck the police"; EuG T-683/18, BeckRS 2019, 31604 Rn. 61 ff. – Cannabis Store Amsterdam). Auf mögliche **Alternativbedeutungen** eines anstößigen Zeichens kommt es zumindest dann nicht an, wenn die Anstößigkeit des Zeichens in der Wahrnehmung eines maßgeblichen Teils des Verkehrs objektiv gegeben ist (EuG T-52/13, BeckRS 2013, 82162 Rn. 36, 37 – FICKEN; T-683/18, BeckRS 2019, 31604 Rn. 25, 77 – Cannabis Store Amsterdam). Ein Verstoß kann sich daher grundsätzlich auch aus **Bestandteilen** eines Zeichens ergeben (HABM BK 1.9.2011 – R 168/2011-1 – fucking freezing! by TÜRPITZ). Auch die Spezifikation der **Ware oder Dienstleistung** dürfte in Extremfällen (etwa Dienstleistungen der Ausführung einer Straftat) gegen Abs. 1 lit. f verstoßen. Weiterhin kann ein Zeichen nur für **bestimmte** Waren oder Dienstleistungen zurückzuweisen und für andere einzutragen sein. Kein Anwendungsfall des Abs. 1 lit. f sind dagegen unklare oder überbreite Waren- und Dienstleistungsverzeichnisse (EuGH C-371/18, GRUR 2020, 288 Rn. 66 ff. – SkyKick), denen vor der Eintragung Art. 33 Abs. 4 entgegenzuhalten ist und welche bei ihrer Eintragung – soweit diese keine Bösgläubigkeit zu Zeitpunkt der Anmeldung begründen – auf dem Wege des Benutzungszwangs zu begrenzen bzw. zu bereinigen sind (→ Rn. 22).

159   Die Prüfung ist zwar grundsätzlich auf die angemeldete **Marke selbst** (Zeichen und Waren/ Dienstleistung) zu beschränken, so dass etwa gesetzliche Beschränkungen des Vertriebs der Waren oder Dienstleistungen unbeachtlich sind (EuG T-224/01, GRUR Int 2003, 829 Rn. 76 – Nu-Tride; T-140/02, GRUR Int 2005, 1017 Rn. 27, 28, 33 – INTERTOPS; T-683/18, BeckRS 2019, 31604 Rn. 53, 68 – Cannabis Store Amsterdam; s. auch Art. 7 PVÜ und Art. 15 Abs. 4 TRIPS). Allerdings darf **keine abstrakte Beurteilung** der Marke oder einzelner Bestandteile derselben unter Ausblendung von Umständen vorgenommen werden, welche für die Feststellung der Verkehrsauffassung maßgeblich sind (EuGH C-240/18 P, GRUR 2020, 395 Rn. 43, 51 ff., 69 f. – Fack Ju Göhte).

160   Daher kann das EUIPO die **Art, voraussichtliche Benutzung und Vertriebsweg** der angemeldeten **Ware** oder Dienstleistung den Kreis der angesprochenen Verbraucher auf solche begrenzen, die an dem Zeichen keinen Anstoß nehmen (HABM 6.7.2006 – R 495/2005-G Rn. 21, 29 – SCREW YOU für Waren, die ausschließlich in Sexshops verkauft werden; s. auch HABM 7.3.2016 – R 875/2015-5 – HexaBody; zu den strengeren Maßstäben der deutschen Rechtsprechung bei speziell für **Jugendliche** bestimmten Produkten → MarkenG § 8 Rn. 618, → MarkenG § 8 Rn. 797 f.).

161   Die Marke ist auf Grundlage von Art. 7 Abs. 1 lit. f zurückzuweisen, wenn dessen Voraussetzungen in der **gesamten EU** erfüllt sind (bejaht in EuG T-1/17, BeckRS 2018, 2915 Rn. 36 – La Mafia se sienta en la mesa). Dies gilt aufgrund Art. 7 Abs. 2 auch dann, wenn dies – aus sprachlichen, historischen, sozialen und sozialen Gründen – nur für einen **Teil der Union** der Fall ist (EuG T-232/10, GRUR Int 2012, 364 Rn. 32–34 – Wappen der ehemaligen UdSSR). Die Berücksichtigung der jeweiligen spezifischen „Umstände" in verschiedenen Teilen der Union ändert jedoch nichts daran, dass die Beurteilung eines Verstoßes gegen Art. 7 Abs. 1 lit. f – schon mangels eines ausdrücklichen Verweises auf das nationale Recht – nach einem **unionsweit einheitlichen Maßstab** autonom und im Einklang mit den Grundwerten der Union (Art. 2 EUV) zu beurteilen ist. Dies schließt nicht aus, dass das Unionsrecht Wertungen umfasst oder auf

Wertungen verweist, welche im nationalen Recht zum Ausdruck kommen (vgl. EuG T-683/18, BeckRS 2019, 31604 Rn. 71 ff. – Cannabis Store Amsterdam: Unterstützung der Mitgliedstaaten bei Bekämpfung des illegalen Drogenhandels gemäß Art. 83 AEUV und sowie der Verringerung drogenkonsumbedingter Gesundheitsschäden gemäß Art. 168 Abs. 1 AEUV).

Die Tatbestandsmerkmale des Abs. 1 lit. f überschneiden sich. **Öffentliche Ordnung** bezieht **162** sich vornehmlich auf „objektive" Rechtsgrundsätze und Vorschriften, welche die EU binden (EU-Primärrecht, Völkerrecht), von ihr gesetzt wurden (EU-Sekundärrecht) und von ihr zu achten sind (Verfassungsprinzipien der Mitgliedstaaten iSv Art. 4 Abs. 2 EUV). Ein Verstoß indiziert die Anwendbarkeit von Abs. 1 lit. f regelmäßig dann, wenn die betreffende Vorschrift hochrangige Rechtsgüter (Menschenrechte, insbesondere Diskriminierungsverbot, grundlegende öffentliche Interessen) schützt (vgl. EuG T-683/18, BeckRS 2019, 31604 Rn. 73 – Cannabis Store Amsterdam). Auch der Verstoß gegen nationale Gesetze muss grundlegende, durch das betreffende Wertesystem geschützte Interessen der Gesellschaft betreffen (EuG T-178/20, GRUR-RS 2021, 10489 Rn. 41 – BavariaWeed). Die **guten Sitten** beziehen sich dagegen auf die Verkehrsanschauung, auch wenn sich diese oft in positivrechtlichen Regelungen niederschlägt (im Einzelfall auch solche von Drittstaaten, s. HABM BK 17.9.2012 – R 2613/2011-2 – ATATURK) und damit „objektive" Indikatoren für die „subjektive" Verkehrsauffassung in den betreffenden Mitgliedstaaten darstellen können (EuG T-232/10, GRUR Int 2012, 364 Rn. 37 – Wappen der ehemaligen UdSSR).

Nicht jeder Rechtsverstoß ist als Verstoß gegen Abs. 1 lit. f zu werten, da dieser Zurückwei- **163** sungsgrund eine schwere bzw. von der Gesellschaft nicht hinnehmbare Unvereinbarkeit mit grundlegenden Normen und Werten und Normen voraussetzt (→ Rn. 153; EuG T-178/20, GRUR-RS 2021, 10489 Rn. 41 – BavariaWeed). Andererseits kann dieses Eintragungshindernis einschlägig sein, wenn die Benutzung eines Zeichens (etwa in einem anderen Zusammenhang) legal ist. Eine **langjährige unbeanstandete Benutzung** kann ein Indiz für eine tolerante Auffassung des Publikums darstellen (EuGH C-240/18 P, GRUR 2020, 395 Rn. 50–53, 70 – Fack Ju Göhte). Das kann auch die Verwendung entsprechender Begriffe in einer Branche betreffen (etwa religiöse Begriffe bei Wein und Arzneien). Ob die Benutzung eines Zeichens als Marke für die beanspruchten Waren und Dienstleistungen als moralisch nicht hinnehmbar wahrgenommen wird, ist vom EUIPO **objektiv** im Einzelfall unter **Berücksichtigung aller maßgeblichen Faktoren konkret und umfassend zu ermitteln, darzulegen** und schlüssig **zu begründen.** Abzustellen ist auf den zum Beurteilungszeitpunkt maßgeblichen gesellschaftlichen Kontext (einschließlich der ggf. bestehenden kulturellen oder weltanschaulichen Vielfalt), wobei insbesondere auch Gesetzestexte und Verwaltungspraktiken, die öffentliche Meinung sowie bisherige Reaktionen auf das angemeldete oder vergleichbare Zeichen relevante Indizien darstellen können (EuGH C-240/18 P, GRUR 2020, 395 Rn. 39 f., 42 f., 51, 55, 69 f. – Fack Ju Göhte).

3. Anwendungsfälle

In Anwendung dieser Maßstäbe wurden Marken als Verstoß gegen die öffentliche Ordnung **164** zurückgewiesen (s. auch Martin/Ringelhann MarkenR 2018, 445), deren Benutzung die öffentliche **Sicherheit gefährdet** (HABM BK 21.9.2012 – Device of a Lightning Bolt), die **rassistisch** oder **diskriminierend** sind und damit gegen die Menschwürde verstoßen (EuG T-526/09, GRUR Int 2012, 247 Rn. 15 – PAKI; HABM BK 6.2.2015 – R 2804/2014-5 – Mechanical Aparteid), den **Terrorismus** (HABM BK 29.9.2004 – R 176/2004-2 – BIN LADIN; 27.6.2016 – R 563/2016-2 – ETA) oder die **organisierte Kriminalität** (EuG T-1/17, BeckRS 2018, 2915 Rn. 40 – La Mafia se sienta en la mesa) sowie die solche Verbrechen befördernden Organisationen oder Personen verherrlichen oder verklären und damit zudem deren Opfer beleidigen. Auch die Beförderung oder Verharmlosung **verbotener Produkte** oder Substanzen (HABM 10.6.2005 – 3739125 – CANNABI; EUIPO BK R1881/2015-1 – KB KRITIKAL BILBO; EuG T-683/18, BeckRS 2019, 31604 Rn. 76 – Cannabis Store Amsterdam) oder **ungesetzlicher Tätigkeiten** (HABM 29.1.2013 – 11317245 – world wide stolen goods) wird meist als Verstoß gegen Abs. 1 lit. f gewertet (s. aber HABM BK 11.5.2012 – R 2052/2011-5 – How to make money selling drugs und HABM BK 7.5.2015 – R 2822/2014-5 – Contra-Bando).

Der **Schutz von Opfern** und ihrer Nachkommen kann die Zurückweisung von Marken **165** rechtfertigen (HABM 2.7.2015 – 13092937 – MH17), hinter welchem auch Galgenhumor zurücktreten muss (HABM 26.5.2015 – 13099445 – Bagdad Country Club It takes balls to play there). Daher können auch Symbole untergegangener **Diktaturen** oder **verbrecherischer Organisationen** auch dann unter Abs. 1 lit. f fallen, wenn ihre Benutzung nicht (wie in einigen Mitgliedstaaten, s. beispielsweise die nach § 86a StGB verbotenen Kennzeichen **verfassungswidriger Organisationen**) gesetzlich verboten ist (EuG T-232/10, GRUR Int 2012, 364 Rn. 66,

67 – Wappen der ehemaligen UdSSR). Allerdings dürfte dies nur Zeichen betreffen, die konkret mit Handlungen eines Unrechtssystems in einer Beziehung stehen (vgl. BPatG BeckRS 2012, 22054 – gehendes Ampelmännchen). Nicht von Art. 7 Abs. 1 lit. f erfasst wird der Hinweis auf den Austritt eines Mitgliedstaats aus der EU gemäß Art. 50 EUV (EUIPO BK 28.7.2017 – R 2244/2016-2 – Brexit, EUIPO Große BK 30.1.2019 – R 958/2017-G – Brexit).

166   Die EU ist zur Achtung der Religionen verpflichtet (Art. 13 AEUV, Art. 22 GRCh) und ermächtigt die Mitgliedstaaten ausdrücklich (Art. 4 Abs. 3 lit. b MRL), die Eintragung von Marken zu untersagen, welche ein **religiöses Symbol** enthalten. Von dieser Möglichkeit haben mehrere Mitgliedstaaten Gebrauch gemacht. Trotz zunehmender Säkularisierung kann ein erheblicher Teil der Bevölkerung die Verwendung religiöser Begriffe als Marke als anstößig empfinden. Zumindest wenn das Zeichen nicht ausschließlich aus religiösen Symbolen besteht (s. dazu HABM BK 10.9.2015 – R 510/2013-1 – Darstellung eines Kreuzes), wird dies nur bei **objektiv respektlosen** oder **herabwürdigenden Verwendungen** religiöser Begriffe der Fall sein (bejaht etwa für eine Darstellung der Gottesmutter mit Cannabispflanze, HABM 2.2.2005 – 3239514 – Ave María; verneint für „Weihwasser", Unionswortmarke 4975091 – Agua Bendita). Zu beachten ist die Branchenüblichkeit (etwa für Wein, s. zB Unionswortmarke 8393498 – Vigne de l'enfant Jesus, oder Arzneien, s. zB Unionswortmarke 39305 Klosterfrau) und sowie die Vermarktung religiöser Begriffe durch die Kirchen oder Religionsgemeinschaften selbst (zur deutschen Rechtsprechung → MarkenG § 8 Rn. 754 ff.). Auch **zivilreligiöse** Begriffe können als anstößig wahrgenommen werden (HABM BK 17.9.2012 – R 2613/2011-2 – ATATURK).

167   Zum **postmortalen Persönlichkeitsschutz** gibt es bislang in diesem Zusammenhang noch keine Rechtsprechung der EU-Gerichte (→ MarkenG § 8 Rn. 781, → MarkenG § 8 Rn. 1080 ff.). Dies gilt auch für die Frage der **Remonopolisierung gemeinfreier Werke** (s. aber EFTA-Gerichtshof GRUR-Prax 2017, 232 mAnm Lerach und Kur GRUR 2017, 1082).

168   **Schimpfwörter, obszöne und unanständige Begriffe** werden vom EUIPO in der Regel als anstößig angesehen. Die Rechtsprechung des EuG hat diese relativ strenge Linie bestätigt (EuG T-417/10, BeckRS 2012, 81132 – ¡Que buenu ye! HIJOPUTA; T-52/13, BeckRS 2013, 82162 – FICKEN; T-266/13, BeckRS 2014, 81980 – CURVE; T-69/17, becklink 2008882 – Fack ju Göhte). Markenschutz darf auch ironischen oder witzigen Verwendungen sittenwidriger Bezeichnungen keine Bühne geben (HABM BK 1.9.2011 – R 168/2011-1 – fucking freezing! by TÜRPITZ). Damit ist der Art. 7 Abs. 1 lit. f maßgebliche – und vom EuGH nunmehr (EuGH C-240/18 P, GRUR 2020, 395 Rn. 39, 41 – Fack Ju Göhte) deutlich klargestellte – Trennlinie zwischen „nur" geschmacklosen und tatsächlich unsittlichen Begriffen (→ Rn. 153) meist schnell überschritten (s. aber HABM BK 25.3.2003 – R 111/2002 – Dick & Fanny sowie die Unionsbildmarke 4136453 – FREE Kick Wodka Lemon).

VII. Täuschende Marken (Abs. 1 lit. g)

169   Art. 7 Abs. 1 lit. g schließt Marken von der Eintragung aus, die geeignet sind, das Publikum zum Beispiel über die Art, die Beschaffenheit oder die geografische Herkunft der Ware oder Dienstleistung zu täuschen und dient dem Verbraucherschutz (EuGH C-259/04, GRUR Int 2006, 594 Rn. 46 – Elizabeth Emanuel). Dies setzt entweder eine tatsächliche Irreführung der Verbraucher oder eine hinreichend schwerwiegende Gefahr einer solchen voraus (EuGH C-87/97, GRUR Int 1999, 443 Rn. 41 – Gorgonzola). Dass die Marke ausschließlich aus zur Täuschung geeigneten Angaben besteht, ist für die Anwendung der Vorschrift nicht erforderlich. Eine entgegen Art. 7 Abs. 1 lit. g eingetragene Marke kann nach Art. 59 auf Antrag für nichtig erklärt werden. Dagegen verfällt eine Marke nach Art. 58 Abs. 1 lit. c, wenn sich die Irreführungsgefahr erst nach der Eintragung infolge der Benutzung entwickelt (EuG T-306/20, BeckRS 2022, 14844 Rn. 63–68 – La Irlandesa; T-739/20, GRUR-RS 2022, 14007 Rn. 50 f. – Waterford). Das Eintragungshindernis des Art. 7 Abs. 1 lit. g kann gemäß Art. 7 Abs. 3 nicht durch Benutzung überwunden werden.

170   Nach der Entscheidungspraxis der Beschwerdekammern liegt eine Täuschung insbesondere dann vor, wenn die Marke an sich im Verhältnis zur beanspruchten Ware eine unrichtige Angabe enthält, die objektiv in jedem vernünftigerweise denkbaren Fall ihrer anmeldungsgemäßen Benutzung zur Irreführung geeignet ist (HABM BK 4.11.2010 – R 778/2010-1 Rn. 8 – BEST MEDICAL). Hierbei ist auf die mutmaßliche Erwartung eines durchschnittlich informierten, aufmerksamen und verständigen Durchschnittsverbrauchers abzustellen, wobei eventuelle soziale, kulturelle und sprachliche Eigenheiten zu berücksichtigen sind (vgl. EuGH C-220/98, NJW 2000, 1173 Rn. 27, 29 – Lifting). Zum Kriterium der Ersichtlichkeit im deutschen Recht (→ MarkenG § 8 Rn. 592).

Die hM in Deutschland verlangt zudem, dass die täuschende Angabe geeignet ist, das Publikum **171** in seinen wirtschaftlichen Entschlüssen zu beeinflussen (→ MarkenG § 8 Rn. 631). Während dies in früheren Entscheidungen der Beschwerdekammern ebenfalls ausdrücklich gefordert wurde (vgl. zB HABM BK 19.6.2003 – R 580/2001-1 Rn. 88 – WEISSE SEITEN), gehen Entscheidungen aus jüngerer Zeit hierauf nicht mehr ein.

Der EuGH hat zur Richtlinie über unlautere Geschäftspraktiken entschieden, dass eine irreführende **171.1** Geschäftspraxis geeignet sein muss, den Verbraucher zu einer geschäftlichen Entscheidung zu veranlassen (EuGH C-281/12, BeckRS 2013, 82378 Rn. 33 ff. – Trento Sviluppo/AGCM). In der Literatur wird teilweise eine Übertragung dieser Rechtsprechung auf markenrechtliche Sachverhalte befürwortet, da auch das Markenrecht die Irreführung im Interesse des Konsumentenschutzes und des unverfälschten Wettbewerbs bekämpfe (Brömmelmeyer WRP 2006, 1275 (1280) Fn. 69, 70, 7; ähnlich Lange MarkenR Rn. 1057). Die Eignung des ®-Zeichens, das Publikum in seinen wirtschaftlichen Entschlüssen zu beeinflussen, ist fraglich (EuGH C-238/89, GRUR Int 1991, 215 – Pall; zur Diskussion in Deutschland → MarkenG § 8 Rn. 682).

Grundlage für die Beurteilung der Irreführungsgefahr ist allein die Marke in ihrer angemeldeten **172** Form in Bezug auf die beanspruchten Waren und Dienstleistungen (vgl. Beispiele für die Irreführungsgefahr in den EUIPO-Richtlinien, Teil B, Abschnitt 4, Rn. 2.8.1; so auch im deutschen Recht, → MarkenG § 8 Rn. 598). Das EUIPO geht davon aus, dass der Durchschnittsverbraucher angemessen aufmerksam ist und nicht allzu leicht einer Täuschung aufsitzen dürfte. Außerdem wird angenommen, dass Anmelder Marken nicht gezielt zur Täuschung der Verbraucher anmelden, sondern um diese in einer nicht irreführenden Art und Weise zu benutzen. Ist das Warenverzeichnis so abgefasst, dass eine nicht täuschende Benutzung möglich ist, ist Abs. 1 lit. g in der Regel nicht einschlägig (EuG T-306/20, BeckRS 2022, 14844 Rn. 71 – La Irlandesa). Allerdings ist die Möglichkeit einer nicht irreführenden Benutzung dann nicht maßgeblich, wenn eine hinreichend schwerwiegende Täuschungsgefahr aufgrund eines klaren Widerspruchs zwischen der durch das Zeichen vermittelten Information und den Eigenschaften der bezeichneten Waren tatsächlich festgestellt wurde (EuG T-86/19, GRUR-RS 2020, 9858 Rn. 83 ff. – Bio-Insect Shocker).

Sprechen die angemeldeten Waren und Dienstleistungen in besonderem Maße Kinder und **Jugendliche** **172.1** an, spricht jedoch vieles dafür, die Eignung zur Irreführung eher zu bejahen (Liesching CR 2001, 845; Jahn/Palzer GRUR 2014, 332). Maßstab sollen dabei nach Albrecht gefährdungsgeneigte Jugendliche sein (Albrecht GRUR 2003, 385 (388 f.)).

Nach der Praxis des EUIPO sollen Markenanmeldungen insbesondere dann nach Abs. 1 lit. g **173** beanstandet werden, wenn sie begrifflich eine **klare Erwartung** wecken, die im **völligen Gegensatz zur Art, Qualität oder geografischen Herkunft** der Waren steht. Dies ist etwa dann der Fall, wenn die Marke Angaben zur Beschaffenheit der Waren macht, die auf die im Waren- und Dienstleistungsverzeichnis aufgeführten Waren von vornherein nicht zutreffen können, wie zB die Bezeichnung „lactofree" für die Ware „Laktose" (HABM BK – R 892/2009-1), Bär für Fleischwaren „ausgenommen Bärenfleisch" (EuG T-432/16, BeckRS 2017, 117448 Rn. 52–54 – Медвѣдь) oder Stoff für alkoholfreie Getränke (EuG T–844/16, GRUR-Prax 2018, 14 Rn. 44 – Klosterstoff). Auch die Verwendung des (im Sinne von „biologisch" verstandenen) Begriffs „bio" in Verbindung mit Biozidprodukten begründet eine Täuschungsgefahr (EuG T-86/19, GRUR-RS 2020, 9858 Rn. 75 ff. – Bio-Insect Shocker). Aus der Prämisse des EUIPO, dass die angemeldete Marke im Zweifelsfall auf nicht täuschende Weise verwendet werden wird (→ Rn. 172), folgt auch, dass eine Einschränkung einer für einen Oberbegriff angemeldeten Marke nicht erforderlich ist, falls unter den fraglichen Begriff auch Waren oder Dienstleistungen fallen, über deren Eigenschaften die Marke nicht täuscht (EuG T-306/20, BeckRS 2022, 14844 Rn. 66, 71 – La Irlandesa).

Täuschend ist beispielsweise die Marke BEST MEDICAL für Schuhe in Klasse 25, da nach **174** der Ansicht des EUIPO die Verbraucher den Begriff BEST MEDICAL im Zusammenhang mit diesen Waren als Hinweis auf medizinische, insbesondere orthopädische Schuhe auffassen. Diese fallen jedoch in Warenklasse 10 (HABM BK 4.11.2010 – R 778/2010-1). Nicht für täuschend hielt das EUIPO dagegen die Marke „METALJACKET". Für Jacken aus Textilien sei diese Bezeichnung nur suggestiv, aber nicht irreführend (HABM BK 23.10.2002 – R 314/2002-1 – METALJACKET). Ebenso wenig besteht eine tatsächliche oder hinreichend schwere Gefahr der Irreführung bei der Marke „PORT CHARLOTTE" für Whisky: die maßgeblichen Verkehrskreise können unabhängig von ihrer Herkunft und ihren Sprachkenntnissen den in dieser Marke enthaltenen bloßen Begriff „Port" nicht auf die Ursprungsbezeichnung „Porto" oder „Port" oder einen damit bezeichneten Likörwein beziehen (EuG 5.5.2011 – T-659/14, GRUR Int 2016, 144 Rn. 87 – PORT CHARLOTTE).

175   Dem absoluten Eintragungshindernis des Abs. 1 unterfallen außerdem Marken, die einen **offiziellen Status vortäuschen,** zB INTERNATIONAL STAR REGISTRY (HABM BK 4.4.2001 – R 468/1999-1). Die Verwendung der Farben Blau, Weiß und Rot in einem verschlungenen kreisrunden Zeichen ua mit dem Wortbestandteil „français" tut dies jedoch nicht (EuG T-41/10, BeckRS 2011, 147534 Rn. 56–63 – esf école du ski français). Denkbar ist eine Täuschung (dann über die geografische Herkunft) auch bei Farbkombinationsmarken, wenn die beanspruchten Waren/Dienstleistungen einen Bezug zu Ländern oder Städten bewirken (so BPatG BeckRS 2012, 19612 – RTL).

176   Eine Marke, die aus dem **Namen** des Designers und ersten Herstellers der mit dieser Marke versehenen Waren besteht, aber von einem Dritten angemeldet wird, ist allein aufgrund dieser Besonderheit nicht täuschend iSv Art. 7 Abs. 1 lit. g und darf auch nicht aus diesem Grund für verfallen erklärt werden. Dies gilt insbesondere dann, wenn der mit dieser Marke verbundene Goodwill zusammen mit dem Geschäftsbetrieb der Herstellung der Waren, auf die sich die Marke bezieht, auf den Anmelder übertragen worden ist (EuGH C-259/04, GRUR 2006, 416 Rn. 53 – ELIZABETH EMANUEL). Zur möglichen Täuschung über **Persönlichkeitsrechte** → MarkenG § 8 Rn. 638 ff.

177   Art. 76 Abs. 2 und Art. 85 Abs. 2 erweitern das Irreführungsverbot des Art. 7 Abs. 1 lit. g um Täuschungen über den Charakter oder die Bedeutung der Marke selbst. Eine **Kollektivmarke** kann deshalb irreführend sein, wenn sie den Eindruck erweckt, eine Individualmarke zu sein, oder wenn die Marke eine Qualitätszusage enthält, welche die zugehörige Satzung nicht aufstellt. Entsprechendes gilt für die **Gewährleistungsmarke.**

VIII. Hoheitszeichen, Abzeichen, Embleme und Wappen von besonderem öffentlichem Interesse (Abs. 1 lit. h, i)

1. Allgemeines

178   Art. 7 Abs. 1 lit. h schließt Marken von der Eintragung aus, die mangels Genehmigung durch die zuständigen Stellen gemäß Art. 6ter PVÜ zum Schutz des gewerblichen Eigentums zurückzuweisen sind. Letztere Vorschrift soll die Eintragung von Marken verhindern, die mit staatlichen Hoheitszeichen – sowie mit den Kennzeichen (Wappen, Flaggen, Siegel) oder Bezeichnungen von zwischenstaatlichen Organisationen – identisch oder ähnlich sind. Schutzzweck ist zum einen das Recht der Staaten, die Verwendung ihrer Hoheitszeichen zu kontrollieren. Zum anderen soll – insbesondere in Bezug auf die Kennzeichen und Bezeichnungen der zwischenstaatlichen Organisationen – der Verbraucher vor Irreführung in Bezug auf den Ursprung der mit solchen Marken gekennzeichneten Waren oder Dienstleistungen geschützt werden (s. EuG T-127/02, GRUR 2004, 773 Rn. 39 – ECA/Europa-Emblem).

179   Art. 7 Abs. 1 lit. i schließt in Ergänzung zu Abs. 1 lit. h auch Marken von der Eintragung aus, die zwar nicht unter Art. 6ter PVÜ fallen, aber Abzeichen, Embleme und Wappen von besonderem öffentlichem Interesse enthalten.

2. Abs. 1 lit. h

180   Die Vorschrift des Art. 6ter PVÜ regelt, dass Wappen, Flaggen und andere staatliche Hoheitszeichen der Verbandsstaaten sowie heraldische Nachahmungen derselben nicht als Marke eingetragen werden dürfen, sofern der jeweilige Hoheitsträger dies nicht ausdrücklich genehmigt. Wurde eine allgemeine **Genehmigung,** etwa in Form einer Bekanntmachung, erteilt, ist genau zu prüfen, ob diese auch die Benutzung als Marke oder als Teil einer Marke umfasst (HABM BK 26.2.2015 – R 1166/2014-1 Rn. 25 ff. – Alpenbauer Bayerische Bonbonlutschkultur).

181   Eine „heraldische Nachahmung" im oben genannten Sinne setzt eine hohe Ähnlichkeit der Anmeldemarke (oder eines Bestandteils derselben) mit dem fraglichen staatlichen Hoheitszeichen voraus. Die Marke muss gerade die für das Hoheitszeichen typischen heraldischen Konnotationen enthalten, die das Hoheitszeichen von anderen Zeichen unterscheiden. Ob dies der Fall ist, überprüft das EUIPO anhand der offiziellen heraldischen Beschreibung des jeweiligen Hoheitszeichens. Hierbei ist jedoch zu berücksichtigen, dass nicht jeder von einem Heraldik-Fachmann festgestellte Unterschied zwischen der betreffenden Marke und dem Hoheitszeichen notwendigerweise auch vom Durchschnittsverbraucher wahrgenommen wird. Für letzteren kann sich die fragliche Marke trotz Unterschieden auf der Ebene bestimmter heraldischer Details dennoch als Nachahmung des

in ... ...henden Hoheitszeichens darstellen (s. hierzu EuG T-413/11, GRUR Int 2013, 250 R... – EUROPEAN DRIVESHAFT SERVICES).

Ebenfalls von dem Eintragungsverbot betroffen sind Wappen, Flaggen und andere Kennzeichen **182** von internationalen **zwischenstaatlichen Organisationen,** zB der EU. Zusätzliche Voraussetzung ist in diesen Fällen aber, dass die Marke geeignet ist, beim Publikum den Eindruck einer Verbindung zwischen der betreffenden Organisation und den angemeldeten Wappen, Flaggen oder anderen Kennzeichen hervorzurufen (vgl. Art. 6ter Abs. 1 lit. c PVÜ). Dies ist im Rahmen einer Gesamtschau des angemeldeten Zeichens zu beurteilen (EuG T-413/11, GRUR Int 2013, 250 Rn. 59 – EUROPEAN DRIVESHAFT SERVICES). Diese **irreführende Verbindung** ist insbesondere dann gegeben, wenn die Marke den Verbraucher in Bezug auf die Herkunft der bezeichneten Waren oder Dienstleistungen irreführt, weil sie den Eindruck erweckt, dass diese von der betroffenen Organisation selbst stammen. Dies ist aber auch dann gegeben, wenn der Verbraucher aufgrund des Zeichens annehmen kann, dass die bezeichneten Waren oder Dienstleistungen mit einer Genehmigung oder Garantie der genannten zwischenstaatlichen Organisation ausgestattet wurden oder anderweitig mit dieser in Verbindung stehen (EuG T-430/12, GRUR Int 2014, 681 Rn. 62 – European Network Rapid Manufacturing).

Das Eintragungshindernis des Art. 7 Abs. 1 lit. h gilt nach der Rechtsprechung des EuGH **183** **auch für Dienstleistungsmarken,** obwohl Art. 6ter PVÜ diese nicht ausdrücklich erwähnt (EuGH C-202/08 und 208/08, GRUR Int 2010, 45 Rn. 78 – Ahornblatt).

Nach lit. h wurde ua die Eintragung des Wappens des Hauses von Hannover als Unionsmarke **184** zurückgewiesen, da das Wappen eine heraldische Nachahmung bestimmter Hoheitszeichen des Vereinigten Königreichs darstelle. Dass sich die Wappen parallel entwickelt hatten bzw. das fragliche Wappen des englischen Königshauses aus historischen Gründen dem Wappen des Hauses von Hannover nachempfunden ist, spielte dabei keine Rolle (EuGH T-397/09, GRUR Int 2011, 949 – Suscipere et finire).

Die WIPO unterhält auf ihrer Internetseite eine Datenbank, mit der die unter Art. 6ter PVÜ **185** fallenden geschützten Hoheitszeichen der einzelnen Staaten bzw. Organisationen abgefragt werden können (abrufbar unter http://www.wipo.int/ipdl/en/6ter/). Die Flaggen der jeweiligen Staaten sind allerdings auch ohne Aufnahme in diese Liste geschützt.

3. Abs. 1 lit. i

Art. 7 Abs. 1 lit. i erfasst Marken, die zwar nicht unter Art. 6ter PVÜ fallen, aber Abzeichen, **186** Embleme und Wappen von besonderem öffentlichem Interesse enthalten. Dies umfasst etwa Zeichen, die durch völkerrechtliche Verträge geschützt sind, wie etwa das von der Genfer Konvention geschützte Symbol des Roten Kreuzes (ebenso der Rote Halbmond) oder auch die olympischen Ringe, welche Gegenstand des Vertrags von Nairobi über den Schutz des olympischen Symbols sind. Zu den nach lit. i geschützten Emblemen gehört auch das Euro-Zeichen (EuG T-3/12, BeckRS 2013, 81436 – Member of €e euro experts) und das Dollar-Zeichen (EUIPO BK 4.7.2019 – R 1345/2018-1 Rn. 47 – €$; zu gesetzlichen Zahlungsmitteln vgl. auch → MarkenG § 8 Rn. 823). Gleiches gilt für das „ggA"-Zeichen der EU (EuG T-700/20, GRUR-RS 2021, 36702 Rn. 38 f., 45 – Steirisches Kürbiskernöl g.g.A). Solche Zeichen sind zurückzuweisen, wenn keine Zustimmung der zuständigen Stelle (→ Rn. 179 aE) vorliegt und eine den Verbraucher irreführende Verbindung zwischen dem Inhaber bzw. Benutzer der betreffenden Marke und der betroffenen Organisation hervorruft.

IX. Kollision mit geschützten Ursprungsbezeichnungen und geografischen Angaben (Abs. 1 lit. j)

Art. 7 Abs. 1 lit. j regelt, dass Marken nicht eingetragen werden können, die nach Maßgabe **187** von Unionsvorschriften, von nationalem Recht oder von internationalen Übereinkünften, denen die Union (insbesondere die am 26.2.2020 in Kraft getretene Genfer Akte des Lissabonner Abkommens über Ursprungsbezeichnungen und geografische Angaben, s. Art. 7 Abs. 1 VO (EU) 2019/1753; zu Einzelheiten → MarkenG § 8 Rn. 887 ff.) oder der betreffende Mitgliedstaat angehört, zum Schutz von Ursprungsbezeichnungen und geografischen Angaben, von der Eintragung ausgeschlossen sind.

Die Vorschrift fasst die bisherigen, bis zum Inkrafttreten der Reform am 23.3.2016 (→ Rn. 16) **188** geltenden Art. 7 Abs. 1 lit. j und k zusammen. Durch die Reform wurde lit. j so abgeändert, dass die Regelung nunmehr alle Marken erfasst, die aufgrund von Unionsrecht oder nationalen Vorschriften der Mitgliedstaaten zum Schutz von Ursprungsbezeichnungen und geografischen

Angaben, bzw. aufgrund von entsprechenden internationalen Übereinkünften, denen die Union oder ein Mitgliedstaat angehört, von der Eintragung ausgeschlossen sind.

189   Die folgenden EU-Verordnungen enthalten Eintragungshindernisse für Marken, die in den Anwendungsbereich von Art. 7 Abs. 1 lit. j fallen: VO (EU) 1308/2013 über den Schutz geografischer Angaben für **Weine,** VO (EU) 251/2014 über den Schutz geografischer Angaben für **aromatisierte Weine,** VO (EG) 110/2008 über den Schutz geografischer Angaben für **Spirituosen,** VO (EU) 1151/2012 über den Schutz geografischer Angaben für **Agrarerzeugnisse und Lebensmittel.** Diese Verordnungen schützen die auf ihrer Grundlage eingetragenen Ursprungsbezeichnungen bzw. geografischen Angaben jeweils auf dreifache Weise: (1) gegen eine direkte oder indirekte **gewerbliche Verwendung** der geschützten Bezeichnung, (2) gegen widerrechtliche **Aneignung, Nachahmung** oder **Anspielung,** sowie (3) gegen sonstige **irreführende Praktiken.**

189.1   Die entsprechenden Regelungen finden sich für Weine in Art. 103 Abs. 2 VO (EU) 1308/2013, für aromatisierte Weine in Art. 20 VO (EU) 251/2014, für Spirituosen in Art. 16 VO (EG) 110/2008 und für Agrarerzeugnisse und Lebensmittel in Art. 13 Abs. 1 VO (EU) 1151/2012.

190   Ältere Ursprungsbezeichnungen und geografische Angaben, die nach einer der oben genannten Verordnungen geschützt sind, gehen einer jüngeren Marke grundsätzlich vor (und zwar auch wenn letztere als prioritätsältere nationale Marke geschützt und bekannt ist, EuG T-696/15, BeckEuRS 2017, 494791 Rn. 60 – Tempos Vega Sicilia). Voraussetzung für die Anwendung von Art. 7 Abs. 1 lit. j ist neben einer direkten oder indirekten Verwendung, einer widerrechtlichen Aneignung, Nachahmung oder Anspielung oder einer sonstigen Irreführung in Bezug auf die geschützte Bezeichnung außerdem, dass die angemeldete Marke identische oder zumindest vergleichbare Waren enthält, wie diejenigen, die unter die geschützte Ursprungsbezeichnung bzw. geografische Angabe fallen.

191   Falls einer der in Art. 13 VO (EU) 1151/2012 aufgeführten Tatbestände gegeben ist, und die Marke die gleiche Art von Agrarerzeugnis oder Lebensmittel betrifft, welches Gegenstand der Ursprungsbezeichnung bzw. der geografischen Angabe ist, ist die Marke gemäß Art. 7 Abs. 1 lit. j von der Eintragung ausgeschlossen, wenn ihr Anmeldetag nach dem Zeitpunkt der Einreichung des Antrags auf Eintragung der Ursprungsbezeichnung oder der geografischen Angabe bei der Kommission liegt. Ein weiteres Beispiel für die Anwendung von Art. 7 Abs. 1 lit. j wäre eine Marke, die den Bestandteil „BORDEAUX" enthält und die für „Weine" (ohne nähere Spezifizierung) angemeldet wurde. Nach Art. 103 Abs. 2 VO (EU) 1308/2013 dürfte diese Marke nicht eingetragen werden, da das Warenverzeichnis auch Weine aus einer anderen Region als dem Bordeaux enthält, was zu einer Täuschung der Verbraucher führen könnte. Möglich wäre dagegen eine Eintragung für „Weine, die den Spezifikationen der geschützten Ursprungsbezeichnung BORDEAUX entsprechen". Das EUIPO besteht in solchen Fällen auf einer entsprechenden Einschränkung des Warenverzeichnisses, damit die Marke zur Eintragung gelangen kann.

192   Eine **Anspielung** auf eine geschützte Ursprungsbezeichnung bzw. geografische Angabe kann vorliegen, wenn statt der geschützten Bezeichnung ein ähnlich klingender Begriff in einer anderen Sprache verwendet wird (zB „Parmesan" statt der geschützten Ursprungsbezeichnung „Parmeggiano Reggiano"), wobei es nicht darauf ankommt, ob es sich bei dem verwendeten Begriff um die genaue Übersetzung der geschützten Bezeichnung handelt (EuGH C-132/05, GRUR 2008, 524 Rn. 50 – Parmesan). Voraussetzung für eine Anspielung ist jedoch stets, dass der Verbraucher durch den Namen des Erzeugnisses veranlasst wird, gedanklich einen Bezug zu der Ware herzustellen, die die geschützte Bezeichnung trägt (EuGH C-87/97, GRUR Int 1999, 443 Rn. 25 – Gorgonzola/Cambozola). Dies ist im Beispielsfall „Parmesan" aufgrund der bildlichen und klanglichen Ähnlichkeit zur geschützten Ursprungsbezeichnung „Parmeggiano Reggiano" bei einer Verwendung für geriebenen Hartkäse der Fall (EuGH C-132/05, GRUR 2008, 524 Rn. 46 ff. – Parmesan).

X. Kollision mit traditionellen Bezeichnungen für Weine (Abs. 1 lit. k)

193   Art. 7 Abs. 1 lit. k untersagt die Eintragung von Marken nach Maßgabe von Unionsvorschriften zum Schutz von traditionellen Bezeichnungen für Weine. Die diesbezüglichen unionsrechtlichen Regelungen finden sich derzeit in der VO (EU) 1308/2013 des Rates und der VO (EG) 607/2009 der Kommission, aber ggf. auch in von der EU abgeschlossenen internationalen Abkommen. Unter traditionellen Bezeichnungen für Weine versteht man Begriffe, die dem Verbraucher zusätzlich zu geschützten Ursprungsbezeichnungen und geografischen Angaben Hinweise auf die Besonderheiten und die Qualität der mit ihnen gekennzeichneten Weine geben. Beispiele für solche

Begriffe sind etwa „crianza", „fino", „Grand cru", „Vin de pays" oder auch „Federweisser". Um einen fairen Wettbewerb zu gewährleisten und eine Irreführung der Verbraucher zu verhindern, können diese traditionellen Bezeichnungen in der Union geschützt werden (vgl. Erwägungsgrund 104 VO (EU) 1308/2013). Eine Auflistung der in der Union geschützten traditionellen Bezeichnungen für Weine enthält die von der Europäischen Kommission betriebene Datenbank „eAmbrosia".

Die Voraussetzungen für den Schutz als traditionelle Bezeichnung für Wein sind in Art. 112 **194** VO (EU) 1308/2013 des Rates geregelt. Der Schutzumfang wird durch Art. 113 Abs. 2 VO (EU) 1308/2013 und Art. 40 Abs. 2 VO (EG) 607/2009 der Kommission festgelegt. Der Schutz ist auf die Sprache des Begriffes und die Art der Weinbauerzeugnisse, auf die sich der Begriff bezieht, beschränkt. Gewährt wird Schutz gegen (1) jede **widerrechtliche Aneignung** des Begriffs, selbst wenn er zusammen mit Ausdrücken wie „Art", „Typ", „Verfahren", „Fasson", „Nachahmung", „Aroma", oder Ähnlichem verwendet wird, sowie (2) alle **sonstigen falschen oder irreführenden Angaben,** die sich auf Art, Merkmale oder wesentliche Eigenschaften des Erzeugnisses beziehen, und (3) alle **sonstigen Praktiken, die geeignet sind, den Verbraucher irrezuführen,** indem insbesondere der Anschein hervorgerufen wird, dass der Wein die Anforderungen für den geschützten traditionellen Begriff erfüllt. Einer Marke, die einen dieser Tatbestände erfüllt und die Schutz für Weine beansprucht, für die der traditionelle Begriff nicht verwendet werden darf, ist gemäß Art. 41 VO (EG) 607/2009 der Kommission die Eintragung zu versagen. Ist dies der Fall, so ist der Tatbestand des Art. 7 Abs. 1 lit. k erfüllt. Eine hierauf gestützte Beanstandung durch das EUIPO lässt sich ausräumen, indem das Warenverzeichnis der angemeldeten Marke auf Weine eingeschränkt wird, die mit der Begriffsbestimmung bzw. den Verwendungsbedingungen des in der Marke enthaltenen traditionellen Begriffs übereinstimmen.

XI. Kollision mit garantiert traditionellen Spezialitäten (Abs. 1 lit. l)

Art. 7 Abs. 1 lit. l untersagt die Eintragung von Marken nach Maßgabe von Unionsvorschriften **195** zum Schutz von garantiert traditionellen Spezialitäten. Die diesbezüglichen unionsrechtlichen Regelungen finden sich derzeit in der VO (EU) 1151/2012 (Art. 17 ff. VO (EU) 1151/2012), aber ggf. auch in von der EU abgeschlossenen internationalen Abkommen. Nach Art. 18 VO (EU) 1151/2012 kann ein Name als garantiert traditionelle Spezialität eingetragen werden, wenn er ein spezifisches Erzeugnis oder Lebensmittel beschreibt, das eine traditionelle Herstellungsart, Verarbeitungsart oder eine traditionelle Zusammensetzung aufweist, die der traditionellen Praxis für jenes Erzeugnis oder Lebensmittel entspricht, oder das aus traditionell verwendeten Rohstoffen oder Zutaten hergestellt ist. Ähnlich den traditionellen Bezeichnungen für Wein (→ Rn. 193) sind eingetragene Namen von garantiert traditionellen Spezialitäten gegen jede **widerrechtliche Aneignung, Nachahmung oder Anspielung** sowie gegen alle **sonstigen Praktiken, die den Verbraucher irreführen können,** geschützt (vgl. Art. 24 VO (EU) 1151/2012). Über die „eAmbrosia"-Datenbank der Europäischen Kommission lassen sich geschützte Begriffe von traditionell garantierten Spezialitäten einfach abrufen.

Die VO (EU) 1151/2012 enthält keine ausdrücklichen Regelungen zur Kollision von garantiert **196** traditionellen Spezialitäten mit Marken, sondern schützt erstere nur gegen widerrechtliche bzw. irreführende **Benutzungshandlungen.** Der Wortlaut von Abs. 1 lit. l, der auf Marken abstellt, die nach Unionsvorschriften zum Schutz von garantiert traditionellen Spezialitäten von der **Eintragung** ausgeschlossen sind, geht streng genommen also fehl. Die Vorschrift ist jedoch im Lichte der Systematik der lit. j und k des Art. 7 Abs. 1 UMV und analog zu diesen auszulegen. Eine Marke ist danach gemäß Art. 7 Abs. 1 lit. l von der Eintragung ausgeschlossen, wenn ihre Benutzung für die angemeldeten Waren den Tatbestand des Art. 24 VO (EU) 1151/2012 erfüllen würde. Wird eine Markenanmeldung auf der Grundlage von Abs. 1 lit. l beanstandet, kann die Beanstandung ausgeräumt werden, indem das Warenverzeichnis der Anmeldung auf Waren beschränkt wird, die mit der Produktspezifikation der betreffenden garantiert traditionellen Spezialität übereinstimmen.

XII. Kollision mit geschützten Sortenangaben (Abs. 1 lit. m)

Art. 7 Abs. 1 lit. m untersagt die Eintragung von Marken, die mit einer früheren, im Einklang **197** mit Unionsrecht und nationalem Recht – einschließlich der von der Union bzw. der Mitgliedstaaten geschlossenen internationalen Übereinkünfte – geschützten Sortenangabe in Konflikt stehen.

Eine Sortenangabe ist „früher" iSv Abs. 1 lit. m, wenn sie vor dem Anmeldetag (bzw. dem **198** Prioritätsdatum) der Unionsmarkenanmeldung eingetragen wurde. Bei der Sortenangabe kann es sich um eine nach der VO (EG) 2100/94 des Rates über den gemeinschaftlichen Sortenschutz (GSortV) geschützte Angabe handeln, um eine Angabe nach dem Internationalen Übereinkommen zum Schutz von Pflanzenzüchtungen (UPOV- Übereinkommen), oder um eine nach nationalem Recht – in Deutschland nach dem Sortenschutzgesetz (SortSchG) – geschützte Angabe. Durch die Bezugnahme auf das UPOV-Übereinkommen erfasst Abs. 1 lit. m auch Sortenangaben, die lediglich in Drittländern geschützt sind, die dem Übereinkommen beigetreten sind.

199   Abs. 1 lit. m ist anwendbar, wenn die folgenden Voraussetzungen erfüllt sind: (1) es existiert eine frühere Sortenangabe im oben genannten Sinne, (2) die angemeldete Marke besteht aus der früheren Sortenangabe oder gibt diese in ihren „wesentlichen Elementen" wieder (s. dazu EuG T-569/18, BeckRS 2019, 11457 Rn. 29–32 – Kordes' Rose Monique), (3) die angemeldete Marke betrifft Pflanzensorten der gleichen oder einer eng verwandten Spezies, wie die der geschützten Sortenangabe.

C. Eintragungshindernis nur in einem Teil der Union (Abs. 2)

200   Nach Art. 7 Abs. 2 gelten die in Art. 7 Abs. 1 genannten Eintragungshindernisse auch dann, wenn sie nur in einem Teil der Union vorliegen.

201   Die Vorschrift ist Ausdruck des im Art. 1 Abs. 2 festgeschriebenen Prinzips der **Einheitlichkeit der Unionsmarke.** Sie führt dazu, dass eine Unionsmarke entweder nur für die Union als Ganze oder gar nicht eingetragen werden kann.

202   Damit ist eine angemeldete Unionsmarke in der Regel bereits dann zurückzuweisen, wenn eines der in Art. 7 Abs. 1 lit. a–k normierten absoluten Eintragungshindernisse nur in einem Teil der EU vorliegt (vgl. EuGH C-25/05 P, GRUR 2006, 1022 Rn. 83 – Wicklerform; EuG T-204/21, GRUR-RS 2022, 3708 Rn. 27 – Rugged). Abs. 2 findet grundsätzlich auch Anwendung, wenn eine in der gesamten Union fehlende Unterscheidungskraft nach lit. b nur in bestimmten Teilen der Union durch Benutzung gemäß Abs. 3 (→ Rn. 206 ff.) überwunden werden konnte.

203   Die Anwendung von Art. 7 Abs. 2 ist indes **nicht an nationale Grenzen gebunden.** „Teil der Union" im Sinne der Vorschrift ist nicht mit „Mitgliedstaat" gleichzusetzen (EuG T-830/16, BeckRS 2018, 32735 Rn. 52–54 – Plombir). Es kann sich nur auf einen Teil eines Mitgliedstaats beschränken oder auf mehrere (Teile von) Mitgliedstaaten erstrecken. Daraus folgt etwa, dass auch Begriffe aus einer **Sprache,** die nicht zu den Amtssprachen der Union oder eines Mitgliedstaats gehört, einem der Eintragungshindernisse des Art. 7 Abs. 1 unterfallen können, wenn die betreffende Sprache in einem Teil der Union gesprochen wird (→ Rn. 92). Noch nicht abschließend geklärt ist, ob „Teil der Union" **gebietsbezogen** (so wohl EuGH C-547/17 P, BeckRS 2018, 20556 Rn. 28 ff. – Darstellung dreier vertikaler Streifen unter Bezug auf EuGH C-84/17 P ea, GRUR Int 2018, 922 – Form einer gerippten Schokoladentafel) oder in Bezug auf die **angesprochenen maßgeblichen Verkehrskreise** zu bestimmen ist (so wohl EuG T-830/16, BeckRS 2018, 32735 Rn. 52–54 – Plombir), da beide Kriterien meist überlappen. Gleiches gilt für die Frage, wie eng dieser Kreis im Einzelfall gezogen werden kann bzw. nach welchen Kriterien ein „**nicht vernachlässigbarer Teil** der maßgeblichen Verkehrskreise" (EuG T-878/16, BeckRS 2017, 132101 Rn. 27 – Karelia) konkret zu bestimmen ist (vgl. einerseits EuG T-830/16, BeckRS 2018, 32735 Rn. 55 – Plombir; andererseits EuG T-122/17, BeckRS 2018, 26130 Rn. 46 ff. – Devin).

204   Lässt sich klar nach Mitgliedstaaten abgrenzen, ob ein Eintragungshindernis vorliegt oder nicht, steht dem Anmelder die Möglichkeit offen, für die Länder, in denen dies nicht der Fall ist, die Umwandlung der Unionsmarkenanmeldung in nationale Markenanmeldungen zu beantragen (Art. 139).

205   Nicht durchsetzen konnte sich der Reformvorschlag der EU-Kommission (KOM (2013) 161 endg.), Abs. 2 dergestalt zu erweitern, dass die Eintragungshindernisse des Abs. 1 auch dann greifen sollten, wenn sie sich ihre Anwendbarkeit erst aus der Übersetzung bzw. Transkription des Zeichens in eine der Amtssprachen der Mitgliedstaaten ergibt. Das gleiche Schicksal ereilte den Vorschlag (zu Art. 4 Abs. 2 MRL, KOM (2013) 162 endg.), dem zufolge nationale Marken von dem zuständigen Mitgliedstaat auch dann zurückzuweisen bzw. gelöscht werden sollten, wenn das absolute Schutzhindernis in einem anderen Mitgliedstaat vorliegt.

D. Erlangte Unterscheidungskraft (Abs. 3)

I. Anwendungsbereich

206   Nach Art. 7 Abs. 3 kann der Anmelder die absoluten Eintragungshindernisse des Art. 7 Abs. 1 lit. b, c und d überwinden, falls er nachweist, dass die angemeldete Marke für die Waren oder Dienstleistungen, deren Eintragung beantragt wird, infolge Benutzung Unterscheidungskraft

erlangt hat. Die übrigen Eintragungshindernisse des Art. 7 Abs. 1 bleiben demgegenüber selbst im Fall von infolge Benutzung erlangter Unterscheidungskraft bestehen. Der Begriff der durch Benutzung erlangten Unterscheidungskraft nach Abs. 3 ist vergleichbar mit dem der „Verkehrsdurchsetzung" im deutschen Recht (→ MarkenG § 8 Rn. 79 ff., ausführlich → MarkenG § 8 Rn. 1096 ff.). Wird eine Marke aufgrund einer durch Benutzung erlangten Unterscheidungskraft eingetragen, so wird dies im Unionsmarkenregister entsprechend vermerkt.

Der (teilweise) Verlust der durch Benutzung erworbenen Unterscheidungskraft der Marke nach **207** ihrer Eintragung auf Grundlage von Art. 7 Abs. 3 führt weder zur Löschung noch – solange die Voraussetzungen des Art. 58 Abs. 1 lit. b (→ Art. 58 Rn. 33 ff.) nicht gegeben sind – zum Verfall der Marke. Sie büßt aber gemäß Art. 14 Abs. 1 lit. b (teilweise) ihre Durchsetzbarkeit ein (→ Einl. Rn. 92; → Art. 14 Rn. 18).

II. Verfahrensfragen

In **verfahrensrechtlicher Hinsicht** muss zum einen muss eine durch Benutzung erlangte **208** Unterscheidungskraft zwingend in der (ersten) Stellungnahme zum Beanstandungsbescheid des Prüfers geltend gemacht werden. Diese **Ausschlussfrist** ergibt sich aus Art. 42 Abs. 2 UMV iVm Art. 27 Abs. 3 lit. a DVUM (missverständlich insoweit EuG T-641/21, GRUR-RS 2022, 16377 Rn. 38 – Biomarkt). Zum anderen stellt Art. 2 Abs. 2 UMDV klar, dass der Anmelder die durch Benutzung erlangte Unterscheidungskraft **auch hilfsweise** geltend machen kann, wenn er zunächst nur eine bestandskräftige Entscheidung hinsichtlich der inhärenten Unterscheidungskraft seiner Marke begehrt. In diesem Fall erlässt der Prüfer eine beschwerdefähige Teilentscheidung (Art. 66 Abs. 2). Das Prüfungsverfahren wird hinsichtlich des auf Art. 7 Abs. 3 gestützten Anspruchs erst dann wieder aufgenommen, wenn die rechtskräftig feststeht, dass – und in welchem Umfang – eines oder mehrere der in dieser Vorschrift genannten „überwindungsfähigen" Eintragungshindernisse einschlägig sind. Wurde die Prüfung der letzteren aber nur unvollständig vorgenommen, soll diese ggf. auch – als notwendige Vorfrage – im Rahmen der Prüfung des Art. 7 Abs. 3 nachgeholt werden können (EuG T-204/21, GRUR-RS 2022, 3708 Rn. 38–40 – Rugged). Eine durch Benutzung erlangte Unterscheidungskraft muss **klar und präzise** geltend gemacht werden (vgl. EuG T-503/19, GRUR-RS 2020, 9849 Rn. 74 – Xoxo, in Bezug auf die vor dem 1.10.2017 geltende Rechtslage hinsichtlich des maßgeblichen Zeitpunkts).

Die **Beweislast** obliegt dem Anmelder, welcher grundsätzlich in der Wahl der ihm geeignet **209** erscheinenden **Beweismittel** frei ist (s. aber → Rn. 226), die vom EUIPO nach dem allgemeinen unionsrechtlichen Grundsatz der **freien Beweiswürdigung** auf ihre Beweiskraft hin zu untersuchen sind (EuG T-187/19, GRUR-RS 2020, 22121 Rn. 67 ff., 92 – Lila).

III. Prüfungsmaßstäbe

Das EUIPO und die Rechtsprechung stellen zwar keine „unzumutbaren" (so nun EuG T-275/ **210** 21, BeckRS 2022, 27912 Rn. 31 – Schachbrettmuster II), aber dennoch **sehr hohe Anforderungen** an den Nachweis einer durch Benutzung erlangten Unterscheidungskraft. Der Nachweis muss in Bezug auf die beanspruchten Waren (→ Rn. 222) grundsätzlich für alle von den zu überwindenden Eintragungshindernissen betroffenen Verkehrskreise (→ Rn. 214) und Gebiete (→ Rn. 223) der Union erbracht werden (EuG T-262/04, GRUR Int 2006, 315 Rn. 61–63 – Form eines Steinfeuerzeugs). Sollen konkret nachgewiesene Ergebnisse extrapoliert werden, ist konkret darzulegen und nachzuweisen, aus welchen Gründen (zB Marktstruktur) ein solcher Rückschluss zulässig sein soll (→ Rn. 225). Indirekte Nachweise wie Verkaufszahlen und Werbung sollen direkte Nachweise wie Verkehrsumfragen und Erklärungen Dritter (→ Rn. 226) allenfalls stützen können (EuG T-411/14, GRUR-RS 2016, 80388 Rn. 83, 84 – Konturflasche Coca-Cola), so dass selbst eine intensive Benutzung und Bewerbung der Marke als solche keinen Nachweis dafür darstellen soll, dass die Marke tatsächlich von den angesprochenen Verkehrskreisen als unterscheidungskräftig wahrgenommen wird (→ Rn. 221).

Wie sich bereits aus dem Wortlaut des Abs. 3 ergibt („infolge ihrer Benutzung erlangt hat"), **211** muss die Marke bereits **am Anmeldetag** (→ Rn. 2) durch eine **vorherige Benutzung** Unterscheidungskraft erlangt haben (EuGH C-542/07 P, GRUR Int 2009, 917 Rn. 42 – Pure Digital; EuG T-254/20, GRUR-RS 2021, 29106 Rn. 95 – Hummer). Hier liegt ein wesentlicher Unterschied zur – für den Anmelder trotz der Prioritätsverschiebung günstigeren – Regelung des § 8 Abs. 3 MarkenG, der zufolge die Verkehrsdurchsetzung „vor dem Zeitpunkt der Entscheidung über die **Eintragung**" erfolgen muss (→ MarkenG § 8 Rn. 88).

Das Abstellen auf den Anmeldetag kommt dem Anmelder einer Unionsmarke zugute, wenn **212** es während des Anmeldeverfahrens zu Erweiterungen der EU kommt. In diesem Fall ist der

Nachweis der erlangten Unterscheidungskraft nur für die EU in ihrer Ausdehnung am Anmeldetag zu führen (EuG T-28/08, BeckRS 2009, 70779 Rn. 46, 47 – Bounty). Gleiches gilt für das Nichtigkeitsverfahren, und zwar auch für die nach der Eintragung erlangte Unterscheidungskraft (→ Art. 59 Rn. 47).

213   Im Übrigen ist in der Unionsrechtsprechung anerkannt, dass sich auch aus Beweismitteln, die **nach dem Anmeldetag** datieren, Rückschlüsse auf das Vorliegen von erlangter Unterscheidungskraft im maßgeblichen Zeitpunkt ziehen lassen (EuGH C-192/03 P, BeckRS 2005, 70092 Rn. 41 – BSS). Allerdings sollen solche Beweismittel das völlige Fehlen von Nachweisen für den maßgeblichen Zeitraum nicht ausgleichen können (EuG T-704/16, BeckRS 2017, 128188 Rn. 75–77 – Scatter Slots).

214   Sind mehrere Verkehrskreise von dem zu überwindenden Eintragungshindernis betroffen, ist die infolge Benutzung erlangte Unterscheidungskraft **für alle beteiligten Verkehrskreise** nach-zuweisen (EuG T-611/17, BeckRS 2019, 4587 Rn. 148 – Form einer Schuhsohle). Von einer solchen ist dann auszugehen, wenn zumindest ein **erheblicher Teil** der maßgeblichen Verkehrs-kreise aufgrund der Marke annimmt, dass die Waren oder Dienstleistungen von einem bestimmten Unternehmen stammen (EuGH verb. Rs. C-108/97, C-109/97, GRUR Int 1999, 727 Rn. 52 – Chiemsee).

215   Von einer erlangten Unterscheidungskraft ist jedenfalls dann auszugehen, wenn ein erheblicher Teil der maßgeblichen Verkehrskreise die angemeldete **Marke** aufgrund ihrer Benutzung **mit dem Anmelder in Verbindung bringt** oder annimmt, dass die mit ihr bezeichneten Waren oder Dienstleistungen von dem Anmelder oder von einem mit diesem **wirtschaftlich verbundenen Unternehmen** stammen (EuGH C-299/99, GRUR 2002, 804 Rn. 61, 65 – Philips/Form eines Rasierapparats). Neben einer Benutzung durch den Markeninhaber selbst dürfte daher auch die Benutzung durch **autorisierte Dritte** wie Lizenznehmer und wirtschaftlich verbundene Unter-nehmen zu berücksichtigen sein (wohl unzutreffend EuG T-13/18, BeckRS 2019, 22719 Rn. 166–168 – Crédit Mutuel). Wird die Marke einem **anderen** – dh nicht mit dem Anmelder wirtschaftlich verbundenen – **Unternehmen** zugeordnet, dürfte dies dagegen einer durch Benut-zung erlangte Unterscheidungskraft entgegenstehen (EuGH C-299/99, GRUR 2002, 804 Rn. 65 – Philips/Form eines Rasierapparats). Bisher ungeklärt ist dagegen, ob die Wahrnehmung des angemeldeten Zeichens als Herkunftshinweis **ohne eine konkrete Zuordnung** zu dem Markeninhaber oder zu einem mit diesem wirtschaftlich verbundenen Unternehmen den Anforde-rungen des Art. 7 Abs. 3 genügt.

216   Bei der Prüfung der infolge Benutzung erlangter Unterscheidungskraft ist insbesondere auf den von der Marke gehaltenen **Marktanteil,** die **Intensität,** die **geografische Verbreitung** und die **Dauer ihrer Benutzung,** den **Werbeaufwand** des Unternehmens für die Marke, den Teil der beteiligten Verkehrskreise, der die Ware aufgrund der Marke als von einem bestimmten Unterneh-men stammend erkennt, sowie auf Erklärungen von Industrie- und Handelskammern oder von anderen Berufsverbänden abzustellen (EuGH verb. Rs. C-108/97, C-109/97, GRUR Int 1999, 727 Rn. 51 – Chiemsee).

217   Ob die Marke tatsächlich Unterscheidungskraft erlangt hat, darf jedoch nach gefestigter Unions-rechtsprechung **nicht** nur aufgrund von **generellen und abstrakten Angaben,** wie zB **bestimmten Prozentsätzen,** beurteilt werden (EuGH verb. Rs. C-108/97, C-109/97, GRUR Int 1999, 727 Rn. 52 – Chiemsee). Die Praxis des EUIPO verlangt daher, anders als die Rechtspre-chung in Deutschland (→ MarkenG § 8 Rn. 1128 ff.), nicht notwendig, dass mindestens 50% der maßgeblichen Verkehrskreise die Marke als Herkunftshinweis ansehen. Dies **gilt für alle Markenformen** und damit auch für abstrakte Farbmarken (EuGH C-217/13, GRUR 2014, 776 Rn. 33 ff. – Oberbank/Konturlose Marke in Rot, zu Art. 4 Abs. 1, Abs. 4 MRL).

218   Die Wahrnehmung des angemeldeten Zeichens durch die Verbraucher als Herkunftshinweis muss auf einer Benutzung **als Marke** beruhen (EuGH C-299/99, GRUR 2002, 804 Rn. 64 – Philips/Form eines Rasierapparats; C-353/03, GRUR 2005, 763 Rn. 26 – Nestlé/Have a break). Daran kann es beispielsweise dann fehlen, wenn das angemeldete Zeichen in unmittelbar beschrei-bender Weise verwendet wird (EuG T-318/09, BeckRS 2011, 81066 Rn. 70 ff. – TDI; vgl. EuGH C-194/17 P, BeckRS 2019, 640 Rn. 91–93 – Cystus; EuG T-117/18 ua, BeckRS 2019, 12291 Rn. 54, 88, 136 – 200 Panoramicznych ua). Gleiches gilt für die Benutzung von Individualmarken als Kollektivmarke (EuG T-13/18, BeckRS 2019, 22719 Rn. 129–135, 142–145 – Crédit Mutuel), als Qualitätshinweis (vgl. EuG T-807/16, BeckRS 2018, 10496 Rn. 63 ff. – N & NF Trading) oder als geografischer Herkunftshinweis (vgl. EuG T-72/17, BeckRS 2016, 131673 Rn. 50 ff.; EuGH C-514/18 P, BeckRS 2019, 24525 Rn. 38 ff. – Steirisches Kürbiskernöl). Wird das Zeichen allerdings als Internet-Domain-Name oder als Unternehmenskennzeichen verwendet, schließt dies

nicht notwendigerweise seine Wahrnehmung als betrieblichen Herkunftshinweis aus (EuG T-304/16, BeckRS 2017, 135373 Rn. 42–47, 49, 50 – BET365).

Die nachgewiesene Wahrnehmung des Verkehrs für die Erlangung der Kennzeichnungskraft **219** muss sich **auf die angemeldete Marke selbst** beziehen (EuGH C-215/14, GRUR Int 2015, 1028 Rn. 65 f. – Nestlé/Kit Kat; T-275/21, BeckRS 2022, 27912 Rn. 49 f. – Schachbrettmuster II). „Geringfügige Abweichungen" der Marke sind unschädlich, werden aber – zumindest in Bezug auf „äußerst einfache" Formen (→ Rn. 63) – einer äußerst strengen Beurteilung unterworfen (EuG T-307/17, BeckRS 2019, 11610 Rn. 62, 74 ff. – Drei parallel laufende Streifen, in Anlehnung an Art. 18 Abs. 1 UAbs. 2 lit. a).

Eine **eigenständige Benutzung** der angemeldeten Marke ist nicht zwingend erforderlich. Sie **220** kann auch Unterscheidungskraft erwerben infolge ihrer Benutzung **als Bestandteil** einer anderen (eingetragenen) Marke oder **in Verbindung** mit einer solchen (EuGH C-353/03, GRUR 2005, 763 Rn. 27, 30 – Nestlé/Have a break). Dies ist insbesondere für solche Marken relevant, die – wie Bild-, Form- oder Farbmarken, und die neuen Markenformen – regelmäßig nicht isoliert, sondern zusammen mit anderen Wort- oder Bildelementen benutzt werden (vgl. EuG T-273/21, GRUR-RS 2022, 28729 Rn. 75 – Babyfläschchen). Gleiches gilt für die Kombination von Individualmarken mit Kollektiv- (vgl. EuGH C-143/19 P, BeckRS 2019, 31236 Rn. 54 – Grüner Punkt) und Gewährleistungsmarken. Allerdings muss in solchen Fällen der Anmelder für die Eintragung der fraglichen Marke auf Grundlage von Abs. 3 nachweisen, dass der Verkehr **allein aufgrund dieser angemeldeten Marke** und nicht aufgrund etwaiger anderer auf der Ware vorhandenen Marken auf die Herkunft der Waren schließt (EuGH C-215/14, GRUR Int 2015, 1028 Rn. 66 f. – Nestlé/Kit Kat; EuG T-404/18, GRUR-RS 2019, 22716 Rn. 28–31 – PDF Expert; T-621/21, GRUR-RS 2022, 28731 Rn. 99 f. – Himmelblau). In Zweifelsfällen wird dieser Nachweis mit einer **Verkehrsumfrage** (→ Rn. 226.1) zur Bekanntheit und Funktion als Herkunftshinweis der angemeldeten Marke zu führen sein.

Die nachgewiesene Benutzung und Bewerbung der Marke in großem Umfang und über einen **221** langen Zeitraum reicht für sich genommen für den Erwerb von Unterscheidungskraft noch nicht aus. Dies gilt insbesondere bei Fehlen von Angaben zum Marktanteil der Marke und zum Verhältnis der Werbeaufwendungen zu den Gesamtaufwendungen im maßgeblichen Markt (EuGH C-25/05 P, GRUR 2006, 1022 Rn. 79 – Wicklerform; EuG T-411/14, GRUR-RS 2016, 80388 Rn. 72 – Konturflasche Coca-Cola; T-776/21, GRUR-RS 2022, 28728 Rn. 81 – Game Tournaments).

Der Nachweis muss **für** die **beanspruchten Waren oder Dienstleistungen** geführt werden. **222** Die Benutzung weiter Oberbegriffe (→ Rn. 4.1) kann auch hier ggf. eine Einschränkung des Waren- und Dienstleistungsverzeichnisses gemäß Art. 49 Abs. 1 erforderlich machen. Auf diese Möglichkeit ist der Anmelder gemäß Art. 42 Abs. 2 hinzuweisen. Unterbleibt diese Einschränkung, ist der Antrag nach Art. 7 Abs. 3 aber ungeachtet der Tatsache zurückzuweisen, dass der Nachweis der durch Benutzung erlangten Unterscheidungskraft für eine Unterkategorie der beanspruchten Waren oder Dienstleistungen geführt wurde (EuG T-56/15, BeckEuRS 2016, 488509 Rn. 108, 109 – Brauwelt).

Eine Marke kann nur dann nach Art. 7 Abs. 3 zur Eintragung zugelassen werden, wenn der **223** **Nachweis** erbracht ist, dass sie durch ihre Benutzung Unterscheidungskraft in dem Teil der Union (→ Rn. 202 ff.) erworben hat, in dem sie keine originäre Unterscheidungskraft besaß (EuGH C-25/05 P, GRUR 2006, 1022 Rn. 83 – Wicklerform). Bei beschreibenden Wortelementen kann es sich bei diesem Gebiet grundsätzlich um einen einzigen Mitgliedstaat (bzw. bei Begriffen aus einer Regionalsprache einen Teil eines solchen), mehrere Mitgliedstaaten oder auch der gesamten EU (etwa für bestimmte Fachbegriffe) handeln. Bei Marken ohne Wortelemente, wie reine Farb- oder dreidimensionale Marken, so muss der Nachweis grundsätzlich für das Gebiet der **EU als Ganzes** geführt werden (EuG T-152/07, BeckRS 2009, 70997 Rn. 133 ff. – Lange Uhren; T-336/08, GRUR 2011, 425 Rn. 66 – Goldhase I; EuGH C-84/17 P ea, GRUR Int 2018, 922 Rn. 67–68, 75–76 – Form einer gerippten Schokoladentafel).

Diese Rechtsprechung steht – zumindest soweit es sich nicht um Wortelemente handelt – in **224** einem gewissen Spannungsverhältnis zu dem Grundkonzept des einheitlichen EU-Binnenmarkts, da letzterer gerade nicht aus einzelnen, voneinander abgeschotteten nationalen Einzelmärkten besteht. Dieses Spannungsverhältnis versucht der EuGH durch eine **Beweisführungsregel** zu mildern: Beweismittel sollen dann nicht spezifisch für jeden einzelnen betroffenen Mitgliedstaat beigebracht werden müssen, wenn der Anmelder dargetan hat, dass sich die Beweiskraft der vorgelegten Beweismittel auf andere Mitgliedstaaten übertragen lässt (EuGH C-84/17 P ea, GRUR Int 2018, 922 Rn. 80–84 – Form einer gerippten Schokoladentafel; EuG T-105/19, GRUR-RS 2020, 11788 Rn. 80 ff. – Schachbrettmuster; in restriktiver Auslegung von EuGH

C-98/11 P, GRUR 2012, 925 Rn. 62 – Goldhase II). Noch nicht geklärt ist, ob sich die Übertragbarkeit aus der von dem Anmelder unter der Marke betriebenen mitgliedstaatsübergreifenden Vermarktungsstrategie ergibt oder ob darüber hinaus auch der Beweis geführt werden muss, dass die Marktverhältnisse für alle Anbieter auf dem entsprechenden Markt vergleichbar sind (s. EuG, T-307/17, BeckRS 2019, 11610 Rn. 156 – Drei parallel laufende Streifen).

224.1   Die teilweise vertretene Auffassung (s. Studie des Max-Planck-Instituts zum Funktionieren des Europäischen Markenrechtssystems, Teil III, Kap. 3, B.V.3), auf Verkehrsdurchsetzung in der Mehrzahl der nationalen Einzelmärkte bzw. auf den Nachweis einer umfangreichen ausschließlichen Benutzung durch den Markeninhaber in der gesamten EU abzustellen, dürfte mit der nunmehr präzisierten Rechtsprechung (EuGH C-84/17 P, C-85/17 P und C-95/17 P, GRUR Int 2018, 922 Rn. 80–84 – Form einer gerippten Schokoladentafel) nicht in Einklang zu bringen sein. In jedem Fall schließt auch dieser Ansatz eine Verkehrsdurchsetzung bereits dann aus, wenn die betreffende Ware oder Dienstleistung nur in einem einzigen – für den Hersteller bzw. Anbieter wirtschaftlich unbedeutenden – Teil der EU nicht vermarktet wurde.

225   Der EuGH bestätigt damit die bereits vom EuG und dem EUIPO im Grundsatz anerkannte Praxis, aus bestimmten Daten, wie etwa Angaben zu Marktanteil oder Verkehrsumfragen, die nur für bestimmte Verbraucher oder Teile der EU vorliegen, **Rückschlüsse** auf die Wahrnehmung anderer Verbraucherkreise oder auf die Verhältnisse in anderen Teilen der EU zu ziehen, soweit die jeweiligen Marktbedingungen vergleichbar sind (EuG T-28/08, BeckRS 2009, 70779 Rn. 55 ff. – Bounty). Dem EUIPO obliegt daher die Pflicht, bei entsprechendem Sachvortrag des Anmelders sämtliche Beweismittel diesbezüglich zu prüfen und in einer Gesamtschau zu würdigen (EuG T-105/19, GRUR-RS 2020, 11788 Rn. 80 ff. – Schachbrettmuster I). Ein völliges Fehlen von Beweismitteln für relevante Verkehrskreise bzw. Gebiete ist jedoch zu vermeiden (vgl. etwa EuGH C-547/17 P, BeckRS 2018, 20556 Rn. 28 ff. – Darstellung dreier vertikaler Streifen). Markenanmelder sollten daher im Zweifel eher zu viele als zu wenige – aussagekräftige – Nachweise vorlegen.

IV. Beweismittel

226   Die möglichen Beweismittel sind nicht auf die in Art. 97 Abs. 1 aufgeführten Beispiele beschränkt. Zu unterscheiden ist dabei zwischen direkten und indirekten Nachweisen (EuG T-187/19, GRUR-RS 2020, 22121 Rn. 94 mwN – Lila). Taugliche Nachweise für erlangte Unterscheidungskraft sind insbesondere **Verkehrsumfragen**, die bei entsprechenden Ergebnissen als direkter Nachweis der Unterscheidungskraft angesehen werden. **Erklärungen** von Industrie-, Handels- oder Verbraucherorganisationen können ebenfalls direkte Nachweise der Unterscheidungskraft darstellen. Daneben kommen als indirekte Nachweise insbesondere Zahlen zu **Umsatz, Marktanteil** oder **Werbeausgaben** in Betracht, außerdem Berichterstattung über die fragliche Marke in **Zeitungen,** (Fach-) **Zeitschriften** (auch im Internet), Beispiele erfolgreichen Vorgehens gegen Nachahmer usw. (vgl. etwa EuG T-275/21, BeckRS 2022, 27912 Rn. 43 ff. – Schachbrettmuster II).

226.1   **Verkehrsumfragen** sind bei korrekter Fragestellung und Durchführung durch ein anerkanntes Meinungsforschungsinstitut ein besonders probates Mittel für den Nachweis von erlangter Unterscheidungskraft. Sie sind jedoch nicht zwingend erforderlich, da der Nachweis auch mit anderen Mitteln (zB den oben genannten) erbracht werden kann (s. hierzu EuG T-137/08, GRUR Int 2010, 153 Rn. 41 – Grün und Gelb). Andere Beweismittel müssen immer vorgelegt werden, da der Befund einer erlangten Unterscheidungskraft weder allein noch maßgebend auf die Ergebnisse einer Verkehrsumfrage gestützt werden dürfen (EuGH C-217/13, GRUR 2014, 776 Rn. 48 – Oberbank/Konturlose Marke in Rot). Werden Verkehrsumfragen vorgelegt, müssen sie Angaben zur Methodik und zur Auswahl der befragten Personen enthalten (EuG T-289/08, GRUR Int 2010, 520 Rn. 66 – Deutsche BKK). Die Umfrage muss in den relevanten Verkehrskreisen durchgeführt worden sein. Sind dies hauptsächlich Durchschnittsverbraucher, so ist der Beweiswert einer Umfrage, die in Fachkreisen durchgeführt wurde, beschränkt. Auch wenn die Umfrage erst nach dem Anmeldetag durchgeführt wurde, schließt dies negativ auf ihren Beweiswert aus (EuG T-289/08, GRUR Int 2010, 520 Rn. 82, 83 – Deutsche BKK). Vorsicht ist auch geboten, wenn den Befragten mehrere Marken bzw. Abwandlungen der angemeldeten Marken vorgelegt werden (→ Rn. 220; vgl. EuG T-213/17, GRUR-RS 2018, 6232 Rn. 56 aE – Romantik).

226.2   Im Hinblick auf die **Methodik der Fragestellung** ist die Rechtsprechung des EuG nicht einheitlich. Zuweilen wurden Fragen, in denen die Marke und die maßgeblichen Waren oder Dienstleistungen genannt wurden (zB „Haben Sie [Marke] schon einmal im Zusammenhang mit [Waren] gesehen/gehört?"), als leitende Fragen beurteilt, so dass den Ergebnissen nur geringer Beweiswert zukomme (EuG T-277/04, GRUR Int 2007, 137 Rn. 39 – Vitakraft). Dieser Ansatz wurde in jüngerer Zeit auch von den Beschwerdekammern des EUIPO vermehrt vertreten (s. etwa EUIPO R 1374/2012-2 Rn. 31 – IKEA, für Farbmarke blau/gelb; R 0107/2012-2 Rn. 53 – Red Bull, Bull – Bulldog). In anderen Fällen hat das EuG vergleichbare Fragestellungen in Verkehrsumfragen jedoch nicht kritisiert (EuG T-137/08, GRUR Int 2010, 153 Rn. 60 ff. – Grün und Gelb) bzw. ausdrücklich für unbedenklich befunden (EuG T164/03, BeckRS 2005, 70652 Rn. 81 – monBebé).

Zum **Marktanteil** hat das EuG festgestellt, dass dieser nicht zwingend hoch sein muss, damit die Marke **226.3** Unterscheidungskraft erlangen kann. Insbesondere wenn es sich bei den fraglichen Waren um höherpreisige Güter handelt, vor deren Erwerb sich der Verbraucher genau über das Produktangebot informiert und die verschiedenen konkurrierenden Modelle vergleicht und prüft, braucht eine Marke keinen großen Marktanteil zu erzielen (vgl. EuG T-275/21, BeckRS 2022, 27912 Rn. 44 ff. – Schachbrettmuster II). Vielmehr genügt der Nachweis, dass die Marke über einen längeren Zeitraum konstant auf dem Markt präsent war (EuG T-137/08, GRUR Int 2010, 153 Rn. 43, 44 – Grün und Gelb, für land- und forstwirtschaftliche Arbeitsmaschinen). Im Falle von Marken, die aus der Form der Ware bestehen, geht der EuGH demgegenüber davon aus, dass diese nur dann Unterscheidungskraft erlangen können, wenn die mit ihnen gekennzeichneten Waren einen nicht zu vernachlässigenden Anteil am fraglichen Produktmarkt erreichen (EuGH C-25/05 P, GRUR 2006, 1022 Rn. 76 – Wicklerform).

Erklärungen von Industrie, Handels-, oder Verbraucherorganisationen werden in der Praxis häufig **226.4** erst anlässlich eines konkreten Eintragungs- oder Nichtigkeitsverfahrens auf Wunsch des Markenanmelders bzw. inhabers abgegeben, der ihre Anfertigung häufig auch koordiniert. Diese Tatsache allein ist nicht geeignet, den Inhalt und den Beweiswert solcher Erklärungen in Frage zu stellen. Vielmehr ist mangels Gegenbeweises davon auszugehen, dass die Erklärungen freiwillig abgegeben wurden und der Erklärende sich ihren Inhalt zu eigen macht. Es kommt allein darauf an, ob die fraglichen Organisationen unabhängig sind und ihre Erklärungen abgeben konnten, ohne dem spezifischen Interesse des Markenanmelders Rechnung tragen zu müssen (EuG T-137/08, GRUR Int 2010, 153 Rn. 50 ff. – Grün und Gelb).

Entscheidungen nationaler Behörden und Gerichte dürften als solche keine ausreichenden Beweismittel **226.5** für erlangte Unterscheidungskraft darstellen (vgl. EuGH C-118/18 P, BeckRS 2018, 16099 Rn. 21, 22 – bittorrent, in Bezug auf den Benutzungsnachweis gemäß Art. 18). Anmelder sollten daher immer auch die Beweismittel einreichen, auf welche sich solche Entscheidungen stützen.

Art. 8 Relative Eintragungshindernisse

(1) **Auf Widerspruch des Inhabers einer älteren Marke ist die angemeldete Marke von der Eintragung ausgeschlossen,**
a) **wenn sie mit der älteren Marke identisch ist und die Waren oder Dienstleistungen, für die die Marke angemeldet worden ist, mit den Waren oder Dienstleistungen identisch sind, für die die ältere Marke Schutz genießt;**
b) **wenn wegen ihrer Identität oder Ähnlichkeit mit der älteren Marke und der Identität oder Ähnlichkeit der durch die beiden Marken erfassten Waren oder Dienstleistungen für das Publikum die Gefahr von Verwechslungen in dem Gebiet besteht, in dem die ältere Marke Schutz genießt; dabei schließt die Gefahr von Verwechslungen die Gefahr ein, dass die Marke mit der älteren Marke gedanklich in Verbindung gebracht wird.**

(2) **„Ältere Marken" im Sinne von Absatz 1 sind**
a) **Marken mit einem früheren Anmeldetag als dem Tag der Anmeldung der Unionsmarke, gegebenenfalls mit der für diese Marken in Anspruch genommenen Priorität, die den nachstehenden Kategorien angehören:**
   i) **Unionsmarken;**
   ii) **in einem Mitgliedstaat oder, soweit Belgien, Luxemburg und die Niederlande betroffen sind, beim BENELUX-Amt für geistiges Eigentum eingetragene Marken;**
   iii) **mit Wirkung für einen Mitgliedstaat international registrierte Marken;**
   iv) **aufgrund internationaler Vereinbarungen mit Wirkung in der Union eingetragene Marken;**
b) **Anmeldungen von Marken nach Buchstabe a, vorbehaltlich ihrer Eintragung;**
c) **Marken, die am Tag der Anmeldung der Unionsmarke, gegebenenfalls am Tag der für die Anmeldung der Unionsmarke in Anspruch genommenen Priorität, in einem Mitgliedstaat im Sinne des Artikels 6bis der Pariser Verbandsübereinkunft notorisch bekannt sind.**

(3) **Auf Widerspruch des Markeninhabers ist von der Eintragung auch eine Marke ausgeschlossen, die der Agent oder Vertreter des Markeninhabers ohne dessen Zustim-**

mung auf seinen eigenen Namen anmeldet, es sei denn, dass der Agent oder Vertreter seine Handlungsweise rechtfertigt.

(4) Auf Widerspruch des Inhabers einer nicht eingetragenen Marke oder eines sonstigen im geschäftlichen Verkehr benutzten Kennzeichenrechts von mehr als lediglich örtlicher Bedeutung ist die angemeldete Marke von der Eintragung ausgeschlossen, wenn und soweit nach dem für den Schutz des Kennzeichens maßgeblichen Recht der Union oder des Mitgliedstaats
a) Rechte an diesem Kennzeichen vor dem Tag der Anmeldung der Unionsmarke, gegebenenfalls vor dem Tag der für die Anmeldung der Unionsmarke in Anspruch genommenen Priorität, erworben worden sind;
b) dieses Kennzeichen seinem Inhaber das Recht verleiht, die Benutzung einer jüngeren Marke zu untersagen.

(5) Auf Widerspruch des Inhabers einer eingetragenen älteren Marke im Sinne des Absatzes 2 ist die angemeldete Marke auch dann von der Eintragung ausgeschlossen, wenn sie mit einer älteren Marke identisch ist oder dieser ähnlich ist, ungeachtet dessen, ob die Waren oder Dienstleistungen, für die sie eingetragen werden soll, mit denen identisch oder denen ähnlich oder nicht ähnlich sind, für die eine ältere Marke eingetragen ist, wenn es sich im Falle einer älteren Unionsmarke um eine in der Union bekannte Marke und im Falle einer älteren nationalen Marke um eine in dem betreffenden Mitgliedstaat bekannte Marke handelt und die Benutzung der angemeldeten Marke die Unterscheidungskraft oder die Wertschätzung der älteren Marke ohne rechtfertigenden Grund in unlauterer Weise ausnutzen oder beeinträchtigen würde.

(6) Auf Widerspruch einer Person, die gemäß dem einschlägigen Recht zur Ausübung der aus einer Ursprungsbezeichnung oder geografischen Angabe entstehenden Rechte berechtigt ist, ist die angemeldete Marke von der Eintragung ausgeschlossen, wenn und soweit nach den Unionsvorschriften oder dem nationalen Recht zum Schutz der Ursprungsbezeichnung oder der geografischen Angaben
i) ein Antrag auf Eintragung einer Ursprungsbezeichnung oder geografischen Angabe im Einklang mit den Unionsvorschriften oder mit dem nationalen Recht bereits vor dem Antrag auf Eintragung der Unionsmarke oder der für die Anmeldung in Anspruch genommenen Priorität vorbehaltlich der späteren Eintragung gestellt worden war;
ii) diese Ursprungsbezeichnung oder geografische Angabe das Recht verleiht, die Benutzung einer jüngeren Marke zu untersagen.

Überblick

Art. 8 regelt die relativen Eintragungshindernisse, die nicht von Amts wegen, sondern nur auf Widerspruch Berechtigter zur vollständigen oder teilweisen Zurückweisung der Unionsmarkenanmeldung (bzw. der EM-Benennung einer internationalen Registrierung, s. Art. 196 Abs. 1) führen. Das Widerspruchsverfahren richtet sich nach Art. 46 f. UMV und Art. 2 ff. DVUM. Nach der Eintragung einer Unionsmarke kann diese aus den in Art. 8 geregelten Gründen mittels eines Nichtigkeitsantrags gemäß Art. 60 iVm Art. 63 angegriffen werden.

Der Eintragung einer Unionsmarkenanmeldung können insbesondere die **älteren Marken,** die in **Abs. 2** definiert sind (→ Art. 8 Rn. 2 ff.), entgegengehalten werden.

Ältere Marken stellen zunächst dann ein Eintragungshindernis dar, soweit **Doppelidentität gemäß Abs. 1 lit. a** (→ Art. 8 Rn. 7 ff.) vorliegt, also sowohl die Marken als auch die Waren und/oder Dienstleistungen identisch sind.

Darüber hinaus stehen ältere Marken einer Unionsmarkenanmeldung auch entgegen, soweit **Verwechslungsgefahr gemäß Abs. 1 lit. b** (→ Art. 8 Rn. 23 ff.) besteht.

Eine zwingende Voraussetzung für eine Verwechslungsgefahr ist die **Identität oder Ähnlichkeit der sich gegenüberstehenden Waren und Dienstleistungen** (→ Art. 8 Rn. 26 ff.), bei deren Beurteilung alle erheblichen Faktoren zu berücksichtigen sind, die deren Verhältnis kennzeichnen.

Basierend auf den in Rede stehenden Waren und Dienstleistungen muss sodann der **relevante Verkehrskreis** und dessen **Aufmerksamkeitsgrad** bestimmt werden (→ Art. 8 Rn. 44 ff.).

Ebenfalls von Bedeutung bei der Prüfung auf Verwechslungsgefahr ist die **Kennzeichnungskraft der älteren Marke** (→ Art. 8 Rn. 54 ff.).

Eine weitere unabdingbare Voraussetzung für die Verwechslungsgefahr ist eine zumindest gewisse **Ähnlichkeit der Marken** (→ Art. 8 Rn. 63 ff.). Dabei sind die Marken in bildlicher, klanglicher und begrifflicher Hinsicht zu vergleichen, wobei auf den Gesamteindruck abzustellen ist (→ Art. 8 Rn. 71 ff.).

Schließlich hat eine umfassende Beurteilung der Verwechslungsgefahr in Form einer **Gesamt-abwägung** zu erfolgen (→ Art. 8 Rn. 118 ff.). Dabei kann eine Verwechslungsgefahr auch in Fällen angenommen werden, in denen der Verkehr die sich gegenüberstehenden Marken gedanklich in Verbindung bringt, zB weil diese in einem ihrer Bestandteile übereinstimmen und infolgedessen als Teil einer Markenfamilie wahrgenommen werden (→ Art. 8 Rn. 122). Ein Nachweis tatsächlicher Verwechslungen (→ Art. 8 Rn. 130) belegt ebenso wenig eine Verwechslungsgefahr, wie eine Koexistenz diese stets ausschließt (→ Art. 8 Rn. 135). Auch der bisherigen Entscheidungspraxis kommt keine bindende Wirkung zu (→ Art. 8 Rn. 132). Zu den irrelevanten Umständen zählt insbesondere die Bekanntheit der angemeldeten Marke (→ Art. 8 Rn. 139 ff.).

Abs. 3 berechtigt dazu, sich der Eintragung von **Agentenmarken** mittels Widerspruchs zu widersetzen (→ Art. 8 Rn. 148 ff.). Kann der Anmelder jedoch rechtfertigende Gründe geltend machen, bleibt der Widerspruch ohne Erfolg (→ Art. 8 Rn. 171). Statt eines Widerspruchs ist auch ein späterer Antrag auf Übertragung der eingetragenen Agentenmarke möglich (→ Art. 8 Rn. 174 f.).

Abs. 4 betrifft ältere **nicht eingetragene Marken und sonstige Kennzeichen** (→ Art. 8 Rn. 175 ff.), die nach nationalem Recht geschützt werden. Diese stellen ebenfalls ein Eintragungshindernis dar, falls sie von mehr als lediglich örtlicher Bedeutung sind (→ Art. 8 Rn. 199) und den Inhaber dazu berechtigen, die Benutzung der angegriffenen Anmeldung zu untersagen (→ Art. 8 Rn. 209 ff.).

Abs. 5 regelt ein weiteres Eintragungshindernis für den Fall, dass es sich bei der älteren Marke gemäß Abs. 2 um eine **bekannte Marke** handelt, und gewährt damit einen erweiterten Schutz, der über die Fälle der Doppelidentität und der Verwechslungsgefahr hinausgeht (→ Art. 8 Rn. 220 ff.). Eine besondere Voraussetzung dafür ist, dass der Verkehr die angegriffene Anmeldung mit der bekannten Marke gedanklich verknüpft (→ Art. 8 Rn. 243 ff.). Des Weiteren muss einer der Eingriffstatbestände, die schlagwortartig mit Trittbrettfahren, Verwässerung und Rufschädigung umschrieben werden, erfüllt sein (→ Art. 8 Rn. 250 ff., → Art. 8 Rn. 259 f.). Beruft sich der Widersprechende auf den Bekanntheitsschutz, stellen sich häufig Beweisfragen (→ Art. 8 Rn. 261 ff.).

Abs. 6 (→ Art. 8 Rn. 216 ff.) regelt seit der Reform des Unionsmarkenrechts durch die UMV die Eintragungshindernisse der **Ursprungsbezeichnungen und geografischen Angaben** (zur Rechtslage vor dem 23.3.2016 → Art. 8 Rn. 182).

Übersicht

A. Doppelidentität und Verwechslungsgefahr; ältere Marken (Abs. 1 und 2)

I. Allgemeines

1   Bei weitem **die meisten Widersprüche** werden auf ältere Marken iSd Art. 8 Abs. 2 und die in Abs. 1 genannten Gründe der **Doppelidentität und Verwechslungsgefahr** gestützt. In einem solchen Fall kann das EUIPO nicht von Amts wegen noch weitere Gründe, wie etwa den Bekannt-heitsschutz gemäß Art. 8 Abs. 5, prüfen (ausführlich → Art. 95 Rn. 32 ff.). An die geltend gemachten Widerspruchsgründe ist das EUIPO gebunden (EuG T-218/10, BeckRS 2013, 81111 Rn. 62 mwN – SERVICEPOINT). Zur Doppelidentität unter Art. 8 gibt es verhältnismäßig wenige Entscheidungen. Denn die Beteiligten legen Widersprüche in solchen Fällen in der Regel gütlich oder durch Rücknahme der Anmeldung bei, zumal sich die Frage, ob die Benutzung des angegriffenen Zeichens die Funktionen der älteren Marke beeinträchtigt (ausführlich → Art. 9 Rn. 54 ff.), im Widerspruchsverfahren nicht stellt. Dafür ist die Kasuistik des EUIPO und des EuG zu den verschiedenen Aspekten der Verwechslungsgefahr reichhaltig. In der vorliegenden Kommentierung soll lediglich auf die unionsmarkenrechtlichen Grundsätze und Besonderheiten eingegangen werden. Im Übrigen kann auf die vorstehenden Kommentierungen der §§ 9 und 14 MarkenG verwiesen werden (→ MarkenG § 9 Rn. 1; → MarkenG § 14 Rn. 1 ff.). Zu beachten ist allerdings stets, dass es sich bei den Regelungen des Unionsmarkenrechts um ständige Recht-sprechung des EuG und EuGH um ein **autonomes System** handelt, dessen Anwendung von jedem nationalen System unabhängig ist (vgl. zB EuGH C-445/12 P, GRUR-RR 2014, 59 Rn. 48 – BASKAYA; EuG T-258/16, BeckRS 2017, 112358 Rn. 51 – GINRAW/RAW). Maß-geblich für die Auslegung der Vorschriften der UMV ist ausschließlich die Rechtsprechung des EuG und EuGH (vgl. EuGH C-141/13 P, GRUR Int 2014, 956 Rn. 36 – Walzer Traum; C-307/11 P, GRUR 2013, 519 Rn. 57 – Winkelzeichen). Hingegen entfalten die Entscheidungen nationaler Ämter und Gerichte keine bindende Wirkung (EuG T-363/08, BeckRS 2011, 87372 Rn. 52 – nollie/NOLI mwN). Allerdings ist es zulässig, solche Entscheidungen – etwa bei der Bestimmung der Verkehrswahrnehmung – in die Beurteilung einfließen zu lassen (EuG T-108/08, GRURInt 2011, 1092 Rn. 23 – GOOD LIFE/GOOD LIFE mwN; T-40/03, GRUR Int 2005, 846 Rn. 69 – Julián Murúa Entrena/MURÚA), und kann sogar eine Pflicht bestehen, solche Entscheidungen zu berücksichtigen und darauf einzugehen (vgl. EuG T-159/15, BeckRS 2016, 82326 Rn. 37 – PUMA SE/EUIPO, bestätigt durch EuGH GRUR-RS 2018, 13336 – Blaue Raubkatze; EuG T-378/13, BeckRS 2016, 81249 – English pink/PINK LADY).

II. Ältere Marke gemäß Abs. 2

Die Eintragungshindernisse der Doppelidentität und der Verwechslungsgefahr gemäß Abs. 1 **2** kommen nur im Falle älterer Marken zum Tragen. Diese wiederum werden in Abs. 2 abschließend definiert. Danach kommen als Basis für einen Widerspruch zunächst einmal ältere **Unionsmarken** (lit. a Ziff. i) in Betracht, zu denen nicht nur die Unionsindividualmarken, sondern auch die Unionskollektivmarken (s. Art. 74 Abs. 3 sowie EuGH C-766/18 P, GRUR-RS 2020, 2800 Rn. 59 – BBQLOUMI/HALLOUMI) sowie die Unionsgewährleistungsmarken (vgl. Art. 83 Abs. 3) zählen. Darüber hinaus nennt Abs. 2 lit. a auch **nationale Marken** einschließlich Benelux-Marken (lit. a Ziff. ii), bei denen es sich auch um nationale Gewährleistungsmarken handeln kann (EuG T-847/16, BeckRS 2018, 16005 Rn. 38 – COWBOYS HALLOUMI/HALLOUMI; vgl. auch EuG T-703/17, BeckRS 2018, 29968 Rn. 18 ff. – Papouis Halloumi/HALLOUMI), sowie mit Wirkung für einen Mitgliedstaat, für Benelux oder für die Union **international registrierte Marken** (lit. a Ziff. iii, iv).

Auf ältere nationale Marken des Vereinigten Königreichs und GB-Benennungen international registrier- **2.1** ter Marken kann ein Widerspruch mittlerweile – seit dem Ende der **BREXIT**-Übergangsphase am 31.12.2020 – nicht mehr gestützt werden. Denn seit jenem Datum stellen im Vereinigten Königreich geschützte Rechte in mehrseitigen Verfahren keine gültigen älteren Rechte mehr dar.

Noch nicht geklärt ist, ob Widerspruchsverfahren, die nur auf im Vereinigten Königreich geschützte **2.2** Rechte gestützt sind und **vor dem 31.12.2020** angestrengt wurden, ihre Basis verloren haben und nunmehr mangels gültiger Grundlage zurückzuweisen sind. Das EUIPO spricht sich dafür aus, noch anhängige Widersprüche zurückzuweisen (vgl. EUIPO Mitt. Nr. 2/2019 v. 22.2.2019 in ihrer am 12.4.2019 ergänzten Fassung, Rn. 12 und 16, abrufbar unter https://euipo.europa.eu/tunnel-web/secure/webdav/guest/document_library/contentPdfs/law_and_practice/communications_president/COM-2-19_de.pdf). Die Rechtsprechung des EuG hingegen ist uneinheitlich. Einige Kammern des EuG meinen, es komme nur auf den Zeitpunkt der Anmeldung der angegriffenen Anmeldung an, sodass ein späterer Wegfall des älteren Rechts unerheblich sei (EuG T-598/18, GRUR-RS 2020, 3157 Rn. 19 – BROWNIE/BROWNIES; T-421/18, GRUR-RS 2020, 35963, Rn. 34 f. – MUSIKISS/KISS; T-467/20, Rn. 58 f. – ZARA/ZARA). Demgegenüber haben andere Kammern die Frage offengelassen oder die Auffassung vertreten, ein späterer Wegfall der Widerspruchsgrundlage sei sehr wohl erheblich, weil das ältere Recht auch noch im Zeitpunkt der Entscheidung des EUIPO über den Widerspruch bestehen müsse (so EuG T-162/18, BeckRS 2019, 1386, Rn. 41 f. – ALTUS/altos; ausdrücklich offengelassen in EuG T-342/20, GRUR-RS 2021, 29107, Rn. 17 f. – Abresham/BASMATI).

Ausführlich zu den Folgen des BREXIT im Allgemeinen → Art. 1 Rn. 19 ff. und zu den Folgen für **2.3** noch anhängige Verfahren im Speziellen → Art. 1 Rn. 34 ff.

Widersprüche können auch auf **Anmeldungen** solcher Marken gestützt werden (Abs. 2 lit. b), **3** vorbehaltlich ihrer Eintragung. Daraus folgt, dass dem Widerspruch nicht stattgegeben werden kann, solange die ältere Marke nicht eingetragen wurde. Das EUIPO kann das Widerspruchsverfahren daher gemäß Art. 71 Abs. 1 lit. a DVUM von Amts wegen aussetzen, bis über die Eintragung der älteren Anmeldung entschieden ist. Eine Aussetzung ist aber nicht zwingend. Kommt das EUIPO zu der Überzeugung, dass der Widerspruch ohnehin zurückzuweisen ist, kann es entsprechend entscheiden, obwohl die ältere Marke noch nicht eingetragen ist (EUIPO Richtlinien Teil C 1.6.3.2).

Im Falle älterer internationaler Registrierungen muss deren Eintragungsverfahren abgeschlossen und **3.1** deren Schutz gewährt sein (vgl. EUIPO Richtlinien Teil C 1.4.2.3.2). Es muss also entweder positiv der Schutz ausgesprochen worden oder die Frist für die Zurückweisung abgelaufen sein. Vorher liegt eine bloße Anmeldung iSd Abs. 2 lit. b vor.

Gemäß Abs. 2 lit. c sind ältere Marken im Sinne des Abs. 1 auch in einem Mitgliedstaat gemäß **4** Art. 6bis PVÜ **notorisch bekannte Marken** (eingehend → Einl. Rn. 269 ff.). Dies sind die einzigen im Rahmen des Abs. 1 zu berücksichtigenden nicht eingetragenen Marken. Ein Nachweis der Alleininhaberschaft des Widersprechenden ist nicht erforderlich (EuG T-249/15, BeckRS 2017, 137722 Rn. 42 ff. – QUILAPAYÚN). Bei der Prüfung der notorischen Bekanntheit können ua die Grundsätze herangezogen werden, die für den Nachweis der Bekanntheit gemäß Abs. 5 gelten (EuG T-718/18, GRUR-RS 2020, 11863 Rn. 17, 27 – PHILIBON/PHILICON). Zum Nachweis der notorischen Bekanntheit können auch Belege geeignet sein, welche die Marke in Form einer Transliteration zeigen (EuG T-718/18, GRUR-RS 2020, 11863 Rn. 34 – PHILIBON/PHILICON).

4.1   Notorisch bekannte Marken existieren nicht auf Unionsebene, sondern nur auf Ebene der Mitgliedstaaten. Auf den in der Studie des MPI zur Evaluierung des Europäischen Markenrechtssystems enthaltenen Vorschlag, dies zu ändern und in der Union notorisch bekannte Marken als geschützte, den eingetragenen Unionsmarken gleichgestellte Marken anzuerkennen (Knaak/Kur/v. Mühlendahl GRUR 2012, 197 (201); → Einl. Rn. 19 f.; → Einl. Rn. 284 ff.), ist die Kommission nicht eingegangen.

5   **Älter** sind solche Marken dann, wenn ihr Anmeldetag oder Prioritätstag vor dem Anmeldetag gemäß Art. 32 oder Prioritätstag (s. Art. 34 ff.) der angegriffenen Unionsmarkenanmeldung liegt.

5.1   Dabei sind **nur Kalendertage** ausschlaggebend; auf Stunden und Minuten kommt es – anders als etwa im spanischen Recht – nicht an (EuGH C-190/10, GRUR 2012, 613 – Génesis/Boys Toys SA).

5.2   Da das EUIPO bei **Teilpriorität** nicht veröffentlicht, dass sich die Priorität nur auf einen Teil der Unionsmarkenanmeldung bezieht (und auf welchen), ist Widersprechenden zu raten, die Prioritätsdokumente zu konsultieren, um für die Waren oder Dienstleistungen, gegen die sich der Widerspruch richten soll, den ausschlaggebenden Zeitpunkt zu ermitteln und sicherzustellen, dass ihre Marke tatsächlich älter ist.

5.3   Der bessere Zeitrang einer Unionsmarke kann auch über eine **Seniorität** gemäß Art. 39 f. begründet werden, allerdings nur hinsichtlich desjenigen Mitgliedstaats, in dem die Seniorität besteht (vgl. EuG T-382/12, BeckRS 2014, 81630 Rn. 24 f. – Nobel/NOBEL; BeckOK UMV/Kochendörfer Rn. 269).

5.4   Ein Widerspruch, der auf eine **jüngere Marke** gestützt wurde, ist **unzulässig** (s. EUIPO Richtlinien Teil C 1.2.4.1.2).

5.5   Für ältere Marken in **Beitrittsgebieten** ist Art. 209 Abs. 3 zu berücksichtigen, der eine besondere Regelung für den Fall trifft, dass der Prioritäts- oder Anmeldetag der Unionsmarkenanmeldung vor dem Beitritt liegt. Danach können Marken in den neuen Mitgliedstaaten der Unionsmarkenanmeldung nur im Wege des Widerspruchs und nur unter besonderen Umständen entgegengehalten werden (ausführlich → Art. 209 Rn. 5). Insbesondere ist ein Widerspruch nur möglich, wenn der Prioritäts- oder Anmeldetag der Unionsmarkenanmeldung in die sechs Monate vor dem Beitritt fällt. Ein Angriff im Wege des Nichtigkeitsverfahrens ist gegen eine vor dem Beitritt eingetragene oder angemeldete Unionsmarke gemäß Art. 209 Abs. 4 lit. b gar nicht möglich, wenn das ältere Recht in dem neuen Mitgliedstaat vor dem Tag des Beitritts eingetragen, angemeldet oder erworben wurde.

6   **Unerheblich** sind **ältere Rechte des Anmelders,** welche dieser der Widerspruchsmarke entgegenhalten konnte/kann (EuG T-533/18, GRUR-RS 2019, 41202 Rn. 54 – WANDA FILMS/WANDA; T-90/05, IIC 2008, 625 Rn. 45 – OMEGA/ΩOMEGA). Vielmehr bleibt dem Anmelder in einem solchen Falle nur, zu einem selbstständigen Gegenangriff auf die Widerspruchsmarke überzugehen. Unerheblich ist auch eine etwaige **Seniorität,** die der Anmelder im Rahmen der Unionsmarkenanmeldung gemäß Art. 39 beansprucht hat (EuG T-382/12, BeckRS 2014, 81630 Rn. 24 f. – Nobel/NOBEL). Diese wirkt sich nicht auf die Priorität der Anmeldung aus (→ Art. 39 Rn. 32 f.).

III. Doppelidentität (Abs. 1 lit. a)

7   Gemäß Abs. 1 lit. a ist eine ältere Marke ein Eintragungshindernis, wenn Doppelidentität vorliegt, wenn also sowohl die sich gegenüberstehenden Marken als auch die beiderseitigen Waren oder Dienstleistungen identisch sind. Dabei kommt es im Widerspruchs- wie auch im Nichtigkeitsverfahren auf die **Registerlage** an; eine etwaige abweichende Benutzung des jüngeren Zeichens spielt keine Rolle. Daher bereitet die Feststellung der Doppelidentität vergleichsweise wenige Probleme.

1. Identität der Marken

8   Das EUIPO legt den Rechtsbegriff der Markenidentität stets gleich aus, unabhängig davon, ob es um Zeitrang- oder Prioritätsansprüche geht oder um den Zeichenvergleich im Konfliktfall. Es orientiert sich bei der Auslegung des Begriffs an den Vorgaben des EuGH. Dieser wiederum hat der Vorstellung, dass auch die identische Übernahme eines älteren Zeichens in ein jüngeres Gesamtzeichen mit weiteren Elementen zu einer Zeichenidentität führe, eine Absage erteilt und das Kriterium der Markenidentität restriktiv ausgelegt. Das hat er zum einen mit dem Wortsinn und zum anderen damit begründet, dass die Grenze zur Verwechslungsgefahr nicht verwischt werden solle (EuGH C-291/00, GRUR 2003, 422 Rn. 50 – Arthur/Arthur et Félicie). Identität besteht daher grundsätzlich nur dann, wenn das jüngere Zeichen **ohne Änderung oder Hinzufügung** alle Elemente wiedergibt, welche die ältere Marke bilden (EuGH C-558/08, GRUR 2010, 841 Rn. 47 – Portakabin/Primakabin).

Diesen Maßstab **relativiert** der EuGH allerdings mit dem Hinweis, dass die Wahrnehmung 9
der Identität aus der Sicht des Durchschnittsverbrauchers zu beurteilen sei, welchem sich nur
selten die Möglichkeit biete, zwei Marken unmittelbar miteinander zu vergleichen, sondern der
sich auf das unvollkommene Bild verlassen müsse, das er von ihnen im Gedächtnis behalten habe
(→ Rn. 73). Ferner ist nach Auffassung des EuGH zu beachten, dass die Aufmerksamkeit des
Durchschnittsverbrauchers je nach Art der Waren oder Dienstleistungen unterschiedlich hoch sein
kann (EuGH C-291/00, GRUR 2003, 422 Rn. 52 – Arthur/Arthur et Félicie). **Unbedeutende
Unterschiede** zwischen den Marken können dem Durchschnittsverbraucher daher entgehen.
Deshalb ist Identität auch dann gegeben, wenn die jüngere Marke als Ganzes betrachtet Unter-
schiede gegenüber der älteren Marke aufweist, die so geringfügig sind, dass sie einem Durch-
schnittsverbraucher entgehen können (EuGH C-291/00, GRUR 2003, 422 Rn. 53 f. – Arthur/
Arthur et Félicie; C-558/08, GRUR 2010, 841 Rn. 47 – Portakabin/Primakabin).

Tatsächlich legt der EuGH den Begriff der Markenidentität anhand dieser Grundsätze überra- 10
schend weit aus. So hat er eine Identität **beispielsweise** zwischen der Marke „Portakabin" und
den Zeichen „Portacabin", „Portokabin" und „Portocabin" für möglich erklärt, die Entscheidung
im Ergebnis aber sodann dem nationalen Gericht überlassen (EuGH C-558/08, GRUR 2010,
841 Rn. 46, 48 – Portakabin/Primakabin). Gleiches gilt für die Wort-/Bildmarke „BergSpechte
Outdoor-Reisen und Alpinschule Edi Koblmüller" und das angegriffene Zeichen „Bergspechte"
(EuGH C-278/08, GRUR 2010, 451 Rn. 27 – BergSpechte/trekking.at Reisen).

Der Ansatz des EuGH ist **bedenklich.** Zum einen ist er nicht mit dem Wortsinn des Begriffs „Identität" 10.1
vereinbar. Zum anderen verschiebt der EuGH die Frage der Prägung des Gesamteindrucks von der Markenähnlichkeit in den Bereich der Markenidentität und dehnt damit den Anwendungsbereich des entsprechenden Verletzungstatbestands über Gebühr und entgegen seiner vorherigen Auslegung in der Entscheidung
Arthur/Arthur et Félicie (EuGH C-291/00, GRUR 2003, 422 Rn. 51) aus.

Womöglich gilt die weite Auslegung der Markenidentität durch den EuGH jedoch nur für **Verlet-** 10.2
zungsverfahren. So lagen den zwei vorstehenden Beispielen (Portakabin/Primakabin sowie BergSpechte/
trekking.at Reisen → Rn. 10) Vorabentscheidungsersuchen aus Verletzungsverfahren zugrunde. Für eine
weite Auslegung in Verletzungsverfahren spricht zudem die eher rechtspolitische Überlegung, dass andernfalls die Verwendung leicht abgewandelter Zeichen, die aber erkennbar und eindeutig den Markeninhaber
repräsentieren (zB in Fällen vergleichender Werbung), nur unter dem Aspekt der Verwechslungsgefahr
(und in Deutschland zudem anhand der Vorschriften des UWG) beurteilt werden könnten (vgl. auch →
MarkenG § 9 Rn. 15.1 f.). In einer früheren Entscheidung betreffend eine vergleichende Werbung hatte
der EuGH den Tatbestand der Zeichenidentität noch abgelehnt und sich sodann der Verwechslungsgefahr
gewidmet (EuGH C-533/06, GRUR 2008, 698 Rn. 52 ff. – O2 und O2 (UK)/H3G). Die These, dass
die weite Auslegung der Markenidentität durch den EuGH nur für Verletzungsverfahren gilt, wird jedenfalls
durch den praktischen Befund untermauert, dass das EUIPO sowie das EuG eine Markenidentität nur
äußerst selten annehmen und regelmäßig schon bei eher geringfügigen Abweichungen auf den Tatbestand
der Verwechslungsgefahr „springen".

Das **EUIPO** verlangt **Identität der Zeichen auf allen Ebenen,** also in bildlicher, klanglicher 11
und begrifflicher Hinsicht (vgl. EUIPO Richtlinien Teil C 2.4.2.2). Unterschiede zwischen den
Zeichen müssen schon sehr gering sein, damit das EUIPO davon ausgeht, dass sie der Durchschnittsverbraucher übersieht. Nur selten stuft es etwa zusätzliche Zeichenbestandteile als so unerheblich ein, dass sie beim Zeichenvergleich völlig außer Acht bleiben können.

So sind die Beispiele „unbedeutender Zeichenbestandteile" in den EUIPO Richtlinien (Teil C 2.4.1.5) 11.1
nicht auf die Frage der Identität zu beziehen, sondern nur auf ihre Unwesentlichkeit für den Zeichenvergleich im Rahmen der Verwechslungsgefahr.

Bei **Wortmarken** steht nach Auffassung des EUIPO bereits die Abweichung in einem Buchsta- 12
ben einer Identität entgegen. Selbst die Hinzufügung eines Bindestrichs oder gar eine bloß abweichende Schriftart bei leicht stilisierten Wortmarken (genau genommen also Bildmarken) kann
aus einer Identität herausführen. Eine unterschiedliche Groß- oder Kleinschreibung derselben
Buchstaben begründet hingegen regelmäßig keinen abweichenden Gesamteindruck (vgl. EuGH
C-323/09, GRUR 2011, 1124 Rn. 33 – Interflora/M&S Interflora Inc.; ebenso die Rechtsprechung des BGH, s. etwa BGH GRUR 2018, 924 Rn. 40 – ORTLIEB). Das soll sogar für
Binnenversalien gelten (vgl. EuG T-105/14, BeckRS 2015, 81930 Rn. 54 ff. – iDrive/IDRIVE).

S. zur weiteren Veranschaulichung die zahlreichen Beispiele in den EUIPO Richtlinien (Teil C 2.4.2.3). 12.1

Marken mit **Farbanspruch** und solche ohne Farbanspruch (oft schlicht schwarz-weiße Marken 13
genannt) sind grundsätzlich nicht identisch (vgl. EuG T-149/19, BeckRS 2019, 31984 Rn. 31 –

Société des produits Nestlé/EUIPO; T-623/11, BeckRS 2014, 81819 Rn. 39 – Pico Food/ OHIM; vgl. auch zum deutschen Recht BGH GRUR 2015, 1009 Rn. 15 ff. – BMW-Emblem).

13.1   Dies haben die europäischen Markenämter in der Gemeinsamen Erklärung zum **Konvergenzpro-gramm** CP 4 fast vollständig übereinstimmend so festgehalten (abrufbar unter https://www.tmdn.org/ network/converging-practices – Konvergenz der Verfahren; ausführlich → Art. 152 Rn. 15). In der Gemeinsamen Erklärung finden sich auch Beispiele für Marken, bei denen ein kleiner – kaum wahrzuneh-mender – Farbanteil keinen Einfluss auf den von der Marke vermittelten Gesamteindruck haben soll, was bedeutet, dass die farbige Marke zur Marke ohne Farbanspruch identisch bleibt (s. hierzu auch EUIPO Richtlinien Teil C 2.4.2.6). In der Praxis ergeben sich solche Fälle freilich kaum.

14   Für den Zeichenvergleich ist – außer natürlich bei den notorisch bekannten Marken – die **eingetragene bzw. angemeldete Form maßgeblich** (EuG T-623/11, BeckRS 2014, 81819 Rn. 38 – Milanówek cream fudge; T-29/04, GRUR Int 2006, 307 Rn. 57 – CRISTAL CAS-TELLBLANCH). Auf die Form, in der die Zeichen womöglich benutzt werden, kommt es grundsätzlich nicht an (ausführlich → Rn. 69 f.).

2. Identität der Waren und Dienstleistungen

15   Doppelidentität gemäß Abs. 2 lit. a erfordert neben der Identität der Marken auch die – zumin-dest teilweise – Identität der Waren und Dienstleistungen.

16   Soweit die Begriffe in den Verzeichnissen übereinstimmen, liegt ohne Weiteres Identität vor. Dies gilt auch dann, wenn zwar die gewählten Begriffe nicht vollständig übereinstimmen, sie bzw. ihre Übersetzungen aber einander **nach der Nizza-Klassifikation entsprechen** (grundlegend zum Nizzaer Klassifikationsabkommen → Einl. Rn. 214 ff.).

16.1   Die **Übersetzungen der Oberbegriffe** der Nizza-Klassifikation führen zu theoretischen Abweichun-gen. Klasse 3 ist hierfür ein anschauliches Beispiel: Dem deutschen Begriff „Mittel zu Körper- und Schön-heitspflege" stehen im Englischen „cosmetics" gegenüber, die, mit „Kosmetika" rückübersetzt, doch etwas anderes sind. Solche Begriffe gelten jedoch von Rechts wegen als identisch.

17   Dass zwei Begriffe **jeweils Oberbegriffe** der Nizza-Klassifikation sind, schließt die Annahme von Identität nicht aus.

17.1   So sind etwa „Verbandmaterial" und „Pflaster" beide in Klasse 5 als Oberbegriffe aufgeführt, letztere aber von ersterem umfasst. Gleiches gilt in Klasse 1 für Klebstoffe für gewerbliche Zwecke, die von chemischen Erzeugnissen für gewerbliche Zwecke umfasst sind (s. EUIPO Richtlinien Teil C 2.2.1.2.3).

18   Identität der Waren oder Dienstleistungen liegt auch vor, soweit die einander gegenüberstehen-den Verzeichnisse Begriffe enthalten, die identische Waren oder Dienstleistungen umfassen, **darü-ber** aber **jeweils hinausgehen** (vgl. EuG T-874/19, GRUR-RS 2020, 32062 Rn. 43 – Flaming Forties/40 FLAMING FRUITS; T-788/17, BeckRS 2018, 24982 Rn. 24 – MicroSepar/SEPAR-Solidaria; T-258/16, BeckRS 2017, 112358 Rn. 24 – GINRAW/RAW). Dabei ist es unerheblich, ob der weitere Begriff im Verzeichnis der älteren Marke oder in der Unionsmarkenanmeldung enthalten ist. Auch eine nur teilweise Überlappung von zwei weiten Begriffen, die jeweils auch noch andere, unterschiedliche Waren oder Dienstleistungen umfassen, führt dazu, dass die beiden Begriffe für die Zwecke des Widerspruchs als (teil-)identisch angesehen werden. Dem kann der Anmelder etwa dadurch entgegenwirken, dass er einen Begriff durch einen Klammerzusatz kon-kretisiert. Eine solche Verwendung von Klammern bewirkt eine Beschränkung des beantragten Schutzes auf die zwischen den Klammern stehenden Produkte, die in der allgemeineren, vor den Klammern angegebenen Kategorie eingeschlossen sind (EuG T-155/21, GRUR-RS 2022, 22478 Rn. 17 – Völkl/VÖLKL, zu dem Begriff „Spezialschuhe (Feuerwehrschuhe)" in Klasse 9; vgl. auch EuG T-681/18, GRUR-RS 2020, 26139 Rn. 26 – STAYER). Soweit der Anmelder seine Anmeldung nicht so einschränkt, dass die identischen Waren oder Dienstleistungen ausgeschlossen sind, ist für den gesamten allgemeinen Begriff in seiner Anmeldung Identität anzunehmen. Insbe-sondere ist es nicht Aufgabe des EUIPO, dem Anmelder Hilfestellung zu leisten und Identität nur insoweit anzunehmen, als die Begriffe überlappen (EuG T-133/05, GRUR Int 2007, 412 Rn. 29 – PAM-PIM'S BABY-PROP; s. auch → Rn. 26).

18.1   So wäre etwa zwischen „Gürteln" und „Bekleidungsstücken" Identität anzunehmen, es sei denn, der Anmelder würde entweder „Gürtel" explizit ausschließen oder „Bekleidungsstücke" streichen und zB durch „Hemden, Hosen, Jacken" ersetzen. Das EUIPO könnte dem Widerspruch nach Abs. 1 lit. a nicht nur für „Gürtel" stattgeben und etwa das Verzeichnis der Anmeldung entsprechend selbst einschränken. Hierzu erweisen sich die Darstellungen in den EUIPO Richtlinien (Teil C 2.2.2.3) als anschaulich.

Der Vergleich der sich gegenüberstehenden Waren/Dienstleistungen macht mitunter eine **Aus-** 19
legung der Verzeichnisse erforderlich. Dabei kann das Ergebnis maßgeblich davon abhängen,
ob es sich um eine Unions- oder eine nationale Marke handelt (eingehend zur Auslegung der
Verzeichnisse von Unionsmarken → Art. 33 Rn. 1 ff.). So stellt sich bei Unionsmarken die Frage,
ob es auf die Sprache der Anmeldung ankommt oder eine einheitliche Auslegung anhand aller
Sprachfassungen geboten ist (so OLG Düsseldorf GRUR-RR 2017, 388 Rn. 14 ff. – Don Ruffin).
Das EuG und das EUIPO wenden insoweit Art. 147 Abs. 3 an, wonach in Zweifelsfällen der
Wortlaut in der Sprache des Amtes maßgebend ist, in der die Anmeldung der Unionsmarke
eingereicht wurde (EuG T-61/20, GRUR-RS 2021, 2418 Rn. 41 f. – B-Direct/bizdirekt; EUIPO
Richtlinien Teil C 2.2.1.5.1.1). Vor allem aber können sich Unterschiede im Schutzumfang bei
der Verwendung von **Oberbegriffen** ergeben. Im Falle einer Unionsmarke ist die Verwendung
von Oberbegriffen gemäß Art. 33 Abs. 5 dahin auszulegen, dass diese alle – aber auch nur die –
Waren oder Dienstleistungen einschließen, die eindeutig von der wörtlichen Bedeutung des betreffenden Oberbegriffs erfasst sind (eingehend → Art. 33 Rn. 13 ff.). Im Falle **älterer nationaler**
Marken kann sich hingegen die nationale Praxis auf den Schutzumfang auswirken. So differenziert
das EUIPO unter Verweis auf die Gemeinsame Mitteilung vom 20.11.2013 zur Anwendung des
EuGH-Urteils in Sachen IP TRANSLATOR (abrufbar unter https://www.tmdn.org/network/
documents/89965/f7f4a715-6170-4be4-9d89-efcda0ad50b4, zuletzt abgerufen am 3.3.2021)
danach, ob die betreffende nationale Marke vor oder nach jenem Urteil angemeldet wurde
(EUIPO Richtlinien Teil C 2.2.2.5). Verzeichnisse, die nach dem Urteil des EuGH vom 19.6.2012
(EuGH C-307/10, GRUR 2012, 822 – IP TRANSLATOR) angemeldet wurden, legt es unabhängig von der nationalen Praxis ihrem allgemeinen Wortsinn nach aus. Für vor diesem Zeitpunkt
angemeldete Marken unterscheidet es hingegen je nach nationaler Praxis.

Grundsätzlich legt das EUIPO die **Verzeichnisse nationaler Marken, die vor der Entscheidung** 19.1
IP TRANSLATOR angemeldet wurden, dem Wortsinn nach aus und verweist auf die überwiegende
Praxis der nationalen Markenämter in der EU. Lediglich Bulgarien, Finnland, Griechenland, Ungarn,
Italien, Litauen, Malta und Rumänien legen Oberbegriffe über den Wortsinn hinaus aus. Das EUIPO geht
bei Marken aus diesen Ländern, die vor der Entscheidung IP TRANSLATOR angemeldet wurden, daher
davon aus, dass sie über den Wortsinn hinaus die alphabetische Liste der Nizza-Klassifikation in der zum
Zeitpunkt der nationalen Anmeldung gültigen Ausgabe abdecken. Dies kann freilich immer noch hinter
der nationalen Auslegung zurückbleiben, die ggf. keine Eingrenzung auf die alphabetische Liste vorsieht
(EUIPO Richtlinien Teil C 2.2.2.5).

Diese uneinheitliche Praxis wird sich mittelfristig erledigen, wenn nämlich die vor der Entscheidung 19.2
IP TRANSLATOR angemeldeten Marken zunehmend dem **Benutzungszwang** unterliegen. Denn in
aller Regel wird keine Marke für sämtliche Waren oder Dienstleistungen einer Klasse benutzt.

Noch nicht abschließend geklärt ist, wie mit **nicht eindeutigen Formulierungen** umzugehen 20
ist, insbesondere mit Begriffen in älteren Markenverzeichnissen, die – nach jetziger Praxis der
Markenämter in der Union im Lichte der Entscheidung IP TRANSLATOR – als zu unbestimmt
gelten.

In einem Fall, in dem die ältere **spanische Marke** in Klasse 35 für „eine Werbeaussage" eingetragen 20.1
war, stimmte das EuG dem Amt darin zu, dass dies für die Feststellung einer Dienstleistung zu ungenau
und daher für den Widerspruch nicht zu berücksichtigen ist (EuG T-571/11, BeckRS 2013, 80595 Rn. 24,
54 – CLUB GOURMET/CLUB DEL GOURMET, EN El Corte Inglés; bestätigt durch EuGH C-301/
13 P, BeckRS 2014, 81310 Rn. 66 f. – CLUB GOURMET/CLUB DEL GOURMET, EN El Corte
Inglés).

Daraus könnte das EUIPO die Konsequenz ziehen, alle unbestimmten Begriffe beim Warenvergleich 20.2
zu ignorieren. Dagegen dürfte aber die EuGH-Entscheidung in Sachen LAMBRETTA sprechen. Denn
darin hat der EuGH klargestellt, dass die Entscheidung IP TRANSLATOR – jedenfalls hinsichtlich der
Verwendung von Oberbegriffen – **keine Rückwirkung** entfaltet (EuGH C-577/14 P, GRUR Int 2017,
327 Rn. 30 f. – LAMBRETTA; bestätigt durch EuGH C-501/15 P, GRUR-RR 2017, 496 Rn. 37 ff. –
CACTUS OF PEACE). So geht denn auch das EUIPO davon aus, die Unbestimmtheit als solche könne
zwar keine Ähnlichkeit begründen, unbestimmte Begriffe könnten aber „in ihrer natürlichsten und wört-
lichsten Bedeutung" berücksichtigt werden (EUIPO Richtlinien Teil C 2.2.1.5.2). Das dürfte auf einer
Linie mit dem Grundsatz des EuG liegen, ein Markeninhaber dürfe keinen Vorteil daraus ziehen, dass er
eine Formulierung im Verzeichnis beansprucht hat, die nicht klar und eindeutig ist (EuG T-39/16, BeckRS
2017, 106116 Rn. 48 – NANA FINK/NANA). Kommen aber mehrere Interpretationen einer Formulierung in Betracht, ist diejenige vorzugswürdig, die nicht zu einem absurden Ergebnis führt, wie etwa zu
dem Ergebnis, dass die Produkte des Markeninhabers nicht vom Verzeichnis der Marke erfasst werden
(EuG T-279/18, BeckRS 2019, 40588 Rn. 43 ff. – AXICORP ALLIANCE/ALLIANCE). Keinesfalls ist

eine Marke ganz oder teilweise nichtig, weil ihr Verzeichnis Begriffe enthält, die nicht klar und eindeutig sind (EuGH C-371/18, GRUR 2020, 288 Rn. 54 ff. – Sky/SkyKick).

21   Im Unterschied zum Zeichenvergleich hängt der Vergleich der Waren oder Dienstleistungen von der Benutzung der älteren Marke ab, wenn diese dem **Benutzungszwang** (ausführlich → Art. 18 Rn. 1 ff.) unterliegt und ein Benutzungsnachweis erforderlich ist (vgl. EuG T-457/15, BeckRS 2017, 125903 Rn. 46 – Fakro/EUIPO). Die ältere Marke wird dann gemäß Art. 47 Abs. 2 S. 3 nur insoweit berücksichtigt, als ihre ernsthafte Benutzung gemäß Art. 18 nachgewiesen wurde. In diesem Bereich wirkt sich die ALADIN-Rechtsprechung des EuG aus (eingehend → Art. 18 Rn. 33 f.). Danach kann sich die rechtserhaltende Benutzung einer Marke für bestimmte Waren/Dienstleistungen auf eine übergeordnete Untergruppe erstrecken, nämlich wenn die Marke für Waren/Dienstleistungen eingetragen ist, die so genau definiert sind, dass es nicht möglich ist, innerhalb der betreffenden Gruppe eindeutige Unterteilungen vorzunehmen (EuG T-126/03, GRUR Int 2005, 914 Rn. 45 – ALADIN; T-789/17, BeckRS 2019, 939 Rn. 38 – TecDocPower/ TecDoc). Wurde die ältere Marke also für ein bestimmtes Produkt innerhalb einer hinreichend bestimmten, aber umfassenderen Unterkategorie benutzt, so ist es diese Unterkategorie, auf die der Vergleich mit den Waren/Dienstleistungen der Unionsmarkenanmeldung zu stützen ist. Selbst wenn die Anmeldung nur ein ganz bestimmtes Produkt umfasst, das sich von dem konkreten Produkt der älteren Marke unterscheidet, aber der gleichen Unterkategorie zuzuordnen ist, liegt dann im Rechtssinne Identität vor.

3. Keine weiteren Voraussetzungen

22   Bei Identität der Marken und der Waren oder Dienstleistungen liegt ohne weitere Voraussetzungen ein Eintragungshindernis vor (vgl. Erwägungsgrund 11 S. 1 Hs. 2 UMV). Die **Verteidigungsmöglichkeiten** des Anmelders sind dementsprechend **begrenzt.** Insbesondere kann er sich nicht mit älteren Rechten verteidigen oder etwa mit einer Zustimmung des Widersprechenden zur Markenanmeldung (Umkehrschluss aus Art. 60 Abs. 3). Bei Vorliegen solcher Umstände bleibt dem Anmelder nur ein Angriff auf die ältere Marke oder der Weg zum nationalen Gericht, um einen vertraglichen Anspruch auf Rücknahme des Widerspruchs durchzusetzen. Wenn die Benutzungsschonfrist der älteren Marke erst nach dem gemäß Art. 47 Abs. 2 ausschlaggebenden Zeitpunkt endet, ist der Anmelder gezwungen, bei der zuständigen Instanz einen Verfallsantrag zu stellen, wenn er seine Anmeldung retten möchte. Unterdessen kann das EUIPO das Widerspruchsverfahren auf Antrag des Anmelders gemäß Art. 71 Abs. 1 lit. b DVUM aussetzen.

IV. Verwechslungsgefahr

23   Sind die Marken und/oder die Waren und Dienstleistungen zwar nicht identisch, aber zumindest in gewissem Grade **ähnlich,** ist gleichwohl ein Eintragungshindernis nach Art. 8 Abs. 1 lit. b gegeben, wenn Verwechslungsgefahr vorliegt.

24   Handelt es sich bei der älteren Marke um eine Individualmarke, besteht Verwechslungsgefahr, wenn die angesprochenen Verkehrskreise annehmen können, mit den Marken bezeichnete Waren oder Dienstleistungen stammten aus demselben oder jedenfalls aus wirtschaftlich miteinander verbundenen Unternehmen (EuGH C-39/97, GRUR Int 1998, 875 Rn. 29 – Canon). Dies ist unter **Berücksichtigung aller Umstände des Einzelfalls** umfassend zu beurteilen (EuGH C-84/16 P, BeckRS 2017, 120066 Rn. 97 mwN – XKING; vgl. auch Erwägungsgrund 11 S. 4 UMV sowie zur Parallelvorschrift in der MRL 1989 EuGH C-251/95, GRUR 1998, 387 Rn. 22 – Sabèl/Puma). Dabei genügt die abstrakte Gefahr von Verwechslungen; es müssen keine tatsächlichen Verwechslungen nachgewiesen werden (EuG T-346/04, GRUR Int 2006, 144 Rn. 69 – ARTHUR ET FELICIE). Tatsächliche Verwechslungen können aber ein Indiz für das Vorliegen einer Verwechslungsgefahr im Rechtssinne sein (s. EUIPO Richtlinien Teil C 2.6.4; näher → Rn. 130). Die rein assoziative gedankliche Verbindung, die der Verkehr über die Übereinstimmung des Sinngehalts zweier Marken zwischen diesen herstellen könnte, genügt für sich genommen nicht für die Annahme einer Verwechslungsgefahr (EuGH C-251/95, GRUR 1998, 387 Rn. 26 – Sabèl/Puma; T-149/19, BeckRS 2019, 31984 Rn. 47 – Société des produits Nestlé/ EUIPO). Die Würdigung der Umstände des Einzelfalls ist nach ständiger Rechtsprechung des EuGH eine **Frage tatsächlicher Art,** die sich dessen Kontrolle entzieht (s. nur EuGH C-99/18 P, BeckRS 2019, 13026 Rn. 13 mwN – FTI Touristik/EUIPO; s. auch speziell zur Revisibilität des Vergleichs der Marken → Rn. 64 ff.). Der BGH hingegen betrachtet die Frage, ob Verwechslungsgefahr besteht, als Rechtsfrage (s. nur BGH GRUR 2017, 914 Rn. 43 – Medicon-Apotheke/ MediCo Apotheke). Allerdings stellt das Versäumnis, alle Umstände des Einzelfalls zu berücksichti-

gen, einen Rechtsfehler dar und kann als ein solcher vor dem EuGH im Rahmen eines Rechtsmittels geltend gemacht werden (EuGH C-99/18 P, BeckRS 2019, 13026 Rn. 13 mwN – FTI Touristik/EUIPO).

Handelt es sich bei der älteren Marke um eine **Unionskollektivmarke,** besteht Verwechslungsgefahr, **24.1** wenn die Verkehrskreise glauben könnten, die von der älteren Marke und die von der angemeldeten Marke erfassten Waren oder Dienstleistungen stammen alle von Mitgliedern des Verbands, der Inhaber der älteren Marke ist, oder gegebenenfalls von wirtschaftlich mit diesen Mitgliedern oder diesem Verband verbundenen Unternehmen (EuGH C-766/18 P, GRUR-RS 2020, 2800 Rn. 64 – BBQLOUMI/HALLOUMI; EuG T-555/19, GRUR-RS 2021, 8060 Rn. 32 – GRILLOUMI/HALLOUMI). Die Rechtsprechung zur Verwechslungsgefahr, wenn es sich bei der älteren Marke um eine Individualmarke handelt, ist übertragbar (EuGH C-766/18 P, GRUR-RS 2020, 2800 Rn. 65 f. – BBQLOUMI/HALLOUMI; EuG T-555/19, GRUR-RS 2021, 8060 Rn. 33 – GRILLOUMI/HALLOUMI).

Handelt es sich bei der älteren Marke um eine **Gewährleistungsmarke,** besteht Verwechslungsgefahr, **24.2** wenn der Verkehr glauben könnte, die von der Gewährleistungsmarke und die von der angemeldeten Marke erfassten Waren oder Dienstleistungen stammten alle von Personen, die vom Inhaber der Gewährleistungsmarke autorisiert wurden, die Gewährleistungsmarke im Rahmen ihrer Satzung zu benutzen, oder gegebenenfalls von wirtschaftlich mit diesen Personen oder dem Inhaber der Gewährleistungsmarke verbundenen Unternehmen (EuG T-281/19 und T-351/19, GRUR-RS 2021, 14316 Rn. 35 und 103 – Halloumi χαλλούμι Vermion BELAS/ΧΑΛΛΟΥΜΙ HALLOUMI). Die Rechtsprechung zur Verwechslungsgefahr, wenn es sich bei der älteren Marke um eine Individualmarke handelt, ist übertragbar (EuG T-281/19 und T-351/19, GRUR-RS 2021, 14316 Rn. 36 – Halloumi χαλλούμι Vermion BELAS/ΧΑΛΛΟΥΜΙ HALLOUMI).

Für die Beurteilung der Verwechslungsgefahr ist grundsätzlich der **Zeitpunkt** der Entscheidung **25** über den Widerspruch durch das Amt maßgeblich (EUIPO Richtlinien Teil C 2.1.4.1). Stützt sich der Widersprechende auf eine gesteigerte Kennzeichnungskraft der älteren Marke, muss er jedoch belegen, dass diese auch bereits an dem Anmeldetag bzw. zu dem Prioritätszeitpunkt der angegriffenen Anmeldung bestand (EUIPO Richtlinien Teil C 2.5.2.1.3; ebenso zum deutschen Recht Ströbele/Hacker/Thiering/Hacker MarkenG § 9 Rn. 224). Was das **Territorium** angeht, genügt es für die Annahme von Verwechslungsgefahr, wenn diese in einem relevanten Teil der EU besteht (EuG T-401/19, GRUR-RS 2020, 23619 Rn. 26 f. – Freude an Farbe/Glemadur Freude an Farbe; T-103/16, GRUR-RS 2017, 124375 Rn. 27 – Alpenschmaus/ALPEN). In einem solchen Fall trifft das EUIPO keine Pflicht, die Länder, in denen Verwechslungsgefahr besteht, abschließend aufzuzählen (EuG T-401/19, GRUR-RS 2020, 23619 Rn. 76 ff. – Freude an Farbe/Glemadur Freude an Farbe).

1. Ähnlichkeit der Waren und Dienstleistungen

Eine Verwechslungsgefahr setzt zwingend die Identität oder Ähnlichkeit der Waren und Dienst- **26** leistungen voraus. Soweit sich die von der angegriffenen Anmeldung beanspruchten Produkte als unähnlich erweisen, ist der Widerspruch unter dem Gesichtspunkt der Verwechslungsgefahr zurückzuweisen. Betrifft die Kollision nur einen **Teil** der Waren/Dienstleistungen der jüngeren Marke, wird diese nur insoweit gelöscht. **Oberbegriffe** können allerdings weder das EUIPO noch das EuG von sich aus aufgliedern (EuG T-133/05, GRUR Int 2007, 412 Rn. 29 – PAM-PIM'S BABY-PROP); auch der Widersprechende kann insoweit keinen beschränkten Antrag stellen. Der Schutz ist vielmehr insgesamt zu versagen, wenn auch nur für einen Teil der unter den Oberbegriff fallenden Waren/Dienstleistungen eine Verwechslungsgefahr gegeben ist. Will der Anmelder dies vermeiden, muss er Oberbegriffe von sich aus **einschränken** und damit die Anmeldung teilweise zurücknehmen (→ Rn. 18). Dies kann der Anmelder etwa dadurch bewirken, dass er einen Begriff durch einen Klammerzusatz konkretisiert. Eine solche Verwendung von Klammern bewirkt eine Beschränkung des beantragten Schutzes auf die zwischen den Klammern stehenden Produkte, die in der allgemeineren, vor den Klammern angegebenen Kategorie eingeschlossen sind (EuG T-155/21, GRUR-RS 2022, 22478 Rn. 17 – Völkl/VÖLKL, zu dem Begriff „Spezialschuhe (Feuerwehrschuhe)" in Klasse 9; T-681/18, GRUR-RS 2020, 26139 Rn. 26 – STAYER). Gemäß Art. 49 Abs. 1 S. 1 kann der Anmelder das Verzeichnis jederzeit einschränken. Eine Einschränkung vor Erhebung der Klage zum EuG ist allerdings dann nicht zu berücksichtigen, wenn die Einschränkung zu einem neuen Sachverhalt führt, etwa weil die Produkte in einer Weise spezifiziert werden, die zu einer unterschiedlichen Beurteilung der Ähnlichkeit der beiderseitigen Produkte oder des angesprochenen Publikums führen (EuG T-819/19, GRUR-RS 2020, 34177 Rn. 18 – bim ready/BIM freelance; T-100/14, BeckRS 2015, 80619 Rn. 32 – TECALAN/

TECADUR). Eine ersatzlose Streichung kann hingegen vom EuG berücksichtigt werden (EuG T-17/20, GRUR-RS 2021, 12480 Rn. 22 – GAMELAND/Gameloft). Davon abgesehen erweist sich ein Oberbegriff nicht zwangsläufig deswegen als unähnlich zu einer Ware/Dienstleistung, weil diese Ware/Dienstleistung ausgenommen wurde (EuG T-85/15, BeckRS 2017, 127031 Rn. 26 ff. – YLOELIS/YONDELIS; T-310/19 GRUR-RS 2020, 32069 Rn. 109 – SADIA/ SAIDA; vgl. auch EuG T-133/18, BeckRS 2019, 3633 Rn. 42 ff. – Lumiqs/Lumix).

27   **a) Richtlinien, Similarity Datenbank.** Zur Ähnlichkeit der Waren und Dienstleistungen gibt es eine ebenso reichhaltige Kasuistik des EUIPO wie zur Zeichenähnlichkeit. Die **Richtlinien** des EUIPO widmen dem Waren- und Dienstleistungsvergleich ein sehr umfangreiches Kapitel (Teil C 2.2). Darin enthalten sind auch mehrere Dutzend Seiten Anhang, in dem auf einzelne Branchen und konkrete Vergleiche eingegangen wird.

28   Als hilfreich kann sich die (auch im Deutschen sogenannte) **Similarity-Datenbank** erweisen, abrufbar unter euipo.europa.eu/sim oder unter tmdn.org. Nach der Eingabe eines Begriffspaares wirft die Datenbank aus, ob diese in der Regel als ähnlich angesehen werden, zu welchem Grad und anhand welcher Faktoren. In einigen Fällen wird auch eine Entscheidung als Beleg angegeben.

28.1   Die Datenbank wächst ständig und ist damit zunehmend praktisch einsetzbar. Die Suchergebnisse der Datenbank entsprechen der **Amtspraxis,** an die sich die Prüfer halten, falls ihnen nicht überzeugende anderslautende Argumente vorgelegt werden.

29   **b) Kriterien für die Feststellung der Ähnlichkeit.** Ähnlichkeit der Waren/Dienstleistungen ist gegeben, wenn diese so **enge Berührungspunkte** aufweisen, dass die beteiligten Kreise davon ausgehen, dass die betroffenen Waren/Dienstleistungen aus demselben oder jedenfalls aus wirtschaftlich miteinander verbundenen Unternehmen stammen. Dabei kommt es vor allem darauf an, ob das Publikum erwarten kann, dass die Waren/Dienstleistungen unter der Kontrolle desselben Unternehmens hergestellt oder vertrieben bzw. erbracht werden, welches für ihre Qualität verantwortlich ist (vgl. EuGH C-39/97, GRUR 1998, 922 Rn. 28 – Canon; C-299/99, GRUR 2002, 804 Rn. 30 – Philips).

30   Bei der Beurteilung der Ähnlichkeit der Waren/Dienstleistungen sind **alle erheblichen Faktoren** zu berücksichtigen, die das Verhältnis zwischen den Waren/Dienstleistungen kennzeichnen. Hierzu gehören insbesondere die Art der Waren/Dienstleistungen, ihr Verwendungszweck, ihre Nutzung sowie die Eigenart als miteinander konkurrierende oder einander ergänzende Waren/ Dienstleistungen (EuGH C-39/97, GRUR 1998, 922 Rn. 22 ff. – Canon; C 416/04 P, GRUR 2006, 582 Rn. 85 – VITAFRUIT; EuG T-789/17, BeckRS 2019, 939 Rn. 53 – TecDocPower/ TecDoc). Diese sogenannten **Canon-Kriterien** stehen im Mittelpunkt der Praxis des EUIPO. Sie sind allerdings nicht abschließend (EuG T-177/20, GRUR-RS 2021, 12479 Rn. 44 f. – Hispano Suiza/HISPANO SUIZA; T-276/17, BeckRS 2019, 15168 Rn. 30, 41 – Tropical/TROPICAL II).

30.1   Nach der Rechtsprechung des EuG konkurrieren Waren miteinander, wenn sie zueinander in einem Substituierbarkeitsverhältnis stehen (EuG T-195/20, GRUR-RS 2021, 27117 Rn. 56 – chic/CHIC BARCELONA). Das ist etwa dann nicht der Fall, wenn die beiderseitigen Waren der Befriedigung unterschiedlicher Bedürfnisse dienen (EuG T-369/15, BeckRS 2017, 134914 Rn. 26 – Paloma).

31   Darüber sind regelmäßig auch der **Vertriebsweg** (s. EuG T-789/17, BeckRS 2019, 939 Rn. 53 – TecDocPower/TecDoc) und die **betriebliche Herkunft** wesentliche Kriterien. Der bloße Umstand, dass die Produkte gelegentlich dieselben Vertriebswege aufweisen und jeweils in Einzelhandelsgeschäften wie großen Kaufhäusern oder Supermärkten angeboten werden, genügt jedoch nicht für die Annahme einer Ähnlichkeit (ausführlich EuG T-195/20, GRUR-RS 2021, 27117 Rn. 65 ff. – chic/CHIC BARCELONA; ebenso EuG T-133/18, BeckRS 2019, 3633 Rn. 48 f. – Lumiqs/Lumix; T-325/15, BeckRS 2017, 135073 Rn. 44 – choco love/chocolate; anders noch EuG T-33/03, GRUR-RR 2006, 155 Rn. 44 – Hai/SHARK). Beim Vergleich von **Softwareprodukten** ist dem EuG wie auch dem EUIPO zufolge die Funktion bzw. die intendierte Benutzung maßgeblich, weil heutzutage zahlreiche Programme mit radikal unterschiedlichen Funktionen existierten; der Umstand, dass diese Produkte in ihrer Art und ihren Vertriebswegen übereinstimmten, genüge insoweit nicht, um eine erhebliche Ähnlichkeit anzunehmen (EuG T-204/20, GRUR-RS 2021, 16098 Rn. 49 ff. – ZOOM/ZOOM; EUIPO Richtlinien Teil C 2.2.5.10.4; vgl. auch zu Computern und Computerprogrammen einerseits und ua Telekommunikationsapparaten und -anlagen andererseits EuG T-336/03, GRUR Int 2006, 49 Rn. 69 – Mobilix). Auch die **Geschäftspraxis,** wie etwa die Praxis der Automobilhersteller, „die Benutzung ihrer bekannten Marke auf andere Waren, wie Bekleidungsstücke, Uhren und andere Accessoires, auszudehnen," ist dem EuG zufolge ein maßgeblicher Faktor (EuG T-177/20, GRUR-RS 2021, 12479 Rn. 46 ff. – Hispano Suiza/HISPANO SUIZA). Allerdings sollte die betriebliche Herkunft mit Blick auf die durch Art. 8 Abs. 1 lit. b geschützte Herkunftsfunktion (→ Einl. Rn. 120 ff.) besonders berücksichtigt werden (s. auch → MarkenG § 14 Rn. 315).

Dabei ist die maßgebliche Frage, ob die betreffenden Waren und Dienstleistungen aus **Sicht des** **31.1** **relevanten Publikums** (also nicht notwendigerweise tatsächlich) üblicherweise von den gleichen Unternehmen hergestellt oder zumindest verantwortet werden. Dementsprechend ist nicht auf extrem diversifizierte Unternehmen abzustellen (wie zB das Unternehmen Yamaha, das zu einem Zeitpunkt ua Musikinstrumente, Motorräder und Boote vertrieben hat, oder die Unternehmensgruppe Virgin, die ua ein Musiklabel und eine Fluglinie betreibt).

Mit diesen Grundsätzen ist die Praxis des Amtes und des EuG mitunter nur schwerlich vereinbar. **32** Insbesondere erkennen sie die folgende **Testfrage** nicht als zentral an: Ist eine Ähnlichkeit trotz (unterstellter) Identität der Marken und maximaler Kennzeichnungskraft der älteren Marke wegen des Abstands der Waren/Dienstleistungen von vornherein ausgeschlossen? (vgl. EuGH C-39/97, GRUR 1998, 922 Rn. 22 – Canon; C398/07 P, GRUR Int 2009, 911 Rn. 34 – Waterford Stellenbosch; vgl. auch EuGH C-16/06 P, GRUR-RR 2009, 356 Rn. 67 – Editions Albert René). Daher kommt es bisweilen zu fragwürdigen Ergebnissen.

So hat zB das EuG entgegen dem EUIPO angenommen, dass zwischen **Restaurantdienstleistungen** **32.1** einerseits und praktisch sämtlichen (auch normalerweise verpackt und nicht zubereitet verkauften) **Lebensmitteln** andererseits eine Ähnlichkeit bestehe, weil diese „komplementär" seien: EuG T-711/13 und T-716/13, BeckRS 2016, 128937 Rn. 47 ff. – HARRY'S BAR). Die eingangs genannte Voraussetzung, nämlich dass der Durchschnittsverbraucher annähme, Fleisch oder Salz komme aus der gleichen wirtschaftlichen Quelle wie Restaurantdienstleistungen, wurde offensichtlich nicht gestellt, denn sie hätte verneint werden müssen.

Zunehmend wichtiger wird der Faktor **Komplementarität,** also ein Ergänzungsverhältnis **33** zwischen den betreffenden Waren/Dienstleistungen, das einen gemeinsamen betrieblichen Verantwortungsbereich nahelegt (vgl. zur Berücksichtigung funktioneller Zusammenhänge in der deutschen Rechtsprechung → MarkenG § 14 Rn. 316). Eine „funktionelle Ergänzung" ergibt sich aber nicht schon aus jedem thematischen Bezug (EuGH C-398/07 P, GRUR Int 2009, 911 Rn. 45 – Waterford Stellenbosch). Insbesondere können bloße Hilfswaren kein Ergänzungsverhältnis begründen (EuG T-359/16, BeckRS 2017, 115939 Rn. 32 ff. – TestBild/test). Auch weisen Rohmaterialien oder Halbfertigerzeugnisse (wie zB Leder) grundsätzlich keine Ähnlichkeit zu daraus hergestellten Fertigerzeugnissen auf (EuG T-114/19, GRUR-RS 2020, 13517 Rn. 51 ff. – B/b). Vielmehr ergänzen Waren oder Dienstleistungen einander, wenn zwischen ihnen ein enger Zusammenhang in dem Sinne besteht, dass die eine Ware oder Dienstleistung für die Verwendung der anderen unentbehrlich oder wichtig ist, sodass die Verbraucher denken könnten, die Verantwortung für die Herstellung dieser Waren oder die Erbringung dieser Dienstleistungen liege bei demselben Unternehmen (EuG T799/16, BeckRS 2019, 3072 Rn. 48 – MI/MI; T-359/16, BeckRS 2017, 115939 Rn. 31 – TestBild/test). Eine solche Komplementarität kann etwa bei Waren und ihren Ersatzteilen bestehen (EuG T-541/15, BeckRS 2017, 121409 Rn. 56 ff. – NSU). Die bloße Tatsache, dass eine Ware als Einzelteil, Zubehör oder Komponente einer anderen Ware verwendet werden kann, begründet jedoch nicht automatisch deren Ähnlichkeit (EuG T-336/03, GRUR Int 2006, 49 Rn. 61 – Mobilix). Auch zwischen Waren einerseits und Dienstleistungen andererseits kann ein Ergänzungsverhältnis vorliegen, wie etwa zwischen Kreditkarten und Finanzwesen (EuG T-83/16, BeckRS 2017, 132280 Rn. 61 ff. – WIDIBA/DiBa). Keine Komplementarität ist gegeben, wenn sich die Produkte an unterschiedliche Verkehrskreise richten (EuG T-284/20, GRUR-RS 2021, 8771 Rn. 77 f. – HB Harley Benton/HB; T-316/07, BeckRS 2009, 70090 Rn. 57 f. – easyHotel/EASYHOTEL; T-541/15, BeckRS 2017, 121409 Rn. 56 – NSU; T-83/16, BeckRS 2017, 132280 Rn. 60 – WIDIBA/DiBa; T-310/19 GRUR-RS 2020, 32069 Rn. 62 – SADIA/SAIDA). Bei dem Faktor Komplementarität handelt es sich um ein **selbstständiges** **Beurteilungskriterium,** das als solches eine Warenähnlichkeit begründen kann (EuGH C-50/15 P, GRUR-RS 2016, 80153 Rn. 23 – Carrera/CARRERA).

Fehlt es an jeglicher Überschneidung der **angesprochenen Verkehrskreise** (etwa weil sich **34** die beiderseitigen Produkte an ein völlig unterschiedliches Fachpublikum richten), scheidet eine Ähnlichkeit regelmäßig aus (EUIPO Richtlinien Teil C 2.2.3.2.7; vgl. auch die Entscheidung EuG T-789/17, BeckRS 2019, 939 Rn. 54 f. – TecDocPower/TecDoc, in der in einer solchen Konstellation eine Ähnlichkeit der Produkte gar kategorisch verneint wurde).

35   Dass die Klassifizierung nach der **Nizza-Klassifikation** für die Frage der Ähnlichkeit der Produkte keine Bedeutung hat, ist in Art. 33 Abs. 7 explizit festgehalten (ebenso § 9 Abs. 3 MarkenG sowie die bisherige Rechtspraxis in Deutschland, s. etwa BGH GRUR 2020, 870 Rn. 24 – INJEKT/INJEX). Maßgeblich sind nur die konkret beanspruchten Produkte, nicht hingegen die Überschriften der Nizza-Klassifikation oder die übrigen Produkte, welche gemäß der Nizza-Klassifikation in dieselbe Klasse fallen (EuG T-493/20, GRUR-RS 2021, 25212 Rn. 47 f. – SFORA WEAR/Sfera KIDS; T-720/13, BeckRS 2015, 81710 Rn. 44 – KARIS/CARYX). Dennoch hilft die Klassifizierung häufig, die Natur der in Rede stehenden Ware bzw. Dienstleistung näher einzugrenzen (s. auch → Art. 33 Rn. 50).

35.1   Ein Beispiel ist Eventmanagement. Dabei geht es in der Regel um Unterhaltung (Kl. 41), es ist aber auch ein technischer Begriff im IT-Bereich. Ist er in Klasse 42 enthalten, muss angenommen werden, dass es um IT-Eventmanagement geht.

36   **Irrelevant** sind die **Umstände der tatsächlichen Markenbenutzung,** wie zB Preise (EuG T-268/18, BeckRS 2019, 12397 Rn. 54 – Luciano Sandrone/DON LUCIANO) Vertriebsmodalitäten, Produktverpackungen (EuG T-276/09, BeckRS 2012, 81767 Rn. 58 – Yakut/Yakult) sowie Werbemaßnahmen und Marketingkonzepte (EuGH C-171/06 P, BeckRS 2007, 70219 Rn. 59 – T.I.M.E. ART/HABM; vgl. auch zur Verwechslungsgefahr EuG T-693/19, GRUR-RS 2021, 3753 Rn. 142 – KERRYMAID/Kerrygold). Auch eine übereinstimmende **geographische Herkunft** kann eine Ähnlichkeit oder gar Identität nicht begründen. Dies gilt auch, wenn sich eine Unionskollektivmarke und eine Individualmarkenanmeldung gegenüberstehen (EuGH C-673/15 P ua, GRUR 2017, 1257 Rn. 49 ff. – Darjeeling). Denn eine äußerst breite Palette von Waren und Dienstleistungen kann in ein und demselben Gebiet hergestellt oder erbracht werden (EuGH C-673/15 P ua, GRUR 2017, 1257 Rn. 65 – Darjeeling).

37   Für die Beurteilung der Ähnlichkeit von **Dienstleistungen untereinander** gelten grundsätzlich dieselben Prinzipien wie beim Vergleich von Waren (EUIPO Richtlinien Teil C 2.2.3.3.3; vgl. auch EuGH C39/97, GRUR 1998, 922 Rn. 23 – Canon). Zu den Faktoren gehören angesichts der fehlenden Körperlichkeit von Dienstleistungen insbesondere Art und Zweck der Dienstleistung, also der Nutzen für den Empfänger der Dienstleistung, und die Vorstellung des Publikums, dass die Dienstleistungen unter der gleichen betrieblichen Verantwortung erbracht werden.

38   **c) Vergleich von Waren und Dienstleistungen.** Beim Vergleich von Waren einerseits und Dienstleistungen andererseits gelten **dieselben Grundsätze** wie beim Vergleich von Waren bzw. Dienstleistungen untereinander. Unter bestimmten Umständen kann eine Ähnlichkeit zwischen Waren und Dienstleistungen bestehen (EuG T-844/19, GRUR-RS 2021, 305 Rn. 39 – discount-apotheke.de/APODISCOUNTER; T-356/21, GRUR-RS 2022, 14028 Rn. 26 – Hypercore/HIPERCOR). Ihrer Art nach sind Waren und Dienstleistungen zwar unähnlich. Sie können aber zB deshalb ähnlich sein, weil sie einander ergänzen oder weil die Dienstleistungen den gleichen Gegenstand oder Verwendungszweck wie die Waren haben und deshalb mit ihnen konkurrieren (EuG T-844/19, GRUR-RS 2021, 305 Rn. 39 – discount-apotheke.de/APODISCOUNTER; s. auch EUIPO Richtlinien Teil C 2.2.3.3.3). So wird zwischen **Einzelhandelsdienstleistungen** in Bezug auf bestimmte Waren einerseits und eben diesen oder ähnlichen Waren andererseits in der Regel Ähnlichkeit angenommen (vgl. für Bekleidung EuG T-116/06, GRUR Int 2009, 421 Rn. 45–58 – O STORE; vgl. für „Matratzen, Bettdecken, Bettwäsche" in Klassen 10, 20 und 24 sowie „Einzelhandelsdienstleistungen für Matratzen und Kissen" EuG T526/14, GRUR-RS 2015, 81911 Rn. 29–36 – Matratzen Concord/MATRATZEN; vgl. für „Nahrungsergänzungsmittel" und „Großhandels- und Einzelhandelsdienstleistungen von Produkten zur Gesundheitspflege" EuG T-800/17, BeckRS 2019, 378 Rn. 21 ff. – FIGHT LIFE/FIGHT FOR LIFE). Diese Ähnlichkeit weist regelmäßig nicht nur einen geringen, sondern einen durchschnittlichen Grad auf (s. etwa EuG T-844/19, GRUR-RS 2021, 305 Rn. 45 und 48 – discount-apotheke.de/APODIS-COUNTER; T-736/18, BeckRS 2019, 31751 Rn. 90 f. – Bergsteiger/BERG). Demgegenüber ist die Ähnlichkeit dieser Produkte nach deutscher Rechtsprechung stets Frage des Einzelfalls und ist jedenfalls dann gegeben, wenn die angesprochenen Verkehrskreise annehmen, die Waren und Dienstleistungen stammten aus denselben Unternehmen (BGH GRUR 2014, 378 Rn. 39 – OTTO CAP; eingehend → MarkenG § 14 Rn. 324). Eine Ähnlichkeit von Waren und Einzelhandelsdienstleistungen wird nicht dadurch ausgeschlossen, dass die Formulierung der betreffenden Einzelhandelsdienstleistungen möglicherweise nach den Maßstäben der EuGH-Entscheidung Praktiker (C-418/02, GRUR 2005, 764 Rn. 50 – Praktiker) konkretisierungsbedürftig ist (EuGH C-155/18 P bis C-158/18 P, GRUR-RS 2020, 2683 Rn. 134 – BURLINGTON; EuG T-800/17, BeckRS 2019, 378 Rn. 32 ff. – FIGHT LIFE/FIGHT FOR LIFE). Darüber hinaus gelten die in der Entscheidung Praktiker etablierten Anforderungen ohnehin nicht für Marken, die vor dessen Verkündung eingetragen wurden (EuGH C-155/18 P bis C-158/18 P, GRUR-RS 2020, 2683 Rn. 133 – BURLINGTON; C-501/15 P, GRUR-RR 2017, 496 Rn. 45 – CACTUS OF PEACE). Die Annahme einer Ähnlichkeit zwischen Einzelhandelsdienstleistungen einerseits und Waren andererseits setzt nicht voraus, dass die Einzelhandelsdienstleistungen dieselben Waren zum Gegenstand haben. Vielmehr kann eine Ähnlichkeit auch dann bestehen, wenn die Einzelhandels-dienstleistungen sich auf Waren beziehen, die (nur) ähnlich sind zu den gegenüberstehenden Waren. Dies betrifft etwa Einzelhandelsdienstleistungen in Bezug auf Einzel- oder Ersatzteile einerseits und die fertiggestellten Waren, die aus solchen Teilen bestehen, andererseits (EuG T-356/21, GRUR-RS 2022, 14028 Rn. 37 – Hypercore/HIPERCOR; T-77/19, GRUR-RS 2020, 4349 Rn. 41 – alcar.se/ALCAR). Besteht allerdings schon keine Ähnlichkeit zwischen bestimmten Waren (wie es das EuG etwa bei Spielen einerseits und Sportartikeln andererseits angenommen hat), liegt erst recht keine Ähnlichkeit vor zwischen der einen Ware (Spiele) und den Handelsdienstleistungen in Bezug auf die andere Ware wie etwa „Einzelhandelsdienstleistungen in Bezug auf Sportartikel" (EuG T-524/18, BeckRS 2019, 31733 Rn. 41 ff. – Billa/BILLABONG).

Mit Verweis auf ihre **Komplementarität** hat das EuG – entgegen der differenzierenden, **39** praxisnäheren Auffassung des EUIPO – eine allgemeine Ähnlichkeit angenommen zwischen Restaurantdienstleistungen einerseits sowie Lebensmitteln und Getränken andererseits (EuG T-555/19, GRUR-RS 2021, 8060 Rn. 50 – GRILLOUMI/HALLOUMI; T-711/13 und T-716/13, BeckRS 2016, 128937 Rn. 47 ff. – HARRY'S BAR). Gleiches gilt – wiederum entgegen den Richtlinien des EUIPO – für Forschungsdienstleistungen in Klasse 42 und medizinische Dienstleistungen in Klasse 44 einerseits sowie pharmazeutische Präparate in Klasse 5 andererseits (EuG T-165/17, BeckRS 2018, 11176 Rn. 45 ff. – EMCURE/EMCUR). Bei **unselbstständigen Nebenleistungen** oder waren ist eine Ähnlichkeit zu verneinen (EuGH C-196/06 P, Rn. 29 – Alecansan/HABM).

d) Auslegung von Oberbegriffen und Kategoriebezeichnungen. Die Zugehörigkeit der **40** beiderseitigen Waren bzw. Dienstleistungen zu einem jeweils **gemeinsamen sprachlichen Oberbegriff,** der aber als solcher nicht im Waren-/Dienstleistungsverzeichnis enthalten ist, reicht allein nicht aus, um eine Ähnlichkeit zu bejahen, mag aber dafür sprechen.

Anders verhält es sich freilich, wenn eine Marke den übergeordneten **Oberbegriff bean- 41 sprucht** (→ Rn. 19). Wenn der Oberbegriff die konkrete Ware umfasst, liegt nicht nur Ähnlichkeit vor, sondern **Identität.** Dabei ist seit dem 24.9.2016 unabhängig vom Anmelde- oder Eintragungszeitpunkt der älteren Marke – jedenfalls im Falle von Unionsmarken (→ Rn. 19 ff.; eingehend → Art. 33 Rn. 13 ff.) – ausschließlich von der wörtlichen Bedeutung des Oberbegriffs auszugehen. Die vormalige Differenzierung zwischen Unionsmarken, die vor oder nach der Entscheidung IP TRANSLATOR des EuGH (C-307/10, GRUR 2012, 822) datieren, ist durch die Neufassung des Art. 33 (ehemals Art. 28 GMV) zum 23.3.2016 und den Ablauf der Frist für Erklärungen nach Art. 33 Abs. 8 (ehemals Art. 28 Abs. 8 GMV) am 24.9.2016 beendet worden (eingehend → Art. 33 Rn. 55 ff.).

e) Zu berücksichtigende Waren und Dienstleistungen. Auf Seiten der **jüngeren Marke 42** sind im Rahmen des Widerspruchsverfahrens sämtliche beanspruchten Waren und Dienstleistungen zu berücksichtigen, es sei denn, der Widerspruch richtet sich nur gegen einzelne Waren und/oder Dienstleistungen. Auf Seiten der **älteren Marke** sind bei eingetragenen Marken grundsätzlich die Waren und Dienstleistungen maßgeblich, für die das Zeichen im Register eingetragen ist. Nicht relevant ist, für welche Waren/Dienstleistungen die Marke tatsächlich benutzt wird (EuG T-694/20, GRUR-RS 2022, 932 Rn. 38 – CCLABELLE VIENNA/LABELLO; T-346/04, GRUR Int 2006, 144 Rn. 35 – ARTHUR ET FELICIE; T-205/06, GRUR Int 2009, 56 Rn. 31 – Presto! Bizcard Reader). Wenn die Benutzung der älteren Marke zulässigerweise bestritten wird, finden allerdings nur die Waren/Dienstleistungen Berücksichtigung, für welche die Benutzung glaubhaft gemacht bzw. nachgewiesen wurde (vgl. EuG T-457/15, BeckRS 2017, 125903 Rn. 46 – Fakro/EUIPO → Rn. 21). Ausnahmsweise können Formulierungen im Verzeichnis der älteren Marke nicht berücksichtigt werden, weil sie zu unbestimmt sind (ausführlich → Rn. 20).

f) Grad der Ähnlichkeit. Soweit die Waren/Dienstleistungen ähnlich sind, kann es für die **43** Annahme einer Verwechslungsgefahr auf den **konkreten Grad** der Ähnlichkeit (geringe, durchschnittliche oder hochgradige) ankommen. Denn dieser steht in einer Wechselwirkung zu dem Grad der Markenähnlichkeit und der Kennzeichnungskraft der älteren Marke. Fehlt jegliche

Waren-/Dienstleistungsähnlichkeit, kommt eine Löschung allenfalls wegen Bekanntheitsschutzes nach Art. 8 Abs. 5 in Betracht (ausführlich → Art. 8 Rn. 220 ff.).

2. Relevanter Verkehrskreis und Aufmerksamkeitsgrad

44   Der **relevante Verkehrskreis** ist bereits für die Feststellung der Markenähnlichkeit von Bedeutung. Dies gilt insbesondere für die Sprachkenntnisse, aber auch für etwaige Spezialkenntnisse. Auf den bildlichen Vergleich wirkt sich die Bestimmung des relevanten Verkehrskreises regelmäßig nicht aus; aber schon beim klanglichen Vergleich muss auf die jeweils ausschlaggebende Aussprache abgestellt werden. Ein begrifflicher Vergleich ist überhaupt erst möglich, wenn das Verständnis des relevanten Verkehrskreises feststeht. Vor diesem Hintergrund ist die Bestimmung des relevanten Verkehrskreises und des Aufmerksamkeitsgrads von entscheidender Bedeutung. Unterlässt das EUIPO es, den relevanten Verkehrskreises und den Aufmerksamkeitsgrad zu bestimmen, begründet dies einen Rechtsfehler, der nicht vom EuG geheilt werden kann (EuG T-558/20, GRUR-RS 2021, 15969 Rn. 42 ff. – GT10/GT).

45   In **territorialer Hinsicht** wird der relevante Verkehrskreis durch die ältere Marke bestimmt. Ist der **Widerspruch auf eine Unionsmarke gestützt,** ist auf das Publikum in der gesamten EU abzustellen. Dabei kann es sich um den durchschnittlichen Verbraucher oder um Fachkreise handeln. Eine geographische Einschränkung kommt grundsätzlich nicht in Betracht. Beispielsweise müssen grundsätzlich alle in den verschiedenen Mitgliedstaaten möglichen Ausprachevarianten berücksichtigt werden. Allerdings genügt es für die Annahme eines relativen Schutzhindernisses, wenn in einem relevanten Teil der EU, also zB nach einem möglichen Aussprachevariante, Verwechslungsgefahr besteht (EuG T-401/19, GRUR-RS 2020, 23619 Rn. 26 f. – Freude an Farbe/ Glemadur Freude an Farbe; T-103/16, GRUR-RS 2017, 124375 Rn. 27 – Alpenschmaus/ ALPEN; T-258/16, BeckRS 2017, 112358 Rn. 82 – GINRAW/RAW).

46   Ist der **Widerspruch auf eine nationale Marke gestützt,** ist der relevante Verkehrskreis nur derjenige des entsprechenden Mitgliedstaates. Nur dessen Sprachverständnis ist maßgeblich, wobei es unter Umständen sogar nur auf bestimmte Bevölkerungsgruppen ankommt. So bestehen die maßgeblichen Verkehrskreise etwa aus „der breiten russischsprachigen Öffentlichkeit in Deutschland", wenn es sich bei der älteren Marke um eine deutsche Marke handelt, die aus einem Wort der russischen Sprache in kyrillischer Schrift besteht (EuG T-185/21, GRUR-RS 2022, 2448 Rn. 30 – Хозяйка/хозяюшка). Bei anderer Gelegenheit hat das Gericht allerdings festgehalten, es sei nicht belegt, dass ein erheblicher Teil der deutschen, spanischen oder griechischen Bevölkerung Russisch verstehe (EuG T-363/20, GRUR-RS 2022, 11915 Rn. 100 f. – Milk FUDGE KROWKA MLECZNA/KOPOBKA KOROUKA).

47   Bei der umfassenden Beurteilung der Verwechslungsgefahr kommt es des Weiteren entscheidend darauf an, wie die Marken auf den durchschnittlich informierten, aufmerksamen und verständigen **Durchschnittsverbraucher** der in Rede stehenden Waren bzw. Durchschnittsempfänger der in Rede stehenden Dienstleistungen wirken (EuGH C-147/14, GRUR 2015, 794 Rn. 21 – Loutfi/ Meatproducts ua; C-254/09 P, GRUR 2010, 1089 Rn. 45 – Calvin Klein/HABM; C-498/07, GRUR Int 2010, 129 Rn. 74 – Carbonell/La Española). Unter „Durchschnittsverbraucher" ist also nicht der einzelne Verbraucher zu verstehen, der zur Allgemeinheit gehört, sondern der Verbraucher, der zu dem Publikum gehört, das von den in Rede stehenden Waren und Dienstleistungen speziell angesprochen ist. Dieser Durchschnittsverbraucher kann ein hoch spezialisierter Gewerbetreibender sein, wenn sich die in Rede stehenden Waren und Dienstleistungen gezielt an ein solches Publikum richten, auch wenn nicht ausgeschlossen ist, dass diese Waren und Dienstleistungen gelegentlich auch von Verbrauchern erworben werden, die zur Allgemeinheit gehören und Laien sind (EuG T-537/21, GRUR-RS 2022, 26094 Rn. 19 – BODY STAR/Bodyguard; T-80/17, GRUR-RS 2017, 130684 Rn. 25 – IST/ista). Konkret ist auf den Durchschnittsverbraucher abzustellen, der sowohl diejenigen Produkte nutzt, für welche die ältere Marke Schutz genießt, als auch diejenigen Produkte, für welche die jüngere Marke Schutz ersucht (EuG T-266/20, GRUR-RS 2021, 13253 Rn. 33 – CCA CHARTERED CONTROLLER ANALYST CERTIFICATE/CFA; T-270/09, BeckRS 2014, 80870 Rn. 32 – PYROX/PYROT). Sind die Waren oder Dienstleistungen einer der beiden Marken von der weiter gefassten Beschreibung der anderen umfasst, werden die maßgeblichen Verkehrskreise grundsätzlich nach Maßgabe des spezielleren Wortlauts bestimmt (EuG T-266/20, GRUR-RS 2021, 13253 Rn. 34 – CCA CHARTERED CONTROLLER ANALYST CERTIFICATE/CFA; T-270/09, BeckRS 2010, 91152 Rn. 28 – medidata/MeDiTA). Richten sich die beiderseitigen Produkte an **mehrere Verkehrskreise** (wie zB an Endverbraucher und Fachkreise), ist einem daraus resultierenden unterschiedlichen Gesamteindruck (sog. gespaltene Verkehrsauffassung) bei der Prüfung Rechnung zu tragen und genügt die Verwechslungsgefahr innerhalb eines dieser Verkehrskreise für die Annahme eines Eintragungshindernisses (EuGH C-412/05 P, GRUR Int 2007, 718 Rn. 90 ff. – TRAVATAN II). Falls sich kein abweichender Gesamteindruck ergibt, ist auf den **Verkehrskreis mit der geringsten Aufmerksamkeit** abzustellen (EuG T-354/20, GRUR-RS 2021, 5178 Rn. 43 – BLINK/Blinka; T-644/18, BeckRS 2019, 31753 Rn. 25 – DermoFaes Atopiderm/Dermowas; T-339/17, BeckRS 2018, 29229 Rn. 41 – SEVENOAK/7seven; vgl. auch EuGH C-182/16 P, BeckRS 2017, 120067 Rn. 42 – Meica Ammerländische Fleischwarenfabrik/EUIPO). Dies gilt allerdings nur für diejenigen Produkte, die sich tatsächlich an mehrere Verkehrskreise richten (EuG T-266/20, GRUR-RS 2021, 13253 Rn. 42 – CCA CHARTERED CONTROLLER ANALYST CERTIFICATE/CFA). Nicht ohne Weiteres unterstellt werden kann, dass die maßgeblichen Verkehrskreise ausschließlich aus Personen bestehen, die einer bestimmten Sprache mächtig sind, nur weil Wortbestandteile beider Marken jener Sprache entstammen (EuG T-560/20, GRUR-RS 2021, 30994 Rn. 23 und 26 ff. – PINAR Tam kivaminda Süzme Peynir/Süzme Peynir, betreffend türkischsprachige Verkehrskreise in Irland, Malta und dem Vereinigten Königreich). Allerdings ist es für die Annahme von Verwechslungsgefahr nicht erforderlich, dass eine solche unter allen angesprochenen Verbrauchern besteht. Vielmehr genügt eine Verwechslungsgefahr in einem nicht zu vernachlässigenden Teil des angesprochenen Verkehrs (EuG T-333/20, GRUR-RS 2022, 3171 Rn. 102 – IALO TSP/HYALO; T-403/16, BeckRS 2017, 132082 Rn. 49 f. – Immunostad/ImmunoStim).

Unter **„Verbraucher"** fallen hierbei nicht nur private Endkunden, sondern auch Fachleute, Zwischen- **47.1** händler und gewerbliche Endkunden und damit alle aktuellen und potentiellen Abnehmer der maßgeblichen Waren/Dienstleistungen. Überdies können auch zwischengeschaltete Personen, die an der Vermarktung eines Produktes beteiligt sind, dem maßgeblichen Publikum zuzurechnen sein (EuGH C-412/05 P, GRUR Int 2007, 718 Rn. 56 – TRAVATAN II). Mitglied der beteiligten Verkehrskreise ist jeder, dessen Meinung für die jeweilige Kaufentscheidung zumindest mitursächlich ist. Es ist weder zwingend erforderlich noch allein ausreichend, dass die betreffende Person die Waren oder Dienstleistungen selbst konsumiert oder einkauft.

Die **Aufmerksamkeit des Durchschnittsverbrauchers** kann je nach Art der fraglichen **48** Waren oder Dienstleistungen variieren (EuGH C-342/97, GRUR Int 1999, 734 Rn. 26 – Lloyd; C-498/07, GRUR Int 2010, 129 Rn. 74 – Carbonell/La Española). Erwirbt der Durchschnittsverbraucher ein bestimmtes Produkt wegen seiner objektiven Merkmale erst nach einer besonders aufmerksamen Prüfung, kann dies die Verwechslungsgefahr zwischen Marken für solche Produkte verringern (EuGH C-361/04 P, GRUR 2006, 237 Rn. 38 ff. – PICASSO). Dass der Verkehr eine **hohe Aufmerksamkeit** an den Tag legt, bedeutet allerdings nicht, dass er die betreffende Marke bis ins letzte Detail untersucht oder minutiös mit einer anderen Marke vergleicht, da auch er sich auf sein unvollkommenes Erinnerungsbild verlassen muss (EuG T-401/19, GRUR-RS 2020, 23619 Rn. 58 – Freude an Farbe/Glemadur Freude an Farbe; T-443/12, BeckRS 2013, 82198 Rn. 54 – ancotel./ACOTEL; EUIPO Richtlinien Teil C 2.7.3). Erst recht lässt ein erhöhter Aufmerksamkeitsgrad nicht automatisch den Schluss zu, dass keine Verwechslungsgefahr besteht (EuG T-468/18, BeckRS 2019, 4776 Rn. 87 – IBERCONDOR/CONDOR SERVICE; T-267/14, BeckRS 2016, 80862 Rn. 72 – comfotherm/KOMFOTHERM). Maßgeblicher **Zeitpunkt** für die Bestimmung des Aufmerksamkeitsgrads ist der Zeitpunkt des Erwerbs bzw. der Inanspruchnahme der betreffenden Ware/Dienstleistung (EuGH C-361/04 P, GRUR 2006, 237 Rn. 41 ff. – PICASSO).

Von **Fachkreisen** kann grundsätzlich ein höherer Aufmerksamkeitsgrad erwartet werden als **49** vom Verbraucher im Allgemeinen (EuG T-359/02, GRUR Int 2005, 925 Rn. 29 – STAR TV). Sie haben zudem meist genaue Kenntnis von den Kennzeichnungsgewohnheiten auf dem jeweiligen Marktsektor. Damit werden sie Unterschiede zwischen Marken eher wahrnehmen und besser in Erinnerung behalten. Die Anforderungen an die Annahme einer Markenähnlichkeit sind bei **Spezialwaren** daher **tendenziell erhöht.** Hinzu kommt, dass bestimmte Fachkreise über Sonderwissen in Bezug auf Fachbegriffe verfügen. Die bloße Behauptung einer erhöhten Aufmerksamkeit genügt allerdings regelmäßig nicht. Vielmehr muss eine solche Behauptung mit **Tatsachenvortrag und Beweisen** belegt werden (EuG T-61/20, GRUR-RS 2021, 2418 Rn. 51 f. – B-Direct/bizdirekt; T-575/18, GRUR-RS 2019, 41306 Rn. 23 – The Inner Circle/InnerCircle).

Bei Waren und Dienstleistungen, die sich an die **Allgemeinheit** richten, ist vor allem zwischen **50** Waren und Dienstleistungen des täglichen Bedarfs und solchen zu unterscheiden, deren Anschaffung regelmäßig die Folge reiflicher Überlegung ist. Auch die Bedeutung (Image etc), welche eine Ware oder Dienstleistung für den Konsumenten hat, ist von Belang.

So ist zB bei preiswerten Lebensmitteln und Getränken des täglichen Bedarfs **ein eher gerin-** **51** **ger, allenfalls durchschnittlicher Aufmerksamkeitsgrad** zu erwarten (EuG T-763/17,

BeckRS 2018, 30207 Rn. 30 ff. – welly/Kelly's; T-584/17, BeckRS 2018, 21278 Rn. 36 – PRIM-ART/PRIMA; T-347/10, BeckRS 2013, 80818 Rn. 17 – Adelholzener Alpenquellen/HABM). Bei Waren der Klassen 18 und 25 herrscht hingegen ein **mittlerer** Aufmerksamkeitsgrad (EuG T-22/10, BeckRS 2011, 81619 Rn. 45–47 – Esprit International LP/HABM). Ein **hohes Maß** an Aufmerksamkeit ist nach der Rechtsprechung etwa gegeben bei Arzneimitteln, selbst wenn diese nicht verschreibungspflichtig sind (EuG T-644/18, BeckRS 2019, 31753 Rn. 26 – DermoFaes Atopiderm/Dermowas; T-632/15, BeckRS 2017, 121709 Rn. 38 – OCTASA/PENTASA; T-144/16, BeckRS 2017, 130040 Rn. 26 f. – MULTIPHARMA/MUNDIPHARMA), bei sonstigen Waren und Dienstleistungen, die mit dem Gesundheitszustand zusammenhängen (EuG T-537/21, GRUR-RS 2022, 26094 Rn. 19 – BODY STAR/Bodyguard; T-122/13 und T-123/13, BeckRS 2015, 81362 Rn. 27 – dodie/DODOT), bei langlebigen Möbeln (EuG T-107/18, BeckRS 2019, 2570 Rn. 23 f. – Dienne/ENNE) sowie beim Vertrieb von Fernsehprogrammen und damit in Zusammenhang stehenden Dienstleistungen (EuG T-359/02, GRUR Int 2005, 925 Rn. 29 – STAR TV). Ein **hoher oder gar sehr hoher** Aufmerksamkeitsgrad ist bei Versicherungen, Immobilien, Finanzprodukten und Rechtsberatungsdienstleistungen (EuG T-390/03, GRUR Int 2005, 928 Rn. 26 f. – CM; T-125/21, GRUR-RS 2022, 3110 Rn. 66 – EUROBIC/BAN-COBiG) wie auch bei Kraftfahrzeugen (EuGH C-361/04 P, GRUR 2006, 237 Rn. 59 – PICASSO) zu unterstellen.

52   Handelt es sich bei den fraglichen Waren um Arzneimittel, die in **Apotheken** an den Endverbraucher abgegeben werden, zählt der Endverbraucher neben medizinischen Fachleuten, nämlich den das Arzneimittel verordnenden Ärzten und den es abgebenden Apothekern, zum maßgeblichen Publikum (EuGH C-412/05 P, GRUR Int 2007, 718 Rn. 52, 56 ff. – TRAVATAN II). Allerdings genügt eine Verwechslungsgefahr unter den Endabnehmern (EuG T-632/15, BeckRS 2017, 121709 Rn. 26, 35 f. – OCTASA/PENTASA).

53   Im Übrigen bilden sich zuweilen **Erfahrungssätze** heraus, die in bestimmten Branchen auf die umfassende Beurteilung Einfluss nehmen können. So heißt es beispielsweise für die **Bekleidungsbranche,** dass hier häufig ein und dieselbe Marke je nach der Art der mit ihr gekennzeichneten Waren verschiedene Gestaltungen aufweise. In dieser Branche „ist es nämlich üblich, dass ein Modeunternehmen zur Unterscheidung seiner verschiedenen Produktlinien für Bekleidung Untermarken verwendet, dh von einer Hauptmarke abgeleitete Zeichen, die ein gemeinsames dominierendes Merkmal mit ihr teilen" (EuG T-101/11, BeckRS 2012, 80827 Rn. 47 – Mizuno/HABM/Golfino; vgl. auch EuG T-117/03 bis T-119/03 und T-171/03, GRUR Int 2005, 144 Rn. 51 – New Look/HABM). Deshalb wird dort bisweilen trotz geringer Ähnlichkeiten im Gesamteindruck auf Verwechslungsgefahr geschlossen.

53.1   Ob diese Annahme tatsächlich zutrifft, erscheint **zweifelhaft.** Der Ursprung dieses Satzes, der auf die frühen Entscheidungen zu Miss Fifties (EuG T-104/01, GRUR Int 2003, 247 Rn. 49) und zu BUDMEN zurückgeht (EuG T-129/01, GRUR Int 2003, 939 Rn. 57), rechtfertigt sie eher nicht.

3. Kennzeichnungskraft der älteren Marke

54   Ein maßgebliches Kriterium für die Beurteilung von Verwechslungsgefahr ist die Kennzeichnungskraft der älteren Marke (EuGH C-16/06, GRUR-RR 2009, 356 Rn. 64 – Editions Albert René; zu deren Berücksichtigung im deutschen Markenrecht → MarkenG § 14 Rn. 282 ff.). Marken mit **erhöhter Kennzeichnungskraft** genießen einen **erweiterten Schutzumfang** (EuGH C-39/97, GRUR 1998, 922 Rn. 18 – Canon; C-398/07 P, GRUR Int 2009, 911 Rn. 32 – Waterford Stellenbosch). Die Kennzeichnungskraft der **angemeldeten Marke** ist für die Verwechslungsgefahr hingegen **grundsätzlich irrelevant** (EuGH C-498/07 P, BeckRS 2009, 70911 Rn. 84 – Carbonell/La Española; EuG T-149/19, BeckRS 2019, 31984 Rn. 40 – Société des produits Nestlé/EUIPO; T-183/13, BeckRS 2015, 80653 Rn. 49 f. – SKY/skype; s. auch → Rn. 139).

54.1   Die Bestimmung der Kennzeichnungskraft einer älteren **Unionskollektivmarke** unterliegt keinen anderen Grundsätzen (EuGH C-766/18 P, GRUR-RS 2020, 2800 Rn. 71 ff. – BBQLOUMI/HALLOUMI). Beispielsweise genießt eine Kollektivmarke nicht automatisch einen gesteigerten Schutzumfang (EuG T-143/11, BeckRS 2012, 82609 Rn. 61 – Consorzio vino Chianti Classico/HABM). Auch kann die Eintragung als Kollektivmarke als solche keine Vermutung für das Bestehen einer mittleren Kennzeichnungskraft begründen (EuG T-534/10, BeckRS 2012, 81205 Rn. 52 – HELLIM/HALLOUMI).

54.2   Der Bestand einer **nationalen Gewährleistungsmarke** richtet sich nach nationalem Recht, der Grad der Unterscheidungskraft ist jedoch autonom nach Unionsrecht zu bestimmen (EuG T-281/19 und T-351/19, GRUR-RS 2021, 14316 Rn. 64 – Halloumi χαλλούμι Vermion BELAS/ΧΑΛΛΟΥΜΙ HALLOUMI = GRUR-Prax 2021, 478 (Wagner)).

Dass eine Verwechslungsgefahr umso eher angenommen wird, je höher die Kennzeichnungs- **55** kraft des älteren Zeichens ist (EuGH C-251/95, GRUR 1998, 387 Rn. 24 – Sabèl/Puma), bedeutet **aber nicht,** dass aus einer hohen Kennzeichnungskraft **automatisch** eine Verwechslungsgefahr folgt. Umgekehrt ist eine Verwechslungsgefahr auch nicht deshalb ausgeschlossen, weil die Kennzeichnungskraft der älteren Marke gering ausfällt (EuGH C-84/16 P, BeckRS 2017, 120066 Rn. 98 ff. – XKING; EuG T-258/16, BeckRS 2017, 112358 Rn. 75 – GINRAW/RAW).

Um die Kennzeichnungskraft einer Marke zu bestimmen, ist umfassend zu prüfen, ob die **56** Marke geeignet ist, die Waren oder Dienstleistungen, für die sie eingetragen worden ist, als von einem bestimmten Unternehmen stammend zu kennzeichnen und damit diese Waren oder Dienstleistungen von denen anderer Unternehmen zu unterscheiden (EuGH C-342/97, GRUR Int 1999, 734 Rn. 22 – Lloyd). Dafür sind **alle relevanten Umstände des Einzelfalls** heranzuziehen, wie beschreibende Elemente, der von der Marke gehaltene Marktanteil, die Intensität, geographische Verbreitung und Dauer ihrer Benutzung, der Werbeaufwand des Unternehmens für eine Marke und der Anteil der beteiligten Verkehrskreise, der die Waren oder Dienstleistungen aufgrund der Marke als von einem bestimmten Unternehmen stammend erkennt (EuGH C-342/97, GRUR Int 1999, 734 Rn. 23 – Lloyd; EuG T-341/13 RENV, BeckRS 2017, 120532 Rn. 59 – Groupe Léa Nature/EUIPO). Bestimmte Prozentsätze in Bezug auf den Bekanntheitsgrad der Marke können nicht pauschal angeben, wann eine Marke eine hohe Kennzeichnungskraft besitzt (EuGH C-342/97, GRUR Int 1999, 734 Rn. 24 – Lloyd; EuG T-341/13 RENV, BeckRS 2017, 120532 Rn. 66 – Groupe Léa Nature/EUIPO). Es ist auch nicht erforderlich, dass der Widersprechende den Marktanteil der Produkte unter der älteren Marke bzw. den Bekanntheitsgrad der älteren Marke exakt angibt, sondern es genügt, wenn die eingereichten Beweismittel Rückschlüsse darauf zulassen (EuG T-12/18, BeckRS 2019, 8411 Rn. 62 – Triumph/TRIUMPH). Grundsätzlich begrenzt ist der Beweiswert von Erklärungen (wie zB eidesstattlichen Versicherungen), die von Personen stammen, die ein Interesse am Ausgang des Falls haben, wie etwa Mitarbeiter der Parteien oder verbundener Unternehmen (EuG T-378/18, BeckRS 2019, 22369 Rn. 29 – CRUZADE/ SANTA CRUZ; T-28/09, GRUR Int 2011, 427 Rn. 68 – PINE TREE). Allerdings wird solchen Erklärungen voller Beweiswert attestiert, wenn sie von weiteren Beweismitteln untermauert werden (EuG T-378/18, BeckRS 2019, 22369 Rn. 30 – CRUZADE/SANTA CRUZ; T-28/09, GRUR Int 2011, 427 Rn. 68 – PINE TREE). Für die Feststellung der Kennzeichnungskraft der älteren Marke kommt es im Widerspruchsverfahren grundsätzlich auf den **Zeitpunkt der Anmeldung** der jüngeren Marke an (s. aber auch → Rn. 59).

Zur **Prüfungsreihenfolge:** Das **EUIPO** prüft die Kennzeichnungskraft der älteren Marke regelmäßig **56.1** erst, nachdem es die Marken verglichen und zumindest eine geringfügige Ähnlichkeit festgestellt hat (EUIPO Richtlinien Teil C 2.4.4.1). Dabei beruft es sich auf die Aussage des EuGH, wenn die sich gegenüberstehenden Marken unähnlich seien, reiche die Bekanntheit der älteren Marke nicht aus, um eine Verwechslungsgefahr anzunehmen (EuGH C370/10 P, BeckEuRS 2011, 575852 Rn. 50 f. – EDUCA Memory game/MEMORY mwN; C-254/09 P, GRUR 2010, 1098 Rn. 53 – Calvin Klein/HABM mwN). Diese Begründung vermag nicht zu überzeugen. Denn die Aussage des EuGH fußt darauf, dass bereits festgestellt wurde, dass die Marken unähnlich sind. Mit anderen Worten: Ist die Unähnlichkeit der Zeichen einmal festgestellt, kann sie auch nicht mehr durch die Bekanntheit der älteren Marke überwunden werden. Steht der Zeichenvergleich aber noch aus (wie zu Beginn der Prüfung jedes neuen Falls), erscheint es zweckmäßig, die Prüfung der Kennzeichnungskraft der älteren Marke vorzuziehen. Denn dabei kann etwa zu Tage treten, dass diese umfangreich benutzt wurde und über überdurchschnittliche Kennzeichnungskraft oder gar Bekanntheit verfügt. Nach der überzeugenden Rechtsprechung des **BGH** kann sich ein solches Ergebnis im nächsten Schritt auf den Zeichenvergleich auswirken, und zwar zB in dem Fall, dass die ältere Marke ein Element der jüngeren Marke ist und dieses Element den Gesamteindruck der jüngeren Marke aufgrund der Bekanntheit der älteren Marke prägt oder zumindest mitbestimmt. Nach der Rechtsprechung des BGH nimmt der Verkehr ein gestärktes älteres Zeichen auch dann wahr, wenn es ihm als Bestandteil eines jüngeren Kombinationszeichens begegnet (BGH GRUR 2007, 888 Rn. 24 – Euro Telekom; GRUR 2013, 833 Rn. 48 – Culinaria/Villa Culinaria). Denn dem Verkehr bleibt ein bekanntes Zeichen in Erinnerung, sodass er es deshalb eher in einer anderen Kennzeichnung wiederzuerkennen glaubt (BGH GRUR 2006, 859 Rn. 31 – Malteserkreuz). Ob es sich bei der älteren Marke um ein solches „gestärktes" bzw. bekanntes Zeichen handelt, lässt sich am ehesten dann beurteilen, wenn bereits deren Kennzeichnungskraft geprüft wurde. Demgegenüber hat sich der **EuGH** allerdings auf den Standpunkt gestellt, eine etwaige Bekanntheit der älteren Marke sei beim Vergleich der einander gegenüberstehenden Zeichen nicht zu berücksichtigen (EuGH C-115/19 P, GRUR-RS 2020, 11938 Rn. 56 ff. – CCB/CB). Wenngleich die Begründung des EuGH für diesen Standpunkt nicht zu überzeugen vermag, stützt der EuGH damit im Ergebnis die Prüfungsreihenfolge des EUIPO.

57   Die Bestimmung der Kennzeichnungskraft muss sich auf die **ältere Marke als Ganzes** beziehen und nicht auf einzelne Bestandteile (EuGH C-108/07 P, BeckRS 2008, 70504 Rn. 35 – FERRO/FERRERO). Die Kennzeichnungskraft einzelner Zeichenbestandteile sagt nicht unmittelbar etwas über die Kennzeichnungskraft eines zusammengesetzten Zeichens aus.

58   **Grundsätzlich** ist von einer **durchschnittlichen originären Kennzeichnungskraft** auszugehen, sofern keine Anhaltspunkte für eine geringere Kennzeichnungskraft von Haus aus vorliegen. So kann selbst bei Marken, die nur aus einem einzigen Buchstaben bestehen, nicht automatisch von einer schwachen Kennzeichnungskraft ausgegangen werden (EuGH C-84/16 P, BeckRS 2017, 120066 Rn. 73 f. – XKING; vgl. auch EuGH C-265/09 P, GRUR 2010, 1096 Rn. 37 ff. – HABM/BORCO; so auch die deutsche Rechtsprechung, jedenfalls wenn die Marke über eine nicht zu vernachlässigende grafische Gestaltung verfügt, vgl. BGH GRUR 2012, 930 Rn. 27 und 29 – Bogner B/Barbie B). Die originäre Kennzeichnungskraft der älteren Marke kann aber zB dann **unterdurchschnittlich** sein, wenn diese einen beschreibenden Anklang aufweist. Dies gilt im Falle einer Unionsmarke allerdings nur für die Mitgliedstaaten, in denen der angesprochene Verkehr die (beschreibende) Bedeutung des Zeichens versteht (vgl. EuG T-584/17 RENV, GRUR-RS 2021, 8761 Rn. 77 ff. – PRIMART/PRIMA). Dabei kann die Kenntnis einer Fremdsprache im Allgemeinen nicht vorausgesetzt werden (EuG T-560/20, GRUR-RS 2021, 30994 Rn. 54 und 95 – PINAR Tam kivaminda Süzme Peynir/Süzme Peynir; T-103/16, GRUR-RS 2017, 124375 Rn. 60 mwN – PRIMART/PRIMA). Dementsprechend sind Belege, die sich auf Länder außerhalb der Europäischen Union beziehen, nicht geeignet, einen beschreibenden Charakter und damit eine unterdurchschnittliche Kennzeichnungskraft von Haus aus zu begründen (vgl. EuG T-775/16, BeckRS 2018, 832 Rn. 63 f. – Dochirnie pidpryiemstvo Kondyterska korporatsiia 'Roshen'/EUIPO). Einer älteren nationalen Marke muss im Widerspruchsverfahren ein gewisser Grad an Unterscheidungskraft zuerkannt werden (EuGH C-196/11 P, GRUR 2012, 825 Rn. 47 – F1-Live; C-43/15 P, GRUR-RS 2016, 82618 Rn. 67 – compressor technology/KOMPRESSOR PLUS). Ihr ist also zumindest ein sehr geringer Grad an Kennzeichnungskraft von Haus aus zu attestieren.

59   Die originäre Kennzeichnungskraft einer Marke kann durch intensive Benutzung **gesteigert** werden. Bei der Prüfung einer **erhöhten Kennzeichnungskraft** sind wiederum alle relevanten Umstände des Falles zu berücksichtigen. Dazu zählen insbesondere der von der Marke gehaltene Marktanteil, die Intensität, die geografische Ausdehnung und die Dauer ihrer Benutzung, der Werbeaufwand des Unternehmens für die Marke, der Teil der beteiligten Verkehrskreise, der die Waren oder Dienstleistungen aufgrund der Marke als von einem bestimmten Unternehmen stammend erkennt, sowie die Erklärungen von Industrie- und Handelskammern oder anderen Berufsverbänden (EuG T-852/19, GRUR-RS 2021, 25988 Rn. 82 – ALBÉA/Balea; T-277/04, GRUR-RR 2006, 316 Rn. 35 – VITACOAT). Auch die Benutzung der Marke in einer anderen Form kann eine gesteigerte Kennzeichnungskraft belegen. So kann sich der Inhaber einer eingetragenen Marke zum Nachweis der besonderen Unterscheidungskraft und der Bekanntheit dieser Marke auf Beweise für ihre Benutzung in anderer Form, insbesondere in der Form einer anderen eingetragenen Marke, berufen, wenn die betroffenen Verkehrskreise die fraglichen Produkte weiterhin als von demselben Unternehmen stammend wahrnehmen (EuG T-40/19, GRUR-RS 2019, 41005 Rn. 108 – THE ONLY ONE by α alpha spirit/ONE; T-629/16, BeckRS 2018, 2029 Rn. 28 und 76 – Shoe Branding Europe/EUIPO). Darüber hinaus ist zu berücksichtigen, dass die Benutzung der Marke für einige Produkte auf eng verwandte eingetragene Produkte ausstrahlen und auch für letztere zu einer erhöhten Kennzeichnungskraft führen kann (EuG T-732/18, GRUR-RS 2020, 998 Rn. 86 – charantea/CHARITÉ; so auch die deutsche Rechtsprechung, s. etwa BGH GRUR 2012, 930 Rn. 71 – Bogner B/Barbie B). Die Annahme einer solchen Ausstrahlung auf Produkte einer anderen Warenkategorie soll dem EuG zufolge allerdings die konkrete Feststellung des EUIPO voraussetzen, dass auch für diese Produkte von einer erhöhten Kennzeichnungskraft auszugehen ist (EuG T-852/19, GRUR-RS 2021, 25988 Rn. 88 ff. – ALBÉA/Balea = GRUR-Prax 2021, 705 (Anger)). Erst nach dem Prioritätszeitpunkt der jüngeren Marke eingetretene Steigerungen sind allerdings nicht ausreichend (vgl. EuG T-277/04, GRUR Int 2007, 137 Rn. 38 – VITACOAT; T-344/03, GRUR Int 2006, 602 Rn. 34 – SELEZIONE ORO Barilla; ebenso die deutsche Rechtsprechung, s. etwa BGH GRUR 2020, 870 Rn. 22 – INJEKT/INJEX). Beruft sich der Widersprechende auf eine Steigerung der Kennzeichnungskraft, muss er zudem zeigen, dass diese zum **Zeitpunkt der Entscheidung** noch **fortbesteht** (EUIPO Richtlinien Teil C 2.5.2.1.3; ebenso zum deutschen Recht BGH GRUR 2020, 870 Rn. 22 – INJEKT/INJEX). Daher sind Nachweise über die Benutzung im Vereinigten Königreich, die aus der Zeit nach dem Ende des BREXIT-Übergangszeitraums datieren (also ab dem 1.1.2021), nicht geeignet, eine Steigerung zu begründen (EuG T-222/21, GRUR-RS 2022, 26940 Rn. 100 –

Shoppi/SHOPIFY). Die Steigerung der Kennzeichnungskraft ist nicht von Amts wegen zu prüfen (EuG T-284/20, GRUR-RS 2021, 8771 Rn. 89 – HB Harley Benton/HB).

Die Kennzeichnungskraft kann aber auch **geschwächt** werden, etwa durch die Benutzung **60** von Drittzeichen. Ein solcher Verlust an Kennzeichnungskraft ist auch nachträglich, also bis zur Entscheidung über den Widerspruch, zu berücksichtigen (ebenso zum deutschen Recht BGH GRUR 2020, 870 Rn. 22 – INJEKT/INJEX; vgl. zur nachträglichen Schwächung der Kennzeichnungskraft im deutschen Markenrecht auch → MarkenG § 14 Rn. 300 ff.).

Allerdings kann nur eine erhebliche Anzahl von Drittmarken, die dem älteren Zeichen ähnlich **61** nahekommen, eine Schwächung begründen. Die Drittmarken müssen zudem auf gleichen oder zumindest eng benachbarten Waren-/Dienstleistungsgebieten tatsächlich verwendet werden. Eine Schwächung können grundsätzlich nur **benutzte Drittmarken** herbeiführen (EuG T-146/21, GRUR-RS 2022, 5119 Rn. 116 – DELTATIC/DELTA; T-103/16, GRUR-RS 2017, 124375 Rn. 57 mwN – Alpenschmaus/ALPEN), weil nur das Nebeneinander der Zeichen auf dem jeweiligen Markt die Verbraucher zwingt, auf geringfügige Unterschiede zu achten bzw. eine Gewöhnung des Publikums an die Existenz weiterer Zeichen im Ähnlichkeitsbereich dergestalt bewirken kann, dass bereits geringe Unterschiede genügen können, eine Verwechslungsgefahr auszuschließen.

Aufgrund von Verkehrsdurchsetzung eingetragene Marken verfügen nach der Rechtspre- **62** chung des BGH grundsätzlich über eine durchschnittliche Kennzeichnungskraft (s. etwa BGH GRUR 2016, 197 Rn. 29 mwN – Bounty; im Falle von Unionsmarken allerdings nur, falls deren Verkehrsdurchsetzung im Inland im Eintragungsverfahren nachgewiesen worden sei, s. GRUR 2018, 79 Rn. 20 ff. – OXFORD/Oxford Club). Ein solcher Grundsatz ist in der Entscheidungspraxis der europäischen Instanzen nicht anerkannt. Vielmehr tendieren diese zur Annahme einer unterdurchschnittlichen Kennzeichnungskraft (vgl. EuG T-102/14, GRUR-RS 2015, 80643 Rn. 68 – TPG POST; T-13/15, GRUR-RS 2017, 114371 Rn. 70 – PostModern).

4. Markenähnlichkeit

Bei der Ähnlichkeit der Marken handelt es sich um eine **unabdingbare Voraussetzung** der **63** Verwechslungsgefahr. Fehlt jegliche Ähnlichkeit zwischen den Marken, reicht weder die Bekanntheit der älteren Marke noch eine etwaige Identität der Waren oder Dienstleistungen aus, um Verwechslungsgefahr anzunehmen (EuGH C-328/18 P, GRUR 2020, 640 Rn. 60 – BLACK LABEL BY EQUIVALENZA; C-552/09, GRUR Int 2011, 500 Rn. 65 f. – TiMi KiNDERJOGHURT; C-254/09 P, GRUR 2010, 1098 Rn. 53 – Calvin Klein/HABM). Auch der Bekanntheitsschutz gemäß Art. 8 Abs. 5 greift dann nicht. Nach der EuG-Rechtsprechung sind zwei Marken dann einander ähnlich, wenn sie aus der Sicht der maßgeblichen Verkehrskreise hinsichtlich einer oder mehrerer relevanter Kategorien, also im Bild, Klang und Begriffsinhalt, zumindest teilweise übereinstimmen (s. nur EuG T-429/20, GRUR-RS 2021, 30770 Rn. 36 mwN – Sedus ergo+/ERGOPLUS).

a) Rechtsnatur, Revisibilität. Nach Auffassung des EuGH handelt es sich bei der Beurteilung **64** der Markenähnlichkeit um eine **Tatsachenwürdigung,** die – vorbehaltlich einer Verfälschung von Tatsachen und Beweismitteln oder einer widersprüchlichen Begründung – allein dem EUIPO bzw. dem EuG vorbehalten ist (EuGH C-182/14 P, GRUR Int 2015, 463 Rn. 48 f. – MEGA Brands International/HABM; C-84/10, BeckEuRS 2010, 511566 Rn. 33 f. – Kids Vits/VITS4KIDS; C-22/10 P, BeckEuRS 2010, 545212 Rn. 32 f. – Clinair/Clina). Gleichermaßen lehnt es der EuGH ab, Feststellungen der Vorinstanz zu der Frage zu kontrollieren, welches von mehreren Elementen einer Marke deren Gesamteindruck prägt. Dabei handelt es sich nach Auffassung des EuGH um eine Rechtsfrage, sondern um eine Würdigung von Tatsachen, die grundsätzlich nicht der Überprüfung durch den EuGH unterliegt (vgl. zB EuGH C-42/12 P, BeckRS 2012, 82678 Rn. 43, 65 – ALPINE PRO SPORTSWEAR & EQUIPMENT/alpine; C-214/05 P, GRUR 2006, 1054 Rn. 26 – SISSI ROSSI/MISS ROSSI).

Ebenso fallen Feststellungen zu Merkmalen des **relevanten Publikums** sowie zur Aufmerk- **65** samkeit, Wahrnehmung oder Einstellung dieses Publikums in den Bereich der Tatsachenwürdigung und entziehen sich mithin der Kontrolle des EuGH (EuGH C-182/16 P, BeckRS 2017, 120067 Rn. 31 – Meica Ammerländische Fleischwarenfabrik/EUIPO; C-84/10, BeckEuRS 2010, 511566 Rn. 29 f. – Kids Vits/VITS4KIDS). Dies gilt insbesondere für die Fragen, ob das Publikum in der Lage ist, dem Wortelement einer Marke ohne Weiteres eine klare und eindeutige Bedeutung beizumessen (EuGH C-171/06 P, BeckRS 2007, 70219 Rn. 50 f. – T.I.M.E. ART/HABM), oder ob es die Bedeutung fremdsprachiger Begriffe kennt (EuGH C-581/13 P, BeckRS 2014, 82421 Rn. 62 – GOLDEN BALLS/BALLON D'OR).

66 Demgegenüber ist der EuGH bereit, sich mit der Frage auseinanderzusetzen, ob das EuG die Ähnlichkeit der Marken umfassend, also unter **Berücksichtigung aller relevanten Umstände** des Einzelfalls, beurteilt hat (vgl. zB EuGH C-42/12 P, BeckRS 2012, 82678 Rn. 41 f. – ALPINE PRO SPORTSWEAR & EQUIPMENT/alpine; C-51/09 P, GRUR 2010, 933 Rn. 40 f. – Barbara Becker). Ist dies nicht geschehen, weil das Gericht es zB versäumt hat, alle Aspekte zu prüfen, welche die Beschwerdekammer in ihre Beurteilung einbezogen hat (vgl. EuGH C-317/10 P, GRUR 2011, 915 Rn. 52 – UNI), begründet dies einen Rechtsfehler, der als solcher vor dem EuGH im Rahmen eines Rechtsmittels geltend gemacht werden kann (EuGH C-317/10 P, GRUR 2011, 915 Rn. 45 – UNI; C-51/09 P, GRUR 2010, 933 Rn. 40 – Barbara Becker). Weiterhin besteht die Möglichkeit, im Rahmen eines Rechtsmittels zum EuGH zu rügen, das EuG habe bei der Beurteilung der Zeichenähnlichkeit gegen die gesetzlichen Vorschriften bzw. allgemein gültige, vom EuGH aufgestellte Beurteilungsgrundsätze verstoßen (vgl. EuGH C-334/05 P, GRUR 2007, 700 Rn. 29 f. – HABM/Shaker). Auch prüft der EuGH, ob das EuG seine Entscheidung **widersprüchlich oder unzureichend begründet** hat. Dies ist etwa dann der Fall, wenn das EuG im Rahmen des Zeichenvergleichs eine geringe bildliche Ähnlichkeit angenommen hat, demgegenüber aber im Rahmen der Gesamtabwägung von einem unterschiedlichen Gesamteindruck ausgegangen ist und damit jegliche visuelle Ähnlichkeit der Zeichen ausgeschlossen hat (EuGH C-328/18 P, GRUR 2020, 640 Rn. 26 ff. – BLACK LABEL BY EQUIVALENZA).

66.1 Soweit der Feststellung der Markenähnlichkeit Tatsachenfragen zugrunde liegen, erfolgt sie im Prozess regelmäßig anhand **eigener Sachkunde** des Spruchkörpers. Ein Rückgriff auf demoskopische Gutachten ist zwar zulässig (vgl. EuG T-202/16, BeckRS 2017, 129135 Rn. 140 ff. – coffee inn/coffee; vgl. auch zur wettbewerbsrechtlichen Irreführung EuGH C-220/98, GRUR Int 2000, 354 Rn. 31 – Estée Lauder/Lancaster; C-210/96, BeckRS 2004, 74997 Rn. 35 ff. – Gut Springenheide), in der Praxis aber unüblich.

67 Nach ständiger Rechtsprechung des **BGH** liegt die Beurteilung des Gesamteindrucks der Zeichen aus der Sicht der angesprochenen Verkehrskreise im Wesentlichen auf tatrichterlichem Gebiet (s. nur BGH GRUR 2017, 914 Rn. 43 mwN – Medicon-Apotheke/MediCo Apotheke). Die Feststellungen der Tatsacheninstanzen präjudizieren die Beurteilung der Markenähnlichkeit jedoch nicht. Vielmehr werden die daraus gezogenen Schlussfolgerungen vom BGH regelmäßig überprüft und nicht selten anders beurteilt (vgl. etwa BGH GRUR 2017, 914 Rn. 25 ff. – Medicon-Apotheke/MediCo Apotheke; BGH GRUR 2019, 173 Rn. 20 ff. – combit/Commit).

68 Ungeklärt ist bisher, wie sich die abweichende Einordnung durch den BGH zu der im harmonisierten Recht bestehenden **Auslegungshoheit des EuGH** verhält und ob sie dieser zuwiderläuft. Soweit ersichtlich, besteht allerdings weder in Deutschland noch in anderen Mitgliedstaaten ein Interesse daran, diese Frage zu thematisieren und sie womöglich zum Gegenstand eines Vorlagebeschlusses zu machen.

69 **b) Gegenstand des Markenvergleichs.** Im Widerspruchsverfahren ist beim Vergleich der Zeichen nach ständiger Rechtsprechung des EuG auf die **eingetragene bzw. angemeldete Form** der sich gegenüberstehenden Marken abzustellen, nicht hingegen auf eine andere Form, in der die Marken tatsächlich oder möglicherweise benutzt werden (EuG T-44/20, GRUR-RS 2021, 8059 Rn. 25 – Chanel/EUIPO; T-354/20, GRUR-RS 2021, 5178 Rn. 63 – BLINK/Blinka; T-623/11, BeckRS 2014, 81819 Rn. 38 – Milanówek cream fudge; T-29/04, GRUR Int 2006, 307 Rn. 57 – CRISTAL CASTELLBLANCH; vgl. auch EuGH C234/06 P, GRUR 2008, 343 Rn. 62 – Il Ponte Finanziaria Spa/HABM). Daher könne der Prüfung etwa keine Rotation einer Marke oder eine umgedrehte Form zugrunde gelegt werden (EuG T-363/20, GRUR-RS 2022, 11915 Rn. 60 f. – Milk FUDGE KRÓWKA MLECZNA/KOPOBKA KOROUKA; T-44/20, GRUR-RS 2021, 8059 Rn. 25 f. – Chanel/EUIPO). Auch könne die andere Ausrichtung eines Zeichens, die daraus resultiert, dass das Zeichen tatsächlich auf sich drehenden Waren verwendet wird, nicht berücksichtigt werden (EuG T-623/16, BeckRS 2018, 22118 Rn. 45 – MAIN AUTO WHEELS/VW). Diese kategorische Betrachtung steht allerdings in einem Spannungsverhältnis zu der EuGH-Entscheidung O2/H3G, nach der die Verwechslungsgefahr im Eintragungsverfahren „im Hinblick auf alle Umstände, unter denen die angemeldete Marke, sollte sie eingetragen werden, benutzt werden könnte, zu prüfen ist" (EuGH C-533/06, GRUR 2008, 698 Rn. 66 – O2 und O2 (UK)/H3G; offengelassen in EuGH C-744/18 P, BeckRS 2019, 18354 Rn. 5 Nr. 6 ff. – MAIN AUTO WHEELS/VW). Keine Rolle spielen beim Markenvergleich sog. **Disclaimer,** also Erklärungen des Markeninhabers im Rahmen des Anmeldeverfahrens, dass an bestimmten Zeichenbestandteilen kein Schutz beansprucht werde. Insbesondere führt ein Disclaimer nicht dazu, dass der betreffende Bestandteil von vornherein von der Prüfung auszunehmen ist oder dass diesem nur eine begrenzte Bedeutung zukommt (EuGH C-705/17, GRUR 2020, 52 Rn. 39 ff. – PRV/Hansson). Die vom Designer der in Rede stehenden Marke intendierte Wahrnehmung ist ebenfalls unerheblich (EuG T-354/20, GRUR-RS 2021, 5178 Rn. 63 – BLINK/Blinka). Auch auf die **Form,** in der die Zeichen womöglich **benutzt werden,** kommt es grundsätzlich nicht an (EuGH C-254/09 P, GRUR 2010, 1098 Rn. 46 – Calvin Klein/HABM; EuG T-202/16, BeckRS 2017, 129135 Rn. 145 – coffee inn/coffee in). Selbst wenn die ältere Marke dem Benutzungszwang unterliegt und ihr Inhaber eine rechtserhaltende Benutzung nachgewiesen hat, bleibt für den Zeichenvergleich die Eintragung maßgebend, und zwar selbst dann, wenn die ältere Marke in einer abweichenden Form benutzt wurde. Wie bereits erwähnt, sind dem EuGH zufolge allerdings bei der Prüfung der Verwechslungsgefahr als Eintragungshindernis bzw. Löschungsgrund alle Umstände zu berücksichtigen, unter denen die jüngere Marke benutzt werden könnte (EuGH C-533/06, GRUR 2008, 698 Rn. 66 – O2 und O2 (UK)/H3G). Welche Umstände das sind, ist soweit ersichtlich noch völlig ungeklärt (vgl. Ströbele/Hacker/Thiering/ Hacker MarkenG § 9 Rn. 7 ff., der meint, es könne jedenfalls nur eine markenmäßige Benutzung fingiert werden). Jedenfalls hat der EuGH klargestellt, dass die **Vertriebs- bzw. Vermarktungsbedingungen** der in Rede stehenden Produkte nicht im Rahmen des Zeichenvergleichs, sondern erst bei der nachgelagerten **Gesamtabwägung** zu berücksichtigen sind (EuGH C-328/18 P, GRUR 2020, 640 Rn. 70 – BLACK LABEL BY EQUIVALENZA). Andernfalls könnte es dazu kommen, dass dieselben Zeichen als ähnlich oder unähnlich eingestuft werden, je nachdem, um welche Produkte es geht und unter welchen Bedingungen diese Produkte vermarktet werden.

69.1   Bei **notorisch bekannten Marken** gemäß Art. 8 Abs. 2 lit. c kommt es auf die Form an, in der die Marke Notorietät erlangt hat.

70   Die tatsächliche Benutzung der Zeichen hat also grundsätzlich außer Betracht zu bleiben. Eine Ausnahme hat der EuGH jedoch in der **Entscheidung Specsavers-Gruppe/Asda** anerkannt. Dort hat er geurteilt, dass bei Anwendung des Art. 9 Abs. 1 lit. b zu berücksichtigen ist, wenn der Inhaber einer älteren, schwarz-weiß eingetragenen Unionsmarke diese vielfach in einer bestimmten **Farbe oder Farbkombination** benutzt hat und sie deshalb ein erheblicher Teil des Publikums gedanklich mit der Farbe oder Farbkombination in Verbindung bringt. In diesem Fall ist die Farbe, welche der vermeintliche Verletzer für die Darstellung des angegriffenen Zeichens verwendet, für die umfassende Beurteilung der Verwechslungsgefahr gemäß Art. 9 Abs. 1 lit. b von Bedeutung (EuGH C-252/12, GRUR 2013, 922 Rn. 41 – Specsavers-Gruppe/Asda). Konkret heißt dies: Wird die Farbe oder Farbkombination, in der die ältere, schwarz-weiße Marke benutzt wird, im jüngeren Zeichen übernommen, vermag dies die Gefahr von Verwechslungen zu erhöhen. Das ist dem EuGH zufolge darauf zurückzuführen, dass die Farbe oder die Farbkombination, in der eine Marke tatsächlich benutzt wird, die Wirkung dieser Marke auf den Durchschnittsverbraucher beeinflusst (EuGH C-252/12, GRUR 2013, 922 Rn. 37 – Specsavers-Gruppe/Asda). Aber auch eine Verringerung der Verwechslungsgefahr ist laut dem EuGH möglich, wenn nämlich der (vermeintliche) Verletzer von einem erheblichen Teil des Publikums selbst gedanklich mit der Farbe oder Farbkombination in Verbindung gebracht wird, die er zur Darstellung seines Zeichens verwendet. Auch dabei handelt es sich, so der EuGH, um einen Gesichtspunkt, dem bei der Prüfung der Verwechslungsgefahr eine gewisse Bedeutung zukommt (EuGH C-252/12, GRUR 2013, 922 Rn. 46, 48 – Specsavers-Gruppe/Asda). Wenngleich die Entscheidung ausschließlich Art. 9 und damit das Verletzungsverfahren betrifft, sprechen gute Gründe dafür, diese Rechtsprechung auf das **Widerspruchsverfahren** zu übertragen.

71   **c) Allgemeine Beurteilungskriterien.** Nach ständiger Rechtsprechung des EuGH (seit C-251/95, GRUR 1998, 387 – Sabèl/Puma) muss die Ähnlichkeit der Marken umfassend beurteilt werden, nämlich in den Kategorien **Bild, Klang und Bedeutung** (EuGH C-498/07, GRUR Int 2010, 129 Rn. 60 – Carbonell/La Española; ebenso die deutsche Rechtsprechung → MarkenG § 14 Rn. 379 ff.). Besteht auch nur eine gewisse Ähnlichkeit in nur einer Kategorie, können die Marken nicht als insgesamt unähnlich bezeichnet werden (EuG T-434/07, BeckRS 2009, 71337 Rn. 50 – solvo/VOLVO; vgl. auch EuGH C-552/09, GRUR Int 2011, 500 Rn. 66 – TiMi KiNDERJOGHURT). Bei der Prüfung ist jeweils auf den **Gesamteindruck** abzustellen, den die Marken hervorrufen (EuGH C-182/14 P, GRUR Int 2015, 463 Rn. 31 – MEGA Brands International/HABM; C-252/12, BeckRS 2013, 81512 Rn. 35 – Specsavers-Gruppe/Asda; C-655/11 P, BeckRS 2013, 80365 Rn. 71 – SEVEN). Für diesen Gesamteindruck sind wiederum vor allem die **unterscheidungskräftigen und dominierenden Elemente** der zu vergleichenden Marken von Bedeutung (EuGH C-182/14 P, GRUR Int 2015, 463 Rn. 31 – MEGA Brands International/HABM; C-252/12, BeckRS 2013, 81512 Rn. 35 – Specsavers-Gruppe/Asda; C-

655/11 P, BeckRS 2013, 80365 Rn. 71 – SEVEN). Allerdings ist es grundsätzlich unzulässig, allein auf die unterscheidungskräftigen und dominierenden Elemente und die übrigen Elemente im Rahmen des Markenvergleichs nicht zu berücksichtigen (vgl. etwa EuG T-622/19, GRUR-RS 2020, 34178 Rn. 57 – JC JEAN CALL Champagne PRESTIGE; s. auch → Rn. 99 zu den Voraussetzungen der Prägung einer Marke durch einen ihrer Bestandteile). Die in älteren Entscheidungen zu findende Formulierung der „unterscheidenden und dominierenden Elemente" beruht auf einem Übersetzungsfehler des englischen Wortes „distinctive" und ist mittlerweile überholt.

71.1   Der **Begriff der „sie unterscheidenden"** (anstelle von „unterscheidungskräftigen") Elemente findet sich in älteren EuGH-Entscheidungen (vgl. zB EuGH C-251/95, GRUR Int 1998, 56 Rn. 23 – Sabèl/Puma; C-120/04, GRUR 2005, 1042 Rn. 30 – THOMSON LIFE). Er wurde seinerzeit teilweise dahingehend missverstanden, dass der EuGH den Unterschieden zweier Marken größeres Gewicht beimessen wolle als ihren Übereinstimmungen. Tatsächlich beruhte die Verwendung des Wortes „unterscheidend" aber auf einem Fehler bei der Übersetzung des englischen Wortes „distinctive", welches richtigerweise mit „unterscheidungskräftig" zu übersetzen ist.

71.2   Die Maßgeblichkeit des Gesamteindrucks bedeutet **nicht,** dass sämtliche **Markenbestandteile stets gleichgewichtig** sind. Vielmehr existieren verschiedene Fallkonstellationen, in denen die Übereinstimmung oder Ähnlichkeit zweier Marken in nur einem ihrer Elemente zu Verwechslungsgefahr führen kann (→ Rn. 97 ff.).

72   Nach langjähriger anderer Praxis ist das EUIPO im Jahr 2015 durch Änderung seiner Richtlinien dahin zurückgekehrt, die **unterscheidungskräftigen und dominanten Elemente** der einander gegenüberstehenden Marken **bereits beim Zeichenvergleich** festzustellen und zu berücksichtigen (vgl. EUIPO Richtlinien Teil C 2.4.1.2 sowie Teil C 2.4.3.2). Davon trennt das EUIPO die Prüfung der Kennzeichnungskraft der älteren Marke in ihrer Gesamtheit (→ Rn. 54 ff.), welche das Amt regelmäßig erst vornimmt, nachdem es die Marken verglichen und zumindest eine geringfügige Ähnlichkeit festgestellt hat.

73   Maßgeblich ist stets, wie die Marke auf den **Durchschnittsverbraucher** der von ihr erfassten Waren bzw. Dienstleistungen wirkt (grundlegend EuGH C-342/97, GRUR Int 1999, 734 Rn. 25 f. – Lloyd). Insoweit gilt der Grundsatz, dass der Durchschnittsverbraucher eine Marke als Ganzes wahrnimmt und nicht auf die verschiedenen Einzelheiten achtet (EuGH C-20/14, BeckRS 2015, 81459 Rn. 35 – BGW; C-252/12, GRUR 2013, 922 Rn. 35 – Specsavers-Gruppe/Asda; C-655/11 P, BeckRS 2013, 80365 Rn. 71 – SEVEN; C-327/11 P, BeckRS 2012, 81832 Rn. 45 – U.S. POLO ASSN.). Daneben bietet sich dem Durchschnittsverbraucher nur selten die Möglichkeit, verschiedene Marken unmittelbar miteinander zu vergleichen, sodass er sich auf das unvollkommene Bild verlassen muss, das er von ihnen im Gedächtnis behalten hat (s. nur EuGH C-342/97, GRUR Int 1999, 734 Rn. 26 – Lloyd; C-412/05 P, GRUR Int 2007, 718 Rn. 60 – TRAVATAN II, mwN; EuG T-693/19, GRUR-RS 2021, 3753 Rn. 135 – KERRYMAID/Kerrygold). Die Deutlichkeit des Erinnerungsbildes hängt unter anderem vom Aufmerksamkeitsgrad (→ Rn. 47 ff.) ab, den der Verbraucher der Marke entgegenbringt. Aber selbst ein Publikum, das einen hohen Aufmerksamkeitsgrad an den Tag legt, muss sich auf sein unvollkommenes Erinnerungsbild verlassen (EuG T-443/12, BeckRS 2013, 82198 Rn. 54 – ancotel./ACOTEL; EUIPO Richtlinien, Teil C 2.7.3).

74   **d) Faustregeln.** Die Prüfung der Markenähnlichkeit erfolgt maßgeblich anhand einer Reihe von Grundsätzen, die **in der Rechtsprechung gewachsen** sind und zwischen denen durchaus ein Spannungsverhältnis bestehen kann.

74.1   Die **Richtlinien des EUIPO** behandeln die Markenähnlichkeit einschließlich dieser diversen Grundsätze im Teil C 2.4 fein gegliedert und anhand zahlreicher Beispiele.

75   Für den Vergleich von **Wort-/Bildmarken** miteinander bzw. von Wort-/Bildmarken mit Wortmarken gilt der Erfahrungssatz, dass sich der Verbraucher regelmäßig am **Wortbestandteil** orientiert, weil dieser die einfachste Möglichkeit bietet, die Wort-/Bildmarke zu benennen (EuG T-693/19, GRUR-RS 2021, 3753 Rn. 89 – KERRYMAID/Kerrygold; T-527/18, BeckRS 2019, 31766 Rn. 81 und 105 – tec.nicum/TECNIUM; T-637/15, BeckRS 2017, 111859 Rn. 66 – VIÑA SOL). Das EUIPO schränkt diesen Erfahrungssatz nicht auf den klanglichen Vergleich ein. Er gilt regelmäßig dann, wenn es sich bei den Bildbestandteilen um grundlegende geometrische Figuren wie Dreiecke oder Kreise handelt (EuG T-202/16, BeckRS 2017, 129135 Rn. 103 f. – coffee inn/coffee in; vgl. auch EuG T502/11, BeckRS 2013, 81018 Rn. 58 – Sanofi Pasteur MSD SNC/HABM). Von einer Orientierung am Wortbestandteil ist jedoch nicht automatisch auszugehen, insbesondere nicht beim bildlichen Vergleich (EuG T-775/16, BeckRS 2018, 832 Rn. 36 ff. – Dochirnie pidpryiemstvo Kondyterska korporatsiia 'Roshen'/EUIPO; T-776/16, BeckRS 2017, 143977 Rn. 25 – iCell/Isocell; T-681/15, BeckRS 2017, 138820 Rn. 46 f. – Environmental Manufacturing/EUIPO). So kann ein Bildelement etwa aufgrund seiner Form oder Größe durchaus als gleichrangig oder sogar dominant zu bewerten sein (EuG T-28/18, BeckRS 2019, 11615 Rn. 37 und 46 – AC MILAN/AC; T-468/18, BeckRS 2019, 4776 Rn. 53 – IBERCONDOR/CONDOR SERVICE; T-559/13, BeckRS 2016, 81698 Rn. 61 ff. – GIOVANNI GALLI/GIOVANNI). Zudem kommt dieser Erfahrungssatz nur in Betracht, wenn die in Rede stehende Marke über einen Wortbestandteil verfügt, den der angesprochene Verkehr auch als solchen wahrnimmt. Dies ist nicht der Fall, wenn der Bestandteil unleserlich ist oder so schwer entzifferbar, dass der durchschnittlich aufmerksame Verbraucher dafür eine Analyse anstellen muss, die über das in einer Kaufsituation vernünftigerweise erwartbare Maß hinausgeht (EuG T-354/20, GRUR-RS 2021, 5178 Rn. 49 – BLINK/Blinka; T-340/06, BeckRS 2010, 91932 Rn. 34 – Stradivari 1715/Stradivarius).

In ständiger Praxis gehen das EuG und das EUIPO davon aus, dass der Verbraucher dem **76** **Anfang eines Wortzeichens** mehr Aufmerksamkeit widmet als dessen Ende (zB EuG T-693/19, GRUR-RS 2021, 3753 Rn. 105, 114 – KERRYMAID/Kerrygold; T-133/05, GRUR Int 2007, 412 Rn. 51 – PAM-PIM'S BABY-PROP; s. auch EUIPO Richtlinien Teil C 2.4.3.4.6.2 mit zahlreichen weiteren Beispielen). Dementsprechend hat der EuGH die Feststellung des EuG unbeanstandet gelassen, dass Markenanfänge den Gesamteindruck stärker beeinflussen als Markenenden und daher das Wort, mit dem eine Marke beginnt, die Aufmerksamkeit der Verbraucher stärker auf sich zieht als die anderen Markenelemente (EuGH C-655/11 P, BeckRS 2013, 80365 Rn. 74 ff., 102 ff. – SEVEN). Der Grundsatz, dass dem Zeichenanfang größere Bedeutung zukommt, gilt sowohl in bildlicher als auch klanglicher Hinsicht (EuG T-589/19, GRUR-RS 2020, 22120 Rn. 55 – FAIR/ZONE FAIR; T-859/16, BeckRS 2018, 11652 Rn. 68 – EISKELLER/KELER). Zu einem absoluten, die Gerichte bindenden Grundsatz darf diese Regel aber nicht erhoben werden (vgl. EuGH C-16/06 P, GRUR Int 2009, 397 Rn. 92 – OBELIX/MOBILIX). Es gibt keinen Grundsatz, wonach der Durchschnittsverbraucher den zweiten Teil eines Wortzeichens systematisch unbeachtet lässt und nur den ersten Teil im Gedächtnis behält (EuG T-532/20, GRUR-RS 2021, 3380 Rn. 76 – REDELLO/CADELLO 88; GRUR-RR 2009, 167 Rn. 56 – Torre Albéniz/TORRES). Es steht den Gerichten vielmehr frei, das Ende einer Marke für unterscheidungskräftiger oder dominanter zu halten als deren Anfang (EuGH C-599/11, BeckRS 2012, 82692 Rn. 31 – TOFUKING; vgl. auch EuG T-258/16, BeckRS 2017, 112358 Rn. 55 – GINRAW/RAW). Dies kann etwa dann der Fall sein, wenn der Markenanfang nur über geringe Unterscheidungskraft verfügt (EuG T-644/18, BeckRS 2019, 31753 Rn. 33, 41 – DermoFaes Atopiderm/Dermowas; T-138/13, BeckRS 2014, 82429 Rn. 69, 75 – VISCOTECH/VISCOPLEX). Ebenso kann den **Zeichenenden und -anfängen** die gleiche Unterscheidungskraft beigemessen werden (EuGH C-599/11, BeckRS 2012, 82692 Rn. 31 – TOFUKING). Insbesondere bei relativ kurzen Zeichen hat das EuG zuweilen gerade nicht dem Zeichenanfang die ausschlaggebende Bedeutung beigemessen (EuG T-95/07, BeckRS 2010, 13226 Rn. 43 – PREZAL/PRAZOL; T-501/12, BeckRS 2014, 81809 – PENTASA/OCTASA). Bloß geringfügige Unterschiede in der **Wortmitte** stehen einer Ähnlichkeit aber grundsätzlich nicht entgegen (vgl. EuG T-144/16, BeckRS 2017, 130040 Rn. 41 – MULTIPHARMA/MUNDIPHARMA; T57/06 Rn. 86 – topix/TOFIX). Eine Ausnahme von diesem Grundsatz kommt bei relativ kurzen Wortzeichen in Betracht (verneint im Falle von EuG T-543/21, GRUR-RS 2022, 16380 Rn. 53 und 65 – Rejeunesse/REVANESSE; bejaht im Falle von EuG T-273/02, GRUR Int 2005, 597 Rn. 39 – CALPICO/CALYPSO).

Bei **Kurzzeichen,** insbesondere einsilbigen Wörtern, wirken sich Unterschiede grundsätzlich **77** stärker (negativ) auf die Markenähnlichkeit aus als bei längeren Wörtern. Denn wenn der Verkehr auf kurze Zeichen trifft, nimmt er deren Unterschiede deutlicher wahr (EuG T-531/20, GRUR-RS 2021, 16099 Rn. 48 – ROLF/WOLF; T-763/17, BeckRS 2018, 30207 Rn. 49 ff. – welly/Kelly's; T-241/16, BeckRS 2018, 7290 Rn. 35 – EW/WE; T-272/13, BeckRS 2014, 82660 Rn. 47 – M&Co./MAX&Co.). Die Linguistik bestätigt diese Annahme (Albrecht GRUR 2000, 648 (651); zum Begriff „Kurzwort" → MarkenG § 14 Rn. 396.1). Da das Alphabet aus einer begrenzten Zahl von Buchstaben bestehe, die im Übrigen nicht alle mit derselben Häufigkeit verwendet würden, sei es überdies unvermeidlich, dass mehrere Wörter aus der gleichen Zahl von Buchstaben bestehen und auch einige gemein hätten, ohne dass sie allein deswegen bildlich als ähnlich eingestuft werden könnten (EuG T-198/21, GRUR-RS 2022, 2447 Rn. 32 – CODE-X/Cody's; T-300/20, GRUR-RS 2021, 8750 Rn. 42 – ACCUSÌ/ACÚSTIC). Auch hier ist jedoch Vorsicht angezeigt. Bereits früh entschied das EuG etwa, das ältere Bildzeichen ILS sei ähnlich zu der jüngeren Wortmarke ELS (EuG T-388/00, GRUR Int 2003, 237 – ILS/ELS). Ein hinzugefügter Bindestrich reichte hingegen aus, um „S-HE" hinreichend von „SHE" für Beklei-dung zu unterscheiden (EuG T-391/06, BeckRS 2009, 71049 – S-HE; s. auch EuG T-187/16 Rn. 24 ff. – LITU/PITU). Festzuhalten bleibt daher, dass es letztlich stets auf die Umstände des Einzelfalls ankommt und zB keine allgemeine Regel zur Behandlung von Zeichen bestehend aus drei Buchstaben existiert (EuG T-73/21, GRUR-RS 2021, 33797 Rn. 61 f. – P.I.C. Co./PiK, mit einer Auflistung zahlreicher Fälle, in denen sich ein Buchstabe der sich gegenüberstehenden Drei-Buchstaben-Marken unterschied). Auch im Falle von **Buchstabenmarken** verhindert eine unterschiedliche grafische Ausgestaltung nicht notwendig deren Ähnlichkeit. Das gilt insbesondere für Zeichen, die jeweils aus zwei Buchstaben bestehen (vgl. etwa EuG T-520/11, BeckRS 2014, 81508 – Genebre/HABM, zum Vergleich der Wortmarke „GE" mit einer stilisierten Darstellung der Buchstaben „GE"). Aber selbst wenn sich Zeichen gegenüberstehen, die jeweils nur einen Buchstaben zum Gegenstand haben, führen visuelle Abweichungen nicht zwangsläufig aus der Ähnlichkeit heraus. Denn auch in einem solchen Falle lege der Verkehr keine gesteigerte Aufmerk-samkeit bei der visuellen Wahrnehmung an den Tag (EuG T-521/15, BeckRS 2017, 121403 Rn. 49 – Diesel/EUIPO; T-531/12, BeckRS 2015, 81384 – Tifosi Optics/HABM) und sei zudem die klangliche und begriffliche Identität zu berücksichtigen (EuG T-824/16, BeckRS 2018, 2761 Rn. 63 ff. – Kiosked Oy Ab/EUIPO; T-521/15, BeckRS 2017, 121403 Rn. 51 ff. und 62 – Diesel/EUIPO; vgl. auch EUIPO Richtlinien Teil C 2.4.3.4.1.6). Beim begrifflichen Zeichenver-gleich ist das EuG in früheren Entscheidungen allerdings auch schon zu anderen Ergebnissen gekommen (offengelassen in EuG T-531/12, BeckRS 2015, 81384 Rn. 79 mwN – Tifosi Optics/ HABM).

78 Bestehen zwei Marken aus denselben Wörtern bzw. Silben, jedoch in unterschiedlicher Reihen-folge, liegt also eine **Rotation von Markenteilen** vor, können die Verbraucher das eine Zeichen mangels klarer Erinnerung für das andere halten (EuG T-695/18, BeckRS 2019, 28367 Rn. 46, 52 – fLORAMED/MEDIFLOR; T-484/08, BeckRS 2009, 71391 Rn. 33 – Kids Vits/ VITS4KIDS).

79 Wird die ältere Marke **vollständig übernommen** und um ein weiteres Wort **ergänzt,** spricht das nach stRspr des EuGH und des EuG für die Ähnlichkeit der Marken (EuGH C-85/16 P und C-86/16 P, GRUR Int 2018, 1039 Rn. 57 ff. – Kenzo; EuG T-103/16, GRUR-RS 2017, 124375 Rn. 74 – Alpenschmaus/ALPEN; T-258/16, BeckRS 2017, 112358 Rn. 56 – GINRAW/RAW; T-359/16, BeckRS 2017, 115939 Rn. 60 – TestBild/test). Dieser Grundsatz findet sich auch in der Rechtsprechung des BGH (BGH GRUR 2019, 1058 Rn. 39 – KNEIPP, wonach die Auf-nahme der älteren Marke in ein jüngeres Kombinationszeichen eine prägende oder zumindest selbstständig kennzeichnende Stellung darin nahelege). Diese Vermutung der Ähnlichkeit gilt auch im Falle von Kurzzeichen (EuG T-135/19, GRUR-RS 2020, 3769 Rn. 48 – LaTV3D/TV3; vgl. auch T-685/13, GRUR-RS 2015, 80140 Rn. 32 ff. – BLUECO/BLUE COAT). Sie soll sogar Anwendung finden, wenn das jüngere Zeichen vollständig in dem älteren Zeichen enthalten ist (EuG T-685/13, GRUR-RS 2015, 80140 Rn. 33 – BLUECO/BLUE COAT; vgl. auch T-150/ 08, BeckRS 2009, 71262 Rn. 38 – Clina/CLINAIR). Das EuG hat diesen Grundsatz zudem in einem Fall angeführt, in dem die jüngere Marke einen Bestandteil enthielt, der mit der älteren Marke nicht identisch, sondern dieser nur hochgradig ähnlich war (EuG T-572/21, GRUR-RS 2020, 32062 Rn. 39 – COPAL TREE/compal).

80 **e) Klanglicher Vergleich.** Beim klanglichen bzw. phonetischen Vergleich von Marken kommt es darauf an, wie die maßgeblichen Verkehrskreise die in Rede stehenden Zeichen klang-lich wahrnehmen (EuGH C-99/18 P, GRUR-RR 2019, 463 Rn. 20 f. – FTI Touristik/EUIPO). Daher ist es wichtig, zunächst den relevanten Verbraucher zu bestimmen und gegebenenfalls die diversen **Aussprachevarianten** nach verschiedenen Sprachen durchzuspielen. Örtliche Akzente berücksichtigt das EUIPO allerdings nicht (EUIPO Richtlinien Teil C 2.4.3.4.2). Grundsätzlich ist davon auszugehen, dass der Durchschnittsverbraucher fremdsprachige Begriffe und Fantasiewör-ter nach den Ausspracheregeln der eigenen Sprache wiedergibt (vgl. EuG T-444/10, BeckRS 2013, 80379 Rn. 32; T88/10, BeckEuRS 2011, 607320 Rn. 40 – GLÄNSA/GLANZ mwN).

81 Für den klanglichen Vergleich von Wörtern sind **Länge, Silbenzahl** und -**abfolge** sowie **Intonation** des ausgesprochenen Wortes ausschlaggebend. Eine unterschiedliche Silbenzahl oder -struktur steht einer phonetischen Ähnlichkeit aber nicht zwingend entgegen (EuG T-183/02 und T/184/02, GRUR Int 2004, 647 Rn. 85 – MUNDICOR; T-67/17, BeckRS 2018, 8982 Rn. 44 – tèespresso/TPRESSO). Zudem muss die Neigung der Verbraucher berücksichtigt wer-den, lange Zeichen zu verkürzen und nicht sämtliche Wortelemente auszusprechen (EuG T-694/ 20, GRUR-RS 2022, 932 Rn. 76 – CCLABELLE VIENNA/LABELLO; T-288/18, BeckRS

2019, 22498 Rn. 47 mwN – NATURE'S VARIETY INSTINCT/Natural Instinct; T-711/13 und T-716/13, BeckRS 2016, 128937 Rn. 94 – HARRY'S BAR/Harrys PUB CASINO RES-TAURANG). „Lesbare" **Symbole** oder Zeichen wie Zahlzeichen, „&" oder „@" werden entsprechend ihrer (im jeweils relevanten Gebiet) üblichen Aussprache einbezogen (EuG T-745/14, BeckRS 2016, 82159 Rn. 33 – e@sy Credit/EasyCredit; T-220/11, BeckRS 2012, 81906 Rn. 31 f. – f@ir Credit/FERCREDIT; EUIPO Richtlinien Teil C 2.4.3.4.2.1). Sonderzeichen, die in manchen Sprachen zu einer Lautveränderung führen, in anderen aber nicht existieren und auch nicht bekannt sind, werden in diesen anderen Sprachen ignoriert (EuG T88/10, BeckEuRS 2011, 607320 Rn. 40 – GLANZ/GLÄNSA). Eine etwaige grafische Ausgestaltung von Wortbestandteilen hat grundsätzlich keinen Einfluss auf die Aussprache einer Marke (EuG GRUR-RS 2020, 32062 Rn. 68 – Flaming Forties/40 FLAMING FRUITS; T-487/12, BeckRS 2014, 80012 Rn. 49 – PANINI/GRANINI). **Bildbestandteile** sind beim klanglichen Vergleich grundsätzlich nicht zu berücksichtigen (EuG T-70/20, GRUR-RS 2021, 10490 Rn. 68 – MUSEUM OF ILLUSIONS/MUSEUM OF ILLUSIONS; T-103/16, GRUR-RS 2017, 124375 Rn. 47 mwN – Alpenschmaus/ALPEN; s. aber EuG T-628/15, BeckRS 2017, 130105 Rn. 63 ff. – BiancalunA/bianca, zu einem Ausnahmefall, in dem ein Bildbestandteil die Aussprache eines Zeichens beeinflusst). Für den klanglichen Eindruck eines Wort-/Bildzeichens ist zudem die Wiedergabe des Zeichens in Standardschrift, wie sie im Blatt für Unionsmarken zu finden ist, irrelevant, und zwar unabhängig davon, ob sie der Absicht des Anmelders entspricht oder vom EUIPO in diesem Blatt so vorgenommen wurde (EuGH C-99/18 P, GRUR-RR 2019, 463 Rn. 19 ff. – FTI Touristik/EUIPO). **Reine Bildmarken** spricht der Verkehr in der Regel nicht aus (vgl. EuG T-548/17, BeckRS 2018, 24839 Rn. 74 – ANOKHI; T-681/15, BeckRS 2017, 138820 Rn. 52 f. – Environmental Manufacturing/EUIPO; T-342/12, BeckRS 2015, 81373 Rn. 48 – Star; T-424/10, BeckRS 2012, 80272 Rn. 46 ff. – Elefanten). Das setzt allerdings voraus, dass es sich tatsächlich um reine Bildzeichen handelt, die Zeichen also insbesondere keine Wortelemente oder auch nur einen einzelnen Buchstaben zum Gegenstand haben (vgl. EuG T-35/20, GRUR-RS 2020, 36633 Rn. 45 – Monster Energy/EUIPO). Dagegen spricht etwa, dass der Markeninhaber das Zeichen bei der Anmeldung als „Wort-/Bildmarke" bezeichnet hat (EuG T-454/18, GRUR-RS 2019, 41009 Rn. 26 f. – OO/OO). Eine Ausnahme von dem Grundsatz, dass reine Bildzeichen nicht ausgesprochen werden, mag im Falle einer Bildmarke gegeben sein, die sofort mit einem konkreten Begriff assoziiert wird (vgl. EuG T-599/13, GRUR-RS 2015, 80651 Rn. 50 ff. – GELENK-GOLD/Form eines Tigers; T-104/17, BeckRS 2018, 21381 Rn. 52 – Apple/EUIPO). Völlig unbedeutende Wortelemente werden – zum Beispiel infolge ihrer geringen Größe – ebenfalls nicht mitgelesen. Insofern findet daher kein klanglicher Vergleich statt.

f) Bildlicher Vergleich. Bildliche bzw. visuelle Zeichenähnlichkeit liegt vor, wenn die Zeichen aus Sicht der maßgeblichen Verkehrskreise hinsichtlich eines oder mehrerer bildlicher Aspekte mindestens teilweise übereinstimmen (vgl. EuG T-317/03, GRUR Int 2006, 312 Rn. 46 f. – VARIANT). Dabei kommt **Wortmarken bzw. -elementen** typischerweise eine **hervorgehobene Bedeutung** zu, da Wortmarken über einen besonderen Schutzumfang verfügen und sich der Verbraucher bei Wort-/Bildmarken regelmäßig am Wortbestandteil orientiert (→ Rn. 75). Gleichwohl sind laut dem EuG beim bildlichen Vergleich alle „konstitutiven" Elemente einzubeziehen, wozu stets auch eine etwaige Farbgebung der Zeichen zählen soll (EuG T-356/18, BeckRS 2019, 22876 Rn. 48 – Volvo/EUIPO; T-656/17, BeckRS 2019, 936 Rn. 35 – Dr. Jacob's essentials/COMPAL ESSENCIAL). **82**

Wortmarken sind Marken, die ausschließlich aus Buchstaben, Wörtern oder Wortkombinationen in normaler Schriftart bestehen, ohne spezifische grafische Elemente aufzuweisen (EuG T-211/03, GRUR Int 2005, 600 Rn. 33 – Faber; T-353/04, BeckRS 2009, 70781 Rn. 74 – Curon/Euron). Der Schutz einer Wortmarke erstreckt sich auf das in der Anmeldung angegebene Wort und nicht auf die besonderen grafischen oder gestalterischen Aspekte, die diese Marke möglicherweise annehmen kann (EuG T-284/20, GRUR-RS 2021, 8771 Rn. 106 – HB Harley Benton/HB; T-254/06, GRUR Int 2008, 840 Rn. 43 – RadioCom). Handelt es sich zumindest bei einer der sich gegenüberstehenden Marken um eine Wortmarke, begründen daher insbesondere Abweichungen in der **Groß- und Kleinschreibung** keinen relevanten Unterschied (vgl. EuGH C-323/09, GRUR 2011, 1124 Rn. 33 – Interflora/M&S Interflora Inc.; EuG T-105/14, BeckRS 2015, 81930 Rn. 54 ff. – iDrive/IDRIVE; ebenso die Rechtsprechung des BGH, s. etwa BGH GRUR 2018, 924 Rn. 40 – ORTLIEB). Dass zwei Marken in der Anzahl ihrer Buchstaben übereinstimmen, spielt für sich genommen regelmäßig keine entscheidende Rolle, da sich der Verkehr der Zahl der Buchstaben im Allgemeinen gar nicht bewusst ist (EuG T-402/07, BeckRS 2009, 70353 Rn. 81 f. – ARCOL/CAPOL; T-79/18, BeckRS 2019, 595 Rn. 28 – ARBET/ **83**

Borbet). Stehen sich eine Wortmarke und eine **Bildmarke, die Wortbestandteile enthält,** oder zwei solcher Bildmarken gegenüber, sind die Marken in bildlicher Hinsicht als ähnlich zu erachten, wenn sie eine erhebliche Zahl von Buchstaben in derselben Position haben und wenn der Wortbestandteil des Bildzeichens nicht stark stilisiert ist, auch wenn die Buchstaben in verschiedenen Schriftarten grafisch dargestellt sind, sei es in Kursivschrift oder in Fettbuchstaben, in Klein- oder Großbuchstaben oder auch in Farbe (EuG T-185/21, GRUR-RS 2022, 2448 Rn. 54 – Хозяйка/ хозяюшка; T-202/16, BeckRS 2017, 129135 Rn. 101 mwN – coffee inn/coffee in).

84   Stehen sich **reine Bildzeichen** gegenüber, kommt es auf die konkrete grafische Ausgestaltung an. Dabei genügt die bloße Übereinstimmung in einem gewöhnlichen Motiv regelmäßig nicht (vgl. EuG T-424/10, BeckRS 2012, 80272 Rn. 25 ff. – Elefanten; EuGH C-251/95, GRUR Int 1998, 56 Rn. 25 – Sabèl/Puma).

85   **g) Begrifflicher Vergleich.** Begriffliche Zeichenähnlichkeit besteht, wenn die einander gegenüberstehenden Zeichen in ihrem Sinngehalt übereinstimmen (EuG T-284/20, GRUR-RS 2021, 8771 Rn. 114 – HB Harley Benton/HB; vgl. auch EuGH C-251/95, GRUR 1998, 387 Rn. 24 – Sabèl/Puma). Beim begrifflichen Zeichenvergleich kommt es zunächst sehr auf den **relevanten Verbraucher und dessen Verständnis** an. Das gilt sowohl für das Gesamtzeichen als auch für einzelne Elemente. So geht das EuG in ständiger Rechtsprechung etwa davon aus, der Verkehr zerlege ein von ihm wahrgenommenes Wortzeichen in die Bestandteile, die ihm eine konkrete **Bedeutung** vermitteln oder die ihm bekannten Wörtern ähnlich sind (EuG T-129/16, BeckRS 2017, 131535 Rn. 57 – claranet/CLARO; T-256/04, GRUR Int 2007, 593 Rn. 57 – RESPICUR; T-356/02, GRUR Int 2005, 256 Rn. 51 – Vitakraft). Das gelte auch dann, wenn dem Verkehr nur ein Bestandteil des Gesamtzeichens bekannt sei (EuG T-756/20, GRUR-RS 2021, 33799 Rn. 33 – VDL E-POWERED/e-POWER; T-644/18, BeckRS 2019, 31753 Rn. 47 – DermoFaes Atopiderm/Dermowas; T-70/17, BeckRS 2018, 23012 Rn. 138 – North-SeaGrid/nationalgrid). Dabei – vor allem bei der Ermittlung des Verständnisses einer Unionsmarke – ist Vorsicht geboten. Insbesondere sei davor gewarnt, vorschnell davon auszugehen, die eigene Vorstellung von „Verständlichkeit" für den relevanten Verbraucher decke sich notwendig mit derjenigen des Amtes. Eine Sprachkenntnis kann nur für die jeweilige Muttersprache in einem Gebiet unterstellt werden und (EuG T-401/19, GRUR-RS 2020, 23619 Rn. 28 – Freude an Farbe/Glemadur Freude an Farbe). Fremdsprachenkenntnisse können im Allgemeinen nicht vorausgesetzt werden (EuG T-103/16, GRUR-RS 2017, 124375 Rn. 60 mwN – Alpenschmaus/ ALPEN). Beispielsweise hat das EuG in einem Fall festgehalten, es sei nicht belegt, dass ein erheblicher Teil der deutschen, spanischen oder griechischen Bevölkerung Russisch verstehe (EuG T-363/20, GRUR-RS 2022, 11915 Rn. 100 f. – Milk FUDGE KRÓWKA MLECZNA/ KOPOBKA KOROUKA). Nur ausnahmsweise können Fremdsprachenkenntnisse als offenkundige Tatsache unterstellt werden. Erst recht kann es nur ausnahmsweise als offenkundig eingestuft werden, dass die Bedeutung eines Begriffes in der gesamten EU geläufig ist (so zum Begriff „workspace" EuG T-506/19, GRUR-RS 2020, 10272 Rn. 40 ff. – UMA WORKSPACE/ WORKSPACE). Handelt es sich nicht um eine offenkundige Tatsache müssen die Fremdsprachenkenntnisse von der beweispflichtigen Partei dargelegt und nachgewiesen werden. Sogar die Englischkenntnisse des Durchschnittsverbrauchers variieren offenbar stark von Mitgliedstaat zu Mitgliedstaat.

85.1   So geht das EuG etwa in ständiger Rechtsprechung davon aus, dass die Bevölkerung in **Skandinavien** und den **Niederlanden** über grundlegende Englischkenntnisse verfügt (EuG T-164/17, BeckRS 2018, 24815 Rn. 54 – WILD PINK/PINK LADY mwN; T-307/09, BeckRS 2011, 80710 Rn. 26 – Earle Beauty/HABM).

85.2   Hingegen könne nicht ohne Weiteres davon ausgegangen werden, dass der **spanische** Durchschnittsverbraucher englische Wörter kenne, es sei denn, es existiere ein äquivalentes Wort im Spanischen (EuG T-109/19, GRUR-RS 2020, 7020 Rn. 15, 63 – TasteSense/MultiSense). So urteilte das EuG etwa, ein großer Teil des spanischen Verkehrs kenne weder die Bedeutung des Bestandteils „cook" noch die des Bestandteils „cooky", sodass diese Elemente keinen begrifflichen Unterschied begründen könnten (EuG T-288/16, BeckRS 2018, 6406 Rn. 40 ff. und 76 ff. – M'COOKY/MR. COOK). Auch wäre nach Auffassung des Amtes „RIGHT" und „WRITE" für den spanischen Verbraucher unähnlich – sowohl klanglich als auch begrifflich (Beispiel aus EUIPO Richtlinien Teil C 2.4.3.4.2.3). Die US-amerikanische Schreibweise des Wortes „doughnut", nämlich „donut", ist eine in Spanien geschützte Marke, die auch als solche und nicht als beschreibender Begriff aufgefasst wird (wobei die Inhaberin der spanischen Wortmarken „DOUGHNUTS" und „DONUT" jedoch aufgrund des unterschiedlichen Gesamteindrucks nicht erfolgreich war gegen „Krispy Kreme DOUGHNUTS", EuG T-534/13, BeckEuRS 2015, 456949 – Panrico/

HABM; Rechtsmittel zurückgewiesen in EuGH C655/15 P, BeckRS 2017, 122208 – Krispy Kreme DOUGHNUTS).

Der EuGH hat angenommen, es sei nicht erwiesen, dass der Durchschnittsverbraucher in der **Tschechi-** **85.3** **schen Republik, Ungarn, Polen und Slowenien** das englische Wort „label" verstehe (EuGH C-328/ 18 P, GRUR 2020, 640 Rn. 97 – BLACK LABEL BY EQUIVALENZA). Auch ein erheblicher Teil der Verbraucher in **Bulgarien** verfügt dem EUIPO und EuG zufolge nur über den englischen Grundwortschatz und kennt die Bedeutung der Begriffe „flaming" und „forties" nicht (EuG T-874/19, GRUR-RS 2020, 32062 Rn. 54 – Flaming Forties/40 FLAMING FRUITS). Ein erheblicher Teil des Verkehrs in **Portugal** verfüge zumindest über Grundkenntnisse im Englischen, sodass er elementare Wörter wie „tree" oder „forever" verstehen und aussprechen könne (EuG T-572/21, GRUR-RS 2020, 32062 Rn. 51 – COPAL TREE/compal; T-528/11, BeckRS 2014, 81679 Rn. 68 – FOREVER/4EVER).

Für den **zyprischen Verbraucher** wurde angenommen, er sei sowohl des Türkischen als auch des **85.4** Griechischen mächtig und verstehe daher, dass HELLIM (Türkisch) und HALLOUMI (Griechisch) eine Käseart betreffen (EuG T-534/10, BeckRS 2012, 81205 Rn. 41 – HELLIM/HALLOUMI). In **Griechen-** **land** verstehe ein nicht unerheblicher Teil des Verkehrs Englisch nicht (EuG T-70/20, GRUR-RS 2021, 10490 Rn. 52 – MUSEUM OF ILLUSIONS/MUSEUM OF ILLUSIONS).

Nach ständiger Rechtsprechung ist die begriffliche Ähnlichkeit unabhängig davon zu beurtei- **86** len, ob die zu vergleichenden Begriffe über einen **beschreibenden Gehalt** verfügen. Auch eine geringe bzw. fehlende Unterscheidungskraft der Zeichen bzw. der Zeichenelemente steht einer begrifflichen Ähnlichkeit nicht entgegen (EuGH C42/12 P, BeckRS 2012, 82678 Rn. 66 – ALPINE PRO SPORTSWEAR & EQUIPMENT/alpine; EuG T-283/11, BeckRS 2013, 80167 Rn. 53 ff. – fon/nfon (Rechtsmittel zurückgewiesen in EuGH C-193/13 P, BeckRS 2014, 80268); EuG T-492/08, BeckRS 2010, 90568 Rn. 52 f. – star foods/STAR SNACKS (Rechtsmittel zurückgewiesen in EuGH C608/12 P, BeckRS 2014, 80899); ebenso zum deutschen Recht BGH GRUR 2020, 870 Rn. 74 – INJEKT/INJEX). Allerdings stuft das EuG die begriffliche Ähnlich- keit in solchen Fällen nicht selten als gering ein (EuG T-266/19, BeckRS 2019, 31596 Rn. 40 f. – gastivo portal/EUIPO; T-644/18, BeckRS 2019, 31753 Rn. 48, 53 – DermoFaes Atopiderm/ Dermowas; T-558/13, BeckRS 2016, 80919 Rn. 50 ff. – FSA K-FORCE/FORCE-X) bzw. verneint es die Verwechslungsgefahr im Ergebnis trotz einer mittleren begrifflichen Ähnlichkeit (EuG T-60/11, BeckRS 2012, 80970 Rn. 52 ff. – SUISSE PREMIUM/Premium). Unerheblich ist auch, ob der Sinngehalt des betreffenden Zeichens einen **Bezug zu den in Rede stehenden** **Waren oder Dienstleistungen** aufweist (EuG T-442/20, GRUR-RS 2021, 9723 Rn. 59 – âme/ AMEN). Mit anderen Worten: Auch ein abstrakter Sinngehalt, der in keinem Zusammenhang mit den betreffenden Produkten steht, ist zu berücksichtigen. Beim begrifflichen Vergleich von Zeichen, die einen **Vor- oder Nachnamen** zum Gegenstand haben, ist die **Rechtsprechung** **uneinheitlich.** Während in einigen EuG-Entscheidungen davon ausgegangen wird, dass Namen grundsätzlich über einen begrifflichen Inhalt verfügen, stufen andere Namen grundsätzlich als begrifflich neutral und irrelevant ein (einen Überblick gibt EuG T-531/20, GRUR-RS 2021, 16099 Rn. 63 – ROLF/WOLF). Jedenfalls folgt eine begriffliche Ähnlichkeit nicht schon aus dem bloßen Umstand, dass beide Zeichen in die Kategorie „Name" fallen (vgl. EuG T-557/10, BeckRS 2012, 214023 Rn. 68 f. – H.EICH/H SILVIAN HEACH; T-502/07, BeckRS 2011, 145775 Rn. 40 f. – McKENZIE/McKINLEY).

Hat ein **Kombinationszeichen** eine Gesamtbedeutung, ist nicht – oder nicht nur – auf **87** die Bedeutung jedes einzelnen seiner Wortelemente abzustellen. Vielmehr ist eine begriffliche Ähnlichkeit zweier Gesamtbegriffe trotz eines übereinstimmenden Wortes zu verneinen, wenn sich die Bedeutung der Gesamtbegriffe unterscheidet (vgl. EuG T-905/16, BeckRS 2018, 21340 Rn. 64 – NUIT PRECIEUSE/EAU PRECIEUSE; T-257/14, BeckRS 2015, 80367 Rn. 41 – BLACK JACK TM/BLACK TRACK). So kann etwa eine Marke bestehend aus dem Vor- und Nachnamen einer bekannten Person als Hinweis auf eben jene Person verstanden werden, während eine Marke, die nur aus dem Nachnamen besteht, diese Assoziation nicht hervorruft (EuG T-368/20, GRUR-RS 2021, 14306 Rn. 55 ff. – MILEY CYRUS/CYRUS).

Keine begriffliche Ähnlichkeit besteht zwischen zwei Zeichen, wenn **keines oder nur** **88** **eines der Zeichen über einen Sinngehalt verfügt,** das andere also keinerlei Begriffsinhalt aufweist (EuG T-73/21, GRUR-RS 2021, 33797 Rn. 51 – P.I.C. Co./PiK; T-103/16, GRUR-RS 2017, 124375 Rn. 81 mwN – Alpenschmaus/ALPEN; T-79/18, BeckRS 2019, 595 Rn. 41 – ARBET/Borbet). Deshalb und weil andernfalls die Prüfung in den Kategorien Bild, Klang und Begriffsinhalt vermengt würde, überzeugt es nicht, wenn eine begriffliche Ähnlichkeit angenommen wird, weil ein Wort ähnlich wie ein anderes ausgesprochen werde und daher auf das andere Wort anspiele (so aber EuG T-128/20 und T-129/20, GRUR-RS 2021, 28549 Rn. 68 ff. –

COLLIBRA/Kolibri). Begriffliche Ähnlichkeit besteht auch dann nicht, wenn die angesprochenen Verkehrskreise die Bedeutung der Wörter, aus denen eine Marke besteht, nicht verstehen (EuG T-333/20, GRUR-RS 2022, 3171 Rn. 90 – IALO TSP/HYALO; T-441/16, BeckRS 2017, 128790 Rn. 66 – SeboCalm/Sebotherm).

89   Eine begriffliche Identität, die sich erst im Zuge der **Übersetzung** erschließt, ist regelmäßig gering und reicht normalerweise ebenfalls nicht aus, um Verwechslungsgefahr anzunehmen – selbst wenn die ältere Marke über gesteigerte Kennzeichnungskraft verfügt (EuG T-437/11, BeckRS 2013, 82016 Rn. 51 – GOLDEN BALLS/BALLON D'OR; EuG T-33/03, GRUR Int 2005, 586 Rn. 51 f. – Hai/SHARK; T-128/15, BeckEuRS 2015, 465929 Rn. 28 ff. – ROTKÄPPCHEN/RED RIDING HOOD). Eine solche geringe begriffliche Ähnlichkeit kann aber eine Ähnlichkeit der Marken zu begründen, die für den Bekanntheitsschutz gemäß Art. 8 Abs. 5 ausreicht (EuGH C-603/14 P, GRUR Int. 2016, 249 Rn. 46 f. – The English Cut/El Corte Inglés; C-581/13 P und C-582/13 P, BeckRS 2014, 82421 Rn. 76 – GOLDEN BALLS/BALLON D'OR).

90   Auch zwischen **reinen Bildmarken bzw. Wort-/Bildmarken** kann begriffliche Ähnlichkeit bestehen, nämlich wenn die Bildelemente einen übereinstimmenden Begriffsinhalt aufweisen (EuGH C-251/95, GRUR 1998, 387 Rn. 24 – Sabèl/Puma; EuG T-449/13, BeckRS 2015, 116779 Rn. 122 – CEDC International/HABM; T-151/17, BeckRS 2018, 2913 Rn. 41 ff. – Marriott/EUIPO; T-548/17, BeckRS 2018, 24839 Rn. 44 – VF International/EUIPO).

91   **h) Verhältnis der einzelnen Ähnlichkeitskategorien zueinander.** Um zu beurteilen, wie weit die Ähnlichkeit zweier Marken reicht, muss der Grad der Ähnlichkeit in bildlicher, klanglicher und begrifflicher Hinsicht bestimmt werden (vgl. zB EuGH C234/06 P, GRUR 2008, 343 Rn. 32 – Il Ponte Finanziaria Spa/HABM). Mit anderen Worten: Die Ähnlichkeit der Zeichen ist stets in jeder der **drei Kategorien** Klang, Bild und Bedeutung zu prüfen. Sodann ist unter Berücksichtigung der Art der fraglichen Waren oder Dienstleistungen und der Bedingungen, unter denen sie vertrieben werden, zu bewerten, welche Bedeutung den einzelnen Ähnlichkeitskategorien beizumessen ist (EuGH C 334/05 P, GRUR 2007, 700 Rn. 36 – HABM/Shaker; C-361/04 P, GRUR 2006, 237 Rn. 37 – PICASSO; C-182/16 P, BeckRS 2017, 120067 Rn. 31 – Meica Ammerländische Fleischwarenfabrik/EUIPO). Diese Gewichtung der Ergebnisse des Zeichenvergleichs in den drei Kategorien hat allerdings nicht primär im Rahmen des Zeichenvergleichs, sondern im Wesentlichen erst bei der nachgelagerten **Gesamtabwägung** zu erfolgen. Denn der EuGH hat klargestellt, dass jedenfalls die Vertriebs- bzw. Vermarktungsbedingungen der in Rede stehenden Produkte nicht im Rahmen des Zeichenvergleichs zu berücksichtigen sind (EuGH C-328/18 P, GRUR 2020, 640 Rn. 70 – BLACK LABEL BY EQUIVALENZA). Demzufolge kann die Gewichtung der Ähnlichkeitskategorien nicht zu dem Ergebnis führen, dass keinerlei Zeichenähnlichkeit vorliegt und daher schon keine umfassende Beurteilung der Verwechslungsgefahr erforderlich ist.

92   Dem EuGH zufolge ist es nicht ausgeschlossen, dass **allein** die **klangliche Ähnlichkeit** eine Verwechslungsgefahr hervorrufen kann. Dem steht insbesondere nicht entgegen, dass die Existenz von Verwechslungsgefahr im Rahmen einer umfassenden Beurteilung der Markenähnlichkeit in Bedeutung, Bild und Klang zu ermitteln ist (EuGH C-234/06 P, GRUR 2008, 343 Rn. 32 – Il Ponte Finanziaria Spa/HABM; C-206/04 P, GRUR 2006, 413 Rn. 21 – ZIRH/SIR). Die klangliche Ähnlichkeit ist aber nur einer der relevanten Umstände im Rahmen der umfassenden Beurteilung. Es liegt daher nicht notwendig immer dann Verwechslungsgefahr vor, wenn die Zeichen nur klanglich ähnlich sind (EuGH C-234/06 P, GRUR 2008, 343 Rn. 35 – Il Ponte Finanziaria Spa/HABM; C-206/04 P, GRUR 2006, 413 Rn. 21 f. – ZIRH/SIR). Darin besteht ein Unterschied zur Rechtsprechung des BGH, wonach für die Bejahung der Zeichenähnlichkeit regelmäßig bereits die Ähnlichkeit in einem der drei Wahrnehmungsbereiche genüge (s. etwa BGH GRUR 2020, 1202 Rn. 23 – YOOFOOD/YO; → MarkenG § 14 Rn. 368 f.).

93   Nach der Rechtsprechung des EuG kommt dem **bildlichen Vergleich** grundsätzlich **erhöhte Bedeutung** zu, wenn es sich bei den fraglichen Waren um gängige Konsumartikel handelt, die **„auf Sicht"** gekauft werden. Damit sind Waren gemeint, die überwiegend in großflächigen Einzelhandelsgeschäften, in Geschäften, in denen die Produkte aufgereiht in Regalen stehen und der Verbraucher die Ware selbst auswählt, in sonstigen Selbstbedienungsgeschäften oder über Kataloge verkauft werden (s. etwa EuG T-339/17, BeckRS 2018, 29229 Rn. 90 ff. – SEVENOAK/7seven; T-341/13 RENV, BeckRS 2017, 120532 Rn. 66 – Groupe Léa Nature/EUIPO; T-521/15, BeckRS 2017, 121403 Rn. 57 – Diesel/EUIPO). In solchen Fällen werde der Verbraucher stärker durch den visuellen Eindruck der von ihm gesuchten Marke geleitet. Diese Feststellungen hat der EuGH in seinem Urteil Carbonell/La Española gebilligt (EuGH C-498/07, GRUR

Int 2010, 129 Rn. 75 f.; kritisch → MarkenG § 14 Rn. 387). Allerdings darf der klangliche Vergleich der Marken in solchen Fällen nicht stets unberücksichtigt bleiben. Dies gilt etwa für Fälle, in denen die Waren auch mündlich empfohlen oder verkauft werden, etwa weil die Verbraucher Beratung durch Verkaufspersonal suchen (EuG T-694/20, GRUR-RS 2022, 932 Rn. 94 – CCLABELLE VIENNA/LABELLO; T-687/19, GRUR-RS 2020, 33195 Rn. 98 – Marq/ MARK). Wird die betreffende Ware hingegen hauptsächlich über Verkaufsgespräche verkauft, ist der **klanglichen Ähnlichkeit** üblicherweise **mehr Gewicht** beizumessen (EuG T-694/20, GRUR-RS 2022, 932 Rn. 91 – CCLABELLE VIENNA/LABELLO; T-480/12, BeckRS 2014, 82676 Rn. 68 – Master/Coca Cola).

Ob auf die klangliche oder die bildliche Übereinstimmung besonders abzuheben ist, hängt **94** unter anderem von der **Art der betreffenden Waren oder Dienstleistungen** ab. So soll beispielsweise bei Bekleidung regelmäßig der visuelle Eindruck im Vordergrund stehen (EuG T-349/ 19, GRUR-RS 2020, 26586 Rn. 94 – athlon custom sportswear/DECATHLON; vgl. auch EuG T-593/10, BeckRS 2012, 80491 Rn. 47 mwN – El Corte Inglés/HABM; zu Waren der Klassen 18 und 25 EuG T-502/07, BeckEuRS 2011, 576213 Rn. 50 – IIC/HABM; s. auch EUIPO Richtlinien Teil C 2.7.4 mwN). Im IT-Bereich kommt es angeblich ebenfalls zuvorderst auf den visuellen Markenvergleich an (zB EuG T394/10, BeckRS 2014, 80344 Rn. 37 f. – VOLVO/ SOLVO). Bei Getränken hingegen wurde in der Vergangenheit mitunter eine besondere Bedeutung des klanglichen Eindrucks angenommen (s. etwa die Dritte Beschwerdekammer des EUIPO in der Sache R 251/2000-3, GRUR-RR 2002, 104 – MYSTERY/Mixery, insofern von EuG T-99/01, GRUR Int 2003, 760 – MYSTERY/Mixery nicht in Frage gestellt; s. auch EUIPO Richtlinien Teil C 2.7.4 mwN). So hat das EuG etwa entschieden, bei Weinen sei dem phonetischen Vergleich größeres Gewicht beizumessen (EuG T-678/18, BeckRS 2019, 22366 Rn. 55 f. – GIUSTI WINE/DG DeGIUSTI). Demgegenüber hat das EuG der besonderen Bedeutung einer klanglichen Ähnlichkeit in anderen Entscheidungen ua mit Verweis auf den Vertrieb im Einzelhandel eine Absage erteilt und festgehalten, es könne nicht in allen Fällen davon ausgegangen werden, bei Getränken sei die phonetische Wahrnehmung der Marken ausschlaggebend (EuG T-198/21, GRUR-RS 2022, 2447 Rn. 57 ff. – CODE-X/Cody's; T-472/08, BeckRS 2012, 81848 Rn. 106 – 61 A NOSSA ALEGRIA/Cachaça 51).

Weisen zwei Marken **begriffliche Unterschiede** auf, können diese bildliche bzw. klangliche **95** Ähnlichkeiten zwischen den Marken **neutralisieren** mit dem Ergebnis, dass bereits eine Markenähnlichkeit entfällt und keine Gesamtabwägung mehr nötig ist (EuGH C-328/18 P, GRUR 2020, 640 Rn. 75 – BLACK LABEL BY EQUIVALENZA). Dies setzt voraus, dass zumindest eine der kollidierenden Marken aus Sicht der maßgeblichen Verkehrskreise eine eindeutige und bestimmte Bedeutung hat, welche die Verkehrskreise ohne Weiteres erfassen können (EuGH C-361/04 P, GRUR 2006, 237 Rn. 20 ff. – PICASSO; C-16/06 P, GRUR Int 2009, 397 Rn. 98 – OBELIX/ MOBILIX; C-171/06 P, BeckRS 2007, 70219 Rn. 49 – T.I.M.E. ART/HABM; C-437/16 P, BeckRS 2017, 133985 Rn. 43 – CHEMPIOIL/CHAMPION; vgl. allerdings EuG T-106/16, BeckRS 2017, 136282 Rn. 54 – ziro/zero, wonach der fehlende Bedeutungsgehalt des jüngeren Zeichens gegen eine Neutralisierung spreche). Das gilt erst recht, wenn zu den begrifflichen Unterschieden visuelle hinzukommen (EuGH C-234/06 P, GRUR 2008, 343 Rn. 34 – Il Ponte Finanziaria Spa/HABM; C-206/04 P, GRUR 2006, 413 Rn. 35 – ZIRH/SIR). Die bloße Anspielung auf einen Begriffsinhalt verleiht einem Zeichen allerdings keine eindeutige und bestimmte Bedeutung (s. etwa EuG T-575/08, BeckRS 2010, 91078 Rn. 45 – Acumed/AQUA-MED ACTIVE). Ein neutralisierender begrifflicher Unterschied soll dem EuGH zufolge auch darin liegen, dass das jüngere Zeichen den **Familiennamen einer berühmten Person** zum Gegenstand hat, jedenfalls wenn der Anmelder selbst die berühmte Person ist und nur ein vernachlässigbarer Teil des relevanten Publikums das jüngere Zeichen nicht mit dem Anmelder in Verbindung bringt (EuGH C-449/18 P, GRUR-RS 2020, 23065 Rn. 35 ff. und 46 ff. – MESSI/MASSI). Auch kann eine Marke bestehend aus dem Vor- und Nachnamen einer berühmten Person als Hinweis auf eben jene Person verstanden werden, während eine Marke, die nur aus dem Nachnamen besteht, diese Assoziation nicht hervorruft, sodass klangliche und bildliche Ähnlichkeiten neutralisiert werden (EuG T-368/20, GRUR-RS 2021, 14306 Rn. 60 ff. – MILEY CYRUS/ CYRUS).

Besteht jedoch **hochgradige visuelle und klangliche Ähnlichkeit** der zu vergleichenden **96** Marken, kann ein begrifflicher Unterschied der Aufmerksamkeit der maßgeblichen Verkehrskreise entgehen (EuGH C-22/10 P, BeckRS 2011, 80081 Rn. 46 f. – Clinair/Clina; EuG T-353/02 Rn. 34 – INTEA/INTESA). Eine Neutralisierung der visuellen und klanglichen Übereinstimmungen durch begriffliche Unterschiede findet dann nicht statt.

97   **i) Mehrteilige Marken.** Häufig stehen sich Marken gegenüber, von denen zumindest eine aus mehreren Wort-, Bild- und/oder Farbelementen besteht. Ähneln diese Marken einander in allen Elementen, ergeben sich keine Besonderheiten. Weisen sie hingegen nur in einem von mehreren Bestandteilen Übereinstimmungen auf, kann Markenähnlichkeit insgesamt nicht ohne Weiteres angenommen werden. Eine hinreichende Ähnlichkeit der Marken liegt regelmäßig dann vor, wenn der übereinstimmende Bestandteil eine **prägende oder zumindest selbstständig kennzeichnende Stellung** innehat (zur Rechtsprechung des BGH → MarkenG § 14 Rn. 441 ff.). Allerdings ist eine solche prägende oder selbstständig kennzeichnende Stellung keine zwingende Voraussetzung. Grundsätzlich gilt, dass die hohe oder geringe **Unterscheidungskraft der Bestandteile,** die einer angemeldeten Marke und einer älteren Marke gemeinsam sind, ein erheblicher Faktor im Rahmen der Beurteilung der Zeichenähnlichkeit ist (EuG T-819/19, GRUR-RS 2020, 34177 Rn. 44 – bim ready/BIM freelance; T-103/16, GRUR-RS 2017, 124375 Rn. 47 – Alpenschmaus/ALPEN; T581/13, BeckRS 2016, 81253 Rn. 41 – Royal County of Berkshire POLO CLUB). So hat der EuGH etwa mehrfach festgehalten, die bloße **Übereinstimmung** der Zeichen **in einem schwach unterscheidungskräftigen oder beschreibenden Bestandteil** führe **häufig nicht** zu einer Verwechslungsgefahr (EuGH C-705/17, GRUR 2020, 52 Rn. 55 – PRV/Hansson; C-702/18 P, GRUR-RS 2020, 12960 Rn. 53 – PRIMA/PRIMART; zur Definition beschreibender oder kennzeichnungsschwacher Bestandteile → Rn. 100).

97.1   In der **Praxis des EUIPO** von ca. 2002 bis 2015 war die Prüfung der Unterscheidungskraft der übereinstimmenden Markenelemente ausschließlich bei der Verwechslungsgefahr angesiedelt. 2015 wurden die Richtlinien geändert. Nunmehr wird wieder **im Rahmen des Markenvergleichs** geprüft, welche die dominierenden und unterscheidungskräftigen Bestandteile sind (vgl. EUIPO Richtlinien Teil C 2.4.1.2 sowie Teil C 2.4.3.2), statt einer sogenannten objektiven Betrachtungsweise. Diese mündete auch häufig in Tautologien (nämlich der Feststellung, dass die Marken ähnlich seien, soweit sie Ähnlichkeiten aufweisen) und in der irreführenden Feststellung am Ende der Prüfung der Markenähnlichkeit, dass die Marken ähnlich seien, nur um dann – bei der umfassenden Beurteilung – die Verwechslungsgefahr allein wegen nicht ausreichender Markenähnlichkeit zu verneinen.

98   **aa) Prägung des Gesamteindrucks.** Für die Beurteilung der Ähnlichkeit mehrteiliger Marken gilt der **Grundsatz,** dass der Verbraucher Marken regelmäßig **als Ganzes** wahrnimmt und nicht auf verschiedene Einzelheiten achtet (EuGH C-20/14, BeckRS 2015, 81459 Rn. 35 – BGW; C-252/12, GRUR 2013, 922 Rn. 35 – Specsavers-Gruppe/Asda; C-120/04, GRUR 2005, 1042 Rn. 28 – THOMSON LIFE). Daraus folgt, dass nicht nur ein Bestandteil einer mehrteiligen Marke berücksichtigt werden und mit einer anderen Marke verglichen werden darf. Vielmehr sind zwei Marken stets als Ganzes miteinander zu vergleichen. Allerdings **zerlegt** der Verkehr ein von ihm wahrgenommenes Wortzeichen in die Bestandteile, die ihm eine konkrete **Bedeutung** vermitteln oder die ihm bekannten Wörtern ähnlich sind (EuG T-644/18, BeckRS 2019, 31753 Rn. 47 – DermoFaes Atopiderm/Dermowas; T-70/17, BeckRS 2018, 23012 Rn. 138 – NorthSeaGrid/nationalgrid; EuG T-129/16, BeckRS 2017, 131535 Rn. 57 – claranet/CLARO). Das gilt auch dann, wenn dem Verkehr nur ein Bestandteil des Gesamtzeichens bekannt sei (EuG T-644/18, BeckRS 2019, 31753 Rn. 47 – DermoFaes Atopiderm/Dermowas; T-70/17, BeckRS 2018, 23012 Rn. 138 – NorthSeaGrid/nationalgrid). Des Weiteren schließt der Grundsatz, dass der Verbraucher Marken regelmäßig als Ganzes wahrnimmt, es nicht aus, dass der Gesamteindruck, den eine Marke im Gedächtnis der angesprochenen Verkehrskreise hervorruft, durch einen oder mehrere ihrer Bestandteile **geprägt** werden kann (EuGH C-182/14 P, GRUR Int 2015, 463 Rn. 32 – MEGA Brands International/HABM; C-20/14, BeckRS 2015, 81459 Rn. 36 f. – BGW; C-120/04, GRUR 2005, 1042 Rn. 29 – THOMSON LIFE; zur Prägetheorie des BGH → MarkenG § 14 Rn. 445 ff.).

99   **Allein** auf den prägenden bzw. dominierenden Bestandteil kommt es für die Beurteilung der Markenähnlichkeit **aber nur** dann an, wenn alle anderen Markenbestandteile im Gesamteindruck der Marke zu vernachlässigen sind (EuGH C-182/14 P, GRUR Int 2015, 463 Rn. 38 – MEGA Brands International/HABM; C-20/14, BeckRS 2015, 81459 Rn. 37 – BGW; C-334/05 P, GRUR 2007, 700 Rn. 42 – HABM/Shaker; EuG T-622/19, GRUR-RS 2020, 34178 Rn. 27 – JC JEAN CALL Champagne PRESTIGE). Bei der Prüfung, ob diese Voraussetzung erfüllt ist, sind ua die Eigenschaften jedes einzelnen Bestandteils mit den Eigenschaften der anderen Bestandteile zu vergleichen und ist auch die relative Position des Bestandteils in der Gesamtgestaltung der Marke zu berücksichtigen (EuG T-341/13 RENV, BeckRS 2017, 120532 Rn. 40 – Groupe Léa Nature/EUIPO; T-258/16, BeckRS 2017, 112358 Rn. 33 mwN – GINRAW/RAW).

Der BGH stellt bei der Beurteilung der Prägung des Gesamteindrucks vor allem auf die **Unter-** **100**
scheidungskraft der einzelnen Markenbestandteile ab (→ MarkenG § 14 Rn. 453). Dem vergleichbar geht das EuG davon aus, ein beschreibender oder kennzeichnungsschwacher Bestandteil
bilde im Allgemeinen nicht das unterscheidungskräftige und dominierende Element einer Marke
(EuG T-35/21, GRUR-RS 2022, 5770 Rn. 44 – ALLNUTRITION DESIGNED FOR MOTI-
VATION/ALLMAX NUTRITION; T-359/16, BeckRS 2017, 115939 Rn. 52 – TestBild/test;
T-258/16, BeckRS 2017, 112358 Rn. 43 – GINRAW/RAW). Ein Bestandteil ist als beschreibend
einzustufen, wenn er einen hinreichend direkten und konkreten Zusammenhang mit den in
Frage stehenden Waren oder Dienstleistungen aufweist, der es den betroffenen Verkehrskreisen
ermöglicht, sofort und ohne weiteres Nachdenken eine Beschreibung eines der Merkmale der
fraglichen Waren oder Dienstleistungen wahrzunehmen (EuG T-693/19, GRUR-RS 2021, 3753
Rn. 146 – KERRYMAID/Kerrygold; T-527/18, BeckRS 2019, 31766 Rn. 75 – tec.nicum/
TECNIUM; T-258/16, BeckRS 2017, 112358 Rn. 43 – GINRAW/RAW; vgl. auch T-234/
06, BeckRS 2009, 71298 Rn. 25 – CANNABIS). Ein Bestandteil ist regelmäßig etwa dann als
kennzeichnungsschwach einzustufen, wenn es sich um einen anpreisenden Begriff handelt (EuG
T-35/21, GRUR-RS 2022, 5770 Rn. 42 – ALLNUTRITION DESIGNED FOR MOTIVA-
TION/ALLMAX NUTRITION; T-195/14, Rn. 42 – PRIMA KLIMA/PRIMAGAZ). Für die
Annahme einer verringerten Kennzeichnungskraft kommt es auf die tatsächliche Verwendung des
Bestandteils im Markt an, nicht hingegen auf Eintragungen des Bestandteils im Register oder in
Datenbanken (EuG T-288/18, BeckRS 2019, 22498 Rn. 47 mwN – NATURE'S VARIETY
INSTINCT/Natural Instinct; T-54/18, BeckRS 2019, 14213 Rn. 93 ff. – Fashion Energy/
EUIPO). Der bloße Umstand, dass es sich bei einem Bestandteil zugleich um ein Unternehmens-
kennzeichen (etwa die Firma des Markeninhabers) handelt, begründet keine verringerte Unterscheidungskraft dieses Bestandteils (EuG T-756/20, GRUR-RS 2021, 33799 Rn. 46 ff. – VDL
E-POWERED/e-POWER). Davon abgesehen genügt es nach der Rechtsprechung des EuGH
für die Prägung des Gesamteindrucks, wenn sich der fragliche Markenbestandteil unabhängig von
seiner Kennzeichnungskraft durch seine **Position** in der Marke **oder** seine **Größe** der Wahrnehmung des Verbrauchers aufdrängen und ins Gedächtnis einprägen kann (EuGH C-20/14, BeckRS
2015, 81459 Rn. 40 – BGW; EuG T-359/20, GRUR-RS 2021, 36754 Rn. 73 – Team Beverage/
TEAM). **Nicht bei der Beurteilung des Gesamteindrucks zu berücksichtigen** ist dem
EuGH zufolge eine etwaige **Bekanntheit der älteren Marke** (EuGH C-115/19 P, GRUR-RS
2020, 11938 Rn. 56 ff. – CCB/CB). Dies vermag nicht zu überzeugen. Vielmehr verdient die
Rechtsprechung des BGH Zustimmung, wonach der Verkehr ein gestärktes älteres Zeichen auch
dann wahrnimmt, wenn es ihm als Bestandteil eines jüngeren Kombinationszeichens begegnet
(BGH GRUR 2007, 888 Rn. 24 – Euro Telekom; 2013, 833 Rn. 48 – Culinaria/Villa Culinaria).
Denn dem Verkehr bleibt ein bekanntes Zeichen in Erinnerung, sodass er es deshalb eher in einer
anderen Kennzeichnung wiederzuerkennen glaubt (BGH GRUR 2006, 859 Rn. 31 – Malteserkreuz).

Aus den vorstehenden Grundsätzen folgt jedoch nicht, dass teilweise übereinstimmende Marken **101**
nur ähnlich sein können, wenn die übereinstimmenden Bestandteile den von den Marken hervorgerufenen Gesamteindruck prägen bzw. dominieren (EuGH C-505/17 P, BeckRS 2019, 2443
Rn. 46 f. – SO'BiO ētic/SO...?). Vielmehr kommt eine Ähnlichkeit nach der Rechtsprechung
des EuGH ebenfalls in Betracht, wenn die betreffenden Elemente für den Gesamteindruck der
Marken **hinreichend großes Gewicht** haben (EuGH C-327/11 P, BeckRS 2012, 81832
Rn. 58 ff. – U.S. POLO ASSN.) bzw. nicht zu vernachlässigen sind (EuGH C-254/09 P, GRUR
2010, 1098 Rn. 56 – Calvin Klein/HABM). Gebilligt hat der EuGH die Annahme einer gewissen,
Verwechslungsgefahr begründenden Markenähnlichkeit so zum Beispiel in einem Fall, in dem die
angegriffene Marke mit dem zweiten Wortbestandteil der älteren Marke nahezu identisch war,
das EuG die beiden Wortbestandteile der älteren Marke aber als gleichermaßen unterscheidungskräftig und dominierend eingestuft hatte (EuGH C-204/10 P, BeckEuRS 2010, 561848 Rn. 24 f. –
ENERCON/TRANSFORMERS ENERGON).

Nach der EuGH-Rechtsprechung kann aber der dominierende Charakter eines Markenbe- **102**
standteils nicht festgestellt werden, ohne die **Eigenschaften etwaiger weiterer Bestandteile**
der Marke und deren Bedeutung für den Gesamteindruck zu prüfen (EuGH C-182/14 P, GRUR
Int 2015, 463 Rn. 39 ff. – MEGA Brands International).

bb) Übereinstimmung in nicht unterscheidungskräftigen Bestandteilen. Stimmen die **103**
Zeichen lediglich in einem schwach unterscheidungskräftigen oder beschreibenden Bestandteil
überein, genügt das nach der Rechtsprechung des EuGH **„häufig nicht"**, um Verwechslungsgefahr festzustellen (EuGH C-705/17, GRUR 2020, 52 Rn. 55 – PRV/Hansson; C-702/18 P,

GRUR-RS 2020, 12960 Rn. 53 – PRIMA/PRIMART). Anders als nach herrschender deutscher Auffassung (→ MarkenG § 14 Rn. 405 ff., → MarkenG § 14 Rn. 458) ist die Annahme von **Markenähnlichkeit** und Verwechslungsgefahr dem EuGH zufolge **aber dennoch möglich,** und zwar auch dann, wenn zwei Marken ausschließlich in einem glatt beschreibenden Element übereinstimmen. Beschreibende und damit als solche an sich schutzunfähige Markenelemente können nach Ansicht des EuGH den von einer Marke ausgehenden Gesamteindruck **sogar dominieren** (vgl. zB EuGH C-182/14 P, GRUR Int 2015, 463 Rn. 34 – MEGA Brands International/HABM, wo der EuGH darauf hinweist, dass es der Anerkennung eines Wortbestandteils als dominierendes Element im Rahmen der Beurteilung der Ähnlichkeit einander gegenüberstehender Zeichen nicht entgegenstehe, wenn er als rein beschreibend anzusehen ist; s. auch EuG T-44/19, GRUR-RS 2020, 3672 Rn. 102 – Touring Club/TOURING CLUB ITALIANO; T-359/16, BeckRS 2017, 115939 Rn. 55 – TestBild/test). Dabei ist allerdings zu beachten, dass das EuG die Ansicht vertreten hat, diese Rechtsprechung gelte nicht für beschreibende **Bildelemente** (EuG T-262/16, BeckRS 2017, 138821 Rn. 35 – GLOBO MEDIA).

104   Die Auffassung, aus einer Übereinstimmung zweier Marken in einem schutzunfähigen Bestandteil könne keine Zeichenähnlichkeit folgen, weist der EuGH regelmäßig pauschal mit der folgenden Begründung zurück: Der Kennzeichnungskraft der älteren Marke könne beim Markenvergleich **keine die Ähnlichkeit ausschließende Bedeutung** zukommen, da es sich nicht um einen Faktor handele, der den Eindruck beeinflusse, welchen der Verbraucher von der Ähnlichkeit der Marken habe (EuGH C-42/12 P, BeckRS 2012, 82678 Rn. 57 – ALPINE PRO SPORTSWEAR & EQUIPMENT/alpine; C-235/05 P, BeckRS 2009, 71218 Rn. 41 f. – L'Oréal/HABM; s. auch EuG T-492/08, BeckRS 2010, 90568 Rn. 56–58 – star foods/STAR SNACKS).

105   Der Umstand, dass sich die Ähnlichkeit der Marken auf einen schutzunfähigen Bestandteil beschränkt, begründet dem EuGH zufolge **auch keinen Ausschluss der Verwechslungsgefahr.** Der EuGH führt insoweit aus, dass die Kennzeichnungskraft der älteren Marke zwar bei der Beurteilung der Verwechslungsgefahr zu berücksichtigen sei, aber nur einen der bei dieser Beurteilung zu berücksichtigenden Faktoren darstelle (EuGH C-42/12 P, BeckRS 2012, 82678 Rn. 61 – ALPINE PRO SPORTSWEAR & EQUIPMENT/alpine). Würde man eine Verwechslungsgefahr in derartigen Fällen ablehnen, laufe dies darauf hinaus, den Faktor der Zeichenähnlichkeit zugunsten des Faktors, der auf der Kennzeichnungskraft der älteren Marke beruhe, zu neutralisieren, womit letzterem eine übermäßige Bedeutung eingeräumt würde (EuGH C-43/15 P, GRUR-RS 2016, 82618 Rn. 64 – compressor technology/KOMPRESSOR PLUS; EuG T-492/08, BeckRS 2010, 90568 Rn. 57 – star foods/STAR SNACKS). Dies hätte nach Auffassung des EuGH zur Folge, dass eine Verwechslungsgefahr bei älteren Marken mit schwacher Kennzeichnungskraft nur dann gegeben wäre, wenn diese durch die Markenanmeldung vollständig reproduziert würden, und zwar unabhängig vom Grad der zwischen den Zeichen bestehenden Ähnlichkeit (EuGH C-42/12 P, BeckRS 2012, 82678 Rn. 62 – ALPINE PRO SPORTSWEAR & EQUIPMENT/alpine; C-171/06 P, BeckRS 2007, 70219 Rn. 41 – T.I.M.E. ART/HABM; C-235/05 P, BeckRS 2009, 71218 Rn. 45 – L'Oréal/HABM). Ein solches Ergebnis sei aber nicht mit dem Wesen der umfassenden Beurteilung vereinbar, welche die zuständigen Behörden nach Abs. 1 lit. b vorzunehmen hätten (EuGH C-42/12 P, BeckRS 2012, 82678 Rn. 62 – ALPINE PRO SPORTSWEAR & EQUIPMENT/alpine; C-171/06 P, BeckRS 2007, 70219 Rn. 41 – T.I.M.E. ART/HABM). Der EuGH hat allerdings festgehalten, dass die Übereinstimmung in einem schwachen bzw. beschreibenden Element **häufig** dazu führen werde, dass **keine Verwechslungsgefahr** festgestellt werden könne (EuGH C-705/17, GRUR 2020, 52 Rn. 55 – PRV/Hansson).

105.1   Im Einklang damit hat der EuGH auch die Feststellungen des EuG gebilligt, mit welchen es die Entscheidung der Beschwerdekammer des EUIPO über den Widerspruch aus der **Marke „fon" gegen die Unionsmarkenanmeldung „nfon"** abgeändert, die Beschwerde zurückgewiesen und damit im Ergebnis dem Widerspruch stattgegeben hat: Das EuG meinte, die Beschwerdekammer habe sich zur Begründung ihrer Entscheidung nicht auf die geringe Kennzeichnungskraft der älteren Marke stützen dürfen, um eine Verwechslungsgefahr auszuschließen, und habe zu Unrecht die Auffassung vertreten, dass die Übereinstimmung, die sich aus dem Vorhandensein des gemeinsamen Bestandteils „fon" in den fraglichen Zeichen ergebe, keinen Gesichtspunkt darstelle, der es verdiente, Berücksichtigung zu finden (EuGH C-193/13, BeckRS 2014, 80268 Rn. 15, 26 ff. – nfon/fon).

106   Wird eine ältere nationale Marke in ein jüngeres Zeichen übernommen, kann Zeichenähnlichkeit dem EuGH zufolge auch nicht mit dem Argument verneint werden, die ältere Marke werde in dem jüngeren Zeichen nicht als unterscheidungskräftiger, sondern nur als beschreibender Bestandteil wahrgenommen (EuGH C-196/11 P, GRUR 2012, 825 Rn. 42 ff. – F1-Live; s. auch EuG T-152/18, BeckRS 2019, 7944 Rn. 37 ff. – MULTIPLUS). Bei der Prüfung, wie die maßgeblichen Verkehrskreise ein mit der älteren Marke identisches Zeichen (besser gesagt: Element) in der jüngeren Unionsmarke auffassen, sei zwar der Grad der Kennzeichnungskraft der älteren Marke zu bestimmen. Dies dürfe jedoch nicht zu der Feststellung führen, dem Element in dem jüngeren Zeichen, das mit der älteren Marke identisch ist, fehle die Unterscheidungskraft. Zur Begründung beruft sich der EuGH darauf, dass die **Gültigkeit nationaler Marken** in einem Verfahren vor dem EUIPO nicht in Frage gestellt werden könne und daher einer nationalen Marke, die einer Unionsmarke entgegengehalten wird, ein gewisser Grad an Unterscheidungskraft zuerkannt werden müsse (EuGH C-196/11 P, GRUR 2012, 825 Rn. 42 ff. – F1-Live; C-43/15 P, GRUR-RS 2016, 82618 Rn. 65 ff. – compressor technology/KOMPRESSOR PLUS). Handele es sich bei der älteren Marke um eine beschreibende – also zu Unrecht eingetragene – Angabe, sei dem nicht bei der Prüfung der Verwechslungsgefahr abzuhelfen, sondern durch ein im betreffenden Mitgliedstaat angestrengtes Nichtigkeitsverfahren wegen absoluter Eintragungshindernisse (EuGH C-43/15 P, GRUR-RS 2016, 82618 Rn. 68 – compressor technology/KOMPRESSOR PLUS). Dieser Verweis auf das Nichtigkeitsverfahren hilft freilich dann nicht weiter, wenn die ältere Marke nicht das schutzunfähige Zeichen/Element selbst zum Gegenstand hat, sondern ein davon abgewandeltes schutzfähiges Zeichen.

Ob diese Rechtsprechung auch für **ältere Unionsmarken** gilt, wurde vom EuGH – soweit ersichtlich – bislang nicht entschieden. Aufgrund der auch insoweit bestehenden Bindung an die Eintragung ist davon jedoch auszugehen (so auch EuG T-103/16, GRUR-RS 2017, 124375 Rn. 52 – Alpenschmaus/ALPEN; T-71/17, BeckRS 2018, 13077 Rn. 56 – FRANCE.COM/france; vgl. auch EuGH C-43/15 P, GRUR-RS 2016, 82618 Rn. 66 – compressor technology/KOMPRESSOR PLUS, wo der Gerichtshof auf die Bindung „insbesondere" im Falle älterer nationale Marken verweist). **107**

Konsequenterweise hat der EuGH es abgelehnt, seine Grundsätze zur fehlenden Unterscheidungskraft von Wortkombinationen mit **Buchstabenkürzeln** im Rahmen der Prüfung absoluter Schutzhindernisse (s. EuGH C-90/11 und C-91/11, GRUR 2012, 616 – Strigl/DPMA und Securvita/Öko-Invest, betreffend die Wortmarkenanmeldungen „Multi Markets Fund MMF" und „NAI – Der Natur-Aktien-Index") auf die Beurteilung der Verwechslungsgefahr zu übertragen (EuGH C-20/14, BeckRS 2015, 81459 Rn. 32 ff. – BGW; s. auch EuG T-497/18, GRUR-RS 2019, 22780 Rn. 63 ff. – IAK/IAK – Institut für angewandte Kreativität). Ein Buchstabenkürzel kann daher ein aus diesem Kürzel und seiner Erläuterung bestehendes Zeichen prägen, obwohl dem Zeichen nach Auffassung des EuGH die Unterscheidungskraft fehlt und das Buchstabenkürzel in dem Zeichen lediglich akzessorische Bedeutung hat (EuGH C-20/14, BeckRS 2015, 81459 Rn. 44 – BGW). **108**

Anders als in den vorstehenden Fällen hat das **EuG** zB in der Sache „TPG POST" eine **Verwechslungsgefahr verneint** (EuG T-102/14, GRUR-RS 2015, 80643 Rn. 45 ff. – TPG POST). Dem Verfahren lag ein Widerspruch aus der in Deutschland verkehrsdurchgesetzten Marke „POST" gegen die Unionsmarkenanmeldung „TPG POST" zugrunde. Das EuG lehnte eine Zeichenähnlichkeit mit der Begründung ab, das Wort „POST" werde in der zusammengesetzten Unionsmarkenanmeldung anders wahrgenommen als in Alleinstellung. Dies gelte – insoweit unterscheidet sich der Fall maßgeblich von der Sache F1-Live – insbesondere dann, wenn der älteren Marke in der zusammengesetzten Marke ein unterscheidungskräftigerer Hinweis auf ein bestimmtes anderes Unternehmen vorausgehe und entsprechend gestaltete Marken verschiedener Unternehmen branchenüblich seien. Das Element „POST" präge das Zeichen „TPG POST" daher nicht. Eine selbstständig kennzeichnende Stellung (dazu sogleich) des Wortes „POST" scheitere an dessen allenfalls geringer Kennzeichnungskraft und der von den Begriffen „TPG" und „POST" gebildeten „logischen Einheit". Sogar im Falle der Unionsmarkenanmeldung „PostModern" hat das EuG eine prägende Stellung der älteren Marke „POST" abgelehnt, wobei maßgeblich gewesen sein dürfte, dass es sich bei der angegriffenen Anmeldung in den Augen des EuG um ein Wortspiel handelt (EuG T-13/15, GRUR-RS 2017, 114371 Rn. 40 – PostModern). **109**

Weil sich die **Praxis der Markenämter** in der EU zur Berücksichtigung nicht oder nur geringfügig unterscheidungskräftiger Elemente sehr unterschiedlich darstellte, wurde mit dem **Konvergenzprogramm CP5** (abrufbar unter https://www.tmdn.org/network/converging-practices, zuletzt abgerufen am 5.10.2022; ausführlich → Art. 152 Rn. 15 ff.) der Versuch unternommen, eine Vereinheitlichung herbeizuführen. Nach der in jenem Programm entwickelten gemeinsamen Praxis hat die bloße Übereinstimmung zweier Marken in nicht unterscheidungskräftigen Elementen keine Verwechslungsgefahr zur Folge. Jedoch kann Verwechslungsgefahr vorliegen, wenn darüber hinaus weitere Bestandteile identisch sind oder sich ähneln. Diese Grundsätze erkennt das **EUIPO** ausdrücklich an (EUIPO Richtlinien Teil C 2.7.6). **110**

111   **cc) Selbstständig kennzeichnende Stellung.** Ausgehend von dem Erfahrungssatz, dass der Durchschnittsverbraucher eine Marke als Ganzes wahrnimmt, setzt die Verwechslungsgefahr grundsätzlich eine Ähnlichkeit im Gesamteindruck voraus. Von diesem Grundsatz wird eine Ausnahme gemacht, wenn die ältere Marke in der jüngeren Marke eine selbstständig kennzeichnende Stellung einnimmt. Dies kommt insbesondere unter den folgenden Umständen in Betracht, die der EuGH erstmals in der Leitentscheidung „THOMSON LIFE" festgehalten hat: Die ältere Marke wird von einem Dritten in einem zusammengesetzten Zeichen verwendet und dieses zusammengesetzte Zeichen **enthält neben der älteren Marke die Unternehmensbezeichnung** des Dritten, sodass die ältere Marke in dem zusammengesetzten Zeichen eine selbstständig kennzeichnende Stellung behält, ohne dessen dominierenden Bestandteil zu bilden (EuGH C-120/04, GRUR 2005, 1042 Rn. 30 – THOMSON LIFE; C-23/09 P, BeckEuRS 2010, 516466 Rn. 45 – ecoblue; C-591/12 P, GRUR-RS 2014, 80831 Rn. 24 – BIMBO DOUGHNUTS/DOGHNUTS; vgl. auch bereits zuvor EuG T-43/05 Rn. 61 ff. – BROTHERS by CAMPER/BROTHERS; vgl. auch EuGH C-328/18 P, GRUR 2020, 640 Rn. 93, 95 – BLACK LABEL BY EQUIVALENZA, wobei der EuGH dort nicht auf das Institut der selbstständig kennzeichnenden Stellung abstellt, der Unternehmensbezeichnung „EQUIVALENZA" aber eine „sekundäre Rolle" attestiert). In einem solchen Fall kann trotz Unähnlichkeit der Marken als Ganzes eine Verwechslungsgefahr dahingehend bestehen, dass das Publikum glaubt, die betreffenden Waren bzw. Dienstleistungen stammten aus demselben oder aus wirtschaftlich miteinander verbundenen Unternehmen. Würde die Feststellung von Verwechslungsgefahr in solchen Fällen von der Voraussetzung abhängig gemacht, dass der von dem zusammengesetzten Zeichen hervorgerufene Gesamteindruck von dem Teil des Zeichens dominiert wird, das der älteren Marke entspricht, würde der Inhaber der älteren Marke seiner ausschließlichen Rechte beraubt (EuGH C-120/04, GRUR 2005, 1042 Rn. 31 ff. – THOMSON LIFE; zur selbstständig kennzeichnenden Stellung in der Rechtsprechung des BGH → MarkenG § 14 Rn. 477 ff.).

112   Als **weiteres Beispiel** für den Anwendungsbereich des vorstehenden Grundsatzes nennt der EuGH den Fall, dass der Inhaber einer **bekannten Marke** ein zusammengesetztes Zeichen benutzt, das neben seiner bekannten Marke die nicht bekannte Marke eines Dritten enthält, welche älter als das zusammengesetzte Zeichen ist (EuGH C-120/04, GRUR 2005, 1042 Rn. 34 – THOMSON LIFE; vgl. auch BGH GRUR 2008, 258 – INTERCONNECT/T-InterConnect, betr. die Kombination der älteren Marke mit einem bekannten Unternehmens- und Serienkennzeichen).

113   Außerhalb dieser Fallgruppen ist die Feststellung, ob ein Markenbestandteil eine selbstständig kennzeichnende Stellung einnimmt, auf der Grundlage einer Prüfung aller relevanten **Faktoren des Einzelfalls** zu treffen (EuGH C-51/09 P, GRUR 2010, 933 Rn. 38 – Barbara Becker). So kann zum Beispiel nicht davon ausgegangen werden, dass in einer aus Vor- und Nachnamen bestehenden Marke der Nachname eine selbstständig kennzeichnende Stellung besitzt, nur weil er als Nachname wahrgenommen wird (zu den ggf. zu berücksichtigen Kriterien → Rn. 114). Hingegen hat das EuG in einem Fall im Modebereich einem Zweit-Bestandteil eine selbstständig kennzeichnende Stellung zuerkannt, da dieser Bestandteil als eine Designer-Angabe bzw. Hausmarke und der davorstehende Bestandteil als Titel einer bestimmten Produktlinie wahrgenommen werde (EuG T-359/15, BeckRS 2016, 82340 Rn. 46 – Roméo has a Gun by Romano Ricci/RICCI). Allein die **schwache Kennzeichnungskraft** eines Markenbestandteils schließt nicht aus, dass dieser in der zusammengesetzten, jüngeren Marke eine selbstständig kennzeichnende Stellung einnimmt, da er sich insbesondere durch seine Position oder durch seine Größe der Wahrnehmung des Verbrauchers aufdrängen und in sein Gedächtnis einprägen kann (EuGH C-20/14, BeckRS 2015, 81459 Rn. 40 – BGW; EuG T-359/20, GRUR-RS 2021, 36754 Rn. 117 – Team Beverage/TEAM; zumindest zu pauschal daher EuG T-756/20, GRUR-RS 2021, 33799 Rn. 52 f. – VDL E-POWERED/e-POWER). Daraus folgt allerdings nicht, dass ein schwacher Bestandteil umgekehrt nur dann eine selbstständig kennzeichnende Stellung besitzt, wenn er sich durch seine Position oder durch seine Größe der Wahrnehmung des Verbrauchers aufdrängt (so aber EuG T-429/20, GRUR-RS 2021, 30770 Rn. 83 – Sedus ergo+/ERGOPLUS). Bildet ein Markenbestandteil mit den anderen Bestandteilen der Kombinationsmarke in der Gesamtbetrachtung eine **Einheit,** die einen anderen Sinn als die einzelnen Bestandteile hat, scheidet eine selbstständig kennzeichnende Stellung aus (EuGH C-591/12 P, GRUR-RS 2014, 80831 Rn. 25 – BIMBO DOUGHNUTS/DOGHNUTS; C-20/14, BeckRS 2015, 81459 Rn. 39 – BGW; EuG T-40/19, GRUR-RS 2019, 41005 Rn. 51 – THE ONLY ONE by α alpha spirit/ONE; T-350/13, BeckRS 2017, 131493 Rn. 34 ff. – BADTORO/TORO). Nicht abschließend geklärt ist die Frage, ob auch ein Bestandteil, der mit der älteren Marke nicht identisch, sondern dieser **nur ähnlich** ist, eine kollisionsbegründende selbstständig kennzeichnende Stellung innehaben kann.

Dafür spricht, dass der EuGH bereits in einem Fall die Annahme einer solchen Stellung für einen Bestandteil bestätigt hat, der der älteren Marke nur hochgradig ähnlich war (EuGH C-591/12 P, GRUR-RS 2014, 80831 Rn. 24 – BIMBO DOUGHNUTS/DOGHNUTS). Auch der BGH geht davon aus, dass ein Bestandteil, der nur eine Ähnlichkeit mit der älteren Marke aufweist, selbstständig kennzeichnend sein kann (BGH GRUR 2013, 833 Rn. 45 – Culinaria/Villa Culinaria; GRUR 2006, 859 Rn. 18 – Malteserkreuz). Demgegenüber hat das EuG bereits beide Standpunkte eingenommen. So hat es einerseits in mehreren Fällen einem nur ähnlichen Element eine selbstständig kennzeichnende Stellung zugesprochen (EuG T-54/18, BeckRS 2019, 14213 Rn. 93 ff. – Fashion Energy/EUIPO; T-807/16, BeckRS 2018, 10496 Rn. 78 – N & NF TRADING/NF ENVIRONNEMENT; T376/09 Rn. 34 – Glenton España/HABM; T-5/08 bis T-7/08, GRUR Int 2010, 722 Rn. 60 – Golden Eagle). Andererseits hat es mehrfach – unter Verweis auf den Wortlaut der Entscheidung THOMSON LIFE – angenommen, die ältere Marke müsse in das jüngere Zeichen aufgenommen worden sein, was offenbar eine identische Übernahme der älteren Marke voraussetzen soll (EuG T-628/18, GRUR-RS 2019, 41473 Rn. 40 – fripan VIENNOISERIE CAPRICE Pur Beurre/Caprice; T-349/15, BeckRS 2016, 114770 Rn. 76 – P PRO PLAYER/P, mit zu Recht krit. Anm. Rauscher GRUR-Prax 2017, 145; T-467/11, BeckRS 2014, 80279 Rn. 43 – 360°SONIC ENERGY/SONIC POWER). Die Annahme einer selbstständig kennzeichnenden Stellung setzt nicht voraus, dass die sich gegenüberstehenden Produkte identisch sind (EuG T-591/20, GRUR-RS 2021, 29987 Rn. 29 – UNI-MAX/uni).

j) Namensmarken. Bei der Beurteilung der Zeichenähnlichkeit bzw. Verwechslungsgefahr **114** von Marken, die aus dem Vor- und/oder Nachnamen einer – realen oder fiktiven – Person bestehen, gelten **grundsätzlich keine besonderen Regeln** (EuG T-30/09, BeckRS 2010, 90892 Rn. 76 – peerstorm/PETER STORM). Wie auch sonst sind stets die Gegebenheiten des Einzelfalls zu berücksichtigen und die Marken in ihrem Gesamteindruck zu vergleichen (EuG T-368/20, GRUR-RS 2021, 14306 Rn. 32 – MILEY CYRUS/CYRUS). Setzt sich eine Marke aus Vor- und Nachnamen zusammen, kommt sowohl eine **Prägung** des von der Marke erzeugten Gesamteindrucks durch einen der Namensbestandteile in Betracht als auch die Einnahme einer **selbstständig kennzeichnenden Stellung** durch den Vor- bzw. Nachnamen. Zu den im Einzelfall relevanten Gegebenheiten zählt laut EuGH insbesondere die Frage, ob der Nachname wenig gängig oder sehr verbreitet ist. Dies kann Auswirkungen auf die Unterscheidungskraft des Nachnamens haben (EuGH C-51/09 P, GRUR 2010, 933 Rn. 38 – Barbara Becker; ebenso EuG T-197/16, BeckRS 2019, 9220 Rn. 44 – ANDREA INCONTRI/ANDREIA; T-368/20, GRUR-RS 2021, 14306 Rn. 33 – MILEY CYRUS/CYRUS). Weiterhin ist eine etwaige Prominenz des Namensträgers zu berücksichtigen, welche geeignet ist, die Wahrnehmung der Marke durch die maßgeblichen Verkehrskreise zu beeinflussen (EuGH C-51/09 P, GRUR 2010, 933 Rn. 38 – Barbara Becker; EuG T-368/20, GRUR-RS 2021, 14306 Rn. 33 – MILEY CYRUS/CYRUS).

Zu der Frage, wie sich die **Prominenz** des Namenträgers auf die Wahrnehmung der Marke durch den **114.1** Verkehr seines Erachtens auswirken kann, hat sich der EuGH in der Entscheidung Barbara Becker nicht explizit geäußert (EuGH C-51/09 P, GRUR 2010, 933 – Barbara Becker). Vermag der Verkehr eine prominente Person nur anhand der Kombination ihres **Vor- und Nachnamens** zu identifizieren, spricht einiges gegen eine selbstständig kennzeichnende Stellung der einzelnen Namensbestandteile. Entsprechend erscheint je nach den konkreten Umständen des Einzelfalls sowohl eine Steigerung als auch eine Verringerung der Verwechslungsgefahr möglich. Ausschlaggebend dürfte sein, ob der Verkehr den bloßen Vor- oder Nachnamen einer prominenten Person im Zusammenhang mit den jeweils betroffenen Waren bzw. Dienstleistungen als Hinweis auf die prominente Person versteht oder ob er davon ausgeht, dass sich hinter dem Vor- oder Nachnamen in Alleinstellung eine beliebige andere Person verbirgt.

Nach der Rechtsprechung des EuGH kann man nicht pauschal davon ausgehen, dass der **115** **Nachnamensbestandteil** einer aus Vor- und Nachnamen bestehenden Marke allein deshalb eine prägende oder selbstständig kennzeichnende Stellung besitzt, weil er als Nachname wahrgenommen wird (EuGH C-51/09 P, GRUR 2010, 933 Rn. 38 – Barbara Becker; ebenso BGH GRUR 2005, 513 (514) – MEY/Ella May). Es besteht daher nicht zwangsläufig Verwechslungsgefahr zwischen einer älteren Marke, die aus einem Nachnamen besteht, und einer jüngeren Marke, die aus einem Vornamen und jenem Nachnamen besteht (EuGH C-51/09 P, GRUR 2010, 933 Rn. 39 – Barbara Becker). Bei gängigen Nachnamen sind in Fällen, in denen sich die Hinzufügung des Vornamens auf die Wahrnehmung der zusammengesetzten Marke durch die Verkehrskreise auswirkt, dürfte der Nachname gerade keine prägende oder selbstständig kennzeichnende Stellung innehaben (vgl. EuGH C-51/09 P, GRUR 2010, 933 Rn. 39 – Barbara Becker). Hingegen hat das EuG unter Verweis auf die EuGH-Rechtsprechung eine Verwechslungsgefahr in einem Fall angenommen, in dem der Nachname nicht verbreitet und der hinzugefügte Vorname in der jüngeren Marke gängig war (EuG T-133/09, BeckRS 2012, 81336 Rn. 46 ff., 53 ff. – Antonio Basile/BASILE). Ebenso besteht nicht zwangsläufig Verwechslungsgefahr zwischen einer älteren Marke, die aus einem **Vornamen** besteht, und einer jüngeren Marke, die aus jenem Vornamen und einem Nachnamen besteht (EuG T-268/18, BeckRS 2019, 12397 Rn. 103 – Luciano Sandrone/DON LUCIANO; T-559/13, BeckRS 2016, 81698 Rn. 125 – GIOVANNI GALLI/GIOVANNI).

115.1   In den Richtlinien des EUIPO findet sich eine umfangreiche Kasuistik, die nach den verschiedenen Konstellationen (zB Übereinstimmung nur im Vornamen oder nur im Nachnamen) gegliedert ist (EUIPO Richtlinien Teil C 2.7.7.2).

116   **k) Abstrakte Farbmarken.** Ebenso wie bei sonstigen Zeichen kommt es beim Vergleich von bzw. mit abstrakten Farbmarken auf den Gesamteindruck an, den die einander gegenüberstehenden Marken hervorrufen. Aufgrund ihrer im Allgemeinen geringen Kennzeichnungskraft verfügen Farbmarken allerdings regelmäßig nur über einen **geringen Schutzumfang.**

117   Zwar sollten die Anforderungen an die Ähnlichkeit von Farbmarken untereinander bzw. Farbmarken mit Farbbestandteilen mehrteiliger Marken nicht allzu hoch sein, da die Verbraucher geringe Unterschiede in Farbtönen kaum feststellen können (EuGH C-104/01, GRUR 2003, 604 Rn. 47 – Libertel). Dennoch waren die Inhaber abstrakter Farbkombinationsmarken vor dem EUIPO bisher offenbar glücklos (vgl. EUIPO BK R 755/2009-4 – Gelb/Grün; R 628/2008-4 – Blau/Silber gegen Bildmarke in Blau und Silber). So heißt es in den Richtlinien des EUIPO denn auch, das Amt berücksichtige das Allgemeininteresse, die Verfügbarkeit der Farben für andere Wirtschaftsteilnehmer nicht ungerechtfertigt zu beschränken, sodass sich der Schutzumfang auf **identische oder nahezu identische** Farben bzw. Farbkombinationen beschränke (EUIPO Richtlinien Teil C 2.7.7.3).

5. Umfassende Beurteilung der Verwechslungsgefahr

118   Ist eine – zumindest gewisse – Ähnlichkeit sowohl der Marken als auch der Waren und Dienstleistungen festgestellt, hat eine umfassende Beurteilung der Verwechslungsgefahr zu erfolgen. Dabei sind insbesondere folgende **Kriterien** zu berücksichtigen: der Grad der Produkt- und Markenähnlichkeit, die Kennzeichnungskraft der älteren Marke (→ Rn. 54), der Umstand, dass eine Markenfamilie vorliegt (→ Rn. 122), der Grad der Aufmerksamkeit der relevanten Verkehrskreise (→ Rn. 47) und ggf. andere branchenspezifische Gesichtspunkte (→ Rn. 53), etwaige Nachweise tatsächlicher Verwechslungen (→ Rn. 130), die Entscheidungspraxis sowie eine etwaige friedliche Koexistenz der Marken in dem relevanten Gebiet (→ Rn. 135). Dabei wird häufig nicht streng zwischen unmittelbarer Verwechslungsgefahr und Verwechslungsgefahr durch gedankliches Inverbindungbringen getrennt. Im Rahmen der Gesamtabwägung – nicht schon im Rahmen des vorgelagerten Zeichenvergleichs – sind auch die **Vertriebs- bzw. Vermarktungsbedingungen** der in Rede stehenden Produkte zu berücksichtigen (EuGH C-328/18 P, GRUR 2020, 640 Rn. 70 – BLACK LABEL BY EQUIVALENZA). Diese können etwa zu einer unterschiedlichen Gewichtung der Ähnlichkeit der Marken in den drei Kategorien führen, zB weil es sich bei den in Rede stehenden Waren um gängige Konsumartikel handelt, die „auf Sicht" gekauft werden (ausführlich → Rn. 91 ff.). Für die Annahme von Verwechslungsgefahr ist es nicht erforderlich, dass eine solche unter allen angesprochenen Verbrauchern besteht. Vielmehr genügt eine Verwechslungsgefahr in einem nicht zu vernachlässigenden Teil des angesprochenen Verkehrs (EuG T-333/20, GRUR-RS 2022, 3171 Rn. 102 – IALO TSP/HYALO; T-403/16, BeckRS 2017, 132082 Rn. 49 f. – Immunostad/ImmunoStim).

119   Was häufig ebenfalls seitens der Anmelder in Widerspruchsverfahren vorgetragen, aber **regelmäßig nicht berücksichtigt** wird, sind die Bekanntheit der angemeldeten Marke, ein etwa eingeschränktes Zielpublikum derselben, die Existenz eigener älterer Rechte des Anmelders oder andere vertragliche oder gesetzliche Hindernisse, die einer Durchsetzung der Markenrechte des Widersprechenden entgegenstehen könnten (→ Rn. 139 ff.).

120   Widersprechende weisen häufig auch auf angebliche unlautere **Absichten** des Anmelders hin, die ebenfalls in aller Regel irrelevant sind (→ Rn. 146 f.).

121   Die Kriterien der Verwechslungsgefahr stehen in einer **Wechselwirkung** zueinander (zur Handhabung in der deutschen Rechtsprechung → MarkenG § 14 Rn. 276). So kann ein höherer Grad eines Faktors einen niedrigeren Grad eines anderen Faktors ausgleichen, jedoch nicht das völlige Fehlen einer der Komponenten (EuGH C-39/97, GRUR 1998, 922 Rn. 17 ff. – Canon; C-234/06 P, GRUR 2008, 343 Rn. 48 – Il Ponte Finanziaria Spa/HABM; C-398/07 P, GRUR

Int 2009, 911 Rn. 34 – Waterford Stellenbosch; C-254/09 P, GRUR 2010, 1098 Rn. 53 – Calvin Klein/HABM). Die **Faustregel des EUIPO** lautet, dass von einer Verwechslungsgefahr auszugehen ist, wenn die Ähnlichkeit der Produkte, die Ähnlichkeit der Zeichen, der Aufmerksamkeitsgrad des Verkehrs und die Kennzeichnungskraft der älteren Marke **durchschnittlich** sind (EUIPO Richtlinien Teil C 2.7.2). In der EuGH-Rechtsprechung findet sich eine solche Faustregel nicht. Vielmehr hat der EuGH nicht nur der automatischen Annahme einer Verwechslungsgefahr, sondern auch der Annahme, dass eine Vermutung für die Verwechslungsgefahr streitet, wenn bestimmte abstrakte Bedingungen erfüllt sind, eine Absage erteilt. Konkret ging es dort um folgende Faktoren: durchschnittliche Kennzeichnungskraft der älteren Marke, durchschnittlicher Aufmerksamkeitsgrad des Verkehrs, Identität der sich gegenüberstehenden Waren und geringe Ähnlichkeit der zu vergleichenden Zeichen (EuGH C-182/16 P, BeckRS 2017, 120067 Rn. 23 ff. – Meica Ammerländische Fleischwarenfabrik/EUIPO). Umgekehrt darf eine umfassende Prüfung unter Berücksichtigung der Wechselwirkung nicht deshalb unterbleiben, weil die ältere Marke nur über geringe Kennzeichnungskraft verfügt und die Ähnlichkeit der Marken gering ist (EuGH C-766/18 P, GRUR-RS 2020, 2800 Rn. 80 ff. – BBQLOUMI/HALLOUMI).

a) Markenfamilie (Serienmarken). Die Verwechslungsgefahr iSd Art. 8 Abs. 1 lit. b umfasst **122** nicht nur die Gefahr unmittelbarer Verwechslungen, sondern auch Fälle, in denen der Verkehr die sich gegenüberstehenden Marken **gedanklich in Verbindung** bringt, weil diese in einem ihrer Bestandteile übereinstimmen und infolgedessen als Teil einer Markenfamilie oder als Serienmarken angesehen werden können (EuGH C-317/10 P, GRUR 2011, 915 Rn. 54 – UNI; C-234/06 P, GRUR 2008, 343 Rn. 62 – Il Ponte Finanziaria Spa/HABM; vgl. auch EUIPO Richtlinien, Teil C 2.6.2).

Das Vorliegen einer Markenfamilie ist nach der Rechtsprechung bei der **umfassenden Beur-** **123** **teilung der Verwechslungsgefahr** zu berücksichtigen, nämlich bei der Prüfung, ob der Verkehr die Marken gedanklich in Verbindung bringt (EuG T-369/20, GRUR-RS 2021, 39491 Rn. 41 ff. – CEFA Certified European Financial Analyst/CFA; T301/12, BeckRS 2012, 82217 Rn. 21 – CITIGATE). Im Rahmen der Prüfung der Zeichenähnlichkeit soll die Markenfamilie nur eine untergeordnete Rolle spielen, weil eine gewisse Ähnlichkeit der Marken Voraussetzung dafür sei, dass eine Markenfamilie oder -serie überhaupt in Betracht kommt (EuGH C-552/09, GRUR Int 2011, 500 Rn. 97 ff. – TiMi KiNDERJOGHURT).

Im deutschen Recht ist der Begriff der „Serienmarke" üblich. Dieser Begriff bezeichnet allerdings **123.1** im englischen Recht etwas ganz anderes (nämlich die Verbindung mehrerer ähnlicher Marken in einer Anmeldung), weshalb auf EU-Ebene primär von Markenfamilie (family of marks) gesprochen wird.

Die Verwechslungsgefahr ergibt sich in solchen Fällen daraus, dass sich der Verbraucher hinsicht- **124** lich der Herkunft oder des Ursprungs der von der Markenanmeldung erfassten Waren oder Dienstleistungen irren und zu Unrecht annehmen kann, die Markenanmeldung gehöre zu der **Familie oder Serie von Marken des Widersprechenden** (EuGH C-317/10 P, GRUR 2011, 915 Rn. 54 – UNI; C-234/06 P, GRUR 2008, 343 Rn. 63 – Il Ponte Finanziaria Spa/HABM). Voraussetzung ist allerdings, dass eine gewisse Anzahl von Marken existiert, die eine Markenfamilie bzw. -serie bilden.

Die der Markenfamilie oder -serie angehörenden Marken müssen zudem **auf dem Markt** **125** **präsent** sein. Insoweit hat die Partei, welche die Existenz einer Markenfamilie bzw. -serie geltend macht, die Benutzung jeder einzelnen Marke dieser Markenfamilie bzw. -serie zu beweisen oder zumindest einer Reihe davon (EuG T-284/20, GRUR-RS 2021, 8771 Rn. 125 – HB Harley Benton/HB; T-13/15, GRUR-RS 2017, 114371 Rn. 74 – PostModern; T-63/09, GRUR-RR 2012, 458 Rn. 116 – Swift GTi). Die Frage, wie viele Marken benutzt sein müssen, hat der EuGH der Einzelfallbeurteilung überlassen („genügende Anzahl", vgl. EuGH GRUR 2008, 343 Rn. 65 – Il Ponte Finanziaria Spa/HABM; im Fall CITIGATE genügten sieben benutzte Marken, vgl. EuG T-301/09, BeckRS 2012, 82217). Nach den Richtlinien des **EUIPO** müssen es **mindestens drei** sein (EUIPO Richtlinien, Teil C 2.6.2). Zum Nachweis der Benutzung einer Marke kann sich der Angreifer regelmäßig nicht auf den Benutzungsnachweis berufen, den er für eine andere Marke erbracht hat. Das Argument, die erstgenannte Marke stelle nur eine leichte Abwandlung der letztgenannten Marke dar, verfängt in diesem Kontext nicht. Die Berufung auf die Benutzung einer Marke als Beleg für die Benutzung einer anderen Marke ist, so der EuGH, nämlich dann nicht möglich, wenn der **Nachweis für die Benutzung** einer hinreichenden Zahl von Marken derselben „Familie" erbracht werden soll (EuGH C-553/11, GRUR 2012, 1257 Rn. 29 – PROTI). Werden nicht genügend viele Marken benutzt, um eine Familie oder Serie zu bilden, kann vom Verkehr nicht erwartet werden, dass er in diesen Marken ein gemeinsames Element entdeckt und/oder eine Marke mit dem gleichen Element mit diesen Marken in Verbindung bringt (EuGH C-234/06 P, GRUR 2008, 343 Rn. 64 – Il Ponte Finanziaria Spa/HABM).

125.1   Dass schon die erstmalige Benutzung einer einzigen Marke den Eindruck eines Serienzeichens erwecken kann (BGH GRUR 1998, 927 (928) – COMPO-SANA), gilt nicht mehr (EuGH C-234/06 P, GRUR 2008, 343 Rn. 64 – Il Ponte Finanziaria Spa/HABM). Im Schrifttum waren die Meinungen hierzu ohnehin immer schon gespalten (vgl. Goldmann GRUR 2012, 234 (242); Schmidhuber/Torka WRP 2009, 545 (549)).

126   Die **Marken des Widersprechenden** werden nur dann als Teil einer Familie oder Serie betrachtet, wenn sie über ein **übereinstimmendes Merkmal** verfügen, auch Stammbestandteil oder gemeinsamer Nenner genannt (EuG T-349/19, GRUR-RS 2020, 26586 Rn. 76 – athlon custom sportswear/DECATHLON). Dabei kann es sich etwa um ein vorangestelltes oder angehängtes Wort handeln (EuG T-194/03, GRUR Int 2006, 404 Rn. 123 – BAINBRIDGE). Die nötige Übereinstimmung kann allerdings daran scheitern, dass das als Stammbestandteil in Betracht kommende Element unterschiedlich gestaltet ist.

127   Die **angegriffene Marke** muss nicht nur zu den Marken der Familie ähnlich sein, sondern auch Merkmale aufweisen, die geeignet sind, sie damit **in Verbindung zu bringen** (EuG T-63/09, GRUR-RR 2012, 458 Rn. 116 – Swift GTi). Die Verbindung muss dazu führen, dass das Publikum glaubt, dass auch die angefochtene Marke zu der Familie gehört (EuGH C-234/06 P, GRUR 2008, 343 Rn. 63 – Il Ponte Finanziaria Spa/HABM; EuG T-369/20, GRUR-RS 2021, 39491 Rn. 41 ff. – CEFA Certified European Financial Analyst/CFA). Dies kann dann zu verneinen sein, wenn das als Stammbestandteil in Betracht kommende Element in einer Gesamtbezeichnung aufgeht. **Kennzeichnungsschwache Zeichenteile** können keine Grundlage einer Verwechslungsgefahr unter dem Aspekt der Markenfamilie sein (EuG T-63/09, GRUR-RR 2012, 458 Rn. 117 – Swift GTi; vgl. auch EuGH C-317/10 P, GRUR 2011, 915 Rn. 58 – UNI).

128   Die EuGH-Rechtsprechung erweckt den Eindruck, es sei erforderlich, den **Widerspruch** auf alle Marken zu stützen, die zu der fraglichen Serie gehören (C234/06 P, GRUR 2008, 343 Rn. 62 – Il Ponte Finanziaria Spa/HABM; vgl. auch EuGH C-16/06 P, GRUR-RR 2009, 356 Rn. 100 – Editions Albert René; C-16/06 P, GRUR Int 2009, 397 Rn. 100 f. – OBELIX/MOBILIX). Den Richtlinien des EUIPO lässt sich ein solches Erfordernis nicht eindeutig entnehmen. Vorsichtshalber sollte der Widersprechende den Widerspruch aber zumindest auf mehrere Marken aus der Familie stützen.

129   Die **Verwechslungsgefahr** in den Fällen der Markenfamilie beruht darauf, dass der Verbraucher das jüngere Zeichen in die Familie einreiht und denkt, es gehöre dazu, oder es zumindest damit gedanklich in Verbindung bringt. Das EuG hat nun klargestellt, dass das Argument der Markenfamilie auch im Rahmen des **Bekanntheitsschutzes** zum Tragen kommt, insbesondere beim Aspekt der gedanklichen Verknüpfung (so schon ansatzweise in EuG T-301/09, BeckRS 2012, 82217 Rn. 106 – CITIGATE; nunmehr eindeutig: EuG T-518/13, BeckRS 2016, 81646 Rn. 39 ff. – McDonald's (et al.)/MACCOFFEE; s. auch → Art. 8 Rn. 245).

130   **b) Nachweise tatsächlicher Verwechslungen.** Der **Nachweis tatsächlicher Verwechslungen** ist **weder erforderlich** für den Erfolg eines Widerspruchs aufgrund von Verwechslungsgefahr (EuG T-346/04, GRUR Int 2006, 144 Rn. 69 – ARTHUR ET FELICIE) **noch** zieht er diesen **zwingend** nach sich. So geht das EUIPO davon aus, dass das Merkmal Verwechslungsgefahr eine Wahrscheinlichkeit von Verwechslungen, nicht aber tatsächliche Verwechslungen voraussetzt. Allerdings können Nachweise tatsächlicher Verwechslungen im Rahmen der Gesamtabwägung berücksichtigt werden und für die Annahme einer Verwechslungsgefahr im Einzelfall sprechen (EUIPO Richtlinien Teil C 2.6.4).

131   Gleiches dürfte für den umgekehrten Fall gelten, in dem **Belege für das Fehlen tatsächlicher Verwechslungen** vorgelegt werden. So hat das EuG etwa die Ergebnisse einer Meinungsumfrage, in der die Mehrzahl der Befragten eine Ähnlichkeit der Zeichen verneint hatte, mit dem Argument unberücksichtigt gelassen, dass die Zeichen den Befragten zeitgleich präsentiert worden waren. Denn der Durchschnittsverbraucher müsse sich typischerweise vielmehr auf sein unvollkommenes Erinnerungsbild verlassen (EuG T-202/16, BeckRS 2017, 129135 Rn. 143 f. – coffee inn/coffee in).

132   **c) Bisherige Entscheidungspraxis.** Das Zitieren früherer Entscheidungen des Amtes, des EuG oder nationaler Instanzen verhilft häufig nicht zu dem gewünschten Erfolg. Das EUIPO ist **nicht** an seine bisherigen Entscheidungen **gebunden.** Diese stellen keine res iudicata im Verhältnis zu einem späteren Widerspruchsverfahren dar. Das gilt sogar in Fällen, in denen sich dieselben Parteien und dieselben Zeichen wiederholt gegenüberstehen, ua weil sich die Wahrnehmung der betreffenden Zeichen durch den Verkehr mit der Zeit verändern kann (EuG T-380/18, GRUR-RS 2019, 26956 Rn. 35 ff. – INTAS/INDAS). Das Amt ist allerdings – bei der Prüfung absoluter wie auch relativer Eintragungshindernisse – verpflichtet, sich mit jüngeren Entscheidungen auseinanderzusetzen und besonderes Augenmerk auf die Frage zu richten, ob im gleichen Sinne zu entscheiden ist (EuGH C-564/16 P, GRUR-RS 2018, 13336 Rn. 61 ff. – Blaue Raubkatze; C-141/13 P, GRUR Int 2014, 956 Rn. 45 f. – Walzer Traum).

Was speziell **nationale Gerichtsurteile und Amtsentscheidungen** betrifft, ist es zulässig, **133** solche Entscheidungen – etwa bei der Bestimmung der Verkehrswahrnehmung – in die Beurteilung einfließen zu lassen (EuG T-108/08, GRURInt 2011, 1092 Rn. 23 – GOOD LIFE/GOOD LIFE mwN; T-40/03, GRUR Int 2005, 846 Rn. 69 – Julián Murúa Entrena/MURÚA). Es kann sogar die Pflicht bestehen, solche Entscheidungen – insbesondere wenn sie die konkreten Marken betreffen – mit aller gebotenen Sorgfalt zu prüfen und in den Entscheidungsgründen zu berücksichtigen. Ihre Nichtberücksichtigung kann zur Aufhebung der Entscheidung führen (vgl. EuG T-159/15, BeckRS 2016, 82326 Rn. 37 – PUMA SE/EUIPO, bestätigt durch EuGH GRUR-RS 2018, 13336 – Blaue Raubkatze; EuG T-378/13, BeckRS 2016, 81249 – English pink/PINK LADY; T-108/08, GRUR Int 2011, 1092 – GOOD LIFE/GOOD LIFE). Es steht der Berücksichtigung einer nationalen Gerichtsentscheidung auch nicht entgegen, dass eine Partei erst im Klageverfahren vor dem EuG auf diese Bezug genommen hat (EuG T-144/16, BeckRS 2017, 130040 Rn. 62 – MULTIPHARMA/MUNDIPHARMA). Eine bindende Wirkung entfalten die Entscheidungen nationaler Ämter und Gerichte freilich nicht (EuG T-359/20, GRUR-RS 2021, 36754 Rn. 87 – Team Beverage/TEAM; T-363/08, BeckRS 2011, 87372 Rn. 52 – nollie/NOLI mwN).

Auch unanfechtbare Entscheidungen von **Unionsmarkengerichten** entfalten keine bindende **134** Wirkung. Insbesondere stellt ein unionsweit geltendes, rechtskräftiges Unterlassungsurteil keine res iudicata gegenüber einem Widerspruch vor dem EUIPO dar, da die Ansprüche andere sind (EuGH C226/15 P, GRUR-RR 2016, 328 – English pink/PINK LADY).

In dem **Fall English pink/PINK LADY** hatten die Widersprechenden vor dem EuG die Aufhebung **134.1** der BK-Entscheidung erwirkt, weil die BK das nationale Urteil nicht berücksichtigt hatte. Vor dem EuGH verfolgten sie ihr Abänderungsbegehren weiter. Sie meinten, dem Widerspruch sei zwingend stattzugeben, und beriefen sich zur Begründung auf ein rechtskräftiges EU-weites Unterlassungsgebot, welches das Handelsgericht Brüssel in einem Verletzungsverfahren zwischen den Parteien zu denselben Marken erlassen hatte. Der EuGH wies das Rechtsmittel jedoch zurück, da das Verletzungsverfahren und das Widerspruchsverfahren verschiedene Ansprüche zum Gegenstand hätten (EuGH C226/15 P, GRUR-RR 2016, 328 Rn. 63 – English pink/PINK LADY).

d) Friedliche Koexistenz der Marken. Häufig verteidigen sich Anmelder mit einer (angebli- **135** chen) Koexistenz der Marken. Zwar kann die Koexistenz zweier Marken auf einem bestimmten Markt dazu beitragen, die Gefahr von Verwechslungen zwischen den Marken durch die maßgeblichen Verkehrskreise zu verringern (EuGH C-498/07 P, BeckRS 2009, 70911 Rn. 82 – La Española; EuG T-114/19, GRUR-RS 2020, 13517 Rn. 98 ff. – B/b; T-804/14, BeckRS 2016, 82162 Rn. 137 – Tropical/TROPICAL). Erfolg hat dieses Argument aber nur, wenn der Anmelder tatsächlich belegen kann, dass die **konkreten Marken** auf dem relevanten Markt friedlich koexistiert haben **und** dies aus einer **Abwesenheit von Verwechslungen** resultierte (EuG T-276/17, BeckRS 2019, 15168 Rn. 80 ff. – Tropical/TROPICAL II; T-804/14, BeckRS 2016, 82162 Rn. 138 – Tropical/TROPICAL; vgl. auch EUIPO Richtlinien Teil C 2.6.3.1 mwN).

In den seltensten Fällen funktioniert das „crowded field"-Argument, wonach es zahlreiche ähnliche **135.1** Marken gebe und daher eine Art Verwässerung der älteren Marke vorliege. Keinesfalls ist es relevant, wenn – was regelmäßig der Fall ist – auf eine bloße Koexistenz im Register verwiesen wird. Es muss vielmehr Koexistenz auf dem Markt gezeigt werden, was bei unionsweiten Sachverhalten naturgemäß sehr aufwendig ist. Im Übrigen gehört dieses Argument auch nicht in den Bereich der „Koexistenz", sondern kann allenfalls eine **Schwächung der Kennzeichnungskraft** der älteren Marke begründen (→ Rn. 60 f.).

Selbst wenn Koexistenz mit der konkret angemeldeten Marke gezeigt werden kann, muss diese **136** auf dem **relevanten Territorium** vorgelegen haben. Ist die Widerspruchsmarke beispielsweise in der Union geschützt, muss die Koexistenz in der gesamten EU bestanden haben (EuG T-693/19, GRUR-RS 2021, 3753 Rn. 160 – KERRYMAID/Kerrygold; T-139/16, BeckRS 2017, 132227 Rn. 28 ff. – BERG OUTDOOR/BERGHAUS; T-505/10, BeckRS 2013, 80776 Rn. 49 ff. – ASTALOY; vgl. zu Art. 9 auch EuGH C-93/16, GRUR 2017, 1132 Rn. 25 ff. – KERRYGOLD). In einem solchen Fall ist also auch eine umfangreiche und nachgewiesene

Koexistenz in einigen wenigen Mitgliedstaaten oder gar nur in einem einzelnen Mitgliedstaat völlig unerheblich. Ebenso wenig ist die Koexistenz in einem Mitgliedstaat von Bedeutung, wenn es sich bei der älteren Marke um eine nationale Marke aus einem anderen Mitgliedstaat handelt (EuG T-40/03, GRUR Int 2005, 846 Rn. 84 – Julián Murúa Entrena).

137   Darüber hinaus muss die Koexistenz zwischen **denselben Marken** (EuG T-114/19, GRUR-RS 2020, 13517 Rn. 100 – B/b; T-460/11, BeckRS 2012, 82170 Rn. 60 f. – BÜRGER; T-460/07, BeckRS 2010, 90083 Rn. 68 – LIFE BLOG/LIFE), nicht nur im Register, sondern **auf dem Markt** (vgl. etwa EuGH C-498/07 P, BeckRS 2009, 70911 Rn. 82 – La Española; EuG T-804/14, BeckRS 2016, 82162 Rn. 139 – Tropical/TROPICAL) und über einen **signifikanten Zeitraum hinweg** (EuG T-185/03, GRUR Int 2005, 499 Rn. 64 – Enzo Fusco, wonach eine Koexistenz von nicht einmal vier Monaten ungenügend sei; T-804/14, BeckRS 2016, 82162 Rn. 138 – Tropical/TROPICAL) bestanden haben.

138   Schließlich stehen der Annahme friedlicher Koexistenz jedwede **Rechtsstreitigkeiten** zwischen den Parteien entgegen, welche die betreffenden Marken zum Gegenstand haben (EuGH C-498/07 P, BeckRS 2009, 70911 Rn. 82 f. – La Española; EuG T-804/14, BeckRS 2016, 82162 Rn. 140 – Tropical/TROPICAL).

138.1   Mit anderen Worten: Koexistenz ist ein zumeist stumpfes Schwert in der Verteidigung. Sie liegt zudem im Spannungsfeld zwischen Koexistenzvereinbarungen und Verwirkung. Gerade das Institut der Verwirkung (dazu etwa EuGH C-482/09, GRUR 2012, 519 Rn. 75 ff. – Budvar/Anheuser-Busch) darf durch eine vorschnelle Annahme von verwechslungsvermeidender Koexistenz nicht unterlaufen werden. Wird eine langjährige friedliche Koexistenz allerdings nur bei der Prüfung der Verwirkung durch Duldung gemäß Art. 61, nicht aber bei der Prüfung der Verwechslungsgefahr berücksichtigt, verstößt das gegen das Gebot, bei der Gesamtabwägung alle relevanten Umstände des Falles zu berücksichtigen (EuG T-804/14, BeckRS 2016, 82162 Rn. 137 ff. – Tropical/TROPICAL, zu einer 16-jährigen Koexistenz in einem Mitgliedstaat).

138.2   Koexistenzvereinbarungen für sich genommen binden das Amt nicht (EUIPO Richtlinien Teil C 2.6.3.1). Sie besagen nichts über das Vorliegen von Verwechslungsgefahr und können allenfalls als Indizien herangezogen werden. Das zeigt sich ua daran, dass selbst eine explizite Gestattung der Unionsmarkenanmeldung dem Widerspruch nicht entgegensteht. Dies ergibt sich wiederum aus einem Umkehrschluss zu Art. 60 Abs. 3, der im Widerspruchsverfahren gerade nicht gilt.

139   **e) Nicht relevante Gesichtspunkte.** Die – nicht selten eingewendete – **Bekanntheit bzw. gesteigerte Kennzeichnungskraft der angemeldeten Marke** ist für die Verwechslungsgefahr im Sinne von Art. 8 Abs. 1 lit. b grundsätzlich irrelevant (EuGH C-498/07 P, BeckRS 2009, 70911 Rn. 84 – Carbonell/La Española; EuG T-149/19, BeckRS 2019, 31984 Rn. 40 – Société des produits Nestlé/EUIPO; T-183/13, BeckRS 2015, 80653 Rn. 49 f. – SKY/skype). Eine umfassende Benutzung der angemeldeten Marke, die zu einer Bekanntheit geführt hat, kann aber evtl. unter dem Gesichtspunkt der Koexistenz (→ Rn. 135 ff.) berücksichtigt werden. Ggf. kann die (eigene) Bekanntheit der angemeldeten Marke zudem beim Zeichenvergleich, nämlich im Wege der Neutralisierung klanglicher und bildlicher Ähnlichkeit aufgrund begrifflicher Unterschiede (→ Rn. 95), oder im Rahmen des Art. 8 Abs. 5 eine Rolle spielen, etwa weil eine bekannte Marke keinen Ruf einer anderen Marke ausbeutet (→ Art. 8 Rn. 250) oder weil ihre Benutzung gerechtfertigt ist (→ Art. 8 Rn. 260).

140   Ein **unterschiedliches Zielpublikum** der Marken ist ebenfalls irrelevant, soweit es sich nicht unmittelbar aus dem Waren- und Dienstleistungsverzeichnis ergibt. So lässt sich zB in Bezug auf Parfum einerseits und Bekleidung andererseits nicht argumentieren, dass es sich im konkreten Falle einerseits um Luxusware und andererseits um Supermarktprodukte handele; dies gilt auch dann, wenn auf einer Seite eine Supermarkt-Eigenmarke betroffen ist, da die Waren und Dienstleistungen unabhängig vom Inhaber bzw. Anmelder interpretiert werden müssen. Eine „Luxus"-Eigenschaft ist freilich manchen Waren durchaus inhärent (zB Jachten oder Polospieler-Ausrüstung). Gleiches gilt für bestimmte Dienstleistungen. Dienstleistungen eines Privatpiloten etwa sind von Haus aus dem Luxusbereich zuzuordnen.

141   Ebenso wenig kann der Anmelder dem Widerspruch die **Existenz eigener älterer Rechte** entgegenhalten (EuG T-533/18, GRUR-RS 2019, 41202 Rn. 54 – WANDA FILMS/WANDA; T-90/05, IIC 2008, 625 Rn. 45 – OMEGA/ΩOMEGA). Die in Art. 8 festgehaltenen Eintragungshindernisse blenden solche Gesichtspunkte aus, die nicht direkt in den einander gegenüberstehenden Markenrechten liegen. Wenn der Anmelder über relevante ältere Marken (→ Rn. 2) oder sonstige ältere Rechte verfügt, bleibt ihm nur der Gegenangriff auf die Widerspruchsmarke. Unterdessen wird das Widerspruchsverfahren in der Regel (auf Antrag des Anmelders) gemäß Art. 71 Abs. 1 lit. b DVUM ausgesetzt.

Hat der Widersprechende **zahlreiche ältere Rechte** eingeworfen, kann dies freilich für den Anmelder **141.1** recht teuer werden, zumal einstweilen in vielen Mitgliedstaaten, wie zB in Deutschland, Gerichtsverfahren für die Nichtigerklärung aufgrund relativer Gründe erforderlich sind. In so einem Fall kann der Anmelder strategisch vorgehen und den Angriff auf die ähnlichsten Rechte mit der größten Reichweite richten. Wenn das EUIPO aufgrund der nicht angegriffenen Rechte dem Widerspruch nicht insgesamt stattgeben kann, wird es in aller Regel auch dann aussetzen, wenn noch nicht angegriffene ältere Rechte verbleiben.

Die Aussetzung liegt im (weiten) **Ermessen** des Amtes (EuG T-572/15, BeckRS 2017, 124453 Rn. 21 **141.2** mwN – GOURMET/ORIGINE GOURMET), wird aber in vielen Fällen angeordnet, es sei denn, der Angriff auf die Widerspruchsmarke(n) verstößt gegen die Grundsätze für ein faires Verfahren, etwa weil er ausschließlich der Verzögerung des Verfahrens dient. So hat das EuG es nicht beanstandet, dass das EUIPO eine Aussetzung abgelehnt hat, die erst vier Jahre nach Beginn des Widerspruchsverfahrens und nach Schluss des schriftlichen Verfahrens vor der Beschwerdekammer beantragt worden war (EuG T-354/18, BeckRS 2019, 8723 Rn. 62 f. – SKYFi/SKY).

Ähnliches gilt bei Vorliegen **anderer vertraglicher oder gesetzlicher Hindernisse,** die einer **142** Durchsetzung der Markenrechte des Widersprechenden entgegenstehen. Auch hier bleibt dem Anmelder nur der Gegenangriff – nämlich eine Klage auf Rücknahme des Widerspruchs (ausführlich zu einer solchen Klage im deutschen Markenrecht → MarkenG § 44 Rn. 33).

Als vertragliches Hindernis kommt insbesondere eine zwischen den Parteien bestehende **143 Abgrenzungsvereinbarung** in Betracht. Hier kann zB darüber Uneinigkeit bestehen, ob sie die Anmeldung einer oder gerade dieser Unionsmarke umfasst oder ob sie den Widersprechenden bindet. Für die Auslegung solcher vertraglicher Regelungen ist das EUIPO aber nicht zuständig. Zudem wäre es nicht praktikabel, solche Auslegungsfragen, die sich ggf. nicht einmal nach dem Recht eines Mitgliedstaats richten, der Widerspruchsabteilung inzidenter im Rahmen des Widerspruchsverfahrens abzuverlangen.

Aber selbst eine explizite **Zustimmung** kann dem Widerspruch nicht entgegengehalten wer- **144** den. Art. 8 stellt eine abschließende Regelung der Eintragungshindernisse dar und sieht keine Ausnahmen vor für Zustimmungserklärungen. Zudem ergibt sich dies aus dem Umkehrschluss zu Art. 60 Abs. 3, der im Widerspruchsverfahren gerade nicht gilt (näher zu jener Vorschrift → Art. 60 Rn. 24).

Als ein potentielles gesetzliches Hindernis kommen zB die **Verwirkung** und eine daraus resul- **145** tierende Rechtsmissbräuchlichkeit des Widerspruchs in Betracht. Eine solche Rechtsmissbräuchlichkeit dürfte aber schon daran scheitern, dass die Verwirkung überhaupt nur gegenüber eingetragenen Marken eintreten kann. Jedenfalls sind – soweit ersichtlich – keine Entscheidungen ergangen, die ein solches gesetzliches Hindernis anerkennen (näher zur Verwirkung → Art. 16 Rn. 25, → Art. 16 Rn. 49, → Art. 61 Rn. 1, → Art. 137 Rn. 3).

Unwesentlich sind schließlich die **Absichten** des Anmelders. Diese können zwar im Rahmen **146** der Prüfung des Bekanntheitsschutzes gemäß Art. 8 Abs. 5 als Indizien herangezogen werden (EuG T-332/10, BeckRS 2012, 80405 – VIAGRA/VIAGUARA; ausführlich → Art. 8 Rn. 259). Bei der Verwechslungsgefahr spielt es jedoch objektiv keine Rolle, ob sich der Anmelder bewusst und gewollt an die ältere Marke anlehnte oder ob das gutgläubig geschah (vgl. zur Bösgläubigkeit als Nichtigkeitsgrund → Art. 59 Rn. 12).

Möglicherweise können Belege über ein **systematisches Vorgehen** einen Einfluss auf die **147** Entscheidungsfindung haben. Wenn sich aus dem Gesamtverhalten des Anmelders ableiten lässt, dass er immer wieder ältere Marken anderer aufgreift, geringfügig abwandelt und als eigene anmeldet oder benutzt, sollte das zumindest dafür sprechen, dass der Anmelder die angegriffene Anmeldung selbst für ähnlich hielt. Eine solche Folgerung dürfte jedoch nur in krassen Fällen zur Anwendung kommen.

B. Widerspruch gegen Agentenmarke (Abs. 3)

I. Einleitung

Art. 8 Abs. 3 setzt (iVm Art. 60 Abs. 1 lit. b, Art. 21 und Art. 13) und die Vorschrift des **148** Art. 6^{septies} PVÜ in das Unionsrecht um (EuGH C-809/18 P, GRUR-RS 2020, 30029 Rn. 63 – Mineral Magic). Diese schreibt vor, dass der Inhaber einer Marke der Eintragung dieser Marke widersprechen, ihre Löschung, oder ggf. ihre Übertragung auf sich selbst verlangen kann, wenn sie von seinem Agenten oder Vertreter ohne seine Zustimmung angemeldet wurde, es sei denn, dass der Agent oder Vertreter seine Handlungsweise rechtfertigt (Art. 6^{septies} Abs. 1 PVÜ). Der Inhaber ist zudem berechtigt, die Benutzung einer solchen Marke ohne seine Zustimmung zu untersagen (Art. 6^{septies} Abs. 2 PVÜ).

149   Art. 8 Abs. 3 regelt das Widerspruchsrecht des Markeninhabers gegen eine Agentenmarke. In Verbindung mit Art. 60 Abs. 1 lit. b kann der Inhaber zudem die Löschung einer bereits eingetragenen Agentenmarke verlangen. Der Übertragungsanspruch des Markeninhabers ist in Art. 21, sein Benutzungsuntersagungsanspruch in Art. 13 geregelt. Vergleichbare Regelungen zu Agentenmarken finden sich auch im deutschen Recht (zur Löschung → MarkenG § 11 Rn. 1 ff., zur Übertragung → MarkenG § 17 Rn. 10 ff. und zur Unterlassung → MarkenG § 17 Rn. 21 ff.; s. nun auch Art. 5 Abs. 3 lit. b MRL).

150   Zweck der Bestimmung des Art. 8 Abs. 3 ist der **Schutz des Markeninhabers gegen den Missbrauch der Marke durch seinen Agenten.** Sie soll verhindern, dass der Agent das beachtliche, für den rechtmäßigen Inhaber der Marke wirtschaftlich oft existenzbedrohende „Erpressungspotential" der Marke (insbesondere die Möglichkeit der Unterbindung des Marktzugangs), nicht zweckwidrig gegen den Markeninhaber einsetzen kann (→ MarkenG § 11 Rn. 4 ff.). Der Agent soll die Kenntnisse und Erfahrungen, welche er während seiner Handelsbeziehung mit dem Markeninhaber zur Wahrnehmung der Interessen des letzteren erworben hat, nicht ausnutzen und so ungerechtfertigt Vorteile aus den vom Markeninhaber selbst erbrachten Anstrengungen und Investitionen ziehen können (EuGH C-809/18 P, GRUR-RS 2020, 30029 Rn. 72, 83 – Mineral Magic; EuG T-6/05, GRUR Int 2007, 51 Rn. 38 – First Defense I).

151   Art. 8 Abs. 3 ist als rein **objektiver Tatbestand** ausgestaltet. Auf die Bösgläubigkeit des Anmelders kommt es nicht an. Eine Erweiterung des Art. 8 Abs. 3 auf Fälle der bösgläubigen Anmeldung von Marken wurde mehrfach erwogen (s. zuletzt den Vorschlag der EU-Kommission, KOM (2013) 161 endg.), jedoch nicht umgesetzt. Damit unterscheidet sich die Bestimmung von Art. 59 Abs. 1 lit. b (→ Art. 59 Rn. 11 ff.) in verfahrensrechtlicher und materiellrechtlicher Hinsicht. Zum einen kann sie bereits einen Widerspruch begründen sowie – nach Eintragung – neben einem Löschungsanspruch auch einen Übertragungsanspruch nach Art. 21 (→ Rn. 174). Zum anderen verfolgt Art. 8 Abs. 3 objektiv und umfassend den spezifischen Zweck, den rechtmäßigen Markeninhaber in seiner Eigenschaft als Geschäftsherr bzw. Prinzipal gegen Markenanmeldungen seines Agenten zu schützen.

152   Ein auf Art. 8 Abs. 3 gestützter Widerspruch ist begründet, wenn die folgenden – kumulativen – Voraussetzungen erfüllt sind: 1. der Widersprechende ist Inhaber der älteren Marke (→ Rn. 153), 2. der Anmelder ist (oder war) Agent oder Vertreter des Widersprechenden (→ Rn. 157 ff.), 3. der Agent oder Vertreter hat die Marke im eigenen Namen (→ Rn. 163 ff.) und ohne Zustimmung des Inhabers (→ Rn. 166 ff.) angemeldet, 4. die angemeldete Marke und die ältere Marke des Widersprechenden sind identisch oder ähnlich (→ Rn. 169 f.), 5. der Agent bzw. Vertreter kann seine Handlungsweise nicht rechtfertigen (→ Rn. 171 ff.).

II. Anwendungsbereich

1. Berechtigter

153   Zum Widerspruch aus Art. 8 Abs. 3 ist allein der **Inhaber** der älteren Marke berechtigt (HABM BK 14.6.2010 – R 1795/2008-4 Rn. 50 - Zapper-Click). Dies ergibt sich bereits aus dem Wortlaut der Vorschrift, kommt aber auch in Art. 46 Abs. 1 lit. b zum Ausdruck, der in den Fällen des Art. 8 Abs. 3 gerade keine Möglichkeit für Lizenznehmer vorsieht, mit ausdrücklicher Ermächtigung des Inhabers Widerspruch einzulegen (anders im Fall von auf Art. 8 Abs. 1 und Art. 8 Abs. 5 gestützten Widersprüchen, vgl. Art. 46 Abs. 1 lit. a).

2. Schutzgebiet der älteren Marke

154   Die Anwendung von Art. 8 Abs. 3 setzt **nicht** voraus, dass der Widersprechende Inhaber einer älteren Unionsmarke oder einer in einem EU-Mitgliedstaat geschützten Marke ist (vgl. EuG verb. Rs. T-537/10 und T-538/10, BeckRS 2012, 82524 Rn. 19 – Fagumit; s. auch EuGH C-809/18 P, GRUR-RS 2020, 30029 Rn. 12, 17, 62 – Mineral Magic). Es genügt vielmehr, dass diesem irgendwo auf der Welt ältere Markenrechte zustehen.

155   Dies ergibt sich daraus, dass Art. 8 Abs. 3, anders als Abs. 1 und Abs. 5, nicht auf Art. 8 Abs. 2 verweist. Die dortige Definition der „älteren Marke" ist folglich im Rahmen von Art. 8 Abs. 3 nicht maßgeblich. Dies entspricht auch dem Schutzzweck von Art. 8 Abs. 3, Inhabern von **außerhalb der EU** geschützten Marken die Möglichkeit zu geben, gegen Unionsmarkenanmeldungen ihrer Agenten bzw. Vertreter vorzugehen, welche ohne ihre Zustimmung erfolgten. Auch wenn Inhaber älterer, innerhalb der EU geschützten Rechte sich in der Regel auf einen der übrigen Widerspruchsgründe des Art. 8 werden berufen können, hat sich der Gesetzgeber bei der Umsetzung des Art. 6^{septies} PVÜ bewusst gegen eine Privilegierung derjenigen Markeninhaber entschieden, deren Rechte in Drittstaaten geschützt sind.

Weder der Wortlaut des Art. 8 Abs. 3 **("Marken")** noch der Schutzzweck der Vorschrift **156** beschränkt ihren Anwendungsbereich auf eingetragene Marken. Entsprechend kann nach der Praxis des EUIPO ein Widerspruch aus Art. 8 Abs. 3 auch auf anhängige Markenanmeldungen, sowie auf nicht eingetragene Marken (soweit solche im Ursprungsland geschützt sind) und auf notorisch bekannte Marken iSv Art. 6bis PVÜ (s. dazu EuG T-84/20, GRUR-RS 2021, 25558 Rn. 38 – Eductor) gestützt werden. Nicht von Art. 8 Abs. 3 erfasst werden dagegen andere im Geschäftsverkehr benutzte Zeichen oder gewerbliche Schutzrechte.

III. Agenten- bzw. Vertreterstellung

Art. 8 Abs. 3 setzt eine Markenanmeldung durch einen **Agenten** oder **Vertreter** des Markenin- **157** habers voraus. Aufgrund des Schutzzwecks der Vorschrift sind die Begriffe „Agent" und „Vertreter" in diesem Zusammenhang nicht formal, sondern nach funktional-wirtschaftlichen Kriterien zu bestimmen und damit **weit** auszulegen (EuGH C-809/18 P, GRUR-RS 2020, 30029 Rn. 84 f. – Mineral Magic). Umfasst sind alle Arten vertraglicher Gestaltungen, bei denen eine Seite die Interessen der anderen Seite wahrnimmt, unabhängig von der Qualifizierung des Vertragsverhältnisses zwischen dem Inhaber oder dem Auftraggeber auf der einen und dem Anmelder der Unionsmarke auf der anderen Seite.

Insoweit genügt es, wenn zwischen den Parteien eine **Vereinbarung über eine geschäftliche** **158** **Zusammenarbeit** besteht, die ein Treuhandverhältnis beinhaltet und dem Anmelder entweder ausdrücklich oder implizit eine allgemeine **Treuepflicht zur Wahrnehmung der Interessen** **des Markeninhabers** auferlegt (EuGH C-809/18 P, GRUR-RS 2020, 30029 Rn. 85 – Mineral Magic). Für die Annahme einer solchen Vereinbarung muss nicht unbedingt ein schriftlicher Vertrag zwischen den Parteien bestehen. Sie kann sich zB auch aus der Geschäftskorrespondenz zwischen den Parteien ergeben (EuG T-184/12, GRUR Int 2015, 157 Rn. 60 ff. – Heatstrip). Das Fehlen eines Auftragsverhältnisses, einer Ausschließlichkeitsklausel oder eines Wettbewerbsverbots bzw. die fehlende Einbindung des Anmelders in die Vertriebsstruktur des Inhabers schließt die Annahme einer Vereinbarung mit entsprechender Treuepflicht ebenfalls nicht aus (EuG T-184/12, GRUR Int 2015, 157 Rn. 69 f. – Heatstrip).

Handelt der Anmelder dagegen völlig unabhängig, ohne jede Beziehung zum Markeninhaber, **159** ist er nicht als Agent iSv Art. 8 Abs. 3 anzusehen. Ein bloßer Abnehmer oder Kunde des Inhabers ist daher in der Regel mangels Treueverhältnisses kein „Agent" oder „Vertreter" im Sinne der Vorschrift (vgl. hierzu EuG T-262/09, GRUR Int 2011, 612 Rn. 64 – First Defense II). Dies wird auch von der Entstehungsgeschichte des Art. 6^{septies} PVÜ (s. dazu Bauer GRUR Int 1971, 496) gestützt.

Art. 8 Abs. 3 schützt den Markeninhaber auch nach Beendigung der Vereinbarung vor einer **160** Markenanmeldung des (ehemaligen) Agenten oder Vertreters, sofern im Zeitpunkt der Anmeldung noch ein nachwirkendes Treueverhältnis besteht (EuG T-262/09, GRUR Int 2011, 612 Rn. 65 – First Defense II). Dies setzt das (vorherige) Bestehen eines Treueverhältnisses notwendigerweise voraus (missverständlich EuG T-796/17, BeckRS 2019, 1388 Rn. 35 – Mouldpro). Entsprechendes sollte auch bei Bestehen einer vorvertraglichen Pflicht zur Interessenwahrung gelten. Ob dies der Fall ist, ist anhand der Umstände des Einzelfalls zu beurteilen.

So wurde etwa ein nachwirkendes Treueverhältnis nach Ablauf eines guten Jahres nach Beendigung **160.1** der vertraglichen Vereinbarung verneint (HABM BK 19.11.2007 – R 73/2006-4 – Porter), bei einem Zeitraum von weniger als drei Monaten dagegen bejaht (HABM 21.2.2002 – B 167 927 – AZONIC). Vorvertragliche Treuepflichten werden durch bloße Verhandlungen über eine künftige geschäftliche Zusammenarbeit, welche zu keiner nachfolgenden Begründung eines tatsächlichen Agentenverhältnisses führen, nicht begründet (EuG T-796/17, BeckRS 2019, 1388 Rn. 36 – Mouldpro).

Die Beweislast für das Bestehen eines Vertretungsverhältnisses liegt beim Widersprechenden **161** (EuG T-262/09, GRUR Int 2011, 612 Rn. 67 – First Defense II). Hat ein früherer Markeninhaber der Markenanmeldung durch den Agenten zugestimmt, folgt daraus nicht, dass auch zwischen dem jetzigen Markeninhaber als Rechtsnachfolger und dem Anmelder ein Vertretungsverhältnis besteht, auf das sich der neue Markeninhaber im Rahmen eines Widerspruchs berufen könnte (EuG T-262/09, GRUR Int 2011, 612 Rn. 48 – First Defense II).

IV. Weitere Voraussetzungen einer Agentenmarke

162   Neben den oben (→ Rn. 153 ff., → Rn. 157 ff.) genannten Voraussetzungen müssen für die Anwendung des Art. 8 Abs. 3 folgende weitere Bedingungen erfüllt sein: der Agent muss die Marke **im eigenen Namen** (→ Rn. 163 ff.) sowie **ohne Zustimmung** des Inhabers (→ Rn. 166 ff.) angemeldet haben. Schließlich müssen das angemeldete Zeichen und die angemeldeten Waren und Dienstleistungen **identisch** oder **ähnlich** mit denen der älteren Marke sein (→ Rn. 169 f.).

1. Im eigenen Namen

163   Der Agent oder Vertreter muss nach dem Wortlaut des Art. 8 Abs. 3 die Marke im eigenen Namen anmelden. Dieses Kriterium wird in den meisten Fällen einfach zu beurteilen und unproblematisch gegeben sein.

164   Auch dann, wenn ein Dritter die Marke angemeldet hat, kann im Einzelfall eine Anwendung des Art. 8 Abs. 3 geboten sein, etwa wenn es sich um bei dem Anmelder um den Geschäftsführer des Agenten handelt (vgl. HABM 1. BK 3.9.2010 – R 1002/2009-1 Rn. 41 ff. – Fagumit).

165   Darüber hinaus kommt eine Anwendung der Vorschrift in Betracht, wenn der Agent den Anmelder kontrolliert. In solchen Konstellationen wirkt die Anmeldung der Marke wie eine vom Agenten selbst vorgenommene Anmeldung. Um eine Umgehung des Art. 8 Abs. 3 zu verhindern, ist auch hier eine **weite,** an funktional-wirtschaftlichen Kriterien orientierte **Auslegung** geboten (vgl. EUIPO-Richtlinien Teil C, Abschnitt 3). Unproblematisch erfasst werden Fälle, in denen der Agent mit dem Anmelder eine Absprache mit dem Ziel getroffen hat, Art. 8 Abs. 3 zu umgehen.

2. Ohne Zustimmung des Inhabers

166   Der Agent muss die Anmeldung ohne die Zustimmung des Markeninhabers vorgenommen haben. Den Markeninhaber trifft in Bezug auf das Kriterium der Zustimmung nur eine Darlegungslast. Dagegen obliegt dem Anmelder der Nachweis, dass die Anmeldung mit Zustimmung des Inhabers erfolgt ist. Diese **Umkehr der Beweislast** folgt daraus, dass die fehlende Zustimmung des Markeninhabers eine negative Tatsache ist, die letzterer nicht beweisen kann (vgl. EuGH C-291/16, GRUR 2018, 191 Rn. 52 f. – Schweppes).

167   Die Zustimmung muss **eindeutig, präzise** und **unbedingt** sein (vgl. EuG T-6/05, GRUR Int 2007, 51 Rn. 40 – First Defense I). Hieran fehlt es beispielsweise dann, wenn aus der Zustimmung nicht klar hervorgeht, dass die Anmeldung einer **Unionsmarke** (in Abgrenzung zu einer nationalen Marke) genehmigt wird. Auch die Person des Anmelders muss aus der Zustimmung explizit hervorgehen (vgl. EuG verb. Rs. T-537/10 und T-538/10, BeckRS 2012, 82524 Rn. 25 – Fagumit, mAnm Slopek GRUR-Prax 2013, 9; vgl. auch EuG T-107/16, GRUR-Prax 2017, 506 Rn. 24, 25 – Airhole Face). Unklarheiten in Bezug auf den Umfang der Zustimmung gehen zu Lasten des Anmelders. Die Möglichkeit einer impliziten Zustimmung kann zwar nicht grundsätzlich ausgeschlossen werden, wird aber regelmäßig die Kriterien der notwendigen Eindeutigkeit, Präzision und Unbedingtheit nicht erfüllen.

168   Duldet der Markeninhaber im Zusammenhang mit dem Inverkehrbringen von ihm erzeugter Waren die Benutzung der angemeldeten Marke durch Dritte, so kann darin kein Verzicht auf die angemeldete Marke gesehen werden, der es jedem ermöglichte, diese als Unionsmarke anzumelden (vgl. EuG verb. Rs. T-537/10 und T-538/10, BeckRS 2012, 82524 Rn. 27 – Fagumit).

3. Verhältnis angemeldete Marke – ältere Marke

169   Aus der Entstehungsgeschichte des Art. 6[septies] PVÜ (s. dazu Bauer GRUR Int 1971, 496), dem Vergleich mit dem Wortlaut des Abs. 1 lit. a sowie dem Schutzzweck des Art. 8 Abs. 3 folgt, dass die vom Agenten angemeldete Marke mit der älteren Marke des Inhabers nicht formal identisch sein und insbesondere keine sog. „Doppelidentität" bestehen muss. Im Hinblick auf den spezifischen Schutzzweck der Norm (→ Rn. 150 f.) sowie ihres effet utile (Umgehungsverbot) sind wohl auch solche von Agenten angemeldete Marken einzubeziehen, welche einer späteren Eintragung der älteren Marke als Unionsmarke auf Grundlage des Art. 8 Abs. 1 lit. b (vgl. EuGH C-809/18 P, GRUR-RS 2020, 30029 Rn. 70 – Mineral Magic) oder des Art. 8 Abs. 5 entgegengehalten werden könnten.

170   Der Gerichtshof hat unter Verweis auf Entstehungsgeschichte, Systematik, Ziel und Zweck der Vorschrift klargestellt, dass des Art. 8 Abs. 3 neben identischen **auch ähnliche Zeichen** und **Waren/Dienstleistungen** erfasst (EuGH C-809/18 P, GRUR-RS 2020, 30029 Rn. 68-73, 92,

99 – Mineral Magic). Diese Identität bzw. Ähnlichkeit ist objektiv in einer **Gesamtbetrachtung** im Hinblick auf den von Art. 8 Abs. 3 bezweckten Schutz des Inhabers der älteren Marke im spezifischen Treuhandverhältnis zu seinem Agenten festzustellen; auf eine Verwechslungsgefahr in der Wahrnehmung der maßgeblichen Verkehrskreise in der Union ist dagegen nicht abzustellen (EuGH C-809/18 P, GRUR-RS 2020, 30029 Rn. 92 f., 100 – Mineral Magic). Dieser Ansatz dürfte einen **umfassenden Schutz** der älteren Marke sicherstellen und alle Fälle umfassen, in welchen diese mit der Agentenmarke in **wirtschaftlicher Hinsicht äquivalent** ist.

170.1 Beispiele aus der Amtspraxis, in denen das EUIPO trotz fehlender Identität der Zeichen Art. 8 Abs. 3 angewandt hat: HABM BK 4.5.2012 – R- 493/2002-4 – First Defense (II); BK 3.8.2010 – R 1367/2011-2 – BERIK DESIGN; 3.5.2012 – R 1642/2011-2 – Maritime Acopafi. Für eine Anwendbarkeit bei fehlender Zeichen- und Warenidentität s. HABM BK 5.10.1016 – R 2087/20151 (im Ergebnis bestätigt durch EuGH C-809/18 P, GRUR-RS 2020, 30029 – MINERAL MAGIC). Für weitere Beispiele vgl. EUIPO-Richtlinien, Teil C, Abschnitt 3, Rn. 4.5.

V. Rechtfertigung

171 Der Markeninhaber kann der Anmeldung der Agentenmarke selbst beim Vorliegen aller oben genannten Voraussetzungen nicht mit Erfolg widersprechen, wenn der Agent oder Vertreter seine Handlungsweise rechtfertigt.

172 Der Wortlaut des Art. 8 Abs. 3 („es sei denn, dass …") macht zum einen deutlich, dass die Beweislast für die Rechtfertigung beim Anmelder liegt. Trägt der Anmelder keine Rechtfertigungsgründe vor, so ist es nicht Sache des EUIPO, Spekulationen über eine mögliche Rechtfertigung anzustellen (EuG T-184/12, GRUR Int 2015, 157 Rn. 73 f. – Heatstrip). Zum anderen muss die Rechtfertigung aus einem anderen Umstand als der Zustimmung des Markeninhabers bestehen, da eine solche Zustimmung die Anwendbarkeit von Art. 8 Abs. 3 von vornherein ausschließt. Dessen Wortlaut impliziert schließlich auch, dass es sich um eine eng auszulegende Ausnahmevorschrift handelt und nur sehr außergewöhnliche Umstände als Rechtfertigung anerkannt werden können. Letztlich folgt aus der objektiven Natur des Art. 8 Abs. 3 (→ Rn. 151), dass rein subjektive Beweggründe als Rechtfertigungsgrund ausscheiden.

173 Soweit ersichtlich, wurde bislang in keinem Fall des Art. 8 Abs. 3 eine Rechtfertigung bejaht. Vorstellbar erscheint eine Rechtfertigung trotz Vorliegens aller Voraussetzungen des Art. 8 Abs. 3 dann, wenn die Anmeldung ausschließlich zum Schutz des eigentlichen Markeninhabers erfolgt, etwa, wenn der Agent hierdurch der unmittelbar bevorstehenden missbräuchlichen Anmeldung der Marke durch einen Dritten zuvorkommen will und aus Zeitnot nicht in der Lage ist, die Zustimmung des Inhabers einzuholen, wobei er gleichzeitig die Absicht zum Ausdruck bringt, die Marke später auf den Inhaber übertragen zu wollen.

VI. Übertragungsverfahren

174 Seit 2017 besteht ein **Übertragungsverfahren** vor dem EUIPO für **eingetragene** Agentenmarken (Art. 22 UMV und Art. 20 DVUM) eingeführt. Berechtigte Markeninhaber mögen sich strategisch überlegen, ob sie Widerspruch einreichen oder – mit ähnlichem Aufwand und identischen Nachweisen – nicht lieber die Eintragung abwarten und dann die Übertragung der Marke beantragen möchten.

C. Widerspruch aufgrund von nicht eingetragenen Marken und sonstigen Kennzeichenrechten (Abs. 4)

I. Einleitung

175 Widersprüche können gemäß Art. 8 Abs. 2 grundsätzlich nur auf eingetragene Unionsmarken oder eingetragene nationale Marken bzw. auf die EU oder eines ihrer Mitgliedstaaten erstreckte internationale Registrierungen gestützt werden (Art. 8 Abs. 2). Eine Ausnahme stellt diesbezüglich – neben dem Spezialfall der Agentenmarke (→ Art. 8 Rn. 156) – die iSv Art. 6bis PVÜ in einem Mitgliedstaat notorisch bekannte Marke dar, deren Schutz nicht von ihrer Eintragung abhängt.

176 Art. 8 Abs. 4 erweitert die Kategorien der Rechte, auf deren Grundlage der Eintragung einer Unionsmarke widersprochen werden kann, auf **nicht eingetragene Marken** (→ Rn. 181) sowie auf **sonstige geschäftliche Kennzeichenrechte** (→ Rn. 182). Diese Vorschrift dient in erster

Linie der Klärung des Verhältnisses zwischen solchen – nicht harmonisierten (s. Erwägungsgrund 11 MRL) – prioritätsälteren nationalen Rechten und jüngeren Unionsmarken.

177   Die genannten nach mitgliedstaatlichen Vorschriften geschützten älteren Rechte sind von Art. 8 Abs. 4 allerdings nur dann als Widerspruchsgrund anerkannt, wenn ihnen eine **gewisse wirtschaftliche Bedeutung** zukommt (→ Rn. 196). Ist ihre Bedeutung lediglich örtlicher Natur, kann der Inhaber des betreffenden Rechts nicht die Eintragung einer Unionsmarke verhindern, sondern allenfalls deren Benutzung in dem Gebiet, in welchem das ältere Recht geschützt ist (Art. 138 Abs. 1; vgl. auch EuGH C-112/21, GRUR 2022, 989 Rn. 47 – Classic Coach Company, zu Art. 14 Abs. 3 MRL).

178   Art. 8 Abs. 4 gilt auch für sonstige geschäftliche Kennzeichenrechte, welche nach **Unionsrecht** geschützt sind. Für den bisher wichtigsten Anwendungsfall der Ursprungsbezeichnungen und geografischen Angaben (vgl. EuGH C-96/09 P, GRUR 2011, 737 – BUD) wurde 2016 mit Art. 8 Abs. 6 eine eigenständige Vorschrift geschaffen. Im Folgenden wird daher nur auf **nationale** – dh gemäß dem **Recht von Mitgliedstaaten** der EU geschützte – Rechte eingegangen.

179   Neben älteren nicht eingetragene Marken und sonstigen geschäftlichen Kennzeichenrechten iSv Art. 8 Abs. 4 (Art. 60 Abs. 1 lit. c) können im **Nichtigkeitsverfahren** darüber hinaus **weitere** sonstige – von Art. 8 Abs. 4 nicht umfasste – **Untersagungsrechte** geltend gemacht werden (Art. 60 Abs. 2).

180   Die Tatbestandsvoraussetzungen des Art. 8 Abs. 4 sind **kumulativ.** Der Widerspruch ist nur dann begründet, wenn die ältere nicht eingetragene Marke bzw. das ältere Kennzeichenrecht von mehr als lediglich örtlicher Bedeutung ist und seinen Inhaber dazu berechtigt, die Benutzung einer jüngeren Marke zu untersagen.

II. Geschützte ältere Rechte

1. Nicht eingetragene Marken

181   Rechte an **nicht eingetragenen Marken** können in einigen Mitgliedstaaten der EU (etwa Frankreich, Spanien, die Benelux-Staaten, Rumänien) wie auch in der Union selbst (Art. 6) nicht erworben werden. Die Mehrzahl der Mitgliedstaaten schützen jedoch durch Benutzung erworbene Markenrechte. Sie gehören zu den häufigsten Grundlagen von Widersprüchen nach Art. 8 Abs. 4.

2. Sonstige geschäftliche Kennzeichenrechte

182   Art. 8 Abs. 4 bezieht sich auf im geschäftlichen Verkehr benutzte „**Kennzeichenrechte**". Nicht umfasst sind damit andere Rechte des geistigen Eigentums, denen – wie beispielsweise Urheber-, Patent- oder Geschmacksmusterrechten – keine geschäftliche Identifikationsfunktion zukommt (EuG T-255/08, GRUR Int 2011, 63 – Jose Padilla). Dies zeigt auch der Vergleich mit Art. 60 Abs. 2.

183   Die in Art. 8 Abs. 4 genannten Kennzeichenrechte umfassen sämtliche Arten von **Unternehmenskennzeichen** wie Firmen- und Handelsnamen sowie **Geschäftsabzeichen.** Auch **Domainnamen** und **Werktitel** können hierunter fallen. Namen natürlicher Personen sind dann umfasst, wenn sie Schutz als Unternehmenskennzeichen genießen (→ MarkenG § 5 Rn. 21 ff.). Widersprüche aufgrund von Firmenrechten kommen in der Praxis häufig vor.

184   Gleiches gilt für Kennzeichen, die gemäß Section 10 (4) (a) Trade Mark Act 1996 Irland (und vor dem Austritt des Vereinigten Königreichs aus der EU gemäß Art. 50 EUV iVm Art. 126 BrexitAbk und Art. 127 Abs. 1 BrexitAbk zum 31.12.2020 gemäß Section 5 (4) UK Trade Mark Act 1994) nach den Regeln des common law gegen „**passing off**" geschützt sind (hierzu EuG T-114/07, GRUR Int 2010, 147 Rn. 48 ff. – LAST MINUTE TOUR), auch wenn der eigentliche Schutzgegenstand dieses Rechtsinstituts der mit der Ausübung eines Geschäftsbetriebs unter einem bestimmten Namen bzw. Zeichen verbundene „goodwill" ist.

185   Eine Aufzählung aller als Grundlage eines Widerspruchs aus Art. 8 Abs. 4 in Betracht kommenden nationalen Kennzeichenrechte würde angesichts der Vielzahl der Regelungen in den einzelnen Mitgliedstaaten den Rahmen der vorliegenden Kommentierung sprengen.

185.1   Unter anderem waren etwa die **folgenden nationalen Rechte** bereits Gegenstand der Rechtsprechung des EuG und EuGH:
   • Werktitel (EuG T-435/05, GRUR Int 2010, 50 – Dr. No),
   • portugiesischer Handelsname (EuG verb. Rs. T-318/06 bis T-321/06, GRUR Int 2009, 728 – GENERAL OPTICA),

- nicht eingetragene englische Marke/„passing off" (EuG T-114/07, GRUR Int 2010, 147 – Last Minute Tour; T-303/08, BeckRS 2010, 91412 – GOLDEN ELEPHANT),
- spanischer Handelsname (EuG T-485/07, BeckRS 2011, 81346 – Olive Line),
- deutscher Firmenname (EuG T-506/11, BeckRS 2013, 80812 – Peek & Cloppenburg, bestätigt durch EuGH C-325/13 P, GRUR Int 2014, 952),
- französischer Firmenname (EuG T-453/11, BeckRS 2015, 81380 und EuGH C-598/14 P, GRUR Int 2017, 502 – Forge de Laguiole),
- schwedischer Handelsname (EuG T-474/09, BeckRS 2013, 80229 – JACSON OF SCANDINAVIA AB),
- nicht eingetragene tschechische Marke (EuG T-435/12, BeckRS 2018, 25982 Rn. 102 f. – 42 Below).

III. Existenz des älteren Untersagungsrechts

Die Existenz des vom Widersprechenden geltend gemachten älteren Untersagungsrechts – dh **186** **Inhaberschaft, Entstehung und Priorität** sowie **Schutzumfang** – richtet sich nach dem anwendbaren nationalen Recht.

1. Älteres Recht

Insbesondere muss das nicht eingetragene Markenrecht oder das Kennzeichenrecht gemäß Art. 8 **187** Abs. 4 lit. a **vor dem Anmeldetag** der angegriffenen Unionsmarkenanmeldung, ggf. vor dem Tag der in Anspruch genommenen Priorität, **entstanden** sein. Verlangt das maßgebliche nationale Recht für das Kennzeichenrecht lediglich eine Eintragung, genügt diese den Anforderungen des Art. 8 Abs. 4 lit. a, soweit sie vor dem Anmeldetag erfolgte. Verlangt das maßgebliche nationale Recht aber eine Benutzung des Zeichens, muss diese vor dem Anmeldetag der angegriffenen Marke begonnen haben. Soweit das nationale Recht Verkehrsdurchsetzung oder Bekanntheit voraussetzt, müssen diese ebenfalls am Anmeldetag der angegriffenen Anmeldung vorgelegen haben (s. zB zum „goodwill" als Voraussetzung des „passing off" EuG T-303/08, BeckRS 2010, 91412 Rn. 99 – GOLDEN ELEPHANT).

2. Recht, die Benutzung einer jüngeren Marke zu untersagen

Gemäß Art. 8 Abs. 4 lit. b muss die ältere nicht eingetragene Marke oder das ältere sonstige **188** Kennzeichenrecht seinem Inhaber das Recht verleihen, die **Benutzung** einer jüngeren Marke zu **untersagen.**

Regelmäßig berufen sich Widersprechende im Rahmen von Art. 8 Abs. 4 auf nationale Vor- **189** schriften, die ihnen ein Widerspruchsrecht gegen nationale Markenanmeldungen oder einen Anspruch auf Löschung einer nationalen Marke verleihen. Diese dürften jedoch zumindest dann irrelevant sein, wenn das anwendbare nationale Recht für die Untersagung der Benutzung des jüngeren Zeichens andere Rechtsgrundlagen vorsieht (vgl. EuG T-387/13, GRUR-Prax 2015, 531 Rn. 39–43 – Columbiano House; T-435/12, BeckRS 2018, 25982 Rn. 102 f. – 42 Below; vgl. auch EuG T-183/17, BeckRS 2018, 6399 Rn. 30 ff. – Mann in historischem Kostüm, zu Art. 60 Abs. 2 lit. d).

Das Recht, die Benutzung der jüngeren Marke zu untersagen, muss sich **nicht** notwendiger- **190** weise auf das **gesamte Gebiet** des betreffenden Mitgliedstaats erstrecken (EuGH verb. Rs. C-325/ 13 P und C-326/13 P, GRUR Int 2014, 952 Rn. 58 – Peek & Cloppenburg). Ein Widerspruch aus Art. 8 Abs. 4 kann daher grundsätzlich auch auf solche ältere Rechte gestützt werden, die – beispielsweise aufgrund von Rechten eines Gleichnamigen (→ MarkenG § 23 Rn. 15 ff.) – nicht im gesamten Gebiet des betreffenden Mitgliedstaates Schutz genießen bzw. durchsetzbar sind. Dass ein nicht bundesweit geschütztes oder durchsetzbares älteres Kennzeichenrecht grundsätzlich die Eintragung einer kollidierenden Unionsmarke verhindern kann, nicht aber die Eintragung einer deutschen Marke (→ MarkenG § 12 Rn. 18 ff.), ist Ausdruck der Autonomie des Unionsmarken- systems.

Das Bestehen eines Untersagungsrechts bestimmt sich unmittelbar nach dem anwendbaren – **191** nicht harmonisierten – nationalen Recht (EuG T-96/13, BeckRS 2015, 81570 Rn. 29 – Маска). Der **Rückgriff auf unionsrechtliche Kriterien** ist damit grundsätzlich **unzulässig.** Soweit das anwendbare nationale Recht auf (unions-)markenrechtliche Kriterien wie Verwechslungsgefahr und Warenähnlichkeit zurückgreift, dürften allerdings keine ausführlicheren rechtlichen Darlegun- gen erforderlich sein. Dies gilt aber nicht bei rein nationalrechtlichen Kriterien, wie etwa der Branchennähe (→ MarkenG § 15 Rn. 44 f.) im deutschen Firmenrecht (EuG T-129/22, EU:T:2022:845 = GRUR-RS 2022, 36970 Rn. 82, 84 ff. – Bimba Toys).

192   Klärt sich nach Erlass der Entscheidung des EUIPO eine entscheidungserhebliche Auslegungsfrage des anwendbaren nationalen Rechts durch eine neuere Rechtsprechung der zuständigen nationalen Gerichte, muss die Beschwerdekammer bzw. der EuG nach der „neuen" Rechtslage entscheiden und ggf. die Entscheidung der Vorinstanz aufheben (EuGH C-598/14 P, GRUR Int 2017, 502 Rn. 40 f. – Forge de Laguiole). Während das Legalitätsprinzip hier unbeschränkt gilt, soll die Anwendung des mitgliedstaatlichen Rechts im Rechtsmittelverfahren vor dem EuGH nur noch beschränkt nachprüfbar sein (EuGH C-598/14 P, GRUR Int 2017, 502 Rn. 40, 41 – Forge de Laguiole).

193   Diese Voraussetzungen müssen im **konkreten Fall** erfüllt sein. Der Widersprechende muss nach nationalem Recht in der Lage sein, die Benutzung gerade der angegriffenen Marke untersagen zu können (EuG verb. Rs. T-57/04 und T-71/04, BeckRS 2007, 70395 Rn. 89 – Budweiser King of Beers). Allerdings muss der Widersprechende nicht nachweisen, dass er dieses Untersagungsrecht auch ausgeübt hat und er tatsächlich ein Verbot einer solchen Benutzung erwirken konnte (EuGH C-96/09 P, GRUR 2011, 737 Rn. 190 f. – BUD).

194   Die Prüfung nach nationalem Recht ist – aufgrund des gemäß Art. 8 Abs. 4 lit. b unbeschränkten Verweises auf das nationale Recht – umfassend und bezieht sich damit grundsätzlich auch auf Einreden (EuG T-443/18, GRUR-RS 2020, 9079 Rn. 69 – Peek & Cloppenburg). Macht der Inhaber der angegriffenen Unionsmarkenanmeldung **eigene „noch ältere" Rechte oder Einreden** geltend, die gemäß den Vorschriften des anwendbaren nationalen Recht dem Entstehen, dem Bestand oder der Geltendmachung der vom Widersprechenden geltend gemachten Untersagungsbefugnis entgegenstehen (vgl. auch EuGH C-112/21, GRUR 2022, 989 Rn. 63 f. – Classic Coach Company), sind diese Rechtsfragen – sofern vom Markenanmelder substantiiert dargelegt und nachgewiesen (zur Darlegungs- und Beweislast → Rn. 211) – vom EUIPO zu prüfen (EuG T-443/18, GRUR-RS 2020, 9079 Rn. 69 – Peek & Cloppenburg; s. auch EuG T-459/17, BeckRS 2018, 31052 Rn. 16 f., 36 ff. – The Commodores; s. aber noch – ungeachtet der Besonderheiten nicht eingetragener älterer Rechte – EuG T-435/12, BeckRS 2018, 25982 Rn. 108 ff. – 42 Below; T-287/17, BeckRS 2019, 948 Rn. 50 ff. – Swemac).

194.1   Auch wenn es auf die tatsächliche Ausübung des Benutzungsuntersagungsrechts nicht ankommt, stellt sich jedoch die Frage, ob auch ein Widersprechender, der seit Jahren erfolglos in vielen Instanzen versucht, die Benutzung eines Zeichens zu untersagen, welches der angemeldeten Unionsmarke entspricht, seiner Darlegungslast nach Art. 8 Abs. 4 lit. b nachkommt. Auch in einer solchen Situation ist eine Aussetzung des Widerspruchsverfahrens geboten oder unter Umständen gar an eine Zurückweisung des Widerspruchs zu denken, da der Widersprechende die Darlegungs- und Beweislast das Bestehen des geltend gemachten Untersagungsrechts trägt und anhaltende Zweifel sich grundsätzlich zu seinen Lasten auswirken.

IV. Anerkennung des älteren Untersagungsrechts

195   Unabhängig von möglicherweise durch das nationale Recht aufgestellten Benutzungserfordernissen („wenn und soweit") müssen nach nationalem Recht geschützte nicht eingetragene Marken und sonstige Kennzeichenrechte gemäß Art. 8 Abs. 4 auch **„im geschäftlichen Verkehr von mehr als lediglich örtlicher Bedeutung benutzt"** worden sein.

1. Funktion des unionsrechtlichen Benutzungserfordernisses

196   Zweck dieses spezifischen und autonomen unionsrechtlichen Tatbestandsmerkmals ist es, Widersprüche gegen Unionsmarken auf solche Zeichen zu beschränken, welche auf ihrem relevanten Markt tatsächlich in ausreichendem Umfang präsent sind (EuG T-318/06 bis T-321/06, GRUR Int 2009, 728 Rn. 33, 36 – General Optica; EuGH C-96/09 P, GRUR 2011, 737 Rn. 157, 158 – BUD; vgl. auch Art. 138 Abs. 1).

197   Ältere Rechte, deren Entstehung und Schutzumfang sich ausschließlich nach nationalem Recht bestimmen, werden damit nur dann als Widerspruchsrechte anerkannt, wenn ihr Schutz auf Unionsebene **wirtschaftlich gerechtfertigt** ist (s. auch EuG T-796/17, BeckRS 2019, 1388 Rn. 76–70 – Mouldpro). Das Benutzungserfordernis stellt somit im Kern als die „unionsrechtliche Existenzvoraussetzung" für diese nationalen Kennzeichenrechte im Rahmen des Art. 8 Abs. 4 dar.

197.1   Dem Wortlaut von Art. 8 Abs. 4 („auf Widerspruch des Inhabers einer nicht eingetragenen Marke oder eines sonstigen im geschäftlichen Verkehr benutzten Kennzeichenrechts") lässt sich nicht mit letzter Gewissheit entnehmen, ob das Erfordernis der Benutzung im geschäftlichen Verkehr auch für nicht eingetragene Marken gelten soll, wofür indes die Wendung des „sonstigen im geschäftlichen Verkehr benutzten" Recht spricht sowie insbesondere die spezifische Funktion des unionsrechtlichen Benutzungserfordernisses.

Das EUIPO geht damit zutreffend davon aus, dass das Merkmal auch insoweit Anwendung findet (vgl. HABM BK 17.3.2011 – R 1529/2010-1 – GLADIATOR, zu nicht eingetragener tschechischer Marke).

2. Benutzung im geschäftlichen Verkehr

Benutzung im geschäftlichen Verkehr erfordert eine kommerzielle Benutzung, dh im Zusammenhang mit einer **auf einen wirtschaftlichen Vorteil gerichteten Tätigkeit** unter Ausschluss von solchen im rein privaten Bereich (vgl. EuGH C-206/01, GRUR Int 2003, 229 Rn. 40 – Arsenal). Sie entspricht aber nicht der „ernsthaften Benutzung" iSv Art. 18 (EuGH C-96/09 P, GRUR 2011, 737 Rn. 143 ff. – BUD). Insbesondere ist eine markenmäßige Benutzung nur bei nicht eingetragenen Marken zu verlangen, sonstige Rechte müssen im Einklang mit ihrer jeweiligen Hauptfunktion benutzt worden sein. **198**

Das Erfordernis einer kommerziellen Benutzung bedeutet indes nicht, dass die Benutzung stets entgeltlich sein müsste. So können etwa auch kostenlose Lieferungen berücksichtigt werden, wenn sie bspw. zur Eroberung neuer Absatzmärkte und damit im Zusammenhang mit einer auf einen wirtschaftlichen Vorteil gerichteten Tätigkeit erfolgten (EuGH C-96/09 P, GRUR 2011, 737 Rn. 152 – BUD). **199**

3. Benutzung vor dem Anmeldetag der angegriffenen Unionsmarke

Die nicht eingetragene Marke oder das ältere Kennzeichen muss **vor dem Anmeldetag** bzw. dem Prioritätsdatum der angegriffenen Unionsmarke im geschäftlichen Verkehr benutzt worden sein. Dies ergibt sich zwar nicht unmittelbar aus dem Wortlaut von Art. 8 Abs. 4, folgt aber notwendigerweise aus dem Prioritätsprinzip sowie der spezifischen Funktion des Benutzungserfordernisses als „unionsrechtlicher Existenzvoraussetzung" dieser Rechte. Auch soll verhindert werden, dass ein Widerspruch auf Rechte gestützt wird, deren Benutzung nur aufgenommen wurde, um die Eintragung einer neuen Marke zu verhindern (EuGH C-96/09 P, GRUR 2011, 737 Rn. 166 f. – BUD). **200**

Da das Benutzungserfordernis des Art. 8 Abs. 4 die tatsächliche und hinreichende wirtschaftliche Präsenz des Zeichens auf dem relevanten Markt bezweckt, müssen sich die vom Widersprechenden diesbezüglich vorgelegten Benutzungsnachweise notwendigerweise auf diesen Referenzzeitpunkt beziehen bzw. Rückschlüsse für diesen Zeitpunkt zulassen (vgl. EuGH C-96/09 P, GRUR 2011, 737 Rn. 168 – BUD; s. auch EuG T-566/20, GRUR-RS 2021, 24147 Rn. 52–56 – Palladium Hotel Garden Beach). **201**

4. Benutzung in dem relevanten Schutzgebiet

Aus dem Territorialitätsprinzip folgt, dass die Benutzung des Zeichens (vgl. EuG T-768/20, GRUR-RS 2022, 16399 Rn. 34 ff. – The Standard) in dem Gebiet stattgefunden haben muss, in dem das ältere Kennzeichen Schutz genießt; die Benutzung des Zeichens ist entsprechend für jedes Gebiet, in dem das geltend gemachte ältere Recht geschützt ist, getrennt zu prüfen (EuGH C-96/09 P, GRUR 2011, 737 Rn. 161 ff. – BUD, anders dagegen noch die Vorinstanz, EuG T-225/06 Rn. 167 – BUD). **202**

5. Benutzung von mehr als lediglich örtlicher Bedeutung

Die mehr als lediglich örtliche Bedeutung des älteren Rechts bestimmt sich nicht allein nach Maßgabe der geografischen Reichweite seines Schutzes. Diese ist vielmehr in erster Linie anhand von **wirtschaftlichen,** auf die tatsächliche Benutzung des Zeichens bezogene Gesichtspunkte zu beurteilen. Dies folgt daraus, dass ein Zeichen trotz einer in geografischer Hinsicht überörtlichen Benutzung nur sporadisch im geschäftlichen Verkehr benutzt worden sein kann. Die Möglichkeit eines Widerspruchs aus Art. 8 Abs. 4 soll jedoch Zeichen vorbehalten sein, die auf ihrem relevanten Markt **tatsächlich und wirklich präsent** sind (EuGH C-96/09 P, GRUR 2011, 737 Rn. 157, 158 – BUD). **203**

Um dies sicherzustellen, stellt die Rechtsprechung bei der Prüfung dieses Tatbestandsmerkmals auch auf die Dauer und die Intensität der Benutzung des älteren Zeichens ab, insbesondere auf seine Benutzung in der Werbung und in geschäftlicher Korrespondenz (EuGH C-96/09 P, GRUR 2011, 737 Rn. 160 – BUD), sowie auf den Kreis der Adressaten (Verbraucher, Wettbewerber, Lieferanten), denen das Zeichen als unterscheidungskräftiges Element bekannt ist (EuG verb. Rs. T-318/06 bis T-321/06, GRUR Int 2009, 728 Rn. 37 – GENERAL OPTICA). Verkaufs- und Werbekataloge sind als Beweis dafür, dass eine Marke hinreichend bedeutsam benutzt worden ist, **204** allerdings nicht ausreichend, wenn sie keinerlei Aussage über den Warenabsatz, den Marktanteil oder die Höhe des Warenumsatzes treffen (EuG T-581/11, GRUR Int 2014, 365 – Baby Bambolina). Für die hinreichende Benutzung eines Domainnamens reicht die bloße Internetpräsenz in mehreren Sprachen ohne den Nachweis tatsächlicher Geschäftstätigkeiten von der Website nicht aus (EuG T-344/13, BeckRS 2014, 82442 Rn. 24, 28 ff. – Funny Bands).

204.1   Im Fall GENERAL OPTICA, in dem das ältere Zeichen im maßgeblichen Zeitpunkt zwar fast seit zehn Jahren benutzt worden war, sich die Benutzung aber auf eine portugiesische Stadt mit 120.000 Einwohnern beschränkte, hat das EuG das Kriterium der mehr als lediglich örtlichen Bedeutung als nicht erfüllt angesehen (EuG verb. Rs. T-318/06 bis T-321/06, GRUR Int 2009, 728 Rn. 44 – GENERAL OPTICA).

204.2   Die Benutzung der Bezeichnung BUD, die zwar in mehreren Städten, aber im Vergleich zum durchschnittlichen Bierabsatz im relevanten Markt nur in einem verhältnismäßig geringen Umfang erfolgte, hat das EuG ebenfalls für nicht ausreichend befunden, um ihr eine mehr als lediglich örtliche Bedeutung beizumessen (vgl. EuG T-225/06 RENV, BeckRS 2013, 80241 – BUD).

205   Eine tatsächlich hinreichende Präsenz des Zeichens auf dem betreffenden Markt kann auch dann gegeben sein, wenn kein landesweiter Anspruch auf Untersagung der Benutzung einer jüngeren Marke besteht (EuGH verb. Rs. C-325/13 P und C-326/13 P, GRUR Int 2014, 952 Rn. 58 – Peek & Cloppenburg). Umgekehrt werden nicht alle nationalen Rechte, aus denen sich ein landesweiter Unterlassungsanspruch ergibt, tatsächlich in einem Umfang benutzt, welcher den unionsrechtlichen Anforderungen der mehr als lediglich örtliche Bedeutung genügt.

206   Der Inhaber eines älteren Kennzeichenrechts von bloß örtlicher Bedeutung ist nicht völlig schutzlos gestellt. Art. 138 Abs. 1 erlaubt ihm, die Benutzung einer eingetragenen Unionsmarke in dem Gebiet zu untersagen, in dem sein älteres Recht geschützt ist, sofern das Recht des jeweiligen Mitgliedstaates dies vorsieht. Die Gesamtschau der Art. 8, 137 und 138 (dazu EuGH C-325/13 P, BeckRS 2014, 81145 Rn. 56 – Peek & Cloppenburg) legt nahe, dass eine lediglich örtliche Bedeutung iSd Art. 8 Abs. 4 als eine örtliche Bedeutung des Art. 138 Abs. 1 anzusehen ist und letzteres Tatbestandsmerkmal zur Vermeidung von Wertungswidersprüchen ebenfalls ausschließlich nach unionsrechtlichen Maßstäben auszulegen ist.

V. Fortdauer des Untersagungsrechts und der Benutzung

207   Das Untersagungsrecht und die hinreichende wirtschaftliche Präsenz des Zeichens auf dem relevanten Markt müssen nicht nur zum Anmeldezeitpunkt der angegriffenen Unionsmarke bestehen (→ Rn. 187, → Rn. 200), sondern auch zum Zeitpunkt der Einlegung des Widerspruchs bzw. des Nichtigkeitsantrags sowie zum Zeitpunkt des Erlasses der abschließenden Entscheidung das Amts (EuG T-169/19, GRUR-RS 2021, 12481 Rn. 26-30 – Polo Player). Dies folgt aus dem Erfordernis der **Fortdauer** des älteren Rechts im Registerverfahren (Art. 8 Abs. 4: „verleiht", „zu untersagen"; Art. 7 Abs. 2 lit. d DVUM; Erfordernis einer künftigen Kollision der angegriffenen Unionsmarke mit dem älteren Recht). Dieses Erfordernis umfasst aufgrund seiner spezifischen Funktion (→ Rn. 196) auch die mehr als lediglich örtliche Benutzung des Zeichens im geschäftlichen Verkehr (EuG T-581/11, BeckRS 2014, 80185 Rn. 25–27 – Bambolina).

208   Da die maßgeblichen Zeitpunkte im Widerspruchsverfahren in Bezug auf den zu führenden Benutzungsnachweis praktisch meist (allerdings nicht immer) zusammenfallen, ist das Erfordernis der Fortdauer in der Regel für die Nichtigkeitsverfahren bedeutsam. Dagegen dürfte ein Nachweis der Existenz und der Benutzung zwischen diesen maßgeblichen Zeitpunkten grundsätzlich nicht erforderlich sein (vgl. EuG T-609/15, BeckRS 2017, 125564 Rn. 42, 48 – Basic).

209   Der **Wegfall** des älteren Rechts nach seiner Substanziierung – etwa durch eine rechtskräftige Ungültigkeitserklärung durch die zuständigen mitgliedstaatlichen Gerichte (EuGH C-96/09 P, GRUR 2011, 737 Rn. 94 – BUD) oder durch Ablauf der Schutzdauer (EuG T-169/19, GRUR-RS 2021, 12481 Rn. 26–32 – Polo Player) – entzieht dem Widerspruch seine Grundlage. Gleiches gilt aufgrund des Suspensiveffekts von Beschwerde (Art. 66 Abs. 1), Anfechtungsklage und Rechtsmittel (Art. 71 Abs. 3) auch für die auf den Widerspruch bezogenen Beschwerde- und Gerichtsverfahren (vgl. EuGH C-268/12 P, BeckRS 2013, 81056 Rn. 31 – Zydus; EuG T-191/04, GRUR-RR 2006, 398 Rn. 29-34 – Metro; T-500/19, GRUR-RS 2021, 19955 Rn. 40, 41 – Coravin; anders jüngst EuG T-342/20, GRUR-RS 2021, 29107 Rn. 19 – Basmati; T-281/21, GRUR-RS 2022, 4397 Rn. 28-31 – Ape Tees, beide noch nicht rechtskräftig; s. auch → Art. 1 Rn. 30 ff.). Gleiches muss grundsätzlich entsprechend gelten, wenn die Benutzung des Zeichens im Laufe eines (langjährigen) Verfahrens derart reduziert oder gar eingestellt wurde, dass es auf dem relevanten Markt nicht mehr hinreichend präsent ist.

Ist der Bestand des älteren Rechts auf dem Prüfstand, ist dies vom EUIPO zu berücksichtigen, **210** ohne dass es sich aber an die Stelle der zuständigen nationalen Gerichte setzen darf (EuGH C-96/09 P, GRUR 2011, 737 Rn. 95 – BUD). In diesen Fällen spricht somit vieles für eine Aussetzung des Widerspruchsverfahrens nach Art. 71 DVUM.

VI. Nachweis des Untersagungsrechts und der Benutzung

Der **Widersprechende** ist für das Vorliegen der Tatbestandsvoraussetzungen des Art. 8 Abs. 4 **211** **umfassend darlegungs- und beweispflichtig.** Dies betrifft zum einen die Voraussetzungen des geltend gemachten Untersagungsrechts gemäß den Bestimmungen nationalen Rechts und zum anderen die hinreichende tatsächliche Benutzung des geltend gemachten Zeichens nach den Vorgaben des Unionsrechts. Der **Inhaber der angefochtenen Unionsmarkenanmeldung** ist dagegen für das Vorliegen der von ihm geltend gemachten **Einreden** umfassend darlegungs- und beweispflichtig (EuG T-443/18, GRUR-RS 2020, 9079 Rn. 80, 82 f. – Peek & Cloppenburg). Während der Widersprechende dieser Pflicht grundsätzlich innerhalb der Substantiierungsfrist nachzukommen hat, wird der Inhaber der angefochtenen Marke unter Umständen – unter zeitweiser Aussetzung des Verfahrens – auf den nationalen Verfahrensweg zu verweisen sein (so EUIPO BK R 1941/2011-1 Rn. 18–24 – Viper's Concept).

1. Rechtliche Grundlage, Erwerb, Fortbestand und Schutzumfang des älteren Rechts; Einreden

Zur Substantiierung eines Widerspruchs auf der Grundlage von Art. 8 Abs. 4 müssen der **212** Erwerb, der Fortbestand und der Schutzumfang des älteren Rechts nachgewiesen werden (s. Art. 7 Abs. 2 lit. d DVUM).

In Bezug auf das geltend gemachte nationale Recht hat der Widersprechende die rechtlichen **213** Voraussetzungen der Entstehung, dh die jeweils einschlägigen nationalen Rechtsvorschriften, darzulegen sowie deren Erfüllung im konkreten Fall nachzuweisen (EuGH C-487/16 P, EU:C:2018:268 Rn. 46 = BeckRS 2017, 134954 – Group; EuG T-316/16, BeckRS 2017, 144321 Rn. 42, 72 mN – SDC-554S). Der Widersprechende muss belegen, dass er auf der Grundlage der maßgeblichen innerstaatlichen Regelung und den in dem betreffenden Mitgliedstaat ergangenen Gerichtsentscheidungen die Benutzung der angemeldeten Marke untersagen könnte. Die diesbezüglichen Anforderungen sind hoch, Unklarheiten gehen zu Lasten des Widersprechenden bzw. Nichtigkeitsantragstellers (EuG T-343/14, BeckRS 2017, 122236 Rn. 92, 105 – Cipriani; T-118/21, GRUR-RS 2022, 6663 Rn. 60 – Halix Records; T-208/21, GRUR-RS 2022, 6662 Rn. 50 – Dorit).

Das EUIPO darf sich allerdings nicht lediglich darauf beschränken, das nationale Recht anhand **214** der ihm hierzu vorgelegten Unterlagen zu bestätigen, sondern muss diese überprüfen. Dazu hat es sich ggf. von Amts wegen über das nationale Recht zu informieren (EuGH C-530/12 P, GRUR Int 2014, 452 – Mano portafortuna). Diese Überprüfungspflicht entbindet indes weder den Widersprechenden von der ihm im Ausgangspunkt obliegenden Darlegungslast (EuG T-727/14, BeckRS 2016, 82153 Rn. 30 ff. – Animal; T-316/16, EU:T:2017:717 Rn. 42, 72 – SDC-554S; T-35/20, EU:T:2020:579 Rn. 79 ff. – klauenartiger Riss; T-284/20, GRUR-RS 2021, 8771 Rn. 139 ff. – HB Harley Benton) noch ermächtigt sie das EUIPO, die vom Widersprechenden geltend gemachte Rechtsgrundlage von Amts wegen durch eine andere zu ersetzen (EuG T-183/17, BeckRS 2018, 6399 Rn. 22–25 – Mann in historischem Kostüm, zu Art. 60 Abs. 2 lit. d). Diese Grundätze gelten entsprechend für den Rechts- und Tatsachenvortrag des Inhabers der angefochtenen Marke zum Nachweis der von diesem geltend gemachte Einreden (EuG T-443/18, GRUR-RS 2020, 9079 Rn. 80, 82 ff. – Peek & Cloppenburg).

Art. 7 Abs. 2 lit. d DVUM präzisiert die Darlegungslast in Bezug auf die einschlägigen nationalen **214.1** Rechtsvorschriften nun dahingehend, dass „eine eindeutige Angabe der Inhalte ... durch Beifügung von Veröffentlichungen der relevanten Bestimmungen oder Rechtsprechung" zu erfolgen hat (s. EuG T-35/20, EU:T:2020:579 Rn. 80 f. – klauenartiger Riss; T-284/20, GRUR-RS 2021, 8771 Rn. 139 ff. – HB Harley Benton). Dies entspricht den strengen Anforderungen, welche das EUIPO schon bisher an den Nachweis des nationalen Rechts gestellt hat (NB: EuGH C-487/16 P, EU:C:2018:268 Rn. 58 = BeckRS 2017, 134954 – Group bezieht sich auf die alte Rechtslage vor Inkrafttreten der DVUM). Die Darlegungslast bezieht sich auch auf die ggf. von der nationalen Rechtsprechung entwickelten ungeschriebenen Tatbestandsvoraussetzungen (EuG T-129/22, EU:T:2022:845 = = GRUR-RS 2022, 36970 Rn. 81 f. – Bimba Toys). Damit reicht die bloße Ablichtung der in früheren Ausgaben der Prüfungsrichtlinien enthaltenen Beispielliste des EUIPO zu älteren nationalen Rechten bzw. der Verweis hierauf keinesfalls aus. Vielmehr ist der Gesetzestext der jeweils einschlägigen nationalen Bestimmungen in der Originalsprache vorzulegen und ggf. in die Verfahrenssprache zu übersetzen. Nationale Rechtsprechung oder Literatur, auf die sich der Widersprechende beruft, ist in Kopie beizufügen (die bloße Angabe einer Fundstelle genügt nicht) und ebenfalls in die Verfahrenssprache zu übersetzen (s. hierzu EUIPO-Richtlinien Teil C, Abschnitt 4, Rn. 4.2.1).

214.2   Das Amt verlangt außerdem einen substantiierten Vortrag des Widersprechenden, aus welchen Gründen die Voraussetzungen für den Schutz des älteren Rechts tatsächlich erfüllt sind. Bei einem auf eine deutsche Benutzungsmarke gestützten Widerspruch müssten daher nicht nur die einschlägigen Rechtsvorschriften, sondern auch die Benutzung des Kennzeichens nachgewiesen werden. Diese Beweislastanforderungen sind nicht zu unterschätzen (vgl. EuG T-208/21, GRUR-RS 2022, 6662 Rn. 50 ff. – Dorit). Weiterhin müsste anhand des Gesetzeswortlauts sowie des Schrifttums bzw. der einschlägigen Rechtsprechung erläutert werden, was Verkehrsgeltung ist und nach welchen Kriterien ihr Vorliegen geprüft wird. Schließlich müsste eine logische Argumentation dafür vorgebracht werden, warum diese im konkreten Fall erfüllt sind.

214.3   Die oben dargestellten Grundsätze gelten entsprechend, wenn der Widerspruch auf ein Unionsrecht geschütztes älteres Recht gestützt ist; allerdings ist der Widersprechende in diesem Fall nicht verpflichtet, den Text der geltend gemachten Rechtsvorschriften vorzulegen (EUIPO-Richtlinien Teil C Abschnitt 4 Rn. 4.2.2).

214.4   Die geschilderten Substantiierungserfordernisse gelten für die innerhalb der vom EUIPO gesetzten Frist einzureichende Widerspruchsbegründung. Für die Zulässigkeit des Widerspruchs genügt es, dass das Widerspruchsformular eine Wiedergabe des älteren Rechts enthält, außerdem Angaben zur Art des älteren Rechts und zu dessen Schutzgebiet (entweder einer oder mehrere Mitgliedstaaten oder die Union als Ganzes), vgl. Art. 2 Abs. 2 lit. b Ziff. iv DVUM. Die fehlerhafte Ausfüllung des Formulars (bspw. durch Angabe der EU anstatt einzelner Mitgliedstaaten, durch fehlerhafte Bezeichnung der Art des älteren Rechts oder allgemein durch widersprüchliche Angaben) führt nicht zwingend zur Unzulässigkeit des Widerspruchs. Wenn sich die notwendigen Informationen aus weiteren, zusammen mit der Widerspruchsschrift eingereichten Unterlagen ergeben, muss das EUIPO das Vorliegen der Tatbestandsvoraussetzungen des Art. 8 Abs. 4 prüfen (EuG T-356/12, BeckRS 2014, 81053 – SÒ:UNIC).

2. Benutzung des Zeichens

215   Für den Nachweis der mehr als nur örtlichen Benutzung des geltend gemachten Zeichens – nach den in → Rn. 195 ff. genannten spezifischen Maßstäben – gelten im Wesentlichen die gleichen Regeln wie für die ernsthafte Benutzung von eingetragenen Marken (s. EuG T-535/19, GRUR-RS 2020, 35151 Rn. 53 f., 65 – Hottinger; T-517/20, GRUR-RS 2021, 33860 Rn. 43 – geographic).

D. Widerspruch aufgrund von Ursprungsbezeichnungen und geografischen Angaben (Abs. 6)

216   Art. 8 Abs. 6 ist durch die VO (EU) 2015/2424 neu eingeführt worden. Die Vorschrift regelt die Voraussetzungen für einen Widerspruch auf der Grundlage von prioritätsälteren **Ursprungsbezeichnungen** und **geografischen Angaben** erstmals ausdrücklich und **ausschließlich.** Ein gänzlich neuer Widerspruchsgrund wird hierdurch indes nicht geschaffen. Auch vor Einführung des Art. 8 Abs. 6 konnte ein Widerspruch bereits auf Ursprungsbezeichnungen und geografische Angaben als „sonstige im geschäftlichen Verkehr benutzte Kennzeichenrechte" nach Art. 8 Abs. 4 gestützt werden (→ Rn. 178). Allerdings mussten für einen erfolgreichen Widerspruch sämtliche Voraussetzungen des Art. 8 Abs. 4 erfüllt sein. Insbesondere musste die ältere Ursprungsbezeichnung oder geografische Angabe im geschäftlichen Verkehr benutzt worden und von mehr als lediglich örtlicher Bedeutung sein. Dies gilt nach der neuen Regelung des Art. 8 Abs. 6 nicht mehr.

217   Da die Änderungsverordnung keine Übergangsvorschriften vorsieht, findet Art. 8 Abs. 6 auf alle Widersprüche Anwendung, die ab dem Datum seines Inkrafttretens erhoben werden, unabhängig davon, ob der Anmeldetag bzw. das Prioritätsdatum der angefochtenen Markenanmeldung vor oder nach dem Inkrafttreten der Vorschrift liegt. Art. 8 Abs. 4 ist dagegen seit dem Inkrafttreten der Verordnungsreform nicht mehr auf Widersprüche aus Ursprungsbezeichnungen und geografischen Angaben anwendbar, obwohl sich der Wortlaut der Vorschrift nicht geändert hat. Das Amt legt Widersprüche, die fälschlicherweise noch auf Art. 8 Abs. 4 gestützt werden, jedoch zugunsten des Widersprechenden aus, wenn aus der Widerspruchsschrift klar erkennbar ist, dass der Widerspruch auf eine geschützte Ursprungsbezeichnung oder geografische Angabe (und damit auf Art. 8 Abs. 6) gestützt werden soll (vgl. EUIPO-Richtlinien, Teil C, Abschnitt 4, Ziff. 5.1).

Nach Art. 8 Abs. 6 kann jede Person Widerspruch einlegen, die gemäß dem einschlägigen **218** nationalen oder Unionsrecht zur Ausübung der aus einer Ursprungsbezeichnung oder geografischen Angabe entstehenden Rechte berechtigt ist. Unionsrechtliche Vorschriften zum Schutz von Ursprungsbezeichnungen und geografischen Angaben enthalten die VO (EU) 1308/2013 über den Schutz geografischer Angaben für **Weine,** die VO (EU) 251/2014 über den Schutz geografischer Angaben für **aromatisierte Weine,** die VO (EG) 110/2008 über den Schutz geografischer Angaben für **Spirituosen,** sowie die VO (EU) 1151/2012 über den Schutz geografischer Angaben für **Agrarerzeugnisse und Lebensmittel.** Diese Verordnungen schützen die auf ihrer Grundlage eingetragenen Ursprungsbezeichnungen bzw. geografischen Angaben jeweils auf dreifache Weise: (1) gegen eine direkte oder indirekte **gewerbliche Verwendung** der geschützten Bezeichnung, (2) gegen widerrechtliche **Aneignung, Nachahmung** oder **Anspielung,** sowie (3) gegen sonstige **irreführende Praktiken.**

Die Eintragung der angemeldeten Marke wird zurückgewiesen, wenn die im Einklang mit **219** Unionsvorschriften oder nationalem Recht geschützte Ursprungsbezeichnung oder geografische Angabe **prioritätsälter** ist und nach dem für sie jeweils maßgeblichen Recht (zB nach den in → Rn. 218 genannten Verordnungen) zur **Untersagung der Benutzung** einer jüngeren Marke berechtigt. Diese Voraussetzungen, die auch nach der bisherigen Rechtslage galten, bleiben bestehen. Dagegen ist es anders als bisher unter Geltung des Art. 8 Abs. 6 nun **nicht mehr erforderlich,** dass die geografische Angabe oder die Ursprungsbezeichnung auch iSv Art. 8 Abs. 4 im geschäftlichen Verkehr benutzt wird und von mehr als lediglich örtlicher Bedeutung ist. Der Wortlaut des Art. 8 Abs. 6 sieht dies in klarer Abgrenzung zu Art. 8 Abs. 4 nicht vor. Dies stellt eine wesentliche Änderung gegenüber der bisherigen Rechtslage dar, die aufgrund der mit ihr verbundenen Beweiserleichterung zu einer deutlichen Absenkung der Anforderungen an einen erfolgreichen Widerspruch auf der Grundlage von Ursprungsbezeichnungen und geografischen Angaben führt.

E. Widerspruch aus einer bekannten Marke

I. Allgemeines

Art. 8 Abs. 5 enthält **vier Tatbestandsmerkmale,** Zeichenidentität oder -ähnlichkeit, Waren- **220** und Dienstleistungsähnlichkeit, Bekanntheit der älteren Marke(n) und den Eingriffstatbestand. Das vierte Merkmal zerfällt dabei noch einmal in drei Unter-Tatbestandsmerkmale: Ausnutzung der Wertschätzung (Rufausbeutung, → Rn. 253), Beeinträchtigung der Unterscheidungskraft (Verwässerung, → Rn. 251) und Beeinträchtigung der Wertschätzung (→ Rn. 252).

Die Vorschrift ist mit identischem Wortlaut in Art. 5 Abs. 3 lit. a MRL (in ihrer Neufassung **221** vom 16.12.2015), der Parallelbestimmung in der MRL, enthalten. Alle Mitgliedstaaten der EU haben bereits auf Grundlage der MRL 2008, die dies in die Wahl der Mitgliedstaaten stellte, eine Bestimmung über den Schutz bekannter Marken in ihre nationalen Markengesetze aufgenommen. Allerdings spielt dies für Widerspruchs- und Nichtigkeitsverfahren vor dem EUIPO keine Rolle, weil Art. 8 Abs. 5 bekannte nationale Marken ausdrücklich erwähnt und damit eine unmittelbar anwendbare Rechtsgrundlage darstellt. Die auf die Mitgliedstaaten bezogenen Bestimmungen sind lediglich für nationale Amtsverfahren sowie Verletzungsverfahren vor den nationalen Gerichten notwendig.

II. Normzweck

Art. 8 Abs. 5 erweitert den Schutz der Marke, den Art. 8 Abs. 1 lit. b bietet. Während dieser **222** die Herkunftsfunktion der Marke im Blick hat, schützt jener die **Qualitäts- und Werbefunktion** der Marke oder – wie es die Amtliche Begründung zum MarkenG formuliert – den „Goodwill" der Marke (Begr. RegE, BT-Drs. 12/6581, 72). Dieser ist der wirtschaftliche Wert (Ingerl/Rohnke MarkenG § 14 Rn. 1292). Es geht um die Nutzung einer Marke als Kommunikationsmittel und Träger einer allgemeinen Marketingbotschaft (so Schlussanträge GA Sharpston C-252/07, BeckRS 2008, 70693 Rn. 13 – Intel). Insofern soll die Marke hier nicht nur Waren und Dienstleistungen dem Markeninhaber zuordnen, sondern auch dem Verbraucher ein Image vom Markeninhaber und seinen Waren und Dienstleistungen vermitteln und so für ihn werben.

Eine bekannte Marke iSd Art. 8 Abs. 5 genießt daher Schutz nur aufgrund der **Benutzung 223** für die von ihr gekennzeichneten Waren und Dienstleistungen, nicht weil sie etwa auf eine berühmte Person oder ein berühmtes Ereignis verweist (EuG T-255/08, GRUR Int 2011, 63 Rn. 55, 56 – JOSE PADILLA; EuGH C-361/04 P, GRUR 2006, 237 Rn. 17 – Picasso/Picaro;

C-16/06 P, GRUR Int 2009, 397 Rn. 96 – OBELIX/MOBILIX). Die Benutzung spiegelt sich vor allem in den **Investitionen,** die in die Marke fließen, wieder. Dieser wirtschaftliche Aufwand soll geschützt werden.

III. Anwendungsbereich

1. Ältere Marken

224   Art. 8 Abs. 5 ist ausweislich seines Wortlauts ausschließlich anwendbar auf ältere **eingetragene oder früher zur Eintragung angemeldete Marken.** Dies umfasst Unionsmarken, IR-Marken, Benelux- und nationale Markeneintragungen oder Markenanmeldungen. Nicht eingetragene notorisch bekannte Marken iSv Art. 6bis PVÜ sind zwar „ältere Marken" iSv Art. 8 Abs. 2 lit. c, sie können jedoch nicht den erweiterten Schutz nach Art. 8 Abs. 5 in Anspruch nehmen (s. EuG T-255/08, GRUR Int 2011, 63 Rn. 47, 48 – JOSE PADILLA).

225   Nicht eingetragene notorisch bekannte Marken können aber als ältere Rechte iSv Art. 8 Abs. 1 lit. b oder Art. 8 Abs. 4 geschützt sein. Sieht das maßgebliche nationale Recht für solche nicht eingetragenen Marken einen Schutz auch im Bereich nichtähnlicher Waren vor, kann dieser erweiterte Schutz über Art. 8 Abs. 4 geltend gemacht werden. Dies gilt unter anderem für die in Deutschland notorisch bekannten Marken.

226   Zu beachten ist in diesem Zusammenhang, dass Art. 6bis PVÜ nur Warenmarken schützt, nicht auch Dienstleistungsmarken. Nach Art. 16 TRIPS ist aber die Gleichstellung von Dienstleistungs-marken international verbindlich festgeschrieben und daher auch für die EU verbindlich (→ Einl. Rn. 235). Art. 8 Abs. 2 lit. c ist damit auch vereinbar, da er nur hinsichtlich des **Maßstabs** der notorischen Bekanntheit auf Art. 6bis PVÜ verweist, nicht aber hinsichtlich des Schutzgegenstands, dh Dienstleistungsmarken erhalten nach EU-Recht (wie auch nach nationalem Recht) exakt den gleichen Schutz wie Produktmarken.

226.1   Diese Beschränkung auf eingetragene Marken wurde in der Studie über das Gesamtfunktionieren des Europäischen Markensystems des Max-Planck-Instituts bemängelt (vgl. Studie S. 93/94 Rn. 2.134–2.139). Die Studie forderte eine Erweiterung des Schutzes der bekannten Marke in der UMV auf nicht eingetragene Marken (vgl. Studie Rn. 2.136). Der Forderung wurde jedoch nicht Rechnung getragen.

226.2   Im Rahmen des Art. 8 Abs. 1 lit. b kann sich der Anmelder nicht auf eine Bekanntheit seiner Anmeldung berufen, weil ein Bekanntheitsschutz (durch erweiterten Schutzbereich) grundsätzlich nur dem Inhaber der älteren Marke zugutekommt (vgl. EUIPO BK 26.7.2012 – R 1561/2010-4 Rn. 30 – SKY/SKYPE, bestätigt durch EuG T-423/12, BeckRS 2015, 80655 Rn. 71 – SKY/SKYPE; anders nun aber EuG T-554/14, BeckRS 2018, 6412 Rn. 72, 75 – MASSI/MESSI (fig.), das – entgegen der Ansicht der Beschwer-dekammer – einen begrifflichen Unterschied annimmt, weil zumindest ein Teil der relevanten Verbraucher die jüngere Marke mit dem bekannten Fußballspieler in Verbindung brächten und somit die Zeichen unterscheiden könnten). Das gilt auch für Art. 8 Abs. 5. Auch im Rahmen des hier zu prüfenden Zeichen-vergleichs kann sich der Anmelder nicht darauf berufen, die Anmeldung würde sich aufgrund ihrer Bekanntheit begrifflich von der älteren Marke unterscheiden. Allerdings kann eine entsprechende Bekannt-heit durchaus der Rufausbeutung entgegenstehen oder einen rechtfertigenden Grund darstellen.

2. Identische und ähnliche oder nicht ähnliche Waren und Dienstleistungen

227   Art. 8 Abs. 5 galt seinem früheren Wortlaut nach nur für unähnliche Waren und Dienstleistun-gen, wurde aber auf identische oder ähnliche Waren und Dienstleistungen analog angewendet (EuGH C-292/00, GRUR Int 2003, 353 Rn. 30 – Davidoff). Der Wortlaut wurde durch die VO (EU) 2015/2424 dieser Realität angepasst (vgl. EuG T-651/18, BeckRS 2019, 12227 Rn. 55 – HAWKERS; T-459/19, GRUR Rn. 182 – MIKADO). Dies ist – neben der in → Rn. 221 angesprochenen Änderung der MRL – die einzige Änderung in Bezug auf den Bekanntheits-schutztatbestand im Zuge der Reform.

IV. Bekanntheit

1. Relevanter Zeitpunkt

228   Im Widerspruchsverfahren muss die Bekanntheit in dem für den Zeitrang des jüngeren Zeichens maßgeblichen Zeitpunkt bestehen, also grundsätzlich zum **Zeitpunkt der Anmeldung** der jün-geren Marke. Sämtliche Dokumente, die zum Nachweis der Bekanntheit eingereicht werden, müssen also grundsätzlich aus der Zeit vor der Anmeldung stammen. Im Fall einer Marke, die eine Priorität in Anspruch nimmt, ist auf den **Prioritätszeitpunkt** abzustellen. Entwicklungen nach diesen Zeitpunkten sind nicht relevant (klarstellend EuG T-8/17, BeckRS 2018, 25066 Rn. 77 – GOLDEN BALLS II). Für den Eingriffstatbestand des Art. 8 Abs. 5 UMV können auch Umstände bis zum Erlass der Entscheidung berücksichtigt werden (EUIPO 1. BK 16.3.2017 – R 1273/2016-1 Rn. 23 – NIVEA).

Im Rahmen eines Nichtigkeitsantrags nach Art. 60 Abs. 1 lit. a muss der Inhaber der älteren **229** Marke die Bekanntheit zum einen für den Zeitraum bis zur Veröffentlichung der Anmeldung der jüngeren Marke, zum anderen für den Zeitraum bis zum Tag der Einreichung des Nichtigkeitsantrags belegen (vgl. den Wortlaut von Art. 64 Abs. 2). Das kann problematisch sein, wenn die Marke in der Zwischenzeit verwässert wurde oder die Bekanntheit infolge geringerer Benutzung der Marke abgenommen hat. Das wird aber in der Praxis die Ausnahme sein.

Die Bekanntheit muss nach der Rechtsprechung des Gerichts nicht bis zum Zeitpunkt der **230** Entscheidung der Widerspruchs- bzw. der Nichtigkeitsabteilung (und im Beschwerdeverfahren der Beschwerdekammer) weiterbestehen (so nun klar EuG T-8/17, BeckRS 2018, 25066 Rn. 76, 77 – GOLDEN BALLS II; anders allerdings die Richtlinien des Amts, vgl. EUIPO Richtlinien Teil C Widerspruch, Abschnitt 5 Bekannte Marken Art. 8 Abs. 5, Ziff. 3.1.2.5). Verfällt die Bekanntheit zwischenzeitlich, kann der Markenanmelder oder Markeninhaber dies vortragen; allerdings werden die Entscheidungsinstanzen dies im Lichte der Rechtsprechung des Gerichts kaum berücksichtigen können. Auch dies wird in der Praxis selten vorkommen.

Zu beachten ist immer, dass es bei der Bewertung der Bekanntheit einer Marke nicht wie bei **231** der Benutzung auf einen bestimmten Zeitraum ankommt, sondern grundsätzlich sämtliches vor der Anmeldung der Unionsmarke datiertes Material in Frage kommt. Hier gibt es **keine feste zeitliche Grenze.** Wenn der Widerspruchsführer oder Nichtigkeitskläger allerdings ausschließlich sehr alte Dokumente vorlegt, die aus einer Zeit viele Jahre vor dem relevanten Datum stammen, ist der Beweiswert dieser Dokumente geringer und die Bekanntheit nur sehr zurückhaltend zu bejahen. Es ist zudem nicht notwendig, dass die Bekanntheit für einen langen Zeitraum bewiesen wird (EuG T-651/18, BeckRS 2019, 12227 Rn. 20 – HAWKERS).

Ebenso wie bei Benutzungsnachweisen ist der relevante Stichtag nicht als eine absolute Aus- **232** schlussgrenze zu sehen. Stammen Teile der Dokumente aus der Zeit nach dem Anmeldetag der jüngeren Marke oder sind sie überhaupt nicht datiert, ist dieses Material nicht rundheraus zurückzuweisen, sondern kritisch zu prüfen. Wird die Bekanntheit mit Dokumenten, die nach dem Stichtag datiert sind, belegt, ist dieses Material darauf zu prüfen, ob es geeignet ist, eine Bekanntheit vor dem Stichtag zu belegen. Diese Regel beruht auf der Vermutung, dass die Bekanntheit nicht von heute auf morgen entstanden ist, sondern sich schrittweise bildet und meist bereits deutlich vor dem Stichtag bestand (so erneut vom EuG bestätigt, s. EuG T-459/18, BeckRS 2019, 2450 Rn. 121 – MIKADO). Auch hier wird das Amt, je nach Beweislage, die Bekanntheit gegebenenfalls zurückhaltender bejahen.

Vgl. hierzu die EUIPO Richtlinien Teil C Widerspruch, Abschnitt 5 Bekannte Marken Art. 8 Abs. 5, **232.1** Ziff. 3.1.2.5; die 4. Beschwerdekammer hat beispielsweise eine Entscheidung des BPatG aus dem Jahr 1972 als zu lange zurückliegend angesehen, um die Bekanntheit der älteren Marke für Einzelhandelsdienstleistungen für Parfüm-, Kosmetik- und Seifenwaren im Jahr 2006 zu beweisen. Dieser Zeitraum war für die Kammer eindeutig zu lang. Desgleichen hat sie eine Entscheidung des EuG von 2005, die die Bekanntheit der in Rede stehenden älteren Marke im Zeitpunkt 1996 beurteilte, ebenfalls als ungeeignet angesehen, die Bekanntheit derselben im Jahr 2006 zu belegen. Auch ein Zeitraum von zehn Jahren war der Kammer also noch zu lange, vgl. EUIPO BK 9.11.2010 – R 1033/2009-4 Rn. 31 – bebe/PEPE; in der BEATLES-Entscheidung war die sich über einen langen Zeitraum erstreckende Bekanntheit hingegen sogar von Vorteil, vgl. EuG T-369/10, GRUR Int 2012, 791 Rn. 36 – BEATLES/BEATLE. Die ältere Marke der Beatles Gruppe war von der Beschwerdekammer als für Film- und Tonträger sowie Spiele und Spielzeug bekannt angesehen worden (für erstere überragende Bekanntheit, für letztere zumindest von einem gewissen Umfang). Hier wies die Beschwerdekammer insbesondere darauf hin, dass sich Bild- und Tonträger der Beatles in den Jahren 1995 bis 2010 in Rekordzahl verkauft hätten. Auch betonte die Beschwerdekammer, dass der durch verschiedene schriftliche Quellen (unter anderem Wikipedia) bestätigte Ruf der Beatles Band seit über 40 Jahren bestehe.

Hier ist auch zu berücksichtigen, um welche Waren und Dienstleistungen es geht und wie **233** schnell sich ein bestimmtes wirtschaftliches Umfeld ändert (EUIPO Richtlinien, Teil C, Abschnitt 5, Bekannte Marken, Ziff. 3.1.2.5, S. 16). Beispiele sind die sich immer noch schnell verändernden Branchen Computertechnologie, Internet und Mobilfunkkommunikation (obwohl auch in diesen Feldern mittlerweile „große" Marken bereits seit langer Zeit etabliert sind, man denke an Microsoft, Apple und nun auch Google und Facebook). Hier kann eine zügig aufgebaute

Bekanntheit auch schnell vergehen, wenn beispielsweise der Markeninhaber in Insolvenz geht oder aus einer führenden Marktposition verdrängt wird (allerdings nimmt die Bekanntheit von Marken, die einmal in einem bestimmten Markt fest etabliert sind und dann ihre Präsenz verlieren, nur sehr langsam ab, man denke aktuell an Nokia und Blackberry). Grundsätzlich akzeptiert das Amt aber auch hier Beweismittel, die **nach dem ausschlaggebenden Zeitpunkt** datiert sind. Denn auch in schnelllebigen Branchen entsteht Bekanntheit nicht über Nacht.

233.1   In der Entscheidung BOTOX/BOTOLIST hatte das EuG zu klären, ob das vorgelegte Beweismaterial zum Nachweis der Bekanntheit der im Jahre 2002 angemeldeten älteren Marke Botox ausreichte. Obwohl Teile der Beweise, unter anderem eine aussagekräftige Umfrage zur Bekanntheit von Botox, aus der Zeit nach dem Anmeldedatum der älteren Marke datierten, entschied das EuG, dass die Bekanntheit hinreichend dargelegt worden war (EuG verb. Rs. T-345/08 und 357/08, BeckRS 2011, 80724 Rn. 60, 63 – BOTOX/BOTOLIST; bestätigt durch EuGH C-100/11, GRUR Int 2012, 630). Teilweise datierten die Dokumente nur kurze Zeit nach Anmeldung der jüngeren Marke, die Umfrage gab unter anderem Werte von 2003 wieder. Hier berücksichtigte das EuG, dass die Bekanntheit einer Marke sich über einen bestimmten Zeitraum langsam aufbaut. Zudem waren auch die Indizien aus der Zeit vor der Anmeldung der jüngeren Marke stark, beispielsweise war der mit Botox-Produkten erzielte Umsatz in den Jahren 1999 bis 2002 sehr stark angestiegen (EuG verb. Rs. T-345/08 und 357/08, BeckRS 2011, 80724 Rn. 46, 52 – BOTOX/BOTOLIST). Der Entscheidung ist zuzustimmen, sie ist ein Beispiel für eine ausgewogene Beweiswürdigung (vgl. auch EuG verb. Rs. T-345/08 und T-357/08, BeckRS 2011, 80724 Rn. 48–63 – BOTOX/BOTUMAX, zur Beweiswürdigung, ein ganz ähnlich gelagerter Fall, in dem das EuG ebenfalls ausführlich zur Beweislage Stellung nimmt). Anders hat das EuG zu Recht in dem Fall EMIDIO TUCCI/EMILIO PUCCI entschieden. Hier hatte der Widersprechende, die spanische Kaufhauskette Corte Inglés, fast ausschließlich Material aus der Zeit nach der Anmeldung der angefochtenen Marke vorgelegt. Dies genügte der Beschwerdekammer und auch dem EuG nicht (EuG T-8/03, BeckRS 2004, 78263 Rn. 71, 72 – EMIDIO TUCCI/EMILIO PUCCI).

234   Natürlich sind manche Beweismittel stets **nach dem Anmeldezeitpunkt** datiert, wenn sie erst zum Zwecke der Vorlage im streitigen Verfahren erstellt wurden, zB Umfragen, die erst während des laufenden Verfahrens durchgeführt werden. Das stellt das Amt grundsätzlich in Rechnung, und in der Regel wird dies kein Problem sein (so auch ausdrücklich EUIPO Richtlinien, Teil C, Abschnitt 5, Bekannte Marken, Ziff. 3.1.2.5, S. 16). Wie stets müssen dann alle Beweismittel in einer Gesamtschau bewertet und festgestellt werden, ob sie den Anforderungen genügen oder nicht.

235   Die Frage, auf welchen Zeitpunkt sich die Beweismaterialien beziehen, ist von der Frage, wann der Widersprechende dieselben einreicht, zu unterscheiden. Hier gilt grundsätzlich, dass der Widersprechende sämtliche Beweise in der zur Substantiierung des Widerspruchs gesetzten Frist einzureichen hat (vgl. Art. 7 Abs. 1 DVUM, → Art. 95 Rn. 102). Sind die Unterlagen unzureichend oder werden gar keine Beweise eingereicht, ist der Widerspruch als unbegründet zurückzuweisen (vgl. Art. 8 Abs. 1 DVUM, → Art. 95 Rn. 96). Legt der Widersprechende nach Ablauf der in Art. 7 Abs. 1 DVUM genannten Frist Tatsachen oder Beweismittel vor, die wichtige Tatsachen oder Beweismittel ergänzen, die innerhalb dieser Frist eingereicht worden waren und die sich auf dieselbe Anforderung nach Art. 7 Abs. 2 beziehen, muss das Amt nach eigenem Ermessen entscheiden, ob es diese ergänzenden Tatsachen oder Beweismittel akzeptiert. Dies ist nun ausdrücklich in Art. 8 Abs. 5 S. 1 DVUM geregelt (zur neuen Rechtslage → Art. 95 Rn. 91, → Art. 95 Rn. 99). Zu diesem Zweck muss das Amt dem Verfahrensstadium Rechnung tragen und prüfen, ob die Tatsachen oder Beweismittel auf den ersten Blick für den Ausgang des Falls bedeutend erscheinen und ob die Tatsachen oder Beweismittel aus berechtigten Gründen nicht fristgemäß vorgelegt wurden (Art. 8 Abs. 5 S. 2 DVUM). In der Praxis sollte daher möglichst jedes Beweisstück in der Substantiierungsfrist eingereicht werden (→ Art. 95 Rn. 80). Für Beweisunterlagen, die erst in der zweiten Instanz vor der Beschwerdekammer vorgelegt werden gelten die allgemeinen Regeln über die Zulassung von Beweismitteln in der Beschwerdeinstanz (→ Art. 95 Rn. 79 ff. zu Art. 95 Abs. 2). Werden Beweismittel erst im Verfahren vor dem EuG vorgelegt, werden sie nicht berücksichtigt. Erstmals vor Gericht vorgebrachte Tatsachen und Beweismittel sind grundsätzlich unzulässig (→ Art. 95 Rn. 81, → Art. 72 Rn. 61; vgl. EuG T-320/03, GRUR Int 2006, 44 Rn. 14 ff. – LIVE RICHLY).

2. Bekanntheitsgrad

236   Den Begriff der Bekanntheit hat der EuGH im Urteil Chevy konkretisiert (EuGH C-375/97, GRUR Int 2000, 73 – Chevy). Er hat sich dabei in GRUR Int 2000, 73 Rn. 22 ausdrücklich zu einer **Bekanntheitsschwelle** bekannt, dh die Bekanntheit muss einen bestimmten Grad erreichen. Einen bestimmten Prozentsatz hat der EuGH dabei nicht gefordert. Konkret formulierte der EuGH, dass die ältere Marke einem **„bedeutenden Teil" des Publikums bekannt** sein müsste (EuGH C-375/97, GRUR Int 2000, 73 Rn. 26 – Chevy). Im Rahmen der Prüfung des Grads der Bekanntheit müssten „alle relevanten Umstände des Falls" berücksichtigt werden (vgl. Richtlinien des EUIPO, Teil C Widerspruch, Abschnitt 5 Bekannte Marken Art. 8 Abs. 5, Ziff. 3.1.2.1). Auch zum Grad der Bekanntheit muss der Widersprechende konkret vortragen. Er muss nicht vom Amts wegen ermittelt werden (EuG T-655/17, BeckRS 2019, 5478 Rn. 39 – Zara/ZARA TANZANIA ADVENTURES (fig.)).

Als **Beurteilungskriterien** nennt der EuGH den Marktanteil der Marke, die Intensität, die geographische Ausdehnung und die Dauer ihrer Benutzung sowie den Umfang der Investitionen, die der Markeninhaber zu ihrer Förderung getätigt hat. Diese Liste ist aber nicht erschöpfend, und so kommt grundsätzlich jedes Beweismittel in Frage. Die Kriterien sind auch nicht kumulativ. Sind bestimmte Beweismittel überzeugend und ausreichend, müssen nicht zwingend alle genannten Aspekte abgearbeitet werden (EuG verb. Rs. T-345/08 und T-357/08, GRUR Int 2011, 420 Rn. 76 – BOTOX/BOTOLIST, BOTOCYL: hoher Marktanteil der Botox-Marke und hohe Werte in Bekanntheitsumfragen; T-47/06, BeckEuRS 2007, 449401 Rn. 51, 52 – NASDAQ/NASDAQ: hier bejahte das EuG vor allem wegen der Werbeausgaben und der Erwähnung von Nasdaq in der Presse die Bekanntheit der Marke Nasdaq; neuerdings EuG T-651/18, BeckRS 2019, 12227 Rn. 24, 25, 35 – HAWKERS). Der Widersprechende kann sich aller in Art. 97 Abs. 1 aufgeführten Beweismittel bedienen. Einen Überblick über die Beweismittel geben die Richtlinien, s. EUIPO Richtlinien Teil C Widerspruch, Abschnitt 5 Bekannte Marken Art. 8 Abs. 5, Ziff. 3.1.4.3; ein Beispiel für eine kritische Beweiswürdigung ist die Entscheidung EUIPO BK 10.12.2007 – R 216/200-4 Rn. 36–51 – Miles & More/DEGUSMILES & More. **236.1**

Damit gilt auch im Rahmen des Art. 8 Abs. 5, dass die Bekanntheit vor allem über **quantitative Kriterien** ermittelt wird, auch wenn qualitative Kriterien Berücksichtigung finden können. Dabei kommt in der Praxis des Amtes den durch Umfragen ermittelten Bekanntheitswerten sowie Angaben zu Umsatzzahlen und Werbeausgaben die größte Bedeutung zu. Das Amt bejaht die Bekanntheit zwar auch ohne solche Umfragen, wenn die übrigen Beweismittel überzeugend sind (so beispielsweise in EuG T-651/18, BeckRS 2019, 12227 Rn. 20 – HAWKERS); Umfragen helfen aber in hohem Maße, sofern sie bestimmten Anforderungen genügen. Sie können eine ansonsten eher wenig überzeugend bewiesene Bekanntheit „retten", und sogar ohne jeden weiteren Beweis genügen, wenn die Bekanntheitswerte überragend sind (vgl. EUIPO BK 5.6.2000 – R 802/1999-1 Rn. 21 – DUPLO/DUPLO). **236.2**

Das EUIPO ist zudem gehalten, die zum Nachweis der Bekanntheit eingereichten Unterlagen stets im Detail zu prüfen (s. als Beispiel EUIPO BK 1.3.2018 – 954/2017-2 Rn. 19-25 – O LOTTERY KENO (Fig.)). Geschieht dies nicht, wird dies vom EuG regelmäßig gerügt (so zB EuG T-362/15, BeckRS 2016, 82455 Rn. 22 – HENLEY; T-71/15, BeckRS 2017, 135066 Rn. 82 – LAND ROVER; zuletzt EuG T-900/16, BeckRS 2018, 10141 Rn. 37 – DAYADAY). Das macht Sinn, weil von Umfang und Grad der Bekanntheit die Beurteilung der gedanklichen Verknüpfung und des Eingriffstatbestands des Art. 8 Abs. 5 abhängt. Das EuG hat zudem erneut klargestellt, dass das Amt nicht die Bekanntheit als gegebene Tatsache betrachten kann, auch wenn Art. 8 Abs. 5 an einem anderen Tatbestandsmerkmal scheitert (EuG T-62/16, BeckRS 2018, 22861 Rn. 67, 70 – PUMA I; die Beschwerdekammer hatte die Annahme, „dass die Marke bekannt sei", ihrer weiteren Analyse des Falls zugrunde gelegt). Zum Grad der Bekanntheit (beispielsweise unter- oder überdurchschnittliche oder überragende Bekanntheit) muss das Amt damit im Prinzip in jeder Entscheidung Stellung nehmen. **236.3**

3. Bezug zu Waren und Dienstleistungen der älteren Marke

Wenn die Bekanntheit der älteren Marke nur für einen **Teil** der Waren oder Dienstleistungen, für die sie eingetragen ist, nachgewiesen werden kann, dann kann Art. 8 Abs. 5 nur in diesem Maß geltend gemacht werden. Folglich können nur diese Waren oder Dienstleistungen bei der Prüfung berücksichtigt werden (EuG T-357/09, BeckRS 2012, 82125 Rn. 74 – EMILIO TUCCI/EMIDIO PUCCI). Diese Überlegung ist bei der Verteidigung von Unionsmarkenanmeldungen gegen bekannte Marken nützlich. Der Anmelder muss hier stets genau prüfen, auf welche Waren und Dienstleistungen sich die vorgelegten Beweismittel beziehen. **237**

In der Entscheidung BEATLES/BEATLE erkannte das EuG die Bekanntheit der Marke der berühmten Popband für Schallplatten, Videos und Filme an, aber auch für Merchandisingprodukte. Letzteres sah es als erwiesen an, weil die Lizenzierung der Marke „BEATLES" und die Herstellung von Merchandising-Produkten nachgewiesen worden war. Ausdrücklich sah das EuG die Bekanntheit für Merchandising-Produkte aber als geringer an (EuG T-369/10, GRUR Int 2012, 791 Rn. 38 – BEATLES/BEATLE). In der GOLDEN BALLS II-Entscheidung stellte das Gericht klar, dass die Bekanntheit sehr hoch sein kann, **237.1** selbst wenn sie nur auf eine spezielle Dienstleistung beschränkt ist (EuG T-8/17, BeckRS 2018, 25066 Rn. 97 – GOLDEN BALLS II, im Fall waren die Dienstleistungen „Sportwettbewerbe, Organisation von Sportwettbewerben und Trophäenverleihungen" in Klasse 41).

238   Allerdings muss die ältere Marke nicht für die Waren und Dienstleistungen der jüngeren Marke bekannt sein (so ausdrücklich EuG T-32/10, BeckRS 2012, 80565 Rn. 33 – ELLE/ELLA VALLEY). Ob das Eintragungshindernis greift, ist eine Frage des Eingriffstatbestands (→ Rn. 250).

4. Verbraucherkreis

239   Mit der Prüfung, auf welche Waren und Dienstleistungen sich die Bekanntheit bezieht, wird zugleich festgelegt, an welchen Verbraucherkreis sich die bekannte Marke wendet. Nur wenn sich dieser mit dem Verbraucherkreis der jüngeren Marke **überschneidet,** kann Art. 8 Abs. 5 zur Anwendung kommen (so ausdrücklich EuG T-32/10, BeckRS 2012, 80565 Rn. 34 – ELLE/ELLA VALLEY). Dabei ist bei der Prüfung der Bekanntheit stets auf die Waren und Dienstleistungen abzustellen, für die die ältere Marke eingetragen ist (EuGH C-252/07, GRUR 2009, 56 Rn. 33, 34 – Intel).

239.1   Auch in der Chevy-Entscheidung spricht der EuGH von der „vermarkteten" Ware oder Dienstleistung (EuGH C-375/97, GRUR Int 2000, 73 Rn. 24 – Chevy), stellt also auf die Aktivität des Inhabers der älteren Marke ab. Das EuG prüft stets die unter der älteren Marke eingetragenen Waren und Dienstleistungen, vgl. EuG T-369/10, GRUR Int 2012, 791 Rn. 35 – BEATLES/BEATLE; T-32/10, BeckRS 2012, 80565 Rn. 33 – ELLE/ELLA VALLEY).

240   In der Chevy-Entscheidung definierte der EuGH das **relevante Publikum** folgendermaßen: „Das Publikum, bei dem die ältere Marke Bekanntheit erlangt haben muss, ist dasjenige, das von dieser Marke betroffen ist, also je nach der vermarkteten Ware oder Dienstleistung die breite Öffentlichkeit oder ein spezielleres Publikum, zB ein bestimmtes berufliches Milieu" (EuGH C-375/97, GRUR Int 2000, 73 Rn. 24 – Chevy). Massenwaren richten sich an die breite Öffentlichkeit, Spezialwaren an die spezifischen Abnehmer. Abzustellen ist hier auf den Zweck der Ware. Unter Umständen erreicht die Ware oder die Dienstleistung, für die die Marke benutzt wird, mittelbar einen weiteren Verbraucherkreis. So entschied das EuG, dass die Marke Nasdaq nicht nur Angestellte der Finanzindustrie, sondern auch nicht-professionelle Verbraucher erreiche (EuG T-47/06, BeckEuRS 2007, 449401 Rn. 47 – NASDAQ/NASDAQ). Bei auf mehreren Stufen vermarkteten Waren genügt Bekanntheit bei einem einzigen betroffenen Verbraucherkreis.

240.1   Im Fall ELLE/ELLA VALLEY Vineyards schützte die ältere Marke Bücher und Zeitschriften, die jüngere Marke war für Wein angemeldet worden. Beide Marken richteten sich aber an ein Massenpublikum, also an die breite Öffentlichkeit. Die jüngere Marke schützte keine besondere Art von Weinen und richtete sich damit nicht an ein spezialisiertes Publikum, sondern an die Allgemeinheit (EuG T-32/10, BeckRS 2012, 80565 Rn. 29, 35 – ELLE/ELLA VALLEY; das EuG verneinte eine gedankliche Verknüpfung, weil es die Zeichen für unähnlich hielt).

240.2   Das EuG hat im Fall VIPS den Eingriffstatbestand verneint, weil sich die jüngere Marke an ein spezielles Publikum richtete, welches sich mit dem der älteren Marke nicht überschnitt (EuG T-215/03, GRUR Int 2007, 730 Rn. 63 – VIPS).

240.3   Im VIPS-Fall war die jüngere Marke für „Erstellen[s] von Computerprogrammen für den Betrieb von Hotels, Verpflegung von Gästen in Restaurants, Gaststätten" in Klasse 42 angemeldet worden, die ältere Marke beanspruchte in Klasse 42 „Dienstleistungen in Zusammenhang mit der Bereitstellung verzehrfertiger Speisen und Getränke; Restaurants; Selbstbedienungsrestaurants, Kantinen, Bars, Cafeterias, Hoteldienstleistungen". Die ältere Marke richtet sich an alle Verbraucher, die jüngere ausschließlich an die Inhaber von Restaurants und anderen Verpflegungsbetrieben. Eine Überschneidung wurde von EuG für kaum denkbar gehalten (EuG T-215/03, GRUR Int 2007, 730 Rn. 63 – VIPS). Zudem waren für das EuG sonst keine Gründe dafür erkennbar, einen Eingriffstatbestand zu bejahen. Ein irgendwie gearteter Zusammenhang zwischen den betroffenen Dienstleistungen reichte nicht (EuG T-215/03, GRUR Int 2007, 730 Rn. 67 – VIPS). Hieran kann man zweifeln, weil Inhaber von Restaurants unter Umständen auch in anderen Restaurants speisen und somit zum Allgemeinpublikum gehören. Zudem ist denkbar, dass gerade die Profis der Branche eine Software, die denselben Namen wie ein Schnellrestaurant hat, mit letzterem in Verbindung bringen. Zu Recht hat es das EuG allerdings verneint, dass die Assoziation mit einer Schnellrestaurantkette zu einer Rufausbeutung oder Schädigung führt, da eine Assoziation zu Schellimbiss nicht per se positiv sei und das Publikum der jüngeren Marke die von ihr geschützten Dienstleistungen in Ruhe und mit Überlegung in Anspruch nehme (vgl. EuG T-215/03, GRUR Int 2007, 730 Rn. 57, 67 und 73, 74 – VIPS).

5. Territoriale Reichweite der Bekanntheit

Bereits in der Chevy-Entscheidung hat der EuGH in Bezug auf ältere nationale Marken bestä- **241** tigt, dass es für die Feststellung der Bekanntheit dieser älteren Marken genügt, dass letztere auf einem Teil des nationalen Gebiets bekannt ist (EuGH C-375/97, GRUR Int 2000, 73 Rn. 31 – Chevy; in diesem Fall war dies das Benelux-Gebiet).

Später hat der EuGH dann im Hinblick auf ältere Unionsmarken in der Pago-Entscheidung **242** klargestellt, dass die Bekanntheit in einem Mitgliedstaat ausreichen kann, soweit es sich dabei um einen wesentlichen Teil des Unionsgebiets handelt (EuGH C-301/07, GRUR 2009, 1158 Rn. 30 – PAGO). Im konkreten Fall wurde hinzugefügt, dass „angesichts der Umstände des Ausgangsverfahrens" die Bekanntheit in Österreich ausreichend sei.

Der EuGH hat die Frage des territorialen Schutzes der Unionsmarke in der Entscheidung „Iron & **242.1** Smith" weiter verfeinert (vgl. EuGH C-125/14, GRUR 2015, 1002 Rn. 25 – Iron & Smith). Im konkreten Fall ging es um einen Widerspruch aus einer älteren Unionsmarke für „Impulse" gegen eine nationale Markenanmeldung in Ungarn für „be impulsive". Die Bekanntheit der älteren Marke war für das Vereinigte Königreich und Italien anerkannt worden. Dies reichte nach Ansicht des ungarischen Markenamts aus, um von einer Bekanntheit in einem wesentlichen Teil der Union auszugehen. Das vorlegende Rechtsmittelgericht wollte wissen, ob und unter welchen Voraussetzungen der Bekanntheitsschutz auch greift, wenn die Widerspruchsmarke nicht im Mitgliedstaat, in dem die jüngeren Marke angemeldet wurde, sondern ausschließlich in einem anderen Mitgliedstaat (oder mehreren anderen) bekannt ist. Der EuGH stellte fest, dass die Bekanntheit nicht notwendigerweise in dem Mitgliedstaat vorliegen muss, in dem die Anmeldung der jüngeren Marke erfolgt ist. Die Entscheidung betrifft die Auslegung von Art. 4 Abs. 2 MRL 2008 (nun Art. 5 Abs. 3 MRL). In Widerspruchsverfahren vor dem EUIPO besteht das Problem nicht, denn die angegriffene Anmeldung ist ebenfalls stets eine Unionsmarke, die im Territorium aller EU-Mitgliedstaaten gilt (also auch stets in demjenigen, für welchen die Bekanntheit festgestellt wird). Der Vollständigkeit halber soll diese Entscheidung hier aber erwähnt werden, weil sie für den Schutzumfang der Unionsmarke erheblich ist.

Es stellt sich dann in der Prüfung weiter die Frage, ob in einem solchen Fall auch von einer gedanklichen **242.2** Verbindung ausgegangen werden kann. Denn die Verbraucher im Anmeldemitgliedstaat kennen die ältere Marke ja gerade nicht in dem Maße, das für eine Bekanntheit erforderlich ist. Der EuGH hält es, selbst wenn die ältere Unionsmarke einem erheblichen Teil der maßgeblichen Verkehrskreise des Mitgliedstaats, in dem die Anmeldung der jüngeren nationalen Marke erfolgt ist, unbekannt ist, dennoch nicht für ausgeschlossen, dass der Bekanntheitsschutz eingreift, wenn ein „wirtschaftlich nicht unerheblicher Teil" dieser Verkehrskreise die Unionsmarke kennt und sie mit der jüngeren nationalen Marke gedanklich verbindet. Das Gleiche gilt für die Beeinträchtigung bzw. die ernsthafte Gefahr einer künftigen Beeinträchtigung der älteren Marke(n). Das bedeutet, ein wirtschaftlich nicht unerheblicher Teil dieser Verkehrskreise muss die ältere Marke kennen, sie mit der jüngeren nationalen Marke gedanklich verbinden und es muss unter Berücksichtigung aller relevanten Umstände des konkreten Falles entweder eine tatsächliche und gegenwärtige Beeinträchtigung der Unionsmarke vorliegen oder, wenn es daran fehlt, die ernsthafte Gefahr einer solchen künftigen Beeinträchtigung bestehen (EuGH C-125/14, GRUR 2015, 1002 Rn. 34 – Iron & Smith). Die Entscheidung enthält jedoch keine weiteren Ausführungen im Hinblick auf das Kriterium eines „wirtschaftlich nicht unerheblichen Teils". Wann ein solcher Teil des nationalen Adressatenkreises wirtschaftlich nicht unerheblich ist, wird noch zu klären sein.

V. Gedankliche Verknüpfung

Nach der EuGH-Rechtsprechung setzt der Eingriffstatbestand beim erweiterten Schutz **243** bekannter Marken stets voraus, dass die betroffenen Verbraucher zwischen den kollidierenden Marken eine gedankliche Verknüpfung herstellen. Dies wird bereits in der Chevy-Entscheidung formuliert (EuGH C-375/97, GRUR Int 2000, 73 Rn. 23 – Chevy). Diese Verknüpfung definiert der EuGH in der adidas-Entscheidung als einen bestimmten Grad der Ähnlichkeit zwischen den Marken, „auf Grund dessen die beteiligten Verkehrskreise einen Zusammenhang zwischen dem Zeichen und der Marke sehen, dh die beiden gedanklich miteinander verknüpfen, ohne sie jedoch zu verwechseln" (EuGH C-408/01, GRUR 2004, 58 Rn. 29 – adidas; seither ständige Rechtsprechung von EuGH und EuG, vgl. EuGH C-487/07, GRUR 2009, 756 Rn. 26 Rn. 36 – L'Oréal; C-252/07, GRUR 2009, 56 Rn. 30 – Intel).

Die gedankliche Verknüpfung ist ein eigenes Tatbestandsmerkmal des Art. 8 Abs. 5 und ent- **244** spricht strukturell der Verwechslungsgefahr (EuGH C-408/01, GRUR 2004, 58 Rn. 27 – adidas). Letztere ist aber gerade keine zwingende Voraussetzung. Der EuGH stellte bereits in Sabèl fest, dass der Schutz bekannter Marken eine Verwechslungsgefahr nicht voraussetzt (EuGH C-251/95, GRUR Int 1998, 56 Rn. 20, 21 – SABEL). Art. 8 Abs. 5 ist gegenüber Art. 8 Abs. 1 lit. b insofern ein aliud. Wenn die angesprochenen Verkehrskreise klar erkennen, dass bestimmte Waren von verschiedenen Unternehmen stammen, können sie sie dennoch miteinander gedanklich verknüpfen, was markenrechtlich geahndet wird, falls es zu einer Rufausbeutung oder Rufbeeinträchtigung führt (EuG T-215/03, GRUR Int 2007, 730 Rn. 42 – VIPS; T-32/10, BeckRS 2012, 80565 Rn. 37 – ELLE/ELLA VALLEY).

245   Die gedankliche Verknüpfung ist grundsätzlich unter Berücksichtigung aller relevanten Umstände des Einzelfalls umfassend zu beurteilen (EuGH C-252/07, GRUR 2009, 56 Rn. 62 – Intel) und ergibt sich insbesondere aus dem Zusammenspiel der folgenden Faktoren (EuGH C-252/07, GRUR 2009, 56 Rn. 42 – Intel; instruktiv EuG T-369/10, GRUR Int 2012, 791 Rn. 49–59 – BEATLES/BEATLE):

- Der **Grad der Ähnlichkeit** der einander gegenüberstehenden Marken. Die Wahrscheinlichkeit einer gedanklichen Verknüpfung liegt umso eher vor, je größer der Grad der Ähnlichkeit ist (EuGH C-252/07, GRUR 2009, 56 Rn. 44 – Intel).
- Die **Art der Waren und Dienstleistungen,** für die die einander gegenüberstehenden Marken jeweils eingetragen sind, einschließlich des Grades der Nähe oder der Unähnlichkeit dieser Waren und Dienstleistungen sowie der betreffenden Verkehrskreise. Bei völlig unterschiedlichen Verkehrskreisen ist die Verknüpfung zu verneinen (EuGH C-252/07, GRUR 2009, 56 Rn. 49 – Intel). Zu weit ging es der Fünften Beschwerdekammer zB, eine Verknüpfung zwischen Armbanduhren und dentalchirurgischen Instrumenten zu bejahen (vgl. EUIPO BK 24.5.2018 – R 1874/2017-5, Rn. 52 – Rolex (fig.)). Allerdings genügt der Hinweis auf eine angebliche Unähnlichkeit der Waren und Dienstleistungen nicht, um Art. 8 Abs. 5 UMV zu verneinen (EuG T-372/17, BeckRS 2018, 30215 Rn. 110 – LV).
- Der **Grad der Bekanntheit** der älteren Marke. Aufgrund einer besonders hohen Bekanntheit der Marke, die über die eigentlich von ihr angesprochenen Verkehrskreise hinausgeht, kann auch ein Verbraucher, der mit der jüngeren Marke in einem ganz anderen Bereich konfrontiert wird, die Verknüpfung herstellen (EuGH C-252/07, GRUR 2009, 56 Rn. 53 – Intel). Eine irgendwie geartete Einmaligkeit der älteren Marke kann als Aspekt berücksichtigt werden, genügt aber für sich nicht (EuGH C-252/07, GRUR 2009, 56 Rn. 64 – Intel). Dieser Aspekt kann auch gegen eine gedankliche Verknüpfung sprechen. Ein Beispiel hierfür aus jüngerer Zeit ist die Entscheidung EUIPO 4. BK BeckRS 2015, 124525 Rn. 36 – PUMA I: die Kammer betonte, dass das Wort „Puma" bei einer Vielzahl von Waren an das Tier denken lasse, was die assoziative Verknüpfung mit der bekannten Sportschuhmarke eher dämpfe. In einer Reihe jüngst ergangener Entscheidungen hat das EuG seine Rechtsprechung zu diesem Punkt bestätig und verfeinert. So stellt es in der PRET A DINER-Entscheidung vom 30.11.2016 (EuG T-2/16 Rn. 107, 108, 111 – PRET A DINER) fest, dass trotz gewisser Unterschiede in den Zeichen bei überragender Bekanntheit (das EuG formuliert wörtlich „very significant reputation") eine gedankliche Verknüpfung bejaht werden kann. Hier spielte natürlich auch eine Rolle, dass PRET A DINER die ältere PRET A MANGER Marke strukturell imitiert (s. EuG T-2/16, BeckEuRS 2017, 493376 Rn. 111 – PRET A DINER), was sowohl in der gedanklichen Verknüpfung wie auch in Ausbeutungstatbestand zu berücksichtigen ist. Noch deutlicher betont die Bedeutung des Maßes der Bekanntheit die Darjeeling-Entscheidung des EuG vom 2.10.2015 (EuG T-627/13, GRUR-Prax 2015, 503 Rn. 93, 134 – Darjeeling): eine überragende Bekanntheit (wörtlich „exceptional reputation" und „reputation of exceptional strength") kann eine gedankliche Verknüpfung tragen, auch wenn die Waren und Dienstleistungen stark unterschiedlich sind. Im konkreten Fall standen sich Tee (ältere Marken) und Frauenbekleidung (Anmeldung) gegenüber. Das EuG hat zudem in derselben Entscheidung unter Rn. 134 bestätigt, dass bei einer „überragenden" Bekanntheit von der gedanklichen Verknüpfung direkt auf eine Beeinträchtigung bzw. eine unlautere Ausnutzung geschlossen werden kann, ohne das hier weiter Nachweise für das Vorliegen der Eingriffstatbestände vorgelegt werden müssten (kritisch → Rn. 257.1 ff.). Umgekehrt genügt eine mittlere Bekanntheit nicht, wenn die Zeichen sich in so vielen Punkten unterscheiden, dass nur mehr eine geringe Ähnlichkeit besteht. So wendet das EuG zu Recht in seiner VIÑA SOL-Entscheidung Art. 8 Abs. 5 nicht an, weil sich die in Rede stehenden Zeichen im konkreten Fall zu unähnlich waren (vgl. EuG T-637/15, BeckRS 2017, 111859 Rn. 78 – VIÑA SOL). In der PUMA I-Entscheidung hat das EuG den Beschwerdekammern ausdrücklich die Feststellung des Grades der Bekanntheit auferlegt und den Fall zurückverwiesen. Der Fall wurde von der Ersten Beschwerdekammer mit den Auflagen des Gerichts weitergereicht und hängt nun wieder bei der Widerspruchsabteilung (EuG T-62/16, BeckRS 2018, 22861 Rn. 105 – PUMA I).
- Der Grad der der älteren Marke innewohnenden oder von ihr durch Benutzung erworbenen **Unterscheidungskraft.** Je höher die Unterscheidungskraft, desto größer ist auch die Wahr-

scheinlichkeit der gedanklichen Verknüpfung (EuGH C-252/07, GRUR 2009, 56 Rn. 54 – Intel). Ein Mangel an Unterscheidungskraft kann bei hohem Bekanntheitsgrad nicht zu einer Verneinung der gedanklichen Verknüpfung führen (EuG T-629/16, BeckRS 2018, 2029 Rn. 135 – Adidas II).

- Das Bestehen einer **Verwechslungsgefahr,** die immer die gedankliche Verknüpfung einschließt (EuGH C-252/07, GRUR 2009, 56 Rn. 57 – Intel). Wenn erstere bejaht wird, liegt auch letztere vor. Dieser Punkt ist eine Kontrollüberlegung, nicht ein eigener Faktor.
- Die Existenz einer **Markenfamilie.** Letztere kann als zusätzlicher Faktor für eine gedankliche Verknüpfung sprechen (EuG T-301/09, BeckRS 2012, 82217 Rn. 106 – Citigate; T-518/13, BeckRS 2016, 81646 Rn. 108, 111 – MACCOFFEE; T-428/18, GRUR-RS 2019, 41183 Rn. 72–75 – mcdreams). In der Zeichenähnlichkeit ist sie allerdings nicht zu berücksichtigen (EuGH C-552/09, GRUR Int 2011, 500 Rn. 98 – KINDER/TIMI KINDERJOGHURT).

246 Methodisch ähnelt diese Prüfung derjenigen der Verwechslungsgefahr (vgl. Schlussantrag der Generalanwältin Sharpston, C-252/07, BeckRS 2008, 70693 Rn. 52 – Intel). Abzustellen ist stets auf den normal informierten und angemessen aufmerksamen und verständigen **Durchschnitts-verbraucher** (EuGH C-252/07, GRUR 2009, 56 Rn. 60 – Intel). Dies bedeutet, dass die Verknüpfung nicht nachgewiesen werden muss, sondern normativ festgestellt wird (so ausdrücklich Schlussantrag der Generalanwältin Sharpston C-252/07, BeckRS 2008, 70693 Rn. 52 – Intel; zudem lässt sich dies aus dem Wortlaut des Art. 8 Abs. 5 ableiten, der fordert, dass die Unionsmarkenanmeldung „die Benutzung der angemeldeten Marke die Unterscheidungskraft oder die Wertschätzung der älteren Marke ohne rechtfertigenden Grund in unlauterer Weise ausnutzen oder beeinträchtigen würde". Der Konjunktiv stellt klar, dass hier ein relatives Eintragungshindernis vorliegt, das unabhängig von einer tatsächlichen Benutzung der jüngeren Marke zu beurteilen ist). So hat der EuGH auf eine entsprechende Frage des vorlegenden Gerichts hin erklärt, die Tatsache, dass die ältere Marke für verschiedene bestimmte Arten von Waren oder Dienstleistungen sehr bekannt ist, diese Waren oder Dienstleistungen den Waren oder Dienstleistungen, für die die jüngere Marke eingetragen ist, unähnlich oder in hohem Maße unähnlich sind und die ältere Marke in Bezug auf Waren oder Dienstleistungen gleich welcher Art einmalig ist, impliziere nicht zwangsläufig das Bestehen einer Verknüpfung, spreche aber auch nicht gegen eine solche (EuGH C-252/07, GRUR 2009, 56 Rn. 61, 64 – Intel).

247 Die **Ähnlichkeit der Zeichen** ist nach den üblichen Grundsätzen zu prüfen, also in bildlicher, klanglicher und gedanklicher Hinsicht (EuG T-207/09, GRUR Int 2012, 245 Rn. 31 – NIKE/ NC NICKOL; erneut bestätigt in EuG T-71/15, BeckRS 2017, 135066 Rn. 73; T 398/16, BeckRS 2018, 536 Rn. 77, 79 – Coffee Rocks; interessant in diesem Zusammenhang EuG T-480/12, BeckRS 2014, 82676 Rn. 74 – Master Cola I). Dasselbe gilt für die Waren- und Dienstleistungsähnlichkeit. Zu beachten ist, dass aus der Bekanntheit der älteren Marke nicht die Ähnlichkeit der zu vergleichenden Zeichen folgt. Die Bekanntheit macht lediglich eine gedankliche Verknüpfung der betroffenen Marken durch die beteiligten Verkehrskreise wahrscheinlicher (EuGH C-552/09, GRUR Int 2011, 500 Rn. 58 – KINDER/TIMI KINDERJOGHURT). Eine gedankliche Verknüpfung ist damit auch zwischen Zeichen denkbar, die nur entfernt ähnlich sind (so beispielsweise in EuG T-480/12, BeckRS 2014, 82676 Rn. 74 – Master Cola I und EuG T 398/16, BeckRS 2018, 536 Rn. 76 – Coffee Rocks). Je ähnlicher sich die Marken sind, desto wahrscheinlicher ist auch eine gedankliche Verknüpfung. Kommen das Amt oder die Gerichte aber zu dem Schluss, dass die Zeichen gänzlich unähnlich sind, so kann auch keine gedankliche Verknüpfung bestehen (EuGH C-552/09, GRUR Int 2011, 500 Rn. 65 – KINDER/TIMI KINDERJOGHURT; dies wird von den Beschwerdekammern auch so angewendet, vgl. EUIPO BK 29.3.2017 – R 1567/2016-4, Rn. 33 – LV- LV BET ZAKŁADY BUKMACHERSKIE (fig.)). Das entspricht der Rechtsprechung zu Art. 8 Abs. 1 lit. b, der bei gänzlich unähnlichen Zeichen ebenso unanwendbar ist (vgl. zB EuG T-586/10, BeckRS 2012, 80887 Rn. 63–65 – Parfums Givenchy). Zu beachten ist jedoch, ob der vorhandene, wenn auch geringe Ähnlichkeitsgrad im Hinblick auf das Vorliegen anderer relevanter Faktoren wie der Bekanntheit oder der Wertschätzung der älteren Marke ausreichen kann, damit die angesprochenen Verkehrskreise eine gedankliche Verknüpfung vornehmen (EuGH C-603/14 P, BeckRS 2015, 81979 Rn. 48 – The English Cut; C-581/13 P, C-582/13 P, BeckRS 2014, 82421 Rn. 76 – Golden Balls; → Rn. 245). Dabei ist nach dem EuGH ausdrücklich nicht erforderlich, dass der Zusammenhang, den die Verbraucher zwischen den einander gegenüber stehenden Zeichen herstellen können, unmittelbar ist (EuGH C-603/14 P, BeckRS 2015, 81979 Rn. 50 – El Corte Inglés).

247.1 Die Beurteilung der gedanklichen Verknüpfung im Rahmen des Art. 8 Abs. 5 UMV ist beim Vergleich reiner Bildmarken oder gemischter Wort-/Bildmarken mitunter ausgesprochen schwierig. Die Fünfte

Beschwerdekammer hat die Entscheidung der Widerspruchskammer, dass das Logo des Apple Konzerns und eine Anmeldung für ein Birnenlogo verwechselbar seien, bestätigt. Diese Entscheidung wurde aber nun vom EuG aufgehoben (EUIPO BK 18.1.2017 – R 860/2016-5, Rn. 50 – PEAR; EuG T-215/17, BeckRS 2019, 659 – PEAR, wobei das EuG – zu Recht – befand, dass die Zeichen keine Ähnlichkeit aufwiesen; der Fall zeigt schön die feine Linie zwischen Fällen, die vom Markenrecht noch erfasst werden und solchen, denen nur mit Hilfe des Wettbewerbsrechts beizukommen ist; zur letzten Kategorie gehört wohl auch EuG T-215/17, BeckRS 2019, 659 – PEAR). In einem weiteren Verfahren hat die Fünfte Beschwerdekammer des EUIPO ebenso eine gedankliche Verknüpfung zwischen einer der Anmeldung des eben erwähnten Verfahrens sehr ähnlichen Unionsmarkenanmeldung und dem Apple Logo angenommen (vgl. EUIPO BK 18.1.2017 – R 1042/2016-5, Rn. 53 – Pear Technologies(Fig.), diese Entscheidung wurde nicht mit einer Klage zum EuG angegriffen). Eine Zeichenähnlichkeit bejaht hat das EuG nun auch in seiner Entscheidung T-104/17, BeckRS 2018, 21381 Rn. 48 – apo Apfelzeichen (fig.). Diese Entscheidung ist nachvollziehbar, weil hier die Abbildung eines Apfels zur Anmeldung gebracht wurde. Die Zeichenähnlichkeit verneint wurde zu Recht in EUIPO Widerspruchskammer 29.1.2018 – B 2831439, S. 11 – banana computer. Die Master Cola I-Entscheidung des EuG (vgl. EuG T-480/12, BeckRS 2014, 82676 – Master Cola I; anders aber EUIPO BK 29.8.2012 – R 215612011-2, Rn. 29) und die Entscheidung im Fall Adidas gegen Shoe Branding Europe BVBA (EuG T-145/14, BeckRS 2016, 80618 – Adidas; bestätigt durch EuGH C-396/15, GRUR Int. 2016, 569 – Adidas) illustrieren, wie weit der Anwendungsbereich des Art. 8 Abs. 5 gehen kann. Die Zeichen weisen Unterschiede auf, allerdings verringert sich das Gewicht solcher Unterschiede im Rahmen des Art. 8 Abs. 5 eben gerade unter dem Einfluss der Bekanntheit, und letztere ist hier überragend (EuG T-145/14, BeckRS 2016, 80618 – Adidas, Rn. 53). Das im deutschen Sprachraum überaus bekannte 7-Logo des Fernsehsenders ProSieben konnte sich nicht einmal gegen diesem ähnliche Unionsmarkenanmeldungen für identische Dienstleistungen in Klassen 38 und 41 durchsetzen. Einige dieser Anmeldungen wurden von Fernsehsendern aus anderen europäischen Mitgliedstaaten eingereicht, unter anderem eine rote 7. Auch die überragende Bekanntheit des Logos in den deutschsprachigen Ländern konnte nicht über die bildlichen Unterschiede hinweg helfen (EUIPO BK 14.2.2012 – R 1999/2010-2, Rn. 33, 34 – 7 (fig.)/7 (fig.)); 25.7.2013 – R 78/2012-1 – 7 (fig.)/7 (fig.); 14.11.2012 – R 2456/2011-1 – 7 (fig.)/7(fig.); zuletzt EUIPO BK 5.9.2013 – R 2158/2012-1, Rn. 82–84 – 7 (fig.)/La Siete (fig.), mit der Erwägung, dass bildlich stilisierte Grundzahlen auf ihre spezifische Erscheinungsform reduziert werden sollten).

247.2   Ein Beispiel für das Zusammenspiel der Faktoren ist die Entscheidung SPA/SPAGO des EuG. In diesem Fall hielt das EuG die Zeichen nur für schwach ähnlich. Trotz der nachgewiesenen großen Bekanntheit der älteren SPA Marken sah das EuG keine gedankliche Verknüpfung zwischen den sich gegenüberstehenden Waren Mineralwasser und alkoholische Getränke (EuGH T-438/07, BeckRS 2009, 71368 Rn. 30, 31 – SPA/SPAGO). Eine absolut überragende Bekanntheit kann Zeichen trotz sehr entfernter Waren oder höchst unterschiedlicher Verbraucherkreise miteinander verknüpfen (so bereits ausdrücklich EuGH C-252/07, GRUR 2009, 56 Rn. 51, 52 – Intel).

247.3   Weitere **Fälle,** in denen das EuG eine gedankliche Verknüpfung **bejaht** hat, sind VIAGRA/VIAGUARA (EuG T-332/10, BeckRS 2012, 80405 Rn. 43–53 – VIAGRA/VIAGUARA für pharmazeutische Präparate/alkoholfreie und alkoholische Getränke, bejaht wegen der großen Bekanntheit der älteren Marke und der hohen Zeichenähnlichkeit), BOTOX/BOTOLIST, BOTOCYL (EuG T-345, 357/08, BeckRS 2011, 80724 Rn. 68–79 – BOTOX/BOTOLIST, BOTOCYL für pharmazeutische Präparate/Kosmetik-, Hygiene- und Schminkartikel, bejaht wegen der großen Bekanntheit der älteren Marke und der hohen Zeichenähnlichkeit), BOTOX/BOTUMAX (EuG T-345/08, T-357/08, BeckRS 2011, 80724 Rn. 83–86 – BOTOX/BOTUMAX für pharmazeutische Präparate/Waren der Klassen 3, 5 und 16, bejaht wegen der großen Bekanntheit der älteren Marke und einer noch ausreichenden Zeichenähnlichkeit), SPA/SPA LINE (EuG T-21/07, GRUR Int 2009, 735 Rn. 24–36 – SPA/SPALINE für Mineralwasser und alkoholfreie Getränke/Waren der Klasse 3, bejaht wegen Bekanntheit der älteren Marke und der Zeichenähnlichkeit); SPA/MINERAL SPA (EuG T-21/07, GRUR Int 2009, 735 Rn. 30-32 – SPA/MINERAL SPA; hier geht das EuG im Rahmen der Prüfung der gedanklichen Verknüpfung überhaupt nicht auf die Waren ein, außer unter EuG T-21/07, GRUR Int 2009, 735 Rn. 29: „goods which have a certain nexus with mineral water", für Mineralwasser und alkoholfreie Getränke/Waren der Klasse 3, bejaht wegen Bekanntheit der älteren Marke und der Zeichenähnlichkeit), CITIBANK/CITI (EuG T-181/05, GRUR Int 2009, 53 Rn. 66–74 – CITIBANK/CITI, bejaht wegen der hohen Bekanntheit der älteren Marken, Ähnlichkeit der Zeichen und hohen Ähnlichkeit der Dienstleistungen), La PERLA (fig.)/NIMEI LA PERLA MODERN CLASSIC (EuG T-137/05, BeckEuRS 2007, 449395 Rn. 41–52 – NIMEI LA PERLA MODERN CLASSIC für Unterwäsche/Schmuckwaren, bejaht wegen Bekanntheit der älteren Marke und der Zeichenähnlichkeit). Ebenso wurde in der Entscheidung Master Cola I die Auffassung vertreten, die Zeichen seien ausreichend ähnlich (EuG T-480/12, BeckRS 2014, 82676 Rn. 74 – Master Cola I). Diese Entscheidung ist nach der hier vertretenen Auffassung korrekt, sie dehnt den Schutz des Markenrechts allerdings weit aus. Zu beachten ist hier auch, dass bei Erfrischungsgetränken die bildliche Ähnlichkeit der Zeichen besondere Bedeutung hat, was auch das Gericht erkannt hat (EuG T-480/12, BeckRS 2014, 82676 Rn. 69 – Master Cola I). Zweifelhaft ist die Annahme einer gedanklichen Verknüpfung im Fall „English Cut" (EuG T-515/12, BeckRS 2014, 82558 Rn. 52 und 56, das die gedankliche Verknüpfung bejaht, dann aber den Eingriffstatbestand mangels Beweise verneint). Das Gericht betont hier aber zu Recht, dass bei einer überragenden Bekanntheit Art. 8 Abs. 5 auch angewendet werden kann, wenn der Widersprechende nicht Beweise dafür vorlegt, dass eine Beeinträchtigung wahrscheinlich ist, dies aber nur bei einer überragenden Bekanntheit der Fall sei, die hier nicht vorliege (EuG T-515/12, BeckRS 2014, 82558 Rn. 55).

Verneint wird die gedankliche Verknüpfung iSd Art. 8 Abs. 5 regelmäßig, weil die Zeichen nicht **247.4** hinreichend ähnlich sind (Beispiele: EuG T-438/07, BeckRS 2009, 71368 Rn. 20–37 – SPA/SPAGO; T-308/08, BeckEuRS 2009, 503078 Rn. 62, 63 – J'ADORE, ADIORABLE/MANGO adorably; EuGH C-552/09, GRUR Int 2011, 500 Rn. 53–69 – KINDER/TIMI KINDERJOGHURT; EuG T-309/08, BeckRS 2011, 87410 Rn. 25–36 – G-STAR/G-STAR RAW DENIM). Das hat das EuG zu Unrecht auch im Fall ELLE (fig.)/ELLA VALLEY VINEYARDS (fig.) EuG T-32/10, BeckRS 2012, 80565 Rn. 36–57 – ELLE/ELLA VALLEY) angenommen. Im Ergebnis ist die Entscheidung allerdings korrekt, weil die Waren sehr unterschiedlich waren; EuG T-407/15, BeckRS 2016, 127563 Rn. 68 – Hot Go self-heating can technology (Fig.); T-461/15 Rn. 49; ebenso T-753/15, BeckRS 2016, 127901 Rn. 50).

Nennenswerte Fälle aus der neueren Zeit der EUIPO Beschwerdekammern sind: BK 14.9.2017 – R **247.5** 1677/2016-1 Rn. 69, 70 – MANDO (Verknüpfung bejaht); BK 5.9.2017 – R 45/2017-5, Rn. 33, 38 – OMEGA (Verknüpfung bejaht); BK 23.3.2017 – R 1397/2016-1 Rn. 82 – HUNTSMAN (Verknüpfung verneint); BK 16.3.2017 – R 1273/2016-1 Rn. 49 – ALVEA (Verknüpfung bejaht).

In der Prüfung der Zeichenähnlichkeit im Rahmen des Art. 8 Abs. 5 bejahen das Amt und die europä- **247.6** ischen Gerichte in der Regel eine Zeichenähnlichkeit, wenn die zu vergleichenden Zeichen im selben Bestandteil übereinstimmen und die übrigen Bestandteile schwach kennzeichnungskräftig oder jedenfalls nicht dominant sind. Dies entspricht soweit den Grundsätzen der Prüfung im Rahmen der Verwechslungs- gefahr (→ Art. 8 Rn. 65). Allerdings ist in diesem Zusammenhang zu beachten, dass bei der Prüfung der gedanklichen Verknüpfung die Bekanntheit der älteren Marke nur dann beachtet werden kann, wenn sich diese auch nur auf den jeweils relevanten Bestandteil allein bezieht. Das gilt nur dann nicht, wenn der Bestandteil dominant ist (so EuG T-611/11, BeckRS 2016, 81134 – SPA; hier nahm das Gericht an, dass der Bestandteil SPA einer komplexen Marke auch für sich bekannt ist; im Gegensatz hierzu war dies in der F1-Entscheidung der EuG nicht der Fall, s. EuG T-10/09, BeckEuRS 2011, 568583 Rn. 67 – F1; ebenso EuG T-55/13, BeckEuRS 2015, 441485 Rn. 47 – F1; in beiden Fällen erkannte das Gericht die Bekanntheit nur für die Bildmarken an und mangels Beweisen nicht für die Wortmarken). In einem solchen Fall kann argumentiert werden, dass der in Rede stehende Bestandteil separat die Bekanntheit genießt. Handelt es sich dagegen um einen Bestandteil, der lediglich als Beiwerk der komplexen Marke fungiert oder jedenfalls schwach oder schwächer kennzeichnungskräftig ist, muss der Inhaber die Bekanntheit für diesen Bestandteil separat vortragen und beweisen (so in EuG T-505/12, BeckRS 2015, 80269 Rn. 114– 121 – B mit Flügeln/geflügelte Sanduhr; T-76/13, BeckRS 2016, 80886 Rn. 108, 112, das EUG bestätigte die Entscheidung der 5. BK 26.11.2012 – R 62/2012-5, Rn. 53 – LONGINES und Flügelzeichen (fig.)/ QUARTODIMIGLIO und Flügelzeichen (fig.); wieder bestätigt in EUIPO BK 24.5.2018 – R 1874/ 2017-5, Rn. 25, 29 – Rolex (fig.), in der die Beschwerdeammer die Bekanntheit der (durchaus nicht unbekannten) Rolex-Krone nicht als selbständig bewiesen ansah und daher nur Marken, die die Krone mit dem Begriff ROLEX zusammen zeigten, in Betracht zog). Das Vorstehende gilt auch für Marken, die sich aus Wortbestandteilen zusammensetzen bzw. Fälle, in denen ausschließlich die Wortbestandteile der zur vergleichenden Marken relevant sind (bestätigt in EuG T-71/15, BeckRS 2017, 135066 Rn. 71, dort in Bezug auf „Land" in „Land Rover"; vgl. auch Vierte BK 15.2.2018 – R 1263/2017-4 Rn. 33–35 – XF/XXF (fig.): für den weniger kennzeichnungskräftigen Bestandteil XF allein hatte der Widersprechende die Bekanntheit nicht zur Überzeugung der Kammer bewiesen, das Beweismaterial bezog sich fast aus- schließlich auf „Jaguar XF"; desgleichen Fünfte BK 20.4.2016 – R 928/2015-5 Rn. 26). Im Zweifel muss der Inhaber dies – am besten – mit einer Umfrage speziell zu diesem Bestandteil belegen. Gelingt dies nicht zur Überzeugung des Amts, verweigert dies regelmäßig die Anwendung des Art. 8 Abs. 5 (so beispiels- weise die Fünfte BK 20.4.2016 – R 928/2015-5 Rn. 26).

Das Vorgesagt bedeutet aber nicht, dass die Marke, für die Bekanntheit beweisen werden soll, allein **247.7** und ausschließlich in den Bekanntheitsbeweisen erscheinen muss. Grundsätzlich kann ein Beweisstück auch dann herangezogen werden, wenn es mehrere Marken zeigt bzw. die bekannte Marke mit anderen Zeichen zusammen benutzt wird (grundlegend EuG T-131/12, BeckRS 2016, 81539 Rn. 32–34 – SPA mit Pierrot Figur, mit Verweis auf die Entsch. des EuGH C-353/03, GRUR 2005, 763 Rn. 32 – Have a break… Have a Kit Kat, die denselben Grundsatz für die erworbene Unterscheidungskraft aufgestellt hat). Vorausset- zung ist, dass sich der unterscheidungskräftige Charakter der Marke nicht allzu sehr ändert und das relevante Publikum die abgewandelte Marke immer noch demselben Unternehmen zuordnet (vgl. EuG T-131/12, Beck RS 2016, 81539 Rn. 34 – SPA mit Pierrot Figur; T-334/18, BeckRS 2019, 12388 Rn. 45 – ANNA (fig.)/ANA DE ALTUN (fig.)). Ein Beispiel aus der jüngeren Rechtsprechung ist die MIKADO-Entscheidung (EuG T-459/18, BeckRS 2019, 2450 Rn. 127 ff. – MIKADO): Hier zeigte ein Teil der Unterlagen das Wort „Mikado" zusammen mit den schokoladeüberzogenen Stäben. Die Nichtigkeitsabteilung hatte aus diesem Grund angenommen, Bekanntheit läge nur für das Wort „Mikado" vor. Die Beschwerdekammer nahm demgegenüber eine großzügigere Position ein und erkannte die Bekanntheit auch für die Stäbchen allein an. Dies hat das Gericht bestätigt, auch vor dem Hintergrund, dass als Beweisunterlagen eingereichte Umfragen zeigten, dass ein überwiegender Anteil der relevanten Verbraucher die Stäbchen mit dem Zeichen „Mikado" und dem Hersteller Lu assoziierte. Dennoch ist hier Vorsicht angezeigt, wie die Entscheidung in der Sache ANNA DE CODORNÍU zeigt: Das Gericht sah den Beweis für die Bekanntheit der Marke ANNA DE CODORNÍU erbracht, für die in dem Fall in Rede stehende konkrete ältere Marke, die den Schriftzug ANNA und einen Frauenkopf zeigte, allerdings nicht (vgl. EuG T-334/18, BeckRS 2019, 12388 Rn. 40 – ANNA (fig.)/ANA DE ALTUN (fig.)). Die meisten Bekanntheitsunterlagen in diesem Fall bezogen sich auf die Marke „Anna de codorníu" und nicht auf die Abbildung von „Anna" mit einem Frauenkopf. Das Gericht stellt auch ausdrücklich klar, dass eine Auseinandersetzung mit den Beweisunterlagen in der Entscheidung der Kammer nicht genügt, letztere muss begründen, ob und wie eine Variation einer bekannten Marke auch diese Bekanntheit genießt (vgl. EuG T131/12, Beck RS 2016, 81539 Rn. 46 – SPA mit Pierrot Figur). Erschwerend kam im konkreten Fall hinzu, dass die Fünfte Kammer bereits zu derselben älteren Marke in einer Entscheidung vom August 2016 festgestellt hatte, dass die aus den Beweisunterlagen ersichtliche Bekanntheit von „Anna de codorníu" nicht den Schluss auf die Bekanntheit von ANNA mit Frauenkopf zulasse (vgl. R 115/2016-2 Rn. 66). Zudem hatte sich die Widerspruchsabteilung exakt zu dieser Frage auch mit Bezug auf dieselbe ältere Marke bereits in einer Entscheidung vom Mai 2017 ausführlich – und mit zutreffender Bewertung – auseinandergesetzt (vgl. B2704495, 13–17). Im Fall des LV-Zeichens der Louis Vuitton Gruppe hat das EuG festgestellt, dass die Beschwerdekammer es unterlassen habe zu prüfen, ob der Schriftzug LV separate Bekanntheit genösse (EuG T-372/17, BeckRS 2018, 30215 Rn. 93–95 – LV). Mit dem Argument, die ältere Marke sei zusammen mit anderen Bestandteilen benutzt worden, musste sich das Gericht auch in der Golden Balls II-Entscheidung auseinandersetzen (EuG T-8/17, BeckRS 2018, 25066 Rn. 98 ff. – GOLDEN BALLS II).

248   Der EuGH hat in der Entscheidung „Golden Balls" ausdrücklich klargestellt, dass der Bekanntheitsschutz auch dann greifen kann, wenn der Grad an Markenähnlichkeit geringer ist als es für die Bejahung der Verwechslungsgefahr notwendig wäre (EuGH C-581/13 P, C-582/13 P, BeckRS 2014, 82421). Verfahrensgegenstand waren zwei parallele Widersprüche, die auf die Wortmarke „BALLON D'OR" gestützt wurden und sich gegen zwei Wortmarken „GOLDEN BALLS" richteten. Das EuG hatte Art. 8 Abs. 5 gar nicht mehr geprüft, weil es bereits das Vorliegen von Verwechslungsgefahr wegen zu geringer Zeichenähnlichkeit verneint hatte. Der EuGH stellte klar, dass eine solches Vorgehen methodisch nicht korrekt ist und hielt ausdrücklich fest, dass Art. 8 Abs. 5 zu prüfen ist, wenn die Marken nicht für eindeutig unähnlich befunden werden (EuGH C-581/13 P, C-582/13 P, BeckRS 2014, 82421 Rn. 73). Auch ein sehr geringer Grad an Markenähnlichkeit kann für den Schutztatbestand der bekannten Marke ausreichen (EuGH C-581/13 P, C-582/13 P, BeckRS 2014, 82421 Rn. 76). Art. 8 Abs. 5 setzt (→ Rn. 244) nicht das Vorliegen einer Verwechslungsgefahr voraus (EuGH C-581/13 P, C-582/13 P, BeckRS 2014, 82421 Rn. 72).

248.1   Der EuGH hat in der Entscheidung „The English Cut" noch einmal ausdrücklich bestätigt, dass eine Anwendung des Art. 8 Abs. 5 keinesfalls zwangsläufig ausgeschlossen ist, auch wenn der erforderliche Ähnlichkeitsgrad für die Anwendung des Art. 8 Abs. 1 lit. b nicht vorliegt (EuGH C-603/14 P, BeckRS 2015, 81979 Rn. 41 f.).

248.2   Sehr weit gehen in diesem Zusammenhang die „Master Cola I" und „Master Cola II"-Entscheidungen des EuG: Hier hat das Gericht eine geringe Ähnlichkeit angenommen und betont, dass auch bei einer sehr schwachen Ähnlichkeit eine gedankliche Verknüpfung bejaht werden könne. Das ist zwar richtig, aber die Marken sind im konkreten Fall bildlich und klanglich so wenig ähnlich, dass dies selbst für Art. 8 Abs. 5 kaum mehr ausreicht. Der Schrifttyp und der bekannte „Coca Cola-Schweif" genügten der Beschwerdekammer nicht (EUIPO BK 29.8.2012 – R 215612011-2, Rn. 29) Das EuG sah dies anders (EuG T-480/12, BeckRS 2014, 82676 Rn. 74 – Master Cola I). Diese Ansicht ist vertretbar, wenn man berücksichtigt, dass die Schriftart und der Schweif der Coca Cola-Schrift unterscheidungskräftige Bestandteile sind und an der Bekanntheit der älteren Coca Cola-Marken teilnehmen. Die Anmeldung nähert sich damit den älteren Marken in einem Maße an, das jedenfalls unter Einbeziehung der überragenden Bekanntheit der älteren Marken nicht mehr hingenommen werden muss.

248.3   In diesem Zusammenhang ist interessant zu sehen, dass die Zweite Beschwerdekammer des EUIPO den Fall „Coffee Rocks" im Sinne des Urteils des EuG entschieden hat (vgl. EuG T398/16, BeckRS 2018, 536 – Coffee Rocks). In diesem Fall stehen sich das bekannte Logo des Starbucks Konzerns und ein hieran angelehntes Logo für Kaffee gegenüber. Letzteres gibt allerdings nicht das Wort „Starbucks" wieder, sondern enthält die Worte „Coffee" und „Rocks" und weist auch einen anderen zentralen Bestandteil auf als das Starbucks Logo. Das Gericht hat in seiner Entscheidung vom 18.1.2018 entgegen der Ansicht der

Beschwerdekammer festgestellt, dass die zu vergleichenden Zeichen zumindest schwach ähnlich seien (vgl. EuG T398/16, BeckRS 2018, 536 Rn. 51–65 – Coffee Rocks) und den Fall an die Beschwerdekammern zurückgewiesen, damit diese über die restlichen Tatbestandsmerkmale von Art. 8 Abs. 1 lit. b und Abs. 5 befinden können. Die Vorgaben des EuG haben die Beschwerdekammern nun umgesetzt und dem Widerspruch auf Grundlage von Art. 8 Abs. 1 lit. b stattgegeben. Art. 8 Abs. 5 wäre hier wohl der bessere Zurückweisungsgrund gewesen.

Aus dem Vorliegen einer gedanklichen Verknüpfung kann nicht automatisch gefolgert werden, **249** dass die Bekanntheit der älteren Marke ausgenutzt bzw. ihre Bekanntheit oder Wertschätzung beeinträchtigt wird (EuGH C-252/07, GRUR 2009, 56 Rn. 32 – Intel). Die Kriterien, welche für eine gedankliche Verknüpfung ausschlaggebend sind, stellen aber auch Anhaltspunkte dafür dar, ob ein Eingriffstatbestand vorliegt (EuGH C-252/07, GRUR 2009, 56 Rn. 68 – Intel; dies erkennt die Generalanwältin Sharpston in ihren Schlussanträgen vom 26.6.2008 ausdrücklich an, s. EuGH C-252/07, GRUR 2009, 56 Rn. 45 – Intel).

Die Bewertungsfaktoren für die Auffindung einer gedanklichen Verknüpfung sind hier, wie bereits **249.1** betont wurde, nicht auf die oben genannten Punkte beschränkt. Sie sind vielfältig und nicht selten der Kreativität der Parteien oder der entscheidenden Instanz überlassen. Ein Anhaltspunkt kann sein, dass Waren oder Dienstleistungen in Kombination vermarktet werden. Merchandisingaktivitäten, Sponsorship-Partnerschaften oder Lizenzbeziehungen können herangezogen werden, um die Nähe von Waren und Dienstleistungen (was nicht mit der Ähnlichkeit im Sinn des Art. 8 Abs. 1 lit. b gleichzusetzen ist!) und damit eine Verknüpfung zu begründen. Ein weiterer Bewertungsfaktor kann in diesem Zusammenhang der jeweilige Sektor sein, auf dem die betroffenen Waren vertrieben werden. Zudem fällt ins Gewicht, dass Waren ein bestimmtes Image (Gesundheit, Jugend, Luxus) teilen. Das EuG hat beispielsweise festgestellt, dass eine gedankliche Verbindung insbesondere bei High-End-Luxusgütern aus verschiedenen Bereichen vorliegen kann. Im konkreten Fall waren dies Qualitätswein auf der einen Seite und Designer-Kleidung auf der anderen Seite. Das in der älteren Marke verkörperte Image von Verfeinerung und Einzigartigkeit führe bei den betroffenen Verbrauchern zu einer gedanklichen Verknüpfung zwischen den Marken (in der englischen Version der Entscheidung: „the sophisticated and iconic image conveyed by the earlier trade mark", s. EuG T-414/13, BeckEuRS 2013, 739644 Rn. 53 f. – Kenzo, in Bezug auf Parfüm; T-528/13, BeckRS 2015, 122964 Rn. 33 – Kenzo, in Bezug auf Esswaren; T-322/13, BeckRS 2016, 80073 Rn. 39–42 – Kenzo, in Bezug auf Kosmetik, Parfüm und Kleidung einerseits und Beratung und Bücher zu Wein und Verkauf von Wein andererseits; anders nun EuGH C-85/16 P, C-86/16 P, BeckEuRS 2018, 571115 – KENZO ESTATE zum Urteil des EuG T-522/13, BeckRS 2015, 122970, das die etwas willkürliche Unterscheidung zwischen (Qualitäts-)Wein und Olivenöl bestätigt). In ähnlicher Weise wurde eine gedankliche Verknüpfung zwischen Frauenunterwäsche und Tee hergestellt (EuG T-627/13, GRUR-Prax 2015, 503 Rn. 138–144 – Darjeeling). Ein Zusammenhang zwischen Marktsektoren lässt sich auch daraus ableiten, dass Unternehmen häufig in bestimmte Marktsegmente, die nicht zu ihrem Kerngeschäft gehören aber sich für die Vermarktung ihres Hauptprodukts anbieten, expandieren. Das EuG bestätigte eine gedankliche Verknüpfung zwischen Dienstleistungen der Reise- und Tourismusindustrie einerseits und Dienstleistungen in Bezug auf Einzelhandel mit Kleidung und Bekleidungswaren andererseits mit der Begründung, es sei üblich für bekannte Kleidungsmarken, in andere Geschäftsbereich zu expandieren, s. EuG T-655/17, BeckRS 2019, 5478 Rn. 51 – Zara/ZARA TANZANIA ADVENTURES (fig.)).

VI. Beeinträchtigung, Ausnutzung

Art. 8 Abs. 5 findet Anwendung, wenn die ältere bekannte Marke durch die Benutzung der **250** jüngeren Marke beeinträchtigt oder ihr Ruf ausgenutzt wird und hierfür kein rechtfertigender Grund vorliegt (EuGH C-375/97, GRUR Int 2000, 73 Rn. 23 – Chevy; C-252/07, GRUR 2009, 56 Rn. 30 – Intel).

Art. 8 Abs. 5 unterscheidet drei Formen der Beeinträchtigung: Erstens die Beeinträchtigung **251** der Unterscheidungskraft der älteren Marke (**„Verwässerung", „Schwächung"**); eine solche liegt vor, „wenn die Eignung dieser Marke, die Waren oder Dienstleistungen, für die sie eingetragen ist und benutzt wird, als vom Inhaber dieser Marke stammend zu identifizieren, geschwächt wird, weil die Benutzung der jüngeren Marke zur Auflösung der Identität der älteren Marke und ihrer Bekanntheit beim Publikum führt" (EuGH C-252/07, GRUR 2009, 56 Rn. 29 – Intel). Die Unterscheidungskraft wird geschwächt, wenn der Verbraucher auch bei Waren und Dienstleistungen, für die die Marke nicht benutzt wird, an den Markeninhaber denkt.

Zweitens regelt Art. 8 Abs. 5 die Beeinträchtigung der Wertschätzung dieser Marke (**„Verun- 252 glimpfung", „Herabsetzung"**); sie liegt vor, „wenn die Waren oder Dienstleistungen, für die das identische oder ähnliche Zeichen von Dritten benutzt wird, auf die Öffentlichkeit in einer solchen Weise wirken können, dass die Anziehungskraft der Marke geschmälert wird. Die Gefahr einer solchen Beeinträchtigung kann sich insbesondere daraus ergeben, dass „die von Dritten angebotenen Waren oder Dienstleistungen Merkmale oder Eigenschaften aufweisen, die sich negativ auf das Bild einer bekannten älteren Marke auswirken können" (EuGH C-487/07, GRUR 2009, 756 Rn. 40 – L'Oréal).

253   Unzulässig ist drittens das **unlautere Ausnutzen** der Unterscheidungskraft oder der Wertschätzung dieser Marke („parasitäres Verhalten" und „Trittbrettfahren", vgl. EuGH C-252/07, GRUR 2009, 56 Rn. 27 – Intel). Es liegt vor, wenn aufgrund der Übertragung des Bildes der Marke oder der durch sie vermittelten Merkmale auf die mit dem identischen oder ähnlichen Zeichen gekennzeichneten Waren eine Ausnutzung der bekannten Marke gegeben ist (EuGH C-487/07, GRUR 2009, 756 Rn. 41 – L'Oréal). Der EuGH beschreibt den Vorgang der Ausnutzung anschaulich dahingehend, dass ein Dritter eine ältere bekannte Marke immer dann ausnutzt, wenn er sich durch die Verwendung eines Zeichens, das einer bekannten Marke ähnlich ist, in den Bereich der Sogwirkung dieser Marke begibt, um von ihrer Anziehungskraft, ihrem Ruf und ihrem Ansehen zu profitieren, ohne jede finanzielle Gegenleistung und ohne dafür eigene Anstrengungen machen zu müssen (EuGH C-487/07, GRUR 2009, 756 Rn. 49 – L'Oréal). Dann nutzt er die wirtschaftlichen Anstrengungen des Markeninhabers zur Schaffung und Aufrechterhaltung des Images dieses Zeichens aus. Das EuG spricht von der Gefahr, dass „das Bild der bekannten Marke oder die durch sie vermittelten Merkmale auf die mit der angemeldeten Marke gekennzeichneten Waren übertragen werden, so dass deren Vermarktung durch diese gedankliche Verbindung mit der bekannten älteren Marke erleichtert wird" (EuG T-215/03, GRUR Int 2007, 730 Rn. 40 – VIPS). Dies macht anschaulich, worum es geht. Oft liegt ein Ausnutzen vor, wenn die in Rede stehenden Waren auf benachbarten Absatzmärkten vertrieben werden.

254   Es genügt eine der vorgenannten Beeinträchtigungen für einen Verstoß gegen Art. 8 Abs. 5 (EuGH T-215/03, GRUR 2009, 56 Rn. 28 – Intel). Ob dies der Fall ist, muss wiederum unter Berücksichtigung aller relevanten Umstände des Einzelfalls festgestellt werden. Maßstab ist auch hier der normal informierte, angemessen aufmerksame und verständige Durchschnittsverbraucher. Es ist zu beachten, dass es für die Beeinträchtigung der Unterscheidungskraft und Wertschätzung auf die von den älteren Marken angesprochenen Verbraucher, für die Ausnutzung hingegen auf die von den jüngeren Marken angesprochenen Verbraucher ankommt (EuGH C-252/07, GRUR 2009, 56 Rn. 35, 36 – Intel). Methodisch besteht kein Unterschied zur Prüfung der gedanklichen Verknüpfung. Der EuGH erwähnt dies in seiner Intel-Entscheidung ausdrücklich (EuGH C-252/07, GRUR 2009, 56 Rn. 68 – Intel). Da die Beeinträchtigung aus der gedanklichen Verknüpfung der kollidierenden Marken folgt, wird sie aber umso eher vorliegen, je enger die gedankliche Verknüpfung ist, also je größer Unterscheidungskraft und Wertschätzung der älteren Marke sind (so bereits EuGH C-375/97, GRUR Int 2000, 73 Rn. 30 – Chevy; auch EuGH C-487/07, GRUR 2009, 756 Rn. 44 – L'Oréal).

254.1   Beispielsweise wurde in einem Fall, der sich um die Marken des Nachrichtendienstes Twitter drehte, die Ausbeutung bejaht in Bezug auf Waren der Klassen 14, 18 und 25 und Dienstleistungen der Klassen 38, 42 und 45 (EUIPO BK 16.3.2012 – R 1074/2011-5 Rn. 40 – Twitter/Twitter (fig.)). Der Unterschied, der zwischen den Dienstleistungen auf der einen Seite und den Waren auf der anderen Seite bestand, konnte nach Ansicht der Kammer die Unionsanmeldung nicht retten. Die Kammer sah die Gefahr, dass die Verbraucher, insbesondere jüngere Verbraucher, die genannten Waren für Merchandising Artikel des Nachrichtendienstes halten, wenn sie mit diesen unter der Marke „Twitter" konfrontiert würden (EUIPO BK 16.3.2012 – R 1074/2011-5 Rn. 40 – Twitter/Twitter (fig.)). Eine Beeinträchtigung in der Form der Rufausbeutung wurde auch im Fall BEATLES/BEATLE bejaht. Das EuG hat die Entscheidung der Beschwerdekammer bestätigt, nach der ein Imagetransfer und damit eine Ausbeutung nahelag, weil die älteren Marken der Popband The Beatles ausgesprochen bekannt sind und noch heute für Freiheit, Jugendlichkeit und Mobilität stehen. Zwar war die Bekanntheit unter anderem nur für Schallplatten, Videos und Film anerkannt worden, aber das EuG sah eine Übertragung auf die von der Anmeldung beanspruchten Rollstühle als wahrscheinlich an (EuG T-369/10 GRUR Int 2012, 791 Rn. 72 und 74 – BEATLES/BEATLE). Im Fall STYRIAGRA hat das EuG erneut bestätigt, dass Art. 8 Abs. 5 auch bei ausgesprochen verschiedenen Waren bejaht werden kann (vgl. EuG T-662/16, BeckRS 2018, 7142 Rn. 70, 79 – STYRIAGRA; anders aber die EUIPO 1. BK 27.11.2019 – R 404/2019-1 – PUMA/PUMA-System, wo auf Grundlage der in der Beschwerdeinstanz verspätet vorgelegten Beweise eine gedankliche Verknüpfung und Ausbeutung für Kopfhörer, Mobiltelefone und Computer bejaht, für den Rest der Waren aber verneint wurde). In der neueren Entscheidung „mcdreams" hat das EuG die Ausbeutung für erwiesen gehalten, gestützt auf die Überlegung, dass die angegriffene Markenanmeldung sich eines Farbtons bediene, der auch von der Widersprechenden, dem McDonald's Konzern, verwendet werde und dass die Markenanmeldung von der Verbrauchern mit dem Image der Verlässlichkeit, Effizienz und günstigen Preisen in Verbindung gebracht werde (EuG T-428/18, GRUR-RS 2019, 41183 Rn. 90, 93 – mcdreams).

Weitere Fälle zur Ausbeutung: Hersteller von Luxuskleidung und Luxusschuhen vermarkten zunehmend auch Sonnenbrillen, Schmuck und Uhren unter der Kleidungsmarke, daher wurde eine Ausbeutung einer Marke in Klassen 9 und 14 durch eine Anmeldung in Klasse 25 bejaht (EuG T-357/09, BeckRS 2012, 82125 Rn. 72, 79–81 – EMILIO TUCCI/EMIDIO PUCCI); Bier und Theaterunterhaltung ergänzen einander, was bei ähnlichen Zeichen die Ausbeutung nahelegt (EuG T-60/10, GRUR Int 2013, 52 Rn. 59–63 – ROYAL SHAKESPEARE). Desgleichen neuerdings bei Dienstleistungen der Reise- und Tourismusindustrie einerseits und Dienstleistungen in Bezug auf Einzelhandel mit Kleidung und Bekleidungswaren andererseits, mit einer sehr ähnlichen Begründung wie in der EMILIO TUCCI-Entscheidung (EuG T-655/17, BeckRS 2019, 5478 Rn. 41 ff. – Zara/ZARA TANZANIA ADVENTURES (fig.)). **254.2**

Der Wortlaut des Art. 8 Abs. 5 stellt klar, dass es für die Feststellung einer Beeinträchtigung **255** ausreicht, wenn die Beeinträchtigung **wahrscheinlich eintritt.** Denn Art. 8 Abs. 5 greift nach seinem Wortlaut bereits dann, wenn die Benutzung der angemeldeten Marke die Unterscheidungskraft oder die Wertschätzung der älteren Marke in unlauterer Weise ausnutzen oder beeinträchtigen „würde". Das ist selbstverständlich, weil die zur Anmeldung gebrachten Marken in vielen Fällen noch nicht benutzt werden. Dann kann auch noch kein Schaden eingetreten sein. Stattdessen muss der Widersprechende aufzeigen, dass ein solcher wahrscheinlich eintreten wird. Dies hat der EuGH in Intel bestätigt, EuGH C-252/07, GRUR 2009, 56 Rn. 71; vgl. auch EuGH C-252/ 07, GRUR 2009, 56 Rn. 44, 45 – Intel). Er fordert eine „tatsächliche und gegenwärtige Beeinträchtigung" der älteren Marke oder – wenn nur eine Anmeldung vorliegt und die Marke noch nicht benutzt wird – zumindest eine ernsthafte Gefahr einer künftigen Beeinträchtigung.

Ein gutes Beispiel für eine tatsächlich nachweisbare Ausbeutung (in Bezug auf die Ausbeutung an sich, **255.1** nicht den dadurch verursachten Schaden) ist der Fall LA PERLA/LA PERLA NIMEI. Der Widersprechende La Perla stellt Luxus-Damenunterwäsche und -Badebekleidung her. Der Anmelder, ein Perlen- und Schmuckunternehmen, hatte Badebekleidung und andere Kleidung mit Perlenbesatz auf Modeschauen vorgestellt. Der Widersprechende hatte Berichterstattung zu diesen Veranstaltungen vorgelegt, aus der hervorging, dass (sogar) die Fachpresse eine Verbindung zur Widersprechenden hergestellt hatte. Das EuG sah damit eine Ausbeutung als bewiesen an (EuG T-137/05, BeckEuRS 2007, 449395 Rn. 50–54 – NIMEI LA PERLA MODERN CLASSIC). In der Entscheidung NASDAQ hat das EuG die Benutzung des Wortes Nasdaq für High-Tech-Sportausrüstung als Rufausnutzung angesehen, weil eine Übertragung des Images von Modernität naheliege. Hierzu stützte sich das EuG unter anderem auf das Protokoll einer Sitzung der Anteilseigner der Anmelderin, aus dem hervorging, dass diese sich dessen bewusst waren und sich zu markenrechtlichen Problemen im Zusammenhang mit einer Übertragung des Images hatten beraten lassen (EuG T-47/06, BeckEuRS 2007, 449401 Rn. 60 – NASDAQ/NASDAQ; bestätigt durch EuGH C-320/07, BeckRS 2010, 91002 Rn. 53 – NASDAQ/NASDAQ). In der Praxis ist es regelmäßig nur in einer begrenzten Anzahl von Fällen möglich, Beweise für die Ausbeutung oder Beeinträchtigung vorzulegen. Das ist immer dann besonders gut möglich, wenn der Anmelder Elemente der Produktpräsentation des Inhabers der älteren Marken übernimmt und dessen Unternehmensfarben und -Design („Trade Dress") benutzt.

Im Fall der **Beeinträchtigung der Unterscheidungskraft** der älteren Marke muss sich das **256** wirtschaftliche Verhalten des Durchschnittsverbrauchers der Waren oder Dienstleistungen, für die die ältere Marke eingetragen ist, infolge der Benutzung der jüngeren Marke geändert haben oder zumindest die „ernsthafte Gefahr einer künftigen Änderung dieses Verhaltens" bestehen (EuGH C-252/07, GRUR 2009, 56 Rn. 77 – Intel). Hingegen ist es nicht notwendig, dass der Inhaber der jüngeren Marke aus der Unterscheidungskraft der älteren Marke einen tatsächlichen wirtschaftlichen Vorteil zieht (EuGH C-252/07, GRUR 2009, 56 Rn. 78 – Intel). Das wird aber meist der Fall sein. Bei der Ausnutzung verhält es sich genau anders herum, hier kommt es allein auf den Vorteil an, den der Dritte aus der Benutzung seiner Marke zieht. Der Ausnutzungstatbestand ist selbständig und setzt eine Beeinträchtigung nicht voraus (vgl. EuGH C-487/07, GRUR 2009, 756 Rn. 43 – L'Oréal).

In der EuG-Entscheidung CAMEL/CAMELO des EuG hatte die Inhaberin der berühmten Camel- **256.1** Zigarettenmarke Widerspruch gegen eine Unionsmarkenanmeldung für Röstkaffee eingelegt, die ein Bild mit einem Kamel und einem dem Bild der Camel-Zigarettenschachtel sehr ähnlichen Hintergrund zeigte. Das EuG kam zu dem Schluss, dass kein Eingriffstatbestand vorliege, weil Röstkaffee vom Image der Tabakwaren nicht profitieren könne und beide zu weit voneinander entfernt seien, als dass eine Verwässerungswirkung eintreten könne (vgl. EuGH T-128/06, BeckEuRS 2008, 466572 Rn. 58, 62, 66 – CAMEL/ CAMELO). Beide Waren sind im Supermarkt nebeneinander erhältlich, werden von denselben Verbrauchern und oft zur selben Zeit und sogar zusammen konsumiert und sind über eine ganze Reihe von Assoziationen (beides Suchtmittel, im Arbeitsalltag zur Entspannung genutzt, zB in der Kaffeepause oder

Zigarettenpause, Waren ausschließlich für Erwachsene, „cooles" Image) miteinander verbunden. Für die Beeinträchtigung reicht dies aber gerade nicht aus. Entscheidend sind das Ausmaß der Bekanntheit und die Nähe der in Rede stehenden Waren oder Dienstleistungen bzw. Branchen. Je ähnlicher letztere sind und je bekannter die ältere Marke ist, desto wahrscheinlicher wird es sein, dass die Verbraucher künftig ihr Verhalten ändern. Die Verwendung des Wortes CAMELO für Kaffee wird die Marke CAMEL für Zigaretten aller Voraussicht nach nicht verwässern, weswegen dem EuG zuzustimmen ist.

256.2   Weitere Fälle zur Beeinträchtigung der Wertschätzung: Eine Marke für Luxuskleidung und Luxusschuhe wird durch Alltagswaren der Klassen 3, 16 (Klopapier) und 21 beeinträchtigt (EuG T-357/09, BeckRS 2012, 82125 Rn. 84, 85 – EMILIO TUCCI/EMIDIO PUCCI; s. auch EuG T-357/09, BeckRS 2012, 82125 Rn. 68 – EMILIO TUCCI/EMIDIO PUCCI); der Ruf von Kosmetikprodukten wird durch die Benutzung der angemeldeten Unionsmarke für Reinigungsprodukte beeinträchtigt, weil die betroffenen Verbraucher nach Ansicht des EuG dazu verleitet werden, anzunehmen, dass in den Kosmetikprodukten toxische oder jedenfalls gesundheitsschädliche Bestandteile enthalten sind (vgl. EuG T-341/13, BeckRS 2017, 120532 – SO…? et al./SO'BiO etic (fig.)).

257   In der Rechtsprechung des EuG wird immer wieder betont, dass bei einer „außergewöhnlich hohen Wertschätzung" bzw. „überragenden Bekanntheit" direkt auf eine Beeinträchtigung bzw. eine unlautere Ausnutzung geschlossen werden kann, ohne dass der Widersprechende hierzu vortragen und Beweise vorlegen muss. Wenn der Widerspruch auf eine Marke mit außergewöhnlich hoher Wertschätzung gestützt ist, so die wiederkehrende Formel des EuG, kann die Wahrscheinlichkeit einer nicht nur hypothetischen Gefahr der künftigen Beeinträchtigung oder unlauteren Ausnutzung der Widerspruchsmarke durch die angemeldete Marke so offensichtlich sein, dass der Widersprechende insoweit keinen weiteren tatsächlichen Umstand geltend machen und beweisen muss. Dies hat das EuG beispielsweise in der „Mustang"-Entscheidung (EuG T-606/13, GRUR-RR 2016, 112 Rn. 28 – Mustang) betont. Im konkreten Fall wurde eine solche „überragende Bekanntheit" für die in Rede stehenden älteren „Mustang" Jeans-Marken verneint. Ebenso in der in vielen Entscheidungen zitierten VIPS-Entscheidung (EuG T-215/03, GRUR Int 2007, 730 Rn. 30 – VIPS), die sich auf Rn. 30 der Chevy-Entscheidung des EuGH beruft. Diese aber wohl nicht korrekt auslegt. Zudem hat das EuG in den Entscheidungen „Master Cola II"- und „mcdreams" die genannte Formel erneut aufgenommen (EuG T-61/16, BeckRS 2017, 134256 Rn. 70 – Master Cola II; EuG T-428/18, GRUR-RS 2019, 41183 Rn. 96 – mcdreams). Auch in der Wolf-Entscheidung des EuG stellte dieses fest, dass die Wahl eines Zeichens, das auffällig und für die betroffenen Waren untypisch ist, bei ähnlichen Waren zu Verwässerung führt – ohne dass weitere Beweise hierfür notwendig seien (EuG T-570/10, GRUR Int 2012, 1132 Rn. 55– 66 – WOLF JARDIN/Kanidenkopf (fig.)). In jedem Fall muss eine wie auch immer geartete außergewöhnlich starke oder hohe Bekanntheit der Widersprechenden konkret vorgetragen und belegt werden (EuG T-655/17, BeckRS 2019, 5478 Rn. 39, 40 – Zara/ZARA TANZANIA ADVENTURES (fig.): Hier hatte der Widersprechende Inditex die Beschwerdekammer dafür kritisiert, dass diese es unterlassen hätte, die Bekanntheit als „exceptionally strong reputation" einzustufen).

257.1   Es ist zweifelhaft, dass diese Rechtsprechung mit den Vorgaben des EuGH in der Intel-Entscheidung zu vereinbaren ist. In letzterer stellt der EuGH ausdrücklich fest, dass die Tatsache, dass die ältere Marke für verschiedene bestimmte Arten von Waren oder Dienstleistungen sehr bekannt ist, gerade nicht genügt, um nachzuweisen, dass die Benutzung der jüngeren Marke die Unterscheidungskraft oder die Wertschätzung in unlauterer Weise (potentiell oder tatsächlich) ausnutzt oder beeinträchtigt (EuGH C-252/07, GRUR 2009, 56 Rn. 80). Auch die Beschwerdekammern halten sich an diese Vorgaben, wie die jüngst ergangene Entscheidung der Fünften BK zeigt (EUIPO BK 11.1.2018 – R 1751/2017-5 Rn. 24 – Birkel (fig.)/Berkel (fig.)). Angesichts dieser klaren Aussage muss man wohl davon ausgehen, dass die Rechtsprechung des EuG nicht den Vorgaben der Intel-Entscheidung genügt. Der EuGH hat denn auch die WOLF JARDIN-Entscheidung des EuG gerade in diesem Punkt beanstandet und festgestellt, dass die Intel-Entscheidung ausdrücklich vorgebe, dass der Inhaber der älteren Marken die Beeinträchtigung oder Ausnutzung nicht dadurch nachgewiesen hat, dass er vorträgt, dass die in Rede stehenden Marken ähnlich seien. Die Beweisanforderungen seien höher. Reine Vermutungen genügten nicht für die geforderten logischen Ableitungen nicht (vgl. EuGH GRUR Int 2014, 1038 Rn. 39–43 – WOLF JARDIN/Kanidenkopf (fig.); vgl. auch EuGH C-252/07, GRUR 2009, 56 Rn. 80).

257.2   Wie auch die Richtlinien des Amts betonen, ist die die Prüfung im Falle einer potenziellen Beeinträchtigung oder unlauteren Ausnutzung zwangsläufig von spekulativer Natur, weil ein Sachverhalt ex ante beurteilt werden muss. Allerdings stellen auch die Richtlinien ganz ausdrücklich fest, dass ein Vortrag, der die Beeinträchtigung als notwendige Folge der Benutzung einer ähnlichen oder identischen Marke hinstellt, ungenügend ist (bekannte Marken, Art. 8 Abs. 5 UMV Prüfungsrichtlinien vor dem Amt, Teil C, Widerspruch Seite 74, die im Wesentlichen die grundlegende DUPLO-Entscheidung der Ersten Beschwerdekammer wiedergeben, die betont, dass der Eingriffstatbestand – auch im Widerspruchsverfahren – stets voll vorzutragen und ggf. auch zu substantiieren ist (EUIPO BK 5.6.2000 – R 802/1999-1 Rn. 23, 24 – DUPLO/DUPLO; die Kammer hat in dieser Entscheidung sowohl die Ausbeutung wie auch die Beeinträchtigung wegen des Abstands zwischen den zu vergleichenden Waren verneint (Rn. 26); ebenso EUIPO BK 5.7.2017 – R 2330/2011-2 und R 2369/2011-2, Rn. 76). Der Inhaber der älteren Marke muss Gesichtspunkte anführen, aus denen dem ersten Anschein nach auf die nicht nur hypothetische Gefahr geschlossen werden kann und die Gefahr einer Beeinträchtigung oder unlauteren Ausnutzung muss bei gewöhnlichem Lauf der Dinge vorhersehbar sein (EuG T-60/10, GRUR-Int 2013, 52 Rn. 59–63 – ROYAL SHAKESPEARE). In der mittlerweile betagten HOLLYWOOD-Entscheidung der Widerspruchsabteilung des Amts (EUIPO 25.3.1999 – B 2073 S. 6 – HOLLYWOOD/HOLLYWOOD) hat letztere die Vorlage von Beweisen gefordert und mangels derselben die Anwendung von Art. 8 Abs. 5 verweigert. Die Beschwerdekammer hat diese Entscheidung allerding später aufgehoben (EUIPO BK 25.4.2001 – R 283/1999-3, Rn. 110, 111). Die Formel, die das EuG hier in seiner Rechtsprechung gebetsmühlenartig anwendet, besagt, dass eine Beeinträchtigung bereits bejaht werden kann, wenn bestimmte auf rechtliche Vermutungen gestützte Schlussfolgerungen dies ergeben. Letztere sind logische Annahmen oder Rückschlüsse, die sich aus der Anwendung der Wahrscheinlichkeitsregeln auf die Tatsachen des spezifischen Falles ergeben.

Wie diese Formel genau zu handhaben ist, ist nicht abschließend geklärt. Das EuG geht hier jedenfalls **257.3** ziemlich weit und bewegt sich zum Teil im Bereich der Spekulation, wie die **„Master Cola II"-Entscheidung** zeigt. Hier folgerte das EuG aus der Tatsache, dass ein Unternehmen, das in Syrien und im Nahen Osten Erfrischungsgetränke unter dem Namen „Master Cola" vertreibt, eine Webseite www.mastercola.com in arabischer Sprache unterhält und eine Unionsmarkenanmeldung für „Master" (in lateinischer und arabischer Sprache) eingereicht hatte, dass eine Ausnutzung der Wertschätzung wahrscheinlich sei (EuG T-61/16, BeckRS 2017, 134256 Rn. 101 – Master Cola II). Obwohl die Webseite in arabischer Sprache gehalten war, nahm das EuG an, der Anmelder werde wahrscheinlich die Webseite ändern und sie Verbrauchern in der EU zugänglich machen (EuG T-61/16, BeckRS 2017, 134256 Rn. 97, 98). Zudem genügte dem Gericht, dass die angemeldete Marke den Schriftzug der Coca Cola-Marke nachahmte; die Präsentation in roter Farbe und mit den an die Coca Cola-Marke erinnernden Präsentationsmerkmalen musste nach Auffassung des Gerichts nicht in Bezug auf die EU nachgewiesen werden, auch hier genügte der Verweis auf die Webseite www.mastercola.com und dies sogar ohne jeglichen Nachweis, dass Verbraucher der EU auch tatsächlich auf die Webseite zugreifen (EuG T-61/16, BeckRS 2017, 134256 Rn. 105, 106). Vor dem Hintergrund, dass die älteren Coca Cola-Marken überragend bekannt sind und die Aufmachung der im Nahen Osten vermarkteten Produkte die Coca Cola-Produkte ungeniert kopiert, kann man die Beweiswürdigung des Gerichts nachvollziehen. Die zurückhaltendere Bewertung der Beschwerdekammer in diesem Zusammenhang ist – auch unter Berücksichtigung des Territorialitätsprinzips – weniger überzeugend (s. die Zusammenfassung der Position des Amts in EuG T-61/16, BeckRS 2017, 134256 Rn. 54–58). Die Vermutung, dass der Anmelder die Erfrischungsgetränke in derselben Weise wie im Nachbarmarkt in der EU vermarkten werde, weil er eine Unionsmarke angemeldet hat, ist eine auf Tatsachen gestützte Schlussfolgerung. Sämtliche im konkreten Fall für den Ausbeutungstatbestand relevanten Tatsachen bezogen sich zwar auf Territorien außerhalb der EU (während der Bekanntheit für die EU als bewiesen angesehen wurde). Zudem enthielt die angemeldete Unionsmarke lediglich das Wort „Master" und nicht auch „Cola" und war zudem nicht für Erfrischungsgetränke angemeldet worden, sondern in Klasse 32 lediglich für Wasser und Säfte. Das alles macht es aber nicht unmöglich zu schlussfolgern, dass die Gefahr einer Beeinträchtigung nicht nur hypothetischer Natur sei. Zumindest über die Webseite konnten die in der EU ansässigen Verbraucher die Aufmachung mit dem nachgeahmten Coca Cola-Schriftzug wahrnehmen (auch wenn nicht belegt wurde, dass und wie viele Verbraucher tatsächlich auf sie zugriffen; das hielt das Gericht für irrelevant, EuG T-61/16, BeckRS 2017, 134256 Rn. 106). Das Amt stellte demgegenüber fest, eine ausschließlich auf Tatsachen außerhalb des Territoriums der EU gestützte Schlussfolgerung sei im Prinzip Spekulation (EuG T-61/16, BeckRS 2017, 134256 Rn. 54). Es steht zur Diskussion, wo hier die Grenze zu ziehen ist.

Eine Rufausbeutung setzt nicht zwingend eine Absicht voraus. Das EuG berücksichtigt aber **258** durchaus, welche Gedanken sich der Anmelder zu seiner Marke gemacht hat.

So konnte in den Entscheidungen BOTOX/BOTOLIST, BOTOCYL (EuG T-345, 357/08, BeckRS **258.1** 2011, 80724 Rn. 68–79 – BOTOX/BOTOLIST) der Anmelder die Wahl der Buchstabenfolge BOTO nicht mit dem Hinweis rechtfertigen, BOTO verweise auf das neurotoxische Protein Botulin und nicht auf BOTOX. Das EuG führte aus, dass der Anmelder dann ja BOTU statt BOTO hätte wählen können. Zudem sei BOTO ausgesprochen ungewöhnlich, was nahelege, dass es vom Anmelder bewusst gewählt worden sei (EuG T-345, 357/08, BeckRS 2011, 80724 Rn. 70, 72 – BOTOX/BOTOLIST; bestätigt durch EuGH C-100/11 P, GRUR Int 2012, 630 Rn. 83–90). Desgleichen hat das EuG im Fall VIAGRA/VIAGUARA die Überlegung der Beschwerdekammer akzeptiert, dass die Wahl des Präfixes VIA für GUARA kein Zufall sei (EuG T-332/

10, BeckRS 2012, 80405 Rn. 65 – VIAGRA/VIAGUARA). In diesem Fall gab es allerdings noch weitere starke Hinweise auf eine Ausbeutungsabsicht (EuG T-332/10, BeckRS 2012, 80405 Rn. 74, 75 – VIAGRA/VIAGUARA; ähnlich nun EuG T-662/16, BeckRS 2018, 7142 Rn. 79 – STYRIAGRA, wobei das Gericht unter Rn. 73 darauf hinweist, dass Marketingstrategien grundsätzlich nicht im Rahmen der Beurteilung des Eingriffstatbestand berücksichtigt werden dürfen). Beispielsweise hatte der Anmelder die alkoholischen Getränke, welche er unter der Marke VIAGUARA auf den Markt brachte, mit dem Hinweis auf ihre aphrodisierende Wirkung beworben (EuG T-332/10, BeckRS 2012, 80405 Rn. 74 – VIAGRA/VIAGUARA). Zudem war auf den Packungen der Getränke die Silhouette eines Mannes mit erigiertem Penis abgebildet (EuG T-332/10 BeckRS 2012, 80405 Rn. 75 – VIAGRA/VIAGUARA). Dies wertete das EuG als Hinweis auf eine Ausbeutungsabsicht. Bei objektiv vorhandenem Ausnutzungspotenzial verlangt das EuG vom Benutzer der jüngeren Marke somit, dass er die Wahl seines Zeichens rechtfertigt.

VII. Rechtfertigender Grund

259   Art. 8 Abs. 5 kommt nicht zur Anwendung, wenn die Anmeldung der Marke gerechtfertigt ist. Typischerweise liegt ein solcher Grund darin, dass der Anmelder die Marke bereits vor dem Widersprechenden benutzt und hieraus ältere Rechte erlangt hat oder dass die Marken lange Zeit friedlich koexistiert haben. Der EuGH hat in der Entscheidung zur Rechtssache C-65/12 festgehalten, dass ein rechtfertigender Grund vorliegt, wenn
- ein der (älteren) Marke ähnliches Zeichen,
- das bereits vor Eintragung der älteren Marken benutzt wurde,
- für identische Waren,
- in gutem Glauben
benutzt wird (vgl. hierzu EuGH C-65/12, BeckEuRS 2014, 749262 Rn. 60 – Bulldog). Um zu beurteilen, ob letzteres der Fall ist, hat das nationale Gericht insbesondere folgende Gesichtspunkte zu berücksichtigen:
- die Verkehrsdurchsetzung und den Ruf des Zeichens bei den betroffenen Verkehrskreisen,
- den Grad der Nähe zwischen den Waren und Dienstleistungen, für die das Zeichen ursprünglich benutzt wurde, und der Ware, für die die bekannte Marke eingetragen ist, und
- die wirtschaftliche und handelsmäßige Erheblichkeit der Benutzung des der Marke ähnlichen Zeichens für die fragliche Ware (zu allen drei Punkten EuGH C-65/12, BeckEuRS 2014, 749262 Rn. 60 – Bulldog).

260   Eine Liste von Entscheidungen, in denen das EuG einen rechtfertigenden Grund angenommen hat, findet sich in den Richtlinien des EUIPO (EUIPO Richtlinien Teil C Widerspruch, Abschnitt 5 Bekannte Marken zu Art. 8 Abs. 5, Ziff. 3.5.1.1, S. 77). Es handelt sich bei dem Fehlen eines rechtfertigenden Grundes um einen Bestandteil des Anspruchstatbestandes; für anspruchsbegründende Tatsachen trägt jedoch grundsätzlich der Anspruchsteller die Beweislast. Hier besteht jedoch die Besonderheit, dass es sich um eine negative Tatsache handelt. In diesem Fall ist es sinnvoll, dem Anspruchsgegner die Darlegungslast aufzuerlegen. Dementsprechend geht das EUIPO in der Praxis davon aus, dass kein rechtfertigender Grund vorliegt, wenn hierzu vom Anmelder nichts vorgetragen wird. Die Beweislast (iSd der sog. Feststellungslast) bleibt jedoch grundsätzlich beim Anspruchsteller.

VIII. Beweisfragen

1. Berufung auf Art. 8 Abs. 5

261   Es genügt, wenn sich der Widersprechende in der Widerspruchsschrift auf Art. 8 Abs. 5 erkennbar beruft, auch wenn er im Widerspruchsformular Art. 8 Abs. 5 nicht angekreuzt hat (vgl. EUIPO Widerspruchsabteilung 4.10.2001 – R 799/1999-1 Rn. 20 – RODIO/RHODIA). Allerdings muss der Widersprechende in der Folge auch zu Art. 8 Abs. 5 Stellung nehmen. Tut er dies nicht, kommt eine Prüfung von Art. 8 Abs. 5 nicht in Betracht (vgl. ausdrücklich EUIPO BK 10.12.2007 – R 216/2007-4 10 Rn. 35 – Miles & More/DEGUSMILES & More). Trägt der Widersprechende zu Art. 8 Abs. 5 das erste Mal in einem Verfahren vor dem EuG vor, ist es jedenfalls für einen solchen Vortrag zu spät, auch wenn er den Widerspruch in der Widerspruchsschrift auf Art. 8 Abs. 5 gestützt hat (vgl. EuG T-207/08, BeckEuRS 2011, 576239 Rn. 69, 70 – COHIBA (fig.)/KIOWA (fig.)). Allerdings ist die Frage, ob Bekanntheit vorliegt, grundsätzlich eine Rechtsfrage, die von EuG und EuGH überprüft werden kann. Lediglich die Ermittlung der Beurteilungsgrundlagen ist eine Tatsachenfrage (wobei Tatsachen, soweit sie der Beschwerdekammer bereits vorlagen, ebenfalls berücksichtigt werden können, → Art. 72 Rn. 61).

2. Vortrags- und Beweislastverteilung

Die Bekanntheit in den relevanten Verkehrskreisen und die Ausnutzung bzw. Beeinträchtigung **262** beruhen auf Tatsachen. Für diese trägt der Widersprechende die Vortrags- und Beweislast (Art. 7 Abs. 2 lit. f Hs. 2 DVUM). In Inter-partes-Verfahren (Widerspruch, Nichtigkeitsverfahren) beschränkt sich die Ermittlung des Sachverhalts nach Art. 95 Abs. 1 S. 2 auf das Vorbringen und die Anträge der Parteien. Das Amt darf bei der Beurteilung, ob die ältere Marke Bekanntheit genießt, nicht aus eigener Sachkunde entscheiden und darf auch nicht von Amts wegen Ermittlungen durchführen. Es muss sein Ergebnis ausschließlich auf das Vorbringen des Widersprechenden stützen.

Allerdings macht das Amt Ausnahmen von der Regel und nimmt bestimmte Tatsachen als **263** gegeben hin, wenn sie außer Frage stehen. Dies entspricht § 291 ZPO im deutschen Zivilprozess. Die UMV kennt eine solche Regel nicht; es handelt sich also um reine Amtspraxis.

In Bezug auf die Bekanntheit hat die Beschwerdekammer entschieden, dass bei überragender Bekannt- **263.1** heit die Beweisanforderungen jedenfalls deutlich geringer sind (vgl. bereits früh EUIPO BK 4.2.2002 – R 0007/2001-1 Rn. 22 – ASPIR-WILLOW/ASPIRIN). In vorgenannter Entscheidung hat die Beschwerdekammer festgestellt: „Zwar ist die Kammer gemäß Artikel 74 Absatz 1 GMV bei der Ermittlung des Sachverhalts auf das Vorbringen der Beteiligten beschränkt, doch bedeutet dies nicht, dass die Kammer offenkundige Tatsachen nicht zur Kenntnis nehmen dürfte. An die Beweismittel, die zum Nachweis einer allgemeinkundigen Tatsache erforderlich sind, sind keine hohen Anforderungen zu stellen." Bestätigt wurde dies durch die BK in Sachen APSIRIN/ASPITEC (EUIPO BK 10.1.2006 – R 0743/2004-2 Rn. 34 – ASPIRIN/ASPITEC) und zuletzt wieder vor der BK (EUIPO BK 7.3.2012 – R 2227/2010-2 Rn. 21-23 – DHL (fig.)/CHL (fig.)). Das EuG hat diesen Grundsatz im Zusammenhang mit dem Namen Picasso bestätigt (EuG T-185/02, GRUR Int 2004, 850 Rn. 29 – PICASSO/PICARO). Es dürfe auch ohne aufwändigen Beweis „angenommen werden, dass die Mehrzahl der europäischen Verbraucher den Begriff PICASSO mit dem weltweit berühmtesten Maler des 20. Jahrhunderts, Pablo Picasso, in Verbindung bringt". Andererseits darf das EUIPO nicht einfach ohne Prüfung der vorgelegten Beweismittel annehmen, es sei nur ein Teil der Marke bekannt (EuG T-420/10, BeckRS 2012, 81133 Rn. 34 – AJ ARMANI JUNIOR/AJ AMICI JUNIOR).

Die Nachweise können entweder zusammen mit der Widerspruchsschrift (Art. 2 Abs. 4 **264** DVUM) oder später innerhalb einer Frist von zwei Monaten nach Ablauf des Cooling-off-Frist eingereicht werden (vgl. Art. 7 Abs. 2 lit. f Hs. 2 DVUM). Letztere ist die Frist für den Widersprechenden, die Widerspruchsbegründung einzureichen. In der Praxis hat man hier meist etwas mehr Zeit, weil das EUIPO in der Regel ein bis zwei Wochen benötigt, um den Widerspruch für zulässig zu erklären und Fristen zu setzen. Wenn parallel zum streitigen Verfahren noch Verhandlungen zur gütlichen Beilegung des Streits zwischen den Parteien laufen, empfiehlt es sich, die Beweismittel erst mit der Widerspruchsbegründung einzureichen, insbesondere wenn die „Cooling-off"-Frist noch einmal verlängert werden sollte, was in der Praxis häufig ist. Der Widersprechende kann sich aller in Art. 97 Abs. 1 aufgeführten Beweismittel bedienen. Bei der Einreichung sind die formellen Vorgaben des Art. 55 DVUM zu beachten.

Die in der Praxis am häufigsten benutzten Beweismittel sind: Erklärungen, die unter Eid oder an Eides **264.1** statt abgegeben wurden, Angaben zum Werbebudget, Meinungsumfragen und Markterhebungen, Artikel in der allgemeinen Presse oder in Fachveröffentlichungen, Angaben zum Umsatz und Marktanteil, zB in Jahresberichten, Rechnungen, Entscheidungen von Gerichten oder Verwaltungsbehörden sowie Entscheidungen des EUIPO. Die Dokumente müssen lediglich als Nachweis geeignet sein, dass die Marke die erforderliche Bekanntheit tatsächlich besitzt (dieselben Beweismittel können auch vorgelegt werden, um zu beweisen, dass die ältere Marke eine erhöhte Kennzeichnungskraft iSd Art. 8 Abs. 1 lit. b besitzt oder gemäß Art. 8 Abs. 2 lit. c notorisch bekannt ist). Der Widersprechende kann auch auf Tatsachen und Beweise Bezug nehmen, die in einem anderen Widerspruchsverfahren vorgebracht wurden. Hier müssen die relevanten Unterlagen eindeutig angegeben werden, und die Verfahrenssprache muss in beiden Fällen dieselbe sein (oder eine Übersetzung beigefügt werden).

Wenn die Dokumente, die als Beweis für die Bekanntheit eingereicht werden, nicht in der **265** Sprache des Verfahrens abgefasst sind, muss der Widersprechende für die Übersetzung in die Verfahrenssprache nur dann sorgen, wenn er vom Amt dazu aufgefordert wurde oder der Anmelder dies verlangt. Es reicht aus, nur die ausschlaggebenden Teile von langen Dokumenten oder Veröffentlichungen zu übersetzen (Art. 25 Abs. 1 UMDV). Alles andere wäre angesichts des Umfangs der Dokumente, die häufig zum Nachweis der Bekanntheit eingereicht werden, wenig praktikabel. Es ist auch nicht notwendig, Dokumente oder Teile von Dokumenten vollständig zu übersetzen, wenn diese hauptsächlich Zahlen oder Statistiken enthalten, deren Bedeutung ohne Übersetzung verständlich ist, was häufig der Fall ist bei Rechnungen, Bestellformularen, Diagrammen, Broschüren, Katalogen usw.

266   Somit müssen im Prinzip alle Beweismittel in Bezug auf sämtliche Tatbestandsmerkmale des Art. 8 Abs. 5 in der genannten Viermonatsfrist eingereicht werden (Cooling-off-Frist und Frist zur Einreichung der Widerspruchsbegründung). Nicht eingereichte Beweismittel können nicht später „nachgeholt" werden (vgl. Art. 7 Abs. 2 lit. f Hs. 2 DVUM), es sei denn, es handelt sich um Ergänzungen (vgl. Art. 8 Abs. 5 S. 1 DVUM; → Rn. 235). Aus diesem Grund können auch nicht nach Ablauf der Viermonatsfrist eingereichte Beweise zum Nachweis der Benutzung (wenn der Widersprechende hierzu aufgefordert wurde), für die Bekanntheit verwendet werden. Zwar taugt das Material grundsätzlich, es ist dann aber zu spät eingereicht worden. Anders herum kann allerdings Beweismaterial für die Bekanntheit auch jederzeit für die Beurteilung der Benutzung der älteren Marke(n) herangezogen werden.

267   Die Beweise sind in einer Gesamtschau zu würdigen. Das Gewicht der einzelnen Beweisstücke ist gesondert zu bewerten und dann in den Zusammenhang zu stellen (beispielhaft aus jüngerer Zeit EuG T-548/17, BeckRS 2018, 24839 Rn. 94 ff. – KIPLING). In der Vorbereitung des Vortrags ist darauf zu achten, dass das Beweismaterial nicht ausschließlich aus der Sphäre des Widersprechenden stammt und zu einem guten Teil quantitative Daten und Zahlen aus neutralen Quellen enthält (vgl. EuG T-500/10, BeckRS 2012, 81028 Rn. 49, 54 – DORMA (fig.)/doorsa FÁBRICA DE PUERTAS AUTOMÁTICAS). Vor allem wenn letztere fehlen, ist es nämlich schwierig, das EUIPO davon zu überzeugen, dass die Widerspruchsmarke bekannt ist. Auszügen von der Online-Enzyklopädie Wikipedia steht das Gericht nach wie vor skeptisch gegenüber (beispielsweise EuG T-372/17, BeckRS 2018, 30215 Rn. 98 – LV; ebenso EuG T-548/17, BeckRS 2018, 24839 Rn. 131 – KIPLING).

268   Hinsichtlich der gedanklichen Verknüpfung trägt die Beweislast wieder gemäß Art. 95 Abs. 1 S. 2 iVm Art. 7 Abs. 2 lit. f Hs. 2 DVUM der Widersprechende. Somit obliegt es der Widersprechenden, aufzuzeigen, dass die tatsächliche oder zukünftige Benutzung der Anmeldung eine Beeinträchtigung der Unterscheidungskraft oder der Wertschätzung der älteren Marke verursacht hat oder wahrscheinlich verursachen wird, oder dass sie diese in unlauterer Weise ausgenutzt hat oder wahrscheinlich ausnutzen wird. Auch hier stehen die in Art. 97 Abs. 1 genannten Beweismittel zur Verfügung.

3. Anforderungen an die Beweismittel

269   EUIPO bzw. EuG haben im Lauf der Zeit bestimmte Regeln für den Umgang mit bestimmten Beweismitteln entwickelt. Eine Zusammenfassung findet sich in den Richtlinien (Richtlinien des EUIPO, Teil C Widerspruch, Abschnitt 5 Bekannte Marken zu Art. 8 Abs. 5, Ziff. 3.4.4.1).

270   Einer **eidesstattlichen Versicherung** der Widersprechenden selbst oder aus ihrer Sphäre sind beispielsweise stets Unterlagen beizulegen, die die Aussagen der Erklärung unterstützen (EUIPO BK 10.12.2007 – R 216/2007-4 10 Rn. 45 – Miles & More/DEGUSMILES & More; BK 26.5.2017 – R 2307/2015-4 Rn. 27 – KIPLING (fig.); bestätigt von EuG T-548/17, BeckRS 2018, 24839 Rn. 100 – KIPLING mit der Feststellung, dass die beigefügten Beweise nicht ausreichend waren, vgl. Rn. 114; ebenso Richtlinien des EUIPO, Teil C Widerspruch, Abschnitt 6 Benutzungsnachweis, Ziff. 3.3.2.3, S. 81; diese Ausführungen gelten auch für die Bekanntheitsunterlagen). Die in der Erklärung gemachten Angaben müssen eindeutig sein und spezifische Tatsachen betreffen.

271   Immer wieder werden von den Parteien in streitigen Verfahren vor dem EUIPO nationale Entscheidungen vorgelegt, beispielsweise als Beleg dafür, dass das jeweilige nationale Markenamt die Bekanntheit der älteren Marke festgestellt hat oder dass es von einer gedanklichen Verknüpfung der Marken ausgegangen ist. **Nationale Entscheidungen** werden vom EUIPO bzw. EuG grundsätzlich beachtet (vgl. aus EuG T-159/15, BeckRS 2016, 82326 Rn. 34–37 – PUMA (fig.)). Lediglich wenn die Entscheidungen nicht oder nicht ordentlich übersetzt sind oder nicht erkennen lassen, auf welcher Grundlage das Gericht oder das Markenamt zu dem Schluss kam, dass Bekanntheit vorliegt, werden sie ausnahmsweise nicht berücksichtigt.

272   Das EUIPO betrachtet grundsätzlich **Umfragen** als das am besten geeignete Beweismittel für den Beweis der Bekanntheit der älteren Marke (Richtlinien des EUIPO, Teil C Widerspruch, Abschnitt 5 Bekannte Marken Art. 8 Abs. 5, Ziff. 3.1.4.3, S. 3; EUIPO BK 1.3.2018 – 954/2017-2, Rn. 24 – O LOTTERY KENO (Fig.). Kann der Widersprechende beispielsweise aussagekräftige Umfragen mit Bekanntheitswerten von über 75% vorlegen und dies mit einigen andern Beweismitteln untermauern, ist eine Anerkennung der Bekanntheit durch das EUIPO ausgesprochen wahrscheinlich. Die Beschwerdekammer hat in verschiedenen Entscheidungen festgelegt,

welchen Anforderungen Umfragen genügen müssen, um als Beweismittel ernst genommen zu werden (beispielsweise EUIPO BK 22.1.2016 – R 922/2015-2 Rn. 39 – BUNNIES; 17.10.2013 – R 1148/2011-1 Rn. 32–34 – COCCODRILLO (fig.); 8.7.2015 – R 2627/2014-4 Rn. 25 – BAKER STREET; 17.6.2014 – R 107/2014-5 Rn. 58 – Eros Helios (fig.); 1.6.2011 – R 1345/2010-1 Rn. 58 – Fukato Fukato).

Die Umfrage muss den Ersteller erkennen lassen, also das Umfrageinstitut, damit festgestellt werden **272.1** kann, ob die Umfrage aus einer seriösen Quelle stammt. Die Methode der Befragung, die Anzahl der Teilnehmer sowie die Zusammensetzung der Teilnehmergruppe müssen erkennbar sein. Es sollten mindestens zwischen 1000 und 2000 durch Zufall ausgewählte Personen befragt werden. Weiter muss die Umfrage klar erkennen lassen, in welcher Reihenfolge die Fragen gestellt wurden und ob die Angaben über prozentuale Anteile sich auf sämtliche Befragten oder nur auf diejenigen beziehen, die geantwortet haben. Wenn die Voraussetzungen einer seriösen Umfrage nicht vorliegen, kann die betreffende Umfrage kaum als Beweismittel berücksichtigt werden. Liegen sie vor, ist aber bestimmten Anforderungen nicht genügt, ist der Beweiswert entsprechend vermindert (nicht ausreichend waren Umfragen beispielsweise in folgenden Fällen: EUIPO BK 8.7.2015 – R 2627/2014-4 Rn. 25 – BAKER STREET; 17.6.2014 – R 107/2014-5 Rn. 58 – Eros Helios (fig.); 1.6.2011 – R 1345/2010-1 Rn. 58 – Fukato Fukato).

Nach Umfragen sind Angaben zu Umsatz, Marktanteil und Werbeausgaben sowie die Präsenz **273** in der Presse die wichtigsten Beurteilungsfaktoren. Insbesondere Presseartikel in seriösen Zeitschriften und Zeitungen liefern in der Regel ein aussagekräftiges Bild von der Bekanntheit der Marke. Rechnungen, Geschäftskorrespondenz, Jahresabschlüsse, Preise, Auszeichnungen und alle sonstigen Beweismittel werden vom EUIPO wie die zuvor genannten Beweismittel beurteilt. Je mehr quantitative Daten in diesen zuletzt genannten Beweismitteln enthalten sind, desto stärker ist ihr Beweiswert. Hintergrundinformationen über die Geschichte der Marke runden das Bild ab und erleichtern dem EUIPO die Beurteilung.

Abschnitt 2. Wirkungen der Unionsmarke

Art. 9 Rechte aus der Unionsmarke

(1) **Mit der Eintragung einer Unionsmarke erwirbt ihr Inhaber ein ausschließliches Recht an ihr.**

(2) **Der Inhaber dieser Unionsmarke hat unbeschadet der von Inhabern vor dem Zeitpunkt der Anmeldung oder dem Prioritätstag der Unionsmarke erworbenen Rechte das Recht, Dritten zu verbieten, ohne seine Zustimmung im geschäftlichen Verkehr ein Zeichen für Waren oder Dienstleistungen zu benutzen, wenn**

a) **das Zeichen mit der Unionsmarke identisch ist und für Waren oder Dienstleistungen benutzt wird, die mit denjenigen identisch sind, für die die Unionsmarke eingetragen ist;**

b) **das Zeichen mit der Unionsmarke identisch oder ihr ähnlich ist und für Waren oder Dienstleistungen benutzt wird, die mit denjenigen identisch oder ihnen ähnlich sind, für die die Unionsmarke eingetragen ist, und für das Publikum die Gefahr einer Verwechslung besteht, die die Gefahr einschließt, dass das Zeichen mit der Marke gedanklich in Verbindung gebracht wird;**

c) **das Zeichen mit der Unionsmarke identisch oder ihr ähnlich ist, unabhängig davon, ob es für Waren oder Dienstleistungen benutzt wird, die mit denjenigen identisch sind oder denjenigen ähnlich oder nicht ähnlich sind, für die die Unionsmarke eingetragen ist, wenn diese in der Union bekannt ist und die Benutzung des Zeichens die Unterscheidungskraft oder die Wertschätzung der Unionsmarke ohne rechtfertigenden Grund in unlauterer Weise ausnutzt oder beeinträchtigt.**

(3) **Sind die Voraussetzungen des Absatzes 2 erfüllt, so kann insbesondere verboten werden,**

a) **das Zeichen auf Waren oder deren Verpackung anzubringen;**

b) **unter dem Zeichen Waren anzubieten, in Verkehr zu bringen oder zu den genannten Zwecken zu besitzen oder unter dem Zeichen Dienstleistungen anzubieten oder zu erbringen;**

c) **Waren unter dem Zeichen einzuführen oder auszuführen;**

d) das Zeichen als Handelsnamen oder Unternehmensbezeichnung oder als Teil eines
   Handelsnamens oder einer Unternehmensbezeichnung zu benutzen;
e) das Zeichen in den Geschäftspapieren und in der Werbung zu benutzen;
f) das Zeichen in der vergleichenden Werbung in einer der Richtlinie 2006/114/EG
   zuwiderlaufenden Weise zu benutzen.

(4) [1] Unbeschadet der von Inhabern vor dem Zeitpunkt der Anmeldung oder dem
Prioritätstag der Unionsmarke erworbenen Rechte ist der Inhaber dieser Unionsmarke
auch berechtigt, Dritten zu untersagen, im geschäftlichen Verkehr Waren in die Union
zu verbringen ohne diese in den zollrechtlich freien Verkehr zu überführen, wenn die
Waren, einschließlich ihrer Verpackung, aus Drittstaaten stammen und ohne Zustimmung eine Marke aufweisen, die mit der für derartige Waren eingetragenen Unionsmarke identisch ist oder in ihren wesentlichen Aspekten nicht von dieser Marke zu
unterscheiden ist.

[2] Die Berechtigung des Inhabers einer Unionsmarke gemäß Unterabsatz 1 erlischt,
wenn während eines Verfahrens, das der Feststellung dient, ob eine Unionsmarke verletzt
wurde, und das gemäß der Verordnung (EU) Nr. 608/2013 eingeleitet wurde, der zollrechtliche Anmelder oder der Besitzer der Waren nachweist, dass der Inhaber der Unionsmarke nicht berechtigt ist, das Inverkehrbringen der Waren im endgültigen Bestimmungsland zu untersagen.

Überblick

Art. 9 **Abs. 1** stellt klar, dass (erst) die Eintragung einer Unionsmarke dem Markeninhaber ein
ausschließliches, dh ein subjektives, grundsätzlich gegenüber jedermann bestehendes Recht
gewährt. Dabei stellt Abs. 1 keine eigene Anspruchsgrundlage dar, denn die Voraussetzungen des
Ausschließlichkeitsrechts ergeben sich erst aus Art. 9 Abs. 2 lit. a–c und Art. 9 Abs. 4.

Abs. 2 lit. a–c erlauben einem Unionsmarkeninhaber gegen einen Dritten vorzugehen, sofern
dieser Zeichen iSv Art. 9 Abs. 2 lit. a–c im geschäftlichen Verkehr und ohne Zustimmung des
Markeninhabers benutzt.

Der Unterlassungsanspruch kann konkret gegen die Benutzung eines mit der Unionsmarke
identischen Zeichens für Waren oder Dienstleistungen, die mit denjenigen der Unionsmarke
identisch sind, dh wenn Doppelidentität gegeben ist, geltend gemacht werden (Art. 9 Abs. 2 lit. a),
gegen die Benutzung eines mit der Unionsmarke identischen/ähnlichen Zeichens für Waren oder
Dienstleistungen, die mit denjenigen der Unionsmarke identisch/ähnlich sind, wenn Verwechslungsgefahr besteht (Art. 9 Abs. 2 lit. b) bzw. gegen die Benutzung solcher Zeichen geltend
gemacht werden, die die Wertschätzung oder Unterscheidungskraft einer Unionsmarke ohne
rechtfertigenden Grund in unlauterer Weise ausnutzen oder beeinträchtigen, wenn diese in der
Union bekannt ist.

Um klarzustellen, dass **Abs. 2–4** vollumfänglich den Prioritätsgrundsatz entsprechend Art. 16
Abs. 1 TRIPS-Übereinkommen (→ Einl. Rn. 203 ff.) berücksichtigt, demzufolge ältere Rechte
Vorrang vor einer später eingetragenen Unionsmarke haben, steht die Durchsetzung der Rechte
aus Art. 9 Abs. 2 unter dem ausdrücklichen Vorbehalt, dass solche Rechte unbeeinträchtigt bleiben.

Abs. 3 enthält einen nicht abschließenden Katalog bestimmter Benutzungshandlungen, die
der Inhaber im Falle einer Verletzung seiner Unionsmarke gemäß Abs. 2 verbieten kann (→
Rn. 92 ff.).

Abs. 4 gibt dem Markeninhaber einen Anspruch gegen Verletzungen vorzugehen, die Ware
betrifft, die zwar in die Union verbracht aber nicht in den zollrechtlich freien Verkehr überführt
wird („Transitware"; → Rn. 109 ff.).

Übersicht

A. Einführung

Die Eintragung einer Marke als Unionsmarke gewährt dem Markeninhaber zahlreiche Ansprüche und Rechte. Durch die Eintragung einer Unionsmarke wird beispielsweise ein relatives Eintragungshindernis (Art. 8) gegen die Anmeldung einer kollidierenden Unionsmarke mit jüngerem Zeitrang als der Unionsmarke begründet, welches durch Widerspruch (Art. 46) oder Nichtigkeitsantrag (Art. 63) bzw. Nichtigkeitswiderklage (Art. 128) geltend gemacht werden kann. Gleiches gilt auf nationaler Ebene. Dieses Eintragungshindernis wäre allerdings wertlos, wenn die Unionsmarke dem Markeninhaber nicht auch einen Unterlassungsanspruch gegen die Benutzung verletzender Marken und anderer Zeichen zusprechen würde. Genau diesen Zweck erfüllt Art. 9. Diese Norm gibt dem Markeninhaber einen Unterlassungsanspruch gegen die Benutzung von mit der Unionsmarke identischen Zeichen für identische Waren oder Dienstleistungen (Art. 9 Abs. 2 lit. a; **„Doppelidentität"**), gegen die Benutzung von mit der Unionsmarke ähnlichen Zeichen für Waren oder Dienstleistungen, die mit denjenigen der Unionsmarke identisch oder ähnlich sind, wenn durch die Benutzung Verwechslungsgefahr bei den angesprochenen Verbrauchern hervorgerufen wird (Art. 9 Abs. 2 lit. b; **„Verwechslungsgefahr"**) sowie gegen die Benutzung von mit der Unionsmarke identischen oder ähnlichen Zeichen, auch ohne dass die Benutzung für Waren oder Dienstleistungen erfolgt, die mit denjenigen der Unionsmarke identisch oder ähnlich sind, wenn die Unionsmarke in der Union bekannt ist und die Benutzung die Wertschätzung oder Unterscheidungskraft der Unionsmarke in unlauterer Weise ausnutzt oder beeinträchtigt (Art. 9 Abs. 2 lit. c; **„bekannte Marke"**). Art. 9 Abs. 1 schützt den Inhaber einer Unionsmarke vor jeder Beeinträchtigung, die die herkunftsweisende Funktion der Unionsmarke beeinträchtigt oder beeinträchtigen könnte (EuGH C-223/15, GRUR 2016, 1166 Rn. 27 – Combit Software/Commit Business Solutions Ltd). **1**

Aufgrund des Grundsatzes der **Einheitlichkeit der Unionsmarke** erstrecken sich die Rechte aus Art. 9 Abs. 2 grundsätzlich auf die gesamte Union (→ Einl. Rn. 105 ff.). Das Vorliegen von **Doppelidentität** oder **Verwechslungsgefahr** in einem Teilgebiet der EU begründet grundsätzlich einen Unterlassungsanspruch des prioritätsälteren Unionsmarkeninhabers im gesamten Gebiet der EU (EuGH C-235/09, GRUR 2011, 518 Rn. 43 – DHL Express France SAS). **2**

Die Anwendung des Grundsatzes der Einheitlichkeit der Unionsmarke wurde durch den EuGH weiter entwickelt. So ist die unionsweite Reichweite des Unterlassungsanspruchs dann **eingeschränkt,** wenn **für einen Teil der Union das Vorliegen von** Verwechslungsgefahr explizit verneint wird (EuGH C-223/15, GRUR 2016, 1166 Rn. 30 – Combit Software/Commit Business Solutions Ltd). Liegt eine Verwechslungsgefahr nur in einem Teil der Union vor und wird eine solche für einen Teil der Union ausdrücklich ausgeschlossen, hat der Inhaber das Recht, die Benutzung, in der Union verbieten zu lassen, mit Ausnahme des Teils, für den eine Verwechslungsgefahr verneint wird (EuGH C-223/15, GRUR 2016, 1166 Rn. 36 – Combit Software/Commit Business Solutions Ltd; in diesem Sinne auch EuGH C-93/16, BeckRS 2017, 117683 Rn. 38 – Kerrygold/Kerrymaid). Der Teil, für den das **Fehlen einer tatsächlichen oder möglichen Beeinträchtigung der Marke** festgestellt wird, muss vom Unionsmarkengericht **genau bestimmt** werden, damit dem Verbot der Benutzung (→ Art. 130 Rn. 1 ff.) eindeutig zu entnehmen ist, welcher Teil des Unionsgebiets nicht von ihm erfasst wird (EuGH C-223/15, GRUR 2016, 1166 Rn. 34 – Combit Software/Commit Business Solutions Ltd). Die Tatsache, dass **in einem Teil der Union** zwischen einer Unionsmarke und einer nationalen Marke **keine Ver-** **3**

wechslungsgefahr besteht, **schließt nicht aus,** dass zwischen dieser Unionsmarke und einer nationalen Marke in einem anderen oder dem **übrigen Teil der Union Verwechslungsgefahr** besteht (EuGH C-93/16, BeckRS 2017, 117683 Rn. 38 – Kerrygold/Kerrymaid).

4 Der Unterlassungsanspruch folgt direkt aus Art. 9 Abs. 2, während die Durchsetzung des Unterlassungsanspruchs den nationalen Unionsmarkengerichten überlassen ist. Hinsichtlich weitergehender Ansprüche wegen Verletzung der Unionsmarke nach Art. 9 verweist Art. 101 Abs. 2 auf das Recht des Mitgliedstaats, in dem die Verletzungshandlung begangen wurde oder droht (→ Art. 129 Rn. 5 ff.).

5 Art. 9 erlaubt es dem Unionsmarkeninhaber gegen einen Dritten vorzugehen, sofern dieser Zeichen iSv Art. 9 Abs. 2 lit. a bis c im geschäftlichen Verkehr und ohne seine Zustimmung benutzt. Er kann sich somit einer rechtsverletzenden Zeichenbenutzung widersetzen.

6 Das **Ausschließlichkeitsrecht** des Markeninhabers ist nicht unbegrenzt, sondern **unterliegt** den **allgemeinen Beschränkungen** der UMV. Das Ausschließlichkeitsrecht unterliegt den Schutzschranken der Art. 14 (Wirkungsbeschränkung, → Art. 14 Rn. 1 ff.), Art. 15 (Erschöpfung, → Art. 15 Rn. 1) sowie Art. 16 (Zwischenrechte, → Art. 16 Rn. 1 ff., dh einem möglichen Anspruchsverlust aufgrund Verwirkung → Art. 61 Rn. 1 ff. oder Nichtbenutzung/Verfall, → Art. 64 Rn. 21 ff.). So kann der Markeninhaber die Benutzung eines Zeichens insbesondere nur verbieten, wenn die Rechte des Inhabers – weder zum Zeitpunkt der Erhebung der Verletzungsklage noch bei Entstehung der jüngeren Marke – hätten für verfallen erklärt werden können.

7 Des Weiteren unterliegt der Anspruch nach Art. 9 der **Benutzungsvoraussetzung** des Art. 18 (→ Art. 18 Rn. 1 ff.). Hat der Markeninhaber oder ein Dritter mit Zustimmung des Markeninhabers die Unionsmarke innerhalb der fünf Jahre nach Eintragung der Unionsmarke nicht ernsthaft für die Waren und Dienstleistungen, für die die Unionsmarke eingetragen ist, in der Union benutzt, und wird der Einwand der Nichtbenutzung im Rahmen eines Verletzungsverfahrens gemäß Art. 127 Abs. 3 (→ Art. 127 Rn. 18 ff.) oder durch eine Widerklage gemäß Art. 128 erhoben (→ Art. 128 Rn. 1 ff.), führt dies zu einem vollständigen Rechtsverlust der Ansprüche aus Art. 9 oder bei Teilbenutzung zu einem Teilrechtsverlust der Ansprüche aus Art. 9. Innerhalb der fünfjährigen Benutzungsschonfrist wird die ernsthafte Benutzung des Zeichens zwar nicht vorausgesetzt, diese muss jedoch spätestens nach Ablauf von fünf Jahren nach Eintragung vorliegen. Der EuGH hat klargestellt, dass das ausschließliche Recht des Inhabers einer Unionsmarke innerhalb eines Zeitraumes von fünf Jahren ab Eintragung der Marke für alle Waren und Dienstleistungen gilt, für die sie eingetragen ist, unabhängig davon, ob sie für diese Waren oder Dienstleistungen in der Union ernsthaft benutzt wird (EuGH C-654/15, GRUR 2017, 185 Rn. 26 – Länsförsäkringar AB/Matek A/S). Dies hat zur Folge, dass für die Geltendmachung von Unterlassungsansprüchen – solange die Marke noch der Benutzungsschonfrist unterliegt – nicht die ernsthafte Benutzung der Marke –, sondern die eingetragenen Waren und Dienstleistungen maßgeblich sind, und zwar unabhängig davon, ob eine ernsthafte Benutzung für (einen Teil) der eingetragenen Waren und Dienstleistungen aufgenommen wurde. Damit hat der Markeninhaber nach Eintragung der Marke bis zu fünf Jahre Gelegenheit, die wirtschaftliche Verwertung der Marke vorbereiten zu können, ohne Löschung oder Teillöschung der Marke wegen Verfalls fürchten zu müssen. Mit Eintragung der Unionsmarke kann der Inhaber sein ausschließliches Recht gemäß Art. 9 Abs. 1 – zumindest während des Zeitraums von fünf Jahren nach Eintragung der Unionmarke – uneingeschränkt geltend machen und kann Dritten im Fall einer Verwechslungsgefahr verbieten im geschäftlichen Verkehr ein mit seiner Marke identisches oder ihr ähnliches Zeichen für alle Waren und Dienstleistungen zu benutzen, die mit denen, für die diese Marke eingetragen ist, identisch oder ihnen ähnlich sind, ohne eine ernsthafte Benutzung der Marke für diese Waren und Dienstleistungen belegen zu müssen (EuGH C-654/15, GRUR 2017, 185 Rn. 29 – Länsförsäkringar AB/Matek A/S).

B. Anspruchsinhaber und Aktivlegitimation

8 Anspruchsinhaber ist der **Markeninhaber.** Markeninhaber kann gemäß **Art. 6** jede natürliche oder juristische Person, einschließlich Körperschaften des öffentlichen Rechts sein. Darüber hinaus ist auch der Mitinhaber eines Markenrechts Anspruchsinhaber. Bei Übertragung einer Unionsmarke im Wege der Rechtsnachfolge – wie Art. 20 Abs. 1 ausdrücklich vorsieht – kann der **Rechtsnachfolger** seine Rechte aus der Eintragung (erst) geltend machen, wenn er als neuer Inhaber im Markenregister eingetragen ist (Art. 20 Abs. 11; → Art. 20 Rn. 47 ff.). Diese Rechte aus der „Eintragung der Unionsmarke" betreffen allerdings nur die Geltendmachung der Rechte aus der Unionsmarke im registerrechtlichen Verfahren, materiellrechtlich bestimmt sich die Wirksamkeit der Übertragung gemäß Art. 19 nach dem jeweils anwendbaren nationalen Recht (→

Art. 19 Rn. 1 ff.). Ein **Lizenznehmer** kann den Unterlassungsanspruch aus Art. 9 im Wege der Abmahnung und Klageerhebung nur mit Zustimmung des Markeninhabers geltend machen (Art. 25 Abs. 3 S. 1). Der Zustimmung bedarf es dann nicht, wenn es sich um eine **ausschließliche Lizenz** handelt und der Unionsmarkeninhaber „nach Aufforderung (durch den Lizenznehmer) nicht selbst innerhalb einer angemessenen Frist die Verletzungsklage erhoben hat" (Art. 25 Abs. 3 S. 2). Diese Bestimmung wird in Lizenzverträgen für den Inhaber einer ausschließlichen Lizenz häufig wirksam abbedungen. Sollte er aber – ausnahmsweise – den Unterlassungsanspruch geltend machen und der Beklagte eine Widerklage erheben, so ist der Markeninhaber darüber gemäß Art. 128 Abs. 3 zu informieren Dieser hat die Möglichkeit nach dem nationalen Zivilprozessrecht dem Verfahren als Partei beitreten (s. auch Renck in Gielen/v. Bomhard, Concise European Trade Mark and Design Law, 2011, Art. 22 Rn. 3). Nach Ermächtigung durch den Markeninhaber, kann der Lizenznehmer gemäß Art. 46 Widerspruch einlegen und Antrag auf Erklärung der Nichtigkeit einer prioritätsjüngeren Marke gemäß Art. 63 stellen. Darüber hinaus kann der Lizenznehmer bei **einfacher** als auch ausschließlicher Lizenz im Wege der **gewillkürten Prozessstandschaft** das fremde Recht des Markeninhabers im eigenen Namen durchsetzen (KG BeckRS 2016, 18980 Rn. 28 – Vergleichende Werbung für Markenparfüms).

Sonstige Dritte können aufgrund Ermächtigung des Rechtsinhabers im Wege der **gewillkürten Prozessstandschaft** die Ansprüche geltend machen, vorausgesetzt sie haben ein eigenes schutzwürdiges Interesse an der Rechtsverfolgung, das auch durch ein wirtschaftliches Interesse begründet werden kann (LG Frankfurt a.M. BeckRS 2019, 449 Rn. 32). Die Ermächtigung kann formlos oder durch konkludentes Handeln erteilt werden, wobei sie sich jedoch auf einen bestimmten Anspruch aus einem bestimmten Rechtsverhältnis beziehen muss (BGH GRUR 2008, 1108 Rn. 52 – Haus & Grund III). Macht der Markeninhaber selbst die betreffenden Ansprüche geltend, scheidet eine Geltendmachung derselben Rechte im Wege der gewillkürten Prozessstandschaft (sofern der Prozessstandschafter nicht zugleich Lizenznehmer ist) aus (BGH GRUR 2007, 235 Rn. 29 – Goldhase; GRUR 1989, 350 (353) – Abbo/Abo). Ein **schutzwürdiges Interesse** wurde beispielsweise für die Fälle angenommen, dass eine Konzernmutter von der von ihr beherrschten Konzerntochter ermächtigt wurde oder weil zwischen Ermächtigendem und Ermächtigtem ein Vertriebsvertrag hinsichtlich der gekennzeichneten Produkte bestand (LG Hamburg BeckRS 2016, 129372 Rn. 32; BGH GRUR 2008, 1108 Rn. 54 – Haus & Grund III). Die Ansprüche können ferner durch den Gesellschafter einer GmbH geltend gemacht werden, wenn er an der Gesellschaft in einem Maße beteiligt ist, dass sich seine wirtschaftlichen Interessen im Wesentlichen mit denen der Gesellschaft decken (BGH GRUR 1995, 54 (57) – Nicoline). 9

C. Anspruchsgegner und Passivlegitimation

Der Anspruch des Markeninhabers richtet sich gegen den **Benutzer** des rechtsverletzenden Zeichens. Benutzer iSv **Art. 9** ist grundsätzlich derjenige, der ein Zeichen in Bezug auf Waren und Dienstleistungen – identisch oder ähnlich denen, die von der geschützten Marke erfasst sind – im geschäftlichen Verkehr ohne Zustimmung des Markeninhabers benutzt. 10

Der EuGH setzte sich in jüngerer Vergangenheit gleich mehrfach mit der Frage auseinander, wer Benutzer iSv Art. 9 ist. Den Entscheidungen ist zu entnehmen, dass die Benutzung iSd Art. 9 ein **aktives Verhalten** voraussetzt. Als Benutzer gilt ein Dritter, der **unmittelbar oder mittelbar die Herrschaft über die Benutzungshandlung** hat und **tatsächlich in der Lage ist, die Benutzung zu beenden** und sich damit an das Verbot zu halten (EuGH C-179/15, GRUR 2016, 375 Rn. 41 – Daimler; C-236/08 bis C-238/08, GRUR 2010, 447 Rn. 57 – Google-France; EuZW 2012, 111 Rn. 29 – Red Bull; C-324/09, GRUR 2011, 1025 Rn. 101–104 – L'Oréal/eBay). Vorrangig gilt als Benutzer derjenige, der das rechtsverletzende Zeichen selbst durch eigene Handlung benutzt. Eine andere Auslegung verstößt nach Ansicht des EuGH gegen den Rechtsgrundsatz des „impossibilium nulla obligatio est" [Nichts ist Pflicht bei Unmöglichkeit] (EuGH C-179/15, GRUR 2016, 375 Rn. 42 – Daimler). 11

In seinem Urteil „Daimler" hat der EuGH darauf hingewiesen, dass der Wortlaut des Art. 5 Abs. 1 MRL 2008 „zu benutzen" nach seinem üblichen Sinn ein aktives Verhalten und eine unmittelbare oder mittelbare Herrschaft über die Benutzungshandlung beinhaltet. Dies ist nicht der Fall, wenn die Handlung von einem unabhängigen Wirtschaftsteilnehmer ohne Zustimmung des Werbenden und sogar gegen seinen ausdrücklichen Willen vorgenommen wird (EuGH C-179/15, GRUR 2016, 375 Rn. 39 – Daimler). 11.1

Die Bestimmung des Dritten iSv Art. 9 über eine Anwendung des § 14 Abs. 7 MarkenG (→ MarkenG § 14 Rn. 671) iVm Art. 129 Abs. 2 verbietet sich wohl, aufgrund der insofern eigenständigen und abschließenden Regelungen der UMV (BGH GRUR 2007, 708 Rn. 35 – 12

Internet Versteigerung). Derjenige, bei dem nach § 14 Abs. 7 MarkenG (→ MarkenG § 14 Rn. 671) die Voraussetzungen für eine Haftung gegeben sind, insbesondere die Haftung einer Person, die die Dienste Dritter dazu nutzt, das Schutzrecht des Inhabers zu verletzen, wird aber regelmäßig auch als Verletzer iSd Art. 9 anzusehen sein, sofern die Person die unmittelbare oder mittelbare Herrschaft über die Benutzungshandlung hat.

13   Daneben ist passivlegitimiert und Anspruchsgegner derjenige, der sich an der Benutzung des rechtsverletzenden Zeichens durch einen Dritten **beteiligt.** Ein **Zwischenhändler** – welcher im eigenen Namen, aber für Rechnung des Verkäufers handelt und kein Interesse am Verkauf der Ware hat – gilt als Benutzer iSv Art. 9, wenn er in seinen Geschäftspapieren ein mit einer Unionsmarke identisches Zeichen für Waren oder Dienstleistungen benutzt, die mit denjenigen identisch sind, für die die Unionsmarke eingetragen ist (EuGH C-62/08, GRUR 2009, 1156 Rn. 54 – Brandtraders). Benutzt der Dritte das Zeichen in einer Weise, dass eine **Verbindung zwischen dem Zeichen und den von dem Dritten vertriebenen Waren oder den von ihm erbrachten Dienstleistungen** hergestellt wird, zum Beispiel in Form der Benutzung des streitigen Zeichens in Geschäftspapieren (vgl. in diesem Sinne EuGH C-206/01, GRUR Int 2003, 229 Rn. 41 – Arsenal; C-17/06, GRUR 2007, 971 Rn. 22 ff. – Céline), so liegt eine Benutzung iSv Art. 9 vor, auch wenn kein Fall der Anbringung eines mit einer eingetragenen Marke identischen Zeichens auf den Waren des Dritten vorliegt (EuGH C-62/08, GRUR 2009, 1156 Rn. 47 – Brandtraders). Wenn eine solche Verbindung zwischen dem Zeichen und den von dem Dritten vertriebenen Waren oder erbrachten Dienstleistungen besteht, ist es im Übrigen unerheblich, dass der Dritte das Zeichen für die Vermarktung von Waren verwendet, die nicht seine eigenen sind, da er im Rahmen der Geschäftstätigkeit, an der er beteiligt ist, keine Rechte an ihnen erwirbt (EuGH C-62/08, GRUR 2009, 1156 Rn. 48 – Brandtraders)

14   Dagegen liegt bei einer einfachen Beschaffung technischer Voraussetzungen für die Benutzung eines Zeichens nicht zwangsläufig eine eigene Benutzungshandlung des Beschaffenden vor, selbst dann nicht, wenn der Beschaffende sich diese Dienstleistung vergüten lässt (EuGH C-236/08 bis C-238/08, GRUR 2010, 447 Rn. 57 – Google-France; C-119/10, EuZW 2012, 111 Rn. 29 – Red Bull; C-324/09, GRUR 2011, 1025 Rn. 101–104 – L'Oréal/eBay).

15   Einem Werbenden sind **selbständige Handlungen anderer Wirtschaftsteilnehmer,** mit denen der Werbende keine unmittelbare oder mittelbare Beziehung unterhält und die nicht im Auftrag und für Rechnung des Werbenden, sondern auf eigene Initiative und im eigenen Namen handeln, nicht zuzurechnen. Dies betrifft insbesondere Sachverhalte, in denen Internetreferenzierungsdienstleistungen involviert sind.

15.1   Der EuGH entschied im „Daimler"-Urteil daher, dass ein Dritter, der in einer auf einer Website veröffentlichten Anzeige genannt ist, die ein Zeichen enthält, das mit einer Marke identisch oder ihr ähnlich ist, so dass der Eindruck einer Geschäftsbeziehung zwischen ihm und dem Markeninhaber besteht, keine Benutzung dieses Zeichens vornimmt, die vom Inhaber nach dieser Bestimmung verboten werden kann, wenn die Anzeige weder von diesem Dritten noch in seinem Namen platziert worden ist oder, falls die Anzeige von diesem Dritten oder in seinem Namen mit Zustimmung des Inhabers platziert worden ist, wenn dieser Dritte den Betreiber der Website, bei dem er die Anzeige in Auftrag gegeben hatte, ausdrücklich aufgefordert hat, die Anzeige oder die in ihr enthaltene Nennung der Marke zu löschen (EuGH C-179/15, GRUR 2016, 375 Rn. 44 – Daimler).

15.2   Im „Google-France"-Urteil entschied der EuGH, dass „der Anbieter eines **Internetreferenzierungsdienstes,** der ein mit einer Marke identisches Zeichen als Schlüsselwort speichert und dafür sorgt, dass auf dieses Schlüsselwort Anzeigen angezeigt werden", nicht als Benutzer iSv Art. 9 Abs. 1 angesehen werden kann, da der Anbieter zwar zulässt, dass seine Kunden Zeichen benutzten, die mit Marken identisch oder ihnen ähnlich seien, diese Zeichen jedoch nicht selbst benutzt (EuGH C-236/08 bis C-238/08, GRUR 2010, 447 Rn. 53–58 – Google-France).

15.3   Ähnlich lautet der Tenor des „Red Bull"-Urteils, in dem der EuGH entschied, dass ein Dienstleistender, der im Auftrag und nach Anweisungen eines Dritten Aufmachungen abfüllt, die der Dritte ihm zur Verfügung gestellt hat und auf welchen zuvor ein mit einer eingetragenen Marke ähnliches oder identisches Zeichen versehen wurden, nicht Benutzer iSv Art. 9 Abs. 1 ist (EuGH EuZW 2012, 111 Rn. 30 – Red Bull).

16   Hier ist jedoch kein Unterlaufen des Schutzes des Art. 9 durch den Kunden des Dienstleistenden – durch Aufspaltung seines Herstellungsprozesses und Übertragung der einzelnen Bestandteile auf Dienstleister – zu befürchten. Denn diese Leistungen können dem betreffenden Kunden zugerechnet werden, so dass dieser verantwortlich bleibt (EuGH C-119/10, EuZW 2012, 111 Rn. 36 – Red Bull).

Ein Logistikunternehmen, welches nur die Lagerhaltung von markenverletzenden Waren durch- **17** führt, wird regelmäßig nicht als Benutzer iSv Art. 9 angesehen. Ein Logistikunternehmen hat die Waren üblicherweise nicht im Besitz, um (selbst) die Waren im geschäftlichen Verkehr anzubieten oder in den Verkehr zu bringen. Der Gerichtshof EuGH hat in einer Vorlagefrage bestätigt, dass jede „Benutzung" ein aktives Verhalten und eine unmittelbare oder mittelbare Herrschaft über die Benutzungshandlung voraussetzt und deshalb das bloße Lagern von Waren keine Benutzung iSd Art. 9 darstellt. Vielmehr ist es erforderlich, dass der Dritte das identische oder ein ähnliches markenrechtlich geschütztes Zeichen im Rahmen seiner eigenen kommerziellen Kommunikation benutzt.

So hat der EuGH die Vorlagefrage dahingehend beantwortet, dass bei bloßer Lagerung von **18** markenrechtsverletzenden Waren auf einem Amazon Marktplatzes, ohne Kenntnis von der Markenrechtverletzung zu haben, keine Verletzungshandlung des Logistik Unternehmens vorliegt, wenn dieses selbst den Zweck des Anbietens oder Inverkehrbringens nicht verfolgt (EuGH C-567/18, GRUR-RS, 2020, 4826 Rn. 37 ff., 47 – Coty Germany GmbH/Amazon Services Europe Sàrl ua).

Unbeantwortet bleibt die rechtliche Einordnung eines Logistikunternehmens, dass die Ware, **19** als Teil einer Gesamtdienstleistung, neben der Lagerhaltung auch zum Anbieten oder Inverkehrbringen der Ware besitzt. So thematisierte der EuGH im Rahmen der Vorlagefrage nicht, ob die einzelnen Tätigkeiten der Amazon Unternehmen bei „Versand durch Amazon" möglicherweise keine reine Lagerhaltung darstellen, da die Logistikunternehmen in die weiteren koordinierten Tätigkeiten der Amazon Gruppe integriert sind, die das Anbieten und Inverkehrbringen der Waren zum Gegenstand haben. Bei Annahme einer solchen Eingliederung stellt sich die Frage, ob sich die Logistikunternehmen wegen besonderer Sorgfaltspflichten weiterhin auf die Unkenntnis hinsichtlich der Markenrechtsverletzung berufen können (Generalanwalt beim EuGH Sánches-Bordona Schlussantrag v. 28.11.2019 – C-567/18, BeckRS 2019, 29558).

Nach Ansicht des EuGH verstoße zwar eine andere Auslegung des Benutzerbegriffes gegen **20** den Rechtsgrundsatz des „impossibilium nulla obligatio est" [Nichts ist Pflicht bei Unmöglichkeit] (EuGH C-179/15, GRUR 2016, 375 Rn. 42 – Daimler). Auch verbietet sich wohl ein Rückgriff des § 14 Abs. 7 MarkenG (→ MarkenG § 14 Rn. 671) iVm Art. 129 Abs. 2 zur Bestimmung des Dritten iSv Art. 9, aufgrund der insofern eigenständigen und abschließenden Regelungen der UMV (Art. 130 Abs. 1; BGH GRUR 2007, 708 Rn. 35 – Internet-Versteigerung).

D. Tatbestandsvoraussetzungen

Das Gesetz nennt drei Grundvoraussetzungen, welche **kumulativ** vorliegen müssen, damit **21** überhaupt von einer rechtswidrigen Benutzung iSv Art. 9 gesprochen werden kann. Zum einen muss es sich um eine rechtsverletzende Benutzung eines Zeichens iSv Art. 9 Abs. 2 lit. a („Doppelidentität", → Rn. 22, iSv Art. 9 Abs. 2 lit. b („Verwechslungsgefahr", → Rn. 32) oder iSv Art. 9 Abs. 2 lit. c („bekannte Marke", → Rn. 47) handeln. Zum anderen muss diese Benutzung im geschäftlichen Verkehr erfolgen (→ Rn. 64 ff.). Dritte Voraussetzung ist, dass diese Benutzung ohne Zustimmung des Markeninhabers (→ Rn. 68 ff.) erfolgt. Daraus lässt sich bereits schließen, dass nicht jede Benutzung der Marke tatbestandsmäßig ist. Der EuGH hat durch ständige Rechtsprechung gar ein weiteres Tatbestandsmerkmal gebildet, welches zusätzlich erfüllt sein muss, um dem Markeninhaber das Recht zu geben, gegen den Störer vorzugehen. Der Gerichtshof verlangt, dass die **Funktionen der Unionsmarke** (→ Einl. Rn. 120), insbesondere ihre Hauptfunktion der Gewährleistung der Herkunft der Waren oder Dienstleistungen gegenüber den Verbrauchern, durch die Zeichenbenutzung **beeinträchtigt werden bzw. beeinträchtigt werden könnten,** also dass eine Benutzung als Marke gegeben ist (→ Rn. 72 ff.).

I. Verletzungstatbestände

1. Doppelidentität

Art. 9 Abs. 2 lit. a sieht zunächst den Tatbestand der sog. **„Doppelidentität"** vor. Eine solche **22** ist gegeben, wenn sowohl die sich gegenüberstehende **Zeichen,** als auch die sich jeweils gegenüberstehenden **Waren und/oder Dienstleistungen identisch** sind. Auf weitergehende Kriterien, wie zB das Vorliegen von Verwechslungsgefahr kommt es dann nicht an. Die Vorschrift bezweckt zum einen den Schutz der Hauptfunktion der Marke, also der Herkunftsfunktion und darüber hinaus – anders als Art. 9 Abs. 2 lit. b – auch den Schutz der **akzessorischen Markenfunktionen,** nämlich die der Qualitäts-, Kommunikations-, Investitions- und Werbefunktion der Marke (EuGH C-487/07, GRUR 2009, 756 Rn. 58 ff. – L'Oréal/Bellure).

23   Eine Beeinträchtigung der Herkunftsfunktion kann auch dann vorliegen, wenn die Marke selbst gar nicht benutzt wird, sondern ein **mit der Marke identisches Zeichen** von Originalprodukten des Markeninhabers **entfernt** und durch Zeichen eines Dritten ersetzt werden (EuGH C-129/17, GRUR 2018, 917 – Mitsubishi/Duma).

24   Eine Beeinträchtigung der akzessorischen Markenfunktionen wird vom EuGH häufig verneint, da die Herkunftsfunktion weit ausgelegt wird und damit bereits entscheidungsrelevant ist.

25   Der Tatbestand der Doppelidentität ist in der Praxis insbesondere im Bereich der Markenpiraterie und dem Weitervertrieb von Originalwaren, die der Markeninhaber selbst gekennzeichnet hat, von Relevanz. Daneben kann Art. 9 Abs. 2 lit. a im Bereich von Metatags, Key- und Adwords sowie der vergleichenden Werbung oder Nennung zu redaktionellen Zwecken von praktischer Bedeutung sein.

26   Das Kriterium der Zeichenidentität ist restriktiv auszulegen. Zeichenidentität setzt grundsätzlich eine vollständige Übereinstimmung der kollidierenden Zeichen voraus; unschädlich sind so geringfügige Unterschiede zwischen den Zeichen, von denen davon auszugehen ist, dass ein angemessen aufmerksamer Verbraucher diesen Unterschied nur dann bemerkt, wenn er die Marken nebeneinanderlegt und vergleicht (EuGH C-291/00, GRUR 2003, 422 Rn. 50 ff. – Arthur/Arthur et Félicie; BGH GRUR 2015, 607 Rn. 22 – Uhrenverkauf). Zeichenidentität kann weiterhin nur dann gegeben sein, wenn die Zeichen in allen Kriterien übereinstimmen, die bei der Beurteilung relevant sind, das heißt in klanglicher, schriftbildlicher und begrifflicher Hinsicht identisch sind.

27   Innerhalb des Tatbestandes der Doppelidentität wird berücksichtigt, dass ein Verbraucher die Zeichen nicht unmittelbar miteinander vergleicht, sondern die Wahrnehmung der Identität aus der Erinnerung heraus erfolgt. Daher können dem Durchschnittsverbraucher unbedeutende Unterschiede zwischen einem Zeichen und der Marke entgehen. Von Identität kann daher auch noch auszugehen sein, wenn das benutzte Zeichen zwar bei einem Direktvergleich Unterschiede gegenüber der Marke aufweist, diese Unterschiede aber so geringfügig sind, dass sie einem Durchschnittsverbraucher entgehen können (EuGH C-291/00, GRUR 2003, 422 Rn. 52 – Arthur/Arthur et Félicie). Entscheidend ist allerdings, dass der Unionsmarke keine Elemente hinzugefügt werden dürfen, dies gilt auch für beschreibende Bestandteile (EuGH C-291/00, GRUR 2003, 422 Rn. 54 – Arthur/Arthur et Félicie).

28   Der Schutz von **Wortmarken** bezieht sich grundsätzlich auf eine übliche Schriftart. Wird eine Wortmarke in einer schriftbildlichen Ausgestaltung verwendet, stellt dies möglicherweise keine Benutzung eines mit der Wortmarke identischen Zeichens dar. Entscheidend ist auch insofern, ob die Abweichung dem Durchschnittsverbraucher aus der Erinnerung heraus auffällt.

29   Bei der Annahme einer Ähnlichkeit von Bildmarken, die darauf beruht, dass die Vergleichsdarstellungen wegen eins übereinstimmenden Begriffsgehalts (etwa ein stilisiertes „T") mit dem gleichen Begriff benannt werden, ist Zurückhaltung geboten. Insoweit reicht die bloße Möglichkeit, dass in zwei bildlich verschiedenen Abbildungen unter Umständen dasselbe Motiv erkannt wird und die Zeichen danach benannt werden können, ggf. nicht aus, dass eine markenrechtlich relevante Ähnlichkeit gegeben ist (OLG Hamburg GRUR-RS 2022, 30473 Rn. 118 – Telekom/Telefónica).

30   Auch wenn **farbig registrierte Marken** in einer farblichen Ausgestaltung benutzt werden, die von der eingetragenen Marke abweicht, kommt es darauf an, ob die Farbabweichung derart unbedeutend erscheint, dass davon auszugehen ist, dass die Abweichung einem Durchschnittsverbraucher – wiederum aus der Erinnerung heraus – nicht auffällt. Dass eine Farbabweichung in einem direkten Vergleich festzustellen ist, ist nicht zwingend ausreichend. Vergleichbare Maßstäbe hat auch das EUIPO in seinen Richtlinien zur Prüfung eines Prioritätsanspruchs (EUIPO Prüfungsrichtlinien, Teil B, Abschnitt 2, 15.2.1) aufgestellt, bei denen es auf die Beurteilung der Identität von in Schwarz und Weiß bzw. in Graustufen eingereichten Marken im Vergleich zu in Farbe eingereichten Marken geht. Demnach ist eine in Schwarz und Weiß bzw. in Graustufen eingereichte Marke nicht mit der gleichen Marke identisch, wenn diese in Farbe eingereicht wird, es sei denn, die Unterschiede hinsichtlich der Farbe bzw. Graustufen sind so geringfügig, dass sie vom Durchschnittsverbraucher möglicherweise völlig unbemerkt bleiben.

31   In Bezug auf das Erfordernis der **Waren- und Dienstleistungsidentität** ist von einem eher großzügigen Maßstab auszugehen. Ausreichend ist dabei, wenn die Waren und Dienstleistungen, für die das angegriffenen Zeichen benutzt wird, sich unter einem Oberbegriff der älteren Marke subsumieren lassen (EuG T-434/10, BeckRS 2012, 81025 Rn. 41 – ALPINE PRO SPORTSWEAR & EQUIPMENT).

2. Verwechslungsgefahr

Art. 9 Abs. 2 lit. b schützt die Unionsmarke gegen die Benutzung eines Zeichens, das mit der **32** Unionsmarke identisch oder ähnlich ist, für Waren oder Dienstleistungen, die mit denen identisch oder ähnlich sind, für die die Unionsmarke eingetragen ist, sofern die Gefahr besteht, dass das Zeichen mit der Unionsmarke verwechselt wird, dies schließt die Gefahr ein, dass das Zeichen mit der Marke gedanklich in Verbindung gebracht wird (auch → Art. 8 Rn. 23 ff.). Hieraus ergibt sich, dass Art. 9 Abs. 2 lit. b eine Verwechslung in Bezug auf die Herkunft verlangt, das heißt, dass das Publikum glauben könnte, dass die betreffenden Waren oder Dienstleistungen aus demselben Unternehmen oder gegebenenfalls aus wirtschaftlich miteinander verbundenen Unternehmen stammen (EuGH C-39/97, GRUR 1998, 922 Rn. 29–20 – Canon). Ungeachtet des **Grundsatzes der Einheitlichkeit** der Unionmarke (EuGH C-235/09, GRUR 2011, 518 Rn. 43 – DHL Express France SAS) kann die Prüfung der Verwechslungsgefahr **in verschiedenen Teilen der Union** zu **unterschiedlichen Ergebnissen** führen (EuGH C-223/15, GRUR 2016, 1166 Rn. 30 – Combit Software/Commit Business Solutions Ltd; C-93/16, BeckRS 2017, 117683 Rn. 38 – Kerrygold/Kerrymaid). Die Beurteilung, ob eine gedankliche Verknüpfung gegeben ist (BGH GRUR 2011, 1043 Rn. 55 – TÜV II) hat unter Berücksichtigung aller relevanten Umstände des konkreten Falls zu erfolgen. Dazu zählen der Grad der Ähnlichkeit der zu vergleichenden Zeichen, die Art und Nähe der fraglichen Waren und Dienstleistungen, sowie die originäre oder durch Benutzung erworbene Unterscheidungskraft und ggf. die Bekanntheit der älteren Marke.

Bei der Beurteilung der **Verwechslungsgefahr** ist auf die Wahrnehmung der maßgeblichen **33** Verkehrskreise abzustellen, die sich aus den durchschnittlich informierten, aufmerksamen und verständigen **Durchschnittsverbrauchern** dieser Waren oder Durchschnittsempfängern dieser Dienstleistungen zusammensetzen (vgl. EuGH C-251/95, GRUR 1998, 387 Rn. 23 – Sabèl/Springende Raubkatze). Der Aufmerksamkeitsgrad des Durchschnittsverbrauchers kann je nach Art der betreffenden Waren/Dienstleistungen unterschiedlich zu bewerten sein. Dabei ist zu prüfen, ob sich die fraglichen Waren/Dienstleistungen an die Allgemeinheit oder an ein gewerbliches Publikum richten. Handelt es sich bei dem maßgeblichen Publikum um Fachkreise, kann grundsätzlich ein höherer Aufmerksamkeitsgrad erwartet werden als vom Verbraucher im Allgemeinen (EuG T-359/02, GRUR Int 2005, 925 Rn. 29 – STAR TV). Denn Erstere nehmen Unterschiede eher wahr und behalten diese eher in Erinnerung. Richten sich dagegen Waren und Dienstleistungen an die Allgemeinheit, ist zwischen den konkreten Waren und Dienstleistungen zu differenzieren, insbesondere zwischen solchen des täglichen Bedarfs und solchen, deren Anschaffung selten bzw. regelmäßig Folge reiflicher Überlegungen ist. Denn der Verkehr befasst sich im Falle von Letzteren eingehender mit dem auf dem Markt vorhandenen Angebot und den dazugehörigen Marken. Dagegen stellt er bei Waren und Dienstleistungen des täglichen Bedarfs keine solchen Überlegungen an. Im Allgemeinen gilt weiterhin, dass die Aufmerksamkeit bei hochpreisigen Gütern im Vergleich zu eher preisgünstigen Waren erhöht ist.

Das Vorliegen einer möglichen Verwechslungsgefahr zwischen der Unionsmarke und dem in **34** Rede stehenden Zeichen ist nach ständiger Rechtsprechung des EuGH unter Berücksichtigung aller relevanten Umstände des Einzelfalls umfassend zu beurteilen (vgl. grundlegend EuGH C-251/95, GRUR 1998, 387 Rn. 22 – Sabèl/Puma; C-39/97, GRUR 1998, 922 Rn. 16 – Canon; C-51/09 P, GRUR 2010, 933 Rn. 32 – BARBARA BECKER). Für die Annahme von Verwechslungsgefahr ist das Vorliegen abstrakter Gefahr ausreichend. Zwar stellt die Tatsache, dass es zu Verwechslungen gekommen ist, ein Indiz für Verwechslungsgefahr dar, ist für deren Bejahung jedoch keine Voraussetzung.

Neben den explizit genannten Voraussetzungen der Zeichenidentität bzw. -ähnlichkeit und der **35** Waren/Dienstleistungsidentität bzw. -ähnlichkeit hängt das Vorliegen von Verwechslungsgefahr entscheidend von einem dritten Faktor ab, der **Kennzeichnungskraft der älteren Marke,** die Kennzeichnungskraft des jüngeren Zeichens ist nicht relevant (vgl. EuGH C-39/97, EuZW 1998, 702 Rn. 24 – Canon). Bei der Kennzeichnungskraft handelt es sich um ein ungeschriebenes Kriterium, das im Rahmen der Beurteilung des Vorliegens einer Verwechslungsgefahr von großer Bedeutung ist. Dabei besteht eine **Wechselwirkung** zwischen den in Betracht kommenden Faktoren, insbesondere der Ähnlichkeit der Zeichen und der Ähnlichkeit der mit ihnen gekennzeichneten Waren oder Dienstleistungen sowie der Kennzeichnungskraft der geschützten Marke. Dies bedeutet, dass ein geringerer Grad der Ähnlichkeit der Waren oder Dienstleistungen durch einen höheren Grad der Ähnlichkeit der Zeichen oder durch eine erhöhte **Kennzeichnungskraft** der Marke ausgeglichen werden kann und umgekehrt (stRspr, vgl. EuGH C-234/06 P, GRUR 2008, 343 Rn. 48 – Il Ponte Finanziaria Spa/HABM; BGH BeckRS 2017, 141112 Rn. 23 mwN –

form-strip II). Die Wechselwirkung geht jedoch nicht so weit, dass auf eine der explizit genannten Voraussetzungen, die Zeichenähnlichkeit sowie die Ähnlichkeit der Waren/Dienstleistungen, verzichtet werden könnte (vgl. EuGH C-39/97, GRUR 1998, 922 Rn. 22 – Canon; C-398/07 P, GRUR Int 2009, 911 Rn. 34 – Waterford Stellenbosch; C-254/09 P, GRUR 2010, 1098 Rn. 53 – Calvin Klein/HABM). In Bezug auf die Kennzeichnungskraft der älteren Marke hat der EuGH deren Bedeutung insofern hervorgehoben, als dass die Verwechslungsgefahr umso größer ist, je größer die Kennzeichnungskraft der älteren Marke ist (vgl. EuGH C-251/95, GRUR 1998, 387 Rn. 24 – Sabèl/Springende Raubkatze). Marken, die eine hohe Kennzeichnungskraft besitzen, genießen daher einen umfassenderen Schutz als solche mit geringerer Kennzeichnungskraft. Diese Wechselbeziehung zwischen den Faktoren kommt auch in Erwägungsgrund 8 UMV zum Ausdruck, wonach der Begriff der Ähnlichkeit im Hinblick auf die Verwechslungsgefahr auszulegen ist, deren Feststellung ihrerseits von zahlreichen Faktoren abhängt, unter anderem von dem Bekanntheitsgrad der Marke auf dem Markt, der gedanklichen Verbindung, die zwischen ihr und dem benutzten Zeichen hergestellt werden kann und dem Grad der Ähnlichkeit zwischen der Marke und dem Zeichen sowie zwischen den damit gekennzeichneten Waren oder Dienstleistungen.

36   Bei der Prüfung der Kennzeichnungskraft ist deren Grad festzustellen, da dieser für die abschließend zu beurteilende Verwechslungsgefahr von Bedeutung ist. Ein Zeichen kann nicht kennzeichnungskräftig sein, einen nur geringen Grad sowie einen „normalen" Grad an Kennzeichnungskraft oder eine höhere Kennzeichnungskraft aufweisen. Bei der **Ermittlung der Kennzeichnungskraft** sind alle Umstände des Einzelfalls zu berücksichtigen, insbesondere die Eigenschaften, welche die Marke von Haus aus besitzt, einschließlich des Umstands, ob sie beschreibende Elemente in Bezug auf die Waren oder Dienstleistungen, für die sie eingetragen ist, aufweist, der von der Marke gehaltene Marktanteil, die Intensität, geografische Verbreitung und Dauer ihrer Benutzung, der Werbeaufwand des Unternehmens für eine Marke und der Anteil der beteiligten Verkehrskreise, der die Waren oder Dienstleistungen aufgrund der Marke als von einem bestimmten Unternehmen stammend erkennt (vgl. EuGH C-342/97, GRUR Int 1999, 734 Rn. 23 – Lloyd).

37   Die Stärkung der Kennzeichnungskraft kann sich aus einer infolge der Benutzung der älteren Marke entstandenen gesteigerten Verkehrsbekanntheit ergeben. Dabei ist der Bekanntheitsgrad das entscheidende Kriterium, wobei aber jeweils auf den konkreten Einzelfall abzustellen ist, so dass nicht allgemein unter Rückgriff auf bestimmte Prozentsätze hinsichtlich des Bekanntheitsgrades angegeben werden kann, wann einer Marke eine hohe Kennzeichnungskraft zukommt (vgl. EuGH C-342/97, GRUR Int 1999, 734 Rn. 24 – Lloyd).

38   Maßgeblich ist bei der Prüfung der Ähnlichkeit der Zeichen zwar grundsätzlich die registrierte Form. Einer in schwarz/weiß eingetragenen Marke kann allerdings auch die durch die Benutzung in irgendeiner anderen Farbe erworbene Kennzeichnungskraft zugerechnet werden, wenn sich durch die Wiedergabe in der anderen Farbgestaltung die Charakteristik der Marke nicht ändert (in diesem Sinne EuGH C-252/12, GRUR 2013, 922 Rn. 41 – Specsavers/Asda Stores).

39   Bei der Beurteilung der **Zeichenähnlichkeit** ist auf den jeweiligen Gesamteindruck der sich gegenüberstehenden Zeichen abzustellen und umfasst einen Vergleich der einander gegenüberstehenden Zeichen in bildlicher, klanglicher und begrifflicher Hinsicht, wobei insbesondere ihre unterscheidungskräftigen und dominierenden Elemente zu berücksichtigen sind (ua EuGH C-251/95, GRUR Int 1998, 56 Rn. 23 – Sabèl/Springende Raubkatze).

40   Abzustellen ist darauf, wie das Zeichen auf den Durchschnittsverbraucher der Waren oder Dienstleistungen wirken, wobei davon auszugehen ist, dass der Durchschnittsverbraucher ein Zeichen regelmäßig als Ganzes wahrnimmt und nicht auf die verschiedenen Einzelheiten achtet (EuGH C-251/95, GRUR Int 1998, 56 Rn. 23 – Sabèl/Springende Raubkatze; C-342/97, GRUR Int 1999, 734 Rn. 26 – Lloyd Schuhfabrik Meyer).

41   Ein oder mehrere **Bestandteile eines komplexen** Zeichens können für den durch die Marke im Gedächtnis der angesprochenen Verkehrskreise hervorgerufenen Gesamteindruck **prägend** sein (EuGH C-120/04, GRUR 2005, 1042 Rn. 29 – Thomson Life). Bei Identität oder Ähnlichkeit eines selbstständig kennzeichnenden Bestandteils mit der älteren Unionsmarke kann bei den angesprochenen Verkehrskreisen der Eindruck hervorgerufen werden, dass die fraglichen Waren oder Dienstleistungen zumindest aus wirtschaftlich miteinander verbundenen Unternehmen stammen (EuGH C-120/04, GRUR 2005, 1042 Rn. 31 – Thomson Life). Erforderlich ist dafür, dass die fremde Marke innerhalb des zusammengesetzten Zeichens eine **selbstständig kennzeichnende Stellung** behält, dass diese das Erscheinungsbild der komplexen Kennzeichnung „prägt" oder „dominiert" ist nicht erforderlich (EuGH C-120/04, GRUR 2005, 1042 Rn. 30 – Thomson Life).

Eine **Ähnlichkeit der Waren/Dienstleistungen** ist gegeben, wenn diese so enge Berührungs- **42** punkte aufweisen, dass die beteiligten Kreise davon ausgehen, dass die betroffenen Waren/Dienstleistungen aus demselben oder jedenfalls **aus wirtschaftlich miteinander verbundenen Unternehmen** stammen.

Auch bei der Beurteilung der Ähnlichkeit der betroffenen Waren oder Dienstleistungen sind **43** alle erheblichen Faktoren zu berücksichtigen, die das Verhältnis zwischen ihnen kennzeichnen. Zu diesen Faktoren gehören insbesondere die Art, der Verwendungszweck, die Vertriebswege, die Nutzung der Waren/Dienstleistungen sowie die Eigenart als miteinander konkurrierende oder einander ergänzende Waren oder Dienstleistungen (EuGH C-416/04 P, GRUR 2006, 582 Rn. 85 – Sunrider/HABM). Wesentliches Kriterium ist dasjenige der betrieblichen Herkunft, wobei es nicht auf die konkrete Herkunftsstätte ankommt, sondern darauf, ob der Verkehr erwarten kann, dass die Waren/Dienstleistungen unter der Kontrolle desselben Unternehmens hergestellt oder vertrieben bzw. erbracht werden (vgl. EuGH C-39/97, GRUR 1998, 922 Rn. 28 – Canon).

Der EuGH geht im Ergebnis, wie auch der BGH, vom absoluten Ähnlichkeitsbegriff aus. **44** Demnach bleibt die Beurteilung der Waren-/Dienstleistungsähnlichkeit von der Frage der Zeichenähnlichkeit oder Kennzeichnungskraft der älteren Marke unberührt (EuGH C-16/06 P, GRUR-RR 2009, 356 Rn. 67 – Edition Albert René). Besteht zwischen den Marken eine absolute Waren- und Dienstleistungsunähnlichkeit, so kann Verwechslungsgefahr selbst bei Zeichenidentität und erhöhter Kennzeichnungskraft der älteren Marke nicht angenommen werden (EuGH C-398/07 P, GRUR Int 2009, 911 Rn. 34 – Waterford Stellenbosch).

Das Recht des Unionsmarkeninhabers die Benutzung eines Zeichens zu verbieten, das mit **45** seiner Marke identisch oder ihr ähnlich ist, kann auch gegen solche Dritte geltend gemacht werden, die Inhaber einer jüngeren Unionsmarke sind, ohne dass diese letztere Marke zuvor für nichtig erklärt werden muss (EuGH C-561/11, GRUR 2013, 516 Rn. 52 – Fédération Cynologique Internationale/Federación Canina Internacional de Perros de Pura Raza).

Wie der EuGH in jüngerer Vergangenheit in einer Vorlagefrage zu beatworten hatte, ist es **46** dem Inhaber einer aus einem Testsiegel bestehenden Individualmarke nicht gestattet, sich der Anbringung eines mit dieser Marke identischen oder ihr ähnlichen Zeichens durch einen Dritten auf Waren zu widersetzen, die mit den Waren oder den Dienstleistungen, für die diese Marke eingetragen ist, weder identisch noch ihnen ähnlich sind (EuGH GRUR 2019, 621 Rn. 43 - ÖKO-Test Verlag/Dr. Liebe). Der Testsiegelinhaber forderte einen Hersteller auf, gestützt auf Art. 9 Abs. 1 lit. b UMV 2009, es zu unterlassen, das Siegel mit dem Qualitätshinweis „sehr gut" auf seinen Waren zu platzieren. Mangels Vergleichbarkeit der Waren und Dienstleistungen, kann der Markeninhaber auch in einem derart gelagerten Fall einen Unterlassungsanspruch nur aufgrund anderer, zum Beispiel lizenzvertraglicher, Rechte geltend machen.

3. Erweiterter Schutz der bekannten Marke

Art. 9 Abs. 2 lit. c sieht einen erweiterten Schutz solcher Unionsmarken vor, die **in der Union** **47** **bekannt** sind, sofern der Nutzende die Unterscheidungskraft oder die Wertschätzung der Unionsmarke ohne rechtfertigenden Grund in unlauterer Weise ausnutzt oder beeinträchtigt. Hintergrund für den erweiterten Schutz des Art. 9 Abs. 2 lit. c ist der Umstand, dass vor allem bekannten Marken ein eigener wirtschaftlicher Wert zukommt, der unabhängig von den Waren und Dienstleistungen besteht, für die sie eingetragen sind (EuG T-2015/03, GRUR Int 2007, 730 Rn. 35 – VIPS). Diese Marken beschränken sich nicht nur auf den Herkunftshinweis für bestimmte Waren und Dienstleistungen, sondern vermitteln darüber hinaus andere Informationen, wie etwa ein Qualitätsversprechen oder bestimmtes Image (sog. „Werbefunktion").

Wenn eine ältere Marke einen hinreichenden Bekanntheitsgrad hat, kann das Publikum, wenn **48** es mit einem Zeichen konfrontiert wird, das mit dieser älteren Marke zumindest ähnlich ist, auch bei nicht ähnlichen Waren oder Dienstleistungen, eine Verbindung zwischen diesem Zeichen und der bekannten Marke herstellen. Dann läge eine Beeinträchtigung der älteren Marke vor. Die erforderliche gedankliche Verknüpfung, die einen geringeren Grad an Zeichenähnlichkeit erfordert als die Verwechslungsgefahr, kann insbesondere bei einer gewissen Warenähnlichkeit vorliegen, da es genüge, „dass das Publikum glauben könnte, die betreffenden Waren stammten aus demselben oder wirtschaftlich verbundenen Unternehmen" (OLG Frankfurt GRUR 2022, 17108 Rn. 14 – The North Face).

Art. 9 Abs. 2 lit. c gilt seinem Wortlaut nach zugunsten einer Unionsmarke für Waren oder **49** Dienstleistungen, die nicht denen ähnlich sind, für die die Unionsmarke eingetragen ist. Unter Berücksichtigung der allgemeinen Systematik und der Ziele der Regelung des Art. 9 Abs. 2 lit. c kann jedoch der Schutz bekannter Unionsmarken im Fall der Benutzung eines Zeichens für identische oder ähnliche Waren oder Dienstleistungen nicht geringer sein als im Fall der Benutzung eines Zeichens für nicht ähnliche Waren oder Dienstleistungen (EuGH C-301/07, GRUR 2009, 1158 Rn. 17 f. – Pago/Tirolmilch). Daher gilt Art. 9 Abs. 1 lit. c auch zugunsten einer bekannten Unionsmarke für Waren oder Dienstleistungen, die denjenigen ähnlich sind, für die diese Marke eingetragen ist (EuGH C-301/07, GRUR 2009, 1158 Rn. 19 – Pago/Tirolmilch).

50   Der EuGH geht davon aus, dass – da beide Rechtstexte fast identische Vorschriften haben – die Formulierung „in der Union bekannt" in Art. 4 Abs. 3 MRL 2008 (Art. 5 Abs. 3 lit. a MRL) und in Art. 9 Abs. 2 lit. c gleich auszulegen ist, daher kann auf die Rechtsprechung zu Art. 4 MRL 2008 auch hier zurückgegriffen werden (EuGH C-125/14, GRUR 2015, 1002 Rn. 16 – IRON & SMITH/UNILEVER).

51   Der Begriff „bekannt" setzt einen gewissen Grad an **Bekanntheit beim maßgeblichen Publikum** voraus. Das maßgebliche Publikum ist dasjenige, das von der Unionsmarke betroffen ist, also je nach der vermarkteten Ware oder Dienstleistung die breite Öffentlichkeit oder ein spezielleres Publikum, zB bestimmte Fachkreise (EuGH C-301/07, GRUR 2009, 1158 Rn. 21 f. – Pago/Tirolmilch)

52   Der erforderliche Bekanntheitsgrad ist als erreicht anzusehen, wenn die Unionsmarke **einem bedeutenden Teil des Publikums bekannt** ist, das von den durch diese Marke erfassten Waren oder Dienstleistungen betroffen ist (EuGH C-301/07, GRUR 2009, 1158 Rn. 21, 24 – Pago/Tirolmilch). Dabei ist zu berücksichtigen, dass eine Überschneidung der Abnehmerkreise bei besonders bekannten Marken nicht zwingend erforderlich ist (vgl. EuGH C-252/07, GRUR 2009, 56 Rn. 51 ff. – Intel; BPatG GRUR-RS 2022, 27668 Rn. 24 – dOCUMENTA). Denn eine Marke kann eine solche Bekanntheit erlangen, dass sie über den Kreis der Verkehrskreise hinausgeht, die als Abnehmer der Waren oder Dienstleistungen, für die die Marke eingetragen ist, in Betracht kommen. In diesem Fall können die Verkehrskreise, an die sich die Waren oder Dienstleistungen der jüngeren Marke richten, eine Verbindung zwischen den kollidierenden Marken herstellen, auch wenn sie nicht zu den Abnehmerkreisen gehören, die von den Waren oder Dienstleistungen der älteren Marke maßgeblich angesprochen werden (BPatG GRUR-RS 2022, 27668 Rn. 24 – dOCUMENTA). Sehr bekannte Marken lösen sich mit zunehmender Bekanntheit von den Waren und Dienstleistungen, für die sie Schutz genießen oder benutzt werden, und werden zu einem von den geschützten Waren oder Dienstleistungen selbst unabhängigen Besitzstand (BPatG GRUR-RS 2022, 27668 Rn. 24 – dOCUMENTA).

53   Bei der Prüfung, ob eine Unionsmarke in der Union bekannt ist, sind **alle relevanten Umstände,** dh insbesondere der Marktanteil der mit der Marke gekennzeichneten Waren und/oder Dienstleistungen, die Intensität, die geografische Ausdehnung und die Dauer ihrer Benutzung sowie der Umfang der Investitionen, die der Markeninhaber zu ihrer Förderung getätigt hat, zu berücksichtigen (EuGH C-301/07, GRUR 2009, 1158 Rn. 25 – Pago/Tirolmilch).

54   Beim Nachweis der Bekanntheit wird den Marktanteilen von den Gerichten häufig eine relativ geringe Bedeutung beigemessen. Dies gilt auch für konkrete Bekanntheitsgrade in Prozent. So hat der EuGH wiederholt festgestellt, dass nicht verlangt werden könne, dass die Marke einem bestimmten Prozentsatz des Publikums bekannt sei (EuGH C-301/07, GRUR 2009, 1158 Rn. 23 – Pago/Tirolmilch; C-408/99, EuZW 2000, 56 Rn. 25 – General Motors Corporation).

55   In **territorialer Hinsicht** ist die Voraussetzung der Bekanntheit als erfüllt anzusehen, wenn die Unionsmarke in einem **wesentlichen Teil des Unionsgebiets** bekannt ist (EuGH C-301/07, GRUR 2009, 1158 Rn. 23 – Pago/Tirolmilch; C-408/99, EuZW 2000, 56 Rn. 25 – General Motors Corporation; EuG T-629/16, GRUR-Prax 2018, 188 Rn. 27 – Shoe Branding/Adidas). Die von der Rechtsprechung aufgestellten Kriterien für den Nachweis der ernsthaften Benutzung der Unionsmarke „in der Union" (Art. 18 und Art. 58) sind bei der Beurteilung der Bekanntheit einer Unionsmarke „in der Union" nicht einschlägig, da die betreffenden Bestimmungen jeweils andere Ziele verfolgen. Der Begriff „in der Union" gemäß Art. 9 Abs. 2 lit. c betrifft die Voraussetzungen für den Schutz, der sich über die Kategorien von Waren und Dienstleistungen hinaus erstreckt, für die eine Unionsmarke eingetragen wurde, der Begriff „in der Union" in Art. 18 und Art. 58 betrifft die Mindestvoraussetzung für eine Benutzung, die alle Marken erfüllen müssen, um geschützt zu werden (EuGH C-125/14, GRUR 2015, 1002 Rn. 21 – IRON & SMITH/UNILEVER).

56   Die Bekanntheit in einem wesentlichen Teil des Unionsgebiets als anspruchsbegründendes Tatbestandsmerkmal des Art. 9 Abs. 2 lit. c kann bereits dann gegeben sein, wenn die Bekanntheit **nur in dem Gebiet eines einzigen Mitgliedstaats** vorliegt (EuGH C-301/07, GRUR 2009, 1158 Rn. 27, 29 – PAGO/Tirolmilch).

57   Die Beurteilung der Bekanntheit der Unionsmarke gemäß Art. 9 Abs. 2 lit. c hängt dabei wesentlich von dem Umfang des Unterlassungsanspruchs ab, der geltend gemacht wird, wobei es nicht zwingend erforderlich ist, dass die Bekanntheit in dem Mitgliedstaat nachgewiesen wird, in dem der Markeninhaber gegen die Benutzung des jüngeren Zeichens vorgeht (vgl. EuGH C-125/14, GRUR 2015, 1002 Rn. 20 – IRON & SMITH/UNILEVER). Dies wird damit gerechtfertigt, dass – selbst wenn die ältere Unionsmarke einem erheblichen Teil der maßgeblichen Verkehrskreise des Mitgliedstaats, in dem gegen ein jüngeres Zeichen vorgegangen wird, unbekannt ist – es nicht ausgeschlossen ist, dass **ein wirtschaftlich nicht unerheblicher Teil der maßgeblichen Verkehrskreise** die Marke kennt und sie mit dem jüngeren Zeichen gedanklich verbindet.

Eine ältere Unionsmarke kann daher, sofern diese bereits in einem wesentlichen Teil des Unionsgebiets Bekanntheit erlangt hat, nicht aber bei den maßgeblichen Verkehrskreisen des Mitgliedstaats, in dem gegen die Benutzung eines jüngeren Zeichens vorgegangen wird, Schutz genießen, wenn sich herausstellt, dass ein wirtschaftlich nicht unerheblicher Teil der maßgeblichen Verkehrskreise die ältere Unionsmarke kennt, sie mit dem jüngeren Zeichen gedanklich verbindet und unter Berücksichtigung aller relevanten Umstände des konkreten Falls entweder eine **tatsächliche und gegenwärtige Beeinträchtigung** der Unionsmarke im Sinne dieser Bestimmung vorliegt oder, wenn es daran fehlt, die **ernsthafte Gefahr einer** solchen **künftigen Beeinträchtigung** besteht (EuGH C-125/14, GRUR 2015, 1002 Rn. 34 – Iron & Smith kft/Unilever NV). **58**

Ausgehend vom Grundsatz der Einheitlichkeit der Unionsmarke (vgl. Art. 1 Abs. 7 ff.) muss der Unterlassungskläger zunächst (nur) beweisen, dass seine Marke „in der Union" bekannt ist, unabhängig davon, für welches Gebiet der Unterlassungsanspruch geltend gemacht wird. Der Beklagte müsste dann beweisen, dass die Bekanntheit territorial begrenzt ist und konkret angeben, für welche Gebiete die Bekanntheit bestritten werden soll. **59**

Ob die nationalen Gerichte eine Bekanntheit im jeweiligen Streitgebiet für erforderlich halten oder die Bekanntheit „in der Union" nach den vorgenannten Grundsätzen für ausreichend halten, wurde bisher unterschiedlich beurteilt. Es besteht zumindest die Tendenz, dass die nationalen Gerichte eine Bekanntheit der Unionsmarke umso eher annehmen, je höher der Grad und die Verbreitung der Bekanntheit ist und je näher die Bekanntheit am strittigen Gebiet nachgewiesen ist. **60**

Der BGH hat den Schutzumfang der bekannten Marke bislang vermeintlich restriktiver beurteilt, indem seiner Einschätzung nach, eine Beeinträchtigung der Unterscheidungskraft der bekannten Marke gemäß Art. 9 Abs. 2 lit. c nur in dem Gebiet der Europäischen Union in Betracht kommt, in dem die Unionsmarke auch „die Voraussetzungen der Bekanntheit" erfüllt (vgl. BGH GRUR 2013, 1239 Rn. 67 – VOLKSWAGEN/VOLKS-INSPEKTION). **61**

Der EuGH legt zwar das Erfordernis des Nachweises der Bekanntheit weit aus, eine Einschränkung erfolgt aber dadurch, dass ein Anspruch nach Art. 9 Abs. 2 lit. c neben der Bekanntheit der Marke auch eine **Rufbeeinträchtigung** oder **Rufausbeutung** voraussetzt. Die Benutzung des jüngeren Zeichens muss „die Unterscheidungskraft oder die Wertschätzung der Unionsmarke in dem Gebiet, in dem das jüngere Zeichen benutzt wird, in unlauterer Weise ausnutzen oder beeinträchtigen". Dies setzt zwingend voraus, dass die Marke einem bedeutenden Teil der angesprochenen Verkehrskreise – oder wie es der EuGH nun formuliert „einem wirtschaftlich nicht unerheblichen Teil" – bekannt ist, denn nur wo ein Ruf besteht, kann dieser ausgebeutet werden (vgl. EuGH GRUR 2015, 1002 Rn. 30, 34 – Iron & Smith). **62**

Die jeweilige Betrachtungsweise scheint im Ergebnis daher kaum abweichend. Es ist in jedem Fall eine **Beeinträchtigung der Marke** nachzuweisen. Dem Erfordernis, dass der Inhaber der älteren Unionsmarke nachzuweisen hat, dass die Benutzung des jüngeren Zeichens die **Unterscheidungskraft** oder die **Wertschätzung der Unionsmarke in unlauterer Weise ausnutzt** oder **beeinträchtigt**, kommt besondere Bedeutung zu. Denn damit wird verhindert, dass der Schutz der bekannten Marke auf Länder ausgedehnt wird, in denen tatsächlich keine Beeinträchtigung der Marke zu befürchten ist. **63**

II. Benutzung im geschäftlichen Verkehr

Das Tatbestandsmerkmal der „Benutzung im geschäftlichen Verkehr" stellt sehr deutlich klar, dass nicht jede Drittbenutzung eines mit der Unionsmarke kollidierenden Zeichens durch den Markeninhaber untersagt werden kann. Vielmehr ist der Unterlassungsanspruch nach Art. 9 auf die Benutzung im geschäftlichen Verkehr begrenzt. Die Benutzungshandlung muss also dem Waren- oder Dienstleistungsverkehr entspringen und die Benutzung muss sich als eine **kommerzielle Tätigkeit** darstellen, die **auf einen wirtschaftlichen Vorteil gerichtet** ist. Nach Ansicht des EuGH gilt ein Zeichen bereits als im geschäftlichen Verkehr benutzt, wenn die Benutzung im Zusammenhang mit einer auf einen wirtschaftlichen Vorteil gerichteten kommerziellen Tätig- **64** keit und nicht im privaten Bereich erfolgt (EuGH C-236/08 bis C-238/08, GRUR 2010, 445 Rn. 50 – Google France; C-206/01, GRUR Int 2003, 229 Rn. 40 – Arsenal FC; C-17/06, GRUR 2007, 971 Rn. 17 – Celine). Ferner hat der EuGH festgestellt, dass es ausreichend ist, dass die Benutzung im Rahmen der eigenen kommerziellen Tätigkeit oder Kommunikation des Benutzers erfolgt, zB in der Werbung oder durch die Verwendung von Keywords (EuGH C-236/ 08 bis C-238/08, GRUR 2010, 455 Rn. 5 – Google France und Google). Auch wenn die Benutzungshandlung **nur im Zusammenhang** mit einer auf einen wirtschaftlichen Vorteil gerichteten kommerziellen Tätigkeit steht, so handelt es sich um Benutzung im geschäftlichen Verkehr (EuGH C-48/05, GRUR 2007, 319 Rn. 18 – Opel; C-206/01, GRUR Int 2003, 229 Rn. 40 – Arsenal).

65   Die Begriffe **„benutzen"** und **„im geschäftlichen Verkehr"** stellen dabei nach Ansicht des EuGH nicht ausschließlich auf unmittelbare Beziehungen zwischen einem Händler und einem Verbraucher ab. Eine relevante Benutzung kann auch dann vorliegen, wenn ein mit der Marke identisches Zeichen von einem Wirtschaftsteilnehmer im Rahmen seiner eigenen kommerziellen Kommunikation benutzt wird (EuGH C-129/17, GRUR 2018, 917 Rn. 39 – Mitsubishi/Duma).

66   Der österreichische OGH ist in seinem „Amadé"-Urteil sogar davon ausgegangen, dass das Tatbestandsmerkmal „im geschäftlichen Verkehr" bereits dann erfüllt sei, wenn das beanstandete Verhalten objektiv geeignet ist, fremden Wettbewerb zu fördern und bei objektiver Betrachtung keine andere Zielsetzung eindeutig überwiegt. Dieser Grundsatz gilt auch für die Verwendung einer geschützten Marke in einer Internetdomain, unabhängig davon, ob der Inhaber der Domain aus dem Betrieb der betreffenden Website unmittelbar einen Gewinn erzielt oder subjektiv die Förderung fremden Wettbewerbs beabsichtigt (OGH GRUR Int 2011, 762 – Amadé). Ebenso ist die Benutzung im Rahmen des Betriebs eines „keyword service", wie von Suchmaschinen vielfach angeboten, eine Benutzung im geschäftlichen Verkehr, da eine kommerzielle Tätigkeit ausgeübt und ein wirtschaftlicher Vorteil angestrebt wird (EuGH C-236/08 bis C-238/08, GRUR 2010, 447 Rn. 53–58 – Google-France). Allerdings ist der Suchmaschinenbetreiber nicht Störer (→ Rn. 8).

67   Gerade im Zusammenhang mit dem Tatbestandsmerkmal „Benutzung im geschäftlichen Verkehr" wird Art. 15 (Erschöpfung) häufig in Erscheinung treten, insbesondere dann, wenn es um die Wiedergabe einer Marke zum Angebot von Waren oder Dienstleistungen geht, die im Zusammenhang mit der Ware stehen, die verkauft wurde (Angebot von Reparaturdienstleistungen in Bezug auf oder Ersatzteile für Fahrzeuge oder Baumaschinen, etc). Auf die Erläuterungen zu Art. 15, namentlich auf die von der Rechtsprechung entwickelten Einschränkungen, wird verwiesen (→ Art. 14 Rn. 1 ff.; → MarkenG § 24 Rn. 1 ff.).

67.1   Abzugrenzen von der Benutzung im geschäftlichen Verkehr sind **Benutzungshandlungen** im rein **privaten** und **wissenschaftlichen** Bereich. So sind beispielsweise Verweise in Wörterbüchern, Lexika oder ähnlichen Nachschlagewerken nicht vom Schutzbereich des Art. 9 umfasst (→ Art. 12 Rn. 9 ff.). Auch private Benutzungshandlungen sind – unabhängig von einer etwaigen Vorteilverschaffungsabsicht – nicht tatbestandsmäßig. Diese Tatbestandsvoraussetzung verursacht in der Praxis gerade dann Probleme, wenn Privatpersonen für die persönliche Nutzung gefälschte Ware einführen, weil sie damit gerade nicht im geschäftlichen Verkehr agieren.

III. Ohne Zustimmung des Markeninhabers

68   Der Anspruch auf Unterlassung setzt voraus, dass die Zeichenbenutzung des Dritten ohne Zustimmung des Markeninhabers erfolgt (hierzu auch → MarkenG § 14 Rn. 23 ff.). Hat der Markeninhaber der Benutzung **ausdrücklich oder konkludent** zugestimmt, kann er die Benutzung nicht unter Berufung auf Art. 9 Abs. 2 verbieten. Grundsätzlich obliegt es dem in Anspruch genommenen Dritten, die Zustimmung des Markeninhabers nachzuweisen (BGH GRUR 2012, 626 Rn. 20 – Converse I). Die fehlende Feststellung einer Zustimmung geht zu Lasten des Dritten, ohne dass es darauf ankommt, ob der Dritte das Zeichen für Originalmarkenprodukte des Markeninhabers oder für Produktfälschungen benutzt (BGH GRUR 2012, 626 Rn. 20 – Converse I; OLG Frankfurt GRUR-RR 2020, 102 Rn. 25). Wenn der Markeninhaber geltend macht, dass der Dritte das Zeichen für Produktfälschungen benutzt, hat er aber eine sekundäre Beweislast und muss darlegen, aufgrund welcher Anhaltspunkte oder Umstände vom Vorliegen einer Produktfälschung auszugehen ist (BGH GRUR 2012, 626 Rn. 27 – Converse I; OLG Frankfurt GRUR-RR 2020, 102 Rn. 26).

69   Es gibt verschiedene Arten der Zustimmung. Eine Möglichkeit der Zustimmung besteht in der **Lizenzierung** (Art. 25; näher → Art. 25 Rn. 1 ff.). Allerdings kann die Benutzung eines mit der eingetragenen Unionsmarke (nur) ähnlichen Zeichens nicht lizenziert werden, sondern lediglich

das durch die Eintragung begründete Recht selbst (vgl. BGH GRUR 2001, 54 – Subway). Benutzt der Lizenznehmer die Marke außerhalb des im Lizenzvertrag vereinbarten Umfangs dh unter Verstoß gegen vereinbarte Dauer, Markenform, die vereinbarten Waren oder Dienstleistungen, das vereinbarte Gebiet oder die vereinbarte Qualität der Waren/Dienstleistungen, ist eine solche Benutzung nicht von der im Lizenzvertrag erteilten Zustimmung erfasst und die Ansprüche des Art. 9 können gegen den Lizenznehmer geltend gemacht werden (Art. 25 Abs. 2; Eisenführ/Schennen/Schennen GMV Art. 22 Rn. 32). Die Zustimmung kann allerdings auch in einer **schuldrechtlichen Vereinbarung** erteilt werden (in der Praxis häufig eine **Abgrenzungs- oder Vorrechtsvereinbarung**), mit der sich der Markeninhaber verpflichtet, seine Rechte aus Art. 9 nicht geltend zu machen. Grundsätzlich will der Inhaber einer älteren Marke sein Ausschließlichkeitsrecht allerdings möglichst wenig beschränken, so dass es sich empfiehlt, sehr genau zu prüfen, ob die Vereinbarung eine Zustimmung zu der konkreten Benutzung enthält. Die Formulierungen derartiger Vereinbarungen sind bei Zweifeln restriktiv auszulegen. Dies gilt gerade auch im Hinblick auf den geographischen Umfang derartiger Vereinbarungen: gibt es hierzu keine Regelung, so gilt die Zustimmung nur für das Land bzw. die Länder, die Gegenstand des Markenkonfliktes sind bzw. die Grundlage der Vereinbarung sind. Ist die Zustimmung an Bedingungen geknüpft, zB auf bestimmte Produkte oder eine bestimmte Darstellung der Marke beschränkt und verstößt die Benutzung gegen diese Bedingungen, liegt keine Zustimmung des Markeninhabers vor (Eisenführ/Schennen/Eisenführ/Eberhardt Rn. 69). Trotz des Grundsatzes der Einheitlichkeit der Unionsmarke kann die Zustimmung des Unionsmarkeninhabers zur Benutzung der Unionsmarke auf Teile der Union beschränkt sein (EuGH C-93/16, BeckRS 2017, 117683 Rn. 35 – Kerrygold/Kerrymaid).

Die Zustimmung muss keinesfalls schriftlich erfolgen, es kann sogar ausreichen, dass die Zustimmung nur **konkludent** erklärt wird. **70**

Im Rahmen des Zustimmungserfordernisses nach Art. 15 wurde eine konkludente Zustimmung – die in diesem Fall nicht unmittelbar gegenüber dem Verletzer zu erfolgen hat, sondern auch gegenüber einem Dritten, zB einem Importeur abgegeben werden kann – darin gesehen, dass eine die Marke tragende Ware im EWR-Ausland durch den Markeninhaber in den Verkehr gebracht wurde und anschließend ohne dessen Widerspruch in die Gemeinschaft eingeführt wurde. Eine Erschöpfung nach Art. 15 ist in diesem Fall ausgeschlossen, da die Ware außerhalb des EWR in den Verkehr gebracht wurde. Allerdings sollte eine konkludente Zustimmung angenommen werden, wenn sich mit Bestimmtheit erkennen lässt, dass sich der Unionsmarkeninhaber dem Inverkehrbringen der Ware im EWR nicht widersetzen werde (EuGH C-414/99 bis C-416/99, GRUR Int 2002, 147 Rn. 47 – Davidoff). **70.1**

Der EuGH legte im gleichen Urteil fest, dass sich aus folgenden Verhaltensweisen **keine konkludente Zustimmung** ergeben kann (EuGH C-414/99 bis C-416/99, GRUR Int 2002, 147 Rn. 60 – Davidoff): **70.2**
- der Markeninhaber hat nicht alle nachfolgenden Erwerber der außerhalb des EWR in den Verkehr gebrachten Waren über seinen Widerspruch gegen den Vertrieb im EWR informiert;
- auf den Waren ist nicht angegeben, dass das Inverkehrbringen im EWR verboten ist;
- der Markeninhaber hat das Eigentum an den mit der Marke versehenen Waren ohne vertragliche Beschränkung übertragen und das übertragene Eigentumsrecht gestattet den Vertrieb im EWR.

Die Annahme einer konkludenten Zustimmung ist nur in den wenigsten Fällen gerechtfertigt und auf besondere Einzelsituation zu beschränken. **71**

IV. Rechtsverletzende Benutzung

Gemäß Art. 9 Abs. 2 gilt der Schutz der Unionsmarke nur gegenüber der rechtsverletzenden Benutzung eines Zeichens „für Waren und Dienstleistungen". Dies stellt Art. 9 Abs. 2 nun sowohl im Einleitungssatz als auch in Abs. 2 lit. a, b und c explizit klar. Einen Schutz gegenüber der Verwendung eines Zeichens zu anderen Zwecken als der Unterscheidung von Waren oder Dienstleistungen, wie Art. 10 Abs. 6 MRL dies vorsieht, sieht die UMV nicht vor. **72**

Dem **Wortlaut** des Art. 9 Abs. 2 lit. a zufolge erscheint jede – im Geschäftsverkehr auftretende – Benutzung eines mit der Unionsmarke identischen Zeichens für Waren oder Dienstleistungen, die mit denen identisch sind, für die sie eingetragen ist, tatbestandserfüllend, und zwar **unabhängig von einer Funktionsbeeinträchtigung** der Unionsmarke durch deren Drittbenutzung. **73**

Dem hat der **EuGH** allerdings frühzeitig einen Riegel vorgeschoben, indem er klarstellte, dass eine solche „doppelidentische" Zeichenbenutzung nur rechtsverletzenden Charakter iSv Art. 9 Abs. 2 lit. a haben kann, sofern diese die **Hauptfunktion der Unionsmarke,** dh deren **Herkunftsfunktion, beeinträchtigt bzw. beeinträchtigen könnte.** So stellte der EuGH im Jahre 1999 in seinem „BWM"-Urteil fest, dass die Anwendbarkeit des Art. 9 Abs. 1 lit. a GMV (aF, **74** entspricht Art. 9 Abs. 2 lit. a UMV) davon abhänge, „ob die Marke zur Unterscheidung von Waren und Dienstleistungen als solchen eines bestimmten Unternehmens, also als Marke, benutzt wird, oder ob die Benutzung zu anderen Zwecken erfolgt" (EuGH C-63/97, GRUR Int 1999, 441 Rn. 38 – BMW). Der EuGH machte einen Anspruch nach Art. 9 Abs. 1 lit. a GMV (aF, entspricht Art. 9 Abs. 2 lit. a UMV) also von einer Beeinträchtigung der Herkunftsfunktion abhängig. Entscheidend ist daher, dass eine Benutzung **„als Marke"** erfolgt. Eine Benutzung als Marke ist gegeben, wenn die Benutzung eine der Markenfunktionen beeinträchtigen kann. Ob ein markenmäßiger Gebrauch vorliegt, richtet sich in erster Linie nach der Auffassung der angesprochenen Verkehrskreise. Dabei handelt es sich um die mutmaßliche Wahrnehmung eines durchschnittlich informierten, aufmerksamen und verständigen Durchschnittsverbraucher (EuGH GRUR 2004, 428 Rn. 50 – Henkel). Dabei ist zu berücksichtigen, dass der Benutzungsbegriff auf der MRL beruht und auf Grund des Gebots der richtlinienkonformen Auslegung autonom, dh unionsweit einheitlich zu bestimmen ist (von der Groeben/Schwarz/Gaitanides EGV Art. 220 Rn. 53; EuGH C-62/08, GRUR 2009, 1156 Rn. 42 – UDV North America Brandtraders; C-533/06, GRUR 2008, 698 Rn. 56 – O2 Holdings/O2 (UK)).

75   Die Rechtsprechung des EuGH hat sich insgesamt zu Gunsten des Markeninhabers, nämlich dahingehend entwickelt, dass nunmehr nicht lediglich die Hauptfunktion der Marke, dh deren Herkunftsfunktion, von Art. 9 Abs. 2 **geschützt** ist, sondern vielmehr **sämtliche Funktionen** der Unionsmarke, unter anderem auch deren Qualitäts-, Kommunikations-, Investitions-, oder Werbefunktion (EuGH C-323/09, GRUR 2011, 1124 Rn. 62 – Interflora; C-206/01, GRUR Int 2003, 229, 233 Rn. 51 – Arsenal; C-487/07, GRUR Int 2009, 1015 Rn. 58 – L'Oréal; → Einl. Rn. 120 ff.).

75.1   Der **EuGH** wendet bei der Beurteilung, ob eine Markenverletzung gegeben ist, eine **zweistufige Prüfung** an: Zunächst ist festzustellen, dass eine **Benutzung im geschäftlichen Verkehr** für Waren oder Dienstleistungen erfolgt. Auf der zweiten Stufe ist festzustellen, ob die **Benutzung eine der Markenfunktionen beeinträchtigt.** Dabei sind im letzteren Fall nicht lediglich die Hauptfunktion der Marke, dh deren Herkunftsfunktion, sondern sämtliche Funktionen der Unionsmarke, u.a. auch deren Qualitäts-, Kommunikations-, Investitions-, oder Werbefunktion zu berücksichtigen (EuGH C-323/09, GRUR 2011, 1124 Rn. 62 – Interflora; C-206/01, GRUR Int 2003, 229, 233 Rn. 51 – Arsenal; C-487/07, GRUR Int 2009, 1015 Rn. 58 – L'Oréal).

75.2   Hinsichtlich der anderen Funktionen der Marke als der herkunftshinweisenden Funktion hat der EuGH in seinem Urteil „Interflora" ausdrücklich festgestellt, dass sowohl der Unionsgesetzgeber – durch Verwendung des Wortes „insbesondere" im Erwägungsgrund 10 MRL 1989 und im Erwägungsgrund 7 VO (EG) 40/94 (bestätigt in Erwägungsgrund 16 MRL) – als auch der EuGH durch Verwendung der Formulierung „Funktionen der Marke" seit dem Urteil „Arsenal Football Club" zum Ausdruck gebracht haben, dass die herkunftshinweisende Funktion der Marke nicht deren einzige Funktion ist, die gegenüber Beeinträchtigungen durch Dritte schutzwürdig ist. Damit wird berücksichtigt, dass eine Marke häufig neben einem Hinweis auf die Herkunft der Waren oder Dienstleistungen ein Instrument der Geschäftsstrategie darstellt, das ua zu Werbezwecken oder zum Erwerb eines Rufs eingesetzt wird, um den Verbraucher zu binden. Somit kann ein Markeninhaber nunmehr auch gegen einen Dritten vorgehen, wenn dessen „doppelidentische" Zeichenbenutzung in Bezug auf deren Herkunft, Bezugsquelle, Qualität oder Wertschätzung irreführend sein könnte (Schlussanträge des Generalanwalts Ruiz-Jarabo Colomer in C-206/01 Rn. 49). Dies begründete der EuGH damit, dass dem Markeninhaber das in Art. 9 ausschließliche Recht gewährt wurde, um ihm den Schutz seiner spezifischen Interessen als Inhaber der Marke zu ermöglichen, dh um sicherzustellen, dass seine Marke sämtliche Funktionen erfüllen kann (EuGH C-323/09, GRUR 2011, 1124 Rn. 40 – Interflora; C-206/01, GRUR Int 2003, 229, 233 Rn. 51 – Arsenal). Somit ist die Definition der rechtsverletzenden Zeichenbenutzung nicht mehr lediglich auf das Schutzobjekt – die Marke –, sondern ebenso auf das Schutzsubjekt – den Markeninhaber – bezogen.

76   Die Berücksichtigung zusätzlicher Funktionen – neben der Herkunftsfunktion – widerspricht nicht der bisherigen Rechtsprechung des EuGH, dass die Marke beim relevanten Verkehr die Vorstellung hervorruft, die mit der Marke versehenen Produkte seien unter der Kontrolle eines einzigen Unternehmens produziert worden, welches für deren Qualität bürgt (EuGH C-39/97, GRUR 1998, 922 Rn. 28 – Canon; C-10/89, GRUR Int 1990, 960 Rn. 13 – Hag II).

77   Das mit einer Marke verknüpfte Bild von Qualität und Ansehen hat nämlich die Einheitlichkeit der Kontrolle der unter der Marke vertriebenen Produkte zur Voraussetzung und genau diese Einheitlichkeit des Auftritts unter der Marke soll ebenfalls geschützt werden (ausführlicher, Eisenführ/Schennen/Eisenführ/Eberhardt Rn. 33 ff.).

78   Entsprechend hat der EuGH festgestellt, dass die Benutzung einer Unionsmarke als reines Gütezeichen, also eine Benutzung, die zwar die Zusammensetzung oder die Qualität der Waren oder Dienstleistungen gewährleistet, den Verbrauchern aber nicht garantiert, dass die Waren oder Dienstleistungen aus einem einzigen Unternehmen stammen, unter dessen Kontrolle sie hergestellt oder erbracht werden und das für ihre Qualität verantwortlich gemacht werden kann, keine rechtserhaltende Benutzung der Marke gemäß Art. 18 darstellt (EuGH C-689/15, GRUR Int. 2017, 630 Rn. 46 – W.F. Gözze Frottierweberei [Baumwollblüte]). Die Benutzung einer Marke als Gütezeichen stellt aber dann eine rechtserhaltende Benutzung der Marke dar, wenn sie den Verbrauchern auch und zugleich garantiert, dass diese Waren aus einem einzigen Unternehmen stammen, unter dessen Kontrolle die Waren hergestellt werden und das für die Qualität verantwortlich gemacht werden kann (EuGH C-689/15, GRUR Int. 2017, 630. 51 – W.F. Gözze Frottierweberei (Baumwollblüte)). Der EuGH hat auch insofern nicht ausschließlich auf die Herkunftsfunktion abgestellt, sondern auch die Qualitätsfunktion der Marke bestätigt. Da der Begriff der rechtserhaltenden Benutzung nicht weiter als derjenigen der rechtsverletzenden Benutzung ist, stellt eine rechtserhaltende Benutzung immer auch eine rechtsverletzende Benutzung dar (vgl. BGH GRUR 2012, 1261 Rn. 13 – Orion, zum deutschen MarkenG).

Der durch Art. 9 Abs. 2 lit. a gewährte Schutz ist somit weiter als nach Art. 9 Abs. 2 lit. b, **79** dessen Anwendung das Vorliegen einer Verwechslungsgefahr und demnach die Möglichkeit der Beeinträchtigung einer Hauptfunktion der Marke zwingend voraussetzt (EuGH C-236/08 bis C-238/08, GRUR 2010, 445 Rn. 78 – Google France; C-487/07, GRUR Int 2009, 1015 Rn. 59 – L'Oréal). Dies ist auch gerechtfertigt, da der durch die Eintragung gewährte Markenschutz bei sog. **Doppelidentität** (Art. 9 Abs. 2 lit. a) absolut ist, während im Fall der **Ähnlichkeit** (Art. 9 Abs. 2 lit. b) die Verwechslungsgefahr die primäre Voraussetzung für den Schutz darstellt. Art. 9 Abs. 2 lit. b betrifft also nur den Fall, dass für das Publikum wegen der Identität oder der Ähnlichkeit sowohl der Marken als auch der gekennzeichneten Waren oder Dienstleistungen eine Verwechslungsgefahr besteht, dh die Herkunftsfunktion muss in Gefahr sein (EuGH C-533/06, GRUR 2008, 698 Rn. 57 f. – O2). Der Tatbestand des Art. 9 Abs. 2 lit. b setzt daher zwingend eine potentielle Beeinträchtigung der Herkunftsfunktion voraus.

Auch die Ausübung des Unterlassungsanspruchs aus Art. 9 Abs. 2 lit. a ist auf die Fälle begrenzt, **80** in denen eine der Markenfunktionen beeinträchtigt wird oder beeinträchtigt werden könnte, denn andernfalls liegt schon keine Benutzung „als Marke" vor. Der EuGH hat in zahlreichen Fällen klargestellt, dass der Markeninhaber einer Markenbenutzung nicht widersprechen kann, wenn diese Benutzung keine der Funktionen der Marke beeinträchtigen kann (EuGH C-236/08 bis C-238/08, GRUR 2010, 445 Rn. 75 – Google France; C-206/01, GRUR Int 2003, 229 Rn. 54 – Arsenal; C-48/05, GRUR 2007, 319 Rn. 22 – Opel; GRUR 2011, 1025 Rn. 83 – L'Oréal ua).

Die Beeinträchtigung der Herkunftsfunktion wird dabei vom EuGH weit ausgelegt – jede **81** Handlung eines Dritten, die den Markeninhaber an der Ausübung seines Rechts hindert, das erste Inverkehrbringen von mit seiner Marke versehenen Waren im EWR zu kontrollieren, stellt nach Ansicht des EuGH „naturgemäß" eine Beeinträchtigung der Herkunftsfunktion der Marke dar (EuGH C-129/17, GRUR 2018, 917 Rn. 44 – Mitsubishi/Duma). Der EuGH hat auf dieser Grundlage auch die Entfernung einer Marke von Originalwaren durch einen Dritten, Anbringung eines (mit der Marke nicht identischen) Zeichens auf diesen Waren, und erstmaliger Einfuhr der Originalwaren in den EWR, als rechtserhebliche und die Herkunftsfunktion der Marke beeinträchtigende Benutzung angesehen (EuGH C-129/17, GRUR 2018, 917 Rn. 48 – Mitsubishi/Duma). Die Entfernung der Marke, mit dem Zweck, eigene Zeichen auf dem Originalprodukt des Markeninhabers anzubringen, um so veränderte Ware erstmalig in den EWR einzuführen ist auf einen wirtschaftlichen Vorteil gerichtet und stellt nach Ansicht des EuGH eine „Benutzung der Marke" im geschäftlichen Verkehr dar (EuGH C-129/17, GRUR 2018, 917 Rn. 48 – Mitsubishi/Duma Mitsubishi). Denn dem Markeninhaber wird durch die Entfernung seiner Marke die Möglichkeit genommen, seine Marke als Instrument der Verkaufsförderung zu nutzen und Kunden durch die Qualität seiner Waren zu binden. Ferner wird dem Markeninhaber die Möglichkeit genommen, den wirtschaftlichen Wert, der mit der Marke versehenden Ware und seine Investitionen zu realisieren. Damit liegt eine Beeinträchtigung der Investitions- und Werbefunktion der Marke vor (EuGH C-129/17, GRUR 2018, 917 Rn. 46 – Mitsubishi/Duma). Voraussetzung ist dabei allerdings, dass die Ware noch nicht unter der Marke des Inhabers von diesem oder mit seiner Zustimmung in den EWR in den Verkehr gebracht wurde (EuGH C-129/17, GRUR 2018, 917 Rn. 48 – Mitsubishi/Duma).

Benutzungen einer Marke, die **lediglich beschreibende Zwecke** verfolgen, können demnach **82** vom Anwendungsbereich des Art. 9 Abs. 1 ausgenommen sein. In seinem „Hölterhoff"-Urteil befand der EuGH, dass die Benutzung einer Marke im Rahmen eines Verkaufsgesprächs keine tatbestandsmäßige Benutzung iSv Art. 9 Abs. 1 lit. a darstellt, sofern der Verkäufer offenbart, dass es sich beim Verkauf um Ware aus eigener Produktion handelt und er das betreffende Zeichen ausschließlich zur Kennzeichnung der besonderen Eigenschaften der Ware verwendet, so dass ausgeschlossen ist, dass die benutzte Marke im Verkehr als betriebliches Herkunftszeichen betrachtet wird (EuGH C-2/00, GRUR 2002, 692 Rn. 17 – Hölterhoff; auch → MarkenG § 14 Rn. 110; → Einl. Rn. 135).

1. Herkunftsfunktion der Marke

83   Dem EuGH zufolge liegt in der Herkunftsfunktion, dh in der Gewährleistung der Herkunft der Ware gegenüber den Verbrauchern, die Hauptfunktion der Unionsmarke (EuGH C-48/05, GRUR 2007, 319 Rn. 21 – Opel). Die Herkunftsfunktion der Marke wird auch im jetzt Erwägungsgrund 16 MRL sowie Erwägungsgrund 8 GMV besonders betont. Sie soll dem Verbraucher die Möglichkeit geben, sich beim Einkauf ohne Irreführung zu entscheiden, ob er ein bereits gekauftes Produkt abermals kauft oder ob er dieses ablehnt (EuGH C-206/01, GRUR Int 2003, 229 Rn. 48 – Arsenal). Damit diese Herkunftsgarantie geleistet werden kann, muss der Markeninhaber vor Konkurrenten geschützt werden, die unter Missbrauch der Stellung bzw. des guten Rufes der Marke mit dieser Marke versehene Waren veräußern (EuGH C-206/01, GRUR Int 2003, 229 Rn. 50 – Arsenal). Wird beim relevanten Publikum also durch die Benutzung der Marke der Eindruck einer betrieblichen Herkunft erweckt, so ist die Herkunftsfunktion der Marke beeinträchtigt.

84   Auf eine **Beeinträchtigung der herkunftshinweisenden Funktion** ist dabei bereits zu schließen, wenn dem Verbraucher suggeriert wird, dass zwischen dem Dritten und dem Markeninhaber eine wirtschaftliche Verbindung besteht oder – selbst wenn keine wirtschaftliche Verbindung suggeriert wird – die Herkunft der fraglichen Waren oder Dienstleistungen für den Verbraucher so vage erscheint, dass ein normal informierter und angemessen aufmerksamer Verbraucher nicht erkennen kann, ob der Dritte im Verhältnis zum Markeninhaber Dritter oder vielmehr mit diesem wirtschaftlich verbunden ist (EuGH C-323/09, GRUR 2011, 1124 Rn. 45 – Interflora; C-236/08 bis C-238/08, GRUR 2010, 445 Rn. 90 – Google France und Google; C-558/08, GRUR 2010, 841 Rn. 35 – Portakabin).

85   Entscheidend hierbei ist nicht der Eindruck eines beliebigen Publikums, sondern der **Eindruck des potentiellen Käuferpublikums.** Denn zu berücksichtigen ist die mutmaßliche Wahrnehmung eines durchschnittlich informieren, aufmerksam und verständigen Durchschnittsverbraucher der fraglichen Waren und Dienstleistungen (EuGH C-218/01, GRUR 2004, 428 Rn. 50 – Henkel; C-251/95, GRUR 1998, 387 Rn. 32 – Springende Raubkatze). Dies ist auch sachgerecht, denn je sensibler das relevante Publikum ist, desto wahrscheinlicher ist, dass bei diesem Publikum keine Irreführung durch Drittverwendung einer Marke stattfindet. So stellte der EuGH in seinem „Opel"-Urteil fest, „dass der normal informierte und angemessen aufmerksame und verständige Durchschnittsverbraucher von Waren der Spielzeugindustrie in Deutschland daran gewöhnt sei, dass die Modelle sich an reale Vorbilder anlehnten, und dass er sogar weitgehend Wert auf absolute Originaltreue lege (EuGH C-48/05, GRUR 2007, 318 Rn. 23 – Opel). Dementsprechend verstünde dieser „das mit dem Opel-Logo identische Zeichen auf von Autec vertriebenen verkleinerten Modellen nicht als Angabe darüber, dass diese Waren von Adam Opel oder einem mit diesem wirtschaftlich verbundenen Unternehmen stammten (…) (und deshalb sei) die Hauptfunktion des Opel-Logos als für Spielzeug eingetragene Marke nicht beeinträchtigt" (EuGH C-48/05, GRUR 2007, 318 Rn. 24 – Opel). Dieser Betrachtungsweise ist nicht zuzustimmen, denn der Verbraucher könnte denken, dass Opel eine Lizenz an Autec erteilt hat und damit mittelbar als Hinweis auf Opel dienen soll. Das „Opel"-Urteil ist daher restriktiv auszulegen.

86   Wie aus dem „Interflora"-Urteil des EuGH hervorgeht, ist eine Beeinträchtigung der Herkunftsfunktion nicht ausschließlich nach formalen Kriterien zu prüfen, sondern vielmehr auch unter Berücksichtigung der Marktverhältnisse (EuGH C-323/09, GRUR 2011, 1124 Rn. 49 ff. – Interflora). Im „Arsenal"-Urteil stellte der EuGH fest, dass die Benutzung eines Zeichens, welches mit einer Marke identisch ist, durchaus die Herkunftsgarantie dieser Marke beeinträchtigen kann, auch wenn das betreffende Zeichen im Rahmen der Benutzung durch den Dritten als Ausdruck der Unterstützung, der Treue oder der Zugehörigkeit gegenüber dem Markeninhaber aufgefasst wird (EuGH C-206/01, GRUR Int 2003, 229 Rn. 60 ff. – Arsenal). Dem Urteil des EuGH ist voll und ganz zuzustimmen, denn eine solche Benutzung der fremden Marke erweckt den Eindruck, dass eine Verbindung zwischen den betroffenen Waren und dem Markeninhaber besteht.

87   Die Beeinträchtigung der Herkunftsfunktion – und damit Benutzung als Marke – kann auch gegeben sein, wenn ein mit der Marke des Originalherstellers gekennzeichnetes wiederbefüllbares Behältnis mit Waren eines anderen Herstellers nachgefüllt wird und der Verkehr die Marke auf dem Behältnis als Hinweis nicht nur auf die betriebliche Herkunft des Behältnisses, sondern auch

auf die betriebliche Herkunft des Inhalts versteht (BGH GRUR 2019, 79 Rn. 30 – Tork). Ohne eine entsprechende Feststellung des Verkehrsverständnisses kann dagegen die bloße Gefahr einer Herkunftstäuschung keine Markenverletzung begründen (BGH GRUR 2019, 79 Rn. 30 – Tork). Für die Frage, ob der Verkehr eine solche Verbindung im Einzelfall tatsächlich herstellt, kann maßgeblich sein, ob die Nachfüllware selbst ein für den Verkehr bei der Benutzung der Ware erkennbares Kennzeichen trägt. Durch eine Zweitkennzeichnung der Nachfüllware wird die herkunftshinweisende Funktion der Marke auf dem Behältnis für den Inhalt entkräftet (BGH GRUR 2019, 79 Rn. 31 – Tork).

Bei Verwendung einer Unionsmarke als Typenbezeichnung für eine Ware liegt nicht zwingend **88** eine unzulässige Benutzung vor. Bei der Beurteilung, ob der Verkehr die Bezeichnung als Herkunftshinweis versteht und in ihrer Verwendung einen Herkunftshinweis sieht, ist auf die Kennzeichnungsgewohnheiten in dem maßgeblichen Warensektor abzustellen (OLG Düsseldorf GRUR-RS 2022, 18931 Rn. 11 – FSP). Besteht in dem maßgeblichen Warensektor die Übung, Modelle mit einer Buchstabenkombination in Verbindung mit einer Ziffernfolge zu bezeichnen, wird der Verkehr in der Modellbezeichnung keinen Herkunftshinweis sehen, weil er damit rechnet, dass verschiedene Hersteller unterschiedliche Modelle mit ähnlichen oder übereinstimmenden Buchstabenkombinationen versehen (OLG Düsseldorf GRUR-RS 2022, 18931 Rn. 14 – FSP).

2. Qualitätsfunktion

Die Qualitätsfunktion der Marke ist besonders von Bedeutung, da der Käufer häufig Produkte **89** einer Marke nicht deshalb kauft, weil er mit dieser Marke einen Hersteller verbindet, sondern weil er die Marke an sich mit einer besonders guten Qualität oder einer besonderen Wertschätzung verbindet. Die Marke entwickelt ein Eigenleben, sie drückt eine Qualität, einen Ruf und in bestimmten Fällen gar eine Lebensauffassung aus (vgl. Schlussanträge GA Ruiz-Jarabo Colomer C-206/01 Rn. 49). Die Marke zeigt sozusagen, dass die Ware den Qualitätsstandards entspricht, für die die Marke steht. Generell gehen Qualitätsfunktion und Herkunftsfunktion der Marke in der Tat Hand in Hand. Allerdings kann die Marke auch die Qualität einer Ware wiedergeben, ohne zugleich auf ihre spezifische Herkunft hinzuweisen (vgl. Schlussanträge GA Kokott C-46/10 Rn. 45–47). Demnach ist die Qualitätsfunktion regelmäßig beeinträchtigt, wenn Waren oder Dienstleistungen mit einer Marke gekennzeichnet sind, deren Qualitätsansprüchen sie nicht genügen. Die Qualitätsfunktion ist besonders dann betroffen, wenn **gefälschte Luxuswaren** (teure Uhren und Handtaschen) an Stränden zum Billigpreis verkauft werden: kein Konsument würde hier Zweifel an der Herkunft der Ware haben. Allerdings wird die Qualitätsfunktion der Marke erheblich beeinträchtigt, denn die gefälschten Waren werden später schnell Mängel aufweisen und Dritte, die das Produkt zu diesem späteren Zeitpunkt sehen, werden über die (eigentliche) Qualität der Ware getäuscht, wodurch die Qualitätsfunktion der Marke beeinträchtigt wird.

3. Werbefunktion

In seinem „Google France"-Urteil hat der EuGH erstmals konkret Bezug auf die Funktionsbe- **90** einträchtigung der Werbefunktion einer Unionsmarke genommen, auch wenn am Ende die Beeinträchtigung der Werbefunktion im konkreten Fall verneint wurde. Der EuGH wies darauf hin, dass der Inhaber einer Marke mit dieser nicht lediglich auf die Herkunft seiner Waren oder Dienstleistungen hinweisen will, sondern die Marke angesichts der im geschäftlichen Verkehr angebotenen Vielfalt an Waren und Dienstleistungen eventuell auch für Werbezwecke einsetzen möchte, um den Verbraucher zu informieren und zu überzeugen („Werbefunktion"). Nach Ansicht des EuGH liegt eine Beeinträchtigung der Werbefunktion dann vor, wenn durch die Benutzung die Möglichkeit des Markeninhabers, die Marke als Element der Verkaufsförderung oder Instrument der Handelsstrategie einzusetzen, beeinträchtigt wird (EuGH C-236/08 bis C-238/08, GRUR 2010, 445 Rn. 92 – Google France). Demzufolge darf ein Markeninhaber die Benutzung eines mit seiner Marke identischen Zeichens – bei identischen Waren und Dienstleistungen – verbieten, wenn die Benutzung seine Möglichkeit, die Marke als Instrument der Verkaufsförderung bzw. Handelsstrategie einzusetzen, einschränkt oder einschränken könnte (EuGH C-236/08 bis C-238/08, GRUR 2010, 449 Rn. 91 f. – Google France).

4. Investitionsfunktion

Konkreter Bezug auf die Investitionsfunktion der Unionsmarke wurde erstmals im „Interflora"- **91** Urteil genommen, in welchem der EuGH darauf hinwies, dass der Markeninhaber seine Marke auch dazu einsetzen kann, um einen Ruf zu erwerben bzw. zu wahren, der möglicherweise

Verbraucher anzieht oder bindet. Diese sog. „Investitionsfunktion" der Marke kann sich zwar mit der Werbefunktion überschneiden, ist jedoch von dieser verschieden (EuGH C-323/09, GRUR 2011, 1124 Rn. 61 – Interflora). Der Markeninhaber darf die Benutzung eines seiner Marke identischen Zeichens – bei identischen Waren und Dienstleistungen – verbieten, wenn dieses Zeichen es dem Markeninhaber wesentlich erschwert, seine Marke zum Erwerb oder zur Beibehaltung seines Rufs einzusetzen, der geeignet ist, Verbraucher anzuziehen bzw. zu binden. Die Benutzung eines identischen Zeichens, die lediglich zur Folge hat, dass der Markeninhaber seine Anstrengungen zum Erwerb bzw. zur Haltung des Rufs anpassen muss, reicht nicht aus (EuGH C-323/09, GRUR 2011, 1124 Rn. 60–66 – Interflora). Die Benutzung eines Zeichens, die einem **fairen Wettbewerb** entspricht, kann nicht untersagt werden. Ebenso wenig kann der Markeninhaber mit Erfolg den Umstand anführen, dass diese Benutzung einige Verbraucher veranlassen werde, sich von Waren oder Dienstleistungen der genannten Marke abzuwenden (EuGH C-323/09, GRUR 2011, 1124 Rn. 64 – Interflora).

V. Verbotsumfang

92   Sind alle Tatbestandsvoraussetzungen des Art. 9 Abs. 2 erfüllt, so nennt **Art. 9 Abs. 3** bestimmte Benutzungshandlungen, die der Markeninhaber dem Störer definitiv untersagen kann. Durch das Wort „insbesondere" im Wortlaut des Art. 9 Abs. 3 wird aber klarstellt, dass die Aufzählung der Untersagungsrechte in Art. 9 Abs. 3 lit. a–f keinesfalls abschließend ist (EuGH C-567/18, GRUR 2020, 637 Rn. 32 – Coty Germany GmbH/Amazon Services Europe Sàrl ua; C-236/08 bis C-238/08, GRUR 2010, 445 Rn. 65 – Google France und Google; C-206/01, GRUR 2003, 55 Rn. 38 – Arsenal). So hat der EuGH unter anderem festgestellt, dass auch wenn ein Dritter ein Zeichen zu Werbezwecken benutzt, ohne dass dieses Zeichen in der Werbung selbst vorkommt („Keyword Advertising"), dies nicht bedeutet, dass diese Benutzung von den Benutzungsformen, die der Markeninhaber verbieten kann, nicht enthalten ist (EuGH C-236/08 bis C-238/08, GRUR 2010, 455 Rn. 65 – Google France und Google).

1. Anbringen, Anbieten, Inverkehrbringen, Besitz, Einfuhr, Ausfuhr (Abs. 3 lit. a–c)

93   Verboten ist das unmittelbare **Anbringen** des Zeichens auf der Ware selbst oder ihrer Verpackung, dh die Herstellung einer körperlichen Verbindung des Zeichens mit der Ware. Vorbereitungshandlungen, die zu einem Anbringen des Zeichens auf der Ware führen, unterliegen Art. 10 (→ Art. 10 Rn. 1 ff.). Der Begriff der **Verpackung** ist weit zu verstehen und erfasst, wie zuvor der Begriff der „Aufmachung", sämtliche Umhüllungen der Waren wie Kartons, Tüten, Dosen, Flaschen und andere Behältnisse (vgl. Büscher/Dittmer/Schiwy/Büscher MarkenG § 14 Rn. 567).

94   Ein **Anbieten** von Waren oder Dienstleistungen ist gegeben, wenn die Waren oder Dienstleistungen Dritten zur Überlassung angeboten werden. Ausreichend ist jedwede Präsentation von Waren oder Dienstleistungen zum Erwerb einschließlich auf Messen, in Katalogen oder im Internet, solange sie auf das Gebiet der Union bezogen ist.

95   Waren und Dienstleistungen gelten als **in den Verkehr gebracht,** wenn die Verfügungsgewalt über die Waren Dritten übertragen wird. Dabei liegt kein Inverkehrbringen vor, wenn Testartikel/Proben kostenlos an Verbraucher abgegeben werden, da diese Waren nicht mit dem Ziel des Verkaufs, sondern mit dem Ziel der Bewerbung der Waren vertrieben werden (EuGH C-324/09, GRUR 2011, 1025 Rn. 71 – L'Oréal/eBay; GRUR 2009, 410 Rn. 20 – Silberquelle/Maselli). Waren aus **Drittländern** gelten erst als in den Verkehr in der Union gebracht, wenn diese Waren in den zollrechtlichen freien Verkehr iSd Art. 29 AEUV überführt wurden (EuGH C-379/14, GRUR 2015, 897 Rn. 35 – TOP Logistics BV ua/Bacardi; C-405/03, GRUR 2006, 146 Rn. 35 – Class International).

96   Auch der **bloße Besitz** von mit dem verletzenden Zeichen gekennzeichneter Ware kann verboten werden, Art. 9 Abs. 3 lit. b. Entscheidend ist aber, dass der Besitz erfolgt, um die so gekennzeichneten Waren anzubieten oder in den Verkehr zu bringen.

2. Benutzung als Handelsname oder Unternehmensbezeichnung (Abs. 3 lit. d)

97   Art. 9 Abs. 3 lit. d sieht nun ausdrücklich vor, dass auch die Benutzung einer geschäftlichen Bezeichnung eine Verletzungshandlung in Bezug auf eine eingetragene Unionsmarke ist. Damit wird die Benutzung einer geschäftlichen Bezeichnung grundsätzlich als markenrechtlich relevante Benutzungshandlung angesehen. Gleichzeitig beschränkt Art. 12 Abs. 1 lit. a den Ausschlussgrund auf die Benutzung des persönlichen Namens, schließt mithin den Firmennamen als Rechtfertigung für eine Markenverletzung aus. Damit ist die Rechtsprechung des EuGH gesetzlich umgesetzt

worden. Denn der EuGH hatte in seinem „Céline"-Urteil klargestellt, dass ein Markeninhaber gemäß Art. 5 Abs. 1 lit. a MRL 2008 die Benutzung einer geschäftlichen Bezeichnung, also eines Handelsnamens oder eines Firmenzeichens – welche mit einer älteren Marke identisch ist – durch einen Dritten für den Vertrieb von Waren – welche mit denjenigen identisch sind, für die die Marke eingetragen wurde – verbieten darf, sofern die Benutzung die Funktionen der Marke beeinträchtigt oder beeinträchtigen kann (EuGH C-17/06, GRUR 2007, 971 Rn. 36 – Céline). **Ausgenommen vom Schutzbereich** des Art. 9 wurde demnach lediglich die Benutzung des Handelsnamens, wenn er nicht auch als **Produktbezeichnung** fungiert. Die ausdrückliche Aufnahme in Art. 9 Abs. lit. d, dass die Benutzung einer geschäftlichen Bezeichnung eine Verletzungshandlung darstellt, lässt vermuten, dass damit eine grundsätzliche Vermutung besteht, dass die Benutzung einer geschäftlichen Bezeichnung zur Kennzeichnung von Waren/Dienstleistungen erfolgt und damit eine markenrechtlich relevante Benutzung darstellt, die es ggf. zu widerlegen gilt.

Die Benutzung einer geschäftlichen Bezeichnung als Produktbezeichnung kann auch nicht **98** mehr über Art. 14 lit. a gerechtfertigt werden. Diese Bestimmung besagt, dass die Marke ihrem Inhaber nicht das Recht gewährt, einem Dritten zu verbieten, seinen Namen im geschäftlichen Verkehr zu benutzen, wenn es sich bei dem Dritten um eine natürliche Person handelt und sofern die Benutzung den anständigen Gepflogenheiten in Gewerbe und Handel entspricht. Zwar hatte der EuGH die Ansicht vertreten, dass Art. 12 lit. a (aF) auch Gesellschaftsbezeichnungen, Handelsnamen und Firmennamen umfasse (EuGH C-245/02, GRUR 2005, 157 Rn. 81 – Anheuser-Busch), dieser Betrachtungsweise ist durch die Neufassung der UMV und dem eindeutigen Wortlaut von Art. 14 Abs. 1 lit. a die Grundlage entzogen (→ Art. 14 Rn. 1).

3. Benutzung in Geschäftspapieren und in der Werbung (Abs. 3 lit. e)

Art. 9 Abs. 3 lit. e erfasst die rechtsverletzende Benutzung eines Zeichens in Geschäftspapieren **99** und in der Werbung. Der Begriff der **Geschäftspapiere** ist umfassend zu verstehen und erfasst sämtliche geschäftliche Unterlagen wie Rechnungen, Preislisten, Schreiben uÄ. Entscheidend ist, dass die Geschäftspapiere in der Union eingesetzt werden, auch eine nur innerbetriebliche Verwendung von Geschäftspapieren ist nicht relevant, da dann eine Benutzung im geschäftlichen Verkehr ausscheidet. Der **Begriff der Werbung** erfasst jedwede Verbreitung von Informationen in der Öffentlichkeit oder an ausgesuchte Zielgruppen, zwecks Bekanntmachung, Verkaufsförderung oder Imagepflege von mit der Marke gekennzeichneter Ware oder Dienstleistung. Erfasst sind sämtliche Werbemaßnahme unabhängig von dem verwandten Medium und schließt ua Print Medien, Radio, TV, Online Medien, Kino, Product Placement und Sponsoring ein. Der Tatbestand der **vergleichenden Werbung,** als Werbemaßnahmen, in denen die Leistung eines oder mehrerer Wettbewerber mit dem eigenen Angebot verglichen wird, ist in Art. 9 Abs. 3 lit. f gesondert geregelt.

4. Benutzung in vergleichender Werbung (Abs. 3 lit. f)

Werbemaßnahmen, die eine zulässige vergleichende Werbung darstellen, sind durch die Richtli- **100** nie über irreführende und vergleichende Werbung (Werbe-RL iVm RL 2005/29/EG) privilegiert, dies ist in Art. 9 Abs. 3 lit. f nun ausdrücklich klargestellt.

Unter vergleichender Werbung ist gemäß Art. 2 Abs. 2 lit. a Werbe-RL jede Werbung zu **101** verstehen, die unmittelbar oder mittelbar einen Mitbewerber oder die Erzeugnisse oder Dienstleistungen, die von einem Mitbewerber angeboten werden, erkennbar macht. Nach Ansicht des EuGH ist diese Definition der vergleichenden Werbung weit zu verstehen, und erfasst alle Arten der vergleichenden Werbung, so auch Äußerungen, die – auch nur mittelbar – auf einen Mitbewerber oder die Erzeugnisse oder Dienstleistungen, die dieser anbietet, Bezug nimmt (EuGH C-533/06, GRUR 2008, 698 Rn. 41 – O2).

Art. 9 Abs. 3 lit. f sieht vor, dass der Markeninhaber die Benutzung eines Zeichens in einer **102** vergleichenden Werbung verbieten lassen kann, wenn die Werbemaßnahme nicht den Voraussetzungen der Werbe-RL entspricht und dadurch gerechtfertigt ist. Damit wird die Benutzung eines Zeichens in einer vergleichenden Werbung grundsätzlich als markenrechtlich relevante Benutzungshandlung angesehen. Dem Wortlaut nach ist der Inhaber einer Unionsmarke daher immer berechtigt, einem Dritten die Benutzung eines mit seiner Marke identischen oder ihr ähnlichen Zeichen in einer vergleichenden Werbung zu verbieten, wenn diese nicht die in Art. 4 Werbe-RL genannten Zulässigkeitsvoraussetzungen erfüllt. Umgekehrt ist dann, wenn der Werbende die Voraussetzungen der Werbe-RL einhält und die Unionsmarke in zulässiger Weise benutzt, keine Markenverletzung gegeben.

103   Für einen Anspruch nach Art. 9 ist es aber auch entscheidend, dass die Unionsmarke in der vergleichenden Werbung so benutzt wird, dass eine der Markenfunktionen beeinträchtigt wird (→ Rn. 74 ff.). Bei vergleichender Werbung handelt es sich um Fälle, in denen der Werbende die markenrechtlich geschützten Zeichen so benutzt, dass auf den Inhaber der Unionsmarke hingewiesen wird. Die Zeichen werden gerade nicht unmittelbar für die Bewerbung der eigenen Produkte benutzt. Grundsätzlich nutzt vergleichende Werbung aber gerade die Herkunftsfunktion einer Marke, da es ja gerade der Sinn und Zweck vergleichender Werbung ist, nicht über die betriebliche Herkunft der Produkte zu täuschen, sondern beide Produkte einander klar gegenüberzustellen. In einer vergleichenden Werbung geht es gerade darum, gegenüber dem Verbraucher klar erkennbar zu machen, dass die verwendeten Zeichen auf eine unterschiedliche Herkunft hinweisen. Diese Ausnutzung der Herkunftsfunktion sollte daher in diesen Fällen ausreichend sein, andernfalls wäre der Anwendungsbereich von Art. 9 Abs. 3 lit. f äußerst gering.

104   Denn auch wenn der EuGH in seinem „L'Oréal"-Urteil bestätigt hat, dass nicht nur die Hauptfunktion, dh die Herkunftsfunktion, der Marke iSv Art. 5 Abs. 1 lit. a MRL 2008 geschützt wird, sondern eben auch sämtliche anderen Markenfunktionen, unter anderem die Qualitäts-, Kommunikations-, Investitions- oder Werbefunktion (EuGH C-487/07, GRUR Int 2009, 1015 Rn. 65 – L'Oréal), werden sowohl die Werbe- als auch Investitionsfunktion bislang restriktiv ausgelegt. So erforderte die Beeinträchtigung der Investitionsfunktion nach Ansicht des EuGH, dass es dem Markeninhaber durch die Benutzung wesentlich erschwert wird, seine Marke zum Erwerb oder zur Beibehaltung seines Rufs einzusetzen, um Verbraucher anzuziehen bzw. zu binden. Dass der Markeninhaber seine Anstrengungen zum Erwerb bzw. zur Haltung des Rufs anpassen muss, reiche dabei nicht aus. Ebenso wenig reiche es aus, wenn dargelegt werden kann, dass diese Benutzung einige Verbraucher veranlassen werde, sich von Waren oder Dienstleistungen der genannten Marke abzuwenden (EuGH C-323/09, GRUR 2011, 1124 Rn. 64 – Interflora). Eine Beeinträchtigung der Werbefunktion liege nach Ansicht des EuGH dann vor, wenn durch die Benutzung die Möglichkeit des Markeninhabers, die Marke als Element der Verkaufsförderung oder Instrument der Handelsstrategie einzusetzen, beeinträchtigt wird (EuGH C-236/08 bis C-238/08, GRUR 2010, 445 Rn. 92 – Google France).

105   Bei der Beurteilung des Anwendungsbereichs von Art. 9 Abs. 3 lit. f ist aber sowohl Erwägungsgrund 14 VO (EU) 2015/2424 (aF) sowie der Wortlaut von Art. 9 Abs. 3 lit. f zu berücksichtigen. Demnach ist es erklärtes Ziel der Vorschrift, dem Inhaber einer Unionsmarke die Möglichkeit zu geben, einem Dritten die Benutzung eines Zeichens in der vergleichenden Werbung verbieten zu lassen, sobald die Werbung gegen Werbe-RL verstößt. Seinem Wortlaut nach gibt Art. 9 Abs. 3 lit. f dem Unionsmarkeninhaber einen Anspruch gegen jede Benutzung seiner Marke in einer vergleichenden Werbung durch Dritte vorzugehen, die gegen Werbe-RL verstößt. Dieser Anspruch des Unionsmarkeninhabers ist vor allem dann relevant, wenn die Benutzung seiner Marke in der vergleichenden Werbung keine Verwechslungsgefahr hervorruft. Eine weite Interpretation der „Beeinträchtigung" der Herkunftsfunktion scheint daher gerechtfertigt.

106   Gleichzeitig bedeutet dies, dass ein Werbender die Marke eines Dritten als Zeichen verwenden darf, sofern die Voraussetzungen der vergleichenden Werbung erfüllt sind.

VI. Beweislastverteilung

107   Zur Frage der Beweislast der Verletzung ist festzustellen, dass, wenn diese Frage in die Zuständigkeit des nationalen Rechts der Mitgliedstaaten fiele, dies zu einem unterschiedlichen Schutz der Markeninhaber je nach dem betreffenden Recht führen könnte. Das in der vierten Erwägungsbegründung bezeichnete Ziel eines einheitlichen Schutzes im gesamten Gebiet der Union würde nicht erreicht werden (EuGH GRUR 2006, 146 Rn. 73 – CLASS INTERNATIONAL).

108   Die Beweislast für die Rechtsverletzung nach Art. 9 Abs. 2 obliegt dem Markeninhaber, der sich auf die Verletzung beruft. Sobald dieser Beweis erbracht ist, obliegt es dem in Anspruch genommenen Dritten, das Vorliegen der Zustimmung des Markeninhabers zum Vertrieb der Waren in der Union zu beweisen (EuGH GRUR 2006, 146 Rn. 4 – CLASS INTERNATIONAL; vgl. auch EuGH GRUR 2003, 512 Rn. 34-42 – VAN DOREN + Q. GmbH zur Verteilung der Beweislast bei Erschöpfung des Markenrechts). Wie bereits in → Rn. 50 beschrieben, ist im Rahmen der Zustimmung die sekundäre Darlegungslast des Markeninhabers zu berücksichtigen, wenn er behauptet, dass es sich bei dem Produkt um eine Nachahmung handelt.

E. Transit

I. Einführung

Abs. 4 statuiert die Verbringungen von Waren in die Union ohne Überführung in den zollrecht- **109** lich freien Warenverkehr, der sog. Transit, als markenrechtlich **relevante Benutzungshandlung,** soweit Unionsmarken betroffen sind. Für nationale Marken ist eine entsprechenden Regelung gemäß Art. 1 Abs. 1 lit. a MaMoG in § 14a MarkenG aufgenommen worden (→ MarkenG § 14a Rn. 1). Damit wurde vom Gesetzgeber eine viel diskutierte Regelungslücke im Hinblick auf die Frage, ob und unter welchen Voraussetzungen die **bloße Durchfuhr von Waren** eine Markenver- letzung darstellen kann, geschlossen.

Der Transit und seine markenrechtliche Bewertung war in der Vergangenheit Gegenstand zahlreicher **109.1** Entscheidungen der höchstrichterlichen Rechtsprechung. So hat der EuGH in der prominenten Entschei- dung Philips/Nokia eine Markenverletzung nur für den Fall bejaht, dass die sich im Transit befindenden Waren nachweislich für das **Inverkehrbringen** in der Union bestimmt sind (EuGH C-446/09, C-495/ 09, GRUR 2012, 828 – Philips und Nokia). Die bloße Gefahr, dass die Waren nicht an ihrem Zielort ankommt und eventuell unbefugt in der Union in den Verkehr gebracht wird, wurde nicht als ausreichend erachtet, um eine Markenverletzung anzunehmen (EuGH C-446/09, C-495/09, GRUR 2012, 828 Rn. 55 ff. – Philips und Nokia). Der **Markeninhaber** hatte damit die **Beweislast** für das Inverkehrbringen der Waren in die Union. Diese Beweislastverteilung wurde als unverhältnismäßig schwere Bürde des Mar- keninhabers empfunden, denn der Markeninhaber kann einen solchen Nachweis in der Praxis so gut wie nie erbringen, mit der Folge, dass Waren im Transit regelmäßig nicht gestoppt werden konnten.

Die Kommission hat in ihrem Vorschlag zur Änderung der GMV diese Problematik aufgenommen, da **109.2** angesichts der steigenden Anzahl von Fällen der Produktpiraterie eine europäische Regelung dringend geboten ist. Der Vorschlag der Kommission wurde im Wesentlichen in Art. 4 aufgenommen, allerdings mit einer zusätzlichen Regelung betreffend die Beweislast (Abs. 4 S. 2).

Der Markeninhaber hat nun das Recht, die Einfuhr rechtsverletzender Waren zu verhindern, **110** selbst wenn das in der Rechtsprechung stets geforderte Inverkehrbringen der jeweiligen Waren in der Union nicht bezweckt wird. Die **Beweislast** wird zudem auf den **zollrechtlichen Anmelder** übertragen: dieser muss beweisen, dass der Inhaber der Unionsmarke nicht berechtigt ist, das Inverkehrbringen der Waren im jeweiligen Bestimmungsland zu untersagen. Dies steht im Einklang mit einem Kernziel der Markenreform: der Bekämpfung von Produktpiraterie.

II. Anspruchsvoraussetzungen

1. Verbringung von Waren aus Drittstaaten in die Union, ohne diese in den zollrechtlich freien Verkehr zu überführen

Die Waren müssen aus einem Drittland, einem Gebiet, das nicht zum Zollgebiet der Union **111** gehört, in die Union verbracht werden, **ohne** dass die Waren in den zollrechtlich freien Verkehr überführt werden.

Ausweislich Erwägungsgrund 16 VO (EU) 2015/2424 (aF) umfasst die Verbringung von Waren **112** in die Union die Einfuhr rechtsverletzender Waren und ihre Überführung in **alle zollrechtlichen Situationen.** Dazu zählen die **Durchfuhr, Umladung, Lagerungen, Freizonen, vorüberge- hende Verwahrung, aktive Veredelung** und die **vorübergehende Verwendung.**

Eine „**Durchfuhr**" von Ware ist gegeben, wenn die Ware durch ein Staatsgebiet transportiert **113** wird, ohne eingeführt und zum freien Warenverkehr abgefertigt zu werden und ohne eine sonstige zollrechtliche Bestimmung zu erhalten, wie beispielsweise das Verbringen in ein Zolllager.

Soll eine ins Zollgebiet der Union verbrachte Nichtgemeinschaftsware wieder ausgeführt wer- **114** den, wird die Ware im Zolllager verwahrt. **Zolllager** bieten für bestimmte, regelmäßig zeitlich nicht begrenzte Zeiträume die Möglichkeit, Transitware unverzollt im Zollgebiet der Union zu lagern.

Freizonen und **Freilager** dienen in erster Linie dem außenhandelsbezogenen Umschlag und **115** der Lagerung von Waren. Die Waren gelten als noch nicht im Zollgebiet befindlich. Die Mitglied- staaten der Gemeinschaft können gemäß Art. 167 Unionszollkodex bestimmte Teile des Zollge- biets zu Freizonen erklären oder Freilager bewilligen. In Deutschland eingerichtete Freizonen betreffen sämtliche Häfen, so dass man auch von Freihäfen spricht.

Bis zum Erhalt einer zollrechtlichen Bestimmung (Überführung in ein Zollverfahren, Verbrin- **116** gen in eine Freizone oder ein Freilager, Wiederausfuhr, Vernichtung oder Zerstörung, Aufgabe zugunsten der Staatskasse) gelten Waren als „**vorübergehend verwahrte Waren**".

117   Wenn Ware in die Union verbracht werden soll, um dort bearbeitet und danach wieder ausgeführt zu werden, kann die Ware zur **aktiven Veredelung** angemeldet werden.

118   Wird Nichtgemeinschaftsware im Zollgebiet der Union zu einem bestimmten Zweck vorübergehend bzw. befristet genutzt, während ihrer Verwendung nicht verändert und ist die Ware von vornherein zur Wiederausfuhr aus dem Zollgebiet bestimmt, steht das Zollverfahren der **vorübergehenden Verwendung** zur Verfügung.

119   Die Überführung in den zollrechtlich freien Verkehr setzt die **Abgabe einer Zollanmeldung** durch den Wirtschaftsbeteiligten (Anmelder, Vertreter, Fiskalvertreter), die **Annahme** dieser Zollanmeldung durch die Zollstelle, die **Überprüfung der Papiere und der Waren** (Beschau), ggf. Entnahme von Mustern und Proben, die Fertigung eines **Zollbefundes** sowie die Berechnung der **Einfuhrabgaben,** ggf. unter Fristsetzung für die Zahlung voraus. Wenn die Einfuhrabgaben entrichtet wurden, werden die Waren überlassen und die zollamtliche Überwachung beendet. Die Waren haben dann den Status als **„Unionsware"** (Art. 5 Nr. 23 lit. b Unionszollkodex) und gelten als in den freien Warenverkehr überführt. Abs. 4 ist auf diese Waren nicht anwendbar, da dann eine Einfuhr in die Union gegeben ist und Abs. 3 lit. c zur Anwendung kommt.

2. Handeln im geschäftlichen Verkehr

120   Der Vorschlag der Kommission hatte ausdrücklich von dem Erfordernis eines Handelns im geschäftlichen Verkehr abgesehen und nur ein Handeln im Rahmen einer kommerziellen Tätigkeit gefordert. Damit wäre sichergestellt gewesen, dass bei einer Einfuhr von Waren in die Union auch gegen Beteiligte vorgegangen werden kann, die nicht im geschäftlichen Verkehr handeln, solange der Versender aus kommerziellen Beweggründen handelt (Ziff. 5.3 Vorschlag der Kommission zur Änderung der VO (EU) Nr. 207/2009). Diesem Vorschlag ist man bei der Umsetzung der UMV nicht gefolgt, so dass nun ein Handeln im geschäftlichen Verkehr erforderlich ist. Ein Vorgehen gegen Beteiligte, die selber nicht im geschäftlichen Verkehr handeln, bleibt damit ausgeschlossen.

121   Der Anwendungsbereich von Abs. 4 setzt ein Handeln im geschäftlichen Verkehr voraus. Ausreichend ist aber, dass die Einfuhr von Waren in die Union der Abwicklung eines Verkaufs an einen Dritten dient, solange zumindest der Anbieter gewerblich handelt (EuGH C-16/03, GRUR 2005, 507 Rn. 39 – Peak Holding).

3. Ohne Zustimmung des Markeninhabers

122   Der Anspruch auf Unterlassung setzt voraus, dass die Zeichenbenutzung des Dritten ohne Zustimmung des Markeninhabers erfolgt. Hat der Markeninhaber der Benutzung ausdrücklich oder konkludent zugestimmt, kann er die Benutzung nicht unter Berufung auf Art. 9 Abs. 4 verbieten (→ Rn. 68; auch → MarkenG § 14 Rn. 23 ff.).

4. Identische oder hochgradig ähnliche Ware und Marken

123   Art. 9 Abs. 4 geht davon aus, dass eine Benutzung einer Marke untersagt werden kann, die mit der eingetragenen Unionsmarke identisch ist oder in ihren wesentlichen Aspekten nicht von dieser Marke zu unterscheiden ist, sofern die Benutzung für „derartige" Waren erfolgt, für die die Unionsmarke eingetragen ist.

124   Der Gesetzgeber hat sich gegen eine Verwendung des im Markenrecht üblichen Begriffs „Ähnlichkeit" entschieden. Die Begriffe „keine Abweichung in wesentlichen Aspekten" und „derartige Waren" sind **enger als der markenrechtliche Ähnlichkeitsbegriff** zu verstehen. Es ist daher davon auszugehen, dass die Marken **identisch** sein müssen oder die verletzende Marke eine **offensichtliche Nachahmung** der Unionsmarke ist. Dies erscheint auch sachgerecht, da es im Bereich der Produktpiraterie, dies ist erklärter Anwendungsbereich von Abs. 4, üblicherweise um mehr oder weniger gelungene Nachahmungen geht. Ziel der Produktpiraten ist immer eine identische Nachahmung des Originalproduktes. Dennoch weisen Produktpiraterieprodukte bisweilen gewisse – mutmaßlich unbeabsichtigte – Abweichungen von dem Original auf. Solange eine offensichtliche Nachahmung erkennbar ist, ist davon auszugehen, dass keine Abweichung in wesentlichen Aspekten gegeben ist.

125   Ob der **Beurteilungsmaßstab,** den der EuGH zur Feststellung der **Verwechslungsgefahr** entwickelt hat und nach dem insbesondere die Kollisionsmarken unterscheidenden und dominierenden Zeichenelemente zu berücksichtigen sind, auch in diesem Fall anwendbar ist, ist fraglich und wohl zu verneinen.

126   Da der **Beurteilungsspielraum** der **„wesentlichen Abweichung"** restriktiver zu sein scheint, als der Beurteilungsspielraum der „Ähnlichkeit", empfiehlt es sich, verstärkt auch Produktaufmachungen als Bildmarke oder 3D-Marke zu schützen, um den weiten Anwendungsbereich von Abs. 4 umfassend nutzen zu können.

5. Kein Nachweis der Nichtberechtigung/Beweislastumkehr

In Erwägungsgrund 17 VO (EU) 2015/2424 (aF) wird betont, dass die Durchsetzung der **127** Markenrechte mit dem Grundsatz des **freien Handels mit rechtmäßigen Waren** in Einklang zu bringen ist. Deshalb gibt Abs. 4 S. 2 dem jeweiligen Anmelder oder Besitzer der Waren die Möglichkeit, sich gegen den Unterlassungsanspruch des Markeninhabers aus Abs. 4 S. 1 mit einer rechtsvernichtenden Einwendung zu verteidigen. Dazu muss er nachweisen, dass der Markeninhaber keinen Anspruch hat, das Inverkehrbringen der Waren im endgültigen Bestimmungsland zu untersagen. Entscheidend ist, dass Abs. 4 S. 2 insofern eine Beweislastumkehr zu Lasten des Anmelders/Besitzers der Waren vorsieht, denn nicht der Markeninhaber muss nachweisen, dass er berechtigt ist, das Inverkehrbringen im Zielland zu untersagen, sondern der Durchführende hat den Nachweis zu erbringen, dass das Inverkehrbringen im Zielland nicht untersagt werden kann.

Der Wortlaut „nicht berechtigt ist, das Inverkehrbringen zu untersagen" umfasst **jegliche 128 Ansprüche** und ist **nicht auf markenrechtliche Ansprüche** beschränkt. Dies führt dazu, dass jegliche Ansprüche, die ein Inverkehrbringen im Bestimmungsland verhindern können und die der Markeninhaber im Bestimmungsland geltend machen kann möglich sind, zB urheberrechtliche, designrechtliche, wettbewerbsrechtliche, zivilrechtliche oder – wo dies möglich ist – auch regulatorische Ansprüche.

Vom Wortlaut nicht unmittelbar umfasst ist die Frage, ob ein Markeninhaber auch geltend **129** machen kann, dass das Produkt im Bestimmungsland aus regulatorischen Gründen nicht verkehrsfähig ist. Es ist aber davon auszugehen, dass Abs. 4 S. 2 nur Ansprüche betrifft, die der Markeninhaber geltend machen kann, so dass vermutlich solche Verstöße ausscheiden, die nicht vom Markeninhaber, sondern nur von Dritten geahndet werden können.

Unklar ist, welche konkreten Anforderungen an den „Beweis" zu stellen sind, dass der Markeninhaber keine Berechtigung hat, ein Inverkehrbringen der Waren im Bestimmungsland zu untersagen und der vom Anmelder oder Besitzer zu erbringen ist. Dies wird die Gerichte des Durchfuhrstaates, die dann eine Beurteilung des Sachverhaltes unter Anwendung des Rechts des Bestimmungslandes vorzunehmen haben, in naher Zukunft sicher umfangreich beschäftigen.

In jedem Fall ist es dem Markeninhaber immer möglich – auch proaktiv – einen Gegenbeweis zu **131** führen, dass er berechtigt ist, das Inverkehrbringen der Waren im Bestimmungsland zu untersagen.

Art. 10 Recht auf Untersagung von Vorbereitungshandlungen im Zusammenhang mit der Benutzung der Verpackung oder anderer Kennzeichnungsmittel

Besteht die Gefahr, dass die Verpackung, Etiketten, Anhänger, Sicherheits- oder Echtheitshinweise oder -nachweise oder andere Kennzeichnungsmittel, auf denen die Marke angebracht wird, für Waren oder Dienstleistungen benutzt wird und dass diese Benutzung eine Verletzung der Rechte des Inhabers einer Unionsmarke nach Artikel 9 Absätze 2 und 3 darstellt, so hat der Inhaber der Unionsmarke das Recht, die folgenden Handlungen zu verbieten, wenn diese im geschäftlichen Verkehr vorgenommen werden:

a) das Anbringen eines mit der Unionsmarke identischen oder ihr ähnlichen Zeichens auf der Verpackung, auf Etiketten, Anhängern, Sicherheits- oder Echtheitshinweisen oder -nachweisen oder anderen Kennzeichnungsmitteln, auf denen die Marke angebracht werden kann;

b) das Anbieten, Inverkehrbringen oder Besitzen für diese Zwecke oder die Einfuhr oder Ausfuhr von Verpackungen, Etiketten, Anhängern, Sicherheits- oder Echtheitshinweisen oder -nachweisen oder anderen Kennzeichnungsmitteln, auf denen die Marke angebracht wird.

Überblick

Die Vorschrift wurde mWv 23.3.2016 durch VO (EU) 2015/2424 vom 16.12.2015 eingefügt.

A. Allgemeines

Mit Art. 10 (der Art. 11 RL (EU) 2015/2436 entspricht) wurde ein Recht des Markeninhabers **1** auf Untersagung von Vorbereitungshandlungen im Zusammenhang mit der Verpackung sowie anderen Kennzeichnungsmitteln von Waren eingeführt. Damit soll für Inhaber von Unionsmarken das Vorgehen gegen Nachahmungen erleichtert werden (Erwägungsgrund 20).

B. Vorbereitungshandlungen

2   Nach Art. 10 kann der Markeninhaber sowohl gegen das **Anbringen** eines mit der Marke identischen oder eines ihr ähnlichen Zeichens auf Verpackungen, Etiketten, Anhängern, Sicherheits- oder Echtheitshinweisen oder anderen Kennzeichnungsmitteln (Art. 10 lit. a) als auch gegen das **Anbieten, Inverkehrbringen** oder **Besitzen zum Zwecke des Anbietens oder Inverkehrbringens** sowie die **Einfuhr** und **Ausfuhr** solcher Kennzeichnungsmittel (Art. 10 lit. b) vorgehen. Damit wird der Unterlassungsanspruch des Markeninhabers über Art. 9 Abs. 3 lit. a (→ Art. 9 Rn. 73 ff.) hinaus auf Vorbereitungshandlungen im Zusammenhang mit solchen Kennzeichnungsmitteln erweitert, die grundsätzlich für rechtsverletzende Produkte verwendet werden können, aber mit diesen körperlich noch nicht verbunden sind.

3   Voraussetzung des Unterlassungsanspruchs nach Art. 10 ist, dass die angegriffene Vorbereitungshandlung im geschäftlichen Verkehr erfolgt.

C. Gefahr einer Markenverletzung

4   Der gegen Vorbereitungshandlungen gerichtete Unterlassungsanspruchs setzt die Gefahr voraus, dass das Kennzeichnungsmittel für Waren oder Dienstleistungen benutzt wird und dass diese Benutzung eine Markenverletzung nach Art. 9 Abs. 2 und 3 (→ Art. 9 Rn. 1 ff.) darstellen würde. Die Gefahr muss sich hinreichend konkret aus den objektiven Umständen ergeben (vgl. Hildebrandt/Sosnitza/Pres Rn. 6). Der Anspruch entfällt somit beispielsweise, wenn die Anbringung des Kennzeichnungsmittels außerhalb des territorialen Schutzbereichs der Unionsmarke erfolgt und die Gefahr des Reimports nicht dargetan ist (→ MarkenG § 14 Rn. 261). Im Anwendungsbereich des Art. 10 spielt es hingegen keine Rolle, ob sich die Gefahr später tatsächlich realisiert (vgl. Hildebrandt/Sosnitza/Pres Rn. 6; Hildebrandt MarkenR § 10 Rn. 12).

5   Zu den besonderen Herausforderungen beim Angriff von einzelnen Elementen dreidimensionaler Marken im Rahmen von Art. 10 s. Hildebrandt/Sosnitza/Pres Rn. 7.

Art. 11 Zeitpunkt, ab dem Rechte Dritten entgegengehalten werden können

(1) Rechte aus der Unionsmarke können Dritten erst nach der Veröffentlichung der Eintragung der Marke entgegengehalten werden.

(2) Es kann eine angemessene Entschädigung für Handlungen verlangt werden, die nach Veröffentlichung der Anmeldung einer Unionsmarke vorgenommen werden und die nach Veröffentlichung der Eintragung aufgrund der Veröffentlichung verboten wären.

(3) Ein angerufenes Gericht trifft bis zur Veröffentlichung der Eintragung keine Entscheidung in der Hauptsache.

1   Gemäß Art. 11 kann der Unterlassungsanspruch einem Dritten erst **nach** der Veröffentlichung der **Eintragung** der Marke entgegengehalten werden. Da gemäß Art. 46 innerhalb von drei Monaten nach Veröffentlichung der Anmeldung der Unionsmarke Widerspruch gegen die Eintragung der Unionsmarke eingelegt werden kann, tritt der Schutz der Unionsmarke grundsätzlich erst nach rechtskräftigem **Abschluss** eines etwaigen **Widerspruchsverfahrens** ein. Für Schutzerstreckungen von **Internationalen Registrierungen** auf die EU gilt als Veröffentlichung der Eintragung gemäß Art. 189 Abs. 3 die zweite Veröffentlichung nach Art. 190 Abs. 2 (→ Art. 189 Rn. 8). Schon allein aus Zeitgründen kann es daher sinnvoll sein, sich bereits vor Veröffentlichung der Eintragung direkt an den Benutzer eines kollidierenden Zeichens zu wenden, um Möglichkeiten einer kurzfristigen, ggfs. auch einvernehmlichen Lösung der Markenkollision zu nutzen. Dabei sollten generell und insbesondere im Hinblick auf Abmahnschreiben an englische Vertreter oder Unternehmen die sogenannten „Threats Provisions" des UK Trade Mark Act 1994, sec. 21 zu berücksichtigt werden (im Detail s. Edenborough/Elias/v. Bomhard in Gielen/v. Bomhard, Concise European Trade Mark and Design Law, 2011, Art. 9 Rn. 11).

2   Aber auch in der **Zeit zwischen Anmeldung und Eintragung** ist der Markeninhaber nicht vollkommen schutz- und rechtelos. Art. 11 Abs. 2 sieht vor, dass dem Inhaber ein Recht auf **angemessene Entschädigung** für Handlungen zusteht, die **nach** der Veröffentlichung der

Anmeldung der Unionsmarke vorgenommen werden und die nach der Veröffentlichung der Eintragung aufgrund der Unionsmarke verboten wären.

Der Begriff der „angemessenen Entschädigung" gemäß Art. 11 Abs. 2 ist autonom und einheit- **3** lich auszulegen, da Art. 11 Abs. 2 für die Ermittlung seines Inhalts und seiner Tragweite nicht ausdrücklich auf das Recht der Mitgliedstaaten verweist. Die Auslegung hat dabei „unter Berücksichtigung des Regelungszusammenhangs und des mit der betreffenden Regelung verfolgten Zwecks" zu erfolgen (EuGH C-280/15, GRUR 2016, 931 Rn. 45 – Nikolajeva/Multi Protect). Der Schadensersatzanspruch der „angemessenen Entschädigung" gemäß Art. 11 Abs. 2 ist dabei von dem Schadensersatzanspruch wegen Verletzung einer eingetragenen Marke zu unterscheiden (EuGH C-280/15, GRUR 2016, 931 Rn. 50). Die Entstehung des Markenschutzes ist im Zeitraum zwischen Veröffentlichung der Anmeldung und Eintragung der Marke noch ungewiss, so dass den Rechten aus einer Unionsmarkenanmeldung vor Eintragung der Marke ein „bedingter" Charakter zukommt. Die „angemessene Entschädigung" ist nach Auffassung des EuGH daher geringer zu bemessen, als der Schadensersatz wegen Verletzung einer bereits eingetragenen Marke. Der EuGH berücksichtigt dabei vor allem die Regelungen des Art. 13 Enforcement-RL (EuGH C-280/15, GRUR 2016, 931 Rn. 53 ff. – Nikolajeva/Multi Protect). Während Art. 13 Abs. 1 Enforcement-RL, der wissentlich begangene Verletzungshandlungen betrifft, grundsätzlich einen vollständigen Ausgleich für den tatsächlich erlittenen Schaden vorsieht, der einen immateriellen Schaden einschließen kann, gestattet Art. 13 Abs. 2 Enforcement-RL, der nicht wissentlich vorgenommene Verletzungshandlungen betrifft, nur die Herausgabe der Gewinne oder die Zahlung von Schadensersatz. Der in Form einer „angemessenen Entschädigung" geschuldete Ausgleich gemäß Art. 11 Abs. 2 darf daher die in Art. 13 Abs. 2 Enforcement-RL vorgesehene – und gegenüber Art. 13 Abs. 1 Enforcement-RL herabgesetzte – Entschädigung nicht überschreiten und ist damit **auf die Herausgabe des von Dritten durch die Nutzung der Marke tatsächlich erzielten Gewinns beschränkt.** Ein Ersatz des von dem Inhaber der Marke möglicherweise erlittenen weitergehenden Schadens, einschließlich eines etwaigen immateriellen Schadens, ist ausgeschlossen (EuGH C-280/15, GRUR 2016, 931 Rn. 57 – Nikolajeva/Multi Protect). Die Berechnung des Schadens im Wege der Lizenzanalogie ist damit ebenfalls ausgeschlossen.

Dem Inhaber einer Unionsmarkenanmeldung stehen – neben Schadensersatzansprüchen in **4** Form einer „angemessenen Entschädigung" ab Veröffentlichung der Anmeldung einer Unionsmarke – gemäß Art. 131 Abs. 1 auch vorläufige Schutzmaßnahmen zu, die das nationale Recht dem Markeninhaber gewährt (→ Art. 131 Rn. 1 ff.). Zu beachten sind hierbei aber die materiellrechtlichen Grenzen des Art. 11, der dem Inhaber der Unionsmarkenanmeldung nur einen Anspruch auf angemessene Entschädigung für die ansonsten schutzfreie Zeit zwischen Veröffentlichung der Anmeldung und Eintragung der Unionsmarke gibt. Die Durchsetzung eines Unterlassungsanspruchs wegen Verletzung einer Unionsmarkenanmeldung im Wege des einstweiligen Rechtsschutzes dürften daher, da auch Art. 17 insoweit keinen Verweis auf eine ergänzende Anwendung des nationalen Rechts der Mitgliedstaaten enthält, nicht vom Anwendungsbereich des Art. 131 gedeckt sein (→ Art. 131 Rn. 28). Die vorläufigen Schutzmaßnahmen dürfen sich aber auf die Sicherung des in Art. 11 vorgesehenen Anspruchs auf angemessene Entschädigung beziehen.

Im Übrigen kann der Markeninhaber auch schon vor Eintragung der Unionsmarke Wider- **5** spruch auf Grundlage der Anmeldung der Unionsmarke einlegen (Art. 46 Abs. 1 lit. a iVm Art. 8 Abs. 1 und 2 lit. b).

Art. 12 Wiedergabe der Unionsmarke in einem Wörterbuch

Erweckt die Wiedergabe einer Unionsmarke in einem Wörterbuch, Lexikon oder ähnlichen Nachschlagewerk den Eindruck, als sei sie eine Gattungsbezeichnung der Waren oder Dienstleistungen, für die sie eingetragen ist, so stellt der Verleger des Werkes auf Antrag des Inhabers der Unionsmarke sicher, dass der Wiedergabe der Marke spätestens bei einer Neuauflage des Werkes der Hinweis beigefügt wird, dass es sich um eine eingetragene Marke handelt.

Überblick

Art. 12 erlaubt dem Inhaber einer Unionsmarke gegen den generischen Gebrauch seiner Marke in verschiedenen Publikationen vorzugehen, indem dem Markeninhaber ein Anspruch darauf zusteht, dass der Wiedergabe der Marke ein Hinweis beigefügt wird, dass es sich dabei um eine eingetragene Marke handelt. Damit kann sichergestellt werden, dass Marken sich durch diese Benutzung nicht zu Gattungsbezeichnungen entwickeln.

A. Einführung

1   Art. 12 gewährt Marken **Schutz gegen** den **Verlust ihrer Unterscheidungskraft** durch Entwicklung zu einer üblichen **Gattungsbezeichnung.** Hat sich eine Marke infolge des Verhaltens oder der Untätigkeit ihres Inhabers im geschäftlichen Verkehr zu einer üblichen Gattungsbezeichnung entwickelt, kann sie wegen Verfalls gemäß Art. 58 Abs. 1 lit. b (→ Art. 58 Rn. 15) gelöscht werden.

2   Eine Entwicklung zur Gattungsbezeichnung und damit ein Verlust der Unterscheidungskraft droht, wenn Marken in Wörterbüchern, Lexika oder sonstigen Nachschlagewerken als Sach- oder Gattungsangaben benutzt werden, ohne dass gleichzeitig darauf hingewiesen wird, dass es sich um eine geschützte Marke handelt. Der Grund dieser Regelung liegt in dem Umstand, dass der Verkehr bei der Erläuterung von Worten und Begriffen in derartigen Nachschlagewerken eine abgesicherte Erklärung von Begriffen des allgemeinen oder fachspezifischen Sprachgebrauchs erwartet, so dass bei der Verwendung von Marken als Gattungsangaben in derartigen, den allgemeinen oder fachspezifischen Sprachgebrauch dokumentierenden Publikationen eine erhebliche Gefahr für die Unterscheidungskraft von Marken ausgeht (OLG Frankfurt GRUR 2000, 1066 (1067) – Abkürzung ACC).

3   Wird eine Marke in einem Wörterbuch, Lexika oder sonstigem Nachschlagewerk als Sach- oder Gattungsangaben benutzt, steht dem Markeninhaber gegenüber dem Verleger eines solchen Nachschlagewerkes keine Unterlassungsansprüche nach Art. 9 zu, da die Benutzung keine Benutzung als Marke darstellt. Denn die Benutzung erfolgt gerade nicht zur Kennzeichnung von Waren und Dienstleistungen, sondern „zu anderen Zwecken als der Unterscheidung von Waren und Dienstleistungen", nämlich als Referenz oder Gattungsbezeichnung (→ Rn. 14; OLG Frankfurt GRUR 2000, 1066 (1067) – Abkürzung ACC).

4   Damit ein Markeninhaber aber nicht hilflos dem Verfall seiner Marke zusehen muss, steht dem Markeninhaber nach Art. 12 ein Anspruch darauf zu, dass der Wiedergabe der Marke ein Hinweis beigefügt wird, dass es sich um eine eingetragene Marke handelt. Ein solcher Hinweis „hilft der Verwässerung der Marke ab und verhindert, dass die Marke an Unterscheidungskraft verliert oder gar als generische Angabe für verfallen erklärt werden kann" (EUIPO BK 3.5.2012 – R 362/2011-1 Rn. 76). Zweck der Norm ist es, der Entwicklung von Marken zu Gattungsbezeichnungen entgegen zu wirken und so das Ausschließlichkeitsrecht des Markeninhabers aus der Marke über den Anwendungsbereich von Art. 9 hinaus zu stärken (vgl. Fezer MarkenG § 16 Rn. 4). Die praktische Relevanz des Art. 12 ist allerdings eher gering, da die meisten der bekannten Nachschlagewerke bereits standardmäßig einen Registriermarkenhinweis enthalten (vgl. Ingerl/Rohnke MarkenG § 16 Rn. 4).

B. Anspruchsvoraussetzungen

5   Der Anspruch darauf, dass der Wiedergabe der Marke ein Hinweis beigefügt wird, dass es sich um eine eingetragene Marke handelt, setzt voraus, dass es sich bei der wiedergegebenen Marke um eine **eingetragene Unionsmarke** handelt (→ Art. 6 Rn. 1 ff.), die in einem **Wörterbuch, Lexikon oder einem ähnlichen Nachschlagewerk** wiedergegeben wird (→ Rn. 9 ff.), die den Eindruck entstehen lässt, als sei die Marke eine **Gattungsbezeichnung** der Waren oder Dienstleistungen, für die sie eingetragen ist (→ Rn. 13 f.). Der Anspruch setzt einen **Antrag** des Markeninhabers voraus (→ Rn. 15).

I. Eingetragene Marke

6   Vom Schutzbereich des Art. 12 sind nach dem Wortlaut der Vorschrift nur eingetragene Unionsmarken erfasst. Eine analoge Anwendung auf lediglich angemeldete Marken, auf Benutzungs- und Notorietätsmarken oder auf sonstige Kennzeichen ist nicht möglich. Aus Gründen der Rechtssicherheit kann nur verlangt werden, solche Marken mit einem Hinweis zu vermerken, die im Unionsmarkenregister eingetragen sind (vgl. Fezer MarkenG § 16 Rn. 11). Nur dann ist sichergestellt, dass das EUIPO die Schutzvoraussetzungen geprüft hat, namentlich ob die Marke schutzfähig ist, und der Anspruchsgegner eine vertrauenswürdige und ohne weiteres zugängliche Überprüfungsmöglichkeit hat (vgl. Ingerl/Rohnke MarkenG § 16 Rn. 6).

7   Ist die Unionsmarke, die Gegenstand des Hinweisanspruches ist, bereits seit mehr als 5 Jahren eingetragen (Art. 18), kann die **mangelnde Benutzung** dem Anspruch aus Art. 12 nicht als

Einrede entgegenhalten werden, denn eine solche Einrede sieht die UMV nicht vor (vgl. auch Ingerl/Rohnke MarkenG § 16 Rn. 5). Der Verleger der Publikation kann daher die Aufnahme eines Hinweises nicht von dem Nachweis einer rechtserhaltenden Benutzung abhängig machen. Allerdings kann der Verleger eine mögliche mangelnde rechtserhaltende Benutzung in einem unabhängigen Löschungsverfahren nach Art. 63 Abs. 1 (→ Art. 63 Rn. 1 ff.) oder ggf. im Wege der Widerklage nach Art. 128 Abs. 1 (→ Art. 128 Rn. 1 ff.) geltend machen.

Der Wortlaut „Gattungsbezeichnung" (im Englischen: „generic name") legt nahe, dass primär **8** Wortmarken vom Schutzbereich des Art. 12 umfasst sind. Allerdings scheint auch das Einbeziehen aller Arten von Marken, wie etwa **Wortmarken, Bildmarken, Hörmarken** (Fezer MarkenG § 16 Rn. 11) sachgerecht. Entscheidend ist dann allerdings, dass die Marke in der eingetragenen Form wiedergegeben ist und der Hinweisanspruch sich auf die Marke in ihrer eingetragenen Form bezieht. Andernfalls könnten Markeninhaber, die figurative Marken mit einem generischen Begriff allein aufgrund eines Bildelementes zur Eintragung gebracht haben, einen Anspruch aus Art. 12 in Bezug auf generische Wörter geltend machen. Dies widerspricht dem Sinn und Zweck der Bestimmung des Art. 12.

II. Wiedergabe im Wörterbuch, Lexikon oder ähnlichen Nachschlagewerk

Der Anspruch nach Art. 12 besteht nur für den Fall, dass die Marke im Werk selbst wiedergege- **9** ben wird. Um eine übermäßige Verantwortung des Verlegers auszuschließen, sind **Drittveröffent-lichungen** nicht vom Schutzbereich des Art. 12 umfasst.

Zweifelsfrei – durch den eindeutigen Wortlaut – sind Wiedergaben in Wörterbuch und Lexikon **10** vom Schutzbereich umfasst. Strittig ist allerdings wie weit bzw. eng der Begriff **„ähnliches Nach-schlagewerk"** auszulegen ist. Grundsätzlicher Gegenstand des Schutzes ist die Verwendung einer Marke im Zusammenhang mit der Erläuterung von Worten und Begriffen in denen der Verbraucher eine abgesicherte Erklärung von Begriffen des allgemeinen oder fachspezifischen Sprachgebrauchs erwartet. Entscheidend ist daher die objektive funktionale Fähigkeit des Nachschlagewerks, beim Leser das Vertrauen zu erwecken, dass das Geschriebene eine abgesicherte Erklärung von Begriffen des allgemeinen oder fachspezifischen Sprachgebrauchs darstellt. Demzufolge sollten neben Wörterbüchern und Lexika auch **Enzyklopädien, wissenschaftliche Kommentare, Lehrbücher, branchenbezogene Nachschlagewerke,** zB die „Rote Liste" für Arzneimittel, sowie **offizielle Veröffentlichungen** wie zB des EUIPO unter den Schutzbereich des Art. 12 fallen (teilweise zustimmend Fezer MarkenG § 16 Rn. 6; engere Auslegung bei Ingerl/Rohnke MarkenG § 16 Rn. 7). Diese Liste sollte **nicht** als **abschließend** betrachtet werden. Nach Art. 12 sollten Markeninhaber insbesondere einen Anspruch gegen Markenämter haben, die in ihren Richtlinien oder bei der Übersetzung von **Warenverzeichnissen** Unionsmarken als **generischen Begriff** zulassen. Art. 12 sollte dann auch einen mittelbaren Anspruch gegen Unternehmen begründen, die eine Unionsmarke bewusst in ihre Warenverzeichnissen aufnehmen, um auf diese Weise die Entwicklung einer Unionsmarke zur generischen Bezeichnung zu fördern. Um gegen ein solches Verhalten, zB eines Wettbewerbers, (überhaupt) vorgehen zu können, erscheint Art. 12 die richtige Anspruchsgrundlage.

Entgegen der hM und Rechtsprechung sollte auch die **tägliche Berichterstattung** in der **11** Presse vom Schutzbereich umfasst sein. Zwar ist richtig, dass solche Berichte keinen einem Nachschlagewerk vergleichbaren, lexikalischen Zweck erfüllen (vgl. so BGH GRUR 2000, 1067 – ACC). Wie die praktische Erfahrung aber zeigt, kann gerade die generische Benutzung einer Unionsmarke in der täglichen Presse sehr schnell dazu führen, dass eine Marke sich zu einer Gattungsbezeichnung entwickelt. De lege ferenda sollte Art. 10 vorzugsweise auch einen Anspruch gegen Wettbewerber geben, die eine Unionsmarke generisch benutzen, um so den Wert der Unionsmarke des Wettbewerbers zu mindern, da dies vermehrt zu einem tatsächlichen Problem sehr bekannter Marken in einem speziellen Bereich wird. Das Trägermedium der Informationsvermittlung spielt für die Tatbestandsmäßigkeit keine Rolle, dh Nachschlagewerke in Form **elektronischer Datenbanken** oder die Gewährung des Zugangs zu einer elektronischen Datenbank sind den Printmedien gleichgestellt. Dies ergibt sich in der Richtlinie aus dem eindeutigen Wortlaut von Art. 12 MRL „Wörterbuch, Lexikon oder ähnliche Nachschlagwerk in gedruckter oder elektronischer Form". Dieser eindeutigere Wortlaut wurde in Art. 12 nicht aufgenommen.

Grundsätzlich ist es ausreichend, wenn das Nachschlagewerk in einem Mitgliedstaat vertrieben **12** wird. Gleiches gilt für Nachschlagewerke, die zwar im EU-Ausland erscheinen, aber auch zusätzlich für den innereuropäischen Markt bestimmt sind und in einer nicht unerheblichen Anzahl vertrieben werden (vgl. Ingerl/Rohnke MarkenG § 16 Rn. 7). Bei elektronischen Datenbanken kommt es primär darauf an, ob diese für den Gemeinschaftsmarkt bestimmt sind (vgl. Fezer MarkenG § 16 Rn. 8).

III. Eindruck einer Gattungsbezeichnung

13   Dem Wortlaut des Gesetzes folgend, besteht der Anspruch nur, falls durch die Wiedergabe einer Unionsmarke der Eindruck erweckt wird, als sei sie eine Gattungsbezeichnung der Waren oder Dienstleistungen, für die sie eingetragen ist. Entscheidend hierfür ist, dass die Marke selbst oder die Art und Weise ihrer Wiedergabe in dem Nachschlagewerk und die Waren und Dienstleistungen, für die sie eingetragen ist, derart in Beziehung zueinander gesetzt werden können, dass die Marke als Gattungsbezeichnung der Waren und Dienstleistungen, für die sie eingetragen ist, verstanden wird. Ist hingegen ein Verständnis als Gattungsbezeichnung für die eingetragenen Waren/Dienstleistungen zweifelsfrei ausgeschlossen, so besteht der Anspruch nach Art. 12 nicht. Die bloße Gefahr, dass die Marke durch die Wiedergabe zu Gattungsbezeichnung verwässert, ist hingegen ausreichend. Denn Sinn und Zweck des Art. 12 ist gerade, den Markeninhaber vor der Entwicklung von Marken zu Gattungsbezeichnungen zu schützen (vgl. Fezer MarkenG § 16 Rn. 4). Deshalb sollte dieses Tatbestandsmerkmal auch stets markeninhaberfreundlich ausgelegt werden.

14   Ob ein solcher Eindruck erweckt wird, ist aus der Sicht eines durchschnittlich informierten, angemessen aufmerksamen und verständigen Nutzers des Nachschlagewerks (vgl. Fezer MarkenG § 16 Rn. 10; Ingerl/Rohnke MarkenG § 16 Rn. 10) unter Berücksichtigung der Gestaltung der Veröffentlichung nach den Gesamtumständen (BeckOK UMV/Ebert-Weidenfeller Rn. 14) zu beurteilen. Für einen solchen Eindruck kann zB sprechen, dass andere Marken mit Registriermarkenhinweis aufgeführt werden.

IV. Antrag des Markeninhabers

15   Die Aufnahme eines Hinweises, dass es sich bei dem verwandten Zeichen um eine eingetragene Marke handelt, wird nur auf Antrag des Markeninhabers aufgenommen. Der Antrag ist direkt an den Verleger bzw. Anspruchsgegner (→ Rn. 17) des Nachschlagewerkes, das die zu **beanstandende** Wiedergabe enthält, zu richten.

C. Anspruchsinhaber und Anspruchsgegner

16   **Anspruchsinhaber** ist nach dem ausdrücklichen Wortlaut von Art. 10 der **Inhaber der wiedergegebenen Marke.** Lizenznehmer, auch solche einer ausschließlichen Lizenz, scheiden als Anspruchsinhaber aus, da Art. 25 Abs. 3 insofern nicht anwendbar ist. Denn der Verleger ist kein Verletzer iSv Art. 25 Abs. 3 iVm Art. 9 Abs. 3, der die Marke im geschäftlichen Verkehr unbefugt für von der Marke erfasste Waren oder Dienstleistungen benutzt. Eine analoge Anwendung scheidet ebenso aus, da es Zweck des Art. 12 ist, der Entwicklung von Marken zu Gattungsbezeichnungen entgegenwirken und nicht, Markenverletzungen zu ahnden. Daher ist der Anspruchsinhaberkreis nicht auf Lizenznehmer auszudehnen, eine zivilprozessuale Aktivlegitimation im Rahmen einer Prozessstandschaft ist allerdings denkbar (Ingerl WRP 1997, 817 (819)).

17   Als **Anspruchsgegner** nennt Art. 12 den **Verleger** des Werkes. Der Wortlaut von Art. 12 verpflichtet namentlich den Verleger, auf Antrag des Markeninhabers einen Hinweis in der Veröffentlichung aufzunehmen, dass es sich bei der Wiedergabe der Marke um eine eingetragene Marke handelt. Dies ist auch richtig, da dieser die tatsächliche Möglichkeit hat, auf den Inhalt der Publikation zuzugreifen und **derjenige** ist, der die **tatsächliche Verfügungsgewalt** über den die Marke enthaltenden Text oder das Bild hat (Fezer MarkenG § 16 Rn. 25). In Bezug auf elektronische Publikationen und Datenbanken ist Anspruchsgegner daher **derjenige, der die Datenbank betreibt.** Autoren, Herausgebern oder anderen für den Vertrieb zuständigen Personen fehlt regelmäßig eine Einwirkungsmöglichkeit in tatsächlicher Hinsicht und scheiden als Anspruchsgegner aus (vgl. Ingerl/Rohnke MarkenG § 16 Rn. 16).

D. Rechtsfolge

I. Hinweis auf Antrag des Markeninhabers

18   Der Anspruch aus Art. 12 ist darauf gerichtet, dass der Verleger auf Antrag des Markeninhabers die Wiedergabe der Marke mit einem Hinweis kennzeichnet, aus dem klar hervorgeht, dass es sich um eine registrierte Unionsmarke handelt. Art und Weise des Hinweises bleiben dem Verleger überlassen, solange der Hinweis den Anschein einer Gattungsbezeichnung für den Leser **unmiss-verständlich** beseitigt. Das Minimum dürfte dabei das einfache Einfügen des Symbols ® sein. Bloße Erläuterungen reichen regelmäßig nicht aus, es sei denn, sie lassen eindeutig die Qualität des Zeichens als eingetragene Marke erkennen (allerdings werden die Verleger diese eher kostbare Änderung eher nicht vornehmen wollen). Werden für eingetragene Marken bereits einheitliche Hinweise verwendet, kann ein Hinweis nach konkret diesen Prinzipien verlangt werden. Die **Nennung des Markeninhabers** oder sonstige Details sind nach hM grundsätzlich nicht erforderlich (vgl. BeckOK UMV/Ebert-Weidenfeller Rn. 17; Ingerl/Rohnke MarkenG § 16 Rn. 11). Allerdings wäre es positiv, auch eine solche Nennung des Markeninhabers fordern zu können, weil gerade ein solcher Hinweis eine umfassende Information des Konsumenten sicherstellt und so besonders effektiv einer Entwicklung der Marke zum Gattungsbegriff entgegengewirkt werden kann.

Allerdings genügt nur die **Nennung des Markeninhabers** regelmäßig nicht, da dadurch nicht **19** kenntlich gemacht ist, dass es sich bei dem verwendeten Zeichen um eine eingetragene Marke handelt. Ebenso wenig ist ein pauschaler Hinweis zu Beginn eines Nachschlagewerks ausreichend, dass es sich bei den verwendeten Zeichen um eingetragene Marken handelt/handeln kann (vgl. Fezer MarkenG § 16 Rn. 13). Ist die Gefahr, dass sich die Marke zu einer Gattungsbezeichnung entwickelt, bereits besonders hoch, können die Anforderungen an die Qualität des Hinweises höher sein, so dass dann unter Umständen auch erläuternde Hinweise gefordert werden können (Eisenführ/Schennen/Eberhardt Rn. 5). Ein Recht auf Abänderung eines Textes besteht grundsätzlich nicht, da dies ein Eingriff in die gestalterische Freiheit des Verlegers darstellt.

II. Zeitpunkt des Hinweises

Der Hinweis, dass es sich bei dem verwandten Zeichen um eine eingetragene Marke handelt, **20** muss entsprechend des Wortlauts des Art. 12 „spätestens bei einer Neuauflage des Werkes" erfolgen. Art. 12 MRL definiert diesen Zeitpunkt mit „unverzüglich – bei Druckereierzeugnissen spätestens bei einer Neuauflage des Werkes". Der Begriff „unverzüglich" bestimmt sich damit ausdrücklich unter Berücksichtigung der unterschiedlichen Veröffentlichungsmedien und den damit verbundenen unterschiedlichen, dem Anspruchsgegner zumutbaren Reaktionszeiten. Der Hinweis muss so schnell aufgenommen werden, wie es dem Anspruchsgegner, unter Berücksichtigung des Veröffentlichungsmediums, zumutbar ist, dies kann auch vor „Neuauflage des Werkes" sein. Auch im Rahmen des Art. 12 ist davon auszugehen, dass „unverzüglich" zu handeln ist, wobei dieser ausfüllungsbedürftige Begriff sich danach bestimmt, wie schnell eine Umsetzung möglich und dem Anspruchsgegner zumutbar ist. Ist das Werk bereits auf dem Markt verfügbar, so besteht der Anspruch auf den Hinweis in der folgenden Auflage (vgl. Eisenführ/Schennen/ Eisenführ Rn. 3). Gibt es keine Folgeauflage oder liegen mehrere Jahre zwischen den Auflagen, so muss der Verleger nach zumutbaren Möglichkeiten suchen, um auf den „Fehler" aufmerksam machen. Bei **Online-Datenbanken** besteht der Anspruch auf Einfügung eines Hinweises innerhalb eines angemessenen kurzen Zeitraums (Eisenführ/Schennen/Eberhardt Rn. 3), wobei von maximal drei Monaten ausgegangen werden sollte. Ist das (neue) Werk bereits bzw. noch in Produktion, so muss die Schutzwürdigkeit des Markeninhabers (Gefahr der Verwässerung zu Gattungsbezeichnung) mit der Schutzwürdigkeit des Verlegers (Produktionskosten) abgewogen und einzelfallspezifisch entschieden werden. Bei Ansprüchen gegen Markenämter, die die notwendige Änderung von existierenden Markeneintragungen Dritter betreffen, sollten für die Berechnung der Änderungsfrist auch etwaige rechtliche Regelungen berücksichtigt werden, die eine Konsultation des betroffenen Markeninhabers verlangen.

Art. 13 Untersagung der Benutzung der Unionsmarke, die für einen Agenten oder Vertreter eingetragen ist

Ist eine Unionsmarke für einen Agenten oder Vertreter dessen, der Inhaber der Marke ist, ohne Zustimmung des Markeninhabers eingetragen worden, so ist der Markeninhaber berechtigt, sich dem Gebrauch seiner Marke durch seinen Agenten oder Vertreter zu widersetzen, wenn er diesen Gebrauch nicht gestattet hat, es sei denn, dass der Agent oder Vertreter seine Handlungsweise rechtfertigt.

Überblick

Neben Art. 60 Abs. 1 lit. b (Löschungsgrund), Art. 8 Abs. 3 (Widerspruchsgrund) und Art. 21 (Übertragungsanspruch), gewährt Art. 13 dem Inhaber einer Marke einen Unterlassungsanspruch gegen den untreuen Agenten. Diese Regelung hilft dem – mangels eigener Markeneintragung in der EU ansonsten schutzlosen – Geschäftsherren, gegen die Benutzung seiner Marke ohne seine Einwilligung durch den Agenten vorzugehen. Art. 13 beruht auf Umsetzung von Art. 6^{septies} Abs. 2 PVÜ.

A. Einleitung

1   Wann immer ein Markeninhaber selbständige Vertreter bzw. Agenten (von nun an: „Agenten") in anderen Ländern oder Kontinenten einschaltet, mag es verschiedene Beweggründe geben, dort Marken im Namen des Agenten eintragen zu lassen. Diese können sprachlicher, finanzieller oder organisatorischer Natur sein und sowohl im Interesse des Markeninhabers als auch im Interesse des Agenten sein (Eisenführ/Schennen/Eisenführ Art. 11 Rn. 1). Der typische Fall ist aber derjenige, dass der Agent ohne Kenntnis des Markeninhabers eine Marke anmeldet, um seine eigene wirtschaftliche Position gegenüber dem Markeninhaber während oder nach Beendigung des Agentenverhältnisses zu stärken (sog. **rechtswidrige Agentenmarken**).

2   Um solch treuwidrigem Verhalten Einhalt zu gebieten, stehen dem Markeninhaber nach der UMV zahlreiche Schutzvorschriften zu. Gemäß Art. 8 Abs. 3 (→ Art. 8 Rn. 148 ff.) kann der Anmeldung einer Agentenmarke ohne Zustimmung des Inhabers widersprochen werden. Kommt es zur Eintragung der Agentenmarke, so besteht nach Art. 60 Abs. 1 lit. b ein zum Löschungsantrag berechtigender Nichtigkeitsgrund (→ Art. 60 Rn. 8 ff.) und nach Art. 21 ein Übertragungsanspruch zugunsten des Markeninhabers, der vor der Löschungsabteilung des EUIPO durchgesetzt werden kann (→ Art. 21 Rn. 1 ff.). In diese Kette von Ansprüchen reiht sich Art. 13 ein, welcher dem Markeninhaber das Recht gibt, sich der Benutzung der Unionsmarke durch seinen Agenten zu widersetzen. Art. 13 entspricht den Vorgaben des **Art. 6**^{septies} **Abs. 2 PVÜ**. Der besondere Schutz des Markeninhabers beruht dabei auf der Verpflichtung des Agenten, die Interessen des Geschäftsherrn wahrzunehmen (BGH GRUR 2008, 612 Rn. 20 – audison). Mit diesem Schutz verstärkt Art. 13 das Ausschließlichkeitsrecht des Markeninhabers über den Anwendungsbereich von Art. 9 hinaus. Allerdings steht der Unterlassungsanspruch des Art. 13 nur einem solchen Geschäftsherrn zu, der zumindest im EU-Ausland eine ältere Marke besitzt.

3   All diesen Vorschriften ist gemein, dass sie nur Geltung finden, sofern die **Handlungsweise** des Agenten nicht gerechtfertigt war. Die UMV sieht – im Gegensatz zu manch nationalen Markenrechtsgesetzen, wie zB in Deutschland § 17 Abs. 2 S. 2 MarkenG, **keine Schadensersatzansprüche** des originären Markeninhabers vor. Dies schließt aber keinesfalls Schadensersatzansprüche basierend auf anderen Anspruchsgrundlagen aus. Der Unterlassungsanspruch setzt **kein Verschulden** voraus, dh er besteht unabhängig davon, ob der Agent etwa gutgläubig dachte, im Interesse und/oder mit Einverständnis des originären Markeninhabers gehandelt zu haben.

4   Art. 13 ist grundsätzlich immer dann von großer Bedeutung, wenn die ältere Marke des Markeninhabers lediglich im EU-Ausland geschützt ist und dem Markeninhaber daher in der Union keine Unterlassungsansprüche aus eigenem Recht zustehen (vgl. Ingerl/Rohnke MarkenG § 17 Rn. 7).

B. Anspruchsvoraussetzungen

I. Agentenmarke

5   Der Anspruch nach Art. 13 setzt zunächst eine **Agenten- bzw. Vertreterbestellung** voraus, dh eine Markenanmeldung, die durch einen Agenten oder Vertreter des Markeninhabers veranlasst wurde (→ Art. 8 Rn. 157 ff.). Ein klassisches Über- und Unterordnungsverhältnis ist für das Bestehen eines Agentenverhältnisses nicht notwendig (BGH GRUR 2008, 612 Rn. 11 – audison). Ergibt sich aus der Beziehung zwischen den Parteien eine (Neben-)Pflicht des Agenten, die Interessen des Geschäftsherrn zu wahren, so kann in der Regel von einem Agentenverhältnis ausgegangen werden (BGH GRUR 2008, 612 Rn. 21 – audison). Das Agentenverhältnis muss zum **Zeitpunkt der Anmeldung** der Marke durch den Agenten bestehen. Es muss aber nicht mehr im Zeitpunkt der Klageerhebung bestehen, denn der Anspruch wird mit der Anmeldung begründet. Im Falle von **Markenpirateriefällen** – dh Fallkonstellationen, bei denen **kein Vertragsverhältnis** zwischen Markeninhaber und Anmeldendem besteht – ist eine analoge Anwendung von Art. 13 nicht gerechtfertigt, denn der Anspruch aus Art. 13 beruht auf einer Verletzung des Agentenverhältnisses. Gerade diese existiert in Fallkonstellationen der Markenpiraterie nicht, da keinerlei Vertragsverhältnis zwischen dem Markeninhaber und dem Anmeldenden, der dann kein Vertreter, sondern Dritter ist, besteht und der Anmelder somit vertraglich weder zur Interessenswahrung noch zur Interessenswahrnehmung (vgl. Fezer MarkenG § 17

Rn. 12) verpflichtet ist. Dennoch kann der Markeninhaber in einem solchen Fall Löschung, nicht aufgrund einer Agentenmarke, sondern wegen Bösgläubigkeit nach Art. 59 Abs. 1 lit. b beantragen (→ Art. 59 Rn. 11 ff.).

Der Wortlaut des Art. 13 verlangt, dass die „neue" Marke als Unionsmarke **für den Agenten oder** **6** **Vertreter eingetragen** wird (→ Art. 8 Rn. 163 ff.). Jedoch wird es häufig Konstellationen geben, in denen sich der Sachverhalt nicht ganz leicht unter den genauen Wortlaut des Art. 13 subsumieren lässt. Dementsprechend ist das Tatbestandsmerkmal „für den Agenten" weit auszulegen, denn eine enge Wortlautauslegung würde dem Agenten zahlreiche Umgehungsmöglichkeiten gewähren. So könnte bei Ermächtigungen von Unternehmen als Agenten einfach ein Geschäftsführer, ein Gesellschafter, eine andere dem Agenten nahestehende Person oder etwaige Subunternehmen als Unionsmarkeninhaber eingetragen werden, um Art. 13 zu umgehen. Um solchen Umgehungstatbeständen vorzubeugen, ist es daher ausreichend, wenn die Marke für eine solche **dem Agenten nahestehende Person** oder für einen **Strohmann** eingetragen wird (vgl. BGH GRUR 2008, 612 Rn. 13 – audison; Fezer MarkenG § 17 Rn. 15). Das Gleiche gilt, falls die Unionsmarke für einen **Rechtsnachfolger** oder **Lizenznehmer** des Agenten eingetragen ist. Es wird manchmal schwierig sein, eine Beziehung des Agenten zum Anmelder der Unionsmarke nachzuweisen. Hier können ggf. Regelungen zu ex parte „Discovery" und „Disclosure" Verfahren, wie diese in angelsächsischen Rechtsordnungen vorgesehen sind, helfen, um relevante Informationen von Dritten oder dem Agenten zu bekommen

Bei der Marke muss es sich um eine „originäre" **Marke des Inhabers** handeln (→ Art. 8 **7** Rn. 170 ff.). Anspruchsinhaber ist nach dem Gesetzestext der „Inhaber der Marke", dh der Markeninhaber, der eine nationale innereuropäische oder außereuropäische Marke besitzt. Die Qualität dieser originären Marke ist allerdings nicht näher im Gesetz definiert. Es ist nicht notwendig, dass die Marke eine Registermarke ist. Um den Schutz von Art. 13 in Anspruch nehmen zu können, reicht es aus, wenn die Marke in Beziehung zu den Waren und Dienstleistungen steht, die während der Zusammenarbeit mit dem Agenten vermarktet wurden (BeckOK UMV/Stuyck/Vanbrabant/ Weidenfeller Rn. 11). Dadurch ist sichergestellt, dass der Agent sich nicht auf Gutgläubigkeit berufen kann. Schließlich verwendet er eine Marke, die ähnlich oder identisch einer Marke ist, die er vertreten hat und von der er positiv weiß, dass die Rechte an dieser Marke einem Dritten zustehen. Um dem Schutzzweck der Norm gerecht zu werden, ist es demnach ausreichend, wenn es sich um eine **Benutzungsmarke** iSv § 4 Abs. 2 MarkenG (vgl. Eisenführ/Schennen/Eisenführ Rn. 4) oder um eine **Notorietätsmarke** iSv Art. 8 Abs. 2 lit. c handelt, wobei der Nachweis – gerade für nicht-eingetragene Marken im Ausland – häufig schwierig ist. Vorteilhafter ist es in jedem Fall, wenn der Geschäftsherr sich auf eine eingetragene Marke berufen kann. Die **territoriale Herkunft der Marke** spielt dabei keine Rolle.

Ebenso wenig wie die Eintragung der Marke des Inhabers eine notwendige Voraussetzung ist, **8** ist es auch nicht notwendig, dass die für den Agenten eingetragene Marke mit der des originären Inhabers identisch ist. Ausreichend ist die **Ähnlichkeit der beiden Marken** iSv Art. 8 Abs. 1 lit. b (Eisenführ/Schennen/Eisenführ Rn. 5). Sollte eine Unähnlichkeit bestehen, greift der Schutz von Art. 13 trotzdem, wenn die Abweichungen zwischen der neuen (Agenten)Marke und der originären Marke des Markeninhabers nicht derart signifikant sind, dass Verwechslungen ausgeschlossen sind (BeckOK UMV/Stuyck/Vanbrabant/Weidenfeller Art. 10 Rn. 13). Ansonsten könnten unredliche Vertreter durch kleinste Abänderungen der (Agenten)Marke Ansprüche gemäß Art. 13 ausschließen.

Die Eintragung muss **ohne Zustimmung des Markeninhabers** erfolgt sein (→ Art. 8 **9** Rn. 166 ff.). Erfolgte die Eintragung mit Zustimmung des Markeninhabers, kann sich dieser zu einem späteren Zeitpunkt nicht mehr auf Art. 13 berufen, auch wenn der Agent die Marke auf eine Art und Weise benutzt, die der originäre Markeninhaber nicht gestattet hat (Eisenführ/ Schennen/Eisenführ Rn. 7). Hier hätte der Markeninhaber im Zeitpunkt der Zustimmung eine klare Regelung zu Fragen der Benutzung und ggf. auch zur Rückgabe der Markeneintragung bei Beendigung des Agentenverhältnisses regeln sollen. Hat er es nicht getan, kann er dies später nicht über Art. 13 nachholen.

Zu guter Letzt darf die Handlungsweise des Agenten nicht gerechtfertigt sein (→ Art. 8 **10** Rn. 171 ff.). Die Worte „es sei denn" legen nahe, dass dem Agenten die Beweislast des Rechtfertigungstatbestandes obliegt. Bisher gibt es keine Rechtsprechung zu etwaigen Rechtfertigungsgründen. Möglicher Rechtfertigungsgrund könnte eine drohende Markenanmeldung eines Wettbewerbers im Gebiet des Agenten sein, wenn der Geschäftsherr nicht auf den Hinweis des Agenten reagiert und so den Agenten ggf. schutzlos stellen würde. Dann darf der Agent die Marke wohl anmelden, um seine Benutzung der Marke sicherzustellen. Zu beachten ist allerdings, dass die Rechtfertigungstatbestände eine seltene Ausnahme darstellen sollten, da der Agent grundsätzlich vor Anmeldung die Einwilligung des Markeninhabers einzuholen hat.

II. Zeitpunkt des Anspruchs

11   Vor Eintragung der Marke steht dem Markeninhaber gemäß Art. 8 Abs. 3 auch ein Widerspruchsrecht gegen die Unionsmarkenanmeldung des treuwidriger Agenten zu (→ Art. 8 Rn. 148 ff.), sowie nach erfolgter Eintragung einer solchen Marke entsprechend Art. 21 – neben dem Unterlassungsanspruch aus Art. 13 – auch ein Anspruch auf Übertragung der Marke zu (→ Art. 21 Rn. 1 ff.).

12   Der Unterlassungsanspruch besteht – entgegen dem Wortlaut des Art. 13 – bereits zum **Zeitpunkt der Anmeldung zur Unionsmarke,** sofern diese auch tatsächlich angemeldet und dann benutzt wird (BGH GRUR 2008, 612 Rn. 5 – audison). Dies wird zum einen damit begründet, dass die Anmeldung bereits einen selbständigen Vermögensgegenstand darstellt, nämlich die Markenanwartschaft, und zum anderen damit, dass die Bearbeitungsdauer des Eintragungsverfahrens nicht zu Lasten des originären Markeninhabers gehen darf (Fezer MarkenG § 17 Rn. 18).

13   Fraglich ist ob der Anspruch nach Art. 13 – ggf. analog – auch dann besteht, wenn es sich bei der Agentenmarke nicht um eine eingetragene Unionsmarke, sondern um eine **Notorietätsmarke** iSv Art. 8 Abs. 2 lit. c handelt, wenn also die notorische Bekanntheit der Marke darauf beruht, dass der Agent die Marke im Markt benutzt hat. Der klare Wortlaut des Art. 13 steht einer analogen Anwendung entgegen, weil dieser eindeutig eine Unionsmarkeneintragung (oder wenigstens eine Anmeldung) voraussetzt. Allerdings würde der Geschäftsherr in solchen Fällen dann nahezu ohne Anspruch dastehen (allenfalls käme ein Unterlassungsanspruch nach UWG in Betracht, aber dieser existiert nicht in allen EU-Ländern). Sollte man also contra legem einen solchen Anspruch in diesen seltenen Fällen annehmen wollen, ist zunächst zu prüfen, wem die notorische Bekanntheit zuzurechnen ist. Diese Zurechnung hängt davon ab, ob die Marke vom relevanten Verkehr als Herstellermarke oder als Handelsmarke angesehen wird. Ist die notorische Bekanntheit dem Geschäftsherren zuzuordnen, so ist der Geschäftsherr ohnehin Inhaber der Marke und es liegt keine Agentenmarke vor. Ist die notorische Bekanntheit dem Agenten zuzurechnen, besteht der Anspruch nach Art. 13 wohl ebenfalls nicht – auch nicht analog. Denn dem Agenten kann in solchen Konstellationen kein Verstoß gegen seine Verpflichtung zur Interessenswahrung – welche den Rechtsgrund des Unterlassungsanspruchs darstellt – vorgeworfen werden. Die Entwicklung der notorischen Bekanntheit setzt eine entsprechend lange Benutzung der Marke und Duldung derselben durch den Geschäftsherrn voraus, ein Interessenkonflikt zwischen Geschäftsherrn und Agent dürfte damit ausgeschlossen sein. Zum anderen erfolgten die Benutzungshandlungen, welche zur notorischen Bekanntheit der Marke führten, in der Regel nicht pflichtwidrig, sondern vielmehr mit implizierter Zustimmung des Geschäftsherrn (ähnlich Ingerl/Rohnke MarkenG § 17 Rn. 21–23).

C. Anspruchsgegner

14   Ist der Agent als Inhaber der Unionsmarke eingetragen, so richtet sich der Anspruch konsequenterweise direkt gegen den Agenten. Ist die Unionsmarke für eine dem Agenten nahe stehende Person eingetragen, so richtet sich der Anspruch gegen sowohl den Agenten als auch gegen die ihm nahe stehende Person. Um dem „originären" Markeninhaber größtmöglichen Schutz zu garantieren, sollte sich der Anspruch **gegen jeden** an der Verletzungshandlung **teilnehmenden Störer** richten (vgl. Fezer MarkenG § 17 Rn. 20).

15   Strittig ist, ob auch ein **gutgläubiger Rechtsnachfolger** passivlegitimiert sein kann. Nach einer engen Auslegung ist der Unterlassungsanspruch lediglich gegen den Agenten und an dessen Störungshandlung mitwirkende Störer durchsetzbar, weil „wer eigenständige Verletzungshandlungen begeht und hierfür Rechte an der Agentenmarke vom Agenten ableitet, darf (…) nicht schlechter gestellt werden als ein Dritter, der die Marke ohne Bezug zum Agenten benutzt" (Ingerl/Rohnke MarkenG § 17 Rn. 16). Demgegenüber steht eine weitere Auffassung, dass sich in solchen Konstellationen der Unterlassungsanspruch direkt gegen den Dritten richtet. Der vom Agenten ermächtigte Dritte sei nämlich von einem unbeteiligten Dritten dadurch zu unterscheiden, dass Verletzungshandlungen des Ersteren gleichsam von der Interessenintegration des Agenten belastet sind (Fezer MarkenG § 17 Rn. 21).

16   Da das Unionsmarkenrecht keinen gutgläubigen lastenfreien Erwerb außerhalb des Art. 27 vorsieht, der hier nicht eingreift, ist das Recht eines durch den Agenten ermächtigten Dritten mit dem Unterlassungsanspruch des originären Markeneigentümers belastet. Aus diesem Grunde erscheint letztere Ansicht vorzugswürdig und ein Unterlassungsanspruch gegen den Dritten gerechtfertigt. Im Übrigen kann nach hM eine bösgläubig angemeldete Marke auch dann gelöscht werden, wenn die Rechtsnachfolger nicht bösgläubig sind. Die Bösgläubigkeit haftet der Marke dauerhaft an. So sollte es auch hier sein: der Vertrauensbruch wird automatisch mit Übertragung der Marke weitergeleitet.

Lizenznehmern lastet gegenüber unbeteiligten Dritten auch die Interessenintegration des **17** Agenten an, sodass die Passivlegitimation auch für sie gilt. Allerdings könnte der Markeninhaber in dem Fall, dass der Agent die Marke lizenziert hat, sie aber nicht selbst verwendet, zusätzlich den Agenten in Anspruch nehmen (BeckOK UMV/Stuyck/Vanbrabant/Weidenfeller Rn. 15).

Erfolgt eine Eintragung der neuen Marke für einen **Strohmann des Agenten,** ist dieser **18** Anspruchsgegner (Eisenführ/Schennen/Eisenführ MarkenG § 17 Rn. 5). Die Eintragung eines für den Agenten handelnden Strohmanns steht der Eintragung für den Agenten selbst gleich (BGH GRUR 2008, 611 Rn. 13 – audison).

D. Rechtsfolge

Dem Agenten und den an der Verletzungshandlung beteiligten Störern (OLG Schleswig **19** NJWE-WettbR 2000, 119 (121) – LUXIS) ist jeglicher Gebrauch der Marke iSv Art. 9 verboten und ein entsprechender Unterlassungstenor auszusprechen.

Art. 14 Beschränkung der Wirkungen der Unionsmarke

(1) Die Unionsmarke gewährt ihrem Inhaber nicht das Recht, einem Dritten zu verbieten, Folgendes im geschäftlichen Verkehr zu benutzen:
a) den Namen oder die Adresse des Dritten, wenn es sich bei dem Dritten um eine natürliche Person handelt;
b) Zeichen oder Angaben ohne Unterscheidungskraft oder über die Art, die Beschaffenheit, die Menge, die Bestimmung, den Wert, die geografische Herkunft oder die Zeit der Herstellung der Ware oder der Erbringung der Dienstleistung oder über andere Merkmale der Ware oder Dienstleistung;
c) die Unionsmarke zu Zwecken der Identifizierung oder zum Verweis auf Waren oder Dienstleistungen als die des Inhabers dieser Marke, insbesondere wenn die Benutzung der Marke als Hinweis auf die Bestimmung einer Ware, insbesondere als Zubehör oder Ersatzteil, oder einer Dienstleistung erforderlich ist.

(2) Absatz 1 findet nur dann Anwendung, wenn die Benutzung durch den Dritten den anständigen Gepflogenheiten in Gewerbe oder Handel entspricht.

Überblick

Art. 14 begrenzt die Rechte des Markeninhabers aus wettbewerbspolitischen Erwägungen.

Bestimmte Benutzungshandlungen sind nach dem Willen des Gesetzgebers freigestellt (freie Benutzung), obwohl sie an sich geschützte Kennzeichen verletzen. Art. 14 sieht drei Fallgruppen vor, nach denen der Markeninhaber Dritten eine Benutzung im geschäftlichen Verkehr nicht untersagen kann: als Name oder Anschrift (→ Rn. 6 ff.), ohne Unterscheidungskraft (→ Rn. 14 ff.) oder als Angabe über die Art, die Beschaffenheit, die Menge, die Bestimmung, den Wert, die geografische Herkunft oder die Zeit der Herstellung der Ware oder der Erbringung der Dienstleistung oder über andere Merkmale der Ware oder Dienstleistung (→ Rn. 8 ff.) sowie zu Zwecken der Identifizierung oder zum Verweis auf den Inhaber dieser Marke (→ Rn. 19 ff.).

Allerdings muss diese Benutzung jeweils den anständigen Gepflogenheiten im Gewerbe oder Handel entsprechen (→ Rn. 23 ff.).

Übersicht

A. Allgemeines

1   Ziel der Norm ist ein Ausgleich zwischen den Individualinteressen des Kennzeicheninhabers an der Monopolisierung seiner Schutzrechte auf der einen und den Interessen des freien Wettbewerbs auf der anderen Seite (EuGH C-100/02, GRUR 2004, 234 (235) – Gerolsteiner Brunnen; Hildebrandt/Sosnitza/Sosnitza Rn. 2; BeckOK UMV/Pohlmann/Schramek Einl). Nach der **Systematik** des Gesetzes ist die Anwendbarkeit der Norm auf Fälle beschränkt, in denen dem Rechteinhaber Ansprüche aus einer Kennzeichenverletzung zustehen. Denn wenn schon kein Verletzungstatbestand vorliegt, bedarf es eines Rückgriffs auf Art. 14 nicht (vgl. Eisenführ/Schennen/Eisenführ/Eberhardt Art. 12 Rn. 5). Auf der anderen Seite sind bei der Verwendung identischer oder ähnlicher Zeichen in beschreibendem Sinn oder bei der Benutzung von Marken als Hinweis auf die Waren oder Dienstleistungen des Markeninhabers die Grenzen zwischen der Feststellung einer rechtserheblichen Benutzung und der Anwendung der Schrankentatbestände fließend (→ MarkenG § 8 Rn. 106). Es kann daher unter Umständen sinnvoll sein, bei der Beurteilung des Verletzungstatbestandes die in Art. 14 geregelten Schranken des Rechts ergänzend heranzuziehen. Die Frage, ob bereits die tatbestandsmäßige Benutzung abzulehnen ist oder ob es sich um einen Anwendungsfall der Schrankentatbestände handelt, kann bei dieser Sachlage in der Praxis offen bleiben (so BGH GRUR 2005 Rn. 26 – DAX).

2   Zur Verteilung der Beweislast zwischen den Parteien → MarkenG § 23 Rn. 9 f.; zur Ablehnung des Grundsatzes, dem zufolge Schranken eng auszulegen sind, → MarkenG § 23 Rn. 30 (BGH GRUR 2009, 678 (681) – POST/Regiopost).

3   Bei Beurteilungsfehlern im Eintragungsverfahren verhindert die Anwendung von Art. 14, dass sich daraus in der Praxis gravierende Auswirkungen ergeben. Als eine vom Gesetz intendierte „Korrektur" von Fehlbeurteilungen im Eintragungsverfahren lässt sich dies jedoch nicht verstehen (so aber wohl HK-MarkenR/Bender Rn. 1); eine Korrektur kann nur im Löschungsverfahren herbeigeführt werden. Von diesem unterscheidet sich Art. 14 dadurch, dass die Schutzfähigkeit des betroffenen Kennzeichens nicht in Frage gestellt wird; es geht lediglich um eine Begrenzung des Schutzumfangs zugunsten einer freien Benutzung durch Mitbewerber (EuGH C-108/01 und C-109/01, GRUR Int 1999, 727 (730) – Windsurfing Chiemsee).

4   Soweit Art. 14 inhaltlich mit § 23 MarkenG übereinstimmt, erfolgt die ausführliche Kommentierung dort. Der Schwerpunkt der folgenden Ausführungen liegt hingegen bei den durch die Markenrechtsreform eingeführten **Änderungen.**

4.1   Bis zur Umsetzung der entsprechenden Vorschriften der MRL in das MarkenG ist in Verfahren wegen Verletzung von Unionsmarken bei Anwendung der Schrankenbestimmungen die unterschiedliche Rechtslage zu beachten.

5   Neben der Beschränkung der Anwendbarkeit von Abs. 1 lit. a auf Namen und Adressen natürlicher Personen (→ Rn. 6) sind die Änderungen von Abs. 1 lit. b und c von Interesse. Sie **erweitern** die Verteidigungsmöglichkeiten des als Verletzer in Anspruch Genommenen insoweit, als sich dieser auf die fehlende Unterscheidungskraft des benutzten Zeichens (→ Rn. 14 ff.) sowie, über den schon bisher in Art. 14 Abs. 1 lit. c verankerten Hinweis auf die Zweckbestimmung hinausgehend, in genereller Form darauf berufen kann, dass die Benutzung der fremden Marke „zu Zwecken der Identifizierung oder zum Verweis auf Waren oder Dienstleistungen als die des Inhabers dieser Marke" erfolgt ist (→ Rn. 22). Damit wird deutlicher als bisher klargestellt, dass die sog. „referierende Benutzung" von Marken zulässig ist, wenn sie sich im Rahmen des lauteren Wettbewerbs hält.

5.1   Für die deutsche Rechtspraxis wird sich voraussichtlich wenig ändern, da sich die Gerichte bereits heute in der Regel bemühen, den durch die Erweiterung der Schrankentatbestände geschützten Interessen Rechnung zu tragen. Die mit der Gesetzesreform erfolgte explizite Regelung der referierenden Benutzung sowie der Benutzung nicht unterscheidungskräftiger Marken bietet jedoch die Chance für größere Transparenz und damit für eine stärkere Vereinheitlichung der Rechtsprechung innerhalb der EU (→ Rn. 16).

B. Name und Adresse

6   Nach Abs. 1 lit. a kann ein Markeninhaber einem Dritten nicht den lauteren Gebrauch der Marke als Angabe seines Namens oder seiner Adresse im geschäftlichen Verkehr verbieten, wenn es sich bei dem Dritten um eine **natürliche Person** handelt. Durch die Beschränkung auf Namen und Adressen natürlicher Personen wird die bisherige Rechtsprechung des EuGH obsolet, nach der Art. 14 lit. a auch gewillkürte Handels- und Unternehmensnamen erfasst (EuGH GRUR 2005, 153 Rn. 80 f. – Anheuser Busch; GRUR 2007, 971 Rn. 31 – Celine). Künstlernamen und

Pseudonyme natürlicher Personen sind jedoch von der Privilegierung ausgeschlossen, denn diese können beliebig gewechselt werden (Hildebrandt/Sosnitza/Sosnitza Rn. 4). Das Gericht hat stets aufgrund einer Abwägung der gesamten relevanten Umstände zu beurteilen, ob dem Dritten bei der Namensnutzung unlauterer Wettbewerb vorgeworfen werden kann (EuGH C-100/02, GRUR 2004, 234 Rn. 25 f. - Gerolsteiner/Putsch; BeckOK UMV/Pohlmann/Schramek Rn. 4).

Grund der Beschränkung auf Namen und Adresse natürlicher Personen ist nach Erwägungsgrund 21 **6.1** die Angleichung des Schutzumfangs von Unionsmarken und Handelsnamen: Um für Handelsnamen und Unionsmarken bei Konflikten gleiche Bedingungen zu schaffen, sollte die Benutzung von Handelsnamen vor dem Hintergrund, dass diesen regelmäßig unbeschränkter Schutz vor jüngeren Marken eingeräumt wird, nur die Verwendung des Personennamens des Dritten einschließen. Ob diese Änderung erhebliche Auswirkungen auf die Rechtspraxis haben wird, muss sich erst zeigen (Kur FS Fezer, 2016, 649 (651)). Denn auch bisher stand das Privileg der Benutzung gewillkürter Handelsnamen unter dem Vorbehalt, dass die Benutzung den anständigen Gepflogenheiten in Gewerbe und Handel entsprach (→ Rn. 23; eingehend → MarkenG § 23 Rn. 23 ff.). Soweit die Benutzung prioritätsjüngerer, gewillkürter Handelsnamen den Verletzungstatbestand von Art. 9 Abs. 1 lit. a oder b erfüllte, waren ihrer Zulässigkeit iSv Art. 14 Abs. 1 lit. a schon immer enge Grenzen gesetzt.

Von dieser Einschränkung abgesehen entspricht Abs. 1 lit. a der Parallelvorschrift von § 23 **7** Nr. 1 MarkenG. Zur Anwendung bei Gleichnamigkeit → MarkenG § 23 Rn. 15 ff.; zum Verstoß gegen die anständigen Gepflogenheiten → MarkenG § 23 Rn. 23 ff.

C. Nicht unterscheidungskräftige oder beschreibende Angaben oder Zeichen

I. Anwendungsbereich; beschreibende oder zur Beschreibung dienende Angaben

Abs. 1 lit. b erlaubt es dem Dritten, ein mit der Unionsmarke identisches oder ähnliches **8** Zeichen zu benutzen, wenn es keine Unterscheidungskraft besitzt oder eine Angabe über die Art, die Beschaffenheit, die Menge, die Bestimmung, den Wert, die geografische Herkunft oder die Zeit der Herstellung der Ware oder der Erbringung der Dienstleistung oder über andere Merkmale der Ware oder Dienstleistung darstellt, vorausgesetzt diese Benutzung entspricht den anständigen Gepflogenheiten im Gewerbe oder Handel (→ Rn. 23; eingehend → MarkenG § 23 Rn. 38 ff.). Die Vorschrift zielt speziell darauf ab, allen Wirtschaftsteilnehmern die Möglichkeit zu erhalten, beschreibende Angaben zu benutzen; sie stellt insoweit eine Ausprägung des Freihaltebedürfnisses dar (EuGH C-108/01 und C-109/01, GRUR Int 1999, 727 Rn. 28 – Windsurfing Chiemsee; C-102/07, GRUR 2008, 503 Rn. 46 – Adidas/Marca Mode; Hildebrandt/Sosnitza/Sosnitza Rn. 8).

Zwar soll Abs. 1 lit. b in erster Linie verhindern, dass ein Markeninhaber Wettbewerbern **9** verbietet, einen **beschreibenden Begriff** oder Begriffe, die Teil seiner Marke sind, zu verwenden, um auf Merkmale ihrer eigenen Waren hinzuweisen (EuGH C-108/01 und C-109/01, GRUR Int 1999, 727 Rn. 28 – Windsurfing Chiemsee). Da jedoch der Wortlaut der Vorschrift nicht auf diesen Fall beschränkt ist, kann auch eine nicht beschreibende Marke von einem Dritten dazu benutzt werden, Angaben über die von ihm vertriebenen Waren zu machen, soweit dies in lauterer Weise erfolgt (EuGH C-48/05, GRUR 2007, 318 Rn. 42 f. – Adam Opel/Autec). Wie bei Abs. 1 lit. a hat das Gericht bei der Beantwortung der Frage, ob eine unlautere Benutzung der beschreibenden Angabe vorliegt, alle relevanten Umstände des Falles zu berücksichtigen (EuGH GRUR 2004, 234 Rn. 25 f. - Gerolsteiner/Putsch).

Die Überlegung, dass sich die Anwendbarkeit von Abs. 1 lit. b nicht auf beschreibende Zeichen **9.1** beschränkt, liegt bereits den Schlussanträgen von Generalanwalt Jacobs in der „Hölterhoff"-Entscheidung zugrunde. Er führte aus, dass die zu beschreibenden Zwecken erfolgte Benutzungshandlung des Beklagten auch bei Bejahung einer Markenverletzung nicht vom Kläger untersagt werden könne, da jedenfalls Art. 14 Abs. 1 lit. b (bzw. Art. 6 Abs. 1 lit. b MRL 2008; jetzt: Art. 14 Abs. 1 lit. b MRL) einschlägig sei (Schlussanträge des Generalanwalts Jacobs vom 20.9.2001, C-2/00, BeckEuRS 2001, 250712 Rn. 54); → MarkenG § 23 Rn. 32.

Durch die Erweiterung von Abs. 1 lit. c auf alle Fälle der referierenden Benutzung (→ Rn. 22) ist **9.2** diese Option in der Praxis weitgehend irrelevant geworden.

Abs. 1 lit. b ist jedoch in Fällen nicht anwendbar, in denen ein Dritter die Marke für Waren **10** benutzt, die der Erschöpfung unterliegen, dh die vom Inhaber der Marke oder mit dessen Zustimmung im Inland bzw. im Europäischen Wirtschaftsraum in den Verkehr gebracht worden sind.

10.1   Die Bestimmung des Art. 15 stellt in ihrem Anwendungsbereich gegenüber der Vorschrift des Art. 14 eine vorrangige Sonderregelung dar (BGH MMR 2014, 232 – UsedSoft II; GRUR 2011, 1135 – GROSSE INSPEKTION FÜR ALLE).

11   Nicht von Abs. 1 lit. b privilegiert ist ein ornamentaler oder dekorativer Gebrauch der geschützten Marke, der keine Angabe über die vom Verwender des Zeichens angebotenen Waren oder erbrachten Dienstleistungen enthält. Zwar beruht Abs. 1 lit. b auf dem Gedanken des Freihaltebedürfnisses; diesem kommt jedoch keine selbstständige Bedeutung zu, die eine über die explizit genannten Fälle hinausgehende Anwendung der Vorschrift rechtfertigen würde (EuGH C-102/07, GRUR 2008, 503 Rn. 47 – adidas).

11.1   Das Freihaltebedürfnisses ist ein von der EUIPO nach Art. 7 Abs. 1 lit. c bei der Eintragung einer Marke zu prüfendes Kriterium und gerade nicht eine Begrenzung des Schutzumfangs der Unionsmarke zulasten des Rechtsinhabers bei der Durchsetzung seiner Rechte. Art. 14 Abs. 1 lit. b nennt ausdrücklich die Fälle, in denen der Markeninhaber eine Beschränkung des Schutzumfangs seiner Unionsmarke dulden muss, so dass gegen die Rechtssicherheit und die Grenzen zulässiger Normauslegung verstoßen würde, wenn man ein Freihaltebedürfnis als weitere, ungeschriebene Schranke zu Lasten des Markeninhabers mit in Art. 14 Abs. 1 lit. b aufnehmen würde (vgl. dazu Schlussanträge des Generalanwalts Colomer vom 16.1.2008, C-102/07, BeckRS 2008, 70049 – Adidas AG und Adidas Benelux BV gegen Marca Mode CV, C&A Nederland, H&M Hennes & Mauritz Netherlands BV und Vendex KBB Nederland BV).

12   Keine Angabe über Merkmale des Angebots eines Dritten ist dem EuGH zufolge in der Anbringung einer ua für Kraftfahrzeuge eingetragenen Marke auf verkleinerten Modellen dieses Fahrzeugtyps zu sehen: Dies sei Teil der originalgetreuen Nachbildung und könne nicht als Angabe über diese Modelle dienen (EuGH C-48/05, GRUR 2007, 318 Rn. 44 – Adam Opel/Autec).

12.1   Zu einem anderen Ergebnis war Generalanwalt Ruiz-Jarabo Colomer in seinen Schlussanträgen gelangt: Gerade weil das Wesen der Herstellung von Modellen in der getreuen und detaillierten Nachbildung der Wirklichkeit liege, sei davon auszugehen, dass die Anbringung des Logos als Angabe über „andere Merkmale" iSv Art. 6 Abs. 1 lit. b MRL 2008 zu verstehen sei (Schlussanträge vom 7.3.2006, BeckEuRS 2006, 422976 Rn. 51). In der Tat ist nicht ersichtlich, wieso der Umstand, dass die Anbringung des Logos Teil der Nachbildung war, die Benutzung als Angabe über die betreffenden Waren ausschließen soll: Letzteres ist eine Frage des Verkehrsverständnisses, das auch dem Teil einer Nachbildung durchaus die Bedeutung einer Angabe über Merkmale des darin verkörperten Angebots beimessen kann. Der EuGH hätte daher auch dann, wenn eine rechtsverletzende Benutzung nach Art. 9 Abs. 2 lit. a und lit. c (bzw. im konkreten Fall: nach Art. 5 Abs. 1 lit. a und Abs. 2 MRL 2008) bejaht worden wäre, diese Benutzung ggf. über die Schranke des Art. 14 Abs. 1 lit. b (bzw. Art. 6 Abs. 1 lit. b MRL 2008) freistellen können.

13   Zu Einzelheiten der Rechtspraxis zu Abs. 1 lit. b in seiner bisherigen, mit § 23 Nr. 2 MarkenG übereinstimmenden Fassung → MarkenG § 23 Rn. 27 ff., insbesondere → MarkenG § 23 Rn. 31 ff.; zur Vereinbarkeit mit anständigen Gepflogenheiten → MarkenG § 23 Rn. 38 ff.

II. Nicht unterscheidungskräftige Zeichen

14   Die Erweiterung von Abs. 1 lit. b auf Zeichen (oder Angaben) ohne Unterscheidungskraft beruht auf dem Gedanken, dass die den Schutzhindernissen von Art. 7 Abs. 1 lit. b und lit. c zugrundeliegenden Allgemeininteressen auch im Bereich der Schranken als **gleichgewichtig** anzusehen sind.

14.1   Ein entsprechender Vorschlag samt Begründung findet sich in der Markenstudie des MPI (Teil III, Kap. 2 Rn. 2.256).

15   Dagegen ließe sich einwenden, dass ein Unterschied zwischen ursprünglich beschreibenden und nicht unterscheidungskräftigen Marken besteht: Während erstere ihre immanente Beschreibungseignung auch dann nicht vollständig verlieren, wenn sie aufgrund von Verkehrsdurchsetzung als Marke eingetragen werden, könnte für ursprünglich nicht unterscheidungskräftige Zeichen mit dem Erwerb von Unterscheidungskraft der ursprünglich bestehende Mangel vollständig überwunden sein, so dass kein Raum für die Berücksichtigung fehlender Unterscheidungskraft im Rahmen der Schranken verbleibt. Gegen diesen Einwand spricht jedoch, dass auch nach der Rechtsprechung des BGH die rechtsgültige Eintragung (und damit die Anerkennung vorhandener Unterscheidungskraft) einer Marke kein Hindernis dafür darstellt, im konkreten Fall die Frage zu stellen, ob die Benutzung des gleichen oder eines ähnlichen Zeichens als Herkunftshinweis wahrgenommen wird und damit **markenmäßig** erfolgt. Diese Rechtsprechung ist insbesondere bei Zeichen relevant, die üblicherweise nicht ohne weiteres als Marke erkannt werden, wie insbesondere Farben

(→ MarkenG § 14 Rn. 170 f.) oder die Form einer Ware (BGH GRUR 2005, 414 (416) – Russisches Schaumgebäck; GRUR 2007, 780 (782) – Pralinenform; GRUR 2008, 793 (795) – Rillenkoffer; GRUR 2008, 505 f. – TUC-Salzcracker; sowie die entsprechenden Hinweise in BGH GRUR 2003 332 (334) – Abschlussstück; GRUR 2007, 235 (237) – Goldhase; → MarkenG § 14 Rn. 176 ff.).

Nach geltender Systematik sind die Überlegungen zur markenmäßigen Benutzung allerdings **16** bereits im Rahmen des **Verletzungstatbestandes** anzustellen; insoweit scheint die Verankerung einer auf weitgehend parallelen Erwägungen beruhenden Vorschrift in den Schranken des Markenschutzes überflüssig zu sein. Dabei ist jedoch zu bedenken, dass die Rechtsprechung des BGH nicht unbedingt dem europäischen Standard entspricht. Der EuGH spricht nicht von markenmäßiger Benutzung, sondern begnügt sich mit der Feststellung, ob eine Benutzung „für" (bzw. „in Zusammenhang mit") Waren oder Dienstleistungen erfolgt, wobei ein relativ weiter Maßstab angelegt wird (→ Art. 9 Rn. 50). Hinzu tritt in Fällen der Doppelidentität noch die Frage einer erfolgten oder drohenden Funktionsverletzung (→ Art. 9 Rn. 52 ff.). Beides bietet keine Gewähr dafür, dass problematische Fälle, die der BGH unter dem Aspekt der markenmäßigen Benutzung erfasst, auch in anderen europäischen Ländern entsprechend gehandhabt werden. Durch die explizite Erweiterung von Abs. 1 lit. b werden die Voraussetzungen für eine **Vereinheitlichung der europäischen Praxis** in diesem Bereich verbessert: Die Vorschrift zwingt die Rechtsanwender europaweit dazu, sich im Einzelfall mit der konkreten Wirkung prinzipiell nicht unterscheidungskräftiger Zeichen zu befassen.

Die strukturelle Verlagerung vom Verletzungs- in den Schrankentatbestand kann allerdings dazu **17** führen, dass den Interessen Dritter an der Benutzung nicht unterscheidungskräftiger Zeichen **größeres Gewicht** als bisher beizumessen ist. Zwar sind die Übergänge zwischen den beiden Aspekten der rechtlichen Prüfung fließend (→ Rn. 1); grundsätzlich ist jedoch davon auszugehen, dass die Bejahung einer tatbestandsmäßigen Verletzung (hier also: der markenmäßigen Benutzung des angegriffenen Zeichens) die Anwendung der Schranke nicht ausschließt und auch nicht per se als Verstoß gegen die anständigen Gepflogenheiten anzusehen ist (EuGH C-100/02, GRUR 2004, 234 Rn. 25 – Gerolsteiner/Putsch).

Praktische Bedeutung kommt der Erweiterung von Abs. 1 lit. b ua in den Fällen zu, in denen **18** Zeichen, die prinzipiell **innerhalb der gesamten Union als nicht unterscheidungskräftig** anzusehen sind, auf der Grundlage erworbener Unterscheidungskraft als Unionsmarke eingetragen werden, ohne dass sie tatsächlich in allen Mitgliedstaaten Unterscheidungskraft aufweisen (→ Art. 7 Rn. 223; EuGH C-98/11 P, GRUR 2012, 925 Rn. 62 – Lindt & Sprüngli). In diesem Fall kann sich derjenige, der das gleiche oder ein ähnliches Zeichen in einem Mitgliedstaat benutzt, in dem keine konkrete Unterscheidungskraft nachweisbar ist, auf die Schranke berufen (Hildebrandt/ Sosnitza/Sosnitza Rn. 10).

Zu denken ist ferner an die Situation, dass eine ursprünglich aufgrund von Unterscheidungskraft einge- **18.1** tragene Marke den dafür notwendigen Durchsetzungsgrad infolge nachlassender Werbeanstrengungen etc später wieder verliert. Dies führt zwar nicht zur Löschung, da und soweit darin keine Entwicklung zur Gattungsbezeichnung gesehen werden kann; der Nutzer eines übereinstimmenden oder ähnlichen Zeichens hat jedoch die Möglichkeit, sich auf die fehlende Unterscheidungskraft des prioritätsälteren Zeichens (bzw. darauf, dass die als verletzend angegriffene Gestaltung keine Unterscheidungskraft besitzt, zumal diese bereits der eingetragenen Marke fehlt) zu berufen. Zu diesen und anderen Anwendungsfällen s. Kur FS Fezer, 2016, 649 (651 ff.).

D. Freie Benutzung zu Zwecken der Identifizierung oder zum Verweis auf Waren oder Dienstleistungen als die des Inhabers dieser Marke

Abs. 1 lit. c stellt die Benutzung der Marke zum Zweck der Identifizierung oder Bezugnahme **19** auf Waren oder Dienstleistungen als von dem Markeninhaber stammend frei. Als Hauptbeispiel („insbesondere") wird auf die Benutzung als Hinweis auf die Bestimmung der Ware, etwa als Zubehör oder Ersatzteil, verwiesen. Diese Form der Benutzung stellte bisher den einzigen im Gesetz genannten Anwendungsfall von Abs. 1 lit. c dar (→ MarkenG § 23 Rn. 45 ff.; zur Vereinbarkeit mit den guten Sitten → MarkenG § 23 Rn. 50 ff.).

Wie sich aus dem Wortlaut von Abs. 1 lit. c ergibt, stellt die Formulierung „insbesondere als **20** Zubehör oder Ersatzteil", eine lediglich beispielhafte – nicht abschließende – Aufzählung der Konstellationen dar, auf die sich die Benutzung der Marke als Bestimmungshinweis beziehen kann (EuGH C-228/03, GRUR 2005, 509 Rn. 32 – Gillette; vgl. auch Hildebrandt, Marken und andere Kennzeichen, 4. Aufl. 2017, § 15 Rn. 21 ff.). Unter Abs. 1 lit. c fällt nach der Rechtsprechung des EuGH daher auch eine Benutzung der Marke als Hinweis darauf, dass der Werbende auf den Verkauf von Waren mit dieser Marke spezialisiert ist oder solche Waren instandsetzt oder wartet (EuGH C-63/97, EuZW 1999, 244 (248) – BMW; C-228/03, GRUR 2005, 509 Rn. 33 – Gillette).

20.1   So konnte der Inhaber der Marke „Gillette" einem Dritten nicht verbieten, Rasierklingen mit einem Verpackungsetikett mit der Aufschrift „diese Klinge passt für alle (…) Gillette Sensor Apparate" zu benutzen. Denn eine solche Benutzung der Marken „Gillette" durch den Wettbewerber mit dem Ziel der verständlichen und vollständigen Information der Öffentlichkeit über die Bestimmung der von dem Dritten vertriebenen Waren, dh darüber, dass diese Waren zu der Originalware mit den genannten Marken passt, falle unter Art. 14 Abs. 1 lit. c (EuGH GRUR 2005, 509 Rn. 34 – Gillette).

20.2   Der BGH bejahte eine freie Benutzung in einem Fall, in dem ein Dritter seine Staubsaugerfiltertüten unter Verwendung einer fremden Marke eines Dritten in dem Aufdruck „Filtertüte passend für VOR-WERK KOBOLD 130" versah, da dieser Hinweis notwendig sei, den Verkehr darüber zu informieren, für welchen Staubsaugertyp die Ware verwendet werden kann (BGH GRUR 2005, 423 (425) – Staubsaugerfiltertüten; → MarkenG § 23 Rn. 48). Eine freie Benutzung besteht allerdings nicht dann schon für die Aufnahmevorrichtung für ein Kfz-Markenemblem (vorliegend „Audi") auf einem Kühlergrillersatzteil, welche das Markenzeichen erkennen lässt, wenn grundsätzlich keine Notwendigkeit/Erforderlichkeit iSd Art. 14 lit. c besteht die Zeichen zu verwenden. Eine Benutzung als Hinweis auf die Bestimmung einer Ware, insbesondere als Zubehör oder Ersatzteil, kann auch bei einer Benutzung gegeben sein, die sich nicht ausschließlich in der Wiedergabe einer Marke erschöpft, sondern wenn die Ware etwa eine Aufnahmevorrichtung für die Verkörperung einer Unionsmarke enthält und diese erkennen lässt (BGH GRUR 2019, 953 - Kühlergrill).

21   Allerdings steht die Freistellung einer solchen Benutzung stets unter dem Vorbehalt, dass sie auch **erforderlich** ist. Dies bedeutet, dass die Benutzung das einzige Mittel darstellt, um notwendige Informationen über die Waren oder Dienstleistungen zu liefern (EuGH GRUR 2005, 509 Rn. 35 - Gilette). Abs. 1 lit. c spricht von „erforderlich", das den bisherigen Begriff „notwendig" ersetzt hat. Diese redaktionelle Änderung dürfte inhaltlich keine Auswirkungen haben. Nach wie vor muss die konkrete Benutzung praktisch das einzige Mittel darstellen, um eine solche Information etwa auf die Bestimmung der Ware zu liefern (EuGH C-228/03, GRUR 2005, 509 Rn. 35 – Gillette; → MarkenG § 23 Rn. 49; OLG Frankfurt GRUR-RS 2021, 24024 Rn. 20 - Harley-Davidson-Vertragshändler). Eine in diesem Sinne zulässige Benutzung der Marke liegt nicht vor, wenn auf eine ehemalige Vertragshändlereigenschaft hingewiesen wird, indem die Marke als Teil einer Unternehmensbezeichnung eingesetzt wird (OLG Frankfurt GRUR-RS 2021, 24024 Rn. 20 - Harley-Davidson-Vertragshändler).

22   In seiner seit März 2016 gültigen Fassung bezieht sich Abs. 1 lit. c ferner generell auf die Benutzung der Marke „zu Zwecken der Identifizierung oder zum Verweis auf Waren oder Dienstleistungen als die des Inhabers dieser Marke". Damit wird sichergestellt, dass die relativ weite Öffnung des Verletzungstatbestandes, die sich durch die Funktionsrechtsprechung insbesondere in Fällen der Doppelidentität ergeben hat (→ MarkenG § 14 Rn. 128 ff.), spätestens auf der Ebene der Schranken einen angemessenen Ausgleich finden kann. Die auf die Fälle der Markenbenutzung zur Angabe der Zweckbestimmung bezogene Einschränkung, dass die Nennung der Marke „erforderlich" sein muss, findet sich in der allgemeinen Formulierung nicht. Zu beachten bleibt jedoch auch insoweit, dass Anlass und Form der Benutzung in Einklang mit den anständigen Gepflogenheiten stehen müssen (→ Rn. 23 ff.).

22.1   Vom Europäischen Parlament war eine explizitere Formulierung von Abs. 1 lit. c vorgeschlagen worden. Ausdrücklich genannt werden sollten ua die Benutzung in der vergleichenden Werbung sowie in der Werbung für „erschöpfte" oder gebrauchte Waren, die Benutzung zum Zweck der zur Information über alternative Angebote, oder als Kritik, Parodie oder für künstlerische Zwecke. Dabei waren einige dieser Vorschläge redundant (die Zulässigkeit der Benutzung von Marken im Kontext rechtmäßiger vergleichender Werbung folgt bereits aus Art. 9 Abs. 3 lit. f) oder systematisch verfehlt (die Zulässigkeit der Markenbenutzung für erschöpfte oder gebrauchte Waren gehört in den Kontext von Art. 15; → Rn. 10); zum Teil ergibt sich die Zulässigkeit entsprechender Benutzungen auch bereits aus den allgemeinen Voraussetzungen des Verletzungstatbestandes. Der Parlamentsvorschlag wurde daher abgelehnt; seine Spuren finden sich jedoch in Erwägungsgrund 21 VO (EU) 2015/2424 (entsprechend: Erwägungsgrund 25 MRL): „Eine Benutzung einer Marke durch Dritte mit dem Ziel, die Verbraucher auf den Wiederverkauf von Originalwaren aufmerksam zu machen, die ursprünglich vom Inhaber der Unionsmarke selbst oder mit dessen Einverständnis in der Union verkauft wurden, sollte als rechtmäßig betrachtet werden, solange die Benutzung gleichzeitig den anständigen Gepflogenheiten in Gewerbe oder Handel entspricht. Eine Benutzung einer Marke durch Dritte zu künstlerischen Zwecken sollte als rechtmäßig betrachtet werden, sofern sie gleichzeitig den anständigen Gepflogenheiten in Gewerbe oder Handel entspricht. Außerdem sollte die vorliegende Verordnung so angewendet werden, dass den Grundrechten und Grundfreiheiten, insbesondere dem Recht auf freie Meinungsäußerung, in vollem Umfang Rechnung getragen wird."

Gewisse Bedeutung hätte die (im Übrigen weitgehend überflüssige) Ergänzung von Abs. 1 lit. c im **22.2** Sinne des Parlamentsvorschlages für Parodien entfalten können. Soweit sich die Parodie nicht auf ein konkretes Produkt bezieht, sondern Botschaften allgemeinerer Art vermitteln soll (was innerhalb gewisser Grenzen hinzunehmen ist; s. etwa BGH GRUR 1984, 684 – Mordoro), könnte sich die Frage stellen, ob die Formulierung von Abs. 1 lit. c weit genug ist, um auch solche Fälle zu erfassen. Allerdings treten Parodien selten in der Form der Doppelidentität auf, und Verwechslungsgefahr wird ebenfalls kaum zu bejahen sein (s. LG Nürnberg GRUR-RR 2010, 384 – Storch Heinar). Da das Objekt solcher Darstellungen bzw. Verfremdungen zudem in der Regel eine bekannte Marke ist, wird es häufig um den Tatbestand der Rufausbeutung oder -beeinträchtigung gehen, in dessen Rahmen unter dem Aspekt des „rechtfertigenden Grundes" ohnehin eine umfassende Interessenabwägung stattfindet, die die Belange der Kunst- und Meinungsfreiheit notwendigerweise berücksichtigt. Insoweit dürfte sich das Fehlen einer Schrankenregelung in der Praxis kaum auswirken.

E. Anständige Gepflogenheit

Art. 14 beschränkt den Schutzumfang von Unionsmarken zugunsten anderer Marktteilnehmer **23** mit dem Ziel das System eines freien Wettbewerbs auf dem Markt für diese Ware oder diese Dienstleistung zu erhalten.

Dies stellt einen Eingriff in die Ausschließlichkeitsrechte des Markeninhabers dar. Um die **24** schützenswerten Interessen des Markeninhabers nicht über Gebühr zu beanspruchen, wurde in Art. 14 eine sog. Schranken-Schranke aufgenommen. Diese stellt die Benutzung einer geschützten Marke nur dann frei, wenn diese Benutzung den anständigen Gepflogenheiten in Gewerbe und Handel entspricht. Die Voraussetzung der „anständigen Gepflogenheiten" ist im Gesetz nicht näher definiert, entspricht aber der Sache nach der Pflicht des Dritten, den berechtigten Interessen des Markeninhabers nicht in unlauterer Weise zuwider zu handeln (EuGH C-245/02, GRUR 2005, 123 (157) – Anheuser Busch; Hildebrandt/Sosnitza/Sosnitza Rn. 30; Lange IntMarkenR Teil 1 Kap. 3 Rn. 1006).

Die Beurteilung der Notwendigkeit der freien Benutzung ist Aufgabe des jeweiligen angerufe- **25** nen nationalen Gerichts, welches eine globale Beurteilung aller Umstände des Einzelfalls vorzunehmen hat (EuGH C-100/02, GRUR 2004, 234 (235) – Gerolsteiner Brunnen). Nach der Rechtsprechung des EuGH entspricht die Benutzung eines zu der Unionsmarke identischen oder ähnlichen Zeichens dann jedenfalls nicht den anständigen Gepflogenheiten in Gewerbe oder Handel, wenn

- sie in einer Weise erfolgt, die Glauben machen kann, dass eine Handelsbeziehung zwischen dem Dritten und dem Markeninhaber besteht,
- sie den Wert der Marke dadurch beeinträchtigt, dass sie deren Unterscheidungskraft oder deren Wertschätzung in unlauterer Weise ausnutzt,
- durch sie diese Marke herabgesetzt oder schlecht gemacht wird, oder
- der Dritte seine Ware als Imitation oder Nachahmung der Ware mit der Marke darstellt, deren Inhaber er nicht ist (EuGH C-228/03, GRUR 2005, 509 Rn. 49 – Gillette; OLG Frankfurt GRUR-RS 2022, 13131 Rn. 12 – Scherkopf für Rasierer).

Letztlich bedarf es immer einer Abwägung aller Umstände des Einzelfalles unter Berücksichtigung **26** der von der Rechtsprechung herausgearbeiteten Kriterien, um zu beurteilen, wie weit der Schutzumfang einer Unionsmarke reicht und ob dieser in Fällen, in dem dies durch die Notwendigkeit der Aufrechterhaltung eines freien Wettbewerbs zugunsten der Allgemeinheit und von Mitbewerbern notwendig ist, eingeschränkt werden kann.

So kann auf der einen Seite die Benutzung der Marke „BMW" durch eine Autowerkstatt mit dem **26.1** Ziel, die Öffentlichkeit auf die Instandsetzung und Wartung von BMW-Fahrzeugen hinzuweisen, zulässig sein. Unzulässig wäre eine Benutzung der Marke „BMW" wegen eines Eingriffs in die berechtigten Interessen des Markeninhabers aber dann, wenn die Benutzung der BMW-Marke den Eindruck erweckt, dass das Unternehmen des Wiederverkäufers dem Vertriebsnetz des Markeninhabers angehört oder eine Sonderbeziehung zwischen den beiden Unternehmen besteht (EuGH C-63/97, GRUR Int 1999, 38 – BMW/Deenik). Eine äußerliche Veränderung von Waren durch einen Dritten, welche jedoch nicht auf diesen hinweist, sondern objektiv dem Hersteller zuzurechnen scheint, der tatsächlich selbst mit der Veränderung jedoch nichts zu tun hat, ist mit den anständigen Gepflogenheiten im Gewerbe und Handel nicht vereinbar (LG München I MMR 2020, 556 Rn. 68 - „Weiterverkaufsverbot wiederaufbereiteter W-Lan Router").

Art. 15 Erschöpfung des Rechts aus der Unionsmarke

(1) **Eine Unionsmarke gewährt ihrem Inhaber nicht das Recht, die Benutzung der Marke für Waren zu untersagen, die unter dieser Marke von ihm oder mit seiner Zustimmung im Europäischen Wirtschaftsraum in den Verkehr gebracht worden sind.**

(2) **Absatz 1 findet keine Anwendung, wenn berechtigte Gründe es rechtfertigen, dass der Inhaber sich dem weiteren Vertrieb der Waren widersetzt, insbesondere wenn der Zustand der Waren nach ihrem Inverkehrbringen verändert oder verschlechtert ist.**

1   Art. 15 ist **inhaltsgleich** mit § 24 MarkenG. Art. 15 dient ebenso wie Art. 15 MRL 2008 (jetzt: Art. 28 MRL) und Art. 36 AEUV dem **Zweck,** die grundlegenden Belange des Markenschutzes mit denen des freien Warenverkehrs im EWR in Einklang zu bringen.

2   Da diese Bestimmungen dieselbe Zielrichtung haben, sind sie **im gleichen Sinne auszulegen** (BGH GRUR 2008, 1089 Rn. 24 – Klacid Pro). Näher daher → MarkenG § 24 Rn. 1 ff.

Art. 16 Zwischenrecht des Inhabers einer später eingetragenen Marke als Einrede in Verletzungsverfahren

(1) **In Verletzungsverfahren ist der Inhaber einer Unionsmarke nicht berechtigt, die Benutzung einer später eingetragenen Unionsmarke zu untersagen, wenn diese jüngere Marke nach Maßgabe von Artikel 60 Absätze 1, 3 oder 4, Artikel 61 Absätze 1 oder 2 oder Artikel 64 Absatz 2 dieser Verordnung nicht für nichtig erklärt werden könnte.**

(2) **In Verletzungsverfahren ist der Inhaber einer Unionsmarke nicht berechtigt, die Benutzung einer später eingetragenen nationalen Marke zu untersagen, wenn diese später eingetragene nationale Marke nach Maßgabe von Artikel 8 oder Artikel 9 Absätze 1 oder 2 oder Artikel 46 Absatz 3 der Richtlinie (EU) 2015/2436 des Europäischen Parlaments und des Rates [Amtl. Anm.: Richtlinie (EU) 2015/2436 des Europäischen Parlaments und des Rates vom 16. Dezember 2015 zur Angleichung der Rechtsvorschriften der Mitgliedstaaten über die Marken (ABl. L 336 vom 23.12.2015, S. 1)] nicht für nichtig erklärt werden könnte.**

(3) **Ist der Inhaber einer Unionsmarke nicht berechtigt, die Benutzung einer später eingetragenen Marke nach Absatz 1 oder 2 zu untersagen, so kann sich der Inhaber der später eingetragenen Marke im Verletzungsverfahren der Benutzung der älteren Unionsmarke nicht widersetzen.**

Überblick

Die Vorschrift wurde mWv 23.3.2016 durch VO (EU) 2015/2424 vom 16.12.2015 eingefügt. Die Einreden des Inhabers einer eingetragenen Unionsmarke sind in Abs. 1 (→ Rn. 19) geregelt, in Abs. 2 (→ Rn. 45) die Einreden des Inhabers einer eingetragenen nationalen Marke. Abs. 3 (→ Rn. 73) stellt klar, dass der Inhaber der eingetragenen jüngeren Marke, sich seinerseits nicht der Benutzung der älteren Marke widersetzen kann. Die Beweisregeln und die Beweislastverteilung bestimmen sich nach Art. 129 Abs. 3 hauptsächlich nach dem Recht des Forum-Staates, das bei Verletzung nationaler Marken Anwendung findet (→ Rn. 75).

Übersicht

A. Allgemeines

Anders als das deutsche Recht in § 22 Abs. 1 Nr. 2 MarkenG (→ MarkenG § 22 Rn. 1 ff.), **1** enthielt die GMV keine Regelung, die dem beklagten Inhaber einer jüngeren Marke die Einrede des Bestehens eines Zwischenrechts gewährte.

Neben Deutschland gibt es auch in Benelux ein gesetzlich geregeltes Zwischenrecht, wobei in Benelux – **1.1** anders als in § 22 MarkenG – nicht auf den Zeitpunkt der Veröffentlichung der Marke, sondern auf den Zeitpunkt der Entstehung, dh der Anmeldung oder Priorität abgestellt wird (Art. 22.27 Abs. 3, 4 Benelux Verdrag inzake de Intellectuele Eigendom). In den meisten anderen Staaten der Europäischen Union sowie in der Schweiz enthalten die nationalen Markenrechtsordnungen jedoch keine Regelung zu Zwischenrech-ten (s. hierzu die Darstellung von v. Bomhard MarkenR 2008, 291).

Die neue **RL (EU) 2015/2436 (MRL)** sieht nunmehr in **Art. 18 MRL** die gemeinschaftsweite Einfüh- **1.2** rung von Zwischenrechten auch in den nationalen Markenrechtsordnungen vor. Art. 18 MRL stellt auf den Zeitpunkt des Anmelde- bzw. Prioritätstags der jüngeren Marke ab. Insoweit bedarf die deutsche Regelung in § 22 MarkenG einer richtlinienkonformen Gesetzesänderung.

Mit der **Änderungsverordnung VO (EU) 2015/2424 vom 16.12.2015** wurden in der UMV **2** 2009 erstmals in Art. 16 UMV 2009 (→ VO (EG) 207/2009 Art. 16 Rn. 1) Zwischenrechte des beklagten Inhabers einer später eingetragenen Unions- oder nationalen Marke festgeschrieben, die von diesem in einem Verletzungsverfahren **zusätzlich zu den Verteidigungsmöglichkeiten der Widerklage nach Art. 128** (→ Art. 128 Rn. 1 ff.) und/oder der **Einrede der mangelnden Benutzung nach Art. 127 Abs. 3** (→ Art. 127 Rn. 10) als Einrede vorgebracht werden können.

Die Konzeption eines Zwischenrechts war in der GMV bereits in Art. 57 Abs. 2 S. 2 GMV **3** (jetzt: Art. 64 Abs. 2 S. 2 UMV, → Art. 64 Rn. 20 f.) enthalten. Danach war die jüngere Gemein-schaftsmarke, gegen die wegen eines älteren Rechts die Erklärung der Nichtigkeit vor dem Amt betrieben wird, vor einer Löschung geschützt, wenn die ältere nationale Marke oder die ältere Gemeinschaftsmarke am Tag der Veröffentlichung der Anmeldung der angegriffenen jüngeren Gemeinschaftsmarke nicht rechtserhaltend benutzt worden und somit löschungsreif war. Die GMV hat somit die Löschung einer jüngeren Gemeinschaftsmarke aus einer ehemals nicht benutzten älteren Marke verhindert und somit deren Bestandskraft gesichert. Jedoch fehlte eine entsprechende Regelung im Verletzungsverfahren. Dies führte zu einem Wertungswiderspruch, weil das Gemein-schaftsmarkengericht, welches wegen Verletzung der ehemals nicht benutzten älteren Gemein-schaftsmarke angerufen wurde, trotz der gesicherten Bestandskraft der jüngeren Marke ein Benutzungsverbot aussprechen konnte.

I. Gesetzgeberische Erwägungsgründe

4   Der Gesetzgeber hat beabsichtigt, diese Gesetzeslücke nunmehr in der UMV zu schließen und hat dies in Art. 16 auch weitestgehend umgesetzt. In dem **Erwägungsgrund Nr. 22** wurde seitens des Gesetzgebers hierzu Folgendes ausgeführt: „Zur Gewährleistung von Rechtssicherheit und zum Schutz rechtmäßig erworbener Markenrechte ist es angemessen und notwendig, unbeschadet des Grundsatzes, wonach eine jüngere Marke vor einer älteren Marke zurücksteht, festzulegen, dass Inhaber von Unionsmarken nicht berechtigt sein sollten, sich der Benutzung einer jüngeren Marke zu widersetzen, wenn die jüngere Marke zu einem Zeitpunkt erworben wurde, zu dem die ältere Marke gegenüber der jüngeren Marke nicht durchgesetzt werden konnte."

5   Ein entsprechender gesetzgeberischer Wille ist auch im **Erwägungsgrund Nr. 30 der neuen MRL,** dort auch für das Widerspruchs- und Löschungsverfahren, festgehalten.

II. Umsetzung in Art. 16

6   In Art. 16 sind Zwischenrechte des aus einer älteren Unionsmarke angegriffenen Inhabers einer jüngeren Marke geregelt (vgl. auch Grüger GRUR-Prax 2017, 455). Allerdings hat der Gesetzgeber in Art. 16 **nicht alle Konstellationen erfasst,** in denen zugunsten des Inhabers der jüngeren Marke ein Zwischenrecht entstehen kann. Insoweit ist jedoch der **Wille des Gesetzgebers,** wie er sich in Erwägungsgrund Nr. 22 UMV und in Erwägungsgrund Nr. 30 MRL niedergeschlagen hat, ausschlaggebend, wonach **Zwischenrechte in der gesamten europäischen Gemeinschaft lückenlos und gleichförmig geregelt werden sollen.**

7   Zudem hat der Gesetzgeber in Art. 16 Einreden des Inhabers der jüngeren Marke aufgenommen, bei denen es sich ihrer Rechtsnatur nach nicht um Zwischenrechte, sondern um rechtshemmende Einreden handelt.

8   Schließlich ist in Art. 16 geregelt, dass sich der beklagte Inhaber einer jüngeren Marke Verbietungsansprüchen aus einer älteren Unionsmarke widersetzen kann, wenn im Zeitpunkt des Anmeldetags der Prioritätstags der jüngeren Marke Verbietungsansprüche aufgrund relativer Nichtigkeitsgründe nicht bestanden.

9   Der Begriff der „Zwischenrechte" in der deutschen Sprachfassung von Art. 16 ist insofern ungenau, weil sich **Art. 16 nicht nur auf die Regelung der im deutschen Markenrecht als „Zwischenrechte" bekannten Rechte beschränkt.**

9.1   Die englische, französische und spanische Fassung von Art. 16 spricht insofern von „intervening right", „droit d'intervention" und „derecho de intervención", was im Sinne von „eingreifende Rechte" mehr umfasst, als die im deutschen Recht in §§ 22 Abs. 1 Nr. 2, 51 Abs. 4 MarkenG geregelten Zwischenrechte.

III. Zwischenrechte

10   **Zweck der Konzeption des Zwischenrechts** ist es, den Inhaber einer jüngeren Marke in seinem **Vertrauen darauf zu schützen, dass er aus älteren Marken** nicht in Anspruch genommen werden kann, **die am Anmeldetag bzw. Prioritätstag der jüngeren Marke zwar eingetragen, jedoch löschungsreif waren, dh nur formal existierten** (vgl. Ingerl/Rohnke MarkenG § 22 Rn. 8; Ingerl/Rohnke MarkenG § 52 Rn. 10).

11   Ein **Zwischenrecht zugunsten des Inhabers der jüngeren Marke entsteht,** wenn die ältere Unionsmarke am Anmeldetag bzw. Prioritätstag der jüngeren Marke löschungsreif war, dh nur noch formal existierte, aufgrund
• **fehlender Unterscheidungskraft** (Art. 59 Abs. 1 lit. a, → Art. 59 Rn. 1 f., iVm Art. 7 Abs. 1 lit. b, c, d, → Art. 7 Rn. 1 f.) **(zu Abs. 1** → Rn. 22 und **zu Abs. 2** → Rn. 47);
• **mangelnder rechtserhaltender Benutzung** (Art. 58 Abs. 1 lit. a, → Art. 58 Rn. 1 f., iVm Art. 64 Abs. 2 S. 2, → Art. 64 Rn. 1 f., iVm Art. 47 Abs. 2, → Art. 47 Rn. 1 f.) **(zu Abs. 1** → Rn. 20 und **zu Abs. 2** → Rn. 46).

12   Ist die ältere Unionsmarke aufgrund der **absoluten Eintragungshindernisse des Art. 7 Abs. 1 lit. a, e bis m** (→ Art. 7 Rn. 1 f.) **löschungsreif,** ist der Inhaber der jüngeren Marke **nicht auf die Einräumung eines Zwischenrechts angewiesen,** weil **diese** Eintragungshindernisse nicht wie bei den Eintragungshindernissen nach Art. 7 Abs. 1 lit. b, c und d (→ Art. 7 Rn. 1 f.) **nachträglich ausgeräumt werden können.** Der Inhaber der jüngeren Marke kann sich gegen den Angriff aus der älteren Unionsmarke daher mit einem Nichtigkeitsantrag nach Art. 63 (→ Art. 63 Rn. 1 f.), Art. 59 Abs. 1 lit. a (→ Art. 59 Rn. 1 f.) iVm Art. 7 Abs. 1 lit. a, e bis m (→ Art. 7 Rn. 1 f.) oder einer Widerklage nach Art. 128 Abs. 1 (→ Art. 128 Rn. 1 f.) iVm Art. 59 Abs. 1 lit. a (→ Art. 59 Rn. 1 f.) iVm Art. 7 Abs. 1 lit. a, e bis m (→ Art. 7 Rn. 1 f.) verteidigen.

Gleiches gilt, wenn der Anmelder der älteren Unionsmarke **bei der Anmeldung der älteren** 13
Unionsmarke bösgläubig war. Auch in diesem Fall ist der beklagte Inhaber der jüngeren Marke
nicht auf ein Zwischenrecht angewiesen, weil auch dieser Nichtigkeitsgrund nicht nachträglich
geheilt werden kann. Vielmehr kann der beklagte Inhaber der jüngeren Marke auch hier die
Löschung der älteren Marke durch einen entsprechenden Nichtigkeitsantrag nach Art. 59 Abs. 1
lit. b (→ Art. 59 Rn. 11 f.) oder durch Erhebung einer Widerklage nach Art. 128 (→ Art. 128
Rn. 1 f.) herbeiführen.

Anders ist dies jedoch, wenn die **ältere Unionsmarke** am Anmeldetag bzw. Prioritätstag 14
der jüngeren Marke aufgrund der **absoluten Eintragungshindernisse des Art. 7 Abs. 1 lit. b,**
c, d (→ Art. 7 Rn. 1 f.) **löschungsreif** war, jedoch **nachträglich Unterscheidungskraft**
infolge Benutzung erlangt hat. In diesem Fall **wären ein Nichtigkeitsantrag oder eine**
Widerklage des angegriffenen Inhabers der jüngeren Marke gegen die ältere Unionsmarke **wegen**
Art. 59 Abs. 2 (→ Art. 59 Rn. 42 f.) **erfolglos,** wonach die Unionsmarke, die entgegen Art. 7
Abs. 1 lit. b, c oder d (→ Art. 7 Rn. 1) eingetragen worden ist, nicht für nichtig erklärt werden
kann, wenn sie durch Benutzung im Verkehr Unterscheidungskraft erlangt hat.

Gleiches gilt, wenn die ältere Unionsmarke am Anmeldetag bzw. Prioritätstag der jüngeren 15
Marke aufgrund **Verfalls wegen nicht rechtserhaltender Benutzung löschungsreif** war, die
rechtserhaltende **Benutzung jedoch nachträglich aufgenommen wurde.** Auch in diesem Fall
wären ein Nichtigkeitsantrag oder eine Widerklage des angegriffenen Inhabers der jüngeren Marke
gegen die ältere Unionsmarke **wegen Art. 58 Abs. 1 lit. a S. 2** (→ Art. 58 Rn. 12) **erfolglos.**
In beiden Fällen ist der beklagte Inhaber der jüngeren Marke daher auf die Geltendmachung eines
Zwischenrechts angewiesen.

IV. Rechtshemmende Einreden

Der beklagte Inhaber der jüngeren Marke kann den Ansprüchen aus der älteren Unionsmarke 16
unter anderem folgende rechtshemmende Einreden entgegenhalten:
* **Verwirkung durch Duldung** (Art. 61, → Art. 61 Rn. 1 f.; Art. 9 MRL) (zu Abs. 1 → Rn. 25
  und zu Abs. 2 → Rn. 49);
* **Zustimmung zur Eintragung der Marke** (Art. 60 Abs. 3, → Art. 60 Rn. 20 f.; Art. 5 Abs. 5
  MRL) (zu Abs. 1 → Rn. 28 und zu Abs. 2 → Rn. 52);
* **Zustimmung zur Eintragung einer Agentenmarke bzw. Vorliegen eines Rechtferti-**
  gungsgrunds (Art. 60 Abs. 1 lit. b, → Art. 60 Rn. 10 f., iVm Art. 8 Abs. 3, → Art. 8
  Rn. 148 ff.; Art. 5 Abs. 3 lit. b MRL) (zu Abs. 1 → Rn. 30 und zu Abs. 2 → Rn. 53);
* **Verbot der sog. Doppelantragsstellung** (Art. 60 Abs. 4, → Art. 60 Rn. 24) (zu Abs. 1 →
  Rn. 31 und zu Abs. 2 → Rn. 54).
Die vorstehende **Aufzählung** ist **nicht abschließend.** Weitere Einreden des beklagten Inhabers 17
der jüngeren Marke können, soweit sie nicht in der UMV geregelt sind, über Art. 129 Abs. 2, 3
(→ Art. 129 Rn. 1 ff.) aus dem anwendbaren nationalen Recht folgen, so etwa die Verjährung.

V. Keine relativen Nichtigkeitsgründe nach Art. 60 Abs. 1 lit. a am Anmeldetag bzw. Prioritätstag der jüngeren Marke

Schließlich kann der beklagte Inhaber der jüngeren Marke den Ansprüchen aus der älteren 18
Unionsmarke entgegenhalten, dass der jüngeren Marke **im Zeitpunkt des Anmeldetags oder**
Prioritätstags keine relativen Nichtigkeitsgründe aus der älteren Unionsmarke entgegenge-
standen haben, aufgrund
* **Doppelidentität** (Art. 60 Abs. 1 lit. a, → Art. 60 Rn. 10 f., iVm Art. 8 Abs. 1 lit. a, → Art. 8
  Rn. 1 ff.; Art. 5 Abs. 1 lit. a (EU) 2015/2436) (zu Abs. 1 → Rn. 34 und zu Abs. 2 → Rn. 57);
* **Verwechslungsgefahr** (Art. 60 Abs. 1 lit. a, → Art. 60 Rn. 10 f., iVm Art. 8 Abs. 1 lit. b, →
  Art. 8 Rn. 1 ff.; Art. 5 Abs. 1 lit. b MRL) (zu Abs. 1 → Rn. 36 und zu Abs. 2 → Rn. 59);
* **Bekanntheit** (Art. 60 Abs. 1 lit. a, → Art. 60 Rn. 10 f., iVm Art. 8 Abs. 5; Art. 5 Abs. 3 lit.
  a MRL) (zu Abs. 1 → Rn. 40 und zu Abs. 2 → Rn. 60).

B. Einreden des Inhabers einer jüngeren Unionsmarke (Abs. 1)

Abs. 1 regelt die Einreden, die der beklagte Inhaber einer jüngeren Unionsmarke in einem 19
Verletzungsverfahren den Ansprüchen aus einer älteren Unionsmarke entgegenhalten kann.

I. Zwischenrechte

1. Verfall wegen mangelnder rechtserhaltender Benutzung

20   Der beklagte Inhaber einer jüngeren Unionsmarke kann sich nach Abs. 1 iVm Art. 64 Abs. 2 S. 2 (→ Art. 64 Rn. 20 f.) auf ein zu seinen Gunsten entstandenes Zwischenrecht an seiner jüngeren Unionsmarke berufen, wenn die ältere Unionsmarke **am Anmeldetag bzw. Prioritätstag der jüngeren Marke wegen Verfalls aufgrund mangelnder rechtserhaltender Benutzung** hätte gelöscht werden können.

21   **Abs. 1 iVm Art. 64 Abs. 2 S. 2** (→ Art. 64 Rn. 20 f.) **ergänzt die Möglichkeit** des beklagten Inhabers einer jüngeren Unionsmarke **nach Art. 127 Abs. 3** (→ Art. 127 Rn. 10 f.) zur Erhebung der Einrede des Verfalls der Klageunionsmarke aufgrund mangelnder rechtserhaltender Benutzung. Nach **Art. 127 Abs. 3** (→ Art. 127 Rn. 17) kann der Verfall der Klageunionsmarke wegen mangelnder rechtserhaltender Benutzung **im Zeitpunkt der Erhebung der Verletzungsklage** eingewendet werden, nach **Art. 16 Abs. 1 iVm Art. 64 Abs. 2 S. 2** der Verfall der Klageunionsmarke wegen mangelnder rechtserhaltender Benutzung im Zeitpunkt des **Anmelde- bzw. Prioritätstags der jüngeren Marke.** In beiden Fällen hat der Kläger nachzuweisen, dass die Klageunionsmarke in den entsprechenden Zeitpunkten rechtserhaltend benutzt worden ist.

2. Fehlende Unterscheidungskraft

22   **Nicht geregelt hat der Gesetzgeber in Abs. 1** – anders als in Abs. 2 (→ Rn. 47) iVm Art. 8 lit. a MRL – die **Einrede eines Zwischenrechts aufgrund fehlender Unterscheidungskraft der älteren Unionsmarke** am Anmelde- bzw. Prioritätstag der jüngeren Marke.

23   Insoweit ist jedoch der **Wille des Gesetzgebers,** wie er sich in Erwägungsgrund Nr. 22 UMV (→ Rn. 4) und Erwägungsgrund Nr. 30 der MRL niedergeschlagen hat, ausschlaggebend, wonach Zwischenrechte in der gesamten europäischen Gemeinschaft lückenlos und gleichförmig geregelt werden sollen. Die insoweit bestehende **Gesetzeslücke** ist daher unter Berücksichtigung der vorgenannten Erwägungsgründe im Wege der Analogie zu schließen. Dem angegriffenen Inhaber einer jüngeren Unionsmarke ist daher in **analoger Anwendung von Abs. 2** (→ Rn. 47) **iVm Art. 8 lit. a MRL** für den Fall, dass die ältere Unionsmarke im Zeitpunkt der Anmeldung bzw. am Prioritätstag der jüngeren Marke noch keine Unterscheidungskraft infolge Benutzung gemäß Art. 7 Abs. 3 (→ Art. 7 Rn. 206) erlangt hatte, die Einrede eines Zwischenrechts aufgrund fehlender Unterscheidungskraft nach Art. 7 Abs. 1 lit. b, c, d einzuräumen.

24   Der Einräumung eines Zwischenrechts aufgrund der absoluten Eintragungshindernisse nach Art. 7 Abs. 1 lit. a, e bis m (→ Rn. 12) bzw. bösgläubiger Markenanmeldung, Art. 59 Abs. 1 lit. b (→ Rn. 13) bedarf es nicht, weil diese absoluten Nichtigkeitsgründe nicht nachträglich geheilt werden können und der beklagte Inhaber der jüngeren Unionsmarke sich insoweit mit einem Nichtigkeitsantrag oder einer Widerklage verteidigen kann.

II. Rechtshemmende Einreden

1. Verwirkung durch Duldung

25   Der beklagte Inhaber einer jüngeren Unionsmarke kann gegenüber den Ansprüchen des Inhabers der älteren Unionsmarke nach **Abs. 1 iVm Art. 61** (→ Art. 61 Rn. 1 f.) die **Einrede der Verwirkung durch Duldung** erheben, wenn der Inhaber der älteren Unionsmarke die Benutzung der jüngeren Unionsmarke in der Union während eines Zeitraums von fünf aufeinanderfolgenden Jahren in Kenntnis dieser Benutzung geduldet hat, es sei denn, dass die Anmeldung der jüngeren Unionsmarke bösgläubig vorgenommen worden ist.

26   **Abs. 1 verweist sowohl auf Art. 61 Abs. 1, als auch auf Art. 61 Abs. 2.** In Art. 61 Abs. 2 ist jedoch die Verwirkung der Ansprüche des Inhabers einer in Art. 8 Abs. 2 genannten älteren nationalen Marke oder eines in Art. 8 Abs. 4 genannten sonstigen älteren Kennzeichenrechts geregelt. Art. 16 Abs. 1 regelt jedoch ausschließlich die Einwände gegen Ansprüche aus einer älteren Unionsmarke, so dass Art. 61 Abs. 2 insoweit keinen Anwendungsbereich findet.

27   Es stellt sich daher die **Frage, welcher Anwendungsbereich dem Verweis auf Art. 61 Abs. 2 zukommt.** So wäre denkbar, dass der Fall geregelt werden soll, wonach der klagende Inhaber einer älteren Unionsmarke zuvor Inhaber einer älteren eingetragenen nationale Marke war und aus dieser Marke während eines Zeitraums von fünf Jahren nicht gegen die Benutzung der rechtsverletzenden jüngeren Unionsmarke des Beklagten vorgegangen ist. Nach Ablauf dieser fünf Jahre meldet der Kläger nunmehr die Klageunionsmarke an, nimmt für diese die Seniorität der älteren eingetragenen nationalen Marke nach Art. 39 (→ Art. 39 Rn. 1 f.), Art. 40 (→ Art. 40 Rn. 1 f.) in Anspruch und geht aus dieser Unionsmarke gegen die ursprünglich geduldete Benutzung der jüngeren Unionsmarke im Klagewege vor. Hiergegen könnte der beklagte Inhaber der jüngeren Unionsmarke möglicherweise über **Art. 16 Abs. 1 iVm Art. 61 Abs. 2** (→ Art. 61 Rn. 1 f.) die Einrede der **Verwirkung** aufgrund des **Nichtvorgehens aus der älteren eingetragenen nationalen Marke** erheben (s. auch Abs. 2; → Rn. 51).

Hierfür könnte sprechen, dass der Inhaber der jüngeren Unionsmarke in seinem durch Duldung der **27.1** Benutzung hervorgerufenen Vertrauen darauf geschützt werden soll, dass der duldende Inhaber der älteren eingetragenen nationalen Marke nach fünf Jahren der Duldung nicht mehr gegen die Benutzung der jüngeren Marke rechtlich vorgehen kann. Aus Sicht des Inhabers der jüngeren Unionsmarke ist insofern maßgeblich auf die Person des Inhabers der älteren Rechte und dessen Duldung abzustellen und nicht darauf, aus welchen älteren Rechten ein rechtliches Vorgehen möglich wäre und wann diese älteren Rechte zur Entstehung gelangt sind. Eine Klärung hierzu müsste letztlich durch den EuGH erfolgen.

2. Zustimmung zur Eintragung der Unionsmarke

Der beklagte Inhaber der jüngeren Unionsmarke kann den Ansprüchen des Inhabers der älteren **28** Unionsmarke gegen die Benutzung der jüngeren Unionsmarke nach **Abs. 1 iVm Art. 60 Abs. 3** (→ Art. 60 Rn. 20) die Einrede der Zustimmung zur Eintragung der jüngeren Unionsmarke entgegenhalten. **Art. 60 Abs. 3** regelt unter anderem auch die **Zustimmung des Inhabers einer in Art. 8 Abs. 2 genannten älteren nationalen Marke.** Insofern könnte auch hier der Fall geregelt sein, dass der Kläger als Inhaber einer nationalen Marke der Eintragung der jüngeren Unionsmarke zugestimmt hat, nunmehr jedoch aus einer Unionsmarke, welche die Seniorität der älteren nationalen Marke in Anspruch nimmt, die Benutzung der prioritätsjüngeren Unionsmarke untersagen möchte (zur Verwirkung auch → Rn. 27).

Die Einrede der Zustimmung zur Eintragung der Unionsmarke gegenüber Unterlassungsan- **29** sprüchen ist zukünftig bei der **Gestaltung von Abgrenzungsvereinbarungen** und **Einigungen im Rahmen der „cooling-off"-Periode** zu beachten, was gegebenenfalls zu einer differenzierten Zustimmung zu im Einzelnen benannten Waren/Dienstleistungen führt (vgl. auch BeckOK UMV/Müller Art. 13a Rn. 5).

3. Zustimmung zur Eintragung einer Agentenmarke bzw. Vorliegen eines Rechtfertigungsgrundes

Der beklagte Inhaber der jüngeren Unionsagentenmarke kann den Ansprüchen des Inhabers **30** der älteren Unionsmarke gegen die Benutzung der jüngeren Unionsagentenmarke nach **Abs. 1 iVm Art. 60 Abs. 1 lit. b** (→ Art. 60 Rn. 1 ff.) **iVm Art. 8 Abs. 3** (→ Art. 8 Rn. 148 ff.) die Einrede der Zustimmung zur Eintragung der jüngeren Unionsagentenmarke bzw. Rechtfertigungsgründe für die Anmeldung der Unionsagentenmarke entgegenhalten.

4. Verbot der Doppelantragsstellung

Nach **Abs. 1 iVm Art. 60 Abs. 4** (→ Art. 60 Rn. 24 f.) kann der beklagte Inhaber der jünge- **31** ren Unionsmarke den Ansprüchen des Inhabers der älteren Unionsmarke das Verbot der sog. Doppelantragstellung entgegenhalten. Danach kann der Inhaber der älteren Unionsmarke die Rechte aus der älteren Unionsmarke nicht im Klagewege geltend machen, wenn er bereits zuvor aufgrund eines anderen in Art. 60 Abs. 1 oder 2 genannten älteren Rechts gegen die Benutzung der jüngeren Unionsmarke Verletzungsklage erhoben hat und er die Ansprüche aus der älteren Unionsmarke zur Unterstützung dieser Klageansprüche bereits hätte geltend machen können.

5. Sonstige Einreden

Weitere, nicht in Abs. 1 explizit geregelten Einreden des beklagten Inhabers der jüngeren **32** Unionsmarke können, soweit sie nicht in der UMV geregelt sind, **über Art. 129 Abs. 2, 3** (→ Art. 129 Rn. 1 f.) **aus dem anwendbaren nationalen Recht** folgen, so etwa die Verjährung.

III. Keine relativen Nichtigkeitsgründe nach Art. 60 Abs. 1 lit. a iVm Art. 8 Abs. 1 und 5 am Anmelde- bzw. Prioritätstag der jüngeren Unionsmarke

Der beklagte Inhaber der jüngeren Unionsmarke kann den Ansprüchen des Inhabers der älteren **33** Unionsmarke nach **Abs. 1 iVm Art. 60 Abs. 1** (→ Art. 60 Rn. 1 f.) **iVm Art. 8 Abs. 1, Abs. 5**

(→ Art. 8 Rn. 1 f.) entgegenhalten, dass der jüngeren Unionsmarke an deren Anmelde- bzw. Prioritätstag aus der älteren Unionsmarke keine relativen Nichtigkeitsgründe nach Art. 8 Abs. 1, Abs. 5 entgegengestanden haben.

1. Doppelidentität (Art. 60 Abs. 1 iVm Art. 8 Abs. 1 lit. a)

34   Da Unionsmarken im Hinblick auf das angemeldete Zeichen nachträglich nicht geändert und im Hinblick auf die geschützten Waren-/Dienstleistungen nachträglich nicht erweitert werden können, liegt eine am Anmelde- bzw. am Prioritätstag der jüngeren Unionsmarke bereits nicht existente Doppelidentität auch nicht im Zeitpunkt der Klageerhebung vor, so dass der beklagte Inhaber der jüngeren Unionsmarke bei fehlender Doppelidentität insofern keiner Einrede nach Abs. 1 bedarf.

35   Als **Anwendungsbereich** könnte aber der Fall in Betracht kommen, dass der älteren Unionsmarke am Anmeldetag bzw. Prioritätstag die erforderliche Unterscheidungskraft fehlte und diese erst danach durch Benutzung erlangt wurde. In diesem Fall würde zugunsten des Inhabers der jüngeren Marke ein Zwischenrecht entstehen (→ Rn. 22).

2. Verwechslungsgefahr (Art. 60 Abs. 1 iVm Art. 8 Abs. 1 lit. b)

36   Der beklagte Inhaber der jüngeren Unionsmarke kann den Ansprüchen des Inhabers der älteren Unionsmarke nach **Abs. 1 iVm Art. 60 Abs. 1** (→ Art. 60 Rn. 1 ff.) **iVm Art. 8 Abs. 1 lit. b** (→ Art. 8 Rn. 23 f.) entgegenhalten, dass am Anmeldetag bzw. Prioritätstag der jüngeren Unionsmarke **kein relativer Nichtigkeitsgrund aufgrund von Verwechslungsgefahr** bestanden hat.

37   Als **Anwendungsbereich** kommt der Fall in Betracht, dass der älteren Unionsmarke am Anmeldetag bzw. Prioritätstag der jüngeren Unionsmarke die **ursprüngliche Unterscheidungskraft** iSv Art. 7 Abs. 1 lit. b, c, d (→ Art. 7 Rn. 1 ff.) (Entstehung eines Zwischenrechts, → Rn. 22) bzw. die für die Bejahung einer Verwechslungsgefahr im Einzelfall **erforderliche hinreichende Unterscheidungskraft fehlte** und diese erst durch nachträgliche Benutzung erlangt hat.

38   Des Weiteren könnte aus der Bezugnahme auf den Anmelde- bzw. Prioritätstag der jüngeren Unionsmarke folgen, dass **bei der Prüfung der Verwechslungsgefahr alle sonstigen Umstände, die erst zeitlich danach eingetreten sind** (vgl. EuGH C-252/12, GRUR 2013, 922 Rn. 34 f., 45 f. – Specsavers-Gruppe/Asda) nicht zu berücksichtigen wären. Dies würde bedeuten, dass die Benutzung einer jüngeren Unionsmarke trotz einer im Zeitpunkt der Entscheidung zu bejahenden Verwechslungsgefahr dann nicht untersagt werden könnte, wenn im Zeitpunkt des Anmelde- bzw. Prioritätstags dieser jüngeren Unionsmarke keine Verwechslungsgefahr bestanden hat, etwa weil die durch die Art der Benutzung hervorgerufenen besonderen Umstände, durch die eine Verwechslungsgefahr begründet wäre, erst nach dem Anmelde- bzw. Prioritätstag eingetreten sind.

39   Allerdings sieht die **parallele Regelung in Abs. 2 iVm Art. 8 lit. b MRL** (→ Rn. 59) vor, dass die **Einrede fehlender Verwechslungsgefahr** zum Zeitpunkt der Anmeldung bzw. des Prioritätstags der jüngeren eingetragenen nationalen Marke **darauf beschränkt** ist, dass die ältere Unionsmarke **noch keine hinreichende Unterscheidungskraft erworben hatte,** um die Feststellung zu stützen, dass die Gefahr einer Verwechslung besteht. Ob die Regelung in Abs. 1 iVm Art. 60 Abs. 1 iVm Art. 8 Abs. 1 lit. b tatsächlich eine Beschränkung der Verbietungsansprüche des Inhabers einer älteren Unionsmarke unter Ausschluss derjenigen sonstigen Umstände zukommt, die erst zeitlich nach dem Anmelde- bzw. Prioritätstag der jüngeren Unionsmarke eingetreten sind, oder ob Abs. 1 iVm Art. 60 Abs. 1 iVm Art. 8 Abs. 1 lit. b einschränkend im Sinne der parallelen Regelung in Abs. 2 iVm Art. 8 lit. b MRL auszulegen ist, wäre letztendlich durch den EuGH zu klären.

3. Bekanntheit (Art. 60 Abs. 1 iVm Art. 8 Abs. 5)

40   Der beklagte Inhaber der jüngeren Unionsmarke kann den Ansprüchen des Inhabers der älteren Unionsmarke nach **Abs. 1 iVm Art. 60 Abs. 1** (→ Art. 60 Rn. 1 f.) **iVm Art. 8 Abs. 5** (→ Art. 8 Rn. 1 f.) entgegenhalten, dass am Anmeldetag bzw. Prioritätstag der jüngeren Unionsmarke kein relativer Nichtigkeitsgrund aufgrund des erweiterten Schutzes bekannter Marken bestanden hat.

41   Als **Anwendungsbereich** kommt der Fall in Betracht, dass die ältere Unionsmarke am Anmeldetag bzw. Prioritätstag der jüngeren Unionsmarke die **erforderliche Bekanntheit fehlte** und diese erst durch nachträgliche Benutzung erlangt hat. Hierbei handelt es sich letztlich um eine **Ausprägung des Prioritätsgrundsatzes.**

Der erweiterte Schutz bekannter Marken erfordert neben der Bekanntheit der älteren Marke **42** **des Weiteren eine Unlauterkeit** im Sinne einer Ausnutzung oder Beeinträchtigung der Unterscheidungskraft oder Wertschätzung der bekannten Marke ohne rechtfertigenden Grund in unlauterer Weise. Hierbei sind nach der Rechtsprechung alle relevanten Umstände des Einzelfalles umfassend zu beurteilen (vgl. EuGH GRUR Int 2000, 899 Rn. 42 – Adidas/Marca Mode; C-252/12, GRUR 2013, 922 Rn. 39 f., 46 f. – Specsavers-Gruppe/Asda). Aus der Bezugnahme in Art. 60 Abs. 1 auf den Anmelde- bzw. Prioritätstag der jüngeren Unionsmarke könnte folgen, dass bei der Prüfung des erweiterten Schutzes bekannter Marken **alle sonstigen Umstände, die erst zeitlich danach eingetreten sind,** nicht zu berücksichtigen wären. Dies würde bedeuten, dass die Benutzung einer jüngeren Unionsmarke trotz eines im Zeitpunkt der Entscheidung zu bejahenden Schutzes aus einer bekannten Marke dann nicht untersagt werden könnte, wenn im Zeitpunkt des Anmelde- bzw. Prioritätstags dieser jüngeren Unionsmarke kein erweiterter Schutz aus einer bekannten Marke bestanden hat, etwa weil die besonderen Umstände, durch die eine Unlauterkeit begründet wäre, erst nach dem Anmelde- bzw. Prioritätstag eingetreten sind.

Allerdings sieht die **parallele Regelung in Abs. 2 iVm Art. 8 lit. c MRL** (→ Rn. 60) vor, **43** dass die **Einrede eines fehlenden erweiterten Schutzes aus einer bekannten Marke** zum Zeitpunkt der Anmeldung bzw. des Prioritätstags der jüngeren Marke **darauf beschränkt** ist, dass die ältere Unionsmarke **noch keine Bekanntheit erlangt hatte.** Ob der Regelung in Abs. 1 iVm Art. 60 Abs. 1 iVm Art. 8 Abs. 5 tatsächlich eine Beschränkung der Verbietungsansprüche des Inhabers einer älteren bekannten Unionsmarke unter Ausschluss derjenigen Unlauterkeitsumstände zukommt, die erst zeitlich nach dem Anmelde- bzw. Prioritätstag der jüngeren Unionsmarke eingetreten sind, oder ob Abs. 1 iVm Art. 60 Abs. 1 iVm Art. 8 Abs. 5 einschränkend im Sinne der parallelen Regelung in Abs. 2 iVm Art. 8 lit. c MRL auszulegen ist, wäre letztendlich durch den EuGH zu klären.

IV. Verweis auf Art. 60 Abs. 1 lit. c und d

Abs. 1 verweist durch die Bezugnahme auf Art. 60 Abs. 1 ferner auf dessen Abs. 1 lit. c und d **44** (→ Art. 60 Rn. 1 ff.). **Art. 60 Abs. 1 lit. c** regelt die relativen Nichtigkeitsgründe aus einer älteren nicht eingetragenen Marke oder eines sonstigen im geschäftlichen Verkehr benutzten Kennzeichenrechts von mehr als lediglich örtlicher Bedeutung iSv Art. 8 Abs. 4 (→ Art. 8 Rn. 175 ff.). **Art. 60 Abs. 1 lit. d** regelt die relativen Nichtigkeitsgründe aus einer älteren Ursprungsbezeichnung oder geographischen Angabe iSv Art. 8 Abs. 6 (→ Art. 8 Rn. 216 ff.). Da Art. 60 Abs. 1 lit. c und d somit keine Anwendung auf eine ältere Unionsmarke finden, hat der in Abs. 1 befindliche Verweis auf diese beiden Regelungen im Rahmen der Einredemöglichkeiten des Inhabers einer jüngeren Unionsmarke gegen Ansprüche des Inhabers einer älteren Unionsmarke in einem Verletzungsrechtsstreit keinen Anwendungsbereich. Der **Verweis auf Art. 60 Abs. 1 lit. c und d läuft** somit **ins Leere.**

C. Einreden des Inhabers einer jüngeren eingetragenen nationalen Marke (Abs. 2)

Abs. 2 regelt die Einreden, die der beklagte Inhaber einer jüngeren eingetragenen nationalen **45** Marke in einem Verletzungsverfahren den Ansprüchen aus einer älteren Unionsmarke entgegenhalten kann.

I. Zwischenrechte

1. Verfall wegen mangelnder rechtserhaltender Benutzung

Der beklagte Inhaber einer jüngeren eingetragenen nationalen Marke kann sich nach **Abs. 2** **46** **iVm Art. 46 Abs. 2, 3 MRL** auf ein zu seinen Gunsten entstandenes Zwischenrecht an seiner jüngeren eingetragenen nationalen Marke berufen, wenn die ältere Unionsmarke **am Anmeldetag bzw. Prioritätstag der jüngeren eingetragenen nationalen Marke wegen Verfalls aufgrund mangelnder rechtserhaltender Benutzung hätte gelöscht werden können.** Abs. 1 iVm Art. 46 Abs. 2, 3 MRL ergänzt die Möglichkeit des beklagten Inhabers einer jüngeren eingetragenen nationalen Marke nach Art. 127 Abs. 3 (→ Art. 127 Rn. 17 f.) zur Erhebung der Einrede des Verfalls der Klageunionsmarke aufgrund mangelnder rechtserhaltender Benutzung. Nach

Art. 127 Abs. 3 (→ Art. 127 Rn. 18) kann der Verfall der Klageunionsmarke wegen mangelnder rechtserhaltender Benutzung **im Zeitpunkt der Erhebung der Verletzungsklage** eingewendet werden, nach **Art. 16 Abs. 1 iVm** Art. 46 Abs. 2, 3 MRL der Verfall der Klageunionsmarke wegen mangelnder rechtserhaltender Benutzung im Zeitpunkt des **Anmelde- bzw. Prioritätstags der jüngeren eingetragenen nationalen Marke.** In beiden Fällen hat der Kläger nachzuweisen, dass die Klageunionsmarke in den entsprechenden Zeitpunkten rechtserhaltend benutzt worden ist.

2. Fehlende Unterscheidungskraft

47   Der beklagte Inhaber einer jüngeren eingetragenen nationalen Marke kann sich nach **Abs. 2 iVm Art. 8 lit. a MRL** auf ein zu seinen Gunsten entstandenes Zwischenrecht an seiner jüngeren eingetragenen nationalen Marke berufen, wenn die ältere Unionsmarke am Anmelde- bzw. Prioritätstag der jüngeren eingetragenen nationalen Marke wegen fehlender Unterscheidungskraft hätte gelöscht werden können. Allerdings bezieht sich Art. 8 lit. a MRL **dem Wortlaut nach auf eine ältere nationale Marke,** die entgegen den Schutzhindernissen von Art. 4 MRL eingetragen worden ist, und nicht auf eine ältere Unionsmarke. Insoweit ist jedoch der **Wille des Gesetzgebers,** wie er sich in **Erwägungsgrund Nr. 22 VO (EU) 2015/2424** vom 16.12.2015 und **Erwägungsgrund Nr. 30 MRL** niedergeschlagen hat (→ Rn. 4), ausschlaggebend, wonach Zwischenrechte in der gesamten EU lückenlos und gleichförmig geregelt werden sollen. Der in Abs. 2 enthaltene Verweis auf Art. 8 lit. a MRL ist daher im vorgenannten Sinne **dahingehend auszulegen, dass die ältere Unionsmarke** wegen fehlender Unterscheidungskraft nach Art. 7 Abs. 1 lit. b, c, d **löschungsreif war.**

48   Der Einräumung eines Zwischenrechts aufgrund der absoluten Eintragungshindernisse nach Art. 7 Abs. 1 lit. a, e bis m (→ Art. 7 Rn. 1 ff.) bzw. bösgläubiger Markenanmeldung, Art. 59 Abs. 1 lit. b bedarf es nicht, weil diese absoluten Nichtigkeitsgründe nicht nachträglich geheilt werden können und der beklagte Inhaber der jüngeren eingetragenen nationalen Marke sich insoweit mit einem Nichtigkeitsantrag (→ Art. 59 Rn. 11 f.) oder einer Widerklage (→ Art. 128 Rn. 1) verteidigen kann.

II. Rechtshemmende Einreden

1. Verwirkung durch Duldung

49   Der beklagte Inhaber einer jüngeren eingetragenen nationalen Marke kann gegenüber den Ansprüchen des Inhabers der älteren Unionsmarke nach **Abs. 2 iVm Art. 9 MRL** die Einrede der Verwirkung durch Duldung erheben, wenn der Inhaber der älteren Unionsmarke die Benutzung der jüngeren eingetragenen nationalen Marke in diesem Mitgliedstaat während eines Zeitraums von fünf aufeinanderfolgenden Jahren in Kenntnis dieser Benutzung geduldet hat, es sei denn, dass die Anmeldung der jüngeren nationalen Marke bösgläubig vorgenommen worden ist.

50   **Abs. 2 verweist sowohl auf Art. 9 Abs. 1 MRL, als auch auf Art. 9 Abs. 2 MRL.** In Art. 9 Abs. 2 MRL ist jedoch die Verwirkung der Ansprüche des Inhabers einer in Art. 5 Abs. 4 lit. a MRL genannten älteren eingetragenen Marke oder eines sonstigen im geschäftlichen Verkehr benutzten Zeichens sowie die Verwirkung der Ansprüche des Inhabers eines in Art. 5 Abs. 4 lit. b MRL genannten sonstigen älteren Rechts geregelt. Art. 16 Abs. 2 regelt jedoch ausschließlich die Einwände gegen Ansprüche aus einer älteren Unionsmarke, sodass Art. 9 Abs. 2 MRL insoweit keinen Anwendungsbereich findet und der **Verweis in Abs. 2 insoweit ins Leere geht.**

51   Art. 9 Abs. 1 MRL nimmt auf **Inhaber einer älteren Marke iSv Art. 5 Abs. 2 MRL Bezug,** zu denen neben den Unionsmarken auch die eingetragenen nationalen Marken zählen. Aufgrund dessen wäre denkbar, dass der Verweis in Abs. 2 auf Art. 9 Abs. 1 MRL auch den Fall regeln soll, wonach der klagende Inhaber einer älteren Unionsmarke zuvor Inhaber einer älteren eingetragenen nationale Marke war und aus dieser Marke während eines Zeitraums von fünf Jahren nicht gegen die Benutzung der rechtsverletzenden jüngeren eingetragenen nationalen Marke des Beklagten vorgegangen ist. Nach Ablauf dieser fünf Jahre meldet der Kläger nunmehr die Klageunionsmarke an, nimmt für diese die Seniorität der älteren eingetragenen nationalen Marke nach Art. 39 (→ Art. 39 Rn. 1 ff.), Art. 40 (→ Art. 40 Rn. 1 ff.) in Anspruch und geht aus dieser Unionsmarke gegen die ursprünglich geduldete Benutzung der jüngeren eingetragenen nationalen Marke im Klagewege vor. Hiergegen könnte der beklagte Inhaber der jüngeren eingetragenen nationalen Marke **möglicherweise über Art. 16 Abs. 2 iVm Art. 9 Abs. 1 MRL die Einrede der Verwirkung aufgrund des Nichtvorgehens aus der älteren eingetragenen nationalen Marke erheben** (s. auch Abs. 1; → Rn. 26 f.).

Hierfür könnte sprechen, dass der Inhaber der jüngeren eingetragenen nationalen Marke in seinem **51.1**
durch Duldung der Benutzung hervorgerufenen Vertrauen darauf geschützt werden soll, dass der duldende
Inhaber der älteren eingetragenen nationalen Marke nach fünf Jahren der Duldung nicht mehr gegen die
Benutzung der jüngeren eingetragenen nationalen Marke rechtlich vorgehen kann. Aus Sicht des Inhabers
der jüngeren eingetragenen nationalen Marke ist insofern maßgeblich auf die Person des Inhabers der
älteren Rechte und dessen Duldung abzustellen und nicht darauf, aus welchen älteren Rechten ein rechtliches Vorgehen möglich wäre und wann diese älteren Rechte zur Entstehung gelangt sind. Eine Klärung
hierzu müsste letztlich durch den EuGH erfolgen.

2. Zustimmung zur Eintragung der nationalen Marke

Anders als Abs. 1 (→ Rn. 28 f.) **regelt Abs. 2 nicht die Einrede der Zustimmung** des **52**
Inhabers der älteren Unionsmarke **zur Eintragung der nationalen Marke.** Nach **Art. 5 Abs. 5
MRL** stellten die Mitgliedstaaten sicher, dass unter geeigneten Umständen keine Pflicht zur Ableh-
nung der Eintragung oder zur Nichtigerklärung der Marke besteht, wenn der Inhaber der älteren
Marke der Eintragung der jüngeren Marke zustimmt. Inhaber der älteren Marke ist dabei nach
Art. 5 Abs. 2 lit. a Ziff. i MRL auch der Inhaber einer Unionsmarke. Insoweit besteht in der MRL
eine **parallele Regelung zu Art. 60 Abs. 3** (→ Art. 60 Rn. 20 ff.). Die insoweit bestehende
**Gesetzeslücke in Abs. 2 könnte gemeinschaftsweit über eine analoge Anwendung von
Abs. 1** (→ Rn. 28) **iVm Art. 60 Abs. 3** (→ Art. 60 Rn. 20 f.) **geschlossen werden.** Andernfalls könnte dem angegriffenen Inhaber der jüngeren eingetragenen nationalen Marke über
Art. 129 Abs. 2, 3 (→ Art. 129 Rn. 1 ff.) aus dem jeweils anwendbaren nationalen Recht eine
entsprechende Einrede, so etwa aus einer Art. 5 Abs. 5 MRL umsetzenden nationalen Gesetzesvorschrift oder unter dem Gesichtspunkt des Rechtsmissbrauchs bzw. des „venire contra factum
proprium", zur Verfügung stehen. Allerdings erscheint eine analoge Anwendung der Regelungen
der UMV zur Erreichung einer gemeinschaftsweit einheitlichen Regelung vorzugswürdig, da sich
auch bei der Umsetzung von Richtlinien in nationale Vorschriften Unterschiede geben können.

3. Zustimmung zur Eintragung einer Agentenmarke bzw. Vorliegen eines Rechtfertigungsgrundes

Anders als Abs. 1 (→ Rn. 30) **regelt Abs. 2 nicht die Einrede der Zustimmung** des Inha- **53**
bers der älteren Unionsmarke **zur Eintragung einer jüngeren nationalen Agentenmarke**
bzw. die **Einrede von Rechtfertigungsgründe** für die Anmeldung einer jüngeren nationalen
Agentenmarke. **Art. 5 Abs. 3 lit. b MRL enthält eine zu Art. 8 Abs. 3, Art. 60 Abs. 1 lit.
b** (→ Art. 60 Rn. 1 ff.) **parallele Regelung.** Nach **Art. 5 Abs. 5 MRL** stellten die Mitgliedstaaten ferner sicher, dass unter geeigneten Umständen keine Pflicht zur Ablehnung der Eintragung
oder zur Nichtigerklärung der Marke besteht, wenn der Inhaber der älteren Marke der Eintragung
der jüngeren Marke zustimmt. Inhaber der älteren Marke ist dabei nach Art. 5 Abs. 2 lit. a lit. i
MRL auch der Inhaber einer Unionsmarke. Insoweit besteht in der MRL eine parallele Regelung
zu den Regelungen in der UMV. Die insoweit bestehende **Gesetzeslücke in Abs. 2 könnte
gemeinschaftsweit über eine analoge Anwendung von Abs. 1** (→ Rn. 30) **iVm Art. 60
Abs. 1 lit. b iVm Art. 8 Abs. 3 geschlossen werden.** Andernfalls könnte dem angegriffenen
Inhaber der jüngeren eingetragenen nationalen Agentenmarke über Art. 129 Abs. 2, 3 (→ Art. 129
Rn. 1 ff.) aus dem jeweils anwendbaren nationalen Recht eine entsprechende Einrede, so etwa
aus einer Art. 5 Abs. 3 lit. b, Abs. 5 MRL umsetzenden nationalen Gesetzesvorschrift oder unter
dem Gesichtspunkt des Rechtsmissbrauchs bzw. des „venire contra factum proprium", zur Verfügung stehen. Allerdings erscheint eine analoge Anwendung der Regelungen der UMV zur Erreichung einer gemeinschaftsweit einheitlichen Regelung vorzugswürdig, da sich auch bei der
Umsetzung von Richtlinien in nationale Vorschriften Unterschiede geben können.

4. Verbot der Doppelantragsstellung

Anders als in Abs. 1 (→ Rn. 31) iVm Art. 60 Abs. 4 **regelt Abs. 2 nicht die Einrede des** **54**
Verbots der sog. Doppelantragstellung. In **Art. 18 Abs. 2 MRL** findet sich lediglich eine
Regelung, wonach sich der Inhaber einer jüngeren Unionsmarke gegenüber dem Inhaber einer
älteren Marke auf die Einrede des Verbots der sogenannten Doppelantragstellung nach Art. 60
Abs. 4 berufen kann. Eine entsprechende Regelung für den Inhaber einer jüngeren eingetragenen
nationalen Marke existiert in der MRL nicht. Eine solche Einrede wäre daher für den Inhaber
einer jüngeren eingetragenen nationalen Marke **nur dann über Art. 129 Abs. 2, 3** (→ Art. 129
Rn. 1 ff.) möglich, **wenn diese im jeweils anwendbaren nationalen Recht vorgesehen ist.**

5. Sonstige Einreden

55   Weitere, nicht in Abs. 2 explizit geregelten Einreden des beklagten Inhabers der jüngeren eingetragenen nationalen Marke können, soweit sie nicht in der UMV geregelt sind, über Art. 129 Abs. 2, 3 (→ Art. 129 Rn. 1 ff.) aus dem anwendbaren nationalen Recht folgen, so etwa die Verjährung.

III. Keine relativen Nichtigkeitsgründe nach Art. 8 lit. b, c MRL am Anmelde- bzw. Prioritätstag der jüngeren nationalen Marke

56   Der beklagte Inhaber der jüngeren eingetragenen nationalen Marke kann den Ansprüchen des Inhabers der älteren Unionsmarke nach **Abs. 2 iVm Art. 8 lit. b, c MRL** entgegenhalten, dass der jüngeren eingetragenen nationalen Marke an deren Anmelde- bzw. Prioritätstag aus der älteren Unionsmarke **keine relativen Nichtigkeitsgründe nach Art. 5 Abs. 1 lit. b, Art. 5 Abs. 3 lit. a MRL entgegengestanden haben.**

1. Doppelidentität (Art. 5 Abs. 1 lit. a MRL)

57   Anders als in Abs. 1 (→ Rn. 34) iVm Art. 60 Abs. 1 lit. a iVm Art. 8 Abs. 1 lit. a UMV **enthält Abs. 2 keinen Verweis auf den relativen Nichtigkeitsgrund der Doppelidentität,** Art. 5 Abs. 1 lit. a MRL. Da Unionsmarken im Hinblick auf das angemeldete Zeichen nachträglich nicht geändert und im Hinblick auf die geschützten Waren-/Dienstleistungen nachträglich nicht erweitert werden können, liegt eine am Anmelde- bzw. am Prioritätstag der jüngeren eingetragenen nationalen Marke nicht existente Doppelidentität auch nicht im Zeitpunkt der Klageerhebung vor, so dass der beklagte Inhaber der jüngeren eingetragenen nationalen Marke bei fehlender Doppelidentität insofern keiner Einrede nach Abs. 1 bedarf.

58   Der Fall, dass der älteren Unionsmarke am Anmeldetag bzw. Prioritätstag der jüngeren eingetragenen nationalen Marke die erforderliche Unterscheidungskraft fehlte und diese erst danach durch Benutzung erlangt wurde, ist über **Abs. 2 iVm Art. 8 lit. a MRL** geregelt (→ Rn. 47).

2. Verwechslungsgefahr (Art. 5 Abs. 1 lit. b MRL)

59   Der beklagte Inhaber der jüngeren eingetragenen nationalen Marke kann den Ansprüchen des Inhabers der älteren Unionsmarke nach **Abs. 2 iVm Art. 5 Abs. 1 lit. b MRL** entgegenhalten, dass die ältere Unionsmarke am Anmeldetag bzw. Prioritätstag der jüngeren eingetragenen nationalen Marke **noch keine hinreichende Unterscheidungskraft** erworben hatte, um die Feststellung zu stützen, dass Verwechslungsgefahr besteht. Anders als in Abs. 1 (→ Rn. 36 f.) ist die Einrede fehlender Verwechslungsgefahr zum Zeitpunkt der Anmeldung bzw. des Prioritätstags der jüngeren Marke nach Abs. 2 ausdrücklich darauf beschränkt, dass die ältere Unionsmarke noch keine hinreichende Unterscheidungskraft erworben hatte, um die Feststellung zu stützen, dass die Gefahr einer Verwechslung besteht.

3. Bekanntheit (Art. 5 Abs. 3 lit. a MRL)

60   Der beklagte Inhaber der eingetragenen jüngeren nationalen Marke kann den Ansprüchen des Inhabers der älteren Unionsmarke nach **Abs. 2 iVm Art. 5 Abs. 3 lit. a MRL** entgegenhalten, dass am Anmeldetag bzw. Prioritätstag der jüngeren nationalen Marke kein relativer Nichtigkeitsgrund aufgrund des erweiterten Schutzes bekannter Marken bestanden hat, weil die ältere Unionsmarke zu diesem Zeitpunkt **noch keine Bekanntheit** iSv Art. 5 Abs. 3 lit. a MRL erlangt hatte. Anders als in Abs. 1 (→ Rn. 40) ist die Einrede des fehlenden erweiterten Schutzes bekannter Marken zum Zeitpunkt der Anmeldung bzw. des Prioritätstags der jüngeren eingetragenen nationalen Marke nach Abs. 2 ausdrücklich darauf beschränkt, dass die ältere Unionsmarke noch keine Bekanntheit erlangt hatte.

D. Einreden von Lizenznehmern

61   Ein Zwischenrecht kann nicht nur durch den beklagten Inhaber der jüngeren Marke geltend gemacht werden, sondern auch durch solche **Beklagte, die von dem Inhaber der bestandskräftigen jüngeren Unionsmarke ein Benutzungsrecht,** etwa durch Lizenzvereinbarung, ableiten können. So kann ein Antrag auf Erklärung des Verfalls oder der Nichtigkeit vor dem Amt nicht nur von dem Inhaber des älteren Rechts gestellt werden, sondern nach Art. 63 Abs. 1 lit. b (→ Art. 63 Rn. 29) iVm Art. 46 (→ Art. 46 Rn. 29) auch von Lizenznehmern, die von den Inhabern dieser Marken hierzu ausdrücklich ermächtigt worden sind, und nach Art. 63 Abs. 1 lit. c (→ Art. 63 Rn. 30) von Personen, die nach dem jeweiligen nationalen Recht berechtigt sind, diese Rechte geltend zu machen. Gleiches muss auch für die **Einrede von Zwischenrechten aus einer bestandskräftigen jüngeren Marke** in Verletzungsverfahren gegen Dritte gelten, die von dem Inhaber der bestandskräftigen jüngeren Marke ein Benutzungsrecht ableiten können.

E. Einreden des Erwerbers der jüngeren Marke

Wird die **jüngere Marke auf einen Dritten übertragen,** so stellt sich die Frage, ob sich der **62** Erwerber der jüngeren Marke ebenfalls auf die Einreden aus Art. 16 berufen kann, die dem ursprünglichen Inhaber der jüngeren Marke gegenüber der älteren Klageunionsmarke zugestanden haben.

Stand dem ursprünglichen Inhaber der jüngeren Marke gegenüber Ansprüchen aus der älteren **63** Unionsmarke die **Einrede eines Zwischenrechts** zu, weil die ältere Unionsmarke am Anmeldetag bzw. Prioritätstag der jüngeren Marke wegen fehlender Unterscheidungskraft oder mangelnder rechtserhaltender Benutzung löschungsreif war, **so dürfte sich auch der Erwerber der jüngeren Marke auf ein solches Zwischenrecht nach Art. 16 berufen können** (vgl. zum Markenrecht BGH GRUR 2000, 1032 (1034) – EQUI 2000; Ingerl/Rohnke MarkenG § 52 Rn. 10).

Gleiches dürfte für die **Einrede** gelten, dass **die jüngere Marke** im Zeitpunkt deren Anmelde- **64** bzw. Prioritätstag **aufgrund fehlender Unterscheidungskraft bzw. mangelnder Bekanntheit** der älteren Unionsmarke **nicht aus relativen Nichtigkeitsgründen hätte gelöscht werden können,** da die jüngere Marke im maßgeblichen Zeitpunkt bestandskräftig war.

Ebenso dürfte sich der Erwerber einer jüngeren Marke erfolgreich auf eine **Zustimmung** des **65** Inhabers der älteren Unionsmarke **zur Eintragung** der jüngeren Marke bzw. jüngeren Agentenmarke berufen können. Gleiches dürfte für den Fall gelten, wenn der Inhaber der älteren Unionsmarke gegenüber dem Veräußerer der jüngeren Marke auf die Geltendmachung von Ansprüchen aus der älteren Unionsmarke gegen die Benutzung der jüngeren Marke verzichtet hat, wie etwa im Rahmen **vertraglicher Nichtangriffsabreden, Abgrenzungsvereinbarungen** oder **sonstiger Verzichtserklärungen,** und der **Erwerber der jüngeren Marke insoweit Rechtsnachfolger ist** (vgl. zum Markenrecht BGH GRUR 2002, 967 (970) – Hotel Adlon).

F. Inhaber sonstiger jüngerer Rechte

Art. 16 regelt ausschließlich die Zwischenrechte und Einreden der Inhaber jüngerer eingetrage- **66** ner Marken. Es stellt sich daher die **Frage, ob auch den** aus einer älteren Unionsmarke angegriffenen **Inhabern sonstiger jüngerer Kennzeichenrechte** iSv Art. 8 Abs. 4 (→ Art. 8 Rn. 175 ff.) und Art. 8 Abs. 6 (→ Art. 8 Rn. 216 ff.) und den angegriffenen **Inhabern sonstiger jüngerer Rechte** iSv Art. 60 Abs. 2 **in analoger Anwendung der Regelung des Art. 16 entsprechende Zwischenrechte und Einreden** gegen die Ansprüche aus einer älteren Unionsmarke einzuräumen sind.

Im **deutschen Markenrecht** ist eine entsprechende Einräumung von Zwischenrechten **67** zugunsten der Inhaber nichteingetragener Kennzeichenrechte **anerkannt** (vgl. BGH GRUR 1994, 288 (291) – Malibu; GRUR 1983, 764 (766) – Haller II; GRUR 1981, 591 (592) – Gigi-Modelle; GRUR 2004, 512 (513) – Leysieffer; OLG Hamburg MD 1998, 396 (401) – Brinkmann II; Ingerl/Rohnke MarkenG § 22 Rn. 16; Ströbele/Hacker/Thiering/Thiering MarkenG § 22 Rn. 34; → MarkenG § 22 Rn. 16 f.).

Der Art. 16 zugrunde liegende Normzweck sowie der Grundsatz der Gleichwertigkeit der **68** Kennzeichenrecht ihrer Art nach sprechen dafür, auch den Inhabern sonstiger jüngerer Kennzeichenrechte iSv Art. 8 Abs. 4 und Art. 8 Abs. 6 und den Inhabern sonstiger jüngerer Rechte iSv Art. 60 Abs. 2 die Einrede eines Zwischenrechts gegenüber Ansprüchen aus einer älteren Unionsmarke, die im Zeitpunkt der Vollendung des jeweiligen Entstehungstatbestandes des jüngeren Rechts wegen fehlender Unterscheidungskraft oder Verfalls wegen mangelnder rechtserhaltender Benutzung löschungsreif war, einzuräumen. Der Inhaber eines sonstigen jüngeren Rechts ist in beiden vorgenannten Fällen ebenso wie die Inhaber eingetragener Marken schutzbedürftig, da er die ältere Klageunionsmarke nicht mehr im Wege eines Nichtigkeitsantrags oder der Erhebung einer Widerklage zu Fall bringen kann, wenn diese durch nachträgliche Benutzung Unterscheidungskraft erlangt hat bzw. nachträglich die rechtserhaltende Benutzung aufgenommen wurde. Die Berufung auf die im Zeitpunkt der Entstehung des jüngeren Rechts löschungsreife und nur noch formal existierende Klageunionsmarke wäre gleichfalls unbillig.

Entsprechendes müsste auch für den Fall gelten, dass im Zeitpunkt der Vollendung des jeweili- **69** gen Entstehungstatbestandes des jüngeren Rechts aus der älteren Unionsmarke mangels erforderlicher Unterscheidungskraft bzw. Bekanntheit keine Ansprüche aus Art. 9 Abs. 2 lit. a, b, c unter dem Gesichtspunkt der Doppelidentität, der Verwechslungsgefahr bzw. Bekanntheit bestanden haben.

70   Demjenigen, der ein **Zeichen lediglich benutzt, ohne dass hierdurch zu seinen Gunsten ein Recht** iSv Art. 8 Abs. 4, Art. 8 Abs. 6 oder Art. 60 Abs. 2 **entsteht,** kann die Möglichkeit, sich auf Zwischenrechte und Einreden im vorgenannten Sinne zu berufen, jedoch nicht eingeräumt werden, da er **insoweit keine schützenswerte Rechtsposition innehat** (zum Markenrecht → MarkenG § 22 Rn. 18). So kann sich derjenige, der ein Zeichen lediglich benutzt, gegenüber dem Inhaber einer Marke auch nicht auf ein sog. Vorbenutzungsrecht berufen.

71   Des Weiteren können den Inhabern sonstiger Rechte iSv Art. 8 Abs. 4, Art. 8 Abs. 6 oder Art. 60 Abs. 2 aus dem über Art. 129 Abs. 2, 3 (→ Art. 129 Rn. 1 ff.) anwendbaren nationalen Recht sonstige Einreden, wie etwa die Einrede der Verwirkung, der Verjährung oder des Rechtsmissbrauchs, zur Verfügung stehen.

G. Verhältnis von Abs. 1 und 2 zu Art. 127 Abs. 1

72   Nach Art. 127 Abs. 1 (→ Art. 127 Rn. 1) haben die Unionsmarkengerichte von der Rechtsgültigkeit der Unionsmarke auszugehen, sofern diese nicht durch den Beklagten mit einer Widerklage auf Erklärung des Verfalls oder der Nichtigkeit angefochten wird. Nach Art. 127 Abs. 3 (→ Art. 127 Rn. 17 f.) ist ferner der Einwand des Verfalls der Unionsmarke wegen mangelnder ernsthafter Benutzung zum Zeitpunkt der Verletzungsklage zulässig. Art. 16 erweitert nunmehr die in Art. 99 zugelassenen Einwände des Beklagten gegen die Rechtsgültigkeit der Klageunionsmarke in einem Rechtsstreit vor einem Unionsmarkengericht bezogen auf den Anmeldetag bzw. Prioritätstag der jüngeren eingetragenen Verletzungsmarke.

H. Koexistenz (Abs. 3)

73   Abs. 3 stellt klar, dass die bestandskräftige, eingetragene jüngere Marke und die Klageunionsmarke **hinsichtlich ihrer tatsächlichen Benutzung miteinander koexistieren** (zum Markenrecht → MarkenG § 22 Rn. 27; Ingerl/Rohnke MarkenG § 22 Rn. 17). Der beklagte Inhaber der eingetragenen jüngeren Marke ist daher im Verletzungsverfahren nicht berechtigt, gegen die Benutzung der älteren Unionsmarke vorzugehen.

74   Für das **Löschungsverfahren wegen relativer Nichtigkeitsgründe enthält Art. 61 Abs. 3** (→ Art. 61 Rn. 19) eine entsprechende Koexistenzregelung, wenn der Nichtigkeitsantrag aufgrund Verwirkung durch Duldung unbegründet ist.

I. Beweislast

75   Soweit die UMV keine Regelung für Verfahrensvorschriften enthält, kommen die Verweisungsvorschriften des Art. 129 Abs. 3 für alle Verfahrensfragen als zentrale Verweisungsvorschriften zur Anwendung (→ Art. 129 Rn. 1). Das vom Unionsmarkengericht in einem Verletzungsverfahren anwendbare Verfahrensrecht bestimmt sich daher hauptsächlich nach dem Recht des Forum-Staates, das bei Verletzung nationaler Marken Anwendung findet. Dies betrifft auch Beweisregeln und die Beweislastverteilung (vgl. zur GGV EuGH C-479/12, GRUR 2014, 368 Rn. 42 – Gautzsch).

76   Nach deutschem Verfahrensrecht hat der Inhaber des angegriffenen jüngeren Kennzeichenrechts darzulegen und zu beweisen, dass die Verletzungsansprüche des Inhabers des prioritätsälteren Kennzeichenrechts ausgeschlossen sind, weil das jüngere Kennzeichenrecht bestandskräftig geworden ist (vgl. Ingerl/Rohnke MarkenG § 22 Rn. 11). Auch bei Einreden trifft grundsätzlich denjenigen die Darlegungs- und Beweislast, der die Einrede vorbringt.

77   Allerdings kann sich der Inhaber des angegriffenen jüngeren Kennzeichenrechts auf Beweiserleichterungen berufen. So trifft den Inhaber des prioritätsälteren Kennzeichenrechts eine sekundäre Darlegungs- und Beweislast dafür, dass seine Marke oder geschäftliche Bezeichnung am Anmelde- bzw. Prioritätstag der prioritätsjüngeren Marke bereits bekannt gewesen ist (weitergehender Ströbele/Hacker/Thiering/Thiering MarkenG § 22 Rn. 10). Den Inhaber der prioritätsälteren Marke trifft ferner eine sekundäre Darlegungs- und Beweislast dafür, dass seine prioritätsältere Marke nicht wegen mangelnder rechtserhaltender Benutzung gemäß löschungsreif gewesen ist (vgl. zu § 22 MarkenG BGH GRUR 2009, 60 Rn. 19 – LOTTOCARD; Kochendörfer WRP 2007, 258 (263)).

78   Der Inhaber des angegriffenen jüngeren Kennzeichenrechts muss substantiiert vortragen und beweisen, dass die prioritätsältere Marke entgegen Art. 4, 5 oder 7 eingetragen worden ist und

das absolute Schutzhindernis noch vorgelegen hat, als die Eintragung der prioritätsjüngeren Marke veröffentlicht worden ist. Zudem muss er nachweisen, dass ein Löschungsantrag gemäß Art. 59, 63 keine Aussicht auf Erfolg hat, etwa weil das absolute Schutzhindernis, welches im Zeitpunkt der Veröffentlichung der Eintragung der prioritätsjüngeren Marke bestanden hat, nachträglich weggefallen ist. Hierzu muss er substantiiert Hinweise auf Umstände vortragen, die den späteren Fortfall des absoluten Schutzhindernisses belegen (vgl. zu § 22 MarkenG BGH GRUR 2003, 1040 (1042) – Kinder).

Art. 17 Ergänzende Anwendung des einzelstaatlichen Rechts bei Verletzung

(1) [1]**Die Wirkung der Unionsmarke bestimmt sich ausschließlich nach dieser Verordnung.** [2]**Im Übrigen unterliegt die Verletzung einer Unionsmarke dem für die Verletzung nationaler Marken geltenden Recht gemäß den Bestimmungen des Kapitels X.**

(2) Diese Verordnung lässt das Recht unberührt, Klagen betreffend eine Unionsmarke auf innerstaatliche Rechtsvorschriften insbesondere über die zivilrechtliche Haftung und den unlauteren Wettbewerb zu stützen.

(3) Das anzuwendende Verfahrensrecht bestimmt sich nach den Vorschriften des Kapitels X.

Überblick

Nach Art. 17 Abs. 1 ergeben sich die materiell-rechtlichen Wirkungen der Unionsmarke allein aus der UMV (Abs. 1 S. 1), während für Verletzungsfragen das nationale Recht der Mitgliedstaaten (Abs. 1 S. 2) zur Anwendung kommt (→ Rn. 1). Abs. 2 stellt klar, dass sonstige, außermarken-rechtliche nationale Ansprüche wegen der Verletzung einer Unionsmarke keiner Beschränkung durch die UMV unterliegen (→ Rn. 2). Abs. 3 verweist auf das anzuwendende Verfahrensrecht der Vorschriften des Kapitels X, namentlich der Art. 122 ff. (→ Rn. 3).

A. Wirkungen der Unionsmarke (Abs. 1)

Art. 17 hat in erster Linie klarstellenden Charakter und ist zentrale **Verweisungsnorm.** Er **1** dient als Trennlinie zwischen nationalem Recht und Unionsrecht in Bezug auf die Unionsmarke. Abs. 1 S. 1 stellt wenig überraschend klar, dass sich die materiell-rechtlichen Wirkungen der Unionsmarke allein aus der UMV selbst ergeben. Der eigentliche Sinn dieser Feststellung erschließt sich erst in Abs. 1 S. 2: Die UMV regelt eben **nur** die **materielle Wirkung** der Unionsmarke abschließend, **nicht** aber die **Rechtsfolgen im Verletzungsfall.** In der UMV selbst sind im Grunde nur die **Verbots- und damit Unterlassungsansprüche** geregelt (Art. 9, 13 und Art. 25 Abs. 2 iVm Art. 130 Abs. 1). Daneben enthält sie spezielle Ansprüche in Art. 12 (Markenhinweis in Nachschlagewerken) und Art. 21 (Übertragungsanspruch von Agentenmarken). **Schadensersatz- oder Auskunftsansprüche** enthält sie aber nicht. Verletzungsansprüche dieser Art richten sich daher gemäß Art. 17 Abs. 1 S. 2 iVm Art. 130 Abs. 2 nach dem **nationalen Recht** desjenigen Mitgliedstaates, **in dessen Gebiet die Verletzung begangen** wurde. Im deutschen Recht wurde dementsprechend § 119 Nr. 2 MarkenG geschaffen, der die nationalen Vorschriften für Schadens-ersatz, Vernichtung, Rückruf, Auskunft und weitere Nebenansprüche für die Unionsmarke für anwendbar erklärt.

B. Nationale außermarkenrechtliche Ansprüche (Abs. 2)

Nach Abs. 2 haben die Vorschriften der UMV keinen Einfluss auf die Anwendbarkeit **nationa- 2 ler Ansprüche außerhalb des Markenrechts.** Abs. 2 nennt beispielhaft zivilrechtliche Haftungs-ansprüche und Ansprüche aus dem Gesetz gegen den unlauteren Wettbewerb. Damit sind insbe-sondere Ansprüche aus **Produkthaftung** und **Wettbewerbsverstoß** wie zB die unlautere Anlehnung oder Rufausbeutung gemeint, soweit die Unionsmarke jeweils Anknüpfungspunkt ist (Eisenführ/Schennen/Eberhardt Rn. 5). Immer dann, wenn eine nationale Marke zusätzlich, außermarkenrechtlichen **Schutz** genießen würde, soll dies auch für die Unionsmarke gelten. Umgekehrt kann auch **gegen** die Unionsmarke vorgegangen werden, wenn eine gleichlautende nationale Marke gegen eine außerkennzeichenrechtliche Norm verstoßen würde.

C. Verfahrensrecht (Abs. 3)

3   Abs. 3 ist ein rein deklaratorischer Verweis auf die **Verfahrensvorschriften** der UMV in den **Art. 122 ff.** (→ MarkenG § 94 Rn. 1 ff.).

Abschnitt 3. Benutzung der Unionsmarke

Art. 18 Benutzung der Unionsmarke

(1) [1] Hat der Inhaber die Unionsmarke für die Waren oder Dienstleistungen, für die sie eingetragen ist, innerhalb von fünf Jahren, gerechnet von der Eintragung an, nicht ernsthaft in der Union benutzt, oder hat er eine solche Benutzung während eines ununterbrochenen Zeitraums von fünf Jahren ausgesetzt, so unterliegt die Unionsmarke den in dieser Verordnung vorgesehenen Sanktionen, es sei denn, dass berechtigte Gründe für die Nichtbenutzung vorliegen.

[2] Folgendes gilt ebenfalls als Benutzung im Sinne des Unterabsatzes 1:

a) die Benutzung der Unionsmarke in einer Form, die von der Eintragung nur in Bestandteilen abweicht, ohne dass dadurch die Unterscheidungskraft der Marke beeinflusst wird, unabhängig davon, ob die Marke in der benutzten Form auch auf den Namen des Inhabers eingetragen ist;

b) das Anbringen der Unionsmarke auf Waren oder deren Verpackung in der Union ausschließlich für den Export.

(2) Die Benutzung der Unionsmarke mit Zustimmung des Inhabers gilt als Benutzung durch den Inhaber.

Überblick

Art. 18 regelt die materiellrechtlichen Anforderungen an die rechtserhaltende Benutzung. Die Folgen der Nichtbenutzung sind in den weiteren Vorschriften geregelt, auf die Art. 18 verweist (→ Rn. 4). Die Benutzungsschonfrist beträgt fünf Jahre. Der Markeninhaber hat also fünf Jahre ab Eintragung Zeit, die Unionsmarke in Benutzung zu nehmen. Falls dann keine Benutzung stattfindet oder der Markeninhaber keine berechtigten Gründe für eine Nichtbenutzung geltend machen kann, ist die Marke latent löschungsreif (→ Rn. 40). Gemäß Art. 18 muss eine ernsthafte, markenmäßige Benutzung in der Union für die geschützten Waren und Dienstleistungen stattfinden (→ Rn. 7). Zwar ist die Marke generell in ihrer eingetragenen Form zu benutzen, aus Art. 18 Abs. 1 lit. a ergibt sich jedoch, dass eine rechtserhaltende Benutzung auch dann gegeben ist, wenn zwar eine abweichende Form benutzt, die Unterscheidungskraft der Marke dadurch aber nicht beeinflusst wird (→ Rn. 66). Dies gilt auch dann, wenn die benutzte abweichende Form ebenfalls als Marke eingetragen ist (Art. 18 Abs. 1 lit. a aE). Während die Unionsmarke in der Regel in der Union zu benutzen ist, legt Art. 18 Abs. 1 lit. b fest, dass das Anbringen der Unionsmarke auf Waren oder deren Aufmachung in der Union ausschließlich für den Export als ernsthafte Benutzung iSv Art. 18 gilt (→ Rn. 63). Schließlich sieht Art. 18 Abs. 2 vor, dass eine Benutzung der Unionsmarke mit Zustimmung des Inhabers durch einen Dritten als Benutzung durch den Inhaber gilt, was den Benutzungsnachweis im Falle einer Benutzung durch einen Lizenznehmer oder ein Tochterunternehmen deutlich vereinfacht (→ Rn. 96).

Übersicht

A. Allgemeines

Art. 18 regelt die **Benutzungspflicht.** Die Folgen der Nichtbenutzung sind jedoch nicht in **1** Art. 18, sondern in weiteren Vorschriften geregelt. Bereits die Präambel der UMV stellt klar, dass die Rechte aus der Unionsmarke den Markeninhaber nur dann berechtigen, wenn die Marke auch tatsächlich benutzt wird (s. Erwägungsgrund 24). **Reine Defensivmarken soll es also nicht geben** (zur Benutzungsabsicht als Voraussetzung des Markenschutzes → Einl. Rn. 294 ff.). Das EuG und später auch der EuGH stellten daher in der Rs. „LUCEO" fest, dass eine Anmelde-strategie, die ausschließlich auf eine Sperrposition statt auf eine Benutzung der Marke gerichtet ist, bösgläubig ist (EuG T-82/14, BeckRS 2016, 81483, GRUR-Prax 2016, 373 mAnm Rieken; EuGH C-101/17 P, BeckRS 2017, 136107). In diesem Zusammenhang ist auch auf die Entschei-dung des EuGH in der Rs. „Skykick" zu verweisen, in der der EuGH ua feststellte, dass die Anmeldung einer Marke ohne die Absicht, sie für die von der Eintragung erfassten Waren und Dienstleistungen zu benutzen, bösgläubiges Handeln darstellen kann, wenn der Anmelder der betreffenden Marke die Absicht hatte, entweder in einer den redlichen Handelsbräuchen wider-sprechenden Weise Drittinteressen zu schaden oder sich auch ohne Bezug zu einem konkreten Dritten ein ausschließliches Recht zu anderen als zu den zur Funktion einer Marke gehörenden Zwecken zu verschaffen (EuGH C-371/18, GRUR 2020, 288).

Die sog. **Benutzungsschonfrist** beträgt **fünf Jahre.** Der Markeninhaber hat fünf Jahre ab **2** Registrierung Zeit, die Marken in Benutzung zu nehmen. Der Gesetzgeber hat hier berücksich-tigt, dass der Markeninhaber in der Regel umfangreiche und zeitraubende Vorbereitungen für die Benutzungsaufnahme treffen muss und insoweit eine unmittelbare Benutzungsaufnahme im Regelfall kaum zumutbar wäre (Eisenführ/Schennen/Holderied Rn. 1). Nach Ablauf der Frist kann der Markeninhaber seine Rechte an der Marke nur noch insoweit durchsetzen, als auch eine Benutzung stattfindet oder berechtigte Gründe für die Nichtbenutzung vorliegen. Wenn die Unionsmarke auch nach fünf Jahren nach Eintragung nicht in Benutzung genommen wurde und keine berechtigten Gründe für die Nichtbenutzung vorliegen, ist diese latent löschungsreif (zum Verfallsverfahren → Art. 58 Rn. 8). Die (Wieder-)Aufnahme einer Benutzung heilt jedoch die Löschungsreife.

Der **Normzweck** des Erfordernisses, dass eine Marke ernsthaft benutzt worden sein muss, **3** besteht darin, Markenkonflikte zu begrenzen, soweit kein berechtigter wirtschaftlicher Grund vorliegt, der einer tatsächlichen Funktion der Marke auf dem Markt entspringt. Diese Auslegung wird durch Erwägungsgrund 31 MRL gestützt, in der in auf dieses Ziel ausdrücklich Bezug genom-men wird (s. auch EuG T-174/01, GRUR Int 2003, 763 Rn. 38 – Silk Cocoon).

B. Prozessuale Einbindung des Art. 18

Aus Art. 18 ergeben sich die materiellrechtlichen Anforderungen an die rechtserhaltende Benut- **4** zung. Die Folgen der Nichtbenutzung sind in Vorschriften geregelt, auf die Art. 18 verweist. Bedeutung hat Art. 18 im Hinblick auf den in Art. 47(2) geregelten Benutzungsnachweis im Widerspruchsverfahren (→ Art. 47 Rn. 6), im Nichtigkeitsverfahren nach Art. 64 Abs. 2 (→ Art. 64 Rn. 21) sowie im Verfallsverfahren nach Art. 58 (→ Art. 58 Rn. 8). Von hoher praktischer Bedeutung sind zudem der Verfallseinwand nach Art. 127 Abs. 3 (→ Art. 127 Rn. 17) sowie die Widerklage nach Art. 128 (→ Art. 128 Rn. 15), mit der die Erklärung des Verfalls einer Unions-marke aufgrund von Nichtbenutzung erreicht werden kann. Relevanz hat Art. 18 auch im Rah-men der nunmehr auch auf Unionsmarkenebene geregelten Zwischenrechte nach Art. 16 (→ Art. 16 Rn. 1).

4.1 **Art. 47:** Im Rahmen des Widerspruchsverfahrens kann der Anmelder gemäß Art. 47 Abs. 2 den Widersprechenden zum Nachweis der Benutzung der älteren Marke auffordern, wenn diese im Zeitpunkt des Widerspruchs bereits dem Benutzungszwang unterlag. Dieser Antrag ist nach der Neuregelung des Art. 10 Abs. 1 DVUM nun in einem gesonderten Schriftstück zu stellen. Der Antrag muss zudem bedingungslos sein und innerhalb der vom Amt nach Art. 8 Abs. 2 DVUM gesetzten Frist erfolgen. Den Widersprechenden trifft dann die Beweislast, den Nachweis einer ernsthaften Benutzung zu erbringen. Nach Art. 10 Abs. 3 DVUM ist der Markeninhaber verpflichtet, Angaben über Ort, Zeit, Umfang und Art der Benutzung zu erbringen. Diese Anforderungen an den Benutzungsnachweis sind kumulativ (EuG T-92/09, BeckEuRS 2010, 524278 Rn. 43 – STRATEGI). Zu den Anforderungen an den Benutzungsnachweis im Widerspruchsverfahren → Art. 47 Rn. 15 ff.

4.2 **Art. 64:** Auf Grundlage von Art. 64 kann ein Markeninhaber die Erklärung der Nichtigkeit einer jüngeren Unionsmarkeneintragung aufgrund relativer Eintragungshindernisse beantragen. Der Inhaber der jüngeren Marke kann jedoch im Gegenzug den Nachweis der Benutzung der älteren Marke verlangen (→ Art. 64 Rn. 20 ff.)

4.3 **Art. 58:** Auf einen Verfallsantrag nach Art. 58 kann eine Unionsmarke aufgrund von Nichtbenutzung für verfallen erklärt werden. Voraussetzung für die Nichtigerklärung ist, dass die Unionsmarke innerhalb eines ununterbrochenen Zeitraums von fünf Jahren für die eingetragenen Waren oder Dienstleistungen in der Union nicht ernsthaft benutzt worden ist oder keine berechtigten Gründe für die Nichtbenutzung vorliegen (→ Art. 58 Rn. 8 ff.).

4.4 **Art. 127 Abs. 3:** Im Rahmen von Verletzungsklagen wird oftmals die Wirksamkeit der älteren Unionsmarke in Frage gestellt. Art. 99 stellt den Grundsatz auf, dass generell von der Wirksamkeit der Unionsmarke auszugehen ist, sofern nicht deren Wirksamkeit vom Beklagten in Frage gestellt wird. Art. 127 Abs. 3 stellt klar, dass der Beklagte in einem Verletzungsverfahren den Einwand des Verfalls der Unionsmarke nicht im Wege der Widerklage geltend machen muss, sondern sich lediglich darauf zu berufen braucht, dass die Unionsmarke zum Zeitpunkt der Verletzungsklage für verfallen erklärt werden konnte (→ Art. 127 Rn. 17).

4.5 **Art. 128:** Der Beklagte im Verletzungsverfahren kann nach Art. 128 im Wege der Widerklage die Wirksamkeit einer Unionsmarke angreifen. Dies beinhaltet auch die Verfallserklärung aufgrund fehlender ernsthafter Benutzung. Art. 128 Abs. 5 verweist insoweit ausdrücklich auf die Regelungen des Art. 64 Abs. 2–5 (→ Art. 128 Rn. 15).

4.6 **Art. 16:** Eine (vorübergehende) Nichtbenutzung kann nach Art. 16 dazu führen, dass der Inhaber einer Unionsmarke nicht berechtigt ist, die Benutzung einer später eingetragenen Unions- oder nationalen Marke zu untersagen. Zusätzlich zu den Verteidigungsmöglichkeiten der Einrede der mangelnden Benutzung nach Art. 127 Abs. 3 oder der Widerklage nach Art. 128 kann der beklagte Inhaber einer später eingetragenen Unions- oder nationalen Marke nunmehr die mögliche Löschungsreife der älteren Unionsmarke als Einrede geltend machen (→ Art. 16 Rn. 10 ff.).

5 Art. 18 gilt direkt nur für Unionsmarken. In Bezug auf nationale Marken, Benelux-Marken und Internationale Registrierungen ist im Hinblick auf das Widerspruchsverfahren Art. 47 Abs. 3 iVm Art. 8 Abs. 2 lit. a zu berücksichtigen. Zudem ist der Begriff der Benutzungspflicht durch Art. 16 MRL harmonisiert, weshalb für nationale Marken in der Sache dasselbe gilt wie für Unionsmarken. Bei nationalen Marken ist eine Benutzung jedoch in dem Mitgliedstaat nachzuweisen, in dem die Marke eingetragen ist (→ Rn. 64).

6 Die Beweislast, den Nachweis einer ernsthaften Benutzung zu erbringen, liegt im Rahmen des Verfallsverfahrens gemäß Art. 19 Abs. 1 DVUM beim UM-Inhaber. Gleiches gilt im Widerspruchsverfahren für den Widersprechenden und Inhaber der älteren, dem Benutzungszwang unterliegenden Marken (s. Art. 10 DVUM).

C. Benutzungspflicht

7 Art. 18 verlangt, dass eine **ernsthafte Benutzung in der Union** stattfindet. Die Marke muss also **„ernsthaft"** benutzt werden, was eine umfangreiche und markenmäßige Benutzung sowie eine Benutzung im Zusammenhang mit den **geschützten Waren und Dienstleistungen** voraussetzt. Jedoch kann nicht jede kommerzielle Benutzung einer Marke automatisch als „ernsthafte" Benutzung anerkannt werden, da die Benutzung im Lichte des jeweiligen Wirtschaftszweiges zu betrachten ist (s. EuG T-355/09, GRUR Int 2013, 340 Rn. 32 – Walzertraum). Zudem muss die Benutzung im relevanten Zeitraum, welcher je nach Verfahrensart variieren kann, und **in der Union** stattfinden (→ Rn. 55). Außerdem muss die Marke entweder wie eingetragen oder in einer abweichenden Form benutzt werden, durch die die Unterscheidungskraft der Marke nicht beeinflusst wird.

I. Ernsthaftigkeit der Benutzung

Art. 18 verlangt, dass die Benutzung „ernsthaft" ist. Unter ernsthafter Benutzung ist nach **8** Ansicht des EuGH in der Rs. „Ansul" eine Benutzung zu verstehen, die nicht symbolisch allein zum Zweck der Wahrung der durch die Marke verliehenen Rechte erfolgt, sondern die der Hauptfunktion der Marke entspricht, dem Verbraucher die Ursprungsidentität einer Ware oder Dienstleistung zu garantieren, indem ihm ermöglicht wird, diese Ware oder Dienstleistung ohne Verwechslungsgefahr von Waren oder Dienstleistungen anderer Herkunft zu unterscheiden (EuGH C-40/01, GRUR 2003, 425 Rn. 36 – Ansul). Es muss also eine **tatsächliche nach außen gerichtete Benutzung** stattfinden. Eine reine **Scheinbenutzung,** die ausschließlich dazu dienen soll, die Markenrechte zu erhalten, aber keine wirtschaftliche Bedeutung im geschäftlichen Verkehr besitzt, ist nicht ausreichend.

Die Ernsthaftigkeit der Benutzung einer Marke ist anhand sämtlicher Tatsachen und Umstände **9** zu beurteilen, die die tatsächliche geschäftliche Verwertung der Marke belegen können. Dazu gehören insbesondere Verwendungen, die **im betreffenden Wirtschaftszweig** als gerechtfertigt angesehen werden, um Marktanteile für die durch die Marke geschützten Waren oder Dienstleistungen zu halten oder hinzuzugewinnen. Zudem sind die Merkmale des Marktes sowie der Umfang oder die Häufigkeit der Benutzung der Marke von besonderer Bedeutung für die Feststellung, ob eine ernsthafte Benutzung stattfindet (EuG T-353/12, BeckRS 2013, 81014 Rn. 17 – Alaris).

1. Umfang der Benutzung

Ob eine ernsthafte Benutzung stattfindet, wird regelmäßig an dem Kriterium des „Umfangs **10** der Benutzung" festgemacht. Wenn eine **intensive** Benutzung über einen **langen Zeitraum** stattfindet, spricht dies dafür, dass die Benutzung der Schaffung oder Erhaltung eines Marktanteils dient und damit als ernsthaft anzusehen ist. In welchem Umfang eine Marke rechtserhaltend zu benutzen ist, ist jeweils im Einzelfall zu entscheiden. Der Gesetzestext enthält keine Hinweise auf die zu fordernde Intensität. Entscheidend ist, dass der Markeninhaber eine tatsächliche geschäftliche Verwertung der Marke belegt (auch → MarkenG § 26 Rn. 75).

Gefordert wird grundsätzlich nicht, dass ein Markeninhaber wirtschaftlich erfolgreich ist (EuG **11** T-21/14, BeckRS 2015, 81605 Rn. 37 – SANDTER 1953). Im „La Mer"-Beschluss stellte der EuGH den Grundsatz auf, dass eine **De-minimis-Regel grundsätzlich nicht** aufgestellt werden kann (EuGH C-259/02 Rn. 25 – La Mer). Eine Einschränkung erfährt dieser Grundsatz jedoch dann, wenn die Benutzung so gering ist, dass lediglich eine Scheinbenutzung zur Aufrechterhaltung der Markenrechte anzunehmen ist oder die Benutzung im jeweiligen Wirtschaftsbereich als unbedeutend und damit als nicht ausreichend angesehen werden muss.

Bezüglich des Umfangs der Benutzung sind insbesondere das **Handelsvolumen,** der **Benut- 12 zungszeitraum** oder die **Häufigkeit** der nachgewiesenen Benutzung relevant (EuG T-334/01, GRUR Int 2004, 955 Rn. 35 – HIPOVITON). Zwischen diesen einzelnen Faktoren besteht eine gewisse Wechselbeziehung, weshalb ein geringeres Volumen durch eine große Häufigkeit oder Konstanz ausgeglichen werden kann und umgekehrt (EuG T-334/01, GRUR Int 2004, 955 Rn. 36 – HIPOVITON).

Entscheidend ist, ob die Benutzung **im betreffenden Wirtschaftsraum** als gerechtfertigt **13** angesehen werden kann. Bei Konsumgütern, die in hohen Stückzahlen vertrieben werden, mag ein anderer Maßstab anzulegen sein, als etwa bei hochspezialisierten technischen Anlagen, die nur in geringen Stückzahlen, aber zu hohen Preisen vertrieben werden (s. etwa EUIPO 2. BK 4.9.2007 – R 35/2007-2 – DINKY, in der der Verkauf von rund 1000 Miniatur-Spielzeugautos als ausreichend anerkannt wurde, da diese zu einem hohen Preis in einem besonderen Markt an Sammler verkauft werden). Auch der Verkauf von Waren an lediglich einen Kunden kann im Hinblick auf die weiteren Umstände als ausreichend angesehen werden (EuGH C-259/02 Rn. 24, 25 – La Mer).

Der Grundsatz, dass eine De-minimis-Regel nicht aufgestellt werden kann, gilt auch in Anse- **14** hung der jüngeren Rechtsprechung, durch die dieser Grundsatz jedoch relativiert wurde (s. etwa EuG T-21/14, BeckRS 2015, 81605 Rn. 35 – SANDTER 1953). Es ist eine klare Tendenz zu erkennen, dass das EuG bei Massenprodukten einen höheren Maßstab zu verlangen scheint und bei nur geringer zeitlicher oder volumenmäßiger Benutzung eine ernsthafte Benutzung ablehnt (s. etwa EuG T-355/09, GRUR Int 2013, 340 – Walzertraum; bestätigt durch EuGH C-141/13 P, GRUR Int 2014, 956; EuG T-495/12 bis T-497/12, BeckRS 2014, 81641 – Dracula; T-533/ 19, BeckEuRS 2019, 607738 Rn. 76 – T-FLOORING).

14.1   In der Rs. „**Walzertraum**" konnte der Markeninhaber über einen Zeitraum von 22 Monaten den konstanten monatlichen Verkauf von rund 3,6 kg exklusiver, handgemachter Schokoladewaren nachweisen. Der Verkauf erfolgte jedoch ausschließlich in einer Bäckerei in einer relativ kleinen Stadt in Deutschland. Obwohl die Schokolade auch auf der Webseite des Markeninhabers, die weltweit zugänglich ist, beworben wurde, konnte sie nur in der Bäckerei des Markeninhabers bestellt und erworben werden. Aufgrund der territorialen Beschränkung und der mengenmäßig relativ niedrigen Verkaufszahlen für ein Massenprodukt wie Schokolade hielt das Gericht die nachgewiesene Benutzung der dem Rechtsstreit zugrundeliegenden deutschen Marke nicht für ausreichend.

14.2   In der Rs. „**Dracula**" verneinte das EuG das Vorliegen einer ernsthaften Benutzung, da der Markeninhaber zum Nachweis der Benutzung der älteren Marke für Wodka lediglich sechs Rechnungen vorlegte, die nur einen Zeitraum von zweieinhalb Monaten abdeckten. Zudem wurde nur ein Verkauf von 900 Einheiten pro Monat nachgewiesen. Das Gericht berücksichtigte hier, dass dieses Volumen im Hinblick auf den durchschnittlichen Wodka-Konsum im relevanten Territorium Rumänien als marginal anzusehen sei. Mengenmäßig war die Benutzung jedoch der in VITAFRUIT vergleichbar gewesen, wo es um Fruchtsäfte ging und eine ernsthafte Benutzung angenommen wurde (EuGH C-416/04 P, GRUR Int 2005, 47 – VITAFRUIT).

14.3   Der Verkauf von ungefähr 6.000 Keks-Packungen und ein Umsatz von unter 2.500 Euro wurde als ausreichend zum Nachweis einer rechtserhaltenden Benutzung angesehen (EuG T-404/16, BeckRS 2017, 128793 – Galletas Gullón/O2 Holding). Das EuG berücksichtigte hier, dass trotz der eingeschränkten mengenmäßigen Benutzung ein regelmäßiger Verkauf über einen längeren Zeitraum stattfand. Zudem hatte der Markeninhaber zahlreiche Nachweise über Werbemaßnahmen sowie Presseartikel, die die streitgegenständliche Marke zeigten, erbracht.

14.4   Dass das EuG im Nahrungsmittelbereich hohe Hürden hinsichtlich des notwendigen Umfangs der Benutzung anlegt, wurde auch in der Rs. „Koala-Bären" bestätigt (EuG T-41/17, BeckRS 2018, 14862 – Koala-Bären). Bei Kekspackungen handele es sich um an die breite Öffentlichkeit gerichtete, preisgünstige Massenkonsumgüter. Zudem sei der Markt für diese Waren von beachtlicher Größe, weshalb eine nachgewiesene Verkaufsmenge von etwas mehr als 7.000 Verpackungen nur als gering angesehen werden könne. Der Nachweis eines erzielten Umsatzes von 3.709 EUR im Jahr 2005 und ein Umsatz von lediglich 862 EUR im Jahr 2003 wurde daher als verschwindend gering angesehen. Da der Markeninhaberin das geringe Volumen auch nicht durch eine große Häufigkeit oder große zeitliche Kontinuität ausgleichen konnte, wurde der Benutzungsnachweis insgesamt als nicht hinreichend zurückgewiesen.

2. Markenmäßige Benutzung

15   Es muss eine markenmäßige Benutzung gegeben sein. Eine rein beschreibende Benutzung einer Marke, die nicht dazu dient, die Waren eines Anbieters von denen eines anderen Anbieters zu unterscheiden, kann keine ernsthafte Benutzung iSd Art. 18 darstellen (EuGH C-416/04 P, GRUR Int 2005, 47 Rn. 70 – VITAFRUIT; C-194/17 P, BeckRS 2019, 640 Rn. 83–85, in GRURPrax 2019, 132 nicht wiedergegeben – CYSTUS).

16   Für eine rechtserhaltende Benutzung ist es nicht notwendig, die Marke unmittelbar an der Ware anzubringen. Eine Benutzung einer Marke **im konkreten Zusammenhang mit dem Produkt**, etwa in der **Werbung** oder auf **Verpackungen** ist in der Regel ausreichend. Voraussetzung ist jedoch, dass eine eindeutige Verbindung zwischen der Benutzung der Marke und den betreffenden Waren oder Dienstleistungen besteht (EuG T-105/13, BeckRS 2014, 82651 Rn. 28 – TrinkFix).

16.1   In der Rs. „THINK DIFFERENT" (EuG T-26/21, GRUR-RS 2022, 12473) sah das EuG eine markenmäßige Benutzung des Werbeslogans „THINK DIFFERENT" durch Apple Inc. im Zusammenhang mit Waren der Klasse 9 nicht gegeben. Das Gericht und die Beschwerdekammer hatten bei der Verneinung einer ernsthaften Benutzung insbesondere in Betracht gezogen, dass der Slogan auf der Verpackung ausschließlich in sehr kleiner Schrift unterhalb der technischen Beschreibung der iMac Computer und direkt oberhalb des Barcodes erschien. Daher bestätigte das Gericht die Auffassung der Beschwerdekammer, dass der Slogan hier eben nicht markenmäßig im Sinne einer Herkunftsfunktion für die betreffenden Waren eingesetzt wurde (s. EuG T-26/21, GRUR-RS 2022, 12473 Rn. 93, 94 – THINK DIFFERENT).

17   Eine rein interne Benutzung ist nicht ausreichend (EuGH C-40/01, GRUR 2003, 425 Rn. 37 – Ansul). Vielmehr muss die Marke, so wie sie in dem fraglichen Gebiet geschützt ist, **öffentlich** und **nach außen gerichtet** benutzt werden (EuG T-174/01, GRUR Int 2003, 763 Rn. 39 – Silk Cocoon; auch → MarkenG § 26 Rn. 51 ff.). Eine Benutzung, die ausschließlich innerhalb eines **Franchise Netzwerkes** erfolgt, ist, wenn keine weitere nach Außen gerichtete Benutzung stattfindet, **nicht ausreichend, um als ernsthafte Benutzung iSv Art. 18 anerkannt zu**

werden (s. EuG T-584/14, BeckRS 2015, 81703 Rn. 26–40 – Zara). In der Rs. Zara ging es um Transportdienstleistungen innerhalb eines Franchise-Netzwerkes eines großen Bekleidungsunternehmens. Das EuG verneinte eine nach Außen gerichtete Benutzung, da die Franchisenehmer, obwohl diese als unabhängige Unternehmen anzusehen seien, in die allgemeine interne Organisation des Franchisegebers eingebunden waren (s. in diesem Zusammenhang auch EuG T-910/16 – TESTA ROSSA – hier wurde eine nach Außen gerichtete Benutzung durch Franchisenehmer aufgrund weiterer Verkäufe an Dritte als hinreichend anerkannt).

In der „Radetzky-Orden"-Entscheidung hat der EuGH entschieden, dass die Tatsache, dass **18** ein karitativer Verein keine Gewinnerzielungsabsicht verfolgt, nicht ausschließt, dass er bestrebt sein kann, für seine Waren oder Dienstleistungen einen Absatzmarkt zu erschließen oder zu sichern (EuGH C-442/07, GRUR 2009, 156 = EuZW 2009, 114 Rn. 17 – Radetzky-Orden). Daher war nach Ansicht des EuGH Art. 12 MRL 1989 so auszulegen, dass eine Marke dann ernsthaft benutzt wird, wenn ein ideeller Verein sie in der **Öffentlichkeit** auf Ankündigungen von Veranstaltungen, auf Geschäftspapieren und auf Werbematerial verwendet, und sie von Mitgliedern beim Sammeln und Verteilen von Spenden in der Form verwendet wird, dass die Mitglieder entsprechende Ansteckzeichen tragen. Jedoch stellte der EuGH gleichzeitig klar, dass die Verwendung einer Marke durch einen ideellen Verein bei der Ankündigung oder Bewerbung rein privater Veranstaltungen eine interne Verwendung der Marke und keine „ernsthafte Benutzung" darstellt (EuGH C-442/07, EuZW 2009, 114 Rn. 22 – Radetzky-Orden).

Diese restriktive Auffassung des EuGH zu der Benutzung einer Marke auf privaten Veranstaltungen **18.1** durch einen ideellen Verein ist nicht unkritisch. Schließlich sind viele gemeinnützige Organisationen von Mitgliedsbeiträgen oder Spenden finanziell abhängig. In der Regel sind diese Mitgliedsbeiträge oder Spenden die einzige Einnahmequelle und alle Dienstleistungen des Vereins oder der Organisation werden ansonsten kostenlos den Mitgliedern gegenüber erbracht. Daher wird teilweise hinterfragt, ob die Benutzung einer Marke innerhalb einer Organisation ihren Mitgliedern gegenüber stets als interne Benutzung anzusehen ist (v. Mühlendahl, Trademark Law in Europe, 2016, Rn. 8.95).

Bei einer **Dienstleistungsmarke** ist es grundsätzlich nicht möglich, diese auf einem bestimm- **19** ten Produkt anzubringen, weshalb eine Benutzung auf Geschäftspapieren, in der Werbung oder in anderer direkter oder indirekter Verbindung zu der jeweiligen Dienstleistung in der Regel ausreichend ist. Es muss jedoch erkennbar sein, dass nicht nur etwa ein Geschäftsbetrieb benannt ist, sondern auch eine klar bestimmte Leistung bezeichnet wird (EuG T463/12, BeckRS 2014, 82335 – MB&P).

In der Rs. „Silberquelle" hatte sich der EuGH mit der Problematik zu befassen, ob die kosten- **20** lose Verteilung von Getränken zu **Werbezwecken** eine ernsthafte Benutzung darstellt (EuGH C-495/07, GRUR 2009, 410 – Silberquelle). Der Markeninhaber, der generell Kleidungsstücke herstellt, hatte in dem Fall Getränke, die mit der Marke versehen waren, kostenlos an seine Kunden verteilt. Ein Verkauf der Getränke fand nicht statt. In dem Verfallsverfahren war daher zu entscheiden, ob dies eine ernsthafte Benutzung für Getränke darstellt. Der EuGH verneinte dies, da diese Getränke nicht mit dem Ziel vertrieben wurden, Anteile im Markt für Getränke zu erzielen. Unter diesen Umständen trägt nach Ansicht des EuGH die Anbringung der Marke auf den Gegenständen weder dazu bei, einen Absatzmarkt für diese zu schaffen, noch diese Gegenstände im Interesse des Verbrauchers von Waren zu unterscheiden, die von anderen Unternehmen stammen (EuGH C-495/07, GRUR 2009, 410 Rn. 21 – Silberquelle; kritisch hierzu Berlit GRUR 2009, 810).

Von den reinen kostenlosen Werbemitteln zu unterscheiden sind die „echten" **Merchandising- 21 Waren.** Diese werden in der Regel zu einem bestimmten Verkaufswert vertrieben und es liegt eine eigene Wertschöpfung vor, weshalb in einem solchen Fall üblicherweise davon auszugehen ist, dass ein Absatzmarkt erschlossen wird. Dementsprechend muss hier in der Regel von einer ernsthaften Benutzung ausgegangen werden. Dies gilt auch dann, wenn der Preis für die Ware nicht gesondert ausgewiesen ist, der Markeninhaber aber aufzeigen kann, dass ihre Abgabe in den Gesamtpreis mit einkalkuliert ist und die Merchandising Ware mit angeboten wurde.

Inwieweit die Benutzung der Marke für eine Ware, die nicht selbständig für den Verkehr **22** bestimmt, aber integraler Bestandteil einer anderen Ware oder zur Erbringung einer bestimmten Dienstleistung notwendig ist, rechtserhaltend ist, ist bisher nicht abschließend geklärt. Benutzt zB facebook® rechtserhaltend für die Ware Software, obwohl diese nicht an Endverbraucher verkauft und damit auch kein Absatzmarkt erschlossen wird? Zunächst ist zu beachten, dass nach Auffassung des EuG in „TEFLON" die Benutzung einer Marke als Hinweis auf einen Ausgangsstoff nicht zugleich die Benutzung der Marke für Endprodukte darstellt, die diesen Ausgangsstoff enthalten (EuG T-660/11, GRUR-Prax 2015, 402 – TEFLON; s. auch zur Benutzung einer Marke als

Hinweis auf Ausgangsstoff Douglas GRUR-Prax 2015, 402). Es besteht also eine klare Trennung zwischen Ausgangsstoff einerseits und Endprodukt andererseits.

23 Mit dem Verhältnis zwischen der Herstellung einer bestimmten Ware und den damit im Zusammenhang stehenden Dienstleistungen hat sich der EuGH in der Rs. „ANSUL" auseinandergesetzt. Hier der EuGH anerkannt, dass eine ernsthafte Benutzung der Marke unter bestimmten Bedingungen auch bei bereits vertriebenen Waren vorliegen kann, für die die Marke eingetragen wurde und die nicht mehr zum Verkauf angeboten werden (EuGH C-40/01, GRUR 2003, 425 Rn. 40 – Ansul). In diesem Fall hatte der Markeninhaber im betreffenden Zeitraum lediglich Servicedienstleistungen angeboten und Ersatzteile für die bereits vertriebenen Waren verkauft. In bestimmten Konstellationen ist damit auch eine ernsthafte Benutzung noch anzuerkennen, wenn zwar keine direkte wirtschaftliche Verwendung der Marke zur Schaffung eines Absatzmarktes für eine Ware mehr stattfindet, aber mit der Ware im Zusammenhang stehende Dienstleistungen angeboten werden. Jedoch ist auch in Ansehung von „Ansul" eine enge Auslegung angezeigt, denn eine Unionsmarke ist grundsätzlich im Zusammenhang mit den geschützten Waren und Dienstleistungen zu benutzen (→ Rn. 28).

24 Unklar war lange Zeit, ob eine Benutzung lediglich im Zusammenhang mit **gebrauchten Waren** weiterhin eine ernsthafte Benutzung darstellen kann. Der UK High Court hatte am 13.12.2019 im Fall Aiwa Co. Ltd./Aiwa Corp. (2019) EWHC 3468 eine Entscheidung darüber zu treffen, ob der Verkauf von lediglich Gebrauchtwaren durch Dritte weiterhin eine markenerhaltende Benutzung darstellt. Mr Justice Mann vertrat in dem Fall eine sehr dezidierte Auffassung. So könne man nicht generell feststellen, dass jedweder Verkauf gebrauchter Waren gleichzeitig eine ernsthafte Benutzung darstelle, denn relevant sei insbesondere, ob durch den Verbrauch der gebrauchten Waren Marktanteile geschaffen oder erhalten bleiben sollen. Letztlich wurde eine ernsthafte Benutzung abgelehnt, da eine Benutzung mit Zustimmung des Markeninhabers nicht vorgelegen habe.

25 Mittlerweile hat sich auch der EuGH zu diesem Thema geäußert und eine sehr Markeninhaber freundliche Position bezogen. In dem Vorlageverfahren TESTAROSSA des OLG Düsseldorf entschied der EuGH, dass eine Marke auch durch den Vertrieb gebrauchter, aber vormals unter dieser Marke in den Verkehr gebrachter Waren rechtserhaltend benutzt werden kann (EuGH C-720/18, GRUR 2020, 1301 – TESTAROSSA; s. Bogatz GRUR-Prax 2020, 615). Dass der Markeninhaber Dritten nicht verbieten kann, seine Marke für die unter dieser Marke bereits in den Verkehr gebrachten Waren zu benutzen, bedeute nicht, dass er die Marke für solche erschöpften Waren nicht selbst noch einmal rechtserhaltend benutzen darf (EuGH C-720/18, GRUR 2020, 1301 Rn. 59 - TESTAROSSA).

26 Nach Auffassung des EuG in „ASTEX" stellt aber jedenfalls der Nachweis einer ernsthaften Benutzung für Arzneimittel in Klasse 5 nicht gleichzeitig eine Benutzung der Marke für Forschungsdienstleistungen im pharmazeutischen Bereich in Klasse 42 dar. Die Durchführung von pharmazeutischer Forschung zur unternehmensinternen Herstellung eines Medikaments ist nach Auffassung des EuG keine nach Außen gerichtete Dienstleistung für Dritte (EuG T-355/15, BeckEuRS 2016, 484675 Rn. 37 – ASTEX). Auch stellt die Benutzung einer Marke für einen Inhalator, der mit einem bestimmten Medikament befüllt und nicht nachfüllbar ist, nach Auffassung der BK eine rechterhaltende Benutzung für das Medikament also für Waren der Klasse 5 dar, nicht jedoch für Inhalatoren der Klasse 10, sofern diese nicht separat zum Kauf angeboten werden (s. EUIPO 4. BK – R 2108/2015-4 Rn. 41). Zur Frage, ob eine Benutzung für ein bestimmtes Produkt eine markenmäßige Benutzung für verschiedene Waren in unterschiedlichen Klassen darstellen kann, s. die Entscheidung des EuG in JUVEDERM ULTRA (EuG T-664/19, GRUR-RS 2020, 36649 Rn. 19 – JUVEDERM ULTRA) und → Rn. 29.

27 Mit der ernsthaften Benutzung einer **Unionskollektivmarke** (→ Art. 74 Rn. 1; → Art. 78 Rn. 1) haben sich sowohl das EuG als auch der EuGH in „DER GRÜNE PUNKT" auseinandersetzen müssen, wobei beide zu unterschiedlichen Ergebnissen gekommen sind (EuG T-253/17, BeckRS 2018, 31767; EuGH C-143/19 P, BeckRS 2019, 31236). Die Unionskollektivmarke war für Waren und Dienstleistungen in 38 verschiedenen Klassen eingetragen, nach Einlegung eines Löschungsantrags wegen Nichtbenutzung wurde jedoch von der Nichtigkeitsabteilung eine rechtserhaltende Benutzung nur für die von der Eintragung umfassten Verpackungen anerkannt, nicht aber zugleich eine Benutzung der Marke für die verpackten Waren selbst. Dies sahen die BK und das EuG ebenso, da der Verkehr in der Lage sei, zwischen einer Marke zu unterscheiden, die nur auf die betriebliche Herkunft eines Produktes hinweist, und einer Marke, die lediglich ein Hinweis darauf ist, dass die Verpackung nach einem bestimmten System gesammelt und verwertet wird (s. auch Hilger GRUR-Prax 2019, 60). Dies sah der EuGH anders und hob sowohl die Entscheidung des EuG als auch der BK auf. Nach Ansicht des EuGH kann eine Kollektivmarke entsprechend

ihrer Funktion durchaus neben einer Individualmarke eines Herstellers ernsthaft benutzt werden (EuGH C-143/19 P, BeckRS 2019, 31236 Rn. 54). Dementsprechend wird laut EuGH eine „Unionskollektivmarke ernsthaft benutzt, wenn sie entsprechend ihrer Hauptfunktion benutzt wird, die darin besteht, die Waren oder Dienstleistungen der Mitglieder des Verbands, der Markeninhaber ist, von denen anderer Unternehmen zu unterscheiden, um einen Absatzmarkt für diese Waren und diese Dienstleistungen zu erschließen oder zu sichern" (EuGH C-143/19 P, BeckRS 2019, 31236 Rn. 57). Eine Analyse, ob die Kollektivmarke entsprechend dieser Funktion benutzt wurde, hatte das EuG nach Ansicht des EuGH aber eben gerade nicht durchgeführt. Das Gericht habe zwar festgestellt, dass der Verbraucher verstehe, dass das System von „Der Grüne Punkt – Duales System Deutschland GmbH" die ortsnahe Sammlung und Verwertung der Verpackungen der Waren betreffe und nicht die Sammlung und Verwertung der Waren selbst. Es habe aber nicht ordnungsgemäß geprüft, ob der Hinweis an den Verbraucher beim Verkauf der Waren auf die Bereitstellung eines solchen ortsnahen Systems zur ökologischen Entsorgung von Verpackungsabfällen in den betreffenden Wirtschaftszweigen oder in einigen von ihnen gerechtfertigt erscheint, um Marktanteile für diese Waren zu behalten oder zu gewinnen (EuGH C-143/19 P, BeckRS 2019, 31236 Rn. 68). Da einige der betroffenen Wirtschaftszweige Waren des täglichen Gebrauchs betreffen, die tägliche Verpackungsabfälle produzieren, könne nach Ansicht des EuGH nicht ausgeschlossen werden, dass die Zugehörigkeit zu einem ortsnahen Sammel- und Verwertungssystems sich auf die Kaufentscheidung des Verbrauchers auswirkt und so zur Erhaltung oder Erschließung von Marktanteilen bezüglich dieser Waren beitragen kann (→ Art. 78 Rn. 3).

3. Benutzung im Zusammenhang mit den geschützten Waren und Dienstleistungen

Die Marke muss für die **Waren oder Dienstleistungen benutzt werden, für die sie einge-**   **28** **tragen ist.** Regelmäßig werden Marken nicht so umfangreich benutzt, wie sie geschützt sind. Wenn eine Unionsmarke nur für einen Teil der Waren oder Dienstleistungen, für die sie eingetragen ist, im relevanten Zeitraum benutzt wurde, gilt sie nur für diese Ware oder Dienstleistung als eingetragen (im Rahmen des Widerspruchsverfahrens etwa → Art. 47 Rn. 9; im Rahmen des Verfallsverfahrens → Art. 58 Rn. 8; im Rahmen des Nichtigkeitsverfahrens → Art. 64 Rn. 20 ff.; zur Nichtbenutzungseinrede im Rahmen der Widerklage → Art. 128 Rn. 15).

Außerdem werden Marken von Markeninhabern gelegentlich auch für andere als die geschütz-   **29** ten Waren oder Dienstleistungen benutzt, was im Ergebnis keine rechtserhaltende ernsthafte Benutzung darstellt. Eine Benutzung für **lediglich ähnliche Waren und Dienstleistungen** ist, auch wenn eine hochgradige Ähnlichkeit besteht, **nicht ausreichend.** So hat das EuG beispielsweise feststellt, dass eine Benutzung einer Marke für Einzelhandelsdienstleistungen für Schuhwaren der Klasse 35 keine ernsthafte Benutzung für Schuhwaren der Klasse 25 darstellt (EuG T-183/08, BeckRS 2009, 70589 Rn. 32 – SCHUHPARK). Wie strikt diese Differenzierung teilweise angewendet wird, zeigte sich auch in einer Entscheidung der 4. Beschwerdekammer des EUIPO vom 3.9.2018 (EUIPO 4. BK R 1718/2017-4 R. 29 – MASTER'S). Hier wurde ein Nachweis der Benutzung der Marke im Zusammenhang mit Gin nicht als ernsthafte Benutzung einer spanischen Markeneintragung für „Weine und Liköre" anerkannt, da es sich bei Gin und Likör um unterschiedliche Waren handele. In diesem Zusammenhang werden von der Rechtsprechung auch die Klassenüberschriften der Nizza Klassifizierung zur Bewertung herangezogen. In der Rechtssache NATURKAPS (EuG T-12/22, BeckRS 2022, 33851) versuchte der Markeninhaber in einem Verfallsverfahren zu argumentieren, dass die Benutzung der Marke für Nahrungsergänzungsmittel eine ernsthafte Benutzung der eingetragenen Marke im Zusammenhang mit den geschützten „pharmazeutischen Produkten" sei. Die Beschwerdekammer des EUIPO und auch das EuG verneinten dies jedoch, da solche Nahrungsergänzungsmittel eben unter die Klassenüberschrift der „diätetischen Nahrungsmittel und Erzeugnisse für medizinische Zwecke" fallen, und damit keine Benutzung im Zusammenhang mit „pharmazeutischen Produkten" gegeben war (→ Rn. 40).

Auch kann die **Benutzung einer Marke für eine bestimmte Ware stets nur eine Benut-**   **30** **zung in einer Klasse darstellen, nicht hingegen in mehreren.** So stellt eine Benutzung einer Marke für Wegwerfwindeln aus Papier und Zellulose in Klasse 16 keine ernsthafte Benutzung für Babywindeln aus Stoff in Klasse 25 dar (EUIPO 1. BK – R 1519/2008 Rn. 29 – DODOT). Ebenso entschied das EuG in JUVEDERM ULTRA, dass die Benutzung einer Marke für Hautfüllerspritzen nicht gleichzeitig eine Benutzung für pharmazeutische Produkte der Klasse 5 und auch für künstliche Implantate der Klasse 10 darstellen kann (EuG T-664/19, GRUR-RS 2020, 36649 Rn. 19 – JUVEDERM ULTRA; → Art. 33 Rn. 41). Ähnlich entschied das Gericht auch in der Rs. „MONSTER ENERGY", in der zu entscheiden war, ob eine Benutzung für Energydrinks mit Kaffeegeschmack der Klasse 32 gleichzeitig auch eine Benutzung für kaffeebasierte Getränke der Klasse 30 darstellen kann (EuG T-758/20, GRUR-RS 2021, 33798). Die Klägerin argumentierte in MONSTER ENERGY, dass es sich um bei den streitgegenständlichen Waren um Mehrzweckwaren handelte, und somit eine Benutzung in zweierlei Klassen anzuerkennen sei. Bei Waren, die – wie hier – jedoch aus nicht trennbaren Bestandteilen bestehen, handelt es sich nach Ansicht des EuG nicht um so genannten Mehrzweckwaren (EuG T-758/20, GRUR-RS 2021, 33798 Rn. 51 – MONSTER ENERGY). **Homogene, untrennbare Produkte haben daher nur einen Hauptzweck,** und bei der Bestimmung der ernsthaften Benutzung dieser Waren ist damit wiederum auf deren Hauptzweck abzustellen, und nur für diese bestimmte Ware und Klasse eine Benutzung anzuerkennen.

31   Regelmäßig schützen Markeninhaber nicht nur die Waren, die unter einer Marke angeboten werden, sondern auch die dazu im Zusammenhang stehenden Verkaufsdienstleistungen der Klasse 35. **Zu beachten ist jedoch, dass der Verkauf der eigenen Waren nicht zwangsläufig gleichzeitig eine Benutzung für Verkaufsdienstleistungen der Klasse 35 darstellt.** Nach der aktuellen Novelle der Prüfungsrichtlinien für Unionsmarken des EUIPO bezieht sich der Begriff der „Einzelhandelsdienstleistungen" – mit Hinweis auf die Entscheidung des EuGH in Sachen BURLINGTON (EuGH C-155/18 P, BeckRS 2019, 12356 Rn. 126 – BURLINGTON) - auf drei wesentliche Merkmale: (1) der Zweck ist der Verkauf von Waren an Verbraucher, (2) sie richten sich an Verbraucher mit der Absicht, dass durch sie den Verbrauchern Ansicht und Erwerb dieser Waren erleichtert werden soll und (3) sie **werden für Dritte erbracht.** Dementsprechend geht das EUIPO davon aus, dass eine ernsthafte Benutzung für Einzelhandelsdienstleistungen nicht gegeben ist, wenn ein Hersteller eine Marke lediglich in Verbindung mit Tätigkeiten benutzt, die ein integraler Bestandteil des Angebots für den Verkauf seiner eigenen Waren sind. Die Einzelhandelsdienstleistungen werden in diesem Fall eben nicht für einen Dritten erbracht.

32   Die **Benutzung lediglich für Dienstleistungen kann nach Ansicht des EuGH aber unter bestimmten auch als Produktbenutzung** anerkannt werden. In „TESTAROSSA" vertrat der EuGH die markeninhaberfreundliche Auffassung, dass eine Marke auch durch den Vertrieb gebrauchter, aber vormals unter dieser Marke in den Verkehr gebrachter Waren rechtserhaltend benutzt werden kann (EuGH C-720/18, GRUR 2020, 1301; → Rn. 25). Man muss aber wohl davon ausgehen, dass auch in Ansicht dieser Rechtsprechung nicht jedweder Verkauf gebrauchter Waren automatisch auch eine rechtserhaltende Benutzung dieser Gebrauchtwaren gilt. Wie von Bogatz in Recht mit Hinweis auf die Entscheidung des UK High Court in der Sache „AIWA" angemerkt wurde (s. Bogatz GRUR-Prax 2020, 615), sollte weiterhin ausschlaggebend sein, ob durch diesen Verkauf der Gebrauchtwaren Marktanteile geschaffen oder erhalten bleiben sollen (→ Rn. 24).

33   Regelmäßig stellt sich zudem die Frage, inwiefern die **Teilbenutzung** einer Marke für eine spezielle Ware oder Dienstleistung eine ernsthafte Benutzung für eine etwas weiter gefasste **Untergruppe** sein kann. Wenn eine Marke für Waren oder Dienstleistungen eingetragen worden ist, die so genau definiert worden sind, dass es nicht möglich ist, innerhalb der betreffenden Gruppe eindeutige Unterteilungen vorzunehmen, deckt nach Auffassung des EuG in „ALADIN" der Nachweis der ernsthaften Benutzung der Marke für diese Waren oder Dienstleistungen für die Zwecke des Widerspruchsverfahrens zwangsläufig diese ganze Gruppe ab (EuG T126/03, GRUR Int 2005, 914 Rn. 45 – ALADIN). Zwar soll ein Markeninhaber kein Exklusivrecht an einer Marke halten, die er nicht benutzt, um das Register nicht für Dritte zu blockieren (Erwägungsgrund 31 der MRL), das EuG berücksichtigte hier jedoch, dass dem Markeninhaber ein gewisser **Bewegungsspielraum** eingeräumt werden muss (EuG T126/03, GRUR Int 2005, 914 Rn. 46 – ALADIN). Ein strickte Einschränkung auf eine bestimmte Ware oder Dienstleistung, für die die Marke benutzt wird, hätte ansonsten die Konsequenz, dass eine spätere kleine Produkterweiterung bereits eine Neuanmeldung der Marke erfordern würde (s. Eisenführ/Schennen/Holderied Rn. 24). Inwieweit eine Benutzung für ein bestimmtes Produkt auch eine Benutzung für die geschützte Untergruppe darstellt, ist im jeweiligen Einzelfall zu prüfen. Nach Ansicht des EuG in „VIETA" ist der Begriff „Teil der Waren oder Dienstleistungen" nicht so zu verstehen, dass er sich auf alle kommerziellen Ausprägungen ähnlicher Waren oder Dienstleistungen bezieht, sondern nur auf jene Waren oder Dienstleistungen, die unterschiedlich genug sind, um kohärente Gruppen oder Untergruppen bilden zu können (EuG T-690/14, BeckRS 2015, 123001). Für die Bestimmung einer hinreichend genauen Untergruppe ist maßgeblich auf den **Zweck und die Bestimmung einer Ware oder Dienstleistung** abzustellen (s. etwa EuG T-256/04, BeckRS 2007, 70124 Rn. 29 – RESPICUR). Nach Auffassung des EuGH in der Rs. „TAIGA" zielt das Kriterium des Zwecks und der Bestimmung der fraglichen Waren nicht darauf ab, abstrakt und künstlich Untergruppen von Waren zu definieren, sondern dass **dieses Kriterium in kohärenter und**

konkreter Weise anzuwenden ist (EuGH C- 714/18 P, GRUR-RS 2020, 16105 Rn. 50). Wenn also eine bestimmte Ware mehrere Zwecke und Bestimmungen hat, kann die Existenz einer eigenständigen Warengruppe nicht in der Weise bestimmt werden, dass jeder der Zwecke, die diese Ware haben kann, isoliert berücksichtigt wird (EuGH C- 714/18 P, GRUR-RS 2020, 16105 Rn. 51 - TAIGA). In Bezug auf die in der Rs. „TAIGA" streitgegenständlichen Bekleidungsstücke durfte daher nicht jede der Verwendungen der fraglichen Waren (nämlich den Körper zu bedecken, zu verbergen, zu kleiden oder gegen die Elemente zu schützen) isoliert berücksichtigen werden, da sich diese verschiedenen Verwendungen beim Inverkehrbringen vereinen.

Das EUIPO hat bei der Bewertung, ob eine ernsthafte Benutzung einer sehr allgemein gehaltenen **33.1** Warenkategorie stattgefunden hat, eine autonome Analyse durchzuführen und entsprechende Untergruppen zu bilden. In „GREEN CYCLES" (EuG T-78/19, BeckEuRS 2019, 603885) hatte das EUIPO eine **ernsthafte Benutzung im Zusammenhang mit „aus Plastik hergestellten Waren"** der Klasse 20 zu bewerten. Die Markeninhaberin erbrachte Benutzungsnachweise im Zusammenhang mit einer Vielzahl von Plastikwaren, wie Plastikflaschen, Bälle, Golfbälle Mülltüten uä. Die Beschwerdekammer akzeptierte auf dieser Grundlage den Benutzungsnachweis für Waren der Klasse 20. Dabei übersah die Kammer nach Ansicht des EuG jedoch, dass die Waren, für die eine Benutzung erbracht wurde, in zahlreiche andere Klassen fallen (Golfbälle in Klasse 18, Mülltüten in Klasse 16 etc), und dass es kaum noch eine Ware gibt, die nicht aus Plastik hergestellt werden kann (EUIPO T-78/19, BeckEuRS 2019, 603885 Rn. 54–58). Die Beschwerdekammer hätte daher eine eigene, autonome Bewertung sowie Bildung von Untergruppen durchführen müssen, weshalb das EuG insofern die angefochtene Entscheidung aufhob.

Wie schwierig die Bildung von hinreichend bestimmten Untergruppen sein kann, zeigte sich auch in **33.2** der Rs. „SYRENA" (EuG T-677/19, BeckEuRS 2019, 620250), in der das EUIPO eine nachgewiesene Benutzung für Rennwagen und Elektrofahrzeuge als hinreichend zur Aufrechterhaltung einer Marke für „Autos" anerkannt hatte. Das EuG sah lediglich eine Benutzung für „Rennwagen" nachgewiesen und folgte der Argumentation der Klägerin, dass die Benutzung für die hinreichend präzise Unterkategorie „Rennwagen" nicht ausreichen läst, um die Marke für die gesamte Kategorie der Automobile aufrecht zu halten. Nach Ansicht des EuG bilden „Rennwagen" eine hinreichend klare Unterkategorie, da diese, anders als „Automobile", in der Regel nicht dafür gedacht sind, auf öffentlichen Straßen zu fahren oder Passagiere zu transportieren. Das EuG hob daher insoweit die Entscheidung der BK auf, als es eine ernsthafte Benutzung auch über „Rennwagen" hinaus anerkannt hatte.

Bedeutung hat die Frage der Bestimmung einer Untergruppe regelmäßig im Bereich der **phar- 34 mazeutischen Präparate.** Pharmamarken sind oftmals für den generellen Begriff der „pharmazeutische Erzeugnisse" geschützt, werden jedoch nur für eine bestimmte **therapeutische Indikation** verwendet. In solchen Fällen erkennen das EUIPO sowie das EuG lediglich eine ernsthafte Benutzung für die bestimmte Untergruppe an (EuG T-483/04, GRUR Int 2007, 416 Rn. 28 – GALZIN; T-256/04, BeckRS 2007, 70124 Rn. 26 – RESPICUR). So hat das EuG zB „pharmazeutische Präparate zur Herzbehandlung" (EuG T-487/08, BeckEuRS 2010, 520686 Rn. 61 – KREMEZIN) oder „pharmazeutische Präparate für Atemwegserkrankungen" (EuG T-256/04, BeckRS 2007, 70124 Rn. 36 – RESPICUR) als relevante **Unterkategorien** anerkannt. Nicht hinreichend genaue Kriterien für die Bestimmung einer relevanten Untergruppe im Bereich der Pharmazeutika stellen etwa der aktive Inhaltstoff oder Wirkstoff, die Darreichungsform (etwa in Tabletten oder als Saft) oder die Art und der Ort der Darreichung (etwa nur in Krankenhäusern) oder auch die Verschreibungspflicht dar. Diese sind nicht geeignet, den Zweck oder die Bestimmung des Arzneimittels hinreichend präzise zu bestimmen. Eine bestimmte Erkrankung kann nämlich oft durch mehrere Medikamente in unterschiedlichen Darreichungsformen und mit unterschiedlichen Wirkstoffen behandelt werden, von denen manche rezeptfrei erhältlich sind, während andere eine ärztliche Verschreibung erfordern (EuG T-256/04, BeckRS 2007, 70124 Rn. 31 – RESPICUR). Der **Zweck und die Bestimmung eines Arzneimittels kommen vielmehr in seiner therapeutischen Indikation** zum Ausdruck, auf die das EuG in den oben genannten Entscheidungen abgestellt hat.

Versuche, durch eine Benutzung im Zusammenhang mit einer bestimmten Ware, eine Marke **35** für einen größeren Kreis von Waren aufrechtzuerhalten, scheitern zu Recht regelmäßig. Die Benutzung einer Marke im Zusammenhang mit einem Analgetikum berechtigt – richtigerweise – nur zur Aufrechterhaltung der Marke für pharmazeutische Produkte, nicht aber auch für andere Waren der Klasse 5 (EuG T-160/21, GRUR-RS 2022, 51 – APIRETAL). Weitere Waren, die in Klasse 5 enthalten sind, wie etwa diätetische Nahrungsergänzungsmittel für medizinische Zwecke, Pflaster etc, dienen zwar ähnlichen Zwecken wie pharmazeutische Produkte, unterscheiden sich aber in ihrem Zweck und zugedachten Benutzung (EuG T-160/21, GRUR-RS 2022, 51 Rn. 24 – APIRETAL).

36   Ähnliche Unterklassen sind auch im Hinblick auf die sehr generellen und weiten Begriffe der Klasse 9 zu bilden. Insbesondere **Software** kann heutzutage in zahlreichen Lebens- und Wirtschaftsbereichen eingesetzt werden und eine Vielzahl von völlig unterschiedlichen Produkten bezeichnen. Eine Aufrechterhaltung des allgemeinen Begriffs Software ist daher selten gerechtfertigt, insbesondere, wenn diese im relevanten Zeitraum ausschließlich in einem speziellen Wirtschaftsbereich eingesetzt wurde. Diese Auffassung wurde mittlerweile auch durch das EuG in der Rs. „TECDOC" bestätigt, in der eine Benutzung nur für „eine softwarebasierte Datenbank, die Informationen zu Automobilteilen enthalte" anerkannt wurde, da nach Ansicht des EuG bei der Bildung der relevanten Untergruppe der Zweck oder die Bestimmung der Software für spezifische Branchen ausschlaggebend ist. Die Tatsache, dass es Hersteller gibt, die ihre Waren branchenübergreifend anbieten, war vorliegend unerheblich, da nicht erwiesen war, dass diese Waren denselben Zweck oder dieselbe Bestimmung wie die der Klägerin hatten (EuG T-789/17, BeckRS 2019, 939). Diese Entscheidung stellt eine zu begrüßende Einschränkung des Schutzbereichs des allumfassenden Begriffs „Software" dar und wird in Zukunft hohe praktische Relevanz haben (vgl. Lehr GRUR-Prax 2019, 135).

36.1   In diesem Zusammenhang ist auf die Vorlage des englischen High Court of Justice zum EuGH gemäß Art. 267 AEUV in der Sache Sky/Skykick (2018) EWHC 155 vom 6.2.2018 hinzuweisen (EuGH C-371/18, GRUR 2020, 288), in der die Frage zu klären war, ob etwa Computer Software hinreichend klar und eindeutig ist und die zuständigen Behörden und Dritte alleine auf dieser Grundlage den beantragten Schutzumfang bestimmen können (→ Art. 33 Rn. 8). Nach Ansicht des Generalanwalts vom 16.10.2019 ist die Software in der Tat nicht hinreichend präzise. Dies sah der EuGH jedoch letztlich anders und entschied, dass eine Unionsmarke oder nationale Marke nicht aus dem Grund für nichtig erklärt werden kann, weil die für die Bezeichnung der Waren und Dienstleistungen, für die die betreffende Marke eingetragen worden ist, verwendeten Begriffe nicht klar und eindeutig sind (s. hierzu auch Lüthge GRUR-Prax 2020, 78). Lord Justice Arnold entschied darauf hin, nicht überraschend, dass die eingetragene Marke eben nicht auf Grundlage fehlender Klarheit und Präzision für nichtig zu erklären war ((2020) EWHC 990 (Ch), Entscheidung vom 29.4.2020). Mithin wird der allgemeine Begriff der Computersoftware von der Rechtsprechung als hinreichend präzise und gegenüber spezieller Software als identische Waren angesehen (EuG T-61/20, GRUR-RS 2021, 2418 Rn. 43).

4. Gewährleistungsmarke

37   Mit der Reform der Unionsmarkenverordnung wurde in Art. 83 auch die Unionsgewährleistungsmarke eingeführt (→ Art. 83 Rn. 1). Auch Unionsgewährleistungsmarken unterfallen dem Benutzungszwang (Art. 83 Abs. 3 iVm Art. 18).

38   Die Unionsgewährleistungsmarke wird in der Regel nicht durch den Inhaber, sondern durch Dritte benutzt, denen die Benutzung der Marke gestattet wurde. Daher regelt Art. 87, dass die Benutzung durch eine nach der Satzung (Art. 84) befugten Person ausreichend ist, wenn und soweit die übrigen in der Verordnung genannten Bedingungen erfüllt sind (→ Art. 87 Rn. 1). Bei der Unionsgewährleistungsmarke steht die Gewährleistungsfunktion im Vordergrund (s. auch Pohlmann UnionsmarkenR § 11 Rn. 19). Ob eine Unionsgewährleistungsmarke also rechtserhaltend benutzt wird, hängt davon ab, ob die Marke im Einklang mit dieser Hauptfunktion verwendet wird. Damit muss also die Unionsgewährleistungsmarke in einer Art und Weise benutzt werden, dass damit Waren oder Dienstleistungen gekennzeichnet sind, die bestimmte Standards erfüllen oder Eigenschaften besitzen, und sich damit von anderen Waren oder Dienstleistungen unterscheiden, für die keine derartige Gewährleistung besteht.

5. Benutzung einer geschützten geografischen Angabe

39   Eine besondere Problematik ergibt sich, wenn die eingetragene Individualmarke gleichzeitig eine geschützte geografische Angabe darstellt. Eine ernsthafte Benutzung einer Individualmarke ist nach der Rechtsprechung dann nicht gegeben, wenn die Anbringung auf den Waren nur die Funktion der Identifizierung des geographischen Ursprungs und der diesem zuzurechnenden Eigenschaften der fraglichen Ware hat und nicht die Funktion, überdies zu garantieren, dass die Waren aus einem einzigen Unternehmen stammen, unter dessen Kontrolle sie hergestellt werden und das für ihre Qualität verantwortlich gemacht werden kann (EuGH C-689/15, GRUR 2017, 816 Rn. 46 – Internationales Baumwollzeichen). Gleiches ist wohl auch bei einem rein geographischen Hinweis auf eine Stadt bzw. einen Stadtnamen anzunehmen (EuIPO 1. BK 26.5.2021 – R 866/2020-1 Rn. 36 – GOOLE).

In der Rechtssache „STEIRISCHES KÜRBISKERNÖL" (EuG T-72/17, BeckRS 2016, 131673) ging **39.1** es um die mögliche rechtserhaltende Benutzung einer Wortbildmarke mit den Wortelementen „Steirisches Kürbiskernöl", die für folgende Waren der Klasse 29 eingetragen war: „Entsprechend den der VO (EG) 1263/96 [der Kommission vom 1. Juli 1996 zur Ergänzung des Anhangs der VO (EG) 1107/96 über die Eintragung der geografischen Angaben und Ursprungsbezeichnungen gemäß dem in Art. 17 VO (EWG) 2081/92 vorgesehenen Verfahren (ABl. 1996 L 163, 19)] zugrundeliegenden Spezifikationen hergestelltes Kürbiskernöl". Das EuG vertrat die Auffassung, dass die Beschwerdekammer rechtsfehlerhaft davon ausging, dass nach Art. 15 Abs. 1 nicht verlangt werde, dass der Endabnehmer der Ware aus der Benutzung der fraglichen Ware auf die Identität des Herstellers schließen könne, und dass es ausreiche, wenn der Inhaber der Marke eine Kontrolle ausübe, um sicherzustellen, dass alle mit dieser Marke versehenen Waren unter der Kontrolle eines einzelnen Unternehmens hergestellt worden seien (EuG T-72/17, BeckRS 2016, 131673 Rn. 55).

II. Benutzungsschonfrist und Zeitraum der Benutzung

Die Benutzungspflicht trifft den Markeninhaber, wenn die Marke **fünf Jahre lang eingetragen 40** ist. Da auf den Zeitpunkt der Eintragung abzustellen ist, kann ein langes Eintragungsverfahren, etwa aufgrund eines anhängigen Widerspruchsverfahrens, den Beginn der Benutzungsschonfrist zeitlich nach hinten verschieben.

Für **Internationale Registrierungen** mit Benennung der EU regelt Art. 203, dass für die Zwecke **40.1** der Anwendung von Art. 18 Abs. 1 das Datum der Veröffentlichung gemäß Art. 190 Abs. 2 an die Stelle des Datums der Eintragung tritt. Für Internationale Eintragungen mit EU-Erstreckung beginnt die Benutzungsschonfrist damit ab dem Datum der zweiten Nachveröffentlichung (→ Art. 203 Rn. 1).

Bei **nationalen Marken** bestimmt sich der Beginn der Benutzungsschonfrist nach nationalem Marken- **40.2** recht. Art. 16 MRL legt lediglich fest, dass die Benutzungsschonfrist die „fünf Jahre nach Abschluss des Eintragungsverfahrens" umfasst. Der Tag des Abschlusses des Eintragungsverfahrens, der zur Berechnung der Benutzungsschonfrist herangezogen wird, bestimmt sich nach den Verfahrensregeln der einzelnen Mitgliedstaaten (EuGH C-256/05, GRUR 2007, 702 Rn. 26–28 – Le Chef de Cuisine). Zum Beginn der Benutzungsschonfrist bei deutschen Marken → MarkenG § 26 Rn. 15.

Der **Beginn** der Benutzungsschonfrist bei Internationalen Registrierungen, in denen ein EU-Mitglied- **40.3** staat benannt ist, hängt von der jeweiligen Regelung des benannten Mitgliedstaats ab. Auch für nationale Erstreckungen von Internationalen Registrierungen gilt, dass dem Markeninhaber die Benutzungsaufnahme im jeweiligen benannten Land solange nicht zugemutet werden kann, wie eine Schutzverweigerung durch das zuständige Markenamt noch möglich ist. Nach Art. 5 Abs. 2 lit. a und b PMMA können die Bestimmungsländer eine Schutzverweigerung innerhalb einer Frist von 12 bzw. 18 Monaten ab dem Tag der Benachrichtigung über die Benennung aussprechen.

Wenn bei einer Unionsmarke nach Art. 39 der Zeitrang einer identischen nationalen Marke in einem **40.4** Mitgliedstaat in Anspruch genommen wurde (→ Art. 39 Rn. 1 ff.) und dieser Zeitrang bereits aufgrund des Erlöschens der nationalen Marke wirksam geworden ist, stellt sich die Frage, ob für diesen **nationalen Zeitrang** ein Benutzungsnachweis zu erbringen ist, wenn dieser bereits dem Benutzungszwang unterliegt. In der Rs. R 977/2010-1 entschied die 1. BK, dass für einen solchen Zeitrang ein Benutzungsnachweis grundsätzlich zu erbringen ist, selbst wenn sich die Unionsmarke noch in der Benutzungsschonfrist befindet (EUIPO 1. BK 31.3.2011 – R 977/2010-1 Rn. 25–29 – NATURAL VISCO/VLISCO).

Wenn eine Marke in dem Fünfjahreszeitraum nicht benutzt worden ist, ist sie **latent löschungs- 41 reif.** Das bedeutet, dass sie weiter eingetragen bleibt, aber auf Antrag für verfallen erklärt werden kann (→ Art. 58 Rn. 8). Die **latente Verfallsreife wird jedoch geheilt, wenn eine Benutzung (wieder) aufgenommen wird** (Eisenführ/Schennen/Holderied UMV 2009 Art. 51 Rn. 11). Dieser Grundsatz findet jedoch **Einschränkung im Hinblick auf die in Art. 16 geregelten Zwischenrechte** (→ Art. 16 Rn. 1). Danach ist der Inhaber einer Unionsmarke im Verletzungsverfahren nicht berechtigt, die Benutzung einer später eingetragenen Unionsmarke (Art. 16 Abs. 1) bzw. einer später eingetragenen nationalen Marke (Art. 16 Abs. 2) zu untersagen, wenn die ältere Unionsmarke am Anmeldetag bzw. Prioritätstag der jüngeren Marke löschungsreif war. Ein Zwischenrecht zugunsten des Inhabers der jüngeren Marke entsteht also, wenn die ältere Unionsmarke am Anmeldetag bzw. Prioritätstag der jüngeren Marke nur noch formal existierte, aber aufgrund fehlender Unterscheidungskraft oder mangelnder rechtserhaltender Benutzung löschungsreif war (→ Art. 16 Rn. 15).

1. Relevanter Benutzungszeitraum im Widerspruchs- und Nichtigkeitsverfahren

Für welchen Zeitraum ein Benutzungsnachweis zu erbringen ist, hängt von der jeweiligen **42** Verfahrensart ab. Im Widerspruchsverfahren nach Art. 47 war bis zur EU-Markenrechtsreform die Fünfjahresfrist rückwärts vom Datum der Veröffentlichung der angegriffenen Marke aus zu berechnen. Für Altverfahren (also für vor Inkrafttreten der VO (EU) 2015/2424 eingelegte Widersprüche) gilt weiterhin die bis zum 23.3.2016 geltende Rechtslage. Art. 47 sieht nunmehr vor, dass der Benutzungsnachweis **für den Zeitraum der letzten fünf Jahre vor dem Anmeldetag oder dem Prioritätsdatum der Anmeldung** zu erbringen ist (→ Art. 47 Rn. 7.1). Nach Art. 10 DVUM ist der Antrag des Anmelders auf Nachweis der ernsthaften Benutzung einer Marke durch den Widersprechenden nun in einem separaten Dokument zu stellen. Dieser muss eindeutig und bedingungslos sein und muss innerhalb der vom Amt gesetzten Frist nach Art. 8 Abs. 2 DVUM erfolgen.

43   Im Nichtigkeitsverfahren nach Art. 64 hat der Inhaber einer älteren Unionsmarke, auf die dieser sich im Nichtigkeitsverfahren beruft, auf Verlangen der gegnerischen Partei den Nachweis einer ernsthaften Benutzung **für den Zeitraum der letzten fünf Jahre vor Stellung des Antrags auf Erklärung der Nichtigkeit zu erbringen** oder nachzuweisen, dass berechtigte Gründe für die Nichtbenutzung vorliegen, **sofern diese ältere Unionsmarke zum Zeitpunkt der Antragsstellung bereits fünf Jahre eingetragen ist** (Art. 64 Abs. 2 S. 1). Es ist also im Falle einer Unionsmarke, die bereits mindestens fünf Jahre vor Antragsstellung eingetragen war, jedenfalls ein Benutzungsnachweis über den Zeitraum der letzten fünf Jahre vor Antragsstellung zu erbringen. Soweit die ältere Marke am Anmelde- oder Prioritätstag der angegriffenen Eintragung bereits fünf Jahre lang eingetragen war, ist auch für diesen Zeitraum ein Benutzungsnachweis zu erbringen (s. Art. 64 Abs. 2 S. 2, der explizit auf Art. 47 Abs. 2 verweist). Es muss im Nichtigkeitsverfahren also ggf. nicht nur eine Benutzung im Fünfjahreszeitraum vor Antragsstellung nachgewiesen werden, sondern **zusätzlich** auch in dem Fünfjahreszeitraum vor Anmelde- bzw. Prioritätsdatum der angegriffenen Unionsmarke. Dies ist eine Ausprägung des Prinzips der Zwischenrechte, die schon vor Inkrafttreten der VO (EU) 2015/2424 Teil des Unionsmarkenrechts war.

2. Relevanter Benutzungszeitraum im Verfallsverfahren und bei Widerklage

44   Im Falle eines Verfallsantrags nach Art. 58 Abs. 1 lit. a oder einer Widerklage im Verletzungsverfahren hat der Markeninhaber eine ernsthafte Benutzung in den fünf Jahren vor Stellung des Verfallsantrags oder Erhebung der Widerklage zu erbringen. Der EuGH hat in der Vorlagefrage des BGH in Sachen Bewässerungsspritze klargestellt, dass im Fall einer Widerklage auf Erklärung des Verfalls einer Unionsmarke der relevante Zeitpunkt **der Zeitpunkt der Erhebung dieser Klage ist,** auf den für die Feststellung, ob der ununterbrochene Zeitraum von fünf Jahren abgelaufen ist, abzustellen ist (EuGH C-607/19 – BEWÄSSERUNGSSPRITZE; zur Widerklage → Art. 128 Rn. 1). Wenn oder soweit eine Marke in diesem Zeitraum nicht ernsthaft in Benutzung war, wird sie für verfallen erklärt. Wenn eine Marke zwar über einen längeren Zeitraum nicht benutzt, dann jedoch eine Benutzung (vor Stellung des Verfallsantrags oder der Widerklage) wieder aufgenommen wurde, wird dadurch die Löschungsreife **geheilt** (Art. 58 Abs. 1 lit. 1 S. 2). Eine Ausnahme sieht jedoch Art. 58 Abs. 1 lit. a S. 3 vor. Wenn nämlich der Markeninhaber davon Kenntnis erlangt, dass ein Verfallsantrag gestellt oder eine Widerklage erhoben werden könnte und dann erst die Benutzung aufnimmt, so bleibt diese erstmalige oder erneute Benutzung der Marke unberücksichtigt, wenn sie innerhalb der letzten drei, vollständig außerhalb der Fünfjahresfrist liegenden Monate vor der Antragstellung bzw. Widerklageerhebung stattfand (→ Art. 58 Rn. 12 ff.). Wenn jedoch eine (erneute) Benutzungsaufnahme oder zumindest ernsthafte Vorbereitungshandlungen zur Benutzungsaufnahme früher als drei Monate vor Stellung des Verfallsantrags stattfanden, so wird die Löschungsreife geheilt. Widerkläger oder Verfallsantragsteller sollten daher spätestens drei Monate nachdem der Markeninhaber Kenntnis erlangt hat, den entsprechenden Antrag stellen oder Widerklage erheben, um diese Heilungsmöglichkeit zu verhindern.

3. Dauer der Benutzung

45   Eine Benutzung muss nach Wortlaut des Art. 18 im relevanten Zeitraum vorliegen. Es ist jedoch nicht notwendig, dass eine Benutzung für den **gesamten Fünfjahreszeitraum** nachgewiesen wird – eine Benutzung während eines Teils des relevanten Zeitraums ist ausreichend (EuG T-86/07, GRUR Int 2009, 609 Rn. 52 – Deitech). Eine Unionsmarke kann dementsprechend auch dann nicht für verfallen erklärt werden, wenn die Markenbenutzung lediglich für einen gewissen, kurzen Zeitraum erfolgte. Dies gilt auch für **Vorbereitungshandlungen zur Aufnahme der Benutzung.** Schon in der Rs. „Ansul" stellte der EuGH fest, dass die Benutzung der Marke sich auf Waren oder Dienstleistungen beziehen muss, die bereits vertrieben werden oder deren Vertrieb von dem Unternehmen zur Gewinnung von Kunden insbesondere im Rahmen von Werbekampagnen **vorbereitet wird und unmittelbar bevorsteht** (EuGH C-40/01, GRUR 2003, 425

Rn. 37 – Ansul). Eine ausschließliche Benutzung im Zusammenhang mit einer klinischen Studie kann nach Auffassung des EuGH in „Boswelan" (C-668/19 P) in der Regel nicht als eine solche Vorbereitungshandlung angesehen werden, da diese als Benutzung interner Natur anzusehen sei. Eine ernsthafte Benutzung durch vor der Vermarktung der Waren angesiedelte Benutzungshandlungen ist nur dann relevant, wenn die Vermarktung unmittelbar bevorsteht. Dementsprechend müssen selbst in der Phase vor der Vermarktung die Benutzungshandlungen externer Natur sein und Wirkungen für die zukünftigen Adressaten der Waren oder Dienstleistungen entfalten (EuGH C-668/19 P, Rn. 53 – „Boswelan"; → Rn. 87.1). Dass eine Marke nur während eines Teils des relevanten Zeitraums benutzt worden sein muss, können sich zudem Markeninhaber zunutze machen, indem sie beispielsweise historische Marken (sog. vintage marks), die zwar generell nicht mehr in Benutzung sind, für einen kürzeren Zeitraum nochmals in Benutzung nehmen, um somit den Markenschutz aufrecht zu erhalten, sofern echte wirtschaftliche Motive gegeben sind. Eine reine Scheinbenutzung ist nicht ausreichend. Wenn jedoch die historische Marke in kurzfristige Benutzung genommen wird, um weiterhin eine gewisse Marktpräsenz zu zeigen, kann dies – je nach Umfang der Benutzung – zur Aufrechterhaltung des Markenschutzes ausreichend sein.

In „HIPOVITON" hat das EuG eine Benutzung über einen nachgewiesenen Zeitraum von lediglich **45.1** viereinhalb Monaten als ausreichend angesehen (EuG T-334/01, GRUR Int 2004, 995 Rn. 45–50 – HIPOVITON). Auch hat das EuG bereits eine ernsthafte Benutzung in einem Fall anerkannt, in dem eine Benutzung in einem Zeitraum von nur elfeinhalb Monaten nachgewiesen wurde (EuG T-203/02, GRUR Int 2005, 47 Rn. 46 – VITAFRUIT).

Nachweise über eine Benutzung außerhalb des relevanten Zeitraums sind grundsätzlich als **46** unerheblich anzusehen. Nachweise, die indirekte Rückschlüsse auf die Benutzung im relevanten Zeitraum zulassen, können jedoch relevant sein. In „La Mer" hat der EuGH anerkannt, dass bei der Prüfung der Ernsthaftigkeit der Benutzung innerhalb des einschlägigen Zeitraums gegebenenfalls Umstände zu berücksichtigen sind, die nach dieser Antragstellung liegen. Solche Umstände können es erlauben, die Tragweite der Benutzung der Marke innerhalb des einschlägigen Zeitraums sowie die tatsächlichen Absichten des Inhabers innerhalb dieses Zeitraums zu bestätigen oder besser zu beurteilen (EuGH C-259/02 Rn. 31 – La Mer).

Unbeachtlich ist regelmäßig die Tatsache, dass unter Umständen in den Verkehrskreisen noch **47** eine gewisse Bekanntheit der Marke besteht, die Marke aber über einen Zeitraum von mehr als fünf Jahren nicht mehr in Benutzung war. Davon unabhängig besteht jedoch die Möglichkeit, dass trotz Nichtbenutzung nach nationalem Recht ggf. noch nicht eingetragene Markenrechte aufgrund von erhöhter Verbraucherwahrnehmung oder notorisch bekannte Marken nach Art. 6bis PVÜ geltend gemacht werden können (→ Art. 8 Rn. 175 ff.).

Wenn eine Benutzung **saisonabhängig** ist und nur für einen eingeschränkten Zeitraum jedes **48** Jahr stattfinden kann, führt dies aber nicht zu geringeren Anforderungen an den Umfang der Benutzung (EuG T-500/20, GRUR-RS 2021, 33805 Rn. 47 – HALLOWIENER). Wenn nur eine Benutzung über einen sehr kurzen Zeitraum stattfindet, ist dies in der Regel durch eine mengenmäßig umfangreiche Benutzung auszugleichen.

4. Umgehung der Benutzungsschonfrist durch Wiederholungsanmeldung

Die UMV enthält keine explizite Regelung im Hinblick auf Wiederholungsanmeldungen. **49** Umstritten ist daher, ob dem Markeninhaber auch dann die fünfjährige Benutzungsschonfrist zusteht, wenn die Anmeldung einzig dem Ziel dient, einen neuen Fünfjahreszeitraum für eine bereits eingetragene, aber unbenutzte Marke zu schaffen (s. auch Ingerl/Rohnke MarkenG § 25 Rn. 32 ff.). Problematisch sind solche Wiederholungsanmeldungen, weil diese nicht benutzten Marken das Register ungerechtfertigter Weise besetzen. Es besteht daher in Literatur und Rechtsprechung das Bedürfnis, dem berechtigten Interesse gerecht zu werden, dass nicht benutzte Marken das Register nicht blockieren (s. auch Erwägungsgrund 31 MRL).

Eine Wiederholungsanmeldung liegt vor, wenn ein Markeninhaber dieselbe Marke in (fast) **50** identischer Form für dieselben Waren und Dienstleistungen nochmals anmeldet und dadurch die Benutzungsschonfrist künstlich verlängert (s. auch → MarkenG § 26 Rn. 22 ff.). Bei der Neuanmeldung nur eines leicht veränderten Firmenlogos ist nach Ansicht des EuG nicht schon von einer bösgläubigen Wiederholungsanmeldung auszugehen, da die Fortentwicklung eines Logos eine übliche Geschäftspraxis darstellt, und es alleine dem Markeninhaber obliegt, zu beurteilen, ob es sinnvoll ist, dafür eine neue Unionsmarke anzumelden (EuG T-136/11, GRUR Int 2013, 144 – Pelikan; s. auch Slopek GRUR Int 2013, 101).

51   Teilweise wird vorgeschlagen, die Wiederholungsmarke als bösgläubig einzustufen. Nach den Prüfungsrichtlinien des EUIPO kann der Versuch eines Unionsmarkeninhabers, die Benutzungsschonfrist durch die wiederholte Anmeldung einer älteren Unionsmarke künstlich zu verlängern, um die Folgen des Verlusts eines Rechts wegen Nichtbenutzung zu vermeiden, einen Umstand darstellen, der bei der Prüfung der Bösgläubigkeit zu berücksichtigen ist (s. Prüfungsrichtlinien für Unionsmarken vom 31.3.2022, Teil D, Löschung, Abschnitt 2, 3. Absolute Nichtigkeitsgründe, mit Verweis auf EuG T-136/11, GRUR Int 2013, 144 Rn. 27 – Pelikan). Bösgläubigkeit ist richtigerweise jedoch kein Grund, der im Widerspruchsverfahren geltend gemacht werden kann, sondern nur im Rahmen des Nichtigkeitsverfahrens nach Art. 59 Abs. 1 lit. b (→ Art. 59 Rn. 12 ff.).

52   Die Beschwerdekammern des EUIPO haben in der Vergangenheit im Rahmen des **Widerspruchsverfahrens gegensätzliche Entscheidungen zur Frage getroffen, ob den Widersprechenden eine Pflicht zum Benutzungsnachweis für Wiederholungsanmeldungen trifft.** Der Widersprechende wurde teilweise verpflichtet, einen Nachweis der ernsthaften Benutzung der Wiederholungsanmeldung zu erbringen, obwohl sich diese formell noch in der Benutzungsschonfrist befand, teilweise wurde der Antrag auf Benutzungsnachweis jedoch mit Verweis auf eine fehlende rechtliche Regelung zurückgewiesen.

52.1   In „NAVIGO" hatte sich der Anmelder auch auf die Tatsache berufen, dass der Widerspruch auf eine Wiederholungsanmeldung gestützt war, und einen Benutzungsnachweis verlangt. Die 2. BK stellte fest, dass der Wortlaut von Art. 42 UMV 2009 klar voraussetzt, dass nur dann ein Benutzungsnachweis zu erbringen ist, wenn die ältere Marke mehr als fünf Jahre registriert ist. Daher war der Antrag auf Nachweis der Benutzung als unzulässig zurückzuweisen. Nach Auffassung der 2. BK des EUIPO gibt es in der UMV keine Regelung, die dazu führt, dass den Widersprechenden die Pflicht zum Benutzungsnachweis trifft, auch wenn dieser wiederholt identische nationale Marken angemeldet hatte (EUIPO 2. BK – R 2181/2010-2 Rn. 18 – NAVIGO). Auch lehnte die BK den Einwand ab, dass es sich um eine bösgläubige Wiederholungsanmeldung handele. Da Bösgläubigkeit nur im Nichtigkeitsverfahren geltend gemacht werden kann, jedoch keinen Widerspruchsgrund darstellt, war dieser Einwand zurückzuweisen. Dem ist zuzustimmen.

52.2   Trotz fehlender rechtlicher Regelung hatte hingegen die 4. BK des EUIPO in der Rs. „Pathfinder" (EUIPO 4. BK – R 1785/2008-4 – Pathfinder) entschieden, dass den Widersprechenden die Pflicht zum Benutzungsnachweis trifft, obwohl sich die Widerspruchsmarke noch in der Benutzungsschonfrist befand. Die nationale Widerspruchsmarke stellte eine Neuanmeldung zweier identischer Voreintragungen dar, die bereits dem Benutzungszwang unterlagen. Obwohl diese beiden Voreintragungen nach Ablauf der Benutzungsschonfrist aufgegeben wurden und die Neuanmeldung erst drei Jahre später erfolgte, ging die 4. BK davon aus, dass die Neuanmeldung einzig zum Zweck der künstlichen Verlängerung der Benutzungsschonfrist erfolgte (EUIPO 4. BK – R 1785/2008-4 Rn. 13 – Pathfinder). Die 4. BK begründete ihre Entscheidung, dass ein Benutzungsnachweis zu erbringen war, mit der wörtlichen Auslegung des Merkmals der „älteren Marke" im Rahmen von Art. 42 Abs. 2 S. 1 UMV 2009. Nach Ansicht der BK müsse dieses Merkmal nicht notwendigerweise als „die Registrierungsnummer der Marke" interpretiert werden, sondern in der Bedeutung von „dieselbe Marke" (im Sinne der Wiedergabe der Marke nach Art. 26 UMV 2009). An dieser Entscheidung wird richtigerweise Kritik geübt (so etwa in Eisenführ/Schennen/Eisenführ/Holderied Rn. 45). Die Tatsache, dass in „Pathfinder" zwischen Aufgabe der älteren Marke und Neuanmeldung drei Jahre lagen, spricht dafür, dass ein zeitlicher Zusammenhang fehlte, und dass sich die neu angemeldete Widerspruchsmarke in der Tat noch in der Benutzungsschonfrist befand.

52.3   In „CANAL+" vertrat dann auch die 2. BK mit explizitem Verweis auf „Pathfinder" die Auffassung, dass der Markeninhaber einen Benutzungsnachweis für Wiederholungsanmeldungen zu erbringen hatte (EUIPO 2. BK – R 1260/2013-2 Rn. 12–28 – CANAL+).

52.4   Das EuG scheint in seiner jüngeren Rechtsprechung dem streng formalen Ansatz zu folgen. In der Rs. „SKYLITE" (EuG T-736/15, BeckEuRS 2015, 469588 Rn. 22 – SKYLITE) bestätigte das EuG die Entscheidung der 4. BK, den Antrag auf Erbringung des Nachweises einer ernsthaften Benutzung zurückzuweisen, da die ältere Widerspruchsmarke noch nicht länger als fünf Jahre eingetragen war. Nach Ansicht der 4. BK war dieser Fall nicht mit der „Pathfinder" Entscheidung zu vergleichen, da es sich ua nicht um eine identische Neuanmeldung gehandelt und der Markeninhaber die Marke auch tatsächlich in Benutzung genommen habe. Ob die Widerspruchsmarke zur künstlichen Verlängerung der Benutzungsschonfrist bösgläubig angemeldet wurde, war nach Auffassung des EuG im Zusammenhang des Widerspruchsverfahrens nicht zu prüfen. Dies kann einzig im Wege eines Nichtigkeitsverfahrens nach Art. 59 geltend gemacht werden (EuG T-736/15, BeckEuRS 2015, 469588 Rn. 25 ff. – SKYLITE).

53   Wann jedoch eine **Wiederholungsanmeldungen** im Rahmen des Nichtigkeitsverfahrens als **bösgläubig** angreifbar ist, ist wohl stets im Einzelfall zu entscheiden.

Noch 2007 hatte die Nichtigkeitsabteilung des EUIPO in der Rs. „RED BULL" entschieden, dass die **53.1** nochmalige Anmeldung einer Marke für identische Waren und Dienstleistungen dann nicht bösgläubig ist, wenn die Neuanmeldung innerhalb der fünfjährigen Benutzungsschonfrist der ursprünglichen Marke erfolgte und wenn diese Marke vor Ablauf der Benutzungsschonfrist in Benutzung war (EUIPO Nichtigkeitsabteilung 21.3.2007 – 1344C-AX26 – SARL/RED BULL).

Im Hinblick auf bösgläubige Widerholungsanmeldung ist auch auf die Entscheidung der Nichtigkeitsab- **53.2** teilung vom 31.8.2018 in der Rs. 13317, WONG LO KAT hinzuweisen. Die Nichtigkeitsabteilung war seinerzeit der Auffassung, dass die Marke „WONG LO KAT" einzig zur Umgehung der Benutzungspflicht neu angemeldet wurde und die Markenanmeldung somit bösgläubig erfolgte. Dabei spielte eine besondere Rolle, dass die identische Marke für identische Waren nur sechs Tage vor Ablauf der Benutzungsschonfrist neu angemeldet wurde.

In der teilweise umstrittenen, aber für die aktuelle Praxis höchst relevante „Monopoly"-Ent- **54** scheidung der Zweiten Beschwerdekammer vom 22.7.2019 stellte die BK fest, dass eine Wiederholungsanmeldung, die **einzig zum Zwecke der Umgehung des Benutzungsnachweises im Widerspruchsverfahren** erfolgte, **keine legitime Geschäftsaktivität darstellt und damit Bösgläubigkeit** im Hinblick auf die wiederholt angemeldeten Waren und Dienstleistungen anzunehmen war (EUIPO R 1849/2017-2, BeckRS 2019, 20439). Eines der entscheidenden Kriterien ist mithin, ob der Neuanmeldung eine legitime Geschäftsaktivität bzw. gute geschäftliche und nachvollziehbare Gründe zugrunde liegen, oder eben nicht. In dem Monopoly-Fall nahm die Beschwerdekammer jedoch insbesondere auf die Aussagen der Markeninhaberin in der mündlichen Verhandlung Bezug, weshalb diese Entscheidung nicht grundsätzlich allgemeingültig ist, sondern Bösgläubigkeit jeweils im Einzelfall zu prüfen ist. Das EuG bestätigte diese Auffassung mit Entscheidung vom 21.4.2021 (EuG T-663/19, GRUR-RS 2021, 8097). Das angestrebte Rechtsmittel zum EuGH (C-373/21 P) wurde nicht zugelassen, womit die Entscheidung endgültig geworden ist. Das sich momentan noch in der Ausarbeitungsphase befindliche sog. Konvergenzprogramm 13, das sich mit bösgläubigen Markenanmeldungen beschäftigt, wird zukünftig einen großen Einfluss auf die Praxis des EUIPO und der nationalen Ämter im Zusammenhang mit Wiederholungsanmeldungen haben.

III. Ort der Benutzung: Benutzung in der Union

Art. 18 sieht vor, dass die Unionsmarke „in der Union" benutzt wird. Welche geographischen **55** Anforderungen an die Benutzung einer Unionsmarke zu stellen sind, ist umstritten. Insbesondere ist fraglich, inwieweit eine **eingeschränkte geographische Benutzung,** etwa nur in einem Mitgliedstaat, als ernsthafte Benutzung „in der Union" anerkannt werden kann. In seiner „Leno Merken"-Entscheidung hatte sich der EuGH mit dieser Frage befasst und festgestellt, dass für die Beurteilung, ob eine „ernsthafte Benutzung in der Union" iSv Art. 18 Abs. 1 vorliegt, die Grenzen der Hoheitsgebiete der Mitgliedstaaten außer Betracht zu lassen sind (EuGH C-149/11, EuZW 2013, 228 Rn. 44 – Leno Merken).

Die Entscheidung des EuGH in „Leno Merken" hat damit zwar zur Klärung dieser Rechtsfrage **56** beigetragen, jedoch hat es anschließend Amts- und Gerichtsentscheidungen gegeben, die diese Entscheidung unterschiedlich ausgelegt haben. Es wurde teilweise angenommen, dass die Benutzung einer Unionsmarke in nur einem Mitgliedstaat der EU für eine rechtserhaltende Benutzung nicht ausreichen soll. So hat ein englisches Gericht eine Unionsmarke für nichtig erklärt, da es mit Verweis auf „Leno Merken" davon ausging, dass die nachgewiesene Benutzung der Marke für Möbel ausschließlich im Vereinigten Königreich für die rechtserhaltende Benutzung einer Unionsmarke nicht ausreichend sei (Intellectual Property Enterprise Court 29.6.2015 (2015) EWHC 1773 (IPEC) – The Sofa Workshop Ltd./Sofaworks Ltd.). Diese Auffassung muss mittlerweile wohl als fehlerhafte Auslegung der „Leno Merken" Entscheidung angesehen werden. Das EuG, das EUIPO und auch der BGH legen „Leno Merken" so aus, dass auch eine Benutzung in lediglich einem Mitgliedstaat der EU unter bestimmten Umständen als rechtserhaltende Benutzung anerkannt werden kann (s. EuG T-766/20, GRUR-RS 2022, 3738 Rn. 24 – STONES). Trotz vereinzelter Ausnahmen (s. etwa EuG-Entscheidung in der Rs. „Silente Porte & Porte"; → Rn. 56.1) gilt weiterhin der **Grundsatz,** dass eine **grenzüberschreitende Benutzung nicht gefordert** werden kann.

Das EuG ging in der Rs. „Silente Porte & Porte" davon aus, dass eine Benutzung der streitgegenständli- **56.1** chen Marke für Türen in ganz Italien über fünf Jahre nicht ausreichend sei, weil die Natur der Waren nicht auf Italien beschränkt sei (EuG T-386/16, BeckRS 2017, 142993 Rn. 50 – Silente Porte & Porte). Diese sehr eingeschränkte Sichtweise findet sich auch bereits in der vor dem EuG angegriffenen Entscheidung der Beschwerdekammer (R 240/2015-1 Rn. 60). Im Hinblick auf die im folgenden genannten Entscheidungen in NOW (→ Rn. 57), CACTUS (→ Rn. 58), NOCUVANT oder VOODOO (→ Rn. 59) bleibt zu hoffen, dass „Silente Porte & Porte" eine Einzelfallentscheidung bleibt.

57   In seiner „NOW"-Entscheidung hat das EuG beispielsweise eine nachgewiesene Benutzung einer Marke für kabellose Breitbanddienste ausschließlich im Gebiet London und Themse-Tal als Nachweis einer ernsthaften Benutzung in der Union anerkannt (EuG T-278/13, BeckRS 2016, 80100 – NOW). Das EUIPO und anschließend das EuG hatten dabei berücksichtigt, dass London die größte Stadt des Vereinigten Königreichs und ein Ballungszentrum mit einer geschätzten Bevölkerung zwischen 12 und 14 Millionen Menschen ist. Zudem wurden weitere Aspekte wie die Häufigkeit und die Regelmäßigkeit der Benutzung in die Gesamtabwägung einbezogen.

58   Außerdem wurde anerkannt, dass der Verkauf von höherpreisigen Sportwagen ausschließlich im Vereinigten Königreich eine ernsthafte Benutzung einer Unionsmarke darstellt. Das EuG berücksichtigte, dass es sich um einen sehr kleinen, speziellen Markt handelt, der sich durch eine relativ geringe Nachfrage, durch eine Produktion auf Bestellung und durch den Verkauf einer begrenzten Anzahl an Automobilen kennzeichnet (EuG T-398/13, BeckRS 2015, 80958 Rn. 57 – TVR). Selbst eine Benutzung fast ausschließlich in Luxemburg wurde vom EuG in Ansehung der „Leno Merken"-Entscheidung als ausreichend angesehen (EuG T-24/13, BeckRS 2015, 81576 – CACTUS).

59   Ebenso geht auch die deutsche Rechtsprechung davon aus, dass die Benutzung einer Unionsmarke **ausschließlich in Deutschland eine ausreichende ernsthafte Benutzung darstellt.** In der Rs. „VOODOO" (BGH GRUR 2013, 925) stellte der BGH fest, dass von einer ernsthaften Benutzung einer Unionsmarke auch dann auszugehen ist, wenn ihre Benutzung auf das Hoheitsgebiet eines einzelnen Mitgliedstaates beschränkt ist, und es damit gerechtfertigt ist, alleine auf deren Verwendung in Deutschland abzustellen, weil durch eine auf das Bundesgebiet beschränkte Verwendung eine rechtserhaltende Benutzung von vornherein ausgeschlossen ist. Diese Sichtweise teilt auch das BPatG in der Entscheidung „Konrad/Conrad" (BPatG BeckRS 2017, 132751). Für Deutschland jedenfalls wird der Markeninhaber einer Unionsmarke daher nicht notwendigerweise Benutzungsunterlagen für weitere EU-Mitgliedstaaten vorlegen müssen, um eine ernsthafte Benutzung nachzuweisen (s. auch Bogatz/Albrecht GRUR-Prax 2018, 116; Schilde GRUR-Prax 2018, 47). Genauso urteilte das EuG in der Rs. „NOCUVANT", in der das **EuG klarstellte, dass unter bestimmten Umständen eine auf einen Mitgliedstaat beschränkte Benutzung ausreichend sein kann** (EuG T-321/18, BeckRS 2019, 2744 Rn. 43). Nach Ansicht des EuG in „NOCUVANT" stelle der deutsche Markt einen substanziellen Teil der EU dar. Ebenso hat das EuG bestätigt, dass eine auf den spanischen Markt beschränkte Benutzung eine ernsthafte Benutzung einer Unionsmarke darstellen kann (EuG T-380/18, GRUR-RS 2019, 26956 Rn. 83).

60   Eine regionale Beschränkung der Benutzung allein ist in der Regel daher nicht ausreichend, um eine ernsthafte Benutzung zu verneinen. Richtigerweise wird ein Markeninhaber eine nur **regionale Benutzung** durch eine **höhere Intensität** der Benutzung **ausgleichen** können (s. zB EUIPO 5. BK 29.10.2015 – R 2825/2014-5 Rn. 17–24 – Pret à manger). Dies entspricht auch der Intention des EuGH in der „Leno Merken"-Entscheidung, die klar festgestellt hat, dass es unmöglich ist, im Vorhinein abstrakt festzulegen, auf welche Gebietsgröße abzustellen ist. Vielmehr beruht die Beurteilung der Ernsthaftigkeit der Benutzung einer Marke auf sämtlichen Tatsachen und Umständen, die belegen können, dass die geschäftliche Verwertung der Marke es ermöglicht, Marktanteile zu gewinnen oder zu behalten (EuGH C-149/11, EuZW 2013, 228 Rn. 55 – Leno Merken).

61   Ein Verkauf eines Produktes ausschließlich in US-Militärbasen in Deutschland wurde als nicht ausreichend angesehen (s. EUIPO Nichtigkeitsabteilung 10.1.2012 – 4162 C – BIG RED). Diese regional eingeschränkte Benutzung war nicht als ernsthaft iSv Art. 18 zu betrachten, da diese nicht der Bildung eines Absatzmarktes in der Union diente. Zudem stellte die Benutzung einer Marke in der Schweiz keine ernsthafte Benutzung einer deutschen IR-Erstreckung dar, auch wenn seinerzeit ein entsprechendes internationales Abkommen zwischen beiden Staaten die Benutzung in der Schweiz einer solchen in Deutschland gleichstellte (auch → MarkenG § 26 Rn. 98 ff.; Hildebrandt/Sosnitza/Sosnitza Rn. 18). Dies ist mittlerweile jedoch Rechtshistorie, da Deutschland diese Vereinbarung aufgrund ihrer Unvereinbarkeit mit Unionsmarkenrecht mit Wirkung zum 31.5.2022 beendet hat. Das Schweizer Markenamt hat angekündigt, in Widerspruchs- und Verfallsverfahren eine Benutzung in Deutschland vor dem Stichtag am 31.5.2022 weiterhin anzuerkennen.

In „BASKAYA" hatte der Markeninhaber eine ernsthafte Benutzung für die deutsche Erstreckung einer **61.1** internationalen Registrierung nachzuweisen (EuGH C-445/12 P, BeckRS 2013, 82331 – BASKAYA). Der Markeninhaber legte lediglich Nachweise der Benutzung in der Schweiz vor und berief sich im Übrigen auf Art. 5 Übereinkommen vom 13.4.1892 zwischen Deutschland und der Schweiz, das bei einer ernsthaften Benutzung in der Schweiz eine Benutzung in Deutschland entbehrlich macht. Die Beschwerdekammer des EUIPO, das EuG und der EuGH wiesen diese Argumentation zurück, da nach Art. 47 Abs. 2 und 3 die ältere Marke in dem Mitgliedstaat ernsthaft benutzt worden sein muss, in dem sie geschützt ist. Aufgrund der Autonomie des Unionsmarkensystems kann das Deutsch-Schweizerische Abkommen von 1892 für den Nachweis der Benutzung einer Marke, die in Deutschland Schutz genießt, keine Relevanz haben (EuGH C-445/12 P, BeckRS 2013, 82331 Rn. 48, 49 – BASKAYA).

In der Rechtssache „TESTAROSSA" hatte der EuGH über die Vorlagefrage des OLG Düsseldorf zu **61.2** entscheiden, worin die Anwendbarkeit sowie Vereinbarkeit des Deutsch-Schweizer Abkommens mit EU-Recht thematisiert wurde (EuGH C-720/18, GRUR-RS 2020, 27498 – TESTAROSSA). Konsequenz der BASKAYA-Rechtsprechung war, dass zwar eine in Deutschland eingetragenen Marke alleine aufgrund einer Benutzung in der Schweiz eingetragen bleiben kann, diese Marke aber gleichwohl einer Unionsmarke nicht entgegengehalten werden kann, weil ihr Inhaber nicht in der Lage wäre, einen Benutzungsnachweis über eine Benutzung in der EU zu erbringen. Nach Ansicht des EuGH kann aufgrund von Art. 351 AEUV ein deutsches Gericht das Deutsch-Schweizer Abkommen grundsätzlich weiterhin anwenden, bis die Bundesrepublik Deutschland die Unvereinbarkeit des Abkommens mit Unionsrecht behoben hat (zu der oben nach Art. 351 Abs. 2 AEUV verpflichtet ist); → MarkenG § 26 Rn. 104.1. Dies ist mittlerweile geschehen, da Deutschland dieses Abkommen aufgrund seiner Verpflichtung aus Art. 351 Abs. 2 AEUV nun beendet hat.

Der Ort der Erbringung einer Dienstleistung ist mitunter dann schwierig festzustellen, wenn **62** diese im Internet angeboten und gebucht werden kann. In „The Standard" musste das EuG entscheiden, ob eine rechtserhaltene Benutzung schon dann vorliegt, wenn Werbe- und Reservierungsdienstleistungen in der EU angeboten werden, die tatsächliche Erbringung von Hoteldienstleistungen jedoch ausschließlich in den USA erfolgt (EuG T-768/20, GRUR-RS 2022, 16399 – The Standard). Während das EUIPO eine rechtserhaltende Benutzung verneinte, sah das EuG dies anders und hob die angegriffene Entscheidung auf. Mit Verweis auf „Leno Merken" erkannte das EuG zwar an, dass eine Erbringung von Dienstleistungen in den USA keine Benutzung in der EU darstelle, sah jedoch in der Tatsache, dass für diese Hoteldienstleistungen in der EU geworben wurde und diese gebucht werden konnten, einen Anknüpfungspunkt für die Feststellung einer Benutzung in der EU (→ Rn. 45). Nach dieser Rechtsprechung kann also nicht nur dort eine ernsthafte Benutzung stattfinden, wo das Produkt hergestellt oder die Dienstleistung erbracht wird, sondern auch dort, wo diese vermarktet werden. Ob sich diese sehr weite geographische Auslegung durchsetzt, bleibt abzuwarten. Dies würde im Hinblick auf die weltweiten Vermarktungsmöglichkeiten im Internet das Merkmal der Benutzung „in der Union" auf Dauer aushöhlen, wenn nicht zumindest ein gewisser „Inlandsbezug" noch hinzukommt.

Eine **Ausnahme** zu der Regel, dass eine Marke in der Union zu benutzen ist, stellt Art. 18 **63** **Abs. 1 lit. b** auf, der festlegt, dass das Anbringen der Unionsmarke auf Waren oder deren Aufmachung in der Union ausschließlich für den **Export** als ernsthafte Benutzung iSv Art. 18 UAbs. 1 gilt. Hintergrund dieser Regelung ist, dass auch solche Unternehmen geschützt werden sollen, die hauptsächlich Waren für den Export herstellen, und die ansonsten aufgrund Nichtbenutzung ihrer Marken in der EU nicht gegen Nachahmerprodukte vorgehen könnten (Hasselblatt EUTMR/Nordemann Art. 18 Rn. 54).

In Bezug auf nationale Marken regelt Art. 16 MRL iVm nationalem Recht, dass diese in dem **64** Land, in dem sie geschützt sind, ernsthaft benutzt werden müssen (auch → MarkenG § 26 Rn. 93 ff.). Hier ist eine Benutzung in einem Teil des Mitgliedstaates in der Regel ausreichend (EuGH C-416/04 P, GRUR Int 2005, 47 Rn. 60, 66, 76 – VITAFRUIT). Aber auch im Falle einer nationalen Eintragung wird eine Gesamtabwägung durchzuführen sein, die neben der geographischen Reichweite auch andere Faktoren, wie Dauer und Intensität der Benutzung, berücksichtigt. Schließlich müssen internationale Registrierungen, in den EU-Mitgliedstaaten, in denen Erstreckungen bestehen, benutzt werden.

Aufgrund des **Austritts des Vereinigten Königreichs** aus der EU (Brexit) gilt seit dem **65** 1.1.2021 eine Markenbenutzung im Vereinigten Königreich nicht mehr als Markenbenutzung in der EU (Hildebrandt/Sosnitza/Sosnitza Rn. 20). Eine ernsthafte, rechtserhaltende Benutzung im Vereinigten Königreich vor dem Ausscheiden des Vereinigten Königreichs aus der EU ist aber für die Erhaltung einer Unionsmarke relevant. Nach Ansicht des EUIPO in seiner Mitteilung Nr. 2/2020 (Ziff. 14) wird die Bedeutung einer ausschließlichen Benutzung im Vereinigten Königreich vor dem Stichtag für die Frage der rechtserhaltenden Benutzung einer Unionsmarke im Laufe der

Zeit aber an Bedeutung verlieren. Diese Ansicht ist umstritten, da eine Benutzung im Vereinigten Königreich vor dem Stichtag ja als Benutzung in der EU zu werten war (→ Art. 1 Rn. 28). Was die Benutzung einer abgeleiteten britischen Marke anbelangt gilt ähnliches. Hier ist nach Art. 7–9 SI 2019 No. 269 eine Benutzung ausschließlich in der EU-27 für eine rechtserhaltene Benutzung der abgeleiteten Marke relevant (für bis zu fünf Jahre nach dem Stichtag). Klar ist jedenfalls, dass fünf Jahre nach dem Stichtag, eine ausschließliche Benutzung jeweils im anderen Teil nicht ausreichend ist, um die jeweiligen Markenrechte aufrechtzuerhalten.

IV. Benutzung in abweichender Form (Abs. 1 lit. a)

1. Einleitung

66   Eine Marke ist grundsätzlich in ihrer eingetragenen Form zu benutzen. Gemäß Art. 18 Abs. 1 lit. a ist jedoch auch eine rechtserhaltende Benutzung gegeben, wenn zwar eine abweichende Form benutzt, die **Unterscheidungskraft** der Marke dadurch aber **nicht beeinflusst** wird. Dies gilt auch dann, wenn die benutzte abweichende Form ebenfalls als Marke eingetragen ist. Dies wurde durch den EuGH in „PROTI" klargestellt (EuGH C-553/11, GRUR 2012, 1257 Rn. 30 – PROTI) und in „Colloseum" bestätigt (EuGH C-12/12, GRUR Int 2013, 566 – Colloseum; → Rn. 79).

67   Art. 18 Abs. 1 lit. a berücksichtigt, dass Produktverpackungen oder Werbematerialien oftmals aktualisiert und weiterentwickelt werden. Das Markenrecht erlaubt daher die Möglichkeit einer leicht veränderten Benutzung (s. auch EuG T482/08, GRUR Int 2011, 60 Rn. 30 – Atlas Transport). Zudem wird eine Wortmarke auf einem Produkt nie ohne weitere Kennzeichnungen verwendet, sei es auch nur in Form eines Etiketts, auf dem die Wortmarke angebracht ist, oder im Zusammenhang mit anderen Zeichen. Ob ein zusätzliches Element die Unterscheidungskraft der eingetragenen Marke verändert, ist im jeweiligen Einzelfall zu prüfen und hängt vor allem von der Unterscheidungskraft der eingetragenen Marke sowie von der Art und Unterscheidungskraft der zusätzlichen oder veränderten Elemente ab (zur deutschen Rechtsprechung → MarkenG § 26 Rn. 126 ff.). Im sog. **Konvergenzprogramm 8** erarbeitete das EUIPO zusammen mit den Markenämtern der Mitgliedstaaten allgemeine Standards zur Beurteilung dieser Frage. Diese abgestimmte Praxis, die im Herbst 2020 verabschiedet wurde, wird zu weiterer Klarheit führen, wann eine Benutzung in abgewandelter Form noch als ernsthafte Benutzung angesehen werden kann.

2. Benutzung einer Wortmarke in stilisierter Form

68   Generell können Wortmarken in stilisierter Form oder als Wort-Bild-Marken benutzt werden, ohne dass sich dadurch die Unterscheidungskraft der Wortmarke verändert (EuG T-686/19, GRUR-RS 2020, 14948 Rn. 54, 56 – GNC LIVE WELL). Wenn die zusätzlichen Bildelemente rein dekorativer Natur oder gar zu vernachlässigen sind, wird die Unterscheidungskraft der Wortmarke nicht beeinflusst (EuG T-551/12, BeckRS 2014, 80240 Rn. 43 – SEMBELLA; T-105/13, BeckRS 2014, 82651 Rn. 49 – DRINKFIT).

3. Benutzung einer Bild- oder Wordbildmarke in veränderter Stilisierung

69   Ob und inwieweit eine Bildmarke bzw. Wordbildmarke noch ernsthaft benutzt wird, wenn die Stilisierung der eingetragenen Marke in der Benutzung verändert wurde, wird es stets auf den Einzelfall ankommen. Die Rechtsprechung des EUIPO und des EuG tendiert jedoch dazu, dann eine ernsthafte Benutzung noch anzuerkennen, wenn das Wortelement weiterhin erkennbar ist – tendenziell wird damit Wortelementen eine höhere Bedeutung gegeben als Bildelementen. Das EuG hat in seiner Entscheidung vom 16.11.2022 (EuG T-512/21, GRUR-RS 2022, 31524 – Epsilon) die Auffassung der Beschwerdekammer des EUIPO bestätigt, dass eine Wortbildmarke, in der das Wort EP/SI/LON in drei Zeilen aufgeteilt ist und zudem noch weitere Bild- und Wortelemente enthält, auch dann noch rechtserhaltend benutzt wird, wenn eine Benutzung des Wortes EPSILON ausschließlich in zusammengeschriebener Form und unter Hinweglassung des Bildelements stattfindet (→ Rn. 49 f.).

4. Hinzufügungen und Weglassungen

70   Die Unterscheidungskraft einer Marke wird dann nicht beeinflusst, wenn das hinzugefügte Element schwach oder nicht unterscheidungskräftig ist (EuG T-353/08, GRUR Int 2010, 318

Rn. 29–33 – COLORIS). Ebenso verändert auch die Weglassung eines Elements, das eine untergeordnete Rolle einnimmt und keine Kennzeichnungskraft besitzt, nicht die Unterscheidungskraft der eingetragenen Marke (EuG T-135/04, GRUR Int 2006, 232 Rn. 37 – ONLINE BUS).

Der Umstand, dass eine eingetragene Marke manchmal mit und ohne zusätzliche Elemente **71** benutzt wird, kann nach Ansicht des EuG eines der Kriterien darstellen, aus dem geschlossen werden kann, dass die Unterscheidungskraft nicht beeinflusst wird (EuG T-482/08, GRUR Int 2011, 60 Rn. 36 – Atlas Transport).

Die Unterscheidungskraft einer Marke wird aber dann beeinflusst, wenn Verbraucher die **72** benutzte Marke nicht mehr als die eingetragene Marke erkennt. Nach Auffassung des EuG stellte daher die Benutzung von „FRUIT OF THE LOOM" keine Benutzung der Marke „FRUIT" dar (EuG T-514/10, BeckRS 2012, 82072 Rn. 40 – FRUIT OF THE LOOM, mAnm Weiß GRUR-Prax 2012, 530).

Das Gericht hatte in dem Fall berücksichtigt, dass die Bezeichnung „FRUIT OF THE LOOM" für **72.1** den englischsprachigen Verbraucher eine originelle, kreative Bedeutung hat, die sich jedoch von der Bedeutung des Worts „FRUIT" unterscheidet. Im Hinblick auf den nicht englischsprachigen Verbraucher ging das EuG davon aus, dass das Wort „FRUIT" nicht das dominante Element in „FRUIT OF THE LOOM" darstellt. Vielmehr seien beide Wörter „FRUIT" und „LOOM" von gleichrangiger Bedeutung für den Gesamteindruck des benutzten Zeichens. Daher beeinflusste die Hinzufügung der Wortelemente „OF THE LOOM" die Unterscheidungskraft der Marke „FRUIT", weshalb eine ernsthafte Benutzung nicht gegeben war.

Ähnlich urteilte der BGH in seinem Beschluss vom 11.5.2017 in der Rs. „Dorzo" (BGH GRUR 2017, **72.2** 1043 (1045) – Dorzo). Der Markeninhaber hatte eine ernsthafte Benutzung der Marke „Dorzo" zu erbringen. Diese wurde jedoch nur als zusammengesetzte Zeichen „DorzoComp-Vision" und „Dorzo-Vision" verwendet. Nach Auffassung des BGH konnte hier keine rechtserhaltende Benutzung der eingetragenen Marke angenommen werden, da die beiden Bestandteile „Dorzo" und „Vision" nicht als selbständige Zeichen, sondern als **einheitlicher Herkunftshinweis** vom Verkehr angesehen werden (→ MarkenG § 26 Rn. 150).

Zudem wurde auch die Benutzung von EMIDIO TUCCI lediglich als Benutzung der Marke **73** EMIDIO TUCCI anerkannt, nicht jedoch als Benutzung der ebenfalls eingetragenen Marke E. TUCCI (EuG T-39/10, BeckRS 2012, 82134 Rn. 37 – PUCCI).

Eine umstrittene Entscheidung fällte das EuG in der Rs. „NN" (EuG T-333/15, BeckRS **74** 2017, 122793 – NN). Hier hatte der Markeninhaber den Nachweis einer ernsthaften Benutzung einer spanischen Wortmarke „NN" zu erbringen. Der Markeninhaber konnte jedoch nur eine Benutzung einer Bildmarke nachweisen, in der die Buchstaben „NN", leicht höhenversetzt, innerhalb eines Kreises abgebildet waren. Zudem wurde dieses Logo stets nur in Kombination mit den Worten „núñes" und „navarro" sowie, in einigen Fällen, mit weiteren Wortelementen benutzt. Sowohl die Widerspruchsabteilung als auch die Vierte Beschwerdekammer sahen diese Benutzung nicht als ernsthafte Benutzung der registrierten Wortmarke an. Während das EuG zunächst bestätigte, dass eine Wortmarke generell in jedweder Form, Farbe und Schriftart verwendet werden kann (→ Rn. 52), stellte es heraus, dass dann keine ernsthafte Benutzung einer Wortmarke mehr gegeben sein kann, wenn die Modifizierungen und Ergänzungen einen eigenen inhärenten unterscheidungskräftigen Charakter besitzen, die die Unterscheidungskraft der eingetragenen Marke verändern. Das Gericht sah es als wesentlich an, dass durch die zusätzliche Benutzung der Nachnamen „núñes" und „navarro" die in dem benutzten Logo verwendeten Buchstaben „NN" lediglich als Initialen dieser Nachnamen wahrgenommen werden. Daher wurden nach Auffassung des EuG durch die stets gleichzeitige Benutzung von „NN" in Kombination mit den unterscheidungskräftigen Nachnamen „núñes" und „navarro" die Unterscheidungskraft der eingetragenen Marke verändert.

Bei der Frage der ernsthaften Benutzung einer Wort-Bildmarke scheint das EuG etwas großzü- **75** gigere Maßstäbe anzulegen. Wenn lediglich eine Veränderung der figurativen, schwach bzw. nicht unterscheidungskräftigen Elemente stattfindet, aber die Wortelemente auch in der benutzten Form weiterhin unverändert enthalten sind, ist regelmäßig von einer ernsthaften Benutzung auszugehen.

In der Rs. „PAL" hatte das EuG über die ernsthafte Benutzung einer Bildmarke mit den Buchstaben **75.1** „PAL" zu entscheiden. Das streitgegenständliche Logo zeigte „PAL" in weißen, leicht zur Seite gekippten Buchstaben, die sich in einem aus zwei Parallelogrammen bestehenden Pfeilelement befanden (EuG T-397/15, BeckRS 2016, 127750 – PAL). Eine Benutzung der registrierten Form wurde nicht nachgewiesen. Jedoch wurden verschiedene Logos benutzt, die zwar die Buchstaben PAL aufwiesen, aber sich ansonsten deutlich in der figurativen Gestaltung unterschieden. Die Beschwerdekammer und auch das EuG gingen davon aus, dass das Pfeilelement rein dekorativer Natur war, und erkannten daher eine ernsthafte Benutzung der registrierten Marke an. Die berechtigte Kritik des Klägers, dass damit die streitgegenständliche Bildmarke faktisch als Wortmarke behandelt wird, wurde vom EuG zurückgewiesen.

76   In der Rs. „CACTUS" ging es um die Frage der ernsthaften Benutzung einer figurativen Marke, die aus dem Wort „CACTUS" sowie einem stilisierten Kaktus bestand (EuG T-24/13, BeckEuRS 2015, 477550 – CACTUS). Das EuG vertrat hier – entgegen der Auffassung des EUIPO – die Meinung, dass eine Benutzung lediglich des Bildelements (Kaktus) ohne das Wortelement „CACTUS" ebenfalls eine Benutzung der eingetragenen Marke darstellt. Beide Elemente der eingetragenen Marke, der stilisierte Kaktus sowie das Wort „Cactus", vermitteln nach Ansicht des EuG denselben Bedeutungsgehalt (→ Rn. 82). Daher ist nach Auffassung des EuG die Benutzung ausschließlich der abgekürzten Form der Benutzung der eingetragenen Form gleichzusetzen. In Konsequenz ging daher das EuG davon aus, dass die Benutzung ausschließlich des figurativen Kaktus-Elements die Unterscheidungskraft der eingetragenen Marke nicht veränderte. Dementsprechend hieb das EuG die Entscheidung der Beschwerdekammer teilweise auf. Mit Entscheidung vom 11.10.2017 bestätigte der EuGH diese Auffassung (EuGH C-501/15 P, GRUR-RR 2017, 496). Diese Entscheidung des EuGH zur Gleichwertigkeit der Benutzung nur eines Bildelements einer zusammengesetzten Wort/Bildmarke lässt sich jedoch kaum verallgemeinern. Es handelt sich wohl eher um eine Einzelfallentscheidung, da regelmäßig die Weglassung eines unterscheidungskräftigen Wortelements die Unterscheidungskraft einer Marke verändert.

77   Auch wird eine Kombinationsmarke dann nicht mehr rechtserhaltend benutzt, wenn ihre einzelnen Elemente an verschiedenen Stellen auf dem Produkt angebracht werden und dadurch die Marke nicht mehr als Kombinationsmarke erkennbar ist. Das EuG bestätigte die Auffassung des EUIPO, dass die Wortbildmarke RICH JOHN RICHMOND in ihrer Unterscheidungskraft verändert wird, wenn die Elemente RICH und RICHMOND an unterschiedlichen Stellen auf dem Produkt verwendet werden (EuG T297/20, GRUR-RS 2021, 18349 Rn. 48 – RICHMOND).

5. Gleichzeitige Benutzung mehrerer Marken, Kombinationszeichen

78   Mehrere Zeichen können **gleichzeitig nebeneinander benutzt** werden. Weitere Kennzeichnungen sind daher für die Frage, ob die Benutzung in der eingetragenen Form erfolgte, außer Acht zu lassen, es sei denn, sie sind integraler Bestandteil der Marke, so wie eingetragen (EuG T-29/04, GRUR Int 2006, 307 Rn. 33–38 – Cristal Castellblanch).

79   Umstritten war – jedenfalls außerhalb des Geltungsbereichs des MarkenG – die Frage, ob auch dann eine Benutzung einer Marke gegeben ist, wenn auch die **benutzte abgewandelte Version als Marke registriert** war. In „Bainbridge" hatte der EuGH die Auffassung vertreten, dass die Regelung des Art. 18 nicht erlaubte, „den einer eingetragenen Marke zukommenden Schutz mittels des Nachweises ihrer Benutzung auf eine andere eingetragene Marke, deren Benutzung nicht nachgewiesen ist, mit der Begründung auszuweiten, dass die letztgenannte Marke nur eine leichte Abwandlung der erstgenannten Marke darstelle" (EuGH C234/06 P, GRUR 2008, 343 Rn. 86 – Bainbridge). In „PROTI" stellte der EuGH jedoch klar, dass es dem Inhaber einer eingetragenen Marke nicht verwehrt ist, sich zum Nachweis für deren Benutzung darauf zu berufen, dass sie in einer von ihrer Eintragung abweichenden Form benutzt wird, ohne dass die Unterschiede zwischen diesen beiden Formen die Unterscheidungskraft der Marke beeinflussen, und zwar ungeachtet dessen, dass die abweichende Form ihrerseits als Marke eingetragen ist (EuGH C-553/11, GRUR 2012, 1257 Rn. 30 – PROTI). Den (scheinbaren) Widerspruch mit der zuerst ergangenen „Bainbridge"-Entscheidung erklärte der EuGH in „PROTI" damit, dass sich der Markeninhaber in „Bainbridge" auf eine Markenfamilie gestützt hatte, deren Benutzung nachzuweisen war, weshalb es in einem solchen Fall nicht möglich sei, sich auf die Benutzung einer Marke als Beleg für die Benutzung einer anderen Marke zu berufen (EuGH C-553/11, GRUR 2012, 1257 Rn. 29 – PROTI; s. auch Anm. Rohnke GRUR 2012, 1260). In der Neufassung des Art. 18 Abs. 1 lit. a kodifizierte der Gesetzgeber die beschriebene Rechtsprechung des EuGH in „PROTI" und stellte klar, dass eine Benutzung in abweichender Form auch dann eine ernsthafte Benutzung einer Marke darstellen kann, wenn auch die benutzte abweichende Form ebenfalls als Marke registriert ist.

80   Zudem bestand lange Unklarheit darüber, ob die **gleichzeitige, überlappende Benutzung** mehrerer Marken eine ernsthafte Benutzung der **einzelnen Marken** darstellen kann. Markeninhaber haben oftmals einzelne Elemente ihrer Produktaufmachung durch mehrere Marken geschützt, die jedoch stets oder regelmäßig gemeinsam benutzt werden. In „Colloseum" hat der EuGH bestätigt, dass „die Voraussetzung einer ernsthaften Benutzung einer Marke iSv Art. 15 Abs. 1 VO (EWG) 40/94 erfüllt sein kann, wenn eine eingetragene Marke, die ihre Unterscheidungskraft infolge der Benutzung einer anderen, zusammengesetzten Marke erlangt hat, deren Bestandteil sie ist, nur vermittels dieser anderen zusammengesetzten Marke benutzt wird oder wenn sie nur in Verbindung mit einer anderen Marke benutzt wird und beide Marken zusammen zusätzlich als Marke eingetragen sind (EuGH C-12/12, EuZW 2013, 555 Rn. 36 – Colloseum; s. auch Anm. Bogatz GRUR-Prax 2013, 179).

In „Colloseum" ging es um die ernsthafte Benutzung eines roten Stofffähnchens an der Rückseite **80.1** einer Jeanshose. Dieses rote Stofffähnchen wurde zwar stets nur im Zusammenhang mit der Aufschrift LEVI'S benutzt, aber vom EUIPO aufgrund erlangter Unterscheidungskraft nach Art. 7 Abs. 3 auch ohne Schriftzug als Marke eingetragen. Gleichzeitig war die Kombination aus rotem Stofffähnchen mit LEVI'S ebenfalls als nationale Marke eingetragen. Im Zusammenhang mit einer Benutzungseinrede in einem Verletzungsverfahren hatte der Markeninhaber den Nachweis der ernsthaften Benutzung für das (wortlose) rote Stofffähnchen zu erbringen. Das verweisende deutsche Gericht sah es als unklar an, ob in einem solchen Fall, in dem eine eingetragene Marke, die ein Bestandteil einer anderen Marke ist und infolge der Benutzung der anderen Marke Unterscheidungskraft iSv Art. 7 Abs. 3 erlangt hat, durch die Verwendung dieser anderen Marke auch iSv Art. 18 rechterhaltend benutzt werden kann. Der EuGH verwies in seinem Urteil ausdrücklich auf seine Entscheidung in der Rs. „HAVE A BREAK" (EuGH C-353/03, GRUR 2005, 763 Rn. 30 – HAVE A BREAK), in der er festgestellt hatte, dass sich der Erwerb der Unterscheidungskraft sowohl aus der Benutzung eines Teils einer eingetragenen Marke als deren Bestandteil als auch aus der Benutzung einer anderen Marke in Verbindung mit einer eingetragenen Marke ergeben kann. Nach Ansicht des EuGH entsprechen die Anforderungen an die Prüfung der ernsthaften Benutzung einer Marke iSv Art. 18 Abs. 1 denen, die für den Erwerb der Unterscheidungskraft eines Zeichens durch Benutzung im Hinblick auf dessen Eintragung iSv Art. 7 Abs. 3 gelten (EuGH C-12/12, EuZW 2013, 555 Rn. 34 – Colloseum). In einer solchen Konstellation ist daher in der Regel anhand von Verkehrsumfragen nachzuweisen, dass der Verbraucher die Marke, die nur als Teil einer zusammengesetzten Marke oder in Verbindung mit einer anderen Marke benutzt wird, weiterhin als Herkunftshinweis wahrgenommen wird.

Eine ähnliche Entscheidung traf der EuGH in der Rs. „Specsavers", in der es um die Frage **81** einer rechtserhaltenden Benutzung einer wortlosen Bildmarke ging, die stets nur in Kombination mit einer die Bildmarke überlappende Wortmarke benutzt wurde. Der EuGH erkannte an, dass die **Benutzung** einer solchen **komplexen Kombinationsmarke** aus Wort- und Bildmarke **auch eine Benutzung der (wortlosen) Bildmarke darstellen** kann, jeweils **vorausgesetzt,** dass die abweichende Art der Benutzung die **Unterscheidungskraft der Bildmarke nicht verändert** (EuGH C252/12, GRUR 2013, 922 Rn. 24–26 – Specsavers).

In „Specsavers" lag der Sachverhalt etwas anders als in „Colloseum", da die wortlose Bildmarke nicht **81.1** infolge erlangter, sondern aufgrund originärer Unterscheidungskraft eingetragen worden war. Der EuGH ging in „Specsavers" davon aus, dass durch die Überlagerung der (wortlosen) Bildmarke mit dem Wortzeichen „Specsavers" die **Form, in der die Marke eingetragen worden war, verändert** wurde. Nach Auffassung des EuGH war kein schlichtes Nebeneinanderstellen zweier Marken gegeben, da bestimmte Teile der (wortlosen) Bildmarke durch das Wortzeichen verdeckt wurden. Daher kommt es nach Auffassung des EuGH in einem solchen Fall bei der Frage der ernsthaften Benutzung darauf an, ob durch die kombinierte Art der Benutzung die Unterscheidungskraft der Bildmarke verändert wurde oder nicht.

Damit hat der EuGH zwei erfreuliche, praxisnahe, wenn auch in der Herangehensweise unter- **82** schiedliche Entscheidungen getroffen. So lange der Verbraucher die einzelnen Marken weiterhin als Marke in der registrierten Form wahrnimmt, ist es gerechtfertigt, dass auch eine kombinierte Benutzung als rechtserhaltende Benutzung der jeweiligen Marken anerkannt wird (s. auch Büscher GRUR 2015, 305). In der Praxis wird der Markeninhaber daher Verkehrsumfragen vorzulegen haben, um nachzuweisen, dass der Verbraucher die entsprechende Marke (weiterhin) als Herkunftsnachweis wahrnimmt und die Unterscheidungskraft der Marke durch die überlappende Benutzung mit einer anderen Marke nicht beeinflusst wurde.

Dreidimensionale Markenformen werden in der Regel stets im Zusammenhang mit anderen **83** Marken benutzt, wobei im Einzelfall zu prüfen ist, ob lediglich eine simultane Benutzung mehrerer Marken stattfindet, durch die die Unterscheidungskraft der eingetragenen 3D-Marke nicht beeinflusst wird oder ob durch die Art der Benutzung zusammen mit anderen Elementen die 3D-Marke nicht mehr wie eingetragen wahrgenommen wird. Eine interessante Entscheidung traf die Nichtigkeitsabteilung des EUIPO am 12.11.2020 im Zusammenhang mit einem Verfallsantrag gegen die bekannte blaue NIVEA-Dose, die als dreidimensionale Unionsmarke ohne weitere Wortelemente eingetragen ist, jedoch stets im Zusammenhang mit dem Schriftzug NIVEA benutzt wird (EUIPO 39381C S. 8 - BLAUE DOSE). Das Amt ging vorliegend davon aus, dass die 3D-Marke, die aufgrund erlangter Unterscheidungskraft eingetragen wurde, rechtserhaltend benutzt wurde, da eine gleichzeitige überlappende Benutzung von zwei Marken stattfand, dass die eingetragene 3D-Marke jedoch nicht in veränderte Form benutzt wurde (s. auch EUIPO 5. BK 5.10.2020 – R 243/2020-5 – CAMPER). Anders hingegen entschied die Nichtigkeitsabteilung mit Entscheidung vom 21.5.2020 in Bezug auf eine 3D-Marke, die die Abbildung eines Baby-Fläschchens ohne jedwede Wort- und Bildelemente zeigt, und für verschiedene Süßigkeiten der Klasse 30 eingetragen ist (EUIPO 30742C – BIG BABY POP). Benutzt wurde die Marke jedoch mit großflächigen Wort- und Bildelementen, die das gesamte Fläschchen überzogen. Hier ging die Nichtigkeitsabteilung davon aus, dass diese visuelle dominierenden zusätzlichen Wort- und Bildelemente die Unterscheidungskraft der 3D-Marke veränderten und daher keine ernsthafte Benutzung mehr gegeben war. Die Beschwerdekammer sah dies ebenso und verneinte eine ernsthafte Benutzung der Marke, da die inhärente Unterscheidungskraft der eingetragenen 3D-Marke sehr gering sei, und diese durch die Benutzung im Zusammenhang mit den weiteren Wort- und Bildelementen verändert worden sei. Im Verfahren vor dem EuG konnte der Markeninhaber hingegen obsiegen (EuG T-273/21, GRUR-RS 2022, 28729). Das EuG stellte zunächst fest, dass die BK fälschlicherweise angenommen hatte, dass die Unterscheidungskraft der eingetragenen Marke gering sei. Bei einer dreidimensionalen Marke könne nicht nur deshalb von einer geringen Unterscheidungskraft ausgegangen werden, nur weil es sich um eine Abbildung einer handelsüblichen Babyflasche handele. Da die Marke für Süßigkeiten und ähnliche Waren eingetragen war, für die Babyflaschen eben nicht beschreibend sind, musste vielmehr von einer durchschnittlichen Unterscheidungskraft ausgegangen werden (EuG T-273/21, GRUR-RS 2022, 28729 Rn. 61). Auf dieser Grundlage ging das EuG davon aus, dass auch die zusätzlichen Wort- und Bildelemente, mit denen die 3D-Marke in der Benutzung versehen war, nicht ausreichend waren, um die Unterscheidungskraft der eingetragenen Marke zu verändern (EuG T-273/21, GRUR-RS 2022, 28729 Rn. 88). Die Entscheidung der BK wurde mithin aufgehoben.

83.1   Den Fall, dass eine **3D-Marke lediglich in zweidimensionaler Form** auf der Verpackung im Zusammenhang mit anderen Wort- und Bildelementen benutzt wurde, hatte das EuG in der Rechtssache JUMPY'S zu behandeln. In JUMPY'S ging es um die ernsthafte Benutzung einer für Kartoffelsnacks geschützten Känguru-Form. Zwar wiesen die Produkte tatsächlich die streitgegenständliche Form auf, wurden aber in undurchsichtigen Verpackungen angeboten, auf denen die 3D-Marke lediglich in einer zweidimensionalen Form und im Zusammenhang mit weiteren Wort- und Bildelementen auftauchte. Hier bestätigte das EuG die Auffassung der BK, dass die vorgelegten Beweismittel nicht ausreichend waren, um nachzuweisen, dass die angegriffene dreidimensionale Marke im relevanten Zeitraum tatsächlich als Hinweis auf die betriebliche Herkunft der fraglichen Waren wahrgenommen wurde. Eine ernsthafte Benutzung wurde mithin verneint (EuG T-219/17, GRUR-RS 2018, 23033 Rn. 39). Anders entschied das EuG hingegen in der Rs. T-533/21, in der eine rechterhaltene Benutzung einer 3D-Marke in der Form eines lachenden Smileys anerkannt wurde. Auch wenn die 3D-Marke vorliegend teilweise in zweidimensionaler Form auf einer nicht durchsichtigen Verpackung abgebildet war, stand dies einer ernsthaften Benutzung nicht entgegen, da auch in der zweidimensionalen Abbildung alle relevanten Merkmale der eingetragenen Marke wahrnehmbar waren (EuG T-533/21, Rn. 60).

6. Benutzung einer schwarz-weißen Marke in Farbe und umgekehrt

84   Im Rahmen des Konvergenzprogramms 4 haben das EUIPO und die Markenämter der Mitgliedstaaten Grundsätze zur Frage vorgelegt, inwieweit die Benutzung eines Zeichens in Farbe als ernsthafte Benutzung einer in schwarz-weiß bzw. in Graustufen eingetragenen Marke angesehen werden kann. Die gemeinsame Praxis der Markenämter stellt darauf ab, dass farbige und schwarz-weiß Marken nicht identisch sind, dass jedoch die reine Farbänderung die Unterscheidungskraft der Marke nicht beeinflusst, solange (i) die Wort- und Bildbestandteile übereinstimmen und die unterscheidungskräftigen Elemente bilden, (ii) der Farbkontrast erhalten bleibt, (iii) die Farbe oder die Farbkombination selbst keine Unterscheidungskraft hat und (iv) die Farbe nicht maßgeblich zur allgemeinen Unterscheidungskraft des Zeichens beiträgt. Diese Voraussetzungen stehen im Einklang mit der bisherigen EuG-Rechtsprechung, nach der die Benutzung einer Marke in einer anderen Form akzeptabel ist, solange die Anordnung der Wort- und Bildbestandteile gleich bleibt, die Wort- und Bildbestandteile übereinstimmen und die unterscheidungskräftigen Elemente bilden sowie der Farbkontrast erhalten bleibt (EuG T-152/11, BeckRS 2012, 81704 Rn. 41, 45 – MAD). Regelmäßig reicht daher die Benutzung eines farbigen Zeichens zur Rechterhaltung einer schwarz-weißen Marke aus (s. auch Büscher GRUR 2015, 305).

85   Die im Konvergenzprogramm 4 genannten Voraussetzungen, die gegeben sein müssen, damit eine Farbänderung die Unterscheidungskraft der Marke nicht beeinflusst, gelten grundsätzlich sowohl für schwarz-weiße als auch für farbige Marken. Farbige Marken werden jedoch oftmals gerade deshalb angemeldet, weil der Markeninhaber der Auffassung ist, dass der Farbgebung eine besondere Bedeutung zuzumessen ist, die zur allgemeinen Unterscheidungskraft beiträgt. In einem solchen Fall besteht das Risiko, dass bei einer Farbänderung bzw. einer Benutzung in schwarz-weiß im Einzelfall eine ernsthafte Benutzung nicht mehr anzunehmen ist.

D. Berechtigte Gründe für die Nichtbenutzung

Abs. 1 sieht die Ausnahme vor, dass es berechtigte Gründe für eine Nichtbenutzung geben **86** kann (→ Einl. Rn. 298 ff.). Diese Vorschrift ist eng auszulegen, damit nicht jedes kleine Hindernis für eine Rechtfertigung der Nichtbenutzung ausreicht (EuGH C-246/05, GRUR 2007, 702 Rn. 51 – La Chef de Cuisine). Welche Gründe als berechtigt anzusehen sind, ist im Einzelfall zu prüfen. Nach Ansicht des EuGH können allein die Hindernisse als „berechtigte Gründe" iSv Art. 18 angesehen werden, die die einen **ausreichend unmittelbaren Zusammenhang** mit der Marke aufweisen, ihre Benutzung unmöglich oder unzumutbar machen und vom Willen des Markeninhabers unabhängig sind. Zudem sei jeweils im konkreten Fall zu prüfen, ob eine Änderung der Unternehmensstrategie zur Umgehung des jeweiligen Hindernisses die Benutzung der Marke unzumutbar macht (EuGH C-246/05, GRUR 2007, 702 Rn. 54 – La Chef de Cuisine). Daher fallen reine bürokratische Hindernisse, die lediglich die Ausführung einer Unternehmens-strategie verzögern, nicht unter diese Ausnahme (EuGH C-246/05, GRUR 2007, 702 Rn. 32 – La Chef de Cuisine). Rein wirtschaftliche Probleme, etwa finanzielle Schwierigkeiten des Marken-inhabers, können dementsprechend ebenfalls richtigerweise keinen berechtigten Grund für eine Nichtbenutzung darstellen, da diese nicht vom Markeninhaber unabhängig sind, sondern vielmehr ein allgemeines Risiko jedes Geschäftsbetriebes darstellen (EUIPO 1. BK 12.1.2012 – R 2412/20102 Rn. 25).

Es ist davon auszugehen, dass eine **komplexes Zulassungsverfahren für Arzneimittel** einen **87** solchen berechtigten Grund darstellt (EUIPO 1. BK 18.4.2007 – R 155/2006-1 Rn. 23–40). Aber auch in solchen Fällen wird den Markeninhaber regelmäßig die Pflicht treffen, nachzuweisen, dass er sich bemüht hatte, das Zulassungsverfahren zu einem zügigen Abschluss zu bringen (auch → MarkenG § 26 Rn. 188).

Während ein arzneimittelrechtliches Zulassungsverfahren in der Regel einen berechtigten Grund für **87.1** die Nichtbenutzung einer Unionsmarke darstellen kann, da die dadurch verursachten Verzögerungen der Benutzungsaufnahme außerhalb des Einfluss- und Verantwortungsbereichs des Markeninhabers liegen, stel-len **klinische Studien** nicht zwangsläufig einen solchen berechtigten Grund dar (EuG T-276/16, BeckRS 2017, 124595 – Boswelan). In „Boswelan" war das EuG davon ausgegangen, dass die durchgeführte klinische Studie, die zur Verzögerung bei der Benutzungsaufnahme geführt hatte, eben keinen berechtigten Grund der Nichtbenutzung darstellte. Seiner Entscheidung legte das EuG zugrunde, dass in dem vorliegen-den Fall die fragliche klinische Studie lediglich eine Vorstufe zur Stellung eines Antrags auf Arzneimittelzu-lassung nach den nationalen Regeln darstellte, weshalb es sich lediglich um eine völlig ergebnisoffene Etappe auf dem Weg zum Vertrieb eines Arzneimittels handelte. Zudem berücksichtigte das EuG, dass die Klägerin die Wahl getroffen hatte, sehr früh eine Unionsmarke zu schützen, obgleich noch eine beträchtli-che Unsicherheit sowohl über den Zeitpunkt als auch über die Möglichkeit eines Vertriebs des mit dieser Marke bezeichneten Arzneimittels bestand. Im Rechtsmittelverfahren zum EuGH (C-668/17 P) vertrat der Generalanwalt Szpunar ebenfalls die Auffassung, dass die Benutzung im Rahmen von klinischen Studien keine ernsthafte Benutzung darstellen kann, da eine Marke im Rahmen einer solchen Studie nicht benutzt wird, um für die Waren oder Dienstleistungen, für die sie eingetragen wurde, einen Absatzmarkt zu erschließen oder zu sichern (GA Szpunar C-668/17 P, BeckRS 2019, 8 Rn. 91). Dies wurde wie zu erwarten auch vom EuGH in seinem Urteil vom 3.7.2019 bestätigt (EuGH C-668/17 P, BeckRS 2019, 12912). Der EuGH stellte aber klar, dass es nicht grundsätzlich ausgeschlossen werden kann, dass auch klinische Studien einen berechtigten Grund für die Nichtbenutzung einer Marke darstellen können (s. auch Anm. Keßler/Palzer PharmR 2019, 522).

Andere staatliche Einflussnahmen, wie **Einfuhrhindernisse** oder Beschränkungen der Ver- **88** kehrsfähigkeit bestimmter Produkte werden ebenfalls als berechtigte Gründe für eine Nichtbenut-zung angesehen, da sie Akte höherer Gewalt darstellen, die außerhalb der Einflusssphäre des Markeninhabers liegen (EUIPO 4. BK 9.3.2010 – R 764/2009-4 Rn. 25 – HUGO BOSS).

Einstweilige Verfügungen oder **gerichtliche Beschlüsse**, die ein beschränkendes Veräuße- **89** rungs- oder Verfügungsverbot beinhalten, können ebenfalls einen berechtigten Grund für eine Nichtbenutzung darstellen, weil der Markeninhaber dadurch gezwungen wird, seine Marke im geschäftlichen Verkehr nicht zu benutzen. Hat etwa ein Dritter eine einstweilige Verfügung gegen die Benutzung einer Marke erwirkt, würde der Markeneigentümer sich ggf. schadensersatzpflichtig machen, wenn er die Benutzung aufnähme. Auch wenn im Rahmen eines Insolvenzverfahrens ein gerichtliches Verfügungsverbot erlassen wird, wonach die Verwaltungs- und Verfügungsbefugnis über das Vermögen des Markeninhabers und damit auch alle Verfügungs- und Benutzungshandlungen hinsichtlich der Marke im Geschäftsverkehr auf den Insolvenzverwalter übertragen wurden, wird dies als berechtigter Grund für eine Nichtbenutzung anerkannt (EUIPO 1. BK 11.12.2007 – R 77/2006-1 Rn. 51 – Miss Intercontinental).

90   Hingegen stellen ein **anhängiges Verfallsverfahren** oder **Produktionsprobleme** in der Regel **keine** berechtigten Gründe für eine Nichtbenutzung dar (EuG T250/13, BeckRS 2016, 81643 Rn. 62–74 – SMART WATER; bestätigt durch EuGH C-252/15 P, BeckRS 2016, 80631 Rn. 91–98).

90.1   Das EuG und der EuGH waren in „SMART WATER" der Auffassung, dass ein anhängiges Verfallsverfahren einer dritten Partei es dem Eigentümer nicht unmöglich macht, die Marke zu benutzen (EuGH C-252/15 P, BeckRS 2016, 80631 Rn. 98 – SMART WATER). In „SMART WATER" hatte sich der Markeninhaber zudem darauf berufen, dass eine Benutzung der Marke nicht möglich gewesen sei, da die mit der Marke versehenen Getränke mangelhaft waren und daher vom Markt genommen werden mussten. Der Markeninhaber befürchtete, sich beim weiteren Verkauf der mangelhaften Waren schadensersatzpflichtig zu machen. Hier hatten die BK und das EuG richtigerweise darauf hingewiesen, dass es dem Markeninhaber möglich gewesen wäre, neue fehlerfreie Waren zu produzieren und auf den Markt zu bringen. Selbst wenn die Marke tatsächlich später für verfallen erklärt werden sollte und der Eigentümer einen Schadensersatzprozess zu befürchten hätte, stellt ein Schadensersatztitel gegen den Eigentümer noch keine direkte Konsequenz des Verfallsverfahrens dar (EuGH C-252/15 P, BeckRS 2016, 80631 Rn. 98 – SMART WATER), weshalb kein berechtigter Grund für eine Nichtbenutzung gegeben war.

91   Nach Ansicht der 4. BK des EUIPO kann auch ein anhängiges **nationales Nichtigkeitsverfahren** gegen eine Widerspruchsmarke nicht als berechtigter Grund für eine Nichtbenutzung anerkannt werden (s. EUIPO 4. BK 9.3.2010 – R 764/2009-4 Rn. 25 – HUGO BOSS).

92   Die reine **Drohung mit einem Verletzungsverfahren** stellt ebenfalls keinen berechtigten Grund für eine Nichtbenutzung dar. Die mögliche Gefahr eines Verletzungsverfahrens und einer möglichen Schadensersatzpflicht trifft jeden Markeninhaber. Der Markeninhaber allein ist dafür verantwortlich, zu entscheiden, ob seine Marke ggf. Markenrechte Dritter verletzt.

93   In „WEBSHIPPING" hatte der Markeninhaber argumentiert, seine Marke nicht in Benutzung genommen zu haben, da ein **Mitbewerber die identische Marke dauerhaft und intensiv in verletzender Weise benutzte** (s. EUIPO 4. BK 28.1.2015 – R 2425/2013 – WEBSHIPPING). In dem Verfallsverfahren des markenverletzenden Mitbewerbers berief sich dieser auf die Nichtbenutzung der Marke. Die 4. BK des EUIPO stellte sich auf die Seite des Markeneigentümers. Die systematische Verletzung einer Marke bis zu ihrer Löschung würde ansonsten dazu führen, dass der Eigentümer **de facto** zwangsenteignet wird.

94   Auch ein **Eigentümerwechsel** stellt in der Regel keinen berechtigten Grund für eine Nichtbenutzung dar, denn dieser hindert nicht die sukzessive Benutzung der Marke durch die verschiedenen Eigentümer (EuG T-824/14, BeckEuRS 2016, 485849 Rn. 41 – POWEREDGE). Zudem beeinflusst ein solcher nicht die Nachweispflicht einer ernsthaften Benutzung. Im Falle eines Eigentümerwechsels ist auch über den eingeschränkten Zeitraum der Eigentümerschaft anhand klarer Beweismittel über Dauer, Umfang und Häufigkeit der Markenbenutzung nachzuweisen, dass das Kriterium der Ernsthaftigkeit erfüllt ist (EuG T-824/14, BeckEuRS 2016, 485849 Rn. 42 – POWEREDGE). Beim Erwerb einer unbenutzten und verfallsreifen Marke liegt dieses Risiko beim Erwerber. Wenn ein Unternehmen eine solche verfallsreife Marke kauft, aber die eigene Benutzungsaufnahme frühestens ein halbes Jahr nach dem Erwerb plant, manifestiert sich darin nach Ansicht der 5. BK des EUIPO lediglich eine Unternehmensstrategie, stellt aber keinen berechtigten Grund zur Nichtbenutzung dar (s. EUIPO 5. BK 20.4.2021 – R 261/2020-5 – R2R). In der Rs. „COMMODORE" hatte das EuG jedoch anerkannt, dass ausnahmsweise auch ein berechtigter Grund für eine Nichtbenutzung dann vorliegen kann, wenn die Eigentumslage völlig ungeklärt ist, und der eingetragene Markeninhaber aufgrund von schikanösen Klageverfahren, nachgewiesenen Falschaussagen sowie aktiver Verhinderung von Verhandlungen mit potentiellen Lizenznehmern faktisch nicht in der Lage ist, die Marke in Benutzung zu nehmen. Denn **betrügerische, einschüchternde und irreführende Prozessstrategien** können nach Ansicht des EuG **bei Weitem** über die **wirtschaftlichen Schwierigkeiten hinausgehen**, denen ein Unternehmen in seinem normalen Geschäftsgang ausgesetzt ist (EuG T-672/16, BeckRS 2018, 32905 – COMMODORE; s. auch Schoene GRUR-Prax 2019, 83).

95   Berechtigte Gründe für eine Nichtbenutzung ersetzen richtigerweise nicht die rechtserhaltende Benutzung, sondern **hemmen lediglich den Ablauf der fünfjährigen Benutzungsschonfrist,**

solange sie andauern. Nach Entfallen der berechtigten Gründe beginnt die (restliche) Benutzungsschonfrist wieder zu laufen (Eisenführ/Schennen/Holderied Rn. 68). Dies gilt selbstverständlich nur für Marken, die bereits dem Benutzungszwang unterliegen. Die Ausnahme der berechtigten Nichtbenutzung iSd Art. 18 greift nur ein, wenn die Marke bereits dem Benutzungszwang unterliegt. Wenn eine Marke noch in der Benutzungsschonfrist ist, muss sich der Markeninhaber nicht auf diese Ausnahme berufen. Lediglich im Falle einer Marke, die schon mehr als fünf Jahre eingetragen ist, können berechtigte Gründe für eine Nichtbenutzung einen „Hemmungseffekt" haben. Bei Wegfall der berechtigten Gründe für die Nichtbenutzung ist davon auszugehen, dass der Fünfjahreszeitraum nicht von neuem zu laufen beginnt, sondern lediglich während des Zeitraums der berechtigten Nichtbenutzungsgründe suspendiert war.

E. Benutzung der Unionsmarke mit Zustimmung des Inhabers (Abs. 2)

Nach Abs. 2 gilt die Benutzung der Unionsmarke mit Zustimmung des Inhabers durch einen **96** Dritten als Benutzung durch den Inhaber. Dies setzt voraus, dass der Inhaber der Benutzung durch den Dritten vor Aufnahme der Benutzung zugestimmt haben muss. Eine nachträgliche Genehmigung ist nicht ausreichend. Jedoch kann sich der Nachweis einer vorherigen Zustimmung auch aus den Umständen des Einzelfalls ergeben und muss nicht explizit nachgewiesen werden (vgl. EuGH C-416/04 P, GRUR 2006, 582 Rn. 70 – VITAFRUIT; auch → MarkenG § 26 Rn. 167 ff.).

Aufgrund der Tatsache, dass Marken großer Unternehmen oftmals im Namen einer Holdingge **97** sellschaft registriert, jedoch von verschiedenen Tochterunternehmen in verschiedenen EU-Mitgliedstaaten benutzt werden, kommt der Regelung des Art. 18 Abs. 2 **hohe praktische Bedeutung** zu. Diese vereinfacht deutlich die Nachweispflicht, da die genaue Gesellschafts- und Anteilsstruktur in den Unternehmen nicht en Detail dargelegt werden muss, um den Nachweis einer Benutzung durch ein Tochterunternehmen zu belegen (EuG T-203/02, GRUR Int 2005, 47 Rn. 25 – VITAFRUIT). Den Markeninhaber wird aber dann eine weitere Beweislast treffen, wenn ausdrücklich bestritten wird, dass die Benutzung durch einen Dritten mit Zustimmung des Markeninhabers erfolgte.

Wenn Waren vom Markeninhaber nur hergestellt, diese aber von Vertriebshändlern im Groß- **98** oder Einzelhandel in Verkehr gebracht werden, wird dies gleichfalls als ernsthafte Benutzung des Markeninhabers angesehen (EuG T-324/09, BeckRS 2011, 80715 Rn. 32 – FRIBOI).

Zudem vereinfacht die Regelung des Art. 18 Abs. 2 deutlich den Benutzungsnachweis im Falle **99** einer **Benutzung durch einen Lizenznehmer.** In vielen Rechtssystemen ist eine eingetragene Lizenz Voraussetzung für die Anerkennung einer Drittbenutzung (zB in China, Taiwan, Korea, Thailand, Ecuador oder Kolumbien; s. INTA Committee Position Paper on Elimination of Mandatory Trademark License Recording Requirements). Die Regelung der UMV verlangt keine Eintragung von Lizenzen und ist damit sehr Markeninhaber- bzw. Lizenznehmerfreundlich. Zwar sieht Art. 25 Abs. 5 die Möglichkeit vor, Lizenzen eintragen zu lassen, dies hat aber lediglich eine Klarstellungsfunktion und ist nicht Voraussetzung für deren Rechtswirksamkeit (→ Art. 25 Rn. 36). Im Falle einer lizensierten Benutzung geht das EUIPO daher in der Regel von einer Benutzung mit Zustimmung des Inhabers aus, wenn sich der Inhaber sich auf diese Benutzung explizit bezieht. Damit wird die Benutzung eines Lizenznehmers nicht anders bewertet als die Benutzung durch die Markeninhaber selbst. Dies ist von deutlichem Vorteil für den Lizenznehmer, da dieser etwa auch nach Art. 46 Widersprechender im Widerspruchsverfahren sein kann (→ Art. 46 Rn. 29).

Abschnitt 4. Die Unionsmarke als Gegenstand des Vermögens

Art. 19 Gleichstellung der Unionsmarke mit der nationalen Marke

(1) Soweit in den Artikeln 20 bis 28 nichts anderes bestimmt ist, wird die Unionsmarke als Gegenstand des Vermögens im Ganzen und für das gesamte Gebiet der Union wie eine nationale Marke behandelt, die in dem Mitgliedstaat eingetragen ist, in dem nach dem Register
a) der Inhaber zum jeweils maßgebenden Zeitpunkt seinen Wohnsitz oder Sitz hat;
b) wenn Buchstabe a nicht anwendbar ist, der Inhaber zum jeweils maßgebenden Zeitpunkt eine Niederlassung hat.

(2) Liegen die Voraussetzungen des Absatzes 1 nicht vor, so ist der nach Absatz 1 maßgebende Mitgliedstaat der Staat, in dem das Amt seinen Sitz hat.

(3) ¹Sind mehrere Personen als gemeinsame Inhaber in das Register eingetragen, so ist für die Anwendung des Absatzes 1 der zuerst genannte gemeinsame Inhaber maßgebend; liegen die Voraussetzungen des Absatzes 1 für diesen Inhaber nicht vor, so ist der jeweils nächstgenannte gemeinsame Inhaber maßgebend. ²Liegen die Voraussetzungen des Absatzes 1 für keinen der gemeinsamen Inhaber vor, so ist Absatz 2 anzuwenden.

Überblick

Die Vorschrift enthält ein Statut zur grundsätzlichen Anwendung derjenigen nationalen Markenrechtsordnung, nach der die Unionsmarke als Vermögensgegenstand zu beurteilen ist. Festgelegt ist ein Kaskadenprinzip (→ Rn. 9), das sich an der Registerlage orientiert. Es macht bei juristischen Personen den Sitz, bei natürlichen Personen den Wohnsitz des registrierten Inhabers zum Kriterium der Wahl der einschlägigen Rechtsordnung.

A. Unionsmarke als unabhängiger Gegenstand des Vermögens

1   Art. 19 benennt die Unionsmarke als Gegenstand des Vermögens. Die Vorschrift führt damit die bereits in der **Präambel** der UMV getroffene Festlegung fort, nach der „die Unionsmarke (…) als ein von dem Unternehmen, dessen Waren oder Dienstleistungen sie bezeichnet, unabhängiger Gegenstand des Vermögens" zu behandeln ist (Präambel Nr. 26). Das Unionsmarkensystem hat sich damit **gegen** das **Prinzip der Akzessorietät** von Marke und Geschäftsbetrieb entschieden. Art. 20 Abs. 1 betont die Unabhängigkeit der Marke von einem Geschäftsbetrieb noch einmal ausdrücklich. Nachdem Griechenland als letzter Mitgliedstaat die freie Übertragbarkeit der nationalen Marke nach griechischem Markenrecht eingeführt hat, ist das Prinzip der Akzessorietät heute in allen Mitgliedsländern gefallen (zur Entwicklung aus rechtsvergleichender Sicht vgl. Fezer MarkenG § 27 Rn. 6).

2   Die Marke stellt heute ein **Wirtschaftsgut** dar, dessen Wert bei entsprechender Pflege sowohl in rechtlicher wie auch in werblich/kommunikativer Hinsicht den Unternehmenswert erheblich und dynamisch (mit-) bestimmt. Zur Ermittlung des wirtschaftlichen Wertes einer Marke im Rahmen von Markenbewertungsverfahren → MarkenG § 27 Rn. 8 ff. Zur handels- und steuerrechtlichen Relevanz des Markenwertes → MarkenG § 27 Rn. 7.

3   Die Unionsmarke als Vermögensgegenstand ist jeder Möglichkeit der **Verfügung** zugänglich. Sie kann übertragen (Art. 20, Art. 21), belastet (Art. 22) und lizenziert (Art. 25) werden. Sie kann Gegenstand von Zwangsvollstreckungsmaßnahmen (Art. 23) sein und grundsätzlich auch von einem Insolvenzverfahren erfasst werden (Art. 24).

B. Anwendungsbereich

4   Da Art. 19 nur die Unionsmarke als solche betrifft, gilt das Statut des Art. 19 ausschließlich für dingliche, nicht dagegen für schuldrechtliche Fragen (Ströbele/Hacker/Thiering/Hacker MarkenG § 27 Rn. 69). Letztere unterliegen dem Recht, welches nach internationalem Privatrecht zur Anwendung gelangt. Hinsichtlich der Markenübertragung gilt Art. 19 deshalb ausschließlich für das **Verfügungsgeschäft**. Soweit für das Verfügungsgeschäft hiernach deutsches Recht zur Anwendung gelangt, lässt die Rechtsprechung des BGH (BGH GRUR 2002, 972 – FROMMIA) jedoch auf eine einheitliche Anwendung deutschen Rechts auch für das Verpflichtungsgeschäft schließen (→ MarkenG § 27 Rn. 16 f.).

C. Allgemeine Erwägungen zur Bestimmung der Rechtsordnung nach Art. 19

5   Art. 19 bestimmt die einheitliche Festlegung derjenigen nationalen Rechtsordnung, nach deren Vorschriften die Unionsmarke als Vermögensgegenstand grundsätzlich zu behandeln ist (zur Notwendigkeit der Zuweisung einer bestimmten Rechtsordnung eines Mitgliedstaates vgl. Eisenführ/Schennen/Schennen Rn. 1 f.). Dieses Statut gilt dann für alle Mitgliedsländer **einheitlich**. Eine zergliedernde Betrachtung der Unionsmarke nach den unterschiedlichen nationalen Rechtsordnungen der geographischen Teilschutzbereiche der Marke ist ausgeschlossen. Eine solche würde dem Grundsatz der Einheitlichkeit der Unionsmarke zuwiderlaufen (vgl. Art. 1 Abs. 2 sowie Präambel Nr. 4).

Das nach Art. 19 festzulegende nationale Recht gilt, soweit die nachfolgenden Art. 20 bis 28 **6** nichts anderes bestimmen. Insoweit finden sich **abweichende Regelungen** in Art. 24 und Art. 27. Für die Zuständigkeit der für **Zwangsvollstreckungsmaßnahmen** zuständigen Gerichte und Behörden ist in Art. 23 auf das gemäß Art. 19 zu bestimmende Recht ausdrücklich verwiesen. Eine entsprechende Verweisung findet sich in Art. 27 Abs. 3, der die Wirkung einer Zwangsvollstreckungsmaßnahme gegenüber Dritten betrifft. Hier ist ebenfalls auf die Bestimmung der nationalen Rechtsordnung nach Art. 19 verwiesen.

Das für anwendbar erklärte nationale Recht ist das nationale Recht insgesamt einschließlich **7** des internationalen Privatrechts, welches wiederum auf die Rechtsordnung eines anderen Staates **verweisen** kann (EUIPO Richtlinien Teil E, Abschn. 3, Kap. 1, 1.1.4).

Die Frage, ob das nach Art. 19 anzuwendende nationale Recht in einem Verfahren vor dem **8** Gericht der EU richtig angewandt wurde, obliegt dem EuGH (EuGH C-263/09, GRUR Int 2011, 821 – Edwin Co./HABM (ELIO FIORUCCI)).

D. Bestimmung der nationalen Rechtsordnung

I. Sitz und Niederlassung des Inhabers

1. Registerlage

Art. 19 legt der Bestimmung der anzuwendenden nationalen Rechtsordnung eine Art **Kaska-** **9** **denprinzip** zugrunde. Dieses orientiert sich an der formellen Registerlage. Sofern (bei juristischen Personen) der Sitz bzw. (bei natürlichen Personen) der Wohnsitz des Markeninhabers im Register als in einem Mitgliedstaat gelegen vermerkt ist, findet gemäß Art. 19 Abs. 1 lit. a das Recht dieses Mitgliedstaates Anwendung. Sofern der (Wohn-) **Sitz** des Markeninhabers nicht als in einem Mitgliedstaat belegen im Register vermerkt ist, der Markeninhaber aber eine Niederlassung in einem der Mitgliedstaaten unterhält, findet gemäß Art. 19 Abs. 1 lit. b das Recht desjenigen Mitgliedstaates Anwendung, in dem die Niederlassung unterhalten wird. In allen anderen Fällen kommt gemäß Art. 19 Abs. 2 das Recht des Mitgliedstaates zur Anwendung, in dem das Amt seinen Sitz hat. Es gilt in diesen Fällen das **spanische Markenrecht.** Betroffen von der **subsidiären Zuweisung** der Rechtsordnung des Landes, in dem das Amt seinen Sitz hat, sind Fälle, in denen der Markeninhaber die Nationalität eines Nichtmitgliedstaates aufweist und auch keine Niederlassung in einem der Mitgliedsländer unterhält.

Der Terminus „Niederlassung" kann in Übereinstimmung mit den Erwägungen des „Guide to the **9.1** international registration of Marks" Chapter II. Ziff. 163 in Anlehnung an Art. 3 PVÜ definiert werden. Ausgeschlossen sind demnach nur Scheinniederlassungen. Danach ist jede Art der geschäftlichen Tätigkeit ausreichend ist, an der irgendeine industrielle oder gewerbliche Tätigkeit („...some industrial or commercial activities...") stattfindet. Es genügt eine Zweigniederlassung.

Für Markenanmeldungen gelten die Regelungen des Art. 19 gemäß Art. 28 entsprechend, so **10** dass es auf den im Register vermerkten (Wohn-) Sitz und hiernach auf die Niederlassung des im Register vermerkten Anmelders ankommt.

Sind **mehrere Personen** als Inhaber einer Unionsmarke eingetragen, ist das in Art. 19 Abs. 1 **11** definierte Kaskadenprinzip gemäß Art. 19 Abs. 2 nach der Reihenfolge der Eintragungen der Inhaber anzuwenden. Es ist danach zunächst zu prüfen, ob der im Register zuerst genannte Inhaber seinen (Wohn-) Sitz in einem Mitgliedstaat hat, hiernach, ob er eine Niederlassung in einem Mitgliedstaat unterhält. Es gilt die nationale Rechtsordnung des Landes, in dem der (Wohn-) Sitz bzw. die Niederlassung gelegen ist. Fällt die Prüfung negativ aus, ist sie in entsprechender Weise zunächst für den an zweiter Stelle registrierten und sodann für jeden im Folgenden registrierten Inhaber zu prüfen. Erst wenn die Registerlage für keinen der registrierten Eigentümer einen (Wohn-) Sitz oder eine Niederlassung in einem der Mitgliedstaaten ausweist, kommt spanisches Recht zur Anwendung.

2. Keine Ausnahmen von der Registerlage

Der Wortlaut des Art. 19 macht die Bestimmung der nationalen Rechtsordnung von der Regis- **12** terlage abhängig. Es ist fraglich, ob über die Registerlage hinausgehend gleichwohl die Möglichkeit besteht, die Anwendung eines bestimmten Rechts **auch** dadurch zu erwirken, dass dem Amt der **Sitz oder eine Niederlassung** des Inhabers in einem bestimmten Mitgliedstaat **nachgewiesen** wird (so Eisenführ/Schennen/Schennen Rn. 4). Eine entsprechende Handhabung würde indes insbesondere in Fällen, in denen mehrere Markeninhaber registriert sind, zu Rechtsunsicherheiten führen und ist deshalb **abzulehnen.** Denn es wäre in diesem Falle in das Belieben der Inhaber gestellt, durch die situative Wahl des Nachweises zum Sitz/zur Niederlassung eines beliebigen Inhabers ein dem Anlass gerade günstiges Recht auszuwählen (im Ergebnis ebenso Ströbele/Hacker/Thiering/Hacker MarkenG § 27 Rn. 70). Die Anknüpfung an die Registerlage wurde überdies durch den Gesetzgeber bewusst gewählt; dafür spricht jedenfalls, dass sie in dem ursprünglichen, geänderten Vorschlag der Kommission (KOM (84) 470 endg., ABl. EG 1984 C 230, 1 vom 31.8.1984) noch nicht vorhanden war.

13   Den Anmeldern einer Marke ist angeraten, gebührende **Sorgfalt** auf die zur Eintragung gelangenden Angaben zu legen. Es mag sein, dass eine natürliche Person über **mehrere Wohnsitze** verfügt, so dass die Wahl des anzugebenden Wohnsitzes bereits über die später anzuwendende Rechtsordnung entscheidet. Entsprechendes gilt für **verschiedene Niederlassungen** einer juristischen Person sowie für die Reihenfolge, in der mehrere Inhaber einer Marke bei der Anmeldung benannt werden.

II. Jeweils maßgeblicher Zeitpunkt

14   Als Zeitpunkt, zu dem das anzuwendende nationale Markenrecht zu bestimmen ist, nennt Art. 19 „den jeweils maßgeblichen Zeitpunkt". Damit ist auf den Zeitpunkt abzustellen, zu dem sich die Frage nach dem nationalen Recht stellt. Das Statut ist damit **„zeitlich wandelbar"** (Eisenführ/Schennen/Schennen Rn. 7). Es kann von dem jeweils betroffenen Markeninhaber durch Verlegung seines Sitzes oder durch Verlegung/Neubegründung einer Niederlassung und einer entsprechenden Registrierung dieser Sachverhalte beim Amt beeinflusst werden.

15   Die **Rechtsunsicherheit,** die mit der Wandelbarkeit des anzuwendenden nationalen Rechts einhergeht, ist vom Gesetzgeber gewollt. Der ursprüngliche Vorschlag der Kommission hatte den Zeitpunkt der Markenanmeldung als für jeden Fall maßgeblichen Zeitpunkt zur Bestimmung der Rechtsordnung vorgesehen (KOM (84) 470 endg., ABl. EG 1984 C 230, 1 vom 31.8.1984). Nachdem sich dieser Vorschlag nicht durchgesetzt hat, ist davon auszugehen, dass die mit der aktuellen Gesetzeslage einhergehenden Rechtsunsicherheiten bewusst in Kauf genommen wurden.

E. Formvorschriften

16   Soweit Verfügungen oder Belastungen des Rechts an der Marke nach dem geltenden nationalen Recht eine besondere Form erfordern, ist diese ebenfalls zu beachten. Dies gilt jedenfalls so weit, wie diese Formerfordernisse unmittelbar aus der Verfügung über die Marke selbst resultieren. Werden sie lediglich durch Begleitumstände, zB kartellrechtlicher Art, gesetzt, verweist Art. 19 auf solche Formvorschriften nicht, weil die Vorschrift lediglich die vermögensrechtlichen Wirkungen der Unionsmarke regelt.

17   Zu den vermögensrechtlichen Wirkungen gehört auch das Verhältnis mehrerer Markeninhaber zueinander. Es gelten die jeweiligen zivil- und gesellschaftsrechtlichen Regelungen der nach Art. 19 anzuwendenden nationalen Rechtsordnung.

Art. 20 Rechtsübergang

(1) Die Unionsmarke kann, unabhängig von der Übertragung des Unternehmens, für alle oder einen Teil der Waren oder Dienstleistungen, für die sie eingetragen ist, Gegenstand eines Rechtsübergangs sein.

(2) ¹Die Übertragung des Unternehmens in seiner Gesamtheit erfasst die Unionsmarke, es sei denn, dass in Übereinstimmung mit dem auf die Übertragung anwendbaren Recht etwas anderes vereinbart ist oder eindeutig aus den Umständen hervorgeht. ²Dies gilt entsprechend für die rechtsgeschäftliche Verpflichtung zur Übertragung des Unternehmens.

(3) Vorbehaltlich der Vorschriften des Absatzes 2 muss die rechtsgeschäftliche Übertragung der Unionsmarke schriftlich erfolgen und bedarf der Unterschrift der Vertragsparteien, es sei denn, sie beruht auf einer gerichtlichen Entscheidung; anderenfalls ist sie nichtig.

(4) Der Rechtsübergang wird auf Antrag eines Beteiligten in das Register eingetragen und veröffentlicht.

(5) ¹Ein Antrag auf Eintragung eines Rechtsübergangs enthält Angaben zur Unionsmarke, zum neuen Inhaber und zu den Waren und Dienstleistungen, auf die sich der Rechtsübergang bezieht, sowie Unterlagen, aus denen sich der Rechtsübergang gemäß den Absätzen 2 und 3 ergibt. ²Der Antrag kann zudem gegebenenfalls Informationen zur Identifizierung des Vertreters des neuen Inhabers enthalten.

(6) ¹Die Kommission erlässt Durchführungsrechtsakte, in denen Folgendes festgelegt wird:
a) die Einzelheiten, die in dem Antrag auf Eintragung eines Rechtsübergangs anzugeben sind;
b) die Art der Unterlagen, die für den Rechtsübergang erforderlich sind, unter Berücksichtigung der vom eingetragenen Inhaber und dem Rechtsnachfolger getroffenen Vereinbarungen;
c) die Einzelheiten der Behandlung von Anträgen auf teilweisen Rechtsübergang, bei denen sicherzustellen ist, dass sich die Waren und Dienstleistungen der verbleibenden Eintragung und der neuen Eintragung nicht überschneiden und dass für die neue Eintragung eine getrennte Akte mit einer neuen Eintragungsnummer angelegt wird.
²Diese Durchführungsrechtsakte werden nach dem Prüfverfahren gemäß Artikel 207 Absatz 2 erlassen.

(7) ¹Sind die in den Absätzen 1, 2 und 3 oder in den in Absatz 6 genannten Durchführungsrechtsakten festgelegten Bedingungen für die Eintragung eines Rechtsübergangs nicht erfüllt, so teilt das Amt dem Antragsteller die Mängel mit. ²Werden die Mängel nicht innerhalb einer vom Amt festgelegten Frist beseitigt, so weist es den Antrag auf Eintragung des Rechtsübergangs zurück.

(8) Für zwei oder mehrere Marken kann ein einziger Antrag auf Eintragung eines Rechtsübergangs gestellt werden, sofern der eingetragene Inhaber und der Rechtsnachfolger in jedem Fall dieselbe Person ist.

(9) Die Absätze 5 bis 8 gelten auch für Anmeldungen von Unionsmarken.

(10) ¹Im Falle eines teilweisen Rechtsübergangs gilt ein Antrag des ursprünglichen Inhabers, über den in Bezug auf die ursprüngliche Eintragung noch nicht entschieden ist, in Bezug auf die verbleibende Eintragung und die neue Eintragung als noch nicht erledigt. ²Müssen für einen solchen Antrag Gebühren gezahlt werden und hat der ursprüngliche Inhaber diese Gebühren entrichtet, so ist der neue Inhaber nicht verpflichtet, zusätzliche Gebühren für diesen Antrag zu entrichten.

(11) Solange der Rechtsübergang nicht in das Register eingetragen ist, kann der Rechtsnachfolger seine Rechte aus der Eintragung der Unionsmarke nicht geltend machen.

(12) Sind gegenüber dem Amt Fristen zu wahren, so können, sobald der Antrag auf Eintragung des Rechtsübergangs beim Amt eingegangen ist, die entsprechenden Erklärungen gegenüber dem Amt von dem Rechtsnachfolger abgegeben werden.

(13) Alle Dokumente, die gemäß Artikel 98 der Zustellung an den Inhaber der Unionsmarke bedürfen, sind an den als Inhaber Eingetragenen zu richten.

Überblick

Art. 20 regelt die Voraussetzungen des derivativen Erwerbs der Rechte an einer Unionsmarke sowie die Folgen der fehlenden Registrierung eines solchen Rechtserwerbs.

Abs. 1 legt fest, dass die Marke zum einen unabhängig von einem Unternehmen, zu dessen Vermögenswerten sie gehört, übertragen werden kann (→ Rn. 1), und dass ein Rechtserwerb zum anderen für alle oder nur für Teile des Waren- und Dienstleistungsverzeichnisses möglich ist (→ Rn. 3, → Rn. 34).

Für den Fall, dass ein Unternehmen im Ganzen übertragen wird, stellt **Abs. 2** eine Vermutung für den Rechtsübergang auch an den zugehörigen Unionsmarken auf (→ Rn. 8 f.).

Die Übertragung der Rechte an einer Unionsmarke muss gemäß **Abs. 3** grundsätzlich schriftlich erfolgen (→ Rn. 10).

Der Rechtsübergang wird gemäß **Abs. 4** auf Antrag eines Beteiligten in das Register eingetragen (→ Rn. 17 ff.). Verfahrensregeln zum Eintrag des Rechtsübergangs finden sich in Art. 13 UMDV sowie in den **Abs. 5, 7–13** (→ Rn. 24 ff.).

Bis zum Zeitpunkt der Eintragung kann der neue Inhaber seine Rechte aus der Eintragung der Unionsmarke gemäß **Abs. 11** nicht geltend machen (→ Rn. 47 ff.).

Auch das Amt korrespondiert bis zu einer Eintragung des Rechtsübergangs gemäß **Abs. 13** weiter mit dem bisherigen Eigentümer (→ Rn. 48). Jedoch kann der neue Eigentümer bereits vor der Änderung des Registers gemäß **Abs. 12** fristwahrende Erklärungen gegenüber dem Amt abgeben (→ Rn. 49).

Übersicht

A. Allgemeine Erwägungen

1   Die Unionsmarke ist selbständiger Vermögensgegenstand. Sie kann unabhängig von einem Geschäftsbetrieb, zu dem sie gehört, gemäß Art. 20 Abs. 1 übertragen werden. Zur fehlenden Akzessorietät zwischen Marke und Geschäftsbetrieb → Art. 19 Rn. 1. Dieser Grundsatz der **Unabhängigkeit der Unionsmarke von dem Geschäftsbetrieb** wird lediglich durch die Vermutung des Art. 20 Abs. 2 durchbrochen.

2   Der **Rechtsübergang** kann aufgrund eines Rechtsgeschäfts oder durch Gesetz erfolgen. Die rechtsgeschäftliche Übertragung eines Unternehmens in seiner Gesamtheit umfasst gemäß Art. 20 Abs. 2 grundsätzlich auch die zu dem Unternehmen gehörenden Unionsmarken.

3   Die Rechte an der Marke können insgesamt oder bezogen auf einzelne Waren und/oder Dienstleistungen auf einen Rechtsnachfolger übergehen. Nicht möglich ist dagegen eine nur teilweise Übertragung der Marke hinsichtlich ihres geographischen Schutzbereichs. Die Rechte an einer Unionsmarke nur bezogen auf einzelne Mitgliedstaaten können daher nicht übergehen. Der **Grundsatz der Einheitlichkeit der Unionsmarke** steht einer solchen Aufteilung entgegen (vgl. Art. 1 Abs. 2 sowie Präambel Nr. 4; v. Mühlendahl/Ohlgart Gemeinschaftsmarke S. 8). Jedoch ist unter den Voraussetzungen der Art. 139 ff. eine **Umwandlung** der Unionsmarke in nationale Marken möglich. Die aus einer Umwandlung resultierenden nationalen Marken können sodann auch einzeln übertragen werden.

4   Für die Übertragung der Rechte an der Unionsmarke sowie für die anschließende Änderung des Registers sind die EUIPO Richtlinien Teil E, Abschn. 3, Kap. 1 (www.euipo.europa.eu), sowie Art. 13 UMDV zu beachten.

B. Rechtsübergang

5   Art. 20 bezieht sich auf **alle Fälle des Übergangs der Rechte an einer Unionsmarke.** Diese können Folge einer rechtsgeschäftlichen Übertragung oder einer gesetzlichen Regelung sein. Gemäß Art. 19 findet auf beide Fälle des Rechtsübergangs grundsätzlich das nationale Recht des Mitgliedstaates Anwendung, in dem der Inhaber seinen Sitz oder Wohnsitz hat (→ Art. 19 Rn. 9 ff.).

6   Der materielle Rechtsübergang ist von der Änderung des Registers zu unterscheiden. Letztere ist keine konstitutive Voraussetzung für den Rechtsübergang als solchen, sondern folgt auf Antrag dem zeitlich früheren Übergang des dinglichen Rechts nach. Der Rechtsübergang vollzieht sich außerhalb des Registers (HABM BK 1.8.2008 – R 251/2008-4 – POHLSCHRÖDER). Gleichwohl ist die Änderung des Registers Voraussetzung dafür, dass ein Rechtsübergang auch im Verfahren vor dem Amt Beachtung findet (→ Rn. 47).

I. Rechtsgeschäftliche Übertragung

Die rechtsgeschäftliche Übertragung des durch eine Marke begründeten Rechts erfordert, wie **7** jede Vermögensverfügung, ein schuldrechtliches und ein dingliches Geschäft. Hiervon geht auch Art. 20 Abs. 2 S. 2 aus. Da die Eintragung der Änderung der Inhaberschaft im Register nicht konstitutiv ist, fallen Kausal- und Verfügungsgeschäft in der Regel zusammen. Etwas anderes gilt, wenn zwischen den Vertragspartnern ausdrücklich etwas anderes **vereinbart ist.**

1. Vermutung des Rechtsübergangs bei Übertragung des Unternehmens in seiner Gesamtheit

Gemäß Art. 20 Abs. 2 wird vermutet, dass die rechtsgeschäftliche Übertragung eines Unterneh- **8** mens in seiner Gesamtheit diejenigen Unionsmarken erfasst, welche zu dem Unternehmen gehören. Die Regelung stellt eine **widerlegliche Vermutung** dar. Für eine Widerlegung müssen eindeutige Anhaltspunkte sprechen. Diese sind zB bei einer ausdrücklich anderen Vereinbarung anzunehmen. Die Beweislast für solche Tatsachen, die die Vermutung widerlegen, trifft denjenigen, der sich auf sie beruft (zur Annahme entsprechender Anhaltspunkte hinsichtlich der ähnlichen Vermutungsregelung des § 27 Abs. 2 MarkenG vgl. OLG Köln GRUR-RR 2003, 187 – Weinbrandpraline).

Anders als im deutschen Markenrecht greift die Vermutung des Art. 20 Abs. 2 nicht bei der **9** Übertragung lediglich eines Geschäftsbetriebsteils, zu dem die Marke gehört. Die Vermutung erfordert vielmehr „die Übertragung des Unternehmens in seiner Gesamtheit". Wann von einer solchen auszugehen ist, entscheidet sich gemäß Art. 19 nach der dort vorgegebenen Rechtsordnung. Zu den Voraussetzungen für die Annahme des Übergangs eines Geschäftsbetriebs nach deutschem Recht → MarkenG § 27 Rn. 22 ff.

2. Schriftform (Abs. 3)

Gemäß Art. 20 Abs. 3 muss die rechtsgeschäftliche Übertragung der Marke **grundsätzlich 10 schriftlich** erfolgen. Sofern die Schriftform nicht eingehalten wird, ist die Übertragung der Marke nichtig. Die Wirkungen des Art. 20 Abs. 3 sind damit materiell-rechtlicher Natur und nicht auf die Registerlage beschränkt. Die Formvorschrift gilt unabhängig davon, ob das gemäß Art. 19 zur Anwendung gelangende Recht ein entsprechendes Erfordernis vorsieht. Das **Schriftformerfordernis entfällt** nur in den Fällen, in denen die Übertragung auf einer gerichtlichen Entscheidung oder auf einer Übertragung des Unternehmens in seiner Gesamtheit beruht, von der die Unionsmarken umfasst sind (Art. 20 Abs. 2). Für den Fall der Übertragung einer europäischen Patentanmeldung gemäß Art. 72 EPÜ fordern deutsche Gerichte zu dem Zwecke einer einfachen und sicheren Bestimmbarkeit des Berechtigten die **Unterzeichnung** aller Vertragspartner auf **einer Urkunde** (BGH GRUR 1992, 692 (693) – Magazinbildwerfer). Da der jeweilige Wortlaut von Art. 72 EPÜ einerseits und von Art. 20 Abs. 3 UMV andererseits vergleichbar ist, sollten diese Überlegungen für die Wirksamkeitsvoraussetzungen der rechtsgeschäftlichen Übertragung einer Unionsmarke ebenfalls gelten (iE auch Eisenführ/Schennen/Schennen Rn. 20).

Die Formvorschrift des Art. 20 Abs. 3 betrifft **ausschließlich das dingliche Rechtsgeschäft. 11** Dies ergibt sich aus dem Wortlaut der Vorschrift „… Übertragung der Unionsmarke …" (ebenso HK-MarkenR/Ekey/Klippel Art. 17 Rn. 20; Fezer MarkenG § 27 Rn. 30). Da überwiegend Kausal- und Verfügungsgeschäft zusammenfallen, ist jedoch auch das Verpflichtungsgeschäft in aller Regel schriftlich gefasst.

3. Formvorschriften des nationalen Rechts

Über die Vorgaben des Art. 20 Abs. 3 hinaus sind alle **Formerfordernisse** zu beachten, die **12** von derjenigen **nationalen Rechtsordnung** vorgegeben werden, nach der sich gemäß Art. 19 der Rechtsübergang vollzieht. Soweit deutsches Recht zur Anwendung kommt, sind keine weiteren Formerfordernisse zu beachten, die die Markenübertragung an sich betreffen.

II. Rechtsübergang durch Gesetz

1. Allgemeine Erwägungen

13   Die Rechte an einer Unionsmarke können ebenfalls durch Gesetz übergehen. In Betracht kommt zB der Rechtsübergang durch Erbfolge nach dem Tod des Markeninhabers, durch gesellschaftsrechtliche Gesamtrechtsnachfolge (zB im Wege der Verschmelzung, nicht dagegen bei Erwerb von Gesamtheiten einzelner Wirtschaftsgüter im Wege eines Asset Deals vgl. BGH BeckRS 2015, 20721), durch Zwangsversteigerung im Wege des Zuschlags sowie gemäß der gesetzlichen Vermutung des Übergangs der Rechte an einer Unionsmarke gemäß Art. 20 Abs. 2 bei einer Übertragung des Unternehmens in seiner Gesamtheit.

2. Beispielsfälle für einen Rechtsübergang durch Gesetz

14   Ein Rechtsübergang ist immer dann anzunehmen, wenn sich die Person(en), die **Inhaber** der Marke ist/sind, **ändern** (Eisenführ/Schennen/Schennen Rn. 11). Ob dies der Fall ist, ist nach dem gemäß Art. 19 anwendbaren nationalen Recht zu beurteilen.

15   Ein **Rechtsübergang** liegt zB in folgenden Fällen vor:
- Fusion zweier juristischer Personen (EUIPO Richtlinien Teil E, Abschn. 3, Kap. 1, Nr. 1.1.3),
- Gesamtrechtsnachfolge im Erbfalle (EUIPO Richtlinien Teil E, Abschn. 3, Kap. 1, Nr. 1.1.2),
- Umwandlung im Wege der Verschmelzung, der Spaltung oder Vermögensübertragung (Eisenführ/Schennen/Schennen Rn. 12).

16   **Kein Rechtsübergang** liegt zB in folgenden Fällen vor:
- es ändern sich lediglich die Besitzverhältnisse an einer Kapitalgesellschaft,
- es ändert sich lediglich der Name/die Firma des Inhabers (EUIPO Richtlinien Teil E, Abschn. 3, Kap. 1, Nr. 2),
- formwechselnde Umwandlung nach § 190 DE-Umwandlungsgesetz (HABM BK R 686/2033, – ROCKWOOL; Eisenführ/Schennen/Schennen Rn. 12).

C. Eintragung des Rechtsübergangs im Register

I. Allgemeine Erwägungen

17   Gemäß Art. 20 Abs. 4 wird der Rechtsübergang an einer Unionsmarke **nur auf Antrag** in das Register eingetragen. Es gelten die Verfahrensvorschriften des Art. 13 UMDV. Der Antrag kann zu jeder Zeit auch mit zeitlichem Abstand zu dem erfolgten Rechtsübergang gestellt werden (HABM BK 1.8.2008 – R 251/2008-4 – POHLSCHRÖDER). Sofern die Änderung des Registers wegen eines erfolgten Inhaberwechsels erfolgen soll und Zwischenverfügungen über das Recht an der betroffenen Marke nach der Eigentümerstellung des noch eingetragenen Inhabers und des aktuellen Eigentümers stattgefunden haben, ist eine Eintragung der Zwischenverfügungen nicht erforderlich.

18   Von dem Antrag auf Eintragung eines Rechtsübergangs ist die Änderung des Registers wegen einer **bloßen Namensänderung** des Inhabers zu unterscheiden. Letztere erfolgt gemäß Art. 12 UMDV sowie gemäß Art. 55 UMV.

19   Die zuständige Abteilung des Amtes prüft bei Eingang des Antrags, ob ungeachtet dessen Wortlauts tatsächlich ein Antrag auf Eintragung eines Rechtsübergangs oder lediglich einer Namensänderung vorliegt. Dem Antragsteller wird für den Fall, dass das Amt den Antrag abweichend von dessen Wortlaut versteht, eine entsprechende Mitteilung gemacht und Gelegenheit gegeben, mögliche Mängel des Antrags zu beheben. Nach Zurückweisung des Antrags kann derselbe jederzeit erneut gestellt werden.

20   Das Amt nimmt **keine zivilrechtliche Wirksamkeitsprüfung** der materiell-rechtlichen Übertragung vor, sondern beschränkt sich auf eine Prüfung der formalen Voraussetzungen des Art. 20 (EuG T-169/20, GRUR-RS 2021, 27560 Rn. 59 ff. – MARINA YACHTING). Dies gilt auch bei Eintragung eines Vermerks über die Eröffnung des Insolvenzverfahrens (HABM BK 1.8.2008 – R 251/2008-4 – POHLSCHRÖDER). Soweit das Amt vor diesem Hintergrund einen Antrag auf Änderung des Registers zurückweist, ist der Markeninhaber auf den ordentlichen Gerichtsweg verwiesen, wo er einen Anspruch auf Umschreibungsbewilligung stellen kann. Dieser folgt gemäß § 14 Abs. 5 MarkenG iVm § 1004 BGB aus der Marke als absolutem Recht (LG München GRUR-RS 2021, 10894).

21   Der Antrag auf Eintrag des Rechtsübergangs kann gemäß Abs. 8 **für** eine **Mehrzahl von Unionsmarken gemeinsam** gestellt werden, wenn Rechtsnachfolger und ursprünglicher Inhaber

jeweils identisch sind (vgl. auch EUIPO Richtlinien Teil E, Abschn. 3, Kap. 1, Nr. 4.2). Dies gilt auch für eine Kombination von Rechtsübergängen an Markenanmeldungen und registrierten Rechten.

Ein Rechtsübergang wird nur zugunsten solcher Personen eingetragen, die gemäß Art. 5 Inha- **22** ber von Unionsmarken sein können. Nachdem mit der VO (EG) 422/2004 (aF) die frühere Beschränkung der Anmeldeberechtigung auf Staatsangehörige oder Personen mit Wohnsitz in einem Mitgliedstaat der EU, der PVÜ oder der WTO aufgehoben wurde, ist nunmehr **jede** rechtsfähige natürliche und juristische **Person** anmeldebefugt und kann daher auch bei einer Rechtsänderung im Register eingetragen werden.

Sofern der neue Rechtsinhaber keinen Sitz innerhalb des EWR hat, muss er sich gemäß **23** Art. 119 Abs. 2 durch einen gemäß Art. 120 zugelassenen Vertreter vertreten lassen.

II. Formaliter

1. Sprache

Der Antrag auf Eintragung eines Rechtsübergangs an einer Unionsmarken**anmeldung** oder **24** an einer **registrierten** Unionsmarke kann gemäß Art. 24 UMDV in **jeder Sprache des Amtes** gestellt werden. Sofern mit einem Antrag mehrere Rechtsübergänge zur Registrierung beantragt werden, muss eine einheitliche Sprache gewählt werden. Ist dies nicht möglich, sind zwei geson- derte Anträge zu stellen (EUIPO Richtlinien Teil E, Abschn. 3, Kap. 1, Nr. 4.1).

Die mit dem Antrag eingereichten **Unterlagen** können gemäß Art. 24 UMDV **in jeder Spra- 25 che der EU** eingereicht werden. Das Amt setzt ggf. eine Frist zur Einreichung von Übersetzungen in die Verfahrenssprache auf eigene Initiative oder auf begründeten Antrag der anderen Partei. Wird die gesetzte Frist nicht eingehalten, so gilt die Übersetzung gemäß Art. 25 Abs. 2 lit. a UMDV als nicht eingegangen (vgl. EUIPO Richtlinien Teil E, Abschn. 3, Kap. 1, Nr. 4.1).

2. Gebühren

Gebühren für die Eintragung sowohl des teilweisen als auch des vollständigen Rechtsübergangs **26** sind mit der VO (EG) 1041/2005 (aF) der Kommission vom 29.5.2005 **entfallen.**

Zugleich wurden die Gebühren für die Teilung der Unionsmarke sowie für die Eintragung einer **26.1** Lizenz oder eines anderen Rechts an einer eingetragenen oder angemeldeten Unionsmarke eingeführt, die nunmehr in Anh. I A.25 und 26 aufgenommen wurden.

3. Verfahrensbeteiligte

Gemäß Art. 20 Abs. 5 ist der Antrag auf Änderung des Registers von einem „Verfahrensbeteilig- **27** ten" zu stellen. „Verfahrensbeteiligter" können der ursprüngliche Inhaber und/oder der Rechts- nachfolger oder ein Gericht oder eine Behörde sein (EUIPO Richtlinien Teil E, Abschn. 3, Kap. 1, Nr. 4.3). Das Amt korrespondiert jeweils mit dem/den Antragsteller(n). In Zweifelsfällen kann es von den Verfahrensbeteiligten Klarstellung verlangen.

4. Inhalt des Antrags

Der notwendige Inhalt des Antrags ist in Abs. 5 sowie Art. 13 Abs. 1 UMDV niedergelegt. **28** Anzugeben sind Anmeldungs- oder Eintragungsnummer des betroffenen Rechts, es sind Angaben über den neuen Inhaber gemäß Art. 2 Abs. 1 lit. b UMDV zu machen, bei teilweisem Rechtsüber- gang sind die Waren und Dienstleistungen anzugeben, auf die sich der Rechtsübergang bezieht, des Weiteren sind Name und Geschäftsanschrift des Vertreters, sofern bestellt, anzugeben. Ebenso ist ein Nachweis des Rechtsübergangs zu erbringen.

Sind die Voraussetzungen für den Antrag auf Eintragung des Rechtsübergangs nicht erfüllt, **29** teilt das Amt dem Antragsteller den Mangel gemäß Abs. 7 mit und setzt eine Frist zur Beseitigung des Mangels. Werden **Beanstandungen** des Amtes **nicht fristgerecht behoben,** weist das Amt den Antrag auf Änderung des Registers zurück. Die Entscheidung ist beschwerdefähig (vgl. auch EUIPO Richtlinien Teil E, Abschn. 3, Kap. 1, Nr. 4.6).

Ursprünglicher Rechtsinhaber und Rechtsnachfolger können **denselben Vertreter** haben, der **30** **für beide Parteien** Erklärungen abgeben und unterzeichnen kann. Ist dieser Vertreter nicht bereits als solcher für die betroffene Marke im Register vermerkt, wird das Amt von ihm einen Nachweis des Rechtsübergangs verlangen (EUIPO Richtlinien Teil E, Abschn. 3, Kap. 1,

Nr. 4.4.3). In der Praxis ist die Vertretung des ursprünglichen Rechtsinhabers sowie des Rechts-nachfolgers durch denselben Vertreter dennoch die einfachste und schnellste Variante, da sie ohne Vorlage weiterer Dokumente und rein elektronisch erfolgen kann.

31   Für zwei oder mehr Marken kann gemäß Abs. 8 ein einziger Antrag auf Eintragung des Rechts-übergangs gestellt werden, sofern einerseits der eingetragenen Inhaber und andererseits der Rechts-nachfolger für alle Marken dieselbe Person ist.

5. Nachweis des Rechtsübergangs

32   Das Amt prüft nicht, ob sich der vorgetragene Rechtsübergang materiellrechtlich auch wirklich vollzogen hat (EUIPO – Richtlinien Teil E, Abschn. 3, Kap. 1, Nr. 1.2). **Geprüft** wird **lediglich**, ob ein **Nachweis** für den vorgetragenen Rechtsübergang in der **gemäß UMDV** vorgeschriebenen Form erbracht wird (EuG T-83/09, GRUR Int 2012, 61 Rn. 31 – Chalk/HABM (CRAIC)).

33   Folgende **Nachweise** werden gemäß Art. 13 Abs. 3 UMDV **akzeptiert:**
- Unterzeichnung des Antrags durch ursprünglichen Inhaber und Rechtsnachfolger oder deren Vertreter,
- Vorlage einer Zustimmungserklärung des Rechtsnachfolgers (oder dessen Vertreters) bei Antrag-stellung durch den eingetragenen Inhaber (oder dessen Vertreter),
- Vorlage einer Zustimmungserklärung des ursprünglichen Inhabers (oder dessen Vertreters) bei Antragstellung durch den Rechtsnachfolger (oder dessen Vertreter),
- Vorlage des ausgefüllten Formblatts gemäß Art. 65 Abs. 1 lit. e DVUM und einer Urkunde über den Rechtsübergang (Kopie ist ausreichend) sowie Unterzeichnung des Formblatts durch beide Parteien (oder deren Vertreter).

6. Besonderheiten bei teilweisem Rechtsübergang

34   Gemäß Art. 20 Abs. 1 kann eine Marke „für alle oder einen Teil der Waren oder Dienstleistun-gen des Unternehmens, für die sie eingetragen ist, Gegenstand eines Rechtsübergangs sein". Ein Teilrechtsübergang bezogen auf einen **geographischen Teil** des Markenrechts ist wegen des Grundsatzes der Einheitlichkeit des Markenrechts (vgl. Art. 1 Abs. 2 sowie Erwägungsgrund Nr. 4) **nicht möglich.** Für Markenanmeldungen gilt gemäß Art. 28 Entsprechendes.

35   Nach Zugang des Antrags auf Änderung des Registers wegen Teilrechtsübergangs legt das Amt für den übertragenen Teil des Registerrechts eine neue Akte mit einem neuen Aktenzeichen an. Prioritäten und Senioritäten der ursprünglichen Registrierung werden übernommen, soweit sie den übertragenen Teil betreffen. **Beide Rechte** sind daher **gleichberechtigt.** Sofern sich die Waren und Dienstleistungen beider Verzeichnisse in einem Ähnlichkeitsbereich zueinander befin-den, hat keiner der Inhaber bessere Rechte gegenüber dem anderen.

36   Eine **Dopplung** der registrierten Rechte ist **unzulässig.** Es ist deshalb bei der teilweisen Rechtsübertragung darauf zu achten, dass die Summe der Waren und Dienstleistungen beider Verzeichnisse im Vergleich zu dem ursprünglichen Verzeichnis keine Erweiterung erfährt (Art. 14 Abs. 1 UMDV). Sofern das Verzeichnis der ursprünglichen Marke einen Oberbegriff X enthält, dessen zugehörige Waren Y und Z sind, von denen Y in das Verzeichnis der neu angelegten Akte übertragen und dessen Leistungen Z im Verzeichnis der alten Marke verbleiben sollen, so ist im Verzeichnis der ursprünglichen Registrierung eine entsprechende Klarstellung („X ausgenommen Y") vorzunehmen (EUIPO Richtlinien Teil E, Abschn. 3, Kap. 1, Nr. 5.1).

37   Die Einreichung eines Antrags auf Eintragung eines Rechtsübergangs hat keinen Einfluss auf bereits laufende oder vom Amt gesetzte Fristen, einschließlich der Fristen für die Zahlung von Gebühren (EUIPO Richtlinien Teil E, Abschn. 3, Kap. 1, Nr. 6).

38   Sofern über einen Antrag des ursprünglichen Markeninhabers zum Zeitpunkt der Antragstel-lung auf Registrierung eines teilweisen Rechtsübergangs noch nicht entschieden ist, so gilt dieser Antrag gemäß Abs. 10 sowohl für den bei dem ursprünglichen Rechtsinhaber verbleibenden Teil als auch für den übertragenen Teil als noch nicht erledigt. Der neue Markeninhaber ist jedoch kein Schuldner noch offener Gebührenansprüche.

7. Unionsmarke als Erstreckung des internationalen Markenschutzes nach dem Protokoll zum MMA

39   Soweit es sich bei der Unionsmarke um eine Erstreckung des Markenschutzes nach dem Proto-koll zum Madrider Markenabkommen handelt, ist für die Änderung des Registers zu beachten, dass **nur nach dem Madrider System qualifizierte Inhaber** in das Register der WIPO eingetragen werden können. Zu Einzelheiten → MarkenG § 27 Rn. 68 ff.

III. Rückgängigmachung einer unrichtigen Änderung

Sofern die Eintragung des Inhaberwechsels auf einem offensichtlichen, dem Amt anzulastenden **40** **Verfahrensfehler** beruht, widerruft oder löscht das Amt die Eintragung gemäß Art. 103 auf Antrag oder von Amtswegen.

Gegen die Entscheidung des Amtes kann gemäß Art. 66 **Beschwerde** eingelegt werden. **41**

Über die Beschwerde wird gemäß Art. 69 zunächst durch die Stelle entschieden, deren Entscheidung **41.1** angegriffen wird. Hilft die Stelle nicht ab, hat sie die Beschwerde der Beschwerdekammer vorzulegen.

Auch im Beschwerdeverfahren wird nur geprüft, ob das Amt gegen die einschlägigen Regeln **42** der UMDV oder die verfahrensrechtlichen Vorschriften des Art. 20 UMV verstoßen hat. Eine **materiell rechtliche Prüfung** der Inhaberschaft ist **nicht** Sache des Amtes und auch nicht des Gerichtshofs im Rahmen einer späteren Klage gemäß Art. 72. Die materiell rechtliche Überprüfung der Inhaberschaft ist vielmehr den Unionsmarkengerichten der Mitgliedstaaten vorbehalten (EuG T-83/09, GRUR Int 2012, 61 Rn. 25 – Chalk/HABM (CRAIC)).

Setzt sich das Amt innerhalb des Beschwerdeverfahrens vor dem Hintergrund der gemäß Art. 13 **43** Abs. 3 UMDV zugelassenen Beweismittel erneut mit der Frage des Nachweises der Inhaberschaft auseinander, verbleibt die **Beweislast** bei demjenigen, der die Inhaberschaft als für sich günstigen Sachverhalt in Anspruch nimmt. Durch die Änderung der Parteistellung im Beschwerdeverfahren wird die Beweislast nicht berührt (HABM BK 1.8.2008 – R 251/2008-4 – POHLSCHRÖDER). Das Amt nimmt zugunsten derjenigen Person, die als Inhaber im **Register** vermerkt ist, eine **Vermutung** für den Fortbestand dessen Inhaberschaft an, die von dem angeblich neuen Inhaber zu entkräften ist (HABM BK 1.8.2008 – R 251/2008-4 – POHLSCHRÖDER). Soweit sich die Änderung der Inhaberschaft gemäß Art. 19 nach deutschem Recht richtet, ist ein solches Vorgehen vor dem Hintergrund der gesetzlichen Vermutung gemäß § 28 Abs. 1 MarkenG richtig. Soweit andere nationale Rechtsordnungen, die gemäß Art. 19 zur Anwendung gelangen können, eine entsprechende gesetzliche Vermutung nicht vorsehen, fehlt die gesetzliche Grundlage für das Vorgehen des Amtes.

Sofern es sich bei der Unionsmarke(-nanmeldung) um eine Erstreckung nach dem Protokoll **44** zum MMA handelt, hat das Amt nach entsprechender Benachrichtigung über den Antrag auf Änderung des Registers durch die WIPO die Möglichkeit, gemäß Rule 27 Abs. 4 der „Common Regulations under the Madrid Agreement concerning the International Registration of Marks and the Protocol Relating to that Agreement", der WIPO gegenüber eine „**declaration that a change in ownership has no effect**" abzugeben. Die Erklärung muss innerhalb von 18 Monaten nach Unterrichtung des Amtes bei der WIPO eingehen. Die Erklärung hat zur Folge, dass die Änderung des Registers bei der WIPO als für die Unionsmarke nicht erfolgt behandelt wird. Die materielle Rechtslage hinsichtlich des Inhaberwechsels ist hierdurch zunächst nicht berührt. Sie richtet sich nach dem zugrunde liegenden nationalen Recht, wird also im Falle einer Erstreckung des Markenschutzes im Madrider System durch eine Unionsmarke nach Art. 19 bestimmt.

Bis zum 1.10.2017 bestand für das Amt gemäß Abs. 4 aF die Möglichkeit und die Verpflichtung, den **44.1** Antrag auf Eintragung des Rechtsübergangs zurückzuweisen, wenn sich aus den Unterlagen über den Rechtsübergang in offensichtlicher Weise ergab, dass die Unionsmarke aufgrund des Rechtsübergangs geeignet war, das Publikum insbesondere über die Art, die Beschaffenheit oder die geographische Herkunft der Waren oder Dienstleistungen, für welche die Marke eingetragen war, irrezuführen. Die Irreführungsgefahr musste aus dem Inhaberwechsel resultieren. Betroffen waren daher nur Fälle, in denen die Marke selbst beschreibende Angaben zu ihrem Inhaber enthielt, die nach dem erfolgten Inhaberwechsel nicht mehr zutreffend waren. Der Name des Inhabers stellte dabei noch keine Angabe dar, die zu einer entsprechenden Irreführungsgefahr hätte führen können. Im Gegenteil wurde der Inhaberwechsel als im Laufe einer Unternehmenshistorie üblicher Vorgang betrachtet (HABM BK R 238/2005-1 – ELIO FIORUCCI; EuG T-165/06, BeckRS 2009, 70501 Rn. 30 ff. – ELIO FIORUCCI). Die Vorschrift wurde durch VO (EU) 2015/2424 mit Wirkung zum 1.10.2017 ersatzlos gestrichen, da sie in der Praxis keine Bedeutung erlangt hatte.

IV. Rechtsfolgen der Zurückweisung des Antrags

Von der Zurückweisung der Eintragung durch das Amt ist zunächst **nur die Registerlage 45 betroffen.** Der materiell-rechtlich wirkende Wechsel in der Inhaberschaft ist nicht berührt. Jedoch fehlt es dem neuen Rechtsinhaber wegen Art. 20 Abs. 11, 12 an der notwendigen Handlungsfähigkeit (→ Rn. 47). Der frühere Inhaber ist wegen des Wegfalls seiner materiellen Berechtigung ebenfalls nicht ausreichend handlungsfähig. Es bedarf der Prüfung im Einzelfall, ob diese Situation dazu anhält, die Übertragung der Rechte an der Marke rückabzuwickeln.

V. Rechtsfolgen der Eintragung

1. Stellung der Beteiligten (Abs. 11, 12)

46   Das Amt trägt den Rechtsübergang gemäß Abs. 4 in das Register ein, soweit kein Grund für eine Zurückweisung des Antrags vorliegt.

47   Gemäß Art. 20 Abs. 11 kann der Rechtsnachfolger seine Rechte aus der „Eintragung der Unionsmarke" **erst** dann geltend machen, wenn er als neuer Inhaber **im Register eingetragen** ist. Entsprechend dem Wortlaut der Vorschrift, die nicht von den Rechten aus der Unionsmarke sondern von den **Rechten aus der Eintragung** derselben spricht, betrifft diese Einschränkung ausschließlich das registerrechtliche Verfahren (zu weitergehenden Einschränkungen, die aus einer fehlenden Änderung des Registers für nachfolgende Verfügungen resultieren, → Art. 27 Rn. 1 ff.). Dagegen ist die materielle Rechtslage nicht betroffen. Die **Eintragung** des Inhaberwechsels ist für den Rechtsübergang **nicht konstitutiv.** Die Frage, unter welchen Voraussetzungen ein bereits abschließend vollzogener Inhaberwechsel anzuerkennen ist, entscheidet sich alleine nach der einschlägigen nationalen Rechtsordnung. Welches nationale Recht Anwendung findet, bestimmt Art. 19 ergänzt durch das jeweilige internationale Privatrecht.

48   Hinsichtlich des Registerverfahrens führt Art. 20 Abs. 11 hingegen dazu, dass mit Ausnahme von fristwahrenden Handlungen (vgl. Art. 20 Abs. 12) allein der frühere Inhaber nach Stellung des Antrags auf Eintragung bis zur Änderung des Registers **Verfahrenshandlungen** vornehmen kann. Er ist es auch, an den gemäß Art. 20 Abs. 13 iVm Art. 98 alle Zustellungen seitens des Amtes gerichtet werden.

49   Eine **Ausnahme** zu der Regelung des Art. 20 Abs. 11 stellt Art. 20 Abs. 12 auf. Hiernach kann der neue Inhaber auch **vor Änderung** des Registers bereits selbst **fristwahrende Erklärungen** gegenüber dem Amt abgeben. Er kann zB einen Beanstandungsbescheid, den ein Prüfer im Eintragungsverfahren wegen absoluter Schutzhindernisse erlässt, fristwahrend beantworten (EUIPO Richtlinien Teil E, Abschn. 3, Kap. 1, Nr. 1.2) und Widersprüche aus der Marke einlegen.

50   Erfolgt während des **Anmeldeverfahrens** ein teilweiser Rechtsübergang an der Markenanmeldung, der dem Amt in gemäß Art. 13 Abs. 3 UMDV wirksamer Weise nachgewiesen wird, so gebietet es der Grundsatz der Gewährung rechtlichen Gehörs, dass der **neue Inhaber** seitens des Amtes **gesondert** über die Eintragungsfähigkeit des ihm gehörenden Teils der Anmeldung **informiert** wird. Dem neuen Inhaber steht das Recht zu, Rechtsmittel gegen eine ihn belastende Entscheidung einzulegen (HABM BK Nr. 448522 Rn. 16 – XXL).

51   Nach erfolgter Änderung des Registers ist der neue Rechtsinhaber **automatisch Beteiligter** aller beim Amt anhängigen Verfahren. Er ist ebenfalls der **Schuldner** fälliger Gebühren (EUIPO Richtlinien Teil E, Abschn. 3, Kap. 1, Nr. 6).

52   Bei einem Teilrechtsübergang wird der neue Markeninhaber **zusätzlich** zu dem ursprünglichen Inhaber **Verfahrensbeteiligter.** Das Amt behandelt noch zu entscheidende Anträge als zu beiden Marken gesondert gestellt und entscheidet insoweit auch gesondert.

2. Gebührenfolgen

53   **Verlängerungsanträge,** die vor Eintragung des Rechtsübergangs gestellt werden, gelten sowohl für die verbleibende wie für die neue Registrierung. Die Inhaber werden Verfahrensbeteiligte zu den jeweils zu ihnen gehörenden Registrierungen. Soweit die Gebühren erst nach Eintragung des Rechtsübergangs eingezahlt werden, sind Grundgebühren zuzüglich der für den jeweiligen Markenteil anfallenden Klassengebühren von beiden Inhabern gesondert zu entrichten. Sind die Gebühren durch den ursprünglichen Markeninhaber bereits vor Änderung der Registerlage entrichtet worden, so werden nach Eintragung der geänderten Inhaberschaft keine erneuten Gebühren für die neue Marke mehr fällig.

54   Bei einem **Teilrechtsübergang** ist hinsichtlich einer Aufteilung fälliger Gebühren auf beide registrierten Rechte der **Zeitpunkt der Registrierung der Rechtsänderung** der maßgebliche Stichtag. Die entsprechend einem Antrag fälligen Gebühren entstehen bezogen auf die neue Registrierung dann nicht ein zweites Mal, wenn die Gebühren zwar nach Eingang des Antrags auf Eintragung des teilweisen Rechtsübergangs, jedoch vor Eintragung des Rechtsübergangs gezahlt worden sind (vgl. EUIPO Richtlinien Teil E, Abschn. 3, Kap. 1, Nr. 6.1.).

55   Bei der Teilübertragung einer Markenanmeldung werden die **Grundgebühren kein zweites Mal** erhoben. Zahlt der Inhaber der ursprünglichen Anmeldung Gebühren für alle Klassen der ursprünglichen Anmeldung, bevor die Änderung der Inhaberschaft im Register vermerkt wird, erfolgt keine Gebührenerstattung. Die Gebühren waren bei Zahlungseingang in dieser Form fällig. In allen anderen Fällen werden die **Klassengebühren** entsprechend der Situation nach Änderung des Registers **aufgeteilt**. Für die verbleibende Anmeldung sind daher die Grundgebühren zzgl. einer Klassengebühr für jede weitere ab der vierten Klasse zu zahlen. Für die neue Anmeldung werden lediglich die Klassengebühren für jede weitere ab der vierten Klasse fällig. Sofern der Rechtsübergang nur einzelne Waren und Dienstleistungen einer Klasse betrifft, fallen die Klassengebühren für beide Markenanmeldungen an (vgl. EUIPO Richtlinien Teil E Abschn. 3, Kap. 1, Nr. 6.1.).

3. Konsequenzen für die Vertragsgestaltung

Die dargestellten Rechtsfolgen müssen bei der Gestaltung des Markenübertragungsvertrags **56** berücksichtigt werden. Es ist erforderlich, vertragliche Pflichten des ursprünglichen Inhabers zu definieren, die ihn bis zur Änderung des Registers zur **Einleitung** aller **Maßnahmen** anhalten, die der neue Inhaber (noch) nicht einleiten kann, oder von deren Notwendigkeit er keine Kenntnis erhält. Hierzu sind **Kostenregelungen** zu treffen. Des Weiteren sollten **Informationspflichten** vereinbart werden, die gewährleisten, dass der neue Inhaber von allen Zustellungen, die an den Rechtsvorgänger erfolgen, Kenntnis nehmen kann.

D. Übergang von Markenanmeldungen

Die Übertragung von Rechten an einer Markenanmeldung sowie die diesbezügliche Änderung **57** des Registers erfolgt gemäß Art. 28 **in entsprechender Form** zu der Übertragung bereits registrierter Markenrechte. Die Regelungen der Abs. 5–8 gelten für Unionsmarkenanmeldungen gemäß Abs. 9 entsprechend. Die EUIPO Richtlinien Teil E sowie die Regeln der UMDV gelten ebenfalls entsprechend. Zu Fragen des rechtlichen Gehörs bei der teilweisen Übertragung von Unionsmarkenanmeldungen → Rn. 50. Zu Fragen fällig werdender Anmeldegebühren bei der teilweisen Übertragung einer Unionsmarkenanmeldung → Rn. 55.

Art. 21 Übertragung einer Agentenmarke

(1) Ist eine Unionsmarke für den Agenten oder Vertreter des Inhabers dieser Marke ohne dessen Zustimmung eingetragen worden, so ist der Inhaber berechtigt, die Übertragung der Eintragung der Unionsmarke zu seinen Gunsten zu verlangen, es sei denn, dass der Agent oder Vertreter seine Handlungsweise rechtfertigt.

(2) Der Inhaber kann bei folgenden Stellen eine Übertragung nach Absatz 1 dieses Artikels beantragen:
a) beim Amt nach Artikel 60 Absatz 1 Buchstabe b, statt eines Antrags auf Erklärung der Nichtigkeit;
b) bei einem Unionsmarkengericht nach Artikel 123, statt einer Widerklage auf Erklärung der Nichtigkeit auf der Grundlage von Artikel 128 Absatz 1.

Überblick

Art. 21 gewährt dem Inhaber, dessen Marke durch einen Agenten/Vertreter, im eigenen Namen als Unionsmarke registriert wird, einen Anspruch auf Übertragung dieser treuwidrig angemeldeten Unionsmarke (→ Rn. 1 ff.). Etwas anderes gilt nur dann, wenn der Agent/Vertreter die Zustimmung des Prinzipals oder einen anderen Rechtfertigungsgrund darlegen und nachweisen kann (→ Rn. 7).
Art. 21 Abs. 2 wurde durch Art. 4 VO (EU) 2015/2424 eingefügt und ist seit dem 1.10.2017 anwendbar. Er enthält eine Klarstellung über den Weg, auf dem der Anspruch des Abs. 1 durchgesetzt werden kann (→ Rn. 8 ff.).

A. Allgemeines

Art. 21 setzt gemeinsam mit Art. 8 Abs. 3, Art. 13 und Art. 59 Abs. 1 lit. b UMV Art. 6[septies] **1** PVÜ um. Die **Verletzung der wirtschaftlichen Interessen** des Prinzipals, der dem Vertreter/ Agenten im Rahmen eines Treueverhältnisses Kenntnisse und Erfahrungen über den Wert der eigenen Marke verschafft hat, **soll vermieden werden** (HABM BK R 493/2002-4 (II) Rn. 17 – First Defense II; HABM BK R 0085/2010-4 – Lingham's). Um dies zu erreichen, werden dem Prinzipal mit den genannten Vorschriften verschiedene Instrumente an die Hand gegeben, die es ihm ermöglichen, unberechtigten Markenanmeldungen des Agenten zu begegnen. Während Art. 8 Abs. 3 dem Prinzipal ein besonderes Widerspruchsrecht zugesteht, mit dem die Markenregistrierung des Vertreters/Agenten verhindert werden kann, ermöglicht Art. 21 die **Vereinnahmung** des neu begründeten Rechts selbst. Die Vorschrift entspricht § 17 Abs. 1 MarkenG (→ MarkenG § 17 Rn. 3).

B. Voraussetzungen

2   Der Anspruch auf Übertragung der Eintragung der Unionsmarke besteht auf Seiten des Prinzipals gegenüber dessen Agenten/Vertreter. Zu den Voraussetzungen, die an eine Stellung des Prinzipals und des Agenten/Vertreters zu stellen sind, → Art. 8 Rn. 153 ff. Die Geschäftsbeziehungen zwischen Markeninhaber und Agent/Vertreter müssen zum **Zeitpunkt der Anmeldung** der Unionsmarke bereits vorgelegen haben. Zu weiteren Einzelheiten des Verhältnisses zwischen Prinzipal und Markeninhaber → Art. 8 Rn. 162).

3   Soweit der **Prinzipal** den ihm zustehenden Übertragungsanspruch geltend macht, muss er die Voraussetzungen des **Art. 5** erfüllen, dh er muss eine natürliche oder juristische Person des privaten oder des öffentlichen Rechts sein. Die **Beweislast** für ein Agenten/Vertreter-Auftragsverhältnis liegt beim Prinzipal (zu der parallelen Problematik bei Art. 8 Abs. 3 vgl. HABM R 998/2009-1 – FUSION; EuG T-262/09, GRUR Int 2011, 612 – First Defense Technology). Die Beweisführung anhand von Geschäftskorrespondenz ist möglich (zu der parallelen Problematik bei Art. 8 Abs. 3 vgl. EuG T-184/12, GRUR Int 2015, 157 – Heatstrip).

4   Die **Beweislast** für eine erteilte Zustimmung trägt der Agent/Vertreter. Aus der Zustimmung muss hervorgehen, um welches Zeichen es genau geht. Sie muss klar und eindeutig gefasst sein (EuG T-262/09, GRUR Int 2011, 612 Rn. 40 – Safariland/HABM (FIRST DEFENSE AEROSOL PEPPER PROJECTOR II; HABM BK R 493/2002-4 (II) Rn. 19 mwN – First Defense II; s. auch EuG T537/10, BeckRS 2012, 82524; T538/10, GRUR-Prax 2013, 92012, 82524 Rn. 23 ff. – Adamowski/HABM (Fagumit)). Zu den weiteren Anforderungen an eine Zustimmung → Art. 8 Rn. 167 f.

5   Der Prinzipal muss Inhaber eines **älteren Markenrechts** sein, welches der Registrierung der Unionsmarke des Agenten/Vertreters entgegensteht. Ein solches älteres Markenrecht kann auch eine Markenanmeldung sowie eine nicht eingetragene oder notorisch bekannte Marke gemäß Art. 6bis PVÜ sein. Die ältere Marke muss nicht identisch zu der Agentenmarke sein, Markenähnlichkeit genügt (EuGH C-809/18 P, GRUR-RS 2020, 30029 – MINERAL MAGIC). Aus dem Wortlaut der Vorschrift folgt jedoch, dass andere Zeichenrechte als Marken diese Voraussetzung nicht erfüllen (zu der parallelen Problematik bei Art. 8 Abs. 3 vgl. EuG T-484/09, BeckRS 2011, 81636 – Powerball; HABM BK R 1795/2008-4 – ZAPPER-CLICK; EUIPO Richtlinien Teil C, Abschnitt 3, Nr. 3.1). Insbesondere stellen ältere geschäftliche Bezeichnungen keine ausreichende Rechtsposition des Prinzipals dar (zu der parallelen Problematik bei Art. 8 Abs. 3 vgl. EUIPO Richtlinien Teil C, Abschnitt 3, Nr. 3.1).

6   Der Schutztatbestand der älteren Marke kann auch auf anderem Wege als durch Eintragung entstanden sein, wenn die nationale Rechtsordnung eine solche Schutzentstehung vorsieht. Auch **notorisch bekannte Marken** gemäß § 4 Nr. 3 MarkenG und solche mit **Verkehrsgeltung** gemäß § 4 Nr. 2 MarkenG stellen ältere Marken iSd Art. 21 dar (vgl. zu der parallelen Problematik bei Art. 8 Abs. 3 EUIPO Richtlinien Teil C, Abschnitt 3, Nr. 3.1; aA Eisenführ/Schennen/Schennen Rn. 4, der Benutzungsmarken gemäß § 4 Nr. 2 MarkenG, die lediglich einen Schutztatbestand für ein Teilgebiet der Bundesrepublik Deutschland aufweisen, aus dem Schutzbereich des Art. 21 ausnehmen möchte). Zu weiteren Voraussetzungen, die an das ältere Markenrecht des Prinzipals zu stellen sind, → Art. 8 Rn. 162 ff.).

C. Verfahren

7   Entsprechend dem Wortlaut der Vorschrift besteht ein Anspruch des Prinzipals auf Übertragung nur im Hinblick auf eine bereits registrierte Marke. Ein Anspruch auf Übertragung besteht dagegen noch nicht, wenn die Marke erst angemeldet ist (so auch Eisenführ/Schennen/Schennen Rn. 8). Dem Prinzipal stehen verschiedene Wege offen, seinen Anspruch auf Übertragung der registrierten Agentenmarke durchzusetzen:

I. Antrag vor dem EUIPO gemäß Abs. 2 lit. a

8   Am 23.3.2016 ist die VO (EU) 2015/2424 in Kraft getreten. Gemäß Art. 1 Nr. 19 VO (EU) 2015/2424 wurde der jetzige Art. 21 um einen Abs. 2 erweitert, der gemäß Art. 4 Abs. 2 VO

(EU) 2015/2424 seit dem 1.10.2017 anwendbar ist. Abs. 2 benennt heute zwei Möglichkeiten der Durchsetzung des Übertragungsanspruchs. Eine davon ist die Möglichkeit, den Übertragungsanspruch vor dem Amt anstelle eines Antrags auf Erklärung der Nichtigkeit gemäß Art. 60 Abs. 1 lit. b zu stellen. Gemäß dem Wortlaut der Vorschrift handelt es sich um eine Rechtsgrundverweisung. Die Voraussetzungen des Art. 60 Abs. 1 lit. b müssen daher vorliegen. Damit gilt insbesondere auch hier das Verbot der Doppelantragstellung gemäß Art. 60 Abs. 4 (→ Art. 60 Rn. 24). Der Wortlaut des Art. 21 Abs. 2 lit. a („statt eines Antrags auf Erklärung der Nichtigkeit") stellt den Antrag auf Übertragung der Agentenmarke einerseits und den Antrag auf Erklärung deren Nichtigkeit in ein Alternativverhältnis zueinander. Übertragungs- und Löschungsverfahren schließen sich damit gegenseitig aus. Aufwand und Voraussetzungen für die Übertragung der Agentenmarke einerseits und für ihre Nichtigerklärung andererseits sind identisch. Die Rechtsfolge der Übertragung dürfte für den Prinzipal aber aufgrund des Rechtserwerbs in aller Regel deutlich vorteilhafter sein. Für ein Verfahren auf Erklärung der Nichtigkeit besteht daher an dieser Stelle kaum noch ein praktisches Bedürfnis.

II. Widerklage vor einem Unionsmarkengericht

Gemäß Abs. 2 lit. b ist heute überdies die Möglichkeit eröffnet, den Anspruch auf Übertragung **9** derjenigen Unionsmarke, die sich als Agentenmarke darstellt, im Wege der Widerklage vor einem Unionsmarkengericht geltend zu machen. Die Antragstellung ist anstelle einer Widerklage gerichtet auf Erklärung der Nichtigkeit auf der Grundlage von Art. 128 Abs. 1 möglich.

III. Klage vor den ordentlichen Gerichten

Der Anspruch auf Übertragung der Inhaberschaft einer für den Agenten oder Vertreter des **10** Inhabers ohne dessen Zustimmung eingetragenen Unionsmarke wird durch die VO (EU) 2015/2424 abschließend geregelt (noch für die VO (EU) 297/2009 vgl. EuGH C-381/16, GRUR 2018, 78). Es existiert kein Anhaltspunkt dafür, dass durch die neue VO (EU) 2015/2424 hieran etwas geändert werden sollte. Nachdem nunmehr in Art. 21 Abs. 2 zwei Möglichkeiten der Anspruchsdurchsetzung ausdrücklich genannt sind, stellen diese abschließenden Regelungen dar. Ein Rechtsweg vor die ordentlichen Gerichte ist damit ausgeschlossen (so auch OLG Nürnberg GRUR-RS 2021, 10368 – MASTER AMINO ACID PATTERN). Soweit jedoch das nationale Recht materielle Anspruchsgrundlagen für die Übertragung einer Marke vorsieht, die nicht Art. 21 unterfallen, ist die Unionsmarke insoweit gemäß Art. 19 wie eine nationale Marke zu behandeln, deren Übertragung nach den nationalen Regelungen vor den ordentlichen Gerichten klageweise geltend gemacht werden kann (noch für die VO (EU) 297/2009 vgl. EuGH C-381/16, GRUR 2018, 78).

Art. 22 Dingliche Rechte

(1) Die Unionsmarke kann unabhängig vom Unternehmen verpfändet werden oder Gegenstand eines sonstigen dinglichen Rechts sein.

(2) Die in Absatz 1 genannten Rechte oder der Übergang dieser Rechte werden auf Antrag eines Beteiligten in das Register eingetragen und veröffentlicht.

(3) Eine Eintragung im Register im Sinne des Absatzes 2 wird auf Antrag eines Beteiligten gelöscht oder geändert.

Überblick

Die Unionsmarke kann als nichtakzessorisches, selbstständiges Immaterialgut durch rechtsgeschäftliche Vereinbarung dinglich belastet werden (→ Rn. 3). Gleiches gilt für die Unionsmarkenanmeldung (Art. 28). Welche Arten von dinglichen Rechten bestellt werden können und auf welche Weise dies zu erfolgen hat, bestimmt sich nach dem nationalen Recht des nach Art. 19 maßgeblichen Mitgliedstaates (→ Rn. 4). Auf Antrag eines Beteiligten werden die dinglichen Rechte in das Register eingetragen und veröffentlicht (→ Rn. 9). Nach Art. 27 entfalten die dinglichen Rechte gegenüber Dritten erst dann Wirkung, wenn sie in das Register eingetragen sind, es sei denn der Dritte hatte Kenntnis von der dinglichen Belastung des Markenrechts oder es handelt sich um den Erwerb der Marke im Wege der Gesamtrechtsnachfolge (→ Rn. 14).

A. Allgemeines

1   Die **Unionsmarke,** wie auch die **Anmeldung einer Unionsmarke** (vgl. Art. 28; **zur Rechtsnatur der Unionsmarkenanmeldung** → Rn. 1.1) sind infolge des in Art. 20 (→ Art. 20 Rn. 1) festgeschriebenen Grundsatzes der freien Übertragbarkeit selbstständige Wirtschaftsgüter, die unabhängig vom Unternehmen veräußert, sicherungsübereignet oder dinglich belastet werden können. Die Unionsmarke sowie die Unionsmarkenanmeldung stellen somit einen eigenständigen Vermögenswert eines Unternehmens dar.

1.1   Der **EuGH** hat in der **Entscheidung „Nikolajeva"** einer Unionsmarkenanmeldung den **Charakter eines „bedingten Rechts" zugesprochen** (EuGH C-280/15, GRUR 2016, 931 Rn. 48, 56 – Nikolajeva). Art. 9 Abs. 3 S. 2 ziele darauf ab, an eine Marke ab dem Zeitpunkt der Veröffentlichung ihrer Anmeldung und noch vor der Veröffentlichung ihrer Eintragung, bedingte Rechte zu knüpfen. Die bisher uneinheitliche Beurteilung der Rechtsnatur der Unionsmarkenanmeldung (Anwartschaftsrecht bejahend Fezer MarkenG § 31 Rn. 1; Ströbele/Hacker/Thiering/Hacker MarkenG § 31 Rn. 1 im Sinne eines anwartschaftsähnlichen Rechts; Anwartschaftsrecht bejahend mit Veröffentlichung der Unionsmarkenanmeldung Schlussanträge Generalanwalt Wathelet C-280/15, BeckRS 2016, 81242 Rn. 44 – Nikolajeva; aA Anwartschaftsrecht verneinend → MarkenG § 4 Rn. 12 (Weiler); → Art. 28 Rn. 2 (Taxhet)) dürfte nunmehr durch den EuGH im Sinne der Bejahung eines Anwartschaftsrechts entschieden sein. Ob die Anmeldung einer Unionsmarke ein Anwartschaftsrecht begründet oder nicht, ist jedoch im Wesentlichen eine Frage der Terminologie. Entscheidend ist vielmehr, dass die Rechtsfolgen der Unionsmarkenanmeldung in der UMV klar geregelt sind. Danach ist die Unionsmarkenanmeldung vor allem in den vermögensrechtlichen Regelungen dem Vollrecht gleichgestellt (Art. 28). Zudem ergibt sich auch bei rechtsverletzender Drittbenutzung bereits aufgrund einer Unionsmarkenanmeldung nach deren Veröffentlichung ein Entschädigungsanspruch nach Art. 11 (→ Art. 11 Rn. 1). Nach hiesiger Ansicht liegt daher jedenfalls mit Veröffentlichung der Unionsmarkenanmeldung ein Anwartschaftsrecht vor.

2   Bei einer Unionsmarke handelt es sich um ein **absolutes Recht** und nicht um eine Forderung (zur deutschen Marke → MarkenG § 29 Rn. 3) oder eine bewegliche oder unbewegliche Sache (vgl. Eisenführ/Schennen/Schennen Rn. 5). Die Unionsmarke ist in allen Mitgliedstaaten einheitlich als ein solches absolutes Recht zu behandeln (vgl. Eisenführ/Schennen/Schennen Rn. 5).

B. Dingliche Rechte

3   Welche Arten von dinglichen Rechten an einer Unionsmarke oder einem Unionsmarkenanwartschaftsrecht bestellt werden können und auf welche Weise dies zu erfolgen hat, ist in der UMV nicht geregelt. Insoweit verweist die UMV auf das nationale Recht der Mitgliedstaaten.

I. Maßgebliches Recht (Art. 19)

4   Das für die Bestellung dinglicher Rechte maßgebliche Recht ist über Art. 19 zu bestimmen (→ Art. 19 Rn. 5 f.). Die Erwähnung des Pfandrechts in Art. 22 hat nur beispielhaften Charakter. Ob die Bestellung eines Pfandrechts zulässig ist, bemisst sich ausschließlich nach dem über Art. 19 zu bestimmenden nationalen Recht (vgl. Eisenführ/Schennen/Schennen Rn. 5).

5   Aufgrund des Grundsatzes der Einheitlichkeit der Unionsmarke (Art. 1; → Art. 1 Rn. 7) und deren Rechtsnatur als absolutes Recht können an einer Unionsmarke und einem Unionsmarkenanwartschaftsrecht **ausschließlich diejenigen dinglichen Rechte bestellt werden, die nach dem über Art. 19 zu bestimmenden nationalen Recht eines Mitgliedstaates an Rechten bestellt werden können** (vgl. Eisenführ/Schennen/Schennen Rn. 5). Art. 19 schließt daneben die Anwendbarkeit der nationalen Rechtsordnungen anderer Mitgliedstaaten aus. Dingliche Rechte, die in den Rechtsordnungen anderer, als des nach Art. 19 maßgeblichen Mitgliedstaates existieren, können somit nicht wirksam nach dem Recht dieser Mitgliedstaaten bestellt werden (vgl. Eisenführ/Schennen/Schennen Rn. 6).

6   **Ungeklärt** ist, ob die Bestellung eines dinglichen Rechts nach dem nationalen Recht eines nicht nach Art. 19 maßgeblichen Mitgliedstaates in die Bestellung eines dinglichen Rechts nach dem gemäß Art. 19 anwendbaren nationalen Recht umgedeutet werden kann (vgl. Eisenführ/Schennen/Schennen Rn. 6).

7   Hinsichtlich der für die Bestellung eines dinglichen Rechts **maßgeblichen nationalen Rechtsordnung** eines Mitgliedstaates **kann ein Wechsel eintreten,** so etwa, wenn der Inhaber der Unionsmarke seinen Wohnsitz in einen anderen Mitgliedstaat verlegt. Nach der bisherigen Rechtsordnung bestellte dingliche Rechte bleiben hiervon unberührt (vgl. Eisenführ/Schennen/

Schennen Rn. 7). Neu zu bestellende dingliche Rechte müssen nach dem nationalen Recht des jeweils aktuell maßgeblichen Mitgliedstaates bestellt werden.

II. Dingliche Rechte nach deutschem Recht

Die zulässigen Arten dinglicher Rechte und die Voraussetzungen deren Bestellung an Unions- **8** marken und Unionsmarkenanwartschaften nach deutschem Recht entsprechen derjenigen bezüglich deutscher Marken. Insoweit wird auf die Kommentierung zu § 29 MarkenG verwiesen (→ MarkenG § 29 Rn. 1 ff.).

C. Registereintragung (Abs. 2)

Die an einer Unionsmarke oder Unionsmarkenanwartschaft nach Abs. 1 bestellten dinglichen **9** Rechte können auf Antrag eines Beteiligten nach Abs. 2 in das Register eingetragen und veröffentlicht werden. Auf Antrag eines Beteiligten kann auch die Übertragung der nach Abs. 1 bestellten dinglichen Rechte in das Register eingetragen werden. In Abs. 3 ist geregelt, dass ein Eintrag gemäß Abs. 2 auf Antrag eines Beteiligten gelöscht oder geändert werden kann.

I. Verfahren

Antragsberechtigt sind als Beteiligte der Inhaber der Unionsmarke sowie der Inhaber des dingli- **10** chen Rechts, nicht jedoch staatliche Stellen (vgl. Eisenführ/Schennen/Schennen Rn. 18).

Das Verfahren ist gebührenpflichtig und richtet sich nach Abs. 2 iVm Art. 26. Die Gebühren- **11** höhe beträgt 200 Euro und ergibt sich aus Anhang I A.26 (→ Anh. I Rn. 14) (vgl. Eisenführ/ Schennen/Schennen Rn. 19). Das Verfahren entspricht grundsätzlich dem Verfahren für die Eintragung von Lizenzen (→ Art. 25 Rn. 37 f.).

Das dingliche Recht wird im Unionsmarkenblatt veröffentlicht und im Register eingetragen **12** (Art. 22 Abs. 2). Wird das dingliche Recht übertragen oder gelöscht, gilt Gleiches nach Art. 22 Abs. 3 iVm Art. 29. Auch die Löschung ist gebührenpflichtig, wie sich aus Art. 29 Abs. 3 ergibt. Die Gebührenhöhe beträgt 200 Euro und ergibt sich aus Anh. I A.27 (→ Anh. I Rn. 14).

II. Wirkungen der Eintragung im Register

Die Eintragung der dinglichen Rechte in das Register ist für deren Rechtserwerb nicht konsti- **13** tutiv (vgl. Eisenführ/Schennen/Schennen Rn. 16; Eisenführ/Schennen/Schennen Art. 27 Rn. 2).

Allerdings entfalten dingliche Rechte gegenüber Dritten nach Art. 27 (→ Art. 27 Rn. 1) erst **14** dann Wirkung, wenn sie in das Register eingetragen sind, es sei denn der Dritte hatte Kenntnis von der dinglichen Belastung des Markenrechts oder es handelt sich um den Erwerb der Marke im Wege der Gesamtrechtsnachfolge. Dies hat zur Folge, dass **dingliche Rechte, die nicht in das Register eingetragen sind, bei einer Veräußerung der Unionsmarke an einen Dritten, der von dem dinglichen Recht keine Kenntnis hatte, erlöschen** (vgl. Eisenführ/Schennen/ Schennen Rn. 16).

Art. 23 Zwangsvollstreckung

(1) Die Unionsmarke kann Gegenstand von Maßnahmen der Zwangsvollstreckung sein.

(2) Für die Zwangsvollstreckungsmaßnahmen sind die Gerichte und Behörden des nach Artikel 19 maßgebenden Mitgliedstaats ausschließlich zuständig.

(3) Die Zwangsvollstreckungsmaßnahmen werden auf Antrag eines Beteiligten in das Register eingetragen und veröffentlicht.

(4) Eine Eintragung im Register im Sinne des Absatzes 3 wird auf Antrag eines Beteiligten gelöscht oder geändert.

Überblick

Die Unionsmarke kann als nichtakzessorisches, selbstständiges Immaterialgut (→ Rn. 1) Gegenstand der Zwangsvollstreckung sein. Gleiches gilt für die Unionsmarkenanmeldung (Art. 28). Die Zwangsvollstreckungsmaßnahmen und das Verfahren der Zwangsvollstreckung bestimmen sich nach dem nationalen Recht des gemäß Art. 19 maßgeblichen Mitgliedstaates (→ Rn. 3; → Rn. 5). Für Zwangsvollstreckungsmaßnahmen sind ausschließlich die Gerichte und Behörden des nach Art. 19 maßgeblichen Mitgliedstaates zuständig (→ Rn. 4). Auf Antrag eines Beteiligten werden die die vorgenommenen Zwangsvollstreckungsmaßnahmen in das Register eingetragen und veröffentlicht (→ Rn. 7).

A. Allgemeines

1   Die **Unionsmarke,** wie auch die **Unionsmarkenanmeldung** (Art. 28), sind infolge des in Art. 20 festgeschriebenen Grundsatzes der freien Übertragbarkeit selbstständige Wirtschaftsgüter, die unabhängig vom Unternehmen veräußert, sicherungsübereignet oder dinglich belastet und Gegenstand der Zwangsvollstreckung sein können. Die Unionsmarke sowie das Unionsmarkenanwartschaftsrecht stellen somit eigenständige Vermögenswerte eines Unternehmens dar, die **Gegenstand von Maßnahmen der Zwangsvollstreckung** sein können. Zur **Rechtsnatur der Unionsmarkenanmeldung** → Art. 22 Rn. 1.1.

2   Bei einer Unionsmarke handelt es sich um ein **absolutes Recht** und nicht um eine Forderung (zur deutschen Marke → MarkenG § 29 Rn. 3) oder eine bewegliche oder unbewegliche Sache (vgl. Eisenführ/Schennen/Schennen Art. 22 Rn. 5). Die Unionsmarke ist in allen Mitgliedstaaten einheitlich als ein solches absolutes Recht zu behandeln (vgl. Eisenführ/Schennen/Schennen Art. 22 Rn. 5).

B. Zwangsvollstreckung

3   Welche Zwangsvollstreckungsmaßnahmen hinsichtlich einer Unionsmarke oder einem Unionsmarkenanwartschaftsrecht vorgenommen werden können und auf welche Weise die Zwangsvollstreckung zu erfolgen hat, ist in der UMV nicht geregelt. Insoweit verweist die UMV auf das nationale Recht der Mitgliedstaaten (vgl. Art. 19).

I. Ausschließliche Zuständigkeit (Abs. 2)

4   Nach Abs. 2 sind für Zwangsvollstreckungsmaßnahmen die Gerichte und Behörden des nach Art. 19 maßgeblichen Mitgliedstaates (→ Art. 19 Rn. 1 f.) ausschließlich zuständig. Zwangsvollstreckungsmaßnahmen von Behörden oder Gerichten anderer Mitgliedstaaten oder Drittstaaten sind unwirksam und können auch nicht in das Register eingetragen werden.

II. Anwendbares Recht

5   Die nach Abs. 2 zuständigen Behörden und Gerichte haben ihr nationales Recht anzuwenden; Art. 19. Aufgrund des Grundsatzes der Einheitlichkeit der Unionsmarke (Art. 1; → Art. 1 Rn. 7) und deren Rechtsnatur als absolutes Recht können im Hinblick auf eine Unionsmarke und ein Unionsmarkenanwartschaftsrecht **ausschließlich solche Zwangsvollstreckungsmaßnahmen** vorgenommen werden, **die in dem nationalen Recht des nach Art. 19 maßgeblichen Mitgliedstaates** zur Zwangsvollstreckung **in Rechte vorgenommen werden können.** Art. 19 schließt daneben die Anwendbarkeit der nationalen Rechtsordnungen anderer Mitgliedstaaten aus.

III. Zwangsvollstreckung nach deutschem Recht

6   Die Zwangsvollstreckung in Unionsmarken und Unionsmarkenanwartschaften nach deutschem Recht entspricht derjenigen bezüglich deutscher Marken (→ MarkenG § 29 Rn. 29 ff.).

C. Registereintragung (Abs. 3)

7   Die im Hinblick auf eine Unionsmarke oder Unionsmarkenanwartschaft nach Abs. 1 vorgenommenen Zwangsvollstreckungsmaßnahmen können auf Antrag eines Beteiligten nach Abs. 3 in das Register eingetragen und veröffentlicht werden. Das Verfahren richtet sich nach Art. 26 für die Eintragung und Art. 23 Abs. 4 iVm Art. 29 für die Löschung.

I. Verfahren

8   Antragsberechtigt sind als Beteiligte der Inhaber der Unionsmarke sowie der Gläubiger, der die Zwangsvollstreckung betreibt, nicht jedoch das nationale Vollstreckungsgericht (Eisenführ/

Schennen/Schennen Rn. 8). Der Gläubiger der Zwangsvollstreckungsmaßnahme hat nach Art. 26 Abs. 1 lit. b iVm Art. 20 das Bestehen der Zwangsvollstreckungsmaßnahme nachzuweisen.

Das Verfahren ist gebührenpflichtig und richtet sich nach Art. 26. Die Gebührenhöhe beträgt **9** 200 Euro und ergibt sich aus Anhang I A.26 (→ Anh. I Rn. 14).

Die Löschung der Eintragung der Zwangsvollstreckungsmaßnahme ist ebenfalls gebührenpflich- **10** tig und richtet sich nach Art. 29. Die Gebührenhöhe beträgt 200 Euro und ergibt sich aus Anhang I A.27 (→ Anh. I Rn. 14).

Die Zwangsvollstreckungsmaßnahme sowie deren Aufhebung werden im Register eingetragen **11** und veröffentlicht (Art. 23 Abs. 3).

II. Wirkungen der Eintragung im Register

Die Eintragung der Zwangsvollstreckungsmaßnahme in das Register ist für deren Wirksamkeit **12** nicht erforderlich. Da Art. 27 Abs. 1 auf Zwangsvollstreckungsmaßnahmen nicht anwendbar ist (→ Art. 27 Rn. 13), entfalten diese auch dann gegen Dritte Wirkung, wenn sie nicht in das Register eingetragen worden sind. Die nicht eingetragene Zwangsvollstreckungsmaßnahme ver- liert bei einer Veräußerung der Marke an einen Dritten daher nicht aufgrund ihrer Nichteintragung an Wirkung. Vielmehr richtet sich die Wirkung einer Zwangsvollstreckungsmaßnahme gegenüber Dritten gemäß Art. 27 Abs. 3 nach dem nationalen Recht des nach Art. 19 maßgeblichen Mitglied- staates (→ Art. 27 Rn. 13).

Art. 24 Insolvenzverfahren

(1) [1] Eine Unionsmarke kann nur dann von einem Insolvenzverfahren erfasst wer- den, wenn dieses in dem Mitgliedstaat eröffnet wird, in dessen Hoheitsgebiet der Schuld- ner den Mittelpunkt seiner Interessen hat.
[2] Ist der Schuldner jedoch ein Versicherungsunternehmen oder ein Kreditinstitut im Sinne der Richtlinie 2009/138/EG des Europäischen Parlaments und des Rates [Amtl. Anm.: Richtlinie 2009/138/EG des Europäischen Parlaments und des Rates vom 25. November 2009 betreffend die Aufnahme und Ausübung der Versicherungs- und der Rückversicherungstätigkeit (Solvabilität II) (ABl. L 335 vom 17.12.2009, S. 1)] bzw. der Richtlinie 2001/24/EG des Europäischen Parlaments und des Rates [Amtl. Anm.: Richtlinie 2001/24/EG des Europäischen Parlaments und des Rates vom 4. April 2001 über die Sanierung und Liquidation von Kreditinstituten (ABl. L 125 vom 5.5.2001, S. 15)], so kann eine Unionsmarke nur dann von einem Insolvenzverfahren erfasst wer- den, wenn dieses in dem Mitgliedstaat eröffnet wird, in dem dieses Unternehmen bzw. dieses Institut zugelassen ist.
(2) Absatz 1 ist im Fall der Mitinhaberschaft an einer Unionsmarke auf den Anteil des Mitinhabers entsprechend anzuwenden.
(3) Wird die Unionsmarke von einem Insolvenzverfahren erfasst, so wird dies auf Antrag der zuständigen nationalen Stelle in das Register eingetragen und in dem Blatt für Unionsmarken gemäß Artikel 116 veröffentlicht.

Überblick

Eine Unionsmarke kann als nichtakzessorisches, selbstständiges Immaterialgut von einem Insol- venzverfahren erfasst werden. Gleiches gilt für Anwartschaften aus einer Unionsmarkenanmeldung (Art. 28). Wird ein Insolvenzverfahren in einem Drittstaat eröffnet, so hat dieses auf die Unions- marke keine Wirkung (→ Rn. 10). Hat der Unionsmarkeninhaber den Mittelpunkt seiner Interes- sen in einem Mitgliedstaat, wird die Unionsmarke nur von einem in diesem Mitgliedstaat eröffne- ten Insolvenzverfahren erfasst (Art. 24 Abs. 1 S. 1; → Rn. 4). Für Versicherungsunternehmen und Kreditinstitute gilt entsprechendes, wenn das Insolvenzverfahren in dem Mitgliedstaat eröffnet worden ist, in dem diese zugelassen sind (Art. 24 Abs. 1 S. 2; → Rn. 11). Für Anteile eines Mitinhabers an einer Unionsmarke gilt entsprechendes (Art. 24 Abs. 2; → Rn. 4). Wird eine Unionsmarke gemäß Art. 24 Abs. 1 und 2 durch ein Insolvenzverfahren erfasst, so wird auf Antrag der zuständigen nationalen Stellen ein Insolvenzvermerk in das Register eingetragen und veröffentlicht (→ Rn. 15). Es handelt sich um eine rein fakultative Eintragung (→ Rn. 20).

Übersicht

A. Allgemeines

1   Art. 24 (früher Art. 21 UMV 2009) ist mWv 10.3.2004 durch die VO (EG) Nr. 422/2004 des Rates vom 19.2.2004 neu gefasst worden. Die Neufassung trägt der unionsweiten Harmonisierung des grenzüberschreitenden Insolvenzverfahrens durch die **VO (EG) Nr. 1346/2000 vom 29.5.2000** (EuInsVO 2000) Rechnung, die am 31.5.2002 mit Ausnahme Dänemarks und mit Einschränkungen für Großbritannien in Kraft getreten ist (vgl. Eisenführ/Schennen/Schennen Rn. 13).

2   Am **25.6.2015** ist die **neue EuInsVO** (VO (EU) 2015/848) des Europäischen Parlaments und des Rates vom 20.5.2015 über Insolvenzverfahren (ABl. EU L 141, 19) mit Einschränkungen für Großbritannien und weiteren Mitgliedstaaten (vgl. Art. 85 Abs. 3 EuInsVO) in Kraft getreten. Diese Verordnung **gilt** (mit Ausnahme der Art. 24, 25 und Art. 86, für die in Art. 92 EuInsVO spätere Zeitpunkte geregelt sind) **ab dem 26.6.2017** und ist nach Art. 84 Abs. 1 EuInsVO nur auf solche **Insolvenzverfahren** anzuwenden, die **nach dem 26.6.2017 eröffnet** worden sind. Die EuInsVO 2000 wird durch die neue EuInsVO aufgehoben. Sie gilt jedoch nach Art. 84 Abs. 2 EuInsVO weiterhin für Verfahren, die in den Geltungsbereich der EuInsVO 2000 fallen und vor dem 26.6.2017 eröffnet wurden.

2.1   Die Verzahnung der Vorgaben der EuInsVO mit deutschem Verfahrensrecht erfolgt im Hinblick auf die **EuInsVO 2000** durch Art. 102 §§ 1–11 EGInsO. Im Hinblick auf die **neue EuInsVO** wird die Einpassung in das deutsche Verfahrensrecht über einen durch das Gesetz zur Durchführung der VO (EU) 2015/848 über Insolvenzverfahren neu einzufügenden Art. 102c EGInsO erfolgen.

3   Art. 24 und die entsprechende Regelung in Art. 15 EuInsVO (früher Art. 12 EuInsVO 2000) tragen dem Grundsatz der Einheitlichkeit der Unionsmarke (Art. 1 Abs. 2; → Art. 1 Rn. 7) dadurch Rechnung, dass die Unionsmarke nur von einem einzigen in einem Mitgliedstaat eröffneten Insolvenzverfahren erfasst werden kann.

B. Insolvenzverfahren

I. Normale Schuldner (Abs. 1 S. 1)

4   Wird über das Vermögen eines Unionsmarkeninhabers, bei dem es sich **nicht um ein Versicherungsunternehmen oder Kreditinstitut iSv Abs. 1 S. 2** handelt, das Insolvenzverfahren eröffnet, so kann dessen Unionsmarke von diesem Insolvenzverfahren nur dann erfasst werden, wenn es sich um **ein innerhalb der Europäischen Gemeinschaft eröffnetes Insolvenzverfahren** handelt und der Unionsmarkeninhaber **in dem Mitgliedstaat, in dem das Insolvenzverfahren eröffnet wird, den Mittelpunkt seiner Interessen** hat (Abs. 1 S. 1). Gleiches gilt nach Abs. 2 im Fall der Mitinhaberschaft an einer Unionsmarke für den Anteil des Mitinhabers. Wird das Insolvenzverfahren in Deutschland eröffnet, findet **§ 125 MarkenG** Anwendung. (Zu **Insolvenzverfahren in Deutschland** → MarkenG § 29 Rn. 56 ff.).

5   Handelt es sich um ein innerhalb der EU **nach dem 31.5.2002 und vor dem 26.6.2017** eröffnetes grenzüberschreitendes Insolvenzverfahren so gilt – **mit Ausnahme Dänemarks** – die **EuInsVO 2000**. Für Insolvenzverfahren, die **nach dem 26.6.2017 eröffnet** worden sind, gilt die **neue EuInsVO** (im Einzelnen → Rn. 2).

5.1   Die **EuInsVO 2000** regelt grenzüberschreitende Insolvenzverfahren innerhalb der Mitgliedstaaten, die nach dem 31.5.2002 eröffnet worden sind. Keine Anwendung findet die EuInsVO 2000, wenn der Mittelpunkt der hauptsächlichen Interessen des Schuldners in einem Drittstaat (vgl. Erwägungsgrund 14 EuInsVO 2000) bzw. Dänemark liegt. Nicht anwendbar ist die EuInsVO 2000 ferner bei Insolvenzverfahren über das Vermögen von Versicherungsunternehmen und Kreditinstituten (Art. 1 Abs. 2 EuInsVO 2000). Für diese gilt die RL 2001/17/EG des Europäischen Parlaments und des Rates vom 19.3.2001 über die Sanierung und Liquidation von Versicherungsunternehmen bzw. die RL 2001/24/EG des Europäischen Parlaments und des Rates vom 4.4.2001 über die Sanierung und Liquidation von Kreditinstituten, deren Regelungsgehalt Art. 24 Abs. 1 S. 2 übernimmt.

Die EuInsVO 2000 unterscheidet zwischen Hauptinsolvenzverfahren (Art. 3 Abs. 1 EuInsVO 2000) **5.2** und Partikularverfahren (Art. 3 Abs. 2, 4 EuInsVO 2000). Nach Art. 3 Abs. 1 S. 1 EuInsVO 2000 ist ein Insolvenzverfahren (Hauptinsolvenzverfahren) grundsätzlich in dem Mitgliedstaat zu eröffnen, im dem der Schuldner den Mittelpunkt seiner hauptsächlichen Interessen hat. Dieser wird bei Gesellschaften und juristischen Personen widerlegbar an deren satzungsmäßigen Sitz vermutet (Art. 3 Abs. 1 S. 2 EuInsVO 2000). Wurde der **Sitz rechtsmissbräuchlich nur zum Schein in einen Mitgliedstaat verlegt** um die Vorteile des dortigen Insolvenzverfahrens in Anspruch zu nehmen, so kann sich der Mitgliedstaat, in dem der Sitz ursprünglich bestanden hat, nach Art. 26 EuInsVO weigern, das in dem anderen Mitgliedstaat eröffnete Insolvenzverfahren anzuerkennen (vgl. BFH BeckRS 2016, 95276 Rn. 22 ff.). Daneben können Partikularverfahren, in denen nur das in dem betreffenden Mitgliedstaat belegene Schuldnervermögen verwertet werden kann, in jedem Mitgliedstaat eröffnet werden, in dem der Schuldner eine Niederlassung besitzt.

Das auf Insolvenzverfahren nach der EuInsVO 2000 und dessen Wirkungen anwendbare Recht regelt **5.3** Art. 4 Abs. 1 EuInsVO 2000, wonach das Recht des Staates der Verfahrenseröffnung gilt, mithin das Insolvenzrecht des Mitgliedstaats, in dem das Verfahren eröffnet wird.

Nach Art. 15 EuInsVO (früher Art. 12 EuInsVO 2000) kann eine Unionsmarke **nur in einem** **6** **Hauptinsolvenzverfahren iSv Art. 3 Abs. 1 EuInsVO verwertet werden.** Dies entspricht Art. 24 Abs. 1 S. 1. Der Schuldner muss den Mittelpunkt seiner hauptsächlichen Interessen in dem Mitgliedstaat haben, in dem das Insolvenzverfahren eröffnet wird. Dieser wird bei Gesellschaften und juristischen Personen widerlegbar an deren satzungsmäßigen Sitz vermutet (Art. 3 Abs. 1 S. 3 EuInsVO). Art. 3 EuInsVO legt nur die internationale Zuständigkeit für ein Hauptinsolvenzverfahren fest. Er regelt jedoch nicht das Verfahrensrecht des angerufenen Gerichts. Dieses wendet vielmehr sein nationales Recht an (BGH NJW 2012, 936 Rn. 10; NZI 2012, 823 Rn. 10).

Das **deutsche Insolvenzgericht** ist nach § 5 Abs. 1 S. 1 InsO verpflichtet, alle Umstände zu ermitteln, **6.1** die für das Insolvenzverfahren von Bedeutung sind, wobei diese Ermittlungspflicht von Amts wegen erst einsetzt, wenn der Verfahrensstand Anlass hierzu bietet (BGH NZI 2012, 823 Rn. 10). Hierzu gehört auch die internationale Zuständigkeit. Die Pflicht des Gerichts, die internationale Zuständigkeit zu ermitteln, wird nicht durch die Vermutung in Art. 3 Abs. 1 S. 3 EuInsVO (früher Art. 3 Abs. 1 S. 2 EuInsVO 2000) beschränkt (vgl. BGH NJW 2012, 936 Rn. 13 mwN). Art. 3 EuInsVO regelt nicht das zur Klärung der internationalen Zuständigkeit anzuwendende Verfahrensrecht. Daher greift die dort aufgestellte Vermutung nur dann ein, wenn die Ermittlungen von Amts wegen zu keinem abweichenden Ergebnis geführt haben (vgl. BGH NJW 2012, 936 Rn. 13 mwN).

Bestehen bei einem Insolvenzantrag mit grenzüberschreitenden Bezug **Zweifel daran, wo der** **6.2** **Schuldner den Mittelpunkt seiner hauptsächlichen Interessen hat** und ob das angerufene Gericht daher international zuständig ist, so muss das deutsche Insolvenzgericht Sachaufklärung betreiben (§ 5 Abs. 1 S. 1 InsO). Hierzu kann es ein Sachverständigengutachten zu der Frage des Mittelpunktes der hauptsächlichen Interessen anordnen, wie auch zu der Frage, ob in einem anderen Mitgliedstaat bereits ein Insolvenzverfahren eröffnet worden ist. Das Insolvenzgericht kann den Gutachter hierzu ermächtigen, Auskünfte bei Dritten über die Vermögensverhältnisse des Schuldners einzuholen, und den Schuldner verpflichten Auskünfte zu erteilen und dem Gutachter Einsicht in seine Bücher und Geschäftspapiere zu geben (§ 20 Abs. 1 InsO; vgl. BGH NZI 2012, 823 Rn. 11).

Welche **Auswirkungen** die Eröffnung eines solchen Insolvenzverfahrens **auf die Unions-** **7** **marke** hat, richtet sich gemäß **Art. 7 EuInsVO** (früher Art. 4 Abs. 1 EuInsVO 2000) nach dem Recht des Mitgliedstaates, in dem das Hauptinsolvenzverfahren eröffnet wurde.

Liegt bei grenzüberschreitenden Insolvenzverfahren, die vor dem 26.6.2017 eröffnet worden **8** sind (zur **neuen EuInsVO** → Rn. 2; → Art. 19 Rn. 5 f.) der Mittelpunkt der hauptsächlichen Interessen des Unionsmarkeninhabers in Dänemark, so wird die Unionsmarke nach Art. 21 Abs. 1 S. 1 GMV nur von einem in Dänemark eröffneten Insolvenzverfahren erfasst (vgl. Eisenführ/ Schennen/Schennen Rn. 16). Welche Auswirkungen die Eröffnung des Insolvenzverfahrens in Dänemark auf die Unionsmarke hat, richtet sich nach dem nationalen Recht des nach Art. 19 UMV maßgeblichen Mitgliedstaates (vgl. Ströbele/Hacker/Thiering/Hacker MarkenG § 29 Rn. 31). Kommt danach **deutsches Recht** zur Anwendung **gelten die §§ 335, 343 ff. InsO,** die an die Stelle des Art. 102 EGInsO aF getreten sind (vgl. Ströbele/Hacker/Thiering/Hacker MarkenG § 29 Rn. 31).

Wird das Insolvenzverfahren über das Vermögen des Unionsmarkeninhabers in einem Mitglied- **9** staat eröffnet, befindet sich der **Mittelpunkt seiner Interessen jedoch in einem Drittstaat,** so gilt das nationale Recht des Mitgliedstaates (vgl. Eisenführ/Schennen/Schennen Rn. 18; Fezer MarkenG § 29 Rn. 8).

10   Wird das **Insolvenzverfahren** über das Vermögen des Unionsmarkeninhabers **in einem Drittstaat eröffnet,** so wird die Unionsmarke von diesem nicht erfasst und unterfällt nicht der materiellrechtlichen Verwertungsbefugnis des betreffenden Insolvenzgerichts (vgl. Eisenführ/Schennen/Schennen Rn. 20; Fezer MarkenG § 29 Rn. 8; aA Hildebrandt/Soznitza/Bott Rn. 13, 15; Ströbele/Hacker/Thiering/Hacker MarkenG § 29 Rn. 31).

II. Versicherungsunternehmen und Kreditinstitute (Abs. 1 S. 2)

11   Wird über das Vermögen eines Versicherungsunternehmens oder Kreditinstituts iSv Abs. 1 S. 2 das Insolvenzverfahren eröffnet, so können deren Unionsmarken von diesem nur dann erfasst werden, wenn es sich um ein **Insolvenzverfahren** handelt, das **in dem Mitgliedstaat eröffnet wird, in dem das Versicherungsunternehmen bzw. Kreditinstitut zugelassen ist (Abs. 1 S. 2).** Gleiches gilt nach Abs. 2 im Fall der Mitinhaberschaft an einer Unionsmarke für den Anteil des Mitinhabers. Wird das Insolvenzverfahren in Deutschland eröffnet, findet § 125 MarkenG Anwendung. (Zu Insolvenzverfahren in Deutschland → MarkenG § 29 Rn. 56 ff.)

12   Die **EuInsVO** findet **keine Anwendung** (Art. 1 Abs. 2 EuInsVO).

13   Wird das Insolvenzverfahren über das Vermögen des Versicherungsunternehmens bzw. des Kreditinstituts in einem Mitgliedstaat eröffnet, ist dieses jedoch **in einem Drittstaat zugelassen,** so gilt das nationale Recht des Mitgliedstaates (vgl. Eisenführ/Schennen/Schennen Rn. 18; Fezer MarkenG § 29 Rn. 8).

14   Wird das Insolvenzverfahren über das Vermögen des Versicherungsunternehmens bzw. des Kreditinstituts **in einem Drittstaat eröffnet,** so wird die Unionsmarke von diesem nicht erfasst und unterfällt nicht der materiellrechtlichen Verwertungsbefugnis des betreffenden Insolvenzgerichts (vgl. Eisenführ/Schennen/Schennen Rn. 20; Fezer MarkenG § 29 Rn. 8; aA Hildebrandt/Soznitza/Bott Rn. 13, 15; Ströbele/Hacker/Thiering/Hacker MarkenG § 29 Rn. 31).

C. Registereintragung (Abs. 3)

15   Wird die Unionsmarke oder Unionsmarkenanwartschaft nach Abs. 1 und 2 von einem Insolvenzverfahren erfasst, so kann dies auf Antrag der zuständigen nationalen Stelle nach Abs. 3 in das Register eingetragen und veröffentlicht werden. Insolvenzverfahren, die in einem Drittstaat eröffnet wurden, können, da sie vermögensrechtlich keine Auswirkungen auf die Unionsmarke haben, nicht in das Register eingetragen werden.

I. Verfahren

16   **Antragsberechtigt** sind die zuständigen nationalen Stellen. Welche dies sind, bestimmt das jeweilige nationale Recht. In Deutschland sind dies das Insolvenzgericht, der Insolvenzverwalter oder der Sachwalter (§ 125 MarkenG).

17   Das Verfahren richtet sich nach Art. 26 und ist **nicht gebührenpflichtig** (Art. 26 Abs. 2). Der Verweis in Art. 26 Abs. 2 auf „Rechte nach Abs. 1" bezieht sich nicht auf einen Insolvenzvermerk, da es sich hierbei nicht um ein Recht handelt. Zudem sind in der Regelung der Gebührenhöhe in Anhang-I A.26 Insolvenzverfahren nicht genannt. Die Eröffnung des Insolvenzverfahrens muss gegenüber dem Amt nicht nachgewiesen werden. Wird der Antrag vom Insolvenzverwalter gestellt, so muss dieser jedoch seine Vertretungsbefugnis nachweisen, dh nachweisen, dass er als Insolvenzverwalter über das Vermögen des Unionsmarkeninhabers bestellt worden ist. Das Amt muss prüfen, ob es sich um ein Insolvenzverfahren handelt, von dem die Unionsmarke nach Abs. 1, 2 erfasst wird, und ob der Antrag von einer antragsbefugten zuständigen nationalen Stelle gestellt worden ist. Ist dies nicht der Fall, insbesondere bei Anträgen von nationalen Stellen außerhalb der Europäischen Gemeinschaft, so muss das Amt den Antrag zurückweisen (vgl. Eisenführ/Schennen/Schennen Rn. 27).

18   Die Löschung der Eintragung des Insolvenzvermerks ist ebenfalls gebührenfrei und richtet sich nach Art. 29. Ein Nachweis, dass die Unionsmarke nicht mehr von dem Insolvenzverfahren erfasst ist, bedarf es nicht (vgl. Eisenführ/Schennen/Schennen Rn. 28).

19   Die Insolvenzmaßnahme sowie deren Aufhebung werden im Blatt für Unionsmarken veröffentlicht und im Register eingetragen (Art. 24 Abs. 3, Art. 116).

II. Wirkungen der Eintragung im Register

Die Eintragung der Insolvenzmaßnahme in das Register ist für deren Wirksamkeit nicht erfor- **20** derlich. Sie bewirkt weder einen Übergang der Verfügungsbefugnis auf den Insolvenzverwalter, noch einen Übergang der Inhaberschaft an der Unionsmarke (vgl. Eisenführ/Schennen/Schennen Rn. 30). Ihr kommt eine rein informative Funktion zu. Die Wirkungen des eröffneten Insolvenzverfahrens richten sich nach nationalem Recht. Da **Art. 27 Abs. 1 auf Insolvenzverfahren nicht anwendbar** ist (→ Art. 27 Rn. 14), entfaltet dieses auch dann gegenüber Dritten seine Wirkung, wenn es nicht in das Register eingetragen worden ist.

Art. 25 Lizenz

(1) [1]Die Unionsmarke kann für alle oder einen Teil der Waren oder Dienstleistungen, für die sie eingetragen ist, und für das gesamte Gebiet oder einen Teil der Union Gegenstand von Lizenzen sein. [2]Eine Lizenz kann ausschließlich oder nicht ausschließlich sein.

(2) Der Inhaber einer Unionsmarke kann die Rechte aus der Unionsmarke gegen einen Lizenznehmer geltend machen, der hinsichtlich des Folgenden gegen eine Bestimmung des Lizenzvertrags verstößt:
a) der Dauer der Lizenz;
b) der von der Eintragung erfassten Form, in der die Marke verwendet werden darf;
c) der Art der Waren oder Dienstleistungen, für die die Lizenz erteilt wurde;
d) des Gebiets, in dem die Marke angebracht werden darf;
e) der Qualität der vom Lizenznehmer hergestellten Waren oder erbrachten Dienstleistungen.

(3) [1]Unbeschadet der Bestimmungen des Lizenzvertrags kann der Lizenznehmer ein Verfahren wegen Verletzung einer Unionsmarke nur mit Zustimmung ihres Inhabers anhängig machen. [2]Jedoch kann der Inhaber einer ausschließlichen Lizenz ein solches Verfahren anhängig machen, wenn der Inhaber der Unionsmarke nach Aufforderung nicht selber innerhalb einer angemessenen Frist die Verletzungsklage erhoben hat.

(4) Jeder Lizenznehmer kann einer vom Inhaber der Unionsmarke erhobenen Verletzungsklage beitreten, um den Ersatz seines eigenen Schadens geltend zu machen.

(5) Die Erteilung oder der Übergang einer Lizenz an einer Unionsmarke wird auf Antrag eines Beteiligten in das Register eingetragen und veröffentlicht.

(6) Eine Eintragung im Register im Sinne des Absatzes 5 wird auf Antrag eines Beteiligten gelöscht oder geändert.

Überblick

Die Vorschrift regelt die Erteilung von Benutzungsrechten/Lizenzen durch den Inhaber einer Marke gegenüber Dritten.

Abs. 1 erläutert den Umfang, in dem solche Lizenzen erteilt werden können (→ Rn. 12).

Abs. 2 räumt dem Markeninhaber/Lizenzgeber gegen den Lizenznehmer in bestimmten, enumerativ aufgeführten Fällen von Verletzungen des Lizenzvertrags neben den vertraglichen Rechten auch Rechte aus der Marke ein (→ Rn. 19 ff.).

Abs. 3 und 4 definieren, in welcher Weise der Lizenznehmer seine Rechte aus der Marke bzw. aus dem Lizenzvertrag gegenüber Dritten auf dem Gerichtswege wahren kann (→ Rn. 23 ff.). Eine Klage des Lizenznehmers wegen Verletzung der Marke ist gemäß Art. 25 Abs. 3 nur mit Zustimmung des Markeninhabers möglich (→ Rn. 23). Jedoch kann der Lizenznehmer gemäß Art. 25 Abs. 4 einer Verletzungsklage des Markeninhabers jederzeit beitreten (→ Rn. 28).

Abs. 5 regelt die Möglichkeit einer Eintragung der Lizenz in das Register (→ Rn. 36 ff.). Diese ist gemäß Art. 27 erforderlich, um die Wirkung der Lizenz gegenüber Dritten in Kraft zu setzen (→ Art. 27 Rn. 1). Hiermit korrespondiert Abs. 6, der es ermöglicht, die Eintragung einer Lizenz im Register zu löschen oder zu ändern.

Übersicht

A. Allgemeines

1 Die Regelungen des Art. 25 haben sich inhaltlich auch mit Inkrafttreten der VO (EU) 2015/2424 nicht geändert. Die nach der vorbezeichneten VO seit dem 1.10.2017 geltende ergänzende Vorschrift des Abs. 6 fand sich zuvor bereits inhaltsgleich in Regel 35 GMDV. Die lizenzvertraglichen Vorschriften der UMV hatten auch Vorbildfunktion für die Novellierung der MRL (RL (EU) 2015/2436). Die Richtlinie hat sich – dem Modell des Unionsmarkenrechts folgend – in Art. 25 MRL weitgehend an Art. 25 UMV orientiert. Ihre Regelungen sind jedoch erst bis zum 14.1.2019 umzusetzen. Einen Sukzessionsschutz zu Gunsten des Lizenznehmers für den Fall des Rechtsübergangs oder der Erteilung nachfolgender Lizenzen enthält Art. 27 (→ Rn. 15, → Art. 27 Rn. 1 ff.). Zu einem entsprechenden Sukzessionsschutz gemäß § 30 Abs. 5 MarkenG → MarkenG § 30 Rn. 167 ff.

1.1 Soweit von einer Umsetzung das nationale deutsche Markenrecht betroffen ist, entspricht dieses den nunmehrigen Vorgaben der MRL sowie den Regelungen des Art. 25 UMV bereits weitestgehend jedoch mit zwei Abweichungen. Eine Abweichung findet sich derzeit noch bei den prozessualen Möglichkeiten, die dem Inhaber einer ausschließlichen Lizenz gegen Markenverletzer für den Fall zustehen, dass der Markeninhaber trotz Aufforderung nicht selbst innerhalb einer angemessenen Frist Verletzungsklage erhoben hat (→ Rn. 23). Zu den entsprechenden Rechten der Vertragsparteien gemäß § 30 MarkenG → MarkenG § 30 Rn. 63 ff. Eine weitere Abweichung von den künftigen Vorgaben der MRL enthält das deutsche Markenrecht aktuell noch hinsichtlich einer möglichen Eintragung von Lizenzen im Markenregister. Dergleichen ist innerhalb des MarkenG derzeit nicht vorgesehen (→ MarkenG § 30 Rn. 7). Die UMV regelt die Eintragungsmöglichkeit von Lizenzen in Art. 26.

2 Im Unterschied zu § 4 MarkenG lässt die UMV gemäß Art. 6 (ebenso wie die MRL) Markenschutz nur durch die Eintragung in das Register entstehen. Gemäß Art. 25 können daher naturgemäß und anders als gemäß § 30 MarkenG nur eingetragene und angemeldete Unionsmarken lizenziert werden.

3 Art. 25 wird durch Art. 26, 27 und Art. 29 ergänzt. Gemäß Art. 27 wird die Wirkung der Lizenz gegenüber Dritten grundsätzlich von der Eintragung der Lizenz im Register abhängig gemacht. Etwas anderes gilt für die Aktivlegitimation des Lizenznehmers, die unabhängig von der Eintragung gegeben ist (EuGH C-163/15, GRUR 2016, 372 – Hassan/Breiding (ARKTIS); OLG Düsseldorf GRUR-RR 2018, 335 – Japanischer Kosmetikhersteller; → Art. 27 Rn. 11). Art. 26 und 29 regeln das Verfahren zur Eintragung, Löschung und Änderung der Eintragung einer Lizenz im Register.

4 Die gemäß Art. 25 erteilte Lizenz ist dinglicher Natur (str.; → Rn. 5). Formerfordernisse einer wirksamen Lizenzerteilung sind daher von der gemäß Art. 19 anzuwendenden nationalen Rechtsordnung abhängig (→ Art. 19 Rn. 4; → Art. 19 Rn. 6).

B. Die Rechtsnatur der Lizenz

Zur Frage der **Rechtsnatur** der Lizenz an einer Unionsmarke enthält die UMV selbst keine **5** ausdrückliche Regelung. Die Einordnung ist strittig.

Aus den Schlussanträgen der Generalanwältin Trstenjak vom 27.1.2009 in der Rechtssache **6** „Falco Privatstiftung und Thomas Rabitsch gegen Gisela Weller-Lindhorst" (EuGH C-533/07, BeckEuRS 2009, 487396) lässt sich ein rein schuldrechtliches Verständnis von der Unionsmarkenlizenz entnehmen. Dort wird ausgeführt, durch die Erteilung der Lizenz „gestatte der Lizenzgeber dem Lizenznehmer die Vornahme von Handlungen, die ohne Lizenzerteilung eine Verletzung der Rechte des geistigen Eigentums darstellen würden" (Schlussanträge der Generalanwältin Trstenjak vom 27.1.2009 zu der Entscheidung des EuGH „Falco Privatstiftung und Thomas Rabitsch gegen Gisela Weller-Lindhorst", EuGH C-533/07, BeckEuRS 2009, 487396).

Teilweise wird eine eindeutige Positionierung in der Frage vermieden, und lediglich eine **7** Abgrenzung zu einer bloßen Benutzungserlaubnis, zu einer bloßen Duldung, einer Übertragung und Gestattung vorgenommen (vgl. Eisenführ/Schennen/Schennen Art. 25 Rn. 8).

Zutreffend ist es jedoch, einen **dinglichen Charakter** der Lizenz an einer Unionsmarke anzu- **8** nehmen. Einen diesbezüglichen Hinweis gibt bereits Art. 25 Abs. 2 selbst, der dem Markeninhaber in bestimmten Fällen „Rechte aus der Unionsmarke" zuweist. Diese bestehen neben den vertraglichen Ansprüchen des Lizenzgebers. Sie sind entsprechend ihrer Ausgestaltung gemäß Art. 9 ff. dinglicher Natur. Die Wirkung der jedenfalls eingetragenen Lizenz gegenüber Dritten gemäß Art. 27 spricht ebenfalls für deren dinglichen Charakter. Entsprechendes ergibt sich aus den EUIPO Richtlinien Teil E, Abschn. 3, Kap. 2, Nr. 1.1, nach denen „eine bloße Duldung oder Zustimmung des Markeninhabers gegenüber dem Dritten, der die Marke verwendet, (…) noch keine Lizenz" darstellt. Die ausdrücklichen Regelungen des Sukzessionsschutzes (→ Rn. 15) und der Klageberechtigung des Lizenznehmers (→ Rn. 23 ff.) gelten ungeachtet der Rechtsnatur der Lizenz.

Der dingliche Charakter der Lizenz an einer Unionsmarke entspricht dem Charakter der gemäß **9** § 30 MarkenG geregelten Lizenz an einer deutschen nationalen Marke. Zu den hieraus resultierenden Rechtsfolgen → MarkenG § 30 Rn. 10. Zu der aus ihrem dinglichen Charakter folgenden Übertragbarkeit der Lizenz → MarkenG § 30 Rn. 139 ff.

C. Gegenstand und Umfang der Lizenz

I. Gegenstand der Lizenz

Gegenstand der Lizenz ist die **Gebrauchsüberlassung** des durch Eintragung begründeten **10** Rechts gegenüber einem Dritten in einem zu definierenden Umfang. Eine Lizenz iSd Art. 25 kann daher **nur** an dem Gegenstand der Eintragung erteilt werden. Die Erteilung der Lizenz an einer ähnlichen Marke iSd Art. 18 Abs. 1 lit. a unterfällt nicht der Reglung des Art. 25. Jedoch ist es dem Markeninhaber möglich, bezüglich solcher Kennzeichen, die zwar nicht Gegenstand der Registrierung jedoch von dem daraus resultierenden Verbotsrecht gemäß Art. 9 erfasst sind, auf die Ausübung der Rechte gemäß Art. 9 zu verzichten. Insoweit spricht er eine schuldrechtliche und lediglich inter partes wirkende Gestattung aus (zu der vergleichbaren Problematik der §§ 30, 26 MarkenG → MarkenG § 30 Rn. 19).

II. Umfang der Lizenzerteilung

1. Auslegung des Vertrags

Der Umfang der Lizenz wird durch die **Inhalte des Lizenzvertrags** bestimmt. Da von dem **11** dinglichen Charakter der gemäß Art. 25 zu erteilenden Lizenz auszugehen ist (str.; → Rn. 5 ff.), ist für die Auslegung des Vertrags, jedenfalls was den Umfang der Lizenz angeht, das gemäß Art. 19 anzuwendende nationale Recht heranzuziehen. Zu den maßgeblichen **Auslegungsgrundsätzen** nach deutschem Recht → MarkenG § 30 Rn. 27.

2. Vollständige oder teilweise Lizenzierung der Marke

Von dem Umfang der erteilten Markenlizenz kann das Recht an der lizenzierten Marke gemäß **12** Art. 25 Abs. 1 **vollständig oder** nur **eingeschränkt** umfasst sein. Dies gilt sowohl in sachlicher (dh bezogen auf die betroffenen Waren/Dienstleistungen) als auch in räumlicher (geographischer) Hinsicht. Eine vollständige Lizenzierung der Marke bezieht sich sachlich auf das gesamte Waren-

und Dienstleistungsverzeichnis. Sie bezieht sich räumlich auf den gesamten Bereich der Europäischen Union. Soweit die Regelung in räumlicher Hinsicht die Möglichkeit bietet, die Lizenz „für das gesamte Gebiet oder einen Teil der Union" zu erteilen, ist es nicht nur möglich, die Aufteilung nach Mitgliedstaaten vorzunehmen. Ebenso kann die Lizenz nur für einen Teil des Gebietes eines Mitgliedstaates erteilt werden. Der **Grundsatz der Einheitlichkeit** der Unionsmarke ist an dieser Stelle **durchbrochen** (→ Art. 1 Rn. 9).

3. Dauer des Lizenzvertrags

13   Auch in zeitlicher Hinsicht kann die Lizenz eingeschränkt oder für die gesamte Dauer des Schutztatbestandes erteilt werden. Zu Gestaltungsmöglichkeiten die Laufzeit eines Markenlizenzvertrages betreffend → MarkenG § 30 Rn. 144.

4. Ausschließliche oder nicht ausschließliche Lizenz (Abs. 1 S. 2)

14   Die Marke kann in einfacher oder ausschließlicher Form lizenziert oder es kann eine Alleinlizenz erteilt werden. Art. 25 Abs. 1 S. 2 spricht insoweit von einer „ausschließlichen oder nicht ausschließlichen" Lizenz. Eine **ausschließliche** Markenlizenz beinhaltet die Verpflichtung für den Lizenzgeber, eine Lizenz des (auch teilweise) selben Inhalts zukünftig nicht an sonstige Dritte zu vergeben und sich auch als Markeninhaber einer solchen Markennutzung zu enthalten. Von der ausschließlichen Lizenz zu unterscheiden ist die sog. **Alleinlizenz.** Bei dieser verpflichtet sich der Markeninhaber, inhaltsgleiche Lizenzen nicht gegenüber Dritten zu erteilen. Er bleibt jedoch in eigener Person zu Markennutzung weiter berechtigt. Die Werthaltigkeit der erteilten Lizenz hängt nicht zuletzt davon ab, wie viele weitere Personen die betroffene Marke in gleicher Weise nutzen dürfen, wie dies dem Lizenznehmer durch die erteilte Lizenz erlaubt ist (→ MarkenG § 30 Rn. 34 ff.).

5. Sukzessionsschutz

15   Hatte der Lizenzgeber bereits eine (teilweise) inhaltsgleiche Lizenz zu einem früheren Zeitpunkt gegenüber einem Dritten erteilt, gilt Art. 27. Anders als das deutsche MarkenG kennt das Unionsmarkenrecht **keinen grundsätzlichen Sukzessionsschutz.** Gegenüber Dritten, denen der Lizenzgeber (vertragswidrig) eine inhaltsgleiche Lizenz an derselben Marke erteilt, kann der prioritätsältere Inhaber einer ausschließlichen oder Alleinlizenz seine Lizenzrechte aus der Marke nur dann geltend machen, wenn seine Lizenz registriert ist (Art. 27 Abs. 1 S. 1). Etwas anderes gilt nur dann, wenn der zeitlich nachfolgende Lizenznehmer zum Zeitpunkt des eigenen Rechtserwerbs bösgläubig hinsichtlich der früheren Lizenz war (Art. 27 Abs. 1 S. 2). Dem Inhaber einer ausschließlichen Lizenz ist daher jedenfalls anzuraten, die Registrierung der Lizenz zu besorgen. Neben etwaigen Rechten aus der Lizenz an der Marke sind die betroffenen Lizenznehmer auf Schadensersatz- und Gewährleistungsrechte gegenüber dem Lizenzgeber verwiesen.

III. Form der Lizenzerteilung

16   Die UMV knüpft an die Wirksamkeit der Lizenzerteilung gemäß Art. 25 **keine Formerfordernisse.** Auch die Eintragung der Lizenz stellt gemäß Art. 27 keine konstitutive formale Voraussetzung für die wirksame Erteilung einer Lizenz dar. Nur die Wirkung der Lizenz gegenüber Dritten ist gemäß Art. 27 grundsätzlich an die Eintragung der Lizenz gebunden. Ebenfalls setzt die rechtserhaltende Benutzung der Marke durch den Lizenznehmer gemäß Art. 18 Abs. 2 nicht die Existenz eines schriftlichen Lizenzvertrags voraus, da Art. 18 Abs. 2 lediglich die Zustimmung des Markeninhabers zur Nutzung der Marke durch einen Dritten fordert (vgl. EuG T-186/14, BeckRS 2015, 81285 – X-TREME).

17   Die Eintragung einer Lizenz kann dennoch als konstitutive Voraussetzung von derjenigen Rechtsordnung gefordert sein, die gemäß Art. 19 anwendbar ist.

17.1   Das deutsche Markenrecht sieht keine besondere Form vor. Nach dem Wegfall des § 34 GWB aF bestehen auch keine kartellrechtlichen Formvorschriften mehr. Allerdings ist nach deutscher Rechtsprechung für den **Nachweis des Zustandekommens** eines Lizenzvertrags im kaufmännischen Geschäftsverkehr im Regelfall die Vorlage einer **schriftlichen Dokumentation** erforderlich, die durch Vorlage eines schriftlichen Lizenzvertrags, einer schriftlichen Dokumentation des Vertragsschlusses oder durch Vorlage von Besprechungsprotokollen erbracht werden kann (BGH BeckRS 2015, 20721).

D. Kartellrechtliche Schranken

Markenlizenzverträge unterliegen den kartellrechtlichen Schranken wettbewerbsbeschränken- **18** der Vereinbarungen. Dies gilt sowohl hinsichtlich der Fusionskontrolle als auch hinsichtlich wettbewerbsbeschränkender Vereinbarungen. Soweit nationales Kartellrecht betroffen ist, gelten die jeweiligen nationalen Vorschriften. Soweit europäisches Kartellrecht betroffen ist, gelten **Art. 101 AEUV** sowie die **FKVO**. Auch Regelungen in Abgrenzungsvereinbarungen sind an kartellrechtlichen Grenzen zu messen. Mit zugehörigen Rechtsfragen hat sich bislang vor allen Dingen die deutsche Rechtsprechung beschäftigt (→ MarkenG § 30 Rn. 47 ff.).

E. Rechte und Pflichten des Lizenzgebers

Dem Lizenzgeber stehen gegen den Lizenznehmer im Falle von Vertragsverletzungen **vertragli- 19 che Ansprüche** sowie in bestimmten, gemäß Art. 25 Abs. 2 aufgezählten Fällen, **Rechte aus der Marke** zu. Die Vorschrift ist wortgleich zu Art. 25 Abs. 2 MRL. Ebenso wie diese (EuGH C-59/08, GRUR 2009, 593 – Copad, zu Art. 8 Abs. 2 MRL 1989) hat sie **abschließenden Charakter.**

Soweit ein Fall des Art. 25 Abs. 2 vorliegt, finden die Vorschriften der Art. 9 ff. Anwendung. **20** Der Lizenzgeber kann dann aus der Marke auch gegen den Lizenznehmer vorgehen. Eine Erschöpfung des Markenrechts gemäß Art. 15 findet in solchen Fällen einer rechtswidrigen Markennutzung durch den Lizenznehmer nicht statt.

Art. 25 Abs. 2 entspricht vollinhaltlich der Regelung des § 30 Abs. 2 MarkenG (zu Einzelheiten **21** → MarkenG § 30 Rn. 63 ff.).

Zu Haupt- und Nebenpflichten des Lizenzgebers → MarkenG § 30 Rn. 104 ff. **22**

F. Rechte und Pflichten des Lizenznehmers

I. Verletzungsklage durch den Lizenznehmer im eigenen Namen (Abs. 3)

1. Prozessführungsbefugnis

Art. 25 Abs. 3 sieht die **Möglichkeiten des Lizenznehmers vor,** gegen Dritte, die die lizen- **23** zierte Marke verletzen, **gerichtlich** vorzugehen. Eine Eintragung der Lizenz ist hierfür nicht erforderlich (EuGH C-163/15, GRUR 2016, 372 – Hassan/Breiding (ARKTIS); → Art. 27 Rn. 11). Die Vorschrift regelt jedenfalls (vgl. → Rn. 26 f.) die Prozessführungsbefugnis des Lizenznehmers. Die Vorschrift unterscheidet (wie seit der Novellierung der MRL 2008 auch § 30 Abs. 3 MarkenG; → MarkenG § 30 Rn. 88) zwischen den Möglichkeiten des Inhabers einer ausschließlichen Lizenz und den Rechten sonstiger Lizenznehmer. Prozessrechtliche Möglichkeiten des Lizenznehmers im Einzelnen ergeben sich gemäß Art. 129 Abs. 3 aus dem Recht des Forum-Staates, das auch bei Verletzung einer nationalen Marke Anwendung findet.

Der Lizenznehmer einer **einfachen Lizenz** kann Verletzungsklage gegen einen Dritten gemäß **24** Art. 25 Abs. 3 S. 1 **ohne Ausnahme nur mit Zustimmung** des Lizenzgebers erheben. Diese Regelung entspricht § 30 Abs. 3 MarkenG, auf dessen weitere Kommentierung daher verwiesen wird (→ MarkenG § 30 Rn. 87 ff.).

Der Lizenznehmer einer **ausschließlichen Lizenz** kann eigene Ansprüche gegen einen mar- **25** kenverletzenden Dritten gemäß Art. 25 Abs. 3 S. 1 ebenfalls **grundsätzlich nur mit Zustimmung** des Markeninhabers geltend machen. Etwas anderes gilt gemäß Art. 25 Abs. 3 S. 2 jedoch in dem Fall, in dem der Inhaber der Unionsmarke nach Aufforderung durch den Lizenznehmer nicht selbst innerhalb einer angemessenen Frist Verletzungsklage erhoben hat. Die Regelung geht über die Vorschrift des § 30 MarkenG hinaus, nach der die Zustimmung des Markeninhabers für die Prozessführungsbefugnis des Lizenznehmers immer erforderlich ist (→ MarkenG § 30 Rn. 87 ff.). Sie trägt der Tatsache Rechnung, dass die ausschließliche Markenlizenz den vollständigen inhaltlichen und hiermit einhergehenden wirtschaftlichen Nutzen der Marke von dem Inhaber auf den Lizenznehmer verlagert. Bei dem Markeninhaber verbleibt nur die formale Berechtigung, die – jedenfalls für den Fall der Lizenzregistrierung – gemäß Art. 27, gegenüber dem Lizenznehmer nur eingeschränkt wirkt. Die Regelung spiegelt daher auf rechtlicher Ebene die tatsächliche und damit auch wirtschaftliche Situation wider, in der die Vertragsparteien einer ausschließlichen Lizenz zueinanderstehen.

2. Materiellrechtlicher Anspruch des Lizenznehmers aus der Marke

26   Nach der Rechtsprechung des EuGH folgt aus Art. 25 Abs. 3 und 4 nicht nur die Prozessführungsbefugnis des Lizenznehmers, sondern darüber hinaus auch das Recht zur Geltendmachung
eigener Schadensersatzansprüche im eigenen Namen. Für den Lizenznehmer an einem Gemeinschaftsgeschmacksmuster begründet der EuGH diese Rechtsauffassung mit dem „System von
Rechtsbehelfen", nach dem es dem Lizenznehmer freistehe, eigene Schadensersatzansprüche entweder durch den Beitritt zu der Verletzungsklage des Inhabers des Gemeinschaftsgeschmacksmusters gemäß Art. 32 Abs. 4 GGV oder durch die Erhebung einer eigenen Klage gemäß Art. 32
Abs. 3 GGV geltend zu machen (EuGH GRUR 2016, 1163 – Thomas Philipps/Grüne Welle).
Da Art. 25 Abs. 3 und 4 den Art. 32 Abs. 3 und 4 GGV entsprechen, kann diese Rechtsprechung
auf die Rolle des Markenlizenznehmer übertragen werden.

27   Es steht jedoch zu beachten, dass die UMV selbst keine Regelung zu markenrechtlichen Schadensersatzansprüchen vergleichbar dem § 14 Abs. 6 MarkenG enthält. Art. 17 Abs. 1 S. 2 iVm
Art. 129 Abs. 2 **verweisen** hinsichtlich der in der UMV grundsätzlich nicht geregelten markenrechtlichen Ansprüche **auf** das einschlägige **nationale Markenrecht.** Des Weiteren stellt Art. 19
die Lizenz an einer Unionsmarke der Lizenz an einer nationalen Marke hinsichtlich ihres dinglichen Charakters gleich und verweist insoweit ebenfalls auf das nationale Markenrecht. Soweit das
deutsche nationale **Markenrecht** anwendbar ist, geht der BGH nach seiner insoweit jüngsten
Rechtsprechung – anders als der EuGH (vgl. → Rn. 26) – aber davon aus, dass dem Lizenznehmer
einer Marke **kein** eigener markenrechtlicher **Schadensersatzanspruch** zusteht. Einen entstandenen Schaden könne der Lizenznehmer nur im Wege der Drittschadensliquidation geltend machen.
Nach der Rechtsprechung des BGH gilt dies sowohl für den Inhaber einer ausschließlichen wie
für den Inhaber einfachen Markenlizenz (→ MarkenG § 30 Rn. 93 ff.).

II. Beitritt des Lizenznehmers zu einer Verletzungsklage des Markeninhabers (Abs. 4)

28   Gemäß Art. 25 Abs. 4 ist es dem Lizenznehmer möglich, einer vom Markeninhaber erhobenen
Verletzungsklage beizutreten, um den Ersatz eines eigenen Schadens geltend zu machen. Die
Regelung entspricht nahezu wörtlich § 30 Abs. 4 MarkenG. Auf die dortige Kommentierung
wird verwiesen (→ MarkenG § 30 Rn. 103).

III. Sonstige Rechte

29   Der Lizenznehmer kann gemäß Art. 46 Abs. 1 lit. a mit ausdrücklicher Ermächtigung des
Markeninhabers **Widerspruch** einlegen.

30   Gemäß Art. 59 Abs. 1 lit. b iVm Art. 60, 46 Abs. 1 kann der Lizenznehmer ebenso wie der
Markeninhaber in einem Verletzungsverfahren, in dem er selbst auf Passivseite steht, **widerklagend** beantragen, die **Gegenmarke** für **nichtig** zu erklären.

31   Eine Registrierung der Lizenz gemäß Art. 27 ist für die Geltendmachung der vorbezeichneten
Rechte nicht erforderlich (EuGH C-163/15, GRUR 2016, 372 – Hassan/Breiding (ARKTIS);
→ Art. 27 Rn. 11).

32   Gemäß Art. 57 Abs. 3 S. 2 wird nach dem Verzicht auf eine Marke diese für den Fall einer
registrierten Lizenz erst dann aus dem Register gelöscht, wenn der Markeninhaber die vorherige
Unterrichtung des Lizenznehmers über die beabsichtigte **Verzichtserklärung** glaubhaft
gemacht hat. Gemäß Art. 57 Abs. 3, S. 3 wird der Verzicht drei Monate nach dem Tag eingetragen,
an dem der Inhaber der Unionsmarke gegenüber dem Amt glaubhaft gemacht hat, dass er den
Lizenznehmer von seiner Verzichtsabsicht unterrichtet hat. Eine frühere Eintragung des Verzichts
erfolgt, wenn der Markeninhaber dem Amt die Zustimmung des Lizenznehmers zum Verzicht
auf den Markenschutz nachweist. Ein Einspruchs- oder Widerspruchsrecht, das der Wirksamkeit
der Verzichtserklärung des Markeninhabers registerrechtlich entgegenstehen würde, ist dem
Lizenznehmer nicht zuerkannt, auch dann nicht, wenn die Lizenz gemäß Art. 27 registriert ist.
Dies gilt trotz des dinglichen Charakters der Lizenz (→ Rn. 5 ff.) und auch für den Inhaber einer
ausschließlichen Lizenz (→ Rn. 14), auf den der inhaltliche und wirtschaftliche Nutzen der Marke
von dem Markeninhaber für die Dauer der Lizenz verlagert ist (→ Rn. 25). Anders als Art. 46
Abs. 1 lit. a für den Fall des Widerspruchs (→ Rn. 29) und Art. 63 Abs. 1 lit. b iVm Art. 60, 46
Abs. 1 für den Fall der Nichtigkeitsklage/des Nichtigkeitsantrags (→ Rn. 30) sieht Art. 57 kein
weitergehendes Verteidigungsrecht zu Gunsten des Lizenznehmers vor als die Pflicht zu seiner
Information über den bevorstehenden Verzicht. Der Lizenznehmer kann versuchen, innerhalb des
jedenfalls dreimonatigen Zeitraums zwischen seiner Unterrichtung und der Markenlöschung vor
dem Unionsmarkengericht die vorläufige Rücknahme der Verzichtserklärung des Lizenzgebers

ggf. durch eine einstweilige Beschlussverfügung zu erwirken. Darüber hinaus ist er auf Sekundäransprüche gegen den Lizenznehmer verwiesen. Der Lizenznehmer kann auch keinen Antrag auf Wiedereinsetzung in den vorigen Stand aus dem Grund beantragen, dass der Markeninhaber im Hinblick auf die Verlängerung des Markenschutzes untätig geblieben sei und die Frist zur Beantragung der Verlängerung versäumt habe (EuG T-557/19, GRUR-RS 2020, 23629). Der Markeninhaber hat als vertragliche Nebenpflicht alles zu unterlassen, was die Ausübung des Lizenzrechts beeinträchtigen könnte. Das Ergebnis erscheint trotz ggf. erheblicher wirtschaftlicher Investitionen, die der Lizenznehmer in dem Vertrauen auf den Fortbestand der Lizenz getätigt haben mag, vertretbar. Soweit die Interessenlage hinsichtlich des Fortbestandes der Marke zwischen Lizenznehmer und Lizenzgeber kollidiert, gebührt die abschließende Entscheidung dem Lizenzgeber als Markeninhaber. Denn nach Ablauf der Lizenz fällt auch das dingliche Recht des Lizenznehmers wieder an den Lizenzgeber zurück. Überdies beschränkt sich das berechtigte Interesse des Lizenznehmers an dem Fortbestand der Marke auf den Teil der Unionsmarke, der Gegenstand des Lizenzgebiets ist. Der Verzicht kann aber aufgrund der gemäß Art. 1 Abs. 2 einheitlichen Wirkung der Unionsmarke nur für das gesamte Gebiet der EU erklärt werden.

Gemäß Art. 53 Abs. 2 wird auch der registrierte Lizenznehmer durch das Amt rechtzeitig **33** vor dem Ablauf der Eintragung der Marke von deren drohendem Ablauf **unterrichtet.** Der Lizenznehmer kann – wie jede andere Person – die Verlängerungsgebühren anstelle des Markeninhabers einzahlen. Gemäß Art. 53 Abs. 1 ist Voraussetzung für eine entsprechende Antragstellung durch den Lizenznehmer (wie durch jede andere Dritte Person) eine ausdrückliche Ermächtigung des Markeninhabers (vgl. EuG T-557/19, GRUR-RS 2020, 23629 Rn. 25). Wünscht der Markeninhaber eine entsprechend aufgedrängte Bereicherung nicht, kann er den Verzicht auf die Marke erklären (→ Rn. 32). Sofern die Lizenz nicht registriert ist, und der Lizenznehmer deshalb keine Benachrichtigung des Amtes über den drohenden Ablauf der Schutzfrist erhält, hat er bei Fristversäumnis durch den Markeninhaber keinen Anspruch auf Wiedereinsetzung gemäß Art. 104, da er kein am Verfahren Beteiligter ist (vgl. EuG T-557/19, GRUR-RS 2020, 23629 Rn. 37).

Dem Lizenznehmer ist es – sofern vertraglich nichts Abweichendes vereinbart wird – möglich, **34** gegen Markenneuanmeldungen des Lizenzgebers vorzugehen etwa im Wege eines Antrags auf Erklärung der Nichtigkeit gemäß Art. 60. Dies gilt auch dann, wenn er den Lizenzgeber innerhalb des Lizenzvertrags als Rechteinhaber anerkannt hat (HABM 8.7.2013 – R 1700/2012-4).

IV. Pflichten des Lizenznehmers

Zu Haupt- und Nebenpflichten des Lizenznehmers → MarkenG § 30 Rn. 104 ff.   **35**

G. Eintragung von Lizenzen (Abs. 5)

I. Allgemeines

Gemäß Art. 25 Abs. 5 ist es möglich – nicht obligatorisch – die Erteilung einer Lizenz oder **36** deren Übergang in das Register eintragen und damit veröffentlichen zu lassen.

II. Verfahren der Eintragung

Zum Verfahren der Eintragung → Art. 26 Rn. 1 ff.   **37**

III. Rechtsfolgen der Eintragung

Erst ab dem Zeitpunkt der Eintragung der Lizenz kann sich der Lizenznehmer **gegenüber** **38** **Dritten,** die Rechte an der Marke erworben haben, gemäß Art. 27 **auf die Rechte aus der Lizenz berufen** (EuGH C-163/15, GRUR 2016, 372 – Hassan/Breiding (ARKTIS); → Art. 27 Rn. 11), es sei denn der Dritte hat die Rechte an der Marke in Kenntnis der Lizenz erworben (EUIPO Richtlinien Teil E, Abschn. 3, Kap. 2, Nr. 1.6). Die Aktivlegitimation des Lizenznehmers als solche ist jedoch bei Zustimmung des Markeninhabers auch ohne Eintragung der Lizenz gegeben (EuGH C-163/15, GRUR 2016, 372 – Hassan/Breiding (ARKTIS); → Art. 27 Rn. 11). Sofern der Markeninhaber also Lizenzen erteilt, die untereinander inkompatibel sind, kommt es für die Rechtstellung der Lizenznehmer untereinander zunächst auf den Zeitpunkt deren Eintragung an. Sind jedoch beide Lizenzen gemäß Art. 27 in das Register eingetragen, wirken sie jeweils ex tunc auf den Zeitpunkt der Lizenzerteilung zurück (→ Art. 27 Rn. 5 ff.). Sofern der spätere Lizenznehmer zum Zeitpunkt der eigenen Lizenzerteilung bezüglich des früheren Rechts eines anderen Lizenznehmers bereits bösgläubig war, kann er sein Recht gemäß Art. 27 Abs. 1, S. 2

auch bei Eintragung desselben in das Register demjenigen Lizenznehmer nicht entgegenhalten, der zwar noch nicht eingetragen ist, dessen Lizenz jedoch zu einem früheren Zeitpunkt erteilt wurde.

39   Die Eintragung der Lizenz gewährleistet dem Lizenznehmer die Unterrichtung über die Absicht des Lizenzgebers, auf die Marke zu verzichten (→ Rn. 32).

40   Alle übrigen Rechte aus der Lizenz stehen dem Lizenznehmer auch ohne Registrierung zu. Dies gilt insbesondere für seine Rechte aus Art. 25 Abs. 2, 3, und 4. Die Eintragung ist auch keine Voraussetzung dafür, dass die Nutzung der Marke durch den Lizenznehmer dem Lizenzgeber gemäß Art. 18 Abs. 3 zugerechnet wird. Allerdings entbindet die Eintragung der Lizenz im Rahmen eines Widerspruchsverfahrens den Widerspruchsführer davon, seine Berechtigung durch Einreichung des Lizenzvertrags nachzuweisen, wenn sich seine Berechtigung aus dem eingetragenen Lizenzvertrag ergibt (HABM 26.3.2015 – B 2353616).

H. Löschung und Änderung der Eintragung

41   Die Registrierung der Lizenz wird auf Antrag gemäß Art. 29 Abs. 1 gelöscht oder geändert. Der Antrag kann wahlweise von dem Markeninhaber, von dem Lizenznehmer oder von beiden Vertragsparteien oder dem/den jeweiligen Vertreter(n) gestellt werden. Dabei ist es nicht erforderlich, dass der ursprüngliche Antragsteller bezüglich der Eintragung mit dem späteren Antragsteller bezüglich der Löschung identisch ist. Zu dem notwendigen Inhalt des Antrags vgl. Art. 29 Abs. 2, 4.

42   Sofern der Antrag auf Löschung der Registrierung nur durch den Markeninhaber gestellt wird, ist ihm ein Nachweis über den Wegfall der Lizenz oder eine entsprechende Erklärung des Lizenznehmers beizufügen. Das Amt stellt **keine materiell rechtliche Prüfung** zur Frage des Wegfalls der Lizenz an.

43   Sofern ein Antrag auf Änderung der Lizenz gestellt wird, so ist ein **Nachweis** über die erfolgte Änderung notwendig, wenn der Antrag alleine von derjenigen Vertragspartei gestellt wird, zu deren Gunsten die Änderung Rechtswirkungen entfalten würde. Soll zB eine ausschließliche Lizenz nun als nicht ausschließliche Lizenz registriert werden, und wird der Antrag durch den Markeninhaber gestellt, ist ein entsprechender Nachweis einzureichen.

I. Registrierung der Lizenz an einer Unionsmarkenanmeldung

44   Gemäß Art. 28 gilt Art. 25 entsprechend für die Anmeldung von Unionsmarken. Auch an Unionsmarkenanmeldungen können daher Lizenzen erteilt werden, die gemäß Art. 25 Abs. 5 in das Register eingetragen werden können. Die Lizenz wird eingetragen und im Register der Unionsmarken zu demjenigen Zeitpunkt veröffentlicht, zu dem die Marke eingetragen wird.

45   Wird die Löschung oder Änderung der Registrierung einer Markenlizenz noch im Anmeldeverfahren der Marke beantragt, wird die Löschung oder Änderung in den Akten vermerkt. Bei Eintragung der Veröffentlichung der Markenregistrierung wird dann ausschließlich der zu diesem Zeitpunkt aktuelle Registerstand veröffentlicht.

Art. 26 Verfahren zur Eintragung von Lizenzen und anderen Rechten in das Register

(1) Artikel 20 Absätze 5 und 6 und die gemäß dem genannten Artikel erlassenen Vorschriften sowie Artikel 20 Absatz 8 gelten entsprechend für die Eintragung eines dinglichen Rechts oder des Übergangs eines dinglichen Rechts im Sinne des Artikels 22 Absatz 2, einer Zwangsvollstreckung im Sinne des Artikels 23 Absatz 3, einer Beteiligung an einem Insolvenzverfahren im Sinne des Artikels 24 Absatz 3 sowie für die Eintragung einer Lizenz oder eines Übergangs einer Lizenz im Sinne des Artikels 25 Absatz 5, vorbehaltlich des Folgenden:

a) Die Anforderung in Bezug auf die Angabe der Waren und Dienstleistungen, auf die sich der Übergang bezieht, gilt nicht für einen Antrag auf Eintragung eines dinglichen Rechts, einer Zwangsvollstreckung oder eines Insolvenzverfahrens.

b) Die Anforderung in Bezug auf die Unterlagen zum Nachweis des Übergangs gilt nicht, wenn der Antrag vom Inhaber der Unionsmarke gestellt wird.

(2) Der Antrag auf Eintragung der Rechte gemäß Absatz 1 gilt erst als eingereicht, wenn die geforderte Gebühr entrichtet worden ist.

(3) [1]Mit dem Antrag auf Eintragung einer Lizenz kann beantragt werden, dass die Lizenz als eine oder mehrere der folgenden Arten von Lizenzen im Register eingetragen wird:

a) als ausschließliche Lizenz;

b) als Unterlizenz, wenn sie von einem Lizenznehmer erteilt wird, dessen Lizenz im Register eingetragen ist;

c) als Teillizenz, die sich auf einen Teil der Waren oder Dienstleistungen beschränkt, für die die Marke eingetragen ist;

d) als Teillizenz, die sich auf einen Teil der Union beschränkt;

e) als befristete Lizenz.

[2]Wird der Antrag gestellt, die Lizenz als eine in Unterabsatz 1 Buchstaben c, d und e genannte Lizenz einzutragen, so ist im Antrag auf Lizenzeintragung anzugeben, für welche Waren und Dienstleistungen, für welchen Teil der Union und für welchen Zeitraum die Lizenz gewährt wird.

(4) [1]Sind die in den Artikeln 22 bis 25, in den Absätzen 1 und 3 des vorliegenden Artikels und in den sonstigen anwendbaren Regeln, die nach dieser Verordnung erlassen werden, festgelegten Bedingungen für eine Eintragung nicht erfüllt, so teilt das Amt dem Antragsteller den Mangel mit. [2]Wird der Mangel nicht innerhalb einer vom Amt festgelegten Frist beseitigt, so weist es den Eintragungsantrag zurück.

(5) Die Absätze 1 und 3 gelten entsprechend für Anmeldungen von Unionsmarken.

Überblick

Die Vorschrift ist gemäß VO (EU) 2015/2424 vom 16.12.2015 **seit dem 1.10.2017** anwendbar. Sie regelt das Verfahren zur Eintragung von Lizenzen und anderen Rechten in das Register. Die Vorschrift wird ergänzt durch Art. 29, der das Verfahren zur Löschung und Änderung der Registrierung solcher Rechte betrifft.

A. Allgemeines

Art. 26 ist eine **Verfahrensvorschrift**. Sie regelt die **Eintragung** von Lizenzen und anderen 1 Rechten in das Register. Sie wird ergänzt durch Art. 29, der das Verfahren zur Änderung und Löschung der insoweit eingetragenen Rechte vorgibt. Die Vorschrift wird ergänzt durch die EUIPO Richtlinien Teil E Abschn. 3, Kap. 2.

Gemäß **Abs. 1** gelten Art. 20 Abs. 5, 6 und 8 sowie Art. 13 f. UMDV grundsätzlich entspre- 2 chend für die Eintragung von dinglichen Rechten (Art. 22 Abs. 2), welche das gemäß Art. 19 anwendbare nationale Recht (→ Art. 19 Rn. 1 ff.) kennt, des Weiteren für die Eintragung der Zwangsvollstreckung (Art. 23 Abs. 3), die Eintragung einer Beteiligung an einem Insolvenzverfahren (Art. 24 Abs. 3) sowie für die Eintragung einer Lizenz oder den Übergang einer Lizenz (Art. 25 Abs. 5).

Der Antrag auf Registrierung der Lizenz an einer bereits registrierten Unionsmarke kann **in** 3 **jeder Amtssprache** gestellt werden. Der Antrag auf Registrierung der Lizenz an der Anmeldung einer Unionsmarke soll dagegen in der ersten oder zweiten Sprache der Anmeldung erfolgen (vgl. EUIPO Richtlinien Teil E, Abschn. 3, Kap. 2, Nr. 2.2).

Der Antrag auf Eintragung der Rechte gemäß Abs. 1 gilt gemäß **Abs. 2** erst als eingereicht, 4 wenn die geforderten **Gebühren entrichtet** worden sind.

Für die Registrierung der Lizenz an einer Markenanmeldung gelten gemäß Abs. 5 nur die 5 Abs. 1 und 3 entsprechend.

B. Person des Antragstellers

Der Antrag kann gemäß Art. 25 Abs. 5 von einer der Vertragsparteien (oder deren Vertreter) 6 oder von beiden Vertragsparteien (oder deren Vertretern) gemeinsam gestellt werden.

Sofern der Antragsteller eine Person ist, die weder einen Wohnsitz noch eine tatsächliche 7 gewerbliche- oder Handelsniederlassung im Europäischen Wirtschaftsraum hat, muss er die notwendigen Erklärungen vor dem Amt durch einen **zugelassenen Vertreter** abgeben lassen (vgl. Art. 119, 120).

C. Inhalt des Antrags

8   Für den notwendigen Inhalt des Antrags gelten gemäß Abs. 1 die Regelungen des Art. 20 Abs. 5 und 6 sowie Art. 13 f. UMDV entsprechend (zu dem notwendigen Inhalt des Antrags daher zunächst → Art. 20 Rn. 28 ff.).

9   Gemäß Abs. 1 lit. a ist es nicht möglich, nur einzelne betroffene Waren und Dienstleistungen bezüglich eines Antrags auf Registrierung eines dinglichen Rechts bzw. Insolvenz- bzw. Zwangsvollstreckungsverfahrens zu bezeichnen. Der Grundsatz der Einheitlichkeit der Unionsmarke (vgl. Art. 1 Abs. 2 sowie Präambel Nr. 2; v. Mühlendahl/Ohlgart Gemeinschaftsmarke S. 8) verbietet es insoweit, die Unionsmarke nur bezogen auf einige Waren oder Dienstleistungen zum Gegenstand eines dinglichen Rechts, der Zwangsvollstreckung oder eines Insolvenzverfahrens zu machen. Dagegen ist die Lizenzierung in Abs. 1 lit. a nicht genannt. Vor dem Hintergrund der möglichen Teillizenzierung (→ Art. 25 Rn. 12 ff.) ist dies folgerichtig. Eine Teillizenzierung kann daher auch gemäß Art. 26 Eingang in das Register finden (vgl. Abs. 3 lit. c).

10   Dem Antrag sind Unterlagen beizufügen, aus denen sich für das Amt zweifelsfrei die Existenz des zur Eintragung beantragten Rechs oder des zur Eintragung beantragten Verfahrens ergibt. Da das Amt keine Prüfung der materiellen Rechtslage vornimmt, muss sich aus den einzureichenden Unterlagen im Falle des Eintrags eines Insolvenz- oder Zwangsvollstreckungsverfahrens ebenfalls zweifelsfrei ergeben, dass die in Rede stehende Unionsmarke von diesem Verfahren erfasst ist. Der Einreichung entsprechender Unterlagen bedarf es gemäß Abs. 1 lit. b nicht, wenn der Antrag auf Registrierung vom Inhaber der Unionsmarke selbst gestellt wird. Wird der Antrag auf Registrierung der Lizenz von beiden Vertragsparteien gemeinsam gestellt, gilt der gemeinsame Antrag als Nachweis der Lizenz. eines weitergehenden Nachweises bedarf es dann ebenfalls nicht. Wird der Antrag auf Registrierung von dem Lizenznehmer alleine gestellt, ist ein Nachweis der Lizenz erforderlich. Dieser kann alternativ erbracht werden durch:

- eine entsprechende Erklärung des Markeninhabers oder dessen Vertreters,
- einen Auszug aus dem Lizenzvertrag, der die Vertragsparteien, die Marke und die Unterschrift der Vertragsparteien erkennen lässt, wobei eine einfache Kopie ausreichend ist,
- eine unbeglaubigte Erklärung der Lizenz auf dem WIPO-Standardformblatt, welches von beiden Vertragsparteien zu unterzeichnen ist.

11   Sofern **mehrere Unionsmarken** von demselben dinglichen Recht, demselben Insolvenz- oder Zwangsvollstreckungsverfahren oder derselben Lizenz betroffen sind, kann die Eintragung in das Register gemäß Abs. 1 iVm Art. 20 Abs. 8 innerhalb eines Antrags geltend gemacht werden.

12   Nur sofern der oder die Antragssteller dies ausdrücklich wünschen, werden gemäß **Abs. 3** die dort benannten Angaben zum Umfang der Lizenz in das Register aufgenommen. Solche können sich beziehen auf die Ausschließlichkeit der Lizenz, deren Charakter als Unterlizenz, eine Einschränkung des Lizenzgegenstands bezogen auf die von der Lizenz nur teilweise betroffenen Waren/Dienstleistungen, auf den von der Lizenz nur teilweise betroffenen geographischen Bereich oder auf eine zeitliche Befristung der Lizenz.

D. Folgen der Antragstellung

13   Sofern der Antrag auf Eintragung des betroffenen Rechts **mangelhaft** ist, teilt das Amt dem Antragsteller diesen Mangel gemäß **Abs. 4** zusammen mit einer Frist mit, innerhalb derer der Mangel zu beheben ist. Wird der Mangel nicht innerhalb der gesetzten Frist behoben, weist das Amt den Eintragungsantrag gemäß Abs. 4 zurück.

14   Wird der Antrag vom Markeninhaber gestellt, unterrichtet das Amt den Lizenznehmer nicht von der Antragstellung. Erfährt der Lizenznehmer auf anderem Wege von der Antragstellung und möchte sich dieser widersetzen, ist er auf das Verfahren zur Beantragung der Löschung oder Änderung einer Lizenz verwiesen (→ Art. 29 Rn. 1 ff.). Sein Einwand wird im Registrierungsverfahren nicht berücksichtigt. Das Amt beachtet innerhalb des Registrierungsverfahrens gleichfalls nicht, ob zwischen den Vertragsparteien vertraglich die Registrierung der Lizenz ausgeschlossen wurde.

Art. 27 Wirkung gegenüber Dritten

(1) ¹Die in den Artikeln 20, 22 und 25 bezeichneten Rechtshandlungen hinsichtlich einer Unionsmarke haben gegenüber Dritten in allen Mitgliedstaaten erst Wirkung, wenn sie eingetragen worden sind. ²Jedoch kann eine Rechtshandlung, die noch nicht eingetragen ist, Dritten entgegengehalten werden, die Rechte an der Marke nach dem Zeitpunkt der Rechtshandlung erworben haben, aber zum Zeitpunkt des Erwerbs dieser Rechte von der Rechtshandlung wussten.

(2) Absatz 1 ist nicht in Bezug auf eine Person anzuwenden, die die Unionsmarke oder ein Recht an der Unionsmarke im Wege des Rechtsübergangs des Unternehmens in seiner Gesamtheit oder einer anderen Gesamtrechtsnachfolge erwirbt.

(3) Die Wirkung einer in Artikel 23 bezeichneten Rechtshandlung gegenüber Dritten richtet sich nach dem Recht des nach Artikel 19 maßgebenden Mitgliedstaats.

(4) Bis zum Inkrafttreten gemeinsamer Vorschriften für die Mitgliedstaaten betreffend das Konkursverfahren richtet sich die Wirkung eines Konkursverfahrens oder eines konkursähnlichen Verfahrens gegenüber Dritten nach dem Recht des Mitgliedstaats, in dem nach seinen Rechtsvorschriften oder nach den geltenden einschlägigen Übereinkünften das Verfahren zuerst eröffnet wird.

Überblick

Die Vorschrift regelt das Verhältnis zwischen dem Erwerber einer Unionsmarke oder von dinglichen Rechten an einer solchen und Dritten im Kollisionsfall um dieselbe Unionsmarke. Die Wirkung des Erwerbs einer Unionsmarke, eines dinglichen Rechts an derselben und/oder von Lizenzen kann Dritten innerhalb eines Streits um dieselbe Marke grundsätzlich erst ab dem Zeitpunkt der Registrierung des Rechts entgegen gehalten werden (→ Rn. 1). Etwas anderes gilt bei Kenntnis des Dritten und bei einem Rechtserwerb im Wege der Gesamtrechtsnachfolge (→ Rn. 15). Für den Rechtserwerb im Wege von Zwangsvollstreckungsmaßnahmen und von Konkurs- bzw. Insolvenzverfahren ist in Art. 27 Abs. 3 und 4 auf das nationale Recht des gemäß Art. 19 zu ermittelnden Landes bzw. auf das Recht desjenigen Landes verwiesen, in dem das Konkurs- oder Insolvenzverfahren zuerst eröffnet wurde (→ Rn. 12 ff.).

A. Grundsatz der negativen Publizität des Registers

I. Allgemeine Erwägungen

1. Negative Publizitätswirkung des Registers

Art. 27 definiert eine Publizitätswirkung des Unionsmarkenregisters, die dem deutschen **1** Markenregister des DPMA fremd ist (zur Situation im deutschen Markenrecht → MarkenG § 27 Rn. 32). Entsprechend dem Wortlaut der Vorschrift kann der Rechtsnachfolger eines früheren Unionsmarkeninhabers seine Rechte an dieser Marke einem Dritten gegenüber grundsätzlich erst ab dem Zeitpunkt geltend machen, zu dem seine diesbezügliche Legitimation aus dem Register hervorgeht. Entsprechendes gilt für den Inhaber eines sonstigen dinglichen Rechts gemäß Art. 22 sowie für den Lizenznehmer gemäß Art. 25. Jedenfalls für letzteren soll sich eine insoweit negative Publizitätswirkung des Registers jedoch nur gegenüber Personen auswirken, die Rechte an der von der Lizenz betroffenen Unionsmarke als Gegenstand des Vermögens haben oder haben könnten (EuGH C-163/15, GRUR 2016, 372 – Hassan/ Breiding (ARKTIS); → Rn. 11). Der **gute Glaube Dritter** darauf, dass im Register nicht vermerkte Rechte der vorbezeichneten Art auch tatsächlich nicht existieren, dh also auf ein jedenfalls temporäres Vertrauen auf die Vollständigkeit des Registers, ist nur partiell geschützt (zur Frage der Reichweite des Vertrauens → Rn. 10).

Es existiert kein Schutz des Vertrauens auf die Richtigkeit des Registers. Eine **positive Publizi- 2 tätswirkung** wird durch das Register **nicht** entfaltet. Insoweit unterscheidet sich das Unionsmarkenregister zB von dem deutschen Grundbuch (Eisenführ/Schennen/Schennen Rn. 10 ff.).

2. Keine konstitutive Voraussetzung der Eintragung für den Rechtserwerb

Der konstitutive Akt des Rechtserwerbs ist durch Art. 27 nicht betroffen (Ströbele/Hacker/ **3** Thiering/Hacker MarkenG § 27 Rn. 74). Der materielle Rechtserwerb vollzieht sich außerhalb des Registers. Dies gilt sowohl für die Übertragung von Unionsmarken als auch für die Übertragung sonstiger dinglicher Rechte als auch für die Einräumung von Lizenzen.

4   Die Regelung geht nationalen Regelungen, die gemäß Art. 19 oder nach internationalem Privatrecht Anwendung finden, vor.

II. Wirkung der Rechtshandlungen mit Eintragung ex tunc

5   Art. 27 knüpft (lediglich) die Wirkung des Rechtserwerbs gegenüber Dritten – nicht dagegen die Frage der Wirksamkeit des Rechtserwerbs an sich – an die Eintragung. Andernfalls bestünde die Möglichkeit mehrerer zeitgleicher Inhaberschaften an demselben Recht. In solcher Weise ist die Inhaberschaft eines absoluten Rechts nicht auf spaltbar.

6   Fraglich ist indes, ob mit Eintragung die Wirkung des Rechtserwerbs ex tunc oder ex nunc gilt, ob der Erwerber sein Recht also ab dem Zeitpunkt der Eintragung auch solchen Dritten entgegen halten kann, deren Recht über eine Priorität verfügt, die zwischen derjenigen des nunmehr registrierten Inhabers und dessen Registrierung liegt.

6.1   **Beispiel:** A lizenziert seine Marke X an B. C meldet seinerseits eine verwechslungsfähige Marke Y zu eigenen Gunsten an. Die Marke Y verfügt über ein Anmeldedatum, das nach demjenigen der Marke X liegt. Die Eintragung der Marke Y erfolgt zeitlich vor Registrierung der Lizenz von B. Kann B dem C seine Lizenz mit Priorität der Marke X nach Registrierung derselben entgegen halten?

7   Art. 27 selbst gibt hierzu keine Anhaltspunkte. Vor dem Hintergrund einer notwendig **einheitlichen Anwendung** des Art. 27 für Markenübertragungen, sonstige dingliche Rechte gemäß Art. 22 und für Lizenzen ist jedoch davon auszugehen, dass der Gesetzgeber eine mögliche Rückwirkung der Eintragung bezüglich aller dieser Rechte einheitlich verstanden wissen möchte.

8   Auszugehen ist von einer Wirkung der Eintragung **ex tunc.** Hierfür spricht zunächst die Regelung des Art. 20 Abs. 11. Gemäß Art. 20 Abs. 11 kann der neue Inhaber einer Marke seine Rechte aus der Eintragung der Unionsmarke (nur) so lange nicht geltend machen, wie der Rechtsübergang nicht in das Register eingetragen ist. Nach Eintragung des Rechtsübergangs in das Register kann er jedoch alle Rechte, die sich aus seiner Marke ergeben, jedermann gegenüber geltend machen. Art. 20 Abs. 11 trifft keinerlei Einschränkungen gegenüber Dritten mit kollidierenden Rechten. Einen weiteren Grund für die Annahme einer Wirkung der Eintragung ex tunc stellen die geltenden Prioritätsgrundsätze des Markenrechts dar. Die **Priorität** einer Unionsmarke, die gemäß Art. 9 Abs. 2 durch das Anmeldedatum bestimmt wird, entscheidet allein über den Status der Marke im Verhältnis zu anderen Rechten. Der Prioritätszeitpunkt einer Marke ist mit ihrer Eintragung formell bekannt gemacht worden und gilt verbindlich. Ein solches Schutzrechtsmerkmal kann nicht im Einzelfall faktisch zur Disposition innerhalb eines Verletzungsrechtsfalls gestellt werden (vgl. OLG Hamburg GRUR-RR 2009, 365). Da die Lizenz als dingliches Recht einen Ausschnitt des Markenrechts darstellt, gilt dieser Grundsatz auch für die Lizenz.

9   Art. 27 definiert daher allein die **Zeitspanne** zwischen Rechtserwerb und Registrierung als solche, in welcher der Inhaber mit der Geltendmachung seiner Rechte sozusagen „on hold" gestellt ist. Nach Registrierung kann er seine Rechte jedem Dritten in Gänze entgegenhalten.

III. Rechtsfolgen

1. Kein gutgläubiger Erwerb

10   Art. 27 führt nicht zu der Möglichkeit eines gutgläubigen Erwerbs dinglicher Rechte an Marken, erst recht nicht zu der Möglichkeit eines gutgläubigen Erwerbs einer Unionsmarke selbst (aA Ingerl/Rohnke/Nordemann/Czychowski MarkenG § 28 Rn. 3). Das Unionsmarkenregister entfaltet lediglich eine **temporäre negative Publizitätswirkung,** die nach Berichtigung des Registers wieder entfällt. Der derivative Erwerb einer Unionsmarke ist Rechtserwerb, der gutgläubig nicht möglich ist und nur von dem Berechtigten erfolgen kann (gegen den gutgläubigen Erwerb geistiger Eigentumsrechte allgemein McGuire/v. Zumbusch/Joachim GRUR Int 2006, 682; aA OLG Düsseldorf BeckRS 2011, 17100, relativiert in OLG Düsseldorf GRUR Int 2015, 957; HK-MarkenR/v. Kapff Art. 23 Rn. 2; Ströbele/Hacker/Thiering/Hacker MarkenG § 27 Rn. 75; McGuire GRUR 2008, 11). Art. 27 führt auch **nicht** zu einem gutgläubigen **lastenfreien** Erwerb von Unionsmarken (aA HK-MarkenR/v. Kapff Rn. 2). Dies gilt jedenfalls dann, wenn die Unionsmarke gemäß Art. 19 wie eine nationale deutsche Marke zu behandeln ist und sich damit das dingliche Verfügungsgeschäft (→ Art. 19 Rn. 4) entsprechend dem geltenden Territorialitätsprinzip (→ MarkenG § 27 Rn. 16) nach deutschem Recht richtet. In diesem Falle scheitert der gutgläubige (lastenfreie) Erwerb an der dem deutschen Recht nicht bekannten Möglichkeit des gutgläubigen Rechtserwerbs.

2. Temporäre Restriktion der Wirkung derivativ erworbener dinglicher Rechte

Entsprechend dem Wortlaut des Abs. 1 S. 1 kann der Inhaber eines der genannten dinglichen **11** Rechte an einer Marke dieses Recht einem Dritten erst dann entgegenhalten, wenn er als Inhaber dieses Rechts im Register vermerkt ist (BGH BeckRS 2015, 20721). Etwas anderes gilt für den Inhaber einer Markenlizenz. Der Lizenznehmer kann Klage wegen Verletzung der Unionsmarke, welche Gegenstand seiner Lizenz ist, entgegen dem Wortlaut der Vorschrift Dritten gegenüber auch dann geltend machen, wenn die Lizenz nicht in das Register eingetragen ist. Erforderlich ist alleine die gemäß Art. 25 Abs. 3 erforderliche Zustimmung des Markeninhabers. Die **Aktivlegitimation** des **Lizenznehmers hängt** also **nicht von der Eintragung** der Lizenz im Register **ab** (EuGH GRUR 2016, 372 – Hassan/Breiding (ARKTIS); OLG Düsseldorf GRUR-RR 2018, 335 – Japanischer Kosmetikhersteller; iE ähnlich Würtenberger/Loschelder GRUR 2015, 759; entsprechend für das Gemeinschaftsgeschmacksmuster EuGH GRUR 2016, 1163 – Thomas Philipps/Grüne Welle). Die Entscheidung des EuGHs geht auf eine Vorlageentscheidung des OLG Düsseldorf gemäß Art. 267 AEUV zurück (vgl. OLG Düsseldorf GRUR Int 2015, 957). Sie ist insbesondere begründet mit der gesetzessystematischen Stellung des Art. 27 innerhalb des Abschnitts 4 des Kapitel II, welcher die Überschrift „Die Unionsmarke als Gegenstand des Vermögens" trägt. Der EuGH leitet hieraus die Einschätzung ab, auf das Eintragungserfordernis könnten sich nur solche Personen berufen, die selbst Rechte an der von der Lizenz betroffenen Unionsmarke als eigene Vermögensrechte geltend machen. Dagegen beziehe sich die Vorschrift nicht auf Fälle, in denen ein Dritter mit einer Verletzung der Marke gegen die Rechte aus der Unionsmarke verstoße. Zudem spräche das Fehlen einer Art. 20 Abs. 11 vergleichbaren Regelung in Art. 27 gegen das Erfordernis einer Eintragung der Lizenz für die Aktivlegitimation. Die Begründung überzeugt nicht völlig. Sie erfolgt zum einen entgegen dem ausdrücklichen Wortlaut der Vorschrift. Das Wesen der Unionsmarke als Gegenstand des Vermögens ist zudem sowohl für den Lizenznehmer als auch für den potenziellen Verletzer immer betroffen, wenn die Marke als Grundlage vermögenswerter Ansprüche in Rede steht. Dies gilt sowohl dann, wenn um dasselbe Registerrecht gestritten wird, als auch dann, wenn verschiedene Schutzrechte miteinander konkurrieren. Versteht man Art. 27 Abs. 1 entsprechend seinem Wortlaut, kann auch das Fehlen einer Art. 20 Abs. 11 entsprechenden Regelung nicht beanstandet werden. Jedoch ist die Entscheidung des EuGH zu dieser Frage eindeutig und damit bis auf Weiteres maßgeblich für die Auslegung des Art. 27.

B. Ausnahmen

Die negative Publizität des Registers greift nicht in jedem Fall. **12**

Nicht ausdrücklich genannt in der Aufzählung des Art. 27 Abs. 1 ist Art. 23. Rechtswirkungen **13** der **Zwangsvollstreckung** gegenüber Dritten sind deshalb nicht gemäß Art. 27 Abs. 1 S. 1 von einer Eintragung abhängig. Die diesbezügliche Rechtslage richtet sich nach dem gemäß Art. 19 zu bestimmenden nationalen Recht. Soweit dies durch das anzuwendende nationale Recht entsprechend vorgesehen ist, stehen Zwangsvollstreckungsmaßnahmen unabhängig von ihrer Eintragung im Register weiteren Rechtsgeschäften entgegen, deren Gegenstand die betroffene Marke ist. Für das deutsche Recht ergibt sich dies aus § 857 Abs. 2 ZPO.

Darüber hinaus ist die Wirksamkeit innerhalb eines **Insolvenzverfahrens** **14** gegenüber Dritten gemäß Art. 27 Abs. 4 bis zum Inkrafttreten gemeinsamer Vorschriften für die Mitgliedstaaten ausdrücklich nicht an eine Eintragung gebunden. Insoweit gilt das nationale Recht desjenigen Staats, in dem das Insolvenzverfahren zuerst eröffnet wurde.

Gemäß Art. 27 Abs. 1 S. 2 werden solche Personen bezogen auf Rechte gemäß Art. 19, 22 **15** und 25 nicht geschützt, die ihre Rechte erst nach der (noch) nicht eingetragenen Rechtshandlung erworben haben und zum Zeitpunkt des Erwerbs **positive Kenntnis** von der tatsächlichen Rechtslage hatten. Die Kenntnis der tatsächlichen Umstände, die auf die Vornahme der Rechtshandlung schließen lassen, ist ausreichend. Nicht erforderlich ist eine Vorstellung des Dritten von den fraglichen Rechtshandlungen (BGH BeckRS 2015, 20721).

Gemäß Art. 27 Abs. 2 greift die negative Publizität auch nicht zum Nachteil von Rechtsinha- **16** bern, die ihre Rechte im Wege der **Gesamtrechtsnachfolge** erworben haben. Dies gilt entsprechend dem Wortlaut der Regelung sowohl für eine Gesamtrechtsnachfolge durch die Übertragung eines Unternehmens in seiner Gesamtheit gemäß Art. 20 Abs. 2 als auch für jeden anderen Fall der Gesamtrechtsnachfolge.

Art. 28 Die Anmeldung der Unionsmarke als Gegenstand des Vermögens

Die Artikel 19 bis 27 gelten entsprechend für die Anmeldungen von Unionsmarken.

Überblick

Art. 28 erklärt Art. 19–27 für analog anwendbar auf Markenanmeldungen.

1   Die **Anmeldung** einer Marke wirkt sich bereits auf die Situation des Anmelders im Markt aus. Sie begründet die **Priorität** und damit nicht zuletzt die wirtschaftliche Stellung, die der spätere Inhaber mit seinen Leistungen durch die spätere Registrierung auf dem Markt erlangen kann

2   Die Markenanmeldung begründet **kein Anwartschaftsrecht.** Voraussetzung hierfür wäre, dass die Registrierung nach erfolgter Anmeldung nur noch von dem Willen des Anmelders abhängig wäre. Dem ist nicht so. Die Registrierung ist sowohl von der Beurteilung der Eintragungsfähigkeit durch den Prüfer als auch von der Existenz und der Geltendmachung prioritätsälterer Rechte Dritter abhängig (missverständlich insoweit v. Mühlendahl/Ohlgart Gemeinschaftsmarke S. 71).

3   Da bereits die Anmeldung selbst einen bedeutenden **wirtschaftlichen Wert** begründen und Gegenstand von Rechtsgeschäften sein kann (EGMR GRUR 2007, 696 (699) – Anheuser-Busch Inc./Portugal), ist es folgerichtig, dass das Gesetz diejenigen Vorschriften, welche die Marke als Gegenstand des Vermögens regeln, auf Markenanmeldungen für **analog anwendbar** erklärt. Der Gesetzgeber wollte hierdurch die **Einheitlichkeit der Marke** bereits im Vorfeld der Eintragung sicherstellen (v. Mühlendahl/Ohlgart Gemeinschaftsmarke S. 71).

4   Das Registerverfahren sieht eine **Besonderheit** für Markenanmeldungen im Gegensatz zu Markenregistrierungen vor, welche die Sprache betrifft, in der der Antrag auf Eintragung des Rechtsübergangs gestellt werden kann: während der Antrag auf Eintragung eines Rechtsübergangs an einer registrierten Marke gemäß Art. 146 Abs. 6b in irgendeiner Sprache des Amtes eingereicht werden können, muss der **Antrag** auf Eintragung eines Rechtsübergangs an einer Markenanmeldung gemäß Art. 146 Abs. 6a in der ersten oder der zweiten **Sprache,** die in der Unionsmarkenanmeldung angegeben sind, gestellt werden.

5   Erfolgt während des Anmeldeverfahrens ein **teilweiser Rechtsübergang** an der Markenanmeldung, der dem Amt in gemäß Art. 20 Abs. 3 konformer Weise nachgewiesen wird, so gebietet es der Grundsatz der Gewährung rechtlichen Gehörs, dass der neue Inhaber seitens des Amtes gesondert über die Eintragungsfähigkeit des ihm zugeordneten Teils der Anmeldung informiert wird. Ihm steht das Recht zu, Rechtsmittel gegen eine ihn belastende Entscheidung einzulegen (HABM BK R 482/1999-3 – XXL).

Art. 29 Verfahren zur Löschung oder Änderung der Eintragung einer Lizenz und anderer Rechte im Register

(1) Die Eintragung gemäß Artikel 26 Absatz 1 wird auf Antrag eines der Beteiligten gelöscht oder geändert.

(2) Der Antrag muss die Nummer der Eintragung der betreffenden Unionsmarke und die Bezeichnung des Rechts, dessen Eintragung gelöscht oder geändert werden soll, enthalten.

(3) Der Antrag auf Löschung einer Lizenz, eines dinglichen Rechts oder einer Zwangsvollstreckungsmaßnahme gilt erst als gestellt, wenn die diesbezügliche Gebühr entrichtet worden ist.

(4) Dem Antrag sind Unterlagen beizufügen, aus denen hervorgeht, dass das eingetragene Recht nicht mehr besteht oder dass der Lizenznehmer oder der Inhaber eines anderen Rechts der Löschung oder Änderung der Eintragung zustimmt.

(5) ¹Sind die Erfordernisse für die Löschung oder Änderung der Eintragung nicht erfüllt, so teilt das Amt dem Antragsteller den Mangel mit. ²Wird der Mangel nicht innerhalb einer vom Amt festgelegten Frist beseitigt, so weist es den Antrag auf Löschung oder Änderung der Eintragung zurück.

(6) Die Absätze 1 bis 5 dieses Artikels gelten entsprechend für Einträge, die gemäß Artikel 26 Absatz 5 in die Akte aufgenommen werden.

Überblick

Die Vorschrift ist gemäß VO (EU) 2015/2424 vom 16.12.2015 seit dem 1.10.2017 anwendbar. Art. 29 regelt das Verfahren zur Löschung oder Änderung der Eintragung einer Lizenz und anderer Rechte in das Register. Die Vorschrift ergänzt Art. 26, der das Verfahren zur Eintragung entsprechender Rechte in das Register regelt.

Art. 29 ist eine **Verfahrensvorschrift**. Sie regelt die **Löschung und Änderung** der Eintra- 1 gung von Lizenzen und anderen Rechten im Register. Sie ergänzt Art. 26, der das Verfahren zur Eintragung entsprechender Rechte in das Register festlegt. Daher sind „andere Rechte" im Sinne der Vorschrift solche Rechte, die gemäß Art. 26 eintragungsfähig sind (→ Art. 26 Rn. 2). Die Vorschrift wird ergänzt durch die EUIPO Richtlinien Teil E, Abschn. 3, Kap. 2, Ziff. 3.

Die Eintragung der Löschung oder Änderung von Lizenzen und sonstigen Rechten iSd Vor- 2 schrift erfolgt gemäß **Abs. 2** nur auf Antrag. Antragsberechtigt sind die gleichen Parteien, die auch Anträge auf Eintragung der Registrierung einer Lizenz stellen können (→ Art. 26 Rn. 6 f.). Verfahrenssprache ist die erste oder zweite Sprache, in der die Eintragung der Lizenz anzumelden war (vgl. EUIPO Richtlinien Teil E, Abschn. 3, Kap. 2, Ziff. 3.1 iVm Ziff. 2.2).

Der Antrag muss gemäß Abs. 2 die Nummer der Eintragung der betroffenen Unionsmarke 3 enthalten sowie die Bezeichnung desjenigen Rechts, dessen Eintragung zu löschen oder zu ändern beantragt wird.

Der Antrag auf Löschung der Registrierung einer Lizenz, eines dinglichen Rechts oder einer 4 Zwangsvollstreckungsmaßnahme aus dem Register gilt gemäß **Abs. 3** erst dann als gestellt, wenn die diesbezügliche Gebühr entrichtet worden ist. Für die Änderung der Eintragung einer Lizenz oder eines dinglichen Rechts wird keine Gebühr erhoben. Die Bearbeitung des Antrags auf eine diesbezügliche Änderung ist daher auch nicht von einer Gebührenzahlung abhängig.

Nach dem Wortlaut des **Abs. 4** sind dem Antrag Unterlagen beizufügen, aus denen hervorgeht, 5 dass das eingetragene Recht nicht mehr besteht, oder dass der Lizenznehmer oder der Inhaber eines anderen Rechts der Löschung oder Änderung der Eintragung zustimmt. Die Regelung unterscheidet sich von der früheren Rechtslage. Regel 35 Abs. 4 GMDV forderte die Vorlage von Urkunden, aus denen hervorgehen sollte, dass das eingetragene Recht nicht mehr besteht, oder eine Erklärung des Lizenznehmers oder des Inhabers eines anderen Rechts, dass er in die Löschung der Eintragung einwilligt. Nach dem Wortlaut des Abs. 4 bedarf es einer ausdrücklichen Zustimmungserklärung des Rechtsinhabers zur Löschung der Registrierung nicht mehr. Es genügt, wenn Unterlagen vorgelegt werden, aus denen sich diese Zustimmung ergibt. Der Wortlaut des Abs. 4 fordert die Vorlage der Unterlagen für jeden dh auch für den Fall der alleinigen Antragstellung durch den Lizenznehmer bzw. durch den Inhaber des betroffenen Rechts.

Soweit der Markeninhaber einen Betrugsverdacht gegen den Lizenznehmer äußert, führt dies 6 nicht zur Aufnahme von Ermittlungen durch das Amt. Eine Berücksichtigung des geäußerten Verdachts findet nur statt, wenn der Markeninhaber eine rechtskräftige Entscheidung der zuständigen Behörde vorlegt (vgl. EUIPO Richtlinien Teil E, Abschn. 3, Kap. 2, Ziff. 3.2.1.1).

Das Amt prüft den Antrag sowie die eingereichten Unterlagen auf die formellen Voraussetzun- 7 gen und teilt dem Antragsteller eventuelle Mängel gemäß **Abs. 5** mit. Die andere Partei erhält keine entsprechende Mitteilung. Zusammen mit der Mitteilung setzt das Amt eine Frist von zwei Monaten zur Behebung der Mängel (vgl. EUIPO Richtlinien Teil E, Abschn. 3, Kap. 2, Ziff. 3.5.2). Werden die Mängel in dieser Frist nicht behoben, so weist das Amt den Antrag zurück. Entspricht das Amt dem Antrag, erhält jede betroffene Partei eine Mitteilung (EUIPO Richtlinien Teil E, Abschn. 3, Kap. 2, Ziff. 3.5.2).

Gemäß **Abs. 6** gilt die Vorschrift auch für Anträge auf Löschung oder Änderung von Lizenzen 8 und sonstigen Rechten, die in Bezug auf die Anmeldung einer Marke gestellt werden.

Kapitel III. Die Anmeldung der Unionsmarke

Abschnitt 1. Einreichung und Erfordernisse der Anmeldung

Art. 30 Einreichung der Anmeldung

(1) Die Anmeldung einer Unionsmarke wird beim Amt eingereicht.

(2) ¹Das Amt stellt dem Anmelder unverzüglich eine Empfangsbescheinigung aus, die mindestens das Aktenzeichen, eine Wiedergabe, eine Beschreibung oder sonstige Identifizierung der Marke, die Art und Zahl der Unterlagen und den Tag ihres Eingangs enthält. ²Diese Empfangsbescheinigung kann elektronisch ausgestellt werden.

Überblick

Der Antrag auf Eintragung der Unionsmarke wird beim Amt der Europäischen Union für geistiges Eigentum (EUIPO) eingereicht (→ Rn. 1). Die Unionsmarkenanmeldung kann online oder per Post oder Kurier eingereicht werden (→ Rn. 5 ff.). Es gibt ein Formular für die Anmeldung, das aber nicht zwingend benutzt werden muss (→ Rn. 9). Alle Angaben, die jedoch in dem Formular verlangt werden, müssen auch ggf. in dem Antrag in anderer Form enthalten sein.

Die Einreichung einer Unionsmarke kann durch jede natürliche oder juristische Person, einschließlich öffentlich-rechtlicher Körperschaften, vorgenommen werden. Voraussetzung ist, dass der Antragsteller in einem Mitgliedstaat der EU, einem Vertragsstaat der Pariser Union oder der Welthandelsorganisation wohnhaft oder ansässig ist (→ Rn. 10).

Um ein wirksames Verfahren zu garantieren und zu verhindern, dass die Parteien unterschiedlichen Bedingungen ausgesetzt werden, wird ein einheitliches Anmeldeverfahren angewendet. Das Anmeldeverfahren der Unionsmarke erlaubt es jeder natürlichen Person und jedem Unternehmen, das in der EU oder außerhalb ansässig ist, durch einen einheitlichen Antrag und ein einheitliches Verfahren in einer einzigen Sprache einen Antrag auf Eintragung einer Unionsmarke zu stellen.

Die Empfangsbescheinigung wird unverzüglich durch das Amt ausgestellt und der Anmelder erhält eine Anmeldenummer für jede Anmeldung.

A. Allgemeines

1   Die Unionsmarkenanmeldung kann seit dem Inkrafttreten der VO (EU) 2015/2424 am 23.3.2016 nur noch bei dem Amt der Europäischen Union für geistiges Eigentum (EUIPO) erfolgen. Alternativ zur Direktanmeldung kann über den Weg einer internationalen Registrierung bei der WIPO auch die EU als Vertragsstaat des Madrider Protokolls benannt werden (→ Einl. Rn. 211). Die Unionsmarke kann im Gegensatz zur nationalen Marke nicht durch andere Erwerbstatbestände, wie zB Benutzung, entstehen, so dass selbst notorisch bekannte, nicht eingetragene Marken nicht als Unionsmarken geschützt werden (→ Einl. Rn. 20).

2   Durch die Reform der UMV wurde das Anmeldeverfahren der Unionsmarke umfassend geändert. Die Möglichkeit der Anmeldung bei den nationalen Markenämtern oder beim Benelux Markenamt nach dem früheren Art. 25 Abs. 1 lit. b GMV ist abgeschafft worden. Das Verfahren wurde dadurch vereinfacht und verkürzt.

2.1   Es wurde festgestellt, dass im Jahre 2012 96,3% der Anmeldungen durch das elektronische Anmeldesystem direkt beim Amt erfolgten. Somit gab es keinen Grund mehr dafür, das doppelgleisige Anmeldesystem über die europäische und die nationalen Behörden aufrechtzuerhalten. Infolgedessen fielen auch die Regelungen nach Art. 25 Abs. 2 und Abs. 3 GMV aF über die Pflichten der nationalen Behörden zur Weiterleitung der Anmeldung, die Weiterleitungsgebühr und die Fristen der Weiterleitung weg.

3   Das zentrale Verfahren vor dem EUIPO ist einfach und schnell. Es wird auf den Internetseiten des EUIPO leicht verständlich erklärt und die elektronische Anmeldung erfolgt direkt im Nutzerbereich (user area) und kann auch auf Deutsch vorgenommen werden. Die formalen Anforderungen an die Anmeldung richten sich nunmehr nach Art. 2 Abs. 1 UMDV. Durch den Beschluss Nr. EX-19-4 des Exekutivdirektors vom 3.1.2020 wurden allgemeine Richtlinien zur Prüfung von Unionsmarken beim EUIPO angenommen, die interne Durchführungsregeln für das Amt

sind. Durch diese Richtlinien soll die Praxis des Amtes in Bezug auf die Formerfordernisse festgeschrieben werden. Sie enthalten genaue Regeln für das Anmelde- und Eintragungsverfahren der Unionsmarke und sollen die Rechtssicherheit, Vorhersehbarkeit und die Qualität des Verfahrens vor dem Amt garantieren. Sie sollen in Zukunft einmal jährlich überarbeitet werden und somit an die Verfahrenspraxis des Amtes und die neuesten Entwicklungen der Rechtsprechung angepasst werden. Die Anmeldung kann beim Amt elektronisch, auf dem Postweg oder per Kurierdienst eingereicht werden.

Nach Beschluss Nr. Ex-19-1 des Exekutivdirektors vom 18.1.2019 betreffend Mitteilungen durch **3.1** elektronische Mittel kann der Anmeldende entsprechend Art. 3 Abs. 1 ein persönliches Benutzerkonto auf der Webseite des Amtes einrichten, auf dem auch entsprechend Art. 4 Abs. 1 elektronische Markenanmeldungen erfolgen können. In diesem Fall dürfen nach Art. 4 Abs. 2 die Liste von Waren und Dienstleistungen ausschließlich in das dafür vorgesehene Feld eingetragen werden. Waren- oder Dienstleistungsverzeichnisse, die auf einem getrennten Dokument beigefügt werden, führen dazu, dass die Anmeldung nicht als elektronisch behandelt wird, so dass erhöhte Gebühren anfallen. Für sämtliche in dem Nutzerbereich eingereichte Anmeldungen, Mitteilungen oder Dokumente wird gemäß Art. 4 Abs. 4 eine elektronische Empfangsbestätigung ausgestellt. Wenn der Anmeldende ein elektronisches Benutzerkonto eingerichtet hat erfolgen nach Art. 3 Abs. 1 sämtliche Mitteilungen des Amtes über das elektronische Postfach im Nutzerbereich. Es liegt in der Verantwortung des Nutzers, von diesen Kenntnis zu nehmen, denn nach Art. 3 Abs. 4 wird am 5. Kalendertag nach Abgabe der Mitteilung deren Zustellung fingiert.

Durch die Möglichkeit der elektronischen Anmeldung wurde bereits die Verfahrensdauer von **4** Anmeldungen erheblich verkürzt. Um das Verfahren noch weiter zu beschleunigen, wurde ein neues vereinfachtes Anmeldungsverfahren, das sog. „Fast-Track"-Verfahren eingerichtet, das die Verfahrensdauer noch weiter um die Hälfte der Zeit oder mehr im Vergleich zu regulären Anmeldungen verkürzt (zu den Voraussetzungen Hildebrandt/Sosnitza/Knitter Rn. 17). Dieses Verfahren ermöglicht es, bei einfachen Anmeldungen unter bestimmten Voraussetzungen ein beschleunigtes Anmeldeverfahren durchzuführen, ohne dafür mehr Gebühren zahlen zu müssen (Stürmann GRUR-Prax 2015, 269). In diesem Fall muss die Zahlung der Gebühren zur gleichen Zeit wie die Anmeldung erfolgen und für das Waren- und Dienstleistungsverzeichnis der Marke dürfen nur die nach der Harmonisierten Datenbank TMClass akzeptierten Begriffe verwendet werden, so dass das Prüfungsverfahren vereinfacht wird (Pohlmann, Recht der Unionsmarke, 2018, § 15 Rn. 10). Wenn bei der Prüfung der Anmeldung keine Mängel erkennbar sind, wird die Anmeldung binnen drei bis fünf Arbeitstagen veröffentlicht. Eine gesonderte Gebühr ist hierfür nicht zu entrichten. Wenn jedoch bei der Anmeldung Mängel festgestellt werden, verliert sie den Fast-Track Status und wird in ein normales Anmeldeverfahren übergeleitet. Die Anmeldung einer Marke im „Fast-Track"-Verfahren geht nur elektronisch. Das vereinfachte Online-Anmeldeformular erlaubt überhaupt nur Begriffe aus der Harmonisierten Datenbank und führt damit in der Regel in den Fast Track, das „Advanced" Formular aber erlaubt diese Funktion auch.

B. Anmeldung beim EUIPO

I. Schriftform und Unterschrift

Die Anmeldung ist zwingend schriftlich und kann elektronisch, auf dem Postweg oder per **5** Kurier erfolgen. Die Anmeldung per Fax ist seit dem 1.1.2018 nur in Ausnahmefällen zulässig, wenn die elektronische Kommunikation nicht funktioniert (Prüfungsrichtlinien vor dem Amt, Teil A, Allgemeine Regeln, Abschnitt 1 Kommunikationsmittel, 3.1.1.b). Die Möglichkeit der eigenhändigen Übergabe wurde durch die Reform des Unionsmarkenrechts gestrichen. Hierdurch wurden die Formvorgaben für Kommunikation mit dem Amt an moderne Kommunikationswege angepasst. Bei einer Anmeldung auf dem Postweg muss der Antrag im Original eingereicht werden und von dem Anmelder oder dem bestellten Vertreter unterschrieben sein, wobei auch die Unterschrift mit dem Namen der Kanzlei des Vertreters akzeptiert wird. Bei elektronischen Anmeldungen gilt die Angabe des Namens des Absenders als gleichwertige Unterschrift. Wenn auch die Form der Anmeldung frei gewählt werden kann, muss sie den inhaltlichen Mindestanforderungen entsprechen (→ Art. 31 Rn. 1 ff.). Die elektronische Anmeldung ist zwar nicht zwingend vorgeschrieben, wird jedoch vom Amt empfohlen, da durch sie weitgehend Fehler bei der Anmeldung vermieden werden und das Anmeldeverfahren beschleunigt wird. Hinzu kommt, dass für diese Form der Anmeldung eine Gebührenreduzierung erfolgt.

1. Sprache

6   Die Anmeldung muss nach Art. 146 Abs. 1 in einer Amtssprache der Union eingereicht werden. Sie kann also auch auf Deutsch eingereicht und das Prüfungsverfahren auf Deutsch geführt werden. Die Sprache der Anmeldung gilt als „erste Sprache". Darüber hinaus muss in der Anmeldung nach Art. 2 Abs. 1 lit. j UMDV eine zweite Sprache, die sich von der ersten unterscheidet und zu den fünf Amtssprachen des EUIPO gehört, die Deutsch, Englisch, Französisch, Italienisch und Spanisch sind, benannt werden, und die als weitere Verfahrenssprache vorgesehen wird (Art. 146 Abs. 3; → Art. 146 Rn. 3, → Einl. → Einl. Rn. 57). Soweit eine der fünf Amtssprachen als „erste Sprache" angegeben wird, ist diese automatisch die sog. **Korrespondenzsprache.** Soweit die „erste Sprache" eine andere Sprache ist, wird die zweite Sprache, die Amtssprache ist, zur Korrespondenzsprache. Widerspruchsverfahren und Löschungsanträge können aber auch in der zweiten Sprache geführt werden. Diese Sprachenregelung besteht für die Unionsmarke ab Anmeldung und kann später auch dann nicht geändert werden, wenn die Anmeldung (oder Eintragung) beispielsweise auf einen anderssprachigen Inhaber übertragen wird. Wenn der Anmeldeantrag in einer Unionssprache eingereicht wurde, die nicht nach Art. 146 Abs. 2 zu den Sprachen des Amtes gehört, sorgt das Amt für eine Übersetzung der Anmeldung in die vom Anmelder angegebene Zweitsprache (Art. 191 Abs. 3 S. 2) (Prüfungsrichtlinien vor dem Amt, Teil A, Allgemeine Regeln, Abschnitt 4 Verfahrenssprache, 6, 7).

2. Fax

7   Eine Anmeldung kann inzwischen nur noch per Fax erfolgen, falls die rechtzeitige elektronische Einreichung aufgrund technischer Probleme nicht möglich ist (Art. 1 Nr. 2 und 6 Beschluss Nr. Ex-19-1 des Exekutivdirektors des EUIPO vom 18.1.2019). In diesem Fall muss jedoch die gleiche Anmeldung gemäß Art. 4 Nr. 6 lit. a Beschluss Nr. Ex-19-1 innerhalb von drei Werktagen auf elektronische Weise bestätigt werden (Prüfungsrichtlinien vor dem Amt, Teil A, Allgemeine Regeln, Abschnitt 1 Kommunikationsmittel, 3.1.1.b). Die Anmeldung durch Fax war nur bis zum 1.1.2018 möglich und ist **nunmehr entfallen,** da das Fax immer weniger als Kommunikationsmittel benutzt wird. Für die Anmeldung von Marken unter Verwendung von Farben (Bildmarken, farbige Wortmarken und Farbmarken) war eine Einreichung durch Fax bereits seit dem 1.10.2017 ausgeschlossen.

3. Elektronische Anmeldung

8   Nach Art. 100 Abs. 1 können sämtliche Mitteilungen an das Amt auf elektronischem Weg auf dem Nutzerbereich (User Area) über ein persönliches Nutzerkonto erfolgen. Somit kann auch die Anmeldung der Marke elektronisch vorgenommen werden. Die elektronische Anmeldung ist eine Dienstleistung des EUIPO, die es dem Anmelder ermöglicht, direkt online anzumelden. Sie ist heute mit Abstand die am häufigsten gewählte Anmeldeform, nicht zuletzt wegen der finanziellen Anreize (s. Anh. I A.1, 2; → Anh. I Rn. 3), die bei der Anmeldung einer Klasse einen Unterschied von 150 Euro vorsehen). Die elektronische Anmeldung folgt dem Beschluss Nr. Ex-19-1 des Exekutivdirektors des EUIPO vom 18.1.2019. Bei dieser Art der Anmeldung werden der Anmeldetag und die Anmeldenummer sofort automatisch zugewiesen. Die elektronische Anmeldung ist leicht auszufüllen. Eine Anmeldung per E-Mail ist dagegen nicht zulässig. Die Anmeldung durch das sog. E-Filing hat neben dem finanziellen Aspekt auch noch den Vorteil, dass sofort auf der Webseite festgestellt wird, ob die Anmeldung vollständig ist, und innerhalb von drei Tagen erhält der Anmelder die Unionsmarkennummer (MAH GewRS/Hasselblatt § 34 Rn. 308).

4. Verwendung des Anmeldeformulars

9   Gemäß Art. 65 Abs. 1 lit. a DVUM stellt das Amt ein Formblatt zur Anmeldung der Unionsmarke kostenlos zur Verfügung. Die Benutzung eines Formulars ist empfehlenswert, aber nicht vorgeschrieben. Die Formulare sind in Papierform oder elektronischer Form beim EUIPO erhältlich. Sie müssen so ausgefüllt werden, dass ihr Inhalt elektronisch übernommen und gespeichert werden kann. In welcher Form der Antrag auch immer gestellt wird, er muss den inhaltlichen Anforderungen entsprechen und sämtliche Elemente enthalten, die auch in dem vom EUIPO zur Verfügung gestellten Formular eingetragen werden müssen.

II. Anmelder

Inhaber der Unionsmarke können alle natürlichen oder juristischen Personen sein (→ Art. 5 **10** Rn. 1 ff.). Voraussetzung ist die Rechtsfähigkeit gemäß Art. 3. Dies sind natürliche Personen, juristische Personen und juristischen Personen gleichgestellte Personeneinheiten (Hildebrandt/ Sosnitza/Knitter Rn. 3). Ob eine einer juristischen Person gleichgestellte Einheit nach Gemeinschaftsrecht markenregisterfähig ist, richtet sich nach dem für die juristische Einheit maßgeblichen jeweiligen nationalen Recht (→ Art. 3 Rn. 1 ff.). Jede natürliche oder juristische Person aus jedem Land der Welt kann eine Anmeldung einreichen. Soweit die Unionsmarke als Basismarke einer IR-Marke verwendet wird, muss der Anmelder allerdings in der EU ansässig sein (Art. 1 Abs. 3 MMA).

Um den Anmelder hinreichend zu identifizieren, muss die Anmeldung den Namen des Anmel- **11** ders, seine Anschrift und Staatsangehörigkeit sowie den Staat des Wohnsitzes oder Geschäftssitzes oder Sitzes der Niederlassung des Anmelders enthalten. Bei natürlichen Personen sind der Vor- und Familienname anzugeben. Bei juristischen Personen sowie bei gleichgestellten Einheiten iSd Art. 3 sind die amtliche Bezeichnung sowie die Rechtsform anzugeben. Soweit mehrere Personen gemeinsam eine Marke anmelden können sie nach Art. 2 Abs. 4 UMDV einen der Antragsteller oder einen Vertreter zum gemeinsamen Vertreter bestimmen. Soweit die Anmeldenden keinen gemeinsamen Vertreter benennen, ist nach Art. 73 Abs. 1 DVUM mit dem als ersten genannten Anmelder, der seinen Wohn- oder Geschäftssitz im EWR hat, zu kommunizieren.

III. Empfangsbestätigung

Nach Eingang der Unionsmarkenanmeldung sendet das EUIPO dem Anmelder eine Empfangs- **12** bestätigung (Hildebrandt/Sosnitza/Knitter Rn. 20), in der ein vorläufiger Anmeldetag zuerkannt wird und beginnt mit dem Prüfungsverfahren (→ Art. 32 Rn. 1). Es wird der Anmeldung ebenfalls eine Anmeldenummer zugeteilt, die die Anmeldung in dem weiteren Verfahren identifiziert. Bei der elektronischen Anmeldung erfolgt die Empfangsbestätigung auch sofort elektronisch und automatisch durch das System ausgelöst.

Art. 31 Erfordernisse der Anmeldung

(1) Die Anmeldung der Unionsmarke muss Folgendes enthalten:

a) **einen Antrag auf Eintragung einer Unionsmarke;**
b) **Angaben, die es erlauben, die Identität des Anmelders festzustellen;**
c) **ein Verzeichnis der Waren oder Dienstleistungen, für die die Eintragung begehrt wird;**
d) **eine Wiedergabe der Marke, die den Erfordernissen des Artikels 4 Buchstabe b genügt.**

(2) Für die Anmeldung der Unionsmarke sind die Anmeldegebühr für eine Klasse von Waren oder Dienstleistungen und gegebenenfalls eine oder mehrere Klassengebühren für jede Klasse von Waren und Dienstleistungen, die über die erste Klasse hinausgeht, und gegebenenfalls die Recherchegebühr zu entrichten.

(3) ¹Zusätzlich zu den in den Absätzen 1 und 2 genannten Erfordernissen muss die Anmeldung der Unionsmarke den in dieser Verordnung und in den gemäß dieser Verordnung erlassenen Durchführungsrechtsakten vorgesehenen Formerfordernissen entsprechen. ²Ist in diesen Erfordernissen vorgesehen, dass die Marke elektronisch darzustellen ist, so darf der Exekutivdirektor die Formate und die maximale Größe einer derartigen elektronischen Datei bestimmen.

(4) ¹Die Kommission erlässt Durchführungsrechtsakte, in denen die Einzelheiten, die bei der Anmeldung anzugeben sind, festgelegt werden. ²Diese Durchführungsrechtsakte werden nach dem Prüfverfahren gemäß Artikel 207 Absatz 2 erlassen.

Überblick

Die Mindestanforderungen für die Zulässigkeit der Anmeldung sind der Name und die Anschrift des Antragstellers (→ Rn. 3 f.), die Angabe der ersten und zweiten Sprache (→ Rn. 32), die Benennung der Markenform im Einklang mit Art. 3 Abs. 2 UMDV, die Wiedergabe der Marke (→ Rn. 11), ein Verzeichnis der Waren und Dienstleistungen (→ Rn. 5 ff.) für die die Marke eingetragen werden soll, die Zahlung der Gebühren (→ Rn. 27) und die Unterschrift (→ Rn. 33). Diese einzelnen Punkte des Inhalts der Anmeldung werden in Art. 2 UMDV näher beschrieben.

Der Tag der Einreichung der Anmeldung wird nur dann als Anmeldetag anerkannt, wenn die Anmeldung die in Art. 31 genannten Mindestangaben enthält und spätestens binnen eines Monats ab Anmeldung die Gebühr entrichtet wurde (Art. 32).

Falls eine Priorität nach Art. 34 oder Art. 38 (Ausstellungspriorität) in Anspruch genommen wird, muss dies in der Anmeldung selbst erklärt werden (Art. 35 Abs. 1, Art. 38 Abs. 1 S. 2). Die Möglichkeit, die Priorität erst binnen zwei Monaten nach Anmeldung zu beanspruchen, ist im Zuge der Markenrechtsreform weggefallen.

Übersicht

A. Mindestanfordernisse an die Anmeldung

1   Der Tag der Anmeldung wird als Anmeldetag anerkannt, wenn die Anmeldung inhaltlich den Anforderungen des Art. 2 Abs. 1 UMDV entspricht, dh einen eindeutigen Antrag auf Eintragung einer Unionsmarke darstellt und Angaben enthält, die die Identität des Anmelders erkennen lassen, sowie ein Verzeichnis der Waren und Dienstleistungen, für die die Eintragung beantragt wird und eine Wiedergabe der Marke (vgl. auch → MarkenG § 32 Rn. 1 ff.).

2   Für jede Marke ist eine gesonderte Anmeldung erforderlich. Sog. Serienmarken, die nur geringfügig voneinander abweichen, können nicht Gegenstand einer einheitlichen Anmeldung sein. Wenn der Anmelder mehrere Marken in derselben Anmeldung benennt, fordert das EUIPO den Anmelder auf, zu bestimmen, welche Marke er mit der Anmeldung weiterverfolgen will und welche er zurücknimmt oder welche er ggf. mit getrennten Anmeldungen weiterverfolgen will. In dem Fall, dass der Anmelder nur eine unter den genannten Marken weiterverfolgt, bleibt der ursprüngliche Anmeldetag für diese Marke erhalten. Für die weiteren Marken, die er mit getrennten Anmeldungen verfolgt, wird jeweils nach Eingang der Anmeldungen ein neuer Anmeldetag bestimmt.

I. Angabe des Anmelders

1. Mindestangaben

3   Nach Art. 2 Abs. 1 lit. b UMDV müssen die zur Identifizierung des Anmelders erforderlichen Angaben gemacht werden. Es reichen dabei Mindestangaben aus, die die zweifelsfreie Feststellung der Identität des Anmelders erlauben. Dies gilt selbst dann, wenn die Identifizierung des Anmelders nicht ohne weitere Nachforschungen seitens des Amtes möglich ist. Das Amt kann vom Antragsteller verlangen, dass er weitere Angaben, insbesondere Kontaktangaben zur Kommunikation macht.

2. Weitere Angaben

4   Die weiteren Angaben (Abs. 3 iVm Art. 2 Abs. 1 lit. b UMDV) sind nicht für die Erteilung des Anmeldetages unabdingbar. Sie müssen jedoch ggf. nachgereicht werden. Hierzu gehört die vollständige Anschrift des Anmelders, soweit einschlägig die Firma, wie sie im Handelsregister eingetragen ist und der Firmensitz. Bei einer natürlichen Person müssen der Vor- und Nachname sowie die Wohnanschrift angegeben werden. Wenn ein amtlich zugelassener Vertreter bestellt ist (Art. 120 UMV), ist die Anschrift des Vertreters zusätzlich als Zustelladresse anzugeben. Ebenfalls sind die Angabe der Sprache, in der die Anmeldung eingereicht wurde, sowie einer zweiten Verfahrenssprache gemäß Art. 146 Abs. 3 UMV, erforderlich.

II. Verzeichnis der Waren und Dienstleistungen

Die Waren- und Dienstleistungsbeschreibung in dem Verzeichnis ist sehr wichtig, denn sie ist **5** der Ausgangspunkt für den Vergleich der Waren bei Wiederspruch- oder Verletzungsverfahren. Allein mit ihr wird im Rechts- und Geschäftsverkehr der Schutzumfang der Marke bestimmt (EUIPO 1. BK 15.10.2021 – R 420/2021-1). Daher ist es sinnvoll, das Verzeichnis der Waren- und Dienstleistungen mit Blick auf die geplante Benutzung der Marke zu erstellen, obwohl weit gefassten Anmeldungen nichts entgegensteht. Für die Zuerkennung des Anmeldetages reicht es jedenfalls aus, wenn das Waren- und Dienstleistungsverzeichnis so eindeutig ist, dass der Schutzumfang der Marke bestimmt werden kann. Nähere Anforderungen an das Waren- und Dienstleistungsverzeichnis ergeben sich aus Art. 2 Abs. 1 lit. c UMDV und insbesondere aus Art. 33 (→ Art. 33 Rn. 1). Das Verzeichnis von Waren- und Dienstleistungen kann nach Eingang der Anmeldung nicht mehr erweitert, sondern nur noch beschränkt werden und muss eine eindeutige Angabe der beanspruchten Waren enthalten (EuGH C-121/19 P, GRUR-RS 2020, 22867 Rn. 41 – EDISON). Wenn der Anmelder eine Erweiterung wünscht, kann er nur eine neue Anmeldung vornehmen. Das Verzeichnis kann akzeptierte Begriffe aus der aus der harmonisierten Datenbank des EUIPO benutzen, zwingend ist dies jedoch nicht, soweit die sich aus Art. 33 ergebenden Voraussetzungen der Klarheit und Bestimmtheit gewahrt sind. Zu unterscheiden ist zwischen der klaren und bestimmten Angabe der Waren und Dienstleistungen und deren korrekter Klassifizierung.

1. Klassifikation von Nizza

Das EUIPO wendet für die Klassifizierung von Unionsmarken die Klasseneinteilung die 12. **6** Ausgabe des Abkommens von Nizza in seiner Fassung vom 1.1.2023 (NCL 12-2023) an (Art. 33; dazu Pohlmann UnionsmarkenR Kap. 1 Rn. 25, 26). Seit dem Jahr 2013 werden neben den Ausgaben, die im fünfjährigen Rhythmus novelliert werden, auch jährlich neue Versionen des Abkommens veröffentlicht. Am 1.1.2023 ist die 12. Ausgabe der Nizza-Klassifikation (NCL 12-2023) in Kraft getreten, die die 11. Ausgabe der Nizza-Klassifikation (NCL 11-2017) vom 1.1.2017 ersetzt hat. Für die Zuerkennung des Anmeldetages reichte es nach der bisherigen Praxis des HABM dabei aus, wenn nur die Oberbegriffe der betroffenen Klassen der Klasseneinteilung benannt werden. Durch die Reform der Unionsmarke wurde diese bisherige Praxis bei den Anforderungen an die Verwendung der Nizzaklassen in Art. 33 festgeschrieben (→ Art. 33 Rn. 4 ff.). Die Angabe des Einzelproduktes statt der Warengattung ist nicht erforderlich. Nach dem Bestimmtheitsgrundsatz müssen allerdings dabei alle beanspruchten Klassen genau bestimmt sein. Allgemeine Angaben reichen aus, wenn dadurch die Identifizierung der Waren und Dienstleistungen möglich ist.

In der Grundgebühr ist nunmehr nur noch eine Waren- oder Dienstleistungsklasse enthalten **7** (Anh. 1 Nr. 1, 3; → Anh. I Rn. 1, → Einl. Rn. 78). Soweit das in der Anmeldung vorgelegte Waren und Dienstleistungsverzeichnis mehr als eine Klasse umfasst, fallen zusätzliche Gebühren an (→ Rn. 27).

Die Angabe „alle denkbaren Waren und Dienstleistungen" ist nicht ausreichend. Fraglich war die **7.1** Verwendung der Bezeichnung „Einzelhandelsdienstleistungen". Im „Praktiker"-Urteil hat der Gerichtshof präzisiert, dass die Kategorie „Einzelhandelsdienstleistungen" in der Markenanmeldung unter der Voraussetzung verwendet werden kann, dass die Waren und Dienstleistungen, auf die sich die Einzelhandelstätigkeit beziehen soll, genau genannt werden, auch wenn sie eindeutig einer der Warenklassen zuordnen lassen (EuGH C-418/02, GRUR 2005, 764 – Praktiker; Pohlmann UnionsmarkenR Kap. 3 Rn. 50). An die Bezeichnung der Waren, auf die sich die Einzelhandelsdienstleistung bezieht, werden strengere Anforderungen gestellt. Sie muss so genau sein, dass sie ihrerseits die Klassifizierung der Waren erlauben würde.

2. Individuell formuliertes Verzeichnis

In der Anmeldung müssen die Waren und Dienstleistungen im Einzelnen so genau beschrieben **8** werden, dass die Klassifizierung jeder einzelnen Ware und Dienstleistung in eine Klasse der Klasseneinteilungen nach dem Abkommen von Nizza möglich ist. Aus praktischen Gründen sollten die Begriffe der Nizzaer Klassifizierung verwendet werden. Dabei ist es ratsam, die konkret gewünschten Waren und Dienstleistungen in der Anmeldung im Einzelnen genau zu bezeichnen und nicht nur global die Überschriften der Klassen des Abkommens von Nizza zu verwenden, obwohl die Benennung der Klassen formal ausreichend ist (→ Art. 33 Rn. 6). Nur auf diese Weise kann der Schutzumfang genau bestimmt und können die Waren oder Dienstleistungen von anderen Erzeugnissen inhaltlich klar abgegrenzt werden.

9   Bei der Verwendung des Wortes „insbesondere" wird dies als beispielsweise und nicht abschließende Aufführung von Waren und Dienstleistungen einer bestimmten Kategorie vom Amt ausgelegt. Somit erschöpft sich der Schutz nicht in den Beispielen, sondern kann alle Waren und Dienstleistungen der Kategorie umfassen (Pohlmann, 2018, § 15 Rn. 50 f.). Eine echte Einschränkung erfolgt durch die Verwendung des Wortes „nämlich".

10   Eine falsche Klassifizierung kann dazu führen, dass die tatsächlich mit der Marke oder Dienstleistung gekennzeichnete Ware nicht von dem Schutzumfang der Eintragung erfasst wird. Bei der individuellen Beschreibung der Waren und Dienstleistungen ist besonders darauf zu achten, dass keine unbestimmten Angaben oder Begriffe verwendet werden.

10.1   So sind zB die allgemeinen Begriffe, wie „Zubehör", „Anlagen", „Hilfsmittel", „Instrumente", „Apparate", „Beigabe" oder „Ergänzung" zu vermeiden. Ebenfalls sollten auch bei Dienstleistungen unbestimmte Begriffe, wie „elektronischer Handel", „Handelsdienstleistungen" oder „Hilfsdienstleistungen" konkretisiert werden.

10.2   Im „Praktiker"-Urteil hat der EuGH entschieden, dass nationale Marken in der EU für Einzelhandelsdienstleistungen eingetragen werden können (EuGH C-418/02, GRUR 2005, 764 – Praktiker). Voraussetzung dafür ist, dass nähere Angaben zu den Waren- oder Dienstleistungen gemacht werden, auf die sich die Marke bezieht. Seit dieser Rechtsprechung verlangt das Amt, dass für Einzelhandelsdienstleistungen die Waren oder Dienstleistungen eindeutig benannt werden. Nicht absolut erforderlich ist die Einordnung zu einer Klasse der Nizzaer Klassifikation.

III. Wiedergabe der Marke

11   Bezüglich der Wiedergabe der Marke sind – vor allem auch aufgrund des Wegfalls des Erfordernisses der graphischen Wiedergabe – Änderungen eingetreten, die durch Art. 3 UMDV näher bestimmt werden (→ Rn. 22). Die durch die Reform eintretenden Änderungen bezüglich der graphischen Darstellung der Marken sind am 1.10.2017 in Kraft getreten. Die graphische Darstellbarkeit wird nunmehr durch das Erfordernis der Bestimmtheit ersetzt, wonach die Darstellung der Marke es ermöglichen muss, den Schutzumfang klar und eindeutig, mit Sicherheit zu bestimmen (→ Art. 4 Rn. 6, → Einl. → Einl. Rn. 85, Hildebrandt/Sosnitza/Knitter Rn. 7 ff.). Die Wiedergabe der Marke kann nunmehr durch beliebige allgemein verfügbare Technologie wiedergegeben werden unter der Voraussetzung, dass die Darstellung eindeutig ist, leicht zugänglich und dauerhaft (Vogel, Droit européen des affaires, 2020, 517; EUIPO 4. BK 12.3.2021 – R 2367/2020-4). Ziel der Anforderungen an die Darstellung der Marke ist, dass der Schutzumfang zweifelsfrei bestimmt werden kann (→ MarkenG § 32 Rn. 4).

12   Die Anforderungen an die Wiedergabe der Marke werden in Art. 3 Abs. 1 UMDV im Einzelnen dargelegt. Der Anmelder muss insbesondere angeben, welche Form der Marke er anmeldet, wie zB Wortmarke, Bildmarke, dreidimensionale Marke, Positionsmarke, Farbmarke, Hörmarke, Bewegungsmarke, soweit diese in Art. 3 Abs. 3 lit. a–j UMDV genannt ist (→ Art. 4 Rn. 3). Aus der Wiedergabe der Marke muss erkennbar sein, was nach dem Willen des Anmelders Gegenstand des Schutzes ist. Um den Schutzbereich der Marke zu bestimmen, ist es entscheidend, dass der Anmelder eine klare Darstellung der Marke einreicht (Art. 3 Abs. 2 UMDV). Bei einer Marke, die in Farbe angemeldet wird, ist eine farbliche Darstellung einzureichen. Es ist nicht mehr möglich nur einen international anerkannten Farbcode anzugeben. Eine Ausnahme hiervon liegt vor, wenn die Farbangaben einen Teil der Wiedergabe der Marke bilden und sie integraler Bestandteil der Beschreibung der Marke sind oder wenn die Farbangaben allein dem Zweck dienen, Prioritätsansprüche in anderen Rechtssystemen in Anspruch zu nehmen (Prüfungsrichtlinien vor dem Amt, Teil B, Prüfung, Abschnitt 2 Formerfordernisse, 9.1).

1. Anforderungen an die Wiedergabe der Marke

13   Die Anforderungen, die an die Wiedergabe der Marke gestellt werden, richten sich im Einzelnen nach dem vom Anmelder gewählten Markenform (→ Art. 4 Rn. 14 ff.). In Art. 3 UMDV werden die Anforderungen an die Wiedergabe für die einzelnen Markenformen geregelt (→ Art. 4 Rn. 7). Dabei muss gemäß Art. 3 Abs. 3 S. 1 UMDV die Kategorie der Marke (zB Wortmarke, Bildmarke, Klangmarke etc) angegeben werden. Dies dient der Erleichterung der Einord-

nung der Marke durch das EUIPO und der Bestimmung des Gegenstandes und Schutzumfangs der Marke. Es ist wesentlich, dass die bildliche Darstellung der Marke klar und deutlich sein muss, um einen Anmeldetag zu erhalten. Die Wiedergabe in dem Antrag muss den Gegenstand der Marke klar und eindeutig umschreiben und eine Abgrenzung zwischen den verschiedenen Markenformen ermöglichen (EUIPO 4. BK 12.3.2021 – R 2367/2020-4).

Die **Wortmarke** (→ Art. 4 Rn. 15) kann entsprechend Art. 3 Abs. 3 lit. a UMDV aus Groß- **14** und Kleinbuchstaben, Symbolen, Zahlen und Zeichen bestehen. Da bei der Wortmarke nur das oder die Worte an sich geschützt werden, ist es ausreichend, dass bei der Darstellung das/die Worte in einer üblichen Druckschrift wiedergegeben werden. Sie werden in der Amtsschrift veröffentlicht. Wenn eine Wortmarkenanmeldung Sonderzeichen enthält, die in der üblichen Druckschrift nicht erfasst werden können, wird die Marke als Wort-Bildmarke (Unterfall der Bildmarke) behandelt. Dies gilt auch dann, wenn die Wortmarke nicht in Standartlayout, dh über eine einzige Zeile, verläuft (Prüfungsrichtlinien vor dem Amt, Teil B, Prüfung, Abschnitt 2 Formerfordernisse, 9.3.1).

Soweit eine Kombination von Worten mit Bildelementen oder auch graphisch gestalteten **15** Schriftzügen in der Anmeldung enthalten ist, liegt eine **Bildmarke** (→ Art. 4 Rn. 17) vor. Die Bildmarke besteht aus graphischen Elementen, stilisierter Schrift, Logos und Kombinationen von Wort und Bild, sowie Wortelementen über mehr als eine Zeile und muss nach Art. 3 Abs. 3 lit. b UMDV durch eine Darstellung aller Elemente des Zeichens wiedergegeben werden.

Seit dem 1.10.2017 akzeptiert das Amt keine Markenbeschreibung oder Farbangabe mehr für Bildmar- **15.1** ken, da einzig und allein die Wiedergabe der Marke den Gegenstand der Eintragung definiert (Prüfungsrichtlinien vor dem Amt, Teil B, Abschnitt 2 Formerfordernisse, 9.3.2; → Art. 4 Rn. 11).

Wird eine dreidimensionale Marke **(Formmarke,** → Art. 4 Rn. 19, zB Behälter, Verpackung, **16** Ware selbst) angemeldet, muss der Anmelder die Marke photographisch oder graphisch derart wiedergeben, dass die verschiedenen Perspektiven der Marke zu erkennen sind (Art. 3 Abs. 3 lit. c UMDV). Dabei können bis zu sechs verschiedenen Perspektiven wiedergegeben werden, die auch durch computergenerierte Bilder dargestellt werden können. Alle Perspektiven müssen dasselbe Objekt zeigen und das Objekt in seiner Gesamtheit darstellen und sich nicht auf Einzelteile beschränken. Die Gestaltungsmerkmale werden nur geschützt soweit sie sich eindeutig aus der Darstellung ergeben. Nur die klar aus den eingereichten Abbildungen erkennbaren Stilelemente werden geschützt. Nicht erkennbare äußere Eigenschaften und nicht sichtbare Perspektiven bleiben unberücksichtigt. Die graphische Wiedergabe kann durch neue Technologien erfolgen, wie zB computergenerierte Bilder oder animiertes Design.

Seit dem 1.10.2017 werden Beschreibungen für Formmarken nicht mehr akzeptiert (Prüfungsrichtlinien **16.1** vor dem Amt, Teil B, Abschnitt 2 Formerfordernisse, 9.3.3). Dreidimensionale Marken können auch farbig angemeldet werden und Bild- oder Wortbestandteile enthalten.

Bei der **Positionsmarke** (→ Art. 4 Rn. 20) ist nach Art. 3 Abs. 3 lit. d UMDV der besondere **17** Ort der Anbringung der Marke auf dem Produkt das maßgebliche schutzbegründende Merkmal. Deshalb muss bei der graphischen Wiedergabe die mit der Marke zu versehende Ware selbst dargestellt werden, auf der die Positionierung und die Größe der Marke zu erkennen sind. Der Anmelder sollte der Anmeldung eine Beschreibung beifügen, aus der sich ergibt, wie die Marke auf der Ware angebracht wird. Die Elemente, die nicht Teil der Marke sein sollen, müssen deutlich sichtbar ausgeschlossen werden (Prüfungsrichtlinien vor dem Amt, Teil B, Abschnitt 2 Formerfordernisse, 9.3.4).

Eine **Farbmarke** (→ Art. 4 Rn. 22 ff.) besteht ausschließlich aus einer oder mehreren kontur- **18** losen Farben. Der Schutz erstreckt sich nur auf den oder die Farbtöne. Die Farbmarke muss daher genau von der Bildmarke, bei der die Anordnung von Farben in einer bildlichen Darstellung geschützt wird, unterschieden werden (vgl. EuGH C-578/17, ECLI:C:2019:161 = GRUR 2019, 511 Rn. 25 – Oy Hartwall AB; EUIPO 2. BK 7.9.2021 – R 0849/2021/2, GRUR-RS 2021, 26222). Bei der Anmeldung einer Farbmarke muss die Darstellung der Marke farbig eingereicht werden (Art. 3 Abs. 3 lit. f UMDV). Bei Farbkombinationsmarken muss auch die Anordnung der verschiedenen Farben aus der Darstellung zu erkennen sein. In diesem Fall ist die Angabe eines allgemein anerkannten Farbcodes, der genau der Wiedergabe der Marke entspricht, verpflichtend.

Eine **schwarz-weiß-Marke** darf dagegen nur in einer schwarz-weiß-Darstellung angemeldet **19** werden. Dabei wird die Marke generell schwarz auf weißem Grund eingetragen, sofern der Anmelder nicht ausdrücklich eine farbige Eintragung beantragt. Sollen dagegen bestimmte Grautöne geschützt werden, müssen diese ebenfalls zusätzlich zu der graphischen Darstellung beschrieben werden. Wenn für eine Bildmarke keine bestimmte Farbkombination beantragt wird, erstreckt sich der Schutz auch auf alle möglichen Farbkombinationen. Neue farbige Anmeldungen des identischen Zeichens verletzen deshalb das Schutzrecht der älteren schwarz-weiß-Marke (EuG T-418/07, GRUR-RR 2009, 420 – LIBERO/LIBRO). Dies ist erforderlich, da häufig die Wiedergabe einer Marke in schwarz-weiß erfolgt, obwohl es sich um eine Farbmarke handelt, zB bei Fotokopien oder Telefax.

20   Bei der **Hörmarke** (Art. 3 Abs. 3 lit. g UMDV; → Art. 4 Rn. 25) war die Wiedergabe in graphischer Form, also in üblicher Notenschrift nach früherer Rechtslage noch unabdingbar für die Erteilung des Anmeldetags (Schmidt MarkenG § 32 Rn. 33 f., → MarkenG § 32 Rn. 50). Aus diesem Grund waren vor der Reform des Unionsmarkenrechts im Jahre 2017 Klangmarken mit Geräuschen zB Tierschreie, Vogelgezwitscher und ähnliches nicht markenrechtsfähig, da sie nicht durch Notenschrift graphisch dargestellt werden können. Der Klang kann jedoch in einer Tondatei treu wiedergegeben werden. Bereits in der Vergangenheit konnte zusätzlich zu der notenschriftlichen Darstellung die klangliche Wiedergabe als Datei (mp3-Datei nicht größer als 2 MB) in elektronischer Form eingereicht werden. Nur durfte auf die graphische Darstellung nicht verzichtet werden. Nach der neuen Rechtslage kann die graphische Darstellung gänzlich durch die Klangdatei ersetzt werden. Der Anmelder kann alternativ eine Klangdatei oder eine graphische Darstellung durch Notenschrift vorlegen. Er muss sich zwischen den beiden Darstellungsformen entscheiden.

21   Bei einigen **Markenformen,** wie Hörmarken, Positionsmarken, Bewegungsmarken, Multimediamarken (→ MarkenG § 32 Rn. 56) oder einer abstrakten konturlosen Farbmarke ist die Wiedergabe der Marke besonders wichtig. Diese Marken müssen als solche in der Anmeldung bezeichnet werden. Nach Art. 3 Abs. 6 UMDV muss für eine Marke, die nicht elektronisch vorgelegt wird, eine Wiedergabe der Marke getrennt vom Textblatt der Anmeldung auf einem gesonderten Blatt beigefügt werden. Art. 3 Abs. 6 UMDV bestimmt, dass die Wiedergabe in einer photographischen oder graphischen Darstellung (Zeichnung oder Ähnliches) bestehen muss, die alle relevanten Ansichten auf einem Blatt, nicht größer als DIN A4 Format enthält.

22   Wegfall des Erfordernisses der graphischen Darstellung: Das Erfordernis der graphischen Darstellung der Marke wurde im Rahmen der Reform der Unionsmarke nach der VO (EU) 2015/2424 aus Art. 4 lit. b gestrichen. Dieses Erfordernis galt als nicht mehr zeitgemäß, da die Wiedergabe der Marke mit anderen als graphischen Mitteln (zB durch eine Klangdatei bei einer Klangmarke) möglich ist und zu mehr Rechtssicherheit führen kann, da die andere Darstellungsweise zu einer präziseren Bestimmung der Marke führt. Die neue Definition der Marke eröffnet die Möglichkeit der Eintragung von Zeichen, die sich heute mit technologischen Mitteln darstellen lassen, die ausreichend sind, um eine treue und dauerhafte Wiedergabe der Marke zu ermöglichen und eine klare und eindeutige Bestimmung des Inhalts der Marke durch das Publikum, die aber keiner graphischen (zweidimensionalen) Darstellung zugänglich waren. Es soll damit sowohl eine höhere Flexibilität bei der Eintragung von Marken als auch mehr Rechtssicherheit erreicht werden (→ Einl. Rn. 85). Die Änderung des Art. 31 Abs. 1 lit. d und Abs. 3 ist nach Art. 4 VO (EU) 2015/2424 am 1.10.2017 in Kraft getreten. Die GMDV wird ebenfalls durch Art. 2 VO (EU) 2015/2424 geändert. Art. 3 UMDV regelt nunmehr die Einzelheiten der Wiedergabe der Marke für die verschiedenen Markenformen.

23   Bei gemischten Marken genießt nur die Kombination der Gestaltungsmerkmale nach der Darstellung der Marke als Ganzes Schutz. Bei solchen Marken kann zusätzlich zu der Darstellung der Marke nach Art. 3 Abs. 4 UMDV eine Markenbeschreibung der Anmeldung angefügt werden.

24   **Geruchsmarken,** sog. olfaktorische Marken und Geschmackszeichen (→ MarkenG § 3 Rn. 47 ff., → MarkenG § 8 Rn. 524 ff., → Art. 4 Rn. 8), sind zurzeit nicht graphisch darstellbar und konnten daher bisher nicht Gegenstand einer unionsrechtlichen Markenanmeldung sein (Prüfungsrichtlinien vor dem Amt, Stand 1.2.2020, Teil B, Abschnitt 2 Formerfordernisse, 9.3.11.2; → Art. 4 Rn. 8). Die olfaktorische Marke kann auch nicht durch die Kombination mehrerer Darstellungsformen (detaillierte Beschreibung des Geruchs und der Eigenschaften sowie genaue chemische Formel) ausreichend präzise, objektiv und dauerhaft wiedergegeben werden (→ Art. 4 Rn. 8). Die eindeutige Bestimmung der Marke bleibt mangels einer eindeutigen technischen Möglichkeit, die den Geruch oder Geschmack zweifelsfrei und dauerhaft darstellt, schwierig. Daher wird die Anerkennung dieser Markenformen auch nach dem Wegfall des Erfordernisses der graphischen Darstellbarkeit problematisch bleiben (Hildebrandt/Sosnitza/Knitter Rn. 27). **Hologramme** (→ Art. 4 Rn. 28), die mit einer zweidimensionalen Oberfläche eine dreidimensionale visuelle Wirkung erzeugen, werden dagegen vom Amt zur Anmeldung als Marke zugelassen, obwohl die Darstellung auf Papier nicht den gleichen Effekt der „Änderung" des Bildes hat, wie es auf Hologrammpapier möglich ist. Die Darstellung kann hier nach Art. 3 Abs. 3 lit. j durch eine Videodatei oder Fotografien mit den erforderlichen Ansichten erfolgen (Prüfungsrichtlinien

vor dem Amt, Teil B, Abschnitt 2 Formerfordernisse, 9.3.10). Von der Hologrammmarke ist die **Bewegungsmarke** abzugrenzen, die aus einer Bewegung der Elemente der Marke besteht (EUIPO 4. BK 12.3.2021 – R 2367/2020-4, GRUR-RS 2021, 49898). Diese kann durch eine Videodatei dargestellt werden.

Bei einer elektronischen Wiedergabe der Marke sind die entsprechend Art. 31 Abs. 3 S. 2 **25** UMDV aufgezeigten technischen Anforderungen zu beachten, die der Exekutivdirektor des EUIPO durch Beschluss Nr. Ex-19-1 vom 18.1.2019 betreffend die elektronische Kommunikation, die Erfordernisse der elektronischen Darstellung der Marke festgelegt hat. Die elektronische Darstellung der Marke kann durch eine JPEG MP3 oder JPEG MP4 Datei mit einer maximalen Größe von 20 MB erfolgen.

2. Beschreibung der Marke

Nach Art. 3 UMDV kann eine Beschreibung der Marke für die in Art. 3 Abs. 3 S. 2 lit. d und **26** e, f Ziff. ii, lit. h UMDV genannten Markenformen (Positionsmarken, Mustermarken, Marken aus Farbkombinationen und Bewegungsmarken) zusätzlich erfolgen, sowie für Markenformen, die nicht ausdrücklich in Art. 3 UMDV genannt werden. Die Beschreibung reicht aber allein nicht für die Anmeldung aus, da sich aus ihr alleine nicht das Erscheinungsbild der Marke selbst eindeutig ergibt (HABM 21.1.1998 – R 4/97-2). Der Anmelder kann aber auf diese Weise die tatsächliche Wiedergabe der Marke näher erklären und das Erscheinungsbild der Marke erläutern und somit mehr Rechtssicherheit schaffen. Die Beschreibung muss mit der Wiedergabe der Marke übereinstimmen und darf deren Schutzbereich nicht erweitern. Für andere als die genannten Markenformen ist eine Beschreibung nicht zulässig (→ Art. 4 Rn. 11).

B. Sonstige Anmeldeerfordernisse

I. Zahlung der Gebühr

Nach Art. 31 Abs. 2 müssen für die Anmeldung der Unionsmarke die Grundgebühr sowie **27** gegebenenfalls weitere Klassengebühren entrichtet werden. Die Grundgebühr für die Anmeldung beträgt bei einer elektronischen Anmeldung 850 Euro und für eine nicht elektronische Anmeldung 1.000 Euro. In der Grundgebühr sind aber Waren- und Dienstleistungsklassifizierungen nur für eine Klasse des Abkommens von Nizza eingeschlossen. Für die zweite Klasse sind zusätzliche Klassengebühren von 50 Euro zu entrichten. Ab der dritten und für alle weiteren Klassen fallen für jede Klasse weitere Gebühren in Höhe von 150 Euro pro Klasse an. Für die Anerkennung des Anmeldetages ist nur die Entrichtung der Grundgebühr (Art. 32 Abs. 1) erforderlich (→ Art. 32 Rn. 3 ff.). Diese muss spätestens innerhalb eines Monats ab der Einreichung der Anmeldung erfolgen. Die Zahlung kann durch Kreditkarte online, Überweisung oder ein laufendes Konto bei dem EUIPO erfolgen. Werden zusätzlich anfallende Klassengebühren nicht mit der Anmeldung bezahlt, fordert das EUIPO den Anmelder auf, die Gebühren innerhalb einer vom Amt festgelegten Frist zu entrichten. Der Prüfer vermerkt in der Akte, wenn Klassengebühren nicht gezahlt wurden und Klassen deshalb zurückgewiesen werden und teilt dies dem Anmelder in Form einer Mängelmitteilung mit, in der eine zweimonatige Frist für die Zahlung des Restbetrages festgesetzt wird. Wird der Restbetrag nicht innerhalb der Frist beglichen, gilt die Anmeldung bezüglich der nicht bezahlten Klassen als zurückgenommen (Prüfungsrichtlinien vor dem Amt, Teil B, Prüfung, Abschnitt 2 Formerfordernisse, 3.3).

Vorschläge, die Ein-Monatsfrist für die Zahlung der Anmeldegebühr zu streichen und eine sofortige **27.1** Bezahlung als Bedingung für die Zuerkennung eines Anmeldetags zu verlangen, konnten sich nicht durchsetzen. Allerdings hat sich im Zuge der Diskussion der Amtspraxis geändert: die Prüfung der Anmeldung erfolgt nunmehr erst nach Zahlung der Gebühr. Soweit der Anmelder daher an einer raschen Prüfung interessiert ist, oder gar am Fast Track (→ Art. 30 Rn. 4), sollte er die Zahlung sofort vornehmen.

Neben der Grundgebühr der Anmeldung und der einen oder den mehreren Klassengebühren **28** ist ggf. eine **Recherchegebühr** zu entrichten. Mit der Reform 2016 wurde auch die VO (EG) 2869/95 über die zu entrichtenden Gebühren aufgehoben. Die Gebühren werden nunmehr festgelegt durch Anhang I. Diese Neuregelung ist am 23.3.2016 in Kraft getreten (→ Anh. I Rn. 1 ff.).

Fraglich ist, ob das Unterlassen des Amtes einen Hinweis zur Zahlung der Gebühr zu geben einen **28.1** wesentlichen Verfahrensmangel darstellt (angesprochen, aber letztlich offengelassen von EuG verb. Rs. T-357/99 und T-358/99, GRUR Int 2001, 975). Nach der UMV besteht im Gegensatz zum deutschen Recht keine ausdrückliche Pflicht des Amtes zur Mahnung des Anmelders zur Entrichtung der Anmeldegebühr. Daher erscheint es als unwahrscheinlich, dass bei Versäumen der Zahlungsfrist bei unterlassenem Hinweis durch das Amt die genannten Rechtfolgen ggf. im Klageweg abgewendet werden können.

29   Soweit innerhalb dieser Frist die zusätzlichen Gebühren nicht bezahlt werden, gilt die Anmeldung für die zusätzlichen Klassen als zurückgenommen.

30   Nach der Reform der Unionsmarke nach der **VO (EU) 2015/2424** wird die Kommission in einem neuen Abs. 4 zum Erlass von Durchführungsrechtsakten gemäß Art. 207 Abs. 2 ermächtigt, um die Einzelheiten hinsichtlich des Inhalts der Anmeldung einer Unionsmarke zu bestimmen. Dies erfolgte durch Art. 2 und 3 UMDV (VO (EU) 2018/625).

II. Nennung des Vertreters

31   Da der Vertretungszwang des Art. 119 Abs. 2 gemäß der Vorschrift nicht für die Einreichung der Unionsmarke gilt, können auch Unternehmen, die außerhalb der EU ansässig sind, eine Unionsmarke ohne Vertreter anmelden. Allerdings muss der Anmelder dann unmittelbar nach Einreichung der Anmeldung einen zugelassenen Vertreter gemäß Art. 120 innerhalb des EWR bestellen. Bisher war erforderlich, dass der Vertreter einen Sitz in der EU hat. Nach der neuen Regelung ist es ausreichend, dass die Partei oder ihr Vertreter ihren Sitz in dem EWR haben. Somit können auch Parteien oder Vertreter aus Island, Liechtenstein und Norwegen vor dem Amt auftreten. Das EUIPO fordert den Anmelder zur Bestellung eines Vertreters auf. Ggf. müssen der Name und die Geschäftsanschrift des Vertreters angegeben werden.

31.1   Aufgrund des Brexit wurde für die britischen zugelassenen Vertreter die Vertretungsbefugnis ab 1.1.2021 durch das EUIPO aufgehoben (→ Art. 1 Rn. 24). Eine Ausnahme gilt nach Art. 97 BrexitAbk für laufende Verfahren, ausschließlich vor dem Amt, in denen britische Vertreter weiterhin vertretungsbefugt bleiben (→ Art. 1 Rn. 24).

III. Angabe der Sprache

32   Nach Art. 146 Abs. 1 muss die Anmeldung in einer der Amtssprachen der Union formuliert werden und die Anmeldung muss nach Art. 2 Abs. 1 lit. j UMDV die Sprache, in der die Anmeldung eingereicht wurde, angeben. Die Textelemente der Anmeldung müssen durchgehend in der gewählten Sprache sein. Zusätzlich muss gemäß Art. 146 Abs. 3 eine zweite Sprache als Verfahrenssprache angegeben werden, die eine Sprache des Amtes nach Art. 146 Abs. 2 ist (→ Einl. Rn. 57). Diese Sprachenregelung besteht für die Unionsmarke ab Anmeldung und kann später auch dann nicht geändert werden, wenn die Anmeldung (oder Eintragung) beispielsweise auf einen anderssprachigen Inhaber übertragen wird.

IV. Unterschrift

33   Der Antrag muss gemäß Art. 2 Abs. 1 lit. k UMDV von dem Anmelder oder seinem Vertreter eigenhändig unterschrieben sein, soweit es sich um einen Antrag durch ein Originalschriftstück handelt, das per Post oder durch einen Kurier nach Art. 63 Abs. 1 lit. b UMDV eingereicht wird. Bei der elektronischen Anmeldung reicht nach Art. 63 Abs. 1 lit. a UMDV das Äquivalent der Unterschrift durch Angabe des Namens in der elektronischen Mitteilung aus (→ Art. 30 Rn. 7). Das Amt akzeptiert als „Namen" auch Kanzleinamen und besteht nicht auf eine Angabe des Namens einer natürlichen Person. Das mag fragwürdig sein, weil es um die Vertretungsbefugnis des Unterschreibenden geht, entspricht aber der Rechtstradition des Vereinigten Königreichs und hat sich als EU-Praxis durchgesetzt.

C. Mängel bei der Anmeldung

I. Prüfung der Anmeldung

34   Das Amt prüft zunächst die formellen Voraussetzungen der Anmeldung. Die Anmeldung muss inhaltlich die Mindestangaben nach Art. 2 Abs. 1 UMDV enthalten, nach denen das Amt prüft, ob die Anmeldung vollständig ist. Soweit das EUIPO bei der Prüfung des Antrags Mängel feststellt, weist es den Anmelder durch ein entsprechendes Beanstandungsschreiben auf diese Mängel hin und gibt ihm eine Frist zur Mängelbeseitigung auf oder gibt ihm Gelegenheit zur Stellungnahme.

II. Zurückweisung des Antrags

Werden die Mängel nicht zufriedenstellend beseitigt oder überzeugen die Argumente des **35** Anmelders nicht, weist das EUIPO die Anmeldung ganz oder teilweise zurück. Es informiert den Anmelder über die ganze oder teilweise Zurückweisung. Die bereits gezahlten Gebühren werden zurückerstattet. Gegen den Zurückweisungsbescheid kann der Anmelder Beschwerde einlegen.

Art. 32 Anmeldetag

Der Anmeldetag einer Unionsmarke ist der Tag, an dem die die Angaben nach Artikel 31 Absatz 1 enthaltenden Unterlagen vom Anmelder beim Amt eingereicht worden sind, sofern innerhalb eines Monats nach Einreichung der genannten Unterlagen die Anmeldegebühr entrichtet wird.

Überblick

Die Unionsmarke ist ein reines Registerrecht, für dessen Entstehung es der Anmeldung und Eintragung bedarf. Der Anmeldetag ist nach Art. 32 grundsätzlich der Tag, an dem die ordnungsgemäße Anmeldung beim EUIPO eingegangen ist (→ Rn. 1 f.) und für die binnen eines Monats ab Einreichung der vollständigen Anmeldung die Anmeldegebühr bezahlt wurde (→ Rn. 3 ff.).

Das Prüfungsverfahren beginnt mit der Zuweisung des Anmeldetags (→ Rn. 7). Das EUIPO sendet dem Anmelder nach Eingang der Anmeldung eine Empfangsbestätigung und beginnt mit der Prüfung, ob die Anmeldung die Mindestanforderungen erfüllt, dh ob die Anmeldung die in Art. 31 genannten Voraussetzungen erfüllt, wie Name und Anschrift des Anmelders, eine Wiedergabe der Marke, ein Verzeichnis der Waren und Dienstleistungen sowie die Zahlung der Gebühr. Soweit dies bejaht wird weist es den Anmeldetag zu.

Die Anmeldegebühr muss grundsätzlich innerhalb eines Monats nach Einreichung der Anmeldung bezahlt werden. Geschieht dies nicht innerhalb der Monatsfrist erhält die Anmeldung nicht den Tag der Einreichung der Anmeldung als Anmeldetag, sondern den späteren Tag der Zahlung (→ Rn. 3).

Der Zeitpunkt der Anmeldung ist ausschlaggebend für die Bestimmung des Zeitrangs der Marke (→ Rn. 10) und ist der Ausgangspunkt für die Schutzdauer der Marke (→ Rn. 9).

A. Zuteilung des Anmeldetags

I. Vollständiger Antrag

Das EUIPO prüft zunächst, ob der Antrag den formellen Mindestanforderungen genügt und **1** vollständig ist, insbesondere ein Verzeichnis der betroffenen Waren- und Dienstleistungen enthält. Es vermerkt auf der Anmeldung sofort den Eingangstag und das Aktenzeichen der Anmeldung und sendet dem Anmelder eine Empfangsbestätigung. Nach Art. 63 Abs. 2 DVUM gilt der Tag an dem die Anmeldung elektronisch oder als Originalschriftstück bei dem Amt eingeht als Anmeldetag. Bei elektronisch über den Nutzerbereich des Amtes eingereichten Anmeldungen wird eine sofortige Empfangsbescheinigung, die den vorläufigen Anmeldetag enthält, durch das System ausgestellt. Bei anderen Anmeldungen wird ein vorläufiger Anmeldetag in der Empfangsbestätigung des Amtes zuerkannt.

1. Mangelbeseitigung

Erfüllt die Anmeldung nicht die Erfordernisse nach Art. 31, so teilt das Amt dies dem Anmelder **2** mit und unterrichtet ihn darüber, dass kein Anmeldetag zuerkannt werden konnte. Es fordert den Anmelder auf die aufgezeigten Mängel zu beseitigen. Der Antragsteller hat innerhalb einer Frist von zwei Monaten nach Empfang der Mitteilung Gelegenheit, den beanstandeten Mangel zu beheben (Art. 41 Abs. 2; → Art. 41 Rn. 1). Wird der Mangel behoben, so wird der Tag als Anmeldetag zuerkannt, an dem der Mangel behoben wurde (Art. 41 Abs. 3 S. 2). Wird der Mangel dagegen nicht fristgerecht behoben, so wird die Anmeldung vorläufig zurückgewiesen und nicht weiterbehandelt (Art. 41 Abs. 4). Gegen diese Zurückweisung kann bei den Beschwerdekammern des EUIPO Beschwerde eingelegt werden.

2. Zahlung der Gebühr

3   Nach Art. 32 Hs. 2 wird auch kein Anmeldetag zuerkannt, wenn die Grundgebühr nicht innerhalb der Frist eines Monats ab dem Tag des Eingangs der Anmeldung beim Amt entrichtet worden ist (→ Einl. Rn. 78.2). Die Anmeldegebühr muss innerhalb eines Monats nach Einreichung der Anmeldung gezahlt werden, andernfalls erhält die Anmeldung nicht den Tag der Antragseinreichung als Anmeldetag, sondern den späteren Tag der Zahlung (Art. 41 Abs. 3 S. 2).

4   Gebühren für das EUIPO sind grundsätzlich bereits fällig mit der Antragstellung. Da Art. 32 aber eine Zahlungsfrist von einem Monat festsetzt, reicht es aus, wenn die Zahlung innerhalb dieser Frist erfolgt. Dennoch kann eine Zahlung, die erst nach Ablauf der Frist beim EUIPO eingeht, als fristgerecht angesehen werden, wenn der Anmelder den Nachweis bringt, dass er innerhalb der Frist in einem Mitgliedstaat die Zahlung bei einer Bank vorgenommen oder eine Zahlungsanweisung gegeben oder einen Scheck per Post an das EUIPO geschickt hat (→ Art. 41 Rn. 1). In diesem Fall bleibt der ursprüngliche Anmeldetag erhalten.

5   Entgegen der Regelung in § 139 ZPO hat das EUIPO keine Pflicht, den Anmelder von Amts wegen darauf hinzuweisen, dass der Antrag bei Nichtzahlung der Grundgebühr innerhalb der Frist zurückgewiesen wird. Das Amt hat in der Rechtssache „Dakota" (EuG verb. Rs. T-357/99 und T-358/99, GRUR Int 2001, 975 – Dakota) darauf hingewiesen, dass es die Anmelder auf ihre Pflicht zur Entrichtung der Gebühren aufmerksam macht, aber keine Mahnung zur Entrichtung der Anmeldegebühren erfolge.

6   Zunächst fordert das Amt den Anmelder nach Art. 41 Abs. 2 auf, die ausstehende Anmeldegebühr zu zahlen (vgl. Prüfungsrichtlinien vor dem Amt, Teil B, Formerfordernisse, 4.1.1). Soweit die Monatsfrist des Art. 32 abläuft, ohne dass die Zahlung der Grundgebühr beim Amt eingeht, teilt das Amt dem Anmelder mit, dass aufgrund dieses Mangels kein Anmeldetag zuerkannt werden kann und setzt entsprechend Art. 41 Abs. 2 eine Zweimonatsfrist die ausstehende Zahlung nachzuholen. Erfolgt die Zahlung somit verspätet, wird der Anmeldetag auf den Zeitpunkt des Eingangs der Zahlung verschoben. Bei erneuter Versäumung der Zahlung innerhalb dieser Zweimonatsfrist gilt nach Art. 41 Abs. 3 S. 1 die Anmeldung als nicht eingereicht und es ist keine Weiterbehandlung nach Art. 105 möglich.

II. Bestimmung des Anmeldetags

7   Bei der Bestimmung des Anmeldetages wird nur der jeweilige Kalendertag berücksichtigt. Daher spielen auch Zeitverschiebungen in verschiedenen Zeitzonen keine Rolle. Die genaue Stunde und Minute der Einreichung der Anmeldung wird nicht berücksichtigt (EuGH C- 190/10, GRUR 2012, 613).

8   Dies gilt auch dann, wenn eine Unionsmarke und eine nationale Marke am selben Tag angemeldet werden und nach der nationalen Reglung für die Anmeldung der nationalen Marke die Stunde und die Minute der Einreichung berücksichtigt werden (EuGH C-344/10 P, C-345/10 P, GRUR 2012, 613 = EuZW 2012, 353). Da es den nationalen Rechtsordnungen überlassen bleibt, die Verfahrensbestimmungen für die Eintragung von nationalen Marken zu erlassen, können die Reglungen auch von den gemeinschaftsrechtlichen Reglungen abweichen. Die MRL enthält in Art. 37 und 38 MRL nur wenige Vorschriften über das Erfordernis der Rechtsangleichung für das Verfahren der Einreichung von nationalen Marken, die die Minimalanforderungen für die Anmeldung einer Marke und der Erteilung des Anmeldetags festlegen. Das Unionsmarkensystem samt seinen Verfahrensvorschriften ist dagegen ein autonomes System, das unabhängig von jeweiligen nationalen Vorschriften besteht. Art. 32 enthält eine spezifische Reglung für die Bestimmung des Anmeldetags, die nicht von einer Berücksichtigung der Stunde oder Minute der Anmeldung ausgeht. Diese Reglung ist für das Gemeinschaftsrecht abschließend, da sie nicht auf einzelstaatliche nationale Vorschriften verweist. Daher können die Angaben von Stunde und Minute bei der Unionsmarkenanmeldung nicht berücksichtigt werden, auch wenn diese auf der Anmeldung des nationalen Markenamtes vermerkt sind. Diese Kriterien dürfen daher nicht herangezogen werden, um über den zeitlichen Vorrang einer Unionsmarke über eine am selben Tag angemeldete nationale Marke zu entscheiden.

B. Wirkung des Anmeldetags

9   Mit der Zuerkennung des Anmeldetages beginnt an diesem Tag die Schutzwirkung der Marke. Diese Wirkung kann eventuell rückwirkend eintreten, wenn der Anmeldetag erst nach der Berichtigung oder Vervollständigung der Anmeldung zuerkannt wird. Die Schutzdauer der Marke von zehn Jahren beginnt mit dem Anmeldetag (Art. 52 S. 1).

I. Zeitrang der Marke

Der Zeitrang der Unionsmarke richtet sich grundsätzlich nach dem Anmeldetag (vgl. → **10** MarkenG § 33 Rn. 1). Der Anmeldetag ist ebenfalls der Ausgangspunkt für die Dauer der Priorität von sechs Monaten (Art. 34 Abs. 1), wenn die Anmeldung der Unionsmarke die Erstanmeldung der Marke ist.

II. Unveränderliche Einheit der Marke

1. Abänderungsverbot

Die Marke stellt vom Anmeldetag an eine unveränderliche und unteilbare Einheit dar (HABM **11** BK NJWE-WettbR 1999, 288 – Natural Beauty). Aus diesem Grund darf die Marke nach der Zuteilung des Anmeldetags nicht mehr in ihrem Erscheinungsbild verändert werden. Weder Form noch Aussehen der Marke dürfen durch Hinzufügen oder Wegnahme von Elementen verändert werden. Dieses Prinzip kommt auch in Art. 49 Abs. 2 zum Ausdruck. Änderungen sind daher nur am Anmeldetag selbst möglich.

Wenn auch die Marke selbst nicht verändert werden darf, so ist es jedoch möglich die Anmel- **12** dung zurückzunehmen oder das Waren- und Dienstleistungsverzeichnis einzuschränken, solange die Marke noch nicht eingetragen ist. Das Verzeichnis von Waren- und Dienstleistungen kann nach Eingang der Anmeldung nicht mehr erweitert, sondern nur noch beschränkt werden. Wenn der Anmelder eine Erweiterung wünscht kann er nur eine neue Anmeldung vornehmen. Offensichtliche Unrichtigkeiten können nach Art. 49 Abs. 2 berichtigt werden, soweit damit nicht der Schutzbereich der Marke verändert wird, also nicht der Inhalt oder das Erscheinungsbild der Marke betroffen ist. Wenn die Anmeldung mit größeren Fehlern behaftet ist, kann sie dagegen nur zurückgezogen werden. Will der Anmelder nach Eingang der Anmeldung das Aussehen der Marke ändern, kann er nur die Anmeldung zurücknehmen und eine neue Anmeldung vornehmen, die aber einen neuen Anmeldetag erhält.

2. Berichtigung offensichtlicher Unrichtigkeiten

Art. 49 Abs. 2 gestattet es jedoch, eine Berichtigung der Marke vorzunehmen, insbesondere **13** um sprachliche Fehler, Schreibfehler oder offensichtliche Unrichtigkeiten zu berichtigen, soweit die Berichtigung nicht den Inhalt der Marke berührt (→ Art. 49 Rn. 27 f.). Durch diese Art der Berichtigung wird nicht die Zuteilung des ursprünglichen Anmeldetags in Frage gestellt. Der EuGH hat entschieden, dass es bei der Berichtigung der Marke TELEYE in TELEEYE um einen solchen offensichtlichen Schreibfehler handelt, der ohne Auswirkung auf den Anmeldetag, bzw. die Priorität berichtigt werden konnte (EuG T-128/99, GRUR Int 2002, 528; → Art. 34 Rn. 7, → Art. 49 Rn. 27.1).

III. Basis für eine internationale Registrierung

Die EU ist mit Wirkung zum 1.10.2004 dem Protokoll zum Madrider Markenabkommen **14** (PMMA) beigetreten (→ Einl. Rn. 323). Seitdem kann die Unionsmarke im Rahmen einer internationalen Anmeldung nach dem Madrider Protokoll benannt werden (MAH GewRS/Hasselblatt § 37 Rn. 26, → Einl. Rn. 211) und eine nationale Marke als Basismarke kann somit im Wege der Erstreckung auf dem gesamten Gebiet der EU-Schutz erlangen und umgekehrt kann eine Unionsmarke als Basismarke für eine internationale Registrierung dienen (Jaeger-Lenz/Freiwald GRUR 2005, 118 (119)). Die bloße Anmeldung der Unionsmarke reicht aus, um diese als Grundlage einer internationalen Registrierung der Marke zu nutzen. Die endgültige Eintragung der Marke muss nicht abgewartet werden. Für die Priorität kann in diesem Fall das Anmeldedatum der Unionsmarke in Anspruch genommen werden (Art. 34). Dies gibt den weltweiten Mitgliedern des Madrider Abkommens erleichterten Zugang zu dem Unionsmarkensystem.

Eine Marke, die vor dem 31.12.2020 in der EU eingetragen wurde, verliert ihre Wirkung im **14.1** **Vereinigten Königreich,** wird aber nach Art. 54 Abs. 1 lit. a BrexitAbk (2019/C 384 I/01) ohne weitere Prüfung in dem vereinigten Königreich mit identischem Inhalt und Form anerkannt (Bogatz GRUR-Prax 2021, 130). Die nationale Marke und die identische Unionsmarke gelten als zwei selbständige Schutzrechte. Es muss allerdings ein entsprechender Antrag auf Anerkennung der Unionsmarke als britische Marke erfolgen. Die Registrierung dieser Marke erfolgt kostenlos nach Art. 55 Abs. 1 BrexitAbk durch das zuständige Amt im Vereinigten Königreich. Die Schutzdauer der UK-Marke richtet sich nach der verbleibenden Schutzdauer der Unionsmarke. Der Markeninhaber soll aber durch die Abspaltung der UK-Marke keine Rechte einbüßen (→ Art. 34 Rn. 3.1). Die neue britische Marke behält daher das Anmeldedatum und die Priorität sowie den Zeitrang der Unionsmarke. Für den Nachweis der rechtserhaltenden Benutzung kann ebenfalls noch auf die Verwendung der Unionsmarke außerhalb des Vereinigten Königreichs Bezug genommen werden, was einen Vorteil dieser Markenform darstellt (Bogatz GRUR-Prax 2021, 130).

Art. 33 Bezeichnung und Klassifizierung von Waren und Dienstleistungen

(1) Die Waren und Dienstleistungen, die Gegenstand einer Markenanmeldung sind, werden gemäß dem im Abkommen von Nizza über die internationale Klassifikation von Waren und Dienstleistungen für die Eintragung von Marken vom 15. Juni 1957 festgelegten Klassifikationssystem (im Folgenden „Nizza-Klassifikation") klassifiziert.

(2) Die Waren und Dienstleistungen, für die Markenschutz beantragt wird, sind vom Anmelder so klar und eindeutig anzugeben, dass die zuständigen Behörden und die Wirtschaftsteilnehmer allein auf dieser Grundlage den beantragten Schutzumfang bestimmen können.

(3) Für die Zwecke des Absatzes 2 können die in den Klassenüberschriften der Nizza-Klassifikation enthaltenen Oberbegriffe oder andere allgemeine Begriffe verwendet werden, sofern sie den Anforderungen dieses Artikels in Bezug auf Klarheit und Eindeutigkeit entsprechen.

(4) Das Amt weist eine Anmeldung bei unklaren oder nicht eindeutigen Begriffen zurück, sofern der Anmelder nicht innerhalb einer vom Amt zu diesem Zweck gesetzten Frist eine geeignete Formulierung vorschlägt.

(5) ¹Die Verwendung allgemeiner Begriffe, einschließlich der Oberbegriffe der Klassenüberschriften der Nizza-Klassifikation, ist dahin auszulegen, dass diese alle Waren oder Dienstleistungen einschließen, die eindeutig von der wörtlichen Bedeutung des Begriffs erfasst sind. ²Die Verwendung derartiger Begriffe ist nicht so auszulegen, dass Waren oder Dienstleistungen beansprucht werden können, die nicht darunter erfasst werden können.

(6) Beantragt der Anmelder eine Eintragung für mehr als eine Klasse, so fasst der Anmelder die Waren und Dienstleistungen gemäß den Klassen der Nizza-Klassifikation zusammen, wobei er jeder Gruppe die Nummer der Klasse, der diese Gruppe von Waren oder Dienstleistungen angehört, in der Reihenfolge dieser Klassifikation voranstellt.

(7) Waren und Dienstleistungen werden nicht deswegen als ähnlich angesehen, weil sie in derselben Klasse der Nizza-Klassifikation erscheinen, und Waren und Dienstleistungen werden nicht deswegen als verschieden angesehen, weil sie in verschiedenen Klassen der Nizza-Klassifikation erscheinen.

(8) *[1]* Inhaber von vor dem 22. Juni 2012 angemeldeten Unionsmarken, die in Bezug auf die gesamte Überschrift einer Nizza-Klasse eingetragen sind, dürfen erklären, dass es am Anmeldetag ihre Absicht war, Schutz in Bezug auf Waren oder Dienstleistungen zu beantragen, die über diejenigen hinausgehen, die von der wörtlichen Bedeutung der Überschrift der betreffenden Klasse erfasst sind, sofern die so bezeichneten Waren oder Dienstleistungen im alphabetischen Verzeichnis für diese Klasse in der zum Zeitpunkt der Anmeldung geltenden Fassung der Nizza-Klassifikation aufgeführt sind.

[2] ¹In der Erklärung, die beim Amt bis zum 24. September 2016 einzureichen ist, müssen klar, genau und konkret die Waren und Dienstleistungen angegeben werden, die nicht eindeutig von der wörtlichen Bedeutung der Begriffe in der Klassenüberschrift, unter die sie nach der ursprünglichen Absicht des Inhabers fielen, erfasst sind. ²Das Amt ergreift angemessene Maßnahmen, um das Register entsprechend zu ändern. ³Die Möglichkeit der Abgabe einer Erklärung nach Unterabsatz 1 dieses Absatzes lässt die Anwendung des Artikels 18, des Artikels 47 Absatz 2, des Artikels 58 Absatz 1 Buchstabe a und des Artikels 64 Absatz 2 unberührt.

[3] Unionsmarken, für die keine Erklärung binnen der in Unterabsatz 2 genannten Frist eingereicht wird, gelten nach Fristablauf nur für diejenigen Waren oder Dienstleistungen, die eindeutig von der wörtlichen Bedeutung der Begriffe in der Überschrift der einschlägigen Klasse erfasst sind.

(9) *[1]* ¹Wird das Register geändert, so hindern die durch die Unionsmarke gemäß Artikel 9 verliehenen ausschließlichen Rechte einen Dritten nicht daran, eine Marke weiterhin für Waren oder Dienstleistungen zu benutzen, wenn und soweit die Benutzung der Marke für diese Waren oder Dienstleistungen

a) vor Änderung des Registers begann und

b) die Rechte des Inhabers auf der Grundlage der wörtlichen Bedeutung der damaligen Eintragung der Waren und Dienstleistungen im Register nicht verletzte.

***[2]* Ferner gibt die Änderung der Liste der in das Register eingetragenen Waren oder Dienstleistungen dem Inhaber der Unionsmarke nicht das Recht, sich der Benutzung einer jüngeren Marke zu widersetzen oder eine Erklärung der Nichtigkeit einer solchen Marke zu beantragen, wenn und soweit**

a) vor Änderung des Registers die jüngere Marke entweder für die Waren oder Dienstleistungen benutzt wurde oder ein Antrag auf Eintragung der Marke für die Waren oder Dienstleistungen eingereicht worden war, und

b) die Benutzung der Marke für diese Waren oder Dienstleistungen die Rechte des Inhabers auf der Grundlage der wörtlichen Bedeutung der damaligen Eintragung der Waren und Dienstleistungen im Register nicht verletzte oder verletzt hätte.

Überblick

Dass eine Unionsmarkenanmeldung ein Waren- und Dienstleistungsverzeichnis haben muss, ist Anmeldetagsvoraussetzung (Art. 31; → Art. 31 Rn. 1, → Art. 32 Rn. 1). Die inhaltlichen Anforderungen an dieses Verzeichnis finden sich in Art. 33, der sich sowohl mit der notwendigen Bestimmtheit der in dem Verzeichnis enthaltenen Begriffe (Art. 33 Abs. 2–5; → Rn. 3), als auch mit deren Klassifizierung (Art. 33 Abs. 1, 6; → Rn. 38) befasst. Art. 33 Abs. 7 bestimmt, dass die Klassifizierung auf die Ähnlichkeit von Waren und Dienstleistungen keine Auswirkungen hat; sie ist aber deswegen nicht irrelevant für die Interpretation der in dem Verzeichnis enthaltenen Begriffe (→ Rn. 49).

Art. 33 setzte die IP TRANSLATOR-Entscheidung des EuGH (→ Rn. 3 ff.) um. Seine Bedeutung für Altverzeichnisse ist jedoch beschränkt, weil es keine Sanktionen für unklare Begriffe in den Verzeichnissen eingetragener Marken gibt (→ Rn. 7 ff.). Eine Ausnahme ist die Regelung zu vollständigen Klassenüberschriften in Verzeichnissen von Unionsmarken in Abs. 8 (→ Rn. 55 ff.), zu der eine Entsprechung für nationale Marken fehlt (→ Rn. 65 ff.).

Die Prüfung des Waren- und Dienstleistungsverzeichnisses erübrigt sich, wenn ausschließlich Begriffe aus der einheitlichen Klassifikationsdatenbank (auch: Harmonisierte Datenbank) übernommen werden. Ansonsten erfolgt sie im Rahmen der formellen Prüfung nach Art. 41 Abs. 1 lit. b UMV iVm Art. 31 Abs. 3 UMV und Art. 2 Abs. 1 lit. c UMDV (→ Rn. 43 ff.) sowie – inhaltlich – nach Art. 33 Abs. 4 (→ Rn. 34).

In der Grundgebühr für die Anmeldung einer Unionsmarke ist eine Waren- oder Dienstleistungsklasse des Nizzaer Abkommens enthalten. Für weitere Klassen sind zusätzliche Klassengebühren zu entrichten (→ Rn. 46 ff.; → Anh. I Rn. 4).

Die Fassung des Waren- und Dienstleistungsverzeichnisses sollte sich an den absehbaren praktischen Bedürfnissen orientieren, ohne den Entwicklungsspielraum des Anmelders übermäßig einzuschränken. Zu berücksichtigen ist ferner die Rechtsprechung des EuG zur Teilbenutzung von Warenkategorien und der Bildung kohärenter Untergruppen. Ob die Begriffe der einheitlichen Klassifikationsdatenbank oder jene der Nizza-Klassifikation vorzugsweise zu wählen sind, hängt unter anderem vom Beschleunigungsinteresse des Anmelders sowie einer möglichen Internationalisierung der Marke ab (→ Rn. 68 ff.).

Zu kommentieren sind im Zusammenhang mit dem Waren- und Dienstleistungsverzeichnis zunächst der Bestimmtheitsgrundsatz, die daraus folgenden Anforderungen an die Bezeichnung der Waren und Dienstleistungen (→ Rn. 3 ff.) sowie die (fehlenden) Rechtsfolgen der Verwendung unklarer Begriffe für eingetragene Marken (→ Rn. 7 ff.). Sodann wird auf die Klassifizierung und deren Prüfung eingegangen (→ Rn. 38 ff.). Dem folgen Ausführungen zu Klassenüberschriften in Altverzeichnissen (Abs. 8; → Rn. 55 ff.) sowie praktische Bemerkungen zur Abfassung von Waren- und Dienstleistungsverzeichnissen (→ Rn. 68 ff.).

Übersicht

A. Allgemeines

1   Jede Anmeldung einer Unionsmarke muss ein Waren- und Dienstleistungsverzeichnis enthalte. Das ursprünglich eingereichte Verzeichnis legt den Schutzbereich der Marke fest, welcher später nicht erweitert werden kann. Das Verzeichnis ist eine Voraussetzung der Zuerkennung des Anmeldetags. Allerdings ist nicht Voraussetzung des Anmeldetages, dass das Waren- und Dienstleistungsverzeichnis so, wie angegeben, zulässig ist. Art. 31 Abs. 1 lit. a sagt lediglich, dass die Anmeldung „ein Verzeichnis" haben müsse. Um dieser Anforderung zu genügen, reicht es, wenn mindestens eine Ware oder Dienstleistung hinreichend identifizierbar in der Anmeldung angegeben ist (→ MarkenG § 32 Rn. 3).

2   Art. 33 enthält demgegenüber die Voraussetzungen für ein ordnungsgemäßes und zulässiges Waren- und Dienstleistungsverzeichnis. Wie die Überschrift bereits sagt, geht es hier um zwei voneinander zu trennende Hauptpunkte, nämlich zum einen die „Bezeichnung" und zum anderen die „Klassifizierung" von Waren und Dienstleistungen. Dass Abs. 1 mit der Klassifizierung beginnt, um erst in Abs. 2 zum Bestimmtheitsgrundsatz überzugehen, ist der Tatsache geschuldet, dass der vormalige Art. 28 GMV nur bestimmte, dass die Waren und Dienstleistungen nach der Nizza-Klassifikation zu klassifizieren seien. Weitere Bestimmungen hinsichtlich des Verzeichnisses einschließlich des Bestimmtheitsgrundsatzes fanden sich in Regel 2 GMDV, die wiederum in Art. 2 Abs. 1 lit. c UMDV kein Äquivalent hat, sondern praktisch insgesamt in Art. 33 aufgegangen ist.

B. Bezeichnung der Waren und Dienstleistungen – Bestimmtheitsgrundsatz (Abs. 2)

I. Allgemeiner Bestimmtheitsgrundsatz

3   Nach Art. 33 Abs. 2 sind die Waren und Dienstleistungen „so klar und eindeutig anzugeben, dass die zuständigen Behörden und die Wirtschaftsteilnehmer allein auf dieser Grundlage den beantragten Schutzumfang bestimmen können". Dieser Wortlaut stammt unmittelbar aus dem IP TRANSLATOR-Urteils des EuGH vom 19.6.2012 (EuGH C-307/10, GRUR 2012, 822 Rn. 49 – IP TRANSLATOR). Er enthält eine stärkere Aussage als sie sich in Regel 2 GMDV fand, wonach das Verzeichnis „so zu formulieren [war], dass sich die Art der Waren und Dienstleistungen klar erkennen [ließ]".

4   IP TRANSLATOR betraf in erster Linie die vormalige Amtspraxis, die vollständige Angabe von Klassenüberschriften als Angabe sämtlicher von der Klasse umfassten Waren oder Dienstleistungen in einer Klasse zu interpretieren – ohne Einschränkung auf die alphabetische Liste. Diese Praxis wurde mit der Mitteilung Nr. 4/03 des Präsidenten des HABM vom 16.6.2003 über die Verwendung von Klassenüberschriften in Verzeichnissen der Waren und Dienstleistungen für Gemeinschaftsmarkenanmeldungen- und Eintragungen bekanntgemacht (ABl. HABM 9/03, 1647), entsprach aber der bereits vorher eingespielten Praxis. In IP TRANSLATOR entschied der EuGH zunächst, dass die MRL 2008 zwar keine Vorschriften zur Abfassung des Waren- und Dienstleistungsverzeichnisses enthalte, jedoch die „Anwendung bestimmter Vorschriften der RL 2008/95/EG weitgehend von der Frage abhängt, ob die von einer eingetragenen Marke betroffenen Waren oder Dienstleistungen hinreichend klar und eindeutig angegeben sind" (EuGH C-307/10, GRUR 2012, 822 Rn. 42): Dabei hob er die absoluten und relativen Eintragungshindernisse hervor sowie das Registerprinzip. Daraus entwickelte der EuGH sowohl das Erfordernis der „Klarheit und Eindeutigkeit" (EuGH C-307/10, GRUR 2012, 822 Rn. 49) als auch die Aussagen, dass die Oberbegriffe der Nizza-Klassifikation sich hieran messen lassen müssten (EuGH C-307/10, GRUR 2012, 822 Rn. 55 f.), und dass die Rechtssicherheit beeinträchtigt wäre, wenn der Markenschutz davon abhinge, „welcher Betrachtungsweise die zuständige Behörde folgt, und nicht vom tatsächlichen Willen des Anmelders" (EuGH C-307/10, GRUR 2012, 822 Rn. 60). Er folgerte daraus, dass ein Anmelder, der die vollständige Klassenüberschrift verwende, klarstellen müsse, ob er alle Waren und Dienstleistungen der alphabetischen Liste der Klasse abdecken wolle, oder weniger, und wenn ja, dann welche (EuGH C-307/10, GRUR 2012, 822 Rn. 61). Warum hier plötzlich auf die alphabetische Liste abgehoben wurde, blieb unklar.

Die in Mitteilung Nr. 4/03 niedergelegte Praxis des HABM war vor dem Hintergrund der unterschied- **4.1** lichen Herangehensweisen in den Mitgliedstaaten entwickelt worden und stellte einen Kompromiss dar zwischen weit höheren Genauigkeitsanforderungen einerseits (vor allem im Vereinigten Königreich) und den – noch lange in vielen Mitgliedstaaten (zB Finnland, Italien) zulässigen Angaben „alle Waren/Dienstleistungen der Klasse" andererseits. Das Amt stand auf dem Standpunkt, dass sich mithilfe der Nizza-Klassifikation, der erläuternden Anmerkungen und der in der alphabetischen Liste genannten Beispiele unschwer feststellen lasse, ob eine Ware oder Dienstleistung erfasst sei oder nicht. Obwohl man dafür im Zweifel markenrechtliche Beratung brauchte, ergaben sich letztlich aus dieser einfachen und transparenten Lösung kaum Probleme und wussten alle, jedenfalls alle markenrechtlich versierten, Verfahrensteilnehmer, woran sie waren. Ein praktischer Vorteil war, dass Waren- und Dienstleistungsverzeichnisse in aller Regel kurz und prägnant waren.

Die Praxis war jedoch auch vielen ein Dorn im Auge, und die weiterhin bestehenden Unterschiede in **4.2** der Herangehensweise waren natürlich misslich, weil sie zu unterschiedlichen Auslegungen desselben Waren- und Dienstleistungsverzeichnisses innerhalb der EU führen konnten. Die Praxis wurde letztlich durch das Chartered Institute of Patent Attorneys (CIPA) zu Fall gebracht mittels des konstruierten IP TRANSLATOR Falls: CIPA meldete die Marke IP TRANSLATOR vor dem UKIPO für die Klassenüberschrift der Klasse 41 an. Das UKIPO wies die Anmeldung zurück wegen beschreibenden Charakters für Übersetzungsdienstleistungen (obwohl dies seiner Praxis gar nicht entsprach, denn das UKIPO las Anmeldungen ja gerade nicht so, dass sie alles in der Klasse umfassten, wenn nur die Klassenüberschrift vollständig enthalten war). Das CIPA zog mit dem Argument, dass Übersetzungsdienstleistungen von den Begriffen „Erziehung; Ausbildung; Unterhaltung; sportliche und kulturelle Aktivitäten" nicht umfasst seien, vor die „Appointed Person", die dem EuGH vorlegte. Dies resultierte in der zitierten Entscheidung EuGH C-307/10, GRUR 2012, 822.

Der Gesetzgeber hat das Mandat des EuGH aufgegriffen und – nach seinem Verständnis – in **5** Art. 33 umgesetzt, indem er in Abs. 2 das grundsätzliche Bestimmtheitsgebot normierte, in Abs. 3 und Abs. 5 Regelungen zur Zulässigkeit und Auslegung von Oberbegriffen traf und in Abs. 4 die Rechtsfolgen mangelnder Klarheit für Unionsmarkenanmeldungen aufnahm. Die Behandlung von (damaligen) Altverzeichnissen mit vollständigen Klassenüberschriften wurde in Abs. 8 und Abs. 9 geregelt.

Klar ist, dass sich jedenfalls im Prinzip der Umfang des markenrechtlichen Schutzes im Prinzip **6** allein aufgrund der in dem Verzeichnis enthaltenen Begriffe bestimmen lassen muss, ohne Rekurs auf Amtsmitteilungen oder Auslegungshilfen (s. aber zur Auswirkung der Klassifizierung auf die Auslegung der Begriffe → Rn. 20). Dies gilt im Anwendungsbereich des Abs. 8 auch für Altverzeichnisse von Unionsmarken (→ Rn. 59 f.), ansonsten aber leider nicht, weil der EuGH mittlerweile mehrmals festgestellt hat, dass IP TRANSLATOR nicht rückwirkend gelte (insbesondere EuGH C- 577/14 P, GRUR Int 2017, 327 – Lambretta; C501/15 P, GRUR-RR 2017, 496 – Cactus of peace; vgl. Anm. Bender GRUR-Prax 2016, 371; näher → Rn. 58).

II. Rechtsfolgen unklarer Begriffe

7   Was die Rechtsfolgen der Verwendung unklarer oder unpräziser Begriffe in Waren- und Dienstleistungsverzeichnissen betrifft, ist zwischen Unionsmarkenanmeldungen einerseits und eingetragenen Unionsmarken andererseits zu unterscheiden. Kurz gesagt – bei **Unionsmarkenanmeldungen** mit unklaren Begriffen erfolgt eine **Beanstandung** (→ Rn. 34 f.). Bei **eingetragenen
Marken** sind die **Rechtsfolgen** der Verwendung unklarer oder überbreiter Begriffe **minimal**,
um nicht zu sagen nicht vorhanden, und zwar unabhängig von Anmelde- oder Eintragungszeitpunkt und damit davon, ob die betreffende Marke im Einklang mit dem für sie geltenden Recht
eingetragen wurde oder nicht. Auch akzeptiert der EuGH nicht etwa eine generelle Regel, wonach
die Unklarheit der Eintragung zu Lasten der Inhaber wirke (→ Rn. 11). Zu der Sonderfrage der
vollständigen Klassenüberschriften in Altverzeichnissen → Rn. 55 ff.

7.1   Art. 33 spielt für nationale Marken keine Rolle, hat aber seine Entsprechung in Art. 39 MRL. Nationale
Marken kommen im unionsmarkenrechtlichen Zusammenhang nur als ältere Marken in Widerspruchs-
oder Nichtigkeitsverfahren ins Spiel (oder als Grundlagen für Zeitrang- oder Prioritätsansprüche). Zur
Auslegung von Altverzeichnissen in nationalen Marken → Rn. 65 ff.

8   Für eingetragene Marken hat der EuGH klargestellt, dass das Fehlen von Klarheit und Eindeutigkeit, also die Verletzung des Bestimmtheitsgrundsatzes, **keinen eigenständigen Nichtigkeitsgrund** darstelle (EuGH C 371/18, GRUR 2020, 288 – SkyKick), und zwar weder unter dem
Aspekt der Markenfähigkeit (EuGH C 371/18, GRUR 2020, 288 Rn. 64 – SkyKick) noch dem
der öffentlichen Ordnung (EuGH C 371/18, GRUR 2020, 288 Rn. 66 f. – SkyKick). In Betracht
kommt allenfalls (Teil-)Nichtigkeit wegen Bösgläubigkeit (EuGH C 371/18, GRUR 2020, 288
Rn. 77 ff. – SkyKick); hier liegt jedoch die Beweislast bei demjenigen, dem die unklare oder
überbreite Marke entgegengehalten wird, so dass dies häufig ein stumpfes Schwert sein dürfte.

8.1   Vor allem „kann", so der EuGH in SkyKick, „die Bösgläubigkeit eines Markenanmelders […] nicht
auf der Grundlage der bloßen Feststellung angenommen werden, dass der Anmelder bei der Anmeldung
keinen Geschäftsbereich hatte, der den von der Anmeldung erfassten Waren und Dienstleistungen entsprach" (EuGH C 371/18, GRUR 2020, 288 Rn. 78 – SkyKick).

8.2   SkyKick betraf – vereinfacht – die Eintragung der Marke „SKY" für Computersoftware sowie generell
die extrem breite Fassung der Waren- und Dienstleistungsverzeichnisse der Sky-Marken (wobei der Aspekt
der Wiederholungsanmeldung keine Rolle spielte, obwohl man auch dies durchaus hätte diskutieren können; → Art. 18 Rn. 44 ff.). Insofern ging es nicht wirklich um einen Begriff ohne klaren Wortsinn,
sondern um einen Begriff, der eine unendliche Zahl völlig wesensverschiedener Waren umfasst und damit
mindestens so „unklar" ist wie der Begriff „Maschinen", der nach der Mitteilung zur gemeinsamen Praxis
für die Zulässigkeit von Klassifikationsbegriffen v1.0 vom 20.2.2014 für unzulässig erklärt wurde. Kein
Unternehmen stellt jede erdenkliche Art der Software her. Solange jedoch die Ämter „Software" für
zulässig halten, und dies ist weiterhin der Fall, ist daran nicht zu rütteln, da Dritte die Einhaltung des
Bestimmtheitsgrundsatzes mangels Nichtigkeitsgrunds nicht durchsetzen können.

8.3   Dass sich der Bestimmtheitsgrundsatz (auch) für das Waren- und Dienstleistungsverzeichnis in Art. 4
hineinlesen lasse und damit über Art. 7 Abs. 1 lit. a zur (Teil-)Nichtigkeit führen könne, war ein sinnvoller
Vorschlag, um ihm adäquate Rechtsfolgen und die gewünschten positiven Auswirkungen auf die Rechtssicherheit zu geben (so zB v. Kapff in v. Bomhard/v. Mühlendahl, Concise European Trademark Law, 2018,
Art. 7 Abschnitt 4.c; → Art. 4 Rn. 31). Ferner hatte der EuGH selbst – in Besetzung als Große Kammer –
in IP TRANSLATOR deutlich auf die Betonung des Bestimmtheitsgrundsatzes und dessen Bedeutung
für die Rechtssicherheit in seiner Sieckmann und Heidelberger Bauchemie Rechtsprechung verwiesen
und umfangreich wörtlich auf diese Bezug genommen (EuGH C-307/10, GRUR 2012, 822 Rn. 46–48).
Umso mehr überrascht, wie lapidar der EuGH in SkyKick jede Anmutung, dieser Grundsatz könne auf
die Definition des Schutzumfangs durch die Angabe der Waren und Dienstleistungen eine Rolle spielen,
zurückwies (EuGH C 371/18, GRUR 2020, 288 Rn. 64 – SkyKick).

9   Wenn **unklare Begriffe** nicht für (teil-)nichtig erklärt werden können und sich die Lösung
auch nicht aus dem Benutzungszwang ergibt (weil dieser aus verfahrensrechtlichen Gründen nicht
greift), stellt sich die Frage, wie solche Begriffe auszulegen sind, welcher **Schutzumfang** ihnen
also zuzubilligen ist.

9.1   Soweit der Benutzungszwang greift, kommt in diesem Fall die umfangreiche Rechtsprechung zur
teilweisen Aufrechterhaltung von Kategoriebegriffen und der Bildung sinnvoller Unterkategorien zum
Tragen (→ Rn. 72). Die genaue Auslegung des unklaren Begriffs im Verzeichnis ist hier nur insoweit
wichtig, als festgestellt werden muss, ob er die Waren oder Dienstleistungen umfasst, für die die Marke
benutzt wurde.

Die Auslegung der Begriffe des Waren- und Dienstleistungsverzeichnisses muss mit Blick auf das Ver- **9.2** kehrsverständnis, wie es zum Zeitpunkt der Anmeldung vorherrschte, vorgenommen werden. So bestätigte der EuGH in Edison (EuGH C121/19 P, GRUR-RS 2020, 22867), dass „Brennstoffe" und „Kraftstoff" in Klasse 4 unter Geltung der achten Auflage der Nizzaer Klassifikation (die Anmeldung war aus dem Jahr 2003) elektrische Energie nicht mit einschlossen, obwohl diese in die ab 2006 gültige neunte Auflage explizit in Klasse 4 aufgenommen wurden. Der Teilverzicht, mit dem Edison beabsichtigte, die Eintragung der Marke statt für die früheren Klassenüberschriften für die Waren zu erreichen, für die die Marke benutzt war, scheiterte damit.

Unklarheiten sollten grundsätzlich zu Lasten der Inhaber der unklaren Marken gehen. Die **10** Große BK stellte hierzu 2015 fest: „Offensichtlich hält eine Angabe, die […] unklar und ungenau ist, [die] rechtlichen Bedingungen nicht einfach deshalb ein, weil der Prüfer nichts gegen den Wortlaut der Angabe einzuwenden hatte. Die Einhaltung dieser Anforderungen ist schlussendlich die Pflicht des Anmelders. Eine mehrdeutige, vage und breit gefasste Angabe kann nicht auf für den Anmelder günstige Weise ausgelegt werden" (HABM R 863/2011-G, GRUR-RS 2016, 10565 Rn. 55 – Malteserkreuz). Das EuG hat insoweit angenommen, ein Vergleich der Waren und Dienstleistungen könne nicht durchgeführt werden, wenn die ältere Marke einen nicht hinreichend konkreten Begriff enthalte (EuG T571/11, BeckRS 2013, 80595 – CLUB GOURMET; bestätigt durch EuGH C-301/13, BeckRS 2014, 81310 Rn. 66; s. ferner EuG T-123/16, BeckRS 2017, 134216 = GRUR-Prax 2018, 73 – BURLINGTON ARCADE, zu Dienstleistungen eines Einkaufszentrums; aufgehoben durch EuGH C-155/18 P bis C158/18 P, GRUR-Prax 2020, 206 = GRUR-RS 2020, 2683 – BURLINGTON).

In EuG T571/11, BeckRS 2013, 80595 – CLUB GOURMET ging es um eine 1996 eingetragene **10.1** spanische Marke, die folgendes Verzeichnis in Klasse 35 enthielt: „[Klasse] 35: eine Werbeaussage. Sie wird für die Waren der Marken Nr. 1013156 (Klasse 29), Nr. 1013157 (Klasse 30), Nr. 1815538 (Klasse 31), Nr. 1815539 (Klasse 32), Nr. 1013158 (Klasse 33), Nr. 1815547 (Klasse 42) ,El Corte Inglés' (Bildmarke) verwendet". Der Inhaber (Corte Inglés S.A.) argumentierte, dass nach der bis 1997 in Spanien geltenden Praxis sogenannten „Sloganmarken" unter Bezugnahme auf andere Marken geschützt werden konnten und dann nicht nur Schutz in Klasse 35, sondern auch für die von den jeweils anderen Marken beanspruchten Waren genoss, er hatte diese überraschende Rechtsansicht jedoch nicht vor dem Amt substantiiert. Das Gericht stimmte mit dem Amt überein, dass das Verzeichnis überhaupt nur eine Dienstleistung umfasse, nämlich „eine Werbeaussage" (EuG T571/11, BeckRS 2014, 81310 Rn. 50), und dass diese Beschreibung keinen Vergleich dieser Dienstleistung mit den von der beantragten Marke erfassten Waren zulasse (EuG T571/11, BeckRS 2014, 81310 Rn. 54).

Die generelle **Regel, dass Unklarheiten zu Lasten des Markeninhabers gehen,** hat der **11** **EuGH so nicht akzeptiert.** Er hat vielmehr postuliert, dass auch einer Marke, die – entgegen der Praktiker Rechtsprechung – Einzelhandelsdienstleistungen (bzw. Dienstleistungen einer Einkaufspassage) ohne nähere Spezifizierung enthalte, nicht jegliche Unterscheidungskraft genommen werden kann, so dass ein Warenvergleich durchgeführt werden muss (EuGH C-155/18 P bis C-158/18 P, GRUR-Prax 2020, 206 = GRUR-RS 2020, 2683 Rn. 135 – BURLINGTON). Wie dies freilich vonstattengehen soll mit unspezifizierten Einzelhandelsdienstleistungen einerseits und konkreten Waren andererseits, hat er nicht gesagt. Die jenes Verfahren abschließende Entscheidung der Ersten Beschwerdekammer zeigt die Schwierigkeit dieses Vergleichs (EUIPO BK R0596/20201 Rn. 58 ff.).

Die Kammer griff für den Vergleich zwischen den unspezifizierten Einzelhandelsdienstleistungen – **11.1** genauer gesagt der Dienstleistung „Zusammenstellen verschiedener Waren für Dritte, um dem Verbraucher eine bequeme Ansicht und den Erwerb dieser Waren in einer Reihe von Einzelhandelsgeschäften mit allgemeinem Warensortiment zu ermöglichen" – und den Waren der Anmeldung in Klassen 3, 14 und 18 auf die vor Erlass des Praktiker-Urteils aus dem Jahre 2005 (EuGH C-418/02, GRUR 2005, 764) zurück. In einer Mitteilung des Präsidenten aus dem Jahre 2001 waren Kriterien niedergelegt, die für den Vergleich der Waren und Dienstleistungen im Falle von Einzelhandelsmarken herangezogen werden sollten. Die Kammer schloss daraufhin aus dem Vorhandensein des starken Elements „BURLINGTON" und der Etabliertheit des älteren Zeichens im Vereinigten Königreich(!) auf eine gewisse Ähnlichkeit der Waren und Dienstleistungen (EuGH C-155/18 P bis C-158/18 P, GRUR-Prax 2020, 206 = GRUR-RS 2020, 2683 Rn. 60 – BURLINGTON) und damit im Ergebnis auf Verwechslungsgefahr (EuGH C155/18 P bis C-158/18 P, GRUR-Prax 2020, 206 = GRUR-RS 2020, 2683 Rn. 92 – BURLINGTON).

Vgl. auch EuG T-56/20, GRUR-RS 2021, 2422 Rn. 29 ff. – VROOM, zur Auslegung von „Software" **11.2** unter Berücksichtigung dessen, dass die Gültigkeit der Marke nicht in Frage gestellt werden kann.

12   Bei unklarem Wortlaut des Verzeichnisses hat das EuG überdies entschieden, dass die Auslegung den Willen des Anmelders und den Kontext berücksichtigen und ein „absurdes Ergebnis" verhindern müsse (EuG T279/18, BeckRS 2019, 40588 Rn. 43 – AXICORP ALLIANCE). Hier ist jedoch Vorsicht geboten. Die Auslegung sollte in jedem Fall objektiv erfolgen und den Willen des Anmelders nur insoweit berücksichtigen, als er sich im Verzeichnis niedergeschlagen hat.

12.1   In AXICORP ALLIANCE stand zur Debatte, ob die Beschreibung „Pharmazeutische Präparate, ausgenommen Baby- und Krankennahrung und chemische Präparate für pharmazeutische Zwecke" (englisch „pharmaceutical products not including… and…") chemische Präparate, also „normale" Arzneimittel umfasste. Die Beschwerdekammer hatte dies abgelehnt: die Unklarheit des Verzeichnisses gehe zu Lasten des Inhabers. Das Verzeichnis sei auch nicht sinnentleert, wenn chemische Präparate nicht berücksichtigt würden, denn es umfasse weiterhin natürliche und pflanzliche Präparate. Das EuG hob die Entscheidung auf und behauptete, dies sei ein absurdes Ergebnis gewesen. Hierbei verwies es auf das Tätigkeitsfeld der Inhaberin, eines Arzneimittelunternehmens, sowie seine Benutzungsnachweise. Dabei handelt es sich jedoch um Umstände, die sich aus dem Register nicht ergeben. Die Entscheidung erscheint insoweit fragwürdig (s. auch Anm. v. Bomhard GRUR-Prax 2020, 367).

III. Oberbegriffe der Nizza-Klassifikation (Abs. 3)

1. Zulässigkeit

13   Oberbegriffe der Nizza-Klassifikation und andere „allgemeine Begriffe" sind nach Abs. 3 im Prinzip zulässig, soweit sie klar und eindeutig sind. Nach den Richtlinien des Amtes (Teil B, Abschnitt 3, 4.2.1) ist eine Beschreibung von Waren und Dienstleistungen „ausreichend klar und eindeutig, wenn ihr Schutzumfang aus der natürlichen und üblichen Bedeutung [der gewählten Begriffe] hervorgeht".

14   In IP TRANSLATOR (EuGH C-307/10, GRUR 2012, 822 Rn. 54 – IP TRANSLATOR) sagte der EuGH, „einige der Oberbegriffe in den Klassenüberschriften der Nizza-Klassifikation sind für sich gesehen […] klar und eindeutig […], während andere diesem Erfordernis nicht genügen können, wenn sie zu allgemein formuliert sind und zu unterschiedliche Waren oder Dienstleistungen abdecken". In der Folge wurden im Rahmen der Konvergenzprogramme Nr. 2 und 3 elf Oberbegriffe als zu ungenau identifiziert (s. im Einzelnen Richtlinien des Amtes, Teil B, Abschnitt 3, 4.3.1). Dabei handelte es sich zunächst um Begriffe wie „alle Waren aus diesem Material" in Klassen 6, 14, 16, 17, 18, 20, die mittlerweile aus der Nizza-Klassifikation gestrichen sind. Ungenau sind ferner „Maschinen" (Klasse 7), „Reparaturwesen" und „Installationsarbeiten" (Klasse 37), „Materialbearbeitung" (Klasse 40) – jeweils unverändert in der Nizza-Klassifikation enthalten – und „persönliche und soziale Dienstleistungen betreffend individuelle Bedürfnisse" (Klasse 45), die in der Neufassung zum 1.1.2023 (12. Auflage) entfallen. Natürlich sind Konvergenzprogramme als reine Übereinkommen von Behörden keine Gesetze und könnte daher ein Amt auch die Klarheit und Eindeutigkeit anderer Oberbegriffe in Frage stellen, bislang aber orientieren sich Ämter und Anmelder daran.

14.1   Was den Begriff „Software" betrifft, der mindestens ebenso breit ist wie „Maschinen", in die Gemeinsame Mitteilung jedoch trotz entsprechender Vorschläge seitens Benutzerorganisationen keinen Eingang fand, ist der Versuch des High Court England & Wales, hierzu mehr Klarheit zu erreichen durch die Vorlage in Sachen Sky/SkyKick ([2018] EWCH 155) gescheitert (EuGH C371/18, GRUR 2020, 288 – SkyKick; näher → Rn. 8). Das EuG hat auch dem Vorschlag, ungenaue oder überbreite Begriffe wie „Software" mit Blick auf die umgebenden Waren und Dienstleistungen des Verzeichnisses auszulegen, eine Absage erteilt (EuG T-56/20, GRUR-RS 2021, 2422 Rn. 32 – VROOM). Interessant ist, dass das EuG nicht (wie zuvor in EuG T-717/13, BeckRS 2016, 81578 Rn. 33) schlicht und einfach bestätigt hat, dass „Computer Software" hinreichend bestimmt sei.

2. Auslegung und „Orphans"

15   Die zulässigen, weil hinreichend klaren und eindeutigen, Oberbegriffe, unterliegen der **Auslegung.** Diese richtet sich nach Abs. 5. Danach umfassen diese Begriffe alle Waren oder Dienstleistungen, die „eindeutig von der wörtlichen Bedeutung des Begriffs erfasst sind" und sind sie „nicht so auszulegen, dass Waren oder Dienstleistungen beansprucht werden können, die nicht darunter erfasst werden können". Abs. 5 S. 1 und 2 sind dabei entweder tautologisch oder widersprüchlich, denn sie besagen entweder genau das Gleiche, oder setzen das „eindeutig nicht Erfasste" dem „nicht eindeutig Erfassten" gleich. Anzunehmen ist eher eine Tautologie. Das Amt hat denn auch in den Richtlinien Teil B, Abschnitt 3, 4.2.1. aus dem „eindeutig" von einem Begriff Umfassten das gemacht, was von seiner „natürlichen und üblichen Bedeutung" umfasst ist.

Es gibt zahlreiche Waren und Dienstleistungen, die von den Oberbegriffen der Nizza-Klassifika- 16
tion nicht umfasst sind. Prominente Beispiele sind Magneten in Klasse 9, Fahrzeugteile in Klasse 12, Notenständer in Klasse 15, Übersetzungsdienstleistungen in Klasse 41 etc. Soweit sich diese in der alphabetischen Liste befinden, werden sie als **„Orphans"** bezeichnet (zB Eisenführ/Schennen/Schennen Art. 33 Rn. 25 ff.); die Problematik stellt sich aber natürlich auch bei Begriffen, die nicht in der alphabetischen Liste stehen, wie zB Einzelhandelsdienstleistungen in Klasse 35. Für alle solche Waren und Dienstleistungen steht fest, dass sie – bei bloßer Angabe der Oberbegriffe in der Klassenüberschrift – von dem Waren- und Dienstleistungsverzeichnis nicht umfasst sind. Dies gilt für alle Verfahrensarten und phasen betreffend Unionsmarken, also etwa die Beurteilung des beschreibenden Charakters, der ernsthaften Benutzung der Marke und der Warenähnlichkeit, und führt bei Marken jüngeren Datums in der Regel nicht zu Problemen. Zu Altverzeichnissen und deren Auslegung → Rn. 10 für unklare Begriffe und → Rn. 55 ff. zu vollständigen Klassenüberschriften.

Es gibt eine erhebliche **Grauzone** zwischen dem, was von den Oberbegriffen oder – allgemei- 17
ner – Kategoriebegriffen in einem Waren- und Dienstleistungsverzeichnis „eindeutig erfasst" und dem, was „eindeutig nicht erfasst" ist (Abs. 5 S. 1, 2). Hierüber lässt sich diskutieren. Die Frage ist relevant in jedweder markenrechtlichen Verfahrenskonstellation.

Ein Beispiel hierzu ist die Auslegung des Oberbegriffs „konserviertes, tiefgekühltes, getrocknetes und 17.1
gekochtes Obst und Gemüse" in Klasse 29 und konkret die Frage, ob dieser Kartoffelchips umfasst. Hier hatte die 4. BK im Nichtigkeitsverfahren „EXXTRA DEEP" zwar den beschreibenden Charakter des Begriffs für Kartoffelchips bejaht, den Kategoriebegriff „konserviertes, tiefgekühltes, getrocknetes und gekochtes Obst und Gemüse" jedoch in seiner Gänze stehen lassen (EUIPO R 0482/20164). Kurioserweise bezog dieselbe Beschwerdekammer nur wenige Monate später zu derselben Frage die gegenteilige Position (EUIPO R 1659/20164 Rn. 27 – #CHIPS). Nicht zuletzt unter Hinweis hierauf gab das EuG der Klage statt (EuG T82/17, GRUR-Prax 2019, 9 – EXTRA DEEP).

Für Neuanmeldungen ist dringend anzuraten, bei Zweifeln, ob die gewünschte Ware oder 18
Dienstleistung von allgemeineren Begriffen umfasst ist, einen Begriff aufzunehmen, der sie eindeutig umfasst – auch wenn dies oftmals dazu führen wird, dass man vom Fast Track (für den nur Begriffe aus der einheitlichen Klassifikationsdatenbank benutzt werden dürfen, → Art. 30 Rn. 4, → Rn. 69) ausgeschlossen wird.

IV. Eindeutige Angabe der Waren und Dienstleistungen (Abs. 4)

1. Eindeutige Begriffe und Zuweisung zu einer bestimmten Klasse

Der Anmelder muss eindeutige Begriffe wählen. Dies dient nicht nur der **klaren Zuweisung** 19
zu einer bestimmten Klasse (→ Rn. 40 f.), sondern auch der Bestimmtheit des Verzeichnisses. Diese Fragen sind in gewisser Weise verschränkt. So sind zB die Begriffe „Nahrungsmittel" und „Getränke" schon deswegen nicht eindeutig, weil sie jeweils in eine Vielzahl von Klassen fallen können.

Die Klassifizierung eines Begriffs kann jedoch zu seiner Auslegung herangezogen werden und 20
damit zu seiner Eindeutigkeit beitragen. Ein Beispiel ist Tee. Beansprucht der Anmelder „Tee" in Klasse 5, so ist das so auszulegen, als habe er medizinische Tees beansprucht (EuG T-221/12, BeckRS 2014, 81672 Rn. 30 ff.). Im Zweifel wird das Amt diese Konkretisierung fordern, in der Vergangenheit hat es dies jedoch nicht getan, sondern den Begriff mit Blick auf die Klassifizierung ausgelegt.

Die Richtlinien des Amtes (Teil B, Abschnitt 3, 4.2.2.) nennen das Beispiel von Bekleidungsstücken in 20.1
Klasse 25, Feuerschutzkleidung in Klasse 9, OP-Kleidung in Klasse 10, Tierbekleidung in Klasse 18 und Puppenkleidern in Klasse 28. Diese Konkretisierungen werden auf jeden Fall verlangt, sie zeigen aber, wie ein vom Wortsinn her alles umfassender Begriff („Bekleidung") je nach Zweck und Branche in unterschiedliche Klassen fallen kann. Meldet ein Anmelder für „Bekleidung" in Klasse 9 an, wird ihm das Amt die Möglichkeit der Spezifizierung (Schutzkleidung) oder der Umklassifizierung in Klasse 25 anbieten. Meldet er hingegen „Bekleidung" in Klasse 25 an, ist eine spätere Umklassifizierung und Beanspruchung der weiteren speziellen Ware „Schutzkleidung" in Klasse 9 ausgeschlossen, da dies einer nachträglichen Erweiterung gleichkäme.

Aufgrund dieser Bedeutung der Klassifizierung ist es nicht richtig, zu sagen, die Klassifizierung 21
diene allein administrativen Zwecken. Sie kann durchaus eine Auswirkung auf die inhaltliche

Auslegung eines Waren- und Dienstleistungsverzeichnisses und damit den Schutzgegenstand der Marke oder der Markenanmeldung haben. Sie ist nur für sich genommen nicht ausschlaggebend für die Beurteilung der Ähnlichkeit (→ Rn. 49).

22   Eine Ware, die nicht eine zusammengesetzte (und teilbare) Ware ist, kann jeweils nur zu **einer** Warenklasse gehören. Dies gilt auch bei unterschiedlichen Zwecken.

2. Nähere Spezifizierung („nämlich")

23   Ein unklarer Begriff kann dadurch klar werden, dass er näher spezifiziert wird. Eine nähere Spezifizierung erfolgt jedoch nur durch eine tatsächliche Einschränkung. Diese erfolgt beispielsweise durch einen mit „nämlich" eingeleiteten, oder durch einen Klammerzusatz.

23.1   Zulässig sind also zB „Bekleidung, nämlich Feuerschutzkleidung" in Klasse 9, oder die Hinzufügung eines Klammerzusatzes („Bekleidung (Feuerschutzbekleidung)").

24   Nähere Spezifizierungen lassen sich auch durch Zusätze („alle vorgenannten Waren …"; „sämtlich…") erzielen. Negativdefinitionen und Ausschlüsse hingegen („ohne Einschluss von …", „ausgenommen …") werden dieses Ziel in der Regel nicht erreichen.

24.1   Die Angabe vager Begriffe unter weiterer Spezifizierung ist im Grunde zu vermeiden, da sie weder zur Klarheit noch zum Schutzbereich etwas beiträgt. Zuweilen bestehen Anmelder jedoch darauf, um eine gewisse Übereinstimmung bei global angelegten Anmeldeprogrammen zu erreichen. Dann bleibt nur die Möglichkeit der weiteren Spezifizierung.

25   Zulässig, wenn auch unschön und unnötig, ist auch „und/oder" in Waren- und Dienstleistungsverzeichnissen. Dies ist jedoch nur eine Verbindung zwischen zwei jeweils getrennt auf ihre Eindeutigkeit zu überprüfenden Begriffen und trägt zur Spezifizierung der jeweiligen Begriffe nichts bei.

26   Die Angabe von Beispielen, die etwa durch „insbesondere" oder „einschließlich" eingeleitet wird, ist keine Einschränkung und kann daher einen ungenauen Begriff nicht genau machen (EuG T-87/07, BeckEuRS 2008, 486356 Rn. 38 – Affilene).

27   Bei **Einzelhandelsdienstleistungen** ist seit dem Praktiker-Urteil vom 7.7.2005 (EuGH C418/02, GRUR 2005, 764 – Praktiker) klar, dass diese in Klasse 35 zulässig sind, aber nur unter Angabe der konkret davon umfassten Waren (auch wenn sich dies nicht auf die Wirksamkeit oder Durchsetzungskraft von unter Verstoß hiergegen eingetragenen Marken auswirken soll, s. EuGH C-155/18 P bis C-158/18 P, GRUR-Prax 2020, 206 = GRUR-RS 2020, 2683 – BURLINGTON; näher → Rn. 9, → Rn. 11). Der hierfür notwendige Grad der Konkretisierung dieser Waren entspricht nunmehr demjenigen in den Warenklassen selbst (EuG T-775/15, BeckEuRS 2016, 493442 – FERLI), während er über Jahre hinweg geringer war, da es ja um die Konkretisierung der Art des Einzelhandelsgeschäfts geht und nicht um für sich genommen zu klassifizierende Waren.

27.1   Im Fall FERLI ging es um „do-it-yourself" Waren, also Waren, die in einem Baumarkt angeboten werden. Dies genügte dem Bestimmtheitsgrundsatz nicht. Gleiches gilt zB für „Souvenirs", obwohl jedermann im Grunde eine klare Vorstellung davon hat, was ein Souvenirladen so anbietet. Die Rechtsprechung ist vor dem Hintergrund zu sehen, dass das EuG zwischen Einzelhandelsdienstleistungen für bestimmte Waren und diesen Waren selbst eine normale Ähnlichkeit annimmt. Mit Blick auf diesen weiten Schutz bedarf wiederum die Dienstleistung einer Konkretisierung, die der der Waren selbst in nichts nachsteht.

28   Die notwendige Spezifizierung von Einzelhandelsdienstleistungen kann durch Hinzufügungen wie „in Bezug auf", „für" etc. erzielt werden.

28.1   Im Englischen ist hier vorzugsweise „relating to" zu verwenden, auch wenn das Amt neuerdings „featuring" ebenfalls akzeptiert.

29   In jüngerer Zeit wurde viel über die Klassifizierung von Waren im **Metaverse und NFTs** diskutiert. Aus Sicht des Amtes gehören virtuelle Waren als herunterladbare digitale Dateien seit jeher in Klasse 9. Ähnliches gilt für NFTs, die letztlich digitale Zertifikate darstellen. Die 12. Aufl. der Nizzaer Klassifikation enthält nunmehr den Begriff ,herunterladbare, durch Non-Fungible-Tokens authentifizierte digitale Dateien' in Klasse 9. Allerdings verlangt das Amt, dass die durch NFTs authentifizierten Artikel näher identifiziert werden. NFTs in Alleinstellung werden nicht akzeptiert (s. Praxistipps EUIPO zu Metaverse und virtuellen Waren, aufzufinden unter „EUIPO-Praxistipps" auf der Webseite des Amtes; ferner → MarkenG § 3 Rn. 22).

Einerseits eine genaue Festlegung virtueller Waren (in Klasse 9!) zu verlangen, andererseits aber Software **29.1** ohne Einschränkung zuzulassen, die natürlich notwendig (teil-)identisch ist zu jeder auch nur denkbaren „virtuellen Ware", bei der es sich letztlich um nichts anderes handelt als Software, ist wenig konsistent. Insofern dürfte hier das letzte Wort noch nicht gesprochen sein.

3. Zeichensetzung

Das Amt hebt in seinen Richtlinien Teil B, Abschnitt 3, 4.2.5 hervor, dass die Zeichensetzung **30** im Waren- und Dienstleistungsverzeichnis fast ebenso wichtig sei wie die Wortwahl, und dass eine nicht korrekte Zeichensetzung Bedeutungsänderungen und falsche Klassifizierung zur Folge haben kann. Vornehmlich geht es hier um Kommata und Strichpunkte. Während ein Komma Begriffe zu einer zusammengehörenden Einheit verbindet, leitet ein Strichpunkt eine neue Einheit ein.

So wäre zB in Klasse 35 die Angabe „Einzelhandelsdienstleistungen in Bezug auf Computer; Datenverar- **30.1** beitungsgeräte" unzulässig, weil Datenverarbeitungsgeräte für sich alleine stünden, an sich aber in Klasse 9 gehören. Der Bezug zu „Einzelhandelsdienstleistungen" wird durch den Strichpunkt unterbrochen; richtig wäre hier allein ein Komma.

4. Spezifizierung durch Ausschlüsse

Ausschlüsse konkreter Waren und Dienstleistungen sind durch entsprechende Zusätze zu errei- **31** chen. Soll sich der Ausschluss auf das gesamte Verzeichnis der Klasse beziehen, ist er an dessen Ende und hinter einem Strichpunkt hinzuzufügen. Geht es nur um die Einschränkung eines bestimmten Begriffs, muss der Ausschluss diesem Begriff folgen und durch ein Komma abgetrennt sein. Wenn diese Regel eingehalten wird, ist die ausdrückliche Aufnahme von „alle vorgenannten Waren…" nicht erforderlich, da der Ausschluss eindeutig ist. Umgekehrt ändert sich auch durch diesen Ausdruck nichts, wenn der Ausschluss direkt und nach Komma auf einen bestimmten Begriff folgt, weil er sich dann immer noch nur auf den vorhergehenden Begriff bezieht.

Beispiel Klasse 28: „Spiele, Spielwaren und Spielzeug; Videospielgeräte; Turn- und Sportartikel; [alle **31.1** vorgenannten Waren] unter Ausschluss von Bällen" – Bälle sind vom Verzeichnis nicht umfasst, unabhängig von dem Klammerzusatz. „Spiele, Spielwaren und Spielzeug; Videospielgeräte; Turn- und Sportartikel, [alle vorgenannten Waren] unter Ausschluss von Bällen" – Sportbälle sind vom Verzeichnis nicht umfasst, Bälle als Spielzeug hingegen schon, wiederum unabhängig davon, ob „alle vorgenannten Waren" genannt sind oder nicht.

Ausgeschlossen werden kann jedoch nach Auffassung des Amtes nur, was vom Verzeichnis **32** jedenfalls möglicherweise umfasst ist. Nicht ausgeschlossen werden können daher Waren aus anderen Klassen. Ferner prüft das Amt, ob die auszuschließenden Waren unter den Wortsinn der im Verzeichnis enthaltenen Begriffe fallen. Ist dies nicht der Fall, wird dem Ausschluss widersprochen. Bei der Abfassung von Vorrechts- oder Koexistenzvereinbarungen ist daher darauf zu achten, sich nicht auf der Klassifikation widersprechende Ausschlüsse oder solche einzulassen, die sich auf Waren beziehen, die von dem Wortsinn der im Verzeichnis enthaltenen Begriffe nicht erfasst sind.

Beispiel Klasse 25: „Bekleidungsstücke, ausgenommen Feuerschutzkleidung" ist unzulässig, weil letztere **32.1** von vornherein von Klasse 25 nicht umfasst ist, sondern in Klasse 9 gehört.

Beispiel Klasse 9: „Magnetaufzeichnungsträger, Schallplatten; CDs, DVDs und andere digitale Aufzeich- **32.2** nungsträger; Hardware für die Datenverarbeitung, Computer; Computersoftware; Feuerlöschgeräte; ausgenommen Feuerschutzkleidung" ist unzulässig, weil Feuerschutzkleidung allenfalls unter den hier nicht enthaltenen Oberbegriff „Rettungsapparate und -instrumente" in Klasse 9 fällt.

Ausschlüsse sind ferner dann nicht zulässig, wenn sie nicht die Natur oder Art der Ware oder **33** Dienstleistung, sondern nur eine Verwendungsmodalität derselben betreffen (EuGH C363/99, GRUR 2004, 674 Rn. 114 f. – Postkantoor). Zum Ganzen auch → Art. 49 Rn. 22 ff.

Die BK hat beispielsweise eine Einschränkung von Sicherheitssystemen für Gebäude auf kommerzielle, **33.1** militärische oder öffentliche Gebäude als unzulässig zurückgewiesen, weil sich entsprechende Systeme ihrer Natur nach nicht von solchen für den Privatgebrauch unterscheiden (EUIPO BK R 1261/2021-2, GRUR-RS 2022, 7487 Rn. 20 – Shield). Dem sei sich entgegenhalten, dass es für den Marktauftritt natürlich von entscheidender Bedeutung ist, für welchen Verwendungszweck und welche Zielgruppe die Ware oder Dienstleistung ist. So können theoretisch Beleuchtungssysteme für Industrieanlagen in Wohnzimmern installiert werden, der Markt unterscheidet aber doch ganz klar zwischen industriellen und Wohnzimmer-lampen.

5. Prüfung von Klarheit und Eindeutigkeit durch das Amt (Abs. 4)

34   Gemäß Abs. 4 weist das Amt eine Anmeldung bei unklaren oder nicht eindeutigen Begriffen zurück, soweit der Anmelder diese nach Aufforderung nicht hinreichend klarstellt. Insofern enthält Art. 33 selbst eine Vorschrift über die Prüfung des Warenverzeichnisses, die sich ansonsten – insbesondere was die korrekte Klassifizierung betrifft – nach Art. 41 Abs. 1 lit. b iVm Art. 31 Abs. 3 UMV iVm Art. 2 Abs. 1 lit. c UMDV richtet. Die Prüfung nach Abs. 4 ist als materiell-rechtliche, die nach Art. 41 Abs. 1 lit. b als Formalprüfung zu qualifizieren; das Amt führt sie als Einheit durch, weil beide ineinandergreifen.

35   Stellt das Amt Mängel hinsichtlich der Klarheit und Genauigkeit von Begriffen fest, setzt es dem Anmelder gemäß Abs. 4 eine Frist zur Klarstellung. Dabei macht es häufig mehr oder weniger hilfreiche Vorschläge, wie der Begriff ggf. klarzustellen sei – in aller Regel unter Bezugnahme auf Begriffe aus der einheitlichen Klassifikationsdatenbank.

35.1   Zunehmend werden etwas mechanisch Begriffe beanstandet, die zwar nicht den in der einheitlichen Klassifikationsdatenbank (eKDB) vorgeschlagenen entsprechen, aber in Ansehung des Wortsinns dieselbe Bedeutung haben. In der Regel können solche Beanstandungen durch Hinweis auf den äquivalenten Begriff der eKDB überwunden werden. Ärgerlich ist natürlich der hierdurch verursachte Zeit- und Kostenaufwand.

36   Ist der Anmelder mit dem Vorschlag nicht einverstanden und gibt er auch keine akzeptable Alternative an, wird die Anmeldung in Bezug auf den unklaren Begriff zurückgewiesen. Enthält das Waren- und Dienstleistungsverzeichnis noch weitere Begriffe, geht die Prüfung für diese weiter. Die (Teil-) Zurückweisung eines vom Amt als unklar qualifizierten Begriffs ist mit der Beschwerde anfechtbar (→ Art. 66 Rn. 3).

6. Vollständige Klassenüberschriften in Altverzeichnissen (Abs. 8, Abs. 9)

37   Der Gesetzgeber hat für die Behandlung kompletter Klassenüberschriften in Unionsmarken in Abs. 8, 9 eine Regelung getroffen. Auf diese wird unten näher eingegangen (→ Rn. 58). Eine entsprechende Regelung fehlt jedoch in der Richtlinie und vergleichbare Vorschriften in den nationalen Markengesetzen sind nicht bekannt (näher → Rn. 65).

C. Klassifizierung

I. Nizza-Klassifikation

38   Gemäß Abs. 1 richtet sich die Klassifizierung der Waren und Dienstleistungen in Unionsmarkenanmeldungen nach dem Abkommen von Nizza vom 15.6.1957 über die internationale Klassifizierung von Waren und Dienstleistungen. Dieses Abkommen, genannt Nizza-Klassifikation, wurde gestützt auf Art. 19 PVÜ. Die Nizza-Klassifikation wird von der WIPO verwaltet und besteht nach Art. 1 Nizzaer Abkommen aus einer Klasseneinteilung mit erläuternden Anmerkungen. Sie sieht die Aufteilung aller denkbaren Waren und Dienstleistungen in 45 Klassen (34 Waren- und 11 Dienstleistungsklassen) vor.

39   Die Nizza-Klassifikation wird alle fünf Jahre neu aufgelegt; seit der 10. Aufl. jedoch, die am 1.1.2012 in Kraft trat, erfährt sie jährliche Anpassungen. Dabei werden neue Einträge, Streichungen oder Umformulierungen vorgenommen, wichtigere Änderungen des Abkommens bleiben jedoch den weiterhin im Fünfjahresrhythmus herausgegebenen Ausgaben vorbehalten. Zum 1.1.2023 trat die 12. Aufl. in Kraft.

39.1   Die Neufassung zum 1.1.2023 nimmt in Klasse 9 ua NFTs auf, Klasse 10 Gesichtsmasken (aus aktuellem Anlass!), Klasse 28 Spielzeuginstrumente, und in Klasse 42 werden endlich archäologische Grabungen in die alphabetische Liste aufgenommen. In Klasse 45 schließlich werden „persönliche und soziale Dienstleistungen betreffend individuelle Bedürfnisse" aus der Klassenüberschrift gestrichen.

40   Die Nizza-Klassifikation beruht auf dem Grundgedanken, dass es keine Ware oder Dienstleistung gibt, die nicht **eindeutig** einer Klasse zugeordnet werden kann. Auffangklassen oder formulierungen (wie bis zur 6. Aufl. in Klasse 42: „Dienstleistungen, die nicht in andere Klassen fallen") sind nicht vorgesehen. Im Zweifel muss anhand des Sachzusammenhangs, Zwecks, Materials, der Vorgehensweise etc. entschieden werden, welcher Klasse eine Ware oder Dienstleistungen zuzuordnen ist. Hilfreich ist hier TMClass, das Klassifizierungstool des TMDN, auffindbar unter „tmclass.tmdn.org", wo sich sämtliche Begriffe der einheitlichen Klassifikationsdatenbank finden.

41   Eine Ware oder Dienstleistung gehört **stets nur zu einer Klasse,** es sei denn, sie besteht aus unterschiedlichen, voneinander trennbaren Bestandteilen (EuG T-664/19, GRUR-RS 2020,

36649 Rn. 15 – JUVEDERM ULTRA). Eine Mehrzahl von Zwecken jedoch führt nicht zu einer Klassifizierung ein und derselben Ware in diversen Klassen (EuG T758/20, T759/20, GRUR-RS 2021, 33798 – MONSTER, MONSTER ENERGY, wonach Energiegetränke nicht zugleich Kaffee in Klasse 32 sind, nur weil sie Kaffee beinhalten). In diesem Fall muss der **Hauptzweck** aus Sicht des relevanten Verkehrs ermittelt werden; dieser ist dann ausschlaggebend. Nicht verbindlich sind insoweit Vorschriften aus anderen Rechtsbereichen, namentlich dem Produktsicherheitsrecht (EuG T104/19, GRURRS 2020, 13516 Rn. 27 f. – JUVÉDERM; Rechtsmittel nicht zugelassen: EuGH C-400/20 P, BeckEuRS 2020, 665742; zu dieser Frage knapp GRURRS 2020, 13516 Rn. 17; EuG T 643/20 Rn. 30 – JUVEDERM ULTRA Klasse 5). Diese können jedoch als Indiz für die Klassifizierung herangezogen werden (s. zB EUIPO BK R 683/2022-2, GRUR-RS 2022, 25628, Rn. 18 ff. – Menalind; EuG, T15/16, BeckRS 2017, 101752, Rn. 51 – Cystus, Rechtsmittel zurückgewiesen (EuGH C-194/17 P, dieser Punkt in GRUR-Prax 2019, 132 nicht näher angesprochen)). S. auch → Art. 18 Rn. 29.

II. Mehrklassenanmeldungen

Umfasst eine Anmeldung Waren oder Dienstleistungen, die in mehrere Klassen fallen, so hat **42** der Anmelder sie gemäß Abs. 6 anhand der Nizza-Klassifikation zu klassifizieren. Bei Waren, bei denen die Klassifizierung und spätere Zwecksetzung nicht von vorneherein ganz klar ist, ist dazu zu raten, alle in Frage kommenden Klassen abzudecken.

Die Muss-Vorschrift des Abs. 6 ist eine Abkehr von der vormaligen Regel 2 Abs. 3 S. 1 GMDV, wo **42.1** es hieß „die Waren und Dienstleistungen sollten möglichst nach den Klassen der Nizzaer Klassifikation zusammengefasst werden." Diese Soll-Vorschrift ermöglichte es Anmeldern, dem Amt eine völlig ungeordnete umfangreiche Liste von Waren und Dienstleistungen zu übermitteln und sich auf die Klassifizierung des Amtes zu verlassen. Diese in den Anfangsjahren nicht seltene Praxis bildet aber heute ohnehin die Ausnahme, weil bei elektronischen Anmeldungen eine Klassifizierung technisch zwingend ist.

Mehrklassenanmeldung für eine einzige Ware finden sich häufig im Schnittbereich von Klasse 3, 5 und **42.2** 10. Im Ergebnis ist dann aber rückblickend zu entscheiden, in welche Klasse die Ware tatsächlich fällt. Wenn sie nicht zwei trennbare Bestandteile hat, ist das stets nur eine Klasse, nicht mehrere (→ Rn. 41; → Art. 18 Rn. 29).

III. Prüfung

Die Prüfung der Klassifizierung erfolgt nach Art. 41 Abs. 1 lit. b iVm Art. 31 Abs. 3 UMV **43** iVm Art. 2 Abs. 1 lit. c UMDV. Im Zuge der Reform 2015 nahm der Gesetzgeber die Rechtsgrundlage für die Formalprüfung aus der vormaligen GMDV heraus und verschob sie in die Grundverordnung.

1. Prüfung und ggf. (Teil-)Zurückweisung

Hat der Anmelder keine Klasse angegeben (was bei elektronischen Anmeldungen unmöglich **44** und daher rein statistisch zu vernachlässigen ist), oder werden Fehler in der Klassifizierung entdeckt, setzt das Amt dem Anmelder gemäß Art. 41 Abs. 2 eine Frist von zwei Monaten zur Mängelbeseitigung. Dabei bietet das Amt jeweils Hilfestellungen an, wie nach seiner Meinung der Begriff korrekt zu klassifizieren und dabei ggf. umzuformulieren ist. Kommt der Anmelder der Aufforderung nicht oder ungenügend nach, wird die Anmeldung für den fehlerhaft klassifizierten Begriff zurückgewiesen.

Im Bereich der Formalprüfung zu Klassifizierungsfragen ist die Inkonsistenz der Praxis des Amtes **44.1** besonders augenfällig; dass dasselbe Warenverzeichnis, in fünf gleichzeitig angemeldeten Unionsmarkenanmeldungen, fünfmal jeweils unterschiedlich beanstandet wird, ist nicht unüblich. Es kann dann hilfreich sein, sich telefonisch mit dem Amt ins Benehmen zu setzen; dabei können aber natürlich in bestimmten Anmeldungen eigentlich bereits akzeptierte Formulierungen wieder ins Visier geraten.

Führt die Umklassifizierung eines Begriffs im Zuge der Prüfung zur Hinzufügung einer Klasse, **45** fallen weitere Klassengebühren an, die der Anmelder zu entrichten hat; will er dies nicht, bleibt nur die Streichung des fehlerhaft klassifizierten Begriffs.

2. Klassengebühren

Die Grundgebühr für die Anmeldung umfasst nur eine Klasse. Für zusätzliche Klassen sind **46** Klassengebühren zu entrichten – 50 Euro für die zweite und jeweils 150 Euro für jede weitere Klasse (Anh. I A.3, 4, → Anh. I Rn. 4).

46.1   Die Änderung trat zum 23.3.2016 in Kraft; zuvor umfasste die Grundgebühr stets drei Klassen. Durch die Änderung sollte ein finanzieller Anreiz zur Benennung eigentlich nicht notwendiger Waren oder Dienstleistung beseitigt werden.

47   Die Prüfung der Zahlung der Klassengebühren erfolgt nach Art. 41 Abs. 1 lit. c. Ist die Zahlung der Klassengebühren unzureichend, setzt das Amt dem Anmelder eine Nachfrist zur Zahlung (Art. 41 Abs. 2; auch → Art. 41 Rn. 34).

48   Für eine unzureichende Zahlung auch nach Ablauf dieser Nachfrist enthält Art. 41 Abs. 5 eine umfassende Regelung. Entscheidend sind hier Art. 41 Abs. 5 S. 2 und 3, wonach in Ermangelung näherer Angaben die gezahlte Gebühr die Klassen in der Reihenfolge der Klassifizierung abdeckt und die Anmeldung im Übrigen als zurückgenommen gilt.

48.1   Meldet also zB der Anmelder in Klassen 9, 18, 25 und 35 an und bezahlt er 900 Euro, so wird die Marke im Zweifel in Klasse 9 und 18 veröffentlicht und gilt für Klasse 25 und 35 als zurückgenommen. Sind dem Anmelder Klasse 25 und 35 wichtig, muss er dem Amt binnen der nach Art. 41 Abs. 2 gesetzten Nachfrist mitteilen, dass sich die Zahlung der Gebühren auf diese beiden Klassen bezieht; dann tritt die Rechtsfolge des Art. 41 Abs. 5 S. 3 entsprechend für Klasse 9 und 18 ein (er kann aber auch einfach gleich für diese Klassen zurücknehmen; das Ergebnis ist dasselbe, es geht nur schneller).

IV. Rechtswirkungen der Klassifizierung

1. Keine Auswirkung auf die Ähnlichkeit von Waren und Dienstleistungen

49   Die Klassifizierung hat gemäß Abs. 7 keine Auswirkung auf die Beurteilung der Ähnlichkeit von Waren und Dienstleistungen. Klassenübergreifende Ähnlichkeit von Waren und Dienstleistungen – auch untereinander – ist ebenso möglich wie Unähnlichkeit von Waren oder Dienstleistungen innerhalb einer Klasse.

49.1   Hoch diversifizierte Klassen wie etwa Klasse 9 machen dies ohne weiteres anschaulich: Feuerlöschgeräte haben mit Computersoftware nichts zu tun, auch wenn sie in dieselbe Klasse fallen. Man muss aber gar nicht so weit gehen. So sind zB Edelmetalle und deren Legierungen unähnlich zu Schmuckwaren, beide in Klasse 14 (s. EUIPO 5. BK 30.1.2017 – R 1124/2016-5 – I AM+).

49.2   Umgekehrt werden zB Einzelhandelsdienstleistungen für bestimmte Waren in Klasse 35 zu diesen Waren in der jeweiligen Warenklasse für ähnlich erachtet – stRspr des EuG, zB T-549/10, BeckRS 2014, 82561 – natur).

50   Abs. 7 besagt nicht, dass die Klassifizierung überhaupt keine Rolle spiele im Zusammenhang mit der Ähnlichkeit von Waren und Dienstleistung. Sie tut dies nämlich indirekt, nämlich durch ihre Auswirkung auf die Auslegung der im Verzeichnis enthaltenen Begriffe (→ Rn. 20 f.). Dem steht Abs. 7 nicht entgegen.

2. Administrative Bedeutung – aber nicht nur

51   Die Klassifizierung hat erhebliche administrative Bedeutung, vor allem mit Blick auf die Anzahl der Klassen und entsprechenden Klassengebühren, aber auch für Markenrecherchen.

52   Von einer ausschließlich administrativen Bedeutung der Klassifizierung kann jedoch schon wegen deren Bedeutung für die Auslegung der im Verzeichnis enthaltenen Begriffe keine Rede sein (→ Rn. 20 f.); S. 1 der vormaligen Regel 2 Abs. 4 GMDV, wonach „die Klassifikation der Waren und Dienstleistungen […] ausschließlich Verwaltungszwecken [diente]", wurde daher zu Recht ersatzlos gestrichen und war bereits vor seiner Streichung in dieser Absolutheit unzutreffend.

V. Keine Umklassifizierung eingetragener Marken

53   Durch Ergänzungen und Überarbeitungen werden immer wieder Waren und Dienstleistungen in der Nizza-Klassifikation verschoben und damit umklassifiziert.

53.1   So wurden zB mit der 7. Aufl., die zum 1.1.1997 in Kraft trat, Klasse 42 erheblich geändert, die Auffangklausel gestrichen und die weiteren Dienstleistungsklassen Klasse 43–45 eingeführt. Mit der 10. Aufl. wurden zahlreiche Begriffe aus Klasse 9 in andere Klassen verschoben (zB Bügeleisen in Klasse 8, Ohrstöpsel in Klasse 10, Schwimmwesten und Schwimmflügel in Klasse 28).

54   Vor solchen Änderungen angemeldete Unionsmarken wurden und werden nicht umklassifiziert, weder vor Eintragung noch zum Zeitpunkt der Verlängerung. Sie bleiben mit den alten Verzeichnisfassungen eingetragen. Dies muss bei Markenrecherchen berücksichtigt werden. Im Übrigen sind bei der Auslegung solcher alten Verzeichnisse ggf. die alten Fassungen der Nizza-Klassifikation zum besseren Verständnis heranzuziehen.

ZB waren vor der 10. Aufl. Nahrungsergänzungsmittel nur dann in Klasse 5, wenn sie medizinischen **54.1** Zwecken dienten, wohingegen Nahrungsergänzungsmittel zur Ergänzung der normalen Ernährung in die Lebensmittelklassen gehörten. Seitdem werden „Nahrungsergänzungsmittel" auch ohne Zusatz einheitlich in Klasse 5 klassifiziert. Eine Benutzung einer unter der 9. Auflage angemeldeten Marke, die „Nahrungsergänzungsmittel" in Klasse 5 enthält, ist daher nur dann Benutzung für die eingetragenen Waren, wenn diese medizinischen Zwecken dienen, weil die Marke für nicht-medizinische Nahrungsergänzungsmittel nie eingetragen wurde.

D. Vollständige Klassenüberschriften in Altverzeichnissen und deren Anpassung (Abs. 8)

I. Hintergrund

In dem Urteil IP TRANSLATOR vom 19.6.2012 (EuGH C-307/10, GRUR 2012, 822 **55** Rn. 61 – IP TRANSLATOR) stellte der EuGH fest, dass ein Anmelder, der die vollständige Klassenüberschrift verwende, klarstellen müsse, ob er alle Waren und Dienstleistungen der alphabetischen Liste der Klasse abdecken wolle, oder weniger, und wenn ja, dann welche. Dies verstanden das Amt wie auch die Kommission so, dass die in Mitteilung 4/03 niedergelegte Praxis des Amtes mit dem seit jeher geltendem Recht unvereinbar erklärt wurde. Das Amt reagierte prompt mit der Mitteilung Nr. 2/12 vom 20.6.2012, in der die Prüfungspraxis umgestellt wurde. Seitdem mussten Anmelder angeben (zB durch Ankreuzen eines Kästchens), ob bei Verwendung vollständiger Klassenüberschriften die jeweils dazu gehörigen Waren oder Dienstleistungen aus der alphabetischen Liste erfasst werden sollten oder nicht. Erklärte sich ein Anmelder insoweit nicht, waren nurmehr solche Waren und Dienstleistungen erfasst, die vom Wortlaut her unter die jeweiligen Oberbegriffe fielen. Die Mitteilung trat am 21.6.2012 in Kraft.

Nach Mitteilung 2/12 Nr. V und VI der ging das Amt bei vor ihrem Inkrafttreten eingetragenen **56** oder angemeldeten Gemeinschaftsmarken, die eine vollständige Klassenüberschrift enthielten, davon aus, dass der Markeninhaber alle von der alphabetischen Liste in der Klasse umfassten Waren oder Dienstleistung hatte abdecken wollen, es sei denn, das Gegenteil war ausdrücklich erklärt. Das sollte zwar im Einklang mit der vormaligen Mitteilung 4/03 stehen, war aber tatsächlich – unter dem Eindruck des IP TRANSLATOR Urteils – enger, da Mitteilung 4/03 nicht auf die alphabetische Liste beschränkt war. So wurde zB allseits angenommen, dass nicht ausdrücklich aufgenommene „Einzelhandelsdienstleistungen" von der vollständigen Klassenüberschrift in Klasse 35 schon deshalb nicht umfasst waren, weil sie in der alphabetischen Liste nicht aufgeführt sind.

Vor diesem Hintergrund nahm der Gesetzgeber Abs. 8 und 9 in die UMV auf. Es ging darum, **57** für alle zum Zeitpunkt des Inkrafttretens der VO (EU) 2015/2424 am 23.3.2016 eingetragenen Unionsmarken – ob vor oder nach IP TRANSLATOR oder der Mitteilung 2/12 angemeldet – ein einheitliches Auslegungsregime zu schaffen. Dies ist dem Gesetzgeber gelungen.

Freilich überraschte der EuGH am 16.2.2017 in Brandconcern/EUIPO – Scooters India (Lam- **58** bretta) mit der Aussage, es könne „nicht angenommen werden, dass der Gerichtshof durch das Urteil IP TRANSLATOR die in der Mitteilung Nr. 4/03 dargelegte Herangehensweise an vor diesem Urteil eingetragene Marken in Frage stellen wollte" (EuGH C-577/14 P, GRUR Int 2017, 327 Rn. 31 – Brandconcern/EUIPO – Scooters India (Lambretta)). Dies geschah unter Hinweis auf den Wortlaut von Rn. 61 in IP TRANSLATOR, in der er nur von Anmeldern neuer, nicht aber Inhabern bereits eingetragener Marken gesprochen hatte. In Cactus of peace (EuGH C-501/15 P, GRUR-RR 2017, 496 Rn. 48 – Cactus of peace) setzte der EuGH noch eins drauf und erklärte, dass nicht nur IP TRANSLATOR, sondern auch das Urteil Praktiker vom 7.7.2005 (EuGH C-418/02, GRUR 2005, 764 – Praktiker) keine Rückwirkung gehabt habe, und folgerte daraus, dass die zwei 2001 bzw. 2002 für die vollständige Klassenüberschrift in Klasse 35 eingetragenen älteren Gemeinschaftsmarken „Cactus (fig.)", auf die der dem Fall zugrundeliegende Widerspruch gestützt war, Einzelhandelsdienstleistungen für alle Waren umfassten (EuGH C-418/02, GRUR 2005, 764 Rn. 50).

Dies überraschte auch deshalb, weil diese Marken lange vor der Mitteilung 4/03 eingetragen und im **58.1** Jahre 1998 angemeldet worden waren. 1998 schlossen die Prüfungsrichtlinien des HABM eine Eintragung von Einzelhandelsdienstleistungen expressis verbis aus. Dies änderte sich erst im März 2001 mit der Mitteilung 3/01, wonach Einzelhandelsdienstleistungen ohne Qualifizierung eingetragen werden konnten, eine solche Qualifizierung jedoch wünschenswert war.

59 Der Gesetzgeber meinte, mit Abs. 8 die IP TRANSLATOR-Entscheidung umzusetzen. Hätte er gewusst, dass der EuGH diese gar nicht rückwirkend und einheitlich für alle in der EU angemeldeten und eingetragenen Marken verstanden wissen wollte, wäre das unter Umständen anders gekommen. Dennoch ist es gut, dass diese Übung vollzogen wurde. Damit sind nämlich die Feststellungen des Gerichtshofs über die fehlende Rückwirkung von IP TRANSLATOR und Praktiker jedenfalls für Unionsmarken mittlerweile Rechtsgeschichte. Das Gesetz hat die Rechtsprechung insoweit ausgehebelt. Die Problematik bleibt freilich für Altverzeichnisse von nationalen (und Benelux-) Marken bestehen (→ Rn. 65).

59.1 Die Erklärung nach Abs. 8 dient ausschließlich dazu, die erfassten Dienstleistungen und Waren nach der Frist des Abs. 8 S. 1 weiterhin unter den Schutz zu stellen, obwohl sie nicht von der wörtlichen Bedeutung der Begriffe der Überschriften des Nizza-Abkommens erfasst werden. Durch sie kann auf keinen Fall der Schutzumfang der früheren Eintragung erweitert werden (EuGH C-653/17 P, BeckRS 2019, 8571 – Vermögensmanufaktur: VM Vermögens-Management GmbH).

59.2 Die Rückwirkung der Erklärung nach Art. 33 Abs. 8 wird ausdrücklich in der vorgenannten Entscheidung des EuGH (EuGH C-653/17 P, BeckRS 2019, 8571 Rn. 50 – Vermögensmanufaktur) bestätigt, und es wird darauf hingewiesen, dass es auf die Absicht des Unionsmarkeninhabers im Zeitpunkt des Anmeldetags ankommt, um den Schutzumfang zu bestimmen (EuGH C-653/17 P, BeckRS 2019, 8571 Rn. 36 – Vermögensmanufaktur).

60 Der Gesetzgeber ging ersichtlich davon aus, dass Art. 33 Abs. 8 alle davon erfassten Altverzeichnisse von Unionsmarken betreffen sollte. Eine Berufung auf Waren oder Dienstleistungen, die von dem klaren Wortsinn eines Verzeichnisses nicht umfasst sind, nur weil das dem Anmelderwillen entsprach und sich dieser in der Aufnahme sämtlicher Klassenüberschriften manifestierte, sollte für alle Altverzeichnisse ausgeschlossen werden. Daran kann auch die fehlende Rückwirkung der IP TRANSLATOR-Rechtsprechung nichts ändern; diese ist durch die klare gesetzliche Regelung ausgehebelt.

60.1 Der EuGH unterstellt Nichtigkeitsverfahren vollständig dem materiellen Recht, das zum Zeitpunkt der Anmeldung der angegriffenen Marke galt (selbst wenn dieses wortidentisch war zu einer späteren Version) und nur für Verfahrensfragen dem Recht, das in zeitlicher Hinsicht für das Nichtigkeitsverfahren gilt (zB EuGH C-155/18 P bis C158/18 P, GRUR-Prax 2020, 206 = GRUR-RS 2020, 2683 Rn. 4 – BURLINGTON; C371/18, GRUR 2020, 288 Rn. 11 Rn. 21 – SkyKick, für nationale Marken). Hier stellt sich die Frage, ob Art. 33 Abs. 8 und 9 eine materiell- oder verfahrensrechtliche Regelung ist. Jedenfalls Art. 33 Abs. 8 UAbs. 3 legt die Auslegung des Schutzumfangs verbindlich fest und enthält insoweit eine materiellrechtliche Regelung. Insofern ist jedoch klar, dass die Regelung nach dem Willen des Gesetzgebers auf alle Altverzeichnisse anzuwenden ist.

II. Voraussetzungen und Auswirkungen des Abs. 8

61 Mit Abs. 8 wollte der Gesetzgeber Rechtssicherheit schaffen und dafür sorgen, dass Waren- und Dienstleistungsverzeichnisse in existierenden Unionsmarken, die alle Waren oder Dienstleistungen in einer Klasse abdecken sollten und dies durch Aufnahme aller Klassenüberschriften ausdrückten, durch Aufnahme weiterer von den Klassenüberschriften nicht umfasste Begriffe ergänzt werden konnten. Dabei ging es um die Hinzufügung von Orphans (→ Rn. 15 ff.), nicht um redundante Erweiterungen bestehender Waren- und Dienstleistungsverzeichnisse durch Hinzufügung von Begriffen, die ohnehin von der Klassenüberschrift umfasst waren. Für die Erklärung gab es strikte zeitliche und inhaltliche Voraussetzungen.

61.1 **Zeitliche Voraussetzungen:** Die Unionsmarke musste vor dem 22.6.2012 – dem Tag nach Inkrafttreten der Mitteilung 2/12 – angemeldet worden und vor Inkrafttreten der VO (EU) 2015/2424 am 23.3.2016 eingetragen gewesen sein. Die Erklärung nach Abs. 8 musste gemäß S. 2 zudem vor dem 24.9.2016 beim Amt eingehen.

61.2 **Inhaltliche Voraussetzungen:** Die Unionsmarke musste in mindestens einer Klasse der Nizza-Klassifikation die vollständige Klassenüberschrift umfassen, und nur für diese Klasse kam eine Ergänzung mittels Erklärung nach Abs. 8 in Betracht. Jeder zu ergänzende Begriff musste erstens in der alphabetischen Liste der Nizza-Klassifikation stehen, die zur Zeit des Anmeldetags der Unionsmarke gegolten hatte, und zweitens Waren oder Dienstleistungen bezeichnen, die „über die hinaus[gingen], die über der wörtlichen Bedeutung der Überschrift der betreffenden Klasse erfasst [waren]". In Abs. 8 S. 2 wurde dies präzisiert. Danach mussten in der Erklärung „klar, genau und konkret die Waren und Dienstleistungen angegeben werden, die nicht eindeutig von der wörtlichen Bedeutung der Begriffe in der Klassenüberschrift [...] erfasst sind".

Mit Ablauf der in Abs. 8 genannten Frist am 24.9.2016 kamen das Bestimmtheitsgebot des **62** Art. 33 Abs. 2 und die Auslegungsregel des Art. 33 Abs. 5 für Oberbegriffe auch für die hiervon erfassten Altverzeichnisse uneingeschränkt zum Tragen. Ausschlaggebend für den Schutzumfang sind seitdem allein die in dem Verzeichnis enthaltenen Begriffe, ggf. unter Einbeziehung zulässigerweise aufgrund von Abs. 8 hinzugefügter Begriffe.

Für nicht von Abs. 8 erfasste Unionsmarken (also die zB keine kompletten Klassenüberschriften **63** enthielten oder den zeitlichen Vorgaben nicht entsprachen) gilt beides bereits seit Inkrafttreten der VO (EU) 2015/2424 am 23.3.2016 uneingeschränkt. Hier ist daher allein auf den Wortsinn der im Verzeichnis enthaltenen Begriffe abzustellen.

Eine Unterscheidung zwischen Alt- und Neuverzeichnissen gibt es daher im Unionsmarken- **64** recht jedenfalls mit Blick auf Klassenüberschriften und Oberbegriffe nicht mehr (→ Rn. 60).

Nach Abs. 9 gilt ein Weiterbenutzungsrecht und Bestandsschutz – also Schutz vor Nichtigkeitsanträgen – **64.1** für jüngere Marken, die allein aufgrund der nach Abs. 8 zugelassenen Änderung einer älteren Unionsmarke in deren Schutzbereich fallen, und deren Benutzung vor der besagten Änderung der älteren Marke aufgenommen worden war. Praktische Anwendungsfälle sind hierzu bislang nicht bekannt.

III. Altverzeichnisse nationale Marken

Während Art. 39 MRL den Art. 33 in Abs. 1–7 praktisch identisch übernimmt, fehlen den **65** Abs. 8 und Abs. 9 entsprechende Regeln. Für deren Auslegung ist daher jedenfalls nach Unionsrecht wie folgt vorzugehen: Bei nationalen Marken, die vor dem 19.6.2012 (IP TRANSLATOR) angemeldet und eingetragen waren, gilt die nach nationalem Recht und Praxis zutreffende und akzeptierte Auslegung der Waren- und Dienstleistungsverzeichnisse weiter. Das Schutzgefälle zwischen Mitgliedstaaten trotz identischer Verzeichnisse ist damit perpetuiert. Gleiches gilt nach der Lesart des EUIPO für nationale Marken, die vor dem 19.6.2012 (Erlass der IP TRANSLATOR-Entscheidung) angemeldet, aber erst nach diesem Datum eingetragen wurden (Richtlinien, Teil C – Widerspruch, Abschnitt 2, Kapitel 2, 2.5 aE). Dies dürfte zutreffen, denn in Rn. 61 von IP TRANSLATOR (EuGH C307/10, GRUR 2012, 822) sprach der EuGH, wie er in LAMBRETTA (EuGH C-577/14 P, GRUR Int 2017, 327) ausdrücklich hervorhob, nur von (erst noch einzureichenden) Neuanmeldungen.

Die meisten nationalen Ämter legen Waren- und Dienstleistungsverzeichnisse anhand des Wortsinns **65.1** aus. Den Richtlinien des Amtes zufolge (Teil C – Widerspruch, Abschnitt 2, Kap. 2, 2.5 aE) ist das nur bei den Ämtern der folgenden Länder anders: Bulgarien, Finnland, Griechenland, Italien, Litauen, Malta, Rumänien, Ungarn. Altverzeichnisse aus diesen Ländern legt das EUIPO so aus, dass sie die Klassenüberschriften sowie die alphabetische Liste der Nizza-Klassifikation abdecken, auch wenn die Auslegung durch das nationale Amt darüber hinausgeht. Häufig geht es hier ja nicht um vollständige Klassenüberschriften, sondern um die schlichte Angabe „alle Waren".

Bei nationalen Marken, die nach dem 19.6.2012 angemeldet wurden, sollte IP TRANSLATOR **66** zum Tragen kommen. Diese müssen demnach dem Bestimmtheitsgebot entsprechen und nach dem Wortsinn ausgelegt werden (→ Art. 8 Rn. 19 ff.).

Dabei stellt sich natürlich die Frage, wie solche Begriffe wie „alle Waren", die in einigen **67** Ländern auch nach IP TRANSLATOR zugelassen wurden, auszulegen sind. Diese dürften zwar einen eindeutigen Wortsinn haben, aber nicht dem Bestimmtheitsgebot des Art. 39 Abs. 2 MRL entsprechen. Zu wessen Lasten geht dies? Darf etwa das EUIPO in einem Widerspruchsverfahren oder der nationale Richter im Rahmen der Widerklage einer geltend gemachten älteren nationalen Marke den Schutz absprechen, weil ihr Verzeichnis nicht dem Bestimmtheitsgebot entspricht? Hier ist noch vieles ungeklärt; grundsätzlich ist jedoch Vorsicht geboten bei der Annahme, dass die Inhaber solcher Marken sich nicht auf sie berufen können. Der EuGH besteht darauf, dass einer eingetragenen Marke Rechtswirkungen zugebilligt werden, ob die Eintragung mit dem Recht im Einklang stand oder nicht (s. hierzu EuGH C-155/18 P bis C158/18 P, GRUR-Prax 2020, 206 = GRUR-RS 2020, 2683 Rn. 135 – BURLINGTON; → Rn. 11).

E. Zur Fassung von Waren- und Dienstleistungsverzeichnissen

Der Ausgangspunkt für die Abfassung des Waren- und Dienstleistungsverzeichnisses einer Mar- **68** kenanmeldung sollte die mittelfristig geplante Benutzung der Marke sein. Dabei sollte einerseits genügend Raum für eine ggf. auch weitergehende Entwicklung gelassen, andererseits aber nicht versucht werden, alles auch nur völlig theoretisch in Frage Kommende abzudecken.

69   Aus Sicht des Amtes, zur Vermeidung von Beanstandungen der Klassifizierung und um möglicherweise auf den Fast Track zu kommen, der zu Veröffentlichung binnen drei bis fünf Tagen führt, mag es sinnvoll sein, ausschließlich Begriffe aus der einheitlichen Klassifikationsdatenbank (eKDB; englisch: Harmonized Database – HDB) zu übernehmen.

69.1   Das elektronische Anmeldeformular ist mit der eKDB verlinkt. Die unmittelbare Akzeptanz der hierin enthaltenen Begriffe wird durch grüne Farbgebung und ein Häkchen erkennbar gemacht.

70   Allerdings mag der Anmelder ein Interesse daran haben, bei Beanspruchung von Priorität die Begriffe der Erstanmeldung identisch zu übernehmen; dies hat Vorrang gegenüber der eKDB. Gleichermaßen sind bei Plänen, die Unionsmarke zu internationalisieren, ggf. die Begriffe aus der Nizza-Klassifikation gegenüber der eKDB vorzuziehen, da diese im Zweifel auch in anderen Ländern akzeptiert werden.

70.1   Hierzu ist anzumerken, dass die Klassenüberschriften der Nizza-Klassifikation in aller Regel der eKDB nicht entsprechen. Die in der Nizza-Klassifikation vorgesehenen Kommata werden überwiegend durch Strichpunkte ersetzt und die Verzeichnisse werden schwerer lesbar und enthalten zahlreiche Wiederholungen.

71   Bei der Wahl der Begriffe im Einzelnen sollte auch innerhalb von Klassenüberschriften abgewogen werden, ob alle Begriffe von Interesse sind. Wer zB Computersoftware herstellt, wird in der Regel weder an Rettungsapparaten noch an Feuerlöschgeräten ein wirtschaftliches Interesse haben. Nachdem es nunmehr irrelevant ist, ob die Klassenüberschrift komplett ist, sollten also – gerade bei derart diversifizierten Klassen – nur die Begriffe aufgenommen werden, die dem Geschäftsmodell wenigstens möglicherweise entsprechen.

72   Im Übrigen ist es sinnvoll, die ALADIN Rechtsprechung des EuG zu berücksichtigen, die die teilweise Benutzung von Marken für Unterkategorien betrifft (→ Art. 18 Rn. 33). Eine zwar als zulässig anerkannte, aber doch sehr weite Kategorie von Waren oder Dienstleistungen (etwa „pharmazeutische Erzeugnisse" oder „Computersoftware") ist durch Benutzung für einen Teil davon nicht automatisch in ihrer Gesamtheit als benutzt anzusehen. Vielmehr obliegt es Prüfern und Richtern, ggf. sinnvolle (kohärente) Untergruppen zu bilden. Mit Blick auf die fünf Jahre nach Eintragung eintretenden Benutzungszwang ist es daher sinnvoll, bereits in der Anmeldung eine entsprechende Untergruppenbildung vorwegzunehmen. Dabei kann die Untergruppe dem weiten Kategoriebegriff mittels Strichpunkt zur Seite gestellt werden. Nicht ratsam ist es, zusätzlich – oder nur – das ganz konkrete Produkt anzugeben, da dies den später mit dem Verzeichnis befassten Prüfer oder Richter verleiten kann, die Marke als nur dafür benutzt anzusehen und sowohl den weiten Kategoriebegriff als auch den ggf. beigefügten Untergruppenbegriff zu streichen.

73   Aus praktischer Sicht ist schließlich darauf hinzuweisen, dass das Amt innerhalb zweier Strichpunkte nur jeweils 512 Zeichen zulässt. Dies führt dazu, dass lange Verzeichnisse gesplittet und eigentlich zusammenhängende Begriffe ggf. doppelt geführt werden müssen.

73.1   Zum Beispiel muss man bei „Einzelhandelsdienstleistungen in Bezug auf…" nach 512 Zeichen abbrechen und mittels Strichpunkt unterbrechen, um dann erneut anzufangen mit „Einzelhandelsdienstleistungen in Bezug auf…". Das ist unschön, das Problem hält sich aber in Grenzen, und solch ellenlange Verzeichnisse sind auch ohne diese Unterbrechung nicht wirklich „schön". Noch weniger schön wird das Verzeichnis, wenn man mit Hilfe des „Goods and Services Builder" in einer Marke, die für Produktklassen angemeldet wird, Einzelhandelsdienstleistungen in Klasse 35 hinzufügt. Das geht mittels Knopfdruck. Diese Funktion führt aber dazu, dass der Ausdruck „Einzelhandelsdienstleistungen in Bezug auf" für jedes einzelne der in den Produktklassen aufgeführten Produkte wiederholt wird.

73.2   Praxishinweis: die Wortzähl-Funktion von Word sagt einem auch, wie viele Zeichen von einer in Word markierten Textstelle umfasst sind, mit und ohne Sonderzeichen und Leerstellen. Manchmal ist es daher hilfreich, einfach das Gesamtverzeichnis in Word zu kopieren, darin zu bearbeiten, und dann zurückzukopieren.

Abschnitt 2. Priorität

Art. 34 Prioritätsrecht

(1) Jedermann, der in einem oder mit Wirkung für einen Vertragsstaat der Pariser Verbandsübereinkunft oder des Übereinkommens zur Errichtung der Welthandelsorga-

nisation eine Marke vorschriftsmäßig angemeldet hat, oder sein Rechtsnachfolger genießt hinsichtlich der Anmeldung derselben Marke als Unionsmarke für die Waren oder Dienstleistungen, die mit denen identisch sind, für welche die Marke angemeldet ist, oder die von diesen Waren oder Dienstleistungen umfasst werden, während einer Frist von sechs Monaten nach Einreichung der ersten Anmeldung ein Prioritätsrecht.

(2) Als prioritätsbegründend wird jede Anmeldung anerkannt, der nach dem innerstaatlichen Recht des Staates, in dem sie eingereicht worden ist, oder nach zwei- oder mehrseitigen Verträgen die Bedeutung einer vorschriftsmäßigen nationalen Anmeldung zukommt.

(3) Unter vorschriftsmäßiger nationaler Anmeldung ist jede Anmeldung zu verstehen, die zur Festlegung des Tages ausreicht, an dem sie eingereicht worden ist, wobei das spätere Schicksal der Anmeldung ohne Bedeutung ist.

(4) [1]Als die erste Anmeldung, von deren Einreichung an die Prioritätsfrist läuft, wird auch eine jüngere Anmeldung angesehen, die dieselbe Marke und dieselben Waren oder Dienstleistungen betrifft wie eine erste ältere in demselben oder für denselben Staat eingereichte Anmeldung, sofern diese ältere Anmeldung bis zur Einreichung der jüngeren Anmeldung zurückgenommen, fallengelassen oder zurückgewiesen worden ist, und zwar bevor sie öffentlich ausgelegt worden ist und ohne dass Rechte bestehen geblieben sind; ebenso wenig darf diese ältere Anmeldung schon Grundlage für die Inanspruchnahme des Prioritätsrechts gewesen sein. [2]Die ältere Anmeldung kann in diesem Fall nicht mehr als Grundlage für die Inanspruchnahme des Prioritätsrechts dienen.

(5) [1]Ist die erste Anmeldung in einem Staat eingereicht worden, der nicht zu den Vertragsstaaten der Pariser Verbandsübereinkunft oder des Übereinkommens zur Errichtung der Welthandelsorganisation gehört, so finden die Vorschriften der Absätze 1 bis 4 nur insoweit Anwendung, als dieser Staat gemäß einer veröffentlichten Feststellung aufgrund einer ersten Anmeldung beim Amt ein Prioritätsrecht gewährt, und zwar unter Voraussetzungen und mit Wirkungen, die denen dieser Verordnung vergleichbar sind. [2]Falls erforderlich, beantragt der Exekutivdirektor bei der Kommission, eine Prüfung zu erwägen, um festzustellen, ob ein Staat im Sinne von Satz 1 die Gegenseitigkeit gewährt. [3]Stellt die Kommission fest, dass eine Gegenseitigkeit nach Satz 1 gewährt wird, so veröffentlicht sie eine entsprechende Mitteilung im *Amtsblatt der Europäischen Union*.

(6) [1]Absatz 5 findet Anwendung ab dem Tag, an dem die Mitteilung über die Feststellung, dass die Gegenseitigkeit gewährt ist, im *Amtsblatt der Europäischen Union* veröffentlicht wurde, sofern die Mitteilung kein früheres Datum nennt, ab dem Absatz 5 Anwendung findet. [2]Er gilt nicht mehr ab dem Tag, an dem die Kommission im *Amtsblatt der Europäischen Union* eine Mitteilung des Inhalts veröffentlicht, dass die Gegenseitigkeit nicht länger gewährt wird, sofern die Mitteilung kein früheres Datum nennt, ab dem Absatz 5 nicht mehr gilt.

(7) Mitteilungen nach den Absätzen 5 und 6 werden auch im Amtsblatt des Amtes veröffentlicht.

Überblick

Auch im Unionsmarkenrecht gilt das Prioritätsprinzip. Das Prioritätsrecht erlaubt es dem Anmelder einer Marke in einem Mitgliedstaat des PVÜ den Anmeldetag dieser früheren nationalen Anmeldung für die spätere Anmeldung einer Unionsmarke in Anspruch zu nehmen, soweit die Anmeldung der Unionsmarke innerhalb einer Frist von sechs Monaten ab dem Zeitpunkt der ersten nationalen Anmeldung erfolgt (→ Rn. 1).

Das Prioritätsrecht hat somit die Wirkung, dass ein Zeitvorrang während einer bestimmten Dauer (sechs Monate) für die Erstanmeldung besteht (→ Rn. 12). Dabei ist das spätere Schicksal der Ersteintragung unerheblich (→ Rn. 4). Die Priorität der früheren nationalen Markenanmeldung kann nur dann zuerkannt werden, wenn die Unionsmarkenanmeldung spätestens innerhalb von sechs Monaten ab der Anmeldung der früheren Basismarke erfolgt.

Die Voraussetzungen für die Inanspruchnahme des Prioritätsrechts sind in Art. 34 bestimmt. Art. 4 Abs. 1 UMDV sieht dabei verschiedene Möglichkeiten vor, nach denen der für das Prioritätsrecht maßgebliche Zeitpunkt vor den Anmeldetag vorverlegt wird. Dies kommt in Betracht nach den Voraussetzungen des Art. 34 für eine frühere nationale Anmeldung der Marke und für die Ausstellungspriorität nach Art. 38. Außerdem kann für die Unionsmarke nach Art. 39, 40 der

Zeitrang älterer nationaler Marken beansprucht werden, was häufig im Zusammenhang mit der Priorität erwähnt wird, damit aber doch kaum etwas zu tun hat (→ Art. 39 Rn. 3).

A. Prioritätsrecht für Unionsmarken

1   Nach Art. 34 Abs. 1 kann der Anmelder einer Unionsmarke das Prioritätsrecht einer früheren nationalen Anmeldung in Anspruch nehmen (Lange IntMarkenR Rn. 769 ff.). Obwohl das Prioritätsrecht auf einer früheren Anmeldung beruht, stellt es ein eignes Recht dar, dass Gegenstand einer Eintragung im Register für Unionsmarken ist. Zum Erlangen des Prioritätsrechts muss der Anmelder die Unionsmarke innerhalb einer Frist von sechs Monaten nach der Einreichung der prioritätsbegründenden Erstanmeldung für identische Waren und Dienstleistungen (→ Rn. 7) beim EUIPO anmelden. Damit wird die **Unionspriorität** nach Art. 4 PVÜ auch für Unionsmarken zuerkannt, obwohl eine unmittelbare Anwendung von Art. 4 PVÜ nicht möglich ist, da die EU nicht Mitglied der PVÜ ist (Jaeger-Lenz/Freiwald GRUR 2005, 118; Hildebrandt/Sosnitza/Knitter Rn. 1). Das Verfahren der Inanspruchnahme der Priorität wird in Art. 4 UMDV detailliert geregelt. Nach dessen Art. 4 Abs. 1 UMDV muss der Anmelder innerhalb einer Frist von drei Monaten ab Anmeldetag, anstatt ab dem Empfang der Prioritätserklärung, die Unterlagen zur Unterstützung der Prioritätsinanspruchnahme bei dem Amt vorlegen. Die erforderlichen Angaben sind das Aktenzeichen, Datum, Nummer und Land der früheren Anmeldung und es muss eine Kopie der früheren Anmeldung vorgelegt werden. Die verkürzte Frist soll die Verfahrensabläufe beschleunigen und damit die Rechtssicherheit erhöhen (Weiden GRUR 2017, 881). Die Priorität wird durch das EUIPO überprüft und festgestellt. Soweit die erforderlichen Angaben auf der Webseite des nationalen Markenamtes abgerufen werden können, kann der Antragsteller auf die Vorlage der Prioritätsnachweise verzichten.

I. Frühere nationale Anmeldung oder frühere Unionsmarke

2   Art. 34 legt die materiellen Voraussetzungen für den Prioritätsanspruch fest, während Art. 35 die formalen Anforderungen betrifft. Nach Art. 34 kann die Priorität aufgrund einer früheren identischen Marke beansprucht werden. Prioritätsbegründend sind hierbei Anmeldungen in allen Mitgliedstaaten der PVÜ und den Vertragsstaaten der WTO, sowie in anderen Staaten, soweit eine Gegenseitigkeit nach Art. 34 Abs. 5 gewährt wurde (Hildebrandt/Sosnitza/Knitter Rn. 3, 4). Das Prioritätsrecht kann auf eine oder mehrere Erstanmeldungen gestützt werden. Da eine internationale Eintragung keine Basismarke darstellt, kann sich der Prioritätsanspruch nicht direkt auf eine solche beziehen. Die Priorität einer IR-Marke kann jedoch indirekt in Anspruch genommen werden, wenn diese innerhalb der Prioritätsfrist auf der Basis einer früheren ausländischen Marke angemeldet wurde (→ MarkenG § 34 Rn. 6, → MarkenG § 6 Rn. 13). Darüber hinaus ist nach Art. 34 Abs. 5 auch die Anmeldung in einem Staat, der nicht Mitglied der PVÜ oder der WTO ist, prioritätsbegründend, wenn Gegenseitigkeit entsprechend Art. 34 Abs. 5 und 6 gewährt wurde (→ Rn. 10). Aufgrund derselben älteren Eintragung einer Marke können sowohl Priorität als auch Zeitrang nach Art. 39 UMV in Anspruch genommen werden. Aufgrund einer Kollektivmarke kann sowohl eine Priorität für eine Unionsindividualmarke als auch für eine Unionskollektivmarke abgeleitet werden (BeckOK UMV/Ebert-Weidenfeller Rn. 9). Die materiellen Anforderungen des Prioritätsanspruchs beziehen sich auf die sechsmonatige Frist, die reguläre Erstanmeldung sowie die Bedingung der dreifachen Identität. Sie werden jedoch nicht systematisch im Rahmen der Anmeldung, sondern nur im Rahmen von kontradiktorischen Verfahren geprüft (Prüfungsrichtlinien vor dem Amt, Teil B, Prüfung, Abschnitt 2 Formerfordernisse, 11.2).

1. Frühere Unionsmarkenanmeldung

3   Auch eine frühere Unionsmarke kann prioritätsbegründend sein. Die Priorität kann sowohl auf eine Unionsindividualmarke, als auch auf eine Unionskollektivmarke oder eine Unionsgewährleistungsmarke, die seit dem 1.10.2017 angemeldet werden kann (→ Art. 83 Rn. 21) gestützt werden. Die auf eine frühere Unionsmarkenanmeldung gestützte Priorität („innere Priorität") setzt voraus, dass die frühere Anmeldung die Voraussetzungen für die Zuerteilung des Anmeldetags gemäß Art. 32 erfüllt und die Anmeldegebühr entrichtet wurde.

3.1   Fraglich ist, ob die Unionsmarke wie bisher prioritätsbegründend für die Anmeldung einer Marke im **Vereinigten Königreich** ist. Dies ist für Unionsmarken die vor dem 31.12.2020 angemeldet worden sind, nach Art. 59 Abs. 1 BrexitAbk vorgesehen, so dass Anmelder dieser Marken während einer Dauer von neun Monaten ab dem Ende des Übergangszeitraums, dh bis zum 30.9.2021 eine identische nationale

Marke im Vereinigten Königreich anmelden konnte. In diesem Fall gilt der Antrag als an dem Anmelde- oder Prioritätstag gestellt, der der entsprechende Tag der Unionsmarke ist. In dem Austrittsabkommen zwischen der EU und dem Vereinigten Königreich ist bezüglich der Markenrechte vorgesehen, dass zum Ablauf des Übergangszeitraums die bestehenden Unionsmarken ab dem 1.1.2021 ihre Wirkung im Vereinigten Königreich verlieren und zu unabhängigen nationalen Merken werden. Die nationale Marke und die identische Unionsmarke gelten dabei als zwei selbständige, rechtlich unabhängige Schutzrechte. Die Schutzdauer der UK-Marke richtet sich nach der verbleibenden Schutzdauer der UK-Marke. Der Markeninhaber soll aber durch die Abspaltung der UK-Marke keine Rechte einbüßen. Deshalb steht der UK-Marke dasselbe Anmelde- oder Prioritätsdatum wie der älteren Marke zu (Pommering GRUR-Prax 2020, 91 (92)).

2. Schicksal der Voranmeldung

Nach Art. 34 Abs. 3 ist das spätere Schicksal der Voranmeldung für die Inanspruchnahme der **4** Priorität unerheblich. Auch wenn die frühere Anmeldung zum Zeitpunkt der Anmeldung der Unionsmarke bereits verfallen ist, kann die Priorität für diese Anmeldung wirksam beansprucht werden. Entscheidend ist, dass die frühere Anmeldung nach dem Recht des Staates, in dem sie eingereicht worden ist, die Bedeutung einer vorschriftsmäßigen nationalen Anmeldung hat. Die Anmeldung muss den Mindestvoraussetzungen für die Zuteilung eines Anmeldetages genügen. Danach kann eine deutsche Anmeldung prioritätsbegründend sein, wenn sie den Anforderungen der § 33 Abs. 1 MarkenG iVm § 32 Abs. 2 MarkenG genügt. Anders als bei der Unionsmarke kann die deutsche Markenanmeldung auch prioritätsbegründend sein, wenn die Anmeldegebühr noch nicht bezahlt wurde.

II. Materielle Voraussetzungen der Priorität

1. Dreifache Identität

Die Priorität wird zugestanden, wenn die betreffende Marke, für die die Priorität beansprucht **5** wird, mit der angemeldeten Unionsmarke identisch ist und die angemeldeten Waren und Dienstleistungen ebenfalls identisch sind oder die in der Unionsmarkenanmeldung bezeichneten Waren und Dienstleistungen zumindest im Waren- und Dienstleistungsverzeichnis des früheren Antrags enthalten sind und der Anmelder dieselbe Person oder sein Rechtsnachfolger ist. Dies wird mit dem Begriff der Identität zwischen der Erstanmeldung und der Zweitanmeldung bezeichnet. Wenn eine der drei Identitätsanforderungen nicht gegeben ist, wird der Prioritätsantrag zurückgewiesen.

a) Identität der Marken. Die Unionsmarke, bei deren Anmeldung sich der Inhaber der **6** älteren Marke auf die Priorität beruft, sollte vollkommen identisch mit der Voranmeldung der früheren Prioritätsmarke sein (Mitteilung des Präsidenten des DPMA Nr. 2/00 vom 25.2.2000). Die Voraussetzung der Markenidentität ist dabei restriktiv auszulegen. Alle Elemente der nationalen Marke müssen ohne Änderung die Unionsmarke bilden. Soweit Unterschiede bestehen, müssen diese so geringfügig sein, dass sie einem Durchschnittsverbraucher entgehen können (EuGH C-291/00, Slg. 2003, I-2799 Rn. 54 = GRUR Int 2003, 533 – LTJ Diffusion; EuG T-103/11, GRUR Int 2012, 654). Selbst geringe Unterschiede zwischen den Marken, zB in der Farbgebung können bereits zur Zurückweisung der Priorität führen.

Identität zwischen den Marken liegt zB nicht vor, wenn die Anmeldung der früheren nationalen Marke **6.1** schwarz-weiß und die der Unionsmarke farbig ist (HABM BK 16.10.2008 – R 61/2008-1 – BIMBO), es sei denn, dass die Unterschiede in der Farbgebung (zB zwischen verschiedenen Grautönen bei schwarz-weiß-Marken) so geringfügig sind, dass ein angemessen aufmerksamer Verbraucher diesen Unterschied nur dann bemerkt, wenn er die Marken nebeneinander legt und vergleicht (vgl. Prüfungsrichtlinien für Unionsmarken des EUIPO, Teil B Abschn. 11 (11.2.2.1), S. 43 (Stand 1.10.2017).

Wenn die Priorität bereits mit der Anmeldung der Unionsmarke erklärt wird, sich aber aus der **7** Anmeldung ergibt, dass die Wiedergabe der Unionsmarke nicht mit der Wiedergabe der älteren Marke übereinstimmt, kann dies berichtigt werden, ohne dass der Anmeldetag verschoben wird, soweit die Abweichung auf einer offensichtlichen Unrichtigkeit der Antragstellung nach Art. 43 Abs. 2 beruht und der wesentliche Inhalt der Unionsmarke nicht berührt wird (EuG T-128/99, GRUR Int 2002, 528).

b) Identität der Waren- oder Dienstleistungen. Eine vollständige Übereinstimmung des **8** Waren- oder Dienstleistungskatalogs ist nicht erforderlich. Es genügt, wenn die Waren und Dienstleistungen wenigstens teilweise übereinstimmen, um eine **Teilpriorität** zu beanspruchen. Entweder kann der Anmelder die Priorität für einen Teil der Waren- und Dienstleistungen, die von dem Antrag auf die Eintragung einer Unionsmarke umfasst werden oder für einen Teil der Waren und Dienstleistungen, der früheren Eintragung der Marke beantragen. Bei nur teilweise Übereinstimmung kann allerdings die Priorität auch nur für den übereinstimmenden Teil der Waren und Dienstleistungen beansprucht werden. Der Antragsteller muss seinen Antrag dahingehend beschränken.

9   **c) Identität des Anmelders.** Die Identität des Anmelders wird auch dann angenommen, wenn der Rechtsnachfolger des Erstanmelders das Prioritätsrecht beansprucht. Auch dem Rechtsnachfolger steht das Prioritätsrecht zu, da dieses Recht übertragbar ist. Es reicht aus, dass der Anmelder oder sein Rechtsnachfolger identisch mit dem Anmelder der Unionsmarke ist. Eine Identität des Inhabers ist dagegen nicht gegeben, wenn der Inhaber der einen Marke ein Tochterunternehmen oder ein anderes mit dem Inhaber der anderen Marke verbundenes Unternehmen ist. Wenn der Anmelder dagegen seinen Namen seit der Erstanmeldung geändert hat, bleibt die Identität des Anmelders bestehen.

2. Frühere Anmeldung in einem Nicht-PVÜ-Staat

10   Nach Art. 34 Abs. 5 kann innerhalb der Sechsmonatsfrist auch die Priorität einer früheren ausländischen Anmeldung in einem nicht der PVÜ oder der WTO angehörigen Staat in Anspruch genommen werden, wenn dieser Staat auf Grund einer Unionsmarkenanmeldung ein vergleichbares Prioritätsrecht gewährt (Prinzip der Gegenseitigkeit) (vgl. → MarkenG § 34 Rn. 7). Dies führt dazu, dass auch bei der Erstanmeldung in Staaten, mit denen kein internationales Abkommen besteht, die Priorität in Anspruch genommen werden kann, wenn der Staat seinerseits Erstanmeldungen in der EU als prioritätsbegründend anerkennt und die Kommission auf Antrag des Exekutivdirektors des EUIPO und nach entsprechender Prüfung eine Bekanntmachung der Gewährleistung der Gegenseitigkeit im Amtsblatt der EU veröffentlicht hat (Art. 34 Abs. 5 S. 2). Bisher gab es im Amtsblatt drei Mitteilungen über das Ergebnis einer von der Kommission durchgeführten Gegenseitigkeitsrecherche. Nationale Markenanmeldungen in Taiwan wurden im Jahre 1999 für schutzfähig erklärt, im Jahre 2000 ebenfalls Prioritätsanträge aus Andorra. Für die Kaiman Inseln wurde im Jahre 2001 dagegen eine Prioritätserklärung abgelehnt (vgl. Länderaufstellung der Staaten, die nicht in dem Genuss von Gegenseitigkeitsabkommen stehen und bei denen Prioritätsansprüche, die auf Anmeldungen, in diesen Ländern beruhen, daher abgelehnt werden – in den Prüfungsrichtlinien für Unionsmarken, Teil B, Prüfung, Abschn. 2 Formerfordernisse, 11.2.1 (Stand 31.3.2022).

11   Nach Reform durch die VO (EU) 2015/2424 bleibt das Erfordernis der Gegenseitigkeit für die Inanspruchnahme der Priorität seitens Angehörigen von Nicht-PVÜ-Staaten unverändert bestehen. Das Amt wird lediglich in Art. 34 Abs. 5 S. 2 weiterreichend ermächtigt, besondere Verfahrensschritte vorzunehmen, um die Gegenseitigkeit zu ermitteln.

III. Dauer der Priorität

12   Die Prioritätsfrist beträgt sechs Monate ab dem Anmeldetag der Erstanmeldung. Wenn bei der Erstanmeldung Mängel festgestellt worden sind, ist der für die Prioritätsdauer ausschlaggebende Anmeldetag erst der Tag, an dem die Heilung des Mangels erfolgt ist und der als Anmeldetag anerkannt ist (vgl. EuGH C-217/17, GRUR-RS 2018, 14023). Damit kann im Ergebnis die Unionspriorität nach Art. 4 PVÜ auch für Unionsmarken in Anspruch genommen werden. Eine unmittelbare Anwendung von Art. 4 PVÜ auf Unionsmarken kommt dagegen nicht in Betracht, da die EU nicht Mitglied der PVÜ ist. Die Berechnung des Fristendes bestimmt sich nach Art. 101 Abs. 1 iVm Art. 67 Abs. 3 DVUM. Die Erstanmeldung muss älter sein und darf somit nicht denselben Anmeldetag wie die Unionsmarkenanmeldung haben.

13   Bei Versäumung der sechsmonatigen Prioritätsfrist besteht die Möglichkeit der Wiedereinsetzung in den vorherigen Stand nach Art. 104. Die erfolgreiche Wiedereinsetzung führt dazu, dass das Prioritätsrecht trotz der Fristüberschreitung berücksichtigt wird (v. Mühlendahl GRUR Int 2008, 685 (687)). Eine Weiterbehandlung nach Art. 105 ist jedoch nicht möglich.

B. Prioritätsbegründung durch die Erstanmeldung

14   Prioritätsbegründend ist nach dem Wortlaut des Art. 34 Abs. 1 nur die erste Anmeldung für identische Waren oder Dienstleistungen. Kettenprioritäten, die jeweils auf mehrere zeitlich

aufeinanderfolgenden Anmeldungen begründet werden, sind unzulässig (Pohlmann Unionsmarken R § 15 Rn. 65), da dadurch die Dauer der Prioritätsfrist von sechs Monaten im Ergebnis verlängert werden würde. Dagegen kann die Priorität auf mehrere ältere Erstanmeldungen gestützt werden, wenn die von jeder dieser älteren Anmeldungen umfassten Waren und Dienstleistungen unterschiedlich sind (Prüfungsrichtlinien vor dem Amt, Teil B, Prüfung, Abschn. 2 Formerfordernisse, 11.3.1) und sich in der auf die Priorität gestützten Marke wiederfinden.

Unter den Voraussetzungen des Art. 34 Abs. 4 kann ausnahmsweise auch eine spätere identische **15** Voranmeldung für die Unionsmarke prioritätsbegründend sein, wenn die ältere Voranmeldung bis zur Einreichung der jüngeren Voranmeldung ohne Weiterbestehen von Rechten vor ihrer Veröffentlichung untergegangen ist.

Art. 35 Inanspruchnahme der Priorität

(1) ¹Eine Inanspruchnahme der Priorität wird zusammen mit der Anmeldung einer Unionsmarke beantragt und enthält das Datum, die Nummer und das Land der früheren Anmeldung. ²Die Unterlagen zur Unterstützung der Inanspruchnahme der Priorität sind innerhalb von drei Monaten nach dem Anmeldetag einzureichen.

(2) ¹Die Kommission erlässt Durchführungsrechtsakte, in denen festgelegt wird, welche Art von Unterlagen für die Inanspruchnahme der Priorität einer früheren Anmeldung nach Absatz 1 dieses Artikels beizubringen sind. ²Diese Durchführungsrechtsakte werden nach dem Prüfverfahren gemäß Artikel 207 Absatz 2 erlassen.

(3) Der Exekutivdirektor kann bestimmen, dass der Anmelder zur Unterstützung der beantragten Inanspruchnahme der Priorität weniger als die in den Spezifikationen, die gemäß Absatz 2 erlassen werden, festgelegten Unterlagen beizubringen hat, sofern dem Amt die benötigten Informationen aus anderen Quellen zur Verfügung stehen.

Überblick

Art. 35 legt die formalen Anforderungen für Prioritätsansprüche fest. Die Inanspruchnahme der Priorität einer früheren Anmeldung muss vom Anmelder zusammen mit der Anmeldung erklärt werden und die Unterlagen der früheren Anmeldung eingereicht werden (→ Rn. 1).

Wenn der Anmelder aufgrund einer älteren identischen Marke Priorität beanspruchen will, muss er diese sofort mit der Unionsmarkenanmeldung beanspruchen (→ Rn. 3).

Wenn der Anmelder eine Priorität für eine oder mehrere ältere Anmeldungen in Anspruch nehmen möchte, muss er eine Prioritätserklärung unter Angabe des Anmeldedatums und des Landes der früheren Anmeldung abgeben (→ Rn. 1). Wird der Prioritätsantrag auf mehrere prioritätsbegründenden Anmeldungen gestützt, sind diese Angaben für jede frühere Anmeldung in die Prioritätserklärung aufzunehmen.

Die Inanspruchnahme der Priorität ist bestimmten Formalitäten unterstellt. So muss der Anmelder eine Abschrift der früheren Anmeldung einreichen (→ Rn. 5 ff.). Darüber hinaus ist eine Übersetzung der Abschrift anzufertigen, wenn die frühere Anmeldung nicht in einer Sprache des Amtes abgefasst ist (→ Rn. 6).

A. Prioritätserklärung

I. Erklärungsfrist der Priorität

Die Priorität muss nunmehr unmittelbar zusammen mit der Unionsmarkenanmeldung beantragt **1** werden (Art. 35 Abs. 1). Es gibt keine Frist mehr für eine spätere Prioritätserklärung. Sie kann aber entweder in der Anmeldung selbst oder in einer getrennten Mitteilung in Anspruch genommen werden (Prüfungsrichtlinien für Unionsmarken, Teil B, Prüfung, Abschn. 2 Formerfordernisse, 11.1.1, Stand 21.3.2022). Die Inanspruchnahme der Priorität kann auch implizit mit der Anmeldung erfolgen, wenn die Anmeldung die Berufung auf die Priorität in irgendeiner Form klar erkennen lässt.

1. Prioritätserklärung mit der Anmeldung

Der Anmelder, der die Priorität in Anspruch nimmt, muss nach Art. 4 Abs. 1 UMDV innerhalb **2** einer Dreimonatsfrist ab Anmeldetag gegenüber dem EUIPO das Aktenzeichen der früheren

Anmeldung und eine Abschrift der früheren Anmeldung, aus der sich das Anmeldedatum ergibt, einreichen (→ Rn. 5). Diese Frist ist seit der Reform des Unionsmarkenrechtes verkürzt worden, um das Verfahren zu beschleunigen (→ Art. 34 Rn. 1).

2. Prioritätserklärung nach der Anmeldung

3   Wenn der Anmelder eine Priorität bezüglich einer oder mehrerer Anmeldungen beanspruchen will, muss die Prioritätserklärung das Datum und das Land der früheren Anmeldung benennen und zusammen mit der Anmeldung abgegeben werden. Die Anmelder können die Priorität für einen Teil der Waren oder Dienstleistungen, die von der Unionsmarke gedeckt werden, oder für einen Teil der Waren oder Dienstleistungen der früheren Marke beanspruchen.

4   Nach der Reform der Unionsmarke durch die VO (EU) 2015/2424 wurde die Möglichkeit einer Inanspruchnahme der Priorität zu einem späteren Zeitpunkt nach der Anmeldung 1.10.2017 ausgeschlossen (Hildebrandt/Sosnitza/Knitter Rn. 1). Die Inanspruchnahme der Priorität muss nunmehr zwingend bereits zusammen mit der Anmeldung erklärt werden. Dieses Erfordernis wurde in die Neuformulierung von Art. 35 Abs. 1 aufgenommen. Die Wirkung der Priorität bleibt dagegen unverändert bestehen.

II. Abschrift der früheren Anmeldung

5   Nach der bisherigen Rechtlage reichen Kopien anstatt der Originale der in Art. 4 Abs. 1 UMDV genannten Unterlagen der früheren Anmeldung oder Verlängerung der Marke aus. Für den Nachweis der Priorität reichen einfache nicht beglaubigte Fotokopien der Unterlagen des betreffenden nationalen Markenamtes aus. Der Auszug muss dabei alle für die Prüfung der Priorität durch das EUIPO erforderlichen Angaben enthalten, wie zB den Anmelde- und Eintragungstag, die Eintragungsnummer, die Identität des Inhabers, die Wiedergabe der Marke und ein Waren- und Dienstleistungsverzeichnis der älteren Marke. Bei einer Farbmarke muss die Fotokopie ebenfalls in Farbe sein.

6   Soweit diese notwendigen Angaben auf der Internetseite des nationalen Markenamtes abrufbar sind oder das Amt auf die erforderlichen Unterlagen aus anderen Quellen Zugriff hat, kann nach Art. 35 Abs. 3 UMDV auf die Einreichung der Unterlagen verzichtet werden. Der Anmelder kann anstelle der Vorlage der Unterlagen auf Quellen im Internet verweisen (Pohlmann UnionsmarkenR § 15 Rn. 74). Dies stellt eine Anpassung an die fortschreitende Digitalisierung des Verfahrens vor dem Amt dar. Das EUIPO prüft, wenn der Anmelder die Priorität beansprucht und die erforderlichen Unterlagen nicht vorgelegt hat, selbst, ob die Unterlagen für die Prioritätsbeanspruchung auf der Webseite eines nationalen Markenamtes stehen (Beschluss Nr. EX-17-3 des Exekutivdirektors). Wenn die Unterlagen anderswo zur Verfügung stehen, macht das Amt einen Aktenvermerk hierüber. Ist dies nicht der Fall, fordert das Amt den Anmelder auf, die genannten Unterlagen vorzulegen.

7   Nach der Reform der Unionsmarke durch die VO (EU) 2015/2424 wurde diese bisherige Praxis des Amtes bezüglich der einzureichenden Unterlagen nunmehr in einen neuen Abs. 3 des Art. 35 aufgenommen. Zusätzlich wird die Kommission in einem neuen Abs. 2 des Art. 35 zum Erlass von Durchführungsrechtsakten ermächtigt, um das Verfahren in Bezug auf die für die Inanspruchnahme der Priorität einzureichenden Informationen und Unterlagen genau festzulegen. Dies geschah durch Art. 4 UMDV (VO (EU) 2018/626; Hildebrandt/Sosnitza/Knitter Rn. 8).

8   Soweit weitere Unterlagen erforderlich sind, fordert das EUIPO den Antragsteller zur Einreichung der ergänzenden Unterlagen auf (Hildebrandt/Sosnitza/Knitter Rn. 9). Es obliegt dabei aber grundsätzlich allein dem Anmelder darauf zu achten, dass die Prioritätsunterlagen vollständig vorgelegt werden. Trotz der Hinweispflicht des Amtes, lässt sich keine verfahrensrechtliche Rechtspflicht des Amtes begründen, dessen Verletzung dazu führen würde, dass bei Unterlassung des Hinweises ein Anspruch des Anmelders auf Fristverlängerung oder Wiedereinsetzung in den vorherigen Stand besteht.

III. Übersetzung

9   Wenn die frühere Anmeldung, für die die Priorität in Anspruch genommen worden ist, nicht in einer der Amtssprachen des EUIPO erfolgt ist, muss der Anmelder auf Verlangen des Amtes innerhalb einer vom Amt festgelegten Frist eine Übersetzung der früheren Anmeldung in eine der Amtssprachen, die als erste oder zweite Sprache des Antrags angegeben ist, beim Amt vorlegen (Art. 4 Abs. 2 UMDV).

B. Prüfungsumfang und Dokumentierung von Prioritätsansprüchen

Eine Anmeldung unter Inanspruchnahme der Priorität bedeutet nicht, dass das Prioritätsrecht **10** automatisch zugestanden werden muss, wenn die Voraussetzungen für die Anmeldung der Unionsmarke vorliegen. Vielmehr unterliegt auch die Geltendmachung der Priorität einer getrennten Prüfung durch das EUIPO, in der untersucht wird, ob die formellen und materiellen Voraussetzungen der Priorität vorliegen.

I. Prüfungsumfang

Die formellen und materiellen Voraussetzungen des Prioritätsrechtes werden durch das EUIPO **11** im Rahmen des Verfahrens zur Eintragung der Unionsmarke, für die die Priorität beansprucht wird, überprüft. Der Prüfungsumfang des EUIPO bei einem Prioritätsantrag bezieht sich aber lediglich auf die Vorlage der erforderlichen Dokumentation, die Identität der Marke und die Inhaberschaft der früheren und der Unionsmarke. Dem Amt obliegt dabei auch eine Prüfungskompetenz, ob der Erstanmeldung wirksam ein Anmeldetag zugeordnet werden kann, soweit die Prioritätsunterlagen nicht eindeutig die Zuerkennung des Anmeldetags ausweisen (BeckOK UMV/Ebert-Weidenfeller Rn. 6). Eintragungshindernisse werden aber nicht geprüft. Die volle Prüfung des Prioritätsrechtes im Rahmen des Eintragungsverfahrens wurde auch durch die Unionsmarkenreform nicht eingeführt. Die Feststellung der Rechte durch das EUIPO hat daher nur deklaratorischen Charakter (Marten GRUR Int 2016, 114). Wenn das Bestehen des Prioritätsanspruchs vom Amt festgestellt wird, wird er im Register mit dem Datum, dem Land und dem amtlichen Aktenzeichen der Prioritätsanmeldung vermerkt. Da die Veröffentlichung des Amtes aber nicht erkennen lässt, für welche Waren und Dienstleistungen die Inanspruchnahme der Priorität tatsächlich zuerkannt wurde, also ob eine Teil- oder Vollpriorität vorliegt, müssen bei Prioritätsansprüchen immer die Prioritätsunterlagen eingesehen werden, um das wirkliche Datum zu ermitteln. Die materiellen Anforderungen nach Art. 34 werden nicht in der Phase der Anmeldung, sondern, falls erforderlich, im Rahmen von kontradiktorischen Verfahren geprüft und nur insoweit als für das kontradiktorische Verfahren notwendig. Die vollständige Prüfung der materiellen Anforderungen des Prioritätsanspruchs erfolgt erst im Rahmen eines Widerspruchs- oder Löschungsverfahrens, wenn dieses von der Entscheidung der Frage abhängt, ob die Inanspruchnahme der Priorität gültig war (vgl. Prüfungsrichtlinien für Unionsmarken des EUIPO, Teil B Abschn. 11 (11.2), S. 42 (Stand 1.10.2017). Die Feststellung der Priorität durch das EUIPO nach der Prüfung hat Bindungswirkung (BeckOK UMV/Ebert-Weidenfeller Art. 36 Rn. 6 ff.).

II. Dokumentierung von Prioritätsansprüchen

Die für die Prioritätsunterlagen erforderlichen Angaben sind entsprechend Art. 4 Abs. 1 UMDV **12** das Aktenzeichen, der Anmeldetag, der Name des Anmelders oder Inhabers, die Wiedergabe der Marke und das Verzeichnis der Waren und Dienstleistungen. Fotokopien der Prioritätsunterlagen reichen dafür aus. Sofern diese Unterlagen auf der Webseite des zuständigen Markenamtes abrufbar sind, kann das Amt auf die Vorlage der Prioritätsunterlagen durch den Antragsteller verzichten (→ Rn. 6 f.).

Art. 36 Wirkung des Prioritätsrechts

Das Prioritätsrecht hat die Wirkung, dass für die Bestimmung des Vorrangs von Rechten der Prioritätstag als Tag der Anmeldung der Unionsmarke gilt.

Überblick

Der Vorrang der Rechte des Anmelders einer Marke bestimmt sich normalerweise nach dem Anmeldetag (Art. 32). Das Prioritätsrecht wirkt in der Weise, dass bei Inanspruchnahme der Priorität für die Bestimmung des Vorrangs der Rechte nicht der Anmeldetag, sondern ein früherer Prioritätstag ausschlaggebend ist (→ Rn. 2).

Das Prioritätsrecht hat außerdem zur Folge, dass Rechte Dritter, die am Tag der Erstanmeldung bestanden, gewahrt bleiben.

A. Entstehung des Prioritätsrechts

1   Das Prioritätsrecht entsteht nicht durch Rechtsakt (Verwaltungsakt), sondern aufgrund des prioritätsbegründenden Erstanmeldetags (→ Art. 34 Rn. 1). Die Eintragung der Priorität hat deshalb keine konstitutive Wirkung für das Prioritätsrecht, sondern dieses entsteht kraft internationaler Vereinbarung (Art. 4 PVÜ iVm Art. 34) und ist als selbständiges Recht ausgestaltet. Die Priorität wird somit zu einem untrennbaren Bestandteil der Anmeldung der Unionsmarke, weil sich die Rechte der Unionsmarke nach dem früheren Tag der Anmeldung (Prioritätsdatum) bestimmen, so dass zwischenzeitlich entstandene Rechte dem Markeninhaber nicht entgegengehalten werden können (EuG 29.1.2020, T-679/18 Rn. 35). Die Gewährung des Prioritätsrechtes muss jedoch in das Register für Unionsmarken eingetragen werden. Die Entscheidung über das Vorliegen der Priorität durch das EUIPO hat Bindungswirkung (BeckOK UMV/Ebert-Weidenfeller Rn. 6 ff.).

B. Wirkung des Prioritätsrechts

2   Bei Konflikten zwischen Marken richtet sich der Zeitrang der Marke grundsätzlich nach dem Anmeldetag. Der Anmeldetag (Art. 32) bestimmt also den Zeitrang (→ MarkenG § 6 Rn. 3). Alternativ ist der Prioritätstag für den Zeitrang ausschlaggebend, wenn eines der Prioritätsrechte vom Anmelder in Anspruch genommen wurde. Das Prioritätsrecht hat also die Wirkung, dass der Prioritätstag als Anmeldetag der Unionsmarke gilt. Es führt somit zu einer Art Rückwirkung der späteren Anmeldung. Dies führt dazu, dass in dem Zeitraum der sechs Monate Prioritätsfrist, jede Anmeldung einer identischen oder ähnlichen Marke durch einen Dritten, in einem der betreffenden Staaten, hinter der auf die Priorität gestützten Anmeldung zurücktritt (mit Ausnahme dessen, dass der Dritte sich selbst auf ein noch früher liegendes Prioritätsrecht stützen kann).

3   Der Grundsatz, nach dem die Verletzungsgerichte an die Eintragung der Marke gebunden sind, wurde von der Rechtsprechung auch auf die Feststellung des Prioritätszeitpunktes ausgedehnt, da die Feststellung des Prioritätsdatums ein Verwaltungsakt der europäischen Behörde sei und somit nicht der Kontrolle nationaler Gerichte unterliegen könne (OLG Hamburg GRUR-RR 2009, 365 – Five Four; Thiering GRUR-RR 2010, 313; Reinartz GRUR Int 2012, 493 (494)). Diese Bindungswirkung der Prioritätsfeststellung durch das EUIPO geht nur soweit, wie der Umfang der Prüfungspflicht des Amtes bei dem Prioritätsantrag (BeckOK UMV/Ebert-Weidenfeller Rn. 6 ff.).

4   Der Prioritätsanspruch kann dabei auch im Rahmen eines Widerspruchsverfahrens geprüft werden (→ Art. 35 Rn. 11). Wenn der Widerspruch auf ein Prioritätsrecht gestützt wird, müssen die Prioritätsunterlegen im Rahmen des Widerspruchsverfahrens vorgelegt werden. Der Prioritätszeitpunkt wird auf deren Grundlage festgestellt und bestimmt den Ausgang des Widerspruchsverfahrens (EuG T-186/12, BeckEuRS 2015, 433051 – Copernicus).

C. Anmeldungen Dritter während der Prioritätsfrist

5   Das Prioritätsrecht gibt dem Markenanmelder eine zeitlich begrenzte Immunität gegen Anmeldungen derselben Marke, die Dritte während der Prioritätsfrist einreichen könnten (EuG T-128/99, GRUR Int 2002, 528). Das PVÜ hat diese Zeitdauer auf sechs Monate festgelegt (Art. 4 PVÜ). Diese Dauer wurde von der UMV übernommen und damit der Unionsmarke eine Art Unionspriorität zuerkannt (vgl. Art. 34).

Art. 37 Wirkung einer nationalen Hinterlegung der Anmeldung

Die Anmeldung der Unionsmarke, deren Anmeldetag feststeht, hat in den Mitgliedstaaten die Wirkung einer vorschriftsmäßigen nationalen Hinterlegung, gegebenenfalls mit der für die Anmeldung der Unionsmarke in Anspruch genommenen Priorität.

Überblick

In dieser Vorschrift wird das Prinzip der Gleichstellung der Unionsmarke mit einer nationalen Marke festgeschrieben. In gleicher Weise, wie für eine frühere nationale Marke kann auch die Unionsmarke Grundlage für die Inanspruchnahme einer Priorität sein (→ Art. 34 Rn. 2). Nach Art. 37 hat die Anmeldung einer Unionsmarke in den Mitgliedstaaten die gleiche Wirkung wie eine nationale Anmeldung, dh der Anmeldetag der Unionsmarke kann für eine Priorität einer anderen nationalen Marke oder einer IR-Marke in Anspruch genommen werden. Somit hat die Anmeldung der Unionsmarke dieselbe rechtliche Wirkung wie die Anmeldung einer nationalen Marke bei den nationalen Markenämtern (→ Rn. 2).

Nach Art. 37 hat die Anmeldung einer Unionsmarke, deren Anmeldung feststeht, in den Mitgliedstaaten die Wirkung einer vorschriftsmäßigen nationalen Hinterlegung. Diese Reglung beschränkt sich darauf, den Anmeldungen von Unionsmarken beim EUIPO die gleiche Rechtswirkung zu verleihen, wie Anmeldungen bei nationalen Ämtern. Sie führt nicht zu einer subsidiären Anwendung der Vorschriften nationalen Rechts.

A. Wirkung der Eintragung der Unionsmarke

I. Verhältnis der Unionsmarke zur nationalen Marke

Unionsmarken und nationale Marken existieren gleichwertig nebeneinander in der EU. In **1** diesem dualen System wird die Wirkung beider Markenarten nach Art. 37 gleichgestellt (→ Art. 1 Rn. 5, → Einl. Rn. 109). Das Prinzip der Gleichwertigkeit besteht hinsichtlich des Inhalts und des Zeitrangs der Marken (→ Art. 1 Rn. 16 ff.). Daher kann ein Widerspruchsverfahren gegen eine nationale Marke auf eine ältere Unionsmarke gestützt werden und umgekehrt (→ MarkenG § 42 Rn. 91). Der Eintragung einer neuen Unionsmarke können dabei sämtliche älteren nationalen Rechte entgegengehalten werden, selbst wenn diese aufgrund von nicht eingetragen Marken kraft Benutzung entstanden sind (→ Einl. Rn. 54).

Allerdings können nach Art. 138 nach nationalen Rechten Ausnahmen für ältere Rechte von **2** nur lokaler Bedeutung bestehen. Diese Vorschrift durchbricht das Prinzip der Einheitlichkeit der Unionsmarke.

Das Prinzip der Autonomie bedeutet darüber hinaus, dass die Unionsmarke von der jeweiligen **3** nationalen Marke unabhängig ist, aber mit einer identischen nationalen Marke koexistieren kann (→ Einl. Rn. 109). Nach dem sog. Äquivalenzprinzip existiert die Unionsmarke gleichberechtigt neben den nationalen Marken (→ Art. 1 Rn. 16 ff., → Einl. Rn. 110). Beide Markentypen gehören zwei unabhängig voneinander bestehenden Rechtssystemen an. Aufgrund dieses Prinzips der Autonomie wird die Anmeldung einer Unionsmarke nur nach den Vorschriften des Unionsmarkenrechts beurteilt. Beide Markentypen können jedoch gleichzeitig nebeneinander für dasselbe Zeichen erworben werden (→ Einl. Rn. 109).

Durch die UMV wurde ein übernationales Schutzrecht geschaffen, das aufgrund einer einzigen **4** Anmeldung mit einheitlicher Wirkung für alle Mitgliedstaaten entsteht (→ Einl. Rn. 105 ff., Vogel, Le droit européen des affaires, 2020, 516). Daher hat die unionsrechtliche Anmeldung dieselbe Wirkung wie nationale Eintragungen in allen Mitgliedstaaten (EuGH C-190/10, EuZW 2012, 353 = GRUR 2012, 613) und der Schutzumfang der Unionsmarke erstreckt sich auf das gesamte Unionsgebiet.

Fraglich ist, ob der Unionsmarke, weiterhin wie bisher die Wirkung einer nationalen Marke im Vereinig- **4.1** ten Königreich zukommt. Das Austrittsabkommen sah in Art. 126 BrexitAbk eine Übergangsfrist bis zum 31.12.2020 vor, in der das Unionsrecht im Vereinigten Königreich anwendbar blieb und das Vereinigte Königreich Teil des Unionsmarkensystems blieb (Pohlmann, 2018, § 3 Rn. 16; → Art. 1 Rn. 19, → Einl. Rn. 100).

Seit dem Ablauf der Übergangsfrist am 1.1.2021 haben angemeldete Unionsmarken keine Wirkung **4.2** mehr auf dem Territorium des Vereinigten Königreiches; Marken des Vereinigten Königsreich können daher auch nicht als Grundlage der Priorität für eine Unionsmarke gelten und umgekehrt. Unionsmarkenanmeldungen, über die zum Zeitpunkt des Ablaufs der Übergangsfrist noch nicht beschieden worden ist, können sich auch nicht auf die automatische Fortgeltung im Vereinigten Königreich stützen. Der Anmelder konnte jedoch binnen neun Monaten nach Ablauf der Übergangsfrist die Eintragung einer entsprechenden UK-Marke unter Berufung auf die Priorität einer früheren Anmeldung und unter Inanspruchnahme des früheren Anmeldetags der Unionsmarke beantragen (→ Art. 1 Rn. 20; Pommerening GRUR-Prax 2020, 92).

II. Gleichstellung der Unionsmarke mit der nationalen Marke

Nach dem Prinzip der Koexistenz der nationalen Marken und der Unionsmarken existieren **5** beide Markenformen gleichwertig nebeneinander (→ Einl. Rn. 109 f.; EuGH C-93/16, GRUR 2017, 1132). Daher kann, ebenso wie eine Priorität auf eine frühere nationale Marke gestützt werden kann, diese auch auf eine Unionsmarke gestützt werden (→ Art. 34 Rn. 2 f.).

B. Inanspruchnahme der Priorität der Unionsmarke

6   Wird aufgrund der Unionsmarke eine Priorität in Anspruch genommen, so wird die nationale Zweitanmeldung so behandelt, als sei sie zum Zeitpunkt der Unionsmarkenanmeldung eingereicht worden. Damit hat sie eine bessere Priorität als zwischenzeitlich angemeldete Marken Dritter. Das weitere Schicksal der Unionsmarke ist für die Priorität der nationalen Anmeldung ohne Bedeutung.

Abschnitt 3. Ausstellungspriorität

Art. 38 Ausstellungspriorität

(1) ¹Hat der Anmelder der Unionsmarke Waren oder Dienstleistungen unter der angemeldeten Marke auf einer amtlichen oder amtlich anerkannten internationalen Ausstellung im Sinne des am 22. November 1928 in Paris unterzeichneten und zuletzt am 30. November 1972 revidierten Übereinkommens über internationale Ausstellungen zur Schau gestellt, kann er, wenn er die Anmeldung innerhalb einer Frist von sechs Monaten seit der erstmaligen Zurschaustellung der Waren oder Dienstleistungen unter der angemeldeten Marke einreicht, von diesem Tag an ein Prioritätsrecht im Sinne des Artikels 36 in Anspruch nehmen. ²Die Inanspruchnahme der Priorität wird zusammen mit der Anmeldung der Unionsmarke beantragt.

(2) Der Anmelder, der die Priorität gemäß Absatz 1 in Anspruch nehmen will, hat innerhalb von drei Monaten nach dem Anmeldetag Nachweise für die Zurschaustellung der Waren oder Dienstleistungen unter der angemeldeten Marke einzureichen.

(3) Eine Ausstellungspriorität, die in einem Mitgliedstaat oder einem Drittland gewährt wurde, verlängert die Prioritätsfrist des Artikels 34 nicht.

(4) ¹Die Kommission erlässt Durchführungsrechtsakte, in denen die Art und die Einzelheiten der Nachweise festgelegt werden, die für die Inanspruchnahme einer Ausstellungspriorität nach Absatz 2 dieses Artikels beizubringen sind. ²Dieser Durchführungsrechtsakt wird nach dem Prüfverfahren gemäß Artikel 207 Absatz 2 erlassen.

Überblick

Nach Art. 38 kann der Anmelder für die Unionsmarke auch die Ausstellungspriorität einer internationalen Ausstellung nach dem Übereinkommen über internationale Ausstellungen vom 22.11.1928 in Anspruch nehmen, wenn er Waren oder Dienstleistungen unter der angemeldeten Marke auf einer solchen amtlichen oder amtlich anerkannten Ausstellung zur Schau gestellt hat.

Die Inanspruchnahme der Ausstellungspriorität ist unter die formale Anforderung der fristgemäßen Prioritätserklärung (→ Rn. 1 f.) und gemäß Art. 38 Abs. 2 der Einreichung der Nachweise für die Zurschaustellung der Waren gestellt (→ Rn. 4 f.).

Im Gegensatz zu dem Prioritätsrecht nach Art. 34 kommt es bei der Ausstellungspriorität nicht auf den Anmeldetag, sondern auf den Tag der ersten öffentlichen Ausstellung der Ware an (→ Rn. 10). Hier wird der Zeitpunkt der Priorität noch vor den ersten Anmeldetag der Marke vorverlagert. Die Dauer der Priorität beträgt sechs Monate ab der erstmaligen Zurschaustellung der Waren oder Dienstleistungen unter der angemeldeten Marke (→ Rn. 7 f.).

Die internationalen Ausstellungen werden durch Mitteilung des Präsidenten des HABM amtlich anerkannt und bekannt gemacht (→ Rn. 9).

A. Anforderungen an die Erklärung der Ausstellungspriorität

I. Inhalt der Erklärung

1   Soweit der Anmelder nach der Anmeldung eine Ausstellungspriorität beansprucht, muss er eine Prioritätserklärung abgeben, die den Namen des Ausstellers und das Datum der ersten Ausstellung der Waren oder Dienstleistungen enthält.

1. Fristen und Prioritätsunterlagen

Die Prioritätserklärung muss gemäß Art. 38 Abs. 1 S. 2 zusammen mit der Anmeldung der **2** Marke abgegeben werden. Der Anmelder muss nach Art. 5 S. 1 UMDV innerhalb von drei Monaten nach dem Anmeldetag alle für den Nachweis der Ausstellungspriorität erforderlichen Unterlagen einreichen (→ Art. 41 Rn. 39). Wie bei der Frist für die Prioritätserklärung nach Art. 34 beginnt auch für die Beanspruchung der Ausstellungspriorität die Dreimonatsfrist für die Vorlage der Unterlagen mit dem Anmeldetag, um das Verfahren zu beschleunigen (→ Art. 34 Rn. 1). Es reicht aus, wenn die Unterlagen in Fotokopien vorgelegt werden (→ Art. 35 Rn. 5).

Seit der Reform der Unionsmarke durch die VO (EU) 2015/2424 wurde die Möglichkeit **3** einer Inanspruchnahme der Priorität zu einem späteren Zeitpunkt nach der Anmeldung ausgeschlossen. Die Inanspruchnahme der Priorität muss nunmehr zwingend bereits zusammen mit der Anmeldung erklärt werden. Dieses Erfordernis wird in die Neuformulierung von Art. 38 Abs. 1 aufgenommen. Die Wirkung der Ausstellungspriorität bleibt dagegen unverändert bestehen. Die Dreimonatsfrist nach der Prioritätserklärung zur Vorlage der Nachweise der Ausstellungspriorität wurde nunmehr in einen neuen Abs. 2 von Art. 38 aufgenommen. Zusätzlich wird die Kommission in einem neuen Abs. 4 von Art. 38 zum Erlass von Durchführungsrechtsakten gemäß Art. 207 ermächtigt, um die Art und die Einzelheiten der Nachweise für die Inanspruchnahme einer Ausstellungspriorität genau festzulegen. Dies geschah durch Art. 5 UMDV.

2. Bescheinigung des Ausstellers

Der Anmelder muss gemäß Art. 5 UMDV innerhalb der Dreimonatsfrist ab Anmeldetag eine **4** Bescheinigung durch den Aussteller beim Amt vorlegen, aus der sich ergibt, inwieweit die betreffende Marke tatsächlich für Waren oder Dienstleistungen auf der Ausstellung benutzt wurde, die Gegenstand der Anmeldung sind. Außerdem muss in der Bescheinigung der Zeitpunkt der Eröffnung der Ausstellung und soweit dieser nicht mit dem der Eröffnung identisch ist, der Zeitpunkt der ersten öffentlichen Benutzung der Marke angegeben werden. Die Bescheinigung muss während der Ausstellung von der für den gewerblichen Rechtsschutz auf der Ausstellung zuständigen Stelle erstellt worden sein. Ihr muss weiterhin eine detaillierte Beschreibung der tatsächlichen Benutzung der Marke anliegen, die von der zuständigen Stelle bestätigt wurde.

3. Übersetzung

Wenn die in den dem Amt vorgelegten Unterlagen nicht in einer der fünf Sprachen des Amtes **5** abgefasst sind, müssen nach Art. 146 Abs. 9 S. 2 für diese eine Übersetzung der Unterlagen in die Sprache der Anmeldung oder in eine der Amtssprachen des EUIPO eingereicht werden. Für die Vorlage der Übersetzung der Unterlagen besteht nach Art. 146 Abs. 9 S. 2 eine Frist von einem Monat.

4. Wiedereinsetzung

Bei Versäumung der Frist für die Einreichung der Prioritätsunterlagen kann nach Art. 104 die **6** Wiedereinsetzung in den vorherigen Stand gewährt werden. Die Weiterbehandlung ist nach Art. 105 dagegen ausgeschlossen (v. Mühlendahl GRUR Int 2008, 685 (687)).

B. Voraussetzungen der Ausstellungspriorität

I. Prioritätszeitraum

Das Prioritätsrecht kann nur dann zugestanden werden, wenn die Unionsmarkenanmeldung **7** innerhalb der Prioritätsfrist von sechs Monaten ab der ersten Zurschaustellung der Marke auf einer anerkannten Ausstellung erfolgt.

Die beiden Prioritätsmöglichkeiten nach Art. 34 und 38 können nicht für eine Verlängerung **8** der Prioritätsfrist kumuliert angewendet werden. Es ist nur das erste prioritätsbegründende Ereignis ausschlaggebend, entweder eine frühere nationale Anmeldung nach Art. 34 oder eine frühere öffentliche Ausstellung nach Art. 38.

II. Anerkennung der Ausstellung

Nicht jede Ausstellung ist prioritätsbegründend, sondern nur Ausstellungen, die durch den **9** Präsidenten des EUIPO anerkannt und bekannt gemacht werden (Fezer MarkenG § 35 Rn. 8;

Hildebrandt/Sosnitza/Knitter Rn. 5). Dazu gehören neben Weltausstellungen nur wenige anerkannte Ausstellungen nach dem Abkommen über internationale Ausstellungen vom 22.11.1914 (→ MarkenG § 35 Rn. 2). Die Bekanntmachung ist konstitutiv für die Eignung der Ausstellung, prioritätsbegründend zu wirken. Sonstige Kriterien spielen keine Rolle. Die betroffenen Ausstellungen sind auf der Website des „Bureau International des Expositions" in Paris einzusehen (http://www.bie-paris.org/site/en). Derartige Ausstellungen sind sehr selten. Die Zurschaustellung auf anderen nationalen Ausstellungen ist nicht geschützt.

III. Öffentliches Zurschaustellen

10　　Die Waren oder Dienstleistungen müssen tatsächlich im Rahmen der Ausstellung der Öffentlichkeit zugänglich gemacht worden sein. Dafür ist ausreichend, dass bestimmte Kreise Zugang zu der Ausstellung hatten, die Waren aber tatsächlich zur Schau gestellt wurden (vgl. → MarkenG § 35 Rn. 4).

11　　Unter Umständen können auch Benutzungshandlungen, die vor dem Zeitpunkt der Eröffnung der Ausstellung liegen, als eine Zurschaustellung zu beurteilen sein, wenn ein unmittelbarer örtlicher und sachlicher Zusammenhang zwischen den vorbereitenden Benutzungshandlungen und der Ausstellung besteht.

C. Mängel der Inanspruchnahme der Priorität

12　　Soweit die Inanspruchnahme der Priorität Mängel aufweist, fordert das Amt den Anmelder auf, die Mängel innerhalb einer vom Amt festgelegten Frist zu beseitigen. Erfüllt der Anmelder die Anforderungen der Aufforderung nicht, so erlischt der Prioritätsanspruch für die Anmeldung. Wenn die Priorität für die Ausstellung daher nicht zum Tragen kommt, kommt der Anmeldung die Priorität des Anmeldetages gemäß Art. 32 iVm Art. 34 zu.

Abschnitt 4. Zeitrang einer nationalen Marke

Art. 39 Inanspruchnahme des Zeitrangs einer nationalen Marke bei der Anmeldung einer Unionsmarke oder nach der Einreichung der Anmeldung

(1) Der Inhaber einer in einem Mitgliedstaat, einschließlich des Benelux-Gebiets, oder einer mit Wirkung für einen Mitgliedstaat international registrierten älteren Marke, der eine identische Marke zur Eintragung als Unionsmarke für Waren oder Dienstleistungen anmeldet, die mit denen identisch sind, für welche die ältere Marke eingetragen ist, oder die von diesen Waren oder Dienstleistungen umfasst werden, kann für die Unionsmarke den Zeitrang der älteren Marke in Bezug auf den Mitgliedstaat, in dem oder für den sie eingetragen ist, in Anspruch nehmen.

(2) ¹Anträge auf Inanspruchnahme des Zeitrangs müssen entweder zusammen mit der Anmeldung der Unionsmarke oder innerhalb von zwei Monaten nach dem Anmeldetag eingereicht werden und Angaben enthalten zu dem Mitgliedstaat oder den Mitgliedstaaten, in dem/denen oder für den/die die Marke eingetragen ist, zur Nummer und zum Anmeldetag der maßgeblichen Eintragung und zu den Waren und Dienstleistungen, für die die Marke eingetragen ist. ²Wird der Zeitrang einer oder mehrerer eingetragener älterer Marken bei der Anmeldung in Anspruch genommen, so müssen die Unterlagen zur Unterstützung der beantragten Inanspruchnahme des Zeitrangs innerhalb von drei Monaten ab dem Anmeldetag eingereicht werden. ³Will der Antragsteller den Zeitrang nach der Einreichung der Anmeldung in Anspruch nehmen, so müssen die Unterlagen zur Unterstützung der beantragten Inanspruchnahme des Zeitrangs dem Amt innerhalb von drei Monaten nach Eingang des Antrags auf Inanspruchnahme des Zeitrangs vorgelegt werden.

(3) Der Zeitrang hat nach dieser Verordnung die alleinige Wirkung, dass dem Inhaber der Unionsmarke, falls er auf die ältere Marke verzichtet oder sie erlöschen lässt, weiter dieselben Rechte zugestanden werden, die er gehabt hätte, wenn die ältere Marke weiterhin eingetragen gewesen wäre.

(4) [1]Der für die Unionsmarke in Anspruch genommene Zeitrang erlischt, wenn die ältere Marke, deren Zeitrang in Anspruch genommen worden ist, für nichtig oder für verfallen erklärt wird. [2]Wird die ältere Marke für verfallen erklärt, erlischt der Zeitrang, sofern der Verfall vor dem Anmeldetag oder dem Prioritätstag der Unionsmarke eintritt.

(5) Das Amt unterrichtet das Benelux-Amt für geistiges Eigentum oder die Zentralbehörde für den gewerblichen Rechtsschutz des betreffenden Mitgliedstaats über die wirksame Inanspruchnahme des Zeitrangs.

(6) [1]Die Kommission erlässt Durchführungsrechtsakte, in denen festgelegt wird, welche Art von Unterlagen für die Inanspruchnahme des Zeitrangs einer nationalen Marke oder einer aufgrund internationaler Übereinkünfte eingetragenen Marke mit Wirkung in einem Mitgliedstaat nach Absatz 2 dieses Artikels beizubringen sind. [2]Diese Durchführungsrechtsakte werden nach dem Prüfverfahren gemäß Artikel 207 Absatz 2 erlassen.

(7) Der Exekutivdirektor kann bestimmen, dass der Anmelder zur Unterstützung der beantragten Inanspruchnahme des Zeitrangs weniger als die in den Spezifikationen, die gemäß Absatz 6 erlassen werden, festgelegten Unterlagen beizubringen hat, sofern dem Amt die benötigten Informationen aus anderen Quellen zur Verfügung stehen.

Überblick

Wenn der Anmelder einer Unionsmarke bereits Inhaber einer älteren identischen nationalen Marke oder einer internationalen Marke in einem der Mitgliedstaaten der EU ist, kann er den **Zeitrang** dieser älteren Eintragung der Marke in Anspruch nehmen mit der Wirkung, dass ihm die Rechte aus der früheren nationalen Marke weiterhin zustehen (→ Rn. 22 ff.). Dies kann mit der Anmeldung geschehen (Art. 39) oder nach Eintragung der Unionsmarke (Art. 40).

Nach Art. 39 Abs. 3 kommt der Zeitranganspruch zum Tragen, wenn die nationale Marke erlischt oder der Inhaber auf sie verzichtet (→ Rn. 15 ff.).

Die Unionsmarke wird durch diese Vorschrift privilegiert. Für eine jüngere Unionsmarke kann nach dieser Vorschrift die **Seniorität** (Zeitrang) einer älteren nationalen Marke in Anspruch genommen werden. Hierdurch werden die Voraussetzungen geschaffen, dass die nationalen Marken hinter der Unionsmarke zurücktreten und es für den Inhaber der Marke nicht erforderlich ist, Unionsmarke und nationale Marke gleichzeitig zu halten. Es wird eine Verbindung zwischen der nationalen und der Unionsmarke hergestellt. Der Inhaber kann somit sein Markenportfolio auf die Unionsmarke beschränken. Die Wirkung der Seniorität geht daher in eine andere Richtung als die der Priorität, was zu Unklarheiten führt, wenn man bei beidem vom Zeitrang spricht. Daher ist der Ausdruck Seniorität oder **Altersrang** zur Abgrenzung beider Konzepte besser geeignet (→ Rn. 3, → Rn. 31).

Die Wirkung der Seniorität liegt darin, dass dem Inhaber einer Unionsmarke, falls er auf eine ältere nationale Marke verzichtet hat oder diese hat erlöschen lassen, die gleichen Rechte zuerkannt werden, die er gehabt hätte, wenn die ältere nationale Marke weiter bestanden hätte. Er behält daher die Vorteile aus dem Anmeldedatum der älteren nationalen Marke (→ Rn. 22 ff.). Art. 39 ermöglicht den Altersrang einer älteren nationalen Marke auf die Unionsmarke zu übertragen.

Zu beachten ist zudem Art. 6 MRL hinsichtlich des späteren Verlustes des Zeitrangs.

Übersicht

A. Zweck der Regelung

1   Zweck der Regelung besteht darin, die Bündelung EU-weiter Markenportfolios unter dem Dach der Unionsmarke zu ermöglichen, indem die Aufgabe nationaler Marken erleichtert wird. Die Unionsmarke ist so konzipiert, dass sie die nationalen Markensysteme ergänzt. Daher können Anmelder, die bereits Inhaber einer nationalen Marke für identische Waren oder Dienstleistungen sind, den Zeitrang der nationalen Marke für die Unionsmarke beanspruchen. Dadurch soll langfristig der Verwaltungsaufwand reduziert und ein Mehrfachschutz der Marke verhindert werden (zur Seniorität im Gemeinschaftsmarkenrecht Reinartz GRUR Int 2012, 493). Somit ist für den Markeninhaber auch eine nicht unerhebliche Kosteneinsparung möglich.

2   Das Unionsmarkensystem ergänzt die nationalen Schutzsysteme. Wenn jemand bereits Inhaber einer Marke in einem oder mehreren Mitgliedstaaten ist und eine identische Marke für die gleichen Waren und Dienstleistungen als Unionsmarke anmeldet, kann er daher die **Seniorität** der nationalen Marke in der Unionsmarkenanmeldung in Anspruch nehmen (→ Einl. Rn. 111).

2.1   Nach Ablauf des Übergangszeitraums können Senioritätsanträge nicht mehr auf Marken des Vereinigten Königreichs gestellt werden. Vor dem 31.12.2020 eingereichte Anträge auf Inanspruchnahme des Zeitrangs einer solchen Marken werden dagegen noch bearbeitet (Mitteilung Nr. 2/20 des Exekutivdirektors des EUIPO, III. Nr. 6).

3   Das deutsche Gesetz spricht dabei von dem **Zeitrang.** Der Zeitrang deutscher Marken wird nach § 6 Abs. 2 und 3 bestimmt (→ MarkenG § 6 Rn. 3). Dies kann zu Verwechslungen mit der Priorität führen und ist deshalb ungenau (vgl. Ingerl/Rohnke/Nordemann/Kouker MarkenG § 120 Rn. 1). Der Begriff Seniorität ist dagegen ein neues Konzept, das eine enge Verbindung zwischen der nationalen Marke und der Unionsmarke schafft. Statt Zeitrangs sollte man das Konzept besser als „**Seniorität**" der Marke bezeichnen, damit es nicht zu Verwechslungen mit der Priorität kommt.

B. Voraussetzungen der Seniorität

4   Die Seniorität kann nur auf ältere nationale Marken in den Mitgliedstaaten der EU und Erstreckung von IR-Marken auf Mitgliedstaaten der EU gestützt werden. Ältere Unionsmarken bilden keine Grundlage für die Seniorität. Die nationale Marke aufgrund derer Seniorität beansprucht wird, muss im Zeitpunkt der Beanspruchung in einem Mitgliedstaat registriert und älter als die Unionsmarke sein. Die Seniorität kann nur auf eine frühere nationale Eintragung der Marke gestützt werden, eine Anmeldung reicht dagegen nicht aus. Die Eintragung muss auch bis zur Beanspruchung der Seniorität fortbestehen. Daher kann auch keine Seniorität einer Benutzungsmarke beansprucht werden.

4.1   In dem Austrittsabkommen zwischen der EU und dem Vereinigten Königreich (BrexitAbk) ist bezüglich der Markenrechte vorgesehen, dass zum Ablauf des Übergangszeitraums die bestehenden Unionsmarken ab dem 1.1.2021 ihre Wirkung im Vereinigten Königreich verlieren und zu unabhängigen nationalen Merken werden. Die nationale Marke und die identische Unionsmarke gelten dabei als zwei selbständige rechtlich unabhängige Schutzrechte. Die Schutzdauer der UK-Marke richtet sich nach der verbleibenden Schutzdauer der Unionsmarke. Der Markeninhaber soll aber durch die Abspaltung der UK-Marke keine Rechte einbüßen (→ Art. 34 Rn. 3.1). Deshalb stehen der UK-Marke dasselbe Anmelde- oder Prioritätsdatum wie der älteren Unionsmarke zu und der Markeninhaber kann sich entsprechend Art. 54 Abs. 5 lit. a BrexitAbk auf die Seniorität einer älteren UK-Marke berufen (vgl. Pommerening GRUR-Prax 2020, 91 (92)).

5   Der Prüfungsumfang des EUIPO bei einem Senioritätsantrag bezieht sich lediglich auf die Vorlage der erforderlichen Dokumentation, die Identität der Marke (→ Rn. 10) und die Inhaberschaft der früheren und der Unionsmarke (→ Rn. 14). Eine vollständige Prüfung der materiellen Voraussetzungen der Seniorität wurde auch nicht durch die Unionsmarkenreform eingeführt (Marten GRUR Int 2016, 114). Nach Teil B Kapitel 2 Abschnitt 13.2 der Prüfungsrichtlinien des EUIPO prüft das Amt, ob die ältere nationale Marke zu dem Zeitpunkt der Einreichung der Unionsmarkenanmeldung eingetragen war.

Der Senioritätsanspruch kommt nach Art. 39 und 40 nur dann zum Tragen, wenn die ältere **6** nationale Marke nach Eintragung der Unionsmarke freiwillig durch Verzicht oder Nichtverlängerung fallengelassen wird (→ Rn. 16 ff.).

I. Anforderungen an die nationale Marke, deren Seniorität beansprucht wird

Die nationale Marke, deren Seniorität beansprucht wird, muss älter sein als die Unionsmarke **7** und im Zeitpunkt der Beanspruchung eingetragen sein (EuG Urteil vom 6.10.2021, T32/21, Rn. 25).

II. Vorliegen der dreifachen Identität

Um die Seniorität der älteren Marke in Anspruch zu nehmen, ist zunächst eine Identität der **8** Unionsmarke und der nationalen Marke in ihrer Form und ihrem Inhalt erforderlich. Dabei muss die Identität in dreifacher Hinsicht vorliegen. Der **Inhaber,** die **Marke** und die **Waren und Dienstleistungen,** die Gegenstand der Anmeldung und der älteren nationalen Eintragung sind, müssen identisch sein (EuG T-378/11, GRUR Int 2013, 454).

Von der erforderlichen dreifachen Identität wird allerdings nur die Identität der Marke vom **9** EUIPO überprüft (Prüfungsrichtlinien des EUIPO, Teil B Abschn. 2.17.3, S. 62 (Stand 10.3.2016)). Die Identität des Inhabers und die der Waren und Dienstleistungen muss von dem Antragsteller selbst und auf eignes Risiko überprüft werden (Hildebrandt/Sosnitza/Knitter Rn. 21). Wegen der relativ hohen Rechtsunsicherheit sollte die Aufgabe der nationalen Marke deshalb nur dann erfolgen, wenn sich der Markeninhaber vollkommen sicher ist, dass die dreifache Identität gegeben ist, und er dies auch für einen möglichen späteren Nachweis entsprechend dokumentiert hat. Voraussetzung ist, dass das Vorliegen der dreifachen Identität noch im Zeitpunkt des Fallenlassens der älteren nationalen Marke besteht.

1. Identität der Marke

Bei der Prüfung der Identität des Zeichens wendet das EUIPO einen strengen Maßstab an **10** (Prüfungsrichtlinien des EUIPO, Teil B Abschn. 2.13.3, Abschn. 2.11.2.2.1. (Stand 31.3.2022)). Die Vorschrift des Art. 39 erfasst nur identische und keine ähnlichen Marken. Verwechslungsgefahr spielt keine Rolle. Identität wird hier ebenso ausgelegt wie im Bereich der Doppelidentität bei Markenverletzungen. Insofern gilt die Entscheidung „LTJ Diffusion", wonach Markenidentität nur dann vorliegt, „wenn die nationale Marke ohne Änderung oder Hinzufügung alle Elemente wiedergibt, die die Unionsmarke bilden, oder wenn sie, als Ganzes betrachtet, Unterschiede aufweist, die so geringfügig sind, dass sie einem Durchschnittsverbraucher entgehen können" (EuGH C-291/00, GRUR Int 2003, 533 Rn. 54 – LTJ Diffusion). Das Merkmal der Identität wird von der Rechtsprechung restriktiv ausgelegt. Wird zB eine Unionsmarke schwarz-weiß angemeldet, kann sie nicht die Seniorität einer früheren farbig eingetragenen nationalen Marke beanspruchen (EuG T-378/11, GRUR Int 2013, 454).

Fraglich ist allerdings, inwieweit diese Prüfung durch das EUIPO für die nationalen Gerichte **11** und Markenämter bindend ist. Es bleibt grundsätzlich den nationalen Stellen überlassen, eine Prüfung der Senioritätsvoraussetzungen vorzunehmen. Es gibt aber kein isoliertes nationales Verfahren zur Überprüfung der Senioritätsvoraussetzungen oder der Richtigkeit einer Senioritätseintragung. Dennoch stellt die Möglichkeit der inzidenten Überprüfung in Verfahren vor den nationalen Ämtern eine **Rechtsunsicherheit** dar. Wenn das nationale Amt die Richtigkeit der Senioritätseintragung verneint und der Antragsteller im Vertrauen auf die Wirksamkeit bereits auf die nationale Marke verzichtet hat oder die nationale Marke nicht verlängert hat, hat er unwiederbringlich seine Rechtsposition verloren. Dieses Risiko soll durch die Anwendung eines strengen Prüfungsmaßstabs durch das EUIPO eingeschränkt werden.

Für die Beurteilung der Identität der Marke ist bei reinen Wortmarken die Groß- und Klein- **12** schreibung unerheblich. Dies soll auch für Binnenversalien gelten. Es kommt aber unter anderem auf die Schriftart an, da auch diese von dem Schutz der Marke umfasst wird. Auch die Position der einzelnen Zeichenbestandteile muss identisch sein.

13   Die Identität der Marke muss vollständig sein. Wenn nur einzelne Elemente der Marke, wie zB das Wortelement identisch sind und andere nicht, ist es nicht möglich die Geltendmachung der Seniorität auf einen Teil der Marke zu beschränken, da die Marke eine Einheit darstellt.

13.1   In einer Entscheidung des EuG waren bei einer nationalen Basismarke, die aus Wort- und Bildelementen bestand, und einer Unionsmarke zwar das Wortelement „justing" identisch, aber die Bildelemente und die Schriftart unterschiedlich (EuG T-03/11, GRUR Int 2012, 654).

2. Identität des Inhabers

14   Auch der Inhaber muss strikt identisch sein. Wenn die Rechtspersönlichkeiten der Inhaber auseinanderfallen, ist eine Identität des Inhabers nicht gegeben, auch wenn dieselben wirtschaftlichen Interessen dahinterstehen, also etwa der Inhaber der nationalen Marke ein Tochterunternehmen oder ein anderes mit dem Inhaber der Unionsmarke verbundenes Unternehmen ist.

3. Identität der Waren und Dienstleistungen

15   Es genügt, wenn die Waren und Dienstleistungen wenigstens teilweise übereinstimmen. Eine vollständige Übereinstimmung des Waren- oder Dienstleistungskatalogs ist nicht erforderlich. Bei nur teilweiser Übereinstimmung kann allerdings die Seniorität auch nur für den übereinstimmenden Teil der Waren und Dienstleistungen beansprucht werden. Der Antragsteller muss seinen Antrag dahingehend beschränken. Dabei ist es jedoch zulässig, zu sagen, dass Seniorität insoweit beansprucht werde, wie die Waren und Dienstleistungen der älteren nationalen Marke in der Unionsmarke enthalten sind. Dies ist insbesondere hilfreich, wenn die Unionsmarke Oberbegriffe, die nationale Marke jedoch spezifische Produkte umfasst. In dem Fall ist von Teilidentität der Waren auszugehen und der Senioritätsanspruch daher möglich.

III. Aufgabe der nationalen Marke

16   Die nationale Marke muss nach dem klaren Wortlaut des Abs. 3 durch Verzicht oder Nichtverlängerung aufgegeben werden, damit die Seniorität seine Wirkung entfaltet. Solange die nationale Marke fortbesteht, kann sich die Wirkung der Seniorität nicht entfalten. Sie muss aber zum Zeitpunkt des Antrags der Inanspruchnahme der Seniorität noch eingetragen sein.

1. Zeitpunkt der Aufgabe der nationalen Marke

17   Die nationale Marke sollte nicht aufgegeben werden, wenn sie als Basismarke für eine internationale Registrierung dient und diese sich noch innerhalb der fünfjährigen Abhängigkeitsfrist von der Basismarke befindet. Fällt der Schutz der Basismarke weg, wird gemäß Art. 6 Abs. 3 MMA und PMMA die internationale Registrierung ebenfalls gelöscht. Die Fiktion der nationalen Marke gilt lediglich im Bereich des Unionsmarkenrechtes und hat nach hM keine Wirkung im internationalen Markenrechtschutz.

18   Es bleibt umstritten, wie anhängige Widerspruchsverfahren behandelt werden, wenn während des anhängigen Verfahrens auf die nationale Marke verzichtet wird oder diese aus sonstigen Gründen nicht fortbesteht. Nach einer Ansicht wird der Widerspruch nicht unzulässig, sondern das Verfahren auf der Basis der Unionsmarke fortgeführt, und zwar in dem Stadium in dem es sich zum Zeitpunkt der Beanspruchung der Seniorität befand (→ MarkenG § 66 Rn. 85). Nach einer vom Bundespatentgericht in der Entscheidung IPSOS vertretenen anderen Ansicht (BPatG BeckRS 2013, 5944 – IPSOS, Rechtsbeschwerde zugelassen) kann das Widerspruchsverfahren nicht auf der Basis der Unionsmarke fortgeführt werden, da es im deutschen Recht keine gesetzliche Regelung zur Wirkung der Seniorität gibt und somit an einer gesetzlichen Grundlage für dieses Vorgehen fehlt. Soweit im Einzelfall noch Verfahren, die auf die nationale Marke gestützt sind, gerichtlich anhängig sind, sollte der Markeninhaber nach der heutigen Rechtslage bis zum Ende der Verfahren von einer Löschung der nationalen Marke abgesehen, da nicht sicher ist, ob Verfahren im Falle der Löschung der nationalen Marke dennoch fortgesetzt werden können.

2. Verzicht

19   Durch die VO (EU) 2015/2424 wurde in Art. 39 Abs. 4 die Nennung des Verzichtes vor Eintragung der Unionsmarke als Grund für den Wegfall der Senioritätswirkung gestrichen. In einem zweiten Satz wurde klargestellt, dass die Wirkung der Seniorität entfällt, wenn die ältere nationale Marke vor dem Anmelde- oder Prioritätstag der Unionsmarke für verfallen erklärt wird.

Der Verzicht darf jedoch nicht vor der Inanspruchnahme der Seniorität erfolgen. Nach Art. 39 Abs. 4 tritt die Seniorität erst mit Eintragung der Unionsmarke ein. Deshalb sollte die nationale Marke nicht vor Eintragung der Unionsmarke aufgegeben werden (→ Rn. 31; aA Pohlmann, 2018, § 15 Rn. 85).

3. Nichtverlängerung

Die mangelnde Verlängerung der Schutzdauer der nationalen Marke hat dagegen keinen Einfluss **20** auf die Wirksamkeit der Seniorität. Die Seniorität erlischt nicht, wenn die ältere Marke später, nach Antragstellung aber vor Eintragung der Unionsmarke nicht verlängert wird, sofern die nationale Marke zum Zeitpunkt der Geltendmachung der Seniorität und der Antragstellung auf die Eintragung der Unionsmarke noch eingetragen war (Reinartz GRUR Int 2012, 493 (494)). Die Schutzdauer muss jedoch mindestens bis zum Zeitpunkt der Antragstellung auf Eintragung der Unionsmarke reichen Hildebrandt/Sosnitza/Knitter Rn. 27).

IV. Formelle Voraussetzungen

1. Erklärung

Für die Eintragung der Seniorität muss eine förmliche Erklärung beim EUIPO durch den **21** Markeninhaber abgegeben werden. Dabei muss die nationale Marke, deren Seniorität beansprucht wird, identifiziert (durch Angabe der Nummern der Eintragungen und Angabe der eingetragenen Waren und Dienstleistungen) und nachgewiesen sowie angegeben werden, wie weit der Senioritätsanspruch reicht (→ Art. 41 Rn. 40). Darüber hinaus muss der Anspruch den oder die Mitgliedstaaten angeben, in denen die ältere Marke, für die die Seniorität beansprucht wird, eingetragen ist sowie den Anmeldetag der Eintragung.

2. Frist

Die Seniorität einer nationalen Marke kann entweder zusammen mit der Anmeldung der **22** Unionsmarke oder innerhalb von zwei Monaten ab der Anmeldung (Art. 39 Abs. 2) erklärt werden. Nach Ablauf der Zweimonatsfrist kann die Seniorität erst wieder nach Eintragung der Unionsmarke nach Art. 40 geltend gemacht werden. Dies ist jedoch ohne Fristgrenze möglich, sobald die Eintragung der Unionsmarke erfolgt ist (Ingerl/Rohnke/Neumann/Kouker MarkenG § 120 Rn. 1).

3. Vorlage der Senioritätsunterlagen

Der Anmelder ist verpflichtet nach Art. 39 Abs. 2 S. 2 innerhalb von drei Monaten ab Erklärung **23** der Inanspruchnahme der Seniorität Unterlagen zum Nachweis der nationalen Eintragung einreichen. Dazu gehört die Fotokopie der Eintragung der älteren Marke. Zeitrangunterlagen können durch online verfügbare Unterlagen ersetzt werden und es reichen einfache Fotokopien anstatt der Originale der nach Art. 6 UMDV für den Nachweis der Seniorität aus. Die vorzulegende Kopie der Eintragung muss dabei alle für die Prüfung der Seniorität durch das EUIPO erforderlichen Angaben enthalten, wie zB Angaben zur Priorität, der Anmelde- und Eintragungstag, die Eintragungsnummer, die Identität des Inhabers, die Wiedergabe der Marke und ein Waren- und Dienstleistungsverzeichnis der älteren Marke. Bei einer Farbmarke muss die Fotokopie ebenfalls in Farbe sein.

Soweit diese notwendigen Angaben auf der Internetseite des nationalen Markenamtes abrufbar **24** sind, kann entsprechend Art. 39 Abs. 7 auf die Einreichung der Unterlagen durch Beschluss des Exekutivdirektors des Amtes verzichtet werden. Dies perpetuiert aber lediglich eine bereits bestehende Praxis. Soweit weitere Unterlagen erforderlich sind, fordert das EUIPO den Antragsteller zur Einreichung der ergänzenden Unterlagen auf.

C. Wirkung der Seniorität

Die materiell rechtliche Wirkung der Seniorität ergibt sich aus Art. 39 Abs. 3. Danach hat sie **25** die alleinige Wirkung, dass dem Inhaber der Unionsmarke weiter dieselben Rechte aus der nationalen Marke zugestanden werden, die ihm zustehen würden, wenn diese weiterhin eingetragen wäre. Er wird also so gestellt, als ob die nationale Marke nicht erloschen wäre (Fiktionswirkung; vgl. Nicolas Bonctin, Droit de la propriété intellectuelle, 6. Aufl. 2020, LGDJ, Rn. 888). Durch die Inanspruchnahme der Seniorität wird lediglich eine Verbindung zwischen der nationalen Marke und der Unionsmarke geschaffen, die erst dann wieder unterbrochen wird, wenn die Unionsmarke gelöscht wird (Ingerl/Rohnke/Nordemann/Kouker MarkenG § 120 Rn. 8). Die Seniorität hat somit eine starke Auswirkung auf das jeweilige nationale Markenrecht. Dennoch hat die Wirkung der Seniorität nicht zur Folge, dass die ältere nationale Marke erhalten bleibt, dh die Rechte aus der ursprünglichen nationalen Marke bleiben erhalten, die Marke selbst aber nicht. Die Benutzung dieser Marke nach der Löschung gilt als eine Benutzung der Unionsmarke und nicht der früheren nationalen Marke, auf die auch keine weiteren Senioritätsansprüche gestützt werden können (EuG T-32/21, BeckEuRS 2021, 670649 Rn. 33). Nach Prüfung durch das EUIPO unterrichtet das Amt daher das zuständige nationale Markenamt entsprechend Art. 39 Abs. 5 über die wirksame Inanspruchnahme der Seniorität und die Seniorität wird in das Unionsmarkenregister eingetragen und veröffentlicht (Art. 111 Abs. 2 lit. j und Abs. 3 lit. f).

26   Die nationale Marke kann erlöschen und braucht nicht mehr verlängert zu werden, wenn sie als Seniorität unter die Unionsmarke gestellt wird. Sie verliert dennoch das Anmeldedatum der früheren nationalen Marke nicht. Der Inhaber der nationalen Marke kann diese aufgeben, ohne auf die Vorteile der Seniorität zu verzichten. Falls der Inhaber der Unionsmarke in diesen Fällen später auf die Unionsmarke verzichtet oder die Marke löscht, kann er nach Art. 139 einen Umwandlungsantrag stellen, der den früheren nationalen Altersrang der Marke mit dem ursprünglichen Anmeldetag wiederaufleben lässt (Pohlmann UnionsmarkenR § 15 Rn. 78).

27   Allerdings besitzt die Eintragung der Seniorität keinerlei Rechtsverbindlichkeit (→ Rn. 11) da die nationalen Gerichte die Voraussetzungen des Senioritätsanspruchs überprüfen und dabei auch die Seniorität einer nationalen Marke aberkennen können (Bonctin, Droit de la propriété intellectuelle, 6. Aufl. 2020, LGDJ Rn. 888). Insgesamt ist die verfahrensrechtliche Wirkung der Seniorität bisher nicht geregelt, was zu Rechtsunsicherheiten führt. Die Ersetzung der nationalen Marke durch die Senioritätseintragung erfolgt nur auf materiell-rechtlicher, aber nicht auch auf verfahrensrechtlicher Ebene (Reinartz GRUR Int 2012, 499 (501)). Daher ist auch nicht sicher aus welchem Recht der Inhaber in diesem Fall vorgeht, ob aus dem Recht der fingierten nationalen Marke oder dem der eingetragenen Unionsmarke mit dem akzessorischen Inhalt der nationalen Marke (→ Rn. 41). Nach der Entscheidung des BPatG vom 5.3.2013 (BPatG BeckRS 2013, 5944 – IPSOS) kann der Inhaber der Marke jedenfalls in einem Widerspruchsverfahren nur aus der Unionsmarke vorgehen und nicht aus der erloschenen älteren nationalen Marke. Der BGH hat in einem Vorlagebeschluss vom 23.2.2017 (I ZR 126/15) dem EuGH die Frage vorgelegt, ob „die Inanspruchnahme des Zeitrangs nach Art. 34 Abs. 2 GMV (Art. 39 Abs. 2 UMV) die Wirkung hat, dass das nationale Markenrecht erlischt und nicht mehr rechtserhaltend benutzt werden kann, oder die nationale Marke auf der Grundlage des Unionsrechts aufrechterhalten bleibt, auch wenn sie im Register des betreffenden Mitgliedstaats nicht mehr existiert, mit der Folge, dass sie weiterhin rechtserhaltend benutzt werden kann und muss" (BGH GRUR 2017, 517 = GRUR Int 2017, 422 m. Bespr. Hilger GRUR-Prax 2017, 162). Durch die Entscheidung des EuGHs in dem Vorlageverfahren sollten die dogmatischen Grundlagen und ungeklärten Fragen bezüglich der Wirkung der Seniorität geklärt werden. Zu dieser Vorlagefrage hat der EuGH in dem Urteil vom 19.4.2018 festgestellt, dass Art. 34 GMV (= Art. 39 Abs. 2 UMV) ausschließlich eine Fiktionswirkung hat, nach der die Unionsmarke in dem betroffenen Mitgliedstaat weiterhin die Schutzwirkung der gelöschten älteren Marke entfaltet, ohne aber dass sie als nationale Marke fortbesteht (EuGH C-148/17, EuZW 2018, 498 Rn. 30 – Peek & Cloppenburg KG, Hamburg/Peek & Cloppenburg KG, Düsseldorf). Der Inhaber der die Seniorität beanspruchenden Unionsmarke kann weiterhin den Schutz in Anspruch nehmen, den die gelöschte Marke hatte, ohne dass er eine weitere Benutzungspflichtung in dem betreffenden Mitgliedstaat hat. Die Existenz der früheren nationalen Marke wird durch die Fiktion nicht wiederhergestellt. Die nationale Marke, auf die verzichtet wurde, kann daher nicht benutzt werden, da sie nicht wirklich, sondern nur über die Fiktionswirkung besteht. Eine Benutzung dieses Zeichens gilt als Benutzung der Unionsmarke (BGH GRUR 2019, 527 – PUC II).

28   Wenn das Widerspruchsverfahren aufgrund der nationalen Marke vor deren Erlöschen begonnen wurde, kann es nicht auf der Basis der Unionsmarke, für die die Seniorität der älteren Marke in Anspruch genommen wurde, fortgeführt werden (BPatG BeckRS 2013, 5944 – IPSOS).

I. Fiktion des Fortbestehens des nationalen Rechts

29   Das Fortbestehen des ursprünglichen Markenrechts wird über eine Fiktion des Fortbestehens der erloschenen nationalen Marke erreicht (Bonctin, Droit de la propriété intellectuelle, 6. Aufl. 2020, LGDJ Rn. 888). Erforderlich für den Eintritt der Fiktion ist, dass die nationale

Marke auch tatsächlich erloschen ist. Der Inhalt der nationalen Marke erlangt dann über die Fiktionswirkung ein unionsrechtliches Fortbestehen. Die Fiktionswirkung tritt nur zugunsten der betreffenden nationalen Marke ein aufgrund derer die Seniorität zugelassen wurde, und gilt nicht zugunsten anderer nationaler Marken (EuG T-32/21, BeckEuRS 2021, 670649 Rn. 31).

Durch die Seniorität wird eine Verbindung zwischen der älteren nationalen Marke und der **30** Unionsmarke hergestellt. Durch diese **Ankopplung** wird bewirkt, dass die nationale Marke akzessorisch mit der Unionsmarke verknüpft wird (Ingerl/Rohnke/Neumann/Kouker MarkenG § 120 Rn. 8). Der gesamte Inhalt der erloschenen älteren nationalen Markeneintragung wird in die Unionsmarke integriert und somit besteht dieser Inhalt fingiert in der Unionsmarke fort (BPatG BeckRS 2013, 5944 – IPSOS). Die nationale Marke besteht jedoch keinesfalls fort (EuGH C-148/17, GRUR 2018, 616 Rn. 30 – Peek & Cloppenburg KG, Hamburg/ Peek & Cloppenburg KG, Düsseldorf). Diese Verbindung wird erst wieder gelöscht, wenn die Unionsmarke untergeht.

1. Zeitpunkt des Eintritts der Seniorität

Da die Wirkung der Seniorität nach Art. 39 Abs. 4 erst mit Eintragung der Unionsmarke **31** eintritt (→ Rn. 19), sollte die nationale Marke nicht vor Eintragung der Unionsmarke aufgegeben werden (vgl. → Art. 41 Rn. 41). Die Wirkung der Seniorität kann auch erst mit dem Verzicht oder Verfall der nationalen Marke ein (Ingerl/Rohnke/Nordemann/Kouker MarkenG § 120 Rn. 2 ff.).

2. Abgrenzung der Seniorität zur Priorität

Die Wirkung und die Voraussetzungen der Priorität müssen klar von der der Seniorität unter- **32** schieden werden. Durch den Senioritätsanspruch wird keine Priorität geltend gemacht. Es gelten auch nicht die gleichen Fristen für die Geltendmachung. Damit es nicht zu Verwechslungen kommt, ist es besser von Seniorität oder Altersrang in Abgrenzung zur Priorität zu sprechen als vom Zeitrang, da dieser Begriff gesetzlich sowohl in den Vorschriften zur Priorität als auch zur Seniorität verwendet wird und daher ungenau ist.

Die Seniorität betrifft die Geltendmachung des Altersrangs einer früheren nationalen Marke. **33** Durch die Seniorität wird aber nicht der Altersrang der Unionsmarke verändert, der weiterhin durch den tatsächlichen Anmelde- oder Prioritätstag der Unionsmarke bestimmt wird. Nach hM in Rechtsprechung und Lehre erlangt daher durch die Zuerkennung der Seniorität nicht etwa die Unionsmarke eine bessere Teilpriorität für den betroffenen Mitgliedstaat (Reinartz GRUR Int 2012, 497 (498); BPatG GRUR 2006, 612 (613); Eisenführ/Schennen/Eisenführ/Holderied Art. 34 Rn. 21–25). Die Seniorität führt lediglich zu einer Konsolidierung älterer nationaler Eintragungen.

II. Wirkung bezüglich der Benutzungsschonfrist

Die Seniorität wirkt sich auf die Benutzungsschonfrist nicht wirklich aus. Gemäß Art. 14 **34** MRL 2008 und – noch klarer – Art. 6 MRL kann die Ungültigkeit der nationalen Marke auch „a posteriori" – also nach ihrem Erlöschen – festgestellt werden. Wie Art. 6 MRL nun klarstellt, ist hierfür erforderlich, dass die Marke nicht nur zum Zeitpunkt des Löschungsantrags, sondern bereits zu dem Zeitpunkt ihres Erlöschens (durch Verzicht oder Nichtverlängerung) löschungsreif war.

Konkret auf den Benutzungszwang bezogen heißt dies, dass zwar die Unionsmarke aufrechter- **35** halten wird durch Benutzung irgendwo in der Union, der Senioritätsanspruch aber nachträglich zum Erlöschen gebracht werden kann, wenn die Marke nicht in dem Mitgliedstaat benutzt wurde, in dem die nationale Marke eingetragen war. Dies wiederum erfordert jedoch weiterhin, dass die nationale Marke bereits zum Zeitpunkt ihrer Löschung dem Benutzungszwang unterlag und nicht benutzt wurde. Insofern ist der Inhaber des Senioritätsanspruchs nach Aufgabe der nationalen Marke leicht bessergestellt, als wenn die nationale Marke eingetragen bleibt. In letzterem Fall kann die nationale Marke nämlich für verfallen erklärt werden, wenn sie in den letzten fünf Jahren nicht benutzt wurde, unabhängig davon, was in den Jahren davor war. Die Unionsmarke, die die Seniorität beansprucht, unterliegt dagegen keinem Benutzungszwang in dem Mitgliedstaat des Ursprungs der früheren nationalen Marke.

III. Erlöschen der Senioritätseintragung

1. Nachträgliche Feststellung der Ungültigkeit

36   Wenn die nationale Marke, deren Seniorität in Anspruch genommen wurde, nachträglich für verfallen oder nichtig erklärt wird (→ Rn. 34 f.), erlischt auch die Senioritätseintragung gemäß Art. 39 Abs. 4 und Art. 40 Abs. 2, sofern der Verfall vor dem Anmeldetag oder dem Prioritätstag der Unionsmarke eintritt. Ansonsten würde die ungültige nationale Marke aufgrund der Seniorität weiterhin rechtliche Wirkungen entfalten (Ingerl/Rohnke/Nordemann/Kouker MarkenG § 120 Rn. 1). Wenn die nationale Marke allerdings ohne aufgegeben wurde, ist ihre nachträgliche Löschung nicht mehr möglich. Nach § 120 MarkenG kann in Deutschland dennoch die Ungültigkeit oder der Verfall der Marke nachträglich im Wege der Feststellungsklage gerichtlich festgestellt werden. Dadurch wird verhindert, dass von der Löschung bedrohte nationale Marken durch die Eintragung einer Seniorität bei der Unionsmarke bestehen bleiben. Der BGH hat dazu in der Entscheidung „PUC" in einem Vorlagebeschluss vom 23.2.2017 (BGH GRUR 2017, 517) dem EuGH die Frage vorgelegt, ob „die Auslegung, dass der Verfall der nationalen Marke nach § 125c MarkenG (aF) für zwei Zeitpunkte festzustellen sei, nämlich dem Zeitpunkt der Erklärung des Verzichts auf die ältere nationale Marke und dem Zeitpunkt der Entscheidung über die Feststellung des Verfalls, mit der Art. 6 MRL nF in Einklang steht (BGH GRUR 2017, 517 Rn. 26 ff.; Thiering GRUR 2018, 30). In Betracht käme außerdem noch der in Art. 39 Abs. 4 S. 2 genannte Zeitpunkt des Anmelde- und Prioritätstags der Unionsmarke, der jedoch in dem BGH-Beschluss nicht genannt wird. Der EuGH hat in dem Urteil vom 19.4.2018 festgestellt (EuGH C-148/17, EuZW 2018, 498 – Peek & Cloppenburg KG, Hamburg/Peek & Cloppenburg KG, Düsseldorf), dass es nicht mit Art. 34 Abs. 2 GMV (= Art. 39 UMV) in Einklang steht, wenn verlangt wird, dass die Voraussetzungen für die Ungültigkeit oder den Verfall der älteren nationalen Marke auch zu dem Zeitpunkt der Entscheidung über den Antrag auf nachträgliche Feststellung der Ungültigkeit oder des Verfalls erfüllt sein müssen. Somit kommt es nach dem EuGH für das Erlöschen der Senioritätseintragung auf die Feststellung des Verfalls der nationalen Marke zum Zeitpunkt der Erklärung des Verzichts auf die ältere Marke an. Aus diesen Gründen sollte der Markeninhaber vor Inanspruchnahme der Seniorität **sicherstellen,** dass sowohl zum Anmeldetag oder Prioritätstag der Unionsmarke als auch zum Verzichts- oder Erlöschenszeitpunkt der älteren Marke kein Verfallsgrund vorliegt (EuGH C-148/17, EuZW 2018, 498).

2. Verzicht auf die Unionsmarke

37   Gemäß Art. 39 Abs. 3 und Art. 40 Abs. 4 iVm Art. 39 Abs. 3 verliert die Senioritätseintragung ihre Wirkung, wenn auf die Unionsmarke verzichtet wird, da sich die Seniorität auf die Unionsmarke bezieht. Es ist aber auch möglich bei Beibehalten der Unionsmarke nur auf die Senioritätseintragung zu verzichten.

3. Umwandlung in eine neue nationale Marke

38   Die Ankopplung der nationalen Marke an die Unionsmarke kann solange nicht mehr aufgehoben werden, wie die Unionsmarke besteht. Bei Untergang der Unionsmarke wird die Verbindung gelöst und durch Umwandlung nach Art. 139 kann die nationale Marke unter den allgemeinen Voraussetzungen wiederaufleben (→ MarkenG § 6 Rn. 15). Dadurch kann eine neue nationale Marke mit dem Zeitrang der früheren Marke erlangt werden (→ Art. 1 Rn. 18).

IV. Vorgehen aus der Seniorität

39   Aus den Vorschriften der UMV geht nicht eindeutig hervor, ob die an die Seniorität gekoppelten Rechte aus der Unionsmarke oder aus der gelöschten nationalen Marke geltend gemacht werden.

40   Wenn sich der Markeninhaber auf die Seniorität berufen möchte, muss er nach hM aus der Unionsmarke vorgehen, da die nationale Marke tatsächlich nicht mehr fortbesteht, sondern nur durch die Fiktionswirkung aufrechterhalten wird und formal gesehen nicht mehr existiert. Dies gilt jedenfalls in Deutschland, die Regelung kann jedoch von einem Mitgliedstaat zum anderen verschieden sein. Es kann Länder geben, in denen etwaige Verfahren auf die nationale Marke gestützt werden müssen.

1. Wirkung der Seniorität im Widerspruchsverfahren

Bei Fortführung eines auf eine nationale Widerspruchsmarke gestützten Widerspruchsverfah- **41** rens vor dem DPMA müsste das Verfahren nach Erlöschen der nationalen Marke auf die Unionsmarke gestützt werden, indem die Seniorität der identischen Unionsmarke beansprucht wird (BPatG GRUR 2006, 612 (613)). Der Grundsatz, dass der nachträgliche Wegfall der Widerspruchsmarke zur nachträglichen Unzulässigkeit des Widerspruchs führt, sollte hier aufgrund der Wirkung der Seniorität nicht gelten (→ MarkenG § 42 Rn. 88 f.; Fezer MarkenG § 42 Rn. 72). Eine andere Ansicht hierzu vertritt das BPatG in einer Entscheidung vom 5.3.2013 (BPatG BeckRS 2013, 5944 – IPSOS). Nach dieser Entscheidung ist die Weiterführung des Widerspruchsverfahrens nach Löschung der nationalen Widerspruchsmarke auf der Grundlage der Unionsmarke mangels gesetzlicher Grundlage in dem deutschen Markengesetz nicht zulässig. Das deutsche Recht enthalte keine dem Art. 39 Abs. 3 entsprechende Regelung über die Wirkung der Seniorität im deutschen Recht und da das deutsche Recht autonom sei, könne die Regelung der UMV nicht hierauf übertragen werden, insbesondere weil die Rechtsfrage hier verfahrensrechtlicher Art sei und aus dem Unionsmarkenrecht keine verfahrensrechtliche Regelung in diesem Bereich abgeleitet werden könne.

In einem Widerspruchsverfahren gegen die Anmeldung einer Unionsmarke, die im Vergleich **42** zu der nationalen Widerspruchsmarke jünger, gegenüber der Unionsmarke des Widersprechenden, aber älter ist, müsste der Widerspruch formal aufgrund der Unionsmarke eingelegt werden. Er muss aber mit der Seniorität begründet werden (Ingerl/Rohnke/Nordemann/Kouker MarkenG § 120 Rn. 5). Das EUIPO geht von einer Gleichwertigkeit der Rechte aus und gestattet den Übergang von einem zum anderen Widerspruchsrecht, wenn die nationale Marke während des laufenden Verfahrens wegfällt.

2. Nachweis der Seniorität

Die wirksame Inanspruchnahme der Seniorität nach den Art. 39, 40 wird in das Unionsmarken- **43** register eingetragen und veröffentlicht (Art. 111 Abs. 2 lit. j, Abs. 3 lit. f). Das EUIPO benachrichtigt die zuständige nationale Markenbehörde über die wirksame Inanspruchnahme der Seniorität (Art. 39 Abs. 5). Die nationalen Markenbehörden vermerken die Seniorität ohne weitere Prüfung im Markenregister der betreffenden nationalen Marke. Alle Senioritätseinträge in den Datenbanken der nationalen Behörden müssen dasselbe Format haben, damit sie ordnungsgemäß verwaltet werden können (Prüfungsrichtlinien für Unionsmarken, Teil B, Prüfung, Abschn. 2 Formerfordernisse, 13.1). In Deutschland erfolgt ein Vermerk im elektronischen Register der deutschen Marke sowie bei ihrer Löschung die Angabe des Löschungsgrundes (DPMA-Präsident Mitt Nr. 22/99, Bl. 1999, 392). Durch Abs. 6 wird die Kommission zum Erlass von Durchführungsrechtsakten gemäß Art. 208 ermächtigt, um die Art und die Einzelheiten des Verfahrens für die Inanspruchnahme einer Seniorität genau festzulegen. Dies geschah durch Art. 6 UMDV (VO (EU) 2018/ 625).

3. Zuständiges Gericht

Die unionsrechtliche Reglung der Seniorität enthält keine prozessuale Regelung betreffend die **44** gerichtliche Zuständigkeit (→ Rn. 27). Um die Wirkung der Seniorität für den Markeninhaber aber vollständig zu verwirklichen, muss davon ausgegangen werden, dass die gerichtliche Zuständigkeit so bestimmt werden muss, als ob die nationale Marke noch bestehen würde. Daher sollten auch die entsprechenden nationalen Gerichte für zuständig erklärt werden.

V. Übertragung der Unionsmarke, für die die Seniorität beansprucht wird

Die Tatsache, dass für eine Unionsmarke Seniorität beansprucht wird, ändert nichts an der **45** Übertragbarkeit der Marke. Hier ist zu unterscheiden zwischen der Situation vor und nach Aufgabe der nationalen Marke. Soweit die nationale Marke noch besteht, muss sie mit übertragen werden, sonst fällt die Inhaberschaft der Marken auseinander und der Senioritätsanspruch verliert seine Grundlage. Ist die nationale Marke aber bereits erloschen, und die Fiktion des Art. 39 Abs. 3 wirksam geworden und die nationale (fiktiv fortbestehende) Marke wird automatisch mit übertragen, so dass auch der neue Inhaber der Marke die Fiktionswirkung der früheren nationalen Marke in Anspruch nehmen kann.

Problematischer ist die Rechtslage bei teilweiser Übertragung der Unionsmarke. Bei einer **46** teilweisen Übertragung müsste auch die Fiktionswirkung der nationalen Basismarke für die Seniorität geteilt werden und teilweise auf den neuen Inhaber übergehen, soweit dieser die Unionsmarke erwirbt (DPMA-Präsident Mitt Nr. 22/99, Bl. 1999, 392; Ingerl/Rohnke/Nordemann/Kouker MarkenG § 120 Rn. 8).

D. Inanspruchnahme der Seniorität nach Art. 39 bei einer internationalen Registrierung

47   Gemäß Art. 191 kann auch der Inhaber einer internationalen Registrierung einer Marke, in der die Unionsmarke benannt ist, ab dem Zeitpunkt der Veröffentlichung den Altersrang einer älteren Marke in einem Mitgliedstaat der EU nach den in Art. 191 Abs. 2 iVm Art. 6 UMDV genannten Voraussetzungen in Anspruch nehmen (→ Art. 191 Rn. 2 ff.). Für die Beanspruchung der Seniorität der älteren Marke gemäß Art. 191 Abs. 2 iVm Art. 6 UMDV gelten dieselben Voraussetzungen wie für dessen Beanspruchung nach Art. 39 Abs. 1 und 2 (Hildebrandt/Sosnitza/Knitter Rn. 8).

Art. 40 Inanspruchnahme des Zeitrangs einer nationalen Marke nach Eintragung einer Unionsmarke

(1) Der Inhaber einer Unionsmarke, der Inhaber einer in einem Mitgliedstaat, einschließlich des Benelux-Gebiets, oder einer mit Wirkung für einen Mitgliedstaat international registrierten identischen älteren Marke für Waren oder Dienstleistungen ist, die mit denen identisch sind, für welche die ältere Marke eingetragen ist, oder die von diesen Waren oder Dienstleistungen umfasst werden, kann den Zeitrang der älteren Marke in Bezug auf den Mitgliedstaat, in dem oder für den sie eingetragen ist, in Anspruch nehmen.

(2) Anträge auf Inanspruchnahme des Zeitrangs gemäß Absatz 1 dieses Artikels müssen die Nummer der Eintragung der Unionsmarke, den Namen und die Anschrift ihres Inhabers, Angaben zu dem Mitgliedstaat oder den Mitgliedstaaten, in dem/denen oder für den/die die ältere Marke eingetragen ist, zur Nummer und zum Anmeldetag der maßgeblichen Eintragung, zu den Waren und Dienstleistungen, für die die Marke eingetragen ist, und zu jenen, für die der Zeitrang in Anspruch genommen wird, sowie die unterstützenden Unterlagen gemäß den nach Artikel 39 Absatz 6 angenommenen Vorschriften enthalten.

(3) ¹Sind die Erfordernisse für die Inanspruchnahme des Zeitrangs nicht erfüllt, so teilt das Amt dem Inhaber der Unionsmarke den Mangel mit. ²Wird der Mangel nicht innerhalb einer vom Amt festgesetzten Frist beseitigt, so weist es den Antrag zurück.

(4) Es gilt Artikel 39 Absätze 3, 4, 5 und 7.

Überblick

Die Geltendmachung des Zeitrangs oder der Seniorität einer früheren in einem Mitgliedstaat für identische Waren oder Dienstleistungen der Unionsmarke eingetragenen nationalen Marke kann nicht nur gemäß Art. 39 im Anmeldeverfahren, sondern darüber hinaus gemäß Art. 40 durch Erklärung nach der Eintragung der Unionsmarke erfolgen.

A. Inanspruchnahme der Seniorität nach der Eintragung der Unionsmarke

1   Soweit der Anmelder nicht die Seniorität der nationalen Marke im Rahmen der Anmeldung Unionsmarke gemäß Art. 39 in Anspruch genommen hat, kann er dies zu jedem Zeitpunkt nach Eintragung der Unionsmarke tun. Es besteht keine Fristbegrenzung für die Inanspruchnahme.

1.1   Für die Inanspruchnahme der Seniorität nach Art. 40 Abs. 1 aufgrund einer früheren UK-Marke gilt gemäß dem Austrittsabkommen zwischen der EU und dem Vereinigten Königreich, dass zum Ablauf des Übergangszeitraums die bestehenden Unionsmarken ab dem 1.1.2021 ihre Wirkung im Vereinigten Königreich verlieren und zu unabhängigen nationalen Marken werden. Dennoch kann sich der Markeninhaber entsprechend Art. 54 Abs. 5 lit. a BrexitAbk die Seniorität einer älteren UK-Marke berufen (vgl. Pommerening GRUR-Prax 2020, 91 (92); → Art. 39 Rn. 4.1). Die auf der Seniorität beruhende UK-Marke erlangt somit die gleiche Schutzdauer wie die Unionsmarke (→ Art. 34 Rn. 3.1).

I. Formale Anforderungen

Gemäß Art. 40 Abs. 2 iVm Art. 6 UMDV muss der Inhaber einer Unionsmarke, der nach **2** Abschluss des Anmeldeverfahrens der Marke die Seniorität seiner identischen nationalen Marke für die Unionsmarke in Anspruch nehmen möchte, bei seinem Antrag eine Kopie der entsprechenden Eintragung mit folgenden Angaben vorlegen:
* Nummer der Eintragung der Unionsmarke;
* Name und Anschrift des Inhabers der Unionsmarke;
* Angabe des Mitgliedstaates oder der Mitgliedstaaten, in denen die ältere Marke eingetragen ist, die Nummer und der Anmeldetag sowie die Waren und Dienstleistungen, für die die ältere Marke eingetragen ist;
* Waren und Dienstleistungen, für die die Seniorität in Anspruch genommen wird;
* genaue Abschrift der betreffenden Eintragung.

Soweit diese notwendigen Angaben auf der Internetseite des nationalen Markenamtes abrufbar **3** sind, kann auf die Einreichung der Unterlagen verzichtet werden (Art. 40 Abs. 4 iVm Art. 39 Abs. 7). Aufgrund der VO (EU) 2015/2424 wurde mit Wirkung vom 1.10.2017 der Inhalt der Regel 28 Abs. 1 GMDV aF in einen neuen Abs. 2 des Art. 40 aufgenommen.

Soweit die Voraussetzungen der Inanspruchnahme der Seniorität nicht erfüllt sind oder weitere **4** Unterlagen erforderlich sind, teilt das EUIPO dies nach Art. 40 Abs. 3 S. 1 dem Antragsteller mit und fordert ihn auf, den Mangel zu beseitigen. Erfüllt der Anmelder die Anforderungen der Aufforderung innerhalb der vorgegebenen Frist nicht, so weist das EUIPO gemäß Art. 40 Abs. 3 S. 2 den Antrag zurück, teilt dem Antragsteller entsprechend Art. 98 mit, dass er die Seniorität verloren habe und weist ihn darauf hin, dass er gemäß Art. 99 eine Entscheidung über die Feststellung des Rechtverlustes beantragen könne. Gegen die Feststellung kann er nach Art. 99 S. 2 innerhalb von zwei Monaten ab der Zustellung der Mitteilung eine Entscheidung in der Sache beantragen.

II. Anwendung von Art. 39 Abs. 3 und 4

Die Wirkung der Seniorität nach Art. 40 ist gleich mit der Wirkung der bei der Anmeldung **5** beanspruchten Seniorität nach Art. 39 Abs. 3 (→ Art. 39 Rn. 25 ff.). Die Seniorität erlischt nicht nach Art. 39 Abs. 3, sondern kommt zum Tragen, also wird wirksam. Aufgrund der Verweisung von Art. 40 Abs. 4 gelten nunmehr Art. 39 Abs. 3 und 4 direkt auch für die Inanspruchnahme der Seniorität nach Eintragung.

Wie bei der Beanspruchung der Seniorität nach Art. 39 muss auch bei Art. 40 die ältere natio- **6** nale Marke zum Zeitpunkt der Inanspruchnahme der Seniorität eingetragen sein (EuG T-32/21, BeckEuRS 2021, 670649 Rn. 25; s. auch Teil B Kapitel 2 Abschnitt 13.2 der Prüfungsrichtlinien des EUIPO). Das Erlöschen der nationalen Marke verhindert die Berufung auf die Seniorität (→ Art. 39 Rn. 7). Der Wortlaut des Art. 39 Abs. 3 muss auch im Rahmen des Art. 40 eng ausgelegt werden (EuG T-32/21, BeckEuRS 2021, 670649 Rn. 31). Art. 40 iVm Art. 39 Abs. 3 kann auch nicht zugunsten einer anderen Unionsmarke gelten als der für die ursprünglich die Seniorität beantragt wurde.

B. Inanspruchnahme der Seniorität nach Art. 40 bei einer internationalen Registrierung

Gemäß Art. 191 Abs. 1 kann auch der Inhaber einer internationalen Registrierung einer Marke, **7** in der die Unionsmarke benannt ist, ab dem Zeitpunkt der Veröffentlichung die Seniorität einer älteren Marke in einem Mitgliedstaat der Union nach den in Art. 191 Abs. 2 genannten Voraussetzungen in Anspruch nehmen (→ Art. 191 Rn. 2). Infolge der Reform 2016 richtet sich die Inanspruchnahme der Seniorität einer älteren Marke aufgrund der internationalen Registrierung ab dem 1.10.2017 nach Art. 191.

Kapitel IV. Eintragungsverfahren

Abschnitt 1. Prüfung der Anmeldung

Art. 41 Prüfung der Anmeldungserfordernisse

(1) Das Amt prüft, ob

a) die Anmeldung der Unionsmarke den Erfordernissen für die Zuerkennung eines Anmeldetages nach Artikel 32 genügt;

b) die Anmeldung der Unionsmarke den in Artikel 31 Absatz 3 festgelegten Bedingungen und Erfordernissen genügt;

c) gegebenenfalls die Klassengebühren innerhalb der vorgeschriebenen Frist entrichtet worden sind.

(2) Entspricht die Anmeldung nicht den in Absatz 1 genannten Erfordernissen, so fordert das Amt den Anmelder auf, innerhalb von zwei Monaten nach Eingang der entsprechenden Mitteilung die festgestellten Mängel zu beseitigen oder die ausstehende Zahlung nachzuholen.

(3) [1]Werden innerhalb dieser Fristen die nach Absatz 1 Buchstabe a festgestellten Mängel nicht beseitigt oder wird die nach Absatz 1 Buchstabe a festgestellte ausstehende Zahlung nicht nachgeholt, so wird die Anmeldung nicht als Anmeldung einer Unionsmarke behandelt. [2]Kommt der Anmelder der Aufforderung des Amtes nach, so erkennt das Amt der Anmeldung als Anmeldetag den Tag zu, an dem die festgestellten Mängel beseitigt werden oder die festgestellte ausstehende Zahlung nachgeholt wird.

(4) Werden innerhalb der vorgeschriebenen Fristen die nach Absatz 1 Buchstabe b festgestellten Mängel nicht beseitigt, so weist das Amt die Anmeldung zurück.

(5) [1]Wird die nach Absatz 1 Buchstabe c festgestellte ausstehende Zahlung nicht innerhalb der vorgeschriebenen Fristen nachgeholt, so gilt die Anmeldung als zurückgenommen, es sei denn, dass eindeutig ist, welche Waren- oder Dienstleistungsklassen durch den gezahlten Gebührenbetrag gedeckt werden sollen. [2]Liegen keine anderen Kriterien vor, um zu bestimmen, welche Klassen durch den gezahlten Gebührenbetrag gedeckt werden sollen, so trägt das Amt den Klassen in der Reihenfolge der Klassifikation Rechnung. [3]Die Anmeldung gilt für diejenigen Klassen als zurückgenommen, für die die Klassengebühren nicht oder nicht in voller Höhe gezahlt worden sind.

(6) Wird den Vorschriften über die Inanspruchnahme der Priorität nicht entsprochen, so erlischt der Prioritätsanspruch für die Anmeldung.

(7) Sind die Voraussetzungen für die Inanspruchnahme des Zeitrangs einer nationalen Marke nicht erfüllt, so kann deren Zeitrang für die Anmeldung nicht mehr beansprucht werden.

(8) Betrifft die Nichterfüllung der in Absatz 1 Buchstaben b und c genannten Erfordernisse lediglich einige Waren oder Dienstleistungen, so weist das Amt die Anmeldung nur in Bezug auf diese Waren oder Dienstleistungen zurück, oder es erlischt der Anspruch in Bezug auf die Priorität oder den Zeitrang nur in Bezug auf diese Waren und Dienstleistungen.

Überblick

Art. 41 regelt die Prüfung der Anmeldung sowohl in Hinsicht auf die Anmeldetagsvoraussetzungen (→ Rn. 1) als auch hinsichtlich der Formalvorschriften (→ Rn. 2 ff.) und der Entrichtung der ggf. anfallenden Klassengebühren (→ Rn. 32) sowie die Rechtsfolgen bei Mängeln in der Anmeldung. Darüber hinaus werden im Rahmen des Prüfungsverfahrens auch die Voraussetzungen für die Inanspruchnahme von Priorität (→ Rn. 35 ff.) und Seniorität/Zeitrang (→ Rn. 38) geprüft, die Rechtsfolgen bei Mängeln richten sich nach Art. 41 Abs. 6 respektive Art. 7.

Übersicht

A. Anmeldetagsvoraussetzungen

Die Anmeldetagsvoraussetzungen sind in Art. 32 geregelt (→ Art. 32 Rn. 1). Ist eine dieser **1** Voraussetzungen nicht erfüllt, wird dies dem Anmelder mitgeteilt und eine Frist von zwei Monaten ab Zugang dieser Mitteilung gesetzt, um den Mangel zu beheben. Wird der Mangel fristgerecht behoben, erhält die Anmeldung als Anmeldetag den Tag, an dem der Mangel beseitigt worden ist (Art. 41 Abs. 3 S. 2). Falls die Anmeldegebühr nicht innerhalb eines Monats nach Einreichung der Anmeldung beim EUIPO eingegangen ist, kann ggf. trotzdem der vorläufige Anmeldetag beibehalten werden: Hierzu muss der Anmelder zunächst nachweisen, dass der Zahlungsauftrag an die von ihm angewiesene Bank vor Ablauf des Monats ordnungsgemäß erteilt wurde. Ist der Zahlungsauftrag innerhalb der letzten zehn Tage des Monats ab Einreichung der Anmeldung erteilt worden, muss der Anmelder zudem innerhalb der vom Amt gesetzten Frist einen zehnprozentigen Zuschlag zur Anmeldegebühr zahlen (Art. 180 Abs. 3). Erfolgte die ordnungsgemäße Zahlungsan- weisung mehr als zehn Tage vor Ablauf des Monats, genügt der fristgerechte Nachweis der Ertei- lung der Zahlungsanweisung zur Wahrung des ursprünglichen Anmeldetags; ein Zuschlag ist nicht zu zahlen. Weist der Anmelder nicht nach, dass er innerhalb des Monats ab Einreichung der Zahlung ordnungsgemäß angewiesen hat, und wird die Zahlung auch nicht innerhalb der vom Amt gesetzten Frist nachgeholt, gilt die Anmeldung als nicht eingereicht (Art. 41 Abs. 3 S. 1). Im Übrigen beginnt das Amt erst nach Zahlungseingang der Anmeldegebühr mit der materiellen Prüfung der angemeldeten Marke.

B. Formalprüfung

Über die Anmeldetagserfordernisse hinaus regelt die UMV weitere Formerfordernisse, die im **2** Prüfungsverfahren geprüft werden (Name und Anschrift des Anmelders, → Rn. 3; Name und Anschrift des Vertreters, → Rn. 4; Angabe der ersten und zweiten Sprache, → Rn. 5 ff.; Unter- schrift, → Rn. 9; Angabe der Markenkategorie, → Rn. 10 ff.; Verzeichnis der Waren und Dienst- leistungen, → Rn. 13; Wiedergabe der Marke, → Rn. 14 ff.). Soweit nicht im Folgenden aus- drücklich anders angegeben, erhält der Anmelder bei Unvollständigkeiten oder Fehlern der

Angaben eine Frist zur Nachbesserung von in der Regel zwei Monaten. Wird innerhalb dieses Zeitraums der Mangel der Anmeldung nicht beseitigt, wird die Anmeldung zurückgewiesen (Art. 41 Abs. 4).

I. Name und Anschrift des Anmelders

3   Gemäß Art. 2 Abs. 1 lit. b UMDV muss der Anmelder Namen, Anschrift, Staatsangehörigkeit und den (Wohn-)Sitzstaat angeben. Für natürliche Personen sind Vor- und Nachname(n), bei juristischen Personen der volle Name anzugeben; lediglich die Gesellschaftsform darf in einer üblichen Weise abgekürzt werden (zB „AG" oder „GmbH"). Fehlt die Angabe der Rechtsform oder ist die Rechtsform fehlerhaft angegeben (jeweils für das Amt erkennbar), wird dem Anmelder eine Frist zur Nachbesserung (Angabe der fehlenden Rechtsform, Korrektur der fehlerhaften Rechtsformbezeichnung) gesetzt. Sofern der Anmelder bereits über eine eigene Identifikationsnummer beim EUIPO verfügt, genügt die Angabe dieser Nummer, über die die weiteren Daten intern vom EUIPO abgerufen und in der Anmeldung ergänzt werden können.

II. Name und Anschrift des Vertreters

4   Falls ein Vertreter bestellt werden soll, muss in der Anmeldung nach Art. 2 Abs. 1 lit. e UMDV dessen Name und Anschrift ebenfalls angegeben werden (zu den Details → Rn. 3). Sind mehrere Vertreter unter unterschiedlichen Adressen oder ein Vertreter mit mehreren Anschriften benannt, muss angegeben werden, welche Anschrift die Zustellanschrift sein soll; andernfalls versendet das EUIPO die Korrespondenz an die erste in der Anmeldung genannte Adresse. Unterliegt ein Anmelder dem Vertretungszwang, weil er weder (Wohn-)Sitz noch eine tatsächliche gewerbliche oder eine Handelsniederlassung im Europäischen Wirtschaftsraum hat, hat in der Anmeldung aber keinen Vertreter benannt, wird dem Anmelder eine Frist zur Benennung eines Vertreters gesetzt. Hierbei kann auf bereits beim EUIPO in der Vertreterdatenbank geführte Vertreter zurückgegriffen werden; die Datenbank ist online einsehbar und recherchierbar. Darüber hinaus kann ein gewünschter aber bisher noch nicht vor dem EUIPO aktiver Vertreter gewählt werden, sofern er die Voraussetzungen erfüllt (→ Art. 120 Rn. 1). Falls ein angestellter Vertreter iSv Art. 119 Abs. 3 benannt wird, muss dieser seit der Reform mit Wirkung zum 23.3.2016 der Anmeldung keine Vollmacht seines Arbeitgebers mehr beifügen; in Zweifelsfällen kann jedoch das Amt die Vorlage einer Vollmacht verlangen. Legt ein Vertreter trotz Aufforderung keine Vollmacht vor, setzt das EUIPO das Verfahren direkt mit dem Vertretenen fort (Marken- und Geschmacksmusterrichtlinien, Teil A, Allgemeine Regeln Abschnitt 7). Das gilt allerdings nicht in Fällen, in denen der Anmelder dem Vertretungszwang unterliegt; in diesen Fällen kann das Verfahren nicht direkt mit dem Anmelder fortgeführt werden bzw. die Fortführung besteht in der Aufforderung, einen (neuen) Vertreter zu bestellen (Marken- und Geschmacksmusterrichtlinien, Teil A, Allgemeine Regeln Abschnitt 5.2).

III. Angabe der ersten und zweiten Sprache

1. Erste und zweite Sprache

5   Gemäß Art. 146 Abs. 1 können Unionsmarkenanmeldungen in jeder der Amtssprachen der Union eingereicht werden (→ Art. 146 Rn. 1). Daneben muss nach Art. 146 Abs. 3 iVm Art. 2 Abs. 1 lit. j UMDV eine zweite Sprache angegeben werden, nämlich eine Sprache des EUIPO (Deutsch, Englisch, Französisch, Italienisch und Spanisch, Art. 146 Abs. 2). Die zweite Sprache muss eine zusätzliche, von der ersten Sprache unterschiedliche Sprache sein. Sie dient als (ggf. zusätzliche) Sprache für Widerspruchs-, Verfalls- und Nichtigkeitsverfahren (diese können nur in den Sprachen des EUIPO iSv Art. 146 Abs. 2 geführt werden, s. Art. 146 Abs. 5). Alle Angaben in der Anmeldung (einschließlich des Verzeichnisses der Waren und Dienstleistungen) müssen in der ersten Sprache erfolgen, wenngleich auch ein Formular des EUIPO in einer anderen Sprache verwendet werden kann, in das die Angaben (in der gewünschten ersten Sprache!) eingetragen werden. Zu beachten ist, dass die Sprachwahl (als solche; zur Wahl der Korrespondenzsprache → Rn. 6) im weiteren Verfahren nicht mehr geändert werden kann, zB wenn die Anmeldung auf einen Erwerber übertragen wird, der (bzw. ggf. dessen Vertreter) die zwei gewählten Sprachen nicht (gut) versteht/beherrscht.

2. Korrespondenzsprache

Im Verlauf des Prüfungsverfahrens bis zur Eintragung korrespondiert das Amt mit dem Anmel- **6** der in der Regel in der ersten Sprache der Anmeldung. Ist diese keine Sprache des Amtes (also weder Deutsch, Englisch, Französisch, Italienisch noch Spanisch), kann der Anmelder als Korrespondenzsprache auch die zweite Sprache der Anmeldung ausdrücklich wählen, und zwar auch noch, wenn bereits Korrespondenz in der ersten Sprache erfolgt ist. Ist eine von der ersten Sprache abweichende Korrespondenzsprache gewählt worden, verfasst das EUIPO (ab dem Zeitpunkt, zu dem der Anmelder die abweichende Korrespondenzsprache gewählt hat) Mitteilungen an den Anmelder, die keinen Entscheidungscharakter haben, in dieser Sprache. Ist die erste Sprache allerdings ebenfalls eine Sprache des Amtes, wird diese auch Korrespondenzsprache; hat der Anmelder davon abweichend die zweite Sprache als Wunsch-Korrespondenzsprache in der Anmeldung angegeben, wird diese Sprachwahl amtlicherseits korrigiert und der Anmelder hierüber informiert (vgl. Richtlinien zu Marken, Teil B Abschnitt 2, Formerfordernisse, Abschnitt 6.2).

3. Maßgeblichkeit für Übersetzungen

Das Waren- und Dienstleistungsverzeichnis und alle ggf. bereitgestellten Beschreibungen der **7** Anmeldung werden in alle Amtssprachen der Union übersetzt. Die „Quellsprache" für die Übersetzungen, dh die Sprache, aus der in die anderen Amtssprachen der Union übersetzt wird, ist regelmäßig die erste Sprache der Anmeldung. Wurde als erste Sprache eine der Sprachen des EUIPO gewählt, ist diese immer für die Übersetzung maßgeblich. Hat der Anmelder als erste Sprache eine andere Sprache als Deutsch, Englisch, Französisch, Italienisch oder Spanisch gewählt, aber eine Übersetzung aller relevanten Elemente (Verzeichnis der Waren und Dienstleistungen und ggf. eine Markenbeschreibung) in die zweite Sprache der Anmeldung beigefügt, wird die zweite Sprache als maßgebliche Quellsprache für die Übersetzung herangezogen. Hat der Anmelder keine Übersetzung beigefügt, bleibt es dabei, dass die erste Sprache für die Übersetzung maßgeblich ist, auch wenn es sich dabei nicht um eine der Sprachen des EUIPO handelt.

4. Maßgeblichkeit der Sprachwahl für Einschränkungen des Waren- und Dienstleistungsverzeichnisses

Die Sprachwahl in der Anmeldung beeinflusst auch Änderungswünsche hinsichtlich des Waren- **8** und Dienstleistungsverzeichnisses nach Anmeldung aber vor Eintragung der Marke: Soll in diesem Zeitraum das Verzeichnis eingeschränkt werden, muss die Einschränkung regelmäßig in der ersten Sprache der Anmeldung erfolgen. Eine Ausnahme besteht nur, wenn die erste Sprache keine der Sprachen des EUIPO (Deutsch, Englisch, Französisch, Italienisch, Spanisch) ist und als Korrespondenzsprache ausdrücklich die zweite Sprache der Anmeldung gewählt wurde; in diesem Fall kann die Einschränkung des Waren- und Dienstleistungsverzeichnisses in der zweiten Sprache erfolgen. Von Interesse ist dies insbesondere in Fällen, in denen der Anmelder schon vor einem potentiellen Widerspruch mit Dritten über Einschränkungen des Verzeichnisses zur Vermeidung von Kollisionen verhandelt; hier bietet es sich an, verhandelte Einschränkungen nach Möglichkeit (zumindest auch) in der Sprachfassung zu vereinbaren, die direkt an das EUIPO als Einschränkung des Verzeichnisses kommuniziert werden können. Nach Eintragung ist eine „Einschränkung" des Verzeichnisses ein partieller Verzicht (Art. 57); hierfür stehen als Verfahrenssprachen alle fünf Sprachen des EUIPO zur Wahl (vgl. Richtlinien zu Marken, Teil E.1 Änderungen in Eintragungen, Abschnitt 1.3.1).

IV. Unterschrift

Nach Art. 2 Abs. 1 lit. k UMDV iVm Art. 63 Abs. 1 DVUM sind schriftliche Anmeldungen **9** zu unterschreiben. Seit 1.1.2018 können Anmeldungen nicht mehr per Fax eingereicht werden. Vorher genügte bei Fax die Faxkopie der Unterschrift und bei Computerfax die Namensangabe. Seit dem 1.1.2018 können Anmeldungen entweder schriftlich per Brief oder elektronisch eingereicht werden. Bei elektronischer Einreichung genügt ebenfalls die Namensangabe als Unterschrift. Nach langjähriger erstinstanzlicher Prüfungspraxis des Amtes konnte die Anmeldung mit dem Namen (zB) der Kanzlei unterschrieben werden; es war nicht erforderlich, dass die Anmeldung von einer natürlichen Person mit ihrem Namen unterzeichnet wird; dies war im Handbuch zur Markenpraxis ausdrücklich als zulässig vermerkt (s. The Manual Concerning Examination of Formalities, Part B.2). Dagegen wurde in einigen Entscheidungen der Beschwerdekammern des EUIPO die Unterschrift mit dem Namen einer natürlichen Person für notwendig gehalten (s. zB HABM BK 7.3.2006 – R 1074/2005-4 Rn. 12 – WINE OH!).

V. Markenkategorie

1. Angabe der Kategorie

10   Nach Art. 2 Abs. 1 lit. i UMDV ist in der Anmeldung anzugeben, falls eine **Unionskollektiv-marke** oder eine **Unionsgewährleistungsmarke** beantragt wird. Im Gegensatz zu **Individual-marken,** die gemäß Art. 5 von jeder natürlichen oder juristischen Person einschließlich Körperschaften des öffentlichen Rechts beantragt werden können, sind Kollektivmarken nach Art. 74 Abs. 1 bestimmten Verbänden sowie Körperschaften des öffentlichen Rechts vorbehalten. Auch der Zweck von Individual- und Kollektivmarken unterscheidet sich: Während Individualmarken der Unterscheidung der Waren und Dienstleistungen ihres Inhabers von denen anderer Erzeuger und Dienstleistungserbringer dienen, sollen Kollektivmarken Waren und Dienstleistungen der Mitglieder eines bestimmten Verbandes von denen Dritter unterscheiden. Kollektivmarken können zB dazu dienen, Waren mit einer bestimmten Herkunft besonders zu kennzeichnen und so den Ruf einer Region für typische Produkte zu vermarkten (s. zB UM 360 800 „Spreewalder Gurken"; zu Kollektivmarken s. Art. 74). Unionsgewährleistungsmarken sind solche Marken, die Waren und/oder Dienstleistungen, für die bestimmte Eigenschaften, zB deren besondere Qualität, gewährleistet werden sollen, von Waren/Dienstleistungen unterscheiden, für die keine solche Gewährleistung besteht (Art. 83). Im Gegensatz zu Unionskollektivmarken können Unionsgewährleistungsmarken auch von Einzelpersonen angemeldet werden, allerdings darf der Anmelder keine gewerbliche Tätigkeit ausüben, die die Lieferung von Waren/Dienstleistungen umfasst, für die Gewähr geleistet werden soll.

2. Spezifische Anmeldungserfordernisse

11   Gemäß Art. 75 Abs. 1 iVm Art. 3 Abs. 2 UMDV muss bei Anmeldung oder innerhalb von zwei Monaten ab Einreichung der Anmeldung einer Unionskollektivmarke eine Satzung für die angemeldete Marke eingereicht werden. Ist keine oder eine unzureichende Satzung eingereicht worden, wird dies beanstandet und zwei Monate Frist zur Behebung des Mangels gesetzt. Wird der Mangel nicht behoben, wird die Anmeldung zurückgewiesen.

3. Korrektur der Kategorie

12   Wird versehentlich die falsche Markenkategorie angegeben und ist der Fehler offensichtlich, kann er korrigiert werden und die Gebühren werden angepasst (vgl. Richtlinien zu Marken, Teil B Abschnitt 2, Formerfordernisse, Abschnitt 8.4). Bei irrtümlicher Anmeldung einer Kollektivmarke, obwohl eine Individual- oder Gewährleistungsmarke gewünscht ist, wird dies amtlicherseits bei Anmeldung durch natürliche Personen ohne weiteres als offensichtlicher Fehler angesehen, der im Anmeldeverfahren korrigiert werden kann. Die Offensichtlichkeit des Fehlers (vgl. Art. 49 Abs. 2) wird damit begründet, dass natürliche Personen nach Art. 74 als Inhaber von Kollektivmarken von vornherein nicht in Betracht kommen. Bei Anmeldungen durch juristische Personen ließ das Amt in der Vergangenheit keinen Wechsel von der Kollektiv- zur Individualmarke zu, weil grundsätzlich eine juristische Person der Rechtsform nach als Inhaberin einer Kollektivmarke in Betracht kommen kann. Nach einer Praxisänderung kann allerdings eine versehentlich als Kollektivmarke angemeldete Marke in eine Gewährleistungsmarke geändert werden (und umgekehrt), sofern abgesehen von der Auswahl der Kategorie im Anmeldeformular andere Tatsachen dafür sprechen, dass eine andere Kategorie als die zunächst angemeldete gewollt war (zB die Wiedergabe der Marke oder die Bezeichnung der Markenkategorie in der eingereichten Satzung). Für vor dem 1.10.2017 eingereichte Anmeldungen ist eine Änderung der Kategorie in eine Gewährleistungsmarke nicht zulässig und nach Eintragung einer Marke unabhängig vom Anmeldetag generell nicht (vgl. Richtlinien zu Marken, Teil B Abschnitt 2, Formerfordernisse, Abschnitt 8.4).

VI. Verzeichnis der Waren und Dienstleistungen

13   Gemäß Art. 2 Abs. 1 lit. c UMDV ist ein nach Art. 33 ordnungsmäßiges Verzeichnis der Waren und Dienstleistungen einzureichen. Dass überhaupt ein Verzeichnis eingereicht wird, ist nach Art. 31 Abs. 1 lit. c UMV bereits Anmeldetagsvoraussetzung. Die weitere Formalprüfung befasst sich damit, ob das eingereichte Verzeichnis den Anforderungen nach Art. 33 genügt (zu den Anforderungen → Art. 33 Rn. 1 ff.).

VII. Wiedergabe der Marke

Art. 2 Abs. 1 lit. d UMDV setzt voraus, dass die als Anmeldetagsvoraussetzung einzureichende **14** Markenwiedergabe auch den Anforderungen von Art. 3 UMDV genügt. Hierauf richtet sich auch die Formalprüfung. Die Anforderungen variieren zum Teil je nach gewünschter Markenform (Wortmarke, → Rn. 15; Bildmarke, → Rn. 16; Formmarken, → Rn. 17; Anmeldungen in Farbe, → Rn. 18 ff.; Farbmarken, → Rn. 21; Hörmarken, → Rn. 22; Hologramme, → Rn. 23; Geruchsmarken, → Rn. 24; Bewegungsmarken, → Rn. 25; Positionsmarken, → Rn. 26; Kennfäden, → Rn. 27; Muster, → Rn. 28; auftretende Widersprüche, → Rn. 29; „Serienmarken", → Rn. 30; Markenbeschreibungen, → Rn. 31). Es muss angegeben werden, welche Markenform gewünscht ist (Art. 3 Abs. 3 UMDV). Nicht elektronisch angemeldete Marken müssen auf einem gesonderten Blatt wiedergegeben werden (Art. 3 Abs. 6 UMDV. Das gesonderte Blatt darf nicht größer als DIN A4 sein. Auf dem Zusatzblatt ist an allen Seiten ein Rand von mindestens 2,5 cm einzuhalten. Sofern die korrekte Ausrichtung sich nicht von selbst ergibt, ist anzugeben, wo „oben" ist. Qualitativ muss die Wiedergabe so gut sein, dass sie die Verkleinerung oder Vergrößerung der Wiedergabe auf 8 cm Breite und 8 cm Höhe (das Format für die Veröffentlichung im Blatt für Unionsmarken) zulässt. Diese Formatvorschriften sichern die Erkennbarkeit der Marke auch in der Größe der Veröffentlichung.

1. Wortmarken

Wortmarken sind in der Anmeldung in normaler Schrift und Layout wiederzugeben (Art. 3 **15** Abs. 3 lit. a UMDV). Das bedeutet, dass die verwendeten Zeichen nicht grafisch/farblich besonders ausgestaltet sein können (zu den Details → Art. 4 Rn. 15 ff.).

2. Bildmarken

Bildmarken können aus grafisch besonders ausgestalteten Wortelementen, aus einer Kombina- **16** tion von Wort- und zusätzlichen Bildelementen und aus reinen Bilddarstellungen bestehen (zu den Details → Art. 4 Rn. 17). Sie sind auf einem Zusatzblatt zur Anmeldung wiederzugeben (→ Rn. 14).

3. Formmarken

Ist eine dreidimensionale, eine Form umfassende Marke gewünscht, muss dies ausdrücklich **17** angegeben werden (Art. 3 Abs. 3 UMDV). Wird eine nicht näher spezifizierte Marke mit nur einer Abbildung eingereicht, wird die Marke als Bildmarke behandelt. Die Wiedergabe einer Formmarke kann fotografisch oder zeichnerisch erfolgen, wobei auch computergenerierte Bilder oder animierte Designs in den Formaten OBJ, STL oder X3D zulässig sind; allerdings sind computergenerierte Bilder oder animierte Designs keine tauglichen Markendarstellungen für Anmeldungen nach dem Madrider System. Bei nicht computergenerierten Bildern können bis zu sechs verschiedene Perspektiven derselben Form abgebildet werden. Werden verschiedene Perspektiven als Einzelabbildungen eingereicht, erhält der Anmelder Gelegenheit, sich eine der Abbildungen auszusuchen und mit ihr die Anmeldung weiter zu betreiben. Die anderen Abbildungen werden nicht weiter berücksichtigt. Bei der Abbildung verschiedener Perspektiven in einer JPEG-Datei bzw. auf einem DIN A4-Blatt ist darauf zu achten, dass auf jedem Bild erkennbar der gleiche Gegenstand (nämlich die gleiche Form, bei farbiger Wiedergabe auch in der gleichen Farbe) abgebildet ist. Ist dies nicht der Fall, ist die Markenwiedergabe unrettbar fehlerhaft. Die Anmeldung müsste dann neu eingereicht werden, dh mit einem späteren Anmeldedatum; falls die Gebühr für die fehlerhafte Anmeldung schon bezahlt sein sollte, verdoppeln sich zudem die Kosten, weil für die Neuanmeldung auch eine neue Anmeldegebühr fällig wird.

4. Anmeldungen in Farbe

Jedes Zeichen kann auch in Farbe angemeldet werden, wobei die Anmeldung eines Wortes in **18** Farbe automatisch dazu führt, dass die Marke nunmehr keine Wort-, sondern eine Bildmarke ist (→ Rn. 15). Ist die Markenabbildung in Farbe eingereicht worden, wird die Anmeldung automatisch als eine Anmeldung in Farbe behandelt; es ist nicht möglich, die Anmeldung in eine Anmeldung in schwarz-weiß abzuändern (vgl. HABM BK 25.8.2010 – R 1270/2010-4 Rn. 11 – Form von Prüfköpfen). Umgekehrt kann eine schwarz-weiß eingereichte Marke nicht mit einem Farbanspruch (anderer) Farben erfolgen. Die früher bestehende Ausnahme für Anmeldungen per Fax (→ Rn. 19) gibt es nicht mehr.

5. Anmeldungen per Fax

19   Vor der Reform bestand die Möglichkeit, auch Marken in Farbe per Fax anzumelden. Der Anmeldetag wurde gewahrt, wenn die Abbildung in Farbe innerhalb eines Monats nachgereicht wurde (→ UMV 2009 Art. 36 Rn. 19). Die Möglichkeit der Einreichung der Anmeldung per Fax ist allerdings komplett entfallen (vgl. Richtlinien zu Marken, Teil B.2 Formerfordernisse, Abschnitt 2.2, Wie eine Unionsmarkenanmeldung eingereicht werden kann und Art. 2 des Beschlusses Nr. EX-20-9 des Exekutivdirektors des Amtes vom 3. November 2020 betreffend Mitteilungen durch elektronische Mittel).

6. Schwarz-weiße „Anmeldungen in Farbe"

20   Mit der Abschaffung der Farbangabe für alle Markenarten außer echten Farbmarken (Art. 3 Abs. 3 lit. f UMDV; → Rn. 21) entfallen versehentliche „Farbansprüche" für Anmeldungen in Schwarz, Weiß und/oder Grau (→ Rn. 20). Sollte ausnahmsweise Wert auf die Rolle dieser „Farben" in der Marke gelegt werden, empfiehlt sich die Angabe in einer Beschreibung (falls zulässig; → Rn. 32), in der diese „Farben" genannt werden dürfen (→ Rn. 18).

7. Farbmarken

21   Von Anmeldungen in Farbe abzugrenzen ist der Sonderfall einer reinen Farbmarke. Im Gegensatz zu einer Bild- oder sonstigen Marke in Farbe/mit farbigen Elementen sind hier nicht Bild- oder Schriftelemente in farbiger Ausgestaltung geschützt, sondern eine oder mehrere konkrete Farbtöne und deren Verhältnis zueinander (→ Art. 4 Rn. 22 ff.). Dementsprechend muss/müssen bei Anmeldung die Farbe(n) unter Bezugnahme auf einen allgemein anerkannten Farbcode (zB Pantone, Hex, RAL, RGB oder CMYK) wiedergegeben werden. Bei Farbkombinationen können die jeweiligen Anteile jeder Farbe und ihre Anordnung im Feld zur Markenbeschreibung angegeben werden. Enthält die Marke zusätzliche Bild- oder Schriftelemente, handelt es sich nicht um eine Farbmarke, sondern um eine Bildmarke. In diesem Fall korrigiert der Prüfer die angegebene Markenform und setzt dem Anmelder eine zweimonatige Frist zur Stellungnahme.

8. Hörmarken

22   Nach Art. 3 Abs. 3 lit. g UMDV ist bei der Anmeldung von Hörmarken die Klangfolge durch eine Tondatei oder in Notenschrift wiederzugeben. Die Möglichkeit der Einreichung eines Sonagramms, das bereits vor der Reform allein nicht reichte, weil sich aus der Abbildung allein der tatsächliche Klang nicht entnehmen lässt (vgl. auch HABM BK 27.9.2007 – R 708/2006-4 Rn. 20 ff. – TARZANSCHREI), ist nicht mehr vorgesehen. Demgegenüber reicht nunmehr die bloße Wiedergabe der Marke in einer Tondatei (s. allerdings → Rn. 33 zum internationalen Kontext). Soll eine Tondatei eingereicht werden, kann sie als MP3-Datei von nicht mehr als zwei Megabyte an die elektronische Anmeldung angehängt werden (vgl. Richtlinien zu Marken, Teil B Abschnitt 2, Formerfordernisse, Abschnitt 9.3.7 Hörmarken).

9. Hologramme

23   In Art. 3 Abs. 3 lit. j UMDV sind nunmehr auch Hologrammmarken explizit geregelt. Diese sind allerdings grafisch relativ schwer darstellbar, da die Änderung im Bild auch in der Abbildung der Marke wiedergegeben sein muss. Diese Schwierigkeit kann mit einer Videodatei (s. allerdings → Rn. 33 zum internationalen Kontext) oder der Abbildung von hinreichend vielen Einzelbildern der „Bewegungsfolge" überwunden werden. Das EUIPO akzeptiert Videodateien im Format mp4, die nicht größer als 8.000 Kbps (Kilobyte pro Sekunde) bzw. 20 MB sein und nur bei Anmeldung über E-Filing zusammen mit der Anmeldung eingereicht werden dürfen (vgl. Richtlinien zu Marken, Teil B Abschnitt 2, Formerfordernisse, Abschnitt 9.3.10 Hologrammmarken). Die Zahl der Abbildungen zur Wiedergabe von Hologrammen ist unbegrenzt, vorausgesetzt die Bildfolge ist in einem einzigen JPEG-Dokument bzw. auf einem einzigen DIN A4-Blatt abgebildet und lässt die Bildveränderung des Hologramms hinreichend klar erkennen (vgl. Richtlinien zu Marken, Teil B Abschnitt 2, Formerfordernisse, Abschnitt 9.3.10, Hologrammmarken). Die Möglichkeit, die Abfolge über die Beschreibung zu erklären entfällt (Art. 3 Abs. 2 UMDV sieht eine Beschreibung für Hologrammmarken ebenso wenig vor, wie Art. 3 Abs. 3 lit. j UMDV selbst); allein entscheiden ist nunmehr, ob der Hologrammeffekt in der Wiedergabe in vollem Umfang dargestellt ist (Art. 3 Abs. 3 lit. j UMDV).

10. Geruchsmarken/olfaktorische Marken und Geschmacksmarken

Auch nach Entfallen des Erfordernisses der **grafischen** Darstellbarkeit akzeptiert das EUIPO   **24** die Anmeldung von Geruchsmarken/olfaktorische Marken und Geschmacksmarken nicht (vgl. Richtlinien zu Marken, Teil B Abschnitt 2, Formerfordernisse, Abschnitt 9.3.11.2 Geruchsmarken/olfaktorische Marken und Geschmacksmarken). Art. 3 Abs. 1 UMDV normiert nunmehr im Wesentlichen die bereits aus EuGH C-273/00, BeckRS 2004, 75882 – Sieckmann bekannten Grundsätze. Hierbei scheitert die Anmeldung regelmäßig schon an den Anmeldetagsvoraussetzungen; nach Ansicht des EUIPO liegt keine mangelhafte Abbildung iSv Art. 3 UMDV, sondern gar keine Abbildung der eigentlichen Marke vor, wenn der Geruch/Geschmack lediglich in der Markenbeschreibung beschrieben wird; die Markenanmeldung gilt dann als nicht eingereicht (vgl. Richtlinien zu Marken, Teil B Abschnitt 2, Formerfordernisse, Abschnitt 9.3.11.2 Geruchsmarken/olfaktorische Marken und Geschmacksmarken). Dieses Hindernis kann auch nicht durch Hinterlegung eines Musters oder einer Probe vermieden werden (vgl. Art. 3 Abs. 9 UMDV).

11. Bewegungsmarken

Auch Bewegungsmarken sind nunmehr explizit geregelt (Art. 3 Abs. 3 lit. h UMDV). Zur   **25** Wiedergabe können Bildsequenzen oder Videodateien eingereicht werden, um eine Bewegungsfolge abzubilden. Videodateien können nur bei e-Filing zusammen mit der Anmeldung im Format mp4 eingereicht werden und dürfen nicht größer sein als 8.000 Kbps (Kilobyte pro Sekunde) bzw. 20 MB (beachte aber auch → Rn. 33 im internationalen Kontext). Bei Standbildsequenzen ist die Zahl der vorgelegten Bilder praktisch unbegrenzt, solange die Bildsequenz in einer einzelnen JPEG-Datei bzw. auf einem einzelnen DIN A4-Blatt abgebildet ist und sich die Bewegung klar aus der Bildfolge ergibt. Eine Beschreibung ist fakultativ und darf über den Inhalt der Bilder nicht hinausgehen (vgl. Richtlinien zu Marken, Teil B Abschnitt 2, Formerfordernisse, Abschnitt 9.3.8). Sind die Bilder mit Klängen kombiniert, ist die Marke als Multimediamarke anzumelden (vgl. Richtlinien zu Marken, Teil B Abschnitt 2, Formerfordernisse, Abschnitt 9.3.8).

12. Positionsmarken

Ebenfalls explizit geregelt ist nun die Positionsmarke (Art. 3 Abs. 3 lit. d UMDV). Sie schützt   **26** die Anbringung eines bestimmten Zeichens an einer ganz bestimmten Stelle einer Ware (zu den Details → Art. 4 Rn. 20 ff.). Neben der Abbildung der Positionierung des Zeichens kann eine Markenbeschreibung eingereicht werden. Darüber hinaus muss aus der Wiedergabe klar sein, wo genau auf den Waren die Marke platziert wird. Elemente, die nicht Teil der eigentlichen Marke sind, müssen visuell ausgeschlossen werden, zB durch gestrichelte oder gepunktete Linien. Auch die Beschreibung darf nicht zu Zweifeln an der exakten Positionierung des Zeichens an der Ware führen (vgl. Richtlinien zu Marken, Teil B Abschnitt 2, Formerfordernisse, Abschnitt 9.3.4 Positionsmarken). Enthält das Waren- und Dienstleistungsverzeichnis (auch) Waren, für die die Positionierung unklar oder so wie beschrieben nicht möglich ist, wird die Anmeldung insoweit beanstandet und ggf. zurückgewiesen (s. zB UM 8 316 184, bei der ein roter Kupferring am oberen Rand von Töpfen und Pfannen auch angemeldet war für Küchengerätschaften im Allgemeinen – die nicht notwendigerweise eine entsprechende Form und Anbringungsmöglichkeit aufweisen).

13. Kennfäden

Auch Kennfäden können als Marken angemeldet werden. Hierbei handelt es sich um farbige   **27** Linien oder Fäden, die an bestimmten Waren angebracht werden, zB als Streifen auf Schläuchen oder Rohren oder als farbige, in Stoffbahnen eingearbeitete Fäden (vgl. HABM BK 1.8.2002 – R 174/2002-2 – WEBKANTE). Kennfadenmarken sind weiterhin nicht explizit geregelt. Sie können als sonstige Marken iSv Art. 3 Abs. 4 UMDV angemeldet werden. Es kann eine Beschreibung eingereicht werden, aus der hervorgeht, dass Schutz für einen Kennfaden beantragt wird (Englisch „tracer mark") und die Farbe des Kennfadens oder Streifens kann erwähnt werden.

14. Mustermarken

Mustermarken sind nunmehr in Art. 3 Abs. 3 lit. e UMDV explizit geregelt. Es handelt sich   **28** um Marken, die ausschließlich aus einer Reihe von Elementen bestehen, die regelmäßig wiederholt werden. Die Wiedergabe muss das Wiederholungsmuster in einer einzigen JPEG-Datei oder auf einem einzelnen DIN A4-Blatt zeigen (vgl. Richtlinien zu Marken, Teil B Abschnitt 2, Formalprüfung, Abschnitt 9.3.5 Mustermarken). Für farbige Muster gelten die Grundsätze unter → Rn. 18.

15. Multimediamarken

29   Art. 3 Abs. 3 lit. i UMDV regelt nunmehr auch Multimediamarken, dh Marken, die aus einer Kombination von Bild und Ton bestehen oder sich darauf erstrecken. Die Wiedergabe erfordert eine audiovisuelle Datei, dh diese Marken können nur elektronisch eingereicht werden. Das Amt akzeptiert Dateien im Format mp4, die nicht größer sind als 8.000 Kbps (Kilobyte pro Sekunde) bzw. 20 MB. Bei internationalem Anmeldungskontext → Rn. 33.

16. Widersprüche im Zusammenhang mit der Markenwiedergabe

30   Im Zusammenhang mit der Markenwiedergabe einerseits und den weiteren in der Anmeldung enthaltenen Informationen andererseits ergeben sich immer wieder bestimmte Arten von Widersprüchen oder Unklarheiten. So werden häufig Bildmarken in Farbe irrig als „Farbmarke" angemeldet (→ Rn. 21) oder Bildmarken, die aus grafisch besonders gestalteten Wortelementen oder Wortwiedergaben in Farbe bestehen, werden als „Wortmarke" angemeldet. Ist die gewählte Markenform im Vergleich mit der Abbildung klar falsch, korrigiert das EUIPO die Markenform und gewährt dem Anmelder zwei Monate Zeit zur Stellungnahme. Erklärt sich der Anmelder einverstanden oder äußert sich innerhalb der Frist nicht, gilt die Korrektur als angenommen. Beharrt der Anmelder auf der objektiv falsch gewählten Markenform, wird die Marke zurückgewiesen. Ist aus der Anmeldung insgesamt unklar, welche Markenform angemeldet wird, erhält der Anmelder Gelegenheit zur Klarstellung; wird der Mangel nicht fristgerecht behoben, wird die Anmeldung zurückgewiesen (vgl. Richtlinien zu Marken, Teil B Abschnitt 2, Formerfordernisse, Abschnitt 9.3.12.1 Berichtigung der Markenart).

17. Serienmarken

31   Im Gegensatz zu manchen nationalen Rechtsordnungen ist es nach der UMV nicht möglich, eine Serienmarke anzumelden, also ein im Wesentlichen gleiches Zeichen in verschiedener Ausgestaltung im Detail (zB das figürlich selbe Logo in unterschiedlichen Farben). Es kommt gelegentlich vor, dass Anmelder zB Wortmarken in verschiedenen Sprachen anmelden, und zwar in derselben Anmeldung. Das führt nicht dazu, dass die Wortfolge als solche jeweils in den einzelnen Sprachen geschützt ist; vielmehr ist die Marke dann als Ganzes, nämlich als eine Einheit mit der Wiederholung der Wortfolge in den verschiedenen Sprachen geschützt. Eine Beanstandung erfolgt in einem solchen Fall nicht. Entsprechendes gilt, wenn die Ausgestaltung bildlich ist und die verschiedenen Versionen der Marke in ein und demselben jpeg-Dokument oder auf einem DIN A4-Blatt eingereicht wird. Werden die verschiedenen Ausgestaltungen der Marke dagegen in Form verschiedener jpeg-Dokumente oder auf mehreren Seiten abgebildet, erhält der Anmelder zwei Monate Frist um sich für eine der Ausgestaltungen als Marke zu entscheiden. Die weiteren Versionen müssen fallengelassen bzw. in neuen separaten Anmeldungen weiter verfolgt werden.

18. Markenbeschreibungen

32   Nach Art. 3 UMDV sind Markenbeschreibungen nur für einzelne Markenarten fakultativ vorgesehen. Eine Beschreibung zur Klärung des Schutzgegenstands wird nicht mehr verlangt und vielfach nicht mehr zugelassen. Vielmehr muss der Schutzgegenstand mit Klarheit und Eindeutigkeit aus der Wiedergabe erkennbar sein (Art. 3 Abs. 1 UMDV). Für Markenarten, für die eine Beschreibung nicht ausdrücklich zugelassen ist (nämlich Wortmarken, Bildmarken, Formmarken, Hörmarken, einfarbige Farbmarken, Multimediamarken, Hologrammmarken), wird auch keine Beschreibung akzeptiert. Markenbeschreibungen können im Übrigen nur enthalten, was auf der Wiedergabe zu sehen ist; davon abweichender bzw. darüber hinausgehender Beschreibungsinhalt ist zu löschen. Ist für eine angemeldete Markenform die (zulässige) Beschreibung mangelhaft, fordert das Amt den Anmelder auf, die Beschreibung zu ändern oder zu löschen).

19. Neue Wiedergabeformen im internationalen Kontext

33   Nachdem nunmehr das Erfordernis entfallen ist, Marken grafisch wiederzugeben, ist im internationalen Kontext zu beachten, dass neu zugelassene Wiedergabeformen in anderen Rechtsordnungen zum Teil nicht anerkannt sind. Das gilt insbesondere für die Verwendung von reinen Tonda-

teien, audiovisuellen Dateien und Videodateien, die zB im Rahmen des Madrider Systems nicht zugelassen sind.

C. Entrichtung der Klassengebühren

Nach Abs. 5 gilt die Anmeldung mangels Zahlung etwaiger Klassengebühren als zurückgenom- **34** men, es sei denn es ist eindeutig, welche Klassen durch die insgesamt gezahlten Gebühren abgedeckt sein sollen. Wenn die gezahlten Gebühren nicht für die Anmeldung mit allen abgedeckten Klassen ausreichen und sonst keine Hinweise auf die bevorzugten Klassen vorliegen, verfährt das EUIPO in der Reihenfolge der Klassifizierung; dh, dass angefangen mit der niedrigsten Klassennummer in aufsteigender Reihenfolge all die Klassen als abgedeckt gelten, für die die jeweils fällige Gebühr in voller Höhe gezahlt wurde. Die Situation, dass nicht ausreichend Klassengebühren angewiesen wurden, ergibt sich insbesondere, wenn im Zuge der Klassifizierung durch das EUIPO im Prüfungsverfahren zusätzlich zu den angemeldeten weitere Klassen eröffnet werden. Will der Anmelder in einem solchen Fall nicht die erhöhten Gebühren tragen, muss er prüfen, welche der dann relevanten Klassen er beibehalten will und diese ggf. ausdrücklich spezifizieren.

D. Inanspruchnahme der Priorität

I. Priorität

Wird für die Anmeldung Priorität beansprucht, ist dies nach Art. 35 Abs. 1 S. 1 in der Anmel- **35** dung zu erklären. Innerhalb von drei Monaten nach dem Anmeldetag sind zudem das Aktenzeichen der früheren Anmeldung und eine Kopie der Voranmeldung einzureichen (Art. 35 Abs. 1 S. 2 UMV iVm Art. 4 Abs. 1 UMDV).

1. Materielle Voraussetzungen

Das EUIPO prüft bei der Formalprüfung **nicht** mehr, ob die materiellen Voraussetzungen für **36** die Priorität vorliegen, also ob
• die Voranmeldung die Wirkung einer Anmeldung in einem PVÜ- oder WTO-Staat oder in einem Staat hat, der die Gegenseitigkeit gewährleistet,
• die Nachanmeldung innerhalb von sechs Monaten eingereicht wurde,
• die Voranmeldung die erste Anmeldung der Marke gewesen ist und vor allem ob
• Marken und Waren und Dienstleistungen identisch sind.
Obwohl der Prioritätsanspruch auch gesondert übertragbar ist, war nach den Prüfungsrichtlinien des Amtes vor der Reform auch die Identität des Inhabers zu prüfen. Auch dies wird in der Formalprüfung nicht mehr geprüft (vgl. Richtlinien zu Marken, Teil B Abschnitt 2, Formerfordernisse, Abschnitt 11.1, Priorität, Formale Anforderungen).

2. Formelle Prüfung der Inanspruchnahme der Priorität

In formeller Hinsicht wird geprüft, ob die Prioritätserklärung rechtzeitig, dh in der Anmeldung **37** abgegeben wurde und ob ein Prioritätsbeleg, soweit notwendig, fristgerecht nachgereicht wurde. Insbesondere sind bei Inanspruchnahme der Priorität das Aktenzeichen und der Anmeldetag sowie das Land der älteren Anmeldung anzugeben. Im Übrigen bestehen gegenüber den Vorgaben in Art. 4 Abs. 1 UMDV (→ Rn. 35) einige Erleichterungen: Wird keine Abschrift eingereicht, versucht das EUIPO zunächst, die erforderlichen Informationen selbst zu finden, zB auf der Webseite nationaler oder internationaler Ämter/Organisationen (Art. 2 Abs. 1 Beschluss des Exekutivdirektors Nr. EX-17-3). Darüber hinaus sind auch keine beglaubigten Abschriften nötig. Es reicht, wenn die eingereichten Kopien und Auszüge alle relevanten Informationen enthalten und eine amtliche Veröffentlichung wiedergeben bzw. einer offiziellen Datenbank entstammen (Beschluss des Exekutivdirektors Nr. EX-17-3). Stehen die benötigten Informationen dem EUIPO nicht aus anderer Quelle zur Verfügung, erhält der Anmelder eine Zweimonatsfrist zur Einreichung der Nachweise. Diese Frist wird in der Regel nicht verlängert; das EUIPO geht insoweit davon aus, dass die gewährten Erleichterungen die Inanspruchnahme der Priorität hinreichend vereinfachen.

3. Rechtsfolgen von Mängeln

Bestehen Mängel bei der Inanspruchnahme der Priorität, erhält der Anmelder Gelegenheit zur **38** Nachbesserung bzw. Stellungnahme. Wird der Mangel nicht behoben, erlischt das Prioritätsrecht

(Abs. 6). Dies wird dem Anmelder amtlich mitgeteilt und eine Frist eingeräumt, innerhalb derer er eine förmliche, beschwerdefähige Entscheidung über den Rechtsverlust anfordern kann. Auf entsprechende Anforderung ergeht die förmliche Entscheidung des Amtes.

II. Ausstellungspriorität

39   Für die Inanspruchnahme der Ausstellungspriorität nach Art. 38 iVm Art. 5 UMDV ist die Inanspruchnahme in der Anmeldung zu erklären. Das Amt akzeptiert die Inanspruchnahme auch, wenn die Erklärung noch am Tag der Anmeldung nachgereicht wird. Innerhalb von drei Monaten ab Anmeldetag bzw. der Prioritätserklärung ist eine Ausstellungsbescheinigung einzureichen. Die Bescheinigung muss von der zuständigen Stelle erteilt sein und bestätigen, dass die Marke für die entsprechenden Waren oder Dienstleistungen tatsächlich benutzt worden ist. Sie muss außerdem den Tag der Eröffnung der Ausstellung und ggf. den Tag der ersten öffentlichen Benutzung der Marke angeben. Geprüft wird, ob es sich bei der Ausstellung um eine anerkannte Ausstellung, nämlich um eine amtliche oder amtlich anerkannte internationale Ausstellung iSd Übereinkommens von Paris vom 22.11.1928 handelte und ob die Nachanmeldung innerhalb von sechs Monaten seit der erstmaligen Zurschaustellung der Waren oder Dienstleistungen erfolgte. Im Gegensatz zur Priorität nach PVÜ werden bzgl. der Ausstellungspriorität in der Anmeldungsphase auch die materiellen Voraussetzungen geprüft, also der Identität der Marke und der Waren und Dienstleistungen sowie die Berechtigung des Anmelders (zu den Einzelheiten → Art. 34 Rn. 1 ff.).

E. Inanspruchnahme der Seniorität

I. Prüfung der Voraussetzungen für die Inanspruchnahme

40   Soll der Zeitrang (Seniorität) einer oder mehrerer älterer nationaler Marken in Anspruch genommen werden (zu den Voraussetzungen und Wirkungen → Art. 39 Rn. 1 ff.), ist dies gemäß Art. 39 iVm Art. 6 UMDV in der Anmeldung anzugeben, andernfalls nach Art. 39 Abs. 2 innerhalb einer Frist von zwei Monaten nach dem Anmeldetag, zusammen mit den erforderlichen Daten der nationalen Marken (Benennung des oder der Mitgliedstaats/-staaten, für den oder die die Marke(n) eingetragen sind, Prioritätsdatum der Marken, Nummern der Eintragungen und Angabe der eingetragenen Waren und Dienstleistungen). Zudem hat der Anmelder innerhalb von drei Monaten nach Anmeldedatum bzw. nach dem Eingang der Senioritätserklärung eine beglaubigte Abschrift zu der/den nationalen Marke(n) einzureichen. Auch hier bestehen aber Nachweiserleichterungen (vgl. Mitteilung des Präsidenten Nr. 2/00 sowie Art. 5 Abs. 1 Beschluss des Exekutivdirektors Nr. EX-17-3). Werden keine Senioritätsunterlagen eingereicht, versucht das EUIPO zunächst, die relevanten Informationen online zu beschaffen. Ist das nicht möglich, wird eine Frist gesetzt, innerhalb derer die Unterlagen (einfache Kopien und Registerauszüge genügen) nachgereicht werden können.

II. Rechtsfolgen bei Mängeln

41   War die nationale Marke zum Anmeldedatum der Unionsmarke noch nicht oder nicht mehr eingetragen, ist sie nicht identisch mit der Unionsmarkenanmeldung, wurde die Inanspruchnahme zu spät erklärt oder sind die Senioritätsbelege, sofern erforderlich, mangelhaft und wurde nicht auf entsprechende Fristsetzung nachgebessert, kann der Zeitrang für die Anmeldung nicht mehr beansprucht werden (Art. 41 Abs. 7). Die Mitteilung an den Anmelder erfolgt zunächst mit einfacher amtlicher Mitteilung. Verlangt dies der Anmelder innerhalb der hierfür gesetzten Frist, wird eine förmliche beschwerdefähige Entscheidung über den Rechtsverlust erlassen. Allerdings kann die Seniorität auch nach Eintragung der Unionsmarke gemäß Art. 40 in Anspruch genommen werden.

III. Inanspruchnahme der Seniorität im Rahmen von EU-Erweiterungen

42   Durch die automatische Erstreckung von Unionsmarken auf neue Mitgliedstaaten bei EU-Erweiterungen (Art. 209 Abs. 1) ergibt sich für die Inanspruchnahme des Zeitrangs nationaler Marken der neuen Mitgliedstaaten sowie IR-Marken mit Wirkung für neue Mitgliedstaaten die Besonderheit, dass der Zeitrang dieser Marken unter Umständen auch für Unionsmarken beansprucht werden kann, die ein früheres Anmelde- oder Prioritätsdatum haben als das entsprechende nationale Anmelde- oder Prioritätsdatum. Das liegt daran, dass die erstreckten Unionsmarken in dem neuen Mitgliedstaat erst mit Erstreckung, also ab dem offiziellen Beitrittsdatum Wirkung

entfalten. Liegt daher das Prioritäts- oder Anmeldedatum der nationalen Marke, deren Zeitrang beansprucht werden soll, vor dem Beitrittsdatum, ist diese Marke für Senioritätszwecke „früher" als die entsprechende Unionsmarke, selbst wenn diese eigentlich nach ihrem Prioritäts-/Anmeldedatum die ältere der Marken wäre (vgl. zB UM 2 094 860 – TESTOCAPS mit Anmeldedatum 20.2.2001 und Inanspruchnahme von Zeitrang für eine zyprische Marke mit Anmeldedatum 28.2.2001).

Art. 42 Prüfung auf absolute Eintragungshindernisse

(1) Ist die Marke nach Artikel 7 für alle oder einen Teil der Waren oder Dienstleistungen, für die die Unionsmarke angemeldet worden ist, von der Eintragung ausgeschlossen, so wird die Anmeldung für diese Waren oder Dienstleistungen zurückgewiesen.

(2) ¹Die Anmeldung kann nur zurückgewiesen werden, wenn dem Anmelder zuvor Gelegenheit gegeben worden ist, die Anmeldung zurückzunehmen, zu ändern oder eine Stellungnahme einzureichen. ²Hierzu teilt das Amt dem Anmelder mit, welche Hindernisse der Eintragung entgegenstehen, und setzt ihm eine Frist für die Zurücknahme oder Änderung der Anmeldung oder zur Einreichung einer Stellungnahme. ³Beseitigt der Anmelder die der Eintragung entgegenstehenden Hindernisse nicht, so weist das Amt die Eintragung ganz oder teilweise zurück.

Überblick

Art. 42 regelt die materielle Prüfung der Anmeldung (→ Rn. 1 ff.). Danach ist die Marke zurückzuweisen, soweit sie für alle oder einen Teil der Waren und Dienstleistungen nicht iSv Art. 7 markenfähig ist (→ Rn. 8). Vor der (Teil-)Zurückweisung ist dem Anmelder Gelegenheit zur Stellungnahme (→ Rn. 4 ff.) zu geben, bzw. zur Zurücknahme der Anmeldung (→ Rn. 14). Die ursprünglich nach Art. 37 Abs. 2 UMV 2009 iVm Regel 11 Abs. 2 GMDV vorgesehenen Disclaimer wurden durch die Reform gemäß VO (EU) 2015/2424 vom 16.12.2015 mWv 23.3.2016 abgeschafft (→ Rn. 16 ff.).

Übersicht

A. Materielle Prüfung der Anmeldung

Während Art. 41 die formelle Prüfung der Anmeldung regelt, betrifft Art. 42 die materielle **1** Prüfung, bis zum 23.3.2016 einschließlich der Möglichkeit eines Disclaimers, der aber inhaltlich mit der materiellen Prüfung der Anmeldung nicht zusammenhing (vgl. Eisenführ/Schennen/ Schennen Rn. 3). Die materielle Prüfung der Anmeldung ist der formellen Prüfung nicht zwingend nachgeschaltet. Zwar ist das Amt bestrebt, die Prüfung der Anmeldungen möglichst einheitlich zu gestalten und die Gesamtbetreuung einer Anmeldung bei einem Prüfer zusammenzufassen („one file one examiner"), doch wird im Sinne der Beschleunigung des Verfahrens in großem Umfang arbeitsteilig durch spezialisierte Prüfer geprüft und vergleichsweise wenige Prüfer behandeln sowohl die formelle als auch die materielle Prüfung. Durch parallele Zugriffsmöglichkeiten auf die elektronische Akte werden die einzelnen Prüfungsschritte weitgehend parallel durchgeführt, dh eine Anmeldung kann bereits wegen absoluter Eintragungshindernisse iSv Art. 7 zurückgewiesen werden, wenn die formelle Prüfung noch nicht abgeschlossen ist.

B. Beanstandung

I. Allgemeines

2   Die Prüfung der Anmeldung hat eingehend und umfassend zu erfolgen (EuGH C-363/99, GRUR 2004, 674 Rn. 123 – Postkantoor). Ist das Amt der Auffassung, es bestehen – zumindest für einen Teil der Waren und/oder Dienstleistungen – absolute Eintragungshindernisse, hat es diese dem Anmelder mitzuteilen und eine Frist zur Stellungnahme oder Zurücknahme der Anmeldung zu setzen (Art. 42 Abs. 2 S. 2). Für eine solche Beanstandung wird ein Formschreiben verwendet. Dass dieser Brief in alle Amtssprachen der Gemeinschaft übersetzt vorliegt, hat für Anmelder und berufsmäßige Vertreter den Vorteil, dass die relevanten Informationen strukturell immer gleich gestaltet und leicht zu finden sind. Grundsätzlich kann eine Beanstandung jederzeit und bis zur tatsächlichen Eintragung der Marke erfolgen (vgl. EuG T-289/02, GRUR Int 2004, 947 Rn. 60 – TELEPHARMACY SOLUTIONS). Die Prüfer sind aber gehalten, alle absoluten Eintragungshindernisse in der ersten Beanstandung zu behandeln, um das Verfahren möglichst zu straffen. Eine Nachbeanstandung kann dennoch im Einzelfall notwendig werden, insbesondere wenn sich aufgrund von Einschränkungen des Waren- und Dienstleistungsverzeichnisses neue absolute Eintragungshindernisse ergeben. In diesem Zusammenhang erwähnenswert sind Fälle, bei denen das Waren- und Dienstleistungsverzeichnis so eingeschränkt wird, dass es für die beanstandeten Waren und/oder Dienstleistungen nicht mehr iSv Art. 7 Abs. 1 lit. c beschreibend ist, was aber dazu führt, dass die Neufassung potentiell irreführend iSv Art. 7 Abs. 1 lit. g ist.

II. Relevanter Zeitpunkt

3   Bei der Prüfung ist auf absolute Eintragungshindernisse am Anmeldetag abzustellen, nicht auf den Tag der Eintragung, also den Zeitpunkt, in dem der Prüfer über die Anmeldung entscheidet (vgl. EuGH C-332/09 P, BeckRS 2010, 91251 Rn. 41 – FLUGBÖRSE). Nach EuGH und EuG lässt sich nur durch diese Auslegung vermeiden, dass der Verlust der Eintragungsfähigkeit umso wahrscheinlicher wird, je länger das Eintragungsverfahren dauert. So könne durch den langen Instanzenzug das Verfahren bis zur Eintragung bis zu mehrere Jahre dauern, während derer der Anmelder sich gegen einen Gebrauch der Marke durch Dritte nicht wehren könne, was dazu führen könne, dass die Marke eine gebräuchliche Gattungsbezeichnung werde (vgl. EuGH C-332/09 P, BeckRS 2010, 91251 Rn. 48 f. – FLUGBÖRSE). Auch sei eine Parallele zu Art. 7 Abs. 3 zu ziehen; für diese Vorschrift gelte anerkanntermaßen, dass nur eine zum Anmeldetag bereits erlangte Unterscheidungskraft zur Eintragungsfähigkeit führe. Andernfalls könnte der Anmelder ungerechtfertigt privilegiert werden (vgl. EuGH C-332/09 P, BeckRS 2010, 91251 Rn. 52 ff. – FLUGBÖRSE). Im Übrigen biete sich nach der UMV auch die Möglichkeit, Marken, die nach Anmeldung ihre Unterscheidungskraft verlieren, infolge eines Verfallsantrags löschen zu lassen. Diese Regelung ermögliche es, Entwicklungen, die während des Eintragungsverfahrens eintreten können, hinreichend Rechnung zu tragen (vgl. EuGH C-332/09 P, BeckRS 2010, 91251 Rn. 50 f. – FLUGBÖRSE). Eine andere Auslegung soll sich nach den Gerichten insbesondere auch nicht daraus ergeben, dass nach dem Wortlaut von Art. 52 Abs. 1 lit. a Marken für nichtig zu erklären sind, wenn sie „entgegen den Vorschriften des Artikels 7 eingetragen worden" sind. Diese Vorschrift regele nur, wann eine Marke für nichtig erklärt werden könne, enthalte aber keinen Hinweis darauf, welches der für die Prüfung der absoluten Nichtigkeitsgründe maßgebliche Zeitpunkt sei. Allerdings dürfen nach der Rechtsprechung für die Beurteilung der Unterscheidungskraft im Anmeldezeitpunkt auch Umstände herangezogen werden, die aus der Zeit danach stammen, vorausgesetzt, sie lassen Rückschlüsse auf die Situation zum Anmeldedatum zu (EuGH C-332/09 P, BeckRS 2010, 91251 Rn. 43 – FLUGBÖRSE).

III. Möglichkeiten für den Anmelder, der Beanstandung zu begegnen

1. Rechtliche Entgegnung

4   Der Anmelder kann zunächst den rechtlichen Ausführungen des Prüfers entgegentreten. Dies bietet sich vornehmlich an, falls stichhaltige Gründe dafür sprechen, dass die angeführten absoluten Eintragungshindernisse im konkreten Fall nicht einschlägig sind. Statistisch gesehen hat nur ein kleiner Teil dieser Art der Stellungnahme Erfolg. Das liegt in der Mehrzahl der Fälle daran, dass bei der weit überwiegenden Zahl der Beanstandungen die beschreibende Eigenschaft der Marke oder die mangelnde Unterscheidungskraft relevant ist; diesbezüglich ist aber die erstinstanzliche Prüfungspraxis des Amts tendenziell recht großzügig und nur ein kleiner Teil der Anmeldungen

wird überhaupt materiell beanstandet. Erfolgreich ist die Entgegnung daher in der Regel nur, wenn der Prüfer den Bedeutungsgehalt der Marke tatsächlich verkannt hat und sich davon durch die Entgegnung auch überzeugen lässt. Häufig gebrauchen Anmelder jedoch Argumente, die schon nach gefestigter Rechtsprechung nicht greifen. Diese werden mit entsprechenden Verweisen vom Amt regelmäßig zurückgewiesen. **Typische Argumente** in diesem Sinne sind:

* die Marke wird von den (zB) deutschen **Verbrauchern nicht als beschreibend wahrgenommen;** dieses Argument geht regelmäßig fehl, wenn die Marke in einer anderen Sprache als (hier im Beispiel) Deutsch beschreibend ist; wegen der Einheitlichkeit der Unionsmarke muss die Marke in **allen** Mitgliedstaaten unterscheidungskräftig und somit auch nicht beschreibend sein; abzustellen ist somit auf alle Verbraucher in der Gemeinschaft, und zwar gerade auf die, die die Marke im Zweifel verstehen

* es gibt eine oder mehrere **nationale Voreintragung(en);** es kann sein, dass in einzelnen Mitgliedstaaten eine Marke (hinreichend) kennzeichnungskräftig ist. Das bedeutet aber nicht, dass dies auch auf alle anderen Mitgliedstaaten zutrifft; auf Unionsebene wirken sich regelmäßig die unterschiedlichen Sprachen des angesprochenen Publikums aus (vgl. zB EuG T-122/01, GRUR Int 2003, 834 Rn. 40 – BEST BUY). Auch sind die Prüfungsmaßstäbe der nationalen Ämter und die des Amts aller Harmonisierungsbemühungen zum Trotz immer noch nicht gleich. Es kann daher sogar vorkommen, dass das Amt eine Anmeldung als beschreibend/nicht unterscheidungskräftig beanstandet und dabei auf das Verkehrsverständnis in einem Mitgliedstaat abstellt, in dem dieselbe Marke eingetragen wurde (vgl. zB HABM BK 31.5.2001 – R 909/2000-3 Rn. 29 – GenProfile).

* es gibt eine **Voreintragung in derselben maßgeblichen Sprache;** dieses Argument betrifft vor allem auf Englisch beschreibende Marken und Voreintragungen in den USA. In den USA ist aber die Prüfungspraxis eine vollkommen andere (s. zB HABM BK 14.9.2006 – R 376/2006-1 Rn. 27 – CALCIFOOD) und häufig weicht auch das Sprachverständnis von dem des europäischen Englisch ab.

* es gibt **Voreintragungen beim Amt selbst;** nach ständiger Rechtsprechung von EuGH und EuG ist im Rahmen der Prüfung kein Platz für eine Selbstbindung der Verwaltung (zB EuGH C-39/08, C-43/08, GRUR 2009, 667 Rn. 14, 18 – VOLKSHANDY); die Prüfung hat allein auf Grundlage der UMV zu erfolgen (zB EuGH C-37/03, GRUR Int 2005, 1012 Rn. 47 – BioID). Zwar hat das Amt bei einem Hinweis auf eine Voreintragung sorgfältig zu prüfen, ob die Marke doch eintragungsfähig ist, es ist aber nicht an die Voreintragung(en) gebunden (EuGH C-39/08, C-43/08, GRUR 2009, 667 Rn. 17 – VOLKSHANDY), weil es keinen Anspruch auf Gleichbehandlung im Unrecht gibt (EuG T-289/02, GRUR Int 2004, 947 Rn. 59 – TELEPHARMACY SOLUTIONS). Im Übrigen muss nicht auf jede der Voreintragungen im Einzelnen eingegangen werden; es genügt eine zusammenfassende Erörterung (EuG T-304/06, GRUR Int 2009, 410 Rn. 54–56 – MOZART).

* es wurde **keine beschreibende Benutzung nachgewiesen;** nach gefestigter Rechtsprechung muss nicht nachgewiesen werden, dass ein Ausdruck tatsächlich schon beschreibend benutzt wird; nach dem Wortlaut von Art. 7 Abs. 1 lit. c genügt, dass die verwendeten Wörter zur Beschreibung der Waren und Dienstleistungen geeignet sind (zB EuGH C-191/01, GRUR 2004, 146 Rn. 33 – DOUBLEMINT).

* **fehlendes Freihaltebedürfnis;** obwohl Art. 7 Abs. 1 lit. c ein öffentliches Interesse zugrunde liegt, eine Monopolisierung beschreibender Angaben im Interesse aller Marktteilnehmer zu vermeiden (EuGH C-108/97 und C-109/97, GRUR Int 1999, 727 Rn. 25 – CHIEMSEE), muss das Amt nicht nachweisen, dass ein konkretes Marktbedürfnis daran besteht, gerade den angemeldeten Ausdruck bei der Vermarktung/Beschreibung der relevanten Waren und/oder Dienstleistungen zu verwenden (EuGH C-108/97 und C-109/97, GRUR Int 1999, 727 Rn. 16, 3. Gedankenstrich und GRUR Int 1999, 727 Rn. 35 – CHIEMSEE).

* das **Zeichen ist mehrdeutig;** mit diesem Argument werden häufig insbesondere englische beschreibende Begriffe in ihre Einzelteile zerlegt, die verschiedenen möglichen Bedeutungen der einzelnen Vokabeln aufgeführt und daraus geschlossen, dass neben dem vom Amt angeführten beschreibenden Sinngehalt auch komplett andere (unterscheidungskräftige) Bedeutungsgebilde möglich seien (zB HABM BK 14.11.2009 – R 795/2009-4 Rn. 13 – Light Car); das Argument geht fehl; nach dem eindeutigen Wortlaut von Art. 7 Abs. 1 lit. c genügt es, dass die Wortfolge zur Beschreibung geeignet ist; ist sie es in einer Auslegung, die im Zusammenhang mit den betreffenden Waren und Dienstleistungen sinnvoll ist, sind weitere Auslegungsmöglichkeiten irrelevant (EuGH C-191/01, GRUR 2004, 146 Rn. 32 – DOUBLEMINT).

2. Einschränkung des Waren- und Dienstleistungsverzeichnisses

5 Darüber hinaus kann das Waren- und Dienstleistungsverzeichnis eingeschränkt werden; hierbei handelt es sich eigentlich um eine Teilrücknahme der Anmeldung. Sie bietet sich typischerweise an, falls es auf die Waren und/oder Dienstleistungen, für die die Marke beschreibend wäre, im konkreten Einzelfall nicht ankommt. Zu beachten ist allerdings, dass bei der Einschränkung der Wortlaut des Verzeichnisses nicht schlicht so geändert werden kann, dass Waren mit der konkreten Eigenschaft, für die die Marke beschreibend wäre, ausgeschlossen sind (vgl. EuGH C-363/99, GRUR 2004, 674 Rn. 114 – Postkantoor); es muss vielmehr die ganze Warengruppe, die das (potentiell) beschriebene Merkmal aufweisen könnte, gestrichen werden. Zur Zulässigkeit von Einschränkungen → Art. 49 Rn. 15 ff.

3. Nachweis der erworbenen Unterscheidungskraft

6 Dieser Nachweis nach Art. 7 Abs. 3 steht nicht gegen alle absoluten Eintragungshindernisse zur Verfügung (→ Art. 7 Rn. 206 ff.). Sofern sich jedoch die Beanstandung darauf stützt, dass die Marke iSv Art. 7 Abs. 1 lit. b und/oder c beschreibend/nicht unterscheidungskräftig ist, kann sich der Anmelder den Nachweis der erworbenen Unterscheidungskraft in seiner Erwiderung auf die Beanstandung vorbehalten, um zunächst zu versuchen, den Prüfer zur Eintragung aufgrund originärer Unterscheidungskraft zu veranlassen. Steht entsprechendes Nachweismaterial grundsätzlich zur Verfügung oder kann es beschafft werden, sollte ein ausdrücklicher Hinweis in die Erwiderung auf die Beanstandung aufgenommen werden. Der Anmelder riskiert sonst, dass die Marke zunächst zurückgewiesen wird und der Nachweis erst um den zusätzlichen Preis der Beschwerdegebühr in der Beschwerde erfolgt.

7 Die Berufung auf erworbene Unterscheidungskraft kann grundsätzlich zu jedem Zeitpunkt des Verfahrens vor dem Prüfer erfolgen, jedoch nicht erstmalig im Beschwerdeverfahren (Art. 27 Abs. 3 lit. a DVUM). Allerdings genügt es nicht, erworbene Unterscheidungskraft nur zu behaupten und Nachweise dazu anzukündigen. Hat der Anmelder bis zum Beschwerdeverfahren noch keine Nachweise vorgelegt und legt auch keine Nachweise zusammen mit der Beschwerdebegründung vor, werden keine weiteren Fristen zur Vorlage von Nachweisen eingeräumt und die Anmeldung zwecks Prüfung erworbener Unterscheidungskraft auch nicht mehr an den Prüfer zurückverwiesen. Vielmehr wird dann der Vortrag des Anmelders als verspätet iSv Art. 95 Abs. 2 angesehen (HABM BK 28.1.2009 – R 915/2008-1 Rn. 71–80 – Shape of a Triangle).

8 Die Geltendmachung von erworbener Unterscheidungskraft kann im Rahmen eines Hilfsantrags erfolgen, muss aber ausdrücklich sein. Zwar muss der Anmelder Art. 7 Abs. 3 in seinem Vortag nicht unbedingt zitieren, er darf sich aber auch nicht darauf beschränken, auf eine bereits erfolgte Benutzung der Marke hinzuweisen. Ein so allgemeiner Sachvortrag dient im Zweifel dazu, die inhärente Unterscheidungskraft der Marke zu belegen. Der Anmelder muss also klar und eindeutig vortragen, dass die Marke aufgrund der Benutzung Unterscheidungskraft erworben hat (HABM BK 21.3.2007 – R 1032/2006-4 Rn. 27 ff. – FARBE ROT). In jedem Fall muss der Prüfer zunächst die inhärente Unterscheidungskraft verneinen, bevor er die Voraussetzungen von Art. 7 Abs. 3 prüfen kann, weil die fehlende inhärente Unterscheidungskraft die Voraussetzung dafür ist, Art. 7 Abs. 3 überhaupt anzuwenden.

9 Der Nachweis erworbener Unterscheidungskraft ist allein Sache des Anmelders. Der Prüfer stellt hierzu keine eigenen Nachforschungen an. Das bedeutet insbesondere, dass ein Hinweis des Anmelders darauf, wo Nachweise über die erworbene Unterscheidungskraft zu finden sind (häufig als Hinweis auf URLs zu verschiedenen Internetseiten), nicht ausreicht. Der Anmelder selbst hat Nachweise vorzulegen, aus denen sich die erworbene Unterscheidungskraft ohne weiteres ergibt.

10 Zum Nachweis zugelassen sind grundsätzlich alle Arten von Beweismaterialien. Für den Erfolg des Nachweises ist entscheidend, ob sich aus dem Beweismaterial Rückschlüsse auf die Benutzung im relevanten Gebiet und die erworbene Unterscheidungskraft zum Anmeldedatum ergeben. Geeignet sind insbesondere Nachweise über den gehaltenen Marktanteil, die Intensität der Bewerbung der Waren/Dienstleistungen unter der Marke, das Ausmaß der geografischen Verbreitung der Marke, deren Benutzungsdauer und den Anteil der beteiligten Verkehrskreise, der die Waren/Dienstleistungen als on einem bestimmten Unternehmen stammend erkennt (s. zB EuGH C-108/97 und C-109/97, GRUR Int 1999, 727 Rn. 51 – CHIEMSEE). Demnach kommen zwar auch Meinungsumfragen als direkte Nachweise infrage, aber auch andere Nachweise wie Erklärungen von Industrie- und Handelskammern und Berufsverbänden, Markenrankings in Wirtschaftszeitschriften, Nachweise über die Werbung in Printmedien, Fernsehen oder Rundfunk, Internetwerbung mit Nachweisen über die Häufigkeit des Aufrufs der Fundstellen durch Nutzer, Berichte von Markforschungsunternehmen zu Marktanteilen, allgemeine Presseberichte über das Unter-

nehmen und die Marke etc. Beim Nachweis mittels Umfragen kommt es darauf an, ob diese nach anerkannten demoskopischen Grundsätzen erstellt wurden und ob die Fragestellung zum Nachweis von Unterscheidungskraft tauglich war. Gutachten müssen komplett eingereicht werden und die Kriterien für die Auswahl der befragten Zielpersonen sind offenzulegen; bei selektiver Vorlage einzelner Teile eines Gutachtens ist das Material nicht aussagekräftig. Ist das Gutachten grundsätzlich aussagekräftig, entscheidet, ob ein relevanter Anteil der Befragten das angemeldete Zeichen als einen Hinweis auf ein einziges Unternehmen ansieht, auch wenn diese Befragten nicht notwendigerweise wissen müssen, welchem Unternehmen die Marke gehört.

Die Nachweise müssen die Benutzung der angemeldeten Marke betreffen, nicht die Benutzung **11** eines signifikant anderen wenn auch ähnlichen Zeichens und sich auf die Benutzung für die angemeldeten Waren/Dienstleistungen beziehen. Die Unterscheidungskraft muss zum Anmeldetag erworben sein (EuGH C-542/07, GRUR Int 2009, 917 Rn. 42, 52 – Pure Digital).

Die erworbene Unterscheidungskraft muss für alle Mitgliedstaaten nachgewiesen werden, für **12** die die inhärente Unterscheidungskraft fehlt. Es genügt insbesondere nicht, die erworbene Unterscheidungskraft für einen Großteil der Mitgliedstaaten zu belegen und von diesen auch auf eine entsprechende Unterscheidungskraft im Rest der Mitgliedstaaten zu schließen (vgl. EuG T-28/08, BeckEuRS 2009, 500459 Rn. 55, 61 – BOUNTY-RIEGEL). Ist die erworbene Unterscheidungskraft aber sehr überzeugend für die Mehrzahl der relevanten Mitgliedstaaten nachgewiesen, kann für andere Staaten der Benutzungsnachweis in etwas geringerem Umfang ausreichend sein. Klassisches Beispiel hierfür ist bei englischen beschreibenden Wortzeichen der Benutzungsnachweis für Malta. Nach derzeitiger Amtspraxis kann der Nachweis für Malta nicht schlicht unterbleiben. Ist aber die erworbene Unterscheidungskraft für das Vereinigte Königreich und Irland überzeugend nachgewiesen worden, kann ggf. für Malta der Nachweis einer nicht nur sporadischen markenmäßigen Benutzung ausreichen.

Für beschreibende Wortmarken sind in der Regel die Mitgliedstaaten relevant, in denen die **13** verwendete Sprache Amtssprache ist. Infrage kommen aber auch andere Mitgliedstaaten, wenn dort der entsprechende Ausdruck ebenfalls als beschreibend verstanden wird. Hat der Prüfer in der Beanstandung wegen Art. 7 Abs. 1 lit. b und/oder c zunächst nur auf die Mitgliedstaaten abgestellt, in denen die maßgebliche Sprache Amtssprache ist, präkludiert dies nicht die Zurückweisung wegen mangelnden Nachweises erworbener Unterscheidungskraft für andere Mitgliedstaaten, in denen der Ausdruck auch verstanden wird. Es kann daher notwendig sein, Benutzungsnachweise auch für Staaten zu erbringen, in denen die Marke von einem erheblichen Anteil der Verbraucher als beschreibend verstanden wird, obwohl sie nicht deren Muttersprache entstammt. Zwar sollte der Prüfer bei einer Ausweitung der Beanstandung auf weitere relevante Mitgliedstaaten erneut Gelegenheit zur Stellungnahme geben, doch bietet es sich an, schon bei Vorlage von Nachweisen bzgl. der zunächst als relevant bezeichneten Staaten vorsorglich zusätzliche Nachweise für weitere Mitgliedstaaten anzubieten. Farbmarken wird in der Regel im gesamten Unionsgebiet die Unterscheidungskraft fehlen; der Nachweis muss daher für alle Mitgliedstaaten erbracht werden (→ Rn. 12), was regelmäßig nicht gelingt. Entsprechendes gilt für 3D-Marken, die aus einer im Wesentlichen handelsüblichen Form der Ware selbst oder ihrer Verpackung bestehen (vgl. EuG T-28/08, BeckEuRS 2009, 500459 Rn. 46 f. – BOUNTY-RIEGEL).

4. Rücknahme der Anmeldung

Zwar hat der Anmelder durch die Rücknahme die Anmeldung ebenso „verloren", wie wenn **14** die Anmeldung zurückgewiesen worden wäre, doch ist dann die fehlende Unterscheidungskraft nicht sozusagen „amtlich dokumentiert". Nicht wenige Anmelder ziehen daher bei Beanstandung die Anmeldung (teilweise) zurück oder zahlten in der Vergangenheit die Anmeldegebühr nicht (durch das beschleunigte Prüfverfahren erging bis zu einer Praxisänderung zum 24.11.2014 die Beanstandung oft schon vor Ablauf der Frist für die Zahlung der Anmeldegebühr nach Art. 32). Allerdings ist die Rücknahme der Anmeldung auch noch nach Entscheidung durch den Prüfer möglich, nämlich bis zum Ablauf der Beschwerdefrist (vgl. HABM BK 27.9.2006 – R 331/2006-G Rn. 18 f. – OPTIMA). Sofern der Anmelder sich also Chancen ausrechnet, zumindest einen Teil der Waren und Dienstleistungen, auf die es ihm ankommt, nach Erwiderung auf die Beanstandung „durchzukommen", kann es sinnvoll sein, mit einer (Teil-)Rücknahme der Anmeldung bis nach der Entscheidung des Prüfers zu warten.

C. Zurückweisung

Sofern der Anmelder mit seiner Erwiderung nicht erfolgreich ist, wird die Marke zumindest **15** für einen Teil der Waren und Dienstleistungen zurückgewiesen. Hierbei ist von Amts wegen darauf zu achten, dass die Zurückweisung nur für solche Waren und/oder Dienstleistungen erfolgt, für die das absolute Eintragungshindernis vorliegt (EuGH C-239/05, GRUR 2007, 425 Rn. 33 – THE KITCHEN COMPANY); das Eintragungshindernis ist daher für die Waren und Dienstleistungen der Anmeldung jeweils gesondert zu prüfen (EuGH C-239/05, GRUR 2007, 425 Rn. 32 – THE KITCHEN COMPANY). Das Ergebnis der gesonderten Prüfung muss aber nicht für jeden Warenbegriff einzeln erläutert werden; vielmehr können die Waren/Dienstleistungen zu Gruppen zusammengefasst und das einschlägige Eintragungshindernis global für die jeweilige Waren-/Dienstleistungsgruppe erläutert werden, wenn dasselbe Hindernis aus denselben Gründen auf die ganze Gruppe zutrifft (EuGH C-239/05, GRUR 2007, 425 Rn. 37 – THE KITCHEN COMPANY). Hiervon abzugrenzen ist ohnehin der Fall, dass die Marke für Waren/Dienstleistungen beschreibend ist, die in einem in dem Verzeichnis enthaltenen Oberbegriff enthalten sind. Hier ist es nicht Sache des Amts, eine für den Anmelder möglichst schonende Einschränkung des Waren- und Dienstleistungsverzeichnisses zu finden, sondern die Anmeldung wird für den gesamten Oberbegriff zurückgewiesen (vgl. EuG T-359/99, GRUR Int 2001, 970 Rn. 33 – EuroHealth).

D. Disclaimer

I. Allgemeines

16   Durch die Reform gemäß VO (EU) 2015/2424 vom 16.12.2015 wurde Art. 37 Abs. 2 UMV 2009 ebenso gestrichen wie Regel 1 Abs. 3 GMDV. Demzufolge gibt es mWv 23.3.2016 weder verpflichtende noch freiwillige Disclaimer. Nach den bisherigen Rechtsgrundlagen erklärte Disclaimer bleiben jedoch wirksam und werden weiter im Register geführt. Ein solcher Disclaimer ist die Erklärung des Anmelders, dass er an einem Bestandteil der Marke kein ausschließliches Recht in Anspruch nehmen wird. Nach der Rechtslage vor Inkrafttreten der Reform standen Disclaimer mit der materiellen Prüfung der Anmeldung nur in einem zeitlichen Zusammenhang. Einer Marke, die nicht eintragungsfähig war, konnte auch ein Disclaimer nicht zur Eintragung verhelfen. Auch spielte der in Art. 37 Abs. 2 UMV 2009 vorgesehene Fall, dass das Amt einen Disclaimer verlangte, in der Praxis selten eine Rolle. Vielmehr wurde immer wieder von Anmeldern freiwillig ein Disclaimer vorgeschlagen, sei es, um der Marke doch noch zur Eintragung zu verhelfen, sei es, um schon im Vorfeld Konflikten mit Wettbewerbern aus dem Weg zu gehen. Sofern der Disclaimer selbst zulässig war (→ Rn. 17), nahm das Amt regelmäßig anmelderseitig vorgeschlagene Disclaimer auf. Der Anmelder hatte jedoch keinen Anspruch darauf, dass ein Disclaimer aufgenommen wurde (EuGH C-212/07 P, C-212/07, BeckRS 2008, 70368 Rn. 51).

II. Voraussetzungen

17   Der Disclaimer konnte schon in der Anmeldung erklärt (vgl. Regel 1 Abs. 3 GMDV) aber auch nach Anmeldung jederzeit eingefügt werden (Prüfungsrichtlinien vor dem Amt idF vom April 2008, Teil C, Teil 2, Kap. 2 D, Widerspruchsverfahren, Umfassende Beurteilung, Abschnitt II, Disclaimer – online einsehbar unter https://euipo.europa.eu/ohimportal/de/guidelines-community-trade-mark), allerdings nicht mehr nach Eintragung. Der Disclaimer konnte nur für „einen Bestandteil" der Marke abgegeben werden (Art. 37 Abs. 2 UMV 2009), dh nicht für die Marke als Ganzes (EuG BeckRS 2009, 71052 Rn. 67 – Griff); bestand die Marke nur aus einem Wort, war kein Disclaimer diesbezüglich möglich (EuG T-295/01, GRUR 2004, 148 Rn. 64 – Oldenburger). Bestand allerdings die Marke aus mehreren Worten, die jedes für sich gesehen beschreibend gewesen wären und ergab sich die Schutzfähigkeit nur aus der ungewöhnlichen Art der Kombination dieser Worte, konnte ein Disclaimer bezüglich eines jeden einzelnen dieser Worte aufgenommen werden (nach der Amtspraxis vor der Reform war dies allerdings nicht notwendig, wenn der beschreibende/nicht unterscheidungskräftige Charakter der einzelnen Bestandteile offensichtlich war – vgl. Prüfungsrichtlinien vor dem Amt idF vom April 2008, Teil B, Prüfungsrichtlinien, Abschnitt 7.10, Disclaimer – online einsehbar unter https://euipo.europa.eu/ohimportal/de/guidelines-community-trade-mark). Der Disclaimer musste sich auf einen abgrenzbaren Teil des Zeichens beziehen. Obschon auch ein Disclaimer bezüglich einer Wortkombination akzeptiert wurde (CTM 971 411 Der kleine Schlemmer und Schlummeratlas), sprach der Wortlaut von Art. 37 Abs. 2 UMV 2009 wohl dagegen. Nach dem Wortlaut von Art. 37 Abs. 2 UMV 2009 musste der Disclaimer ein nicht unterscheidungskräftiges Element der Marke betreffen. Wie bereits erwähnt, nahm aber das Amt auch freiwillige Disclaimer auf, die per se unterscheidungskräftige Bestandteile des Zeichens betrafen (zur Wirkung aber → Rn. 20). Weitere Voraussetzung für einen amtsseitig geforderten Disclaimer war, dass der fragliche Bestandteil des Zeichens ohne den Disclaimer Anlass zu Zweifeln über den Schutzumfang der Marke gegeben hätte. Da nach Ansicht des Amts offensichtlich beschreibende Elemente solche Zweifel regelmäßig nicht begründeten, kam ein gegen den Willen des Anmelders geforderter Disclaimer nur in Ausnahmefällen in Betracht (zB EuG T-425, T-426/07, BeckRS 2009, 71300 Rn. 27 ff.; HABM BK 29.5.2007 – R 1187/2006-4 Rn. 19 – Kunststoffhohlkammerprofil).

III. Unzulässige Disclaimer

Obwohl das Amt in der Regel freiwillige Disclaimer akzeptierte (→ Rn. 16), und zwar entge- **18** gen dem Wortlaut von Art. 37 Abs. 2 UMV 2009 auch für eigentlich unterscheidungskräftige Bestandteile einer Marke (vgl. Prüfungsrichtlinien vor dem Amt, Teil C.2.4, Widerspruch, Vergleich von Zeichen, Abschnitt 3.2.3.4, Disclaimer), mussten die sonstigen Voraussetzungen unter Art. 37 Abs. 2 UMV 2009 (→ Rn. 17) eingehalten sein, dh der Disclaimer musste sich auf einen Bestandteil eines Zeichens beziehen. In der Praxis traten typischerweise gewünschte „Disclaimer" auf, die keine waren. Als „Disclaimer" unzulässig waren zB Erklärungen, dass die Marke in bestimmten Ländern oder für bestimmte Waren nicht benutzt werden sollte. Soweit die Benutzung für bestimmte Waren ausgeschlossen werden sollte, war das Waren- und Dienstleistungsverzeichnis entsprechend einzuschränken).

IV. Verfahren zur Abgabe des Disclaimers

War der Prüfer der Auffassung, ein Disclaimer werde benötigt, setzte er dem Anmelder eine **19** Frist (regelmäßig zwei Monate) zur Abgabe eines Disclaimers. Der Anmelder konnte während der Frist entweder den Disclaimer erklären oder der Rechtsauffassung des Prüfers entgegentreten. Wurde kein Disclaimer abgegeben und war der Prüfer ggf. trotz Stellungnahme des Anmelders überzeugt, dass ein Disclaimer notwendig sei, wurde die Anmeldung zurückgewiesen. Handelte es sich um einen freiwilligen aber unzulässigen Disclaimer und behob der Anmelder den Mangel nicht, wurde der Disclaimer gelöscht. Freiwillige Disclaimer wurden nach erstinstanzlicher Amtspraxis vor der Reform bis zur Eintragung angenommen (→ Rn. 17). Vor dem EuG und EuGH konnte ein Disclaimer selbst dann nicht mehr aufgenommen werden, wenn das Eintragungsverfahren noch nicht abgeschlossen war. Das lag daran, dass gerichtlich nur die Rechtmäßigkeit der Entscheidung der Beschwerdekammer überprüft wird, und zwar auf denselben tatsächlichen Grundlagen, die der Entscheidung der Beschwerdekammer zugrunde lagen.

V. Wirkung des Disclaimers

1. Wirkung gemäß UMV

Bis zur ROSLAGSÖL-Entscheidung des EuGH (EuGH C705/17, GRUR 2020, 52) galt, dass **20** der mit dem Disclaimer belegte Teil des Zeichens auch nach der Reform als nicht unterscheidungskräftig zu behandeln war, und zwar unabhängig davon, ob der Disclaimer von Amts wegen verlangt oder freiwillig abgegeben wurde (vgl. Richtlinien zu Marken, Teil C.2.4, Widerspruch, Vergleich von Zeichen, Abschnitt 3.2.3.4, Disclaimer, Stand 2020, online abrufbar unter https://guidelines.euipo.europa.eu/1803468/1788372/trade-mark-guidelines/3-2-3-4-disclaimers).   Für Widerspruchsverfahren war zu unterscheiden: Kollidierte eine vor Inkrafttreten der Reform eingereichte Unionsmarkenanmeldung mit Disclaimer mit einer früheren Marke und stimmten die Marken just in dem Element überein, für das der Disclaimer bestand, wurde eine Verwechselungsgefahr dennoch nicht vermieden weil der Disclaimer nicht den Effekt haben konnte, den Schutzbereich der früheren Marke zu beschränken (vgl. Richtlinien zu Marken, Teil C.2.4, Widerspruch, Vergleich von Zeichen, Abschnitt 3.2.3.4, Disclaimer, Stand 2020, online abrufbar unter https:// guidelines.euipo.europa.eu/1803468/1788372/trade-mark-guidelines/3-2-3-4-disclaimers).
Wurde jedoch eine Marke mit Disclaimer als Widerspruchsmarke genutzt und stimmte die angegriffene Marke nur in dem mit dem Disclaimer belegten Element der Widerspruchsmarke überein, wurde in der Regel eine Verwechselungsgefahr vermieden, da man davon ausging, dass diesem Element keine Unterscheidungskraft beizumessen war. Nach der Beschwerdekammerentscheidung HABM BK 6.10.2008 – R21/2008-4 Rn. 19 f. – Jabugo/Flor de Sierra de Jabugo sollte dies auch unabhängig davon gelten, ob das mit Disclaimer belegte Element in allen Amtssprachen ohne Unterscheidungskraft war. Demgegenüber wurde in den Richtlinien des Amtes auch vor „ROSLAGSÖL" darauf hingewiesen, dass ein dem Disclaimer unterliegender Markenbestandteil zu einer Verwechselungsgefahr führen könnte, wenn der Bestandteil in einem für den Widerspruch

relevanten Sprachraum tatsächlich unterscheidungskräftig wäre (vgl. Richtlinien zu Marken, Teil C.2.4, Widerspruch, Vergleich von Zeichen, Abschnitt 3.2.3.4, Disclaimer, Stand 2020, online abrufbar unter https://guidelines.euipo.europa.eu/1803468/1788372/trade-mark-guidelines/3-2-3-4-disclaimers). Der breit anerkannten Praxis, mit Disclaimer belegten Markenbestandteilen im Zeichenvergleich in der Regel eine untergeordnete Rolle beizumessen, erteilte jedoch der EuGH in der ROSLAGSÖL-Entscheidung (EuGH C705/17, GRUR 2020, 52) eine klare Absage und erstreckte die ständige Rechtsprechung, nach der komplexe Marken in ihrer Gesamtheit zu betrachten seien, auch auf Marken mit Disclaimern (EuGH C705/17, GRUR 2020, 52 Rn. 51 ff. – ROSLAGSÖL). Zwar käme tatsächlich nicht unterscheidungskräftigen Markenbestandteile im Gesamtvergleich der Marken häufig weniger Gewicht bei der Prüfung der Ähnlichkeit der Marken zu, es könne jedoch keine Vermutung dahingehend aufgestellt werden, dass ein mit Disclaimer belegtes Element einer Marke in der Regel keine Unterscheidungskraft aufweise, so dass ihm bei der Prüfung der Verwechslungsgefahr nur eine beschränkte Bedeutung zukäme (EuGH C705/17, GRUR 2020, 52 Rn. 52 f. – ROSLAGSÖL). An dieser Entscheidung wird zurecht kritisiert, dass sie die Tendenz, nicht schutzfähige Marken mit Hilfe eines Disclaimers zur Eintragung zu bringen, bestärkt, indem sie die Abgabe des Disclaimers risikolos ermöglicht (vgl. Eisenführ/Schennen/Schennen Rn. 85); dies ist insoweit auch künftig von Bedeutung, als auch nach der Reform die nationalen Gesetzgeber weiterhin darin frei sind, Disclaimer zuzulassen.

2. Wechselwirkung mit nationalem Recht

21   Bereits abgegebene und eingetragene Disclaimer behalten ihre Wirkung (Eisenführ/Schennen/Schennen Rn. 82), und bei Geltendmachung einer UM mit Disclaimer in einem nationalen Verfahren soll der Disclaimer verbindlich sein, weil Art. 32 Abs. 2 aF als autonome Vorschrift auch im nationalen Verfahren gilt (Eisenführ/Schennen/Schennen Rn. 91). Wird aber eine Unionsmarkenanmeldung mit Disclaimer in nationale Markenanmeldungen umgewandelt, richtet sich das weitere Schicksal des Disclaimers nach dem dann jeweils anwendbaren nationalen Recht (Eisenführ/Schennen/Schennen Rn. 91).

Abschnitt 2. Recherche

Art. 43 Recherchenbericht

(1) Das Amt erstellt auf Antrag des Anmelders der Unionsmarke bei Einreichung der Anmeldung einen Unionsrecherchenbericht, in dem diejenigen ermittelten älteren Unionsmarken oder Anmeldungen von Unionsmarken aufgeführt werden, die gemäß Artikel 8 gegen die Eintragung der angemeldeten Unionsmarke geltend gemacht werden können.

(2) Beantragt der Anmelder bei der Anmeldung einer Unionsmarke, dass von den Zentralbehörden für den gewerblichen Rechtsschutz der Mitgliedstaaten ein Recherchenbericht erstellt wird, und wurde die entsprechende Recherchengebühr innerhalb der für die Zahlung der Anmeldegebühr vorgesehenen Frist entrichtet, so übermittelt das Amt den Zentralbehörden für den gewerblichen Rechtsschutz derjenigen Mitgliedstaaten, die dem Amt ihre Entscheidung mitgeteilt haben, für Anmeldungen von Unionsmarken in ihren eigenen Markenregistern eine Recherche durchzuführen, unverzüglich eine Abschrift dieser Anmeldung einer Unionsmarke.

(3) Jede Zentralbehörde für den gewerblichen Rechtsschutz der Mitgliedstaaten gemäß Absatz 2 übermittelt einen Recherchenbericht, in dem entweder alle älteren nationalen Marken, Anmeldungen nationaler Marken oder aufgrund internationaler Übereinkünfte eingetragenen Marken mit Wirkung in dem betreffenden Mitgliedstaat bzw. den betreffenden Mitgliedstaaten, die von ihr ermittelt wurden und die gemäß Artikel 8 gegen die Eintragung der angemeldeten Unionsmarke geltend gemacht werden können, aufgeführt sind, oder in dem mitgeteilt wird, dass solche Rechte bei der Recherche nicht festgestellt wurden.

(4) Das Amt legt nach Anhörung des in Artikel 153 vorgesehenen Verwaltungsrats (im Folgenden „Verwaltungsrat") den Inhalt und die Modalitäten der Berichte fest.

(5) ¹Das Amt zahlt jeder Zentralbehörde für den gewerblichen Rechtsschutz einen Betrag für jeden gemäß Absatz 3 vorgelegten Recherchenbericht. ²Dieser Betrag, der für jede Zentralbehörde gleich hoch zu sein hat, wird vom Haushaltsausschuss durch mit Dreiviertelmehrheit der Vertreter der Mitgliedstaaten gefassten Beschluss festgesetzt.

(6) Das Amt übermittelt dem Anmelder der Unionsmarke auf Antrag den Unionsrecherchenbericht und auf Antrag die eingegangenen nationalen Recherchenberichte.

(7) ¹Bei der Veröffentlichung der Anmeldung einer Unionsmarke unterrichtet das Amt die Inhaber älterer Unionsmarken oder Anmeldungen von Unionsmarken, die in dem Unionsrecherchenbericht genannt sind, von der Veröffentlichung der Anmeldung der Unionsmarke. ²Letzteres gilt unabhängig davon, ob der Anmelder darum ersucht hat, einen Unionsrecherchenbericht zu erhalten, es sei denn, der Inhaber einer älteren Eintragung oder Anmeldung ersucht darum, die Mitteilung nicht zu erhalten.

Überblick

Art. 43 regelt die Recherche potentiell konfliktträchtiger älterer Marken durch das Amt bzw. durch die Zentralbehörden der Mitgliedstaaten. Zu älteren Unionsmarken oder Unionsmarkenanmeldungen erfolgt die Recherche seit Inkrafttreten der Reform am 23.3.2016 nicht mehr von Amts wegen, sondern nur noch auf Antrag des Anmelders (zum Unionsrecherchenbericht → Rn. 1, → Rn. 2). Auf Antrag kann außerdem ein Recherchenbericht zu potenziellen nationalen Widerspruchsmarken erstellt werden, allerdings nur für die Länder, die sich an diesem System beteiligen und vorausgesetzt, der Anmelder zahlt fristgemäß die vorgesehene Recherchegebühr (zur nationalen Recherche → Rn. 3). Bei der Veröffentlichung der Anmeldung informiert das Amt die Inhaber der im Unionsrecherchenbericht genannten älteren Unionsmarken oder Unionsmarkenanmeldungen über die Veröffentlichung der neuen Anmeldung, es sei denn, diese haben das Amt ersucht, dies nicht zu tun; diese Benachrichtigung erfolgt auch dann, wenn der Anmelder keinen Unionsrecherchenbericht angefordert hat (→ Rn. 5).

A. Unionsrecherchenbericht

I. Zielsetzung und Wirkung

Ziel des Unionsrecherchenberichts ist es, den Anmelder über potentiell konfliktträchtige ältere **1** Unionsmarken/-anmeldungen bzw. IR-Marken mit Erstreckung auf die Union zu informieren, damit er ggf. die Anmeldung noch vor deren Veröffentlichung zurückziehen kann, um einen Widerspruch oder mehrere Widersprüche zu vermeiden. Die Suche erfolgt aber anhand rein schematischer Kriterien, dh über ein vergleichsweise grobes Raster (→ Rn. 2). Der Unionsrecherchenbericht ist dementsprechend auch nicht verbindlich und hat keine Folgen (und sei es auch nur Indizwirkung) für spätere Widerspruchs-, Nichtigkeits- oder Verletzungsverfahren. Dem Anmelder erwächst aus dem potentiell lückenhaften Unionsrecherchenbericht kein Nachteil. Er kann sich ohne weitere Kosten auch nach der Veröffentlichung noch entscheiden, die Anmeldung fallenzulassen, wenn ein Widerspruch aufgrund einer ähnlichen älteren Marke eingelegt wird: Nimmt er innerhalb der Cooling-off-Frist die Anmeldung zurück oder beschränkt sie auf Waren und Dienstleistungen, die nicht mit dem Widerspruch angegriffen werden, wird das Widerspruchsverfahren eingestellt und es ergeht keine Kostenentscheidung (Art. 6 Abs. 1, 2, 3 und 4 DVUM).

II. Verfahren

Der Unionsrecherchenbericht ist nicht gesondert gebührenpflichtig. Die Recherche erfolgt **2** automatisch. Das Suchprogramm recherchiert nach vorgegebenen Parametern übereinstimmende/ ähnliche Wortelemente. Bei Bildmarken werden anhand der EUIPO-Variante der Wiener Klassifikation ähnliche Bildelemente gesucht – der unter https://euipo.europa.eu/ohimportal/de/vienna-classification abgebildete Link zum entsprechenden Handbuch führt leider nur noch ins Leere und das Handbuch selbst ist auch nicht über das Kriterium „Wiener Klassifikation" in der Erweiterten Suche bei eSearch Plus abrufbar. Man muss vielmehr die Codes bereits kennen, um damit sinnvoll suchen zu können, wobei natürlich für den Unionsrecherchenbericht das Amt selbst anhand der modifizierten Wiener Klassifikation sucht. Potentiell ähnliche Waren und Dienstleistungen werden anhand der Klassennummern der Klassifikation von Nizza ermittelt. Das Suchprogramm des Amts berücksichtigt nicht nur ältere Marken mit exakt den gleichen Klassennummern wie die neue Anmeldung, sondern auch mit Klassen, die mit den angemeldeten Ähnlichkeiten aufweisen. Insbesondere werden neue Anmeldungen mit den Klassen 43, 44 und 45 auch mit älteren Eintragungen in Klasse 42 kreuzrecherchiert, weil die seit 1.1.2002 in den Klassen 43–45 enthaltenen Dienstleistungen unter der davor geltenden 7. Ausgabe der Klassifikation von Nizza alle in Klasse 42 fielen (vgl. Mitteilung Nr. 9/02 des Präsidenten des Amtes vom 16.7.2002). Zur Auflistung der älteren Marken bedient sich der Bericht der WIPO INID-Codes. Die älteren Wortmarken sind in dem Bericht wiedergegeben und die jeweils abgedeckten Waren- und Dienstleistungsklassen aufgeführt (nur Klassennummern). Die Abbildungen von Bildmarken können unter Nutzung der weiteren Informationen aus dem Bericht online über die Datenbanken des Amts kostenlos abgerufen werden.

B. Nationale Recherche

I. Zielsetzung und Hintergrund

3   Gemäß Art. 43 Abs. 2 können Recherchenberichte auch für ältere nationale Marken beantragt werden. Ziel ist auch hier die Identifikation potenzieller Widerspruchsmarken, aber auf nationaler Ebene. Allerdings nehmen nicht alle nationalen Ämter an dem Recherchesystem teil (zurzeit nur noch die Tschechische Republik, Dänemark, Litauen, Ungarn, Rumänien und Slowakei). Das liegt daran, dass der nationale Recherchenbericht seit 10.3.2008 für Anmelder nicht mehr obligatorisch sondern optional ist und viele Anmelder seither darauf verzichten (näher zu den historischen Hintergründen Eisenführ/Schennen/Schennen Rn. 5 ff.). Auch die nationalen Recherchenberichte haben sich als Mittel zur Vermeidung potenzieller Konflikte als nicht hinreichend verlässlich erwiesen und Nutzer zeigen nur wenig Interesse an den Berichten.

II. Verfahren

4   Der Antrag kann nur gleichzeitig mit der Einreichung der Anmeldung gestellt werden. Wird der Antrag gestellt, gilt er automatisch für alle teilnehmenden nationalen Ämter; der Anmelder kann sich nicht die ihn (besonders) interessierenden Länder auswählen. Der Antrag ist gebührenpflichtig (Art. 43 Abs. 5 iVm Anh. I A Nr. 9; die Gebühr beträgt zurzeit 72 Euro, nämlich 12 Euro je teilnehmendem Amt; → Anh. I Rn. 1 ff.). Ist die Gebühr nicht innerhalb eines Monats ab Anmeldetag eingegangen, erfolgt keine Recherche auf nationaler Ebene. Die Zentralbehörden der Länder, die sich an dem Recherchesystem beteiligen, übermitteln ihren Bericht dem Amt (Abs. 3). Inhaber von IR-Marken, die die Union benennen, müssen den Antrag beim Amt stellen, und zwar innerhalb eines Monats nach Mitteilung der IR-Marke durch WIPO an das Amt. Innerhalb dieser Zeit sind auch die Gebühren zu bezahlen. Die Recherchenberichte erfolgen nach den Vorgaben des Amts (Abs. 4). Sie enthalten neben Aktenzeichen von älteren Markenanmeldungen bzw. Eintragungsnummern älterer eingetragener Marken Anmelde- und ggf. Prioritätstag und/oder Tag der Eintragung der aufgeführten älteren Marken sowie den Kontaktdaten der jeweiligen Inhaber auch die Angabe des jeweils betroffenen Amtes. Das Amt übermittelt den Unionsrecherchenbericht und etwaige nationale Recherchenberichte (Abs. 6); dabei ist es reiner Bote. Die Verantwortlichkeit für den Inhalt des Recherchenberichts liegt bei dem jeweiligen nationalen Amt. Eventuelle Rückfragen sind daher direkt an die nationalen Ämter zu stellen.

C. Mitteilungen an die Inhaber älterer Marken

5   Nach Veröffentlichung der neuen Anmeldung informiert das Amt die Inhaber der älteren Unionsmarken(anmeldungen)/IR-Marken mit Benennung der Union über die neue Anmeldung (Abs. 7). Sie können sich dann überlegen, ob sie gegen die neue Anmeldung Widerspruch einlegen wollen. Für die Inhaber älterer Marken kann die potentielle Lückenhaftigkeit des Recherchenberichts dazu führen, dass ein Widerspruch gegen eine ähnliche jüngere Anmeldung unterbleibt, weil die ältere Marke bei der Recherche nicht als ähnlich identifiziert und somit deren Inhaber bei Veröffentlichung auch nicht benachrichtigt wurde. Wird deshalb die Widerspruchsfrist verpasst, bleibt dem Inhaber der älteren Marke noch die Möglichkeit eines Löschungsverfahrens nach Eintragung der jüngeren Marke (Art. 60). Die Mitteilung an die Inhaber älterer Unionsmarken erfolgt unabhängig davon, ob der Anmelder selbst einen Unionsrecherchenbericht angefordert hat. Der Anmelder kann daher diese Mitteilungen an Inhaber potenziell kollidierender älterer Unionsmarken nicht einseitig dadurch verhindern, dass er selbst keinen Unionsmarkenbericht anfordert. Die Inhaber älterer Unionsmarken hingegen haben die Möglichkeit, diesen Informationsautomatismus (pauschal) abzuwählen.

Abschnitt 3. Veröffentlichung der Anmeldung

Art. 44 Veröffentlichung der Anmeldung

(1) [1]Sind die Erfordernisse für die Anmeldung einer Unionsmarke erfüllt, so wird die Anmeldung für die Zwecke des Artikels 46 veröffentlicht, soweit sie nicht gemäß Artikel 42 zurückgewiesen wird. [2]Die Veröffentlichung der Anmeldung lässt die im Einklang mit dieser Verordnung oder mit gemäß dieser Verordnung erlassenen Rechtsakten dem Publikum bereits anderweitig zur Verfügung gestellten Informationen unberührt.

(2) Wird die Anmeldung nach ihrer Veröffentlichung gemäß Artikel 42 zurückgewiesen, so wird die Entscheidung über die Zurückweisung veröffentlicht, sobald sie unanfechtbar geworden ist.

(3) [1] Enthält die Veröffentlichung der Anmeldung einen dem Amt zuzuschreibenden Fehler, so berichtigt das Amt von sich aus oder auf Antrag des Anmelders den Fehler und veröffentlicht diese Berichtigung.
[2] Die gemäß Artikel 49 Absatz 3 angenommenen Vorschriften finden entsprechend Anwendung, wenn eine Berichtigung vom Anmelder beantragt wird.

(4) Artikel 46 Absatz 2 findet auch Anwendung, wenn die Berichtigung die Liste der Waren oder Dienstleistungen oder die Wiedergabe der Marke betrifft.

(5) [1]Die Kommission erlässt Durchführungsrechtsakte mit den Einzelheiten, die die Veröffentlichung der Anmeldung zu enthalten hat. [2]Diese Durchführungsrechtsakte werden nach dem Prüfverfahren gemäß Artikel 207 Absatz 2 erlassen.

Überblick

Art. 44 regelt zusammen mit Art. 7 UMDV die Veröffentlichung der Unionsmarkenanmeldung (zu Zeitpunkt, Voraussetzungen und Form → Rn. 1, zum Inhalt → Rn. 2, → Rn. 3, zur Wirkung → Rn. 4) und bestimmt, wann auch die Zurückweisung einer Marke veröffentlicht werden muss (→ Rn. 5). Die Korrektur von Fehlern in der Veröffentlichung richtet sich nach Art. 44 Abs. 3 und wird ebenfalls veröffentlicht (→ Rn. 6 f.), die Veröffentlichung von Umwandlungsanträgen bzgl. einer bereits veröffentlichten Unionsmarkenanmeldung richtet sich nach Art. 23 UMDV (→ Rn. 8).

A. Veröffentlichung der Unionsmarkenanmeldung

I. Zeitpunkt, Voraussetzungen und Form der Veröffentlichung

Die Veröffentlichung erfolgt nach Abschluss der Prüfung der formellen und materiellen Eintragungserfordernisse im Blatt für Unionsmarken (Art. 116 lit. a), Teil A. Mit Inkrafttreten der Reform am 23.3.2016 entfiel das Erfordernis, mit der Veröffentlichung bis einen Monat nach der Übermittlung der Recherchenberichte an den Anmelder zu warten (vgl. Art. 43 Abs. 7). Die Anmeldung wird nur veröffentlicht, wenn und soweit sie für zumindest einen Teil der Waren und Dienstleistungen eintragungsfähig iSv Art. 7 ist und die notwendigen Formerfordernisse erfüllt sind. Die Anmeldung wird in allen Amtssprachen der Gemeinschaft veröffentlicht (Art. 147 Abs. 1), dh die Veröffentlichung findet erst statt, wenn die notwendigen Übersetzungen in allen Sprachen vorliegen. Bei einer Erweiterung der Gemeinschaft (die letzte erfolgte am 1.7.2013, auf Kroatien) werden vor dem Beitrittsdatum alle Anmeldungen nur in den Amtssprachen der Länder veröffentlicht, die schon Mitgliedstaat sind; ab dem Datum des Beitritts werden die Anmeldungen auch in der Amtssprache des neuen Mitgliedstaats veröffentlicht (vgl. zu Erweiterungen Mitteilung des Präsidenten Nr. 4/12 vom 12.12.2012 und Marken- und Geschmacksmusterrichtlinien, Teil A.9, Allgemeine Regeln, Erweiterung, Abschnitt 2.6.3, Übersetzung).

II. Inhalt der Veröffentlichung

2   Soweit jeweils einschlägig enthält die Veröffentlichung die folgenden Angaben:
- Anmeldetag und Anmeldenummer,
- die Wiedergabe der Marke, ggf. in Farbe,
- die Angabe, dass es sich um eine Kollektivmarke oder eine Gewährleistungsmarke handelt,
- die Angabe der Markenform für Marken, die keine Wortmarken sind (3D-Marken, Hologramme, Hörmarken, Marken in Farbe, sonstige Marken),
- die Markenbeschreibung,
- die Angabe, ob erworbene Unterscheidungskraft vorliegt,
- Name, Adresse und Nationalität des Anmelders,
- Name und Adresse des Vertreters,
- erste und zweite Sprache,
- Waren und Dienstleistungen gemäß der Klassifikation von Nizza,
- Prioritätsdaten,
- Ausstellungsprioritätsdaten,
- Zeitrangdaten,
- Umwandlung.

3   Hierzu im Einzelnen: Ist die Wiedergabe der Marke in Farbe, werden auch die Farbangaben veröffentlicht. Sind in der Anmeldung mehrere Vertreter mit derselben Geschäftsanschrift genannt, wird nur der Name des an erster Stelle genannten Vertreters mit dem Zusatz „und andere" veröffentlicht. Gibt es mehrere Vertreter mit unterschiedlichen Anschriften, wird nur die Zustellanschrift veröffentlicht. Bei einem Zusammenschluss von Vertretern wird nur die Sozietät genannt, nicht die Sozien (wenn nicht der Name der Sozietät aus den Namen aller Sozien besteht). Die Waren und Dienstleistungen werden jeweils gruppiert nach Klasse und in der (aufsteigenden) Reihenfolge der Klassennummern veröffentlicht, und zwar mit dem vollen Wortlaut der Liste, in allen 23 Sprachen (Art. 147 Abs. 1). Zur Priorität werden Aktenzeichen und Anmeldetag(e) des/der Voranmeldung(en) veröffentlicht sowie das oder die Land/Länder der Voranmeldung. Zum Zeitrang (Seniorität) werden Eintragungsnummer(n), Tag(e) des Schutzbeginns und Mitgliedstaat(en), in dem/denen bzw. für den/die die Eintragung(en) besteht/bestehen angegeben. Bei der Veröffentlichung werden weitgehend die WIPO INID-Codes verwendet. Die Bedeutung dieser Codes ist am Ende des Vademecum zum Unionsmarkenblatt (→ Art. 116 Rn. 1) in einer Liste zusammengestellt.

III. Wirkung der Veröffentlichung

4   Nach der Veröffentlichung kann Akteneinsicht (Art. 114 Abs. 3) verlangt werden. Außerdem beginnt mit der Veröffentlichung die dreimonatige Widerspruchsfrist gemäß Art. 41 Abs. 1. De facto dient die Veröffentlichung hauptsächlich dazu, den Inhabern bestimmter älterer Rechte die Möglichkeit zu geben, die Eintragung durch Widerspruch zu verhindern, wenn die Benutzung der jüngeren Anmeldung in ihre Rechte eingreifen würde (Art. 8 iVm Art. 41). Darüber hinaus kann der Anmelder gemäß Art. 11 Abs. 2 von Dritten, die nach der Veröffentlichung der Anmeldung Handlungen vornehmen, die nach Eintragung der Marke verboten wären, eine angemessene Entschädigung fordern. Die Verbietungsrechte nach Art. 9 Abs. 2 und 3 entstehen aber erst mit Eintragung (Art. 9 Abs. 1).

B. Veröffentlichung der Zurückweisung

5   Die Zurückweisung einer Marke wird nur veröffentlicht, wenn die Anmeldung vorher bereits veröffentlicht worden ist. Wird also eine Anmeldung aus formellen oder materiellen Gründen bereits im Zuge der Prüfung (vollständig) zurückgewiesen, wird die Zurückweisung nicht veröffentlicht. Sie ist lediglich über die Datenbank der Entscheidungen des Amts als zurückgewiesene Marke recherchierbar. Eine Veröffentlichung der Zurückweisung kommt nur in Betracht, wenn die Marke nach Veröffentlichung wegen formeller Mängel oder absoluter Eintragungshindernisse zurückgewiesen wurde, zB weil ein notwendiger Vertreter (Art. 119 Abs. 2) im Laufe des Verfahrens das Mandat niedergelegt hat und kein neuer Vertreter bestellt wurde oder infolge Bemerkungen Dritter (Art. 45). Wird eine Anmeldung nach Veröffentlichung im Zuge eines Widerspruchsverfahrens zurückgewiesen, ist für die Veröffentlichung Art. 47 Abs. 6 einschlägig. Wird die Marke nach Veröffentlichung voll zurückgewiesen, erscheint die Veröffentlichung der Zurückweisung im Teil A.2.4.1. des Unionsmarkenblatts; wird die Marke nur teilweise zurückgewiesen, erfolgt die Veröffentlichung in Teil A.2.4.2. des Unionsmarkenblatts (Vademecum zum Blatt für Unionsmarken S. 10).

C. Veröffentlichung von Fehlerkorrekturen

I. Voraussetzungen der Veröffentlichung von Berichtigungen

Enthält die Veröffentlichung der Anmeldung Fehler, wird die Korrektur gemäß Art. 44 Abs. 3 **6** ebenfalls veröffentlicht, und zwar unabhängig davon, ob der Fehler auf Betreiben des Anmelders korrigiert wird oder dem Amt (Prüfer) selbst auffällt. Voraussetzung ist, dass der Fehler dem Amt zuzuschreiben ist; Fehler, die dem Anmelder unterlaufen sind, können nur nach Art. 49 Abs. 2 berichtigt werden. Gemäß Art. 44 Abs. 3 müssen die Fehler außerdem „in der Veröffentlichung enthalten" sein. Nicht bei jedem Fehler des Amts kann also schlicht die Veröffentlichung korrigiert werden. So sind Verfahrensfehler nur unter den Voraussetzungen und nach dem Verfahren von Art. 103 korrigierbar. Fällt der Fehler dem Anmelder auf, kann er gebührenfrei einen Antrag auf Berichtigung stellen. Der Antrag muss das Aktenzeichen der Anmeldung, Namen und Anschrift des Anmelders, den fehlerhaften Teil der Anmeldung und eine korrigierte Fassung dieses Teils (ggf. eine korrigierte Wiedergabe der Marke nach Art. 3 UMDV) enthalten (Art. 44 Abs. 3 iVm Art. 49 Abs. 3 iVm Art. 11 DVUM).

II. Erneuter Lauf der Widerspruchsfrist

Sind in der Veröffentlichung Fehler bei der Markenwiedergabe (zB verunglückte Farbwieder- **7** gabe oder verzerrte Abbildung) oder der veröffentlichten Liste der Waren und Dienstleistungen aufgetreten (zB versehentlich nicht alle angemeldeten Waren und Dienstleistungen berücksichtigt), beginnt die Widerspruchsfrist neu zu laufen. Allerdings läuft die Widerspruchsfrist nach der Praxis des Amts nicht bei allen Fehlern, die das Waren- und Dienstleistungsverzeichnis betreffen, neu. Die erneute Widerspruchsfrist gibt es vielmehr nur, wenn zunächst ein zu begrenztes Verzeichnis veröffentlicht wurde. Enthielt die Erstveröffentlichung dagegen ein zu weit gefasstes Verzeichnis (zB weil Einschränkungen oder Teilzurückweisungen nicht oder nicht in allen 23 Sprachfassungen berücksichtigt wurden), ist eine erneute Veröffentlichung zu Widerspruchszwecken nicht in jedem Fall notwendig (vgl. Richtlinien zu Marken, Teil A.6, Allgemeine Regeln, Abschnitt 3, Berichtigung von technischen Fehlern bei der Eintragung einer Marke oder der Veröffentlichung der Eintragung). Diese Praxis ist sachgerecht, weil nur bei einer Aufnahme zusätzlicher, noch nicht veröffentlichter Waren und Dienstleistungen ein berechtigtes Interesse Dritter bestehen kann, wegen der neu hinzugekommenen Waren und Dienstleistungen Widerspruch einzulegen. Berichtigungen von Fehlern, die die Widerspruchsfrist nicht erneut in Gang setzen, werden in Teil B.2 des Unionsmarkenblatts veröffentlicht, Berichtigungen, aufgrund derer die Widerspruchsfrist erneut zu laufen beginnt, im Teil A.2.1.2 des Unionsmarkenblatts (vgl. Richtlinien zu Marken, Teil A.6, Allgemeine Regeln, Abschnitt 3, Berichtigung von technischen Fehlern bei der Eintragung einer Marke oder der Veröffentlichung der Eintragung).

D. Veröffentlichung von Umwandlungsanträgen

Auch der Antrag zur Umwandlung der Unionsmarkenanmeldung in eine/mehrere nationale **8** Anmeldungen wird veröffentlicht, wenn die Unionsmarkenanmeldung selbst vorher veröffentlicht war (Art. 140 Abs. 2, Art. 23 UMDV).

Abschnitt 4. Bemerkungen Dritter und Widerspruch

Art. 45 Bemerkungen Dritter

(1) *[1]* Natürliche oder juristische Personen sowie die Verbände der Hersteller, Erzeuger, Dienstleistungsunternehmer, Händler und Verbraucher können beim Amt schriftliche Bemerkungen einreichen, in denen sie erläutern, aus welchen der in den Artikeln 5 und 7 aufgeführten Gründen die Marke nicht von Amts wegen eingetragen werden sollte.

[2] Personen und Verbände nach Unterabsatz 1 sind an dem Verfahren vor dem Amt nicht beteiligt.

(2) Die Bemerkungen Dritter sind vor Ablauf der Widerspruchsfrist oder, wenn ein Widerspruch gegen eine Marke eingereicht wurde, vor der abschließenden Entscheidung über den Widerspruch einzureichen.

(3) Die Einreichung gemäß Absatz 1 berührt nicht das Recht des Amtes, erforderlichenfalls die absoluten Eintragungshindernisse von Amts wegen jederzeit vor der Eintragung erneut zu prüfen.

(4) Die in Absatz 1 genannten Bemerkungen werden dem Anmelder mitgeteilt, der dazu Stellung nehmen kann.

Überblick

Gemäß Art. 42 Abs. 1 werden absolute Eintragungshindernisse im Anmeldeverfahren für Unionsmarken von Amts wegen geprüft. Dritte sind an diesem Verfahren grundsätzlich nicht beteiligt. Nach Art. 45 Abs. 1 können Dritte jedoch schriftliche Bemerkungen einreichen, in denen sie darlegen, weshalb eine Unionsmarke wegen fehlender Inhaberqualität nach Art. 5 oder wegen absoluter Eintragungshindernisse nach Art. 7 nicht eingetragen werden sollte. Solche Bemerkungen Dritter können zu einer Wiedereröffnung des Prüfungsverfahrens führen. Bemerkungen können gemäß Abs. 2 bis zum Ende der Widerspruchsfrist oder, wenn ein Widerspruch eingereicht wurde, vor dem Abschluss des Widerspruchsverfahrens eingereicht werden. Durch Abs. 3 wird klargestellt, dass das Amt auch unabhängig von Bemerkungen jederzeit vor der Eintragung die Amtsprüfung auf absolute Eintragungshindernisse wieder aufnehmen kann. Gemäß Abs. 4 teilt das Amt dem Anmelder Bemerkungen Dritter mit und gibt ihm Gelegenheit zur Stellungnahme.

Übersicht

A. Allgemeines

1 Für die Prüfung von Unionsmarkenanmeldungen auf absolute Schutzhindernisse nach Art. 7 sowie die Fähigkeit zur Inhaberschaft nach Art. 5 gilt der Amtsermittlungsgrundsatz. Dritte sind an dem Anmeldeverfahren insoweit nicht beteiligt. Eine verfahrensrechtliche Stellung mit Blick auf eine Unionsmarkenanmeldung erhalten Dritte nur durch Einlegung eines Widerspruchs, der gemäß Art. 46 Abs. 1 im Unionsmarkenrecht – anders als zB in Großbritannien – nur auf relative Gründe gemäß Art. 8 gestützt werden kann. Art. 45 eröffnet Dritten jedoch die Möglichkeit, dem EUIPO ihre Bedenken hinsichtlich absoluter Eintragungshindernisse mittels sog. Bemerkungen zur Kenntnis zu bringen. Hintergrund ist, dass ein öffentliches Interesse daran besteht, dass die Prüfung auf absolute Eintragungshindernisse streng und vollständig erfolgt, um eine ungerechtfertigte Eintragung von Marken zu vermeiden und Rechtssicherheit sowie eine ordnungsgemäße Verwaltung sicherzustellen. Soweit sich solche Bedenken aus besonderer Fach-, Sprach- oder Marktkenntnis ergeben, können dadurch gegen Art. 7 verstoßende Eintragungen von Unionsmarken verhindert und Nichtigkeitsverfahren gemäß Art. 59 vermieden werden. Nachdem es darum geht, dem Amt eine möglichst breite Tatsachenbasis für die Prüfung auf absolute Eintragungshindernisse zur Verfügung zu stellen, können Bemerkungen Dritter bereits vor der Veröffentlichung der Anmeldung und bis zur Eintragungsreife eingereicht werden. Erfahrungsgemäß wird das Amt Bemerkungen Dritter nur dann zum Anlass nehmen, das Prüfungsverfahren wieder zu eröffnen, wenn ihm die dargelegten Tatsachen zuvor unbekannt waren oder dadurch offensichtliche Versehen zutage treten (vgl. Schramek MarkenR 2006, 150). Es ist auch möglich, dass der Prüfer in einem Anmeldeverfahren zuerst eine Beanstandung bezüglich eines Teils der Waren und Dienstleistungen erhebt, und erst nach den eingereichten Bemerkungen Dritter eine weitere Beanstandung gegen sämtliche Waren und Dienstleistungen mit der Begründung erhebt, erst die Bemerkungen Dritter hätten für diese zusätzlichen Waren und Dienstleistungen Zweifel an der Eintragungsfähigkeit aufkommen lassen. Hat das Amt hingegen bereits zuvor das mögliche Eingreifen eines absoluten Grundes erkannt, aber verneint, also zB einen Begriff in seiner Bedeutung erkannt aber als nur anklingend und nicht als beschreibend gewertet, ist es „unwahrscheinlich" (Markenrichtlinien, Teil B, Abschn. 1, 3.1), dass die Bemerkungen zu einer neuen Einschätzung führen. In einem solchen Fall bleibt dem Dritten nur die Möglichkeit eines Nichtigkeitsantrags nach Eintragung der Marke.

Allerdings bleibt es dem Amt vorbehalten, seine ursprüngliche revidierte Meinung der mangelnden **1.1** Schutzfähigkeit vor Veröffentlichung der Anmeldung aufgrund einer Bemerkung Dritter zu ändern. In diesem Fall ist dem Anmelder vor einer Entscheidung jedoch Gelegenheit zu geben, sich zu der Bemerkung Dritter zu äußern (Art. 94 Abs. 1). Nicht erforderlich ist hingegen, die Gründe darzulegen, weshalb das Amt eine erneute Prüfung der Anmeldung für erforderlich gehalten hat (EUIPO Entsch. v. 8.6.2020 – R 2017/2019-4 – FORM EINES KUGELFÖRMIGEN BEHÄLTERS).

Durch das Einreichen der Bemerkungen wird der Dritte nicht Verfahrensbeteiligter (Art. 45 **2** Abs. 1 UAbs. 2). Das EUIPO beteiligt ihn dementsprechend nicht am weiteren Verfahren und unterrichtet ihn auch nicht über dessen Ausgang. Wird die Unionsmarke eingetragen, kann der Dritte den Schriftsatz mit den Bemerkungen zu absoluten Eintragungshindernissen leicht angepasst als Nichtigkeitsantrag nach Art. 63 einreichen.

S. zB EuG GRUR-Prax 2014, 151 = BeckRS 2014, 80554 – European Network Rapid Manufacturing **2.1** zu einem Nichtigkeitsantrag der EU-Kommission, nachdem deren Bemerkungen nicht zur Wiederaufnahme der Prüfung geführt hatten.

Insoweit ist vor Einreichung einer Bemerkung als Dritter gut zu überlegen, ob es unter Umständen vorzugs- **2.2** würdiger sein könnte, die gegen die Schutzfähigkeit der Marke sprechenden Argumente erst im Rahmen eines Löschungsantrags vorzutragen. Dazu folgendes Beispiel: Trotz der Eingabe einer Bemerkung Dritter hatte das Amt eine Marke eingetragen. Als dieser Dritte sodann – mit im Wesentlichen gleicher Begründung – einen Löschungsantrag stellte, gab die Löschungsabteilung diesem zwar in erster Instanz statt. Die Beschwerdekammer jedoch hat im Interesse der Kohärenz der Entscheidungsfindung – im Gegensatz zur Löschungsabteilung – keinen Anlass gesehen, von seiner früheren Entscheidung abzuweichen und den Löschungsantrag daher zurückgewiesen (EUIPO Entsch. v. 11.6.2018 – R 997/2017-4 – Dresdner Striezel-Glühwein).

Inhaltlich kann der Dritte seine Bemerkung auf sämtliche Einwände stützen, die von Amts **3** wegen bei der Prüfung der Schutzfähigkeit der beantragten Unionsmarke zu berücksichtigen sind. Insoweit kann der Dritte das Fehlen der persönlichen Anforderungen an die Inhaberschaft einer Unionsmarke (Art. 5), das Vorliegen absoluter Eintragungshindernisse (Art. 7) sowie das Fehlen der besonderen Eintragungsvoraussetzungen für Unionskollektivmarken (→ Art. 77 Rn. 1) und Unionsgewährleistungsmarken (→ Art. 86 Rn. 1) einwenden. Reine Formerfordernisse können hingegen nicht Gegenstand von Bemerkungen Dritter sein. Gleiches gilt für relative Eintragungshindernisse (vgl. Eisenführ/Schennen/Schennen Rn. 3).

Bemerkungen Dritter kann insbesondere dann eine entscheidende Rolle zukommen, wenn bei **4** der Beurteilung der Schutzfähigkeit der angemeldeten Marke **besondere Fachkompetenz** und **Spezialwissen** benötigt wird, die die Prüfer möglicherweise nicht besitzen (Markenanmeldung zurückgewiesen: EUIPO Entsch. v. 11.5.2020 – R 2550/2019-2 – Patient-on-chip; 31.1.2019 – R 566/2017-5 – Flow; Entsch. v. 25.1.2019 – R 1801/2017-G – easyBANK; Marke eingetragen: EUIPO Entsch. v. 19.6.2019 – R 572/2019-4 – AVANTGARDE; Entsch. v. 10.5.2019 – R 1386/2018-5 – HIGH LIFE).

B. Berechtigte Dritte

Zur Einreichung von Bemerkungen ist **jedermann** berechtigt. Auch ein Widersprechender ist **5** dazu berechtigt, ggf. Bemerkungen Dritter einzureichen, in denen er ergänzend zu den im Widerspruchsverfahren geltend gemachten relativen Schutzhindernissen zu absoluten Schutzhindernissen vorträgt. Abs. 1 nennt insoweit alle **natürlichen und juristischen Personen** (→ Art. 3 Rn. 1 ff.) sowie **Verbände** der Hersteller, Erzeuger, Dienstleistungsunternehmen, Händler oder Verbraucher. Aus der ausdrücklichen Erwähnung von Verbänden neben juristischen Personen folgt, dass auch solche Verbände zur Einreichung von Bemerkungen berechtigt sind, die nicht rechtsfähig sind (vgl. Eisenführ/Schennen/Schennen Rn. 5). Aus dem Gegenschluss zu Art. 63 Abs. 1 lit. a ergibt sich zudem, dass im Rahmen des Art. 45 keine Prozessfähigkeit verlangt werden darf.

Auch in Art. 63 Abs. 1 lit. a, der die Stellung von Anträgen auf Nichtigerklärung betrifft, sind Verbände **5.1** neben den natürlichen und juristischen Personen ausdrücklich genannt, allerdings mit der Einschränkung, dass sie nach dem für sie maßgebenden Recht prozessfähig sein müssen (→ Art. 63 Rn. 18).

Ein Rechtsschutzbedürfnis ist nicht erforderlich. Die Bemerkungen müssen auch nicht auf die **6** Interessen des Dritten oder – etwa bei Verbänden – ihrer Mitglieder Bezug nehmen (vgl. Eisenführ/Schennen/Schennen Rn. 5). Zulässig und nicht unüblich ist insbesondere, dass die Bemerkungen im Namen des Anwalts eingereicht werden und der eigentlich Interessierte nicht offengelegt wird.

C. Frist

7   Die Bemerkungen Dritter können **ab Anmeldung** einer Unionsmarke eingereicht werden. Im Unterschied zu Art. 40 Abs. 1 GMV sieht Art. 45 Abs. 2 nicht mehr vor, dass die Einreichung erst nach Veröffentlichung der Anmeldung möglich ist. Dies entspricht dem Zweck der Vorschrift, wonach die Bemerkungen dazu dienen, dem Amt möglichst umfassende Informationen für eine zutreffende Prüfung auf absolute Eintragungshindernisse an die Hand zu geben. Je früher dies erfolgt, desto besser. Eine Bindung an die Veröffentlichung wäre heutzutage auch wenig sinnvoll, nachdem die Anmeldung unmittelbar elektronisch zugänglich gemacht wird.

8   Bemerkungen können gemäß Abs. 2 bis zum Ende der Widerspruchsfrist oder, falls ein oder mehrere Widersprüche eingereicht werden, bis zur abschließenden Entscheidung über den letzten dieser Widersprüche eingereicht werden. Dieser Zeitpunkt wird hier als „Eintragungsreife" bezeichnet. Ab der Eintragungsreife ist die Eintragung nur noch eine Frage von Formalien innerhalb des Amtes und dauert in aller Regel wenige Tage. Freilich wäre das Amt auch nach vollständigem Abschluss des Prüfungsverfahrens (einschließlich möglicher Widersprüche) bis zur tatsächlichen Eintragung noch berechtigt, die Prüfung wieder aufzunehmen. Dies geschieht aber in der Praxis nicht.

8.1   Damit kodifiziert die UMV die bereits vorher geltende Praxis nach der Mitteilung 2/09 des Präsidenten vom 2.11.2009, ABl. HABM 2009 Nr. 12, abrufbar unter https://www.euipo.europa.eu/tunnel-web/secure/webdav/guest/document_library/contentPdfs/law_and_practice/communications_president/co2-09_de.pdf.

8.2   In Bezug auf eingehende internationale Registrierungen, in denen die EU benannt ist, ist es mindestens bis zum Ablauf der Widerspruchsfrist, spätestens bis 18 Monate ab dem Tag, an dem die Benennung dem EUIPO zugestellt wird, ebenfalls möglich Bemerkungen Dritter einzureichen (Markenrichtlinien, Teil M, 3.1 und 3.5).

D. Form und Sprache

9   Bemerkungen Dritter sind gemäß Abs. 1 schriftlich einzureichen. Dass sie in einem gesonderten Schriftsatz und nicht zB als Teil eines in einem Widerspruchsverfahren eingereichten Schriftsatzes einzureichen seien, ergibt sich weder aus dem Gesetz noch aus den Markenrichtlinien (Teil B, Abschn. 1, 3.1; anders aber Mitteilung Nr. 2/09, ABl. HABM 2009 Nr. 12; Eisenführ/Schennen/Schennen Rn. 9), entspricht aber der Praxis und ist auch sinnvoll, damit relative und absolute Eintragungshindernisse nicht vermengt und die Bemerkungen als solche wahrgenommen werden. Sofern ein Widersprechender im Widerspruchsschreiben auch Argumente vorbringt, die als Bemerkungen Dritter zulässig wären, hat er diese klar von den Ausführungen zur Stützung des Widerspruchs abzugrenzen und ausdrücklich darauf hinzuweisen, dass es sich um Bemerkungen gemäß Art. 45 handelt. Sein Vorbringen wird jedoch nicht als eine Bemerkung Dritter iSv Art. 45 gewertet, wenn er in der Widerspruchsschrift lediglich geltend macht, dass das angemeldete Zeichen gemäß Art. 5 und 7 hätte zurückgewiesen werden müssten, ohne dabei auf Art. 45 Bezug zu nehmen (Markenrichtlinien, Teil C, Abschn. 1, 4.6; EUIPO Entsch. v. 22.11.2021 – B3115226; Entsch. v. 29.7.2019 – B2896812; Entsch. v. 17.11.2016 – B2527516; Entsch. v. 30.11.2004 – R 735/2000-2). Auf jeden Fall steht es der Widerspruchsabteilung oder auch der Beschwerdekammer jeweils frei, Vorbringen im Rahmen eines Widerspruchsverfahrens, aus dem sich Bedenken hinsichtlich der Eintragungsfähigkeit der Marke ergeben, zum Anlass zu nehmen, die Wiederaufnahme des Prüfungsverfahrens anzuregen. Das bedeutet, dass die Anmeldung zur Prüfung auf absolute Eintragungshindernisse ggf. erneut an einen Prüfer zurückverwiesen werden kann, und erst nachdem diese erneute Prüfung abgeschlossen ist über die relativen Eintragungshindernisse entschieden wird.

10   Zur **Sprachenfrage** äußert sich Art. 45 nicht. Insofern gelten die allgemeinen Regeln. Nach den Markenrichtlinien (Teil B, Abschn. 1, 3.1) müssen die Bemerkungen in einer der fünf Amtssprachen des EUIPO (Spanisch, Deutsch, Englisch, Französisch oder Italienisch) eingereicht werden. Abweichend davon können Bemerkungen nach der grundsätzlich immer noch geltenden Mitteilung Nr. 2/09 (ABl. HABM 2009 Nr. 12) auch in der Erstsprache der Anmeldung eingereicht werden, auch wenn diese keine der fünf Amtssprachen ist. Die Begrenzung auf die fünf Amtssprachen erscheint mit Blick auf Art. 146 Abs. 6 lit. a fragwürdig. Danach können alle „Anträge und Erklärungen, die sich auf die Anmeldung einer Unionsmarke beziehen", in der Erst- oder Zweitsprache der Anmeldung eingereicht werden. Die Einschränkung ist auch mit

Blick auf die Tatsache fragwürdig, dass eine sich aus den Bemerkungen ergebende Nachbeanstandung natürlich in der Verfahrenssprache der Anmeldung und damit in der Regel in der Erstsprache ergehen müsste (s. auch Eisenführ/Schennen/Schennen Rn. 8).

Betreffend die formellen Anforderungen an Bemerkungen Dritter ist jedoch daran zu erinnern, **11** dass das Amt die Prüfung auf absolute Eintragungshindernisse vor der Eintragung einer Unionsmarke ohnehin jederzeit wieder aufnehmen kann. Gemäß Abs. 3 berühren Bemerkungen Dritter diesen Grundsatz nicht. Insofern ist es nicht essentiell wichtig, ob Form, Sprachen- und Fristerfordernisse für die Bemerkungen Dritter (→ Rn. 7 ff.) eingehalten wurden. Vielmehr geht es in erster Linie um die ordnungsgemäße Beurteilung von absoluten Eintragungshindernissen.

E. Rechtsfolgen der Bemerkungen

Das Amt bestätigt dem Dritten den Empfang der Bemerkungen und die Übermittlung an den **12** Anmelder (Markenrichtlinien, Teil B, Abschn. 1, 3.1). Gemäß Abs. 1 UAbs. 2 wird der Dritte jedoch nicht zu einem Beteiligten des Verfahrens. Dementsprechend erfolgt auch keine weitere Beteiligung des Dritten an dem sich möglicherweise anschließenden neu eröffneten Prüfungsverfahren. Insbesondere informiert das Amt den Dritten nicht darüber, ob die Bemerkungen zu einem Einwand gegen die Eintragung führen oder nicht (Markenrichtlinien, Teil B, Abschn. 1, 3.1). Der Dritte kann sich aber natürlich online über den Status der betreffenden Unionsmarkenanmeldung informieren (Markenrichtlinien, Teil B, Abschn. 1, 3.1).

Gemäß Abs. 4 leitet das EUIPO alle Bemerkungen an den Anmelder weiter, dem Gelegenheit **13** zur Stellungnahme gegeben wird. Ist das EUIPO der Ansicht, dass die Bemerkungen keine ernsthaften Zweifel an der Eintragungsfähigkeit der Unionsmarke begründen, wird dies dem Anmelder bei Übermittlung der Bemerkungen mitgeteilt. Führen die Bemerkungen zu einer Nachbeanstandung, wird diese dem Anmelder nach Art. 42 Abs. 2 unter Beifügung der Bemerkungen übermittelt und dem Anmelder wird eine Frist für die Stellungnahme gesetzt. Selbst wenn ein Prüfer davon absieht, die nach Erlass seines Beanstandungsbescheids eingegangenen Bemerkungen Dritter an den Anmelder zu übermitteln, hat dies jedenfalls im Beschwerdeverfahren – gänzlich unabhängig von ihrer Relevanz – zu erfolgen (EUIPO Entsch. v. 28.11.2017 – R 441/2017-4 – DARSTELLUNG MIT GESTRICHELTEN LINIEN (posit.), Anmeldung abgelehnt).

Dem Anmelder steht es frei, sich zu den Bemerkungen zu äußern. Wird jedoch eine Nachbean- **14** standung erlassen, tut er gut daran, hierauf fristgemäß zu reagieren, um eine Zurückweisung der Anmeldung zu verhindern.

Dem Dritten erwächst aus den Bemerkungen keinerlei Rechtsposition. Mangels Beteiligung **15** am Prüfungsverfahren kann er insbesondere keine Beschwerde erheben, weder gegen die Eintragung der Unionsmarke noch gegen die Mitteilung (an den Anmelder!), wonach die Bemerkungen nicht zu ernsthaften Zweifeln an der Eintragungsfähigkeit der Marke führen. Eine entsprechende Beschwerde wäre mangels Aktivlegitimation unzulässig (vgl. EuG GRUR Int 2003, 829 Rn. 74 – Nu-Tride/Tufftride; Eisenführ/Schennen/Schennen Rn. 17 mwN).

Die Nichtberücksichtigung von Bemerkungen Dritter ist kein Verfahrensfehler. Es kann jedoch **16** ein Begründungsmangel darin liegen, dass die angefochtene Entscheidung „zur Vermeidung von Redundanzen" pauschal auf die Bemerkungen Dritter verweist. Insoweit kann es schon rechtsfehlerhaft sein, eine von Art. 94 geforderte Begründung für redundant zu erklären (EUIPO Entsch. v. 25.5.2018 – R 2605/2017-4 – BLONDE ROAST (fig.), Marke eingetragen).

Eine Nichtbeachtung von Bemerkungen Dritter ist **keine** Entscheidung, die mit einer **Rechts- 17 kraft** oder **Bindungswirkung** behaftet ist und begründet keinerlei Ansprüche. In einem späteren Nichtigkeitsverfahren kann sich die Markeninhaberin daher nicht mit Erfolg darauf berufen, das Amt habe die Argumente des Antragstellers bereits im Eintragungsverfahren anlässlich dessen Bemerkungen Dritter geprüft (EUIPO Entsch. v. 18.10.2019 – R 0005/2019-5 – I love (fig.), Marke gelöscht).

Art. 46 Widerspruch

(1) Innerhalb einer Frist von drei Monaten nach Veröffentlichung der Anmeldung der Unionsmarke kann gegen die Eintragung der Unionsmarke Widerspruch mit der Begründung erhoben werden, dass die Marke nach Artikel 8 von der Eintragung auszuschließen ist; der Widerspruch kann erhoben werden
a) in den Fällen des Artikels 8 Absätze 1 und 5 von den Inhabern der in Artikel 8 Absatz 2 genannten älteren Marken sowie von Lizenznehmern, die von den Inhabern dieser Marken hierzu ausdrücklich ermächtigt worden sind;

b) in den Fällen des Artikels 8 Absatz 3 von den Inhabern der dort genannten Marken;

c) in den Fällen des Artikels 8 Absatz 4 von den Inhabern der dort genannten älteren Marken oder Kennzeichenrechte sowie von den Personen, die nach dem anzuwendenden nationalen Recht berechtigt sind, diese Rechte geltend zu machen;

d) in den Fällen des Artikels 8 Absatz 6 von den Personen, die gemäß den Unionsvorschriften oder dem nationalen Recht zur Ausübung der dort genannten Rechte berechtigt sind.

(2) Gegen die Eintragung der Marke kann unter den Voraussetzungen des Absatzes 1 ebenfalls Widerspruch erhoben werden, falls eine geänderte Anmeldung gemäß Artikel 49 Absatz 2 Satz 2 veröffentlicht worden ist.

(3) ¹Der Widerspruch ist schriftlich einzureichen und zu begründen. ²Er gilt erst als erhoben, wenn die Widerspruchsgebühr entrichtet worden ist.

(4) Der Widerspruchsführer kann innerhalb einer vom Amt bestimmten Frist zur Stützung des Widerspruchs Tatsachen, Beweismittel und Bemerkungen vorbringen.

Überblick

Art. 46 und Art. 47 ergänzen die materiellrechtliche Regelung des Art. 8 in verfahrensrechtlicher Hinsicht. Art. 46 betrifft die Einlegung, die Zulässigkeitsvoraussetzungen und die Begründung des Widerspruchs, Art. 47 das weitere Verfahren, den Benutzungsnachweis und die Entscheidung über den Widerspruch. Entsprechend ist auch die hiesige Kommentierung aufgeteilt, wobei zunächst ein Überblick über das Verfahren insgesamt (→ Rn. 1) und über die einschlägigen Vorschriften (→ Rn. 6) gegeben wird. Danach werden die Zulässigkeitsvoraussetzungen für Widersprüche im Hinblick auf Frist (→ Rn. 25), Gebühr (→ Rn. 29), Form, Sprache und Inhalt der Widerspruchsschrift (→ Rn. 34) sowie die Berechtigung des Widersprechenden (→ Rn. 67) kommentiert. Dem folgt die Kommentierung der Zulässigkeitsprüfung und der Unterrichtung der Beteiligten (→ Rn. 71), der auf die Einlegung des Widerspruchs folgenden sog. Cooling-off-Frist (→ Rn. 80) und der Begründung des Widerspruchs (Abs. 4; → Rn. 90).

Übersicht

A. Überblick über das Widerspruchsverfahren; Allgemeines

I. Überblick über Ablauf und Dauer des Widerspruchsverfahrens

1 Inhaber von älteren Rechten im Sinne des Art. 8 können gemäß Art. 46 binnen drei Monaten nach Veröffentlichung einer Unionsmarkenanmeldung Widerspruch beim Amt erheben. Zu ihrer

Einhaltung muss der Widersprechende eine Widerspruchsschrift einreichen, die alle notwendigen Angaben enthält und die Widerspruchsgebühr von 320 Euro entrichten. Ferner muss der Widerspruch in einer der fünf Amtssprachen eingereicht werden. Ist die gewählte Sprache keine der vorgenannten Sprachen, muss binnen eines Monats nach Ablauf der dreimonatigen Widerspruchsfrist eine Übersetzung vorgelegt werden.

Das Amt bringt dem Anmelder die Widerspruchsschrift umgehend zur Kenntnis und erteilt 2 die B-Nummer für das Widerspruchsverfahren. Nach Prüfung der Zulässigkeit – wobei sich das Amt dabei ggf. auf die Prüfung eines einzigen älteren Rechts beschränkt – wird der Widerspruch zugestellt und die Verfahrensfristen gesetzt. Ab dem Zeitpunkt der Zustellung läuft die zweimonatige Cooling-off-Frist, die auf beiderseitigen Antrag auf eine Gesamtdauer von 24 Monaten verlängert werden kann. Nach deren Ablauf beginnt das kontradiktorische Verfahren. Dabei hat der Widersprechende zunächst seinen Widerspruch innerhalb einer Frist von zwei Monaten zu begründen. Ein Vorbringen, das binnen dieser Frist nicht substantiiert wird, bleibt in der Regel unberücksichtigt. Nach Zustellung der Widerspruchsbegründung, beginnt für den Anmelder eine Zweimonatsfrist zu laufen, innerhalb derer er seine Erwiderung einreichen bzw. ggf. die Vorlage von Benutzungsnachweisen beantragen kann. Wird der Antrag auf Vorlage von Benutzungsnachweisen nicht spätestens bis zum Ablauf der Erwiderungsfrist gestellt, werden sämtliche älteren eingetragenen Marken unabhängig von der tatsächlichen Benutzungslage vollumfänglich berücksichtigt. Beantragt der Anmelder den Benutzungsnachweis, kann er sich eine weitere Erwiderung für seine Eingabe bis nach Erhalt des Benutzungsnachweises vorbehalten.

In einfach gelagerten Fällen ohne Bekanntheits- oder Benutzungsnachweis wird das schriftliche 3 Verfahren üblicherweise nach Widerspruchsbegründung, Erwiderung und Replik abgeschlossen. Wird während der Erwiderungsfrist ein Benutzungsnachweis beantragt, führt dies zu einer weiteren Runde von Schriftsätzen. Der Anmelder kann allerdings das Verfahren beschleunigen, indem er bereits während der Cooling-off-Frist einen Benutzungsnachweis verlangt. Dieser muss dann mit der Widerspruchsbegründung vorgelegt werden und der Anmelder kann auf den Widerspruch insgesamt erwidern.

Nach normalerweise etwa drei bis acht Monaten erlässt die Widerspruchsabteilung ihre Widerspruchsentscheidung. Diese ist für den ganz oder zum Teil Unterlegenen mit der Beschwerde anfechtbar.

Widerspruchsverfahren in Unionsmarkensachen können sich – auch bereits in der ersten Instanz – über mehrere Jahre erstrecken, insbesondere da die Cooling-off-Frist bis auf 24 Monate verlängert, das Verfahren jederzeit einvernehmlich ausgesetzt und auch alle sonstigen Fristen im Verfahren ohne weiteres um zwei Monate verlängert werden können. Zudem kann den Parteien im Falle des Säumnisses einer der vorgenannten Fristen gemäß Art. 105 nunmehr auch im Widerspruchsverfahren auf Antrag ggf. Weiterbehandlung zu gewähren sein. Ohne etwaige Verzögerungen und die Einlegung von Rechtsmitteln kann ein Widerspruchsverfahren allerdings auch schon binnen eines Jahres abgeschlossen werden.

II. Einschlägige Vorschriften und Allgemeines

1. Rechtsgrundlagen

Die **Grundvorschriften** für Widersprüche gegen Unionsmarkenanmeldungen sind Art. 8, 46 6 und 47. Weitere Vorschriften zum Widerspruchsverfahren finden sich in Art. 2–10 DVUM. Diese finden gemäß Art. 82 Abs. 2 lit. a–d DVUM auf alle neu eingeleiteten Verfahren sowie die Mehrzahl der seit dem 1.10.2017 – dem Inkrafttreten der DVUM – vorgenommenen Verfahrenshandlungen (zB Stellung eines Antrages auf Benutzungsnachweis). Einzelheiten dazu werden im Zusammenhang mit den konkreten Verfahrensschritten dargelegt. Soweit die DVUM keine Anwendung findet, gelten die Regeln 15–22 GMDV weiter.

Im Zusammenhang mit der Antragstellung auf Benutzungsnachweis hat die Beschwerdekammer 7 darüber hinaus klargestellt, dass die verfahrensrechtlichen Bestimmungen nicht als weniger wichtig angesehen werden können als die materiellen Vorschriften des Unionsmarkenrechts. Die Verfahrensregeln legen fest, wann und wie die Parteien tätig werden müssen. Solche „Formalitäten" spielen eine entscheidende Rolle in der Verfahrensführung und sind unerlässlich um Schnelligkeit, Klarheit und Redlichkeit zu gewährleisten. Die Nichtbeachtung einer solchen Formalitätsanforderung stellt einen Verstoß gegen Verfahrensanforderungen dar, der nicht ignoriert werden kann, selbst wenn einige schwerwiegendere Konsequenzen haben als andere (EUIPO Entsch. v. 15.5.2019 – R 2220/2018-5).

8   Relevant sind des Weiteren ua Art. 146 Abs. 5–8 UMV zur **Sprachenfrage,** Art. 98 UMV und Art. 56 ff. DVUM zu Zustellungen durch das Amt, Art. 101 UMV und Art. 67–69 DVUM zu **Fristen** und deren Verlängerung, Art. 71 DVUM zur **Aussetzung** des Verfahrens, Art. 94 UMV zur Begründungs- und Anhörungspflicht des Amtes und Art. 95 Abs. 1 S. 2 UMV zur **Bindung des Amtes an Vorbringen und Anträge** der Parteien und Art. 95 Abs. 2 UMV iVm Art. 7 Abs. 4 aE DVUM, Art. 8 Abs. 5 DVUM und Art. 10 Abs. 7 DVUM zur Berücksichtigung **verspäteten Vorbringens.** Die Rechtsgrundlage für Widersprüche gegen die Benennung der EU in IR-Marken findet sich in Art. 196 UMV und Art. 77–79 DVUM. Die Widerspruchsgebühr ergibt sich aus Anh. I A.10 UMV. Die **Kostenverteilung** und die Deckelung des Kostenausgleichs in Widerspruchsentscheidungen sind geregelt in Art. 109 UMV und Art. 18 Abs. 1 lit. c Ziff. i UMDV. Die Höchstsätze haben sich gegenüber der vormaligen Rechtslage nach Regel 94 Abs. 7 GMDV nicht geändert. Die Rechtsgrundlagen für die nunmehr bereits grundsätzlich in erster Instanz möglichen **Mediation** schließlich finden sich in Art. 151 Abs. 3, Art. 170.

2. Schriftliches Verfahren

9   Das Verfahren wird nahezu ausnahmslos schriftlich geführt. Etwaigen Anträgen auf Gewährung einer mündlichen Verhandlung wird nur sehr selten und nur in absoluten Ausnahmefällen stattgegeben Ein solcher Ausnahmefall kann etwa vorliegen, wenn Vernehmungen von Zeugen und Sachverständigen in Echtzeit erforderlich sein sollten, oder komplexe Beweisfragen zu beantworten sind, welches eine Vernehmung und ggf. ein Kreuzverhör aus erster Hand erfordern sollten (vgl. EUIPO Entsch. v. 14.5.2020 – R 2000/2019-1 – Studybay (fig.)/Ebay et al., Antrag wurde abgelehnt). Von der in Art. 96 weiterhin vorgesehenen Möglichkeit mündliche Verhandlungen anzuberaumen, wurde – soweit ersichtlich – erst einmalig im Rahmen eines Widerspruchsverfahrens und auch nur von der Beschwerdekammer, Gebrauch gemacht (im Fall „Hollywood", R 283/1999-3).

3. Brexit

10   Obgleich Großbritannien am 31.1.2020 aus der EU ausgetreten ist, galten die UM- und GGM-Verordnungen sowie deren Durchführungsrechtsakte nach dem Abkommen über den Austritt des Vereinigten Königreichs von Großbritannien und Nordirland aus der Europäischen Union und der Europäischen Atomgemeinschaft (nachfolgend „Austrittsabkommen") noch während des Übergangszeitraums bis zum 31.12.2020 weiter. Alle Widerspruchsverfahren vor dem EUIPO, die ältere Rechte mit Ursprung im Vereinigten Königreich oder Beteiligte bzw. Vertreter mit Sitz im Vereinigten Königreich zum Inhalt haben, wurden bis zum Ende des Übergangszeitraums unverändert fortgeführt.

11   Für alle zum Ende des Übergangszeitraums am 31.12.2020 eingetragene Unionsmarken wurden durch das UK Intellectual Property Office automatisch, ohne Prüfung oder nochmalige Zahlung einer Anmeldegebühr, eingetragene nationale Marken des Vereinigten Königreichs geschaffen. Diese „comparable trademarks" verhelfen den Inhabern zu einem vergleichbaren Schutz für ihre bisherigen Unionsmarken im Vereinigten Königreich, unter Beibehaltung des Zeitrangs. Innerhalb der ersten drei Jahre nach Ablauf der Übergangsfrist ist hinsichtlich dieser „comparable trademarks" noch keine Korrespondenzadresse im Vereinigten Königreich erforderlich.

12   Hinsichtlich von Unionsmarken die bis zum 31.12.2020 angemeldet aber noch nicht eingetragen waren gilt, dass keine automatische Umwandlung stattfand. Bis zum 30.9.2021 konnten nationale Anmeldungen für diese Marken beim UK Intellectual Property Office eingereicht werden, die dann denselben Anmelde- bzw. Prioritätstag der entsprechenden Unionsmarke beanspruchen konnten.

13   Für Unionsmarken, die nach dem 1.1.2021 angemeldet werden, gelten keine Sonderregelungen. Um Schutz auch im Vereinigten Königreich zu erhalten, muss daher dort eine nationale Marke angemeldet werden, bzw. muss bei IR-Marken ausdrücklich Schutz für Großbritannien beansprucht werden.

14   Hinsichtlich anhängiger Löschungsverfahren gilt, dass sofern eine Unionsmarke aufgrund eines Amts- oder Gerichtsverfahrens, das bis zum 31.12.2020 anhängig war, für nichtig oder verfallen erklärt wird, die entsprechende Marke des Vereinigten Königreichs ebenfalls für nichtig bzw. verfallen erklärt wird, wobei das Datum des Inkrafttretens der Nichtigerklärung bzw. des Verfalls im Vereinigten Königreich dasselbe ist wie in der Europäischen Union. Wenn jedoch die Gründe für die Nichtigkeit bzw. den Verfall der Unionsmarke im Vereinigten Königreich nicht zum Tragen kommen, ist das Vereinigte Königreich ausnahmsweise nicht verpflichtet, die entsprechende Marke des Vereinigten Königreichs für nichtig bzw. verfallen zu erklären. Die zum 31.12.2020 noch anhängigen Widerspruchsverfahren vor dem UK Intellectual Property Office aus eingetragenen Unionsmarken können auf Basis der „comparable trademarks" fortgeführt werden. Sofern ein Widerspruch aus lediglich angemeldeten Unionsmarken gegen Marken des Vereinigten Königreichs erhoben wurde, ist hingegen anzunehmen, dass diese ausgesetzt werden, bis innerhalb der neunmonatigen Frist eine neue Marke des Vereinigten Königreichs angemeldet bzw. eingetragen wird. Widersprüche aus Marken des Vereinigten Königreichs gegen Unionsmarkenanmeldungen, über die am 31.12.2020 noch nicht rechtskräftig entschieden war müssen demgegenüber zurückgewiesen werden, da prioritätsälteren Marken des Vereinigten Königreichs seit dem 1.1.2021 kein relatives Schutzhindernis gegenüber Unionsmarkenanmeldungen mehr darstellen.

Wird Widerspruch auf Grundlage einer „comparable trademark" erhoben, muss zunächst keine **15** Zustellanschrift im Vereinigten Königreich angegeben werden. Ferner können Inhaber von „comparable trademarks" (allerdings ausgenommen der aus IR-Marken mit Erstreckung auf die Europäische Union entstandenen „comparable trademarks") sofern Widerspruchsverfahren im Zusammenhang mit diesen Rechten ab dem 1.1.2021 eingeleitet wurden, ihre Zustellanschrift während des Zeitraums von drei Jahren ändern und stattdessen eine neue Zustellanschrift überall in der EU, im EWR oder im Vereinigten Königreich wählen. Sofern ein Widerspruchsverfahren vor dem 1.1.2021 eingeleitet wurde, jedoch am 1.1.2021 noch anhängig war und die Partei eine Zustellanschrift in der EU oder im EWR hatte, ist ebenfalls keine Zustellanschrift im Vereinigten Königreich erforderlich. Eine Zustellanschrift im Vereinigten Königreich muss bei Widersprüchen ab dem 1.1.2021 hingegen stets angegeben werden.

4. Verweis auf Richtlinien

Sehr umfangreiche und aufschlussreiche Hinweise zum Widerspruchsverfahren enthalten die **16** regelmäßig aktualisierten Markenrichtlinien des EUIPO – Teil C, Abschn. 0 und 1 (aktualisierte Version am 31.3.2022 in Kraft getreten). Relativ einfach gehaltene „Fragen und Antworten" finden sich im Übrigen auf dem Onlineportal des EUIPO unter „Widerspruch", abrufbar unter https://euipo.europa.eu/ohimportal/de/opposition?inheritRedirect=true (zuletzt abgerufen am 22.12.2022).

5. Zuständigkeit

Zuständig für Widerspruchsverfahren sind gemäß Art. 159 lit. b und Art. 161 die Wider- **17** spruchsabteilungen, die der sogenannten „Hauptabteilung Kerngeschäft" zugehören. Diese entscheiden grundsätzlich in der Besetzung von drei Mitgliedern, von denen mindestens ein Mitglied rechtskundig sein muss. In den in Art. 27 UMDV geregelten Fällen ist auch die Entscheidung durch ein einzelnes Mitglied der Widerspruchsabteilung zulässig.

Die in der Sache entscheidenden Mitglieder der Widerspruchsabteilungen müssen funktional zuständig **17.1** und zu Prüfern ernannt sein. Andernfalls kann ein Nichtakt oder jedenfalls ein formaler Anfechtungsgrund gegeben sein (→ Art. 66 Rn. 19 ff.).

6. Statistik

Im Jahre 2021 sind beim Amt 20.130 Widersprüche eingegangen (2020 waren es insgesamt **18** 18.889, 2019 waren es 18.683 und 2018 waren es 18.356). Ein sich zu Beginn des Jahres 2020 andeutender rückläufige Trend hat sich nicht bestätigt. Insgesamt lag die Anzahl der eingegangenen Widersprüche im Jahr 2020 leicht über der Anzahl der vorhergehenden vier Jahre. Diese wurde von der Zahl für das Jahr 2021 nochmals deutlich überboten. Bei mittlerweile fast 200.000 Unionsmarkenanmeldungen pro Jahr (2021 waren es 197.898, 2020 waren es 176.987 und 2019 waren es 160.377) bedeutet das, dass inzwischen grob 10 % der Anmeldungen mit einem Widerspruch angefochten werden (ohne Berücksichtigung der Tatsache, dass oft zwei oder mehr Widersprüche gegen dieselbe Anmeldung gerichtet werden).

Ein nach wie vor hoher Prozentsatz der Widerspruchsverfahren wird bereits vor Ablauf der **19** Widerspruchsfrist beendet, sei es durch Rücknahme der Anmeldung oder des Widerspruchs. Auch danach noch erledigen sich zahlreiche Widerspruchsverfahren vor einer Entscheidung (oder bevor eine Entscheidung unanfechtbar wird). Im Jahr 2021 hat das Amt 6.470 Widerspruchsentscheidungen erlassen (2020 waren es 6.389, 2019 waren es 6.966 Widerspruchsentscheidungen). Im Jahr 2019 hat die Widerspruchsabteilung 76 Widersprüche wegen Unzulässigkeit zurückgewiesen (1 %) und 2.248 Widersprüche aus materiellrechtlichen Gründen abgewiesen (32 %). Hingegen wurde 2.063 Widersprüchen vollumfänglich stattgegeben und die Markenanmeldung daher insgesamt abgelehnt (30 %), in 2.565 Fällen wurde dem Widerspruch teilweise stattgegeben und die Markenanmeldung daher teilweise zurückgewiesen (37 %). Wohl auch dank der ausschließlich elektronischen Aktenführung des EUIPO ist die Zahl der erlassenen Widerspruchsentscheidungen – trotz zwischenzeitlicher Verlagerung des Betriebs in das Home-Office während der COVID-19-Pandemie – nicht signifikant weiter gesunken.

20   2021 wurden gegen 1.119 Widerspruchsentscheidungen eine Beschwerde eingelegt (2020 waren es 1.247, 2019 waren es 1.430). Die Rate der Beschwerden zu den Beschwerdekammern liegt also bei knapp 20 %, wobei prozentual mehr Widerspruchsverfahren zum EuG gelangen als andere Verfahren in Unionsmarkensachen. Im Jahr 2021 hat die Beschwerdekammer insgesamt 2.231 Entscheidungen getroffen. 1.119 (50 %) betrafen eine Entscheidung der Widerspruchsabteilung. Diese hohe Quote betreffend Widerspruchsverfahren dürfte in erster Linie darauf zurückzuführen sein, dass sich hier zwei Parteien gegenüberstehen, aber wohl auch darauf, dass die Aufhebungsrate in höheren Instanzen bei Verfahren betreffend relative Eintragungshindernisse höher ist als bei Verfahren zu absoluten Eintragungshindernissen.

7. COVID-19

21   Das EUIPO hatte gemäß dem von der spanischen Regierung erklärten Ausnahmezustand aufgrund der COVID-19-Pandemie am 16.3.2020 seinen Betrieb vollständig in das Home-Office verlagert („teleworking"). Seit Anfang September ist das EUIPO wieder vollständig zum Regelbetrieb zurückgekehrt, wobei ein Tätigwerden aus dem Home-Office unter bestimmten Umständen möglich bleibt.

22   Zudem hat der Exekutivdirektor seit Ausbruch der Pandemie vier Beschlüsse über die Verlängerung von Fristen erlassen, um mögliche Rechtsnachteile durch die Versäumung von Fristen aufgrund von Eindämmungsmaßnahmen im Zusammenhang mit der COVID-19-Pandemie zu verhindern. Die ersten beiden Beschlüsse (EX-20-1 vom 14.2.2020 und EX-20-2 vom 2.3.2020) betrafen zunächst lediglich Verfahrensbeteiligte, die ihren Wohn- bzw. Geschäftssitz in der Volksrepublik China hatten. Die beiden weiteren Beschlüsse (EX-20-4 vom 29.4.2020 und EX-20-4 EX-20-3 vom 16.3.2020) bezogen sich hingegen auf alle Verfahrensbeteiligten, unabhängig von deren Wohn- bzw. Geschäftssitz. Die Fristverlängerungen betrafen sämtliche verfahrensrechtlichen Fristen, die zwischen dem 9.3.2020 und dem 17.5.2020 abgelaufen wären. Diese wurden bis zum 18.5.2020 verlängert. Die vorgenannten Fristverlängerungen erfolgten automatisch, dh ohne dass eine Antragstellung beim Amt erforderlich gewesen wäre. Erfasst von der Fristverlängerung waren ua die Frist zur Einlegung eines Widerspruchs, die Frist zur Einzahlung der Widerspruchsgebühr sowie weitere Fristen im Zusammenhang mit dem Widerspruchsverfahren. Sofern die Betroffenen allerdings die Frist durch entsprechende Einreichungen bzw. Ausübung anderer betreffender Verfahrenshandlung erfüllt hatten, galt die originäre Frist als ausgeschöpft. Das betreffende Verfahren wurde daher fortgesetzt, ohne dass der Ablauf der verlängerten Frist abgewartet wurde.

23   Positiv zu bewerten ist, dass die COVID-19-Pandemie dazu geführt hat, bereits geplante Neuerungen im Bereich eCommunications schneller umzusetzen. So können nunmehr zB sämtliche Mittelungen an das Amt auch online eingereicht werden (soweit eine Online-Einreichung nicht ohnehin zwingend vorgegeben ist). Dadurch haben Nutzer ohne Zugang zu einem Faxgerät eine Ausweichlösung (vgl. Mitteilung vom 8.6.2020, https://euipo.europa.eu/ohimportal/de/news?p_p_id=csnews_WAR_csnewsportlet&p_p_lifecycle=0&p_p_state=normal&p_p_mode=view&journalId=5798092&journalRelatedId=manual/, zuletzt abgerufen am 23.3.2020).

B. Zulässigkeit des Widerspruchs

24   Die Anforderungen an die Zulässigkeit des Widerspruchs ergeben sich aus Art. 46 iVm Art. 2, 3 und 5 DVUM. Nach Art. 5 Abs. 1 DVUM gilt der Widerspruch schon als nicht erhoben, wenn die Widerspruchsgebühr nicht rechtzeitig entrichtet wurde. Darüber hinaus ist nach Art. 5 DVUM zu unterscheiden zwischen Anforderungen, die zur Unzulässigkeit des Widerspruchs führen, wenn sie nicht innerhalb der Widerspruchsfrist erfüllt werden (**absolute** Zulässigkeitsvoraussetzungen; Art. 5 Abs. 1–4 DVUM), und solchen, die nur zur Unzulässigkeit des Widerspruchs führen, wenn sie nach entsprechender Aufforderung durch das Amt binnen einer Nachfrist nicht erfüllt werden (**relative** Zulässigkeitsvoraussetzungen; Art. 5 Abs. 5 und 6 DVUM). Das Amt trifft keine Pflicht, Widersprechende auf Mängel gemäß Art. 5 Abs. 1–4 DVUM hinzuweisen.

I. Widerspruchsfrist

Die Widerspruchsfrist beträgt nach Abs. 1 **drei Monate** ab Veröffentlichung der Anmeldung. **25** Zur Berechnung der Frist → Art. 101 Rn. 24. Die Frist ist nicht verlängerbar. Ferner sind sowohl Wiedereinsetzung in den vorigen Stand als auch Weiterbehandlung ausgeschlossen (Art. 104 Abs. 5, Art. 105 Abs. 2; vgl. auch EUIPO Entsch. v. 6.5.2020 – B3079633; Entsch. v. 6.10.2022 – R 794/2022-1 – AMA GENUSS REGION). Versäumt der Inhaber von Rechten nach Art. 8 die Widerspruchsfrist, bleibt ihm nur die Möglichkeit des Nichtigkeitsantrags nach Art. 63. Das Verfahren vor dem Amt ist ähnlich, allerdings ist für das Nichtigkeitsverfahren das für das Widerspruchsverfahren nicht geltende Kumulationsgebot des Art. 60 Abs. 4 zu berücksichtigen (→ Art. 60 Rn. 26). Darüber hinaus reicht die Bindungswirkung einer Entscheidung im Nichtigkeitsverfahren weiter als die einer Widerspruchsentscheidung.

Widersprüche, die vor dem Beginn der Widerspruchsfrist eingehen, werden zurückgestellt und gelten **25.1** als am ersten Tag nach der Veröffentlichung der Anmeldung (also innerhalb des zulässigen Zeitfensters) eingereicht. Wird der Widerspruch noch vor diesem Datum zurückgenommen oder die Unionsmarkenanmeldung vor der Veröffentlichung abgewiesen oder zurückgenommen, wird die Widerspruchsgebühr erstattet (Markenrichtlinien, Teil C, Abschn. 1, 2.1.2).

Bei **IR-Marken,** die die EU benennen, gilt Art. 196 Abs. 2. Danach beginnt die Frist einen **26** Monat nach Nachveröffentlichung durch das Amt gemäß Art. 190 Abs. 1 und endet vier Monate nach diesem Zeitpunkt. Nach der Wiederveröffentlichung der IR, aber vor dem Beginn der Widerspruchsfrist erhobene Widersprüche, werden jedoch zurückgestellt und gelten als am ersten Tag der Widerspruchsfrist (also innerhalb des zulässigen Zeitfensters) eingereicht (Markenrichtlinien, Teil C, Abschn. 1, 2.1.1).

Nach Abs. 2 eröffnet die Veröffentlichung einer geänderten Anmeldung gemäß Art. 49 Abs. 2 **27** S. 2 eine erneute Widerspruchsfrist. Dies gilt jedoch nur für Waren oder Dienstleistungen, die von der Erstveröffentlichung nicht umfasst waren (vgl. Eisenführ/Schennen/Schennen Art. 47 Rn. 9) und hat daher praktisch keine Relevanz.

Wird die Widerspruchsschrift nach Ablauf der Widerspruchsfrist eingereicht, weist das Amt **28** den Widerspruch als unzulässig zurück (Art. 5 Abs. 2 DVUM).

II. Widerspruchsgebühr

Die Gebühr für den Widerspruch gegen eine Unionsmarkenanmeldung beträgt gemäß Anh. I **29** A.10 320 Euro (→ Anh. I Rn. 9). Dies gilt unabhängig von der Anzahl der geltend gemachten Rechte.

Der Aufwand des Amtes bei Widersprüchen, insbesondere wenn diese auf zahlreiche, womöglich nicht **29.1** eingetragene oder bekannte ältere Rechte gestützt werden, übersteigt die Gebühr um ein Vielfaches. Die Gebühr ist so niedrig, dass auch völlig hoffnungslose Widersprüche zuweilen eingereicht und als Druckmittel missbraucht werden. Dennoch wurde die Gebühr in der Reform 2015 entgegen Anregungen von Nutzerorganisationen nicht nur nicht erhöht, sondern sogar um 30 Euro gesenkt.

Die Widerspruchsgebühr muss vor Ablauf der Widerspruchsfrist ordnungsgemäß im Sinne des **30** Art. 179 entrichtet sein (→ Art. 179 Rn. 1 ff.), gegebenenfalls innerhalb der Nachfrist des Art. 180 Abs. 3 (→ Art. 180 Rn. 1). Zu beachten ist, dass während der Widerspruchsfrist – zur Wahrung des Grundsatzes der Unparteilichkeit – keine Mitteilungen über die Zahlung der Widerspruchsgebühr versendet wird.

Gemäß Abs. 3 S. 2 (s. auch Art. 5 Abs. 1 S. 1 DVUM) gilt der Widerspruch erst als erhoben, **31** wenn die Widerspruchsgebühr entrichtet worden ist. Ist also die Widerspruchsschrift form- und fristgerecht eingegangen, die Widerspruchsgebühr aber nicht oder nicht vollständig bezahlt worden, ist der Widerspruch nicht unzulässig, sondern gilt als nicht erhoben. Das Amt trifft eine diesbezügliche Feststellung und erlässt eine entsprechende Mitteilung gemäß Art. 99. Diese ist nicht unmittelbar anfechtbar, der Widersprechende kann jedoch gemäß Art. 99 S. 2 innerhalb von zwei Monaten nach Erhalt der Mitteilung eine Entscheidung beantragen, die wiederum der Beschwerde gemäß Art. 66 unterliegt (→ Art. 99 Rn. 1). Wird die Widerspruchsgebühr überhaupt nicht entrichtet oder wird die Nachfrist, um den Nachweis der rechtzeitigen Veranlassung der Zahlung zu erbringen und die Zuschlagszahlung zu leisten, versäumt, ist eine Wiedereinsetzung ausgeschlossen. Der Zuschlag ist keine separate Gebühr oder Gegenstand separater Fristen, sondern integraler Bestandteil der Wirksamkeit und Rechtzeitigkeit der Zahlung (EUIPO Entsch. v. 10.5.2011 – R 1619/2010-4).

31.1   Nach Art. 5 Abs. 6 S. 1 DVUM wird der Anmelder der Unionsmarke darüber unterrichtet, dass die Widerspruchsschrift als nicht eingereicht gilt. Den Widerspruchsführer trifft keine Kostenerstattungspflicht (vgl. Eisenführ/Schennen/Schennen Art. 47 Rn. 13 mwN).

32   Eine unzureichende Gebühr wird zurückerstattet. Dies ist nunmehr ausdrücklich in Art. 5 Abs. 1 S. 2 DVUM festgehalten, der auf Widersprüche Anwendung findet, die nach dem 1.10.2017 eingereicht wurden, galt aber bereits zuvor. In dem umgekehrten Fall, wenn die Zahlung rechtzeitig erfolgt, aber die Widerspruchschrift verspätet eingereicht wird (Unzulässigkeit), wird die Gebühr nicht zurückerstattet. In Fällen, in denen der Widerspruch noch am Tag seiner Erhebung zurückgenommen wird, erstattet das Amt hingegen die Widerspruchsgebühr.

32.1   Dem Fall Jager & Polacek – REDTUBE (EuGH C-402/11 P, GRUR Int 2012, 1102 = GRUR-Prax 2012, 528 mAnm Knaak) lag die seltene Konstellation zugrunde, dass die Widerspruchsgebühr verspätet bezahlt worden war, das Amt jedoch den Widerspruch nach Korrespondenz mit dem Widersprechenden als zulässig befand und zustellte. Vier Monate später erließ das Amt eine Mitteilung, dass der Widerspruch als nicht eingereicht gelte, als „Korrektur". Hieran schlossen sich eine vom Widersprechenden erwirkte Entscheidung und der Gang durch die Instanzen an. Der Gerichtshof wertete die Mitteilung der Zulässigkeit überraschenderweise nicht wie das Amt als nur verfahrensleitende Maßnahme, sondern als Entscheidung und die „Korrektur" als unzulässigen Widerruf derselben. In der Praxis führte dies zu einem abgeänderten Wortlaut der Standardmitteilungen des Amtes zur Zulässigkeit von Widersprüchen.

III. Widerspruchsschrift – Form und Sprache

1. Schriftform

33   Gemäß Abs. 3 S. 1 ist der Widerspruch schriftlich einzureichen. Art. 63 Abs. 1 DVUM unterscheidet insoweit zwischen Einreichung durch elektronische Mittel (lit. a) und durch Übersendung des Originalschriftstücks (lit. b).

34   Der Begriff der elektronischen Mittel ist nach Art. 57 Abs. 1 DVUM weit zu verstehen. Darunter fällt natürlich zunächst die Einreichung über die Nutzerplattform des Amtes (**e-opposition**). Insoweit ist besonders vorteilhaft, dass das elektronische Widerspruchsformular den Widerspruch automatisch auf unzulässige bzw. fehlende Angaben überprüft. Werden etwaige Mängel festgestellt, erhält man umgehend eine Fehlermeldung. Praktisch ist ferner, dass das elektronische Formular nach der Übermittlung automatisiert verarbeitet wird und der Widersprechende postwendend eine Empfangsbestätigung erhält. Hilfreich – und auch empfehlenswert – ist hier die Möglichkeit, Entwürfe zu speichern. Vorsorglich sollte stets überprüft werden, ob die angezeigte Zahl der Dateianhänge mit der Anzahl der hochgeladenen Dateien übereinstimmt. Obwohl weiterhin die Möglichkeit besteht den Widerspruch per Fax oder per Post einzureichen, wird der Widerspruch mittlerweile in etwa 94–95 % der Fälle unter Verwendung des elektronischen Formulars eingereicht.

34.1   Das elektronische Formular ist bei umfangreichen Widersprüchen nicht gerade handlich und führt auch zu erheblichen Redundanzen, weil ältere eingetragene Marken, für die sowohl Verwechslungsgefahr als auch Bekanntheit geltend gemacht werden, mit sämtlichen Waren und Dienstleistungen doppelt aufgeführt werden. Außerdem ist die Nutzerplattform nach wie vor nicht immer zugänglich. Sie wird dennoch empfohlen, soweit sie funktioniert, weil damit Fehler in der Einreichung vermieden werden können.

35   Zwar fiel seit 1.10.2017 auch die Übermittlung mittels **Fax** unter den Begriff der elektronischen Kommunikation (Beschluss Nr. EX-17-4 des Exekutivdirektors vom 16.8.2017, auf Grundlage des Art. 57 Abs. 2 DVUM, aufgehoben durch Beschluss Nr. EX-19-1). Jedoch wird nach dem Beschluss Nr. EX-20-9 des Exekutivdirektors vom 3.11.2020 aufgrund der technischen Grenzen und Störungen, die die Zuverlässigkeit beeinträchtigen und das unterbrechungsfreie Senden und Empfangen von Mitteilungen per Fax verhindern (und die außerhalb der Kontrolle des Amtes liegen), die Kommunikation per Fax nicht mehr angeboten. Demnach ist das Fax **nicht** mehr als Kommunikationsmittel bei Verfahren des Amtes zu verwenden.

35.1   Eine Faxübermittlung barg schon immer kritische Risiken, die durch die Verwendung des Nutzerbereichs vermieden werden konnten. So hatte zB im Verfahren Nr. B2993569 die Anmelderin ihre Stellungnahme am letzten Tag der (bereits einmal verlängerten) Frist per Fax beim Amt einreichen und dabei als Anlagen auch Beweismittel einreichen wollen. Die Stellungnahme bestand aus einem 15-seitigen Schriftsatz und den dazugehörigen Anlagen, insgesamt 78 Seiten. Aufgrund technischer Probleme wurde die Faxübertragung jedoch nach 27 Seiten immer wieder abgebrochen. Erst nach Fristablauf, am 25.10.2018, ging beim Amt das ganze Paket dann per Post ein. Das Amt setzte die Anmelderin davon in Kenntnis, dass die

Seiten 28–78 der eingereichten Unterlagen nicht berücksichtigt würden, weil sie verspätet eingereicht wurden. Im Wiedereinsetzungsantrag argumentierte die Anmelderin, dass trotz der mehrmaligen vergeblichen Versuche über einen längeren Zeitraum die Stellungnahme zu faxen, der Schriftsatz – aufgrund mangelnder Empfangskapazitäten des Telefaxgerätes des EUIPO – nicht vollständig per Fax übermittelt werden konnte. Dazu hat die Widerspruchsabteilung festgestellt, dass es jeder Partei zwar freisteht, ihren Schriftsatz auch erst am letzten Tag einer Frist einzureichen. Auch sollten etwaige Fehler beim Empfang von Faxübertragungen grundsätzlich nicht zu Lasten der übermittelnden Partei gehen. Jedoch müsste im Falle einer Störung bei der elektronischen Übertragung die Übermittlung des Schriftstückes erneut vorgenommen werden, unter Verwendung eines anderen akzeptierten Kommunikationsmittels. Dem Wiedereinsetzungsantrag wurde daher nicht stattgegeben (EUIPO Entsch. v. 23.1.2020 – B2993569).

Die Übermittlung von Widersprüchen per Post oder Kurier erfolgt nur in einer verschwindend **36** geringen Anzahl der Fälle, auch deshalb, weil in den seltensten Fällen die Widerspruchsschrift bereits von umfangreichen Tatsachen, Bemerkungen und Beweismitteln begleitet wird. Dies ist in Ansehung der hohen Erledigungszahlen während der Cooling-off-Frist auch weder notwendig noch sinnvoll.

Unabhängig vom gewählten Kommunikationsmittel ist es stets empfehlenswert, in der Wider- **37** spruchsbegründung ausdrücklich anzugeben, ob und wie viele Dokumente bzw. Anlagen beigefügt werden. Darüber hinaus kann eine vorläufige Überprüfung des Widerspruchs durch den „Widerspruchsdienst des Amtes" in Anspruch genommen werden. Um eine ordnungsgemäße Einreichung später auch beweisen zu können, sollten entsprechende Beweismittel (Übermittlungsbericht, Quittung, elektronische Kopie etc) in der eigenen Akte abgelegt werden. Abschließend ist an dieser Stelle vorsorglich darauf hinzuweisen, dass die rechtzeitige Einreichung von Beweismitteln in Verfahren vor dem EUIPO von fundamentaler Bedeutung ist, weil das Amt im Vergleich zu anderen Behörden in dieser Hinsicht äußerst streng ist, verspätet vorgebrachte Beweismittel regelmäßig zurückweist und Verfahren daher bereits aufgrund eines solchen, eher formalen Fehlers irreparabel verloren werden können (vgl. EUIPO Entsch. v. 11.9.2018 – R 1183/2018-2).

2. Sprache

Der Widerspruch muss vor Ablauf der Widerspruchsfrist **in einer der fünf Sprachen des** **38** **Amtes** eingereicht werden (Art. 146 Abs. 5 und Art. 5 Abs. 3 DVUM). Dies sind – in der Reihenfolge der Häufigkeit der Widerspruchssprachen – Englisch, Deutsch, Spanisch, Französisch und Italienisch. 82,5 % der im Jahr 2019 mit einer Entscheidung abgeschlossenen Widerspruchverfahren hatten Englisch als Verfahrenssprache (6,6 % Deutsch, 6,6 % Spanisch, 3 % Französisch und 1,2 % Italienisch). Die sprachlichen Anforderungen an die Widerspruchsschrift sind absolute Zulässigkeitsvoraussetzungen (→ Rn. 45). Ein nicht in einer dieser fünf Sprachen eingereichter Widerspruch wird als unzulässig zurückgewiesen.

Nach Auffassung von Eisenführ/Schennen/Schennen Art. 146 Rn. 48 ist ein nicht in einer der fünf **38.1** Sprachen eingereichter Widerspruch nicht nur unzulässig, sondern auch wirkungslos; dem steht die klare Regelung des Art. 5 Abs. 3 DVUM entgegen.

Die **Verfahrenssprache** im Widerspruchsverfahren muss zugleich eine der fünf Amtssprachen **39** und **eine der Sprachen der angefochtenen Unionsmarkenanmeldung** sein (Art. 146 Abs. 5, 7). Ist daher die Erstsprache der Anmeldung eine andere als die genannten fünf Sprachen, kann das Widerspruchsverfahren grundsätzlich nur in einer Sprache, nämlich der Zweitsprache der Anmeldung, geführt werden. Sind beide Sprachen der Anmeldung Amtssprachen des Amtes, hat der Widersprechende die Wahl zwischen beiden. Die Verfahrenssprache ergibt sich dann aus der vom Widersprechenden für die Widerspruchsschrift gewählten Sprache (Art. 146 Abs. 7 S. 1).

Wurde der Widerspruch in einer der fünf Sprachen des Amtes eingereicht, die keine der **40** Sprachen der Anmeldung ist, muss **binnen eines Monats** nach Ablauf der Widerspruchsfrist eine Übersetzung in eine der Sprachen der Anmeldung eingereicht werden; die Sprache, in der die Übersetzung vorliegt, wird dann Verfahrenssprache (Art. 146 Abs. 7). Wird die Übersetzung nicht rechtzeitig vorgelegt, wird der Widerspruch als unzulässig zurückgewiesen (Art. 5 Abs. 4 S. 1 DVUM).

Dazu folgendes Beispiel: Ist eine Marke mit der ersten Sprache „Schwedisch" und der zweiten Sprache **40.1** „Englisch" angemeldet worden, und wird der Widerspruch in deutscher Sprache eingereicht (dh in einer falschen Verfahrenssprache), muss eine Übersetzung nachgereicht werden. Wenn die Widerspruchsfrist in diesem Beispiel am 20.8.2019 endet, läuft die Frist für die Einreichung einer Übersetzung des Widerspruchs ins Englische am 20.9.2019 ab. Erfolgt die Einreichung nicht oder nicht rechtzeitig, teilt das Amt dem

Widersprechenden mit, dass der Widerspruch als unzulässig zurückzuweisen ist, und setzt ihm vor Erlass einer Entscheidung eine Frist von zwei Monaten zur Stellungnahme (EUIPO Entsch. v. 25.2.2020 – B3086864).

41   Wird der Widerspruch nur anteilig übersetzt, wird die weitere Zulässigkeitsprüfung nur mit Blick auf den übersetzten Teil vorgenommen (Art. 5 Abs. 4 S. 2 DVUM). Gleiches gilt natürlich für die weitere Prüfung des Widerspruchs insgesamt, also auch materiellrechtlich. Auf die Einmonatsfrist nach Art. 146 Abs. 7 S. 2 weist das Amt nicht gesondert hin; bei Fristversäumnis kommt aber Weiterbehandlung nach Art. 105 in Betracht. Insoweit abermals der Hinweis, dass die einmonatige Frist zur Behebung dieses Mangels keine Anwendung findet, wenn die Widerspruchsschrift nicht zumindest in einer Sprache des Amtes eingereicht wird: Ist die gewählte unzulässige Sprache keine Sprache des Amtes (zB Portugiesisch oder Ungarisch), kann dieser Mangel nach Ablauf der Widerspruchsfrist nicht mehr behoben werden und der Widerspruch wird wegen Unzulässigkeit zurückgewiesen.

41.1   Die Frist nach Art. 146 Abs. 7 ist in Art. 105 Abs. 2 nicht aufgeführt und damit von der Weiterbehandlung nicht ausgeschlossen. Auch wenn es sich um eine fixe gesetzliche Frist handelt, deren Versäumnis letztlich dazu führt, dass der Widerspruch verfristet ist, kann sie doch der in Art. 105 Abs. 2 genannten Widerspruchsfrist des Art. 46 Abs. 1 nicht gleichgesetzt werden.

42   Um das Fehlerrisiko zu reduzieren, ist es empfehlenswert das vom Amt bereitgestellte offizielle Formblatt zu verwenden. Das Formblatt ist in allen 24 Amtssprachen der Europäischen Union verfügbar, muss allerdings in einer der fünf Sprachen des Amtes ausgefüllt werden. Wird zB das offizielle Formblatt auf Portugiesisch verwendet und vollständig in Englisch ausgefüllt mit der expliziten Angabe, dass Englisch als Verfahrenssprache gewählt wird, ist der Widerspruch zulässig, ohne dass eine Übersetzung ins Englische einzureichen ist.

43   Sofern es sich bei der vom Widersprechenden gewählten Sprache nicht um eine mögliche Verfahrenssprache handelt, erfolgt die gesamte Korrespondenz des Amtes im Rahmen des Widerspruchs in der ersten Sprache der angefochtenen Markenanmeldung, wenn es sich dabei um eine Sprache des Amtes handelt, ansonsten in der zweiten Sprache.

44   Die Parteien des Widerspruchsverfahrens können gemäß Art. 146 Abs. 8 und Art. 3 DVUM bis zum Beginn des kontradiktorischen Verfahrens eine andere Amtssprache der EU als Verfahrenssprache vereinbaren (was in der Praxis allerdings recht selten vorkommt). Dies kann jedoch erst nach ordnungsgemäßer Einlegung des Widerspruchs erfolgen. Der Anmelder kann gemäß Art. 3 DVUM verlangen, dass die Widerspruchsschrift in die vereinbarte Sprache übersetzt wird. Das Amt legt sodann eine Frist fest, innerhalb der der Widersprechende die Übersetzung einreichen muss. Falls dies nicht erfolgt, bleibt es bei der ursprünglichen Verfahrenssprache. Entsprechende Vereinbarungen sind in der Praxis höchst selten. Nach Beginn des kontradiktorischen Teils gestellte Anträge auf Änderung der Verfahrenssprache werden abgelehnt.

44.1   Folgendes Beispiel dazu: Ein Widersprechende hatte beantragt die Verfahrenssprache von Italienisch auf Englisch zu ändern und berief sich dabei auf eine Vereinbarung mit dem Markenanmelder. Allerdings versäumte er es, die entsprechende Vereinbarung vorzulegen, sodass das Amt seinen Antrag ablehnte und Italienisch als Verfahrenssprache beibehielt (EUIPO Entsch. v. 22.8.2018, B2582941).

IV. Widerspruchsschrift – Inhalt

1. Absolute Zulässigkeitsvoraussetzungen

45   Die zwingend innerhalb der dreimonatigen Widerspruchsfrist zu erfüllenden, inhaltlichen Anforderungen an den Widerspruch werden als absolute Zulässigkeitsvoraussetzungen bezeichnet. Allerdings wird die Zulässigkeit eines Widerspruchs vom Amt erst nach Ablauf der Widerspruchsfrist geprüft, sodass auch eine frühzeitige Einreichung eines Widerspruchs nicht dazu führen würde, vom Amt rechtzeitig auf etwaige Defizite hingewiesen zu werden, um diese noch korrigieren zu können. Hinsichtlich des notwendigen Inhalts der Widerspruchsschrift besagt Art. 46 lediglich, dass der Widerspruch zu begründen ist. Weitere Einzelheiten finden sich in Art. 2, 5 DVUM, die gemäß Art. 82 Abs. 2 lit. a DVUM für alle seit dem 1.10.2017 eingereichten Widersprüche gelten. Auf ältere Widersprüche bleiben die Regeln 15, 16 GMDV anwendbar. Der Hauptunterschied zwischen den alten und den neuen Regelungen besteht darin, dass der Widersprechende für die Angabe der Waren und Dienstleistungen älterer eingetragener Marken nunmehr auf online zugängliche Quellen verweisen kann (insbesondere TMview). Art. 7 Abs. 3 DVUM gilt insofern auch im Rahmen des Art. 2 Abs. 2 lit. g DVUM.

Gemäß Art. 5 Abs. 3 DVUM muss die Widerspruchsschrift den Bestimmungen des Art. 2 **46** Abs. 2 lit. a–c DVUM entsprechen, dh sie muss die angefochtene Unionsmarkenanmeldung angeben, die ältere(n) Marke(n) oder Rechte identifizieren sowie die Widerspruchsgründe enthalten (zur Unzulässigkeit des Nachschiebens weiterer älterer Rechte nach Ablauf der Widerspruchsfrist s. EuG T-382/21, GRUR-RS 2022, 4007 Rn. 24 ff.). Entspricht sie diesen nicht und werden diese „absoluten" Mängel auch nicht vor Ablauf der Widerspruchsfrist behoben, weist das Amt den Widerspruch als unzulässig zurück. Das Amt ist nicht verpflichtet, den Widersprechenden zur Überwindung der Unregelmäßigkeit zu laden. Mehr noch: Zur Wahrung des Grundsatzes der Unparteilichkeit versendet es keine Mitteilungen über Zulässigkeitsmängel während der Widerspruchsfrist. Bevor eine Entscheidung über die Unzulässigkeit ergeht, wird dem Widersprechenden jedoch die Möglichkeit gegeben, eine Stellungnahme dazu einzureichen, was jedoch regelmäßig nicht zu einer anderslautenden Einschätzung des Amtes führt.

Art. 2 Abs. 2 lit. a DVUM betrifft die notwendigen Angaben hinsichtlich der **angefochtenen 47 Anmeldung,** nämlich deren Aktenzeichen und den Namen des Anmelders. Auf der Angabe des Namens wird allerdings nicht bestanden, weil sich dieser ohne weiteres aus den dem Amt vorliegenden Informationen ergibt (Markenrichtlinien, Teil C, Abschn. 1, 2.4.1.1). Die angefochtene Anmeldung muss aus dem Widerspruch eindeutig hervorgehen. Ist unklar, gegen welche Marke der Widerspruch gerichtet ist, ist er also zB gegen zwei oder mehr Unionsmarkenanmeldungen gerichtet, ist er nicht etwa für die erstgenannte Anmeldung zulässig, sondern insgesamt unzulässig (Eisenführ/Schennen/Schennen Art. 47 Rn. 46).

Alternativ könnte man den Widerspruch auch als nicht eingelegt ansehen, weil die (anteilige) Wider- **47.1** spruchsgebühr pro angeblich angefochtene Marke natürlich nicht ausreichend ist. Dann müsste das Amt allerdings die Gebühr zurückerstatten.

Art. 2 Abs. 2 lit. b DVUM verlangt eine **eindeutige Angabe der älteren Marke oder des 48 älteren Rechts, auf die/das der Widerspruch gestützt ist** und legt in Art. 2 Abs. 2 lit. b Ziff. i–v DVUM für jedes der in Art. 8 genannten älteren Rechte weiter dar, welche Angaben jeweils genau erforderlich sind. Wird ein Widerspruch auf eine Mehrzahl älterer Rechte gestützt, müssen diese Angaben für jedes dieser Rechte gemacht werden (Art. 2 Abs. 2 lit. b DVUM). Bei Angaben, ob es sich um eine Eintragung oder um eine Anmeldung handelt, der Eintragungs-/Anmeldenummer sowie des Mitgliedstaats, in dem die ältere Marke eingetragen/angemeldet wurde, handelt es sich ebenfalls um eindeutige Angaben. Auch insoweit gilt: Das EUIPO ist streng, etwaige Fehler insoweit können umgehend zur Zurückweisung des Widerspruchs führen (vgl. zB EuG T-823/17, BeckRS 2019, 1288 – Etnik/ETNIA; EUIPO Entsch. v. 18.3.2022 – B3124754; Entsch. v. 4.12.2019 – R 1663/2019-5 – Equiliv/Equilin).

Betrifft der Fehler hingegen lediglich die Art der Marke (wird zB in der Widerspruchsschrift **49** eine Marke fehlerhaft als „Wortmarke" anstelle von „halb figurativ" bezeichnet), wird der Widerspruch nicht als unzulässig zurückgewiesen. Ein solcher Mangel betrifft nicht die Identifizierung (oder „Existenz") der älteren Marke, sondern lediglich die Darstellung bzw. Substantiierung der früheren Marke und kann daher nachträglich behoben werden (EUIPO Entsch. v. 17.7.2019 – R 1760/2018-1).

In jedem Fall muss das **Schutzgebiet** des älteren Rechts angegeben werden. Dies kann das **50** Gebiet der EU sein oder eines oder mehrerer Mitgliedstaaten oder – im Falle der Agentenmarke – ein sonstiges Schutzgebiet. Allerdings kann diesem Erfordernis bereits dadurch Rechnung getragen werden, dass dem Widerspruch die betreffende Markenurkunde beigefügt wird. Dies gilt selbst dann, wenn die Urkunde nicht in der Verfahrenssprache abgefasst ist (Markenrichtlinien, Teil C, Abschn. 1, 2.4.1.2). Wird jedoch in der Widerspruchsschrift neben der richtigen Markennummer einer älteren Unionsmarke versehentlich zB Italien als Schutzgebiet angegeben, wird der Widerspruch als unbegründet abgelehnt, wenn erst nach der Widerspruchsfrist (wenn auch innerhalb der Substantiierungsfrist) klargestellt wird, dass es sich um eine Unionsmarke handelt und der betreffende Registerauszug eingereicht wird. Es ist nicht die Aufgabe der Widerspruchsabteilung dahingehende Fehler zu erkennen und das ältere Recht selber zu ermitteln (EUIPO Entsch. v. 12.9.2019 – R 1817/2018-1).

Dazu folgendes Beispiel: Aufgrund eines technischen Fehlers auf der Nutzerplattform konnte ein **50.1** Widerspruch nicht online eingereicht werden. Der Widersprechende meldete diesen Vorfall dem Amt, und reichte den Widerspruch vorsorglich per Fax ein, wobei er sich dafür eines (alten) Widerspruchsformulars, das er von der Webseite des EUIPO abgerufen hatte, bediente. Indes sah dieses alte Formular kein „Häkchen" für den Ländercode der älteren Marke vor, sodass der Widersprechende auch nicht das Schutzgebiet seines älteren Rechts angeben konnte. Diesen Mangel hat er auch nicht innerhalb der Widerspruchsfrist behoben. Die Widerspruchsabteilung hat den Widerspruch deswegen als unzulässig zurückgewiesen, obwohl der Markenname, die Art der Marke, die Anmelde- und Registrierungsdaten sowie die Registrierungsnummer der älteren Marke in der Widerspruchsschrift angegeben wurden. Die Beschwerdekammer hat die Entscheidung hingegen aufgehoben und dabei ausgeführt, dass die Ablehnung des Widerspruchs vorliegend gegen die Grundsätze der Verfahrensökonomie und der ordnungsgemäßen Verwaltung verstößt. Unter Berücksichtigung der außergewöhnlichen Umstände des Falles würde die Zurückweisung des Widerspruchs wegen Unzulässigkeit zu einem späteren Löschungsverfahren führen (EUIPO Entsch. v. 5.4.2019 – R 1079/2018-1).

51   Ferner ist in allen Fällen eine **Wiedergabe** des älteren Rechts erforderlich, **außer** im Fall der **angemeldeten oder eingetragenen Marken;** insoweit genügt nach Art. 2 Abs. 2 lit. b Ziff. i DVUM die Angabe des Aktenzeichens, des Status (angemeldet oder eingetragen) sowie des Gebiets, in dem die Marke geschützt ist.

51.1   Dabei geht die DVUM davon aus, dass in der EU angemeldete oder eingetragene Marken durch Angabe des Aktenzeichens hinreichend individualisiert sind. Eine Wiedergabe der Marke muss nach Art. 2 Abs. 2 lit. f DVUM vorgelegt werden. Dies kann jedoch auch noch außerhalb der Widerspruchsfrist im Rahmen der Mängelbeseitigung gemäß Art. 5 Abs. 5 DVUM geschehen.

52   Im Fall einer **Agentenmarke** muss der Widersprechende gemäß Art. 2 Abs. 2 lit. b Ziff. iii DVUM nicht nur angeben, wo seine Marke geschützt ist, sondern auch, ob es sich um eine angemeldete oder eingetragene Marke handelt, und in diesem Fall die Anmelde- oder Eintragungsnummer angeben.

53   Bei **sonstigen älteren Rechten** nach Art. 8 Abs. 4 ist gemäß Art. 2 Abs. 2 lit. b Ziff. iv DVUM auch die Art des älteren Rechts anzugeben (also etwa „nicht eingetragene Marke", „Handelsname", „Firma", „Passing off" etc). Gleiches gilt für ältere Ursprungsbezeichnungen oder geografische Angaben nach Art. 8 Abs. 6; s. Art. 2 Abs. 2 lit. b Ziff. v DVUM. Auch bei den sonstigen älteren Rechten hat der Widersprechende das betreffende Recht so genau wie möglich zu bezeichnen. Nicht zulässig sind zB allgemein gehaltene Angaben wie „Rechte aus unlauterem Wettbewerb" (Markenrichtlinien, Teil C, Abschn. 1, 2.4.1.2). Die Angabe der genauen Rechtsgrundlagen in der Widerspruchsschrift ist hingegen nicht erforderlich, sondern kann auch erst in der Widerspruchsbegründung erfolgen.

53.1   Ungenügend ist zB auch die Berufung auf eine (angebliche) nicht eingetragene Unionsmarke, da die UMV ein solches Recht gar nicht vorsieht. Denkbar ist hingegen die Berufung auf eine nicht eingetragene Marke in einem oder mehreren EU-Mitgliedstaaten, wobei dabei die Mitgliedstaaten angegeben werden müssen, in denen das frühere Recht besteht (EUIPO Entsch. v. 10.2.2020 – B3092409).

54   Auch bei der Berufung auf eine „Firma" bzw. Unternehmenskennzeichen sind möglichst präzise Angaben zur eindeutigen Identifizierung erforderlich: Nicht ausreichend ist es etwa die schlichte Angabe des Unternehmensnamens ohne Firmenzusatz und dabei die EU als Mitgliedstaat anzugeben, in dem das Recht (angeblich) besteht. Anzugeben ist stattdessen die genaue Angabe der Rechtsform nach EU-Recht (EUIPO Entsch. v. 30.1.2020 – B3056881).

55   Voraussetzung für die Zulässigkeit ist in jedem Fall nicht nur, dass die älteren Rechte genau bezeichnet werden, sondern auch, dass sie **älter** sind. Hinsichtlich nicht eingetragener Rechte reicht eine entsprechende Behauptung für die Zulässigkeit. Die Frage, ob diese Behauptung zutrifft, ist dann eine solche der Begründetheit. Bei eingetragenen Rechten hingegen wird dies im Rahmen der Zulässigkeit geprüft.

55.1   Häufige Fehlerquellen sind hier übersehene Prioritätsansprüche bei angefochtenen Unionsmarkenanmeldungen (s. dazu zB EUIPO Entsch. v. 28.2.2020 – B3067519; Entsch. v. 18.2.2020 – B3078535; Entsch. v. 4.10.2019 – B3075885) sowie (mehr bei Nichtigkeitsanträgen) Art. 209 (sog. Grandfathering von Unionsmarken und Anmeldungen gegenüber Voreintragungen in neuen Mitgliedstaaten).

56   Ferner muss gemäß Art. 2 Abs. 2 lit. c DVUM hinsichtlich jedes der geltend gemachten Rechte angegeben werden, dass und welche **Gründe** nach Art. 8 Abs. 1, 3, 4, 5 oder 6 UMV erfüllt sind. Hier reichen „Kreuzchen" in den dafür vorgesehenen „Feldern" oder das elektronische Äquivalent dafür. Ausreichend ist auch, wenn die Gründe aus den innerhalb der Widerspruchsfrist eingereichten Beweismitteln und Unterlagen hergeleitet werden können. Weiterführende Begründungen können der Widerspruchsbegründung vorbehalten werden. Das Fehlen der korrekten Angabe eines Widerspruchsgrundes stellt einen absoluten Zulässigkeitsmangel dar, der nicht nach Ablauf der Widerspruchsfrist behoben werden kann. Insoweit kann Widerspruch auch deshalb als unzulässig zurückgewiesen werden, weil die dem Widerspruchsformular beigefügte Urkunde nicht mit dem im Widerspruchsformular angegebenen Grund entspricht (so auch, wenn zB der einzige im Widerspruchsformular angegebene Grund Art. 8 Abs. 6 keine Anwendung auf ältere eingetragene Marken findet, sondern nur auf ältere Ursprungsbezeichnungen oder geografische Angaben und nur Markenregisterauszüge eingereicht werden; vgl. EUIPO Entsch. v. 3.10.2019 – B3062942).

Die Widerspruchsgründe müssen innerhalb der Widerspruchsfrist vollständig angegeben werden, eine **56.1** Änderung der Reichweite des Widerspruchs nach Ablauf der Widerspruchsfrist ist unzulässig. Wird der Widerspruch zB mit Einreichung der Widerspruchsbegründung – nach Ablauf der Widerspruchsfrist – neben Art. 8 Abs. 1 lit. a bzw. b auch auf Art. 8 Abs. 5 gestützt, ist der Widerspruch gemäß Art. 5 Ab 3 DVUM als unzulässig zurückzuweisen, soweit er (nachträglich) auf Art. 8 Abs. 5 gestützt wurde (EUIPO Entsch. v. 7.10.2019 – B2977646).

Auch wenn es grundsätzlich die Möglichkeit gibt **„offensichtliche Unrichtigkeiten"** (bzw. **57** offensichtlicher Fehler) in der Widerspruchsschrift in Anwendung von Art. 49 Abs. 2 (der analog auch auf Unionsmarkenanmeldungen angewendet werden kann) zu berichtigen, empfiehlt es sich dringend die Widerspruchschrift vor Einreichung gründlich zu prüfen, denn die Zulässigkeit einer derartigen Berichtigung stellt eher den Ausnahmefall dar. Unter „offensichtliche Unrichtigkeiten" sind Fehler zu verstehen, die „ganz eindeutig berichtigt werden müssen, da ein anderer als der berichtigte Text nicht beabsichtigt gewesen sein kann" (vgl. EUIPO Entsch. v. 27.8.2021 – B3085510). Ein solcher offensichtlicher Fehler wurde etwa in einem Fall angenommen, in dem der Widersprechende in der Widerspruchsschrift angegeben hatte, dass es sich bei einer der ins Feld geführten älteren Rechte (allesamt IR-Marken) um eine Bildmarke handle, obwohl es sich tatsächlich auch bei dieser Marke (wie alle anderen dort angeführten, älteren IR-Marken) um eine Wortmarke gehandelt hatte. Dies ergab sich unmittelbar und eindeutig aus dem über TMView online zugänglichen Registerauszug der betreffenden Marke (vgl. EUIPO Entsch. v. 4.6.2020 – B3075705; Widerspruch trotzdem abgewiesen).

Keine offensichtliche Unrichtigkeit liegt hingegen vor, wenn in der Widerspruchsschrift die Abkürzung **57.1** „RU" (für „Russische Föderation") für das Schutzgebiets des älteren nationalen Rechtes angegeben wird, obwohl die Abkürzung richtigerweise „RO" (für „Rumänien") hätte lauten müssen (EUIPO Entsch. v. 18.11.2017 – B2057563).

2. Relative Zulässigkeitsvoraussetzungen

Die übrigen, in Art. 2 Abs. 2 lit. d–h DVUM aufgeführten Anforderungen können gemäß **58** Art. 5 Abs. 5 DVUM auch noch nach Ablauf der Widerspruchsfrist binnen einer vom Amt gesetzten Nachfrist erfüllt werden. Diesbezügliche Mängel stellen sog. „relative" Mängel dar und können innerhalb einer nicht verlängerbaren Frist von zwei Monaten nach Ablauf der Widerspruchsfrist durch Einreichen der fehlenden Unterlagen und Übersetzungen etc behoben werden. Bei mangelnder Angabe der Waren und Dienstleistungen, gegen die sich der Widerspruch richtet gemäß Art. 2 Abs. 2 lit. i DVUM, wird davon ausgegangen, dass sich der Widerspruch gegen alle Waren und Dienstleistungen richtet, die Gegenstand der beanstandeten Anmeldung sind.

Gemäß Art. 2 Abs. 2 lit. d DVUM sind bei älteren eingetragenen oder angemeldeten **Marken 59** jeweils (soweit vorhanden) **Prioritäts-, Anmelde- und Eintragungsdatum** anzugeben. Allerdings reicht es aus, wenn diese Daten den beiliegenden Unterlagen zu entnehmen sind (Markenrichtlinien, Teil C, Abschn. 1, 2.4.2.1.).

Ferner muss bei älteren Marken gemäß Art. 2 Abs. 2 lit. f DVUM eine – gegebenenfalls farbige – **60** **Wiedergabe** der Marke in der angemeldeten bzw. eingetragenen Form eingereicht werden. Dies betrifft insbesondere Bildmarken und dreidimensionale Marken bzw. Formmarken. Allerdings wird bei älteren Unionsmarken oder Unionsmarkenanmeldungen keine Wiedergabe verlangt, weil diese bereits in der Datenbank des Amtes enthalten ist. Enthält die Widerspruchsschrift keine Wiedergabe der Marke oder ist die vorgelegte Wiedergabe unvollständig oder unleserlich, wird der Widersprechende über diesen Mangel in Kenntnis gesetzt bzw. verlangt das Amt die Einreichung einer vollständigen bzw. deutlichen Wiedergabe (Markenrichtlinien, Teil C, Abschn. 1, 2.4.2.2.). Kommt der Widersprechende dieser Aufforderung nicht innerhalb der zu gewährenden Zweimonatsfrist nach, so ist der auf dieses ältere Recht gestützte Widerspruch als unzulässig zurückzuweisen.

Die deutsche Fassung nannte in Art. 2 Abs. 2 lit. d und f DVUM 2017 lediglich Unionsmarken und **60.1** Unionsmarkenanmeldungen, so dass diese Anforderungen für ältere auf Mitgliedstaatsebene geschützte Marken nicht zu gelten schienen. Hier handelte es sich jedoch um einen offensichtlichen Übersetzungsfehler, der sich in anderen Sprachfassungen nicht fand und in der jetzigen DVUM entsprechend korrigiert wurde.

61   Eine **farbige Wiedergabe** wird nur verlangt, wenn sich aus der Widerspruchsschrift ergibt, dass es sich um eine farbige Marke handelt. Stellt sich dies später heraus und hat der Widersprechende nicht spätestens mit der Widerspruchsbegründung eine Wiedergabe vorgelegt, wird der Widerspruch als unsubstantiiert zurückgewiesen, nicht als unzulässig (zB EuG T-265/18, BeckEuRS 2019, 604656 – Formata (fig.)/Formata (fig.) et al.). Aus diesem Grund finden sich in der zum März 2022 aktualisierten Fassung der Markenrichtlinien die einschlägigen Ausführungen neben dem Abschnitt für die Zulässigkeitsprüfung (Markenrichtlinien, Teil C, Abschn. 1, 2.4.2.2) auch in dem Abschnitt für die Substantiierung (Markenrichtlinien, Teil C, Abschn. 1, 4.2.3.6). Grundsätzlich muss der Widersprechende zum Bestand der älteren Marke aus einer amtlichen Quelle vorlegen. Eine Wiedergabe in Farbe wird auch dann verlangt, wenn die ältere nationale Marke (aus technischen Gründen) nicht in Farbe veröffentlicht werden konnte. Als „Farbwiedergabe" gilt jedoch auch eine Wiedergabe mit einer Angabe der Farben in Worten sowie ihrer Anordnung in der Marke (zB mithilfe von Pfeilen), auch wenn sie technisch gesehen schwarz-weiß ist. In diesem Fall ist jedoch auch eine Übersetzung der Farbangaben in die Verfahrenssprache vorzulegen (Markenrichtlinien, Teil C, Abschn. 1, 4.2.3.6).

61.1   In der zum Februar 2020 aktualisierten Fassung der Markenrichtlinien wurde der Absatz gestrichen, in dem festgelegt war, dass farbige Wiedergaben nur dann verlangt werden, wenn das betreffende nationale Amt die Marke in Farbe veröffentlicht oder veröffentlicht hat (Teil C, Abschn. 1, 2.4.2.2, relative Zulässigkeitsvoraussetzungen). Die aktuelle Fassung sieht nun vor, dass die Wiedergabe auch dann in Farbe eingereicht werden muss, wenn in den amtlichen Veröffentlichungen der zuständigen Eintragungsbehörde keine farbige Wiedergabe der Marke verfügbar ist (diese muss nicht unbedingt aus einer amtlichen Quelle stammen). Insoweit ist die Markenrichtlinie allerdings noch nicht vollständig konsistent, denn an anderer Stelle wurde diese Änderung noch nicht umgesetzt (vgl. Teil C, Abschn. 1, 4.2.3.6, Substantiierung, Überprüfung der Nachweise).

62   Bei älteren **Ursprungsbezeichnungen** oder geografischen Angaben ist das Anmeldedatum oder der Tag des Inkrafttretens der Schutzgewährung anzugeben (Art. 2 Abs. 2 lit. e DVUM).

63   Erforderlich ist nach Art. 2 Abs. 2 lit. g DVUM ferner die Angabe der **Waren und Dienstleistungen,** auf die die jeweiligen Widerspruchsgründe gestützt sind. Es muss eindeutig angegeben werden auf welche Waren und Dienstleistungen sich die einzelnen Gründe für den Widerspruch stützen. Wenn der Widersprechende im Widerspruchsformular angibt, dass der Widerspruch auf „allen Waren und Dienstleistungen, für die das ältere Recht eingetragen ist" basiert, aber dann nur einen Teil dieser Waren und Dienstleistungen auflistet, geht das Amt davon aus, dass der Widerspruch tatsächlich auf „allen Waren und Dienstleistungen, für die das ältere Recht eingetragen ist" basiert (EUIPO Entsch. v. 16.8.2019 – B2963992).

64   Bei älteren, nicht auf Unionsebene geschützten Marken ist dies häufig das Einzige, was übersetzt werden muss, da die Listen der Waren- und Dienstleistungen in der Regel online abrufbar sind und in dem Fall nicht in Einzelnen angegeben werden müssen. Insbesondere bei IR-Marken mit Schutzerstreckung auf die EU sollte nicht vergessen werden, dass der Widerspruch als unzulässig zurückzuweisen wird, wenn die Waren und Dienstleistungen, auf die sich der Widerspruch stützt, nicht rechtzeitig in der Sprache des Widerspruchsverfahrens vorliegen.

65   Hinsichtlich des **Widersprechenden** sind nach Art. 2 Abs. 2 lit. h DVUM weitere Angaben zu machen, nämlich Name und (Geschäfts-)Anschrift des Widersprechenden oder seines Vertreters. Insoweit verweist die DVUM auf die für Unionsmarkenanmeldungen geltenden Anforderungen nach Art. 2 Abs. 1 lit. b und e UMDV. Sofern die Angaben Fehler aufweisen, können diese nur dann nachträglich korrigiert werden, wenn es sich um offensichtliche Fehler handelt, die der Prüfer zB anhand der eingereichten Unterlagen umgehend erkennen kann. Ferner muss der Widersprechende angeben, wenn er nicht der Inhaber des älteren Rechts, sondern aufgrund Lizenz oder sonstiger Bestimmungen zur Ausübung des Rechts befugt ist. In Ermangelung einer solchen Angabe wird davon ausgegangen, dass er Inhaber ist (Markenrichtlinien, Teil C, Abschn. 1, 2.4.2.5). Nachweise über die Befugnis des Widersprechenden sind zu diesem Zeitpunkt nicht erforderlich, sondern können der Widerspruchsbegründung vorbehalten werden.

65.1   Eine offensichtliche – und damit korrigierbare – Unrichtigkeit kann zB vorliegen, wenn die Angaben zum Widersprechenden versehentlich an derjenigen Stelle eingetragen wurden, die für die Angaben zum Vertreter bestimmt ist (Markenrichtlinien, Teil C, Abschn. 1, 7.1.1).

65.2   Besteht dahingegen ein Unterschied zwischen dem Namen des Widersprechenden einerseits und demjenigen des Markeninhabers andererseits (wie „MSC Technologies Systems GmbH" und „MSC Technologies GmbH"), wird dem Antrag des Widersprechenden auf Berichtigung nicht stattgegeben. Grund dafür ist, dass ein Unterschied in einem Firmennamen normalerweise auf ein anderes Unternehmen hinweist und daher keine offensichtliche Unrichtigkeit darstellt. Insoweit verhilft dem Widersprechenden auch nicht das

Argument zum Erfolg, dem Anmelder sei die Identität des Widersprechenden sowieso aus anderweitigen Widerspruchverfahren bekannt (EUIPO Entsch. v. 31.1.2019 – B3038042; Beschwerde eingelegt). Für den Fall der Angabe einer abweichenden Rechtsform einer Widersprechenden juristischen Person s. EUIPO Entsch. v. 1.3.2021 – B3117264.

Schließlich ist nach Art. 2 Abs. 2 lit. i DVUM anzugeben, ob der Widerspruch gegen alle oder **66** nur einen Teil der Waren und Dienstleistungen der Unionsmarkenanmeldung gerichtet ist. Bei Fehlen einer entsprechenden Angabe ergeht jedoch keine Mängelmitteilung, sondern es wird vermutet, dass sich der Widerspruch gegen alle Waren bzw. Dienstleistungen richtet, die von der beanstandeten Anmeldung erfasst werden. Die Reichweite des Widerspruchs ist auch dann richtig angegeben, wenn spezifische Waren benannt werden, die unter den in der angefochtenen Anmeldung benutzten Oberbegriff fallen. Bei unklaren oder mehrdeutigen Formulierungen (wie zB „der Widerspruch richtet sich gegen Waren, die zu XY ähnlich sind“) wird angenommen, dass sich der Widerspruch gegen alle Waren und Dienstleistungen der angefochtenen Anmeldung richtet (Markenrichtlinien, Teil C, Abschn. 1, 2.4.3.1). Zu beachten ist wiederum, dass die Reichweite eines Widerspruchs nach Ablauf der Widerspruchsfrist nicht mehr erweitert werden kann (zB EuG T-382/21, GRUR-RS 2022, 4007 Rn. 24 ff.; EUIPO Entsch. v. 11.11.2019 – R 1307/2018-2).

V. Berechtigung

Widerspruchsberechtigt sind nach Abs. 1 in den Fällen des Art. 8 Abs. 1, 3, 4 und 5 die **67** Inhaber der jeweils genannten älteren Marken und nicht eingetragenen Kennzeichenrechte. In den Fällen des Art. 8 Abs. 1 und 5 sind außerdem Lizenznehmer zur Einlegung eines Widerspruchs berechtigt, vorausgesetzt, dass diese von den jeweiligen Markeninhabern ausdrücklich zur Erhebung eines Widerspruchs ermächtigt wurden (Abs. 1 lit. a). In den Fällen des Art. 8 Abs. 4 sind neben den Inhabern der dort genannten älteren Marken oder Kennzeichenrechten zudem alle Personen widerspruchsberechtigt, die nach dem nationalen Recht berechtigt sind, diese Rechte geltend zu machen (Abs. 1 lit. c). Schließlich können Widersprüche in den Fällen des Art. 8 Abs. 6 von den Personen erhoben werden, die gemäß den Unionsvorschriften oder dem nationalen Recht zur Ausübung der dort genannten Rechte berechtigt sind (Abs. 1 lit. d).

Der Widerspruch kann auch von mehreren Widersprechenden gemeinschaftlich eingelegt wer- **68** den, sofern die geltend gemachten älteren Marken den Widersprechenden gemeinschaftlich zustehen. Zulässig ist die gemeinschaftliche Widerspruchserhebung allerdings nur in zwei Fallkonstellationen. Zum einen, wenn die Widersprechenden Mitinhaber der älteren Marken sind. Zum anderen, wenn der Widerspruch vom Markeninhaber oder Mitinhaber gemeinsam mit einem oder mehreren Lizenznehmern eingelegt wird (EUIPO Entsch. v. 5.4.2020 – B3062158; Entsch. v. 17.12.2015 – R 1895/2014-4). Bei **mehreren Widersprechenden** muss sich jeder auf jedes der geltend gemachten Rechte berufen können. Interessengleichheit genügt nicht. Sind daher zB verschiedene ältere Marken im Namen unterschiedlicher verbundener Unternehmen eingetragen, muss pro Inhaber ein Widerspruch erhoben werden. Berufen sich zB zwei Widersprechende auf drei ältere Rechte und sind sie nur hinsichtlich eines dieser Rechte Mitinhaber, während die anderen beiden jeweils einem der Widersprechenden gehören, ist der Widerspruch nur für dasjenige ältere Recht zulässig, das beiden Widersprechenden gemeinsam gehört. Berufen sich zwei Widersprechende auf ältere Rechte, die jeweils einem der Widersprechenden gehören, müssen sie klarstellen, mit wem das Verfahren weiterzuführen ist. Ohne eine solche Angabe ist der Widerspruch insgesamt unzulässig. Für die Zulässigkeit genügt die Vorlage einer Erklärung, entsprechende Nachweise können zu einem späteren Zeitpunkt nachgereicht werden (EUIPO Entsch. v. 17.12.2015 – R 1895/2014-4; Markenrichtlinien, Teil C, Abschn. 1, 2.4.2.6). Zum Nachweis der Berechtigung iE → Rn. 98.

Bei **Inhaberwechsel** vor Widerspruchserhebung ist zwischen älteren Unionsmarken und natio- **69** nalen Marken zu unterscheiden. Bei älteren Unionsmarken muss der Rechtsnachfolger vor Einreichung des Widerspruchs einen Antrag auf Eintragung des Rechtsübergangs gestellt haben (gemäß Art. 20 Abs. 11 und 12; war das noch nicht der Fall, kann der Widerspruch nur durch den eingetragenen Inhaber eingereicht werden und später ggf. ein Parteiwechsel stattfinden). Bei älteren nationalen Marken akzeptiert das Amt Widersprüche sowohl (noch) eingetragener Inhaber als auch nach materiellem Recht neuer Inhaber, unabhängig davon, welcher Inhaber das Recht nach nationalem Recht geltend machen kann.

Die Markenrichtlinien, Teil C, Abschn. 1, 2.4.2.5, begründen dies damit, dass diese Frage in den **69.1** Mitgliedstaaten unterschiedlich geregelt ist. Richtiger wäre wohl eine Berücksichtigung etwaiger dem

Art. 20 Abs. 11 und Art. 12 entsprechender Regelungen und die Annahme einer diesbezüglichen Darlegungs- und Beweislast dessen, der sich auf das nationale Recht beruft.

70   Im Hinblick auf die Zulässigkeit des Widerspruchs einer Person, die nicht als Inhaberin der älteren Marke eingetragen ist, reicht es nach Art. 20 Abs. 12 aus, dass der entsprechende Antrag auf Rechtsübergang am selben Tag gestellt wird, an dem auch der Widerspruch eingereicht wird. Von einer rechtzeitigen Antragstellung ist auch dann auszugehen, wenn formal zwar nicht ein Rechtsübergang, sondern ein Antrag auf Änderung des Namens und der Anschrift des Inhabers gestellt wurde, sich aus den Unterlagen aber eindeutig ergibt, dass es sich tatsächlich um einen Rechtsübergang handelt (vgl. EuGH C-139/17 P, BeckRS 2018, 16224 – MEDIALBO/MEDIALB). In diesem Fall unterrichtet das Amt den Antragsteller entsprechend und fordert ihn auf, innerhalb einer bestimmten Frist einen Antrag auf Eintragung des Rechtsübergangs zu stellen (Markenrichtlinien, Teil E (Register), Abschn. 3, Kap. 1, 2.1).

C. Zulässigkeitsprüfung und Unterrichtung der Beteiligten

71   Das Amt prüft den Widerspruch auf Vorliegen der absoluten (also binnen der Widerspruchsfrist zu erfüllenden) und relativen Zulässigkeitsvoraussetzungen im Einklang mit Art. 5 DVUM. Wird der Widerspruch für zulässig befunden, ergeht eine entsprechende Mitteilung des Amtes an die Beteiligten. Das Amt ist an diese Entscheidung gebunden und kann sie nur gemäß Art. 103 widerrufen, dh der Widerruf ist nur binnen eines Jahres, nach Anhörung der Verfahrensbeteiligten und auch nur wenn die Entscheidung offensichtlich mit einem dem Amt anzulastenden Fehler behaftet ist, möglich (Markenrichtlinien, Teil C, Abschn. 1, 2.5).

72   Art. 4 DVUM sieht vor, dass die Widerspruchsschrift und alle vom Widersprechenden vorgelegten Unterlagen sowie die Mitteilungen des Amtes im Rahmen der Zulässigkeitsprüfung dem anderen Beteiligten – also dem Anmelder – übermittelt werden. Ebenso erhält der Anmelder eine Mitteilung über Feststellungen, dass ein Widerspruch als nicht eingelegt gilt, sowie über jegliche Zurückweisung wegen Unzulässigkeit (Art. 5 Abs. 6 DVUM).

72.1   Seit Februar 2018 teilt das Amt dem Anmelder nur die Widerspruchseinlegung mit, ohne die Widerspruchsschrift beizufügen. Diese kann der Anmelder jedoch bei eSearch Plus herunterladen. Auch wenn die Widerspruchsschrift damit eigentlich nicht im Sinne des Art. 4 DVUM „übermittelt" wurde, entspricht dieses Vorgehen der ständigen Praxis des Amtes. Auf diese Praxis weist das Amt inzwischen – zumindest indirekt – auch in den Markenrichtlinien hin, indem der ursprüngliche Satz „der Anmelder erhält eine Kopie der eingereichten Unterlagen" durch die Feststellung „auf die Widerspruchsschrift kann in der elektronischen Akte auf der Website des Amtes zugegriffen werden" ersetzt wurde. Auch insoweit ist die Markenrichtlinie allerdings noch nicht konsistent, denn an anderer Stelle des gleichen Abschnitts heißt es weiterhin „Die Widerspruchsschrift und die übrigen eingegangenen Dokumente werden dem Anmelder gemeinsam mit der Mitteilung zugesandt" (Markenrichtlinien, Teil C, Abschn. 1, 1).

73   Der Anmelder wird nicht förmlich an der Zulässigkeitsprüfung beteiligt. Er muss daher nicht angehört werden. Nimmt er unaufgefordert Stellung, kann das Amt dies aber berücksichtigen, weil für Verfahrensfragen das Amtsermittlungsprinzip gilt. Eine die Zulässigkeit bejahende Entscheidung kann der Anmelder nicht sofort, sondern nur mit der Entscheidung über den Widerspruch anfechten (→ Rn. 32.1, Redtube). Wird der Widerspruch jedoch als unzulässig zurückgewiesen und erhebt der Widersprechende hiergegen Beschwerde, wird der Anmelder als am Widerspruchsverfahren insgesamt Beteiligter automatisch auch am Beschwerdeverfahren beteiligt (Art. 67 S. 2) und hier zum Vollbeteiligten mit Anhörungsrecht über die Zulässigkeitsfragen.

74   Wurde die Gebühr nicht rechtzeitig bezahlt, gilt der Widerspruch als nicht erhoben, der Widersprechende sowie der Anmelder werden über die Entscheidung unterrichtet und eine etwa verspätete oder unzureichende Gebührenzahlung wird zurückerstattet (Art. 5 Abs. 1 und Abs. 6 DVUM, → Rn. 32).

75   Wird die Widerspruchsschrift zu spät eingereicht, wurde aber die Gebühr rechtzeitig bezahlt, wird der Widerspruch als unzulässig zurückgewiesen (Art. 5 Abs. 2 DVUM). Gleiches gilt, wenn die Widerspruchsschrift den Mindestanforderungen in sprachlicher oder sonstiger Hinsicht (also hinsichtlich des Art. 2 Abs. 2 lit. a–c DVUM) nicht entspricht (Art. 5 Abs. 3, 4 DVUM). Eine Beanstandung erfolgt hier nicht. Von der Entscheidung werden wiederum sowohl der Widersprechende als auch der Anmelder unterrichtet (Art. 5 Abs. 6 DVUM).

76   Sonstige Zulässigkeitsmängel werden beanstandet und dem Widersprechenden wird eine Frist von zwei Monaten zur Mängelbeseitigung gesetzt. Kommt der Widersprechende dem nicht oder unzureichend nach, wird der Widerspruch als unzulässig zurückgewiesen (Art. 5 Abs. 5 DVUM).

Seit einigen Jahren beschränkt das Amt die **Zulässigkeitsprüfung auf ein einziges von mehreren** **76.1**
älteren Rechten und stellt zu, wenn mit Blick auf dieses die Zulässigkeitsvoraussetzungen erfüllt sind,
ohne gegebenenfalls für andere ältere Rechte vorliegende Zulässigkeitsmängel zu rügen. Diese Vorgehensweise steht mit dem Grundsatz der Verfahrensökonomie im Einklang. Insoweit hat auch der Gerichtshof
bestätigt, dass das Amt nicht verpflichtet ist, bei mehreren Widersprüchen alle Widersprüche, älteren
Rechte und Rechtsgrundlagen zu untersuchen, wenn bereits eines davon als Ablehnungsgrund für die
UM-Anmeldung genügt (Markenrichtlinien Teil C, Abschn. 0, 4.1; EuG T-342/02, GRUR Int 2005,
56 – Moser Grupo Media, S.L.). Wird ein Widerspruch auf mehrere ältere Rechte gestützt und ist darunter
eine Unionsmarke (oder eine veröffentlichte Unionsmarkenanmeldung), wird er in der Regel mit Blick
auf die Unionsmarke für zulässig befunden. Hier liegen ja stets alle notwendigen Angaben in der Verfahrenssprache vor. Etwaige Zulässigkeitsmängel hinsichtlich der anderen älteren Rechte können und müssen im
späteren Verlauf des Verfahrens geheilt werden. Das Fehlen einer eigentlich nach Art. 5 Abs. 5 DVUM
notwendigen Beanstandung wirkt sich so aus, dass keine Frist für die Mängelbeseitigung läuft, so dass eine
Zurückweisung wegen Unzulässigkeit zunächst nicht in Betracht kommt. Die fehlende Beanstandung
stünde einer Zurückweisung wegen Unzulässigkeit in der Endentscheidung nicht entgegen. In der Regel
machen aber fehlende Angaben, die auch mit der Widerspruchsbegründung nach Art. 7 Abs. 1 DVUM
nicht vorgelegt wurden, den Widerspruch insoweit unbegründet.

Wird der Widerspruch zurückgewiesen, bevor er zugestellt wird, ergeht keine Kostenentschei- **77**
dung (Art. 5 Abs. 6 S. 2 DVUM). Auch dies zeigt, dass der Anmelder durch die Benachrichtigun-
gen des Amtes nicht zum Beteiligten der Prüfung der Zulässigkeit des Widerspruchs geworden
ist.

Ergibt die Prüfung des Amtes, dass der **Widerspruch zulässig** ist, wird er gemäß Art. 6 Abs. 1 **78**
DVUM **zugestellt** und werden drei **Verfahrensfristen** gesetzt, nämlich die Cooling-off-Frist
von zwei Monaten, die Begründungsfrist für den Widersprechenden von vier Monaten, und die
Erwiderungsfrist für den Anmelder von sechs Monaten. Der kontradiktorische Teil des Verfahrens
gilt nach der zweimonatigen Cooling-off-Frist als aufgenommen. Diese Fristen wurden häufig als
jeweils neue Zweimonatsfristen angegeben, weil sich die Viermonatsfrist für den Widersprechenden häufig und die Sechsmonatsfrist für den Anmelder fast immer nach hinten verschieben. Gemäß
der zum März 2022 aktualisierten Fassung der Markenrichtlinien werden in der Praxis keine
einzelnen Fristen von jeweils zwei Monaten mehr festgesetzt. Stattdessen gibt das Amt in der
Mitteilung die genauen Fristdaten an.

D. Cooling-off-Frist

Die Cooling-off-Frist war von Anfang an Bestandteil der Widerspruchsverfahren vor dem Amt. **79**
Sie wurde mit Regel 18 GMDV eingeführt und in Art. 6 DVUM übernommen. Ihre Einführung
sollte der möglichst frühzeitigen Streitbeilegung dienen und das Risiko von Anmeldern, von
möglichen Widersprüchen aus ihnen unbekannten älteren Rechten überzogen zu werden, verringern. Diese Strategie war höchst erfolgreich: Von Anfang an wurden um die 70 % der Widersprüche während der Cooling-off-Frist beigelegt. Dabei wirkt die Rückzahlung der Widerspruchsgebühr infolge Erledigung des Widerspruchs durch Rücknahme der Anmeldung oder nach deren
Einschränkung trotz der geringen Höhe des Betrages (320 Euro) als erheblicher Anreiz.

Der Erfolg der Cooling-off-Frist im Markensystem der EU hat in diversen anderen Systemen zu ihrer **79.1**
Einführung geführt, zB in Benelux, Großbritannien, Italien, Australien, Kanada und seit der Markenrechtsreform 2019 auch in Deutschland.

Die Cooling-off-Frist beträgt zunächst zwei Monate ab Zustellung des Widerspruchs (Art. 6 **80**
Abs. 1 S. 1 DVUM). Die Parteien können jedoch eine **Verlängerung** der Frist auf 24 Monate
beantragen (Art. 6 Abs. 1 S. 2 DVUM). Wird die Cooling-off-Frist verlängert, verschieben sich
die weiteren Fristen, also die Begründungsfrist für den Widersprechenden und die Erwiderungsfrist
für den Anmelder, entsprechend nach hinten. Für die Verlängerung ist kein gemeinsamer Antrag
erforderlich; ausreichend ist es, dass **beide Beteiligten** die Verlängerung **vor Ablauf der Zwei-**
monatsfrist beantragt haben.

Besonders einfach ist der Verlängerungsantrag, wenn beide Parteien Nutzer der elektronischen Plattform **80.1**
des Amtes sind. Ansonsten ist ein gemeinsamer oder sind beiderseitige Anträge rechtzeitig einzureichen.

Ein Verlängerungsantrag, der verspätet eingereicht wird (von einem oder beiden Beteiligten), wird als **80.2**
Aussetzungsantrag behandelt (Markenrichtlinien, Teil C, Abschn. 1, 3.2).

Die Verlängerung erfolgt immer um 22 Monate, auch wenn die Parteien explizit eine kürzere **81**
Verlängerung beantragen (Markenrichtlinien, Teil C, Abschn. 1, 3.2). Diese Begrenzung kann

nicht durch einen übereinstimmenden Antrag der Beteiligten auf Aussetzung für Verhandlungen verlängert werden (Markenrichtlinien, Teil C, Abschn. 1, 3.2). Eine Verkürzung ist hingegen jederzeit möglich (→ Rn. 83).

81.1   Die Beschränkung auf eine Gesamtdauer von 24 Monaten erfolgte durch Änderung der GMDV im Jahre 2005. Dem wiederum folgte die Mitteilung des Präsidenten 1/06 vom 2.2.2006, die vorsah, dass die Verlängerung stets direkt um 22 Monate erfolgen würde. Dies setzte der Praxis in den Anfangsjahren, nach der die Cooling-off-Frist jeweils um zwei Monate verlängert wurde, ein Ende. Diese Praxis hatte häufig zu einem Papierkrieg geführt, der dem Amt genauso lästig war wie den Verfahrensbeteiligten.

81.2   Wenn die zwei Jahre Cooling-off-Frist zur Beilegung des Streits nicht ausreichen, steht es den Parteien unbenommen, nach deren Ablauf gemeinsam die Aussetzung des Verfahrens zu beantragen. Auch diese ist aber nunmehr auf insgesamt zwei Jahre begrenzt (Art. 71 Abs. 2 S. 2 DVUM, → Art. 106 Rn. 7). Dabei werden gemeinsam beantragte Aussetzungen kumuliert, nach kolportierter Auffassung der Beschwerdekammern sogar über die Instanzen hinweg. Dessen sollten sich die Parteien bewusst sein.

82   Bei Verlängerung der Cooling-Off-Frist muss der Widersprechende ggf. die Substantiierung der älteren Marke erneuern (zB sofern eine Verlängerung der älteren Marke in diesem Zeitraum notwendig wird). Etwaige Versäumnisse können zur Unbegründetheit des Widerspruchs führen (vgl. auch → Rn. 92). Die Aussetzung des Verfahrens führt hingegen nicht zu einer Verschiebung des kontradiktorischen Verfahrensabschnitts (zu den Konsequenzen → Rn. 89.1).

83   Scheitern die Verhandlungen, kann jede der Parteien einseitig aus der verlängerten Cooling-off-Frist aussteigen (opting out). Dies gilt während der gesamten Dauer der Cooling-off-Frist, nur nicht während der letzten Monats vor deren Ablauf. Teilt eine der Parteien dem Amt schriftlich mit, dass sie die Cooling-off-Frist beenden möchte, bestätigt das Amt den Parteien die Beendigung und teilt ihnen mit, dass die Cooling-off-Frist zwei Wochen später endet und ab diesem Zeitpunkt neue Verfahrensfristen laufen (zwei Monate für die Widerspruchsbegründung, vier Monate für die Erwiderung). Die Erklärung der Beendigung der Cooling-off-Frist kann nicht widerrufen werden (Markenrichtlinien, Teil C, Abschn. 1, 3.2).

84   Nach Art. 6 Abs. 2 DVUM wird das Widerspruchsverfahren eingestellt, wenn die Anmeldung ganz oder in Bezug auf alle von dem Widerspruch erfassten Waren und Dienstleistungen zurückgenommen oder in einem Parallelverfahren zurückgewiesen wird, oder die Parteien dem Amt mitteilen, dass sie sich gütlich geeinigt haben.

85   Wird die Anmeldung in Bezug auf einen Teil der vom Widerspruch erfassten Waren oder Dienstleistungen eingeschränkt, wird dies dem Widersprechenden mitgeteilt und erhält er eine Zweimonatsfrist für die Erklärung, ob er den Widerspruch aufrechterhält bzw. gegen welche der verbleibenden Waren oder Dienstleistungen sich sein Widerspruch richtet (Art. 6 Abs. 3 S. 1 DVUM). Nimmt der Widersprechende binnen dieser Frist den Widerspruch zurück, wird das Verfahren wiederum eingestellt (Art. 6 Abs. 3 S. 2 DVUM). Dabei ist es unerheblich, ob der Widerspruch während der Cooling-off-Frist zurückgenommen wird. Es kommt allein auf die vom Amt gesetzte Frist an.

86   Erledigt sich der Widerspruch während der Cooling-off-Frist aus welchen Gründen auch immer, ergeht keine Kostenentscheidung. Zwar beschränkt Art. 6 Abs. 4 DVUM diese Rechtsfolge auf die Einstellung in den in Art. 6 Abs. 2 und 3 DVUM genannten Fällen, jedoch erlässt das Amt auch dann keine Kostenentscheidung, wenn der Widerspruch ohne Einschränkung der Anmeldung oder Mitteilung einer gütlichen Einigung zurückgenommen wird.

87   Zusätzlich wird die Widerspruchsgebühr gemäß Art. 6 Abs. 5 DVUM zurückgezahlt, wenn die Anmeldung ganz oder für manche der Waren oder Dienstleistungen zurückgenommen wird, auf die sich der Widerspruch bezieht und ggf. der Widerspruch im Übrigen fristgerecht zurückgenommen wird. Auch hier ist die Praxis des Amtes großzügiger als der Wortlaut des Gesetzes: Art. 6 Abs. 3 S. 2 DVUM, auf den Art. 6 Abs. 5 verweist, sieht die Einstellung des Verfahrens vor, wenn der Widerspruch „aufgrund der Einschränkung" zurückgenommen wird. In der Praxis aber wird keine Kausalbeziehung zwischen Einschränkung und Widerspruchsrücknahme gefordert (bzw. stets zugunsten der Parteien vermutet).

87.1   Wird zB in einem Widerspruchsverfahren zwischen zwei Softwareherstellern, das die gesamte Klasse 9 der Anmeldung betrifft, eine Einigung herbeigeführt, zB über Modalitäten der Markenbenutzung oder den Gegenstand der Software, und streicht der Anmelder während der Cooling-off-Frist „Feuerlöschgeräte" aus dem Verzeichnis und nimmt der Widersprechende anschließend den Widerspruch zurück, wird die Gebühr zurückerstattet, auch wenn ein Kausalzusammenhang zwischen Einschränkung und Rücknahme klar nicht bestand.

Der Ablauf der Cooling-off-Frist markiert den Beginn des kontradiktorischen Teils des Wider- **88** spruchsverfahrens (Art. 6 Abs. 1 DVUM).

E. Widerspruchsbegründung

I. Überblick

Zwei Monate nach Beginn des kontradiktorischen Teils muss der Widersprechende den Wider- **89** spruch durch Vorlage von „Tatsachen, Beweismitteln und Bemerkungen" begründen, soweit das nicht bereits mit der Widerspruchsbegründung erfolgt ist (Art. 7 Abs. 1 DVUM für Widerspruchs- verfahren, deren kontradiktorischer Teil nach dem 1.10.2017 begann, sonst Regel 19 GMDV). Diese Eingabe des Widersprechenden stellt die Weichen für das weitere Verfahren. Was hier nicht an notwendigen Unterlagen oder Tatsachen vorgelegt wird, kann entweder gar nicht oder nur unter engen Voraussetzungen nachgereicht werden. Widersprechende müssen Art. 7 Abs. 2–4 DVUM sorgfältig berücksichtigen, denn das Amt weist den Widersprechenden nicht darauf hin, welcher Art von Unterlagen gemäß 7 DVUM zur Vervollständigung der Akte noch einzureichen sind. Die Markenrichtlinien des Amtes (Teil C, Abschn. 1, 4.1–4.3.4) enthalten hierzu umfangrei- che Kommentare.

Wird das Verfahren gleich nach dem Beginn des kontradiktorischen Teils ausgesetzt, beeinflusst es **89.1** nicht die kritische Begründungsfrist für die ältere nationale Marke. Das bedeutet zB, dass ggf. noch eine Verlängerungsurkunde nachträglich eingereicht werden kann (EUIPO Entsch. v. 18.12.2019 – R 1292/ 2019-4; vgl. zu anstehenden Verlängerungen innerhalb der Cooling-Off-Frist → Rn. 82 und → Rn. 92).

Der Widersprechende muss Existenz, Gültigkeit und Schutzumfang der älteren Rechte sowie **90** ggf. seine Berechtigung zur Einlegung des Widerspruchs nachweisen. Art. 7 Abs. 2 DVUM (für ältere Widersprüche s. Regel 19 Abs. 2 GMDV) enthält insoweit umfangreiche Angaben dazu, was nachzuweisen ist. Die notwendigen Nachweise zur Existenz der älteren Rechte hängen von der Art des geltend gemachten älteren Rechts ab. Soweit sich der Widersprechende auf die Bekanntheit oder erhöhte Kennzeichnungskraft der geltend gemachten Rechte stützen möchte, muss er dies in der Widerspruchsbegründung darlegen und entsprechende Beweismittel vorlegen. Art. 7 Abs. 3 DVUM enthält Erleichterungen für den Nachweis älterer Rechte, die in vom EUIPO anerkannten Onlinequellen reflektiert sind. Gemäß Art. 7 Abs. 4 DVUM müssen alle nach Abs. 2 vorzulegenden, für die Substantiierung der älteren Rechte notwendigen Unterlagen in der Verfah- renssprache vorgelegt bzw. in diese übersetzt werden, und zwar binnen der Begründungsfrist. Für andere Unterlagen, etwa Bekanntheitsnachweise, verweist Art. 7 Abs. 4 S. 3 DVUM auf Art. 24 UMDV, also das früher bereits für Benutzungsnachweise geltende erheblich großzügigere Rege- lung, dass Nachweise grundsätzlich in der Originalsprache vorgelegt werden können. Nicht recht- zeitig vorgelegte oder in die Verfahrenssprache übersetzte „Vorlagen oder Teile davon" werden gemäß Art. 7 Abs. 5 DVUM unberücksichtigt gelassen. Insofern bleibt dem Widersprechenden ggf. die Möglichkeit der Berücksichtigung verspäteter Unterlagen gemäß Art. 95 Abs. 2 (→ Art. 95 Rn. 90 ff.) und Art. 8 Abs. 5 DVUM.

Auch ein zunächst ohne Vollmacht eingelegter Widerspruch konnte bereits früher dadurch geheilt **90.1** werden, dass der Vertretene diese Verfahrenshandlung gemäß Regel 76 Abs. 4 S. 3 GMDV (Art. 74 Abs. 3 DVUM) nachträglich genehmigt. Dies geschah durch Nachreichung einer Vollmacht, die sich ausdrücklich auf das konkrete Widerspruchsverfahren bezog (EUIPO Entsch. v. 29.10.2004 – R 0387/2004-4). Die von einem berufsmäßigen Vertreter eingereichten Widerspruchsbegründung gilt als fristgerecht eingereicht, wenn er innerhalb einer vom Amt festgelegten Frist die nötige Vollmacht nachreicht. Insoweit genügt es sogar, wenn die Vollmacht erst zu einem späteren – nach der Einreichung der Widerspruchsbegründung liegenden – Zeitpunkt unterzeichnet wurde (EUIPO Entsch. v. 27.9.2018 – B2816182).

II. Nachweise zu Existenz, Gültigkeit und Schutzumfang der älteren Rechte sowie zur Berechtigung des Widersprechenden

1. Eingetragene Marken oder Markenanmeldungen

Gemäß Art. 7 Abs. 2 lit. a DVUM müssen für den Nachweis älterer eingetragener oder angemel- **91** deter Marken, die nicht Unionsmarken sind, Unterlagen vorgelegt werden, aus denen sich die wesentlichen Daten (Prioritäts-, Anmelde- und ggf. Eintragungsdatum sowie Ablauf der Schutz- dauer) sowie der Inhaber und die Reichweite (Waren und Dienstleistungen) der Marke ergeben.

Bei Unionsmarken bedarf es dieses Nachweises nicht, weil deren Daten im Bestand des Amtes sind. Zu älteren UK-Rechten in aktuellen Widerspruchsverfahren → Rn. 10.

91.1   Eine internationale Markenregistrierung mit Benennung der EU hat zwar die gleiche Rechtswirkung wie eine Unionsmarke, ist jedoch keine Markenregistrierung der Europäischen Union. Das EUIPO ist nicht für die Verwaltung internationaler Registrierungen zuständig (EuG T-240/13, BeckRS 2014, 82606 – Alifoods). Etwaige Auszüge aus eSearch plus werden vom Amt daher bereits seit dem 1.7.2012 nicht mehr akzeptiert, soweit sie Internationale Registrierungen betreffen. Zulässig sind hingegen Auszüge aus der Datenbank TMview (EuG T 848/16, BeckEuRS 2016, 494603 Rn. 70 – V (fig.)/V (fig.) et al.).

92   Wichtig ist, dass der Widersprechende von sich aus in diesem Zeitpunkt Unterlagen vorlegt, die die Gültigkeit einer Markeneintragung zeigen, inklusive einer etwaigen Verlängerung. Daher ist soweit möglich die Vorlage eines aktuellen Auszugs aus dem Register der Vorlage von Eintragungs- und Verlängerungsurkunden der Vorzug zu schenken. Dabei ist auch wichtig, dass die Unterlagen die Herkunft erkennen lassen, wobei ggf. eine Zusammenschau von mehreren Dokumenten möglich ist. Läuft die Schutzdauer der Widerspruchsmarke im weiteren Verlauf des Widerspruchsverfahrens aus und wird sie verlängert, muss dies nur dann gesondert nachgewiesen werden, wenn der Widersprechende hierzu aufgefordert wird. Insoweit hat auch die Verlängerung der Cooling-Off-Frist unmittelbare Konsequenzen für die Substantiierung der älteren Marke. Werden diese nicht beachtet, kann dies zur Unbegründetheit des Widerspruchs führen. Wird beispielsweise mit der Widerspruchsschrift ein Registerauszug der älteren Marke eingereicht, aus dem hervorgeht, dass die Marke erst nach Ablauf der Cooling-Off-Frist (aber innerhalb der vom Amt gesetzten Fristen des kontradiktorischen Teils) zur Verlängerung ansteht und wird die Cooling-Off-Frist dann verlängert (sodass die Frist zur Verlängerung in den Zeitraum der verlängerten Cooling-Off-Frist fällt), hat der Widersprechende die Verlängerung der älteren Marke von sich aus rechtzeitig nachzuweisen (vgl. → Rn. 82).

92.1   Dass der Widersprechende nicht von sich aus angeben muss, wenn eine Marke ihre Wirksamkeit verliert, also zB nicht verlängert wird, ist fragwürdig, zumal der Anmelder dies nicht unbedingt in Erfahrung bringen kann, etwa weil das nationale Amt lange braucht, um das Auslaufen der Marke zu veröffentlichen und den Status zu verändern (s. EuG T 24/16, BeckEuRS 2017, 494098 Rn. 21 ff., 23 – FUENOLIVIA; → Art. 72 Rn. 65).

93   Der Widerspruch ist als unbegründet zurückzuweisen, wenn der vom Widersprechenden eingereichte Datenbankauszug eine **falsche Liste der Waren und Dienstleistungen** enthält und zB eine vorherige Einschränkung durch die WIPO nicht berücksichtigt. Dabei spielt es auch keine Rolle, ob die in der zutreffenden Liste angegebenen Waren zu demselben Ergebnis führen würden oder nicht (EUIPO Entsch. v. 19.12.2019 – R 0960/2019-4).

94   Beim Einreichen der Datenbankauszüge für Bildmarken ist sicherzustellen, dass die Wiedergabe der Marke entweder auf derselben Seite erscheint oder auf einer anderen Seite mit Angabe der Quelle. Es reicht insbesondere nicht aus, ein aus einer Datenbank herauskopiertes Bild elektronisch oder anderweitig an die Widerspruchsschrift anzuhängen (Markenrichtlinien, Teil C, Abschn. 1, 4.2.3.2).

95   Zu Originalunterlagen in einer anderen Sprache als der Verfahrenssprache muss der Anmelder, Übersetzungen einreichen, soweit die betreffenden Unterlagen nicht selbsterklärend sind oder aus INID-Codes oder nationale Codes (wie zB „Anmeldetag", „Beanspruchung einer Farbe" usw) bestehen. Lediglich verwaltungstechnische Angaben, die für das Verfahren keine Bedeutung haben, müssen nicht übersetzt werden (frühere Rechtsübergänge, welche den Widerspruch nicht berühren, verwaltungstechnische Eintragungen zu Gebühren usw). Allerdings können sich die Übersetzungen auf diejenigen Teile der Dokumente beschränken, die für das Verfahren von Belang sind. Insoweit erscheint es allerdings empfehlenswert vorsorglich zumindest kurz anzugeben, weshalb die übrigen Teile nicht von Relevanz sein sollen (vgl. Art. 25 Abs. 1 UMDV; vgl. Markenrichtlinien, Teil C, Abschn. 1, 4.3.1.1; auch EUIPO Entsch. v. 11.11.2019 – R 0865/2019-5).

95.1   Fehlt beispielsweise in einem deutschsprachigen Verfahren die deutsche Übersetzung des Registerauszugs der älteren Marke, ist der Widerspruch als unbegründet zurückzuweisen. Insoweit genügt es insbesondere auch nicht, eine deutsche Übersetzung des Dienstleistungsverzeichnisses der älteren Marke im Widerspruchsformular einzutragen. Auch das im Widerspruchsformular erklärte Einverständnis mit einem Datenimport aus der entsprechenden amtlichen Datenbank gemäß Art. 7 Abs. 3 DVUM genügt dem Übersetzungserfordernis nicht, da weder die Datenbank des EUIPO noch die der WIPO eine deutsche Fassung der Registerdaten enthalten (EUIPO Entsch. v. 12.6.2020 – 2274/2019-4; Beschwerde stattgegeben).

Sofern keine ernsthaften Zweifel hinsichtlich der Richtigkeit oder des Inhalts der Übersetzung **96** bestehen, akzeptiert das Amt einfache Übersetzungen. Sofern eine Erklärung beigefügt wird, wonach die Übersetzung dem Original entspricht, wird das Amt dies grundsätzlich nicht in Zweifel ziehen. Das Amt akzeptiert es sogar, wenn auf den Abschriften der Originalurkunden die betreffenden Angaben in der Verfahrenssprache handschriftlich hinzugefügt werden (vgl. Markenrichtlinien, Teil C, Abschn. 1, 4.3.1.1).

Nach Art. 7 Abs. 3 DVUM kann sich der Anmelder auf vom Amt **anerkannte online erhältli- 97 che Quellen** beziehen, statt die entsprechenden Unterlagen vorzulegen. Er ist aber verpflichtet, sich zu vergewissern, dass der Datenbestand aktualisiert und korrekt ist; zudem mag die Bezugnahmen auf Onlinequellen dazu verleiten, die mögliche Notwendigkeit von Übersetzungen zu übersehen. Diese Verfahrenserleichterung ist daher mit Vorsicht zu genießen.

Verwendet der Widersprechende das vom Amt bereitgestellte Formular für die elektronische Einrei- **97.1** chung von Widersprüchen, ist standardmäßig voreingestellt, dass die Substantiierung der Marken durch Verweise auf die einschlägige amtliche Online-Datenbank (über TMview) erfolgt. Im Übrigen ist auch jeder allgemeine Verweis auf die amtlichen Online-Datenbanken ist zulässig; ein direkter Link zu der Online-Quelle ist nicht erforderlich (Markenrichtlinien, Teil C, Abschn. 1, 4.2.3.2).

Der Widersprechende muss binnen der Frist nach Art. 7 Abs. 1 DVUM auch seine **Berechti- 98 gung** nachweisen. Ist er selbst Inhaber der älteren Marke, ergeben sich hier keine besonderen Schwierigkeiten. Soweit er aber als Lizenznehmer agiert, muss er binnen der Substantiierungsfrist Nachweise hierzu vorlegen. Daraus folgt bei der gemeinschaftlichen Widerspruchserhebung, dass jeder der Widersprechenden entsprechende Nachweise erbringen muss (EUIPO Entsch. v. 17.12.2015 – R1895/2014-4).

Die Berechtigung kann nicht aus den Umständen entnommen werden. Im Fall GPTech (EuG T-235/ **98.1** 16, BeckEuRS 2017, 511156) waren die älteren Marken GP Joule auf eine natürliche Person eingetragen, der Widerspruch aber durch ein Unternehmen eingebracht worden, dessen Namen sich mit den älteren Marken deckte. Dies reichte nicht, um den erst in der Beschwerdeinstanz vorgelegten Nachweis der Berechtigung als Lizenznehmer zum „ergänzenden Nachweis" zu machen. Bei gemeinsamer Widerspruchseinlegung durch Markeninhaberin und Lizenznehmerin ergibt sich die Berechtigung auch nicht konkludent aus der gemeinsamen Einlegung des Widerspruchs (EUIPO Entsch. v. 17.12.2015 – R1895/2014-4).

2. Bekanntheit

Wenn sich der Widersprechende gemäß Art. 8 Abs. 2 lit. c auf eine notorisch bekannte Marke **99** stützt oder den Bekanntheitsschutz nach Art. 8 Abs. 5 in Anspruch nimmt, muss er dies nicht nur in der Widerspruchsschrift angegeben haben, sondern auch mit der Widerspruchsschrift Nachweise der Bekanntheit vorlegen (Art. 7 Abs. 2 lit. b und f DVUM). Im Falle des Bekanntheitsschutzes müssen ferner „Beweismittel und Bemerkungen" zur Ausnutzung oder Schädigung des Rufes oder der Bekanntheit vorgelegt werden (Art. 7 Abs. 2 lit. f DVUM). Mit einer bloßen Wiederholung des Gesetzeswortlauts ist es hier nicht getan und diese Hürde darf nicht unterschätzt werden. Auch wenn Bekanntheit nachgewiesen wurde, scheitern viele Widersprüche an den weiteren Anforderungen des Art. 8 Abs. 5.

Was die **Sprache** betrifft, in der der Nachweis geführt werden muss, haben DVUM und **100** UMDV eine erhebliche **Erleichterung** gebracht. Für diese gilt nunmehr gemäß Art. 7 Abs. 4 DVUM iVm Art. 24 UMDV, dass sie in **jeder Amtssprache** der EU vorgelegt werden können. Das Amt kann dann entweder von sich aus oder auf Antrag der anderen Partei eine Übersetzung verlangen. Dies nimmt jedoch erheblichen Fristendruck aus der Widerspruchsbegründung. Im Übrigen kann durch eine vernünftige Erklärung und ggf. Teilübersetzungen der Nachweise eine Verpflichtung zur Vollübersetzung in der Regel vermieden werden.

3. Ältere nationale Rechte nach Art. 8 Abs. 4 sowie Ursprungsbezeichnungen und geografische Angaben nach Art. 8 Abs. 6

Soweit ältere nicht eingetragene Markenrechte oder andere nach nationalem Recht geschützte **101** Kennzeichenrechte gemäß Art. 8 Abs. 4 geltend gemacht werden, muss umfassend zu Erwerb, Fortbestand und Schutzumfang dieser Rechte vorgetragen werden (Art. 7 Abs. 2 lit. d DVUM). Hierzu gehört auch die Berechtigung nach nationalem Recht, insbesondere wenn der Widersprechende nicht Inhaber des älteren Rechts ist. Ferner ist Bekanntheit nachzuweisen, falls diese nach nationalem Recht für den geltend gemachten Schutz oder dessen Umfang erforderlich ist.

102   Dabei bestimmt Art. 7 Abs. 2 lit. d DVUM nunmehr ausdrücklich, dass „eine eindeutige Angabe der Inhalte des zugrunde liegenden nationalen Rechts durch Beifügung von Veröffentlichungen der relevanten Bestimmungen oder Rechtsprechung" erforderlich ist. Die Streitfrage in EUIPO v. GROUP (C-478/16 P), in der EuG und EuGH über die Maßen großzügig waren gegenüber dem Widersprechenden, der sich in erster Instanz ohne Vorlage der bulgarischen Vorschriften oder auch nur jegliches Zitat auf bulgarisches Recht bezog und auch vor der Beschwerdekammer nur die Übersetzung, nicht jedoch die Originalversion der bulgarischen Vorschriften vorlegte (EuG T 567/14, BeckEURS 2016, 508607 = GRUR-Prax 2016, 477 mAnm Lehmann – GROUP Company TOURISM & TRAVEL), sollte dadurch künftig vermieden werden. Der Widersprechende muss möglichst präzise Angaben zu den maßgeblichen Rechtsvorschriften und zu deren Inhalt machen (vgl. EUIPO Entsch. v. 2.4.2020 – B3073553). Ein bloßer Hinweis auf die betreffende Gesetzesvorschrift in der Widerspruchsschrift, ggf. verbunden mit einem Link zu dem Gesetzestext, genügen nicht (vgl. EUIPO Entsch. v. 2.4.2020 – B3073553 zu den Substantiierungsanforderungen bei nationalen Unternehmenskennzeichen).

102.1   Zur Substantiierung kann es ausreichen auf das einschlägige Gesetz und seinen Wortlaut sowie auf einschlägige Entscheidungen des betreffenden nationalen Amtes hinzuweisen, in denen die Einzelheiten des Gesetzes und dessen Anwendung dargelegt werden. Benötigt die Widerspruchsabteilung mehr Informationen über das betreffende nationale Recht, hat es von Amts wegen und mit allen angemessenen Mitteln sämtliche Informationen über das betreffende nationale Recht des betreffenden Mitgliedstaats einzuholen, soweit diese Informationen für die Beurteilung des Falles erforderlich sind (so betreffend die Rechtslage im Vereinigten Königreich EUIPO Entsch. v. 6.2.2020 – R 0397/2019-2; zu älteren UK-Rechten in aktuellen Widerspruchsverfahren → Rn. 10).

103   Es ist darauf zu achten, dass die Beweismittel und Argumente nicht nur die Voraussetzungen des nationalen Rechts adressieren, sondern auch die autonomen Anforderungen des Unionsrechts, also die Benutzung des älteren Zeichens vor der angefochtenen Unionsmarkenanmeldung oder deren Prioritätsdatum, sowie die mehr als lediglich örtliche Bedeutung des Zeichens. Auch insoweit führt fehlender Vortrag zur Unbegründetheit.

104   Was die **Sprache** betrifft, in der die Beweismittel vorzulegen sind, differenziert Art. 7 Abs. 4 DVUM zwischen den „Bestimmungen des anwendbaren nationalen Rechts für den Erwerb von Rechten und deren Schutzumfang" und den „weiteren [...] zur Substanziierung des Widerspruchs vorgelegten Beweismittel[n]". Erstere müssen binnen der Frist nach Art. 7 Abs. 1 DVUM in der Verfahrenssprache vorgelegt werden, für letztere gilt wiederum Art. 24 UMDV (Übersetzung nur auf Aufforderung erforderlich). Dabei ist anzumerken, dass Art. 7 Abs. 4 DVUM die in Art. 7 Abs. 2 lit. d DVUM genannte Rechtsprechung gerade nicht erwähnt. Diese fällt somit unter die „weiteren" Beweismittel, für die eine Übersetzung nicht notwendig vorzulegen ist. Ferner ist hervorzuheben, dass Art. 7 Abs. 4 besagt, die Nachweise seien in der Verfahrenssprache vorzulegen oder es sei eine Übersetzung beizufügen. Dies sollte nicht so interpretiert werden, dass das nationale Recht nur in der Verfahrenssprache vorgelegt werden kann, also ohne Vorlage des Originals. Immerhin verlangt Art. 7 Abs. 2 lit. d die „Beifügung von Veröffentlichungen". Daher kann auf die Vorlage in der Originalsprache nur verzichtet werden, wenn das nationale Recht in amtlicher Übersetzung veröffentlicht wurde.

105   Für Ursprungsbezeichnungen und geografische Angaben gilt gemäß Art. 7 Abs. 2 lit. e DVUM dasselbe wie für ältere Rechte nach Art. 8 Abs. 4.

4. Agentenmarke

106   Für den Widerspruchsgrund der Agentenmarke nach Art. 8 Abs. 3 ist gemäß Art. 7 Abs. 2 lit. c DVUM Nachweis zu führen über die Inhaberschaft des Widersprechenden und seine Beziehung zu dem Agenten.

III. Formfragen

107   Hinsichtlich der Art der Übermittlung an das Amt sind Art. 100 sowie Art. 63 und 64 DVUM zu berücksichtigen, die für alle Übermittlungen an das Amt seit 1.10.2017 gelten (iE → Art. 100 Rn. 1 ff.). Soweit Schriftstücke nicht elektronisch übermittelt werden, ist nach wie vor die Notwendigkeit der Vorlage von Abschriften für den anderen Beteiligten zu beachten (→ Art. 100 Rn. 11). Nach Art. 64 Abs. 1 DVUM ist die Vorlage von Beweismitteln auf Datenträgern zulässig (→ Art. 97 Rn. 56) – dann gilt jedoch ebenfalls die Pflicht zur Vorlage einer Kopie für den anderen Beteiligten. Anzumerken ist, dass das Amt Art. 64 Abs. 1 DVUM großzügig auslegt und auch die Vorlage des Schriftsatzes selbst auf Datenträgern zulässt.

Für die Vorlage der Beweismittel muss der Widersprechende des Weiteren Art. 55 Abs. 2 **108** DVUM beachten, der auf alle Beweise Anwendung findet, für deren Vorlage die Frist nach dem 1.10.2017 abläuft. Danach müssen die eingereichten Unterlagen durchnummeriert und dem Schriftsatz ein Anlagenverzeichnis beigefügt werden. Das Anlagenverzeichnis hat die Nummer der Anlage anzugeben, diese kurz zu beschreiben, und darauf hinzuweisen, wo in dem Schriftsatz auf die Anlage verwiesen wird. Allerdings wird bei Nichtberücksichtigung dieser Formerfordernisse die Anlage nicht automatisch zurückgewiesen, sondern das Amt hat gemäß Art. 55 Abs. 3 DVUM ein Ermessen, ob es den Beweisführer zur Nachbesserung auffordern möchte.

Diese Formerfordernisse sind der Verfahrensordnung des EuG entlehnt, werden aber beim Amt weniger **108.1** streng durchgesetzt.

Zu bemerken ist ferner, dass das Amt Verweise auf frühere Beweise zulässt. Der Beweisführer muss **108.2** jedoch konkret angeben, auf welche Eingabe und welchen Teil davon er sich bezieht. Erfolgt eine solche Bezugnahme, muss das Amt die in Bezug genommenen Unterlagen selbst heraussuchen und dem anderen Verfahrensbeteiligten zukommen lassen. Auf solche „alten" Unterlagen wird auch Art. 55 Abs. 2 DVUM nicht angewendet, obwohl es sich streng genommen um neu vorgelegte Beweismittel handelt.

IV. Verspätungsfolgen

Gemäß Art. 7 Abs. 5 DVUM lässt das Amt schriftliche Vorlagen oder Teile davon unberücksich- **109** tigt, die nicht (oder nicht in der korrekten Sprache) fristgerecht vorgelegt wurden. Daraus lässt sich jedoch nicht schließen, dass keine Nachweise nachgereicht werden können. Insoweit gelten dann die Verspätungsregeln gemäß Art. 8 Abs. 5 DVUM iVm Art. 95 Abs. 2 (ausführlich → Art. 95 Rn. 106 ff.).

Eine unvollständige Übersetzung ist jedenfalls in dem Umfang zu berücksichtigen, wie die Übersetzung **109.1** fristgerecht beim Amt eingeht (EuG T-89/18, T-90/18, BeckRS 2019, 8410 – Café del Sol II).

Zu berücksichtigen ist, dass sich aus der Zusammenschau von Art. 7 Abs. 5 DVUM und Art. 8 **110** Abs. 5 DVUM ergibt, dass ein Nachreichen von Nachweisen oder Tatsachen von vornherein nur möglich ist, wenn diese bereits fristgerecht vorgelegte Tatsachen oder Beweismittel ergänzen (dazu auch EUIPO Entsch. v. 6.10.2022 – R 794/2022-1 – AMA GENUSS REGION). Soweit überhaupt nichts vorgetragen und vorgelegt wurde, ist also die verspätete Beweisführung ausgeschlossen und hat das Amt auch kein Ermessen, verspäteten Vortrag zuzulassen. Nach Fristablauf eingegangene Beweismittel werden den anderen Beteiligten zu Informationszwecken weitergeleitet, allerdings ohne Angaben dazu, ob diese vom Amt akzeptiert werden. Eine dahingehende Prüfung erfolgt gemeinsam mit der Entscheidung über den Widerspruch insgesamt (Markenrichtlinien, Teil C, Abschn. 1, 4.2.6.2).

Ob die DVUM als rangniedrigeres Gesetz eine verbindliche Auslegung von Art. 95 Abs. 2 vorgeben **110.1** bzw. das dort vorgesehene Ermessen auf Null reduzieren kann, mag nicht eindeutig sein. Allerdings entspricht der Ausschluss völlig neuen Vorbringens ohne jegliche Basis in fristgerecht vorgetragenen Tatsachen und vorgelegten Beweismitteln der bisherigen Praxis.

Die Frage wird sein, ab wann Tatsachen und Beweismittel ergänzungswürdig sind, wo also die **111** Grenze liegt zwischen absoluter Unzulässigkeit verspäteten Vortrags und rechtswidrigem Ermessensnichtgebrauch. In der Vergangenheit war das EuG hier recht großzügig. Insofern ist den Beschwerdekammern anzuraten, wenigstens hilfsweise das Ermessen auszuüben und dies entsprechend zu dokumentieren.

Art. 47 Prüfung des Widerspruchs

(1) Bei der Prüfung des Widerspruchs fordert das Amt die Beteiligten so oft wie erforderlich auf, innerhalb einer von ihm zu bestimmenden Frist eine Stellungnahme zu seinen Bescheiden oder zu den Schriftsätzen anderer Beteiligter einzureichen.

(2) ¹Auf Verlangen des Anmelders hat der Inhaber einer älteren Unionsmarke, der Widerspruch erhoben hat, den Nachweis zu erbringen, dass er innerhalb der letzten fünf Jahre vor dem Anmeldetag oder dem Prioritätstag der Anmeldung der Unionsmarke die ältere Unionsmarke in der Union für die Waren oder Dienstleistungen, für die sie eingetragen ist und auf die er sich zur Begründung seines Widerspruchs beruft, ernsthaft benutzt hat, oder dass berechtigte Gründe für die Nichtbenutzung vorliegen, sofern zu

diesem Zeitpunkt die ältere Unionsmarke seit mindestens fünf Jahren eingetragen ist. [2]Kann er diesen Nachweis nicht erbringen, so wird der Widerspruch zurückgewiesen. [3]Ist die ältere Unionsmarke nur für einen Teil der Waren oder Dienstleistungen, für die sie eingetragen ist, benutzt worden, so gilt sie zum Zwecke der Prüfung des Widerspruchs nur für diese Waren oder Dienstleistungen als eingetragen.

(3) Absatz 2 ist auf ältere nationale Marken im Sinne von Artikel 8 Absatz 2 Buchstabe a mit der Maßgabe entsprechend anzuwenden, dass an die Stelle der Benutzung in der Union die Benutzung in dem Mitgliedstaat tritt, in dem die ältere Marke geschützt ist.

(4) Das Amt kann die Beteiligten ersuchen, sich zu einigen, wenn es dies als sachdienlich erachtet.

(5) [1]Ergibt die Prüfung, dass die Marke für alle oder einen Teil der Waren oder Dienstleistungen, für die die Unionsmarke beantragt worden ist, von der Eintragung ausgeschlossen ist, so wird die Anmeldung für diese Waren oder Dienstleistungen zurückgewiesen. [2]Ist die Marke von der Eintragung nicht ausgeschlossen, so wird der Widerspruch zurückgewiesen.

(6) Die Entscheidung über die Zurückweisung der Anmeldung wird veröffentlicht, sobald sie unanfechtbar geworden ist.

Überblick

Art. 47 regelt das kontradiktorische Widerspruchsverfahren und die materielle Prüfung des Widerspruchs und schließt sich damit an Art. 46 an, der die Widerspruchseinlegung und begründung sowie die Formalprüfung betrifft (→ Art. 46 Rn. 1 ff.). Zwischen Zulässigkeit und kontradiktorischem Verfahren liegt die Cooling-off Frist. Ein Überblick über das Widerspruchsverfahren, allgemeine Bemerkungen hierzu sowie Statistiken finden sich in der Kommentierung zu Art. 46 (→ Art. 46 Rn. 1 ff.); zur Cooling-off-Frist → Art. 46 Rn. 87 ff. Ergänzt wird Art. 47 durch 8–10 DVUM oder, soweit deren zeitlicher Anwendungsbereich noch nicht eröffnet ist, durch die Regeln 20–22 GMDV. Abs. 1 betrifft den Austausch von Stellungnahmen im Widerspruchsverfahren (→ Rn. 2 ff.). Abs. 2 und 3 regeln die Vorlage von Benutzungsnachweisen (→ Rn. 15 ff.). Gemäß Abs. 4 kann das EUIPO den Beteiligten eine gütliche Einigung empfehlen – eine Regelung, von der selten Gebrauch gemacht wird (→ Rn. 62 ff.). Die Entscheidungsmöglichkeiten des EUIPO, nämlich (Teil-)Zurückweisung der Anmeldung oder Zurückweisung des Widerspruchs, sind in Abs. 5 niedergelegt (→ Rn. 66 ff.). Abs. 6 schreibt die Veröffentlichung von Entscheidungen über die Zurückweisung der Anmeldung vor, sobald diese unanfechtbar geworden ist (→ Rn. 69). Die DVUM hält im Übrigen eine Sonderregelung für den Fall bereit, dass mehrere Widersprüche gegen die gleiche Marke anhängig gemacht werden (→ Rn. 70 ff.), und Anmerkungen zum Parteiwechsel im Widerspruchsverfahren finden sich in → Rn. 73 ff. Hinsichtlich der Besonderheiten des Widerspruchsverfahrens gegen EU-Benennungen in einer Internationalen Registrierung schließlich wird auf die Kommentierung zu Art. 196 verwiesen (→ Art. 196 Rn. 1 ff.).

Übersicht

A. Relevante Vorschriften, Anwendbarkeit DVUM

Für das sich an Formalprüfung und Widerspruchsbegründung anschließende Verfahren gelten **1** neben Art. 47 nunmehr Art. 8–10 DVUM. Dabei gilt Art. 8 DVUM (Prüfung des Widerspruchs) nur für Widerspruchsverfahren, deren kontradiktorischer Teil nach dem 1.10.2017 begonnen hat (Art. 82 Abs. 2 lit. b DVUM). Für andere Verfahren gilt weiterhin Regel 20 Abs. 1–6 GMDV. Art. 9 DVUM (mehrere Widersprüche) gilt nicht für Aussetzungen, die vor dem 1.10.2017 verfügt wurden (Art. 82 Abs. 2 lit. c DVUM). Für diese gilt weiterhin Regel 21 GMDV. Art. 10 DVUM (Benutzungsnachweis) schließlich gilt für alle Anträge auf Benutzungsnachweis, die ab dem 1.10.2017 gestellt wurden (Art. 82 Abs. 2 lit. d DVUM). Auf Anträge vor diesem Datum findet Regel 22 GMDV weiterhin Anwendung. Die Kommentierung nimmt Bezug auf die neuen Regelungen der DVUM und weist lediglich auf Änderungen gegenüber der Rechtslage unter der GMDV hin.

B. Stellungnahmen im Widerspruchsverfahren

I. Allgemeines

Mit Ablauf der Cooling-off-Frist beginnt das kontradiktorische Widerspruchsverfahren, in dem **2** das Amt die Beteiligten gemäß Abs. 1 „so oft wie erforderlich" zur Stellungnahme auffordert. Die erste Stellungnahme ist die Widerspruchsbegründung, die zwei Monate nach Ablauf der Cooling-off-Frist fällig ist (Art. 7 Abs. 1 DVUM, → Art. 46 Rn. 89). Hierauf folgt binnen zweier weiterer Monate die Erwiderung des Anmelders (Art. 8 Abs. 2 DVUM, → Rn. 6 ff.).

Macht der Anmelder von der Gelegenheit Gebrauch, auf den Widerspruch zu erwidern, erhält **3** der Widersprechende in aller Regel erneut Gelegenheit zur Stellungnahme. Gemäß Art. 8 Abs. 4 DVUM erfolgt diese Aufforderung „nötigenfalls". Dies ist stets dann gegeben, wenn der Anmelder relevante Argumente, Tatsachen oder Beweismittel vorgelegt hat. Allerdings prüft das Amt in dieser Phase noch nicht inhaltlich, so dass es praktisch immer zu einer weiteren Stellungnahme auffordert, wenn der Anmelder überhaupt irgendetwas vorgetragen hat.

Legt der Widersprechende in seiner Stellungnahme auf die Erwiderung neue Tatsachen oder **4** Beweismittel vor, oder ergänzt er seinen ursprünglichen Vortrag und möchte das Amt dies gemäß Art. 8 Abs. 5 DVUM zulassen, „fordert [es] den Anmelder zu weiteren diesbezüglichen Stellungnahmen auf, wenn es dies unter den gegebenen Umständen für angemessen erachtet" (Art. 8 Abs. 6 DVUM).

Die Formulierung in der deutschen Fassung ist etwas unglücklich, da sich „diesbezüglich" nur auf nach **4.1** Art. 8 Abs. 5 DVUM verspäteten Vortrag des Widersprechenden zu beziehen scheint; allgemeiner insoweit die englische Fassung („further observations in response").

Es ist dem Amt unbenommen, die Parteien wiederholte weitere Male zur Stellungnahme **5** aufzufordern. In komplexen Verfahren kommt es auch nicht selten hierzu. Ob das Amt weitere Stellungnahmen der Parteien zulässt bzw. hierzu auffordert, hängt von den Umständen ab, insbesondere der Komplexität des Falls und den vorgebrachten Tatsachen und Beweismitteln. In einfach gelagerten Fällen wird das schriftliche Verfahren normalerweise nach der Stellungnahme des Widersprechenden auf die Erwiderung des Anmelders geschlossen und die Akte zur Entscheidung vorbereitet.

Es besteht grundsätzlich keine Pflicht der Widerspruchsabteilung, der Anmelderin eine weitere Gele- **5.1** genheit zur Stellungnahme zu geben. Wird keine weitere Frist zur Stellungnahme gewährt, liegt darin nicht gleich eine Verletzung des Anspruchs auf rechtliches Gehör (EUIPO Entsch. v. 29.11.2016 – R 2269/2015-5).

II. Erwiderung des Anmelders

1. Erwiderungsfrist

6   Soweit der Widersprechende binnen der Widerspruchsbegründungsfrist nach Art. 7 Abs. 1 DVUM etwas vorlegt, erhält der Anmelder zwei Monate Zeit ab Zustellung der Widerspruchsbegründung, um hierauf zu erwidern (Art. 8 Abs. 2 DVUM). Hat der Widersprechende den Widerspruch bereits eingangs ausreichend substantiiert und legt er keine weitere Widerspruchsbegründung vor, bleibt es für den Anmelder bei der eingangs gesetzten Frist, die sechs Monate nach Zustellung des Widerspruchs endet (→ Art. 46 Rn. 78). Die Frist des Anmelders ist wie jede Frist im erstinstanzlichen Verfahren vor dem Amt ohne weiteres um zwei Monate verlängerbar. Ferner sind Wiedereinsetzung in den vorigen Stand (Art. 104) sowie Weiterbehandlung (Art. 105) möglich.

2. Keine Pflicht zur Erwiderung

7   Der Anmelder ist nicht zur Erwiderung auf den Widerspruch verpflichtet. Erwidert er nicht, ergeht nicht etwa ein Versäumnisurteil, und werden auch nicht die vom Widersprechenden behaupteten Tatsachen als zugestanden gewertet. Vielmehr entscheidet das Amt anhand der ihm vorliegenden Tatsachen und Beweismittel (Art. 8 Abs. 3 DVUM). Dabei prüft es vollumfänglich, ob der Widersprechende die Tatsachen, für die er die Darlegungs- und Beweislast trägt, schlüssig vorgetragen und nachgewiesen hat.

7.1   Es wäre wünschenswert gewesen, von den Parteien zu verlangen, dass sie ein aktives und dauerhaftes Interesse an dem Verfahren bekunden und dies durch Stellungnahmen belegen, um den nicht seltenen Platzhalteranmeldungen zu begegnen, durch die Widersprechende in kostenträchtige Verfahren getrieben werden, obwohl es dem Anmelder letztlich egal ist, ob er die Marke bekommt oder nicht. In der Regel sind in solchen Fällen die Anmelder weder bereit zu verhandeln, noch wollen sie Geld für den notwendigen Vertreter in der EU ausgeben. Dann ist nicht recht einzusehen, warum die Widersprechenden minutiös zB die Bekanntheit älterer Marken nachweisen müssen, insbesondere, wenn diese eigentlich amtsbekannt ist. Die Markenrechtsreform hat jedoch insoweit keine Änderung gebracht.

8   Allerdings kann der Anmelder, der nicht fristgemäß erwidert hat, den Tatsachen und Beweismitteln des Widersprechenden keine eigenen entgegenhalten und sich hinterher auch nicht auf eine etwaige Verletzung des rechtlichen Gehörs berufen. Auch eine spätere „Ergänzung" ist nicht mehr möglich, da es ja an einem ursprünglichen Vortrag fehlt. Insoweit fehlt zwar eine dem Art. 8 Abs. 5 DVUM entsprechende Vorschrift. Danach darf der Widersprechende nach Ablauf der Frist für die Widerspruchsbegründung nur noch fristgemäß vorgelegte „wichtige Tatsachen oder Beweismittel ergänzen" und hat das Amt kein Ermessen, sonstiges verspätetes Vorbringen zuzulassen (→ Art. 46 Rn. 110). Für verspäteten Vortrag des Anmelders sollte jedoch nichts anderes gelten, weil der fristgemäße Vortrag relevanter Tatsachen und Beweismittel ja auch nach generellen Verspätungsregeln eine Grundvoraussetzung für die Zulassung verspäteten Vortrags als „ergänzend" ist (→ Art. 95 Rn. 107).

3. Zurücknahme oder Einschränkung der Anmeldung

9   Nicht selten erwidern Anmelder auf einen Widerspruch mit einer Zurücknahme oder Einschränkung der Anmeldung. Dies musste schon immer eindeutig und unbedingt erklärt werden. Insbesondere hat das Amt noch nie eine „hilfsweise" erklärte Einschränkung der angefochtenen Anmeldung (für den Fall, dass das Amt den Widerspruch ansonsten gutheißt) zugelassen.

10   Art. 8 Abs. 8 S. 2 DVUM geht nunmehr noch einen Schritt weiter und verlangt, dass die Einschränkung **„mittels eines gesonderten Schriftstückes"** erklärt wird. Möchte also der Anmelder die Anmeldung einschränken und zugleich auf den Widerspruch erwidern, muss er dies mit einer gesonderten Anlage zu seiner Stellungnahme oder mittels zweier separater Eingaben tun. In die Stellungnahme integrierte Anträge werden hingegen nicht akzeptiert. Dies gilt auch für den Fall, dass sie in einem separaten Abschnitt, Absatz oder unter einer gesonderten Überschrift enthalten sind, oder sie auf der ersten oder letzten Seite der Stellungnahme erscheinen (Markenrichtlinien, Teil C, Abschn. 1, 4.4.1). Trotz dieser eindeutigen Regelung kommt es in der Praxis oft zur Stellung danach unzulässiger Anträge (zB EUIPO Entsch. v. 17.12.2019 – B3064146; Entsch. v. 20.6.2019 – B2971938; Entsch. v. 26.9.2018 – B2827742).

11   Am einfachsten ist die Zurücknahme oder Einschränkung einer angefochtenen Anmeldung durch Auswahl der entsprechenden „e-action"-Option im Benutzerbereich der Website des Amtes einzureichen. Dies wird als gleichwertig zu einer Eingabe mittels eines gesonderten Schriftstücks angesehen.

Eine Einschränkung der angefochtenen Anmeldung kann insbesondere dann sinnvoll sein, wenn **12** die Anmeldung weite Kategoriebegriffe enthält, die die vom Widersprechenden ins Feld geführten Waren umfassen, diese Waren aber für den Anmelder gerade nicht von Interesse sind. Anders als viele nationale Ämter der Mitgliedstaaten weist das Amt nämlich in so einem Fall nicht nur für den Teil der Waren zurück, für den Verwechslungsgefahr besteht, und gibt auch keine Hinweise auf eine mögliche Einschränkung. Vielmehr ginge bei Teilüberlappung der gesamte Kategoriebegriff verloren. Dem sollte der Anmelder vorgreifen und den Kategoriebegriff so aufteilen, dass für verschiedene davon umfasste Waren unterschiedlich entschieden werden kann.

Nimmt der Anmelder die Anmeldung außerhalb der Cooling-off-Frist ganz oder für alle von **13** dem Widerspruch erfassten Waren zurück, führt dies automatisch zur Beendigung des Widerspruchsverfahrens (Art. 8 Abs. 8 S. 1 DVUM iVm Art. 6 Abs. 2 DVUM), allerdings mit negativer Kostenfolge für den Anmelder. Schränkt der Anmelder die Anmeldung ein, erhält der Widersprechende Gelegenheit, mitzuteilen, ob er den Widerspruch aufrechterhält (Art. 8 Abs. 8 S. 1 DVUM iVm Art. 6 Abs. 3 DVUM). Tut er dies, geht das Widerspruchsverfahren normal weiter. Andernfalls wird das Verfahren geschlossen, wiederum in der Regel mit negativer Kostenfolge für den Anmelder. Beinhaltet jedoch eine außeramtliche Einigung eine Kostenvereinbarung, können die Parteien mit gemeinsamem Schreiben die Zurücknahme mitteilen und auf eine Kostenentscheidung verzichten (EUIPO Entsch. v. 19.11.2020 – R 908/2019-1; Entsch. v. 24.7.2019 – R 2273/2018-4).

4. Antrag auf Vorlage von Benutzungsnachweis

Aufgrund der Bedeutung des Antrags auf Vorlage von Benutzungsnachweisen für die Verteidi- **14** gung des Anmelders muss bereits in diesem Zusammenhang darauf hingewiesen werden, dass dieser Antrag nach Art. 10 Abs. 1 DVUM nur **binnen der Frist für die Erwiderung** des Anmelders gemäß Art. 8 Abs. 2 DVUM zulässig ist. Wie die Einschränkung der Anmeldung ist er zudem seit Inkrafttreten der DVUM am 1.10.2017 mittels eines **gesonderten Schriftstück**es zu stellen. Näher → Rn. 20 ff.

C. Benutzungsnachweis im Widerspruchsverfahren

I. Benutzungszwang

Unterliegt eine ältere Marke, auf die der Widerspruch gestützt ist, für die Zwecke des Wider- **15** spruchsverfahrens dem Benutzungszwang, so kann der Anmelder verlangen, dass die Benutzung nachgewiesen wird. Sofern es für eine Nichtbenutzung tatsächliche Anhaltspunkte gibt, ist die Erhebung des Nichtbenutzungseinwands dringend anzuraten, denn das Amt prüft die ernsthafte Benutzung nicht von Amts wegen. Mehr noch: Das Amt darf den Anmelder aufgrund seiner Neutralitätspflicht auch nicht darüber in Kenntnis setzen, dass ein Benutzungsnachweis verlangt werden könnte (Markenrichtlinien, Teil C Abschnitt 1, 5.1; vgl. Art. 95 Abs. 1 S. 2). Dabei ist es möglich das Verlangen des Benutzungsnachweises auf eine oder mehrere der geltend gemachten älteren Marken oder auch auf lediglich bestimmte Waren oder Dienstleistungen zu beschränken.

Wann eine ältere Marke für Zwecke des Widerspruchsverfahrens dem Benutzungszwang unter- **16** liegt, ergibt sich aus Abs. 2 (für Unionsmarken) und Abs. 3 (für nationale Marken). Danach muss die ältere Marke zum Zeitpunkt der Anmeldung oder einer etwaigen Priorität der angegriffenen Unionsmarkenanmeldung bereits seit fünf Jahren eingetragen gewesen sein.

Nach Art. 42 GMV war der ausschlaggebende Zeitpunkt für die Berechnung der Benutzungsschonfrist **16.1** der älteren Marke die Veröffentlichung der Unionsmarkenanmeldung, nicht deren Anmelde- oder Prioritätstag. Die Vorverschiebung auf den Zeitpunkt der Anmeldung oder Priorität durch die VO (EU) 2015/2424 steht *im Einklang* mit einer generell größeren Gewichtung des Anmelde- oder Prioritätstags der Unionsmarke als Entstehungszeitpunkt des Rechts. Die Änderung kann – vor allem im Zusammenhang mit den in Art. 64 Abs. 2, 3 und Art. 16 (→ Art. 16 Rn. 1 ff.) geregelten Zwischenrechten – ganz erhebliche Auswirkungen haben auf den Fortbestand und die Benutzung eingetragener Unionsmarken, soweit das Anmelde- und das Veröffentlichungsdatum erheblich auseinanderfallen, was ja – gerade bei den Unionsmarken der ersten Generation – der Regelfall war. Die Vorverlegung trug ferner der Tatsache Rechnung, dass Unionsmarkenanmeldungen Dritter praktisch unmittelbar nach Einreichung bekannt werden und nicht erst durch die Veröffentlichung.

17   Abs. 2 spricht bei Unionsmarken von „Eintragung", nicht deren Veröffentlichung. Abs. 3 verweist auf Abs. 2 mit dem Unterschied, dass die Benutzung der älteren Marke in dem Gebiet erfolgt sein muss, in dem sie geschützt ist. Im Übrigen ist der Verweis auf Abs. 2, wonach die ältere Marke fünf Jahre „eingetragen" sein muss, nicht wörtlich zu nehmen. Abzustellen ist auf den Abschluss des Eintragungsverfahrens. Bei deutschen Marken kommt es daher nicht (nur) auf das Datum der Eintragung an, sondern ggf. auf den Abschluss von Widerspruchsverfahren. Gleichermaßen gilt für Internationalen Registrierungen, dass nicht das Datum der Eintragung relevant ist, sondern dasjenige, zu dem nach dem einschlägigen Recht der Schutz gewährt wurde.

18   Läuft eine ältere Marke erst nach dem Anmelde- oder Prioritätstag der angefochtenen Unionsmarkenanmeldung in den Benutzungszwang, kann im Widerspruchsverfahren vor dem EUIPO kein Benutzungsnachweis verlangt werden. Hier bleibt dem Anmelder lediglich die Möglichkeit, ein Verfallsverfahren anzustrengen und die Aussetzung des Widerspruchsverfahrens zu beantragen.

II. Antrag auf Benutzungsnachweis

19   Ein zulässiger Antrag auf Benutzungsnachweis unterliegt zum einen zwingenden verfahrensrechtlichen Voraussetzungen und kann zum anderen wichtige verfahrensrechtliche Konsequenzen zufolge haben: Der Einwand der Nichtbenutzung muss ggf. gleich zu Beginn des Widerspruchverfahrens mittels eines gesonderten Dokuments erhoben sowie ausdrücklich, eindeutig und unbedingt formuliert werden. Dabei muss auch der Umfang des Nachweisverlangens ausdrücklich und eindeutig sein. Sofern diese formellen Anforderungen nicht erfüllt werden, wird der Antrag als unzulässig abgelehnt. Entspricht der Antrag den formellen Anforderungen und erbringt der Widersprechende keinen Nachweis, wird der Widerspruch zurückgewiesen.

1. Fristgerechte Antragstellung

20   Der Anmelder muss die Vorlage des Benutzungsnachweises nach Art. 10 Abs. 1 DVUM **binnen der Frist für die Erwiderung** gemäß Art. 8 Abs. 2 DVUM verlangen. Insofern ist die Rechtslage gegenüber Regel 22 Abs. 1 GMDV unverändert. Ein später gestellter Antrag wird nicht berücksichtigt. Möglich ist jedoch – sofern die Voraussetzungen erfüllt sind – die Wiedereinsetzung in den vorigen Stand oder die Weiterbehandlung (Art. 104, 105; vgl. zu einem erfolgreichen Antrag auf Weiterbehandlung gemäß Art. 105 EUIPO Entsch. v. 26.7.2018 – B2873134).

21   Die Unionsmarkenverordnung kennt keine „wandernde" Benutzungsschonfrist. Abgesehen davon, dass Antrag auf Benutzungsnachweis generell nicht erstmals vor der Beschwerdekammer gestellt werden kann (vgl. Art. 27 Abs. 3 lit. c DVUM; EUIPO Entsch. v. 3.6.2019 – R 2249/2018-2; Entsch. v. 8.4.2020 – R 2727/2019-4). Insoweit hilft dem Anmelder auch nicht die Begründung, die Benutzungsschonfrist sei erst im Laufe des Verfahrens abgelaufen, denn auch in diesem Fall unterliegt die ältere Marke – wie ausgeführt – nicht dem Benutzungszwang. Im deutschen Recht wurde der zweite – „wandernde" – Benutzungszeitraum für Widersprüche wurde mit der zum 14.1.2019 in Kraft getretenen Markenrechtsreform abgeschafft (→ MarkenG § 43 Rn. 33 ff.).

21.1   Bereits unter der Geltung der ersten Fassung der GMDV wurde der Antrag für unzulässig gehalten, wenn er erst in der Beschwerdeinstanz gestellt wurde, s. EuG T 112/03, GRUR Int 2005, 589 Rn. 37 – Flexi-Air/Flex. Regel 22 Abs. 1 GMDV kam erst im Zuge der ersten Reform 2005 in die GMDV.

21.2   In Extremfällen kann ein Antrag auf Benutzungsnachweis jedoch ausnahmsweise sogar noch 14 Jahren nach der Veröffentlichung der Markenanmeldung als fristgerecht gelten und zulässig sein. Daher ist es für Widersprechende empfehlenswert rechtzeitig Beweismittel zu sammeln und aufzubewahren. Vgl. dazu EUIPO Entsch. v. 30.1.2020 – B709214, in der die angefochtene Markenanmeldung am 23.2.2004 veröffentlicht wurde und der Antragsteller erst am 27.9.2018 Benutzungsnachweis beantragte. Der Widersprechende machte zwar geltend, dass die Sammlung von Beweismitteln aufgrund der verstrichenen Zeit inhärente Schwierigkeiten bereitet, und dass der Antrag auf Vorlage von Benutzungsnachweisen viel früher hätte gestellt werden müssen. Der Antrag war jedoch fristgerecht, weil das Amt nach mehreren Aussetzungen die Frist für die Erwiderung auf den Widerspruch auf den 1.10.2018 festgesetzt hat. Damit war der Antrag zulässig und der Widersprechende musste nachweisen, dass die ältere Marke zwischen 23.2.1999 und 22.2.2004 im Vereinigten Königreich rechterhaltend benutzt wurde.

2. Mittels eines gesonderten Schriftstückes

22   Wie die Einschränkung der Anmeldung ist auch der Antrag auf Benutzungsnachweis seit Inkrafttreten der DVUM am 1.10.2017 zwingend **mittels eines gesonderten Schriftstückes** vorzubringen (Art. 10 Abs. 1 DVUM). Auch insoweit ist das Amt streng und weist Anträge auf

Benutzungsnachweis zurück, die, wenn auch durch Formatierung oder Gliederung hiervon optisch abgesetzt, gemeinsam mit inhaltlichen Ausführungen vorgelegt werden. Wohl damit diese in der Praxis leider weiterhin häufig übersehene Voraussetzung für Anwender besser ersichtlich ist, hat das Amt inzwischen den Aufbau der Markenrichtlinien geändert. Die diesbezüglichen verfahrensrechtlichen Vorgaben sind nun nicht mehr „versteckt" in Abschnitt 6 („Benutzungsnachweis"), sondern unter dem eigenen Titel „Verfahren im Zusammenhang mit dem Verlangen eines Benutzungsnachweises" in Abschnitt 1 („Widerspruchsverfahren") verortet (Teil C, Abschn. 1, 5.1– 5.6). Neu hinzugekommen ist hier ist der Unterabschnitt 5.1.4 („In einem gesonderten Dokument eingereichtes Verlangen"), in dem auf die allgemeinen Formvorgaben der „mittels eines gesonderten Schriftstückes" zu stellenden Anträgen verwiesen wird (vgl. → Rn. 10 und → Rn. 11).

Das Amt verlangt dieses Erfordernis konsequent und ist auch insoweit streng. Aufgrund teilweise **23** gleichwohl divergierender Entscheidungen einzelner Spruchkörper des Amtes wurde diese Fragestellung nun der großen Beschwerdekammer zur Entscheidung vorgelegt (vgl. EUIPO Zwischenentsch. v. 3.10.2019 – R 2142/2018-1 – DIESEL SPORT beat your limits (fig.)/Diesel et al.; Antrag zulässig s. EUIPO Entsch. v. 8.5.2019 – R 1407/2018-1; Antrag unzulässig s. EUIPO Entsch. v. 10.3.2022 – B3088070; Entsch. v. 15.5.2019 – R 2220/2018-5; R 1873/2018-5, 22.3.2019; Entsch. v. 5.8.2019 – R 2348/2018-4 Rn. 11; Entsch. v. 4.7.2019 – R 1323/2018-4 Rn. 14). Es ist zu erwarten, dass die Große Kammer die strenge Herangehensweise bestätigen würde.

Nachdem der Benutzungsnachweise verlangende Anmelder, nicht verpflichtet ist zugleich in der Sache **23.1** zu erwidern (seit jeher Praxis; klarstellend Art. 10 Abs. 5 DVUM), reicht es aus, wenn der Anmelder seine Erwiderung auf den Widerspruch im Rahmen seiner zweiten Stellungnahme übermitteln, dh gemeinsam mit den Erwiderungen auf die vorgelegten Benutzungsnachweis.

3. Unbedingt, ausdrücklich und eindeutig

Ferner bestimmt Art. 10 Abs. 1 DVUM, dass der Antrag auf Benutzungsnachweis **„unbedingt"** **24** sein muss. Darüber hinaus muss der Antrag auf Benutzungsnachweis auch eindeutig sein; implizite Anträge sind nicht mehr zulässig (zB EUIPO Entsch. v. 30.5.2019 – B2962358).

Auch insofern setzt Art. 10 Abs. 1 DVUM die frühere Rechtsprechung um, wonach der Antrag aus- **24.1** drücklich erklärt werden musste und keine Bedingungen enthalten durfte (EuG T-112/03, GRUR Int 2005, 589 Rn. 24 – Flexi-Air/Flex; EuG T-183/02 und T-184/02, GRUR Int 2004, 647 Rn. 38 – Mundicor/Mundicolor). Das bloße Bestreiten der Benutzung oder Erheben einer Einrede waren danach nicht ausreichend. Nicht ausreichend war auch das Bestreiten der ggf. mit der Widerspruchsbegründung vorgelegten Benutzungsnachweise, da diese freiwillig vorgelegten Nachweise anderen Beweiszwecken dienen als dem Nachweis der rechtserhaltenden Benutzung, für die ja ohne Antrag keine Veranlassung bestand.

Beispiele für unzulässige Anträge, weil bedingt bzw. hilfsweise: „falls das Amt den Widerspruch nicht **24.2** aufgrund fehlender Verwechslungsgefahr zurückweist, verlangen wir den Benutzungsnachweis", „falls der Widersprechende seine Waren/Dienstleistungen nicht in den Klassen ‚X' oder ‚Y' einschränkt, verlangen wir den Benutzungsnachweis" (für weitere Beispiele vgl. Markenrichtlinien, Teil C, Abschn. 1, 5.1.3)

Beispiele für zulässige Anträge, insbesondere eindeutige Formulierungen: „Ich verlange vom Widerspre- **24.3** chenden den Nachweis der Benutzung.", „Ich fordere das Amt auf, dem Widersprechenden eine Frist für die Vorlage des Nachweises der Benutzung zu setzen.", „Die Benutzung der älteren Marke wird hiermit angefochten.", „Der Anmelder erhebt Benutzungseinwand." (für weitere Beispiele vgl. Markenrichtlinien, Teil C, Abschn. 1, 5.1.3).

Beispiele für nicht zulässige Anträge, weil nicht eindeutige Aussagen: „Der Widersprechende hat seine **24.4** Marke nur für XY benutzt", „Es liegt kein Nachweis darüber vor, dass der Widersprechende seine Marke jemals benutzt hat" (vgl. Markenrichtlinien, Teil C, Abschn. 1, 5.1.3).

Am sichersten ist es auch insoweit, das Onlineformular des Amtes zu verwenden („e-action"- **25** Option, vgl. auch → Rn. 11). Der Anmelder sollte allerdings prüfen, ob das Amt den Widersprechenden antragsgemäß auffordert, für alle dem Benutzungszwang unterliegenden älteren Marken Benutzungsnachweis vorzulegen. In dieser Aufforderung gibt das Amt nämlich durchaus konkret an, auf welche Marken sich die Aufforderung bezieht.

Im Rahmen der früheren Amtspraxis wurden Anträge auf Benutzungszwang zuweilen übersehen, was **25.1** zu erheblichen Verzögerungen der Verfahren führen konnte. Dies wird durch die neue Regelung in Art. 10 Abs. 1 DVUM und strenge Anforderungen an die Antragstellung mittels gesonderten Schriftstückes wohl vermieden werden.

4. Der Umfang des Antrags

26   Der Antrag auf Benutzungsnachweis kann auf bestimmte ältere Marken oder auch auf bestimmte Waren oder Dienstleistungen beschränkt werden. Dies führt dazu, dass der Benutzungsnachweis nur für diese Marken oder Waren und Dienstleistungen vorgelegt werden muss. Der Antrag kann insoweit auch im Lichte der anderweitigen Stellungnahme des Anmelders auszulegen sein. Erkennt der Anmelder beispielsweise die Benutzung bestimmter Marken oder für bestimmte Waren oder Dienstleistungen ausdrücklich an, kann insoweit nicht die Vorlage des Benutzungsnachweises verlangt werden (Eisenführ/Schennen/Schennen Rn. 176). Daran sollte sich dadurch nichts geändert haben, dass der Antrag auf Benutzungsnachweis mit einem gesonderten Schriftsatz gestellt wird. Gleichzeitig darf der Umfang des Verlangens keinerlei Auslegungsspielraum zulassen. Unwirksam ist auch ein schlichter Verweis auf die Waren der Widerspruchsmarke, zB „Ich verlange, dass der Widersprechende die ernsthafte Benutzung der älteren Marke für die Waren nachweist, für die die angefochtene Marke angemeldet wurde" (für weiterer Beispiele vgl. Markenrichtlinien, Teil C, Abschn. 1, 5.1.3).

27   Ein fehlender oder unzulässiger (weil verfristeter oder nicht gesondert erhobener) Antrag auf Vorlage des Benutzungsnachweises kann sich sehr erheblich auf den Ausgang des Verfahrens auswirken, weil die ältere Marke als für alle Waren und Dienstleistungen der Eintragung gültig angesehen werden muss, selbst wenn sich zB aus dem ebenfalls vorgelegten Bekanntheitsnachweis klar ergibt, dass sie nur für eine ganz konkrete Ware benutzt wurde. Insofern ist hier höchste Vorsicht geboten. Das Amt leitet auch ein unzulässiges Verlangen des Anmelders an den Widersprechenden weiter, macht jedoch beide Parteien auch auf die Unwirksamkeit des Antrags aufmerksam.

28   Es kann vorkommen, dass der Antrag auf Nachweis der Benutzung noch vor Fristablauf eingeht, vom Amt aber erst nach Ablauf der Frist bearbeitet und dann als unzulässig abgelehnt wird. Dies würde gleichzeitig bedeuten, dass es der Anmelder versäumt hätte, rechtzeitig inhaltlich zum Widerspruch Stellung zu nehmen. Um die Interessen des Anmelders hinreichend zu wahren, verlängert das Amt in diesem Fall die Stellungnahmefrist um die Anzahl der Tage, die noch übrig waren, als der Anmelder den Antrag auf Nachweis der Benutzung einreichte (vgl. Markenrichtlinien, Teil C, Abschn. 1, 5.1.6).

29   Dem Anmelder, der die **Frist verpasst** hat, bleibt nur die Möglichkeit, die **Verfallserklärung** der älteren Marke in dem für diese vorgesehenen Verfahren zu beantragen und unterdessen auf **Aussetzung** des Widerspruchsverfahrens zu drängen. Dies ist aber in der Regel – ggf. erheblich – teurer, etwa wenn ein nationales Gerichtsverfahren erforderlich ist. Auch gibt es keine Garantie auf Aussetzung des Widerspruchsverfahrens, die im Ermessen des Amtes steht. Wenn auch in solchen Fällen in der Regel ausgesetzt wird, hat es durchaus Fälle gegeben, in denen das Amt oder die Beschwerdekammer die Aussetzung wegen eines anhängigen Verfallsverfahrens verweigert hat (deshalb aufgehoben durch EuG T-544/14, BeckRS 2015, 81733, GRUR-Prax 2015, 527 mAnm Becker – ALETE; bestätigt durch EuG T-40/09, BeckEuRS 2016, 471564 – VOGUE CAFÉ).

III. Benutzungsnachweis

1. Aufforderung des Amtes zur Vorlage des Nachweises

30   Auf einen zulässigen Antrag auf Benutzungsnachweis hin fordert das Amt den Widersprechenden auf, Benutzungsnachweis vorzulegen (Art. 10 Abs. 2 S. 1 DVUM). Dabei nennt das Amt konkret die ältere Marke oder Marken, für die Benutzungsnachweis vorzulegen ist. Dies sind nicht notwendig alle älteren Marken, die für die Zwecke des Widerspruchsverfahrens dem Benutzungszwang unterliegen. Hat der Anmelder den Antrag auf bestimmte ältere Marken beschränkt, oder ist das Verlangen lediglich hinsichtlich eines Teils der älteren Marken wirksam, reicht auch die Aufforderung des Amtes nicht weiter. Unterlässt das Amt die Aufforderung zur Vorlage des Benutzungsnachweises, muss diese nachgeholt werden. Dies ist ein schwerer Verfahrensfehler, der in der Beschwerde normalerweise zur Aufhebung und Zurückverweisung führen wird. Im Interesse der Verfahrensbeschleunigung sollte der Anmelder überprüfen, ob das Amt seinen Antrag auf Vorlage von Benutzungsnachweis wahrgenommen und den Widersprechenden entsprechend aufgefordert hat.

30.1   Die Zurückweisung des Antrages muss die Begründung für die Ablehnung enthalten. Sie stellt eine vorläufige Entscheidung dar, gegen die lediglich zusammen mit der Entscheidung in der Sache Beschwerde eingelegt werden kann. Die Widerspruchsabteilung handelt verfahrensfehlerhaft, wenn sie den Antrag auf Nachweis der Benutzung einfach unberücksichtigt lässt, also weder die Widersprechende aufgefordert hat, die Benutzung nachzuweisen, noch den Antrag in ihrer Entscheidung zurückweist (EUIPO Entsch. v. 6.6.2016 – R 309/2015-1 und R 394/2015-1).

2. Frist und Säumnisfolgen

Das Amt setzt dem Widersprechenden für die Vorlage des Benutzungsnachweises eine Frist **31** (Art. 10 Abs. 2 DVUM), die stets zwei Monate beträgt (Markenrichtlinien, Teil C, Abschn. 1, 5.2). Diese Frist ist verlängerbar. Ferner ist Wiedereinsetzung in den vorigen Stand oder Weiterbehandlung möglich (Art. 104, 105).

Geht der Antrag auf Benutzungsnachweis vor Ablauf der Frist für das Vorbringen oder die Ergänzung **31.1** von Tatsachen, Beweismitteln und Bemerkungen beim Amt ein, und wird er innerhalb dieser Frist weitergeleitet, wird die Frist für die Vorlage dieser Tatsachen, Beweismittel und Bemerkungen so weit verlängert, dass sie mit der Zweimonatsfrist für die Vorlage des Benutzungsnachweises übereinstimmt (Markenrichtlinien, Teil C, Abschn. 1, 5.2).

Ältere Marken, für die der Widersprechende binnen der Frist keine oder offensichtlich unzurei- **32** chende oder unerhebliche Benutzungsnachweise erbringt, werden im weiteren Verlauf des Widerspruchsverfahrens nicht berücksichtigt. Ist der Widerspruch nur auf hiervon betroffene Marken gestützt, führt dies daher zur unmittelbaren Zurückweisung des Widerspruchs als unbegründet (Abs. 2 S. 2). Andernfalls geht das Verfahren weiter in Bezug auf die älteren Marken oder Rechte, die dem Benutzungszwang nach Abs. 2 oder 3 nicht unterliegen oder für die Nachweise vorgelegt wurden.

Häufig lässt der Widersprechende aus Gründen der Verfahrensökonomie bewusst einige ältere Marken **32.1** fallen, wenn es an den Benutzungsnachweis geht, und konzentriert sich auf einige wenige ältere Marken, soweit diese den Streitgegenstand abdecken. Bei mehreren gleichlautenden älteren Marken, etwa einer zahlreiche Mitgliedstaaten erfassenden internationalen Registrierung, bringt es wenig, für jede einzelne davon den Benutzungsnachweis zu erbringen, da das Amt im Zweifel die Prüfung auf das oder die relevantesten älteren Rechte beschränkt.

Art. 10 Abs. 7 DVUM enthält eine spezielle Vorschrift für verspätetes Vorbringen zur Ergänzung **33** des Benutzungsnachweises. Danach soll das Amt sein Ermessen nach Art. 95 Abs. 2 nur ausüben, wenn das nach Ablauf der ursprünglichen Frist vorgelegte Vorbringen „wichtige Tatsachen oder Beweismittel ergänz[t], die bereits innerhalb dieser Frist vorgelegt worden waren". Damit setzte Art. 10 Abs. 7 DVUM im Prinzip die frühere Rechtsprechung um, wonach verspätetes Vorbringen in der Regel zurückzuweisen ist, soweit es um zuvor überhaupt nicht vorgebrachte Tatsachen geht, scheint aber das Ermessen für solche Fälle auf Null zu reduzieren. Zu verspätetem Vorbringen und dessen Zulassung durch das Amt im Übrigen → Art. 95 Rn. 90 ff.

Ob die Delegierte Verordnung Art. 95 Abs. 2 verbindlich auslegen kann, scheint aufgrund der Normen- **33.1** hierarchie fraglich. Allerdings ist die gesetzliche Umsetzung der umfangreichen Rechtsprechung zu verspätetem Vorbringen zu begrüßen.

Das EuG hat ergänzend klargestellt, dass das Amt das ihm eingeräumte Ermessen bezüglich **34** verspätet vorgebrachter Tatsachen und Beweismittel rechtsfehlerhaft nicht ausübt, wenn es einen Beteiligten durch irreführende Mitteilungen an der Einreichung weiterer Dokumente hindert. Dies ist der Fall, wenn die Beschwerdekammer auf Nachfrage des Widersprechenden, ob er weitere Dokumente einreichen dürfe, zwar eine Frist zur Stellungnahme setzte, jedoch unter der Maßgabe, dass die Fristsetzung gerade keine Aufforderung beinhalte, weitere Dokumente einzureichen und sich die Beschwerdekammer das Recht vorbehalte, „zusätzliche Beweise, die jetzt eingebracht werden, als verspätet abzulehnen". Solche irreführenden Mitteilungen des EUIPO können eine Verletzung des Anspruchs auf Gewährung rechtlichen Gehörs darstellen, wenn der hervorgerufene Irrtum zu einer Verkürzung der Rechte des Adressaten führt (EuG T-89/18, T-90/18, BeckRS 2019, 8410 – Café del Sol II).

Im Rahmen der Ermessensausübung spielen mehrere Faktoren eine Rolle. Die natürlichen Schwierig- **34.1** keiten bei der Erlangung der Beweismittel als solche stellen jedoch keinen berücksichtigungswürdigen Grund für die Rechtfertigung einer verspäteten Einreichung dar. Auch wenn die Gesamtumstände dafür sprechen, dass es dem Widersprechenden in Wahrheit darum geht, das Verfahren in die Länge zu ziehen (Verzögerungstaktik), sind die verspätet eingereichten Beweismittel nicht zuzulassen.

3. Beweisführung

35   Der zum Nachweis der Benutzung aufgeforderte Widerspruchsführer kann entweder die ernsthafte Benutzung der Widerspruchsmarke oder das Vorliegen berechtigter Gründe für die Nichtbenutzung nachweisen. Hinsichtlich der materiellen Anforderungen an die Benutzung der älteren
Marke und die diesbezügliche Rechtsprechung des Amtes sowie die – selten vorliegenden –
berechtigten Gründe wird auf die Kommentierung zu Art. 18 verwiesen (→ Art. 18 Rn. 7 ff.).
Ein bloßer Verweis auf die Bekanntheit der älteren Marke ist nicht ausreichend (EuG T 638/14,
BeckEuRS 2016, 473544 Rn. 34 ff. – FRISA).

36   Der Benutzungsnachweis muss gemäß Art. 10 Abs. 3 DVUM Feststellungen hinsichtlich **Ort,
Zeit, Umfang und Art der Benutzung** der Widerspruchsmarke für die von ihr umfassten
Waren und Dienstleistungen erlauben. Generell gilt – **viel hilft viel.**

37   Der Nachweis der Benutzung muss strukturiert erbracht werden. Zudem müssen die vorgelegten Beweismittel hinreichend klar und genau sein, um dem Amt und dem Anmelder deren Prüfung
zu ermöglichen. Zu den amtlichen Hinweisen und Empfehlungen bezüglich der strukturierten
Darstellung vgl. Markenrichtlinien, Teil C, Abschn. 1, 5.3.2.1.

38   Nach ständiger Rechtsprechung lässt sich die ernsthafte Benutzung einer Marke „nicht auf der
Grundlage von Wahrscheinlichkeitsannahmen oder Vermutungen nachweisen, sondern muss auf
konkreten und objektiven Umständen beruhen, die eine tatsächliche und ausreichende Benutzung
der Marke auf dem betreffenden Markt belegen" (EuG T-524/12, BeckRS 2014, 80068 Rn. 21 –
Recaro, unter Verweis auf T-39/01, WRP 2003, 258 Rn. 47 – HIWATT; T-356/02, GRUR Int
2005, 256 Rn. 21 – VITAKRAFT). Dabei kommt es auf eine **Gesamtschau** der vorgelegten
Nachweise an (zB EuG T-495/12 bis T-497/12, BeckRS 2014, 81641 – Dracula), es muss nicht
jedes einzelne Beweismittel für sich allein betrachtet die ernsthafte Benutzung am richtigen Ort
und während des relevanten Zeitraums belegen (EuG T-638/15, BeckRS 2017, 113856 – Alco-
lock).

39   Gemäß Art. 10 Abs. 4 DVUM ist der Nachweis grundsätzlich durch Vorlage von Dokumenten
und (zweidimensionalen) Beweisstücken wie Verpackungen, Etiketten, Preislisten, Katalogen,
Rechnungen, Fotografien, Zeitungsanzeigen und schriftliche Erklärungen zu erbringen. Die Aufzählung in Art. 10 Abs. 4 DVUM ist jedoch weder gewichtet noch abschließend. In der Rechtsprechung des Amtes nehmen Rechnungen eine bedeutende Stellung ein. Nachdem sich aus dieser
jedoch in der Regel die Art der Benutzung nicht ergibt, müssen weitere Unterlagen vorgelegt
werden, die das in der Rechnung genannte Produkt und die Marke zeigen, wie sie in Bezug auf
das Produkt benutzt wurde. Neben den genannten Beweismitteln sind auch mp4-Dateien zulässig
(insbesondere zur Vorlage von TV-Werbung). Das Einreichen von Produktbeispielen, gebundenen
Katalogen etc. ist zwar nicht erwünscht, weil dieses Material schwer zu scannen und elektronisch
aufzubewahren ist, aber auch nicht verboten. In der Regel wird es aber einfacher sein, Fotografien
bzw. soweit möglich Scankopien vorzulegen. Zu berücksichtigen ist ferner, dass in Papierform
oder auf einem Speichermedium (vom Amt akzeptierte Datenträger sind lediglich kleine tragbare
Speicher wie USB-Sticks, Pen-Drives oder ähnliche Speichermedien, nicht jedoch externe Fest-
platten, Speicherkarten, CD-ROMs, DVDs, andere optische Speicherplatten oder Magnetaufzeichnungsträger jeglicher Art, vgl. Art. 1 Beschl. Nr. EX-20-10 des Exekutivdirektors vom
22.12.2020) eingereichte Nachweise doppelt vorgelegt werden müssen, damit das Amt eine Ausfertigung an den Anmelder weiterreichen kann.

40   Generell zu **Formfragen** hinsichtlich der Beweisführung vor dem Amt → Art. 46 Rn. 107 f.
mwN.

41   Zulässige online Quellen zur Substantiierung des Widerspruchs listet Art. 7 Abs. 3 DVUM auf.
Ein bloßer Hinweis auf eine andere Webseite, der das Amt weitere Informationen entnehmen
kann, ist unzureichend. Bei allen online zugänglichen Beweismitteln (zB YouTube) sollten daher
Screenshots, Aufzeichnungen oder andere konkrete Formen bereitgestellt werden, anderenfalls
bleiben die unter den Links verfügbaren Informationen unberücksichtigt (EUIPO Entsch. v.
28.2.2022 – B3090928; Entsch. v. 28.11.2019 – B3052126).

42   Bei Benutzungsnachweisen, die in anderen Verfahren vor dem Amt eingereicht wurden, sollte
der Widersprechende darauf achten, dass das in Bezug genommene Material und die betreffenden
anderweitigen Verfahren eindeutig bezeichnet werden. Der Widersprechende kann sich ferner
auch auf Feststellungen nationaler Ämter und Gerichte in Parallelverfahren berufen, auch wenn
das Amt nicht an deren Feststellungen gebunden ist (Markenrichtlinien, Teil C, Abschn. 1, 5.3.2.2).

43   **Eidesstattliche Versicherungen,** insbesondere vom Markeninhaber selbst oder dessen Mitarbeitern, reichen in der Regel nicht aus. Ohne freilich explizit Lügen zu unterstellen, misst das
Amt diesen keinen ausreichenden Beweiswert zu (zB EUIPO Entsch. v. 4.4.2017 – R 1675/

2016-2, BeckRS 2017, 127043 Rn. 24 – Donald Duck (fig.); EuG T-303/03, GRUR Int 2005, 701 Rn. 42 – Salvita). Insbesondere gilt dies für sehr allgemein und abstrakt gehaltene Erklärungen. Je detaillierter und konkreter die Angaben in der eidesstattlichen Versicherung sind, desto höher ist ihr Beweiswert. Wird jedoch der in der eidesstattlichen Erklärung angegebene Benutzungsumfang nicht durch objektive Beweismittel (zB Rechnungen, Verträge) bestätigt, genügt die Angabe in der eidesstattlichen Versicherung regelmäßig nicht, um eine ernsthafte Benutzung zu beweisen.

Dazu folgendes Beispiel: Gibt der Verkaufsleiter der Widersprechenden eine eidesstattliche Versicherung **43.1** ab, dass im Rahmen einer Hausmesse ein Kunde einen Auftrag in Höhe von 2.000 Euro erteilt hat, ist neben der Kopie der Auftragserteilung auch eine Kopie des Bestellformulars beizufügen (EUIPO Entsch. v. 21.11.2016 – R 2000/2015-5).

Die **Art der Benutzung** wird in der Regel durch Verpackungsbeispiele, Werbung, Kataloge **44** und Ähnliches belegt. Möglich sind auch Internetauszüge. Wenn diese aber erst nach dem relevanten Zeitraum generiert wurden, muss in dieser Hinsicht mehr vorgetragen werden. Wurde die Marke in anderer Form als der eingetragenen benutzt, sollten Ausführungen zu Art. 18 Abs. 1 S. 2 lit. a gemacht werden.

Die Tatsache, dass der Widersprechende Domainnamen registriert hat, die die ältere Wortmarke **45** enthalten, reicht an sich nicht aus, um die ernsthafte Benutzung dieser Marke zu beweisen. Die Registrierung bedeutet nicht unbedingt, dass der Domainname im geschäftlichen Verkehr und als Marke verwendet wird. Stattdessen kommt es auf den Inhalt der Internetseiten unter der Domain an (EUIPO Entsch. v. 28.11.2019 – B3052126).

Dass die Marke **während des relevanten Zeitraums** benutzt wurde, ist leicht nachzuweisen, **46** wenn Kataloge, Etiketten etc. datiert sind. Dies ist freilich häufig nicht der Fall. Was dann helfen kann, sind zB datierte Blogeinträge und Produktbewertungen von Konsumenten. Indizielle Wirkung kann auch der Waybackmachine zukommen, mittels derer Auszüge von Webseiten zu in der Vergangenheit liegenden Daten generiert werden können. Sie ist aber nicht 100 % verlässlich.

Mittlerweile gibt es Anbieter, die mittels Blockchain Technologie Internet-Nachweise mit eindeutiger **46.1** Zeitangabe generieren. Dafür muss die Marke allerdings in das System eingespeist werden und die Nachweise lassen sich nur für die Zukunft erstellen.

Die Zeit der Benutzung lässt sich auch aus **Rechnungen** entnehmen, soweit diese entweder **47** die Art der Benutzung zeigen (etwa bei Dienstleistungen), oder mit anderen Beweismitteln verknüpft werden können, so dass sich aus der Gesamtschau ergibt, dass die Benutzung im relevanten Zeitraum stattfand. Diese Verknüpfung kann auch mittels einer eidesstattlichen Versicherung hergestellt werden. Hier ist zwar Vorsicht geboten, weil, wie gesagt, das Amt diesen Erklärungen nur geringen Beweiswert zumisst. Ist die Erklärung jedoch von umfangreichem sonstigem Material begleitet, wird sie in der Regel als ausreichend unterfüttert akzeptiert. Notwendig ist ohnehin nicht, dass eine Benutzung während des gesamten Zeitraums oder auch nur eines wesentlichen Teils davon gezeigt wird. Eine lediglich punktuelle Benutzung kann jedoch als nicht ernsthaft angesehen werden, vor allem wenn sie zugleich nicht sehr umfangreich war. Gleiches gilt für eine Benutzung, die nur kurz vor Ablauf der Fünfjahresfrist stattfand (EuG T-495/12 bis T-497/12, BeckRS 2014, 81641 Rn. 34 f. – Dracula).

Der **Ort der Benutzung** kann sich aus einer Reihe von Angaben ergeben. Hersteller- oder **48** Vertriebsadressen auf Verpackungen, Angabe landesspezifischer Domainnamen, Währungsangaben und natürlich Sprache der Nachweise erlauben Rückschlüsse auf den Ort der Benutzung. Eindeutig nachgewiesen wird der Ort der Benutzung durch Rechnungen, jedenfalls was den Empfänger betrifft. Auch hier muss dann wieder die Verknüpfung zwischen Rechnungen und sonstigen Nachweisen, insbesondere hinsichtlich der Art der Benutzung, hergestellt werden.

In Bezug auf eine internationale Registrierung mit Benennung der EU genügt es zum Nachweis der **48.1** rechtserhaltenden Benutzung für sich genommen noch nicht, dass unter einer „.com"-Domain Internetseiten betrieben werden. Dies auch dann nicht, wenn dort Hotline-Telefonnummern angegeben werden. Der Betrieb von Internetseiten unter einer „.com"-Domain erlaubt für sich genommen noch keine Feststellungen, dass etwaige Benutzungshandlungen in der EU erfolgen, da die Internetseiten von jedem Land der Welt aus betrieben und angerufen werden können (EuG T-633/18, GRUR-RS 2019, 21217 – TON JONES/Jones).

Will sich der Widersprechende auf Exportbenutzung bzw. den **Versandort** berufen, muss er **49** berücksichtigen, dass es hierfür mit der Adresse dessen, der die Rechnung ausstellt, nicht unbedingt getan ist. Insofern sind weitere Nachweise zu empfehlen.

50   Nachweise von vor oder nach dem relevanten Zeitraum sind nicht irrelevant. Sie können zwar häufig eine Benutzung während dieses Zeitraums nicht unmittelbar belegen, aber Hinweise auf eine ernsthafte Benutzung während dieses Zeitraums geben (EuG T-638/14, BeckEuRS 2016, 473544 Rn. 38 f. – FRISA). So spiegeln etwa nach dem relevanten Zeitraum erfolgte Testergebnisse oder Kundenbeurteilungen in der Regel die Benutzung während des relevanten Zeitraums wider, da zwischen solchen Ergebnissen oder Beurteilungen und dem eigentlichen Konsum erfahrungsgemäß einiges an Zeit vergeht.

51   Der Nachweis des **Umfangs der Benutzung** dient der Feststellung deren Ernsthaftigkeit, also, dass sie stattfand, um einen Marktanteil zu erlangen oder zu behalten. Hierfür ist es in der Regel nicht erforderlich, den Gesamtumsatz darzulegen. Es reicht vielmehr, Rechnungsbeispiele oder andere Nachweise vorzulegen, aus denen sich ein ausreichendes Volumen ergibt. Das Amt misst Rechnungen einen erheblichen Stellenwert zu. Die bloße Angabe von Gesamtumsätzen in einer eidesstattlichen Versicherung ist in der Regel nicht ausreichend. Solchen Erklärungen muss etwas beigefügt werden, das diese Angaben belegt oder, besser, unterfüttert. Tatsächlich wird hier ein Maßstab angelegt, der dem der Glaubhaftmachung nahekommt. Im Übrigen ist bei der Prüfung der Ernsthaftigkeit der Benutzung eine umfassende Beurteilung unter Berücksichtigung aller relevanten Faktoren vorzunehmen. „Diese Beurteilung impliziert eine gewisse **Wechselbeziehung** zwischen den zu berücksichtigenden Faktoren. So kann ein geringes Volumen von unter der Marke vertriebenen Waren durch eine große Häufigkeit oder zeitliche Konstanz der Benutzungshandlungen dieser Marke ausgeglichen werden und umgekehrt" (stRspr, s. zB EuG T-203/02, GRUR Int 2005, 47 Rn. 42 – VITAFRUIT, Rechtsmittel zurückgewiesen, EuGH C-416/04 P, GRUR 2006, 582).

52   Benutzungsnachweise können in der **Originalsprache** vorgelegt werden; eine **Übersetzung** ist nur erforderlich, wenn das Amt sie verlangt. Art. 10 Abs. 6 DVUM iVm Art. 24 UMDV entspricht insoweit der Rechtslage nach Regel 22 Abs. 5 GMDV. In der Regel haben Rechnungen einen selbsterklärenden Charakter. Es ist allerdings anzuraten, dass wichtige Textstellen ggf. übersetzt und die Nachweise ansonsten in der Verfahrenssprache erklärt werden. Insbesondere sollte der Widersprechende schriftsätzlich darlegen, inwieweit die vorgelegten Beweismittel die vorgetragenen Tatsachen belegen. Je mehr hier ausgeführt wird, umso unwahrscheinlicher ist es, dass das Amt eine vollständige Übersetzung verlangt.

53   Bei der Beurteilung des Beweiswerts von Unterlagen sind auch die Wahrscheinlichkeit und der Wahrheitsgehalt der darin enthaltenen Information zu prüfen. Demgemäß sind insbesondere die Herkunft der Unterlagen, die Umstände ihrer Ausarbeitung, ihr Adressat und die Frage zu berücksichtigen, ob sie ihrem Inhalt nach vernünftig und glaubhaft erscheinen (EuG T-262/04, GRUR Int 2006, 315 – Briquet à Pierre; T-303/03, GRUR Int 2005, 701 – Salvita/SOLEVITA; Markenrichtlinien, Teil C, Abschn. 5, 3.2.2).

53.1   Folgendes Beispiel dazu: Als fraglich beurteilt wurden zB Rechnungen, die auf den Vertreter des Widersprechenden oder für solchen Privatpersonen ausgestellt wurden, deren Nachname mit dem des Vertreters identisch sind (EUIPO Entsch. v. 12.2.2020 – R 1784/2019-4).

54   Der Widersprechende wird vom Amt nicht vorab darüber in Kenntnis gesetzt, dass die Nachweise möglicherweise nicht ausreichend sind. Werden keine oder offensichtlich keine relevanten Nachweise in Bezug auf alle mit dem Widerspruch geltend gemachten älteren Rechte vorgelegt, kann das Amt das Verfahren sofort abschließen. Im Übrigen leitet das Amt die vorgelegten Benutzungsnachweise vollständig an den Anmelder weiter und räumt diesem eine Stellungnahmefrist von zwei Monaten ein. Lässt der Anmelder die Frist verstreichen, ohne eine Stellungnahme einzureichen, bedeutet dies jedoch nicht, dass er die vorgelegten Beweismittel als ausreichend akzeptiert. Dem Anmelder steht es auch frei mit einer förmlichen Rücknahme seines Antrages auf Benutzungsnachweis zu reagieren, wonach die Nachweispflicht des Widersprechenden entfällt.

4. Rechtsfolgen unzureichender Benutzungsnachweise

55   Soweit der Widersprechende die Benutzung der Widerspruchsmarke nicht oder nicht ausreichend belegt, wird diese Marke bei der Entscheidung über den Widerspruch nicht berücksichtigt. Beruht der Widerspruch ausschließlich auf dem Benutzungszwang unterliegenden Marken und gelingt der Nachweis für keine davon, wird der Widerspruch als unbegründet zurückgewiesen (Abs. 2 S. 2). Werden überhaupt keine Nachweise vorgelegt und unterliegen alle älteren Rechte dem Benutzungszwang, erfolgt die Zurückweisung unmittelbar nach Ablauf der Frist für den Widersprechenden. Dabei ist zu berücksichtigen, dass der Widersprechende die Weiterbehandlung beantragen kann, von einer sofortigen Zurückweisung nach Fristablauf ist daher abzusehen.

Im Falle der **Teilbenutzung** werden im Vergleich der Waren und Dienstleistungen nur diejeni- **56** gen berücksichtigt, für die eine Benutzung nachgewiesen wurde (Abs. 2 S. 3; s. auch EuG T-146/ 21, GRUR-RS 2022, 5119 Rn. 27; EuG T-133/18, GRUR-Prax 2019, 207 = BeckRS 2019, 3633 – Lumiqs/Lumix). Was das genau für den verbleibenden Schutzbereich der Marke heißt, hängt auch von den Begriffen des Warenverzeichnisses ab. Bei breiten Kategoriebegriffen wird die Marke nicht notwendig auf die ganz konkrete Ware oder Dienstleistung reduziert, sondern eine hinreichend kohärente Untergruppe gebildet (→ Art. 18 Rn. 33 f.). Je konkreter die Aufzäh- lung der Waren und Dienstleistungen im Verzeichnis ist, umso enger wird bei Teilbenutzung der Schutzbereich begrenzt. Was die Untergruppenbildung betrifft, tut der Widersprechende gut daran, hierzu Ausführungen zu machen. Er sollte weder nach den Sternen greifen und die ganze Kategorie „behalten" wollen noch die Untergruppenbildung einfach dem Amt überlassen, sondern hierzu selbst sinnvolle Vorschläge machen.

D. Weiterer Verfahrensablauf

I. Aussetzung

Es ist nicht selten, dass sich im weiteren Verlauf des Verfahrens Umstände ergeben, die zu **57** einem Antrag auf Aussetzung führen. Die neue DVUM nennt die Aussetzung nicht mehr im Zusammenhang mit dem Widerspruchsverfahren, wie Regel 21 Abs. 7 GMDV, sondern regelt sie bei den Fristen (Art. 71 DVUM).

1. Aussetzung auf gemeinsamen Antrag

Ist der Aussetzungsantrag zweiseitig, wird er in aller Regel – auch ohne Begründung – gewährt, **58** zunächst für sechs Monate, die bis auf zwei Jahre verlängert werden können (Art. 71 Abs. 2 DVUM). Einem gemeinsamen Antrag auf Aussetzung wird nicht stattgegeben, wenn er innerhalb der „Cooling-off"-Frist eingeht. Verschiedene, nicht konsekutive Aussetzungen werden kumuliert, wobei auch Aussetzungen berücksichtigt werden, die vor Inkrafttreten der DVUM angeordnet wurden, was fragwürdig erscheint. Zudem scheinen die Beschwerdekammern davon auszugehen, dass die Maximaldauer für das gesamte Verfahren vor dem Amt gilt, also erste Instanz und Beschwerdeinstanz zusammengerechnet. Praktische Erfahrungen gibt es hierzu noch nicht. Wurde die Gesamtdauer von zwei Jahren von den Parteien bereits ausgeschöpft, ist der gemeinsame Antrag auf Aussetzung unzulässig (Markenrichtlinien, Teil C, Abschn. 1, 7.3.1.).

2. Aussetzung von Amts wegen oder auf einseitigen Antrag

Das Amt kann gemäß Art. 71 Abs. 1 DVUM das Widerspruchsverfahren auch von Amts wegen **59** oder auf Antrag eines Beteiligten aussetzen, wenn dies unter den gegebenen Umständen angemes- sen erscheint. Wird der Antrag von einem der Beteiligten gestellt, ist er ordnungsgemäß zu begründen. Wenn der Aussetzungsgrund zu einem späteren Zeitpunkt wegfällt, wird das Verfahren fortgesetzt. In diesem Fall findet die Beschränkung der Aussetzung auf zwei Jahre allerdings keine Anwendung.

Ein Grund dafür kann sein, dass der Widerspruch auf einer Markenanmeldung (einschließlich etwaiger **59.1** Umwandlungen) beruht, oder Bemerkungen Dritter (Art. 45; → Art. 45 Rn. 1 ff.) bzw. Anträge auf einen Rechtsübergang anhängig sind; zu weiteren Beispielfällen vgl. Markenrichtlinien, Teil C, Abschn. 1, 7.3.2.

Der häufigste Grund für einen einseitigen Aussetzungsantrag ist ein Angriff auf das oder eines **60** der älteren Rechte, etwa ein Antrag oder eine Klage auf Verfalls- oder Nichtigerklärung. Allein der formlose Verweis auf ein anhängiges Nichtigkeits- oder Verfallsverfahren genügt jedoch nicht. Der Anmelder muss eine Kopie des Antrags (oder der Klage) vorlegen und die Anhängigkeit belegen. Dem Aussetzungsantrag wird dann in der Regel stattgegeben, es sei denn, der Angriff auf die ältere Marke erscheint als reine Verzögerungstaktik, der Widerspruch ist auf andere, mindes- tens ebenso relevante und den gesamten Streitgegenstand abdeckende ältere Rechte gestützt, die nicht angegriffen wurden oder würde ohnehin abgewiesen. Allein die Tatsache, dass ein Nichtigkeitsantrag erst nach Erlass der Entscheidung der Widerspruchsabteilung gestellt wurde, genügt noch nicht für die Annahme einer Verzögerungstaktik (EuG T-346/18, BeckRS 2019, 10954 – VOGUE). Zuweilen setzt das Amt auch nicht sofort aus, sondern macht von seinem Ermessen dahingehend Gebrauch, dass es mit der Aussetzung wartet, bis das schriftliche Verfahren abgeschlossen ist.

61   Bei der Frage, ob ein Widerspruchsverfahren wegen eines Verfallantrags gegen die Widerspruchsmarke ausgesetzt werden muss, ist eine umfassende Interessenabwägung vorzunehmen. Die Abwägung erfordert eine summarische Prüfung der Erfolgsaussichten des Nichtigkeitsantrages bzw. des Verfallantrags und des Verfahrensstadiums. Hierzu sollte der Antragsteller vorsorglich ausführlich vortragen (wegen Verfallantrags vgl. EuG T-162/18, BeckRS 2019, 1386 – ALTUS; wegen Nichtigkeitsantrag vgl. EuG T-346/18, BeckRS 2019, 10954 – VOGUE).

II. Aktive Mitwirkung des Amtes; Mediation

62   Gem. Abs. 1 fordert das Amt die Parteien „so oft wie erforderlich" zu Stellungnahmen auf. Abs. 4 erlaubt dem Amt, die Beteiligten zu „ersuchen, sich zu einigen, wenn es dies als sachdienlich erachtet". Die Widerspruchsabteilungen machen hiervon nie Gebrauch, was schon daran liegt, dass für Verfahren und Entscheidung unterschiedliche Mitarbeiter zuständig sind. Während des Verfahrens werden also die Eingaben der Parteien häufig nicht oder nur recht kursorisch geprüft.

63   Nur bei den Beschwerdekammern, namentlich von den deutschen Mitgliedern, die **Einigungsvorschläge** ja auch von deutschen Gerichten kennen, wird gelegentlich von Abs. 4 Gebrauch gemacht, und wird auch zur Klärung bestimmter Fragen angeregt. Das ist keine Verletzung des Neutralitätsgebots, sondern eine sinnvolle und konstruktive Streitschlichtung.

64   Keinesfalls jedoch ist das Amt verpflichtet, zur Vorlage wichtiger Tatsachen oder Beweismittel aufzufordern. Dies galt schon immer, ist aber nunmehr in Art. 8 Abs. 9 S. 2 DVUM expressis verbis festgehalten.

65   In jeder Phase des Verfahrens kann das Amt auch eine **Mediation** anregen (Art. 151 Abs. 3, Art. 170 Abs. 4). In der Praxis kommt dies jedoch eher selten vor, insbesondere nicht in erster Instanz. Die Inanspruchnahme eines Mediationsverfahrens erfolgt durch beiderseitigen Antrag und führt für die Dauer der Mediation zur Aussetzung des Verfahrens. Diese Aussetzung wird nicht auf die zweijährige Maximaldauer der Aussetzung auf beiderseitigen Antrag angerechnet.

65.1   Bislang ist kein Fall bekannt, in dem bereits in erster Instanz von der Mediationsmöglichkeit Gebrauch gemacht wurde; vor dem 1.10.2017 gab es diese Möglichkeit ja erst in der Beschwerdeinstanz. Bislang hat die Mediation – vielleicht gerade deshalb – eine sehr untergeordnete Rolle gespielt, trotz teilweiser Bemühungen der Beschwerdekammermitglieder, Parteien zur Mediation zu bewegen (s. auch „Mediationsbeschluss", Beschl. Nr. 2013-3 des Präsidiums der Beschwerdekammern vom 5.7.2013 sowie die Broschüre der Beschwerdekammern des EUIPO „Mediation – Anweisungen für die Parteien"). Im Zeitraum 2015–2018 wurden insgesamt 164 Mediationen entweder von einer Partei oder vom Berichterstatter vorgeschlagen, allerdings lediglich 25 durchgeführt. Im Jahr 2018 waren es insgesamt vorgeschlagene 52 Mediationsfälle mit lediglich 3 akzeptierten Fällen (Jahresbericht 2018). Im Jahr 2021 erreichte demgegenüber die Zahl der zur alternativen Streitbeilegung vorgeschlagenen Fälle, insbesondere für Mediation, Schlichtung und Verhandlungshilfe, mit 99 ihren bislang höchsten Stand. Akzeptiert wurden von diesen 99 Fällen jedoch wiederum lediglich 37 Fälle (Jahresbericht 2021).

E. Entscheidung über den Widerspruch

66   Sofern das Widerspruchsverfahren nicht zuvor durch Rücknahme des Widerspruchs oder der Anmeldung der Unionsmarke beendet worden ist, entscheidet das Amt gemäß Abs. 5 über den Widerspruch. Fehlt es an Zulässigkeitsvoraussetzungen, weist es den Widerspruch als unzulässig zurück. Ist der Widerspruch dagegen zulässig, kann das Amt dem Widerspruch stattgeben und die Eintragung der Unionsmarke im Umfang des Widerspruchs zurückweisen, oder den Widerspruch ganz oder teilweise abweisen und die angemeldete Unionsmarke in entsprechendem Umfang zur Eintragung zulassen.

67   Soll ein Widerspruch, der auf mehrere ältere Marken oder Kennzeichen gestützt ist, abgewiesen werden, muss das Amt sämtliche älteren Rechte bei der Prüfung berücksichtigen, ob ein relatives Eintragungshindernis besteht. Lässt sich hingegen eine vollständige Zurückweisung des Widerspruchs mit einem einzigen der älteren Rechte begründen, kann das Amt die Entscheidung allein auf dieses stützen. Die Prüfung aller in das Widerspruchsverfahren eingeführter älterer Marken und Kennzeichen ist nicht erforderlich (stRspr seit EuG T-342/02, GRUR Int 2005, 56 – MGM). In der Regel macht das Amt von dieser Möglichkeit Gebrauch, wobei es zunächst das Schutzrecht prüfen wird, das prima facie die größten Chancen hat (sog. „wirksamstes" älteres Recht), etwa weil es nicht dem Benutzungszwang unterliegt oder der angemeldeten Unionsmarke am ähnlichsten oder für die meisten Waren und Dienstleistungen eingetragen ist.

68   Die Entscheidung über den Widerspruch enthält auch eine **Kostenentscheidung** sowie die **Kostenfestsetzung.** Hier ergeben sich keine Komplikationen: Gewinnt eine der Parteien vollständig, werden der anderen die Kosten auferlegt. Ansonsten trägt jede der Parteien ihre Kosten selbst, also auch dann, wenn zB der Widerspruch hinsichtlich nur einer Ware in einem langen Verzeichnis zurückgewiesen wird. Nach Proporz wird nicht entschieden, was allerdings mit Blick auf die niedrige Deckelung der Kostenerstattung in Art. 18 UMDV auch wenig sinnvoll wäre.

Nach Abs. 6 müssen Entscheidungen, durch die die Unionsmarkenanmeldung zurückgewiesen **69** wird, veröffentlicht werden, sobald sie unanfechtbar geworden sind. In der Praxis wird natürlich jede Entscheidung der Widerspruchsabteilung öffentlich zugänglich gemacht, und zwar schon vor Unanfechtbarkeit und unabhängig von deren Ausgang.

F. Mehrere Widersprüche

Nach Art. 9 Abs. 1 S. 1 DVUM können mehrere Widersprüche die sich gegen dieselbe Unions- **70** marke richten, in einem Verfahren geprüft werden. Das ist jedoch sehr selten, es sei denn, die wirtschaftlichen Interessen und rechtlichen Fragestellungen sind identisch.

Wenn zum Beispiel zwei verbundene Unternehmen aus ähnlichen Zeichen widersprechen und nur **70.1** deshalb zwei Widersprüche eingereicht werden können, weil die Inhaber der älteren Marken unterschiedlich sind, ist eine Verbindung der Verfahren sinnvoll und wird auch regelmäßig angeordnet.

Sind mehrere Widersprüche gegen dieselbe Unionsmarkenanmeldung anhängig, kann das Amt **71** auch den oder die erfolgversprechendsten herausgreifen und weiterführen und die anderen unterdessen aussetzen (Art. 9 Abs. 2 DVUM, sog. „wirksamster" Widerspruch). Wird die Anmeldung ganz oder im Umfang der anderen (ausgesetzten) Widersprüche zurückgewiesen, erledigen sich diese (Art. 9 Abs. 3 DVUM). Soweit die Aussetzung vor Beginn des kontradiktorischen Verfahrens, also vor Ablauf der Cooling-off-Frist (Art. 6 Abs. 1 S. 1 DVUM), erfolgte, erhält der Widersprechende die halbe Widerspruchsgebühr erstattet (Art. 9 Abs. 4 DVUM). Von dieser Aussetzungsmöglichkeit wird jedoch selten Gebrauch gemacht, weil in der Praxis keine vorläufige Prüfung einzelner Widersprüche stattfindet.

Sofern der Anmelder im Zuge eines Widerspruchsverfahrens das Waren- und Dienstleistungs- **72** verzeichnis der Unionsmarkenanmeldung einschränkt, teilt das Amt dies auch allen anderen Widerspruchsführern mit und fordert sie auf, mitzuteilen, ob sie ihre Widersprüche aufrechterhalten. Dies gilt jedoch nur, soweit die Einschränkung den Streitgegenstand der anderen Widersprüche tangiert.

G. Parteiwechsel

I. Wechsel aufseiten des Anmelders

Nach Art. 20 Abs. 11 kann der Rechtsnachfolger einer Unionsmarke(nanmeldung) vor Eintra- **73** gung des Rechtsübergangs seine Rechte aus der Unionsmarke nicht geltend machen. Erklärungen zur Wahrung von Fristen kann der Rechtsnachfolger hingegen bereits ab Stellung des Antrags auf Eintragung des Rechtsübergangs stellen (Art. 20 Abs. 12). Mit der Eintragung wird der Rechtsnachfolger automatisch Partei des Widerspruchsverfahrens, ohne dass es einer Zustimmung des Widersprechenden bedarf (→ Art. 20 Rn. 51).

Wird die Anmeldung nur teilweise übertragen, führt die Aufspaltung in zwei getrennte Eintra- **74** gungsverfahren dazu, dass auch zwei Widerspruchsverfahren anhängig werden, die unabhängig voneinander fortgeführt werden (Eisenführ/Schennen/Schennen Rn. 216).

II. Wechsel aufseiten des Widersprechenden

Handelt es sich bei der älteren Marke, die in das Widerspruchsverfahren eingeführt worden ist, **75** um eine Unionsmarke, so tritt der neue Inhaber nach Art. 20 Abs. 11 und Abs. 12 mit der Eintragung des Inhaberwechsels automatisch in das Widerspruchsverfahren ein (→ Art. 20 Rn. 51). Auch hier muss der Anmelder der Unionsmarke dem Parteiwechsel nicht zustimmen. Ist der neue Inhaber noch nicht eingetragen, ist aber bereits der Antrag auf Eintragung der Übertragung gestellt, kann er fristwahrende Erklärungen gegenüber dem Amt abgeben.

Geht es um ein national geschütztes Kennzeichen, so kann der Widersprechende entweder **76** gegenüber dem Amt den materiellrechtlichen Rechtsübergang nachweisen oder (im Falle einer älteren Marke) seine Eintragung in das nationale Markenregister nachweisen. Auch in diesem Fall tritt der Rechtsnachfolger automatisch an die Stelle des ursprünglichen Widersprechenden und übernimmt das Widerspruchsverfahren in eben dem Stadium, in dem es sich befindet.

77   In dem Fall, dass eine nationale Marke übergegangen, dies aber in das nationale Register noch nicht eingetragen ist, entscheidet das Amt erst in der Sache, wenn dies erfolgt ist (Eisenführ/ Schennen/Schennen Rn. 222). Dies kann – abhängig von der Dauer solcher Verfahren bei dem jeweiligen nationalen Amt – zu einer erheblichen Verfahrensverzögerung führen.

78   Ist der Rechtsübergang an der oder den Widerspruchsmarken zweifelhaft, so führt das Amt das Verfahren bis zur Klärung der Zweifelsfrage mit dem bisherigen Widersprechenden fort. Verteidigt sich dieser damit, dass er nicht mehr Inhaber der Widerspruchsmarke sei, so führt dies in der Regel zur Zurückweisung des Widerspruchs als unbegründet.

H. Widerspruch gegen eine IR-Marke

79   Für den Widerspruch gegen eine IR-Marke, die das Gebiet der EU benennt, gilt Art. 196 iVm Art. 77–78 DVUM. Insoweit wird auf die Ausführungen zu Art. 196 verwiesen (→ Art. 196 Rn. 1 ff.).

Art. 48 Übertragung von Befugnissen

Der Kommission wird die Befugnis übertragen, gemäß Artikel 208 delegierte Rechtsakte zu erlassen, in denen die Einzelheiten des Verfahrens für die Anmeldung und Prüfung eines Widerspruchs gemäß den Artikeln 46 und 47 festgelegt werden.

Überblick

Die Vorschrift wurde mWv 23.3.2016 gemäß VO (EU) 2015/2424 vom 16.12.2015 eingefügt und durch VO (EU) 2017/1001 vom 14.6.2017 – mit Ausnahme der geänderten Artikelzählung – unverändert übernommen.

1   Durch Art. 48 ist der Europäischen Kommission nach Maßgabe des Art. 208 die Befugnis übertragen worden, Einzelheiten des Verfahrens für die Anmeldung und Prüfung eines Widerspruchs gemäß Art. 46 und Art. 47 festzulegen. Durch diese Befugnisübertragung soll eine wirksame, effiziente und zügige Prüfung und Eintragung von Anmeldungen einer europäischen Marke sichergestellt werden (→ Art. 208 Rn. 1 ff.). Die Europäische Kommission hat in Art. 2 ff. DVUM von ihrer Befugnis Gebrauch gemacht, die Einzelheiten des Verfahrens für die Einreichung und Prüfung eines Widerspruchs zu regeln.

2   Die Übertragung der in Art. 48 eingeräumten Befugnis gilt seit dem 23.3.2016 auf unbestimmte Zeit (vgl. Art. 208 Abs. 2).

3   Das Europäische Parlament oder der Rat können die Befugnisübertragung jederzeit widerrufen (vgl. Art. 208 Abs. 3 S. 1). Bereits in Kraft getretene delegierte Rechtsakte der Europäischen Kommission bleiben jedoch auch nach einem solchen Widerruf in Kraft (vgl. Art. 208 Abs. 3 S. 4).

Abschnitt 5. Zurücknahme, Einschränkung, Änderung und Teilung der Anmeldung

Art. 49 Zurücknahme, Einschränkung und Änderung der Anmeldung

(1) **¹Der Anmelder kann seine Anmeldung jederzeit zurücknehmen oder das in der Anmeldung enthaltene Verzeichnis der Waren und Dienstleistungen einschränken. ²Ist die Anmeldung bereits veröffentlicht, so wird auch die Zurücknahme oder Einschränkung veröffentlicht.**

(2) **¹Im Übrigen kann die Anmeldung der Unionsmarke auf Antrag des Anmelders nur geändert werden, um Name und Adresse des Anmelders, sprachliche Fehler, Schreibfehler oder offensichtliche Unrichtigkeiten zu berichtigen, soweit durch eine solche Berichtigung der wesentliche Inhalt der Marke nicht berührt oder das Verzeichnis der Waren oder Dienstleistungen nicht erweitert wird. ²Betreffen die Änderungen die Wiedergabe der Marke oder das Verzeichnis der Waren oder Dienstleistungen und wer-**

den sie nach Veröffentlichung der Anmeldung vorgenommen, so wird die Anmeldung in der geänderten Fassung veröffentlicht.

(3) Der Kommission wird die Befugnis übertragen, gemäß Artikel 208 delegierte Rechtsakte zu erlassen, in denen die Einzelheiten des Verfahrens für die Änderung der Anmeldung festgelegt werden.

Überblick

Art. 49 enthält Regelungen zur Zurücknahme, Einschränkung und Änderung einer Anmeldung. Ergänzende Vorschriften finden sich in Art. 146 Abs. 6 UMV, Art. 11 DVUM und Art. 12 UMDV.

Übersicht

A. Allgemeines

Art. 49 betrifft Änderungen der Markenanmeldung oder deren Status in dem Zeitraum bis zur **1** Eintragung. Nach der Eintragung der Marke greifen andere Vorschriften. Das Äquivalent zur Zurücknahme einer Markenanmeldung ist nach Eintragung einer Marke der Verzicht, Art. 57 (→ Art. 57 Rn. 1). Für die Änderung einer Eintragung gilt Art. 54 (→ Art. 54 Rn. 1).

B. Zurücknahme

I. Vollständige Zurücknahme

Abs. 1 S. 1 Hs. 1 regelt die vollständige Zurücknahme der Anmeldung. Die vollständige **2** Zurücknahme ist frei und liegt gänzlich in der Hand des Anmelders. Eine Zustimmung oder Unterrichtung Dritter ist – mangels Beeinträchtigung der Rechte Dritter durch die Zurücknahme – nicht erforderlich, zumindest soweit beispielsweise keine anderslautenden vertraglichen Verpflichtungen bestehen.

1. Zeitpunkt

Abs. 1 S. 1 Hs. 1 stellt klar, dass die vollständige Zurücknahme „jederzeit" erfolgen kann. Dies **3** bedeutet, dass eine vollständige Zurücknahme während der gesamten Zeit der Anhängigkeit der Anmeldung bis zur Eintragung der Marke möglich ist, also während des gesamten Verfahrens vor dem EUIPO und den Gerichten. Dies gilt auch während der Anhängigkeit etwaiger Widerspruchsverfahren; hier ist jedoch Art. 8 Abs. 8 DVUM zu beachten, wonach eine Einschränkung (also eine Teilrücknahme) der Anmeldung mittels gesonderten Schriftsatzes erklärt werden muss (→ Art. 47 Rn. 1). Ferner ist zu beachten, dass in dem Verfahren vor den Gerichten das jeweilige Gericht im Prinzip auf das Waren- und Dienstleistungsverzeichnis abstellt, das der Beschwerdekammer vorlag. Während es bloße Streichungen berücksichtigt, werden Präzisierungen, also etwa Einschränkungen weiter Kategoriebegriffe, im Gerichtsverfahren nicht berücksichtigt (→ Art. 72 Rn. 65). Eine konkrete Frist existiert nicht.

a) Zurücknahme innerhalb der Beschwerdefrist. Nachdem eine Markenanmeldung zB **4** aufgrund absoluter Gründe abgewiesen worden ist, kann in der Praxis ein Negativeintrag im Statusfeld in dem Markenregister durch eine vollständige Zurücknahme innerhalb der zweimonatigen Beschwerdefrist verhindert werden. Dies ergibt sich einerseits aus dem Gesetzeswortlaut ("jederzeit") und wurde andererseits von der Großen Beschwerdekammer in ihrer **Optima**-Entscheidung (HABM Gr. BK 27.9.2006 – R 331/2006-G Rn. 14 – Optima) bestätigt. Dies wurde anfänglich nicht einheitlich innerhalb des EUIPO vertreten, ist aber nun schon seit einiger Zeit auch in den Prüfungsrichtlinien für Unionsmarken explizit erklärt (vgl. Prüfungsrichtlinien für Unionsmarken, Teil B, Abschnitt 1, 5.1.1; → Rn. 5.1).

5   Die Möglichkeit zur Zurücknahme innerhalb der Beschwerdefrist folgt aus dem Gesetz. Art. 66 Abs. 1 S. 2 weist **Beschwerden** aufschiebende Wirkung zu und meint damit tatsächlich eingelegte Beschwerden. Jedoch ist die Markenanmeldung während der Beschwerdefrist gleichfalls **anhängig,** auch wenn eine solche Beschwerde letztendlich nicht eingelegt wird. Eine Entscheidung über die Markenanmeldung ist während dieser Beschwerdefrist noch nicht rechtskräftig. Aus Art. 66 Abs. 1 S. 2 kann auch nichts Gegenteiliges gelesen werden, denn diese Vorschrift ist lediglich eine Klarstellung für den Verfahrenszeitraum **ab** einer wirksam eingelegten Beschwerde und trifft keinerlei Aussagen über den Zeitraum der Frist zur Einlegung einer Beschwerde (aA Eisenführ/Schennen/Schennen Art. 43 Rn. 9). Auch in den Rechtsmittelverfahren vor dem EuG und dem EuGH kann eine Anmeldung, jedenfalls innerhalb der Rechtsmittelfrist von zwei Monaten, die um einen Zeitraum von 10 Tagen (Entfernung) verlängert wird (Art. 60 EuGVfO bzw. Art. 51 EuGHVfO), zurückgenommen werden. Wird ein Rechtsmittel zu den Gerichten eingelegt, so kann die Zurücknahme zurückgenommen werden, soweit nicht eine rechtskräftige Entscheidung des jeweiligen Gerichts vorliegt (Art. 51 EuGHVfO). Wird eine Rechtsmittel zurückgenommen und die zugrundeliegende Entscheidung damit rechtskräftig, ist in der Folge die Zurücknahme ausgeschlossen.

5.1   Die in den alten Richtlinien (Richtlinien für die Verfahren vor dem HABM, Teil E, Abschnitt 3, S. 3, Stand November 2005) getroffene Aussage, für den Fall der Ermangelung einer tatsächlichen Beschwerdeeinlegung fehle die Anhängigkeit der Markenanmeldung schon ab Beginn der Beschwerdefrist, wurde bei der im August 2014 erfolgten Aktualisierung gemäß der **Optima**-Entscheidung korrigiert. In den aktualisierten Richtlinien wird seitdem ausdrücklich klargestellt, dass eine Beschwerdeeinlegung notwendige Voraussetzung für die Zurücknahme ist (erstmals Richtlinien für die Verfahren vor dem HABM, Teil B, Abschnitt 1, S. 8, Stand 1.8.2014, nunmehr Prüfungsrichtlinien für Unionsmarken, Teil B, Abschnitt 1, 5.1.1).

6   **b) Übermittlung der Rechercheberichte.** Nach Art. 43 Abs. 7 erfolgt die Veröffentlichung der Markenanmeldung nicht mehr – wie früher – erst nach Ablauf eines Monats nach der Übermittlung der Rechercheberichte an den Anmelder (→ Art. 43 Rn. 5). Anmelder sollten sich also bereits vorab entsprechende Verfügbarkeitsrecherchen durchführen (lassen) und überlegen, ob sie die Anmeldemarke einreichen.

6.1   Während der Anmelder vor der Reform 2016 nach Übermittlung der Rechercheberichte einen Monat lang Zeit hatte, die in den Rechercheberichten zitierten älteren Marken zu analysieren und ggf. seine Anmeldung zurückzunehmen, ist dies seit der Reform 2016 nicht mehr der Fall. Diese Änderung wurde vorgenommen, um das Verfahren zu beschleunigen. Was diesen Punkt anbelangt, können Markenanmelder also nicht mehr so defensiv und abwartend wie vor der Reform 2016 agieren und müssen einen selbständigeren Ansatz wählen.

2. Formalien

7   Ein bestimmtes Verfahren oder die Stellung eines Antrags ist für die vollständige Zurücknahme nicht vorgesehen. Entsprechend sieht auch Art. 65 DVUM kein Formblatt vor. Die Zurücknahme ist allerdings **ausdrücklich** und **unbedingt** zu erklären (EuG T-219/00, GRUR Int 2001, 600 Rn. 61 – ELLOS/HABM; T-219/00, GRUR Int 2005, 322 Rn. 19 – Form eines Bonbons). Insbesondere darf die Zurücknahme nicht von einer bestimmten Entscheidung des Amts abhängig gemacht werden.

8   Eine stillschweigende Zurücknahme ist nicht möglich. Art. 49 bezieht sich nämlich ausschließlich auf den Anmelder. Die Dienststellen des EUIPOs können sich also nicht auf diese Bestimmung berufen und aus dem Verhalten des Anmelders die Zurücknahme ableiten (EuG T-171/06, GRUR Int 2009, 725 Rn. 42 ff. – Laytoncrest/HABM (TRENTON)).

3. Wirksamwerden und Widerruf

9   Die Zurücknahme wird mit dem Zugang der Erklärung beim Amt wirksam. Jedoch ist ein Widerruf der Zurücknahme nach Amtspraxis noch am selben Tag möglich. Unabhängig von dem Zeitpunkt des Eingangs (also auch **vor** dem Eingang der eigentlichen Zurücknahme) hebt ein

solcher taggleicher Widerruf die Zurücknahme auf (vgl. Prüfungsrichtlinien, Teil B, Abschnitt 1, 5.1.2). Auch während der Anhängigkeit des Verfahrens vor dem EuG oder EuGH ist die Zurücknahme ausschließlich beim Amt zu beantragen. Das Amt teilt dann dem EuG oder EuGH mit, ob die Zurücknahme annehmbar und gültig ist, woraufhin das EuG bzw. der EuGH abschließend entscheidet (vgl. auch Prüfungsrichtlinien für Unionsmarken, Teil B, Abschnitt 1, 5.1.2).

Das EuG bzw. der EuGH haben bisher noch nicht Stellung dazu beziehen müssen, ob die **10** Erklärung der Zurücknahme, zB aufgrund eines Irrtums anfechtbar ist. Eine entsprechende Regelung ist in der UMV nicht vorhanden. Die Möglichkeit einer Anfechtung könnte aber mit der Heranziehung von in den Mitgliedstaaten allgemein anerkannten Grundsätze begründet werden (Eisenführ/Schennen/Schennen Art. 43 Rn. 11). Die Anfechtung ist ein in den Rechtsordnungen der Mitgliedstaaten normiertes Gestaltungsrecht im Zusammenhang von Willenserklärungen. Aufgrund einer ähnlichen Interessenlage erscheint die Anwendbarkeit im Rahmen der Zurücknahme sachgerecht.

4. Wirkung

Die wirksame und vollständige Zurücknahme hat zur Folge, dass die Anmeldung nicht mehr **11** anhängig ist und auch keine Rechtswirkungen entfaltet. Bereits aufgrund der Unionsmarkenanmeldung erhobene Prioritätsansprüche in Nachanmeldungen bleiben jedoch natürlich erhalten.

Das EuG hat die Regelung des Art. 49 zum Anlass genommen, festzustellen, dass auch die Rücknahme **11.1** eines Widerspruchs jederzeit möglich sei. Zwar habe der Gesetzgeber dies nicht ausdrücklich vorgesehen. Jedoch stehen Markenanmelder und Widerspruchsführer im Widerspruchsverfahren auf gleicher Stufe. Das gelte eben auch für die Möglichkeit der Rücknahme von Verfahrenshandlungen (EuG T-10/01, BeckEuRS 2003, 277656 Rn. 15 – LICHTWER PHARMA/HABM – BIOFARMA (SEDONIUM); T-120/03, Slg. 2004, II-509 Rn. 19 – SYNOPHARM/HABM – PENTAFARMA(DERMASYN)). Aus der Systematik der UMV und im speziellen aus Art. 49 ergibt sich also auch das Recht des Widerspruchsführers zur Rücknahme eines Widerspruchs.

5. Gebühren

Die vollständige Zurücknahme einer Marke ist gebührenfrei möglich. Andererseits werden **12** bereits gezahlte Gebühren wie zB die Anmelde- und Klassengebühren grundsätzlich nicht zurückerstattet, wenn sie bereits gezahlt wurden.

Eine Erstattung dieser Gebühren findet lediglich statt, wenn das Amt eine diesbezügliche Erklä- **13** rung erhält, sofern die Zahlung per Banküberweisung vor oder spätestens am gleichen Tag erfolgt ist, an dem der Betrag effektiv auf dem Bankkonto des Amtes verbucht wird. Ebenso, wenn das Amt eine entsprechende Erklärung erhält, sofern die Zahlung per Debit- oder Kreditkarte erfolgt ist, am selben Tag der Anmeldung, welche die Anweisungen/Daten der Debit- oder Kreditkarte enthält. Eine Erstattung findet auch dann statt, wenn das Amt eine Erklärung erhält, sofern die Zahlung über ein laufendes Konto getätigt wird, innerhalb der Frist von einem Monat für die Zahlung der Grundgebühr für die Anmeldung oder, sofern die Anweisung zur unmittelbaren Belastung des laufenden Kontos schriftlich erteilt wurde, vor oder spätestens zum Datum, an dem die Anweisung eingegangen ist.

Klassengebühren werden für diese Fälle auch zurückerstattet (Prüfungsrichtlinien für Unions- **14** marken, Teil A, Abschnitt 3, 5.2).

II. Einschränkung des Waren- und Dienstleistungsverzeichnisses

Abs. 1 S. 1 Hs. 2 regelt die Einschränkung des Waren- und Dienstleistungsverzeichnisses. Diese **15** hat den rechtlichen Charakter einer teilweisen Zurücknahme, weshalb in beiden Fällen grundsätzlich dieselben Vorschriften anwendbar sind.

1. Zeitpunkt

Wie schon die Zurücknahme kann auch die Einschränkung "jederzeit" erfolgen und liegt **16** vollständig in der Hand des Anmelders (EuGH C-104/01, GRUR Int 2005, 277 Rn. 52 – Farbe Orange). Auch sonst ergeben sich im Vergleich zu der vollständigen Zurücknahme keine Unterschiede und die obigen Ausführungen gelten entsprechend (→ Rn. 3).

Innerhalb eines Widerspruchsverfahrens ergeben sich je nach Umfang und Zeitpunkt der Ein- **17** schränkung unterschiedliche Folgen, insbesondere in Bezug auf die Kosten:

Zeitpunkt	Umfang der Einschränkung	Folge
vor dem Ende der Cooling-Off-Periode	alle angegriffenen Waren/Dienstleistungen	• Art. 6 Abs. 2, 4, 5 DVUM • Einstellung des Widerspruchsverfahrens • Benachrichtigung der Beteiligten; • Erstattung der Widerspruchsgebühr; • keine Kostenentscheidung
	nur Teil der angegriffenen Waren/Dienstleistungen	• Art. 6 Abs. 3 DVUM • Widerspruch bleibt für die restlichen angegriffenen Waren/Dienstleistungen bestehen; • Benachrichtigung an Widersprechenden mit Möglichkeit der Rücknahme
nach dem Ende der Cooling-Off-Periode	alle angegriffenen Waren/Dienstleistungen	• Benachrichtigung der Beteiligten; • Keine Erstattung der Widerspruchsgebühr; • Kostenentscheidung, wenn keine Vereinbarung
	nur Teil der angegriffenen Waren/Dienstleistungen	• Widerspruch bleibt für die restlichen angegriffenen Waren/Dienstleistungen bestehen; • Benachrichtigung an Widersprechenden mit Möglichkeit der Rücknahme

2. Formalien

18   Die Einschränkungserklärung richtet sich nach den obigen Ausführungen zu der Zurücknahmeerklärung. Es ist ein schriftlicher Antrag erforderlich, der **ausdrücklich** und **unbedingt** gestellt wird. Nach Art. 8 Abs. 8 DVUM ist im kontradiktorischen Teil des Widerspruchsverfahrens der Antrag in einem gesonderten Schriftstück zu stellen.

19   Ein bloßer Vorschlag, das Waren- und Dienstleistungsverzeichnis für den Fall einzuschränken, dass das EUIPO beabsichtigt, die Anmeldung für bestimmte Waren oder Dienstleistungen aufgrund absoluter Eintragungshindernisse zurückzuweisen, genügt den Erfordernissen der ausdrücklichen und unbedingten Erklärung nicht (EuG T-219/00, GRUR Int 2001, 600 Rn. 62 – ELLOS/HABM). Dies gilt auch für einen entsprechenden Hilfsantrag (EuG T-219/00, GRUR Int 2005, 322 Rn. 20 ff. – Form eines Bonbons).

20   Dasselbe gilt für relative Eintragungshindernisse, also wenn das Amt beispielsweise innerhalb eines Widerspruchsverfahrens die Markenanmeldung für bestimmte Waren oder Dienstleistungen aufgrund von Verwechslungsgefahr abweist.

21   Beispielsweise ist auch die teilweise Zurücknahme unter der Bedingung, dass das Amt die Markenanmeldung für die bestehen bleibenden Waren und Dienstleistungen akzeptiert, nicht zulässig.

3. Möglichkeiten der Einschränkung

22   Es bestehen grundsätzlich drei Möglichkeiten, das Waren- und Dienstleistungsverzeichnis einer Marke zu beschränken. Zulässig ist
1. die Streichung einzelner Begriffe;
2. das Hinzufügen einschränkender Formulierungen wie zB „alle vorgenannten Waren ausgenommen für den Bereich ...“; oder
3. der Ausschluss einer oder mehrerer Unterkategorien eines weiter gefassten Begriffs im Verzeichnis; bei der Konkretisierung eines Oberbegriffes auf einen speziellen Begriff geht dies nur, soweit mit Nennung der Oberbegriffe alle Waren und Dienstleistungen einer Klasse abgedeckt sind, dh der Markenanmelder dies ausdrücklich bei der Anmeldung erklärt hat (zur Umsetzung des IP-Translator Urteils des EuGH → Art. 33 Rn. 16).

Praktische Formulierungsmöglichkeiten umfassen die **positive** und **negative** Einschränkung. Der **23** Anmelder kann also entweder bestimmte Bereiche aus der Anmeldung ausnehmen (negative Einschränkung; zB „Finanzdienstleistungen, **ausgenommen** Finanzierungen") oder aber alle Waren oder Dienstleistungen aufzählen, die in der Anmeldung verbleiben sollen (positive Einschränkung).

Unzulässig ist die unklare Einschränkung des Waren- und Dienstleistungsverzeichnisses. Beispiels- **24** weise gilt dies für Einschränkungen in der Form, dass die Anmeldung nur Waren umfassen soll, die ein bestimmtes Merkmal nicht aufweisen („Möbel, sämtliche vorgenannten Waren nicht fliederfarben", „Lattenrosten für Betten, nicht aus Metall"). Dies gebietet die Rechtssicherheit und -klarheit über den Umfang des Markenschutzes (EuGH C-363/99, GRUR 2004, 674 Rn. 114 f. – Postkantoor). Zur Einschränkung durch Ausschlüsse vgl. auch → Art. 33 Rn. 31 ff. Ausgeschlossen werden kann laut Amt jedenfalls nur das, was eigentlich vom Waren- und Dienstleistungsverzeichnis innerhalb der jeweiligen Klasse – ohne den Ausschluss – umfasst wäre. Nicht möglich ist damit der Ausschluss von Waren oder Dienstleistungen aus anderen Klassen sowie Waren oder Dienstleistungen, die nicht unter den Wortsinn der angemeldeten Waren bzw. Dienstleistungen fallen. Dies wird vom Amt geprüft. Vgl. die Beispiele aus → Art. 33 Rn. 32.1 und → Art. 33 Rn. 32.2.

Nach Art. 31 Abs. 1 UMV iVm Art. 2 Abs. 1 lit. c UMDV müssen die Waren und Dienstleistungen **25** so formuliert werden, dass sich deren Art klar erkennen lässt. Dies erfordert das Bestimmtheitsgebot. Folglich ist eine Einschränkung hinsichtlich eines bestimmten Zielpublikums (zB „für den Vertrieb gegenüber Fachkreisen …") unzulässig (HABM 1. BK 3.9.2008 – R 1138/2007-1 Rn. 17 f. – Strahlregler). Dasselbe gilt für Einschränkungen in Bezug auf Vertriebsmodalitäten, wobei allerdings die Einschränkung auf den Großhandel zulässig ist. Ebenso unzulässig sind Einschränkungen bezogen auf Verwendungsmodalitäten (EuGH C-363/99, GRUR 2004, 674 Rn. 114 f. – Postkantoor).

Laut BK ist die Einschränkung von Sicherheitssystemen für Gebäude auf kommerzielle, militärische **25.1** oder öffentliche Gebäude unzulässig, weil sich diese Systeme nicht von solchen für den Privatgebrauch unterscheiden (EUIPO BK R 1261/2021-2, GRUR-RS 2022, 7487 Rn. 20 – SHIELD). Dies ist zwar diskussionswürdig, da der Markt regelmäßig eine Unterscheidung entsprechender Bereiche vornimmt (vgl. → Art. 33 Rn. 33.1). Allerdings ist die Entscheidung der BK insoweit nachvollziehbar, als dass die Grenzen zwischen den Bereichen (zB privat vs. industriell) durchaus fließend sein können (zB „industrial style"-Einrichtung im Privatbereich) und eine Abgrenzung entsprechend schwierig/unmöglich. Dies betrifft jedenfalls Bereiche, in denen der Markt gerade keine eindeutige Unterscheidung vornimmt.

C. Änderung

In Abs. 2 sind die sonstigen zulässigen Änderungen einer Markenanmeldung normiert. Aus- **26** schlaggebend für diese Änderungen ist ausschließlich die Motivation des Anmelders. Änderungen aufgrund einer Beanstandung durch das EUIPO sind dagegen von Art. 42 Abs. 3 umfasst. Nach der Eintragung bestimmen sich die möglichen Änderungen nach Art. 54.

I. Fehler in der Anmeldung

Abs. 2 umfasst drei Fälle der Änderung bei Fehlern in der Anmeldung. So können sprachliche **27** Fehler, Schreibfehler und offensichtliche Unrichtigkeiten korrigiert werden. Voraussetzung ist, dass der jeweilige Fehler **offensichtlich** ist und die Änderung den **wesentlichen Inhalt der Marke nicht berührt.** Dabei sind strenge Maßstäbe anzusetzen. Das Waren- und Dienstleistungsverzeichnis darf keinesfalls erweitert werden.

Zulässige Änderungen: **27.1**
• Die Änderung des angemeldeten Zeichens „TELEYE" in „TELEEYE" wurde aufgrund eines offensichtlichen Schreibfehlers für zulässig erachtet. Der Anmelder hatte in dem Anmeldeformular Priorität für „TELEEYE" beansprucht (EuG T-128/99, BeckEuRS 2001, 353803 – SIGNAL COMMUNICATIONS/HABM (TELEYE)).
• Mit derselben Begründung wurde die Änderung von „TOPFLOW" zu „TOP FLOW" zugelassen. Auch hier wurde Priorität für das korrekte Zeichen „TOP FLOW" beansprucht (HABM 2. BK 5.8.2002 – R 851/1999-2 – TOP FLOW).

Unzulässige Änderungen (vgl. Prüfungsrichtlinien für Unionsmarken, Teil B, Abschnitt 2, 15.1): **27.2**
• Hinzufügung eines Buchstabens (angemeldet als Wortmarke RANIER, gewünschte Änderung RAINIER) – dies wäre eine wesentliche Änderung;
• Korrektur der Rechtschreibung eines Zeichens (angemeldet als Wortmarke „ELECTROLITIC BOLUS", gewünschte Änderung „ELECTROLITYC BOLUS") – auch dies wäre eine wesentliche Änderung und kein offensichtlicher Fehler, denn der Anmelder ist nicht daran gehindert, fehlerhaft geschriebene Zeichen anzumelden;

• Eine Markenanmeldung bestehend aus zwei Darstellungen einer Produktverpackung ist nicht dahingehend abänderbar, dass diese auch lediglich eine Darstellung reduziert wird. Dies gilt auch, wenn Priorität für eine entsprechende Marke beantragt wurde und die Beschreibung des Zeichens sich nur auf eine Darstellung bezieht. Die Änderung würde nämlich den wesentlichen Inhalt der Markenanmeldung ändern. Dies ist aber nicht zu verallgemeinern und es muss immer eine Einzelfallprüfung erfolgen (s. unten).

27.3 Änderung der „Markenkategorie" (HABM 3. BK 17.11.1999 – R 301/1999-3 Rn. 11 – Bremstrommel):

• In dieser Entscheidung hatte die Dritte Beschwerdekammer angenommen, dass die Markenanmeldung ab dem Anmeldetag eine unveränderliche Einheit darstelle. Der Wechsel der Markenkategorie (zwei- in dreidimensionale Marke) stelle eine wesentliche Veränderung der Anmeldung dar. Dieselbe Begründung führte die Dritte Beschwerdekammer bei der Hinzufügung eines Bildelementes zu einer Wortmarkenanmeldung an (HABM 3. BK 10.9.1998 – R 40/1998-3 – NATURAL BEAUTY). Diese Generalisierung ist jedoch abzulehnen. Vielmehr ist auch eine solche Änderung unter den Voraussetzungen des Art. 49 Abs. 2 möglich (insofern richtig Eisenführ/Schennen/Schennen Art. 43 Rn. 43).

II. Gewillkürte Änderungen

28 Der Name, die Adresse und die Nationalität des Anmelders oder dessen Vertreters sind nach Abs. 2 frei änderbar. Lediglich wenn die vorgenannten Änderungen Folgen der Übertragung der Markenanmeldung oder des Austauschs des Vertreters sind, greift Abs. 2 nicht ein.

III. Veränderte Umstände

29 In der Literatur wird zudem noch ein über Art. 49 hinausgehender Änderungsgrund vorgebracht, nämlich bei veränderten Umständen, die zB die Änderung der Beschreibung erforderlich machen (Eisenführ/Schennen/Schennen Art. 43 Rn. 44). Praktisch sind solche Änderungen allerdings wenig relevant, zumal Beschreibungen nur noch sehr begrenzt zulässig sind.

Art. 50 Teilung der Anmeldung

(1) [1]Der Anmelder kann die Anmeldung teilen, indem er erklärt, dass ein Teil der in der ursprünglichen Anmeldung enthaltenen Waren oder Dienstleistungen Gegenstand einer oder mehrerer Teilanmeldungen sein soll. [2]Die Waren oder Dienstleistungen der Teilanmeldung dürfen sich nicht mit den Waren oder Dienstleistungen der ursprünglichen Anmeldung oder anderen Teilanmeldungen überschneiden.

(2) Die Teilungserklärung ist nicht zulässig:

a) wenn gegen die ursprüngliche Anmeldung Widerspruch eingelegt wurde und die Teilungserklärung eine Teilung der Waren oder Dienstleistungen, gegen die sich der Widerspruch richtet, bewirkt, bis die Entscheidung der Widerspruchsabteilung unanfechtbar geworden ist oder das Widerspruchsverfahren eingestellt wird;

b) vor der Festlegung des Anmeldetags im Sinne des Artikels 32 durch das Amt und während der in Artikel 46 Absatz 1 vorgesehenen Widerspruchsfrist.

(3) [1]Die Teilungserklärung ist gebührenpflichtig. [2]Sie gilt als nicht abgegeben, solange die Gebühr nicht entrichtet ist.

(4) [1]Stellt das Amt fest, dass die in Absatz 1 und in den nach Absatz 9 Buchstabe a angenommenen Vorschriften festgelegten Anforderungen nicht erfüllt sind, so fordert es den Anmelder auf, die Mängel innerhalb einer vom Amt festzulegenden Frist zu beseitigen. [2]Werden die Mängel nicht fristgerecht beseitigt, so weist das Amt die Teilungserklärung als unzulässig zurück.

(5) Die Teilung wird an dem Tag wirksam, an dem sie in der vom Amt geführten Akte der ursprünglichen Anmeldung vermerkt wird.

(6) [1]Alle vor Eingang der Teilungserklärung beim Amt für die ursprüngliche Anmeldung eingereichten Anträge und gezahlten Gebühren gelten auch als für die Teilanmeldungen eingereicht oder gezahlt. [2]Gebühren für die ursprüngliche Anmeldung, die wirksam vor Eingang der Teilungserklärung beim Amt entrichtet wurden, werden nicht erstattet.

(7) Die Teilanmeldung genießt den Anmeldetag sowie gegebenenfalls den Prioritätstag und den Zeitrang der ursprünglichen Anmeldung.

(8) [1]Bezieht sich die Teilungserklärung auf eine Anmeldung, die bereits gemäß Artikel 44 veröffentlicht worden ist, so wird die Teilung veröffentlicht. [2]Die Teilanmeldung wird veröffentlicht. [3]Die Veröffentlichung setzt keine neue Widerspruchsfrist in Gang.

(9) Die Kommission erlässt Durchführungsrechtsakte, in denen Folgendes festgelegt wird:

a) die Einzelheiten, die bei einer Teilungserklärung in Bezug auf eine nach Absatz 1 getätigte Anmeldung anzugeben sind;

b) die Einzelheiten der Bearbeitung einer Erklärung über die Teilung einer Anmeldung, wobei sicherzustellen ist, dass eine getrennte Akte, einschließlich einer neuen Anmeldungsnummer, für die Teilanmeldung angelegt wird;

c) die Einzelheiten, die bei der Veröffentlichung der Teilanmeldung nach Absatz 8 anzugeben sind. Diese Durchführungsrechtsakte werden nach dem Prüfverfahren gemäß Artikel 207 Absatz 2 erlassen.

Überblick

Art. 50 normiert die Voraussetzungen der Teilung einer Anmeldung auf Antrag des Anmelders. Eine ergänzende Vorschrift befindet sich in Art. 8 UMDV. Nach der Eintragung der Marke bestimmt sich die Teilung nicht mehr nach Art. 50, sondern nach Art. 56 (→ Art. 56 Rn. 1).

Übersicht

A. Allgemeines

Die Teilung der Anmeldung ist ein nützliches Mittel, um eine Anmeldung für diejenigen Waren **1** bzw. Dienstleistungen zur Eintragung zu bringen, die nicht mit einem Widerspruch angegriffen oder aus absoluten Gründen beanstandet wurden.

Richtet sich zB ein Widerspruch nur gegen einen Teil des angemeldeten Waren- und Dienstleis- **2** tungsverzeichnisses, so können mit der Teilung der Anmeldung die unstrittigen Waren und Dienstleistungen so abgeteilt werden, dass der andere Teil der Anmeldung nur noch die strittigen Waren und Dienstleistungen umfasst. Die entstehende **Teilanmeldung** kann dann bereits zur Eintragung gelangen, während die **ursprüngliche Anmeldung** mit den verbleibenden Waren bzw. Dienstleistungen noch das Widerspruchsverfahren durchlaufen muss. Dieses Vorgehen könnte beispielsweise sinnvoll sein, wenn das Widerspruchsverfahren voraussichtlich besonders langwierig und/oder kompliziert sein wird oder der Markenanmelder ein besonderes Interesse daran hat, den nicht betroffenen Teil von Waren und Dienstleistungen möglichst schnell eintragen zu lassen, um die Rechte aus der entsprechenden Eintragung herleiten zu können. Dabei ist jedoch zu beachten, dass die Teilung der Markenanmeldung gebührenpflichtig ist.

B. Zulässigkeit der Teilung

Die Teilung einer Anmeldung ist in bestimmten Fällen nicht zulässig. **Abs. 2** konkretisiert und **3** enthält direkt den Ausschluss der Teilung vor der Festlegung des Anmeldetags iSd Art. 32 durch das Amt und während der in Art. 46 Abs. 1 vorgesehenen Widerspruchsfrist. Diese Ausschlüsse dienen der Verfahrensökonomie oder dem Schutz Dritter (vgl. auch Prüfungsrichtlinien für Unionsmarken, Teil B, Abschnitt 1, 5.4.1).

Der Ausschluss in Abs. 2 ist seit dem 1.10.2017 konkretisiert und enthalten. **3.1**

I. Teilung während anhängigen Widerspruchsverfahrens

4   Abs. 2 lit. a bestimmt ausdrücklich, dass die Teilung unzulässig ist, sofern sie eine Teilung derjenigen Waren bzw. Dienstleistungen bewirken würde, die mit einem eingelegten Widerspruch angegriffen sind.

5   So soll ein „Auseinanderreißen" des Widerspruchs (mit nachteiliger Kostenfolge für den Widerspruchsführer) verhindert und eine einheitliche Entscheidung gewährleistet werden. Möglich ist demnach, dass die Waren bzw. Dienstleistungen, gegen die kein Widerspruch eingelegt wurde, von denen geteilt werden, die mit dem Widerspruch angegriffen wurden. In jedem Fall müssen die vom Widerspruch erfassten Waren bzw. Dienstleistungen unter der ursprünglichen Anmeldung bestehen bleiben. Nur nicht betroffene Waren bzw. Dienstleistungen können unter die Teilanmeldung gezogen werden. Ansonsten würde der Gegenstand des Widerspruchs unzulässig geändert werden. Bei einem entsprechenden Antrag gibt das EUIPO dem Antragsteller die Möglichkeit, seine Teilungserklärung dahingehend zu ändern, dass nur die nicht betroffenen Waren und Dienstleistungen abgeteilt werden.

6   Ist die Teilung aufgrund der Anhängigkeit eines Widerspruchs unzulässig, so dauert dieses Verbot von der Einlegung des Widerspruchs bis zur Rechtskraft der Entscheidung oder der sonstigen Erledigung des Widerspruchs (zB Rücknahme). Nach diesem Zeitpunkt besteht die Gefahr des „Auseinanderreißens" nicht mehr. Einer Teilung steht ein Drittinteresse dann nicht mehr entgegen.

7   Allerdings bleibt die Teilübertragung einer Anmeldung auch in den Fällen möglich, in denen eine Teilung ausgeschlossen ist. Hier überwiegen die Interessen an der freien Verfügbarkeit der Markenanmeldung gegenüber denen des Widersprechenden.

II. Zeitliche Vorgaben

8   Die UMV legt fest, dass die Teilung einer Anmeldung zeitlich nicht immer zulässig ist. Dies ergibt sich aus Abs. 2 lit. b, wo Regelungen über die zeitliche Unzulässigkeit der Teilung einer Anmeldung aufgestellt werden.

1. Zeitraum vor Zuerkennung eines Anmeldetages

9   **Zeitlich unzulässig** ist die Teilung einer Anmeldung vor Zuerkennung eines Anmeldetages (Abs. 2 lit. b). Das EUIPO muss dem Anmelder also den Anmeldetag **mitgeteilt** haben, erst dann ist die Teilung zeitlich zulässig. Dies stellt auch sicher, dass der Anmeldetag für alle aus der Ursprungsanmeldung folgenden Anmeldungen (Ursprungsanmeldung und Teilanmeldung(-en)) derselbe ist.

2. Während der Widerspruchsfrist

10   Auch innerhalb der Widerspruchsfrist ist eine Teilung unzulässig. Dies bestimmt Abs. 2 lit. b.

11   Dieses zeitliche Verbot der Teilung gebietet die Rechtssicherheit. Die potentiellen Widerspruchsführer müssen in der Widerspruchsfrist Gewissheit über den Inhalt einer Markenanmeldung haben. Aus diesem Grund ist eine Veränderung der Markenanmeldung in Form einer Teilung während dieses Zeitraums „gesperrt". Insoweit müssen sich Dritte auf die Veröffentlichungen im Blatt für Unionsmarken verlassen können.

C. Inhaltliche Voraussetzungen

12   Art. 50 erfordert, dass der Anmelder eine entsprechende Erklärung abgegeben hat, die den Bestimmungen der Durchführungsverordnung entspricht (→ Rn. 13). Des Weiteren muss der Anmelder die Teilungsgebühr gezahlt haben (→ Rn. 17).

I. Erklärung

13   Die nach Abs. 1 vom Anmelder abzugebende Teilungserklärung muss die in Art. 8 UMDV festgelegten Formalitäten einhalten.

13.1   Die folgenden Angaben müssen enthalten sein:
1. das Aktenzeichen der Anmeldung;
2. Name und Anschrift des Anmelders (oder Name und ID-Nummer)
3. das Waren- und Dienstleistungsverzeichnis, das Gegenstand der Teilanmeldung ist (bzw. bei mehreren Teilungen eines für jede Teilanmeldung);
4. das Waren- und Dienstleistungsverzeichnis, das Gegenstand der ursprünglichen Anmeldung ist.

Entspricht die Erklärung diesen Formalitäten nicht, fordert das EUIPO den Anmelder unter **14** Fristsetzung zur Mängelbeseitigung auf (Abs. 4).

Vor dem 1.10.2017 war diese Vorschrift zu Mängeln des Teilungsantrags noch nicht direkt in die **14.1** Hauptverordnung eingefügt.

Bestehen Mängel, fordert das Amt den Anmelder auf, diese in einer festzulegenden Frist zu **15** beseitigen und, sollte dies nicht geschehen, weist es die Teilungserklärung als unzulässig zurück. Die vom EUIPO festzulegende Frist beträgt zwei Monate (Prüfungsrichtlinien für Unionsmarken, Teil B, Abschnitt 1, 5.4.1).

Die Teilungserklärung ist bedingungsfeindlich und kann nicht etwa hilfsweise erklärt werden **16** (Eisenführ/Schennen/Schennen Art. 44 Rn. 12).

II. Zahlung der Gebühr

Die Teilungsgebühr beträgt 250 Euro gemäß Anh. I A Nr. 25 (→ Anh. I Rn. 14). **17**

Nach Abs. 4 gilt die Teilungserklärung als nicht abgegeben, solange diese Gebühr nicht gezahlt **18** wurde. Die Zahlung der Teilungsgebühr ist also Voraussetzung für die Wirksamkeit der Teilung. Ohne Zahlung der Teilungsgebühr wird die Teilung insgesamt nicht wirksam.

III. Keine Überschneidung der Waren und Dienstleistungen

Die Waren bzw. Dienstleistungen der Teilanmeldung dürfen sich nicht mit denen der ursprüng- **19** lichen Anmeldung überschneiden (Abs. 1 S. 1). Zusammengenommen dürfen die ursprüngliche und die Teilanmeldung also nur exakt das ursprüngliche Waren- und Dienstleistungsverzeichnis abdecken. Bei einer Überschneidung wären aber bestimmte Waren bzw. Dienstleistungen doppelt vorhanden. Dies muss ausgeschlossen werden, denn nach der Teilung darf der Inhaber der Marken- anmeldung nicht besser stehen als vor der Teilung.

Das ursprüngliche Waren- und Dienstleistungsverzeichnis teilt sich somit genau auf die **20** ursprüngliche Markenanmeldung und die Teilanmeldung(-en) auf. Ohne zeitgleiche Beschrän- kung der Markenanmeldung können also bei einer bloßen Teilung auch keine Waren bzw. Dienst- leistungen weggelassen werden.

D. Wirkung der Teilung (Abs. 5–7)

Die Wirkungen der Teilung sind in Abs. 5–7 geregelt. **21**

Die Teilung der Anmeldung wird mit dem Teilungsvermerk in den Akten beim EUIPO wirk- **22** sam (Abs. 5).

I. Teilanmeldung

Mit der wirksamen Teilung entsteht die Teilanmeldung, dh eine neue Markenanmeldung. Diese **23** Teilanmeldung umfasst die abgetrennten Waren und Dienstleistungen, entspricht aber im Übrigen der ursprünglichen Markenanmeldung. Die Teilung kann nicht rückgängig gemacht werden und führt dazu, dass zwei Markenanmeldungen und nach Eintragung eben auch zwei Marken existie- ren, für die jeweils Verlängerungsgebühren zu zahlen sind.

Alle für die ursprüngliche Markenanmeldung gestellten Anträge, wie zB Anträge auf Änderung **24** der Markenanmeldung oder Eintragung einer Lizenz, sowie gezahlten Gebühren wirken auch für die neue Teilanmeldung (Abs. 6). Eine Erstattung etwaiger Gebühren findet allerdings nicht statt, sofern diese bereits vor Eingang der Teilungserklärung wirksam entrichtet wurden (Abs. 6 S. 2).

Letztlich wird der Teilanmeldung derselbe Anmeldetag, Prioritätstag und Zeitrang wie bei der **25** ursprünglichen Anmeldung zuteil.

Bis auf das Waren- und Dienstleistungsverzeichnis entspricht die Teilanmeldung folglich insge- **26** samt der ursprünglichen Anmeldung. Daraus ergibt sich auch, dass die Veröffentlichung der Teilan- meldung keine neue Widerspruchsfrist in Gang setzt (vgl. Abs. 8 S. 3). Insofern gilt die sich durch die Veröffentlichung der Anmeldung ergebende Widerspruchsfrist (weiter). **Abs. 8** ist Konsequenz der Überführung der Regelungen der vormaligen GMDV (VO (EG) 2868/95) in die UMV (gültig seit 1.10.2017).

II. Ursprüngliche Anmeldung

Die ursprüngliche Markenanmeldung besteht fort. Die einzige Änderung ist, dass die abgeteilten **27** Waren und Dienstleistungen nunmehr nur noch in der Teilanmeldung vorhanden sind und nicht mehr in der ursprünglichen Markenanmeldung. Das Waren- und Dienstleistungsverzeichnis ist bei der ursprünglichen Markenanmeldung dementsprechend „beschränkt".

III. Veröffentlichung im Markenregister

28   Eine Veröffentlichung der Teilung erfolgt lediglich, wenn die ursprüngliche Anmeldung schon veröffentlicht war (Abs. 8 S. 1).

29   In diesem Fall wird auch die Teilanmeldung selbst veröffentlicht, allerdings keine neue Widerspruchsfrist in Gang gesetzt (Abs. 8 S. 3; → Rn. 26). Die betreffenden Waren und Dienstleistungen sind bereits Gegenstand einer Widerspruchsfrist.

30   Wird die Teilung der Anmeldung wirksam bevor die ursprüngliche Anmeldung veröffentlicht wurde, so erfolgt eine parallele Veröffentlichung, als ob es sich um zwei Markenanmeldungen handeln würde.

IV. Durchführungsrechtsakte

31   **Abs. 9** gilt seit 23.3.2016 und ermöglicht der Kommission Durchführungsrechtsakte gemäß Art. 163 zu erlassen. Die Kommission hat von der Möglichkeit, Durchführungsrechtsakte gemäß Art. 163 zu erlassen, Gebrauch gemacht. Entsprechende Regelungen finden sich in Art. 8 UMDV und betreffen
- den anzugebenden Einzelheiten bei der Teilungserklärung;
- den Einzelheiten der Bearbeitung einer Teilungserklärung einer Anmeldung; und
- den zu veröffentlichenden Einzelheiten im Falle des Abs. 8.

31.1   **Reform 2016:** Mit der **VO (EU) 2015/2424** wurden für Art. 50 mWv 1.10.2017 Einzelheiten zur Teilung und des entsprechenden Verfahrens von der vormaligen GMDV (VO (EG) 2868/95) in die UMV überführt. Dies war aufgrund der Nähe dieser Regelungen zu den schon vorher in Art. 50 vorhandenen Regelungen und der besseren Übersichtlichkeit und Einheitlichkeit zu begrüßen.

Abschnitt 6. Eintragung

Art. 51 Eintragung

(1) ¹Entspricht die Anmeldung den Vorschriften dieser Verordnung und wurde innerhalb der Frist gemäß Artikel 46 Absatz 1 kein Widerspruch erhoben oder hat sich ein erhobener Widerspruch durch Zurücknahme, Zurückweisung oder auf andere Weise endgültig erledigt, so wird die Marke mit den in Artikel 111 Absatz 2 genannten Angaben in das Register eingetragen. ²Die Eintragung wird veröffentlicht.

(2) ¹Das Amt stellt eine Eintragungsurkunde aus. ²Diese Urkunde kann elektronisch ausgestellt werden. ³Das Amt stellt beglaubigte oder unbeglaubigte Abschriften der Urkunde aus, für die eine Gebühr zu entrichten ist, wenn diese Abschriften nicht elektronisch ausgestellt werden.

(3) ¹Die Kommission erlässt Durchführungsrechtsakte, in denen die Einzelheiten, die in der in Absatz 2 dieses Artikels genannten Eintragungsurkunde anzugeben sind, und die Form der in Absatz 2 dieses Artikels genannten Eintragungsurkunde im Einzelnen festgelegt werden. ²Diese Durchführungsrechtsakte werden nach dem Prüfverfahren gemäß Artikel 207 Absatz 2 erlassen.

Überblick

Art. 51 regelt die Voraussetzungen, unter denen eine Marke eingetragen wird. Die Eintragung stellt den (teilweise oder insgesamt positiven) Abschluss des Prüfungs- und etwaiger Widerspruchsverfahren dar. Bei vollständig negativem Abschluss wird die Markenanmeldung zurückgewiesen.

Nach Art. 51 sind zwei Voraussetzungen für die Eintragung zu erfüllen, nämlich die Übereinstimmung der Anmeldung mit der Verordnung (→ Rn. 5) und dass Widersprüche nicht erhoben wurden oder nicht zur vollständigen Zurückweisung der Markenanmeldung geführt haben (→ Rn. 8).

Übersicht

A. Allgemeines

Die Eintragung der angemeldeten Unionsmarke setzt voraus, dass das Prüfungsverfahren **1** (zumindest teilweise, für den Markeninhaber bestenfalls sogar insgesamt) positiv abgeschlossen wurde sowie etwaige Widersprüche erledigt sind und nicht zur Zurückweisung der (gesamten) Unionsmarkenanmeldung geführt haben.

Zudem darf es nicht zu Nachbeanstandungen aufgrund förmlicher Mängel oder absoluter **2** Gründe gekommen sein. Diese kann das Amt aus Eigeninitiative oder auf der Grundlage von Beanstandungen Dritter zwischen der Veröffentlichung und der Eintragung prüfen.

Mit der Eintragung der Markenanmeldung in das Markenregister entstehen die Rechte, die **3** sich aus Art. 9 für die Markeneintragung ergeben (→ Rn. 14).

Bei Erfüllung der Tatbestandsmerkmale ist die Eintragung der Marke die unmittelbare Folge. **4** Die Eintragung ergibt sich damit aus der bloßen Feststellung, dass die Tatbestandsvoraussetzungen des Art. 51 erfüllt sind. Die Dienststellen des EUIPO erlassen insoweit keine förmliche Entscheidung, die Gegenstand eines Rechtsbehelfs sein könnte (EuG T-285/08, BeckEuRS 2009, 498012 Rn. 17 ff. – Securvita/HABM (Natur-Aktien-Index)).

B. Übereinstimmung mit den Vorschriften der Verordnung

Die Eintragung erfolgt nur, wenn die einzutragende Marke den Vorschriften der UMV ent- **5** spricht. Es dürfen insbesondere keine absoluten Gründe zur Schutzverweigerung vorliegen (→ Art. 7 Rn. 1 ff.) und die entsprechenden Anmeldegebühren müssen fristgerecht gezahlt worden sein.

Die Prüfung der Übereinstimmung mit der UMV wird allerdings zum Zeitpunkt der Eintragung **6** nicht nochmals geprüft, sondern erfolgt vorher innerhalb des Prüfungsverfahrens (Eisenführ/ Schennen/Schennen Rn. 8).

Die vorherige Veröffentlichung der Markenanmeldung nach Art. 44 (→ Art. 44 Rn. 1 ff.) ist **7** für die Eintragung einer Marke notwendig (HABM 3. BK 7.12.2000 – R 292/1999-3 Rn. 15 – MST).

C. Keine vollständige Zurückweisung der Markenanmeldung im Widerspruchsverfahren

Abs. 1 stellt die Anforderung auf, dass die Markenanmeldung nicht vollständig im Rahmen eines **8** Widerspruchsverfahrens zurückgewiesen worden sein darf. Abs. 1 enthält eine Konkretisierung der Fälle der Erledigung eines Widerspruchs (Zurücknahme, Zurückweisung oder auf andere Weise) als Voraussetzung. Diese wurde im Rahmen der Neufassung von Art. 51 durch die **VO (EU) 2015/2424** aufgenommen. Soweit ein Widerspruchsverfahren gegen eine Markenanmeldung nur teilweise erfolgreich ist, wird die Markenanmeldung für den betroffenen Teil der Waren und Dienstleistungen zurückgewiesen und kann in der Folge für den bestehen bleibenden Teil der Waren und Dienstleistungen eingetragen werden.

Die ausdrückliche Aufzählung in S. 1 (ehemals Art. 45 S. 1 GMV) umfasste vor der Reform 2016 **8.1** zwar solche Fälle nicht, in denen der Widerspruch anderweitig erledigt wurde, zB wenn dieser von dem Widerspruchsführer zurückgenommen wurde. In solchen Fällen musste aber natürlich auch eine Eintragung erfolgen. Im Rahmen der Reform 2016 wurde ein klarstellender Zusatz aufgenommen, der die Fälle nunmehr genauer bezeichnet.

D. Keine Eintragungsgebühr

9   Die Zahlung der Eintragungsgebühr als Voraussetzung der Eintragung, die vorher sowieso Null Euro betrug, entfiel als Bedingung mit der Reform 2016. Die Zahlung der Eintragungsgebühr ist damit nicht mehr nur faktisch, sondern auch rechtlich nicht mehr Voraussetzung.

9.1   Gemäß GMV aF iVm Regel 23 GMDV und Art. 2 Nr. 7–11 VO (EG) 2869/95 ergab sich vor der Reform 2016, dass tatsächlich keine Eintragungsgebühr mehr gezahlt werden muss. Die Grund- und Klassengebühren betrugen jeweils Null Euro.

10   Der Wegfall der Eintragungsgebühr erfolgte mit Wirkung zum 1.5.2009. Dies führte zu einer erheblichen Beschleunigung des Anmeldeverfahrens. Auch die am 24.11.2014 erfolgte Einführung des sog. „Fast Track"-Verfahrens (beschleunigtes Verfahren zur Prüfung und Veröffentlichung einer Unionsmarkenanmeldung) war eine weitere Entwicklung, die zeigt, dass das EUIPO das Ziel der Verkürzung der Dauer von Einreichung einer Anmeldung bis deren Eintragung verfolgt.

11   Nunmehr vgl. (mit Wirkung seit 23.3.2016) Anh. I (→ Anh. I Rn. 1).

11.1   Die Bedingung der Zahlung der Eintragungsgebühr ist in der Neufassung des Art. 51 seit der Reform 2016 nicht mehr enthalten.

E. Veröffentlichung der Eintragung

12   Sind die Tatbestandsvoraussetzungen erfüllt und wird die Marke in das Register eingetragen, so erfolgt die Veröffentlichung der Eintragung. Die Veröffentlichung der Eintragung ist direkt in Abs. 1 S. 2 geregelt.

12.1   Früher war die Veröffentlichung der Eintragung in Regel 23 Abs. 4 GMDV geregelt.

F. Folgen der Eintragung

13   Zeitlich maßgeblich für die Eintragung ist die tatsächliche Eintragung in die Datenbank des Amtes (Eisenführ/Schennen/Schennen Rn. 15).

I. Entstehung der Markenrechte und Umfang

14   Grundsätzlich entstehen die Rechte aus der Marke im Zeitpunkt der Eintragung, vgl. Art. 9. Jedoch existieren auch einige Rechte, die auf Sachverhalte vor der Eintragung der Marke Auswirkungen haben können. Beispielsweise kann nach Art. 9 Abs. 3 S. 2 in bestimmten Fällen von Dritten eine angemessene Entschädigung für Handlungen nach der Veröffentlichung der Anmeldung verlangt werden (EuG T-247/01, GRUR Int 2003, 646 Rn. 41 f. – ECOPY/HABM (ECOPY)).

15   Die Eintragung legt den Inhalt der Marke und den Umfang des Markenschutzes fest, also die Waren und Dienstleistungen, für die Schutz besteht. Änderungen sind nur unter strengen Voraussetzungen nach Art. 54 und 55 möglich (→ Art. 54 Rn. 4, → Art. 54 Rn. 5; Eisenführ/ Schennen/Schennen Rn. 16).

II. Eintragungsurkunde

16   Nach Abs. 2 S. 1 (früher Regel 24 Abs. 1 GMDV) wird dem Markeninhaber von dem EUIPO eine Eintragungsurkunde ausgestellt. Gegen Entrichtung einer Gebühr sind beim EUIPO beglaubigte und unbeglaubigte Abschriften zu bekommen. Die Regelung über die Eintragungsurkunde wurde im Zuge der Reform 2016 aus der Durchführungsverordnung direkt in die Hauptverordnung übernommen.

III. Fehler

17   Erfolgt die Eintragung in fehlerhafter Form durch Verschulden auf Seiten des EUIPO, erfolgt eine formlose Korrektur.

18   Andere fehlerbehaftete Eintragungen sind nach dem Verfahren des Art. 102 zu korrigieren (Eisenführ/Schennen/Schennen Rn. 18).

IV. Durchführungsrechtsakte

Die Kommission hat von der Möglichkeit, Durchführungsrechtsakte zu erlassen (Abs. 3), **19** Gebrauch gemacht. Entsprechende Regelungen finden sich in Art. 9 UMDV und zwar zu Einzelheiten, die in der Eintragungsurkunde anzugeben sind, und zu der Form der Eintragungsurkunde im Einzelnen.

Abs. 3 wurde im Zuge der **Reform 2016** eingefügt. Mit dieser Regelung wurde es der Kommission **19.1** ermöglicht, Durchführungsrechtsakte zu erlassen.

Kapitel V. Dauer, Verlängerung, Änderung und Teilung der Unionsmarke

Art. 52 Dauer der Eintragung

[1]Die Dauer der Eintragung der Unionsmarke beträgt zehn Jahre, gerechnet vom Tag der Anmeldung an. [2]Die Eintragung kann gemäß Artikel 53 um jeweils zehn Jahre verlängert werden.

Überblick

In Art. 52 S. 1 ist die zehnjährige Schutzdauer der Marke geregelt. S. 2 verweist für die Verlängerung der Schutzdauer um weitere zehn Jahre auf Art. 53. Es sind beliebig viele Verlängerungen möglich.

A. Beginn der Schutzdauer

1   Gemäß S. 1 beginnt die zehnjährige Schutzdauer mit dem **Tag der Anmeldung,** dh nach Art. 32 iVm Art. 31(→ Art. 32 Rn. 9). Dies kann zunächst verwirren, sind die Rechte aus der Marke Dritten gegenüber doch grundsätzlich erst ab der **Veröffentlichung** der Eintragung der Marke durchsetzbar (→ Art. 9 Rn. 1).

2   Dennoch erweist sich der Anmeldetag als Datum für den Schutzbeginn als richtig. Das Anmeldedatum ist schließlich das ausschlaggebende Prioritätsdatum gegenüber jüngeren Marken(-anmeldungen). Der Markeninhaber genießt also nach der Eintragung der Marke Schutz für den Zeitraum ab dem Anmeldetag. Entsprechend ist auch die Schutzdauer ab dem Anmeldetag zu berechnen.

3   Ohne Auswirkungen auf die Schutzdauer ist die Beanspruchung der Priorität gemäß Art. 34.

B. Dauer der Schutzdauer

4   Die Schutzdauer beträgt zehn Jahre und hat damit dieselbe Dauer wie im deutschen Recht (vgl. § 47 Abs. 1 MarkenG; → MarkenG § 47 Rn. 1).

C. Ablauf der Schutzdauer

5   Die Schutzdauer läuft nach zehn Jahren mit dem Tag ab, der dem Anmeldetag entspricht. Dies entspricht dem Ablauf der Schutzdauer nach deutschem Recht (anders im deutschen Recht nach dem MaMoG nur noch für Marken, die vor dem 14.1.2019 eingetragen wurden; → MarkenG § 47 Rn. 1, → MarkenG § 47 Rn. 3).

6   Ist der Anmeldetag einer Marke also zB der 21.7.2020, so endet die Schutzdauer am 21.7.2030 um 24:00 Uhr.

D. Verlängerung der Schutzdauer

7   Bezüglich der Verlängerung der Schutzdauer verweist S. 2 auf Art. 53 (→ Art. 53 Rn. 1). Es sind beliebig viele Verlängerungen der Schutzdauer um zehn Jahre möglich. Damit gibt es im Vergleich zu vielen anderen Schutzrechten keine maximale Schutzdauer.

Art. 53 Verlängerung

(1) Die Eintragung der Unionsmarke wird auf Antrag des Inhabers der Unionsmarke oder einer von ihm hierzu ausdrücklich ermächtigten Person verlängert, sofern die Gebühren entrichtet worden sind.

(2) [1]Das Amt unterrichtet den Inhaber der Unionsmarke und die im Register eingetragenen Inhaber von Rechten an der Unionsmarke mindestens sechs Monate vor dem Ablauf der Eintragung. [2]Das Unterbleiben dieser Unterrichtung hat keine Haftung des Amtes zur Folge und berührt nicht den Ablauf der Eintragung.

(3) [1]Der Antrag auf Verlängerung ist innerhalb von sechs Monaten vor Ablauf der Eintragung einzureichen. [2]Innerhalb dieser Frist sind auch die Grundgebühr für die Verlängerung sowie gegebenenfalls eine oder mehrere Klassengebühren für jede Klasse von Waren oder Dienstleistungen, die über die erste Klasse hinausgeht, zu entrichten. [3]Der Antrag und die Gebühren können noch innerhalb einer Nachfrist von sechs Monaten nach Ablauf der Eintragung eingereicht bzw. gezahlt werden, sofern innerhalb dieser Nachfrist eine Zuschlagsgebühr für die verspätete Zahlung der Verlängerungsgebühr oder für die verspätete Einreichung des Antrags auf Verlängerung entrichtet wird.

(4) [1] Der Antrag auf Verlängerung umfasst
a) den Namen der Person, die die Verlängerung beantragt;
b) die Eintragungsnummer der zu verlängernden Unionsmarke;
c) falls die Verlängerung nur für einen Teil der eingetragenen Waren und Dienstleistungen beantragt wird, die Angabe der Klassen oder der Waren und Dienstleistungen, für die die Verlängerung beantragt wird, oder der Klassen oder der Waren und Dienstleistungen, für die die Verlängerung nicht beantragt wird; zu diesem Zweck sind die Waren und Dienstleistungen gemäß den Klassen der Nizza-Klassifikation in Gruppen zusammenzufassen, wobei jeder Gruppe die Nummer der Klasse dieser Klassifikation, zu der diese Gruppen von Waren oder Dienstleistungen gehört, vorangestellt und jede Gruppe in der Reihenfolge der Klassen dieser Klassifikation dargestellt wird.
[2] Wenn die Zahlung gemäß Absatz 3 erfolgt ist, gilt diese als Antrag auf Verlängerung, vorausgesetzt, es sind alle erforderlichen Angaben zur Feststellung des Zwecks der Zahlung vorhanden.

(5) [1]Beziehen sich der Antrag auf Verlängerung oder die Entrichtung der Gebühren nur auf einen Teil der Waren oder Dienstleistungen, für die die Unionsmarke eingetragen ist, so wird die Eintragung nur für diese Waren oder Dienstleistungen verlängert. [2]Reichen die entrichteten Gebühren nicht für alle Klassen von Waren und Dienstleistungen aus, für die die Verlängerung beantragt wird, so wird die Eintragung verlängert, wenn eindeutig ist, auf welche Klasse oder Klassen sich die Gebühren beziehen. [3]Liegen keine anderen Kriterien vor, so trägt das Amt den Klassen in der Reihenfolge der Klassifikation Rechnung.

(6) [1]Die Verlängerung wird am Tag nach dem Ablauf der Eintragung wirksam. [2]Sie wird eingetragen.

(7) Wenn der Antrag auf Verlängerung innerhalb der Fristen gemäß Absatz 3 gestellt wird, aber die anderen in diesem Artikel genannten Erfordernisse für eine Verlängerung nicht erfüllt sind, so teilt das Amt dem Antragsteller die festgestellten Mängel mit.

(8) [1]Wird ein Verlängerungsantrag nicht gestellt oder erst nach Ablauf der Frist gemäß Absatz 3 gestellt oder werden die Gebühren nicht entrichtet oder erst nach Ablauf der betreffenden Frist entrichtet oder werden die in Absatz 7 genannten Mängel nicht fristgemäß beseitigt, so stellt das Amt fest, dass die Eintragung abgelaufen ist, und teilt dies dem Inhaber der Unionsmarke entsprechend mit. [2]Ist diese Feststellung unanfechtbar geworden, so löscht das Amt die Marke im Register. [3]Die Löschung wird am Tag nach Ablauf der Eintragung wirksam. [4]Wenn die Verlängerungsgebühren entrichtet wurden, die Eintragung aber nicht verlängert wird, werden diese Gebühren erstattet.

(9) Für zwei und mehr Marken kann ein einziger Antrag auf Verlängerung gestellt werden, sofern für jede Marke die erforderlichen Gebühren entrichtet werden und es sich bei dem Inhaber bzw. dem Vertreter um dieselbe Person handelt.

Überblick

Art. 53 lässt die Verlängerung der Marke auf Antrag (→ Rn. 2) des Markeninhabers oder einer hierzu ausdrücklich ermächtigten Person zu (→ Rn. 12). Dafür muss die notwendige Gebühr gezahlt (→ Rn. 9) und der Antrag innerhalb von sechs Monaten vor Ablauf der Schutzdauer eingereicht werden (→ Rn. 11). Gegen die Zahlung eines Zuschlags kann die Marke auch in einer sechsmonatigen Nachfrist verlängert werden (→ Rn. 12).

Übersicht

A. Allgemeines

1   Art. 53 enthält die Voraussetzungen an den zu stellenden Antrag für die Verlängerung einer Unionsmarke sowie eine Regelung zu der zu entrichtenden Gebühr. Unionsmarken können beliebig oft verlängert werden. Im Vergleich zu vielen anderen Schutzrechten gibt es keine maximale Schutzdauer.

1.1   Diese Regelungen sind seit der Reform 2016 in Art. 53 direkt enthalten und befanden sich zuvor in Regel 30 GMDV.

B. Voraussetzungen

I. Antrag

2   Abs. 1 macht die rechtzeitige Stellung eines Antrags auf Verlängerung einer Marke erforderlich. Wird lediglich die Verlängerungsgebühr gezahlt, so ist dies mangels Antrags nicht ausreichend. Auch nach dem MaMoG steht dies im Gegensatz zum deutschen Markenrecht (→ MarkenG § 47 Rn. 11).

3   Die nach Abs. 4 erforderlichen Angaben, die der Antrag enthalten muss, sind Name des Antragstellers, Eintragungsnummer der zu verlängernden Unionsmarke und bei Teilverlängerung die Angabe der betreffenden Waren und Dienstleistungen.

4   Ergeben sich allerdings die nach Abs. 4 erforderlichen Angaben beispielsweise aus einem Überweisungsträger (oder auf andere Weise bei einer anderen Zahlungsmethode), so gilt dieser sowohl als Zahlung als auch als Antrag (vgl. Abs. 4).

5   Neben der vollständigen Verlängerung einer Marke ist auch eine Teilverlängerung nur für bestimmte Waren und Dienstleistungen möglich. Diese müssen dann ausdrücklich bezeichnet werden (Abs. 4 lit. c). Der Teil des Waren- und Dienstleistungsverhältnisses, der auf diese Weise nicht verlängert wird, wird durch die fehlende Verlängerung fallengelassen und läuft somit aus.

6   Für mehrere Marken desselben Markeninhabers genügt ein einziger Verlängerungsantrag. Dabei sind die für jede Marke desselben Markeninhabers erforderlichen Gebühren zu entrichten (vgl. Abs. 9).

II. Eingetragene Marke

7   Selbstverständlich kann ausschließlich eine **eingetragene** Marke (ganz oder teilweise, → Rn. 5) verlängert werden.

8   In dem gar nicht so seltenen Fall, dass eine Markenanmeldung selbst nach zehn Jahren noch nicht eingetragen sein sollte, muss diese trotzdem verlängert werden. Dies gilt aber erst nach ihrer Eintragung. Das EUIPO erhebt dann die Verlängerungsgebühr zusammen mit der Eintragungsgebühr, sobald die Anmeldung zur Eintragung ansteht (vgl. Mitteilung Nr. 5/05 des Präsidenten des Amtes vom 27.7.2005). Dies ist auch sachgerecht. Zwar entstehen die Rechte aus der Marke grundsätzlich erst mit Eintragung der Marke, diese wirken dann aber zeitlich bis zum Zeitpunkt der Anmeldung als Prioritätstag zurück. Insofern ist es ebenso sachgerecht, dass erst zu dem Zeitpunkt der Eintragung die Zahlung der Verlängerungsgebühr fällig wird, da die Rückwirkung erst mit Eintragung der Marke „entsteht".

III. Gebühr

Die zu zahlende Gebühr setzt sich zusammen aus einer Grundgebühr und ab der zweiten Klasse **9**
von Waren und Dienstleistungen einer Klassengebühr für jede zusätzliche Klasse.

Untenstehend befindet sich eine Übersicht der aktuellen Gebühren (→ Anh. I Rn. 1 ff.; früher **10**
Art. 2 VO (EG) 2869/95):

Art	Gebühr	Gebühr („e-renewal")
Individualmarke	1.000 Euro	850 Euro
Kollektivmarke	1.800 Euro	1.500 Euro
zweite Klasse	50 Euro	50 Euro
zusätzlich Klasse (ab 3.)	150 Euro	150 Euro
Zuschlag (maximal 1.500 Euro)	25% des Gesamtbetrags	25% des Gesamtbetrags

IV. Frist

Die Frist für die Verlängerung der Marke beträgt sechs Monate und endet an dem letzten Tag **11**
der Schutzdauer.

Vor der Reform 2016 war dies der letzte Tag des Monats, in dem die Schutzdauer endete. War eine **11.1**
Marke also am 1.4.2006 angemeldet worden, endete die Verlängerungsfrist am 30.4.2016. Der Verlängerungsantrag konnte damit vom 1.11.2015 bis zum 30.4.2016 gestellt werden (tatsächlich der 2.5.2016, da
der 30.4.2016 auf einen Samstag fiel); vgl. Richtlinien für die Verfahren vor dem HABM, Teil E,
Abschnitt 4, S. 9 (Stand 2.1.2014).

In Abs. 3 S. 2 ist zusätzlich eine sechsmonatige Nachfrist vorgesehen. Die Verlängerung ist **12**
noch sechs weitere Monate gegen Zuschlagszahlung möglich. Beginn der Nachfrist ist der auf das
Ende der Schutzfrist folgende Tag, egal ob dieser Tag auf einen Feiertag oder ein Wochenende
fällt.

In dem obigen Beispiel dauert die Nachfrist demnach vom 1.5.2016 bis zum 31.10.2016. **12.1**

Etwas Verwirrung herrschte bei der Umsetzung des neuen Rechts Anfang 2016 über die Frage, ab **12.2**
wann das neue Recht anzuwenden sei. Das EUIPO wollte ursprünglich alle Marken, für die die Sechsmonatsfrist für den Antrag auf Verlängerung bereits vor dem 23.3.2016 begonnen hatte, nach dem alten Recht
behandeln (und auch die alten, sehr viel höheren Verlängerungsgebühren einziehen). Es besann sich auf
Protest zahlreicher Nutzerverbände eines anderen. Das EUIPO blieb jedoch auf dem Standpunkt, dass
diese Marken noch jeweils bis zum Ablauf des Monats, in den das Ende der Schutzdauer fiel, verlängert
werden konnten. Ob solche Verlängerungen verlässlich waren, erscheint fraglich, da auch für diese Auffassung des EUIPO eine Rechtsgrundlage fehlte.

Ein Unionsmarkeninhaber, der seine Unionsmarke bereits teilweise, dh nur für bestimmte und **13**
nicht alle in Anspruch genommenen Waren/Dienstleistungen verlängert hat, kann auch zu einem
späteren Zeitpunkt noch die Verlängerung von anderen (zuvor noch nicht verlängerten) Waren/
Dienstleistungen beantragen. Voraussetzung dafür ist lediglich, dass der Verlängerungsantrag bezüglich der noch nicht verlängerten Waren/Dienstleistungen noch vor dem Ende der sechsmonatigen
Nachfrist gestellt wird. Dies hat der EuGH ausdrücklich klargestellt (EuGH C-207/15 P, BeckRS
2016, 81348 – CVTC, Nissan Jidosha). Insoweit können sich Unionsmarkeninhaber jedenfalls auf
die sechsmonatige Nachfrist verlassen. Die Zahlung des Zuschlags ist die einzige Voraussetzung
für die verspätete Verlängerung und die Tatsache, dass eine Teilverlängerung bereits erfolgt ist,
bedeutet keinen Teilverzicht bezüglich der anderen Waren/Dienstleistungen. Die Teilverlängerung
innerhalb der Nachfrist widerspricht auch nicht dem Gedanken der Rechtssicherheit.

V. Inhaber oder ermächtigte Person

Nur der Markeninhaber oder die von ihm ausdrücklich ermächtigte Person sind Beteiligte **14**
am Verfahren über die Verlängerung. Der eingetragene Markeninhaber kann die Verlängerung
beantragen. Dies gilt auch für jede Person, die eine ausdrückliche Ermächtigung vom Markeninhaber für die Verlängerung hat, wobei aber ein Nachweis über eine solche Ermächtigung nur zu
erbringen ist, wenn das Amt dies verlangt. Folglich muss der Ermächtigte nicht zwingend Vertreter
sein und umgekehrt bedeutet die Ermächtigung zur Verlängerung nicht etwa eine Bestellung zum
Vertreter. Der Rechtsnachfolger kann die Verlängerung ab dem Zeitpunkt beantragen, ab dem
der Antrag auf Eintragung des Rechtsübergangs beim Amt eingegangen ist.

15   Ohne ausdrückliche Ermächtigung ist auch ein Lizenznehmer dagegen nicht Beteiligter im Verlängerungsverfahren, selbst wenn er Inhaber einer Exklusivlizenz ist (EuG T410/07, BeckRS 2009, 70499 Rn. 16 f. – Jurado Hermanos/HABM).

C. Verfahren

I. Zuständigkeit

16   Für die Verlängerung ist die Registerabteilung zuständig (vgl. Art. 162; → Art. 162 Rn. 2).

II. Umfang der Prüfung

17   Die Prüfung des Verlängerungsantrags beschränkt sich auf Formalien, nämlich auf die Einhaltung der Frist sowie der in Abs. 4 festgelegten formellen Voraussetzungen (vgl. Prüfungsrichtlinien für Unionsmarken, Teil E, Abschnitt 4, 8.1).

18   Bei einer Teilverlängerung prüft das EUIPO zusätzlich noch, ob das angegebene, nun eingeschränkte, Waren- und Dienstleistungsverzeichnis zulässig ist, falls nicht, erlässt es eine Beanstandung mit Fristsetzung.

19   Eine Überprüfung der Eintragungsfähigkeit der Marke bzw. eine rechtserhaltende Benutzung findet nicht statt (vgl. Prüfungsrichtlinien für Unionsmarken, Teil E, Abschnitt 4, 8.2).

D. Folgen

20   Sind alle Voraussetzungen erfüllt, so wird die Schutzdauer der Marke um zehn Jahre verlängert (Abs. 1 und 3 iVm Art. 52 S. 2; → Rn. 22).

21   Andernfalls stellt das EUIPO fest, dass die Eintragung abgelaufen ist, teilt dies dem Inhaber mit und löscht die Marke aus dem Register (Abs. 1 und Abs. 3 iVm Abs. 8; → Rn. 24).

I. Verlängerung

22   Bei erfolgreicher Verlängerung wird diese, unabhängig von dem Zeitpunkt der Zahlung der Gebühr, gemäß Abs. 5 S. 1 am Tag nach dem Ablauf der Eintragung wirksam.

23   Nach Abs. 5 S. 2 ist die Verlängerung in das Markenregister einzutragen.

II. Löschung der Marke

24   Sind die Voraussetzungen einer Verlängerung nicht erfüllt und wurden etwaige Mängel nicht fristgerecht beseitigt, so stellt das EUIPO dies fest und teilt es dem Inhaber mit (Abs. 8).

25   Mit Rechtskraft dieser Feststellung erfolgt die Löschung der Marke aus dem Register mit Wirkung am Tag nach Ablauf der Eintragung (Abs. 8). Nach Art. 99 steht es dem Inhaber offen, innerhalb von zwei Monaten eine entsprechende Entscheidung des Amtes zu beantragen.

E. Verlängerung von Internationalen Registrierungen und Umwandlung in nationale Marken

26   Das EUIPO ist nicht zuständig für Verlängerungen von Internationalen Registrierungen, die die EU bezeichnen. Die Verlängerung läuft ausschließlich über WIPO, die das EUIPO über die Verlängerung informiert.

27   Wird eine solche Internationale Registrierung nicht verlängert, kann diese nach Art. 202 Abs. 1 in nationale Marken/eine Unionsmarke umgewandelt werden.

28   Falls die Marke nicht nach Art. 53 verlängert wird, kann die Umwandlung innerhalb von drei Monaten nach Ablauf der Verlängerungsfrist beantragt werden (vgl. Art. 139 Abs. 5; → Art. 139 Rn. 12).

Art. 54 Änderung

(1) Die Unionsmarke darf weder während der Dauer der Eintragung noch bei ihrer Verlängerung im Register geändert werden.

(2) Enthält jedoch die Unionsmarke den Namen und die Adresse ihres Inhabers, so kann die Änderung dieser Angaben, sofern dadurch die ursprünglich eingetragene

Marke in ihrem wesentlichen Inhalt nicht beeinträchtigt wird, auf Antrag des Inhabers eingetragen werden.

(3) [1] Der Antrag auf Änderung umfasst den zu ändernden Bestandteil der Marke und denselben Bestandteil in seiner geänderten Fassung.

[2] [1]Die Kommission erlässt Durchführungsrechtsakte, in denen die in dem Antrag auf Änderung anzugebenden Einzelheiten im Einzelnen festgelegt werden. [2]Diese Durchführungsrechtsakte werden nach dem Prüfverfahren gemäß Artikel 207 Absatz 2 erlassen.

(4) [1]Der Antrag gilt erst als gestellt, wenn die Gebühr gezahlt worden ist. [2]Wurde die Gebühr nicht oder nicht vollständig entrichtet, so teilt das Amt dies dem Antragsteller mit. [3]Für die Änderung desselben Bestandteils in zwei oder mehr Eintragungen desselben Inhabers kann ein einziger Antrag gestellt werden. [4]Die diesbezügliche Gebühr ist für jede zu ändernde Eintragung zu entrichten. [5]Sind die Erfordernisse für die Änderung der Eintragung nicht erfüllt, so teilt das Amt dem Antragsteller den Mangel mit. [6]Wird der Mangel nicht innerhalb einer vom Amt festzusetzenden Frist beseitigt, so weist es den Antrag zurück.

(5) [1]Die Veröffentlichung der Eintragung der Änderung enthält eine Wiedergabe der geänderten Unionsmarke. [2]Innerhalb einer Frist von drei Monaten nach Veröffentlichung können Dritte, deren Rechte durch die Änderung beeinträchtigt werden können, die Eintragung der Änderung der Marke anfechten. [3]Die Artikel 46 und 47 und die gemäß Artikel 48 erlassenen Regeln gelten für die Veröffentlichung der Eintragung der Änderung.

Überblick

Art. 54 regelt die Änderung der Wiedergabe einer Unionsmarke. Danach ist eine Änderung der Unionsmarke grundsätzlich nicht möglich; Ausnahmen werden nur gemacht für die Änderung des in der Wiedergabe der Marke vorhandenen Namens des Inhabers oder seiner Adresse. Eine solche Änderung ist gebührenpflichtig. Die bloße Änderung des Namens oder der Adresse des Markeninhabers an sich ist dagegen ohne weiteres und kostenfrei nach Art. 55 möglich. Dies ist aber kein Anwendungsfall von Art. 54. Weitere Regelungen finden sich in Art. 10 UMDV. Die Änderung einer Markenanmeldung hingegen richtet sich nach Art. 49 UMV und Art. 11 DVUM (→ Art. 49 Rn. 1).

Übersicht

A. Allgemeines

Art. 54 betrifft die Änderung einer Marke und umfasst damit den Zeitraum ab Eintragung **1** einer Marke. Während des Zeitraums vor der Eintragung bestimmt sich die Änderung einer Markenanmeldung nach Art. 49 (→ Art. 49 Rn. 1).

Die Korrektur von offensichtlichen Fehlern wird vom EUIPO von Amts wegen oder auf Antrag **2** des Inhabers vorgenommen (Art. 44 Abs. 3, → Art. 44 Rn. 6; Art. 102, → Art. 102 Rn. 18) und sind daher von der Vorschrift des Art. 54 nicht umfasst (vgl. Prüfungsrichtlinien für Unionsmarken, Teil E, Abschnitt 1, 2.1).

Abs. 3 S. 2 ermächtigt die Kommission zum Erlass von Durchführungsrechtsakten hinsichtlich **3** des Antrags auf. Die Kommission hat von dieser Ermächtigung Gebrauch gemacht. In Art. 10 UMDV sind entsprechende Regelungen zu finden.

B. Grundsatz

4   Art. 54 legt fest, dass eine Marke während der Dauer der Eintragung nicht geändert werden kann. Diesen Grundsatz gebieten der Rechtsschutz und der Publizitätsgedanke des Markenregisters.

C. Ausnahmefall für Änderung der Wiedergabe der Marke

5   Von dem zuvor beschriebenen Grundsatz des Verbots der Änderung einer Marke macht Art. 54 in Abs. 2 eine Ausnahme.

6   Eine Änderung ist demnach möglich, wenn drei Voraussetzungen kumulativ gegeben sind:
1. Die Marke muss in ihrer abgebildeten Form den Namen und die Adresse des Inhabers enthalten (→ Rn. 8);
2. Diese Angaben müssen sich tatsächlich geändert haben (→ Rn. 9);
3. Diese Änderung darf die eingetragene Marke nicht in ihrem wesentlichen Inhalt beeinträchtigen (→ Rn. 10).

7   Art. 54 betrifft lediglich die Änderung der Namens- und Adressangabe des Inhabers innerhalb der Wiedergabe einer Marke, nicht aber die Änderung von anderen Bestandteilen. Auch erlaubt Abs. 2 nicht etwa die Änderung des Waren- und Dienstleistungsverzeichnisses (HABM 2. BK 9.7.2008 – R 585/2008-2 Rn. 16 – SAGA).

I. Markenform

8   Nur solche Marken, die den Namen und die Anschrift des Inhabers enthalten, sind vom Anwendungsbereich des Art. 54 umfasst. Dabei muss die Marke nicht notwendigerweise beide Angaben enthalten. Vielmehr werden auch solche Marken erfasst, die nur eine der beiden Angaben beinhalten, also Name **oder** Adresse (Prüfungsrichtlinien für Unionsmarken, Teil E, Abschnitt 1, 2.3).

II. Tatsächliche Änderung der Angaben

9   Die betreffenden Angaben, also der Name oder die Adresse des Inhabers muss sich tatsächlich geändert haben. Der bloße Wille des Markeninhabers nunmehr seine Adresse oder seinen Namen nicht mehr (oder anders) in der Marke wiedergeben zu wollen, ist nicht umfasst, eine entsprechende Änderung in diesem Fall mithin nicht möglich.

III. Keine wesentliche Beeinträchtigung des Markeninhalts

10   Die von Art. 54 aufgestellten Anforderungen sind eng auszulegen. Der Inhalt der Marke darf durch die Änderung nicht wesentlich beeinträchtigt werden. Dies ist aber schon der Fall, wenn der Bestandteil, der geändert werden soll und den Namen und/oder die Adresse des Inhabers enthält, kennzeichnungskräftig ist. Dann nämlich würde sich der Charakter der Marke ändern, was eine wesentliche Beeinträchtigung darstellen würde (Prüfungsrichtlinien für Unionsmarken, Teil E, Abschnitt 1, 2.3). Ist der Name des Markeninhabers beispielsweise als Wortmarke eingetragen und ändert sich dieser, würde mit einer solchen Änderung die Identität der Marke geändert werden. Aus diesem Grund ist eine entsprechende Änderung ausgeschlossen. Ist der Name des Markeninhabers – oder deutlicher: seine Adresse – aber beispielsweise untergeordneter Bestandteil eines Labels/Etiketts, welches als Marke eingetragen ist, so ist eine entsprechende Änderung nach Art. 54 regelmäßig zulässig, da die Identität der Marke in diesem Fall nicht wesentlich beeinträchtigt wird.

11   Nicht von Art. 54 umfasst wird zum Beispiel das Eliminieren eines in der Wiedergabe einer Marke vorhanden Teils des Unternehmensnamens. Einerseits würde dies nicht den Namen und die Adresse des Inhabers betreffen, sondern nur einen Teil des Namens. Andererseits handelt es sich dabei nicht um eine Änderung, sondern eben um das „Eliminieren" des Bestandteils.

11.1   Mit dieser Begründung hat die Vierte Beschwerdekammer in ihrer Entscheidung vom 25.5.2012 in der Rechtssache R2136/2011-4 einen Änderungsantrag des Markeninhabers Metso Corporation für die eingetragene Marke „METSO POWDERMET" in „POWDERMET" abgewiesen.

12   Eine Ausnahme kann allerdings zugelassen werden, wenn die Änderung die abgekürzte Rechtsform des eingetragenen Inhabers betrifft, zB GmbH oder AG (Prüfungsrichtlinien für Unionsmarken, Teil E, Abschnitt 1, 2.3).

Ein Beispiel für eine zulässige Änderung nach Art. 54 wäre die Adressänderung des Inhabers aufgrund **12.1** Verlegung des Firmensitzes. Ein als Marke eingetragenes Flaschenlabel, auf dem die Adresse des Inhabers in kleinen Buchstaben als untergeordnetes Element vorhanden ist, könnte entsprechend geändert werden (vgl. Prüfungsrichtlinien für Unionsmarken, Teil E, Abschnitt 1, 2.3).

D. Verfahren

Art. 10 UMDV ergänzt Art. 54 und stellt die verfahrensrechtlichen Voraussetzungen für eine **13** Änderung der Marke auf. Demnach ist ein schriftlicher Antrag mit den Angaben nach Art. 10 Abs. 1 UMDV erforderlich.

Der Antrag muss die folgenden Angaben enthalten: **13.1**
1. Nummer der Eintragung;
2. Namen und Anschrift des Markeninhabers; und
3. Angabe des zu ändernden Bestandteils und denselben Bestandteil in der geänderten Fassung.

Die Änderung der Marke ist nur möglich, wenn die entsprechende Gebühr in Höhe von 200 **14** Euro gezahlt wird (→ Anh. I Rn. 1 ff.). Das EUIPO teilt dem Inhaber mit, sofern die Gebühr nicht oder nicht vollständig gezahlt wurde. Bis zur vollständigen Zahlung gilt der Antrag aber als nicht gestellt (vgl. Abs. 4).

Jegliche Mängel im Antrag werden vom EUIPO an den Markeninhaber mitgeteilt. Dieser hat **15** die Gelegenheit diese Mängel in der vom EUIPO gesetzten Frist zu beheben. Gelingt ihm dies nicht, so wird der Antrag abgewiesen (vgl. Abs. 4).

Sofern mehrere Markeneintragungen dasselbe zu ändernde Element beinhalten, kann ein einzi- **16** ger Antrag zur Änderung aller betroffenen Markeneintragungen gestellt werden. Dies verhindert einen administrativen Mehraufwand. Jedoch ist für jede Änderung eine separate Gebühr zu zahlen (Abs. 4 S. 3).

E. Veröffentlichung

Ist die Änderung der Markeneintragung wirksam, so wird sie nach Abs. 3 S. 1 im Amtsblatt **17** veröffentlicht (in dessen Teil C.3.4). Die Veröffentlichung enthält eine Wiedergabe der Marke. Zur Anfechtung der Änderung durch Dritte → Rn. 18 ff.

F. Anfechtung durch Dritte

Innerhalb von drei Monaten nach der Veröffentlichung der Änderung können Dritte die Ände- **18** rung anfechten. Zur Anfechtung berechtigt sind nur diejenigen Dritten, die durch die Änderung in ihren Rechten beeinträchtigt sein könnten (Abs. 5 S. 2).

Die in der UMV und der UMDV für den Widerspruch vorgesehenen Regelungen sind auf **19** das Anfechtungsverfahren entsprechend anwendbar.

Ein Fall, in dem die Änderung nach Art. 54 die Rechte eines Dritten beeinträchtigen könnte, **20** ist kaum denkbar. Wie oben aufgezeigt, sind die Anforderungen an Abs. 2 sehr hoch. Änderungsmöglichkeiten betreffen nur Bestandteile einer Marke, die den Namen bzw. die Adresse des Markeninhabers beinhalten. Zudem dürfen diese Bestandteile nicht in dem Sinne kennzeichnungskräftig sein, dass deren Änderung auch den Charakter der Marke ändern würde. Eine Änderung dieser „unbedeutenden" Elemente einer Marke kann sich aber kaum auf die Rechte Dritter auswirken (Eisenführ/Schennen/Schennen Rn. 23). Denkbar wäre aber wohl zB, dass durch die Änderung eine Namenskollision mit einem Dritten entsteht. Dies könnte die Rechte dieses Dritten beeinträchtigen und damit einen der seltenen Fälle sein, in denen eine Anfechtung tatsächlich möglich wäre.

Art. 55 Änderung des Namens oder der Anschrift

(1) [1] Eine Änderung des Namens oder der Adresse des Inhabers einer Unionsmarke, die keine Änderung der Unionsmarke gemäß Artikel 54 Absatz 2 darstellt und bei der es sich nicht um die Folge einer vollständigen oder teilweisen Übertragung der Unionsmarke handelt, wird auf Antrag des Inhabers in das Register eingetragen.

[2] ¹Die Kommission erlässt Durchführungsrechtsakte, in denen die in dem Antrag auf Änderung des Namens oder der Adresse gemäß Unterabsatz 1 anzugebenden Einzel-

heiten im Einzelnen festgelegt werden. [2]Diese Durchführungsrechtsakte werden nach dem Prüfverfahren gemäß Artikel 207 Absatz 2 erlassen.

(2) Für die Änderung des Namens oder der Adresse in Bezug auf zwei oder mehr Eintragungen desselben Inhabers kann ein einziger Antrag gestellt werden.

(3) [1]Sind die Erfordernisse für die Eintragung einer Änderung nicht erfüllt, so teilt das Amt dem Inhaber der Unionsmarke den Mangel mit. [2]Wird der Mangel nicht innerhalb einer vom Amt festzusetzenden Frist beseitigt, so weist es den Antrag zurück.

(4) Die Absätze 1, 2 und 3 gelten auch für eine Änderung des Namens oder der Adresse des eingetragenen Vertreters.

(5) [1]Die Absätze 1 bis 4 gelten für Anmeldungen von Unionsmarken. [2]Die Änderung wird in der vom Amt geführten Akte über die Anmeldung der Unionsmarke vermerkt.

Überblick

Art. 55 enthält eine Regelung, nach der der Name, inklusive der Rechtsform bei einem Unternehmen, und die Anschrift des Inhabers frei geändert werden können. Dies setzt aber voraus, dass die Änderung nicht

- auf einem Rechtsübergang beruht (bei der Änderung des Namens) bzw.
- nicht auf Grundlage der Ersetzung eines Vertreters erfolgt (bei Änderung des Namens des Vertreters).

1   Art. 55 enthält Vorschriften zu der Änderung des Namens oder der Anschrift des Inhabers einer Unionsmarke. Es werden nur Fälle abgedeckt, die nicht unter Abs. 2 fallen und die nicht die Folge einer Übertragung der Marke sind. Voraussetzung der Anwendbarkeit von Art. 55 ist das Vorliegen einer Inhaberidentität. Ausgenommen sind Fälle einer ausnahmsweise zulässigen Änderung des Namens/der Anschrift des Inhabers, der/die in einer Unionsmarke enthalten ist. Solche Fälle werden von Abs. 2 umfasst.

2   Der Antrag ist von dem Inhaber oder seinem Vertreter zu stellen und muss in einer der fünf Sprachen des Amtes eingereicht werden. Es erfolgt eine Eintragung und Veröffentlichung im Register. Der Antrag ist nicht gebührenpflichtig.

3   Es ist lediglich ein einziger Antrag notwendig, auch wenn zwei oder mehrere Eintragungen von der Änderung des Namens/der Anschrift betroffen sind. Dies dient der Vereinfachung und Schnelligkeit.

4   Art. 55 ist auch anwendbar, wenn es um Fälle der Änderung des Namens/der Anschrift des eingetragenen Vertreters geht.

5   Art. 12 UMDV enthält die formellen Anforderungen an einen Antrag zur Änderung des Namens/der Anschrift nach Art. 55.

Art. 56 Teilung der Eintragung

(1) [1]Der Inhaber einer Unionsmarke kann die Eintragung teilen, indem er erklärt, dass ein Teil der in der ursprünglichen Eintragung enthaltenen Waren oder Dienstleistungen Gegenstand einer oder mehrerer Teileintragungen sein soll. [2]Die Waren oder Dienstleistungen der Teileintragung dürfen sich nicht mit den Waren oder Dienstleistungen der ursprünglichen Eintragung oder anderer Teileintragungen überschneiden.

(2) Die Teilungserklärung ist nicht zulässig,

a) wenn beim Amt ein Antrag auf Erklärung des Verfalls oder der Nichtigkeit gegen die ursprüngliche Eintragung eingereicht wurde und die Teilungserklärung eine Teilung der Waren oder Dienstleistungen, gegen die sich der Antrag auf Erklärung des Verfalls oder der Nichtigkeit richtet, bewirkt, bis die Entscheidung der Nichtigkeitsabteilung unanfechtbar geworden oder das Verfahren anderweitig erledigt ist;

b) wenn vor einem Unionsmarkengericht eine Widerklage auf Erklärung des Verfalls oder der Nichtigkeit anhängig ist und die Teilungserklärung eine Teilung der Waren oder Dienstleistungen, gegen die sich die Widerklage richtet, bewirkt, bis der Hinweis auf die Entscheidung des Unionsmarkengerichts gemäß Artikel 128 Absatz 6 im Register eingetragen ist.

(3) [1]Sind die Anforderungen nach Absatz 1 und nach den in Absatz 8 genannten Durchführungsrechtsakten nicht erfüllt oder überschneidet sich die Liste der Waren und

Dienstleistungen, die Gegenstand der Teileintragung sind, mit den Waren und Dienstleistungen, die in der ursprünglichen Eintragung verbleiben, so fordert das Amt den Inhaber der Unionsmarke auf, die Mängel innerhalb einer vom Amt festgelegten Frist zu beseitigen. [2]Werden die Mängel nicht fristgerecht beseitigt, so weist das Amt die Teilungserklärung als unzulässig zurück.

(4) [1]Die Teilungserklärung ist gebührenpflichtig. [2]Sie gilt als nicht abgegeben, solange die Gebühr nicht entrichtet ist.

(5) Die Teilung wird an dem Tag wirksam, an dem sie im Register eingetragen wird.

(6) [1]Alle vor Eingang der Teilungserklärung beim Amt für die ursprüngliche Eintragung eingereichten Anträge und gezahlten Gebühren gelten auch als für die Teileintragungen eingereicht oder gezahlt. [2]Gebühren für die ursprüngliche Eintragung, die wirksam vor Eingang der Teilungserklärung beim Amt entrichtet wurden, werden nicht erstattet.

(7) Die Teileintragung genießt den Anmeldetag sowie gegebenenfalls den Prioritätstag und den Zeitrang der ursprünglichen Eintragung.

(8) *[1] Die Kommission erlässt Durchführungsrechtsakte, in denen Folgendes festgelegt wird:*
a) die Einzelheiten, die bei einer Teilungserklärung für eine Eintragung nach Absatz 1 anzugeben sind;
b) die Einzelheiten der Bearbeitung einer Teilungserklärung für eine Eintragung, wobei sicherzustellen ist, dass eine getrennte Akte, einschließlich einer neuen Eintragungsnummer, für die Teileintragung angelegt wird.
[2] Diese Durchführungsrechtsakte werden nach dem Prüfverfahren gemäß Artikel 207 Absatz 2 erlassen.

Überblick

Nach der Eintragung bestimmt sich die Teilung einer Marke ausschließlich nach Art. 56. Diese Vorschrift knüpft an Art. 50 an (→ Art. 50 Rn. 1), der die Teilung einer **Anmeldung** regelt. Im Wesentlichen entsprechen sich die beiden Regelungen.

Art. 56 wird durch Art. 11 UMDV ergänzt.

Übersicht

A. Allgemeines

Neben der teilweisen Übertragung einer Marke ist auch die freie Teilung einer Marke durch **1** Erklärung des Markeninhabers möglich.

Die Teilung kann in eine oder mehrere Teileintragungen erfolgen, so dass das Waren- und **2** Dienstleistungsverzeichnis nach der wirksamen Teilung auf die ursprüngliche Eintragung und eine oder mehrere Teileintragungen aufgeteilt ist, die zusammengenommen das Waren- und Dienstleistungsverzeichnis der ursprünglichen Eintragung (und keine Doppelungen) wiedergeben.

B. Voraussetzungen

I. Erklärung

Die Teilung setzt eine wirksam abgegebene Teilungserklärung voraus. **3** Nach Art. 11 UMDV muss die Erklärung folgende Angaben enthalten:

1. die Nummer der Eintragung;
2. den Namen und die Anschrift des Markeninhabers;
3. das Waren- und Dienstleistungsverzeichnis, das Gegenstand der Teileintragung ist (bzw. bei mehreren Teilungen eines für jede Teileintragung);
4. das Waren- und Dienstleistungsverzeichnis, das Gegenstand der ursprünglichen Eintragung ist.

4   Die Teilungserklärung ist schriftlich in einer der fünf Sprachen des EUIPO abzugeben. Bei Verwendung des Formblatts nach Art. 65 DVUM kann aber eine beliebige Amtssprache der EU gewählt werden, wenn die Textfelder in einer der Amtssprachen ausgefüllt werden.

5   Wichtig ist, dass die Angaben des Waren- und Dienstleistungsverzeichnisses der gewünschten Teileintragungen eindeutig und klar gefasst sind. Dies ist wohl unproblematisch, wenn jeweils alle in bestimmten Klassen abgedeckten Waren und/oder Dienstleistungen „abgeteilt" werden sollen. Insofern reicht sogar die Angabe der bloßen Klassennummern und die Zuordnung zu der entsprechenden Teileintragung.

6   Vorsicht ist jedoch in dem Fall geboten, in dem bestimmte Waren oder Dienstleistungen derselben Klasse aufgeteilt werden, insbesondere, wenn die ursprüngliche Eintragung einen übergeordneten Begriff enthält und dieser „aufgeteilt" werden soll. Enthält die ursprüngliche Eintragung also beispielsweise den Warenbegriff „alkoholische Getränke" und soll die Teileintragung „Rum" abdecken, so müsste die Aufteilung wie folgt aussehen: neue Teileintragung „Rum", ursprüngliche Eintragung „alkoholische Getränke, mit Ausnahme von Rum". Nur so ist gewährleistet, dass keine Doppelung erfolgt (→ Rn. 10).

7   Liegen Mängel in der Teilungserklärung vor, beanstandet das EUIPO diese und setzt eine Frist zur Mängelbehebung. Erst wenn diese Nachfrist erfolglos verstreicht, führt dies zur Abweisung der Teilungserklärung (Abs. 3 S. 2).

8   Die Teilungserklärung ist bedingungsfeindlich und kann nicht etwa hilfsweise erklärt werden.

II. Zahlung der Teilungsgebühr

9   Die Teilung ist gebührenpflichtig. Nach Abs. 4 S. 1 iVm Anh. I beträgt diese Gebühr 250 Euro. Wird die Gebühr nicht entrichtet, so gilt die Teilungserklärung als nicht abgegeben (Abs. 4 S. 2).

III. Keine Überschneidung der Waren und Dienstleistungen

10   Das Waren- und Dienstleistungsverzeichnis der ursprünglichen Eintragung vor der Teilung muss exakt auf diejenigen der Teileintragung und der ursprünglichen Eintragung nach der Teilung aufgeteilt werden (Abs. 1 S. 2). Zusammengenommen müssen die Teileintragungen also genau der ursprünglichen Eintragung entsprechen. Es darf also keine Überlappungen/Doppelungen geben, noch dürfen Waren oder Dienstleistungen weggelassen werden. Letzteres ist jedoch praktisch mit einem gleichzeitig beantragten Teilverzicht möglich (→ Art. 57 Rn. 2; → Rn. 3).

11   Werden dennoch überschneidende Waren- und Dienstleistungsverzeichnissen eingereicht, so ist die Teilung nicht unmittelbar unzulässig, sondern das EUIPO erlässt vielmehr eine Beanstandung und setzt eine Frist zur Mängelbehebung (vgl. Abs. 3 S. 1).

IV. Zulässigkeit der Teilung

12   Abs. 2 regelt die Fälle, in denen eine Teilung ausgeschlossen ist. Dies ist der Fall, wenn ein Dritter ein Löschungsverfahren gegen die Eintragung angestrengt hat, welches noch nicht rechtskräftig abgeschlossen oder anderweitig erledigt ist (Abs. 2 lit. a). Daneben gilt der Ausschluss auch für Fälle der anhängigen Widerklage auf Erklärung des Verfalls oder der Nichtigkeit vor einem Unionsmarkengericht (Abs. 2 lit. b).

13   Wie schon bei Art. 50 (→ Art. 50 Rn. 4, → Art. 50 Rn. 5) hat diese Regelung den Zweck, eine Aufspaltung gegen die Eintragung anhängiger Verfahren und eine damit einhergehende negative Kostenfolge für den Gegner zu verhindern.

14   Folglich können nur die Waren und Dienstleistungen abgetrennt werden, die nicht angegriffen sind. Angegriffene Waren und Dienstleistungen müssen in jedem Fall in der ursprünglichen Eintragung verbleiben. Auch ist es nicht zulässig, alle angegriffenen Waren und Dienstleistungen in die neue Teileintragung abzutrennen, da sonst der Gegenstand des Verfahrens geändert würde (Prüfungsrichtlinien für Unionsmarken, Teil E, Abschnitt 1, 5.2.3).

C. Folgen der Teilung

15   Die Wirkungen der Teilung sind in Abs. 5–7 geregelt und werden mit dem Registereintrag über die Teilung wirksam (Abs. 5).

Ist die Teilung unzulässig oder unwirksam, bleibt die Eintragung unverändert bestehen. Bei **16** einer wirksamen Teilung ergibt sich Folgendes:

I. Teileintragung

Die Teileintragung ist eine neue Eintragung mit einer neuen Eintragungsnummer (Art. 11 **17** Abs. 2 S. 2 UMDV) und dem Datum der Eintragung der Teilung. Sie behält aber das Anmeldedatum sowie etwaige Prioritätsdaten und Senioritäten der ursprünglichen Eintragung bei.

Anträge und Gebühren, die für die ursprüngliche Anmeldung gestellt bzw. gezahlt wurden, **18** gelten ebenso für die Teileintragung. Bei Gebühren, die für die ursprüngliche Eintragung gezahlt wurden, findet jedoch keine Erstattung statt (Abs. 6 S. 2).

Die Teileintragung entspricht somit bis auf das Waren- und Dienstleistungsverzeichnis der **19** ursprünglichen Eintragung.

Das EUIPO legt nach vollzogener Teilung eine neue Akte für die Teileintragung an und nimmt **20** in dieser den gesamten Inhalt der Akte der ursprünglichen Eintragung auf (vgl. Art. 11 Abs. 2 UMDV).

II. Ursprüngliche Eintragung

Die ursprüngliche Markeneintragung besteht „eingeschränkt" fort. Die mit der Teileintragung **21** abgeteilten Waren und Dienstleistungen sind – da inzwischen „abgeteilt" – nicht mehr in dem Waren- und Dienstleistungsverzeichnis der ursprünglichen Eintragung vorhanden. Ansonsten ergeben sich keine Änderungen.

III. Veröffentlichung im Markenregister

In dem Markenregister wird die Teileintragung als neue Unionsmarke eingetragen. Zudem **22** wird das eingeschränkte Waren- und Dienstleistungsverzeichnis der ursprünglichen Eintragung eingetragen.

D. Teilung einer Internationalen Registrierung

Das Markenregister für Internationale Registrierungen wird ausschließlich von WIPO geführt. **23** Das EUIPO ist für eine Teilung einer Internationalen Registrierung mit Benennung der EU nicht zuständig (Prüfungsrichtlinien für Unionsmarken, Teil E, Abschnitt 1, 5.1). Somit ist ein entsprechender Antrag mangels Zuständigkeit des EUIPO unzulässig. Die Teilung ist nicht zulässig für eine Internationale Registrierung, in der die EU benannt ist.

Kapitel VI. Verzicht, Verfall und Nichtigkeit

Abschnitt 1. Verzicht

Art. 57 Verzicht

(1) Die Unionsmarke kann Gegenstand eines Verzichts für alle oder einen Teil der Waren oder Dienstleistungen sein, für die sie eingetragen ist.

(2) [1]Der Verzicht ist vom Markeninhaber dem Amt schriftlich zu erklären. [2]Er wird erst wirksam, wenn er im Register eingetragen ist. [3]Die Gültigkeit des Verzichts auf eine Unionsmarke, der gegenüber dem Amt nach der Einreichung eines Antrags auf Erklärung des Verfalls dieser Marke im Sinne des Artikels 63 Absatz 1 erklärt wird, setzt die abschließende Zurückweisung des Antrags auf Erklärung des Verfalls oder dessen Rücknahme voraus.

(3) [1]Ist im Register eine Person als Inhaber eines Rechts im Zusammenhang mit der Unionsmarke eingetragen, so wird der Verzicht nur mit Zustimmung dieser Person eingetragen. [2]Ist eine Lizenz im Register eingetragen, so wird der Verzicht erst eingetragen, wenn der Inhaber der Unionsmarke glaubhaft macht, dass er den Lizenznehmer von seiner Verzichtsabsicht unterrichtet hat. [3]Die Eintragung des Verzichts wird nach Ablauf einer Frist von drei Monaten ab dem Zeitpunkt vorgenommen, zu dem der Inhaber dem Amt glaubhaft gemacht hat, dass er den Lizenznehmer von seiner Verzichtsabsicht unterrichtet hat, oder vor Ablauf dieser Frist, sobald er die Zustimmung des Lizenznehmers nachweist.

(4) [1]Sind die Voraussetzungen für den Verzicht nicht erfüllt, so teilt das Amt dem Erklärenden die Mängel mit. [2]Werden die Mängel nicht innerhalb einer vom Amt festzusetzenden Frist beseitigt, so lehnt es die Eintragung des Verzichts in das Register ab.

(5) [1]Die Kommission erlässt Durchführungsrechtsakte, in denen die Einzelheiten, die in einer Verzichtserklärung gemäß Absatz 2 dieses Artikels anzugeben sind, und die Art der Unterlagen, die zur Feststellung der Zustimmung eines Dritten gemäß Absatz 3 dieses Artikels erforderlich sind, im Einzelnen festgelegt werden. [2]Diese Durchführungsrechtsakte werden nach dem Prüfverfahren gemäß Artikel 207 Absatz 2 erlassen.

Überblick

Art. 57 regelt den Verzicht und Teilverzicht auf eine Unionsmarkeneintragung und wird durch Art. 15 UMDV ergänzt. Ein Verzicht ist im Prinzip jederzeit ab dem Zeitpunkt der Eintragung der Marke möglich und kann die gesamte Eintragung oder eben nur einen Teil des Waren- und Dienstleistungsverzeichnisses betreffen (→ Rn. 12 ff.). Die Verzichtserklärung ist unwiderruflich und bedingungsfeindlich (→ Rn. 6), wird jedoch erst mit der Eintragung in das Register wirksam (→ Rn. 18 ff.). Ein während eines anhängigen Verfallsverfahrens erklärter Verzicht wird – grundsätzlich im Gegensatz zu einem während eines anhängigen Nichtigkeitsverfahrens erklärter Verzicht – jedoch erst mit Abschluss dieses Verfahrens gültig (→ Rn. 25 ff.). Die UMDV ist nach Abs. 5 als Durchführungsrechtsakt der Kommission an die Stelle der GMDV getreten.

Übersicht

A. Allgemeines

Das EUIPO unterzieht den Verzicht einer Wirksamkeitsprüfung und lehnt dessen Eintragung **1** ggf. nach Abs. 4 ab. Ist der Verzicht wirksam, so hat er ex nunc Wirkung, dh die Wirkungen des Verzichts treten erst ab Eintragung des Verzichts ein.

Art. 57 Abs. 1 Alt. 2 erlaubt einen teilweisen Verzicht für einen Teil der eingetragenen Waren **2** und Dienstleistungen.

Der Verzicht ist gebührenfrei möglich.   **3**

B. Voraussetzungen

I. Erklärung

Der Verzicht setzt eine wirksame und schriftliche Verzichtserklärung durch den Inhaber oder **4** seinen Vertreter voraus (vgl. Art. 57 Abs. 2 S. 1). Die Verzichtserklärung ist schriftlich in einer der fünf Sprachen des EUIPO abzugeben. Bei Verwendung des Formblatts nach Art. 65 DVUM kann aber eine beliebige Amtssprache der Europäischen Union gewählt werden, wenn die Textfelder in einer der Amtssprachen ausgefüllt werden. Im Rahmen eines Verfalls- oder Nichtigkeitsverfahrens muss der Verzicht separat beantragt werden.

Nach Art. 15 UMDV muss die Erklärung enthalten: **4.1**
1. die Nummer der Eintragung;
2. den Namen und die Anschrift des Markeninhabers;
3. bei einem Teilverzicht das Waren- und Dienstleistungsverzeichnis, das Gegenstand des Teilverzichts ist (bzw. das der bestehenbleibenden Eintragung).

Der Verzicht setzt eine wirksame und schriftliche Verzichtserklärung durch den Inhaber oder **5** seinen Vertreter voraus (vgl. Art. 57 Abs. 2 S. 1).

Wird die Verzichtserklärung mit dem vom Amt bereitgestellten Formblatt nach Art. 65 DVUM einge- **5.1** reicht, so kann dieses Formblatt gemäß Art. 146 Abs. 6 in einer der Amtssprachen der Union verwendet werden. Das Ausfüllen der Textfelder des Formblatts muss dabei in einer der Sprachen des Amtes erfolgen (Prüfungsrichtlinien für Unionsmarken, Teil E, Abschnitt 1, 1.3.1).

Die Erklärung ist bedingungsfeindlich und unwiderruflich. Sie kann nicht hilfsweise erklärt **6** werden (Prüfungsrichtlinien für Unionsmarken, Teil E, Abschnitt 1, 1.3.1). Solche Erklärungen werden als unwirksam zurückgewiesen.

Auch der Vertreter des Inhabers kann den Verzicht wirksam erklären, sofern die erteilte Voll- **7** macht dies nicht ausschließt.

II. Zusätzliche Erfordernisse bei eingetragenen Lizenzen und sonstigen Rechten

Art. 57 Abs. 3 stellt weitere Voraussetzungen auf, wenn für die Marke, für die der Verzicht **8** begehrt wird, eine **Lizenz** oder ein **sonstiges Recht** eingetragen ist.

1. Sonstige Rechte

Ist ein sonstiges Recht eingetragen (zB ein dingliches Recht nach Art. 22 (→ Art. 22 Rn. 1), **9** ist die ausdrückliche Zustimmung des Inhabers des sonstigen Rechts für den Verzicht erforderlich. Dies lässt sich mit dem tiefgreifenden Eingriff in die Rechtsposition des Inhabers des sonstigen Rechts durch den Verzicht erklären.

2. Lizenzen

Besteht an der Marke eine Lizenz, setzt Art. 57 Abs. 3 voraus, dass der Markeninhaber **glaub-** **10** **haft macht,** den Lizenznehmer von dem beabsichtigten Verzicht unterrichtet zu haben. Lizenz- nehmer sind also in einer sehr viel schwächeren Position als die Inhaber sonstiger Rechte (→ Rn. 9). Die Zustimmung des Lizenznehmers ist im Gegensatz zu der Zustimmung des Inhabers eines sonstigen Rechts nämlich nicht erforderlich. Dies ist anders als bei der bloßen Löschung einer Lizenz (→ Art. 25 Rn. 41).

Drei Monate nachdem der Markeninhaber die Unterrichtung an den Lizenznehmer gegenüber **11** dem EUIPO glaubhaft gemacht hat, trägt das EUIPO den Verzicht in das Register ein. Weist der

Markeninhaber davor allerdings die Zustimmung des Lizenznehmers zu dem beabsichtigten Verzicht nach, wird der Verzicht sofort eingetragen.

11.1   Diese Regelung wurde mit der Reform 2016 von der Durchführungsverordnung in die Hauptverordnung übernommen.

III. Voraussetzungen eines Teilverzichts

12   Es ist möglich, den Verzicht nur für einen Teil des Waren- und Dienstleistungsverzeichnisses zu erklären. Der Teilverzicht muss in einem gültigen verbleibenden Waren- und Dienstleistungsverzeichnis resultieren. Das Verzeichnis darf dabei nicht erweitert werden, dh es darf nur ein Teil des ursprünglichen Verzeichnisses bestehen bleiben. Es fallen demnach Waren/Dienstleistungen unter der betreffenden Marke weg.

13   Ein Teilverzicht liegt beispielsweise vor, wenn bestimmte Kategorien von Waren oder Dienstleistungen im Waren- und Dienstleistungsverzeichnis einer Unionsmarke durch den Zusatz „nämlich" und einer folgenden Auflistung spezieller Waren und Dienstleistungen konkretisiert wird. Der Ausdruck „nämlich" beschränkt nach ständiger Rechtsprechung den Umfang der Anmeldung/Marke auf Waren und Dienstleistungen, die nach diesem Ausdruck speziell aufgeführt sind (EUIPO 2. BK 15.4.2019 – R 1637/2018-2 Rn. 12 f. – Woolworth).

14   Eine Teilverlängerung einer Unionsmarke bedeutet nicht einen unmittelbaren Teilverzicht hinsichtlich der nicht verlängerten Waren und Dienstleistungen: Ein Unionsmarkeninhaber, der seine Unionsmarke bereits teilweise, das heißt nur für bestimmte Waren/Dienstleistungen, verlängert hat, kann auch zu einem späteren Zeitpunkt noch die Verlängerung von anderen (zuvor noch nicht verlängerten) Waren/Dienstleistungen beantragen. Voraussetzung dafür ist lediglich, dass der Verlängerungsantrag bezüglich der noch nicht verlängerten Waren/Dienstleistungen noch vor dem Ende der sechsmonatigen Nachfrist gestellt wird (→ Art. 53 Rn. 11). Dies hat der EuGH in einer Entscheidung ausdrücklich klargestellt (EuGH C-207/15 P, BeckRS 2016, 81348 – CVTC). Insoweit können sich Unionsmarkeninhaber auf die sechsmonatige Nachfrist verlassen. Die Zahlung des Zuschlags ist einzige Voraussetzung für die verspätete Verlängerung und die Tatsache, dass eine Teilverlängerung bereits erfolgt ist, bedeutet keinen Teilverzicht bezüglich der anderen Waren/Dienstleistungen. Die Verlängerung in der Nachfrist widerspricht auch nicht der Rechtssicherheit.

14.1   Bei einem Teilverzicht waren seit der IP TRANSLATOR-Entscheidung des EuGH (EuGH C-307/10, GRUR 2012, 822 – IP TRANSLATOR) vor der Reform 2016 Besonderheiten zu beachten:

14.2   Nach der aufgrund dieses Urteils erlassenen Mitteilung Nr. 2/12 des Präsidenten des HABM (nun EUIPO) vom 20.6.2012 wurde davon ausgegangen, dass **vor dem 21.6.2012** eingereichte Markenanmeldungen, die für alle Oberbegriffe einer Klassenüberschrift insgesamt angemeldet wurde, auch die alphabetische Liste dieser Klasse der Nizza Klassifikation der entsprechend geltenden Ausgabe abdecken. Es folgte, dass bei diesen Markenanmeldungen ein Teilverzicht auch zulässig ist, wenn nur solche Waren- oder Dienstleistungen bestehen bleiben, die zwar nicht im ursprünglichen Verzeichnis ausdrücklich genannt sind, aber eben in der natürlichen und üblichen Bedeutung der verwendeten Begriffe oder in der abgedeckten alphabetischen Liste vorhanden sind. Der Markenanmelder, der ein Zeichen für die Oberbegriffe in Klasse 9 angemeldet hatte, konnte also zB einen Teilverzicht für „Magnete" erklären, obwohl diese eigentlich nicht ausdrücklich im Verzeichnis genannt waren. Anmeldungen, die **am 21.6.2012 oder danach** ausschließlich für die Oberbegriffe einer Klassenüberschrift eingereicht wurden, stellen hingegen nur diese selbst und deren natürliche und übliche Bedeutung ab. Ein Teilverzicht war nur in diesem Rahmen möglich. Wurden sie hingegen auch explizit für das alphabetische Verzeichnis angemeldet, so ist dieses in die Anmeldung mit einbezogen und kann auch von dem Teilverzicht umfasst sein (Richtlinien für die Verfahren vor dem HABM, Teil E, Abschnitt 1, S. 6, Stand 2.1.2013 und Teil B, Stand 1.8.2014).

14.3   Mit der Reform 2016 ist Art. 33 im Lichte des Urteils in Sachen IP-TRANSLATOR vollständig überarbeitet worden (→ Art. 33 Rn. 1 ff.). Danach gilt das oben für die Zeit ab 21.6.2012 Beschriebene, nämlich, dass die Nennung aller Oberbegriffe nicht mehr automatisch die Abdeckung der gesamten alphabetischen Liste bedeutet. Nach Art. 33 Abs. 8 mussten die Inhaber von „alten" Unionsmarken (Gemeinschaftsmarken), die Oberbegriffe insgesamt abdecken, bis zum 24.9.2016 eine Erklärung einreichen, ob die Abdeckung der alphabetischen Liste gewünscht ist. Erfolgte die Erklärung nicht, wurde die alphabetische Liste nicht einbezogen. Dies führte ab dem 24.9.2016 zu einer erheblichen Erleichterung, die die oben beschriebene Problematik für den Teilverzicht entfallen lässt. Die nun wieder bestehende Einheitlichkeit ist zu begrüßen.

15   Unionsmarkeninhaber sind gut beraten, diejenigen Eintragungen im Wege des Teilverzichts zu präzisieren, die Begriffe abdecken, die durch die Gemeinsame Erklärung der Markenämter der Union im Rahmen des Konvergenzprogramms Nr. 2 für zu vage erklärt wurden (→ Art. 33 Rn. 15). Dies sind – seit der Überarbeitung der Klassifizierung nach dem Nizzaer Abkommen mit Wirkung zum 1.1.2016 (nunmehr Überarbeitung mit Wirkung zum 1.1.2018) – nur fünf Begriffe. Diese Präzisierung ist weder an Fristen noch an die alphabetische Liste gebunden.

C. Verfahren

I. Zuständigkeit

Für die Prüfung des Verzichts und dessen Eintragung ist das Amt zuständig. Im Beschwerdever- **16** fahren entscheidet die zuständige Kammer über den Verzicht.

II. Mängel

Bei Mängeln im Verzichtsantrag teilt das EUIPO diese dem Markeninhaber mit und setzt **17** eine Nachfrist zur Mängelbehebung, die regelmäßig zwei Monate beträgt (Abs. 4). Kommt der Markeninhaber dieser Anforderung nicht nach, so lehnt das EUIPO den Verzicht ab.

D. Folgen des Verzichts

Der Verzicht wird mit seiner Eintragung in das Markenregister wirksam (Abs. 2 S. 2). **18**
Der Verzicht hat verfahrensrechtliche (→ Rn. 20) und materiell-rechtliche Wirkungen (→ **19** Rn. 21).

I. Verfahrensrechtliche Wirkungen

Der Verzicht hat zur Folge, dass die Markenrechte des Markeninhabers und damit auch etwaiger **20** Lizenznehmer erlöschen. Anhängige Verfahren vor dem EUIPO enden grundsätzlich (zu den Ausnahmen → Rn. 25) und die Marke wird zudem aus dem Markenregister gelöscht. Diese Folgen sind zwar in der UMV nicht explizit festgeschrieben, sie sind aber die logische Konsequenz. Während Verfahren anhängig sind, können diese bei Einreichung eines Verzichtsantrags ausgesetzt werden, bis über den Verzichtsantrag entschieden ist.

II. Materiell-rechtliche Wirkungen

Der Verzicht hat auch materiell-rechtliche Wirkung, nämlich, dass der Verzichtserklärende **21** gegenüber Dritten darauf verzichtet, sich in Zukunft auf die Rechte aus der Marke zu berufen. Das EUIPO stellt nicht mehr ausdrücklich klar, dass dies aber eine spätere Wiederholungsanmeldung nicht ausschließt. Der Verzichtserklärende kann nach der früheren Klarstellung trotz eines Verzichts zu einem späteren Zeitpunkt eine der gelöschten Marke identische Markenanmeldung einreichen (s. ehemals Richtlinien für die Verfahren vor dem HABM, Teil E, Abschnitt 3, S. 4, Stand 1.8.2014).

Die Marke, die Gegenstand eines Verzichts ist, verliert erst mit der Eintragung des Verzichts **22** ihre Wirkung. Im Gegensatz zu einer Nichtigerklärung, die nach Art. 62 Abs. 2 **ex tunc** Wirkung hat („von Anfang an"), wirkt der Verzicht **ex nunc.**

Aus diesem Grund kann ein wirksam erfolgter Verzicht auch nicht zu einem fehlenden **23** Rechtsschutzinteresse führen, wenn die Marke zum Zeitpunkt des Verzichts Gegenstand eines Nichtigkeitsantrags oder Widerspruchs bzw. eines Rechtsmittels zu einer entsprechenden Entscheidung ist. Durch die ex nunc-Wirkung des Verzichts erlöschen die sich aus der Markeneintragung ergebenden Rechte erst im Zeitpunkt der Eintragung des Verzichts. Für den Zeitraum zwischen Markeneintragung und Eintragung des Verzichts ergibt sich also nach dem EuGH eine Rechtsposition des Markeninhabers, die sich aufgrund der ex tunc Wirkung eines Nichtigkeitsantrags (bzw. Widerspruchs) nicht ergeben würde. Diese Folgen beseitigen zu wollen, stellt – so der EuGH weiter – aber ein berechtigtes Interesse auf Seiten des Nichtigkeitsantragstellers bzw. Widersprechenden dar. Folglich sei nach einem wirksamen Verzicht ein Nichtigkeitsantrag, ein Widerspruch bzw. ein entsprechendes Rechtsmittel nicht aufgrund fehlenden Rechtsschutzinteresses zurückzuweisen (vgl. EuGH C-552/09 P, GRUR Int 2011, 500 Rn. 42 ff. – Ferrero/HABM (Tirol Milch)).

Dieses Rechtsschutzinteresse ist allerdings konkret nachzuweisen. Es kann sich daraus ergeben, **24** dass der Markeninhaber den die Marke Angreifenden in dem Zeitraum zwischen der Markeneintragung und dem Verzicht in Anspruch genommen hat. Auch die drohende Umwandlung der Marke nach Art. 139 kann dem Nachweiserfordernis genügen. Nach Art. 139 Abs. 2 wäre nämlich mit einer Widerspruchs- oder Nichtigkeitsentscheidung die Umwandlung für bestimmte Mitgliedstaaten eventuell ausgeschlossen. Der Markeninhaber soll dem nicht durch einen wirksamen Verzicht entgehen können.

III. Auswirkung auf anhängige Verfahren

25   Ein während eines anhängigen Löschungsverfahrens erklärter Verzicht hat unterschiedliche Auswirkungen, je nachdem um welches Verfahren es sich handelt (Abs. 2). Wird während eines anhängigen Löschungsverfahrens seitens des Markeninhabers ein gesamter oder teilweiser Verzicht erklärt, setzt das Amt die Eintragung des Verzichts aus, sofern der Verzicht Auswirkungen auf den Umfang des Löschungsverfahrens hat. Das Amt informiert den Antragsteller des Löschungsverfahrens sodann entsprechend und fordert diesen auf, zu erklären, ob sein Antrag zurückgenommen wird. Erklärt der Antragsteller die Zurücknahme seines Antrags, wird der Verzicht eingetragen und das Löschungsverfahren ohne Entscheidung abgeschlossen.

26   Handelt es sich bei dem anhängigen Verfahren um ein **Verfallsverfahren** und nimmt der Antragsteller seinen Antrag nicht zurück bzw. reagiert er nicht auf das Schreiben des Amts, bleibt die Aussetzung der Eintragung des Verzichts bestehen, bis das Verfallsverfahren abgeschlossen ist. Danach wird der Verzicht nur für diejenigen Waren und Dienstleistungen eingetragen, für die die Unionsmarke nicht für verfallen erklärt wurde (Prüfungsrichtlinien für Unionsmarken, Teil D, Abschnitt 1, 4.3.1.1).

27   Handelt es sich hingegen bei dem anhängigen Verfahren um ein **Nichtigkeitsverfahren** und nimmt der Antragsteller seinen Antrag nicht zurück bzw. reagiert er nicht auf das Schreiben des Amts, wird der Verzicht eingetragen und das Nichtigkeitsverfahren ohne Sachentscheidung beendet. Antwortet der Antragssteller hingegen und nimmt zwar seinen Nichtigkeitsantrag nicht zurück, aber macht ein berechtigtes Interesse an einer Sachentscheidung geltend, das auch zutreffend ist, prüft das Amt den Nichtigkeitsantrag (Prüfungsrichtlinien für Unionsmarken, Teil D, Abschnitt 1, 4.3.1.2). Eine von dem Markeninhaber während eines Nichtigkeitsverfahrens beim Amt eingereichte Mitteilung, dass er den Fall aufgebe und von der Benutzung der betreffenden Marke absehen werde, kann als Verzicht gewertet werden (EUIPO 5. BK 5.9.2017 – R 660/2017-5 – PULSAR).

27.1   Die Reform der GMV durch die VO (EU) 2015/2424 bedeutete für Art. 57 die Hinzufügung eines Zusatzes in Abs. 2 mWv 1.10.2017. Demnach ist ein Verzicht nur gültig, wenn ein etwaig anhängiger Verfallsantrag gegen die Marke zurückgewiesen oder zurückgenommen worden ist. Dies ist gerade für die Möglichkeit einer Umwandlung relevant.

27.2   Die Amtspraxis nahm dasselbe, was für anhängige Verfallsverfahren geregelt wird, für anhängige Nichtigkeitsverfahren an. Hierfür sollten die Richtlinien nicht als Rechtsgrundlage gereicht haben. Dies gilt gerade vor dem Hintergrund, dass die Kommission vorgeschlagen hatte, in Art. 57 Abs. 2 S. 3 Verfalls- **und** Nichtigkeitsverfahren aufzunehmen, letztere aber – infolge heftiger Proteste von Nutzerverbänden – wieder gestrichen hat.

28   Ist das Verfahren vor den Beschwerdekammern oder dem Gericht der Europäischen Union anhängig, so wird die Geschäftsstelle der Beschwerdekammern bzw. die Dienststelle Gerichtsverfahren informiert. Die Dienststelle Register und Gebühren erwartet dann die Freigabe oder Zurückweisung der Anfrage. Bei einem Verfahren vor dem Gericht der Europäischen Union informiert das EUIPO dann das Gericht, ob der Verzicht seiner Meinung nach gültig und annehmbar ist. Das Verzichtsverfahren wird ausgesetzt, bis zu einer endgültigen Entscheidung des Gerichts oder Gerichtshofs (Prüfungsrichtlinien für Unionsmarken, Teil E, Abschnitt 1, 1.4.1).

E. Widerruf des Verzichts

29   Der Verzicht wird gegenüber dem EUIPO bereits mit Eingang der Verzichtserklärung wirksam, nicht erst mit Eintragung in das Markenregister. Ein Widerruf des Verzichts ist nur möglich, wenn eine entsprechende Erklärung noch am Tag des Eingangs der Verzichtserklärung beim EUIPO eintrifft. Ansonsten ist der Erklärende während des Verfahrens zur Eintragung des Verzichts an die Verzichtserklärung gebunden (Prüfungsrichtlinien für Unionsmarken, Teil E, Abschnitt 1, 1.2).

Abschnitt 2. Verfallsgründe

Art. 58 Verfallsgründe

(1) Die Unionsmarke wird auf Antrag beim Amt oder auf Widerklage im Verletzungsverfahren für verfallen erklärt,

a) wenn die Marke innerhalb eines ununterbrochenen Zeitraums von fünf Jahren in der Union für die Waren oder Dienstleistungen, für die sie eingetragen ist, nicht ernsthaft benutzt worden ist und keine berechtigten Gründe für die Nichtbenutzung vorliegen; der Verfall der Rechte des Inhabers kann jedoch nicht geltend gemacht werden, wenn nach Ende dieses Zeitraums und vor Antragstellung oder vor Erhebung der Widerklage die Benutzung der Marke ernsthaft begonnen oder wieder aufgenommen worden ist; wird die Benutzung jedoch innerhalb eines nicht vor Ablauf des ununterbrochenen Zeitraums von fünf Jahren der Nichtbenutzung beginnenden Zeitraums von drei Monaten vor Antragstellung oder vor Erhebung der Widerklage begonnen oder wieder aufgenommen, so bleibt sie unberücksichtigt, sofern die Vorbereitungen für die erstmalige oder die erneute Benutzung erst stattgefunden haben, nachdem der Inhaber Kenntnis davon erhalten hat, dass der Antrag gestellt oder die Widerklage erhoben werden könnte;

b) wenn die Marke infolge des Verhaltens oder der Untätigkeit ihres Inhabers im geschäftlichen Verkehr zur gebräuchlichen Bezeichnung einer Ware oder einer Dienstleistung, für die sie eingetragen ist, geworden ist;

c) wenn die Marke infolge ihrer Benutzung durch den Inhaber oder mit seiner Zustimmung für Waren oder Dienstleistungen, für die sie eingetragen ist, geeignet ist, das Publikum insbesondere über die Art, die Beschaffenheit oder die geografische Herkunft dieser Waren oder Dienstleistungen irrezuführen.

(2) Liegt ein Verfallsgrund nur für einen Teil der Waren oder Dienstleistungen vor, für die die Unionsmarke eingetragen ist, so wird sie nur für diese Waren oder Dienstleistungen für verfallen erklärt.

Überblick

Die Verfallsreife einer Unionsmarke tritt im Gegensatz zur Nichtigkeit aus absoluten oder relativen Gründen (vgl. Art. 59, 60), die bereits zum Zeitpunkt der Eintragung besteht, erst nach ihrer Eintragung ein, und zwar bedingt durch ein Tun oder Unterlassen ihres Inhabers.

Art. 58 Abs. 1 enthält drei Verfallsgründe: a) die nicht ernsthafte Markenbenutzung (→ Rn. 8), b) die Umwandlung in eine gebräuchliche Bezeichnung (→ Rn. 15) sowie c) die irreführende Benutzung (→ Rn. 27). Weitere Verfallsgründe sind für die Individualmarke nicht vorgesehen (vgl. insoweit zum Unterschied § 49 Abs. 2 Nr. 3 MarkenG, der nach nationalem Recht einen Verfall auch bei fehlender Markenrechtsfähigkeit des Inhabers der Marke bejaht; → MarkenG § 49 Rn. 35).

Eine Unionskollektivmarke und eine Unionsgewährleistungsmarke unterliegen gemäß Art. 81 (→ Art. 81 Rn. 1) bzw. Art. 91 (→ Art. 91 Rn. 1) weiteren Verfallsgründen.

Das Verfahren vor dem EUIPO ist im Gegensatz zum nationalen Verfahren wegen Verfalls vor dem DPMA nicht lediglich ein dem Klageverfahren vorgeschaltetes, rein formales Verfahren; vielmehr findet eine Prüfung der Zulässigkeit und der Begründetheit durch das EUIPO statt.

Abs. 2 sieht einen Teilverfall vor, wenn ein Verfallsgrund nur hinsichtlich eines Teils der eingetragenen Waren oder Dienstleistungen vorliegt (→ Rn. 37).

Während Art. 58 die Verfallsgründe aufführt, regeln Art. 63 (→ Art. 63 Rn. 1) und Art. 64 (→ Art. 64 Rn. 1) das Löschungsverfahren.

Die Wirkungen des Verfalls ergeben sich aus Art. 62 (→ Art. 62 Rn. 1), wobei insbesondere die Regelungen zu einem Verfall mit Wirkung vor dem Zeitpunkt der Antragstellung zu beachten sind.

A. Geltendmachung des Verfalls

1   Der Verfall kann entweder durch Antrag beim EUIPO im **Verfallsverfahren** oder im Wege einer Widerklage **im Verletzungsverfahren** beim Unionsmarkengericht (→ Art. 128 Rn. 1) geltend gemacht werden; eine alternative Verfallsklage oder eine Klage nach erfolglosem Verfahren beim EUIPO zum Zivilgericht wie im nationalen Recht (§§ 53, 55 MarkenG) sieht die UMV nicht vor.

2   Zur Antragstellung ist **jedermann** berechtigt, der prozessfähig ist (Art. 63 Abs. 1 lit. a; → Art. 63 Rn. 24). Die Verfallserklärung erfolgt nur auf Antrag bzw. auf Erhebung der Widerklage, nicht von Amts wegen. Dies gilt auch dann, wenn sich etwa in einem Widerspruchsverfahren die Verfallsreife einer Unionsmarke wegen Nichtbenutzung gezeigt hat.

3   Für die Zulässigkeit des Verfallsantrags ist eine Begründung mit den Tatsachen und Argumenten gemäß Art. 12 Abs. 4 DVUM nicht erforderlich. Für die Antragsgründe ist eine bloße Erklärung zu dem jeweiligen Löschungsgrund ausreichend (→ Art. 63 Rn. 33).

4   Eine **Frist** für die Geltendmachung des Verfalls ist nicht vorgesehen. Allerdings sollte der Antragsteller eines Verfalls wegen Nichtbenutzung den sich aus Abs. 1 lit. a ergebenden Zeitraum von drei Monaten ab der Kenntnis einer möglichen künftigen Antragstellung oder Widerklage beachten, denn danach aufgenommene Benutzungshandlungen des Inhabers der Unionsmarke können rechtserhaltend wirken (→ Rn. 9).

5   Bis zum rechtskräftigen Abschluss des Verfahrens kann der Antrag jederzeit **zurückgenommen** werden. Eine Fortsetzung des Verfahrens von Amts wegen ist selbst unter dem Gesichtspunkt des Allgemeininteresses an der Löschung einer verfallsreifen Marke ausgeschlossen (→ Art. 64 Rn. 55).

6   Die Verfallserklärung durch das EUIPO **wirkt gegenüber jedermann.** Allerdings findet die Feststellung einer Nichtbenutzung im Widerspruchsverfahren (Art. 47 Abs. 2), im Nichtigkeitsverfahren (Art. 64 Abs. 2) oder im Verletzungsverfahren (Art. 124) nur zwischen den Parteien im jeweils anhängigen Verfahren Berücksichtigung; die Unionsmarke bleibt in diesen Fällen eingetragen.

7   Zu weiteren Einzelheiten zur Durchführung des Verfahrens wird auf die Kommentierung zu Art. 63 (→ Art. 63 Rn. 1) und Art. 64 (→ Art. 64 Rn. 1) verwiesen.

B. Verfallsgrund der mangelnden Benutzung

8   Wenn eine Marke innerhalb eines ununterbrochenen Zeitraums von fünf Jahren für die eingetragenen Waren oder Dienstleistungen in der Union nicht ernsthaft benutzt worden ist und keine berechtigten Gründe für die Nichtbenutzung vorliegen, wird sie **latent verfallsreif.** Sie bleibt eingetragen und wirksam, kann aber mittels eines Antrags gemäß Art. 58 Abs. 1 lit. a für verfallen erklärt werden. Der Verfall stellt eine nach Art. 18 (→ Art. 18 Rn. 1) vorgesehene Sanktion im Fall einer Nichtbenutzung dar.

9   Eine nach der Antragstellung bzw. Erhebung der Widerklage erfolgte Benutzung kann eine zuvor gänzlich unbenutzte Marke nicht vor der Löschung bewahren. Eine Nichtbenutzung während eines Fünfjahreszeitraums kann aber **geheilt** werden, wenn die Benutzung wieder aufgenommen wird. Allerdings ist eine Heilung ausgeschlossen, wenn der Inhaber die Unionsmarke erst in einem **Zeitraum von drei Monaten** (beginnend erst ab Ablauf des Fünfjahreszeitraums) vor Antragstellung oder Erhebung der Widerklage benutzt und zwar in **Kenntnis** der zu erwartenden Antragstellung oder Klageerhebung. Beide Voraussetzungen müssen kumulativ vorliegen (→ MarkenG § 49 Rn. 15).

10   Soweit früher als drei Monate vor Stellung des Löschungsantrags eine ernsthafte Benutzung der Marke aufgenommen wurde und zwar für den gesamten Zeitraum bis zur Stellung des Löschungsantrags – nicht etwa nur für den Zeitraum bis zum Beginn des Dreimonatszeitraums – verbleibt es unabhängig von einer Kenntnis des Markeninhabers um zu erwartende Angriffe bei der Heilungsmöglichkeit (auch → MarkenG § 49 Rn. 10). Antragsteller bzw. Widerkläger müssen also dieses dreimonatige Fenster beachten, um den Inhaber einer Unionsmarke die Möglichkeit einer Heilung nach Erlangung der Kenntnis durch rechtzeitige Antragstellung bzw. Erhebung der Widerklage zu nehmen.

Die **Beweislast für die Kenntnis** der zu erwartenden Antragstellung oder Klageerhebung **11** obliegt nach der Praxis der Nichtigkeitsabteilung dem Antragsteller, wenn sich der Inhaber auf eine Benutzung innerhalb des Dreimonatszeitraums beruft. Für die Kenntnis genügt nicht schon die latente Verfallsreife nach Ablauf des Fünfjahreszeitraums, sondern sie muss sich aus konkreten Umständen ergeben. Ungeklärt ist, ob wie im deutschen Recht die Erhebung der Einrede der Nichtbenutzung im Rahmen eines Verletzungs- oder Widerspruchsverfahrens eine Kenntnis in Bezug auf eine angestrebte Löschung begründet (→ MarkenG § 49 Rn. 17).

Die Androhung eines Antrags auf Verfallserklärung oder einer Widerklage durch eine **andere** **12** **Person** als dem späteren Antragsteller bzw. Widerkläger soll ebenfalls eine Kenntnis begründen (Eisenführ/Schennen/Holderied Art. 51 Rn. 14). Für diese Auffassung spricht, dass eine Benutzung in der Regel nicht ernsthaft sein kann, weil bei einer Kenntnis zu Lasten des Inhabers unterstellt werden kann, dass die Benutzung allein zur Aufrechterhaltung der Eintragung erfolgt. Demgegenüber scheint nach der Praxis der Nichtigkeitsabteilung im Falle eines Verfallsantrags eine Androhung durch den späteren Antragsteller selbst erforderlich zu sein (vgl. EUIPO-Prüfungsrichtlinien, Teil D: Löschung, Abschnitt 2: Wesentliche Vorschriften).

Art. 58 Abs. 1 lit. a verweist auf **Vorbereitungen** für die Benutzung innerhalb des Dreimonats- **13** zeitraums (zum Begriff der Vorbereitungshandlungen in Bezug auf Markenverletzungen → Art. 10 Rn. 1 ff.). Nach Art. 18 genügt allerdings eine bloße Vorbereitung nicht, sondern verlangt eine tatsächliche Benutzung (EUIPO BK 8.7.2013 – R 1095/2012-4 – VOODOO III). Außerdem tragen rein betriebsinterne Maßnahmen eine ernsthafte Benutzung nicht (EuG T345/13, BeckRS 2014, 81463 – CPI Copisa Industrial).

Für die ernsthafte Benutzung gelten dieselben rechtlichen Maßstäbe wie bei der Beurteilung **14** der Benutzung der Widerspruchsmarke im Rahmen des Widerspruchsverfahrens (→ Art. 18 Rn. 1). Art. 19 Abs. 1 DVUM verweist dementsprechend auf die insoweit geltenden Vorschriften. Ebenso sind Art. 18 Abs. 1 lit. a und b Art. 18 Abs. 2 anwendbar, wonach eine Benutzung in abweichender Form (→ Art. 18 Rn. 66), für den Export (→ Art. 18 Rn. 63) oder durch Dritte (→ Art. 18 Rn. 96) rechtserhaltend wirken kann.

C. Verfallsgrund der gebräuchlichen Bezeichnung

Eine Marke wird nach Art. 58 Abs. 1 lit. b für verfallen erklärt, wenn sie infolge des Verhaltens **15** oder der Untätigkeit des Inhabers zur gebräuchlichen Bezeichnung der eingetragenen Waren oder Dienstleistungen geworden ist.

Das Tatbestandsmerkmal der **gebräuchlichen Bezeichnung** entspricht der üblich gewordenen **16** Bezeichnung iSv Art. 7 Abs. 1 lit. d (→ Art. 7 Rn. 112; zum Begriff der Gattungsbezeichnung im deutschen Markenrecht: → MarkenG § 8 Rn. 532). Als Eintragungshindernis muss eine gebräuchliche Bezeichnung aber schon zum Zeitpunkt der Anmeldung vorhanden gewesen sein. Außerdem kommt es dort nicht auf ein Verhalten oder eine Untätigkeit des Anmelders an. Art. 58 Abs. 1 lit. b greift dagegen dann ein, wenn eine Entwicklung zur gebräuchlichen Bezeichnung erst **nach der Eintragung,** aber noch vor dem Zeitpunkt der Antragstellung (EuG T-718/16, BeckRS 2018, 27640 – SPINNING), stattgefunden hat. Ein Zeichen, das zu einer bestimmten Zeit „markenfähig" war, kann durch seine Benutzung durch Dritte, unter Umständen auch durch den Markeninhaber selbst, als übliche Bezeichnung eines Produkts diese Fähigkeit verlieren.

In der Praxis werden Unionsmarken relativ selten als eine gebräuchliche Bezeichnung für **17** verfallen erklärt. Dies kommt insbesondere dann in Betracht, wenn eine Unionsmarke als Kennzeichen für eine **neue Produktart** verwendet wird, für die keine andere originäre Bezeichnung zur Verfügung steht (Eisenführ/Schennen/Holderied Art. 51 Rn. 20).

Es kommt für das Vorliegen einer gebräuchlichen Bezeichnung nicht entscheidend darauf an, **18** ob es für die betreffende Ware oder Dienstleistung möglicherweise eine **alternative Bezeichnung** gibt (EuGH C409/12, GRUR 2014, 373 – KORNSPITZ). Nach der Praxis der Nichtigkeitsabteilung soll es sich um ein Indiz für die Gebräuchlichkeit handeln, wenn keine alternative Bezeichnung vorliegt (vgl. EUIPO-Prüfungsrichtlinien, Teil D: Löschung, Abschnitt 2: Wesentliche Vorschriften).

In die Beurteilung, ob eine gebräuchliche Bezeichnung vorliegt, sind sämtliche relevante **Ver-** **19** **kehrskreise** einzubeziehen, die mit der Ware/Dienstleistung in Berührung kommen (nicht nur

Verbraucher und Endabnehmer, sondern zB auch Zwischenhändler, vgl. EuGH C–371/02, GRUR 2004, 682 – Bostongurka). Allerdings kann eine Marke für verfallen erklärt werden, wenn sie etwa allein aus Sicht der Endverbraucher der betreffenden Waren zur gebräuchlichen Bezeichnung dieser Waren geworden ist (EuGH C409/12, GRUR 2014, 373 – KORNSPITZ). Dies gilt unter Umständen dann nicht, wenn ein Zwischenhändler für den Endverbraucher einen maßgeblichen Einfluss auf dessen Kaufentscheidung nimmt. Dies ist der Fall, wenn auf dem entsprechenden Markt eine die Kaufentscheidung maßgeblich bestimmende Beratung durch den Zwischenhändler üblich ist oder der Zwischenhändler die Kaufentscheidung gar selbst für den Endverbraucher trifft, so wie dies bei Apothekern und Ärzten hinsichtlich verschreibungspflichtiger Medikamente der Fall ist (EuG T-419/17, BeckRS 2018, 8592 – VSL#3). Ebenso kann nicht allein auf Endverbraucher abgestellt werden, wenn Fachkreise weit überwiegend die Waren erwerben (EuG T-718/16, BeckRS 2018, 27640 – SPINNING).

20 Ein Verfall kann nur dann in Betracht kommen, wenn die Unionsmarke **infolge des Verhaltens oder der Untätigkeit ihres Inhabers** zu einer gebräuchlichen Bezeichnung wird. Ihr Verfall ist also ausgeschlossen, wenn dies dem Inhaber nicht zugerechnet werden kann.

21 Die **Anforderungen** an vom Inhaber der Unionsmarke zu treffende Maßnahmen, um der Entwicklung zur gebräuchlichen Bezeichnung entgegenzuwirken, sind **nicht zu gering** anzusetzen. Zum einen darf er selbst seine Marke nicht als beschreibenden Begriff verwenden. Insoweit reicht es unter Umständen nicht alleine aus, der Marke das ®-Symbol hinzuzufügen, um eine beschreibende Verwendung zu vermeiden (EuG T-15/16, BeckRS 2017, 101752 – Cystus; EUIPO BK 26.2.2014 – R 1326/2012-4 und R 1326/2012-4 – PRAEBIOTIK). Zum anderen muss er einer Verwendung durch Dritte, sei es als Marke oder beschreibende Angabe, klar entgegentreten.

22 Eine relevante **Untätigkeit** umfasst alle Unterlassungen, mit denen der Markeninhaber keine genügende Wachsamkeit im Hinblick auf die Bewahrung der Unterscheidungskraft seiner Marke an den Tag legt (EuGH C409/12, GRUR 2014, 373 – KORNSPITZ). Sie kann insbesondere darin bestehen, nicht rechtzeitig bei der zuständigen Stelle zu beantragen, betroffenen Dritten die Benutzung des Zeichens zu verbieten, für das eine Verwechslungsgefahr besteht (EuGH C–145/05, GRUR Int 2006, 597 – Levi Strauss/Casucci). Dies gilt auch dann, wenn vertraglich verbundene Dritte die Unionsmarke verwenden, etwa auf eine Weise, die aus alleiniger Sicht der Endabnehmer der Waren der Dritten die Unionsmarke als gebräuchlich erscheinen lässt (EuGH C409/12, GRUR 2014, 373 – KORNSPITZ). In jedem Fall können vom Unionsmarkeninhaber zur Verteidigung seiner Marke aber nur wirtschaftlich sinnvolle Aktivitäten verlangt werden.

23 Außerdem ist in diesem Zusammenhang auf Art. 12 zu verweisen, wonach der Inhaber eine Verwendung der Unionsmarke in **Nachschlagewerken** untersagen kann, die den Eindruck einer Gattungsbezeichnung erweckt (→ Art. 12 Rn. 1). Dies ist in der Praxis sehr relevant, denn Einträge in Nachschlagewerke können ein starkes Indiz für die Entwicklung zu einer gebräuchlichen Bezeichnung sein.

24 Die **Beweislast** für das Vorliegen einer gebräuchlichen Bezeichnung liegt beim Antragsteller. Zeigen die Beweismittel eine beschreibende Verwendung durch den Inhaber, belegt dies zugleich ein dem Inhaber zurechenbares Verhalten. Demgegenüber wird es bei einem alleinigen Nachweis einer Verwendung als gebräuchliche Bezeichnung durch unverbundene Dritte für den Antragsteller schwer möglich sein, die in diesem Fall maßgebliche Untätigkeit des Inhabers zu belegen. In diesem Fall scheint es angezeigt zu sein, dass der Inhaber vortragen und belegen muss, nicht untätig gewesen zu sein (vgl. aber die insoweit nicht differenzierende Praxis der Nichtigkeitsabteilung: EUIPO-Prüfungsrichtlinien, Teil D: Löschung, Abschnitt 2: Wesentliche Vorschriften).

25 Ebenso wie das Vorliegen absoluter Eintragungshindernisse in einem Mitgliedstaat für die Versagung der Eintragung als Unionsmarke ausreicht, genügt es, wenn die Umwandlung zu einer Gattungsbezeichnung **in nur einem Mitgliedstaat** der EU stattgefunden hat. Dabei sind unter anderem auch Entwicklungen in anderen Sprachräumen zu berücksichtigen, die die Entwicklung zur Gattungsbezeichnung nahelegen (EUIPO BK 26.2.2014 – R 1171/2012-4 und R 1326/2012-4 – PRAEBIOTIK).

26 Bei Verfall in nur einem oder einigen Mitgliedstaaten besteht die Möglichkeit der Aufrechterhaltung der Markeneintragung in den nicht betroffenen Mitgliedstaaten durch **Umwandlung** nach Art. 139 (→ Art. 139 Rn. 1).

D. Verfallsgrund der Irreführung

27 Eine Marke unterliegt nach Art. 58 Abs. 1 lit. c dem Verfall, wenn sie geeignet ist, infolge ihrer Benutzung das Publikum insbesondere über Art, Beschaffenheit oder geografische Herkunft der eingetragenen Waren oder Dienstleistungen irrezuführen.

Unberührt von Art. 58 Abs. 1 lit. c bleibt gemäß Art. 137 Abs. 2 die Möglichkeit, eine **28** irreführende **Benutzung** aufgrund des Zivil-, Verwaltungs- oder Strafrechts eines Mitgliedstaats oder aufgrund von Bestimmungen des Unionsrechts **zu untersagen** (→ Art. 137 Rn. 4).

Die Irreführungsgefahr nach Art. 58 Abs. 1 lit. c muss sich **nach der Eintragung infolge** **29** **der Benutzung** ergeben. Hat eine Täuschungsgefahr hingegen bereits zum Eintragungszeitpunkt nach der Registerlage bestanden, kann die Marke nur nach Art. 59 iVm Art. 7 Abs. 1 lit. g auf Antrag für nichtig erklärt werden (→ Art. 7 Rn. 169).

Im **Eintragungsverfahren** wird eine Marke nicht gemäß Art. 7 Abs. 1 lit. g zurückgewiesen, **30** wenn eine nicht täuschende Verwendung objektiv und vernünftig möglich erscheint. Dies gilt etwa, wenn das Anmeldeverzeichnis weite Oberbegriffe enthält, die für bestimmte darunter fallende Waren oder Dienstleistungen eine nicht täuschende Verwendung der Marke zulassen. Benutzt der Inhaber dann aber die Marke für andere davon erfasste Waren oder Dienstleistungen, in Bezug auf die die Marke den Verbraucher in die Irre führt, ermöglicht Art. 58 Abs. 1 lit. c die Erklärung des Verfalls der Marke (vgl. Beispiele in EUIPO-Prüfungsrichtlinien, Teil D: Löschung, Abschnitt 2: Wesentliche Vorschriften). Insoweit ergänzen sich also Art. 7 Abs. 1 lit. g und Art. 58 Abs. 1 lit. c und sind mit Blick aufeinander auszulegen.

Eine Eignung zur Irreführung kann sich daraus ergeben, dass mit dem Zeichen eine gewisse **31** Handwerkstradition für die Herstellung der betreffenden Waren verbunden ist, die der neue Inhaber des Zeichens entgegen seinem Marktauftritt und der Verbrauchererwartung nicht verfolgt (OGH BeckRS 2021, 10437 – Pauscha Austria – since 1875; → MarkenG § 8 Rn. 644).

Neben einer Irreführung über Art oder Beschaffenheit kommt eine Anwendung von Art. 58 **32** Abs. 1 lit. c insbesondere dann in Betracht, wenn die Unionsmarke eine bestimmte **geografische Herkunft** der Waren oder Dienstleistungen indiziert, die diese tatsächlich aber nicht aufweisen (bejahend EUIPO BK 12.2.2009 – R 697/2008-1 – MÖVENPICK OF SWITZERLAND; verneinend EUIPO BK 9.2.2016 – R 237/2015-2 – WATERFORD). Es gelten insoweit dieselben Maßstäbe wie sie an eine geografische Herkunftsangabe nach Art. 7 Abs. 1 lit. c angelegt werden (EUIPO BK 1.9.2011 – R 1120/2010-1 – Original Stastnik Arlberger), dh die beteiligten Verkehrskreisen schließen dann nicht auf eine geografische Herkunft, wenn die Angabe zumindest nicht als Bezeichnung eines geografischen Ortes bekannt ist oder wenn es wegen der Eigenschaften des bezeichneten Ortes wenig wahrscheinlich ist, dass die Waren oder Dienstleistungen aus diesem Ort stammen (EuG T-295/01, GRUR 2004, 148 – Oldenburger).

Es muss sich eine **tatsächliche Irreführung** der Verbraucher oder eine **hinreichend schwere** **33** **Gefahr** einer solchen feststellen lassen (EuGH C-87/97, GRUR Int 1999, 443 – Cambozola; EuG T165/06, BeckRS 2009, 70501 – ELIO FIORUCCI).

Fraglich ist, ob **weitere Umstände der tatsächlichen Verwendung** der Marke ebenfalls zu **34** berücksichtigen sind, die zu einer Irreführung beitragen oder diese ausschließen können, insbesondere Zusätze (zB die Angabe „Made in Germany" auf der Verpackungsrückseite, obwohl die Marke eine anderweitige Herkunft angibt: EUIPO BK 12.2.2009 – R 697/2008-1 – MÖVEN-PICK OF SWITZERLAND). Dies wäre zu verneinen, soweit es allein auf die Täuschungseignung des Zeichens als solches ankommt (so OGH BeckRS 2021, 10437 – Pauscha Austria – since 1875 unter Hinweis auf EuGH C-259/04, GRUR 2006, 416 Rn. 49 – ELIZABETH EMANUEL). Nach hiesiger Auffassung können bei der Anwendung von Art. 58 Abs. 1 lit. c die tatsächlichen Umstände der Benutzung nicht ausgeblendet werden, denn im Unterschied zu Art. 7 Abs. 1 lit. g ist stets allein die Registerlage relevant. Eine aufgrund von Zusätzen aus Verbrauchersicht offensichtlich nicht irreführende Benutzung kann einen Verfall der Unionsmarke nicht rechtfertigen. Dies mag dann nicht gelten, wenn ein Zusatz auf einem der Marke entsprechenden Label nur eine untergeordnete Stellung einnimmt (EUIPO BK 18.3.2022 – R 1005/2021-5 – Tradiční klasická Znojemská okurka). Umgekehrt sollte die Sanktionierung nach Art. 58 Abs. 1 lit. c greifen, wenn die Marke in einen Kontext gestellt wird, durch den sie klar in die Irre führt. Insoweit kann nichts anderes als bei einer Verwendung der Marke gelten, die sich nur aufgrund der konkreten Waren und Dienstleistungen als irreführend erweist (→ Rn. 30).

Darüber hinaus kommt eine Irreführung auch dann in Betracht, wenn die Marke nach ihrer **35** Eintragung einem **Bedeutungswandel** unterliegt, aus dem eine Irreführung resultiert (Eisenführ/ Schennen/Holderied Art. 51 Rn. 32).

Ausreichend für die Verfallserklärung ist die Irreführungsgefahr in einem **Teil** der Union, **36** entweder in einem Mitgliedstaat oder in einem Sprachgebiet. Für die Gebiete, in denen keine Irreführungsgefahr besteht, kann auf Antrag eine **Umwandlung** der Unionsmarke nach Art. 139 erfolgen (→ Art. 139 Rn. 1), wenn diesbezüglich keine Gefahr der Irreführung oder ein sonstiges Hindernis für die Eintragung einer nationalen Marke besteht.

E. Teilverfall (Abs. 2)

37   Der Teilverfall ist in der Praxis vor allem bei der Verfallserklärung wegen Nichtbenutzung relevant, da häufig eine Benutzung nur hinsichtlich einzelner Waren oder Dienstleistungen stattfindet. Jedoch kann auch die Entwicklung zur Gattungsbezeichnung oder zur irreführenden Bezeichnung nur in Bezug auf einen Teil der Waren oder Dienstleistungen eingetreten sein.

38   Ein Teilverfall kann auch darin bestehen, für sehr weite Oberbegriffe im Verzeichnis, die eine Vielzahl an Waren und Dienstleistungen umfassen, **selbständige Untergruppen** zu bestimmen, wenn allein für diese eine Benutzung nachgewiesen worden ist (→ Art. 18 Rn. 33; → Art. 33 Rn. 72). Ist der Oberbegriff aber nicht zu weit und wäre eine Untergruppenbildung unter Berücksichtigung der kommerziellen Interessen des Inhabers nicht sinnvoll, kann der Nachweis der ernsthaften Markenbenutzung für bestimmte Waren und Dienstleistungen einen Oberbegriff im Verzeichnis abdecken, auch wenn dieser andere Waren und Dienstleistungen mitumfasst (EuG T-126/03, GRUR Int 2005, 914 – ALADIN/ALADDIN mit dem Beispiel „Poliermittel für Metalle").

39   Diese für die Prüfung der ernsthaften Benutzung im Rahmen des Widerspruchsverfahrens entwickelte Rechtsprechung gilt auch für das Verfallsverfahren (EuG T-353/12, BeckRS 2013, 81014 – ALARIS). Im Verfallsverfahren ist somit das Verzeichnis der angegriffenen Unionsmarke in der Entscheidung über den Verfallsantrag neu zu formulieren, wenn sie für einen Teil der Waren oder Dienstleistungen oder nur für bestimmte Untergruppen dazu ernsthaft benutzt worden ist.

Abschnitt 3. Nichtigkeitsgründe

Art. 59 Absolute Nichtigkeitsgründe

(1) Die Unionsmarke wird auf Antrag beim Amt oder auf Widerklage im Verletzungsverfahren für nichtig erklärt,
a) wenn sie entgegen den Vorschriften des Artikels 7 eingetragen worden ist;
b) wenn der Anmelder bei der Anmeldung der Marke bösgläubig war.

(2) Ist die Unionsmarke entgegen Artikel 7 Absatz 1 Buchstabe b, c oder d eingetragen worden, kann sie nicht für nichtig erklärt werden, wenn sie durch Benutzung im Verkehr Unterscheidungskraft für die Waren oder Dienstleistungen, für die sie eingetragen ist, erlangt hat.

(3) Liegt ein Nichtigkeitsgrund nur für einen Teil der Waren oder Dienstleistungen vor, für die die Unionsmarke eingetragen ist, so kann sie nur für diese Waren oder Dienstleistungen für nichtig erklärt werden.

Überblick

Art. 59 verweist in Abs. 1 als Gründe für die Nichtigerklärung einer Unionsmarke auf die absoluten Eintragungshindernisse gemäß Art. 7 (→ Rn. 8). Die Nichtigerklärung korrigiert rückwirkend fehlerhafte Eintragungen. Bei erst nach der Eintragung entstandenen Eintragungshindernissen kommt nur eine Verfallserklärung in Betracht (→ Art. 58 Rn. 33).

Eine Bösgläubigkeit bei der Anmeldung ist nach der UMV ausschließlich ein Nichtigkeitsgrund (→ Rn. 12), im Unterschied zum nationalen Verfahren, wo sie als absolutes Eintragungshindernis nach § 8 Abs. 2 Nr. 10 MarkenG bereits einer Eintragung entgegenstehen kann (→ MarkenG § 8 Rn. 957).

Nach Abs. 2 ist die Nichtigerklärung einer Marke bei nachträglicher Erlangung der Unterscheidungskraft durch Benutzung, dh bei Verkehrsdurchsetzung, ausgeschlossen (→ Rn. 42).

Nach Abs. 3 kann die Nichtigkeit wegen absoluter Eintragungshindernisse auch nur hinsichtlich eines Teils der Waren und Dienstleistungen festgestellt werden, sofern ein Nichtigkeitsgrund nicht für alle eingetragenen Waren oder Dienstleistungen besteht (→ Rn. 49).

Die Unionskollektivmarke sowie die Unionsgewährleistungsmarke unterliegen weiteren Nichtigkeitsgründen nach Art. 82 (→ Art. 82 Rn. 1) bzw. nach Art. 92 (→ Art. 92 Rn. 1).

Während Art. 59 die absoluten Nichtigkeitsgründe aufführt, regeln Art. 63 (→ Art. 63 Rn. 1) und 64 (→ Art. 64 Rn. 1) das Löschungsverfahren.

Die Wirkungen der Nichtigkeit sind in Art. 62 geregelt (→ Art. 62 Rn. 1).

Übersicht

A. Geltendmachung der Nichtigkeit

Unabhängig von ihrer materiell-rechtlichen Schutzfähigkeit entfaltet eine Marke durch die **1** Eintragung in das Register ihre Schutzwirkung; die Eintragung hat daher konstitutiven Charakter. Um die Wirkungen der Eintragung zu beseitigen, bedarf es einer Löschung der Marke im Register.

Der Antrag auf Nichtigerklärung aus absoluten Gründen kann entweder durch Antrag beim **2** EUIPO (→ Art. 63 Rn. 1) oder im Wege der **Widerklage im Verletzungsverfahren** vor den nationalen Unionsmarkengerichten geltend gemacht werden (→ Art. 128 Rn. 1). Eine Nichtigerklärung wegen absoluter Eintragungshindernisse von Amts wegen – wie im nationalen Verfahren aufgrund einer Amtslöschung gemäß § 50 Abs. 3 MarkenG – ist in der UMV nicht vorgesehen (→ Art. 63 Rn. 27).

Die Nichtigerklärung setzt eine eingetragene Marke voraus; ist die Marke noch nicht eingetra- **3** gen, ist der Antrag unzulässig (→ Art. 63 Rn. 35).

Für die Einreichung des Antrags auf Erklärung der Nichtigkeit ist – entgegen dem nationalen **4** Verfahren hinsichtlich der Eintragungshindernisse des § 8 Abs. 2 Nr. 1–3 MarkenG – eine **Frist** nicht vorgesehen. Der Markeninhaber ist damit zeitlich unbegrenzt dem Risiko der Nichtigerklärung seiner Marke ausgesetzt.

Der Antrag auf Erklärung der Nichtigkeit wegen absoluter Eintragungshindernisse kann in **5** jeder Lage des Verfahrens **zurückgenommen** werden, so auch im Beschwerde- oder Klageverfahren, sofern die Entscheidung über den Antrag noch nicht unanfechtbar geworden ist (→ Art. 64 Rn. 53).

Eine Eintragung im Register kann im Falle eines dem Amt anzulastenden Verfahrensfehlers **6** unter den engen Voraussetzungen des Art. 103 gelöscht werden (→ Art. 103 Rn. 1).

Zu weiteren Einzelheiten zur Durchführung des Verfahrens wird auf die Kommentierung zu **7** Art. 63 (→ Art. 63 Rn. 1) und Art. 64 (→ Art. 64 Rn. 1) verwiesen.

B. Verstoß gegen Art. 7 (Abs. 1 lit. a)

Die absoluten Eintragungshindernisse nach Art. 7 werden im Rahmen des Art. 52 Abs. 1 lit. **8** a materiell-rechtlich nicht anders geprüft. Insbesondere verändert die mit der Eintragung verbundene Vermutung der Rechtsgültigkeit gemäß Art. 127 (→ Art. 127 Rn. 1) die Prüfungsmaßstäbe nicht.

Dabei ist ebenso wie im Eintragungsverfahren auf den **Zeitpunkt der Anmeldung** der ange- **9** griffenen Unionsmarke abzustellen, um ihre Schutzfähigkeit zu beurteilen (EuG T-189/07, GRUR Int 2010, 145 – FLUGBÖRSE; bestätigt durch EuGH C-332/09, BeckEuRS 2010, 522732). Gleichwohl können Umstände berücksichtigt werden, die zwar nach dem Zeitpunkt der Anmeldung lagen, aber Rückschlüsse auf die Situation zu diesem Zeitpunkt zulassen (EuGH C-192/03, BeckRS 2005, 70092 – BSS; C-259/02, BeckRS 2004, 75764 – La Mer).

Daher kann etwa der Eintrag in einem erst nach dem Anmeldezeitpunkt erscheinenden Wörterbuch **9.1** herangezogen werden, um die Bedeutung des Wortes zum Anmeldezeitpunkt zu ermitteln. Wörter werden nämlich in der Regel erst nach einem über eine gewisse Zeit etablierten Gebrauch in ein Wörterbuch übernommen (EuG T-223/14, BeckRS 2016, 80030 – VENT ROLL).

Es bestehen jedoch erhebliche prozessuale Unterschiede zum Eintragungsverfahren, da es sich **10** beim Nichtigkeitsverfahren um ein **kontradiktorisches Verfahren** handelt. Das Amt prüft die Schutzfähigkeit der Unionsmarke im Nichtigkeitsverfahren nicht von Amts wegen, sondern ist bei seiner Prüfung gemäß Art. 76 Abs. 1 S. 3 grundsätzlich auf die von den Parteien angeführten Gründe und Argumente beschränkt (→ Art. 64 Rn. 37).

Neben den absoluten Eintragungshindernissen nach Art. 7 tritt im Nichtigkeitsverfahren der **11** Nichtigkeitsgrund der Bösgläubigkeit des Anmelders hinzu.

C. Bösgläubigkeit (Abs. 1 lit. b)

12   Weder die UMV noch das sonstige Sekundärrecht definieren den Begriff der Bösgläubigkeit (EuG T-291/09, GRUR Int 2012, 453 Rn. 44 – Pollo Tropical CHICKEN ON THE GRILL). Er bezieht sich auf einen subjektiven Beweggrund des Markenanmelders, nämlich auf eine **unredliche Absicht oder ein sonstiges unlauteres Motiv** (EuG T-82/14, BeckRS 2016, 81483 – LUCEO). Somit handelt es sich im Unterschied zu einer Agentenmarke, gegen die bereits ein Widerspruch eingelegt werden kann, nicht um einen rein objektiven Tatbestand (→ Art. 8 Rn. 151).

13   Nach der Praxis der Beschwerdekammer kann ein Anmelder auch dann bösgläubig handeln, wenn er sich als moralisch und rechtlich berechtigt sieht, die Unionsmarke anzumelden (EUIPO BK 9.7.2015 – R 879/2013-2 Rn. 25 – Hispano Suiza). Absichten und Motive alleine genügen aber nicht, um eine Bösgläubigkeit zu begründen. Sie müssen vielmehr in ein **Verhalten** münden, das den **anständigen Gepflogenheiten in Gewerbe und Handel widerspricht** (zu diesem Art. 14 Abs. 2 entliehenen Standard: EuG T-33/11, GRUR Int 2012,647 – BIGAB; → Art. 14 Rn. 23).

14   Das Unionsmarkenrecht soll den **unverfälschten Wettbewerb** im Binnenmarkt sicherstellen. Insbesondere ein zweckwidriger, dh nicht einer Markenfunktion entsprechender Einsatz der Unionsmarke kann daher eine Bösgläubigkeit begründen, soweit schlüssige und übereinstimmende objektive Indizien diese belegen (EuG T-273/19, GRUR-RS 2020, 28180 – TARGET VENTURES). Dies gilt beispielsweise, wenn ihre Eintragung in einer den redlichen Handelsbräuchen widersprechenden Weise Drittinteressen schaden soll, beispielsweise deren Marktzugang zu erschweren, oder sie als sonstiges Druckmittel ohne jede eigene Benutzungsabsicht dient. Ebenso kann die Anmeldung einer Marke bösgläubig sein, die im Geschäftsverkehr irreführend verwendet wird. Dies gilt etwa, wenn die Marke für Produkte verwendet werden soll, die nicht aus der benannten Region stammen (EuG T-306/20, GRUR-RS 2022, 14844 – LA IRLANDESA 1943; GRUR-Prax 2022, 434 mAnm Schoene).

15   Unzureichend ist allerdings die bloße Feststellung, dass der Anmelder bei der Anmeldung keinen Geschäftsbereich hatte, der den von der Anmeldung erfassten **Waren und Dienstleistungen** entsprach, auch wenn sie **sehr weit gefasst** sind. Ein Anmelder muss zum Zeitpunkt seiner Markenanmeldung oder deren Prüfung weder angeben noch genau wissen, wie er die angemeldete Marke benutzen wird; er verfügt über einen Zeitraum von fünf Jahren, um eine rechtserhaltende Benutzung aufzunehmen (EuGH C-371/18, GRUR 2020, 288 – Sky ua/Gesellschaften SkyKick; GRUR-Prax 2020, 78 mAnm Lüthge).

16   Ein **guter Glaube** des Anmelders der Unionsmarke ist bis zum Beweis des Gegenteils durch den Antragsteller **zu vermuten** (EuG T-796/17, BeckRS 2019, 1388 – MOULDPRO). Kann der Antragsteller diese Vermutung anhand objektiver Umstände widerlegen, ist es Sache des Inhabers der angegriffenen Unionsmarke, plausible Erklärungen zu den Zielen und der wirtschaftlichen Logik ihrer Anmeldung abzugeben. Dieser ist nämlich am besten geeignet, über seine Absichten bei der Anmeldung der Marke aufzuklären und Beweise rechtmäßiger Absichten zu führen (EuG T-663/19, GRUR-RS 2021, 8097 Rn. 43 und 44 – MONOPOLY). Maßgeblich sind die Ziele und Motive des Anmelders **zum Anmeldezeitpunkt,** wie sie aufgrund aller Indizien feststellbar sind. Dies schließt es aber nicht aus, solche Indizien zu berücksichtigen, die sich schon vor oder erst nach dem Anmeldezeitpunkt manifestieren. Dazu zählen etwa die unternehmerische Logik, in die sich die Anmeldung einfügt (EuG T-33/11, GRUR Int 2012, 647 Rn. 21 – BIGAB), die gesamte Geschehensabfolge bei der Anmeldung (EuG T-257/11, BeckRS 2016, 80859 Rn. 68 – COLOURBLIND) oder auch eine Strategie missbräuchlicher Markenanmeldungen (EuG T-82/14, BeckRS 2016, 81483 – LUCEO). Eine Bösgläubigkeit zum Anmeldezeitpunkt entfällt nicht durch veränderte Ziele und Motive und ein entsprechendes Verhalten im Einklang mit anständigen Gepflogenheiten (zur Heilung im deutschen Recht: → MarkenG § 8 Rn. 971).

17   Die Bösgläubigkeit ist stets **einzelfallbezogen,** aber nach in der Europäischen Union einheitlichen Maßstäben festzustellen (EuGH C-320/12, GRUR 2013, 919 – Malaysia Dairy). In der Rechtsprechung des Gerichts haben sich einige Grundsätze entwickelt, die Orientierung geben können.

18   In seinem ersten richtungsweisenden Urteil hat der EuGH festgehalten, dass bei der Prüfung der Bösgläubigkeit alle erheblichen Faktoren zu berücksichtigen sind, die zum Anmeldezeitpunkt relevant sind (EuGH C-529/07, GRUR 2009, 763 Rn. 53 – Goldhase), und hat hierfür die nachfolgenden Kriterien genannt:

- die Tatsache, dass der Anmelder weiß oder wissen muss, dass ein Dritter in mindestens einem Mitgliedstaat ein gleiches oder ähnliches Zeichen für eine gleiche oder mit dem angemeldeten Zeichen verwechselbar ähnliche Ware verwendet,

- die Absicht des Anmelders, diesen Dritten an der weiteren Verwendung eines solchen Zeichens zu hindern, sowie
- den Grad des rechtlichen Schutzes, den das Zeichen des Dritten und das angemeldete Zeichen genießen.

Diese Kriterien sind insbesondere mit Blick auf das betreffende Vorabentscheidungsersuchen maß- **19** geblich gewesen, hinsichtlich anderer Fallumstände aber nur als Beispiele zu verstehen (vgl. EuG T-227/09, GRUR Int 2012, 651 – FS). Die Prüfung der Fallumstände kann sie daher nicht als allein maßgebend voraussetzen (EuG T-273/19, GRUR-RS 2020, 28180 – TARGET VENTURES).

Eine **bloße Kenntnis der Drittverwendung allein** reicht für die Annahme einer Bösgläubig- **20** keit nicht aus (EuG T-438/18, GRUR-RS 2020, 35182 – BIKOR EGYPTIAN EARTH; T-132/16, BeckRS 2017, 110044 Rn. 48 – VENMO; T-178/17, BeckRS 2018, 431 Rn. 29 – HYALSTYLE; T-681/17, BeckRS 2018, 30205 Rn. 77 – Khadi). Dies folgt schon aus dem in Art. 8 Abs. 2 niedergelegten Grundsatz des „ersten Anmelders" (Prioritätsgrundsatz), wonach die bloße Benutzung einer nicht eingetragenen Marke durch einen Dritten der Eintragung einer identischen oder ähnlichen Marke als Unionsmarke für identische oder ähnliche Waren oder Dienstleistungen nicht entgegensteht (EuG T-100/13, BeckEuRS 2015, 436667 Rn. 30 – CAMOMILLA). Dieser Grundsatz würde umgangen, wenn schon die bloße Kenntnis einer Vorbenutzung durch einen Dritten ausreichte, um die Anmeldung als bösgläubig zu qualifizieren. Umgekehrt ist eine **vorherige Kenntnis** der Drittverwendung für eine Bösgläubigkeit **nicht zwingend notwendig** (EuG T-273/19, GRUR-RS 2020, 28180 – TARGET VENTURES).

Die **Kenntnis** der Drittverwendung als eines der Kriterien für die Prüfung einer Bösgläubigkeit **21** kann aufgrund der Fallumstände **vermutet** werden. Eine Kenntnis (bzw. ein „Wissenmüssen") kann insbesondere dann vorliegen, wenn etwa die Ähnlichkeit zwischen Bildmarken kein bloßer Zufall sein kann (EuG T335/14, BeckRS 2016, 80710 – DoggiS; s. aber auch EuG T-291/09, GRUR Int 2012, 453 – Pollo Tropical CHICKEN ON THE GRILL, worin das Gericht aufgrund der Fallumstände trotz offensichtlicher Ähnlichkeit der Marken nicht von einer Kenntnis ausgegangen ist). Eine zu vermutende Kenntnis einer Verwendung eines gleichen oder ähnlichen Zeichens in dem betreffenden Wirtschaftssektor kann sich insbesondere aus der Dauer der Verwendung ergeben; je länger es verwendet worden ist, desto wahrscheinlicher ist es, dass der Anmelder im Anmeldezeitpunkt Kenntnis davon hatte (EuGH C-529/07, GRUR 2009, 763 – Goldhase).

Die **Identität oder Ähnlichkeit der Zeichen** ist anhand ihrer bildlichen, klanglichen und **22** begrifflichen Ähnlichkeit und dem darauf beruhenden Gesamteindruck der Zeichen zu beurteilen (EuG T-227/09, GRUR Int 2012, 651 Rn. 39 – FS mwN). Es kann aber ausreichend sein, wenn die Zeichen prima facie ähnlich sind (EuG T-456/15, LSK 2016, 110404 – T.G.R. ENERGY DRINK). Daneben kann auch die Identität oder Ähnlichkeit der Waren oder Dienstleistungen eine Rolle spielen, erforderlich ist sie aber nicht (EuGH C-104/18 P, BeckRS 2019, 20743 – STYLO & KOTON). Eine Unähnlichkeit der Waren oder Dienstleistungen steht einer Bösgläubigkeit insbesondere dann nicht entgegen, wenn sich die betreffenden Marktsegmente so nahestehen, dass sie miteinander assoziiert werden oder eine Expansion in den jeweils anderen Markt auf einer legitimen Wirtschaftsstrategie beruhen kann (wie etwa im Verhältnis zwischen Uhren und Bekleidung; vgl. EuG T-3/18, BeckRS 2019, 9341 Rn. 65 – ANN TAYLOR; oder bei Werbeartikeln: EuG T-467/21, BeckRS 2022, 27908 – Lío). Es kommt im Ergebnis also nicht darauf an, ob eine Verwechslungsgefahr vorliegt, um eine Bösgläubigkeit annehmen zu können (EuGH C528/18 P, GRUR-RS 2019, 34969 – Outsource 2 India). Bösgläubigkeit einer Anmeldung kann insgesamt anzunehmen sein, deren Waren/Dienstleistungen zum Teil identisch oder ähnlich und im Übrigen unähnlich sind.

Maßgeblich ist nach den Fallumständen in der „Goldhase"-Entscheidung zudem auf die **23** **Absicht** abzustellen, einen Dritten an der **Vermarktung der Ware zu hindern,** ohne selbst die Marke benutzen zu wollen. In diesem Fall wird die Marke nicht in ihrer Hauptfunktion, nämlich der Hinweis- und Unterscheidungsfunktion in Bezug auf bestimmte Waren oder Dienstleistungen eingesetzt, sondern zweckentfremdet, indem sie auf ihre Ausschlussfunktion reduziert wird.

Eine Behinderungsabsicht kann dann vorliegen, wenn mittels der Anmeldung der Unionsmarke **24** allein der **bevorstehende Vertrieb** von Waren und Dienstleistungen im Binnenmarkt der EU, die bereits in Drittstaaten erfolgreich vermarktet werden, erschwert werden soll (EUIPO BK 23.1.2015 – R 2553/2013-2 – senpilic).

Verwendet ein Dritter seit langem das gleiche oder ähnliche Zeichen für gleiche oder ähnliche **25** Waren mit der Folge, dass das Zeichen einen **gewissen rechtlichen Schutz** für den Dritten genießt, spricht dieser Umstand erheblich für eine Bösgläubigkeit des Anmelders. Umgekehrt ist aber nicht auszuschließen, dass der Anmelder ein berechtigtes Eigeninteresse verfolgt, um sich selbst eine gesicherte Rechtsposition zu verschaffen und um zu vermeiden, unberechtigten Ansprüchen ausgesetzt zu sein (EuG T-507/08, GRUR Int 2011, 1081 – Psytech International), insbesondere wenn ein dritter Verwender erst seit kurzem auf dem Markt tätig ist (EuGH C-529/07, GRUR 2009, 763 – Goldhase).

26   Die Rechtsprechung hat noch nicht weiter konkretisiert, wann genau ein **hinreichender Grad** des rechtlichen Schutzes erreicht ist. Der Namen einer bekannten Persönlichkeit kann geschützt sein, wenn dessen Anziehungskraft ausgenutzt werden soll, selbst wenn die Person nicht in der Europäischen Union tätig ist (EuG T-795/17, BeckRS 2019, 8413 – Neymar; GRUR-Prax 2019, 305 mAnm Bösling; EUIPO BK 12.1.2016 – R 3135/2014-2 Rn. 86 – Alexander Wang). Eine bloße Restbekanntheit einer ehemals weit verwendeten Marke kann ausreichend sein, wenn deren Wertschätzung ausgebeutet werden soll (EuG T-327/12, GRUR Int 2014, 1047 Rn. 72 – Simca; EUIPO BK 21.12.2015 – R 3028/2014-5 – PM Pedro Morago). Sie kann nicht bloß vermutet werden, sondern muss nachgewiesen werden (EuG T-250/21, GRUR-RS 2022, 15538 Rn. 45 ff. = GRUR-Prax 2022, 464 mAnm Höfs – Nehera). In einem eng begrenzten Marktumfeld kann etwa die Erwähnung der älteren Marke in der Fachpresse und der dreimonatige Vertrieb von gekennzeichneten Waren genügen (EUIPO BK 6.4.2016 – R 35/2015-5 – Iodent). Dagegen ist die bloße Registrierung einer Marke in einem Drittstaat in der Regel unzureichend (so im Ergebnis EUIPO BK 18.2.2015 – R 1991/2013-2 – PlayNow). Ebenso wenig besteht ein hinreichender Grad allein durch den gesetzlichen Schutz eines Begriffs außerhalb der EU, jedenfalls soweit er nicht durch Markenrechte abgesichert und in der EU unbekannt ist (EuG T-681/17, BeckRS 2018, 30205 – Kadi).

27   Ein **hoher rechtlicher Schutzgrad** kann mit der **Bekanntheit** des älteren Zeichens einhergehen, die auch außerhalb der EU vorliegen kann. Der Nachweis muss nicht denselben Maßstäben genügen, die an den Beweis einer Bekanntheit iSv Art. 8 Abs. 5 gestellt werden (EuG T-3/18, BeckRS 2019, 9341 Rn. 69 – Ann Taylor).

28   Wird das bekannte Zeichen eines Dritten angemeldet, ohne eine relevante eigene geschäftliche Tätigkeit unter dem Zeichen zu entfalten und um sie diesem Dritten zu einem unverhältnismäßig hohen Preis und unter einem ungebührlichen Geschäftsdruck **zum Kauf anzubieten,** kann dies bösgläubig sein (EuG T-467/21, BeckRS 2022, 27908 – Lío). In Abgrenzung zum Tatbestand nach Art. 8 Abs. 5 sind solche weiteren Tatumstände unerlässlich, um in der Gesamtschau auf eine Bösgläubigkeit bei der Anmeldung schließen zu können.

29   Ein weiterer Faktor für die Beurteilung der Bösgläubigkeit ist die **Art bzw. Gestaltung der angemeldeten Marke.** Besteht das Zeichen zB in der Gesamtform und -aufmachung aus einer Ware, kann die Bösgläubigkeit des Anmelders zu bejahen sein, wenn die Wahlfreiheit der Mitbewerber hinsichtlich Form und Aufmachung der Ware aufgrund technischer und kommerzieller Erwägungen so beschränkt ist, dass die Mitbewerber durch die Marke an der Vermarktung vergleichbarer Waren gehindert werden können (EuGH C-529/07, GRUR 2009, 763 – Goldhase). Gleiches gilt im Fall einer Wortmarke, in die Sonderzeichen nur eingefügt wurden, um einen Gattungsbegriff zu verschleiern und sich zunutze zu machen, dass Sonderzeichen bei der Domain-Registrierung eines geschützten Begriffs entfernt oder durch Bindestrich ersetzt werden (EuGH C-569/08, GRUR 2010, 733 – www.reifen.eu). Es begründet aber noch keine Bösgläubigkeit, wenn die angemeldete Marke bildlich identisch zu einem älteren Bildzeichen ist, jedenfalls soweit eine bloße Kopie nicht bewiesen ist (EuG T-291/09, GRUR Int 2012, 453 Rn. 90 – Pollo Tropical CHICKEN ON THE GRILL).

30   Zu weit geht es, Markenanmeldung von Gestaltungsformen parallel oder nachgehend zu entsprechenden Patenten, Gebrauchs oder Unionsgeschmacksmusters bzw. eingetragenen Designrechten als **missbräuchliche Verlängerung zeitlich begrenzter Rechte** anzusehen (so aber Körner/Gründig-Schnelle GRUR 1999, 535 (541)). Eine Kumulation von Immaterialgüterrechten ist möglich, da Marken und andere Immaterialgüterrechte unterschiedlichen Zielen dienen und auch unterschiedliche Schutzvoraussetzungen haben. Dies gilt etwa bei der Anmeldung einer urheberrechtlich geschützten Graphik als Bildmarke (EUIPO BK 25.10.2022 – R 1246/2021 – BANKSY'S MONKEY). Es muss nicht verhindert werden, dass parallele Schutzrechte komplementär wirken und in ihrer Summe einen stärkeren Schutz gewährleisten (Albrecht VPP-Rundbrief 2013, 164 (169)).

31   **Namensgleiche** oder Markeninhaber, deren Zeichen in einer Gleichgewichtslage (langjährige unbeanstandete Parallelnutzung gleicher Marken, Abgrenzungsvereinbarungen, Betriebstrennungen) stehen, haben bestimmte Rücksichten zu nehmen (→ MarkenG § 8 Rn. 1048). Je nach den Umständen des Einzelfalls kann eine Bösgläubigkeit als Korrektiv des Prioritätsgrundsatzes wirken, wenn die Anmeldung den anständigen Gepflogenheiten in Gewerbe und Handel widerspricht.

32   Bei gemeinsamer vorheriger Nutzung eines Zeichens durch Geschäftspartner kann die Anmeldung einer verwechselbaren Marke durch einen der Partner auf dessen Namen ohne Kenntnis des

oder der anderen selbst dann bösgläubig erfolgen, wenn dieser über umfassende Vollmachten verfügt und eine führende Rolle in der Entwicklung des gemeinsamen Geschäfts gespielt hat (EuG T-772/17, BeckRS 2019, 14236 – Café del Mar). Dies gilt auch dann, wenn die fraglichen Waren nur teilweise mit der Geschäftstätigkeit im Zusammenhang stehen (EuG T-774/17, BeckRS 2019, 14215 – C del M).

Eine Bösgläubigkeit kann auch dann vorliegen, wenn der Anmelder der Unionsmarke durch **33** die Eintragung beabsichtigt, sich die Marke eines Dritten anzueignen, mit dem er **vertragliche oder vorvertragliche Beziehungen** gepflegt hat. Dies kann etwa dann gelten, wenn die angemeldete Marke dazu dient, die vertraglichen Verpflichtungen betreffend eines Nutzungsrechts an einem ähnlichen Zeichen zu umgehen und die mit dem Zeichen verbundene Reputation weiter auszunutzen (EuG T-456/15, LSK 2016, 110404 – T.G.R. ENERGY DRINK). Das angeeignete Zeichen muss nicht unbedingt eintragungsfähig sein (EuGH C528/18 P, GRUR-RS 2019, 34969 – Outsource 2 India). Es ist andererseits zu beachten, dass ein vertraglicher Verstoß allein noch keine Bösgläubigkeit einer späteren Anmeldung begründet (EuG T-374/17, BeckEuRS 2018, 576820 – CUERVO Y SOBRINO). Daher dürfte es etwa darauf ankommen, wie weit an die vertraglichen Beziehungen auch gegenseitige Treuepflichten geknüpft sind (EuG T-321/10, GRUR Int 2014, 172 – SALINI). Aus diesem Grund sollte der Nichtigkeitsantragsteller seine Begründung nicht allein auf einen einfachen Vertragsverstoß stützen, zumal die Nichtigkeitsabteilung ohnehin nicht kompetent ist, darüber abschließend zu befinden. Im Falle vertraglicher Treuepflichten kann es insbesondere darauf ankommen, ob eine eindeutige, präzise und unbedingte Zustimmung des Vertragspartners zur Anmeldung der Unionsmarke und im eigenen Namen vorliegt (EuG T-107/16, BeckRS 2017, 126998 – AIR HOLE FACE MASKS YOU IDIOT).

Bei einer **Agenten- bzw. Vertreterstellung** des Inhabers der angegriffenen Unionsmarke **34** kommt im Übrigen auch eine Anwendung von Art. 8 Abs. 3 in Betracht (→ Art. 8 Rn. 148).

Abmahnungen, die auf eine eingetragene Unionsmarke gestützt werden, können herangezo- **35** gen werden, um auf die Absichten des Anmelders zum maßgeblichen Anmeldezeitpunkt zu schließen. Grundsätzlich gehören außergerichtliche Unterlassungsaufforderungen aber zu den mit der Eintragung einer Unionsmarke verbundenen Befugnisse nach Art. 9 (EuG T-33/11, GRUR Int 2012, 647 – BIGAB). Eine Abmahnung allein genügt dementsprechend nicht als Indiz für eine Bösgläubigkeit zum Anmeldezeitpunkt (EuG T-438/18, GRUR-RS 2020, 35182 – BIKOR EGYPTIAN EARTH). Dies gilt insbesondere, wenn der Inhaber noch keine Kenntnisse von dem Drittzeichen hatte (EuG T-327/12, GRUR Int 2014, 1047 – SIMCA). Gleichwohl können Abmahnungen als eine Bösgläubigkeit begründender Rechtsmissbrauch bewertet werden. Dieser ist dadurch gekennzeichnet, dass zum einen trotz formaler Einhaltung der unionsrechtlichen Bedingungen das Ziel der Unionsregelung nicht erreicht wird und zum anderen die Absicht besteht, sich dadurch einen unionsrechtlich vorgesehenen Vorteil zu verschaffen, dass die entsprechenden Voraussetzungen willkürlich geschaffen werden.

Dies gilt insbesondere dann, wenn die Abmahnung auf eine Marke gestützt wird, die im Wege **36** einer **missbräuchlichen Anmeldestrategie** registriert worden ist. Diese kann darin begründet sein, alle sechs Monate abwechselnd in zwei Mitgliedstaaten ohne Zahlung der Anmeldegebühren dasselbe Zeichen anzumelden und sich damit unter Ausnutzung der Prioritätenregelung eine Sperrposition zu verschaffen (EuG T-627/21, GRUR-RS 2022, 22458 – MONSOON; EuG T-82/14, BeckRS 2016, 81483 – LUCEO).

Wiederholungsanmeldungen für identische Waren bzw. Dienstleistungen begründen nicht **37** automatisch eine Bösgläubigkeit, denn etwa eine angestrebte Modernisierung des in abgewandelter Form neu angemeldeten Zeichens kann eine erneute Anmeldung plausibel erklären (EuG T-136/11, BeckRS 2012, 82710 – Pelikan; GRUR-Prax 2013, 36 mAnm Douglas; allgemein zur Wiederholungsmarke Fezer MarkenG § 25 Rn. 24 f., 29). Ein berechtigtes Interesse an der Verfügbarkeit identischer Zeichen ist denkbar (Ingerl Mitt 1997, 391 f.). Zielt die wiederholte Anmeldung aber vor allem darauf ab, den **Nachweis einer ernsthaften Benutzung** nicht führen zu müssen, steht dies nicht im Einklang mit den Zielen der Unionsmarkenverordnung und berührt den allgemeinen Grundsatz des Rechtsmissbrauch. Ein solches Motiv begründet eine Bösgläubigkeit, soweit keine erheblichen Gesichtspunkte dagegensprechen. Unerheblich ist, ob ein ernsthafter Benutzungsnachweis geführt werden könnte oder ob die wiederholte Anmeldung lange vor Ablauf der Benutzungsschonfrist der vorherigen Anmeldung erfolgt. Ebenso wenig kann sich der Inhaber der Unionsmarke bei diesem Motiv auf eine gängige Branchenpraxis zur wiederholten Anmeldung berufen (EuG T-663/19, GRUR-RS 2021, 8097 Rn. 69 ff. – MONOPOLY; GRUR-Prax 2021, 276 mAnm Böhmer). Dagegen soll eine wiederholte Anmeldung wenige Tage vor Ablauf der Benutzungsschonfrist bei einer im Übrigen nicht erkennbaren unternehmerischen Logik ein relevanter Faktor sein (EUIPO BK 20.12.2022 – R 2108/2018-2 – Wong lo kat). Ungeklärt bleibt die Frage, ob bereits eine Wiederholungsanmeldung für identische Waren bzw. Dienstleistungen als solche genügt, um die vermutete Gutgläubigkeit des Inhabers der angegriffenen Unionsmarke zu widerlegen und es in der Folge auf die plausiblen Erklärungen zu den Zielen und der wirtschaftlichen Logik seiner Anmeldung ankommt. Praktisch relevant ist dies vor allem, wenn dieser schlicht schweigt, und sich die weitere Frage stellt, ob ohne jegliche Erklärung eine Bösgläubigkeit anzunehmen ist. Nach hiesiger Auffassung sind diese Fragen aufgrund der grundlegenden Bedeutung der Benutzungsobliegenheit für ein ausgeglichenes Unionsmarkensystem zu bejahen. Allein der Inhaber kann in der Regel seine Motive aufklären und anderenfalls könnte er durch schlichtes Schweigen die Benutzungsobliegenheit im Wege wiederholter Anmeldungen zu leicht umgehen.

37.1   Dem EuG genügten bei „Pelikan" trotz einer erneuten Anmeldung rund drei Monate vor Ablauf der Schonfrist die geltend gemachte Modernisierung des Zeichens anlässlich eines Firmenjubiläums, um eine Bösgläubigkeit zu verneinen. Nach hiesiger Auffassung kann eine bloße Abwandlung der wiederholten Anmeldung alleine ohne einen solchen betrieblichen Hintergrund aber nicht genügen, um eine Bösgläubigkeit wegen einer missbräuchlichen Wiederholungsanmeldung auszuschließen. Wie beim untreuen Agenten bietet es sich an, als Maßstab für die Prüfung, ob eine Abwandlung erheblich ist und damit keine Wiederholungsanmeldung vorliegt, auf eine abweichende Unterscheidungskraft der Marke iSd Art. 18 Abs. 1 lit. a abzustellen (zum untreuen Agenten EuG T-7/17, BeckRS 2018, 24845 – MINERAL MAGIC).

38   Die Anmeldung der Unionsmarke, die **zuvor nur auf nationaler Ebene geschützt** war, begründet als solche noch keine wiederholte Anmeldung, die eine Bösgläubigkeit begründen könnte. Es ist gerade der Sinn des autonomen Unionsmarkensystems, über den nationalen Markenschutz hinaus einen unionsweit einheitlichen Schutz zu bieten. Eine solche Anmeldung kann daher unternehmerisch angezeigt sein (EuG T-453/15, BeckRS 2016, 82347 – VOGUE; T-343/14, BeckEuRS 2017, 517290 – CIPRIANI). Allerdings kann Bösgläubigkeit vorliegen, wenn eine Marke, die bereits in einem Mitgliedstaat wegen Bösgläubigkeit gelöscht worden ist, als Unionsmarke angemeldet wird.

39   Da ein Verzicht auf eine Marke auf unterschiedlichen Erwägungen beruhen kann, ist eine **erneute Anmeldung nach einem Verzicht** nicht von vornherein missbräuchlich. Diente der Verzicht zur Beilegung eines Streits, hatten es die daran Beteiligten in der Hand, eine erneute Anmeldung durch entsprechende Vereinbarungen auszuschließen und zu sanktionieren.

40   Die Bösgläubigkeit des Anmelders führt für den relevanten Anmeldezeitpunkt in der Regel zu einer **Nichtigkeit der Unionsmarke in ihrer Gesamtheit,** auch wenn sich die Bösgläubigkeit insbesondere mit Blick auf bestimmte Waren oder Dienstleistungen ergeben hat (EuG T-321/10, GRUR Int 2014, 172 – SALINI). Das Bestehen älterer Rechte, die ähnliche Waren/Dienstleistungen umfassen, ist keine Voraussetzung für den absoluten Nichtigkeitsgrund der Bösgläubigkeit (EuGH C-104/18 P, BeckRS 2019, 20743).

41   Ausnahmsweise kann aber eine **„geteilte" Bösgläubigkeit** vorliegen, soweit für einen Teil der Waren/Dienstleistungen eine plausible unternehmerische Logik eine Bösgläubigkeit ausschließt (EuG T-374/17, BeckEuRS 2018, 576820 – CUERVO Y SOBRINO). Bei einer bösgläubig erfolgten Wiederholungsanmeldung erstreckt sich die Bösgläubigkeit nicht automatisch auf diejenigen Waren/Dienstleistungen, die nicht Teil der vorherigen Anmeldung gewesen sind (EuG T-663/19, GRUR-RS 2021, 8097 Rn. 75 – MONOPOLY). Ebenso kann bei einem sehr weit gefassten Waren- und Dienstleistungsverzeichnis eine bloße Teilnichtigkeit nicht ausgeschlossen werden, wenn die Markenanmeldung dem Geschäftsbereich des Anmelders teilweise entspricht und sie insoweit nicht entgegen der Markenfunktion eingesetzt wird (EuGH C-371/18, GRUR 2020, 288 – Sky ua/Gesellschaften SkyKick; GRUR-Prax 2020, 78 mAnm Lüthge).

D. Nach der Eintragung erworbene Unterscheidungskraft (Abs. 2)

42   Art. 59 Abs. 2 schließt eine Nichtigkeitserklärung wegen absoluter Eintragungshindernisse von Marken aus, die entgegen Art. 7 Abs. 1 lit. b, c oder d eingetragen worden sind, wenn diese nach der Eintragung durch Benutzung im Verkehr für die eingetragenen Waren oder Dienstleistungen Unterscheidungskraft als betrieblicher Herkunftshinweis erlangt haben, dh also **verkehrsdurchgesetzt** sind.

43   Ebenso wie im Rahmen von Art. 7 Abs. 3 kann der Inhaber die durch Benutzung erlangte Unterscheidungskraft nach der Praxis des Amtes auch **hilfsweise** geltend machen, soweit die vorgenannten Eintragungshindernisse vorlagen. In diesem Fall kann eine separate Entscheidung über das Vorliegen dieser Eintragungshindernisse ergehen (→ Art. 7 Rn. 208).

44   Die **Beweislast** für den Erwerb der Unterscheidungskraft liegt beim Inhaber der Unionsmarke (EuG T-190/09, GRUR-RR 2011, 258 Rn. 46 – 5 HTP).

Neben dem Erwerb der Unterscheidungskraft nach der Eintragung der angegriffenen Unions- **45** marke kann ihr Inhaber im Nichtigkeitsverfahren auch geltend machen, diese sei schon zum Anmeldezeitpunkt gemäß Art. 7 Abs. 3 verkehrsdurchgesetzt gewesen und damit schon nicht gegen Art. 7 Abs. 1 eingetragen worden.

Die **Voraussetzungen** der Erlangung von Unterscheidungskraft entsprechen den Anforderun- **46** gen des Art. 7 Abs. 3 (vgl. EuG T-444/08, T-445/08, T-446/08, T-447/08, BeckEuRS 2010, 560302 – Ferrero; → Art. 7 Rn. 206). Der Erwerb der Unterscheidungskraft durch Benutzung setzt voraus, dass ein erheblicher Teil der angesprochenen Verkehrskreise die betreffenden Waren oder Dienstleistungen einem bestimmten Unternehmen zuordnet. Die Verkehrsdurchsetzung muss für den Teil der Union nachgewiesen werden, in dem die Marke ursprünglich keine Unterschei-dungskraft besessen hat (EuG T-28/08, BeckRS 2009, 70778 – BOUNTY; vgl. hierzu auch EuG T-589/11, BeckRS 2012, 82501 – PAGINE GIALLE: Die Marke blieb eingetragen, da sie in Italien Verkehrsdurchsetzung erlangt habe und in der übrigen EU nicht verstanden werde).

Bei einer **Erweiterung der Union** nach dem Anmeldetag ist ein zusätzlicher Nachweis einer **47** nachträglich erlangten Unterscheidungskraft für die beigetretenen Mitgliedstaaten nicht erforder-lich (EuG T-304/16, BeckRS 2017, 135373 – BET 365; T-112/13, GRUR-Prax 2017, 100 – Schokoladenriegel; T-359/12, GRUR-RS 2015, 80568 – Schachbrettmuster).

Dagegen ehemals ohne Begründung auf die beigetretenen Mitgliedstaaten abstellend EuG T-237/10, **47.1** BeckEuRS 2011, 646747 – Gepäckschloss. Die EUIPO-Prüfungsrichtlinien treffen keine ausdrückliche Regelung dazu. Allerdings halten die Richtlinien zur Erweiterung fest (EUIPO-Prüfungsrichtlinien Teil A: Allgemeine Regeln, Abschnitt 9: Erweiterung), dass im Falle einer nach Art. 7 Abs. 3 zu prüfenden, erlangten Unterscheidungskraft einer Anmeldung allein auf die Mitgliedstaaten der Union zum Anmelde-zeitpunkt abzustellen ist und daher die danach beigetretenen Mitgliedstaaten irrelevant sind. Da sich die Voraussetzungen von Art. 7 Abs. 3 und Art. 59 Abs. 2 nur in dem relevanten Zeitpunkt des Erwerbs der Unterscheidungskraft unterscheiden, bestünde nach der amtlichen Praxis kein Grund, für Art. 59 Abs. 2 die beigetretenen Mitgliedstaaten heranzuziehen.

Bei einem Nachweis einer nachträglichen Verkehrsdurchsetzung gilt die Unionsmarke als **von** **48** **Anfang an** schutzfähig und behält dementsprechend ihren Anmelde- bzw. Prioritätstag. Somit kann dessen Inhaber sie grundsätzlich auch gegen Marken mit einem späteren, aber noch vor der Verkehrsdurchsetzung liegenden Anmelde- bzw. Prioritätstag geltend machen. Jedoch kann es der Zweck des Art. 16 gebieten, dem Dritten über den Wortlaut dieser Vorschrift hinaus ein sog. **Zwischenrecht** einzuräumen (→ Art. 16 Rn. 14).

E. Teilnichtigkeit (Abs. 3)

Liegt nur für einen Teil der Waren oder Dienstleistungen der Unionsmarke einer der absoluten **49** Nichtigkeitsgründe vor, ist nur für diese die Nichtigkeit der Eintragung zu erklären. Die Teilnich-tigkeit kann auch in den Fällen des Art. 59 Abs. 2 gegeben sein, wenn die Verkehrsdurchsetzung nur für einen Teil der Waren oder Dienstleistungen nachträglich erworben worden ist und somit der Nichtigerklärung nur beschränkt entgegensteht.

Besteht der absolute Nichtigkeitsgrund für eine Ware oder Dienstleistung eines nicht untergliе- **50** derten Oberbegriffs, ist die Marke für den Oberbegriff nichtig (→ MarkenG § 50 Rn. 39). Die Nichtigkeit wegen Bösgläubigkeit betrifft in der Regel sämtliche Waren und Dienstleistungen (→ Rn. 40).

Art. 60 Relative Nichtigkeitsgründe

(1) [1] Die Unionsmarke wird auf Antrag beim Amt oder auf Widerklage im Verlet-zungsverfahren für nichtig erklärt,
a) **wenn eine in Artikel 8 Absatz 2 genannte ältere Marke besteht und die Voraussetzun-gen der Absätze 1 oder 5 des genannten Artikels erfüllt sind;**
b) **wenn eine in Artikel 8 Absatz 3 genannte Marke besteht und die Voraussetzungen des genannten Absatzes erfüllt sind;**
c) **wenn ein in Artikel 8 Absatz 4 genanntes älteres Kennzeichenrecht besteht und die Voraussetzungen des genannten Absatzes erfüllt sind;**
d) **wenn eine in Artikel 8 Absatz 6 genannte ältere Ursprungsbezeichnung oder geogra-fische Angabe besteht und die Voraussetzungen des genannten Absatzes erfüllt sind.**

[2] Alle in Unterabsatz 1 genannten Voraussetzungen müssen am Anmeldetag oder am Prioritätstag der Unionsmarke erfüllt sein.

(2) Die Unionsmarke wird auf Antrag beim Amt oder auf Widerklage im Verletzungsverfahren ebenfalls für nichtig erklärt, wenn ihre Benutzung aufgrund eines sonstigen älteren Rechts gemäß dem für dessen Schutz maßgebenden Unionsrecht oder nationalen Recht untersagt werden kann insbesondere eines
a) Namensrechts;
b) Rechts an der eigenen Abbildung;
c) Urheberrechts;
d) gewerblichen Schutzrechts.

(3) Die Unionsmarke kann nicht für nichtig erklärt werden, wenn der Inhaber eines der in Absatz 1 oder 2 genannten Rechte der Eintragung der Unionsmarke vor der Stellung des Antrags auf Nichtigerklärung oder der Erhebung der Widerklage ausdrücklich zustimmt.

(4) Hat der Inhaber eines der in Absatz 1 oder 2 genannten Rechte bereits einen Antrag auf Nichtigerklärung der Unionsmarke gestellt oder im Verletzungsverfahren Widerklage erhoben, so darf er nicht aufgrund eines anderen dieser Rechte, das er zur Unterstützung seines ersten Begehrens hätte geltend machen können, einen neuen Antrag auf Nichtigerklärung stellen oder Widerklage erheben.

(5) Artikel 59 Absatz 3 ist entsprechend anzuwenden.

Überblick

Mittels des Antrags auf Erklärung der Nichtigkeit aufgrund relativer Eintragungshindernisse können ältere Rechte geltend gemacht werden, die mit der angegriffenen Marke kollidieren.

Die in Abs. 1 in Bezug genommenen älteren Rechte können auch im Widerspruchsverfahren geltend gemacht werden. Demgegenüber sind die in Abs. 2 genannten Rechte, die nicht kennzeichenrechtlichen Ursprungs sind und nicht der europäischen Harmonisierung durch die MRL unterliegen, allein für das Löschungsverfahren relevant.

Die Nichtigerklärung einer Unionsmarke kann nach Abs. 3 nicht erfolgen, wenn der Inhaber eines älteren Rechts vor der Stellung des Nichtigkeitsantrags bzw. Widerklageerhebung der Eintragung der Unionsmarke ausdrücklich zugestimmt hat (→ Rn. 22).

Abs. 4 bestimmt, dass alle Ansprüche wegen älterer Rechte in einem Antrag bzw. in einer Widerklage geltend zu machen sind, dh eine sukzessive Geltendmachung in mehreren Anträgen ist nicht zulässig, sondern nur eine kumulative in einem Antrag (→ Rn. 26).

Abs. 5 verweist auf Art. 59 Abs. 3 (→ Art. 59 Rn. 49), wonach beim Vorliegen des absoluten Nichtigkeitsgrundes für nur einen Teil der Waren und Dienstleistungen eine Nichtigerklärung nur teilweise erfolgt.

Während Art. 60 die relativen Nichtigkeitsgründe aufführt, regeln Art. 63 (→ Art. 63 Rn. 1) und 64 (→ Art. 64 Rn. 1) das Löschungsverfahren.

Die Wirkungen der Nichtigkeit sind in Art. 62 geregelt (→ Art. 62 Rn. 1).

Übersicht

A. Geltendmachung der Nichtigkeit

1   Der Anspruch auf Nichtigerklärung wegen relativer Eintragungshindernisse kann entweder durch **Antrag** beim EUIPO (→ Art. 63 Rn. 1) oder im Wege der **Widerklage** im Verletzungsverfahren vor den nationalen Unionsmarkengerichten nach Art. 128 (→ Art. 128 Rn. 1) geltend gemacht werden; eine Klage auf Nichtigerklärung wegen eines älteren Rechts kann im Gegensatz zum nationalen Verfahren (→ MarkenG § 51 Rn. 1 ff.) nicht vor den Zivilgerichten erhoben werden.

Im Unterschied zum Widerspruchsverfahren nach Art. 46 ist der Nichtigkeitsantrag **nicht** 2 **fristgebunden.** Allerdings kann er erst nach der Eintragung der Unionsmarke gestellt werden (→ Art. 63 Rn. 34).

Für die älteren Rechte nach Abs. 2 kann mit Blick auf die Rechtsfolge der Erklärung der 3 Nichtigkeit nichts anderes gelten, denn die Wirkungen der Unionsmarke gelten nach Art. 62 Abs. 2 von Anfang an als nicht eingetreten (→ Art. 62 Rn. 5).

Im Gegensatz zu den Anträgen auf Nichtigerklärung wegen absoluter Eintragungshindernisse 4 oder wegen Verfalls ist der Kreis der **Antragsberechtigten** auf die Inhaber älterer Rechte beschränkt (→ Art. 63 Rn. 29).

Der Antrag ist gemäß Art. 63 Abs. 3 unzulässig, wenn eine **rechtskräftige Entscheidung** 5 eines Gerichts eines Mitgliedstaates oder der Nichtigkeitsabteilung selber über denselben Anspruch zwischen denselben Parteien vorliegt (→ Art. 63 Rn. 52). Eine frühere Entscheidung des EUIPO in einem Widerspruchsverfahren schließt einen späteren Antrag auf Nichtigerklärung aufgrund derselben älteren Rechte aber nicht aus (→ Art. 63 Rn. 55).

Gegen eine ältere Registermarke kann gemäß Art. 64 Abs. 2 oder Abs. 3 eine **Benutzungsein-** 6 **rede** erhoben werden (→ Art. 64 Rn. 20). Der Nichtigkeitsantrag ist zurückzuweisen, wenn der Nachweis für einen der beiden relevanten Zeiträume nicht (fristgerecht) erbracht wurde.

Zu weiteren Einzelheiten zur Durchführung des Verfahrens wird auf die Kommentierung zu 7 Art. 63 (→ Art. 63 Rn. 1) und Art. 64 (→ Art. 64 Rn. 1) verwiesen.

B. Nichtigkeitsgründe

Die relativen Nichtigkeitsgründe nach Art. 60 Abs. 1 setzen alternativ voraus: 8
• eine **ältere Marke** iSd Art. 8 Abs. 2;
• eine **Agentenmarke** iSd Art. 8 Abs. 3;
• ein **älteres Kennzeichenrecht** nach Art. 8 Abs. 4;
• eine **ältere Ursprungsbezeichnung oder geografische Angabe** nach Art. 8 Abs. 6.
Art. 60 stellt ausdrücklich fest, dass die Voraussetzungen der in Abs. 1 genannten Vorschriften 9 schon am **Anmelde- bzw. Prioritätstag der angegriffenen Unionsmarke** erfüllt sein müssen. Dies stellt sicher, dass eine Unionsmarke nicht aufgrund von älteren Rechten gelöscht werden kann, auf die ein Widerspruch nicht erfolgreich hätte gestützt werden können.

Es wird dadurch aber nicht ausgeschlossen, dass die Voraussetzungen zum **Zeitpunkt der** 10 **Stellung des Antrags** ebenfalls vorliegen müssen. Grundsätzlich sind daher Beweismittel für beide Zeitpunkte einzureichen (zB zur überörtlichen Bedeutung eines Kennzeichens nach Art. 8 Abs. 4 (→ Art. 8 Rn. 175 ff.) EuG T-609/15, GRUR-RS 2017, 125564 – BASIC).

Darüber hinaus müssen die Voraussetzungen grundsätzlich auch noch zum **Zeitpunkt der** 11 **Entscheidung über den Löschungsantrag** fortbestehen. Dafür wird bei einer relativ kurzen Verfahrensdauer in der Regel eine seitens des Inhabers der angegriffenen Unionsmarke widerlegbare Vermutung gelten. Dies sollte aber nicht in Bezug auf den Fortbestand älterer Registermarken gelten, wenn sich aus der betreffenden Eintragungsurkunde der vorherige Ablauf ihrer Schutzdauer ergibt. In diesem Fall fordert die Nichtigkeitsabteilung den Löschungsantragsteller zum Nachweis der Verlängerung der älteren Registermarke auf.

Im Beschwerdeverfahren sollte der Inhaber der angegriffenen Unionsmarke den Ablauf der Schutzdauer 11.1 der älteren Registermarke bei Zweifeln aber rügen. Nach einer Entscheidung des Gerichts soll die Beschwerdekammer nämlich nicht von sich zu einer Prüfung der fortbestehenden Schutzdauer verpflichtet sein (EuG T-24/16, BeckRS 2016, 111515 – FONTOLIVA/FUENOLIVA; GRUR-Prax 2017, 72 mAnm Viefhues). Die Praxis der Beschwerdekammern ist insoweit nicht einheitlich.

Die **relativen Nichtigkeitsgründe nach Art. 60 Abs. 1** können auch im Widerspruchsver- 12 fahren geltend gemacht werden. Für deren materielle Voraussetzungen gelten im Nichtigkeitsverfahren dieselben rechtlichen Maßstäbe. So ist etwa eine Verwechslungsgefahr iSv Art. 8 Abs. 1 lit. b oder der Eingriff in eine bekannte Marke iSv Art. 8 Abs. 5 ebenso wie im Widerspruchsverfahren zu prüfen. Daher kann auf die entsprechenden Kommentierungen verwiesen werden (zur älteren Marke → Art. 8 Rn. 1, → Art. 8 Rn. 220; zur Agentenmarke → Art. 8 Rn. 148; zum älteren Kennzeichenrecht → Art. 8 Rn. 175).

Ältere Ursprungsbezeichnungen oder geografische Angaben konnten zuvor bereits nach 13 Art. 60 Abs. 1 lit. c im Nichtigkeitsverfahren als älteres Kennzeichenrecht geltend gemacht werden, sind nunmehr aber ausschließlich Gegenstand von Art. 60 Abs. 1 lit. d. In Abgrenzung zu Art. 8 Abs. 4 ist eine Benutzung von mehr als nur örtlicher Bedeutung nicht mehr erforderlich.

13.1   Dies wirft insbesondere für das Nichtigkeitsverfahren die Frage auf, ob das Erfordernis einer Benutzung von mehr als nur örtlicher Bedeutung auch dann nicht mehr gilt, wenn eine ältere Ursprungsbezeichnungen oder geografische Angaben gegen eine Unionsmarke geltend gemacht wird, die vor dem Inkrafttreten der VO (EU) 2015/2424 am 23.3.2016 angemeldet worden ist oder deren Prioritätstag davor liegt. Nach der Praxis der Nichtigkeitsabteilung wird allein auf die originären Voraussetzungen für ältere Ursprungsbezeichnungen oder geografische Angaben abgestellt (vgl. EUIPO-Prüfungsrichtlinien, Teil D: Löschung, Abschnitt 2: Wesentliche Vorschriften; in der ab dem 1.8.2016 geltenden Fassung), dh dieses Erfordernis nach Art. 8 Abs. 4 wird auch bei solchen Unionsmarken nicht mehr geprüft.

14   Die **relativen Nichtigkeitsgründe nach Art. 60 Abs. 2** umfassen die dort beispielhaft genannten, **sonstigen älteren Rechte,** die dem Schutz von Interessen unterschiedlichster Art dienen und nicht allein Kennzeichenrechte sind (EuGH C-263/09, GRUR Int 2011, 821 – ELIO FIORUCCI). Dazu zählen das Namensrecht (lit. a), das Recht an der eigenen Abbildung (lit. b), das Urheberrecht (lit. c) oder ein gewerbliches Schutzrecht (lit. d). Diese können im Widerspruchsverfahren nicht geltend gemacht werden.

15   Berücksichtigungsfähig sind nach dem Wortlaut des Abs. 2 ältere sonstige Rechte sowohl nach dem **Unionsrecht** als auch nach dem **nationalen Recht** eines Mitgliedstaates.

16   Die Geltendmachung des **Namensrechts** (→ Einl. Rn. 13) ist nicht beschränkt auf Sachverhalte, in denen die Eintragung einer Unionsmarke in Konflikt mit dem Recht gerät, das ausschließlich dem Schutz des Namens des Betroffenen als eines Attributs der Persönlichkeit dient, sondern es ist weit auszulegen und umfasst auch die wirtschaftliche Nutzung des Namens (EuGH C-263/09, GRUR Int 2011, 821 – ELIO FIORUCCI). Rechtsgrundlage für das Namensrecht in Deutschland ist § 13 Abs. 1, Abs. 2 Nr. 1 MarkenG iVm § 12 BGB (→ MarkenG § 13 Rn. 19). Dabei ist nach deutscher Rechtsprechung bei der Prüfung der Rechtsverletzung der mögliche Vorrang eines Unternehmenskennzeichens oder einer Marke des Namensinhabers zu berücksichtigen, soweit es dessen Namen entspricht (EUIPO BK 8.12.2021-2 – R 341/2021-2 – Kersten/ Georg Kersten).

16.1   Das Namensrecht kann wohl nach dem nationalen Recht der meisten Mitgliedstaaten als Grundlage für eine Untersagung dienen (Spanien: EUIPO BK 29.1.2021 – R 1100/2020-5 – Antonio Gaudí; Griechenland: EUIPO BK 19.12.2017 – R 40/2017-4 – VASSILIKI; EUIPO BK 30.6.2015 – R 285/2014- 2 – MARIA CALLAS; Schweden bzw. Finnland: EUIPO NA 24.5.2006 – 831C und 841C – FAZER).

17   Das Recht an der **eigenen Abbildung** gründet sich in Deutschland auf § 13 Abs. 1, Abs. 2 Nr. 2 MarkenG iVm § 22 KunstUrhG als spezieller Ausdruck des allgemeinen Persönlichkeitsrechts (→ MarkenG § 13 Rn. 45). Nach dieser Vorschrift dürfen Bildnisse nur mit Einwilligung des Abgebildeten verbreitet oder öffentlich zur Schau gestellt werden (auf das allgemeine Persönlichkeitsrecht nach § 823 BGB und Art. 2 Abs. 1 GG iVm Art. 1 Abs. 1 GG abstellend EUIPO BK 17.7.2013 – R 944/2012-2 – BILLIE JEAN DANCE WALKING).

18   Übernimmt eine Marke ein **urheberrechtlich** geschütztes Werk oder entsprechend geschützte Teile davon, kann sie gemäß § 13 Abs. 1, Abs. 2 Nr. 3 MarkenG iVm UrhG gelöscht werden (→ MarkenG § 13 Rn. 49). Das Urheberrecht greift ungeachtet der Waren und Dienstleistungen der angegriffenen Unionsmarke (EUIPO BK 16.5.2012 – R 1925/2011-4 – HAPPY ANGELS). Es kann verschiedenste Werke schützen (für den Namen einer Filmfigur nach spanischem Recht EUIPO BK 31.10.2012 – R 1163/2011-1 – TONY MONTANA). Soweit nach dem nationalen Recht eine gewisse Schöpfungshöhe für die Entstehung eines Urheberrechts erforderlich ist, wird sich dessen Nachweis aber oft schwer gestalten (s. etwa EUIPO BK 9.11.2012 – R 1299/2011- 4 – CZECHTRADE; BK 7.9.2018 – R 1159/2017-4 – MANUFACTURE PRIM 1949 (II)).

18.1   Das jeweilige nationale Recht gilt im Rahmen der für sämtliche Mitgliedstaaten verbindlichen Berner Übereinkunft zum Schutze von Werken der Literatur und Kunst sowie dem Übereinkommen über handelsbezogene Aspekte der Rechte des geistigen Eigentums (EUIPO BK 2.6.2014 – R 904/2013-4 – KMM THE ORIGINAL STYLE).

19   Ein sonstiges **gewerbliches Schutzrecht** nach nationalem Recht (→ MarkenG § 13 Rn. 1) kann zB eine Sortenbezeichnung (→ MarkenG § 13 Rn. 55) oder ein eingetragenes Design (→ MarkenG § 13 Rn. 71) sein. Designs können daneben als Gemeinschaftsgeschmacksmuster nach dem Unionsrecht geltend gemacht werden. Deren Schutzgegenstand umfasst allerdings nicht ein Wort als solches, weil letzteres als eingetragene Wortmarke über keine Merkmale im Sinne des Designrechts verfügt (EUIPO BK 3.7.2020 – R 2930/2019-4 – Ancestors/ANCESTORS).

20   In die Kategorie der sonstigen älteren Rechte können zudem auch **Titel von Filmen oder anderen Publikationen** fallen, soweit sie nicht deren betriebliche Herkunft, sondern deren künstlerischen Ursprung angeben (EuG T435/05, GRUR Int 2010, 50 – Dr. No).

In jedem Fall ist der Inhalt des anzuwendenden Recht **durch den Antragsteller nachzu-** 21
weisen (zum Namensrecht EuGH C-263/09, GRUR Int 2011, 821 – ELIO FIORUCCI;
EUIPO BK 24.3.2014 – R 782/2012-4 – JIMI HENDRIX; zum Urheberrecht EuGH C-
530/12 P, GRUR-RS 2014, 80617 – National Lottery Commission; EuG T-264/19, GRUR-
RS 2020, 25209 – VISCOVER; zum nationalen Designrecht EuG T-183/17, BeckRS 2018,
6067 – Darstellung eines Mannes in regionaler Tracht). Insoweit kann die von der WIPO
gepflegte Datenbank WIPO Lex betreffend das geistige Eigentumsrecht hilfreich sein (EUIPO
BK 9.12.2019 – R 785/2019-5 – pink fury). Im Fall der Berufung auf ein eingetragenes
Gemeinschaftsgeschmacksmuster ist kein Nachweis des Geschmacksmusterrechts der Europäischen Union notwendig (vgl. EUIPO-Prüfungsrichtlinien, Teil D: Löschung, Abschnitt 2:
Wesentliche Vorschriften). Das geltend gemacht Recht muss seinem Inhaber das Recht verleihen, die **Benutzung** einer Unionsmarke **zu untersagen.** Insoweit entspricht Art. 60 Abs. 2
den Anforderungen an einen Widerspruch aufgrund von nicht eingetragenen Marken und
sonstigen Kennzeichenrechten gemäß Art. 8 Abs. 4 lit. b (→ Art. 8 Rn. 188). Das Amt weist
allerdings einen Nichtigkeitsantrag, der auf ein die **Registrierung** einer Unionsmarke verbie-
tendes Recht gestützt ist, nicht in jedem Fall zurück, soweit dieses eine Benutzungsuntersagung
mitumfassen kann (s. auch EuG T-453/11, BeckEuRS 2014, 601676 – LAGUIOLE).
Löschungsantragsteller sollten sich darauf allerdings nicht verlassen, insbesondere wenn das
nationale Recht eine separate Vorschrift zur Benutzungsuntersagung vorsieht (EuG T-183/17,
BeckRS 2018, 6067 – Darstellung eines Mannes in regionaler Tracht).

C. Zustimmung (Abs. 3)

Nach Abs. 3 kann eine Unionsmarke nicht auf Antrag für nichtig erklärt werden, wenn der 22
Inhaber eines älteren Rechts nach Abs. 1 oder 2 der Eintragung der jüngeren Unionsmarke vor
der Stellung des Antrags auf Nichtigerklärung oder der Erhebung der Widerklage ausdrücklich
zugestimmt hat (zB durch Vertrag zwischen den Parteien). Dies stünde im Widerspruch zum
früheren Verhalten ("venire contra factum proprium"; vgl. auch Fezer Markenpraxis-HdB/Bender
I 2 Rn. 1541).

In diesem Zusammenhang ist zudem die Vorschrift des Art. 61 zu beachten, die im Falle einer 23
Verwirkung durch Duldung einen Antrag auf Nichtigkeit ausschließt (→ Art. 61 Rn. 1).

Die von dem Inhaber der angegriffenen Unionsmarke zu belegende Zustimmung muss nicht 24
vor dem Datum der Eintragung gegeben werden, es genügt, wenn diese **vor Stellung des**
Antrags auf Nichtigerklärung erfolgt (vgl. EUIPO-Prüfungsrichtlinien, Teil D: Löschung,
Abschnitt 2: Wesentliche Vorschriften). Sie muss sich auf die Eintragung des Zeichens als Uni-
onsmarke beziehen (EUIPO BK 28.6.2016 – R 1239/2014-1 Rn. 25 – MONTORSI F.&F./
Casa Montorsi).

Eine **konkludente** Zustimmung, die sich aus den Umständen ergibt, reicht für die Anwend- 25
barkeit des Art. 60 Abs. 3 nicht aus. Nach dessen Wortlaut muss sie ausdrücklich erfolgen.
Angesichts der mit der Zustimmung verbundenen Rechtsfolge muss sie unzweifelhaft vorliegen
(EUIPO BK 24.2.2015 – R 267/2014-2 – BONA/bonaSystemS). Die Rücknahme eines
Widerspruchs als solche begründet keine Zustimmung zur Eintragung der angegriffenen
Anmeldung iSv Art. 53 Abs. 3 (EuG T-544/12, BeckEuRS 2015, 440869). Allerdings kann
das ausdrückliche Angebot, einen Widerspruch im Gegenzug zur Einschränkung des angemel-
deten Verzeichnisses zurückzunehmen, nach der Praxis des Amtes einer ausdrücklichen
Zustimmung gleichkommen (EUIPO BK 14.10.2008 – R 946/2007-2 und R 1151/2007-2 –
VISIONIC/Visonic LTD).

D. Kumulationsgebot (Abs. 4)

Abs. 4 sieht ein Verbot der sog. „Doppelantragstellung" vor: bei einem bereits erhobenen Antrag 26
auf Nichtigerklärung aufgrund eines in Art. 60 genannten Rechts oder bei einer Widerklage ist
das Stellen eines neuen Antrags oder die Erhebung einer neuen Widerklage aufgrund eines anderen
Rechts (Marke, Kennzeichen oder sonstiges Recht), das mit dem ersten Antrag hätte geltend
gemacht werden können, nicht zulässig. Dies gilt auch im Fall der Unzulässigkeit oder Zurücknahme des ersten Antrags (EuG T-207/20, GRUR-RS 2021, 25971 – PALLADIUM HOTELS &
RESORTS).

Nach dem Wortlaut von Abs. 4 und im Unterschied zu der Regelung der res iudicata gemäß 27
Art. 63 Abs. 3 (→ Art. 63 Rn. 51) ist eine **vorherige Entscheidung in der Sache keine**
Voraussetzung für das Kumulationsgebot, denn andernfalls würden die Möglichkeiten für einen

Inhaber mehrerer älterer Rechte zur Einreichung von Anträgen auf Nichtigerklärung entgegen dem Normzweck über Gebühr ausgeweitet (EuG T-207/20, GRUR-RS 2021, 25971 – PALLADIUM HOTELS & RESORTS).

28   Das Kumulationsgebot **greift nicht in Bezug auf dasselbe Recht,** das bereits zuvor geltend gemacht worden ist. Eine solche A-Fortiori-Auslegung liefe nämlich zum einen dem Willen des Gesetzgebers und dem klaren Wortlaut von Abs. 4 zuwider, in dem nur andere ältere Rechte genannt werden und nicht dasselbe Recht. Zum anderen würde sie Art. 63 Abs. 3 die praktische Wirksamkeit nehmen oder gar seinem Wortlaut zuwiderlaufen (EuG T-207/20, GRUR-RS 2021, 25971 – PALLADIUM HOTELS & RESORTS).

E. Teilnichtigkeit (Abs. 5)

29   Abs. 5 verweist auf Art. 59 Abs. 3, wonach die Teilnichtigerklärung vorgesehen ist, wenn das relative Schutzhindernis nur für einen **Teil** der Waren oder Dienstleistungen vorliegt (→ Art. 59 Rn. 48).

Art. 61 Verwirkung durch Duldung

(1) Hat der Inhaber einer Unionsmarke die Benutzung einer jüngeren Unionsmarke in der Union während eines Zeitraums von fünf aufeinander folgenden Jahren in Kenntnis dieser Benutzung geduldet, so kann er für die Waren oder Dienstleistungen, für die die jüngere Marke benutzt worden ist, aufgrund dieser älteren Marke nicht die Nichtigerklärung dieser jüngeren Marke verlangen, es sei denn, dass die Anmeldung der jüngeren Unionsmarke bösgläubig vorgenommen worden ist.

(2) Hat der Inhaber einer in Artikel 8 Absatz 2 genannten älteren nationalen Marke oder eines in Artikel 8 Absatz 4 genannten sonstigen älteren Kennzeichenrechts die Benutzung einer jüngeren Unionsmarke in dem Mitgliedstaat, in dem diese ältere Marke oder dieses sonstige ältere Kennzeichenrecht geschützt ist, während eines Zeitraums von fünf aufeinander folgenden Jahren in Kenntnis dieser Benutzung geduldet, so kann er für die Waren oder Dienstleistungen, für die die jüngere Unionsmarke benutzt worden ist, aufgrund dieser älteren Marke oder dieses sonstigen älteren Kennzeichenrechts nicht die Nichtigerklärung der Unionsmarke verlangen, es sei denn, dass die Anmeldung der jüngeren Unionsmarke bösgläubig vorgenommen worden ist.

(3) In den Fällen der Absätze 1 und 2 kann der Inhaber der jüngeren Unionsmarke sich der Benutzung des älteren Rechts nicht widersetzen, obwohl dieses Recht gegenüber der jüngeren Unionsmarke nicht mehr geltend gemacht werden kann.

Überblick

Die Verwirkungstatbestände des Art. 61 schränken im Interesse der Rechtssicherheit und zum Schutz der legitimen Interessen des langjährigen Verwenders einer jüngeren Unionsmarke in Abs. 1 die Geltendmachung von älteren Unionsmarken und in Abs. 2 die Geltendmachung von älteren nationalen Marken und sonstigen Kennzeichenrechten in Nichtigkeitsverfahren ein, es sei denn, die jüngere Unionsmarke ist bösgläubig angemeldet worden.

Die Verwirkung sanktioniert eine fünfjährige wissentliche Duldung der Benutzung der jüngeren Unionsmarke. In diesen Fällen kann der Inhaber des älteren Kennzeichenrechts die Nichtigerklärung der Unionsmarke nicht verlangen.

In der Praxis greift der Verwirkungseinwand, der rechtzeitig vor der Löschungsabteilung zu erheben ist (EUIPO 3.3.2020 – R 1155/2019-1 – Stella rosso/Stella et al.), aufgrund von Beweisschwierigkeiten insbesondere betreffend die erforderliche Kenntnis seitens des Inhabers des älteren Rechts allerdings selten durch.

Davon abzugrenzen ist die Vorschrift des Art. 60 Abs. 3, wonach der Inhaber älterer Rechte die Nichtigerklärung einer jüngeren Unionsmarke nicht verlangen kann, wenn er der Eintragung dieser jüngeren Marke vor der Stellung des Nichtigkeitsantrags ausdrücklich zugestimmt hat (→ Art. 60 Rn. 22).

Übersicht

A. Duldung durch den Inhaber des älteren Rechts

Art. 61 differenziert nach Inhabern älterer Rechte. Während dessen Abs. 1 auf den Inhaber **1** einer **älteren Unionsmarke** abstellt, erfasst dessen Abs. 2 den Inhaber einer **älteren nationalen Marke** (Art. 8 Abs. 2) oder eines **sonstigen älteren Kennzeichenrechts iSv Art. 8 Abs. 4,** was nach dessen Wortlaut sowohl ältere Kennzeichenrechte nach Unionsrecht als auch nach nationalem Recht einschließt.

Die Geltendmachung **sonstiger älterer Rechte** kann nicht durch Duldung verwirkt werden; **2** aus ihnen könnte der Inhaber des älteren Rechts gegen die jüngere Unionsmarke auch dann vorgehen, wenn er eine Benutzung fünf Jahre lang geduldet hat. Allerdings kann in diesen Fällen die Verwirkung aufgrund nationaler Vorschriften eintreten, auch wenn Art. 137 Abs. 1 S. 1 vorsieht, dass Ansprüche wegen Verletzung älterer Rechte iSd Art. 8 oder Art. 60 Abs. 2 gegenüber einer jüngeren Unionsmarke unberührt bleiben (Eisenführ/Schennen/Eberhardt Art. 54 Rn. 6).

Duldung setzt voraus, dass der **Inhaber des älteren Kennzeichenrechts imstande** war, sich **3** der Benutzung der jüngeren Unionsmarke zu widersetzen oder ihre Nichtigerklärung zu beantragen. Nur in diesem Fall kann die von Art. 61 bezweckte Sanktionierung greifen (EuG BeckRS 2012, 81336 – B. Antonio Basile 1952).

Soweit eine **Abgrenzungsvereinbarung** zwischen den Parteien dem Inhaber des älteren **4** Rechts untersagt, die jüngere Marke anzugreifen, kann eine Duldung daher ausgeschlossen sein, die dann erst ab der Auflösung dieser Vereinbarung eintreten kann (EUIPO BK 24.2.2015 – R 267/2014-2 Rn. 31 – BONA/BONASYSTEMS). Die Verwirkung durch Duldung ist von einer **friedlichen Koexistenz** abzugrenzen, die nur dazu beitragen kann, die Gefahr von Verwechslungen zu verringern (→ Art. 8 Rn. 135; EuG T-804/14, BeckRS 2016, 82162 – Tropical).

Die **Frist** für die Verwirkung durch Duldung bei der Benutzung einer jüngeren Marke wird **5** unter folgenden vier Voraussetzungen **in Gang gesetzt:** Eintragung der jüngeren Marke; gutgläubige Anmeldung der jüngeren Marke (→ Rn. 24); Benutzung der jüngeren Marke in dem Mitgliedstaat, in dem die ältere Marke Schutz genießt; Kenntnis des Inhabers der älteren Marke von der Benutzung der jüngeren Marke nach deren Eintragung (EuG T-417/12, BeckEuRS 2013, 740621 – AQUA FLOW/VAQUA FLOW).

Die Frist kann nur bei Eintragung einer jüngeren Unionsmarke, nicht bei ihrer bloßen **Anmel- 6 dung** einsetzen. Sie kann also nicht schon ab dem Zeitpunkt der Benutzung einer jüngeren Marke zu laufen beginnen, selbst wenn ihre Eintragung später veranlasst wird (EuGH C-482/09, WRP 2011, 1559 Rn. 54 = GRUR 2012, 519 – Budweiser; EuG T-389/18, BeckRS 2019, 12217 – WKU).

Der Inhaber des älteren Kennzeichenrechts soll nicht bloß die Benutzung der Marke nach ihrer **7** Eintragung kennen, sondern auch **Kenntnis von der Eintragung** selber haben (EuGH C-482/ 09, WRP 2011, 1559 Rn. 58 = GRUR 2012, 519 – Budweiser). Diese vom Gerichtshof erwähnte Voraussetzung ergibt sich nicht zwingend aus dem Wortlaut von Art. 61, nach dem das Vorliegen einer jüngeren Unionsmarke allein objektiv erforderlich ist. Der Hintergrund dafür mag sein, dass die Verwirkung nicht gegen die Untersagung einer Benutzung der jüngeren Unionsmarke, sondern gegen einen Nichtigkeitsantrag geltend gemacht wird. In der Praxis scheitern Verwirkungseinwände überwiegend bereits an dem fehlenden Nachweis der Kenntnis der bloßen Benutzung (→ Rn. 12); daher mangelt es an weiterer Rechtsprechung zu dieser Voraussetzung.

Zweifelhaft ist jedenfalls, ob dieselben strengen Anforderungen wie an die Kenntnis der Benutzung **7.1** gestellt werden dürfen. Dem Inhaber der jüngeren Unionsmarke wird es nämlich kaum möglich sein, die Kenntnis der Eintragung nachzuweisen. Demgegenüber ist dem Inhaber des älteren Kennzeichenrechts bei Kenntnis der Benutzung einer jüngeren Unionsmarke ohne weiteres zuzumuten, nach ihr im Register zu recherchieren. Ohnehin setzt eine Verwirkung als gesonderte (erste) Voraussetzung die Eintragung der jüngeren Unionsmarke seit mehr als fünf Jahren voraus.

8   Die Frage, ob die Duldung einer **jüngeren nationalen Marke,** die auch als Unionsmarke registriert ist, durch den Inhaber eines älteren nationalen Rechts, den Duldungstatbestand eröffnen kann, ist zunächst verneint worden (EUIPO BK 19.10.2004 – R 741 und R 752/2002-4 – ROMA ROMAR). Später ist aber die Möglichkeit der Verwirkung bejaht worden, wenn eine ursprünglich nur national eingetragene Marke, die erst danach als Unionsmarke registriert wird, geduldet wurde (EUIPO BK 21.10.2008 – R 1299/2007-2 – GHIBLI; Eisenführ/Schennen/ Eberhardt Art. 54 Rn. 4).

9   Hat der Inhaber der jüngeren Unionsmarke diese für einen **Teil der eingetragenen Waren oder Dienstleistungen** nicht benutzt, tritt nur teilweise Verwirkung mit der Konsequenz ein, dass der Inhaber des älteren Kennzeichenrechts bezüglich der unbenutzten Waren oder Dienstleistungen seine Ansprüche behält.

I. Zeitraum der Duldung

10   Die Verwirkung durch Duldung setzt voraus, dass der Inhaber des älteren Kennzeichenrechts die Benutzung der jüngeren Unionsmarke über einen **ununterbrochenen Zeitraum von fünf Jahren** wissentlich geduldet hat. Als Maßnahme zur Verhinderung des Eintritts der Verwirkung durch Duldung soll jedes verwaltungsmäßige oder gerichtliche Verfahren seitens des Inhabers des älteren Kennzeichenrechts ausreichen (EuGH C-482/09, WRP 1011, 1559 = GRUR 2012, 519 – Budweiser). Das Versenden einer **Abmahnung** an sich genügt noch nicht, um die Verwirkungsfrist zu unterbrechen. Dies tritt nur ein, sofern der Inhaber des älteren Kennzeichenrechts nach der nicht zufriedenstellenden Reaktion auf die Abmahnung weiterhin seinen Widerstand gegen die Benutzung der jüngeren Marke zum Ausdruck bringt und die ihm zur Verfügung stehenden Maßnahmen ergreift, um seine Recht geltend zu machen (EuGH C-466/20, GRUR-RS 2022, 10798 – HEITEC).

10.1   Die Einlegung eines gerichtlichen Rechtsbehelfs verhindert die Verwirkung durch Duldung ebenfalls nicht, wenn das verfahrenseinleitende Schriftstück zwar vor Ablauf der Verwirkungsfrist eingereicht wurde, aber aufgrund mangelnder Sorgfalt des Rechtsbehelfsführers nicht die rechtlichen Anforderungen für eine ordnungsgemäße Zustellung erfüllten, und die Mängel aus Gründen, die dem Rechtsbehelfsführer zuzurechnen sind, erst nach Ablauf der Verwirkungsfrist behoben wurden (EuGH C-466/20, GRUR-RS 2022, 10798 – HEITEC).

11   Die Duldung kann zB auch dadurch unterbrochen werden, dass eine Benutzung der Unionsmarke für einen erheblichen Zeitraum nicht stattgefunden hat. Wann es sich um einen erheblichen Zeitraum handelt, hängt vom Einzelfall ab. Ist eine Benutzung für einen nicht zu vernachlässigenden Zeitraum nicht erfolgt, wird die Frist von fünf Jahren für die Duldung der Benutzung der Unionsmarke erneut in Gang gesetzt (Eisenführ/Schennen/Eberhardt Art. 54 Rn. 9). Einzelne unterbrochene Zeiträume können nicht zu einem fünfjährigen Verwirkungszeitraum addiert werden.

II. Kenntnis von der Benutzung der jüngeren Unionsmarke

12   Voraussetzung für den Tatbestand der Verwirkung ist, dass der Inhaber des älteren Kennzeichenrechts **positive Kenntnis** von der Benutzung der Unionsmarke hatte und in dieser Kenntnis eine fünfjährige Benutzung der jüngeren Unionsmarke geduldet hat, dh in diesem Zeitraum untätig geblieben ist bzw. keine Maßnahmen zur Verhinderung der Benutzung ergriffen hat. Fahrlässige Unkenntnis bzw. Kennenmüssen der Benutzung der jüngeren Unionsmarke genügen nicht.

13   Der Nachweis einer potenziellen Kenntnis oder übereinstimmender Indizien ist daher unzureichend (EuG T-150/17, GRUR-Prax 2018, 493 – FLÜGEL). Vielmehr wird der Beweis tatsächlicher Kenntnisse gefordert, wofür selbst die Kenntnis der Eintragung der Marke und der Nachweis von Umsätzen und Marketingmaßnahmen nicht ausreichend sein müssen (EuG T-77/15, BeckEuRS 2015, 433466 – SkyTec/SKY). Ebenso begründet die vorherige Einlegung eines Widerspruchs gegen ihre Eintragung allein keine positive Kenntnis ihrer (künftigen) Verwendung (EuG T-785/17, BeckRS 2019, 369 – BIG SAM). Es reicht nach der Praxis der Nichtigkeitsabteilung aber aus, wenn vernünftigerweise unterstellt werden kann, dass der Inhaber des älteren Rechts von der Benutzung der jüngeren Unionsmarke Kenntnis gehabt hat, wie dies beispielsweise der Fall ist, wenn beide Inhaber bei derselben Veranstaltung Waren oder Dienstleistungen unter ihrer jeweiligen Marke angeboten haben (vgl. EUIPO-Prüfungsrichtlinien, Teil D: Löschung, Abschnitt 1: Löschungsverfahren; vgl. zur Duldung bei langjähriger Geschäftsbeziehung der Parteien: EUIPO BK 20.7.2012 – R 2230/2010-4 – AQUA FLOW).

Dem Erfordernis der positiven Kenntnis von der jüngeren Unionsmarke steht beim Inhaber **14** der jüngeren Unionsmarke weder das Erfordernis der Kenntnis des älteren kollidierenden Rechts noch das Vertrauen auf die Duldung durch den Inhaber des älteren Kennzeichenrechts gegenüber.

Abzustellen ist stets auf die Kenntnis des **Inhabers des älteren Kennzeichenrechts.** Bei einer **15** einzelnen natürlichen Person ist dies unproblematisch. Bei einer Inhabergemeinschaft aus mehreren Personen wird die Kenntnis eines einzelnen Mitglieds genügen, die den übrigen zugerechnet wird. Handelt es sich um eine juristische Person, wird die Kenntnis des vertretungsberechtigten Organs ausreichen. Demgegenüber kann die mögliche Kenntnis einfacher Angestellter in einem Unternehmen, das Inhaber des älteren Kennzeichenrechts ist, unzureichend sein (EUIPO BK 22.03.2017-2 – R 496/2017-2 – BINGOSKY/SKY).

Bei einem **Inhaberwechsel** während der Fünfjahresfrist stellt sich die Frage, ob die verstrichene **16** Zeit den Duldungszeitraum des neuen Inhabers entsprechend verkürzt. Wenn dieser ebenfalls die erforderliche Kenntnis von der Verwendung der jüngeren Unionsmarke hat, ist dies ohne weiteres zu bejahen. Hat er keine eigene Kenntnis, ist eine Duldung grundsätzlich ausgeschlossen. Allerdings sind zum Schutz der legitimen Interessen des Verwenders der jüngeren Unionsmarke, der eine Unterrichtung des neuen durch den alten Inhaber in der Regel nicht nachweisen können wird, die Anforderungen an den Nachweis der Kenntnis des neuen Inhabers zu modifizieren. Gelingt der Nachweis der positiven Kenntnis des alten Inhabers, spricht dies maßgeblich dafür, dass auch der neue Inhaber über die erforderliche Kenntnis verfügt.

Ob auch die Kenntnis der Benutzung durch **Lizenznehmer** für den Tatbestand der Verwirkung **17** relevant sein kann, ist zweifelhaft. Zum Teil wird die Auffassung vertreten, eine Erstreckung auf deren Kenntnis trage der Marktnähe der Lizenznehmer Rechnung. Andererseits spricht der Wortlaut des Art. 61 Abs. 1 und 2 jeweils eindeutig vom Inhaber der Rechte und nicht vom Lizenznehmer (vgl. EUIPO BK 20.7.2012 – R 2230/2010-4 – AQUA FLOW).

III. Ort der Benutzung der jüngeren Unionsmarke

Die Benutzung der jüngeren Unionsmarke muss in der Union bzw. in dem Mitgliedstaat erfolgt **18** sein, in dem das ältere Kennzeichenrecht geschützt ist. Hat der Inhaber des älteren Kennzeichenrechts Kenntnis von der Benutzung der jüngeren Unionsmarke nur in einem anderen Mitgliedstaat, in dem sein Recht nicht besteht, kann eine Verwirkung daher nicht eintreten (EUIPO BK 31.5.2015 – R 3026/2014-5 Rn. 16 – BURLINGTON ENGLISH).

Im Falle einer älteren Unionsmarke genügt nach dem Wortlaut von Abs. 1 die Benutzung der **19** jüngeren Unionsmarke „in der Union". Es ist in der Rechtsprechung noch nicht entschieden, ob eine Verwirkung dennoch ausgeschlossen sein kann, soweit die wirtschaftlichen Interessen der Inhaber nicht kollidieren, insbesondere weil sich ihre jeweiligen Märkte territorial nicht überschneiden.

Die den unionsweit einheitlichen Schutz der Unionsmarke berührenden Vorschriften sind nach ihrem **19.1** jeweiligen Ziel auszulegen (zum Erfordernis einer unionsweiten Bekanntheit EuGH C-125/14, EuZW 2015, 952 mAnm Scharf – Iron & Smith). Anstelle einer einschränkenden Auslegung des Begriffs „in der Union" liegt es aber näher, in diesen Fällen schon eine Duldung in Frage zu stellen, insbesondere inwieweit der Inhaber des älteren Kennzeichenrechts zu ihrer Durchsetzung „imstande" war (→ Rn. 3). Dieses Kriterium mag sich nicht darauf reduzieren, ob eine Durchsetzung rechtlich möglich war, sondern in Ausnahmefällen weitere rechtliche Erwägungen, wie etwa die Entstehung von Zwischenrechten, sowie auch wirtschaftliche Erwägungen einschließen, und im Ergebnis eine relevante Duldung ausschließen.

B. Darlegungs- und Beweislast

Der die Verwirkung Einwendende, also der Inhaber der jüngeren Unionsmarke, trägt die Darle- **20** gungs- und Beweislast insbesondere für den Nachweis der positiven Kenntnis des Inhabers des älteren Kennzeichenrechts (vgl. EUIPO-Prüfungsrichtlinien, Teil D: Löschung, Abschnitt 1: Löschungsverfahren).

Demgegenüber obliegt dem Inhaber des älteren Kennzeichenrechts der Nachweis für die Bös- **21** gläubigkeit des Inhabers der jüngeren Unionsmarke bei deren Anmeldung, soweit er diese als Ausschlussgrund für die Verwirkung geltend macht.

C. Folgen der Verwirkung

Ist Verwirkung eingetreten, beschränkt sich diese gemäß Art. 61 Abs. 3 auf die Geltendmachung **22** der Rechte gegenüber der jüngeren Unionsmarke. Der Inhaber des älteren Kennzeichenrechts ist auch daran gehindert, Neben- oder Folgeansprüche wie Ansprüche auf Schadensersatz, auf Auskunft oder auf Vernichtung von Waren zu erheben (EuGH C-466/20, GRUR-RS 2022, 10798 – HEITEC). In ihrem Rechtsbestand bleiben die älteren Kennzeichnungsrechte unverändert, deren weitere Benutzung der Inhaber der jüngeren Unionsmarke nicht entgegentreten kann.

23   Dem Inhaber der jüngeren Unionsmarke bleibt es unabhängig von Verwirkungsfragen unbenommen, zB den Verfall der älteren Unionsmarke wegen mangelnder Benutzung nach Art. 58 geltend zu machen.

D. Ausschluss der Verwirkung

24   Eine Verwirkung ist ausgeschlossen, wenn der Inhaber der jüngeren Unionsmarke, der die Verwirkung geltend macht, seine Marke **bösgläubig** angemeldet hat, selbst wenn sämtliche übrigen Verwirkungsvoraussetzungen vorliegen. Zu den Voraussetzungen für die Annahme der Bösgläubigkeit (→ Art. 59 Rn. 12).

25   Der Ausschluss der Berücksichtigung einer Duldung führt aber nicht zur Feststellung der Bösgläubigkeit und damit nicht zur Löschungsreife der jüngeren Marke.

Abschnitt 4. Wirkungen des Verfalls und der Nichtigkeit

Art. 62 Wirkungen des Verfalls und der Nichtigkeit

(1) [1]Die in dieser Verordnung vorgesehenen Wirkungen der Unionsmarke gelten in dem Umfang, in dem die Marke für verfallen erklärt wird, als von dem Zeitpunkt der Antragstellung oder der Erhebung der Widerklage an nicht eingetreten. [2]In der Entscheidung kann auf Antrag einer Partei ein früherer Zeitpunkt, zu dem einer der Verfallsgründe eingetreten ist, festgesetzt werden.

(2) Die in dieser Verordnung vorgesehenen Wirkungen der Unionsmarke gelten in dem Umfang, in dem die Marke für nichtig erklärt worden ist, als von Anfang an nicht eingetreten.

(3) Vorbehaltlich der nationalen Rechtsvorschriften über Klagen auf Ersatz des Schadens, der durch fahrlässiges oder vorsätzliches Verhalten des Markeninhabers verursacht worden ist, sowie vorbehaltlich der nationalen Rechtsvorschriften über ungerechtfertigte Bereicherung berührt die Rückwirkung des Verfalls oder der Nichtigkeit der Marke nicht:

a) Entscheidungen in Verletzungsverfahren, die vor der Entscheidung über den Verfall oder die Nichtigkeit unanfechtbar geworden und vollstreckt worden sind;

b) vor der Entscheidung über den Verfall oder die Nichtigkeit geschlossene Verträge insoweit, als sie vor dieser Entscheidung erfüllt worden sind; es kann jedoch verlangt werden, dass in Erfüllung des Vertrags gezahlte Beträge aus Billigkeitsgründen insoweit zurückerstattet werden, als die Umstände dies rechtfertigen.

Überblick

Art. 62 regelt – in weitgehender Übereinstimmung zur nationalen Vorschrift des § 52 MarkenG (→ MarkenG § 52 Rn. 1 ff.) – die Wirkungen der Löschung wegen Verfalls und Nichtigkeit.

Die Wirkungszeitpunkte von einerseits Verfall und andererseits Nichtigkeit aus absoluten oder relativen Gründen sind unterschiedlich geregelt, weil der Verfall aufgrund nach der Eintragung der Unionsmarke eintretender Umstände erklärt wird, während absolute oder relative Schutzhindernisse bereits bei ihrer Anmeldung bzw. Eintragung vorgelegen haben müssen.

Art. 62 Abs. 1 sieht für den Verfall als Wirkungszeitpunkt daher den Zeitpunkt der Antragstellung bzw. die Erhebung der Widerklage vor (ex nunc), wobei aber ein früherer Zeitpunkt auf Antrag festgesetzt werden kann. Die Erklärung der Nichtigkeit aufgrund absoluter oder relativer Schutzhindernisse wirkt nach Art. 62 Abs. 2 demgegenüber von Anfang an (ex tunc).

Art. 62 Abs. 3 sieht gewisse Einschränkungen der Regelungen der Abs. 1 und Abs. 2 hinsichtlich früherer, abgeschlossener Verletzungsverfahren und bereits erfüllter Verträge vor (→ Rn. 8).

Die Auswirkungen einer Löschung auf schwebende Verfahren ergeben sich nicht aus Art. 62 (→ Rn. 11).

A. Die unterschiedlichen Wirkungszeitpunkte

Wird eine Unionsmarke nach der Eintragung aus einem der in Art. 58 genannten Gründe für **1** verfallen erklärt, tritt die **Wirkung der Verfallserklärung** grundsätzlich mit dem Tag der Stellung des Antrags auf Verfall beim EUIPO oder mit dem Tag der Erhebung der Widerklage beim Unionsmarkengericht ein.

Nach Art. 62 Abs. 1 S. 2 kann in der Entscheidung über die Verfallserklärung auf Antrag einer **2** Partei ein **früherer Zeitpunkt** des Verfalls festgestellt werden. Dieser Antrag soll nach der Praxis der Löschungsabteilung bereits zusammen mit dem Verfallsantrag gestellt werden. Wird der Verfall nach Art. 58 Abs. 2 lit. a wegen nicht ernsthafter Benutzung geltend gemacht, kann ein früherer Zeitpunkt aber nicht vor dem Tag des Ablaufs der Benutzungsschonfrist der Unionsmarke oder der fünfjährigen Wiederkehr des Tages der letzten rechtserhaltenden Benutzung liegen (Eisenführ/Schennen/Eberhardt Art. 55 Rn. 5).

Soweit der Verfallsantrag beim Amt einer gemäß Art. 128 Abs. 7 ausgesetzten Widerklage auf Verfall **2.1** vor einem Unionsmarkengericht in einem Verfahren zwischen denselben Parteien folgt, setzt das Amt von sich aus als früheren Zeitpunkt des Verfalls den Tag der Erhebung der Widerklage fest. Dementsprechend geht das Amt davon aus, dass der Benutzungsnachweis für den Zeitraum vor diesem Tag erbracht werden muss. Unberührt davon bleibt die Möglichkeit, einen noch früheren Zeitpunkt geltend zu machen.

Die Partei, die einen früheren Verfallszeitpunkt beantragt, ist für dessen Voraussetzungen darle- **3** gungs- und beweispflichtig (→ MarkenG § 52 Rn. 7). Zu diesem Zweck muss sie nach der Praxis der Nichtigkeitsabteilung ein **legitimes Interesse zur Feststellung eines früheren Zeitpunkts** darlegen, obwohl dies nach dem Wortlaut von Art. 62 Abs. 1 nicht erforderlich ist (daher das Erfordernis des Nachweises eines legitimen Interesses verneinend EUIPO BK 5.10.2011 – R 81/2009-2 Rn. 21 – RBS).

Ein legitimes Interesse liegt in der Regel dann vor, wenn gegen den Antragsteller in einem Verfahren **3.1** vor einem Unionsmarkengericht eine Verletzung der angegriffenen Unionsmarke geltend gemacht wird und dieser daher ihren Verfall schon zum Beginn des geltend gemachten Verletzungszeitraums erreichen will. Für den Zeitraum vor dem Verfall können Verletzungen des ausschließlichen Rechts aus der Marke nämlich selbst dann geltend gemacht werden, wenn dieses Recht während der Benutzungsschonfrist tatsächlich nicht benutzt worden ist (wenn auch betr. des tatsächlichen Vorliegens und des Umfangs eines Schadens meist beschränkt; für nationale Marken EuGH 26.3.2020 – C-622/18, GRUR-RS 2020, 4310).

Ein legitimes Interesse besteht demgegenüber grundsätzlich nicht, soweit die angegriffene Unionsmarke **3.2** ein älteres Recht in einem Widerspruchs- oder Nichtigkeitsverfahren vor dem Amt ist, denn diese Verfahren werden ungeachtet des Verfallszeitpunkts des älteren Rechts geschlossen. Ein legitimes Interesse kann für diese Verfahren ausnahmsweise dann vorliegen, wenn sie während eines Klageverfahrens vor Gericht gegen das betreffende ältere Recht initiiert werden und ein früherer Zeitpunkt des Verfalls des älteren Rechts geltend gemacht wird, der der Entscheidung der Beschwerdekammer vorgeht. Anderenfalls wäre nämlich das Verfallsverfahren für die Entscheidung des Gerichts, das auf die Überprüfung der Rechtmäßigkeit der Entscheidung der Beschwerdekammer beschränkt ist, ohne Belang.

Außerdem muss sich der **frühere Verfallszeitpunkt mit hinreichender Sicherheit bestim-** **4** **men lassen** und dessen Festlegung kann nicht dem Ermessen des Amtes überlassen werden (EUIPO BK 27.4.2014 – R 1720/2013-4 und R 1901/2013-4 – TRILOGY COMMUNICATIONS). Die Anforderungen daran dürften aber nicht zu hoch anzusetzen sein, weil etwa der genaue Tag, an dem eine Marke nicht mehr ernsthaft benutzt worden ist, oder an dem eine Marke zu einer gebräuchlichen Bezeichnung geworden ist, in der Regel nicht exakt festgestellt werden kann.

Bei Nichtigerklärung einer Unionsmarke wegen absoluter oder relativer Nichtigkeitsgründe **5** gelten die Wirkungen der Unionsmarke nach Art. 62 Abs. 2 als **von Anfang an** nicht eingetreten. Es entfallen alle rechtlichen und tatsächlichen Wirkungen der Eintragung rückwirkend, sofern nicht Art. 62 Abs. 3 eingreift.

Ist der Verfall oder die Nichtigkeit nur für einen **Teil der eingetragenen Waren oder Dienst-** **6** **leistungen** gegeben, treten die Wirkungen der Erklärung des Verfalls oder der Nichtigkeit nur insoweit ein (vgl. Art. 58 Abs. 2, Art. 59 Abs. 3 und Art. 60 Abs. 5). Es gilt aber zu beachten, dass eine Teilungserklärung während eines laufenden Verfalls- oder Nichtigkeitsverfahrens bis zu dessen rechtskräftigem Abschluss nach Art. 56 Abs. 2 lit. a unzulässig ist, soweit die betroffenen Waren oder Dienstleistungen Gegenstand des Löschungsverfahrens sind.

Eine Unionsmarke, die ihre Wirkung durch Erklärung des Verfalls oder Nichtigkeit verloren **7** hat, kann umgewandelt werden, soweit die Ausschlussgründe nach Art. 139 Abs. 2 nicht greifen (→ Art. 139 Rn. 14).

B. Einschränkungen der Rückwirkung der Löschung

8   Art. 62 Abs. 3 sieht im Interesse der Rechtssicherheit in Übereinstimmung mit § 52 Abs. 3 MarkenG (→ MarkenG § 52 Rn. 21) Ausnahmen von der Rückwirkung der Löschung von Anfang an vor. Dies gilt für Fälle, in denen vor der Entscheidung über die Löschung entweder Entscheidungen in Verletzungsverfahren rechtskräftig geworden und vollstreckt (Art. 62 Abs. 3 lit. a) oder abgeschlossene Verträge erfüllt worden sind (Art. 62 Abs. 3 lit. b).

9   Rechtskräftige und vollstreckte Gerichtsentscheidungen in Verletzungsverfahren sind als abgeschlossene Sachverhalte grundsätzlich von einer Rückwirkung der Erklärung des Verfalls oder der Nichtigkeit der Unionsmarke nicht betroffen (Art. 62 Abs. 3 lit. a). Dabei ist auf den Eintritt der Rechtskraft der Entscheidung über den Verfall oder die Nichtigkeit abzustellen, also nicht auf den früheren Zeitpunkt des Wirkungseintritts von Verfall oder Nichtigkeit. Eine Entscheidung ist nach Art. 62 Abs. 3 auch als vollstreckt anzusehen, wenn auf sie freiwillig geleistet wurde (vgl. für das nationale Verfahren Ingerl/Rohnke/Nordemann/Bröcker MarkenG § 52 Rn. 17).

10   Auch geschlossene und erfüllte Verträge werden von der Rückwirkung der Löschung nicht berührt (Art. 62 Abs. 3 lit. b). Dies betrifft sämtliche Verträge, unabhängig von der Rolle des Markeninhabers im Vertragsverhältnis sowie auch bei einseitiger Erfüllung des Vertrags (zum nationalen Recht → MarkenG § 52 Rn. 24). Eine Rückzahlung bereits geleisteter Zahlungen kann aber unter Umständen aufgrund von Billigkeitserwägungen verlangt werden.

C. Auswirkungen bei schwebenden Verfahren

11   Art. 62 regelt nicht, welche Auswirkungen eine Verfalls- oder Nichtigerklärung auf schwebende, dh anhängige Verfahren hat.

12   Soweit beim **EUIPO noch weitere Löschungsverfahren** gegen die verfallene oder nichtige Marke anhängig sind, werden diese gegenstandslos und erledigen sich (zur Aussetzung des Verfahrens bei mehreren Löschungsverfahren oder gleichzeitiger Widerklage → Art. 64 Rn. 44). Dies gilt ebenfalls, soweit ein auf die verfallene oder nichtige Marke gestütztes Widerspruchsverfahren noch anhängig ist. Bei nur teilweisem Verfall oder teilweiser Nichtigkeit erfolgt eine Fortsetzung des jeweiligen Verfahrens mit dem nach dem Wegfall von Waren oder Dienstleistungen entsprechend angepasstem Waren-/Dienstleistungsverzeichnis. Entsprechendes gilt in den Verfahren vor der Beschwerdekammer.

13   Ebenso erledigt sich ein Rechtsstreit vor dem **Gerichtshof der Europäischen Union** (Gericht oder Gerichtshof) in der Hauptsache, wenn die angegriffene Marke untergeht oder die ältere Marke für nichtig erklärt wird. Wenn die ältere Marke aber erst mit Wirkung nach dem Erlass der angegriffenen Entscheidung der Beschwerdekammer für verfallen erklärt wird oder aus sonstigen Gründen ihre Wirkung verliert, kann dies die Kontrolle der Rechtmäßigkeit der angegriffenen Entscheidung, die allein Gegenstand der Klage vor Gericht ist, nicht berühren. Damit bleibt im Grundsatz die Hauptsache bestehen, so dass das Gericht über die Rechtmäßigkeit der Entscheidung befinden kann, jedenfalls soweit ein legitimes Interesse daran fortbesteht (EuGH C268/12 P, BeckRS 2013, 81056 – ZYDUS; anders EuG T-549/11, BeckRS 2012, 82589 – real BIO).

14   Sind aufgrund der für verfallen oder nichtig erklärten Unionsmarke **nationale Widerspruchsverfahren oder Löschungsverfahren** eingeleitet oder eine Verletzungsklage erhoben worden, ist eine Umwandlung der Unionsmarke in (eine) nationale Anmeldung(en) nach Art. 139 Abs. 1 in Betracht zu ziehen, um die Anspruchsgrundlage zu ersetzen (→ Art. 139 Rn. 1).

15   § 121 MarkenG enthält keine Regelungen hinsichtlich der **Umwandlung** einer Unionsmarke in eine nationale Markenanmeldung bzw. Marke im Rahmen eines Widerspruchs- oder Verletzungsverfahrens (→ MarkenG § 121 Rn. 1); insoweit finden daher die Vorschriften der ZPO Anwendung (Eisenführ/Schennen/Holderied Art. 55 Rn. 15).

Abschnitt 5. Verfahren zur Erklärung des Verfalls oder der Nichtigkeit vor dem Amt

Art. 63 Antrag auf Erklärung des Verfalls oder der Nichtigkeit

(1) Ein Antrag auf Erklärung des Verfalls oder der Nichtigkeit der Unionsmarke kann beim Amt gestellt werden:

Hanne

a) in den Fällen der **Artikel 58 und 59** von jeder natürlichen oder juristischen Person sowie jedem Interessenverband von Herstellern, Erzeugern, Dienstleistungsunternehmen, Händlern oder Verbrauchern, der nach dem für ihn maßgebenden Recht prozessfähig ist;

b) in den Fällen des **Artikels 60 Absatz 1** von den in Artikel 46 Absatz 1 genannten Personen;

c) in den Fällen des **Artikels 60 Absatz 2** von den Inhabern der dort genannten älteren Rechte sowie von den Personen, die nach den Unionsvorschriften oder dem Recht des betroffenen Mitgliedstaats berechtigt sind, diese Rechte geltend zu machen.

(2) [1]Der Antrag ist schriftlich einzureichen und zu begründen. [2]Er gilt erst als gestellt, wenn die Gebühr entrichtet worden ist.

(3) Der Antrag auf Erklärung des Verfalls oder der Nichtigkeit ist unzulässig, wenn entweder das Amt oder das in Artikel 123 genannte Unionsmarkengericht über einen Antrag wegen desselben Anspruchs zwischen denselben Parteien in der Hauptsache bereits entschieden hat und diese Entscheidung unanfechtbar geworden ist.

Überblick

Art. 63 regelt wesentliche Zulässigkeitsvoraussetzungen eines Antrags auf Erklärung des Verfalls oder der Nichtigkeit (Löschungsantrag). Dazu zählen die Gebührenzahlung (→ Rn. 14), die Antragsberechtigung (→ Rn. 17), die Schriftform (→ Rn. 31) und erforderliche Angaben (→ Rn. 33). Außerdem darf kein rechtskräftiger Entscheid wegen desselben Anspruchs zwischen denselben Beteiligten vorliegen (res iudicata; → Rn. 51). Neben Art. 63 sieht Art. 60 Abs. 4 (neuer Antrag entgegen Kumulierungsgebot) eine weitere Zulässigkeitsvoraussetzung für relative Nichtigkeitsgründe vor (→ Rn. 64). Im Übrigen gelten die allgemeinen Vorschriften über die Verfahren beim Amt, etwa in Bezug auf die Sprache (→ Rn. 46) oder die Vertretung (→ Rn. 66).

Art. 12–20 DVUM, die mit Wirkung zum 1.10.2017 zusammen mit der UMDV die GMDV ersetzt hat (→ Art. 65 Rn. 1), spezifizieren die für die Zulässigkeit erforderlichen Mindestangaben und legen den Ablauf der Zulässigkeitsprüfung fest. Grundsätzlich gelten diese Vorschriften für alle ab dem 1.10.2017 gestellten Löschungsanträge.

Nach Art. 16 DVUM wird die Substantiierung des Löschungsantrags, dh insbesondere die Vorlage der den Antrag stützenden Beweismittel, nunmehr gesondert geregelt (→ Rn. 85).

Die Nichtigkeitsabteilung leitet das Verfahren und ist gemäß Art. 163 zuständig für Entscheidungen im Zusammenhang mit dem Löschungsantrag (→ Art. 163 Rn. 1).

Die Praxis der Nichtigkeitsabteilung ist in den Richtlinien des EUIPO zum Löschungsverfahren festgehalten.

Übersicht

A. Allgemeines

Der Verfall oder die Nichtigkeit (Oberbegriff: Löschung) einer Unionsmarke oder einer internationalen Registrierung mit EU-Benennung kann nur im Wege des **amtlichen Löschungsverfahrens** gemäß Art. 63 und Art. 64 von der Nichtigkeitsabteilung als gemeinschaftsunmittelbare Regelung (→ Einl. Rn. 333) oder im Rahmen einer **Widerklage im Verletzungsverfahren** gemäß Art. 128 (→ Art. 128 Rn. 1) von einem Unionsmarkengericht erklärt werden. **1**

2   Die Anzahl der Löschungsverfahren bewegte sich in den vergangenen drei Jahren bei rund 2.100 gestellten Anträgen pro Jahr. Verglichen mit rund 20.100 Widersprüchen pro Jahr machten sie somit nur einen geringen Anteil der amtlichen inter-partes-Verfahren aus.

3   Laut dem **amtlichen Pünktlichkeitsstandard** für das Jahr 2022 soll innerhalb von sechs Monaten nach Abschluss des streitigen Teils des Verfahrens die Entscheidung der Nichtigkeitsabteilung in der Sache ergehen. Bei einem von vornherein zulässigen Löschungsantrag und einem sich anschließenden Austausch von Stellungnahmen innerhalb der amtlichen Fristen sollte damit ein Löschungsverfahren nach Prüfung der Zulässigkeit bei einem normalen Verlauf als **Daumenregel innerhalb von eineinhalb Jahren** vor der Nichtigkeitsabteilung abgeschlossen sein.

B. Ablauf des Löschungsverfahrens im Überblick

4   Das Löschungsverfahren gliedert sich für sämtliche Löschungsgründe in die **Zulässigkeitsprüfung** und den sich anschließenden **Austausch der Stellungnahmen** der Beteiligten im Rahmen des kontradiktorischen Verfahrensteils, der nunmehr die Substantiierung des Löschungsantrags einschließt (→ Rn. 85).

5   Nach Entrichtung der **Antragsgebühr** überprüft die Nichtigkeitsabteilung im ersten Verfahrensteil die **Zulässigkeit des Antrags** vor allem anhand von Art. 63 sowie Art. 15 DVUM. Entspricht der Antrag nicht den sog. relativen Zulässigkeitsvoraussetzungen fordert die Nichtigkeitsabteilung den Antragsteller auf, den Mangel innerhalb einer Frist zu beseitigen (→ Rn. 78).

6   Bei sonstigen Verfahrenshindernissen, den sog. **absoluten Zulässigkeitsvoraussetzungen,** ist dagegen eine Mängelbeseitigung ausgeschlossen. Dem Antragsteller wird zur Wahrung des rechtlichen Gehörs lediglich die Möglichkeit der Stellungnahme gegeben. Dazu zählen nach der Praxis der Nichtigkeitsabteilung unter anderem das Erfordernis der Eintragung der angegriffenen Unionsmarke (→ Rn. 34), ein vorheriger Entscheid mit res iudicata-Effekt (→ Rn. 51), ein Antrag entgegen dem Kumulierungsgebot (→ Rn. 64), ein Verfallsantrag wegen Nichtbenutzung gegen eine noch nicht seit mehr als fünf Jahren eingetragene Marke (→ Rn. 65) sowie ein nicht in eine mögliche Verfahrenssprache übersetzter Löschungsantrag (→ Rn. 48) (vgl. EUIPO-Prüfungsrichtlinien, Teil D: Löschung, Abschnitt 1: Löschungsverfahren).

7   Bei der Zulässigkeitsprüfung handelt es sich um ein **Ex-parte-Verfahren.** Dem Inhaber der Unionsmarke, der in diesem Stadium noch nicht Verfahrensbeteiligter geworden ist, wird nach Art. 14 DVUM aber der Antrag zum Zwecke der Benachrichtigung übermittelt. Entsprechend Art. 15 Abs. 5 DVUM wird er außerdem sowohl über die Feststellung, dass ein Antrag im Falle einer nicht entrichteten Gebühr als nicht gestellt gilt, als auch über eine Zurückweisung des Antrags als unzulässig unterrichtet.

8   Der **zweite Teil des Löschungsverfahrens** beginnt, wenn die Nichtigkeitsabteilung den Antrag für zulässig erklärt. Der Inhaber der Unionsmarke wird gemäß Art. 17 DVUM unter Übersendung des Löschungsantrags zur **Stellungnahme** und ggf. zur **Einreichung von Beweismitteln aufgefordert.** Damit wird der Inhaber der angegriffenen Unionsmarke zum Beteiligten des Verfahrens, das damit zu einem **Inter-partes-Verfahren** wird. Im Unterschied zum Widerspruchsverfahren sieht das Löschungsverfahren **keine Vermittlungsphase („cooling off")** vor. Die Beteiligten können gemäß Art. 64 Abs. 1 so oft wie erforderlich ihre Stellungnahmen einreichen (→ Art. 64 Rn. 1). Im Unterschied zur vorherigen Praxis wird die erste Stellungnahmefrist für den Inhaber der angegriffenen Unionsmarke amtlicherseits in der Regel nicht mehr auf drei, sondern wie alle weiteren Fristen zur Stellungnahme nur noch auf zwei Monate festgesetzt.

9   Mit der Erklärung der Zulässigkeit des Löschungsantrags wird außerdem der Tag der Stellung des Löschungsantrags gemäß Art. 111 Abs. 3 lit. n in das **Register für Unionsmarken** eingetragen (→ Art. 111 Rn. 1).

10   In der Regel wird diese streitige Phase des Verfahrens **nach der zweiten Stellungnahme** des Inhabers der angegriffenen Unionsmarke seitens der Nichtigkeitsabteilung **geschlossen** (→ Art. 64 Rn. 3). Weitere Stellungnahmen der Beteiligten bleiben grundsätzlich unberücksichtigt. Die Nichtigkeitsabteilung trifft daraufhin eine Entscheidung in der Sache, die mit der Beschwerde anfechtbar ist.

11   Sobald die **Entscheidung unanfechtbar** ist, wird auf sie nach Art. 64 Abs. 6 im **Register für Unionsmarken** hingewiesen.

C. Zulässigkeit des Löschungsantrags

12   Anders als im nationalen Verfahren hinsichtlich der Schutzhindernisse der Nr. 1–3 des § 8 Abs. 2 MarkenG besteht **keine Frist,** innerhalb derer der Antrag gestellt werden muss.

Das Löschungsverfahren sieht nunmehr gemäß Art. 16 DVUM eine **gesonderte Substantiie-** 13 **rung** des Löschungsantrags vor (→ Rn. 85).

I. Gebührenzahlung

Die Zahlung der Gebühr wird als eine **vorgelagerte Sachentscheidungsvoraussetzung** von 14 der Nichtigkeitsabteilung zunächst überprüft, denn nach Art. 63 Abs. 2 gilt der Löschungsantrag erst als gestellt, wenn die Gebühr entrichtet worden ist (→ Art. 179 Rn. 1). Die Gebühr beträgt 630 Euro (→ Anh. I Rn. 14).

Im Falle einer **nicht entrichteten Gebühr** fordert die Nichtigkeitsabteilung den Antragsteller 15 nach Art. 15 Abs. 1 DVUM auf, innerhalb einer amtlichen Frist zu zahlen. Wenn die Gebühr erst nach Ablauf dieser Frist entrichtet worden ist, wird sie erstattet.

Erfolgt die **Zahlung der Gebühr** zeitlich erst **nach der Antragstellung,** aber noch innerhalb 16 der amtlichen Frist zur Zahlungsaufforderung (oder bereits vor der Zahlungsaufforderung), gilt nach der Praxis der Nichtigkeitsabteilung der **Antrag bereits mit dem Eingang des Antrags** als gestellt und nicht erst mit dem Zahlungseingang. Dies ist vor allem mit Blick auf die Wirkungen eines Verfalls von Bedeutung, die nach Art. 62 Abs. 1 von dem Zeitpunkt der Antragstellung an eintreten (→ Art. 62 Rn. 1).

II. Antragsberechtigung

Der **Kreis der Antragsberechtigten** richtet sich gemäß Art. 63 Abs. 1 nach der jeweiligen 17 Verfahrensart.

In **Verfallsverfahren** sowie in **Nichtigkeitsverfahren wegen absoluter Nichtigkeits-** 18 **gründe** gehören zu den Antragsberechtigten nach Art. 63 Abs. 1 lit. a neben natürlichen und juristischen Personen auch prozessfähige Interessenverbände (EuGH C-408/08 P, GRUR 2010, 931 – COLOR EDITION; EuG T-223/08, BeckRS 2009, 71359 – Bahmann; T-245/08, GRUR Int 2010, 322 – TIR 20 FILTER CIGARETTES; T-27/09, GRUR Int 2010, 324 – STELLA). Demgegenüber beschränkt sich dieser Kreis in **Nichtigkeitsverfahren wegen relativer Nichtig-** **keitsgründe** auf Inhaber und ggf. ermächtigte Lizenznehmer bzw. nach nationalem Recht berechtigte Personen.

In diesen unterschiedlichen Kreisen der Antragsberechtigten kommt das hinter der jeweiligen 19 Verfahrensart stehende **geschützte Interesse** zum Ausdruck, nämlich zum einen das **allgemeine Interesse,** verfallsreife oder gegen absolute Schutzhindernisse verstoßende Marken aus dem Register zu entfernen, und zum anderen das **private Interesse** von Schutzrechtsinhabern im Nichtigkeitsverfahren wegen relativer Nichtigkeitsgründe.

Derselbe Antrag kann von **mehreren Personen bzw. Verbänden** gestellt werden, soweit sie 20 jeweils individuell die Voraussetzungen von Art. 63 Abs. 1 erfüllen (EUIPO BK 30.1.2012 – R 1049/2011-4 Rn. 14 – LA TERRE). Die UMV oder die DVUM enthalten dazu zwar keine ausdrückliche Regelung, jedoch gehen Art. 73 DVUM zur Bestellung eines gemeinsamen Vertreters sowie Art. 109 Abs. 2 zu den Vertretungskosten bei mehreren Personen als Antragsteller von dieser Möglichkeit eines gemeinsamen Antrags mehrerer Personen aus. Im relativen Nichtigkeitsverfahren ist jedoch zu beachten, dass bei **mehreren älteren Rechten** mehrere Personen bzw. Verbände nur dann zugleich antragsberechtigt sind, wenn alle älteren Rechte demselben Inhaber bzw. denselben Inhabern gehören (EUIPO BK 5.3.2012 – R 826/2010-4 Rn. 17 – MANUFAC-TURE PRIM 1949).

Bei einem **Wechsel der Beteiligten** im Löschungsverfahren **aufgrund eines Rechtsüber-** 21 **gangs** gelten die allgemeinen Bestimmungen, insbesondere also Art. 20 Abs. 11 und 12 (→ Art. 20 Rn. 45). Danach tritt im Löschungsverfahren im Grundsatz der Rechtsnachfolger an die Stelle des vorherigen Rechtsinhabers. Dies gilt auch hinsichtlich des bloßen Wechsels eines Namens eines Beteiligten oder bei einem Vertreterwechsel. Im Einzelnen – etwa hinsichtlich einer Teilübertragung – richtet sich die Praxis der Nichtigkeitsabteilung nach derjenigen der Widerspruchsabteilung (vgl. EUIPO-Prüfungsrichtlinien, Teil C: Widerspruch, Abschnitt 2: Verfahrensfragen).

Für den **Wechsel eines Antragstellers im Verfahren wegen Verfalls oder absoluter Nich-** 22 **tigkeitsgründe** findet sich im Gesetz keine Regelung. In der Praxis der Nichtigkeitsabteilung wurde ein solcher Wechsel, der nur sehr selten vorkommt, bisher grundsätzlich akzeptiert (EUIPO BK 28.2.2007 – R 1209/2005-1 Rn. 18 – Payless ShoeSource), wohl insbesondere weil diese Verfahren im öffentlichen Interesse liegen und keine prozessualen Regelungen oder schutzwürdigen Interessen auf Seiten des Inhabers der angegriffenen Unionsmarke dagegen sprechen.

23   Von der Antragsberechtigung zu unterscheiden ist die Frage, ob der Antragsteller im Löschungsverfahren über ein **gesondertes Antragsinteresse** verfügen muss. Diese stellt sich insbesondere im Verfallsverfahren und im Nichtigkeitsverfahren wegen absoluter Nichtigkeitsgründe (→ Rn. 67). Ebenso ist der **Rechtsmissbrauch** ein gesondertes, auf allgemeinen Verfahrensgrundsätzen beruhendes Verfahrenshindernis (→ Rn. 70).

1. Verfall und Nichtigkeit aufgrund absoluter Nichtigkeitsgründe

24   Der Kreis der Antragsberechtigten wird gesetzlich sehr weit gezogen; in Entscheidungen ist oftmals von „**jedermann**" bzw. einem „**Popularantrag**" die Rede.

25   Den **juristischen Personen** gemäß Art. 63 Abs. 1 lit. a werden nach Art. 3 sonstige rechtsfähige juristische Einheiten gesetzlich gleichgestellt (→ Art. 3 Rn. 1).

26   Bei **prozessfähigen Interessenverbänden,** die gemäß Art. 45, Art. 77 und Art. 86 ebenso Bemerkungen Dritter einreichen können, wird es sich in der Regel zugleich um juristische Personen oder um solche juristischen Einheiten handeln. Deren Antragsberechtigung spiegelt ebenfalls das hinter dieser Verfahrensart stehende Allgemeininteresse wider.

27   Obgleich das Verfallsverfahren sowie das Nichtigkeitsverfahren wegen absoluter Nichtigkeitsgründe auch im Allgemeininteresse durchgeführt wird, hängt das Verfahren von einem **Antrag** ab, der vom Antragsteller bis zum rechtskräftigen Abschluss des Verfahrens jederzeit zurückgenommen werden kann. Dies gilt also auch noch nach Zustellung der Entscheidung der Nichtigkeitsabteilung, solange diese noch nicht bestandskräftig geworden ist. Eine **antragsunabhängige Fortsetzung** des Verfahrens seitens des Amtes etwa unter dem Gesichtspunkt des allgemeinen Interesses an der Löschung einer Marke **ist nicht möglich** (EUIPO BK 24.1.2008 – R 285/2005-1 Rn. 23 – Le MERIDIEN), auch wenn sich im Verfahren etwa deren Verfallsreife gezeigt hat (s. auch die Kommentierung zu Art. 64 zum Problem der Erweiterung des Löschungsantrags → Art. 64 Rn. 30) und zur Möglichkeit einer Entscheidung ultra petitum (→ Art. 64 Rn. 32)).

28   Von Amts wegen kann das Amt trotz seiner Rechtspersönlichkeit gemäß Art. 142 (→ Art. 142 Rn. 1) ein Verfallsverfahren oder ein absolutes Nichtigkeitsverfahren nicht einleiten. Die UMV sieht im Unterschied zum deutschen MarkenG **kein Amtslöschungsverfahren** vor. Im Übrigen folgt dies aus der Systematik des Gesetzes, das in abschließender Weise eine Eigenkorrektur von amtlichen Entscheidungen nur bei Verfahrensfehlern gemäß Art. 103 (→ Art. 103 Rn. 1) oder bei sprachlichen Fehlern, Schreibfehlern oder offensichtlichen Fehlern in einer Entscheidung gemäß Art. 102 (→ Art. 102 Rn. 1) vorsieht.

2. Nichtigkeit aufgrund relativer Nichtigkeitsgründe

29   Soweit die älteren Rechte ihrer Art nach im Widerspruchsverfahren geltend gemacht werden können, **decken sich im Widerspruchs- und im Nichtigkeitsverfahren wegen relativer Nichtigkeitsgründe die Kreise der Antragsberechtigten** aufgrund des gesetzlichen Verweises gemäß Art. 63 Abs. 1 lit. b. Insoweit wird auf die Kommentierung zu Art. 46 Abs. 1 verwiesen (→ Art. 46 Rn. 65).

30   Für die **sonstigen älteren Rechte** iSv Art. 60 Abs. 2 sieht Art. 63 Abs. 1 lit. c vor, dass Inhaber sowie nach nationalem Recht berechtigte Personen einen Nichtigkeitsantrag stellen können. Wie schon bei nationalen Kennzeichenrechten iSv Art. 8 Abs. 4 überlässt es die UMV bei diesen Rechten also teilweise dem nationalem Recht, den Kreis der Antragsberechtigten festzulegen.

III. Schriftform

31   Nach Art. 63 Abs. 2 ist der Antrag schriftlich einzureichen. Das Amt stellt entsprechend Art. 65 Abs. 1 lit. d DVUM auf seiner Webseite online ausfüllbare Formblätter für den Löschungsantrag gebührenfrei zur Verfügung; es herrscht aber kein Formzwang.

32   Art. 63 DVUM gestaltet die Übermittlungsart von Anträgen und weiteren Mitteilungen näher aus. Der Löschungsantrag kann nunmehr auch über die Webseite des Amtes elektronisch übermittelt werden. Der Exekutivdirektor des Amtes hat gemäß Art. 100 Abs. 1 in seiner Entscheidung EX-17-4 vom 16.8.2017 nähere Einzelheiten zu elektronischen Mitteilungen an das Amt bestimmt.

IV. Erforderliche Angaben

33   Art. 12 Abs. 1 DVUM erfordert Angaben zu der angegriffenen Unionsmarke, zu dem Antragsteller sowie zu den angegriffenen Waren oder Dienstleistungen. Für die Antragsgründe genügt

eine bloß Erklärung, dass die betreffenden Erfordernisse betreffend den jeweiligen Löschungsgrund erfüllt sind. Bei relativen Nichtigkeitsgründen sind außerdem Angaben zu dem älteren Recht zum Zwecke ihrer Identifizierung erforderlich.

Ein Löschungsantrag kann nur gegen eine Unionsmarke gestellt werden. Eine Unionsmarke **34** wird nach Art. 6 erst mit der **Eintragung** erworben (→ Art. 6 Rn. 1). Dementsprechend stellt Art. 12 Abs. 1 lit. a DVUM auf eine Eintragung als Ziel der Löschungserklärung ab. Im Falle einer internationalen Registrierung mit EU-Benennung richtet sich die Frage, wann dieser die Wirkung einer eingetragenen Marke zukommt, nach Art. 189 Abs. 2 (→ Art. 189 Rn. 5).

Ein Antrag gegen eine bloße Anmeldung einer Unionsmarke wird als unzulässig zurückgewie- **35** sen. Allerdings steht dies einer erneuten Stellung des Antrags nach erfolgter Eintragung nicht entgegen (EUIPO BK 22.10.2007 – R 284/2007-4 Rn. 20 – VISION). Hingegen dürfte eine vorherige Veröffentlichung der Eintragung nicht erforderlich sein (dies aber offenlassend EUIPO BK 22.10.2007 – R 284/2007-4 Rn. 18 – VISION).

Nach ständiger Entscheidungspraxis wird ein gegen eine Anmeldung gerichteter Löschungsan- **36** trag auch **nicht mit der Eintragung** der betreffenden Anmeldung **nachträglich zulässig** (EUIPO BK 30.6.2009 – R 572/20074 Rn. 9 – CHATKA). Das Verfahren wird nicht bis zur Eintragung der angegriffenen Anmeldung ausgesetzt, sondern der Löschungsantrag wird als unzulässig zurückgewiesen.

Der Antrag auf Erklärung des Verfalls oder der Nichtigkeit kann jeweils auf **mehrere Verfalls- 37 oder Nichtigkeitsgründe** gestützt werden. Dies gilt auch soweit absolute und relative Nichtigkeitsgründe in einem Nichtigkeitsantrag kombiniert werden.

Im Fall einer vollständigen Löschung der angegriffenen Unionsmarke kann sich die Nichtigkeitsabtei- **37.1** lung aber auf die Prüfung eines einzigen durchgreifenden Löschungsgrundes beschränken, soweit dieser dieselbe Wirkung wie die übrigen entfaltet. Der Antragsteller hat **keinen Anspruch auf Prüfung der weiteren Verfalls- oder Nichtigkeitsgründe** (EuG T-300/08, BeckEuRS 2009, 501470 – Golden Elephant Brand).

Entgegen ihrer früheren Praxis, die von der Beschwerdekammer nicht in Frage gestellt worden **38** ist (EUIPO BK 6.4.2006 – R 238/2005-1 – ELIO fiorucci), akzeptiert die Nichtigkeitsabteilung aber **keine Kombinierung von Verfalls- und Nichtigkeitsgründen** in ein und demselben Antrag. Dies wird mit der im Gesetz angelegten Unterscheidung zwischen Verfalls- und Nichtigkeitsverfahren begründet. Die Beschwerdekammer hat bisher noch nicht über die Rechtmäßigkeit dieser Praxis entschieden (für die Zulässigkeit einer solchen Kombination v. Mühlendahl/Ohlgart Gemeinschaftsmarke § 19 Rn. 93).

Zwar findet diese gesetzliche Unterscheidung auch in den verschiedenen Wirkungen des Verfalls und **38.1** der Nichtigkeit ihren Ausdruck, allerdings spricht rechtlich nichts zwingend gegen eine Kombinierung von Verfalls- und Nichtigkeitsgründen in einem Antrag. Verfalls- und Nichtigkeitsanträge können nach Regel 41 Abs. 1 auch verbunden werden (→ Art. 64 Rn. 44). Relevant wird diese Problematik vor allem mit Blick auf die Gebühr iHv 630 Euro, die für einen weiteren Antrag fällig wird.

Die Nichtigkeitsabteilung akzeptiert auch **keine hilfsweise Geltendmachung eines 39 Löschungsgrundes,** obwohl der Antragsteller an einem solchen Abhängigkeitsverhältnis ein Interesse haben mag. Denkbar ist etwa, dass der Antragsteller seine nicht eingetragene Marke gestützt auf den relativen Nichtigkeitsgrund nach Art. 60 Abs. 1 lit. c gegen eine identische Unionsmarke durchsetzen will. Falls dieser Anspruch aber nicht durchgreift, mag er erreichen wollen, die Unionsmarke auf Grundlage eines absoluten Nichtigkeitsgrundes nach Art. 59 Abs. 1 lit. a zu löschen. Dies mag er allerdings nur hilfsweise erreichen wollen, weil dann auch die Schutzfähigkeit seines eigenen Zeichens mittelbar in Frage stünde. Die Nichtigkeitsabteilung behandelt den hilfsweise gestellten Löschungsgrund in der Regel wie einen weiteren (Haupt-) Antrag. Im vorigen Beispiel könnte die Nichtigkeitsabteilung nach ihrer Praxis also die Nichtigkeit der Unionsmarke aufgrund eines absoluten Nichtigkeitsgrund erklären und den relativen Nichtigkeitsgrund dahinstehen sein lassen.

Die EUIPO-Prüfungsrichtlinien betreffend das Löschungsverfahren legt diese Praxis aber nicht fest; aA **39.1** etwa v. Mühlendahl/Ohlgart Gemeinschaftsmarke § 19 Rn. 93, worin zur Begründung angeführt wird, dass dies der Regelung über die Widerklage gemäß Art. 100 entspreche. Insoweit lässt sich dem Wortlaut dieser Vorschrift aber nichts entnehmen. Ob die bloß hilfsweise Stellung der Widerklage selber oder eines Löschungsgrundes im Rahmen einer Widerklage möglich ist, hängt vom nationalen Prozessrecht ab. Daher folgt aus dem Verweis auf Art. 100 nicht zwingend die Zulässigkeit einer bloß hilfsweisen Antragstellung.

40   Im Falle eines auf Art. 60 Abs. 1 lit. b iVm Art. 8 Abs. 3 gestützten Nichtigkeitsantrags kann entweder die Löschung der sogenannten **Agentenmarke** oder gemäß Art. 21 deren **Übertragung** verlangt werden (→ Art. 21 Rn. 1). Nach der Praxis der Nichtigkeitsabteilung wird eine Kombinierung beider Anträge nicht akzeptiert. Im Verhältnis zu sonstigen Nichtigkeitsgründen wird ein Übertragungsverlangen im Übrigen grundsätzlich zuerst geprüft.

41   Eine weitere erforderliche Angabe liegt nach Art. 12 Abs. 1 lit. d DVUM in der Erklärung dazu, für **welche Waren und Dienstleistungen** die angegriffene Unionsmarke gelöscht werden soll. Fehlt eine solche Erklärung, greift die gesetzliche Fiktion, dass sich der Antrag gegen sämtliche Waren und Dienstleistungen richtet. Entsprechendes gilt nach der Praxis der Nichtigkeitsabteilung, wenn sie nicht in hinreichend klarer Weise identifiziert werden.

42   Im Falle eines **Verfallsantrags wegen Nichtbenutzung** ist es zulässig, bestimmte Untergruppen der angegriffenen Waren oder Dienstleistungen von dem Antrag auf Löschung auszunehmen (EuG T-307/13, BeckRS 2014, 82543 – ORIBAY). Demgegenüber ist es wohl unzulässig, den Verfallsantrag wegen Nichtbenutzung nur gegen bestimmte Waren oder Dienstleistungen zu richten, die unter Waren- oder Dienstleistungsoberbegriffe fallen (EUIPO BK 2.2.2017 – R 217/2016-4 Rn. 17 – BATA). Allerdings lässt es die Nichtigkeitsabteilung jedenfalls für die sonstigen Löschungsgründe im Einklang mit der Praxis für Widersprüche zu, den Antrag nur gegen bestimmte Untergruppen zu richten.

43   Hinsichtlich der erforderlichen **Angaben zum Antragssteller** verweist Art. 12 Abs. 1 lit. c DVUM auf die in Art. 2 Abs. 1 lit. b UMDV aufgelisteten Einzelheiten; bei vorheriger Erteilung einer amtlichen Identifikationsnummer genügt diese zusammen mit der Angabe des Namens des Antragstellers.

44   Bei einem Antrag wegen **relativer Nichtigkeitsanträge** sind nach Art. 12 Abs. 2 DVUM weitere Angaben zu dem älteren Recht erforderlich. Soweit dieses auch im Rahmen eines Widerspruchsverfahrens geltend gemacht werden kann, gelten mittels der gesetzlichen Verweise in Art. 12 Abs. 2 lit. a und c DVUM die entsprechenden Anforderungen zu der Widerspruchsschrift, um das ältere Recht einschließlich der geltend gemachten Waren und Dienstleistungen identifizieren zu können. Für sonstige ältere Rechte, die nach Art. 60 Abs. 2 nur im Nichtigkeitsverfahren geltend gemacht werden können, genügen gemäß Art. 12 Abs. 2 lit. b DVUM Angaben zu deren Art und deren Wiedergabe sowie das betreffende Territorium. Von den für die Zulässigkeit erforderlichen Angaben nach Art. 12 Abs. 2 DVUM sind die nach Art. 16 DVUM für die Substantiierung erforderlichen Tatsachen, Beweismittel und Bemerkungen zu trennen (→ Rn. 85).

45   **Widersprüchliche Angaben** können unschädlich sein und keine Mängelbeseitigung erfordern, soweit im Wege der Auslegung eine eindeutige Identifizierung möglich ist (EUIPO BK 10.2.2011 – R 654/2010-1 Rn. 13 – TOUCHNET).

V. Sprache

46   Art. 146 Abs. 5–7 legen für das Löschungsverfahren die Verfahrenssprache fest (→ Art. 146 Rn. 24). Ungeachtet dessen können die Beteiligten im weiteren Verlauf des Verfahrens nach Art. 146 Abs. 8 eine andere Verfahrenssprache vereinbaren (→ Rn. 50).

47   Nach Art. 146 Abs. 5 ist der **Löschungsantrag** in einer der **fünf Sprachen des Amtes** (Deutsch, Englisch, Französisch, Italienisch und Spanisch) einzureichen. Falls diese gewählte Sprache einer der beiden Sprachen der angegriffenen Unionsmarke entspricht, wird sie gemäß Art. 146 Abs. 7 die Sprache des Löschungsverfahrens. Der Antragsteller hat also eine **Wahlmöglichkeit,** wenn beide Sprachen der angegriffenen Unionsmarke zu den Sprachen des Amtes gehören, anderenfalls richtet sich die Verfahrenssprache nach ihrer zweiten Sprache.

48   Ist der Löschungsantrag in einer Sprache des Amtes, aber in keiner der möglichen Verfahrenssprachen gestellt, hat der Antragsteller gemäß Art. 146 Abs. 7 eine **Übersetzung** innerhalb eines Monats einzureichen, und zwar entweder in die erste Sprache der angegriffenen Unionsmarke, vorausgesetzt diese ist eine der fünf Sprachen des Amtes, oder in deren zweite Sprache, die nach Art. 146 Abs. 3 in jedem Fall eine der fünf Sprachen des Amtes sein muss. Eine Ausnahme von dem Übersetzungserfordernis sieht Art. 146 Abs. 6 im Falle der Verwendung eines **amtlichen Formblatts** vor, das als solches nicht übersetzt zu werden braucht. Diese Ausnahme gilt aber nicht für die im Formblatt anzugebenden Informationen, die daher zu übersetzen sind.

49   Dieses Sprachenregime ist mit dem Unionsrecht vereinbar (→ Einl. Rn. 58). Es ist durch das Erfordernis gerechtfertigt, den **Anspruch auf rechtliches Gehör** und die **Waffengleichheit** zwischen den Beteiligten zu wahren (EuGH GRUR Int 2012, 630 Rn. 102 – BOTOX).

50   Gemäß Art. 146 Abs. 8 können die am Verfalls- oder Nichtigkeitsverfahren Beteiligten eine andere Amtssprache der Europäischen Union als Verfahrenssprache **vereinbaren.** In der Praxis kommt dies nur sehr selten vor. Art. 13 DVUM legt die geltenden Fristen fest. Danach gilt eine **Zweimonatsfrist für die Mitteilung der Vereinbarung** seitens eines der Beteiligten an das Amt, beginnend mit Empfang der Mitteilung an den Inhaber der angegriffenen Unionsmarke über den Beginn des kontradiktorischen Teils des Verfahrens. Art. 17 Abs. 1 DVUM knüpft an diesen Zeitpunkt an, weil der Inhaber der angegriffenen Unionsmarke erst mit Empfang dieser Mitteilung die Stellung eines Beteiligten erlangt, die auch von Art. 146 Abs. 8 vorausgesetzt wird. Weiterhin kann der Inhaber der angegriffenen Unionsmarke innerhalb der vorgenannten Zweimonatsfrist eine Übersetzung des Antrags in die gewählte Verfahrenssprache verlangen, woraufhin das Amt dem Antragsteller eine Frist zur ihrer Einreichung setzt. Wird diese Übersetzung nicht oder nicht rechtzeitig eingelegt, bleibt es bei der ursprünglichen Verfahrenssprache.

VI. Res Iudicata

Im europäischen Recht ist der **Rechtsgrundsatz** der res iudicata **allgemein anerkannt,** der 51 über Art. 107 auch im Unionsmarkenrecht gilt (→ Art. 107 Rn. 22). Im deutschen Recht findet er insbesondere in den Normen zu der Rechtskraft von Entscheidungen seinen Ausdruck. Zur Gewährleistung des Rechtsfriedens und der Beständigkeit rechtlicher Beziehungen sowie einer geordneten Rechtspflege sollen nach Ausschöpfung des Rechtswegs oder nach Ablauf der entsprechenden Rechtsmittelfristen unanfechtbar gewordene Gerichtsentscheidungen nicht mehr in Frage gestellt werden können (EuGH C-234/04, BeckEuRS 2006, 423438 – Rosmarie Kapferer/ Schlank & Schick GmbH).

In Art. 63 Abs. 3 ist dieser Rechtsgrundsatz für den Fall **gesetzlich geregelt,** dass über 52 den Antrag wegen desselben Anspruchs zwischen denselben Parteien in der Hauptsache bereits unanfechtbar entschieden worden ist. Er gilt für Entscheidung durch das **Gericht eines Mitgliedstaats** im Wege der Widerklage und nunmehr kraft gesetzlicher Regelung auch für **Entscheidungen der Nichtigkeitsabteilung.**

Dies galt bereits nach der vorherigen Praxis der Nichtigkeitsabteilung, wenn der vorherige Löschungsantrag nicht nur als unzulässig zurückgewiesen (EUIPO BK 9.12.2015 – R 610/2015-2 Rn. 18 – FLAMAIRE), sondern in der Sache entschieden worden ist (so auch EUIPO BK 17.11.2014 – R 489/2013/ 2 Rn. 14 – PRIVATE). Zwar greift der allgemeine Rechtsgrundsatz der res iudicata nur für gerichtliche und nicht für amtliche Entscheidungen (EuG GRUR Int 2010, 58 Rn. 34 – Timi Kinderjoghurt), angesichts des res iudicata-Effekts amtlicher Löschungsentscheidungen für Gerichte war diese Praxis auf der Grundlage eines erst recht Schlusses aber gerechtfertigt (EUIPO BK 12.3.2010 – R 361/2009-4 Rn. 23 – Schachbrettmuster). 52.1

Neben Art. 63 Abs. 3 findet der Rechtsgrundsatz der res iudicata auch in Art. 136 betreffend gleichzeitige und aufeinanderfolgende Klagen aus Unionsmarken und aus nationalen Marken seinen Ausdruck. 52.2

Im Übrigen ist bei **aufeinanderfolgenden Löschungsanträgen wegen relativer Nichtigkeitsgründe** das **Kumulierungsgebot** nach Art. 60 Abs. 4 zu beachten (→ Art. 60 Rn. 26), das wie res iudicata ein Verfahrenshindernis darstellen kann. 52.3

Das Verfahrenshindernis der res iudicata ist **von Amts wegen** zu prüfen. Die Unionsmarkengerichte haben dem Amt gemäß Art. 128 Abs. 6 rechtskräftige Entscheidungen auch über zurückgewiesene Widerklagen auf Erklärung des Verfalls oder der Nichtigkeit in Form einer Ausfertigung dieser Entscheidung zuzustellen (→ Art. 128 Rn. 45). Ein Hinweis auf die Entscheidung wird im Register für Unionsmarken eingetragen. 53

Eine **bestandskräftige Entscheidung im amtlichen Löschungsverfahren** (anders als eine 54 Widerspruchsentscheidung) kann gemäß Art. 128 Abs. 2 (→ Art. 128 Rn. 52) selbst einer **Widerklage** vor einem Unionsmarkengericht **entgegenstehen.** Insoweit können die Gerichte dem Register für Unionsmarken einen Hinweis auf die Entscheidung des Amtes entnehmen (Art. 64 Abs. 6).

Dagegen stellt eine **vorherige Widerspruchsentscheidung** kein Verfahrenshindernis für ein 55 nachfolgendes Löschungsverfahren dar (EuG T-140/08, GRUR Int 2010, 58 Rn. 34 – Timi Kinderjoghurt; EuG T-11/13, BeckRS 2014, 81958 – MEGO). Es handelt sich nicht um denselben Anspruch iSv Art. 63 Abs. 3 (EUIPO BK 11.5.2022 – R 1360/2021-5 – Capitol; deutlicher im englischen Wortlaut dieser Vorschrift: „same subject matter and cause of action"). Eine gerichtliche Entscheidung in einem Widerspruchsverfahren sollte aber nach den allgemeinen Rechtsgrundsätzen der res iudicata einem nachgeschalteten Nichtigkeitsverfahren auf Grundlage derselben älteren Rechte als Verfahrenshindernis entgegenstehen.

Ebenso wenig steht eine Entscheidung einer Beschwerdekammer im **Anmeldeverfahren,** 56 wonach keine absoluten Eintragungshindernisse nach Art. 7 vorliegen, einer späteren Entscheidung einer anderen Beschwerdekammer im Löschungsverfahren entgegen, diese wegen der zuvor bereits geprüften absoluten Nichtigkeitsgründe nach Art. 7 für nichtig zu erklären (EuG T-275/10, BeckRS 2012, 80861 Rn. 15 ff. – MPAY24).

57   Zu der Auslegung der **Voraussetzungen** von Art. 63 Abs. 3, nämlich das Vorhandensein einer **rechtskräftigen Entscheidung** und einer **Anspruchs- und Parteienidentität,** liegen nur wenige Entscheidungen vor.

58   Unproblematisch ist die Prüfung, ob eine Entscheidung in **Rechtskraft** erwachsen ist. Wenn eine Widerklage erhoben, darüber aber noch nicht rechtskräftig entschieden worden ist, greift Art. 63 Abs. 3 nicht. Für diesen Fall sieht Art. 132 vor, ob das gerichtliche oder das amtliche Verfahren auszusetzen ist (→ Art. 132 Rn. 1). Wenn bei einer zuvor erhobenen Widerklage das amtliche Löschungsverfahren ausgesetzt und anschließend die Widerklage rechtskräftig abgewiesen wird, kann dies nachträglich ein Verfahrenshindernis nach Art. 63 Abs. 3 darstellen (im Erfolgsfall würde die Unionsmarke gelöscht und der Löschungsantrag gegenstandslos).

59   Weiterhin ist eine **Anspruchsidentität** erforderlich. Wie ein Blick auf die übrigen Sprachfassungen in den vier weiteren Sprachen des Amtes zeigt („same subject matter and cause of action" (EN)/„le même objet et la même cause" (FR)/„el mismo objeto y la misma causa" (ES)/„lo stesso oggetto e la stessa causa" (IT)), umfasst der Anspruch nicht nur den **Löschungsgrund,** sondern auch den zugrundeliegenden **Sachverhalt.**

60   Die Anspruchsidentität kann fraglich sein, soweit **unterschiedliche, aber sich überschneidende Löschungsgründe** Gegenstand der vorherigen Entscheidung gewesen sind. Dies kann etwa im Verhältnis von Art. 7 Abs. 1 lit. b zu Art. 7 Abs. 1 lit. c gelten. Da den Löschungsgründen jeweils ein eigenständiger Anwendungsbereich verbleibt, sollte nur bei identischen Löschungsgründen eine Anspruchsidentität vorliegen.

61   Der Sachverhalt kann sich insbesondere bei Löschungsgründen ändern, bei denen sich der **maßgebliche Beurteilungszeitpunkt erheblich verschoben** hat und sich seit der rechtskräftigen Entscheidung die tatsächlichen Umstände geändert haben können. Dies gilt vor allem für die Verfallsgründe nach Art. 58, die an das Verhalten bzw. die Untätigkeit des Inhabers anknüpfen.

62   Hinsichtlich des Sachverhalts kann sich das Problem stellen, dass sich Widerklage und Löschungsverfahren nur darin unterscheiden, dass der Gegenstand **zum einen eine nationale Marke und zum anderen eine Unionsmarke** ist, deren Zeichen und Waren oder Dienstleistungen (teil-) identisch sind. Nach der ständigen Praxis der Nichtigkeitsabteilung handelt es sich in diesem Fall jedoch um einen identischen Sachverhalt, denn es liegen unterschiedliche Rechte vor (so bereits EUIPO NA 5.4.2001 – 91 C 000371096/1 Rn. 11 – Weisse Seiten). Nach einer Entscheidung der Beschwerdekammer betreffend den allgemeinen Rechtsgrundsatz der res iudicata soll dies unter Umständen anders sein können (EUIPO BK 30.7.2009 – R 1203/2005-1 – BRUTT).

62.1   Die BRUTT Entscheidung geht nicht auf Art. 63 Abs. 3 ein. Sie bejaht die Voraussetzungen von res iudicata als einen allgemeinen Rechtsgrundsatz, wonach dieser nicht nur ein Verfahrenshindernis sein, sondern auch dieselbe Entscheidung in der Sache verlangen kann. Die Beschwerdekammer sah sich gebunden, im Ergebnis genauso wie ein nationales Gericht zu befinden, das eine nationale Marke gelöscht hatte. Die Beschwerdekammer hat folglich die Unionsmarke gelöscht, die ihre Priorität von der nationalen Marke abgeleitet hat, ohne die Voraussetzungen des Löschungsgrundes (Bösgläubigkeit) selber zu prüfen. Andere Entscheidungen scheinen von einer solchen möglichen Bindungswirkung nicht auszugehen (EUIPO BK 20.3.2009 – R 239/2007-4 – HOUSE DOCTOR) bzw. verneinen deren Voraussetzungen unter den gegebenen Fallumständen (EUIPO BK 1.2.2012 – R 1386/2010-4 – Bfree/DR BROWNS).

63   Bei der **Parteienidentität** handelt es sich nach bisheriger Praxis um ein rein formelles Kriterium. Dementsprechend steht bereits der **Wechsel des Inhabers** eines Rechts, das zuvor Gegenstand einer Widerklage war, einem res iudicata–Effekt nach Art. 63 Abs. 3 entgegen. Bei Popularanträgen auf der Basis eines Verfalls- oder absoluten Nichtigkeitsgrundes ist ungeklärt, ob die Stellung durch einen sog. Strohmann zulässig ist (zum deutschen Recht → MarkenG § 53 Rn. 23.4).

VII. Sonstige Zulässigkeitsvoraussetzungen

64   Als weiteres Verfahrenshindernis bei einem **Nichtigkeitsantrag wegen relativer Nichtigkeitsgründe** ist das Kumulationsgebot gemäß Art. 60 Abs. 4 von Amts wegen zu prüfen (→ Art. 60 Rn. 24). Danach kann ein älteres Recht präkludiert sein, wenn es bereits im Rahmen eines vorherigen Nichtigkeitsantrags hätte geltend gemacht werden können.

65   Zudem weist die Nichtigkeitsabteilung einen **Verfallsantrag wegen Nichtbenutzung** gemäß Art. 58 Abs. 1 lit. a gegen eine noch nicht seit mehr als fünf Jahren eingetragene Unionsmarke als unzulässig zurück. Bei einer internationalen Registrierung mit EU-Benennung tritt an die Stelle des Datums der Eintragung gemäß Art. 203 iVm Art. 190 Abs. 2 das Datum der Veröffentlichung, dass der internationalen Registrierung der Schutz nicht verweigert oder eine solche Verweigerung widerrufen wird.

Darüber hinaus gelten die allgemeinen Verfahrensvorschriften, so etwa die Grundsätze zur **66** Vertretung gemäß Art. 119 (→ Art. 119 Rn. 1), aus denen sich die Unzulässigkeit eines Löschungsantrags ergeben kann.

1. Antragsinteresse

Ein **gesondertes Antragsinteresse (Rechtsschutzbedürfnis)** ist im amtlichen Verfahren – **67** anders als im gerichtlichen Verfahren – **nicht erforderlich.** Für das Nichtigkeitsverfahren wegen absoluter Schutzhindernisse findet ein solches Antragsinteresse im Gesetz keine Grundlage. Der weite Kreis von Antragsberechtigten zeigt das Allgemeininteresse an der Durchführung dieses Verfahrens (EuGH C-408/08 P, GRUR 2010, 931 Rn. 36 ff. – COLOR EDITION). Entsprechendes gilt für einen Verfallsantrag, der einem möglichst breiten Personenkreis die Möglichkeit bieten soll, eine Unionsmarke anzufechten, die während einer bestimmten Zeit nicht ernsthaft benutzt wurde. Dies schließt Personen mit ein, die nicht die Staatsangehörigkeit eines Mitgliedstaats oder einen Wohnsitz in einem Mitgliedstaat der Europäischen Union besitzen (EuG T-245/08, GRUR Int 2010, 322 Rn. 23 – TIR 20 FILTER CIGARETTES).

Dementsprechend kann auch ein **Rechtsanwalt** im eigenen Namen oder im Namen seiner **68** Kanzlei einen solchen Antrag stellen (EUIPO BK 28.2.2007 – R 1209/2005-1 Rn. 17 – Payless ShoeSource).

Ein gesondertes Antragsinteresse steht auch dann nicht in Frage, wenn der Antragsteller – wie **69** in aller Regel – aus **vordergründig eigenem Interesse** handelt, also etwa die Verwertung einer eigenen identischen oder ähnlichen Marke beabsichtigt, der die angegriffene Unionsmarke entgegenstehen würde (EUIPO BK 14.5.2008 – R 855/2007-4 – PAN AM). Solche Eigeninteressen sind grundsätzlich irrelevant.

2. Rechtsmissbrauch

Nach ständiger Rechtsprechung kann das Unionsrecht nach einem **allgemeinen Rechts- 70 grundsatz** nicht missbräuchlichen oder betrügerischen Zwecken dienen. Ein solcher Rechtsmissbrauch kann auch im Löschungsverfahren ein Verfahrenshindernis darstellen. Es kann sich als rechtsmissbräuchlich erweisen, wenn objektiv trotz formaler Einhaltung der von der Unionsregelung vorgesehenen Bedingungen das Ziel dieser Regelung nicht erreicht wurde und subjektiv allein zur Erlangung eines ungerechtfertigten Vorteils gehandelt wird (EuGH C-423/15, BeckRS 2016, 81746 – Kratzer; EuG T-204/10, BeckRS 2012, 82100 – COLOR FOCUS; T-389/18, BeckRS 2019, 12217 – WKU).

Ein solcher Rechtsmissbrauch wurde bisher – soweit ersichtlich – nur in einem Fall bejaht, in **71** dem **zahlreiche Verfallsanträge** gegen Marken desselben Inhabers gestellt worden sind, obwohl diese ersichtlich im Verkehr präsent waren. Dies mit dem Ziel, deren Inhaber zur Übertragung einiger dieser angegriffenen Marken im Gegenzug zu der Rücknahme aller Verfallsanträge zu bewegen. Dieser Rechtsmissbrauch wurde durch eine Reihe weiterer relevanter Umstände bestätigt (EUIPO 11.2.2020 – R 2445/2017-G – Sandra Pabst; s. auch EuG T-754/21, GRUR-RS 2022, 22456 – bâoli).

Der Umstand, dass der Löschungsantragsteller seinen Antrag mit dem Ziel stellen kann, das **72** fragliche Zeichen später **selber zu verwenden,** steht laut der Rechtsprechung genau im Einklang mit dem durch Art. 7 Abs. 1 lit. c geschützten Allgemeininteresse der Verfügbarkeit und freien Verwendbarkeit. Auch der Umstand, dass der Geschäftsführer des Löschungsantragstellers auf Erklärung der Nichtigkeit zu dem Zeitpunkt, zu dem die Anmeldung eingereicht wurde, der Geschäftsführer der Markeninhaberin war, berührt in keiner Weise sein Recht, einen Löschungsantrag zu stellen. Selbst unterstellt, ein Antrag auf Nichtigerklärung wäre Teil eines im Rahmen einer geschäftlichen Konfrontation bestehenden Gesamtplans, der auch wettbewerbsrechtlich unlautere Methoden umfasst, ist die Löschung einer beschreibenden oder nicht unterscheidungskräftigen Marke eine durch Art. 64 Abs. 5 und 6 vorgegebene Rechtsfolge (EuG T-396/11, GRUR Int 2013, 794 – ULTRAFILTER INTERNATIONAL; T-801/19, GRUR-RS 2020, 25149 – Pedalbox+).

Ein **Löschungsantrag gegen eine Widerspruchsmarke** begründet kein rechtsmissbräuchli- **73** ches Verhalten des Löschungsantragstellers (zu einem Verfallsantrag gegen eine Widerspruchsmarke EuG T-27/09, GRUR Int 2010, 324 Rn. 21 ff. – Stella). Ebenso stellt es grundsätzlich ein legitimes

Verteidigungsmittel dar, einen Löschungsantrag gegen eine Marke zu stellen, aufgrund derer der Löschungsantragsteller in einem **Markenverletzungsverfahren** in Anspruch genommen wird (EUIPO BK 8.9.2011 – R 1458/2010-1 Rn. 17 – Wiedergabe eines Bären).

74   Ein **Antrag auf Erklärung der Nichtigkeit wegen relativer Nichtigkeitsgründe** ist nicht allein deswegen rechtsmissbräuchlich, weil **zuvor ein Widerspruch** auf Grundlage derselben älteren Rechte zurückgewiesen worden ist. Dies gilt selbst dann, wenn gerichtlich über die Zurückweisung des Widerspruchs entschieden worden ist, denn es handelt sich jeweils um eigenständige Verfahren (EUIPO BK 16.10.2012 – R 1596/2011-4 Rn. 9 – REDROCK).

75   Besondere **vertragliche Verpflichtungen** zwischen den Beteiligten in Gestalt einer **Nichtangriffsabrede** begründen grundsätzlich ebenfalls keinen Rechtsmissbrauch. Sie bleiben für die amtliche Zulässigkeitsprüfung grundsätzlich unberücksichtigt (EUIPO BK 18.5.2011 – R 374/2010-4 Rn. 34 – ULTRAFILTER INTERNATIONAL). Sie können zivilrechtlich mit dem Ziel verfolgt werden, dass der Antragsteller zur Rücknahme seines Antrags verpflichtet wird (s. aber EUIPO BK 29.9.2011 – R 1736/2010-2 – SKYRADIO, wonach dies aber zu einer Zwickmühlensituation führen kann, wenn das Amt auf die Gerichte und die Gerichte auf das Amt verweisen, so dass in diesem Fall die Beschwerdekammer den Löschungsantrag nicht zugelassen hat). Ein anhängiges gerichtliches Verfahren kann jedoch ein Aussetzungsgrund für das amtliche Löschungsverfahren sein (EUIPO BK 24.1.2008 – R 285/2005-1 Rn. 24 – Le MERIDIEN).

76   Ebenso kann es legitim sein, nach der **Zurückweisung einer eigenen Anmeldung** entsprechende Unionsmarken Dritter auf der Grundlage eines absoluten Nichtigkeitsgrundes anzugreifen (EUIPO BK 18.5.2011 – R 374/2010-4 Rn. 34 – ULTRAFILTER INTERNATIONAL).

77   Im Unterschied zum deutschen Recht sieht die UMV für keines der Löschungsverfahren eine **Ausschlussfrist** vor. Abgesehen von dem durch den Verwirkungseinwand nach Art. 61 geschützten Vertrauenstatbestand, sind der Stellung eines Löschungsantrags auch unter dem Gesichtspunkt des Rechtsmissbrauchs grundsätzlich keine zeitlichen Grenzen gesetzt. Auch nach Jahrzehnte langer Eintragung einer Unionsmarke muss deren Inhaber also mit der Nichtigkeit seiner Marke etwa aufgrund absoluter Eintragungshindernisse rechnen, wenn der Nachweis der Schutzunfähigkeit zum Anmeldezeitpunkt dann noch gelingt.

D. Zurückweisung des Löschungsantrags als unzulässig

78   Art. 15 Abs. 4 DVUM sieht hinsichtlich der Angaben in Bezug auf den Antragsteller, der Einzelheiten der älteren Marke bzw. Rechte und deren relevanten Waren oder Dienstleistungen sowie der Berechtigung des Lizenznehmers ein Mängelbeseitigungsverfahren vor. Bei diesen **relativen Zulässigkeitsvoraussetzungen** fordert die Nichtigkeitsabteilung den Antragsteller auf, den Mangel innerhalb einer Frist von zwei Monaten zu beseitigen.

79   Im Übrigen wird der Antrag nach Art. 15 Abs. 2 und Abs. 3 DVUM als unzulässig zurückgewiesen, wenn er nicht den gesetzlichen Anforderungen entspricht.

80   Ungeachtet dessen tritt die Nichtigkeitsabteilung im Wege der Amtsermittlung (→ Art. 64 Rn. 34) unter Umständen mit dem Antragsteller in Verbindung, um **Unklarheiten bei der Antragstellung** zu beseitigen. Der amtlichen Mitwirkung zur Stellung eines zulässigen Antrags sind mit Blick auf den kontradiktorischen Charakter des weiteren Löschungsverfahrens aus Gründen der erforderlichen Unparteilichkeit aber Grenzen gesetzt.

81   Nach Art. 15 Abs. 5 DVUM wird die Feststellung über die Nichteinlegung eines Antrags aufgrund fehlender Gebührenzahlung sowie die Entscheidung über die Unzulässigkeit eines Antrags sowohl dem Antragsteller als auch dem Inhaber der Unionsmarke **mitgeteilt**.

81.1   Nach vorheriger Rechtslage wurde der Inhaber der Unionsmarke nicht über das Vorliegen eines Antrags informiert, der aufgrund fehlender Gebührenzahlung als nicht gestellt galt.

82   Entscheidungen über die Unzulässigkeit des Löschungsantrags sind nach Art. 66 Abs. 1 unmittelbar **beschwerdefähig.** Soweit der Löschungsantrag für zulässig befunden worden ist, kann der Inhaber dies nach Art. 66 Abs. 2 nur zusammen mit der Endentscheidung anfechten.

83   Die Erklärung der Zulässigkeit des Antrags stellte **nach alter Praxis keine abschließende Entscheidung,** sondern eine **bloß verfahrensleitende Maßnahme** dar. Daher konnte die Nichtigkeitsabteilung ungeachtet der Vorschrift über den Widerruf einer Entscheidung gemäß Art. 103 und insbesondere der dafür vorgesehenen Ausschlussfrist auch noch nach Erklärung der Zulässigkeit einen Löschungsantrag jederzeit für unzulässig befinden. Selbst im **Beschwerdeverfahren** konnten Zulässigkeitsmängel noch entdeckt werden. Die Beschwerdekammer konnte dann entsprechend Art. 71 Abs. 1 die Angelegenheit an die Nichtigkeitsabteilung zurückverweisen, etwa um ein Mängelbeseitigungsverfahren durchzuführen (zum Widerspruchsverfahren EUIPO BK

14.1.2002 – R 752/2000-4 – NOBODY), oder sie konnte den Antragsteller selbst zur Mängelbeseitigung auffordern (EUIPO BK 8.6.2011 – R 1093/2010-1 Rn. 22 ff. – ESCHBACH).

Diese Praxis wird nach einem Urteil des Gerichtshofs **nicht mehr aufrechterhalten** (EuGH **84** C-402/11 P, GRUR Int 2012, 1102 – REDTUBE). Danach handelt es sich bei der **Mitteilung über das Vorliegen eines zulässigen Widerspruchs** um eine **Entscheidung** iSv Art. 103 Abs. 1, die nur unter den dort genannten Voraussetzungen widerrufen werden kann. Insbesondere muss dem Widerruf ein **offensichtlicher Fehler** zugrunde liegen und er muss **binnen eines Jahres** nach Erlass der Entscheidung angeordnet werden. Anderenfalls ist der kontradiktorische Teil des Verfahrens auch bei einem an sich unzulässigen Antrag fortzusetzen und eine Entscheidung in der Sache zu erlassen, gegen die dann ggf. aufgrund einer fehlerhaften Prüfung der Zulässigkeit eine Beschwerde eingelegt werden kann. Entsprechendes muss für das Löschungsverfahren gelten.

E. Substantiierung des Löschungsantrags

Die von der Zulässigkeitsprüfung zu trennende Frage der Substantiierung des Löschungsantrags **85** wird in Art. 16 DVUM geregelt. Der Löschungsantrag kann zwar noch bis zum Abschluss des kontradiktorischen Teils des Verfahrens substantiiert werden. Der Antragsteller erhält dazu aber keine Gelegenheit mehr, wenn der Inhaber der angegriffenen Unionsmarke keine Stellungnahme abgibt und die Nichtigkeitsabteilung daher den kontradiktorischen Teil des Verfahrens schließt.

Die Regeln zur Substantiierung gelten für alle Löschungsverfahren, deren kontradiktorischer Teil am **85.1** oder nach 1/10/2017 beginnt.

Wird die Unionsmarke wegen Verfalls gemäß Art. 58 Abs. 1 lit. a **(gebräuchliche Bezeich-** **86** **nung),** gemäß Art. 58 Abs. 1 lit. b **(irreführende Benutzung)** oder aufgrund **absoluter Nichtigkeitsgründe** angegriffen, muss der Antragsteller nach Art. 16 Abs. 1 lit. a DVUM insbesondere Tatsachen, Bemerkungen und Beweismittel zur Stützung seines Antrags vorlegen. Dazu genügt es nicht, im amtlichen Antragsformular allein den jeweiligen Antragsgrund anzukreuzen. Eine mögliche Überschneidung absoluter Schutzhindernisse kann das Fehlen jeglichen Vortrags nicht ausgleichen (EuG T-486/20, BeckRS 2022, 27918 – Swisse). Im Übrigen kann das Amt den Sachverhalt nicht von Amts wegen ermitteln (→ Art. 64 Rn. 37).

Für den Nichtigkeitsantrag aufgrund **relativer Nichtigkeitsgründe** gelten gemäß Art. 16 **87** Abs. 1 lit. b DVUM die Anforderungen an die Substantiierung eines Widerspruchs, wie sie in Art. 7 Abs. 2 und 3 DVUM festgehalten sind.

Soweit die **älteren Rechte gemäß Art. 60 Abs. 2** ausschließlich im Nichtigkeitsverfahren **88** geltend gemacht werden können, detailliert Art. 16 Abs. 2 lit. c die für die Substantiierung erforderlichen Beweismittel. Neben dem Erwerb des älteren Rechts müssen diese auch den Fortbestand des Rechts zeigen, sich also auch auf den Zeitpunkt der Stellung des Nichtigkeitsantrags beziehen. Der Antragssteller muss zudem Beweismittel betreffend seine Berechtigung zur Einreichung seines Antrags vorlegen. Entsprechend einem auf Art. 8 Abs. 4 gestützten Widerspruch sind bei einem nationalen älteren Recht Beweismittel zu dessen Inhalt anhand relevanter Bestimmungen oder Rechtsprechung erforderlich.

Bei **online verfügbaren Nachweisen** betreffend eine ältere Marke bzw. Anmeldung iSv Art. 8 **89** Abs. 2 lit. a und b, älteren Rechten iSv Art. 8 Abs. 4 und 6 oder Bestimmungen des nationalen Rechts kann wie im Widerspruchsverfahren gemäß Art. 7 Abs. 3 DVUM ein Verweis auf die entsprechenden Quellen genügen. Dies gilt daher jedenfalls nach dem Wortlaut von Art. 7 Abs. 3 DVUM etwa nicht für den Nachweis der älteren Marke, auf die ein gegen den Agenten oder Vertreter des Markeninhabers gerichteter Antrag gemäß Art. 60 Abs. 1 lit. b iVm Art. 8 Abs. 3 gestützt wird.

Dazu bedarf es nach der Praxis des Amtes einer **ausdrücklichen Erklärung,** sich auf den **90** anzugebenden Verweis verlassen zu wollen. Diese Erklärung kann widerrufen werden. Falls der Antragsteller nach Abgabe der Erklärung separat Beweismittel zur Substantiierung vorlegt, werden diese anstelle der online verfügbaren Nachweise geprüft.

Zu den online verfügbaren Nachweisen zählen neben den Datenbanken der WIPO und der **91** nationalen Ämter auch die vom Amt betriebene Datenbank TMview.

Wenn die Beweismittel betreffend die **Anmeldung, Eintragung und Verlängerung älterer** **92** **Rechte oder der Inhalt des nationalen Rechts** nicht in der Verfahrenssprache vorgelegt worden sind, muss die Nachweise nach Art. 16 Abs. 2 DVUM **innerhalb eines Monats** nach Vorlegung der Beweismittel vom Antragsteller eingereicht werden.

Für **sonstige Beweismittel** betreffend die Substantiierung, die in einer Amtssprache der **93** Union, aber nicht in der Verfahrenssprache vorgelegt worden sind, ist nach Art. 24 UMDV eine

Übersetzung nur auf amtsseitiges Verlangen oder begründeten Antrag der anderen Partei innerhalb einer festzulegenden Frist erforderlich.

94   Entsprechendes gilt für die vom Unionsmarkeninhaber zum **Nachweis der rechtserhaltenden Benutzung** vorgelegten Beweismittel.

95   Laut dem gemäß Art. 25 UMDV gesetzten **Übersetzungsstandard** für beim Amt einzureichende Schriftstücke, muss das Originalschriftstück angegeben werden und Aufbau und Inhalt des Originalschriftstücks wiedergegeben werden.

96   Eine **teilweise Übersetzung** soll nach dieser Vorschrift ausreichend sein, wenn laut der Partei nur diese relevant sind.

97   Das Übersetzungserfordernis gilt gemäß Art. 16 Abs. 2 DVUM auch dann, wenn bloß ein Verweis auf online verfügbare Quellen erfolgt ist. In diesem Fall ist der vorgenannte Übersetzungsstandard ebenfalls einschlägig. Daher sollten Antragsteller darauf achten, dass sich Struktur und Inhalt der online verfügbaren Information nach deren Übersetzung nicht ändern.

Art. 64 Prüfung des Antrags

(1) **Bei der Prüfung des Antrags auf Erklärung des Verfalls oder der Nichtigkeit fordert das Amt die Beteiligten so oft wie erforderlich auf, innerhalb einer von ihm zu bestimmenden Frist eine Stellungnahme zu seinen Bescheiden oder zu den Schriftsätzen der anderen Beteiligten einzureichen.**

(2) [1]**Auf Verlangen des Inhabers der Unionsmarke hat der Inhaber einer älteren Unionsmarke, der am Nichtigkeitsverfahren beteiligt ist, den Nachweis zu erbringen, dass er innerhalb der letzten fünf Jahre vor Erklärung des Antrags auf Erklärung der Nichtigkeit die ältere Unionsmarke in der Union für die Waren oder Dienstleistungen, für die sie eingetragen ist und auf die der Inhaber der älteren Marke sich zur Begründung seines Antrags beruft, ernsthaft benutzt hat oder dass berechtigte Gründe für die Nichtbenutzung vorliegen, sofern zu diesem Zeitpunkt die ältere Unionsmarke seit mindestens fünf Jahren eingetragen ist.** [2]**War die ältere Unionsmarke am Anmeldetag oder am Prioritätstag der Anmeldung der Unionsmarke bereits mindestens fünf Jahre eingetragen, so hat der Inhaber der älteren Unionsmarke auch den Nachweis zu erbringen, dass die in Artikel 47 Absatz 2 genannten Bedingungen an diesem Tage erfüllt waren.** [3]**Kann er diesen Nachweis nicht erbringen, so wird der Antrag auf Erklärung der Nichtigkeit zurückgewiesen.** [4]**Ist die ältere Unionsmarke nur für einen Teil der Waren oder Dienstleistungen, für die sie eingetragen ist, benutzt worden, so gilt sie zum Zwecke der Prüfung des Antrags auf Erklärung der Nichtigkeit nur für diesen Teil der Waren oder Dienstleistungen als eingetragen.**

(3) **Absatz 2 ist auf ältere nationale Marken im Sinne des Artikels 8 Absatz 2 Buchstabe a mit der Maßgabe entsprechend anzuwenden, dass an die Stelle der Benutzung in der Union die Benutzung in dem Mitgliedstaat tritt, in dem die ältere Marke geschützt ist.**

(4) **Das Amt kann die Beteiligten ersuchen, sich zu einigen, wenn es dies als sachdienlich erachtet.**

(5) [1]**Ergibt die Prüfung des Antrags auf Erklärung des Verfalls oder der Nichtigkeit, dass die Marke für alle oder einen Teil der Waren oder Dienstleistungen, für die sie eingetragen ist, von der Eintragung ausgeschlossen ist, so wird die Marke für diese Waren oder Dienstleistungen für verfallen oder für nichtig erklärt.** [2]**Ist die Marke von der Eintragung nicht ausgeschlossen, so wird der Antrag zurückgewiesen.**

(6) **In das Register wird ein Hinweis auf die Entscheidung des Amtes über einen Antrag auf Erklärung des Verfalls oder der Nichtigkeit eingetragen, sobald sie unanfechtbar geworden ist.**

Überblick

Art. 64 regelt in wenigen Grundzügen den kontradiktorischen Teil des Löschungsverfahrens, das von der Nichtigkeitsabteilung geleitet wird (zum Ablauf des Löschungsverfahrens im Überblick: → Art. 63 Rn. 4). Die Nichtigkeitsabteilung hat gemäß Art. 64 Abs. 1 die Beteiligten so oft wie erforderlich zur Stellungnahme aufzufordern (→ Rn. 1). Im Falle einer zulässigen Benutzungseinrede iSv Art. 64 Abs. 2 setzt die Nichtigkeitsabteilung eine Frist zur Einreichung von Benutzungsnachweisen (→ Rn. 27). Art. 14 und Art. 17 DVUM treffen nähere Bestimmungen zu diesen amtlichen Aufforderungen einschließlich derjenigen im Verfallsverfahren wegen Nichtbenutzung (→ Rn. 15).

Art. 64 Abs. 4 ermöglicht der Nichtigkeitsabteilung, die Beteiligten zu einer Einigung zu ersuchen (→ Rn. 51).

Betreffend das Ergebnis der Prüfung des Löschungsantrags sieht Art. 64 Abs. 5 entweder die (teilweise) Erklärung des Verfalls bzw. der Nichtigkeit der angegriffenen Unionsmarke oder die (teilweise) Zurückweisung des Antrags vor (→ Rn. 62). Daneben ist anstelle der Nichtigkeit auch die Übertragung einer Agentenmarke eine mögliche Rechtsfolge (→ Rn. 63).

Auf eine unanfechtbare Entscheidung wird nach Art. 64 Abs. 6 im Register für Dritte hingewiesen.

Art. 64 wird zudem durch Art. 18 DVUM betreffend die Verbindung von Verfahren (→ Rn. 41) und durch Art. 71 DVUM betreffend deren Aussetzung (→ Rn. 44) ergänzt.

Im Übrigen ergeben sich die Verfahrensvorschriften für den kontradiktorischen Teil des Löschungsverfahrens aus sonstigen Vorschriften. Dazu zählen etwa Regelungen betreffend die Fristen (→ Rn. 5), die Sprache (→ Rn. 10) sowie die Ermittlung des Sachverhalts (→ Rn. 34).

Für Widerklagen gelten die Vorschriften des Art. 64 Abs. 2–5 entsprechend (Art. 128 Abs. 5; → Art. 128 Rn. 32).

Übersicht

A. Verfahrensverlauf

I. Aufforderung zur Einreichung von Stellungnahmen

Für den kontradiktorischen Teil des Verfahrens gibt Art. 64 Abs. 1 vor, dass die Beteiligten **so** **1** **oft wie erforderlich** zur Abgabe einer Stellungnahme aufgefordert werden. Der Art. 64 Abs. 1 ergänzende Art. 17 Abs. 1 DVUM verlangt nur, dass der Inhaber der Unionsmarke mit der Mitteilung des für zulässig befundenen Antrags aufzufordern ist, eine Stellungnahme abzugeben.

Es obliegt der **Kompetenz der Nichtigkeitsabteilung,** ob sie die Beteiligten zur Abgabe **2** von weiteren Stellungnahmen auffordert. Nach deren Praxis kann der Antragsteller, falls der Inhaber der Unionsmarke eine Stellungnahme abgegeben hat, in der Regel darauf antworten. Danach erhält der Inhaber der Unionsmarke – im Unterschied zum regelmäßigen Verlauf im Widerspruchsverfahren – ebenfalls zum zweiten Mal die Möglichkeit, Stellung zu nehmen. Mit der Übermittlung dieser Stellungnahme an den Antragsteller schließt die Nichtigkeitsabteilung in der Regel den kontradiktorischen Teil des Verfahrens und teilt den Beteiligten zugleich mit, dass keine weiteren Stellungnahmen eingereicht werden können.

Eine **Entscheidungsreife** wird in diesem Verfahrensstadium **pauschal angenommen,** ohne **3** dass geprüft wird, ob angesichts eines entscheidungserheblichen neuen Vortrags – etwa unter dem Gesichtspunkt des rechtlichen Gehörs – eine weitere Vortragsrunde erforderlich ist. Auch für den Abschnitt nach Schließung des kontradiktorischen Teils gilt allerdings Art. 17 Abs. 4 DVUM, wonach alle von den Beteiligten vorgelegten Stellungnahmen der Gegenpartei übermittelt werden müssen, sofern gemäß Art. 62 DVUM davon nicht abgesehen werden kann, weil das Schriftstück kein neues Vorbringen enthält und die Sache entscheidungsreif ist. Sollten sich also neue Umstände ergeben haben und deswegen eine weitere Stellungnahme erforderlich sein, ist dies im Schriftsatz deutlich herauszustellen, damit diese an die Gegenpartei nicht bloß zur Kenntnisnahme, sondern ggfs. nach einer Wiedereröffnung des Verfahrens zur Stellungnahme übersandt wird.

4   In diesem Zusammenhang hat die Nichtigkeitsabteilung Art. 94 zu beachten (→ Art. 94 Rn. 2), wonach Entscheidungen des Amtes nur auf **Gründe** gestützt werden dürfen, zu denen die Beteiligten sich **äußern konnten**. Reicht ein Beteiligter etwa Beweismittel ein, die für die Entscheidung maßgeblich sind, muss die Nichtigkeitsabteilung dem anderen Beteiligten **zur Wahrung des rechtlichen Gehörs** die Möglichkeit zur Stellungnahme geben (EuG T-317/05, GRUR Int 2007, 330 Rn. 24 ff. – Form einer Gitarre). Anderenfalls kann die Entscheidung der Nichtigkeitsabteilung aufgrund dieses Verfahrensfehlers aufgehoben werden (EUIPO BK 3.10.2008 – R 40/2008-2 – Barbera il mago del caffè ... dal 1870/barbera il mago del caffè). Dies gilt unter Umständen aber nicht, wenn sich ein Verstoß dagegen nicht auf das Ergebnis der Entscheidung auswirkt (EUIPO BK 9.10.2012 – R 1809/2011-2 Rn. 30 – SPORT).

II. Fristen

5   Die Fristen zur Einreichung der Stellungnahmen werden amtlicherseits festgesetzt. Die **erste Stellungnahmefrist** für den Inhaber der angegriffenen Unionsmarke beträgt im Regelfall nicht mehr wie zuvor drei Monate, sondern im Einklang mit den im weiteren Verfahren festgesetzten Fristen **zwei Monate**.

6   Bei amtlicherseits festgelegten Fristen, im Unterschied etwa zu den gesetzlichen Fristen der Sprachenregelung gemäß Art. 146 Abs. 7, kann der betreffende Beteiligte **innerhalb der noch laufenden Frist** eine **Fristverlängerung** beantragen. Die Praxis der Nichtigkeitsabteilung entspricht insoweit derjenigen der Widerspruchsabteilung. Diese lässt sich dahin zusammenfassen, dass einem **ersten Fristverlängerungsgesuch in der Regel stattgegeben** wird, einem weiteren aber nur dann, wenn außergewöhnliche Umstände überzeugend dargelegt werden.

7   Die **Weiterbehandlung** gilt gemäß Art. 105 **für sämtliche Fristen während des Löschungsverfahrens** (→ Art. 105 Rn. 4). Bei Versäumung einer Frist im Löschungsverfahren kann also innerhalb von zwei Monaten nach deren Ablauf **gebührenpflichtiger Antrag** auf Weiterbehandlung gestellt werden, mit dem zugleich die versäumte Handlung nachzuholen ist. Die Weiterbehandlungsgebühr beträgt 400 Euro (→ Anh. I Rn. 14).

8   Ungeachtet der Weiterbehandlung kann die Nichtigkeitsabteilung verspätet vorgebrachte Tatsachen und Beweismittel gemäß Art. 95 Abs. 2 (→ Art. 95 Rn. 90) **nach pflichtgemäßen Ermessen** zulassen, soweit dem keine gesetzliche Regelungen ausdrücklich entgegenstehen (EuGH C-29/05, GRUR Int 2007, 516 – ARCOL/CAPOL). Im Unterschied zu anderen Verfahren besteht keine gesetzliche Frist für die Vorlage von Nachweisen im Rahmen eines Antrags auf Nichtigerklärung wegen eines absoluten Eintragungshindernisses, die folglich nicht zwingend mit der Antragstellung, sondern unter Umständen noch vor der Beschwerdekammer vorgelegt werden können (EuG T-476/15, BeckEuRS 2016, 484369 Rn. 56 – FITNESS). Für die Ausübung des Ermessens gelten für das Löschungsverfahren die allgemeinen Grundsätze. Allerdings nimmt die Beschwerdekammer zum Teil an, dass im Löschungsverfahren eher Gründe für eine Zulassung auch in einem späteren Verfahrensstadium sprechen, weil ein besonderes Interesse an der umfassenden Sachklärung besteht. Im Vergleich zum Widerspruchsverfahren ist der Löschungsantrag das letzte Mittel, ältere Rechte durchzusetzen, so dass das Ermessen weiter als im Widerspruchsverfahren sein soll (EUIPO BK 1.4.2011 – R 354/2009-2 Rn. 35 – FORTRESS). Gleichwohl sollten sich die Beteiligten nicht darauf verlassen, dass die Nichtigkeitsabteilung, die sich in erster Linie an der sehr strengen Handhabung von Fristen im Widerspruchsverfahren orientiert, im Regelfall einen verspäteten Vortrag zulassen wird. Besonders bei einem verspäteten Vortrag möglicherweise fallentscheidender Tatsachen und Beweismittel ist dem Beteiligten anzuraten, vorsorglich eine Weiterbehandlung zu beantragen.

9   Die Zulassung eines erstmaligen, aber verspäteten Vorbringens über Art. 95 Abs. 2 scheidet von vornherein bei der **Frist zum Nachweis einer rechtserhaltenden Benutzung** im Rahmen eines Verfalls- oder Nichtigkeitsverfahrens aus, weil Art. 17 Abs. 2 DVUM zwingend anordnet, dass die Unionsmarke in diesem Fall verfällt bzw. der Nichtigkeitsantrag zurückgewiesen wird. Der Nichtigkeitsabteilung steht in diesen Fällen schon kein Ermessen zu (zum Nachweis der rechtserhaltenden Benutzung der älteren Marke im Nichtigkeitsverfahren EuG T-250/09, BeckRS 2012, 80395 Rn. 20 – Mangiami; EUIPO BK 1.2.2012 – R 1386/2010-4 – Bfree/DR BROWNS).

III. Sprache

10   Ungeachtet der Festlegung der Verfahrenssprache mit Stellung des Löschungsantrags können sich die Beteiligten gemäß Art. 146 Abs. 8 iVm Art. 13 Abs. 1 DVUM auf eine **andere Amtssprache** der EU als Verfahrenssprache **einigen** (→ Art. 63 Rn. 50; → Art. 146 Rn. 24).

Für **erforderliche Übersetzungen in die Verfahrenssprache** enthält die UMV für das 11
Löschungsverfahren keine besonderen Vorschriften. Gemäß Art. 146 Abs. 9 können die Beteiligten
unbeschadet Art. 146 Abs. 4 und 8, also ungeachtet der danach festgelegten Verfahrenssprache,
im schriftlichen Verfahren **grundsätzlich jede Sprache des Amtes** benutzen. Wenn ein Beteiligter also die Verfahrenssprache (zB Italienisch) nicht beherrscht, kann er zur Fristwahrung eine der
vier anderen Sprachen des Amtes für seinen Schriftsatz verwenden (zB Deutsch). Allerdings ist
dann eine **Übersetzung in der Verfahrenssprache innerhalb eines Monats** nach Vorlage des
Schriftsatzes vorzulegen.

Nach dem **allgemeinen Grundsatz zur Einreichung von Schriftstücken in schriftlichen** 12
Verfahren gemäß Art. 24 UMDV ist eine Vorlage in jeder Amtssprache der Union möglich.
Handelt es sich dabei nicht um die Verfahrenssprache, kann das Amt auf eigene Initiative oder
auf begründeten Antrag der anderen Partei die Vorlage einer Übersetzung in die Verfahrenssprache
innerhalb einer vom Amt festgelegten Frist verlangen.

Für die demnach erforderliche **Ermessensausübung** gelten im Löschungsverfahren keine 13
Besonderheiten im Vergleich zum Widerspruchsverfahren. Die Interessen der Beteiligten sind
gegeneinander abzuwägen (EUIPO BK 11.3.2010 – R 167/2009-1 Rn. 25 – INA/INA). Insbesondere ist der allgemeine Rechtsgrundsatz der Verhältnismäßigkeit zu beachten (EUIPO BK
10.2.2011 – R 1688/2008-1 Rn. 30 – powered by Galileo). Die Übersetzung muss geeignet sein,
den Beweisgegenstand zu erleuchten. Sie muss notwendig sein, um eine Entscheidung über den
Beweisgegenstand treffen zu können. Weiterhin muss sie angemessen sein, und zwar insbesondere
angesichts einerseits des Kosten- und Zeitaufwands für den beweisführenden Beteiligten und
andererseits des Rechts des anderen Beteiligten, das Beweismittel zu verstehen und sich zu verteidigen. Oftmals kann für den anderen Beteiligten angenommen werden, dass er den Inhalt des
Beweismittel erfassen kann, etwa weil er sich inhaltlich bereits zu Beweismitteln in der entsprechenden Sprache geäußert hat. Bei der Verhältnismäßigkeitsprüfung kann dies entscheidend gegen
das Erfordernis einer Übersetzung sprechen (EUIPO BK 9.12.2010 – R 1430/2009-2 Rn. 26 –
MY SPACE).

Möchte der **beweisführende Beteiligte** sein Beweismittel nicht übersetzen, sollte dieser im 14
begleitenden Schriftsatz vorsorglich **ausführen, warum die Übersetzung nicht erforderlich**
ist.

IV. Aufforderung zum Benutzungsnachweis im Verfallsverfahren

Wenn ein nach Art. 58 Abs. 1 lit. a zulässiger Verfallsantrag vorliegt, fordert die Nichtigkeitsab- 15
teilung nach Art. 19 Abs. 1 DVUM den Inhaber der Unionsmarke zum **Nachweis einer ernst-**
haften Benutzung der Unionsmarke innerhalb der letzten fünf Jahre vor Stellung des Verfallsantrags auf. Die Frist dazu wird in der Regel auf drei Monate festgelegt. Wird der Nachweis nicht
innerhalb der gesetzten Frist erbracht, wird der Verfall der Unionsmarke erklärt.

Nach Art. 10 Abs. 3 DVUM, der auf Anträge auf Verfallserklärung nach Art. 19 Abs. 1 DVUM 16
anwendbar ist, muss sich der Benutzungsnachweis auf den **Ort,** die **Zeit,** den **Umfang** und die
Art der Benutzung beziehen (EuG T-434/09, GRUR Int 2012, 356 Rn. 23 – Centrotherm).

Werden die Beweismittel fristgemäß, aber nicht in der Sprache des Nichtigkeitsverfahrens vorge- 17
legt, kann die Nichtigkeitsabteilung den Inhaber außerdem auffordern, eine **Übersetzung der**
Beweismittel in diese Sprache innerhalb einer vom Amt gesetzten Frist vorzulegen. Insoweit gilt
gemäß Art. 19 Abs. 1 DVUM iVm Art. 10 Abs. 6 DVUM der in Art. 24 UMDV festgelegte
Grundsatz, dass es einer Übersetzung nur dann bedarf, wenn der Unionsmarkeninhaber dazu
aufgefordert wird, auf Initiative des Amtes oder dem begründeten Antrag des der anderen Partei
folgend (→ Rn. 12).

Für den weiteren Austausch der Stellungnahmen gelten dieselben Grundsätze wie bei allen 18
übrigen Löschungsgründen (→ Rn. 1).

Zum erforderlichen Inhalt des Benutzungsnachweises s. die Kommentierung zu Art. 18 (→ 19
Art. 18 Rn. 1 ff.).

V. Aufforderung zum Benutzungsnachweis im Nichtigkeitsverfahren

Nach Art. 64 Abs. 2 und 3 kann der Inhaber der angegriffenen Unionsmarke den **Nachweis** 20
der rechtserhaltenden Benutzung der älteren Marke verlangen, wenn diese im Zeitpunkt der
Stellung des Löschungsantrags seit mehr als fünf Jahren eingetragen gewesen ist. Insoweit entsprechen die relevanten Zeitpunkte denjenigen, die für einen Verfallsantrag nach Art. 58 Abs. 1 lit. a
gelten. Ebenso beläuft sich der Benutzungszeitraum auf die **fünf Jahre vor Stellung des Nichtig-**
keitsantrags. Dahinter steht der Gedanke, dass es aus einer älteren Marke nur dann möglich sein

soll, gegen eine jüngere Unionsmarke vorzugehen, wenn die ältere Marke selber nicht verfallsreif ist.

21   Außerdem kann der Inhaber der angegriffenen Unionsmarke gemäß Art. 64 Abs. 2 den Nachweis der Benutzung in den **fünf Jahren vor dem Anmelde- oder Prioritätstag der angegriffenen Unionsmarke** verlangen, wiederum wenn die ältere Marke zu diesem Zeitpunkt seit mehr als fünf Jahren eingetragen gewesen ist. Die relevanten Zeitpunkte und der sich ergebende Benutzungszeitraum entsprechen denjenigen im Widerspruchsverfahren. Daraus wird auch Sinn und Zweck dieses zweiten Benutzungszeitraums deutlich: Dem Inhaber einer im Zeitraum einer laufenden Widerspruchsfrist verfallsreifen älteren Marke soll es nicht möglich sein, anstelle eines Widerspruchs zu einem späteren Zeitpunkt einen Nichtigkeitsantrag zu stellen, nachdem die Benutzung erst wieder aufgenommen worden ist. Dies entspricht konzeptionell einem sog. Zwischenrecht bzw. einer rechtshemmenden Einrede des Inhabers der angegriffenen Unionsmarke im Verhältnis zum Inhaber der für diesen Zeitraum nicht benutzten, älteren Marke (→ Art. 16 Rn. 3).

22   Mit Blick auf die vorgenannten Zwecke der Benutzungszeiträume wird auch deutlich, dass der Nichtigkeitsantrag nach Art. 19 Abs. 2 DVUM bereits dann **zurückzuweisen** ist, wenn der erforderliche Nachweis **für einen der beiden Zeiträume scheitert.**

23   **Alternativ** zu einer Benutzungseinrede kann der Inhaber der angegriffenen Unionsmarke auch einen **Verfallsantrag wegen Nichtbenutzung** nach Art. 58 Abs. 1 lit. a stellen (→ Art. 58 Rn. 8). In diesem Fall wird das Nichtigkeitsverfahren bis zur bestandskräftigen Entscheidung über den Verfallsantrag ausgesetzt. Für den Verfallsantrag gilt allerdings nur der fünfjährige Benutzungszeitraum vor dessen Stellung.

24   In Angleichung zum Widerspruchsverfahren muss die **Benutzungseinrede** im Unterschied zur vorherigen Rechtslage gemäß Art. 19 Abs. 1 bereits in der **ersten Stellungnahme** des Inhabers der angegriffenen Unionsmarke erhoben werden (→ Art. 47 Rn. 20).

25   Die Benutzungseinrede muss bedingungslos und in einem **gesonderten Schriftstück** erfolgen (→ Art. 47 Rn. 22). Nach der Praxis des Amtes erfordert letzteres ein separates Schriftstück; eine bloß gesonderte Aufführung der Benutzungseinrede innerhalb desselben Schriftstücks ist unzureichend.

26   Die Benutzungseinrede kann auch in Bezug auf nur **einen der beiden Zeiträume erhoben** werden. Angesichts der Wichtigkeit dieses Verteidigungsmittel muss eine solche Beschränkung aber klar zum Ausdruck kommen. Bestreitet der Inhaber etwa pauschal die Benutzung und bezieht sich in seiner Argumentation nur auf einen der beiden Zeiträume, liegt darin noch keine Beschränkung der Einrede begründet (EUIPO BK 5.7.2004 – R 627/2003-2 Rn. 19 – McSalad/McSALAD).

27   Die Nichtigkeitsabteilung prüft die Zulässigkeit der Benutzungseinrede mit Blick auf beide Benutzungszeiträume und **fordert den Antragsteller** nach Art. 19 Abs. 2 DVUM **zur Einreichung von Nachweisen auf.** Die Frist dazu wird in der entsprechenden Mitteilung festgesetzt (in der Regel zwei Monate).

28   **Unterlässt die Nichtigkeitsabteilung** eine solche Aufforderung, stellt dies einen **Verfahrensfehler** dar. Dies gilt ungeachtet der Frage, ob der Antragsteller von sich aus die Benutzungseinrede erkennt, Benutzungsunterlagen einreicht, der Inhaber der Unionsmarke dazu Stellung nimmt und die Nichtigkeitsabteilung über die rechtserhaltende Benutzung entscheidet. Nach einer Entscheidung der Beschwerdekammer kann dieser Verfahrensfehler selbst dann zu einer Aufhebung der Entscheidung und Zurückverweisung der Angelegenheit an die Nichtigkeitsabteilung führen, wenn die Nichtigkeitsabteilung eine rechtserhaltende Benutzung angenommen hat (EUIPO BK 28.2.2011 – R 16/2010-4 Rn. 23 ff. – COLORPLUS).

28.1   Fraglich ist, ob in dem COLORPLUS Fall der Verfahrensfehler so schwerwiegend gewesen ist, dass er eine Aufhebung der Entscheidung rechtfertigt. Wenn ein Verfahrensfehler nämlich keinen Einfluss auf die Entscheidung in der Sache haben konnte, ist die Aufhebung der Entscheidung grundsätzlich nicht gerechtfertigt (EuG T-137/09, GRUR Int 2011, 160 Rn. 30 – R10/R10; T-222/09, BeckRS 2011, 80114 Rn. 33 – ALPHA D3/ALPHAREN). Dementsprechend können auch die Beschwerdekammern von einer Aufhebung der Entscheidung absehen, auch wenn der Verfahrensfehler in einer fehlenden Aufforderung nach Regel 40 Abs. 6 GMDV bestand (s. EUIPO BK 8.4.2011 – R 925/20102 Rn. 8, 16 – 1 CLEAN! 2 FRESH! 3 STRONG!/FRESH & CLEAN). Unverständlich ist in der COLORPLUS Entscheidung zudem, welchen Sinn eine Zurückverweisung der Angelegenheit haben soll, wenn die Beteiligten voraussichtlich dieselben Unterlagen nochmals einreichen und die Nichtigkeitsabteilung in der Sache dann wohl genauso entscheiden wird. Im Interesse der Beteiligten dürfte dies nicht liegen.

VI. Erweiterung des Löschungsantrags

Während es dem Antragsteller jederzeit freisteht, seinen Antrag einzuschränken oder ihn ganz **29** zurückzunehmen, ist nach der **Praxis der Nichtigkeitsabteilung** eine Erweiterung des Löschungsantrags bereits im einseitigen Teil des Verfahrens **nicht möglich.** Dies gilt erst recht für den kontradiktorischen Teil des Verfahrens. Eine Erweiterung des Löschungsantrags kann insbesondere darin bestehen, weitere Waren oder Dienstleistungen der Unionsmarke angreifen oder zusätzliche ältere Rechte oder Löschungsgründe geltend machen zu wollen.

Die **Beschwerdekammer** hat zu einer möglichen Erweiterung des Antrags im Löschungsver- **30** fahren noch **keine feste Spruchpraxis** entwickelt. Zum Teil wird die Praxis der Nichtigkeitsabteilung unter Hinweis auf die entsprechenden Grundsätze im Widerspruchsverfahren bestätigt, die für das Löschungsverfahren aufgrund seines res iudicata-Effekts im Verhältnis zu Unionsmarkengerichten erst recht gelten sollen (EUIPO BK 21.12.2009 – R 1517/2007-4 Rn. 20 – KICKPOINT/KICKERS; so im Ergebnis auch EUIPO BK 27.5.2008 – R 247/2006-4 Rn. 48 – BALI KITCHEN/BALI). In jedem Fall spricht Art. 12 Abs. 1 lit. b DVUM gegen eine mögliche Erweiterung des Antrags im Wege zusätzlicher Löschungsgründe, denn diese Regel verlangt die Angabe der Gründe als eine zwingende Zulässigkeitsvoraussetzung bereits mit der Antragstellung. Für eine spätere Geltendmachung sieht die DVUM hingegen keine Bestimmung vor (im Ergebnis aber offenlassend EUIPO BK 14.12.2010 – R 486/2010-2 Rn. 12 – SHAPE OF A CHAIR).

Soweit sich das Löschungsverfahren in der **Beschwerde** befindet, ist eine Erweiterung des **31** Antrags bereits nach den allgemeinen Grundsätzen des Beschwerdeverfahrens nicht möglich, denn die Beschwerdekammer ist nur für Entscheidungen über Beschwerden gegen Entscheidungen unter anderem der Nichtigkeitsabteilungen zuständig und nicht befugt, selbst über einen neuen Antrag zu entscheiden (EuG T-28/09, GRUR Int 2011, 427 Rn. 46 – PINE TREE; EUIPO BK 29.3.2007 – R 252/2006-1 Rn. 11 – TELESIS; 28.2.2011 – R 861/2009-1 Rn. 53 – BIODERMA).

Allerdings soll es nach einer älteren Entscheidung der Beschwerdekammer unter Umständen **32** möglich sein, den Antrag im Falle absoluter Eintragungshindernisse **von Amts wegen zu erweitern,** insbesondere wenn es für die Prüfung einer im Antrag geltend gemachten Bösgläubigkeit ohnehin erforderlich ist, als Vorfrage eine beschreibende Bedeutung der Unionsmarke iSv Art. 7 zu klären (EUIPO BK 4.6.2009 – R 916/2004-1 – GERSON). Einer solchen Entscheidung ultra petitum steht nach hiesiger Auffassung aber der kontradiktorische Charakter des Verfahrens entgegen. Außerdem kennt die UMV kein von Amts wegen eingeleitetes Löschungsverfahren, auch wenn Verfalls- und Nichtigkeitsverfahren wegen absoluter Eintragungshindernisse im Allgemeininteresse durchgeführt werden. Einer Erweiterung stehen auch Entscheidungen der Beschwerdekammern entgegen, wonach selbst bei den sich überlappenden Art. 7 Abs. 1 lit. b–d das Amt an das konkret geltend gemachte Eintragungshindernis gebunden ist (EUIPO BK 8.8.2008 – R 618/2008-4 Rn. 9 – MPPI).

Aus demselben Grund kann ein Verfallsverfahren wegen Nichtbenutzung auch dann nicht von **33** Amts wegen **fortgeführt** werden, wenn der Antragsteller seinen Antrag zurücknimmt, obwohl sich im Verfahren die mangelnde Benutzung bereits gezeigt hat (EUIPO BK 24.1.2008 – R 285/2005-1 Rn. 23 – Le MERIDIEN).

VII. Ermittlung des Sachverhalts

Nach Art. 95 Abs. 1 S. 1 ermittelt grundsätzlich das Amt den für ihre Entscheidung maßgebli- **34** chen Sachverhalt (→ Art. 95 Rn. 1).

Ungeachtet der Geltung des Amtsermittlungsgrundsatzes kann und hat das Amt in sämtlichen **35** Verfahren **allgemein bekannte Tatsachen** zu berücksichtigen, dh Tatsachen, die jeder kennen kann oder die allgemein zugänglichen Quellen entnommen werden können (EuG T-185/02, GRUR Int 2004, 850 Rn. 29 – Picasso).

Eine **Ausnahme** von dem **Amtsermittlungsgrundsatz** sieht Art. 95 Abs. 1 S 2 für **relative 36 Eintragungshindernisse** vor, bei der das Amt auf das Vorbringen und die Anträge der Beteiligten beschränkt ist. Darunter fallen für das Löschungsverfahren die relativen Nichtigkeitsgründe nach Art. 60 (EuG T-288/03, GRUR Int 2005, 692 Rn. 66 – TELETECH GLOBAL VENTURES; T-303/08, BeckRS 2010, 91412 Rn. 65 – GOLDEN ELEPHANT), einschließlich der sonstigen älteren Rechte iSv Art. 53 Abs. 2 (EUIPO BK 16.5.2012 – R 1925/2011-4 Rn. 31 – HAPPY ANGELS).

Ungeachtet dessen sieht Art. 95 Abs. 1 S. 3 seit Inkrafttreten der VO (EU) 2015/2424 vor, **37** dass das Amt in Nichtigkeitsverfahren nach Art. 59 betreffend **absolute Eintragungshindernisse** nur die von den Beteiligten angeführten Gründe und Argumente dazu und zu einer geltend gemachten Bösgläubigkeit prüft (→ Art. 95 Rn. 83). Aufgrund der bereits im Anmeldeverfahren erfolgten Prüfung der absoluten Eintragungshindernisse wird nämlich insoweit die Gültigkeit der Unionsmarke vermutet (EuG T-681/17, BeckRS 2018, 30205 Rn. 13 – Khadi).

37.1   Hinsichtlich der **absoluten Nichtigkeitsgründe** nach Art. 59 Abs. 1 lit. a iVm Art. 7 hatte sich schon zuvor die Rechtsprechung herausgebildet, dass der Löschungsantragsteller die Schutzunfähigkeit zu belegen hat, im Wesentlichen weil für die eingetragene Unionsmarke aufgrund der vorherigen amtlichen Prüfung im Eintragungsverfahren eine Vermutung der Rechtsgültigkeit spricht (EuG T-320/10, BeckRS 2013, 81733 Rn. 27 – CASTEL). Für das Nichtigkeitsverfahren wegen einer Bösgläubigkeit galt dies, weil eine gutgläubig erfolgte Anmeldung vermutet wird (EuG T-136/11, GRUR Int 2013, 144 – Pelikan).

37.2   Praktisch relevant wurde die Frage der Geltung des Amtsermittlungsgrundsatzes insbesondere dann, wenn der für die Beurteilung maßgebliche Anmeldezeitpunkt bereits einige Zeit zurückliegt und sich dafür allgemein bekannte Tatsachen schwer postulieren lassen und/oder der Antragsteller sich auf die Einreichung von aktuellen Internetausdrucken beschränkt, die keine relevanten Rückschlüsse etwa zu einem damaligen Sprachgebrauch zulassen (s. zB EUIPO BK 21.9.2011 – R 1105/2010-5 – FLUGBÖRSE, in dem die Beschwerdekammer Ende 2010 ein Sprachgutachten unter anderem zur Bedeutung der Worte „Flug" und „Börse" im April 1996 in Auftrag gegeben hat).

37.3   S. auch zu den Auswirkungen einer solchen Verteilung der Darlegungs- und Beweislast in Fällen, in denen die Beteiligten das Zeichen als Geschäftspartner ehemals gemeinsam und gleichberechtigt verwendet haben: EUIPO BK 30.7.2009 – R 1203/2005-1 Rn. 42 – BRUTT.

38   Neben Art. 95 Abs. 1 S. 2 ergibt sich aus Art. 19 Abs. 1 DVUM eine **weitere Ausnahme** von dem Amtsermittlungsgrundsatz, nämlich für das **Verfallsverfahren wegen Nichtbenutzung** gemäß Art. 58 Abs. 1 lit. a (EUIPO BK 10.2.2011 – R 654/2010-1 Rn. 16 – TOUCHNET). Danach setzt das Amt dem Inhaber der Unionsmarke eine Frist, innerhalb derer er den Nachweis der ernsthaften Benutzung der Marke zu führen hat. Diese Verteilung der Darlegungs- und Beweislast auf den Inhaber der Unionsmarke, die ebenso für die berechtigten Gründe der Nichtbenutzung gilt (EuG T-672/16, BeckRS 2018, 32905 Rn. 21 – C=commodore), ist auch sachgerecht, denn nur der Markeninhaber wird die für den Benutzungsnachweis erforderlichen Angaben zu Ort, Zeit, Umfang und Art der Benutzung machen können (EUIPO BK 10.2.2011 – R 583/2010-1 Rn. 31 – EMTEC).

39   Für den **Verfall wegen irreführender Benutzung** nach Eintragung der Marke gemäß Art. 58 Abs. 1 lit. c hat das Europäische Gericht festgestellt, dass der Antragsteller eine irreführende Benutzung nachzuweisen hat (EuG T-165/06, BeckRS 2009, 70501 Rn. 36 – ELIO FIORUCCI). Demgegenüber ist die Beschwerdekammer in einer Entscheidung von einer Geltung des Amtsermittlungsgrundsatzes ausgegangen (EUIPO BK 1.9.2011 – R 1120/2010-1 Rn. 18 – Original Stastnik Arlberger). Sonstige Urteile oder Entscheidungen zu dieser Problematik liegen nicht vor. Ebenso steht eine Klärung der Rechtslage für den Verfallsantrag gemäß Art. 58 Abs. 1 lit. b wegen Entwicklung einer eingetragenen Marke zur Gattungsbezeichnung noch aus. Da dieser inhaltlich mit den absoluten Eintragungshindernissen nach Art. 7 Abs. 1 lit. d und g verwandt ist, spräche dies dafür, die Amtsermittlung bzw. Beibringung im Gleichklang mit den Verfahren wegen absoluter Nichtigkeitsgründe gemäß Art. 59 Abs. 1 lit. a iVm Art. 7 zu handhaben.

40   Dem Löschungsantragsteller ist daher für **sämtliche Löschungsgründe** (mit Ausnahme des Verfallsverfahrens wegen Nichtbenutzung) zu **raten**, den **Sachverhalt erschöpfend darzulegen** und **alle erforderlichen Beweismittel** von sich aus **einzureichen**.

VIII. Verbindung der Verfahren

41   Nach Art. 18 DVUM kann die Nichtigkeitsabteilung mehrere bei ihr anhängige Löschungsanträge, die dieselbe Unionsmarke betreffen, innerhalb desselben Verfahrens bearbeiten. Die Nichtigkeitsabteilung kann anschließend entscheiden, die Anträge wieder getrennt zu bearbeiten.

42   Diese Regel entspricht Art. 9 DVUM für das Widerspruchsverfahren und wird dementsprechend im Löschungsverfahren gehandhabt (vgl. EUIPO-Prüfungsrichtlinien, Teil C: Widerspruch, Abschnitt 2: Verfahrensfragen).

43   Wie die Aussetzung des Verfahrens stellt die Verbindung und ggf. Trennung der Verfahren eine **verfahrensleitende Maßnahme** dar, die als solche nicht beschwerdefähig ist. Sie steht im Ermessen der Nichtigkeitsabteilung, das sich vor allem nach Verfahrensstand und Sachzusammenhang der Verfahren richtet. Nach der amtlichen Praxis erfordert eine Verbindung der Verfahren, dass die Antragsteller einen gemeinsamen Vertreter bestellen. Eine Verbindung wird in der Regel nur dann sachgerecht sein, wenn es sich um denselben oder wirtschaftlich verbundenen Antragsteller handelt.

Es ist einem Antragsteller grundsätzlich nicht verwehrt, mehrere getrennte Löschungsanträge zu stellen. **43.1**
Zu beachten ist aber das Kumulierungsgebot nach Art. 60 Abs. 4 (→ Art. 60 Rn. 26).

IX. Aussetzung des Verfahrens

Die Aussetzung des Verfahrens wird durch Art. 71 DVUM geregelt. Daneben kommt eine **44**
Aussetzung bei **mehreren anhängigen Löschungsverfahren** gemäß Art. 18 Abs. 2 DVUM
iVm Art. 9 Abs. 2 DVUM in Betracht. Im Übrigen erlaubt Art. 132 eine Aussetzung bei einer
gleichzeitigen **Anfechtung der Rechtsgültigkeit der Unionsmarke im Wege der Widerklage.**

Die Aussetzung des Verfahrens dient vor allem der Verfahrensökonomie und der Vermeidung **45**
widersprüchlicher Entscheidungen.

Eine Aussetzung im Löschungsverfahren erfolgt von Amts wegen oder auf Antrag eines oder **46**
beider Beteiligten. Der Nichtigkeitsabteilung steht jeweils ein **Ermessen** betreffend dieser **verfahrensleitenden Maßnahme** zu, die als solche gemäß Art. 66 Abs. 2 nicht separat, sondern **nur
zusammen mit der Endentscheidung anfechtbar ist.**

Eine Aussetzung kann sich insbesondere als zweckmäßig erweisen, wenn die **Rechtsgültigkeit** **47**
des geltend gemachten älteren Rechts anderweitig angegriffen wird. Insoweit kann es
erforderlich sein, die Erfolgsaussichten des anderweitigen Verfahrens zu berücksichtigen (EuG T-
346/18, BeckRS 2019, 10954 – VOGUE; GRUR-Prax 2019, 348 mAnm Pauli). Entsprechend
der amtlichen Praxis im Widerspruchsverfahren wird die Nichtigkeitsabteilung ein Verfahren in der
Regel auch dann aussetzen, wenn dies beide Beteiligten mit Blick auf **laufende Verhandlungen**
beantragen. Stehen **vertragliche Vereinbarungen wie eine Nichtangriffsabrede** zwischen den
Beteiligten in Streit, kann dies ebenfalls eine Aussetzung rechtfertigen oder sie bei einer bereits
gerichtlich verfolgten Durchsetzung der Nichtangriffsabrede unter Umständen zwingend erfordern (EUIPO BK 24.1.2008 – R 285/2005-1 Rn. 24 – Le MERIDIEN).

Art. 71 Abs. 2 DVUM legt einen maximalen Zeitraum von **sechs Monaten** fest, der aber auf **48**
Antrag beider Beteiligten auf eine Gesamtdauer von zwei Jahren verlängert werden kann.

Bei mehreren anhängigen Löschungsverfahren kann die Nichtigkeitsabteilung im Rahmen ihres **49**
Ermessens insbesondere die **Erfolgsaussichten** der jeweiligen Verfahren berücksichtigen. Mit
Blick auf die **ex-tunc-Wirkung der Nichtigkeit** (Art. 62 Abs. 2) wird ein Nichtigkeitsverfahren
einem Verfallsverfahren mit der **ex-nunc-Wirkung eines Verfalls** (Art. 62 Abs. 1) in der Regel
vorgehen (s. EUIPO BK 26.9.2005 – R 208/2005-1 und R 285/2005-1 Rn. 15 – Vuelta BY
RODI/VUELTA). Erklärt die Nichtigkeitsabteilung gleichwohl die Unionsmarke nach Ausset-
zung des Nichtigkeitsverfahrens für verfallen, erhält der Nichtigkeitsantragsteller im Rahmen seiner
Anhörung zur Einstellung seines Verfahrens die Möglichkeit, ein rechtliches Interesse an der
Weiterverfolgung seines Nichtigkeitsverfahren mit dem Ziel einer **Feststellungsentscheidung**
darzutun (vgl. EUIPO-Prüfungsrichtlinien, Teil D: Löschung, Abschnitt 1: Löschungsverfahren).

Den Antragstellern der Anträge, die sich aufgrund einer bestandskräftigen Löschung der Uni- **50**
onsmarke erledigt haben, steht nach Art. 18 Abs. 2 DVUM iVm Art. 9 Abs. 4 DVUM eine
Erstattung der Hälfte der Antragsgebühr zu, sofern die Verfahren vor Beginn des kontradiktorischen Teils der Verfahren ausgesetzt wurden.

X. Einigungsersuch seitens der Nichtigkeitsabteilung

Nach Art. 64 Abs. 4 kann die Nichtigkeitsabteilung die Beteiligten ersuchen, sich zu einigen, **51**
wenn es dies als **sachdienlich** erachtet. Bisher hat die Nichtigkeitsabteilung soweit ersichtlich von
dieser Möglichkeit keinen Gebrauch gemacht.

Allerdings regt die Beschwerdekammer die Beteiligten gestützt auf Art. 64 Abs. 4 iVm Art. 71 **52**
Abs. 1 S. 2 mitunter zu einer Einigung an. Außerdem kann das Amt nach Art. 151 Abs. 3 (→
Art. 151 Rn. 6) den Parteien freiwillige Mediationsdienste zur Herbeiführung einer gütlichen
Einigung anbieten und dazu nach Art. 170 ein Mediationszentrum einrichten (→ Art. 170 Rn. 1).

XI. Rücknahme des Löschungsantrags

Der Antragsteller kann seinen Antrag **jederzeit zurücknehmen** bis eine Entscheidung der **53**
Nichtigkeitsabteilung unanfechtbar wird. Da eine Beschwerde gegen eine Entscheidung der Nich-
tigkeitsabteilung nach Art. 66 Abs. 1 S. 2 eine aufschiebende Wirkung hat und weiterhin die
Entscheidung über die Beschwerde bei einer dagegen gerichteten Klage beim Gerichtshof nach
Art. 71 Abs. 3 erst mit deren rechtskräftigen Abweisung wirksam wird, kann der Löschungsantrag
noch bis dahin zurückgenommen werden.

53.1   Zwar ergibt sich die Möglichkeit zur Rücknahme nicht ausdrücklich aus dem Gesetz, sie folgt aber aus der Systematik der DVUM, wonach die Beteiligten auf einer Stufe stehen und der Inhaber der angegriffenen Unionsmarke auf diese jederzeit verzichten kann (so zum Widerspruchsverfahren EuG T-10/01, BeckEuRS 2003, 277656 – Sedonium).

54   Die **Kostenverteilung** im Falle einer Rücknahme ergibt sich wie im Widerspruchsverfahren aus Art. 109 Abs. 4 (→ Art. 109 Rn. 23), im Falle einer Vereinbarung der Beteiligten aus Art. 109 Abs. 6 (→ Art. 109 Rn. 13). Die Praxis der Nichtigkeitsabteilung richtet nach derjenigen im Widerspruchsverfahren, wobei die in Bezug auf die Vermittlungsphase („cooling off") geltenden Besonderheiten nicht zum Tragen kommen (vgl. EUIPO-Prüfungsrichtlinien, Teil C: Widerspruch, Abschnitt 2: Verfahrensfragen).

55   Eine **Fortführung des Verfahrens von Amts wegen** kommt auch bei solchen Verfalls- und Nichtigkeitsgründen nicht in Betracht, die zur Löschung einer Marke im allgemeinen Interesse führen können (EUIPO BK 24.1.2008 – R 285/2005-1 Rn. 23 – Le MERIDIEN).

XII. Verzicht auf die angegriffene Unionsmarke

56   Der Inhaber der angegriffenen Unionsmarke kann gemäß Art. 57 Abs. 1 auf diese **jederzeit** ganz oder teilweise verzichten, solange eine Entscheidung, die Marke ganz oder teilweise (für die verzichteten Waren und/oder Dienstleistungen) zu löschen, **noch anfechtbar** ist (→ Art. 57 Rn. 1). Dies gilt wie bei der Rücknahme eines Löschungsantrags ggf. bis zu einer rechtskräftigen gerichtlichen Entscheidung in der Sache. Der Verzicht ist nach Art. 17 Abs. 7 DVUM mittels eines gesonderten Schriftstückes zu erklären.

57   Der Verzicht einer nicht angegriffenen Unionsmarke wird mit dessen Eintragung ins Register nach Art. 57 Abs. 2 wirksam. Demgegenüber setzt die Gültigkeit eines nach Einreichung eines Verfallsantrags erklärten Verzichts, der die angegriffenen Waren oder Dienstleistungen betrifft, die **abschließende Zurückweisung des Antrags auf Erklärung des Verfalls** oder dessen **Rücknahme** voraus. Diese seit dem 1.10.2017 geltende Rechtslage soll für den Inhaber der angegriffenen Unionsmarke die Möglichkeit abschneiden, diese in nationale Marken **umzuwandeln**. Anderenfalls könnte der Inhaber unter der Wahrung des Zeitrangs je nach dem nationalen Recht sogar eine erneute Benutzungsschonfrist gewinnen.

58   Mit Blick auf eine mögliche Rücknahme informiert das Amt den Antragsteller über den Verzicht. In einem **Nichtigkeitsverfahren** kann dieser entsprechend Art. 17 Abs. 5 DVUM ein **berechtigtes Interesse** an einer Sachentscheidung geltend machen, das real, unmittelbar und gegenwärtig sein muss. Dagegen sind künftige Interessen nicht erheblich (EUIPO BK 4.8.2022 – R 2227/2021-1 Rn. 18 – Marc by Marc Jacobs). Der Antragsteller hat sein berechtigtes Interesse, warum eine Entscheidung in der Sache zur Nichtigerklärung erforderlich ist und warum der Verzicht auf die angefochtene Marke nicht ausreichend ist, nachzuweisen. Dazu sollen nach der Praxis des Amtes bei einem Interesse, das aus einem gerichtlichen Verfahren resultiert, auch die Klageanträge vorgelegt werden.

59   Bei einem wirksamen Verzicht auf die Unionsmarke wird das Verfahren gegenstandslos. Dementsprechend erklärt die Nichtigkeitsabteilung die **Einstellung des Verfahrens.** Zugleich trifft sie eine **Kostenentscheidung** gemäß Art. 109 Abs. 4, es sei denn die Beteiligten haben zuvor gemäß Art. 109 Abs. 6 die Nichtigkeitsabteilung über eine anderweitige Kostenvereinbarung informiert.

XIII. Teilung der angegriffenen Unionsmarke

60   Soweit sich der Löschungsantrag nicht gegen sämtliche Waren und Dienstleistungen der Unionsmarke richtet, kann der Inhaber seine Marke betreffend die Waren und Dienstleistungen teilen, gegen die sich der Löschungsantrag nicht richtet (vgl. EUIPO-Prüfungsrichtlinien, Teil E: Register, Abschnitt 1: Änderungen in Eintragungen).

61   Im Übrigen ist aber nach Art. 56 Abs. 2 eine **Teilung bereits mit Einreichung des Löschungsantrags ausgeschlossen,** um zu verhindern, dass dadurch zwei oder mehr Löschungsverfahren ins Leben gerufen werden bzw. sich der Streitgegenstand ändert.

B. Entscheidung der Nichtigkeitsabteilung

62   Art. 64 Abs. 5 gibt den möglichen **Ausgang der Prüfung** des Löschungsantrags durch die Nichtigkeitsabteilung vor, nämlich die Erklärung des (teilweisen) Verfalls bzw. der (teilweisen) Nichtigkeit der Unionsmarke oder die Zurückweisung des Antrags, die ebenfalls teilweise erfolgen kann.

Daneben sieht Art. 21 anstelle der Nichtigkeit die **Übertragung einer Agentenmarke** vor 63 (→ Art. 21 Rn. 1). Eine solche Übertragung könnte bisher nur gerichtlich geltend gemacht werden, seit dem 1.10.2017 ist dies auch vor der Nichtigkeitsabteilung für alle seit diesem Datum initiierte und auf Art. 60 Abs. 1 lit. b gestützte Nichtigkeitsverfahren möglich.

Mit der Übertragung durch die bestandskräftige Entscheidung der Nichtigkeitsabteilung wird 64 der Antragsteller der Inhaber der Agentenmarke, die ihr Anmelde- bzw. Prioritätsdatum behält. Es bedarf keines gesonderten Verfahrens zum Zwecke des Rechtsübergangs nach Art. 20.

Ist der Antrag auf Erklärung der Nichtigkeit auf **mehrere Gründe** gestützt (mehrere absolute 65 oder absolute und relative), reduziert sich die Prüfung des EUIPO in der Regel auf nur einen Nichtigkeitsgrund, wenn dieser die Nichtigerklärung begründet. Dem Antragsteller fehlt dann hinsichtlich der Geltendmachung weiterer Nichtigkeitsgründe in einem anschließenden Beschwerdeverfahren die Beschwer, was zur Unzulässigkeit der Beschwerde führt (EuG T-300/08, BeckEuRS 2009, 498794 – Golden Elephant).

Dem Übertragungsantrag betreffend eine Agentenmarke wird seitens der Nichtigkeitsabteilung 66 im Rahmen des ihr zustehenden Ermessens im Verhältnis zur Erklärung der Nichtigkeit aufgrund anderer Gründe der Vorrang eingeräumt. Davon ausgenommen sind im öffentlichen Interesse allerdings die absoluten Nichtigkeitsgründe nach Art. 59 Abs. 1 lit. a iVm Art. 7.

Wird ein Nichtigkeitsantrag auf ein **älteres Recht** gestützt, prüft die Nichtigkeitsabteilung 67 entsprechend der Praxis im Widerspruchsverfahren, ob dieses noch **fortbesteht.** Ist etwa die Schutzdauer einer nationalen Marke laut der im Zulässigkeitsverfahren eingereichten Eintragungsurkunde im weiteren Verfahren abgelaufen, fordert die Nichtigkeitsabteilung den Antragsteller auf, die Verlängerung der Schutzdauer nachzuweisen (zum Widerspruchsverfahren EuG T-191/04, GRUR Int 2006, 1019 – METRO; T-318/03, GRUR Int 2005, 686 – ATOMIC; zum Nichtigkeitsverfahren EUIPO BK 13.11.2014 – R 2529/2013-1 Rn. 23, 26 – mobile.dk).

Der **Verfall** kann nach Art. 62 Abs. 1 auf Antrag einer Partei mit **Wirkung für einen früheren** 68 **Zeitpunkt** als demjenigen der grundsätzlich maßgeblichen Antragstellung erklärt werden (→ Art. 62 Rn. 2).

Außerdem kann eine Erklärung des teilweisen Verfalls wegen Nichtbenutzung mit **Neuformu-** 69 **lierungen breiter Waren- und Dienstleistungsbegriffe** einhergehen, die entsprechend der tatsächlichen Benutzungslage und den wirtschaftlichen Gegebenheiten durch engere Untergruppen ersetzt werden (→ Art. 58 Rn. 38).

Die Entscheidung der Nichtigkeitsabteilung soll **in keiner Weise durch die vorherige Ent-** 70 **scheidung** des Prüfers im Anmeldeverfahren, der Widerspruchsabteilung oder der Beschwerdekammer, die zu einer Eintragung der Unionsmarke geführt haben, **beeinflusst** sein (EUIPO BK 28.2.2002 – R 766/2000-2 – PLAYING CARD KING). Das Löschungsverfahren eröffnet eine vollkommen neue Prüfung der Eintragung. Dementsprechend kann sich der Inhaber einer Unionsmarke etwa in einem Nichtigkeitsverfahren wegen absoluter Nichtigkeitsgründe nach Art. 7 auch nicht auf ein **schutzwürdiges Vertrauen** berufen (EuG T-108/09, GRUR Int 2010, 877 Rn. 25 – MEMORY).

Neben der Hauptsache entscheidet die Nichtigkeitsabteilung zudem gemäß Art. 109 über die 71 **Kostenverteilung** und setzt den Betrag der zu erstattenden Kosten betreffend der an das Amt gezahlten Gebühren und die Vertretungskosten fest (→ Art. 109 Rn. 40).

Die Entscheidung der Nichtigkeitsabteilung ist nach Art. 66 Abs. 1 mit der Beschwerde 72 **anfechtbar** (→ Art. 66 Rn. 1).

Sobald sie unanfechtbar geworden ist, wird nach Art. 64 Abs. 6 im **Register** ein Hinweis auf 73 die Entscheidung eingetragen.

Art. 65 Übertragung von Befugnissen

Der Kommission wird die Befugnis übertragen, gemäß Artikel 208 delegierte Rechtsakte zu erlassen, in denen die Einzelheiten der Verfahren zur Erklärung des Verfalls oder der Nichtigkeit einer Unionsmarke gemäß den Artikeln 63 und 64 sowie zur Übertragung einer Agentenmarke gemäß Artikel 21 festgelegt werden.

Überblick

Art. 65 dient ebenso wie Art. 48 für das Widerspruchsverfahren als Rechtsgrundlage für die Übertragung von Befugnissen zur Festlegung von Einzelheiten des Verfahrens auf die Europäische Kommission (zu weiteren Befugnisübertragungen → Art. 73 Rn. 1).

1   Die nach Art. 65 iVm Art. 208 erlassenen delegierten Rechtsakte, nämlich die DVUM und die UMDV, sind zum 1.10.2017 an die Stelle der GMDV in Kraft getreten (→ Art. 1 Rn. 2). Für das Verfalls- und Nichtigkeitsverfahren sind vor allem Art. 12–20 DVUM relevant.

2   Für Einzelheiten betreffend die Übertragung von Befugnissen im Wege delegierter Rechtsakte → Art. 208 Rn. 1.

Kapitel VII. Beschwerdeverfahren

Art. 66 Beschwerdefähige Entscheidungen

(1) [1]Die Entscheidungen der in Artikel 159 Buchstaben a bis d und gegebenenfalls Buchstabe f aufgeführten Entscheidungsinstanzen des Amtes sind mit der Beschwerde anfechtbar. [2]Diese Entscheidungen werden erst ab dem Zeitpunkt des Ablaufs der Beschwerdefrist gemäß Artikel 68 wirksam. [3]Die Einlegung der Beschwerde hat aufschiebende Wirkung.

(2) Eine Entscheidung, die ein Verfahren gegenüber einem Beteiligten nicht abschließt, ist nur zusammen mit der Endentscheidung anfechtbar, sofern nicht in der Entscheidung die gesonderte Beschwerde zugelassen ist.

Überblick

Art. 66 regelt, welche Entscheidungen des EUIPO mit Beschwerde bei den Beschwerdekammern angefochten werden können. Dabei handelt es sich grundsätzlich um abschließende Entscheidungen betreffend die Prüfung einer Unionsmarkenanmeldung auf absolute oder relative Eintragungshindernisse sowie die Entscheidungen betreffend die Löschung einer Marke. Ausnahmenweise kann, sofern die angefochtene Entscheidung dies erlaubt, auch eine Zwischenentscheidung angefochten werden. Der Beschwerde kommt aufschiebende Wirkung zu.

Übersicht

A. Zuständigkeit

Abs. 1 zählt durch Verweis auf Art. 159 (→ Art. 159 Rn. 1 f.) jene **Instanzen** des Amtes auf, **1** deren Entscheidungen mit **Beschwerde angefochten** werden können. Dabei handelt es sich um Entscheidungen der **Prüfer,** der **Widerspruchsabteilungen,** der **Registerabteilung,** der **Nichtigkeitsabteilungen** sowie jeder **anderen vom Exekutivdirektor hierfür bestimmten Stelle oder Person.**

Rein formell besteht nach dem **Organigramm** des Amtes weder eine Widerspruchs-, eine **2** Register-, eine Rechts- noch eine Nichtigkeitsabteilung, doch sind die inhaltlichen Tätigkeiten, die durch diese Dienststellen erledigt werden, in der **Hauptabteilung Kerngeschäft** zusammengefasst.

Prüfer erlassen Entscheidungen (hoheitliche Bescheide) im **Eintragungsverfahren.** Sie werden von **2.1** **Amts wegen** tätig und haben den Sachverhalt von Amts wegen zu prüfen (Art. 95 Abs. 1 S. 1).

Die **Widerspruchsabteilung** erlässt Entscheidungen im Widerspruchsverfahren. Sie wird in der Regel **2.2** in der Besetzung von **drei Mitgliedern** tätig. Sie ist bei der Ermittlung des Sachverhaltes an den **Vortrag der Parteien** gebunden (Art. 95 Abs. 1 S. 2).

Die Registerabteilung ist für alle Fragen des Registers zuständig. **2.3**

Die **Nichtigkeitsabteilung** ist für Verfahren betreffend **Verfall** und **Löschung** zuständig. Sie wird **2.4** nur auf **Antrag** tätig. Sofern es sich um Verfahren betreffend absolute Eintragungshindernisse handelt, hat sie den Sachverhalt von Amts wegen zu prüfen (Art. 95 Abs. 1 S. 1). In Verfahren betreffend relative Eintragungshindernisse ist sie an den Vortrag der Parteien gebunden (Art. 95 Abs. 1 S. 2).

Nicht alle Entscheidungen des Amtes sind bei den Beschwerdekammern anfechtbar. **3**

So sind Entscheidungen betreffend die Bediensteten ausschließlich beim Gericht anzufechten. **3.1**

3.2   Entscheidungen betreffend den Zugang zu Dokumenten können ebenso wenig bei den Beschwerdekammern angefochten werden; der Rechtszug geht in diesen Verfahren zum Bürgerbeauftragen oder zum
Gerichtshof (→ Art. 149 Rn. 15).

B. Aufschiebende Wirkung

4   Der Beschwerde kommt **aufschiebende Wirkung** zu, sofern diese als **eingelegt gilt.**

5   Der Beschwerde **gilt als eingelegt,** sofern innerhalb offener Beschwerdefrist eine **Beschwerdeschrift** (→ Art. 68 Rn. 1) beim Amt eingereicht und die **Beschwerdegebühr** entrichtet
wurde. Auch einer **unzulässigen Beschwerde,** zB weil keine Beschwerdebegründung eingereicht wurde, kommt aufschiebende Wirkung zu.

5.1   Keine aufschiebende Wirkung tritt ein, wenn die Beschwerde als nicht eingelegt gilt, weil die Beschwerdegebühr nicht rechtzeitig bezahlt wurde (→ Art. 68 Rn. 2, → Art. 68 Rn. 24 ff.).

6   Die aufschiebende Wirkung hat zur Folge, dass das Amt keine Maßnahme setzen oder erlassen
darf, die sich aufgrund des Tenors der erstinstanzlichen Entscheidung ergibt. Die aufschiebende
Wirkung dauert auch während des Verfahrens aufgrund einer Klage vor dem Gericht oder aufgrund eines Rechtsmittels vor dem Gerichthof an (Art. 71 Abs. 3, → Art. 71 Rn. 30).

6.1   Somit kann die Zurückweisung einer Unionsmarkenanmeldung, die sich aufgrund der Entscheidung
der Widerspruchsabteilung ergibt, nicht in das Register eingetragen werden.

6.2   Ebenso wenig kann die Löschung einer Unionsmarke, die von der Nichtigkeitsabteilung ausgesprochen
wurde, eingetragen werden.

7   Durch das Einlegen der Beschwerde geht in allen Fragen, die das Verfahren betreffen, die
Zuständigkeit auf die Beschwerdekammern über.

7.1   Dies bedeutet, dass Rücknahmen der Unionsmarkenanmeldung oder der Anträge durch die Beschwerdekammer zu bestätigen sind; gleiches gilt für die Einschränkung des Waren- und Dienstleistungsverzeichnisses, soweit dieser Antrag das Beschwerdeverfahren betrifft (EuG T-473/15, BeckRS 2017, 104014
Rn. 32 ff. – ABUS). Die Beschwerdekammer kann über solche Anträge in einer Zwischenentscheidung
entscheiden, muss jedoch spätestens in ihrer (End-)Entscheidung über diese Anträge absprechen.

7.2   Einschränkungen des Waren- und Dienstleistungsverzeichnisses betreffend Internationale Registrierun-
gen, die die Europäische Union benannt haben, sind beim Internationalen Büro der WIPO einzureichen.
Wird dessen ungeachtet ein solcher Antrag während des Beschwerdeverfahrens beim Amt gestellt, ist er
unzulässig. Die BK interpretieren diesen Antrag jedoch, sofern der Antrag zulässig wäre (klar und präzise
Einschränkung) als Einschränkung des Umfangs der Beschwerde, sodass die angefochten Entscheidung des
Prüfers im Hinblick auf jene Waren und Dienstleistungen, auf die verzichtet wurde, rechtskräftig wird. Im
Ergebnis nimmt sie somit die Einschränkung zur Kenntnis (EUIPO R 1728/2014-4 Rn. 15 – COFFEE
IN).

7.3   Es steht der Beschwerdekammer nicht zu, andere Verfahrensschritte zu setzen.

7.4   Wird gegen die teilweise Zurückweisung der Unionsmarkenanmeldung aufgrund absoluter Eintragungshindernisse Beschwerde eingelegt, kann die Beschwerdekammer die Zurückweisung nur in Bezug
auf diese Waren und Dienstleistungen prüfen. Alle anderen Waren und Dienstleistungen sind nicht Gegenstand des Verfahrens. Die Kammer kann jedoch eine Unionsmarkenanmeldung zur neuerlichen Prüfung
auf absolute Eintragungshindernisse an den Prüfer zurückverweisen (Art. 30 DVUM). Der Prüfer hat
selbständig den Sachverhalt zu prüfen und ist ab die Auffassung der Kammer nicht gebunden.

7.5   Kommt die Kammer in der Beschwerde betreffend ein Widerspruchsverfahren zu dem Schluss, dass
die Unionsmarkenanmeldung wegen absoluter Eintragungshindernisse zurückzuweisen wäre, hat Unionsmarkenanmeldung zur neuerlichen Prüfung auf absolute Eintragungshindernisse an den Prüfer zurückverweisen (Art. 30 DVUM). Der Prüfer hat selbständig den Sachverhalt zu prüfen und ist ab die Auffassung
der Kammer nicht gebunden.

C. Beschwerdefähige Entscheidung

8   Grundsätzlich kann nur gegen Entscheidungen der ersten Instanz, die ein Verfahren **abschließen,** Beschwerde eingelegt werden.

8.1   Nicht alle Entscheidungen schließen ein Verfahren ab. Zunächst ist an verfahrensleitende Maßnahmen
zudenken, wie zB im Eintragungsverfahren die Aufforderung zur Stellungnahme (Art. 42 Abs. 2), oder im
Widerspruchsverfahren die Aufforderung gemäß Regel 19 Abs. 1 GMDV bzw. Art. 7 Abs. 1 DVUM, den
Widerspruch zu substantiieren, oder aufgrund des entsprechenden Antrages des Inhabers der Unions-

marke(nanmeldung) die Aufforderung an den Inhaber der älteren Marke, den Nachweis der ernsthaften Benutzung zu erbringen (Art. 47 Abs. 2 und Art. 64 Abs. 2).

Die Mitteilung, dass der Widerspruch zulässig ist, stellt zwar eine Entscheidung dar (EuGH GRUR **8.2** Int 2012, 1102 Rn. 75), doch wird dadurch das Verfahren nicht abgeschlossen. Sie kann daher nicht eigenständig angefochten werden.

Abschließende Entscheidungen sind mit einer **Rechtsmittelbelehrung** zu versehen (Art. 94 **9** Abs. 3; → Art. 94 Rn. 153). Fehlt diese, hat dies jedoch keine Auswirkungen auf den Charakter der Entscheidung, da die Parteien aus der **Unterlassung** der Rechtsmittelbelehrung **keine Ansprüche** herleiten können (Art. 94 Abs. 3).

Es kommt nicht darauf an, ob das Schriftstück mit „Entscheidung" oder „Bescheid" betitelt **10** ist. Es kommt ausschließlich auf den **materiellen Inhalt** (Regelungsgehalt) des Schriftstückes an, der sich aufgrund des **Tenors** ergibt. Dieser ist in Entscheidungen der Prüfer vor allem im Eintragungsverfahren nicht immer klar zu erkennen, da er nicht als solcher bezeichnet wird.

Ein Schriftstück, das den Titel „Entscheidung" trägt, jedoch das Verfahren nicht abschließt, stellt keine **10.1** Entscheidung im Sinne des Gesetzes dar, da es keinen Regelungsgehalt enthält, der angegriffen werden kann (aA Eisenführ/Schennen/Schennen Art. 57 Rn. 7).

Wird in einem solchen Fall eine Beschwerde eingelegt, so ist diese als unzulässig zurückzuweisen. Da **10.2** dem Beschwerdeführer jedoch Kosten entstanden sind, ist zu prüfen, ob das Amt nicht schadensersatzpflichtig ist.

Die **Zuerkennung** eines **Anmelde- bzw. Prioritätstages** stellt eine **anfechtbare Entschei- 11 dung** dar. Die Prüfung betreffend formelle Aspekte erfolgt regelmäßig vor der Prüfung der materiellen Aspekte einer Unionsmarkenanmeldung und auch durch andere Prüfer. Oftmals liegt eine Entscheidung zur Frage der Zuerkennung des Anmeldetages bereits zu einem Zeitpunkt vor, zu dem noch keine materielle Prüfung auf Eintragungshindernisse gemäß Art. 7 begonnen wurde. Somit ist aus Gründen des **Rechtschutzinteresses** davon auszugehen, dass es sich jedenfalls um eine Entscheidung handelt, die anfechtbar ist (in diesem Sinne ua EUIPO R 30/1998-1 – The Kennel Club; R 227/1998-3 – clubhouse).

In allen Fällen, in denen keine Zurückweisung der Unionsmarkenanmeldung erfolgt, könnte dann keine **11.1** Beschwerde mehr eingelegt werden. Zum Zeitpunkt der Mitteilung, dass die Unionsmarkenanmeldung zur Veröffentlichung zugelassen wird, wird regelmäßig die Beschwerdefrist (gegen die Zuerkennung des Anmeldetages) bereits abgelaufen sein.

Mitteilungen betreffend das Eintreten eines **Rechtsverlustes,** zB aufgrund der Nichtverlänge- **12** rung einer Unionsmarke, stellen **keine Entscheidungen** iSd Art. 67 dar. Sofern die Partei mit dem Inhalt einer solchen Mitteilung nicht einverstanden ist, kann sie den Erlass einer Entscheidung beantragen (Art. 99; → Art. 99 Rn. 1 ff.). Nur die darauf ergangene Entscheidung ist anfechtbar, soweit die Partei durch die Entscheidung beschwert ist. Kommt das Amt zum Ergebnis, dass kein Rechtsverlust eingetreten ist, ersetzt es seine Mitteilung ohne förmliche Entscheidung.

Problematisch stellt sich die Situation dar, sofern die erste Instanz eine neuerliche, zweite **13** Entscheidung in derselben Sache erlässt. Eine solche zweite Entscheidung erfolgt regelmäßig, jedoch fälschlicherweise, im Falle der Berichtigung von Entscheidungen der ersten Instanz gemäß Art. 102 Abs. 1 (→ Art. 102 Rn. 1 ff.). Eine **Berichtigung** stellt jedoch **keine neue Entscheidung** dar. Eine **Berichtigung** ersetzt nicht die bereits zu einem früheren Zeitpunkt ergangen Entscheidung, sondern **korrigiert** sie bloß. Sie kann den Inhalt, jedoch grundsätzlich nicht den Tenor der bereits ergangenen Entscheidung ändern.

Eine Berichtigung kommt nur in Frage, soweit ein **sprachlicher Fehler,** ein **Schreibfehler** oder ein **13.1 offensichtlicher** Fehler in einer Entscheidung vorliegt.

Ein offensichtlicher Fehler kann dann vorliegen, wenn zB das Wort „nicht" in einem Satz fehlt, jedoch **13.2** aufgrund der Entscheidungsgründe und des Tenors kein Zweifel daran bestehen kann, dass dieses gesetzt werden hätte sollen.

Ein Rechenfehler bei der Berechnung der Kosten stellt einen offensichtlichen Fehler dar, der berichtigt **13.3** werden kann.

Eine **zweite Entscheidung** eröffnet **nicht,** selbst wenn sie eine Rechtsmittelbelehrung enthält, eine **13.4** neue **Rechtsmittelfrist.**

D. Gesonderte Beschwerde

Entscheidungen, die ein Verfahren **nicht abschließen,** können auch dann angefochten werden, **14** wenn die Beschwerde in der Entscheidung **ausdrücklich zugelassen wurde.**

15   Eine Recherche in den Datenbanken des Amtes zeigt, dass bisher keine einzige Beschwerde auf Grundlage des Art. 66 Abs. 2 eingelegt wurde. Die praktische Bedeutung dieser Bestimmung ist daher sehr gering.

E. Nichtakte

16   Nach ständiger Rechtsprechung besteht grundsätzlich die Vermutung der **Gültigkeit der Rechtsakte** der Organe und Einrichtungen der EU, solange sie nicht aufgehoben oder zurückgenommen werden. Als Ausnahme von diesem Grundsatz ist allerdings bei Rechtsakten, die **offensichtlich** mit einem derart **schweren Fehler** behaftet sind, dass er von der Rechtsordnung der EU **nicht geduldet werden kann** – auch von Amts wegen – davon auszugehen, dass sie **keine Rechtswirkung** entfaltet haben, dh, dass sie als rechtlich inexistent zu betrachten sind (EuG T-36/09, GRUR Int 2012, 171 Rn. 83 – dm; T-275/10, BeckRS 2012, 80861 Rn. 26 – mPAY24).

17   Damit wird ein Gleichgewicht zwischen zwei grundlegenden, manchmal jedoch einander gegensätzlichen Prinzipien gewahrt; es stehen sich nämlich Rechtssicherheit und Rechtmäßigkeit gegenüber. Die Schwere der rechtlichen Folgen, die mit der Feststellung der Inexistenz eines Rechtsaktes verbunden sind, verlangt daher aufgrund der **Rechtssicherheit,** dass diese Feststellung auf ganz **außergewöhnliche Fälle** beschränkt wird (EuG T-36/09, GRUR Int 2012, 171 Rn. 83 – dm; T-275/10, BeckRS 2012, 80861 Rn. 26 – mPAY24).

18   Rechtsakte, die mit so schweren Fehlern behaftet sind, sind als rechtlich nicht existent anzusehen (EuGH C-137/92, BeckRS 2004, 74359 Rn. 51 f. – Kommission/BASF ua) und von der Beschwerdekammer als solche zu bezeichnen.

19   Die **fehlende Approbationsbefugnis,** dh die Ermächtigung des Unterzeichners, hoheitliche Akte zu setzen, stellt regelmäßig einen **schwerwiegenden Verstoß** dar. Doch nicht jeder Verstoß führt sofort zu einem Nichtakt; es ist vielmehr zu prüfen, ob es sich dabei um eine Einzelentscheidung oder um eine Entscheidung eines Kollegialorgans gehandelt hat.

19.1   Die fehlerhafte Zusammensetzung eines Kollegialorganes, selbst wenn das Kollegialorgan fehlerhaft als „Einzelmitglied" entscheidet, ist nicht derart schwerwiegend, dass eine Entscheidung als rechtlich inexistent anzusehen wäre (EuGH C-137/92, BeckRS 2004, 74359 Rn. 52 f. – Kommission/BASF ua). Somit scheint ausgeschlossen, dass eine Entscheidung im Widerspruchs- oder Nichtigkeitsverfahren aufgrund der fehlerhaften Zusammensetzung als Nichtakt qualifiziert werden könnte. Gleiches gilt in Bezug auf das Beschwerdeverfahren.

19.2   Dagegen kommt ein Nichtakt im Prüfungsverfahren durchaus in Frage. Dabei ist zunächst an alle Fälle zu denken, in denen die „Entscheidung" durch Personen unterschrieben ist, die nicht dem Amt zuzurechnen sind, zB Personen des Reinigungspersonals, des Wachdienstes oder Angeordneten Nationalen Experten sowie Mitarbeitern von Zeitarbeitsfirmen.

19.3   Die bis 2004 gültige Fassung der GMDV sah in Regel 100 GMDV vor, dass Mitarbeiter des Amtes formell zu Prüfern ernannt werden. Auch wenn diese Bestimmung mittlerweile aufgehoben wurde, muss eine Ernennung zum Prüfer erfolgen. Es kann nicht davon ausgegangen werden, dass jeder Mitarbeiter des Amtes durch seine Anstellung bereits zum Prüfer ernannt wird; auch eine Zuteilung in eine bestimmte Abteilung oder Dienststelle kann einer Ernennung nicht gleichgesetzt werden. Hinzu kommt, dass durchaus Personen im Amt arbeiten, die aufgrund der Bestimmungen des Unionsrechts nicht mit einer Approbationsbefugnis ausgestattet werden können. Eine solche Befugnis kann nur Personen erteilt werden, die den dienstrechtlichen Vorschriften der EU unterliegen (EuG T-45/01, BeckRS 2005, 70038 Rn. 15 – Sanders). Weder abgeordnete nationale Experten noch Personal, das über Zeitarbeitsfirmen beschäftigt wird, unterliegen den dienstrechtlichen Vorschriften. Entscheidungen im Prüfungsverfahren, die von solchen Personen erlassen werden, sind daher als rechtlich nicht existent anzusehen. Dies kann jedoch zu schwerwiegenden Problemen führen, wenn es sich dabei um die Entscheidung, eine Unionsmarkenanmeldung einzutragen, handelt.

20   Sofern die Instanz, die die Entscheidung erlassen hat, **keine Kompetenz** zum Erlassen des konkreten Aktes (mehr) zukommt, ist von einem **Nichtakt** auszugehen (EUIPO 24.1.2013 – R 843/2012-1 – PetMedica; EUIPO 27.4.2018 – R 1837/2017-3 – Door handles for vehicles). Dagegen sind Entscheidungen, in denen die zuständige Instanz ihre **Kompetenz überschreitet, nicht** als **null und nichtig** anzusehen, sondern aufzuheben.

20.1   Sofern der Widerspruchsabteilung keine Kompetenz zum Erlassen einer Entscheidung zukommt, handelt es sich um einen Nichtakt, der keine Rechtswirkung entfalten kann (EuG T-36/09, GRUR Int 2012, 171 Rn. 92 – dm; HABM 24.1.2013 – R 843/2012-1 – PetMedica). Durch den Erlass der Entscheidung geht die Kompetenz der Widerspruchsabteilung auf die Beschwerdekammer über, so dass nur noch diese, es sei denn die UMV enthält spezielle Normen, über die Sache entscheiden kann.

Die Kompetenz zum Erlassen einer Berichtigung (Art. 102 Abs. 1) verbleibt grundsätzlich bei der ersten **20.2** Instanz. Gleiches gilt für die Abhilfe (→ Art. 69 Rn. 1), die nur durch die erste Instanz gewährt werden kann.

Dies schließt jedoch nicht aus, dass die Geschäftsstelle der Beschwerdekammer der oder den Parteien **20.3** mitteilt, dass der Abhilfe stattgegeben wurde. Wichtig ist, dass aus dem Akt, und sei es nur in der elektronischen Version, klar hervorgeht, dass der Beschwerde durch die zuständige Stelle abgeholfen wurde. Die darauffolgende Mitteilung stellt keine Entscheidung dar und kann daher auch von der Geschäftsstelle der Beschwerdekammern mitgeteilt werden.

Inwieweit der ersten Instanz die Kompetenz zukommt, die angefochtene Entscheidung zu widerrufen **20.4** (Art. 103), wenn das Beschwerdeverfahren bis zum 30.9.2017 eröffnet wurde, ist durchaus strittig. Die Große Beschwerdekammer hat einen Widerruf der angefochtenen Entscheidung nach Einlegung der Beschwerde gegen diese Entscheidung für unzulässig erachtet, da durch das Einlegen der Beschwerde die Kompetenz auf die Beschwerdekammern übergegangen ist (EUIPO 28.4.2009 – R 323/2008-G Rn. 27 f. – BEHAVIOURAL INDEXING). Das Gericht hat jedoch ausgesprochen, dass die Möglichkeit des Widerrufs (Art. 103; → Art. 103 Rn. 1 ff.) unbeschadet des Rechts der Beteiligten, Beschwerde einzulegen, bestehe (EuG T-36/09, GRUR Int 2012, 171 Rn. 100 – dm). Dies scheint auch vernünftig zu sein. Der Widerruf stellt die Möglichkeit dar, schwere Verfahrensfehler der ersten Instanz zu sanieren, indem die damit behaftete Entscheidung aufgehoben wird. Sie ermöglicht daher eine schnelle und einfache Lösung des Beschwerdeverfahrens. Es ist nicht im Interesse der Parteien, ein langwieriges Beschwerdeverfahren zu führen und keine Entscheidung in der Sache zu erhalten, da in den meisten Fällen dann die Sache an die erste Instanz zurückzuverweisen sein wird. Ein Abwarten, ob das Amt einen Widerruf vornimmt, ist nicht zweckmäßig, da die Beschwerdefrist selbst dann nicht ausgesetzt wird, wenn das Amt einen Widerruf ankündigt (EuG T-36/09, GRUR Int 2012, 171 Rn. 101 mwN – dm).

Anders stellt sich die Situation in Bezug auf Beschwerdeverfahren dar, die seit dem 1.10.2017 eröffnet **20.5** wurden. Art. 103 Abs. 4 UMV (→ Art. 103 Rn. 42 f.) und Art. 34 DVUM sieht ausdrücklich die Möglichkeit vor, eine Berichtigung oder einen Widerruf einer Entscheidung, gegen die bereits eine Beschwerde eingelegt wurde, vorzunehmen bzw. auszusprechen.

Die erste Instanz hat die Beschwerdekammer über die geplante Berichtigung oder den geplanten **20.6** Widerruf zu informieren (Art. 34 Abs. 3 DVUM). Die Beschwerdekammer setzt dann bis zu einer endgültigen Entscheidung über die geplante Berichtigung oder den geplanten Widerruf das Beschwerdeverfahren gemäß Art. 71 DVUM aus.

Wird die Entscheidung widerrufen, wird das Beschwerdeverfahren als gegenstandslos geschlossen und **20.7** die Beschwerdegebühr zurückerstattet (Art. 33 lit. b DVUM).

Wird die Entscheidung nicht widerrufen, wird das Beschwerdeverfahren fortgesetzt. Allfällige Fristen **20.8** beginnen komplett neu zu laufen (Art. 71 Abs. 3 DVUM).

Wird das Verfahren aufgrund von Art. 170 Abs. 5 (→ Art. 170 Rn. 1) ausgesetzt, steht den Parteien **20.9** nach Wiederaufnahme des Verfahrens nur die restliche Zeit zur Verfügung. Wird das Verfahren nach Art. 71 Abs. 3 DVUM ausgesetzt, beginnen die Fristen nach Wiederaufnahme komplett neu zu laufen.

F. Mediation

Seit 2011 bietet das Amt die Möglichkeit an, anhängige Verfahren im Rahmen der Mediation **21** zu lösen. Grundlage dafür war der Beschluss Nr. 2011-1 des Präsidiums der Beschwerdekammern vom 14.4.2011 über die gütliche Beilegung von Streitfällen. **Voraussetzung** ist dafür, dass eine **Beschwerde** eingelegt wurde.

Das Präsidium stützte sich dabei auf den alten Art. 42 Abs. 4 GMV und den alten Art. 64 **22** Abs. 4 GMV. Diese Normen sehen vor, dass das Amt die Parteien ersuchen kann, sich zu einigen, sofern es dies für sachdienlich erachtet.

Art. 170, durch VO (EU) 2015/2424 als Art. 137a UMV 2016 eingefügt, erlaubt dem Amt, **23** ein Mediationszentrum einzurichten (→ Art. 170 Rn. 1).

Mediation kommt nur in **Inter-partes-Verfahren** in Frage und findet **parallel** zum **24** **Beschwerdeverfahren** statt, welches **ausgesetzt** wird, um den Parteien eine gütliche Beilegung zu ermöglichen, ohne dass eine Entscheidung der Beschwerdekammern in der Sache ergehen muss.

Ist die Mediation nicht erfolgreich, wird das Beschwerdeverfahren fortgesetzt. Der Ablauf allfäl- **25** lig vor dem Antrag gesetzter Fristen wird durch das Mediationsverfahren **gehemmt** (Art. 170 Abs. 5; → Art. 170 Rn. 1). Der betroffenen Partei steht nach der Wiederaufnahme des Verfahrens nur noch die Restzeit zur Verfügung.

Dabei tritt ein **Mediator** als ein **neutraler Vermittler** zwischen den Verfahrensbeteiligten auf **26** und erleichtert eine Einigung zwischen diesen. Die **Verfahrensbeteiligten** behalten die **Kontrolle** über den Ablauf des **Verfahrens** und dessen Ausgang. Sie können nicht zur Mediation gezwungen werden; sie können jederzeit wieder aus dem Mediationsverfahren ohne Angabe von Gründen aussteigen. Den Parteien kann keine Mediationsvereinbarung auferlegt werden, sondern diese muss **freiwillig** vereinbart werden. Im Mediationsverfahren stehen die **Interessen der Parteien** und nicht deren (Rechts-)Positionen im Vordergrund.

26.1   Mediation kann eine geeignete Form sein, Widerspruchs- und Löschungsverfahren zur Zufriedenheit der Parteien zu lösen.

26.2   Die vor dem Amt geführten Verfahren betreffen reine Registerverfahren, also Streitigkeiten, die sich allein aufgrund des Registerstandes ergeben. Oftmals lässt eine Recherche im Internet die Vermutung zu, dass sich die Parteien am Markt entweder aufgrund der tatsächlich benutzten Waren oder Dienstleistungen oder aufgrund der räumlichen Situation niemals begegnen werden. In solchen Fällen stellt Mediation eine geeignete Möglichkeit dar, Konflikte zu lösen.

27   Mediation findet in Alicante am **Sitz des Amtes** statt und ist **gebührenfrei.** Sofern die Parteien dies wünschen, kann auch in den Räumlichkeiten des Amtes in **Brüssel** das Mediationsverfahren durchgeführt werden; in diesem Fall sind von den Parteien die pauschal berechneten Reise- und Aufenthaltskosten des Mediators in der Höhe von 750 Euro zu tragen.

27.1   Aufgrund der **COVID-19-Pandemie** ist es nun auch möglich, Mediation über online Plattformen abzuhalten, sodass den Parteien keine Reise- und Aufenthaltskosten entstehen.

28   Die Parteien steht es frei, den Mediator zu benennen, wobei der bereits bestellte Berichterstatter nicht benannt werden sollte, da er bereits den gesamten Akt kennen könnte. Auf der Homepage des Amtes (https://euipo.europa.eu/ohimportal/de/mediators) sind die Lebensläufe der Mediatoren einsehbar. Das Mediationsverfahren findet grundsätzlich in der **Verfahrenssprache** statt, doch können sich die Parteien auch auf jede andere Sprache einigen, sofern ein Mediator zur Verfügung steht, der diese Sprache beherrscht. Die Mediatoren des Amtes sind von renommierten Einrichtungen **ausgebildet** und nehmen regelmäßig an Schulungsveranstaltungen teil.

29   Sofern sich die Parteien **nicht gütlich einigen** können, geht der Fall an die **Beschwerdekammer,** der der Fall ursprünglich zugewiesen wurde, zurück. Diese trifft dann eine **Entscheidung** in der Sache und stellt den Abschluss des Beschwerdeverfahrens fest, wobei der Mediator nicht an der Entscheidungsfindung teilnehmen darf.

G. Anwendbare Durchführungsbestimmungen (GMDV vs. DVUM)

30   Die derzeit gültige DVUM ist am 14.5.2018 in Kraft getreten. Grundsätzlich ist die DVUM rückwirkend mit 1.10.2017 anzuwenden, wobei Art. 82 DVUM Ausnahmen vorsieht. Gemäß Art. 82 Abs. 2 lit. j gilt Titel V (Beschwerdeverfahren) nur für Beschwerden, die ab dem 1.10.2018 eingereicht wurden.

30.1   Im Unterschied zum Widerspruchs- oder Nichtigkeitsverfahren, die auf den jeweiligen Verfahrensstand abstellen, und womit ein für den Rechtsanwender sehr kompliziertes Verfahren für die Anwendung der DVUM eingeführt wurde, hat der Gesetzgeber für das Beschwerdeverfahren einen einzigen Stichtag vorgesehen.

30.2   Davon ausgenommen sind jedoch horizontale Vorschriften, wie zB die Kommunikation mit dem Amt, die Zustellung von Schriftstücken, die Unterbrechung der Verfahren oder die mündliche Verhandlung.

31   Die derzeit gültige DVUM ersetzt jene delegierte Verordnung, die im Sommer 2017 in Kraft getreten ist und ab dem 1.10.2017 anwendbar war. Inhaltlich stimmen beide Rechtsakte überein; während die alte Fassung noch auf die UMV 2009 verwies, verweist die nunmehrige DVUM auf die UMV 2017. Darüber hinaus sind Übersetzungsfehler und kleinere sprachliche Fehler berichtigt worden.

H. Abdruck der Verfahrensordnung der Beschwerdekammern des EUIPO

32   Das Präsidium der Beschwerdekammern hat am 27.2.2020 eine **Verfahrensordnung** (EUIPO-BKVfO) angenommen, bei der es sich um **soft law** handelt. Die EUIPO-BKVfO gilt sowohl für alle Verfahren betreffend Markensachen wie auch Geschmacksmustersachen. Die EUIPO-BKVfO fast bestehende Praxis zusammen und ergänzt die Bestimmungen der UMV, DUMV, UMDV (und in Bezug auf das Geschmacksmuster auch die GGMV, GGMDV); diese Rechtsakte gehen der EUIPO-BKVfO immer vor (Erwägungsgrund 14 EUIPO-BKVfO).

32.1   Die EUIPO-BKVfO ist auf der Homepage des Amtes, Recht und Praxis, Rechtsvorschriften, Präsidium der Beschwerdekammern, abrufbar. Weder liegt derzeit ein konsolidierter Text in englischer noch in deutscher Sprache vor. Ein Abdruck in der am 1.1.2023 geltenden Fassung der **EUIPO-BKVfO** erfolgt nach → Rn. 44.

In Erwägungsgrund 12 EUIPO-BKVfO heißt es, dass es zur Gewährleistung einer wirksamen, effizien- **32.2** ten und vollständigen Überprüfung von Entscheidungen des Amtes durch die Beschwerdekammern not- wendig ist, die für Beschwerdeverfahren geltenden Bestimmungen zu ergänzen und die für Geschmacks- musterbeschwerdeverfahren erforderlichen Anpassungen zu spezifizieren, um eine kohärente, transparente, gründliche, rechtzeitige, faire und gerechte Entscheidungsfindung zu gewährleisten.

Die EUIPO-BKVfO richtet sich einerseits an die Parteien des Beschwerdeverfahrens, da sie **33** Anweisungen an sie enthält, andererseits an die Geschäftsstelle sowie an die Kammern und Mitglie- der an sich. Insoweit die EUIPO-BKVfO Anweisungen an die Kammern und die Mitglieder enthält, kollidiert sie mit der in Art. 166 Abs. 7 UMV (→ Art. 166 Rn. 5) garantierten Unabhän- gigkeit der Mitglieder. Sie ist somit ein **gefährliches Instrument,** um die Kammern über die Hintertür der Konvergenz und Harmonisierung von Praxis „auf Linie" zu bringen, und somit die Unabhängigkeit zu untergraben.

Die EUIPO-BKVfO besteht aus 69 Artikeln, die in 9 Kapitel unterteilt sind. **34**
Kapitel 1 enthält die allgemeinen Bestimmungen. **35**

Dazu gehören Grundsätze, nach denen die Verfahrensbeteiligten Zugang zu den eingereichten Unterla- **35.1** gen und Gegenständen haben, die Zustellung der Entscheidung der Beschwerdekammern sowie die Berech- nung und Verlängerung der Fristen.

Kapitel 2 enthält Bestimmungen über das schriftliche Verfahren bei der EUIPO. **36**

Es enthält Bestimmungen in Bezug auf die Beschwerdegebühren, Verlängerungsurkunden sowie die **36.1** erste und zweite Runde von Schriftsätzen.

Kapitel 3 enthält Bestimmungen über das mündliche Verfahren. **37**

Diese Bestimmungen wurden mit Beschluss des Präsidiums Nr. 2020-2 vom 22.4.2020 betreffend **37.1** mündliche Verfahren per Videokonferenz weiter ausgestaltet, der auf der Homepage des Amtes unter https://euipo.europa.eu/ohimportal/en/presidium-of-the-boards-of-appeal# abrufbar ist. Der Text liegt derzeit nur in englischer Sprache vor.
So sieht dieser Beschluss vor, dass die Kammer aufgrund eines begründeten Antrages der Parteien **37.2** die Abhaltung der mündlichen Verhandlung per Videokonferenz anordnen kann. Auch eine mündliche Verhandlung per Videokonferenz ist öffentlich.
Die Parteien und ihrer Vertreter können sich von jedem Ort zur mündlichen Verhandlung hinzuschal- **37.3** ten; Partei und Vertreter müssen nicht am selben Ort anwesend sein.
Gleiches gilt für die Mitglieder der Beschwerdekammer, die sich an unterschiedlichen Orten aufhalten **37.4** können. Die Beschwerdekammer sollte von dieser Möglichkeit jedoch nur in Ausnahmesituationen, wie zB Pandemien, Gebrauch machen, da eine mündliche Verhandlung eine ständigen Kommunikation zwi- schen den Mitgliedern bedarf, die von den Parteien und ihren Vertretern nicht mitgehört werden sollte.

Kapitel 4 bezieht sich auf die alternative Streitbeilegung (Mediation). **38**
Kapitel 5 regelt die Einstellung und andere besondere Verfahrensarten. **39**

Dazu gehören beispielsweise Anträge auf Verfalls- und Nichtigkeitserklärung, die jederzeit zurückge- **39.1** nommen werden können, bevor die Entscheidung der Kammer rechtskräftig geworden ist. Das Kapitel enthält auch Bestimmungen über die beschleunigte Prüfung von Beschwerdeanträgen und die Aussetzung von Marken und/oder Geschmacksmustern.

Kapitel 6 betrifft die Beweismittel. **40**
Kapitel 7 enthält − unter anderem − Einzelheiten zur Behandlung von als vertraulich gekenn- **41** zeichneten Informationen, zur Veröffentlichung der Entscheidung, zu Anträgen auf Entfernung persönlicher Daten und zur Berichtigung von Fehlern.
Kapitel 8 enthält Bestimmungen zu den Kosten. **42**
Kapitel 9 schließlich enthält die Schlussbestimmungen in Bezug auf das Inkrafttreten der **43** Regeln.
Es folgt ein Abdruck der **EUIPO-BKVfO** entsprechend des Beschlusses Nr. 2020-1 vom **44** 27.2.2020 des Präsidiums der Beschwerdekammern über die Verfahrensordnung vor den Beschwerdekammern, in der Fassung des Beschlusses 2020-11 vom 6.11.2020, Beschlusses 2021- 4 vom 19.2.2021 und Beschlusses 2021-10 vom 6.7.2021 (→ Rn. 44.1). Derzeit ist keine kodifi- zierte Fassung der EUIPO-BKVfO in deutscher Sprache im Internet abrufbar; abrufbar ist aus- schließlich die im Jahr 2020 erstmals erlassene Version (https://euipo.europa.eu/tunnel-web/

secure/webdav/guest/document_library/contentPdfs/law_and_practice/presidium_boards_
appeal/Decision_2020-1_de.pdf).

44.1   **KAPITEL I – ALLGEMEINE BESTIMMUNGEN**

Artikel 1 Kontradiktorischer Charakter des Beschwerdeverfahrens

1. Im mehrseitigen Beschwerdeverfahren haben die Verfahrensbeteiligten Zugang zu den eingereichten Unterlagen und Beweismitteln und zu den vom Amt in ihrer Sache erlassenen Entscheidungen, unabhängig davon, ob diese als vertraulich gekennzeichnet sind oder nicht.

2. Beantragt in einer Geschmacksmustersache ein Dritter gemäß Artikel 54 GGV, dem Beschwerdeverfahren als Streithelfer beizutreten, so wird der Zugang zur Akte des Beschwerdeverfahrens erst nach der Stattgabe des Antrags gewährt.

Artikel 2 Zustellungen an die Beteiligten

1. Der Geschäftsstellenleiter bewirkt die Zustellung von Entscheidungen, Ladungen und sonstigen Verfügungen oder Mitteilungen, durch die eine Frist in Gang gesetzt wird oder die anderweitig zuzustellen sind, über den Nutzerbereich (User Area), so wie dies im Beschluss Nr. EX209 des Exekutivdirektors vorgesehen ist.

2. Der Geschäftsstellenleiter bewirkt die Zustellung per Post oder Kurier, wenn

(a) der Nutzerbereich (User Area) offenkundig außer Betrieb ist; oder

(b) der Adressat, den es zu kontaktieren gilt, über kein aktives Nutzerkonto verfügt; oder

(c) die Zustellung gemäß Artikel 58 Absatz 2 DVUM bzw. Artikel 48 Absatz 2 GGDV an einen Adressaten erfolgt, der weder eine Niederlassung noch einen Wohnsitz innerhalb des Europäischen Wirtschaftsraums hat.

3. Scheitert die Zustellung über den Nutzerbereich, sowie entweder per Post oder Kurier, bewirkt der Geschäftsstellenleiter die Zustellung durch öffentliche Bekanntmachung gemäß dem Beschluss Nr. EX184 des Exekutivdirektors des Amtes

Artikel 3 Fristberechnung und Fristverlängerung

1. Die in dieser Verfahrensordnung genannten Fristen werden gemäß Artikel 101 UMV und den Artikeln 67 und 69 DVUM bzw. den Artikeln 56, 57 und 58 GGDV berechnet.

2. Die Fristen für die Einreichung der Beschwerdeschrift und der Beschwerdebegründung können nicht verlängert werden.

3. Der begründete Antrag auf Verlängerung der Frist für die Stellungnahme zur Beschwerde oder die Stellungnahme zur Anschlussbeschwerde ist innerhalb der ursprünglichen Frist einzureichen. Wird kein ausreichender Nachweis für das Vorliegen außergewöhnlicher Umstände im Sinne der Artikel 24 Absatz 1 und 25 Absatz 5 DVUM eingereicht, kann die Beschwerdekammer, falls sie dies für erforderlich hält, solchen Nachweis verlangen.

4. Alle von den Beschwerdekammern gesetzten Fristen können ganz oder zum Teil verlängert werden, wenn dies innerhalb der ursprünglichen Frist unter Angabe von Gründen beantragt wird.

5. Genügt der Antrag auf Fristverlängerung nicht den Bestimmungen in den Absätzen 3 oder 4, wird er vom Geschäftsstellenleiter abgelehnt.

6. Im mehrseitigen Verfahren gibt der Geschäftsstellenleiter den anderen Beteiligten Gelegenheit, innerhalb eines Monats zum Antrag auf Fristverlängerung Stellung zu nehmen. Ist der andere Beteiligte mit der Verlängerung nicht einverstanden, entscheidet die Kammer unter Berücksichtigung der Interessen der Beteiligten.

7. In mehrseitigen Verfahren gewährt der Geschäftsstellenleiter auf gemeinsamen Antrag der Beteiligten die Fristverlängerung nach den obigen Absätzen 3 und 4. Wird die Länge der beantragten Fristenverlängerung in dem Antrag nicht angegeben, kann grundsätzlich eine Fristenverlängerung von einem Monat gewährt werden. Solche Fristverlängerungen dürfen sich insgesamt nicht auf mehr als sechs Monate belaufen, es sei denn, die Beteiligten machen außergewöhnliche Umstände geltend, die dies rechtfertigen.

Artikel 4 Bei Beschwerdeverfahren in Geschmacksmustersachen geltende Fristen für Beteiligte außerhalb des Europäischen Wirtschaftsraums

Sieht diese Verfahrensordnung die Fristsetzung durch die Kammer oder den Geschäftsstellenleiter vor, so muss die Frist mindestens zwei Monate betragen, wenn sie im Falle einer Beschwerde in einer Geschmacksmustersache einem Beteiligten gesetzt wird, der weder eine Niederlassung noch einen Wohnsitz innerhalb des Europäischen Wirtschaftsraums hat.

Artikel 5 Vertretungszwang für Beteiligte außerhalb des Europäischen Wirtschaftsraums

1. Beteiligte ohne Niederlassung oder Wohnsitz innerhalb des Europäischen Wirtschaftsraums müssen gemäß Artikel 119 Absatz 2 UMV bzw. Artikel 78 Absatz 1 GGV vor den Beschwerdekammern vertreten sein.

2. Wird den Beschwerdekammern im laufenden Beschwerdeverfahren bekannt, dass der Vertreter eines solchen Beteiligten:

(a) nicht die in Artikel 120 Absatz 1 UMV bzw. Artikel 78 Absatz 1 GGV genannten Anforderungen erfüllt; oder

(b) die Vertretung des Beteiligten niedergelegt hat,

und kein neuer Vertreter bestellt worden ist, gibt die Geschäftsstelle dem Beteiligten Gelegenheit, den Mangel innerhalb von zwei Monaten zu beheben.

3. Ist innerhalb der vorgeschriebenen Frist von zwei Monaten kein neuer Vertreter bestellt worden, so weist der Geschäftsstellenleiter den Beteiligten auf die Gefahr hin, dass alle für den Beteiligten ohne Niederlassung oder Wohnsitz innerhalb des Europäischen Wirtschaftsraums oder von diesem selbst einge-reichten Schriftsätze, Unterlagen oder Beweismittel als nicht eingereicht angesehen werden, und gibt dem Beteiligten Gelegenheit, innerhalb von zwei Monaten dazu Stellung zu nehmen.

4. Wird der Mangel nicht innerhalb der vorgenannten Fristen behoben, so betrachtet die Geschäftsstelle alle für den Beteiligten ohne Niederlassung oder Wohnsitz innerhalb des Europäischen Wirtschaftsraums oder von diesem selbst eingereichten Schriftsätze, Unterlagen oder Beweismittel als nicht eingereicht und hat dazu gemäß Artikel 42 Absatz 3 Buchstabe c DVUM eine begründete Stellungnahme an die Kammer zu erstellen, die über die Zulässigkeit der Schriftsätze, Unterlagen oder Beweismittel entscheidet.

5. Die vorstehenden Bestimmungen lassen laufende Verfahrensfristen unberührt.

Artikel 6 Vertrauliche Informationen

1. Jeder Beteiligte kann verlangen, dass bestimmte Informationen, die in eingereichten Unterlagen oder Beweismitteln enthalten sind, vertraulich gehalten werden. Der Antrag ist ausdrücklich mit genauen Anga-ben zu seinem Umfang zu stellen und muss eine Begründung des besonderen Interesses des Beteiligten an der Geheimhaltung der Unterlagen oder Gegenstände enthalten.

2. Wird die Geheimhaltung beantragt, ist das Schriftstück, das die Angaben enthält und auf das sich der Antrag gemäß Absatz 1 bezieht, in zwei Fassungen gleichzeitig einzureichen: in einer unbearbeiteten Fassung sowie in einer öffentlichen Fassung, aus der lediglich die Angaben, auf die sich der Antrag gemäß Absatz 1 bezieht, entfernt wurden, es sei denn, die völlige Geheimhaltung ist nachweislich gerechtfertigt.

3. Genügt der Antrag den genannten Anforderungen, kennzeichnet der Geschäftsstellenleiter die Unter-lagen oder Beweismittel, deren Geheimhaltung der Beteiligte beantragt, als vertraulich.

4. Ist der Antrag nicht begründet, wird er vom Geschäftsstellenleiter abgelehnt.

5. Genügt der Antrag nicht den übrigen in den Absätzen 1 und 2 genannten Formerfordernissen, gibt der Geschäftsstellenleiter dem Beteiligten Gelegenheit, die Mängel innerhalb einer bestimmten Frist zu beheben. Werden die Mängel des Antrags nicht innerhalb der gesetzten Frist behoben, so kann der Geschäftsstellenleiter den Antrag ablehnen oder ihn einem Vorsitzenden oder der Kammer vorlegen.

6. Wird der Antrag auf Geheimhaltung vom Geschäftsstellenleiter abgelehnt, kann der betreffende Beteiligte verlangen, dass die Kammer über den Antrag entscheidet; in diesem Fall wird das Schriftstück vom Geschäftsstellenleiter bis zur Entscheidung der Kammer als vertraulich gekennzeichnet.

7. Ist der Antrag auf die Geheimhaltung gegenüber dem anderen Beteiligten gerichtet, gibt der Geschäftsstellenleiter dem Antragsteller Gelegenheit, entweder den Antrag oder das Schriftstück, für das die Geheimhaltung beantragt wird, zurückzunehmen.

8. Werden vertrauliche Informationen dem anderen Beteiligten mitgeteilt, so muss dieser die Informati-onen vertraulich behandeln.

Artikel 7 Sensible personenbezogene Daten

Enthalten Unterlagen oder Gegenstände Daten, aus denen die rassische oder ethnische Herkunft, politi-sche Meinungen, religiöse oder weltanschauliche Überzeugungen oder die Gewerkschaftszugehörigkeit, genetische Daten, biometrische Daten, Gesundheitsdaten oder Daten zum Sexualleben oder zur sexuellen Orientierung einer natürlichen Person hervorgehen, ist das betreffende Schriftstück vom Geschäftsstellenlei-ter von Amts wegen oder auf Ersuchen der zuständigen Kammer als vertraulich zu kennzeichnen.

Artikel 8 Geheimhaltung interner Unterlagen

1. Alle Entwürfe, schriftlichen Gutachten, Vermerke und Schriftwechsel innerhalb der Beschwerdekam-mern wie auch alle sonstigen internen Unterlagen oder Gegenstände, die zur Vorbereitung von Beratungen und Entscheidungen verwendet werden, insbesondere Gutachten über die Zulässigkeit, Zwischenberichte, Beratungsniederschriften und Entscheidungsentwürfe, sind und bleiben geheim.

2. Die im vorstehenden Absatz genannten Unterlagen und Gegenstände unterliegen nicht der Aktenein-sicht gemäß Artikel 114 UMV bzw. Artikel 74 GGV.

3. Unterlagen, die die Ausschließung und Ablehnung gemäß Artikel 169 UMV bzw. Artikel 72 Buch-stabe a GGDV betreffen, sind von der Akteneinsicht ausgenommen.

Artikel 9 Nicht zu offenbarende Informationen in Geschmacksmuster betreffenden Beschwerdeverfahren

Vor der Bekanntmachung des Geschmacksmusters ist die gesamte Akte des Beschwerdeverfahrens als nicht zu offenbarende Information anzusehen, unabhängig davon, ob die Bekanntmachung nach Artikel 50 GGV aufgeschoben ist oder nicht. Der Geschäftsstellenleiter kennzeichnet alle in der vorgenannten Akte des Beschwerdeverfahrens enthaltenen Unterlagen und Gegenstände von Amts wegen als vertraulich.

KAPITEL II – SCHRIFTLICHES VERFAHREN
Artikel 10 Beschwerdeschrift

1. Der Geschäftsstellenleiter prüft, ob die eingegangene Beschwerdeschrift den in den Artikeln 66 bis 68 UMV und Artikel 21 DVUM genannten Erfordernissen genügt.

2. Genügt die Beschwerdeschrift nicht den Erfordernissen nach Artikel 68 Absatz 1 UMV, gibt der Geschäftsstellenleiter dem Beschwerdeführer Gelegenheit, innerhalb eines Monats zur Zulässigkeit der Beschwerde Stellung zu nehmen.

3. Genügt die Beschwerdeschrift nicht den Erfordernissen nach den Artikeln 66 und 67 UMV oder Artikel 21 Absätze 1 Buchstabe d, 2 und 3 DVUM, weist der Geschäftsstellenleiter den Beschwerdeführer auf diese Mängel hin.

4. Genügt die Beschwerdeschrift nicht den Erfordernissen nach Artikel 21 Absatz 1 Buchstaben a, b, c oder e DVUM, gibt der Geschäftsstellenleiter dem Beschwerdeführer Gelegenheit, diese Mängel innerhalb eines Monats gemäß Artikel 23 Absatz 1 Buchstabe c DVUM zu beheben.

5. Die Beschwerdeschrift ist in der Verfahrenssprache einzureichen.

6. Wird die Beschwerdeschrift in einer Amtssprache der Union eingereicht, die nicht die Verfahrenssprache ist, muss der Beschwerdeführer gemäß Artikel 21 Absatz 2 DVUM innerhalb von vier Monaten nach Zustellung der angefochtenen Entscheidung eine Übersetzung in der Verfahrenssprache vorlegen.

7. Werden die in den vorstehende Absätzen genannten Fristen nicht gewahrt, erstellt der Geschäftsstellenleiter gemäß Artikel 42 Absatz 3 Buchstabe c DVUM eine begründete Stellungnahme für die Kammer, die über die Zulässigkeit der Beschwerde entscheidet.

8. Wird die Beschwerde von der Kammer für zulässig befunden, wird die Akte unverzüglich wieder dem Geschäftsstellenleiter zur weiteren Bearbeitung vorgelegt.

Artikel 11 Beschwerdegebühr

1. Wird die gemäß Artikel 68 Absatz 1 UMV bzw. Artikel 57 GGV zu entrichtende Beschwerdegebühr nicht in voller Höhe oder nicht fristgerecht entrichtet, gibt der Geschäftsstellenleiter dem Beschwerdeführer Gelegenheit, innerhalb eines Monats zur Zulässigkeit der Beschwerde Stellung zu nehmen.

2. Geht keine Stellungnahme ein oder kann der Beschwerdeführer nicht nachweisen, dass die ordnungsgemäße Zahlung innerhalb der gesetzten Frist geleistet wurde, legt der Geschäftsstellenleiter die Sache unverzüglich der zuständigen Kammer zur Entscheidung vor.

3. Enthält die fristgerecht eingegangene Stellungnahme den Nachweis, dass die Beschwerdegebühr ordnungsgemäß gezahlt oder eine Zahlung gemäß Artikel 180 Absatz 3 UMV bzw. Artikel 7 Absatz 3 Buchstaben a Ziffer ii und b GGGebV geleistet wurde, betrachtet der Geschäftsstellenleiter die Beschwerde als eingereicht und setzt das schriftliche Verfahren fort.

Artikel 12 Erstattung der Beschwerdegebühr in Markensachen

1. Der Geschäftsstellenleiter ordnet gemäß Artikel 42 Absatz 3 Buchstabe e DVUM die Erstattung der Beschwerdegebühr im Namen der Beschwerdekammern an, wenn die Beschwerde als nicht eingelegt gilt (Artikel 33 Buchstabe a DVUM); oder wenn die angefochtene Entscheidung von der entscheidungstreffenden Dienststelle berichtigt oder widerrufen wird (Artikel 33 Buchstabe b DVUM).

2. Die Kammer ordnet die Erstattung der Beschwerdegebühr an, wenn die angefochtene Entscheidung gegenstandslos geworden ist (Artikel 33 Buchstabe c DVUM); oder wenn sie die Erstattung wegen eines wesentlichen Verfahrensmangels für billig erachtet (Artikel 33 Buchstabe d DVUM).

3. Unter den vorgenannten Umständen ist die Erstattung der Beschwerdegebühr auch ohne entsprechenden Antrag möglich.

Artikel 13 Rückzahlung der Beschwerdegebühr in Geschmacksmustersachen

1. Der Geschäftsstellenleiter ordnet die Rückzahlung der Beschwerdegebühr im Namen der Beschwerdekammern an, wenn die Beschwerde nicht gemäß Artikel 57 GGV als eingelegt gilt.

2. Die Kammer ordnet die die Rückzahlung an, wenn dies ihrer Ansicht nach gemäß Artikel 37 GGDV wegen eines wesentlichen Verfahrensmangels der Billigkeit entspricht.

3. Unter den vorgenannten Umständen ist die Rückzahlung der Beschwerdegebühr auch ohne entsprechenden Antrag möglich.

Artikel 14 Beschwerdebegründung

1. Der Geschäftsstellenleiter prüft, ob die eingegangene Beschwerdebegründung den in Artikel 68 Absatz 1 Satz 4 UMV und Artikel 22 DVUM genannten Erfordernissen genügt.

2. Umfang und Gegenstand der Beschwerde werden in der Beschwerdeschrift gemäß Artikel 21 Buchstaben d und e DVUM bestimmt und können in der Beschwerdebegründung nicht erweitert werden. Im Konfliktfall sind nur die in der ordnungsgemäß eingereichten Beschwerdeschrift gemachten Angaben zum Umfang und Gegenstand zu berücksichtigen.

3. Genügt die Beschwerdebegründung nicht der in Artikel 68 UMV genannten Frist, gibt der Geschäftsstellenleiter dem Beschwerdeführer Gelegenheit, innerhalb eines Monats zur Zulässigkeit der Beschwerde Stellung zu nehmen.

4. Enthält die Beschwerdebegründung nicht die nach Artikel 22 Absatz 1 Buchstabe a DVUM erforderlichen Angaben zur Bezeichnung des Beschwerdeverfahrens, gibt der Geschäftsstellenleiter dem Beschwerdeführer Gelegenheit, diese Mängel innerhalb eines Monats gemäß Artikel 23 Absatz 1 Buchstabe e DVUM zu beheben, es sei denn, die Beschwerdebegründung kann der betreffenden Beschwerdeschrift eindeutig zugeordnet werden.

5. Handelt es sich um eine Beschwerde im Sinne von Artikel 22 Absatz 1 Buchstabe b DVUM, die sich nur gegen einen Teil der angefochtenen Entscheidung richtet, und sind die Waren und Dienstleistungen, auf die sich die Beschwerdegründe beziehen, nicht klar und eindeutig angegeben, gibt der Geschäftsstellenleiter dem Beschwerdeführer Gelegenheit, diesen Mangel innerhalb eines Monats gemäß Artikel 23 Absatz 1 Buchstabe e DVUM zu beheben.

6. Wird die Beschwerdebegründung in einer Amtssprache der Union eingereicht, die nicht die Verfahrenssprache ist, muss der Beschwerdeführer gemäß Artikel 22 Absatz 2 DVUM innerhalb eines Monats nach Einreichung des Originaldokuments eine Übersetzung in der Verfahrenssprache vorlegen.

7. Genügt die Beschwerdebegründung nicht den in Artikel 22 Absatz 2 DVUM genannten sprachlichen Anforderungen, gibt der Geschäftsstellenleiter dem Beschwerdeführer Gelegenheit, innerhalb eines Monats zur Zulässigkeit der Beschwerde Stellung zu nehmen.

8. Werden die in den vorstehenden Absätzen genannten Mängel nicht fristgerecht behoben, erstellt der Geschäftsstellenleiter gemäß Artikel 42 Absatz 3 Buchstabe c DVUM für die Kammer seine begründete Stellungnahme zur Zulässigkeit der Beschwerde.

9. Auf Initiative des Vorsitzenden entscheidet die Kammer unverzüglich über die Zulässigkeit der Beschwerde. Wird die Beschwerde von der Kammer für zulässig befunden, kann die Akte dem Geschäftsstellenleiter zur weiteren Bearbeitung wieder vorgelegt werden.

Artikel 15 Zulässigkeit der Beschwerde

1. Die Beschwerde ist als unzulässig zurückzuweisen, wenn nicht sowohl die Beschwerdeschrift nach Artikel 10 dieser Verfahrensordnung als auch die Beschwerdebegründung nach Artikel 14 dieser Verfahrensordnung jeweils fristgerecht eingereicht werden.

2. Werden die in den Artikeln 10 und 14 dieser Verfahrensordnung genannten Mängel nicht innerhalb der vorgeschriebenen Frist behoben, erstellt der Geschäftsstellenleiter unverzüglich gemäß Artikel 42 Absatz 3 Buchstabe c DVUM seine begründete Stellungnahme zur Zulässigkeit der Beschwerde für die Kammer.

3. Auf Initiative des Vorsitzenden entscheidet die Kammer unverzüglich über die Zulässigkeit der Beschwerde. Befindet die Kammer die Beschwerde jedoch für zulässig, wird das Beschwerdeverfahren fortgesetzt.

Artikel 16 Abhilfe im einseitigen Verfahren

1. Im einseitigen Verfahren legt der Geschäftsstellenleiter die Beschwerde, sofern diese nicht als unzulässig zurückgewiesen wird, der Dienststelle vor, von der die angefochtene Entscheidung erlassen wurde.

2. Hilft die Dienststelle, von der die angefochtene Entscheidung erlassen wurde, der Entscheidung nach Artikel 69 Absatz 1 UMV bzw. nach Artikel 58 GGV ab, muss der Geschäftsstellenleiter das Beschwerdeverfahren im Namen der Kammer einstellen, die Beschwerdegebühr gemäß den Artikeln 12 oder 13 dieser Verfahrensordnung erstatten und dies den Beteiligten mitteilen.

3. Legt die Dienststelle, von der die angefochtene Entscheidung erlassen wurde, die Beschwerde gemäß Artikel 69 Absatz 2 UMV bzw. Artikel 58 Absatz 2 GGV den Beschwerdekammern wieder vor, ohne die angefochtene Entscheidung zu berichtigen, setzt der Geschäftsstellenleiter das Verfahren fort.

Artikel 17 Stellungnahme

1. Der Geschäftsstellenleiter prüft, ob die eingegangene Stellungnahme den in Artikel 24 DVUM genannten Fristerfordernissen genügt.

2. Genügt die Stellungnahme nicht der in Artikel 24 Absatz 1 DVUM genannten Frist, gibt der Geschäftsstellenleiter dem Beschwerdegegner Gelegenheit, innerhalb eines Monats zur Zulässigkeit der Stellungnahme Stellung zu nehmen.

3. Enthält die Stellungnahme nicht gemäß Artikel 24 Absatz 2 DVUM die nach Artikel 21 Absatz 1 Buchstaben b oder c DVUM erforderlichen Kontaktangaben des Vertreters, so gibt der Geschäftsstellenleiter dem Beschwerdegegner Gelegenheit, diesen Mangel innerhalb eines Monats zu beheben.

4. Enthält die Stellungnahme nicht die nach Artikel 22 Absatz 1 Buchstabe a DVUM in Verbindung mit Artikel 24 Absatz 2 DVUM erforderliche klare und eindeutige Angabe des Beschwerdeverfahrens, auf das sie sich bezieht, gibt der Geschäftsstellenleiter dem Beschwerdegegner Gelegenheit, diesen Mangel innerhalb eines Monats zu beheben, es sei denn, die Stellungnahme kann der betreffenden Beschwerde eindeutig zugeordnet werden.

5. Wird die Stellungnahme in einer Amtssprache der Union eingereicht, die nicht die Verfahrenssprache ist, muss der Beschwerdegegner gemäß Artikel 22 Absatz 2 DVUM innerhalb eines Monats nach Einreichung des Originaldokuments eine Übersetzung in der Verfahrenssprache vorlegen, so wie in Artikel 24 Absatz 2 DVUM vorgesehen t.

6. Genügt die Stellungnahme nicht den in Artikel 22 Absatz 2 DVUM genannten sprachlichen Anforderungen, so gibt der Geschäftsstellenleiter dem Beschwerdegegner Gelegenheit, innerhalb eines Monats dazu Stellung zu nehmen.

Artikel 18 Verlängerungsurkunden

1. Wird im Beschwerdeverfahren ein älteres Recht geltend gemacht, so vermerkt der Geschäftsstellenleiter dessen Ablaufdatum bei dem nach Artikel 24 Absatz 3 dieser Verfahrensordnung vorgesehenen letzten Prüfung der verfahrensrechtlichen Voraussetzungen.

2. Jeder Beteiligte kann jederzeit Verlängerungsurkunden oder vergleichbare Dokumente für ein geltend gemachtes älteres Recht einreichen.

3. Ist die Verlängerungsurkunde in einer anderen Sprache als der Verfahrenssprache verfasst, muss der Rechtinhaber innerhalb eines Monats eine Übersetzung der Urkunde in der Verfahrenssprache einreichen.

4. Stützt sich der betreffende Beteiligte zur Substantiierung eines älteren Rechts gemäß Artikel 7 Absatz 3 und Artikel 16 Absatz 2 DVUM auf eine online verfügbare Quelle, überprüft der Geschäftsstellenleiter die Verlängerung in der angegebenen Online-Datenbank.

5. Hat es den Anschein, dass das ältere Recht abgelaufen ist, ohne verlängert worden zu sein, oder dass die Online-Substantiierung nicht verfügbar ist, gibt der Geschäftsstellenleiter oder, falls die Akte des Beschwerdeverfahrens der Kammer zur Entscheidung vorgelegt wurde, der Berichterstatter dem Beteiligten Gelegenheit, innerhalb eines Monats einen Nachweis der Verlängerung des älteren Rechts einzureichen.

6. Wird der Verlängerungsnachweis eingereicht, so teilt der Geschäftsstellenleiter dies dem anderen Beteiligten mit.

Artikel 19 Anschlussbeschwerde

1. Die Anschlussbeschwerde nach Artikel 68 Absatz 2 UMV und Artikel 25 DVUM ist innerhalb der ursprünglichen oder verlängerten Frist für die Einreichung der Stellungnahme mit einem gesondertem Schriftstück einzureichen. Die Anschlussbeschwerde muss eine klare und eindeutige Angabe des Gegenstands und Umfangs der Anschlussbeschwerde sowie die dazugehörige Begründung enthalten.

2. Die Anschlussbeschwerde wird gegenstandslos, wenn der Beschwerdeführer im Hauptbeschwerdeverfahren die Beschwerde zurücknimmt oder das Hauptbeschwerdeverfahren aus sonstigen Gründen eingestellt wird.

3. Der Geschäftsstellenleiter prüft, ob die eingegangene Anschlussbeschwerde den in Artikel 68 Absatz 2 UMV und Artikel 25 DVUM genannten Erfordernissen genügt.

4. Wird die Anschlussbeschwerde entgegen Artikel 25 Absatz 4 Buchstabe b DVUM

(a) nicht innerhalb der vorgenannten Einreichungsfrist; oder

(b) nicht gemäß Artikel 25 Absatz 2 DVUM mit gesondertem Schriftstück; oder

(c) ohne klare und eindeutige Angabe der angefochtenen Entscheidung gemäß Artikel 21 Absatz 1 Buchstabe d DVUM

eingereicht, so gibt der Geschäftsstellenleiter dem Beschwerdegegner Gelegenheit, innerhalb eines Monats zur Zulässigkeit der Anschlussbeschwerde Stellung zu nehmen.

5. Betrifft die Anschlussbeschwerde ausschließlich einen bereits in der Beschwerde geltend gemachten Punkt, gibt der Geschäftsstellenleiter, auf Anweisung der Kammer, dem Beschwerdegegner Gelegenheit, innerhalb eines Monats zur Zulässigkeit der Anschlussbeschwerde Stellung zu nehmen.

6. Genügt die Anschlussbeschwerde nicht den in Artikel 25 Absatz 3 DVUM genannten Anforderungen an die nach Artikel 21 Absatz 1 Buchstaben b oder c DVUM erforderlichen Kontaktangaben des Vertreters, gibt der Geschäftsstellenleiter dem Beschwerdegegner gemäß Artikel 25 Absatz 4 Buchstabe c DVUM Gelegenheit, diesen Mangel innerhalb eines Monats zu beheben.

7. Wird die Entscheidung mit der Anschlussbeschwerde gemäß Artikel 25 Absatz 3 DVUM in Verbindung mit Artikel 21 Absatz 1 Buchstabe e DVUM nur in Teilen angefochten und geht aus der Begründung der Anschlussbeschwerde nicht klar und eindeutig hervor, auf welche Waren und Dienstleistungen sie sich bezieht, so gibt der Geschäftsstellenleiter dem Beschwerdegegner Gelegenheit, diesen Mangel innerhalb eines Monats zu beheben.

8. Wird die Anschlussbeschwerde in einer Amtssprache der Union eingereicht, die nicht die Verfahrenssprache ist, so muss der Beschwerdegegner gemäß Artikel 22 Absatz 2 DVUM innerhalb eines Monats nach Einreichung des Originaldokuments eine Übersetzung in der Verfahrenssprache vorlegen, so wie in Artikel 25 Absatz 4 Buchstabe c DVUM vorgesehen.

9. Genügt die Anschlussbeschwerde nicht den in Artikel 22 Absatz 2 DVUM genannten sprachlichen Anforderungen, so gibt der Geschäftsstellenleiter dem Beschwerdegegner Gelegenheit, innerhalb eines Monats dazu Stellung zu nehmen.

10. Werden die in den vorstehende Absätzen genannten Mängel nicht innerhalb der vorgeschriebenen Frist behoben, so erstellt der Geschäftsstellenleiter für die Kammer gemäß Artikel 42 Absatz 3 Buchstabe c DVUM eine begründete Stellungnahme zur Zulässigkeit der Anschlussbeschwerde.

Artikel 20 Stellungnahme zur Anschlussbeschwerde

1. Wird die Anschlussbeschwerde ordnungsgemäß eingereicht, gibt der Geschäftsstellenleiter dem Beschwerdeführer Gelegenheit, seine Stellungnahme dazu innerhalb von zwei Monaten ab dem Datum der Zustellung an den Beschwerdeführer einzureichen.

2. Wird die Stellungnahme zur Anschlussbeschwerde in einer Amtssprache der Union eingereicht, die nicht die Verfahrenssprache ist, muss der Beschwerdeführer innerhalb eines Monats nach der Einreichung des Originaldokuments eine Übersetzung in der Verfahrenssprache vorlegen.

3. Wird die Stellungnahme zur Anschlussbeschwerde nicht fristgerecht oder in einer falschen Sprache eingereicht, gibt der Geschäftsstellenleiter dem Beschwerdeführer Gelegenheit, innerhalb eines Monats zur Zulässigkeit der Anschlussbeschwerde Stellung zu nehmen.

4. Die ordnungsgemäß eingereichte Stellungnahme des Beschwerdeführers wird dem Beschwerdegegner vom Geschäftsstellenleiter übermittelt.

Artikel 21 Geltendmachung von Unterscheidungskraft durch Benutzung und Antrag auf Nachweis der Benutzung

Wird durch Benutzung erlangte Unterscheidungskraft nach Artikel 7 Absatz 3 und Artikel 59 Absatz 2 UMV oder durch Benutzung erlangte Bekanntheit einer älteren Marke nach Artikel 8 Absatz 1 Buchstabe b UMV geltend gemacht oder wird beantragt, die rechtserhaltende Benutzung nach Artikel 47 Absätze 2 und 3 UMV oder Artikel 25 Absatz 1 Buchstabe e GGV nachzuweisen, so wird dies nur geprüft, wenn dies:

(a) in der Beschwerdebegründung bzw. in der Anschlussbeschwerde geltend gemacht wird und

(b) bereits fristgerecht vor der Dienststelle des Amtes vorgebracht wurde, die die angefochtene Entscheidung erlassen hat.

Artikel 22 Zweite Schriftsatzrunde

1. Auf begründeten Antrag der Gegenseite, der innerhalb von zwei Wochen nach Mitteilung der Stellungnahme bzw. der Stellungnahme zur Anschlussbeschwerde einzureichen ist, kann die Kammer, soweit dies insbesondere im Hinblick auf den Anspruch auf rechtliches Gehör erforderlich ist, gemäß Artikel 26 DVUM und Artikel 25 Absatz 5 letzter Satz DVUM eine zweite Schriftsatzrunde gestatten.

2. Ist der Antrag auf eine zweite Schriftsatzrunde nicht begründet, so wird er vom Geschäftsstellenleiter abgelehnt.

3. Wird der Antrag auf eine zweite Schriftsatzrunde nicht innerhalb der maßgeblichen Frist eingereicht, so gibt der Geschäftsstellenleiter dem Antragsteller Gelegenheit, innerhalb eines Monats zur Zulässigkeit des Antrags Stellung zu nehmen.

4. Wird eine zweite Schriftsatzrunde gestattet, so gibt der Geschäftsstellenleiter dem Antragsteller Gelegenheit, seine Stellungnahme bzw. seine Anschlussbeschwerde innerhalb eines Monats durch Einreichung einer Erwiderung zu ergänzen.

5. Nach Eingang der Erwiderung gibt der Geschäftsstellenleiter dem anderen Beteiligten Gelegenheit, seine Stellungnahme bzw. seine Stellungnahme zur Anschlussbeschwerde innerhalb eines Monats durch Einreichung einer Gegenerwiderung zu ergänzen.

Artikel 23 Schriftliche Stellungnahmen interessierter Parteien in Verfahren vor der Großen Kammer

1. Gruppen oder Verbände, die Erzeuger, Hersteller, Dienstleister, Händler oder Verbraucher vertreten, die ein Interesse am Ausgang eines bei der Großen Kammer anhängigen Verfahrens geltend machen, können gemäß Artikel 37 Absatz 6 DVUM innerhalb von zwei Monaten nach der Veröffentlichung der Entscheidung über die Verweisung an die Große Kammer im Amtsblatt eine schriftliche Stellungnahme in der Verfahrenssprache einreichen.

2. Wird die schriftliche Stellungnahme in einer Amtssprache der Union eingereicht, die nicht die Verfahrenssprache ist, gibt der Geschäftsstellenleiter den vorgenannten Gruppen oder Verbänden Gelegenheit, innerhalb eines Monats eine Übersetzung einzureichen.

3. Schriftliche Stellungnahmen, die den vorgenannten Erfordernissen nicht genügen, werden nicht berücksichtigt.

4. Bei ordnungsgemäßer Einreichung der schriftlichen Stellungnahmen gibt der Geschäftsstellenleiter den Beteiligten Gelegenheit, sich innerhalb eines Monats zu diesen Stellungnahmen zu äußern.

Artikel 24 Abschluss des schriftlichen Verfahrens und letzte Prüfung der verfahrensrechtlichen Voraussetzungen

1. Im einseitigen Verfahren ist das schriftliche Verfahren bei Ablauf der in Artikel 14 dieser Verfahrensordnung vorgesehenen Frist für die Einreichung der Beschwerdebegründung abgeschlossen.

2. Soweit der Vorsitzende der zuständigen Kammer nichts anderes anordnet, ist das schriftliche Verfahren im mehrseitigen Verfahren abgeschlossen:

(a) bei Ablauf der in Artikel 17 dieser Verfahrensordnung vorgesehenen Frist für die Einreichung der Stellungnahme zur Beschwerdebegründung; oder

(b) falls eine Anschlussbeschwerde gemäß Artikel 19 dieser Verfahrensordnung eingereicht wird, bei Ablauf der Frist für die Einreichung der Stellungnahme; oder

(c) falls eine zweite Schriftsatzrunde gemäß Artikel 22 dieser Verfahrensordnung gestattet wird, bei Ablauf der Frist für die Erwiderung, falls bis dahin kein Schriftsatz eingereicht wird, oder bei Ablauf der Frist für die Gegenerwiderung.

3. Ist das schriftliche Verfahren abgeschlossen, so führt der Geschäftsstellenleiter eine abschließende Prüfung der verfahrensrechtlichen Voraussetzungen durch und erstellt für die Kammer eine begründete Stellungnahme zur Zulässigkeit der Beschwerde.

Artikel 25 Gelegenheit zur Einreichung weiterer Stellungnahmen

Ungeachtet der Artikel 22 und 24 dieser Verfahrensordnung kann die Kammer von sich aus einem Beteiligten Gelegenheit geben, innerhalb eines Monats zum Vorbringen oder Vortrag des anderen Beteiligten oder zu jedem sonstigen Thema, das sie für erforderlich erachtet, Stellung zu nehmen.

Artikel 26 Wiedereröffnung des schriftlichen Verfahrens

Bis zur Zustellung der Entscheidung über die Beschwerde kann die Kammer das schriftliche Verfahren wenn erforderlich jederzeit wieder eröffnen.

KAPITEL III – MÜNDLICHES VERFAHREN

Artikel 27 Anordnung einer mündlichen Verhandlung

1. Gemäß Artikel 96 UMV bzw. Artikel 64 GGV kann die Kammer auf Antrag eines Beteiligten oder von Amts wegen beschließen, eine mündliche Verhandlung durchzuführen, wenn sie dies für sachdienlich erachtet.

2. In seinem Antrag auf mündlichen Verhandlung muss der Beteiligte begründen, warum er wünscht, angehört zu werden oder gegebenenfalls warum er die Vernehmung von Zeugen oder Sachverständigen für erforderlich hält.

3. Beschließt die Beschwerdekammer, eine mündlichen Verhandlung durchzuführen, so teilt der Geschäftsstellenleiter dies den Beteiligten mit und nimmt die erforderlichen Ladungen vor.

Artikel 28 Datum der mündlichen Verhandlung

1. Der Vorsitzende der Kammer bestimmt das Datum der mündlichen Verhandlung.

2. Bei Vorliegen außergewöhnlicher Umstände kann der Vorsitzende von Amts wegen oder auf begründeten Antrag eines Beteiligten die mündliche Verhandlung auf ein anderes Datum verschieben.

3. Ordnet die Kammer einen mündliche Verhandlung an, beträgt die Frist für die Ladung der Beteiligten mindestens zwei Monate.

4. Die Kammer kann der Ladung eine Mitteilung beifügen, mit der die Beteiligten auf die Fragen hingewiesen werden, die als für die Sache von besonderer Bedeutung erachtet werden.

Artikel 29 Nichterscheinen zur mündlichen Verhandlung

1. Teilt ein ordnungsgemäß geladener Beteiligter der Kammer mit, dass er nicht zur Verhandlung erscheinen wird, oder bleibt er unentschuldigt fern, so findet die Verhandlung in Abwesenheit des betreffenden Beteiligten statt.

2. Teilen alle Beteiligten der Kammer mit, dass sie nicht zur Verhandlung erscheinen werden, entscheidet der Vorsitzende über den Abschluss des mündlichen Teils des Verfahrens.

Artikel 30 Durchführung einer mündlichen Verhandlung

1. Nach Anordnung eines entsprechenden Termins wird die mündliche Verhandlung gemäß Artikel 96 UMV und den Artikeln 49 bis 54 DVUM bzw. Artikel 64 GGV und den Artikeln 42 bis 45 GGDV und des Beschlusses des Präsidiums über mündliche Verhandlungen per Videokonferenz durchgeführt.

2. Mündliche Verhandlungen sind öffentlich; Artikel 96 Absatz 3 UMV und Artikel 64 Absatz 2 GGV bleiben unberührt.

3. Die Kammer kann den Tenor ihrer Entscheidung zum Ende der Verhandlung mündlich verkünden. Wird der Tenor der Entscheidung mündlich verkündet, wird die mit Gründen versehene schriftliche Entscheidung in angemessener Frist von der Kammer abgefasst.

Artikel 31 Niederschrift

1. Der Geschäftsstellenleiter muss die Niederschrift über die mündliche Verhandlung gemäß Artikel 53 DVUM bzw. Artikel 46 GGDV in der Verfahrenssprache aufnehmen und unterzeichnen.

2. Die Niederschrift wird den Beteiligten vom Geschäftsstellenleiter übermittelt.

3. Wird die Vernehmung von Zeugen oder Sachverständigen nicht aufgezeichnet, so muss der Geschäftsstellenleiter, bevor er die Niederschrift unterzeichnet, dem Zeugen oder Sachverständigen Gelegenheit geben, ihren Inhalt zu prüfen und sie zu unterzeichnen.

4. Wird die mündliche Verhandlung aufgezeichnet, so ersetzt die Aufzeichnung die Niederschrift bzw. wird gegebenenfalls integraler Bestandteil der Niederschrift.

KAPITEL IV – ALTERNATIVE STREITBEILEGUNG

Artikel 32 Gütliche Einigung

Wird in einem mehrseitigen Verfahren, bevor die Kammer ihre Entscheidung über die Beschwerde erlassen hat, der Streit von den Beteiligten gütlich beigelegt, so dass das Beschwerdeverfahren nach Artikel 42 dieser Verfahrensordnung gegenstandslos wird, oder wird die Beschwerde, der Widerspruch oder der Antrag auf Erklärung des Verfalls bzw. der Nichtigkeit zurückgenommen, so stellt die Kammer das Verfahren ein, wobei sie erforderlichenfalls unter Berücksichtigung der von den Beteiligten getroffenen Vereinbarung oder gemeinsamen Vorschläge eine Kostenentscheidung erlässt.

Artikel 33 Vergleich und andere Maßnahmen der Alternativen Streitbeilegung

1. Im mehrseitigen Verfahren kann die Kammer jederzeit gemäß dem einschlägigen Beschluss des Präsidiums der Beschwerdekammern zur Organisation der Kammern auf eine Schlichtung hinwirken. Dazu kann die Kammer insbesondere den Beteiligten nahelegen, ihren Streit zu beenden, Informationen anfordern sowie, falls angemessen, Vorschläge für eine gütliche Streitbeilegung unterbreiten. Derartige Maßnahmen binden die Kammer nicht.

1a. Im mehrseitigen Verfahren kann die Kammer auch andere Maßnahmen ergreifen, die eine einvernehmliche Beilegung der Streitigkeiten begünstigt, wie z. B. Verhandlungshilfe oder Schiedsgutachten im Einklang mit den entsprechenden Beschlüssen des Präsidiums

2. Meinungsäußerungen, Anregungen, Vorschläge, Zugeständnisse oder Dokumentenentwürfe, die dem Zweck der gütlichen Streitbeilegung dienen, dürfen weder von der Kammer noch von den Beteiligten als Beweismittel verwertet werden und haben keinerlei Bindungswirkung für das streitige Verfahren.

3. Die Kammer haftet nicht für das Ergebnis der Schlichtung und anderer Maßnahmen der Alternativen Streitbeilegung, die Einhaltung der von den Beteiligten erzielten gütlichen Streitbeilegung oder die Rechtmäßigkeit und Durchsetzbarkeit der Streitbeilegungsvereinbarung.

4. Der Geschäftsstellenleiter kennzeichnet alle Unterlagen oder Gegenstände, die allein im Zuge der Schlichtungsverhandlungen eingereicht werden, als vertraulich. Derartige Unterlagen und Gegenstände unterliegen nicht der Akteneinsicht durch Dritte gemäß Artikel 114 UMV bzw. Artikel 74 GGV.

Artikel 34 Mediation im mehrseitigen Verfahren

1. Im mehrseitigen Verfahren kann auf gemeinsamen Antrag der Beteiligten gemäß Artikel 170 Absatz 5 UMV jederzeit nach Einreichung der Beschwerdeschrift die Mediation eingeleitet werden. Auf einen solchen Antrag hin wird das Beschwerdeverfahren gemäß Artikel 44 Absatz 6 dieser Verfahrensordnung ausgesetzt.

2. Im mehrseitigen Verfahren kann einer der Beteiligten oder der Berichterstatter jederzeit nach Einreichung der Beschwerdeschrift die Mediation vorschlagen. Wird der Vorschlag von allen Beteiligten angenommen, wird die Mediation eingeleitet und das Beschwerdeverfahren wird gemäß Artikel 44 Absatz 6 dieser Verfahrensordnung ausgesetzt.

3. Vor Mediationsbeginn unterzeichnen die Beteiligten eine Mediationsvereinbarung, deren Bestimmungen die Befugnis, eine gütliche Streitbeilegung auszuhandeln, beinhalten; außerdem unterzeichnen die Beteiligten eine ausdrückliche Geheimhaltungsvereinbarung, welche auch die Geheimhaltung der Mediationsvereinbarung selbst beinhaltet.

4. Die Mediation wird gemäß den einschlägigen Beschlüssen des Präsidiums der Beschwerdekammern durchgeführt.

5. Misslingt die Mediation, so wird das Beschwerdeverfahren wieder aufgenommen.

KAPITEL V – ZURÜCKNAHME UND ANDERE BESONDERE VERFAHRENSARTEN

Artikel 35 Zurücknahme

1. Anmeldungen für Unionsmarken oder eingetragene Geschmacksmuster, Widersprüche, Anträge auf Erklärung des Verfalls oder der Nichtigkeit oder Beschwerden können, solange die Entscheidung der Kammer, mit der das Beschwerdeverfahren abgeschlossen wird, noch angefochten werden kann, jederzeit zurückgenommen werden; die ausdrückliche, eindeutige und bedingungslose schriftliche Rücknahmeerklärung ist in einem gesonderten Schriftstück einzureichen.

2. Wird die Rücknahmeerklärung vor Zustellung der Entscheidung über die Beschwerde an die Beteiligten eingereicht und wird das Beschwerdeverfahren gegenstandslos, so stellt die Kammer vorrangig das Verfahren ohne Sachentscheidung ein.

3. Die Partei, die die Rücknahme erklärt, trägt die Gebühren und Kosten, sofern nicht eine von den Beteiligten unterzeichnete abweichende Vereinbarung eingereicht wird.

4. Wird das Beschwerdeverfahren wegen Rücknahme der Beschwerde eingestellt, wird die angefochtene Entscheidung einschließlich der Entscheidung über die Gebühren und Kosten unanfechtbar; in allen anderen Fällen der Rücknahme endet die Rechtswirkung der angefochtenen Entscheidung.

Artikel 36 Einschränkung der Unionsmarkenanmeldung

1. Unionsmarkenanmeldungen können bis zur endgültigen Entscheidung über das Beschwerdeverfahren jederzeit eingeschränkt werden; die ausdrückliche, eindeutige und bedingungslose schriftliche Einschränkungserklärung ist in einem gesonderten Schriftstück einzureichen.

2. Genügt die Einschränkung nicht den in Absatz 1 genannten Formerfordernissen, so gibt der Geschäftsstellenleiter dem Beteiligten Gelegenheit, den Mangel innerhalb eines Monats zu beheben. Wird der Mangel nicht fristgerecht behoben, kann die Kammer die Einschränkung spätestens in ihrer Entscheidung über die Beschwerde zurückweisen.

3. Erscheint die Einschränkung aus anderen Gründen als nicht gewährbar, gibt die Kammer dem Beteiligten Gelegenheit, den Mangel innerhalb eines Monats zu beheben. Wird der Mangel nicht fristgerecht behoben, kann die Kammer die Einschränkung spätestens in ihrer Entscheidung über die Beschwerde zurückweisen.

4. Ist die Einschränkung zulässig und gewährbar, teilt die Kammer dies dem Beteiligten mit, und die Einschränkung wird im Register der Unionsmarken eingetragen.

5. Die vorstehenden Absätze finden auch dann Anwendung, wenn die Beschwerde für unzulässig befunden wird.

6. Im mehrseitigen Verfahren gibt der Geschäftsstellenleiter dem anderen Beteiligten Gelegenheit, im Hinblick auf die eingetragene Einschränkung zu erklären, ob und inwieweit er das Verfahren fortzusetzen beabsichtigt.

Artikel 37 Rechtsübergang während des Beschwerdeverfahrens

1. Sind angefochtene Unionsmarken oder eingetragene Gemeinschaftsgeschmacksmuster Gegenstand eines Rechtsübergangs nach Artikel 20 UMV bzw. 28 GGV oder sind ältere Rechte, auf die der Widerspruch oder der Antrag auf Erklärung der Nichtigkeit gestützt ist, Gegenstand eines Rechtsübergangs nach dem anwendbaren Recht, so ist der Rechtsnachfolger im Beschwerdeverfahren prozessführungsbefugt,

(a) wenn der Rechtsübergang eine Unionsmarke oder ein eingetragenes Gemeinschaftsgeschmacksmuster betrifft: sobald der Rechtsübergang im Register eingetragen ist;

(b) wenn der Rechtsübergang ein nationales eingetragenes Recht betrifft: sobald der Rechtsübergang im nationalen Register eingetragen ist und der Nachweis dafür eingereicht wurde;

(c) wenn der Rechtsübergang ein nicht eingetragenes Recht, das nach nationalem oder Unionsrecht anerkannt ist, betrifft: sobald der Nachweis für den nach dem einschlägigen Recht ordnungsgemäß erfolgten Rechtsübergang eingereicht wurde.

2. Absatz 1 findet entsprechende Anwendung, wenn eine Unionsmarkenanmeldung oder eine nationale Marke während des Beschwerdeverfahrens Gegenstand eines Rechtsübergangs wird.

3. Wird während des Beschwerdeverfahrens ein Antrag wegen Rechtsübergangs bezüglich einer Unionsmarke oder eines eingetragenen Gemeinschaftsgeschmacksmusters nach Artikel 20 UMV bzw. Artikel 28 GGV eingereicht, gibt der Geschäftsstellenleiter den Beteiligten Gelegenheit zur Stellungnahme.

4. Reicht ein Beteiligter eine Bescheinigung über den Rechtsübergang bezüglich eines älteren nationalen Rechts ein, gibt der Geschäftsstellenleiter dem anderen Beteiligten Gelegenheit zur Stellungnahme.

5. Sofern eine Beschwerdebegründung eingereicht wurde, kann das Beschwerdeverfahren, nachdem ein Antrag wegen Rechtsübergangs bezüglich einer Unionsmarke oder eines eingetragenen Gemeinschaftsgeschmacksmusters nach Artikel 20 UMV bzw. Artikel 28 GGV eingereicht wurde, gemäß Artikel 71 Absatz 1 Buchstabe a DVUM ausgesetzt werden, bis der Rechtsübergang im Register eingetragen oder der Antrag zurückgewiesen wird. Solange das Beschwerdeverfahren ausgesetzt ist, sind alle das Verfahren betreffenden Fristen, mit Ausnahme der Frist für die Zahlung der Beschwerdegebühr, unterbrochen. Die Frist wird so neu berechnet, dass sie ab dem Tag, an dem der Rechtsübergang im Register eingetragen oder der Antrag zurückgewiesen wird, in vollem Umfang neu zu laufen beginnt.

6. Die vorgenannten Bestimmungen lassen die Artikel 50 Absatz 2 und 56 Absatz 2 UMV unberührt.

Artikel 38 Verzicht

1. Eingetragene Unionsmarken oder eingetragene Gemeinschaftsgeschmacksmuster können jederzeit, bevor die Kammer endgültig über die Beschwerde entschieden hat, Gegenstand eines vollständigen Verzichts oder eines Teilverzichts sein; die ausdrückliche, eindeutige und bedingungslose schriftliche Verzichtserklärung ist in einem gesonderten Schriftstück einzureichen.

2. Genügt die Verzichtserklärung nicht den in Absatz 1 genannten Formerfordernissen, gibt der Geschäftsstellenleiter dem Beteiligten Gelegenheit, den Mangel innerhalb eines Monats zu beheben. Wird der Mangel nicht fristgerecht behoben, kann die Kammer den Verzicht spätestens in ihrer Entscheidung über die Beschwerde zurückweisen.

3. Erscheint die Verzichtserklärung aus anderen Gründen als nicht akzeptabel, so gibt die Kammer dem Beteiligten Gelegenheit, den Mangel innerhalb eines Monats zu beheben. Wird der Mangel nicht fristgerecht behoben, kann die Kammer den Verzicht spätestens in ihrer Entscheidung über die Beschwerde zurückweisen.

4. Im Nichtigkeitsverfahren ist ein Teilverzicht, die zulässig und akzeptabel ist, im Register der Unionsmarken bzw. im Register für Gemeinschaftsgeschmacksmuster einzutragen. Der Geschäftsstellenleiter gibt dem anderen Beteiligten Gelegenheit, im Hinblick auf den Verzicht zu erklären, ob und inwieweit er das Verfahren fortzusetzen beabsichtigt.

5. Im Verfallsverfahren ist zur Gültigkeit eines zulässigen und akzeptablen Verzichts auf eine Unionsmarke gemäß Artikel 57 Absatz 2 UMV die abschließende Zurückweisung des Antrags auf Erklärung des Verfalls oder dessen Rücknahme erforderlich. Der Geschäftsstellenleiter gibt dem Beteiligten, der die Erklärung des Verfalls beantragt hat, Gelegenheit, im Hinblick auf den Verzicht zu erklären, ob und inwieweit er das Verfahren fortzusetzen beabsichtigt.

6. Gegebenenfalls wird der Verzicht erst dann im Register eingetragen, wenn glaubhaft gemacht wird, dass alle Lizenznehmer der Unionsmarke, die Gegenstand des Verzichts ist, gemäß Artikel 57 Absatz 3 UMV unterrichtet worden sind.

Artikel 39 Teilung von Unionsmarken und Unionsmarkenanmeldungen

1. Wird während des Beschwerdeverfahrens eine Teilungserklärung für eine Unionsmarke oder eine Unionsmarkenanmeldung nach Artikel 50 oder 56 UMV abgegeben, so entscheidet die Kammer spätestens in ihrer Entscheidung über die Beschwerde über die Zulässigkeit der Teilungserklärung.

2. Der Geschäftsstellenleiter unterrichtet die Registerabteilung und die mit Parallelverfahren bezüglich derselben Unionsmarke befassten Dienststellen unmittelbar nach Zustellung der Entscheidung.

Artikel 40 Umwandlung einer Unionsmarkenanmeldung oder Unionsmarke

1. Wird eine ältere Unionsmarkenanmeldung oder eine ältere Unionsmarke, auf die der Widerspruch, der Antrag auf Erklärung des Verfalls oder der Antrag auf Erklärung der Nichtigkeit gestützt ist, während des Beschwerdeverfahrens Gegenstand einer Umwandlung gemäß den Artikeln 139, 140 und 141 UMV, können die sich daraus ergebenden nationalen älteren Rechte als Grundlage für den Widerspruch, den Antrag auf Erklärung des Verfalls oder den Antrag auf Erklärung der Nichtigkeit aufrechterhalten werden.

2. Die Kammer berücksichtigt die nationalen älteren Rechte, sofern der Inhaber gemäß den Artikeln 7 Absatz 4 bzw. 16 Absatz 2 DVUM Nachweise zur Substantiierung der älteren Rechte eingereicht hat.

Artikel 41 Widerruf der angefochtenen Entscheidung

Wird während des Beschwerdeverfahrens die angefochtene Entscheidung von der Stelle, die die Entscheidung erlassen hat, gemäß Artikel 103 UMV widerrufen, so unterrichtet der Geschäftsstellenleiter die Beteiligten, und die Kammer stellt das Beschwerdeverfahren ein und ordnet die Erstattung der Beschwerdegebühr an.

Artikel 42 Gegenstandslosigkeit des Beschwerdeverfahrens

1. Unbeschadet der Artikel 35 bis 41 dieser Verfahrensordnung wird eine Beschwerde gegenstandslos, wenn

(a) ältere Rechte, auf die der Widerspruch oder die Nichtigkeitsklage gestützt werden, für nichtig erklärt, gelöscht oder eingeschränkt werden oder Gegenstand eines Rechtsübergangs oder Verzichts sind, oder wenn die Schutzdauer hinsichtlich der für das Beschwerdeverfahren relevanten Waren und Dienstleistungen abläuft;

(b) eine angefochtene Anmeldung, die anfänglich erfolgreich war, nach einer Berichtigung gemäß Artikel 34 DVUM zurückgewiesen wird oder die Prüfung auf absolute Eintragungshindernisse gemäß Artikel 30 DVUM wiedereröffnet wird;

(c) Abhilfe gemäß Artikel 58 GGV gewährt wird; oder wenn

(d) das Rechtsschutzinteresse des Beschwerdeführers hinsichtlich der Fortsetzung des Beschwerdeverfahrens wegfällt.

2. In den vorgenannten Situationen wird, wenn nötig, eine Entscheidung über die Kosten getroffen und das Verfahren von der Kammer nach Anhörung der Beteiligten, ohne eine Entscheidung in der Sache zu treffen, als gegenstandslos eingestellt.

Artikel 43 Beschleunigte Prüfung der Beschwerde

1. Unter Berücksichtigung der besonderen Umstände des Einzelfalls kann der Vorsitzende der Kammer, der die Sache zugewiesen ist,

(a) auf Antrag eines Beteiligten und nach Anhörung des anderen Beteiligten; oder

(b) auf Ersuchen eines nationalen Gerichts, das mit Marken- oder Geschmacksmustersachen befasst ist,

beschließen, eine Beschwerde vorrangig zu prüfen.

2. Der von einem Beteiligten gestellte Antrag auf beschleunigte Prüfung kann jederzeit während des Verfahrens gestellt werden; er muss

(a) die Gründe für die Eilbedürftigkeit nennen und den Nachweis dafür enthalten;

(b) bedingungslos und eindeutig formuliert sein; und

(c) in einem gesonderten Schriftstück gestellt werden.

3. Genügt der Antrag nicht dem in Absatz 2 Buchstabe c genannten Erfordernis, gibt der Geschäftsstellenleiter dem Beteiligten Gelegenheit, den Mangel innerhalb eines Monats zu beheben.

4. Die Entscheidung des Vorsitzenden wird den Beteiligten sowie gegebenenfalls dem das Ersuchen stellenden nationalen Gericht vom Geschäftsstellenleiter mitgeteilt.

5. Wird dem Antrag stattgegeben, hat das die folgenden Wirkungen:

(a) Die Beschwerde wird von der Beschwerdekammer vorrangig geprüft;

(b) die Beschwerdekammer setzt alle ihr zur Verfügung stehenden Mittel, einschließlich der alternative Streitbeilegung, ein, um die Sache möglichst effizient und zeitnah einer Lösung zuzuführen;

(c) die Beschwerdekammer darf das Beschwerdeverfahren nur dann gemäß Artikel 45 Absatz 2 dieser Verfahrensordnung aussetzen und die angefochtene Anmeldung zwecks Wiedereröffnung der Prüfung auf absolute Eintragungshindernisse dem Prüfer zuweisen, wenn der Berichterstatter dies aus besonderen Gründen für gerechtfertigt hält; und

(d) die Beschwerdekammer darf keine zweite Schriftsatzrunde gemäß Artikel 22 dieser Verfahrensordnung gestatten, es sei denn, der Berichterstatter hält eine solche zweite Runde aus besonderen Gründen für gerechtfertigt.

6. Nach Prüfung der Zulässigkeit der Beschwerde werden die Befugnisse, die in die Zuständigkeit der Dienststelle fallen, von der die angefochtene Entscheidung getroffen wurde, von der Kammer ausgeübt.

Artikel 44 Aussetzung

1. Vor der letzten Prüfung der verfahrensrechtlichen Voraussetzungen gemäß Artikel 24 Absatz 3 dieser Verfahrensordnung gewährt der Geschäftsstellenleiter eine Aussetzung für einen Gesamtzeitraum von nicht mehr als sechs Monaten,

(a) wenn ein Beteiligter dies unter Angabe von Gründen beantragt oder

(b) wenn beide Beteiligte einen entsprechenden gemeinsamen Antrag stellen.

2. Wird die Aussetzung für einen Gesamtzeitraum von mehr als sechs Monaten beantragt, legt der Geschäftsstellenleiter den Antrag dem Vorsitzenden zur Entscheidung vor.

3. Nach der letzten Prüfung der verfahrensrechtlichen Voraussetzungen gemäß Artikel 24 Absatz 3 dieser Verfahrensordnung kann die Kammer,

(a) wenn ein Beteiligter dies unter Angabe von Gründen beantragt oder

(b) wenn die Parteien gemeinsam einen entsprechenden Antrag stellen oder

(c) von Amts wegen

das Verfahren für einen bestimmten Zeitraum aussetzen.

4. Die Kammer kann einem Antrag auf Verlängerung der Aussetzung auf einen Zeitraum von mehr als sechs Monaten stattgeben, wenn dies angesichts der besonderen Umstände des Einzelfalls und unter Berücksichtigung der Interessen der Beteiligten gerechtfertigt ist.

5. Der Antrag auf Aussetzung ist in einem gesonderten Schriftstück einzureichen und muss angeben, für welchen Zeitraum die Aussetzung beantragt wird. Ist kein Zeitraum angegeben, kann die Aussetzung grundsätzlich für einen Monat gewährt werden.

6. Vor Einreichung der Beschwerdebegründung kann die Aussetzung nicht gewährt werden, es sei denn, die Beteiligten haben gemäß Artikel 170 Absatz 4 UMV einen gemeinsamen Antrag auf Mediation gestellt.

7. Soweit dies nach den Umständen des Einzelfalls angemessen ist, gibt der Geschäftsstellenleiter dem anderen Beteiligten Gelegenheit, innerhalb eines Monats zum Antrag auf Aussetzung oder auf Wiederaufnahme Stellung zu nehmen. Ist der andere Beteiligte mit der Aussetzung oder Wiederaufnahme nicht einverstanden, entscheidet die Kammer unter Berücksichtigung der widerstreitenden Interessen der Beteiligten.

8. Außer bei einem gemeinsamen Antrag der Parteien oder bei Vorliegen der Zustimmung beider Parteien weist die Geschäftsstelle unbegründete Anträge auf Aussetzung, die vor der abschließenden Verfahrensprüfung gestellt werden, zurück.

Artikel 45 Wiedereröffnung der Prüfung auf absolute Eintragungshindernisse in Marken betreffenden Verfahren

1. Gelangt die Kammer im einseitigen Verfahren zu der Auffassung, dass ein absolutes Eintragungshindernis für Waren oder Dienstleistungen besteht, die nicht Beschwerdegegenstand sind, so unterrichtet sie die Dienststelle, die die angefochtene Entscheidung erlassen hat, gemäß Artikel 30 Absatz 1 DVUM mit einem begründeten Schreiben. Unterrichtet die Dienststelle, von der die angefochtene Entscheidung erlassen wurde, die Beschwerdekammern, dass die Prüfung auf absolute Eintragungshindernisse wiedereröffnet wird, wird das Beschwerdeverfahren, sofern angemessen, von der Kammer ausgesetzt.

2. Bei Beschwerden gegen Entscheidungen der Widerspruchsabteilung kann die Kammer die Unionsmarkenanmeldung jederzeit mit einer begründeten Zwischenentscheidung gemäß Artikel 30 Absatz 2 DVUM wieder der Dienststelle, von der die angefochtene Entscheidung erlassen wurde, mit der Empfehlung zur Wiedereröffnung der Prüfung auf absolute Eintragungshindernisse zuweisen.

3. Wird eine Anmeldung von der Kammer gemäß Absatz 2 wieder zugewiesen, setzt der Geschäftsstellenleiter das Beschwerdeverfahren aus, bis die Dienststelle, von der die angefochtene Entscheidung erlassen wurde, entweder

(a) die Beschwerdekammern unterrichtet, dass die Prüfung auf absolute Eintragungshindernisse nicht wiedereröffnet wird, oder

(b) nach Wiedereröffnung der Prüfung eine neue Entscheidung erlässt und die Beschwerdekammern entsprechend unterrichtet.

4. Wird gegen die Entscheidung Beschwerde eingelegt, die vom Prüfer nach Wiedereröffnung der Prüfung auf absolute Eintragungshindernisse erlassen wurde, weist der Geschäftsstellenleiter die Beschwerde der Kammer zu, von der die Wiedereröffnung der Prüfung auf absolute Eintragungshindernisse gemäß den Absätzen 1 oder 2 empfohlen wurde.

5. Beschwerdeverfahren, die sich gegen eine Entscheidung der Widerspruchsabteilung richten, werden wieder aufgenommen, sobald abschließend über die absoluten Eintragungshindernisse entschieden ist.

Artikel 46 Verweisung an die Große Kammer

1. Wird die Sache gemäß Artikel 37 DVUM an die Große Kammer verwiesen, muss der Geschäftsstellenleiter die Entscheidung über die Verweisung den Beteiligten mitteilen und die Veröffentlichung der Entscheidung im Amtsblatt des Amtes veranlassen.

2. Nach der Verweisung entscheidet der Präsident der Beschwerdekammern gemäß Artikel 45 Absatz 1 DVUM über die Besetzung der Großen Kammer; die Entscheidung wie auch spätere Änderungen der Besetzung werden den Beteiligten vom Geschäftsstellenleiter zugestellt.

3. Nach der Verweisung oder bei Abschluss des schriftlichen Verfahrens erstellt der Berichterstatter, falls Stellungnahmen gemäß Artikel 37 Absatz 6 DVUM abgegeben wurden, einen Zwischenbericht in der Sache.

4. Unmittelbar nach Verteilung des Zwischenberichts bestimmt der Vorsitzende der Großen Kammer den Termin für die erste Beratungssitzung.

5. Wird die Sache von der Großen Kammer an die Kammer zurückverwiesen, der sie ursprünglich zugewiesen war, muss der Geschäftsstellenleiter die Beteiligten davon unterrichten und die Beschwerdeakte wieder der betreffenden Kammer vorlegen.

Artikel 47 Wiedereinsetzung in den vorigen Stand

1. Anträge auf Wiedereinsetzung in den vorigen Stand, die eine versäumte Handlung betreffen, die den Beschwerdekammern gegenüber innerhalb einer bestimmten Frist vorzunehmen war, sind in der Verfahrenssprache einzureichen.

2. Wurde die in Artikel 104 Absatz 3 UMV bzw. Artikel 67 Absatz 3 GGV vorgesehene Gebühr nicht entrichtet, unterrichtet der Geschäftsstellenleiter den Beteiligten, dass der Antrag nicht als eingereicht gilt.

3. Gilt der Antrag als eingereicht, prüft der Geschäftsstellenleiter, ob dieser die in Artikel 104 UMV bzw. Artikel 67 GGV genannten Zulässigkeitsvoraussetzungen erfüllt.

4. Der Antrag wird der Kammer vom Geschäftsstellenleiter zusammen mit einer begründeten Stellungnahme zu seiner Zulässigkeit zur Entscheidung vorgelegt.

5. Betrifft der Antrag eine in Artikel 68 Absatz 1 UMV bzw. Artikel 57 Absatz 1 GGV vorgesehene Frist für die Einlegung der Beschwerde, legt der Geschäftsstellenleiter die Akte der Kammer zur Entscheidung über die Zulässigkeit der Beschwerde vor. Wird die Beschwerde für zulässig befunden, legt die Kammer die Beschwerde dem Geschäftsstellenleiter zur weiteren Durchführung des schriftlichen Verfahrens vor.

6. Betrifft der Antrag eine andere als die in Absatz 5 genannten Fristen, setzt der Geschäftsstellenleiter das schriftliche Verfahren fort und unterrichtet die Beteiligten, dass die Kammer nach Abschluss des schriftlichen Verfahrens über den Antrag entscheidet.

7. Wird dem Antrag des Beteiligten stattgegeben und dieser wieder in den vorigen Stand gesetzt, wird das schriftliche Verfahren in der Phase wiedereröffnet, in der das Hindernis eintrat, dessentwegen die Handlung versäumt wurde.

8. Wurde die Entscheidung bereits erlassen, so gilt die Entscheidung als gegenstandslos, und der Geschäftsstellenleiter veranlasst, dass sie nicht mehr öffentlich zugänglich gemacht wird.

Artikel 48 Weiterbehandlung in Marken betreffenden Beschwerdeverfahren

1. Der Antrag auf Weiterbehandlung ist in Marken betreffenden Beschwerdeverfahren vor den Beschwerdekammern in der Verfahrenssprache zu stellen.

2. Wird ein solcher Antrag eingereicht, prüft der Geschäftsstellenleiter, ob dieser die in Artikel 105 UMV genannten Voraussetzungen erfüllt.

3. Der Geschäftsstellenleiter kann einem Antrag auf Weiterbehandlung stattgeben, wenn er den vorstehenden Erfordernissen genügt.

4. Ein Antrag, der eines oder mehrere der in Artikel 105 UMV genannten Formerfordernisse nicht erfüllt oder nicht in der Verfahrenssprache gestellt wird, wird vom Geschäftsstellenleiter dem Vorsitzenden der Kammer zur Entscheidung vorgelegt.

5. Die Entscheidung über die Weiterbehandlung wird den Beteiligten vom Geschäftsstellenleiter zugestellt.

KAPITEL VI – NACHWEISE
Artikel 49 Übermittlung schriftlicher Beweismittel

1. Beweismittel sind gemäß dem Beschluss Nr. EX209 des Exekutivdirektors des Amtes über die vom Amt betriebene elektronische Kommunikationsplattform einzureichen.

2. Beweismittel können auf Datenträgern eingereicht werden, wobei die im Beschluss Nr. EX2010 des Exekutivdirektors des Amtes genannten technischen Spezifikationen einzuhalten sind. Ist ein Beweismittel, das auf einem Datenträger vorgelegt wird, der diesen technischen Spezifikationen entspricht, unleserlich in dem Sinne, dass es nicht geöffnet werden kann, gibt die Geschäftsstelle dem Beteiligten Gelegenheit, den Mangel innerhalb eines Monats zu beheben. Wird der Mangel nicht innerhalb der gesetzten Frist behoben, gilt das Beweismittel gemäß Artikel 4 des genannten Beschlusses des Exekutivdirektors als nicht eingereicht.

3. Alternativ können Beweismittel per Post oder Kurier eingereicht werden. Bei Verwendung von Post oder Kurier sind die Beweismittel in der Anzahl von Kopien einzureichen, die der Anzahl der Verfahrensbeteiligten entspricht. Die Kopien sind klar zu kennzeichnen.

4. Reicht ein Beteiligter Beweismittel gemäß den Artikeln 7 Absatz 3, 16 Absatz 1 Buchstabe c und 16 Absatz 2 DVUM durch Bezugnahme auf eine vom Amt anerkannte Quelle ein, wo sie frei online zugänglich sind, muss der Beteiligte die konkreten Angaben, für die er die Quelle als Nachweis anführt, ausdrücklich bezeichnen.

5. Genügt das Beweismittel nicht den Absätzen 3 und 4, gibt der Geschäftsstellenleiter dem Beteiligten, der das Beweismittel vorlegt, Gelegenheit, den Mangel innerhalb eines Monats zu beheben, wobei er darauf hinweist, dass die Kammer das betreffende Beweismittel nicht berücksichtigt, wenn der Mangel nicht innerhalb der gesetzten Frist behoben wird.

Artikel 49a Bezugnahme auf Beweismittel

1. Beruft sich ein Beteiligter auf Schriftstücke oder Gegenstände, die dem Amt in anderen Verfahren bereits vorgelegt wurden, muss eine solche Bezugnahme folgende Angaben enthalten:

a) das Aktenzeichen des EUIPO-Verfahrens, in dem das/die Schriftstück(e) oder der Gegenstand/die Gegenstände vorgelegt wurde(n),

b) eine ausdrückliche und genaue Bezeichnung des (der) Dokuments/Dokumente oder des Gegenstands/der Gegenstände, auf das/den (die) Bezug genommen wird,

c) eine kurze Beschreibung des/der Dokumente(s) oder des Gegenstands/der Gegenstände und gegebenenfalls die Anzahl der Seiten,

d) eine Angabe, auf welche Textstelle eines Dokuments er sich stützt.

2. Sind die Voraussetzungen des Absatzes 1 nicht erfüllt, so fordert der Geschäftsstellenleiter den Beteiligten auf, die Mängel innerhalb eines Monats zu beheben.

3. Hat eine Beschwerdekammer keinen Zugang zu einem Dokument oder Gegenstand, auf den ein Beteiligter Bezug nimmt, so fordert der Geschäftsstellenleiter auf Anweisung der Kammer den Beteiligten auf, das betreffende Beweismittel innerhalb eines Monats vorzulegen.

4. Kommt ein Beteiligter den in Absatz 2 oder 3 genannten Mitteilungen nicht nach, darf die Beschwerdekammer diese Beweismittel nicht berücksichtigen.

Artikel 50 Arten schriftlicher Beweismittel

1. Zur Substantiierung älterer Rechte können sich Beteiligte auf Eintragungsbescheinigungen oder Auszüge aus folgenden Quellen stützen:

(a) amtliche Datenbanken der Union;

(b) Datenbanken, die von Organisationen in der Union oder internationalen Organisationen betrieben werden (zum Beispiel die WIPO Global Brand Database, TMview, DesignView);

(c) Auszüge aus den Amtsblättern der zuständigen nationalen oder regionalen Markenämter und der WIPO;

(d) Datenbanken, die von nationalen oder regionalen Ämtern für geistiges Eigentum oder anderen nationalen Behörden der Mitgliedstaaten betrieben werden;

sofern diese genügend Daten für die Feststellung aller relevanten Einzelheiten bezüglich des älteren Rechts enthalten.

2. Zur Substantiierung des Inhalts des nationalen Rechts muss der Beteiligte diesen so genau bezeichnen, dass die Kammer die einschlägigen Vorschriften des anwendbaren nationalen Rechts einschließlich ihrer Auslegung durch die nationalen Gerichte zutreffend und eindeutig erkennen kann. Dazu kann sich der Beteiligte insbesondere auf Folgendes stützen:

(a) von einer öffentlichen Stelle veröffentlichte Auszüge aus Gesetzen und Übersetzungen derselben:

(b) einschlägige Rechtsprechung,

(c) Auszüge aus amtlichen Veröffentlichungen, Gesetzeskommentaren, juristischen Enzyklopädien;

(d) Datenbanken, die von nationalen oder regionalen Ämtern für geistiges Eigentum oder anderen nationalen Behörden der Mitgliedstaaten betrieben werden;

(e) Veröffentlichungen in von nationalen oder regionalen Ämtern für geistiges Eigentum veröffentlichten Amtsblättern.

3. Zur Erbringung des erforderlichen Nachweises für die Benutzung einer Marke oder zur Substantiierung von durch Benutzung erworbener oder gesteigerter Unterscheidungskraft oder Bekanntheit kann sich der Beteiligte insbesondere auf Folgendes stützen:

(a) Unterlagen wie Verpackungen, Etiketten, Preislisten, Kataloge, Fotos, Werbeanzeigen in Zeitungen;

(b) für das relevante Publikum und den relevanten Zeitraum repräsentative Marktforschung, wobei die Umfragen unter Verwendung neutraler, nicht suggestiver Fragen konkret auf den Wiedererkennungswert der betreffenden Marke abzielen müssen;

(c) Werbematerial, für das der Nutzungsumfang klar nachgewiesen ist;

(d) Rechnungen, die mit der Marke bzw. dem Geschmacksmuster, um das es geht, in Zusammenhang stehen und sich auf den relevanten Zeitraum beziehen;

(e) Fundstellen in Listen und Veröffentlichungen relevanter Branchenverbände, in denen die Marke aufgeführt ist;

(f) schriftliche Erklärungen, die unter Eid oder an Eides statt abgegeben werden, im Sinne von Artikel 97 Absatz 1 Buchstabe f UMV;

sofern daraus der Ort, die Zeit, der Umfang und die Art der Benutzung der Marke für die Waren und Dienstleistungen, für die sie eingetragen ist und auf die sich der Widerspruch oder der Antrag auf Erklärung der Nichtigkeit oder des Verfalls bezieht, ersichtlich sind.

Artikel 51 Gliederung schriftlicher Beweismittel

1. Die Beweismittel müssen den Erfordernissen nach Artikel 55 Absatz 2 DVUM genügen. Insbesondere sind sowohl die Anhänge als auch die Seiten der schriftlichen Beweismittel durchgängig zu numerieren. Bei umfangreichen Unterlagen oder Gegenständen geben die Beteiligten im Anlagenverzeichnis an, auf welchen spezifischen Teil des Schriftstücks das tatsächliche und rechtliche Vorbringen des Beteiligten gestützt ist.

2. Genügen die Beweismittel oder das Anlagenverzeichnis nicht den vorgenannten Erfordernissen, gibt der Geschäftsstellenleiter dem einreichenden Beteiligten Gelegenheit, den Mangel innerhalb eines Monats zu beheben, wobei er auf die in Absatz 3 genannten Folgen hinweist.

3. Wird der Mangel nicht innerhalb der gesetzten Frist behoben, wird das Beweismittel nicht berücksichtigt, es sei denn, die Kammer stellt fest, dass klar nachvollziehbar ist, auf welches tatsächliche oder rechtliche Vorbringen sich das Schriftstück oder Beweismittel bezieht.

Artikel 52 Übersetzung von Beweismitteln

1. Werden Beweismittel im Sinne der Artikel 7 Absatz 4 Satz 1 oder Artikel 16 Absatz 2 Satz 1 DVUM oder Artikel 29 Absätze 5 und 6 GGDV nicht innerhalb der in diesen Artikeln genannten Fristen in der Verfahrenssprache eingereicht, gibt der Geschäftsstellenleiter dem Beschwerdeführer Gelegenheit, innerhalb eines Monats zur Zulässigkeit dieser Beweismittel Stellung zu nehmen, wobei er darauf hinweist, dass die Kammer die betreffenden Beweismittel nach den Artikeln 7 Absätze 4 und 5 sowie Artikel 16 Absatz 2 DVUM andernfalls unberücksichtigt lässt.

2. Nach Artikel 24 UMDV und Artikel 81 Absatz 2 GGDV kann die Kammer,

(a) wenn der andere Beteiligte dies unter Angabe von Gründen beantragt; oder

(b) von Amts wegen

verlangen, dass Unterlagen, bei denen es sich nicht um die in den vorgenannten Absätzen genannten Beweismittel handelt, innerhalb einer bestimmten Frist in die Verfahrenssprache übersetzt werden.

3. Sollte der Beteiligte die nach den Absätzen 1 oder 2 angeforderte Übersetzung nicht innerhalb der relevanten Frist vorlegen, bleiben die Unterlagen nach Artikel 7 Absatz 5 DVUM und Artikel 16 Absatz 2 letzter Satz DVUM unberücksichtigt.

Artikel 53 Unvollständige oder unleserliche Beweismittel

1. Sind nach Artikel 49 dieser Verfahrensordnung eingereichte Beweismittel oder die nach Artikel 52 dieser Verfahrensordnung eingereichte Übersetzung von Beweismitteln unvollständig oder unleserlich oder lassen sie sich nicht öffnen oder hat der Geschäftsstellenleiter ernsthaften Zweifel an der Richtigkeit der Übermittlung, so gibt der Geschäftsstellenleiter dem einreichenden Beteiligten Gelegenheit, das Originaldokument innerhalb eines Monats erneut zu übermitteln. Wird der Aufforderung nachgekommen, so gilt das Datum des Empfangs als das Datum des Originaldokuments. Wird der Aufforderung nicht innerhalb der gesetzten Frist nachgekommen, bleibt das Beweismittel unberücksichtigt.

2. Werden nach Ablauf der ursprünglich gesetzten Frist im Zusammenhang mit der vorgenannten erneuten Übermittlung Beweismittel geändert oder neue Beweismittel hinzugefügt, bleiben die neuen oder geänderten Beweismittel unberücksichtigt.

Artikel 54 Im Beschwerdeverfahren erstmalig eingereichte Beweismittel

1. Tatsachen- oder Beweisvortrag, der erstmals vor den Beschwerdekammern eingereicht wird, wird von der Kammer nicht berücksichtigt, es sei denn, der betreffende Tatsachen- oder Beweisvortrag ist dem ersten Anschein nach wahrscheinlich für den Ausgang der Sache relevant und

(a) ergänzt lediglich relevanten Tatsachen- oder Beweisvortrag, der bereits fristgerecht eingereicht wurde; oder

(b) wird eingereicht, um Feststellungen anzugreifen, die von der Dienststelle, von der die angefochtene Entscheidung erlassen wurde, von Amts wegen getroffen oder geprüft wurden; oder

(c) war vor oder zu dem Zeitpunkt, zu dem die angefochtene Entscheidung erlassen wurde, nicht verfügbar; oder

(d) dies ist aus einem anderen berechtigten Grund gerechtfertigt.

2. Wird Tatsachen- oder Beweisvortrag im Sinne von Absatz 1 bei den Beschwerdekammern eingereicht, so leitet der Geschäftsstellenleiter diesen an den anderen Beteiligten zur Stellungnahme weiter und teilt beiden Beteiligten mit, dass die Kammer darüber entscheidet, ob dieser Tatsachen- oder Beweisvortrag berücksichtigt wird.

KAPITEL VII – ENTSCHEIDUNGEN DER KAMMERN

Artikel 55 Behandlung als vertraulich gekennzeichneter Informationen in Entscheidungen

1. Die Entscheidung der Kammer ist, soweit möglich, so abzufassen, dass sie die Gründe, Tatsachen und Beweismittel, die für das Ergebnis maßgeblich sind, klar darstellt, jedoch ohne Folgendes zu erwähnen:

(a) vertrauliche Daten im Sinne von Artikel 6 und sensible personenbezogene Daten im Sinne von Artikel 7 dieser Verfahrensordnung;

(b) in Geschmacksmustersachen: nicht bekanntgemachte Geschmacksmuster im Sinne von Artikel 9 dieser Verfahrensordnung, Ansichten, Locarno-Klassen, Angaben oder Beschreibungen der betroffenen Erzeugnisse; sowie

(c) personenbezogene Daten, wenn ein Beteiligter deren Entfernung nach Artikel 58 dieser Verfahrensordnung verlangt hat.

2. Die Kammer kann einen Antrag auf Geheimhaltung ablehnen, wenn dieser Informationen betrifft, hinsichtlich derer kein besonderes Geheimhaltungsinteresse besteht. Die Kammer kann den Antrag ohne Anhörung der Beteiligten unberücksichtigt lassen, wenn dieser Informationen betrifft, hinsichtlich derer offenkundig keinerlei besonderes Geheimhaltungsinteresse besteht.

3. Wird der Antrag auf Geheimhaltung nicht gemäß Absatz 2 abgelehnt oder unberücksichtigt gelassen und ist die Angabe in Absatz 1 Buchstaben a bis c genannter Informationen für die Entscheidung erforderlich, so muss die Kammer eine bearbeitete Fassung der Entscheidung erstellen, indem sie die betreffenden Informationen entfernt.

4. Wird der Antrag auf Geheimhaltung abgelehnt, nimmt der Geschäftsstellenleiter eine entsprechende Änderung des Geheimhaltungsstatus des betreffenden Schriftstücks vor. Wird eine bearbeitete Fassung der Entscheidung erstellt, ist die nicht bearbeitete Fassung der Entscheidung vom Geschäftsstellenleiter als vertraulich zu kennzeichnen.

Artikel 56 Zurückverweisung an die Dienststelle, von der die angefochtene Entscheidung erlassen wurde

1. Beschließt die Kammer gemäß Artikel 71 Absätze 1 und 2 UMV bzw. Artikel 60 Absätze 1 und 2 GGV, die angefochtene Entscheidung aufzuheben und die Sache an die Dienststelle, von der die Entscheidung erlassen wurde, zurückzuverweisen, so stellt der Geschäftsstellenleiter die Verfahrensakte der betreffenden Dienststelle zur Verfügung.

2. Die Entscheidung über die Zurückverweisung ist, soweit sie die Prüfung, den Widerspruch oder das Löschungsverfahren nicht beendet, nicht gesondert mit der Beschwerde anfechtbar, es sei denn, dies ist wegen des Vorliegens außergewöhnlicher Umstände gerechtfertigt.

Artikel 57 Veröffentlichung von Entscheidungen

1. Nach Zustellung der Entscheidung an die Beteiligten veranlasst der Geschäftsstellenleiter, dass diese online zugänglich gemacht wird.

2. Eine Entscheidung, die gemäß Artikel 55 Absatz 3 dieser Verfahrensordnung bearbeitet wird, wird nur in der bearbeiteten Fassung veröffentlicht.

3. Unbeschadet Absatz 3 und ungeachtet des Rechts auf Akteneinsicht gemäß den Artikeln 114 und 117 Absatz 1 UMV bzw. den Artikeln 74 und 75 GGV kann die Kammer ausnahmsweise beschließen, eine Entscheidung nicht zu veröffentlichen, wenn die Bearbeitung deren Informationswert erheblich einschränken oder verzerren würde, insbesondere wenn

(a) einem Antrag auf Entfernung personenbezogener Daten gemäß Artikel 58 Absatz 2 dieser Verfahrensordnung stattgegeben wird; oder

(b) eine erstinstanzliche Entscheidung, mit der die Anmeldung eines eingetragenen Gemeinschaftsgeschmacksmusters wegen Nichteinhaltung von Formerfordernissen zurückgewiesen wurde, bestätigt wird; oder

(c) wenn die Aufschiebungsfrist gemäß Artikel 50 GGV noch nicht abgelaufen ist.

4. Wird eine Entscheidung in einer anderen Amtssprache der Union als Englisch abgefasst, wird eine nichtamtliche Übersetzung ins Englische online veröffentlicht. Soweit vorhanden, werden nichtamtliche Übersetzungen in andere Sprachen ebenfalls online veröffentlicht.

Artikel 58 Antrag auf Entfernung personenbezogener Daten

1. Jeder am Beschwerdeverfahren Beteiligte kann beantragen, dass personenbezogene Daten im Sinne der Definition in Artikel 3 Absatz 1 der Verordnung (EU) 2018/1725 aus der veröffentlichten Entscheidung entfernt werden. Der Antrag auf Entfernung ist als solcher zu bezeichnen und muss genaue Angaben zu den zu entfernenden Daten enthalten.

2. Wird dem Antrag auf Entfernung stattgegeben, veranlasst der Geschäftsstellenleiter, dass die Daten aus der betreffenden Entscheidung entfernt werden.

3. Einem Antrag auf Entfernung einer Marke oder einer Markennummer bzw. eines Geschmacksmusters oder einer Geschmacksmusternummer wird nicht stattgegeben.

Artikel 59 Berichtigung von Fehlern und offensichtlichen Versehen

1. Schreibfehler oder Grammatikfehler, Transkriptionsfehler, technische Fehler oder sonstige Fehler, die so offensichtlich sind, dass in der Entscheidung nichts anderes als der Wortlaut in der berichtigten Fassung gemeint gewesen sein kann, sind von der Kammer jederzeit gemäß Artikel 102 UMV bzw. Artikel 39 GGDV auf begründeten Antrag eines Beteiligten oder von Amts wegen zu berichtigen.

2. Derartige Fehler und offensichtliche Versehen in Entscheidungen werden berichtigt, indem den Beteiligten eine mit Gründen versehene Berichtigung zugesendet wird.

3. Nach Zustellung der Berichtigung veranlasst der Geschäftsstellenleiter die die Berücksichtigung der Berichtigungen in der veröffentlichten Fassung der Entscheidung.

4. Die Berichtigung lässt das Datum der berichtigten Entscheidung unberührt.

Artikel 60 Widerruf von Entscheidungen der Beschwerdekammer in Markensachen

1. Ist die Entscheidung über eine Beschwerde in einer Markensache offensichtlich mit einem Fehler behaftet, der der Kammer, die die Entscheidung erlassen hat, anzulasten ist, kann die Kammer ihre Entscheidung auf begründeten Antrag eines Beteiligten oder von Amts wegen innerhalb eines Jahres nach Erlass der Entscheidung gemäß Artikel 103 UMV widerrufen.

2. Vor dem Widerruf der Entscheidung gibt der Berichterstatter dem anderen Beteiligten bzw. beiden Beteiligten Gelegenheit, innerhalb eines Monats zum beabsichtigten Widerruf Stellung zu nehmen.

3. Der Geschäftsstellenleiter führt Aufzeichnungen über jeden solchen Widerruf und veranlasst, dass die widerrufene Entscheidung nicht mehr öffentlich zugänglich ist.

Artikel 61 Widerruf von Entscheidungen der Beschwerdekammer in Geschmacksmustersachen

Artikel 60 dieser Verfahrensordnung findet Anwendung, wenn eine Beschwerde in einer Geschmacksmustersache offensichtlich mit einem Fehler behaftet ist, der der Kammer anzulasten ist.

KAPITEL VIII – KOSTEN

Artikel 62 Erstattungsfähigkeit der Kosten und Kostenverteilung

1. An das Amt gezahlte Gebühren, Vertretungskosten und sonstige für das Verfahren notwendige Kosten werden nach Artikel 109 UMV bzw. Artikel 70 GGV unter den Beteiligten verteilt.

2. Einem Beteiligten, der im Beschwerdeverfahren nicht vertreten war, werden keine Kosten erstattet.

2a. Wird die Beschwerde wegen fehlender oder verspäteter Einreichung der Beschwerdebegründung für unzulässig erklärt, so trägt der Beschwerdeführer die Kosten der Gegenpartei für einen berufsmäßigen Vertreter gemäß Artikel 109 Absatz 1 UMV oder Artikel 70 Absatz 1 GGV.

3. Vertretungskosten sind erstattungsfähig, wenn der Beteiligte durch einen zugelassenen Vertreter im Sinne von Artikel 120 Absatz 1 UMV bzw. Artikel 78 Absatz 1 GGV vertreten ist.

4. Ist ein Beteiligter gemäß Artikel 119 Absatz 3 UMV durch einen Angestelltenvertreter vertreten, besteht kein Anspruch auf Vertretungskosten, selbst wenn der Angestelltenvertreter auch als zugelassener Vertreter in der beim Amt geführten Liste eingetragen ist.

5. Die Kammer berücksichtigt von den Beteiligten geschlossene Kostenvereinbarungen, sofern Nachweis für die Vereinbarung eingereicht wird.

Artikel 63 Kostenentscheidungen in Beschwerdeverfahren in Markensachen

1. Beschränken sich die Kosten auf die an das Amt gezahlten Gebühren und die Vertretungskosten, entscheidet die Kammer von Amts wegen über die Kostenverteilung und setzt diese Kosten in der Entscheidung über die Beschwerde fest.

2. Nach Artikel 109 Absatz 7 Satz 2 UMV wird der Betrag der für das Verfahren notwendigen Kosten, mit Ausnahme der im vorstehenden Absatz genannten, auf Antrag eines Beteiligten gesondert festgesetzt; der Antrag ist binnen zwei Monaten ab dem Tag zu stellen, an dem die Entscheidung, mit der das Beschwerdeverfahren beendet wird, unanfechtbar wird.

3. Jeder Kostenfestsetzungsantrag ist in der Verfahrenssprache zu stellen und muss eindeutige Angaben dazu enthalten, auf welches Beschwerdeverfahren er sich bezieht.

4. Dem Antrag sind eine Kostenaufstellung und entsprechende Belege beizufügen.

5. Die Geschäftsstelle entscheidet nach Anhörung des anderen Beteiligten über den Antrag, nachdem die Entscheidung der Kammer unanfechtbar geworden ist.

6. Die Sätze für die verschiedenen Kostenkategorien werden gemäß Artikel 18 UMDV berechnet.

Artikel 64 Kostenentscheidungen in Beschwerdeverfahren in Geschmacksmustersachen

1. Auf Antrag eines Beteiligten entscheidet die Kammer über die Verteilung der Kosten, bei denen es sich um die an das Amt gezahlten Gebühren und die Vertretungskosten handelt.

2. Der Betrag der Kosten, bei denen es sich nicht um die an das Amt gezahlten Gebühren und die Vertretungskosten handelt, wird von der Geschäftsstelle gemäß Artikel 65 dieser Verfahrensordnung festgesetzt.

3. Die Sätze für die verschiedenen Kostenkategorien werden gemäß Artikel 79 Absätze 6 und 7 GGDV berechnet.

Artikel 65 Kostenfestsetzungsantrag für andere notwendige Kosten in Beschwerdeverfahren in Geschmacksmustersachen

1. Auf Antrag eines Beteiligten und nach Anhörung des anderen Beteiligten setzt die Geschäftsstelle den Betrag der zu erstattenden notwendigen Kosten fest, bei denen es sich nicht um die Vertretungskosten und die an das Amt gezahlten Gebühren handelt.

2. Ein solcher Antrag ist zulässig, wenn er eingereicht wird, nachdem die Entscheidung, mit der das Beschwerdeverfahren abgeschlossen wird, unanfechtbar geworden ist.

3. Dem Antrag sind eine Kostenaufstellung und entsprechende Belege beizufügen, zum Beispiel Quittungen und Rechnungen, die dem antragstellenden Beteiligten oder seinem Vertreter erteilt wurden.

4. Jeder Kostenfestsetzungsantrag ist in der Verfahrenssprache zu stellen und muss eindeutige Angaben dazu enthalten, auf welches Beschwerdeverfahren er sich bezieht.

Artikel 66 Überprüfung von Kostenfestsetzungen

1. Auf begründeten Antrag eines Beteiligten, welcher innerhalb eines Monats nach Zustellung der Kostenfestsetzung in der Verfahrenssprache einzureichen ist, und nach Eingang der entsprechenden Gebühr innerhalb der genannten Frist überprüft die Kammer die Kostenfestsetzung nach Artikel 109 Absatz 8 UMV bzw. Artikel 70 Absatz 6 Satz 2 GGV.

2. Wird der Antrag in einer Amtssprache der Union eingereicht, die nicht die Verfahrenssprache ist, gibt der Geschäftsstellenleiter dem Beteiligten Gelegenheit, innerhalb eines Monats eine Übersetzung vorzulegen.

3. Der Geschäftsstellenleiter lehnt den Antrag ab, wenn

(a) er nicht innerhalb der in Absatz 1 genannten Frist eingereicht wird; oder

(b) die Gebühr nicht in voller Höhe oder nicht innerhalb der in Absatz 1 genannten Frist entrichtet wird; oder

(c) die Übersetzung nicht innerhalb der in Absatz 2 genannten Frist eingereicht wird.

4. Wird ein Antrag gemäß Absatz 1 ordnungsgemäß eingereicht, gibt der Geschäftsstellenleiter dem anderen Beteiligten Gelegenheit, innerhalb eines Monats dazu Stellung zu nehmen.

5. Nach Eingang der Stellungnahme des anderen Beteiligten legt die Geschäftsstelle den Antrag der Kammer zur Entscheidung vor.

6. Für das Überprüfungsverfahren angefallene Kosten oder Gebühren können nicht zurückgefordert oder erstattet werden.

KAPITEL IX – SCHLUSSBESTIMMUNGEN

Artikel 67 Aufhebung

Beschluss Nr. 2009-1 betreffend Anweisungen für die Parteien der Verfahren vor den Beschwerdekammern und Beschluss Nr. 2014-2 („Schlichtungsbeschluss") werden aufgehoben.

Artikel 68 Vollziehung

Gemäß Artikel 166 Absatz 4 Buchstabe b UMV ist der Präsident der Beschwerdekammern mit der Durchführung dieses Beschlusses beauftragt.

Artikel 69 Inkrafttreten

Dieser Beschluss tritt am 27. Februar 2020 in Kraft.

Art. 67 Beschwerdeberechtigte und Verfahrensbeteiligte

[1]Die Beschwerde steht denjenigen zu, die an einem Verfahren beteiligt waren, das zu einer Entscheidung geführt hat, soweit sie durch die Entscheidung beschwert sind. [2]Die übrigen an diesem Verfahren Beteiligten sind von Rechts wegen am Beschwerdeverfahren beteiligt.

Überblick

Verfahrensbeteiligte können eine Beschwerde einlegen, sofern sie durch die angefochtene Entscheidung beschwert sind (→ Rn. 1 ff.). Die anderen an dem Verfahren Beteiligten werden automatisch Partei im Beschwerdeverfahren (→ Rn. 7 ff.).

A. Beschwer

1   Die **Beschwerde** steht nur jener Partei des erstinstanzlichen Verfahrens zu, die durch die Entscheidung **beschwert** ist. Wer nicht am erstinstanzlichen Verfahren beteiligt war, kann keine Beschwerde einlegen.

2   Die **Beschwer** ist im Lichte des **Antrags** im **erstinstanzlichen Verfahren** auszulegen. Dabei kommt es nicht auf die Entscheidungsgründe, sondern ausschließlich auf den **Tenor** der erstinstanzlichen Entscheidung an.

3   Wird dem Antrag im Hinblick auf alle Waren und Dienstleistungen stattgegeben, liegt keine Beschwer vor (EuG Beschl. v. 11.5.2006 – T-194/05 Rn. 22 – TELETECH INTERNATIONAL; T-342/02, GRUR Int 2005, 56 Rn. 45 – Moser Group Media). Beschwert ist somit nur derjenige,

der mit seinen **Anträgen** im erstinstanzlichen Verfahren (teilweise) **unterlegen** ist. Die Beschwer setzt somit auch ein **Rechtschutzinteresse** voraus, welches **bestehen** und **gegenwärtig** sein muss (EuG T-342/02, GRUR Int 2005, 56 Rn. 44 – Moser Group Media; T-138/89, EuZW 1993, 103 Rn. 33 – NBV und NVB/Kommission). Sofern das Rechtsschutzinteresse eine **zukünftige Rechtssituation** betrifft, muss nachgewiesen werden, dass die Beeinträchtigung dieser Rechtssituation bereits **feststeht;** ein Verweis auf eine zukünftige und ungewisse Situation reicht nicht aus (EuG T-342/02, GRUR Int 2005, 56 Rn. 44 – Moser Group Media; T-138/89, EuZW 1993, 103 Rn. 33 – NBV und NVB/Kommission; EuG T-193/17, T-194/17 und T-195/17, BeckRS 2018, 7140 – ROSA).

Eine Beschwerde, die nur zum Ziel hat, die Begründung durch eine für den Beschwerdeführer bessere **3.1** Begründung zu ersetzen, ist unzulässig, da keine Beschwer vorliegt (EuG T-44/19, GRUR-RS 2020, 3672 Rn. 30 f. – TC Touring Club).

Im Eintragungsverfahren ist der Anmelder nicht beschwert, wenn seinem Antrag auf Eintragung nur **3.2** wegen eines Hilfsantrages auf Eintragung aufgrund Verkehrsdurchsetzung stattgegeben wird. Er kann daher nicht vor der Beschwerdekammer geltend machen, dass die Unionsmarkenanmeldung bereits per se eintragungsfähig gewesen wäre.

Das Widerspruchsverfahren zielt darauf ab, die Eintragung einer Unionsmarkenanmeldung zu verhin- **3.3** dern. Somit liegt keine Beschwer vor, sobald die Unionsmarkenanmeldung aufgrund der Entscheidung der Widerspruchsabteilung nicht zur Eintragung gelangen kann. Es spielt daher keine Rolle, aufgrund welcher der geltend gemachten Gründe (Art. 8 Abs. 1 lit. a, b, Abs. 3, Abs. 4 oder Abs. 5) dem Widerspruch stattgegeben wird. Ebenfalls ist es für die Beschwer unerheblich, aufgrund welchen älteren Rechts dem Widerspruch stattgegeben wurde. Dass aufgrund der Entscheidung der Widerspruchsabteilung die Möglichkeit der Umwandlung (→ Art. 139 Rn. 1 ff.) besteht, ist dabei irrelevant, da der Antrag auf Umwandlung zu diesem Zeitpunkt noch nicht gestellt ist und das Rechtsschutzinteresse eine zukünftige und ungewisse Situation betrifft (EuG T-342/02, GRUR Int 2005, 56 Rn. 44 – Moser Group Media; T-138/89, EuZW 1993, 103 Rn. 33 – NBV und NVB/Kommission). Das Widerspruchsverfahren dient ausschließlich dazu, einer Unionsmarkenanmeldung die Registrierung zu untersagen, nicht jedoch der Verhinderung möglicher nationaler Konflikte.

Gleiches gilt im Nichtigkeitsverfahren, wobei zu berücksichtigen ist, dass im Falle der Geltendmachung **3.4** von Nichtigkeits- und Verfallsgründen zunächst die Nichtigkeitsgründe zu prüfen wären, da diese ex tunc Wirkung entfalten. Sofern dem Antrag aufgrund von Verfallsgründen stattgeben wurde, allfällige Nichtigkeitsgründe jedoch abgewiesen wurden, kann der Antragsteller dennoch Beschwerde einlegen, sofern er den Nachweis erbringt, dass er ein entsprechendes Rechtsschutzinteresse hat.

Im Nichtigkeitsverfahren gestützt auf absolute Eintragungshindernisse kann der Inhaber einer Unions- **3.5** marke nicht beantragen, das Verfahren weiterzuführen, nachdem der Nichtigkeitsantragsteller seinen Antrag auf Erklärung der Nichtigkeit zurückgenommen hat (EUIPO 15.2.2017 – R 928/2016-4, R 929/2016-4 und R 930/2016-4 – ROSA; EuG T-193/17, T-194/17 & T-195/17, BeckRS 2018, 7140 – ROSA).

Keine Beschwer liegt vor, wenn die Anmeldung, der Widerspruch oder der Antrag auf Erklä- **4** rung der Nichtigkeit oder des Verfalls zurückgenommen wurde. In diesem Fall ist das Verfahren ohne Entscheidung in der Sache zu schließen (EUIPO Entsch. v. 15.2.2017 – R 928/2016-4, R 929/2016-4 und R 930/2016-4 – ROSA; EuG T-193/17, T-194/17 und T-195/17, BeckRS 2018, 7140 – ROSA).

Allenfalls könnte in Bezug auf die Kostenverteilung Beschwer vorliegen. **4.1**

Dritte, die nicht am erstinstanzlichen Verfahren beteiligt waren, können **nicht beschwert 5** sein.

So kann der Lizenznehmer des Unionsmarkeninhabers, der im Nichtigkeitsverfahren unterlegen ist, **5.1** keine Beschwerde gegen die Löschung der Marke einlegen.

Aufgrund klarer gesetzlicher Regelung (→ Art. 45 Rn. 2) wird der **Dritte,** der **Bemerkungen 6** betreffend das mögliche Vorliegen absoluter Eintragungshindernisse einreicht, **nicht Partei** am Verfahren. Somit kann dieser Dritte, wenn seinen Bemerkungen nicht gefolgt wird, nicht Beschwerde einlegen, da er nicht Partei im erstinstanzlichen Verfahren war.

B. Beteiligte am Beschwerdeverfahren

Am Beschwerdeverfahren Beteiligte sind der **Beschwerdeführer** sowie die andere **Partei des 7 Ausgangsverfahrens.**

8   Die **Parteistellung** ergibt sich **automatisch** und bedarf keines weiteren Antrages seitens des Beschwerdegegners. Dem Beschwerdegegner werden die Beschwerde und die Beschwerdebegründung zugestellt.

8.1   Es besteht jedoch **keine Verpflichtung** für den Beschwerdegegner, an dem Beschwerdeverfahren **aktiv** teilzunehmen. Somit kann **Schweigen nicht als Zustimmung** dahingehend ausgelegt werden, dass der Beschwerdegegner dem Antrag des Beschwerdeführers zustimmt oder die Unionsmarkenanmeldung zurücknimmt (EuG T-171/06, GRUR Int 2009, 725 Rn. 55 – TRENTON).

8.2   Werden im Verfahren keine Schriftsätze eingereicht, so kann die Kammer aufgrund fehlender Aktivität der Partei von einer Kostenentscheidung absehen (EuG T-265/18, BeckRS 2019, 4236 – Formata). Dies lässt jedoch unbeachtet, dass alleine die Weiterleitung der Schriftsätze der anderen Partei durch einen berufsmäßigen Vertreter Kosten verursacht, die im direkten Zusammenhang mit dem Verfahren stehen. Auch kann eine intensive anwaltliche Auseinandersetzung mit Schriftsatz erfolgt sein, die Kosten verursacht, bevor die Partei entscheidet, keine Stellungnahme einzureichen.

9   Der **Beschwerdeführer** verfügt über den **Streitgegenstand.** Der Streitgegenstand ist im Lichte der Anträge im **erstinstanzlichen Verfahren,** wobei sich aufgrund Art. 27 Abs. 3 DVUM gewissen Einschränkungen ergeben (→ Art. 70 Rn. 23; → Art. 71 Rn. 23 ff.), auszulegen.

9.1   Im Fall eines Widerspruchs gestützt auf mehrere Rechte und mehrere Gründe, kann die Beschwerde und somit der Streitgegenstand auf das Vorliegen von Verwechslungsgefahr aufgrund eines bestimmten älteren Rechtes reduziert werden.

9.2   Der Beschwerdeführer kann jedoch nicht gewisse Aspekte im Bereich der Verwechslungsgefahr, wie zB die Ähnlichkeit der Waren und Dienstleistungen oder die Ähnlichkeit der Zeichen, außer Streit stellen.

9.3   Der Beschwerdekammer obliegt die Pflicht zur vollständigen Prüfung der Beschwerde in tatsächlicher und rechtlicher Hinsicht (EuGH C-29/05, GRUR Int 2007, 516 Rn. 57 – Arcol; EuG T-215/03, GRUR Int 2007, 730 Rn. 99 – VIPS).

9.4   Obsiegt im Widerspruchsverfahren der Anmelder, da die Widerspruchsabteilung keine Verwechslungsgefahr sieht, ist der Anmelder nicht in der Sache beschwert, selbst wenn die Widerspruchsabteilung auf die Frage der ernsthaften Benutzung nicht eingegangen ist oder diese fehlerhaft beurteilt hat. Dies führt jedoch nicht dazu, dass er seine Interessen nicht verteidigen kann. Vielmehr muss die Kammer, insbesondere wenn der Anmelder diese Frage in seiner Stellungnahme auf die Beschwerdebegründung aufwirft, in der Entscheidung auf die ernsthafte Benutzung eingehen, bevor sie eine Verwechslungsgefahr feststellen kann.

10   Gemäß Art. 68 Abs. 2 (→ Art. 68 Rn. 45) kann der Beschwerdegegner eine **Anschlussbeschwerde** einbringen, in der er die Überprüfung der erstinstanzlichen Entscheidung in jenen Punkten verlangen kann, in denen er beschwert ist.

10.1   Obsiegt im Widerspruchsverfahren der Anmelder, da die Widerspruchsabteilung keine Verwechslungsgefahr sieht, ist der Anmelder nicht in der Sache beschwert, selbst wenn die Widerspruchsabteilung auf die Frage der ernsthaften Benutzung nicht eingegangen ist oder diese fehlerhaft beurteilt hat. Er kann daher auch keine Anschlussbeschwerde einlegen, da diese auch eine Beschwer voraussetzt. Dies führt jedoch nicht dazu, dass er seine Interessen nicht verteidigen kann. Vielmehr muss die Kammer, insbesondere wenn der Anmelder diese Frage in seiner Stellungnahme auf die Beschwerdebegründung aufwirft, in der Entscheidung auf die ernsthafte Benutzung eingehen, bevor sie eine Verwechslungsgefahr feststellen kann.

11   Durch die Beschwerde wird der Verfahrenstyp, ex-parte-Verfahren oder inter-partes-Verfahren, nicht geändert. Sofern der Beschwerdegegner nicht am Verfahren beteiligt wird, liegt grundsätzlich eine Verletzung des rechtlichen Gehörs vor (Art. 94; → Art. 94 Rn. 86 ff.).

C. Parteiwechsel

12   Sofern im Laufe des Verfahrens ein Rechtsübergang an einem der älteren Rechte oder an der Unionsmarke(nanmeldung) eintritt, ist dies dem Amt mitzuteilen. Gleichzeitig sind geeignete Unterlagen vorzulegen, um den Rechtsübergang nachzuweisen.

12.1   Die Wirksamkeit des Übergangs richtet sich dabei nach dem anwendbaren nationalen Recht.

13   Sobald der Nachweis erbracht ist, tritt der neue Inhaber als Partei in das Verfahren ein und muss das Verfahren in dem Stand übernehmen, in dem es sich befindet. Er hat sich dabei alle Handlungen (und Unterlassungen) des früheren Inhabers zurechnen zu lassen.

Dem neue Inhaber einer Unionsmarke kommt bereits ab dem Zeitpunkt des Antrags auf Rechtsüber- **13.1** gang Parteistellung zu, sofern der Rechtsübergang auch wirklich eingetragen wird (→ Art. 20 Rn. 49).

Mit Eintragung in das Register verliert der frühere Inhaber seine Parteistellung. Wird dessen ungeachtet **13.2** nach Rechtsübergang in seinem Namen die Beschwerdebegründung eingereicht, ist die Beschwerde unzulässig (EUIPO 17.7.2017 – R 2198/2016-4 Rn. 16 f. – Jo & Mr. Joe).

Eine Änderung des Namens stellt keinen Parteiwechsel dar, da es sich um die gleiche juristische **14** oder natürliche Person handelt.

D. Stellung des Amtes

Die **Beschwerdekammern** sind, wie auch die erste Instanz, **Teil des Amtes** (→ Art. 165 **15** Rn. 1). Somit kommt der ersten Instanz keine Parteistellung im Beschwerdeverfahren zu.

Die Beschwerdekammer kann von sich aus oder aufgrund schriftlichen, begründeten **16** Antrags den Exekutivdirektor auffordern, sich zu Fragen von **allgemeinem Interesse,** die sich im Rahmen eines vor der Beschwerdekammer anhängigen Verfahrens stellen, schriftlich oder mündlich zu **äußern** (Art. 11 HABMVfO, Art. 29 DVUM). Von dieser Möglichkeit wurde zu Beginn mehrmals Gebrauch gemacht; die Fragen sind allerdings leider nicht recherchierbar. Eher überraschenderweise hat die Große Beschwerdekammer im Verfahren, dass zur Entscheidung vom 28.6.2021, RS R 2142/2018-G, von dieser Möglichkeit wieder Gebrauch gemacht.

Die Parteien des Verfahrens haben das Recht, zu der Stellungnahme des Exekutivdirektors gehört zu **16.1** werden (Art. 11 HABMVfO, Art. 29 DVUM).

Sofern der Exekutivdirektor eine Stellungnahme abgibt, wird weder er noch das Amt Verfahrensbeteilig- **16.2** ter; somit kommt ihnen auch keine Parteistellung zu.

Art. 157 Abs. 4 lit. l (→ Art. 157 Rn. 7) und Art. 165 Abs. 4 (→ Art. 165 Rn. 5) sehen vor, **17** dass der Exekutivdirektor im Interesse einer **einheitlichen Anwendung** der UMV die **Große Beschwerdekammer** auffordern kann, zu Rechtsfragen eine **Stellungnahme** abzugeben. Ein solcher Antrag ist insbesondere dann gerechtfertigt, wenn die Beschwerdekammern in der Frage unterschiedlich entschieden haben. Die Stellungnahme ist gemäß Art. 166 Abs. 8 (→ Art. 166 Rn. 7) für das gesamte Amt, und somit auch für die Beschwerdekammern, **bindend.**

Es handelt sich um ein Verfahren, dass dem **Vorabentscheidungsverfahren** vor dem EuGH **18** nachempfunden ist. Die Große Beschwerdekammer gibt somit eine **verbindliche Interpretation** der UMV und der darauf basierenden Rechtsakte ab, der bis zu einem gegenteiligen Urteil des EuG oder EuGH Gesetzescharakter zukommt.

Art. 68 Frist und Form

(1) ¹Die Beschwerde ist innerhalb von zwei Monaten nach Zustellung der Entscheidung schriftlich beim Amt einzulegen. ²Die Beschwerde gilt erst als eingelegt, wenn die Beschwerdegebühr entrichtet worden ist. ³Die Beschwerdeschrift muss in der Verfahrenssprache eingereicht werden, in der die Entscheidung, die Gegenstand der Beschwerde ist, ergangen ist. ⁴Innerhalb von vier Monaten nach Zustellung der Entscheidung ist die Beschwerde schriftlich zu begründen.

(2) ¹In mehrseitigen Verfahren kann der Beschwerdegegner in seiner Stellungnahme zur Beschwerdebegründung Anträge stellen, die auf die Aufhebung oder Abänderung der angefochtenen Entscheidung in einem in der Beschwerde nicht geltend gemachten Punkt gerichtet sind. ²Derartige Anträge werden gegenstandslos, wenn die Beschwerde zurückgenommen wird.

Überblick

Abs. 1 sieht ein zweigliedriges System vor. Zunächst ist eine formelle Beschwerde einzulegen sowie die Beschwerdegebühr zu entrichten. Erst in einem weiteren Schritt ist die Beschwerde auch zu begründen. **Abs. 2** sieht die sog. Anschlussbeschwerde vor.

Übersicht

A. Allgemeines

I. Schriftlichkeit

1   Die Beschwerde muss schriftlich beim Amt eingelegt werden. Gemäß den allgemeinen Regeln (Art. 63 DVUM, Beschluss Nr. EX-20-9 vom 3.11.2020) kann dies durch **elektronische Mittel** (User Area), sowie durch Einreichung des unterzeichneten Originalschriftstücks beim Amt durch **Post** oder **Kurierdient** erfolgen.

1.1   Seit 1.3.2021 ist eine Kommunikation mit dem Amt per Fax nicht mehr möglich.

1.2   Das Amt betrachtet derzeit die Übermittlung per **E-Mail als nicht zulässig.** Elektronischer Verkehr mit dem Amt kann nur über das Nutzerkonto (https://euipo.europa.eu/ohimportal/de/web/guest/login) erfolgen.

1.3   Sofern keine elektronische Übermittlung erfolgt, sollten alle Schriftstücke an die **Anschrift des Amtes in Alicante** (EUIPO, Avenida de Europa 4, E-03008 Alicante, Spanien) übermittelt werden

1.4   Das Amt unterhält (Verbindungs-)Büros in **Brüssel** und **Luxemburg.** Schriftstücke, die innerhalb offener Frist dort per Post oder Kurierdient eingehen, sind aufgrund fehlender gesetzlicher Vorschrift rechtzeitig beim Amt eingegangen (EuG T-263/11, BeckRS 2013, 80243 Rn. 42 f. – achteckiger grüner Rahmen).

1.5   Das Amt unterhält **keinen Nachtbriefkasten.** Die Sicherheitskräfte, die das Gebäude bewachen, sind nicht befugt, Schriftstücke in Empfang zu nehmen.

2   Die Beschwerde ist schriftlich einzureichen, auch wenn die DVUM darauf nicht mehr explizit abstellt. Eine Protokollierung eines mündlichen Antrags ist nicht vorgesehen. Grundsätzlich ist ein eigener **Schriftsatz** einzureichen. Die Beschwerde gilt erst dann als eingelegt, wenn die **Beschwerdegebühr entrichtet** worden ist, doch kann allein die **Überweisung** des entsprechenden Betrages **nicht** als **gleichwertig** mit der nach Regel 48 GMDV (und wohl Art. 21 Abs. 1 DVUM) erforderlichen Schriftform angesehen werden (EuG T-373/03, GRUR Int 2005, 689 Rn. 58 – PARMITALIA). Sofern am Überweisungsbeleg jedoch alle notwendigen Angaben enthalten sind (→ Rn. 14 ff.) und dieser rechtzeitig vor Ablauf der Beschwerdefrist beim Amt eingeht, ist wohl die Schriftform gegeben.

3   Die Beschwerde ist, wie alle anderen Schriftstücke auch, zu **unterschreiben.** Im Falle der elektronischen Übermittlung gilt die Angabe des Namens als Unterschrift. Die Unterschrift dient zur Sicherstellung, dass die Verantwortung für den Schriftsatz von einer Person übernommen wird, die die Partei vor dem Amt vertreten darf (→ Art. 120 Rn. 1 ff.).

4   Es ist dabei irrelevant, ob die Unterschrift am Anfang oder am Ende des Schriftsatzes aufscheint (HABM 5.11.2003 – R 490/2003-2 Rn. 14 – Limonadenflasche, für 3D-Marke). Weder muss die Unterschrift leserlich sein (EuG T-418/07, GRUR-RR 2009, 420 Rn. 27 ff. – Libro), noch muss sie den Namen des Unterzeichnenden wiedergeben. Englische Kanzleien reichen regelmäßig Schriftsätze ein, auf denen der Name der Kanzlei als Unterschrift erscheint. Schriftsätze, auf denen ein Unterschriftstempel erscheint, dürften den Anforderungen der Regel 79 GMDV nicht genügen (HABM 11.6.2001 – R 440/2000-3 Rn. 17 – HydroHoist).

II. Frist

Die Beschwerdeschrift ist innerhalb von **zwei Monaten** nach **Zustellung** (Art. 98; näher → **5**
Art. 98 Rn. 2; Art. 56 DVUM) der angefochtenen Entscheidung beim Amt einzureichen. Die
Berechnung der Frist erfolgt gemäß Art. 57 ff. DVUM. Der **Eingang** beim Amt ist maßgeblich,
wobei es für die Wahrung der Frist irrelevant ist, ob die Beschwerdeschrift auch innerhalb der
Frist bei der Geschäftsstelle der Beschwerdekammern einlangt.

Die Frist ist **nicht verlängerbar.** Sie kann grundsätzlich **nicht ausgesetzt** werden. Dies kann **6**
sich unter Umständen für mögliche **Mediationsversuche** negativ auswirken, da der Beschwerdeführer jedenfalls eine Beschwerde und eine Beschwerdebegründung, auch wenn sie noch so kurz
ist, einreichen muss.

Fraglich ist, ob der Beschwerdeführer nach dem Einreichen der Beschwerdebegründung innerhalb **6.1**
offener Frist noch eine verbesserte Beschwerdebegründung nachreichen darf. Dies scheint im Lichte der
Rechtsprechung (insbesondere EuG T-577/15, BeckRS 2018, 9571 – SHERPA) ausgeschlossen, sofern
nicht ausdrücklich der erste Schriftsatz zurückgezogen wird.

Sofern die Frist zum Einreichen der Beschwerde versäumt wurde, besteht **keine** Möglichkeit, einen **6.2**
Antrag auf **Weiterbehandlung** (Art. 105; → Art. 105 Rn. 1 ff.) zu stellen. Ein Antrag auf **Wiedereinset-**
zung in den vorherigen Stand (Art. 104; → Art. 104 Rn. 1 ff.) ist jedoch **möglich.**

B. Beschwerden, die seit dem 1.10.2017 eingereicht wurden

Gemäß Art. 82 Abs. 2 ist die DVUM nur auf jene Beschwerdeverfahren anwendbar, die ab **7**
dem 1.10.2017 begonnen wurden (→ Art. 66 Rn. 30).

I. Sprache

Die Beschwerdeschrift muss in der **Verfahrenssprache** eingereicht werden, in der die **Ent-** **8**
scheidung, die Gegenstand der Beschwerde ist, ergangen ist (Art. 21 Abs. 2 DVUM; früher
Regel 48 Abs. 2 GMDV).

Problematisch ist die Situation dann, wenn aufgrund eines Versehens des Amtes die Entscheidung der **8.1**
ersten Instanz nicht in der Verfahrenssprache ergangen ist. Der Partei kann dieser Fehler jedoch nicht
vorgehalten werden, da er durch das Amt verschuldet wurde. Solche Fälle sind seit EuG T-120/99, GRUR
Int 2001, 978 – KIK eher selten, treten jedoch im Eintragungsverfahren gelegentlich auf, wenn die erste
Sprache der Anmeldung keine Sprache des Amtes ist (→ Art. 146 Rn. 3).

Wird die Beschwerdeschrift in einer anderen Amtssprache der Union eingereicht als der Verfah- **9**
renssprache, muss der Beschwerdeführer innerhalb von vier Monaten nach Zustellung der Entscheidung, gegen die sich die Beschwerde richtet, eine Übersetzung in die Verfahrenssprache
vorlegen (Art. 21 Abs. 2 DVUM).

Wird im einseitigen Verfahren die angefochtene Entscheidung in einer anderen Sprache des **10**
Amtes als der Verfahrenssprache erlassen, kommt dem Beschwerdeführer ein Wahlrecht zu. Er kann
die Beschwerdeschrift sowohl in dieser Sprache oder der eigentlich im Schriftsatz vorgesehenen
Verfahrenssprache einlegen. Die vom Beschwerdeführer gewählte Sprache ist dann die Sprache
des Beschwerdeverfahrens (Art. 21 Abs. 3 DVUM).

II. Inhalt

Wie bei allen anderen Verfahrensschritten vor dem Amt empfiehlt es sich, die Beschwerde **11**
elektronisch (Nutzerkonto) einzureichen oder das vom Amt zur Verfügung gestellte **Formular**
zu verwenden, da dadurch **Fehler vermieden** werden können.

Die Rechtsprechung verlangt vom Beschwerdeführer, durch eine präzise und schlüssige Formu- **12**
lierung seiner Anträge und Argumente den Rahmen des Beschwerdeverfahrens selbst festzulegen.
Die Beschwerdekammer muss aus den vom Beschwerdeführer eingereichten Schriftsätzen ohne
Weiteres verstehen können, warum die Aufhebung oder Abänderung einer Entscheidung beantragt
wird (EuG T-577/15, BeckRS 2018, 9571 – SHERPA).

Wird ein unzulässiger Antrag gestellt, so liegt keine Beschwerdebegründung vor, da die Kammer nicht **12.1**
erkennen kann, inwieweit die angefochtene Entscheidung fehlerhaft sein sollte (EUIPO 14.1.2020 – R
762/2019-4 – freeflow).

Legt eine Partei widersprüchliche Schriftsätze ein, so kann die Kammer sich nicht aussuchen, **13**
welchem sie den Vorzug gibt (EuG T-577/15, BeckRS 2018, 9571 – SHERPA).

14   Gemäß Art. 21 Abs. 1 DVUM muss die Beschwerdeschrift folgende Angaben enthalten:
- Name und Anschrift des Beschwerdeführers (→ Rn. 14.1),
- Name und Anschrift des Vertreters, soweit einer bestellt ist (→ Rn. 14.1),
- die Benennung der angefochtenen Entscheidung (→ Rn. 15) und
- eine Erklärung betreffend den Umfang der Anschlussbeschwerde (→ Rn. 16).

14.1   Aufgrund des Verweises auf Art. 2 Abs. 1 lit. b UMDV reicht die Angabe des Namens des Beschwerdeführers und der vom Amt vergeben **Identifikationsnummer** aus. Gleiches gilt in Bezug auf den Vertreter.

15   In Bezug auf die Benennung der angefochtenen Entscheidung enthält Art. 21 Abs. 1 lit. d DVUM eine sehr strikte Bestimmung. Der Beschwerdeführer hat sowohl das **Datums der angefochtenen Entscheidung** als auch das **Aktenzeichens des Verfahren,** auf das sich die Entscheidung bezieht, anzugeben.

16   Die **Erklärung** betreffend den Umfang der Beschwerde muss klar und eindeutig sein, kann jedoch **kurz gehalten** werden. Sofern die Entscheidung **vollumfänglich** angefochten wird, reicht es aus, das entsprechende Kästchen anzukreuzen. **Angaben** sind daher **notwendig,** wenn die Beschwerde nur **teilweise** erhoben wird. In diesem Fall sind Angaben dazu notwendig, in Bezug auf welche Waren und Dienstleistungen oder geltend gemachte Gründe (Art. 8 Abs. 1 lit. b oder Art. 8 Abs. 5) oder auf welche älteren Rechte der Antrag aufrecht erhalten bleibt.

16.1   Vollumfänglich ist dabei immer im Lichte der Beschwer zu interpretieren, so dass eine Entscheidung auch dann „vollumfänglich" angefochten werden kann, wenn der Beschwerdeführer mit seinen Anträgen nur teilweise vor der ersten Instanz unterlegen ist. Sofern vom Beschwerdegegner weder eine selbstständige Beschwerde noch eine Anschlussbeschwerde (Art. 68 Abs. 2; → Rn. 29 ff.) eingelegt wird, erwächst der Teil, in dem der Beschwerdeführer obsiegte, in Rechtskraft und kann von der Beschwerdekammer nicht mehr behandelt werden.

III. Gebühr

17   Innerhalb der zweimonatigen Frist ist auch die Beschwerdegebühr in der Höhe von 720 Euro (→ Anh. I Rn. 15) zu entrichten. **Zahlungstag** ist dabei grundsätzlich der Tag, an dem die Gebühr beim Amt **eingeht,** dh dem Konto des Amtes **gutgeschrieben** wird (→ Art. 180 Rn. 1).

17.1   Sofern die Zahlung rechtzeitig vor Ablauf der Beschwerdefrist in Auftrag gegeben wurde, aber erst nach Fristende beim Amt eingeht, kann durch Zahlung einer Zuschlagsgebühr in der Höhe von 10%, dh 72 Euro, die Wahrung der Frist bewirkt werden (Art. 180 Abs. 3; → Art. 180 Rn. 1).

17.2   Eine Nachfrist auf die Nachfrist besteht nicht. Für die Einhaltung der Nachfrist kommt es daher nur auf die rechtzeitige Veranlassung der Zahlung an.

18   Rechtsfolge für die **verspätete Zahlung** ist nicht die Unzulässigkeit der Beschwerde, sondern dass die Beschwerde als **nicht eingelegt** gilt.

18.1   Die Beschwerdekammer stellt mit Entscheidung fest, dass die Beschwerde als nicht eingelegt gilt.

18.2   Die Beschwerdegebühr, die verspätet eingehen, wird zurückgezahlt, da die Zahlung ohne Rechtsgrund erfolgt (Art. 33 lit. a DVUM).

18.3   Gilt die Beschwerde als nicht eingelegt, kann der Beschwerdeführer auch nicht zum Tragen der Kosten, die dem Beschwerdegegner im Beschwerdeverfahren entstanden sind, verpflichtet werden.

19   Sofern die Zahlung über das beim Amt eingerichtete **laufende Konto** erfolgt, erfolgt die Abbuchung erst am letzten Tag der Beschwerdefrist (Beschluss EX-96-1 des Präsidenten Art. 7 Abs. h in der gültigen Fassung). Somit kann die Beschwerde innerhalb offener Frist jederzeit noch zurückgenommen werden, ohne dass die Beschwerdegebühr zu erstatten wäre (EUIPO 18.10.2004 – R 449/2004-2 – MOBILE ID).

IV. Mängel

20   Folgende Mängel können **nicht behoben** werden:
- **Frist** (→ Rn. 5),
- verspätete Zahlung der Beschwerdegebühr (→ Rn. 17).

21 Folgender Mangel kann **nur innerhalb der Frist** zur Einreichung der Beschwerdeschrift behoben werden, nämlich
- **Schriftlichkeit** (→ Rn. 1).

Folgende Mängel müssen gemäß Art. 23 Abs. 1 lit. b DVUM **innerhalb von vier Monaten** 22
nach der Zustellung der angefochtenen Entscheidung, also binnen der Frist für die Beschwerde-
begründung, behoben werden:
- Angaben betreffend die angefochtene Entscheidung (Art. 21 Abs. 1 lit. d DVUM; → Rn. 15),
- Übersetzung der Beschwerdeschrift in die Verfahrenssprache (Art. 21 Abs. 2 und 3 DVUM; →
  Rn. 8).

Wird die **Beschwerdebegründung nicht** in der **Verfahrenssprache** eingereicht, so kann der 23
Beschwerdeführer eine Übersetzung in diese innerhalb von **einem Monat nach Einreichen** der
Beschwerdebegründung nachreichen (Art. 23 Abs. 1 lit. e letzter Hs. DVUM). Eine Aufforderung
durch Geschäftsstelle ist nicht erforderlich

    Folgende Mängel sind innerhalb einer von der Geschäftsstelle **zu setzenden Frist** zu beheben: 24
- **Name** und **Anschrift** des **Beschwerdeführers** (→ Rn. 14),
- **Name** und **Anschrift** des **Vertreters** (→ Rn. 14),
- **Umfang** der Beschwerde, sofern die Beschwerde nur teilweise angefochten wird (→ Rn. 16).

    Interessant ist dabei, dass in der Beschwerdebegründung die Gründe, aus denen die Aufhebung der 24.1
angefochtenen Entscheidung innerhalb des gemäß Art. 21 Abs. 1 lit. e definierten Umfangs verlangt wird,
angeführt werden müssen. Eine Beanstandung durch die Geschäftsstelle kann daher nur dann erfolgen,
wenn noch keine Beschwerdebegründung eingereicht wurde. Spätestens mit dem Eingang der Beschwerdebegründung ist nämlich der Umfang der Beschwerde klar definiert.

    Auch die **Vollmacht** fällt unter die Kategorie der behebbaren Mängel. Grundsätzlich ist von 25
der Vorlage einer Vollmacht abgesehen, es sei denn, es bestehen Zweifel an dieser oder es handelt
sich um einen Angestelltenvertreter (→ Art. 119 Rn. 3 f.; → Art. 120 Rn. 12 ff.).

V. Beschwerdebegründung

    Die Beschwerdebegründung muss folgende Angaben enthalten: 26
- die Aktenzahl des Beschwerdeverfahrens, sofern dieses noch nicht mitgeteilt wurde, das Datum
  und die Aktenzahl der erstinstanzlichen Entscheidung;
- die **Beschwerdegründe,** aus denen die Aufhebung der angefochtenen Entscheidung innerhalb
  des gemäß Art. 21 Abs. 1 lit. e definierten Umfangs verlangt wird;
- **Tatsachen, Beweismittel** und **Bemerkungen** zur Stützung der geltend gemachten Beschwerdegründe, vorgelegt gemäß den Erfordernissen des Art. 55 Abs. 2.

Die **Beschwerdebegründung** muss sich **ausdrücklich** mit 27
- der durch **Benutzung erworbenen Unterscheidungskraft** iSd Art. 7 Abs. 3 und Art. 52
  Abs. 2,
- der durch **Benutzung erworbenen Bekanntheit** der älteren Marke auf dem Markt für die
  Zwecke des Art. 8 Abs. 1 lit. b, und
- dem **Benutzungsnachweis** gemäß Art. 47 Abs. 2 und 3 oder Art. 64 Abs. 2 und 3
auseinander setzen. Trägt der Beschwerdeführer zu diesen Punkten nichts vor, sind diese Punkte
durch die Beschwerdekammer nicht mehr zu prüfen (Art. 27 Abs. 3 DVUM).

    Eine „Beschwerdebegründung", die ausschließlich auf einen vor der ersten Instanz eingereich- 28
ten Schriftsatz bezugnimmt – und diesen im Anhang nochmals einreicht – stellt keine Beschwerdebegründung im Sinne des Gesetzes dar (EUIPO 11.2.2022 – R 1631/2021-1 Rn. 6 – Virtual
excellence).

    Ein Schriftsatz, der vor dem Tag der angefochtenen Entscheidung datiert ist und vor diesem Tag 28.1
bereits eingereicht wurde, kann sich denknotwendigerweise nicht mit der angefochtenen Entscheidung
auseinandersetzen und darlegen, aus welchen Gründen die Aufhebung begehrt wird.

VI. Anschlussbeschwerde

    In mehrseitigen Verfahren kann der **Beschwerdegegner** gemäß Abs. 2 in seiner Stellungnahme 29
zur Beschwerdebegründung **Anträge** stellen, die auf die **Aufhebung** oder **Abänderung** der
angefochtenen Entscheidung in einem in der Beschwerde nicht geltend gemachten Punkt gerichtet
sind. Derartige Anträge werden gegenstandslos, wenn die Beschwerde zurückgenommen wird.

    Die Anschlussbeschwerde muss in einem **gesonderten Schriftsatz** eingereicht werden (Art. 25 30
Abs. 2 DVUM). Diese Bestimmung ist streng auszulegen. Ein gesonderter Schriftsatz stellt ein
Dokument dar, das mit einem Briefkopf sowie einer Unterschrift (wenn auch elektronisch) versehen ist. Eine Eingabe mit durchgehender Seitennummerierung stellt keinen gesonderten Schriftsatz dar, selbst wenn er verschiede Abschnitte (im gegenständlichen Fall: I. Antrag auf Benutzungs-

nachweis, II. Stellungnahme zum Widerspruch) aufweist; EUIPO BK 28.6.2021 – R 2142/2018-G Rn. 52, 54 – DIESEL SPORT beat your limits (Bildmarke)/Diesel et al.).

30.1   Art. 25 Abs. 2 DVUM geht somit über den Wortlaut der gesetzlichen Bestimmung hinaus. Abs. 2 sieht in allen Sprachfassungen vor, dass der Beschwerdegegner **in seiner Stellungnahme** zur Beschwerdebegründung Anträge stellen kann, die auf die Aufhebung oder Abänderung der angefochtenen Entscheidung in einem in der Beschwerde nicht geltend gemachten Punkt gerichtet sind. Es wird somit nicht von einem gesonderten Schriftsatz gesprochen. Vielmehr deutet der Wortlaut darauf hin, dass ein gesonderter Schriftsatz sogar unzulässig wäre.

30.2   Wird die Frist zur Stellungnahme verlängert, so wird damit auch automatisch die Frist zum Einreichen der Anschlussbeschwerde verlängert.

31   Die Anschlussbeschwerde muss folgende **Angaben** enthalten:
- **Name** und **Anschrift** des **Anschlussbeschwerdeführers** (→ Rn. 14.1),
- **Name** und **Anschrift** des **Vertreters**, soweit einer bestellt ist (→ Rn. 14.1),
- die **Benennung** der **angefochtenen Entscheidung** (→ Rn. 15), und
- eine **Erklärung** betreffend den **Umfang** der **Anschlussbeschwerde** (→ Rn. 16).

32 Weist die Anschlussbeschwerde im Hinblick auf einen dieser Punkte einen **Mangel** auf, so kann dieser innerhalb der von der Geschäftsstelle **gesetzten Frist behoben** werden (Art. 25 Abs. 4 lit. c DVUM).

33   Alle **anderen Mängel** sind **nicht behebbar.**

34   Der anderen Partei (dem eigentlichen Beschwerdeführer) wird die Möglichkeit zur **Stellungnahme** eingeräumt.

VII. Vorrangige Prüfung einer Beschwerde

35   Art. 31 DVUM enthält nun eine gesonderte Vorschrift für die vorrangige Prüfung von Beschwerden.

35.1   Die Kammern haben auch in der Vergangenheit Beschwerden **vorrangig** geprüft, wenn dies aufgrund der besonderen **Dringlichkeit** und der **Umstände** des Falls notwendig war. Ein solcher Antrag war nicht in der UMV oder GMDV vorgesehen und war daher nicht normiert.

36   Ein solcher Antrag kann **jederzeit** während des Beschwerdeverfahrens in einem **gesonderten Schriftstück** eingereicht werden; er ist mit Beweismitteln sowohl in Bezug auf die **Dringlichkeit** als auch auf die **besonderen Umstände** des Falls zu **untermauern.**

36.1   Besondere Dringlichkeit bzw. besondere Umstände liegen insbesondere dann vor, wenn der Ausgang des gegenständlichen Beschwerdeverfahrens **Auswirkungen auf andere Verfahren,** entweder vor dem EUIPO, nationalen Ämtern oder Gerichten, haben kann.

37   Bevor die Kammer dem Antrag stattgibt, hat sie die andere Partei **anzuhören.** Dies führt jedoch automatisch zu einer **Verzögerung.**

C. Beschwerden, die bis zum 30.9.2017 eingereicht wurden

38   Gemäß Art. 82 Abs. 2 ist die GMDV auf jene Beschwerdeverfahren anwendbar, die bis zum 30.9.2017 begonnen wurden (→ Art. 66 Rn. 30).

38.1   Derzeit sind noch circa 150 Beschwerdeverfahren, die vor dem 1.10.2017 begonnen wurden, anhängig.

I. Sprache

39   Die Beschwerdeschrift muss in der **Verfahrenssprache** eingereicht werden, in der die **Entscheidung,** die Gegenstand der Beschwerde ist, ergangen ist (Regel 48 Abs. 2 GMDV).

39.1   Problematisch ist die Situation dann, wenn aufgrund eines Versehens des Amtes die Entscheidung der ersten Instanz nicht in der Verfahrenssprache ergangen ist. Der Partei kann dieser Fehler jedoch nicht vorgehalten werden, da er durch das Amt verschuldet wurde. Solche Fälle sind seit EuG T-120/99, GRUR Int 2001, 978 – KIK eher selten, treten jedoch im Eintragungsverfahren gelegentlich auf, wenn die erste Sprache der Anmeldung keine Sprache des Amtes ist (→ Art. 146 Rn. 3).

40   Wird die Beschwerdeschrift in einer Sprache des Amtes, die **nicht Sprache des erstinstanzlichen Verfahrens** war, eingereicht, so kann **innerhalb** einer **Frist** von **einem Monat** eine **Übersetzung** in die Verfahrenssprache nachgereicht werden (Regel 96 Abs. 1 GMDV). Sofern es sich um ein ex-parte-Verfahren handelt, kann die Übersetzung auch in die zweite Sprache der Anmeldung erfolgen (Regel 96 Abs. 1 GMDV). Dies führt jedoch aufgrund fehlender gesetzlicher Bestimmung nicht zu einer Änderung der Verfahrenssprache.

II. Inhalt

Wie bei allen anderen Verfahrensschritten vor dem Amt empfiehlt es sich, die Beschwerde **41** **elektronisch** (Nutzerkonto) einzureichen oder das vom Amt zur Verfügung gestellte **Formular** zu verwenden, da dadurch **Fehler vermieden** werden können.

Die Rechtsprechung verlangt vom Beschwerdeführer, durch eine präzise und schlüssige Formu- **42** lierung seiner Anträge und Argumente den Rahmen des Beschwerdeverfahrens selbst festzulegen. Die Beschwerdekammer muss aus den vom Beschwerdeführer eingereichten Schriftsätzen ohne Weiteres verstehen können, warum die Aufhebung oder Abänderung einer Entscheidung beantragt wird (EuG T-577/15, BeckRS 2018, 9571 – SHERPA).

Wird ein unzulässiger Antrag gestellt, so liegt keine Beschwerdebegründung vor, da die Kammer nicht **42.1** erkennen kann, inwieweit die angefochtene Entscheidung fehlerhaft sein sollte (EUIPO 14.1.2020 – R 762/2019-4 – freeflow).

Legt eine Partei widersprüchliche Schriftsätze ein, so kann die Kammer sich nicht aussuchen, **43** welchem sie den Vorzug gibt (EuG T-577/15, BeckRS 2018, 9571 – SHERPA).

Gemäß Regel 48 GMDV muss die Beschwerdeschrift folgende Angaben enthalten **44**
• Name und Anschrift des Beschwerdeführers,
• Name und Anschrift des Vertreters, soweit einer bestellt ist,
• die Benennung der angefochtenen Entscheidung und
• eine Erklärung betreffend den Umfang der Beschwerde.
Oftmals enthält die Beschwerdeschrift nur den Namen des Beschwerdeführers oder des Vertreters, **45** ohne auch die Anschrift anzuführen. Die Geschäftsstelle geht mit diesem **(behebbaren) Mangel** sehr locker um und verlangt auch keine Behebung, wenn die ID-Nummer des Beschwerdeführers angeführt ist. Gleiches gilt in Bezug auf den Namen und die Anschrift des Vertreters.

Die GMDV enthält keinen Hinweis darauf, wie die **angefochtene Entscheidung** zu **bezeich-** **46** **nen** ist. Es entspricht dem Grundsatz der Rechtssicherheit, dass der Beschwerdeführer dem Amt mitteilt, gegen welche Entscheidung seine Beschwerde gerichtet ist. Das Nicht-Einlegen eines Rechtsmittels führt dazu, dass eine Entscheidung der ersten Instanz nach Ablauf der Rechtsmittel- frist rechtskräftig wird. Die Benennung der Entscheidung dient auch dazu, alle in Rechtskraft erwachsenen Entscheidungen identifizierbar zu machen und es dem Amt zu ermöglich, in Bezug auf diese die notwendigen Verfahrensschritte einleiten zu können. Diese Verpflichtung dient auch der Verwaltungsökonomie. Durch eine klare und eindeutige Benennung kann das Amt rasch die notwendigen internen Schritte veranlassen und den (elektronischen) Akt erstellen sowie ggf. die anderen am Verfahren beteiligten Parteien informieren (EUIPO 13.3.2003 – R 969/2001-1 Rn. 17 – BONUSCALL).

Es ist ausreichend, dass aufgrund der Angaben die Geschäftsstelle der Beschwerdekammern die ange- **46.1** fochtene Entscheidung ohne besonderen Aufwand klar und deutlich identifizieren kann. Es ist nicht not- wendig, das Aktenzeichen der angefochtenen Entscheidung oder die Nummer der Unionsmarke(nanmel- dung) anzuführen.

Sofern an einem bestimmten Tag nur eine Entscheidung gegen eine Partei ergangen ist, reicht somit **46.2** wohl die Angabe des Tages bereits aus, um die angefochtene Entscheidung ausreichend zu identifizieren.

Die **Erklärung** betreffend den Umfang der Beschwerde kann **kurz gehalten** werden. Sofern **47** die Entscheidung **vollumfänglich** angefochten wird, reicht es aus, das entsprechende Kästchen anzukreuzen. **Angaben** sind daher **notwendig,** wenn die Beschwerde nur **teilweise** erhoben wird. In diesem Fall sind Angaben dazu notwendig, in Bezug auf welche Waren und Dienstleistun- gen oder geltend gemachten Gründe (Art. 8 Abs. 1 lit. b oder Art. 8 Abs. 5) oder auf welche älteren Rechte der Antrag aufrecht erhalten bleibt.

Vollumfänglich ist dabei immer im Lichte der Beschwer zu interpretieren, so dass eine Entscheidung **47.1** auch dann „vollumfänglich" angefochten werden kann, wenn der Beschwerdeführer mit seinen Anträgen nur teilweise vor der ersten Instanz unterlegen ist. Sofern vom Beschwerdegegner weder eine selbständige Beschwerde noch eine Anschlussbeschwerde (Art. 68 Abs. 2; → Rn. 45 ff.) eingelegt wird, erwächst der Teil, in dem der Beschwerdeführer obsiegte, in Rechtskraft und kann von der Beschwerdekammer nicht mehr behandelt werden.

III. Gebühr

48   Innerhalb der zweimonatigen Frist ist auch die Beschwerdegebühr in der Höhe von 720 Euro (→ Anh. I Rn. 15) zu entrichten. **Zahlungstag** ist dabei grundsätzlich der Tag, an dem die Gebühr beim Amt **eingeht,** dh dem Konto des Amtes **gutgeschrieben** wird (→ Art. 180 Rn. 1).

48.1   Sofern die Zahlung rechtzeitig vor Ablauf der Beschwerdefrist in Auftrag gegeben wurde, aber erst nach Fristende beim Amt eingeht, kann durch Zahlung einer Zuschlagsgebühr in der Höhe von 10%, dh 72 Euro, die Wahrung der Frist bewirkt werden (Art. 180 Abs. 3, → Art. 180 Rn. 1).

Eine Nachfrist auf die Nachfrist besteht nicht. Für die Einhaltung der Nachfrist kommt es daher nur auf die rechtzeitige Veranlassung der Zahlung an.

49   Rechtsfolge für die **verspätete Zahlung** ist nicht die Unzulässigkeit der Beschwerde, sondern dass die Beschwerde als **nicht eingelegt** gilt.

49.1   Die Beschwerdekammer stellt mit Entscheidung fest, dass die Beschwerde als nicht eingelegt gilt.

49.2   Die Beschwerdegebühr, die verspätet eingehen, wird zurückgezahlt, da die Zahlung ohne Rechtsgrund erfolgt (Art. 33 lit. a DVUM).

49.3   Gilt die Beschwerde als nicht eingelegt, kann der Beschwerdeführer auch nicht zum Tragen der Kosten, die dem Beschwerdegegner im Beschwerdeverfahren entstanden sind, verpflichtet werden.

50   Sofern die Zahlung über das beim Amt eingerichtete **laufende Konto** erfolgt, erfolgt die Abbuchung erst am letzten Tag der Beschwerdefrist (Beschluss EX-96-1 des Präsidenten Art. 7 Abs. h in der gültigen Fassung). Somit kann die Beschwerde innerhalb offener Frist jederzeit noch zurückgenommen werden, ohne dass die Beschwerdegebühr zu erstatten wäre (EUIPO 18.10.2004 – R 449/2004-2 – MOBILE ID).

IV. Mängel

51   Folgende Mängel können **nicht behoben** werden:
- Frist (→ Rn. 5),
- Verspätete Zahlung der Beschwerdegebühr (→ Rn. 48).

52   Folgende Mängel müssen bis zum Ablauf der Beschwerdefrist behoben werden:
- Schriftlichkeit (→ Rn. 1 ff.),
- Beschwerde in der Verfahrenssprache (→ Rn. 39 ff.),
- Angaben betreffend die angefochtene Entscheidung (→ Rn. 46),
- Angaben betreffend den Umfang (→ Rn. 47).

53   Liegt einer dieser Mängel vor, wird die Beschwerde als **unzulässig** zurückgewiesen, wobei dem Beschwerdeführer zuvor noch die Möglichkeit der Stellungnahme gegeben wird. Der Beschwerdegegner wird dabei regelmäßig nicht gehört, sondern nur über das Vorliegen dieser schwerwiegenden Mängel informiert.

53.1   Sollte der Beschwerdeführer in seiner Stellungnahme darlegen können, dass kein Mangel vorgelegen hat, zB weil die Beschwerde fristgerecht eingegangen ist, so wird das Beschwerdeverfahren fortgeführt. Es erfolgt grundsätzlich kein Zwischenbeschluss betreffend die Zulässigkeit.

54   Alle anderen Mängel sind behebbar. Dies bedeutet, dass die Beschwerde, sofern der Mangel innerhalb der von der Geschäftsstelle gesetzten Frist behoben wurde, zulässig ist. Dabei handelt es sich um folgende Mängel:
- des Vertreters Unterzeichnung der Beschwerdeschrift,
- Angabe des Namens und der Anschrift des Beschwerdeführers,
- **Angabe des Namens und der Anschrift.**

55   Auch die **Vollmacht** fällt unter die Kategorie der behebbaren Mängel. Grundsätzlich wird von der Vorlage einer Vollmacht abgesehen, es sei denn, es bestehen Zweifel an dieser oder es handelt sich um einen Angestelltenvertreter (→ Art. 119 Rn. 3 f.; → Art. 120 Rn. 12 ff.).

V. Beschwerdebegründung

56   Die Beschwerdebegründung kann gemeinsam mit der Beschwerdeschrift eingereicht werden oder innerhalb von **vier Monaten** nach **Zustellung** der angefochtenen Entscheidung.

57   Jede **Begründung,** und sei sie noch so **kurz** oder **unschlüssig, reicht** aus. Auf die Schlüssigkeit des Vortrages kommt es nicht an; auch reicht ein inhaltlich unzulässiger Vortrag aus, um eine zulässige Beschwerdebegründung einzureichen. Wichtig ist jedoch, dass die Beschwerdebegründung einen Antrag und eine diesen Antrag unterstützende Begründung enthält (EuG T-398/14,

BeckRS 2014, 82665 Rn. 13 f. – Form einer Spielzeugfigur). Die Beschwerdekammer muss in der Lage sein, die Gründe zu **erkennen,** warum die angefochtene Entscheidung **rechtswidrig** sein sollte. Der Beschwerdeführer kann sich somit **nicht** auf eine **bloße Wiederholung** des früheren, ebenso pauschalen, Schriftsatzes beschränken, so als ob es die angefochtene Entscheidung gar nicht gäbe (EUIPO 4.4.2014 – R 1896/2013-4 Rn. 16 – Form einer Spielzeugfigur).

Die Beschwerdebegründung, die ausschließlich einen verspäteten Antrag enthält, ist zulässig **58** (EUIPO 31.1.2006 – R 440/2004-4 – RODEO/RODEO; aA EUIPO vom 20.5.2008 – R 1801/2007-4 – SABECO/SABECO). Gleiches gilt wohl auch für eine Beschwerdebegründung, die ausschließlich Tatsachen und Beweismittel enthalten, die aufgrund ihrer Verspätung zurückzuweisen sind (aA Eisenführ/Schennen/Schennen Art. 60 Rn. 13).

Zur Zuständigkeit der Beschwerdekammer gehört nach ständiger Rechtsprechung eine Überprüfung **58.1** der Entscheidung, die die als erste Instanz entscheidende Stelle des Amtes erlassen hat. Im Rahmen dieser Überprüfung hängt der Erfolg der Beschwerde davon ab, ob zu dem Zeitpunkt, zu dem über die Beschwerde entschieden wird, eine neue Entscheidung mit dem gleichen Tenor wie die mit der Beschwerde angefochtene Entscheidung rechtmäßig erlassen werden kann oder nicht. So kann die Beschwerdekammer der Beschwerde auf der Grundlage neuer Tatsachen oder Beweismittel stattgeben, die der Beschwerdeführer vorbringt; eine Einschränkung ergibt sich allerdings aus Art. 95 Abs. 2 (→ Art. 95 Rn. 1 ff.; früher: Regel 50 Abs. 3 GMDV aF). Der Umfang der Prüfung, der die Beschwerdekammer die mit der Beschwerde angefochtene Entscheidung zu unterziehen hat, wird grundsätzlich nicht durch die vom Beschwerdeführer geltend gemachten Beschwerdegründe bestimmt.

Daher hat die Beschwerdekammer, auch wenn der Beschwerdeführer einen bestimmten Beschwerde- **58.2** grund nicht vorgetragen hat, gleichwohl im Licht aller relevanten rechtlichen und tatsächlichen Gesichts- punkte zu prüfen, ob zu dem Zeitpunkt, zu dem über die Beschwerde entschieden wird, eine neue Entscheidung mit dem gleichen Tenor wie die mit der Beschwerde angefochtene Entscheidung rechtmäßig erlassen werden kann oder nicht (EuG T-112/03, GRUR Int 2005, 589 Rn. 36). Die Beschwerdekammer hat somit eine komplette Prüfung in rechtlicher und tatsächlicher Hinsicht vorzunehmen (EuG T-278/10, BeckRS 2012, 81933 Rn. 71 f. – Western Gold).

Ein begründeter, auch wenn unzulässiger Antrag stellt einen Antrag dar, der den Anforderungen des **58.3** Gerichts (EuG T-398/14, BeckRS 2014, 82665 Rn. 13 f. – Form einer Spielzeugfigur) entspricht.

Eine **Außerstreitstellung** von (Teil-)Aspekten ist **nicht möglich.** Die Kammern schließen **59** sich jedoch regelmäßig jenem Teil der angefochtenen Entscheidung ohne weitere Ausführungen an, zu dem die unterlegene Partei nicht vorgetragen hat (EUIPO 29.1.2013 – R 866/2012-4 Rn. 14 – AGLAIA/ALAÏA; 19.11.2012 – R 1656/2011-4 Rn. 20 – REFLEXX/REFLECTS), es sei denn, er war offensichtlich falsch.

Das EuG interpretiert die Bestimmungen zum Nachweis der ernsthaften Benutzung dahingehend, **59.1** dass der Anmelder bzw. Inhaber der jüngeren Marke kein Rechtsschutzinteresse mehr hat, sofern er im Beschwerdeverfahren die Würdigung der ersten Instanz angreift (EuG T-803/16, BeckRS 2018, 10320 – SALMEX/Form einer Verpackung).

VI. Anschlussbeschwerde

In mehrseitigen Verfahren kann der **Beschwerdegegner** gemäß Abs. 2 in seiner Stellungnahme **60** zur Beschwerdebegründung **Anträge** stellen, die auf die **Aufhebung** oder **Abänderung** der angefochtenen Entscheidung in einem in der Beschwerde nicht geltend gemachten Punkt gerichtet sind. Derartige Anträge werden gegenstandslos, wenn die Beschwerde zurückgenommen wird.

Die GMDV enthält keine Bestimmungen betreffend die Anforderungen an die Anschlussbe- **61** schwerde. Es sind daher die Bestimmungen betreffend die Beschwerdeschrift und Beschwerdebe- gründung sinngemäß anzuwenden.

VII. Vorrangige Prüfung einer Beschwerde

Weder die UMV noch die GMDV enthalten Bestimmungen zur vorrangigen Prüfung der **62** Beschwerde. Dessen ungeachtet ist ein solcher Antrag zulässig.

Die Kammern prüfen, wenn die Parteien auf die **besondere Dringlichkeit** oder die **besonde- 63 ren Umstände** des Falles hingewiesen haben, Beschwerdeverfahren vorrangig.

Besondere Dringlichkeit bzw. besondere Umstände liegen insbesondere dann vor, wenn der Ausgang **63.1** des gegenständlichen Beschwerdeverfahrens **Auswirkungen auf andere Verfahren,** entweder vor dem EUIPO, nationalen Ämtern oder Gerichten, haben kann.

Art. 69 Abhilfe in einseitigen Verfahren

(1) Ist der Beschwerdeführer der einzige Verfahrensbeteiligte und erachtet die Stelle, deren Entscheidung angefochten wird, die Beschwerde als zulässig und begründet, so hat sie ihr abzuhelfen.

(2) Wird der Beschwerde nicht binnen eines Monats nach Eingang der Beschwerdebegründung abgeholfen, so ist die Beschwerde unverzüglich ohne sachliche Stellungnahme der Beschwerdekammer vorzulegen.

Überblick

Die Abhilfe soll es der ersten Instanz ermöglichen, offensichtlich falsche Entscheidungen schnell und formlos zu korrigieren. Dabei kann sie jedoch nur nach dem Prinzip „alles oder nichts" vorgehen.

Übersicht

A. Verfahren

1   **Abhilfe** ist in **ex-parte-Verfahren** durch die erste Instanz zu gewähren, wenn diese die Beschwerde für **zulässig** und **begründet** erachtet.

1.1   Folgende Verfahren fallen unter Art. 69:
- Zurückweisungsbeschlüsse im Prüfungsverfahren,
- Zurückweisung von Anträgen auf Eintragung im Register,
- Zurückweisung von Anträgen auf Eintragung in die Liste der zugelassenen Vertreter,
- Zurückweisung von Einsprüchen gegen die Führung des laufenden Kontos.

1.2   Alle anderen Verfahren betreffen grundsätzlich mehrerer Parteien; in mehrseitigen Verfahren ist keine Abhilfe vorgesehen.

1.3   In den vergangenen Jahren wurde ca. 5% der Beschwerden durch die erste Instanz abgeholfen. Der Abhilfe kommt daher keine wirklich wichtige Rolle in der Korrektur von erstinstanzlichen Entscheidungen zu

2   Da die **Abhilfe** Teil des Beschwerdeverfahrens ist, wird der **Schriftverkehr** zwischen dem Amt und der Partei durch die Geschäftsstelle der Beschwerdekammern geführt. Somit ist die **Geschäftsstelle** der Beschwerdekammern auch formell für die Einstellung des Beschwerdeverfahrens zuständig, sofern der Beschwerde abgeholfen wird. Es erfolgt **keine Entscheidung** durch die Beschwerdekammer.

3   Abhilfe kann nur nach dem Prinzip **alles oder nichts** gewährt werden. Abhilfe nur für einen Teil der Beschwerde ist nicht möglich.

B. Vorlage

4   Die Geschäftsstelle der Beschwerdekammer legt der ersten Instanz, die die angefochtene Entscheidung erlassen hat, die **Beschwerde** und **Beschwerdebegründung** zur Abhilfe vor.

4.1   Weder die UMV noch die DVUM kennen eine Frist, innerhalb derer die Geschäftsstelle die Beschwerde zur Abhilfe vorlegen muss.

4.2   Da jedoch der ersten Instanz eine Frist gesetzt wurde, die mit Einreichen der Beschwerdebegründung zu laufen beginnt, ist die Geschäftsstelle angehalten, die Beschwerde unverzüglich nach Eingang der Beschwerdebegründung zur Abhilfe vorzulegen.

4.3   Sofern aus organisatorischen Fehlern die Beschwerde nicht innerhalb eines Monats nach Eingang der Beschwerdebegründung der ersten Instanz vorgelegt wurde, ist sie nicht mehr vorzulegen, da der ersten Instanz keine Kompetenz mehr zur Abhilfe zukommt.

Abhilfe findet **nach** einer **prima-facie-Zulässigkeitsprüfung** der Beschwerde statt. Gemäß **5** Art. 34 Abs. 1 DVUM sind nur jene Beschwerden der ersten Instanz zur Abhilfe vorzulegen, die nicht nach Art. 23 Abs. 1 DVUM als unzulässig zurückzuweisen sind (→ Art. 68 Rn. 20 ff., → Art. 68 Rn. 51 ff.).

C. Zulässigkeit und Begründetheit

Aufgrund des gesetzlichen Wortlautes kommt es nicht darauf an, ob die Beschwerde tatsächlich **6** zulässig war, sondern ausschließlich darauf, ob die erste Instanz die Beschwerde als **zulässig erachtet.**

Bei der Prüfung der Beschwerde ist die erste Instanz an die **Prüfungsrichtlinien** gebunden **7** und beurteilt den Sachverhalt nicht im Lichte der einschlägigen Entscheidungspraxis der Beschwerdekammern und der Rechtsprechung des Gerichts und des Gerichtshofes.

Die Prüfungsrichtlinien stellen Weisungen an die Prüfer dar; sie binden somit die Prüfer. Somit kann **7.1** nur jenen Beschwerden abgeholfen werden, in denen der ersten Instanz ein Beurteilungsfehler im Hinblick auf die Prüfungsrichtlinien unterlaufen ist. Dies erklärt, wieso der Abhilfe nicht stattgegeben wird, jedoch die Beschwerdekammer die Entscheidung wegen fehlerhafter Beurteilung des Sachverhaltes aufheben kann.

Kommt die erste Instanz zur Ansicht, dass ihr ein Beurteilungsfehler im Hinblick auf die **8** Prüfungsrichtlinien unterlaufen ist, so besteht die **Pflicht zur Abhilfe** (aA Eisenführ/Schennen/ Schennen Art. 61 Rn. 38).

Der gesetzliche Wortlaut spricht klar von einer Verpflichtung (Deutsch: „hebt auf" (Spanisch: „deberá **8.1** estimarlo", English: „shall rectify", Französisch: „doit y faire droit", Italienisch: „deve accogliere").

Es besteht jedoch kein Rechtsmittel gegen eine zu Unrecht nicht angeordnete Abhilfe. Auch besteht **8.2** keine wie auch immer geartete Sanktionsmöglichkeit durch die Beschwerdekammer.

D. Inhalt der Abhilfe

Ziel der Abhilfe ist es, offensichtlich **unrichtige Entscheidungen** der ersten Instanz durch **9** schnelle, **unbürokratische** Hilfe aus der Welt zu schaffen. Die Abhilfe dient daher der **Verfahrensökonomie.**

Der klassische Fall der Abhilfe betrifft das Eintragungsverfahren, wobei zwei verschiedene Sach- **10** verhalte festzustellen sind. Zunächst kann die Zurückweisung des Prüfers auf **formellen Fehler** in der Anmeldung basieren. Andererseits können auch **materiell-rechtliche Probleme** zur Zurückweisung der Anmeldung führen.

Bei formellen Fehlern kann es sich zunächst um behebbare Mängel handeln (→ Art. 41 **11** Rn. 1 ff.). Sofern durch die Beschwerdebegründung solche **Mängel behoben** werden, ist der Abhilfe stattzugeben. Dies führt jedoch nicht zur Veröffentlichung der Unionsmarkenanmeldung, sondern ausschließlich dazu, dass in die materiell-rechtliche Prüfung eingetreten wird.

Auch kann der Prüfer den **Sachverhalt falsch beurteilt** haben und fälschlicherweise das **12** Vorliegen von Mängeln oder anderen formellen Voraussetzungen angenommen haben. Werden diese durch die Beschwerdebegründung ausgeräumt, ist abzuhelfen. Dies führt jedoch nicht zur Veröffentlichung der Unionsmarkenanmeldung, sondern ausschließlich dazu, dass in die materiell-rechtliche Prüfung eingetreten wird.

Etwas komplizierter stellt sich die Situation dar, wenn die Zurückweisung aufgrund einer **13** materiell-rechtlichen Prüfung erfolgt ist. Die Abhilfe führt grundsätzlich dazu, dass dem Antrag des Beschwerdeführers nachzukommen ist. In solchen Fällen ist der Antrag stets auf die Zulassung der Unionsmarkenanmeldung zur Veröffentlichung gerichtet. Somit ist die **Unionsmarkenanmeldung,** wenn der **Beschwerde abgeholfen** wurde, zu **veröffentlichen.**

Sofern die Beschwerdeführerin auch gleichzeitig einen Verfahrensfehler rügt, zB Verletzung des rechtli- **13.1** chen Gehörs, ist nur dann abzuhelfen, wenn dieser Fehler entscheidungsrelevant war und somit zu einem anderen Ergebnis geführt hätte.

Dies bedeutet jedoch **nicht,** dass eine **Bindung** des Amtes eintritt. Ungeachtet der Abhilfe **14** können weitere Eintragungshindernisse vorliegen und die Unionsmarkenanmeldung daher aufgrund anderer, noch nicht geltend gemachter Gründe von der Eintragung ausgeschlossen sein.

Die **Veröffentlichung** der Unionsmarkenanmeldung stellt **keine Garantie** zur **Eintragung** dar; viel- **14.1** mehr kann die Prüfung betreffend das Vorliegen absoluter Eintragungshindernisse jederzeit von Amts wegen (Art. 44 Abs. 2) oder aufgrund von Bemerkungen Dritter (→ Art. 45 Rn. 1 ff.) wieder eröffnet werden (EuG T-293/10, BeckRS 2012, 81769 Rn. 33 – Farbmarke).

14.2   Auch wenn das Amt zur vollständigen Prüfung der Unionsmarkenanmeldung verpflichtet ist (EuGH C-363/99, GRUR 2004, 674 Rn. 137 – Postkantoor) und insbesondere die absoluten Eintragungshindernisse gemäß Art. 7 Abs. 1 lit. e–m vorrangig prüfen sollte (EuG T-508/08, GRUR Int 2012, 560 Rn. 44 – Lautsprecher), besteht aufgrund der Verfahrensökonomie kein Grundsatz, alle möglichen Eintragungshindernisse gleichzeitig bekanntzugeben. Dies mag im Ergebnis zu für den Anmelder ungewünschten Situationen führen, da die Situation auftreten könnte, dass der Anmelder aufgrund der Beanstandung nach Art. 7 Abs. 1 lit. b, c oder d die Verkehrsdurchsetzung nachweist, aber trotzdem seine Marke nicht zur Veröffentlichung zugelassen wird, da der Prüfer weiter absolute Eintragungshindernisse nachschiebt. Dabei handelt es sich zweifelsfrei um nicht wünschenswerte Situationen, die jedoch Einzelfälle darstellen werden und gegen das Interesse des Amtes und der anderen Anmelder auf eine schnelle (und somit kostengünstige) Prüfung der Unionsmarkenanmeldung abgewogen werden müssen.

15   Umfasst die Beschwerde auch einen **Antrag** auf **Wiedereinsetzung** in den vorherigen Stand, weil entweder die **Frist** zum Einreichen der **Beschwerde,** die Frist zum Einreichen der **Beschwerdebegründung** oder die Frist zur Zahlung der **Beschwerdegebühr** versäumt wurde, kann die erste Instanz der **Abhilfe nicht stattgeben,** da sie der Entscheidung der Zulässigkeit und Begründetheit des Antrag auf Wiedereinsetzung in den vorherigen Stand vorweggreifen müsste.

15.1   Gemäß Art. 104 Abs. 4 (→ Art. 104 Rn. 74 f.) entscheidet die Dienststelle über den Antrag, die über die versäumte Handlung zu entscheiden hat.

15.2   Die genannten Fristen betreffen alle das Beschwerdeverfahren; somit ist für die Beurteilung des Antrages die Beschwerdekammer zuständig. Eine Devolution an die erste Instanz im Rahmen der Abhilfe ist gesetzlich nicht vorgesehen und kann auch nicht als implizit angesehen werden, da die Zuständigkeit für Wiedereinsetzungsanträge in solchen Fällen ausschließlich bei der Beschwerdekammer liegt.

16   Betrifft die Beschwerde einen Sachverhalt, der auch einen Antrag auf **Wiedereinsetzung** in den vorherigen Stand während des **erstinstanzlichen Verfahrens** umfasst, so kann die erste Instanz der Beschwerde **abhelfen,** wenn sie der Ansicht ist, dass die Beschwerde zulässig und begründet ist.

17   Wird der Beschwerde **nicht** innerhalb der **vorgesehenen Frist** abgeholfen oder die Abhilfe ausdrücklich **verweigert,** wird die Beschwerde der **Beschwerdekammer vorgelegt.** Weder die Abhilfe noch deren nicht Gewährung bedürfen einer Begründung.

E. Beschwerdegebühr

18   Wird der Beschwerde **abgeholfen,** so wird gemäß Art. 33 lit. a DVUM die **Rückerstattung** der **Beschwerdegebühr** angeordnet. Unterlässt jedoch die erste Instanz die Anordnung der Rückerstattung, so besteht kein Rechtsmittel dagegen.

18.1   Dies stellt jedoch eine Lücke im Rechtschutzsystem dar; ob diese durch analoge Anwendungen gefüllt werden kann, ist noch nicht geklärt.

F. Verhältnis zu anderen Rechtsinstituten

19   Die UMV, die DUMV sowie die GMDV sehen verschiedene Rechtsinstitute vor, um Fehler in Entscheidungen zu berichtigen bzw. zu widerrufen.

19.1   Wird keine Beschwerde oder Klage eingereicht, so werden Entscheidungen rechtskräftig, selbst falls sie fehlerhaft sind. Im Grundsatz kann das EUIPO aus Gründen der Rechtssicherheit fehlerhafte Entscheidungen nicht ändern (vgl. EuG T-36/09, BeckRS 2011, 81321 Rn. 80 – dm; HABM BK 18.4.2014 – R 1904/2014-5 Rn. 16 ff. – Dualproof; 20.12.2011 – R 311/2011-2 Rn. 18 – PRONOKAL/PRONOKAL), es sei denn es ist ausdrücklich nach der UMV und der GMDV hierzu ermächtigt.

20   Art. 102 und Art. 103 sind **restriktiv** auszulegen (vgl. EuG T-36/09, BeckRS 2011, 81321 Rn. 80 ff. – dm; HABM BK 5.2.2010 – R 726/2008-4 Rn. 45 – SALVE/SALVEO; 18.4.2014 – R 1904/2014-5 Rn. 16 ff. – Dualproof; Eisenführ/Schennen/Schennen Rn. 2 f.).

I. Berichtigung

21   Abhilfe und Berichtigung verfolgen unterschiedliche Zielsetzungen; sie stehen daher auch in keinem widersprüchlichen Verhältnis zu einander.

Stellt das Amt von Amts wegen oder auf Betreiben eines Verfahrensbeteiligten sprachliche **22** Fehler oder Transkriptionsfehler oder ein offensichtliches Versehen in einer **Entscheidung** fest, so sorgt es nach Art. 102 Abs. 1 dafür, dass der Fehler von der **zuständigen Dienststelle** oder **Abteilung** korrigiert wird.

Somit berichtigt grundsätzlich die erste Instanz ihre Entscheidungen selbst, während die Kammer ihre **22.1** Entscheidungen berichtigt.

Aufgrund von Art. 71 Abs. 1 S. 2 kann die Kammer im Rahmen der Zuständigkeit der Dienststelle tätig **22.2** werden, die die angefochtene Entscheidung erlassen hat. Dies erlaubt ihr auch, Fehler in der angefochtenen Entscheidung zu berichtigen.

Nach der Rechtsprechung des EuG zählen zu den **Fehlern** iSd Art. 102 (→ Art. 102 Rn. 6) **23** die folgenden Fehler:
- Rechtschreib- oder Grammatikfehler,
- Schreibfehler, zB Fehler bezüglich der Namen der Beteiligten oder der Schreibweise der Zeichen oder
- Fehler, die einen solchen Grad an Offensichtlichkeit aufweisen, dass **keine andere Fassung beabsichtigt gewesen sein konnte** als die, die aus der Berichtigung hervorgeht. Der ersetzende Wortlaut muss sich als zwingend darstellen.

Der Begriff des **offensichtlichen Versehens** ist **restriktiv** auszulegen. Ein offensichtliches Verse- **24** hen liegt nur dann vor, wenn die Berichtigung nur zu einem Ergebnis führen kann (→ Art. 102 Rn. 7).

Fehler, die die **Substanz** der Entscheidung betreffen können nicht nach Art. 102 berichtigt **25** werden, selbst wenn sie offensichtlich sind (EuG T-724/18 und T-184/19, GRUR–RS 2020, 36716 Rn. 30 – AUREA BIOLABS (fig.)). Insofern kommt unter Umständen ein Widerruf der Entscheidung in Frage.

Die Berichtigung sollte nur die **Begründung** der **Entscheidung** betreffen, **nicht den Tenor.** **26** **Ausnahmsweise** kommt auch eine **Berichtigung** des **Tenors** in Frage, wenn aufgrund der Begründung dieser **zweifelsfrei falsch abgefasst war,** insbesondere falls im Tenor Waren und Dienstleistungen genannt werden, die nicht Teil der Beschwerdebegründung waren; oder die Beschwerde für jene Waren und Dienstleistungen, für die die Beschwerde zurückzuweisen gewesen wären, stattgegeben wurde bzw. umgekehrt (EUIPO BK 24.10.2022 – R 171/2020-1 Rn. 12 – M (fig.)/M et al.).

II. Widerruf

Abhilfe und Widerruf verfolgen unterschiedliche Zielsetzungen; sie stehen daher auch in kei- **27** nem widersprüchlichen Verhältnis zu einander. Dies ergibt sich insbesondre aus dem neuen Art. 34 DVUM.

Auch wenn Art. 34 nur auf Beschwerdeverfahren, die ab dem 1.10.2017 anhängig gemacht **28** werden, anwendbar ist, so stellt diese Bestimmung nur eine Selbstverständlichkeit dar (aA Eisen- führ/Schennen/Schennen Art. 61 Rn. 3).

Plant die Instanz, die die Entscheidung erlassen hat, die angefochten worden ist, diese zu **29** widerrufen, so wird die Beschwerdekammer unverzüglich hiervon in Kenntnis gesetzt. Die Beschwerdekammer setzt das Verfahren gemäß Art. 71 DVUM aus.

Die Aussetzung führt dazu, dass alle Fristen, mit Ausnahme der Frist zur Zahlung der Beschwer- **30** degebühr, unterbrochen werden.

Wird die Entscheidung widerrufen, so ist das Beschwerdeverfahren als gegenstandslos einzustel- **31** len und die Beschwerdegebühr zurückzuerstatten (Art. 33 lit. b DVUM).

Wird die Entscheidung nicht widerrufen, so beginnen alle Fristen am Tag der Wiederaufnahme **32** des Verfahrens „erneut" zu laufen.

Was „erneut" zu laufen bedeutet, ist in der deutschen Sprachfassung der DVUM nicht ganz klar. **32.1**
Unklar ist, was passiert, wenn innerhalb der Frist zum Einreichen der Beschwerdeschrift das Verfahren **32.2** zum Widerruf eingeleitet wird. Aufgrund der Wortwahl der Art. 34 und 71 DVUM ist davon auszugehen, dass zwar die Beschwerdegebühr innerhalb der eigentlichen Beschwerdefrist zu entrichten ist, die Beschwer- deschrift jedoch nicht mehr eingereicht werden muss. Wird kein Widerruf ausgesprochen, so ist eine neuerliche Frist zum Einreichen der Beschwerdeschrift zu setzen.

Art. 70 Prüfung der Beschwerde

(1) Ist die Beschwerde zulässig, so prüft die Beschwerdekammer, ob der Beschwerde stattzugeben ist.

(2) Bei der Prüfung der Beschwerde fordert die Beschwerdekammer die Beteiligten so oft wie erforderlich auf, innerhalb einer von ihr zu bestimmenden Frist eine Stellungnahme zu ihren Bescheiden oder zu den Schriftsätzen der anderen Beteiligten einzureichen.

Überblick

Nachdem die Beschwerdekammer die Beschwerde für zulässig erachtet hat, prüft sie, ob sie auch begründet ist. Dabei fordert sie die Parteien auf, zu den Schriftsätzen der anderen Partei oder zu eigenen Mitteilungen Stellung zu nehmen.

Übersicht

A. Das Beschwerdeverfahren

1   Den Beschwerdekammern ist eine **zentrale Geschäftsstelle** beigeordnet. Die Geschäftsstelle ist für den **Posteingang und Postausgang** der Beschwerdekammern zuständig.

2   Nachdem die Beschwerdeschrift bei der Geschäftsstelle eingegangen ist, wird ihr ein **Geschäftszeichen** zugeteilt. Gleichzeitig wird die Beschwerde einer Beschwerdekammer zugeteilt. Die Zuteilung erfolgt aufgrund der im jeweils gültigen Beschluss zur Organisation der Beschwerdekammern (der Großen Beschwerdekammern und der Übertragung von Beschwerden auf einzelne Mitglieder) aufgestellten Kriterien.

2.1   Derzeit sind fünf Beschwerdekammern eingerichtet, wobei sich vier davon mit Unionsmarken befassen. Alle Verfahren betreffend Gemeinschaftsgeschmacksmuster sind bei einer einzigen Beschwerdekammer gebündelt (3. Beschwerdekammer). Grundsätzlich werden die Verfahren im Verhältnis der Zahl ihrer Mitglieder gleichmäßig im Rotationssystem auf die Beschwerdekammern verteilt, wobei der sprachlichen Zusammensetzung der jeweiligen Kammer Rechnung getragen werden muss.

2.2   Verfahren, die dasselbe Ausgangsverfahren betreffen, werden grundsätzlich derselben Beschwerdekammer zugewiesen und in einem Verfahren behandelt (Art. 35 Abs. 5 DVUM). Verfahren, die zwar unterschiedliche Ausgangsverfahren betreffen, aber an denen dieselben Parteien beteiligt sind oder die dieselbe Rechtsfrage betreffen, können derselben Beschwerdekammer zugewiesen werden.

3   Nachdem der Beschwerde eine Geschäftszahl zugewiesen wurde, wird dem Beschwerdeführer der **Empfang** bestätigt. Sofern am Ausgangsverfahren eine **weitere Partei** beteiligt war, wird diese gleichzeitig über den Eingang der Beschwerde **informiert.**

3.1   Die Geschäftsstelle nimmt davor eine erste Prüfung vor, ob die Beschwerde zulässig zu sein scheint und ob die Beschwerdegebühr auch entrichtet wurde. Sofern Probleme festgestellt werden, verständigt die Geschäftsstelle den Beschwerdeführer und fordert ihn zur Stellungnahme bzw. zur Behebung der Mängel auf.

4   Nachdem die Beschwerdebegründung eingegangen ist, wird die Beschwerde im einseitigen Verfahren der ersten Instanz zur **Abhilfe** vorgelegt (→ Art. 69 Rn. 1 ff.). Wird der Beschwerde nicht abgeholfen, wird sie der Beschwerdekammer zur Entscheidung vorgelegt.

5   Sofern es sich um ein **zweiseitiges Verfahren,** dh Widerspruchs-, Löschungs- oder Verfallverfahren, handelt, erhält die andere am Verfahren beteiligte Partei die Möglichkeit zur **Stellungnahme.**

5.1   In Beschwerdeverfahren, die bis zum 30.9.2017 begonnen wurden, ist die Frist nicht gesetzlich vorgeschrieben. Sie wird von der Geschäftsstelle gesetzt und beträgt **regelmäßig zwei Monate.** Sie ist, da es sich um eine vom Amt gesetzte Frist handelt, die einzige Frist im Beschwerdeverfahren, die verlängert werden kann.

In Verfahren, die ab dem 1.10.2017 eingeleitet wurden, beträgt die Frist gemäß Art. 24 Abs. 1 DVUM **5.2 zwei Monate.** In außergewöhnlichen Fällen kann die Frist auf begründeten Antrag verlängert werden. Der Gesetzgeber hat jedoch gänzlich offengelassen, was unter „außergewöhnlichen Umständen" zu verstehen ist und somit der Beschwerdekammer ein umfassendes Ermessen eingeräumt.

Der Beschwerdegegner kann gemäß Art. 68 Abs. 2 eine Anschlussbeschwerde (→ Art. 68 **6** Rn. 29) einbringen, in der er die Überprüfung der erstinstanzlichen Entscheidung in jenen Punkten verlangen kann, in denen er beschwert ist.

Die Anschlussbeschwerde ist innerhalb der Frist zur Stellungnahme einzulegen. **6.1**

Sofern die Anschlussbeschwerde in einem Beschwerdeverfahren eingelegt wird, das seit dem 1.10.2017 **6.2** anhängig gemacht wurde, ist diese in einem eigenen Schriftsatz einzulegen (→ Art. 68 Rn. 30; zu weiteren Anforderungen → Art. 68 Rn. 31).

Nachdem die Stellungnahme des Beschwerdegegners eingelangt ist, wird diese dem Beschwerde- **7** deführer zur Information übermittelt.

Auf einen begründeten Antrag des Beschwerdeführers kann der Vorsitzende der Beschwerde- **8** kammer dem Beschwerdeführer die Möglichkeit einer Replik zugestehen (Art. 26 Abs. 1 DVUM). Dieser Antrag ist innerhalb von zwei Wochen nach Zustellung der Stellungnahme des Beschwerdegegners einzubringen.

Art. 26 Abs. 1 DVUM ist nur auf Beschwerdeverfahren anwendbar, die nach dem 1.10.2017 eingeleitet **8.1** wurden. Die alte GMDV sieht keine Verpflichtung zu einer Replik vor, sodass davon auszugehen ist, dass auch bei alten Beschwerdeverfahren die Vorsitzenden die selben Kriterien anwenden werden.

Reicht der Beschwerdeführer innerhalb der ihm gesetzten Frist eine Replik ein, ist dem **9** Beschwerdegegner die Möglichkeit einer Duplik zu geben (Art. 26 Abs. 2 DVUM).

Bevor die Beschwerde der Beschwerdekammer vorgelegt wird, erstellt die **Geschäftsstelle** eine **10** **Stellungnahme** zur **Zulässigkeit** der Beschwerde, in der auf etwaige Probleme betreffend die Zulässigkeit hingewiesen wird.

Ein solcher Bericht kann jedoch auch schon früher an den Vorsitzenden der jeweiligen Beschwerdekam- **10.1** mer gerichtet werden. Dies ist insbesondere dann sinnvoll, wenn Mängel nicht behoben wurden und die Beschwerde daher entweder als nicht eingelegt gilt oder unzulässig ist.

Der Vorsitzende ernennt ein Mitglied der Beschwerdekammer oder sich selbst zum **Bericht- 11 erstatter.**

Der Berichterstatter ist dafür zuständig, alle weiteren **verfahrensleitenden Maßnahmen** zu **12** setzen sowie einen **Entscheidungsentwurf,** der der Beschwerdekammer zur Beratung vorgelegt wird, **vorzubereiten.**

Er kann dabei von einem oder mehreren wissenschaftlichen Mitarbeitern unterstützt werden. **12.1**

Der Berichterstatter kann jederzeit noch **weitere Mitteilungen** an die **Parteien** richten. Der **13** Inhalt einer solchen Mitteilung bindet die Beschwerdekammer nicht für das weitere Verfahren (Art. 28 Abs. 2 DVUM).

Dies ist insbesondere im einseitigen Verfahren der Fall, wenn die Beschwerdekammer die Zurückwei- **13.1** sung auf einen nicht in der angefochtenen Entscheidung behandelten Grund stützen möchte. Im zweiseitigen Verfahren ist dies insbesondere dann der Fall, wenn zwischenzeitlich die Gültigkeit des Nachweises des älteren Rechts abgelaufen ist und Nachweise zur Verlängerung vorzulegen sind.

Die Beschwerdekammer kann jederzeit eine **mündliche Verhandlung** anberaumen. **14**

Die Parteien können eine solche mündliche Verhandlung beantragen, haben jedoch **keinen Rechtsan- 14.1 spruch** auf die Durchführung einer solchen. Die Beschwerdekammer ordnet diese an, wenn sie dieses für **zweckdienlich** erachtet. Ihr kommt dabei ein **weites Ermessen** zu (EuG T-108/09, GRUR Int 2010, 877 Rn. 46 – MEMORY).

Die mündliche Verhandlung kann auch per Videokonferenz abgehalten werden. **14.2**

Bisher fanden drei mündliche Verhandlungen statt. Solange das Gericht dem Antrag auf Abhaltung **14.3** einer mündlichen Verhandlung stattgibt, stellt dies kein Problem im Zusammenhang mit Art. 6 EMRK und dem „fair trial"-Prinzip dar.

Die Beschwerdekammer kann weiterhin beschließen, das Verfahren an die **Große Beschwer- 15 dekammer** zu **verweisen,** wenn die **rechtliche Schwierigkeiten,** die **Bedeutung** des Falles oder das Vorliegen **besonderer Umstände** dies rechtfertigen (→ Art. 165 Rn. 4).

16   Sobald der **Entscheidungsentwurf** vorgelegt wurde, wird dieser von den Mitgliedern **beraten.**

16.1   Die Mitglieder sind an **keine Weisungen** gebunden (→ Art. 166 Rn. 4 ff.). Sie treffen ihre Entscheidungen auf Grundlage der UMV sowie der darauf basierenden DVUM und UMDV sowie der Interpretation dieser Rechtsakte durch das Gericht oder den Gerichtshof.

16.2   Die Beschwerdekammer entscheidet aufgrund des **Mehrheitsprinzips.** Eine Überstimmung des Berichterstatters ist dabei möglich; dies führt jedoch nicht dazu, dass ein neuer Berichterstatter ernannt wird.

16.3   Bei der Abstimmung stimmt der Berichterstatter zuerst, der Vorsitzende immer zuletzt ab.

16.4   Es ist nicht vorgesehen, das Ergebnis der Abstimmung zu veröffentlichen. Dieses unterliegt, wie auch die Beratung an sich, dem **Beratungsgeheimnis.** Es ist daher auch nicht vorgesehen, dass das überstimmte Mitglied eine „dissenting opinion" abgibt.

16.5   Eine Beurteilung der Mitglieder der Beschwerdekammer im Hinblick auf die „Aufhebungsquote" beim EuG/EuGH stellt somit einen Eingriff die Unabhängigkeit der Mitglieder (→ Art. 166 Rn. 4) sowie insbesondere auch einen Eingriff in das Beratungsgeheimnis dar. Sofern keine Einzelentscheidung (→ Art. 165 Rn. 2) vorliegt, kann weder der Tenor noch die ihm zugrunde liegende Entscheidungsbegründung dem Berichterstatter individuell zugerechnet werden.

17   Entscheidungen werden von den Mitgliedern **unterschrieben** (Art. 39 Abs. 5 DVUM), wobei die Unterschrift auch elektronisch erfolgen kann (Art. 94 Abs. 2; → Art. 94 Rn. 1 ff.).

17.1   Sofern ein Mitglied bei der Unterschriftsleistung verhindert ist, wird die Unterschrift durch die Unterschrift des Vorsitzenden ersetzt. Bei Verhinderung des Vorsitzenden unterschreibt das dienstälteste Mitglied an seiner statt (Art. 39 Abs. 5 DVUM).

17.2   Die Entscheidung wird danach von einem Bediensteten der Geschäftsstelle gegengezeichnet.

18   Nach dem Unterschreiben wird die Entscheidung der Partei oder den Parteien **zugestellt.**

18.1   Im zweiseitigen Verfahren erfolgt die Zustellung regelmäßig am selben Tag. Es kann jedoch durchaus vorkommen, dass die Zustellung an die Parteien an unterschiedlichen Tagen erfolgt, insbesondere wenn einer Partei die Entscheidung der Fax, der anderen Partei jedoch per Post zugestellt wird.

19   Das Beschwerdeverfahren dauert derzeit im Schnitt von Übermittlung der Beschwerde an den Vorsitzenden im einseitigen Verfahren ca. vier Monate, im zweiseitigen Verfahren ca. fünf Monate.

B. Gegenstand der Beschwerde

20   Die **Beschwerdekammer** ist bei der Beurteilung des Sachverhaltes an den **Streitgegenstand gebunden,** der sich aufgrund der **angefochtenen Entscheidung** und der **gestellten Anträge** in der Beschwerde ergibt. Dabei ist ausschließlich der **Tenor** der angefochtenen Entscheidung und nicht die ihm zugrundeliegende Begründung von Bedeutung.

20.1   Eine Erweiterung des Streitgegenstandes ist nur aufgrund einer Anschlussbeschwerde (→ Art. 68 Rn. 29) möglich.

20.2   Die Beschwerde gegen eine Entscheidung, die bereits durch die erste Instanz widerrufen wurde oder gegen eine Entscheidung, die keine Rechtswirkung mehr entfalten kann, weil entweder auf die Anmeldung oder die Marke verzichtet wurde oder der Widerspruch oder der Antrag auf Erklärung des Verfalls/Nichtigkeit zurückgenommen wurde, ist unzulässig (EUIPO Entsch. v. 27.3.2020 – R 39/2020-4 – CK).

21   Streitgegenstand im erstinstanzlichen Verfahren ist
- im **Prüfungsverfahren** die **Eintragbarkeit** der Unionsmarkenanmeldung,
- im **Widerspruchsverfahren** die **Begründetheit** des **Widerspruchs,**
- im **Verfallsverfahren** und im **Nichtigkeitsverfahren** die **Begründetheit** des betreffenden **Antrages.**

22   Die Parteien können **keine** Aspekte, die sich aufgrund der Begründung ergeben, **streitfrei stellen.**

22.1   Die Definition des relevanten Verbrauchers, seine Aufmerksamkeit und seine Wahrnehmung sind Teil der Begründung und nicht des Tenors; die Beschwerdekammer ist daher nicht nur berechtigt, sondern auch verpflichtet, in ihrer Entscheidung diese Aspekte umfassend zu beurteilen.

22.2   Gleiches gilt betreffend den Vergleich der Waren und Dienstleistungen oder der Zeichen sowie anderer Aspekte der Begründung im Widerspruchsverfahren wie zB die inhärente Kennzeichnungskraft des älteren Rechts.

In Bezug auf Beschwerdeverfahren, die seit dem 1.10.2017 begonnen wurden, erfolgt jedoch **23** aufgrund von Art. 27 Abs. 3 DVUM eine gewisse Einschränkung (→ Art. 71 Rn. 25).

Die Beschwerdekammer ist **nicht** strikt an die von den Parteien vorgetragenen **Argumente** **24** gebunden (EuG T-308/01, GRUR Int 2003, 1015 Rn. 29 – Kleencare).

Die Beschwerdekammer hat eine **umfassende Prüfung** des Sachverhaltes aufgrund aller **Tat-** **25** **sachen-** und **Rechtsfragen** vorzunehmen (EuG T-308/01, GRUR Int 2003, 1015 Rn. 28 – Kleencare; T-112/03, GRUR Int 2005, 589 Rn. 36 – FLEXI AIR).

Die Beschwerde darf aber **nicht** den **Streitgegenstand** des erstinstanzlichen Verfahrens **erwei-** **26** **tern.**

Der Beschwerdekammer kommen dieselben Kompetenzen wie der ersten Instanz zu (→ Art. 71 **26.1** Rn. 10).

Das Verfahren zur Prüfung absoluter Eintragungshindernisse kann jederzeit vor der Eintragung neu **26.2** eröffnet werden (EuG T-293/10, BeckRS 2012, 81769 Rn. 33 – Farbmarke). Dabei kann die Beschwerdekammer aber nur neue Gründe geltend machen, dh die Gründe für die Zurückweisung ändern (EuG T-122/99, GRUR Int 2002, 73 Rn. 27 – Form einer Seife), nicht jedoch die Unionsmarkenanmeldung auch noch für andere Waren und Dienstleistungen, als jene, für die von einem Prüfer zurückgewiesen wurde, zum Gegenstand des Beschwerdeverfahrens machen. Entsprechende Versuche der Beschwerdekammer, eine Unionsmarkenanmeldung unter Wahrung des rechtlichen Gehörs für weitere Waren und Dienstleistungen zurückzuweisen, wurden vom Gericht gestoppt (EuG T-236/12, BeckRS 2013, 81390 Rn. 24 ff. – Neo). Dies ist jedoch nicht zielführend, da das Amt jederzeit des Prüfungsverfahren neu eröffnen kann (EuG T-293/10, BeckRS 2012, 81769 Rn. 33 – Farbmarke) und somit der Anmelder eigentlich schlechter gestellt wird, da das Verfahren verlängert wird und es außerdem zu erhöhten Kosten durch möglicherweise zwei Verfahren vor dem EuG kommen kann.

Im Löschungsverfahren betreffend absolute Eintragungshindernisse kann die Beschwerdekammer die **26.3** Rechtsgrundlage nicht ändern (aA EUIPO 4.6.2009 – R 916/2004-1 Rn. 17 f. – GERSON).

In Verfahren betreffend absoluter Eintragungshindernisse, gestützt auf Art. 59 Abs. 1 lit. a (also Verstoß **26.4** gegen Art. 7), kann nicht mehr nachträglich jener des lit. b (Bösgläubigkeit) geltend gemacht werden.

Auch können in ein Nichtigkeitsverfahren keine Verfallsgründe eingeführt werden (EUIPO 21.9.2011 – **26.5** R 1105/2010-5 Rn. 84 – Flugbörse).

Im Beschwerdeverfahren betreffend relative Eintragungshindernisse kann kein neuer Rechtsgrund oder **26.6** kein neues älteres Recht mehr eingeführt werden.

Die Beschwerdekammer kann aber ohne Probleme sich auf einen anderen geltend gemachten Rechts- **26.7** grund, zB Art. 8 Abs. 1 lit. b statt Art. 8 Abs. 5 (EuG T-215/03, GRUR Int 2007, 730 Rn. 97 – VIPS), oder ein anderes älteres Recht stützen, das geltend gemacht wurde.

Sofern die Beschwerdekammer aber zB die Substantiierung des älteren Rechts anzweifelt, obwohl dies **26.8** von den Parteien nicht vorgetragen wurde, muss sie die Parteien anhören (EuG T-549/15, BeckRS 2016, 111530 Rn. 21 ff. – CAFE DEL SOL). Sofern aufgrund der Anhörung der Parteien neues Beweismaterial eingereicht wird, steht es im Ermessen der Beschwerdekammer (Art. 95; → Art. 95 Rn. 96), ob sie dieses berücksichtigt (EuG T-549/15, BeckRS 2016, 111530 Rn. 25 ff. – CAFE DEL SOL).

Während für Beschwerdeverfahren, die bis zum 30.9.2017 begonnen wurden, die Frage der Kennzeich- **26.9** nungskraft bzw. Bekanntheit des älteren Rechts eine Tatsachenfrage darstellt, die auch im Beschwerdeverfahren erstmals geltend gemacht werden kann (EuGH C-29/05 P, GRUR 2007, 504 Rn. 68 – ARCOL), scheint dies für Beschwerdeverfahren, die seit dem 1.10.2017 begonnen wurden, nicht mehr möglich zu sein. Dies ergibt sich aus Art. 27 Abs. 3 und 4 DVUM.

Die Beschwerdekammer kann die Unionsmarkenanmeldung im Widerspruchsverfahren nicht aufgrund **26.10** eines absoluten Eintragungshindernisses zurückweisen; hat sie (berechtigte) Zweifel betreffend das Vorliegen von absoluten Eintragungshindernissen, so kann sie das Widerspruchsverfahren aussetzen und die Unionsmarkenanmeldung zur neuerlichen Prüfung an den Prüfer zurückverweisen (Art. 30 DVUM). Die Beschwerdekammer kann die Gültigkeit, dh die Existenz der älteren Marke, irrelevant ob nationale Marke oder Unionsmarke, nicht anzweifeln; sie kann und muss selbständig die Kennzeichnungskraft beurteilen und kann, entgegen der Ansicht des Gerichtshofes (EuGH C-196/11 P, BeckRS 2012, 80972 Rn. 47 – F1-LIVE/F1 et al.) auch feststellen, dass der älteren Marke keine Unterscheidungskraft zukommt.

Die Beschwerdekammer muss von sich aus **stets** die **Zulässigkeit** des **erstinstanzlichen** **27** **Antrages prüfen;** somit kann sie selbst dann, wenn die Widerspruchsabteilung dem Widerspruch stattgegeben hat, und der Anmelder zB die Zulässigkeit des Widerspruchs nicht in Zweifel gezogen hat, diesen als unzulässig zurückweisen (EuG T-6/05, GRUR Int 2007, 51 Rn. 23 – Def-Tec).

Grundsätzlich hat die Beschwerdekammer bei der Beurteilung der **Tatsachen-** und **Rechtsfra-** **28** **gen** auf den **Zeitpunkt ihrer Entscheidung** abzustellen.

28.1   Somit hat die Beschwerdekammer im Rahmen eines Verfahrens betreffend relative Eintragungshindernisse zu prüfen, ob das ältere Recht, aufgrund dessen der Unionsmarkenanmeldung die Eintragung versagt wird oder die Unionsmarke gelöscht wird, noch besteht (EuG T-191/04, GRUR Int 2006, 1019 Rn. 36 ff. – metro).

28.2   Ist dieses zwischenzeitlich abgelaufen, hat die Beschwerdekammer die Partei aufzufordern, einen entsprechenden Nachweis der Verlängerung einzureichen.

28.3   Gleiches gilt, sofern sie Zweifel am Schutzumfang des älteren Rechts hat, insbesondere aufgrund von (Teil-)Löschungen.

29   Einschränkungen hierzu können sich jedoch aus anderen Gründen ergeben.

29.1   Die Beschwerdekammer muss bei der Beurteilung der Tatsachen und Rechtsfragen im Hinblick auf absolute Eintragungshindernisse auf den Zeitpunkt der Anmeldung bzw. Prioritätstag abstellen (EuGH C-332/09 P, BeckRS 2010, 91251 Rn. 44 f., 51 – FLUGBÖRSE).

29.2   Bei der Beurteilung der ernsthaften Benutzung oder der Bekanntheit des älteren Rechts ergeben sich auch andere Stichtage.

30   Dies führt jedoch **nicht** dazu, dass die Beschwerdekammer **Tatsachen** und **Beweise,** die **erstmals** im Beschwerdeverfahren **vorgelegt** wurden, bei der Beurteilung der Tatsachen- und Rechtsfragen zu **berücksichtigen** hat. Einschränkungen ergeben sich insbesondere aufgrund von Art. 95 Abs. 2 (Art. 95; → Art. 95 Rn. 96 ff.) und Regel 50 Abs. 1 UAbs. 3 GMDV (Altverfahren) und Art. 27 Abs. 4 DVUM (Neuverfahren).

30.1   Gemäß dieser Bestimmung der GMDV beschränkt sich die Beschwerdekammer bei der Prüfung der Beschwerde betreffend Entscheidungen der Widerspruchsabteilung auf die Sachverhalte und Beweismittel, die innerhalb der von der Widerspruchsabteilung gesetzten Fristen vorgelegt wurden, sofern es sich nicht um zusätzliche oder ergänzende Sachverhalte und Beweismittel handelt, die gemäß Art. 95 Abs. 2 zu berücksichtigen sind.

30.2   Regel 50 Abs. 1 UAbs. 3 GMDV kommt eigentlich keine wirkliche Bedeutung zu, da verspäteter Vortrag nur ausnahmsweise zulässig ist. Diese Bestimmung ist 2005 in die GMDV aufgenommen worden. Im Urteil vom 10.11.2004 hatte das Gericht ausgeführt (EuG T-164/02, GRUR Int 2005, 327 – ARCOL), dass aufgrund der funktionalen Kontinuität im Beschwerdeverfahren alle Fristen neu zu laufen beginnen und daher aufgrund von Art. 95 Abs. 2 kaum jemals ein neuer Vortrag zurückgewiesen werden könnte. Die Bestimmung stellte den Versuch dar, die Auswirkungen des Urteils in Widerspruchsverfahren so gering wie möglich zu halten. Da jedoch der Gerichtshof das Urteil in weiterer Folge aufgehoben hat und klare Regeln zum verspäteten Beweis- und Sachvortrag aufgestellt hat, ist die Bestimmung, obwohl oftmals in Entscheidungen zitiert, eigentlich als irrelevant anzusehen.

30.3   Die Beschwerdekammer darf aufgrund von Art. 27 Abs. 4 DVUM Tatsachen oder Beweismittel, die ihr zum ersten Mal vorgelegt werden, nur dann berücksichtigen, wenn diese Tatsachen oder Beweismittel

• auf den ersten Blick für den Ausgang des Falls von Relevanz zu sein scheinen, und

• sie aus berechtigten Gründen nicht fristgemäß vorgelegt wurden.

Durch die Wahl des Wortes „und" kommt klar zum Ausdruck, dass es sich um kumulative Voraussetzungen handelt.

30.4   Berechtigte Gründe liegen insbesondere dann vor, wenn die erstmals vorgetragenen Tatsachen oder Beweismittel fristgemäß vorgelegte einschlägige Tatsachen und Beweismittel lediglich ergänzen, oder wenn sie der Anfechtung von Feststellungen dienen, die von der ersten Instanz von Amts wegen in der Entscheidung, gegen die sich die Beschwerde richtet, ermittelt oder untersucht wurden.

30.5   Die Partei muss darlegen, warum „berechtigte Gründe" vorliegen. Die Beschwerdekammer kann von Amts wegen keine berechtigten Gründe annehmen. Vielmehr muss die Beschwerdekammer die „berechtigten Gründe" mit den Interessen der anderen Partei abwägen.

30.6   Während Art. 95 Abs. 2 positiv formuliert ist („kann berücksichtigen") ist Art. 27 Abs. 4 DVUM negativ formuliert („nur dann berücksichtigen, wenn").

C. Ermessensspielraum

31   Entscheidungen betreffend absolute und relative Eintragungshindernisse sind **gebundene Entscheidungen** (EuGH C-73/03, GRUR Int 2003, 548 Rn. 47 – BioID). Dem Amt, und somit auch der Beschwerdekammer, kommt bei der rechtlichen Beurteilung des Sachverhaltes **kein Ermessen** zu. Die Beschwerdekammer ist daher bei der rechtlichen Beurteilung des Sachverhaltes auch **nicht** an **andere Entscheidungen** in ähnlichen Fällen oder an **Urteile** und **Entscheidungen nationaler Behörden** – auch nicht in identisch gelagerten Fällen – **gebunden** (EuG T-323/00, GRUR Int 2002, 858 Rn. 61 – SAT.2). Das Amt ist jedoch verpflichtet darzulegen, warum es zu einem anderen Ergebnis kommt.

D. Anwendung der Grundsätze des Verfahrens vor der ersten Instanz

Die verfahrensrechtlichen Bestimmungen zum Beschwerdeverfahren in der UMV, der GMDV **32** und der HABMVfO bzw. der DVUM und UMDV sind sehr kurz gehalten. Soweit diese Vorschriften keine abweichenden Bestimmungen enthalten, finden die jeweiligen **verfahrensrechtlichen Vorschriften** für das **erstinstanzliche** Verfahren Anwendung.

Art. 7 HABMVfO sowie der inhaltliche idente Art. 35 Abs. 5 DVUM sehen zwei unterschiedli- **33** che Sachverhalte für die **Verbindung** von Beschwerdeverfahren vor.

Werden **mehrere Beschwerden** gegen **eine Entscheidung** eingelegt, so **muss** die Beschwer- **34** dekammer die Beschwerdeverfahren verbinden.

Es handelt sich dabei um alle jene Fälle, in denen im inter-partes-Verfahren beide Parteien mit ihren **34.1** Anträgen im erstinstanzlichen Verfahren teilweise unterlegen sind und beide Parteien Beschwerde eingelegt haben.

Die zweite Fallkonstellation betrifft **Beschwerden** gegen **verschiedene Entscheidungen** und **35** ist an weitere Voraussetzungen gebunden.

So ist für die Behandlung der Beschwerde eine Beschwerdekammer in derselben Zusammensetzung **35.1** zuständig, und die Parteien müssen der Verbindung der Verfahren zustimmen.

Darüber hinaus muss wohl auch ein Sachzusammenhang zwischen den Verfahren bestehen, auch wenn **35.2** diese Voraussetzung nicht erwähnt wird. Eine offizielle Verbindung von Verfahren fand, soweit recherchierbar, nur ein einziges Mal in ex-parte Verfahren statt (EUIPO verb. Rs. R 237/1999-2, R 241/1999-2 – Taschenlampen). Dessen ungeachtet werden Verfahren, die dieselben Parteien und dieselben Rechts- und Tatsachenfragen betreffen, in den jeweiligen Beschwerdekammern parallel geführt und grundsätzlich in derselben Zusammensetzung entschieden.

E. Aussetzung des Beschwerdeverfahrens

Aus den in Art. 106 (→ Art. 106 Rn. 1 ff.) genannten Gründen muss die Beschwerdekammer **36** das Verfahren unterbrechen.

Die Aussetzung des Verfahrens erfolgt entweder durch verfahrensleitende Maßnahme durch **37** die Geschäftsstelle auf Anordnung des Berichterstatters oder durch Zwischenentscheidung der Beschwerdekammer.

I. Beschwerden, die bis zum 30.9.2017 eingereicht wurden

Die Beschwerdekammer kann das Beschwerdeverfahren jederzeit **aussetzen,** wenn sie dies für **38** **zweckdienlich** erachtet. Ihr kommt hierbei ein **Ermessensspielraum** zu.

Gemäß Art. 8 Abs. 2 lit. b gelten (Unions-) Markenanmeldungen als ältere Rechte im Wider- **39** spruchs- und Löschungsverfahren. Dessen ungeachtet darf aber dem Widerspruch bzw. der Löschung nur stattgegeben werden, wenn die ältere (Unions-) Markenanmeldung zur Eintragung gelangt ist. Sollte die ältere (Unions-) Markenanmeldung das einzige Recht sein, aufgrund dessen dem Widerspruch bzw. der Löschung stattzugeben wäre, ist das Verfahren bis zur Eintragung auszusetzen.

Darüber hinaus können auch anhängige **Löschungsverfahren** vor dem Amt, nationalen **40** Ämtern oder Gerichten einen ausreichenden **Grund darstellen,** ein Verfahren auszusetzen. Eine Aussetzung scheint durchaus sinnvoll zu sein, denn sobald das ältere Recht gelöscht wurde, kann keine Verwechslungsgefahr mehr vorliegen. Somit scheitert der Widerspruch bzw. das Löschungsverfahren aufgrund eines fehlenden älteren Rechts.

Zu berücksichtigen gilt, dass Anträge auf Löschung auch als taktische Maßnahme zur Verzögerung des **40.1** Verfahrens eingereicht werden könnten. In solchen Fällen spricht die Abwägung der Interessen der Parteien gegen eine Aussetzung.

Oftmals werden Beschwerdeverfahren auch **ausgesetzt,** um auf ein **Urteil** des **Gerichts** zu **41** warten, welchem **Präjudizwirkung** in anderen Verfahren betreffend die gleichen Parteien und dieselben Rechts- und Tatsachenfragen zukommt.

Schließlich kann das Verfahren auch auf **gemeinsamen Antrag** der Parteien (Art. 71 DVUM, **42** der auf alle Beschwerdeverfahren anwendbar ist) ausgesetzt werden, um eine gütliche Einigung zu ermöglichen. Die Beschwerdekammern geben einem solchen Antrag, unabhängig ob er mit einem Antrag auf **Mediation** (→ Art. 66 Rn. 21 ff.) verbunden ist, grundsätzlich statt. Vorsicht ist bei Verlängerungen geboten, da die Beschwerdekammern nach einer ersten Verlängerung der Aussetzung einen Nachweis der Ernsthaftigkeit der Verhandlungen verlangen.

43   Die Aussetzung des Verfahrens bewirkt jedoch nicht, dass **gesetzliche Fristen** dadurch **unterbrochen** werden. Somit ist der Beschwerdeführer angehalten, Beschwerdegebühr rechtzeitig zu entrichten die Beschwerdefrist einzuhalten und die Beschwerdebegründung rechtzeitig einzureichen.

II. Beschwerden, die seit dem 1.10.2017 eingereicht wurden

44   Gemäß Art. 71 Abs. 1 DVUM kann die Beschwerdekammer das Beschwerdeverfahren **von Amts wegen aussetzen,** wenn eine Aussetzung unter den gegebenen Umständen **angemessen** ist (→ Rn. 38 ff.).

45   Darüber hinaus kann in **mehrseitigen** Verfahren das Verfahren auf **begründeten** Antrag eines der Beteiligten ausgesetzt werden, wenn eine Aussetzung unter den gegebenen Umständen unter Berücksichtigung der Interessen der Beteiligten und dem Verfahrensstadium angemessen ist.

45.1   Die Beschwerdekammer kann die andere am Verfahren beteiligte Partei anhören (Art. 71 Abs. 4 DVUM).

46   Gemäß Art. 71 Abs. 1 DVUM **setzt** auf **Antrag beider Beteiligten** in mehrseitigen Verfahren die Beschwerdekammer das Verfahren für **bis zu sechs Monaten** aus, wobei die Aussetzung bis zu insgesamt zwei Jahren verlängert werden kann.

46.1   Aufgrund der Wortwahl „setzt aus" kommt der Beschwerdekammer bei einem gemeinsamen Antrag wohl **kein Ermessen** zu; sie hat dem Antrag stattzugeben.

46.2   Die Aussetzung aufgrund von Mediation bewirkt jedoch nur eine Hemmung der Fristen (Art. 170 Abs. 5, → Art. 170 Rn. 1).

47   Allfällige **Gebühren** sind **trotz Aussetzung zu entrichten** (Art. 71 Abs. 3 DVUM). Während der Aussetzung können **andere Fristen nicht ablaufen.**

48   Ob nach Fortführung des Beschwerdeverfahrens gesetzte Fristen erneut zu laufen beginnen oder nur die Restfrist weiter läuft, ist aufgrund der Wortwahl nicht klar (→ Art. 66 Rn. 20.9).

Art. 71 Entscheidung über die Beschwerde

(1) [1]Nach der Prüfung, ob der Beschwerde stattzugeben ist, entscheidet die Beschwerdekammer über die Beschwerde. [2]Die Beschwerdekammer wird entweder im Rahmen der Zuständigkeit der Dienststelle tätig, die die angefochtene Entscheidung erlassen hat, oder verweist die Angelegenheit zur weiteren Behandlung an diese Dienststelle zurück.

(2) Verweist die Beschwerdekammer die Angelegenheit zur weiteren Behandlung an die Dienststelle zurück, die die angefochtene Entscheidung erlassen hat, so ist diese Dienststelle durch die rechtliche Beurteilung, die der Entscheidung der Beschwerdekammer zugrunde liegt, gebunden, soweit der Tatbestand derselbe ist.

(3) Die Entscheidungen der Beschwerdekammer werden erst mit Ablauf der in Artikel 72 Absatz 5 vorgesehenen Frist oder, wenn innerhalb dieser Frist eine Klage beim Gericht erhoben worden ist, mit deren Abweisung oder mit der Abweisung eines beim Gerichtshof eingelegten Rechtsmittels gegen die Entscheidung des Gerichts wirksam.

Überblick

Nach Prüfung der Begründetheit der Beschwerde entscheidet die Beschwerdekammer über die Beschwerde. Sie hat dabei die Möglichkeit, in der Sache abschließend zu entscheiden oder die Sache zur Fortführung des Verfahrens an die erste Instanz zurückzuverweisen.

Im Falle der Zurückverweisung ist die erste Instanz an die Beurteilung des Tatsachen- und Rechtsvortrages gebunden.

Die Entscheidungen der Beschwerdekammer werden erst mit Ablauf der Frist für Klagen vor dem Gericht bzw. nach Abschluss dieser Verfahren wirksam und rechtskräftig.

Übersicht

A. Entscheidung

I. Verfahren

Die Entscheidung der Beschwerdekammer muss neben gewissen **formellen** Aspekten, insbe- **1** sondere dem **Rubrum** (Art. 32 lit. a–g DVUM, früher Regel 50 Abs. 2 lit. a–e GMDV), auch **materiellen Ansprüchen** Genüge tun (Art. 32 lit. h–j DVUM, früher Regel 50 Abs. 2 lit. f–i GMDV). Die Entscheidung muss unterschrieben werden (Art. 32 lit. f DVUM, Art. 39 Abs. 5 DVUM, früher Regel 55 GMDV), wobei die Unterschrift auch elektronisch erfolgen kann (Art. 94 Abs. 2; → Art. 94 Rn. 1 ff.).

Die formellen Aspekte beziehen sich auf die Feststellung, dass die Entscheidung durch die Beschwerde- **1.1** kammer erlassen wurde, ihr Datum, Name und Anschrift der Parteien sowie der Vertreter sowie Name des Vorsitzenden und der übrigen Mitglieder der Beschwerdekammer, die bei der Entscheidung mitgewirkt haben, den Namen des zuständigen Bediensteten der Geschäftsstelle sowie einen Hinweis auf die Aktenzahl und das Datum der angefochtenen Entscheidung enthalten.

Die Entscheidung muss die Anträge der Beteiligten, eine kurze Darstellung des Sachverhaltes, die **1.2** Entscheidungsgründe sowie einen Tenor und im zweiseitigen Verfahren eine Entscheidung betreffend die Kosten enthalten.

Keinem der Mitglieder der Beschwerdekammer kommt ein **Vetorecht** zu, so dass auch der **2** Berichterstatter überstimmt werden kann (→ Art. 70 Rn. 16.2).

II. Zustellung

Die **Entscheidung** der Beschwerdekammer wird den Parteien durch die **Geschäftsstelle 3 zugestellt.** Die Zustellung erfolgt grundsätzlich durch Hinterlegung der Entscheidung im elektro- nische Postfach (EUIPO-Nutzerkonto, Art. 98; → Art. 98 Rn. 1 ff.; Art. 3 Abs. 2 EUIPO- BKVfO)

Die Zustellung gilt im Falle der Hinterlegung im elektronischen Postfach fünf Tage nach Hinterlegung **3.1** als bewirkt (Art. 98; → Art. 98 Rn. 1 ff.), im Falle der Zustellung per Fax gilt die Zustellung mit Einlangen am Empfangsgerät (Art. 98; → Art. 98 Rn. 1 ff.) als bewirkt.

Sofern eine Zustellung über den Nutzerbereich nicht möglich ist, oder der Berichterstatter **4** ordnet dies ausdrücklich an, erfolgt die Zustellung per **Kurierdienst.**

Zustellung durch eingeschrieben Brief mit Rückschein wird grundsätzlich nicht vorgenommen. **4.1**

Scheitert die Zustellung über den Nutzerbereich, sowie entweder per Post oder Kurier, erfolgt die **4.2** Zustellung durch öffentliche Bekanntmachung (Art. 3 Abs. 3 EUIPO-BKVfO). Durch die Zustellung wird die **Frist** zur **Klage** beim Gericht in Gang gesetzt (→ Art. 72 Rn. 10 ff.).

Durch die Zustellung wird die **Frist** zur **Klage** beim Gericht in Gang gesetzt (→ Art. 72 **5** Rn. 10 ff.).

Grundsätzlich erfolgt die Zustellung in inter-partes-Verfahren an beide Parteien gleichzeitig. **6** Aus unterschiedlichen Gründen, etwa wenn die Übermittlung per Fax an eine Partei scheitert, kann der Tag der Zustellung an die Parteien auseinanderfallen.

III. Veröffentlichung

Alle **Entscheidungen** der Beschwerdekammer werden nach einer kurzen Sperrfrist im Inter- **7** netportal des Amtes **veröffentlicht** (Art. 113 Abs. 1; → Art. 113 Rn. 1, https://euipo.europa.eu/ eSearchCLW/). Dabei besteht die Möglichkeit über die Datenbank nicht nur nach Entscheidungsnummer, sondern unter anderem auch nach den zitierten Bestimmungen der UMV, der DVUM oder UMDV oder nach Keywords zu suchen.

8   Die Entscheidungen werden dabei im **Volltext** veröffentlicht. Auf Antrag findet eine Schwärzung von personenbezogenen Daten statt (Art. 113 Abs. 1; → Art. 113 Rn. 1; Art. 58 EUIPO-BKVfO).

8.1   Vielen Beteiligten ist nicht bewusst, dass die Entscheidungen im Internet frei abrufbar sind, so dass ein solcher Antrag auf Anonymisierung so gut wie nie gestellt wird.

8.2   Insbesondere in Verfahren betreffend die Wiedereinsetzung in den vorherigen Stand scheint es zweifelhaft, dass die Namen der Sachbearbeiter, deren (außergewöhnlicher und entschuldbarer) Fehler zur Versäumung der Frist geführt hat, veröffentlicht werden.

8.3   Auch liegt es nicht auf der Hand, dass die Namen von Unterzeichnern von (eidesstattlichen) Erklärungen, die zum Nachweis der Verkehrsdurchsetzung, der ernsthaften Benutzung oder der Bekanntheit eingereicht werden, der Öffentlichkeit zugänglich sind. Es besteht kein öffentliches Interesse an der Kenntnis, welche Person in welcher (Geschäfts-)Beziehung zu einer anderen Person oder zu einem Unternehmen steht. Grundsätzlich sollte davon abgesehen werden, personenbezogene Daten, die die Identifizierung einer Person ermöglicht, in die Entscheidung aufzunehmen. Ein allgemeiner Hinweis auf die Funktion der Person reicht aus, um die Entscheidungsgründe zu verstehen.

9   Auch sieht Art. 114 (→ Art. 114 Rn. 1) vor, dass Einsicht in die Akten von Unionsmarken, die noch nicht veröffentlicht wurden, nur mit Zustimmung des Anmelders erfolgen darf. Somit läuft die Veröffentlichung der Entscheidung der Prüfer, die die Unionsmarkenanmeldung gemäß Art. 7 zurückweist, den Interessen dieser Bestimmung zuwider.

B. Kompetenz

10   Zur Zuständigkeit der Beschwerdekammer gehört eine **Überprüfung** der **Entscheidungen,** die die als erste Instanz entscheidenden Stellen des Amtes erlassen. Im Rahmen dieser Überprüfung hängt der Erfolg der Beschwerde davon ab, ob in dem Zeitpunkt, in dem über die Beschwerde entschieden wird, eine **neue Entscheidung** mit dem **gleichen Tenor** wie die mit der Beschwerde angefochtene Entscheidung rechtmäßig **erlassen** werden kann oder nicht.

11   So können die Beschwerdekammern der Beschwerde auf der Grundlage neuer Tatsachen oder Beweismittel stattgeben, die der Beschwerdeführer vorbringt; eine Einschränkung ergibt sich insoweit nur aus Art. 95 Abs. 2 (→ Art. 95 Rn. 1 ff.) sowie Art. 27 Abs. 4 DVUM.

12   Die Beschwerdekammer darf Tatsachen oder Beweismittel, die ihr zum ersten Mal vorgelegt werden, nur dann berücksichtigen, wenn diese auf den ersten Blick für den Ausgang des Falls von Relevanz zu sein scheinen, und sie aus berechtigten Gründen nicht fristgemäß vorgelegt wurden (→ Art. 70 Rn. 41).

13   Die Beschwerdekammer hat eine **umfassende Prüfung** des Sachverhaltes aufgrund aller **Tatsachen-** und **Rechtsfragen** vorzunehmen (EuG T-308/01, GRUR Int 2003, 1015 Rn. 28 – Kleencare; T-112/03, GRUR Int 2005, 589 Rn. 36 – FLEXI AIR; T-811/14, BeckRS 2017, 135594 Rn. 31 – Fair & Lovely).

14   Zwischen der ersten Instanz und der Beschwerdekammer besteht eine **funktionelle Kontinuität** (in Bezug auf ex-parte-Verfahren s. EuG T-163/98, NJWE-WettbR 1999, 223 Rn. 38 – Baby-Dry; in Bezug auf inter-partes-Verfahren s. EuG T-308/01, GRUR Int 2003, 1015 Rn. 25 – KLEENCARE).

14.1   Die funktionelle Kontinuität findet jedoch für Anmeldungen, die ab dem 1.10.2017 eingereicht wurden, aufgrund von Art. 2 Abs. 2 UMDV eine Einschränkung. Der Antrag auf Eintragung der Unionsmarkenanmeldung aufgrund von Unterscheidungskraft in Folge von Benutzung kann nunmehr nur noch entweder gemeinsam mit der Anmeldung oder in der ersten Stellungnahme des Anmelders auf die Beanstandung (Art. 42 Abs. 2; → Art. 42 Rn. 6) gestellt werden.

14.2   Ob die UMDV jedoch die funktionelle Kontinuität, die in der UMV verankert ist, einschränken kann, wird die Zukunft zeigen.

15   Der Beschwerdekammer kommen im Rahmen des Beschwerdeverfahrens die **gleichen Kompetenzen** zu wie der ersten Instanz (EuG T-19/15, BeckRS 2017, 138023 Rn. 18 – MADWAX).

16   Die Beschwerdekammer kann ihre **Entscheidungsbefugnis** in **dreierlei Arten** wahrnehmen.

17   Die Beschwerdekammer kann rein **kassatorisch** entscheiden.

17.1   Sie wird diesen Ansatz immer dann wählen, wenn die angefochtene Entscheidung mit Verfahrensfehlern behaftet war und eine Entscheidung in der Substanz ohne weitere Verfahrensschritte, wie der Anhörung der Parteien, noch nicht möglich ist (zB HABM 29.1.2013 – R 23/2011-4 – PICKWICK).

Die erste Instanz ist dann an die rechtliche Beurteilung des Sachverhaltes gebunden und hat die nach **17.2** der Entscheidung als notwendig ergebenden Schritte unverzüglich, dh nach fruchtlosem Verstreichen der Klagefrist, zu unternehmen.

Die Beschwerdekammer kann die **Kompetenz** der ersten Instanz **an sich ziehen** und im **18** Rahmen ihrer Zuständigkeit tätig werden.

Dieser Ansatz wird von der Beschwerdekammer in der überwiegenden Anzahl der Fälle gewählt. Die **18.1** Beschwerdekammer entscheidet dann in der Sache selbst und kommt zu einem abschließenden Ergebnis im Hinblick auf alle Anträge.

Im Prüfungsverfahren weist sie entweder den Antrag auf Eintragung der Unionsmarkenanmeldung **18.2** (teilweise) zurück oder stellt fest, dass die geltend gemachten Eintragungshindernisse (teilweise) nicht vorliegen. Das Amt hat dann die aufgrund der Entscheidung notwendigen Verfahrensschritte, wie zB die Veröffentlichung der Unionsmarkenanmeldung, zu setzen.

Im Widerspruchsverfahren weist die Beschwerdekammer entweder die Unionsmarkenanmeldung (teil- **18.3** weise) zurück oder stellt fest, dass der Widerspruch (teilweise) unbegründet ist. Auch hier muss das Amt die aufgrund der Entscheidung notwendigen Verfahrensschritte setzen, ohne dazu ausdrücklich durch die Beschwerdekammer aufgefordert zu werden.

Im Verfalls- und Nichtigkeitsverfahren weist die Beschwerdekammer entweder den entsprechenden **18.4** Antrag (teilweise) zurück oder löscht die Unionsmarke. Auch hier muss das Amt die aufgrund der Entscheidung notwendigen Verfahrensschritte setzen, ohne dazu ausdrücklich durch die Beschwerdekammer aufgefordert zu werden. Dabei handelt es sich entweder um die (teilweise) Löschung der Unionsmarke oder um die Löschung der Eintragung im Register, dass ein Löschungsverfahren anhängig ist.

Der Beschwerdekammer steht es dabei frei, alle **notwendigen Verfahrensschritte** zu setzen **19** und auch Anträge oder (Teil-)Aspekte anzusprechen, die in der angefochtenen Entscheidung nicht angesprochen wurden, obwohl sie Gegenstand des erstinstanzlichen Verfahrens waren.

Die Beschwerdekammer kann dabei im Verfahren betreffend **absolute Eintragungshinder- 20 nisse** auch **neue Gründe** in das Verfahren aufnehmen.

Dagegen kann die Beschwerdekammer **keine Aspekte** aufgreifen, die **nicht Gegenstand** des **21** erstinstanzlichen Verfahrens waren.

Die Beurteilung der Kennzeichnungskraft der älteren Marke stellt einen Aspekt dar, der Teil der umfas- **21.1** senden Beurteilung der Verwechslungsgefahr nach Art. 8 ist. Die Beschwerdekammer ist dabei an die Tatsache, dass die ältere Marke eingetragen ist, gebunden; sie muss ihr jedoch nicht aufgrund dieser Tatsache zumindest einen geringen Grad an Unterscheidungskraft zubilligen (HABM 18.9.2003 – R 1462/2012-G Rn. 35, 38 – ULTIMATE GREENS/ULTIMATE NUTRITION; aA EuG T-777/14, BeckRS 2016, 80888 Rn. 57 – NEOFON; EuGH C-196/11 P, GRUR 2012, 825 Rn. 52 – F1). Die Feststellung der fehlenden Unterscheidungskraft der älteren Marke im Widerspruchs- oder Löschungsverfahren kommt nur Wirkung in Bezug auf dieses Verfahren zu (ähnlich wie der Antrag auf Nachweis der ernsthaften Benutzung gemäß Art. 42 Abs. 2).

Während die Beschwerdekammer die inhärente Unterscheidungskraft selbständig und ohne besondere **21.2** Anträge zu beurteilen hat, darf sie in Bezug auf Beschwerdeverfahren, die seit dem 1.10.2017 begonnen wurden, die erhöhte Unterscheidungskraft in Folge von Benutzung nur dann prüfen, wenn die Parteien im Beschwerdeverfahren dazu vorgetragen haben. Tragen die Parteien nicht hierzu vor, ist die Beschwerde- kammer an die Feststellungen der ersten Instanz gebunden (Art. 27 Abs. 3 lit. b DVUM).

Gleiches gilt in Bezug auf den Nachweis der ernsthaften Benutzung (Art. 27 Abs. 3 lit. c DVUM). **21.3**

Schließlich steht der Beschwerdekammer noch die **Möglichkeit** zu, **teilweise** eine **Sachent- 22 scheidung** vorzunehmen, **teilweise** aber die **Sache** zur **Fortsetzung** des Verfahrens an die erste Instanz **zurückzuverweisen.**

Um „Aufzugsfälle" zu vermeiden, dh Verfahren, die mehrmals zur Beschwerdekammer gelangen, wird **22.1** dieser Ansatz eher selten angewandt. Wird er angewandt, handelt es sich letztendlich um Sachverhalte, in denen der ersten Instanz ihr eigener Fehler klar vor Augen geführt werden soll. Meistens handelt es sich dabei um Fälle, bei denen die erste Instanz aufgrund des von ihr erzielten Ergebnisses umfangreiches Beweismaterial nicht berücksichtigen musste.

Ein weiteres Problem, das sich bei dieser Lösung stellt, ist die Bindungswirkung der Entscheidung der **22.2** Beschwerdekammer (→ Rn. 26 ff.).

Sobald die Waren und Dienstleistungen unähnlich sind, bedarf es keiner Analyse der Verwechslungsge- **22.3** fahr. Somit ist die erhöhte Kennzeichnungskraft der älteren Marke in Folge von Benutzung für den Ausgang irrelevant. Liegt keine Verwechslungsgefahr vor, so bedarf es auch nicht der Analyse der eingereichten Beweismittel betreffend die ernsthafte Benutzung der älteren Marke.

23   Die Parteien können **keine Aspekte,** die sich aufgrund der Begründung ergeben, **streitfrei** stellen. Die Definition des relevanten Verbrauchers, seine Aufmerksamkeit und seine Wahrnehmung sind Teil der Begründung und nicht des Tenors; die Beschwerdekammer ist daher nicht nur berechtigt sondern auch verpflichtet, in ihrer Entscheidung diese Aspekte umfassend zu beurteilen. Gleiches gilt betreffend den Vergleich der Waren und Dienstleistungen oder der Zeichen sowie anderer Aspekte der Begründung im Widerspruchsverfahren wie zB die Kennzeichnungskraft des älteren Rechts.

24   Die Beschwerdekammer ist somit **nicht** an die von den Parteien **vorgetragenen Argumente gebunden** (EuG T-308/01, GRUR Int 2003, 1015 Rn. 29 – Kleencare), wobei durch Art. 27 Abs. 3 DVUM für Beschwerdeverfahren, die seit dem 1.10.2017 begonnen wurden, eine gewisse Einschränkung erfolgt.

25   Die Beschwerdebegründung kann gemäß Art. 27 Abs. 3 DVUM die
- durch Benutzung erworbene Unterscheidungskraft iSd Art. 7 Abs. 3 und Art. 52 Abs. 2,
- die durch Benutzung erworbene Bekanntheit der älteren Marke auf dem Markt für die Zwecke des Art. 8 Abs. 1 lit. b, und
- den Benutzungsnachweis gemäß Art. 47 Abs. 2 und 3 oder Art. 64 Abs. 2 und 3

nur dann prüfen, wenn die Parteien hierzu im Beschwerdeverfahren vorgetragen haben.

25.1   Die DVUM hebt somit die letzte Rechtsprechung (EuG T-390/15, BeckRS 2016, 82343 Rn. 32 f.), die jedoch nicht unstrittig ist, in Gesetzesrang.

C. Bindungswirkung

26   Gemäß Abs. 2 ist im Falle der Zurückverweisung der Sache an die erste Instanz diese durch die **rechtliche Beurteilung** der Beschwerdekammer, die der Entscheidung zugrunde gelegen ist, **gebunden,** soweit der Tatbestand derselbe ist.

27   Der Gesetzeswortlaut differenziert dabei nicht sehr genau, da er nur von der „rechtlichen Beurteilung" spricht. Es ist davon auszugehen, dass darunter die **„Beurteilung** der **Tatsachen** und **Rechtsfragen"** zu verstehen ist.

28   Würde der Wortlaut nämlich nur in Bezug auf die „rechtliche Beurteilung der Rechtsfragen" verstanden werden, bestünde regelmäßig keine Bindungswirkung, da die Beschwerdekammer oftmals keine abschließende Beurteilung einer Rechtsfrage vornimmt, sondern Tatsachenfragen würdigt.

28.1   Die Frage, ob die Benutzungseinrede rechtsgültig erhoben wurde, stellt keine Rechts-, sondern eine Tatsachenfrage dar.

28.2   Die Beurteilung der Ähnlichkeit der Waren und Dienstleistungen oder der Zeichen stellt gleichfalls eine Tatsachenfrage dar.

28.3   Würde keine Bindungswirkung im Hinblick auf die Beurteilung der Tatsachenfragen bestehen, könnte die erste Instanz erneut die gleiche Entscheidung treffen.

29   Somit stellt sich die Frage der **Bindungswirkung** auch für **weitere Beschwerdeverfahren.** Da die erste Instanz an die Beurteilung der Tatsachenfragen durch die Beschwerdekammer gebunden war, kann in einem weiteren Beschwerdeverfahren diese Tatsachenfeststellung **nicht mehr angegriffen** werden.

29.1   In einem Widerspruchsverfahren wird der Widerspruch wegen fehlender Warenähnlichkeit als unbegründet zurückgewiesen. In einem ersten Beschwerdeverfahren stellt die Beschwerdekammer jedoch fest, dass die Waren zumindest eine geringe Ähnlichkeit aufweisen und verweist die Sache zur Fortsetzung des Verfahrens, insbesondere zur Beurteilung der Zeichenähnlichkeit sowie der Gesamtabwägung, an die Widerspruchsabteilung zurück. Diese kommt dann zum Ergebnis, dass Verwechslungsgefahr vorliegt. In einem weiteren Beschwerdeverfahren kann die Frage der Warenähnlichkeit nicht mehr angegriffen werden (aA HABM 31.8.2009 – R 214/2008-4 Rn. 9 ff. – SERENISSIMA/LA SERENISIMA).

D. Wirksamkeit und Rechtskraft

30   Gemäß Abs. 3 werden Entscheidungen der Beschwerdekammer mit Ablauf der Klagefrist zum Gericht (→ Art. 72 Rn. 10) **wirksam** und **rechtskräftig.**

31   Einer **Klage** kommt somit **aufschiebende Wirkung** zu. Dieser Effekt hält bis zum **rechtskräftigen Abschluss** im Verfahren vor dem Gericht an. Wird gegen das Urteil oder den Beschluss des Gerichts das Rechtsmittel eingelegt, so bleibt die aufschiebende Wirkung bestehen, bis auch der Gerichtshof das Verfahren abgeschlossen hat.

Somit kann das Amt während der Rechtsmittelfrist sowie des Verfahrens vor dem Gericht **32** **keine Eintragungen** in das Register vornehmen, die sich aufgrund des **Tenors** der angefochtenen Entscheidung der Beschwerdekammer **ergeben** würden.

Gleichzeitig bedeutet dies, dass die **Parteien** bis zur Rechtskraft der angefochtenen Entschei- **33** dung der Beschwerdekammer, die entweder aufgrund des Ablaufs der Klagefrist oder aufgrund eines ausdrücklichen Rechtsmittelverzichts bereits früher eintritt, **Herr des Verfahrens** bleiben.

So kann der Anmelder jederzeit, auch noch während des Verfahrens vor dem Gericht, seine Unionsmar- **33.1** kenanmeldung zurücknehmen. Die Entscheidung der Beschwerdekammer wird dadurch obsolet.

Auch kann der Widersprechende jederzeit seinen Widerspruch zurücknehmen, sodass die Unionsmar- **33.2** kenanmeldung, sofern keine weiteren Widersprüche eingelegt wurden, ins Register eingetragen werden kann. Auch in diesem Fall wird die Entscheidung der Beschwerdekammer, wie auch die Entscheidung der Widerspruchsabteilung, obsolet. Gleiches gilt sinngemäß für Löschungs- und Nichtigkeitsverfahren.

Auch kann die Beschwerde noch nach dem Erlass der Entscheidung der Beschwerdekammer zurückge- **33.3** nommen werden. Dadurch wird die Entscheidung der Beschwerdekammer obsolet und die Entscheidung der ersten Instanz rechtskräftig, so dass das Amt den Tenor der ersten Instanz umzusetzen hat.

Inwieweit die **rechtskräftige Entscheidung** der Beschwerdekammer in einem Widerspruchs- **34** verfahren **res iudicata** darstellt, ist noch **nicht** endgültig **geklärt.** Der Wortlaut des Art. 63 Abs. 3 deutet jedoch darauf hin, dass der Entscheidung der Widerspruchsabteilung res iudicata zukommt (→ Art. 63 Rn. 51 ff.).

Durch die Änderung des Art. 63 Abs. 3 mit Wirkung vom 23.3.2016, VO (EU) 2015/2424, scheint **34.1** die frühere hierzu ergangen Rechtsprechung, insbesondere EuG T-140/08, GRUR Int 2010, 58 – Timi Kinderjoghurt, obsolet zu sein.

Res iudicata kann jedenfalls nur in Bezug auf die **gleichen Gründe** (selben Anspruch) eintre- **35** ten; somit kann der erfolglose Widersprechende, dessen Waren und Dienstleistungen zu jenen der jüngeren Unionsmarkenanmeldung unähnlich angesehen worden sind, noch einen Antrag auf Nichtigkeit gestützt auf Art. 8 Abs. 5 einbringen. Ebenso steht es ihm zu, andere ältere Rechte vorzutragen. Er ist somit nicht grundsätzlich präkludiert, ein Nichtigkeitsverfahren einzubringen.

Eine Durchbrechung dieses Grundsatzes erfolgt Kraft gesetzlicher Bestimmung in Bezug auf **36** absolute Eintragungshindernisse (→ Art. 59 Rn. 1).

Art. 72 Klage beim Gerichtshof

(1) Die Entscheidungen der Beschwerdekammern, durch die über eine Beschwerde entschieden wird, sind mit der Klage beim Gericht anfechtbar.

(2) Die Klage kann zur Geltendmachung von Unzuständigkeit, Verletzung wesentlicher Formvorschriften, Verletzung des AEUV, Verletzung dieser Verordnung oder einer bei ihrer Durchführung anzuwendenden Rechtsnorm oder wegen Ermessensmissbrauchs erhoben werden.

(3) Das Gericht kann die angefochtene Entscheidung aufheben oder abändern.

(4) Die Klage steht den an dem Verfahren vor der Beschwerdekammer Beteiligten zu, soweit sie durch deren Entscheidung beschwert sind.

(5) Die Klage ist innerhalb von zwei Monaten nach Zustellung der Entscheidung der Beschwerdekammer beim Gericht zu erheben.

(6) Das Amt ergreift die notwendigen Maßnahmen, die sich aus dem Urteil des Gerichts oder, im Falle der Einlegung eines Rechtsmittels gegen dieses Urteil, des Gerichtshofs ergeben.

Überblick

Art. 72 regelt die **Anfechtungsklage** im Unionsmarkenrecht. Die vor der Beschwerdekammer unterliegende Partei kann Klage zum **Gericht der Europäischen Union** erheben (→ Rn. 1 ff.). Die Klage ist gegen das Amt zu richten. In kontradiktorischen Verfahren wie Widerspruchs-, Verfalls- und Nichtigkeitssachen wird der andere Beteiligte vor der Beschwerdekammer Streithelfer durch rechtzeitiges Einreichen einer Stellungnahme. Er hat dann dieselben Rechte wie die Parteien.

Das Verfahren vor dem Gericht folgt dessen **Verfahrensordnung.**

Die Klage ist gemäß Art. 72 Abs. 5 binnen **zwei Monaten** nach Zustellung der Beschwerdeentscheidung bei Gericht einzureichen; zu der Zweimonatsfrist können zehn Tage Entfernungsfrist hinzugerechnet werden (→ Rn. 10 ff.). Die Formvorschriften nach der Verfahrensordnung des Gerichts sind zu beachten. Die **Praktischen Durchführungsbestimmungen zur Verfahrensordnung** des Gerichts können als Leitfaden für das gesamte Verfahren herangezogen werden; ihre Lektüre ist unbedingt zu empfehlen.

Die Klage ist gebührenfrei. Sie muss mittels **eCuria** eingereicht werden (→ Rn. 16). Dies kann in jeder **Sprache** der EU erfolgen (→ Rn. 23 ff.). Wählt der Kläger jedoch eine andere Sprache als die, in der die angefochtene Beschwerdekammerentscheidung abgefasst war, und widerspricht in einem kontradiktorischen Verfahren der andere Beteiligte, wird die Sprache der angefochtenen Entscheidung als Verfahrenssprache festgesetzt.

Nach Feststellung der Zulässigkeit der Klage und ggf. Festlegung der Verfahrenssprache wird die Klage zugestellt. Anschließend haben das Amt und andere Verfahrensbeteiligte zwei Monate (wiederum plus zehn Tage Entfernungsfrist) Zeit für die Klagebeantwortung (→ Rn. 43 ff.). Damit ist das schriftliche Verfahren abgeschlossen, es sei denn, es sei eine Anschlussklage eingereicht worden. Auf Antrag kann eine **mündliche Verhandlung** anberaumt werden (→ Rn. 50 ff.), und etwa drei bis fünf Monate später wird die Entscheidung erlassen. Die **Gesamtdauer** des Verfahrens liegt derzeit um die zwölf Monate.

Das Gericht kann die Klage abweisen oder die angefochtene Entscheidung aufheben oder abändern (→ Rn. 57 ff.). Das Gericht entscheidet über die Kosten (→ Rn. 74 ff.), eine Kostenfestsetzung erfolgt aber nur, wenn dies gesondert beantragt wird, mit separatem Beschluss. Die Kostenentscheidung ist nicht selbständig und die Kostenfestsetzung überhaupt nicht anfechtbar.

Gegen die Entscheidung des Gerichts kann binnen zwei Monaten **Rechtsmittel zum Gerichtshof** erhoben werden (→ Rn. 80 ff.). Das Rechtsmittel ist auf Rechtsfragen beschränkt. Seine Zulässigkeit erfordert einen **gesonderten Antrag** auf vorherige Zulassung, der zeitgleich mit der Rechtsmittelschrift eingereicht werden muss. Der EuGH behandelt solche Zulassungsanträge äußerst restriktiv.

Übersicht

A. Funktionelle Zuständigkeit; Verfahrensordnung

1   Gegen Entscheidungen des Amtes kann die unterlegene Partei gemäß Art. 72 Abs. 1 Klage zum EuG erheben. Dieses ist funktionell zuständig gemäß Art. 256 Abs. 1 AEUV iVm Art. 263 Abs. 1 AEUV. Die Bedeutung der Rechtssachen, die das geistige Eigentum betreffen, für die Arbeitsbelastung des Gerichts ergibt sich bereits daraus, dass sechs von zehn Kammern mit diesen Sachen betraut sind, nämlich die Zweite, Dritte, Fünfte, Sechste, Neunte und Zehnte Kammer. Diese spezielle Zuweisung soll der Bildung spezialisierter Kammern dienen.

2   Das Verfahren vor dem Gericht richtet sich nach dessen **Verfahrensordnung.** Diese trat am 1.7.2015 in Kraft (ABl. EU 2015 L 105, 1) und wurde zuletzt geändert mit Wirkung vom 1.1.2019 durch Änderungsverordnung vom 11.7.2018 (ABl. EU 2018 L 240, 68 – Einführung der Verbindlichkeit von e-Curia). Sonderregelungen zu Rechtsstreitigkeiten betreffend die Rechte des geistigen Eigentums finden sich in Titel IV (Art. 17–191 EuGVfO). Die speziellen Sprachenregelungen finden sich in Titel II, insbesondere Art. 45 Abs. 4 EuGVfO. Ansonsten gelten die allgemeinen Bestimmungen des Titels III, hier insbesondere die zu Zustellung, Einreichung von Schriftstücken, mündlicher Verhandlung und Kosten.

Hinzuweisen ist auf die **Praktischen Durchführungsbestimmungen zur Verfahrensord-** 3
nung des Gerichts (Praktische Durchführungsbestimmungen zur Verfahrensordnung des Gerichts, ABl. EU 2015 L 152, 1), die auf der Internetseite des Gerichts zu finden sind (curia.europa.eu – Gericht – Verfahren) und regelmäßig ergänzt werden (zuletzt am 17.10.2018). Sie enthalten detaillierte Angaben zum notwendigen Inhalt von Klageschrift und Klagebeantwortungen sowie zu den Formerfordernissen und können als Leitfaden für das gesamte Verfahren herangezogen werden.

B. Klagebefugnis

Klage zum Gericht kann erheben, wer durch eine Entscheidung der Beschwerdekammern des 4
Amtes **beschwert** ist (Art. 72 Abs. 4). Eine Beschwer ist nicht gegeben, wenn der Kläger das
Ziel seines Antrags erreicht hatte, wenn auch nicht mit der von ihm gewünschten Begründung;
für deklaratorische Entscheidungen ist das Gericht nicht zuständig (EuG T-486/20, BeckRS 2022,
27918, Rn. 15 – SWISSE).

Ein Widersprechender, dessen Widerspruch aufgrund eines älteren Rechts stattgegeben wurde, kann 4.1
die Entscheidung nicht anfechten, weil das Amt die weiteren geltend gemachten älteren Rechte nicht
geprüft habe (EuG 16.9.2004 – T-342/02, GRUR Int 2005, 56 Rn. 48 – MGM; allerdings ließ das Gericht
die Klage nicht bereits an der Klagebefugnis scheitern). Gleichermaßen hat der Nichtigkeitsantragsteller
keinen Anspruch auf Nichtigerklärung aus einem bestimmten Grund. Wurde die angefochtene Marke für
nichtig erklärt, ist sein Antrag erfolgreich und stellt die Zurückweisung eines bestimmten Nichtigkeitsgrundes keine Beschwer dar (EuG T-300/08, BeckEuRS 2009, 501470 Rn. 27 ff. – Hoo Hing Holdings).

Soweit der Kläger vor der Beschwerdekammer **teilweise** obsiegt hatte, jedoch die Beschwerde- 5
kammerentscheidung in ihrer Gesamtheit anficht, ist die Klage teilweise unzulässig (EuG T-157/
20, GRUR-RS 2021, 1343 Rn. 23 – LICHTYOGA). Das Gericht interpretiert jedoch in einem
solchen Fall die Klage häufig dahingehend, dass der Kläger die Entscheidung der Beschwerdekammer nur insoweit anficht, als er durch sie beschwert ist (EuG T-713/13, BeckRS 2015, 81482
Rn. 17–19 – 9flats.com; T821/19, GRUR-RS 2021, 1363 Rn. 22 – B.home).

Das **Amt** ist nicht Beteiligter im Verfahren vor der Beschwerdekammer und damit **nicht** 6
klagebefugt. Es ist andererseits nicht verpflichtet, den Standpunkt der Beschwerdekammer zu
unterstützen, und kann sich auf die Seite des Klägers stellen (ständige Rechtsprechung, EuG T-
22/04, BeckRS 2005, 70314 Rn. 17 – Westlife/West; T-379/03, GRUR Int 2006, 47 Rn. 22,
25 – Cloppenburg; T-97/05 Rn. 16 – Marcorossi/Sergio Rossi; T-6/05, GRUR Int 2007, 51
Rn. 41 – Def-Tec; T-466/04 und T-467/04, GRUR Int 2006, 329 Rn. 31 – Geronimo Stilton/
Stilton; T-191/04, GRUR Int 2006, 1019 Rn. 14 – Metro/Metro; T-53/05, GRUR Int 2007,
919 Rn. 27 – Calvo/Calavo; T-171/06, GRUR Int 2009, 725 Rn. 27 – Trenton/Lenton).

Dies gilt sowohl bei einseitigen als auch in zweiseitigen Ausgangsverfahren. Das Amt macht 7
hiervon allerdings nur in Ausnahmefällen Gebrauch, nämlich wenn eine Beschwerdekammerentscheidung grundlegend von der Linie der Beschwerdekammern, den Richtlinien des Amtes oder
der Rechtsprechung des Gerichts oder des Gerichtshofs abweicht.

Nachdem die Litigation Abteilung des Amtes organisatorisch den Beschwerdekammern eingegliedert 7.1
wurde und damit an den Präsidenten der Beschwerdekammern berichtet, dürfte ein solches Abweichen
noch seltener sein.

C. Rollen im Klageverfahren; Streithilfe

Das **Amt** ist stets **Beklagter.** In einem Verfahren, das auf einer einseitigen Angelegenheit 8
basiert (Anmelde oder Registerverfahren), stehen sich daher nur der Kläger und das Amt als
Beklagter gegenüber.

In zweiseitigen Ausgangsverfahren, also Widerspruchs-, Verfalls- und Nichtigkeitsverfahren, 9
wird der **andere Beteiligte** vor der Beschwerdekammer durch Einreichung einer Stellungnahme
zum Verfahren (eines „Verfahrensschriftstücks") **Streithelfer,** verliert allerdings diesen Status wieder, wenn er nicht form- und fristgerecht eine Klagebeantwortung einreicht (Art. 173 Abs. 2
EuGVfO). Der Streithelfer hat dieselben prozessualen Rechte wie die Parteien und kann eigenständige, von den Parteien unabhängige, Anträge stellen (Art. 173 Abs. 3 EuGVfO). Dies schließt die

Möglichkeit der Anschlussbeschwerde ein, die dem Streithelfer nach Art. 182 EuGVfO offen steht.

9.1   Eine nicht form- und fristgerechte Einlassung des anderen Beteiligten vor der Beschwerdekammer zu der Klage führt dazu, dass er als Streithelfer nicht zugelassen wird; s. EuGH C-103/22 P(I), BeckRS 2022, 13027 – Castel Frères; C-245/22 P(I), GRUR-RS 2022, 16535 – Cipla v. EUIPO – Glaxo.

9.2   Insbesondere kann der Streithelfer auch eigene **Kostenanträge** stellen. Tut er dies nicht, ergeht keine Kostenentscheidung zu seinen Gunsten. Natürlich kann auch Kostenantrag gegen ihn gestellt werden, dies auch erst in der mündlichen Verhandlung.

9.3   Tritt der andere Beteiligte dem Rechtsstreit durch form- und fristgerechte Klagebeantwortung bei, kann auch dann kein Versäumnisurteil gemäß Art. 123 EuGVfO ergehen, wenn das Amt versäumen sollte, eine fristgerechte Klagebeantwortung einzureichen (Art. 173 Abs. 6 EuGVfO).

9.4   Auch in Verfahren in Unionsmarkensachen vor dem Gericht gelten im Übrigen die **allgemeinen Vorschriften für die Streithilfe** vor dem Gericht (Art. 142 f. EuGVfO iVm Art. 40 Abs. 2 EuGH-Satzung). Die Frist für den Antrag auf Zulassung als Streithelfer beträgt sechs Wochen ab Veröffentlichung der Klage im Amtsblatt (Art. 143 Abs. 1 EuGVfO). Voraussetzung ist jedoch, dass der Antragsteller ein berechtigtes Interesse am Ausgang des Verfahrens glaubhaft machen kann (Art. 40 Abs. 2 EuGH-Satzung). Ein Beispiel für einen erfolgreichen Antrag auf Zulassung als Streithelfer vor dem EuG ist EuG 18.11.2015 – T102/15, BeckRS 2017, 133166 Rn. 21, 27 – Red Bull/EUIPO, für Blau/Silber. Hier wurde der Interessenverband MARQUES auf Klägerseite zugelassen. Ähnlich vor dem EuGH die Organisation INTA in der Rechtssache Voss of Norway: EuGH C-445/13 P, BeckRS 2015, 80606 Rn. 7 – Voss of Norway/HABM; offengelassen wurde die Zulassung eines Nebenintervenienten in EuG T486/20, GRUR-RS 2021, 28569 Rn. 47 – SWISSE. Im Übrigen steht es den Parteien stets frei, ihren Schriftsätzen ein Positionspapier eines Interessenverbandes zur Unterstützung ihrer Position beizufügen, wenn sich das zeitlich binnen der starren Fristen für Klage und Klagebeantwortung organisieren lässt.

D. Fristen, Verlängerung, Aussetzung, aufschiebende Wirkung

10   Die Frist für die **Klagerhebung** beträgt **zwei Monate** ab Zustellung der Entscheidung der Beschwerdekammer (Art. 72 Abs. 5). Für die Zustellung als solche gelten die Vorschriften der UMV und ggf. ergänzend die DVUM und Richtlinien. Insbesondere also gelten die Zehn-Tage-Fiktion bei Postzustellung nach Art. 58 Abs. 5 DVUM bzw. Richtlinien des Amtes (Teil A, Abschnitt 1, Nr. 3.2.2) und die Fünf-Tage-Fiktion nach Nr. 3.2.1.1 Richtlinien des Amtes bei Zustellung über myPage.

10.1   Zur **Zustellungsfiktion** für die Beschwerdefrist s. EuG T657/13, BeckEuRS 2015, 436496 Rn. 18 ff. – ALEX. Im Urteil vom 10.4.2019 (EuGH C-282/18 P, BeckRS 2019, 5400) hielt der EuGH eine Klage für verfristet, weil die Fünf-Tage-Fiktion der Zustellung nur dann gelte, wenn nicht die Zustellung an einem anderen (früheren) Tag nachgewiesen werden könne. Das Urteil bezog sich jedoch auf Art. 4 Abs. 4 Beschluss EX-3-2 vom 26.11.2013, der mittlerweile aktualisiert vorliegt. Nach dem neuen Wortlaut (Art. 3 Abs. 4 Beschluss EX-19-1 des Exekutivdirektors) gilt die Fiktion immer, auch wenn der Betroffene das Schriftstück nachweislich (zB nach eigener Angabe) früher als nach Ablauf von fünf Tagen abgerufen hat.

11   Wenn auch der Beginn der Frist von den Zustellungsvorschriften der UMV abhängt, richtet sich doch die **Berechnung** der Frist für die Klageeinreichung nicht nach der UMV, sondern nach der EuGVfO, genauer nach Art. 58 EuGVfO.

11.1   Daraus folgt auch, dass eine etwaige Wiedereinsetzung in den vorigen Stand nicht durch das Amt gewährt werden kann. Art. 104 ist daher nicht einschlägig. Allenfalls käme eine Anwendung von Art. 45 Abs. 2 EuGH-Satzung in Betracht, s. EuG T583/15, BeckEuRS 2016, 480387 – Friedenssymbol, Monster Energy. Die Anforderungen sind aber hoch (→ Rn. 21).

12   Auch die Frist für die **Klagebeantwortung** beträgt **zwei Monate** (Art. 179 EuGVfO). Diese läuft ab Zustellung der Klage an das Amt (als Beklagten) und ggf. andere Beteiligte im Verfahren vor der Beschwerdekammer.

13   Hinzu kommt jeweils die **zehntägige Entfernungsfrist** nach Art. 60 EuGVfO.

14   Zu beachten ist ferner, dass Fristen, deren Ende auf einen Samstag, Sonntag oder gesetzlichen Feiertag fällt, erst mit Ablauf des folgenden Werktags ablaufen (Art. 58 Abs. 2 EuGVfO). Die zehntägige Entfernungsfrist ist jedoch stets ab dem ursprünglichen Fristende zu berechnen (für die zweimonatige Rechtsmittelfrist EuGH C-174/20 P, GRUR-RS 2020, 38164 Rn. 20 ff., 23 – STADA). Für die Fristenberechnung s. im Übrigen Art. 58 Abs. 1 EuGVfO.

Das Gericht veröffentlicht jeweils auf seiner Webseite (Gericht > Verfahren > Verfahrensrechtliche **14.1** Vorschriften) den Beschluss über die Gerichtsferien (s. Beschluss vom 5.2.2022 – 2022/C-138/03). Für Fristenberechnungen wichtiger sind jedoch die für den EuGH und das Gericht geltenden Feiertage. Hierzu zuletzt Gerichtshof Beschl. v. 1.2.2022 – 2022/C-138/02. Dieser bestimmt in Art. 1 Beschl. v. 1.2.2022 die gesetzlichen Feiertage, nämlich: (unabhängig vom Jahr): Neujahr, Ostermontag, 1. Mai, 9. Mai, Christi Himmelfahrt, Pfingstmontag, 23. Juni, 15. August, 1. November, 25., 26. Dezember. Gerichtsferien bis zum 31.10.2023 sind: Weihnachten: 19.12.2022–8.1.2023; Karneval: 20.2.2023–26.2.2023; Himmelfahrt: 29.5.2023–4.6.2023; Sommer: 16.7.2023–31.8.2023).

Berechnungsbeispiel: Die Beschwerdekammer entschied am 1.2.2022, einen Widerspruch zurückzu- **14.2** weisen. Die Geschäftsstelle der Beschwerdekammern stellt die Entscheidung am selben Tag elektronisch zu durch Einstellung auf dem Empfangskonto des Vertreters des Widersprechenden. Die Frist für die Klage lief am 19.4.2022 ab (1.2. plus fünf Tage Zustellungsfiktion = 6.2. plus zwei Monate Klagefrist 6.4. plus zehn Tage Entfernungsfrist 16.4.; dieser war ein Samstag, der darauffolgende Montag (18.4.) war Ostermontag und damit ein Feiertag für das Gericht, also Dienstag, 19.4.2022).

Die **Zehn-Tage-Entfernungsfrist** nach Art. 60 EuGVfO gilt auch für alle weiteren Fristen **15** im Verfahren vor dem Gericht, soweit das Gericht sie nicht ausdrücklich abbedingt. Dies gilt insbesondere für die gesetzliche Frist von zwei Monaten für die Klagebeantwortung, für die auch die sonstigen obigen Anmerkungen gelten (inklusive zehn Tage Nachreichungsfrist für Anlagen), aber auch für die dreiwöchige Frist für den Antrag auf mündliche Verhandlung nach Art. 106 Abs. 2 EuGVfO, die damit tatsächlich zu einer Einmonatsfrist wird.

Die Entfernungsfrist wird gewöhnlich abbedungen bei Fristsetzungen mit Blick auf die mündliche **15.1** Verhandlung, etwa wenn das Gericht im Bericht für die mündliche Verhandlung Fragen stellt und für deren Beantwortung eine (häufig recht kurze) Frist setzt. Gleiches gilt in der Regel für die Einlassung des anderen Beteiligten zur Wahl der Verfahrenssprache und für Stellungnahmen zu prozessleitenden Maßnahmen.

Entscheidend für die Einhaltung der Frist ist, dass die Klage bei Gericht eingeht. Eine Einrei- **16** chung beim EUIPO ist nicht fristwahrend (EuGH C-290/10 P, BeckEuRS 2010, 561415 – Chaff Cutters). Gemäß Art. 56a, 72 Abs. 1 EuGVfO und Beschluss des Gerichts vom 11.7.2018 über die Einreichung und die Zustellung von Verfahrensschriftstücken im Wege der Anwendung e-Curia (ABl. EU 2018 L 240, 72), in Kraft seit 1.1.2019, ist die Verwendung von **e-Curia zwingend.** Verfahrensschriftstücke gelten nur als eingereicht, wenn dies über eCuria erfolgt ist.

Voraussetzung für die Nutzung von e-Curia ist gemäß Art. 56a Abs. 2 EuGVfO die Einrichtung eines **16.1** Zugangskontos. Dies erfordert das Einreichen von Dokumenten im Original, und dies muss rechtzeitig vor Fristablauf geschehen. In dem Fall T-290/21, BeckRS 2021, 19300 war das nicht der Fall und die Klage daher verfristet.

Ausnahmen von der Pflicht zur Einreichung per e-Curia sind gemäß Art. 56a Abs. 5 EuGVfO nur **16.2** zulässig, wenn die Einreichung über e-Curia technisch unmöglich ist. In dem Fall muss die Kanzlei des Gerichts umgehend per E-Mail (GC.Registry@curia.europa.eu) oder per Telefax ([+352] 43 03 21 00) informiert und das Schriftstück auf andere Weise eingereicht werden. Es ist dann per e-Curia nachzureichen, sobald das Hindernis behoben ist (Art. 7 Beschluss vom 11.7.2018).

Schriftstücke, die mittels e-Curia eingereicht werden, müssen nicht unterschrieben werden. Die elektro- **16.3** nische Validierung gilt als Unterschrift. Das Format der Schriftstücke muss PDF sein und die Größe darf 30 MB nicht überschreiten.

In der (Design-)Sache Chaff Cutters hatte der Kläger – nach seiner Aussage im Einklang mit der **16.4** nationalen Praxis in Schweden – die Klage dem EUIPO zugeleitet, das hierauf erst nach Fristablauf reagierte. Die Klage war unzulässig; ein Wiedereinsetzungsgrund nach Art. 45 Statut war auch nicht gegeben. Der EuGH, der die abweisende Entscheidung des EuG bestätigte, betonte, dass die Unionsvorschriften autonom und ohne Ansehung nationaler Rechte oder Praktiken auszulegen sind (EuGH C-290/10 P, BeckEuRS 2010, 561415 Rn. 15 – Chaff Cutters).

Fristverlängerungen sind im Verfahren vor dem Gericht die Ausnahme. Gesetzliche Fristen **17** wie insbesondere die Klagefrist sind nicht verlängerbar, hierfür fehlt es an einer Rechtsgrundlage. Die Möglichkeit der Verlängerung durch den Kammerpräsidenten ist für die zweimonatige Frist für die Klagebeantwortung ausdrücklich vorgesehen, soweit außergewöhnliche Umstände vorliegen (Art. 179 S. 2 EuGVfO). Sie ist auch für die Dreiwochenfrist für den Antrag auf mündliche Verhandlung ausdrücklich vorgesehen (Art. 106 Abs. 2 S. 2 EuGVfO).

Als außergewöhnliche Umstände hat das Gericht in der Vergangenheit hohe Arbeitsbelastung beim **17.1** Amt und Urlaubszeiten anerkannt. Bei privaten Parteien ist eine weniger großzügige Praxis zu beobachten.

17.2   Während der **COVID-19-Pandemie** sind die Klagefristen unverändert weitergelaufen; das Gericht wies jedoch auf die Möglichkeit hin, sich auf Art. 45 Abs. 2 EuGH-Satzung zu berufen (höhere Gewalt). Die von der Kanzlei gesetzten Verfahrensfristen wurden „dem Kontext angepasst", also mit mehr Großzügigkeit als sonst verlängert, und mündliche Verhandlungen wurden auf Antrag der Parteien verschoben. Nunmehr sind die Verfahrensfristen wieder dieselben wie vor der Gesundheitskrise. Mündliche Verhandlungen werden normal abgehalten, inklusive Robenpflicht. Vertreter können mittels Videokonferenz teilnehmen, wenn ein entsprechender Antrag gestellt wird. Vorübergehend fanden auch komplett virtuelle Verhandlungen statt, davon scheint das Gericht aber wieder abzurücken. S. Webseite curia.europa.eu, „Covid-19 – Hinweise".

18   Fristen, die vom Gericht aufgrund der Verfahrensordnung festgesetzt werden, können gemäß Art. 61 EuGVfO grundsätzlich verlängert werden. Verlassen sollte man sich jedoch nicht darauf, dass verlängert wird, wenn nicht sehr triftige Gründe vorgetragen werden.

19   Die **Aussetzung** des Verfahrens richtet sich nach Art. 69 ff. EuGVfO. Sie steht im Ermessen des Gerichts, wird jedoch in der Regel angeordnet, wenn beide Parteien dies beantragen (Art. 69 lit. c EuGVfO).

19.1   Möglich ist die Aussetzung ansonsten, weil etwa eine identische Rechtsfrage dem Gerichtshof vorliegt (Art. 69 lit. a EuGVfO iVm Art. 54 Abs. 3 EuGH-Satzung), oder weil die Aussetzung in sonstigen besonderen Fällen den Erfordernissen einer geordneten Rechtspflege entspricht (Art. 69 lit. d EuGVfO). Die Aussetzung ohne gemeinsamen Antrag ist jedoch die Ausnahme. Insbesondere setzt das Gericht nicht deswegen aus, weil die ältere Marke in einem Widerspruchs- oder Nichtigkeitsverfahren ihrerseits angegriffen und möglicherweise in ihrem Bestand gefährdet ist. Die Begründung hierfür ist, dass das Gericht nur die Richtigkeit der Entscheidung der Beschwerdekammer zu überprüfen habe und spätere Tatsachen daher nicht relevant seien. Dies steht freilich im Widerspruch zur Tatsache, dass auch das Gericht (in der Regel) die Sache für erledigt erklärt, wenn die Widerspruchsmarke während des Gerichtsverfahrens für verfallen oder nichtig erklärt wird (EuG T-474/11, BeckRS 2013, 80895 – IGAMA/GAMA). Näher → Rn. 58 ff. (neue Tatsachen).

20   Wird ausgesetzt, erfolgt dies durch Aussetzungsbeschluss (Art. 70 Abs. 1 EuGVfO). Dieser kann das Ende der Aussetzung festlegen. Tut er das nicht, bestimmt sich dieses nach dem Wiederaufnahmebeschluss (Art. 71 Abs. 3 EuGVfO).

21   **Wiedereinsetzung in den vorigen Stand** sieht die EuGVfO nicht vor. Anwendbar ist jedoch Art. 45 Abs. 2 EuGH-Satzung, wonach der Ablauf von Fristen keinen Rechtsnachteil zur Folge hat, wenn der Betroffene nachweist, dass ein Zufall oder ein Fall höherer Gewalt vorliegt. Die Hürde ist jedoch hoch.

21.1   In den beiden Fällen EuGH C-103/22 P(I), BeckRS 2022, 13027 – Castel Frères und C-245/22 P(I), GRUR-RS 2022, 16535 – Cipla v. EUIPO – Glaxo wurde jeweils die Streithilfe nicht zugelassen, weil die Klagebeantwortungen der anderen Beteiligten vor der Beschwerdekammer verspätet eingegangen waren – einmal eine Woche, einmal einen Tag zu spät. In diesen Entscheidungen finden sich weitere Ausführungen des EuGH zu den Anforderungen an die Annahme unvorhersehbarer Umstände oder höherer Gewalt, die für eine Wiedereinsetzung nach Art. 45 EuGH-Satzung erforderlich wären. Insbesondere hob er hervor, dass menschliches oder organisatorisches Versagen, wenn auch erstmalig und daher konkret unvorhersehbar, objektiv und abstrakt nicht unvorhersehbar sind. Dem Argument, der jeweilige Kläger werde durch die Zulassung der Streithilfe nicht beeinträchtigt, wurde mit dem Hinweis auf die allgemeine Bedeutung der strengen Einhaltung prozeduraler Fristen für Verfahrens- und Rechtssicherheit begegnet.

21.2   Obwohl Brand und Flut das Faxgerät des Klägers außer Gefecht gesetzt hatten und er deshalb keine Kenntnis von der Beschwerdeentscheidung nehmen konnte, ging das Gericht davon aus, dass er bei Walten aller erforderlicheren Sorgfalt das Amt hätte fragen müssen, ob während des Ausfalls des Faxgeräts Mitteilungen an ihn gerichtet worden waren (EuG T-583/15, BeckEuRS 2016, 480387 – Friedenssymbol, Monster Energy).

22   Die Klage vor dem EuG hat **aufschiebende Wirkung**. Dies folgt aus Art. 71 Abs. 3, wonach die Entscheidungen der Beschwerdekammern erst mit Ablauf der Klagefrist oder, falls Klage erhoben wurde, mit vollständiger Erledigung der Klage (und eines etwaigen Rechtsmittels) wirksam werden (s. auch Hildebrandt/Sosnitza/Pérez van Kappel Rn. 44).

E. Sprache

23   Das Verfahren vor dem Gericht folgt seinen eigenen Sprachenregelungen, die sich in Art. 44 f. EuGVfO finden. Die Sprachenregeln vor dem EUIPO spielen mittelbar eine Rolle bei zweiseitigen Ausgangsverfahren.

Der Kläger kann die **Klage** nach seiner Wahl in jeder der **24 EU-Amtssprachen** einreichen **24** (Art. 44, 45 Abs. 1 EuGVfO). Bei einseitigen Ausgangsverfahren wird damit bereits die Verfahrenssprache festgelegt (Art. 45 Abs. 4 lit. a EuGVfO).

In zweiseitigen Verfahren wird die vom Kläger gewählte Sprache Verfahrenssprache, wenn der **25** Streithelfer nicht binnen der hierfür von der Geschäftsstelle gesetzten Frist widerspricht (Art. 45 Abs. 4 lit. b EuGVfO).

Die Frist ist in der Regel nicht mehr als zwei Wochen (inklusive Entfernungsfrist) ab Mitteilung der **25.1** Klagerhebung und Zustellung der entsprechenden Aufforderung des Gerichts. Nachdem die Klage auch dann nicht mit eCuria zugestellt wird, wenn der Vertreter einen entsprechenden Account hat, weil dessen Benutzung nach Auffassung des Gerichts für jedes Verfahren erneut autorisiert werden muss, und die Postzustellung häufig zu erheblichen Verzögerungen führt (→ Rn. 41, → Rn. 43), verkürzt sich diese Frist manchmal auf wenige Tage oder liegt gar in der Vergangenheit. In dem Fall empfiehlt sich ein Anruf bei der Geschäftsstelle mit nachfolgendem kurzem schriftlichen Antrag auf Fristverlängerung, die jeweils gewährt wird.

Widerspricht jedoch der Streithelfer fristgerecht, wird die **Sprache der angefochtenen** **26** **Beschwerdekammerentscheidung** Verfahrenssprache (Art. 45 Abs. 4 lit. c EuGVfO).

Wie vor dem Amt ist in der Mehrzahl der Fälle (65%) Englisch die Verfahrenssprache, gefolgt von **26.1** Deutsch mit knapp 20%. Weniger als 7% der Fälle sind auf Spanisch, und die verbleibenden 8% verteilen sich auf Französisch, Italienisch und andere Sprachen (in der Regel ex-parte-Fälle). Französisch, die Sprache des Gerichts(hofs), ist nur in einer verschwindend geringen Anzahl von Fällen Verfahrenssprache; dennoch werden alle Entscheidungen ins Französische übersetzt (aber keineswegs in alle anderen Sprachen).

Es besteht auch die Möglichkeit, dass sich die Parteien auf eine andere Sprache einigen (Art. 45 **27** Abs. 1 lit. b EuGVfO); dies hat jedoch keine praktische Bedeutung.

Führt der Widerspruch des anderen Verfahrensbeteiligten dazu, dass Verfahrenssprache eine **28** andere als die vom Kläger gewählte Sprache wird, muss der Kläger die Klageschrift nicht **übersetzen.** Diese Aufgabe übernimmt das Gericht auf eigene Kosten (Art. 45 Abs. 4 lit. c EuGVfO). Weitere Schriftsätze (also insbesondere die Klagebeantwortungen) müssen in der Verfahrenssprache eingereicht oder – ggf. nach Fristsetzung – auf Kosten der Parteien in diese übersetzt werden.

Die Parteien können nicht frei wählen, ob sie für einen Teil des Verfahrens, insbesondere die **29** **mündliche Verhandlung,** eine **andere Sprache** als die Verfahrenssprache verwenden möchten. Die Parteien können jedoch nach Art. 45 Abs. 1 lit. c EuGVfO beantragen, eine andere Sprache verwenden zu dürfen; entsprechende Anträge werden selten positiv verbeschieden, es gibt jedoch Ausnahmen (→ Rn. 55).

F. Vertretung und Nachweis der Rechtspersönlichkeit des Verfahrensbeteiligten; Ersetzung von Parteien

Vor dem Gericht besteht **Vertretungspflicht.** Dies ergibt sich für die Hauptparteien aus Art. 51 **30** Abs. 1 EuGVfO iVm Art. 19 Abs. 3 EuGH-Satzung und wird für die Streithelfer in Art. 173 Abs. 4 EuGVfO klargestellt. Aus dem Begriff der Vertretung folgt, dass die Person des Anwalts eine andere sein muss als die Partei, und es darf auch kein Beschäftigungsverhältnis zwischen der Partei und dem Anwalt vorliegen, damit der Anwalt „in völliger Unabhängigkeit und unter Beachtung der Berufs- und Standesregeln die Interessen des Mandanten bestmöglich schützen und verteidigen" kann (so EuGH C-529/18 P und C-531/18 P, PJ/EUIPO, BeckRS 2022, 5259 Rn. 61 ff., 64 – Erdmann & Rossi; ferner EuG T-92/18, BeckRS 2018, 9123 – Spieker; T-243/11, BeckRS 2012, 81014; so bereits für Syndikusanwalt EuG T-79/99, BeckRS 1999, 160950; s. auch für Anwalt, der zugleich Inhaber der klagenden Partei ist, EuG T-716/20, GRUR-RS 2021, 6807 – CR7).

Die Vertretung muss durch einen bei der lokalen Rechtsanwaltskammer zugelassenen **Rechts-** **31** **anwalt** erfolgen. Dieser muss befugt sein, vor einem Gericht eines Mitgliedstaates oder eines EWR-Staates aufzutreten (Art. 19 Abs. 4 EuGH-Satzung). Für neue Verfahren liegt diese Befugnis bei im Vereinigten Königreich zugelassenen Anwälten oder Barristern nicht mehr vor (EuG T-424/21, GRUR-RS 2021, 39318 – DAIMLER). Der Nachweis der Zulassung, also etwa die **Zulassungsurkunde,** ist vorzulegen (Art. 51 Abs. 2 EuGVfO). Beide Voraussetzungen müssen erfüllt sein; bloß die Befähigung, im jeweiligen Mitgliedstaat Parteien vor Gericht zu vertreten, reicht nicht aus (EuGH C-805/18 P, BeckRS 2019, 11810 Rn. 4 ff.).

Nach deutschem Recht zugelassene **Patentanwälte** sind nicht vertretungsbefugt (Hackspiel Mitt 2001, **31.1** 540). Gleiches gilt für Justiziare. Gleiches gilt für finnische Rechtsberater, die keine Rechtsanwälte sind, auch wenn sie vor finnischen Gerichten auftreten dürfen (EuGH C-805/18 P, BeckRS 2019, 11810 Rn. 4; ebenso für finnische Rechtsberater EuG T-128/21, GRUR-RS 2021, 18802) und galt auch für UK Trade Mark Attorneys mit Practising Certificate (EuG T-14/04, BeckEuRS 2004, 390091).

31.2   Wie angeführt, müssen Anwälte jeweils ihre **Zulassungsurkunden vorlegen.** Eine Übersetzung derselben in die Verfahrenssprache ist nicht erforderlich. Das Gericht führt keine Liste, so dass auch bei wiederholtem Auftreten vor dem Gericht jeweils wieder die Zulassungsurkunden in Kopie vorgelegt werden müssen.

31.3   **Brexit:** Mit Ablauf der Übergangsfrist am 31.12.2020 **endete die Zulassung der britischen Anwälte** vor den europäischen Gerichten. Britische Anwälte in anhängigen Verfahren vor dem EuGH bleiben jedoch für die Dauer des Verfahrens vertretungsbefugt (näher → Art. 1 Rn. 24, → Art. 1 Rn. 34).

32   Vertreter müssen sich durch eine **schriftliche Vollmacht** für das konkrete Verfahren legitimieren. Die Kopie einer privatschriftlichen Vollmacht ist ausreichend.

33   Juristische Personen des Privatrechts müssen zudem einen Nachweis ihrer **Rechtspersönlichkeit** vorlegen (Art. 177 Abs. 5 EuGVfO). Es ist hingegen nicht erforderlich, nachzuweisen, dass die dem Anwalt ausgestellte Vollmacht von einer intern hierzu befugten Person ausgefertigt wurde (EuG T-476/15, BeckRS 2016, 82471 Rn. 19 – FITNESS; T-40/19, GRUR-RS 2019, 41005 Rn. 14 – THE ONLY ONE by α alpha spirit).

34   Die mit der Vollmacht zusammenhängen Dokumente zum Nachweis der Rechtspersönlichkeit sind für die Zulässigkeit der Klage oder Klagebeantwortung erforderlich, nicht aber für die Fristwahrung. Stellt die Geschäftsstelle des Gerichts hier Mängel fest, fordert sie die entsprechende Partei auf, den Mangel binnen einer vom Gericht – in der Regel ohne Entfernungsfrist – gesetzten angemessenen Frist zu beheben (Art. 51 Abs. 4 EuGVfO).

35   Art. 174–176 EuGVfO behandeln die Ersetzung von Parteien. Ist das von dem Rechtsstreit betroffene Recht des geistigen Eigentums auf einen Dritten übertragen worden, so kann der Rechtsnachfolger beantragen, an die Stelle der ursprünglichen Partei im Verfahren vor dem Gericht zu treten (Art. 174 EuGVfO). Der Ersetzungsantrag wird den anderen Parteien zur Stellungnahme zugeleitet und per Beschluss verbeschieden (Art. 176 Abs. 1–3 EuGVfO). Findet die Parteiersetzung statt, tritt der Rechtsnachfolger in das Verfahren ein in dem Stadium, in dem es sich gerade befindet (Art. 176 Abs. 5 EuGVfO) (vgl. EuG T-273/21, GRUR-RS 2022, 28729 Rn. 13 (in GRUR-RS nicht wiedergegeben) – The Bazooka Companies (zuvor The Topps Company)).

G. Anforderungen an die Klageschrift: notwendiger Inhalt, Übermittlung, Form

36   Der notwendige **Inhalt** der **Klageschrift** ergibt sich aus Art. 177 EuGVfO. Danach muss die Klage enthalten: Namen und Wohnsitz des Klägers, Stellung und Anschrift des Vertreters des Klägers, die Bezeichnung des Amtes, gegen das sich die Klage richtet, den Streitgegenstand, die geltend gemachten Klagegründe und Argumente sowie eine kurze Darstellung der Klagegründe, und die Anträge des Klägers. Fehlt es an diesen Angaben, ist die Klage unzulässig; Art. 177 Abs. 7 EuGVfO sieht keine Nachfrist zur Behebung vor entsprechender Mängel.

37   Für die Zulässigkeit verlangt das Gericht eine **präzise Darstellung** der gerügten Feststellungen mit genauer Angabe, wo sich diese in der angefochtenen Entscheidung befinden, und was ihnen entgegenzuhalten ist. Unpräzise Angaben werden als unzulässig zurückgewiesen nach Art. 177 Abs. 1 lit. d EuGVfO (EuG T-78/19 Rn. 60 mwN – green cycles; insoweit in GRUR-Prax 2020, 305 nicht besprochen). Die genaue gerügte Rechtsnorm ist jedoch nicht Zulässigkeitsvoraussetzung (EuG T-77/19, GRUR-RS 2020, 4349 Rn. 16 – alcar.se).

38   Die **Angaben der Klagegründe und Argumente** müssen sich aus dem Text der Klageschrift selbst ergeben und **hinreichend klar und deutlich** sein, um dem Beklagten die Vorbereitung seiner Verteidigung und dem Gericht die Entscheidung über die Klage, gegebenenfalls auch ohne weitere Informationen, zu ermöglichen (EuG T-801/19, GRUR-RS 2020, 25149 Rn. 29 mwN – PedalBox+). Soweit auf Tatsachenvortrag und Beweismittel vor der Beschwerdekammer verwiesen wird, muss der Verweis präzise sein (EuG T-126/08, BeckRS 2009, 70223 Rn. 18 – Okalux). Ein **pauschaler Verweis** auf vorheriges Vorbringen widerspricht Art. 21 EuGH-Satzung und Art. 177 Abs. 1 lit. d EuGVfO und ist damit **unzulässig** (s. auch EuG T-328/19, GRUR-RS 2020, 14953 Rn. 20 f. – SCORIFY). Das Gericht ist nicht verpflichtet, die Klagegründe und Argumente in den Anlagen zu suchen und zu bestimmen; diese haben lediglich Beweis- und Hilfsfunktion (EuG T-801/19, GRUR-RS 2020, 25149 Rn. 30 mwN – PedalBox+).

39   Ferner muss die **ordnungsgemäße Vertretung** nachgewiesen werden (→ Rn. 30 ff.), und die Klageschrift muss nach Art. 177 Abs. 2 EuGVfO die Namen und Anschriften aller Parteien des Verfahrens vor der Beschwerdekammer enthalten. Die angefochtene Entscheidung der Beschwerdekammer ist beizufügen und das Datum ihrer Zustellung an den Kläger anzugeben (Art. 177 Abs. 3 EuGVfO). Bei diesbezüglichen Mängeln erhält der Kläger gemäß Art. 177 Abs. 7 EuGVfO eine Nachfrist zur Behebung.

Die Klageschrift ist wie alle Eingaben bei Gericht **mittels e-Curia** einzureichen (Art. 72 **40** EuGVfO; → Rn. 16). Nur Unterlagen, die ihrer Art nach nicht elektronisch übermittelt werden können, dürfen über den Postweg übermittelt werden (Art. 72 Abs. 4 EuGVfO). Nachdem jedoch bei Gericht keine neuen und auch keine veränderten Beweismittel zugelassen sind, ist dies von geringer praktischer Bedeutung.

Zustellung von Verfahrensschriftstücken an die Parteienvertreter erfolgt ausschließlich **über 41 e-Curia** – mit Ausnahme der Klage selbst, weil der e-Curia-Account für jedes neue Verfahren einzeln bestätigt werden muss. Die Vertreter werden per E-Mail von jedem neuen Eingang auf eCuria benachrichtigt. Für den Zustellungszeitpunkt ist der **Zugriff** auf das Dokument ausschlaggebend. Erfolgt kein Zugriff, gilt das Schriftstück mit Ablauf des siebten Tages nach Übersendung der Benachrichtigungs-E-Mail als zugestellt.

Das Gericht hat im Übrigen strenge **Formerfordernisse,** auf deren Einhaltung es besteht, ggf. **42** durch Setzen von Nachfristen. Verwiesen wird auf die bereits erwähnten ausführlichen Praktischen Durchführungsbestimmungen, die sich mit der zulässigen Länge, Schriftgröße, Marginierung, Fassung des Anlagenverzeichnisses und Paginierung befassen (s. zB EuG T-82/19, GRUR-RS 2019, 41245 Rn. 12 ff. – EAGLESTONE). Hervorzuheben ist die **Begrenzung der Länge der Klageschrift auf 20 Seiten,** von der nur in komplexen Fällen Ausnahmen gewährt werden (Art. 75 Abs. 1 EuGVfO, IV.A.2 Praktische Durchführungsbestimmungen).

Bei Formfehlern oder **Überschreitung der zulässigen Seitenzahl** erhält die Partei Gelegenheit zur **42.1** Verbesserung. Hier darf jedoch nicht umformuliert, sondern nur gekürzt werden. Es muss eine **gängige Schrifttype** gewählt werden, zB Times New Roman, Courier oder Arial, die Schriftgröße muss mindestens 12 pt sein (10 pt in den Fußnoten), die Seitenabstände (oben, unten, rechts und links) müssen mindestens 2,5 cm und der Zeilenabstand mindestens 1 sein. Die Absätze müssen **durchnummeriert** werden. Das **Anlagenverzeichnis** muss die Anlagen vollständig auflisten und dazu angeben, in welchem Absatz des Schriftsatzes auf die Anlage verwiesen wird und auf welchen Seiten sich die Anlagen jeweils befinden. Die gesamte Eingabe – Klageschrift, Anlagenverzeichnis und Anlagen – ist zu **paginieren,** und auf die entsprechenden Seitenzahlen ist zu verweisen. Farbige Anlagen sollten ausdrücklich als solche bezeichnet werden. Zum Ganzen s. III.C.1., insbesondere Rn. 96 Praktische Durchführungsbestimmungen.

H. Klagebeantwortung

Für die Klagebeantwortung gilt im Wesentlichen das Gleiche wie für die Klageschrift, nur dass **43** die angefochtene Entscheidung nicht erneut vorgelegt werden muss und die Sachverhaltsdarstellung in der Regel wesentlich kürzer gehalten werden kann. Die Frist für ihre Einreichung beträgt **zwei Monate** ab Zustellung der Klageschrift (Art. 179 EuGVfO); diese Frist kann auf Antrag ausnahmsweise verlängert werden. Dass die Zustellung der Klageschrift nicht mittels eCuria erfolgt, wurde bereits erwähnt (→ Rn. 41). In der Praxis führt die damit notwendige Postzustellung von Klagen häufig zu erheblichen Verzögerungen. Ferner führt ein Widerspruch gegen die Verwendung der vom Kläger gewählten Sprache und daraus resultierende Übersetzung durch das Gericht dazu, dass die Klage manchmal erst zwei oder drei Monate nach Klagerhebung zugestellt wird.

Der notwendige Inhalt der Klagebeantwortung ergibt sich aus Art. 180 EuGVfO. Der Vertreter **44** des betroffenen Beteiligten hat sich zu legitimieren und seine ordnungsgemäße Bevollmächtigung durch den Beteiligten sowie dessen Rechtspersönlichkeit nachzuweisen. Im Übrigen gelten dieselben Formerfordernisse wie für die Klageschrift (→ Rn. 36 ff.).

Auch für die Klagebeantwortung gilt die **Obergrenze** von 20 Seiten Länge nach IV.A.2 Rn. 116 **44.1** Praktische Durchführungsbestimmungen.

I. Anschlussklage und Beantwortung; Abschluss des schriftlichen Verfahrens

Die Klagebeantwortung führt normalerweise zum Abschluss des schriftlichen Verfahrens **45** (Art. 181 EuGVfO).

Die vormals (in Art. 135 Abs. 2 EuGVfO aF) vorgesehene Möglichkeit von schriftlicher **Erwiderung 45.1 und Gegenerwiderung,** die auf Antrag zugelassen werden konnten, wurde mit dem Ziel der Straffung des Verfahrens **abgeschafft.**

46   Allerdings können der Beklagte oder, soweit vorhanden, der Streithelfer eine **Anschlussklage** erheben (Art. 182 Abs. 1 EuGVfO). Dies muss mittels eines **separaten Schriftsatzes** erfolgen (Art. 182 Abs. 2 EuGVfO), dessen notwendiger Inhalt im Wesentlichen dem der Klageschrift entspricht (Art. 183 EuGVfO). Der Anschlusskläger muss klar darlegen, gegen welche von der Klage nicht umfassten Punkte in der angefochtenen Entscheidung sich die Anschlussklage richtet (Art. 184 EuGVfO). Die Anschlussklage hängt von der Klage insofern ab, als sie für erledigt erklärt wird, wenn die Klage zurückgenommen oder für offensichtlich unzulässig erklärt wird (Art. 187 EuGVfO).

47   Wird Anschlussklage erhoben, können die anderen Parteien jeweils binnen zwei Monaten nach Zustellung derselben hierauf antworten (Art. 185 EuGVfO). Die Frist ist ausnahmsweise verlängerbar.

48   Für die Anschlussklage und deren Beantwortung gelten die gleichen Formvorschriften wie für Klage und Klagebeantwortung, allerdings ist die Seitenzahl auf jeweils 15 Seiten begrenzt (IV.A.2 Rn. 116 Praktische Durchführungsbestimmungen).

49   Die Beantwortung der Anschlussklage beendet das schriftliche Verfahren (Art. 186 EuGVfO). Dies wird den Parteien schriftlich mitgeteilt.

J. Mündliche Verhandlung: Antrag und Ablauf

50   Die Mitteilung, dass das schriftliche Verfahren abgeschlossen ist, setzt eine (verlängerbare) **Dreiwochenfrist** in Gang, binnen derer eine **mündliche Verhandlung beantragt** werden kann (Art. 106 Abs. 2 EuGVfO). Zu der Dreiwochenfrist kommt die zehntägige Entfernungsfrist hinzu, so dass tatsächlich ein Monat für den Antrag zur Verfügung steht. Im Übrigen ist die Frist für den Antrag auf mündliche Verhandlung grundsätzlich verlängerbar.

50.1   Der Antrag auf mündliche Verhandlung sollte darlegen, weshalb eine mündliche Verhandlung der Rechtsfindung zuträglich wäre, und sich auf maximal drei Seiten beschränken. Ein bloßer Verweis auf die Wichtigkeit oder Komplexität des Falls ist zu vermeiden (V.A.1. Rn. 180 Praktische Durchführungsbestimmungen).

51   Ohne Antrag entscheidet das Gericht normalerweise **ohne mündliche Verhandlung.** Wird eine mündliche Verhandlung **beantragt,** wird sie in der Regel auch anberaumt. Ob sie anberaumt wird, erfahren die Parteien durch die Ladung, die oft Monate nach Antragstellung erfolgt. Die Ladung muss mindestens einen Monat vor der mündlichen Verhandlung erfolgen, es sei denn, die Umstände rechtfertigen eine kürzere Ladungsfrist (Rn. 184 Praktische Durchführungsbestimmungen); entsprechende Fälle sind aber nicht bekannt.

51.1   Eine **Verschiebung** des Termins liegt im Ermessen des Gerichts. Die erst kurz vor der mündlichen Verhandlung erfolgte Mandatierung eines neuen Anwalts ist kein Grund für eine Verschiebung des Termins. Andere Verpflichtungen der Prozessvertreter werden anerkannt, wenn es sich um anderweitige Gerichtstermine handelt. Bereits geplante und bezahlte Auslandsreisen, Konferenzen etc. können ebenfalls als Grund für eine Verschiebung anerkannt werden, sicher ist dies jedoch nie. Wenn allerdings beide Parteien die Verschiebung beantragen, wird sie normalerweise gewährt.

52   Vor der mündlichen Verhandlung erhalten die Parteien den vom Berichterstatter erstellten **Bericht für die mündliche Verhandlung,** der die Sach- und Rechtslage, wie sie dem Gericht vorliegt, kurz zusammenfasst. Etwaige Widersprüche zu den Vorträgen der Parteien können schriftlich vor dem Termin oder im Gesprächstermin direkt vor der mündlichen Verhandlung angesprochen werden.

53   Zuweilen stellt das Gericht den Parteien **konkrete Fragen** im Bericht für die mündliche Verhandlung. In dem Fall setzt es entweder eine Frist für die schriftliche Beantwortung vor dem Termin oder fordert die Parteien auf, die Antworten in ihren Plädoyers zu geben. Auch ohne konkrete Fragen kann das Gericht die Parteien auffordern, sich in ihren Plädoyers auf bestimmte Aspekte zu konzentrieren; in der Regel bedeutet dies, dass nur oder jedenfalls vornehmlich dazu vorgetragen werden soll.

54   Der **Ablauf der mündlichen Verhandlung,** die in öffentlicher Sitzung in Luxemburg abgehalten wird, folgt strengen Regeln. Vor Eröffnung werden die Prozessvertreter der Parteien in die Richterkammer zu einer kurzen Besprechung gebeten, wo sie Anmerkungen zu dem Bericht für die mündliche Verhandlung machen können. Nach Eröffnung wird dem Kläger das Wort erteilt. Er bekommt im Regelfall **15 Minuten Redezeit,** Verlängerungen werden gelegentlich auf Antrag gewährt bei besonders komplexen Fällen. Sodann bekommen auch die anderen Parteien (also das Amt und ggf. der Streithelfer) je 15 Minuten Redezeit. An die Plädoyers schließen sich die möglichen Fragen des Berichterstatters und der weiteren Kammermitglieder an. Zuletzt werden alle Beteiligten aufgefordert, soweit sie möchten, noch Schlussbetrachtungen zu machen, wiederum in der Reihenfolge Kläger – Amt – Streithelfer.

Eigentlich bekommt der **Streithelfer** nach Rn. 201 Praktische Durchführungsbestimmungen nur zehn **54.1** Minuten Zeit. In Rechtssachen, die das geistige Eigentum betreffen, sieht jedoch die „Merkliste – Mündliche Verhandlung" auch für den Streithelfer 15 Minuten vor. Die Merkliste ist abrufbar auf der Internetseite des Gerichts, curia.europa.eu – Gericht – Verfahren – Weitere nützliche Informationen.

Das Gericht kann auf begründeten Antrag eine **Ausnahme** von der Regeldauer gewähren. Der Antrag **54.2** ist spätestens zwei Wochen vor der mündlichen Verhandlung zu stellen; dabei ist auch anzugeben, wie viel Redezeit für erforderlich gehalten wird. Das Gericht teilt den Parteien vor der mündlichen Verhandlung mit, ob und wie viel mehr Zeit genehmigt wird (Rn. 202 Praktische Durchführungsbestimmungen). Dabei bekommen auch die anderen Parteien jeweils die gleiche zusätzliche Redezeit, auch wenn diese die Verlängerung nicht beantragt haben. Insofern ist zu berücksichtigen, dass bei Klageverfahren, die sich an kontradiktorische Amtsverfahren anschließen, jede Redezeitverlängerung für den Kläger die doppelte Verlängerung für die Gegenseite nach sich zieht, weil sowohl das Amt als auch der Streithelfer die gleiche zusätzliche Zeit bekommen.

Die mündliche Verhandlung wird in der **Verfahrenssprache** abgehalten; dabei können die **55** Richter jedoch für Fragen an die Parteien zwischen der Verfahrenssprache und anderen Sprachen wählen, beschränken sich jedoch normalerweise auf Französisch oder (zunehmend) Englisch als Alternativen. Die Parteien müssen stets in der Verfahrenssprache antworten. Die Parteien können nach Art. 45 Abs. 1 lit. c EuGVfO beantragen, in einer anderen Sprache plädieren zu dürfen. Die anderen Beteiligten werden dazu gehört. In dem (seltenen) Fall, dass dies genehmigt wird, und für die möglichen Fragen seitens der Richter in anderen Sprachen als der Verfahrenssprache stellt das Gericht für alle Beteiligten **Simultanübersetzung** zur Verfügung (Art. 47 EuGVfO).

Wenn das Gericht auch in der Regel einen strengen Maßstab anlegt und Anträge auf Genehmigung **55.1** der Benutzung einer anderen als der Verfahrenssprache in der mündlichen Verhandlung in der Regel zurückweist, wurde in EuG T-306/20, GRUR-RS 2021, 36365 Rn. 10 – La Irlandesa 1943 einem solchen Antrag (auf Benutzung der spanischen Sprache in einem Verfahren in englischer Sprache) stattgegeben, da es an Beweisen fehle, dass sonst das Verfahren verzögert oder die Rechte der anderen Beteiligten beeinträchtigt werden.

Die mündlichen Einlassungen werden für die Richter in deren jeweilige Sprache **simultan übersetzt** **55.2** und häufig folgen die Richter dieser Übersetzung auch dann, wenn sie der Verfahrenssprache ohne weiteres mächtig sind (schon um die Dolmetscher nicht zu düpieren). Es ist daher ratsam, sich in der mündlichen Verhandlung einer sehr einfachen Sprache mit kurzen Sätzen zu bedienen und nicht zu schnell zu sprechen, um die Übersetzung zu vereinfachen. Im Übrigen wird die Qualität der Übersetzung dadurch positiv beeinflusst, dass den Dolmetschern vorab per EMail an interpret@curia.europa.eu eine Kopie des Plädoyers oder zumindest der wesentlichen Punkte des Plädoyers übermittelt wird, worum der Sprachendienst ohnehin bittet. Dieses Schriftstück wird natürlich nicht in die Akte aufgenommen.

Die Parteien können beantragen, **technische Hilfsmittel** bei der mündlichen Verhandlung **56** verwenden zu dürfen. Der Antrag muss mit genügend Vorlauf vor der mündlichen Verhandlung gestellt werden und das Gericht muss dem zustimmen. Davon sollte nur in besonderen Fällen Gebrauch gemacht werden – nicht jeder Vortrag bedarf einer PowerPoint-Präsentation. In jüngerer Zeit ist das Gericht recht großzügig bei der Zulassung von Präsentationen, auch wenn der Vortrag dies in keiner Weise erfordert.

K. Klagegründe

Die Klage kann nur auf die in Art. 72 Abs. 2 genannten Rechtsgründe gestützt werden, kurz **57** also auf Verletzungen des primären oder abgeleiteten **Unionsrechts.** Dies bedeutet jedoch nicht, dass das Gericht nur über Rechts- und nicht über Tatsachenfragen entscheiden könne. Tatsächlich geht die **Entscheidungsbefugnis** des Gerichts so weit wie die des Amtes. Insbesondere entscheidet das Gericht eigenständig über die Beurteilung von Fragen der Zeichen- und Warenähnlichkeit, der relevanten Verkehrskreise und deren Einschätzung etc – alles nach der Rechtsprechung des Gerichtshofs Sach- und nicht Rechtsfragen. Nachdem es allerdings um die Prüfung der Rechtmäßigkeit der Entscheidung der Beschwerdekammer geht, werden grundsätzlich nur Tatsachen berücksichtigt, die bereits der Beschwerdekammer vorlagen (→ Rn. 61 ff.; s. auch Walicka GRUR-Prax 2018, 251 ff.; Walicka GRUR-Prax 2018, 273 ff.).

58   Der Vortrag des Klägers ist auf die der Klage zugrundeliegenden Rechtsgründe zu beziehen. Gerügt wird also die Verletzung einer konkreten Norm, und die Gründe für die Rüge sind darunter zu fassen. Zur erforderlichen **Präzision** → Rn. 37 f.

58.1   Lässt sich aus dem Vortrag des Klägers nicht entnehmen, welche Norm als verletzt gerügt wird, ist die Klage insoweit unzulässig. Das Gericht ist allerdings großzügig bei der Interpretation von Parteivorbringen und bereit, die möglicherweise einschlägige Vorschrift selbst zu ergänzen (wN → Rn. 37).

58.2   Die Klage, die auf Überprüfung der Rechtmäßigkeit der Beschwerdekammerentscheidung gerichtet ist, muss sich konkret gegen diese Entscheidung richten. Hat die Beschwerdekammer eine Beschwerde als unzulässig zurückgewiesen, ist eine Klage, die die Begründetheit der Beschwerde darlegt, aber nicht, dass und warum es falsch war, sie als unzulässig zurückzuweisen, ihrerseits offensichtlich unbegründet (s. EuG T-398/14, BeckRS 2014, 82665 – LEGO Minifiguren).

59   Alle Klagegründe sind in der Klageschrift vorzubringen. Neue Klagegründe können im Laufe des Verfahrens (also – in Ermangelung eines zweiten Schriftsatzwechsels – in der mündlichen Verhandlung) nur vorgebracht werden, wenn sie auf rechtliche oder tatsächliche Gesichtspunkte gestützt sind, die erst während des Verfahrens zutage getreten sind (Art. 84 Abs. 1 EuGVfO; s. zB EuGH C-481/08 P, BeckRS 2011, 87154 Rn. 17 – BioVisc, zu Art. 48 Abs. 2 EuGVfO aF). Möglich ist jedoch eine bloße Erweiterung eines vorgebrachten Klagegrundes (s. für eine zulässige Erweiterung EuG T-738/20, GRUR-RS 2022, 12475 Rn. 61 – HOLUX; für eine unzulässige Erweiterung EuG T-628/18, GRUR-RS 2019, 41473 Rn. 75 – fripan VIENNOISERIE CAPRICE; T-828/14, Rn. 24 zu Gemeinschaftsgeschmacksmuster – insoweit in BeckRS 2017, 144010 nicht abgedruckt). Für die Verteidigungsgründe gilt dasselbe – sie müssen in der Klagebeantwortung vorgebracht werden.

60   Das Gericht ist an die Klagegründe gebunden. Was jedoch die **Verletzung wesentlicher Verfahrensvorschriften** wie den Anspruch auf rechtliches Gehör oder adäquate Begründung betrifft, darf das Gericht diese nicht nur **von Gerichts wegen** berücksichtigen, sondern fühlt sich hierzu sogar verpflichtet. Das Gericht folgert dies aus der grundsätzlichen Überwachungsfunktion des Gerichtshofs gem. Art. 263 AEUV (EuG T-273/21, GRUR-RS 2022, 28729 Rn. 22 – The Bazooka Companies; ebenso T-86/21, GRURRS 2022, 3111 Rn. 96).

L. Berücksichtigung neuer oder veränderter Tatsachen

61   Gemäß Art. 188 EuGVfO können die Schriftsätze der Parteien den vor der Beschwerdekammer verhandelten Streitgegenstand nicht ändern (zu Art. 135 § 4 EuGVfO aF EuG T-336/03, GRUR Int 2006, 49 Rn. 16, 20 – Mobilix/Obelix). Hierauf basiert die ständige Rechtsprechung des Gerichts, dass seine Aufgabe allein die Prüfung der Rechtmäßigkeit der Entscheidung der Beschwerdekammer sei und Tatsachen, die der Beschwerdekammer nicht vorlagen, nicht berücksichtigt werden können (EuG T-328/19, GRUR-RS 2020, 14953 Rn. 24 mwN – SCORIFY). Normalerweise wird daher neuer oder auch nur ergänzender Tatsachenvortrag nebst entsprechenden Nachweisen als unzulässig zurückgewiesen.

62   Beweismittel können auch nicht im Nachhinein geändert werden. Wurden beispielsweise vor der Beschwerdekammer Abbildungen nur in Schwarz-Weiß vorgelegt, etwa weil per Fax eingereicht wurde, ist die Vorlage der farbigen Abbildungen vor dem Gericht grundsätzlich unzulässig.

63   Die wichtigsten Ausnahmen von dieser Regel sind **allgemein bekannte Tatsachen** und **Rechtsprechung** (EuGH C-88/11 P, BeckRS 2012, 80141 Rn. 29 – KOMPRESSOR PLUS; EuG T-353/11, BeckRS 2013, 80651 Rn. 23 f. – eventer/Event; zur nachträglichen Einreichung von Auszügen aus Wörterbüchern s. EuG T-197/12, BeckRS 2013, 81458 Rn. 16 – METRO/GRUPOMETROPOLIS; T-284/11, BeckRS 2013, 80869 Rn. 16 – METRO/METROINVEST). Falls die Beschwerdekammer (angeblich) allgemein bekannte Tatsachen berücksichtigt hat, darf der Kläger Nachweise dazu einreichen, ob es sich um zutreffende Tatsachen handelt. Die Frage der Zulässigkeit dieser Unterlagen ist danach unabhängig davon zu beurteilen, ob es sich tatsächlich um allgemein bekannte Tatsachen handelte (EuG T-261/19, BeckEuRS 2019, 605505 Rn. 43 mwN – OptiMar). Unter „Rechtsprechung" fällt hier auch nationale Rechtsprechung der Mitgliedstaaten (s. EuGH C-598/14 P, GRUR Int 2017, 502 – LAGUIOLE) einschließlich Entscheidungen des EUIPO (EuG T-869/16, BeckRS 2018, 225 Rn. 24 ff.); ob das für Entscheidungen nationaler Markenämter in gleicher Weise gilt, ist nicht ganz klar (verallgemeinernd Walicka GRUR-Prax 2018, 273 (274)).

63.1   In der Entscheidung LAGUIOLE (EUIPO/Szajner) wies der EuGH das Rechtsmittel des EUIPO zurück, mit dem das Amt die Berücksichtigung einer Entscheidung des französischen Kassationsgerichtshofs rügte, die erst nach der Beschwerdekammerentscheidung ergangen war. Die Entscheidung, wonach Firmen nach französischem Recht nur im Rahmen ihrer tatsächlichen und nicht für alle vom Unternehmensgegenstand umfassten Tätigkeiten geschützt sind, beendete eine Grundsatzdiskussion zum Schutzumfang von Firmennamen nach französischem Recht. Die Beschwerdekammer war von der gegenteiligen Ansicht ausgegangen. Insofern war die Entscheidung streitentscheidend. Der Gerichtshof hob darauf ab, dass mit der Entscheidung eine streitige Rechtsfrage geklärt worden sei und dem EUIPO auch hinsichtlich der Fragen nationalen Rechts eine volle Rechtmäßigkeitsprüfung obliege (EuGH C-598/14 P, GRUR Int 2017, 502 Rn. 37 ff.).

Auch andere neue Tatsachen werden zuweilen berücksichtigt. So wurde beispielsweise in einem frühen **63.2** Verfahren eine erst nach Erlass der Beschwerdekammerentscheidung durchgeführte **Verkehrsumfrage** zugelassen (EuG T-363/04, GRUR Int 2008, 406 Rn. 77 – Carbonell). Akzeptiert hat das EuG zudem die Vorlage von vormals in Schwarz-Weiß vorgelegten Beweismitteln in Farbe (EuG T-30/16, BeckEuRS 2017, 520284 Rn. 17 – NATURAL INSTINCT). Solche Fälle bilden jedoch die Ausnahme (s. zB EuG T-483/12, BeckRS 2015, 81173 Rn. 33–40 – Nestlé/Koala Bären; Walicka GRUR-Prax 2018, 273 (274)).

In der mündlichen Verhandlung vorgelegtes Anschauungsmaterial dürfte – mangels mündlicher Ver **63.3** handlungen vor dem Amt – in aller Regel erstmals vorgelegt werden, dient aber häufig nur dem besseren Verständnis oder der Illustration der schriftlich vorgetragenen Tatsachen und wird in dem Fall auch zumeist zugelassen.

Ferner können alle **Tatsachen,** die die Beschwerdekammern **von Amts wegen** untersuchen **64** müssen, auch vor Gericht erstmals vorgetragen werden. Dazu gehört nach Auffassung des EuGH die Bedeutung der älteren Marke in einer bestimmten Sprache der EU und resultierende Schwäche der Marke (EuGH C-702/18 P, GRUR-RS 2020, 12960 Rn. 41–43 – PRIMART). In dieser Entscheidung hat der EuGH zudem festgestellt, dass der Kläger sich auch dann gegen die **Beurteilung der Ähnlichkeit der Waren** durch die Beschwerdekammer wenden kann, wenn diese nicht Gegenstand des Beschwerdeverfahrens war, soweit die Beschwerdekammer die entsprechenden Ausführungen der Ausgangsinstanz bestätigt hat, wenn auch nur stillschweigend (EuGH C-702/18 P, GRUR-RS 2020, 12960 Rn. 36 – PRIMART).

Wie der **Wegfall des älteren Rechts während des Verfahrens** vor dem Gericht zu behandeln **65** ist, ist eine derzeit im Zusammenhang mit **Brexit** vor dem Gerichtshof anhängige Frage. In dem Verfahren BASMATI vertritt das Amt die zutreffende Auffassung, dass der Wegfall des Eintragungshindernisses in jedem Stadium des Verfahrens – also ob vor oder nach der Beschwerdekammerentscheidung – zu berücksichtigen sei. In BASMATI ergab sich dieser Wegfall daraus, dass es um ein älteres nicht eingetragenes im Vereinigten Königreich belegenes Recht ging. Die Entscheidung der Beschwerdekammer erging vor Ablauf der Übergangsfrist für Brexit, die des Gerichts danach, und das Gericht setzte sich mit dem Passing-off Recht auseinander. Hiergegen richtet sich das Rechtsmittel des Amtes, das vom EuGH als erstes markenrechtliches Rechtsmittel überhaupt zugelassen wurde (Zulassungsbeschluss EuGH C-801/21 P, BeckRS 2022, 13034). Anhängig ist des Weiteren APE TEES, wo es wiederum um ein älteres Recht im Vereinigten Königreich ging, die Beschwerdekammer aber nach Ablauf des Übergangszeitraums entschied und daher dieses Recht unberücksichtigt ließ. Das EuG hob dies auf und das Amt legte Rechtsmittel ein. Der Gerichtshof hat auch dieses Rechtsmittel zugelassen(EuG T-281/21, GRUR-RS 2022, 4397; Rechtsmittel anhängig unter C-337/22 P; zugelassen am 16.11.2022). S. zum Ganzen → Art. 1 Rn. 30 f. Sollten diese Rechtsmittel und vor allem das zu BASMATI erfolgreich sein, müsste sich die Rechtsprechung des Gerichts zu veränderten Tatsachen, die den Bestand des älteren Rechts betreffen, grundsätzlich ändern.

Bislang orientiert sich die Rechtsprechung des Gerichts zum Wegfall des älteren Rechts an **66** dem Grundsatz, nur Umstände in Betracht gezogen werden, die bereits zum Zeitpunkt der Beschwerdekammerentscheidung gegeben und der Beschwerdekammer bekannt waren (zB EuGH C-263/09 P, GRUR 2011, 1132 Rn. 71 f. = EuZW 2011, 716 = MarkenR 2011, 318 – ELIO FIORUCCI; C-482/15 P, GRUR 2017, 229 Rn. 27 ff. mwN – bambinoLÜK). Jedenfalls den **Verfall** der älteren Marke mit Wirkung von einem Zeitpunkt nach der Beschwerdekammerentscheidung zog das Gericht in der Regel nicht in Betracht (zB EuG T-7/15, BeckRS 2017, 132237 Rn. 20 ff. – LEOPARD true racing), weil die ältere Marke zum Zeitpunkt der angefochtenen Entscheidung noch ihre Wirkung entfaltet habe. Aber auch die spätere (also nach der Beschwerdekammerentscheidung ergangene) Erklärung der **Nichtigkeit** der älteren Marke führte nicht notwendig zu einer Berücksichtigung im Gerichtsverfahren – ebenso wie der Verlust der Wirksamkeit wegen **Nichtverlängerung** – weil oder soweit die Beschwerdekammer hiervon keine Kenntnis hatte (EuG T-24/16, BeckEuRS 2017, 494098 Rn. 21 ff., 23 – FUENOLIVIA). Anmeldern oder Markeninhabern ist daher bei Widerspruchs- oder Nichtigkeitsverfahren anzuraten, mögliche Einwände oder Verfahren gegen die Wirksamkeit der älteren Marke während des Amtsverfahrens zu erheben oder einzuleiten und dann auf Aussetzung des Amtsverfahrens zu drängen.

66.1   Es scheint keinesfalls korrekt, bei objektiver Unwirksamkeit der älteren Marke eine darauf basierende Zurückweisung oder Nichtigerklärung aufrechtzuerhalten. Auf die Kenntnis der Kammer kann nicht abgestellt werden, weil der Rechtsfehler objektiv vorlag. In dem Fall FUENOLIVIA wurde moniert, die Nichtverlängerung der älteren Marke sei nicht vor der Beschwerdekammerentscheidung vorgetragen worden. Der Anmelder jedoch konnte dies nicht, da sie vom zuständigen spanischen Amt noch nicht veröffentlicht worden war, und der Widersprechende hatte natürlich kein Interesse an einer solchen Mitteilung. Im Grunde sollte jeder Wegfall des Eintragungshindernisses – ob vor oder nach Entscheidung der Beschwerdekammer – zur Aufhebung der Entscheidung führen, weil das Gericht letztinstanzlich über das Vorliegen eines solchen Hindernisses entscheidet und mit solchen Fiktivprüfungen niemandem geholfen und lediglich dem betroffenen Anmelder oder Markeninhaber ein wertvoller Besitzstand genommen wird (Fezer Markenpraxis-HdB/v. Kapff Rn. 2474, 2475 spricht hier zutreffend von „Phantomverfahren").

67   **Kürzungen des Warenverzeichnisses** einer angegriffenen Marke in Form bloßer Streichungen werden berücksichtigt, Einschränkungen, die eine Neuinterpretation der Begriffe erfordern würden, hingegen nicht (zB EuG T-17/20 EUIPO, GRUR-RS 2021, 12480 Rn. 22, 23 – GAMELAND mAnm Dumont GRUR-Prax 2021, 407; T-489/20, GRUR-RS 2021, 25208 Rn. 18–20 – Eos Products; T-366/05, BeckRS 2012, 81767 Rn. 27, 44 – Budweiser; im Fall EuG T-840/14, BeckRS 2016, 128700 Rn. 19 ff. – Sky Bonus führte die Abänderung des Warenverzeichnisses im Antrag ans Gericht sogar zur Unzulässigkeit der Klage). Zur Nichtberücksichtigung einer (retroaktiven) Änderung des Warenverzeichnisses gemäß Art. 33 Abs. 8 während des Gerichtsverfahrens s. EuG T-374/15, BeckRS 2017, 124474 – Vermögensmanufaktur (Rechtsmittel zurückgewiesen, EuGH C-653/17 P).

68   Bei der **Rücknahme verfahrensleitender Anträge** (also zB des streitgegenständlichen Widerspruchs) wird die Klage vor dem Gericht gegenstandslos.

M. Entscheidung in der Sache; Abänderungsbefugnis

69   Das Gericht entscheidet per Beschluss, wenn die Klage offensichtlich unzulässig oder unbegründet ist (Art. 126 EuGVfO), ansonsten per Urteil. Das Urteil ergeht etwa drei bis sechs Monate nach der mündlichen Verhandlung. Sein notwendiger Inhalt ergibt sich aus Art. 117 EuGVfO, das eines Beschlusses aus Art. 119 EuGVfO. Die **Verkündung** des Urteils ergeht in öffentlicher Sitzung, zu der die Parteien geladen werden (Art. 118 Abs. 1 EuGVfO).

69.1   Es ist nicht erforderlich und auch unüblich, zur Urteilsverkündung zu erscheinen. Urteile des EuG sind in der Regel ab ca. 11:00 Uhr auf der Internetseite des Gerichts abrufbar. Die Parteien erhalten das Urteil nicht vorab per Fax, auch wenn es bereits um 9:30 Uhr verkündet wurde und bei Gericht auslag. Bei erheblichem Medieninteresse kann es daher vorkommen, dass die Presse bereits den Ausgang des Verfahrens berichtet, bevor die Parteien das Urteil in Händen halten. Dies gilt insbesondere dann, wenn das Gericht eine Pressemitteilung herausgibt. Auch diese geht den Parteien nicht gesondert zu.

70   Die **Urteilsformel** lautet regelmäßig darauf, dass die Klage zurückgewiesen wird (was einer Bestätigung der Entscheidung der Beschwerdekammer gleichkommt), oder dass die Entscheidung der Beschwerdekammer ganz oder teilweise aufgehoben wird.

71   Im Fall der vollständigen oder anteiligen **Aufhebung** (und soweit die Entscheidung des Gerichts rechtskräftig wird) geht die Sache an das Amt zurück, das gemäß Art. 72 Abs. 6 die Maßnahmen zu ergreifen hat, die sich aus dem Urteil des Gerichts ergeben. Je nachdem, welcher Spielraum dem Amt nach dem Urteil verbleibt, kann dies unmittelbar zu einer Eintragung der in Frage stehenden Unionsmarkenanmeldung führen, oder eine neue Entscheidung der Beschwerdekammer oder auch der ersten Instanz nach sich ziehen. Das hängt davon ab, welche weitere Rechts- und Tatsachenfindung erforderlich ist.

71.1   So wurden beispielsweise die Anmeldungen der Wortmarke BUD für Bier im Jahre 2013 als Folge der Entscheidung des EuG T-225/06 RENV, BeckRS 2013, 80241 – BUD ohne weitere Entscheidung des Amtes eingetragen. Andererseits entschied die Beschwerdekammer bezüglich der Flaschenausstattungen der Freixenet Flaschen in Folge des Urteils des EuGH C-344/10 P und C-345/10 P, GRUR 2012, 610, erneut, dieses Mal, dass die Formmarken eintragungsfähig seien (EUIPO 2. BK 1.2.2012 – R 2464/2011-2; 1.2.2012 – R 2465/2011-2). Die jeweiligen Anmeldungen stammten vom 1.4.1996.

72   Das Gericht hat allerdings nach Art. 72 Abs. 3 auch eine **Abänderungsbefugnis.** Hiervon wird zunehmend Gebrauch gemacht. Voraussetzung hierfür ist, dass die Sache aus Sicht des Gerichts entscheidungsreif ist (s. zB EuG T-283/11, BeckRS 2013, 80167 – nfon/fon). Das Gericht kann dem Amt keine Anweisungen geben, etwa eine Marke zu veröffentlichen oder einzutragen. Seine Abänderungsbefugnis reicht nur so weit wie die der Beschwerdekammer selbst, die ja auch nicht einträgt oder veröffentlicht. Insofern sind entsprechende Anträge unzulässig, aber in der Regel umzudeuten in einen Aufhebungsantrag (streng jedoch EuG T-164/16, GRUR-Prax 2017, 302 mAnm Breuer – THE TRAVEL EPISODES).

Soweit das Gericht meint, dass eine Abänderung des Urteils nicht angezeigt ist, ist auch der **73** entsprechende Antrag unzulässig. In der Regel hat dies jedoch keine Auswirkungen auf die Kostenentscheidung.

In den ersten Jahren der Rechtsprechung des Gerichts in Unionsmarkensachen wurden entsprechende **73.1** Anträge, etwa auf Zurückweisung des Widerspruchs oder Zulassung der Unionsmarke zur Veröffentlichung, regelmäßig gestellt und als unzulässig zurückgewiesen (EuG T-163/98, GRUR Int 1999, 1060 Rn. 53 – Baby-Dry; T-247/01, GRUR Int 2003, 646 Rn. 13 – Ecopy; T-359/02, GRUR Int 2005, 925 Rn. 12 – Star TYTStar; T-35/04, GRUR Int 2006, 510 Rn. 15 – Ferró/Ferrero). In jüngerer Zeit hingegen zeigt sich eine Tendenz des Gerichts, zunehmend durchzuentscheiden.

In EuGH C-226/15 P, GRUR-RR 2016, 328 – PINK LADY/English Pink hatte das EuG der Klage **73.2** auf Aufhebung der BK-Entscheidung stattgegeben, wollte der Kläger aber weitergehend eine Abänderung durchsetzen. Die entsprechende Beschwerde blieb erfolglos – sie war aber nicht unzulässig. In der Sache ging es um (nach EuGH fehlende) Bindungswirkung eines EU-weit geltenden rechtskräftigen Unterlassungsurteils für den parallelen Widerspruch gegen eine Unionsmarkenanmeldung (dieselben Parteien und Marken betreffend). Das Unterlassungsbegehren und der Widerspruch betrafen nicht denselben Anspruch.

N. Kostenentscheidung und Kostenfestsetzung

Gemäß Art. 133 EuGVfO enthalten das Urteil oder der Beschluss auch die Entscheidung über **74** die Kosten, soweit Kostenanträge gestellt wurden (Art. 134 Abs. 1 EuGVfO) – anderenfalls tragen die Parteien ihre Kosten selbst (Art. 136 Abs. 4 EuGVfO). Dabei geht es um die Kostenverteilung; eine Kostenfestsetzung erfolgt nur auf gesonderten Antrag per Beschluss.

Die Kosten werden der **unterliegenden Partei** auferlegt (Art. 134 Abs. 1 EuGVfO). Unterlie- **75** gen das Amt und der Streithelfer, entscheidet das Gericht über die Kostenverteilung (Art. 134 Abs. 2 EuGVfO). Dabei kann es auch entscheiden, dass nur das Amt die Kosten trägt, obwohl der Streithelfer beigetreten und allein am Ausgang des Verfahrens interessiert ist (so in EuG T-82/17, BeckRS 2018, 29223 – Exxtra Deep). Ferner kann das Gericht entscheiden, dass das Amt nur seine eigenen Kosten trägt, auch wenn die angefochtene Entscheidung der Beschwerdekammer aufgehoben wird (Art. 190 Abs. 1 EuGVfO).

Im Falle der **Klagerücknahme** werden die Kosten dem Kläger auferlegt, soweit die Gegenpartei dies **75.1** beantragt (Art. 136 Abs. 1 EuGVfO). Haben sich die Parteien über die Kostenfrage geeinigt, wird sich der Kostenbeschluss danach richten (Art. 136 Abs. EuGVfO).

Bei teilweisem Obsiegen und Unterliegen jeder Partei werden die Kosten normalerweise aufge- **76** hoben, es sei denn, es liegen besondere Umstände vor (Art. 134 Abs. 3 EuGVfO). Auch aus Billigkeitsgründen, oder wenn Kosten böswillig verursacht wurden, kann das Gericht eine andere Kostenverteilung anordnen (Art. 135 EuGVfO).

Teilunterliegen des Klägers nimmt das Gericht zuweilen auch dann an, wenn er mit diversen Rügen **76.1** nicht durchgedrungen ist, eine der Rügen jedoch zur vollständigen Aufhebung der angefochtenen Entscheidung der Beschwerdekammer geführt hat (so geschehen in EuG T-225/06 RENV, T-255/06 RENV, T-257/06 RENV, T-309/06 RENV, BeckRS 2013, 80241 – BUD).

Die Kostenentscheidung ist nicht selbständig anfechtbar, sondern nur zusammen mit der Ent- **77** scheidung in der Sache (Art. 58 EuGH-Satzung).

Im Urteil entscheidet das Gericht nicht über die zu erstattenden Kosten. Insofern wird zunächst **78** erwartet, dass sich die Parteien einigen. Kommt keine Einigung zustande, setzt das Gericht auf Antrag einer Partei und nach Anhörung der Gegenpartei die Kosten fest. Der **Kostenfestsetzungsbeschluss** ist nicht anfechtbar (Art. 170 EuGVfO).

Als **erstattungsfähige Kosten** gelten Reise- und Aufenthaltskosten sowie die Vergütung der **79** Prozessbevollmächtigten (Art. 140 lit. b EuGVfO). Gemäß Art. 190 Abs. 2 EuGVfO sind auch die Kosten erstattungsfähig, die für das Verfahren vor der Beschwerdekammer notwendig waren.

Nicht von den erstattungsfähigen Kosten erfasst sind die im erstinstanzlichen Verfahren vor dem Amt **79.1** entstandenen Kosten. Nachdem die Tatsachenarbeit in der Regel auf dieser Ebene geleistet wird, fallen damit nicht unerhebliche Verfahrenskosten weg, die natürlich mit den nach Art. 18 Abs. 3 lit. c Ziff. i, ii UMDV zu erstattenden 300 oder 450 Euro (für Widerspruchs- bzw. Löschungsverfahren) nicht abgegolten werden.

79.2   Die Höhe der vom Gericht in Unionsmarkensachen anerkannten Kosten liegt erfahrungsgemäß zwischen 3.000 und 8.000 Euro und nur in besonders komplexen Verfahren von großer rechtlicher Tragweite und nebst EuGH-Verfahren auch einmal bei rund 30.000 Euro (EuG T-270/06, BeckRS 2011, 80699 – DEP). Während das Gericht in den Kostenfestsetzungsbeschlüssen oft ausführlich erklärt, was alles nicht akzeptabel ist, bleibt es meist eine Begründung für den im Ergebnis als angemessen festgesetzten Betrag schuldig.

O. Rechtsmittel zum EuGH

80   Das Urteil des Gerichts wird mit der Verkündung, der Beschluss mit der Zustellung wirksam (Art. 121 EuGVfO). Gegen die Entscheidung ist das **Rechtsmittel** zum Gerichtshof gegeben (Art. 56 Abs. 1 EuGH-Satzung). Das Rechtsmittel ist binnen **zwei Monaten** zu erheben (Art. 49 Abs. 1 EuGH-Satzung) plus zehn Tage Entfernungsfrist (Art. 51 EuGHVfO) und auf Rechtsfragen beschränkt (Art. 58 Abs. 1 EuGH-Satzung).

81   Für die Berechnung der Rechtsmittelfrist gilt mutatis mutandis dasselbe wie für die Klagefrist vor dem EuG (näher → Rn. 10 ff.). Insbesondere sind Verlängerungen der eigentlichen Frist und die zehntägige Entfernungsfrist nicht zu kumulieren (→ Rn. 14).

82   Seit 1.5.2019 ist die **vorherige Zulassung von Rechtsmitteln** zum Gerichtshof in Angelegenheiten des Gewerblichen Rechtsschutzes erforderlich. Art. 58a EuGH-Satzung und Art. 170a und 170b EuGHVfO wurden hierzu neu eingefügt. Der Rechtsmittelschrift muss nunmehr ein sieben Seiten nicht überschreitender Antrag auf vorherige Zulassung beigefügt werden, in dem dargelegt wird, dass die mit dem Rechtsmittel aufgeworfene Frage für **die Einheit, die Kohärenz oder die Entwicklung des Unionsrechts** bedeutsam ist. Fehlt es an einem solchen Antrag, oder ist der EuGH (ganz oder teilweise) nicht überzeugt, dass die Voraussetzungen erfüllt sind, ist das Rechtsmittel von vornherein (wiederum ganz oder teilweise) unzulässig. Gemäß Art. 170b EuGHVfO entscheidet eine speziell hierfür eingerichtete Kammer über den Zulassungsantrag mit begründetem Beschluss so rasch wie möglich. Dem Rechtsmittelführer wird natürlich kein Aufwand erspart, denn er muss auf jeden Fall die komplette Rechtsmittelschrift fristgerecht einreichen, auch wenn die Zulassung in den Sternen steht. Seit Einführung dieser Regelung hat der EuGH zwei Rechtsmittel in Angelegenheiten des Unionsmarkenrechts zugelassen, beide im Jahr 2022, nämlich BASMATI (Zulassungsbeschluss EuGH C-801/21 P, BeckRS 2022, 13034) und APE TEES (EuGH C-337/22 P) (näher → Art. 1 Rn. 30 f.).

82.1   Der EuGH hatte am 10.12.2021 das erste Rechtsmittel in einer Gemeinschaftsgeschmacksmustersache zugelassen (EuGH C-382/21 P, GRUR-RS 2021, 55882 – The KaiKai Company). In allen anderen Fällen wurde die Zulassung verweigert, allerdings wurde in diversen Fällen versäumt, den gesonderten Antrag auf Zulassung zu stellen (EuGH C499/19 P, C-322/20 P, GRUR-RS 2020, 22789 – hier sogar trotz Aufforderung durch den Gerichtshof). Statistisch sind die Chancen für die Zulassung eines Rechtsmittels äußerst gering. Bereits bisher wurde freilich die große Mehrzahl (ca. 70%) der Rechtsmittel zum EuGH in Markensachen mittels Beschlusses als offensichtlich unzulässig oder unbegründet zurückgewiesen.

82.2   Ein Beispiel dafür, was nicht ausreicht, um eine Bedeutung für die Einheit, Kohärenz oder Entwicklung des Unionsrechts aufzuzeigen, findet sich in dem Beschluss des EuGH C-97/20 P, BeckEuRS 2020, 636031 Rn. 13 ff. – Nestlé/Amigüitos pets & life. Danach muss der Rechtsmittelführer klar und deutlich aufzeigen, auf welche Rechtsgründe er sich stützt, inwieweit diese vom Gericht verletzt wurden, warum dies für den Ausgang des Verfahrens erheblich war, und warum sie für Einheit etc. des Unionsrechts erheblich sind. Berufung auf widersprüchliche Rechtsprechung muss klar dargelegt werden, reicht aber für sich nicht aus, aufzuzeigen, dass die Einheit des Unionsrechts in Frage steht (EuGH C-97/20 P, BeckEuRS 2020, 636031 Rn. 15, 20 f. – Nestlé/Amigüitos pets & life; s. auch Eisenführ/Schennen/Schennen Rn. 98).

83   Für die Zulässigkeit des Rechtsmittels gelten im Übrigen die Ausführungen zur Klage vor dem EuG entsprechend. Die Rechtsmittelschrift ist auf 20 Seiten zu begrenzen. Ist der Vertreter derselbe wie vor dem EuG, müssen Vollmacht und Zulassungsurkunde nicht erneut vorgelegt werden. Auch vor dem EuGH gilt die Verpflichtung zur Nutzung von e-Curia. Im Übrigen ist dem Rechtsmittel auf einem **gesonderten Blatt** eine **Zusammenfassung** der Rechtsrügen zum Zwecke der Veröffentlichung beizufügen.

84   Art. 72 Abs. 2 wurde dem Wortlaut von Art. 58 Abs. 1 EuGH-Satzung nachgebildet, wobei die ausdrückliche Beschränkung auf Rechtsfragen fehlt, so dass das Gericht auch über Tatsachenfragen entscheidet (→ Rn. 57). Das Rechtsmittel zum EuGH ist jedoch **auf Rechtsfragen beschränkt,** wobei der EuGH vieles für Tatsachenfragen erklärt, bei den rechtliche Wertungen eine erhebliche Rolle spielen. So ist etwa die Bestimmung der relevanten Verkehrskreise zumindest möglicherweise eine Rechtsfrage (zB EuGH C-553/08 P, BeckEuRS 2008, 491475 Rn. 36 – MANPOWER),

Charakteristika, Kenntnisse und Erwartungen der Verbraucher hingegen sind Tatsachenfragen (zB EuGH C-238/06 P, GRUR 2008, 339 Rn. 95 – Develey; C-96/11 P, GRUR Int 2012, 1017 Rn. 57 – Storck Schokoladenmaus). Die Ähnlichkeit der Waren und Dienstleistungen sowie deren Grad ist nach Auffassung des EuGH eine Tatfrage (EuGH C-412/05 P, GRUR Int 2007, 718 Rn. 70 – TRIVASTAN/TRAVATAN). Die Rüge der widersprüchlichen Begründung für die Ähnlichkeit der Waren wurde als „verkleidete" Tatsachenrüge zurückgewiesen (EuGH C-42/12 P, BeckEuRS 2012, 725027 Rn. 72 – ALPINE PRO). Eine Rechtsfrage ist freilich die Heranziehung falscher oder ungenügender Kriterien. Auch die Ähnlichkeit der Zeichen wird überwiegend dem Tatsachenbereich zugeordnet (zB EuGH C-254/09 P, GRUR 2010, 1098 Rn. 50 f. – CK CREACIONES KENNYA); dies schließt auch die Beurteilung der Unterscheidungskraft des zur Verwechslungsgefahr führenden Markenbestandteils ein (EuGH C-193/13 P, GRUR-RS 2014, 80268 Rn. 28 f. – FON/nfon). Schließlich wurden auch die Würdigung der Kriterien für die Verwechslungsgefahr und ihre Gewichtung untereinander nach Auffassung des EuGH als Tatfragen angesehen (zB EuGH C-327/11 P, BeckRS 2012, 81832 Rn. 61 – U.S. POLO ASS'N; ebenso EuGH C-193/13 P, GRUR-RS 2014, 80268 Rn. 58 – FON/nfon). Insofern ist die Zulässigkeitshürde bei Rechtsmitteln zum EuGH hoch.

Das Rechtsmittel hat gemäß Art. 60 EuGH-Satzung **keine aufschiebende Wirkung,** was aber **85** nichts daran ändert, dass die **Beschwerdekammerentscheidung erst mit ihrer endgültigen Bestätigung wirksam** wird (Art. 71 Abs. 3).

Das Rechtsmittelverfahren entspricht im Ablauf und in den Formvorschriften im Wesentlichen **86** dem Klageverfahren; für Einzelheiten wird auf den Fünften Titel der EuGHVfO verwiesen (Art. 167 ff. EuGHVfO). Die Verfahrenssprache im Rechtsmittelverfahren ist die des Verfahrens vor dem Gericht (Art. 37 Abs. 2 lit. a EuGHVfO).

Der Gerichtshof entscheidet über das Rechtsmittel durch Beschluss oder Urteil. Wenn das **87** Rechtsmittel begründet ist und zur vollständigen oder anteiligen Aufhebung des Urteils des Gerichts führt, entscheidet der Gerichtshof entweder selbst in der Sache oder verweist die Sache an das Gericht zurück (Art. 61 EuGH-Satzung). Dabei stieg zuletzt die Tendenz, durchzuentscheiden (EuGH C-115/19 P – China Construction Bank; C-143/19 P, EuZW 2020, 274 – Der Grüne Punkt; C-328/18 P, GRUR-Prax 2020, 174 mAnm Kochendörfer – Black Label by Equivalenza; C-240/18, GRUR 2020, 395 – Fack Ju Göhte; C-155/18 P bis C-158/18 P, GRUR-RS 2020, 2683 – Burlington).

Bislang, wenn der Gerichtshof das Rechtsmittel mittels Beschlusses zurückwies, wurden die anderen **87.1** Parteien häufig gar nicht gehört. Man erfuhr nur durch Anruf bei der Kanzlei des Gerichtshofs, dass ein Rechtsmittel anhängig war. Nach ca. 6 Monaten erging dann der Beschluss. Dies hat sich mit dem neuen Verfahren, das einen gesonderten Zulassungsantrag und beschluss umfasst, nicht wesentlich geändert und erheblich schneller geht es auch nicht.

Soweit der Gerichtshof das Rechtsmittel zulässt, stellt er es den anderen Parteien gemeinsam **88** mit dem **Zulassungsbeschluss** zu, in dem die Gründe oder Teile des Rechtsmittels anzuführen sind, auf die sich die Rechtsmittelbeantwortung beziehen muss (Art. 170b EuGHVfO). Die anderen Parteien haben nach Art. 172 EuGHVfO zwei Monate (nicht verlängerbar) plus zehn Tage Entfernungsfrist (Art. 51 EuGHVfO) für ihre Rechtsmittelbeantwortung. Das weitere Verfahren richtet sich nach Art. 171 ff. EuGHVfO, ergänzt durch allgemeine Verfahrensvorschriften. Drei Wochen nach Abschluss des schriftlichen Verfahrens können die Parteien eine mündliche Verhandlung beantragen (Art. 76 Abs. 1 EuGHVfO), die für gewöhnlich anberaumt wird. Auch diese Frist verlängert sich um die zehn Tage Entfernungsfrist, beträgt also insgesamt einen Monat.

Art. 73 Übertragung von Befugnissen

Der Kommission wird die Befugnis übertragen, gemäß Artikel 208 delegierte Rechtsakte zu erlassen, in denen Folgendes festgelegt wird:
a) **der formale Inhalt der Beschwerde nach Artikel 68 und das Verfahren für das Einlegen und die Prüfung der Beschwerde;**
b) **der formale Inhalt und die Form der Entscheidungen der Beschwerdekammer nach Artikel 71;**
c) **die Erstattung der Beschwerdegebühr nach Artikel 68.**

Überblick

Die Vorschrift wurde mit Wirkung vom 23.3.2016 durch VO (EU) 2015/2424 eingefügt. Auf ihrer Grundlage wurde Titel V, Art. 21–48, in die DVUM aufgenommen.

1 Mittels Art. 73 wurde der Kommission die Befugnis zum Erlass delegierter Rechtsakte übertragen, die Formerfordernisse für die Beschwerde, Inhalt und Form der Beschwerdekammerentscheidungen und die Erstattung der Beschwerdegebühr enthalten. Die entsprechenden Vorschriften finden sich in Titel V der DVUM, genauer in Art. 21–33 DVUM. Diese sind mit Wirkung vom 1.10.2017 an die Stelle der Regeln 48–51 GMDV sowie diverser Vorschriften der vormaligen HABMVfO getreten (wohingegen andere vormalige Vorschriften der HABMVfO direkt in die Grundverordnung übernommen wurden). Für Einzelheiten wird auf die Kommentierung zu → Art. 66 Rn. 1 ff. verwiesen.

Kapitel VIII. Spezifische Bestimmungen über Unionskollektivmarken und Unionsgewährleistungsmarken

Abschnitt 1. Unionskollektivmarken

Art. 74 Unionskollektivmarken

(1) ¹Eine Kollektivmarke der Europäischen Union (im Folgenden „Unionskollektivmarke") ist eine Unionsmarke, die bei der Anmeldung als solche bezeichnet wird und dazu dienen kann, Waren und Dienstleistungen der Mitglieder des Verbands, der Markeninhaber ist, von denen anderer Unternehmen zu unterscheiden. ²Verbände von Herstellern, Erzeugern, Dienstleistungserbringern oder Händlern, die nach dem für sie maßgebenden Recht die Fähigkeit haben, im eigenen Namen Träger von Rechten und Pflichten jeder Art zu sein, Verträge zu schließen oder andere Rechtshandlungen vorzunehmen und vor Gericht zu stehen, sowie juristische Personen des öffentlichen Rechts können Unionskollektivmarken anmelden.

(2) ¹Abweichend von Artikel 7 Absatz 1 Buchstabe c können Unionskollektivmarken im Sinne des Absatzes 1 des vorliegenden Artikels aus Zeichen oder Angaben bestehen, die im Verkehr zur Bezeichnung der geografischen Herkunft der Waren oder der Dienstleistungen dienen können. ²Die Unionskollektivmarke gewährt ihrem Inhaber nicht das Recht, einem Dritten zu verbieten, solche Zeichen oder Angaben im geschäftlichen Verkehr zu benutzen, sofern die Benutzung den anständigen Gepflogenheiten in Gewerbe oder Handel entspricht; insbesondere kann eine solche Marke einem Dritten, der zur Benutzung einer geografischen Bezeichnung berechtigt ist, nicht entgegengehalten werden.

(3) Auf Unionskollektivmarken sind die Kapitel I bis VII und IX bis XIV anzuwenden, soweit in diesem Abschnitt nichts anderes bestimmt ist.

Überblick

Art. 74 behandelt die Funktion der Unionskollektivmarke (→ Rn. 1 ff.), ihre möglichen Inhaber (→ Rn. 6 ff.) und die auf sie anwendbaren Schranken (→ Rn. 17). Art. 74 Abs. 2 trifft Regelungen für die Eintragung geografischer Herkunftsangaben als Unionskollektivmarken (→ Rn. 13 ff.). Bis zum 30.9.2017 fand sich eine entsprechende Regelung in Art. 66 UMV 2009.

Übersicht

A. Allgemeines

Unionskollektivmarken dienen gemäß Abs. 1 S. 1 dazu, Waren und Dienstleistungen der **Mit-** **1** **glieder eines Verbandes** von den Waren und Dienstleistungen anderer Marktteilnehmer zu unterscheiden. Wie Individualmarken erfüllen sie also eine **Herkunftsfunktion** (so auch EuGH C-673/15 P, C-674/15 P, C-675/15 P, C-676/15 P, GRUR 2017, 1257 Rn. 50 ff. – Darjeeling); sie zeigen dabei allerdings nicht an, von welchem konkreten Unternehmen eine Ware oder Dienstleistung herrührt, sondern nur, dass sie von einem Verbandsmitglied stammt (vgl. EuGH C-143/19 P, BeckRS 2019, 31236 Rn. 52 f. – Duales System Deutschland). Zur Herkunftsfunktion siehe auch die Kommentierung zur nationalen Kollektivmarke in → MarkenG § 97 Rn. 8 ff. Die Kollektivmarke kann entsprechend ihrer Funktion durchaus **neben der Individualmarke** eines

Herstellers benutzt werden (EuGH C-143/19 P, BeckRS 2019, 31236 Rn. 54 – Duales System Deutschland). Die Individualmarke zeigt dabei die Herkunft der Ware oder Dienstleistung von einem bestimmten Unternehmen an und die Kollektivmarke weist darauf hin, dass das Unternehmen Mitglied eines Verbandes ist. Einer ernsthaften Benutzung der Kollektivmarke steht ein solches Nebeneinander nach der aktuellen Rechtsprechung des EuGH nicht entgegen (EuGH C-143/19 P, BeckRS 2019, 31236 Rn. 54 – Duales System Deutschland; anders noch EuG BeckRS 2018, 31767 Rn. 26 – Duales System Deutschland). Auch Unternehmen, die zueinander im Wettbewerb stehen, können dieselbe Kollektivmarke verwenden, wenn beide Verbandsmitglieder sind (so ausdrücklich EuGH C-143/19 P, BeckRS 2019, 31236 Rn. 54 – Duales System Deutschland). Die Kollektivmarke ist ein von der Individualmarke wesensverschiedenes Recht; sie enthält nicht als Minus die entsprechende Individualmarke (EUIPO 13.6.2022 – R 1413/2021-2, GRUR-RS 2022, 14310 Rn. 20 – Tante Mitzi Caffè).

2 Wie § 97 Abs. 2 MarkenG für die nationale Kollektivmarke bestimmt Abs. 3 für die Unionskollektivmarke, dass die **allgemeinen Regeln** gelten, soweit die Art. 74 ff. keine Sondervorschriften aufstellen. Die Regeln der Art. 74 ff. gelten allein für Kollektivmarken, also für Marken, die als Kollektivmarke angemeldet wurden. Eine entsprechende Anwendung auf Individualmarken kommt nicht in Betracht – auch nicht für Individualmarken, die als Gütezeichen verwendet wurden (EuGH C-689/15, GRUR Int 2017, 630 Rn. 59 ff. – Baumwollblüte).

3 Die Änderungsverordnung **VO (EU) 2015/2424** (aF) hat, abgesehen von der geänderten Nummerierung der Artikel, für Kollektivmarken nur kleine, oft ausschließlich redaktionelle Änderungen bewirkt. So heißt die frühere Gemeinschaftskollektivmarke im Einklang mit der allgemeinen Terminologie der Verordnung inzwischen „Unionskollektivmarke". Weitere geringfügige Anpassungen sind in den jeweiligen Vorschriften kommentiert (→ Art. 75 Rn. 5; → Art. 79 Rn. 3). Die Verweisung in **Art. 74 Abs. 3** wurde ab dem 1.10.2017 zwar neu gefasst, dies bewirkt jedoch keine inhaltliche Änderung. Abs. 3 bestimmt weiterhin, dass für Kollektivmarken die allgemeinen Regeln gelten, sofern die Art. 74 ff. nichts anderes vorsehen. Die Verweisung benennt lediglich die konkret anwendbaren Titel der Verordnung, statt abstrakt auf die „Vorschriften dieser Verordnung" hinzuweisen.

B. Entstehung des Markenschutzes

4 Wie jede Unionsmarke (Art. 6) kann eine Unionskollektivmarke **nur durch Eintragung** entstehen, nicht aufgrund Benutzung. In dieser Hinsicht unterscheidet sie sich von der deutschen Kollektivmarke (→ MarkenG § 97 Rn. 23 ff.). Darüber hinaus muss die Unionskollektivmarke gemäß Abs. 1 S. 1 **bei der Eintragung als solche bezeichnet** werden. Beantragt ein Anmelder **irrtümlich** die Eintragung als Kollektivmarke, so kann die Eintragung nicht nach Art. 102 Abs. 2 dahingehend korrigiert werden, dass eine Individualmarke als eingetragen gilt (EUIPO 13.6.2022 – R 1413/2021-2, GRUR-RS 2022, 14310 Rn. 19 f – Tante Mitzi Caffè).

4.1 Die **Anmeldegebühren** für Unionskollektivmarken sind wie folgt: Die Grundgebühr beträgt 1800 Euro, bei elektronischer Anmeldung 1.500 Euro. Für die zweite Klasse sind 50 Euro zu entrichten, für jede weitere Klasse 150 Euro (Anh. I A. Nr. 5 ff.; → Anh. I Rn. 6 ff.). Entsprechende Gebühren gelten für die Verlängerung (Anh. I A Nr. 15 ff.).

5 Die Eintragung setzt daneben voraus, dass der Anmelder eine **Satzung** nach Art. 75 vorlegt oder nachreicht.

C. Inhaberschaft (Abs. 1 S. 2)

6 Die UMV enthält keine Definition des Begriffes **„Verband"**. Grundsätzlich sind deshalb alle Rechtsformen denkbar. Ausschlaggebend ist allein die **Rechtsfähigkeit**; diese richtet sich gemäß Abs. 1 S. 2 nach dem für den Verband maßgeblichen nationalen Recht. Damit es sich um einen „Verband" handelt, muss der Inhaber allerdings ein **Zusammenschluss** mehrerer Hersteller, Erzeuger, Dienstleistungserbringer oder Händler sein. Kein Verband sind nach den Prüfungsrichtlinien des EUIPO Kapitalgesellschaften; eine GmbH scheidet also beispielsweise als Inhaberin einer Unionskollektivmarke aus (Prüfungsrichtlinien des EUIPO, Teil B, Ziff. 2.14.2). Ebenso können danach „zeitweilige Unternehmenszusammenschlüsse" keine Kollektivmarken anmelden (Prüfungsrichtlinien, Teil B, Ziff. 2.14.2). Auch **natürliche Personen** oder Gesamthandsgemeinschaften können nach Abs. 1 S. 2 nicht Inhaber einer Kollektivmarke sein. Ein **Dachverband** oder ein Spitzenverband – also ein Verband, dessen Mitglieder selbst Verbände sind – kommt hingegen als Inhaber einer Unionskollektivmarke in Frage (Nr. 17 der Protokollerklärungen des Rates und der Kommission, ABl. HABM 1996, 606, 618). Die Unternehmen, die die Marke nutzen, sind dann nur mittelbar Angehörige des Verbands, dem die Marke gehört.

Gemäß Abs. 1 Hs. 2 können auch juristische Personen des **öffentlichen Rechts** Inhaber einer 7 Kollektivmarke sein; in Frage kommen etwa **Staaten und Gemeinden** (Prüfungsrichtlinien Teil B, Abschnitt 4 Nr. 2.11.2) oder die EU (so in der Entscheidung HABM R 828/2011-1 vom 22.11.2011).

Früher verlangten die Prüfungsrichtlinien eine **mitgliedschaftliche Struktur** der juristischen Person 7.1 des öffentlichen Rechts (Prüfungsrichtlinien des HABM in der Fassung vom April 2008, Teil B Nr. 10.2; danach musste die juristische Person des öffentlichen Rechts „Mitglieder haben, die berechtigt sind, auf die Markensatz Einfluss zu nehmen", was etwa für Gemeindeverbände zutraf, einzelne Gemeinden aber ausschloss. Diese Praxis ist aber durch die oben zitierten Entscheidungen und Prüfungsrichtlinien **überholt**. Die heutige Praxis entspricht dem Wortlaut des Art. 74 Abs. 1 Hs. 2, der keine weiteren Erfordernisse an die Struktur einer juristischen Person des öffentlichen Rechts stellt.

Unionskollektivmarken können nach allgemeinen Regeln an Nichtmitglieder des Verbandes 8 **lizenziert** werden, sofern die Lizenzierung nicht dem Charakter einer Kollektivmarke widerspricht (v. Mühlendahl/Ohlgart/v. Bomhard Gemeinschaftsmarke § 11 Rn. 32, 88 nennen als Beispiel eine Verbandspublikation, die durch ein externes Unternehmen herausgegeben wird; restriktiv, wenn auch mit wohl gleichem Ergebnis Eisenführ/Schennen Art. 66 Rn. 7: danach muss die Lizenzvergabe notwendig sein, um eine zulässige Benutzung der Kollektivmarke zu ermöglichen). Auf jeden Fall müssen für einen verbandsexternen Lizenznehmer die gleichen Bedingungen gelten wie sie für Mitglieder in der Verbandssatzung nach Art. 75 festgehalten sind.

Die **Aktivlegitimation** im Rahmen einer Verletzungsklage richtet sich nach Art. 80. 9

D. Inhalt der Kollektivmarke

I. Marken nach Abs. 1

Als Unionskollektivmarke kann jede **Markenform** eingetragen werden, die nach Art. 4 zulässig 10 ist. Möglich wäre also etwa auch die Eintragung der Verpackung oder Form einer Ware. Typischerweise werden Verbandsnamen oder Verbandssymbole als Kollektivmarken eingetragen. Dabei gelten, abgesehen von den in Art. 74 ff. festgelegten Besonderheiten, die allgemeinen Regeln. So muss eine Kollektivmarke zum Beispiel die gleiche Unterscheidungskraft aufweisen wie eine Individualmarke (EuG T-328/17, BeckRS 2018, 22821 Rn. 39 – BBQLOUMI; insoweit bestätigt durch EuGH C-766/18 P, GRUR-RS 2020, 2800 Rn. 66).

Von der Unionskollektivmarke zu unterscheiden ist nach heutiger Rechtslage die **Unionsge-** 11 **währleistungsmarke** (früher oft auch bezeichnet als Gütezeichen oder Garantiemarke). Für sie enthalten die zum 1.10.2017 in Kraft getretenen **Art. 83–93** eigene Regeln. Dadurch hat sich die Natur der Unionsgewährleistungsmarke geändert: Bis zum 30.9.2017 war sie als Kollektivmarke behandelt worden (→ Rn. 11.1); mittlerweile ist sie jedoch eine Individualmarke: Nach Art. 83 Abs. 2 kann eine einzelne Person Inhaberin einer Gewährleistungsmarke werden und diese zu bestimmten, an die Qualität des Produkts gebundenen Kriterien an andere lizenzieren (→ Art. 83 Rn. 1 ff.).

Gewährleistungsmarken wie Prüfsiegel oder Gütezeichen waren auch **vor Inkrafttreten der neuen** 11.1 **Art. 83 ff.** als Unionsmarken eintragungsfähig: die Praxis des EUIPO behandelte sie **als Gemeinschafts- kollektivmarke** (vgl. Prüfungsrichtlinien Teil B Ziff. 2.14.1: „Kollektivmarken müssen nicht unbedingt die Qualität der Waren bestätigen, auch wenn dies gelegentlich der Fall ist. Markensatzungen enthalten beispielsweise häufig Bestimmungen über die Bestätigung der Qualität von Waren und Dienstleistungen der Mitglieder des Verbands, und dies ist durchaus akzeptabel (s. HABM 10.5.2012 – R 1007/2011-2 Rn. 13)." Auch waren nach Regel 121 GMDV aF internationale Registrierungen, die auf einer Garantiemarke beruhen, als Gemeinschaftskollektivmarke eintragungsfähig. Inzwischen sind Gewährleistungsmarken dagegen nach den speziellen Vorschriften der Art. 83 ff. zu behandeln.

Über die **Markensatzung** nach Art. 75 kann der Inhaber die Markenbenutzung an bestimmte 12 Qualitätsmerkmale des Produkts knüpfen oder die Mitgliedschaft im Verband nur für Betriebe zulassen, die sich zur Einhaltung bestimmter Produktionsstandards verpflichtet haben. Werden die qualitativen Vorgaben nicht eingehalten, kann dies der Inhaber nach Art. 75 Abs. 2 S. 1 sanktionieren.

II. Geografische Herkunftsangaben (Abs. 2)

1. Eintragungsfähigkeit (Abs. 2 S. 1)

13   Abs. 2 S. 1 bestimmt ausdrücklich, dass auch Zeichen oder Angaben „die im Verkehr zur **Bezeichnung der geografischen Herkunft** der Waren oder der Dienstleistungen dienen können", als Kollektivmarke eingetragen werden können. Die Hauptfunktion einer solchen Unionskollektivmarke mit geografischer Bezeichnung ist – wie bei allen Unionskollektivmarken – der Hinweis auf die Herkunft von einem Verband (so ausdrücklich EuGH C-673/15 P, BeckRS 2017, 125246 Rn. 54 – Darjeeling). Art. 74 Abs. 2 ändert also nichts an der Natur der Kollektivmarke. Er begründet für sie nur eine Ausnahme vom Verbot beschreibender Marken in Art. 7 Abs. 1 lit. c, das eine Eintragung geografischer Angaben als Individualmarke verhindert.

14   Die übrigen in Art. 7 genannten Eintragungshindernisse gelten dagegen auch für Kollektivmarken. Wird demnach eine geografische Angabe vom Markt als **beschreibend** verstanden, so ist sie **nicht eintragungsfähig.** Privilegiert sind nur die Fälle, in denen eine geografische Angabe vom Markt als Angabe der Herkunft einer Ware oder Dienstleistung verstanden wird. Als nicht eintragungsfähig hat demnach das EuG die Bezeichnung „Original Eau de Cologne" eingestuft, da sie zur Bezeichnung eines Produkts Eingang in den allgemeinen Sprachgebrauch gefunden hat (EuG T-556/13, BeckRS 2014, 82416 – Original Eau de Cologne; auch der Zusatz „Original" könne die beschreibend gewordene Bezeichnung nicht zur geographischen Angabe machen; er werde nur als Hinweis auf die Echtheit des Produkts verstanden). Ebenfalls nicht als eintragungsfähig anerkannt wurde die Bezeichnung „De-Mail"; es handele sich um eine **Beschreibung der Leistung,** da damit Telekommunikationsdienstleistungen für den deutschen Markt bezeichnet würden (HABM BK 25.1.2016 – R 93/2015-5 – De-Mail).

15   Die Eintragung einer geografischen Angabe als Unionskollektivmarke erschließt den Berechtigten den **zusätzlichen Schutz nach der UMV.** Der national- oder unionsrechtliche Schutz als geografische Herkunftsangabe wird durch die Eintragung als Marke nicht beeinträchtigt (vgl. Ingerl/Rohnke MarkenG § 99 Rn. 2: „kumulativer Schutz"; Loschelder FS Ullmann, 2006, 285 (288)). Wenn allerdings eine nach VO (EG) Nr. 1151/2012 geschützte Marke auch als Unionskollektivmarke eingetragen wird, dürfen die Anforderungen nach der **Markensatzung** nicht hinter denen der Verordnung zurückbleiben (so auch v. Mühlendahl/Ohlgart/v. Bomhard Gemeinschaftsmarke § 11 Rn. 16 S. 86; Loschelder FS Ullmann, 2006, 285 (288)). Die Eintragungsfähigkeit richtet sich für die Eintragung als Marke nach der UMV und für die Eintragung als g.U. oder g.g.A. nach der VO (EU) 1151/2012. Die Prüfungsmaßstäbe können dabei unterschiedlich sein (vgl. Loschelder FS Ullmann, 2006, 6 ff.).

16   „Zeichen oder Angaben, die im Verkehr zur Bezeichnung der geografischen Herkunft dienen können" iSd Abs. 2 S. 1 sind sowohl Angaben, die bereits als **geschützte geographische Angabe** oder **geschützte Ursprungsbezeichnung** eingetragen sind, aber auch sonstige geografische Bezeichnungen. Nach der Rechtsprechung des EuGH ist die Vorschrift als Ausnahmeregelung allerdings **eng auszulegen** (EuG T-341/09, GRUR Int 2011, 1094 Rn. 35 – Consejo Regulador de la Denominación de Origen Txakoli de Alava ua/HABM; T-534/10, BeckRS 2012, 81205 Rn. 49 – Organismos Kypriakis Galaktokomikis Viomichanias/HABM – HELLIM). Eintragungsfähig seien demnach **nicht** die Begriffe, die **nur „im Grunde"** eine geografische Angabe darstellen (EuG T-341/09, GRUR Int 2011, 1094 Rn. 35 ff. – Consejo Regulador de la Denominación de Origien Txakoli de Alava ua/HABM). **Ergänzende traditionelle Begriffe,** die lediglich **charakteristische Eigenschaften** eines regionalen Produkts bezeichnen, nicht aber seine geografische Herkunft, können demnach nicht als Kollektivmarke eingetragen werden (EuG T-341/09, GRUR Int 2011, 1094 Rn. 28, 35 ff. – Consejo Regulador de la Denominación de Origen Txakoli de Alava ua/HABM).

16.1   Der Begriff „Txakoli", der auch nach der VO (EG) Nr. 479/2008 nur in Kombination mit einer Ortsangabe als geschützte Ursprungsbezeichnung geschützt ist, also als „Txakoli de ....", war insofern nicht als Kollektivmarke eintragungsfähig. Eine davon abweichende Prüfung durch das EUIPO würde, so das EuG, in die Kompetenzen der Behörden eingreifen, die für die Schaffung neuer Ursprungsbezeichnungen und geografischer Angaben zuständig sind (EuG T-341/09, GRUR Int 2011, 1094 Rn. 36 – Consejo Regulador de la Denominación de Origen Txakoli de Alava ua/HABM).

17   Da nach Abs. 2 auch beschreibende Kollektivmarken als geografische Herkunftsangaben eingetragen werden können, vermag die **Eintragung** einer Kollektivmarke in diesem Bereich konsequenterweise **keine Vermutung ihrer mittleren Kennzeichnungskraft** zu begründen (EuG T-534/10, BeckRS 2012, 81205 Rn. 52 – Organismos Kypriakis Galaktokomikis Viomichanias/

HABM – HELLIM; bestätigt durch EuGH C-393/12 P, BeckRS 2013, 80684 Rn. 33, 36). Die Kennzeichnungskraft muss also im Einzelfall untersucht werden.

2. Schranken (Abs. 2 S. 2)

Ergänzend zu Art. 14 beschränkt Abs. 2 S. 2 die Rechte der Inhaber einer als Kollektivmarke **18** eingetragenen geografischen Herkunftsangabe. Dadurch wird eine Monopolisierung geografischer Herkunftsangaben verhindert. Insbesondere stellt Hs. 2 sicher, dass ortsansässige Produzenten die Bezeichnung weiterhin verwenden können, auch wenn sie nicht Mitglied des Verbandes werden, dem Kollektivmarke gehört. Dies gilt aber nur für die Bezeichnung als solche – soweit die konkret eingetragene Marke etwa in ihrer grafischen Gestaltung über die bloße Herkunftsbezeichnung hinausgeht, bleibt ihre Benutzung den Mitgliedern vorbehalten. Zum Begriff der „anständigen Gepflogenheiten in Gewerbe oder Handel" → Art. 14 Rn. 13 f.

Art. 75 Satzung der Unionskollektivmarke

(1) Der Anmelder einer Unionskollektivmarke muss innerhalb von zwei Monaten nach dem Anmeldetag eine Markensatzung vorlegen.

(2) ¹In der Markensatzung sind die zur Benutzung der Marke befugten Personen, die Voraussetzungen für die Mitgliedschaft im Verband und gegebenenfalls die Bedingungen für die Benutzung der Marke, einschließlich Sanktionen, anzugeben. ²Die Satzung einer Marke nach Artikel 74 Absatz 2 muss es jeder Person, deren Waren oder Dienstleistungen aus dem betreffenden geografischen Gebiet stammen, gestatten, Mitglied des Verbandes zu werden, der Inhaber der Marke ist.

(3) ¹Die Kommission erlässt Durchführungsrechtsakte, in denen die in der in Absatz 2 dieses Artikels genannten Satzung anzugebenden Einzelheiten im Einzelnen festgelegt werden. ²Diese Durchführungsrechtsakte werden nach dem Prüfverfahren gemäß Artikel 207 Absatz 2 erlassen.

Überblick

Art. 75 (bis zum 30.9.2017: Art. 67 UMV 2009) regelt das Erfordernis einer Markensatzung (→ Rn. 1) und legt zugleich deren Mindestinhalt fest (→ Rn. 2 ff.). Er ist damit die Parallelvorschrift zum deutschen § 102 MarkenG.

Der Anmelder einer Unionskollektivmarke muss nach **Abs. 1** eine **Satzung vorlegen,** in der **1** er die Benutzung der Marke regelt. Anders als nach § 102 Abs. 1 MarkenG muss die Satzung nicht bereits der Anmeldung beiliegen, sondern kann gemäß Abs. 1 **nachgereicht** werden. Hierfür gilt eine Frist von **zwei Monaten** ab Anmeldetag. Wird die Satzung nicht innerhalb dieser Frist, ggf. nach Verlängerung, nachgereicht, so weist das Amt die Anmeldung gemäß Art. 76 Abs. 1 zurück. Gleiches gilt, wenn die Satzung nicht den inhaltlichen Anforderungen des Art. 75 entspricht.

Die **inhaltlichen Anforderungen** an die Satzung richten sich nach **Abs. 2** S. 1; sie werden **2** in Art. 16 UMDV weiter ausgestaltet. Unter anderem muss die Satzung nach Art. 16 lit. e eine Wiedergabe der Unionskollektivmarke enthalten. Diese Wiedergabe muss eindeutig, präzise, abgeschlossen, leicht zugänglich, verständlich, dauerhaft und objektiv sein (EUIPO GRUR-RS 2022, 28235 – Sparda Klima Plus). Optional kann der Verband **Bedingungen** für die Nutzung der Kollektivmarke aufstellen; sofern er dies tut, muss er die Bedingungen in der Satzung veröffentlichen (Pollaud-Dulian, La propriété industrielle, 2010, 1096). Ist der Anmelder eine **juristische Person des öffentlichen Rechts,** die keine mitgliedschaftliche Struktur aufweist (also etwa eine einzelne Gemeinde), so muss die Satzung konsequenterweise keine Voraussetzungen für die Mitgliedschaft nennen (Prüfungsrichtlinien Teil B Nr. 2.12.2; vgl. auch HABM R 828/2011-1, R 1007/2011-2).

Abs. 2 S. 2 begründet für geographische Herkunftsangaben ein **Beitrittsrecht** zum Verband **3** und verhindert so eine Monopolisierung geographischer Angaben. Er entspricht dem deutschen § 102 Abs. 3 MarkenG. Das Beitrittsrecht muss in die Satzung aufgenommen werden. Es soll allerdings nur bestehen, wenn die Kollektivmarke ausschließlich aus einer geographischen Angabe besteht; weist sie weitere, selbständig unterscheidungskräftige Bestandteile auf, so muss die Satzung keine Öffnungsklausel vorsehen (so überzeugend Eisenführ/Schennen/Schennen Art. 67 Rn. 2

unter Berufung auf den Wortlaut der Vorschrift). Ein entsprechendes Eintrittsrecht für **Gewähr-leistungsmarken,** wie es im deutschen Recht angenommen wird (→ MarkenG § 97 Rn. 11), ergibt sich aus der UMV nicht.

4   Die Satzung wird **nicht** im Markenregister **veröffentlicht;** weder sieht Art. 75 dies vor, noch gibt es eine andere Sonderregelung.

5   Spätere **Änderungen** der Satzung sind nach Art. 79 möglich.

6   Die **Reform 2016** brachte keine inhaltlichen Änderungen. Neu eingefügt wurde Abs. 3, der ausdrücklich regelt, dass die Kommission in Durchführungsrechtsakten Anforderungen an die Satzung festlegen kann. Auch bisher hat die Kommission dies getan, und zwar in Form der früheren GMDV. Seit dem 1.10.2017 schreibt Abs. 1 explizit vor, dass die Satzung innerhalb von zwei Monaten nachgereicht werden muss; die gleiche Frist ergab sich davor aus Regel 43 GMDV.

Art. 76 Zurückweisung der Anmeldung

(1) Über die in den Artikeln 41 und 42 genannten Gründe für die Zurückweisung der Anmeldung der Unionsmarke hinaus wird die Anmeldung für eine Unionskollektivmarke zurückgewiesen, wenn den Vorschriften der Artikel 74 oder 75 nicht Genüge getan ist oder die Markensatzung gegen die öffentliche Ordnung oder die guten Sitten verstößt.

(2) Die Anmeldung einer Unionskollektivmarke wird außerdem zurückgewiesen, wenn die Gefahr besteht, dass das Publikum über den Charakter oder die Bedeutung der Marke irregeführt wird, insbesondere wenn diese Marke den Eindruck erwecken kann, als wäre sie etwas anderes als eine Kollektivmarke.

(3) Die Anmeldung wird nicht zurückgewiesen, wenn der Anmelder aufgrund einer Änderung der Markensatzung die Erfordernisse der Absätze 1 und 2 erfüllt.

Überblick

Art. 76 begründet zwei besondere Eintragungshindernisse für Unionskollektivmarken: die Rechtswidrigkeit der Satzung (→ Rn. 2) und die Irreführungsgefahr (→ Rn. 3). Daneben regelt er eine Heilungsmöglichkeit für Satzungsmängel (→ Rn. 4).

1   In Art. 76 (bis zum 30.9.2017: Art. 68 UMV 2009) sind besondere **Eintragungshindernisse** für Unionskollektivmarken geregelt. Sie gelten **neben den allgemeinen Anforderungen** an die Eintragungsfähigkeit.

2   Nach **Abs. 1** kann die Anmeldung einer Kollektivmarke zurückgewiesen werden, wenn die Marke beziehungsweise die zugehörige Satzung nicht den Anforderungen des Art. 74 oder 75 entspricht. Ein Zurückweisungsgrund ist es daneben, wenn die **Satzung** gegen die öffentliche **Ordnung oder die guten Sitten** verstößt. Art. 76 weitet also das Schutzhindernis des Art. 7 Abs. 1 lit. j – die Zurückweisung für den Fall, dass die Marke gegen die öffentliche Ordnung oder die guten Sitten verstößt – auf die Markensatzung aus. Zum Begriff der öffentlichen Ordnung und der guten Sitten → Art. 7 Rn. 152. Unzulässig ist danach beispielsweise eine Satzung, die aufgrund des Geschlechts, des Glaubens oder der Hautfarbe diskriminiert (Prüfungsrichtlinien des EUIPO, Teil B Nr. 2.14.3.3). Gleiches gilt für eine Satzung, die ungerechtfertigte wettbewerbliche Beschränkungen errichtet.

3   **Abs. 2** verschärft das in Art. 7 Abs. 1 lit. g enthaltene allgemeine **Irreführungsverbot,** indem er ein Eintragungshindernis nicht nur an Täuschungen über die Ware oder Dienstleistung knüpft, sondern auch an Täuschungen über „den Charakter oder die Bedeutung" der Marke. Irreführungsgefahr über die Bedeutung der Marke besteht etwa, wenn diese eine Qualitätszusage enthält, die die zugehörige Satzung nicht aufstellt (v. Mühlendahl/Ohlgart/v. Bomhard Gemeinschaftsmarke S. 86) oder wenn die Marke den Eindruck vermittelt, man könne sie bei entsprechender Qualität des Produkts verwenden, ohne Verbandsmitglied zu sein (Nr. 18 der Protokollerklärungen des Rates und der Kommission, ABl. HABM 1996, 606).

4   Nach **Abs. 3** können die Eintragungshindernisse durch Änderung der Markensatzung **geheilt** werden.

5   Zu den **Rechtsfolgen** einer entgegen Art. 76 vorgenommenen Eintragung s. Art. 81 und Art. 82.

Art. 77 Bemerkungen Dritter

Werden beim Amt schriftliche Bemerkungen nach Artikel 45 zu einer Unionskollektivmarke eingereicht, so können diese auch auf die spezifischen Gründe gestützt sein, aus welchen die Anmeldung der Unionskollektivmarke gemäß Artikel 76 zurückgewiesen werden sollte.

Überblick

Art. 77 (bis zum 30.9.2017: Art. 69 UMV 2009) ermöglicht es Dritten, schriftliche Bemerkungen beim Amt einzureichen, die sich auf die speziellen Eintragungshindernisse nach Art. 76 zu stützen.

Für Bemerkungen Dritter zu Eintragungshindernissen gelten grundsätzlich die allgemeinen **1** Regeln aus Art. 45. Zusätzlich zu den allgemeinen Eintragungshindernissen können sich die Bemerkungen auch auf die Eintragungshindernisse nach **Art. 76** beziehen, etwa darauf, dass die Marke den Eindruck erweckt, sie sei etwas anderes als eine Kollektivmarke (Art. 76 Abs. 2) oder darauf, dass die Satzung nicht den Anforderungen des Art. 75 Abs. 2 entspricht.

Zu den berechtigten Personen → Art. 45 Rn. 6. Zum **Verfahren** bei Bemerkungen Dritter **2** → Art. 45 Rn. 12.

Art. 78 Benutzung der Marke

Die Benutzung der Unionskollektivmarke durch eine hierzu befugte Person genügt den Vorschriften dieser Verordnung, sofern die übrigen Bedingungen, denen die Benutzung der Unionsmarke aufgrund dieser Verordnung zu entsprechen hat, erfüllt sind.

Überblick

Art. 78 regelt die Anforderungen an den Benutzungszwang (Art. 15) für Kollektivmarken. In Frage kommt eine Benutzung durch ein Verbandsmitglied (→ Rn. 1) oder durch den Verband selbst (→ Rn. 2).

Nach Art. 78 kann bereits die **Benutzungshandlung eines einzigen Verbandsmitglieds 1** den Verfall der Unionskollektivmarke verhindern; es ist nicht erforderlich, dass eine Mehrheit oder kritische Masse der Mitglieder die Marke nutzt (v. Mühlendahl/Ohlgart/v. Bomhard Gemeinschaftsmarke § 11 S. 88). Das deutsche Pendant zu dieser Vorschrift ist in § 100 Abs. 2 MarkenG geregelt. Bis zum 30.9.2017 fand sich die gleiche Regelung in Art. 70 UMV 2009.

Nach allgemeinen Regeln ist auch die **Benutzung durch den Verband selbst**, etwa in dessen **2** Briefkopf, eine relevante Benutzungshandlung (v. Mühlendahl/Ohlgart/v. Bomhard Gemeinschaftsmarke § 11 S. 88). Auch im Übrigen gelten die Anforderungen des Art. 18.

Im Übrigen gelten für die rechtserhaltende Benutzung nach Art. 74 Abs. 3 die allgemeinen **3** Regeln. Entsprechend der Hauptfunktion einer Kollektivmarke ist diese ernsthaft benutzt, wenn sie mit dem Ziel benutzt wird, die Waren und Dienstleistungen der Verbandsmitglieder von denen der Nichtverbandsmitglieder zu unterscheiden, um einen Absatzmarkt für diese Waren und Dienstleistungen zu erschließen oder zu sichern (EuGH C-143/19 P, BeckRS 2019, 31236 Rn. 56 – Duales System Deutschland). Dabei kann die Kollektivmarke neben einer Individualmarke benutzt werden, ohne dass dies für sich der Ernsthaftigkeit entgegensteht (→ Art. 74 Rn. 1).

Art. 79 Änderung der Satzung der Unionskollektivmarke

(1) Der Inhaber der Unionskollektivmarke hat dem Amt jede Änderung der Markensatzung zu unterbreiten.

(2) Auf die Änderung wird im Register nicht hingewiesen, wenn die geänderte Markensatzung den Vorschriften des Artikels 75 nicht entspricht oder einen Grund für eine Zurückweisung nach Artikel 76 bildet.

(3) Schriftliche Bemerkungen gemäß Artikel 77 können auch in Bezug auf geänderte Satzungen eingereicht werden.

(4) Zum Zwecke der Anwendung dieser Verordnung wird die Satzungsänderung erst ab dem Zeitpunkt wirksam, zu dem der Hinweis auf die Änderung ins Register eingetragen worden ist.

Überblick

Art. 79 knüpft Änderungen der Markensatzung an bestimmte Voraussetzungen. Der Markeninhaber muss die Änderung melden (→ Rn. 1) und eintragen lassen (→ Rn. 2). Dabei prüft das Amt die Rechtmäßigkeit der Änderung (→ Rn. 3).

1   Um dem Amt eine Kontrolle der Anforderungen aus Art. 75 Abs. 2 und Art. 76 Abs. 1 zu ermöglichen, begründet Art. 79 eine **Melde- und Eintragungspflicht** für Änderungen der Satzung. Bis einschließlich 30.9.2017 war der gleiche Inhalt in Art. 71 UMV 2009 geregelt. Das deutsche Pendant findet sich in § 104 MarkenG.

2   Billigt das Amt die Änderung, so nimmt es einen entsprechenden Vermerk ins Register auf (vgl. **Abs. 2**). Dies steht in einem gewissen Kontrast dazu, dass die Satzung selbst nicht ins Register aufgenommen wird; weder sieht Art. 75 dies vor, noch gilt eine andere Sonderregelung.

3   Das Amt kann die Eintragung der Änderung gemäß Abs. 2 **ablehnen,** wenn die gewünschte Neuregelung nicht den Anforderungen der UMV entspricht. Es steht dem Markeninhaber dann offen, eine **erneute Änderung** einzureichen. Solange die Änderung nicht eingetragen ist, tritt sie gemäß **Abs. 4** nicht in Kraft; dies gilt jedenfalls im Hinblick auf ihre markenrechtlichen Auswirkungen („zum Zwecke der Anwendung dieser Verordnung"). Im Verhältnis der Verbandsmitglieder untereinander gilt dagegen die geänderte Satzung (so auch Eisenführ/Schennen/Schennen Art. 71 Rn. 6).

Art. 80 Erhebung der Verletzungsklage

(1) Die Vorschriften des Artikels 25 Absätze 3 und 4 über die Rechte der Lizenznehmer gelten für jede zur Benutzung einer Unionskollektivmarke befugte Person.

(2) Der Inhaber der Unionskollektivmarke kann im Namen der zur Benutzung der Marke befugten Personen Ersatz des Schadens verlangen, der diesen Personen aus der unberechtigten Benutzung der Marke entstanden ist.

Überblick

Art. 80 (bis zum 30.9.2017: Art. 72 UMV 2009) regelt die Klagebefugnis für Verletzungsklagen aus der Unionskollektivmarke.

1   Der **Verband selbst** kann als Inhaber der Kollektivmarke die Rechte aus der Marke im eigenen Namen geltend machen; dies ergibt sich bereits aus den allgemeinen Regeln. Darüber hinaus ist er nach Abs. 2 befugt, den Schaden eines Verbandsmitglieds in dessen Namen geltend zu machen. **Verbandsmitglieder** können dagegen wegen der Verweisung des Abs. 1 auf Art. 25 Abs. 3, 4 nur mit **Zustimmung des Verbandes** Verletzungsklage erheben. Die in Art. 25 Abs. 3 S. 2 vorgesehene Möglichkeit, dass Inhaber einer ausschließlichen Lizenz nach Fristsetzung auch ohne Zustimmung des Rechtsinhabers klagen, ist für die Kollektivmarke nicht relevant; schließlich haben Verbandsmitglieder kein ausschließliches Nutzungsrecht an der Kollektivmarke haben, sondern nutzen nebeneinander.

2   Eine abweichende Bestimmung zur Klagebefugnis kann in der **Satzung** getroffen werden. Dies ergibt sich daraus, dass auch Art. 25 Abs. 3 für Lizenznehmer nur „unbeschadet der Bestimmungen des Lizenzvertrags" gilt.

3   Die Verweisung auf Art. 25 Abs. 4 bewirkt, dass die **Verbandsmitglieder** einem vom Verband eingeleiteten Schadensersatzverfahren **beitreten** können, um ihren eigenen Schaden geltend zu machen. Alternativ kann der Verband den Schaden des Mitglieds in dessen Namen geltend machen (Abs. 2).

4   Zwar spricht Art. 80 Abs. 2 nur von der Benutzung der Kollektivmarke selbst; nach dem Sinn der Vorschrift ist allerdings davon auszugehen, dass sie auch die unzulässige **Benutzung eines ähnlichen Zeichens** umfasst, wie § 101 Abs. 2 MarkenG dies für die nationale Kollektivmarke festlegt. Wenn bereits im unkomplizierteren Fall einer identischen Benutzung der Marke grund-

sätzlich nur der Verband klagen können soll, so gilt dies erst recht für den komplexeren Fall der Art. 9 Abs. 1 lit. b und c.

Art. 81 Verfallsgründe

Außer aus den in Artikel 58 genannten Verfallsgründen wird die Unionskollektivmarke auf Antrag beim Amt oder auf Widerklage im Verletzungsverfahren für verfallen erklärt, wenn

a) ihr Inhaber keine angemessenen Maßnahmen ergreift, um eine Benutzung der Marke zu verhindern, die nicht im Einklang stünde mit den Benutzungsbedingungen, wie sie in der Satzung vorgesehen sind, auf deren Änderung gegebenenfalls im Register hingewiesen worden ist;

b) die Art der Benutzung der Marke durch ihren Inhaber bewirkt hat, dass die Gefahr besteht, dass das Publikum im Sinne von Artikel 76 Absatz 2 irregeführt wird;

c) entgegen den Vorschriften von Artikel 79 Absatz 2 im Register auf eine Änderung der Satzung hingewiesen worden ist, es sei denn, dass der Markeninhaber aufgrund einer erneuten Satzungsänderung den Erfordernissen des Artikels 79 Absatz 2 genügt.

Überblick

Art. 81 ergänzt die allgemeinen Verfallsgründe. Für die Unionskollektivmarke gibt es danach auch einen Verfall wegen geduldeten Missbrauchs (→ Rn. 1), wegen Irreführungsgefahr (→ Rn. 2) und wegen unzulässiger Satzungsänderung (→ Rn. 3). Bis zum 30.9.2017 fand sich die Regelung in Art. 73 UMV 2009.

Nach **lit. a** kann es zum Verfall führen, wenn der Markeninhaber nicht gegen die **satzungswid-** **1** **rige Benutzung** der Kollektivmarke vorgeht. Dies gilt sowohl für die satzungswidrige Benutzung durch Mitglieder als auch für die satzungswidrige Benutzung durch Verbandsfremde, wenn der Verband hiergegen nicht vorgeht (v. Mühlendahl/Ohlgart/v. Bomhard Gemeinschaftsmarke § 11 Rn. 39, S. 90; Eisenführ/Schennen/Schennen Art. 73 Rn. 3). Nach dem Zweck der UMV muss die rechtsverletzende Benutzung allerdings geeignet sein, die Unterscheidungskraft der Kollektivmarke zu schwächen (Eisenführ/Schennen/Schennen Art. 73 Rn. 4).

Lit. b behandelt den Verfall wegen **Irreführungsgefahr.** Dabei knüpft er an eine irreführende **2** Benutzung der Marke „durch ihren Inhaber" an, betrifft nach seinem Wortlaut also nur Benutzungshandlungen des Verbands, nicht aber seiner Mitglieder. Dies erscheint widersinnig, da eher die Verbandsmitglieder die Marke nutzen als der Verband selbst, so dass von ihnen im Zweifel eine stärkere Gefahr der Irreführung ausgeht. Ihrem Sinn und Zweck nach ist die Vorschrift demnach auch auf Benutzungshandlungen der Verbandsmitglieder anzuwenden (so im Ergebnis auch v. Mühlendahl/Ohlgart/v. Bomhard Gemeinschaftsmarke § 11 Rn. 40 S. 90; Eisenführ/ Schennen/Schennen Art. 73 Rn. 5; aA Le Goffic, La protection des indications géographiques, 2011, 67).

Lit. c betrifft den Fall, dass eine geänderte **Satzung** gegen die Anforderungen der Art. 75 **3** oder Art. 76 verstößt und deshalb der Hinweis auf die Änderung nicht hätte eingetragen werden dürfen. Der Verband kann dem Verfall entgegentreten, indem er die Satzung erneut ändert und an die Anforderungen der UMV anpasst. Das Verfallsverfahren muss in diesem Fall bis zur Eintragung der Änderung ausgesetzt werden, da die Löschungsabteilung bzw. die Gemeinschaftsmarkengerichte insoweit nicht prüfungszuständig sind (v. Mühlendahl/Ohlgart/v. Bomhard Gemeinschaftsmarke § 11 Rn. 39 S. 90).

Art. 82 Nichtigkeitsgründe

Außer aus den in den Artikeln 59 und 60 genannten Nichtigkeitsgründen wird die Unionskollektivmarke auf Antrag beim Amt oder auf Widerklage im Verletzungsverfahren für nichtig erklärt, wenn sie entgegen den Vorschriften des Artikels 76 eingetragen worden ist, es sei denn, dass der Markeninhaber aufgrund einer Satzungsänderung den Erfordernissen dieser Vorschriften genügt.

Überblick

Art. 82 (bis zum 30.9.2017: Art. 74 UMV 2009) ergänzt die allgemeinen Nichtigkeitsgründe der UMV.

1 Für Unionskollektivmarken gelten zunächst, wie für alle Unionsmarken, die Nichtigkeitsgründe aus Art. 59, 60. Daneben können Dritte vor dem Amt oder im Verletzungsverfahren als **besonderen Eintragungshindernisse** die Nichtigkeitsgründe aus Art. 76 geltend machen, also die Irreführungsgefahr und die Rechtswidrigkeit der Satzung. Wird eine Marke irrtümlich als Kollektivmarke eingetragen, obwohl die Voraussetzungen dafür fehlen, entsteht dennoch eine Kollektivmarke, die auf Antrag für nichtig erklärt werden kann (EUIPO 13.6.2022 – R 1413/2021-2, GRUR-RS 2022, 14310 Rn. 20 – Tante Mitzi Caffè). Nach dem Wortlaut der Vorschrift („eingetragen worden ist") müssen die Hindernisse bereits im **Zeitpunkt** der Eintragung vorgelegen haben.

2 Der letzte Hs. der Vorschrift („es sei denn") begründet eine **Heilungsmöglichkeit.** Der Markeninhaber kann danach die Löschung verhindern, indem er eine geänderte Satzung vorlegt.

3 Eine parallele Regelung findet sich für das deutsche Recht in § 106 MarkenG (→ MarkenG § 106 Rn. 1 ff.).

Abschnitt 2. Unionsgewährleistungsmarken

Art. 83 Unionsgewährleistungsmarken

(1) Eine Unionsgewährleistungsmarke ist eine Unionsmarke, die bei der Anmeldung als solche bezeichnet wird und geeignet ist, Waren oder Dienstleistungen, für die der Inhaber der Marke das Material, die Art und Weise der Herstellung der Waren oder der Erbringung der Dienstleistungen, die Qualität, Genauigkeit oder andere Eigenschaften – mit Ausnahme der geografischen Herkunft – gewährleistet, von solchen zu unterscheiden, für die keine derartige Gewährleistung besteht.

(2) Natürliche oder juristische Personen, einschließlich Einrichtungen, Behörden und juristische Personen des öffentlichen Rechts können eine Unionsgewährleistungsmarke anmelden, sofern sie keine gewerbliche Tätigkeit ausüben, die die Lieferung von Waren oder Dienstleistungen, für die eine Gewährleistung besteht, umfasst.

(3) Auf Unionsgewährleistungsmarken sind die Kapitel I bis VII und IX bis XIV anzuwenden, soweit in diesem Abschnitt nichts anderes bestimmt ist.

Übersicht

A. Vorbemerkungen zu den Art. 83–93

I. Gesetzgebungsverfahren

1 Die Überlegungen zur Einführung einer Gewährleistungsmarke reichen bis an die Anfänge des Gemeinschaftsmarkensystems zurück. Schon 1976 veröffentlichte die Kommission ein Memorandum (Commission of the European Communities, Memorandum on the creation of an EEC trade mark, 1976, Ausführungen zu „certification marks" finden sich in Tz. 53, 69 und 71; IIC 1976, 367), in dem sie der „certification mark" eine wachsende Bedeutung als Mittel zur Entwicklung, Standardisierung und Bewerbung von Qualitätsprodukten sowie zur Verbraucherinformation vorausgesagt hat. Obwohl sich die Kommission in diesem Memorandum klar für die Einführung einer Gewährleistungsmarke aussprach, enthielt die 1996 in Kraft getretene GMV keine diesbezüglichen Regelungen.

Während der deutsche Gesetzgeber die in der MRL verschiedentlich angesprochene Gewähr- **2** leistungsmarke in § 97 Abs. 1 MarkenG als Unterfall der Kollektivmarke ausgestaltet hat, fehlte eine solche Regelung in der gemeinschaftsmarkenrechtlichen Parallelvorschrift Art. 74 Abs. 1. In Ermangelung einer noch nicht einmal rudimentären rechtlichen Ausgestaltung der Gewährleistungsmarke, entstand Unklarheit darüber, wie sich die verschiedenen auf dem Markt benutzten Gütezeichen, Qualitätssiegel, Finanzierungszeichen (vgl. zum Schutz von „Der Grüne Punkt" als Unionskollektivmarke EuGH BeckRS 2019, 31236) usw in das gemeinschaftsmarkenrechtliche Koordinatensystem einordnen lassen könnten.

Eine 2011 veröffentlichte Untersuchung zur allgemeinen Leistungsfähigkeit des Systems der **3** Gemeinschaftsmarke bemängelte, dass es hinsichtlich der rechtlichen Behandlung von Gewährleistungsmarken zwischen einigen mitgliedstaatlichen Systemen und dem Gemeinschaftsmarkensystemen ein Ungleichgewicht gäbe (Max Planck Institute for Intellectual Property and Competition Law, Study on the Overall Functioning of the European Trade Mark System, 2011, 212). Zudem zeige die Praxis, dass es sowohl öffentliche als auch private Einrichtungen gäbe, die Schwierigkeiten hätten, ihre Gewährleistungsmarken angemessen zu schützen. Vor diesem Hintergrund sprachen sich die Verfasser der Studie dafür aus, auf Gemeinschaftsebene ein vom HABM verwaltetes System zum Schutz von Gewährleistungsmarken einzuführen.

Was der europäische Gesetzgeber bei der Einführung der Gemeinschaftsmarke zunächst ver- **4** säumt hat, holte er bei deren Weiterentwicklung zur Unionsmarke nach zwei Dekaden nach. Die Gesetzesmaterialien enthalten dabei nicht nur einen Hinweis auf die vorgenannte Studie, sondern bemerkenswerterweise auch darauf, dass die Kommission selbst Schwierigkeiten hatte, für die EU eine Gewährleistungsmarke als Gemeinschaftsmarke zu registrieren (working paper vom 2.4.2013, SWD (2013) 95 final).

In Erwägungsgrund 27 GMV hieß es insoweit, dass es notwendig sei, spezifische Vorschriften **5** zum Schutz der sog. Unionsgewährleistungsmarke einzuführen. Ziel sei, die bestehenden Vorschriften über Gemeinschaftskollektivmarken zu ergänzen und dem Ungleichgewicht zwischen den mitgliedstaatlichen System und dem Markensystem der EU abzuhelfen. Dazu enthalten die neu eingeführten Art. 83–93 eine präzise rechtliche Ausgestaltung der Unionsgewährleistungsmarke. Sie werden ergänzt durch zahlreiche weitere Vorschriften in der UMV, die weitere Detailregelungen enthalten. Hierzu gehören namentlich Bestimmungen zur Ausweisung als Unionsgewährleistungsmarke im Register (Art. 111 Abs. 2 lit. m), zur Registrierung von Satzungsänderungen gemäß Art. 88 (Art. 111 Abs. 3 lit. y) sowie zur Behandlung als Unionsgewährleistungsmarke, wenn die Basismarke einer IR, in der die Union benannt ist, eine Gewährleistungsmarke ist (Art. 194 Abs. 1). Schließlich ist auch Art. 8 Abs. 4 zu berücksichtigen, über den mitgliedstaatliche Gewährleistungsmarken als relative Eintragungshindernisse in Betracht kommen (vgl. hierzu auch EuG T-508/13, BeckEuRS 2013, 448724 zu der Frage, ob die Gewährleistungsmarke HALAL MALAYSIA in Großbritannien über das Instrument des passing off der Eintragung einer Gemeinschaftsmarke entgegengehalten werden kann).

Damit gehen die Regelungen in der UMV inhaltlich deutlich über die Regelungen hinaus, **6** mit denen Art. 28 MRL den Mitgliedstaaten die Möglichkeit zur Eintragung von Garantie- oder Gewährleistungsmarken einräumt.

II. Frühere Praxis

Das EuG unterstrich, dass die GMV die Kategorie der Gewährleistungsmarke nicht kenne und **7** Zeichen, die als Individualmarke angemeldet werden und denen die Eintragungshindernisse der Art. 7 Abs. 1 lit. b oder c entgegenstehen, namentlich auch dann von der Eintragung ausgeschlossen seien, wenn sie in einem Mitgliedstaat als Gewährleistungsmarke eingetragen seien (EuG verb. Rs. T-292/14 und T-293/14, GRUR-RS 2016, 80202 in Bezug auf die Wortmarken XAOYMI und HALLOUMI; vgl. auch zur Frage von älteren nationalen Gewährleistungsmarken im Rahmen von Art. 8 Abs. 2 lit. a Ziff. ii EuG T-281/19, T-351/19, GRUR-RS 2021, 14316 Rn. 62 ff. - Halloumi Vermion; BeckEuRS 2013, 448724 - Vergamini, HALAL MALAYSIA).

Auch wenn die GMV die Gewährleistungsmarke als solche nicht unter Schutz stellte und auch **8** sonst keine Regelungen enthielt, die solche Marken umfassten, gibt es doch mehrere Entscheidungen der Beschwerdekammern, die sich auf die eine oder andere Weise mit diesem Markentypus auseinandersetzen.

Die meisten Entscheidungen betreffen die Schutzfähigkeit von Gewährleistungsmarken. **9**

Die Eintragung der als Kollektivmarke angemeldeten Gewährleistungsmarke BIODYNAMIC **10** wurde wegen Bestehens absoluter Eintragungshindernisse und unter Hinweis darauf, dass Gewährleistungsmarken im Zweifel als Individualmarken angemeldet werden müssten, zurückgewiesen

(HABM BK 15.2.2011 – 675/2010-2 Rn. 19 f. – BIODYNAMIK). Ganz ähnlich lehnte das HABM die Eintragung des in Kanada als Gewährleistungsmarke geschützten Zeichens DOWN-MARK als Kollektivmarke wegen absoluter Eintragungshindernisse ab. In der Begründung ging die Beschwerdekammer umfangreich auf das Thema Gewährleistungsmarke ein und unterstrich, dass das Gemeinschaftsmarkenrecht gegenwärtig Gewährleistungsmarken nicht unter Schutz stelle (HABM BK 12.12.2014 – R 1360/2014-5 Rn. 34–39 – DOWNMARK). Schließlich lehnte das HABM auch die Registrierung der Wortmarke BioSign aufgrund absoluter Eintragungshindernisse ab und führte dabei aus, dass das Element „Sign" im Sinne einer Gewährleistungsmarke verstanden werde (HABM BK 30.4.2014 – R 2467/2013-4 Rn. 11 – BioSign).

11   Andere Entscheidungen betreffen die Frage des Benutzungszwangs. So soll eine Benutzung als Gewährleistungsmarke nicht die Voraussetzungen erfüllen, die gemäß Art. 47 an die rechtserhaltende Benutzung als Individualmarke zu stellen seien (HABM BK 16.8.2011 – R 87/2010-2 Rn. 32 – DVC/DVB). Soweit Gewährleistungsmarken in Mitgliedstaaten nur Schutz als Individualmarke genießen, konnte dies folglich auf Gemeinschaftsebene zu Schwierigkeiten bei der Rechtsdurchsetzung führen (vgl. auch HABM BK 24.2.2009 – R 970/2008-2 Rn. 39–41 – NF/NFB, wonach eine französische Gewährleistungskollektivmarke für die Dienstleistungen als rechtserhaltend benutzt angesehen wurde, auf die sich die Gewährleistung bezog).

III. Bewertung

12   In der Literatur wurde teilweise die Ansicht vertreten, dass es kein Bedürfnis gäbe, die Gewährleistungsmarke in der Gemeinschaft als eigene Kategorie einzuführen (Eisenführ/Schennen/Schennen Art. 66 Rn. 11; auch Leister/Romeike GRUR Int 2016, 122 (126) scheinen zurückhaltend). Angesichts der praktischen Schwierigkeiten und rechtlichen Unwägbarkeiten, wie Gewährleistungsmarken einzuordnen und zu behandeln sind, ist die Implementierung der Gewährleistungsmarke in das europäische Markensystem nach hier vertretener Ansicht gleichwohl zu begrüßen. Die Unionsgewährleistungsmarke wird die Attraktivität des europäischen Markensystems weiter steigern (so auch Schmidt, Die Unionsgewährleistungsmarke, 2021, 377). Gewährleistungsmarken haben nicht nur eine zunehmende wirtschaftliche Bedeutung, sondern geben dem Verbraucher eine über klassische Marken hinausgehende Orientierung im Produktdschungel. Dies verdient Schutz in Form von europaweit einheitlichen, verlässlichen und interessengerechten rechtlichen Rahmenbedingungen. Ob die nunmehr eingeführten Art. 83–93 diese Erwartungen auch in der Praxis erfüllen können, wird sich in den nächsten Jahren zeigen, wenn das Amt und die Gerichte die neuen Vorschriften anwenden. Teilweise werden die Vorschriften als zu kompliziert bewertet (krit. zur Praxistauglichkeit OLG Düsseldorf GRUR 2018, 617 (620)). Für den Schutz von Gewährleistungsmarken als Gewährleistungsmarke (und eben nicht nur als Individualmarke für Zertifizierungsdienstleistungen oder ähnliches) spricht aber, dass es andernfalls zu Schutzrechtslücken kommen kann und man sich als Markeninhaber in seiner Fähigkeit beschränkt, effektiv gegen unbenutzte Verwendungen seiner Marke vorzugehen (vgl. EuGH C-690-17, BeckRS 2019, 5499 Rn. 41 in Bezug auf das Testsiegel Öko-Test; s. hierzu auch Schlussanträge GA BeckRS 2019, 297 Rn. 52 ff., wonach es sich bei Testsiegeln trotz gewisser Ähnlichkeiten gerade nicht um Gewährleistungsmarken handelt; ähnlich Ellerbrock AfP 2021, 8 (13)). In der Praxis scheint die Unionsgewährleistungsmarke dennoch bislang nur verhalten angenommen zu werden. Dafür spricht jedenfalls, dass bis Ende März 2021 nur 158 Unionsgewährleistungsmarken eingetragen worden sind. Soweit in der Literatur antizipiert wird, dass sich das Verkehrsverständnis zu Gütesiegeln perspektivisch dahingehend fortentwickeln wird, dass der Verbraucher annimmt, Gütesiegel seien stets auch als Gewährleistungsmarke registriert (vgl. BGH GRUR 2020, 299 mAnm Berlit zu den lauterkeitsrechtlichen Auswirkungen), scheint dies angesichts der großen Vielzahl an Gütesiegeln und der geringen Zahl an Gewährleistungsmarken noch ein weiter Weg zu sein.

B. Begriffsbestimmung (Abs. 1)

13   Art. 83 Abs. 1 enthält eine Begriffsbestimmung der Unionsgewährleistungsmarke. Eine präzise Definition war vor allem auch deswegen notwendig, weil es zwischen den verschiedenen – und sogar innerhalb der einzelnen – mitgliedstaatlichen Markensystemen eine Vielzahl an wenig trennscharfen und sich inhaltlich oft überlappenden Begriffen gab, die alle mehr oder weniger artverwandte Zeichen meinten. So ist beispielsweise im deutschen Recht neben Gewährleistungsmarken auch von Garantiemarken oder Gütesiegeln die Rede.

14   Nach der nunmehr gefundenen Definition handelt es sich bei der Unionsgewährleistungsmarke um einen Unterfall der Unionsmarke, die bei der Anmeldung als solche bezeichnet wird. Das

Erfordernis der Benennung dient der Rechtsklarheit und ist konstitutiv. Darüber hinaus muss die Unionsgewährleistungsmarke geeignet sein, bestimmte Eigenschaften von Waren und Dienstleistungen, die der Inhaber der Unionsgewährleistungsmarke gewährleistet, von solchen zu unterscheiden, für die keine Gewährleistung besteht. Insoweit erfährt die Unterscheidungsfunktion, die sich bei der Gemeinschaftsmarke klassischerweise auf die betriebliche Herkunft einer gekennzeichneten Ware bezog, für die Unionsgewährleistungsmarke eine inhaltliche Anpassung.

Die Vorschrift listet verschiedene Eigenschaften auf, auf die sich die Gewährleistung beziehen **15** kann, nämlich das Material, die Art und Weise der Herstellung der Waren oder der Erbringung der Dienstleistungen, die Qualität und Genauigkeit. Es handelt sich um eine beispielhafte, nicht abschließende Aufzählung. Rein beschreibenden oder anpreisenden Zeichen, wie zB dem Begriff „1a Qualität", ohne jedwede graphische Ausgestaltung, wird aber auch weiterhin der Schutz versagt sein.

Die im Gesetzgebungsverfahren zunächst diskutierte Definition sah noch vor, dass der Katalog **16** an möglichen Eigenschaften, auf die sich die Gewährleistungsmarke beziehen kann, auch die geographische Herkunft der Waren und Dienstleistungen benennt (s. hierzu auch Wong Comms. L. 2014, 19(2), 56, 60). Hiervon hat der Gesetzgeber im Ergebnis Abstand genommen. Dazu hat er nicht nur die geographische Herkunft aus dem Beispielskatalog gestrichen, sondern ausdrücklich klargestellt, dass es sich um eine Eigenschaft handelt, auf die sich die Unionsgewährleistungsmarke nicht beziehen kann. Damit bleibt es bei der Grundregel des Art. 7 Abs. 1 lit. c, dass Zeichen, die lediglich Angaben zu der geografischen Herkunft beinhalten, vom Markenschutz ausgeschlossen sind. Da geschützte geografische Angaben stets mit einer geografischen Herkunft verknüpft sind und auch so wahrgenommen werden, steht der Eintragung als Unionsgewährleistungsmarke entgegen, wenn im Zeichen, dem Waren- und Dienstleistungsverzeichnis und/oder der Satzung an eine solche Angabe angeknüpft wird. Aus diesem Grund wurde beispielsweise die Wort-/ Bildmarke „Steierisches Kürbiskernöl" von der Eintragung ausgeschlossen, da es eine gleichlautende geschützte geografische Angabe gibt (vgl. hierzu auch EuGH C-514/18 P, GRUR-RR 2020, 100 Rn. 44 f., wo der Gerichtshof auf die Möglichkeit der Anmeldung als Unionskollektivmarke verweist). In Fortführung und Bestätigung hat das EuG in Bezug auf die Bezeichnung „Halloumi" ausgeführt, dass eine Einordnung der Merkmale eines Produktes oder Zuordnung zu einer geografischen Herkunft keine Aussage über die Qualität des Produktes liefert (vgl. EuG T-593/19, GRUR-RS 2021, 37700 Rn. 72).

C. Inhaber (Abs. 2)

Abs. 2 bestimmt, dass grundsätzlich alle natürlichen oder juristischen Personen eine Unionsge- **17** währleistungsmarke anmelden können. Zugleich wird klargestellt, dass der Begriff der juristischen Personen weit zu verstehen ist und auch Einrichtungen, Behörden und juristische Personen des öffentlichen Rechts umfasst. Ausgenommen sind allerdings solche natürlichen und juristischen Personen, die eine gewerbliche Tätigkeit ausüben, die die Lieferung von Waren oder Dienstleistungen, für die eine Gewährleistung besteht, umfasst. Diese für Gewährleistungsmarken charakteristische Regelung zielt darauf, dass der Inhaber der Gewährleistungsmarke als solcher unabhängig bleibt (vgl. Belson JIPLP 2012, 96 (103); González JIPLP 2012, 251 (253)). Wer für seine eigenen Produkte firmeneigene Gütesiegel oder ähnliche Zeichen schützen möchte, kann hierfür aber wie auch bisher eine Individualmarke anmelden. In der Literatur wird zu Recht darauf hingewiesen, dass es mit Sinn und Zweck der Regelung nicht vereinbar wäre, wenn der Inhaber der Unionsgewährleistungsmarke über eine separate Gesellschaft entsprechende Produkte herstellen oder vertreiben bzw. erbringen dürfte (Thünken GRUR-Prax 2016, 494). Auch das EUIPO weist in seinen Prüfungsrichtlinien darauf hin, dass die im Gesetz verankerte „Neutralitätspflicht" umfassend auszulegen sei. Entscheidend sei, ob der Inhaber der Unionsgewährleistungsmarke ein wirtschaftliches bzw. geschäftliches Interesse auf dem betreffenden Markt habe. Dies sei insbesondere dann der Fall, wenn er über ein wirtschaftlich verbundenes Unternehmen auf diesem Markt tätig ist oder aber die Benutzung der Gewährleistungsmarke vom Bezug von Waren oder Dienstleistungen ihres Inhabers abhängig ist.

Die nunmehr geltende Fassung von Art. 83 Abs. 2 weicht in zwei Punkten von früheren **18** Versionen ab, die im Gesetzgebungsverfahren diskutiert wurden. So war ursprünglich nicht vorgesehen, dass auch natürliche Personen Unionsgewährleistungsmarken anmelden können. Diese Einschränkung wurde aber ebenso fallengelassen, wie die angedachte Regelung, dass nur solche (juristische) Personen Unionsgewährleistungsmarken anmelden dürfen, die kompetent sind, die von der Marke beanspruchten Produkte zu zertifizieren. Gerade die letztgenannte Regelung, wie sie etwa in den britischen Vorschriften zur Gewährleistungsmarke zu finden ist, hätte das

Anmeldeverfahren belastet. Ohnehin kann der Markt die Qualifikation und Kompetenz von Markenanmeldern im Zweifel besser beurteilen, als das Amt.

19   Wenn die Unionsgewährleistungsmarke auf einen anderen Inhaber übertragen werden soll, so muss dieser ebenfalls die Voraussetzungen des Art. 83 Abs. 2 erfüllen (vgl. Art. 89).

20   Wenn der Inhaber der Marke die an ihn gestellten Voraussetzungen nicht mehr erfüllt, so ist die Marke gemäß Art. 91 lit. a verfallsreif. Dazu kann es namentlich dann kommen, wenn der Inhaber der Unionsgewährleistungsmarke nach deren Eintragung beginnt, Produkte zu liefern, auf die sich die Gewährleistungsmarke bezieht.

D. Generalverweis (Abs. 3)

21   Die Unionsgewährleistungsmarke ist ein Unterfall der Unionsmarke. Die Art. 83–93 enthalten lediglich Spezialregelungen, durch die die allgemeinen Vorschriften modifiziert und ergänzt werden. Im Übrigen erklärt Art. 83 Abs. 3 die allgemeinen Vorschriften mittels Generalverweis für anwendbar. Titel VIII ist von dem Verweis nicht erfasst. Soweit der Titel über die Unionsgewährleistungsmarke hinaus Regelungen zu Unionskollektivmarken enthält, sind diese nicht anwendbar.

Art. 84 Satzung der Unionsgewährleistungsmarke

(1) Der Anmelder einer Unionsgewährleistungsmarke muss innerhalb von zwei Monaten nach dem Anmeldetag eine Satzung der Unionsgewährleistungsmarke vorlegen.

(2) ¹In der Markensatzung sind die zur Benutzung der Marke befugten Personen, die durch die Marke zu gewährleistenden Eigenschaften, die Art und Weise, wie die betreffende Stelle diese Eigenschaften zu prüfen und die Benutzung der Marke zu überwachen hat, anzugeben. ²In der Markensatzung sind außerdem die Bedingungen für die Benutzung der Marke, einschließlich Sanktionen, anzugeben.

(3) ¹Die Kommission erlässt Durchführungsrechtsakte, in denen die Einzelheiten, die die in Absatz 2 dieses Artikels genannte Satzung zu enthalten hat, festgelegt werden. ²Diese Durchführungsrechtsakte werden nach dem Prüfverfahren gemäß Artikel 207 Absatz 2 erlassen.

1   Art. 84 enthält grundlegende Regelungen zur Satzung der Unionsgewährleistungsmarke. Die Vorschrift wird flankiert durch weitere Bestimmungen, die Details ausgestalten, darunter insbesondere Art. 85 Abs. 1 (Zurückweisung der Anmeldung bei Nichtvorlage oder Fehlerhaftigkeit der Satzung), Art. 88 (Änderung der Markensatzung) sowie Art. 91 lit. b und c (Verfallsgründe).

2   Art. 84 Abs. 1 bestimmt, dass der Anmelder binnen zwei Monaten nach der Anmeldung eine Satzung vorlegen muss. Tut er dies nicht, so wird die Anmeldung gemäß Art. 85 Abs. 1 zurückgewiesen.

3   Art. 84 Abs. 2 zählt vier allgemeine Bereiche auf, die durch die Satzung zwingend geregelt werden müssen, nämlich
- wer zur Benutzung der Marke befugt ist,
- was für Eigenschaften durch die Marke gewährleistet werden,
- wie die Zertifizierungsstelle diese Eigenschaften zu prüfen und die Benutzung der Marke zu überwachen hat, sowie
- welche Bedingungen für die Benutzung der Marke bestehen.

4   Damit es sich bei den satzungsgemäßen Nutzungsbedingungen nicht nur um zahnlose Papiertiger handelt, müssen diese Bedingungen zwingend mit Sanktionsregelungen versehen sein. Macht der Inhaber von diesen Sanktionen oder anderen ihm zur Verfügung stehenden Mitteln der Einflussnahme nicht angemessen Gebrauch, um so die satzungsgemäße Benutzung der Marke sicherzustellen, kann die Marke gemäß Art. 91 lit. b für verfallen erklärt werden.

5   Einzelheiten zu den Satzungsinhalten werden gemäß Art. 84 Abs. 3 durch einen von der Kommission zu erlassenden Durchführungsrechtsakt festgelegt.

Art. 85 Zurückweisung der Anmeldung

(1) Über die in den Artikeln 41 und 42 genannten Gründe für die Zurückweisung der Anmeldung einer Unionsmarke hinaus wird die Anmeldung einer Unionsgewähr-

leistungsmarke zurückgewiesen, wenn den Vorschriften der Artikel 83 und 84 nicht Genüge getan ist oder die Markensatzung gegen die öffentliche Ordnung oder die guten Sitten verstößt.

(2) Die Anmeldung einer Unionsgewährleistungsmarke wird außerdem zurückgewiesen, wenn die Gefahr besteht, dass das Publikum über den Charakter oder die Bedeutung der Marke irregeführt wird, insbesondere wenn diese Marke den Eindruck erwecken kann, als wäre sie etwas anderes als eine Gewährleistungsmarke.

(3) Die Anmeldung wird nicht zurückgewiesen, wenn der Anmelder aufgrund einer Änderung der Markensatzung die Erfordernisse der Absätze 1 und 2 erfüllt.

A. Zurückweisungsgründe (Abs. 1)

Art. 85 Abs. 1 benennt drei verschiedene Gründe, aufgrund derer die Anmeldung einer Unions- **1** gewährleistungsmarke zurückgewiesen werden kann.

Zunächst werden über Art. 85 Abs. 1 Alt. 1 die in Art. 41 und Art. 42 genannten Gründe **2** ausdrücklich für anwendbar erklärt, mit der Folge, dass die Anmeldung bei Nichtvorliegen bestimmter Anmeldungserfordernisse oder bei Bestehen absoluter Eintragungshindernisse nicht eingetragen wird. Es handelt sich insoweit nur um eine Klarstellung, da die beiden vorgenannten Vorschriften über den Generalverweis in Art. 83 Abs. 3 ohnehin anwendbar wären. Das Amt ging in einer frühen erstinstanzlichen Entscheidung davon aus, dass auch wenn die Funktion einer Gewährleistungsmarke von der einer Individualmarke abweicht, die mittels Verweis für anwendbar erklärten Eintragungserfordernisse des Art. 7 gleichwohl gelten. Bei dem Erfordernis der Unterscheidungskraft komme es insoweit darauf an, dass die Marke geeignet sein müsse, die mit ihm gekennzeichneten Produkte von den Produkten zu unterscheiden, für die eine Gewährleistung von einem anderen Gewährleistenden besteht. Bei der gegen diese Entscheidung eingelegten Beschwerde handelte es sich um die allererste Beschwerde, bei der es um die Eintragungsfähigkeit einer Unionsgewährleistungsmarke ging. Um eine einheitliche Spruchpraxis zu entwickeln, hat die Zweite Beschwerdekammer die Entscheidung an die Große Kammer verwiesen (EUIPO BK R 1650/2018-2 – Baumwollzeichen). Die Entscheidung der Großen Kammer dürfte insoweit für die zukünftige Amtspraxis richtungsweisend sein.

Darüber hinaus bestimmt Art. 85 Abs. 1 Alt. 2 weiter, dass die Anmeldung auch dann zurückzu- **3** weisen ist, wenn die einzelnen, in Art. 83 und Art. 84 enthaltenen Vorgaben nicht erfüllt sind. Dies bedeutet konkret, dass die Anmeldung nicht zur Eintragung gelangt, wenn
- es sich bei der angemeldeten Marke um ein Zeichen handelt, dem die speziell für eine Unionsgewährleistungsmarke notwendige Unterscheidungskraft fehlt (Art. 83 Abs. 1),
- der Anmelder eine Tätigkeit ausübt, die die Lieferung von Produkten umfasst, für die eine Gewährleistung bestehen soll (Art. 83 Abs. 2),
- wenn die Satzung nicht fristgerecht eingereicht wird (Art. 84 Abs. 1), oder
- wenn die Satzung nicht die notwendigen Mindestregelungen enthält (Art. 84 Abs. 2 und 3).

Schließlich darf die Satzung nach Art. 85 Abs. 1 Alt. 3 auch nicht gegen die öffentliche Ordnung **4** oder gegen die guten Sitten verstoßen. Es handelt sich um unbestimmte Rechtsbegriffe, die auch in anderen Vorschriften verwendet werden (vgl. Art. 7 Abs. 1 lit. f sowie Art. 76 Abs. 1). Die Begriffe werden innerhalb der UMV einheitlich ausgelegt, so dass bei der Bestimmung, wann die Satzung einer Unionsgewährleistungsmarke gegen die öffentliche Ordnung oder die guten Sitten verstößt, auf die Entscheidungspraxis zu den vorgenannten Vorschriften zurückgegriffen werden kann.

Wenig überraschend ist eine Entscheidung der Ersten Beschwerdekammer, wonach der **5** Umstand, dass eine bestimmte Marke im Ausland nicht als Individualmarke, sondern vielmehr als Kollektivmarke eingetragen ist, für die Schutzfähigkeit dieser Marke als Unionsgewährleistungsmarke unbeachtlich ist (EUIPO BK R 197/2019-1 Rn. 26 – Apera). Mit Blick darauf, dass es sich bei dem Unionsmarkensystem um ein autonomes System handelt, dürfte selbst der Umstand, dass eine bestimmte Marke anderswo Schutz als Gewährleistungsmarke genießt, für die Schutzfähigkeit als Unionsgewährleistungsmarke allenfalls indizielle Bedeutung haben.

B. Zurückweisung bei Irreführungsgefahr (Abs. 2)

Art. 85 Abs. 2 enthält einen vierten Zurückweisungsgrund, der gleichrangig neben die drei in **6** Abs. 1 genannten Gründe tritt. Demnach ist eine Unionsgewährleistungsmarke auch dann von der Eintragung ausgeschlossen, wenn die Gefahr besteht, dass der Verkehr über den Charakter oder die Bedeutung der Marke irregeführt wird. Insofern wird beispielhaft auf den Fall verwiesen, dass der fälschliche Eindruck erweckt wird, als wäre die Marke etwas anderes als eine Gewährleistungsmarke (also zB eine Kollektivmarke).

7   Das Gesetz schreibt keine bestimmte Form oder die Verwendung eines bestimmten Textes, wie zB „Gütezeichen", „Certified" oä, vor. Die Vorschrift dient allerdings dem Schutz des Verkehrs, was für eine tendenziell weite Auslegung spricht. Demnach wäre eine Unionsgewährleistungsmarke zum Beispiel dann zurückzuweisen, wenn sie durch ihre Gestaltung den fälschlichen Eindruck erwecken kann, als handele es sich um ein staatliches Gütesiegel, obwohl der Anmelder tatsächlich eine nichtstaatliche natürliche oder juristische Person ist (so auch Dissmann/Somboonvong GRUR 2016, 657 (659)). Ein anderes Beispiel findet sich in den Prüfungsrichtlinien des EUIPO. Demnach werde der Verkehr über die Qualität der gekennzeichneten Waren getäuscht, wenn das Zeichen „ABC test pure orange juice" lautet, laut Satzung aber gewährleistet werden soll, dass das so gekennzeichnete Erfrischungsgetränk Apfelsaft enthält.

8   Wenn der Inhaber erst durch die tatsächliche Benutzung der Unionsgewährleistungsmarke die Gefahr schafft, dass der Verkehr irregeführt wird, so ist sie nachträglich gemäß Art. 91 lit. c für verfallen zu erklären.

C. Abhilfe durch Satzungsänderung (Abs. 3)

9   Art. 85 Abs. 3 räumt dem Anmelder die Möglichkeit ein, eine drohende Zurückweisung der Anmeldung durch eine nach Art. 88 mögliche Änderung der Markensatzung abzuwenden.

Art. 86 Bemerkungen Dritter

Werden beim Amt schriftliche Bemerkungen nach Artikel 45 zu einer Unionsgewährleistungsmarke eingereicht, so können diese auch auf die spezifischen Gründe gestützt sein, auf deren Grundlage die Anmeldung einer Unionsgewährleistungsmarke gemäß Artikel 85 zurückgewiesen werden sollte.

1   Art. 83 Abs. 3 iVm Art. 45 eröffnet Dritten die Möglichkeit, durch Einreichung von Drittbemerkungen auf die Zurückweisung der Anmeldung einer Unionsgewährleistungsmarke hinzuwirken. Hierzu stellt Art. 86 klar, dass die Drittbemerkungen sich über den in Art. 45 hervorgehobenen Fall („insbesondere") des Vorliegens absoluter Eintragungshindernisse iSv Art. 7 hinaus, auch auf die spezifischen Zurückweisungsgründe des Art. 85 Abs. 1 und 2 stützen können.

2   Mit Drittbemerkungen können auch etwaige Satzungsänderungen beanstandet werden (vgl. Art. 88 Abs. 3).

Art. 87 Benutzung der Unionsgewährleistungsmarke

Die Benutzung einer Unionsgewährleistungsmarke durch eine gemäß der in Artikel 84 genannten Satzung hierzu befugte Person genügt den Vorschriften dieser Verordnung, sofern die übrigen in dieser Verordnung genannten Bedingungen erfüllt sind.

1   Unionsgewährleistungsmarken unterfallen dem Benutzungszwang (Art. 83 Abs. 3 iVm Art. 18 Abs. 1). Da der Inhaber der Gewährleistungsmarke diese nicht selbst benutzt, sondern Dritten die Benutzung des Zeichens gestattet, bestimmt Art. 87, dass die Benutzung durch eine nach der Satzung befugte Person den Vorschriften der UMV genügt, wenn und soweit die übrigen in der Verordnung genannten Bedingungen erfüllt sind. Soweit es zu inhaltlichen Abweichungen zu Art. 18 Abs. 2 kommen sollte, dürfte Art. 83 als speziellere Vorschrift vorgehen.

2   Ähnlich zur Frage, wie das Kriterium der Unterscheidungskraft der Unionsgewährleistungsmarke im Vergleich zur Individualmarke auszulegen ist, stellt sich diese Problematik auch im Rahmen der rechtserhaltenden Benutzung. Hierzu hat das Amt in einer Entscheidung festgestellt, dass eine Benutzung gleichzeitig Gewährleistungs- und Unterscheidungsfunktion aufweisen könne und sich diese beiden Funktionen nicht ausschließen (EUIPO BK R 610/2017-1 Rn. 52).

Art. 88 Änderung der Satzung der Unionsgewährleistungsmarke

(1) Der Inhaber einer Unionsgewährleistungsmarke hat dem Amt jede Änderung der Markensatzung zu unterbreiten.

(2) Auf Änderungen wird im Register nicht hingewiesen, wenn die geänderte Markensatzung den Vorschriften des Artikels 84 nicht entspricht oder einen Grund für eine Zurückweisung nach Artikel 85 bildet.

(3) Schriftliche Bemerkungen gemäß Artikel 86 können auch in Bezug auf geänderte Markensatzungen eingereicht werden.

(4) Zum Zwecke dieser Verordnung wird die Satzungsänderung erst ab dem Zeitpunkt wirksam, zu dem der Hinweis auf die Änderung ins Register eingetragen worden ist.

Nach Art. 88 Abs. 1 obliegt es dem Inhaber der Unionsgewährleistungsmarke dem Amt etwaige   **1**
Satzungsänderungen mitzuteilen. Durch die Mitteilung wird das Amt in die Lage versetzt, zu prüfen, ob auch die geänderte Satzung noch den Vorschriften des Art. 84 entspricht, oder ob gemäß Art. 85 ein Grund für deren Zurückweisung besteht. Um das Amt bei der Prüfung zu unterstützen, können Drittbemerkungen iSv Art. 86 nach Art. 88 Abs. 3 auch gegen etwaige Satzungsänderungen gerichtet werden. Bestehen keine Bedenken, weist das Amt auf die Satzungsänderung hin (vgl. Art. 88 Abs. 2). Nach Art. 89 Abs. 4 ist die Eintragung der Satzungsänderung nicht nur deklaratorisch, sondern konstitutiv. Änderungen werden deshalb erst ab ihrer Eintragung ins Register wirksam.

Für den Fall, dass sich nachträglich herausstellt, dass die Satzungsänderung entgegen den in   **2**
Art. 88 Abs. 2 niedergelegten Bedingungen im Register eingetragen worden ist und der Inhaber der Marke dem nicht durch eine erneute Satzungsänderung Abhilfe schafft, kann die Marke gemäß Art. 91 lit. d für verfallen erklärt werden.

Art. 89 Rechtsübergang

Abweichend von Artikel 20 Absatz 1 kann eine Unionsgewährleistungsmarke nur auf eine Person übertragen werden, die die Erfordernisse des Artikels 83 Absatz 2 erfüllt.

Art. 89 schränkt die in Art. 20 Abs. 1 vorgesehene Übertragungsfreiheit der Marke dahingehend   **1**
ein, dass auch der neue Inhaber die Voraussetzungen des Art. 83 Abs. 2 erfüllen muss. Sinn und Zweck ist es, eine anderenfalls allzu leichte Umgehung des Art. 83 Abs. 2 zu verhindern.

Art. 90 Erhebung der Verletzungsklage

(1) Nur der Inhaber einer Unionsgewährleistungsmarke oder eine speziell von ihm hierzu ermächtigte Person kann eine Verletzungsklage erheben.

(2) Der Inhaber einer Unionsgewährleistungsmarke kann im Namen der zur Benutzung der Marke befugten Personen Ersatz des Schadens verlangen, der diesen Personen aus der unberechtigten Benutzung der Marke entstanden ist.

Art. 90 Abs. 1 bestimmt, dass nur der Inhaber der Unionsgewährleistungsmarke oder aber eine   **1**
speziell von ihm hierzu ermächtigte Person, eine Verletzungsklage erheben kann. Eine entsprechende Regelung in allgemeinen Vertragsbedingungen zwischen dem Inhaber der Unionsgewährleistungsmarke und dem zu deren Nutzung Berechtigten, sollte den Anforderungen an eine solche Ermächtigung (ähnlich wie bei der einfachen Lizenz) allerdings genügen.

Der Umstand, dass der zur Benutzung einer Unionsgewährleistungsmarke Berechtigte keine   **2**
Möglichkeit hat, selbst Verletzungsklage zu erheben, soll den Verletzer nicht besserstellen. Aus diesem Grund räumt Art. 90 Abs. 2 dem Inhaber der Unionsgewährleistungsmarke das Recht ein, zusätzlich zu den selbst erlittenen Schäden, im Namen der Benutzungsberechtigten den von ihnen erlittenen Schaden ersetzt zu verlangen.

Art. 91 Verfallsgründe

Außer aus den in Artikel 58 genannten Verfallsgründen wird die Unionsgewährleistungsmarke auf Antrag beim Amt oder auf Widerklage im Verletzungsverfahren für verfallen erklärt, wenn eine der folgenden Voraussetzungen erfüllt ist:

a) der Inhaber erfüllt die Erfordernisse des Artikels 83 Absatz 2 nicht mehr;
b) der Inhaber ergreift keine angemessenen Maßnahmen, um eine Benutzung der Unionsgewährleistungsmarke zu verhindern, die nicht im Einklang steht mit den Benutzungsbedingungen, wie sie in der Satzung vorgesehen sind, auf deren Änderung gegebenenfalls im Register hingewiesen worden ist;
c) die Art der Benutzung der Unionsgewährleistungsmarke durch ihren Inhaber hat bewirkt, dass die Gefahr besteht, dass das Publikum im Sinne von Artikel 85 Absatz 2 irregeführt wird;
d) es ist entgegen Artikel 88 Absatz 2 im Register auf eine Änderung der Satzung der Unionsgewährleistungsmarke hingewiesen worden, es sei denn, dass der Markeninhaber aufgrund einer erneuten Satzungsänderung den Erfordernissen des genannten Artikels genügt.

1   Art. 91 erklärt die in Art. 58 aufgeführten allgemeinen Verfallsgründe für Unionsgewährleistungsmarken für anwendbar. Darüber hinaus enthält die Vorschrift vier spezielle Gründe, aus denen eine Unionsgewährleistungsmarke verfallen kann.

2   Nach Art. 91 lit. a wird eine Unionsgewährleistungsmarke verfallsreif, wenn ihr Inhaber die an ihn gestellten Voraussetzungen iSv Art. 83 Abs. 2 nicht mehr erfüllt. Dies ist namentlich dann der Fall, wenn der Inhaber der Marke nach deren Eintragung beginnt, die Produkte zu liefern, auf die sich die Gewährleistungsmarke bezieht.

3   Nach Art. 91 lit. b ist eine Unionsgewährleistungsmarke auch dann für verfallen zu erklären, wenn der Inhaber keine angemessenen Maßnahmen ergreift, um sicherzustellen, dass die Marke entsprechend der satzungsmäßigen Bedingungen benutzt wird. Auf diese Weise soll gewährleistet werden, dass die Benutzungsbedingungen, die gemäß Art. 83 Abs. 2 zwingend durch Sanktionen abgesichert sein müssen, auch tatsächlich eingehalten werden.

4   Art. 91 lit. c bestimmt weiter, dass eine Unionsgewährleistungsmarke für verfallen erklärt wird, wenn ihr Inhaber durch ihre tatsächliche Benutzung die Gefahr schafft, dass der Verkehr iSv Art. 85 Abs. 2 über den Charakter oder die Bedeutung der Marke irregeführt wird.

5   Schließlich bestimmt Art. 91 lit. d, dass die Marke auch dann für verfallen zu erklären ist, wenn sich nachträglich herausstellt, dass eine im Register eingetragene Satzungsänderung entgegen den in Art. 88 Abs. 2 niedergelegten Bedingungen erfolgt ist. Dem Inhaber der Marke wird insoweit aber die Möglichkeit eingeräumt, mittels einer erneuten Satzungsänderung dafür zu sorgen, dass die Satzung wieder den gesetzlichen Anforderungen entspricht.

Art. 92 Nichtigkeitsgründe

Über die in den Artikeln 59 und 60 genannten Nichtigkeitsgründe hinaus wird eine Unionsgewährleistungsmarke auf Antrag beim Amt oder auf Widerklage im Verletzungsverfahren für nichtig erklärt, wenn sie entgegen den Vorschriften des Artikels 85 eingetragen worden ist, es sei denn, dass der Inhaber der Unionsgewährleistungsmarke aufgrund einer Satzungsänderung den Erfordernissen des Artikels 85 genügt.

1   Unionsgewährleistungsmarken können auf einen entsprechenden Antrag beim Amt oder auf Widerklage im Verletzungsverfahren hin für nichtig erklärt werden. Über die in Art. 59 und Art. 60 enthaltenen allgemeinen Nichtigkeitsgründe hinaus, bestimmt Art. 92, dass eine Unionsgewährleistungsmarke auch dann für nichtig erklärt werden kann, wenn die Marke entgegen den Vorschriften des Art. 85 eingetragen worden ist. Wenn und soweit ein Antrag auf Nichtigerklärung eingereicht wurde, hat der Inhaber der Unionsgewährleistungsmarke auch hier die Möglichkeit, durch eine entsprechende Satzungsänderung gemäß Art. 88 Abhilfe zu schaffen und eine Nichtigerklärung zu vermeiden.

2   Das EuG unterstrich, dass bei der Bewertung der Verwechslungsgefahr der in Art. 60 aufgeführten relativen Nichtigkeitsgründe stets der besondere Schutzzweck der Unionsgewährleistungsmarke zu berücksichtigen ist (vgl. hierzu EuG T-281/19 und T-351/19, GRUR-RS 2021, 14316 Rn. 36 – Halloumi).

Art. 93 Umwandlung

Unbeschadet des Artikels 139 Absatz 2 findet keine Umwandlung einer Anmeldung einer Unionsgewährleistungsmarke oder einer eingetragenen Unionsgewährleistungs-

marke statt, wenn die Eintragung von Garantie- oder Gewährleistungsmarken gemäß Artikel 28 der Richtlinie (EU) 2015/2436 in den nationalen Rechtsvorschriften des betreffenden Mitgliedstaats nicht vorgesehen ist.

Wie schon nach alter Rechtslage, so räumt Art. 28 Abs. 1 MRL den Mitgliedstaaten das Recht **1** ein, Garantie- oder Gewährleistungsmarken zur Eintragung vorzusehen. Es handelt sich um eine voluntative Vorschrift, so dass auch zukünftig nicht in jedem Mitgliedstaat Garantie- oder Gewährleistungsmarken als solche schutzfähig sein werden. Aus diesem Grund stellt Art. 93 die Möglichkeit der Umwandlung einer Unionsgewährleistungsmarke unter den Vorbehalt, dass der jeweilige Mitgliedstaat von der Möglichkeit des Art. 28 Abs. 1 MRL Gebrauch und Garantie- bzw. Gewährleistungsmarken ausdrücklich unter Schutz gestellt hat. Demnach ist es insbesondere nicht möglich, die Unionsgewährleistungsmarke in eine nationale Individual- oder Kollektivmarke umzuwandeln, und zwar wohl auch dann nicht, wenn das jeweilige mitgliedstaatliche Recht die Garantie- oder Gewährleistungsmarke als möglichen Unterfall einer solchen Markengattung behandelt.

Abschnitt 1. Allgemeine Vorschriften

Art. 94 Entscheidungen und Mitteilungen des Amtes

(1) ¹Die Entscheidungen des Amtes sind mit Gründen zu versehen. ²Sie dürfen nur auf Gründe gestützt werden, zu denen die Beteiligten sich äußern konnten. ³Findet eine mündliche Verhandlung vor dem Amt statt, so kann die Entscheidung mündlich ergehen. ⁴Die Entscheidung wird den Beteiligten anschließend in Schriftform zugestellt.

(2) ¹In allen Entscheidungen, Mitteilungen oder Bescheiden des Amtes sind die zuständige Dienststelle oder Abteilung des Amtes sowie die Namen des oder der zuständigen Bediensteten anzugeben. ²Sie sind von dem oder den betreffenden Bediensteten zu unterzeichnen oder stattdessen mit einem vorgedruckten oder aufgestempelten Dienstsiegel des Amtes zu versehen. ³Der Exekutivdirektor kann bestimmen, dass andere Mittel zur Feststellung der zuständigen Dienststelle oder Abteilung des Amtes und des oder der zuständigen Bediensteten oder eine andere Identifizierung als das Siegel verwendet werden dürfen, wenn Entscheidungen, Mitteilungen oder Bescheide des Amtes über Fernkopierer oder andere technische Kommunikationsmittel übermittelt werden.

(3) ¹Die Entscheidungen des Amtes, die mit der Beschwerde angefochten werden können, sind mit einer schriftlichen Belehrung darüber zu versehen, dass jede Beschwerde innerhalb von zwei Monaten nach Zustellung der fraglichen Entscheidung schriftlich beim Amt einzulegen ist. ²In der Belehrung sind die Beteiligten auch auf die Artikel 66, 67 und 68 hinzuweisen. ³Die Beteiligten können aus der Unterlassung der Rechtsbehelfsbelehrung seitens des Amtes keine Ansprüche herleiten.

Überblick

Art. 94 regelt die Pflicht des Amtes, seine Entscheidung hinreichend zu begründen (→ Rn. 2 ff.) und den Anspruch der Beteiligten auf rechtliches Gehör (→ Rn. 86 ff.). Zudem sind die Formerfordernisse einer Entscheidung geregelt (zur Schriftform → Rn. 150; zu Unterschrift, Benennung der zuständigen Bediensteten und der Dienststelle bzw. Abteilung → Rn. 151; zur Rechtsmittelbelehrung → Rn. 153). Eine inhaltliche Änderung war mit der letzten Reform nicht verbunden (→ Rn. 1).

Übersicht

A. Reform

Im Zuge der Reform wurden dem vorherigen Art. 75 UMV 2009 Abs. 1 S. 3, Abs. 2 und 3 **1** mit Wirkung zum 1.10.2017 hinzugefügt. Damit wurden Regel 52 Abs. 1 GMDV (Form der Entscheidungen), Regel 52 Abs. 2 GMDV (Rechtsmittelbelehrung) und Regel 55 GMDV (Unter-schrift, Name, Dienstsiegel) in die UMV inkorporiert. Eine inhaltliche Änderung war hiermit nicht verbunden (→ Rn. 150). Regel 50 GMDV zur Übermittlung der Schriftstücke im Beschwerdeverfahren ging für Beschwerden, die nach dem 1.10.2017 eingereicht wurden, in die allgemeine Regelung des Art. 62 DVUM zur Zustellung von Schriftstücken für mehrere Beteiligte auf (→ Rn. 92).

B. Begründungspflicht (Abs. 1 S. 1)

I. Inhalt

Nach Abs. 1 S. 1 sind die Entscheidungen des Amtes mit Gründen zu versehen. Art. 32 DVUM **2** (vormals Regel 50 Abs. 2 lit. h GMDV) stellt in Buchstabe h zusätzlich klar, dass eine Entscheidung der Beschwerdekammer eine Begründung enthalten muss. Zu den Formvorschriften für Entschei-dungen des Amtes (→ Rn. 150 ff.).

Die Begründungspflicht iSd Abs. 1 S. 1 hat denselben Umfang wie die iSd Art. 296 EUV und **3** Art. 41 Abs. 2 lit. c GRCh (vgl. zu Art. 75 Abs. 1 S. 1 UMV 2009 EuGH C-45/11 P, BeckRS 2012, 80108 Rn. 56 – Kombination der Farben Grau und Rot; C-20/08 P, BeckRS 2009, 70115 Rn. 29 – Windenergiekonverter; C-447/02 P, GRUR Int 2005, 227 Rn. 64 – Orange; EuG T-373/09, BeckRS 2012, 82133 Rn. 61 – EMIDIO TUCCI; T-231/11, BeckRS 2012, 81907 Rn. 14 – Stoffmuster). Demnach ist eine Entscheidung verständlich und eindeutig zu begründen (vgl. EuGH C-480/15 P, BeckRS 2016, 81023 Rn. 32–34 – ALEX).

Zweck der Begründungspflicht ist, **4**
- die **Beteiligten** ausreichend **zu informieren,** damit sie ihre Rechte ordnungsgemäß verteidi-gen können und
- den Unionsrichtern bzw. den Mitgliedern der Beschwerdekammern zu ermöglichen, die **Rechtmäßigkeit der angegriffenen Entscheidung zu überprüfen** (EuGH C-480/15 P, BeckRS 2016, 81023 Rn. 32 – ALEX; C-45/11 P, BeckRS 2012, 80108 Rn. 58 – Kombination

der Farben Grau und Rot; C-447/02 P, GRUR Int 2005, 227 Rn. 65 – Orange; EuG T-811/
14, BeckRS 2017, 135594 Rn. 32 – Fair & Lovely; T-137/12, BeckRS 2013, 80132 Rn. 39 –
FUN; T-231/11, BeckRS 2012, 81907 Rn. 14 – Stoffmuster).

5 Abs. 1 S. 1 ist eine **wesentliche Formvorschrift,** die **von Amts wegen zu prüfen** ist (vgl.
EuGH C-45/11 P, BeckRS 2012, 80108 Rn. 57 – Kombination der Farben Grau und Rot; C-
20/08 P, BeckRS 2009, 70115 Rn. 29 f. – Windenergiekonverter; EuG T-697/18, GRUR-RS
2020, 410 Rn. 92 – ALTISPORT; T-269/18, BeckRS 2019, 7884 Rn. 36 – ZARA; T-295/11,
BeckRS 2012, 82216 Rn. 40 – DUSCHO Harmony; T-188/17, BeckRS 2018, 38484 Rn. 20 –
Coil Liner; T-660/11, BeckRS 2015, 81013 Rn. 19 – POLYTETRAFLON; T-47/12, BeckRS
2014, 80621 Rn. 22 f. – EQUINET). Prüft das EuG eine Verletzung der Begründungspflicht von
Amts wegen, sollte es die Parteien allerdings zu diesem Punkt hören (eingehend EuG T-168/21,
GRUR-RS 2022, 26113 Rn. 51 – Lichtblau).

6 Wird eine Entscheidung aufgrund Begründungsmangel von einer der Parteien angefochten,
sollte der Beschwerte **ausdrücklich darlegen und ggf. nachweisen,** inwieweit das Fehlen einer
Begründung ihn in der Verteidigung seiner Rechte beeinflusst (vgl. EuGH C-100/11 P, BeckRS
2012, 80909 Rn. 117 – BOTOLIST/BOTOCYL; EuG T-28/19, GRUR-RS 2019, 39686
Rn. 25 – VERITEA; T-262/09, BeckRS 2011, 80405 Rn. 83 ff. – FIRST DEFENSE AEROSOL
PEPPER PROJECTOR; T-237/06, BeckRS 2008, 70360 Rn. 19 – PNEUMO UPDATE). Bei
einem pauschalen Hinweis auf die Verletzung der Begründungspflicht läuft der Beteiligte Gefahr,
dass das Amt bzw. das Gericht keinen Anhaltpunkt für einen Verstoß sieht. Rügt der Betroffene
eine Verletzung der Begründungspflicht durch die erste Instanz vor der Beschwerdekammer und
ist aufgrund dessen eine Zurückverweisung an die erste Instanz erwünscht (→ Rn. 82) sollte dies
ausdrücklich beantragt und dargelegt werden, weshalb eine **Zurückverweisung** geboten ist.
Ein Begründungsmangel durch die erste Instanz wird in der Regel durch eine ausreichende
Begründung in der Entscheidung der Beschwerdekammer geheilt (→ Rn. 81). Auch liegt keine
Verletzung vor, wenn sich der Beteiligte eingehend verteidigt und die Entscheidung offensichtlich
verstanden hat (→ Rn. 11).

7 Abs. 1 S. 1 dient auch der **Qualitätskontrolle** von Entscheidungen. Zurückverweisungen an
die vorherige Instanz aufgrund Begründungsmangels erfolgen insbesondere
- im Rahmen der Prüfung **absoluter Eintragungshindernisse** wegen einer unzureichenden
  Prüfung der Anwendung des Zurückweisungsgrundes auf die konkret beanspruchten Waren
  und Dienstleistungen (→ Rn. 15) oder bei einer fehlenden bzw. unzureichenden Prüfung von
  Beweismaterial zum Nachweis einer erlangen Unterscheidungskraft (Art. 7 Abs. 3),
- im Rahmen **relativer Eintragungshindernisse** bei einer fehlenden bzw. unzureichenden Prüfung von Material zum Nachweis einer rechtserhaltenden Benutzung (→ Rn. 51 ff.) oder zum
  Nachweis einer gesteigerten Kennzeichnungskraft der älteren Marke (→ Rn. 45).

II. Umfang allgemein

8 Aus dem Normzweck (→ Rn. 4) folgt, dass das Amt nur die Gründe zu nennen hat, die
zum Erlass der Entscheidung geführt haben (EuGH C-96/11 P, BeckRS 2012, 81822 Rn. 86 –
Schokoladenmaus), also nur **entscheidungserhebliche** Gründe (→ Rn. 21 ff., → Rn. 34 ff.).

9 Ob der Begründungspflicht genügt wurde, ist im Einzelfall anhand des Wortlautes der Entschei-
dung, ihres Kontextes und sämtlicher Vorschriften auf dem einschlägigen Gebiet zu beurteilen
(EuGH C-20/08 P, BeckRS 2009, 70115 Rn. 31 – Windenergiekonverter; C-447/02 P, GRUR
Int 2005, 227 Rn. 64 – Orange; T-47/12, BeckRS 2014, 80621 Rn. 24 – EQUINET; T-25/11,
BeckRS 2013, 80215 Rn. 106 – Carrelette manuelle; T-42/09, BeckRS 2012, 82585 Rn. 58 ff. –
QUADRATUM). Im Allgemeinen ist folgendes anzugeben
- die relevanten absoluten bzw. relativen Eintragungshindernisse,
- die einschlägige Bestimmung und
- der der Entscheidung zu Grunde liegende Sachverhalt (EuG T-649/18, BeckRS 2019, 21113
  Rn. 44 – transparent pairing; T-68/13, BeckRS 2014, 81684 Rn. 28 – CARE TO CARE; T-
  278/09, BeckRS 2012, 82434 Rn. 19 – GG; T-231/11, BeckRS 2012, 81907 Rn. 15 – Stoffmuster). Ist die Entscheidung in sich widersprüchlich, so kann ein Begründungsmangel bestehen
  (EuG T-188/17, BeckRS 2018, 38484 Rn. 21, 23 – Coil Liner; T-411/15, BeckRS 2017,
  132178 Rn. 122 – GAPPOL).
Dies heißt nicht, dass die Beschwerdekammer sich nicht in Widerspruch zur ersten Instanz setzen
darf (EuG T-326/18, BeckRS 2019, 3613 Rn. 46 – CARAJILLO LICOR 43 CUARENTA Y
TRES).

Die Umstände des Einzelfalles können die Begründungspflicht erhöhen. Je spezifischer und **10** relevanter der Vortrag einer Partei ist, desto eher ist eine spezifische Begründung seitens des Amtes erforderlich (EuG T-231/11, BeckRS 2012, 81907 Rn. 16 – Stoffmuster; T-304/06, BeckRS 2008, 70758 Rn. 54 – Mozart; → Rn. 71; → Rn. 76).

Nicht erforderlich ist, dass das Amt ausdrücklich und erschöpfend **jedes einzelne Argument 11** der Beteiligten erörtert (EuGH C-96/11 P, BeckRS 2012, 81822 Rn. 88 – Schokoladenmaus; EuG T-640/21, GRUR-RS 2022, 14839 Rn. 21 – be-at-home; T-389/11, BeckRS 2012, 81775 Rn. 16 – GUDDY). Es muss auch nicht jedes Beweismittel aufzählen (EuG T-656/18, GRUR-RS 2021, 309 Rn. 70 – MANUFACUTRE PRIM 1949). Das Amt kann **implizit** auf die Argumente der Beteiligten eingehen, solange die Gründe für die Entscheidung eindeutig erkennbar sind (EuGH C-480/15 P, BeckRS 2016, 81023 Rn. 41, 59 – ALEX; EuG T-640/21, GRUR-RS 2022, 14839 Rn. 21 – be-at-home; T-701/21, GRUR-RS 2022, 32528 Rn. 26 – CASSEL-LAPARK; T-354/20, GRUR-RS 2021, 5178 Rn. 22 f. – Fisch (Bild); T-25/17, BeckRS 2018, 5665 Rn. 39 – PROTICURD; T-486/12, BeckRS 2014, 81639 Rn. 19 ff. – METABOL; T-137/12, BeckRS 2013, 80132 Rn. 41 – FUN; T-569/10, BeckRS 2012, 82036 Rn. 43 – BIMBO DOUGHNUTS die Frage wurde nicht erörtert in dem nachfolgenden Urteil EuGH C-591/12 P, BeckRS 2012, 81907 Rn. 17 – Stoffmuster; T-358/09, BeckRS 2011, 80730 Rn. 58 – TORO DE PIEDRA). Verteidigt sich der Beteiligte eingehend gegen die angegriffene Entscheidung in der Substanz, indiziert dies, dass kein Begründungsmangel besteht (→ Rn. 4; EuG T-153/20, GRUR-RS 2021, 1344 Rn. 31 – LICHTYOGA).

Klarheit und Eindeutigkeit der Entscheidung sind nicht mit der Entscheidungslänge zu ver- **12** wechseln. Eine **Entscheidung kann** klar und eindeutig, aber **knapp sein** (EuGH C-100/11 P, BeckRS 2012, 80909 Rn. 116 ff. – BOTOLIST/BOTOCYL; EuG T-415/09, BeckEuRS 2009, 505154 Rn. 42 – FISHBONE; T-242/09, GRUR Int 2005, 908 Rn. 75 – TOP). Ein Verweis auf Urteile, Entscheidungen und andere Dokumente ist möglich (→ Rn. 76 ff.).

Zu unterscheiden ist ein Begründungsmangel von einer falschen Begründung. Die Begründung **13** einer Entscheidung soll förmlich die Gründe zum Ausdruck bringen, auf denen die Entscheidung beruht. Ach eine **falsche Begründung** ist eine Begründung im Sinne der Vorschrift, solange die Parteien in die Lage versetzte werden, die Entscheidung zu verstehen uns sich gegen die Entscheidung zu verteidigen (eingehend EuG T-273/21, GRUR-RS 2022, 28729 Rn. 22 ff. – Form einer Babyflasche; T-117/21, GRUR-RS 2022, 9300 Rn. 18 – Sportschuh; T-295/11, BeckRS 2012, 82216 Rn. 41 – DUSCHO Harmony). Es liegt dann kein Begründungsmangel vor, sondern die Entscheidung ist möglicherweise materiell unrechtmäßig (EuGH C-480/15 P, BeckRS 2016, 81023 Rn. 47 – ALEX; EuG T-701/21, GRUR-RS 2022, 32528 Rn. 27 – CASSELLAPARK; T-240/19, BeckRS 2019, 31982 Rn. 23 – Glocke; T-489/13, BeckEuRS 2015, 436477 Rn. 18, 95 – VIÑA ALBERDI; T-137/12, BeckRS 2013, 80132 Rn. 44 – FUN; T-389/11, BeckRS 2012, 81775 Rn. 17 – GUDDY, mit Verweis auf EuGH C-413/06 P, BeckRS 2008, 70755 Rn. 181 – Bertelsmann and Sony Corporation of America/Impala).

III. Umfang der Begründung bei absoluten Eintragungshindernissen

1. Allgemein

Grundsätzlich hat der Prüfer den Anmelder bei Zurückweisung einer Anmeldung über die **14** einschlägigen Regelungen zu informieren und die Gründe für die Entscheidung ausdrücklich zu formulieren. Jeder Zurückweisungsgrund sollte gesondert genannt und begründet werden (EUIPO-Prüfungsrichtlinien, Teil B, Prüfung, Abschnitt 4, 1.1). Außerdem sollte der Prüfer auf alle entscheidungserheblichen Argumente des Anmelders eingehen. Dies heißt nicht, dass die Entscheidung besonders ausführlich sein oder das Amt auf alle Argumente eingehen muss (→ Rn. 11 f.; → Rn. 76 ff.)

2. Gruppierung von Waren und Dienstleistungen

Grund für die Aufhebung einer Entscheidung aufgrund einer mangelnden Begründung kann **15** die unzureichende Anwendung des Zurückweisungsgrundes auf die konkret angemeldeten Waren und Dienstleistungen sein. Die Prüfung absoluter Eintragungshindernisse muss sich grundsätzlich auf jede mit der Anmeldung beanspruchten Ware und Dienstleistung beziehen (EUIPO-Prüfungsrichtlinien, Teil B, Prüfung, Abschnitt 4, 1.6). Bei der Zurückweisung von Slogans und Anmeldungen mit langen Waren- und Dienstleistungsverzeichnissen fehlt es den Entscheidungen bisweilen an einer Prüfung eines konkreten Zusammenhangs des angemeldeten Zeichens mit den einzelnen Waren und Dienstleistungen. Das Amt kann sich allerdings dann auf eine **globale Begründung hinsichtlich der beanspruchten Waren oder Dienstleistungen** beschränken, falls einer **homogenen** Kategorie oder einer Gruppe von Waren oder Dienstleistungen dasselbe Eintragungshindernis entgegengehalten wird (EuGH C-282/09 P, BeckEuRS 2010, 517230 Rn. 37 ff. – P@YWEB CARD und PAYWEB CARD; C-494/08 P, BeckRS 2010, 90217 Rn. 46 – P RANAHAUS; **eingehend** EuG T-413/17, BeckRS 2018, 11643 Rn. 34 ff., 74 f. – 3D; T-428/12, BeckRS 2014, 80846 Rn. 49 f. – VALORES DE FUTURO; T-539/11, BeckRS 2014, 80608 Rn. 14 f. – Leistung aus Leidenschaft; T-328/11, BeckRS 2012, 80760 Rn. 53 f. – EcoPerfect; T-321/09, BeckRS 2012, 80220 Rn. 41 – arrybox; T-487/09, BeckRS 2011, 81046 Rn. 15 ff. – ReValue). Zwischen den Waren und Dienstleistungen muss aber ein so hinreichend direkter und konkreter Zusammenhang bestehen, dass die globale Begründung der Zurückweisung für jede einzelne Ware oder Dienstleistung deutlich ist und die Begründung ohne Unterschied auf jede einzelne Ware oder Dienstleistung angewandt werden kann (vgl. EuG T-132/21, GRUR-Prax 2022, 226, Rn. 90 – LOOP). Sind die vom Amt gebildeten Gruppen zu pauschal und nicht homogen, kann ein Begründungsmangel vorliegen, der zur Aufhebung der Entscheidung führt (EuG T-650/18, BeckRS 2019, 22502 Rn. 37, 47 – REAKTOR; T-413/17, BeckRS 2018, 11643 Rn. 34 ff., 74 f. – 3D; T-501/13, GRUR Int 2016, 447 Rn. 53 ff. – WINNETOU; T-687/13, BeckRS 2014, 82113 Rn. 24 ff. – deux lignes et quatre etoiles; T-171/11, BeckRS 2012, 82523 Rn. 45 ff. – Clampflex; T-258/09, BeckRS 2011, 81064 Rn. 43 ff. – BETWIN; HABM BK 8.9.2014 – R 660/2014-5 Rn. 11 ff. – Active Touch). Das Amt ist verpflichtet, konkret darzulegen, weshalb es die einzelnen Waren bzw. Dienstleistungen unter Bezugnahme zB auf deren Inhalt, Beschaffenheit, Natur, Zweck oder Verbraucher als homogen erachtet (**eingehend** EuG GRUR-Prax 2022, 226, Rn. 91 ff. – LOOP; T-686/18, GRUR-RS 2019, 23143 Rn. 59 ff. – LEGALCAREERS; T-413/17, BeckRS 2018, 11643 Rn. 34 ff., 74 f. – 3D; T-54/16, BeckRS 2017, 140445 Rn. 26 – NETGURU; T-529/15, BeckRS 2016, 124290 Rn. 25 ff. – START UP). Die gemeinsame Charakteristik der Waren bzw. Dienstleistung muss für die jeweilige Prüfung relevant sein. Zudem ist eine Gruppierung im Lichte eines jeden Zurückweisungsgrundes vorzunehmen und kann, je nach Zurückweisungsgrund abweichen (EuG T-240/19, BeckRS 2019, 31982 Rn. 22 – Glocke; T-101/19, BeckRS 2019, 31950 Rn. 32 – imot.bg). Der Umfang der Begründungspflicht hängt auch von dem Parteivortrag ab.

16   Es sind an die Gruppierung der Waren und Dienstleistungen keine zu hohen Anforderungen zu stellen. Die gilt insbesondere bei Zeichen, die eine allgemeine (belobigende) Aussage vermitteln **(Slogans).** Folgende Merkmale wurden als ausreichend für eine Homogenität angesehen:
- die **Qualität** der Waren (so EuGH C-437/15 P, GRUR Int 2017, 864 Rn. 35 – deluxe; s. auch EuG T-8/19, GRUR-RS 2020, 1153 Rn. 48 – INVENTEMOS EL FUTURO (innovativ); T-755/16, BeckRS 2017, 142573 Rn. 37–48 – Take your time Pay After; T-136/16, BeckRS 2017, 110093 Rn. 30, 31 – secret.service; T-54/16, BeckRS 2017, 140445 Rn. 24 – NET-GURU; T-491/15, BeckRS 2016, 81532 Rn. 44 – ConnectedWork; T-590/14, BeckRS 2016, 127699 Rn. 16 ff. – ULTIMATE FIGHTING CHAMPIONSHIP).
- dass alle Getränke **alkoholisch** sind (EuG T-314/17, BeckRS 2018, 9735 Rn. 17 ff. – MEZZA).
- dass alle Waren einen **Klingelton** von sich geben können (EuG T-270/19, GRUR-RS 2019, 41465 Rn. 28 – RING).
- dass alle beanspruchten Waren, die **angemeldete Form** aufweisen können und etwaige Dienstleistungen sich auf diese Form beziehen (EuG T-686/21, GRUR-RS 2022, 24785 Rn. 40 – ENERGY CAKE; T-213/18, BeckRS 2019, 11609 Rn. 32 ff. – Zapfsäule). Gleiches gilt für andere Zeichen, die mit den beanspruchten Waren selbst verschmelzen, zB Textilien auf Möbeln (EuG T-658/18, BeckRS 2019, 31741 Rn. 64 – Chequered gingham pattern).
- **Piktogramme:** dass die Waren die durch das Piktogramm gezeigte Funktion aufweisen können, das Piktogramm klanglich wiedergeben oder mit einer Software ausgestattet sind, die durch das Piktogramm dargestellt wird (EuGH C-437/15P, GRUR Int 2017, 864 Rn. 33 – deluxe; EuG T-240/19, BeckRS 2019, 31982 Rn. 34 – Glocke).

17   Rügt der Anmelder einen Begründungsmangel aufgrund einer pauschalen Prüfung unterschiedlicher Waren bzw. Dienstleistungen, sollte er konkret darlegen, weshalb die Begründung unverständlich und nicht nachvollziehbar ist. Er sollte auch darlegen, weshalb **einzelne Waren und Dienstleistungen** nicht in die homogene Gruppe fallen bzw. nicht die gemeinsame Charakteristik teilen (vgl. so EuG T-686/21, GRUR-RS 2022, 24785 Rn. 41 – ENERGY CAKE; T-8/19, GRUR-RS 2020, 1153 Rn. 50 – INVENTEMOS EL FUTURO; T-101/19, BeckRS 2019, 31950 Rn. 34 – imot.bg; T-87/17, BeckRS 2017, 142510 Rn. 56, 58 – Matrix light; T-136/16, BeckRS 2017, 110093 Rn. 30, 31 – secret.service; T-54/16, BeckRS 2017, 140445 Rn. 25 – NETGURU; T-428/12, BeckRS 2014, 80846 Rn. 50 – VALORES DE FUTURO). Eine summarische Prüfung

seitens der Beschwerdekammer kann insbesondere dann ausreichen, falls die Partei gegen den erstinstanzlichen Beschluss nicht vorträgt, hinsichtlich welcher Waren und Dienstleistungen es an einer ausreichenden Begründung fehlt (EuG T-776/21, GRUR-RS 2022, 28728 Rn. 94 ff. – GAME TOURNAMENTS).

Zudem ist zu unterscheiden, ob es tatsächlich an einer Begründung mangelt, oder die Partei 18 mit der Begründung nicht einverstanden ist und die Zugehörigkeit der Ware oder Dienstleistung zu einer Gruppe in der Sache bestreitet (→ Rn. 13; vgl. EuG T-235/17, BeckRS 2018, 3529 Rn. 19 – MOBILE LIVING MADE EASY).

3. Keine Stellungnahme des Anmelders

Die Pflicht zur Begründung der Zurückweisung einer Anmeldung wird nicht dadurch geschmä- 19 lert, dass der Anmelder keine Stellungnahme auf die Beanstandung einreicht. Zurückweisungs-grund nach Art. 7 und Art. 42 ist das Fehlen der gesetzlichen Voraussetzungen für die Eintragung der Marke und nicht das Fehlen einer Stellungnahme auf einen Bescheid (vgl. HABM BK 22.5.2015 – R 204/2014-4 – GRIPPER; 29.10.2014 – R 1151/2014-4 – VANGUARD; 14.10.2014 – R 1351/2014-4 Rn. 7 – STIERFÖRMIGER USB-STICK; 6.9.2012 – R 492/2012-4 – BIOARCHIVE).

4. Teilweise Zurückweisung der Anmeldung

Der Prüfer weist eine Anmeldung mitunter für nur einen Teil der beanspruchten Waren und 20 Dienstleistungen zurück. Der Beschwerdekammer steht es nicht zu, die Anmeldung nach zu beanstanden, soweit diese bereits von dem Prüfer zugelassen wurde. Der Beschwerdegegenstand ist auf die Zurückweisung der Anmeldung beschränkt (EuG T-236/12, BeckRS 2013, 81390 – NEO). Ist die Beschwerdekammer allerdings der Auffassung, dass eine teilweise Zulassung der Anmeldung ohne ausreichende Begründung erfolgt ist, kann sie den Fall aufgrund eines Begrün-dungsmangels an den Prüfer zurücksenden und ihm auferlegen, die Anmeldung erneut vollum-fänglich zu überprüfen. Eine Zurückweisung aufgrund Begründungsmangels kann insbesondere dann sinnvoll sein, falls die teilweise Zulassung der Anmeldung willkürlich erscheint (HABM BK 8.9.2014 – R 660/2014-5 – Active Touch (Bild); 19.6.2014 – R 1883/2013-5 – THERMO-FORM).

5. Irrelevante Tatsachen

Der Prüfer muss sich **nicht** mit Tatsachen oder Argumenten auseinandersetzen, die für die 21 **Entscheidung irrelevant** sind (EuG T-137/12, BeckRS 2013, 80132 Rn. 42 – FUN; EUIPO-Prüfungsrichtlinien, Teil B, Prüfung, Abschnitt 4, 1.5; → Art. 42 Rn. 4).

So ist das Bestehen eines **Eintragungshindernisses** in einem **Teil der Union** für eine Zurück- 22 weisung ausreichend (vgl. Art. 7 Abs. 2; → Art. 7 Rn. 200 ff.). Das Amt muss daher (selbst mit Blick auf eine mögliche Umwandlung) nicht prüfen, ob auch in weiteren Teilen der EU Eintragungshindernisse bestehen (EuG T-441/16, BeckRS 2017, 128790 Rn. 25, 26 – Sebo Calm; T-66/13, BeckRS 2014, 81186 Rn. 78 ff. – Echte Kroatzbeere; T-236/12, BeckRS 2013, 81390 Rn. 55 ff. – NEO).

Ebenso ist irrelevant, ob ein angemeldetes Zeichen neben seiner rein beschreibenden bzw. 23 nicht unterscheidungskräftigen Bedeutung **möglicherweise weitere Bedeutungen** haben kann (EuGH C-191/01 P, GRUR Int 2004, 124 Rn. 32 f. – Doublemint).

Das Amt muss für die Zurückweisung einer Anmeldung **keinen Nachweis** erbringen, dass die 24 Anmeldung tatsächlich im Verkehr **beschreibend benutzt** wird (EuGH C-191/01 P, GRUR Int 2004, 124 Rn. 32 f. – Doublemint; EuG T-352/12, BeckRS 2014, 81465 Rn. 25 ff. – FLEXI; T-31/09, BeckRS 2011, 80254 Rn. 17 – LE GOMMAGE DES FACADES). Nach dem Wortlaut von Art. 7 Abs. 1 lit. c genügt es, dass das Zeichen dazu „dienen kann", Merkmale der Waren oder Dienstleistungen zu bezeichnen. Ein faktisches Monopol an einer Ware oder Dienstleistung, für die die Marke beschreibend ist, ist daher grds. für die Anwendung des Art. 7 Abs. 1 lit. c nicht ausschlaggebend.

Der Prüfer ist nicht verpflichtet, sich zum Bestehen eines zukünftigen **Freihaltebedürfnisses** 25 bei der Prüfung von Art. 7 Abs. 1 lit. b zu äußern. Das Freihaltebedürfnisses ist kein Kriterium, das für die Auslegung von Art. 7 Abs. 1 lit. b relevant ist (EuG T-297/07, BeckRS 2008, 71052 Rn. 45 ff. – Intelligent Voltage Guard). Im Rahmen des Art. 7 Abs. 1 lit. c ist ein Freihaltebedürfnis nicht zwingend erforderlich, obwohl der Zurückweisungsgrund dem öffentlichen Interesse dient, beschreibende Begriffe für alle Mitbewerber frei verfügbar zu halten (EuGH C-108/97 und C-

109/97, BeckEuRS 1999, 234733 Rn. 35 – Chiemsee; → Art. 42 Rn. 4). Zudem soll sich aus der Tatsache, dass ein Begriff beschreibend ist bereits ergeben, dass ein Freihaltebedürfnis besteht, so dass sich das Amt hierzu nicht gesondert äußern muss (EuG T-487/18, GRUR-RS 2020, 999 Rn. 17 – ViruProtect).

6. Allgemein bekannte Tatsachen

26   Falls das Amt sich bei der Zurückweisung einer Anmeldung auf allgemein bekannte Tatsachen stützt, ist es ist nicht verpflichtet, diese mit Beispielen zu belegen (→ Art. 95 Rn. 8). In diesen Fällen obliegt es regelmäßig dem **Anmelder,** durch konkrete und fundierte Angaben **darzulegen, warum die Anmeldung unterscheidungskräftig** ist (EuGH C-445/13, BeckEuRS 2015, 432607 Rn. 66 ff., 81 ff. – Form einer zylindrischen Flasche; EuG T-424/07, BeckEuRS 2009, 490572 Rn. 46 – OPTIMUM; T-129/04, BeckRS 2006, 70218 Rn. 20 ff. – Develey-Flasche; → Art. 95 Rn. 15 ff.). Gleiches soll umgekehrt für die Parteien gelten (EuG T-830/16, BeckRS 2018, 32735 Rn. 34 – PLOMBIR; nachfolgend EuGH C-142/19 P, GRUR-RS 2020, 12961).

7. Wiederholungsanmeldung

27   Wird eine bereits zurückgewiesene Anmeldung erneut angemeldet, kann das Amt auf die Zurückweisung der vorherigen Anmeldung verweisen und sich auf die Prüfung beschränken, ob neue tatsächliche oder rechtliche Gesichtspunkte eine abweichende Beurteilung erfordern (→ Rn. 77.1 ff.). Der Anmelder sollte daher konkret darlegen, inwiefern eine Änderung der Sach- bzw. die Rechtslage eine Eintragung der Wiederholungsanmeldung gebietet (vgl. EuG T-157/08, BeckRS 2011, 80111 Rn. 28 ff. – INSULATE FOR LIFE). Dies ist auch deshalb zu empfehlen, da die Beschwerdekammern eine Beschwerde gegen die Zurückweisung einer Widerholungsanmeldung tendenziell als **unzulässig** zurückweisen (HABM GBK 16.11.2015 – R 1649/2011-G Rn. 14 ff. – SHAPE OF A BOTTLE (3D)).

8. Anderer Zurückweisungsgrund

28   Weist die Beschwerdekammer eine Anmeldung aus einem anderen Grund zurück als der Prüfer (zB als nicht unterscheidungskräftig anstatt beschreibend), sollte sie eigentlich begründen, weshalb sie einen anderen Grund gewählt hat. Die Verletzung der Begründungspflicht schlägt bei fehlender Begründung allerdings regelmäßig **nicht** durch, da sich der Anmelder verteidigen kann, solange die weiteren Gründe für die Zurückweisung erkennbar sind (EuG T-54/16, BeckRS 2017, 140445 Rn. 80 ff. – NETGURU; → Rn. 84). Der Anmelder ist zu dem anderen Grund ggf. zu hören (→ Rn. 107 ff.).

9. Verbrauchergruppen

29   Stellt das Amt in seiner Entscheidung auf den englischsprachigen Verbraucher ab, so hat es die Bedeutung des zu prüfenden Zeichens auch nach englischsprachigen Wörterbüchern zu ermitteln. Stellt es auf die Bedeutung des Zeichens in einer anderen Sprache ab, fehlt es an einer Begründung, warum das Zeichen gerade für den englischsprachigen Verbraucher beschreibend sein soll (so von Amts wegen EuG T-188/17, BeckRS 2018, 38484 Rn. 20 – Coil Liner). S. auch → Rn. 39.

10. Beschränkung des Waren- und Dienstleistungsverzeichnisses

30   Beschränkt der Anmelder das Waren- und Dienstleistungsverzeichnis nicht klar und unbedingt, so ist die Beschränkung unzulässig. Lässt sich die Beschwerdekammer nur der Vollständigkeit halber auch in der Sache zu der Beschränkung ein, hat ein etwaiger Begründungsmangel keine Auswirkungen auf das Ergebnis der Entscheidung (EuG T-97/18, BeckRS 2019, 642 Rn. 48 – STREAMS).

31   Prüft das Amt eine Beschränkung des Waren- und Dienstleistungsverzeichnisses inzident in einem Zurückweisungsbeschluss gegen die Anmeldung, muss es eine Unzulässigkeit der Beschränkung begründen (EuG T-168/21, GRUR-RS 2022, 26113 Rn. 54 – Lichtblau).

11. Verkehrsdurchsetzung

32   Das Amt muss nicht jedes einzelne Beweismittel für den Nachweis einer Verkehrsdurchsetzung nach Art. 7 Abs. 3 in der Entscheidung detailliert erwähnen, wenn die Beweismittel insgesamt keine Verkehrsdurchsetzung im gesamten Unionsgebiet zeigen (EuG T-621/21, GRUR-RS 2022, 28731 Rn. 18 – himmelblauer Farbton).

IV. Umfang der Begründung bei relativen Eintragungshindernissen

1. Allgemein

Für die Begründung einer Entscheidung hinsichtlich relativer Eintragungshindernisse ist ausrei- **33** chend, dass die Beschwerdekammer die **Voraussetzungen** der geltend gemachten **Widerspruchs- bzw. Nichtigkeitsgründe** prüft (EuG T-723/16, BeckRS 2017, 131497 Rn. 16–22 – RE-CONzerø; T-600/11, BeckEuRS 2014, 752414 Rn. 22 ff. – Carrera panamericana; T-42/09, BeckRS 2012, 82585 Rn. 58 ff. – QUADRATUM; T-270/10, BeckRS 2012, 81116 Rn. 29–35 – KARRA/KARA; T-358/09, BeckRS 2011, 80730 Rn. 59 – D.ORIGEN TORO). Grundsätzlich genügt eine **knappe** Begründung. Das Amt kann sich bei der Prüfung relativer Eintragungshindernisse auf **allgemein bekannte Tatsachen** stützen, ohne diese zu belegen (EuG T-277/12, BeckRS 2013, 80605 Rn. 46 – KIMBO, die Frage wurde nicht erörtert in dem nachfolgenden Urteil EuGH C-285/13 P, BeckRS 2014, 81254). Es muss die Parteien zu den vom Amt in das Verfahren eingeführte Tatsachen aber ggf. hören (EuG T-489/13, BeckEuRS 2015, 436477 Rn. 96 – VIÑA ALBERDI; → Rn. 126).

Irrelevante Tatsachen, Gründe und Argument hat das Amt nicht zu prüfen. Problematisch ist **34** die Relevanz der Faktoren, wenn die erste Instanz Faktoren aus prozessökonomischen Gründen für nicht relevant hält, sich diese aber vor der Beschwerdekammer als relevant erweisen. Beispiel: Die erste Instanz prüft die rechtserhaltende Benutzung der älteren Marke oder den Vergleich der Waren und Dienstleistungen nicht, da eine Verwechslungsgefahr wegen Zeichenunähnlichkeit ausgeschlossen ist. Die Beschwerdekammer nimmt aber an, dass eine Verwechslungsgefahr nicht aufgrund Zeichenunähnlichkeit ausgeschlossen ist. Damit wird die Frage, ob die ältere Marke benutzt wurde, relevant und es liegt insofern ein Begründungsmangel vor (→ Rn. 51). Die Beschwerdekammer kann den Fall an die erste Instanz zur Prüfung der Benutzung zurückverweisen (→ Rn. 82). Zur Abgrenzung relevanter und irrelevanter Faktoren s. die folgenden Fallgruppen:

2. Mehrere Widerspruchsgründe

Ist dem Widerspruch aufgrund einer der Widerspruchsgründe stattzugeben, so müssen die **35** weiteren Gründe nicht geprüft werden. Wurde dem Widerspruch etwa aufgrund Art. 8 Abs. 1 lit. b stattgegeben, ist Art. 8 Abs. 5 nicht mehr zu prüfen (vgl. EuG T-206/21, GRUR-RS 2022, 5768 Rn. 16 – Unionsbildmarke, die zwei Tiere darstellt; T-176/21, GRUR-RS 2022, 16394 Rn. 19 – CCTY; T-368/18, BeckRS 2019, 104 Rn. 20 – ETI Bumbo, Frage nicht diskutiert in EuGH C-228/19 P).

3. Mehrere ältere Marken

Ist ein Widerspruch bzw. ein Nichtigkeitsantrag auf mehrere ältere Marken gestützt muss das **36** Amt **alle älteren Marken** prüfen, wenn es den Widerspruch bzw. Nichtigkeitsantrag zurückweist. Es kann zwar eine eingehende Prüfung zunächst nur hinsichtlich einer der älteren Marke vornehmen und die Schlussfolgerungen dann auf die anderen Marken übertragen. Wenn die älteren Marken aber unterschiedliche Verbraucher adressieren, hat das Amt dies in seiner Entscheidung zu berücksichtigen (zB eine nationale ältere Marke und eine Unionsmarke: EuG T-86/16, BeckRS 2017, 143014 Rn. 92 – ANA DE ALTUN).

Nach Art. 60 Abs. 4 können Nichtigkeitsanträge aufgrund res judicata unter bestimmten **37** Voraussetzungen nicht wiederholt gestellt werden. Hierzu müssen die geltend gemachten älteren Marken aber identisch sein. Das Amt hat daher zu prüfen und zu begründen, ob alle Rechte dieselben sind (EuG T-566/20, GRUR-RS 2021, 24147 Rn. 45, 58, 61, 64, 77 – PALLADIUM HOTEL GARDEN BEACH (fig.)/Grand hotel palladium).

Umgekehrt muss das Amt aber nur eine der älteren Marken prüfen, falls der Widerspruch oder **38** Nichtigkeitsantrag Erfolg hat.

4. Verschiedene Verbrauchergruppen

Wird bei der Prüfung des Bestehens einer Verwechslungsgefahr auf verschiedene Verbraucher- **39** gruppen im Zeichenvergleich abgestellt (zum Beispiel auf das Verständnis der englischsprachigen und nicht-englischsprachigen Verbraucher), müssen die verschiedenen Sichtweisen der Verbraucher möglicherweise auch in der Gesamtbewertung der Verwechslungsgefahr berücksichtigt werden (EuG T-170/12, BeckRS 2014, 81775 Rn. 92 – BEYOND VINTAGE). Andererseits genügt das Bestehen eines Eintragungshindernisses für nur einen Teil der Verbraucher für die Zurückweisung einer Anmeldung (so EuG T-403/16, BeckRS 2017, 132082 Rn. 63 ff. – Immunostad).

5. Waren- und Dienstleistungsvergleich (Art. 8 Abs. 1 lit. b)

40 Grundsätzlich hat das Amt im **Waren- und Dienstleistungsvergleich** zwar alle angefochtenen Waren und Dienstleistungen mit denen der älteren Marken bzw. des älteren Rechts zu vergleichen. Wird das Bestehen einer Verwechslungsgefahr geprüft (Art. 8 Abs. 1 lit. b) und liegt aber eine Ähnlichkeit oder Identität der Waren und Dienstleistungen der angegriffenen Anmeldung zu einem Teil der Waren und Dienstleistungen der älteren Marke(n) und folglich eine Verwechslungsgefahr vor, muss das Amt nicht die weiteren Waren und Dienstleistungen der älteren Marke prüfen. Es genügt für den Erfolg des Widerspruchs, dass eine Verwechslungsgefahr hinsichtlich eines Teils der Waren und Dienstleistungen der älteren Marke besteht (EuG T-273/14, BeckRS 2016, 81673 Rn. 24 – LITHOFIX; T-365/09, BeckEuRS 2009, 504116 Rn. 22 ff. – LA LIBERTÉ N'A PAS DE PRIX).

41 Das Amt kann die Waren und Dienstleistungen in **homogene Gruppen** zusammenfassen und diese Gruppen miteinander vergleichen. Es muss nicht zwingend jede einzelne Ware und Dienstleistung miteinander vergleichen (EuG T-489/13, BeckEuRS 2015, 436477 Rn. 44 ff., 97 – VIÑA ALBERDI). Unter Umständen genügt zur Begründung ein Verweis auf bereits ergangene Entscheidungen oder Urteile zur Ähnlichkeit der Waren und Dienstleistungen (EuG T-657/13, BeckRS 2016, 82016 Rn. 31 ff., 37 – ALEX; EuGH C-480/15 P, BeckRS 2016, 81023 Rn. 35 – ALEX; → Rn. 76 ff.). Allerdings reicht eine pauschale Begründung des Amtes nicht aus, falls die Parteien konkrete Argumente zur Ähnlichkeit bestimmter Waren paare vorgebracht hat und das Amt diese nicht untersucht (EuG T-697/18, GRUR–RS 2020, 410 Rn. 89, 94 f. – ALTISPORT). Es ist den Inhabern der älteren Rechte daher zu empfehlen, möglichst präzise zum Bestehen einer Ähnlichkeit vorzutragen.

42 Fehlt es an jeglicher Ähnlichkeit aller sich gegenüberstehenden Waren und Dienstleistungen, ist eine Prüfung der weiteren Tatbestandsvoraussetzungen wie der Zeichenvergleich entbehrlich.

6. Zeichenvergleich (Art. 8 Abs. 1 lit. b)

43 Im Rahmen des **Zeichenvergleichs** hat das Amt zu erörtern aus welchen Gründen die Zeichen bildlich, klanglich oder begrifflich ähnlich bzw. unähnlich sind. Eine pauschale Feststellung ist nicht ausreichend (EuG T-595/10, BeckRS 2014, 81532 Rn. 20 ff. – RIPASSA). Es sind alle relevanten Merkmale der Zeichen zu berücksichtigen, selbst etwaige Farbgebung. Erneut gilt, dass der Umfang der Begründungspflicht des Amtes von dem konkreten Vortrag der Parteien abhängt (EuG T-656/17, BeckRS 2019, 936 Rn. 32 ff. – Dr. Jacob's essentials).

44 Was den **klanglichen** Vergleich der Zeichen betrifft, kann die Kammer sich hinsichtlich der Aussprache der Zeichen auf allgemein bekannte Tatsachen stützen (→ Art. 95 Rn. 66). Allerdings muss es der beeinträchtigten Partei grundsätzlich Gelegenheit geben, zu den der Entscheidung zu Grunde gelegten Tatsachen Stellung zu nehmen und zu widerlegen, dass es sich um eine allgemein bekannte Tatsache handelt (EuG T-489/13, BeckEuRS 2015, 436477 Rn. 56 ff., 97 – VIÑA ALBERDI).

45 **Beweismaterial,** das zum Nachweis einer fehlenden Unterscheidungskraft bestimmter Zeichenelemente beigebracht wird, ist vom Amt grundsätzlich zu berücksichtigen (EuG T-605/13, BeckEuRS 2014, 402960 Rn. 20 ff. – SOTTO IL SOLE ITALIANO SOTTO il SOLE).

46 Bei **Zeichenunähnlichkeit** ist die Verwechslungsgefahr ausgeschlossen (→ Art. 8 Rn. 63). Deshalb sind die **Kennzeichnungskraft** des älteren Zeichens und die Ähnlichkeit der **Waren und Dienstleistungen nicht relevant.** Das Amt muss die beigebrachten Nachweise für eine erhöhte Kennzeichnungskraft in diesem Fall nicht prüfen (EuGH C-558/12 P, BeckEuRS 2014, 747922 Rn. 50 – WESTERN GOLD; C-552/09 P, C-552/09 P, BeckEuRS 2011, 562136 Rn. 65–68 – TiMiKinderjoghurt; C-216/10 P, BeckEuRS 2010, 561856 Rn. 38 ff. – A+/AirPlus International; EuG T-86/16, BeckRS 2017, 143014 Rn. 85 – ANA DE ALTUN; T-102/14, BeckRS 2015, 80643 Rn. 10 – TPG POST; T-535/08, BeckRS 2012, 82080 Rn. 60 ff. – TUZZI; T-344/09, BeckRS 2012, 81732 Rn. 101 – COSMOBELLEZA). Problematisch ist allerdings, falls die Zeichen nicht vollkommen unähnlich sind und das Amt eine erhöhte Unterscheidungskraft nicht prüft. Es ist dann nämlich nicht auszuschließen, dass der Grad der Unterscheidungskraft einen Einfluss auf die Verwechslungsgefahr hat (→ Rn. 48).

Bei Unähnlichkeit der Waren und Dienstleistungen ist der Zeichenvergleich im Rahmen des 47
Art. 8 Abs. 1 lit b nicht zu prüfen (→ Art. 8 Rn. 26; → Rn. 42).

7. Kennzeichnungskraft (Art. 8 Abs. 1 lit. b)

Bei Nichtbestehen einer Verwechslungsgefahr aufgrund Zeichenunähnlichkeit oder Waren- 48
bzw. Dienstleistungsunähnlichkeit ist die **Kennzeichnungskraft irrelevant** (→ Art. 8 Rn. 26;
→ Art. 8 Rn. 63). Besteht aber eine Ähnlichkeit der Zeichen und Waren- bzw. Dienstleistungen,
muss das Amt den Grad der **originären Kennzeichnungskraft** feststellen (→ Art. 95 Rn. 60).

Beruft sich der Inhaber des älteren Rechts auf eine **erhöhten Kennzeichnungskraft** der 49
älteren Marke, muss das Amt auf das **rechtzeitig eingereichte Beweismaterial** eingehen, es sei
denn die Frage ist für den Ausgang des Verfahrens nicht relevant (vgl. EuG T-420/10, BeckRS
2012, 81133 Rn. 33 f. – AJ AMICI JUNIOR/AJ ARMANI JEANS). Es sollte aus der Entscheidung entweder ersichtlich sein, dass das Amt die Unterlagen berücksichtigt und untersucht hat,
ob diese eine erhöhte Unterscheidungskraft in Bezug auf die konkret relevanten Waren und
Dienstleistungen zeigen (EuG T-389/11, BeckRS 2012, 81775 Rn. 20 – GUDDY), oder, warum
es diesen Faktor für irrelevant hält.

Eine Geltendmachung der erhöhten Kennzeichnungskraft **erstmalig vor der Beschwerde-** 50
kammer ist nach Art. 27 Abs. 3 DVUM **unzulässig.** Vor der Reform stand offen, ob der
Beschwerdekammer ein Ermessen zukam, die verspätet eingereichten Unterlagen zu berücksichtigen (vgl. EuG T-249/13, BeckRS 2014, 81787 Rn. 18 ff. – DORATO; T-502/11, BeckRS 2013,
81018 Rn. 27 ff. – zwei ineinander geflochtene Sicheln). Gemäß **Art. 27 Abs. 3 lit. b UMDV**
muss sich der Beschwerdeführer vor der Beschwerdekammer erneut und ausdrücklich auf eine
erhöhte Kennzeichnungskraft in der Beschwerdebegründung berufen, selbst wenn dies bereits
erstinstanzlich geltend gemacht wurde. Diese Regelung weicht von der Rechtsprechung vor der
Reform ab (EuG T-502/07, BeckEuRS 2011, 576213 Rn. 56 – McKENZIE).

Was eine **inhärent niedrige Kennzeichnungskraft** betrifft, enthält die neue UMDV keine 51
Regelung. Nach bisheriger Rechtsprechung hatte die Beschwerdekammer auch erstinstanzlich
eingereichtes Material zu berücksichtigen (EuG T-605/13, BeckEuRS 2014, 402960 Rn. 20 ff. –
SOTTO IL SOLE ITALIANO SOTTO il SOLE). Da die inhärente Kennzeichnungskraft notwen-
digerweise von der Beschwerdekammer zu prüfen ist, wird die Beschwerdekammer eine niedrige
Unterscheidungskraft von Amts wegen prüfe und somit auch etwaig „verspätet" eingereichte
Unterlagen zu berücksichtigen haben. Wobei bereits fraglich ist, ob überhaupt eine Verspätung
vorliegt, denn die Regelung sieht insofern keine ausdrückliche Frist vor.

8. Umfassende Beurteilung (Art. 8 Abs. 1 lit. b)

Das Amt muss eine umfassende Beurteilung der Verwechslungsgefahr vornehmen. Dies beinhal- 52
tet die Prüfung einer Wechselwirkung zwischen den relevanten Faktoren (→ Art. 8 Rn. 121).
Fehlt es einer Abwägung dieser Faktoren und einer Begründung, warum ein Faktor schwerer
wiegt als ein anderer, liegt ein Begründungsmangel vor (EuG T-460/21, BeckRS 2022, 26930
Rn. 53 ff. – C2 CYPRUS CASINOS).

9. Koexistenz von Marken

Das EuG hob eine Entscheidung der Beschwerdekammer auf, die die Ausführungen des Anmel- 53
ders zu einer jahrelangen Koexistenz der Marken auf dem portugiesischen Markt nicht beachtete
und zur Relevanz der Koexistenz keine Stellung genommen hatte (EuG T-804/14, BeckRS 2016,
82162 Rn. 156 ff. – Tropical). Der Fall wurde zur erneuten Prüfung an die Beschwerdekammer
verwiesen (→ Art. 72 Rn. 71).

10. Rechtserhaltende Benutzung

Nach der derzeitigen Praxis prüft die Widerspruchsabteilung einen Vergleich der Waren und 54
Dienstleistungen und die Frage, ob eine ältere Marke rechtserhaltend benutzt wurde, bisweilen
nicht, falls sie zu dem Ergebnis kommt, dass aufgrund der Unterschiede in den Zeichen keine
Verwechslungsgefahr besteht (Art. 8 Abs. 1 lit. b; EUIPO-Prüfungsrichtlinien, Teil C Widerspruch, Abschnitt 6, 3.7.2). Ein solches Vorgehen ist dann rechtens, falls die Zeichen derart unterschiedlich sind, dass eine Verwechslungsgefahr ausgeschlossen ist (EuG T-300/20, GRUR-RS
2021, 8750 Rn. 24–26, 30, 58, 61 – Accusì-Acústic (fig.) et al). Wird hingegen eine bildliche,
klangliche oder begriffliche Ähnlichkeit der Zeichen festgestellt, so ist ein Waren- und Dienstleis-

tungsvergleich und ggf. eine Prüfung der rechtserhaltenden Benutzung der älteren Marke grundsätzlich vorzunehmen, da es durchaus für die Frage der Verwechslungsgefahr darauf ankommen kann, welche konkreten Waren und Dienstleistungen sich gegenüberstehen (HABM BK 5.6.2014 – R-1208/2103-5 Rn. 15 ff. – Zotal/Zoosal; → Rn. 82). Insbesondere kann der Aufmerksamkeitsgrad der Verbraucher je nach konkreter Ware und Dienstleistung abweichen.

55   Das Amt ist in der Regel auch verpflichtet zu begründen, weshalb es beigebrachte **Benutzungsunterlagen** für **unerheblich** hält (ausführlich EuG T-34/12, BeckRS 2013, 82250 Rn. 43 ff. – HERBA SHINE; s. auch EuG T-445/12, BeckRS 2014, 81981 Rn. 32 ff. – KW SURGICAL INSTRUMENTS).

56   Das Amt muss konkret darlegen, auf welche Beweisunterlagen die Feststellung einer rechtserhaltenden Benutzung gestützt ist. Eine pauschale Begründung, dass eine Benutzung nachgewiesen wurde genügt der Begründungspflicht nicht (EuG T-47/12, BeckRS 2014, 80621 Rn. 33 – EQUINET). Allerdings muss die Beschwerdekammer die Gründe der ersten Instanz nicht wiederholen, wenn sie diese implizit bestätigt (EuG T-686/19, GRUR-RS 2020, 14948 Rn. 24 – GNC LIVE WELL; → Rn. 76).

57   Das Amt muss die eingereichten Benutzungsunterlagen unter das **konkret eingetragene Waren- und Dienstleistungsverzeichnis subsumieren** (EuG T-269/18, BeckRS 2019, 7884 Rn. 56 ff. – ZARA; T-660/11, BeckRS 2015, 81013 Rn. 21 ff. – POLYTETRAFLON). Stellt es zB pauschal fest, dass die Marke für „Finanzdienstleistungen, Bewertungs- und Forschungsdienstleistungen, Öffentlichkeitsarbeit und Unternehmensberatung" benutzt wurde und enthält der Wortlaut des Verzeichnisses diese konkreten Formulierungen nicht, fehlt es an einer hinreichenden Begründung der Entscheidung. Selbst falls die konkret eingetragenen Dienstleistungen unter diese Begriffe fallen können, lässt eine solche Begründung nicht erkennen, welche der registrierten Dienstleistungen gemeint sind (vgl. EuG T-47/12, BeckRS 2014, 80621 Rn. 25 ff. – EQUINET). Dabei sind die eingetragenen Waren und Dienstleistungen ggf. in Unterkategorien aufzuteilen und es ist zu untersuchen, ob eine Benutzung für alle Unterkategorien oder nur für einen Teil erfolgt ist. Nur falls die eingetragenen Begriffe so eng sind, dass keine Untergruppierung möglich ist, ist anzunehmen, dass eine Benutzung für die gesamte Kategorie erfolgt ist. Fehlt es in der Entscheidung an einer solch detaillierten Analyse, kann ein Begründungsmangel vorliegen (EuG T-660/11, BeckRS 2015, 81013 Rn. 24 ff., 35 – POLYTETRAFLON). Zum Anspruch auf rechtliches Gehör → Rn. 133.

58   Andererseits muss das Amt nicht alle Waren und Dienstleistungen in der Entscheidung nennen, für die eine Benutzung nicht nachgewiesen wurde. Subsummiert das Amt eine Benutzung ausdrücklich unter bestimmte Waren bzw. Dienstleistungen kann hieraus implizit hervorgehen, dass eben keine Benutzung für die übrigen Waren und Dienstleistungen nachgewiesen wurde (EuG T-25/17, BeckRS 2018, 5665 Rn. 38 f. – PROTICURD).

59   Das Amt muss den Beweiswert einer eidesstattlichen Erklärung prüfen, es sei denn es kommt im Ergebnis nicht auf die Erklärung an (→ Art. 97 Rn. 57 f.). ZB muss das Amt darlegen, ob und inwiefern der Inhalt der Erklärung durch weitere Beweismittel gestützt wird (EuG T-429/21, GRUR-RS 2022, 26108 Rn. 100 f. – ALDIANO). Kommt der **eidesstattlichen Erklärung** kein ausreichender Beweiswert zu, dann muss das Amt sich nicht weiter mit dem Inhalt befassen. ZB muss es dann nicht weiter prüfen weshalb ein in der Erklärung angegebener Umsatz unzureichend ist (EuG T-321/19, GRUR-RS 2020, 3358 Rn. 22 f. – Jokers WILD Casino).

60   Prüft das Amt nach Art. 18 Abs. a, ob die Marke in einer Form benutzt wurde, die von der Eintragung nur in Bestandteilen abweicht, ohne dass dadurch die Unterscheidungskraft der Marke beeinflusst wird, so hat es grundsätzlich Feststellungen zur Dominanz und Unterscheidungskraft der Elemente der eingetragenen Form und der benutzten Form zu treffen, um dann festzustellen, ob etwaige hinzugefügte Elemente die Unterscheidungskraft der eingetragenen Form beeinträchtigen (eingehend EuG T-269/18, BeckRS 2019, 7884 Rn. 37 ff. – ZARA).

61   Der Inhaber des älteren Rechts sollte konkret darlegen, für welche der **eingetragenen** Waren und Dienstleistungen die Marke benutzt wurde, um seiner **Darlegungs- und Beweislast** zu genügen und einem Begründungsmangel seitens des Amtes und einer Aufhebung der von ihm positiven Entscheidung vorzubeugen.

11. Art. 8 Abs. 5

62   Für die Bejahung von Art. 8 Abs. 5 genügt nicht, dass das Amt eine Bekanntheit der älteren Marke, eine gedankliche Verknüpfung der Anmeldung mit der älteren Marke und eine Wahrscheinlichkeit einer Beeinträchtigung der Wertschätzung der älteren Marke feststellt. Es muss zudem darlegen, ob eine ernsthafte und nicht nur hypothetische Gefahr besteht, dass die streitige

Marke auf die Ausnutzung der Unterscheidungskraft und der Wertschätzung der älteren Marken gerichtet ist (EuG T-566/10, BeckRS 2012, 81881 Rn. 57 ff. – erkat).

Es genügt der Begründungpflicht, falls das Amt zur Feststellung einer Bekanntheit der älteren **63** Marke auf die Marktpräsenz, das Publikum und das Gebiet der Benutzung abstellt (EuG T-373/ 09, BeckRS 2012, 82133 Rn. 61 ff. – EMIDIO TUCCI).

Offen ist, ob das Amt eine Verknüpfung zwischen den älteren Marken zu prüfen hat, wenn **64** Art. 8 Abs. 5 jedenfalls an dem Nachweis des Bestehens einer hypothetischen Gefahr scheitert (→ Art. 8 Rn. 243 ff.).

12. Verspätet eingereichte Unterlagen

Das Amt hat nach Art. 95 Abs. 2 ein **Ermessen,** verspätet eingereichte Unterlagen zu berück- **65** sichtigen. Dieses Ermessen ist auszuüben. Eine implizite Ermessungsausübung ist nicht möglich (eingehend → Art. 95 Rn. 149).

13. Einreden

Es ist irrelevant, ob die **Eintragung der älteren Marke rechtsmissbräuchlich** war. Die **66** UMV sieht diese Einrede auch nach der Reform nicht vor (EuG T-580/10, BeckRS 2012, 80953 Rn. 30 f. – Kindertraum; anders aber hinsichtlich der Neuanmeldung zur Umgehung der Benutzungspflicht Entscheidung der HABM BK 13.2.2014 – R 1260/2013-2 – KABELPLUS). Der Anmelder bzw. Inhaber der angegriffenen Marke sollte einen Nichtigkeitsantrag gegen die ältere Marke stellen und versuchen, das Verfahren gegen seine Anmeldung bzw. jüngere Unionsmarke bis zur Entscheidung über seinen Nichtigkeitsantrag auszusetzen.

14. Beweiswürdigung

Das Amt muss nicht zwingend auf jedes **einzelne Beweismittel** eingehen, falls sich insgesamt **67** aus der Entscheidung ergibt, weshalb die Beweise unzureichend sind (EuG 2.2.2016 – T-169/13 Rn. 31 ff. – MOTO B). Zur **eidesstattlichen Versicherung** → Rn. 59.

15. Hilfsbegründung

Eine Begründung, die nur **hilfsweise** aufgeführt wird, ist unerheblich (EuGH C-480/15 P, **68** BeckRS 2016, 81023 Rn. 35 – ALEX). Ein Begründungsmangel in der Hilfsbegründung schlägt nicht durch.

V. Sonstige Fallgruppen

1. Auseinandersetzung mit Amtspraxis und Rechtsprechung

Häufig zitieren Parteien in Verfahren vor dem Amt pauschal Voreintragungen oder vermeintlich **69** einschlägige Entscheidungen, um eine auf den Einzelfall anwendbare Amtspraxis nachzuweisen und eine identische Entscheidung aufgrund einer Selbstbindung der Verwaltung zu erreichen (→ Art. 95 Rn. 20; → Art. 107 Rn. 6).

Grundsätzlich muss das Amt in diesen Fällen nicht explizit auf die zitierten **Entscheidungen 70 bzw. Voreintragungen** eingehen, solange die Entscheidung erkennen lässt, aus welchen Gründen die anderen Entscheidungen nicht einschlägig sind oder bei der Würdigung Berücksichtigung gefunden haben (EuGH C-238/06, BeckRS 2007, 70866 Rn. 67 ff. – Form einer Kunststofflasche; EuG T-546/19, GRUR-RS 2020, 4835 Rn. 59 ff. – Goldene Verpackung; T-66/13, BeckRS 2014, 81186 Rn. 76 – Echte Kroatzbeere; T-228/13, BeckRS 2014, 80920 Rn. 49 – EXACT; T-378/11, BeckRS 2013, 80356 Rn. 16 ff. – MEDINET; die Frage wurde nicht erörtert in dem nachfolgenden Urteil EuGH C-412/13 P, BeckRS 2014, 80734; EuG T-231/11, BeckRS 2012, 81907 Rn. 17 ff. – Stoffmuster; T-585/10, BeckRS 2012, 82087 Rn. 28 – PENTEO; T-492/09, T-147/10, BeckRS 2012, 81177 Rn. 59 – ALLERNIL; T-304/06, BeckRS 2008, 70758 Rn. 53 ff. – Mozart; T-198/00, WRP 2002, 818 Rn. 36 – Kiss Device with plume). Regelmäßig beschränkt sich das Amt auf einen allgemeinen Hinweis, dass es an eine Amtspraxis nicht gebunden ist. Es sollte aus der Entscheidung aber hervorgehen, dass das Amt die zitierten Entscheidungen und Voreintragungen gesehen hat (vgl. EuG T-378/13, BeckRS 2016, 81249 Rn. 32 – English pink). Selbst wenn es an diesem allgemeinen Hinweis fehlt, muss aber kein Begründungsmangel vorliegen (EuG T-42/19, GRUR-RS 2020, 409 Rn. 65 ff. – CROSS). Am Ende hängt es von den Umständen des Einzelfalles und insbesondere dem Vortrag der Parteien ab, wie weit die Begründungspflicht des Amtes reicht.

71   Je konkreter die Partei darlegt, dass tatsächlich eine Amtspraxis besteht und weshalb diese auf den Einzelfall Anwendung findet, desto eher macht der Vortrag eine spezifische Prüfung und Begründung seitens des Amtes erforderlich (vgl. EuGH C-564/16 P, GRUR Int 2019, 277 Rn. 82, 85 – Darstellung einer springenden Raubkatze; C-51/10 P, BeckEuRS 2010, 513144 Rn. 73 ff. – 1000; EuG T-236/12, BeckRS 2013, 81390 Rn. 50 – NEO; T-248/11, BeckRS 2013, 81368 Rn. 50 – PURE POWER; T-290/10, BeckRS 2011, 81670 Rn. 17 ff. – TENNIS WAREHOUSE; → Rn. 10; → Art. 107 Rn. 6). Ignoriert das Amt den Vortrag völlig, obwohl dieser relevant ist, kann neben einer Verletzung der Begründungspflicht auch eine Verletzung des Amtsermittlungsgrundsatzes vorliegen (→ Art. 95 Rn. 20 f.).

72   Im Ergebnis ist das Amt zwar nicht an eine bestehende Praxis gebunden (→ Art. 107 Rn. 6), es muss sich bei einem dezidierten Vortrag der Parteien aber zumindest damit auseinandersetzen und ggf. darlegen, warum es von den vorherigen Entscheidungen abweicht bzw. warum diese nicht einschlägig sind (EuGH C-564/16 P, GRUR Int 2019, 277 Rn. 80 ff. – Darstellung einer springenden Raubkatze; C-51/10 P, BeckEuRS 2010, 513144 Rn. 73 ff. – 1000; EuG T-71/20, GRUR-RS 2021, 3741 Rn. 92 f. – PUMA-System; T-248/11, BeckRS 2013, 81368 Rn. 50 – PURE POWER). Das Amt kann unter diesen Umständen seine Begründungspflicht nicht durch den bloßen Hinweis darauf erfüllen, dass die Rechtmäßigkeit der Entscheidungen des EUIPO ausschließlich auf der Grundlage der UMV und nicht auf der Grundlage seiner früheren Entscheidungspraxis zu prüfen ist.

73   Strenge Anforderungen and die Begründungspflicht stellt das Gericht, falls das Amt in einem vorherigen Fall das Bestehen einer **Bekanntheit der Marke** festgestellt hat und in einem späteren Fall von dieser Feststellung abweicht (EuGH C-564/16 P, GRUR Int 2019, 277 Rn. 82 – Darstellung einer springenden Raubkatze) und umgekehrt (EuG T-334/18, BeckRS 2017, 143014 Rn. 54 ff. – ANA DEL ATUN). Zudem muss das Amt eingehend begründen müssen, falls es von **bereits festgestellten Bedeutungen von Wörtern** abweicht (EuG T-442/20, GRUR-RS 2021, 9723 Rn. 58 – Âme/A.M E N. (fig.)). Ein Begründungsmangel wird aber nur selten zur Aufhebung der Entscheidung führen, falls
• die Unterschiede in einem zum anderen Fall implizit aus der Entscheidung hervorgehen,
• die Entscheidung im Übrigen ordnungsgemäß begründet ist und
• nicht offensichtlich ist, dass die vorherige Entscheidung schlicht nicht berücksichtigt wurde (vgl. EuG T-71/20, GRUR-RS 2021, 3741 Rn. 94 – PUMA-System).

74 Entsprechendes kann für die Berücksichtigung **nationaler Entscheidungen** gelten, die dasselbe Zeichen und dieselben Waren und Dienstleistungen betreffen. Zwar ist das Amt an nationale Entscheidungen nicht gebunden. Befassen sich diese aber mit der gleichen Marke bzw. Beweismitteln und Marktverhältnissen, die im Rechtsstreit vor dem Amt relevant sind, wird sich das Amt mit der Entscheidung auseinandersetzen und insbesondere darlegen müssen, weshalb es in seiner Beurteilung von der nationalen Rechtsprechung abweicht (vgl. EuG T-373/17, BeckRS 2018, 30216 Rn. 42 ff. – LV BET ZAKLADY BUKMACHERSKIE; vgl. auch Prüfungsrichtlinien des Amtes Teil C, Sektion 2, Kapitel 6).

75   Die obigen Ausführungen gelten auch für eine Auseinandersetzung des Amtes mit **Urteilen des Gerichts und des Gerichtshofes.** Das Amt ist allerdings nicht verpflichtet, sich mit jedem Urteil der EU-Rechtsprechung auseinanderzusetzen, solange die Entscheidung ausreichend begründet ist (vgl. EuGH C-480/15 P, BeckRS 2016, 81023 Rn. 38 – ALEX).

2. Verweise auf die erstinstanzliche und andere Entscheidungen

76   Die Begründungspflicht der Beschwerdekammer hängt, erstens, von dem konkreten Vortrag des Beschwerdeführers gegen die angefochtene Entscheidung und, zweitens, davon ab, ob die die Beschwerdekammer die erstinstanzliche Entscheidung in vollem Umfang bestätigt. Die Beschwerdekammer kann sich die Begründung der angefochtenen, erstinstanzlichen Entscheidung zu Eigen machen (EuG T-135/19, GRUR-RS 2020, 3769 Rn. 18 ff. – LaTV3D; BeckRS 2012, 80953 Rn. 32 – Kindertraum). Weit überwiegend wird vom Gericht angenommen, dass die Begründung der erstinstanzlichen Entscheidung automatisch Teil der Beschwerdeentscheidung ist, die den Beteiligten und der nächsten Instanz bekannt sind, wenn die Beschwerdekammer die erstinstanzliche Entscheidung vollumfänglich **bestätigt** (EuG EuG T-621/21, GRUR-RS 2022, 28731 Rn. 18 – himmelblauer Farbton; T-117/21, GRUR-RS 2022, 9300 Rn. 19 – Sportschuh; T-640/21, GRUR-RS 2022, 14839 Rn. 22 – be-at-home; T-701/21, GRUR-RS 2022, 32528 Rn. 36 – CASSELLAPARK; T-531/20, GRUR-RS 2021, 16099 Rn. 79 – ROLF (fig.)/Wolf et al.; T-686/19, GRUR–RS 2020, 14948 Rn. 20 und 24 – GNC LIVE WELL; T-737/19, GRUR–RS 2020, 23624 Rn. 53 – Unión MontiSierra; T-312/19, GRUR–RS 2020, 4285 Rn. 21 – CHAMELEON; T-269/18, BeckRS 2019, 7884 Rn. 53 – ZARA; T-326/14, BeckEuRS 2016, 473521 Rn. 24 – HOT JOKER; T-595/10, BeckRS 2014, 81532 Rn. 26 – RIPASSA; ähnlich EuG T-61/09, BeckRS 2011, 81836 Rn. 19 ff. – Schinken King; strenger aber EuG T-351/08, BeckRS 2010, 90810 Rn. 25 f. – Matratzen Concord). Zum Teil nimmt das Gericht an, dass ein **Verweis ausdrücklich** in den Entscheidungsgründen zu erfolgen hat (vgl. zum Parteivortrag EuG T-34/12, BeckRS 2013, 82250 Rn. 41 – HERBA SHINE). Hierbei werden aber keine hohen Anforderungen an den Verweis gestellt. Es genügt ein allgemeiner Verweis, zum Beispiel „wie die Widerspruchsabteilung zu Recht festgestellt hat" (vgl. EuG T-502/11, BeckRS 2013, 81018 Rn. 32 – zwei ineinander geflochtene Sicheln) oder eine Erwähnung des Arguments in der Sachverhaltsdarstellung (EuG T-640/21, GRUR–RS 2022, 14839 Rn. 25 – be-at-home). Wird ein Punkt der erstinstanzlichen Entscheidung **nicht** von dem Beschwerdeführer **bestritten,** muss die Beschwerdekammer diesen folglich nicht zwingend diskutieren (relevanter Verbraucher: EuG T-312/19, GRUR–RS 2020, 4285 Rn. 21 – CHAMELEON; Vergleich der Waren und Dienstleistungen: EuG T-697/18, GRUR–RS 2020, 410 Rn. 62–64 – ALTISPORT). Andererseits wird die Beschwerdekammer sich mit den konkreten Argumenten gegen die angefochtene Entscheidung auseinandersetzen müssen, sofern diese relevant sind (→ Rn. 21; → Rn. 34). Hebt die Beschwerdekammer die erstinstanzliche Entscheidung auf, wird sie konkret darlegen müssen, weshalb sie von der Ansicht der ersten Instanz abweicht (EuG T-697/18, GRUR–RS 2020, 410 Rn. 96 – ALTISPORT).

Auch ein **Verweis auf** die Begründung anderer **Entscheidungen** bzw. **Urteile** kann ausreichen **77** (EuGH C-100/11 P, BeckRS 2012, 80909 Rn. 116 – BOTOLIST, BOTOCYL; eingehend EuG T-657/13, BeckRS 2016, 82016 Rn. 31 ff., 37 – ALEX; offengelassen in EuGH C-480/15 P, BeckRS 2016, 81023 Rn. 35 – ALEX; T-489/13, BeckEuRS 2015, 436477 Rn. 18, 97 – VIÑA ALBERDI; T-599/11, BeckRS 2014, 81650 Rn. 31, 36 – EMI; zur **Wiederholungsanmeldung** → Rn. 27). Bei einem Verweis auf nationale Urteile ist aber Vorsicht geboten. Ein Verweis kann die eigene Bewertung des Falles durch das Amt nicht ersetzen. Das Amt muss darlegen, weshalb es sich der Begründung einer Entscheidung oder eines nationalen Urteiles in einem anderen Fall anschließt (EuG T-501/13, GRUR Int 2016, 447 Rn. 39 ff., 42 – WINNETOU). Wird eine Beschwerdekammerentscheidung vom Gericht aufgehoben und der Fall an die Beschwerdekammer zur erneuten Entscheidung zurückverwiesen, so kann die Beschwerdekammer in ihrer zweiten Entscheidung nicht auf die Begründung in ihrer aufgehobenen Entscheidung verweisen. Da die erste Entscheidung ex tunc aufgehoben wurde, ist diese erste Entscheidung rechtlich inexistent, so dass auf sie nicht verwiesen werden kann (eingehend EuG T-796/16, GRUR–RS 2020, 35965 Rn. 194 ff. – Shape of a blade of grass in a bottle). Die Beschwerdekammer kann in **Nichtigkeitsverfahren** auch auf **Urteile** verweisen, die **nach** dem **Eintragungsdatum** der angegriffenen Marke ergingen (EuG T-834/19, GRUR–RS 2021, 24159 Rn. 33, 95, 107, 109, 116 – e★message (fig.)).

Die Entscheidung der Beschwerdekammer wurde im Fall Winnetou aufgehoben, da die Kammer **77.1** lediglich auf die Feststellungen des Bundesgerichtshofes verwiesen hatte, ohne eine eigene Bewertung vorzunehmen. Eine Aufhebung hätte möglicherweise durch den ausdrücklichen Hinweis der Beschwerdekammer, dass sie sich den Erwägungen des Bundesgerichtshofes anschließt, vermieden werden können.

Ganz allgemein können **Dokumente,** die den Parteien übermittelt worden sind, durch Verweis **78** zum Inhalt der Entscheidung und damit zur Begründung werden (vgl. EuGH C-45/11 P, BeckRS 2012, 80108 Rn. 62 – Kombination der Farben Grau und Rot; EuG T-34/12, BeckRS 2013, 82250 Rn. 51 f. – HERBA SHINE; T-25/11, BeckRS 2013, 80215 Rn. 108 – Carrelette manuelle; T-61/09, BeckRS 2011, 81836 Rn. 20 – Schinken King; T-304/06, BeckRS 2008, 70758 Rn. 48 – Mozart). Dies gilt auch für den **Parteivortrag** (EuG T-34/12, BeckRS 2013, 82250 Rn. 41 – HERBA SHINE).

3. Begründung nach Widerruf einer Entscheidung (Art. 103)

Widerruft das Amt eine Entscheidung nach Art. 103 aufgrund eines Verfahrensfehlers, so kann **79** die danach neu getroffene Entscheidung identisch zur aufgehobenen Entscheidung sein. Es liegt kein Begründungsmangel oder ein Verstoß gegen Art. 95 vor (EuG T-51/22, BeckRS 2022, 20651 Rn. 19–24 – Presse (3D)). Ein bloßer Verweis auf die aufgehobene Entscheidung ist aber nicht möglich (→ Rn. 77).

VI. Rechtsfolge

80　　Hinsichtlich der Rechtsfolge ist danach zu unterscheiden, in welcher Instanz ein Begründungsmangel vorliegt bzw. gerügt wird.

81　　Ein **Begründungsmangel** in einer Entscheidung der **ersten Instanz** (zB durch den Prüfer, die Widerspruchs- oder die Löschungsabteilung) kann durch eine angemessene Begründung seitens der **Beschwerdekammer geheilt** werden. Dies folgt aus der funktionalen Kontinuität zwischen der ersten Instanz und den Beschwerdekammern (vgl. Art. 71 Abs. 1). Die Kammer muss den Beteiligten ggf. die Gelegenheit geben, zu neuen Gründen Stellung zu nehmen (→ Rn. 93 f., → Rn. 108 ff., → Rn. 123, → Rn. 141).

82　　Alternativ kann die Kammer die Sache an die erste Instanz zurückverweisen. In folgenden Konstellationen besteht die Tendenz einer Zurückweisung der Sache:
- falls die erstinstanzliche Entscheidung sich **nicht mit Beweismitteln auseinandersetzt** (zB fehlende Analyse einer Verkehrsdurchsetzung iSd Art. 7 Abs. 3; bei einer fehlenden Prüfung von Beweismitteln zu einer rechtserhaltenden Benutzung der älteren Marke (→ Rn. 51 ff.), ihrer Bekanntheit (→ Rn. 61 ff.) oder einer erhöhten Kennzeichnungskraft (→ Rn. 45 ff.));
- bei Zurückweisung eines **Widerspruchs,** ohne **alle geltend gemachten älteren Rechte zu berücksichtigen** (→ Rn. 65);
- bei fehlendem **Vergleich der Waren und Dienstleistungen** im Rahmen der Verwechslungsgefahr obwohl erforderlich (→ Rn. 36) oder
- bei **Zurückweisung einer Anmeldung wegen absoluter Eintragungshindernisse** ohne Analyse der konkret beanspruchten Waren und Dienstleistungen (HABM BK 8.9.2014 – R 660/2014-5 Rn. 11 ff. – Active Touch).

83　Ein positiver Nebeneffekt bei einer Zurückverweisung an die erste Instanz ist, dass die Beschwerdekammer die Zurückerstattung der Beschwerdegebühr nach Art. 33 DVUM (für Beschwerden vor dem 1.10.2017 Regel 51 lit. b GMDV) anordnen kann (vgl. HABM BK 8.9.2014 – R 660/2014-5 Rn. 30 – Active Touch; 24.4.2012 – R 1798/2011-2 Rn. 40 – ACQUIA/AKOYA et al.; 22.3.2012 – R 1359/2011-2 Rn. 12 ff. – REBBL/REBEL; 12.1.2012 – R 842/2011-1 – CITRONIC/CYTRON; 17.6.2003 – R 813/2001-4 Rn. 16 – Telecom Europa).

84　　Die Verletzung der Begründungspflicht durch die Beschwerdekammer ist ein Klagegrund iSd Art. 72 Abs. 2 (vor dem 1.10.2017 Art. 65 Abs. 2 UMV 2009). Die Verletzung der Begründungspflicht durch einen Prüfer der ersten Instanz ist allerdings nicht Gegenstand einer Klage. Daher muss ein Begründungsmangel durch den Prüfer bereits vor der Beschwerdekammer geltend gemacht werden. Gegenständlich vor Gericht ist dann die Frage, ob der Mangel durch die Beschwerdekammer zutreffend geprüft und geheilt wurde. Eine erstmalige Geltendmachung eine Begründungsmangels vor der ersten Instanz **vor Gericht** ist daher nicht möglich (EuG T-439/18, GRUR-RS 2019, 9282 Rn. 23 – ProAssist; → Art. 72 Rn. 4). Das Amt kann vor Gericht grundsätzlich **keine Gründe nachschieben** (EuG T-378/13, BeckRS 2016, 81249 Rn. 35 – English pink; T-351/08, BeckRS 2010, 90810 Rn. 23 – MATRATZEN CONCORD).

85　　Das Gericht hebt die angefochtene Entscheidung im Falle eines Begründungsmangels in der Regel auf, **es sei denn,** dass die Kammer erneut eine Entscheidung mit **gleichem Inhalt** erlassen müsste (EuG T-54/16, BeckRS 2017, 140445 Rn. 84 – NETGURU; T-363/10, BeckRS 2011, 81635 Rn. 63 ff., 81 – RESTORE; T-502/07, BeckEuRS 2011, 576213 Rn. 66 – McKENZIE; GRUR Int 2004, 328 Rn. 97 – TDI). Wird eine Verletzung der Begründungspflicht vor Gericht von den Parteien gerügt, widerruft die Beschwerdekammer die Entscheidung bisweilen nach Art. 103 und erlässt eine neue Entscheidung mit entsprechender Begründung. Damit hat sich der Rechtsstreit vor Gericht erledigt (vgl. EuG T-727/16, BeckRS 2018, 1581 Rn. 17 ff. – REPOWER). Die Parteien müssen ggf. gegen die erneute Entscheidung der Beschwerdekammer in der Sache klagen.

C. Anspruch auf rechtliches Gehör (Abs. 1 S. 2)

I. Inhalt

86　　Abs. 1 S. 2 regelt den Anspruch der Beteiligten auf rechtliches Gehör. Die Entscheidungen des Amtes dürfen nur auf Gründe gestützt werden, zu denen sich die Beteiligten äußern konnten.

87　　Abs. 1 S. 2 ist eine Ausgestaltung des **Grundsatzes des Schutzes der Verteidigungsrechte,** der in Art. 41 Abs. 2 GRCh niedergelegt ist (ABl. EU 2010 C 83, 389). Nach diesem Grundsatz müssen Adressaten behördlicher Entscheidungen, deren Interesse durch die Entscheidung spürbar berührt sind, die Gelegenheit erhalten, ihren Standpunkt gebührend darzulegen (EuGH C-96/

11 P, BeckRS 2012, 81822 Rn. 74 – Schokoladenmaus; C-447/02 P, GRUR Int 2005, 227 Rn. 21 – Orange; EuG T-117/21, GRUR-RS 2022, 9300 Rn. 34 – Sportschuh; T-542/10, BeckRS 2012, 81207 Rn. 70 – CIRCON; T-631/14, BeckEuRS 2015, 436477 Rn. 20 – Nuance der Farbe Rot für Schuhsohle).

Der Grundsatz rechtlichen Gehörs kommt außerdem in folgenden Vorschriften zum Ausdruck: **88**
- Art. 42 Abs. 2 (vor dem 1.10.2017 Art. 37 Abs. 3 UMV 2009) Prüfung **absoluter Eintragungs-hindernisse,**
- Art. 47 Abs. 1 (vor dem 1.10.2017 Art. 42 Abs. 1 UMV 2009), Art. 4 DVUM und Art. 8 DVUM (vor dem 1.10.2017 Regel 16a GMDV und Regel 20 Abs. 2 GMDV) Prüfung **relativer Eintragungshindernisse,**
- Art. 70 Abs. 2 UMV (vor dem 1.10.2017 Art. 63 Abs. 2, Regel 50 Abs. 1 GMDV iVm Regel 20 GMDV) Beschwerde.

Die Parteien berufen sich bisweilen auf eine Verletzung des Anspruchs auf rechtliches Gehör, falls **89** ihre **Argumente** bzw. die von ihnen eingereichten **Dokumente keine Berücksichtigung in der Entscheidung** des Amtes gefunden haben. In der Regel handelt es sich aber um keine Verletzung des Anspruchs auf rechtliches Gehör, da die Partei angehört wurde (vgl. EuG T-240/15, BeckRS 2016, 82094 Rn. 62 – 3D:Chocolate). Ein **völliges Übersehen** des Vortrages kommt allerdings einer Nichtanhörung gleich (aber → Rn. 97). Daneben kommt ein Verstoß gegen den Amtsermittlungsgrundsatz (→ Art. 95 Rn. 34) oder eine **Verletzung der Begründungspflicht** (Art. 94 S. 1) in Betracht (→ Rn. 45, → Rn. 53; HABM BK 18.4.2014 – R 1904/2014-5 Rn. 14 ff. – Dualproof).

II. Umfang

1. Tatsächliche und rechtliche Gesichtspunkte

Die Beteiligten müssen zu allen tatsächlichen und rechtlichen Gesichtspunkten sowie zu etwai- **90** gen **Beweisen** gehört werden, die die **Grundlage der Entscheidungsfindung** bilden (EuG T-631/14, BeckEuRS 2015, 436477 Rn. 20 – Nuance der Farbe Rot für Schuhsohle; T-347/10, BeckRS 2013, 80818 Rn. 56 ff. – Form einer Flasche mit einer reliefartigen Abbildung; T-542/10, BeckRS 2012, 81207 Rn. 70 – CIRCON; T-317/05, GRUR Int 2007, 330 Rn. 24, 26, 27 – Form einer Gitarre).

Im Falle **absoluter Eintragungshindernisse** muss das Amt den Anmelder über die Gründe **91** der Zurückweisung informieren und ihm Gelegenheit geben, hierzu Stellung zu nehmen (Art. 42 Abs. 2, vormals Art. 37 Abs. 3 UMV 2009). Der Prüfer sendet dem Anmelder eine vorläufige Beanstandung der Anmeldung und räumt eine zweimonatige Stellungnahmefrist ein, die einmalig auf Antrag verlängert wird. Der Anmelder ist über von Amts wegen ermittelte Tatsachen zu informieren, es sei denn die Tatsachen sind allgemein bekannt (zu Fallgruppen → Rn. 101).

In **mehrseitigen Verfahren** ist das Amt nach Art. 95 Abs. 1 auf das Vorbringen und die **92** Anträge der Beteiligten beschränkt, so dass in der Regel keine **Tatsachen** von Amts wegen recherchiert werden. Prüft das Amt Rechtsfragen oder Tatsachen, die nicht von den Parteien vorgetragen wurden, ist den Parteien grundsätzlich Gelegenheit zur Stellungnahme zu geben (→ Rn. 126). Hiervon unabhängig muss das Amt einer Partei sämtliche Dokumente und Unterlagen, die von der jeweils anderen Partei eingereicht wurden, weiterleiten und sie zu den relevanten Tatsachen und rechtlichen Argumenten hören (vgl. Art. 62 DVUM, vormals Regel 69 GMDV; zu Fallgruppen → Rn. 115 ff.). Von der Zustellung kann abgesehen werden, falls das Schriftstück kein neues Vorbringen enthält und die Sache entscheidungsreif ist (Art. 62 S. 2 DVUM, vormals Regel 69 S. 2 GMDV).

Regel 50 Abs. 1 GMDV iVm Regel 20 Abs. 2 GMDV sah für Beschwerden, die vor dem 1.10.2017 **92.1** eingereicht wurden, noch eine ausdrückliche Regelung im **zweiseitigen Verfahren** vor. Hiernach musste die Kammer die Beschwerdebegründung und die Beschwerdeerwiderung der jeweils anderen Partei über-mitteln und ihr Gelegenheit geben, hierzu Stellung zu nehmen. Die Regelung entfiel für Beschwerden, die nach dem 1.10.2017 eingereicht wurden. Es gilt insofern die allgemeine Regelung in Art. 62 DVUM. Auch alle anderen von den Parteien eingereichten Dokumente müssen zumindest der anderen Partei zur Kenntnis gereicht werden.

Zur Anschlussbeschwerde → Rn. 135. **93**

Zu **Tatsachen,** zu denen die Beteiligten bereits in der **vorherigen Instanz** Stellung nehmen **94** konnten, **müssen** sie **nicht** erneut **gehört** werden (EuGH C-488/06 P, GRUR-RR 2008, 335 Rn. 92 – Aire Limpio; EuG T-622/15, GRUR-RS 2017, 108193 Rn. 13 ff. – EXHAUST

GARD; T-509/15, BeckRS 2017, 100961 Rn. 37 – Premeno; T-284/12, BeckRS 2013, 82011 Rn. 26 ff. – PROSEPT; T-33/12, BeckRS 2013, 80244 Rn. 21 f. – MEDIGYM; T-198/00, WRP 2002, 818 Rn. 36 ff. – Kiss Device with plume; → Rn. 148). Wurde ein Beteiligter innerhalb des Verfahrens vor der ersten Instanz nicht gehört, ist ein Verstoß regelmäßig durch die Möglichkeit zur Stellungnahme im Rahmen der Beschwerdebegründung geheilt (→ Rn. 145 f.). Schließlich muss das Amt den Beteiligten seine **finale Rechtsposition nicht vorab mitteilen** (EuG T-284/12, BeckRS 2013, 82011 Rn. 26 ff. – PROSEPT; T-277/12, BeckRS 2013, 80605 Rn. 45 – KIMBO; die Frage wurde nicht erörtert in dem nachfolgenden Urteil EuGH C-285/ 13 P, BeckRS 2014, 81254 Rn. 27 – BELLRAM; → Rn. 123). Eingehend → Rn. 141; zur Prüfung von Benutzungsunterlagen → Rn. 133.

2. Auswirkungen auf das Entscheidungsergebnis

95   Eine **Verletzung** der **Verteidigungsrechte** führt nur dann zur Aufhebung der Entscheidung, **falls** das **Verfahren** bei Beachtung der Verteidigungsrechte der Beteiligten möglicherweise **zu einem anderen Ergebnis geführt hätte** (EuGH C-96/11 P, BeckRS 2012, 81822 Rn. 80 – Schokoladenmaus; C-795/18, BeckRS 2019, 12543 Rn. 5 ff. – VIPER; EuG T-463/18, BeckRS 2019, 3075 Rn. 33 – SMARTSURFACE; T-473/15, BeckRS 2017, 104014 Rn. 54, 68 – ABUS; T-631/14, BeckEuRS 2015, 436477 Rn. 21 ff. – Nuance der Farbe Rot für Schuhsohle; T-215/ 13, BeckRS 2016, 82021 Rn. 77 – Recticel (Lambda); eingehend EuG T-549/15, BeckRS 2016, 111530 Rn. 30 ff. – CAFE DEL SOL; T-715/13, BeckRS 2016, 81552 Rn. 81 ff. – Castello; T-534/12, T-535/12, BeckRS 2014, 80607 Rn. 42 – Fleet Data Services und Truck Data Services; BeckEuRS 2013, 728098 Rn. 76 – VORTEX; T-410/07, BeckRS 2009, 70499 Rn. 32 – JURADO). Dem Beteiligten, der sich auf eine Verletzung seines rechtlichen Gehörs beruht, ist daher unbedingt zu empfehlen nicht nur geltend zu machen, dass er hätte gehört werden sollen, sondern dezidiert darzulegen, weshalb das Amt seiner Ansicht nach in der Substanz ein Fehler unterlaufen ist.

96   **Unschädlich** ist, falls die Beteiligten zu Nachweisen, die das Amt von Amts wegen ermittelt hat, nicht gehört werden, solange diese **Nachweise nur zur Bestätigung** der Beurteilung des Amtes oder als **Hilfsbegründung** angeführt werden (zB zusätzliche Nachweise zur Untermaue-rung einer fehlenden Unterscheidungskraft der Anmeldung oder der Hinweis auf weitere Wörter-buchauszüge zur Bestimmung eines Begriffs; s. EuGH C-447/02 P, GRUR Int 2005, 227 Rn. 46 ff. – Orange; EuG T-463/18, BeckRS 2019, 3075 Rn. 27 ff. – SMARTSURFACE; T-375/ 16, BeckRS 2017, 145622 Rn. 22 ff. – INSTASITE; T-371/11, BeckRS 2012, 82034 Rn. 50 ff. – CLIMA COMFORT; T-242/09, GRUR Int 2005, 908 Rn. 63 ff. – TOP; T-198/00, WRP 2002, 818 Rn. 22 ff. – Kiss Device with plume). Für eine Verletzung des Anspruchs auf rechtliches Gehör, muss der Gesichtspunkt, zu dem die Beteiligten nicht gehört wurden, einen **Ausgangs-punkt** der Entscheidung bilden (EuG T-317/05, GRUR Int 2007, 330 Rn. 54, 55 – Form einer Gitarre), **der nicht hinweggedacht werden kann.**

97   Unschädlich ist auch, falls der Betroffene sich bei Anhörung **nicht sachgerecht verteidigen** und somit die Entscheidung nicht hätte beeinflussen **können.** Beispiele:
- Der Betroffene rügt, zu einer Feststellung nicht gehört worden zu sein, stellt diese aber nicht in Abrede (vgl. EuG T-463/18, BeckRS 2019, 3075 Rn. 33 – SMARTSURFACE; T-534/12, T-535/12, BeckRS 2014, 80607 Rn. 34 f. – Fleet Data Services und Truck Data Services);
- Eine Partei wird nicht zu einer Stellungnahme der Gegenseite gehört, auf die sich die Entschei-dung nicht stützt, zB weil sie verspätet eingereicht wurde (→ Rn. 118);
- Das Amt übersieht eine Stellungnahme, die keine neuen Argumente enthält, so dass sie nicht zu einem abweichenden Ergebnis hätten führen können (EuG T-611/13, BeckRS 2015, 80963 Rn. 17 ff. – HOT);
- Parteien nicht zu Dokumenten gehört wurden, die keine neuen Tatsachen enthalten (→ Rn. 134);
- Parteien zu Dokumenten nicht gehört wurden, die als verspätet zurückzuweisen sind, zB ein verspäteter Prioritätsnachweis (EuG T-186/12, BeckRS 2016, 81892 Rn. 88 ff. – LUCEA LED);
- Das Amt Dokumente nicht an den Vertreter des Beteiligten zustellt, sondern an den Beteiligten selbst, diesem aber keine neue Frist zur Stellungnahme gewährt. In diesem Fall hätte sich der Beteiligte, selbst wenn das Dokument ordnungsgemäß an den Vertreter zugestellt worden wäre, nicht besser verteidigen können (EuG T-370/21, GRUR-RS 2022, 6659 Rn. 30, 31 – NUTRI-FEM AGNUBALANCE; → Rn. 120).

III. Beweislast

Nach ständiger Rechtsprechung des EuG müssen **die Parteien** darlegen (und ggf. beweisen), **98** dass ihre Verteidigungsrechte verletzt wurden (EuG T-80/19, GRUR-RS 2020, 3472 Rn. 39 – DECOPAC; T-58/18, GRUR-RS 2019, 41149 Rn. 21 – Xocolat; T-215/13, BeckRS 2016, 82021 Rn. 80 – Recticel (Lambda); BeckRS 2009, 71377 Rn. 41 ff. – Stella; GRUR Int 2010, 54 Rn. 63 – OKATECH).

In wenigen Fällen hat das EuG abweichend festgestellt, dass **das Amt die Beweislast für eine** **99** **ordnungsgemäße Anhörung trägt** (EuG T-542/10, BeckRS 2012, 81207 Rn. 72 – CIRCON). Es ist den **Parteien** dennoch **zu empfehlen,** eine **Verletzung** ihrer Verteidigungsrechte **ausführlich darzulegen und ggf. Nachweise beizubringen.**

Eine Verletzung des Rechts auf **rechtliches Gehör in der ersten Instanz** muss vor der **100** Beschwerdekammer geltend gemacht werden. Eine erstmalige Geltendmachung vor dem EuG ist nicht möglich, da das Gericht auf die Kontrolle der Rechtmäßigkeit der Beschwerdekammerentscheidung beschränkt ist (EuG T-573/21, GRUR-RS 2022, 16379 Rn. 80–82 – RAPID-GUARD; T-677/19, GRUR-RS 2020, 23626 Rn. 25 – SYRENA; T-263/18, BeckRS 2019, 2675 Rn. 31 – MEBLO; T-215/13, BeckRS 2016, 82021 Rn. 77 – Recticel (Lambda); T-137/12, BeckRS 2013, 80132 Rn. 60 ff. – FUN). In der Regel ist die Verletzung durch die erste Instanz bei Geltendmachung vor der Beschwerdekammer aber geheilt (→ Rn. 145). Entsprechend ist eine Verletzung des rechtlichen Gehörs durch die Beschwerdekammer vor dem EuG bereits in der Klageschrift geltend zu machen (EuGH C-480/15 P, BeckRS 2016, 81023 Rn. 23 – ALEX; EuG T-628/18, GRUR-RS 2019, 41473 Rn. 74 – VIENNOISERIE CAPRICE Pur Beurre). Eine erstmalige Geltendmachung vor dem EuGH ist nicht möglich, da dieser die Rechtmäßigkeit des Urteils des EuG überprüft.

IV. Fallgruppen bei absoluten Eintragungshindernissen im Anmeldeverfahren

1. Von Amts wegen ermittelte Tatsachen

Recherchiert das Amt im **Internet,** um zB nachzuweisen, dass es einer Anmeldung an **Unter-** **101** **scheidungskraft** fehlt, so muss es den Anmelder grundsätzlich zu den Nachweisen hören. Das Amt recherchiert insbesondere bei Farbanmeldungen, Anmeldungen von Formmarken oder Wortneuschöpfungen, inwiefern die angemeldete Farbe, Form oder das Wort auf dem relevanten Markt verwendet wird, um festzustellen, ob das Zeichen als Herkunftshinweis erkannt wird (vgl. EuGH C-447/02 P, GRUR Int 2005, 227 Rn. 43 – Orange; EuG T-317/05, GRUR Int 2007, 330 Rn. 4 – Form einer Gitarre; HABM BK 8.1.2015 – R 119/2014-5 – EUV). Da sich der Inhalt eines Internetlinks jederzeit ändern kann, sollte das Amt dem Anmelder grundsätzlich den **Inhalt der Internetseiten** selbst übermitteln (EuG T-137/12, BeckRS 2013, 80132 Rn. 54 ff. – FUN; T-317/05, GRUR Int 2007, 330 Rn. 24 ff. – Form der Gitarre; T-242/09, GRUR Int 2005, 908 Rn. 60 ff. – TOPM; aA aber EuG T-573/18, GRUR-RS 2020, 665 Rn. 57 – Schnürsenkel). Diese Pflicht lässt sich für die Beschwerdekammer auch aus Art. 49 Abs. 4 EUIPO-BKVfO herleiten, nach dem die Beteiligten den Inhalt von Links angeben müssen (→ Art. 97 Rn. 49). Hiervon abweichen hat das Gericht allerdings festgestellt, dass die Partei für eine Verletzung des rechtlichen Gehörs konkret vortragen muss, dass sich der Inhalt der Webseite geändert hat oder geändert haben könnte (EuG T-516/20, BeckRS 2022, 6667 Rn. 131 – QUEST 9).

Die **Verletzung** des Anspruchs auf rechtliches Gehör greift **nicht** durch, falls die Kammer die **102** Entscheidung lediglich **ergänzend** auf eine **Internetrecherche** stützt, oder der Inhalt aufgrund anderer allgemein verfügbarer Quellen allgemein bekannt ist, zB die Bedeutung eines Wortes (EuG T-439/18, GRUR-RS 2019, 9282 Rn. 18 – ProAssist; T-463/18, BeckRS 2019, 3075 Rn. 32, 33 – SMARTSURFACE; T-347/10, BeckRS 2013, 80818 Rn. 59 – Form einer Flasche mit einer reliefartigen Abbildung; T-216/02, GRUR Int 2004, 653 Rn. 39 ff. – LOOKS LIKE GRASS … FEELS LIKE GRASS … PLAYS LIKE GRASS; → Rn. 95 f.).

Daher müssen daher **Kopien** von allgemein zugänglichen Informationsquellen wie **Büchern** **103** (EuG T-33/12, BeckRS 2013, 80244 Rn. 25 – MEDIGYM) nicht übermittelt werden. Unschädlich ist auch, falls die Kammer die Bedeutung einer Anmeldung, die bereits vom erstinstanzlichen Prüfer genannt wurde, durch **Wörterbuchauszüge** belegt. In diesem Fall hatte der Anmelder bereits Gelegenheit, zur Bedeutung der Anmeldung Stellung zu nehmen (EuG T-439/18, GRUR-RS 2019, 9282 Rn. 15 ff. – ProAssist; T-463/18, BeckRS 2019, 3075 Rn. 27 ff. – SMARTSUR-FACE; T-64/09, BeckRS 2010, 91079 Rn. 15 ff. – packaging; T-242/09, GRUR Int 2005, 908 Rn. 63 ff. – TOP). Außerdem hätte sich der Anmelder nicht besser verteidigen können, falls ihm die relevante Quelle übermittelt worden wäre (vgl. EuG T-363/10, BeckRS 2011, 81635 Rn. 70 – RESTORE).

104   Weist die Beschwerdekammer eine Wortmarke bzw. Wort-/Bildmarke aufgrund einer anderen Bedeutung der Wörter als der Prüfer zurück, muss die Beschwerdekammer den Anmelder nicht (erneut) zu der Bedeutung der Wörter anhören, falls dieser bereits vor dem Prüfer umfassend zur Bedeutung Stellung nehmen konnte (EuG T-622/15, GRUR-RS 2017, 108193 Rn. 13 ff. – EXHAUST GARD).

105   Stützt das Amt die Zurückweisung der Anmeldung auf eine **allgemein bekannte Tatsache** (zur Definition → Art. 95 Rn. 8 ff.), muss es diese nicht nachweisen (→ Rn. 26). Tut es dies dennoch, so ist der Nachweis kein notwendiger Bestandteil der Begründung der Zurückweisung der Anmeldung (vgl. EuG T-347/10, BeckRS 2013, 80818 Rn. 59 ff. – Form einer Flasche mit einer reliefartigen Abbildung; T-242/09, GRUR Int 2005, 908 Rn. 65 ff. – TOP). Eine Verletzung des Anspruchs auf rechtliches Gehör greift in diesen Fällen nicht durch. So muss das Amt den Anmelder für die Zurückweisung einer Anmeldung nach Art. 7 Abs. 1 lit. b und c nicht dazu hören, dass ein Wort bzw. eine Wortzusammensetzung oder die Form einer weit verbreiten Packung üblich sind (vgl. EuG T-347/10, BeckRS 2013, 80818 Rn. 59 – Form einer Flasche mit einer reliefartigen Abbildung; T-346/07, BeckEuRS 2008, 486358 Rn. 79 ff. – EASYCOVER; T-242/09, GRUR Int 2005, 908 Rn. 65 – TOP). Dies bedeutet allerdings nicht, dass der Anmelder nicht zur allgemein bekannten Tatsache an sich zu hören ist, dem es unbenommen bleibt zu widerlegen, dass es sich überhaupt um eine allgemein bekannte Tatsache handelt (EuG T-618/14, BeckRS 2016, 81908 Rn. 28 aE – Form einer mexikanischen Tortilla, iErg bestätigt durch EuGH C-471/15; → Rn. 126).

2. Angaben aus dem Anmeldeformular

106   Das Amt muss dem Anmelder bei Zurückweisung einer Anmeldung aufgrund absoluter Eintragungshindernisse nicht zu Umständen hören, die sich aus der Anmeldeakte ergeben und die der Anmelder kannte (zB Wiedergabe der Anmeldung im Anmeldeformular). Es kann sämtliche Angaben aus dem Anmeldeformular heranziehen, ohne dem Anmelder Gelegenheit zu geben, sich hierzu zu äußern (EuG T-198/00, WRP 2002, 818 Rn. 20 – Kiss Device with plume).

3. Zurückweisung einer Anmeldung aufgrund zusätzlicher absoluter Eintragungshindernisse

107   Die Beschwerdekammer kann die Zurückweisung einer Anmeldung auf andere oder weitere Gründe stützen als die erste Instanz. Dies folgt aus der funktionalen Kontinuität zwischen der ersten Instanz und den Beschwerdekammern (vgl. Art. 71 Abs. 1; für Beschwerden, die vor dem 1.10.2017 erhoben wurden gilt Art. 64 Abs. 1 UMV 2009; zu zweiseitigen Verfahren EuG T-542/10, BeckRS 2012, 81207 Rn. 93 f. – CIRCON).

108   Stützt die Beschwerdekammer die Zurückweisung auf **absolute Eintragungshindernisse,** auf die die Entscheidung der ersten Instanz nicht gestützt ist, muss die Kammer den Anmelder ggf. zu dem neuen Eintragungshindernis hören (EuG T-122/99, BeckEuRS 2000, 352017 – Form einer Seife; T-747/18, BeckRS 2019, 31598 Rn. 25 – Form einer Blume).

109   Die **Verletzung** des Anspruchs auf rechtliches Gehör **greift** aber **nicht durch,** falls die Kammer lediglich **zusätzlich** zu dem Zurückweisungsgrund der ersten Instanz einen weiteren Zurückweisungsgrund anführt und die Entscheidung auch ohne den zusätzlichen Grund zur Zurückweisung der Anmeldung führte. Dies hängt davon ab, welches Eintragungshindernis zusätzlich angeführt wird und ob der ursprünglich in der erstinstanzlichen Entscheidung genannte Zurückweisungsgrund tatsächlich begründet ist:

110   Stützt die erste Instanz die Zurückweisung der Anmeldung auf Art. 7 Abs. 1 lit. b und/oder c und macht die Beschwerdekammer zusätzlich **Art. 7 Abs. 1 lit. e** geltend, so ist der Anmelder anzuhören. Das Eintragungshindernisse iSd **Art. 7 Abs. 1 lit. e** geht nämlich in der Rechtsfolge über Art. 7 Abs. 1 lit. b und c hinaus. Im Gegensatz zu Art. 7 Abs. 1 lit. b und c können die Eintragungshindernisse nach Art. 7 Abs. 1 lit. e nicht durch den Nachweis einer erlangten Unterscheidungskraft iSd Art. 7 Abs. 3 überwunden werden (vgl. EuG T-122/99, BeckEuRS 2000, 352017 – Form einer Seife). Das Ergebnis der Entscheidung ist somit, selbst falls auch die Eintragungshindernisse nach Art. 7 Abs. 1 lit. b und c bestehen, ein anderes. Gleiches muss für eine zusätzliche Zurückweisung nach Art. 7 Abs. 1 lit. a UMV gelten. Allerdings liegt **keine Verletzung** des rechtlichen Gehörs vor, **falls** die **Erwägungen** zu Art. 7 Abs. 1 lit. a oder e UMV **lediglich am Rande** erfolgen und die Zurückweisung letztlich nicht hierauf gestützt wird (EuG T-208/12, BeckRS 2013, 81459 Rn. 14 – Rote Schnürsenkelenden).

Hat der Prüfer die Zurückweisung der Eintragung ausschließlich auf **Art. 7 Abs. 1 lit. b** 111 (fehlende Unterscheidungskraft) gestützt und stellt die Kammer **zusätzlich** auch auf **Art. 7 Abs. 1 lit. c** (beschreibender Charakter) ab, ohne dass der Anmelder hierzu gehört wurde, liegt zwar grundsätzlich eine Verletzung des rechtlichen Gehörs vor. Die Verletzung greift aber in der Regel nicht durch, da das Ergebnis der Entscheidung auch bei Nichtprüfung des zweiten Zurückweisungsgrundes identisch gewesen wäre. Die Anmeldung wäre in jedem Fall als nicht unterscheidungskräftig zurückzuweisen. Das Bestehen eines relativen Eintragungshindernisses ist für die Zurückweisung einer Anmeldung ausreichend (vgl. EuG T-79/00, BeckRS 2002, 165791 Rn. 13 ff. – LITE; → Rn. 96).

Gleiches gilt, falls der Prüfer eine Zurückweisung zunächst auf den beschreibenden Charakter 112 einer Anmeldung (Art. 7 Abs. 1 lit. c) stützt und die Kammer die Zurückweisung **zusätzlich** mit einer fehlenden Unterscheidungskraft der Anmeldung (Art. 7 Abs. 1 lit. b begründet (EuG T-163/08, GRUR Int 2010, 993 Rn. 34 f. – Golden Toast; T-34/00, GRUR Int 2002, 592 Rn. 17 ff. – EuroCOOL).

Die vorstehenden Ausführungen finden entsprechend in der ersten Instanz Anwendung, falls 113 die Anmeldung zunächst gestützt auf einen bestimmten Grund beanstandet und die erstinstanzliche Entscheidung später über die Beanstandung hinaus geht. Vor Treffen der Entscheidung ist der Anmelder nach den vorstehenden Grundsätzen zu hören (s. EUIPO-Prüfungsrichtlinien, Teil B, Prüfung, 1.1 aE, 1.2). Die Verletzung wird allerdings regelmäßig durch die Möglichkeit in der Beschwerdebegründung zu dem zusätzlichen Zurückweisungsgrund Stellung zu nehmen geheilt (→ Rn. 145 f.).

4. Nichtigkeitsverfahren

Im Nichtigkeitsantrag aufgrund absoluter Eintragungshindernisse recherchiert das Amt nicht 114 selbst, sondern berücksichtigt die vom Nichtigkeitsantragsteller vorgelegten Beweismittel (→ Art. 95 Rn. 82 ff.). Allerdings muss der Antragsteller allgemein bekannte Tatsachen nicht nachweisen (→ Art. 95 Rn. 9). Geht das Amt davon aus, dass es sich entgegen der Ansicht des Antragstellers nicht um eine allgemein bekannte Tatsache handelt, so hat es den Antragsteller nach der Rechtsprechung hiervon zu unterrichten und ihm Gelegenheit zu geben, die Tatsachen nachzuweisen (EuG T-830/16, BeckRS 2018, 32735 Rn. 34 – PLOMBIR; nachfolgend EuGH C-142/19 P, GRUR-RS 2020, 12961).

V. Fallgruppen bei relativen Eintragungshindernissen

1. Weiterleitung von Dokumenten

In zweiseitigen Verfahren muss das Amt die von einer Partei eingereichten Unterlagen der 115 jeweils anderen Partei weiterleiten **und** ggf. die Gelegenheit einräumen, hierzu Stellung zu nehmen (vgl. **Art. 47 Abs. 1 UMV; Art. 4 DVUM, Art. 8 DVUM und Art. 62 DVUM** – vor dem 1.10.2017 Art. 42 Abs. 1, Regel 16a, Regel 69; Regel 50 Abs. 1 iVm Regel 20 GMDV; vgl. hierzu EuG T-715/13, BeckRS 2016, 81552 Rn. 77 – Castello; T-184/12, BeckRS 2014, 81170 Rn. 33 ff. – HEATSTRIP; T-542/10, BeckRS 2012, 81207 Rn. 71 – CIRCON; T-279/09, BeckRS 2012, 81461 Rn. 23 ff. – 100% Capri).

Beruht eine Entscheidung des Amtes auf von einem Verfahrensbeteiligten vorgelegten Bewei- 116 sen, für die nicht nachgewiesen ist, dass sie dem anderen Beteiligten vollständig und ohne Änderung übermittelt worden sind, ist der Anspruch auf rechtliches Gehör in der Regel verletzt (EuG T-715/13, BeckRS 2016, 81552 Rn. 68 ff. – Castello; T-542/10, BeckRS 2012, 81207 Rn. 70 – CIRCON). Die **Beweislast** für die Zustellung trägt grundsätzlich das **Amt** (→ Art. 98 Rn. 40; vgl. Art. 61 DVUM, bis zum 1.10.2017 Regel 68 GMDV; EuG T-542/10, BeckRS 2012, 81207 Rn. 81 – CIRCON).

Stellt das Amt zB eine **rechtserhaltende Benutzung** der Widerspruchsmarke aufgrund von 117 Unterlagen fest, die die Widersprechende eingereicht hat, muss es diese an den Anmelder weitergeleitet und ihm die Gelegenheit gegeben haben, hierzu Stellung zu nehmen (EuG T-542/10, BeckRS 2012, 81207 Rn. 73 ff. – CIRCON). Die übermittelten Dokumente **müssen lesbar sein.**

Werden im Laufe des Verfahrens Verlängerungsurkunden zum Nachweis des Bestehens eines 118 entscheidungserheblichen älteren Rechts eingereicht, ist dem Anmelder die Urkunde weiterzuleiten und er ist hierzu zu hören (EuG T-715/13, BeckRS 2016, 81552 Rn. 81 ff. – Castello).

Stellungnahmen, die von den Parteien **nach Abschluss des schriftlichen Verfahrens** unauf- 119 gefordert eingereicht werden und **auf die sich die Entscheidung nicht stützt,** müssen vom

Amt **nicht** an die jeweils andere Partei weitergeleitet werden. Da die Stellungnahme vom Amt nicht in die Entscheidungsfindung einbezogen wird, hätte sich die Gegenseite nicht besser verteidigen können, selbst falls sie hierzu gehört worden wäre (EuG T-631/14, BeckEuRS 2015, 436477 Rn. 20 ff., 25 – Nuance der Farbe Rot für Schuhsohle). Sollte das Amt die Stellungnahme im Ausnahmefall jedoch für relevant halten, ist sie der anderen Partei zuzustellen und ihr ist Gelegenheit zu Stellungnahme einzuräumen.

120   Werden die Dokumente fälschlicherweise nicht dem Vertreter einer Partei, sondern der Partei direkt zugestellt, schlägt sich dieser Fehler nicht auf das Ergebnis durch, falls der Partei ohnehin keine weitere Stellungnahmefrist eingeräumt wird (→ Rn. 97).

2. Anhörung zu Argumenten und Beweisen der anderen Partei

121   Bringt eine der Parteien in zweiseitigen Verfahren Argumente oder Tatsachen vor, auf die sich das Amt in der Entscheidung stützt, hat sie grundsätzlich der anderen Partei die **Gelegenheit** zu geben, hierzu **Stellung zu nehmen.** Auch wenn sich der Anmelder zB in seiner Beschwerdebegründung bereits zur Kennzeichnungskraft der älteren Marke geäußert hat, muss er erneut gehört werden, falls die Beschwerdekammer bei ihrer Bejahung des Vorliegens einer Kennzeichnungskraft der älteren Marke die **Wortwahl des Widersprechenden** in einem ihrer Schriftsätze übernimmt, zu dem der Anmelder keine Stellung nehmen konnte (EuG T-279/09, BeckRS 2012, 81461 Rn. 36 – 100% Capri).

122   Der Beschwerdekammer steht es frei, die Beteiligten so oft wie erforderlich aufzufordern Stellung zu nehmen. Wird eine Stellungnahme eingereicht, ist der jeweils anderen Partei grundsätzlich ebenfalls Gelegenheit zur Stellungnahme einzuräumen. Nicht erforderlich ist, dass die Kammer die Beteiligten gleichzeitig auffordert, zu einer Amtsmitteilung Stellung zu nehmen (EuG T-184/12, BeckRS 2014, 81170 Rn. 33 ff. – HEATSTRIP). Hat allerdings eine Partei erwidert, so ist die Beschwerdekammer nach **Art. 26 UMDV** nicht verpflichtet, die andere Partei erneut zu hören und somit eine weitere Runde von Stellungnahmen einzuleiten. Andernfalls wäre die Kette der Anhörung endlos. Die Partei muss nach Art. 26 UMDV einen Antrag auf Zulassung einer weiteren Stellungnahme stellen und begründen, weshalb sie hierzu eine Veranlassung sieht (EuG T-215/20, GRUR-RS 2021, 14307 Rn. 86–89 – HYAL).

123   Das Amt muss den jeweils anderen Beteiligten nicht anhören, falls keine neuen Argumente von der Gegenseite vorgetragen wurden und der Beteiligte damit bereits hinreichend Stellung nehmen konnte (EuG T-354/18, GRUR-RS 2019, 8723 Rn. 55 – SKYFi; T-80/17, BeckRS 2017, 130684 Rn. 72 ff. – ista).

3. Nichtentscheidungserhebliche Tatsachen

124   Bei der Prüfung relativer Eintragungshindernisse müssen die Beteiligten nicht zu Gesichtspunkten gehört werden, die nicht relevant sind. Zum Beispiel müssen die Beteiligten nicht zum **Aufmerksamkeitsgrad der Verbraucher** gehört werden, falls die Zeichen unabhängig vom Grad der Aufmerksamkeit der Verbraucher unähnlich sind (EuG T-273/02, BeckRS 2005, 70282 Rn. 67 – CALPICO). In diesen Fällen wäre das Amt auch bei Anhörung der Beteiligten notwendigerweise zu demselben Ergebnis gelangt.

4. Stützung der Entscheidung auf ein anderes älteres Recht

125   Ist ein Widerspruch auf mehrere ältere Rechte gestützt, so kann die Beschwerdekammer ihre Entscheidung auf ein älteres Recht stützen, das von der Widerspruchsabteilung nicht berücksichtigt wurde. Da der Anmelder regelmäßig bereits erstinstanzlich Gelegenheit hatte zur Begründetheit des Widerspruchs insgesamt und damit zu allen geltend gemachten älteren Rechten Stellung zu nehmen, ist die Beschwerdekammer nicht verpflichtet, die Beteiligten über ihre Absicht zu unterrichten, im Rahmen ihrer Prüfung der Verwechslungsgefahr eine der älteren Marken oder alle älteren Marken zu berücksichtigen; es muss die Beteiligten nicht erneut hierzu hören (EuG T-811/14, BeckRS 2017, 135594 Rn. 36 f. – Fair & Lovely; T-278/10 R, BeckEuRS 2015, 456111 Rn. 54 ff. – WESTERN GOLD; T-237/11, BeckRS 2013, 80069 Rn. 27 ff. – BELLRAM).

5. Allgemein bekannte Tatsachen und Rechtsfragen

126   Nach Art. 95 Abs. 1 S. 2 und 3 ist das Amt in der Ermittlung des Sachverhalts auf das Vorbringen und die Anträge der Beteiligten beschränkt. Es kann sich allerdings in der Entscheidung auf

allgemein bekannte Tatsachen stützen, die nicht von den Parteien vorgetragen wurden. In diesem Fall ist die benachteiligte Partei zu den vom Amt ins Verfahren eingeführten Tatsachen zu hören, der es frei steht, zu widerlegen, dass es sich um eine allgemeine Tatsache handelt oder einen Verstoß gegen die Neutralitätspflicht zu rügen (EuG T-631/14, BeckEuRS 2015, 436477 Rn. 96 – VIÑA ALBERDI). Der Anmelder wird konkret vortragen müssen, weshalb die Tatsache nicht allgemein bekannt bzw. unzutreffend ist (EuG T-326/14, BeckRS 2016, 128230 Rn. 95 – HOT JOKER). Zu allgemeinen Tatsachen → Art. 95 Rn. 65 ff.

Das Amt kann **Rechtsfragen** überprüfen, die nicht von den Parteien bestritten werden. Auch **127** insofern hat es die Parteien grundsätzlich zu hören (EuG T-24/13, BeckRS 2015, 81576 Rn. 29 f. – Cactus; T-186/12, BeckRS 2016, 81892 Rn. 88 ff. – LUCEA LED), es sei denn, dass eine Anhörung das Entscheidungsergebnis nicht beeinflusst (→ Rn. 97).

6. Beschränkung des Warenverzeichnisses

Beschränkt der Anmelder bzw. Markeninhaber das Warenverzeichnis der im Widerspruch nach **128** Art. 8 Abs. 8 DVUM bzw. im Nichtigkeitsverfahren nach Art. 17 Abs. 7 DVUM angegriffenen Anmeldung bzw. Marke **auf einem gesonderten Schriftstück**, so wird ihm grundsätzlich mitgeteilt, ob die Beschränkung rechtmäßig ist. Ist sie es nicht, wird dem Anmelder bzw. Inhaber die Gelegenheit gegeben, den Antrag auf Beschränkung anzupassen.

Ist die Beschränkung teilweise zulässig, so wird sie insofern akzeptiert. Bei Zulässigkeit wird **129** dem Widersprechenden bzw. Nichtigkeitsantragsteller Gelegenheit gegeben, seinen Widerspruch bzw. Nichtigkeitsantrag zurückzunehmen. Erklärt der Widersprechende, dass er den Widerspruch aufrecht erhält, wird das Verfahren ohne weitere Anhörung des Anmelders fortgesetzt. Das Amt muss dem Anmelder nicht die Möglichkeit einräumen, seine Anmeldung weiter zu beschränken. Auch eine **fehlende Weiterleitung der Absicht des Widersprechenden, den Widerspruch aufrecht** zu **erhalten** an den Anmelder verletzt nach dem EuG nicht das Recht des Anmelders auf rechtliches Gehör (EuG T-750/14, BeckRS 2016, 81010 Rn. 37 ff. – ELGO).

Die Beschwerdekammern folgen dieser Praxis nicht immer. Zwar wird der anderen Partei bei **130** Zulässigkeit des Beschränkungsantrags regelmäßig Gelegenheit gegeben, ihren Widerspruch, den Nichtigkeitsantrag oder die Beschwerde zurückzunehmen. Halten die Beschwerdekammern den Antrag aber für unzulässig, ergeht eine Zurückweisung des Antrags regelmäßig im Rahmen der Beschwerdeentscheidung, ohne weitere Anhörung. Dem Antragsteller vor der Beschwerdekammer ist daher zu empfehlen, unter Hinweis auf Art. 94 Abs. 1 S. 2 ausdrücklich um Mitteilung und Recht zur Stellungnahme im Falle der Unzulässigkeit des Antrags zu bitten. Wird der Antrag auf Beschränkung der Gegenseite nicht mit der Aufforderung weitergeleitet, mitzuteilen, ob der Widerspruch, der Nichtigkeitsantrag oder die Beschwerde aufrechterhalten wird, ist dies ein Indiz dafür, dass der Antrag auf Beschränkung in der Beschwerdeentscheidung zurückgewiesen wird. Eine Verletzung des rechtlichen Gehörs kann in diesen Fällen nur dann durchschlagen, falls der Widerspruch bzw. das Nichtigkeitsverfahren basierend auf dem beschränkten Verzeichnis unter Umständen anders ausgefallen wäre, was regelmäßig nicht ausgeschlossen werden kann (→ Rn. 95; eingehend EuG T-473/15, BeckRS 2017, 104014 Rn. 53 ff. – APUS; T-509/15, BeckRS 2017, 100961 Rn. 23 ff. – Premeno).

7. Zurückweisung des Widerspruchs als unsubstantiiert

Weist die Kammer einen Widerspruch als unsubstantiiert zurück, obwohl die Frage weder von **131** den Parteien noch von der Widerspruchsabteilung aufgeworfen wurde, muss es die Parteien zu diesem Punkt hören (EuGH 4.6.2019 – C-822/18 P, BeckRS 2019, 10941 Rn. 5 f., 6 – ALDI; EuG T-549/15, BeckRS 2016, 111530 Rn. 30 ff. – CAFE DEL SOL; → Art. 95 Rn. 53 ff.). Zudem darf das Amt aufgrund seiner Neutralitätspflicht nicht auf die Unzulänglichkeit des Beweismaterials hinweisen → Art. 95 Rn. 41.

8. Aussetzung des zweiseitigen Verfahrens

Stellt eine Partei einen Antrag auf Aussetzung des Verfahrens, weil das einem Widerspruch **132** bzw. Löschungsantrag zu Grunde liegende ältere Recht angegriffen wurde, muss diese nicht explizit zu dem Verhältnis zwischen den Verfahren gehört werden. Der Antrag auf Aussetzung kann ohne weitere Anhörung zurückgewiesen werden (EuGH C-124/19, BeckRS 2019, 22818 Rn. 8 – Vitromed Germany).

9. Benutzungsnachweis

133 Das Amt muss den Parteien nicht vorab mitteilen, für welche Waren und Dienstleistungen eine Benutzung der älteren Marke nachgewiesen wurde (→ Rn. 94). Das gilt auch dann, falls die Beschwerdekammer von der Prüfung der Widerspruchsabteilung abweicht. Denn die Parteien hatten in der Regel ausreichen Gelegenheit vor der Widerspruchsabteilung und ggf. vor der Beschwerdekammer vorzutragen (EuG T-654/18, GRUR-RS 2020, 4309 Rn. 25–28 – le sac 11). Zur Begründungsplicht → Rn. 54.

134 Hatte der Anmelder Gelegenheit zu den Benutzungsnachweisen Stellung zu nehmen und fordert das Amt den Widersprechenden zur Sortierung der Benutzungsunterlagen auf, so muss es den Anmelder zu der ergänzenden Stellungnahme des Widersprechenden nicht hören, falls die ersten eingereichten Unterlagen – zu denen der Anmelder ja Stellung nehmen konnte – bereits ausreichend waren (EuG T-80/19, GRUR-RS 2020, 3472 Rn. 30–40 – DECOPAC; → Rn. 97).

VI. Fallgruppen im Rahmen der Beschwerde

135 Art. 60 Abs. 2 sieht seit dem 23.3.2016 ausdrücklich die Möglichkeit einer **Anschlussbeschwerde** in zweiseitigen Verfahren vor (→ Art. 68 Rn. 28). Seit dem 1.10.2017 enthält die Delegierte Verordnung in Art. 25 DVUM weitere Verfahrensregeln zur Anschlussbeschwerde. Dem Beschwerdeführer ist hiernach eine zweimonatige Stellungnahmefrist einzuräumen, die bei **außergewöhnlichen** Umständen verlängert werden kann.

136 Wird eine Anschlussbeschwerde eingereicht und der Beschwerdeführer nicht hierzu gehört, ist letzterem eine sofortige Rüge der Verletzung seines Anspruchs auf rechtliches Gehör zu empfehlen. Art. 25 Abs. 5 DVUM sieht ausdrücklich vor, dass der Beschwerdeführer (der Anschlussbeschwerdegegner) zur Anschlussbeschwerde zu hören ist.

136.1 Da es bis zum 1.10.2017 an einer konkreten Verfahrensregelung fehlte, erachteten die Beschwerdekammern es bisweilen nicht für notwendig, den Beschwerdeführer hinsichtlich der Anschlussbeschwerde zu hören. Dies ist insbesondere dann relevant, falls etwa der Widersprechende Beschwerdeführer ist, und dieser in der ersten Instanz eine Benutzung seiner älteren Marke erfolgreich nachgewiesen hat, im Ergebnis aber teilweise mit seinem Widerspruch unterlegen ist. In der Beschwerde gegen die teilweise Zurückweisung des Widerspruchs wird der Widersprechende grundsätzlich kein Wort zum erfolgreichen Nachweis der Benutzung seiner Marke verlieren. Legt aber der Anmelder Anschlussbeschwerde ein und bestreitet die Benutzung der älteren Marke, ist der Widersprechende zu diesem Punkt grundsätzlich zu hören, insbesondere falls die Kammer von den Feststellungen der ersten Instanz in diesem Punkt abweicht (s. auch Rücknahme der Entscheidung HABM BK 2.12.2013 – R 686/2013, da der Beschwerdeführer versehentlich nicht zur Anschlussbeschwerde gehört wurde und HABM BK 22.1.2010 – R 1673/2008-2 – FIESTA/FIESTA (FIG.) et al.). Wird die Anschlussbeschwerde allerdings zurückgewiesen, kann eine etwaige Verletzung des rechtlichen Gehörs bei Nichtanhörung des Anschlussbeschwerdegegners regelmäßig nicht durchgreifen, da er sich nicht hätte besser verteidigen können und die Nichtanhörung keinen Einfluss auf die Zurückweisung der Anschlussbeschwerde hat (→ Rn. 95).

137 Die Beschwerdekammer muss den Waren- und Dienstleistungsvergleich vollständig prüfen. Dabei kann sie ihrer Entscheidung auf andere Waren- und Dienstleistungspaare stützen als die erste Instanz. Die Parteien müssen nicht erneut angehört werden, da sie vor der ersten Instanz zum Waren- und Dienstleistungsvergleich Stellung nehmen konnten (EuG T-93/21, GRUR-RS 2022, 9989 Rn. 23 ff. – SK SKINTEGRA THE RARE MOLECULE). Zur Prüfung der Beschränkung des **Warenverzeichnisses** im Rahmen der Beschwerde → Rn. 130.

138 Die Beschwerdekammer muss die Parteien nicht gesondert anhören, falls sie von der erstinstanzlichen Entscheidung abweicht (EuG T-93/21, GRUR-RS 2022, 9989 Rn. 18 – SK SKINTEGRA THE RARE MOLECULE). Zur Fehlenden Pflicht die Parteien zur **Tatsachen-** und **Beweiswürdigung** zu hören (→ Rn. 141).

139 Zur fehlenden Pflicht, einen Anmelder zu Tatsachen bei der **Prüfung absoluter Eintragungshindernisse** zu hören, zu denen er bereits vor dem Prüfer hätte Stellung nehmen können (→ Rn. 104).

140 Auch in **zweiseitigen Verfahren** muss die Beschwerdekammer die Parteien nicht zu Fragen erneut hören, zu denen sich die Parteien oder der Spruchkörper der ersten Instanz bereits geäußert haben:

- Die Beschwerdekammer muss die Parteien nicht ausdrücklich zur **Kennzeichnungskraft** der älteren Marke anhören, wenn die erste Instanz diese in ihrer Entscheidung geprüft hat – selbst wenn die Beschwerdekammer von den Feststellungen der ersten Instanz abweicht (EuG T-54/18, BeckRS 2019, 14213 Rn. 34 ff. – 1st AMERICAN; → Art. 95 Rn. 60).

- Die Beschwerdekammer muss die Parteien nicht ausdrücklich dazu hören, dass sie im Ergebnis von der Prüfung des Benutzungsnachweises durch die Widerspruchsabteilung abweicht, sofern der Benutzungsnachweis beschwerdegegenständlich war und die Parteien hierzu vortragen konnten (→ Rn. 133). Zur Anhörung der Parteien, falls ein Verfall vom EuG an die Beschwerdekammer zurückverwiesen wird, → Rn. 148.
- Die Beschwerdekammer muss die Partei nicht erneut hören, wenn ein Argument der Partei selbst aufgegriffen wird (EuG T-117/21, GRUR-RS 2022, 9300 Rn. 36 – Sportschuh).

VII. Weitere Fallgruppe: Tatsachen- und Beweiswürdigung

Das Amt muss den Beteiligten seine Rechtsansicht nicht vorab mitteilen. Es ist in der Tatsachen- **141** würdigung frei. Dies ist regelmäßig in Fallkonstellationen relevant, in denen der Beteiligte unzureichende Nachweise beibringt, zB unzureichende Nachweise

- einer **erlangten Unterscheidungskraft** der Anmeldung iSd Art. 7 Abs. 3 (hierzu EuG T-289/08, GRUR Int 2010, 520 Rn. 20 – Deutsche BKK; GRUR-RR 2004, 239 Rn. 71 ff. – TDI),
- der **rechtserhaltenden Benutzung** einer Widerspruchsmarke iSd Art. 42 Abs. 2 (EuG T-386/16, BeckRS 2017, 142993 Rn. 35 – PORTE & PORTE; T-298/10, BeckRS 2012, 81018 Rn. 101 – BIODANZA) oder
- der **Bekanntheit** einer Widerspruchsmarke (EuG T-277/12, BeckRS 2013, 80605 Rn. 21 ff. – KIMBO, die Frage wurde nicht erörtert in dem nachfolgenden Urteil EuGH C-285/13 P, BeckRS 2014, 81254).

Da die Partei die Beweismittel selbst eingereicht hat, konnte sie sich offensichtlich zu den Unterlagen und deren Erheblichkeit äußern (EuG T-117/21, GRUR-RS 2022, 9300 Rn. 36 – Sportschuh; T-289/08, GRUR Int 2010, 520 Rn. 20 – Deutsche BKK). Das Amt ist nicht verpflichtet, den Beteiligten vorab darauf hinzuweisen, dass es die Nachweise als ungenügend erachtet. In der Regel handelt es sich hierbei nicht um die Verletzung rechtlichen Gehörs, sondern um eine Rüge eine fehlerhaften materiellen Prüfung (vgl. EuG T-117/21, GRUR-RS 2022, 9300 Rn. 38 – Sportschuh). Anders ist die Sachlage aber, falls die betreffende Partei keine Gelegenheit zur Einreichung von Unterlagen erhalten hat (eingehend zum Nachweis der Verkehrsdurchsetzung → Art. 95 Rn. 26).

Strikt ist die Prüfungsabteilung auch bei Geltendmachung der **Verkehrsdurchsetzung** einer **142** inhärent beschreibenden oder nicht unterscheidungskräftigen Anmeldung. In der Regel diskutieren die Prüfer die Voraussetzungen eines Nachweises der erlangten Unterscheidungskraft der Anmeldung nicht mit dem Anmelder. Nach Art. 2 Abs. 2 UMDV kann eine Verkehrsdurchsetzung in der Anmeldung oder in der ersten Stellungnahme auf eine Beanstandung als **Haupt- oder Hilfsanspruch** geltend gemacht werden. Eine erstmalige Geltendmachung vor der Beschwerdekammer ist seit dem 1.10.2017 nicht mehr möglich (Art. 27 Abs. 3 lit. a DVUM; Art. 7 Abs. 3; siehe eingehend → Art. 7 Rn. 208). Die Möglichkeit eines Hilfsantrags gibt dem Anmelder mehr Zeit, um etwaige Unterlagen zu beschaffen. Allerdings gibt das **Amt dem Anmelder keine individuelle Hilfestellung im Verfahren,** was die Art oder den Umfang der einzureichenden Unterlagen betrifft (EuG T-298/19, GRUR-RS 2021, 34740 Rn. 87 – FORM VON ROTEN SCHNÜRSENKELENDEN (Posit.)). Diese strikte Praxis ist mit Blick auf die Kosten von Verkehrsumfragen wenig benutzerfreundlich (vgl. HABM BK – R-1787/2014-5 – IRRESISTIBLY SMOOTH). Andererseits steht es dem Amt nicht zu, rechtsberatend tätig zu werden. **Eingehend** → Art. 95 Rn. 23 ff.

Das Amt muss nicht vor Entscheidungsfindung mitteilen, ob eine Beschränkung des Anmelde- **143** verzeichnisses zulässig ist (EuG T-654/13, BeckRS 2015, 80859 Rn. 40 ff. – Form eines zylindrischen, weiß-roten Gefäßes). Zur Beschränkung der Anmeldung im Widerspruchs- und Nichtigkeitsverfahren → Rn. 128 ff. Das Amt muss nicht vorab mitteilen, auf welche Rechtsprechung es sich berufen wird (EuG T-531/20, GRUR-RS 2021, 16099 Rn. 92 – ROLF (fig.)/Wolf et al.).

VIII. Rechtsfolge

Hinsichtlich der Rechtsfolge ist danach zu unterscheiden, in welcher Instanz der Anspruch auf **144** rechtliches Gehör verletzt ist bzw. eine Verletzung geprüft wird.

Hat das Amt den Anspruch des Beteiligten auf rechtliches Gehör in der ersten Instanz verletzt, **145** so kann der Mangel bereits dadurch **geheilt** sein, dass die Beteiligten in der Beschwerdeschrift oder der Beschwerdeerwiderung zu den relevanten tatsächlichen oder rechtlichen Gesichtspunkten Stellung nehmen konnten (vgl. EuG T-677/19, GRUR-RS 2020, 23626 Rn. 27 – SYRENA; T-263/18, BeckRS 2019, 2675 Rn. 30 – MEBLO; T-215/13, BeckRS 2016, 82021 Rn. 80 –

Recticel (Lambda); T-33/12, BeckRS 2013, 80244 Rn. 20 ff. – MEDIGYM; BeckEuRS 2013, 728098 Rn. 74 – VORTEX; HABM BK 14.3.2012 – R 1827/2011-1 Rn. 10 – Fashionnow).

146   Außerdem kann die Beschwerdekammer die Beteiligten nachträglich anhören, in dem sie zur Stellungnahme auffordert. Schließlich kann die Beschwerdekammer die Sache an die erste Instanz zurückverweisen und ihr aufgeben, die Beteiligten erneut zu den relevanten Gesichtspunkten zu hören. Ob die Beschwerdekammer die Beteiligten selbst anhört oder den Fall zurückverweist steht ihr frei (EuG T-293/10, BeckRS 2012, 81769 Rn. 41 f. – seven squares of different colors). Eine unterbliebene Anhörung führt nur dann zur Aufhebung der Beschwerdekammerentscheidung, wenn sie sich auf das Ergebnis auswirken kann → Rn. 95.

147   Wird eine Verletzung des rechtlichen Gehörs vor Gericht geltend gemacht, widerruft die Beschwerdekammer ihre Entscheidung bisweilen nach Art. 103 von Amts wegen und hört die Parteien nachträglich an (→ Rn. 136). Die anhängige Klage wird damit gegenstandslos. Die Parteien können auch selbst einen Widerruf der Entscheidung beantragen. Sie sollten aber sicherheitshalber parallel klagen, da es im Ermessen des Amtes steht, ob es dem Antrag stattgibt. Zudem ist eine Geltendmachung der Verletzung des rechtlichen Gehörs in der Klageschrift geltend zu machen.

148   Wird die Beschwerdeentscheidung nicht zurückgenommen und liegt eine durchgreifende Verletzung der Verteidigungsrechte seitens der Beschwerdekammer vor, wird die Entscheidung **vom EuG** aufgehoben. Liegt die Rechtssache den Kammern dann nach Art. 72 Abs. 6 (vormals Art. 65 Abs. 6 UMV 2009) zur erneuten Entscheidung **vor,** sieht die Verordnung **keine Pflicht** des Amtes vor, die Parteien erneut zu hören. Art. 94 Abs. 1 S. 2 schreibt nicht vor, dass die Parteien nach Wiedereröffnung des Verfahrens vor dem Amt erneut aufzufordern wären, sich zu den rechtlichen und tatsächlichen Gesichtspunkten, zu denen sie bereits im Rahmen des vorher durchgeführten schriftlichen Verfahrens jede Gelegenheit hatten, Stellung zu nehmen, zu äußern (→ Rn. 95). Dies gilt allerdings nur, soweit der Vorgang unverändert wiederaufgenommen wird und die Kammer die erneute Entscheidung nicht auf neue Gesichtspunkte stützt (EuGH C-193/09 P, BeckEuRS 2010, 522757 Rn. 60 – ARCOL; EuG T-749/20, GRUR-RS 2021, 18356 Rn. 24–26, 30–31, 33–34 – VERONESE (fig.)/Veronese; T-25/16, GRUR-RS 2017, 108999 Rn. 54 ff. – GELENKGOLD; T-509/15, BeckRS 2017, 100961 Rn. 25 ff. – Premeno; T-262/09, BeckRS 2011, 80405 Rn. 83 ff. – FIRST DEFENSE AEROSOL PEPPER PROJECTOR). Bewertet die Beschwerdekammer, die erneut über die Sache zu entscheiden hat etwa, dass die Tatsache, zu der eine der Parteien nicht gehört wurde, nicht relevant ist, wird sie die Partei nicht hören und den Fall anderweitig entscheiden (EuG T-25/16, GRUR-RS 2017, 108999 Rn. 54 ff. – GELENKGOLD; HABM BK 12.8.2013 – R 2120/2012-2 – CIRCON). Die Zurückverweisung der Sache garantiert also nicht, dass die Partei letztlich gehört wird.

149   Die Verletzung des Anspruchs auf rechtliches Gehör durch eine Instanz muss in der jeweils darauffolgenden Instanz geltend gemacht werden (→ Rn. 100).

D. Form von Entscheidungen, Mitteilungen, Beschlüssen

I. Schriftform/Verkündung

150   Entscheidungen des Amtes ergehen schriftlich. Abs. 1 S. 2 stellt klar, dass eine Entscheidung nach einer mündlichen Verhandlung direkt verkündet werden **kann.** Bislang hat das Amt von dieser Möglichkeit keinen Gebrauch gemacht (eingehend → Art. 96 Rn. 23). Die Parteien erhalten bei mündlicher Verkündung nach Abs. 1 S. 3 eine Abschrift in Schriftform.

150.1   Mit Wirkung zum 1.10.2017 wurden Regel 52 Abs. 1 S. 2 und 3 GMDV zur Form von Entscheidungen in Art. 94 inkorporiert. Eine inhaltliche Änderung ist hiermit nicht verbunden gewesen.

II. Unterschrift/Name/Dienstsiegel

151   Nach Art. 94 Abs. 2 (vor dem 1.10.2017 Regel 55 GMDV) sind in allen Entscheidungen, Mitteilungen oder Bescheiden des Amtes die zuständige Dienststelle oder Abteilung des Amtes sowie die **Namen** des oder der zuständigen Bediensteten anzugeben. Die Entscheidungen sind von dem oder den betreffenden Bediensteten zu **unterzeichnen** oder **stattdessen** mit einem vorgedruckten oder aufgestempelten **Dienstsiegel** des Amtes zu versehen. In der Praxis des Amtes sind alle Dokumente mit dem Siegel des Amtes versehen, so dass die Dokumente nicht händisch unterzeichnet werden brauchen.

152   Nach Art. 32 DVUM sind die Entscheidungen der Beschwerdekammern von dem Präsidenten der Beschwerdekammer, dem Berichterstatter und dem zweiten Mitglied zu unterzeichnen. Sollte der Präsident der Beschwerdekammer nicht abkömmlich sein, kann für ihn nach Art. 39 DVUM das dienstälteste Mitglied der Beschwerdekammer unterzeichnen. Auch insofern reicht aber nach Art. 94 Abs. 2 die Nennung der Namen und das Dienstsiegel des Amtes.

Art. 1 Beschluss Nr. EX-97-1 des Präsidenten des Amtes (jetzt: Exekutivdirektor) und nach Art. 8 **152.1** Beschluss Nr. EX-13-2 und Beschluss Nr. EX-15-1 des Präsidenten des Amtes (jetzt: Exekutivdirektor), dass ein Fax (→ Art. 98 Rn. 11 ff.) bzw. eine elektronische Mitteilung (→ Art. 98 Rn. 16 ff.) die Dienststelle und den Namen des Bediensteten nennt. Dies war deshalb erforderlich, da Entscheidungen des Amtes nicht das Amtssiegel am Ende zeigten. Da Entscheidungen des Amtes nunmehr aber das Amtssiegel aufzeigen, war die Ausnahmeregelung hinfällig. Die Beschlüsse wurden deshalb nach Art. 6 Beschluss Nr. EX-17-4 des Exekutivdirektors vom 17.8.2017 aufgehoben. Dieser Beschluss wurde wiederum durch den Beschluss Nr. EX-19-1 ersetzt, der wiederum zum 1.3.2021 durch Beschluss Nr. EX-20-9 abgelöst wird. Es wird auf die Kommentierung in → Art. 98 Rn. 6 f. und → Art. 98 Rn. 20.1 verwiesen. **Zum 1.3.2021** ist das **Fax als Kommunikationsmittel entfallen** (→ Art. 98 Rn. 21, → Art. 100 Rn. 16).

III. Rechtsmittelbelehrung (Abs. 3)

Nach Abs. 3 (vormals Regel 52 Abs. 2 GMDV) sind mit der Beschwerde angreifbaren Entschei- 153 dungen mit einer Rechtsmittelbelehrung zu versehen. Das Fehlen einer Rechtsmittelbelehrung hat aber keine Auswirkungen auf die Rechtmäßigkeit der erstinstanzlichen Entscheidung oder die Berechnung der Beschwerdefrist (EUIPO-Prüfungsrichtlinien, Teil A, Allgemeiner Verfahrensablauf, Abschnitt 6.1. aE). Erhält der Beteiligte keine förmliche Zurückweisung, sondern nur eine Mitteilung des Amtes, kann er nach Art. 99 den Erlass einer formellen Entscheidung beantragen. Diese kann er dann mit der Beschwerde angreifen.

Art. 95 Ermittlung des Sachverhalts von Amts wegen

(1) [1]In dem Verfahren vor dem Amt ermittelt das Amt den Sachverhalt von Amts wegen. [2]Soweit es sich jedoch um Verfahren bezüglich relativer Eintragungshindernisse handelt, ist das Amt bei dieser Ermittlung auf das Vorbringen und die Anträge der Beteiligten beschränkt. [3]In Nichtigkeitsverfahren nach Artikel 59 beschränkt das Amt seine Prüfung auf die von den Beteiligten angeführten Gründe und Argumente.

(2) Das Amt braucht Tatsachen und Beweismittel, die von den Beteiligten verspätet vorgebracht werden, nicht zu berücksichtigen.

Überblick

Art. 95 Abs. 1 regelt den Amtsermittlungsgrundsatz. Während das Amt in Verfahren betreffend absoluter Eintragungshindernisse frei darin ist, den Sachverhalt zu ermitteln (→ Rn. 1 ff.), ist es im Verfahren betreffend relativer Eintragungshindernisse nach Art. 95 Abs. 1 S. 2 auf den Vortrag der Beteiligten beschränkt (→ Rn. 32 ff.). Die Beschränkung gilt nach Abs. 1 S. 3 auch in Nichtigkeitsverfahren hinsichtlich absoluter Eintragungshindernisse und Bösgläubigkeit. Somit unterscheidet sich der Amtsermittlungsgrundsatz im Anmeldeverfahren von dem im Löschungsverfahren (→ Rn. 82 ff.). Art. 95 Abs. 2 regelt die Rechtsfolge bei verspätet eingereichten Unterlagen (→ Rn. 90 ff.).

Übersicht

A. Amtsermittlungsgrundsatz bei Prüfung absoluter Eintragungshindernisse im Anmeldeverfahren (Abs. 1 S. 1)

I. Inhalt

1   Weist das Amt eine Anmeldung wegen aufgrund absoluter Eintragungshindernisse zurück, ermittelt es nach Art. 95 Abs. 1 S. 1 den Sachverhalt von Amts wegen (vgl. EuGH C-265/09 P, BeckRS 2010, 91041 Rn. 57 – α (alpha); T-129/04, BeckRS 2006, 70218 Rn. 16 – Form einer Kunststoffflasche).

2   **„Ermittlung des Sachverhalts"** meint die Feststellung der dem Fall zu Grunde liegenden **Tatsachen, zB:**
- die Wirkung einer Marke auf die relevanten Verbraucher (EuGH C-37/03 P, GRUR 2006, 229 Rn. 42 – BioID; EuG T-302/06, BeckRS 2008, 70757 Rn. 43 – E),
- die Verkehrsanschauung (EuG T-289/08, BeckRS 2010, 90152 Rn. 22 – Deutsche BKK),
- die Marktgegebenheiten (vgl. EuG T-129/04, BeckRS 2006, 70218 Rn. 19 – Form einer Kunststoffflasche) oder
- die Bedeutung eines Wortes (EuG T-866/17, BeckRS 2017, 144384 Rn. 10 ff. – billiger-mietwagen.de; T-54/16, BeckRS 2017, 140445 Rn. 33 ff. – NETGURU; T-363/10, BeckRS 2011, 81635 Rn. 31 ff. – RESTORE).

Die Ermittlung des Sachverhalts ist von der rechtlichen Prüfung desselben abzugrenzen. Die Frage, ob das Amt bestimmte Tatsachen, Argumente oder Beweise richtig beurteilt hat, betrifft die Prüfung der materiellen Rechtmäßigkeit der angefochtenen Entscheidung und nicht die Amtsermittlungspflicht (EuG T-866/17, BeckRS 2017, 144384 Rn. 20 – billiger-mietwagen.de).

II. Umfang

1. Allgemein

3   Die Prüfung der Anmeldung darf sich nach ständiger Rechtsprechung nicht auf ein Mindestmaß beschränken, sondern muss **streng und umfassend** sein, um eine ungerechtfertigte Eintragung von Marken zu verhindern (EuGH C-51/10 P, GRUR 2011, 1035 Rn. 77 – 1000; C-265/09 P, BeckRS 2010, 91041 Rn. 45 – α (alpha); C-104/01, GRUR 2003, 604 Rn. 59 – Libertel; EuG T-439/04, GRUR 2006, 770 Rn. 17 – EuroHYPO). Abs. 1 ist Ausdruck der **Sorgfaltspflicht,** nach der die zuständige Behörde alle relevanten tatsächlichen und rechtlichen Umstände des Einzelfalls **sorgfältig und unparteiisch** zu untersuchen hat (EuG T-662/18, GRUR-RS 2019, 14321 Rn. 55 – twistpac; insbesondere zur Unparteilichkeit EuG T-683/18, BeckRS 2019, 31604 Rn. 18 ff. – CANNABIS STORE AMSTERDAM).

Die Behörde hat grundsätzlich **alle relevanten** Tatsachen und Umstände zu berücksichtigen 4
(vgl. EuGH C-363/99, GRUR 2004, 674 Rn. 29 ff. – Postkantoor; EuG T-291/03, BeckRS
2007, 70649 Rn. 62 ff. – GRANA BIRAGHI hinsichtlich der Anforderungen an die Prüfung
einer Geografischen Ursprungsbezeichnung). Hierzu gehören auch etwaige **Registereinträge** im
Zusammenhang mit der Anmeldung zum Zeitpunkt der Entscheidung (EuG T-262/19, GRUR-
RS 2020, 996 Rn. 23 – Form einer Tasse). Das Amt darf nicht allgemein und abstrakt darauf
abstellen, dass einer Anmeldung die **Unterscheidungskraft** fehlt (EuG T-302/06, BeckRS 2008,
70757 Rn. 40 – E; s. auch EuGH C-363/99, GRUR 2004, 674 Rn. 29 ff. – Postkantoor).
Beispielsweise hat das Amt die „Eigenschaften" der angemeldeten Marke zu berücksichtigen; dazu
gehören die **Art der Marke** (zB Wortmarke, Bildmarke, Mustermarke, 3D-Marke; EuG T-658/
18, BeckRS 2019, 31741 Rn. 66 ff. – Chequered gingham pattern) und, soweit anwendbar,
ihre **Bedeutung** (vgl. EuGH C-363/99, GRUR 2004, 674 Rn. 32 – Postkantoor; T-683/18,
BeckRS2019, 31604 Rn. 13 – CANNABIS STORE AMSTERDAM). Das Amt hat darauf zu
achten, dass sich die ermittelten Tatsachen auf den relevanten Zeitpunkt beziehen – dem **Zeitpunkt der Anmeldung** (EuG T-573/18, GRUR-RS 2020, 665 Rn. 51 – Schnürsenkel). Das
Amt ist nicht verpflichtet, **irrelevante** Umstände von Amts wegen zu ermitteln (EuG T-513/12,
BeckRS 2014, 80237 Rn. 40 – NORWEGIAN GETAWAY; → Rn. 18). Macht der Anmelder
eine Verletzung der Amtsermittlungspflicht geltend, sollte er darlegen, inwiefern eine Amtsermittlung zu einem anderen Ergebnis hätte führen müssen, ggf. durch Einreichung entsprechender
Beweismittel (vgl. EuGH C-656/17 P, BeckRS 2018, 10924 Rn. 29 – berlinGas).

2. Methoden zur Ermittlung des Sachverhalts

Die Verordnung regelt nicht, in welcher Weise das Amt den Sachverhalt zu ermitteln hat (EuG 5
T-439/04, GRUR 2006, 770 Rn. 18 – EuroHYPO). Es kann auf verschiedene Mittel zurückgreifen (vgl. EuG T-300, 299/09, BeckRS 2011, 80096 Rn. 33 ff. – Kombination der Farben Ginstergelb und Silbergrau).

Das Amt kann die in Art. 97 (bis zum 1.10.2017 Art. 78 UMV 2009) genannten Beweismittel 6
von dem Anmelder einfordern, diese in Auftrag geben oder sie **selbst ermitteln.** So kann es
selbst Tatsachen im **Internet oder in Lexika** recherchieren (vgl. EuG T-5/12, BeckRS 2014,
81182 Rn. 46 ff. – Wash & Coffee; T-66/13, BeckRS 2014, 81186 Rn. 77 – Echte Kroatzbeere;
T-391/07, BeckRS 2009, 71052 Rn. 19 – Griff) oder es kann ein Gutachten in Auftrag geben
(HABM BK 21.9.2011 – R 1105/2010-5 Rn. 22 – Flugbörse; → Art. 94 Rn. 101). Auch kann
es den Anmelder so oft, wie erforderlich, **auffordern,** eine **Stellungnahme einzureichen** (vgl.
Art. 42 Abs. 2, Art. 70 Abs. 2; vgl. EuG T-300/09, T-299/09, BeckRS 2011, 80096 Rn. 33 –
Kombination der Farben Ginstergelb und Silbergrau) und ihm konkrete Fragen stellen. Umge-
kehrt muss das Amt sich kundiger Hilfe – etwa eines Sprachverständigen – **nicht** bedienen, wenn
es bei der Beurteilung der Anmeldemarke keine Schwierigkeiten hat (EuG T-866/17, BeckRS
2017, 144384 Rn. 18 – billiger-mietwagen.de). Das Amt hat ein **Ermessen** hinsichtlich der
Mittel, der es sich zur Sachverhaltsaufklärung bedient (EuG T-178/17, BeckRS 2018, 431
Rn. 14 ff. – HYALSTYLE).

Nach Art. 96 Abs. 1 kann das Amt, sofern es dies als sachdienlich erachtet, eine **mündliche** 7
Verhandlung anberaumen. Es ist hierzu aber **nicht verpflichtet** (→ Art. 96 Rn. 4).

3. Allgemein bekannte Tatsachen

Das Amt kann seine Entscheidung auf allgemein bekannte Tatsachen stützen. Dies sind solche, 8
die auf der **allgemeinen praktischen Erfahrung** beruhen und die **jeder kennen kann oder
die allgemein zugänglichen Quellen entnommen werden können** (vgl. EuG T-737/21,
GRUR-RS 2022, 23217 Rn. 33 – e-tech; T-683/18, BeckRS 2019, 31604 Rn. 13 – CANNABIS
STORE AMSTERDAM; T-618/14, BeckRS 2016, 81908 Rn. 30 – Form einer mexikanischen
Tortilla; im Ergebnis bestätigt durch EuGH C-471/15, BeckRS 2017, 100185; EuG T-382/
12, BeckRS 2014, 81630 Rn. 56 – Nobel; T-208/12, BeckRS 2013, 81459 Rn. 25 – Rote
Schnürsenkelenden; T-300, 299/09, BeckRS 2011, 80096 Rn. 36 – Kombination der Farben
Ginstergelb und Silbergrau; T-104/08, BeckRS 2009, 70472 Rn. 23 – Form eines Zerstäubers;
T-129/04, BeckRS 2006, 70218 Rn. 19 – Form einer Kunststoffflasche). Zu den allgemein
zugänglichen Quellen gehört auch das **Internet,** solange der Inhalt nicht hoch technischer Natur
ist (EuG T-483/20, GRUR-RS 2022, 238 Rn. 68 – komplexe Schuhform). Die Berücksichtigung
allgemein bekannter Tatsachen kommt insbesondere in Betracht, falls der von der Anmeldung
angesprochene Verbraucher das **allgemeine Publikum** ist (vgl. EuG T-618/14, BeckRS 2016,
81908 Rn. 30 f. – Form einer mexikanischen Tortilla; im Ergebnis bestätigt durch EuGH C-471/

15, BeckRS 2017, 100185; EuG T–208/12, BeckRS 2013, 81459 Rn. 25 – Rote Schnürsenkelenden; s. aber EuG T–36/17, BeckRS 2017, 142570 Rn. 33 – Colina, wo das EuG auf für ein spezialisierte Publikum bekannte Tatsachen abstellt).

9   Das Amt ist grundsätzlich **nicht verpflichtet,** die **allgemeinen, praktischen** Erfahrungen mit **Beweisen** zu belegen (EuGH C–25/05, BeckRS 2006, 70488 Rn. 54 – Wickler; EuG T–700/21, GRUR-RS 2022, 24301 Rn. 33 – Form einer Verpackung; T–618/14, BeckRS 2016, 81908 Rn. 28, 30 – Form einer mexikanischen Tortilla; im Ergebnis bestätigt durch EuGH C–471/15, BeckRS 2017, 100185; EuG T–5/12, BeckRS 2014, 81182 Rn. 65 – Wash & Coffee; T–208/12, BeckRS 2013, 81459 Rn. 24 – Rote Schnürsenkelenden; T–19/20, GRUR-RS 2021, 2249 Rn. 130 – I love; T–523/09, BeckRS 2011, 80768 Rn. 41 – WIR MACHEN DAS BESONDERE EINFACH; im Ergebnis bestätigt durch EuGH C–311/11 P, BeckRS 2012, 81446; → Art. 94 Rn. 105). Allerdings ist dem Anmelder ggf. Gelegenheit zu geben, Stellung zu nehmen, um zu widerlegen, dass es sich um eine allgemein bekannte Tatsache handelt (EuG T–618/14, BeckRS 2016, 81908 Rn. 28 – Form einer mexikanischen Tortilla; im Ergebnis bestätigt durch EuGH C–471/15, BeckRS 2017, 100185; → Art. 94 Rn. 116 aE). Auch vor Gericht kann der Anmelder noch dazu vortragen, weshalb es sich nicht um eine allgemein bekannte Tatsache handeln soll (EuG T–89/17, BeckRS 2018, 38425 Rn. 13 ff. – novus). Umgekehrt sollen auch die Parteien nicht verpflichtet sein, allgemein bekannte Tatsachen zu belegen (EuG T–830/16, GRUR-RS 2018, 32735 Rn. 34 – PLOMBIR; nachfolgend EuGH C–142/19 P, GRUR-RS 2020, 12961). Das Amt sollte die Parteien ggf. darauf hinwiesen, dass es sich nicht um eine allgemein bekannte Tatsache handelt (→ Rn. 82 ff.; → Art. 94 Rn. 114).

10   Das EuG bewertete insbesondere folgende Tatsachen als allgemein bekannt (zu weiteren Beispiele → Rn. 66):

- **Verständnis des Verbrauchers von Wörtern und Abkürzungen zumindest in ihrer jeweils eigenen EU Sprache** (vgl. EuG T–737/21, GRUR-RS 2022, 23217 Rn. 33 – e-tech; T–54/19, GRUR-RS 2019, 39651 Rn. 16 ff. – BIANCOFINO; T–349/18, GRUR-RS 2019, 13997 Rn. 18 – TurboPerformance; 23.5.2019 – T–439/18 Rn. 18 – ProAssist; T–620/16, BeckRS 2017, 132096 Rn. 20 – Idealogistic; T–400/16, BeckRS 2017, 136263 Rn. 32, 33 – MAXPLAY; T–37/16, BeckRS 2016, 127617 Rn. 26–32 – Café Nero; T–5/12, BeckRS 2014, 81182 Rn. 48 ff. – Wash & Coffee; T–363/10, BeckRS 2011, 81635 Rn. 31 ff. – RESTORE; T–439/04, GRUR 2006, 770 Rn. 20 – EuroHYPO). Allerdings sind selten gebrauchte Wörter nicht allgemein bekannt und deren Bedeutung muss insbesondere im Löschungsverfahren nachgewiesen werden (EuG T–720/20, GRUR-RS 2022, 5772 Rn. 37 ff. – SCRUFFS; → Rn. 83 ff.).
- **Fremdsprachenkenntnisse der Verbraucher.** Versteht der Verbraucher eine Fremdsprache dürfte allerdings nur der **Grundwortschatzes** allgemein bekannt sein. **Russisch** wird allgemein verstanden in den Baltischen Staaten (EuG T–830/16, GRUR-RS 2018, 32735 – PLOMBIR; nachfolgend EuGH C–142/19 P, GRUR-RS 2020, 12961).
- **Werbeverhalten** von Firmen. Der Verbraucher ist an kurze, kompakte und schlagfertige Werbeslogans gewöhnt ist (EuG T–523/09, BeckRS 2011, 80768 Rn. 41 – WIR MACHEN DAS BESONDERE EINFACH; bestätigt durch EuGH C–311/11 P, BeckRS 2012, 81446).
- **Verpackungsgepflogenheiten im Süßwarensektor** (EuG T–336/08, BeckRS 2010, 91468 Rn. 36 ff., 50 f. – Schokoladenhase mit rotem Band; bestätigt durch EuGH C–98/11 P, BeckRS 2012, 80976 Rn. 46 – Schokoladenhase mit rotem Band; EuG T–402/02, BeckRS 2004, 78134 Rn. 58 – Wickler; bestätigt durch EuGH C–25/05, BeckRS 2006, 70488 Rn. 54 – Wickler) und im Bereich der **Zahnpflege** (EuG T–700/21, GRUR-RS 2022, 24301 Rn. 33 – Form einer Verpackung).
- **Form von Snacks** (EuG T–618/14, BeckRS 2016, 81908 Rn. 28 ff. – Form einer mexikanischen Tortilla; im Ergebnis bestätigt durch EuGH C–471/15, BeckRS 2017, 100185); **Form von Käse** (EuG T–570/19, GRUR-RS 2020, 4284 Rn. 22, 29 – Form eines geflochtenen Käses).
- Gestaltung und Vermarktung von **Bekleidung und Schuhen** (EuG T–483/20, GRUR-RS 2022, 238 Rn. 65 ff. – komplexe Schuhform; T–19/20, GRUR-RS 2021, 2249 Rn. 130 – I love; T–85/13, BeckRS 2014, 81657 Rn. 18 – STRIPES ON FOOTWEAR; T–208/12, BeckRS 2013, 81459 Rn. 14 ff., 23 ff. – Rote Schnürsenkelenden; BeckEuRS 2009, 499159 Rn. 32 f. – Bildzeichen, das einen mit gestrichelten Linien umsäumten Winkel darstellt; bestätigt durch EuGH C–307/11 P, BeckRS 2012, 81316 – Bildzeichen, das einen mit gestrichelten Linien umsäumten Winkel darstellt).
- **Puppen** können mit Baby- oder Kinderbekleidung bekleidet sein. Es besteht eine Tendenz, dass Hersteller von **Spielen und Spielwaren** auch **Bekleidungswaren** herstellen bzw. durch Lizenznehmer herstellen lassen (BPatG BeckRS 2013, 14111 Rn. 58 ff. – Knut – Der Eisbär).

- Gestaltung von **Parfumflaschen** (EuG T-104/08, BeckRS 2009, 70472 Rn. 20 ff. – Form eines Zerstäubers).
- Form **weit verbreiteter Verpackungen** (EuG T-347/10, BeckRS 2013, 80818 Rn. 59 – Form einer Flasche mit einer reliefartigen Abbildung).
- Erwerb von **Wasch- und Reinigungsmitteln** nach ihrer Form (EuG T-393/02, BeckRS 2004, 78262 Rn. 34 – Form einer weißen und transparenten Flasche).
- **Kissen, Decken, Bettzeug** sind die Grundausstattung, um eine **Matratze** zu benutzen. Matratzenschoner werden niemals ohne Matratzen benutzt und ihre Größe muss der Matratze entsprechen. Bettbezüge werden zusammen mit Kissen und Matratzen zum Schlafen benutzt (EuG T-382/12, BeckRS 2014, 81630 Rn. 41, 56 ff. – Nobel).
- **Vermarktung** von **Lederwaren, Glaswaren, Porzellan und Steingut** (EuG T-19/20, GRUR-RS 2021, 2249 Rn. 130 – I love).

Sind die angemeldeten Waren und Dienstleistungen solche, die sich ausschließlich an ein **speziali-** **11** **siertes Publikum** richten, oder stellt das Amt in erster Linie auf ein spezialisiertes Publikum ab, handelt es sich grundsätzlich bei den Tatsachen, die zur Zurückweisung einer Anmeldung führen können, **nicht** um solche, die **allgemein bekannt** sind (vgl. EuG T-444/12, BeckRS 2014, 82360 Rn. 53 – LINEX; T-302/06, BeckRS 2008, 70757 Rn. 47 – E).

In diesem Fall wird das Amt konkrete Nachweise für die Tatsachen suchen und vorbringen **12** müssen, die zur Zurückweisung der Anmeldung führen. Es hat dem Anmelder diese Nachweise zur Kenntnis zu bringen und ihm nach Art. 42 Abs. 2 (vormals Art. 37 Abs. 3 UMV 2009) Gelegenheit zu geben, Stellung zu nehmen (vgl. EuG T-171/12, BeckRS 2014, 81971 Rn. 44 – Form eines Spannschlosses; T-302/06, BeckRS 2008, 70757 Rn. 42; → Art. 94 Rn. 91; → Art. 94 Rn. 101 ff.; → Art. 94 Rn. 126 ff.). Je spezialisierter die Waren und Dienstleistungen sind desto schwieriger ist es, den Sachverhalt von Amts wegen zu ermitteln. Der Anmelder ist daher zur Mitwirkung verpflichtet (→ Rn. 15).

Nach anderer Ansicht ist darauf abzustellen, ob eine Tatsache nicht für jedermann, sondern für den **12.1** Verbraucher der konkreten Waren und Dienstleistungen allgemein bekannt ist. In dem Urteil EuG T-222/ 02, GRUR Int 2004, 324 Rn. 35 – ROBOTUNITS wurde die Eintragungsfähigkeit einer Anmeldung überprüft, die Waren umfasste, die sich ausschließlich an ein Fachpublikum richten. Dennoch wurde als allgemein bekannt bewertet, dass Bauteile für Maschinen, die automatisch arbeiten oder programmiert werden, überall zum Einsatz kommen, sei es in Werkhallen zur Montage von Autos oder zum Transport von Waren durch Förderbänder. Auch im Fall „Form einer Verpackung" wurden die Verpackung von Waren der Klasse 5, die sich an ein spezialisiertes Publikum richten, als allgemein bekannt betrachtet (EuG T-700/21, GRUR-RS 2022, 24301 Rn. 33).

Die Grenze zwischen einer noch allgemein bekannten Tatsache und eines Umstandes, der **13** Spezialwissen erfordert und nachzuweisen ist, ist fließend (→ Rn. 68 ff.).

Die Beurteilung, **ob eine Tatsache allgemein bekannt** ist, ist eine Frage der **Tatsachenwür-** **14** **digung** (EuGH C-311/11 P, BeckRS 2012, 81446 Rn. 57 ff. – WIR MACHEN DAS BESON-DERE EINFACH).

4. Mitwirkungspflicht des Anmelders/Beweislast

Das Amt hat den Sachverhalt nur soweit aufzuklären, wie es ihm möglich ist. Es muss nicht in **15** alle Richtungen ermitteln (vgl. EuG T-315/03, GRUR Int 2005, 837 Rn. 21 – ROCKBASS). Dem Amt kann kein Spezialwissen abverlangt werden. Beanstandet das Amt die Anmeldung und ist diese Beanstandung **hinreichend konkret**, obliegt dem Anmelder eine **Mitwirkungspflicht.** Macht der Anmelder entgegen der (allgemein bekannten) Tatsachen, auf die sich das Amt beruft, geltend, dass der Anmeldung Unterscheidungskraft zukommt, hat er durch konkrete und fundierte Angaben darzulegen, dass die Anmeldung von Haus aus unterscheidungskräftig ist oder eine Unterscheidungskraft durch Benutzung erworben hat. Es wird angenommen, dass der Anmelder aufgrund seiner Marktkenntnisse wesentlich besser hierzu in der Lage ist (vgl. EuGH C-265/09 P, BeckRS 2011, 80096 Rn. 59 – α (alpha); EuG T-649/18, BeckRS 2019, 21113 Rn. 46 – transparent pairing; T-66/13, BeckRS 2014, 81186 Rn. 75 – Echte Kroatzbeere; T-5/12, BeckRS 2014, 81182 Rn. 52 – Wash & Coffee; T-85/13, BeckRS 2014, 81657 Rn. 18 ff. – STRIPES ON FOOTWEAR; T-208/12, BeckRS 2013, 81459 Rn. 26 – Rote Schnürsenkelenden; T-104/08, BeckRS 2009, 70472 Rn. 22 ff. – Form eines Zerstäubers; T-129/04, BeckRS 2006, 70218 Rn. 21 – Form einer Kunststoffflasche; T-194/01, GRUR Int 2003, 754 Rn. 48 – ovoide Geschirr-spülmitteltablette).

Die **Grenze** zwischen **Amtsermittlungsgrundsatz und der Mitwirkungspflicht** des **16** Anmelders ist nicht leicht zu ziehen. Das Amt beruft sich in Entscheidungen bisweilen pauschal auf **vermeintlich** allgemein bekannte Tatsachen und überlässt es dem Anmelder, das Gegenteil zu beweisen. Die Pflicht zur Ermittlung des Sachverhalts von Amts wegen kann grundsätzlich nicht zum Nachteil des Anmelders relativiert oder umgekehrt werden (EuGH C-265/09 P, BeckRS 2011, 80096 Rn. 58 – α (alpha)). Nur falls das Amt den Sachverhalt überhaupt zu einem **gewissen Maß** ermittelt, kann es an dem Anmelder sein, gegenteilige Tatsachen vorzutragen (in diesem Sinne EuG T-232/10, BeckRS 2011, 81386 Rn. 39 – Sowjetisches Staatswappen). In der Regel genügt allerdings der Hinweis des Amtes auf allgemein bekannte Tatsachen (EuG T-618/14, BeckRS 2016, 81908 Rn. 32 ff. – Form einer mexikanischen Tortilla; im Ergebnis bestätigt durch EuGH C-471/15, BeckRS 2017, 100185; EuG T-85/13, BeckRS 2014, 81657 Rn. 18 ff., 56 – STRIPES ON FOOTWEAR; T-208/12, BeckRS 2013, 81459 Rn. 26 f. – Rote Schnürsenkelenden). Je spezifischer die Waren und Dienstleistungen sind desto höher ist die Mitwirkungspflicht des Anmelders (→ Rn. 11).

17   Rügt der Anmelder die Verletzung des Amtsermittlungsgrundsatzes, so sollte er konkret benennen, dass und warum das Amt weitere Tatsachen im Rahmen der Amtsermittlung hätte berücksichtigen müssen (vgl. HABM BK 22.4.2008 – R 1268/2007-4 Rn. 29 – LÄNGSSTREIFEN AUF SCHLAUCH).

5. Vom Anmelder vorgetragene Tatsachen

18   Das Amt hat den Vortrag des Anmelders bei der Prüfung der Anmeldung zu **berücksichtigen** soweit dieser **relevant** ist (vgl. EuGH C-363/99, GRUR 2004, 674 Rn. 35 – Postkantoor; EuG T-513/12, BeckRS 2014, 80237 Rn. 40 – NORWEGIAN GETAWAY). Irrelevant ist beispielsweise der Vortrag des Anmelders hinsichtlich Waren und Dienstleistungen, die nicht Gegenstand des Verfahrens sind. Auch impliziert die Sorgfaltspflicht nicht, dass das Amt dem Vortrag in der Sache zu folgen hat (EuG T-19/20, GRUR-RS 2021, 2249 Rn. 138 – I love).

19   Die Anmelder berufen sich bei Nichtberücksichtigung ihrer Argumente bisweilen darauf, dass ihr Anspruch auf rechtliches Gehör verletzt sei. Der Anspruch auf rechtliches Gehör gibt dem Anmelder aber keinen Anspruch darauf, dass das Amt auf alle Tatsachen und Argumente des Anmelders eingeht (→ Art. 94 Rn. 89). Es ist vielmehr der Amtsermittlungsgrundsatz, der dem Amt gebietet, sich mit den vom Anmelder vorgebrachten (neuen) Tatsachen, die **relevant** sind, auseinanderzusetzen; unter Umständen auch mit solchen, die **verspätet vorgetragen** wurden (vgl. EuGH C-363/99, GRUR 2004, 674 Rn. 36 – Postkantoor; vgl. EuG T-240/15, BeckRS 2016, 82094 Rn. 62 – 3D:Chocolate; eng aber EuG T-222/02, GRUR Int 2004, 324 Rn. 50 – ROBOTUNITS; → Rn. 149 ff., → Rn. 152).

20   Der Amtsermittlungsgrundsatz kann etwa verletzt sein, falls das Amt von einer **bestehende Amtspraxis** abweicht, ohne diese überhaupt in seine Erwägungen einzubeziehen, zB falls eine Anmeldung zurückgewiesen wird, ohne dass das Amt überhaupt berücksichtigt, dass bereits **identische** Unionsmarken eingetragen wurden. Zwar ist das Amt an seine bisherige Praxis nicht gebunden (vgl. EuGH C-51/10 P, GRUR 2011, 1035 Rn. 76 – 1000; EuG T-404/13, BeckRS 2014, 81175 Rn. 50 – SUBSCRIBE; T-300, 299/09, BeckRS 2011, 80096 Rn. 40 – Kombination der Farben Ginstergelb und Silbergrau; T-304/06, BeckRS 2008, 70758 Rn. 61 ff. – Mozart). Auch ist es nicht verpflichtet, eine Beurteilung früher eingetragener Marken vorzunehmen, die nicht Gegenstand des Verfahrens sind (vgl. EuG T-300, 299/09, BeckRS 2011, 80096 Rn. 41 – Kombination der Farben Ginstergelb und Silbergrau). Es muss sich aber zumindest mit einer tatsächlich bestehenden Praxis auseinandersetzen (vgl. EuGH C-51/10 P, GRUR 2011, 1035 Rn. 73 ff. – 1000; T-228/13, BeckRS 2014, 80920 Rn. 45 – EXACT). Ignoriert die Entscheidung den Vortrag völlig, kommt außerdem eine Verletzung der Begründungspflicht in Betracht (→ Art. 94 Rn. 14 ff.). Allerdings dürfte ein Verfahrensverstoß im Ergebnis regelmäßig nicht zur Aufhebung der Entscheidung führen, da das Amt nicht an Voreintragungen gebunden ist und somit selbst bei Beachtung der Voreintragungen in der Regel keine abweichende Entscheidung ergangen wäre (→ Art. 94 Rn. 69 ff.).

21   Häufig setzt sich das Amt mit zitierten **Voreintragungen und Entscheidungen** berechtigterweise deshalb nicht eingehend auseinander, weil der Anmelder schon nicht darlegt, inwiefern, erstens, tatsächlich eine Amtspraxis besteht und, zweitens, warum diese auf den verfahrensgegenständlichen Sachverhalt anzuwenden ist (vgl. EuG T-618/14, BeckRS 2016, 81908 Rn. 46 – Form einer mexikanischen Tortilla; im Ergebnis bestätigt durch EuGH C-471/15, BeckRS 2017, 100185; EuG T-300, 299/09, BeckRS 2011, 80096 Rn. 43 – Kombination der Farben Ginstergelb und Silbergrau; vgl. hinsichtlich nationaler Eintragungen EuG T-281/09, BeckRS 2010, 91464 Rn. 47 – CHROMA). Der Anmelder sollte Voreintragungen und -entscheidungen **nicht** nur **pauschal** zitieren, sondern konkret darlegen, worin die vermeintliche Amtspraxis besteht und

weshalb sie im konkreten Fall einschlägig ist. Dies gilt entsprechend für nationale Eintragungen (vgl. EuG T-393/02, BeckRS 2004, 78262 Rn. 43 ff. – Form einer weißen und transparenten Flasche, hier hat das EuG ein Indiz für die Unterscheidungskraft darin gesehen, dass die Anmeldung in elf von damals 15 Mitgliedstaaten eingetragen wurde).

Bei seiner Mitwirkung zur Aufklärung des Sachverhalts sollte der Anmelder zudem **darauf** 22 **achten,** dass er keine Unterlagen einreicht, aus denen sich gerade eine fehlende Schutzfähigkeit der Anmeldung ergibt. Dies scheint zwar selbstverständlich, tatsächlich ist es aber häufig der Anmelder selbst, der entsprechende Tatsachen beibringt.

III. Keine Amtsermittlung bei Verkehrsdurchsetzung

Nicht zu den Tatsachen, die von Amts wegen zu ermitteln sind, gehören solche, die eine 23 **erlangte Unterscheidungskraft** der Marke **durch Benutzung** iSd **Art. 7 Abs. 3** begründen.

Die Verkehrsdurchsetzung einer Anmeldung ist ein Ausnahmetatbestand, der das Bestehen von 24 absoluten Eintragungshindernissen überwindet. Das Amt kann eine Verkehrsdurchsetzung faktisch nur prüfen, wenn sich der Anmelder darauf beruft (EuG T-289/08, GRUR Int 2010, 520 Rn. 25 – Deutsche BKK). Die Darlegungs- und Beweislast trifft den Anmelder, ohne dass das Amt eigene Ermittlungen anstellen muss, etwa um einen Mangel an Beweiskraft der eingereichten Dokumente zu beheben (EuG T-289/08, GRUR Int 2010, 520 Rn. 27 – Deutsche BKK; T-247/01, GRUR Int 2003, 646 Rn. 44 – ECOPY). Das heißt andererseits nicht, dass sich das Amt zur Feststellung einer Verkehrsdurchsetzung nicht auf allgemein bekannte Tatsachen stützen kann (so in EUIPO BK R 1969/2015-2 Rn. 116 ff. – Van Gogh Museum Amsterdam).

Ebenso muss das Amt einen entsprechenden Nachweis nur dann berücksichtigen, falls der 25 Anmelder ihn im Laufe des Verfahrens dem Amt vorgelegt hat (EuG T-289/08, GRUR Int 2010, 520 Rn. 26 – Deutsche BKK; T-399/02, GRUR Int 2004, 664 Rn. 52 – Form einer Flasche; bestätigt durch EuGH C-286/04 P, BeckRS 2005, 70483).

Die Anmelder bitten bisweilen in ihren Stellungnahmen um einen Hinweis bzw. ein Gespräch 26 hinsichtlich der Erforderlichkeit und des Umfangs der einzureichenden **Nachweise,** da das Zusammentragen **aufwendig und kostspielig** sei (insbesondere das Erstellen von Meinungsumfragen).

Das **Amt gibt** einem solchen **Gesuch regelmäßig nicht statt.** Es begründet die Ablehnung 27 bisweilen damit, dass dies „unfair" gegenüber anderen Anmeldern sei. Dies ist in Verfahren absoluter Eintragungshindernisse nicht überzeugend. Letztlich ist es das Interesse des Anmelders, das hier grundsätzlich im Vordergrund steht. Auch das Argument der „Verschleppung" des Verfahrens greift regelmäßig nicht (vgl. HABM BK – R 327/2012-1 Rn. 41 ff. – PICKUP MUTE).

Das EuG hat im Urteil „TDI" nicht ausgeschlossen, dass in der Nichtgewährung einer erneuten 28 Stellungnahmefrist bzw. eines Gesprächs über die Anforderungen an den Nachweis einer erlangten Unterscheidungskraft möglicherweise ein Rechtsverstoß liegt (EuG T-174/07, BeckRS 2009, 70098 Rn. 85 – TDI). Im Urteil „MANPOWER" (EuG T-405/05, BeckRS 2008, 71054 Rn. 124) scheint es, dass das EuG annimmt, dass dem Amt unter Umständen nach Art. 95 Abs. 1 obliegt, den Markeninhaber im Falle eines Nichtigkeitsantrags zur Beibringung ergänzender Nachweise aufzufordern. In der Sache „PICKUP MUTE" (EUIPO R 327/2012-1 Rn. 41 ff.) hat die Beschwerdekammer die Sache an die Prüfungsabteilung zur erneuten Prüfung nach Anhörung des Anmelders zurückverwiesen. Allerdings hat das EuG im Fall „Schnürsenkel" erneut ausdrücklich festgestellt, dass das Amt **nicht zur Hilfestellung verpflichtet** ist (EuG T-298/19, GRUR-RS 2021, 34740 Rn. 87 – FORM VON ROTEN SCHNÜRSENKELENDEN (Posit.); → Art. 94 Rn. 142).

Will der Anmelder eine Verkehrsdurchsetzung nachweisen, verfügt aber zum Zeitpunkt der 29 Anmeldung bzw. innerhalb der ersten Stellungnahmefrist (noch) nicht über entsprechende Dokumente, sollte er die Verkehrsdurchsetzung nach Art. 2 Abs. 2 UMDV als **Hilfsanspruch** geltend machen. Wird die Verkehrsdurchsetzung als Hilfsanspruch geltend gemacht, so prüft das Amt zunächst nur die inhärente Unterscheidungskraft. Erst nach einer rechtskräftigen Entscheidung über das Bestehen absoluter Eintragungshindernisse – unter Umständen nach Ausschöpfung aller Instanzen – wird der Anmelder vom Prüfer aufgefordert zur erlangten Unterscheidungskraft vorzutragen. Eine **erstmalige Geltendmachung der Verkehrsdurchsetzung vor der Beschwerdekammer** nach Art. 27 Abs. 3 lit. a DVUM **unzulässig.**

IV. Rechtsfolge

Ist ein Sachverhalt nicht ausreichend von Amts wegen ermittelt worden, kann die Beschwerde- 30 kammer die Entscheidung des Prüfers aufheben und den Fall zur erneuten Entscheidung zurückverweisen oder den Sachverhalt selbst ermitteln und entscheiden (HABM BK 13.6.2007 – R 332/2007-2 Rn. 12 ff. – NAUTICA). Weist sie den Fall an den Prüfer zurück, liegt eine Erstattung der Beschwerdegebühr nahe.

31   Das EuG hebt die Entscheidung der Beschwerdekammer bei einem Verstoß gegen den Amtsermittlungsgrundsatz in der Regel mit ex tunc Wirkung auf und macht nicht von seiner Befugnis Gebrauch, diese abzuändern (vgl. EuG T-106/12, BeckRS 2013, 81399 Rn. 37 ff. – ALPHAREN/ALPHA D3; T-302/06, BeckRS 2008, 70757 Rn. 50 – E). Das Gericht verweist den Fall bei Aufhebung der angefochtenen Entscheidung nach ständiger Rechtsprechung nicht ausdrücklich zurück und gibt dem Amt grundsätzlich auch keine Anweisung zur Umsetzung des Urteils. Gemäß Art. 72 Abs. 6 (bis zum 1.10.2017 Art. 65 Abs. 6 UMV 2009) muss das Amt (von sich aus) die Maßnahmen ergreifen, die sich aus dem Urteil ergeben. Da der Sachverhalt im Falle der Verletzung des Amtsermittlungsgrundsatzes weiter aufzuklären sein wird, wird das Präsidium der Kammern den Fall regelmäßig einer Beschwerdekammer zur erneuten Entscheidung nach Art. 35 Abs. 4 DVUM (bis zum 1.10.2017 Art. 1d Abs. 2 VerfO) zuweisen (vgl. EuG T-106/12, BeckRS 2013, 81399 Rn. 23 ff. – ALPHAREN/ALPHA D3). Die Beschwerdekammer entscheidet den Fall dann unter Berücksichtigung des Urteils erneut (vgl. HABM BK 14.1.2011 – R 894/2010-1 Rn. 13 – HOMEZONE; 22.4.2009 – R 1157/2004-2 Rn. 19 – IFS). Gegen die Entscheidung ist abermals eine Klage vor dem EuG möglich. Im Einzelnen → Art. 72 Rn. 1 ff.

B. Eingeschränkte Amtsermittlung bei relativen Eintragungshindernissen (Abs. 1 S. 2)

I. Inhalt

32   In Verfahren bezüglich relativer Eintragungshindernisse ist das Amt nach Art. 95 Abs. 1 S. 2 in der Ermittlung des Sachverhalts grundsätzlich auf das **Vorbringen** und die **Anträge** der Beteiligten beschränkt. Da es sich um einen Ausnahmetatbestand handelt, ist dieser restriktiv auszulegen (so EuG T-554/14, BeckRS 2018, 6412 Rn. 60 – MESSI).

33   Das Amt ist gegenüber den Beteiligten zur **Neutralität** und **Unparteilichkeit** verpflichtet (HABM BK 12.5.2010 – R 1023/2009-1 Rn. 28 – BUDIVENT/budiair; 26.3.2007 – R 225/2005-4 Rn. 38 – roba/RÖ WA et al.; zur Befangenheit vgl. Art. 137 Abs. 3). Der **Gesetzeszweck** liegt außerdem darin, die **Verwaltung** von der Aufgabe zu **entlasten,** in zweiseitigen Verfahren den Sachverhalt selbst zu ermitteln (EuG T-185/02, GRUR Int 2004, 850 Rn. 31 – PICARO; im Ergebnis bestätigt durch EuGH C-361/04 P, GRUR 2006, 237).

34   Das Amt hat die von den Parteien vorgetragenen Tatsachen und Beweise, soweit diese relevant und nicht verspätet sind, **grundsätzlich zu berücksichtigen,** wobei es nicht auf alle Argumente der Beteiligten eingehen muss (vgl. EuG T-224/16, GRUR-Prax 2017, 256 Rn. 25, 26 – OTDOOR PRO; T-804/14, BeckRS 2016, 82162 Rn. 165 ff. – Tropical; T-197/12, BeckRS 2013, 81458 Rn. 22 – METRO; T-585/10, BeckRS 2012, 82087 Rn. 40 – PENTEO; zur Begründungspflicht (→ Art. 94 Rn. 11)).

35   Die Beschränkung des Amtsermittlungsgrundsatzes nach Abs. 1 S. 2 gilt für alle Verfahren, die relative Eintragungshindernisse betreffen, also für Widerspruchs- und für Nichtigkeitsverfahren betreffend relativer Eintragungshindernisse (zum Nichtigkeitsverfahren EuGH 27.3.2007 – C-312/05 P, nv, Rn. 39 ff. – Teletech Global Ventures; EuG T-19/20, GRUR-RS 2021, 2249 Rn. 130 ff. – I love; T-183/17, BeckRS 2018, 6067 Rn. 24 – Représentation d'un homme en costume régional; T-303/08, BeckRS 2010, 91412 Rn. 65 – Golden Elephant). Zu den weiteren Löschungsverfahren → Rn. 82 ff.

II. Reichweite der Ausnahme

36   Das Amt ist in verschiedene Richtungen in der Amtsermittlung beschränkt (so EuG T-295/11, BeckRS 2012, 82216 Rn. 34 – DUSCHO Harmony). Es ist nicht verpflichtet, den Sachverhalt über die Vorträge der Parteien hinaus zu ermitteln (vgl. EuGH 27.3.2007 – C-312/05 P, nv, Rn. 41 – Teletech Global Ventures), es sei denn, dies ist zur Überprüfung des Tatsachenvortrags der Parteien erforderlich (→ Rn. 39).

37   Das Amt ist an die von den Parteien **gestellten Anträge** gebunden (EuG T-295/11, BeckRS 2012, 82216 Rn. 34 – DUSCHO Harmony). Ist der Widerspruch zB nur gegen einen Teil der von einer Anmeldung beanspruchten **Waren und Dienstleistung** gerichtet oder auf einen Teil der Waren und Dienstleistungen der geltend gemachten älteren Marken gestützt, kann das Amt den Widerspruch nicht hinsichtlich weiterer Waren und Dienstleistungen prüfen (vgl. EuG T-

785/14, BeckRS 2016, 81171 Rn. 33 – MOTORTOWN; T-317/03, BeckRS 2006, 70074 Rn. 16 ff. – DERBIVARIANT; HABM BK 15.3.2011 – R 693/2009-4 Rn. 11 ff. – MultiBank/ MULTIBANCO). Beschränkt der Widersprechende den Umfang seines Widerspruchs im Laufe des Verfahrens, ist das Amt an diese Beschränkung gebunden (vgl. EuG T-292/01, GRUR Int 2003, 1017 Rn. 24 – BASS/PASH). Entsprechendes gilt für einen Nichtigkeitsantrag.

Es besteht außerdem eine Bindung des Amtes an die von dem Widersprechenden bzw. Nichtig- **38** keitsantragsteller angegebenen konkreten **Gründe** (EuG T-218/10, BeckRS 2013, 81111 Rn. 62 – SERVICEPOINT; T-295/11, BeckRS 2012, 82216 Rn. 34 – DUSCHO Harmony; T-185/02, GRUR Int 2004, 850 Rn. 28 – PICARO; bestätigt durch EuGH C-361/04 P, GRUR 2006, 237) und die **geltend gemachten älteren Rechte** (Eisenführ/Schennen/Schennen Art. 76 Rn. 15). Stützt ein Widersprechender bzw. Nichtigkeitsantragsteller seinen Antrag beispielsweise auf Art. 8 Abs. 1 lit. b (Verwechslungsgefahr), kann das Amt nicht von Amts wegen Art. 8 Abs. 5 prüfen. Die Widerspruchs- bzw. Nichtigkeitsgründe können nach Ablauf der Widerspruchsfrist bzw. nach Antragstellung nicht mehr ergänzt werden (EuG T-183/17, BeckRS 2018, 6067 Rn. 19 f. – Représentation d'un homme en costume régional; HABM BK 22.10.2012 – R 290/ 2012-1 Rn. 15 ff. – Culture (FIG. MARK)/CULTURE et al; 25.1.2011 – R 185/2010-4 Rn. 18 ff. – VITREX/VITREX). Das Amt ist nicht verpflichtet, die älteren Rechte in der **Reihenfolge** zu prüfen, auf die sich der Widersprechende berufen hat (EuG T-354/18, GRUR-RS 2019, 8723 Rn. 33 – SKYFi). Andererseits hat das Amt **alle** geltend gemachten Widerspruchs-gründe zu prüfen, **soweit** diese für den Ausgang des Verfahrens **relevant** sind (EuG T-437/11, BeckRS 2013, 82016 Rn. 62 ff. – GOLDEN BALLS). Zudem ist das Amt verpflichtet, die Anträge der Parteien unter Berücksichtigung des gesamten Vortrages auszulegen. In der Prüfung der Zuläs-sigkeit von Widersprüchen verfolgt das Amt bisweilen einen zu engen Ansatz (EuG T-356/12, BeckRS 2014, 81053 Rn. 41 ff. – SÒ:UNIC; Frage war nicht Gegenstand des Rechtsmittelverfah-rens EuGH C-270/14 P, BeckRS 2015, 81444).

Schließlich ist das Amt an die von den Parteien **vorgetragen Tatsachen und Beweismittel 39** gebunden (vgl. EuG T-218/10, BeckRS 2013, 81111 Rn. 62 – SERVICEPOINT; T-295/11, BeckRS 2012, 82216 Rn. 34 – DUSCHO Harmony; T-185/02, GRUR Int 2004, 850 Rn. 28 – PICARO; bestätigt durch EuGH C-361/04 P, GRUR 2006, 237; T-232/00, WRP 2002, 822 Rn. 45 – Chef). Zwecks Tatsachen und Beweiswürdigung ist das Amt aber ggf. berechtigt bzw. verpflichtet, neue Tatsachen und Beweismittel in das Verfahren einzuführen, die einen falschen Vortrag widerlegen (→ Rn. 46 ff., → Rn. 65 ff., → Rn. 68 ff.). Ein Verstoß schlägt sich nicht auf das Ergebnis durch, falls die Entscheidung nicht auf die von Amts wegen ermittelten Tatsachen gestützt ist (→ Rn. 84).

Im Widerspruch und im Nichtigkeitsantrag gestützt auf eine ältere Marke verbietet die **Neutra- 40 litätspflicht** dem Amt, den Anmelder bzw. Inhaber der angegriffenen Unionsmarke darauf hinzu-weisen, dass er den **Nachweis der Benutzung** der älteren Marke verlangen kann. Aus gleichem Grund weist das Amt nicht darauf hin, dass die Benutzungsunterlagen unstrukturiert oder unzurei-chend sind (EUIPO-Prüfungsrichtlinien, Teil C, Widerspruch, Abschnitt 1.1 und 2.12.1). Inner-halb der Prüfung des Nachweises einer rechtserhaltenden Benutzung ist das Amt an die im Verfah-ren vorgelegten Beweismittel gebunden. So darf das Amt keine Vermutungen darüber anstellen, dass weitere nicht beigebrachte Beweismittel existieren (EuG T-601/19, GRUR-RS 2020, 23628 Rn. 73 – in.fi.ni.tu.de). Beruft sich der Widersprechende auf eine **Bekanntheit seiner älteren Marke** iSd Art. 8(5) und darauf, dass diese bereits in vorherigen Entscheidungen des Amtes festgestellt wurde, ist das Amt darauf beschränkt, zu prüfen, ob die Bekanntheit tatsächlich festge-stellt wurde. Es hat den Widersprechenden nicht aufzufordern, ergänzende Materialien einzurei-chen, um einen höheren Grad der Bekanntheit als in den vorangegangenen Entscheidungen festzustellen.

Ab dem 1.10.2017 kann das Amt gemäß Art. 55 Abs. 3 DVUM, den Widersprechenden allerdings **40.1** auffordern, innerhalb einer festgelegten Frist eventuelle Mängel zu beheben, wenn die Unterlagen nicht strukturiert im Sinne des Art. 55 Abs. 2 DVUM eingereicht wurden. Wenn die Mängel nicht behoben werden und es für das Amt weiterhin nicht möglich ist, klar zu erkennen, auf welche Begründung oder auf welches Argument ein Element Bezug nimmt, wird dieses Beweismittel nicht berücksichtigt (Art. 55 Abs. 4 DVUM). Nach wie vor gilt aber, dass das Amt über diese formellen Erfordernisse hinaus grundsätz-lich nicht versuchen sollte, an der inhaltlichen Darstellung der Beweismittel einer der Parteien etwas zu verbessern.

Gleiches gilt für eine fehlende Substantiierung eines älteren Rechts im zweiseitigen Verfahren. **41** Das Amt darf grundsätzlich den Inhaber des älteren Rechts **auf Mängel** in der Substantiierung nicht hinweisen und ihm somit Hilfestellung geben (EuGH 4.6.2019 – C-822/18 P, BeckRS 2019, 10941 Rn. 13, 14 – ALDI; → Rn. 55).

42   **Beschwerdekammern:** Nach Art. 27 Abs. 2 DVUM ist die Prüfung der Beschwerde auf die in der **Beschwerdebegründung erhobenen Gründe** zu beschränken. Rechtsgründe, die nicht von den Beteiligten erhoben wurden, prüft die Beschwerdekammer lediglich, wenn sie grundlegende Verfahrenserfordernisse betreffen oder eine Klärung nötig ist, um eine fehlerfreie Anwendung der UMV gewährleisten. Bei der Überprüfung der Rechtmäßigkeit der erstinstanzlichen Entscheidung ist die **Beschwerdekammer** folglich an den Umfang der Beschwerde aber nicht an die von dem Beschwerten konkret vorgetragenen **(rechtlichen) Argumente** gebunden innerhalb des Beschwerdegegenstandes gebunden. Sie kann bzw. muss **im Rahmen des Umfangs der Beschwerde** grundsätzlich auch prüfen, ob die erstinstanzliche Entscheidung aus anderen Gründen als die explizit von dem Beschwerdeführer vorgetragenen rechtswidrig bzw. rechtmäßig ist (vgl. EuG T-624/21, GRUR-RS 2022, 26535 Rn. 35 ff. – PRIMA; T-811/14, GRUR-Prax 2018, 75 Rn. 42 – Fair & Lovely; T-549/15, BeckRS 2016, 111530 Rn. 25 ff. – CAFE DEL SOL; T-132/12, BeckRS 2014, 82072 Rn. 23 f. – LAMBRETTA; T-445/12, BeckRS 2014, 81981 Rn. 27 ff. – KW SURGICAL INSTRUMENTS; T-308/01, GRUR Int 2003, 1015 Rn. 29 ff. – KLEENCARE). So hat die Beschwerdekammer zu prüfen, ob die angefochtene Entscheidung aus anderen Gründen aufrecht zu erhalten ist, etwa aufgrund eines älteren Rechts, das von der Widerspruchsabteilung nicht geprüft wurde (→ Art. 94 Rn. 125; EuG T-93/21, GRUR-RS 2022, 9989 Rn. 18 – SK SKINTEGRA THE RARE MOLECULE). S. weitere Fallgruppen in → Rn. 53 ff. Die Kammer hat die Beteiligten **ggf. zu hören.** Allerdings überprüft die Beschwerdekammer die Feststellung der ersten Instanz zu einer **rechtserhaltenden Benutzung** älterer Marken nach Art. 27 Abs. 3 lit. c DVUM nicht, wenn die Parteien dies ausdrücklich vor der ersten Instanz und erneut vor der Beschwerdekammer nicht rügen (→ Rn. 49).

43   Die Beschwerdekammer kann Verfahrensverstöße der ersten Instanz von Amts wegen prüfen (Art. 27 Abs. 2 DVUM; → Rn. 78).

III. Keine Anwendbarkeit in bestimmten Fällen

1. Überblick

44   Art. 95 Abs. 1 S. 2 ist als Ausnahmetatbestand vom Grundsatz der Ermittlung des Sachverhalts von Amts wegen **eng auszulegen.** Die Reichweite des Ausnahmetatbestandes wird so definiert, dass er nicht über das für die Erreichung seines Zweckes Erforderliche hinausgeht (EuG T-185/02, GRUR Int 2004, 850 Rn. 31 – PICARO; bestätigt durch EuGH C-361/04 P, GRUR 2006, 237; zum Zweck → Rn. 33).

45   In folgenden Konstellationen ist der Ausnahmetatbestand nicht einschlägig.

2. Tatsachen- und Beweiswürdigung

46   Art. 95 Abs. 1 S. 2 findet keine Anwendung auf **die Tatsachen- und Beweiswürdigung durch das Amt.** Das Amt muss bzw. darf seiner Entscheidung keine Tatsachen zu Grunde legen, die falsch sind, auch wenn sie zugestanden wurden (EuG T-854/19, GRUR-RS 2021, 13107 Rn. 42 f. – Montana; T-688/18, GRUR-RS 2020, 2923 Rn. 26 – CORNEREYE; T-680/15, BeckRS 2017, 110041 Rn. 80 ff.; T-816/14, BeckRS 2016, 128166 Rn. 39 – REAL; T-24/13, BeckRS 2015, 81576 Rn. 23 – Cactus; T-284/12, BeckRS 2013, 82011 Rn. 17 – PROSEPT; T-295/11, BeckRS 2012, 82216 Rn. 35 – DUSCHO Harmony; T-185/02, GRUR Int 2004, 850 Rn. 32 – PICARO; bestätigt durch EuGH C-361/04 P, GRUR 2006, 237; → Art. 94 Rn. 141). Hat das Amt Zweifel hinsichtlich vorgetragener Tatsachen, kann es – innerhalb der gebotenen Neutralität – notwendig sein, eigene Nachforschungen anzustellen (EuG T-854/19, GRUR-RS 2021, 13107 Rn. 42 ff. – Montana), zB durch Aufforderung der Parteien zur Vorlage weiterer Beweismittel (EuG T-36/17, BeckRS 2017, 142570 Rn. 32 – Colina).

47   Das Amt ist zB nicht an beigebrachte **Nachweise für eine Ähnlichkeit der Zeichen** gebunden, selbst falls diese nicht von der anderen Partei bestritten werden (EuG T-89/17, BeckRS 2018, 38425 Rn. 31 – NOVUS; T-303/08, BeckRS 2010, 91412 Rn. 66 – Golden Elephant; T-244/09, BeckEuRS 2010, 535138 Rn. 39 – acsensa; T-179/07, BeckEuRS 2008, 482582 Rn. 72 ff. – Aprile; T-336/03, BeckRS 2005, 70820 Rn. 32 ff. – MOBILIX, indirekt bestätigt durch EuGH T-336/03, BeckRS 2008, 71349 Rn. 112 – MOBILIX). Der Zeichenvergleich ist zwingend vom Amt zu prüfen ist.

48   Gesteht der Anmelder die **Benutzung** einer älteren Marke zu, bindet dies die Widerspruchsabteilung nicht. Sie nimmt eine eigene Würdigung der Beweise vor (EUIPO-Prüfungsrichtlinien,

Teil C, Widerspruch, Abschnitt 2.12.1.; EuG T-24/13, BeckRS 2015, 81576 Rn. 28 – Cactus). Sie hat die Parteien allerdings ggf. zu hören (EuG T-24/13, BeckRS 2015, 81576 Rn. 29 ff. – Cactus; die Frage war nicht Gegenstand des anschließenden Rechtsmittels EuGH C-501/15 P, GRUR-RR 2017, 496).

Nach Art. 27 Abs. 3 lit. c DVUM kann ein Benutzungsnachweis von der **Beschwerdekammer**   **49** nur geprüft werden, falls dieser erstinstanzlich verlangt und vor der Beschwerdekammer erneut gerügt wurde. Der in einem Widerspruch unterliegende Anmelder muss daher ausdrücklich zur Frage der Benutzung des älteren Rechts in seiner Beschwerdebegründung vortragen. Ist die Widersprechende aus Gründen unterlegen, die nicht in dem fehlenden Nachweis der Benutzung lagen (etwa weil die Widerspruchsabteilung keine Verwechslungsgefahr sah), sollte der Anmelder, der den Benutzungsnachweis für ungenügend hält, sicherheitshalber die Benutzung des älteren Rechts im Wege einer **separaten Anschlussbeschwerde** nach Art. 25 DVUM angreifen, unabhängig davon, ob erstinstanzlich die ernsthafte Benutzung bejaht oder offengelassen wurde. Es ist nämlich unklar, ob ein Bestreiten der Benutzung in der Beschwerdeerwiderung ausreicht. Dagegen spricht der Wortlaut des Art. 27 Abs. 3 lit. c DVUM, wonach die Frage der Benutzung nicht beschwerdegegenständlich zu sein scheint und somit nur in einer Anschlussbeschwerde geltend gemacht werden kann.

Für die Rechtslage vor der Reform ist nicht abschließend geklärt, inwiefern die Frage der Benutzung   **49.1** einer älteren Marke Gegenstand einer Beschwerde ist, falls keine der Parteien eine von der Widerspruchsabteilung festgestellte Benutzung bzw. Nichtbenutzung der älteren Marke in Abrede stellt. Bei einer strengen Anwendung der Neutralitätspflicht war die Beschwerdekammer nicht befugt, diese Frage zu erörtern, selbst wenn der Anmelder die dem Widerspruch stattgebende Entscheidung insgesamt angreift (so EuG T-36/17, BeckRS 2017, 142570 Rn. 16 – 26 – Colina; T-504/09, GRUR Int 2012, 777 Rn. 36 – VÖLKL; nicht ganz klar EuG T-382/14, GRUR-Prax 2016, 258 Rn. 24 – PROTICURD; der EuG sagt hier, die Kammer „muss nicht" prüfen, was nicht heißt, dass sie hierzu nicht befugt wäre). Für eine Befugnis spricht hingegen das Prinzip der Kontinuität der beiden Instanzen (Art. 71 Abs. 1). Im Urteil PORTE & PORTE ging das EuG daher von einer weiten Befugnis der Beschwerdekammer zur Überprüfung aus (EuG T-386/16, BeckEuRS 2016, 485467 Rn. 26 ff. – PORTE & PORTE). Es handelt sich aber um eine Einzelentscheidung.

Beruft sich der Widersprechende bzw. Nichtigkeitsantragsteller auf ein **nationales älteres**   **50** **Recht** (zB im Rahmen von Art. 8 Abs. 4 oder Art. 53 Abs. 2), muss das Amt prüfen, ob **die vorgetragenen** Behauptungen zutreffen (EuG T-303/08, BeckRS 2010, 91412 Rn. 67 – Golden Elephant, insbesondere zu passing-off; T-727/14, BeckRS 2016, 82153 Rn. 48 – ANIMAL). Es hat eine weite Befugnis bzw. Pflicht, sich von Amts wegen zu informieren, um den Inhalt, die Tatbestandsvoraussetzungen und die Tragweite der nationalen Rechtsvorschriften prüfen zu können und somit eine effektive Kontrolle durchzuführen (EuGH C-478/16 P, BeckRS 2018, 16684 – Group Company Tourism & Travel; C-598/14 P, GRUR Int 2017, 502 Rn. 36 – LAGUIOLE; C-530/12 P, BeckRS 2014, 80617 Rn. 32 ff. – Mano Portafortuna).

Zudem kann das Amt verpflichtet sein, **den Widersprechenden zur Beibringung weiterer**   **51** **Nachweise für eine Bekanntheit** der älteren Marke aufzufordern im Rahmen des Art. 8 Abs. 5, falls es eine solche Bekanntheit bereits in Parallelfällen festgestellt hat. Alternativ kann das Amt aber auch begründen, weshalb die vorherige Rechtsprechung nicht einschlägig ist (EuGH C-564/16 P, BeckRS 2018, 13336 Rn. 100 – Darstellung einer springenden Raubkatze). Bei der Geltendmachung einer **erhöhten Unterscheidungskraft** ist das Amt in der Auswertung der Beweise frei (EuG T-688/18, GRUR-RS 2020, 2923 Rn. 26 – CORNEREYE).

Im Übrigen steht es der Beschwerdekammer **im Rahmen** des **Beschwerdeumfangs** frei, zu   **52** prüfen, ob die **Feststellungen der ersten Instanz** zutreffen, auch falls diese nicht explizit bestritten werden (EuG T-854/19, GRUR-RS 2021, 13107 Rn. 42 f. – Montana; T-284/12, BeckRS 2013, 82011 Rn. 19 – PROSEPT). Sie ist verpflichtet, eine umfassende Neuprüfung vorzunehmen, die über die Prüfung der ersten Instanz hinausgegen kann (EuG T-93/21, GRUR-RS 2022, 9989 Rn. 18 – SK SKINTEGRA THE RARE MOLECULE). Die Beschwerdekammer hat die Parteien allerdings ggf. anzuhören (→ Art. 94 Rn. 126 f.). Sie prüft alle relevanten Rechtsfragen von Amts wegen (→ Rn. 53).

3. Rechtsfragen (versus Tatsachenfragen)

Art. 95 Abs. 1 S. 2 findet keine Anwendung auf Rechtsfragen. Das Amt ist frei darin, Rechtsfra-   **53** gen zu ermitteln bzw. zu erörtern, auch wenn die Parteien nichts vorgetragen haben (EuG T-151/17, GRUR-Prax 2018, 187 Rn. 16 mwN – figurative marks representing a griffin; T-549/

15, BeckRS 2016, 111530 Rn. 25 – CAFE DEL SOL; T-24/13, BeckRS 2015, 81576 Rn. 23 – Cactus; T-432/08, BeckRS 2013, 80071 Rn. 32 ff. – EUROPEAN DRIVESHAFT SERVICES; T-57/03, BeckRS 2005, 70103 Rn. 21 – Hooligan). Es ist also im Einzelfall danach zu unterscheiden, ob das Amt eine **Tatsachen- oder** eine **Rechtsfrage** ermittelt hat (→ Rn. 68 ff.). Prüft das Amt Rechtsfragen, die nicht von den Parteien gestellt wurden, hat es diese ggf. zu hören (→ Art. 94 Rn. 127).

53.1   Eine Abgrenzung zwischen Tatsachen- und Rechtsfragen ist in Rechtsmitteln vor dem EuGH relevant, da der EuGH nur zur Überprüfung von Rechtsfragen befugt ist. EuGH-Urteile sind daher aufschlussreich, was eine Abgrenzung von Tatschen und Rechtsfragen angeht. Der EuGH geht davon aus, dass es sich selbst bei der Tatsachenwürdigung noch um eine Tatsachenfrage handelt, die nicht zu überprüfen ist. Eine Überprüfung von Tatsachen durch den EuGH kann mittelbar aber dann erreicht werden, falls die Methodik der Prüfung der Tatsachen durch den EuG angegriffen wurde. Die Methodik stellt eine Rechtsfrage dar. Für die konkrete Einordnung kommt es im Wesentlichen auch darauf an, wie der Kläger vertrag. Allerdings werden Rechtsmittel seit dem 1.5.2019 nur noch dann zugelassen, wenn damit eine für die Einheit, die Kohärenz oder die Entwicklung des Unionsrechts bedeutsame Frage aufgeworfen wird. Fragen zur Auslegung der UMV werden in der Regel nicht als bedeutsame Fragen des Unionsrechts vom EuGH angesehen (→ Art. 72 Rn. 82).

54   Zu den rechtlichen Gesichtspunkten, die der Prüfung des Amtes unterliegen, gehören zB alle **Tatbestandsvoraussetzungen** eines relativen Eintragungshindernisses oder jeder anderen Bestimmung, auf die sich die Beteiligten zur Begründung ihrer Anträge berufen (EuG T-58/18, GRUR-RS 2019, 41149 Rn. 14 ff. – Xocolat; T-63/07, BeckRS 2010, 90401 Rn. 34 ff. – tosca de fedeoliva; T-57/03, BeckRS 2005, 70103 Rn. 21 – Hooligan).

55   Von Amts wegen überprüft das Amt zB das **Bestehen und den Umfang eines älteren Rechts** oder die **Einhaltung von Fristen** (EuG T-715/13, BeckRS 2016, 81552 Rn. 75 ff. – Castello; Eisenführ/Schennen/Schennen Art. 76 Rn. 16; s. auch EUIPO-Prüfungsrichtlinien, Teil A, Allgemeine Regeln, Abschnitt 2, 2.2)

56   Es prüft auch die Übersetzung von Unterlagen in die Verfahrenssprache zur **Substantiierung** der älteren Rechte (EuG T-549/15, BeckRS 2016, 111530 Rn. 25 ff. – CAFE DEL SOL). Die Beschwerdekammer kann einen Widerspruch als unsubstantiiert zurückweisen, obwohl die Substantiierung weder von der Widerspruchsabteilung noch von den Parteien in Abrede gestellt wurde (EuGH C-822/18 P, BeckRS 2019, 10941 Rn. 5.13, 5.14 – ALDI; unklar allerdings Rn. 6 des Urteils);

57   Von Amts wegen wird auch das Bestehen einer **Priorität** des geltend gemachten älteren Rechts geprüft, ohne dass diese bestritten wurde (EuG T-186/12, BeckRS 2016, 81891 Rn. 88 ff. – LUCEA LED).

58   Nach der Rechtsprechung handelt es sich zudem bei dem **Grad der Zeichenähnlichkeit** und insbesondere bei der Frage, wie ein Zeichen ausgesprochen wird, um eine Rechtsfrage, die das Amt selbst zu ermitteln hat (EuGH C-499/17, BeckRS 2017, 140322 Rn. 7 – VINA SOL; EuG T-295/11, BeckRS 2012, 82216 Rn. 37 – DUSCHO Harmony). Das Amt ist verpflichtet, die sich gegenüberstehenden Zeichen **klanglich, bildlich und begrifflich** zu vergleichen, selbst falls die Parteien nicht zu allen Kriterien vorgetragen haben (EuG T-656/17, BeckRS 2019, 936 Rn. 32 ff. – Dr. Jacob's essentials; T-151/17, GRUR-Prax 2018, 187 Rn. 20 – figurative marks representing a griffin).

59   Das EuG und der EuGH haben bestätigt, dass der **Warenvergleich** im Widerspruch eine vom Amt zu prüfende Rechtsfrage ist, auch wenn die Parteien nicht dazu vortragen (→ Rn. 69 ff.). Dies gilt auch, wenn der Warenvergleich der ersten Instanz nicht ausdrücklich vor der **Beschwerdekammer** bestritten wurde (EuG T-624/21, GRUR-RS 2022, 26535 Rn. 35 ff. – PRIMA). Allerdings beruht der Vergleich selbst auf **Tatsachen,** die ggf. vom Widersprechenden darzulegen und zu beweisen sind, insbesondere falls es sich um besonders technische Waren handelt, die sich an ein spezialisiertes Publikum richten (EuGH C-548/14, BeckRS 2015, 81547 Rn. 39 – GRAZIA; EuG T-751/14, BeckRS 2015, 123005 Rn. 42 ff. – Hikari; s. aber auch EuG T-36/17, BeckRS 2017, 142570 Rn. 29 ff. – Colina, hier legt das EuG den Begriff der allgemein bekannten Tatsache recht weit aus; eingehend EUIPO-Prüfungsrichtlinien, Teil C, Widerspruch, Kapitel 1, 3.4.2).

60   Auch die **originäre Kennzeichnungskraft** einer älteren Marke, die ohne weiteren Tatsachenvortrag allein anhand der Marke beurteilt werden kann, ist von Amts wegen zu prüfen (EuG T-206/21, GRUR-RS 2022, 5768 Rn. 99 ff. – Unionsbildmarke, die zwei Tiere darstellt; T-54/18, BeckRS 2019, 14213 Rn. 34 ff. – 1st AMERICAN; T-816/14 Rn. 41, BeckRS 2016, 128166 – REAL; T-218/10, BeckRS 2013, 81111 Rn. 63 – SERVICEPOINT). Hingegen ist die Frage, ob die **Kennzeichnungskraft durch Benutzung** erhöht ist, eine nicht von Amts wegen zu prüfende Tatsachenfrage (EuG T-159/15, BeckRS 2016, 82326 Rn. 33 – Darstellung einer springenden Raubkatze; T-502/11, BeckRS 2013, 81018 Rn. 29 – zwei ineinander geflochtene Sicheln), was nicht heißt, dass das Amt die Beweismittel nicht gebührend zu prüfen hätte (→ Art. 94 Rn. 48 ff.).

Problematisch ist die Einordnung von **nationalem Recht:**　　　　　　　　　　　　　61
* Im Rahmen von Art. 8 Abs. 4 ist die Darlegung nationalen Rechts zunächst ein **Tatsachenvortrag** (vgl. EuGH C-478/16 P, BeckRS 2018, 16684 – Group Company Tourism & Travel; C-530/12 P, BeckRS 2014, 80617 Rn. 34 – Mano Portafortuna; C-598/14 P, GRUR Int. 2017, 502 – LAGUIOLE; EuG T-318/16, BeckRS 2017, 143997 Rn. 40 ff. – SDC-444S; T-506/11, BeckRS 2013, 80812 Rn. 34 – Peek & Cloppenburg). Das Amt hat das nationale Recht **nicht** von Amts wegen zu ermitteln, falls es insofern **völlig** an einem Parteivortrag fehlt oder dieser offensichtlich unzureichend ist. Die Partei muss zumindest zum Inhalt des nationalen Rechts vortragen, so dass das Amt in die Lage versetzt wird, das Recht zu verstehen und die andere Partei sich im Verfahren verteidigen kann (EuGH C-478/16 P, BeckRS 2018, 16684 Rn. 54 ff. – Group Company Tourism & Travel; T-727/14, BeckRS 2016, 82153 Rn. 27, 30, 46 ff. – ANIMAL).
* Hat die Partei vorgetragen, so ist das Amt verpflichtet, den Tatsachenvortrag zu prüfen und im Rahmen dessen **ggf. eigene Nachforschungen** anzustellen (→ Rn. 50).
* Nationales Recht ist zum Teil **allgemein bekannt,** so dass es von Amts wegen berücksichtigt werden **kann** (→ Rn. 66). Dies galt insbesondere sofern die Richtlinien zur Praxis des Amtes das nationalen Rechte darstellten (EuG T-184/12, BeckRS 2014, 81170 Rn. 29 f. – HEATS-TRIP). Ein allgemeiner Verweis auf die Richtlinien genügte der Darlegungspflicht allerdings nicht (EuG T-727/14, BeckRS 2016, 82153 Rn. 32 f. – ANIMAL). Die Darstellung des nationalen Rechts in den Richtlinien wurde daraufhin gestrichen. Es bleibt abzuwarten, ob das Amt eine aktualisierte Übersicht in Zukunft zur Verfügung stellen wird.
* Wird **nationale Rechtsprechung** zur Auslegung und Anwendung der Unionsmarkenverordnung herangezogen, handelt es sich um eine **Rechtsfrage** (EuG T-432/08, BeckRS 2013, 80071 Rn. 32 – EUROPEAN DRIVESHAFT SERVICES).

Um keine Rechts-, sondern um eine **Tatsachenfrage** soll es sich bei der Prüfung des **Aufmerk- 62 samkeitsgrades,** der **Wahrnehmung** und dem **Verhalten von Verbrauchern** im Widerspruch handeln (EuGH C-501/15 P, GRUR-RR 2017, 496 – CACTUS OF PEACE CACTUS DE LA PAZ (fig.)/CACTUS).

Keine Tatsachen bzw. Beweismittel im eigentlichen Sinne sind Teile der Entscheidungspraxis des 63 EUIPO und nationaler Ämter (EuG T-844/16, GRUR-RS 2017, 132086 Rn. 57 – Klosterstoff).

Das Amt ist gehalten, von den Parteien (verspätet) vorgetragene **rechtliche** Ausführungen zu 64 berücksichtigen (vgl. EuG T-218/10, BeckRS 2013, 81111 Rn. 64 – SERVICEPOINT; T-506/11, BeckRS 2013, 80812 Rn. 33 – Peek & Cloppenburg; T-63/07, BeckRS 2010, 90401 Rn. 45 – tosca de fedeoliva; → Rn. 95 f.). Prüft das Amt einer der vorgenannten Fragen von Amts wegen, ohne dass die Parteien hierzu vorgetragen haben, muss es den Parteien ggf. die Gelegenheit geben, Stellung zu nehmen (→ Art. 94 Rn. 130).

4. Allgemein bekannte Tatsachen

Es widerspricht dem Zweck (→ Rn. 33) von Art. 95 Abs. 1 S. 2 **nicht,** allgemein bekannte 65 Tatsachen von Amts wegen zu berücksichtigen (vgl. EuG T-854/19, GRUR-RS 2021, 13107 Rn. 44 – Montana; T-36/17, BeckRS 2017, 142570 Rn. 29 ff. – Colina; T-623/11, BeckRS 2014, 81819 Rn. 19 – MILANOWEK CREAM FUDGE; T-106/12, BeckRS 2013, 81399 Rn. 51 – ALPHAREN/ALPHA D3; T-99/06, BeckEuRS 2009, 504045 Rn. 94 – FILDOR; T-179/07, BeckEuRS 2008, 482582 Rn. 71 – APRILE; T-325/04, BeckRS 2008, 143770 Rn. 51 ff. – WORDLINK; T-185/02, GRUR Int 2004, 850 Rn. 31 – PICARO; bestätigt durch EuGH C-361/04 P, GRUR 2006, 237). Dies gilt insbesondere, falls diese dazu dienen, den Tatsachenvortrag der Parteien zu widerlegen (EuG T-854/19, GRUR-RS 2021, 13107 Rn. 50 – Montana). Die Parteien sind zu Tatsachen, die vom Amt in das Verfahren eingeführt werden, ggf. zu hören (→ Art. 94 Rn. 126). Auch vor Gericht können die Parteien noch dazu vortragen, weshalb es sich nicht um eine allgemein bekannte Tatsache handeln soll (EuG T-89/17, BeckRS 2018, 38425 Rn. 13 ff. – novus). Zu Begriff und Beispielen allgemeiner Tatsachen s. auch → Rn. 8.

Zu **allgemein bekannten Tatsachen** zählen in Verfahren hinsichtlich **relativer Eintragungs- 66 hindernisse** unter anderen folgenden Tatsachen (zu weiteren Beispielen → Rn. 10):

- die **Wahrnehmung** der sich gegenüberstehenden Marken durch den **allgemeinen Verbraucher;**
- die **Sprachkenntnisse** der Verbraucher (EuG T-135/14, BeckEuRS 2016, 467767 Rn. 114 – kicktipp);
- die **Bedeutung der Zeichen** hinsichtlich der relevanten Waren und Dienstleistungen (EuG T-325/04, BeckRS 2008, 143770 Rn. 53 – WORDLINK/LINK);
- die Gewöhnlichkeit bzw. Ungewöhnlichkeit eines **Namens** (EuG T-268/18, BeckRS 2019, 12397 Rn. 74 – Luciano Sandrone);
- berühmte Persönlichkeiten (EuG T-554/14, BeckRS 2018, 6412 Rn. 59 ff. – MESSI);
- die Verwendung eines Zeichens in weit verbreiteten **Büchern und Filmen** (EuG T-326/14, BeckRS 2016, 128230 Rn. 93 ff. – HOT JOKER; die Kammer hatte darauf abgestellt, dass „Joker" durch die weit verbreiteten „Batman" Filme und Comics bekannt sei);
- die **Marktgepflogenheiten** eines Sektors, der das allgemeine Publikum betrifft, zB die Benutzung von Dach- und Untermarken im Bereich des Finanzsektors (EuG T-325/04, BeckRS 2008, 143770 Rn. 53 – WORDLINK/LINK);
- die **Verkaufsmethoden** hinsichtlich Massenkonsumgütern (zB mündlicher Verkauf bestimmter Waren; EuG T-99/06, BeckEuRS 2009, 504045 Rn. 94 – FILDOR);
- das **Unionsrecht** sowie **Teile** der **Rechte der Mitgliedstaaten** (→ Rn. 61);
- nationales Recht, das bereits Gegenstand von Unionsrechtsprechung war, wie zB passing-off;
- die **Aussprache** von Wörtern (EuG T-238/15, BeckRS 2017, 132273 Rn. 123 – Zimara).

67 Andererseits ist das Amt **nicht** verpflichtet, alle allgemein bekannten Tatsachen zu berücksichtigen (vgl. EuGH 27.3.2007 – C-312/05 P, nv, Rn. 41 – Teletech Global Ventures).

5. Grenze zwischen allgemein bekannten Tatsachen, Tatsachen und Rechtsfragen

68 Die Grenze zwischen allgemein bekannten Tatsachen, nicht allgemein bekannten Tatsachen und Rechtsfragen ist nicht leicht zu ziehen.

69 Die Einordnung von **nationalem Recht** liegt nicht immer auf der Hand. Je nach den konkreten Umständen des Einzelfalles kann es sich um eine Tatsachenfrage, eine Rechtsfrage oder eine allgemein bekannte Tatsache handeln (→ Rn. 61).

70 Die Abgrenzung zwischen Tatsachen und Rechtsfragen (→ Rn. 53 ff.) spielt immer dann eine Rolle, wenn die Beschwerdekammer etwas prüft, was nicht ausdrücklich von den Parteien vorgetragen wurde. Handelt es sich um eine Rechtsfrage (zB den Zeichenvergleich), ist die Beschwerdekammer in der Regel zu einer Prüfung befugt. Stützt die Beschwerdekammer sich hingegen auf neue Tatsachen, liegt möglicherweise ein Verstoß gegen Art. 95 Abs. 1 vor, es sei denn diese sind allgemein bekannt.

71 Die Abgrenzung zwischen Tatsachen und allgemein bekannten Tatsachen spielt deshalb vor allem dann eine Rolle, falls das Amt von sich aus neue „Tatsachen" in das Verfahren einführt. In dem Fall ALPHAREN/ALPHA D3 hatte das Amt Tatsachen in das Verfahren eingebracht, die vom EuG **nicht** als allgemein bekannt bewertet wurden (EuG T-222/09, BeckRS 2011, 80114 – ALPHAREN/ALPHA D3). Die Zweite Beschwerdekammer hatte eigene Nachforschungen angestellt, um zu beurteilen, ob „pharmazeutische und veterinärmedizinische Erzeugnisse, die Magnesiumhydroxycarbonat, Eisen und Hydrotalcit bzw. Derivate dieser Inhaltstoffe enthalten" und „Bindephosphate für die Behandlung von Hyperphosphatämie" ähnlich sind. Es hatte sich zur Bestimmung der sich gegenüberstehenden Waren auf **medizinische Onlinewörterbücher** und einer **Webseite** der amerikanischen Regierung, die klinischen Versuchen gewidmet ist, berufen. Obwohl diese **Quellen allgemein zugänglich** sind, handelt es sich nach dem Urteil **nicht** um **allgemein bekannte** Tatschen (EuG T-222/09, BeckRS 2011, 80114 Rn. 31 – ALPHAREN/ALPHA D3). Die pharmazeutischen Erzeugnisse und ihre therapeutischen Indikationen seien **zu technisch.** Zugleich entschied das EuG, dass dem Widersprechenden **keine Beweislast** für die Ähnlichkeit der Waren und Dienstleistungen obliege. Die Beschwerdekammerentscheidung wurde daher aufgehoben.

72 Der Fall wurde sodann der Ersten Beschwerdekammer durch das Präsidium der Kammern nach dem damals anwendbaren Art. 1 lit. d HABMVfO (seit dem 1.10.2017 Art. 35 Abs. 4 DVUM) zur erneuten Entscheidung zugeteilt (→ Rn. 30 f.). Der Berichterstatter sendete den Beteiligten eine **Mitteilung,** in der er sie aufforderte, zu dem Urteil und insbesondere zu den von der Zweiten Kammer beigebrachten Nachweisen zur Ähnlichkeit der Waren Stellung zu nehmen und ggf. eigene Nachweise einzureichen. Lediglich die Widersprechende antwortete. Im Ergebnis stütze die Kammer ihre Entscheidung nur auf das Beweismaterial, das von der Widersprechenden auf die Mitteilung hin eingereicht wurde (HABM 2.12.2011 – R 1235/2011-1 Rn. 57 – ALPHA-

REN/ALPHA D3). Auf die vom Amt selbstermittelten Nachweise kam es also im Ergebnis nicht mehr an.

Da die Erste Beschwerdekammer ihre Entscheidung letztlich nur auf Beweismaterial stützte, **73** das von den Beteiligten beigebracht wurde, und die von Amts wegen recherchierten Tatsachen nur ergänzend anführte lag keine Verletzung des Art. 95 Abs. 1 S. 2 vor (bestätigt durch das zweite Urteil des EuG T-106/12, BeckRS 2013, 81399 Rn. 57 – ALPHAREN/ALPHA D3; s. auch darauffolgend EuG T-88/16, BeckRS 2017, 135036 Rn. 50 – ALPHAREN/ALPHA D3). Nach dem ersten Urteil des EuG kann das Amt zwar nicht nach **Beweislastregeln** entscheiden. Weder die Verordnung noch das Urteil verbieten es der Kammer aber, den Parteien **konkrete Fragen zu stellen** (HABM 2.12.2011 – R 1235/2011-1 Rn. 57 – ALPHAREN/ALPHA D3). Dies haben das zweite und dritte Urteil des EuG bestätigt.

Problematisch ist allerdings, falls der Fall nicht entscheidungsreif ist und sich die Parteien zu **74** konkreten Fragen des Amtes nicht äußern. Für diesen Fall hat die Kammer bereits im Fall Alpharen/Apha D3 vorsorglich entschieden, dass es sich berechtigt sieht, **eigene Beweismittel in das Verfahren einzubringen,** in dem es die von Amts wegen ermittelten Nachweise den Partien offenbart und ihnen Gelegenheit gibt, hierzu Stellung zu nehmen (HABM 2.12.2011 – R 1235/2011-1 Rn. 58 – ALPHAREN/ALPHA D3). Die Kammer geht davon aus, dass es sich bei der Bewertung der **Ähnlichkeit der Waren und Dienstleistungen** um eine **Rechtsfrage** handelt, die **von Amts wegen zu prüfen** ist (HABM 2.12.2011 – R 1235/2011-1 Rn. 43 – ALPHAREN/ALPHA D3). Das EuG hat hierzu keine Stellung nehmen müssen (EuG T-106/12, BeckRS 2013, 81399 Rn. 50 ff. – ALPHAREN/ALPHA D3).

Es bleibt weiter abzuwarten, ob eine solch mittelbare Einführung der von Amts wegen ermittel- **75** ten Tatsachen in Verfahren relativer Eintragungshindernisse zulässig ist oder hierin eine Umgehung von Art. 95 Abs. 1 S. 2 liegt.

Auch in anderen Fällen hat die Beschwerdekammer den Inhalt der sich gegenüberstehenden **76** Waren als Rechtsfrage von Amts wegen ermittelt und die Parteien hierzu bei spezialisierten Waren und Dienstleistungen nicht einmal gehört (HABM BK 17.9.2012 – R 2426/2011-2 Rn. 38 ff. – POSTURALMED/POSTURAL). Von einer Verletzung des Art. 95 Abs. 1 S. 2 abgesehen, ist bei diesem Vorgehen zweifelhaft, ob der Grundsatz des rechtlichen Gehörs gewahrt ist (→ Art. 94 Rn. 90; → Art. 94 Rn. 94).

Das Amt steckt in diesen Fällen in einem Dilemma: Einerseits hat das EuG festgestellt, dass **77** dem Widersprechenden keine Beweislast für eine Ähnlichkeit der Waren und Dienstleistungen obliegt, wobei das Amt an den Parteivortrag grundsätzlich gebunden ist, andererseits soll es sich nicht um eine Rechtsfrage handeln. Es bleibt abzuwarten, wie Fälle hinsichtlich sehr spezifischer Waren und Dienstleistungen bei fehlendem Parteivortrag gelöst werden. Eine Entscheidung über die **Beweislastverteilung** bzw. über eine **Mitwirkungspflicht** der Beteiligten zum Nachweis der Tatsachen, auf denen der rechtliche Warenvergleich beruht, wäre die pragmatischste Lösung. Im Fall „Colina" hat das EuG die Beschwerdekammer als befugt angesehen, den Anwendungsbereich medizinischer Geräte im Warenvergleich zu prüfen (EuG T-36/17, BeckRS 2017, 142570 Rn. 33 ff.). Die Kammer antworte lediglich auf den Parteivortrag. Zudem handele es sich um **allgemeine Tatsachen,** die nicht nachzuweisen seien. Das EuG legte den Begriff der allgemein bekannten Tatsache, entgegen der ALPHAREN-Urteile, entsprechend weit aus.

6. Verfahrensverstöße der ersten Instanz

Die Beschwerdekammer ist nach Art. 27 Abs. 2 DVUM ausdrücklich befugt, **Verfahrensver- 78 stöße** der ersten Instanz zu überprüfen. Was etwa die **Verletzung der Begründungspflicht** betrifft, entspricht dies ständiger Rechtsprechung (→ Art. 94 Rn. 5). Die Beschwerdekammer soll auch die von der Widerspruchsabteilung festgestellte Zulässigkeit bzw. Unzulässigkeit überprüfen können, auch wenn diese von den Parteien nicht bestritten wurde (EuG T-712/20, GRUR-RS 2021, 29986 Rn. 24–25, 29 – DEVICE OF ARROW WITH WING (fig.)/DEVICE OF ARROW WITH WING (fig.)).

IV. Rechtsfolge

Bei einem Verstoß gegen Art. 95 Abs. 1 S. 2 kann die Beschwerdekammer die Entscheidung **79** der Widerspruchs- bzw. Löschungsabteilung aufheben und den Fall zur erneuten Entscheidung zurückverweisen oder selbst entscheiden (vgl. HABM BK 12.5.2010 – R 1023/2009-1 – BUDIVENT/budiair). Auch kann sie die Beschwerdegebühr zurückerstatten (HABM BK 12.5.2010 – R 1023/2009-1 – BUDIVENT/budiair).

80   Bei einer Verletzung von Art. 95 Abs. 1 S. 2 durch die Kammer hebt das EuG die Entscheidung auf, falls diese ohne die von Amts wegen ermittelten Information anders ausgefallen wäre (EuG T-816/14, BeckRS 2016, 128166 Rn. 33 – REAL; T-222/09, BeckRS 2011, 80114 Rn. 34 – ALPHAREN/ALPHA D3). Zum Verfahren → Rn. 30 f.

81   Der Beteiligte kann neben einer Klage vor Gericht auch einen Antrag auf Widerruf der angefochtenen Entscheidung nach Art. 103 erwägen. Der Antrag hemmt die Klagefrist allerdings nicht. Vor Gericht ist dann eine Aussetzung des Verfahrens bis Abschluss des Widerrufverfahrens zu beantragen. Bisweilen widerruft die Beschwerdekammer eine Entscheidung auch von Amts wegen nach Art. 103, falls eine Klage vor Gericht anhängig und ein Verstoß gegen Art. 95 augenscheinlich ist. Eine vor dem EuG anhängige Klage wird mit Widerruf der angegriffenen Beschwerdeentscheidung gegenstandslos.

C. Amtsermittlungsgrundsatz im Löschungsverfahren

I. Absolute Nichtigkeitsgründe

1. Rechtslage vor dem 1.10.2017

82   Art. 76 Abs. 1 UMV 2009 unterschied nicht zwischen Anmelde-, Widerspruchs- und Nichtigkeitsverfahren. Es wurde lediglich zwischen Verfahren hinsichtlich absoluter und relativer Eintragungshindernisse differenziert. Dennoch ging die **Löschungsabteilung** davon aus, dass im Nichtigkeitsverfahren betreffend absoluter Nichtigkeitsgründe (Art. 59), anders als im Anmeldeverfahren, eine Beibringungspflicht der Beteiligten bestand. Die Entscheidungspraxis der **Beschwerdekammern** war uneinheitlich. Nach der **Rechtsprechung des EuG** und des **EuGH** aus dem Jahre 2015 war das EUIPO im Rahmen eines Nichtigkeitsverfahrens nicht verpflichtet, die vom Prüfer vorgenommene Ermittlung des relevanten Sachverhalts von Amts wegen erneut durchzuführen. Hiernach beschränkte die Vermutung der Gültigkeit der Marke die Amtsermittlungspflicht des Amtes im Nichtigkeitsverfahren auf die Ermittlung der von den Prüfern des EUIPO und ggf. von den Beschwerdekammern im Verfahren zur Eintragung der Marke durchgeführten Prüfung der Unionsmarkenanmeldung. Die Darlegungs- und Beweislast für die Nichtigkeit der angegriffenen Marke trug grundsätzlich der Antragsteller. Auch wenn das Amt hierzu nicht verpflichtet war, konnte es sich aber auf weitere offenkundige, von ihm im Rahmen des Nichtigkeitsverfahrens ermittelte Tatsachen stützen. Zudem war das Amt in der Überprüfung der Tatsachen frei (eingehend zur Beweislasterteilung EuG T-476/15, BeckRS 2016, 82471 Rn. 32 ff. – FITNESS; T-223/14, BeckRS 2016, 80030 Rn. 56 ff. – VENT ROLL; T-766/14, BeckRS 2015, 81993 Rn. 32 ff. – FoodSafe; T-291/09, GRUR Int 2012, 453 Rn. 62 – Pollo Tropical chicken on the grill; T-320/10, GRUR-Prax 2013, 443 Rn. 27, 28 – Castel). Das Amt war damit bis zu einem gewissen Grad verpflichtet, eigene Recherchen anzustellen, um die Behauptungen des Antragstellers zu überprüfen.

82.1   Nach einer Einzelfallentscheidung des EuG sollte Art. 76 UMV 2009 keine Anwendung auf Nichtigkeitsverfahren betreffend absoluter Eintragungshindernisse finden (EuG T-304/16, BeckRS 2017, 135373 Rn. 63 – BET 365). Das Urteil widerspricht der vorgenannten Rechtsprechung.

2. Rechtslage nach dem 1.10.2017

83   Die herrschende Rechtsprechung wurde im Zuge der Reform in Art. 95 Abs. 1 S. 3 inkorporiert. Der Gesetzeswortlaut stellt fest, dass das Amt im Nichtigkeitsverfahren aufgrund **absoluter Nichtigkeitsgründe** (Art. 52) an die von den Beteiligten angeführten **Gründe** und **Argumente** gebunden ist. Macht der Nichtigkeitsantragsteller zB geltend, dass die angefochtene Marke entgegen Art. 7 Abs. 1 lit. c (beschreibender Charakter) eingetragen darf das Amt Art. 7 Abs. 1 lit. f (Verstoß gegen die öffentliche Ordnung) nicht prüfen, **es sei denn** der Vortrag der Parteien gibt hierzu Anlass.

84   Während im Anmeldeverfahren klar ist, dass das Amt eine Eintragbarkeit einer Marke in alle Richtungen ermitteln kann bzw. muss (→ Rn. 3 ff.), führt die Neutralitätspflicht des Amtes im Nichtigkeitsverfahren aufgrund absoluter Eintragungshindernissen zu Abgrenzungsproblemen. Zunächst ist unklar, inwiefern das Amt nach dem Wortlaut des S. 3 an Tatsachen gebunden ist oder es aber Tatsachen selbst ermitteln kann. Nach Urteilen des EuG zur Rechtslage vor der Reform stellte das Gericht fest, dass das Amt an den **Tatsachenvortrag** der Parteien gebunden ist und die Beweislast beim Nichtigkeitsantragsteller liegt (vgl. EuG T-720/20, GRUR-RS 2022, 5772 Rn. 37 ff. – SCRUFFS; T-60/17, BeckRS 2018, 3532 Rn. 21 ff. – TSA LOCK; T-327/16,

BeckRS 2017, 122138 Rn. 40 ff. – ANTICO CASALE). Der Wortlaut des S. 3 bezieht sich aber nur auf **Gründe** und **Argumente,** nicht auf Tatsachen. Zudem ist fraglich, inwiefern das Amt Rechtsfragen ermitteln kann bzw. muss. Zur Abgrenzung von Tatsachen- und Rechtsfragen → Rn. 53 ff. Fest steht jedenfalls, dass das Amt **allgemein bekannte Tatsachen** berücksichtigen kann (EuG T-483/20, GRUR-RS 2022, 238 Rn. 65 ff. – komplexe Schuhform; T-19/20, GRUR-RS 2021, 2249 Rn. 134 – I love). Dies heißt nicht, dass es diese berücksichtigen muss (EuG T-720/20, GRUR-RS 2022, 5772 Rn. 37 – SCRUFFS). Zum Begriff der allgemeinen Tatsachen und zu Fallbeispielen → Rn. 8 und → Rn. 65. Ein etwaiger Verstoß schlägt jedenfalls dann nicht auf das Ergebnis der Entscheidung durch falls weitere Tatsachen nur hilfsweise hinzugezogen werden. Dann ist die Entscheidung nicht auf die vom Amt ermittelten Tatsachen gestützt (EuG T-98/20, GRUR-RS 2021, 1345 Rn. 113 – medical beauty search).

Beispiele: **85**

- Es ist fraglich, ob das Amt befugt ist, die Schutzfähigkeit nach Art. 7 Abs. 1 lit. c aus Sicht **englischsprachiger** Verbraucher von Amts wegen zu prüfen hat, wenn die Parteien im Verfahren nur auf **spanischsprachige** Verbraucher abstellen. Dies wäre unter Umständen dann möglich, falls es sich um eine Rechtsfrage im Rahmen des Art. 7 Abs. 1 lit. c handelt, die zwingend zu prüfen ist oder zumindest geprüft werden kann.
- Das Amt muss **allgemein bekannte Tatsachen** berücksichtigen, die von den Parteien vorgetragen aber nicht belegt werden, zB **Russischkenntnisse** in den Baltischen Staaten, auch wenn es hierzu an eingehenden Ausführungen des Antragstellers fehlt (EuG T-830/16, GRUR-RS 2018, 32735 Rn. 34 – PLOMBIR; nachfolgend EuGH C-142/19 P, GRUR-RS 2020, 12961). Es muss allgemein bekannte Tatsachen wie die **Bedeutung von Wörtern** aber nicht von sich aus ermitteln (EuG T-720/20, GRUR-RS 2022, 5772 Rn. 37 – SCRUFFS).
- Beruft sich der **Nichtigkeitsantragsteller** zum Beleg des **beschreibenden Charakters** eines Zeichens iSd Art. 7 Abs. 1 lit. c auf bestimmte Tatsachen, so kann die Beschwerdekammer diese anhand eigener recherchierter Tatsachen widerlegen (eingehend EuG T-854/19, GRUR-RS 2021, 13107 Rn. 42 ff. – Montana).
- Das Amt kann die eingetragene **Art der Marke** (Farbmarke, Wortmarke usw) nicht in Frage stellen, falls diese von den Parteien nicht ausdrücklich in Abrede gestellt wird. Im Fall „Orange" war die Marke seit Jahrzehnten fehlerhaft im Register als Bildmarke eingetragen, obwohl das Amt im Eintragungsverfahren und späteren Nichtigkeitsverfahren wiederholt festgestellt hatte, dass es sich um eine Farbmarke handelt. Obwohl die Parteien nicht in Abrede gestellt hatten, dass es sich um eine Farbmarke handelt, hatte die Beschwerdekammer die Art der Marke von Amts wegen überprüft und die erstinstanzliche Entscheidung aufgehoben. Hierdurch überschritt die Beschwerdekammer die durch Art. 95 Abs. 1 gesteckte Grenze (EuG T-274/20, GRUR-RS 2021, 25970 Rn. 33, 37–40, 46–52 – ORANGE (fig.)).

Die EUIPO-Prüfungsrichtlinien (Teil D, Löschung, Abschnitt 2, Punkt 2.4.1) legen die Neutralitätspflicht im Nichtigkeitsverfahren hinsichtlich absoluter Eintragungshindernisse weit aus. Es heißt: „[…] das Amt [muss] den Sachverhalt gemäß Art. 95 Abs. 1 S. 2 im Rahmen der vom Antragsteller im Nichtigkeitsverfahren vorgebrachten Sachverhalte prüfen (EuG T-320/10, GRUR-Prax 2013, 443 Rn. 28 – Castel). Dabei kann es offenkundige und wohl bekannte Tatsachen berücksichtigen. Allerdings darf **es nicht über die rechtlichen Argumente des Nichtigkeitsantragstellers hinausgehen**". Das Amt geht somit davon aus, dass es nicht nur an den Tatsachenvortrag, sondern auch an den rechtlichen Vortrag der Parteien gebunden ist. **86**

Es zeichnet sich eine Tendenz in der Rechtsprechung ab, die Prüfungskompetenz des Amtes recht eng auszulegen und folglich dem Schutz des bereits eingetragenen Rechts zu erhöhen. Das Interesse des Markeninhabers steht dem öffentlichen Interesse entgegen, das Register zu „bereinigen" und nicht schutzfähige Marken zu löschen. Zudem widerspricht eine weite Auslegung der Neutralitätspflicht der bisherigen Praxis in Nichtigkeitsverfahren hinsichtlich relativer Eintragungshindernisse, in denen Rechtsfragen von Amts wegen geprüft werden können (EuG T-151/17, GRUR-Prax 2018, 187 Rn. 16 mwN – figurative marks representing a griffin). Vor diesem Hintergrund ist dem **Nichtigkeitsantragsteller** unbedingt zu empfehlen, bereits vor der **Nichtigkeitsabteilung** möglichst breit vorzutragen. **87**

II. Relative Nichtigkeitsgründe

In Nichtigkeitsverfahren bezüglich relativer Nichtigkeitsgründe (Art. 60) findet der Ausnahmetatbestand des Art. 95 Abs. 1 S. 2 Anwendung (→ Rn. 35). Dies folgt aus dem Wortlaut von Art. 95 Abs. 1 S. 2, nachdem das Amt bei der Ermittlung in Verfahren „bezüglich relativer Eintragungshindernisse [...] auf das Vorbringen und die Anträge der Beteiligten beschränkt" ist. Die **88**

Regelung unterscheidet nicht nach Widerspruchs- und Nichtigkeitsverfahren. Die Reform ändert hieran nichts.

III. Verfallsverfahren

89   Für Verfallsverfahren (Art. 61) hat der EuGH entscheiden, dass eine rechtserhaltende Benutzung der angegriffenen Marke nicht von Amts wegen zu ermitteln ist, sondern dem Markeninhaber obliegt. Es steht nach dem EuGH außer Frage, dass der Markeninhaber am besten und in bestimmten Fällen als einziger zum Nachweis der Benutzung in der Lage ist (EuGH C-609/11 P, BeckRS 2013, 81874 Rn. 52 ff. – Centrotherm).

D. Verspäteter Vortrag

I. Überblick Voraussetzungen

90   Nach Art. 95 Abs. 2 braucht das Amt Tatsachen und Beweismittel, die von den Beteiligten verspätet vorgebracht werden, nicht zu berücksichtigen. Bei der Anwendung von Art. 95 Abs. 2 spielen folgende Kriterien eine Rolle:

- Erstens, ist danach zu unterscheiden, ob es sich bei dem Vortrag des Beteiligten um **Tatsachen- und Beweismittel** oder um einen Rechtsvortrag handelt. Rechtliche Argumente sind grundsätzlich vom Amt zu berücksichtigen (→ Rn. 95).
- Zweitens, muss für die Anwendbarkeit von Art. 95 Abs. 2 der Vortrag überhaupt **verspätet** sein (→ Rn. 96 ff.), andernfalls muss das Amt den Vortrag grundsätzlich berücksichtigen.
- Handelt es sich, drittens, um verspätet vorgetragene Tatsachen- und Beweismittel, so ist danach zu unterscheiden, ob eine nach der Verordnung vorgesehene **„harte"** Frist oder eine (vom Amt gesetzte) „gewöhnliche" Frist versäumt wurde. Handelt es sich um eine „harte" Frist, so kann das Amt grundsätzlich keine verspätet eingereichten Unterlagen berücksichtigen, **es sei denn** die Verspätung ist gerechtfertigt oder die Unterlagen sind **ergänzend** (→ Rn. 106 ff.). Zum Ermessen der Beschwerdekammern → Rn. 140 ff.
- Steht dem Amt ein **Ermessen** zur Berücksichtigung verspätet eingereichter Unterlagen zu, hat es dieses **auszuüben** und eine Nichtberücksichtigung ggf. zu begründen (→ Rn. 149 ff.; → Rn. 162).

91 Im Zuge der Reform wurden folgende Regelungen zu verspäteten Unterlagen in die DVUM eingepflegt:

- Art. 8 Abs. 5 DVUM – verspätete Unterlagen zur Substantiierung eines älteren Rechts im Widerspruch.
- Art. 10 Abs. 7 DVUM – verspätete Benutzungsunterlagen im Widerspruch.
- Art. 27 Abs. 3 und 4 DVUM – verspätete Unterlagen in der Beschwerde.

92 Daneben enthält seit dem 27.2.2020 die Verfahrensordnung der Beschwerdekammern eine Regelung in Art. 54 EUIPO-BKVfO.

93   Die Vorschriften kodifizieren im Wesentlichen die Rechtsprechung zu verspätet eingereichten Unterlagen. Den Beteiligten ist unbedingt zu empfehlen, alle zur Verfügung stehenden Unterlagen fristgerecht einzureichen. Ist dies absolut nicht möglich, sollte sich der Betroffene um eine Fristverlängerung bemühen und konkret darlegen, warum eine rechtzeitige Beibringung unmöglich ist. Wurde eine Frist versäumt und kann der Betroffenen außerdem versuchen, eine **Wiedereinsetzung** in den vorigen Stand (Art. 104) oder eine **Weiterbehandlung** (Art. 105) zu erreichen.

94   Art. 95 bezieht sich nur auf Unterlagen, die dem Amt vorgelegt werden. Erstmals vor Gericht vorgebrachte Tatsachen und Beweismittel sind grundsätzlich unzulässig (EuG T-320/03, GRUR Int 2006, 44 Rn. 14 ff. – LIVE RICHLY; → Art. 72 Rn. 61 ff.).

II. Tatsachen und Beweismittel

95   Nach der Vorschrift braucht das Amt Tatsachen und Beweismittel, die verspätet vorgetragen wurden, nicht zu beachten. Nicht von Art. 95 Abs. 2 erfasst sind neue und relevante **rechtliche Ausführungen** (→ Rn. 53 ff.). Diese sind grundsätzlich zu berücksichtigen. Auch auf Teile der Entscheidungspraxis des EUIPO und nationaler Ämter soll sich ein Beteiligter stets berufen können (EuG T-844/16, GRUR-RS 2017, 132086 Rn. 57 – Klosterstoff).

III. Verspätet

96   Damit Art. 95 Abs. 2 Anwendung findet, müssen die Tatsachen und Beweismittel verspätet vorgetragen worden sein. Sind die Unterlagen schon nicht verspätet eingereicht worden, sind sie vom Amt zu berücksichtigen (vgl. EuGH C-634/16 P, GRUR-Prax 2018, 119 Rn. 42 – FIT-NESS; C-216/10 P, BeckEuRS 2010, 561856 Rn. 46 – A Plus; T-611/13, BeckRS 2015, 80963 Rn. 14 ff., 18 – HOT; HABM BK 9.2.2012 – R 1807/2010-1 Rn. 18 – E.CLEAR/ECLEAR).

Ein Vortrag ist verspätet, falls er nicht in der **hierfür vorgesehenen Frist** erfolgt (vgl. EuGH **97** C-634/16 P, GRUR-Prax 2018, 119 Rn. 32 ff. – FITNESS; EuG T-569/10, BeckRS 2012, 82036 Rn. 35 – BIMBO DOUGHNUTS; T-407/05, BeckRS 2007, 70897 Rn. 54 – REVIAN's).

Wurde eine erstinstanzliche Frist versäumt, lebt diese durch die Einreichung einer Beschwerde **98** nicht wieder auf (EuGH C-29/05 P, BeckRS 2007, 70187 Rn. 61 – ARCOL; T-407/05, BeckRS 2007, 70897 Rn. 52 – REVIAN's). Diese Rechtsprechung hat Eingang in Art. 27 Abs. 3 DVUM gefunden. Hiernach können Beteiligte sich nur dann auf eine Verkehrsdurchsetzung einer Anmel-dung (Art. 7 Abs. 3), eine Bekanntheit der älteren Marke im Widerspruch (Art. 8 Abs. 1 lit. b) oder ein fehlende Benutzung der älteren Marke berufen, falls dies schon in der ersten Instanz geltend gemacht wurde. Andererseits ist ein erstmaliger Vortrag vor der Beschwerdekammer nicht zwingend verspätet, zB falls er dazu dient Ausführungen in der erstinstanzlichen Entscheidung zu widerlegen (→ Rn. 147).

Bei einem Vorwurf, Unterlagen verspätet eingereicht zu haben, sollte der Beteiligte genau **99** prüfen, ob die betreffende Frist tatsächlich wirksam in Gang gesetzt wurde, die Frist angemessen lang war und, falls ja, ob diese bei Einreichung der Unterlagen vollständig abgelaufen war (→ Art. 98 Rn. 52). Zur Fristberechnung → Art. 101 Rn. 1 ff.

Außerdem ist zu überprüfen, welche Dokumente innerhalb der Frist beizubringen waren bzw. **100** zu welchen Handlungen der Betroffene verpflichtet war und ob diese tatsächlich nicht vorgenom-men wurden (vgl. HABM BK 9.2.2012 – R 1807/2010-1 Rn. 18 – E.CLEAR/ECLEAR). Ist der Beteiligte zu einer bestimmten Handlung nicht verpflichtet, kann diese auch nicht verspätet erfolgen.

1. Nichtigkeitsverfahren aufgrund absoluter Eintragungshindernisse

Für das Nichtigkeitsverfahren aufgrund von absoluten Eintragungshindernissen sahen die UMV **101** 2009 und die GMDV keine Fristen vor, so dass das EuG zunächst davon ausging, dass eine Verspätung nicht in Betracht kam (EuG T-476/15, BeckRS 2016, 82471 Rn. 54 ff. – FITNESS). Der EuGH stellte indes klar, dass es auch im Nichtigkeitsverfahren zur Verspätung kommen kann, nämlich dann, wenn das Amt im Verfahren eine entsprechende Frist setzt (EuGH C-634/16 P, GRUR-Prax 2018, 119 Rn. 32 f. – FITNESS). Im Zuge der Reform wurde in Art. 16 Abs. 1 lit. a DVUM nunmehr eingepflegt, dass Tatsachen, Bemerkungen und Beweismittel zur Unter-mauerung der Gründe, auf die sich der Antrag stützt, bis zum Abschluss des kontradiktorischen Teils des Verfahrens vorgelegt werden müssen (EuG T-668/18, BeckRS 2019, 23142 Rn. 21 – ADPepper).

2. Verkehrsdurchsetzung

Die Verkehrsdurchsetzung einer Marke kann nach Art. 2 Abs. 2 UMDV als Haupt- oder als **102** Hilfsanspruch zum Zeitpunkt ihrer Anmeldung oder **spätestens** in der ersten Stellungnahme auf den Beanstandungsbescheid gegen die Anmeldung geltend gemacht werden (EUIPO-Prüfungs-richtlinien, Teil B, Prüfung, Kapitel 14, 2).

Wird die Verkehrsdurchsetzung als **Hilfsanspruch** geltend gemacht, so befindet das Amt **103** zunächst über das Vorliegen von Eintragungshindernissen nach Art. 7 Abs. 1 lit. b, c oder d. Erst nach einer rechtskräftigen Entscheidung (ggf. nach Ausschöpfung aller Instanzen) fordert der Prüfer den Anmelder zur Vorlage von Unterlagen für den Nachweis einer Verkehrsdurchsetzung innerhalb einer bestimmten Frist auf. Danach vorgelegte Unterlagen dürften verspätet sein.

Wird die Verkehrsdurchsetzung als **Hauptanspruch** geltend gemacht, so geht aus Art. 2 Abs. 2 **104** UMDV nur hervor, dass der Anspruch in der ersten Stellungnahme geltend zu machen ist. Offen ist, wann die Unterlagen vorzulegen sind. Nach Art. 27 Abs. 3 lit. 1 DVUM ist eine erstmalige Vorlage vor der Beschwerdekammer jedenfalls unzulässig.

Rechtslage bis zum 1.10.2017: Unklar war, ob eine **Geltendmachung der Verkehrsdurchsetzung** **104.1** iSd Art. 7 Abs. 3 nach der ersten Stellungnahmefrist zu einem Beanstandungsbescheid verspätet ist. Grund-sätzlich forderte das Amt den Anmelder nach Art. 37 UMV 2009 lediglich auf, zu dem Beanstandungsbe-scheid Stellung zu nehmen. Eine Frist für das Beibringen von Beweismitteln für eine Verkehrsdurchsetzung wurde darin in der Regel nicht gestellt. Insofern war durchaus vertretbar, dass eine spätere Geltendmachung einer Verkehrsdurchsetzung **nicht** verspätet und vom Amt zu berücksichtigen war (ähnlich EuG T-163/98, GRUR Int 1999, 1060 Rn. 43 f. – BABY DRY; nach HABM BK 21.11.2011 – R 1027/2011-2

Rn. 40 – SHAPE OF A COLOUR-CHANGING EGG TIMER ist ein Vortrag zu Art. 7 Abs. 3 stets zu beachten). Eine Säumnis kam aber in Betracht, falls das Amt den Anmelder ausdrücklich zur Vorlage von Unterlagen für eine Verkehrsdurchsetzung aufgefordert hatte und der Anmelder dem nicht nachgekommen war (so HABM BK R 1217/2010-1 Rn. 32 – GETRIEBERIFFELN; R-1049/2006-2 Rn. 31 ff. – Search Engines STRATEGIES; aA HABM BK 21.11.2011 – R 1027/2011-2 Rn. 40 – SHAPE OF A COLOUR-CHANGING EGG TIMER), es sei denn dem Anmelder war es unmöglich, die Unterlagen beizubringen. Waren die Unterlagen tatsächlich verspätet, stand es im Ermessen des Amtes, diese dennoch zu berücksichtigen (HABM BK R 1217/2010-1 Rn. 33 ff. – GETRIEBERIFFELN; R 1304/2011-2 Rn. 25 – SHAPE OF A WINDOW COVERING WITH S-SHAPED VANES; aA HABM BK 21.11.2011 – R 1027/2011-2 Rn. 40 – SHAPE OF A COLOUR-CHANGING EGG TIME; → Rn. 149 ff.).

3. Unleserliche Übermittlung

105   Wird eine elektronische Übermittlung rechtzeitig eingereicht, ist dieses aber unleserlich, so hat das Amt den Beteiligten nach Art. 63 Abs. 3 DVUM (vormals Regel 80 Abs. 2 GMDV) aufzufordern, das Dokument noch einmal zu senden oder das Originaldokument vorzulegen. Es ist aufgrund der Unleserlichkeit also nicht automatisch verspätet (→ Art. 100 Rn. 1 ff.; Pohlmann UnionsmarkenR passim). Die war vor allem beim Fax relevant. Das **Fax** ist allerdings **zum 1.3.2021 als Kommunikationsmittel entfallen** (→ Art. 100 Rn. 16). Art. 63 Abs. 3 DVUM findet theoretisch auch auf die Übermittlung von Dokumenten durch das elektronische Benutzerkonto Anwendung. Eine entsprechende Regelung für Unleserlichkeit von Dokumenten auf Datenträgern sieht Art. 5 des Beschlusses des Exekutivdirektors Nr. EX-22-7 vor.

IV. Keine gegenteilige Vorschrift

1. Grundsatz

106   Wurde tatsächlich eine Frist versäumt (→ Rn. 96 ff.) haben die Beteiligten des Verfahrens nicht uneingeschränkt die Möglichkeit, Tatsachen und Beweismittel nach Ablauf der dafür gesetzten Frist vorzubringen; vielmehr hängt diese Möglichkeit davon ab, dass **keine gegenteilige Vorschrift** Anwendung findet (C-71/16 P, BeckRS 2017, 140207 Rn. 55 – ZUMEX; C-120/12 P, BeckRS 2013, 81900 – PROTIVITAL; C-621/11 P, BeckRS 2013, 81526 Rn. 22 – FISHBONE; C-90/08 P, BeckRS 2009, 70402 Rn. 34 ff. – CORPO LIVRE; bestätigt indirekt durch EuG T-86/05, BeckRS 2007, 71041 Rn. 47 – CORPO LIVRE; T-24/13, BeckRS 2015, 81576 Rn. 77 – Cactus; T-214/08, BeckRS 2012, 80781 Rn. 43 – OUTBURST).

107   Zu derartigen „gegenteiligen Vorschriften" zählen insbesondere die folgenden in der UMV, DVUM und UMDV genannten Fristen. Einige dieser Fristen können verlängert werden und sind folglich keine Ausschlussfristen im engeren Sinne. Werden sie aber versäumt, finden die verspäteten Vorträge grundsätzlich keine Berücksichtigung (daher im Folgenden **„harte" Fristen**). Die Rechtsprechung hat hiervon zwei **Ausnahmen** entwickelt. Ein Ermessen besteht, falls die Verspätung gerechtfertigt ist (dann liegt streng genommen schon keine Verspätung vor) oder falls der Vortrag **ergänzend** ist (→ Rn. 128 ff.). Einige Fallgruppen (ergänzende Unterlagen) wurden im Zuge der Reform 2017 in die DVUM eingepflegt (→ Rn. 91). Zu den **Beschwerdekammern** → Rn. 140.

2. Widerspruchsschrift

108   Nach Art. 46 Abs. 1 ist ein Widerspruch innerhalb von drei Monaten nach Veröffentlichung der Anmeldung einzureichen. Art. 2 Abs. 2 lit. a–c DVUM und Art. 5 Abs. 1–3 DVUM (für Widersprüche vor dem 1.10.2017 Regel 17 Abs. 1 und 2 GMDV) regeln Mindestanforderungen, die für eine Zulässigkeit des Widerspruchs innerhalb der Widerspruchsfrist erfüllt sein müssen. Wurde die **Widerspruchsgebühr** nicht fristgerecht entrichtet, gilt der Widerspruch als nicht eingelegt (Art. 5 Abs. 1 und 6 DVUM). Sind keine **Widerspruchsgründe** angegeben oder die **älteren Rechte** bzw. die angefochtene **Anmeldung** nicht **identifizierbar**, wird der Widerspruch als unzulässig zurückgewiesen (Art. 5 Abs. 3 DVUM iVm Art. 2 Abs. 2 lit. a–c DVUM). Das Amt kann verspätet eingereichte Unterlagen insofern **nicht** berücksichtigen (ausführlich v. Kapff in Fezer HdB Markenpraxis Bd. I 2. Teil Rn. 2160 ff.). Auch kann der Widersprechende seine Widerspruchsgründe, den Umfang des Widerspruchs oder die geltend gemachten älteren Rechte nachträglich nicht erweitern (→ Rn. 38).

Bei Versäumung der Widerspruchsfrist sind eine Wiedereinsetzung (Art. 104 Abs. 5) oder eine **109** Weiterbehandlung (Art. 105 Abs. 2) **ausgeschlossen.** Die Frist ist **nicht verlängerbar.** Der Beteiligte kann aber einen Nichtigkeitsantrag stellen, sobald die gegnerische Anmeldung eingetragen ist.

3. Verspätete Substantiierung eines Widerspruchs

Nach Art. 7 DVUM (für Widersprüche vor dem zum 1.10.2017 Regel 19 Abs. 1 GMDV) **110** muss der Widersprechende seinen Widerspruch innerhalb einer von Amt gesetzten Frist substantiieren. Da eine Verlängerung der Substantiierungsfrist gesetzlich nicht ausgeschlossen ist, kann die Substantiierungsfrist auf Antrag verlängert werden. Nach Art. 7 Abs. 2 DVUM muss der Widersprechende die **Existenz, die Gültigkeit und den Schutzumfang** seiner älteren Marke oder seines älteren Rechts sowie seine Aktivlegitimation nachweisen. Nach Art. 7 Abs. 4 DVUM sind diese Nachweise innerhalb der Substantiierungsfrist in die Verfahrenssprache zu übersetzen. Nach Art. 8 Abs. 1 DVUM (für Widersprüche, bei denen die Cooling-off-Frist vor dem 1.10.2017 abgelaufen ist, Regel 20 Abs. 1 GMDV) wird der Widerspruch als unbegründet abgewiesen, falls der Widersprechende die Existenz, die Gültigkeit und den Schutzumfang seiner älteren Marke oder seines älteren Rechts sowie seine Befugnis zur Einlegung des Widerspruchs **nicht fristgerecht nachweist.** Da die Frist verlängerbar ist, handelt es sich zwar um keine wirklichen Ausschluss-, wohl aber um eine „harte" Frist, deren Versäumnis das Unterliegen im Widerspruch zur Folge hat (zur Verlängerung → Art. 101 Rn. 5).

Versäumt der Widersprechende die Frist zur Substantiierung bzw. zum Nachweis seiner älteren **111** Rechte und seiner Befugnis und bringt **überhaupt keine** Unterlagen bei, kann die Widerspruchsabteilung verspätet und somit erstmals eingereichte Unterlagen, prinzipiell **nicht** berücksichtigen (EuG T-318/16, BeckRS 2017, 143997 Rn. 50–52 – SDC-444S; HABM GK 14.10.2009 – R 172/2008-G Rn. 44 ff. – VISTA/vistar; HABM BK 26.11.2012 – R 271/2011-4 Rn. 37 f. – PEDRO/PEDRO DEL HIERRO; 12.1.2012 – R 964/2011-1 Rn. 16 – SELODERM/Senso-derm; 12.5.2010 – R 1023/2009-1 Rn. 30 – BUDIVENT/budiair). Sie hat insofern grundsätzlich kein Ermessen und muss folglich auch kein Ermessen ausüben. Andernfalls liefe die „harte" Frist leer (HABM BK 8.3.2012 – R 2366/2010-1 Rn. 16 – unisonBrokers Insurance Partners Worldwide/UNIGLOBAL et al.). Zur Nachreichung von Unterlagen in der **Beschwerde** → Rn. 146 ff.

Hat der Widersprechende versäumt, die **Existenz bzw. die Verlängerung** eines nationalen **112** älteren Rechts durch entsprechende Urkunden nachzuweisen, kann er versuchen, eine Verspätung zu rechtfertigen (vgl. HABM BK 1.9.2011 – R 4/2011-1 Rn. 32 – INCA/incca et al.). Liegt die Verspätung allerdings in seinem Verantwortungsbereich, wird er hiermit grundsätzlich keinen Erfolg haben (vgl. EuGH C-120/12 P, BeckRS 2013, 81900 Rn. 40 ff. – PROTIVITAL).

Versäumt der Widersprechende die Frist, ist seit dem 1.10.2017 eine **Weiterbehandlung** nach **113** Art. 105 Abs. 2 möglich. Für eine Wiedereinsetzung (Art. 104) ist fraglich, ob die Säumnis tatsächlich zu einem unmittelbaren Rechtsverlust führt (→ Art. 104 Rn. 13).

Hat der Widersprechende allerdings Dokumente zur **Substantiierung des Widerspruchs 114 fristgerecht beigebracht,** besteht nach Art. 8 Abs. 5 DVUM ein Ermessen der ersten Instanz, verspätet eingereichte Unterlagen zu berücksichtigen, solange diese bereits vorgelegte „wichtige" Tatsachen oder Beweismittel **ergänzen** und sich auf **dieselbe Anforderung** nach Art. 7 Abs. 2 beziehen. Zum Kriterium der „ergänzenden Unterlagen" → Rn. 136.

Auch gehört die Geltendmachung einer **erhöhten Unterscheidungskraft** einer älteren Marke **115** im Widerspruchsverfahren **aufgrund Bekanntheit** (Art. 8 Abs. 1 lit. b) zur Substantiierung des Widerspruchs und muss damit bereits in der Widerspruchsbegründung geltend gemacht werden (vgl. HABM BK 23.6.2009 – R 793/2007-4 Rn. 28 ff. – Sun Trips/SUNTREK; nach EuG T-67/15, BeckRS 2016, 82731 Rn. 104 scheint es sich allerdings um keine Frage der Substantiierung zu handeln). Verspätet eingereichte Unterlagen können aber Berücksichtigung finden, solange diese **ergänzend** sind (in diese Richtung EuGH C-108/07, BeckRS 2008, 70504 Rn. 52 – FERRO; C-29/05 P, BeckRS 2007, 70187 Rn. 59 ff. – ARCOL; in diese Richtung EuG T-159/15, BeckRS 2016, 82326 Rn. 36 f. – Darstellung einer springenden Raubkatze; T-502/11, BeckRS 2013, 81018 Rn. 26 – zwei ineinander geflochtene Sicheln, das Urteil geht davon aus, dass insofern ein Ermessen besteht; → Rn. 119, → Rn. 127 ff., → Rn. 128). Dabei hat das Gericht zB angenommen, dass später eingereichte Unterlagen zum Nachweis einer rechtserhaltenden Benutzung die zuvor eingereichten Unterlagen vor eine erhöhte Kennzeichnungskraft ergänzen können (EuG T-4/12, GRUR-RS 2022, 9302 Rn. 81 ff. – ASI ADVANCED SUPERABRASIVES). Wird eine erhöhte Unterscheidungskraft **erstmalig** vor der **Beschwerdekammer** geltend gemacht, ist dieser Sachvortrag nach Art. 27 Abs. 3 lit. b DVUM unzulässig (vgl. auch vor der Reform HABM BK R 793/2007-4 Rn. 29 ff. – Sun Trips/SUNTREK; → Rn. 140). Der Widersprechende muss daher bereits in der Widerspruchsbegründung darauf abstellen, dass der Widerspruchsmarke eine erhöhte Unterscheidungskraft zukommt und darlegen, weshalb er weitere (ergänzende) Unterlagen erst später einzureichen vermag.

116   Im Rahmen der Substantiierung eines Widerspruchs **gestützt auf Art. 8 Abs. 4** (ein anderes älteres nationales Recht) listet Art. 7 Abs. 2 DVUM (früher Regel 19 Abs. 2 lit. d GMDV) nicht auf, welche Unterlagen zum Nachweis des älteren Rechts beizubringen sind. Verweist der Widersprechende auf nationales Recht, so können spätere Darlegungen und Beweise bereits als ergänzend zu bewerten sein (vgl. EuGH C-478/16 P, BeckRS 2018, 16684 Rn. 39 ff. – Group Company Tourism & Travel). Trägt der Widersprechende hingegen gar nicht zum nationalen Recht vor, sondern reicht er offensichtlich unzureichende Unterlagen ein (zB nur eine einzige Verkaufsbestätigung), so sind weitere Unterlagen nicht ergänzend (EuG T-318/16, BeckRS 2017, 143997 Rn. 40 ff. – SDC-444S).

117   Zur Substantiierung eines Widerspruchs nach **Art. 8 Abs. 5** gehören grundsätzlich auch der Vortrag sowie der Nachweis der Bekanntheit der älteren Marke (eingehend EuG T-144/19, GRUR-RS 2020, 22125 Rn. 45 ff. – ADLON). Falls Unterlagen aber gerechtfertigt zu einem späteren Zeitpunkt eingereicht werden oder lediglich ergänzend sind, können diese ausnahmsweise Berücksichtigung finden (vgl. HABM BK 14.9.2012 – R 193/2012-5 Rn. 26 ff. – B/DEVICE OF EXTENDED WINGS WITH A GEOMETRIC DESING IN THE MIDDLE; → Rn. 127 ff.).

4. Antrag auf Nachweis der Benutzung einer älteren Marke

118   Nach **Art. 47 Abs. 2** kann der Anmelder vom **Widersprechenden** verlangen, dass dieser eine **rechtserhaltende Benutzung** seiner älteren Widerspruchsmarken nachweist, falls diese zum Zeitpunkt der Veröffentlichung der angegriffenen Anmeldung bereits fünf Jahre eingetragen war.

119   Nach Art. 10 Abs. 1 DVUM (bei Antragsstellung bis zum 1.10.2017 Regel 22 Abs. 1 GMDV) muss der Anmelder diesen Antrag innerhalb der ihm gesetzten (verlängerbaren) Frist zur Widerspruchserwiderung in einem **gesonderten Schriftstück** stellen. Stellt der Anmelder den gesonderten Antrag nicht innerhalb dieser allerersten (verlängerbaren) Stellungnahmefrist, so ist der Antrag verspätet. Aus dem Wortlaut folgt, dass der Widersprechende in diesem Fall nicht zu einem Benutzungsnachweis verpflichtet ist. Dem Amt kommt insofern **kein Ermessen** zu (ähnlich bereits vor der Reform EuG T-112/03, BeckRS 2005, 70212 Rn. 22 ff. – FLEXI AIR; die Frage wurde im anschließenden Verfahren vom EuGH nicht diskutiert: C-235/05 P).

119.1   Hieran ändert auch das EuGH-Urteil „PROTIVITAL" (EuGH C-120/12 P, BeckRS 2013, 81900 Rn. 33 – PROTIVITAL) nichts, nach dem den Beschwerdekammer nach Regel 50 Abs. 1 UAbs. 3 GMDV stets ein Ermessen hinsichtlich verspätet eingereichter **zusätzlicher** oder **ergänzender** Unterlagen zustehen soll (→ Rn. 140 ff.). Erhebt der Anmelder überhaupt keine Benutzungseinrede, so ist ein späterer Antrag nicht **zusätzlich.** Dies wurde nun ausdrücklich in Art. 27 Abs. 3 lit. c DVUM klargestellt. Ließe man eine verspätete Geltendmachung zu, liefe die Frist von Art. 10 Abs. 1 UMDV leer. Eine Ausnahme kann allenfalls dann bestehen, falls **ganz außergewöhnliche rechtfertigende** Gründe für die Nichtgeltendmachung der Einrede innerhalb der hierfür vorgesehen Frist bestehen (→ Rn. 129).

120   Seit dem 1.10.2017 ist eine **Weiterbehandlung** stets statthaft, falls die übrigen Voraussetzungen des Art. 105 vorliegen. Nach der Amtspraxis wurde schon vor der Reform eine Weiterbehandlung für den Antrag auf Benutzungsnachweis gewährt (eingehend → Art. 105 Rn. 18; vgl. HABM BK 27.3.2012 – R 413/2011-2 Rn. 7 – PROFLEX/PROFEX). Der Säumige kann es mit einem Antrag auf Wiedereinsetzung versuchen. Es ist allerdings zweifelhaft, ob eine Wiedereinsetzung statthaft ist (→ Art. 104 Rn. 15).

121   Im Zuge der Reform sieht nun Art. 19 Abs. 2 DVUM eine Frist für den Antrag auf Benutzungsnachweis im Nichtigkeitsverfahren vor. Wie im Widerspruchsverfahren ist dieser innerhalb der ersten Stellungnahmefrist des Inhabers der angegriffenen Marke in einem gesonderten Schriftsatz zu stellen. Damit gilt das oben zum Widerspruch Gesagte entsprechend für das Nichtigkeitsverfahren.

121.1   Vor der Reform sah die Verordnung keine Frist für einen Antrag auf Benutzungsnachweis einer älteren Marke im **Nichtigkeitsverfahren** gestützt auf **relative Schutzhindernisse** vor (Art. 53 und 57 Abs. 2 UMV 2009, Regel 40 Abs. 6 GMDV). Insofern ließ sich argumentieren, dass der Gesetzgeber in diesem Fall keine „harte" Frist hat vorsehen wollen (→ Art. 64 Rn. 26 ff.). Die Nichtigkeitsabteilung wendete Regel 22 Abs. 1 GMDV **nicht** analog an. Andererseits konnte nicht ausgeschlossen werden, dass die Beschwerdekammer damit argumentiert, dass dem Inhaber des angegriffenen Rechts vom Amt eine Frist gesetzt wird, um auf den Vortrag des Antragstellers zu erwidern und diese Frist der Straffung des Verfahrens dient. Dieser Zweck liefe leer, falls der Inhaber eine Benutzung der älteren Marke auch zu einem späteren Zeitpunkt geltend machen könnte (vgl. so für das Widerspruchsverfahren EuG T-112/03, BeckRS 2005, 70212 Rn. 27 ff. – FLEXI AIR).

5. Nachweis der Benutzung

Gegenteilige Vorschriften, die die Berücksichtigung eines verspäteten Vortrags ausschließen **122** (→ Rn. 106 ff.) sind Art. 47 Abs. 2 und 3 iVm Art. 10 Abs. 2 DVUM (vor dem 1.10.2017 Regel 22 Abs. 2 GMDV). Hiernach hat der Widersprechende auf Antrag des Anmelders eine rechtserhaltende Benutzung seiner älteren Marke innerhalb einer vom Amt gesetzten (verlängerbaren) Frist nachzuweisen. Legt der Widersprechende innerhalb der gesetzten Frist **keinerlei** Beweismittel vor, weist das Amt den Widerspruch nach Art. 47 Abs. 2 S. 2, Art. 10 Abs. 2 DVUM zurück.

Aus dem Wortlaut folgt grundsätzlich, dass die **erstmalige** Vorlage von Beweismitteln für **123** die Benutzung der älteren Marke nach Ablauf der dafür gesetzten Frist zur Zurückweisung des Widerspruchs führt, **ohne** dass das Amt insoweit über ein **Ermessen** verfügt (EuGH C-90/08 P, BeckRS 2009, 70402 Rn. 35 ff. – CORPO LIVRE; T-214/08, BeckRS 2012, 80781 Rn. 45 – OUTBURST; T-50/09, BeckRS 2011, 80251 Rn. 63 – Dada & Co. Kids; EuG T-44/19, GRUR-RS 2020, 3672 Rn. 40 – TC Touring Club; T-97/16, BeckRS 2017, 108659 Rn. 29 – GEOTEK; **anders** aber EuGH C-308/10 P, BeckEuRS 2011, 572696 Rn. 33 ff. – unibanco; EuG T-24/13, BeckRS 2015, 81576 Rn. 79 ff., 82 – Cactus). Auch der EuGH sah ein Ermessen der **Beschwerdekammern** schon vor der Reform nur bei **zusätzlichen** und **ergänzenden** Materialien (vor der Reform EuGH C-71/16 P, BeckRS 2017, 140207 Rn. 57, 58 – ZUMEX; C-120/12 P, BeckRS 2013, 81900 Rn. 33; eingehend → Rn. 120, → Rn. 140 f.). Ob die ältere Marke ernsthaft benutzt wurde, ist nämlich eine Vorfrage, die als solche beantwortet werden muss, bevor eine Entscheidung über den Widerspruch selbst getroffen wird (EuG T-24/13, BeckRS 2015, 81576 Rn. 79 – Cactus; T-214/08, BeckRS 2012, 80781 Rn. 45 – OUTBURST; T-86/05, BeckRS 2007, 71041 Rn. 49 – CORPO LIVRE; indirekt bestätigt durch EuGH C-90/08 P, BeckRS 2009, 70402 Rn. 35 ff. – CORPO LIVRE). Dies ist nun in Art. 27 Abs. 3 DVUM ausdrücklich niedergelegt. Zum Ermessen der Beschwerdekammern eingehend → Rn. 140 f.

Wurden allerdings fristgerecht Benutzungsunterlagen beigebracht, so stehen Art. 47 Abs. 2 und **124** 3 iVm Art. 10 Abs. 2 DVUM der Berücksichtigung verspätet eingereichter Unterlagen nach Art. 95 Abs. 2 nicht entgegen.

In EuGH C-308/10 P, BeckEuRS 2011, 572696 Rn. 33 ff. – unibanco hat der EuGH erstmals der **124.1** Kammer kein Ermessen abgesprochen, um verspätet vorgelegte Benutzungsunterlagen zu berücksichtigen. Die Frage, ob es sich bei der bereits vor der letzten Reform der GMDV in Regel 22 Abs. 1 GMDV niedergelegten Frist um eine Ausschlussfrist handelt, wurde in dem Urteil nicht diskutiert. Die Kammer war allerdings zu dem Ergebnis gekommen, dass die Unterlagen ohnehin nicht zu berücksichtigen sind. Dies wurde durch die Neuregelung in Art. 27 Abs. 4 DVUM klargestellt.

Ein Ermessen (auch der ersten Instanz) besteht in jedem Fall, falls der Inhaber der älteren Marke **124.2** fristgerecht Benutzungsunterlagen einreicht und (verspätet) weitere Unterlagen nachschiebt oder falls eine Rechtfertigung für die Verspätung vorliegt (insofern → Rn. 128 ff.).

Die vorgenannten Grundsätze gelten auch für den Nachweis einer Benutzung im **Verfallsver-** **125** **fahren** (Art. 51; EuG T-34/17, BeckRS 2018, 7289 Rn. 22 ff. – SKYLEADER; 15.7.2015 – T-215/13, BeckRS 2016, 82021 Rn. 67 ff. – lambda; HABM BK 6.9.2012 – R 1761/2011-1 Rn. 13 ff. – RECARO; 29.8.2012 – R 1978/2011-2 Rn. 35 ff. – Bésame) bzw. für die rechtserhaltende Benutzung der älteren Marke im **Nichtigkeitsverfahren** (Art. 53; vgl. EuG T-250/09, BeckRS 2012, 80395 Rn. 26 ff. – Mangiami). Nach Art. 19 Abs. 2 DVUM (bis zum 1.10.2017 Regel 40 Abs. 4 und 5 GMDV) ist der Nichtigkeitsantrag zurückzuweisen, falls **keine** oder nur **völlig unerhebliche** Unterlagen fristgemäß eingereicht werden. Der EuGH hatte schon zur vorherigen Rechtslage festgestellt, dass es sich um eine „harte" Frist handelt, falls keinerlei Unterlagen eingereicht werden. Reicht der Markeninhaber hingegen Nachweise ein, können **ergänzende** Beweise berücksichtigt werden (EuGH C-418/16 P, GRUR-Prax 2018, 167 Rn. 47 ff. – mobile.de; C-609/11 P, BeckRS 2013, 81874 Rn. 85 ff. – Centrotherm; EuG T-215/13, BeckRS 2016, 82021 Rn. 67 ff. – lambda; → Rn. 128 ff.). Insofern klassifizierte der EuGH Regel 40 Abs. 6 GMDV noch nicht einmal als gegenteilige Vorschrift im Sinne der Rechtsprechung (EuGH C-418/16 P, GRUR-Prax 2018, 167 Rn. 56 – mobile.de).

126   Diese Rechtsprechung zum Verfallsantrag wurde im Zuge der Reform in Art. 19 Abs. 2 letzter Satz DVUM inkorporiert. Der Säumige kann es mit einem Antrag auf Wiedereinsetzung (Art. 104) oder **Weiterbehandlung** (Art. 105) versuchen.

6. Beschwerdeeinreichung und -begründung

127   Nach Art. 68 ist eine Beschwerde innerhalb von zwei Monaten nach Zustellung der erstinstanzlichen Entscheidung einzulegen und innerhalb von vier Monaten zu begründen. Die Fristen sind nicht verlängerbar. Erfolgen Beschwerdeeinreichung oder -begründung verspätet, kann die Kammer diese nicht beachten (aber → Rn. 140 ff.). Die Beschwerde ist unzulässig (EuG T-703/15, BeckRS 2016, 112503 Rn. 23, 57 ff. – GO SPORT; HABM BK 15.12.2008 – R 60/2008-1 Rn. 6 ff. – Photovoltaic Technology Show).

V. Ergänzende Unterlagen

128   Wie oben festgestellt, steht dem Amt bei Versäumen einer Ausschlussfrist grundsätzlich kein Ermessen zu, verspätet eingereichte Unterlagen zu berücksichtigen (→ Rn. 106 f.; zu den **Beschwerdekammern** → Rn. 140 ff.). Die Rechtsprechung hat hierzu aber **Ausnahmekonstellationen** entwickelt.

129   Hat der Säumige **überhaupt keine Unterlagen** eingereicht, können diese im Ausnahmefall berücksichtigt werden, falls die Verspätung **gerechtfertigt** ist (EuG 6.12.2016 – T-703/15 Rn. 28 ff. – GO SPORT; T-86/05, BeckRS 2007, 71041 Rn. 49 – CORPO LIVRE, im Ergebnis bestätigt durch EuGH C-90/08, BeckRS 2009, 70402 Rn. 35 ff. – Y LIVRE; vgl. auch EuGH C-308/10 P, BeckEuRS 2011, 572696 Rn. 33 ff. – unibanco). Dies ist denkbar, falls Beweismittel vorher nicht beigebracht werden konnten oder die Verspätung dem Amt **aufgrund technischer Fehler** zuzuschreiben ist. Streng genommen liegt in diesem Fall aber schon keine Verspätung vor (→ Rn. 96). Bei Umständen, die im Verantwortungsbereich des Säumigen liegen, ist eine Verspätung in der Regel nicht gerechtfertigt. Der Ausnahmetatbestand ist daher kaum von praktischer Relevanz. In diesen Fällen kann möglicherweise ein Antrag auf Wiedereinsetzung (Art. 104) oder Weiterbehandlung (Art. 105) gestellt werden.

130   Hat der Säumige **bereits relevante Unterlagen eingereicht,** kann das Amt **ergänzend** eingereichte Unterlagen berücksichtigen (EuGH C-621/11 P, BeckRS 2013, 81526 Rn. 29 f. – FISHBONE; EuG T-668/18, BeckRS 2019, 23142 Rn. 21 – ADPepper; T-214/08, BeckRS 2012, 80781 Rn. 46 – OUTBURST; T-24/13, BeckRS 2015, 81576 Rn. 80 ff. – Cactus). Dies gilt insbesondere falls nichts auf einen Fristmissbrauch oder eine absichtliche Verzögerungstaktik des Betroffenen hinweist und die nachfolgend dargestellten Kriterien erfüllt sind (vgl. EuG T-24/13, BeckRS 2015, 81576 Rn. 81 – Cactus; die Frage war nicht Gegenstand des anschließenden Rechtsmittels EuGH C-501/15 P, GRUR-RR 2017, 496; EuG T-214/08, BeckRS 2012, 80781 Rn. 53 – OUTBURST).

131   Es ist, erstens, entscheidend, dass der Widersprechende **überhaupt** fristgerecht **Unterlagen** eingereicht hat. Es darf sich nicht um die **ersten und einzigen** Beweise für die **Benutzung** der älteren Marke handeln (EuGH C-621/11 P, BeckRS 2013, 81526 Rn. 28 – FISHBONE; EuG T-144/19, GRUR-RS 2020, 22125 Rn. 59 – ADLON; T-44/19, GRUR-RS 2020, 3672 Rn. 40 ff. – TC Touring Club; T-86/05, BeckRS 2007, 71041 Rn. 59 – CORPO LIVRE, im Ergebnis bestätigt durch EuGH C-90/08 P, BeckRS 2009, 70402 Rn. 35 ff. – CORPO LIVRE). Nicht nachgeholt werden können
- gravierende Fehler in der Widerspruchsschrift (→ Rn. 108),
- der völlig fehlende Nachweis der Existenz der geltend gemachten älteren Rechte (→ Rn. 110 ff.),
- der fehlende Antrag auf Nachweis der Benutzung (→ Rn. 118 ff.),
- eine fehlende Beschwerdeschrift oder Beschwerdebegründung (→ Rn. 127).

Da nichts fristgerecht eingereicht wurde sind die verspätet eingereichten Unterlagen nicht ergänzend.

132   Wenn aber fristgerecht bereits Unterlagen vorgelegt wurden, kommt eine Ergänzung insbesondere in Betracht bei
- dem Nachweis einer rechtserhaltenden Benutzung eines älteren Rechts (→ Rn. 122),
- der Geltendmachung einer erhöhten Unterscheidungskraft (→ Rn. 115) oder
- dem Nachweis einer Bekanntheit der älteren Marke im Rahmen von Art. 8 Abs. 5 in Betracht (→ Rn. 116).

133 Zweitens dürfen die fristgerecht eingereichten Unterlagen **nicht offensichtlich unzureichend** gewesen sein. Es genügt also nicht, falls der Betroffene irgendwelche belanglosen Unterlagen einreicht, um die Frist zu wahren. Der Inhaber muss ernsthaft den Versuch unternehmen, die relevante Tatsache fristgerecht nachzuweisen (zB Einreichung von Erklärungen des Widersprechenden oder Dritter, Rechnungen und Fotografien zum Nachweis einer Benutzung vgl. EuGH C-621/11 P, BeckRS 2013, 81526 Rn. 29 – FISHBONE; EuG T-318/16, BeckRS 2017, 143997 Rn. 54 – SDC-444S).

Die ergänzenden Unterlagen sollten den Inhalt der ursprünglichen Beweise **verstärken** oder **134** **verdeutlichen** (EuG T-214/08, BeckRS 2012, 80781 Rn. 51 – OUTBURST). Insoweit hat das Gericht ausgeführt, dass sich neue Beweismittel dadurch auszeichnen, dass kein Zusammenhang mit einem anderen, zuvor dargelegten Dokument besteht, während zusätzliche oder ergänzende Beweismittel solche sind, die zu anderen fristgerecht vorgelegten hinzukommen (EuG T-76/20, BeckRS 2022, 237 Rn. 42 – POMODORO; T-144/19, GRUR-RS 2020, 22125 Rn. 56 – ADLON). Unter Umständen genügt es auch, dass ein Tatsachenvortrag durch die Unterlagen ergänzt wird (EuG T-76/20, BeckRS 2022, 237 Rn. 37 f. – POMODORO). Der Beteiligt sollten bestenfalls in seiner Stellungnahme einen klaren Link herstellen, in dem er aufzeigt welche der bereits vorgetragenen Tatsachen und beigebrachten Beweismittel ergänzt werden. Falls das Amt beabsichtigt, die Unterlagen zu berücksichtigen, muss die andere Partei Gelegenheit erhalten, zu den ergänzend eingereichten Unterlagen Stellung zu nehmen (vgl. EuG T-214/08, BeckRS 2012, 80781 Rn. 54 – OUTBURST; T-415/09, BeckEuRS 2011, 625789 Rn. 32 – FISHBONE, im Ergebnis bestätigt durch EuGH C-621/11 P, BeckRS 2013, 81526 – FISHBONE; → Art. 94 Rn. 92, → Art. 94 Rn. 115).

In früheren Urteilen (EuG T-86/05, BeckRS 2007, 71041 Rn. 56 – CORPO LIVRE, im Ergebnis **134.1** bestätigt durch EuGH C-90/08 P, BeckRS 2009, 70402 Rn. 35 ff. – CORPO LIVRE) forderte das EuG als zusätzliche Bedingung, dass **„neue Gesichtspunkte"** zutage getreten seien, die die verspätete Vorlage rechtfertigten. In jüngeren Urteilen erwähnte das EuG zwar diese Voraussetzung unter Hinweis auf die bisherige Rechtsprechung (EuG T-214/08, BeckRS 2012, 80781 Rn. 53 – OUTBURST). Es lässt aber ausreichen, dass die bisher eingereichten Unterlagen **vom Amt als unzureichend** (EuG T-214/08, BeckRS 2012, 80781 Rn. 53 – OUTBURST; **anders aber** EuG T-250/09, BeckRS 2012, 80395 Rn. 26 ff. – Mangiami) oder **vom Anmelder als ungenügend** gerügt wurden (EuG T-250/09, BeckRS 2012, 80395 Rn. 26 ff. – Mangiami; kritisch Pohlmann UnionsmarkenR Kap. 1 § 1 Rn. 63). Letztere Auffassung wurde durch den EuGH bestätigt (EuGH C-621/11 P, BeckRS 2013, 81526 – FISHBONE, die Entscheidung des EuG T-415/09 hatte in Rn. 30 ein Nachreichen von Unterlagen aufgrund einer Rüge durch die andere Partei zugelassen). Damit ist das Kriterium des „neuen Gesichtspunktes" entfallen.

Die **Abgrenzung,** ob es sich nach den vorgenannten Kriterien, um ergänzende Unterlagen **135** oder um erstmals eingereichte Unterlagen handelt ist mitunter schwierig. Das **Volumen** spielt dabei aber nicht unbedingt eine Rolle. Die ergänzenden Unterlagen können umfangreicher als der fristgerechte Vortrag sein (EuG T-76/20, BeckRS 2022, 237 Rn. 44 f. – POMODORO). Für den Nachweis der Benutzung einer älteren Marke im Widerspruch oder Nichtigkeitsverfahren sind die vorgenannten Grundsätze seit dem 1.10.2017 ausdrücklich in Art. 10 Abs. 2 DVUM und Art. 19 Abs. 2 DVUM zum Benutzungsnachweis und in Art. 8 Abs. 5 DVUM zur Substantiierung kodifiziert. Darüber hinaus enthalten die Regelungen Bestimmungen dazu, wann diese Unterlagen als ergänzend gelten.

Was die **Substantiierung eines älteren** Rechts im Widerspruch betrifft, legt das Amt das **136** Kriterium der ergänzenden Unterlagen sehr eng aus. Nach den EUIPO-Prüfungsrichtlinien müssen die rechtzeitig vorgelegten Unterlagen, erstens, relevant gewesen sein und, zweitens, müssen die ergänzend eingereichten Unterlagen sich auf **dieselben rechtlichen Anforderungen** beziehen, die mit den ursprünglichen Tatsachen oder Beweismitteln nachgewiesen werden sollten. Die Voraussetzungen dürften etwa erfüllt sein, bei einer ergänzenden Übersetzung (so schon vor der Reform EuG T-549/15, BeckRS 2016, 111530 Rn. 34 ff. – CAFE DEL SOL). Eintragungsurkunden, die nicht alle erforderlichen Informationen für die Feststellung des Bestehens, des Umfangs oder der Gültigkeit der älteren Marke enthalten, gelten nach derzeitiger Auslegung des Amtes als **offensichtlich unzureichende Beweismittel,** da die geforderten Inhalte in den Verordnungen genau und erschöpfend dargelegt seien (EUIPO-Prüfungsrichtlinien, Teil C, Widerspruch, Abschnitt 4.2.6.1). Das heißt, fehlt es etwa in der eingereichten Eintragungsurkunde am Anmeldedatum, dürfte dieses nicht nachgereicht werden. Es bleibt abzuwarten, ob diese sehr enge Auslegung einer Überprüfung durch die Beschwerdekammern, das EuG und den EuGH standhält. Das Problem ist allerdings entschärft durch die Möglichkeit der Bezugnahme auf online zugängliche vom Amt anerkannte Quellen (Art. 7 Abs. 3 DVUM). Es soll aber möglich sein, eine **Verlängerungsurkunde** als ergänzenden Nachweis nachzureichen, insbesondere um die Behauptung zu widerlegen, die ältere Marke sei erloschen (EuG T-356/20, GRUR-RS 2021, 31953 Rn. 26–30 – Racing Syndicate (fig.)/Syndicate).

137   Verspätet eingereichte **Benutzungsunterlagen** sind im Widerspruchs- und Nichtigkeitsverfahren nach Art. 10 Abs. 2 DVUM und Art. 19 Abs. 2 DVUM nur dann ergänzend, falls sie sich auf dieselben Anforderungen nach Art. 10 Abs. 3 DVUM beziehen wie die Unterlagen, die fristgerecht eingereicht wurden, also auf Ort, Zeit, Umfang oder Art der Benutzung. Wurden etwa keine Unterlagen zum Ort fristgerecht vorgelegt, können demnach keine verspäteten Unterlagen zugelassen werden, da diese die fristgerechten Unterlagen zur Anforderung „Ort" nicht ergänzen. Bereits zur Rechtslage vor der Reform hat der EuG Benutzungsunterlagen, die zusätzlich zu bereits eingereichten Unterlagen beigebracht wurden, in Bestätigung der Kammerentscheidung nicht als „ergänzend" bewertet, weil diese sich auf völlig andere Dienstleistungen bezogen als die vorher eingereichten Unterlagen. Hinsichtlich dieser Dienstleistungen waren die Unterlagen erstmals und damit unzulässig eingereicht worden (EuG T-24/13, BeckRS 2015, 81576 Rn. 82 – Cactus; die Frage war nicht Gegenstand des anschließenden Rechtsmittels EuGH C-501/15 P, GRUR-RR 2017, 496). Wurden allerdings bereits hinsichtlich aller Aspekte Benutzungsunterlagen eingereicht, sind weitere Unterlagen ergänzend (EuG T-533/19, GRUR-RS 2020, 14952 Rn. 67 f. – sflooring).

138   Sind die Unterlagen ergänzend, liegt es im **weiten Ermessen des Amtes,** ob es verspätet vorgelegte Unterlagen berücksichtigt (EuGH C-72/16 P, BeckRS 2017, 140207 Rn. 58, 59 – ZUMEX; C-621/11 P, BeckRS 2013, 81526 Rn. 23, 30 – FISHBONE; C-308/10 P, BeckEuRS 2011, 572696 Rn. 33 ff. – unibanco; EuG T-44/19, GRUR-RS 2020, 3672 Rn. 38, 45 – TC Touring Club; T-318/16, BeckRS 2017, 143997 Rn. 66 – SDC-444S; T-214/08, BeckRS 2012, 80781 Rn. 52 – OUTBURST; T-298/10, BeckRS 2012, 81018 Rn. 97 – BIODANZA). Das Amt muss sein Ermessen zwar ausüben, letztlich steht es ihm aber frei, die Unterlagen als verspätet zurückzuweisen (eingehend EuGH C-72/16 P, BeckRS 2017, 140207, Rn. 58, 59 – ZUMEX; EuGH C-120/12 P, BeckRS 2013, 81900 Rn. 40 ff. – PROTIVITAL).

139   Nach wie vor ist daher zu empfehlen, alle zur Verfügung stehenden Unterlagen rechtzeitig beizubringen und ggf. eine Fristverlängerung zu ersuchen. Dem Amt obliegt es grundsätzlich **nicht,** darauf hinzuweisen, ob die eingereichten Unterlagen ausreichen (EuG T-298/10, BeckRS 2012, 81018 Rn. 98 ff. – BIODANZA). Es ist an dem Inhaber ggf. aus eigener Initiative weitere Unterlagen beizubringen. Im Zweiseitigen Verfahren ist der nicht beweispflichtigen Partei zu empfehlen ggf. ausdrücklich die Tatsache zu bestreiten, dass es sich um ergänzende Unterlagen handelt, bzw. darzulegen weshalb die fristgerecht eingereichten Unterlagen schon nicht relevant waren (vgl. EuG T-668/18, BeckRS 2019, 23142 Rn. 22 – ADPepper).

VI. Anwendbarkeit auf die Beschwerdekammern

1. Rechtslage vor dem 1.10.2017

140   Nach einigen Urteilen des EuG aus dem Jahr 2015 war fraglich, ob die vorstehenden „harten" Fristen der GMDV auf die Beschwerdekammern Anwendung finden oder ob der Beschwerdekammer stets ein Ermessen zukommt, verspätet eingereichte Unterlagen zu berücksichtigen. Die Rechtsprechung hierzu war nicht einheitlich.

141   Der EuGH hat festgestellt, dass Regel 50 Abs. 1 UAbs. 3 GMDV der Anwendung von Regel 20 Abs. 1 GMDV (→ Rn. 110 ff.) als lex specialis vorgeht und den **Beschwerdekammern damit ein Ermessen zusteht, zusätzliche** und **ergänzende** Unterlagen zu berücksichtigen (EuGH C-120/12 P, BeckRS 2013, 81900 Rn. 30 – PROTIVITAL; dem folgend EuG 15.7.2015 – T-215/13, BeckRS 2016, 82021 Rn. 67 ff. – lambda; T-543/12, BeckRS 2015, 81386 Rn. 17 ff. – Bugui ua; T-480/13, BeckRS 2014, 81637 Rn. 25 ff. – YouView+). Die Feststellung, dass **zusätzliche und ergänzende** Unterlagen berücksichtigt werden können entspricht der bisherigen Praxis (→ Rn. 128 ff.). Neu daran ist lediglich die Berufung auf Regel 50 Abs. 1 UAbs. 3 GMDV.

141.1   Der Gerichtshof legt Regel 50 Abs. 1 GMDV als lex specialis zu Regel 20 GMDV (→ Rn. 110 ff.) aus. Dies ist ein Zirkelschluss und ergibt sich nicht aus dem Wortlaut von Regel 50 Abs. 1 UAbs. 3 GMDV. Regel 50 Abs. 1 UAbs. 3 GMDV gibt lediglich wieder, dass die Kammer im Rahmen von Art. 76 Abs. 2 verspätet eingereichte Unterlagen berücksichtigen kann. Art. 76 Abs. 2 findet aber grundsätzlich keine Anwendung, falls eine gegenteilige Vorschrift, wie hier Regel 20 GMDV ein verspätetes Vorbringen untersagt. Insofern wäre sachgerechter Regel 20 GMDV eng auszulegen, so dass der Ausnahmetatbestand nur dann Anwendung findet, falls überhaupt nichts eingereicht wird. Werden hingegen Unterlagen eingereicht, so sollte es grundsätzlich auch im Ermessen der ersten Instanz stehen, zusätzliche Unterlagen zu berücksichtigen (so zu Regel 40 GMDV EuGH C-609/11 P, BeckRS 2013, 81874 Rn. 85 ff. – Centrotherm; → Rn. 128 ff.).

Das EuG hatte diesen Ansatz weiterentwickelt. Nach dem Urteil vom 24.10.2014 in T-543/   **142** 12, BeckRS 2015, 81386 – „Bugui ua" sollte die Kammer nicht nur zusätzliche und ergänzende Unterlagen, sondern auch **erstmals** vorgelegte Unterlagen berücksichtigen können. Das EuG berief sich dabei auf die spanische Fassung des „PROVITAL"-Urteils, nach dem **„neue** Tatsachen und Beweismittel" („hechos y pruebas **nuevos**") berücksichtigt werden können. In der deutschen Fassung heißt es hingegen **„zusätzliche** oder **ergänzende** Sachverhalte und Beweismittel" (EuGH C-120/12 P, BeckRS 2013, 81900 Rn. 33 – PROVITAL). Auch die Kenzo-Urteile aus dem Jahre 2015 scheinen diesem Ansatz zu folgen (EuG T-414/13, BeckRS 2015, 122971 Rn. 17 – KENZO ESTATE; s. aber die Auslegung des Urteils in EuGH C-85/16 P und C-86/ 16 P, GRUR Int 2018, 1039; s. auch noch Anfang 2016 EuG T-169/13, BeckRS 2016, 128640 Rn. 41 ff. – MOTO B). Allerdings war die Rechtsprechung des EuG nicht einheitlich. In anderen Urteilen erwähnte der EuG Regel 50 Abs. 1 GMDV nicht und kehrte zu dem bisherigen Grundsatz zurück, dass nur ergänzend eingereichte Unterlagen Berücksichtigung finden können (EuG T-215/13, BeckRS 2016, 82021 Rn. 67 ff. – lambda).

Der EuGH hat dieser Unsicherheit schließlich ein Ende gesetzt und festgestellt, dass Regel 50   **143** **nicht** dahin ausgelegt werden kann, dass sie das Ermessen der Beschwerdekammer auf **neue Beweismittel** erstreckt (EuGH C-72/16 P, BeckRS 2017, 140207 Rn. 58 ff. – ZUMEX; C-597/14 P, BeckRS 2016, 81618 Rn. 27 – Bugui ua; EuG T-44/19, GRUR-RS 2020, 3672 Rn. 40 ff. – TC Touring Club; T-318/16, BeckRS 2017, 143997 Rn. 50 – SDC-444S). Das Einräumen eines Ermessens für **erstmals** eingereichte Unterlagen widerspricht nicht nur der bisherigen Rechtsprechung, sondern auch dem Gesetzeswortlaut. Nach Regel 50 Abs. 1 UAbs. 3 GMDV kann die Kammer nur **zusätzliche** oder **ergänzende** Sachverhalte und Beweismittel berücksichtigen. Auch in der spanischen Fassung von Regel 50 GMDV ist nur von ergänzenden Materialien die Rede. Das EuG hatte somit einen Rechtsfehler begangen, indem es befunden hatte, dass die Beschwerdekammer ein Ermessen hinsichtlich erstmals eingereichter Unterlagen habe. Werden die „harten" Fristen folglich vor der ersten Instanz nicht gewahrt und wird nichts eingereicht, kann auch die Kammer erstmals eingereichte Unterlagen nicht berücksichtigen. Alles andere würde zu einer Aushöhlung der Fristen führen.

Die Kammer **muss** aber in jedem Fall **prüfen, ob** die Unterlagen **erstmalig oder ergänzend**   **144** sind. Tut sie dies nicht, kann die Entscheidung aus diesem Grund aufgehoben sein (EuGH C-597/14 P, BeckRS 2016, 81618 Rn. 30 – Bugui ua).

Besteht ein Ermessen der Kammer, da die Unterlagen ergänzend sind, soll die Nichtausübung   **145** des Ermessens durch die Kammer nach einer Einzelfallentscheidung des EuG zur Aufhebung der Kammerentscheidung führen, und zwar unabhängig von der Frage, ob die Kammer bei Ermessensausübung zum selben Ergebnis gekommen wäre (so EuG T-480/13, BeckRS 2014, 81637 Rn. 32 – YouView+).

2. Rechtslage nach dem 1.10.2017

Art. 27 Abs. 4 DVUM kodifiziert die vorstehenden Grundsätze (s. auch Art. 54 EUIPO-   **146** BKVfO). Hiernach darf die Beschwerdekammer Tatsachen oder Beweismittel, die ihr zum ersten Mal vorgelegt werden, nur dann berücksichtigen, wenn **diese**
- **auf den ersten Blick relevant** erscheinen (lit. a) **und**
- sie aus berechtigten Gründen nicht fristgemäß vorgelegt wurden, insbesondere wenn sie bereits fristgemäß vorgelegte, einschlägige Tatsachen und Beweismittel ergänzen, oder wenn sie zur Anfechtung von Feststellungen dienen, die von der ersten Instanz von Amts wegen in der Entscheidung, gegen die die Beschwerde gerichtet ist, ermittelt oder untersucht wurden (lit. b). Die Regelung inkorporiert die bisherige Rechtsprechung zu den Kriterien für die Ermessensausübung (→ Rn. 152 ff.; → Rn. 159 ff.). Der Zweck der Regelung ist einerseits die Schaffung eines Anreizes zur Einhaltung von Fristen. Andererseits ermöglichst sie gerade in Verfallsverfahren den Erhalt bereits eingetragener Rechte (so EuG T-76/20, BeckRS 2022, 237 Rn. 37 f. – POMODORO).

Allerdings ist ein erstmaliger Vortrag vor der Beschwerdekammer nicht automatisch und zwin-   **147** gend verspätet (→ Rn. 96 ff.). So soll es nach dem EuGH immer möglich sein, Beweismittel rechtzeitig erstmals vor der Beschwerdekammer vorzulegen, soweit mit den betreffenden Beweismitteln, die von der ersten Instanz in der angefochtenen Entscheidung angeführten Gründe in Frage gestellt werden sollen. Bei diesen Beweismitteln handele es sich entweder um **zusätzliche** Beweismittel zu den im Verfahren vor der ersten Instanz vorgelegten oder um Beweismittel, die einen neuen Gesichtspunkt betreffen, der im Laufe des erwähnten Verfahrens nicht vorgebracht werden konnte (so EuGH C-634/16 P, GRUR-Prax 2018, 119 Rn. 42 – FITNESS; s. im Nichtigkeitsverfahren EuG T-668/18, BeckRS 2019, 23142 Rn. 26 – ADPepper; zum Nachweis der Verlängerung einer älteren Marke EuG T-356/20, GRUR-RS 2021, 31953 Rn. 33 – Racing Syndicate (fig.)/Syndicate). Umgekehrt heißt die Tatsache, dass die Unterlagen ergänzend sind allerdings nicht, dass diese zwingend zu berücksichtigen seien. Die Beschwerdekammer hat vielmehr ihr Ermessen auszuüben und die sich gegenüberstehenden Interessen der Parteien abzuwägen (EuG T-536/18, GRUR-RS 2019, 40351 Rn. 44 – FITNESS).

148   Die Partei, die sich auf das Vorliegen der Voraussetzungen des Art. 27 Abs. 4 DVUM beruft, hat diese darzulegen und nachzuweisen (EuG T-254/20, GRUR-RS 2021, 29106 Rn. 57–59 – DEVICE OF A LOBSTER (fig.)).

VII. Ermessen

149   Sind nach den vorgenannten Kriterien Unterlagen verspätet eingereicht worden und findet **keine Vorschrift** Anwendung, die die Berücksichtigung der Unterlagen untersagt, oder ist eine der von der Rechtsprechung **entwickelten Ausnahmesituationen** einschlägig (zu den Fallgruppen → Rn. 128 ff.), steht es **im Ermessen des Amtes,** ob es die Unterlagen berücksichtigt (zu weiteren Fallgruppen Fezer Markenpraxis-HdB/v. Kapff I Teil 2 Rn. 2160 ff.).

150   Die Beteiligten haben keinen Anspruch auf Berücksichtigung der verspätet eingereichten Unterlagen. Dies würde die Fristen aushöhlen und einer ordnungsmäßigen Verwaltung entgegenstehen (vgl. EuGH C-634/16 P, GRUR-Prax 2018, 119 Rn. 56 – FITNESS; C-29/05 P, BeckRS 2007, 70187 Rn. 43, 45 ff. – ARCOL; EuG T-318/16, BeckRS 2017, 143997 Rn. 66 – SDC-444S). Wohl aber besteht ein **Anspruch auf Ermessensausübung** (→ Rn. 161).

151   Beim Ermessensspielraum ist danach zu unterscheiden, ob es sich um ein **Inter-partes-** oder ein **Ex-parte-Verfahren** handelt, in denen Interessen anderer Beteiligter eine Rolle spielen. Während der **Amtsermittlungsgrundsatz** in Verfahren **absolute Eintragungshindernisse** gebieten kann, verspätet eingereichte Unterlagen zu berücksichtigen, kann es das Interesse anderer Beteiligter in zweiseitigen Verfahren untersagen.

1. Einseitige Verfahren

152   Wird eine Anmeldung beanstandet, setzt das Amt dem Anmelder nach Art. 42 Abs. 2 eine Frist, um zu der Beanstandung Stellung zu nehmen. Reicht der Anmelder eine Stellungnahme erst nach Fristablauf ein, oder trägt er erst Argumente vor der Beschwerdekammer vor, die er auch schon vor dem Prüfer hätte vortragen können, ist der Vortrag grundsätzlich verspätet.

153   Die UMV sieht in Verfahren der Prüfung absoluter Eintragungshindernisse grundsätzlich keine „harten" Fristen vor, nach deren Ablauf der Anmelder neue Tatsachen nicht mehr geltend machen oder ergänzende Argumente nicht mehr vortragen kann (vgl. EuG T-315/03, GRUR Int 2005, 837 Rn. 21 – ROCKBASS). Demnach liegt es nach Art. 95 Abs. 2 im Ermessen des Amtes, ob es den Vortrag berücksichtigt.

154   Art. 95 Abs. 1 S. 1 gebietet es dem Amt, den Sachverhalt vollständig von Amts wegen zu ermitteln (→ Rn. 3 ff.). Das Amt muss daher bis zum Erlass der Entscheidung grundsätzlich alle Argumente und Tatsachen berücksichtigen (vgl. HABM BK 21.11.2011 – R 1027/2011-2 Rn. 40 – SHAPE OF A COLOUR-CHANGING EGG TIMER). Vor diesem Hintergrund und weil in einseitigen Verfahren regelmäßig keine Drittinteressen betroffen sind, spricht in der Regel nichts dagegen, verspätet eingereichte Tatsachen in einseitigen Verfahren zu berücksichtigen. Das Ermessen kann aufgrund des Amtsermittlungsgrundsatzes sogar auf Null reduziert sein (vgl. HABM BK 21.11.2011 – R 1027/2011-2 Rn. 40 – SHAPE OF A COLOUR-CHANGING EGG TIMER geht davon aus, dass sie berücksichtigt werden müssen).

155   Falls das Amt die verspätet eingereichten Unterlagen nicht berücksichtigt, zB weil der Anmelder das Verfahren offensichtlich verschleppt, muss es begründen, weshalb es die verspätet eingereichten Unterlagen nicht berücksichtigt (vgl. EuG T-315/03, GRUR Int 2005, 837 Rn. 31 ff. – ROCKBASS).

156   Bei verspätet eingereichten, ergänzenden Unterlagen zur **Geltendmachung einer Verkehrsdurchsetzung** iSd Art. 7 Abs. 3 steht es ebenfalls im Ermessen des Amtes, ob es diese berücksichtigt (zum Kriterium der Verspätung → Rn. 103). Dies gilt auch nach der Reform. Seit dem 1.10.2017 kann eine Verkehrsdurchsetzung allerdings als **Hilfsanspruch** geltend gemacht werden (→ Rn. 102, → Rn. 29), wodurch eine verspätete Eingabe weniger gerechtfertigt erscheint. Der Anmelder hat schließlich einen gesamten Instanzenzug Zeit, entsprechende Unterlagen zu sammeln. Vor der Reform sprach für eine Berücksichtigung, falls die verspäteten Unterlagen entschei-

dungserheblich waren. Auch sprach für eine Berücksichtigung, falls der Anmelder davon ausging, dass eine Verkehrsdurchsetzung nur für einen Teil der Europäischen Union nachzuweisen ist und er erst durch die erstinstanzliche Entscheidung darauf hingewiesen wurde, dass eine Verkehrsdurchsetzung für weitere Teile erforderlich ist (HABM BK 26.5.2011 – R 1217/2010-1 Rn. 34 – GETRIEBERIFFELN; 12.2.2010 – R 1627/2008-4 Rn. 28 – FLEXI-BAR). Diese Aspekte können auch nach der Reform noch eine Rolle spielen. Da es sich um ein einseitiges Verfahren handelt, wird durch die Berücksichtigung keine Rechtspositionen anderer Beteiligter beeinträchtigt (HABM BK 26.5.2011 – R 1217/2010-1 Rn. 34 – GETRIEBERIFFELN). Außerdem könnte der Anmelder die Marke im Falle der Zurückweisung erneut anmelden und eine Verkehrsdurchsetzung geltend machen, so dass es durch eine Nichtbeachtung der Unterlagen auch nach der Reform zu einem unnötigen Verwaltungsaufwand kommen kann.

156.1 HABM BK 21.11.2011 – R 1027/2011-2 Rn. 40 – SHAPE OF A COLOUR-CHANGING EGG TIMER geht davon aus, dass die Unterlagen aufgrund des Amtsermittlungsgrundsatzes berücksichtigt werden **müssen.** Der Amtsermittlungsgrundsatz bezieht sich aber grundsätzlich nicht auf die Verkehrsdurchsetzung (→ Rn. 23).

157 Da nicht auszuschließen ist, dass das Amt berechtigte Gründe sieht, die Unterlagen abzulehnen (vgl. EuG T-269/06, BeckEuRS 2008, 486353 Rn. 27 – RAUTARUUKKI), ist dem Anmelder jedenfalls zu empfehlen, Beweismittel für eine Verkehrsdurchsetzung bereits innerhalb der ersten Stellungnahme beizubringen. Kann er dies nicht, sollte er detailliert darlegen, warum eine fristgerechte Beibringung nicht möglich ist. Er sollte eine Fristverlängerung oder eine Aussetzung des Verfahrens beantragen (vgl. EuG T-269/06, BeckEuRS 2008, 486353 Rn. 26 – RAUTAR-UUKKI). Im Zweifel kann auch ein Anruf beim Prüfer hilfreich sein.

158 Art. 54 EUIPO-BKVfO differenziert nicht zwischen ein- und zweiseitigen Verfahren. Allerdings sieht Art. 54 Abs. 1 lit. a EUIPO-BKVfO einen Auffangtatbestand vor, nach dem Unterlagen immer berücksichtigt werden kann, wenn ein rechtfertigender Grund besteht. Im Amtsermittlungsgrundsatz dürfte unter Umständen ein solcher Grund zu sehen sein.

2. Zweiseitige Verfahren

159 In zweiseitigen Verfahren hat das Amt nicht nur das Interesse des Säumigen zu berücksichtigen, sondern auch die Interessen der anderen Partei (zu den verschiedenen Fallgruppen → Rn. 119, → Rn. 128 ff.; zu weiteren Fallgruppen Fezer HdB Markenpraxis/v. Kapff I 2. Teil Rn. 2160 ff.).

160 Grundsätzlich hat das Amt ein **weites** Ermessen (EuGH C-621/11 P, BeckRS 2013, 81526 Rn. 23 – FISHBONE; C-216/10 P, BeckEuRS 2010, 561856 Rn. 45 – A Plus; C-308/10 P, BeckEuRS 2011, 572696 Rn. 49 – unibanco; C-29/05 P, BeckRS 2007, 70187 Rn. 43 – ARCOL; EuG T-144/19, GRUR-RS 2020, 22125 Rn. 45 - ADLON; T-44/19, GRUR-RS 2020, 3672 Rn. 38, 45 – TC Touring Club).

161 Das Amt muss dieses Ermessen aber auch **ausüben** (vgl. EuGH C-621/11 P, BeckRS 2013, 81526 Rn. 33 – FISHBONE; EuG T-536/18, GRUR-RS 2019, 40351 Rn. 44 ff. – FITNESS). Es muss aus der Entscheidung hervorgehen, dass das Amt die Unterlagen überhaupt zur Kenntnis genommen hat und, dass es davon ausgeht, dass ihm ein Ermessen zusteht oder aber nicht (vgl. EuGH C-120/12 P, BeckRS 2013, 81900 Rn. 30 – PROTIVITAL; C-308/10 P, BeckEuRS 2011, 572696 Rn. 45 – unibanco; EuG T-543/12, BeckRS 2015, 81386 Rn. 24 ff. – Bugui ua; T-480/13, BeckRS 2014, 81637 Rn. 25 ff. – YouView+; T-407/05 BeckRS 2007, 70897 Rn. 61 ff. – REVIAN's; T-481/04, BeckEuRS 2007, 456837 Rn. 20 f. – VOGUE; T-192/04, BeckRS 2007, 70499 Rn. 67 – LURA-FLEX). Hierzu muss das Amt zumindest feststellen, dass die Unterlagen erstmalig vorgelegt werden, so dass kein Ermessen besteht, oder aber, dass diese ergänzend sind, so dass ein Ermessen auszuüben ist (vgl. EuGH C-597/14 P, BeckRS 2016, 81618 Rn. 30 – Bugui ua).

162 Das Amt muss abwägen und (zumindest kurz) begründen weshalb die verspätet eingereichten Unterlagen Berücksichtigen finden oder nicht (EuGH C-120/12 P, BeckRS 2013, 81900 Rn. 37 ff. – PROTIVITAL; C-29/05 P, BeckRS 2007, 70187 Rn. 43 – ARCOL; EuG T-543/12, BeckRS 2015, 81386 Rn. 31 ff. – Bugui ua; T-480/13, BeckRS 2014, 81637 Rn. 25 ff. – YouView+; T-407/05 BeckRS 2007, 70897 Rn. 57 – REVIAN's).

163 Sind die Unterlagen ergänzend und besteht ein Ermessen, so sind bei der Ausübung dieses Ermessens alle einschlägigen Faktoren zu berücksichtigen (HABM BK 10.2.2011 – R 583/2010-1 Rn. 24 – EMTEC). Insbesondere spielen folgende Aspekte eine Rolle:
• die **Art** der in Frage stehenden Tatsachen und Beweismittel (EuG T-420/03, BeckRS 2008, 70676 Rn. 43 – BoomerangTV),

- die **Relevanz** der Unterlagen,
- das **Verfahrensstadium,** in dem das verspätete Vorbringen erfolgte, und
- die **Begleitumstände** des Verfahrensstadiums (zu Relevanz, Verfahrensstadium und Begleitumstände EuGH C-621/11 P, BeckRS 2013, 81526 Rn. 33 f. – FISHBONE; C-308/10 P, BeckEuRS 2011, 572696 Rn. 43 – unibanco; C-193/09, BeckEuRS 2010, 522757 Rn. 39 – ARCOL; C-29/05 P, BeckRS 2007, 70187 Rn. 44 – ARCOL; C-308/10 P, BeckRS 2010, 90507 Rn. 32 – unibanco; EuG T-144/19, GRUR-RS 2020, 22125 Rn. 68 ff. – ADLON; T-407/05, BeckRS 2007, 70897 Rn. 58 – REVIAN's; EuG T-67/15, BeckRS 2016, 82731 Rn. 105 ff. – POLO CLUB SAINT TROPEZ HARAS DE GASSIN).

164 Sind die Unterlagen für den Ausgang des Verfahrens nicht **relevant,** werden diese in der Regel zwar nicht berücksichtigt. Durch das Kriterium der „Relevanz" ist das Amt aber gezwungen, die verspätet eingereichten Unterlagen vollständig zu prüfen. Irrelevant sind etwa verspätet eingereichte Eintragungsurkunden für einen Nachweis der Benutzung. Eintragungsurkunden können keinen Hinweis auf eine tatsächliche Benutzung einer älteren Marke geben (EuGH C-308/10, BeckEuRS 2011, 572696 Rn. 45 – unibanco). Gleiches gilt, falls der Parteivortrag nicht ergiebig ist (vgl. zur verspäteten Geltendmachung einer erhöhten Kennzeichnungskraft EuG T-502/11, BeckRS 2013, 81018 Rn. 28 ff. – zwei ineinander geflochtene Sicheln). Sind die Unterlagen hingegen relevant, spricht in der Regel nichts dagegen diese zu berücksichtigen (EuG T-533/19, GRUR-RS 2020, 14952 Rn. 67 f. – sflooring).

165 Es kann eine Rolle spielen, ob mit den verspätet eingereichten Unterlagen neue Argumente vorgetragen oder **bereits vorgebrachte Argumente lediglich wiederholt** werden. Bloße Wiederholungen können irrelevant sein (vgl. EuG T-325/04, BeckRS 2008, 143770 Rn. 45 f. – WORDLINK).

166 Es kann zudem darauf ankommen, mit **wie viel Verspätung** die Unterlagen eingereicht werden. Ein verspätetes Dokument kann umso eher berücksichtigt werden, je früher es eingereicht wurde (HABM BK 24.10.2012 – R 2438/2011-1 Rn. 19 – MUCOSPRAY/MUCOS). Bei der Einreichung von Benutzungsunterlagen **geraume Zeit nach** der hierfür gesetzten Frist hat der EuGH bestätigt, dass diese ohne weitere Rechtfertigung nicht berücksichtigt werden müssen (EuGH C-308/10 P, BeckEuRS 2011, 572696 Rn. 48 – unibanco). Andererseits kann eine Einreichung kurz nach Fristablauf und eine sehr spät darauf folgende Entscheidung des Amtes dafür sprechen, dass kein zeitlicher Hinderungsgrund für die Berücksichtigung der Unterlagen bestand (EuG T-192/04, BeckRS 2007, 70499 Rn. 70 f. – LURA-FLEX; HABM BK 3.3.2011 – R 1363/2009-1 Rn. 35 ff. – MÜHLHÄUSER Original/Bonne Maman et al.).

167 Es kann außerdem entscheidend sein, ob die Unterlagen bereits zu einem früheren Verfahrensstadium **hätten eingereicht werden können** (EuGH 4C-72/16 P, BeckRS 2017, 140207 Rn. 63, 64 – ZUMEX; C-621/11 P, BeckRS 2013, 81526 Rn. 36 – FISHBONE; C-308/10 P, BeckEuRS 2011, 572696 Rn. 48 – unibanco; EuG T-417/21, GRUR-RS 2022, 23245 Rn. 29 – ITINERANT; T-420/03, BeckRS 2008, 70676 Rn. 45 – BoomerangTV). Umgekehrt führt eine spätere Vorlage nicht zwingend zu einem Ausschluss, auch insofern kommt dem Amt Ermessen zu (EuG T-44/19, GRUR-RS 2020, 3672 Rn. 46 f. – TC Touring Club).

168 Zudem können Aspekte der **Verfahrensökonomie** eine Rolle spielen. Werden etwa von dem Widersprechenden Unterlagen verspätet eingereicht, die zum Erfolg des Widerspruchs führen würden und würden diese aber als verspätet zurückgewiesen, führte dies dazu, dass der Widersprechende später einen Nichtigkeitsantrag stellte und die Unterlagen erneut einreichte. Insofern würde eine Nichtberücksichtigung der Unterlagen lediglich zu einer Verzögerung der Nichteintragung bzw. der Löschung des angegriffenen Rechts führen (vgl. EuGH C-29/05 P, BeckRS 2007, 70187 Rn. 48 – ARCOL; EuG T-407/05, BeckRS 2007, 70897 Rn. 59 – REVIAN's).

169 Auch können die **Gründe für die verspätete Einreichung** und die Möglichkeit der Beteiligten rechtzeitig eine **Fristverlängerung** zu beantragen, relevant sein (Pohlmann, UnionsmarkenR, Kap. 1 § 1 Rn. 66).

170 Diese Grundsätze haben nun Eingang in die DVUM gefunden für die
- Berücksichtigung verspätet eingereichter Substantiierungsunterlagen (Art. 8 Abs. 5 DVUM) und die
- Berücksichtigung verspätet eingereichter Benutzungsunterlagen im Widerspruch (Art. 10 Abs. 7 DVUM) und im Nichtigkeitsverfahren (Art. 19 Abs. 2 DVUM)

171 Für die **Beschwerdekammern** sind die Grundsätze in Art. 27 Abs. 4 DVUM und in Art. 54 EUIPO-BKVfO niedergelegt. Die Beschwerdekammer hat die Voraussetzungen ausdrücklich zu prüfen → Rn. 141. Bei einer **Ermessensausübung durch die Beschwerdekammer** kann zudem eine Rolle spielen, ob in erster Instanz eine der oben dargelegten „harten" Fristen nicht eingehalten wurde (→ Rn. 106 ff.). Es wird auf die Ausführungen in → Rn. 140 ff. verwiesen.

Die Beschwerdekammer kann von einer Ermessensentscheidung der ersten Instanz bestimmte, ergänzende Unterlagen – etwa aufgrund fehlender Relevanz – nicht zu berücksichtigen abweichen und die Beschwerdekammerentscheidung auf diese Unterlagen stützen (EuG T-668/18, BeckRS 2019, 23142 Rn. 17 ff. – ADPepper; → Rn. 173).

Werden verspätet eingereichte Unterlagen von der Widerspruchsabteilung, Löschungsabteilung **172** oder der Beschwerdekammer nicht akzeptiert und legt der **Betroffene** gegen die Entscheidung Beschwerde bzw. Klage ein, so **sollte** er **darlegen, warum Art. 95 Abs. 2 einschlägig ist.** Es sollte ausgeführt werden, dass die Verspätung entweder gerechtfertigt ist oder, warum es sich bei den Unterlagen lediglich um ergänzende handelt und dem Amt daher (auch im Falle einer grundsätzlichen „harten" Frist) ein Ermessen zustand. Es ist sodann darzulegen, dass das Amt ein solches Ermessen entweder gar nicht oder aber fehlerhaft ausgeübt hat und **weshalb sich dies auf das Ergebnis auswirkt.** Bloß **allgemeine Ausführungen genügen nicht** (EuGH C-90/08 P, BeckRS 2009, 70402 Rn. 37 – CORPO LIVRE; EuG T-536/18, GRUR-RS 2019, 40351 Rn. 44 – FITNESS; T-502/11, BeckRS 2013, 81018 Rn. 28 ff. – zwei ineinander geflochtene Sicheln; T-500/10, BeckRS 2012, 81028 Rn. 25, 28 – Doorsa FÁBRICA DE PUERTAS AUTOMÁTICAS; T-262/09, GRUR Int 2011, 612 Rn. 97 ff. – FIRST DEFENSE AEROSOL PEPPER PROJECTOR). Daneben kommt bei **Ermessensnichtgebrauch** eine Verletzung der Begründungspflicht nach Art. 94 in Betracht.

VIII. Rechtsfolge

Wurden in der ersten Instanz fälschlicherweise Unterlagen berücksichtigt, die nicht hätten **173** berücksichtigt werden dürfen oder Unterlagen fälschlicherweise nicht berücksichtigt, kann die Beschwerdekammer (ggf. unter Ausübung des ihr zustehenden Ermessens) zu einer neuen Entscheidung unter Berücksichtigung oder Ausschluss der Unterlagen kommen oder den Fall an die erste Instanz zur erneuten Prüfung zurücksenden (EuG T-668/18, BeckRS 2019, 23142 Rn. 17 ff. – ADPepper; HABM BK 3.3.2011 – R 1363/2009-1 Rn. 35 ff. – MÜHLHÄUSER Original/Bonne Maman et al).

Allerdings dürfte der EuG bei seiner Kontrolle darauf beschränkt sein, ob ein Ermessen seitens **174** der Beschwerdekammer ausgeübt wurde und, falls ja, ob ein Ermessensfehlgebrauch vorliegt. Hat die Kammer ein ihr zustehendes Ermessen ausgeübt und die relevanten Kriterien in → Rn. 159 ff. berücksichtigt, so steht der Kammer ein weites Ermessen zu (vgl. Überprüfung durch EuG T-614/14, BeckRS 2016, 129464 Rn. 26 ff. – KULE, der EuG beschränkt sich auf die Prüfung, ob die Ermessenskriterien angewendet wurden).

Bei einem Verstoß gegen Art. 95 Abs. 2 seitens der Kammer hebt das EuG die Entscheidung **175** auf, **es sei denn,** eine identische Entscheidung hätte ergehen müssen, zB falls die Unterlagen irrelevant sind oder zu keinem abweichenden Ergebnis führen (vgl. EuG T-218/10, BeckRS 2013, 81111 Rn. 70 – SERVICEPOINT; T-407/05, BeckRS 2007, 70897 Rn. 65 f. – REVIAN's; vgl. EuG T-315/03, GRUR Int 2005, 837 Rn. 33 ff. – ROCKBASS, die Anmeldung wurde allerdings im anhängigen Verfahren zurückgenommen, so dass sich der Rechtsstreit erledigte: EuGH C-301/05 P, BeckRS 2007, 70898). Im Fall „Montana" wendet der EuG den Grundsatz an, dass sich ein Verfahrensverstoß auf das Ergebnis der Entscheidung niederschlagen muss. Dies ist nicht der Fall, falls die Beschwerdekammer die Entscheidung nicht im Wesentlichen auf die verspätet eingereichten Unterlagen gestützt hat (EuG T-854/19, GRUR-RS 2021, 13107 Rn. 29 ff. – Montana). Die **Rechtsprechung** ist allerdings **nicht einheitlich.** Nach einigen Einzelfallentscheidungen des EuG ist die Entscheidung der Beschwerdekammer unabhängig davon aufzuheben, ob eine identische Entscheidung hätte ergehen müssen (EuG T-543/12, BeckRS 2015, 81386 Rn. 49 ff. – Bugui ua; im Ergebnis bestätigt durch EuGH C-597/14 P, BeckRS 2016, 81618; EuG T-480/13, BeckRS 2014, 81637 Rn. 25 ff. – YouView+). Dies ist aus prozessökonomischen Gründen wenig sinnvoll.

Wird eine Frist versäumt, ist ein Antrag auf Weiterbehandlung (Art. 105) oder Wiedereinsetzung **176** (Art. 104) zu erwägen. Eine Weiterbehandlung kommt insbesondere in Fällen des Versäumens von Fristen in Löschungsverfahren in Betracht und wird bei Vorliegen der (geringen) Voraussetzungen gewährt.

Art. 96 Mündliche Verhandlung

(1) Das Amt ordnet von Amts wegen oder auf Antrag eines Verfahrensbeteiligten eine mündliche Verhandlung an, sofern es dies für sachdienlich erachtet.

(2) Die mündliche Verhandlung vor den Prüfern, vor der Widerspruchsabteilung und vor der Registerabteilung ist nicht öffentlich.

(3) Die mündliche Verhandlung, einschließlich der Verkündung der Entscheidung, ist vor der Nichtigkeitsabteilung und den Beschwerdekammern öffentlich, sofern die angerufene Dienststelle nicht in Fällen anderweitig entscheidet, in denen insbesondere für einen Verfahrensbeteiligten die Öffentlichkeit des Verfahrens schwerwiegende und ungerechtfertigte Nachteile zur Folge haben könnte.

(4) Der Kommission wird die Befugnis übertragen, gemäß Artikel 208 delegierte Rechtsakte zu erlassen, in denen die Modalitäten für mündliche Verfahren, einschließlich der Modalitäten zur Sprachenregelung im Einklang mit Artikel 146, im Einzelnen festgelegt werden.

Überblick

Nach Art. 96 kann das Amt eine mündliche Verhandlung auf Antrag der Verfahrensbeteiligten oder von Amts wegen anordnen. Die Vorschrift ist kaum von Relevanz (→ Rn. 1 ff.). Verfahrensregeln zur Durchführung der mündlichen Verhandlung sind seit dem 1.10.2017 in Art. 49–55 DVUM (vorher in den Regeln 52, 56, 60, 94 und 97 GMDV) enthalten (→ Rn. 8 ff.). Art. 38, 40 lit. e, 41 Abs. 2 lit. c, 42 Abs. 2 lit. b, 45 Abs. 4 DVUM ergänzen die Vorschriften um Regelungen zur mündlichen Verhandlung in der Beschwerde (vor dem 1.10.2017: HABMVfO). Zudem hat das Präsidium der Beschwerdekammern zum 27.2.2020 eine Verfahrensordnung (EUIPO-BKVfO), die die mündliche Verhandlung in der Beschwerde in den Art. 15 ff. EUIPO-BKVfO adressiert, sowie zum 22.4.2020 eine Entscheidung über die Durchführung mündlicher Verhandlungen per Videokonferenz erlassen (→ Rn. 5.1). Art. 96 Abs. 2 und 3 bestimmen, wann eine mündliche Verhandlung öffentlich ist (→ Rn. 28 f.). Amtsgebühren fallen für die mündliche Verhandlung grundsätzlich nicht an (→ Rn. 33 ff.). Abs. 4 stellt klar, dass die Kommission weitere Regelungen in einer neuen Durchführungsverordnung erlassen kann (→ Rn. 36). Von dieser Befugnis hat sie im Wege der DVUM Gebrauch gemacht.

Übersicht

A. Praktische Relevanz

1　　Nach Art. 77 Abs. 1 kann das Amt von Amts wegen oder auf Antrag eines Verfahrensbeteiligten eine mündliche Verhandlung anordnen. Tatsächlich sind aber (nahezu) alle Verfahren vor dem Amt schriftlich.

2　　Eine mündliche Verhandlung wurde im Amt bislang fünfmal **vor den Beschwerdekammern** durchgeführt (HABM BK 25.4.2001 – R 283/1999-3 Rn. 13 – HOLLYWOOD/HOLLYWOOD). Die letzten beiden Verhandlungen wurden **online durchgeführt** (am 9.9.2022 im Fall R 1613/19 G ICELAND der großen Kammer und am 14.6.2021 im Fall R-1787/2020-5, MARBELLA auf Spanisch mit simultaner Übersetzung ins Englische). Die Öffentlichkeit konnte sich in die mündliche Verhandlung über die Webseite des Amtes einwählen. Auf die Verhandlung hatte die Beschwerdekammer zuvor auf der Seite des Amtes hingewiesen. Die drittletzte Verhandlung fand am 19.11.2018 statt. Verhandelt wurde der Fall R 1849/2017-2 – MONOPOLY. Es ging um ein Nichtigkeitsverfahren gegen die Unionsmarke „MONOPOLY" aufgrund Bösgläubigkeit. Der Sachverhalt stellt das Verfahren der mündlichen Verhandlung und die Zeugenaussagen recht detailliert dar. Eine mündliche Verhandlung fand davor am 27.4.2015 statt. Verhandelt wurde in sechs Anmeldeverfahren betreffend Fragen des Sortenschutzes von Pflanzen (HABM R 528/2014-1 – GEISHA; R 895/2014-1 ICE TEA; R 279/2014-1 – Silverado; R 894/2014-1 – SKYFIRE; R 280/2014-1 – GOLDRUSH).

Grund für die **restriktive Handhabung** ist die Vermeidung einer Verzögerung des Verfahrens 3 und Kosten (vgl. EUIPO-Richtlinien, Teil A, Allgemeine Regeln, Abschnitt 2, 4.2). Das Amt ist aber sehr bemüht vermehrt mündliche Verhandlungen durchzuführen, die bisweilen an einer Bereitschaft der Beteiligten scheitern. Zwar sind mit der mündlichen Verhandlung keine Amtsgebühren verbunden (→ Rn. 33). Die Kosten der Vertreter, insbesondere deren Reisekosten, und die Kosten etwaiger Dritter (zB Zeugen) mögen aber eine Rolle spielen (→ Rn. 35 f.; → Art. 97 Rn. 84 ff.). Es zeichnet sich ab, dass sich dies mit der Möglichkeit der mündlichen Verhandlung per **Videokonferenz** ändert. Das Präsidium der Beschwerdekammer hat eine Entscheidung zum 22.4.2020 zur Durchführung mündlicher Verhandlungen per Videokonferenz erlassen (→ Rn. 28).

Die Anberaumung einer mündlichen Verhandlung steht **im weiten Ermessen des Amtes.** 4 Die Parteien haben **keinen Anspruch** auf eine mündliche Verhandlung (EuG T-222/16, BeckRS 2018, 1885 Rn. 58 – MAGELLAN; T-654/13, BeckRS 2015, 80859 Rn. 41 – Form eines zylindrischen, weiß-roten Gefäßes; T-66/13, BeckRS 2014, 81186 Rn. 88 – Echte Kroatzbeere; EuGH C-412/13 P, BeckRS 2014, 80734 Rn. 72 – MEDINET, das darauffolgende Urteil EuGH C-412/13 P, BeckRS 2014, 80734 Rn. 68 setzt sich mit dieser Frage inhaltlich nicht auseinander; EuG T-300/09, T-299/09, BeckRS 2011, 80096 Rn. 34 – Kombination der Farben Ginstergelb und Silbergrau; T-108/09, GRUR Int 2010, 877 Rn. 45 f. – MEMORY, diese Frage war nicht Gegenstand in dem darauffolgenden Urteil EuGH C-369/10 P, BeckEuRS 2010, 523815; EuG T-115/02, BeckRS 2004, 76465 Rn. 29 ff. – a).

Der **Antragsteller sollte** in jedem Fall **darlegen,** was er in einer mündlichen Verhandlung 5 an zusätzlichen, entscheidungsrelevanten Erkenntnismitteln vorzutragen beabsichtigt und weshalb er eine mündliche Verhandlung als notwendig erachtet (vgl. EuG T-222/16, BeckRS 2018, 1885 Rn. 59 – MEGELLAN; T-66/13, BeckRS 2014, 81186 Rn. 89 – Echte Kroatzbeere; EuGH C-412/13 P, BeckRS 2014, 80734 Rn. 74 – MEDINET; das darauffolgende Urteil EuGH C-412/13 P, BeckRS 2014, 80734 Rn. 68 setzt sich mit dieser Frage inhaltlich nicht auseinander; HABM BK 8.3.2001 – R 203/2000-3 Rn. 57 – Schogetten-Stück). Für die Beschwerden ist dies in Art. 27 Abs. 2 EUIPO-BKVfO niedergelegt. Die Rüge einer fehlerhafte **Ermessensausübung bzw. Nichtausübung** durch die Beschwerdekammer kann vor Gericht nur dann Erfolg haben, falls die Durchführung einer mündlichen Verhandlung zu einem anderen Entscheidungsergebnis geführt hätte. Der Kläger trägt insofern die Darlegungslast (vgl. EuG T-66/13, BeckRS 2014, 81186 Rn. 95 – Echte Kroatzbeere; EuGH C-412/13 P, BeckRS 2014, 80734 Rn. 74 – MEDINET; die darauf folgende Entscheidung EuGH C-412/13 P, BeckRS 2014, 80734 Rn. 68 setzt sich mit dieser Frage inhaltlich nicht auseinander).

Es ist fraglich, wie die EUIPO-BKVfO rechtlich einzuordnen ist. Es handelt sich um eine Entscheidung 5.1 des Präsidiums der Beschwerdekammern. Als Rechtsgrundlage beruft sich die Entscheidung auf Art. 166 Abs. 4 S. 1 lit. a.

Eine mündliche Verhandlung kann etwa sinnvoll sein, falls ein komplexes **Inter-partes-Verfah-** 6 **ren** aufgrund ergebnisloser Verhandlungsversuche seit Jahren anhängig ist. Eine Aufbereitung eines lange zurückliegenden, komplexen Sachverhaltes und die Auswertung umfangreicher schriftlicher Beweismittel (zB der Bekanntheit einer Marke) können sich in einer mündlichen Verhandlung als einfacher und zeitsparender erweisen als im schriftlichen Verfahren. Möglicherweise werden die Parteien außerdem durch den auf sie zukommenden Aufwand zu einer gütlichen Beilegung der Streitigkeit bewegt. Alternativ kommt auch eine Vernehmung über Videokonferenz in Betracht (jetzt Art. 49 Abs. 2 DVUM; → Rn. 9; → Art. 97 Rn. 14; aA für die Rechtslage vor der Reform HABM BK 8.3.2001 – R 203/2000-3 Rn. 57 – Schogetten-Stück). In **Ex-parte-Verfahren** ist eine mündliche Verhandlung sinnvoll, falls ein in tatsächlicher Hinsicht komplexer Sachverhalt zu ermitteln ist, die besondere Sachkenntnisse erfordern. So sind in den Fällen der Beschwerdekammer zum Pflanzensortenschutz drei Sachverständige zu den konkreten Marktverhältnissen im Pflanzensektor befragt worden (→ Rn. 2).

Eine **Zeugenvernehmung** zur Überprüfung der rechtserhaltenden Benutzung einer Marke soll nach 6.1 einer Einzelfallentscheidung des EuG nicht möglich sein (EuG T-747/21, GRUR-RS 2022, 34702 Rn. 25 f. – Fohlenelf). Das EuG beruft sich auf den Wortlaut von Art. 10 Abs. 4 DVUM, nach dem sich der Nachweis auf Vorlage von Dokumenten beschränkt und keine Zeugenvernehmung nennt. Die Auslegung ist wenig zweckführend. Gerade bei einem lange zurückliegenden Sachverhalt und einem großen Volumen von Unterlagen kann eine mündliche Verhandlung sinnvoll sein. Es ist fraglich, ob eine Beschränkung der Möglichkeit mündlicher Vernehmungen in dem nur sekundären Rechtsakt möglich ist.

7   Informelle **Anrufe** des Amtes bei den Parteien, zB um auf eine gütlichen Beilegung hinzuwirken, sind keine „mündlichen Verhandlungen" im Sinne der Vorschrift (EUIPO-Richtlinien, Teil A, Prüfung, Abschnitt 2, 5).

B. Verfahren

I. Ladung

8   Die Beteiligten werden nach Art. 49 Abs. 1 und 51 DVUM (vor dem 1.10.2017: Regel 56 Abs. 1 GMDV) zur mündlichen Verhandlung geladen. Nach Art. 28 Abs. 1 EUIPO-BKVfO bestimmt der Vorsitzende der jeweiligen Beschwerdekammer das Datum der mündlichen Verhandlung. Die Ladungsfrist beträgt nach **Art. 97 Abs. 3 S. 2 mindestens einen Monat,** sofern die Parteien nicht mit einer kürzeren Frist einverstanden sind. Dies waren die Beteiligten in der am 27.4.2015 durchgeführten Verhandlung (in den Fällen HABM R 528/2014-1 – GEISHA; R 895/2014-1 ICE TEA; R 279/2014-1 – Silverado; R 894/2014-1 – SKYFIRE; R 280/2014-1 – GOLDRUSH). Nach Art. 28 Abs. 3 EUIPO-BKVfO soll die Ladungsfrist allerdings mindestens zwei Monate betragen. Im Ausnahmefall kann die mündliche Verhandlung nach Art. 28 Abs. 2 EUIPO-BKVfO von Amts wegen oder auf begründeten Antrag der Parteien hin **verschoben** werden. Sollen Parteien, Zeugen oder Sachverständige vernommen werden, so muss nach Art. 51 DVUM eine **Interimsentscheidung** ergehen, in der das betreffende Beweismaterial, die rechtserheblichen Tatsachen sowie Tag, Uhrzeit und Ort angegeben werden. Hat ein Beteiligter die Anhörung von Zeugen oder Sachverständigen beantragt, so legt das Amt in seiner Entscheidung den Zeitraum fest, in welchem dieser Beteiligte Name und Anschrift der Zeugen und Sachverständigen dem Amt mitteilen muss. Der Ladung der Parteien, Zeugen und Sachverständigen ist dieser Zwischenentscheidung beizufügen. Art. 27 Abs. 2 EUIPO-BKVfO konkretisiert, dass der Leiter der Geschäftsstelle die Beteiligten über die Zwischenentscheidung der Beschwerdekammern, eine mündliche Verhandlung durchzuführen, informiert. Im Falle „Monopoly" (R 1849/2017-2) erfolgte ein solch förmlicher und öffentlich einsehbarer Beschluss, der dann den Parteien von der Geschäfsstelle zugestellt wurde.

9   Nach Art. 49 Abs. 2 DVUM weist das Amt die Beteiligten in der Ladung ggf. auf Fragen hin, die seiner Ansicht nach im Hinblick auf die Entscheidung erörterungsbedürftig sind (s. auch Art. 28 Abs. 4 EUIPO-BKVfO). **Neu** ist **seit dem 1.10.2017,** dass es das Amt Beteiligten anbieten kann, per **Videokonferenz** oder mithilfe anderer technischer Mittel an der mündlichen Verhandlung teilzunehmen. Vorher war unklar, ob diese Mittel zulässig sind. Zu den besonderen Verfahrensregeln → Rn. 29 ff. **Neu** ist **seit dem 1.10.2017 auch,** dass die Beteiligten unter Hinweis darauf geladen werde müssen, dass das Verfahren bei Säumnis ohne den Säumigen fortgesetzt werden kann (Art. 49 Abs. 1 und 3 DVUM; → Rn. 26).

10   Mit der Ladung verlangt das Amt, soweit es dies für notwendig erachtet, dass die Beteiligten vor der Verhandlung alle entscheidungserheblichen Informationen und Unterlagen vorlegen. Es soll sichergestellt werden, dass alle relevanten Fragen in der mündlichen Verhandlung erörtert werden (vgl. EUIPO-Richtlinien, Teil A, Prüfung, Abschnitt 2, 5.1; → Rn. 12).

11   Das Amt kann die Parteien außerdem **auffordern,** zur Vorbereitung mündlicher Verhandlungen **Stellungnahmen und Beweismittel** einzureichen (vgl. Art. 9 Abs. 2 HABMVfO; EUIPO-Richtlinien, Teil A, Abschnitt 2, 5.1). Die Verhandlung ist in Inter-partes-Fällen entsprechend spät zu terminieren, um eine Weiterleitung der Stellungnahmen an die jeweils andere Partei zu gewährleisten.

12   Reichen die Parteien **unaufgefordert** Stellungnahmen ein, liegt eine Berücksichtigung dieser Stellungnahmen im Ermessen des Amtes (vgl. EUIPO-Richtlinien, Teil A, Prüfung, Abschnitt 2, 5.1; → Art. 95 Rn. 90 ff.).

II. Verfahrenssprache

13   Nach Art. 50 DVUM sind mündliche Verhandlungen in der Verfahrenssprache durchzuführen, sofern die Beteiligten nicht mit der Verwendung einer anderen Unionssprache einverstanden sind. Das Amt kann in mündlichen Verhandlungen eine andere Amtssprache der Union verwenden und kann dies einem Beteiligten auf Antrag gestatten, sofern eine simultane Verdolmetschung in die Verfahrenssprache bereitgestellt werden kann. Die Kosten für die simultane Verdolmetschung trägt der Beteiligte, der dies verlangt, oder ggf. das Amt.

III. Ablauf der Verhandlung

Im Fall R1613/2019-G hat die große Beschwerdekammer den Beteiligten gut zwei Wochen **14** vor der Verhandlungen eine schriftliche Zusammenfassung des Sachverhaltes und der von den Parteien vorgetragenen Argumente gesendet. Dies entspricht dem Vorgehen des EuG. Die Beteiligten sollten einen solchen Bericht aufmerksam lesen. Er kann Hinweise darauf geben in welche Richtung die Kammer zu entscheiden beabsichtigt. Auch sollten die Parteien ggf. vor oder in der mündlichen Verhandlung rügen, falls sie etwaige Fehler entdecken.

Für den **Vorsitz** einer mündlichen Verhandlung im **Beschwerdeverfahren** ist nach Art. 40 lit. **15** e DVUM der Vorsitzende der jeweiligen Beschwerdekammer verantwortlich. An der mündlichen Verhandlung nehmen seitens des Amtes jedenfalls der Berichterstatter, der Vorsitzende der Kammer, das weitere entscheidende Mitglied und ein Protokollant teil. Art. 45 Abs. 4 DVUM sieht vor, dass eine mündliche Verhandlung vor der Großen Kammer nur abgehalten wird, falls mindestens **sieben der Mitglieder,** darunter der Vorsitzende und der Berichterstatter anwesend sind.

Der Ablauf der mündlichen Verhandlung selbst ist **nicht geregelt.** Am Tag der letzten im Amt **16** stattgefundenen mündlichen Verhandlungen (→ Rn. 2) wurden die Parteien bzw. ihre Vertreter im Amt im Empfang genommen und ein privater Raum zur Vorbereitung zur Verfügung gestellt. Die mündliche Verhandlung fand in einem Saal des Amtes statt. Der Vorsitzende der Kammer eröffnete die mündliche Verhandlung mit der Begrüßung der Anwesenden, die mit Nachnamen angesprochen wurden. Der Leiter der Geschäftsstelle verkündete die zu verhandelnden Fälle. Die Fälle wurden sodann von dem Berichterstatter zusammengefasst. Danach hatte der Vertreter der Anmelder das Wort, wobei ihm mehrere Fragen seitens der Beschwerdekammermitglieder gestellt wurden. Sodann wurde zur Beweisaufnahme übergegangen und die Sachverständigen befragt. Die Mitglieder beschränkten sich in der Befragung der Sachverständigen und des Vertreters der Anmelder nicht auf den zuvor festgelegten Fragenkatalog, sondern stellten spontan etliche Folgefragen. Zum Ablauf der mündlichen Verhandlung per **Videokonferenz** → Rn. 29.

Im Fall R 1613/2019 wurden Sachverständige vernommen. Zunächst konnte die Partei, die **17** den Sachverständigen benannt hat, diesem Fragen stellen. Danach kann die andere Partei dem Sachverständigen Fragen stellen. Jeder Partei wurden hierfür 30 Minuten eingeräumt.

Nach den Prüfungsrichtlinien des Amtes soll den Beteiligten am Ende der Verhandlung die **18** Möglichkeit gegeben werden, **Schlussplädoyers** zu halten (EUIPO-Richtlinien, Teil A, Abschnitt 2, 5.2). Nach Art. 43 Abs. 4 DVUM sorgt das Amt dafür, dass die Sache am Ende der mündlichen Verhandlung entscheidungsreif ist, sofern dem nicht besondere Gründe entgegenstehen. Hieraus folgt, dass am Ende einer mündlichen Verhandlung grundsätzlich kein weiteres schriftliches Verfahren erfolgt.

Ändert sich die **Zusammensetzung der zuständigen Beschwerdekammer** nach einer **19** mündlichen Verhandlung, so findet nach Art. 38 Abs. 1 DVUM eine neue mündliche Verhandlung statt, falls dies von den Beteiligten oder dem neuen Mitglied unter Zustimmung der übrigen Mitglieder der Beschwerdekammer beantragt wird (vor dem 1.10.2017: Art. 6 Abs. 1 HABMVfO). Auch die Beteiligten sind nach Art. 38 Abs. 2 DVUM antragsberechtigt. Dies gilt allerdings nur, solange keine Entscheidung getroffen wurde. Verkündet das Amt seine Entscheidung also schon in der mündlichen Verhandlung, ist eine neue mündliche Verhandlung nicht vorgesehen. Die Möglichkeit zur mündlichen Verkündung einer Entscheidung ist nach der Reform nun explizit in Art. 96 Abs. 1 S. 3 niedergelegt (s. auch Art. 30 Abs. 3 EUIPO-BKVfO). Nach Art. 96 Abs. 1 S. 4 wird die Entscheidung den Beteiligten anschließend in Schriftform zugestellt.

Nach Ablauf der mündlichen Verhandlung ist das schriftliche Verfahren nicht zwingend beendet. **20** Im Gegenteil, im Fall R 1613/19-G hat die große Beschwerdekammer die Beteiligten nach der Verhandlung zu weiteren Stellungnahmen aufgefordert.

IV. Niederschrift

Über die mündliche Verhandlung wird nach Art. 53 DVUM eine **Niederschrift** angefertigt, **21** von der die Beteiligten eine Abschrift erhalten (Abs. 2). Die Niederschrift muss folgende Angaben enthalten:
- das Aktenzeichen des Falls, auf den sich die mündliche Verhandlung bezieht und das Datum der mündlichen Verhandlung;
- die Namen der Bediensteten des Amtes, der Beteiligten und ihrer Vertreter sowie der Zeugen und Sachverständigen, die bei der Verhandlung anwesend sind;
- die Vorlagen und Anträge der Beteiligten;
- die Beweismittel;
- gegebenenfalls die Anordnungen oder die Entscheidung des Amtes.

22   Art. 53 Abs. 2 DVUM stellt klar, dass die Niederschrift in die Akte der betreffenden Unionsmarkenanmeldung oder -eintragung aufgenommen wird. Sie wird den Beteiligten zugestellt. Nach Art. 53 Abs. 3 ersetzt die **Aufnahme einer mündlichen Verhandlung** oder die Beweisaufnahme vor dem Amt die Niederschrift. Auch diese kommt zu der Akte und wird den Beteiligten zugestellt. Nach Punkt 12 der Präambel der Delegierten Verordnung soll der Prozess hierdurch effizienter und flexibler gestaltet werden.

23   Bei einer mündlichen Verhandlung in der Beschwerde stellt nach Art. 42 Abs. 3 lit. b DVUM der Geschäftsstellenleiter sicher, dass eine **Niederschrift** der mündlichen Verhandlung erstellt und unterzeichnet wird (s. auch Art. 31 EUIPO-BKVfO). Nach Art. 42 Abs. 2 lit. d DVUM ist die Niederschrift von dem Berichterstatter zu unterzeichnen. Der Vorsitzende der Beschwerdekammer hat den Vorsitz über die mündliche Verhandlung (Art. 40 lit. 2 DVUM). Art. 53 Abs. 2 DVUM stellt klar, dass die Niederschrift in die Akte aufgenommen und den Beteiligten zugestellt wird.

24   Nach den Prüfungsrichtlinien des Amtes beschränken sich die Niederschrift der Beweisaufnahme und die der mündlichen Verhandlung auf deren wesentliche Aspekte. Insbesondere enthalten sie nicht wortgetreu die abgegebenen Erklärungen und sind auch nicht zur Genehmigung vorzulegen. Eventuelle Erklärungen von Sachverständigen und Zeugen werden auf Band aufgenommen, so dass der genaue Wortlaut der Erklärungen später nachvollzogen werden kann; die Beteiligten erhalten eine Abschrift der Niederschrift (nicht der auf Band aufgenommenen Erklärungen) (s. EUIPO-Richtlinien, Teil A, Abschnitt 2, 6).

25   Die Verordnungen sehen kein Verfahren zur **Korrektur** der Niederschrift vor. Da es sich um eine Mitteilung des Amtes handelt, wird das Amt diese von Amts wegen oder auf Rüge der Parteien ändern können (→ Art. 103 Rn. 15). Den Beteiligten wird empfohlen, etwaige Mängel unmittelbar zu rügen. Bei Weiterleitung eines elektronischen Mitschnitts kommt der Natur der Sache nach ohnehin keine Korrektur in Betracht.

V. Säumnis einer Partei

26   Nach Art. 43 Abs. 3 DVUM (vor dem 1.10.2017: Regel 56 Abs. 3 GMDV; für die Beschwerde Art. 29 EUIPO-BKVfO) kann das Verfahren fortgesetzt werden, falls ein zu einer mündlichen Verhandlung ordnungsgemäß geladener Beteiligter vor dem Amt nicht erscheint (→ Rn. 9). Der **Geladene muss** also **nicht erscheinen.** Erscheint keiner der Beteiligten, wird die mündliche Verhandlung geschlossen (vgl. Art. 29 Abs. 2 EUIPO-BKVfO). Das Amt wird dann nach Aktenlage entscheiden. Ihm steht kein Zwangsmittel zur Verfügung. Ein in Deutschland bekanntes Versäumnisurteil sieht die Verordnung nicht vor.

VI. Öffentlichkeit der Verhandlung

27   Nach Art. 96 Abs. 2 ist die mündliche Verhandlung vor den Prüfern, vor der **Widerspruchsabteilung** und vor der Markenverwaltungs- und Rechtsabteilung **nicht** öffentlich.

28   Bei einer mündlichen Verhandlung vor der **Beschwerdekammer** oder vor der **Löschungsabteilung** liegt es nach Art. 96 Abs. 3 **im Ermessen des Amtes,** ob die Öffentlichkeit ausgeschlossen ist. Hierfür kann zB die Gefahr von schwerwiegenden und ungerechtfertigten Nachteilen der beteiligten Partei durch die Öffentlichkeit sprechen. Die beiden bislang durchgeführten mündlichen Verhandlungen waren der Öffentlichkeit zugänglich (→ Rn. 2). Zur Videokonferenz → Rn. 29.

VII. Videokonferenz in der Beschwerde

29   Das Präsidium der Beschwerdekammern hat mit Wirkung zum 22.4.2020 eine Entscheidung zur Durchführung mündlicher Verhandlungen via Videokonferenz erlassen (abrufbar unter https://euipo.europa.eu/tunnel-web/secure/webdav/guest/document_library/contentPdfs/law_and_practice/presidium_boards_appeal/Decision_2020-2_en.pdf). Nach Art. 1 Abs. 2 der Entscheidung vom 22.4.2020 beschließt die jeweilige Beschwerdekammer, ob die mündliche Verhandlung per Videokonferenz abgehalten wird. Dies wird in der Ladung mitgeteilt (→ Rn. 8). Die Beteiligten können allerdings einen begründeten Antrag auf Verhandlung im EUIPO stellen (Art. 1 Abs. 2 der Entscheidung vom 22.4.2020). Die Beschwerdekammer bescheidet diesen Antrag im Wege einer Entscheidung.

30   Um dem Grundsatz der **Öffentlichkeit** Rechnung zu tragen, entscheidet die Beschwerdekammer wie diese an der Verhandlung teilnehmen kann (Art. 1 Abs. 4 der Entscheidung vom 22.4.2020; → Rn. 27).

Im Falle **technischer Störungen,** die ein rechtliches Gehör nicht gewährleisten, wird die 31
mündliche Verhandlung verschoben (Art. 5 der Entscheidung vom 22.4.2020).

Im Übrigen gilt das oben zum Verfahren der mündlichen Verhandlung Geschriebene entspre- 32
chend auch für die mündliche Verhandlung via Videokonferenz (vgl. Art. 6 der Entscheidung
vom 22.4.2020). Die erste mündliche Verhandlung per Videokonferenz fand am 14.6.2021 im
Fall R-1787/2020-5, MARBELLA statt.

C. Kosten

Das Amt berechnet für die Durchführung der mündlichen Verhandlung grundsätzlich keine 33
Amtsgebühren. Allerdings hat ein Beteiligter die Kosten einer Beweisaufnahme (ggf. vorab) zu
zahlen, falls diese auf seinen Antrag hin erfolgt (Art. 54 DVUM; → Art. 97 Rn. 84 ff.). Erfolgt
die Beweisaufnahme auf Initiative des Amtes, trägt das Amt die Kosten (Art. 54 Abs. 5 lit. a
DVUM).

Im Übrigen sind die Kosten der mündlichen Verhandlung zwar erstattungsfähig, allerdings sind 34
diese nach Art. 18 UMDV begrenzt. So trägt die obsiegende Partei nur die **Reisekosten** vom
Wohn- bzw. Geschäftsort einer Person der anderen Partei **oder,** falls diese vertreten ist, ihres
Vertreters (lit. a und b). Die Reisekosten sind dadurch gedeckt, dass bis zu einer Entfernung
von 800 km lediglich eine Bahnreise erster Klasse und bei mehr als 800 km ein Hin- und Rückflug
der Touristenklasse zu erstatten ist. Die Aufenthaltskosten selbst werden durch Anh. VII Art. 13
EU-BeamtStat bestimmt. Die erstattungsfähigen **Vertretungskosten** erhöhen sich im Vergleich
zum schriftlichen Verfahren lediglich um 400 Euro.

Regelmäßig werden die tatsächlich entstandenen Kosten die erstattungsfähigen Kosten überstei- 35
gen. Im Falle einer **Videokonferenz** entstehen keine Reisekosten.

D. Abs. 4

Im Zuge der Reform der GMV durch die VO (EU) 2015/2424 wurde die Vorschrift um 36
Abs. 4 ergänzt, der die Kommission befugt, weitere Regelungen in der Durchführungsverordnung
zu erlassen. Mit Wirkung vom 1.10.2017 trat die DVUM in Kraft, die generelle Regelungen zur
mündlichen Verhandlung in den Art. 49–55 DVUM vorsieht und spezielle Regelungen für die
Beschwerdekammer in Art. 38 ff. DVUM. Diese Regelungen lösen Regel 52, 56, 60, 94 und
97 GMDV und die Regelungen zur mündlichen Verhandlung in der Verfahrensordnung der
Beschwerdekammern ab. Neu ist im Wesentlichen, dass die Möglichkeit einer **Videokonferenz**
(→ Rn. 29) vorgesehen ist und die Niederschrift im Falle einer elektronischen Aufzeichnung der
mündlichen Verhandlung durch diese Aufnahme ersetzt wird. Zudem ist neu, dass einige der
Regelungen, die bisher nur für die Beschwerdekammern vorgesehen waren, nun generell gelten.
Das Präsidium der Beschwerdekammern hat weitere Regelungen in EUIPO-BKVfO erlassen, die
allerdings nicht von Abs. 4 gedeckt zu sein scheinen (→ Rn. 5.1).

Art. 97 Beweisaufnahme

(1) In den Verfahren vor dem Amt sind insbesondere folgende Beweismittel zulässig:
a) **Vernehmung der Beteiligten;**
b) **Einholung von Auskünften;**
c) **Vorlegung von Urkunden und Beweisstücken;**
d) **Vernehmung von Zeugen;**
e) **Begutachtung durch Sachverständige;**
f) **schriftliche Erklärungen, die unter Eid oder an Eides statt abgegeben werden oder
nach den Rechtsvorschriften des Staates, in dem sie abgegeben werden, eine ähnliche
Wirkung haben.**

**(2) Die befasste Dienststelle kann eines ihrer Mitglieder mit der Durchführung der
Beweisaufnahme beauftragen.**

**(3) [1]Hält das Amt die mündliche Vernehmung eines Beteiligten, Zeugen oder Sach-
verständigen für erforderlich, so wird der Betroffene zu einer Vernehmung vor dem
Amt geladen. [2]Die Frist für die Ladung beträgt mindestens einen Monat, sofern der
Betroffene nicht mit einer kürzeren Frist einverstanden sind [richtig wohl: „ist"].**

(4) ¹Die Beteiligten werden von der Vernehmung eines Zeugen oder eines Sachverständigen vor dem Amt benachrichtigt. ²Sie sind berechtigt, an der Zeugenvernehmung teilzunehmen und Fragen an den Zeugen oder Sachverständigen zu richten.

(5) Der Exekutivdirektor setzt die Beträge der zu erstattenden Auslagen, einschließlich der Beträge etwaiger Vorschüsse, für die Kosten fest, die im Fall einer Beweisaufnahme nach diesem Artikel entstehen.

(6) Der Kommission wird die Befugnis übertragen, gemäß Artikel 208 delegierte Rechtsakte zu erlassen, in denen die Modalitäten der Beweisaufnahme im Einzelnen festgelegt werden.

Überblick

Art. 97 Abs. 1 nennt die vor dem Amt zulässigen Beweismittel (→ Rn. 9 ff.), nämlich die Vernehmung von Beteiligten oder Zeugen (→ Rn. 12 ff.), wobei die Abs. 3 und 4 weitere Bestimmungen hierzu enthalten; die Einholung von Auskünften (→ Rn. 34 ff.); die Vorlegung von Urkunden (→ Rn. 43 ff.) und Beweisstücken (→ Rn. 54 ff.); die Begutachtung durch Sachverständige (→ Rn. 22 ff.) und die schriftliche Erklärung unter Eid oder an Eidesstatt (→ Rn. 57 ff.). Die Aufzählung ist nicht abschließend. Art. 51 ff. DVUM (bisher Regel 57–59 GMDV) ergänzen Art. 97 um weitere Vorschriften zur Beweisaufnahme und der damit verbundenen Kosten (→ Rn. 84 ff.). Nach ständiger Praxis und Rechtsprechung ist das Amt in der Würdigung der Beweismittel frei (→ Rn. 76 ff.). Ergänzt wird Art. 97 seit dem 1.10.2017 um Abs. 3 S. 3 (Ladungsfrist) und der Befugnis des Exekutivdirektors die Kosten der Beweisaufnahme festzulegen. Die Ergänzung des Art. 97 im Zuge der Reform hat keine inhaltlichen Auswirkungen auf die bisherige Praxis (→ Rn. 88). Zudem hat die Beschwerdekammer mit Wirkung zum 27.2.2020 eine Verfahrensordnung (EUIPO-BKVfO) erlassen, die der Beweisaufnahme ein ganzes Kapitel widmet.

Übersicht

A. Grundsätze

1 Grundsätzlich kann **in jedem Verfahren vor dem Amt** eine Beweisaufnahme erfolgen (HABM BK 2.12.2011 – R 1353/2011-1 Rn. 36 – ALPHAREN/ALPHA D3; EUIPO-Richtlinien, Teil A, Allgemeine Regeln, Abschnitt 2, 4).

2 Es ist nur das zu beweisen, was **beweisbedürftig** ist. Nicht beweisbedürftig sind allgemein bekannte Tatsachen (→ Art. 94 Rn. 26; → Art. 94 Rn. 126; → Art. 95 Rn. 8; → Art. 95 Rn. 65), Rechtsfragen (→ Art. 95 Rn. 53 ff.) oder Tatsachen, die nicht entscheidungserheblich sind (→ Art. 94 Rn. 8; → Art. 94 Rn. 124).

3 Die **Beweislastverteilung** hängt von der jeweils anzuwendenden Norm und den Umständen des Einzelfalles ab. Grundsätzlich ist das Amt nach Art. 95 Abs. 1 zur Amtsermittlung verpflichtet. In Verfahren hinsichtlich relativer Eintragungshindernisse sowie in Nichtigkeitsverfahren aufgrund absoluter Eintragungshindernisse (→ Art. 95 Rn. 82 ff.) ist das Amt aber auf den Vortrag der Beteiligten beschränkt (→ Art. 95 Rn. 32 ff.). Dies heißt allerdings nicht, dass dem Amt in einseitigen Verfahren stets die volle Beweislast für die Zurückweisung einer Anmeldung obliegt. Die Anmelder können zur Mitwirkung verpflichtet sein (→ Art. 95 Rn. 15 ff.). Umgekehrt kann dem Amt im Einzelfall auch in zweiseitigen Verfahren obliegen, Ermittlungen anzustellen und Beweise beizubringen (→ Art. 95 Rn. 44 ff.). Es wird daher hinsichtlich der Beweislastverteilung auf die Kommentierung zu den jeweils einschlägigen Tatbeständen verwiesen.

Der beweisführenden Partei steht es grundsätzlich frei, die Form des Nachweises zu wählen, **4** es sei denn, die UMV, die DVUM oder die UMDV sehen einen bestimmten Nachweis vor. Das Amt hat die vorgelegten Nachweise grundsätzlich zu untersuchen, ohne eine Art des Nachweises aufgrund seiner Form von vornherein zurückweisen zu können (vgl. EuGH C-564/16 P, BeckRS 2018, 13336 Rn. 58 – Darstellung einer springenden Raubkatze, mit Hinweis auf EuGH C-478/16 P, BeckRS 2018, 16684 Rn. 56–59). Andererseits steht es im **Ermessen des Amtes,** ob es ein eingereichtes Beweismittel beachtet, insbesondere falls es verspätet eingereicht wird (→ Art. 95 Rn. 90 ff.). Das Amt ist aber verpflichtet, das Ermessen auszuüben. Das Amt entscheidet auch über die Zweckmäßigkeit der zu ergreifenden Mittel (vgl. EUIPO-Richtlinien, Teil A, Allgemeine Regeln, Abschnitt 2, 4).

Ebenfalls steht die Entscheidung über einen **Beweisantrag eines der Beteiligten** im Ermessen **5** des Amtes (EuG T-592/20, GRUR-RS 2021, 28098 Rn. 53 – Agate; T-178/17, BeckRS 2018, 431 Rn. 17 ff. – HYALSTYLE). Die Beteiligten haben per se keinen Anspruch auf eine bestimmte Beweisaufnahme, zB auf die Vernehmung von Zeugen. Allerdings kann das Amt aufgrund des ihm obliegenden Amtsermittlungsgrundsatzes nach Art. 95 zur weiteren Ermittlung des Sachverhalts und damit zu einer bestimmten Beweisaufnahme verpflichtet sein.

Die **Zurückweisung eines Beweisantrags** kann grundsätzlich nur zusammen mit der Haupt- **6** entscheidung im Verfahren angegriffen werden (EUIPO-Richtlinien, Teil A, Allgemeine Regeln, Abschnitt 2, 4). Es kann aber eine Teilentscheidung nach Art. 99 beantragt werden.

Sprachregeln für schriftliche Beweismittel sieht Art. 146 Abs. 9 (bis zum 1.10.2017 Regel 96 **7** GMDV) für schriftliche und Art. 50 DVUM (bis zum 1.10.2017 Regel 97 GMDV) für mündliche Verfahren vorbehaltlich spezieller Regelungen vor (zB Art. 7 Abs. 4 UMDV und Art. 8 Abs. 9 DVUM).

Zum 27.2.2020 hat das Präsidium der Beschwerdekammern eine Verfahrensordnung erlassen, **8** die der Beweisführung ein ganzes Kapitel widmet (Art. 49–54 EUIPO-BKVfO). Die Regeln stützen sich zum Teil auf Art. 94, 95, 97 und 100 UMV.

B. Zulässige Beweismittel und Beweisaufnahme

I. Überblick

Nach Art. 97 Abs. 1 sind in den Verfahren vor dem Amt folgende Beweismittel zulässig: **9**
- Vernehmung von Personen (→ Rn. 12 ff.);
- Einholung von Auskünften (→ Rn. 34 ff.);
- Vorlegung von Urkunden und Beweisstücken (→ Rn. 43 ff.);
- Begutachtung durch Sachverständige (→ Rn. 22 ff.);
- schriftliche Erklärungen, die unter Eid oder an Eides statt abgegeben werden oder nach den Rechtsvorschriften des Staates, in dem sie abgegeben werden, eine ähnliche Wirkung haben (→ Rn. 57 ff.).

Der Anwendungsbereich der einzelnen Beweismittel überschneidet sich teilweise. Die Auflistung **10** in Art. 78 Abs. 1 ist nicht abschließend. Beweismittel, die keinem der Tatbestände zuzuordnen sind, können folglich zulässig sein (→ Rn. 54, → Rn. 23).

In der Regel sind die **Verfahren** vor dem Amt **schriftlich** (→ Art. 96 Rn. 1 ff.). Eine mündli- **11** che Vernehmung von Personen findet selten statt. Auch eine Begutachtung durch Sachverständige von Amts wegen wird üblicherweise nicht angeordnet. Relevant sind damit vor allem schriftliche Erklärungen der Beteiligten oder Dritter, Urkunden und Beweisstücke sowie eidesstattliche Erklärungen, wobei letzteren regelmäßig nicht der gleiche Beweiswert zukommt wie in Deutschland (→ Rn. 59 ff.). Das Amt hat sich in Zusammenarbeit mit den nationalen Ämtern im Rahmen des **Konvergenzprogams 12** bemüht, allgemeine Grundsätze bezüglich **schriftlicher Beweismittel in Beschwerdeverfahren** aufzustellen, insbesondere hinsichtlich deren Art, Quelle und Identifizierung von relevanten Daten, sowie deren Struktur und die Behandlung von vertraulichen Daten. Das Dokument enthält eine Reihe unverbindlicher Empfehlungen und ist auf der Webseite des EUIPO veröffentlicht. Zudem enthält das **Konvergenzprogramm 10** zu „Bewertungskriterien für die Offenlegung von Geschmacksmustern im Internet" einige allgemeine Grundätze zu **Beweismitteln** aus dem **Internet**.

II. Vernehmung von Personen und Augenscheinnahme

1. Grundsatz

12   Die Vernehmung von Beteiligten, Zeugen oder Sachverständigen iSd lit. a und d meint eine **mündliche** Vernehmung (EUIPO-Richtlinien, Teil A, Allgemeine Regeln, Abschnitt 2, 4.2; Eisenführ/Schennen/Schennen Art. 78 Rn. 74).

13   Eine mündliche Vernehmung wird, wie eine mündliche Verhandlung, in der Regel **nicht** als **notwendig** erachtet (→ Art. 96 Rn. 1 ff.). Eine Entscheidung in der Sache ist fast immer anhand der eingereichten Unterlagen und dem Parteivortrag möglich. Es besteht kein Anspruch der Beteiligten auf Zeugenvernehmung (EuG T-178/17, BeckRS 2018, 431 Rn. 17 ff. – HYALSTYLE).

13.1   Eine **Zeugenvernehmung** zur Überprüfung der rechtserhaltenden Benutzung einer Marke soll nach einer Einzelfallentscheidung des EuG nicht möglich sein (EuG T-747/21, GRUR-RS 2022, 34702 Rn. 25 f. – Fohlenelf). Das EuG beruft sich auf den Wortlaut von Art. 10 Abs. 4 DVUM, nach dem sich der Nachweis auf Vorlage von Dokumenten beschränkt und keine Zeugenvernehmung nennt. Die Auslegung ist wenig zweckführend. Gerade bei einem lange zurückliegenden Sachverhalt und einem großen Volumen von Unterlagen kann eine mündliche Verhandlung sinnvoll sein. Es ist fraglich, ob eine Beschränkung der Möglichkeit mündlicher Vernehmungen in dem nur sekundären Rechtsakt möglich ist.

14   Andererseits ermöglicht es die Technik, die Parteien über **Video- oder Telefonkonferenz** unter einem vertretbaren Aufwand zu vernehmen. Art. 51 Abs. 2 DVUM letzter Satz sieht diese Möglichkeit nun ausdrücklich vor. Damit ist die Rechtsunsicherheit der Zulässigkeit solcher Maßnahmen entfallen (vgl. zu vorheriger Rechtslage HABM BK 8.3.2001 – R 203/2000-3 Rn. 57 – Schogetten-Stück). Wurden zB umfangreiche Beweismaterialien eingereicht und bestehen Zweifel hinsichtlich ihrer Auswertung, kann eine Vernehmung der Beteiligten oder Dritter hierzu via Videokonferenz zweckmäßig sein.

15   Art. 51 DVUM nennt außerdem die **Augenscheinnahme.** Von der Betrachtung von Beweismitteln **vor Ort** oder im **Beisein der Beteiligten** macht das Amt grundsätzlich keinen Gebrauch.

2. Verfahren

16   Hält das Amt die Vernehmung von Beteiligten, Zeugen oder Sachverständigen oder aber eine Augenscheinnahme nach Art. 97 Abs. 3 für erforderlich erlässt es nach Art. 51 Abs. 1 DVUM eine Zwischenentscheidung, in der das betreffende Beweismaterial, die rechtserheblichen Tatsachen, Tag, Uhrzeit und Ort angegeben werden. Die ausdrückliche Regelung ist neu was die Augenscheinnahme betrifft, für die bislang kein Verfahren vorgesehen war. Eine inhaltliche Änderung zur bisherigen Praxis besteht aber nicht.

17   Hat ein Beteiligter die Anhörung eines Zeugen oder Sachverständigen beantragt, so legt das Amt in seiner Entscheidung den Zeitraum fest, in welchem dieser Beteiligte dem Amt den Namen und die Anschrift des zu vernehmenden Zeugen oder Sachverständigen mitteilen muss.

18   Nach Art. 97 Abs. 3 beträgt die Frist zur Ladung mindestens einen Monat, sofern die Geladenen nicht mit einer kürzeren Frist einverstanden sind. Grundsätzlich müssen durch das Amt gesetzte Fristen mindestens einen Monat betragen (→ Art. 101 Rn. 3).

19   Die Ladung muss nach Art. 51 Abs. 2 DVUM einen Auszug der Zwischenentscheidung enthalten, aus dem der Tag, die Uhrzeit und der Ort der angeordneten Beweisaufnahme sowie die Tatsachen hervorgehen, über die die Beteiligten, Zeugen und Sachverständigen vernommen werden sollen. Außerdem muss die Ladung die Namen der am Verfahren Beteiligten nennen und einen Hinweis auf die Kostenansprüche der Zeugen und Sachverständigen nach Art. 54 Abs. 2–5 DVUM geben (→ Rn. 84 ff.). **Neu** ist seit dem 1.10.2017, dass den Zeugen und Sachverständigen nach Art. 51 Abs. 2 letzter Satz in der Ladung anzubieten ist, per Videokonferenz oder mithilfe anderer technischer Mittel an der mündlichen Verhandlung teilzunehmen.

20   Nach Art. 97 Abs. 4 sind die Beteiligten von der Vernehmung eines Zeugen oder Sachverständigen vor dem Amt zu benachrichtigen. Die Beteiligten sind berechtigt, an der Zeugenvernehmung teilzunehmen und Fragen an die Zeugen oder Sachverständigen zu richten.

20.1   Die befasste Dienststelle kann nach Art. 97 Abs. 2 eines ihrer Mitglieder mit der Durchführung der Beweisaufnahme beauftragen. Demnach kann die Vernehmung von nur einem der Mitglieder durchgeführt werde solange dieser von der Dienststelle beauftragt wurde. Außerdem wird die Vernehmung entsprechend protokolliert oder aufgezeichnet werden müssen, um den weiteren Mitgliedern eine Überprüfung zu ermöglich (aA Eisenführ/Schennen/Schennen Art. 78 Rn. 102, nach dem alle Mitglieder an einer Vernehmung teilnehmen müssen).

Art. 50 UMDV enthält Bestimmungen zu den Sprachen, die im mündlichen Verfahren verwendet werden können (→ Art. 96 Rn. 15). **21**

III. Sachverständigengutachten

1. Grundsatz

Eine Begutachtung durch einen Sachverständigen iSd Art. 97 Abs. 1 lit. e bzw. Art. 52 DVUM **22** meint eine **vom Amt veranlasste** Begutachtung (HABM BK 7.11.2007 – R 941/2007-4 Rn. 25 – THERMOSTAT; vgl. Eisenführ/Schennen/Schennen Art. 78 Rn. 77).

Freilich können die Parteien von sich aus Gutachten vorlegen (→ Rn. 45). Diese **„Privatgut-** **23** **achten"** sind aber Urkunden iSd Art. 97 Abs. 1 lit. c (HABM BK 7.11.2007 – R 941/2007-4 Rn. 25 – THERMOSTAT) oder Auskünfte iSd lit. d. Für das Privatgutachten sieht die Verordnung, anders als für das Sachverständigengutachten iSd Art. 97 Abs. 1 lit. e, **keine besonderen Verfahrensregeln** vor. Bei Einreichung eines Privatgutachtens sollten die Beteiligten darauf achten, dass tatsächlich die für den Einzelfall relevanten Tatsachen begutachtet werden, zB muss das Gutachten auf das für den Fall relevante Publikum abstellen (EuG T-54/12, BeckRS 2013, 80234 Rn. 37 – SPORT).

Das Sachverständigengutachten soll kraft Sachkunde des Sachverständigen Erfahrungssätze **24** bekunden. Es geht folglich um die **Begutachtung von Tatsachen**. Die Begutachtung von **Rechtsfragen** zum **Unionsmarkenrecht** oder die Subsumtion von Tatsachen unter unbestimmte Rechtsbegriffe sind Aufgaben des Amtes, die nicht an einen Sachverständigen abgewälzt werden dürfen (vgl. HABM BK 7.11.2007 – R 941/2007-4 Rn. 25 – THERMOSTAT).

Die Beauftragung eines Sachverständigen zur Begutachtung einer Frage des nationalen Rechts sollte **24.1** aber als Tatsachenfrage möglich sein, zumindest falls es sich nicht um markenrechtliche Fragen handelt (zB Insolvenzrecht). Das Amt hat bereits Vertreter der Beteiligten zum Insolvenzrecht vernommen (→ Rn. 41). In einer Entscheidung hat das EuG die Fragen nationalen Rechts als Tatsachenfrage behandelt (EuG T-571/11, BeckRS 2013, 80595 Rn. 34 ff. – CLUB GOURMET).

Von einer Beauftragung eines Sachverständigen durch das Amt wurde bislang nur **einmal** **25** Gebrauch gemacht (HABM BK 21.9.2011 – R 1105/2010-5 – Flugbörse). Aufgrund des mit der Beauftragung verbundenen Zeit- und Kostenaufwandes wird das Amt von diesem Beweismittel weiterhin nur in Ausnahmefällen Gebrauch machen.

In dem Fall „Flugbörse" ging es um einen Nichtigkeitsantrag aufgrund absoluter Eintragungshinder- **25.1** nisse, der im Jahre 2003 gegen die Unionsmarke „Flugbörse" für Waren und Dienstleistungen der Klassen 16, 39 und 42 gestellt wurde. Die Marke wurde im Jahre 1996 angemeldet und 1998 eingetragen. Die Beschwerdekammer bestätigte die Entscheidung der Löschungsabteilung, nach der die Marke beschreibend und nicht unterscheidungskräftig für einen Teil der Waren und Dienstleistungen war. Die Entscheidung wurde vom EuG aufgehoben, da die Kammer auf den Zeitpunkt der Registrierung anstatt der Anmeldung der Marke abgestellt hatte (EuG T-189/07, BeckEuRS 2009, 498370 – Flugbörse). Das Urteil wurde vom EuGH bestätigt. Bei erneuter Bewertung des Falles entschied die Kammer (HABM BK 21.9.2011 – R 1105/2010-5 – FLUGBÖRSE), die Bedeutung des Wortes „Flugbörse" zum Anmeldezeitpunkt 1996 durch ein Sprachgutachten eines Universitätsprofessors ermitteln zu lassen. Der Gutachter kam zu dem Ergebnis, dass das Wort im Jahre 1996 nicht im Sinne von „Internet-Portale, über die Flugreisen bzw. Flüge mit Business-Jets angeboten werden" bekannt war. Die Kammer lehnte den Nichtigkeitsantrag daraufhin ab. Es ist zweifelhaft, ob das Erstellen eines Sachverständigengutachtens tatsächlich notwendig war. Das EuG und der EuGH hatten die Entscheidung nicht deshalb aufgehoben, weil der Sachverhalt unzutreffend von der Kammer ermittelt worden war, sondern weil die Kammer auf einen falschen Zeitpunkt abgestellt hatte.

Es liegt im weiten Ermessen des Amts, ob die **Begutachtung** durch einen Sachverständigen **26** **erforderlich** ist. In aller Regel ist sie es **nicht.** Die Beauftragung eines Gutachters kann im Ausnahmefall sinnvoll sein, falls der Sachverhalt so spezifisch ist, dass das Amt nicht selbst in der Lage ist, diesen zu ermitteln und die Parteien entgegen ihrer Mitwirkungspflicht nicht oder nicht ausreichend zur Aufbereitung des Sachverhalts beitragen (zB sehr spezifische Waren und Dienstleistungen). Bei fehlender Mitwirkung der Beteiligten ist aber andererseits zweifelhaft, ob das Amt überhaupt zu einer vollständigen Sachverhaltsaufklärung verpflichtet ist oder einfach zu Lasten der nicht ausreichend mitwirkenden Partei entscheiden kann (→ Art. 95 Rn. 15 ff.).

2. Verfahren

27   Das Amt führt aufgrund des Ausnahmecharakters von Sachverständigengutachten **keine Liste von Sachverständigen** (vgl. EUIPO-Richtlinien, Teil A, Allgemeine Regeln, Abschnitt 2, 4.3). Er wird von dem Prüfer bzw. Berichterstatter ausgewählt (so im „Flugbörse"-Fall; → Rn. 25.1) oder die Begutachtung wird öffentlich ausgeschrieben.

28   Nach Art. 52 Abs. 4 DVUM können die Beteiligten den vom Amt gewählten Sachverständigen aus denselben Gründen ablehnen, die zur Ablehnung eines Prüfers oder Mitglieds einer Abteilung oder Beschwerdekammer gemäß Art. 169 Abs. 1 und 3 berechtigen (zB Befangenheit, Unfähigkeit). Über die Ablehnung entscheidet die zuständige Dienststelle des Amtes, also die Stelle, die das Gutachten in Auftrag gibt (zB Prüfer, Widerspruchs-, Löschungsabteilung oder Beschwerdekammer). Die Ablehnung aufgrund der Staatsangehörigkeit des bestellten Sachverständigen ist nicht möglich (EUIPO-Richtlinien, Teil A, Allgemeine Regeln, Abschnitt 2, 4.3).

29   Entscheidet das Amt ausnahmsweise, einen Sachverständigen zu beauftragen, muss der Auftrag nach Art. 52 Abs. 2 DVUM folgende Angaben enthalten:
- die genaue Beschreibung des Auftrags;
- die Frist für die Erstattung des Gutachtens;
- die Namen der am Verfahren Beteiligten;
- einen Hinweis auf die Kostenerstattungsansprüche des Gutachters, die er nach Art. 54 Abs. 2, 3 und 4 DVUM geltend machen kann.

30   Im Flugbörse-Fall (→ Rn. 25) stellte das Amt dem Gutachter zB konkrete Fragen.

31   Art. 54 DVUM und die Beschlüsse des Präsidenten (jetzt: Exekutivdirektor) des Amtes Nr. EX-99-1 und Nr. EX- 03-2 bestimmen die Ansprüche des Sachverständigen auf Erstattung etwaiger Reisekosten und auf Vergütung (→ Rn. 84 ff.). Das Amt schließt nach Art. 5 Abs. 2 des Beschlusses Nr. EX-99-1 des Präsidenten (jetzt: Exekutivdirektor) des Amtes einen Vertrag für die Erstellung eines Sachverständigengutachtens, der den Gegenstand des Gutachtens und den Gesamtbetrag der an den Sachverständigen zu zahlenden Vergütung bestimmt.

32   Die Beteiligten erhalten nach Art. 52 Abs. 3 DVUM eine Abschrift vom Sachverständigengutachten.

33   Hält das Amt das Gutachten für ausreichend und akzeptieren die Beteiligten die Form des Gutachtens, so wird es grundsätzlich in seiner schriftlichen Fassung verwendet (EUIPO-Richtlinien, Teil A, Allgemeine Regeln, Abschnitt 2, 4.3). Ein mündliches Gutachten oder die Vernehmung des Sachverständigen stehen im Ermessen des Amtes (→ Rn. 11 ff.).

IV. Einholung von Auskünften

1. Grundsatz

34   Die Einholung von Auskünften nach Art. 97 Abs. 1 lit. b ist ein Beweismittel, von dem das Amt häufig Gebrauch macht. Die Einholung von Auskünften meint die **schriftliche Einholung.** Die **Auskünfte** selbst sind grundsätzlich ebenfalls **schriftlich.** Sie können entweder vom Amt (→ Rn. 38 ff.) oder den Beteiligten eingeholt werden (→ Rn. 42).

35   Die schriftlichen Auskünfte sind in der Regel Urkunden. Damit sind sie nach Art. 97 Abs. 1 lit. c als Beweismittel zulässig (vgl. HABM BK 28.6.2001 – R 726/2000-3 Rn. 34 – TYPHOON/ Typhoon Asia ImpEx, Computerhandel GmbH).

36   Die Verordnung sieht keine besonderen **Verfahrensvorschriften** für die Einholung von Auskünften vor. Es gelten die allgemeinen Regelungen für die Kommunikation mit dem Amt (Fristen, Formen der Zustellung, Weiterleitung der Unterlagen an die andere Partei usw; → Art. 98 Rn. 1; EUIPO-Richtlinien, Teil A, Allgemeine Regeln, Abschnitt 2, 4.1).

37   In der **Würdigung der Auskünfte** ist das Amt grundsätzlich frei (→ Rn. 76 ff.).

2. Einholung von Auskünften von Amts wegen

38   Zu der Einholung von Auskünften durch das Amt zählt zB die **schriftliche Befragung** der **Beteiligten** (EuG T-128/06, BeckEuRS 2008, 466572 Rn. 78 – CAMELO; T-325/06, BeckRS 2009, 71217 Rn. 41 – CAPIO; HABM BK 2.12.2011 – R 1353/2011-1 Rn. 35 ff., 53, 57 f. – ALPHAREN/ALPHA D3; aA Eisenführ/Schennen/Schennen Rn. 61, nach dem „Auskünfte" nur von Personen sind, die nicht Beteiligte sind). Das Amt ist nicht verpflichtet, seine Maßnahme zu begründen (EuG T-128/06, BeckEuRS 2008, 466572 Rn. 78 – CAMELO).

Hat das Amt Fragen zum Sachverhalt (zB zum Umfang des Waren- und Dienstleistungsverzeich- **39** nisses) ist es berechtigt, einem oder mehreren **Beteiligten** eine Mitteilung zu senden, in der es konkrete Fragen stellt oder um Auskünfte und Vorlage von Beweismitteln bittet (EuG T-128/06, BeckEuRS 2008, 466572 Rn. 78 – CAMELO). Zu berücksichtigen ist allerdings die Neutralitätspflicht des Amtes in mehrseitigen Verfahren nach Art. 95 Abs. 1 S. 2 (→ Art. 95 Rn. 6; → Art. 95 Rn. 74).

Befragt das Amt in einem Inter-partes-Verfahren nur einen Beteiligten, muss es die Antwort **40** an die andere Partei weiterleiten und ihr grundsätzlich Gelegenheit geben, hierzu Stellung zu nehmen (→ Art. 94 Rn. 93 ff.).

Daneben kann das Amt auch **Dritte** befragen, zB Verbände. So hat das Amt die Vertreter eines **41** Beteiligten um Auskunft zum nationalen Insolvenzverfahren aufgefordert (HABM BK 1.10.2008 – R 251/2008-4 Rn. 8 – POHLSCHRÖDER). Handelt es sich bei den Dritten um Sachverständige, ist Art. 97 Abs. 1 lit. e iVm Art. 51 DVUM aufgrund der besonderen Verfahrensvorschriften vorrangig.

3. Einholung von Auskünften durch die Beteiligten

Auch Beteiligte können Auskünfte iSd Art. 97 Abs. 1 lit. b einholen, zB von einer Wirtschafts- **42** oder Handelskammer über die Bekanntheit einer Marke oder **von Angestellten bzw. Geschäftsführern** des Beteiligten. Zugleich können die schriftlichen Auskünfte als Urkunde oder eidesstattliche Erklärung zulässig sein (EuG T-325/06, BeckRS 2009, 71217 Rn. 41 – CAPIO; HABM BK 17.4.2008 – R 1349/2006-4 Rn. 7, 20 – BOLBASE/OLBAS).

V. Urkunden

1. Grundsatz

Urkunden und Beweisstücke iSd Art. 97 Abs. 1 lit. c zählen zu den in Amtsverfahren am **43** häufigsten vorgelegten Beweismitteln.

Ein **Urkunde** iSd Art. 97 Abs. 1 lit. c ist eine schriftliche Stellungnahme der die Urkunde **44** ausstellenden Person (HABM BK 7.11.2007 – R 941/2007-4 Rn. 25 – THERMOSTAT).

Zu Urkunden iSd 97 Abs. 1 zählen **beispielsweise** **45**
• von den Parteien eingereichte Gutachten von Sachverständigen oder Verbänden (HABM BK 7.11.2007 – R 941/2007-4 Rn. 25 – THERMOSTAT; 25.10.2002 – R 243/2000-2 Rn. 20 – POCOLINO/PICCOLINO; → Rn. 23);
• Erklärungen der Beteiligten oder Dritter (zB Angestellter; → Rn. 34, → Rn. 38 ff.);
• Auszüge aus Handelsregistern;
• Verträge;
• Rechnungen oder
• Eintragungsurkunden.

Bei den Urkunden kann es sich zugleich um **schriftliche Auskünfte** iSd lit. b, die von den **46** Parteien oder dem Amt eingeholt wurden, oder um **eidesstattliche Erklärungen** handeln. Dann ist das Beweismittel nach lit. b, c und e zulässig (vgl. HABM BK 19.9.2003 – R 867/2000-2 Rn. 23 – HEXACAN/CEKACAN; 12.12.2002 – R 582/2000-2 Rn. 23 – POCOLINO/Topolino (BILDMARKE).

Gibt **das Amt** ein **Sachverständigengutachten** in Auftrag, so findet Art. 97 Abs. 1 lit. e **47** **vorrangig** Anwendung (→ Rn. 22 ff.), da die Verordnung insofern besondere Verfahrensvorschriften vorsieht.

Neu ist Art. 55 DVUM, nachdem die Unterlagen oder Beweisstücke durchgängig zu numme- **48** rieren sind. Die Anlage muss zudem ein Verzeichnis enthalten, das für alle beigefügten Unterlagen oder Beweisstücke folgendes enthält:
• die Nummer des Anhangs,
• eine kurze Beschreibung der Unterlage oder des Beweisstücks und gegebenenfalls die Seitenzahl, und
• die Seitenzahl der Einreichung, auf der die Unterlage oder das Beweisstück erwähnt wird.

Werden diese Anforderungen nicht erfüllt, kann das Amt den Beteiligten nach Abs. 3 auffordern, **49** die Mängel innerhalb einer Frist zu beseitigen. Wird der Mangel nicht beseitigt, **bleiben die Unterlagen unberücksichtigt,** falls das Amt weiterhin nicht feststellen kann, auf welchen Grund oder welche Bemerkungen sich eine Unterlage oder ein Beweisstück bezieht (vgl. EUIPO-Richtlinien, Teil A, Allgemeine Regeln, Abschnitt 2, 4.1). Die Vorschrift soll insbesondere die Analyse von Benutzungsunterlagen, Unterlagen zum Nachweis einer erhöhten Kennzeichnungskraft bzw. Unterlagen zur Verkehrsdurchsetzung erleichtern. Bisweilen werden diese völlig unsortiert ans Amt übermittelt. Im Übrigen gelten die allgemeinen Regelungen für die Kommunikation mit dem Amt (Fristen, Formen der Zustellung, Weiterleitung der Unterlagen an die andere Partei usw; → Art. 98 Rn. 1; EUIPO-Richtlinien, Teil A, Allgemeine Regeln, Abschnitt 2, 4.1).

50 Für im Rahmen der **Beschwerde** eingereichte Beweismittel enthält Art. 49 ff. EUIPO-BKVfO eine entsprechende Regelung. Insbesondere sind die Beweismittel zu nummerieren und ihnen ist ein Index voranzustellen, wenn die Dokumente umfangreich sind (Art. 51 EUIPO-BKVfO), wobei „umfangreich" nicht näher definiert ist. Die Unterlagen müssen lesbar sein (Art. 53 EUIPO-BKVfO). Soweit sich die Partei auf Links bezieht soll deren Inhalt angegeben werden (Art. 49 Abs. 1 EUIPO-BKVfO; → Art. 94 Rn. 101). Werden die Unterlagen per Post eingereicht ist eine Abschrift für die anderen Beteiligten beizulegen (Art. 49 Abs. 3 EUIPO-BKVfO). Werden diese Voraussetzungen nicht erfüllt, erlässt der Geschäftsstellenleiter der Beschwerdekammern einen Mängelbescheid. Werden die Mängel nicht innerhalb eines Monats behoben, so werden die Beweismittel nicht berücksichtig (Art. 49 Abs. 5 EUIPO-BKVfO, Art. 51 Abs. 3 EUIPO-BKVfO, Art. 52 Abs. 3 EUIPO-BKVfO, Art. 53 Abs. 3 EUIPO-BKVfO).

51 Zu beachten ist, dass die **Unterlagen vom Amt einbehalten** und in die elektronische Akte hochgeladen werden. Sie werden **nicht zurückgesendet** und fünf Jahre nach Erhalt vernichtet (→ Art. 100 Rn. 12). Der Nutzer sollte Daten, die er für **vertraulich** hält und die nicht zwingend für das Verfahren erforderlich sind schwärzen. Andernfalls sind diese für jedermann einsehbar, der eine elektronische Inspektion der Akten vornimmt. Einem Antrag auf Vertraulichkeit der Unterlagen wird zwar nur gewährt, wenn dieser begründet ist. Mit einer Schwärzung geht der Nutzer auf Nummer sicher. Der Nutzer sollte nach Hochladen des Dokumentes überprüfen, ob die Schwärzungen tatsächlich ins System des Amtes übernommen wurden.

2. Meinungsumfragen

52 Meinungsumfragen sind Urkunden, die von einem bestimmten Institut ausgestellt werden. Bei Meinungsumfragen ist nach der Rechtsprechung auf folgende Aspekte zu achten:
- Die **Methode** der Erstellung muss klar ersichtlich und objektiv sein (EuG T-187/19, GRUR-RS 2020, 22121 Rn. 101 – Purple; T-261/17, BeckRS 2018, 26000 Rn. 61 – SALOSPIR).
- Der **Zeitpunkt der Erstellung** muss für das jeweilige Verfahren relevant sein. Wurde eine Marke im Jahre 2010 angemeldet, so gibt eine Meinungsumfrage aus dem Jahre 2001 keine Auskunft über eine mögliche Verkehrsdurchsetzung im Jahre 2010 (HABM BK 9.2.2012 – R 728/2011-1 Rn. 24 – HELLGRÜN; 9.8.2011 – R 1033/2010-4 Rn. 36 – NO TEARS FORMULA/NO MORE TEARS; 10.4.2002 – R 882/2000-3 Rn. 38 – Hai/TAI). Auch eine Umfrage nach dem Anmeldedatum kann irrelevant sein, falls sie keinen Aufschluss auf die Lage zum Anmeldezeitpunkt gibt (EuG T-344/03, BeckRS 2006, 70299 Rn. 34 f. – SELEZIONE ORO Barilla; HABM BK 15.4.2008 – R 1247/2006-1 Rn. 19 – T-PLAN/T-LAN). Je größer die Zeitspanne zwischen Anmeldetag und Tag der Entscheidung ist, desto schwieriger ist es, zuverlässiges Material über die Verkehrsdurchsetzung zu erhalten. Meinungsumfragen, die zu einem nicht relevanten Zeitraum erstellt werden, führen möglicherweise zu anderen Ergebnissen, da die Wahrnehmungsbilder sich mit der Zeit verändern (HABM BK 22.6.2000 – R 379/1999-1 Rn. 52 – FARBMARKE, GELB RAL 1032).
- Es ist der **relevante Verkehrskreis** zu befragen (vgl. EuG T-490/12, BeckEuRS 2014, 402947 Rn. 56 ff. – GRAZIA; T-171/12, BeckRS 2014, 81971 Rn. 45 – Form eines Spannschlosses). Richten sich die Waren und Dienstleistungen zB an Gewerbetreibende und an das allgemeine Publikum ist eine Befragung nur der Gewerbetreibenden nicht repräsentativ (EuG T-289/08, BeckRS 2010, 90152 Rn. 94 – Deutsche BKK). Ist eine Bekanntheit oder eine Verkehrsdurchsetzung für ein bestimmtes Gebiet nachzuweisen, muss das Publikum in diesem Gebiet befragt werden (EuG T-171/12, BeckRS 2014, 81971 Rn. 45 f. – Form eines Spannschlosses).
- Es muss eine **repräsentative Anzahl** von Personen befragt werden (EuG T-187/19, GRUR-RS 2020, 22121 Rn. 100 – Purple; T-490/12, BeckEuRS 2014, 402947 Rn. 56 ff. – GRAZIA).
- Die Umfrage muss sich auf das **relevante Gebiet** beziehen (EuG T-81/03, 82/03, 103/03, BeckRS 2006, 70998 Rn. 96 – VENADO; HABM BK 3.5.2004 – R 492/2003-2 Rn. 39 – freenet). Die Befragung von Beteiligten in einem Ort ist möglicherweise nicht repräsentativ für einen Mitgliedstaat (vgl. HABM BK 8.3.2001 – R 203/2000-3 Rn. 57 – Schogetten-Stück). Ebenso ist die Befragung von Personen in nur einem oder mehreren Mitgliedstaaten möglicher-

weise nicht repräsentativ für einen anderen Mitgliedstaat oder die gesamte EU (EuG T-187/19, GRUR-RS 2020, 22121 Rn. 100 f. – Purple).
- Es muss sich bei der den Beteiligten gestellten Frage um eine **spontane und offene** Frage handeln, das heißt eine Frage, die **ohne Vorschlag möglicher Antworten** gestellt wird (EuG 24.10.2018 – T-261/17 Rn. 68 – SALOSPIR; T-304/06, GRUR Int 2009, 410 Rn. 108 – Mozart; T-277/04, BeckRS 2006, 70520 Rn. 39 – VITACOAT; T-344/03, BeckRS 2006, 70299 Rn. 35 – SELEZIONE ORO Barilla). **Suggestivfragen** sind **nicht** repräsentativ. So sollte der Fragebogen nicht die relevanten Waren im alleinigen Zusammenhang mit der relevanten Marke nennen. Es ist aber zulässig, den befragten Personen die in Rede stehenden Waren zu nennen, ohne die relevante Marke zu erwähnen oder ihnen eine Liste mit verschiedenen Marken, darunter auch der relevanten Marke, vorzulegen (EuG T-277/04, BeckRS 2006, 70520 Rn. 39 – VITACOAT). Generell sollte den Befragten keine Antwort in den Mund gelegt werden (vgl. EuG T-187/19, GRUR-RS 2020, 22121 Rn. 102 f. – Purple; T-344/03, BeckRS 2006, 70299 Rn. 35 – SELEZIONE ORO Barilla).
- Für das Bestehen einer Verwechslungsgefahr soll die Marke so gezeigt werden, wie sie gehandelt wird. Eine Befragung der Personen **zu Hause** soll daher **unzulässig** sein (EuG 24.10.2018 – T-261/17 Rn. 63 f. – SALOSPIR).
- Die Umfrage soll **mehrere Zeichen** zeigen, aus denen der Verbraucher das relevante Zeichen spontan zuordnen soll (EuG T-187/19, GRUR-RS 2020, 22121 Rn. 102 – Purple; T-261/17, BeckRS 2018, 26000 Rn. 66 – SALOSPIR).
- Die Meinungsumfrage kann auch im Lichte weiterer eingereichter Beweismittel ausgelegt werden und somit selbst dann repräsentativ sein, falls sie nicht mit Blick auf das Verfahren erstellt wurde (EuG T-490/12, BeckEuRS 2014, 402947 Rn. 56 f. – GRAZIA).

Das Amt hat im Jahre 2020 in Zusammenarbeit mit den nationalen Ämtern **Empfehlungen zur** **53** **Erstellung von Meinungsumfragen** im Rahmen des **Konvergenzprogramms 12** veröffentlicht. Zudem hat das Amt hat in seinem Fortbildungsportal ein umfangreiches Webinar zur Erstellung und Auswertung von Meinungsumfragen zur Verfügung gestellt: https://euipo.europa.eu/knowledge/mod/scorm/view.php?id=24644 (Hinweis: als Gast einloggen).

VI. Sonstige Beweismittel und Beweismittel auf Datenträgern

Sonstige Beweismittel iSd lit. b sind zB Fotos, Kataloge, Verpackungen, Etiketten und Preislisten **54** (vgl. Art. 10 Abs. 4 DVUM). Zum Erfordernis, diese zu ordnen, → Rn. 48. Auch Internetauszüge und Internetrecherchen sind zulässig (s. EuG T-492/18, BeckRS 2019, 22863 Rn. 62 – Scanner Pro; T-633/18, GRUR-RS 2019, 21217 Rn. 90 ff. – Ton Jones). Allerdings werden die Suchergebnisse an sich in der Regel nicht ausreichen (→ Rn. 78).

Nach Art. 64 Abs. 1 DVUM sind Beweismittel auf Datenträgern ausdrücklich erlaubt. Einzel- **55** heiten hierzu legte der Exekutivdirektor im durch den Beschluss Nr. EX-20-10 fest (vor dem 1.3.2021 Beschluss vom 22.9.2017 Nr. EX-17-6). **Daten-CDs und DVDs** werden ab dem 1.3.2021 **nicht mehr akzeptiert** (Art. 1 Abs. 2 Beschluss Nr. EX 20-10). Sie gelten als überholt. Viele Rechner sehen heutzutage kein entsprechendes Laufwerk mehr vor. Zudem droht der Verlust der Daten bei magnetischen Störungen oder Kratzern. **USBs** und vergleichbare Datenträger sind aber weiterhin zulässig. Zu den **technischen Voraussetzungen** → Art. 98 Rn. 11.

Bis zum 1.10.2017 wurden Datenträger vereinzelt von den Beschwerdekammern als unzulässig **56** abgelehnt (HABM BK 26.10.2012 – R 1259/2011-4 Rn. 13 ff. – GOURMET/GOURMET et al.). Die Ablehnung war darauf gestützt, dass die Regeln 79 ff. GMDV lediglich die schriftliche **Kommunikation** mit dem Amt, eine Kommunikation per Fax oder eine elektronische Kommunikation vorsehen. Eine Kommunikation auf einem anderen Träger sei daher nicht möglich. Mit Art. 64 Abs. 1 DVUM wurde dieser Rechtsprechung die Grundlage entzogen.

VII. Eidesstattliche schriftliche Erklärungen

1. Grundsatz

Nach Art. 97 Abs. 1 lit. f sind schriftliche Erklärungen, die unter Eid oder an Eides statt **57** abgegeben werden oder nach den Rechtsvorschriften des Staates, in dem sie abgegeben werden, eine ähnliche Wirkung haben als Beweismittel vor dem Amt zulässig.

Die UMV enthält weder eine Definition eidesstattlicher Erklärungen noch Regelungen hin- **58** sichtlich ihres Beweiswertes. Die Auslegung durch das EuG und die Kammern ist nicht einheitlich.

Als **Grundregel** gilt, dass einer eidesstattlichen Erklärung iSd UMV **nicht derselbe Beweis-** **59** **wert** zukommt **wie** einer eidesstattlichen Erklärung **nach der deutschen Praxis.** Eidesstattliche

Erklärungen iSd UMV werden regelmäßig als normale Erklärungen bzw. Urkunden behandelt. Grundsätzlich ist eine **eidesstattliche Erklärung,** insbesondere falls sie von einer Partei stammt, **allein nicht ausreichend** für einen Nachweis.

60　　Nach teilweiser Rechtsprechung der Beschwerdekammern soll es sich bei den vor dem Amt abgegebenen Erklärungen in der Regel um keine strafbewehrten Erklärungen im Sinne des deutschen Rechts handeln. Weder das deutsche noch das EU-Recht sehen eine Strafbarkeit einer falschen eidesstattlichen Versicherung vor, die vor dem Amt abgegeben wird (HABM BK 10.1.2011 – R 246/2009-4 Rn. 24 – CAN DO/CANDA II; 12.7.2010 – R 59/2010-4 Rn. 19 – TOPSIT/TOPSIT; 5.6.2007 – R 993/2005-4 Rn. 23 ff. – COSANA/SONANA). Eine vor dem Amt eingereichte deutsche Erklärung könne hiernach nur strafbewehrt sein, falls der Beteiligte nachweise, dieselbe Erklärung in einem parallelen Verfahren vor deutschen Behörden bzw. Gerichten in Kenntnis der strafrechtlichen Konsequenzen von Falschaussagen geleistet zu haben (HABM BK 17.1.2013 – R 797/2011-1 Rn. 26 – IPURI). Zudem müsse dem Aussteller nach einigen Entscheidungen der Beschwerdekammern zum Zeitpunkt der Abgabe vor der deutschen Behörde bekannt gewesen sein, dass sie im Verfahren vor dem Amt verwendet werden könnte (HABM BK 12.1.2012 – R 599/2011-4 Rn. 19 – OLYMPIO/OLYMPIA). Selbst falls es sich in Abkehr zur vorgenannten Praxis um eine strafbewehrte Erklärung handeln sollte, kommt ihr allein durch die Strafbewehrtheit nach der Rechtsprechung des EuG und der überwiegenden Rechtsprechung der Beschwerdekammern jedenfalls trotzdem nach ständiger Rechtsprechung des Gerichts **keine erhöhte Beweiskraft** zu (→ Rn. 64).

2. Begriff der eidesstattlichen Erklärung nach dem EuG

61　　Nach mehrheitlicher **Rechtsprechung des EuG** ist der Begriff der eidesstattlichen Erklärung nicht nach Regelungen des nationalen Rechts zu bestimmen. **Jegliche versicherte bzw. mit den Worten „an Eides statt" überschriebene Erklärung vor dem Amt ist hiernach eine Erklärung iSd Art. 97 Abs. 1 lit. f** (vgl. EuG T-214/08, BeckRS 2012, 80781 Rn. 32 – OUTBURST; T-303/03, BeckRS 2005, 70415 Rn. 40, 42 – Salvita).

62　　Die Erklärungen haben nach einem Urteil des EuG den Charakter von „Erklärungen an Eides" statt, weil der Erklärende ausdrücklich den Wahrheitsgehalt der darin erwähnten Tatsachen bestätigt und ausführt mit den damit verbunden Rechtsfolgen vertraut zu sein (EuG T-322/14, BeckRS 2016, 81006 Rn. 48 ff. – mobile.de). Daher sei das Amt auch nicht verpflichtet zu prüfen, ob der Erklärung nach dem nationalen Recht tatsächlich eine ähnliche Wirkung zukommt wie unter Eid oder an Eides statt.

63　　In anderen Urteilen lässt das EuG **offen,** ob es sich um eine „eidesstattliche Erklärung" im Sinne des nationalen Rechts handeln muss (vgl. EuG T-382/08, BeckRS 2011, 80739 Rn. 43 – VOGUE; T-183/08, BeckRS 2009, 70589 – jello Schuhpark; vgl. auch HABM BK 17.4.2008 – R 1349/2006-4 Rn. 7, 20 – BOLBASE/OLBAS).

64　　Unabhängig von der Definition der eidesstattlichen Erklärung ist nach der Rechtsprechung des EuG jedenfalls die **Beweiskraft nicht** im Licht der innerstaatlichen Rechtsvorschriften eines Mitgliedstaats zu prüfen (EuG T-196/13, BeckRS 2014, 81614 Rn. 31 – la nana; T-214/08, BeckRS 2012, 80781 Rn. 32 – OUTBURST; T-183/08, BeckRS 2009, 70589 – jello Schuhpark; T-303/03, BeckRS 2005, 70415 Rn. 40 – Salvita). Damit kommt es nach der Rechtsprechung des EuG **nicht** darauf an, ob die Erklärung nach nationalem Recht strafbewehrt ist. Ihr kommt deshalb **kein erhöhter Beweiswert** zu.

3. Begriff der eidesstattlichen Erklärung nach den Beschwerdekammern

65　　Die **Entscheidungspraxis** der **Beschwerdekammern** ist **uneinheitlich.** Zum Teil wird angenommen, dass eine eidesstattliche Versicherung den jeweils einschlägigen nationalen Voraussetzungen entsprechen muss (so HABM BK 4.10.2012 – R 2187/2011-1 und R 2507/2011-1 Rn. 19 – PYROX/PYROT et al; 30.1.2012 – R 1049/2011-4 Rn. 20 – LA TERRE; 19.1.2012 – R 235/2011-1 Rn. 16 – SAPPÈ juice Me/JUICEA; 5.6.2007 – R 993/2005-4 Rn. 22 ff. – COSANA/SONANA). Erklärungen, die hiernach nicht eidesstattlich sind, werden als zulässige, nicht in Art. 78 Abs. 1 ausdrücklich genannten Beweismittel (HABM BK 30.1.2012 – R 1049/ 2011-4 Rn. 20 – LA TERRE; 5.6.2007 – R 993/2005-4 Rn. 26 – COSANA/SONANA; → Rn. 10) oder als Urkunde bewertet (→ Rn. 46).

66　　Aufgrund des Erfordernisses der Strafbewehrtheit sprechen die Kammern der eidesstattlichen Erklärung **zum Teil einen höheren Beweiswert** zu als einer bloßen Erklärung (HABM BK 4.10.2012 – R 2062/2011-1 Rn. 55 – ISIS; 19.1.2012 – R 235/2011-1 Rn. 16 – SAPPÈ juice Me/JUICEA). Zum Teil sprechen die Kammer aber selbst bei einer strafbewehrten Erklärung von einem **normalen oder sogar begrenzten Beweiswert** (HABM BK 4.10.2009 – R 486/2009-1 – YUMMI FRUITS/YUMMI YUMMI; 17.1.2013 – R 797/2011-1 Rn. 33 – IPURI).

In anderen Entscheidungen folgt die Kammer den vom EuG aufgestellten Grundsätzen (HABM **67** BK 26.6.2012 – R 1064/2011-1 Rn. 15 – foliotec/FOLIA TEC et al.; 3.5.2012 – R 446/2011-1 Rn. 22 f. – BIOCURA/BIOCURA et al.; 3.5.2012 – R 362/2011-1 Rn. 19 ff. – SEBAFLEX/FLEX; 27.3.2012 – R 413/2011-2 Rn. 35 – PROFLEX/PROFEX; 19.5.2011 – R 1592/2010-2 Rn. 24 – HYBACS/HYDAC; 10.2.2011 – R 644/2010-1 Rn. 20 – Harmonie/Harmonie).

Der **Beteiligte** sollte sich vor diesem Hintergrund **nicht darauf verlassen,** dass die Kammer **68** in der Beschwerde nationale Maßstäbe anwendet. Die jeweils zu beweisende Tatsache sollte sich aus **weiteren Unterlagen** ergeben, die den Inhalt der eidesstattlichen Erklärung belegen, wie zB Rechnungen, Meinungsumfragen, Werbematerialien, weitere Erklärungen Dritter, Geschäftsberichte usw.

4. Würdigung der eidesstattlichen Erklärung

Das Amt prüft den Beweiswert der in der Erklärung enthaltenen Information nach denselben **69** Maßstäben, die auf jede andere Erklärung Anwendung finden.

Folgende Aspekte spielen für die Würdigung eine Rolle (EuG T-429/21, GRUR-RS 2022, **70** 26108 Rn. 51 f. – ALDIANO; T-3/20, GRUR-RS 2020, 35153 Rn. 51 – Canoleum; T-30/16, BeckEuRS 2017, 494977 Rn. 40 – INSTINCT NATURE'S VARIETY; T-585/13, BeckRS 2015, 80857 Rn. 27 – Gauff JBG Ingenieure; T-196/13, BeckRS 2014, 81614 Rn. 31 – la nana; T-214/08, BeckRS 2012, 80781 Rn. 34 – OUTBURST; T-382/08, BeckRS 2011, 80739 Rn. 44 – VOGUE; T-312/11, BeckRS 2012, 81204 Rn. 29 – CERATIX; T-86/07, BeckRS 2008, 71322 Rn. 47 – DEITECH; T-303/03, BeckRS 2005, 70415 Rn. 42 – Salvita):
- der Aussteller des Dokuments,
- die Umstände seiner Ausarbeitung,
- der Adressat,
- Vernünftigkeit und Glaubhaftigkeit des Inhalts des Dokuments.

Was den Adressaten betrifft, wird der **Erklärung eines unabhängigen Dritten** nach ständiger **71** Rechtsprechung **eher Glauben** geschenkt als der Erklärung eines Beteiligten (EuG T-214/08, BeckRS 2012, 80781 Rn. 32 – OUTBURST; T-382/08, BeckRS 2011, 80739 Rn. 44 – VOGUE; HABM 17.9.2012 – R 1647/2011-2 Rn. 27 – DECOS/MECOS). Dritter in diesem Sinne kann auch ein **Abnehmer bzw. Vertreiber** der beweisführenden Partei sein (eingehend EuG T-30/16, BeckEuRS 2017, 494977 Rn. 40 ff. – INSTINCT NATURE'S VARIETY; s. aber auch EuG T-378/18, GRUR-RS 2019, 22369 Rn. 29 ff. – CRUZADE). Auch bei Erklärungen eines Dritten ist aber relevant, ob dieser eigene Interessen verfolgt (→ Rn. 76 ff.).

Die **Erklärung eines Beteiligten, seines Vertreters** oder eines **leitenden Mitarbeiters der 72 Beteiligten** wird grundsätzlich **wie** ein **Parteivortrag** behandelt. Die Erklärung ist lediglich ein weiteres Element, das in die Beurteilung der Tatsachen einfließt (EuG T-585/13, BeckRS 2015, 80857 Rn. 29 – Gauff JBG Ingenieure; T-196/13, BeckRS 2014, 81614 Rn. 21 – la nana; T-387/10, BeckRS 2012, 80222 Rn. 38 – ARANTAX). Der Erklärung kommt für sich genommen ein begrenzter Beweiswert zu, so dass es in der Regel **weiterer Nachweise (zB Rechnungen) bedarf** (EuG T-321/19, GRUR-RS 2020, 3358 Rn. 22 f. – Jokers WILD Casino; T-196/13, BeckRS 2014, 81614 Rn. 31 – la nana; 21.11.2012 – T-338/11, BeckRS 2012, 82454 Rn. 51 – photos.com; T-312/11, BeckRS 2012, 81204 Rn. 30 ff. – CERATIX; T-387/10, BeckRS 2012, 80222 Rn. 30 – ARANTAX; T-434/09, BeckRS 2011, 81353 Rn. 34 – CENTROTHERM; T-183/08, BeckRS 2009, 70589 – jello Schuhpark; T-262/04, BeckRS 2006, 70109 Rn. 77 ff. – BIC-Feuerzeug; T-303/03, BeckRS 2005, 70415 Rn. 43 – Salvita; HABM 27.3.2012 – R 413/2011-2 Rn. 36 – PROFLEX/PROFEX). Andererseits kann eine im Interesse des Erklärenden abgegebene Erklärung nicht grundsätzlich als unglaubhaft bewertet werden. Der Beweiswert, der solch einer Erklärung einzeln oder in Zusammenwirkung mit anderen Beweiselementen beizumessen ist, hängt von den Umständen des Einzelfalls ab (EuG T-3/20, GRUR-RS 2020, 35153 Rn. 51 – Canoleum).

In der Tat ist selbst bei Erklärungen, die nicht strafbewehrt sind, kein Grund ersichtlich, der per se **72.1** vermuten lässt, dass der Erklärende willentlich falsch aussagt. Vielmehr sollte geprüft werden, ob die Erklärung glaubhaft ist (zB ob dargelegt wurde, wie die Kenntnis gewonnen wurde; wann die Erklärung erstellt wurde; welche Fachkenntnisse der Erklärende hat; wie detailliert die Erklärung ist usw). Ist sie das und bestehen keine Zweifel, sollte dies als Nachweis ausreichen können. An einer detaillierten Auswertung der Erklärungen fehlt es den Entscheidungen und Urteilen aber regelmäßig. Kritisch auch Rusconi EIPR 2006, 442–446. Für eine besondere Bewertung der eidesstattlichen Erklärung spricht auch der Wortlaut der Verordnung. Lit. f stellt ausdrücklich auf die **Wirkung** einer eidesstattlichen Erklärung ab, was impliziert, dass diese im Gegensatz zu gewöhnlichen Erklärungen eben eine besondere Wirkung haben. Auch die separate Auflistung der eidesstattlichen Erklärungen spricht dafür, dass der Gesetzgeber von einer besonderen Wirkung und damit von einem besonderen Beweiswert der eidesstattlichen Erklärung ausging.

73   So kann der Umstand allein, dass die Erklärung von einem **(leitenden) Mitarbeiter des Beteiligten** stammt, ihr nicht jeden Wert nehmen (EuG T-429/21, GRUR-RS 2022, 26108 Rn. 52 – ALDIANO; T-668/18, BeckRS 2019, 23142 Rn. 110 – ADPepper; T-312/11, BeckRS 2012, 81204 Rn. 30 – CERATIX; T-308/06, BeckRS 2011, 81633 Rn. 59 – BUFFALO MILKE Automotive Polishing Products). Das Amt kann die Erklärung folglich nicht unberücksichtigt lassen und ist verpflichtet, sie frei zu würdigen sowie ihren Beweiswert zu bestimmen (EuG T-504/09, BeckRS 2011, 81842 Rn. 114 – VÖLKL). Tatsächlich aber wird der Glaubhaftigkeit der Erklärung bei Fehlen weiterer Unterlagen regelmäßig nicht untersucht. Das Beweismittel wird pauschal zurückgewiesen, falls weitere Unterlagen fehlen (HABM BK 5.6.2007 – R 993/2005-4 Rn. 27 – COSANA/SONANA). Es liegt dann unter Umständen ein Begründungsmangel vor (→ Art. 94 Rn. 57).

74   Dies gilt entsprechend auch für die **Erklärung eines Rechtsanwalts.** Es ist nach dem EuG zu berücksichtigen, dass dieser ein Angehöriger eines Rechtsberufs ist, der seine Tätigkeit unter Einhaltung der Standesregeln und der Gebote der Moral auszuüben hat, was es ihm u. a. untersagt, Behörden und insbesondere Gerichte vorsätzlich in die Irre zu führen. Zudem würde er sich mit der Abgabe einer falschen eidesstattlichen Versicherung nicht nur strafbar machen, sondern auch seinem beruflichen Ansehen schaden und zu ernstlichen Zweifeln an seiner Redlichkeit Anlass geben (so EuG T-3/20, GRUR-RS 2020, 35153 Rn. 55 – Canoleum). Eine schriftliche eidesstattliche Versicherung eines Rechtsanwalts als solche stelle einen tragfähigen Beweis für die in ihr enthaltenen Angaben dar, wenn sie eindeutig, widerspruchsfrei und schlüssig ist und wenn es keine Tatsache gibt, die ihre Echtheit in Frage zu stellen vermag (EuG T-3/20, GRUR-RS 2020, 35153 Rn. 56 – Canoleum). So kann eine eidesstattliche Versicherung allein ausnahmsweise ausreichen, falls **ergänzende Beweiselemente,** die den Inhalt beider eidesstattlichen Versicherungen stützen könnten, **vernünftigerweise nicht verlangt werden konnten** oder **nicht verfügbar** waren und es sich um Tatsachen aus dem **persönlichen Lebensbereich** wie Krankheit handelt (EuG T-3/20, GRUR-RS 2020, 35153 Rn. 59 – Canoleum).

75   Was den **Inhalt** der eidesstattlichen Erklärung betrifft, ist entscheidend, wie **detailliert** diese ausgestaltet ist (vgl. EuG T-196/13, BeckRS 2014, 81614 Rn. 34 – la nana). Der Inhalt ist schlüssig darzulegen. Werden zB Zahlen genannt, ist zu empfehlen darzustellen, woher diese stammen. In der Gesamtschau stellt das Gericht auch darauf ab, ob ergänzendes Material, auf das sich die eidesstattliche Erklärung bezieht, einfach hätte beigebracht werden können, zB Rechnungen, Kataloge, Zeitungen, Werbung, usw (vgl. EuG T-196/13, BeckRS 2014, 81614 Rn. 39 – la nana).

C. Beweiswürdigung

76   Die Beweiskraft der einzelnen Beweismittel ist in allgemeiner und freier Beweiswürdigung vom Amt umfassend zu prüfen (EuG T-489/13, BeckEuRS 2015, 436477 Rn. 58 – VIÑA ALBERDI; T-303/03, BeckRS 2005, 70415 Rn. 43 – Salvita; HABM BK 14.11.2000, R 823/1999-3 Rn. 20 – SIDOL/SIDOLIN; 17.4.2008 – R 1349/2006-4 Rn. 20 – BOLBASE/OLBAS; 5.6.2007 – R 993/2005-4 Rn. 27 – COSANA/SONANA).

77   Die vorgelegten **Beweise** sind in ihrer **Gesamtheit zu würdigen** (EuG BeckRS 2011, 81633 Rn. 60 f. – BUFFALO MILKE Automotive Polishing Products). Das Amt hat abzuwägen, ob die eingereichten Dokumente ein überzeugendes Gesamtbild geben.

78   Bei der **Würdigung von Dokumenten** spielt generell eine Rolle, von wem und unter welchen Umständen diese ausgestaltet wurden, an wen diese adressiert sind und ob sie in sich und in Würdigung weiterer Beweismittel schlüssig sind (vgl. EuG T-30/16, BeckEuRS 2017, 494977 Rn. 40 – INSTINCT NATURE'S VARIETY; T-489/13, BeckEuRS 2015, 436477 Rn. 58 – VIÑA ALBERDI; → Rn. 70). So ist etwa bei **Internetauszügen** festzustellen, von wem diese stammen und in welchem Kontext diese erstellt wurden (EuG T-229/14, BeckRS 2015, 80856 Rn. 48 – Yorma Eberl). Insofern hält auch das **Konvergenzprogramm 10** des Europäischen Netzwerks für geistiges Eigentum allgemeine Grundsätze zum Beweiswert von online Nachweisen. Bei der **Auswertung von Erklärungen und Auskünften** von Parteien und Dritten können insbesondere folgende Aspekte eine Rolle spielen:
• das **prozessuale Verhalten der nicht beweisbelasteten Partei,** zB ob bestimmte Tatsachen von der Gegenseite nicht substantiiert bestritten wurden (Eisenführ/Schennen/Schennen Rn. 29);

- ob die Erklärung im **Einklang zu früheren Erklärungen** und zu weiteren eingereichten **Dokumenten** steht und sie in sich schlüssig ist (EuG T-490/12, BeckEuRS 2014, 402947 Rn. 53 – GRAZIA; T-28/09, BeckRS 2011, 80043 Rn. 67 – PINE TREE);
- ob das Erklärte auf **eigener Wahrnehmung oder Überprüfung** beruht (HABM BK 17.4.2008 – R 1349/2006-4 Rn. 7, 20 – BOLBASE/OLBAS; 5.6.2007 – R 993/2005-4 Rn. 30 – Cosana/Sonana);
- bei **Erklärungen von Dritten,** wie sie zur Partei stehen, welche eigenen Interessen sie haben (eingehend EuG T-30/16, BeckEuRS 2017, 494977 Rn. 40 ff. – INSTINCT NATURE'S VARIETY; HABM BK 17.4.2008 – R 1349/2006-4 Rn. 7, 20 – BOLBASE/OLBAS; 5.6.2007 – R 993/2005-4 Rn. 30 – Cosana/Sonana);
- ob die Erklärung durch **weitere Dokumente** bestätigt wurde.

Einem Dokument ist insbesondere nicht bereits deshalb ein Beweiswert abzusprechen, weil es von **79** einer der Parteien selbst stammt. So kann ein öffentlich gemachtes Dokument (zB Geschäftsberichte) aufgrund seiner Öffentlichkeit durchaus glaubhaft sein (EuG T-490/12, BeckEuRS 2014, 402947 Rn. 53 – GRAZIA). Zur Würdigung einer eidesstattlichen Erklärung → Rn. 69 ff.

Bei der Einreichung von Dokumenten, die eine Benutzung beweisen sollen, ist zu beachten, **80** dass zB **Zeitschriften** keine Auskunft darüber geben, ob sie verteilt wurden. Fehlt es an einer entsprechenden Erklärung oder weiteren Beweisen, obwohl diese prima facie einfach hätten beigebracht werden können, spricht dies dafür, dass die Magazine nicht verteilt wurden bzw. keine ausreichende Benutzung der fraglichen Marke nach außen vorliegt (EuG T-298/10, BeckRS 2012, 81018 Rn. 80 – BIODANZA).

Wikipedia-Auszügen kommt grundsätzlich ein geringer Beweiswert zu, da deren Inhalt jeder- **81** zeit und in bestimmten Fällen von jedem Besucher, selbst anonym, geändert werden kann und somit nicht auf gesicherten Informationen beruht (EuG T-738/19, GRUR-RS 2020, 23623 Rn. 37-40 – Wi-Fi Powered by The Cloud; T-229/14, BeckRS 2015, 80856 Rn. 47 – Yorma Eberl). Auch **Google-Recherchen** kommt in der Regel wenig Beweiswert zu (EuG T-633/18, GRUR-RS 2019, 21217 Rn. 90 – Ton Jones; T-559/13, BeckRS 2016, 81698 Rn. 111 f. – GIOVANNI; HABM BK R 1919/2015-4 Rn. 22 – PowerSpiral; R 243/2009-4 Rn. 20 – WANDPLANDIENST). **Internetseiten** „.com" geben grundsätzlich keine Auskunft über den Ort der Benutzung. Auch geben Internetseiten in der Regel keine Auskunft darüber, wie häufig und von wem sie konsultiert wurden (s. EuG T-492/18, BeckRS 2019, 22863 Rn. 62 – Scanner Pro; T-633/18, GRUR-RS 2019, 21217 Rn. 90 ff. – Ton Jones). S. hierzu auch das **Konvergenzprogramm 10 und 12** des Amts.

Zur Würdigung **eidesstattlicher Erklärungen** → Rn. 69 ff. **82**

Auch kommt es bei der Würdigung darauf an, **was konkret nachgewiesen werden** soll. So **83** gelten für einen **Nachweis der Benutzung** in der Regel Rechnungen als beweiskräftigstes Material. Diese sind hingegen wenig beweiskräftig, wenn es um den Nachweis einer **Verkehrsdurchsetzung** geht. Für einen Nachweis der Verkehrsdurchsetzung gelten Werbematerialien und Umsätze als „sekundäre" Beweismittel. In der Regel sind Marktumfragen, Erklärungen von Vereinigungen wie Handelskammern oder Spezialisten aussagekräftiger (so EuG T-492/18, BeckRS 2019, 22863 Rn. 62 – Scanner Pro). Bei Aussagen von Spezialisten ist allerdings zu berücksichtigen, dass sie möglicherweise nur ihre eigene Ansicht wiedergeben, die nicht notwendigerweise die Auffassung der relevanten Verkehrskreise zeigen (EuG T-492/18, BeckRS 2019, 22863 Rn. 55 – Scanner Pro).

D. Kosten

Die Kosten der Beweisaufnahme trägt nach Art. 54 Abs. 5 DVUM grundsätzlich derjenige, der **84** sie veranlasst. Wird eine Beweisaufnahme von Amts wegen durchgeführt, so trägt das Amt die Kosten des Verfahrens. Erfolgt die Beweisaufnahme hingegen auf Antrag eines der Beteiligten, so muss dieser die Kosten, vorbehaltlich der Entscheidung über die Kostenverteilung in Verfahren mit zwei oder mehreren Beteiligten, übernehmen (EUIPO-Richtlinien, Teil A, Allgemeine Regeln, Abschnitt 2, 4.6.).

Bei einer Beweisaufnahme auf Antrag eines der Beteiligten kann das Amt die Beweisaufnahme **85** nach Art. 54 Abs. 1 DVUM davon abhängig machen, dass der Antragsteller beim Amt einen Vorschuss hinterlegt. Die Höhe des Vorschusses wird nach den voraussichtlichen Kosten bestimmt.

Zeugen und Sachverständige haben nach Art. 54 Abs. 2 und 3 DVUM Ansprüche auf Kostener- **86** satz. Die Höhe der Ansprüche ist durch die Beschlüsse des Präsidenten (jetzt: Exekutivdirektor) des Amtes Nr. EX-99-1 und Nr. EX-03-2 geregelt. Hiernach haben **Zeugen** und **Sachverständige,** die vom Amt geladen worden sind und vor diesem erscheinen, einen Anspruch auf Erstattung angemessener **Reise- und Aufenthaltskosten** (maximal 141,30 Euro pro Tag). Das Amt kann einen **Vorschuss** auf diese Kosten gewähren. Außerdem haben Zeugen einen Anspruch auf eine angemessene Entschädigung für einen **Verdienstausfall** (maximal 120,05 Euro am Tag). **Sachverständige** haben einen Anspruch auf **Vergütung** (maximal 110,68 Euro pro Stunde). Falls die Vernehmung bzw. Beauftragung von Amts wegen erfolgt, wird der Anspruch erst nach Pflichterfüllung fällig. Es bleibt abzuwarten, ob die Höhe der Kosten nach oben bzw. unten angepasst wird.

87 Art. 97 Abs. 5 stellt seit dem 1.10.2017 die Befugnis des Exekutivdirektors klar, die Beträge der zu erstattenden Auslagen, einschließlich der Beträge etwaiger Vorschüsse, für die Kosten festzusetzen, die im Fall einer Beweisaufnahme nach diesem Artikel entstehen.

E. Reform

88 Mit der Ergänzung des Art. 97 durch die VO (EU) 2015/2424 mWv 1.10.2017 waren keine inhaltlichen Änderungen zur bisherigen Praxis verbunden. Es wurde lediglich der Wortlaut der Regel 57 Abs. 2 GMDV übernommen (→ Rn. 18). Der Abs. 5 stellt klar, dass der Exekutivdirektor die Beträge der zu erstattenden Kosten festlegt (→ Rn. 86). Die Kommission hat von ihrer Befugnis Gebrauch gemacht, und Regelungen zur Beweisaufnahme in der DVUM erlassen. **Neu** ist, dass eine Vernehmung per **Videokonferenz** oder durch andere technische Mittel ausdrücklich vorgesehen ist, und, dass Anhänge nunmehr auf **Datenträgern** eingereicht werden können (→ Rn. 54). Schließlich werden Beteiligte zukünftig dazu angehalten, ihre schriftlichen Unterlagen zu sortieren (→ Rn. 48).

Art. 98 Zustellung

(1) **Das Amt stellt von Amts wegen alle Entscheidungen und Ladungen sowie alle Bescheide oder sonstigen Mitteilungen zu, durch die eine Frist in Gang gesetzt wird oder die nach anderen Bestimmungen dieser Verordnung oder nach den gemäß dieser Verordnung erlassenen Rechtsakten zuzustellen sind oder für die der Exekutivdirektor die Zustellung vorgeschrieben hat.**

(2) **Der Exekutivdirektor kann bestimmen, dass auch andere Dokumente als Entscheidungen, durch die eine Beschwerdefrist in Gang gesetzt wird, und Ladungen durch eingeschriebenen Brief mit Rückschein zugestellt werden müssen.**

(3) **¹Die Zustellung kann auf verschiedenen Wegen erfolgen, einschließlich auf elektronischem Weg. ²Die Einzelheiten bezüglich des elektronischen Weges werden vom Exekutivdirektor festgelegt.**

(4) **Erfolgt die Zustellung durch öffentliche Bekanntmachung, bestimmt der Exekutivdirektor die Art der öffentlichen Bekanntmachung und legt den Beginn der einmonatigen Frist fest, nach deren Ablauf die Dokumente als zugestellt gelten.**

(5) **Der Kommission wird die Befugnis übertragen, gemäß Artikel 208 delegierte Rechtsakte zu erlassen, in denen die Modalitäten für die Zustellung im Einzelnen festgelegt werden.**

Überblick

Art. 98 regelt die Zustellung durch das Amt an die Beteiligten (→ Rn. 1 ff.). Vorschriften zur Übermittlung von Schriftstücken durch die Beteiligten an das Amt wurden von der ehemaligen GMDV im Zuge der Reform in die Neufassung des Art. 100 und in die Delegierten Verordnung übernommen. Ergänzt werden diese Regelungen seit dem 1.3.2021 durch den Beschluss des Exekutivdirektors Nr. EX-20-9 betreffend Mitteilungen durch elektronische Mittel. Die wesentliche Änderung besteht in der Abschaffung des Fax als Kommunikationsmittel.

Übersicht

A. Grundsätze

I. Begriff und Arten der Zustellung

Hinsichtlich der Kommunikation mit dem Amt, ist zwischen der Kommunikation an und durch **1** das Amt zu unterscheiden (vgl. EuG T-6/05, BeckRS 2006, 70645 Rn. 25 – FIRST DEFENSE AEROSOL PEPPER PROJECTOR). Art. 98 regelt die **Zustellung** von Schriftstücken des Amtes an die Beteiligten bzw. Dritte. Art. 100 enthält Vorschriften zur Übermittlung an das Amt (→ Art. 100 Rn. 1). Gemäß Abs. 5 hat die Kommission weitere Rechtsakte erlassen, in denen die Modalitäten für die Zustellung im Einzelnen festgelegt werden. Seit dem 1.10.2017 enthalten Art. 56 ff. DVUM Regelungen zur Zustellung seitens des Amtes und Art. 63 ff. DVUM an das Amt. Zudem enthält Art. 2 EUIPO-BKVfO Regelungen für die Zustellung durch die Beschwerdekammern.

Zustellung iSd Art. 98 meint keine förmliche Zustellung, sondern die Übermittlung eines **2** Schriftstücks an den Empfänger. Zustellung bedeutet, dass das Schriftstück **in den Herrschaftsbereich des Empfängers gelangt,** unabhängig davon, ob er/sie das Schriftstück tatsächlich zur Kenntnis nimmt (EUIPO-Richtlinien, Teil A, Allgemeine Regeln, Abschnitt 1, 3.2; eingehend EuG T-356/17, BeckRS 2018, 32420 Rn. 31 ff. – RoB, Rechtmittel als offensichtlich unzulässig zurückgewiesen von EuGH 4.7.2019 – C-36/19, nv; T-97/16, GRUR-RS 2017, 108659 Rn. 39 ff. – GEOTEK; T-488/13, BeckEuRS 2015, 408703 Rn. 19 ff. – engineering for a better world).

Art. 56 Abs. 2 DVUM sieht folgende Arten der Zustellung vor: **3**
- durch elektronische Mittel gemäß Art. 57 DVUM;
- durch die Post oder einen Kurier gemäß Art. 58 DVUM;
- durch öffentliche Zustellung gemäß Art. 59 DVUM.

Regel 61 Abs. 2 GMDV sah zusätzlich folgende **Arten der Zustellung** vor: **3.1**
- eigenhändige Übergabe (seit dem 1.10.2017 entfallen);
- Hinterlegung im Abholfach beim Amt (seit dem 1.10.2017 entfallen);
- Fernkopierer (seit dem 1.3.2021 entfallen);

Hat der Empfänger gegenüber dem Amt einer elektronischen Übermittlung durch Erstellen **4** eines Nutzerkontos zugestimmt, **kann das Amt** nach Art. 56 Abs. 3 DVUM (vormals Regel 61 Abs. 3 GMDV) **die Zustellungsart wählen.** Die originäre Entscheidung über den Kommunikationsweg liegt damit zwar theoretisch beim Nutzer. Allerdings sind viele Funktionen für den Nutzer nur online abrufbar, so dass nach Wegfall des Faxes zum 1.3.2021 faktisch die online Kommunikation das einzig verlässliche Kommunikationsmittel ist. Damit hat die elektronische Zustellung faktisch die weiteren Kommunikationswege verdrängt (→ Rn. 11 ff.). Sobald der Nutzer ein online Konto einrichtet, erfolgt die Zustellungen aller Mitteilungen des Amtes über diese elektronische Plattform (Art. 3 Abs. 1 Beschluss Nr. EX-19-1 des Exekutivdirektors des Amtes, Art. 4 Abs. 1 Beschluss Nr. 20-9). Für die Beschwerdekammern ist dies in Art. 2 Abs. 2 EUIPO-BKVfO niedergelegt, wobei fraglich ist, in welchem Verhältnis die Entscheidung des Exekutivdirektors und der der Beschwerdekammern zueinander stehen.

entfallen.   **5**

II. Form des zugestellten Schriftstückes

Während Regel 61 Abs. 1 GMDV noch die Form eines Originalschriftstücks, einer beglaubig- **6** ten Abschrift dieses Schriftstücks oder eines Computerausdrucks vorsah, sieht Art. 56 Abs. 1 DVUM kein Formerfordernis mehr vor. Es wird stattdessen klargestellt, dass eine Übermittlung der Unterlagen in Form der Gewährung eines **elektronischen Zugangs** zu diesem Dokument erfolgen kann. Das Amt macht seit dem Jahr 2021 von dieser Möglichkeit Gebrauch, indem es bestimmte Dokumente in **Links** zur Verfügung stellt.

7   Nach Art. 94 Abs. 2 muss das Dokument die zuständige Dienststelle und den Namen des Bediensteten erkennen lassen. Die Dokumente sind grundsätzlich von den Bediensteten zu **unterzeichnen** oder stattdessen mit einem **vorgedruckten oder aufgestempelten Dienstsiegel** des Amtes zu versehen.

7.1   Ausnahmen galten bis zum 1.10.2017 bei einer Übermittlung per Fernkopierer oder elektronischer Zustellung. Es genügte nach Art. 1 Beschluss Nr. EX-97-1 des Präsidenten des Amtes (jetzt: Exekutivdirektor) und nach Art. 8 der Beschluss Nr. EX-13-2 und Beschluss Nr. EX-15-1 des Präsidenten des Amtes (jetzt: Exekutivdirektor), dass der Fernkopierer bzw. die elektronische Mitteilung die Dienststelle und den Namen des Bediensteten nennt. Diese Ausnahme ist nun entfallen. Grund ist, dass seinerzeit Entscheidungen des Amtes nicht das Dienstsiegel, sondern ein davon abweichendes Logo enthielten. Da die Entscheidungen nunmehr das Dienstsiegel aufweisen, das mit der Namensumstellung des Amtes im März 2016 angepasst wurde, bedarf es dieser Ausnahmeregelung nicht mehr.

III. Zustellungsempfänger

8   Falls ein Vertreter bestellt wurde, hat die Zustellung nach Art. 60 Abs. 1 DVUM (vormals Regel 67 Abs. 1 GMDV) an den Vertreter zu erfolgen. Eine wirksame Zustellung an den Beteiligten direkt ist mit Bestellung eines Vertreters grundsätzlich nicht (mehr) möglich (EuG T-279/09, BeckRS 2012, 81461 Rn. 29 – 100% Capri; → Rn. 44 ff.).

9   Handelt es sich allerdings um einen **Angestelltenvertreter,** so ist grundsätzlich weiterhin an den Verfahrensbeteiligten selbst zuzustellen. Falls der Verfahrensbeteiligte nach Art. 119 Abs. 3 (früher Art. 92 Abs. 3 UMV 2009) allerdings durch einen Angestellten einer anderen Gesellschaft vertreten wird, mit der er wirtschaftlich verbunden ist, so hat die Zustellung an den Angestellten zu erfolgen (HABM BK 28.5.2010 – R 540/2010-4 Rn. 11 – IONTEC).

10   Sind **mehrere Vertreter** für einen Beteiligten bestellt worden, so genügt nach Art. 60 Abs. 2 DVUM (früher Regel 67 Abs. 2 GMDV) die Zustellung an einen von ihnen, sofern eine bestimmte Zustellanschrift angegeben wurde (HABM BK 23.10.2006 – R 521/2006-4 Rn. 13 – GREEN PLUS). Haben **mehrere Beteiligte einen gemeinsamen Vertreter** bestellt, so genügt eine Zustellung an den gemeinsamen Vertreter.

B. Zustellung durch elektronische Mittel

11   Nach Abs. 3 iVm Art. 56 Abs. 1 lit. a DVUM kann eine Zustellung durch elektronische Mittel erfolgten (s. auch Art. 2 EUIPO-BKVfO). Elektronische Mittel umfassen nach Art. 57 Abs. 1 DVUM die Übermittlung über Kabel, Funk, optische Mittel oder andere elektromagnetische Mittel, einschließlich das Internet. Das Amt stellt elektronisch entweder online über den Nutzerbereich zu (s. Art. 2 Beschluss Nr. EX-20-9 des Exekutivdirektors).

I. Elektronische Zustellung über das Nutzerkonto

12   Nach Art. 1 Abs. 1 Beschluss Nr. EX-20-9 des Exekutivdirektors kann eine Zustellung über eine sichere elektronische Kommunikationsplattform erfolgen, die vom Amt verwaltet wird (s. auch Art. 2 EUIPO-BKVfO). Über die Plattform können die Nutzer Anmeldungen, Anträge und andere Dokumente einreichen, Zustellungen und Dokumente vom Amt erhalten, auf solche Zustellungen antworten und andere Handlungen durchführen (Nutzerbereich).

13   Nach Art. 3 Abs. 1 Beschluss Nr. EX-20-9 können Nutzer über ein persönliches Konto (Nutzerkonto) auf den Nutzerbereich (User Area) zugreifen, in dem sie sich auf der Website des Amtes registrieren. Ein Nutzer kann sich für Unterkonten registrieren, die von einem bestehenden Nutzerkonto abhängen. Es ist auch technisch möglich Anmeldungen über ein Nutzerkonto für andere zu tätigen.

14   Der Nutzer oder Interessenvertreter ist für die ordnungsgemäße Nutzung und Wahrung der Vertraulichkeit bezüglich seines Kontos, Passworts und gegebenenfalls seiner Unterkonten verantwortlich, unabhängig davon, wer das Konto oder die Unterkonten im Namen des Nutzers oder Interessenvertreters benutzt. Das Passwort ist alle sechs Monate zu ändern. Bei Verstoß gegen die beschriebenen Nutzerverpflichtungen, ist das Amt ohne vorherige Ankündigung zum Widerruf der Zugangsrechte des Nutzers berechtigt. Das Amt hat die Nutzungsbedingungen am 2.7.2021 angepasst (Annex I des Beschlusses Nr. EX-20-9). Hiernach ist der Verleih der Zugangsdaten zum Zwecke der Umgehung des Vertretungszwang von nicht EWR Parteien untersagt. Das Amt

wird im Verdachtsfall den Nachweis einer Bestellung des Inhabers des Nutzerkontos als Vertreter verlangen. Bei Bestätigung eines Verdachts kann das Konto gesperrt und nationale Behörden informiert werden.

Nutzer können umgekehrt jederzeit die **Deaktivierung** ihres Nutzerkontos beantragen. Das **15** Konto wird so schnell wie technisch möglich deaktiviert (Art. 3 Abs. 3 Beschluss Nr. EX-20-9). Praktisch ist die Deaktivierung momentan nur durch Kontaktierung des Informationszentrums möglich. Falls sich der Nutzer für eine Deaktivierung entscheidet, sollte er unbedingt die in seiner Inbox zugestellten Mitteilungen vorher herunterladen und sicher gehen, dass er Kenntnis von allen Mitteilungen genommen hat.

Der Nutzerbereich bietet die Möglichkeit des elektronischen Empfangs aller Mitteilungen des **16** Amtes in einem elektronischen Postfach (Art. 4 Abs. 1 Beschluss Nr. EX-20-9).

Der Nutzerbereich bietet den Nutzern folgende Möglichkeiten (Bedingungen für die elektronische **16.1** Übermittlung an und durch das Amt im Nutzerbereich (USER AREA):

• Einsicht in ein Verzeichnis aller früheren und derzeitigen Akten, die sie beim Amt eingerichtet haben;
• Empfangen, Einsehen, Herunterladen, Drucken und Speichern aller elektronisch erstellten Dokumente und Zustellungen, die ihnen vom Amt übermittelt wurden;
• Hochladen, Anzeigen, Drucken und Speichern aller elektronischen Dokumente und Zustellungen, die sie an das Amt übermittelt haben;
• Ausführen verschiedener elektronischer Vorgänge im Zusammenhang mit Unionsmarken und Unionsgeschmacksmustern: Einreichungen, Verfahrensschritte, Verlängerungen usw auf elektronischem Wege;
• Verwaltung aller ihrer personenbezogenen Daten (Anschrift, Rufnummer usw);
• Verwaltung eines personalisierten Benachrichtigungssystems (Alerts);
• Verwaltung ihrer laufenden Finanzkonten beim EUIPO.

Bei Einrichtung eines Nutzerkontos werden alle Mitteilungen zwingend online zugestellt, **17** sofern dies aus technischen Gründen nicht unmöglich ist (Art. 4 Abs. 2 Beschluss Nr. 20-9; HABM BK 17.1.2011 – R 956/2010-4 Rn. 14 – DURAMAXX/DURAMAX). Obwohl es dem Nutzer weiterhin selbst freisteht, Stellungnahmen per Post oder Kurier zu senden, kann er bei Bestehen eines Nutzerkontos keine Zustellung der Mitteilungen durch das Amt per Post verlangen. Nur wenn eine Zustellung ausnahmsweise aus technischen Gründen nicht unmöglich, wird das Amt diese über Post oder Kurier zusenden. **Der Nutzer muss also damit rechnen, dass alle Zustellungen elektronisch erfolgen und sein elektronisches Postfach regelmäßig überprüfen.** Eine Zustellung per Post oder Kurier kann der Nutzer nur durch Schließung seines Kontos erreichen.

Der Benutzer kann zwar beantragen, per **elektronische Benachrichtigung (SMS/E-Mail) 18** informiert zu werden, sobald eine Mitteilung an sein Postfach zugestellt wurde. Die E-Mail oder SMS sind aber keine Zustellung (Art. 4 Abs. 3 Beschluss Nr. EX-20-9). Der Empfänger darf sich nicht darauf verlassen, dass er per E-Mail oder SMS über die elektronische Zustellung rechtzeitig informiert wird (HABM BK 19.4.2011 – R 881/2010-2 Rn. 27 ff. – Sundancer/Dancer (FIG. MARK) et al.). Er muss daher regelmäßig überprüfen, ob Entscheidungen oder andere Dokumente zugestellt wurden.

Das Datum, an dem das Schriftstück in das elektronische Postfach des Nutzers gelegt wird, **19** wird vom Amt aufgezeichnet und im Nutzerbereich erwähnt. Die Zustellung gilt **fünf Kalendertage** nach dem Tag erfolgt, an dem das Dokument in den Posteingang abgelegt wurde, unabhängig davon, ob und wann der Empfänger den Inhalt der Mitteilung tatsächlich zur Kenntnis nimmt (Art. 4 Abs. 4 Beschluss Nr. EX-20-9; HABM BK 4.6.2012 – R 575/2012-4 Rn. 12 – DELAY; 21.4.2011 – R 766/2010-4 Rn. 10 – ORNILUX/UNILUX).

Hinsichtlich des früheren Art. 4 Beschluss des Präsidenten des Amtes vom 26.11.2013 hat der EuGH **19.1** C-282/18 P, GRUR-RS 2019, 5400 bestätigt, dass eine Zustellung am fünften Tag fingiert wird, „es sei denn, dass sich exakt nachweisen lässt, dass die Zustellung an einem anderen Tag innerhalb dieses Zeitraums stattgefunden hat" (§ 43). Art. 4 Beschluss des Präsidenten des Amtes vom 26.11.2013 lautete: „Unbeschadet der genauen Feststellung des Zustellungsdatums gilt die Zustellung als erfolgt am fünften Kalendertag nach dem Tag, an dem das Amt das Schriftstück in das elektronische Posteingangsfach des Nutzers gelegt hat.". Das Amt hat Art. 3 Abs. 4 Beschluss Nr. Ex-19-1 umformuliert. Hiernach gilt „die Zustellung [...]] am fünften Kalendertag nach dem Tag erfolgt, an dem das Amt das Schriftstück in das elektronische Posteingangsfach des Nutzers gelegt hat". Die Ambiguität der Formulierung „unbeschadet der genauen Feststellung des Zustellungsdatums" ist somit entfallen. Das Urteil EuGH C-282/18 P, GRUR-RS 2019, 5400 ist folglich nicht auf den aktuellen Beschluss des Exekutivdirektors anwendbar. Gleiches gilt für den zukünftigen Art. 4 Abs. 4 Beschluss Nr. EX-20-9.

20   Das Schriftstück wird in der Regel bereits am Tag der Generierung des Dokumentes zugestellt, gilt aber **erst fünf Tage später als zugestellt.** Wird in dem zugestellten Dokument eine Frist gesetzt, die ab Zustellung berechnet wird, gewinnt der Nutzer also fünf weitere Tage.

20.1   Zur **Unterzeichnung** von Entscheidungen, Mitteilungen und Bescheiden, die elektronisch übermittelt werden, näher → Rn. 6.

II. Achtung: Wegfall Fax

21   **Seit dem 1.3.2021** ist **Fax** als Kommunikationsmittel **entfallen** (Art. 2 Beschluss Nr. EX-20-9). Dies gilt für alle Verfahren, auch für Geschmacksmusterverfahren. Grund der Änderung sind ständige technische Störungen, deren Lösung außerhalb des Herrschaftsbereichs des Amts liegt. Die damit verbundenen Risiken hat das Amt als nicht mehr tragbar bewertet (Punkt 8 der Präambel des Beschlusses Nr. EX-20-9).

21.1   Bis zum 1.3.2021 gilt, dass das Amt per Fax zustellt, falls die Beteiligten eine Faxnummer im Verfahren angegeben (zB auf dem Anmelde-, Widerspruchs- oder Beschwerdeformular) **und** keiner Zustellung über ein elektronische Nutzerkonto zugestimmt haben, es sei denn das Dokument enthält Farben (EUIPO-Richtlinien, Teil A, Allgemeine Regeln, Abschnitt 1, 3.2.1.2). Es war an der Partei, das Amt unverzüglich über eine Änderung der Nummer in Kenntnis zu setzen (EuG T-97/16, GRUR-RS 2017, 108659 – GEOTEK). Nach Regel 65 Abs. 1 S. 2 GMDV galt eine Mitteilung an dem Tag zugestellt, an dem sie auf dem Faxgerät des Empfängers eingetroffen ist. Diese Regelung war bereits im Zuge der Reform entfallen. Der Grundsatz galt aber weiterhin (EUIPO-Richtlinien, Teil A, Allgemeine Regeln, Abschnitt 1, 3.2.1.2). Nach Art. 94 Abs. 2 genügt es, dass die Mitteilungen des Amtes das Dienstsiegel des Amtes aufweisen. Die Mitteilung muss nicht unterzeichnet sein. Ausführlich → Rn. 6. Das Amt speichert den Faxreport, um den Übermittlungszeitpunkt und den übermittelten Inhalt im Zweifel nachweisen zu können (EUIPO-Richtlinien, Teil A, Allgemeine Regeln, Abschnitt 1, 3.2.1.2; vgl. HABM BK 14.11.2012 – R 1492/2012-1 Rn. 14 – J&JOY/joy SPORTSWEAR et al.). Weist das Amt den Zugang durch einen Faxreport nach, muss der Empfänger darlegen und ggf. beweisen, weshalb er das Schriftstück trotz des Faxberichtes nicht erhalten hat (eingehend EuG T-97/16, GRUR-RS 2017, 108659 Rn. 36 ff. – GEOTEK; T-666/14, BeckRS 2015, 81397 Rn. 22 – GREEN BEANS; T-715/13, BeckRS 2016, 81552 Rn. 64 f. – Castello; T-488/13, BeckEuRS 2015, 408703 Rn. 21 – engineering for a better world; T-380/02 und T-128/03, GRUR Int 2005, 680 Rn. 82 ff. – PAN & CO; HABM BK 14.11.2012 – R 1492/2012-1 Rn. 15 f. – J&JOY/joy SPORTSWEAR et al.).

C. Zustellung durch Post und Kurier

I. Grundsatz

22   Das Amt entscheidet sich nur dann für die Postzustellung, falls eine Zustellung per Nutzerbereich technisch nicht möglich ist oder der Empfänger kein Benutzer des elektronischen Systems des Amtes ist (→ Rn. 5; s. auch Art. 2 Abs. 1 EUIPO-BKVfO). Seit dem 1.10.2017 ist zudem die Zustellung per Kurier nach Art. 58 Abs. 1 DVUM ausdrücklich zulässig. Eine Zustellung via **Kurier** galt nach der Rechtsprechung vor dem 1.10.2017 nicht als eingeschriebener Brief mit Rückschein (EuGH T-28/09, BeckEuRS 2009, 492950 Rn. 30 f. – PINE TREE; C-144/07, BeckRS 2008, 71023 Rn. 22 – K-Swiss). In Spanien erfolgt die Zustellung per Post.

23   Obwohl Art. 58 Abs. 1 DVUM vorschreibt, dass Entscheidungen, durch die eine Beschwerdefrist in Lauf gesetzt wird, Ladungen und andere vom Exekutivdirektor bestimmte Schriftstücke durch eingeschriebenen Brief mit Rückschein per Post oder Kurier zugestellt werden, ist das Amt hierzu nicht verpflichtet (EuG T-380/02 und T-128/03, GRUR Int 2005, 680 Rn. 60 – PAN & CO). Es konnte also selbst **Entscheidungen,** die eine Frist in Gang setzen, bis zum 1.3.2021 **per Fax zustellen,** solange die weiteren Voraussetzungen (Zustimmung der Parteien) vorliegen (vgl. EuG T-380/02 und T-128/03, GRUR Int 2005, 680 Rn. 61 – PAN & CO; HABM BK 7.1.2008 – R 0192/2006-1 Rn. 18 – BSS-Ophtal/BSS et al.).

24   Mitteilungen, die keine Frist in Gang setzen, erfolgen nach Art. 58 Abs. 1 DVUM durch gewöhnlichen Brief. Auch insofern gilt aber, dass das Amt sich nur für eine Zustellung per Post entscheidet, falls die Partei über kein Online-Konto beim Amt verfügt oder eine Zustellung technisch nicht möglich ist.

25   Die Zustellungsverpflichtung des Amtes impliziert nicht, dass etwaige **Anlagen** der Schreiben auf Papier übersandt werden müssen. Art. 64 Abs. 1 DVUM sieht ausdrücklich die Verwendung von Datenträgern vor. Das Amt übermittelt daher bisweilen umfangreiche Anlagen aus Gründen des Umweltschutzes per USB anstatt auf Papier. Zudem ist es dazu übergegangen, einige Unterlagen durch einen Link online zugänglich zu machen. Da die Links aber eine Eröffnung des Nutzerkontos voraussetzen, können die Parteien auf eine Zustellung auf Papier per Post oder Kurier bestehen.

II. Zustellung per Einschreiben mit Rückschein per Post oder Kurier

Haben die Parteien kein Online-Konto (→ Rn. 5) oder stellt das Amt per Post aus technischen **26** Gründen zu und handelt es sich bei dem Dokument um eine **Entscheidung, durch die eine Beschwerdefrist in Gang gesetzt wird,** so ist diese grundsätzlich nach Art. 58 Abs. 1 DVUM per **eingeschriebenen Brief mit Rückschein** zuzustellen. Hat der Empfänger allerdings **keinen (Wohn-)Sitz in dem EWR,** so wird die Entscheidung nach Abs. 2 als gewöhnlicher Brief zugestellt. Von der Zustellung per Kurier anstatt per Post macht das Amt seit 2020 vor allem Gebrauch bei Zustellungen außerhalb Spaniens, da eine ausreichende und unterzeichnete Zustellungsbestätigung so bestmöglich gesichert ist (zu den Anforderungen EuG T-305/19, GRUR-RS 2020, 14954 Rn. 55 – Welmax). Momentaner Vertragspartner ist die DHL. Innerhalb Spaniens stellt das Amt via Post mit Rückschein zu.

Nach Abs. 3 gilt ein eingeschriebener Brief mit oder ohne Rückschein mit dem **zehnten Tag** **27** nach der Aufgabe zur Post als zugestellt, **es sei denn,** dass das zuzustellende Schriftstück nicht oder an einem späteren Tag eingegangen ist. Im Zweifel hat das **Amt** den Zugang des Schriftstücks und ggf. den Tag des Zugangs **nachzuweisen.** Das Amt nimmt die Zustellungsbestätigung zu den Akten. Nach Abs. 4 gilt die Zustellung durch eingeschriebenen Brief mit oder ohne Rückschein auch dann als bewirkt, falls der Empfänger die Annahme des Briefes verweigert.

Der Brief gilt nach der Praxis des Amtes auch dann erst nach zehn Tagen zugestellt, falls **28** feststeht, dass der Brief tatsächlich früher zugegangen ist,

Die Zustellungsvermutung gilt nur dann nicht, falls die Zustellungsvorschriften nicht eingehal- **29** ten werden oder der Empfänger bestreitet, das Schreiben erhalten zu haben. In diesem Fall hat das Amt nachzuweisen, wann das Schreiben tatsächlich beim Empfänger einging. Hat der Empfänger es vorher erhalten, gilt das tatsächliche Datum. Ein Nachweis der Zustellung vom Amt gilt nur dann als erbracht, falls der Empfänger den Empfang tatsächlich unterzeichnet hat. Die Bestätigung durch die Post ohne entsprechende Unterschrift ist unzureichend (EuG T-305/19, GRUR-RS 2020, 14954 Rn. 55 – Welmax).

III. Zustellung per gewöhnlichem Brief

Alle Dokumente, die keine Beschwerdefrist in Gang setzen, und alle Dokumente (einschließ- **30** lich Entscheidungen), die nicht an einen Empfänger in dem EWR gerichtet sind, werden grundsätzlich als gewöhnlicher Brief zugestellt, es sei denn die Parteien haben ein Nutzerkonto (→ Rn. 5). Bei einer Mitteilung durch gewöhnlichen Brief gilt die Zustellungsvermutung nach zehn Tagen nach Aufgabe zur Post nicht.

Da bei eine gewöhnlichen Brief in der Regel nicht feststellbar ist, ob er tatsächlich zuging, hat das **31** EuG festgestellt, dass es auch bei Mitteilungen des Amtes geboten sein kann, diese per Einschreiben mit Rückschein zuzustellen. So ist beispielsweise die Weiterleitung einer Widerspruchsbegründung an den Anmelder keine Ladung und setzt keine Beschwerdefrist in Gang. Sie hat aber eine besondere Bedeutung für die Ausübung der Verteidigungsrechte des Anmelders. Diese Bedeutung rechtfertigt es, dass die Versendung eines solchen Schriftstücks nach Modalitäten erfolgt, **mit denen man sich seines Empfangs vergewissern kann** (EuG T-191/11, BeckRS 2012, 82275 Rn. 25 – Miura).

Versendet das Amt eine Mitteilung trotz der möglichen Schwierigkeiten hinsichtlich des **32** Zugangsnachweises durch **gewöhnlichen Brief,** ist keine ausdrückliche **Beweislastverteilung** gesetzlich vorgesehen. Nach den Richtlinien des Amtes obliegt es zwar dem Empfänger nachzuweisen, dass er den Brief entgegen dieser Vermutung nicht oder später erhalten hat (Teil A Abschnitt 2, 1.3.2.2; EuG T-191/11, BeckRS 2012, 82275 Rn. 29 ff. – Miura). Allerdings sind die Anforderungen an das **Beweismaß** nach dem EuG **nicht zu hoch** anzusetzen. Andernfalls wäre es für den Adressaten unmöglich, die negative Tatsache des Nichtzugangs nachzuweisen. Dies hätte zur Folge, dass dem Empfänger das Versendungsrisiko aufgebürdet wird, obwohl das Amt die unsichere Zustellung durch gewöhnlichen Brief gewählt hat (EuG T-191/11, BeckRS 2012, 82275 Rn. 33 – Miura). Das **Vorliegen von Indizien,** die einen vernünftigen Zweifel am Empfang der fraglichen Sendung durch den Empfänger aufkommen lassen, **genügt,** für den Nachweis im Sinne der Richtlinien (EuG T-191/11, BeckRS 2012, 82275 Rn. 34 – Miura). So ergibt sich die fehlende Zustellung einer Widerspruchsbegründung bereits aus der Tatsache, dass der Anmelder in der Widerspruchsbegründung keine Stellung zu den Argumenten des Widersprechenden nimmt (EuG T-191/11, BeckRS 2012, 82275 Rn. 37 ff. – Miura). Im Zweifel ist der Brief als nicht zugestellt zu behandeln (HABM BK 12.1.2009 – R 668/2008-2 Rn. 25 ff. –

LUMINEERS/LUMIN; 13.9.2006 – R 520/2006-2 Rn. 19 – tagger). Im Ergebnis muss der Empfänger einen Nichtzugang damit plausibel darlegen. Es wird im Einzelfall anhand des Vortrags des Empfängers, der Aktenlage und des Vortrags des Amtes gewürdigt, ob eine Zustellung plausibel erscheint (vgl. EuG T-715/13, BeckRS 2016, 81552 Rn. 64 f – Castello).

33 Wurde einem Verfahrensbeteiligten in einem inter-partes Verfahren ein Schreiben der Gegenseite oder in einem Ex-parte-Verfahren eine Beanstandung des Prüfers **nicht zugestellt,** so kann der **Anspruch auf rechtliches Gehör** nach Art. 94 Abs. 1 S. 2 verletzt sein (HABM BK 12.1.2009 – R 668/2008-2 Rn. 27 – LUMINEERS/LUMIN; 13.9.2006 – R 520/2006-2 Rn. 19 – tagger). Wurde der Fehler in der ersten Instanz begangen, wird die Beschwerdekammer die angefochtene Entscheidung regelmäßig aufheben und den Fall an die erste Instanz zurückverweisen (HABM BK 12.1.2009 – R 668/2008-2 – LUMINEERS/LUMIN).

D. Öffentliche Zustellung

34 Eine öffentliche Zustellung nach Art. 59 DVUM kann vom Amt gewählt werden, falls die Anschrift des Empfängers nicht feststellbar ist oder sich eine Zustellung per Post nach wenigstens einem Versuch des Amtes als unmöglich erwiesen hat (s. auch Art. 2 Abs. 3 EUIPO–BKVfO).

35 Die öffentliche Zustellung ist durch den Beschluss Nr. EX-18-4 des Exekutivdirektors des Amtes vom 3.9.2018 über die öffentliche Zustellung ausgestaltet. Hiernach erfolgt die öffentliche Zustellung auf der **Webseite des Amtes, insbesondere in den dafür vorgesehenen Abschnitten des Blattes für Unionsmarken und des Blattes für Gemeinschaftsgeschmacksmuster.**

36 Das Dokument gilt **einen Monat** nach der Veröffentlichung auf der Website als zugestellt (Art. 3 Beschluss Nr. EX-18-4).

37 Die Dokumente sind 6 Monate auf der Webseite des Amtes kostenfrei einsehbar. Nach sechs Monaten wird die Veröffentlichung auf der Webseite gelöscht. Sie ist aber weiterhin in der jeweiligen Akte vermerkt.

38 Mit Wirkung zum 1.10.2017 wurde in Art. 98 Abs. 4 klargestellt, dass der Exekutivdirektor die Art der öffentlichen Bekanntmachung und den Beginn der einmonatigen Frist festlegt, nach deren Ablauf die Dokumente als zugestellt gelten.

E. Zustellungsmängel und Beweislastverteilung

I. Grundsatz

39 Zustellungsmängel sind in verschiedener Hinsicht denkbar. Ein Schriftstück kann zB an den falschen Empfänger oder die falsche Adresse gesendet worden sein; es kann eine falsche Art der Zustellung gewählt worden oder das Dokument überhaupt nicht angekommen sein.

40 Der **Nachweis** für eine ordnungsgemäße Zustellung obliegt grundsätzlich dem **Amt** (Art. 61 DVUM, vormals Regel 68 GMDV; EuG T-686/19, GRUR-RS 2020, 14948 – GNC LIVE WELL).

41 Befolgt das Amt das vorgesehene Zustellungsverfahren wird eine Zustellung allerdings nach der Praxis des Amtes **vermutet.** Es ist an dem Empfänger nachzuweisen, dass er das Schriftstück überhaupt nicht oder erst zu einem späteren Zeitpunkt erhalten hat (EUIPO-Richtlinien, Teil A, Allgemeine Regeln, Abschnitt 1, 3.2).

42 Wurde das ordnungsgemäße Zustellungsverfahren nicht befolgt, wird das Schriftstück dennoch als zugestellt betrachtet, falls das Amt nachweisen kann, dass der Empfänger das Schriftstück tatsächlich erhalten hat (EUIPO-Richtlinien, Teil A, Allgemeine Regeln, Abschnitt 1, 3.2). Das Schriftstück **gilt an dem Tag zugestellt, den das Amt als Tag des Zugangs nachweist.**

43 Zu den Beweislastregeln für Zustellungsmängel bei der Versendung von Dokumenten per Post → Rn. 32.

II. Falscher Empfänger

44 Das Amt hat die Schriftstücke dem richtigen Empfänger zuzustellen (→ Rn. 8).

45 Bei einer Zustellung an den falschen Empfänger kann ein wesentlichen Verfahrensfehler vorliegen, der **regelmäßig zu einer Verletzung des Anspruchs auf rechtliches Gehör** führt (→ Art. 94 Rn. 86 ff.; → Art. 94 Rn. 90 ff.; EuG T-279/09, BeckRS 2012, 81461 Rn. 33 f. – 100% Capri).

46 Nimmt der Beteiligte eine Handlung aufgrund einer Zustellung an den falschen Empfänger außerhalb der vom Amt gesetzten Frist vor, so ist zu prüfen, ob die Frist mangels ordnungsgemäßer

Zustellung überhaupt in Gang gesetzt wurde. Ist die Frist in Gang gesetzt worden und wurde die erforderliche Handlung (zB eine Verlängerung der Marke) aufgrund des **Zustellungsmangels** verspätet vorgenommen, so ist eine **Wiedereinsetzung nach Art. 104** zu erwägen (vgl. EuG T-214/08, BeckRS 2012, 80784 Rn. 47 ff. – BrainLAB).

III. Falsche Art und Weise der Zustellung

In den meisten Konstellationen greift die Wahl einer falschen Zustellungsform durch das Amt **47** im Ergebnis nicht durch, da ein solcher Mangel jedenfalls dann geheilt ist, falls feststeht, dass der Beteiligte das Dokument durch anderweitige Übermittlung erhalten hat (Art. 61 DVUM).

Beteiligte machen bisweilen in Verfahren geltend, dass die Beschwerdefrist nicht in Gang gesetzt **48** worden sei, da ihnen die erstinstanzliche Entscheidung nicht per eingeschriebenem Brief, sondern per Fax zugestellt wurde. Unabhängig davon, dass das Amt wählen kann, ob es eine Entscheidung per Fax zustellt, solange eine Faxnummer angegeben wurde (→ Rn. 5), ist im Ergebnis irrelevant, ob eine Zustellung per Fax zulässig war, falls feststeht, dass der Adressat die Entscheidung erhalten hat. Die Entscheidung ist jedenfalls mit Zugang des Faxes zugestellt (EuG T-380/02 und T-128/03, GRUR Int 2005, 680 Rn. 62 – PAN & CO; ab dem 1.10.2017 Art. 61 DVUM). Das Problem hat sich mit **Wegfall der Zustellung via Fax** zum 1.3.2021 erledigt.

Gleiches gilt, falls das Amt eine Entscheidung statt per gewöhnlichem Brief anstatt Einschreiben **49** mit Rückschein oder Kurier zustellt (→ Rn. 30). Die fehlerhafte Zustellung ist irrelevant, falls feststeht, dass das Schreiben den Empfänger zumindest anderweitig erreicht hat. Zur vorherigen Rechtslage, als Zustellung per Kurier noch nicht vorgesehen war: EuGH T-28/09, BeckEuRS 2009, 492950 Rn. 32 f. – PINE TREE; C-144/07, BeckRS 2008, 71023 Rn. 22 ff. – K-Swiss.

Ein Zustellungsmangel **griff aber** bis zum 1.3.2021 dann **durch,** falls dem Beteiligten ein **50** Dokument via **elektronischem Benutzerkonto** zugestellt wurde, obwohl er einer solchen Zustellung **nicht** vorab **zugestimmt** hat (→ Rn. 11 ff.) und falls nicht nachgewiesen war, dass der Beteiligte von der Entscheidung tatsächlich über sein Benutzerkonto oder durch anderweitige gezielte Zustellung erfahren hat. Das Problem ist zum 1.3.2021 entfallen, da eine Zustimmung jetzt bereits mit Erstellen des Nutzerkontos erfolgt. Es ist nicht länger möglich über ein Nutzerkonto zu verfügen und sich der elektronischen Zustellung zu verwehren.

Art. 61 DVUM setzt eine als Zustellung beabsichtigte **gezielte Übermittlung** eines Schrift- **51** stücks voraus. Eine Kenntnisnahme der Beteiligten durch eigene Suche in der elektronischen Akte auf der Amtsseite fällt nicht unter Art. 61 DVUM (HABM BK 4.5.2010 – R 372/2010-4 Rn. 18 – FERI EuroORATING SERVICES II). In diesem Fall ist die Zustellung zu wiederholen.

F. Zustellung und Fristbeginn

Der Zeitpunkt der Zustellung einer erstinstanzlichen Entscheidung ist relevant für die Feststel- **52** lung des Beginns der Beschwerdefrist. Nach Art. 68 ist die Beschwerde innerhalb von zwei Monaten nach Zustellung der Entscheidung schriftlich beim Amt einzulegen und innerhalb von vier Monaten nach Zustellung der Entscheidung schriftlich zu begründen. Diese Fristen sind Ausschlussfristen, die nicht verlängert werden können (EuGH C-53/11 P, BeckRS 2012, 80092 Rn. 52 f. – R10; → Art. 95 Rn. 127).

Fehlt es an einer wirksamen Zustellung, so beginnt grundsätzlich auch keine Beschwerdefrist **53** zu laufen. Allerdings kann eine Entscheidung, die nicht wirksam zugestellt wurde, die der Verfahrensbeteiligte aber tatsächlich erhalten hat, zur Klarstellung mit der Beschwerde angegriffen und aufgrund fehlender Zustellung explizit aufgehoben werden (HABM BK 14.12.2009 – R 1269/2009-4 Rn. 25 – GOLDSMITH GROUP). Das Amt kann die Beschwerdegebühr aufgrund Vorliegens eines Verfahrensfehlers zurückerstatten (HABM BK 14.12.2009 – R 1269/2009-4 Rn. 31 ff. – GOLDSMITH GROUP).

Zur Berechnung von Fristen → Art. 101 Rn. 1 (EUIPO-Richtlinien, Teil A Allgemeine **54** Regeln, Abschnitt 1, 4).

Art. 99 Mitteilung eines Rechtsverlusts

[1]**Stellt das Amt fest, dass ein Rechtsverlust aus dieser Verordnung oder aus den gemäß dieser Verordnung erlassenen Rechtsakten eingetreten ist, ohne dass eine Entscheidung ergangen ist, so teilt es dies der betroffenen Person nach dem Verfahren des Artikels 98 mit.** [2]**Die betroffene Person kann innerhalb von zwei Monaten nach Zustellung der**

Mitteilung eine Entscheidung in der Sache beantragen, wenn sie der Ansicht ist, dass die Feststellung des Amtes unrichtig ist. [3]Das Amt erlässt eine solche Entscheidung nur dann, wenn es die Auffassung der beantragenden Person nicht teilt; anderenfalls ändert das Amt seine Feststellung und unterrichtet die beantragende Person.

Überblick

Die Vorschrift wurde mWv 1.10.2017 gemäß VO (EU) 2015/2424 vom 16.12.2015 eingefügt.

1   Das Amt entscheidet über einen Antrag bisweilen nicht im Wege einer Entscheidung, sondern in Form einer Mitteilung. Diese ist dann als solche bezeichnet und enthält keine Rechtsbehelfsbelehrung. Ist der Antragsteller mit der Abweisung seines Antrages nicht einverstanden, so sollte er eine offizielle Entscheidung zu beantragen, die dann im Wege der Beschwerde angreifbar ist. Art. 99 inkorporiert die ehemalige Regel 54 GDMV.

2   Folgende Anträge werden in der Regel im Wege einer Mitteilung zurückgewiesen:
- Priorität;
- Seniorität;
- Markenübertragung;
- Eintragung von dinglichen Rechten (Lizenzen, Anwartschaftsrechte etc);
- Zulässigkeit eines Widerspruchs (die Zulässigkeit ist mit der Endentscheidung über den Widerspruch angreifbar).

3 Dies mag dadurch begründet sein, dass der Antrag auf Markenübertragung und der auf Eintragung dinglicher Rechte jederzeit wiederholt werden kann und sich eine Beschwerde nicht unbedingt lohnt, falls sich der Mangel einfach beheben lässt.

4   Regelmäßig geht ein Rechtsverlust mit der Nichtzahlung einer Gebühr einher (Auflistung in → Art. 108 Rn. 5). Grundsätzlich ist dem Beteiligten bei Erhalt einer Mitteilung, die einen Rechtsverlust zur Folge hat, zu empfehlen, eine formelle Entscheidung nach Art. 99 zu beantragen, um ggf. gegen diese vorgehen zu können. Ggf. wird eine Mitteilung den Hinweis enthalten, dass eine formelle Entscheidung verlangt werden kann.

Art. 100 Mitteilungen an das Amt

(1) [1]Mitteilungen an das Amt können auf elektronischem Wege erfolgen. [2]Der Exekutivdirektor bestimmt, in welchem Umfang und unter welchen technischen Bedingungen diese Mitteilungen elektronisch übermittelt werden können.

(2) Der Kommission wird die Befugnis übertragen, gemäß Artikel 208 delegierte Rechtsakte zu erlassen, in denen die Regeln für Kommunikationsmittel, einschließlich elektronischer Kommunikationsmittel, die von den Beteiligten bei Verfahren vor dem Amt zu benutzen sind, und für die vom Amt bereitzustellenden Formblätter festgelegt werden.

Überblick

Die Vorschrift des Abs. 2 wurde mWv 23.3.2016 gemäß VO (EU) 2015/2424 (aF) eingefügt. Abs. 1 trat mWv 1.10.2017 in Kraft. Die Vorschrift wird ergänzt durch Art. 63 ff. DVUM und durch den Beschluss des Exekutivdirektors Nr. EX-20-09 vom 3.11.2020 betreffend Mitteilungen durch elektronische Mittel.

Übersicht

A. Grundsatz

Es wird zwischen Mitteilungen an das Amt und Mitteilungen durch das Amt unterschieden. **1**
Die Mitteilung durch das Amt ist in → Art. 98 Rn. 1 geregelt.

Die Kommunikation von Beteiligten an das Amt ist in Art. 100, in Art. 63 ff. DVUM und durch **2**
den Beschluss des Exekutivdirektors Nr. EX-20-09 (bis zum 1.3.2021 Nr. EX-19-1) geregelt.

Die Beteiligten können Schriftstücke wie folgt an das Amt übermitteln: **3**
• über elektronische Mittel (zum Nutzerkonto → Rn. 22),
• per Post oder per Kurier (→ Rn. 7).

Aus dem Wortlaut „können" folgt, dass es den Beteiligten freisteht, die Kommunikationsart zu **4**
wählen. Das Amt empfiehlt eine Übermittlung über den Nutzerbereich auf der Webseite des
Amtes. Es ist die sicherste, schnellste und umweltschonendste Art der Kommunikation.

Seit dem 1.10.2017 ist eine **persönliche Übergabe** in Verfahren betreffend der Unionsmarke **5**
nicht mehr möglich. Die Verordnung zu Gemeinschaftsgeschmacksmustern sieht diese Möglichkeit weiterhin vor. Es ist allerdings zu erwarten, dass diese im Wege der nächsten Reform entfällt.

Seit dem 1.3.2021 ist das **Fax** als Kommunikationsmittel **entfallen** (→ Rn. 37). **6**

B. Post oder Kurier

I. Grundsatz

Originalschriftstücke können nach Art. 63 Abs. 1 lit. b DVUM per **Post oder Kurier** **7**
eingereicht werden (HABM BK 25.6.2012 – R 1928/2011-4 Rn. 21 – SUN PARK HOLIDAYS/SUNPARKS).

Es ist darauf zu achten, das Schriftstück **rechtzeitig aufzugeben** (→ Art. 104 Rn. 59). Die **8**
Anschrift des Amtes lautet: Amt der Europäischen Union für geistiges Eigentum (EUIPO),
Avenida de Europa, 4, 03008 Alicante, Spanien. Der Tag des Eingangs ist der Tag, an dem die
Mitteilung dem Amt zugegangen ist, ungeachtet des Zeitpunkts der Aufgabe bei der Post oder
beim Kurierdienst (Richtlinien EUIPO, Teil A, Abschnitt 1, Kapitel 3.1.2 mit Hinweis auf EuG
28.9.2016 – T-400/15 Rn. 25 – CITRUS SATURDAY; 15.3.2011 – T-50/09 Rn. 67 – Dada &
Co). Der Zeitpunkt des Eingangs ist die Ortszeit in Alicante (Spanien).

Per Post eingereichte Unterlagen werden vom Amt eingescannt und einer elektronischen Akte **9**
zugeordnet. Es sollte daher das **jeweilige Aktenzeichen** des Amtes auf der ersten Seite **hervorgehoben** werden. Zur Erleichterung des Scannens sollten **lose Blätter** eingereicht werden (s. auch
Mitteilung Nr. 5/07 des Präsidenten des Amtes vom 12.9.2007).

II. Unterschrift

Das **Schriftstück** ist zu **unterzeichnen** (Art. 63 Abs. 1 lit. b DVUM; HABM BK 15.6.2011 – **10**
R 725/2011-4 Rn. 11 – SUNSTAR/SUN). Die „**Unterzeichnung**" kann abschließend **am**
Ende des Textes erfolgen **oder** quasi als Überschrift **am Anfang des Dokumentes,** sofern sich
eindeutig ergibt, dass sich die Unterzeichnung auf dem Deckblatt auf die gesamten, nachfolgenden
Ausführungen bezieht (HABM BK 1.4.2004 – R 437/2003-2 Rn. 16 – HAIRTRANSFERS).

Ein **Vertreter** muss das Schriftstück mit seinem **eigenen Namen** unterschreiben. Eine Unter- **11**
zeichnung nur mit dem Namen der Kanzlei wird nicht akzeptiert, da nur natürliche Personen
nach Art. 120 als Vertreter vor dem Amt auftreten können (EUIPO-Prüfungsrichtlinien, Teil A,
Abschnitt 3.1.4; eingehend HABM BK 11.6.2001 - R 440/2000-3 Rn. 15–17 – Hydro Hoist;
HABM BK 3.4.2014 - R-1202/2013-1 Rn. 25 – FOREVER KING OF POP THE SHOW;
HABM BK 1.3.2004 - R 452/2003-2 Rn. 13 – SNACK & SMILE; aA allerdings HABM BK
28.11.2013 - R 889/2012-2 Rn. 26 - NEOWEB).

Unklar ist die Rechtsfolge des Fehlens der Unterschrift. Nach Art. 63 Abs. 3 DVUM muss das **12**
Amt eine Frist zur Nachbesserung einräumen. Wird nicht nachgebessert „so gilt die Mitteilung
als nicht eingegangen". Nach diesem Wortlaut müssten nicht unterzeichnete Widerspruchsschriften
oder Beschwerdeanträge als nicht eingegangen gelten, mit der Folge, dass die entsprechenden
Gebühren zurückzuzahlen sind. Diese Rechtsfolge geht allerdings aus den Prüfungsrichtlinien des
Amtes nicht klar hervor (Teil A, Allgemeine Regeln, 3.1.4 und 3.1.2). Eine fehlende Unterschrift
scheint als Zulässigkeitskriterium vom Amt geprüft zu werden (EUIPO-Prüfungsrichtlinien, Teil
C, Abschnitt 1, 2.4.2.8).

III. Abschriften

13   Grundsatz: in mehrseitigen Verfahren sind nach Art. 64 Abs. 3 DVUM grundsätzlich so viele **Abschriften** des **Originalschriftstückes** einzureichen, wie es Beteiligte am Verfahren gibt. Für Beweismittel in der Beschwerde regelt dies auch Art. 49 Abs. 3 EUIPO-BKVfO (→ Art. 97 Rn. 49). Diese Kopie sendet das Amt an die jeweils andere Partei.

14   Ausnahme: es muss **keine Papierkopie** eingereicht werden, falls das Papier in der Größe DIN A3 oder kleiner eingereicht wird. Dann scannt das Amt das Original in die Akte ein und versendet es entweder elektronisch and die Gegenseite oder druckt es selbst aus.

IV. Datenträger

15   Anhänge können auf Datenträgern eingereicht werden (Art. 64 DVUM). Das Amt akzeptiert **USBs**, aber **keine CDs oder DVDs** (Art. 1 Beschlusses Nr. EX-20-10).

16   Jede einzelne Datei auf dem Datenträger darf die **Größe** von jeweils **20 MB** nicht überschreiten. Andernfalls kann das System die Datei nicht in die elektronische Akte hochladen. Die akzeptierten Dateiformate sind in Art. 2 Beschluss Nr. EX-20-10 geregelt.

17   **Verschlüsselten oder komprimierte** Dateien werden nicht akzeptiert, da diese nicht dem Dateiformat entsprechen. Es ist den Parteien außerdem zu empfehlen, die Dateien auf den Datenträgern ordentlich zu benennen (zB „Anlage 1 – Meinungsumfrage").

18   Erfüllt der Datenträger die technischen Voraussetzungen nicht, **gilt er als nicht eingelegt** – ohne Möglichkeit der Nachbesserung (Art. 4 Beschluss Nr. EX-20-10). Die Formerfordernisse sind daher unbedingt einzuhalten.

19   Ist der Datenträger nicht lesbar, obwohl er die technischen Voraussetzungen erfüllt (zugelassener Datenträger, richtige Größe, richtiges Format), fordert das Amt den Nutzer auf, nachzubessern (Art. 3 Beschluss Nr. EX-20-10).

20   Das Amt speichert den Inhalt des Datenträgers zwar in der elektronischen Akte. Dennoch sind so viele Datenträger einzureichen, wie es Beteiligte am Verfahren gibt. Im Widerspruch sind zB zwei Datenträger einzureichen: einer für das Amt und einer für die Gegenseite.

V. Vernichtung der Originale

21   **Originale** (Dokumente und Datenträger) werden **fünf Jahre nach ihrem Zugang** vernichtet (Beschluss Nr. EX 20-5 über die Aufbewahrung von Akten und Art. 5 Beschluss Nr. EX-20-10 über Datenträger). Ein Antrag auf Zurücksendung der Originale wird abgelehnt. Dies gilt auch für farbige Anmeldeunterlagen, die nach der Beschluss Nr. EX-13-4 des Exekutivdirektors des Amtes unbefristet verwahrt wurden.

C. Übermittelung durch elektronische Mittel (kein Fax!)

I. Übermittlung durch den Nutzerbereich

1. Grundsatz

22   Nach Art. 63 Abs. 1 lit. a DVUM können Schriftstücke an das Amt über elektronische Mittel übermittelt werden. Der Exekutivdirektor des Amtes hat als einziges elektronisches Kommunikationsmittel die sog. „User Area" auf der Website des Amtes bestimmt (siehe Beschluss Nr. EX-20-09 vom 3.11.2020 betreffend der Mitteilungen durch elektronische Mittel). Die **E-Mail** ist kein anerkanntes Kommunikationsmittel. Sie wird in Verfahren vor dem Amt nicht berücksichtigt (EUIPO 7.5.2019 – R 485/2019-2 – Recordal).

23   Über den Nutzerbereich können **alle Vorgänge** vor dem Amt ausgeführt werden. Der Nutzerbereich sieht für jede prozessuale Handlung ein **eigenes elektronisches Formular** vor (zB Einreichung einer Anmeldung, eines Widerspruchs, eines Löschungsverfahrens). Es wird den Parteien dringend empfohlen, das jeweils vorgesehene Formular zu verwenden. Jedes Formular gewährleistet, dass die für das jeweilige Verfahren erforderlichen Angaben vom Benutzer in das Formular eingepflegt werden. Viele der Angaben werden automatisch in das Formular vom System eingepflegt. Dies reduziert Fehler einer manuellen Eingabe.

24   Der Nutzerbereich sieht daneben eine **„back-up"-Funktion** vor, über die Beteiligte Dokumente hochladen und senden können, ohne sie einer bestimmten Prozesshandlung zuzuordnen. Dieses „back-up" sollte ausschließlich bei einer **technischen Störung** verwendet werden (→ Rn. 30 ff.). Die Bearbeitung des „back-up" innerhalb des Amtes dauert länger, da das Dokument nicht automatisch dem betreffenden Verfahren zugeordnet wird. Außerdem besteht die Gefahr einer Verzögerung der Verfahren, falls erforderliche Angaben fehlen. Zum Beispiel muss bei einer Rücknahme einer Marke der Name und die Anschrift des Markeninhabers angegeben werden (Art. 15 UMDV). Dies wird durch das entsprechende Formular gesichert. Reicht ein Vertreter allerdings eine Rücknahme ohne diese Angabe über die „back-up"-Funktion ein, wird er/sie einen Beanstandungsbescheid erhalten.

Der Inhalt elektronischer Schriftstücke wird nach deren Eingang in die Datenbank des Amtes **25** importiert und damit zum Bestandteil der elektronischen Akte. Nachdem ein elektronisches Schriftstück beim elektronischen Datenverarbeitungssystem des Amtes eingegangen ist, wird eine elektronische Empfangsbescheinigung ausgestellt, in Form
• einer Bestätigung auf dem Bildschirm des Geräts des Nutzers,
• ggf. über eine Mitteilung über die elektronische Plattform, oder
• in einer anderen in den Allgemeinen Geschäftsbedingungen festgelegten Form.
Als Zeitpunkt der Einreichung eines elektronischen Schriftstücks gilt der Zeitpunkt, zu dem vom **26** System des Amtes eine elektronische Empfangsbescheinigung ausgestellt wurde.

Der Nutzer sollte unbedingt **überprüfen,** ob das Dokument **tatsächlich versendet** wurde **27** und die **Bestätigung ggf. mit einem Screenshot speichern.** Ein bloßes Hochladen bzw. Erstellen des Dokumentes ist nicht ausreichend. Es muss versendet werden (vgl. EuG T-111/17, BeckRS 2019, 58 Rn. 35 – COMPUTER MARKET).

2. Unterschrift

Gemäß Art. 63 Abs. 1 lit. a DVUM müssen elektronisch übermittelte Dokumente nicht unter- **28** schrieben sein. Die **Angabe des Namens des Absenders** ist **gleichbedeutend mit der Unter- schrift.** Zur Rechtsfolge des Fehlens dieser Angabe → Rn. 12.

3. Unleserliche und unvollständige Dokumente

Das Amt muss den Absender nach Art. 63 Abs. 3 DVUM mitteilen, falls das Dokument unvoll- **29** ständig übermittelt wurde oder unleserlich ist. Dies ist bei einer Übermittlung über den Nutzerbereich quasi ausgeschlossen.

4. Technische Störungen

Bei technischen **Übermittlungsfehlern** gibt zwei elektronische Back-up-Lösungen: eine **30** Upload-Möglichkeit innerhalb des Benutzerbereichs und eine File-sharing-Lösung außerhalb des Benutzerbereichs (Art. 6 Beschluss Nr. EX-20-9).

Übermittlungen, die durch eine der beiden in Abs. 2 genannten Back-up-Lösungen erfolgen, **31** gelten als an dem Tag übermittelt, an dem die betreffende Anmeldung, die betreffende Mitteilung oder ein sonstiges Dokument auf die Plattform hochgeladen wurde.

Werden die Back-up-Lösungen für **Anmeldungen** verwendet, muss die **Anmeldung einer 32 Unionsmarke** innerhalb von drei Arbeitstagen über das in der User Area verfügbare Formular des Amtes **erneut eingereicht** werden. Kommt der Anmelder dieser Anforderung nicht nach, gilt die ursprüngliche Anmeldung als nicht eingegangen. Dies liegt darin begründet, dass nur über das elektronische Anmeldeformular eine Einspeisung in die Datenbank des Amtes möglich ist.

Verlängerungen von Unionsmarken können nur drei Tage vor Verlängerungsfristablauf über **33** die Back-up-Lösung bei technischer Störung eingereicht werden.

Laufende Fristen bleiben grundsätzlich von technischen Störungen unberührt. Bei einer Frist- **34** versäumnis aufgrund **individueller technischer** Probleme kann der Beteiligte folgende Mittel in Betracht ziehen:
• Wiedereinsetzung in den vorigen Stand (→ Art. 104 Rn. 64),
• Weiterbehandlung (→ Art. 105 Rn. 1), oder
• hinsichtlich Anmeldungen, eine Korrektur des Eingangsdatums der Anmeldung (→ Art. 102 Rn. 25) bzw. einen Widerruf des Anmeldedatums (→ Art. 103 Rn. 21 aE).
In dem äußerst unwahrscheinlichen Fall, dass die Back-Up Lösung über **einen Zeitraum von 35 mehr als sechs Stunden** nicht zur Verfügung steht, kann der Exekutivdirektor des Amtes erwägen, die laufenden Fristen nach Art. 101 Abs. 3 UMDV auszusetzen.

Eine E-Mail wird vom Amt nicht berücksichtigt (→ Rn. 22). **36**

II. Wegfall Fax seit dem 1.3.2021

37   **Seit dem 1.3.2021** ist das **Fax** als Kommunikationsmittel **entfallen** (Art. 2 Beschluss Nr. EX-20-9). Bereits seit dem 1.10.2017 war das Fax kein gültiges Kommunikationsmittel für die Einreichung von Unionsmarkenanmeldungen oder für Anträge auf Verlängerung einer Unionsmarke (Art. 1 Abs. 2 Beschluss Nr. 19-1 des Exekutivdirektors des Amtes). Durch Fax eingereichte Unionsmarkenanmeldungen oder Verlängerungsanträge galten als nicht eingegangen. Gleiches gilt seit dem 1.3.2021 für alle weiteren Stellungnahmen. Grund waren die mit der Faxübermittlung verbundenen technischen Schwierigkeiten, die außerhalb des Einflussbereichs des Amtes lagen und ein Risiko für die Nutzer darstellten (mögliche Fristversäumnis, Punkt 8 Präambel und Art. 2 Beschluss Nr. EX-20-9). Das Fax ist ab dem 1.3.2021 auch keine Back-up-Option bei technischen Störungen. Das Amt sieht andere elektronische Lösungen vor ($\rightarrow$ Rn. 30).

37.1   Nur noch bis zum 1.3.2021 konnte eine Anmeldung nach Art. 4 Abs. 6 Beschluss Nr. 19-1 des Exekutivdirektors des Amtes bei technischen Störungen des elektronischen Systems per Fax eingereicht werde. Innerhalb von drei Tagen war die Anmeldung dann durch das Nutzerkonto nachzureichen. Eine Verlängerung war bei einer technischen Störung nur in den letzten drei Tagen vor Ablauf der Verlängerungsfrist bzw. der Nachfrist möglich. Hier war eine online-Nachreichung nicht erforderlich. Es war dem Nutzer zu empfehlen, Nachweise für die technische Störung zu sichern (zB Screenshots der Fehlermeldungen).

37.2   Die noch bis zum 1.3.2021 eingereichten Faxe waren an die **allgemeinen Faxnummern** zu senden, um einen sicheren und zeitnahen Zugang beim Sachbearbeiter zu gewährleisten (Art. 1 Abs. 4 Beschluss Ex-19-1). Nach bisheriger Rechtsprechung galt, dass das Amt die Eingabe mangels einer ausdrücklichen Regelung **nicht** deshalb als unzulässig zurückweisen durfte, weil ein Fax nicht an die allgemeinen Nummern gesendet wurde (EuG T-263/11, BeckRS 2013, 80243 Rn. 38 ff. – Achteckiger grüner Rahmen). Dieser Rechtsprechung wurde durch die ausdrückliche Regelung in Art. 1 Abs. 4 Beschluss Ex-19-1 die Grundlage entzogen. Dem Beschluss ist in Anhang 1 eine Liste der allgemeinen Faxnummern beigefügt. Allgemeine Faxnummer ist demnach: +34 965131344. Daneben sieht der Anhang des Beschlusses weitere Faxnummer für bestimmte Mitgliedstaaten vor. Wird ein Dokument nicht an eine dieser Nummer gesendet, so gilt es als nicht eingegangen (Art. 1 Abs. 4 Beschluss Ex-19-1). Unter folgender Nummer wird telefonisch Auskunft erteilt, ob das Fax eingegangen ist: +34 965 138 850.

37.3   Wurde ein Schriftstück an das Amt **durch Fax** übermittelt, musste es nach Art. 63 Abs. 1 lit. a nicht mehr unterschrieben sein. Die Namensangabe des Absenders galten als Unterschrift. Zur Rechtsfolge bei Fehlen dieser Angabe $\rightarrow$ Rn. 9.

37.4   Es war zu bedenken, dass ein Fax lediglich in schwarz/weiß übermittelt wird. Kam es auf in dem übermittelten Dokument enthaltene **Farben** an (zB Anmeldung einer Bild- oder Farbmarke), konnte der Versender das **unterzeichnete** Originalschriftstück **nicht** mehr innerhalb eines Monats nach Empfang des Faxes nachreichen. Regel 80 Abs. 1 GMDV war ersatzlos entfallen.

37.5   Das Amt musste den Absender nach Art. 63 Abs. 3 DVUM mitteilen, falls das übermittelte Dokument **unvollständig** ist, **unleserlich** ist oder das Amt ernste Zweifel in Bezug auf die Richtigkeit der Übermittlung hat.

37.6   Das Amt musste den Absender in diesem Fall auffordern, das **Originalschriftstück** durch **Fax** nochmals zu übermitteln oder das **unterzeichnete Originalschriftstück** zB per Post oder Kurier vorzulegen. Das Amt setzte dem Beteiligten hierzu eine Frist. Wurde der Aufforderung nicht fristgemäß nachgekommen, so galt die Mitteilung als **nicht eingegangen.**

37.7   Kam das Amt seiner **Mitteilungspflicht nicht nach** und reichte der Beteiligte die erforderlichen Unterlagen folglich zu spät oder nicht ein, beruhte dieser Mangel grundsätzlich auf einem **offensichtlichen Verfahrensfehler** des Amtes. Das Amt hatte dem Beteiligten nach der Rechtsprechung der Beschwerdekammern entweder die Gelegenheit zu geben, das Dokument erneut einzureichen oder das verspätet eingereichte Dokument zu beachten (vgl. HABM BK 6.9.2012 – R 1455/2010-1 Rn. 36 ff. – usenext/ NEXT et al.; 24.5.2011 – R 2118/2010-1 Rn. 13 f. – CLEVER KITCHEN made in germany by ckm/ intelligent kitchens; $\rightarrow$ Art. 95 Rn. 105).

37.8   Die nachgereichten Unterlagen mussten den bereits per Fax eingereichten Unterlagen entsprechen. Es durften **keine zusätzlichen Dokumente** eingereicht werden (EuG 6.12.2016 – T-703/15 Rn. 61 ff. – GO SPORT; T-50/09, BeckRS 2011, 80251 Rn. 42 ff. – Dada & Co. Kids). Art. 63 Abs. 3 DVUM fand keine Anwendung, falls der Beteiligte nur seinen Schriftsatz fristgerecht einreichte, die Anlagen zu dem Schriftsatz aber separat per Post versendete. Die **Anlagen** waren **zusammen mit dem Schriftsatz** einzureichen. Dies wird weiterhin entsprechend für die elektronische Übermittlung gelten $\rightarrow$ Rn. 22.

37.9   Art. 63 Abs. 3 DVUM fand **keine Anwendung,** falls der Absender die Schriftstücke absichtlich unleserlich übermittelte (EuG T-50/09, BeckRS 2011, 80251 Rn. 42 ff. – Dada & Co. Kids).

Art. 101 Fristen

(1) ¹Die Fristen werden nach vollen Jahren, Monaten, Wochen oder Tagen berechnet. ²Die Berechnung beginnt an dem Tag, der auf den Tag folgt, an dem das relevante Ereignis eingetreten ist. ³Die Dauer der Fristen beträgt nicht weniger als einen Monat und nicht mehr als sechs Monate.

(2) Der Exekutivdirektor legt vor Beginn eines jeden Kalenderjahres die Tage fest, an denen das Amt für die Entgegennahme von Dokumenten nicht geöffnet ist oder an denen gewöhnliche Postsendungen am Sitz des Amtes nicht zugestellt werden.

(3) Im Falle einer allgemeinen Unterbrechung der Postzustellung in dem Mitgliedstaat, in dem das Amt seinen Sitz hat, oder bei einer Störung des Zugangs des Amtes zu den zulässigen elektronischen Kommunikationsmitteln stellt der Exekutivdirektor die Dauer der Unterbrechung fest.

(4) ¹Wird die Kommunikation zwischen dem Amt und den Verfahrensbeteiligten durch ein nicht vorhersehbares Ereignis wie eine Naturkatastrophe oder einen Streik unterbrochen oder gestört, kann der Exekutivdirektor bestimmen, dass für die Verfahrensbeteiligten, die in dem betreffenden Mitgliedstaat ihren Wohnsitz oder Sitz haben oder einen Vertreter mit Geschäftssitz in diesem Mitgliedstaat bestellt haben, alle Fristen, die normalerweise am oder nach dem Tag des von ihm festgestellten Ereigniseintritts ablaufen, bis zu einem von ihm festzusetzenden Tag verlängert werden. ²Bei der Festsetzung dieses Tages berücksichtigt er das voraussichtliche Ende des unvorhersehbaren Ereignisses. ³Ist der Sitz des Amtes von dem Ereignis betroffen, stellt der Exekutivdirektor fest, dass die Fristverlängerung für alle Verfahrensbeteiligten gilt.

(5) Der Kommission wird die Befugnis übertragen, gemäß Artikel 208 delegierte Rechtsakte zu erlassen, in denen die Einzelheiten in Bezug auf die Berechnung und Dauer der Fristen festgelegt werden.

Überblick

Abs. 5 wurde mWv 23.3.2016 gemäß VO (EU) 2015/2424 vom 16.12.2015 eingefügt. Die weiteren Absätze traten am 1.10.2017 in Kraft. Art. 101 inkorporiert die Regeln 70 ff. GMDV teilweise, wird aber weiterhin durch die UMDV ergänzt. Die Verfahrensordnung der Beschwerdekammern vom 27.2.2020 enthält in Art. 3 EUIPO-BKVfO eine Regelung zu den Fristen.

Übersicht

A. Überblick

Es wurde der Wortlaut der Regeln 70 ff. GMDV im Zuge der Reform teilweise in Art. 101 **1** eingepflegt. Art. 101 wird durch Art. 67–69 UMDV ergänzt. Art. 101 findet keine Anwendung auf die Berechnung der Klagefrist nach Art. 72 (EuGH C-669/18 P, BeckRS 2019, 3112). Die Verfahrensordnung der Beschwerdekammern vom 27.2.2020 enthält in Art. 3 EUIPO-BKVfO eine Regelung zu den Fristen.

B. Fristdauer

Das Amt setzt in der Regel Fristen von zwei Monaten (zB Stellungnahmefristen). Dies gilt **2** insbesondere in Verfahren vor den Prüfern, der Widerspruchsabteilung und der Nichtigkeitsabteilung. In Verfahren vor den Beschwerdekammern werden bisweilen auch nur einmonatige Fristen gewährt. Dies ist insbesondere dann der Fall, falls die Beschwerdekammer den Parteien konkrete Fragen zur Sachverhaltsaufklärung stellt (zur Einholung von Auskünften → Art. 97 Rn. 34 ff.). Die Parteien sollten daher aufmerksam die Länge der gesetzten Frist überprüfen.

3   Nach Art. 101 Abs. 1 S. 3 hat die vom Amt gesetzte Frist mindestens einen und maximal sechs Monate zu betragen. In Abweichung hierzu sieht Art. 97 Abs. 3 vor, dass eine Ladungsfrist auch weniger als einen Monat betragen kann, falls die Parteien hiermit einverstanden sind.

4   Der Wortlaut des Art. 101 weicht von der vormaligen Regel 71 GMDV ab. Vor der Reform wurde hinsichtlich der Mindestfrist danach unterschieden, ob der jeweilige Beteiligte seinen (Wohn-)Sitz innerhalb oder außerhalb des EWR hat. Regel 71 Abs. 1 GMDV sah vor, dass die Mindestfrist für einen Beteiligten außerhalb des EWR zwei Monate beträgt. Die bisherige Regelung war nicht zeitgemäß, erfolgt die Kommunikation mit dem Amt doch in aller Regel elektronisch (→ Art. 98 Rn. 5), so dass eine geografische Distanz keine Rolle spielt. Eine Differenzierung nach EWR und nicht EWR-Mitgliedstaaten wurde folglich gestrichen.

C. Fristverlängerung auf Antrag

I. Verlängerbare Fristen

5   Handelt es sich **nicht** um eine gesetzlich **nicht** verlängerbare Frist, können die Fristen des Amtes grundsätzlich nach Art. 68 DVUM **auf Antrag** verlängert werden. **Nicht verlängerbare** Fristen sind solche, deren Länge in der Verordnung konkret beziffert ist.

6   Im **Widerspruchsverfahren** sind folgende Fristen – unbeschadet des Abs. 4 (→ Rn. 37) – nicht **verlängerbar:**
- Art. 46 Abs. 1: dreimonatige Widerspruchsfrist;
- Art. 46 Abs. 3: dreimonatige Frist zur Entrichtung der Widerspruchsgebühr;
- Art. 180 Abs. 3 (vormals: Art. 8 Abs. 3 lit. b VO (EG) 2869/95): einmonatige Frist für Zuschlagszahlung bei Versäumnis der Widerspruchsgebühr;
- Art. 5 Abs. 4 DVUM (vormals Regel 17 Abs. 4 GMDV): zweimonatige Frist zur Behebung von Mängeln in der Widerspruchsschrift;
- Art. 146 Abs. 7: einmonatige Frist zur Übersetzung der Widerspruchsschrift in die Verfahrenssprache.

7   Verlängerbar im Widerspruchsverfahren sind hingegen die Fristen zur Substantiierung des Widerspruchs und die Erwiderungsfrist des Anmelders (Art. 8 Abs. 2 DVUM). Ebenfalls verlängerbar ist die Frist zum Nachweis einer Benutzung der älteren Marke (Art. 47 Abs. 2 und 3 iVm Art. 8 Abs. 2 DVUM). Im **Beschwerdeverfahren** sind die Beschwerdefrist sowie die Beschwerdebegründungsfrist (Art. 68 Abs. 1) nicht verlängerbar (Art. 3 Abs. 2 EUIPO-BKVfO). Alle weiteren Fristen in der Beschwerde sind theoretisch verlängerbar, die Beschwerdekammern sind aber tendenziell restriktiv in der Gewährung einer Verlängerung (→ Rn. 15).

II. Verfahren

1. Prüfer, Widerspruchsabteilung, Löschungsabteilung und Registerabteilung

8   Der Antrag auf Fristverlängerung muss vom Beteiligten **vor Fristablauf** beim Amt eingehen.

9   In der **ersten Instanz** des Amtes wird eine einmalige Verlängerung einer Stellungnahmefrist grundsätzlich ohne weitere Begründung gewährt, es sei denn es handelt sich um eine gesetzlich nicht verlängerbare Frist (→ Rn. 5).

10   Jeder weitere Antrag auf Verlängerung derselben Frist wird allerdings zurückgewiesen, es sei denn, der Antragsteller erläutert und belegt **außergewöhnliche Umstände,** die ihn daran gehindert haben, die gebotene Handlung im Verlauf der bisherigen Zeiträume vorzunehmen. Der Antragsteller muss außerdem darlegen, warum diese Umstände ihn **weiterhin** daran hindern, die gebotene Handlung vorzunehmen (s. EUIPO-Richtlinien, Teil A, Abschnitt 1, Punkt 4.1.3.).

11   Die Richtlinien des Amtes nennen folgende Beispiele von Begründungen, die zumindest in Verfahren vor den Prüfern, der Widerspruchs- und der Löschungsabteilung akzeptiert werden:
- Begründung des Antragstellers: „Es werden Nachweise von den Vertriebskanälen in mehreren Mitgliedstaaten/allen Lizenznehmern/unseren Lieferanten zusammengetragen. Bisher haben wir von einigen von ihnen Unterlagen erhalten, doch konnten wir aufgrund der kommerziellen Struktur der Gesellschaft **(s. beigefügtes Dokument)** mit den übrigen erst vor kurzem Kontakt aufnehmen.‟

- Begründung des Antragstellers: „Um belegen zu können, dass die Marke durch Benutzung Unterscheidungskraft erlangt hat, haben wir zu Beginn des Zeitraums (am ...) mit Marktumfragen begonnen. Die Feldforschung konnte jedoch erst vor kurzem abgeschlossen werden **(wie aus den beigefügten Unterlagen hervorgeht)**, so dass wir eine zweite Verlängerung benötigen, um die Antworten auszuwerten und unsere beim Amt einzureichenden Unterlagen vorzubereiten".

Wichtig ist bei dieser Art von Begründung die konkrete Darlegung und der **Nachweis,** dass **12** tatsächlich bereits ein Dialog mit dem Mandanten stattgefunden hat. Eine **pauschale Behauptung** ist **wenig glaubhaft.**

Daneben nennen die Richtlinien **„Ableben"** und eine **„ernsthafte Erkrankung"** als außer- **13** gewöhnliche Umstände, die eine weitere Fristverlängerung rechtfertigen, sofern kein angemessener Ersatz verfügbar war. Nach Art. 106 ist das Verfahren aber ohnehin automatisch oder auf Antrag des Vertreters bei Ableben der **Partei** zu unterbrechen. Bei Krankheit eines Rechtsanwalts wird indes regelmäßig davon ausgegangen, dass dieser sich rechtzeitig um entsprechenden Ersatz zu kümmern hat (→ Art. 104 Rn. 57).

Eine weitere Fristverlängerung wird auch in Fällen **„höherer Gewalt"** gewährt (zB Naturkata- **14** strophen, Kriege und Terrorismus; → Art. 104 Rn. 66).

Es ist allerdings **Vorsicht** bei der Beantragung von Fristverlängerungen geboten. Es liegt im **15** **Ermessen des Amtes,** ob es eine (weitere) Fristverlängerung gewährt. Unklar ist, ob das Amt eine Frist für mehr als sechs Monate verlängern kann. Die hängt von der Auslegung des Art. 101 Abs. 1 aE ab. Bei strikter Auslegung dürfte die Verlängerung eine Maximalfrist von sechs Monaten nicht überschreiten. Beträgt die Stellungnamefrist zwei Monate könnte die Frist demnach nur zweimal um jeweils zwei Monate verlängert werden. Eine Dritte Verlängerung wäre auch bei außergewöhnlichen Umständen ausgeschlossen. Alternativ kann die Regelung derart ausgelegt werden, dass die ursprünglich gesetzte Frist zwischen einem und sechs Monaten zu liegen hat, die Verlängerung dieser Frist aber über sechs Monate hinausgehen kann. Zu den Fristen vor der Beschwerdekammer → Rn. 21.

Falls ein Antrag auf Verlängerung einer verlängerbaren Frist vor Ablauf dieser Frist gestellt wird **16** und diesem Antrag nicht stattgegeben wird, wird dem betreffenden Beteiligten **mindestens ein Tag** eingeräumt, um die Frist einzuhalten, auch wenn der Antrag auf Verlängerung am letzten Tag der Frist eingeht (EUIPO-Richtlinien, Allgemeine Regeln, 4.1.3. aE).

Zu denken ist auch an eine mögliche **Aussetzung** des Verfahrens, in zweiseitigen Verfahren, **17** mit Zustimmung der Gegenseite (Art. 71 DVUM).

2. Beschwerdekammer

Nur die von der Beschwerdekammer gesetzten Fristen sind einer Verlängerung zugänglich (→ **18** Rn. 7). Art. 3 EUIPO-BKVfO sieht besondere Verfahrensregeln für einen Antrag auf Fristverlängerung vor. Insbesondere werden dem Geschäftsstellenleiter verschiedene Kompetenzen eingeräumt.

Die rechtliche Grundlage für Art. 3 EUIPO-BKVfO scheint zweifelhalt. Die Kompetenzen des **18.1** Geschäftsstellenleiters sind in der UMV, der UMDV und der DMUV niedergelegt.

Es ist ein begründeter Antrag innerhalb der Stellungnahmefrist zu stellen. Ist der Antrag nicht **19** begründet oder wird er nicht fristgerecht gestellt, so wird der Antrag vom Geschäftsstellenleiter zurückgewiesen (Art. 3 Abs. 5 EUIPO-BKVfO).

Die Beschwerdekammern können Nachweise für die angegebenen Gründe verlangen (Art. 3 **20** Abs. 3 aE EUIPO-BKVfO).

In zweiseitigen Verfahren ist die andere Seite zu hören. Widerspricht die andere Partei, entschei- **21** det die Beschwerdekammer in der Sache über den Antrag unter Abwägung der Interessen beider Parteien (Art. 3 Abs. 6 EUIPO-BKVfO). Wird ein gemeinsamer Antrag beider Parteien gestellt, verlängert der Geschäftsstellenleiter die Frist. Diese Verlängerung soll sechs Monate nicht überschreiten, es sei denn die Parteien tragen außergewöhnliche Umstände vor. Zum einen wird aus dieser Regelung klar, dass die Beschwerdekammer davon auszugehen scheint, dass eine Verlängerung nach Art. 101 Abs. 1 aE über sechs Monate hinausgehen kann (→ Rn. 15). Zum anderen ist unklar, weshalb dies nur für einen **von beiden Parteien gestellten Antrag** geregelt ist.

Es ist zu berücksichtigen, dass die **Beschwerdekammern** tendenziell restriktiv in einer Frist- **22** verlängerung sind, wenn diese einseitig beantragt wird. Eine solche wird nicht ohne weiteres gewährt, insbesondere falls es sich um eine zweite Verlängerung handelt. Eine Fristverlängerung sollte daher **nicht am letzten Tag** beantragt werden.

23   Vor der Beschwerdekammer ist alternativ eine Aussetzung zu erwägen. Eine **Aussetzung** des Inter-partes-Verfahrens vor den Beschwerdekammern erfolgt **automatisch** bei gemeinsamer Beantragung einer **Mediation.**

D. Fristberechnung

24   Nach Abs. 1 werden die Fristen nach vollen Jahren, Monaten, Wochen oder Tagen berechnet.

25   Die in der Verordnung vorgesehenen bzw. vom Amt gesetzten Fristen sind in aller Regel nach Monaten beziffert (→ Rn. 3).

26   Ist als Frist ein Monat oder eine Anzahl von Monaten bestimmt, so endet die Frist nach Art. 67 Abs. 3 DVUM in dem maßgeblichen nachfolgenden Monat an dem Tag, der durch seine Zahl dem Tag entspricht, an dem das betreffende Ereignis eingetreten ist. Hat der betreffende nachfolgende Monat **keinen Tag** mit der entsprechenden Zahl, so läuft die Frist am letzten Tag dieses Monats ab.

26.1   Demzufolge endet eine zweimonatige Frist, die auf die Zustellung eines Dokuments am 30. Juni erfolgt, am 30. August. Die Richtlinien des Amtes sahen allerdings im Jahre 2020 vor, dass die Frist am 31. August – am letzten Tag des Monats endet (Richtlinien des Amtes, vom 1.2.2020 Teil A, Abschnitt 1, Kapitel 4.1). Diese Praxis basierte noch auf dem Wortlaut der vorherigen Regel 70 GMDV, nach der die Frist stets am letzten Tag des Monats ablaufen sollte, wenn der Tag, an dem das Ereignis eingetreten war, der letzte Tag des Monats war – unabhängig davon, ob der Monat einen Tag mit der entsprechenden Zahl hatte. Mit der Reform wurden die Richtlinien des Amtes in ihrer Version vom 1.3.2021 angeglichen und das Beispiel gestrichen.

27   Nach Regel 67 Abs. 4 DVUM beginnt die Berechnung an dem Tag, der auf den Tag folgt, an dem das relevante Ereignis eingetreten ist. Besteht das relevante Ereignis in einer Zustellung, so ist das maßgebliche Ereignis der Zugang des zugestellten Schriftstücks, sofern nichts anderes bestimmt ist (Art. 67 Abs. 2 DVUM; → Art. 98 Rn. 54).

28   **Beispiel 1:** Wird die Zurückweisung einer Anmeldung durch den Prüfer dem Anmelder am 27. April zugestellt (zur Zustellung → Art. 98 Rn. 1 ff.), **beginnt** die zweimonatige Beschwerdefrist am 28. April um 00:00 Uhr zu laufen. Sie **endet** am 27. Juni um 24:00 Uhr (vgl. auch zur Berechnung der Frist der Beschwerdebegründung von vier Monaten EuG 6.12.2016 – T-703/15 Rn. 25 – GO SPORT).

29   **Beispiel 2:** Gewährt das Amt einem Beteiligten eine Stellungnahme innerhalb eines Monats und erreicht die Aufforderung des Amtes zur Stellungnahme den Beteiligten am 31. Januar, so endet die Stellungnahmefrist am 28. bzw. 29. Februar (je nachdem, ob es sich um ein Schaltjahr handelt).

30   Fällt das Fristende allerdings auf einen Tag, an dem das **Amt nicht** zur Entgegennahme von Schriftstücken **geöffnet ist** oder an dem gewöhnliche Postsendungen in Spanien (Sitz des Amtes) nicht zugestellt werden (zB spanischer nationaler Feiertag), so erstreckt sich die Frist nach Art. 69 Abs. 1 und 2 DVUM auf den **nächstfolgenden Tag,** an dem das Amt zur Entgegennahme von Schriftstücken geöffnet ist bzw. an dem die nationale Post wieder zustellt. Die Berechnung der sechsmonatigen Nachfrist bei einer Verlängerung einer Marke knüpft allerdings direkt an das Ende der Verlängerungsfrist an, selbst wenn das Ende der regulären Frist etwa auf einen Samstag fällt, knüpft die Nachfrist unmittelbar hieran an.

31   Nach Art. 101 legt der Exekutivdirektor vor Beginn eines jeden Kalenderjahres die Tage, an denen das Amt geschlossen ist, in einem Beschluss fest. Damit wurde Regel 72 Abs. 1 S. 2 GMDV direkt in die UMV aufgenommen.

32   Nach dem Beschluss des Präsidenten ADM 95-23 vom 22.12.1995 (ABl. 1995, 487) ist das Amt an **Samstagen und Sonntagen** nicht für den Publikumsverkehr geöffnet.

33   Die Liste von Tagen, an denen das Amt geschlossen ist, ist auf der Webseite des Amtes einzusehen.

34   **Beispiel 3:** Ist der 29. Februar also im obigen Beispiel 2 ein Samstag, so endet die Frist am nächsten Tag, an dem das Amt geöffnet ist: am 2. März (es sei denn, es handelt sich auch beim 2. März um einen Feiertag).

E. Fristverlängerung und Fristunterbrechung durch den Exekutivdirektor

35   Nach Art. 101 Abs. 3 kann der Exekutivdirektor eine Unterbrechung der Frist festsetzen, falls die Postzustellung in Spanien allgemein unterbrochen ist oder falls der Zugang des Amtes zu den zulässigen elektronischen Kommunikationsmitteln gestört ist. Damit wurde die Bestimmung der Regel 72 Abs. 2 GMDV in die Verordnung übernommen.

Der Exekutivdirektor nimmt von dieser Befugnis regelmäßig Gebrauch, zB im Beschluss Nr. **36** EX-14-02 des Präsidenten des Amtes vom 6.6.2014. Am 5.6.2014 war die elektronische Kommunikation mit dem Amt weitgehend zusammengebrochen. Die am 5.6.2014 ablaufenden Fristen wurden daher für alle Beteiligten um einen Tag verlängert.

Nach Art. 101 Abs. 4 kann der Exekutivdirektor eine Verlängerung der Fristen für die Beteilig- **37** ten mit Sitz in einem Mitgliedstaat bestimmen, in dem die Kommunikation zwischen dem Amt und den Verfahrensbeteiligten durch ein nicht vorhersehbares Ereignis wie eine Naturkatastrophe oder einen Streik unterbrochen oder gestört war. Diese Kompetenz steht allein dem Exekutivdirektor des Amtes zu (EuG T-635/20, GRUR-RS 2021, 29120 Rn. 29 – Juvéderm vybrance). Bei der Festsetzung dieses Tages berücksichtigt er das **voraussichtliche Ende** des unvorhersehbaren Ereignisses. Ist der Sitz des Amtes, also Spanien, von dem Ereignis betroffen, stellt der Exekutivdirektor fest, dass die Fristverlängerung (bzw. unterbrechung) für alle Verfahrensbeteiligten gilt. Damit wurde die Bestimmung der Regel 72 Abs. 2 GMDV in die Verordnung übernommen.

Der Exekutivdirektor hat im Jahre 2016 mehrfach Zahlungsfristen (zB Anmeldegebühr; Wider- **38** spruchsgebühr; Beschwerdegebühr), die zwischen dem 24.7.2015 und dem 10.8.2015 abliefen, für Beteiligte mit Sitz in Griechenland bis zum 15.8.2015 verlängert, bzw. den Fristablauf für fünf Tage unterbrochen, da die griechische Regierung die Möglichkeit zur Bargeldabhebung in diesem Zeitraum auf 60 Euro pro Tag beschränkt hatte (s. unter anderem Beschluss Nr. EX-15-5 des Präsidenten des Amtes vom 17.7.2015).

Im Zuge der **COVID-19-Pandemie** hat der Exekutivdirektor von seiner Befugnis in Abs. 4 **39** Gebrauch gemacht und **alle Fristen,** die Beteiligte des Amtes betreffen, bis zum 18.5.2020 verlängert (siehe Beschluss EX-20-3 vom 16.3.2020). Unklar ist allerdings hinsichtlich einiger Fristen, ob sie von diesem Beschluss gedeckt sind (etwa Verlängerungs- oder Prioritätsfristen).

Es ist den Beteiligten zu empfehlen, das Amt so rasch wie möglich auf derartige allgemeine **40** Störungen hinzuweisen, um auf eine offizielle Unterbrechung hinzuwirken. Sollte eine Frist versäumt worden sein, ohne dass der Exekutivdirektor eine allgemeine Fristverlängerung oder -unterbrechung festgelegt hat, so kann eine Wiedereinsetzung nach Art. 104 versucht werden. Es ist dann ausdrücklich ein entsprechender Antrag auf Widereinsetzung fristgerecht zu stellen (EuG T-635/20, GRUR-RS 2021, 29120 Rn. 31 – Juvéderm vybrance). Die Beschwerdekammer ist nicht verpflichtet, den Exekutivdirektor auf eine allgemeine Störung hinzuweisen (EuG T-635/20, GRUR-RS 2021, 29120 Rn. 30 – Juvéderm vybrance).

F. Weitere Unterbrechungen und Aussetzung

Im Falle des **Ablebens einer Partei** wird das Verfahren vor dem Amt nach Art. 106 unterbro- **41** chen (→ Art. 106 Rn. 1 ff.).

Eine **Aussetzung** ist seit dem 1.10.2017 in Art. 71 DVUM vorgesehen. Hierzu hat das Amt **42** in inter partes Verfahren auf gemeinsamen Antrag auszusetzen. Eingehend die Kommentierung zu Art. 106 (→ Art. 106 Rn. 1 ff.).

G. Versäumnis

Wurde die Frist versäumt, ist an eine Wiedereinsetzung oder Weiterbehandlung nach Art. 104 **43** und 105 zu denken. Zur Berücksichtigung verspätet eingereichten Unterlagen → Art. 95 Rn. 90 ff.

Art. 102 Berichtigung von Fehlern und offensichtlichen Versehen

(1) Das Amt berichtigt sprachliche Fehler oder Transkriptionsfehler und offensichtliche Versehen in seinen Entscheidungen oder ihm zuzuschreibende technische Fehler bei der Eintragung einer Unionsmarke oder der Veröffentlichung der Eintragung von Amts wegen oder auf Antrag eines Beteiligten.

(2) Erfolgen Berichtigungen von Fehlern bei der Eintragung einer Unionsmarke oder der Veröffentlichung der Eintragung auf Antrag des Inhabers, so gilt Artikel 55 entsprechend.

(3) Berichtigungen von Fehlern bei der Eintragung einer Unionsmarke und bei der Veröffentlichung der Eintragung werden vom Amt veröffentlicht.

Überblick

Die Vorschrift wurde mWv 1.10.2017 gemäß VO (EU) 2015/2424 vom 16.12.2015 eingefügt.

Übersicht

A. Überblick

1   Die folgende Kommentierung unterscheidet zwischen **Fehlern in Entscheidungen** (→ Rn. 4 ff.) und **Fehlern in der Veröffentlichung von Eintragungen** (→ Rn. 18 ff.). Für Fehler in **Beschwerdekammerentscheidungen** sieht Art. 59 EUIPO-BKVfO weitere Reglungen vor.

2   Zu den weiteren in der Verordnung vorgesehenen Möglichkeiten zur Berichtigung von Fehlern und deren Verhältnis zueinander eingehend → Art. 103 Rn. 1 und → Art. 103 Rn. 48.

3   Im Wege der Reform 2016 wurden die Regel 53 GDMV (Berichtigung von Fehlern in Entscheidungen) sowie Regel 14 und 27 GMDV (Berichtigung in der Veröffentlichung einer Anmeldung oder Eintragung) teilweise in Art. 102 übernommen. Der Wortlaut des Art. 102 weicht geringfügig von der Fassung der ehemaligen Regel 53 GMDV ab, der auf sprachliche Fehler, Schreibfehler oder offensichtliche Fehler abstellte. Art. 102 konkretisiert die Art der Fehler weiter. Eine inhaltliche Änderung zur bisherigen Praxis ist damit nicht verbunden. Anstatt des Wortes „Transkriptionsfehler" wäre „Übersetzungsfehler" wohl eine passendere Übersetzung gewesen.

B. Voraussetzungen der Berichtigung von Fehlern in Entscheidungen (Abs. 1)

I. Fehler

4   Stellt das Amt von Amts wegen oder auf Betreiben eines Verfahrensbeteiligten sprachliche Fehler oder Transkriptionsfehler oder ein offensichtliches Versehen in einer **Entscheidung** fest, so sorgt es nach Art. 102 Abs. 1 dafür, dass der Fehler von der zuständigen Dienststelle oder Abteilung korrigiert wird.

5   Nur **Entscheidungen** bedürfen einer formellen Berichtigung nach Art. 102. Einfache Mitteilungen können durch eine weitere **Mitteilung** „informell" korrigiert werden (EUIPO-Richtlinien, Teil A, Allgemeine Regeln, Abschnitt 6, 2.2. Siehe zum Begriff der Entscheidung und Mitteilung → Art. 103 Rn. 12 ff. Außerdem nennt Art. 102, anders als Art. 103, **keine Eintragungen. Fehler** im **Register** sind nach Art. 102 Abs. 2 zu korrigieren (ehemalige Regel 27 GMDV; → Rn. 18 ff.). Allerdings kann ein Fehler in einer Entscheidung, der zu einer falschen Veröffentlichung führen würde, vor der Veröffentlichung nach Art. 102 Abs. 1 korrigiert werden (HABM BK 21.4.2010 – R 357/2008-4 Rn. 14 – RACING GREEN/RACING GREEN).

6   Nach der Rechtsprechung des EuG zählen zu den **Fehlern** iSd Art. 102 (noch zu Regel 53 GMDV EuG T-36/09, BeckRS 2011, 81321 Rn. 73 ff. – dm; HABM BK 12.1.2012 – R 842/2011-1 Rn. 14 – CITRONIC/CYTRON; EUIPO-Richtlinien, Teil A, Allgemeine Regeln, Abschnitt 6, 2.1.1., S. 8) die folgenden Fehler:

• Rechtschreib- oder Grammatikfehler,
• Schreibfehler, zB Fehler bezüglich der Namen der Beteiligten oder der Schreibweise der Zeichen oder
• Fehler, die einen solchen Grad an Offensichtlichkeit aufweisen, dass **keine andere Fassung beabsichtigt gewesen sein konnte** als die, die aus der Berichtigung hervorgeht. Der ersetzende Wortlaut muss sich als zwingend darstellen.

7   Der Begriff des **offensichtlichen Versehens** (vorher war der Wortlaut „Fehler") ist **restriktiv** auszulegen (→ Art. 103 Rn. 4; → Art. 103 Rn. 23). Keine Versehen iSd Art. 102 Abs. 1 sind solche, die in die eine oder andere Richtung berichtigt werden können (EuG T-36/09, BeckRS 2011, 81321 Rn. 75 – dm). Ein offensichtliches Versehen ist zB

- ein unvollendeter Satz, dessen Sinn unverständlich ist, der aber offensichtlich nur einen Sinn haben kann (EuG T-36/09, BeckRS 2011, 81321 Rn. 73 – dm);
- es werden beiden Parteien die Kosten auferlegt, obwohl der Anmelder im Widerspruch vollumfänglich unterliegt (HABM BK 14.7.2011 – R 2354/2010-1 Rn. 20 – AFRICATEL/àFricaTV (FIG. MARK));
- das Amt legt einer Partei die Vertreterkosten der anderen Partei auf, obwohl diese nicht vertreten wurde (EUIPO-Richtlinien, Teil A, Allgemeine Regeln, Abschnitt 6, 2.1.1);
- das Amt benennt einen der Verfahrensbeteiligten offensichtlich falsch, die Adresse und der Vertreter sind aber zutreffend benannt, so dass nur eine bestimmte Person gemeint sein konnte (EuG T-50/09, BeckRS 2011, 80251 Rn. 29 ff. – Dada & Co. Kids);
- die Widerspruchsabteilung listet die gleichen Waren unter denen auf, für die der Widerspruch Erfolg hat, und unter denen, für die der Widerspruch zurückgewiesen wird. Es ergibt sich aber aus der Entscheidungsbegründung klar, für welche Waren der Widerspruch begründet ist (HABM BK 6.6.2011 – R 2030/2010-4 Rn. 16 – PEPPABY/PEPPADEW);
- ein Schreibfehler bei Nennung der verfahrensgegenständlichen Anmeldenummer, falls sich aus der übrigen Begründung eindeutig ergibt, auch welche Anmeldung sie sich bezieht (HABM BK 1.3.2012 – R 1720/2011-1 Rn. 19 f. – Form eines Dispensers (3D-MARKE));
- beim Widerspruch werden beim Vergleich der Zeichen die ältere Marke und die angefochtene Marke verwechselt (so EUIPO-Richtlinien, Teil A, Allgemeine Regeln, Abschnitt 6, 2.1., S. 9; dies kann aber nur dann gelten, falls es sich um ein offensichtliches Verschreiben handelt);
- das Auflisten von Waren und Dienstleistungen im Sachverhalt der Entscheidung, die nicht verfahrensgegenständlich sind (vgl. EuG T-524/18, BeckRS 2019, 31733 Rn. 15 – 23 – Billa).

Hingegen können Fehler, die die **Substanz** der Entscheidung betreffen und eine neue Bewertung **8** in der Sache bedürfen **nicht** nach Art. 102 korrigiert werden (EuG T-724/18 und T-184/19, GRUR-RS 2020, 36716 Rn. 30 – AUREA BIOLABS (fig.)). Insofern kommt ein Widerruf nach Art. 103 unter Umständen in Betracht (s. Rechtsprechung und Beispiele in → Art. 103 Rn. 1 ff.). Das Amt hat seine Praxis seit dem März 2022 umgestellt und berichtigt nun auch den **Tenor einer Entscheidung**, falls eine richtige Lesart des Tenors ganz offensichtlich ist, zB falls im Tenor Waren und Dienstleistungen genannt werden, die nicht Teil der Beschwerdebegründung waren und umgekehrt (EUIPO-Richtlinien, Teil A, Allgemeine Regeln, Abschnitt 6, 2.1.2.2). Vorher waren derartige Fehler nur im Wege des Widerrufs nach Art. 103 berichtigt worden.

Kein sprachlicher Fehler, Transkriptionsfehler und auch kein offensichtliches Versehen besteht, **9** falls das Amt eine **Beschränkung des Waren- und Dienstleistungsverzeichnisses** übersieht und einen Vergleich auf Waren bzw. Dienstleistung im Rahmen relativer Eintragungshindernisse auf Waren bzw. Dienstleistungen stützt, die tatsächlich von der älteren Marke nicht erfasst sind (EuG T-708/18, GRUR-RS 2019, 41196 Rn. 38 – FLIS Happy Moreno choco).

Die **Beschwerdekammern** machen bisweilen Gebrauch von der Möglichkeit der Berichti- **10** gung ihrer Entscheidungen, wenn diese vor Gericht angegriffen werden und in der Klagebegründung auf einen offensichtlichen Fehler hingewiesen wird oder das Amt im Rahmen der Verteidigung auf einen solchen Fehler aufmerksam wird. Art. 59 Abs. 1 EUIPO-BKVfO konkretisiert, dass ein Fehler iSd Art. 102 nur vorliegt, wenn auf der Hand liegt, dass nur die korrigierte Fassung die richtige sein kann. Art. 59 Abs. 2 EUIPO-BKVfO stellt klar, dass der Fehler im Wege eines Korrigendums behoben wird. Nach Zustellung des Korrigendums trägt der Geschäftsstellenleiter dafür Sorge, dass diese veröffentlicht wird (→ Rn. 17). Und schließlich stellt Art. 59 Abs. 4 EUIPO-BKVfO klar, dass das Korrigendum keinen Einfluss auf das Entscheidungsergebnis hat (→ Rn. 13).

II. Verfahren, Frist

1. Verfahren

Die UMDV sieht **kein Verfahren** für eine Berichtigung nach Art. 102 vor. In der Praxis **11** informiert das Amt die Beteiligten von der Berichtigung und begründet diese (EUIPO-Richtlinien, Teil A, Allgemeine Regeln, Abschnitt 6, 2.1.2.3). Die Korrektur wird veröffentlicht.

2. Frist

Die UMDV sieht **keine Frist** für eine Fehlerberichtigung nach Art. 102 vor (EUIPO-Richtli- **12** nien, Teil A, Allgemeine Regeln, Abschnitt 6, 2.1.2.1). Aus Gründen der Rechtssicherheit kann eine Berichtigung aber nach einem langen Zeitraum unzulässig sein.

III. Rechtsfolge

13   Rechtsfolge ist lediglich die Berichtigung des Fehlers. Die Berichtigung ist klarstellender Natur (HABM BK 14.7.2011 – R 2354/2010-1 Rn. 20 – AFRICATEL/àFricaTV (FIG. MARK)). Anders als in Art. 103 (→ Art. 103 Rn. 44) bleibt die Entscheidung selbst bestehen und wird nicht widerrufen (EuG T-50/09, BeckRS 2011, 80251 Rn. 34 – Dada & Co. Kids; HABM BK 6.6.2011 – R 2030/2010-4 Rn. 18 – PEPPABY/PEPPADEW). Es ergeht keine neue Entscheidung und die Berichtigung hat keinen Einfluss auf das Datum der Entscheidung.

14   Wird eine Entscheidung korrigiert, obwohl es sich um keinen Fehler iSd Art. 102 Abs. 1 handelt und war das Amt auch nach einer anderen Vorschrift nicht zur Korrektur des Fehlers berechtigt, ist die Berichtigung nichtig (EuG T-275/10, BeckRS 2012, 80861 Rn. 26 ff. – Mpay24; T-708/18, GRUR-RS 2019, 41196 Rn. 41, 42 – FLIS Happy Moreno choco).

IV. Verhältnis zur Beschwerde/zuständige Stelle

15   Die Berichtigung eines Fehlers iSd Art. 102 Abs. 1 ist von der Stelle oder Abteilung vorzunehmen, die für den Fehler verantwortlich ist. Hat zB die Widerspruchsabteilung iSd Art. 161 einen Fehler gemacht, so ist dieser Fehler auch von der Widerspruchsabteilung zu berichtigen. Ein Fehler kann auch dann noch nach Art. 102 berichtigt werden, falls eine Beschwerde anhängig ist (EUIPO-Richtlinien, Teil A, Allgemeine Regeln, Abschnitt 6.2.1.2.2). Die Abteilung der ersten Instanz sollte die zuständige Kammer allerdings auf den Fehler hinweisen (EUIPO-Richtlinien, Teil A, Allgemeine Regeln, Abschnitt 6, 2.1.2.2).

16   **Die Einleitung eines Verfahrens auf Berichtigung hat keinen Einfluss auf den Ablauf der Beschwerdefrist** oder die Möglichkeit, Beschwerde einzulegen (HABM BK 14.7.2011 – R 2354/2010-1 Rn. 20 – AFRICATEL/àFricaTV (FIG. MARK)). Dies gilt selbst dann, falls das Amt zunächst darauf hinweist, eine Entscheidung nach Art. 103 widerrufen zu wollen, so dass der Beteiligte mit einer neuen Frist rechnet, der Fehler dann aber nach Art. 102 berichtigt wird (HABM BK 6.6.2011 – R 2030/2010-4 Rn. 19 f. – PEPPABY/PEPPADEW). Auch auf den Ablauf einer **Klagefrist** gegen eine Beschwerdeentscheidung hat die Einleitung des Verfahrens auf Berichtigung keine Auswirkung (→ Rn. 10). Ist dem Antragsteller an der Berichtigung eines Fehlers gelegen, sollte er sicherheitshalber auch rechtzeitig Beschwerde bzw. Klage einlegen.

V. Online-Zugang zu den korrigierten Entscheidungen

17   Die korrigierten Entscheidungen der Beschwerdekammer werden online auf der Webseite des Amtes gemäß Art. 113 zugänglich gemacht (eSearch case-law Datenbank). Die Prüfungsrichtlinien sehen dies zwar auch für die korrigierten Entscheidungen der ersten Instanz vor (EUIPO-Richtlinien, Teil A, Allgemeine Regeln, Abschnitt 6.2.1.2.3), allerdings sind die korrigierten Entscheidungen der ersten Instanz momentan nur anhand einer (online) Akteneinsicht verfügbar.

C. Berichtigung von Fehlern in der Veröffentlichung einer Eintragung (Abs. 1 Hs. 2)

18   Enthält die **Eintragung** einer **Marke** einen dem Amt zuzuschreibenden technischen **Fehler,** so berichtigt das Amt den Fehler nach Art. 102 Abs. 1 Hs. 2 von Amts wegen oder auf Antrag des Markeninhabers.

19   Fehler in der Eintragung einer Marke iSd Art. 102 Abs. 1 Hs. 2 sind zB die Eintragung einer Unionsmarke (EUIPO-Richtlinien, Teil A, Allgemeine Regeln, Abschnitt 6, 3)
• für weniger Klassen als beantragt und zugelassen,
• für eines falschen Verzeichnis von Waren und Dienstleistungen (zB bei Nichtbeachtung einer Beschränkung),
• für eines falschen Zeichens.

20   Art. 102 spricht insofern von einem „**technischen** Fehler". Dies ist praktisch von wenig Relevanz. Das Amt berichtigt den Fehler, solange dieser dem Amt zuzuschreiben ist. Macht der Markeninhaber einen Fehler geltend, der nicht auf das Amt zurückzuführen ist, wird dieser nicht berichtigt, etwa falls das Zeichen bereits fehlerhaft angemeldet wurde.

21   Die Vorschrift soll auch dann Anwendung finden, falls ein Anmelder seine Anmeldung über die User Area aufgrund **technischer Störungen** nachweislich nicht einreichen konnte. Bei Einreichung der Anmeldung weist das Amt der **Anmeldung ein Eingangsdatum** zu (Art. 30 Abs. 2).

Der Antrag auf Fehlerberichtigung ist nach Art. 102 Abs. 1 Hs. 2 gebührenfrei. Stellt der Mar- **22** keninhaber einen Antrag auf Fehlerberichtigung, so findet gemäß Abs. 2 das Verfahren zur Änderung des Namens oder der Anschrift des Inhabers der Unionsmarke oder seines eingetragenen Vertreters entsprechend Anwendung. Art. 55 bestimmt, welche Angaben der Antrag enthalten muss. Die Berichtigung mehrerer Fehler kann in einem Antrag gestellt werden. Sind die Voraussetzungen für die Eintragung einer Änderung nicht erfüllt, teilt das Amt dem Antragsteller den Mangel mit. Wird dieser Mangel nicht innerhalb einer vom Amt festgesetzten Frist beseitigt, so weist das Amt den Antrag zurück. Wird der Antrag zurückgewiesen und will der Antragsteller hiergegen Beschwerde einreichen, sollte er eine Entscheidung nach Art. 99 beantragen.

Für die Berichtigung von Fehlern in Eintragungen ist die Registerabteilung zuständig **23** (Art. 162). Die Entscheidungen der Registerabteilung werden bedauerlicherweise bislang nicht in der Rechtsprechungsdatenbank „eSearch case-law" des Amtes veröffentlicht.

Berichtigt das Amt den Fehler von Amts wegen oder auf Antrag, wird die Berichtigungen **24** nach Art. 102 **Abs. 3 veröffentlicht** (eingehend EUIPO-Richtlinien, Teil A, Allgemeine Regeln, Abschnitt 6, 3).

Muss der Anmelder seine Anmeldung aufgrund technischer Störungen einen Tag später einrei- **25** chen, so lässt sich das Eingangsdatum korrigieren. Voraussetzung ist ein Nachweis, dass die Anmeldung am Vortrag wirklich aufgrund **technischer Fehler des Amtes** unmöglich war. Wurde bereits ein Anmeldedatum nach Art. 32 erteilt, kommt nur ein Widerruf in Betracht. Zur Berichtigung von Fehlern in der Veröffentlichung einer Anmeldung → Art. 44 Rn. 6 ff.

Art. 103 Löschung oder Widerruf

(1) [1]**Nimmt das Amt eine Eintragung ins Register vor oder trifft es eine Entscheidung, so löscht es diese Eintragung oder widerruft diese Entscheidung, wenn die Eintragung oder die Entscheidung offensichtlich mit einem dem Amt anzulastenden Fehler behaftet ist.** [2]**Gibt es nur einen einzigen Verfahrensbeteiligten und berührt die Eintragung oder der Vorgang dessen Rechte, so werden die Löschung bzw. der Widerruf auch dann angeordnet, wenn der Fehler für den Beteiligten nicht offenkundig war.**

(2) [1]**Die Löschung oder der Widerruf gemäß Absatz 1 werden von Amts wegen oder auf Antrag eines der Verfahrensbeteiligten von derjenigen Stelle angeordnet, die die Eintragung vorgenommen oder die Entscheidung erlassen hat.** [2]**Die Löschung der Eintragung in das Register oder der Widerruf der Entscheidung erfolgen binnen eines Jahres ab dem Datum der Eintragung in das Register oder dem Erlass der Entscheidung nach Anhörung der Verfahrensbeteiligten sowie etwaiger Inhaber der Rechte an der betreffenden Unionsmarke, die im Register eingetragen sind.** [3]**Das Amt führt Aufzeichnungen über diese Löschungen oder Widerrufe.**

(3) Der Kommission wird die Befugnis übertragen, gemäß Artikel 208 delegierte Rechtsakte zu erlassen, in denen das Verfahren für den Widerruf einer Entscheidung oder für die Löschung einer Eintragung im Register festgelegt werden.

(4) [1]**Dieser Artikel gilt unbeschadet des Rechts der Beteiligten, gemäß den Artikeln 66 und 72 Beschwerde einzulegen, sowie der Möglichkeit, Fehler und offensichtliche Versehen gemäß Artikel 102 zu berichtigen.** [2]**Wurde gegen eine mit einem Fehler behaftete Entscheidung des Amtes Beschwerde eingelegt, wird das Beschwerdeverfahren gegenstandslos, wenn das Amt seine Entscheidung gemäß Absatz 1 des vorliegenden Artikels widerruft.** [3]**Im letzteren Fall wird die Beschwerdegebühr dem Beschwerdeführer erstattet.**

Überblick

Art. 103 regelt den Widerruf einer Entscheidung oder die Löschung einer Eintragung aufgrund eines offensichtlichen Verfahrensfehlers seitens des Amtes (→ Rn. 9 ff.). Daneben ist eine Berichtigung von Fehlern in Entscheidungen nach Art. 102 Abs. 1 und in Veröffentlichungen von Anmeldungen oder Eintragungen nach Art. 44 und Art. 102 Abs. 1, 2 und 3 möglich (→ Rn. 48; → Rn. 50; → Art. 102 Rn. 1). Im Zuge der Reform wurde der Wortlaut des ersten und des letzten Absatzes geändert, wodurch die Befugnis des Amtes, Entscheidungen eigenmächtig zu ändern, aber nach Auslegung des Amtes **nicht** erweitert wurde.

Übersicht

A. Übersicht: Korrektur von Fehlern

1   Die UMV und die GMDV sehen insbesondere folgende Möglichkeiten vor, Fehler in Entscheidungen oder Eintragungen zu berichtigen bzw. fehlerhafte Eintragungen oder Entscheidungen zu widerrufen. Im Zuge der Reform sind einige der Regelungen der GMDV nun direkt in die UMV eingepflegt worden.

Norm	Frist	Art des Fehlers	Verfahren
Art. 58 ff. – Beschwerde	Art. 68 – zwei Monate nach Zustellung der Entscheidung; zu begründen vier Monate nach Zustellung	jede Art von Fehlern in Entscheidungen, insbesondere materielle, können im Wege der Beschwerde angegriffen werden	• nur auf Antrag • Verfahren geregelt in Art. 68 ff. • zuständige Stelle für eine Abhilfe in einseitigen Verfahren ist nach Art. 69 die Dienststelle, die die Entscheidung erlassen hat; falls keine Abhilfe erfolgt, sind die Beschwerdekammern zuständig
Art. 103 – Löschung oder Widerruf	seit dem 1.10.2017: ein Jahr nach Zustellung der Entscheidung bis zum 30.9.2017: Art. 103 Abs. 2 – sechs Monate ab Zustellung der Entscheidung	seit dem 1.10.2017: (offensichtliche) Fehler bis zum 30.9.2017: ausschließlich (offensichtliche) Verfahrensfehler, die dem Amt anzulasten sind	• auf Antrag oder von Amts wegen • Fehler bedarf einer neuen Analyse des Falles • Die Beteiligten sind nach Art. 70 DVUM anzuhören. • Zuständige Stelle ist die Dienststelle, die die Entscheidung erlassen hat. • Die Beschwerdefrist bzw. Klagefrist wird durch das Verfahren nicht gehemmt oder unterbrochen. Nur falls die Entscheidung widerrufen wird, kann gegen den Widerruf bzw. die neue Entscheidung eine Beschwerde oder Klage innerhalb einer „neuen" Frist erhoben werden.

Norm	Frist	Art des Fehlers	Verfahren
Art. 102 Abs. 1	grundsätzlich keine Frist	sprachliche Fehler, Transkriptionsfehler und offensichtliche Versehen des Amtes in Entscheidungen; technische, dem Amt anzulastende Fehler in Eintragungen	• auf Antrag oder von Amts wegen • Fehler bedarf keiner neuen Analyse des Falles • Die Beteiligten müssen nicht gehört werden. • Zuständige Stelle ist die Dienststelle, die die Entscheidung erlassen hat. • Das Verfahren hat keinen Einfluss auf die Beschwerde- oder Klagefrist.
Art. 44 Abs. 3	keine Frist	dem Amt zuzuschreibender Fehler in der Veröffentlichung einer Anmeldung	• auf Antrag oder von Amts wegen • Die Beteiligten müssen nicht gehört werden.
Art. 54 Abs. 2	keine Frist	Änderung des Namens oder der Adresse in dem Zeichen, falls wesentlicher Inhalt nicht beeinträchtigt wird	• auf Antrag
Art. 102 Abs. 1 aE	keine Frist	dem Amt zuzuschreibender technischer Fehler in der Eintragung oder Veröffentlichung der Eintragung einer Marke	• auf Antrag oder von Amts wegen • Die Beteiligten müssen nicht gehört werden.

Der „normale" Weg zur Behebung eines Fehlers in einer **Entscheidung** ist die Beschwerde bzw. **2** Klage (EuG T-36/09, BeckRS 2011, 81321 Rn. 80 – dm). In der Beschwerde kann die Dienststelle, die die fehlerhafte Entscheidung erlassen hat, nach Art. 69 Abhilfe im einseitigen Verfahren schaffen, zB falls die Zurückweisung einer Unionsmarkenanmeldung mit einem Fehler behaftet ist. Verschafft der Prüfer iSd Art. 160 keine Abhilfe, so prüft die Beschwerde den Fall erneut und kann die angefochtene Entscheidung aufheben oder abändern. Die Abhilfe in Inter-partes-Fällen wurde mit Wirkung zum 23.3.2016 im Zuge der Reform abgeschafft.

Wird keine Beschwerde oder Klage eingereicht, so werden die Rechtsakte grundsätzlich wirk- **3** sam, selbst falls sie fehlerhaft sind. Im Grundsatz ist das Amt aus Gründen der Rechtssicherheit, insbesondere in Inter-partes-Fällen, nicht berechtigt, fehlerhafte Entscheidungen eigenmächtig zu ändern (vgl. EuG T-36/09, BeckRS 2011, 81321 Rn. 80 – dm; HABM BK 18.4.2014 – R 1904/2014-5 Rn. 16 ff. – Dualproof; 20.12.2011 – R 311/2011-2 Rn. 18 – PRONOKAL/ PRONOKAL), **es sei denn** es ist ausdrücklich nach der UMV und der GMDV hierzu ermächtigt.

Art. 103 und Art. 102 sind **abschließende Ausnahmeregelungen** und als solche **restriktiv 4** auszulegen (vgl. EuG T-36/09, BeckRS 2011, 81321 Rn. 80 ff. – dm; HABM BK 5.2.2010 – R 726/2008-4 Rn. 45 – SALVE/SALVEO; 18.4.2014 – R 1904/2014-5 Rn. 16 ff. – Dualproof; Eisenführ/Schennen/Schennen Rn. 2 f.). Aber → Art. 107 Rn. 20.

Die Möglichkeit der Abänderung oder Aufhebung einer Entscheidung oder eines Eintrags **5** außerhalb der Beschwerde betrugen nach dem Wortlaut der Verordnung **bis zum 1.10.2017 lediglich formelle Fehler des Amtes.** War die Entscheidung mit einem materiellen Fehler behaftet, zB einer fehlerhaften Auslegung des anzuwendenden Rechts, konnte das Amt den Rechtsakt außerhalb der Beschwerde aus Gründen der Rechtssicherheit nicht eigenmächtig ändern. Der Wortlaut des **„Verfahrens"-**fehlers ist im Rahmen der **Reform am 1.10.2017** entfallen. Die Neufassung des Art. 103 Abs. 1 verlangt das Vorliegen eines offensichtlichen **Fehlers** in zweiseitigen und eines Fehlers in einseitigen Verfahren. Damit erweitert der Wortlaut der Norm die Kompetenz des Amtes. Zu Gunsten der Rechtssicherheit der Parteien sollte der Begriff des Fehlers weiterhin eng ausgelegt werden (→ Rn. 18). Zudem wurde die Frist zur Behebung des Fehlers von sechs Monaten auf ein Jahr erweitert.

6   Wird eine Entscheidung geändert oder widerrufen, obwohl die Dienststelle nach den vorgenannten Vorschriften **nicht** hierzu **befugt** war, so haftet der zweiten, abgeänderten Entscheidung
ein so schwerwiegender und offensichtlicher Fehler an, dass er von der Rechtsordnung nicht
geduldet werden kann (EuG T-36/09, BeckRS 2011, 81321 Rn. 83 ff. – dm; T-275/10, BeckRS
2012, 80861 Rn. 26 ff. – Mpay24). Die Dienststelle des Amtes überschreitet in diesem Fall die ihr
von der UMV verliehenen Kompetenzen, was eine Unregelmäßigkeit darstellt, die die wesentlichen
Voraussetzungen des betreffenden Rechtsakts in Frage stellt (EuG T-36/09, BeckRS 2011, 81321
Rn. 86, 92 – dm). Die **zweite Entscheidung** ist daher **rechtlich inexistent** (HABM BK
18.4.2014 – R 1904/2014-5 Rn. 21 – Dualproof; 28.4.2009 – R 323/2008-G Rn. 28 – BEHAVI-
OURAL INDEXING, im Ergebnis bestätigt durch EuG T-310/09 und T-383/09, BeckRS 2011,
80711, wobei diese Frage aber nicht Verfahrensgegenstand war).

7   Um **auf Nummer sicher** zu gehen, sollte sich der Beschwerte nicht darauf verlassen, dass die
Ausnahmeregelungen zur Abänderung von Entscheidungen einschlägig sind oder, dass das Amt
eine zunächst angekündigte Änderung tatsächlich vornimmt. Der sicherste Weg zur Verteidigung
der Rechte des Beschwerten ist die **Beschwerde**, die fristgerecht eingelegt werden sollte, selbst
falls das Amt den Anschein gibt, seine Entscheidung ändern zu wollen.

8   Es ist eine Tendenz (→ Rn. 26) zu verzeichnen, dass das Amt einen **Widerruf von Beschwerdekammerentscheidungen** vor allem in Fällen erwägt, in denen ein **Rechtsmittel vor dem
EuG** eingelegt wurde. Dies hat zur Folge, dass das Verfahren vor Gericht zunächst gegenstandslos
wird und der Beteiligte ggf. gegen den Widerruf und/oder die „neue" Entscheidung Klage
erheben muss (→ Rn. 44 ff.).

B. Widerruf und Löschung (Art. 103)

I. Auf Antrag oder von Amts wegen

9   Nach Art. 103 Abs. 2 S. 1 wird die Löschung einer Eintragung oder der Widerruf einer
Entscheidung **von Amts wegen** oder **auf Antrag** eines der Verfahrensbeteiligten angeordnet.

10   Nach dem Wortlaut des Art. 103 Abs. 1 scheint eine Pflicht des Amtes zu bestehen, eine
Entscheidung bei Vorliegen eines Fehlers zu widerrufen. Nach der Praxis des Amtes haben die
Beteiligten aber keinen Anspruch auf Löschung oder Widerruf (HABM BK 13.7.2009 – R 212/
2009-4 Rn. 11 – DYNASOL). Das Amt hat ein weites Ermessen. Andererseits darf das Amt einen
Antrag nach Art. 103 nicht ignorieren, sondern muss sein Ermessen ausüben und über den Antrag
entscheiden. Andernfalls liegt ein wesentlicher Verfahrensfehler vor (vgl. HABM BK 12.1.2011 –
R 1340/2010-1 Rn. 16 – SWINFLUNOV).

11   Der Antragsteller sollte in seinem Antrag ausdrücklich auf die Dringlichkeit des Verfahrens
aufgrund der laufenden Beschwerdefrist hinweisen und ggf. beim Amt nachhaken, um auf eine
möglichst rasche Bearbeitung hinzuwirken (so auch Fezer HdB Markenpraxis/Bender I 2
Rn. 1406).

II. Entscheidungen und Eintragungen

12   Nach Art. 103 können **Entscheidungen** widerrufen und **Eintragungen** gelöscht werden.
Nicht anwendbar ist Art. 103 auf Fehler in der Veröffentlichung einer Anmeldung (EuG
18.3.2016 – T-33/15 Rn. 28 – BIMBO). Fehler in der **Veröffentlichung einer Anmeldung**
sind nach Art. 44 zu korrigieren (→ Art. 102 Rn. 18 ff.). Fehler in einer Eintragung, die nicht
zur Löschung der gesamten Eintragung führen sind nach der derzeitigen Amtspraxis nach Art. 102
zu korrigieren (→ Art. 102 Rn. 24 ff.).

13   Eine **Entscheidung** ist ein Schreiben, welches rechtlich bindend ist und unmittelbar die rechtlichen Interessen einer Partei betrifft (HABM BK 11.11.2010 – R 2028/2010-1 Rn. 14 – S7-
1200/S-7 1200). Als Entscheidungen wurden folgende Bescheide eingestuft

• die Mitteilung, dass eine Widerspruchsgebühr nicht entrichtet wurde und der Widerspruch
damit als nicht eingelegt gilt (HABM BK 11.11.2010 – R 2028/2010-1 Rn. 14 – S7-1200/S-
7 1200),

• die Mitteilung, dass der Widerspruch zulässig ist (EuGH C-402/11 P, BeckRS 2012, 82053
Rn. 48 ff.).

14 Allerdings dürfte es sich hier um keine formellen Entscheidungen handeln, sondern um Bescheide,
die den Beteiligten nach Art. 99 dazu berechtigen, eine förmliche Entscheidung zu verlangen. Ist
die Entscheidung nicht im Rahmen einer formellen Entscheidung mit entsprechender Rechtsmittelbelehrung, sondern als bloße Mitteilung ergangen, sollte der Beteiligte nach dem zukünftigen
Art. 99 den Erlass einer Entscheidung beantragen.

Keine Entscheidungen sind bloße **Mitteilungen** ohne eigenen Regelungsgehalt (HABM BK **15** 11.11.2010 – R 2028/2010-1 Rn. 12 – S7-1200/S-7 1200). Eine Mitteilung, die eine frühere Entscheidung lediglich bestätigt oder wiederholt ist keine Entscheidung (HABM BK 11.11.2010 – R 2028/2010-1 – S7-1200/S-7 1200). Keine Entscheidung ist zB auch die Mitteilung der Fristen zur Substantiierung des Widerspruchs (HABM BK 12.5.2010 – R 1023/2009-1 Rn. 27 – BUDIVENT/budiair). Eine bloße Mitteilung bedarf keines förmlichen Widerrufs. Sie kann durch eine neue Mitteilung ersetzt werden (EUIPO-Richtlinien, Teil A, Allgemeine Regeln, Abschnitt 6, 2.2). Auch deshalb ist den Beteiligten zu empfehlen ggf. eine förmliche Entscheidung nach dem zukünftigen Art. 99 zu beantragen.

Eine Entscheidung kann auch **teilweise widerrufen** werden. Es kann zB nur die Kostenent- **16** scheidung widerrufen werden (EuG T-419/07, BeckRS 2009, 70741 Rn. 37 ff. – OKATECH). Auch ist möglich, eine Entscheidung nur hinsichtlich eines Teils der Waren und Dienstleistungen zu widerrufen (HABM BK 29.11.2006 – R 315/2005-4 und R 1335/2005-4 REV Rn. 11 – HUMANITAS Humanidades Médicas/HUMANITAS online). Der nicht widerrufene Teil wird rechtskräftig, falls nicht rechtzeitig Beschwerde oder Klage eingelegt wird (Bender in Fezer HdB Markenpraxis I 2 Rn. 1394).

III. Fehler des Amtes

1. Allgemein

Art. 103 setzte bis zum 1.10.2017 voraus, dass die Entscheidung bzw. Eintragung mit einem **17** **Verfahrens**fehler behaftet ist.

Nach den **Prüfungsrichtlinien des Amtes** war ein **Verfahrens**fehler ein Fehler, der im Verfahren **17.1** unterlaufen ist, zB falls ein Verfahrensschritt versäumt oder eine verfahrensrechtliche Handlung der Parteien übersehen wurde (EUIPO-Richtlinien, Teil A, Allgemeine Regeln, Abschnitt 6, 1.1, S. 3). Das **EuG** hat darauf abgestellt, dass der Fehler **prozessuale Folgen** nach sich ziehen muss (EuG T-50/09, BeckRS 2011, 80251 Rn. 31 – Dada & Co. Kids; s. auch enge Auslegung in HABM BK 18.4.2014 – R 1904/2014-5 Rn. 14 ff. – Dualproof). Ein Begründungsmangel stellte keinen Verfahrensfehler dar (EuG T-727/16, BeckRS 2018, 1581 Rn. 47 ff. – REPOWER; nachfolgend EuGH C-281/18, GRUR-RS 2019, 26249). Das Amt soll seinen Rechtsakt aber nach dem allgemeinen Prinzip der ordnungsgemäßen Verwaltung dennoch widerrufen können (→ Art. 107 Rn. 20).

Im Zuge der Reform wurde das Wort Verfahrensfehler gestrichen. Das Amt legt die Tatbe- **18** standsvoraussetzung in den Richtlinien 2022 weiterhin restriktiv aus und geht von einem offensichtlich „dem Amt anzulastenden Fehler" nur bei einem wesentlichen Verfahrensmangel und einer offenkundigen Verdrehung des Sachverhalts aus. Nicht umfasst sollen momentan inhaltliche Fehler sein. Allerdings hat das EuG klargestellt, dass nicht nur prozessuale Fehler von der Regelung erfasst sind (vgl. EuG T-169/20, GRUR-RS 2021, 27560 Rn. 110 – Marina yachting). Die Frage ist auch anhängig vor der erweiterten Beschwerdekammer (EUIPO BK R 0798-2021-5 – CRIADORES). Der Entwurf der Prüfungsrichtinline für das Jahr 2023 sieht eine entsprechende **Erweiterung des Fehlerbegriffs** vor.

Nach der bisherigen Rechtslage lag kein Fehler bei **Verletzung des materiellen Rechts** vor (HABM **18.1** BK 17.2.2011 – R 2028/201-1 Rn. 17 – S7-1200/S7-1200), nämlich bei folgenden Fehlern:
- einer fehlerhaften Auslegung von Vorschriften (HABM BK 7.11.2011 – R 2103/2011-2 Rn. 19 – IOGURT/JOGURTAS et al.),
- die fehlerhafte Zitierung von Rechtsprechung (HABM BK 5.12.2012 – R 2055/2010-1 Rn. 19 – WHITE BOX WITH A CHEQUERED LID (3D MARK)),
- das Einfügen eines Paragraphen in die Entscheidung zum beschreibenden Charakter einer Marke (EuG T-275/10, BeckRS 2012, 80861 Rn. 23 – Mpay24),
- die Korrektur eines inneren Widerspruchs zwischen der Begründung und dem Ergebnis der Entscheidung, es sei denn der Fehler ist so offensichtlich, dass nur eine mögliche Alternative gemeint sein konnte (HABM BK 12.1.2012 – R 842/2011-1 Rn. 15 – COTRONIC/CYTRON; → Art. 102 Rn. 6),
- die Nichtbeachtung einer Stellungnahme unter Verstoß gegen Art. 94, 95 (Amtsermittlungsgrundsatz, Anspruch auf rechtliches Gehör und Begründungspflicht; so HABM BK 18.4.2014 – R 1904/2014-5 Rn. 14 ff. – Dualproof),
- substantielle Änderungen im Warenvergleich (HABM BK 5.2.2010 – R 726/2008-4 Rn. 45 – SALVE/SALVEO),
- Unregelmäßigkeiten bei der **Zustellung.** Sie betreffen nicht die Entscheidung selbst und sind daher **keine Verfahrensfehler** (EuG T-50/09, BeckRS 2011, 80251 Rn. 31 – Dada & Co. Kids; HABM BK

23.11.2010 – R 1736/2008-1 Rn. 20 ff. – PREKUNIL/PROKINYL L.P.; aA wohl HABM BK 2.7.2010 – R 1065/2009-1 Rn. 20 – Ableiter-Gesamtgerät (3D-MARKE)).

18.2   Es bleibt abzuwarten, ob sich diese Auslegung zukünftig durch den geänderten Wortlaut der Norm etwas ändert.

19   Der Fehler muss **dem Amt anzulasten** sein (für die Beschwerdekammer s. Art. 60 Abs. 1 EUIPO-BKVfO). Fehler, die auf die Beteiligten zurückgehen, können nicht berichtigt werden (HABM BK 4.12.2012 – R 2433/2011-4 Rn. 26 ff. – SAN FABIO/SAN; 24.5.2012 – R 1369/2011-1 Rn. 10 – RECORDAL ON TRANSFER OF OWNERSHIP; 9.11.2009 – R 78/2009-4 Rn. 15 – Hudson; 13.10.2009 – R 877/2006-1 Rn. 17 ff. – CHOCOLATE SKATEBOARDS/CHOCOLATE; 1.10.2008 – R 251/2008-4 Rn. 16 – POHLSCHRÖDER). Versäumt der Widersprechende zB eine Farbwiedergabe seiner älteren Marke fristgerecht einzureichen, muss das Amt ihn hierauf nicht zwingend hinweisen. Es liegt aufgrund einer fehlenden Hinweispflicht kein Verfahrensfehler des Amtes vor. Das Amt ist nicht berechtigt, seine auf der Annahme beruhende Entscheidung, dass die ältere Marke schwarz/weiß sei, zu widerrufen (HABM BK 4.12.2012 – R 2433/2011-4 Rn. 26 ff. – SAN FABIO/SAN). Auch können sich die Beteiligten in Verfahren vor dem Amt grundsätzlich nicht das Recht vorbehalten, später weitere Argumente einzureichen. In der Nichtgewährung einer weiteren Stellungnahmefrist liegt daher nicht automatisch ein Verfahrensfehler seitens des Amtes (HABM BK 28.4.2009 – R 323/2008-G Rn. 31 – BEHAVIOURAL INDEXING; EuG T-310/09 und T-383/09, BeckRS 2011, 80711, wobei diese Frage aber nicht Verfahrensgegenstand war).

2. Praxis der ersten Instanz

20   Die erste Instanz des Amtes interpretierte Art. 103 bereits vor der Reform recht weit. In den Prüfungsrichtlinien des Amtes sind pauschal Fallgruppen in Ex-parte-und inter-parte-Fällen aufgezählt, in denen ein Widerruf bzw. eine Löschung möglich sein sollen (EUIPO-Richtlinien, Teil A, Allgemeine Regeln, Abschnitt 6, 1.1, S. 3 ff.). Diese Auflistung wird in den Prüfungsrichtlinien, die 2023 in Kraft treten vollständig überarbeitet. Die folgende Auflistung entspricht der Amtspraxis im Jahre 2022.

21   Ex-parte-Fallgruppen:
- Eine Anmeldung wird eingetragen, obwohl die Anmeldung zurückgenommen, zurückgewiesen oder die Anmeldegebühr nicht bezahlt wurde.
- Das Anmeldeverfahren wurde bis zur Eintragung weitergeführt, ohne dass Bemerkungen Dritter beachtet wurden.
- Eine Anmeldung wird unter Nichtbeachtung einer Stellungnahme des Anmelders oder vor dem Ablauf seiner Stellungnahmefrist zurückgewiesen (s. aber HABM BK 18.4.2014 – R 1904/2014-5 Rn. 14 ff. – Dualproof).
- Das Amt weist eine Anmeldung zurück und übersieht, dass der Anmelder eine Verkehrsdurchsetzung nach Art. 7 Abs. 3 für den Fall geltend macht, dass die Beanstandung aufrechterhalten wird. Das Amt übersieht eingereichte Beweismittel zum Nachweis eine Verkehrsdurchsetzung.
- Das Amt weist ein Anmeldedatum nach Art. 32 zu, obgleich der Anmelder vergeblich versucht hat, die Anmeldung einen Tag vorher anzumelden, der Versuch aber aufgrund technischer Probleme der User Area und der entsprechenden back-up-Optionen scheiterte (→ Art. 100 Rn. 26, → Art. 102 Rn. 20).

22   Inter-partes- Fallgruppen:
- Das Amt gibt einem Widerspruch statt wobei ein Antrag auf Nachweis der Benutzung der Widerspruchsmarke seitens des Anmelders übersehen wird.
- Der Widerspruch wird aufgrund Nichtbenutzung des älteren Rechts zurückgewiesen, obwohl dem Widersprechenden keine Möglichkeit zum Nachweis der Benutzung eingeräumt oder der Benutzungsnachweis übersehen wurde.
- Eine Widerspruchsentscheidung ergeht, obwohl das Verfahren ausgesetzt oder unterbrochen ist oder eine Stellungnahmefrist eine der Beteiligten noch läuft.
- Eine Anmeldung wird eingetragen, obwohl ein Widerspruchsverfahren anhängig ist, oder die Anmeldung aufgrund eines Widerspruchs zurückgewiesen wurde.
- Bei jeder Art der Verletzung des Anspruchs auf rechtliches Gehör (Nichtweiterleitung von Stellungnahmen an die jeweils andere Partei in Fällen, in denen die andere Partei hierzu hätte Stellung nehmen müssen).
- Bei Übersehen einer Kostenvereinbarung der Parteien.

- Ein Rechtsübergang wurde im Register eingetragen, obwohl hierfür kein ausreichender Nachweis eingereicht wurde (allerdings liegt nach Eisenführ/Schennen/Schennen Rn. 11 in diesem Fall kein Verfahrensfehler des Amtes vor).

Der Sinn dieser pauschalen Aufzählung von derart weiten Fallgruppen ist mit Blick auf die Rechtssicherheit und dem Ausnahmecharakter der Norm zweifelhaft (vgl. Eisenführ/Schennen/Schennen Art. 80 Rn. 18 f.). Eine **Entscheidung** sollte nur dann widerrufen werden, falls der Fehler tatsächlich Auswirkungen auf den Ausgang der Entscheidung hat und derart schwerwiegend ist, dass eine Durchbrechung der Rechtssicherheit gerechtfertigt ist (ausführlich HABM BK 18.4.2014 – R 1904/2014-5 Rn. 14 ff. – Dualproof; 5.12.2012 – R 2055/2010-1 Rn. 20 – WHITE BOX WITH A CHE QUERED LID (3D MARK); HABM BK 9.11.2009 – R 78/2009-4 Rn. 17 f. – Hudson; vgl. hinsichtlich der Nichtigkeit von Entscheidungen entgegen des Prinzips der Rechtssicherheit EuG T-36/09, BeckRS 2011, 81321 Rn. 83 ff. – dm; T-275/10, BeckRS 2012, 80861 Rn. 26 ff. – Mpay24). Umgekehrt scheint Art. 102 in einigen der Fälle sachgerechter. **23**

Was den Widerruf von **Eintragungen** betrifft, ist die Registerabteilung des Amtes zuständig. Die Registerabteilung widerruft etwa die Eintragung eines Rechtsübergangs einer Marke (Art. 20), falls vor Rechtsübergang bereits ein Antrag auf Eintragung eines Insolvenzverfahrens vorlag (Art. 24), so dass dem Übertragenen keine Verfügungsgewalt mehr zustand. Der Antrag auf Rechtsübertragung und der Antrag auf Eintragung einer Insolvenz wird unter Umständen von unterschiedlichen Sachbearbeitern bearbeitet, so dass es durchaus vorkommen kann, dass eine Übertragung trotz bereits bestehenden Antrags auf Eintragung der Insolvenz fälschlicherweise vollzogen wird (vgl. EuG T-169/20, GRUR-RS 2021, 27560 Rn. 110 – Marina yachting). **24**

3. Fallgruppen der Beschwerdekammern

Die Beschwerdekammern haben in folgenden Fällen einen **Verfahrensfehler** angenommen: **25**
- Die Kammer hat übersehen, dass eines der älteren Rechte im Widerspruch rechtzeitig substantiiert wurde und den Widerspruch zurückgewiesen (HABM BK 12.4.2012 – R 703/2011-2 Rn. 14 ff. – DEVICE OF A BULL/DEVICE OF A BULL).
- Eine Anmeldung wurde eingetragen, obwohl noch ein Widerspruch anhängig ist (HABM BK 20.12.2011 – R 311/2011-2 Rn. 15 – PRONOKAL/PRONOKAL; HABM BK 9.11.2009 – R 78/2009-4 Rn. 14 – Hudson).
- Die Kammer übersieht relevante Benutzungsunterlagen und stellt fest, dass keine Benutzung nachgewiesen wurde (HABM BK 30.11.2009 – R 864/2008-4-REV Rn. 8 – PAGO) oder sie übersieht eine andere relevante Eingabe (HABM BK 18.1.2008 – R 692/2007-4 Rn. 5 – MEGO/TEGO (WIDERRUF)).
- Die Veröffentlichung einer Wortmarke als Bildmarke unter Veränderung des Zeichens (SW?NFLUNOV anstatt SWĪNFLUNOV). In diesem Fall ist allerdings auch Regel 14 Abs. 1 GMDV anwendbar (→ Art. 102 Rn. 18; HABM BK 12.1.2011 – R 1340/2010-1 Rn. 15 f. – SWĪNFLUNOV).
- Es wird einem Widerspruch stattgegeben, obwohl die Anmeldung zwischenzeitlich zurückgenommen wurde (HABM BK 12.8.2009 – R 1493/2008-1 Rn. 6 ff. – SHAPE OF TWO POLYGONS).
- Eine Anmeldung wird im Tenor vollumfänglich zurückgewiesen, obwohl sie nur teilweise angegriffen und in der Entscheidungsbegründung auch nur teilweise geprüft wurde (HABM BK 4.7.2008 – R 876/2007-4 Rn. 6 ff. – RE MILLENNIUM/millenium (FIG. MARK).
- Eine Anmeldung wird aufgrund eines Widerspruchs für Waren oder Dienstleistungen zurückgewiesen, die nicht Verfahrensgegenstand waren (HABM BK 29.11.2006 – R 315/2005-4 REV und R 1335/2005-4 REV – HUMANITAS Humanidades Médicas/HUMANITAS online).
- Eine Beschwerde ist gegen die Zurückweisung einer Anmeldung für alle Waren im Widerspruch gerichtet. Die Kammer hatte den Widerspruch nur für einen Teil der Waren überprüft (HABM BK 12.7.2016 – R 1561/2014-3 – ARCODESIGN).
- Die Beschwerdeentscheidung wurde von nur einem Mitglied entschieden, obwohl der Fall nicht auf ein Einzelmitglied hätte übertragen werden und von drei Mitgliedern entschieden werden müssen (HABM BK 21.11.2015 – R 2342/2014-5 Rn. 9 ff. – beige circle).
- Die Beschwerdekammer übersieht, dass eine Anmeldung erstinstanzlich nur teilweise zurückgewiesen und zudem willentlich von dem Anmelder beschränkt wurde (HABM BK 27.9.2016 – R 1486/2015-5 – CONNECT STATION). Es fehlt der Entscheidung allerdings an einer Begründung, weshalb es sich um einen Verfahrensfehler handeln soll.

26 Ist ein **Verfahren vor Gericht anhängig,** tendieren die Beschwerdekammern bei offensichtlichen Fehlern dazu, ihre Entscheidung zu widerrufen, insbesondere bei Vorliegen eines **offensichtlichen Begründungsmangels** (vgl. EuG 21.2.2018 – T-727/17 Rn. 31 ff. – REPOWER; nachfolgend EuGH C-281/18, GRUR-RS 2019, 26249; T-157/17, BeckRS 2018, 702 Rn. 12 ff. – ILLUMINA; T-886/16, BeckRS 2017, 144384 – NAILS FACTORY).

IV. Verfahren

1. Einseitige Verfahren

27 Es ist zwischen einseitigen und zweiseitigen Verfahren zu unterscheiden.

28 In einem einseitigen Verfahren muss der Fehler für den Beteiligten nach Art. 103 Abs. 1 S. 2 **nicht offenkundig** sein, um eine Entscheidung zu widerrufen oder eine Eintragung zu löschen (vgl. HABM BK 9.11.2009 – R 78/2009-4 Rn. 16 – Hudson).

29 Stellt das Amt von Amts wegen fest, dass die Voraussetzungen für den Widerruf einer Entscheidung oder die Löschung einer Registereintragung gegeben sind, unterrichtet es nach Art. 70 Abs. 1 DVUM die betroffene Partei von dem beabsichtigten Widerruf bzw. der Löschung. Die Mitteilung muss Gründe für den Widerruf oder die Löschung enthalten (EUIPO-Richtlinien, Teil A, Allgemeine Regeln, Abschnitt 6, 1.3.2.1).

30 Nach Art. 70 Abs. 2 DVUM kann die betroffene Partei innerhalb einer vom Amt gesetzten Frist Stellung zu dem beabsichtigten Widerruf bzw. der Löschung nehmen. In der Regel beträgt die Frist, unabhängig vom Wohnsitz der Partei, einen Monat (EUIPO-Richtlinien, Teil A, Allgemeine Regeln, Abschnitt 6, 1.3.2.1).

31 Stimmt die betroffene Partei dem beabsichtigten Widerruf bzw. der Löschung zu oder nimmt sie nicht oder nicht fristgerecht Stellung, kann das Amt die Entscheidung widerrufen bzw. den Eintrag löschen. Stimmt die betroffene Partei dem beabsichtigten Widerruf bzw. der Löschung nicht zu, so entscheidet das Amt.

32 Stellt der Beteiligte selbst einen Antrag auf Widerruf bzw. Löschung, so bedarf es keiner zusätzlichen Anhörung. Das Amt kann den Rechtsakt entweder direkt widerrufen oder den Antrag ablehnen (EUIPO-Richtlinien, Teil A, Allgemeine Regeln, Abschnitt 6, 1.3.2.1).

2. Mehrseitige Verfahren – Offensichtlichkeit des Fehlers

33 In mehrseitigen Verfahren muss es sich nach Art. 103 Abs. 1 um einen **für die Beteiligten offensichtlichen** Fehler handeln (vgl. EuG T-169/20, GRUR-RS 2021, 27560 Rn. 111 – Marina yachting; HABM BK 29.11.2006 – R 315/2005-4 und R 1335/2005-4 REV Rn. 9 – HUMANITAS Humanidades Médicas/HUMANITAS online; Eisenführ/Schennen/Schennen Art. 80 Rn. 14). Der Fehler muss zu einem so hohen Grad offensichtlich sein, dass es nicht gerechtfertigt ist, den Tenor der Entscheidung oder die fehlerhafte Eintragung ohne eine erneute Prüfung aufrechtzuerhalten. Ein Fehler kann nach der Rechtsprechung nur dann als offensichtlich angesehen werden, wenn eindeutig zu erkennen ist, dass die Sachverhaltsbeurteilung der Verwaltung nicht plausibel oder inkohärent ist (EuG T-337/20, GRUR-RS 2022, 14843 Rn. 33 – Bittorrent; T-169/20, GRUR-RS 2021, 27560 Rn. 112 – Marina yachting). So ist es offensichtlich fehlerhaft, falls das Amt einen Rechtsübergang einer Marke einträgt, obwohl es bereits Kenntnis darüber hatte, dass der abtretende Rechtsinhaber insolvent ist (EuG T-169/20, GRUR-RS 2021, 27560 Rn. 113 ff. – Marina yachting).

34 Das Amt hat nach Art. 70 Abs. 4 DVUM (für die Beschwerde auch nach Art. 60 Abs. 2 EUIPO-BKVfO) alle Beteiligten von seiner Absicht, die Entscheidung von Amts wegen zu widerrufen oder die Eintragung zu löschen, zu benachrichtigen und ihnen Gelegenheit zu geben, hierzu Stellung zu nehmen (→ Rn. 29, → Rn. 30). Die Stellungnahme einer Partei ist der jeweils anderen Parteien nach Art. 70 Abs. 1 S. 2 DVUM weiterzuleiten und ihr ist ggf. Gelegenheit zur Erwiderung zu geben.

35 Stimmen die Beteiligten der Absicht des Amtes zu oder nehmen sie keine Stellung, so widerruft das Amt die Entscheidung oder löscht die Eintragung und unterrichtet die Parteien entsprechend (HABM BK 30.11.2009 – R 864/2008-4-REV Rn. 9 – PAGO). Stimmt eine der Parteien nicht zu, entscheidet das Amt (Regel 53a Abs. 4 GMDV iVm Regel 53a Abs. 1 GMDV).

36 Beantragt ein **durch** einen möglichen Fehler **Beschwerter** eine Löschung oder einen Widerruf, prüft das Amt zunächst, ob die Voraussetzungen des Art. 103 vorliegen. Falls ja, unterrichtet es den anderen Beteiligten entsprechend und gibt ihm/ihr Gelegenheit zur Stellungnahme. Der Antragsteller enthält hiervon eine Kopie. Stimmt der andere Beteiligte zu, widerruft das Amt die Entscheidung oder löscht die Eintragung. Stimmt er/sie nicht zu, entscheidet es (EUIPO-Richtlinien, Teil A, Allgemeine Regeln, Abschnitt 6, 1.3.2.2).

Stellt hingegen ein **durch** einen Fehler **Begünstigter** einen Antrag auf Löschung oder Wider- **37** ruf und liegen die Voraussetzungen für einen Widerruf vor, bedarf es keiner Anhörung des durch den Fehler Beschwerten. Das Amt informiert den Beschwerten lediglich über den Antrag und den Widerruf der Entscheidung (EUIPO-Richtlinien, Teil A, Allgemeine Regeln, Abschnitt 6, 1.3.2.2). Liegen die Voraussetzungen für einen Widerruf oder eine Löschung aber nicht vor, weist das Amt den Antrag zurück und informiert die Beteiligten (EUIPO-Richtlinien, Teil A, Allgemeine Regeln, Abschnitt 6, 1.3.2.2).

3. Rechtsfolge bei Nichteinhaltung des Verfahrens

Wird das in Art. 103 Abs. 1 iVm Art. 70 DVUM vorgesehen Verfahren nicht beachtet, mangelt **38** es dem Widerruf an einem wesentlichen Verfahrensfehler, der zu einer Aufhebung des Widerrufs oder die einen Widerruf ablehnende Entscheidung führt (HABM BK 18.4.2014 – R 1904/2014-5 Rn. 20 – Dualproof; 4.12.2012 – R 2433/2011-4 Rn. 26 ff. – SAN FABIO/SAN).

V. Frist (Abs. 2 S. 2)

Nach Art. 103 Abs. 2 S. 2 **erfolgen** die Löschung der Eintragung in das Register oder der **39** Widerruf der Entscheidung binnen eines Jahres ab dem Datum der Eintragung in das Register oder dem Erlass der Entscheidung nach Anhörung der Verfahrensbeteiligten sowie etwaiger Inhaber der Rechte an der betreffenden Unionsmarke, die im Register eingetragen sind. Im Zuge der Reform wurde die Frist von sechs Monate auf ein Jahr erhöht worden. Siehe für die Beschwerde auch Art. 60 Abs. 1 EUIPO-BKVfO.

Nach der **Praxis des Amtes in der ersten Instanz** genügte es **vor der Reform,** dass das **40** Amt den Beteiligten innerhalb von sechs Monaten seine Absicht mitteilt, die Entscheidung zu widerrufen oder die Eintragung zu löschen. Der Widerruf selbst konnte später erfolgen. Nach **Rechtsprechung des EuG und ständiger Praxis der Beschwerdekammern** musste das **Widerrufsverfahren** allerdings innerhalb der damaligen sechsmonatigen Frist ab der Zustellung der Entscheidung bzw. ab Eintragung **abgeschlossen sein** (EuG T-36/09, BeckRS 2011, 81321 Rn. 104 – dm; T-275/10, BeckRS 2012, 80861 Rn. 24 – Mpay24; eingehend HABM BK 14.3.2017 – R 494/2016-2 Rn. 24 ff. – VITEX/VITEX et al.; 24.5.2012 – R 1369/2011-1 – RECORDAL ON TRANSFER OF OWNERSHIP; 9.11.2009 – R 78/2009-4 Rn. 13, 17 – Hudson; 11.8.2009 – R 601/2008-4, R 1199/2008-4 Rn. 22 – DIPLOMATICO/DIPLOMAT; 18.3.2009 – R 1632/2008-2 Rn. 20 f. – MEPOS (FIG. MARK); 25.9.2008 – R 839/2008-4 Rn. 3 – KinaseProfiler; 18.1.2008 – R 692/2007-4 Rn. 4 – MEGO/TEGO (WIDERRUF)). Da die Frist im Zuge der Reform auf ein ganzes Jahr verlängert wurde und der Widerruf nunmehr innerhalb dieser Frist „erfolgen" muss, genügt eine bloße Einleitung des Verfahrens innerhalb der Frist nicht mehr (EUIPO-Richtlinien, Teil A, Allgemeine Regeln, Abschnitt 6, 1.3.1). Ist der Widerruf nicht innerhalb eines Jahres erfolgt, wird ein entsprechender Antrag zurückgewiesen.

VI. Zuständige Stelle und Verhältnis zur Beschwerde

1. Zuständige Stelle (Abs. 2 S. 1)

Nach Art. 103 Abs. 2 S. 1 wird die Löschung oder der Widerruf von derjenigen Stelle angeord- **41** net, die die Eintragung vorgenommen oder die Entscheidung erlassen hat (eingehend EuG T-727/16, BeckRS 2018, 1581 Rn. 31 ff. – REPOWER; nachfolgend EuGH C-281/18, GRUR-RS 2019, 26249). Nach der zum 1.10.2017 in Kraft tretenden Neufassung des Art. 103 Abs. 4 wird ein bereits anhängiges Beschwerdeverfahren gegenstandslos, sobald das Amt seine Entscheidung gemäß Art. 103 Abs. 1 erstinstanzlich widerruft. Der Geschäftsstellenleiter informiert die Parteien entsprechend. Die Beschwerdegebühr wird dem Beschwerdeführer daraus erstattet (Art. 41 EUIPO-BKVfO). Gleiches gilt, falls die Beschwerdekammer eine Entscheidung widerruft, die bereits vor Gericht anhängig ist. Das Verfahren vor Gericht wird damit gegenstandslos (EuG T-157/17, BeckRS 2018, 702 Rn. 12 ff. – ILLUMINA).

Damit klärt Abs. 4 die Frage, ob die **Zuständigkeit der ersten Instanz** für einen Widerruf **endet,** **41.1** **sobald** eine **Beschwerde** eingereicht wurde. Nach den früheren Prüfungsrichtlinien des Amtes (Teil A, Allgemeine Regeln, Abschnitt 6, 1.3.1 (c)), einer Entscheidung der Großen Beschwerdekammer aus dem Jahr 2009 (28.4.2009 – R 323/2008-G Rn. 22 ff. – BEHAVIOURAL INDEXING; EuG T-310/09 und

T-383/09, BeckRS 2011, 80711, wobei diese Frage aber nicht Verfahrensgegenstand war) und einer Reihe von Beschwerdekammerentscheidungen (HABM BK 13.11.2012 – R 1898/2011-4 Rn. 19 – SKYLOG/ SKY et al.; 11.8.2009 – R 601/2008-4, R 1199/2008-4 Rn. 21 – DIPLOMATICO/DIPLOMAT; 9.1.2008 – R 702/2007-1 Rn. 21 – Net Scout/Scout 24) war kein Widerruf durch die Dienststelle der ersten Instanz mehr möglich, sobald eine Beschwerde eingelegt wurde. Widerrief die Stelle der ersten Instanz ihre Entscheidung dennoch und erließ eine korrigierte Entscheidung, so war die zweite, korrigierte Entscheidung aufgrund eines Kompetenzmangels nichtig (→ Rn. 6). Allerdings konnte die Dienststelle erster Instanz innerhalb der Beschwerde nach Art. 61, 62 UMV 2009 Abhilfe schaffen.

41.2   Hingegen ging das EuG davon aus, dass das Beschwerde- und das Widerrufsverfahren **parallel zueinander bestehen.** Da der Widerruf innerhalb von sechs Monaten nach dem Erlass der Entscheidung ergehen müsse, werde die Kammer bis dahin in der Regel noch keine Entscheidung getroffen haben. Mit dem wirksamen Widerruf werde die Beschwerde gegenstandslos. Bestätigte die Beschwerdekammer eine Entscheidung, die später widerrufen wird, habe dies lediglich zur Folge, dass eine neue Entscheidung erlassen werden müsste. Falls die Beschwerdekammer die Entscheidung aufhebe, so sei das Verfahren zum Widerruf der Entscheidung gegenstandslos (EuG T-36/09, BeckRS 2011, 81321 Rn. 104 – dm; HABM BK 2.6.2010 – R 222/2009-4 Rn. 10 f. – PLAYBOY/PLAYBOY; 29.4. 2009 – R 1016/2008-2 Rn. 12 – Miles&Smiles; 10.3.2008 – R 1442/2007-2 Rn. 11 – AVONTEC/AVANTEC; 8.5.2007 – R 1273/2006-1 Rn. 11 – C-clear/Zeclar). Dieser Ansatz wurde im Jahre 2017 kodifiziert.

2. Kein Einfluss auf die Beschwerde (Abs. 3)

42   Der Antrag bzw. das Verfahren auf Widerruf einer Entscheidung hat nach Art. 103 Abs. 3 keinen Einfluss auf eine mögliche Beschwerde bzw. Klage. Die Beschwerde- oder Klagefrist werden durch ein Widerrufsverfahren nicht gehemmt oder unterbrochen (EuG T-36/09, BeckRS 2011, 81321 Rn. 101 – dm; T-419/07, BeckRS 2009, 70741 Rn. 31 ff. – OKATECH). Hieran ändert auch die Reform nichts.

43   Um auf **Nummer sicher** zu gehen, sollte der durch die erste, fehlerhafte Entscheidung Beschwerte **fristgerecht eine Beschwerde einlegen,** selbst falls das Amt den Parteien bereits angekündigt hat, die Entscheidung widerrufen zu wollen. Das Amt ist an seine Absichtserklärung nicht gebunden (HABM BK 11.8.2009 – R 601/2008-4, R 1199/2008-4 Rn. 22 – DIPLOMA-TICO/DIPLOMAT). Legt der Beschwerte kein Rechtsmittel ein, läuft er Gefahr, es zu verlieren (vgl. zum Vertrauensschutz EuG T-36/09, BeckRS 2011, 81321 Rn. 107 ff. – dm; T-419/07, BeckRS 2009, 70741 Rn. 46 ff. – OKATECH).

VII. Rechtsfolge

44   Gegen den Widerruf oder die Löschung kann Beschwerde bzw. Klage eingereicht werden (vgl. EuG T-157/17, BeckRS 2018, 702 Rn. 16 f. – ILLUMINA; T-454/16, BeckRS 2017, 132196 Rn. 22 – Arrigoni Valtaleggio; HABM BK 9.11.2009 – R 78/2009-4 Rn. 4 ff. – Hudson). Die Beschwerde hat aufschiebende Wirkung, so dass die ursprüngliche Entscheidung zunächst wirksam bleibt (vgl. Eisenführ/Schennen/Schennen Rn. 25).

45   Wurde eine Entscheidung nach Art. 103 rechtswirksam widerrufen oder ein Eintrag gelöscht, so wird die Entscheidung bzw. der Eintrag behandelt, als hätten sie nie existiert. Das Verfahren wird auf den Stand vor Treffen der Entscheidung zurückgesetzt (EuG T-157/17, BeckRS 2018, 702 Rn. 18 ff. – ILLUMINA; HABM BK 9.11.2009 – R 78/2009-4 Rn. 20 – Hudson; EUIPO-Richtlinien, Teil A, Allgemeine Regeln, Abschnitt 6, 1.1 aE).

46   Hat der Widerruf oder die Löschung Auswirkungen auf eine bereits veröffentlichte Entscheidung bzw. Registereintragung, wird der Widerruf bzw. die Löschung ebenfalls nach Art. 70 Abs. 5 DVUM veröffentlicht (EUIPO-Richtlinien, Teil A, Allgemeine Regeln, Abschnitt 6, 1.3.2.2). Für den Widerruf einer Beschwerdekammerentscheidung legt Art. 60 Abs. 3 EUIPO-BKVfO fest, dass der Geschäftsstellenleiter Sorge dafür zu tragen hat, dass die widerrufene Entscheidung öffentlich nicht mehr zugänglich ist. Zudem soll er eine Liste der Widerrufe führen.

47   Das Amt erlässt nach Widerruf der Entscheidung eine neue Entscheidung. Die ersetzende Entscheidung kann mit dem Widerruf zusammen ergehen. Gegen diese zweite Entscheidung steht dann ebenfalls der Weg der Beschwerde bzw. Klage offen, vorausgesetzt die Entscheidung ist nicht aufgrund eines schwerwiegenden Mangels nichtig (→ Rn. 6; EuG T-157/17, BeckRS 2018, 702 Rn. 23 f. – ILLUMINA; HABM BK 5.2.2010 – R 726/2008-4 – SALVE/SALVEO). Zur Begründung der neuen Entscheidung → Art. 94 Rn. 81.

C. Berichtigung von sprachlichen Fehlern, Übersetzungsfehlern, offensichtlichen Versehen in einer Entscheidung oder einem dem Amt zuzuschreibenden technischen Fehler

Die Berichtigung von sprachlichen Fehlern, Schreibfehlern oder offensichtlichen Fehlern ist **48** in Art. 102 Abs. 1 geregelt (→ Art. 102 Rn. 1 ff.).

Gemäß Art. 103 Abs. 4 bestehen die Möglichkeiten eines Widerrufs oder einer Löschung nach **49** Art. 103 und einer Berichtigung nach Art. 102 einer Entscheidung grundsätzlich nebeneinander (so auch Fezer Markenpraxis-HdB/Bender I 2 Rn. 1402; aA Eisenführ/Schennen/Schennen Art. 80 Rn. 5). Der Anwendungsbereich kann sich überschneiden. Unter den Anwendungsbereich von Art. 102 fallen nur Fehler, die keine neue Bewertung des Falles erfordern, wie offensichtliches Verschreiben oder ähnliche Irrtümer. Die Entscheidung bleibt bestehen, wird aber korrigiert. Die Berichtigung hat keinen Einfluss auf Beschwerdefristen. Unter Art. 103 fallen Fehler, die eine neue Analyse des Falles bedürfen. Die vorherige Entscheidung wird aufgehoben und die ersetzende Entscheidung ist dann erneut anfechtbar (vgl. EuG T-724/18 und T-184/19, GRUR-RS 2020, 36716 Rn. 28 und 30 – AUREA BIOLABS (fig.)).

D. Berichtigung von Fehlern in der Veröffentlichung einer Anmeldung oder Eintragung

Was die Berichtung von Fehlern einer Eintragung betrifft, kann die Eintragung nach Art. 103 **50** nur vollständig gelöscht werden. Eine Fehlerbehebung der Eintragung ist nach Art. 102 Abs. 1 möglich (→ Art. 102 Rn. 23). Eine Fehlerbehebung in der Veröffentlichung einer Anmeldung kann nach Art. 44 erfolgen.

Art. 104 Wiedereinsetzung in den vorigen Stand

(1) Der Anmelder, der Inhaber der Unionsmarke oder jeder andere an einem Verfahren vor dem Amt Beteiligte, der trotz Beachtung aller nach den gegebenen Umständen gebotenen Sorgfalt verhindert worden ist, gegenüber dem Amt eine Frist einzuhalten, wird auf Antrag wieder in den vorigen Stand eingesetzt, wenn die Verhinderung nach dieser Verordnung den Verlust eines Rechts oder eines Rechtsbehelfs zur unmittelbaren Folge hat.

(2) ¹Der Antrag ist innerhalb von zwei Monaten nach Wegfall des Hindernisses schriftlich einzureichen. ²Die versäumte Handlung ist innerhalb dieser Frist nachzuholen. ³Der Antrag ist nur innerhalb eines Jahres nach Ablauf der versäumten Frist zulässig. ⁴Ist der Antrag auf Verlängerung der Eintragung nicht eingereicht worden oder sind die Verlängerungsgebühren nicht entrichtet worden, so wird die in Artikel 53 Absatz 3 Satz 3 vorgesehene Frist von sechs Monaten in die Frist von einem Jahr eingerechnet.

(3) ¹Der Antrag ist zu begründen, wobei die zur Begründung dienenden Tatsachen anzugeben sind. ²Er gilt erst als gestellt, wenn die Wiedereinsetzungsgebühr entrichtet worden ist.

(4) Über den Antrag entscheidet die Dienststelle, die über die versäumte Handlung zu entscheiden hat.

(5) Dieser Artikel ist nicht auf die in Absatz 2 sowie in Artikel 46 Absätze 1 und 3 und Artikel 105 genannten Fristen anzuwenden.

(6) Wird dem Anmelder oder dem Inhaber der Unionsmarke die Wiedereinsetzung in den vorigen Stand gewährt, so kann er Dritten gegenüber, die in der Zeit zwischen dem Verlust der Rechte an der Anmeldung oder der Unionsmarke und der Bekanntmachung des Hinweises auf die Wiedereinsetzung in den vorigen Stand unter einem mit der Unionsmarke identischen oder ihr ähnlichen Zeichen gutgläubig Waren in den Verkehr gebracht oder Dienstleistungen erbracht haben, diese Rechte nicht geltend machen.

(7) Dritte, die sich auf Absatz 6 berufen können, können gegen die Entscheidung über die Wiedereinsetzung des Anmelders oder des Inhabers der Unionsmarke in den vorigen Stand binnen zwei Monaten nach dem Zeitpunkt der Bekanntmachung des Hinweises auf die Wiedereinsetzung in den vorigen Stand Drittwiderspruch einlegen.

(8) Dieser Artikel lässt das Recht eines Mitgliedstaats unberührt, Wiedereinsetzung in den vorigen Stand in Bezug auf Fristen zu gewähren, die in dieser Verordnung vorgesehen und den Behörden dieses Staats gegenüber einzuhalten sind.

Überblick

Art. 104 (zuvor Art. 81 GMV) regelt die Wiedereinsetzung in den vorherigen Stand (restitutio in integrum) bei Fristversäumnis. Die Abs. 1–3 nennen die **Voraussetzungen** für die Gewährung einer Wiedereinsetzung (→ Rn. 12 ff.). Abs. 5 nennt abschließend **Ausschlussfristen,** bei deren Versäumnis eine Wiedereinsetzung ausgeschlossen ist (→ Rn. 4 ff.). Abs. 4 regelt die **Zuständigkeit** hinsichtlich der Entscheidung über den Antrag auf Wiedereinsetzung (→ Rn. 74 f.). In Abs. 7 ist ein **Rechtsbehelf Dritter** geregelt, die auf den Rechtsverlust des Säumigen vertraut haben (→ Rn. 84 f.). Abs. 6 stellt fest, dass der Säumige keine Rechte gegen den gutgläubigen Dritten, der in den Rechtsverlust vertraut hat, geltend machen kann (→ Rn. 86). Für die Beschwerde enthält Art. 47 EUIPO-BKVfO eine Regelung (→ Rn. 67).

Übersicht

A. Inhalt

1   Nach Art. 104 Abs. 1 (zuvor Art. 81 GMV) wird ein vor dem Amt Beteiligter, der trotz Beachtung aller nach den gegebenen Umständen gebotenen Sorgfalt verhindert worden ist, gegenüber dem Amt eine Frist einzuhalten, auf Antrag wieder in den vorigen Stand eingesetzt, wenn die Verhinderung nach dieser Verordnung den Verlust eines Rechts oder eines Rechtsmittels zur **unmittelbaren** Folge hat. Durch die Wiedereinsetzung wird eine versäumte Handlung als rechtzeitig behandelt. Die Vorschrift ist nach der Rechtsprechung eng auszulegen → Rn. 12. Besondere Verfahrensregeln in der Beschwerde sieht Art. 47 EUIPO-BKVfO vor (→ Rn. 67).

2   Der Antrag auf Wiedereinsetzung in den vorherigen Stand hat in der **Praxis** kaum Aussicht auf **Erfolg.** Er scheitert in der Regel daran, dass keine Einhaltung der gebotenen Sorgfalt glaubhaft gemacht wird. Das Amt stellt an die gebotene Sorgfalt **äußerst hohe Anforderungen.** Grundsätzlich ist bei **menschlichem Versagen, IT-Problemen, postalischer Verzögerung** oder **wirtschaftlichem Notstand** die gebotene Sorgfalt **nicht gewahrt.** Es müssen außergewöhnliche Umstände zum Fristversäumnis geführt haben, die nicht vorhersehbar sind und nicht vom Willen des Beteiligten abhängen (→ Rn. 37 ff.). Daneben ist der Anwendungsbereich des Art. 104 dadurch beschränkt, dass das Fristversäumnis zu einem **unmittelbaren Rechtsverlust** führen

muss. In vielen Fällen hat etwa die Säumnis einer Stellungnahmefrist keinen unmittelbaren Verlust zur Folge (→ Rn. 13).

Die Beteiligten sollten daher **darauf achten,** alle **Handlungen fristgerecht** vorzunehmen. **3** Wurde eine Frist versäumt, sollte der Säumige zunächst prüfen, ob alternativ zu einem Antrag auf Wiedereinsetzung eine **Weiterbehandlung** nach **Art. 105** in Betracht kommt, die weder eine Sorgfaltspflichtverletzung noch einen unmittelbaren Rechtsverlust voraussetzt. Eine Weiterbehandlung kann alternativ bzw. parallel zu einer Wiedereinsetzung insbesondere bei der Versäumung einer Frist in einem **Verfahren vor der Löschungsabteilung,** bei der Versäumung eines **Antrags** auf **Nachweis einer Benutzung** oder der Versäumung der Einreichung von **Benutzungsunterlagen** sinnvoll sein (→ Art. 105 Rn. 17 ff.). Kommt keine Weiterbehandlung in Betracht sollte der Antrag auf Wiedereinsetzung sorgfältig begründet werden. Oftmals fehlt es an einer überzeugenden Erklärung. **Das Amt ist nicht verpflichtet,** die Beteiligten bei Säumnis einer Frist über die Möglichkeit der Wiedereinsetzung zu informieren, insbesondere deshalb nicht, weil die Prüfungsrichtlinien des Amtes ausdrücklich hierauf hinweisen (EuG T-635/20, GRUR-RS 2021, 29120 Rn. 36 – Juvéderm vybrance; 4.5.2018 – T-34/17, BeckRS 2018, 7289 Rn. 43 – SKYLEADER).

B. Ausschluss der Wiedereinsetzung

I. Grundsatz

Eine Wiedereinsetzung in den vorherigen Stand ist grundsätzlich zwar in **allen Verfahren vor** **4** **dem Amt** möglich (EUIPO-Prüfungsrichtlinien, Teil A, Allgemeine Regeln, Abschnitt 8, 1). Allerdings ist eine Anwendung nach Art. 104 Abs. 5 für die in Art. 46 Abs. 1 und 3 bestimmten Handlungen und bei Versäumnis der Frist für die Beantragung einer Weiterbehandlung **ausgeschlossen.** In diesen Fällen ist auch eine Weiterbehandlung nach Art. 105 nicht statthaft (→ Art. 105 Rn. 6 ff.). Neben den nachfolgenden Fristen, deren Versäumen einer Wiedereinsetzung in den vorherigen Stand nicht zugänglich ist, ist eine Wiedereinsetzung auch dann nicht möglich, falls diese zur Folge hätte, dass eine versäumte **Klagefrist vor dem EuG** (Art. 72 Abs. 5) wieder aufleben würde (EuG T-583/15, BeckRS 2016, 122564 Rn. 36 ff. – Circle; EUIPO-Prüfungsrichtlinien, Teil A, Allgemeine Regeln, Abschnitt 8, 3.4 aE). Es ist eine Wiedereinsetzung vor dem EuG zu beantragen.

Da es sich bei Art. 104 Abs. 5 um einen Ausnahmetatbestand handelt, der zur Beschränkung **5** der Verfahrensrechte des Betroffenen führt, ist dieser **eng** auszulegen (EuG T-277/06, GRUR Int 2009, 926 Rn. 49 – OMNICARE; T-267/11, BeckRS 2012, 81909 Rn. 35, 36 – R; EUIPO-Prüfungsrichtlinien, Teil A, Allgemeine Regeln, Abschnitt 8, 1; → Rn. 9, → Rn. 11).

II. Prioritätsanspruch und Ausstellungspriorität

Nach Art. 34 Abs. 1 kann ein Anmelder die Priorität einer identischen älteren nationalen **6** Marke innerhalb von **sechs Monaten** nach Einreichung der ersten nationalen Anmeldung geltend machen. Grundsätzlich kommt folglich keine Wiedereinsetzung in Betracht, was die Priorität selbst betrifft. Das Prioritätsdatum lässt sich nicht rückdatieren. Denkbar ist allerdings theoretisch eine Wiedereinsetzung in die sechs-monatige Frist der Anmeldung der UM selbst, falls diese erst nach den sechs Monaten erfolgte. Wird die rechtzeitige Anmeldung selbst versäumt und liegen die weiteren Voraussetzungen für eine Wiedereinsetzung in den vorherigen Stand vor, so könnte das Amt das Anmeldedatum vordatieren. Die EUIPO-Prüfungsrichtlinien, Teil A, Allgemeine Regeln, Abschnitt 8, 3.4 nehmen diese sechsmonatige Frist nicht aus und nehmen nur auf die Anmeldung von Designs Bezug. Davon zu unterscheiden ist, dass die Priorität **mit der Anmeldung der Unionsmarke** geltend zu machen ist (→ Art. 35 Rn. 1). Anders als im Designrecht legt Art. 35 keine Frist fest, in die der Anmelder zurückversetzt werden könnte, falls versäumt wird, die Priorität im Anmeldeformular geltend zu machen. Entsprechendes gilt für die Ausstellungspriorität (→ Art. 38 Rn. 2).

Wird mit der Unionsmarkenanmeldung die Priorität einer früheren Anmeldung in Anspruch **7** genommen, so muss der Anmelder nach **Art. 4 Abs. 1 UMDV** innerhalb einer Frist von **drei Monaten** nach dem Anmeldetag das Aktenzeichen der früheren Anmeldung angeben und eine Abschrift von ihr einreichen. Ist die frühere Anmeldung nicht in einer der Sprachen des Amtes abgefasst, so fordert das Amt den Anmelder nach **Art. 4 Abs. 2 UMDV** auf, innerhalb einer vom Amt festgesetzten Frist eine Übersetzung der früheren Anmeldung in einer dieser Sprachen vorzulegen. Wird eine dieser Fristen verpasst, **kommt** eine **Wiedereinsetzung** in den vorherigen

Stand **in Betracht** (EUIPO-Prüfungsrichtlinien, Teil A, Allgemeine Regeln, Abschnitt 8, 2.4). Ob in diesem Fall auch eine Weiterbehandlung nach Art. 105 statthaft ist, ist unklar (→ Art. 105 Rn. 10).

III. Widerspruchsfrist und -gebühr

8   Eine Wiedereinsetzung in den vorherigen Stand ist ausgeschlossen bei Versäumung der dreimonatigen **Widerspruchsfrist** ab Veröffentlichung der Anmeldung (Art. 46 Abs. 1), innerhalb der auch die **Widerspruchsgebühr** zu entrichten ist (Art. 46 Abs. 3; EUIPO-Prüfungsrichtlinien, Teil A, Allgemeine Regeln, Abschnitt 8, 3.4; HABM BK 10.5.2011 – R 1619/2010-4 Rn. 11 ff. – LIFTRA/LIFTA).

9   **Nicht** von der Wiedereinsetzung ausdrücklich **ausgeschlossen** sind die **Widerspruchsbegründung** sowie **alle anderen Fristen** im Rahmen des Widerspruchsverfahrens (vgl. EUIPO-Prüfungsrichtlinien, Teil A, Allgemeine Regeln, Anschnitt 8, 3.1 und 3.4; zur UMV 2009 Mitteilung Nr. 6/05 des Präsidenten des Amtes vom 16.9.2006; HABM BK 30.5.2007 – R 571/2006-2 Rn. 35 – DILLON'S/Dillon's, Edward Dillon & Co Limited). Art. 46 Abs. 3 S. 3 enthält selbst keine Frist, sondern bestimmt lediglich, dass das Amt dem Widersprechenden eine zusätzliche Gelegenheit zur Einreichung von Tatsachen, Beweismitteln und Bemerkungen zur Stützung des Widerspruchs geben muss, so dass diese nicht mit dem Widerspruch eingereicht werden müssen. Allerdings ist bei Versäumen einer Stellungnahmefrist zweifelhaft, ob dies einen unmittelbaren Rechtsverlust zur Folge hat (→ Rn. 13 ff.).

IV. Frist für Wiedereinsetzung und Weiterbehandlung

10   Von einer Wiedereinsetzung sind die Fristen für den Antrag auf Wiedereinsetzung (→ Rn. 12 ff.) und die Frist für den Antrag auf Weiterbehandlung (Art. 105 Abs. 1) ausgeschlossen (EuG T-557/19, GRUR-RS 2020, 23629 Rn. 46 – 7Seven). Der Ausschluss bezieht sich auf alle im Wiedereinsetzungs- bzw. Weiterbehandlungsverfahren versäumten Handlungen (Prüfungsrichtlinien des Amtes, Teil A, Allgemeine Regeln, Abschnitt 8, 3.4; zur UMV 2009 s. Mitteilung Nr. 6/05 des Präsidenten des Amtes vom 16.9.2006).

11   Art. 104 Abs. 5 verweist nicht auf die Fristen, für die eine Weiterbehandlung nach Art. 105 Abs. 2 ausgeschlossen ist (zur UMV 2009 s. Mitteilung Nr. 6/05 des Präsidenten des Amtes vom 16.9.2006; vgl. auch EuG T-136/08, BeckRS 2009, 70588 Rn. 22 – AURELIA; → Art. 105 Rn. 6). So ist eine Wiedereinsetzung in eine versäumte Entrichtung der Anmeldegebühr, in die Beschwerdefrist, in die Verlängerung einer Unionsmarke oder in eine Umwandlung möglich – vorausgesetzt die weiteren Anforderungen sind erfüllt – obwohl eine Weiterbehandlung nicht in Betracht kommt.

C. Voraussetzungen

I. Grundsatz

12   Die nachfolgenden Voraussetzungen müssen **allesamt** erfüllt sein, damit eine Wiedereinsetzung in den vorherigen Stand gewährt werden kann. Da die Einhaltung von Fristen zum zwingenden Recht gehört und im öffentlichen Interesse liegt, sind die Voraussetzungen für die Anwendung von Art. 104 Abs. 1 **strikt auszulegen** (EuG T-382/20, GRUR-RS 2021, 8051 Rn. 14, 35 – Besteck (analog); T-557/19, GRUR-RS 2020, 23629 Rn. 34 f. – 7Seven; T-267/11, BeckRS 2012, 81909 Rn. 35 – VR; HABM BK 26.6.2012 – R 1705/2011-1 Rn. 15, 17 – LiftPartners Great parts. Great people; EUIPO Richtlinien, Teil A, Allgemeine Regeln, Abschnitt 8, 1). Sie hängen nicht davon ab, welcher Art der Rechtsverlust ist (HABM BK 24.8.2012 – R 2575/2011-4 Rn. 14 – CLUBLAND IBIZA/CLUBLAND IBIZA).

II. Unmittelbarer Rechtsverlust

13   Nach Art. 104 Abs. 1 ist der Antrag auf Wiedereinsetzung bei der Versäumnis einer Frist zulässig, die den **Verlust eines Rechts** oder eines **Rechtsmittels** zur unmittelbaren Folge hat. Ein unmittelbarer Rechtsverlust soll nach der Praxis des Amtes an die Versäumnis folgender Fristen geknüpft sein:
• Die Versäumnis der Entrichtung der **Anmeldegebühr**. Sie hat zur Folge, dass nicht der Tag, an dem die Anmeldung eingereicht wurde, als Anmeldetag anerkannt wird (EuG T-146/00, GRUR Int 2001, 975 Rn. 55 – DAKOTA).

- Die Versäumnis einer **Stellungnahmefrist bei Beanstandung einer Anmeldung** (Art. 41 Abs. 1 und 4, Art. 42). Es besteht ein Zusammenhang zwischen Fristversäumnis und möglicherweise anschließender Zurückweisung der Anmeldung (Prüfungsrichtlinien des Amtes, Teil A, Allgemeine Regeln, Abschnitt 8, 2.2). In diesem Fall ist aber auch an eine Weiterbehandlung zu denken (→ Art. 105 Rn. 14).
- Die Versäumnis einer **Stellungnahmefrist im zweiseitigen Verfahren** (Widerspruchs-, Nichtigkeit- oder Verfallverfahren), falls das Amt die Stellungnahme nicht nach Art. 95 Abs. 2 berücksichtigt. Der Rechtsverlust soll in der Nichtbeachtung der in der Stellungnahme vorgetragenen Tatsachen und Beweismittel liegen (EUIPO-Prüfungsrichtlinien, Teil A, Allgemeine Regeln, Abschnitt 8, 2.2). Im Falle der Versäumnis von Stellungnahmefristen vor der **Löschungsabteilung** sollte der Säumige alternativ zu einem Antrag auf Wiedereinsetzung einen Antrag auf **Weiterbehandlung** erwägen (→ Art. 105 Rn. 4). Möglich soll eine Wiedereinsetzung auch bei Säumnis der Vorlage von Benutzungsunterlagen im **Verfallverfahren** sein (EuGH C-118/18 P, BeckRS 2018, 16099 Rn. 5, 12 – bittorrent). Einfacher ist aber eine Weiterbehandlung nach Art. 105.
- Die Versäumnis der **Beschwerde-**, der **Beschwerdebegründungsfrist** (vgl. EuG T-83/16, BeckRS 2017, 132280 Rn. 27, 30 – widiba; im Ergebnis bestätigt von EuGH C-685/17 P, BeckRS 2018, 9436 Rn. 4 – widiba; T-580/08, BeckRS 2011, 80898 Rn. 33 – PEPEQUILLO; HABM BK 26.10.2012 – R 1100/2012-5 Rn. 14 – SYMBIOVAG/SYMBIORAM), der rechtzeitigen Zahlung der **Beschwerdegebühr** und jeder sonstigen Versäumnis einer **Stellungnahmefrist im Beschwerdeverfahren**. Anders als bei der Widerspruchsfrist (→ Rn. 8 f.) ist eine Versäumung der Beschwerdefrist also nicht von der Wiedereinsetzung ausgeschlossen (EuG T-277/06, BeckRS 2011, 81351 Rn. 46 – OMNICARE). Zu den Verfahrensregeln in der Beschwerde → Rn. 67 ff.
- Die **Versäumnis der Verlängerungsfrist** (vgl. EUIPO-Prüfungsrichtlinien, Teil A, Allgemeine Regeln, Abschnitt 8, 3.6). Der Rechtsverlust liegt in dem Erlöschen der Unionsmarke. Allerdings dürfte der Verlust nur seitens des Inhabers der Marke nicht bestehen und nicht seitens einer unter Umständen im Sinne des Art. 53 Abs. 1 zur Verlängerung ermächtigten Person. Eine Weiterbehandlung ist nicht möglich → Art. 105 Rn. 24.
- Die Versäumnis der Frist für eine **Umwandlung** der Unionsmarke in nationale Rechte (vgl. HABM BK 14.6.2012 – R 2235/2011-1 Rn. 14 ff. – KA). Eine Weiterbehandlung ist **nicht** möglich → Art. 105 Rn. 27.

Diese Amtspraxis ist mit Blick auf das Erfordernis der **Unmittelbarkeit** des Rechtsverlustes nicht **14** unbedenklich. Die Säumnis einer Stellungnahmefrist hat keinen unmittelbaren Rechtsverlust zur Folge. Der weite Anwendungsbereich der restitutio in Inter-partes-Verfahren ist auch deshalb bedenklich, weil der andere Beteiligte nicht gehört wird und keine Beschwerde gegen die Wiedereinsetzung einreichen kann. Die Tatsache, dass eine Beteiligung der anderen Partei nicht vorgesehen ist, spricht dafür, den Anwendungsbereich der Norm auf die Versäumung von Fristen zu beschränken, die tatsächlich einen unmittelbaren Rechtsverlust zur Folge haben, wie etwa das Nichtbezahlen einer Gebühr (aber → Rn. 8). **Keinen** unmittelbaren **Rechtsverlust** hat die Versäumnis jedenfalls von verfahrensrechtlichen Möglichkeiten der Beteiligten zur Folge, wie die Versäumnis der Verlängerung der **Cooling-off-Frist** (Art. 7 DVUM) oder der **Beantragung einer mündlichen Verhandlung** (Art. 96; eingehend EUIPO-Prüfungsrichtlinien, Teil A, Allgemeine Regeln, Abschnitt 8, 2.2).

Nach den Prüfungsrichtlinien des Amtes soll auch an das Versäumnis der Stellung eines **Antrags** **15** **auf Einreichung von Benutzungsunterlagen** im Widerspruch (Art. 46 Abs. 2) kein unmittelbarer Rechtsverlust geknüpft sein (EUIPO-Prüfungsrichtlinien, Teil A, Allgemeine Regeln, Abschnitt 8, 2.2; Eisenführ/Schennen/Schennen Art. 76 Rn. 50). Das EuG hat in einem Urteil aus dem Jahre 2011 allerdings festgestellt, dass die Versäumnis der Nichtbenutzungseinrede einer Wiedereinsetzung zugänglich ist (EuG T-74/10, BeckRS 2011, 147529 Rn. 26 – FLACO). Da nach der Amtspraxis jedenfalls eine Weiterbehandlung gewährt wird, sollte der Betroffene erwägen, es mit einem Antrag auf Weiterbehandlung innerhalb der dort vorgesehenen **Frist** zu versuchen (→ Art. 105 Rn. 18).

III. Beteiligter des Verfahrens

Es muss sich bei dem Antragsteller um einen **Beteiligten** des Verfahrens handeln, in dem die **16** vorzunehmende Handlung versäumt wurde. Hat der Inhaber einer Unionsmarke beispielsweise versäumt, diese fristgerecht nach **Art. 53 zu verlängern,** so ist grundsätzlich nur der Inhaber Beteiligter des Verfahrens, es sei denn, er hat ausdrücklich einen Dritten zur Verlängerung ermächtigt (EuG T-410/07, BeckRS 2009, 70499 Rn. 16 – JURADO). Der **ausschließliche Lizenz-nehmer** ist ohne eine (vertragliche) ausdrückliche Ermächtigung **nicht berechtigt,** die Unions-marke zu verlängern, und damit nicht Beteiligter des Verlängerungsverfahrens (EuG T-410/07, BeckRS 2009, 70499 Rn. 21, 24 – JURADO). Der Lizenznehmer wird auch nicht dadurch zum Beteiligten, dass er mit dem Amt im Schriftverkehr steht (EuG T-410/07, BeckRS 2009, 70499 Rn. 17 f. – JURADO). Er kann somit keinen Antrag auf Wiedereinsetzung bei Versäumnis der Verlängerung in eigenem Namen stellen (EuG T-557/19, GRUR-RS 2020, 23629 Rn. 37 – 7Seven). Allerdings soll der Lizenznehmer den Antrag auf Wiedereinsetzung **im Namen des Markeninhabers** dann stellen können, falls er hierzu ausdrücklich ermächtigt wurde. Es ist dann bei der Prüfung der weiteren Voraussetzungen einer Wiedereinsetzung denklogisch auf das Verhal-ten des Markeninhabers und nicht auf die Sorgfalt des Lizenznehmers abzustellen (EuG T-557/19, GRUR-RS 2020, 23629 Rn. 32, 38 – 7Seven). Liegt hingegen fristgerecht eine ausdrückliche Ermächtigung eines Dritten seitens des Markeninhabers zur Verlängerung der Unionsmarke vor, so wird der Dritte selbst Beteiligter des Verlängerungsverfahrens mit dem Ergebnis, dass dieser im eigenen Namen Wiedereinsetzung beantragen kann und dann auf dessen Säumnis und gebotene Sorgfalt abzustellen sein wird (EuG T-557/19, GRUR-RS 2020, 23629 Rn. 25 f. – 7Seven).

16.1   Vor dem 1.10.2017 konnte eine Unionsmarke noch bei der Zentralbehörde gewerblichen Rechtsschut-zes eines Mitgliedstaates nach Art. 25 UMV 2009 angemeldet werden, die den Antrag innerhalb von zwei Monaten an das HABM weiterzuleiten hatte, um das Anmeldedatum zu wahren. Wurde die Zweimonats-frist versäumt, so galt als Anmeldedatum nach Art. 25 Abs. 3 das Datum, an dem die Anmeldung das Amt tatsächlich erreichte. Da es sich bei der Versäumung der zweimonatigen Frist nicht um die Säumnis durch eine der Parteien handelte, war diese Frist nicht der Wiedereinsetzung zugänglich. Die Möglichkeit der Anmeldung einer Unionsmarke vor nationalen Behörden ist mit der Reform entfallen. Die vorgenannten Grundsätze gelten aber derzeit noch für die nationale Eingabe eines Gemeinschaftsgeschmacksmusters (Prüfungsrichtlinien des Amtes, Teil A, Allgemeine Regeln, Abschnitt 8, 3.3).

IV. Frist

1. Zwei Monate nach Wegfall des Hindernisses

17   Nach Art. 104 Abs. 2 S. 1 ist der Antrag auf Wiedereinsetzung in den vorherigen Stand innerhalb von **zwei Monaten nach Wegfall des Hindernisses** schriftlich einzureichen.

18   Der Wegfall des Hindernisses iSd Abs. 2 S. 1 tritt in dem Moment ein, in dem der Beteiligte von der Fristversäumnis bzw. den Tatsachen, die zum Fristversäumnis geführt haben, weiß oder hätte wissen müssen (EUIPO-Prüfungsrichtlinien, Teil A, Allgemeine Regeln, Abschnitt 8, 3.6).

19   Es kommt grundsätzlich auf die Kenntnis des am entsprechenden Verfahren Beteiligten an. Dieser kann sich einer Kenntnisnahme nicht dadurch entziehen, in dem er später einen Dritten zur Stellung eines Antrags auf Wiedereinsetzung ermächtigt (EuG T-557/19, GRUR-RS 2020, 23629 Rn. 36 f. – 7Seven; → Rn. 16. Hat der Betroffene einen **Vertreter** bestellt, muss sich der Beteiligte nach Art. 66 DVUM die Kenntnis des Vertreters zurechnen lassen. Relevant ist zum Beispiel, dass der Vertreter vom Amt informiert wurde, und nicht, ob und wann der Vertreter die Information an den Betroffenen weiterleitet (EuGH C-479/09 P, GRUR Int 2011, 258 Rn. 41 – DANELECTRO and QWIK TUNE). Sind mehrere Vertreter bestellt, genügt nach Art. 60 Abs. 2 DVUM die Benachrichtigung eines Vertreters (EuGH C-479/09 P, GRUR Int 2011, 258 Rn. 48 – DANELECTRO and QWIK TUNE).

20   Eine Möglichkeit zur Kenntnisnahme der Fristversäumnis besteht spätestens dann, wenn das Amt den Beteiligten oder seinen Vertreter von dem Fristversäumnis bzw. dem Mangel **schriftlich oder telefonisch informiert** (EuG T-218/06, GRUR Int 2009, 417 Rn. 77 – Neurim Pharma-ceuticals). Das Hindernis ist zB in dem Moment wegegefallen, in dem das Amt den Unionsmarken-inhabers bzw. seine Vertreter darüber informiert, dass die Marke mangels **Verlängerung** gelöscht wird (vgl. EuGH C-479/09 P, GRUR Int 2011, 258 Rn. 36 ff. – DANELECTRO and QWIK TUNE), dass die **Beschwerdeschrift** in der falschen Sprache eingereicht (EuG T-218/06, GRUR Int 2009, 417 Rn. 75 – Neurim Pharmaceuticals) oder die **Beschwerdegebühr** nicht entrichtet wurde (HABM BK 25.9.2011 – R 855/2011-4 Rn. 13 – WOLF/WOLF).

21   Erfährt der Beteiligte bzw. sein Vertreter bereits vor einer Mitteilung des Amtes davon, dass eine Frist versäumt wurde, ist der Tag entscheidend, an dem Kenntnis erlangt wurde und nicht der Tag, an dem die Amtsmitteilung zugegangen ist. **Das Amt ist nicht verpflichtet,** den Betroffenen auf die Fristversäumnis bzw. einen entsprechenden Mangel hinzuweisen (EuG T-218/06, GRUR Int 2009, 417 Rn. 77 – Neurim Pharmaceuticals; T-71/02, GRUR Int 2003, 1013 Rn. 41 – BECKETT EXPRESSION).

Hat der Beteiligte eine Frist aufgrund **Krankheit** versäumt ist, das Hindernis an dem Tag 22
weggefallen, an dem er an seinen Arbeitsplatz zurückkehrt (EuG T-71/02, GRUR Int 2003, 1013
Rn. 38 – BECKETT EXPRESSION; EUIPO-Prüfungsrichtlinien, Teil A, Allgemeine Regeln,
Abschnitt 8, 3.6; aber → Rn. 57).

Der **Hinderungsgrund** muss **kausal für** die **Nichtvornahme der fristgebundenen Hand-** 23
lung sein (HABM BK 26.3.2012 – R 1088/2011-4 Rn. 8 – VERBUND; 20.9.2010 – R 1468/
2009-4 Rn. 12 – DOS/VOSS I). Das heißt, dass die gebotene Handlung bei Hinwegdenken des
Hinderungsgrundes bzw. bei Hinzudenken der ordnungsgemäßen Handlung fristgemäß vorgenommen worden wäre. **Keine Kausalität** liegt beispielsweise **in folgenden Fällen** vor:

- Bei der **fehlerhaften Notierung einer Beschwerdebegründungsfrist** von sechs Monaten
anstatt vier Monaten ab Zustellung der angefochtenen Entscheidung ist in der Regel nicht das
Fristenkontrollsystem ursächlich für die Säumnis. Vielmehr beruht diese auf einem Rechtsirrtum
(→ Rn. 54).
- Ist der Hinderungsgrund, dass der **Säumige eine Frist falsch notiert,** so liegt keine Kausalität
vor, falls selbst die falsch notierte Frist nicht eingehalten wird. In diesem Fall wäre es auch zu
einer Säumnis gekommen, falls die Frist richtig notiert worden wäre. Die gebotene Sorgfalt
umfasst die Einhaltung notierter Fristen generell (HABM BK 20.9.2010 – R 1468/2009-4
Rn. 16 – DOS/VOSS I).
- Ist Hinderungsgrund eine **Störung oder Überlastung eines Faxgerätes,** so fehlt es an einer
Kausalität, falls diese Störung einen Tag vor Fristablauf auftritt und der Beteiligte es unterlässt,
weitere Übermittlungsversuche zu unternehmen. Ursächlich für den verspäteten Zugang ist
dann nicht die vorübergehende Faxstörung, sondern der Umstand, dass es der Vertreter sorgfalts-
widrig unterlassen hat, erneute Übermittlungsversuche in der verbleibenden Frist vorzunehmen
(HABM BK 26.3.2012 – R 1088/2011-4 Rn. 10 f. – VERBUND; ähnlich auch EuG T-666/
14, BeckRS 2015, 81397 Rn. 37 ff. – REEN BEAN). In diesem Fall müsste der Beteiligte
einen Hinderungsgrund für die Veranlassung erneuter Übermittlungsversuche geltend machen.
Das Kommunikationsmittel **Fax** ist allerdings **seit dem 1.3.2021 entfallen** (→ Art. 100
Rn. 16).

2. Maximalfrist ein Jahr

Art. 104 Abs. 2 S. 3 sieht eine **Maximalfrist** von **einem Jahr** nach Ablauf der versäumten 24
Frist vor. Falls das Hindernis iSd Abs. 2 S. 1 also erst ein Jahr nach Fristversäumnis entfällt, ist
keine Wiedereinsetzung in den vorherigen Stand möglich (vgl. EuG T-380/02 und T-128/03,
GRUR Int 2005, 680 Rn. 86 – PAN & CO).

Handelt es sich bei der versäumten Frist um die **Verlängerung** einer Unionsmarke, so wird 25
dem Inhaber ohnehin nach Art. 53 Abs. 3 eine sechsmonatige Nachfrist nach Ablauf der Schutzdauer der Marke gewährt. Diese sechs Monate sind nach Art. 104 Abs. 2 S. 4 in die Maximalfrist
einzurechnen. Nach Ablauf der Nachfrist hat der Anmelder folglich maximal weitere sechs
Monate, um eine Wiedereinsetzung in den vorherigen Stand zu beantragen (EUIPO-Prüfungsrichtlinien, Teil A, Allgemeine Regeln, Abschnitt 8, 3.6).

3. Vorzunehmende Handlungen

Innerhalb der vorgenannten Fristen hat der Betroffene den Antrag auf Wiedereinsetzung zu 26
stellen (→ Rn. 31), den Antrag zu begründen (→ Rn. 33), die Wiedereinsetzungsgebühr zu
entrichten (→ Rn. 27) und die versäumte Handlung (→ Rn. 36) nachzuholen. Andernfalls gilt
der Antrag bei Nichtzahlung der Gebühr als nicht gestellt (Art. 104 Abs. 3 S. 2) oder als unzulässig.

V. Gebühr

Nach Art. 104 Abs. 3 S. 2 gilt der Antrag auf Wiedereinsetzung erst als gestellt, wenn die 27
Wiedereinsetzungsgebühr entrichtet ist (vgl. EuG T-218/06, GRUR Int 2009, 417 Rn. 78 –
Neurim Pharmaceuticals; HABM BK 16.4.2012 – R 2205/2011-4 Rn. 8 – SECUSAFE/SECU;
25.9.2011 – R 855/2011-4 Rn. 15, 17 – WOLF/WOLF). Daraus folgt, dass die Gebühr **innerhalb**
der Frist zur Einreichung des Antrags zu leisten ist (→ Rn. 12 ff.; vgl. HABM BK 16.4.2012 –
R 2205/2011-4 Rn. 8 – SECUSAFE/SECU; 25.9.2011 – R 855/2011-4 Rn. 15 – WOLF/
WOLF). Die Gebühr beläuft sich auch nach der Reform weiterhin auf 200 Euro (→ Anh. I
Rn. 1 ff.).

Nach den Prüfungsrichtlinien des Amtes (Teil A, Allgemeine Regeln, Abschnitt 8, Punkt 3.7) 28
soll es bei **Versäumung mehrerer Fristen** möglich sein, nur einen Antrag auf Wiedereinsetzung

zu stellen und die entsprechende Gebühr nur einmal zu bezahlen, falls die folgenden Voraussetzungen kumulativ erfüllt sind: (i) der Antragsteller ist Inhaber aller betroffenen Rechte, (ii) es handelt sich um Rechte derselben „Art" (UMVs oder GMVs), (iii) die versäumte Frist ist dieselbe und (iv) die Säumnis ist auf dieselben Umstände zurückzuführen. Diese Voraussetzungen werden im Ausnahmefall erfüllt sein, zB bei Versäumnis der **Verlängerung** der Eintragung mehrerer Unionsmarken eines Inhabers, die am selben Tag nach Art. 52 und Art. 53 verfallen. Es ist zweifelhaft, auf welcher Rechtsgrundlage diese nutzerfreundliche Ausnahme des Amtes beruht. Zudem ist aus den Richtlinien nicht klar, ob es eines gemeinsamen Antrags bedarf und inwiefern unterschiedliche Sprachregelungen eine Rolle spielen (→ Rn. 32).

29   Das Amt ist nicht verpflichtet, den Antragsteller darauf hinzuweisen, dass die Entrichtung der Wiedereinsetzungsgebühr aussteht (HABM BK 25.9.2011 − R 855/2011-4 Rn. 16 − WOLF/WOLF).

30   Die Gebühr wird erstattet, falls der Antrag aufgrund verspäteter oder unzureichender Zahlung der Gebühr als nicht gestellt gilt. Auch wird die Gebühr erstattet, falls der Antrag nicht statthaft ist, weil er im Hinblick auf eine der Fristen eingereicht wurde, die von der Wiedereinsetzung ausgeschlossen sind. Wird die Gebühr bei Antrag auf Wiedereinsetzung innerhalb eines Beschwerdeverfahrens vor den Beschwerdekammern nicht bezahlt, informiert der Geschäftsstellenleiter den Antragsteller, dass der Antrag als nicht eingelegt gilt (Art. 47 Abs. 2 EUIPO-BKVfO; → Rn. 67). Gilt der Antrag indes als gestellt, ist er aber unzulässig oder unbegründet, wird die Gebühr nicht erstattet (EUIPO-Richtlinien, Teil A, Allgemeine Regeln, Abschnitt 8, 3.7). In einigen Entscheidungen des Prüfers und der Beschwerdekammer wird ein Antrag bisweilen als unzulässig zurückgewiesen, obwohl die Gebühr ebenfalls mit dem Antrag verspätet gezahlt wurde. In einem solchen Fall dürfte ein Verfahrensfehler seitens des Amtes bestehen, so dass der Antragsteller erwägen sollte, Beschwerde gegen die Zurückweisung als unzulässig einzureichen und eine Feststellung dahingehend zu verlangen, dass der Wiedereinsetzungsantrags als nicht gestellt gilt, die Gebühr für die Wiedereinsetzung nach Abs. 3 zurückzuzahlen ist (→ Art. 108 Rn. 11) und die Beschwerdegebühr nach Art. 33 lit. d DVUM zu erstatten ist (→ Art. 108 Rn. 22).

VI. Begründeter Antrag

31   Eine Wiedereinsetzung wird nur auf Antrag gewährt. Der Antrag auf Wiedereinsetzung muss nach Art. 104 Abs. 2 S. 1 **schriftlich und fristgerecht** (→ Rn. 17 ff.) gestellt werden. Er sollte alle relevanten Daten enthalten (Identität des Antragstellers, Angaben zum Ausgangsverfahren usw.) und **unterschrieben** sein. Zu gemeinsamen Anträgen bei Versäumung von parallelen Fristen (→ Rn. 28).

32   Der Antrag ist in der **Sprache** des Ausgangsverfahrens zu stellen: im Eintragungsverfahren also die erste oder zweite Sprache, die in der Anmeldung angegeben wurde; im Widerspruchsverfahren, die Sprache des Widerspruchs und im Verlängerungsverfahren eine der 5 Sprachen des Amtes (Art. 146 Abs. 2). Für die Beschwerde stellt Art. 47 Abs. 1 EUIPO-BKVfO klar, dass der Antrag in der Sprache des Beschwerdeverfahrens zu stellen ist (→ Rn. 67). Bei Verwendung einer falschen Sprache bzw. fehlender, fristgerechter Übersetzung ist der Antrag unzulässig (EUIPO-Prüfungsrichtlinien, Teil A, Allgemeine Regeln, Abschnitt 8, 3.8).

33   Der Antrag muss nach Art. 104 Abs. 3 S. 1 **begründet** werden. Der Antragsteller sollte detailliert darlegen, inwiefern er die ihm gebotene Sorgfalt beachtet hat, insbesondere welche Maßnahmen er getroffen hat und weshalb es dennoch zur Fristversäumnis gekommen ist. Er sollte darlegen, weshalb die Umstände, die zum Fristverlust geführt haben, außergewöhnliche und somit nicht kraft Erfahrung vorhersehbare Ereignisse sind (EuG T-271/09, GRUR Int 2012, 360 Rn. 61 − Romuald Prinz Sobieski zu Schwarzenberg; HABM BK 26.10.2012 − R 1100/2012-5 Rn. 17 − SYMBIOVAG/SYMBIORAM; → Rn. 37 ff.).

34   Die zur Begründung dienenden Tatsachen sind **glaubhaft** zu machen. Soweit möglich, sollten zur Glaubhaftmachung Beweise vorgelegt werden (Art. 97), wie zB Erklärungen der Beteiligten für die Einhaltung der gebotenen Sorgfalt (EUIPO-Prüfungsrichtlinien, Teil A, Allgemeine Regeln, Abschnitt 8, 3.9). Eine **eidesstattliche Versicherung** des Vertreters ist zur Glaubhaftmachung der Tatsachen, anders als im deutschen Recht, regelmäßig **nicht** ausreichend (→ Art. 97 Rn. 69 ff.). Sie ist ggf. durch weitere Beweismittel (zB Erklärungen Dritter, Faxberichte, Kurierbestätigungen) zu ergänzen (EuG T-585/13, BeckRS 2015, 80857 Rn. 27 − Gauff JBG Ingenieure). Andererseits ist kann eine solche eidesstattliche Erklärung nicht grundsätzlich als unglaubhaft gelten und einen tragfähigen Beweis darstellen, falls diese eindeutig, widerspruchsfrei und schlüssig ist, wenn es keine Tatsache gibt, die ihre Echtheit in Frage stellt, und wenn ergänzende Nachweise vernünftigerweise nicht verfügbar sind. So hat das EuG eine eidesstattliche Erklärung eines Anwaltes und seiner Frau zum Nachweis einer Krankheit als glaubhaft bewertet (EuG T-3/20, GRUR-RS 2020, 35153 Rn. 55 f., Rn. 59 – Canoleum).

Daneben sollte der Antragsteller darauf achten, dass der geltend gemachte Hinderungsgrund **35** tatsächlich **kausal** für die Säumnis ist (→ Rn. 23). Häufig fehlt es den Anträgen an einer plausiblen Begründung (vgl. EuG T-314/10, BeckRS 2012, 81793 Rn. 23 – COOK's; HABM BK 8.3.2012 – R 2602/2011-1 Rn. 19 ff. – ECO Investors). Fehlt es überhaupt an einer Begründung wird der Antrag als unzulässig zurückgewiesen (EUIPO-Prüfungsrichtlinien, Teil A, Allgemeine Regeln, Abschnitt 8, 3.9).

VII. Nachholung der versäumten Handlung

Die versäumte Handlung muss innerhalb der Frist zur Wiedereinsetzung nachgeholt werden. **36** Ist zB versäumt worden, die **Beschwerdebegründung** fristgerecht einzureichen, muss diese innerhalb der Frist zur Wiedereinsetzung nachgereicht werden (HABM BK 26.3.2012 – R 1088/2011-4 Rn. 10 f. – VERBUND; 12.3.2012 – R 1302/2011-4 Rn. 8 – DER CHECKER; → Rn. 68). Bei Versäumen einer **Verlängerung** ist die Verlängerungsgebühr für alle Klassen, sowie ggf. ein 10% Aufschlag nach Art. 180 Abs. 3 oder ein Aufschlag von 25% zu zahlen. Insbesondere bei einem Antrag auf Widereinsetzung bei einer versäumten Verlängerung sollte der Antragsteller klarstellen, in welche Frist er eine Wiedereinsetzung verlangt: in die gewöhnliche Verlängerungsfrist (Art. 52), die Frist zur Zahlung des 10% Aufschlags (Art. 180 Abs. 3) oder in die Nachfrist (Art. 53 Abs. 3). Es genügt nicht, nur den Antrag auf Wiedereinsetzung fristgerecht zu stellen und die versäumte Handlung zu einem späteren, außerhalb der Frist liegenden Zeitpunkt vorzunehmen. Fehlt es an einer Nachholung der versäumten Handlung, wird der Antrag als unzulässig zurückgewiesen (EUIPO-Prüfungsrichtlinien, Teil A, Allgemeine Regeln, Abschnitt 8, 3.9).

VIII. Einhaltung der gebotenen Sorgfalt

1. Inhalt und Umfang allgemein

Ein Antrag auf Wiedereinsetzung ist nur begründet, falls der Antragsteller eine Handlung trotz **37** Einhaltung der gebotenen Sorgfalt versäumt hat (Art. 104 Abs. 1). Das Amt geht von einem **äußerst hohen Sorgfaltsmaßstab** aus. Falls ein Antrag auf Wiedereinsetzung nicht bereits an den vorgenannten Voraussetzungen scheitert, so scheitert er in der Regel daran, dass die gebotene Sorgfalt nicht eingehalten wurde.

Eine Wiedereinsetzung wird nur **ausnahmsweise** gewährt, falls die Umstände, die zur Ver- **38** säumnis geführt haben, **außergewöhnliche und somit nicht kraft Erfahrung vorhersehbare Ereignisse** sind (EuG T-271/09, GRUR Int 2012, 360 Rn. 61 – Romuald Prinz Sobieski zu Schwarzenberg; T-397/10, BeckRS 2011, 81490 Rn. 27 – A; T-136/08, BeckRS 2009, 70588 Rn. 26, 28 – AURELIA). Die Umstände müssen **unabhängig vom Willen** des Säumigen sein (EUIPO-Prüfungsrichtlinien, Teil A, Allgemeine Regeln, Abschnitt 8, 2 → Rn. 2; vgl. HABM BK 26.6.2012 – R 1705/2011-1 Rn. 1175 – LiftPartners Great parts. Great people). Der Fehler muss **entschuldbar** sein (HABM BK 26.6.2012 – R 1705/2011-1 Rn. 1715 – LiftPartners Great parts. Great people). Der Betroffene ist verpflichtet, sich gegen die Folgen ungewöhnlicher Ereignisse zu wappnen, indem er, ohne übermäßige Opfer zu bringen, geeignete Maßnahmen trifft (HABM BK 26.6.2012 – R 1705/2011-1 Rn. 19 – LiftPartners Great parts. Great people). Die Sorgfaltspflicht enthält nach der Rechtsprechung ein **subjektives Merkmal**, das mit der Verpflichtung des gutgläubigen Rechtsbürgers zusammenhängt, die höchste Wachsamkeit und Sorgfalt walten zu lassen, die von einem Wirtschaftsteilnehmern mit normalem Kenntnisstand verlangt werden kann, um den Ablauf des Verfahrens zu überwachen und die vorgesehenen Fristen zu wahren (EuG T-666/14, BeckRS 2015, 81397 Rn. 37 ff. – REEN BEAN; T-61/13, BeckRS 2014, 80921 Rn. 38 – NUEVA).

Der **Umfang** der Sorgfaltspflicht hängt nicht davon ab, ob die durchzuführenden Aufgaben **39** administrativer oder rechtlicher Art sind. Der Maßstab kann etwa bei einer Anmeldung einer Marke nicht höher sein als bei einer Verlängerung. Art. 104 Abs. 1 sieht keine Abgrenzung nach der Art der vorzunehmenden Handlung vor, sondern stellt auf die „gegebenen Umstände" ab (vgl. hierzu EuG T-136/08, BeckRS 2009, 70588 Rn. 20 – AURELIA). Der Umfang der Sorgfaltspflicht hängt auch nicht davon ab, welcher **Art der Rechtsverlust** ist (HABM BK 24.8.2012 – R 2575/2011-4 Rn. 14 – CLUBLAND IBIZA/CLUBLAND IBIZA).

2. Vertreter

40   Die Sorgfaltspflicht obliegt in erster Linie dem **Inhaber** des im Verfahren vor dem Amt betroffenen Rechts. **Delegiert** er seine Aufgabe an ausgewählte Personen, muss er diese sorgfältig aussuchen. Sie müssen die gebotenen Garantien bieten, um annehmen zu können, dass die genannten Aufgaben ordnungsgemäß durchgeführt werden (EuG T-326/11, BeckRS 2012, 80784 Rn. 37 – Brainlab; T-397/10, BeckRS 2011, 81490 Rn. 25 – A; T-136/08, BeckRS 2009, 70588 Rn. 14 – AURELIA).

41   Ob es dem **Rechtsinhaber** obliegt, trotz Delegierung weiterhin sich in einem gewissen Maße nach dem Verfahrensstand zu erkundigen und das ordnungsgemäße Handeln des Vertreters zu überprüfen (so etwa HABM BK 8.3.2012 – R 2602/2011-1 Rn. 28 – ECO Investors) kann nach dem EuG dahinstehen. Der Rechtsinhaber und sein Vertreter bilden eine Einheit. Ob neben dem Vertreter auch der Rechtsinhaber haftbar ist, kann allenfalls im Innenverhältnis eine Rolle spielen (vgl. analog EuG T-382/20, GRUR-RS 2021, 8051 Rn. 36 ff. – Besteck).

42   Eine Sorgfaltspflichtverletzung eines **Vertreters** bzw. eines **Beauftragten** wird dem Inhaber des im Verfahren betroffenen Rechts **zugerechnet,** das heißt, die Handlungen werden als Handlungen des Rechtsinhabers selbst angesehen (EuG T-83/16, BeckRS 2017, 132280 Rn. 28 – widiba; im Ergebnis bestätigt durch EuGH C-685/17 P, BeckRS 2018, 9436; T-397/10, BeckRS 2011, 81490 Rn. 25 – A; T-136/08, BeckRS 2009, 70588 Rn. 15 – AURELIA). Ihm obliegt die Sorgfaltspflicht genauso wie dem Inhaber, da die ausgesuchte Person im Namen und für Rechnung des Rechtsinhabers auftritt (EuG T-326/11, BeckRS 2012, 80784 Rn. 38 – Brainlab; T-397/10, BeckRS 2011, 81490 Rn. 25 – A; T-136/08, BeckRS 2009, 70588 Rn. 15 – AURELIA).

43   Bestellt der Beauftragte wiederum weitere Personen, so obliegt die Sorgfaltspflicht dem Rechtsinhaber selbst, dem von ihm Beauftragten und dem Unterbeauftragten (EuG T-267/11, BeckRS 2012, 81909 Rn. 21 – VR). In diesem Fall müssen **alle Personen in der Kette** die gebotene Sorgfalt einhalten. Hält der Betroffene die ihm gebotene Sorgfalt in der Auswahl und Überwachung des Beauftragten ein, exkulpiert ihn das nicht, falls der Vertreter oder Untervertreter die wiederum ihnen gebotene Sorgfalt verletzen (EuG T-267/11, BeckRS 2012, 81909 Rn. 38 ff. – VR). Der Betroffene, der Vertreter und etwaige Untervertreter bilden **eine Einheit** (EuG T-267/11, BeckRS 2012, 81909 Rn. 40 – VR).

44   Delegiert eine vertretene Kanzlei die vorzunehmende Aufgabe weiter an Angestellte, so wird auch eine Sorgfaltspflichtverletzung durch die Angestellten dem Rechtsinhaber zugerechnet. Eine **Exkulpation** dahingehend, dass die Arbeitnehmer sorgfältig ausgewählt und überprüft werden, wird **nur im Ausnamefall akzeptiert** (→ Rn. 50).

45   Das nicht rechtzeitige Erhalten von Weisungen seitens des Mandanten entschuldigt eine Fristversäumnis grundsätzlich nicht. In der Regel liegt entweder ein Organisationsverschulden beim Vertreter oder eine Nichteinhaltung der Sorgfaltspflicht des Mandanten vor.

3. Fristenkontrolle

46   Hohe Anforderungen stellt das Amt an Fristenkontrollsysteme (EuGH C-685/17 P, BeckRS 2018, 9436 Rn. 4 – widiba; EuG T-382/20, GRUR-RS 2021, 8051 Rn. 23 ff. – Besteck; T-271/09, GRUR Int 2012, 360 Rn. 60 – Romuald Prinz Sobieski zu Schwarzenberg).

47   Wird ein **Computersystem** zur Erinnerung an die Fristen eingesetzt, erfordert die nach den gegebenen Umständen gebotene Sorgfalt (EuG T-397/10, BeckRS 2011, 81490 Rn. 28 – A; T-136/08, BeckRS 2009, 70588 Rn. 27 – AURELIA), dass
- die allgemeine Konzeption des Systems die Einhaltung der Fristen gewährleistet (→ Rn. 48),
- dieses System die Möglichkeit bietet, **jeden vorhersehbaren Fehler** bei der Ausübung der den Beschäftigten obliegenden Aufgaben und bei der Arbeit des Computersystems **zu erkennen und zu beheben** (→ Rn. 49), und
- die für die Erfassung der erforderlichen Daten und die Anwendung des genannten Systems verantwortlichen Beschäftigten angemessen ausgebildet sind, ihre Tätigkeiten überprüfen müssen und kontrolliert werden (→ Rn. 50 ff.).

48   Das System ist zB nicht geeignet, die Einhaltung von Fristen zu gewährleisten, falls es den Anwalt erst **einen Tag vor Fristablauf** erinnert (HABM BK 8.3.2012 – R 2602/2011-1 Rn. 22 – ECO Investors). Auch sollte das Computersystem kontrollieren, ob die **Zahlung von Gebühren** fristgerecht erfolgt ist (→ Rn. 67).

49   Bei der **Verstümmlung** und dem **Verlust von Daten** handelt es sich um einen vorhersehbaren Fehler, der bei jedem Computersystem auftreten kann (EuG T-267/11, BeckRS 2012, 81909 Rn. 26 – VR). Die unterlassene Behebung eines Defekts des Computersystems, durch den zB die Versendung von Erinnerungsemails ausbleibt, stellt einen Verstoß gegen die Sorgfaltspflicht dar. Es handelt sich um kein Computersystem, das die Möglichkeit bietet, jeden vorhersehbaren Fehler in der Funktionsweise des Systems zu erkennen und zu beheben (EuG T-267/11, BeckRS 2012, 81909 Rn. 27 – VR). Die Behebung des Defekts kann insbesondere durch ein paralleles Erinnerungssystem oder durch regelmäßige Kontrollen erfolgen (EuG T-267/11, BeckRS 2012, 81909 Rn. 26, 32 – VR).

Die Rechtsprechung geht davon aus, dass **menschliche Fehler** auch von qualifizierten Mitar- **50** beitern niemals auszuschließen sind. Menschliche Fehler sind bei der technischen Verwaltung von Fristen erfahrungsgemäß nicht außergewöhnliche oder unvorhersehbare Ereignisse (EuG T-267/11, BeckRS 2012, 81909 Rn. 24 – VR; T-136/08, BeckRS 2009, 70588 Rn. 28 – AURELIA). Man darf sich nicht darauf verlassen, dass die Fristüberwachung, bei Einsatz eines Computersystems, lediglich durch eine einzige Person in jedem Fall immer korrekt erfolgt (EuG T-397/10, BeckRS 2011, 81490 Rn. 29 – A). Die Fristenkontrolle durch einen Beschäftigen muss daher von einer **aufsichtführenden Person** kontrolliert werden (EuG T-397/10, BeckRS 2011, 81490 Rn. 29 – A; vgl. HABM BK 30.6.2016 – R 2325/2015-4 – VINYL STEP; 25.2.2015 – R 241/2015-5 Rn. 14 – DREAM DEVELOPMENT; 26.10.2012 – R 1100/2012-5 Rn. 17 – SYMBIOVAG/SYMBIORAM). Ein **doppeltes** internes **Fristenkontrollsystem** ist grundsätzlich **ausreichend** (EuG T-326/11, BeckRS 2012, 80784 Rn. 43 – Brainlab; HABM BK 12.3.2012 – R 1302/2011-4 Rn. 9 – DER CHECKER). Allerdings gilt dies nur, falls diese doppelte Kontrolle **zusätzlich** zu einem Computersystem besteht. Eine menschliche – selbst doppelte Kontrolle – ohne technische Kontrolle soll nicht ausreichen (analog EuG T-382/20, GRUR-RS 2021, 8051 Rn. 23 ff. – Besteck).

Bei einer Fristversäumnis aufgrund **Versagens des Fristkontrollsystems** sollte der Betroffene **51** detailliert darlegen, wer die Fristen wie notiert und dass die Notierung routinemäßig von einer aufsichtsführenden Person, zB einem Anwalt, kontrolliert wird. Es muss aus dem Vortrag hervorgehen, dass tatsächlich eine doppelte Fristenkontrolle neben dem technischen System erfolgt (vgl. zur Darlegungspflicht EuGH C-685/17 P, BeckRS 2018, 9436 Rn. 4.9 – widiba; HABM BK 8.3.2012 – R 2602/2011-1 Rn. 19 – ECO Investors). Auch sollte dargelegt werden, nach welchen Maßstäben und Abständen Wiedervorlagen erfolgen (HABM BK 8.3.2012 – R 2602/2011-1 Rn. 23 – ECO Investors). Als Nachweis können zB eine eidesstattliche Versicherung der Person, die die Frist notiert und der, die die Frist überwacht, sowie Auszüge aus dem Fristenbuch dienen (vgl. HABM BK 12.3.2012 – R 1302/2011-4 Rn. 6, 9 – DER CHECKER). Das System ist nicht ausreichend, falls bestimmte Fristen überhaupt nicht notiert werden und das System diese fehlende Notierung nicht identifiziert (EuG T-382/20, GRUR-RS 2021, 8051 Rn. 23 ff. – Besteck).

Hat eine **elektronische Mitteilung** (bis zum 1.3.2021 einschließlich Fax) das Amt nicht **52** erreicht, hat der Säumige nachzuweisen, dass er die ordnungsgemäße Versendung am Tag der Versendung überprüft hat. Er muss am darauffolgenden Tag außerdem prüfen, dass das Schreiben auch tatsächlich beim Amt eingegangen ist (eingehend EuG T-703/15, BeckRS 2016, 112503 Rn. 70 – GO SPORT).

Das Amt und das Gericht **prüfen** bisweilen, ob der Betroffene bzw. dessen Vertreter auch in **53** parallelen Verfahren Probleme mit der Einhaltung von Fristen hatte. Falls ja, spricht dies dafür, dass das Fristkontrollsystem nicht ausreichend bzw. die interne Organisation unzulänglich ist (vgl. EuG T-187/08, BeckRS 2010, 91181 Rn. 33 – Hund).

4. Rechtsirrtümer

Ein Rechtsirrtum kann grundsätzlich **nicht** zur Wiedereinsetzung führen, selbst falls er auf **54** einer Mitteilung des Amtes beruht (vgl. EuG T-61/13, BeckRS 2014, 80921 Rn. 37 ff. – NUEVA; HABM BK 12.3.2011 – R 1302/2011-4 Rn. 14 f. – DER CHECKER). Geht der Betroffene beispielsweise davon aus, dass die Frist zur Einreichung einer Beschwerdebegründung mehr als vier Monate nach Einreichung der Beschwerde beträgt, oder, dass die Frist erst ab der Einreichung der Beschwerdeschrift zu berechnen ist, so beruht die Säumnis auf einem Rechtsirrtum, der grundsätzlich nicht entschuldbar ist (HABM BK 12.3.2012 – R 1302/2011-4 Rn. 10, 12 ff. – DER CHECKER). In diesen Fällen ist nicht das Fristenkontrollsystem kausal für die Fristversäumnis, sondern die unzutreffende Fristberechnung (→ Rn. 23 f.). Gleiches gilt für andere Irrtümer hinsichtlich der Länge einer Frist oder ihrer Berechnung (vgl. HABM BK 14.6.2012 – R 2235/2011-1 Rn. 16 ff. – KA hinsichtlich einer Umwandlung).

5. Arbeitsbelastung

55   Eine **vorübergehende übermäßige Arbeitsbelastung** ist grundsätzlich kein unvorhersehbares Ereignis. Es liegt regelmäßig ein Fehler in der Organisation des Betroffenen oder seiner Vertreter vor (EuG T-187/08, BeckRS 2010, 91181 Rn. 34 – Hund; T-146/00, GRUR Int 2001, 975 Rn. 62 – DAKOTA).

56   Auch ein **Umzug** und ein infolgedessen nicht funktionierendes Kommunikationssystem sind an sich keine unvorhersehbaren und überraschenden Ereignisse. Der Betroffene hat Vorkehrungen zu treffen, die eine Einhaltung der Fristen gewährleisten (HABM BK 26.10.2012 – R 1100/2012-5 Rn. 18 – SYMBIOVAG/SYMBIORAM).

6. Krankheit und anderweitige Abwesenheit

57   Plötzliche Krankheit des Betroffenen oder seiner Vertreter kann im Ausnahmefall ein unvorhersehbarer Umstand sein, der ein Versäumnis rechtfertigt (vgl. EuG T-3/20, GRUR-RS 2020, 35153 Rn. 50 ff. – Canoleum; T-71/02, GRUR Int 2003, 1013 Rn. 38 – BECKETT EXPRESSION; → Rn. 22 f.). In der Regel hat sich ein Betrieb aber so zu organisieren, dass bei Krankheit für eine Vertretung gesorgt ist (vgl. HABM BK 11.11.2014 – R 1995/2013-2 Rn. 22 ff. – LIGHT live hûgo (FIG. MARK)/ST. HUGO; 20.6.2012 – R 0665/2012-1 Rn. 14 – Lipsy/LISSY). Die pauschale Berufung auf Krankheit genügt für eine Rechtfertigung nicht. Es sollte detailliert dargelegt werden, weshalb der Umstand unvorhersehbar war und die Aufgabe nicht von jemand anderen übernommen werden konnte. Zudem ist das Vorliegen der Krankheit selbst ausreichend glaubhaft zu machen (→ Rn. 34). Entsprechendes gilt für Abwesenheit aus anderen Gründen (zB **Urlaub**).

7. Abweichende Maßstäbe im nationalen Recht

58   Der Betroffene kann sich grundsätzlich nicht darauf berufen, dass nationale Ämter oder Gerichte einen anderen Sorgfaltsmaßstab anwenden. Die Unionsregelung für Marken ist ein autonomes System und die Rechtmäßigkeit der Entscheidungen des Amtes ist ausschließlich auf Grundlage der UMV in der Auslegung durch den Unionsrichter zu überprüfen (EuGH C-479/09 P, GRUR Int 2011, 258 Rn. 49 – DANELECTRO and QWIK TUNE; EuG T-136/08, BeckRS 2009, 70588 Rn. 16 – AURELIA).

8. Kurierdienste, Post und Fax

59   Die gebotene **Sorgfalt** gilt als **eingehalten,** falls der Säumige **rechtzeitig** einen **Kurierdienst** beauftragt hat und davon ausgehen durfte, dass die Sendung das Amt rechtzeitig erreicht. Von einer rechtzeitigen Sendung darf der Betroffene grundsätzlich ausgehen, falls ihm dies vom Kurierunternehmen zugesichert wird (vgl. EuG T-580/08, BeckRS 2011, 80898 Rn. 38 – PEPEQUILLO; anders allerdings EuG T-174/17, BeckRS 2017, 132059 Rn. 17 – FROM SWEDEN, nach diesem Urteil muss eine Postsendung an das Gericht unmittelbar nach der Versendung eines Faxes erfolgen).

60   Das EuG geht davon aus, dass die Beauftragung eines Kurierunternehmens noch **einen Tag vor Ablauf der Frist** ausreichen kann, falls dieses **versichert,** dass die Sendung am nächsten Morgen bis 10:00 Uhr eintrifft (vgl. EuG T-580/08, BeckRS 2011, 80898 Rn. 33 ff. – PEPEQUILLO; aA Eisenführ/Schennen/Schennen Art. 81 Rn. 39). In diesem Fall obliegt es dem Sender nicht, sich nach dem Stand der Sendung zu erkundigen (vgl. EuG BeckRS 2011, 80898 Rn. 37 – PEPEQUILLO). Eine alternative Übermittlung per Fax ist nicht vorgeschrieben (vgl. EuG T-580/08, BeckRS 2011, 80898 Rn. 39 – PEPEQUILLO).

61   Auch die **rechtzeitige Versendung per Post** kann ausreichen. So genügt die Versendung einer Beschwerdebegründung aus Deutschland **zwei Wochen** vor Fristablauf (HABM BK 25.6.2012 – R 1928/2011-4 Rn. 19 – SUN PARK HOLIDAYS/SUNPARKS; bestätigt durch EuG T-383/12, BeckRS 2014, 81677, Frage der Wiedereinsetzung war aber nicht Gegenstand des Verfahrens). Der Säumige muss nicht damit rechnen, dass der Postkasten nicht geleert wird. Er muss die Sendung unter Umständen auch beobachten (keine Beobachtung: HABM BK 25.6.2012 – R 1928/2011-4 Rn. 23 – SUN PARK HOLIDAYS/SUNPARKS; bestätigt durch EuG T-383/12, BeckRS 2014, 81677, Frage der Wiedereinsetzung war aber nicht Gegenstand des Verfahrens; Kontrolle nach drei bis fünf Tagen zwingend: EuG T-276/20, GRUR-RS 2021, 302 Rn. 34 – air freshner). Problematisch kann aber eine Versendung **kurz vor Fristablauf** sein (HABM BK 25.6.2012 – R 1928/2011-4 Rn. 19 – SUN PARK HOLIDAYS/SUNPARKS; Schennen schlägt als Faustregel acht Tage vor Fristablauf vor in Eisenführ Rn. 28). Eine **Glaub-**

haftmachung durch die Person, die den Brief in den Postkasten eingeworfen hat, kann ausreichen (HABM BK 25.6.2012 – R 1928/2011-4 Rn. 16 – SUN PARK HOLIDAYS/SUNPARKS; bestätigt durch EuG T-383/12, BeckRS 2014, 81677, Frage der Wiedereinsetzung war aber nicht Gegenstand des Verfahrens). Allerdings muss der **Versender nachweisen,** dass es sich bei der Verspätung des Postdienstes um einen **außergewöhnlichen** Umstand handelt. Im Falle „Dry Zone" hatte die Klägerin nicht nachgewiesen, dass ein Brief aus Portugal das Amt innerhalb von **sieben Tagen** normalerweise erreicht und damit eine Zustellung nach **acht Tagen** als ungewöhnlich einzustufen ist (EuG T-488/17, BeckRS 2018, 22300 Rn. 45 – Dry Zone). Auch im Design Fall „Air Freshner" (EuG T-276/20, GRUR-RS 2021, 302 Rn. 34) ging die Wahl des unsicheren Kommunikationsmittels der postalischen Zustellung zu Lasten des Beteiligten vor dem Amt.

In der Sache R 2808/2014-5 – FORTUNE (FIG. MARK)/FORTUNE hatte die Post eine **62** erstinstanzliche Entscheidung fälschlicherweise einem Dritten zugestellt, so dass der Anmelder erst nach Ablauf der Beschwerdefrist Kenntnis erlangte. Die Kammer gewährte eine Wiedereinsetzung. Richtigerweise ist die Beschwerde allerdings schon gar nicht als verfristet zu betrachten, da die Beschwerdefrist nach Art. 68 erst mit Zustellung der erstinstanzlichen Entscheidung beginnt.

Wurde eine Stellungnahme an das Amt via Fax übermittelt, war es kein ungewöhnlicher **63** Umstand, dass das Faxgerät besetzt war. Drei Übermittlungsversuche innerhalb von zwei Stunden waren nicht ausreichend, um die gebührende Sorgfalt einzuhalten (EuG T-488/17, BeckRS 2018, 22300 Rn. 44 – Dry Zone). Das **Kommunikationsmittel** Fax ist **zum 1.3.2021 entfallen** (→ Art. 100 Rn. 16).

9. Amtsfehler/technische Fehler

Die Sorgfaltspflicht gilt eingehalten, falls die Säumnis auf einen Fehler des Amtes zurückzufüh- **64** ren ist. Stellt das Amt ein Schreiben etwa einem Beteiligten zu, obwohl dieser einen Vertreter bestellt hat, so geht eine Fristversäumnis durch den Beteiligten, weil dieser nicht sofort seine Vertreter informierte, grundsätzlich auf den Fehler des Amtes zurück (EuG T-326/11, BeckRS 2012, 80784 Rn. 35 ff. – Brainlab). Das Amt muss in diesem Fall selbst Servicemitteilungen, wie der anstehende Auslauf der Schutzdauer einer Marke, den Vertretern zustellen (Art. 60 DVUM). Allerdings muss der Amtsfehler tatsächlich kausal für die Fristversäumnis sein (vgl. HABM BK 16.6.2012 – R 1569/2011-2 Rn. 17 ff. – Planio/planio).

Zum 1.3.2021 wurde das **Fax** als Kommunikationsmittel **abgeschafft.** Übermittlungen sind **65** nur noch per Post bzw. Kurier oder online über die User Area möglich. Bei technischen Störungen sieht das Amt zwei Backup-Optionen über die User Area und die Webseite des Amtes vor (→ Art. 100 Rn. 26). In dem **extrem unwahrscheinlichen** Fall, dass diese ebenfalls nicht zur Verfügung stehen und der Beteiligte alles vergeblich versucht hat, sein Schreiben elektronisch zu ermitteln, kommt eine Wiedereinsetzung in den vorigen Stand für die - aufgrund der technischen Störung - versäumte Frist in Betracht. Allerdings wird der Antragsteller nachzuweisen haben, dass tatsächlich eine Störung bestand und er alles ihm Mögliche versucht hat, seine Stellungnahme zeitgemäß zu übermitteln.

10. Höhere Gewalt

Eine Wiedereinsetzung wird grundsätzlich gewährt, falls die Fristversäumnis auf einen Umstand **66** **höherer Gewalt** beruht. Der Begriff der höheren Gewalt bezieht sich auf sachfremde Umstände, die es unmöglich machen, die entsprechende Handlung vorzunehmen (HABM BK 26.6.2012 – R 1705/2011-1 Rn. 18 – LiftPartners Great parts. Great people). So sind ein Brand und damit der Ausfall eines Faxgerätes höhere Gewalt. Dennoch muss auch im Falle höherer Gewalt die subjektive Sorgfalt eingehalten werden (EuG T-174/17, BeckRS 2017, 132059 Rn. 17 – FROM SWEDEN). Daran fehlt es, falls ein Vertreter erst sieben Monate nach dem Zustellungsversuch des Amtes und dem Brand eines Faxgerätes feststellt, dass er die Entscheidung nicht erhalten hat. Dem Vertreter hätte es oblegen, sich nach dem Brand mit dem Amt in Verbindung zu setzen, um zu prüfen, ob in diesem Zeitpunkt Dokumente zugestellt wurden (EuG T-666/14, BeckRS 2015, 81397 Rn. 37 ff. – REEN BEAN).

11. Überweisung von Gebühren

Bei Veranlassung einer Überweisung ist zu überprüfen, dass diese von der Bank auch tatsächlich **67** ausgeführt wurde. Zudem ist eine solche Überprüfung in ein elektronisches Fristkontrollsystem einzubeziehen. Dies gilt insbesondere bei einer so bedeutsamen Frist wie der Verlängerung der Eintragung einer Marke nach Art. 53. Zudem kann sich der Säumige nicht auf eine rechtzeitige

Anweisung der Bank Art. 180 Abs. 3 berufen, falls die Zahlung dem Bankkonto des Amtes nicht gutgeschrieben wurde (EuG T-732/20, GRUR-RS 2021, 29982 Rn. 31 f., Rn. 40 – CRYSTAL).

D. Verfahrensregeln vor der Beschwerde

68   Seit dem 27.2.2020 ist eine Verfahrensordnung der Beschwerdekammern durch eine Entscheidung des Präsidiums der Beschwerdekammern in Kraft getreten. Die Verordnung bestimmt in Art. 47 EUIPO-BKVfO Verfahrensregeln zur Wiedereinsetzung innerhalb der Beschwerde. Nach Art. 47 Abs. 1 EUIPO-BKVfO ist der Antrag fristgerecht in der Sprache der Beschwerde zu stellen (→ Rn. 32).

69   Dem Geschäftsstellenleiter werden mehrere Befugnisse eingeräumt. Wird die Gebühr nicht rechtzeitig entrichtet, informiert der Geschäftsstellenleiter den Antragsteller, dass der Antrag nicht als eingelegt gilt (Art. 47 Abs. 2 EUIPO-BKVfO; → Rn. 27). Zudem obliegt dem Geschäftsstellenleiter die **Zulässigkeitsprüfung** des Antrags. Allerdings bescheidet er den Antrag nicht, sondern leitet diesen an die Beschwerdekammer mit seiner Ansicht über die Zulässigkeit des Antrags weiter (Art. 47 Abs. 3 EUIPO-BKVfO). Betrifft die Wiedereinsetzung die Beschwerdefrist oder die Beschwerdebegründungsfrist, so leitet die Beschwerde den Antrag nach Bescheidung der Zulässigkeit wieder an den Geschäftsstellenleiter zurück, damit er das schriftliche Verfahren fortsetzen kann (Art. 47 Abs. 5 EUIPO-BKVfO). Nicht geregelt ist allerdings, was die Beschwerdekammer zur Zulässigkeit zählt. Dies dürften voraussichtlich die Antragsberechtigung (→ Rn. 16), die Einhaltung der Frist (→ Rn. 17), das Vorliegen einer Begründung des Antrags in der richtigen Sprache (→ Rn. 31) und die Tatsache sein, dass die versäumte Handlung nachgeholt wurde (→ Rn. 36). Betrifft die Wiedereinsetzung eine andere Frist, so soll der Geschäftsstellenleiter den Antragsteller bei Zulässigkeit informieren, dass über den Antrag nach Beendigung des schriftlichen Verfahrens entschieden wird (Art. 47 Abs. 6 EUIPO-BKVfO).

70   Wird dem Antrag in der Sache statt von der Beschwerdekammer gegeben, so ist das schriftliche Verfahren zu dem Zeitpunkt wieder aufzunehmen, in den der Antragsteller zurückversetzt wurde (Art. 47 Abs. 7 EUIPO-BKVfO; → Rn. 72 ff.). Ist bereits eine Beschwerdeentscheidung ergangen, so ist diese nach Wiedereinsetzung hinfällig und der Geschäftsstellenleiter soll dafür Sorge tragen, dass diese nicht mehr öffentlich zugänglich ist (Art. 47 Abs. 8 EUIPO-BKVfO).

71   Im Übrigen gilt das oben Gesagte zu den Voraussetzungen des Antrags entsprechend für die Beschwerde.

E. Rechtsfolge und Verhältnis zu anderen Rechtsmitteln

I. Rechtsfolge und Verhältnis zur Beschwerde

72   Wird eine Wiedereinsetzung gewährt, gilt die versäumte Handlung als rechtzeitig vorgenommen (HABM BK 8.3.2012 – R 2602/2011-1 Rn. 10 – ECO Investors). Der Rechtsverlust ist nicht eingetreten.

73   Welche Auswirkungen dies im Einzelnen auf ein Verfahren hat, hängt davon ab, **in welchem Verfahrensstadium** eine Handlung versäumt und wann der Antrag auf Wiedereinsetzung gestellt wurde.

74   Wird eine Widereinsetzung gewährt, **bevor eine erstinstanzliche** Entscheidung ergangen ist, läuft das erstinstanzliche Verfahren weiter. Nach Art. 104 Abs. 4 entscheidet die Abteilung über den Antrag, die auch im Ausgangsverfahren zuständig ist (zB Prüfer, Widerspruchsabteilung oder Löschungsabteilung).

75   Falls **bereits eine erstinstanzliche Entscheidung** ergangen ist und der Betroffene eine Frist vor der Entscheidung versäumt hat, entscheidet nach Art. 104 Abs. 4 ebenfalls die Abteilung der ersten Instanz über den Antrag auf Wiedereinsetzung. Wird die Wiedereinsetzung gewährt, so ist die Entscheidung hinfällig. Es bedarf in diesem Fall folglich keiner Beschwerde gegen die erstinstanzliche Entscheidung (EUIPO-Prüfungsrichtlinien, Teil A, Allgemeine Regeln, Abschnitt 8, 3.5). Allerdings wird die Beschwerdefrist nicht durch das Stellen eines Antrags auf Wiedereinsetzung unterbrochen oder gehemmt. Der Betroffene sollte daher neben den Antrag auf Wiedereinsetzung vorsorglich auch eine Beschwerde einreichen. Grundsätzlich hat die erstinstanzliche Abteilung dann zunächst über den Antrag auf Wiedereinsetzung zu befinden. Solange ruht das Beschwerdeverfahren (vgl. Fezer Markenpraxis-HdB/v. Kapff I Teil 2 Rn. 2031). Wird der Antrag auf Wiedereinsetzung gewährt, so ist die Beschwerde erledigt. Die Beschwerdegebühr kann in diesem Fall erstattet werden. Zu den Rechtsmitteln bei Ablehnung oder Gewährung der Wiedereinsetzung → Rn. 79.

Wird eine **Frist vor der Beschwerdekammer** versäumt, entscheidet nach Art. 104 Abs. 4 **76** die Kammer über den Antrag auf Wiedereinsetzung. Soweit der Antrag zulässig ist, bescheidet die Beschwerdekammer den Antrag zusammen mit der Entscheidung im Ausgangsverfahren (→ Rn. 68).

Die Gewährung einer Wiedereinsetzung wird im Amtsblatt veröffentlicht und im Register eingetragen, **76.1** falls es durch die Säumnis zu einer Veröffentlichung bzw. Eintragung eines Rechtsverlusts gekommen ist, etwa bei Versäumnis der Verlängerungsfrist einer Unionsmarke (→ Rn. 85).

II. Abgrenzung zur Weiterbehandlung

Kommt alternativ zur Wiedereinsetzung eine Weiterbehandlung (Art. 105) in Betracht, so sollte **77** der Betroffene den Antrag auf Weiterbehandlung wählen.

Der Säumige kann einen Antrag auf Weiterbehandlung und Wiedereinsetzung auch parallel stellen. Er **77.1** muss dann zunächst auch beide Gebühren zahlen. Die Gebühr für den Antrag auf Weiterbehandlung wird aber erstattet, falls dieser keinen Erfolg hat.

Die Voraussetzungen für die Gewährung einer Weiterbehandlung sind geringer als die Voraus- **78** setzungen für die Gewährung einer Wiedereinsetzung (→ Art. 105 Rn. 43 ff.).

F. Rechtsmittel

Das Verfahren auf Wiedereinsetzung in den vorherigen Stand ist ein **einseitiges** Verfahren, an **79** dem nur der Antragsteller beteiligt ist, selbst falls der Antrag in einem zweiseitigen Verfahren (zB in einem Widerspruch) gestellt wird (EUIPO-Prüfungsrichtlinien, Teil A, Allgemeine Regeln, Abschnitt 8, 3.12; HABM BK 25.1.2012 – R 930/2011-4 Rn. 11– TORQUE VERTRIDE). Die Beweislast, dass ein solcher Antrag gestellt wurde obliegt grundsätzlich dem Antragsteller (EuG T-713/18, BeckRS 2019, 41023 Rn. 41 – ESIM Chemicals).

Allerdings werden die **Beteiligten** des Verfahrens, in dem die Frist versäumt wurde, darüber **80** **informiert,** dass ein Antrag auf Wiedereinsetzung gestellt wurde. Zudem werden sie von dem Ausgang des Wiedereinsetzungsverfahrens benachrichtigt (EUIPO-Prüfungsrichtlinien, Teil A, Allgemeine Regeln, Abschnitt 8, 3.12). Sie können dem Antrag allerdings **nicht widersprechen** (zu Drittverfahren → Rn. 84 ff.).

Wird eine **Wiedereinsetzung gewährt,** können andere Beteiligten des Ausgangsverfahrens **81** grundsätzlich **keine Beschwerde** gegen die Entscheidung einreichen, da sie keine Beteiligten des Wiedereinsetzungsverfahrens sind (Art. 67; **anders aber** HABM BK 4.5.2011 – R 2138/2010- 1 Rn. 13 – YELLOWLINE/Yello, in diesem Fall hatte die Widerspruchsabteilung ausdrücklich eine Beschwerde zugelassen). Die Rechtmäßigkeit der Wiedereinsetzungsentscheidung kann aber **inzident** mit der Entscheidung über das Ausgangsverfahren überprüft werden. Stellt zB der Widersprechende Antrag auf Wiedereinsetzung, wird diese gewährt und gewinnt er sodann den Widerspruch und legt der Anmelder gegen die Entscheidung Widerspruch ein, so kann die Beschwerdekammer inzident prüfen, ob die Wiedereinsetzung rechtmäßig war.

Eine **Ablehnung des Antrags** auf Wiedereinsetzung erfolgt in der Regel in der Entscheidung **82** über die Ausgangssache (für die Beschwerde → Rn. 68). Der Antragsteller kann die Ablehnung des Antrags auf Wiedereinsetzung in einer Beschwerde gegen die Ausgangsentscheidung angreifen. Nur im Ausnahmefall ergeht eine Interimsentscheidung über den Antrag auf Wiedereinsetzung. Nach der Amtspraxis ist hiergegen keine gesonderte Beschwerde möglich, es sei denn, diese wird nach Art. 66 Abs. 2 ausdrücklich zugelassen (EUIPO-Prüfungsrichtlinien, Teil A, Allgemeine Regeln, Abschnitt 8, 3.12; HABM BK 4.5.2011 – R 2138/2010-1 Rn. 13 – YELLOWLINE/ Yello). Der Antragsteller kann auch die Interimsentscheidung in einer Beschwerde gegen die Entscheidung im Ausgangsverfahren angreifen (EUIPO-Prüfungsrichtlinien, Teil A, Allgemeine Regeln, Abschnitt 8, 3.12). Wird die Ablehnung aufgehoben und die Wiedereinsetzung gewährt, so ist die erstinstanzliche Entscheidung hinfällig. Der Fall kann an die erste Instanz zurückverwiesen oder durch die Kammer unter Beachtung der versäumten Handlung direkt entschieden werden.

Bei der Nichtgewährung einer Wiedereinsetzung in den vorhereigen Stand durch die **83** Beschwerdekammer und darauffolgender inzidenter Prüfung durch das EuG wird die angefochtene Entscheidung bei unrechtmäßiger Ablehnung des Antrags aufgehoben. Die Kammer hat den Fall sodann unter Berücksichtigung der nachgeholten Handlung erneut zu entscheiden (EuG T-277/ 06, BeckRS 2011, 81351 Rn. 54 – OMNICARE).

G. Schutz gutgläubiger Dritter

84   Nach Art. 104 Abs. 6 dürfen Dritte grundsätzlich auf den durch Versäumnis eingetretenen Rechtsverlust des Betroffenen vertrauen. Hat der Inhaber einer Unionsmarke beispielsweise versäumt, sein Recht zu verlängern, und wird ihm eine Wiedereinsetzung gewährt, so kann er Dritten gegenüber, die in der Zwischenzeit unter einem mit der Unionsmarke identischen oder ihr ähnlichen Zeichen gutgläubig Waren in den Verkehr gebracht oder Dienstleistungen erbracht haben, keine Rechte geltend machen.

85   Dies gilt allerdings nicht unbegrenzt. Das Amt vermerkt eine gewährte Wiedereinsetzung im Register, falls das Fristversäumnis eine direkte Auswirkung auf den Status der Unionsmarke hat (EUIPO-Prüfungsrichtlinien, Teil A, Allgemeine Regeln, Abschnitt 8, 3.11). Wurde beispielsweise die Frist zur Verlängerung versäumt, so erlischt die Marke. Das Erlöschen aufgrund Nichtverlängerung wird im Register vermerkt. Wird eine Wiedereinsetzung gewährt, so wird auch diese im Register vermerkt (EUIPO-Prüfungsrichtlinien, Teil A, Allgemeine Regeln, Abschnitt 8, 3.11). Nach der Bekanntmachung im Register kann der Dritte sich dann nicht mehr auf eine gutgläubige Benutzung berufen.

86   Nach Art. 104 Abs. 7 können Dritte, die sich auf Abs. 6 berufen können, gegen die Entscheidung über die Wiedereinsetzung in den vorigen Stand binnen **zwei Monaten** nach dem Zeitpunkt der **Bekanntmachung** des Hinweises auf die Wiedereinsetzung in den vorigen Stand Drittwiderspruch einlegen. Falls die Wiedereinsetzung im Register veröffentlicht wurde (→ Rn. 76.1), beginnt die Zweimonatsfrist mit Bekanntmachung. Ist keine Bekanntmachung erfolgt, beginnt die Frist mit Erlass der Entscheidung (EUIPO-Prüfungsrichtlinien, Teil A, Allgemeine Regeln, Abschnitt 8, 4). Die Verordnung sieht keine Verfahrensregeln für den Drittwiderspruch vor. Als zuständig wird die Abteilung erachtet, die über die Wiedereinsetzung entschieden hat. Beim Drittwiderspruch handelt es sich um ein Inter-partes-Verfahren, an dem auch der Säumige, dem die Wiedereinsetzung gewährt wurde, beteiligt ist (EUIPO-Prüfungsrichtlinien, Teil A, Allgemeine Regeln, Abschnitt 8, 4).

H. Nationales Recht

87   Art. 104 Abs. 8 stellt klar, dass Art. 104 das Recht eines Mitgliedstaats unberührt lässt, eine Wiedereinsetzung in den vorigen Stand in Bezug auf Fristen zu gewähren, die in dieser Verordnung vorgesehen und den Behörden dieses Staats gegenüber einzuhalten sind.

Art. 105 Weiterbehandlung

(1) ¹Dem Anmelder, dem Inhaber einer Unionsmarke oder einem anderen an einem Verfahren vor dem Amt Beteiligten, der eine gegenüber dem Amt einzuhaltende Frist versäumt hat, kann auf Antrag Weiterbehandlung gewährt werden, wenn mit dem Antrag die versäumte Handlung nachgeholt wird. ²Der Antrag auf Weiterbehandlung ist nur zulässig, wenn er innerhalb von zwei Monaten nach Ablauf der versäumten Frist gestellt wird. ³Der Antrag gilt erst als gestellt, wenn die Weiterbehandlungsgebühr gezahlt worden ist.

(2) Dieser Artikel gilt weder für die in Artikel 32, Artikel 34 Absatz 1, Artikel 38 Absatz 1, Artikel 41 Absatz 2, Artikel 46 Absätze 1 und 3, Artikel 53 Absatz 3, Artikel 68, Artikel 72 Absatz 5, Artikel 104 Absatz 2 und Artikel 139 genannten noch für die in Absatz 1 dieses Artikels vorgesehenen Fristen, noch für die Frist zur Inanspruchnahme eines Zeitrangs gemäß Artikel 39 nach Einreichung der Anmeldung.

(3) Über den Antrag entscheidet die Stelle, die über die versäumte Handlung zu entscheiden hat.

(4) ¹Gibt das Amt dem Antrag statt, so gelten die Folgen der Fristversäumnis als nicht eingetreten. ²Ist zwischen dem Ablauf der Frist und dem Antrag auf Weiterbehandlung eine Entscheidung ergangen, überprüft die Stelle, die über die versäumte Handlung zu entscheiden hat, die Entscheidung und ändert sie ab, sofern die Nachholung der versäumten Handlung ausreicht. ³Kommt das Amt nach der Überprüfung zu dem Schluss, dass die ursprüngliche Entscheidung nicht abgeändert werden muss, bestätigt sie die Entscheidung schriftlich.

(5) Weist das Amt den Antrag zurück, so wird die Gebühr erstattet.

Überblick

Art. 105 (zuvor Art. 82 GMV) regelt die Weiterbehandlung bei Fristversäumnis. Abs. 1 nennt die Voraussetzungen (→ Rn. 28 ff.). Abs. 2 zählt abschließend **die Fristen auf,** bei deren Versäumnis eine Weiterbhandlung ausgeschlossen ist (→ Rn. 6 ff.). Der **Anwendungsbereich** ist enger als bei der Wiedereinsetzung (Art. 104) dafür sind die Voraussetzungen aber auch geringer (→ Rn. 43 ff.). Abs. 3 regelt die **Zuständigkeit** hinsichtlich der Entscheidung über den Antrag auf Wiedereinsetzung (→ Rn. 37 ff.). In Abs. 4 und Abs. 5 sind die Rechtsfolgen geregelt (→ Rn. 37 ff.). Abs. 4 stellt mit Wirkung zum 1.10.2017 klar, dass eine Weiterbehandlung auch noch nach Treffen einer Entscheidung möglich ist. Für die Beschwerde enthält Art. 48 EUIPO-BKVfO eine Regelung.

Übersicht

A. Inhalt

Art. 105 (zuvor Art. 82 GMV) regelt die Weiterbehandlung, falls ein Anmelder, der Inhaber **1** einer Unionsmarke oder ein anderer an einem Verfahren vor dem Amt Beteiligter eine gegenüber dem Amt einzuhaltende Frist versäumt hat. Der Antrag auf Weiterbehandlung ist nur zulässig, falls er innerhalb von zwei Monaten nach Ablauf der versäumten Frist gestellt wird. Die versäumte Handlung ist innerhalb der Frist nachzuholen. Der Antrag gilt als gestellt, sobald die Weiterbehandlungsgebühr gezahlt worden ist.

Abs. 2 zählt abschließend Fristen auf, bei denen eine Weiterbehandlung ausgeschlossen ist (→ **2** Rn. 6 ff.). Der Anwendungsbereich der Norm ist hierdurch sehr eingeschränkt. Die Liste der Fristen wurde mit Wirkung zum 1.10.2017 aktualisiert und der Anwendungsbereich im Zuge dessen erweitert (→ Rn. 22; → Rn. 15).

Im Vergleich zum Antrag auf Wiedereinsetzung in den vorherigen Stand nach Art. 104, der **3** nur in den wenigsten Fällen Aussicht auf Erfolg hat, sind die Anforderungen an eine Weiterbehandlung sehr viel geringer (→ Rn. 43 ff.). Steht der Anwendungsbereich der Weiterbehandlung offen, so sollte der Säumige daher erwägen, einen Antrag auf **Weiterbehandlung anstatt** oder zumindest **parallel** zu einem Antrag auf **Wiedereinsetzung** zu stellen.

Insbesondere ist der Antrag auf Weiterbehandlung grundsätzlich auf **alle Fristen im Nichtig-** **4** **keits- und Verfallsverfahren** anwendbar (EUIPO-Prüfungsrichtlinien, Teil A, Allgemeine Regeln, Abschnitt 1, 4.4 vgl. EuGH C-118/18 P, BeckRS 2018, 16099 Rn. 5.12 – bittorrent; HABM BK 21.32016 – R 150/2015-5 Rn. 23 ff. – CHATKA; 18.10.2011 – R 2081/2012-2 Rn. 15 – Chocolates Café/BUTLERS CHOCOLATE CAFÉ; vgl. Eisenführ/Schennen/Schennen Art. 82 Rn. 43). Wurde im **Widerspruchsverfahren** oder im **Nichtigkeitsverfahren** einen **Antrag auf Benutzungsnachweis** versäumt oder wurden **Benutzungsnachweise** nicht rechtzeitig beigebracht, kommt ebenfalls ein Antrag auf Weiterbehandlung in Betracht (→ Rn. 18). Auch bei Versäumung einer Stellungnahmefrist im Anmeldeverfahren kann ein Antrag auf Weiterbehandlung sinnvoll sein (→ Rn. 14).

Rechtsprechung gibt es vergleichsweise **wenig.** Da die Gebühr bei Nichtgewährung erstattet **5** wird, spricht aber nichts dagegen, es mit einem Antrag auf Weiterbehandlung zu versuchen. Das Amt ist bei Säumnis nicht verpflichtet, den Säumigen auf die Möglichkeit eine Weiterbehandlung hinzuweisen (EuG T-34/17, BeckRS 2018, 7289 Rn. 43 – SKYLEADER). Wird der Antrag auf Weiterbehandlung abgelehnt, etwa weil die nachzuholende Handlung nicht vorgenommen wurde, kann ein erneuter Antrag eingereicht werden, solange dieser innerhalb der ursprünglichen 2 monatigen Frist erfolgt (so HABM BK 18.9.2018 – R 761/2018-5 – SIEBENBURGEN Bürger (fig.)).

B. Ausschluss der Weiterbehandlung

I. Grundsatz

6   Art. 105 Abs. 2 nennt Fristen, bei denen eine Weiterbehandlung ausgeschlossen ist. Nach dem Wortlaut von Art. 105 Abs. 2 ist eine Weiterbehandlung für die in den aufgezählten **Artikeln genannten** Fristen ausgeschlossen.

7   Unklar ist, ob die in der DVUM festgelegten Fristen, die die einzelnen Artikel der UMV weiter ausgestalten, ebenfalls von der Weiterbehandlung ausgenommen sind. Wird davon ausge- gangen, dass es sich bei Abs. 2 um einen Ausnahmetatbestand handelt, der die Verfahrensrechte des Betroffenen beschränkt und somit eng auszulegen ist, dürften die nicht direkt in den Artikel und nur in der DVUM genannten Fristen nicht durch Abs. 2 ausgenommen sein (→ Art. 104 Rn. 5). Da insofern aber keine Rechtssicherheit besteht, sollten die Beteiligten darauf achten, alle Fristen, die iVm den in Abs. 2 genannten Artikel stehen, einzuhalten. Ist eine Frist versäumt worden, kann man es freilich mit einem Antrag auf Weiterbehandlung zumindest versuchen und mit einer engen Auslegung des Abs. 2 argumentieren.

II. Anmeldung vor nationalen Behörden

8   Wie im Falle des Antrags auf Wiedereinsetzung (→ Art. 104 Rn. 1 ff.) war auch der Antrag auf Weiterbehandlung ausgeschlossen, falls eine Unionsmarke bei der Zentralbehörde des gewerbli- chen Rechtsschutzes eines Mitgliedstaates angemeldet wurde und es die nationale Behörde ver- säumte, den Antrag innerhalb von zwei Monaten an das Amt weiterzuleiten. In diesem Fall galt nach Art. 25 Abs. 3 UMV 2009 nicht der Tag als Anmeldetag, an dem die Anmeldung bei der nationalen Behörde eingereicht wurde, sondern an dem die Anmeldung das Amt tatsächlich erreichte. Durch die Reform ist dieses Problem entfallen. Eine Unionsmarke kann zukünftig ausschließlich beim EUIPO direkt angemeldet werden. Der Grundsatz gilt aber weiterhin für eine national eingereichte Anmeldung eines **Gemeinschaftsgeschmacksmusters.**

III. Anmeldetag

9   Der Anmeldetag iSd Art. 32 ist einer Weiterbehandlung nicht zugänglich. Anmeldedatum ist grundsätzlich der Tag, an dem die Anmeldung eingereicht wird. Die **Anmeldegebühr** ist inner- halb eines Monats nach Einreichung der Anmeldung zu entrichten. Auch insofern ist eine Weiter- behandlung ausgeschlossen. Eine Wiedereinsetzung ist aber möglich (→ Art. 104 Rn. 13).

IV. Prioritätsanspruch und Ausstellungspriorität

10   Versäumt der Anmelder nach Art. 34 Abs. 1 die Priorität einer identischen älteren nationalen Marke innerhalb von **sechs Monaten** nach Einreichung der ersten nationalen Anmeldung geltend zu machen, ist eine Weiterbehandlung ausgeschlossen. Auch eine Wiedereinsetzung ist nicht möglich (→ Art. 104 Rn. 6).

11   Unklar ist, ob der Ausschluss sich auf die in **Art. 4 UMDV** (bis zum 1.10.2017 Regel 6 Abs. 1 und 4 GMDV) genannten Fristen bezieht (→ Rn. 7, → Art. 104 Rn. 7; befürwortend Eisenführ/ Schennen/Schennen Art. 82 Rn. 26). Hiernach ist der Prioritätsanspruch seit dem 1.10.2017 direkt mit der Anmeldung geltend zu machen (Art. 35). Etwaige Unterlagen sind innerhalb von drei Monaten nach dem Anmeldetag beizubringen, wobei das Amt in der Regel zunächst von Amts wegen prüft, ob es die relevanten Daten in den nationalen Datenbanken lokalisieren kann. Der Säumige sollte sich jedenfalls nicht darauf verlassen, dass eine Weiterbehandlung statthaft ist, und zusätzlich einen Antrag auf Wiedereinsetzung stellen, falls die Säumnis unverschuldet ist.

12   Auch bei der Versäumnis der Geltendmachung einer Ausstellungspriorität iSd Art. 38 Abs. 1 ist eine Weiterbehandlung ausgeschlossen.

V. Stellungnahme auf Mängel in der Anmeldung

Liegen die Erfordernisse für eine Anmeldung iSd Art. 41 Abs. 1 nicht vor, wird dem Anmelder **13** nach Art. 41 Abs. 2 eine Stellungnahmefrist gewährt, um den Mangel zu beseitigen. Die Versäumung dieser Frist ist grundsätzlich von einer Weiterbehandlung ausgeschlossen.

Nicht von einer Weiterbehandlung ausgeschlossen ist hingegen die Stellungnahmefrist auf eine **14** materielle Beanstandung der Anmeldung (Art. 42 Abs. 2). Insofern steht es ohnehin im weiten Ermessen des Amtes, den verspäteten Vortrag zu berücksichtigen (→ Art. 95 Rn. 152 ff.). Alternativ ist ein **Antrag auf Wiedereinsetzung** möglich (→ Art. 104 Rn. 13). Anwendung soll eine Weiterbehandlung auch auf einen **Antrag auf Fristverlängerung** finden (HABM BK 14.2.2008 – R 684/2007-1 Rn. 24 – SHERPA).

VI. Fristen im Widerspruch

Die **dreimonatige Widerspruchsfrist** ab Veröffentlichung der Anmeldung, innerhalb der **15** auch die **Widerspruchsgebühr** zu entrichten ist, ist von der Weiterbehandlung **ausgeschlossen (Art. 46 Abs. 1 und 3).** Auch eine Wiedereinsetzung (→ Art. 104 Rn. 8) ist nicht statthaft.

Daneben waren die in Art. 41, 42 Abs. 1 UMV 2009 und in den Regel 19 GMDV und Regel **16** 20 Abs. 2 und 4 GMDV genannten Stellungnahmefristen im Widerspruch einer Weiterbehandlung **bis zum 1.10.2017** grundsätzlich **nicht** zugänglich, zB die **Widerspruchsbegründung, -erwiderung** und darauf **folgende Stellungnahmen** (EUIPO-Prüfungsrichtlinien, Teil A, Allgemeine Regeln, Abschnitt 1, 4.4; HABM GK 14.10.2009 – R 172/2008-G Rn. 27– VISTA/vistar; 7.12.2011 – R 2462/2010-1 Rn. 34 f. – Pierre Robert/PIERRE ROBERT; 7.7.2008 – R 773/2007-4 Rn. 27 – COLOURS OF THE WORLD/UNITED COLORS OF BENETTON; 30.5.2007 – R 571/2006-2 Rn. 43 – DILLON'S/Dillon's, Edward Dillon & Co Limited).

Mit **Wirkung zum 1.10.2017** hat sich dies geändert (→ Rn. 21). Die **Substantiierungsfrist 17** (Art. 46 Abs. 4) und die **Stellungnahmen im Widerspruch** (Art. 47 Abs. 1) sind einer Weiterbehandlung zugänglich.

Nicht ausdrücklich von einer Weiterbehandlung ausgeschlossen sind folgende Fristen im Wider- **18** spruch (EUIPO-Prüfungsrichtlinien, Teil A, Allgemeine Regeln, Abschnitt 1, 4.4):
• Art. 146 Abs. 7 Übersetzung der Widerspruchsschrift,
• Art. 5 Abs. 5 DVUM Beseitigung von Zulässigkeitsmängeln,
• Art. 10 Abs. 1 DVUM **Antrag für den Nachweis der Benutzung der Widerspruchsmarke(n),**
• Art. 10 Abs. 2 DVUM Frist zur **Einreichung von Benutzungsunterlagen** und
• Art. 10 Abs. 6 DVUM **Übersetzung der Benutzungsnachweise.**
Vor dem 1.10.2107 war nicht ganz klar, ob eine Weiterbehandlung hinsichtlich dieser Fristen **19** statthaft war, da diese Regelungen Art. 40 und 42 UMV 2009 lediglich weiter ausgestalteten, die einer Weiterbehandlung eben nicht zugänglich waren. Dies sprach für einen Ausschluss der Fristen (Fezer Markenpraxis-HdB/Bender I 2 Rn. 2521). Da der Anwendungsbereich des Art. 105 aber zum 1.10.2017 erweitert wurde und nur noch die Beseitigung von Zulässigkeitsmängeln Art. 5 Abs. 5 DVUM auf den ausgenommenen Art. 46 Abs. 1 und 3 Bezug nimmt, ist für die Frage des Antrags und des Nachweises einer Benutzung nun klar sein, dass diese der Weiterbehandlung zugänglich sind. Die Beschwerdekammer hat zur Rechtslage vor der Reform in HABM BK 28.5.2009 – R 1841/2007-1 Rn. 21 bereits bestätigt, dass der Antrag auf Benutzungsnachweis der Weiterbehandlung zugänglich ist (vgl. auch HABM BK 27.3.2012 – R 413/2011-2 Rn. 7 – PROFLEX/PROFEX).

VII. Abhilfe

Wollte die erstinstanzliche Abteilung einer Beschwerde abhelfen, so musste sie dies bislang dem **20** Beschwerdegegner nach Art. 62 Abs. 2 UMV 2009 mitteilen. Dieser musste der Abhilfe innerhalb von zwei Monaten ab Erhalt der Mitteilung ausdrücklich zustimmen, andernfalls war die Beschwerde den Kammern vorzulegen. Eine Weiterbehandlung war auf diese Frist nicht anwendbar. Die Abhilfe im zweiseitigen Verfahren ist mit Wirkung zum 23.3.2016 abgeschafft worden. Der Verweis auf Art. 62 UMV 2009 wurde mit Wirkung zum 1.10.2017 gestrichen.

VIII. Fristen im Beschwerdeverfahren

Die Frist zur **Beschwerde** und zur **Beschwerdebegründung** (Art. 68 Abs. 1) sind von der **21** Weiterbehandlung ausgenommen (vgl. HABM BK 21.2.2011 – R 1672/2010-2 Rn. 17 – ENER-

GYFORCE/ENERGIE et al.). Anwendbar ist die Weiterbehandlung aber auf die Einreichung einer **Übersetzung der Beschwerdebegründung** bzw. **-erwiderung** nach Art. 146 Abs. 9 (so HABM BK 26.9.2006 – R–269/2006-4 Rn. 12 f. – A TENNWORLD). Ebenfalls ausgenommen ist die Fristen zur Erhebung einer **Anschlussbeschwerde** (Art. 68 Abs. 2).

22   Nach Regel 50 Abs. 1 GMDV war eine Weiterbehandlung auch nicht auf **andere Stellungnahmefristen** in der Beschwerde anwendbar, falls sich die Beschwerde gegen eine **Widerspruchsentscheidung** richtete, also zB nicht auf die Beschwerdeerwiderung (vgl. HABM BK 22.3.2011 – R 1718/2008-1 Rn. 14 – LINGLONG/LL (FIG. MARK) et al.; 25.3.2010 – R 150/ 2009-1 Rn. 21 ff. – BASE XX/BASS 20 (FIG. MARK) et al.; **anders** HABM BK 18.10.2011 – R 2081/2010-2 Rn. 15 – CHOCOLATES CAFÉ (FIG. MARK)/BUTLERS CHOCOLATE CAFÉ). Im Umkehrschluss war die Weiterbehandlung bei Versäumnis der Beschwerdeerwiderung in einer Beschwerde gegen eine Entscheidung der Löschungsabteilung statthaft. Regel 50 Abs. 1 ist mit Wirkung zum 1.10.2017 entfallen, so dass eine Weiterbehandlung – außer auf die Beschwerdebegründung – grundsätzlich für alle weiteren Stellungnahmefristen in Betracht kommen sollte. Dies stellt auch Art. 48 EUIPO-BKVfO klar, der ansonsten inhaltleer wäre.

23   Für alle Fristen im Beschwerdeverfahren kommt außerdem ein Antrag auf **Wiedereinsetzung** in Betracht (→ Art. 104 Rn. 13), wobei aber in aller Regel kein unmittelbar Rechtsverlust mit der Säumnis verbunden sein dürfte und der Nachweis der Einhaltung der gebotenen Sorgfalt schwierig ist.

IX. Verlängerung einer Unionsmarke

24   Nach Art. 53 Abs. 3 ist ein **Antrag auf Verlängerung** einer Unionsmarke innerhalb eines Zeitraums von **sechs Monaten** vor Ablauf des letzten Tages des Monats, in dem die Schutzdauer endet, einzureichen. Innerhalb dieses Zeitraums sind auch die **Gebühren** zu entrichten (zu den Gebühren und etwaiger Rückerstattungsansprüche → Art. 108 Rn. 27). Der Antrag und die Gebühren können noch innerhalb einer **Nachfrist** von **sechs Monaten** nach Ablauf des letzten Tages des Monats, in dem die Schutzdauer endet, eingereicht oder gezahlt werden, sofern innerhalb dieser Nachfrist eine **Zuschlagsgebühr** entrichtet wird. Die Verlängerungsfrist und die Nachfrist für die Stellung eines Antrags auf Verlängerung sowie die Zahlung der Gebühren sind von einer Weiterbehandlung ausgeschlossen. Allerdings ist ein Antrag auf **Wiedereinsetzung möglich** (→ Art. 104 Rn. 13; → Art. 104 Rn. 22).

X. Klagefrist

25   Nach Art. 72 Abs. 5 ist eine Klage gegen eine Entscheidung der Beschwerdekammer innerhalb von zwei Monaten nach Zustellung der Entscheidung beim Gerichtshof einzulegen. Eine Weiterbehandlung ist in diesem Fall nicht möglich (s. zu Art. 82 GMV EuG T-583/15, BeckRS 2016, 122564 Rn. 51 – Friedenssymbol). Es kann aber vor Gericht eine Wiedereinsetzung beantragt werden.

XI. Wiedereinsetzung und Weiterbehandlung

26   Die Fristen für den Antrag auf Wiedereinsetzung (→ Art. 104 Rn. 17 ff.) und die Frist für den Antrag auf Weiterbehandlung (→ Rn. 30) sind weder der Weiterbehandlung noch der Wiedereinsetzung zugänglich (→ Art. 104 Rn. 10).

XII. Umwandlung

27   Letztlich ist auch die Frist zur Umwandlung einer Unionsmarke oder einer Unionsmarkenanmeldung in nationale Marken (Art. 139) von einer Weiterbehandlung ausgeschlossen (EUIPO-Prüfungsrichtlinien, Teil A, Allgemeine Regeln, Abschnitt 1, 4.4). Eine Wiedereinsetzung ist aber möglich (→ Art. 104 Rn. 13).

C. Voraussetzungen

I. Fristversäumnis

28   Ein Antrag auf Weiterbehandlung ist möglich, falls der Antragsteller eine Frist gegenüber dem Amt versäumt hat und eine Weiterbehandlung nicht nach Art. 105 Abs. 2 ausgeschlossen ist (→ Rn. 4; → Rn. 6 ff.).

Wurde schon gar keine Frist versäumt (→ Art. 95 Rn. 90) oder der verspätet eingereichte **29** Vortrag vom Amt nach Art. 95 Abs. 2 berücksichtigt (→ Art. 95 Rn. 106 ff.; → Art. 95 Rn. 149), bedarf es keiner Weiterbehandlung.

II. Frist

Der **Antrag** auf Weiterbehandlung ist nach Art. 105 Abs. 1 S. 2 innerhalb **von zwei Monaten** **30** nach Ablauf der versäumten Frist zu stellen. Das Amt ist nicht verpflichtet, den Betroffenen auf die Säumnis hinzuweisen. Die Frist kann damit wesentlich kürzer als die Frist auf Wiedereinsetzung sein, bei der es auf den Wegfall des Hindernisses bzw. die Kenntnis des Fehlers ankommt (→ Art. 104 Rn. 17 ff.).

Innerhalb dieser Frist ist auch die **Gebühr** für den Antrag auf Wiedereinsetzung (→ Rn. 35) **31** zu entrichten und die **versäumte Handlung** nachzuholen (→ Rn. 34). Die Frist ist nicht verlängerbar und nicht der Wiedereinsetzung oder Weiterbehandlung zugänglich (→ Rn. 26).

III. Antrag

Eine Weiterbehandlung ist nur auf Antrag des Säumigen statthaft. Der Antrag sollte den Antrags- **32** steller, ggf. den Vertreter, das Ausgangsverfahren, die versäumte Handlung und die Zahlung der Gebühr erkennen lassen. Außerdem ist er zu unterschreiben (Fezer Markenpraxis-HdB/Bender I 2 Rn. 2497). Der Antrag ist in der **Sprache** des Ausgangsverfahrens zu stellen (→ Art. 104 Rn. 22).

IV. Beteiligter des Verfahrens

Antragsberechtigt ist nur ein Beteiligter des Ausgangsverfahrens.   **33**

V. Nachholung der versäumten Handlung

Die versäumte Handlung (zB die Zahlung einer Gebühr, die Einreichung einer Stellungnahme, **34** das Stellen eines Antrags, die Einreichung einer Übersetzung, die Einreichung der Benutzungsunterlagen) ist nach dem Wortlaut des Abs. 1 **mit dem Antrag** nachzuholen (zur vorherigen Rechtslage HABM BK 24.8.2012 – R 2575/2011-4 – CLUBLAND IBIZA/CLUBLAND IBIZA). Wurden keine Benutzungsunterlagen fristgerecht eingereicht, so müssen die Benutzungsunterlagen mit Stellung des Antrags eingereicht werden (eingehend HABM BK 18.9.2018 – R 761/2018-5 – SIEBENBURGEN Bürger (fig.)).

VI. Gebühr

Die Gebühr für den Antrag auf Weiterbehandlung beträgt auch nach der Reform weiterhin **35** 400 Euro (→ Anh. I Rn. 1; vorher Art. 2 Nr. 21 VO (EG) 2869/95). Sie ist damit doppelt so hoch wie die Wiedereinsetzungsgebühr. Die Gebühr ist innerhalb der zweimonatigen Antragsfrist (→ Rn. 30) zu entrichten, andernfalls gilt der Antrag nach Art. 105 Abs. 1 S. 3 als nicht gestellt. Die Gebühr wird in diesem Fall zurückerstattet (HABM BK 26.4.2012 – R 2282/2011-2 Rn. 29 – PRONAX/PRONA).

Außerdem wird die Gebühr für die Weiterbehandlung nach Art. 105 Abs. 5, anders als bei der **36** Wiedereinsetzung, erstattet, falls keine Weiterbehandlung gewährt wird (vgl. HABM BK 7.12.2011 – R 2462/2010-1 Rn. 36 – Pierre Robert/PIERRE ROBERT). Insofern kostet es den Säumigen (abgesehen von etwaigen Vertreterkosten) nichts, es mit einem Antrag zu versuchen.

D. Zuständigkeit, Rechtsfolge und Rechtsmittel

Über den Antrag auf Weiterbehandlung entscheidet nach Art. 105 Abs. 3 die Stelle, die über **37** die versäumte Handlung zu entscheiden hat, indem sie ihm entweder stattgibt oder ihn zurückweist. Wurde zB eine Frist vor der Löschungsabteilung versäumt, entscheidet diese über die Weiterbehandlung. In der Beschwerde bescheidet der Geschäftsstellenleiter den Antrag, wenn dieser zu gewähren ist. Eine Zurückweisung aus formalen Gründen erfolgt durch die Beschwerdekammer (Art. 48 EUIPO-BKVfO).

Liegen die Voraussetzungen für eine Weiterbehandlung vor, ist diese zu gewähren (vgl. HABM **38** BK 29.2.2016 – R 1939/2015-4 Rn. 15 – DERMAYON; Eisenführ/Schennen/Schennen Art. 82 Rn. 22). **Gegenteiliger Ansicht** war die Fünfte Beschwerdekammer, die ein **Ermessen** sah (HABM BK 5.7.2015 – R 1585/2015-5 Rn. 13 f. – TP-LINK). Dem hat Art. 48 EUIPO-BKVfO nun ein Ende gesetzt, nach dem nur die formellen Voraussetzungen zu prüfen sind. Gibt das Amt dem Antrag statt, so gelten die mit Fristversäumnis verbundenen Folgen als nicht eingetreten (HABM BK 21.32016 – R 150/2015-5 Rn. 24 – CHATKA).

39   Ist zwischen dem Ablauf der Frist und dem Antrag auf Weiterbehandlung eine Entscheidung ergangen, überprüft die Stelle, die über die versäumte Handlung zu entscheiden hat, die Entscheidung und ändert sie ab, sofern es nur darum geht, die versäumte Handlung nachzuholen. Kommt das Amt nach der Überprüfung zu dem Schluss, dass die ursprüngliche Entscheidung nicht abgeändert werden muss, bestätigt sie die Entscheidung schriftlich (s. Art. 105 Abs. 4).

40   Es erfolgt also keine Rücknahme der bereits ergangenen Entscheidung, sondern eine Abänderung der bereits bestehenden Entscheidung, was zur Folge hat, dass die Weiterbehandlung **keine Auswirkungen auf die Beschwerdefrist** hat. Wurde folglich eine erstinstanzliche Frist versäumt, für die die Weiterbehandlung statthaft ist, und trifft die erstinstanzliche Abteilung sehr rasch eine Entscheidung, sollte der Säumige nicht nur einen Antrag auf Weiterbehandlung sondern außerdem eine Beschwerde einreichen. In diesem Fall wird die erstinstanzliche Abteilung zunächst über den Antrag auf Weiterbehandlung entscheiden müssen. Die Beschwerde ruht währenddessen. Hat der Antrag auf Weiterbehandlung Erfolg, ist die erstinstanzliche Entscheidung hinfällig und die Beschwerde gegenstandslos (vgl. Eisenführ/Schennen/Schennen Art. 82 Rn. 45).

41   Wird der **Antrag** auf Wiedereinsetzung in einer gesonderten Entscheidung **zurückgewiesen,** so kann gegen diese Beschwerde eingereicht werden (HABM BK 19.7.2007 – R 332/2006-1 Rn. 12 ff. – Orange). Erfolgt die Zurückweisung in der Entscheidung über das Ausgangsverfahren, wird die Entscheidung inzident in einer Beschwerde gegen die Entscheidung im Ausgangsverfahren angegriffen werden können.

42   Wie bei dem Verfahren auf Wiedereinsetzung handelt es sich auch bei dem Verfahren auf Weiterbehandlung um ein **einseitiges Verfahren,** selbst falls das Ausgangsverfahren zweiseitig ist. Bei einer **Gewährung einer Weiterbehandlung** kann der andere Beteiligte daher kein Rechtsmittel einreichen (vgl. Eisenführ/Schennen/Schennen Art. 82 Rn. 23). Es kommt aber eine **inzidente Kontrolle** in Betracht, falls der andere Beteiligte die Entscheidung im Ausgangsverfahren angreift.

E. Abgrenzung zur Wiedereinsetzung

43   Für alle Fristen, für die eine Weiterbehandlung statthaft ist, ist grundsätzlich auch eine Wiedereinsetzung möglich. Einzige Ausnahme ist der Antrag auf Benutzungsnachweis, für den eine Wiedereinsetzung nach bisheriger Amtspraxis ausgeschlossen sein soll (→ Art. 104 Rn. 15). Sofern sich der Anwendungsbereich von Weiterbehandlung und Wiedereinsetzung überschneiden, sollte der einfachere Weg der Weiterbehandlung gewählt werden.

44   Die Weiterbehandlung ist idR einfacher zu erhalten als eine Wiedereinsetzung, da sie nicht zu begründen ist, sie keinen Rechtsnachteil voraussetzt und keine Einhaltung der Sorgfaltspflicht nachzuweisen ist (EuG T-136/08, BeckRS 2009, 70588 Rn. 22 – AURELIA; HABM BK 29.2.2016 – R 1939/2015-4 Rn. 15 – DERMAYON). Der Nachteil der Weiterbehandlung ist die kurze Frist und der enge Anwendungsbereich (vgl. HABM BK 20.8.2012 – R 2575/2011-4 Rn. 13 – CLUBLAND IBIZA/CLUBLAND IBIZA).

45   Wiedereinsetzung und Weiterbehandlung schließen sich nicht aus (HABM BK 21.2.2011 – R 1672/2010-2 Rn. 17 ff. – ENERGYFORCE/ENERGIE et al.). Ist nicht sicher, ob eine Weiterbehandlung statthaft, aber klar, dass ein Antrag auf Wiedereinsetzung zulässig ist, so kann der Säumige beide Anträge zueinander stellen (vgl. HABM BK 26.4.2012 – R 2282/2011-2 Rn. 26 ff. – PRONAX/PRONA).

46   Die Gemeinsamkeiten und Unterschiede der Weiterbehandlung und der Wiedereinsetzung sind in der nachfolgenden Tabelle dargestellt:

	Weiterbehandlung	Wiedereinsetzung
Frist	zwei Monate nach Fristversäumnis	zwei Monate nach Wegfall des Hindernisses, maximal ein Jahr
Gebühr	400 Euro, werden erstattet bei Nichtgewährung	200 Euro, werden grundsätzlich nicht erstattet
Nachholung der versäumten Handlung	+	+
schriftlicher Antrag	+	+
Begründung des Antrags	–	+

Einhaltung der gebotenen Sorgfalt	–	+
Unmittelbarer Rechtsverlust durch Säumnis	–	+
Schutz gutgläubiger Dritter/ Entstehung von Zwischen- benutzungsrechten	–	+

Art. 106 Unterbrechung des Verfahrens

(1) Das Verfahren vor dem Amt wird unterbrochen,

a) **wenn der Anmelder oder Inhaber der Unionsmarke oder die Person, die nach natio-nalem Recht berechtigt ist, in dessen Namen zu handeln, stirbt oder seine bzw. ihre Geschäftsfähigkeit verliert. Solange der Tod oder der Verlust der Geschäftsfähigkeit der genannten Personen die Vertretungsbefugnis eines gemäß Artikel 120 bestellten Vertreters nicht berührt, wird das Verfahren jedoch nur auf Antrag dieses Vertreters unterbrochen;**

b) **wenn der Anmelder oder Inhaber der Unionsmarke aufgrund eines gegen sein Ver-mögen gerichteten Verfahrens aus rechtlichen Gründen gehindert ist, das Verfahren vor dem Amt fortzusetzen;**

c) **wenn der Vertreter des Anmelders oder Inhabers der Unionsmarke stirbt, seine Geschäftsfähigkeit verliert oder aufgrund eines gegen sein Vermögen gerichteten Verfahrens aus rechtlichen Gründen gehindert ist, das Verfahren vor dem Amt fortzu-setzen.**

(2) **Das Verfahren vor dem Amt wird wieder aufgenommen, sobald die Identität der Person, die zur Fortsetzung des Verfahrens berechtigt ist, festgestellt ist.**

(3) **Der Kommission wird die Befugnis übertragen, gemäß Artikel 208 delegierte Rechtsakte zu erlassen, in denen die Modalitäten in Bezug auf die Wiederaufnahme des Verfahrens vor dem Amt im Einzelnen festgelegt werden.**

Überblick

Abs. 3 wurde mWv 23.3.2016 gemäß VO (EU) 2015/2424 vom 16.12.2015 eingefügt. Abs. 1 und 2 wurden mWv 1.10.2017 eingefügt.

A. Unterbrechung

Art. 106 regelt, wann ein Verfahren vor dem Amt zwingend zu unterbrechen ist. Dies ist der **1** Fall bei Tod, Geschäftsverlust oder Behinderung des Anmelders oder Inhabers der Unionsmarke oder der Person, die nach nationalem Recht berechtigt ist, in dessen Namen zu handeln sowie bei einem Verfahren gegen deren Vermögen. Verfahren gegen das Vermögen sind staatliche Verfah-ren keine Privatmaßnahmen einer Bank, wie das Einfrieren von Konten (EuG T-635/20, GRUR-RS 2021, 29120 Rn. 46 – Juvéderm vybrance). Solange der Tod oder der Verlust der Geschäftsfä-higkeit der genannten Personen die Vertretungsbefugnis eines gemäß Art. 120 **bestellten Vertre-ters** nicht berührt, wird das Verfahren jedoch **nur auf Antrag dieses Vertreters** unterbrochen. Stirbt der Vertreter selbst, ist keine Unterbrechung vorgesehen.

Nach dem Wortlaut des Abs. 1 ist eine Unterbrechung nur anwendbar, falls der Anmelder oder **2** **Inhaber einer Unionsmarke** betroffen ist. Es ist fraglich, ob die Vorschrift entsprechend auf andere Verfahrensbeteiligte angewandt werden kann. Nach Auslegung des EuG gibt es keinen Grund zur analogen Anwendung auf einen Nichtigkeitsantragsteller, der eine Frist versäumt und einen Antrag auf Wiedereinsetzung nach Art. 104 hätte stellen können (EuG T-635/20, GRUR-RS 2021, 29120 Rn. 45 – Juvéderm vybrance).

Das Verfahren vor dem Amt wird **wieder aufgenommen,** sobald die Identität der Person, **3** die zur Fortsetzung des Verfahrens berechtigt ist, festgestellt ist.

Das Verfahren zur Unterbrechung ist nunmehr näher in Art. 72 DVUM geregelt. Damit wurde **4** Regel 73 GMDV in die UMV eingepflegt. Eine inhaltliche Änderung war hiermit nicht verbun-den.

B. Aussetzung

5   Seit dem 3.5.2018 ist auch die interessantere Frage in **Art. 71 DVUM** geregelt, in welchen **Fällen** das Amt ein zweiseitiges Verfahren **auszusetzen** hat; insbesondere ob und wann einem Antrag auf Aussetzung eines Widerspruchs oder Nichtigkeitsverfahren stattzugeben ist, weil die **älteren Marken selbst Gegenstand eines (nationalen) Löschungsverfahrens** sind. Hiernach **kann** die zuständige Abteilung oder Beschwerdekammer Widerspruchsverfahren, Verfahren zur Erklärung des Verfalls oder der Nichtigkeit und Beschwerdeverfahren von Amts wegen aussetzen, wenn eine Aussetzung unter den gegebenen Umständen angemessen ist; oder auf begründeten Antrag **eines** der Beteiligten in mehrseitigen Verfahren aussetzen, wenn eine Aussetzung unter den gegebenen Umständen unter Berücksichtigung der Interessen der Beteiligten und dem Verfahrensstadium angemessen ist.

6   Dem Amt kommt nach bisheriger Rechtsprechung grundsätzlich ein **weites Ermessen** hinsichtlich der Gewährung einer Aussetzung zweiseitiger Verfahren zu, falls der **Antrag von nur einem der Beteiligten erfolgt** (EuG T-162/18, BeckRS 2019, 1386 Rn. 34 – ALTOS; T-811/14, BeckRS 2017, 135594 Rn. 54 – Fair & Lovely). Wird das Ermessen ausgeübt (und die Ausübung in der Begründung der Entscheidung reflektiert), so ist die Kontrolle des Ermessens durch das Gericht auf die Prüfung offensichtlicher Beurteilungsfehler und Ermessensmissbrauch bzw. auf Ermessensnichtgebrauch beschränkt (EuG T-162/18, BeckRS 2019, 1386 Rn. 36 – ALTOS; T-811/14, BeckRS 2017, 135594 Rn. 55 – Fair & Lovely; zum Ermessen → Art. 95 Rn. 159 ff.). Die bloße Tatsache eines anhängigen Löschungsantrags gegen die ältere(n) Marke(n) ist nicht zwingend ausreichend (EuG T-162/18, BeckRS 2019, 1386 Rn. 38 – ALTOS). Das Amt hat eine **Interessenabwägung** der Beteiligten und evtl. Dritter durchzuführen. Hierzu gehört nach Ansicht des EuG eine summarische Prüfung der Erfolgsaussichten eines gegen die ältere Marke anhängigen Löschungsverfahrens (eingehend EuG T-162/18, BeckRS 2019, 1386 Rn. 38 – ALTOS; T-811/14, BeckRS 2017, 135594 Rn. 56 ff. – Fair & Lovely; T-544/14, BeckRS 2015, 81733 Rn. 26 – ALETE; T-664/13, BeckRS 2015, 81734 Rn. 34 – PETCO). Abhängig von dem jeweiligen Einzelfall (zB Stand des Löschungsverfahrens, Verfahren vor nationalen Behörden und Gerichten) wird es der Beschwerdekammer kaum möglich sein, eine summarische Prüfung des nationalen Verfahrens durchzuführen. Nichtigkeitsverfahren können sich außerdem über Jahre ziehen, so dass eine Aussetzung unabhängig von den Erfolgschancen unter Umständen nicht angemessen ist. Solange die ältere Marke nicht gelöscht ist, gilt der Grundsatz der Gültigkeit, der gegen eine Aussetzung des Verfahrens spricht. Es bleibt abzuwarten, ob eine Ablehnung des Antrags auf Aussetzung unter expliziter Darlegung der Unsicherheit des Ausgangs des nationalen Verfahrens und der Gültigkeitsvermutung einer Überprüfung durch das Gericht standhält. Bislang wurden die Entscheidungen der Beschwerdekammern vor allem deshalb aufgehoben, da es an einer expliziten Begründung und vor allem einer Abwägung der Interessen fehlte.

7   Wird die **Aussetzung von beiden Beteiligten** im zweiseitigen Verfahren beantragt, hat das Amt nun nach Art. 71 Abs. 2 DVUM das Verfahren **zwingend** (!) für einen Zeitraum auszusetzen, der **sechs Monate nicht überschreiten darf.** Der Aussetzung kann weiter auf gemeinsamen Antrag **bis zu zwei Jahren** verlängert werden. Die Fassung des Art. 71 Abs. 2 DVUM 2017 enthielt noch einen Tippfehler: anstatt Abteilung der Beschwerdekammer musste es Abteilung **oder** Beschwerdekammer heißen. Dieser Fehler wurde durch die DVUM 2018 berichtigt. Die Regelung ist horizontal und findet auf die erste und zweite Instanz Anwendung. Nach der Praxis des Amtes soll die Maximalfrist von zwei Jahren absolut gelten. Das heißt, die Aussetzungen werden summiert. So kann das Verfahren nicht wieder aufgenommen und dann erneut ausgesetzt werden, wenn die zwei Jahre ausgeschöpft sind (EUIPO Richtlinien, Teil C, Widerspruch, Abschnitt 1, 6.3.1). Dies gilt für das Verfahren insgesamt, also auch für eine sich anschließende etwaige Beschwerde. Allerdings ist es dem Amt stets möglich nach Abs. 1 lit. 1 das Verfahren von Amts wegen auch noch nach zwei Jahren auszusetzen.

8   Die Aussetzung ist für die Beschwerde nun auch in Art. 44 EUIPO-BKVfO geregelt. Hiernach entscheidet über eine Aussetzung bis zu sechs Monaten der Geschäftsstellenleiter. Über eine weitere Aussetzung entscheidet der Vorsitzende der Beschwerdekammer. Der Antrag soll nach Art. 44 Abs. 5 EUIPO-BKVfO auf einem gesonderten Dokument gestellt werden. Da es sich hierbei um eine Voraussetzung handelt, die nicht in der UMV, der UMDV und der DVUM vorgesehen ist, ist deren Rechtmäßigkeit fraglich. Spezifiziert der Antrag keinen Zeitraum, wird für zwei Monate ausgesetzt (Art. 44 Abs. 6 EUIPO-BKVfO).

9   Geklärt ist nun durch Art. 44 Abs. 6 EUIPO-BKVfO, dass die Beteiligten das Verfahren nicht schon vor der Beschwerdebegründung aussetzen können, es sei denn die Parteien beantragen eine Mediation (Art. 170 Abs. 4).

Söder

Fraglich war nach der Rechtslage vor der Reform, ob nach Wiederaufnahme des Verfahrens **10** die bereits abgelaufene Frist weiter läuft oder das Amt eine ganz neue Frist zu setzen hat. Letzteres war bislang Amtspraxis und wurde nun in Art. 71 Abs. 3 DVUM kodifiziert. Zur Fristverlängerung auf Antrag → Art. 101 Rn. 8 ff.; zur Fristunterbrechung aufgrund unmöglicher Zustellung → Art. 98 Rn. 31.

Art. 107 Heranziehung allgemeiner Grundsätze

Soweit diese Verordnung oder die gemäß dieser Verordnung erlassenen Rechtsakte keine Verfahrensvorschriften enthalten, berücksichtigt das Amt die in den Mitgliedstaaten allgemein anerkannten Grundsätze des Verfahrensrechts.

Überblick

Art. 107 (zuvor Art. 83 GMV) ist das Einfallstor für die Anwendung allgemeiner Grundsätzen des Verfahrensrechts aller Mitgliedstaaten im Falle einer Gesetzeslücke. Mit der Neufassung des Art. 107 im Wege der Reform sind keine inhaltlichen Änderungen verbunden.

Übersicht

A. Grundsatz

Besteht eine **verfahrensrechtliche Lücke** in der UMV der DVUM oder der UMDV können **1** nach Art. 107 (zuvor Art. 83 GMV) allgemeine Grundsätze des **Verfahrensrechts der Mitgliedstaaten** herangezogen werden. Liegt keine Regelungslücke vor, ist der Anwendungsbereich der Norm nicht eröffnet (EuG 3.5.2018 – T-193/17, T-194/17 und T-195/17, nv, Rn. 45 ff. – Rosa Bildmarken).

Der Wortlaut des Art. 107 stellt explizit auf allgemeinen Grundsätzen des Verfahrensrechts ab, **2** die die Mitgliedstaaten anerkennen. Entscheidungen des Amtes, des EuG und des EuGH stellen zwar auf allgemeine verfahrensrechtliche Prinzipien ab, berufen sich aber in der Regel nicht explizit auf Art. 107.

Zu den allgemeinen Grundsätzen des Verfahrensrechts, die nicht ausdrücklich geregelt sind, **3** gehören insbesondere:
• der Grundsatz des Vertrauensschutzes (→ Rn. 7);
• der Grundsatz der Rechtssicherheit (vgl. EuG T-576/17, BeckRS 2019, 101 Rn. 87 – SEÑORITA);
• das Gleichbehandlungsprinzip (→ Rn. 5);
• der Grundsatz der Rechtsschutzgarantie (EuG T-360/10, BeckRS 2012, 82166 Rn. 32 ff.);
• der Grundsatz der ordnungsmäßigen Verwaltung (zB Selbstbindung der Verwaltung oder Verfahrensökonomie; → Rn. 5; vgl. EuG T-576/17, BeckRS 2019, 101 Rn. 87 – SEÑORITA):
• der Grundsatz der Verhältnismäßigkeit und
• das Verbot der „reformatio in peius".

Allgemeine Prinzipien, die ausdrücklich in der UMV Regelung gefunden haben, sind zB die **4** Begründungspflicht (Art. 94 S. 1), der Amtsermittlungsgrundsatz (Art. 95 Abs. 1), der Anspruch auf rechtliches Gehör (Art. 94 S. 2) und die „res iudicata" (→ Art. 63 Rn. 63 ff.). Das Gericht hält es allerdings für zweifelhaft, ob die „in diesem Bereich im Allgemeinen anerkannten Grundsätze" aus den nationalen Vorschriften und der nationalen Rechtsprechung zum Zivilverfahrensrecht abgeleitet werden können, da die Prüfungsinstanzen und die Beschwerdekammern des EUIPO keine gerichtlichen Instanzen seien (EuG 3.5.2018 – T-193/17, T-194/17 und T-195/17, nv, Rn. 58 – Rosa Bildmarken).

B. Einzelne Fallgruppen

I. Beachtung von Voreintragungen und -entscheidungen

5   Die Beteiligten bringen häufig in Verfahren vor dem Amt vor, dass das Amt oder ein nationales Amt oder ein Gericht einen vergleichbaren Fall bereits in eine bestimmte Richtung entschieden habe. Sie stützen sich damit auf das Prinzip der **Gleichbehandlung** sowie die **Selbstbindung der Verwaltung** als Auswuchs das Prinzip der ordnungsgemäßen Verwaltung (vgl. EuG T-798/16, BeckRS 2017, 133335 Rn. 56 ff. – REAL; T-189/11, BeckRS 2013, 80145 Rn. 33 – DISCO DESIGNER/DICSO; T-415/11, BeckRS 2012, 82385 Rn. 36 – Nutriskin Protection Complex; T-584/10, BeckRS 2012, 81997 Rn. 61 – TEQUILA MATADOR HECHO EN MEXICO / MATADOR; T-585/10, BeckRS 2012, 82087 Rn. 20 – PTENEO/XENTEO; T-435/11, BeckRS 2012, 81255 Rn. 38 – UniversalPHOLED; T-41/09, BeckRS 2012, 81193 Rn. 54 – Bebio/BEBA; T-321/09, BeckRS 2012, 80220 Rn. 44 – arrybox; T-260/08, BeckRS 2012, 80859 Rn. 47 ff. – VISUAL MAP/VISUAL) oder auf den **Vertrauensschutz** (EuG BeckRS 2012, 82454 Rn. 67 ff. – PHOTOS.COM; → Rn. 7 ff.).

6   Diese Grundsätze finden ihre Grenzen im **Gebot des rechtmäßigen Handelns** und im **Prinzip der Rechtssicherheit.** Es soll, wie auch im deutschen Recht, kein Recht im Unrecht geben. Niemand soll sich auf eine fehlerhafte Rechtsanwendung zugunsten eines anderen berufen können, um eine identische Entscheidung zu erlangen (vgl. EuG T-458/13, BeckRS 2014, 82446 Rn. 36 – GRAPHENE; T-415/11, BeckRS 2012, 82385 Rn. 36 – Nutriskin Protection Complex; T-584/10, BeckRS 2012, 81997 Rn. 62 – TEQUILA MATADOR HECHO EN MEXICO /MATADOR; T-585/10, BeckRS 2012, 82087 Rn. 20 – PTENEO/XENTEO; T-435/11, BeckRS 2012, 81255 Rn. 38 – UniversalPHOLED; T-321/09, BeckRS 2012, 80220 Rn. 44 – arrybox; T-260/08, BeckRS 2012, 80859 Rn. 48 – VISUAL MAP/VISUAL). Nicht schutzfähige Marken sollen demnach nicht eingetragen werden, bloß weil bereits vorher eine identische oder ähnliche Marke fälschlicherweise eingetragen wurde. Es ist stets nach den spezifischen Umständen jedes Einzelfalles zu entscheiden (EuG T-153/20, GRUR-RS 2021, 1344 Rn. 75 – LICHTYOGA; T-439/18, GRUR-RS 2019, 9282 Rn. 55 ff. – ProAssist; T-189/11, BeckRS 2013, 80145 Rn. 33 – DISCO DESIGNER/DICSO; T-338/11, BeckRS 2012, 82454 Rn. 69 ff. – PHOTOS.COM; T-415/11, BeckRS 2012, 82385 Rn. 36 – Nutriskin Protection Complex; T-41/09, BeckRS 2012, 81193 Rn. 54 – Bebio/BEBA).

II. Vertrauensschutz

7   Nach ständiger Rechtsprechung kann sich jeder auf den Vertrauensschutz berufen, der sich in einer Lage befindet, aus der sich ergibt, dass die Unionsverwaltung bei ihm, insbesondere durch **bestimmte Zusicherungen, begründete Erwartungen** geweckt hat (EuG T-523/10, BeckRS 2012, 81335 Rn. 83 – my baby/mybaby; T-293/10, BeckRS 2012, 81769 Rn. 38 f.; T-488/09, GRUR Int 2011, 856 Rn. 52, 55 – REDTUBE/Redtube; T-419/07, GRUR Int 2010, 54 Rn. 46 – OKTATECH).

8   In der Regel scheitert eine Verletzung daran, dass durch das Handeln der Verwaltung keine begründete Erwartung geweckt wird. Der Beschwerdeführer muss auf Erwartungen verweisen können, die sich auf genaue Zusicherungen oder ein Verhalten der Verwaltung gründen, durch das bei einem gutgläubigen Bürger, der die erforderliche Sorgfalt eines durchschnittlich informierten Wirtschaftsteilnehmers an den Tag legt, eine **verständliche Verwirrung** hervorgerufen werden konnte (EuG T-419/07, GRUR Int 2010, 54 Rn. 52 – OKTATECH).

9   Häufig liegt hingegen **keine Zusicherung** im Handeln der Verwaltung. Zusicherungen sind klare, nicht an Bedingungen geknüpfte und übereinstimmende Auskünfte von zuständiger und zuverlässiger Seite (EuG T-276/16, GRUR-Prax 2017, 504 Rn. 68 – Boswelan; T-523/10, BeckRS 2012, 81335 Rn. 83 – my baby/mybaby; T-419/07, GRUR Int 2010, 54 Rn. 46 – OKTATECH). Irrelevant ist die Form der Mitteilung.

10   Ein **bloßes (unverbindliches) Telefongespräch,** in dem das Amt mitteilt, dass eine neue Beschwerdefrist gilt, genügt etwa nicht aus, um einen Vertrauensschutz zu begründen. Einem sorgfältigen Beteiligten obliegt es, zumindest eine schriftliche Bestätigung der mündlichen Zusage zu verlangen (EuG T-419/07, GRUR Int 2010, 54 Rn. 53 – OKTATECH).

11   Auch die **Richtlinien des Amtes** stellen nicht unbedingt eine Zusicherung da, da diese allgemeinen Charakter haben (so EuG T-276/16, GRUR-Prax 2017, 504 Rn. 69 – Boswelan).

12   Auch hat ein Anmelder keinen Anspruch auf Eintragung einer Marke weil ein Prüfungsverfahren lange dauert. In der Veröffentlichung eine Anmeldung liegt keine Zusicherung deren späterer

Eintragung. Das Prüfungsverfahren kann bis zur Eintragung jederzeit wiedereröffnet werden (EuG T-293/10, BeckRS 2012, 81769 Rn. 38 f.).

Liegt eine Zusicherung des Amtes vor begründet diese dennoch **keinen Vertrauensschutz,** 13 **falls** die Zusicherung „den anwendbaren Bestimmungen des Unionsrechts nicht entspricht" (EuG T-523/10, BeckRS 2012, 81335 Rn. 83, 104 – my baby/mybaby; T-488/09, GRUR Int 2011, 856 Rn. 56 – REDTUBE/Redtube), also **rechtswidrig** ist.

Teilt das Amt etwa fälschlicherweise mit, dass ein Widerspruch erhoben wurde, obwohl die 14 Widerspruchsgebühr nicht entrichtet wurde, liegt in der Mitteilung keine Zusicherung. Das Amt kann sich nicht wirksam verpflichten, einen nicht wirksam eingelegten Widerspruch als erhoben zu behandeln.

Der Beteiligte, der sich auf den Vertrauensschutz beruft hat den **Beweis** zu erbringen, dass der 15 von Seiten des EUIPO eine klare Zusicherungen erhalten hat (EuG T-276/16, GRUR-Prax 2017, 504 Rn. 69 – Boswelan).

III. Rechtssicherheit

1. Rückwirkungsverbot

Zu dem Prinzip der Rechtssicherheit gehört zB, dass eine Änderung der Rechtslage grundsätz- 16 lich **keine rückwirkende Anwendung** finden kann (EuG C-214/09 P, BeckRS 2010, 90949 Rn. 35 – BUDWEISER/BUDWEISER, zur Rückwirkung der reformierten Durchführungsverordnung).

So hat das EuG festgestellt, dass die Änderungen in der Klassifizierungspraxis des Amts aufgrund 17 des „IP-Translator"-Urteils des EuGH (EuGH C-307/10, BeckRS 2012, 81267) und der darauf folgenden Mitteilung des Präsidenten des Amtes Nr. 2/12 erst am 20.6.2012 in Kraft treten. Hiernach müssen Anmelder konkretisieren, ob sie alle Waren und Dienstleistungen der alphabetischen Liste in einer Klasse in Anspruch nehmen wollen, falls sie Klassenüberschriften anmelden. Jedenfalls für Anmeldungen vor dem 20.6.2012 gilt aus Gründen der Rechtssicherheit, wie in der vorherigen Mitteilung des Präsidenten Nr. 4/03 vorgesehen, dass die Klassenüberschriften einer Klasse alle Waren bzw. Dienstleistungen dieser Klasse umfassen (EuG T-66/11, BeckRS 2013, 80236 Rn. 50 – babilu/BABIDU).

Das Prinzip des Verbots der Rückwirkung von Rechtsakten spielt auch bei der Reform der 18 UMV eine Rolle.

2. Wirksamkeit fehlerhafter Rechtsakte/Rücknahme von Rechtsakten

Aus Gründen der Rechtssicherheit gelten selbst fehlerhafte Rechtsakte als wirksam, falls kein 19 Rechtsmittel erhoben wird. Dieser Grundsatz soll nur in absoluten Ausnahmefällen bei Vorliegen besonders schwerer Fehler durchbrochen werden (→ Art. 103 Rn. 2 ff.).

Allerdings geht das EuG davon aus, dass nach dem allgemeinen Prinzip der ordnungsmäßigen 20 Verwaltung **illegale administrative Rechtsakte** innerhalb einer angemessenen Zeit zurückgenommen werden können. Das Prinzip soll nach dem EuG grundsätzlich neben der Möglichkeit des Widerrufs iSd Art. 103 gelten (eingehend zur Rechtslage vor der Reform EuG T-727/16, BeckRS 2018, 1581 Rn. 60 ff. – REPOWER). Da das Vertrauen auf illegale Rechtsakte nicht schutzwürdig sei, stünde das Prinzip dem Prinzip der Rechtssicherheit nicht entgegen. Demnach ist das Amt im Einzelfall über Art. 103 hinaus zur Rücknahme seiner Entscheidungen befugt.

3. Auslegung

Aufgrund des Prinzips der Rechtssicherheit muss einem Begriff, der in verschiedenen Bestim- 21 mungen eines Rechtsakts verwendet wird, die gleiche Bedeutung beigemessen werden, unabhängig davon, in welcher Bestimmung er sich findet (EuG T-378/11, BeckRS 2013, 80356 Rn. 41 – MEDINET/MEDINET).

C. Res judicata

Das EuG hat mehrfach festgestellt, dass das Prinzip der res judicata grundsätzlich **nicht** auf die 22 Entscheidungen des Amtes Anwendung finde, da es sich nicht um Gerichtsentscheidungen handele und die Verordnung keine solche Wirkung vorsehe. Somit haben etwa **Widerspruchsentscheidungen keine bindende Wirkung** auf nachfolgende Nichtigkeits- oder Verfallsanträge zwischen denselben Parteien und hinsichtlich derselben Marken (EuG T-583/14, BeckRS 2015, 123014

Rn. 21 – FLAMINAIRE) oder auf **parallele Widerspruchsverfahren** (EuG T-543/13, BeckRS 2016, 80918 Rn. 25 – PRANAYUR).

23 Allerdings ist der **Antrag auf Erklärung des Verfalls oder der Nichtigkeit** nach Art. 56 Abs. 2 **unzulässig,** wenn entweder das Amt oder das in Art. 95 genannte Unionsmarkengericht über einen Antrag wegen desselben Anspruchs zwischen denselben Parteien in der Hauptsache bereits rechtskräftig entschieden hat. Das Prinzip der res iudicata ist also in der UMV für Löschungsverfahren niedergelegt (→ Art. 63 Rn. 63). Der Anwendungsbereich ist aber entsprechend eng.

24 Fraglich ist, inwiefern eine **Beschwerdekammerentscheidung** die untere Instanz oder ein später eingereichtes Verfahren in derselben Sache bindet (→ Art. 71 Rn. 32, insbesondere die Detailausführungen).

25 Nach ständiger Rechtsprechung stellt eine Entscheidung, durch die lediglich eine frühere, **nicht fristgerecht angefochtene** Entscheidung bestätigt wird, keine anfechtbare Handlung dar. Das EuG hat daher hinsichtlich einer (identischen!) Anmeldung, die bereits von der Kammer rechtskräftig zurückgewiesen wurde, entschieden, dass eine Klage gegen die erneute Zurückweisung der **Wiederholungsanmeldung** unzulässig sei (EuG T-157/08, BeckRS 2011, 80111 Rn. 28 ff. – Insulate for life; T-545/14, BeckEuRS 2015, 447225 Rn. 18 ff. – engineering for a better world). Anderenfalls würde die Klagefrist hinsichtlich der ersten Zurückweisung, gegen die keine Klage erhoben worden war, durch eine Wiederholungsanmeldung ausgehöhlt. Die große Beschwerdekammer hat diesen Grundsatz auf Wiederholungsanmeldungen, gegen deren Zurückweisung Beschwerde eingereicht wird, angewendet. Beschwerden gegen die erstinstanzliche Zurückweisung einer Wiederholungsanmeldungen seien damit unzulässig (HABM BK 16.11.2015 – R 1649/2011-G Rn. 16 ff. – SHAPE OF A BOTTLE). Es bleibt abzuwarten, ob diese Theorie vor Gericht standhält. In jedem Fall ist den Anmeldern bei einer Wiederholungsanmeldung zu empfehlen, ein anderes Verzeichnis zu wählen, das Zeichen zu ändern oder zumindest darzulegen, weshalb sich der Sachverhalt von dem der ersten Anmeldung unterscheidet.

Art. 108 Beendigung von Zahlungsverpflichtungen

(1) Ansprüche des Amts auf Zahlung von Gebühren erlöschen nach vier Jahren nach Ablauf des Kalenderjahres, in dem die Gebühr fällig geworden ist.

(2) Ansprüche gegen das Amt auf Rückerstattung von Gebühren oder von Geldbeträgen, die bei der Entrichtung einer Gebühr zu viel gezahlt worden sind, erlöschen nach vier Jahren nach Ablauf des Kalenderjahres, in dem der Anspruch entstanden ist.

(3) ¹Die in Absatz 1 vorgesehene Frist wird durch eine Aufforderung zur Zahlung der Gebühr und die Frist des Absatzes 2 durch eine schriftliche Geltendmachung des Anspruchs unterbrochen. ²Diese Frist beginnt mit der Unterbrechung erneut zu laufen und endet spätestens sechs Jahre nach Ablauf des Jahres, in dem sie ursprünglich zu laufen begonnen hat, es sei denn, dass der Anspruch gerichtlich geltend gemacht worden ist; in diesem Fall endet die Frist frühestens ein Jahr nach Eintritt der Unanfechtbarkeit der Entscheidung.

Überblick

Art. 108 (zuvor Art. 85 GMV) regelt das Erlöschen von Ansprüchen auf Zahlung von Gebühren an das Amt (→ Rn. 3 ff.) und von Rückerstattungsansprüchen gegen das Amt (→ Rn. 6 ff.). Die Gebührenverordnung ist im Zuge der Reform in Art. 144 ff. sowie den Anh. I eingepflegt worden.

Übersicht

A. Übersicht: Gebühren

Die Reform 2016 hat das Erlöschen von Ansprüchen auf Zahlung an das Amt sowie das **1** Erlöschen von Rückerstattungsansprüchen nicht direkt berührt. Die Gebühren selbst sind aber überwiegend mit Wirkung vom 23.3.2016 gesenkt worden. In Folge dessen können ab dem 23.3.2016 Rückerstattungsansprüche der Nutzer gegenüber dem Amt für zu viel gezahlte Gebühren bestehen (zur Widerspruchsgebühr → Rn. 21; zur Beschwerdegebühr → Rn. 24; zur Verlängerungsgebühr → Rn. 27).

Die neuen Gebühren sind in **Anh. I** niedergelegt (zur Kommentierung → Anh. I Rn. 1; s. **2** auch https://euipo.europa.eu/ohimportal/de/fees-payable-direct-to-euipo, zuletzt abgerufen am 6.10.2022). Die **wichtigsten Gebühren** im Überblick:

Verfahren	frühere Gebühr	Gebühr ab 23.3.2016
Anmeldung	1.050 Euro – drei Klassen	1.000 Euro – umfasst eine Klasse 850 Euro – umfasst eine Klasse
Anmeldung elektronisch	900 Euro – drei Klassen	50 Euro – zweite Klasse 150 Euro – jede weitere Klasse
Verlängerung Unionsmarke, elektronisch	1.500 Euro – drei Klassen	1.000 Euro – eine Klasse zweite und weitere Klassen s. oben
Verlängerung Unionsmarke, elektronisch	1.350 Euro – drei Klassen	850 Euro – eine Klasse zweite und weitere Klassen s. oben
Widerspruchsgebühr	350 Euro	320 Euro
Antrag auf Verfall oder Nichtigkeit	700 Euro	630 Euro
Beschwerdegebühr	800 Euro	720 Euro

B. Erlöschen von Ansprüchen des Amtes auf Zahlung von Gebühren (Abs. 1)

Art. 108 Abs. 1 regelt die Beendigung von Verpflichtungen zur Zahlung von **Gebühren** gegen- **3** über dem Amt. Die Zahlungsverpflichtung verjährt nach vier Jahren nach Ablauf des Kalenderjahres, in dem die Gebühr fällig wurde.

Die Norm bezieht sich ausschließlich auf Zahlungsverpflichtungen, die in der UMV und **4** GMDV als **Gebühren** ausgewiesen sind. Nicht erfasst sind alle anderen Zahlungsverpflichtungen an das Amt, nämlich Entgelte wie Preise oder Kosten (etwa Kosten für die Beweisaufnahme nach Art. 97 Abs. 5).

Da die Nichtzahlung einer Gebühr den Verlust einer Rechtsposition und damit das Erlöschen **5** des Zahlungsanspruchs des Amtes zur Folge hat, **hat die Norm** quasi **keinen Anwendungsbereich.** So gelten folgende Anträge als nicht gestellt bzw. werden vom Amt nicht behandelt, falls die entsprechende Gebühr nicht rechtzeitig und vollständig entrichtet wird. Der Anspruch des Amts **bei Nichtzahlung oder unvollständiger Zahlung außerhalb der Zahlungsfrist** geht in folgenden Fällen unter oder ist nicht durchsetzbar, so dass Art. 108 nicht zur Anwendung kommt:
- Anmeldegebühr (Art. 31 Abs. 2; Art. 31; Art. 32; Art. 41 Abs. 3 und 5; Art. 184 Abs. 4 und 5,
- Gebühr für die Teilung einer Anmeldung (Art. 50 Abs. 3) oder Eintragung (Art. 56 Abs. 4),
- Widerspruchsgebühr (Art. 46 Abs. 3; Art. 196 Abs. 2; Art. 5 Abs. 1 DVUM),
- Beschwerdegebühr (Art. 68; Art. 23 Abs. 3 DVUM),
- Gebühr für Verfalls- bzw. Nichtigkeitsantrag (Art. 63 Abs. 2; Art. 15 Abs. 3 DVUM),
- Gebühr für die Verlängerung einer Marke (Art. 53 Abs. 1, 3, 5 und 8),
- Umwandlungsgebühr (Art. 140 Abs. 1; Art. 113 Abs. 3),
- Gebühr für die Überprüfung der Kostenfestsetzung (Art. 109 Abs. 8),
- Gebühr für die Prüfung einer Widereinsetzung (Art. 104 Abs. 3),

- Gebühr für die Weiterbehandlung (Art. 105 Abs. 1),
- Gebühr für eine Akteneinsicht und (beglaubigte) Kopien (Art. 114 Abs. 6),
- Gebühr für eine Auskunft aus den Akten (Art. 114 Abs. 7),
- Gebühr für Recherchen durch die Zentralbehörde der Mitgliedstaaten (Art. 43 Abs. 2),
- Gebühr für Abschriften der Eintragungsurkunde (Art. 51 Abs. 2),
- Gebühr für eine Änderung der Eintragung (Art. 54 Abs. 4),
- Gebühr für Eintragung von Lizenzen und anderen Rechten (Art. 26 Abs. 2),
- Gebühr für Löschung oder Änderung der Eintragung von Lizenzen und anderen Rechten (Art. 25 Abs. 3).

C. Ansprüche auf Erstattung von Gebühren gegen das Amt (Abs. 2)

I. Grundsatz

6   Ansprüche gegen das Amt auf Rückerstattung von Gebühren oder von Geldbeträgen, die bei der Entrichtung einer Gebühr zu viel gezahlt worden sind, erlöschen gemäß Art. 108 Abs. 2 nach vier Jahren nach Ablauf des Kalenderjahres, in dem der Anspruch entstanden ist.

7   Geregelt werden, anders als in Abs. 1, nicht nur die Verjährung von Ansprüchen auf Erstattung von Gebühren, sondern die Ansprüche auf Erstattung jeglicher Geldbeträge, die ohne Rechtsgrundlage an das Amt entrichtet wurden.

8   In der Regel erstattet das Amt ohne Rechtsgrundlage gezahlte Gebühren von sich aus zurück. Dennoch ist es empfehlenswert, einen entsprechenden Antrag auch mit Blick auf eine Verjährungsfristunterbrechung zu stellen (→ Rn. 31). Die Geldbeträge werden entweder auf ein beim Amt bestehendes Konto des Anspruchsinhabers oder, falls per Banküberweisung oder Kreditkarte gezahlt wurde, auf ein Bankkonto überwiesen (EUIPO-Richtlinien, Teil A, Allgemeine Regeln, Abschnitt 3, 5).

9   **Geringfügige Beträge** werden allerdings nach Art. 181 Abs. 4 (vor dem 23.3.2016: Art. 10 Abs. 1 VO (EG) 2869/95) nicht von Amts wegen, sondern nur auf Antrag zurückerstattet. Nach Art. 181 Abs. 4 kann der Exekutivdirektor mit Zustimmung des Haushaltsausschusses die Grenze bestimmen, unterhalb derer zu viel gezahlte Gebühren oder Entgelte nicht erstattet werden. Der geringfügige Betrag ist durch Art. 18 Beschluss des Exekutivdirektor EX-17-7 bezüglich der Zahlungsarten für Gebühren und Entgelte und zur Bestimmung des geringfügigen Betrags einer Gebühr oder eines Entgelts (konsolidierte Fassung) auf **15 Euro** festgesetzt. Der Beschluss löste Art. 1 Beschluss Nr. EX-03-6 des Präsidenten des Amtes vom 20.1.2003 mit Wirkung zum 1.10.2017 ab.

10   Falls das Amt geringfügige Beträge ausnahmsweise nicht von sich aus zurückzahlt, sollte der Anspruchsinhaber innerhalb der Verjährungsfrist einen schriftlichen „Antrag" auf Erstattung der Gebühr bzw. des Geldbetrags stellen (→ Rn. 30, → Rn. 31).

II. Ansprüche auf Rückerstattung

1. Anspruch auf Rückerstattung zu spät geleisteter Gebühren

11   Ein Anspruch auf Rückerstattung einer Gebühr besteht regelmäßig **falls eine Gebühr zu spät entrichtet** wurde. In diesem Fall gilt ein gebührenpflichtiger Antrag in aller Regel als nicht gestellt, so dass damit der Zahlungsanspruch des Amts erlischt und die Zahlung folglich ohne Rechtsgrundlage geleistet wurde (→ Rn. 5).

12   Ausdrücklich geregelt ist die Rückerstattung der zu spät gezahlten **Widerspruchsgebühr** (Art. 5 Abs. 1 DVUM), der Gebühr für einen **Verfalls oder Nichtigkeitsantrag** innerhalb einer vom Amt gesetzten Frist (Art. 15 Abs. 1 DVUM) und der **Beschwerdegebühr** (Art. 23 Abs. 3 DVUM).

13   Eine Zahlungsfrist gilt nach Art. 181 Abs. 1 (vor dem 23.3.2016 Art. 9 Abs. 1 VO (EG) 2869/95) grundsätzlich nur dann als eingehalten, falls **der volle Gebührenbetrag rechtzeitig** bezahlt wird. Ist die Gebühr nicht in voller Höhe gezahlt worden, so wird der gezahlte Betrag nach Ablauf der Zahlungsfrist erstattet. Das Amt kann jedoch, soweit es die laufende Frist erlaubt, dem Einzahler Gelegenheit geben, den fehlenden Betrag nachzuzahlen oder, wenn dies gerechtfertigt erscheint, geringfügige Fehlbeträge ohne Rechtsnachteil für den Einzahler unberücksichtigt lassen (Art. 181 Abs. 2; vor dem 23.3.2016 Art. 9 Abs. 1 VO (EG) 2869/95).

2. Erstattung der Anmeldegebühr

Ein Anspruch auf Erstattung der Anmeldegebühr besteht, falls der Anmeldung Fehler iSd **14** Art. 41 Abs. 1 lit. a iVm Art. 32 anhaften und diese nicht rechtzeitig behoben werden. Die Anmeldung wird dann nach Art. 41 Abs. 3 (ehemals Regel 9 Abs. 2 S. 3 GMDV) nicht als Anmeldung einer Unionsmarke behandelt und die Anmeldegebühr ist zurückzuerstatten.

Bei Rücknahme einer Anmeldung wird die Gebühr grundsätzlich nicht erstattet, es sei denn **15** (i) bei **Banküberweisung,** falls die Anmeldung vor oder spätestens am gleichen Tag zurückgenommen wird, an dem der Betrag effektiv auf dem Bankkonto des Amtes verbucht ist (ii) bei **Zahlung per Debit- oder Kreditkarte,** falls die Rücknahme am selben der Tat der Anmeldung erfolgt, die die Anweisung zur Zahlung enthält oder (iii) bei Zahlung über ein **Konto bei dem EUIPO,** falls der Kontoinhaber ausdrücklich die Abbuchung der Anmeldegebühr am Ende der dafür vorgesehenen einmonatigen Zahlungsfrist angewiesen hat, oder, sofern später die Anweisung zur unmittelbaren Belastung des laufenden Kontos schriftlich erteilt wurde, und die Anmeldung vor oder spätestens zum Datum, an dem diese Anweisung eingegangen ist zurückgenommen wird (ausführlich EUIPO-Richtlinie, Teil A, Allgemeine Regeln, Abschnitt 3, 5.1.). Etwaige zusätzlich geleistete Klassengebühren werden ebenfalls erstattet.

3. Erstattung der Gebühr für einen Widerspruch oder Löschungsantrag

Die Widerspruchsgebühr (samt etwaig gezahlten Zuschlags nach Art. 181 Abs. 3; vor dem **16** 23.3.2016 Art. 8 Abs. 3 VO (EG) 2869/95) wird erstattet, falls der **Widerspruch** als **nicht eingelegt** gilt, zB falls (i) die Gebühr verspätet oder unvollständig entrichtet wird (Art. 5 Abs. 1 DVUM) oder (ii) sie rechtzeitig entrichtet wurde, die Widerspruchsschrift aber außerhalb der Widerspruchsfrist beim Amt eingeht (EUIPO-Richtlinien, Teil A, Allgemeine Regeln, Abschnitt 3, 5.2).

Außerdem wird die Gebühr erstattet, falls die angefochtene **Anmeldung innerhalb** der **Cooling-off-Frist** vollständig oder soweit angegriffen **zurückgenommen** wird oder falls der Widersprechende seinen Widerspruch nach einer teilweisen Beschränkung der Anmeldung innerhalb der Cooling-off-Frist (auf Anfrage des Amtes) zurücknimmt (Art. 6 Abs. 5 DVUM). **17**

Wird eine Anmeldung aufgrund absoluter Schutzhindernisse von Amts wegen zurückgewiesen **18** aber fälschlicherweise veröffentlicht, so ist ein Widerspruch gegen **die nicht existierende Anmeldung** ebenfalls nicht existent. Eine geleistete Widerspruchsgebühr ist zurückzuerstatten. Auch wird die Widerspruchsgebühr erstattet, falls das Amt die angefochtene Anmeldung während des Widerspruchsverfahrens gemäß Art. 45 Abs. 3 nachbeanstandet und zurückweist (EUIPO-Richtlinien, Teil A, Allgemeine Regeln, Abschnitt 3, 5.2).

Wird ein **Widerspruch gegen die Erstreckung einer IR** auf die EU eingelegt bevor die **19** Prüfung von absoluten Eintragungshindernissen abgeschlossen ist, wird das Widerspruchsverfahren bis zum Ausgang des Prüfungsverfahrens ausgesetzt (EUIPO-Richtlinien, Teil M, Internationale Marken, 3.6.8). Wird der Anmeldung der Schutz aufgrund absoluter Eintragungshindernisse verweigert, so ist dem Widersprechenden nach Art. 77 Abs. 5 DVUM die Widerspruchsgebühr zu erstatten.

Sind **mehrere Widersprüche** gegen eine Anmeldung anhängig, kann das Amt zunächst nur **20** einen Widerspruch prüfen und die weiteren Verfahren bis zum Ausgang des ersten geprüften Widerspruchs aussetzen. Hat der Widerspruch Erfolg und erledigen sich in Folge dessen die weiteren Widersprüche, so erstattet das Amt jedem Widersprechenden, dessen Widerspruch sich erledigt hat, 50% der Widerspruchsgebühr. Gleiches gilt nach Art. 18 Abs. 2 DVUM bei **mehreren Nichtigkeits- oder Verfallsverfahren** gegen eine Eintragung.

Die Widerspruchsgebühr wurde mit Wirkung vom 23.3.2016 von 350 Euro auf 320 Euro **21** reduziert (Anh. I). Dies gilt jedenfalls für Widersprüche, die am oder nach dem 23.3.2016 eingelegt wurden. Hat der Widersprechende zu viel überwiesen, sollte er um einen Antrag auf Rückerstattung stellen.

4. Erstattung der Beschwerdegebühr

Art. 33 DVUM bestimmt in welchen Fällen die Beschwerdegebühr erstattet wird (s. auch **22** Art. 12 EUIPO-BKVfO), nämlich falls:
- die Beschwerde als nicht eingelegt gilt (lit. a).
- der Beschwerde im einseitigen Verfahren abgeholfen wird (→ Art. 69 Rn. 1 ff.; lit. b).
- die erstinstanzliche Entscheidung widerrufen wird (→ Art. 103 Rn. 1; lit. b).

- die Beschwerde gegen eine Widerspruchsentscheidung gegenstandslos geworden ist, weil die Beschwerdekammer einen Widerspruch ausgesetzt und den Prüfer angewiesen hat, die angefochtene Anmeldung aufgrund absoluter Eintragungshindernisse nach zu beanstanden (vgl. Art. 45 Abs. 3) und der Prüfer die angefochtene Anmeldung rechtskräftig zurückgewiesen hat (lit. c).
- Die Beschwerdekammer die Erstattung wegen eines **wesentlichen Verfahrensmangels** für gerecht erachtet (lit. d).

23 Eine allgemeine Regelung zur Erstattung der Beschwerdegebühr aus Billigkeitsgründen enthält Art. 33 DVUM nicht. Art. 33 DVUM löste Art. 51 GMDV ab und ist detaillierter (lit. a, lit. b Alt. 2 und lit. c wurden neu hinzugefügt).

24   Die Widerspruchsgebühr wurde mit Wirkung vom 23.3.2016 von 800 Euro auf 720 Euro reduziert. Dies gilt jedenfalls für Beschwerden, die am oder nach dem 23.3.2016 eingelegt wurden. Hat der Beschwerdeführer zu viel überwiesen, sollte er einen Antrag auf Rückerstattung stellen.

5. Anspruch auf Erstattung der Verlängerungsgebühr

25   Zu früh gezahlte Verlängerungsgebühren (vor sechs Monaten vor Ablauf der Eintragung) werden vom Amt nicht berücksichtigt und zurückerstattet (EUIPO-Richtlinien, Teil A, Allgemeine Regeln, Abschnitt 3, 5.6).

26   Wurde die Verlängerungsgebühr bereits entrichtet, erfolgt eine Verlängerung aber letztlich nicht, ist die Gebühr nach Art. 12 DVUM zu erstatten (zB falls die Gebühr nicht vollständig oder fristgerecht gezahlt wurde oder der Inhaber eine Verlängerungsanweisung rechtzeitig zurückzieht, vgl. EUIPO-Richtlinien, Teil A, Allgemeine Regeln, Abschnitt 3, 5.6). Hat der Markeninhaber die Verlängerung bereits angewiesen, so kann er diese Anweisung innerhalb der Verlängerungsfrist zurücknehmen. Hat er die Zahlung aber bereits angewiesen, ist eine Rücknahme und eine Erstattung der Gebühr nur möglich, solange die Rücknahme spätestens am selben Tag des Eingangs des Geldes erfolgt (→ Rn. 15). Bei Zahlung über ein EUIPO Konto und sofern der Kontoinhaber ausdrücklich angegeben hat, die Gebühr solle am Ende der sechsmonatigen Zahlungsfrist abgebucht werden, kann eine Rücknahme noch vor Ablauf der sechsmonatigen Verlängerungsfrist erfolgen. Bei Anweisung der sofortigen Belastung des Kontos, kann eine Rücknahme noch am selben Tag erfolgen (EUIPO-Richtlinien, Teil A, Allgemeine Regeln, Abschnitt 3, 5.6).

27   Ab dem 23.3.2016 wurde die Verlängerungsgebühr heruntergesetzt. Stichtag für die Berechnung einer Verlängerungsgebühr ist das Datum des Ablaufs der zu verlängernden Unionsmarke. Für Unionsmarken, die vor dem 23.3.2016 ablaufen, gelten die vorherigen Gebühren, selbst wenn die Verlängerung nach dem 23.3.2016 beantragt und bezahlt wird. Für Unionsmarken, die am 23.3.2016 oder danach ablaufen, gilt die in der Unionsmarkenänderungsverordnung festgelegte Gebührenstruktur. Das Amt erstattet eventuell zu viel gezahlte Gebühren zurück.

6. Erstattung der Gebühr für einen Antrag auf Weiterbehandlung

28   Nach Art. 105 Abs. 5 wird die Gebühr für einen Antrag auf Weiterbehandlung erstattet, falls der Antrag zurückgewiesen wird (→ Art. 105 Rn. 35 f.).

7. Erstattung von Geldbeträgen

29   Ansprüche auf Erstattung eines Geldbetrags gegen das Amt sind zB der Anspruch eines Sachverständigen auf Entgelt (Art. 52 Abs. 2 DVUM, Art. 54 Abs. 3 DVUM), die Erstattung von Reise- und Aufenthaltskosten von Zeugen oder Sachverständigen und die Erstattung etwaiger Verdienstausfälle von Zeugen (Art. 54 DVUM), falls die Beauftragung eines Gutachtens oder eine Zeugenvernehmung von Amts wegen erfolgt (→ Art. 97 Rn. 84 ff.).

III. Frist

30   Die Ansprüche auf Rückerstattung gegen das Amt erlöschen nach Art. 108 Abs. 2 nach vier Jahren nach Ablauf des Kalenderjahres, in dem der Anspruch entstanden ist. Ist der Anspruch zB am 8.3.2013 entstanden, erlischt er am 31.12.2017.

IV. Unterbrechung der Frist

31   Die Verjährungsfrist wird nach Art. 108 Abs. 3 durch eine **schriftliche Geltendmachung** des Anspruchs unterbrochen. Mit der Unterbrechung beginnt die Frist zwar erneut zu laufen, sie

endet aber **spätestens sechs Jahre** nach Ablauf des Jahres, in dem sie ursprünglich zu laufen begonnen hat, **es sei denn,** dass der Anspruch **gerichtlich** geltend gemacht worden ist. Wurde der Anspruch gerichtlich geltend gemacht endet die Frist frühestens **ein Jahr nach** der **Rechtskraft der Entscheidung.**

Abschnitt 2. Kosten

Art. 109 Kostenverteilung

(1) ¹Der im Widerspruchsverfahren, im Verfahren zur Erklärung des Verfalls oder der Nichtigkeit oder im Beschwerdeverfahren unterliegende Beteiligte trägt die von dem anderen Beteiligten entrichteten Gebühren. ²Unbeschadet des Artikels 146 Absatz 7 trägt der unterliegende Beteiligte ebenfalls alle für die Durchführung der Verfahren notwendigen Kosten, die dem anderen Beteiligten entstehen, einschließlich der Reise- und Aufenthaltskosten und der Kosten des Vertreters im Sinne des Artikels 120 Absatz 1 im Rahmen der Tarife, die für jede Kostengruppe in dem gemäß Absatz 2 dieses Artikels zu erlassenden Durchführungsrechtsakt festgelegt werden. ³Die von dem unterliegenden Beteiligten zu tragenden Gebühren beschränken sich auf die von dem anderen Beteiligten entrichteten Gebühren für den Widerspruch, für den Antrag auf Erklärung des Verfalls oder der Nichtigkeit der Unionsmarke und für die Beschwerde.

(2) *[1]* ¹Die Kommission erlässt Durchführungsrechtsakte, in denen die Höchstsätze der für die Durchführung der Verfahren notwendigen Kosten und der dem obsiegenden Beteiligten tatsächlich entstandenen Kosten im Einzelnen festgelegt werden. ²Diese Durchführungsrechtsakte werden nach dem Prüfverfahren gemäß Artikel 207 Absatz 2 erlassen.

[2] ¹Bei der Festlegung dieser Beträge in Bezug auf die Reise- und Aufenthaltskosten berücksichtigt die Kommission die Entfernung zwischen dem Wohnsitz oder Geschäftssitz des Beteiligten, Vertreters oder Zeugen oder Sachverständigen und dem Ort der mündlichen Verhandlung, der Verfahrensstufe, in der die Kosten entstehen, und, soweit es um die Kosten der Vertretung im Sinne des Artikels 120 Absatz 1 geht, die Erforderlichkeit sicherzustellen, dass die Pflicht der Kostenübernahme von dem anderen Beteiligten nicht aus verfahrenstaktischen Gründen missbraucht werden kann. ²Die Aufenthaltskosten werden gemäß dem Statut der Beamten der Union und den Beschäftigungsbedingungen für die sonstigen Bediensteten der Union festgelegt durch die Verordnung (EEG, Euratom, ESCS) Nr. 259/68 des Rates [Amtl. Anm.: ABl. L 56 vom 4.3.1968, S. 1] (im Folgenden „Statut" bzw. „Beschäftigungsbedingungen"), berechnet.

[3] Der unterliegende Beteiligte trägt lediglich die Kosten eines einzigen Widerspruchsführers und gegebenenfalls eines einzigen Vertreters.

(3) Soweit jedoch die Beteiligten jeweils in einem oder mehreren Punkten unterliegen oder soweit es die Billigkeit erfordert, beschließt die Widerspruchsabteilung, die Nichtigkeitsabteilung oder die Beschwerdekammer eine andere Kostenverteilung.

(4) Der Beteiligte, der ein Verfahren dadurch beendet, dass er die Anmeldung der Unionsmarke, den Widerspruch, den Antrag auf Erklärung des Verfalls oder der Nichtigkeit oder die Beschwerde zurücknimmt oder die Eintragung der Unionsmarke nicht verlängert oder auf diese verzichtet, trägt die Gebühren sowie die Kosten der anderen Beteiligten gemäß den Absätzen 1 und 3.

(5) Im Falle der Einstellung des Verfahrens entscheidet die Widerspruchsabteilung, die Nichtigkeitsabteilung oder die Beschwerdekammer über die Kosten nach freiem Ermessen.

(6) Vereinbaren die Beteiligten vor der Widerspruchsabteilung, der Nichtigkeitsabteilung oder der Beschwerdekammer eine andere als die in den Absätzen 1 bis 5 vorgesehene Kostenregelung, so nimmt die betreffende Abteilung diese Vereinbarung zur Kenntnis.

(7) ¹Die Widerspruchsabteilung, die Nichtigkeitsabteilung oder die Beschwerdekammer setzt den Betrag der nach den Absätzen 1 bis 6 dieses Artikels zu erstattenden Kosten fest,

wenn sich diese Kosten auf die an das Amt gezahlten Gebühren und die Vertretungskosten beschränken. [2]In allen anderen Fällen setzt die Geschäftsstelle der Beschwerdekammer oder ein Mitarbeiter der Widerspruchsabteilung oder der Nichtigkeitsabteilung auf Antrag den zu erstattenden Betrag fest. [3]Der Antrag ist nur innerhalb der Frist von zwei Monaten zulässig, die mit dem Tag beginnt, an dem die Entscheidung, für die die Kostenfestsetzung beantragt wird, unanfechtbar wird; dem Antrag sind eine Kostenaufstellung und entsprechende Belege beizufügen. [4]Für Vertretungskosten gemäß Artikel 120 Absatz 1 reicht eine Zusicherung des Vertreters, dass diese Kosten entstanden sind. [5]Für sonstige Kosten genügt, dass sie nachvollziehbar dargelegt werden. [6]Wird der Betrag der Kosten gemäß Satz 1 dieses Absatzes festgesetzt, so werden Vertretungskosten in der in dem nach Absatz 2 dieses Artikels erlassenen Durchführungsrechtsakt festgelegten Höhe gewährt, unabhängig davon, ob sie tatsächlich entstanden sind.

(8) [1]*Überprüfung durch die Widerspruchsabteilung, die Nichtigkeitsabteilung oder die Beschwerdekammer zulässig, der innerhalb eines Monats nach Zustellung der Kostenfestsetzung einzureichen ist* [Wortlaut amtlich]. [2]Der Antrag gilt erst als eingereicht, wenn die Gebühr für die Überprüfung der Kostenfestsetzung entrichtet worden ist. [3]Die Widerspruchsabteilung, die Nichtigkeitsabteilung bzw. die Beschwerdekammer entscheidet ohne mündliches Verfahren über den Antrag auf Überprüfung einer Entscheidung zur Kostenfestsetzung.

Überblick

Art. 109 (zuvor Art. 85 GMV) bestimmt die Verteilung der Kosten und Gebühren zwischen den Beteiligten in Inter-partes Verfahren, nämlich im Widerspruchs- (→ Rn. 18 ff.), Löschungs- (→ Rn. 40 ff.), und Inter-partes-Beschwerdeverfahren (→ Rn. 52 ff.). Es gilt grundsätzlich das Unterliegensprinzip (→ Rn. 7). Die Vorschrift wird ergänzt durch Art. 18 UMDV, der Höchstgrenzen der zu erstattenden Kosten festlegt (→ Rn. 9). Im Zuge der Reform wurden die Gebühren für die Amtsverfahren gesenkt (→ Rn. 1).

Übersicht

A. Reformüberblick

1   Im Zuge der am 23.3.2016 in Kraft getretenen Reform ist dem Art. 109 der Abs. 2 hinzugefügt worden. Mit Wirkung zum 1.10.2017 wurden die Abs. 1, 7 und 8 modifiziert. Eine inhaltliche

Änderung war hiermit nicht verbunden. Nach Abs. 2 wurden die Höchstsätze der für die Durchführung der Verfahren notwendigen Kosten und der dem obsiegenden Beteiligten tatsächlich entstandenen Kosten nunmehr in die DVUM übernommen (zu den Höchstgrenzen s. Art. 18 DVUM; → Rn. 26 f.; → Rn. 44). Eine inhaltliche Änderung war hiermit nicht verbunden.

Im Zuge der Reform wurden die Amtsgebühren gesenkt (→ Anh. I Rn. 1). Die Gebühr für **2** eine Anmeldung (850 bzw. 1000 Euro) umfasst nun nur noch eine Klasse. Die erste weitere Klasse kostet 50 Euro. Für alle weiteren Klassen werden jeweils 150 Euro erhoben. Den Anmeldern soll ein Anreiz gegeben werden, sich auf die für sie wesentlichen Klassen zu beschränken. Die Verlängerungsgebühren wurden gesenkt. Die Widerspruchsgebühr, die Gebühr für einen Löschungsantrag und die Beschwerdegebühr wurden um etwa 10% gesenkt. Die neuen Gebühren gelten grundsätzlich für alle Anträge, die **am oder nach dem 23.3.2016** beim Amt eingingen.

Übersicht zu den Gebühren vor und nach der Reform und etwaigen Rückerstattungsansprü- **3** chen → Art. 108 Rn. 2.

B. Allgemeines zur Kostenentscheidung

In **Ex-parte-Verfahren** ergeht **keine Kostenentscheidung.** Allerdings kann das Amt die **4** Erstattung der geleisteten Gebühren anordnen, zB falls eine Gebühr ohne Rechtsgrundlage entrichtet (→ Art. 108 Rn. 11 ff.; → Art. 108 Rn. 14 f.) oder eine erstinstanzliche Entscheidung aufgrund eines Verfahrensfehlers aufgehoben und die Sache an die erste Instanz zurückverwiesen wird (→ Art. 94 Rn. 82).

Für **Inter-partes-Verfahren** regelt Art. 109 die Verteilung der **Kosten und Gebühren** (zur **5** Unterscheidung von Kosten und Gebühren → Art. 108 Rn. 4; EUIPO-Prüfungsrichtlinien, Teil A, Allgemeine Regeln, Abschnitt 3, 1).

Das Amt trifft in Inter-partes-Verfahren ausnahmsweise **keine Kostenentscheidung,** falls die **6** Parteien eine Kostenvereinbarung getroffen haben (→ Rn. 13 ff.) oder eine der in der UMV vorgesehenen Ausnahmekonstellationen greift (→ Rn. 18 ff.; → Rn. 40; → Rn. 52 ff.).

Ist keine dieser Ausnahmen einschlägig, so trifft das Amt eine Kostenentscheidung, in der es **7** festlegt, welcher der Beteiligten die Kosten und die Gebühren in welcher Höhe zu tragen hat. Grundsätzlich gilt, dass der Beteiligte, der im Verfahren unterliegt, die Gebühren des Verfahrens und die Kosten des Obsiegenden zu tragen hat (sog. **Unterliegensprinzip**). Kosten sind dem Obsiegenden allerdings der Natur der Sache nach nur dann entstanden, falls dieser sich eingelassen hat und er ggf. vertreten war (vgl. EuG T-265/18, BeckRS 2019, 4236 Rn. 56 ff. – Formata).

Ob eine Partei vollständig unterliegt, hängt vom jeweiligen Antrag ab. Wird eine Anmeldung, **8** die die Waren A–Z umfasst, mittels eines Widerspruchs nur hinsichtlich der Waren A–D angegriffen, so unterliegt der Anmelder vollständig, falls dem Antrag hinsichtlich der angegriffenen Waren A–D stattgegeben wird. Es ist unerheblich, dass die Anmeldung für die Waren E–Z bestehen bleibt, da die Anmeldung insofern nicht Gegenstand des Verfahrens war.

Ergänzt wird Art. 109 durch Art. 18 UMDV, der relativ geringe **Höchstbeträge** für die zu **9** ersetzenden Kosten festlegt (→ Rn. 26 ff.; → Rn. 44 ff.; → Rn. 57 ff.). Die den Parteien **tatsächlich entstandenen Kosten** sind **irrelevant.** Die Kosten eines Angestelltenvertreters werden nicht ersetzt (→ Rn. 29). In der Regel lohnt sich ein Obsiegen im Verfahren vor dem Amt daher finanziell nicht.

Die Entscheidung über die Kosten ist ein vollstreckbarer Titel (→ Art. 110 Rn. 1 ff.). **10**

Die Entscheidung über die Verteilung der Kosten und Gebühren ergeht in aller Regel zusam- **11** men mit der Entscheidung, die das jeweilige Verfahren abschließt. Eine separate Entscheidung erfolgt nur ausnahmsweise, zB falls eine mündliche Verhandlung stattgefunden hat (Art. 98) oder eine Kostenentscheidung in der Entscheidung fehlt (EUIPO-Prüfungsrichtlinien, Teil C, Widerspruch, Abschnitt 1, 5.6; → Rn. 64).

Nicht geregelt ist, ob die unterliegende Partei neben der eigentlichen Gebühr für den Wider- **12** spruch, für den Antrag auf Erklärung des Verfalls oder der Nichtigkeit der Unionsmarke und für die Beschwerde auch einen etwaigen 10%-Zuschlag zu ersetzen hat, falls die andere Partei die Gebühr zwar rechtzeitig angewiesen hat, diese beim Amt aber zu spät einging (Art. 180 Abs. 2). Es lässt sich argumentieren, dass es sich bei dieser **Zuschlagsgebühr** nicht um eine Gebühr iSd Art. 109 Abs. 1 S. 3 handelt. Die Zuschlagsgebühr wird ja nicht für den Widerspruch, den Antrag auf Erklärung des Verfalls oder der Nichtigkeit oder für die Beschwerde gezahlt, sondern als Sanktion für die späte Anweisung der Zahlung der Gebühr. Es ist kein Grund ersichtlich, die unterliegende Partei für diese Verspätung der anderen Partei zu verantworten (s. auch HABM 10.9.2010 – R-1384/2009-4 Rn. 30 – XVIII PLUS).

C. Kostenvereinbarung der Parteien (Abs. 6)

13   Nach Art. 109 Abs. 6 nimmt das Amt eine Kostenvereinbarung der Beteiligten zur Kenntnis. Es ergeht in diesem Fall keine Kostenentscheidung.

14   Die Parteien müssen das Amt über eine Kostenvereinbarung informieren, **bevor** eine Entscheidung über die Kosten ergangen ist. Eine getroffene Kostenentscheidung nimmt das Amt nicht aufgrund einer späteren Parteivereinbarung zurück. Informieren die Parteien das Amt nicht rechtzeitig, haben sie untereinander zu klären, ob die Vollstreckung der Kostenentscheidung gegen die getroffene Vereinbarung verstößt.

15   In der Regel haben **beide Parteien** die Kostenvereinbarung schriftlich zu bestätigen. Die Bestätigung muss nicht in einem Dokument erfolgen. Jede Partei kann das Amt für sich informieren, dass eine Kostenvereinbarung besteht (EUIPO-Prüfungsrichtlinien, Teil C, Widerspruch, Abschnitt 1, 5.5.2.1).

16   Eine **einseitige Unterrichtung** ist nach der Amtspraxis der ersten Instanz möglich, falls die Partei, die im Verfahren voraussichtlich obsiegt hätte, erklärt, dass jede Partei ihre eigenen Kosten trägt. Die andere durch die Erklärung begünstigte Partei muss nicht zustimmen (EUIPO-Prüfungsrichtlinien, Teil C, Widerspruch, Abschnitt 1, 5.5.2.2).

17   Wird ein Verfahren aufgrund einer **Einigung der Parteien** gegenstandslos und teilen die Parteien dem Amt keine Kostenvereinbarung mit, so fordert das Amt die Parteien grundsätzlich auf, eine Kosteneinigung einzureichen. Kommen die Parteien der Aufforderung nicht nach, entscheidet das Amt über die Verteilung der Kosten und der Gebühren.

17.1   **Achtung:** Die Richtlinien des Amtes gelten nicht für die **Beschwerdekammern.** Daher sollte in der Beschwerde mit der Rücknahme der Beschwerde, eines Widerspruchs, eines Löschungsantrags oder einer Anmeldung/Marke eine Kostenvereinbarung beider Parteien direkt beigebracht werden. Fehlt es an einer solchen Beibringung, entscheidet die Kammer möglicherweise, ohne weitere Aufforderung, über die Kostenverteilung.

D. Kostenverteilung im Widerspruch

I. Keine Kostenentscheidung

1. Widerspruch nicht eingelegt

18   Es ergeht keine Kostenentscheidung, falls der Widerspruch als nicht eingelegt gilt, zB falls die Widerspruchsgebühr nicht fristgerecht entrichtet wurde (Art. 5 Abs. 1 DVUM); der Widerspruch in einer Sprache eingereicht wurde, die nicht Amtssprache ist oder der Widerspruch noch am selben Tag zurückgenommen wurde (vgl. EUIPO-Prüfungsrichtlinien, Teil C, Widerspruch, Abschnitt 1, 5.4).

19   Gilt der Widerspruch als nicht eingelegt, erstattet das Amt die Widerspruchsgebühr (EUIPO-Prüfungsrichtlinien, Teil A, 3, 5.2).

2. Widerspruch unzulässig

20   Es ergeht nach der Praxis des Amtes keine Kostenentscheidung, falls der **Widerspruch unzulässig** ist. Die Widerspruchsgebühr wird **nicht** erstattet (vgl. EUIPO 25.3.2013 – B 2 069 246).

3. Widerspruch vor Ablauf der Cooling-off-Frist eingestellt

21   Nach Art. 6 Abs. 4 DVUM ergeht im Widerspruchsverfahren keine **Kostenentscheidung,** falls das Verfahren **vor dem Ablauf der Cooling-off-Frist eingestellt** wird. Eingestellt wird das Verfahren nach Art. 6 Abs. 2 und 3 DVUM falls
- die Anmeldung auf Waren und Dienstleistungen beschränkt wird, die nicht Gegenstand des Verfahrens sind,
- der Widerspruch aufgrund einer Einigung der Parteien zurückgenommen wird,
- der Widersprechende den Widerspruch aufgrund einer teilweisen Beschränkung der Anmeldung nicht weiterführt oder
- die Anmeldung aufgrund eines parallelen Verfahrens zurückgewiesen wird.

22   Nach Art. 6 Abs. 5 DVUM wird außerdem die **Widerspruchsgebühr** teilweise oder vollständig erstattet, falls der Widerspruch vor Ablauf der Cooling-off-Frist aufgrund der Beschränkung der Anmeldung eingestellt wird (→ Art. 108 Rn. 16; EUIPO-Prüfungsrichtlinien, Teil C, Widerspruch, Abschnitt 1, 5.4.2.1, S. 65). Die Beschränkung muss sich auf die angefochtenen Waren und Dienstleistungen beziehen. Die Beschränkung einer Anmeldung durch einen Disclaimer führte vor der Reform nicht zur Erstattung der Gebühren. Mit der Reform sind Disclaimer entfallen. Eingehend → Art. 42 Rn. 16 ff.

II. Eine Partei unterliegt vollständig (Abs. 1)

1. Grundsatz

Unterliegt eine Partei vollständig, so hat diese nach Art. 109 Abs. 1 die Gebühren des Verfahrens **23** und die Kosten der anderen Partei zu tragen. Gleiches gilt, falls das Verfahren eingestellt wird, weil es durch die Rücknahme der Anmeldung oder den Widerspruch gegenstandslos wird (Art. 109 Abs. 4). Art. 109 Abs. 2 stellt klar, dass die unterliegende Partei lediglich die Kosten eines einzigen Widerspruchsführers und ggf. eines einzigen Vertreters trägt.

Der Widersprechende trägt die Kosten des Anmelders nach der Amtspraxis zB vollständig, falls **24**
- der Widerspruch nach Ablauf der Cooling-off-Frist vollständig zurückgewiesen wird;
- der Widersprechende den Widerspruch nach Ablauf der Cooling-off-Frist zurücknimmt (Art. 109 Abs. 4), ohne dass die Anmeldung eingeschränkt wurde (bei Beschränkung der Anmeldung → Rn. 35) oder
- der Widerspruch gegenstandslos wird, weil die älteren Rechte zwischenzeitlich verfallen sind.

Der Anmelder trägt hingegen die Kosten des Widersprechenden und die Verfahrensgebühr nach **25** der Amtspraxis, falls
- dem Widerspruch vollständig stattgegeben wird oder
- der Anmelder die Anmeldung soweit sie angefochten ist zurücknimmt (Art. 109 Abs. 4).

2. Höhe der zu erstattenden Kosten und Gebühren

Zu erstatten sind nur die in Art. 18 UMDV aufgezählten Kosten und Gebühren. Art. 18 UMDV **26** übernimmt die vorherige Regel 94 GMDV. Die Kosten sind gleich geblieben. Alle übrigen **tatsächlich entstandenen Kosten** werden gemäß Art. 18 Abs. 4 DVUM **nicht erstattet.**

Nach Art. 109 Abs. 1 beschränkt sich die zu erstattende **Gebühr** auf die von der obsiegenden **27** Partei tatsächlich geleistete Gebühr. Das heißt, obsiegt der Widersprechende, so hat der Anmelder ihm die geleistete Widerspruchsgebühr in Höhe von **320 Euro** (vor der Reform: 350 Euro; → Rn. 1) zu erstatten. Obsiegt hingegen der Anmelder, so hat der Widersprechende keine Gebühren zu erstatten, da der Anmelder keine Widerspruchsgebühr entrichtet hat.

Die der anderen Partei zu erstattenden Kosten hängen davon ab, ob diese vertreten wurde (→ **28** Rn. 7). Wurde der Obsiegende iSd Art. 120 Abs. 1 vertreten, hat die unterliegende Partei ihm nach Art. 18 Abs. 1 lit. c UMDV **300 Euro** zu erstatten. Dies gilt nach der Amtspraxis selbst dann falls eine Partei zunächst im Verfahren vertreten war, die Vertretung aber vor der Entscheidung niedergelegt wurde (EUIPO-Prüfungsrichtlinien, Teil C, Widerspruch, Abschnitt 1, 5.6.1). In jedem Fall sind die Kosten nur eines Widerspruchsführer und Vertreters zu zahlen, selbst falls der Widerspruch von mehreren eingelegt oder der Widersprechende mehrfach vertreten wurde (Art. 109 Abs. 2 aE und Art. 18 Abs. 2 UMDV). Der Vertreter hat keinerlei Kostennachweis zu erbringen (EuG T-19/15, BeckRS 2017, 138023 Rn. 113 – MADWAX), es sei denn, die Kostenfestsetzung erfolgt separat (→ Rn. 64).

Kein Anspruch besteht auf die Erstattung von Kosten eines **Angestelltenvertreters** (EUIPO- **29** Prüfungsrichtlinien, Teil C, Widerspruch, Abschnitt 1, 5.6.1), auch dann nicht, falls der Angestelltenvertreter **in der Liste der zugelassen Vertreter des Amtes iSd Art. 120 eingetragen ist** (eingehend EuG T-240/11, BeckEuRS 2012, 688990 – MyBeauty).

Die Rechtsprechung der Beschwerdekammern war bzw. ist zum Teil uneinheitlich (vgl. HABM BK **29.1** 4.3.2011 – R 1050/2009-4-REV Rn. 13 – SAVANNA/SAVANNA (Kostenfestsetzung)). Bisweilen werden die Kosten eines Angestelltenvertreters ersetzt, insbesondere wenn dieser auf der Liste des Amtes vermerkt ist. Die Kosten für eine **Selbstvertretung** sind jedenfalls **nicht** erstattungsfähig (HABM BK 4.3.2011 – R 1050/2009-4-REV Rn. 13 – SAVANNA/SAVANNA (Kostenfestsetzung)).

Nach Art. 18 Abs. 1 lit. c Ziff. iv UMDV erhöht sich der zu ersetzende Betrag für einen **30** Vertreter um 400 Euro, falls eine **mündliche Verhandlung** stattfand. Da die Verfahren vor dem Amt in aller Regel schriftlich sind, kommt die Vorschrift praktisch nicht zur Anwendung (→ Art. 96 Rn. 1).

Art. 18 Abs. 1 lit. a UMDV legt die erstattbaren Höchstbeträge für Reise- und Aufenthaltskos- **31** ten der Partei oder ihres Vertreters, Kosten für eine auf Antrag einer der Parteien vorgenommene

Zeugenvernehmung oder für ein von einer Partei veranlasstes Sachverständigengutachten fest. In aller Regel kommen die lit. a–c aber ebenfalls nicht zur Anwendung, da praktisch keine mündlichen Verhandlungen vor dem Amt stattfinden (→ Art. 96 Rn. 1 ff.; → Art. 97 Rn. 11).

3. Beispiele

32   Zusammenfassend lautet die Kostenentscheidung bei vollständigem Obsiegen eine der Parteien im Widerspruch damit grundsätzlich wie folgt:
- **Obsiegen des nicht vertretenen Anmelders:** Ist der Anmelder nicht vertreten, so sind im schriftlichen Verfahren keine erstattungsfähigen Kosten entstanden.
- **Obsiegen des vertretenen Anmelders:** Der Widersprechende trägt die Kosten des Anmelders, die auf 300 Euro festgesetzt werden.
- **Obsiegen des nicht vertretenen Widersprechenden:** Der Anmelder hat die Widerspruchgebühr zu tragen, nämlich 320 Euro (vor dem 23.3.2016 eingelegte Widersprüche 350 Euro).
- **Obsiegen des vertretenen Widersprechenden:** Der Anmelder hat die Widerspruchsgebühr (320 Euro; vor dem 23.3.2016 eingelegte Widersprüche 350 Euro) und die Kosten des Widersprechenden (300 Euro) zu tragen, nämlich insgesamt 620 Euro (vor dem 23.3.2016 eingelegte Widersprüche 650 Euro).

III. Teilweises Unterliegen einer Partei/Einstellung des Verfahrens

33   Soweit die Beteiligten jeweils in einem oder mehreren Punkten unterliegen oder soweit es die Billigkeit erfordert, beschließt die Widerspruchsabteilung nach Art. 109 Abs. 3 eine „andere" Kostenverteilung.

34   Grundsätzlich entscheidet die Widerspruchsabteilung bei teilweisem Unterliegen, dass **jede Partei ihre eigenen Kosten zu tragen** hat.

35   Zieht der Widersprechende den Widerspruch nach Ablauf der Cooling-off-Frist aufgrund einer **teilweisen Beschränkung** der Anmeldung, soweit diese angegriffen ist, zurück, so steht dies einem teilweisen Obsiegen gleich. Jede Partei trägt nach der Praxis des Amtes regelmäßig ihre eigenen Kosten. Wird die Anmeldung hingegen nur zu einem ganz geringen Teil zurückgenommen, kann es gerechtfertigt sein, dem Widersprechenden dennoch die Kosten des Verfahrens aufzuerlegen. Das Amt entscheidet gemäß Art. 109 Abs. 5 nach freiem Ermessen. Zur Rücknahme des Widerspruchs bei einer Rücknahme der Anmeldung für alle angegriffenen Waren und Dienstleistungen → Rn. 25 aE.

IV. Mehrere Widersprüche gegen eine Anmeldung

36   Sind mehrere Widersprüche gegen eine Anmeldung anhängig und wird die Anmeldung aufgrund einer der Widersprüche zurückgewiesen, so werden die parallelen Widersprüche gegenstandslos und sind einzustellen.

37   Die Kostenverteilung steht in den gegenstandslos gewordenen Widersprüchen nach Art. 109 Abs. 5 im Ermessen der Widerspruchsabteilung. Da keine der Parteien in den eingestellten Verfahren gewinnt oder verliert, entscheidet das Amt grundsätzlich, dass jede Partei ihre eigenen Kosten trägt (EUIPO-Prüfungsrichtlinien, Teil C, Widerspruch, Abschnitt 1, 5.5.4.1).

38   Wurden die parallelen Widersprüche vor Ablauf der Cooling-off-Frist ausgesetzt, so dass den Parteien und dem Amt kein höherer Aufwand entstanden ist, wird den Widersprechenden, deren Verfahren eingestellt werden, 50% der Widerspruchsgebühr erstattet (Art. 9 Abs. 4 DVUM; ausführlich EUIPO-Prüfungsrichtlinien, Teil C, Widerspruch, Abschnitt 1, 5.4.3). Dies gilt **ab dem 1.10.2017** auch für **Verfalls- und Nichtigkeitsverfahren** nach Art. 18 Abs. 2 DVUM.

38.1   Nach Ablauf der Cooling-off-Frist erstattet das Amt den Widersprechenden die Gebühr in den gegenstandslos gewordenen Verfahren hingegen nicht teilweise zurück. Diese Amtspraxis fand vor der Reform allerdings keine Grundlage im Gesetz. Regel 21 GMDV unterschied nicht danach, ob die Verfahren vor oder nach Ablauf der Cooling-off-Frist ausgesetzt wurden. Nunmehr knüpft Art. 9 Abs. 4 DVUM eine Erstattung aber ausdrücklich an die Bedingung, dass die Verfahren vor Beginn des kontradiktorischen Teils ausgesetzt wurden. Damit kann es theoretisch zu einer Verhinderung des
Rückzahlungsanspruchs gegenüber dem Amt durch Aussetzung der Verfahren seitens des Amtes erst kurz nach Ablauf der jeweils anwendbaren Cooling-off-Frist kommen.

39   Werden Verfahren zusammengelegt, werden nur die Kosten eines Verfahrens ersetzt.

E. Kosten und Gebühren im Löschungsverfahren

I. Grundsatz

Die UMV, die DVUM und die UMDV sehen keine Ausnahmeregelungen vor, in denen keine **40**
Kostenentscheidung ergeht. Damit ergeht grundsätzlich in allen zweiseitigen Löschungsverfahren
eine Kostenentscheidung, falls die Parteien keine Vereinbarung getroffen haben, es sei denn der
Antrag gilt als nicht gestellt (zB bei Nichtzahlung der Gebühr innerhalb der hierfür nach Art. 15
Abs. 1 DVUM vom Amt gesetzten Frist).

II. Vollständiges Unterliegen einer Partei

1. Grundsatz

Auch im Löschungsverfahren gilt nach Art. 109 Abs. 1 das **Unterliegensprinzip.** Gewinnt **41**
ein Antragsteller ein Verfalls- oder Nichtigkeitsverfahren und liegt keine Kostenvereinbarung der
Parteien vor (→ Rn. 13), so hat der Markeninhaber die **Gebühr** und die dem Antragsteller
erstattungsfähigen Kosten zu zahlen. Unterliegt der Antragsteller hingegen, so trägt er die
Vertreterkosten des Markeninhabers (zum Vertreter → Rn. 28 f.).

Auch im Löschungsverfahren trägt die unterliegende Partei nur die Kosten einer Person der **42**
Gegenseite, selbst falls der Verfalls- oder Nichtigkeitsantrag von mehreren Personen gestellt wurde.
Art. 109 Abs. 2 aE nimmt zwar nur Bezug auf den Widerspruchsführer. Hierin dürfte aber ein
Redaktionsfehler liegen. Art. 18 Abs. 2 DVUM stellt klar, dass die Regelung auch für Löschungs-
verfahren gilt. In jedem Fall trägt die unterliegende Partei nach Art. 109 Abs. 2 und Art. 18 Abs. 3
DVUM die Kosten nur eines Vertreters der Gegenseite, selbst falls diese mehrere Vertreter in
Anspruch nimmt.

Verzichtet der Markeninhaber auf die angegriffene Marke und wird das Löschungsverfahren **43**
daraufhin eingestellt (eingehend → Art. 64 Rn. 57), so steht dies einem Unterliegen gleich
(Art. 109 Abs. 4). Umgekehrt trägt der Antragsteller die Vertretungskosten des Markeninhabers,
falls er den Antrag zurücknimmt, ohne dass die Marke beschränkt wurde.

2. Höhe der zu erstattenden Kosten und Gebühren

Auch für die Löschungsverfahren sieht Art. 109 Abs. 1 S. 3 Höchstbeträge vor. So ist die Gebühr **44**
des Antragstellers bei dessen Obsiegen nach Art. 109 Abs. 1 nur in der Höhe zu erstatten, in der
sie entrichtet wurde, also in Höhe von **630 Euro** (für Löschungsverfahren vor dem 23.3.2016
700 Euro).

Was die **Kosten** betrifft, sind diese nur erstattungsfähig, falls die obsiegende Partei anwaltlich **45**
vertreten wurde (→ Rn. 28 f.). Die erstattungsfähigen Kosten für einen Vertreter betragen nach
Art. 18 Abs. 1 lit. c Ziff. ii UMDV **450 Euro.** Die Kosten erhöhen sich bei einer mündlichen
Verhandlung um 400 Euro (Ziff. vii), die vor dem Amt in der Regel aber nicht stattfindet (→
Art. 96 Rn. 1). Weitere erstattungsfähige Kosten fallen in der Regel nicht an (→ Rn. 29 f.).

3. Beispiel

Zusammenfassend lautet eine Kostenentscheidung bei vollständigem Obsiegen eine der Parteien **46**
im Löschungsverfahren damit in der Regel wie folgt:
- **Obsiegen des nicht vertretenen Markeninhabers:** Ist der Markeninhaber nicht vertreten,
  sind im schriftlichen Verfahren keine erstattungsfähigen Kosten entstanden.
- **Obsiegen des vertretenen Markeninhabers:** Der Antragsteller trägt die Kosten des Anmelders, die auf 450 Euro festgesetzt werden.
- **Obsiegen des nicht vertretenen Antragstellers:** Der Markeninhaber hat die Gebühren des
  Verfahrens zu tragen, nämlich 630 Euro (vor dem 23.3.2016 700 Euro).
- **Obsiegen des vertretenen Antragstellers:** Der Markeninhaber hat die Gebühren (630 Euro;
  vor dem 23.3.2016 700 Euro) und die Vertretungskosten des Antragstellers (450 Euro) zu tragen,
  nämlich insgesamt 1080 Euro (vor dem 23.3.2016 1150 Euro).

III. Teilweises Unterliegen einer Partei/Einstellung des Verfahrens

Unterliegt eine Partei im Löschungsverfahren teilweise, so trägt grundsätzlich jede Partei ihre **47**
eigenen Kosten und Gebühren (Art. 109 Abs. 3). Die ist regelmäßig auch dann der Fall, falls der
Markeninhaber auf einen Teil der angegriffenen Waren verzichtet (→ Rn. 35).

48   Auch entscheidet das Amt nach Art. 109 Abs. 5 regelmäßig, dass jede Partei ihre eigenen Kosten selbst trägt, falls der Antragsteller seinen Antrag zurücknimmt, weil die angegriffene Marke (teilweise) beschränkt wurde.

49   Außerdem hat die Löschungsabteilung nach Art. 109 Abs. 5 in einigen Fällen entschieden, dass jede Partei ihre eigenen Kosten trägt, falls die angegriffene Marke an den Antragsteller übertragen und das Verfahren daraufhin eingestellt wird.

IV. Mehrere Löschungsverfahren gegen eine Marke

50   Sind mehrere Löschungsverfahren gegen eine Marke anhängig und wird die Marke aufgrund einer der Verfahren gelöscht, so werden die übrigen Verfahren gegenstandlos und eingestellt. Das Amt entscheidet über die Kosten gemäß Art. 109 Abs. 5 nach seinem Ermessen. Da keine der Parteien obsiegt, soll **jede Partei ihre eigenen Kosten** tragen.

51   Anders als im Widerspruch gab es bis zum 1.10.2017 keine Regelung und keine eindeutige Praxis der Löschungsabteilung hinsichtlich einer möglichen **Rückerstattung der Antragsgebühren.** Die Vorschriften wurden nun dem Widerspruch durch Art. 18 DVUM angeglichen. Es gilt damit das zum Widerspruch Ausgeführte (→ Rn. 3).

F. Kosten und Gebühren im Beschwerdeverfahren

I. Grundsatz

52   Für das Beschwerdeverfahren sehen UMV, DVUM und UMDV keine Ausnahmen vor, in denen keine Kostenentscheidung ergeht. Auch insofern gilt aber nach Art. 109 Abs. 6, dass keine Kostenentscheidung getroffen wird, falls die Parteien sich über die Kostenverteilung einigen (→ Rn. 13 ff.).

53   Außerdem ergeht der Natur der Sache nach keine Kostenentscheidung, falls die Beschwerde als nicht eingelegt gilt, zB falls die Beschwerdegebühr nicht fristgerecht entrichtet wurde. In diesem Fall wird die Beschwerdegebühr erstattet.

54   Auch im Falle der Unzulässigkeit treffen die Beschwerdekammern aus Gründen der Billigkeit iSd Art. 109 Abs. 3 bisweilen keine Kostenentscheidung, falls dem Beschwerdegegner kein nennenswerter Aufwand entstanden ist (HABM BK 5.2.2013 – R 1532/2012-2 – Cycles Gladiator/ GLADIATOR).

55   In allen anderen Fällen, gilt grundsätzlich das Unterliegensprinzip (→ Rn. 7).

56   Das Präsidium der Beschwerdekammern hat zum 27.2.2020 eine Verfahrensordnung erlassen, die die Kostenverteilung und -festsetzung im Beschwerdeverfahren in Art. 62–66 EUIPO-BKVfO ergänzen.

1. Allgemein

57   Nach Art. 109 Abs. 1 hat die in der Beschwerde unterliegende Partei die **Gebühr** des Verfahrens (720 Euro, vor dem 23.3.2016 800 Euro) und die **Vertretungskosten** (zum Vertreter → Rn. 28 f.) der anderen Partei zu tragen (550 Euro; Art. 18 Abs. 1 lit. c Ziff. iii UMDV). Wie auch in anderen Verfahren ist irrelevant, ob dem Obsiegenden tatsächlich höhere Kosten entstanden sind. Zum Angestelltenvertreter → Rn. 29. Auch in der Beschwerde gilt, dass Vertretungskosten nur dann ersetzt werden, falls die Partei von einem Vertreter iSd Art. 120 Abs. 2 vertreten wurde. Wurde die Partei nicht oder von einem Angestelltenvertreter vertreten, werden keine Vertretungskosten erstattet (Art. 62 EUIPO-BKVfO).

58   Einem Unterliegen steht nach Art. 109 Abs. 4 gleich, falls das Verfahren durch eine Handlung der Parteien gegenstandslos wird (Rücknahme der Beschwerde, Rücknahme des gegenständlichen Widerspruchs oder Löschungsverfahrens, Rücknahme der gegenständlichen Anmeldung oder Verzicht auf die gegenständliche Marke; Art. 35 Abs. 4 EUIPO-BKVfO).

59   Etwas anderes gilt, falls eine Beschwerde gegen eine Widerspruchsentscheidung gerichtet ist und die Beschwerde dadurch gegenstandslos wird, dass der Widerspruch aufgrund einer Beschränkung der Anmeldung, soweit diese angegriffen ist, zurückgenommen wurde. In diesem Fall kann die Kammer aus Gründen der Billigkeit zB entscheiden, dass die Parteien im Widerspruchs- und Beschwerdeverfahren ihre eigenen Kosten tragen (Art. 109 Abs. 3). Entsprechendes gilt für die Rücknahme eines Löschungsantrags aufgrund Teilverzichts auf die angegriffene Marke.

2. Einfluss auf Kostenentscheidung der ersten Instanz

Hat eine Beschwerde Erfolg, so dass die erstinstanzliche Entscheidung aufgehoben wird, ent- **60** scheidet die Kammer auch über die Kostenverteilung des Verfahrens in der ersten Instanz, es sei denn der Fall wird zur erneuten Prüfung an die erste Instanz zurückverwiesen. Die Kostenverteilung in der ersten Instanz durch die Beschwerdekammer erfolgt nach den in → Rn. 18 ff.; → Rn. 40 ff. dargelegten Prinzipien.

3. Verfahrensfehler

Eine Ausnahme zum Unterliegensprinzip gilt, falls der Beschwerdeführer aufgrund eines **61** **wesentlichen** Verfahrensfehlers der ersten Instanz unterliegt bzw. obsiegt. In diesem Fall haben die Parteien grundsätzlich jeweils ihre eigenen Kosten zu tragen. Die Beschwerdegebühr kann zurückerstattet werden. Das Amt hat insofern ein Ermessen (Art. 109 Abs. 3).

4. Beispiele: Kostenentscheidung bei Beschwerde gegen Widerspruchsentscheidung

Eine Kostenentscheidung lautet bei vollständigem Obsiegen eine der Parteien in einer **62** Beschwerde gegen eine Widerspruchsentscheidung insbesondere wie folgt:
- **Obsiegen der nicht vertretenen Anmelderin und Beschwerdeführerin:** Die Widersprechende trägt die die Kosten der Anmelderin im Beschwerdeverfahren. Da diese nicht vertreten war, sind ihr keine erstattungsfähigen Kosten entstanden. Die Widersprechende hat aber die Beschwerdegebühr in Höhe von 720 Euro (vor dem 23.3.2016 800 Euro) zu tragen. Weiter setzt die Kammer aus Gründen der Verfahrensökonomie auch die Kosten des Widerspruchsverfahrens fest. Da die Anmelderin im Widerspruchsverfahren nicht vertreten war, sind ihr keine erstattungsfähigen Kosten entstanden. **Zu erstattende Gesamtkosten: 720 Euro** (vor dem 23.3.2016 800 Euro).
- **Obsiegen der im Widerspruchsverfahren und im Beschwerdeverfahren vertretenen Anmelderin und Beschwerdeführerin:** Die Widersprechende trägt die die Kosten und Gebühren der Anmelderin im Beschwerdeverfahren, nämlich die Vertretungskosten in Höhe von 550 Euro und die Beschwerdegebühr in Höhe von 720 Euro (vor dem 23.3.2016 800 Euro). Weiter setzt die Kammer aus Gründen der Verfahrensökonomie auch die Kosten des Widerspruchsverfahrens fest, nämlich die Vertretungskosten der Anmelderin in Höhe von 300 Euro. **Zu erstattende Gesamtkosten: 1570 Euro** (vor dem 23.3.2016 1650 Euro).
- **Obsiegen der nicht vertretenen Widersprechenden und Beschwerdeführerin:** Die Anmelderin trägt die die Kosten und Gebühren der Widersprechenden im Beschwerdeverfahren. Da diese nicht vertreten war, sind ihr keine erstattungsfähigen Kosten entstanden. Die Anmelderin hat aber die Beschwerdegebühr in Höhe von 720 Euro (vor dem 23.3.2016 800 Euro) zu tragen. Weiter setzt die Kammer aus Gründen der Verfahrensökonomie auch die Kosten des Widerspruchsverfahrens fest. Da die Widersprechende im Widerspruchsverfahren nicht vertreten war, sind ihr keine erstattungsfähigen Kosten entstanden. Allerdings hat die Anmelderin die Gebühren des Widerspruchsverfahrens zu tragen, nämlich **350 Euro. Zu erstattende Gesamtkosten: 1070** Euro (vor dem 23.3.2016 1150 Euro).
- **Obsiegen der vertretenen Widersprechenden und Beschwerdeführerin:** Die Anmelderin trägt die die Kosten und Gebühren der Widersprechenden im Beschwerdeverfahren, nämlich die Beschwerdegebühr in Höhe von 720 Euro (vor dem 23.3.2016 800 Euro) und die Vertretungskosten in Höhe von 550 Euro. Weiter setzt die Kammer aus Gründen der Verfahrensökonomie auch die Kosten des Widerspruchsverfahrens fest, nämlich die Widerspruchsgebühren in Höhe von 350 Euro und die Vertretungskosten in Höhe von 300 Euro. **Zu erstattende Gesamtkosten: 1.920 Euro** (vor dem 23.3.2016 2.000 Euro).
- **Unterliegen der Anmelderin und Beschwerdeführerin, die Widersprechende war nicht vertreten:** Die Anmelderin trägt die die Kosten der Widersprechenden im Beschwerdeverfahren. Da diese nicht vertreten war, sind ihr keine erstattungsfähigen Kosten entstanden. Die angegriffene Entscheidung der Widerspruchsabteilung, enthält bereits eine Kostenentscheidung sowie eine Festsetzung der Kosten des Widerspruchsverfahrens. **Zu erstattende Gesamtkosten: null Euro.**
- **Unterliegen der Anmelderin und Beschwerdeführerin, die Widersprechende war vertreten:** Die Anmelderin trägt die die Kosten der Widersprechenden im Beschwerdeverfahren, nämlich 550 Euro Vertretungskosten. Die angegriffene Entscheidung der Widerspruchsabteilung, enthält bereits eine Kostenentscheidung sowie eine Festsetzung der Kosten des Widerspruchsverfahrens. **Zu erstattende Gesamtkosten: 550 Euro.**

- **Unterliegen der Widersprechenden und Beschwerdeführerin, die Anmelderin war nicht vertreten:** Die Widersprechende trägt die die Kosten der Anmelderin im Beschwerdeverfahren. Da diese nicht vertreten war, sind ihr keine erstattungsfähigen Kosten entstanden. Die angegriffene Entscheidung der Widerspruchsabteilung, enthält bereits eine Kostenentscheidung sowie eine Festsetzung der Kosten des. **Zu erstattende Gesamtkosten: null Euro.**
- **Unterliegen der Widersprechenden und Beschwerdeführerin, die Anmelderin war nicht vertreten:** Die Widersprechende trägt die die Kosten der Anmelderin im Beschwerdeverfahren, nämlich 550 Euro Vertretungskosten. Die angegriffene Entscheidung der Widerspruchsabteilung, enthält bereits eine Kostenentscheidung sowie eine Festsetzung der Kosten des Widerspruchsverfahrens. **Zu erstattende Gesamtkosten: 550 Euro.**
- **Beschwerdeführer gewinnt wegen eines wesentlichen Verfahrensfehlers des Amtes:** Nachdem die Anmelderin/Widersprechende mit ihrer Beschwerde erfolgreich war, hätte die Widersprechende/Anmelderin die Kosten im Beschwerdeverfahren zu tragen. Da die angefochtene Entscheidung aber aufgrund eines wesentlichen Verfahrensfehlers des Amtes aufzuheben ist, trägt jede Partei ihre eigenen Kosten. Die Beschwerdegebühr wird zurückerstattet.

II. Teilweises Unterliegen einer Partei

63   Hat der Beschwerdeführer nur teilweise Erfolg mit seiner Beschwerde, so entscheidet die Kammer grundsätzlich, dass jede Partei ihre eigenen Kosten zu tragen hat. Die Kammer hebt die erstinstanzliche Entscheidung in diesem Fall regelmäßig teilweise auf. Sie kann auch die Kostenentscheidung der ersten Instanz aufheben und die Kosten des Widerspruchs- bzw. Löschungsverfahrens neu verteilen.

G. Antrag auf Kostenfestsetzung (Abs. 7)

64   Insbesondere wenn es einer Amtsentscheidung in Inter-partes-Verfahren an einer Kostenentscheidung fehlt, können die Beteiligten nach Amtspraxis einen Antrag auf Kostenfestsetzung iSd Abs. 7 S. 2 stellen (EuG T-145/08, BeckRS 2014, 80968 Rn. 20 ff. – Atlas Transport; EUIPO-Prüfungsrichtlinien, Teil C, Widerspruch, Abschnitt 1, 5.6.3). Es dürfte der Hauptsacheentscheidung aber auch ein offensichtlicher Fehler anlasten, der von Amts wegen bzw. auf Antrag nach Art. 102 bzw. Art. 103 berichtigt werden kann. Da eine Berichtigung von Amts wegen gebührenfrei ergeht, kann es durchaus sinnvoll sein, den Prüfer auf den Fehler aufmerksam zu machen und um eine Berichtigung von Amts wegen zu bitten. Wird der Fehler nicht innerhalb der Frist für einen Antrag auf Kostenfestsetzung von Amts wegen berichtigt, sollte der Kostenfestsetzungsantrag aber sicherheitshalber gestellt und die Gebühr hierfür fristgerecht entrichtet werde.

64.1   Aus dem Wortlaut des Satzes 2 folgt allerdings, dass der Kostenfestsetzungsantrag nicht für die Fälle einschlägig ist, in denen es an einer Kostenfestsetzung nach Satz 1 fehlt. Hiernach ist der Antrag zur Festlegung von Kosten vorgesehen, die keine Vertreterkosten sind (so auch EuG 25.9.2008 – T-294/07 Rn. 33 aE – The Masters GOLF COMPANY).

65   Der Antrag ist innerhalb von zwei Monaten nach Rechtskraft der Entscheidung zu stellen. Geht ein Fall hoch zum EuG kann dies entsprechend dauern (EuG T-145/08, BeckRS 2014, 80968 Rn. 21 f. – Atlas Transport). Wird der Antrag außerhalb dieser Frist gestellt, ist er unzulässig (EUIPO-Prüfungsrichtlinien, Teil C, Widerspruch, Abschnitt 1, 5.6.3.1).

66   Anders als wenn das Amt von sich aus eine Kostenentscheidung nach Abs. 7 S. 1 trifft, hat der Vertreter bei einem Kostentrag zu versichern, dass die Vertretungskosten tatsächlich entstanden sind. Die Vorlage einer Kostenberechnung entspricht einer Versicherung. Zugesprochen wird allerdings selbst bei Vorlage einer höheren Kostenberechnung grundsätzlich nur der in Art. 18 DVUM jeweils vorgesehene Höchstbetrag für eine Vertretung → Rn. 28. Für das Entstehen etwaiger Amtsgebühren ist keine Versicherung erforderlich (EUIPO-Prüfungsrichtlinien, Teil C, Widerspruch, Abschnitt 1, 5.6.3.2).

H. Rechtsmittel gegen Kostenentscheidung (Abs. 8)

67   Innerhalb der Kostenentscheidung ist die Kostenverteilung (welche Partei muss welche Kosten tragen) von der Kostenfestsetzung (wieviel ist zu zahlen) zu unterscheiden (vgl. EUIPO-Prüfungsrichtlinien, Teil A, Allgemeine Regeln, Abschnitt 3, 7.1 und 7.3). Ist die **Kostenverteilung** offensichtlich falsch (zB der Anmelder obsiegt im Widerspruch, soll aber die Kosten tragen) kann diese nach Art. 102 berichtigt oder nach Art. 103 widerrufen werden. Gegen die **Kostenfestset-**

zung ist hingegen nach Art. 109 Abs. 8 der fristgerechte **Antrag auf Überprüfung** durch die Widerspruchsabteilung, die Nichtigkeitsabteilung oder die Beschwerdekammer statthaft. Das Verfahren auf Überprüfung der Kostenentscheidung ist ein einseitiges Verfahren. Für die Beschwerde siehe auch Art. 66 EUIPO-BKVfO.

Ist die Kostenfestsetzung zusammen mit der Entscheidung in der Hauptsache ergangen, so **68** beträgt die **Rechtsmittelfrist einen Monat ab Rechtskraft der Entscheidung.** Sind die Kostentscheidung und -festsetzung ausnahmsweise separat ergangen ist der Antrag innerhalb von **einem Monat** nach Zustellung der Entscheidung zu stellen.

Der Antrag ist **gebührenpflichtig** (100 Euro). Die Gebühr wurde im Zuge der Reform nicht **69** angepasst. Wird die Gebühr nicht innerhalb der Rechtsmittelfrist entrichtet, gilt der Antrag als nicht gestellt (Art. 109 Abs. 8). Der Antrag ist zu begründen (EUIPO-Prüfungsrichtlinien, Teil C, Widerspruch, Abschnitt 1, 5.6.4). Die Entscheidung über den Antrag enthält selbst keine Kostenentscheidung. Es handelt sich ja um ein einseitiges Verfahren. Zudem ist eine mündliche Verhandlung ausgeschlossen.

Ungeklärt ist, ob das Überprüfungsverfahren einer Beschwerde gegen eine erstinstanzliche **70** Kostenentscheidung zwingend vorgeschaltet ist. Dies wird praktisch nur dann relevant, falls die Kostenentscheidung separat zu der Hauptsacheentscheidung angegriffen wird. Wird die Kostenentscheidung mit der Entscheidung in der Sache angegriffen, so sieht sich die Kammer in der Regel dazu befugt, die Kostenentscheidung ohne vorgeschaltetes Überprüfungsverfahren zu überprüfen. Allerdings soll die Beschwerdekammer nach EuG T-10/06, BeckRS 2007, 148284 Rn. 44 ff. – BIAL gerade nicht zu einer grundlosen Abänderung der Kostenentscheidung der ersten Instanz befugt sein. Wird die Hauptsacheentscheidung mit der Beschwerde angegriffen, so sollte der Beschwerdeführer daher ausdrücklich beantragen, auch die Kostenentscheidung aufzuheben und die Kosten und Gebühren zu seinen Gunsten zu verteilen.

Enthält die Hauptsacheentscheidung keine Kostenentscheidung ist ein Antrag auf Kostenfestset- **71** zung nach Abs. 7 zu stellen (→ Rn. 64).

Art. 110 Vollstreckung der Entscheidungen, die Kosten festsetzen

(1) Jede Entscheidung des Amtes, die Kosten festsetzt, ist ein vollstreckbarer Titel.

(2) ¹**Die Zwangsvollstreckung erfolgt nach den Vorschriften des Zivilprozessrechts des Staates, in dessen Hoheitsgebiet sie stattfindet.** ²**Jeder Mitgliedstaat bestimmt eine einzige Behörde, die für die Prüfung der Echtheit des in Absatz 1 genannten Titels zuständig ist, und teilt deren Kontaktangaben dem Amt, dem Gerichtshof und der Kommission mit.** ³**Die Vollstreckungsklausel wird von dieser Behörde nach einer Prüfung, die sich lediglich auf die Echtheit des Titels erstreckt, erteilt.**

(3) Sind diese Formvorschriften auf Antrag des die Vollstreckung betreibenden Beteiligten erfüllt, so kann dieser Beteiligte die Zwangsvollstreckung nach innerstaatlichem Recht betreiben, indem er die zuständige Stelle unmittelbar anruft.

(4) ¹**Die Zwangsvollstreckung kann nur durch eine Entscheidung des Gerichtshofs ausgesetzt werden.** ²**Für die Prüfung der Ordnungsmäßigkeit der Vollstreckungsmaßnahmen sind jedoch die Rechtsprechungsorgane des betreffenden Staates zuständig.**

Überblick

Art. 110 (zuvor Art. 86 GMV) regelt die nationale Vollstreckbarkeit der Kostenfestsetzungsentscheidungen des Amtes iSd Art. 109 in den Mitgliedstaaten der EU.

A. Grundsatz

Nach Art. 110 Abs. 1 (zuvor Art. 86 GMV) ist jede Entscheidungen des Amtes, die Kosten **1** festsetzt (→ Art. 109 Rn. 7 ff.), ein vollstreckbarer Titel in den Mitgliedstaaten der EU.

Die Zwangsvollstreckung richtet sich gemäß Abs. 2 nach den Vorschriften des Zivilprozessrech- **2** tes des Staates, in dessen Hoheitsgebiet sie stattfindet. Das Amt ist für Kostenvollstreckungsverfahren nicht zuständig (s. EUIPO-Prüfungsrichtlinien, Teil A, Allgemeine Regeln, Abschnitt 3, Punkt 7.2).

Voraussetzung für eine Vollstreckung ist die Rechtskraft der Entscheidung des Amtes, die **3** die Kosten festsetzt. Wird ein Antrag auf Überprüfung der Kostenfestsetzung iSd Art. 109 Abs. 8

gestellt oder Beschwerde gegen die Entscheidung insgesamt einschließlich der Kostenfestsetzung eingelegt, wird die Kostenfestsetzungsentscheidung erst nach Abschluss der Verfahren rechtskräftig (→ Art. 109 Rn. 67 ff.). Einer Anerkennung oder eines Vollstreckungsurteils durch nationale Stellen bedarf es nicht. Die betroffene Partei muss aber bei der zuständigen nationalen Behörde die Erteilung einer Vollstreckungsklausel für die Entscheidung beantragen. Die Voraussetzungen hierfür hängen vom jeweiligen Mitgliedstaat ab. Die nationalen Rechte sind insofern nicht harmonisiert. Es obliegt dem Gläubiger sich nach den Voraussetzungen (zB Vertretungsbedarf), der zuständigen Stelle (→ Rn. 6 ff.), der Dauer und den Kosten für eine Vollstreckung in demjenigen Mitgliedstaat zu erkundigen, in dem er eine Vollstreckung beabsichtigt (in der Regel dort, wo der Schuldner seinen Wohnsitz hat).

4   Nach Abs. 2 darf sich die Prüfung für den Erlass einer Vollstreckungsklausel durch die zuständigen nationalen Stellen nur auf die Echtheit des Titels erstrecken. Zur Überprüfung der Richtigkeit des Titels sind nationale Stellen nicht befugt. Falsche Kosten- oder Kostenfestsetzungsbescheide sind nach Art. 109 Abs. 8 anzugreifen (→ Art. 109 Rn. 67 ff.). Eine falsche Kostenverteilung kann im Wege der Berichtigung (Art. 102) oder dem Widerruf (Art. 103) korrigiert werden (Richtlinien, Teil A, Allgemeine Regeln, 7.3). Der Gläubiger kann nach Abs. 3 sofort die Zwangsvollstreckung betreiben, sobald eine Vollstreckungsklausel erteilt wurde.

5   In aller Regel **lohnt** sich der **Aufwand einer Vollstreckung**, insbesondere in einem anderen Mitgliedstaat oder außerhalb der EU, aufgrund der niedrigen Höhe des Titels **nicht** (→ Art. 109 Rn. 9). Eine Statistik darüber wie viele der Schuldner tatsächlich zahlen gibt es laut der **Max-Planck Studie** nicht (Study on the Overall Functioning of the European Trade Mark System Rn. 4.182). Nach der Studie sollte das Amt die Kostenentscheidung zumindest in allen Sprachen der Mitgliedstaaten verfügbar machen. Eine Vollstreckung wird durch den bloßen Wegfall des Übersetzungsaufwandes aber nicht nennenswert einfacher und damit lohnenswerter. Die Studie schlägt wohl deshalb auch vor, dass das Amt im Dialog mit internationalen Organisationen und den Mitgliedstaaten an einer einfacheren Vollstreckbarkeit arbeitet. Auch im Zuge der Reform ist kein vereinfachtes internationales Verfahren eingeführt worden. Eine Entwicklung bleibt abzuwarten.

B. Zuständige Stellen in der EU

6   Nach Art. 110 Abs. 2 S. 2 bestimmen die Regierungen der Mitgliedstaaten die jeweilige Stelle, die für die Erteilung der Vollstreckungsklausel zuständig ist. Nach der Neufassung des Abs. 2 sollen die Mitgliedstaaten seit dem 23.3.2016 nicht nur das Amt und den Gerichtshof, sondern auch die Kommission von der zuständigen Stelle unterrichten. Der Vorschlag folgt der Max-Planck Studie (dort Rn. 4.184), nach der die Kommission kontrollieren soll, ob die Mitgliedstaaten ihrer Mitteilungspflicht nachkommen. Die Kommission soll darauf hinwirken, dass alle Mitgliedstaaten eine für die Vollstreckung zuständige Stelle nennen. Aus Gründen der Einfachheit sollen die Mitgliedstaaten die Kontaktdaten nur einer zuständigen Stelle benennen.

7   Nicht alle Mitgliedstaaten sind dieser Verpflichtung nachgekommen. Daher veröffentlicht das Amt zur Zeit noch alle Benennungen durch eine Mitteilung des Exekutivdirektors auf der Webseite und im Amtsblatt. Zudem enthielt die Broschüre des Amtes „Nationales Recht zur Gemeinschaftsmarke und zum Gemeinschaftsgeschmacksmuster" (2006) eine Tabelle staatlicher Stellen (http:// euipo.europa.eu/en/office/diff/pdf/National_law.pdf, zuletzt abgerufen am 2.4.2019). Die **folgenden Angaben** könnten bereits **überholt** sein, werden der Vollständigkeit halber aber dennoch aufgeführt. Die Kommission bemüht sich derzeit um eine Aktualisierung der Daten.
- Belgien: Gerichte erster Instanz (Mitteilung Nr. 3/07);
- Dänemark: Patentdirektorat (Mitteilung Nr. 07/02);
- Deutschland: Bundespatentgericht (Mitteilung Nr. 03/05);
- Estland: Estnisches Patentamt (Mitteilung Nr. 1/09 des Präsidenten des Amtes)
- Litauen: Court of Appeal of Lithuania (Berufungsgericht von Litauen), Gedimino Ave. 40/1, LT-01503 Vilnius; Tel. +370 70 663 685; Fax +370 70 663 060; apeliacinis@apeliacinis.lt; apeliacinis@teismas.lt; Code 191831183 (Mitteilung Nr. 1/2017 des Exekutivdirektors des Amtes) (Mitteilung Nr. 01/17);
- Frankreich: l'Institut national de la propriété industrielle (Mitteilung Nr. 01/02);
- Irland: The High Court (Mitteilung Nr. 01/07);
- Italien: Dipartimento per gli Affari di Giustizia, Ministero della Giustizia (Mitteilung Nr. 02/ 22 vom 22.6.2022)
- Kroatien: Ministarstvo pravosuda i uprave, Adresse: Ulica grada Vukovara 49, 10 000 Zagreb (Mitteilung Nr. 2/21 vom 7.6.2021)

- Lettland: Patent Office of the Republic of Latvia, Adresse: Citadeles Street 7/70, Riga; E-Mail: lietvediba@lrpv.gov.lv; Telefon: +37 167099600 (Mitteilung Nr. 3/2020 vom 7.10.2020);
- Luxemburg: Président du tribunal d'arrondissement de Luxembourg (Mitteilung Nr. 1/21 vom 7.6.2021)
- Niederlande: Arrondissementsrechtbanken (alle Landgerichte) (Mitteilung Nr. 6/99);
- Österreich: Bezirksgerichte (Mitteilung Nr. 01/04);
- Slowakei: Úrad Priemyselného Vlastníctva (Mitteilung Nr. 08/04);
- Spanien: Ministerio de Justicia – Dirección general de cooperación jurídica internacional y derechos humanos (Mitteilung Nr. 3/2021 vom 23.8.2021);
- Tschechische Republik: Amt für gewerbliches Eigentum der Tschechisches Republik (Mitteilung Nr. 2/14).
- Ungarn: A megyei bíróságok székhelyén működőhelyi bíróság; Budapesten a Budai Közp onti Kerületi Bíróság (keine Mitteilung, aber in der Tabelle benannt);
- Vereinigtes Königreich: Secretary of State. Da dieser seine betreffenden Befugnisse auf Bedienstete des britischen Patentamts übertragen hat, sind Anträge zu richten an: The Law Section Trade Mark Registry, Concept House, Cardiff Road, Newport, South Wales NP10 8QQ (Mitteilung Nr. 8/98).

C. Vollstreckung in Deutschland

Für eine Vollstreckung der Kosten in Deutschland ist ein formloser Antrag auf Erteilung einer **8** Vollstreckungsklausel beim BPatG zu stellen (vgl. § 125a Abs. 1 MarkenG; s. Modell eines Antrags bei Fezer Markenpraxis-HdB/v. Kapff I 2 Rn. 2338). Mit dem Antrag ist eine Kopie der Entscheidung im Original, ggf. eine Übersetzung des Rubrums und des Titels, eine Bestätigung der Rechtskraft der Entscheidung durch das Amt und ggf. eine Vollmacht einzureichen (Fezer Markenpraxis-HdB/v. Kapff I 2 Rn. 2336 f.).

Eine Bestätigung der Rechtskraft der Entscheidung sollte ggf. beim Informationszentrum des EUIPO **8.1** beantragt werden. In vielen Mitgliedstatten ist diese de facto allerdings nicht erforderlich, da die national zuständigen Stellen online überprüfen können, ob die Entscheidung rechtskräftig ist.

Die vollstreckbare Ausfertigung wird durch den Urkundsbeamten der Geschäftsstelle des BPatG **9** erteilt.

Eine **Erinnerung** gegen die Erteilung der Vollstreckungsklausel ist nur aufgrund fehlender **10** Rechtskraft der Kostenentscheidung oder Unechtheit der Entscheidung möglich (Eisenführ/Schennen/Schennen Art. 86 Rn. 14). Eine **Vollstreckungsgegenklage** ist nur zulässig soweit sie sich auf das Erlöschen des Anspruchs bezieht, zB durch Aufrechnung oder Erfüllung (→ Rn. 3; Eisenführ/Schennen/Schennen Art. 86 Rn. 12).

Es wird im Übrigen auf die Kommentierung zu § 125a MarkenG verwiesen (→ MarkenG **11** § 125a Rn. 1 ff.).

D. Aussetzung der Zwangsvollstreckung

Nach Art. 110 Abs. 4 kann die Zwangsvollstreckung nur durch eine Entscheidung des Gerichts- **12** hofs ausgesetzt werden. Damit ist ein Antrag auf einstweilige Einstellung der Zwangsvollstreckung in Deutschland ausgeschlossen (Eisenführ/Schennen/Schennen Art. 86 Rn. 14). Für die Prüfung der Ordnungsmäßigkeit der Vollstreckungsmaßnahmen bleiben die Rechtsprechungsorgane des betreffenden Staates nach Art. 110 Abs. 4 zuständig (→ Rn. 8 ff.).

Abschnitt 3. Unterrichtung der Öffentlichkeit und der Behörden der Mitgliedstaaten

Art. 111 Register der Unionsmarken

(1) Das Amt führt ein Register der Unionsmarken und hält dieses Register auf dem neuesten Stand.

(2) Das Register enthält folgende Angaben bezüglich der Anmeldung und Eintragung von Unionsmarken:

a) den Anmeldetag;

b) das Aktenzeichen der Anmeldung;

c) den Tag der Veröffentlichung der Anmeldung;

d) den Namen und die Anschrift des Anmelders;

e) den Namen und die Geschäftsanschrift des Vertreters, soweit es sich nicht um einen Vertreter im Sinne des Artikels 119 Absatz 3 Satz 1 handelt;

f) die Wiedergabe der Marke mit Angaben über ihren Charakter; und gegebenenfalls eine Beschreibung der Marke;

g) die Bezeichnung der Waren und Dienstleistungen;

h) Angaben über die Inanspruchnahme einer Priorität gemäß Artikel 35;

i) Angaben über die Inanspruchnahme einer Ausstellungspriorität gemäß Artikel 38;

j) Angaben über die Inanspruchnahme des Zeitrangs einer eingetragenen älteren Marke gemäß Artikel 39;

k) die Erklärung, dass die Marke gemäß Artikel 7 Absatz 3 infolge ihrer Benutzung Unterscheidungskraft erlangt hat;

l) die Angabe, dass es sich um eine Kollektivmarke handelt;

m) die Angabe, dass es sich um eine Gewährleistungsmarke handelt;

n) die Sprache, in der die Anmeldung eingereicht wurde, und die zweite Sprache, die der Anmelder in seiner Anmeldung gemäß Artikel 146 Absatz 3 angegeben hat;

o) den Tag der Eintragung der Marke in das Register und die Nummer der Eintragung;

p) die Erklärung, dass die Anmeldung sich aus der Umwandlung einer internationalen Registrierung, in der die Union benannt ist, gemäß Artikel 204 ergibt, sowie den Tag der internationalen Registrierung gemäß Artikel 3 Absatz 4 des Madrider Protokolls oder den Tag der Eintragung der territorialen Ausdehnung auf die Union im Anschluss an die internationale Registrierung gemäß Artikel 3ter Absatz 2 des Madrider Protokolls und das Prioritätsdatum der internationalen Registrierung.

(3) In das Register wird unter Angabe des Tages der Vornahme der jeweiligen Eintragung ferner Folgendes eingetragen:

a) Änderungen des Namens, der Anschrift, der Staatsangehörigkeit oder des Wohnsitz-, Sitz- oder Niederlassungsstaats des Inhabers der Unionsmarke;

b) Änderungen des Namens oder der Geschäftsanschrift des Vertreters, soweit es sich nicht um einen Vertreter im Sinne des Artikels 119 Absatz 3 Satz 1 handelt;

c) wenn ein neuer Vertreter bestellt wird, der Name und die Geschäftsanschrift dieses Vertreters;

d) Änderungen der Marke gemäß den Artikeln 49 und 54 und Berichtigungen von Fehlern;

e) ein Hinweis auf die Änderung der Satzung einer Kollektivmarke gemäß Artikel 79;

f) Angaben über die Inanspruchnahme des Zeitrangs einer eingetragenen älteren Marke nach Artikel 39 gemäß Artikel 40;

g) der vollständige oder teilweise Rechtsübergang gemäß Artikel 20;

h) die Begründung oder Übertragung eines dinglichen Rechts gemäß Artikel 22 und die Art des dinglichen Rechts;

i) eine Zwangsvollstreckung gemäß Artikel 23 und ein Insolvenzverfahren gemäß Artikel 24;

j) die Erteilung oder Übertragung einer Lizenz gemäß Artikel 25 und gegebenenfalls die Art der Lizenz;

k) die Verlängerung einer Eintragung gemäß Artikel 53 und der Tag, an dem sie wirksam wird, sowie etwaige Einschränkungen gemäß Artikel 53 Absatz 4;

l) ein Vermerk über die Feststellung des Ablaufs einer Eintragung gemäß Artikel 53;

m) die Erklärung der Zurücknahme oder des Verzichts des Markeninhabers gemäß den Artikeln 49 beziehungsweise 57;

n) der Tag der Einreichung und die Einzelheiten eines Widerspruchs gemäß Artikel 46 oder eines Antrags gemäß Artikel 63 oder einer Widerklage auf Erklärung des Verfalls oder der Nichtigkeit gemäß Artikel 128 Absatz 4 oder einer Beschwerde gemäß Artikel 68;

o) der Tag und der Inhalt einer Entscheidung über einen Widerspruch, oder einen Antrag oder eine Widerklage gemäß Artikel 64 Absatz 6 oder Artikel 128 Absatz 6 Satz 3, oder eine Beschwerde gemäß Artikel 71;

p) ein Hinweis auf den Eingang des Umwandlungsantrags gemäß Artikel 140 Absatz 2;

q) die Löschung des gemäß Absatz 2 Buchstabe e dieses Artikels eingetragenen Vertreters;

r) die Löschung des Zeitrangs einer nationalen Marke;

s) die Änderung oder die Löschung der nach den Buchstaben h, i und j dieses Absatzes eingetragenen Angaben;

t) die Ersetzung der Unionsmarke durch eine internationale Registrierung gemäß Artikel 197;

u) der Tag und die Nummer internationaler Registrierungen auf der Grundlage der Anmeldung der Unionsmarke, die zur Eintragung einer Unionsmarke geführt hat, gemäß Artikel 185 Absatz 1;

v) der Tag und die Nummer internationaler Registrierungen auf der Grundlage der Unionsmarke gemäß Artikel 185 Absatz 2;

w) die Teilung einer Anmeldung nach Artikel 50 und der Eintragung gemäß Artikel 56 mit den Angaben nach Absatz 2 dieses Artikels bezüglich der Teileintragung sowie die geänderte Liste der Waren und Dienstleistungen der ursprünglichen Eintragung;

x) der Widerruf einer Entscheidung oder die Löschung einer Registereintragung gemäß Artikel 103, wenn der Widerruf bzw. die Löschung eine bereits veröffentlichte Entscheidung bzw. Eintragung betrifft;

y) ein Hinweis auf die Änderung der Satzung einer Unionsgewährleistungsmarke gemäß Artikel 88.

(4) Der Exekutivdirektor kann bestimmen, dass vorbehaltlich des Artikels 149 Absatz 4 noch andere als die in den Absätzen 2 und 3 dieses Artikels vorgesehenen Angaben einzutragen sind.

(5) [1]Das Register kann in elektronischer Form geführt werden. [2]Das Amt erhebt, organisiert, veröffentlicht und speichert die in den Absätzen 2 und 3 vorgesehenen Angaben, einschließlich etwaiger personenbezogener Daten, zu den in Absatz 8 genannten Zwecken. [3]Das Amt sorgt dafür, dass das Register für jedermann zur Einsichtnahme einfach zugänglich ist.

(6) Der Inhaber einer Unionsmarke erhält über jede Änderung im Register eine Mitteilung.

(7) Das Amt stellt auf Antrag und gegen Entrichtung einer Gebühr beglaubigte oder unbeglaubigte Auszüge aus dem Register aus.

(8) Die Verarbeitung der Daten betreffend die in den Absätzen 2 und 3 vorgesehenen Angaben, einschließlich etwaiger personenbezogener Daten, findet zu folgenden Zwecken statt:

a) zur Verwaltung der Anmeldungen und/oder Eintragungen gemäß dieser Verordnung und den gemäß dieser Verordnung erlassenen Rechtsakten,

b) zur Aufrechterhaltung eines öffentlichen Registers zur Einsichtnahme durch Behörden und Wirtschaftsteilnehmer und zu deren Information, damit sie die Rechte ausüben können, die ihnen mit dieser Verordnung übertragen werden, und damit sie Kenntnis von älteren Rechten Dritter erlangen können, und

c) zur Erstellung von Berichten und Statistiken, die es dem Amt ermöglichen, seine Vorgänge zu optimieren und die Funktionsweise des Systems zu verbessern.

(9) [1]Alle Daten, einschließlich personenbezogener Daten, betreffend die in den Absätzen 2 und 3 vorgesehenen Angaben gelten als von öffentlichem Interesse und sind für alle Dritten zugänglich. [2]Aus Gründen der Rechtssicherheit werden die Eintragungen im Register auf unbestimmte Zeit aufbewahrt.

Überblick

Art. 111 regelt das Unionsmarkenregister. In dieses sind alle erheblichen die Unionsmarken betreffenden Angaben und Rechtsvorgänge einzutragen (→ Rn. 1, → Rn. 2; zu Änderungen → Rn. 3, → Rn. 4). Das Register ist öffentlich und jedermann zur Einsicht zugänglich (zur Einsichtnahme → Rn. 5).

A. Eintragungen in das Register

Das Register ist eine elektronisch vom Amt geführte Datenbank. In das Register werden **1** alle Angaben zum Rechtsstand einer eingetragenen (Art. 51) Unionsmarke aufgenommen. Vor

Eintragung der Marken werden rechtlich relevante Umstände in der Anmeldeakte geführt (zu Rechtsstandsänderungen vor Eintragung → Rn. 2). Die Eintragung erfolgt in allen Amtssprachen (Art. 147 Abs. 2). Gemäß Abs. 2 enthält die Eintragung in das Register (soweit jeweils zutreffend):

- Anmeldetag und Anmeldenummer;
- Tag der Veröffentlichung der Anmeldung;
- Name und Anschrift des Anmelders;
- Name und Geschäftsanschrift des Vertreters (mit Ausnahme von Angestellten-Vertretern iSv Art. 119 Abs. 3);
- Wiedergabe der Marke, ggf. in Farbe;
- Angabe der Markenform für Marken die keine Wortmarken sind (3D-Marken, Hologramme, Hörmarken, Marken in Farbe, sonstige Marken);
- Markenbeschreibung;
- Bezeichnung der gemäß der Klassifikation von Nizza nach Klassen gruppierten Waren und Dienstleistungen;
- Angaben über die Inanspruchnahme einer Priorität iSv Art. 35;
- Angaben über die Inanspruchnahme einer Ausstellungspriorität nach Art. 38;
- Angaben über die Inanspruchnahme des Zeitrangs nach Art. 39;
- Erklärung, dass durch Benutzung erworbene Unterscheidungskraft iSv Art. 7 Abs. 3 vorliegt;
- Angabe, dass es sich um eine Kollektivmarke oder Gewährleistungsmarke handelt;
- erste und zweite Sprache;
- Tag und Nummer der Eintragung in das Register;
- Erklärung, dass die Anmeldung sich aus der Umwandlung einer internationalen Registrierung gemäß Art. 196 ergibt sowie den Tag der internationalen Registrierung oder den Tag der nachträglichen Ausdehnung auf die Union (Art. 3 Abs. 4 MMA bzw. Art. 3ter Abs. 2 MMA).

2   Hierzu im Einzelnen: Ist die Wiedergabe der Marke in Farbe, werden auch ein Vermerk „farbig" und die Angaben der Farben veröffentlicht, aus denen sich die Marke zusammensetzt. Sind in der Anmeldung mehrere Vertreter mit derselben Geschäftsanschrift genannt, wird nur der Name des an erster Stelle genannten Vertreters mit dem Zusatz „und andere" veröffentlicht. Gibt es mehrere Vertreter mit unterschiedlichen Anschriften, wird nur die Zustellanschrift veröffentlicht. Bei einem Zusammenschluss von Vertretern wird nur die Sozietät genannt, nicht die Sozien (wenn nicht der Name der Sozietät aus den Namen aller Sozien besteht). Die Waren und Dienstleistungen werden jeweils gruppiert nach Klasse und in der (aufsteigenden) Reihenfolge der Klassennummern veröffentlicht, und zwar mit dem vollen Wortlaut der Liste, in allen 23 Sprachen (Art. 147 Abs. 1). Die jeweilige Klassennummer wird jeder Gruppe vorangestellt. Zur Priorität werden Aktenzeichen und Anmeldetag(e) des/der Voranmeldung(en) veröffentlicht sowie das oder die Land/Länder der Voranmeldung. Zum Zeitrang (Seniorität) werden Eintragungsnummer(n), Tag(e) des Schutzbeginns und Mitgliedstaat(en), in dem/denen bzw. für den/die die Eintragung(en) besteht/bestehen angegeben. Bei der Veröffentlichung werden weitgehend die WIPO INID-Codes verwendet. Die Bedeutung dieser Codes ist am Ende des Vademecum zum Unionsmarkenblatt (→ Art. 116 Rn. 1 zu Art. 116 lit. a) in einer Liste zusammengestellt.

B. Eintragung von Änderungen

I. Änderungen im Allgemeinen

3   Gemäß Abs. 3 werden auch alle relevanten Änderungen in das Register eingetragen, nämlich alle Änderungen bezüglich der unter → Rn. 1 genannten Daten (zB Neubestellung oder Löschung von Vertretern, Änderungen des Namens oder (Wohn-) Sitzes des Anmelders (Art. 55), Änderungen der Marke gemäß Art. 54 und Art. 10 UMDV etc) und alle Änderungen, die den Bestand der Marke, ihren Schutzumfang und die Berechtigung an ihr betreffen. Dies sind namentlich neue Tatsachen zB zum Rechtsstand der Marke wie der Rechtsübergang gemäß Art. 20, die Begründung oder Übertragung eines dinglichen Rechts an der Unionsmarke (Art. 22), Zwangsvollstreckungsmaßnahmen (Art. 23) und Insolvenzverfahren (Art. 24), die Erteilung und Übertragung von Lizenzen (Art. 25), die Verlängerung – oder die Feststellung des Ablaufs der Unionsmarke (Art. 53) und eine etwaige Erklärung des Verzichts des Inhabers (Art. 57). Auch eingetragen werden Tatsachen, die potentiell auf den Bestand, die Inhaberschaft oder den Schutzumfang der Marke Einfluss haben können, zB Anträge auf Feststellung des Verfalls oder der Nichtigkeit (Art. 63). Die volle Liste der einzutragenden Änderungen findet sich in Abs. 3.

II. Änderungen gemäß Art. 54 und Berichtigung von Fehlern

Für Änderungen der Marke nach Art. 54, die nach Abs. 3 lit. d einzutragen sind, richtet sich **4** das Verfahren nach Art. 10 UMDV (→ Art. 54 Rn. 13). Im Übrigen ist nach Abs. 3 lit. d auch die Berichtigung von Fehlern im Register einzutragen. Der Antrag ist gebührenfrei. Abzugrenzen ist die Berichtigung von Fehlern „in der Eintragung" bzw. „in der Veröffentlichung der Eintragung" von der Korrektur von Verfahrens- oder Rechtsanwendungsfehlern, die letztlich auch Einfluss auf den Inhalt des Registers haben. Der Widerruf einer Entscheidung bzw. die Löschung einer Registereintragung wegen eines Verfahrensfehlers (zB Eintragung einer Marke, obwohl sie im Widerspruchsverfahren zurückgewiesen wurde) kann nur unter den Voraussetzungen des Art. 103 erfolgen (→ Art. 103 Rn. 1 ff.). Eine falsche Rechtsanwendung kann nur über die Beschwerde und ggf. anschließend den gerichtlichen Instanzenzug korrigiert werden.

C. Einsichtnahme

Gemäß Abs. 9 kann jedermann in das Unionsmarkenregister Einsicht nehmen. Davon abgese- **5** hen erhält der Markeninhaber neben der Eintragungsurkunde gemäß Abs. 6 über jede Änderung im Register eine Mitteilung. Das Register wird elektronisch geführt und steht über die Webseite des Amts weitgehend zur Einsicht offen. Gemäß Abs. 7 erteilt das Amt daneben auf Antrag gegen Gebühr beglaubigte (30 Euro, Anh. I A. lit. b) oder unbeglaubigte (10 Euro, Anh. I A. lit. a) Auszüge aus dem Register (→ Anh. I Rn. 1 ff.). Auch können Informationen über Markeneintragungen und Anmeldungen Online über verschiedene Datenbanken auf der Webseite des Amts abgerufen werden, zB über den Dienst „eSearch Plus", der ua Unionsmarken und Unionsmarkenanmeldungen, Inhaber, Vertreter und tägliche Veröffentlichungen betrifft sowie über die Datensammlung „TM-View", die sich neben den Unionsmarken auch auf nationale Eintragungen und IR-Marken erstreckt und ebenfalls auf der Homepage des Amts zur Verfügung steht. Die verschiedenen recherchierbaren Datenbanken finden sich auf der Startseite der Homepage in einem Menü („Suche") auf der rechten Seite aufgelistet. Der Zugriff ist jeweils kostenfrei und der Informationsgehalt der Datenbanken sehr hoch (eSearch Plus enthält zB nicht nur die Wiedergabe der Marken sowie der Waren- und Dienstleistungsverzeichnisse, sondern auch Informationen zum Verfahrens- und Rechtsstand). Ausdrucke aus diesen Datenbanken ersetzen aber nicht rechtlich verbindliche Registerauszüge.

D. Reform

Die **VO (EU) 2015/2424** des Europäischen Parlaments und des Rates zur Änderung der VO **6** (EG) 207/2009 hat mit Inkrafttreten am 23.3.2016 den bisher in Regel 84 GMDV enthaltenen Katalog der einzutragenden Tatsachen in die Hauptverordnung integriert. Mit Wirkung vom 1.10.2017 wurde zudem der Katalog um die Angaben im Zusammenhang mit der neu eingeführten Unionsgewährleistungsmarke (→ Art. 83 Rn. 1 ff.) ergänzt.

Art. 112 Datenbank

(1) Zusätzlich zur Verpflichtung, ein Register im Sinne des Artikels 111 zu führen, sammelt das Amt alle Angaben, die von den Anmeldern oder anderen Verfahrensbeteiligten gemäß dieser Verordnung oder den gemäß dieser Verordnung erlassenen Rechtsakten bereitgestellt werden, und speichert diese in einer elektronischen Datenbank.

(2) ¹**Die elektronische Datenbank kann personenbezogene Daten beinhalten, die über jene hinausgehen, die gemäß Artikel 111 im Register enthalten sind, insoweit diese Angaben gemäß dieser Verordnung oder den gemäß dieser Verordnung erlassenen Rechtsakten vorgeschrieben sind.** ²**Die Sammlung, Speicherung und Verarbeitung dieser Daten dient folgenden Zwecken:**

a) der Verwaltung der Anmeldungen und/oder Eintragungen gemäß dieser Verordnung und den gemäß dieser Verordnung erlassenen Rechtsakten;

b) dem Zugang zu den Informationen, die erforderlich sind, um die einschlägigen Verfahren einfacher und effizienter durchzuführen;

c) der Kommunikation mit den Anmeldern und sonstigen Verfahrensbeteiligten;

d) der Erstellung von Berichten und Statistiken, die es dem Amt ermöglichen, seine Vorgänge zu optimieren und die Funktionsweise des Systems zu verbessern.

(3) Der Exekutivdirektor bestimmt die Bedingungen für den Zugang zu der elektronischen Datenbank und die Art, in der ihr Inhalt, mit Ausnahme der in Absatz 2 dieses Artikels genannten personenbezogenen Daten, aber einschließlich der in Artikel 111 aufgelisteten personenbezogenen Daten, in maschinenlesbarer Form bereitgestellt werden können, einschließlich der Gebühren für den Zugang.

(4) Der Zugang zu den in Absatz 2 genannten personenbezogenen Daten wird beschränkt, und diese Daten werden nur öffentlich zugänglich gemacht, wenn der betreffende Beteiligte seine ausdrückliche Einwilligung erteilt hat.

(5) [1]Alle Daten werden auf unbestimmte Zeit aufbewahrt. [2]Der betreffende Beteiligte kann die Löschung personenbezogener Daten aus der Datenbank jedoch 18 Monate nach Ablauf der Unionsmarke oder Abschluss des einschlägigen *Inter-partes*-Verfahrens beantragen. [3]Der betreffende Beteiligte hat das Recht, jederzeit die Berichtigung unrichtiger oder falscher Daten zu veranlassen.

Überblick

Die VO (EU) 2015/2424 des Europäischen Parlaments und des Rates zur Änderung der Gemeinschaftsmarkenverordnung, die am 23.3.2016 in Kraft getreten ist, hat die Vorschriften zur Datenbank des Amts, die bis dahin in Regel 87 GMDV behandelt wurden, mit mehr Details in die Hauptverordnung selbst integriert; dieser Stand wurde per VO (EU) 2017/1001 vom 14.6.2017 über die Unionsmarke kodifiziert.

1   Die elektronisch geführte Datenbank des Amts **ergänzt das nach Art. 111 zu führende Register** (Abs. 1) und kann über die im Register einzutragenden Angaben hinausgehende personenbezogene Daten beinhalten (Abs. 2).

2   Die weiteren Regelungen der Vorschrift dienen der Berücksichtigung **datenschutzrechtlicher Aspekte.** Geregelt sind die Zwecke, zu denen Daten gesammelt, gespeichert und verarbeitet werden (Abs. 2 S. 2), der Zugang zu den über die im Register zu veröffentlichenden Daten hinausgehenden Daten (Abs. 4 – Veröffentlichung nur mit ausdrücklicher Einwilligung des Betroffenen) und Dauer der Aufbewahrung sowie das Recht des Betroffenen, die Löschung bzw. die Berichtigung von Daten zu verlangen (Abs. 5). Einzelheiten zum Zugang zur Datenbank, zur Bereitstellung des Inhalts der Datenbank in maschinenlesbarer Form und zu Gebühren für den Zugang bestimmt der Exekutivdirektor, wobei sein Bestimmungsrecht sich nicht auf personenbezogene Daten erstreckt, die über die im Register zu veröffentlichenden hinausgehen (Abs. 3).

Art. 113 Online-Zugang zu Entscheidungen

(1) [1]Die Entscheidungen des Amtes werden im Hinblick auf Transparenz und Vorhersehbarkeit zur Information der Öffentlichkeit und zur Abfrage durch diese online zugänglich gemacht. [2]Jeder Beteiligte an dem Verfahren, das zum Erlass der Entscheidung geführt hat, kann beantragen, dass alle ihn betreffenden personenbezogenen Daten in der Entscheidung unkenntlich gemacht werden.

(2) [1]Das Amt kann Online-Zugang zu mit seinen Aufgaben in Zusammenhang stehenden Urteilen der nationalen Gerichte und der Gerichte der Europäischen Union bereitstellen, um die Öffentlichkeit für Fragen des geistigen Eigentums zu sensibilisieren und die Konvergenz der Verfahren zu fördern. [2]Das Amt beachtet die Bedingungen für eine erste Veröffentlichung in Bezug auf personenbezogene Daten.

Überblick

Die Änderungsverordnung VO (EU) 2015/2424 hat erstmalig den Online-Zugang zu Entscheidungen des Amts verbindlich vorgesehen. Ziel ist es, den Nutzern des Unionsmarkensystems zusätzliche, inklusive, effiziente und kostenfreie Rechercheinstrumente zur Verfügung zu stellen (s. Erwägungsgrund 30 VO (EU) 2015/2424); diesen Stand hat die VO (EU) 2017/1001 vom 14.6.2017 über die Unionsmarke kodifiziert.

1   Zwar werden Entscheidungen des Amts online zugänglich gemacht (Abs. 1 S. 1, doch können Beteiligte nach Abs. 1 S. 2 verlangen, dass die sie betreffenden personenbezogenen Daten unkenntlich gemacht werden. Abs. 2 S. 1 sieht darüber hinaus den Online-Zugang zu Entscheidungen nationaler Gerichte und Gerichte der Union vor, die mit den Aufgaben des Amts zusammenhängen, wobei Abs. 2 S. 2 dem erforderlichen Datenschutz Rechnung trägt. Online-Zugang zu den Entscheidungen des Amts (einschließlich der Entscheidungen der Beschwerdekammern) sowie markenbezogenen Entscheidungen auf EU-Ebene (Entscheidungen des Gerichts und des Gerichtshofs) sowie auf nationaler Ebene wird gewährt durch die eSearch Case Law-Datenbanken auf der Webseite des Amts.

Art. 114 Akteneinsicht

(1) Einsicht in die Akten von Anmeldungen für Unionsmarken, die noch nicht veröffentlicht worden sind, wird nur mit Zustimmung des Anmelders gewährt.

(2) Wer nachweist, dass der Anmelder behauptet hat, dass die Unionsmarke nach ihrer Eintragung gegen ihn geltend gemacht werden würde, kann vor der Veröffentlichung dieser Anmeldung und ohne Zustimmung des Anmelders Akteneinsicht verlangen.

(3) Nach der Veröffentlichung der Anmeldung der Unionsmarke wird auf Antrag Einsicht in die Akten der Anmeldung und der darauf eingetragenen Marke gewährt.

(4) Im Falle einer Akteneinsicht entsprechend Absatz 2 oder 3 dieses Artikels kann die Einsicht verwehrt werden in Dokumente im Zusammenhang mit der Ausschließung oder Ablehnung gemäß Artikel 169, in Entwürfe von Entscheidungen und Stellungnahmen und in alle anderen internen Dokumente, die der Vorbereitung von Entscheidungen und Stellungnahmen dienen, sowie in jene Aktenteile, an deren Geheimhaltung der betreffende Beteiligte ein besonderes Interesse dargelegt hat, bevor der Antrag auf Akteneinsicht gestellt wurde, es sei denn, die Einsicht in diese Aktenteile ist durch vorrangig berechtigte Interessen des die Akteneinsicht Beantragenden gerechtfertigt.

(5) ¹Die Einsicht in die Akten angemeldeter und eingetragener Unionsmarken wird in die Originalschriftstücke oder in Abschriften davon oder in die elektronischen Datenträger gewährt, wenn die Akten in dieser Weise gespeichert sind. ²Der Exekutivdirektor bestimmt, auf welchem Weg die Akteneinsicht erfolgen soll.

(6) ¹Bei einer Akteneinsicht gemäß Absatz 7 gilt der Antrag auf Einsichtnahme erst als gestellt, wenn die diesbezügliche Gebühr entrichtet worden ist. ²Die Online-Einsichtnahme in elektronische Datenträger ist gebührenfrei.

(7) ¹Die Akteneinsicht findet im Dienstgebäude des Amtes statt. ²Auf Antrag erfolgt die Akteneinsicht durch Ausstellung von Kopien der Dokumente aus der Akte. ³Diese Kopien sind gebührenpflichtig. ⁴Das Amt stellt auf Antrag gegen Entrichtung einer Gebühr auch beglaubigte oder unbeglaubigte Kopien der Anmeldung für eine Unionsmarke aus.

(8) Die vom Amt geführten Akten über internationale Registrierungen, in denen die Union benannt ist, können auf Antrag ab dem Tag der Veröffentlichung gemäß Artikel 190 Absatz 1 unter den in den Absätzen 1, 3 und 4 dieses Artikels festgelegten Bedingungen eingesehen werden.

(9) ¹Das Amt kann vorbehaltlich der in Absatz 4 vorgesehenen Beschränkungen auf Antrag und gegen Entrichtung einer Gebühr Auskünfte aus den Akten angemeldeter oder eingetragener Unionsmarken erteilen. ²Das Amt kann jedoch verlangen, dass von der Möglichkeit der Akteneinsicht Gebrauch gemacht wird, wenn dies im Hinblick auf den Umfang der zu erteilenden Auskünfte zweckmäßig erscheint.

Überblick

Art. 114 regelt die Akteneinsicht durch Private. Mit Wirkung vom 23.3.2016 wurden durch die Änderungsverordnung VO (EU) 2015/2424 die bisher in Regel 88 GMDV und Regel 89 GMDV enthaltenen Vorschriften zum Ausschluss von der Akteneinsicht und zur Durchführung der Akteneinsicht in die Hauptverordnung überführt und die Online-Einsichtnahme in elektronische Datenträger gebührenfrei gestellt. Durch die VO (EU) 2017/1001 vom 14.6.2017 über die Unionsmarke wurde dieser Stand kodifiziert. Für die Einsicht durch Gerichte, Behörden und Staatsanwaltschaften gilt Art. 117. Akteneinsicht nach Art. 114 wird Dritten vor Veröffentlichung einer Anmeldung in der Regel nur mit Zustimmung des Anmelders gewährt (→ Rn. 1). Abweichend hiervon ist die Zustimmung des Anmelders nicht erforderlich, soweit der Anmelder dem Dritten bereits die Geltendmachung von Rechten aus der Marke gegen ihn in Aussicht gestellt hat ($\rightarrow$ Rn. 2). Nach Veröffentlichung der Anmeldung können Dritte auch ohne Zustimmung des Anmelders Akteneinsicht beantragen ($\rightarrow$ Rn. 3). Bei Akteneinsicht ohne Zustimmung des Anmelders können Teile der Akten von der Einsicht ausgeschlossen werden ($\rightarrow$ Rn. 4). Voraussetzung für die Einsichtnahme ist in jedem Fall ein Antrag des Interessierten (zu Antrag und Verfahren $\rightarrow$ Rn. 5, $\rightarrow$ Rn. 6). Die Akteneinsicht kann online, vor Ort oder durch Anfordern von Kopien erfolgen (hierzu und zu den jeweils einschlägigen Gebühren $\rightarrow$ Rn. 7 ff.). Zusätzlich zur eigentlichen Akteneinsicht besteht auch die Möglichkeit der Auskunftserteilung zum Akteninhalt ($\rightarrow$ Rn. 11).

A. Akteneinsicht mit Zustimmung des Anmelders

1   Grundsätzlich sind das Unionsmarkenregister (Art. 111) und die beim Amt geführten Akten öffentlich und können von jedermann eingesehen werden (Marken- und Geschmacksmusterrichtlinien, Teil E: Register, Abschnitt 5, Akteneinsicht, Punkt 1, Allgemeine Grundsätze). Dieser Grundsatz greift aber in der Regel erst ab Veröffentlichung (Art. 44; Art. 7 UMDV) der Anmeldung (Abs. 3). Dementsprechend bestimmt Abs. 1 ausdrücklich, dass vor Veröffentlichung Akteneinsicht durch Dritte grundsätzlich nur mit Zustimmung des Anmelders erfolgt. Der Anmelder selbst hat jederzeit das Recht auf Einsicht in die Akte seiner Anmeldung (vgl. Marken- und Geschmacksmusterrichtlinien, Teil E: Register, Abschnitt 5, Akteneinsicht, Punkt 4.2.1, Akten von Unionsmarkenanmeldungen). Die Akte umfasst nicht nur die direkt die Anmeldung/Eintragung betreffenden, sondern alle Informationen, die mit der Anmeldung bzw. nach Eintragung mit der Marke zusammenhängen, also auch Informationen zu Widerspruchs, Löschungs- oder Beschwerdeverfahren, zu Teilung der Marke, Eintragung von Lizenzen etc. Nicht enthalten sind nationale Rechercheberichte oder Unterlagen zu Mediations- oder Schlichtungsverfahren (vgl. Marken- und Geschmacksmusterrichtlinien, Teil E: Register, Abschnitt 5, Akteneinsicht, Punkt 4.2, Unterlagen, aus denen Akten bestehen). Akten zu IR-Marken, in denen die Union benannt ist, können ab der Veröffentlichung gemäß Art. 190 Abs. 1 gemäß Art. 114 Abs. 8 eingesehen werden. Bestimmte Teile der Akte sind grundsätzlich von der Einsichtnahme ausgeschlossen, zB bestimmte Unterlagen zur Ausschließung oder Ablehnung von Prüfern oder anderen Entscheidungsträgern des Amts iSv Art. 169 sowie Entwürfe von Entscheidungen (Abs. 4; zu den Einzelheiten vgl. Marken- und Geschmacksmusterrichtlinien, Teil E: Register, Abschnitt 5, Akteneinsicht, Punkt 5, Bestandteile der Akten, die von der Einsicht ausgeschlossen sind). Sofern die Zustimmung des Anmelders Voraussetzung für die Einsichtnahme durch Dritte ist, muss eine entsprechende Erklärung des Anmelders schriftlich (mit Unterschrift) erfolgen und von dem Dritten bei Antragstellung ($\rightarrow$ Rn. 5) vorgelegt werden. Die Zustimmung kann auf bestimmte Teile der Akte beschränkt werden (vgl. Marken- und Geschmacksmusterrichtlinien, Teil E: Register, Abschnitt 5, Akteneinsicht, Punkt 6.12.1, Zustimmung). Allerdings sind in der Praxis relevante Daten zu noch nicht veröffentlichten Anmeldungen über die Datenbanken des Amts im Internet bereits vor Veröffentlichung der Anmeldung öffentlich zugänglich, auch in maschinenlesbarer Form (vgl. Beschluss des Präsidenten Nr. EX-21-4 vom 30.3.2021).

B. Akteneinsicht bei Verwarnung aus der noch nicht veröffentlichten Anmeldung

2   Gemäß Abs. 2 kann ausnahmsweise eine Einsichtnahme schon vor Veröffentlichung der Anmeldung erfolgen, wenn der Anmelder den Dritten aus der noch nicht veröffentlichten Anmeldung verwarnt hat. Die Verwarnung ist bei Antragstellung durch den Dritten zu belegen (Marken- und Geschmacksmusterrichtlinien, Teil E: Register, Abschnitt 5, Akteneinsicht, Punkt 6.12.2, Erklärung, dass Rechte aus der Unionsmarke oder dem eingetragenen Gemeinschaftsgeschmacksmuster geltend gemacht werden). Die Erhebung eines Widerspruchs gegen eine nationale Markenanmeldung des Dritten auf Basis der fraglichen Unionsmarkenanmeldung wird als eine „Verwarnung" iSv Abs. 2 angesehen (Marken- und Geschmacksmusterrichtlinien, Teil E: Register, Abschnitt 5, Akteneinsicht, Punkt 6.12.2, Erklärung, dass Rechte aus der Unionsmarke oder dem eingetragenen Gemeinschaftsgeschmacksmuster geltend gemacht werden).

C. Akteneinsicht nach Veröffentlichung der Anmeldung

3   Nach Veröffentlichung der Anmeldung steht die Akteneinsicht gemäß Abs. 3 jedermann offen. Hiervon ausgenommen sind nur die gemäß Abs. 4 von der Einsicht ausgeschlossenen Teile der

Akte. Dies sind, soweit Dritte Einsicht nehmen wollen, neben den unter → Rn. 1 erwähnten auch die Teile der Akte, bezüglich derer der Anmelder ein besonderes Interesse an der Geheimhaltung dargelegt hat (→ Rn. 4).

D. Ausschluss von Teilen der Akte von der Einsicht

Gemäß Abs. 4 können bestimmte Unterlagen zur Ausschließung oder Ablehnung von Prüfern **4** oder anderen Entscheidungsträgern des Amts iSv Art. 169, Entwürfe von Entscheidungen oder Unterlagen zu Mediationsverfahren sowie Teile der Akten, für die der Anmelder ein besonderes Geheimhaltungsinteresse dargelegt hat, von der Einsicht ausgeschlossen werden. Hierbei gilt die Ausschlussmöglichkeit hinsichtlich besonders geheimhaltungsbedürftiger Teile der Akte nur für die Akteneinsicht durch Dritte; der Antragsteller kann nur bezüglich der Akteneinsicht zu Informationen zu Ausschließung oder Ablehnung von Prüfern oder anderen Entscheidungsträgern des Amts iSv Art. 169 und der Entwürfe von Entscheidungen oder Unterlagen zu Mediationsverfahren ausgeschlossen werden. Davon abgesehen können auch Dritte Einsicht in – nach Ansicht des Anmelders – geheimhaltungsbedürftige Teile der Akte nehmen, wenn sie ein gegenüber dem Geheimhaltungsinteresse vorrangiges Interesse auf Einsicht begründen können (zum Verfahren → Rn. 6).

E. Antrag und Verfahren

I. Antrag

Die Akteneinsicht setzt einen Antrag durch den Interessierten voraus. Der Antrag gilt erst als **5** eingereicht, wenn die entsprechende Gebühr (zu den Gebühren → Rn. 7) bezahlt wurde. Inhaber eines EUIPO-Kontos können den Antrag über das Nutzerkonto stellen. Ansonsten ist der Antrag auf dem dafür vorgesehenen Formular oder mit den relevanten Angaben frei formuliert schriftlich zu stellen (vgl. Marken- und Geschmacksmusterrichtlinien, Teil E: Register, Abschnitt 5, Akteneinsicht, Punkte 6.5, Onlineanträge auf Akteneinsicht und 6.6 Schriftliche Anträge auf Akteneinsicht). Er kann elektronisch, per Post oder per Kurier eingereicht werden. Betrifft der Antrag eine Unionsmarkenanmeldung, muss er in der ersten oder zweiten Sprache der Anmeldung abgefasst sein oder es muss innerhalb eines Monats ab Einreichung eine Übersetzung in eine dieser Sprachen nachgereicht werden. Andernfalls gilt der Antrag als nicht gestellt. Ausnahmsweise kann der Antrag in einer der fünf Sprachen des Amts eingereicht werden, wenn die Information über die erste und zweite Sprache der Anmeldung nicht online verfügbar ist (vgl. Marken- und Geschmacksmusterrichtlinien, Teil E: Register, Abschnitt 5, Akteneinsicht, Punkt 6.7, Sprachen). Betrifft der Antrag eine eingetragene Unionsmarke, kann der Antragsteller zwischen den Sprachen des Amts (Deutsch, Englisch, Französisch, Italienisch und Spanisch) wählen (vgl. Marken- und Geschmacksmusterrichtlinien, Teil E: Register, Abschnitt 5, Akteneinsicht, Punkt 6.7, Sprachen). Reicht er den Antrag in einer anderen Sprache ein, muss er innerhalb von einem Monat ab Einreichung eine Übersetzung in eine der Sprachen des Amts nachreichen. Andernfalls gilt der Antrag als nicht gestellt.

II. Verfahren

Soweit nicht online Einsicht genommen wird, gelten für das Verfahren zur Gewährung von **6** Akteneinsicht die allgemeinen Regeln für Verfahren vor dem Amt. Auch wenn der Anmelder/Inhaber selbst Akteneinsicht begehrt, handelt es sich um ein förmliches Verfahren. In der Regel ist das Verfahren ein einseitiges Verfahren. Es ist nur zweiseitig, wenn ein Dritter vor Veröffentlichung der Anmeldung gemäß Abs. 2 Akteneinsicht begehrt (→ Rn. 2) oder wenn ein Dritter geltend macht, ein gegenüber dem Geheimhaltungsinteresse des Anmelders/Inhabers überwiegendes berechtigtes Interesse an Akteneinsicht zu haben (→ Rn. 4). In einseitigen Verfahren prüft das Amt, ob der Antrag vollständig und die Gebühr bezahlt ist und ob die Voraussetzungen (Veröffentlichung der Anmeldung oder Zustimmung durch den Anmelder) vorliegen und entscheidet dann über den Antrag. Wird die Akteneinsicht abgelehnt, kann der Interessierte Beschwerde einlegen. Im zweiseitigen Verfahren leitet das Amt zunächst den Antrag auf Akteneinsicht an den Anmelder weiter und sodann dessen Replik, wenn ablehnend, an den Antragsteller. Jede Partei erhält in der Regel zwei Monate Frist zur Stellungnahme. Die Entscheidung des Amts kann mit der Beschwerde angefochten werden (Art. 66, 67).

F. Durchführung der Akteneinsicht

I. Online-Einsicht

7   Online ist die Einsicht in die Akte nur insoweit möglich, als der Inhalt über eSearch Plus zur Verfügung gestellt wird, also erst ab Veröffentlichung der Anmeldung. Zugriff besteht dann über die Rubrik +info in eSearch Plus und der Abruf ist kostenlos. Registrierte Nutzer der Webseite können darüber hinaus elektronisch beglaubigte Kopien des Anmeldeformulars und der Eintragungsurkunde herunterladen (Marken- und Geschmacksmusterrichtlinien, Teil E: Register, Abschnitt 5, Akteneinsicht, Punkt 6.11.2, Akteneinsicht). Beglaubigte Kopien sind nicht gleichzusetzen mit einem beglaubigten Auszug aus dem Register; diese beglaubigten Kopien berücksichtigen nämlich nicht etwaige inzwischen eingetretene Änderungen zum Rechtsstand der Unionsmarke(nanmeldung), wie zB Übertragungen oder Lizenzen (vgl. Marken- und Geschmacksmusterrichtlinien, Teil E: Register, Abschnitt 5, Akteneinsicht, Punkt 6.4, Herunterladbare beglaubigte Kopien).

II. Einsicht vor Ort

8   Die Akten können auch am Sitz des Amts in Alicante eingesehen werden (Abs. 7). Die Gebühr hierfür beträgt 30 Euro (Anh. I A. Nr. 30). Weitere Gebühren fallen an, wenn der Interessierte bei Einsicht vor Ort auch Kopien verlangt (zu den Gebühren für Kopien → Rn. 9, → Rn. 10). Der Antrag auf diese Art der Akteneinsicht gilt erst als gestellt, wenn die Gebühr bezahlt ist (Abs. 6). Wird der Antrag abgelehnt, wird die Gebühr in der Regel nicht erstattet (vgl. Marken- und Geschmacksmusterrichtlinien, Teil E: Register, Abschnitt 5, Akteneinsicht, Punkt 6.11.4, Erstattung von Gebühren). Näher → Anh. I Rn. 1 ff.

III. Akteneinsicht durch Kopien

9   Im Übrigen kann Akteneinsicht durch die Erteilung von Kopien gewährt werden (Abs. 7). Diese werden üblicherweise per Post dem Antragsteller zugesandt. Es ist aber auch möglich, bei Akteneinsicht vor Ort Kopien anzufordern und mitzunehmen. Die Kopien sind gebührenpflichtig. Unbeglaubigte Kopien kosten 10 Euro zuzüglich 1 Euro für jede die Zahl zehn übersteigende Seite (Anh. I A. Nr. 31 lit. a), beglaubigte 30 Euro zuzüglich 1 Euro für jede die Zahl zehn übersteigende Seite (Anh. I A. Nr. 31 lit. b). Wird hier die Gebühr nicht bezahlt, erinnert das Amt den Antragsteller an die Gebühr und teilt ggf. die Anzahl der zu bezahlenden Kopien mit. Näher → Anh. I Rn. 1 ff.

IV. Kopien von der Anmeldung

10   Gemäß Abs. 7 S. 4 erteilt das Amt auf Antrag beglaubigte oder unbeglaubigte Kopien von der Anmeldung. Für Kopien der **Anmeldung** wird nach Anh. I A. Nr. 29 lit. a eine Gebühr von 10 Euro für unbeglaubigte und Anh. I A. Nr. 29 lit. b von 30 Euro für eine beglaubigte Gebühr fällig (→ Anh. I Rn. 1 ff.). Hierfür fallen keine zusätzlichen Gebühren an, falls die Anmeldung zehn Seiten überschreitet. Praktische Relevanz haben beglaubigte Kopien der Anmeldung, wenn sie vom Anmelder als Prioritätsnachweis für eine Nachanmeldung benötigt werden. Zahlt der Anmelder/Antragsteller die Gebühr nicht, ergeht zunächst eine Erinnerung. Wird die Erteilung der Kopien zurückgewiesen, wird eine etwa schon gezahlte Gebühr erstattet.

G. Auskunftserteilung

11   Gemäß Abs. 9 kann zum Akteninhalt auf Anfrage auch Auskunft erteilt werden. Allerdings gelten hierfür dieselben Einschränkungen wie bei der Akteneinsicht nach Abs. 4. Die Gebühr für die Aktenauskunft ist 10 Euro (Anh. I A. Nr. 32; → Anh. I Rn. 1 ff.). Diese formlose Auskunftsmöglichkeit eignet sich für punktuelle Informationen, zB um zu erfahren, ob eine bestimmte Marke von einem bestimmten Anmelder eingereicht wurde, ob sich das Waren- und Dienstleistungsverzeichnis zwischen Anmeldung und Veröffentlichung geändert hat etc. Über Einzelheiten zu laufenden Verfahren (zB Widerspruchsverfahren) wird auf diesem Weg nicht informiert. Sofern umfangreiche/komplexe Informationen abgefragt werden sollen, kann das Amt zudem auf die Möglichkeit zur Akteneinsicht verweisen (vgl. Marken- und Geschmacksmusterrichtlinien, Teil E: Register, Abschnitt 5, Akteneinsicht, Punkt 6.13.1, Auskunft aus den Akten).

Art. 115 Aufbewahrung der Akten

(1) [1]Das Amt führt die Akten aller Verfahren im Zusammenhang mit der Anmeldung oder Eintragung einer Unionsmarke. [2]Der Exekutivdirektor bestimmt, in welcher Form die Akten aufbewahrt werden.

(2) [1]Bei elektronischer Speicherung werden die elektronischen Akten, oder Sicherungskopien davon, auf unbefristete Zeit aufbewahrt. [2]Die den Dateien zugrunde liegenden Originalschriftstücke, die von den Verfahrensbeteiligten eingereicht wurden, werden nach Ablauf einer vom Exekutivdirektor festzulegenden Frist vernichtet.

(3) Wenn und soweit Akten oder Teile von Akten in anderer als elektronischer Form aufbewahrt werden, werden die Dokumente oder Beweisstücke, die Teil dieser Akten sind, mindestens fünf Jahre lang ab dem Ende des Jahres aufbewahrt, in dem die Anmeldung zurückgewiesen oder zurückgenommen worden ist oder als zurückgenommen gilt, die Eintragung der Unionsmarke gemäß Artikel 53 vollständig abgelaufen ist, der vollständige Verzicht auf die Unionsmarke gemäß Artikel 57 eingetragen worden ist oder die Unionsmarke gemäß Artikel 64 Absatz 6 oder Artikel 128 Absatz 6 vollständig im Register gelöscht worden ist.

Überblick

Durch die Reform sind die ursprünglich in Regel 91 GMDV enthaltenen Regeln zur Aufbewahrung der Akten in die UMV integriert und per VO (EU) 2017/1001 vom 14.6.2017 über die Unionsmarke kodifiziert worden.

Die Akten beim Amt werden **elektronisch aufbewahrt,** dh alle eingehenden Schriftstücke 1 werden gescannt und zur relevanten elektronischen Akte gespeichert (vgl. Art. 2 Abs. 1 Beschluss Nr. EX-20-5 des Präsidenten des Amtes vom 15.6.2020). Originalschriftstücke, die gescannt Teil der elektronischen Akte sind, werden fünf Jahre nach dem Eingang beim Amt vernichtet (vgl. Art. 3 Abs. 1 Beschluss Nr. EX-20-5 des Exekutivdirektors des Amtes vom 15.6.2020). Per Post oder Kurier eingereichte Originale mit Wiedergaben von Marken in Farbe, die Teil der elektronischen Akte sind, können allerdings erst vernichtet werden, wenn die betreffende Marke seit mindestens einem Jahr eingetragen ist (Art. 3 Abs. 2 Beschluss Nr. EX-20-5 des Exekutivdirektors des Amtes vom 15.6.2020).

Abs. 3 regelt die Aufbewahrung für Teile von Akten, die wegen ihres Umfangs oder ihrer 2 Beschaffenheit nicht gescannt werden können (zB im Rahmen des Benutzungsnachweises eingereichte Warenproben mit der Marke). Für diese beträgt die **Aufbewahrungsfrist** fünf Jahre ab dem Ende des Jahres, in dem Anmeldungen sich anders als durch Eintragung erledigt bzw. eingetragene Marken endgültig ihre Wirkung verloren haben. Bei der Einreichung von Originalen ist zu beachten, dass das Amt diese nicht wieder herausgibt. Dies war ursprünglich in der Mitteilung Nr. 8/99 des Präsidenten des Amtes vom 8.11.1999 über die Aufbewahrung der Akten ausdrücklich bestimmt. Zwar wurde diese Mitteilung mit Beschlusses Nr. EX-13-4 des Präsidenten des Amtes vom 26.11.2013 aufgehoben, allerdings enthält dieser neuere Beschluss keine positive Regelung, dass Originale zumindest nach Ablauf der Aufbewahrungsfrist wieder an den Einreichenden herausgegeben werden können. Es sollten daher keine Originale beim Amt eingereicht werden, es sei denn, es steht fest, dass sie zukünftig nicht mehr anderweitig gebraucht werden.

Art. 116 Regelmäßig erscheinende Veröffentlichungen

(1) [1] Das Amt gibt regelmäßig folgende Veröffentlichungen heraus:
a) ein Blatt für Unionsmarken, das Veröffentlichungen der Anmeldungen und der Eintragungen in das Register sowie sonstige Details zu Anmeldungen oder Eintragungen von Unionsmarken enthält, deren Veröffentlichung gemäß dieser Verordnung oder den gemäß dieser Verordnung erlassenen Rechtsakten vorgeschrieben ist;
b) ein Amtsblatt des Amtes, das allgemeine Bekanntmachungen und Mitteilungen des Exekutivdirektors sowie sonstige diese Verordnung und ihre Anwendung betreffende Veröffentlichungen enthält.
[2] Die Veröffentlichungen gemäß Unterabsatz 1 Buchstaben a und b können in elektronischer Form herausgegeben werden.

(2) Das Blatt für Unionsmarken wird in einer vom Exekutivdirektor festzulegenden Form und Häufigkeit veröffentlicht.

(3) [1]Das Amtsblatt des Amtes wird in den Sprachen des Amtes veröffentlicht. [2]Der Exekutivdirektor kann jedoch beschließen, dass bestimmte Inhalte im Amtsblatt des Amtes in den Amtssprachen der Europäischen Union veröffentlicht werden.

(4) [1] Die Kommission erlässt Durchführungsrechtsakte, in denen Folgendes festgelegt wird:

a) der Zeitpunkt, der als Zeitpunkt der Veröffentlichung im Blatt für Unionsmarken gilt;

b) die Art und Weise der Veröffentlichung von Angaben im Zusammenhang mit der Eintragung einer Marke, die keine Änderungen im Vergleich zu der Veröffentlichung der Anmeldung enthalten;

c) die Formen, in denen die Ausgaben des Amtsblatts des Amtes der Öffentlichkeit zur Verfügung gestellt werden können.

[2] Diese Durchführungsrechtsakte werden nach dem Prüfverfahren gemäß Artikel 207 Absatz 2 erlassen.

Überblick

Durch die Änderungsverordnung VO (EU) 2015/2424 sind die ursprünglich in Regel 85 und 86 GMDV enthaltene Durchführungsbestimmungen in die UMV integriert worden; dieser Stand wurde per VO (EU) 2017/1001 vom 14.6.2017 über die Unionsmarke kodifiziert. Abs. 1 bestimmt nunmehr ausdrücklich, dass die Veröffentlichungen elektronisch erfolgen können. Art. 116 regelt zusammen mit Art. 19 UMDV die Veröffentlichung eines Blatts für Unionsmarken (Union Trade Marks Bulletin) und eines Amtsblatts (Official Journal). Über das Blatt für Unionsmarken werden Anmeldungen und Eintragungen in das Register sowie Angaben im Zusammenhang mit Anmeldungen und Eintragungen publiziert (Abs. 1 Buchst a), während im Amtsblatt allgemeine Bekanntmachungen und Mitteilungen des Präsidenten sowie sonstige Veröffentlichungen zur UMV und ihrer Anwendung veröffentlicht werden (Abs. 1 Buchst b).

A. Das Blatt für Unionsmarken

I. Allgemeines

1　　Das Blatt für Unionsmarken wird seit 2003 im Internet veröffentlicht (abrufbar über die Webseite des Amts unter eSearch plus, Erweiterte Suche, Tägliche Veröffentlichung). Erläuterungen zu den dort wiedergegebenen Inhalten sind in einem Handbuch („Vademecum") zusammengefasst, welches ebenfalls im Internet veröffentlicht ist, und zwar in allen Amtssprachen (ebenfalls abrufbar unter eSearch Plus, Erweiterte Suche, Tägliche Veröffentlichung). Insbesondere enthält das Vademecum am Ende eine Auflistung aller bei Veröffentlichungen benutzter Codes, einschließlich der relevanten WIPO INID-Codes. Als Veröffentlichungsdatum für die im Blatt für Unionsmarken publizierten Angaben gilt das Datum, das jeweils auf dem Blatt vermerkt ist (Art. 19 Abs. 1 UMDV).

II. Struktur

2　　Das Blatt für Unionsmarken unterteilt sich in mehrere Teile (A, B, C, D, E, F und M). Die Veröffentlichung von Anmeldungen mit den Angaben nach Art. 7 UMDV (→ Art. 44 Rn. 2) erfolgt in Teil A. Teil B enthält die Veröffentlichungen zu eingetragenen Marken. Haben sich zwischen Veröffentlichung der Anmeldung in Teil A und Eintragung keine Änderungen ergeben, wird zur Veröffentlichung der Eintragung lediglich in Teil B.1 auf die Veröffentlichung der Anmeldung Bezug genommen/verwiesen (Art. 19 Abs. 2 UMDV iVm Vademecum zum Blatt für Unionsmarken, online abrufbar unter https://euipo.europa.eu/eSearch/#advanced/bulletins). Haben sich zwischen der Anmeldung und der Eintragung Änderungen ergeben, wird nur die geänderte Angabe bei Eintragung neu veröffentlicht (in Teil B.2; zu den zu veröffentlichenden Angaben → Art. 111 Rn. 1). Die Teile B.3 und B.4 des Blatts für Unionsmarken enthalten Veröffentlichungen zu Eintragungen, die sich aus einer Teilübertragung von Waren und Dienstleistungen ergeben bzw. Fehlerkorrekturen betreffen. Teil C des Blatts für Unionsmarken enthält Veröffentlichungen zu späteren Registereintragungen, zB Übertragungen von Marken (in Abschnitten C.1.1 und

C.1.2), den Ablauf der Marke (gemäß Art. 111 Abs. 3 lit. l, in Teil C.3.9) sowie den Verzicht (gemäß Art. 111 Abs. 3 lit. m, in Teil C.3.1 bzw. C.3.2). Teil D betrifft Verlängerungen (veröffentlicht gemäß Art. 111 Abs. 3 lit. k), Teil E Umwandlungsanträge, Teil F Wiedereinsetzung und Teil M Internationale Registrierungen unter Benennung der Gemeinschaft.

B. Amtsblatt

Das Amtsblatt enthält alle relevanten Informationen, die nicht direkt mit der Anmeldung und **3** Eintragung von konkreten Marken zusammenhängen, nämlich allgemeine Bekanntmachungen und Mitteilungen des Präsidenten des Amtes sowie sonstige diese Verordnung und ihre Anwendung betreffende Veröffentlichungen (zB Eintragungen in die Liste der beim Amt zugelassenen Vertreter). Es wird nur noch online veröffentlicht (abrufbar unter https://euipo.europa.eu/ohimportal/de/official-journal bzw. über die Webseite unter Recht und Praxis/Rechtsvorschriften/Amtsblatt) und erscheint in den fünf Sprachen des Amts (Deutsch, Englisch, Französisch, Italienisch und Spanisch). Gegebenenfalls könnten bestimmte Mitteilungen auch in allen anderen Amtssprachen der Gemeinschaft veröffentlicht werden (Abs. 3 S. 2).

Art. 117 Amtshilfe

(1) ¹Das Amt und die Gerichte oder Behörden der Mitgliedstaaten unterstützen einander auf Antrag durch die Erteilung von Auskünften oder die Gewährung von Akteneinsicht, soweit nicht Vorschriften dieser Verordnung oder des nationalen Rechts dem entgegenstehen. ²Gewährt das Amt Gerichten, Staatsanwaltschaften oder Zentralbehörden für den gewerblichen Rechtsschutz Akteneinsicht, so unterliegt diese nicht den Beschränkungen des Artikels 114.

(2) Das Amt erhebt keine Gebühren für die Erteilung von Auskünften oder die Gewährung von Akteneinsicht.

(3) ¹Die Kommission erlässt Durchführungsrechtsakte, in denen die Modalitäten für den Austausch von Informationen zwischen dem Amt und den Behörden der Mitgliedstaaten und die Gewährung von Akteneinsicht festgelegt werden, wobei sie den Beschränkungen Rechnung trägt, denen die Einsicht in Akten zur Anmeldung oder Eintragung einer Unionsmarke gemäß Artikel 114 unterliegt, wenn sie für Dritte geöffnet werden. ²Diese Durchführungsrechtsakte werden nach dem Prüfverfahren gemäß Artikel 207 Absatz 2 erlassen.

Überblick

Die Änderungsverordnung VO (EU) 2015/2424 hat die Regeln zur Gebührenfreiheit der Amtshilfe, die sich bisher aus Regel 92 Abs. 3 GMDV und Regel 93 Abs. 1 GMDV ergaben, in die UMV integriert und eine Rechtsgrundlage für den Erlass einer Durchführungsverordnung durch die Kommission geschaffen; durch VO (EU) 2017/1001 vom 14.6.2017 über die Unionsmarke wurde dies kodifiziert. Art. 117 regelt zusammen mit Art. 20 UMDV und Art. 21 UMDV die gegenseitige Auskunftserteilung und die Gewährung von Akteneinsicht zwischen dem Amt und den Behörden der Mitgliedstaaten. Für die gegenseitige Amtshilfe gelten die in Art. 114 normierten Einschränkungen (ggf. Zustimmung des Anmelders bzw. Ausschließung von Aktenteilen von der Einsicht) nicht.

A. Gegenseitige Amtshilfe

Abs. 1 S. 1 verpflichtet das Amt und die nationalen Gerichte oder Behörden zur gegenseitigen **1** Amtshilfe in Form von Auskünften oder der Gewährung von Akteneinsicht, soweit die Normen der UMV und nationale Normen dem nicht entgegenstehen. Da nach Abs. 1 S. 2 die Beschränkungen des Art. 114 für die Amtshilfe nicht gelten, steht grundsätzlich die UMV der Gewährung von Akteneinsicht selbst dann nicht entgegen, wenn die Anmeldung noch nicht veröffentlicht ist oder wenn der Anmelder ein besonderes Interesse an Geheimhaltung geltend macht. Umgekehrt kann zwar das nationale Recht Einschränkungen für die Auskunftserteilung oder Akteneinsicht normieren, allerdings darf die Amtshilfe gegenüber dem Amt nicht an strengere Voraussetzungen geknüpft sein als die Amtshilfe für die jeweils eigenen nationalen Behörden (Eisenführ/Schennen/Schennen Rn. 5 mwN). Dokumente über die Frage der Ausschließung oder Ablehnung von

(Mit-) Entscheidern (Art. 114 Abs. 4 iVm Art. 169) werden jedoch auch im Weg der Amtshilfe nicht offengelegt/weitergeleitet. Dasselbe gilt für Entwürfe von Entscheidungen iSv Art. 114 Abs. 4 (vgl. Marken- und Geschmacksmusterrichtlinien, Teil E: Register, Abschnitt 5, Akteneinsicht, Punkt 7.2, Keine Beschränkung auf unveröffentlichte Anmeldungen). Gemäß Art. 21 Abs. 3 UMDV können nationale Gerichte und Staatsanwaltschaften selbst Einsicht in die vom Amt unter Art. 117 übermittelten Akteninhalte gewähren. In diesem Fall greifen allerdings die Beschränkungen nach Art. 114. Das Amt weist darauf bei Übermittlung der Akteninhalte hin (Art. 21 Abs. 2 UMDV).

B. Verfahren

2   Die Gewährung von Akteneinsicht oder die Erteilung von Auskünften nach Art. 117 setzt einen entsprechenden Antrag der interessierten Behörde voraus. Im Gegensatz zur Akteneinsicht nach Art. 114 ist die Auskunftserteilung bzw. Gewährung von Akteneinsicht im Wege der Amtshilfe gebührenfrei (Abs. 2 und Art. 20 Abs. 3 UMDV). Die eigentliche Gewährung von Akteneinsicht erfolgt durch die Übermittlung von Ausdrucken aus der elektronischen Akte, in der keine Originaldokumente enthalten sind (vgl. Marken- und Geschmacksmusterrichtlinien, Teil E: Register, Abschnitt 5, Akteneinsicht, Punkt 7.3, Form der Einsichtnahme).

Art. 118 Austausch von Veröffentlichungen

(1) Das Amt und die Zentralbehörden für den gewerblichen Rechtsschutz der Mitgliedstaaten übermitteln einander auf entsprechendes Ersuchen kostenlos für ihre eigenen Zwecke ein oder mehrere Exemplare ihrer Veröffentlichungen.

(2) Das Amt kann Vereinbarungen über den Austausch oder die Übermittlung von Veröffentlichungen treffen.

Überblick

Art. 118 regelt die kostenlose Zurverfügungstellung der jeweils eigenen Veröffentlichungen zwischen dem Amt und den nationalen Zentralbehörden für den gewerblichen Rechtsschutz für die eigenen Zwecke des jeweils anderen Amts. Das Amt wird ermächtigt, Vereinbarungen für Austausch und Übermittlung von Veröffentlichungen abzuschließen.

1   Da das Amt seine eigenen Veröffentlichungen inzwischen ausschließlich in elektronischer Form herausbringt, scheidet eine Weitergabe von „Exemplaren" insoweit aus. Allerdings ist Art. 118 auch eine spezielle Rechtsgrundlage für die Zurverfügungstellung des Inhalts der Datenbank des Amtes gemäß Art. 112. Der Zugang zu diesen Daten ist für die nationalen Ämter gebührenfrei.

Abschnitt 4. Vertretung

Art. 119 Allgemeine Grundsätze der Vertretung

(1) Vorbehaltlich des Absatzes 2 ist niemand verpflichtet, sich vor dem Amt vertreten zu lassen.

(2) Unbeschadet des Absatzes 3 Satz 2 dieses Artikels müssen natürliche oder juristische Personen, die weder Wohnsitz noch Sitz noch eine tatsächliche und nicht nur zum Schein bestehende gewerbliche oder Handelsniederlassung im Europäischen Wirtschaftsraum haben, in jedem durch diese Verordnung geschaffenen Verfahren mit Ausnahme der Anmeldung einer Unionsmarke gemäß Artikel 120 Absatz 1 vor dem Amt vertreten sein.

(3) [1]Natürliche oder juristische Personen mit Wohnsitz oder Sitz oder einer tatsächlichen und nicht nur zum Schein bestehenden gewerblichen oder Handelsniederlassung im Europäischen Wirtschaftsraum können sich vor dem Amt durch einen ihrer Angestellten vertreten lassen. [2]Angestellte einer juristischen Person im Sinne dieses Absatzes können auch andere juristische Personen, die mit der erstgenannten Person wirtschaft-

lich verbunden sind, vertreten, selbst wenn diese anderen juristischen Personen weder Wohnsitz noch Sitz noch eine tatsächliche und nicht nur zum Schein bestehende gewerbliche oder Handelsniederlassung im Europäischen Wirtschaftsraum haben. ³Arbeitnehmer, die Personen vertreten, im Sinne dieses Absatzes, haben auf Verlangen des Amtes oder gegebenenfalls des Verfahrensbeteiligten eine unterzeichnete Vollmacht zu den Akten einzureichen.

(4) Handeln mehrere Anmelder oder mehrere Dritte gemeinsam, ist ein gemeinsamer Vertreter zu bestellen.

Überblick

Art. 119 regelt die Vertretung der Parteien vor dem Amt. Grundsätzlich herrscht kein Vertretungszwang (→ Rn. 1). Dies gilt aber nicht für Personen, die weder Wohnsitz noch Sitz oder eine gewerbliche oder Handelsniederlassung im EWR haben; solche Personen können zwar die Anmeldung selbst wirksam einreichen, müssen aber für das weitere Verfahren durch einen gemäß Art. 120 zugelassenen Vertreter vertreten sein (→ Rn. 2). Hat eine Person ihren Wohnsitz, Sitz oder eine gewerbliche oder Handelsniederlassung im EWR, kann sie sich vor dem Amt durch einen ihrer Angestellten vertreten lassen. Im Übrigen können Angestellte einer juristischen Person mit Sitz im EWR auch mit dieser verbundene Gesellschaften vor dem Amt vertreten, und zwar auch dann, wenn diese Gruppengesellschaften selbst keinen Sitz oder tatsächliche Niederlassung im EWR haben (→ Rn. 3). Nach Abs. 3 S. 3 haben angestellte Vertreter auf Verlangen des Amts oder ggf. des Verfahrensbeteiligten eine Vollmacht einzureichen.

A. Kein Vertretungszwang für „EWR-Inländer"

Gemäß Abs. 1 besteht grundsätzlich vor dem Amt kein Vertretungszwang. Jeder Anmelder **1** kann seine Anmeldung selbst einreichen. Das gilt auch für die Einlegung von Widersprüchen oder die Stellung von Löschungs- und anderen Anträgen (zB auf Akteneinsicht). Dieser Grundsatz gilt für alle Verfahren vor dem Amt, also auch in der Beschwerde. Erst beim weiteren Instanzenzug, vor dem EuG und ggf. dem EuGH besteht Anwaltszwang (Art. 19 Abs. 3 EuGH-Satzung). Die Freiheit vom Vertretungszwang vor dem Amt besteht für alle Personen mit (Wohn-) Sitz oder tatsächlicher Niederlassung (zu den Begriffen → Art. 125 Rn. 1 ff.) im EWR (EU, Island, Liechtenstein und Norwegen), und zwar unabhängig von ihrer Staatsangehörigkeit. Lässt sich ein Anmelder/Inhaber/Antragsteller jedoch freiwillig vor dem Amt vertreten, gelten die für die Vertretung einschlägigen Regeln (→ Art. 120 Rn. 1 ff.) auch bezüglich seines Vertreters. Die Vertretung einer juristischen Person durch ihre vertretungsberechtigten Organe zählt nicht als Vertretung iSv Art. 120. Wenn eine natürliche Person als gesetzlicher Vertreter handelt, ist die Funktion, in der die Person handelt – zB „Geschäftsführer", „Prokurist", „CEO" etc, unter der Unterschrift anzugeben (Marken- und Geschmacksmusterrichtlinien, Teil A: Allgemeine Regeln, Abschnitt 5, Verfahrensbeteiligte und berufsmäßige Vertretung, Punkt 4.5, Gesetzliche Vertretung und Unterschrift). Keine Vollmacht vorlegen aber die Vertretungsmacht darlegen müssen anderweitige gesetzliche Vertreter, zB bei der Vertretung Minderjähriger durch ihre Eltern oder der Vertretung juristischer Personen durch einen Insolvenzverwalter oÄ (vgl. Marken- und Geschmacksmusterrichtlinien, Teil A: Allgemeine Regeln, Abschnitt 5, Verfahrensbeteiligte und berufsmäßige Vertretung, Punkt 4.5, Gesetzliche Vertretung und Unterschrift).

B. Vertretungszwang für „EWR-Ausländer"

Personen mit (Wohn-) Sitz oder effektiver Niederlassung ausschließlich außerhalb des EWR **2** sind unabhängig von ihrer Staatsangehörigkeit dem Vertretungszwang nach Abs. 2 unterworfen; dies gilt ab 1.1.2021 auch für natürliche und juristische Personen mit (Wohn-)Sitz oder effektiver Niederlassung ausschließlich im Vereinigten Königreich (zu den Auswirkungen des **Brexit** auf die Vertretungsbefugnis in bereits laufenden Verfahren und von Vertretern aus EWR-Staaten vor dem UKIPO → Art. 1 Rn. 24). Hiervon ausgenommen ist nur die Einreichung einer Unionsmarkenanmeldung. Das heißt, ein Anmelder mit Sitz in einem Drittstaat kann wohl eine Anmeldung wirksam einreichen und für die Anmeldung einen entsprechenden Anmeldetag erhalten; wenn jedoch im Anschluss auf Beanstandung seitens des Formalprüfers nicht fristgerecht ein Vertreter bestellt wird, wird die Anmeldung nach Art. 41 Abs. 4 iVm Art. 41 Abs. 1 lit. b, Art. 31 Abs. 3 und Art. 119 Abs. 2 zurückgewiesen (vgl. zB HABM BK 17.11.2009 – R 430/2009-4 Rn. 8– 11 – S'Supertap). Eine tatsächliche Handels- oder gewerbliche Niederlassung iSv Abs. 2 setzt voraus, dass von der Niederlassung aus Personal des Unternehmens geschäftliche Tätigkeiten für das Unternehmen verrichtet. Reine Briefkastenfirmen oder auch Agenturen freier Handelsvertreter, die für das Unternehmen tätig werden, stellen keine „tatsächliche gewerbliche oder Handelsniederlassung" eines Unternehmens im Sinne dieser Vorschrift dar (zu (Wohn-) Sitz und Niederlassung → Art. 125 Rn. 1 ff.).

C. Angestelltenvertreter

I. Vertretung durch eigene Angestellte

3   Gemäß Art. 120 Abs. 3 S. 1 können sich sowohl juristische als auch natürliche Personen mit (Wohn-) Sitz oder tatsächlicher Niederlassung im EWR durch einen Angestellten vertreten lassen. In diesem Fall hat der Angestelltenvertreter mit Wirkung ab dem 23.3.2016 nur auf Verlangen des Amts oder eines Verfahrensbeteiligten eine Vollmacht einzureichen (zu Vollmachten → Art. 120 Rn. 12 ff.). Zugestellt wird bei Vertretung durch Angestellte an den Vertretenen, außer, die Anschrift des Angestellten ist als Zustelladresse angegeben worden. Die Vertretung durch einen Angestellten wird nach Art. 7 lit. b UMDV nicht im Blatt für Gemeinschaftsmarken veröffentlicht und sie löst keinen Kostenerstattungsanspruch aus, weil keine Vertretung iSv Art. 120 Abs. 1 vorliegt (vgl. Art. 18 Abs. 1 lit. c UMDV). Eine Ausnahme besteht nur, wenn der Angestelltenvertreter zugleich ein Vertreter iSv Art. 120 ist (dh Rechtsanwalt oder als zugelassener Vertreter auf die Liste des Amtes aufgenommen; → Art. 120 Rn. 1 ff.) und er dies bei Anmeldung/Antragstellung auch durch entsprechende Angaben im Feld „Vertreter" angegeben hat (zB Angabe einer eigenen Vertreter-ID-Nummer, Kennzeichnung, dass als Rechtsanwalt oder zugelassener Vertreter agiert wird, ggf. neben der Angabe, als Angestelltenvertreter tätig zu sein).

II. Vertretung durch Angestellte verbundener Unternehmen

4   Angestellte von juristischen Personen mit Sitz oder Niederlassung im EWR können auch wirtschaftlich mit ihrem Arbeitgeber verbundene Gesellschaften vor dem Amt vertreten. In diesem Fall muss der Angestellte neben der Vollmacht auch eine Angabe dazu machen, in welcher Weise sein Arbeitgeber mit dem Vertretenen verbunden ist. Hierzu stellt das Amt nur dann weitere Nachforschungen an und verlangt weitere Nachweise, wenn objektiv Zweifel an der wirtschaftlichen Verbindung zwischen den juristischen Personen bestehen. Eine wirtschaftliche Verbindung iSv Abs. 3 liegt vor, wenn die eine juristische Person von der anderen abhängig ist, sei es, weil beide derselben Gesellschaftsgruppe angehören oder weil besondere Kontrollmechanismen bezüglich der Oberleitung der Gesellschaft(en) bestehen. Typischerweise bestehen solche Verbindungen, wenn die eine Gesellschaft die kapital- oder stimmenmäßige Mehrheitsbeteiligung bei der anderen hält oder mehr als die Hälfte der Mitglieder des Vertretungsorgans bestimmen kann. Außerdem besteht eine wirtschaftliche Verbindung, wenn beide Unternehmen eine wirtschaftliche Einheit bilden, bei der die Tochtergesellschaft keine wirkliche Autonomie bei der Bestimmung ihrer Marketingstrategie besitzt. Keine ausreichende Verbindung besteht, wenn die Unternehmen lediglich durch einen Markenlizenzvertrag oder andere allgemeine Vertragsbeziehungen wie zB Franchiseverträge oder Vertriebsvereinbarungen „verbunden" sind (vgl. Marken- und Geschmacksmusterrichtlinien, Teil A: Allgemeine Regeln, Abschnitt 4, Vertreter: Persönliche Befugnis zur Vertretung, Punkt 4.4.2, Mittelbare Beschäftigung). Bei der Wahrnehmung der Vertretung für Gruppengesellschaften ist darauf zu achten, den Angestellten entweder als echten Vertreter auftreten zu lassen (dazu muss er aber die Voraussetzungen des Art. 120 erfüllen und ggf. auf die Liste zugelassener Vertreter aufgenommen werden) oder die Anschrift des vertretenden Angestellten gemäß Art. 2 Abs. 1 lit. b S. 7 UMDV als Zustelladresse anzugeben. Andernfalls besteht das Risiko, dass eine Mitteilung des Amtes als „Irrläufer" im vertretenen Unternehmen zirkuliert, während der zuständige Angestellte der verbundenen Gesellschaft (zB Holding) von der Mitteilung und eventuell laufenden Fristen keine Kenntnis hat). Die Vertretung durch einen Angestellten eines verbundenen Unternehmens löst keinen Kostenerstattungsanspruch aus, weil keine Vertretung iSv Art. 120 Abs. 1 vorliegt (vgl. Art. 18 Abs. 1 lit. c UMDV). Ausnahmsweise werden auch hier in zweiseitigen Verfahren ggf. Kosten erstattet, wenn der Angestelltenvertreter ausdrücklich auch als Vertreter iSv Art. 120 Abs. 1 aufgetreten ist (→ Rn. 3 aE).

D. Folgen mangelnder Vertretung

5   Ist ein Anmelder trotz Vertretungszwang gemäß Abs. 2 vor dem Amt nicht vertreten, wird er vom Formalprüfer zur Bestellung eines Vertreters aufgefordert. Kommt er der Aufforderung nicht

fristgerecht nach, wird die Anmeldung zurückgewiesen (→ Rn. 2). Ist ein Widersprechender, Löschungsantragsteller oder Beschwerdeführer von außerhalb des EWR nicht ordnungsgemäß vertreten, sind Widerspruch, Löschungsantrag bzw. Beschwerde unzulässig und werden zurückgewiesen. Fällt ein ordnungsmäßiger Vertreter während eines laufenden Verfahrens aus, wird der Widerspruch/Löschungsantrag/die Beschwerde nachträglich unzulässig. Der Vertretungszwang besteht bis zum Ende des Verfahrens. Daher muss in solchen Fällen vom Widersprechenden/ Löschungsantragsteller/Beschwerdeführer ein neuer Vertreter bestellt werden. Legt während eines laufenden Widerspruchsverfahrens der (notwendige) Vertreter eines Anmelders die Vertretung nieder oder entfällt aus anderen Gründen, wird das Widerspruchsverfahren ausgesetzt und der Anmelder zur Neubestellung eines Vertreters aufgefordert. Kommt er der Aufforderung nicht fristgerecht nach, wird die Anmeldung aus formellen Gründen zurückgewiesen (Abs. 2 iVm Art. 41 Abs. 4, Art. 41 Abs. 1 lit. b und Art. 31 Abs. 3).

E. Gemeinsamer Vertreter

Mit der Änderungsverordnung VO (EU) 2015/2424 (aF) ist für den Fall, dass mehrere Anmelder **6** oder mehrere Dritte gemeinsam handeln, positiv die Pflicht zur Bestellung eines gemeinsamen Vertreters normiert worden (Abs. 4; zu den Details → Art. 120 Rn. 17).

Art. 120 Zugelassene Vertreter

(1) [1] Die Vertretung natürlicher oder juristischer Personen vor dem Amt kann nur wahrgenommen werden
a) **durch einen Rechtsanwalt, der in einem der Mitgliedstaaten des Europäischen Wirtschaftsraums zugelassen ist und seinen Geschäftssitz im Europäischen Wirtschaftsraum hat, soweit er in diesem Mitgliedstaat die Vertretung auf dem Gebiet des Markenwesens ausüben kann;**
b) **durch zugelassene Vertreter, die in einer beim Amt geführten Liste eingetragen sind.**
[2] Die vor dem Amt auftretenden Vertreter haben auf Verlangen des Amtes oder gegebenenfalls des anderen Verfahrensbeteiligten eine unterzeichnete Vollmacht zu den Akten einzureichen.

(2) In die Liste der zugelassenen Vertreter kann jede natürliche Person eingetragen werden, die folgende Voraussetzungen erfüllt:
a) **sie besitzt die Staatsangehörigkeit eines Mitgliedstaats des Europäischen Wirtschaftsraums;**
b) **sie hat ihren Geschäftssitz oder Arbeitsplatz im Europäischen Wirtschaftsraum;**
c) **sie ist befugt, natürliche oder juristische Personen auf dem Gebiet des Markenwesens vor dem Benelux-Amt für geistiges Eigentum oder vor der Zentralbehörde für den gewerblichen Rechtsschutz eines Mitgliedstaats des Europäischen Wirtschaftsraums zu vertreten. Unterliegt die Befugnis in dem betroffenen Staat nicht dem Erfordernis einer besonderen beruflichen Befähigung, so muss die Person, die die Eintragung in die Liste beantragt, die Vertretung auf dem Gebiet des Markenwesens vor dem Benelux-Amt für geistiges Eigentum oder vor diesen Zentralbehörden für den gewerblichen Rechtsschutz dieses Staates mindestens fünf Jahre lang regelmäßig ausgeübt haben. Für Personen, deren berufliche Befähigung, natürliche oder juristische Personen auf dem Gebiet des Markenwesens vor dem Benelux-Amt für geistiges Eigentum oder vor diesen Zentralbehörden für den gewerblichen Rechtsschutz eines Mitgliedstaats des Europäischen Wirtschaftsraums zu vertreten, nach den Vorschriften des betroffenen Staates amtlich festgestellt worden ist, ist es nicht erforderlich, den Beruf ausgeübt zu haben.**

(3) Die Eintragung erfolgt auf Antrag, dem eine Bescheinigung der Zentralbehörde für den gewerblichen Rechtsschutz des betreffenden Mitgliedstaats beizufügen ist, aus der sich die Erfüllung der in Absatz 2 genannten Voraussetzungen ergibt.

(4) Der Exekutivdirektor kann eine Befreiung erteilen
a) **vom Erfordernis nach Absatz 2 Buchstabe c Satz 2, wenn der Antragsteller nachweist, dass er die erforderliche Befähigung auf andere Weise erworben hat;**
b) **vom Erfordernis nach Absatz 2 Buchstabe a bei hoch qualifizierten Personen, sofern sie die in Absatz 2 Buchstaben b und c festgelegten Voraussetzungen erfüllen.**

(5) [1]Eine Person kann von der Liste der zugelassenen Vertreter gestrichen werden, wenn sie dies beantragt oder wenn sie die Voraussetzungen für die Vertretung nicht mehr erfüllt. [2]Die Änderungen der Liste der zugelassenen Vertreter werden im Amtsblatt des Amtes veröffentlicht.

Überblick

Art. 120 regelt die berufsmäßige Vertretung vor dem Amt. Vertretungsbefugt sind Rechtsanwälte, vorausgesetzt sie sind in einem EWR-Staat zugelassen, haben ihren Geschäftssitz im EWR und sind nach dem Recht am Ort des Geschäftssitzes zur Vertretung in Markensachen befugt (→ Rn. 1 ff.). Ebenfalls vertretungsbefugt sind sonstige Vertreter, die vom Amt zugelassen und in eine entsprechende Liste aufgenommen worden sind. Grundsätzlich müssen vor dem Amt zugelassene Vertreter (Angestelltenvertreter iSv Art. 119 Abs. 3, Rechtsanwälte und gem. Abs. 1 lit. b zugelassene Vertreter) eine Vollmacht nur einreichen, falls sie vom Amt ausdrücklich dazu aufgefordert werden oder die Gegenpartei dies in Inter-partes-Verfahren ausdrücklich verlangt (Art. 120 Abs. 1 S. 2 und Art. 74 Abs. 1 DVUM). Um durch das Amt als Vertreter iSv Abs. 1 lit. b zugelassen zu werden, muss der Antragsteller eine natürliche Person sein, die Staatsangehörigkeit eines EWR-Staates besitzen, seinen Geschäftssitz oder Arbeitsplatz im EWR haben und nachgewiesenermaßen beruflich befähigt sein, andere Personen vor der Zentralbehörde für den gewerblichen Rechtsschutz eines EWR-Staats zu vertreten (→ Rn. 4). Dem Antrag auf Zulassung als Vertreter ist eine Bescheinigung der Zentralbehörde für den gewerblichen Rechtsschutz des betreffenden Mitgliedstaats beizufügen, aus der sich ergibt, dass die Zulassungsvoraussetzungen erfüllt sind (→ Rn. 5). Hinsichtlich des Staatsangehörigkeitserfordernisses und dem ggf. erforderlichen Nachweis einer mindestens fünfjährigen Vertretertätigkeit vor der nationalen Zentralbehörde für den gewerblichen Rechtsschutz kann der Exekutivdirektor Befreiung erteilen (→ Rn. 6).

A. Vertretung durch Rechtsanwälte

I. Zulassung und Geschäftssitz im EWR

1   Rechtsanwälte sind nach Abs. 1 lit. a auch vor dem Amt vertretungsbefugt, vorausgesetzt sie sind in einem EWR-Staat zugelassen, haben ihren Geschäftssitz im EWR und sind nach dem Recht am Ort des Geschäftssitzes zur Vertretung in Markensachen befugt. Im Regelfall (Zulassung und Kanzleisitz in Deutschland) sind deutsche Rechtsanwälte auch vor dem Amt vertretungsbefugt. Grundsätzlich sind ab 1.1.2021 Rechtsanwälte mit Zulassung und Sitz im Vereinigten Königreich nicht mehr vertretungsberechtigt (s. aber zur Vertretung in bereits laufenden Verfahren auch Art. 1 → Art. 1 Rn. 24).

II. Berechtigung zur Vertretung in Markensachen

2   Allerdings sind nicht in allen EWR-Staaten Rechtsanwälte auch zur Vertretung in Markensachen befugt. Die Richtlinien des Amtes zur berufsmäßigen Vertretung enthalten in Anlage 1 (abrufbar über einen Link unter Marken- und Geschmacksmusterrichtlinien, Teil A: Allgemeine Regeln, Abschnitt 4, Verfahrensbeteiligte und berufsmäßige Vertretung, Punkt 4.2.4, Befugnis zur Vertretung auf dem Gebiet des Marken- und/oder Geschmacksmusterwesens) eine Übersicht mit den Berufsbezeichnungen der einzelnen EWR-Staaten, die denen des deutschen Rechtsanwalts entsprechen, sowie Erläuterungen zum Umfang der Vertretungsbefugnis der Rechtsanwälte.

III. Vertretungsbefugnis der Rechtsanwälte

3   Erfüllen Rechtsanwälte die Voraussetzungen nach Abs. 1 lit. a, sind sie automatisch zur Vertretung vor dem Amt befugt. Sie werden daher nicht in die Liste der zugelassenen Vertreter aufgenommen. Letztere ist den berufsmäßigen Vertretern speziell im gewerblichen Rechtsschutz vorbehalten. Anträge von Rechtsanwälten auf Aufnahme in die Liste lehnt das Amt daher regelmäßig ab. Rechtsanwälte sind auch nicht berechtigt, eine Berufsbezeichnung zu führen, die den Eindruck erweckt, sie seien berufsmäßiger Vertreter iSv Abs. 2 (Eisenführ/Schennen/Schennen Rn. 20 mwN). Die Vertretungsbefugnis der Rechtsanwälte gilt für alle Verfahren vor dem Amt und, zumindest für deutsche Rechtsanwälte, auch in Geschmacksmusterangelegenheiten. In einigen EWR-Staaten bestehen jedoch Beschränkungen der Vertretungsbefugnis von Rechtsanwälten. Die entsprechenden Informationen finden sich ebenfalls in der Übersicht in Anlage 1 der Richtlinien

des Amtes zur berufsmäßigen Vertretung (siehe den Link unter Marken- und Geschmacksmuster-richtlinien, Teil A: Allgemeine Regeln, Abschnitt 5, Verfahrensbeteiligte und berufsmäßige Vertretung, Punkt 4.2.4, Befugnis zur Vertretung auf dem Gebiet des Marken- und/oder Geschmacksmusterwesens).

B. Vertretung durch zugelassene Vertreter

I. Voraussetzung für die Zulassung und Aufnahme in die Liste

Abs. 2 bestimmt die Voraussetzungen, die ein berufsmäßiger Vertreter erfüllen muss, um beim **4** Amt zugelassen und in die Liste der zugelassenen Vertreter aufgenommen zu werden. Eingetragen werden kann jede natürliche Person mit der Staatsangehörigkeit eines EWR-Staats, die ihren Geschäftssitz oder Arbeitsplatz im EWR hat und befugt ist, natürliche oder juristische Personen im Markenwesen vor dem nationalen Amt eines EWR-Staats zu vertreten. Eine solche Befugnis haben zB in Deutschland Patentanwälte und Erlaubnisscheininhaber nach § 177 PAO aF iVm § 160 PAO. Patentassessoren sind nach den Marken- und Geschmacksmusterrichtlinien (Marken- und Geschmacksmusterrichtlinien, Teil A: Allgemeine Regeln, Abschnitt 5, Verfahrensbeteiligte und berufsmäßige Vertretung, Punkt 4.2.4, Befugnis zur Vertretung auf dem Gebiet des Marken- und/oder Geschmacksmusterwesens, Anlage 1) nur als Angestellte vor dem Amt vertretungsbefugt; sie werden nicht als Vertreter gemäß Abs. 2 zugelassen. In einigen EWR-Staaten setzt die berufsmäßige Vertretung in Markensachen vor dem nationalen Amt aber keine besondere berufliche Qualifikation voraus. In einem solchen Fall muss der berufsmäßige Vertreter für die Eintragung in die Liste des Amts nachweisen, dass er mindestens fünf Jahre regelmäßig die Vertretung in Markensachen in dem EWR-Staat ausgeübt hat (eine entsprechende Bescheinigung gemäß Abs. 3 erteilt das betreffende nationale Amt). Dieses Praxiserfordernis entfällt aber, wenn die Eignung des Vertreters in dem EWR-Staat amtlich festgestellt wurde. Solche Systeme bestehen zB in Großbritannien und Malta, wobei ab 1.1.2021 (Brexit) Vertreter mit Staatsangehörigkeit, Sitz und Arbeitsplatz ausschließlich im Vereinigten Königreich zur Vertretung vor dem EUIPO nicht mehr zugelassen sind (s. aber zur Vertretung in bereits laufenden Verfahren auch Art. 1 → Art. 1 Rn. 24). In Griechenland und Zypern hingegen sind ausschließlich Rechtsanwälte zur Vertretung in Markensachen befugt, so dass für Interessierte aus diesen EWR-Staaten regelmäßig keine Möglichkeit zur Aufnahme in die Liste besteht. Die entsprechenden Informationen zu den berufsmäßigen Vertretern in den einzelnen EWR-Staaten finden sich ebenfalls in der Übersicht in Anlage 1 der Richtlinien des Amtes zur berufsmäßigen Vertretung (Marken- und Geschmacksmusterrichtlinien, Teil A: Allgemeine Regeln, Abschnitt 5, Verfahrensbeteiligte und berufsmäßige Vertretung, Punkt Befugnis zur Vertretung auf dem Gebiet des Marken- und/oder Geschmacksmusterwesens, Anlage 1).

II. Verfahren

Voraussetzung für die Zulassung und Eintragung ist ein Antrag des Interessierten mit Vorlage **5** der jeweils einschlägigen Bescheinigungen (Abs. 3) oder sonstigen Nachweise zur Vertretungsbefugnis vor dem nationalen Amt bzw. zur Berufspraxis. Einige EWR-Staaten haben dem Amt Sammelbescheinigungen übermittelt (zB Deutschland für Patentanwälte und Erlaubnisscheininhaber). Im Übrigen enthält das Antragsformular des Amts auch eine Vorlage für eine vom nationalen Amt auszustellende Einzelbescheinigung. Ist der Antrag unvollständig, setzt das Amt dem Antragsteller eine Frist zur Nachbesserung. Liegen die Voraussetzungen nicht vor oder sind nicht ausreichend nachgewiesen, wird der Antrag abgelehnt. Gegen eine ablehnende Entscheidung steht die Beschwerde nach Art. 66 zur Verfügung. Bei Aufnahme in die Liste erhält der zugelassene Vertreter eine eigene Vertreter-ID-Nummer. Gemäß Art. 120 Abs. 5 S. 2 werden Änderungen in der Liste der zugelassenen Vertreter im Amtsblatt des Amtes veröffentlicht. Darüber hinaus werden in der Praxis aber auch alle Eintragungen und Löschungen im Amtsblatt veröffentlicht. Zudem unterhält das Amt eine online zugängliche Datenbank (eSearch Plus/erweiterte Suche/Vertreter) sämtlicher Vertreter, in der auch Rechtsanwälte und Angestelltenvertreter geführt sind.

III. Befreiungen

Gemäß Abs. 4 kann der Exekutivdirektor hinsichtlich des Staatsangehörigkeitserfordernisses **6** und dem ggf. erforderlichen Nachweis einer mindestens fünfjährigen Vertretertätigkeit vor der nationalen Zentralbehörde für den gewerblichen Rechtsschutz Befreiung erteilen. Diese längerfristig erteilte (zuletzt durch Beschluss ADM-11-38 vom 14.6.2011) Ermächtigung zugunsten des

Direktors der für die Liste der zugelassenen Vertreter zuständigen Hauptabteilung hat der Exekutiv-
direktor des Amtes per Beschluss Nr. ADM-19-11 vom 15.3.2019 widerrufen. Die Anträge auf
Befreiung werden seither von der für die Führung der Liste der zugelassenen Vertreter zuständigen
Hauptabteilung geführt, während für die endgültige Erteilung von Befreiungen ausschließlich der
Exekutivdirektor trifft (Art. 3 des Beschlusss Nr. ADM-19-11 vom 15.3.2019). Abs. 4 lit. a betrifft
Antragsteller aus EWR-Staaten, in denen für die Vertretung Dritter in Markensachen keine besondere berufliche Qualifikation erforderlich ist und die deswegen mindestens fünf Jahre als Vertreter
vor dem nationalen Amt tätig gewesen sein müssen. Befreiungen von dieser Anforderung werden
selten erteilt und bieten sich hauptsächlich an, wenn der Antragsteller zwar nicht als Vertreter vor
dem nationalen Amt tätig war, aber eine andere einschlägige Berufserfahrung hat, zB als Markenprüfer bei dem nationalen Amt (vgl. Eisenführ/Schennen/Schennen Rn. 39). Der Antrag auf
Befreiung von dem Staatsangehörigkeitserfordernis nach Abs. 4 lit. b wird in der Regel von
Berufsträgern gestellt, die in einem EWR-Staat bereits in der Vertretung von Markensachen tätig
sind und über die entsprechende berufliche Qualifikation verfügen. Hier wurde bisher die Befreiung regelmäßig erteilt. Mit der Neufassung im Rahmen der am 23.3.2016 in Kraft getretenen
Reform wurde jedoch das Merkmal „hochqualifiziert" eingefügt, so dass unklar ist, ob die Ansprüche an die Qualifikation jetzt höher anzusetzen sind. Es wird aber vermutet, dass es sich bei der
Einfügung dieses Merkmals in Abs. 4 lit. b um ein Redaktionsversehen handelt und das Merkmal
stattdessen in Abs. 4 lit. a hätte eingefügt werden sollen (vgl. Eisenführ/Schennen/Schennen
Rn. 40). Es sind jedenfalls keine sachlichen Gründe erkennbar, warum eine Befreiung vom Staatsangehörigkeitserfordernis nicht erteilt werden sollte, wenn eine berufliche Qualifikation zur Vertretung im EWR nach Abs. 2 lit. c vorliegt.

IV. Vertretungsbefugnis der zugelassenen Vertreter

7   Die Vertretungsbefugnis der zugelassenen Vertreter umfasst alle Verfahren vor dem Amt, nach
Art. 78 Abs. 1 lit. b GGV auch die Vertretung in Geschmacksmusterangelegenheiten. Allerdings
besteht für die Vertretung vor dem EuG und EuGH Anwaltszwang, dh deutsche Patentanwälte
können Markensachen nur bis einschließlich dem Beschwerdeverfahren beim Amt, aber nicht
mehr vor dem EuG und EuGH vertreten (EuG T-315/03, BeckRS 2005, 70420 Rn. 11 –
Rockbass). Als mögliche Berufsbezeichnung für Vertreter iSv Abs. 1 lit. b empfiehlt der Verwaltungsrat des Amts die Bezeichnung „Europäischer Marken- und Mustervertreter" (Empfehlung
des Verwaltungsrats vom 18.11.2002, ABl. HABM 2003, 558). Allerdings ist diese Empfehlung
nicht bindend, da das Führen einer Berufsbezeichnung sich nach dem nationalen Berufs- und
Wettbewerbsrecht richtet.

V. Löschung, Aufhebung der Eintragung und Wiedereintragung

8   Die Löschung aus der Liste zugelassener Vertreter sowie die Aufhebung der Eintragung und
die Wiedereintragung in die Liste zugelassener Vertreter sind durch Abs. 5 iVm Art. 75 DVUM
geregelt.

1. Löschung

9   Die Eintragung eines zugelassenen Vertreters wird zum einen auf dessen Antrag hin gelöscht
(Abs. 5). Darüber hinaus wird sie von Amts wegen gelöscht, wenn der Vertreter stirbt oder
geschäftsunfähig wird (Art. 75 Abs. 1 lit. a DVUM), wenn der Vertreter die Staatsangehörigkeit
eines EWR-Staats verliert und keine Befreiung nach Abs. 4 lit. b erteilt wird (Art. 75 Abs. 1 lit.
b DVUM), wenn der Vertreter seinen Geschäftssitz oder Arbeitsplatz nicht mehr im EWR hat
(Art. 75 Abs. 1 lit. c DVUM) und wenn die Befugnis zur Vertretung in Markensachen vor dem
nationalen Amt nach Abs. 2 lit. c S. 1 entfällt (Art. 75 Abs. 1 lit. d DVUM). Gemäß Art. 75
Abs. 4 DVUM sind die nationalen und regionalen (Benelux) Markenämter verpflichtet, dem Amt
ihnen bekannt werdende Löschungsgründe mitzuteilen.

2. Aufhebung der Eintragung in die Liste

10   Die Aufhebung der Eintragung in die Liste ist nach Abs. 5 S. 1 und Art. 75 Abs. 2 DVUM
vorgesehen. Bei der „Aufhebung der Eintragung" handelt es sich um eine zeitlich begrenzte
Aussetzung der Zulassung, die von Amts wegen erfolgt, wenn die Befugnis des Vertreters zur
Vertretung in Markensachen durch das nationale Amt zeitweilig aufgehoben wird. Eine solche
zeitweilige Aufhebung der Vertretungsbefugnis ist im deutschen Recht nicht vorgesehen, und der

deutsche Wortlaut von Art. 75 Abs. 2 DVUM trifft nicht den gewollten Regelungsgehalt: Nach dem Wortlaut in Deutsch wird die Eintragung von Amts wegen „aufgehoben" (Englisch: „suspended"), wenn die Befugnis zur Vertretung vor dem nationalen Amt „aufgehoben" (Englisch: „suspended") wurde. Denkbare Anwendungsfälle können zeitlich begrenzte Disziplinarmaßnahmen durch nationale Ämter sein (Eisenführ/Schennen/Schennen Art. 120 Rn. 48).

3. Wiedereintragung

Die Wiedereintragung in die Liste zugelassener Vertreter erfolgt, wenn die Gründe für die **11** Löschung oder Aufhebung der Eintragung nicht mehr vorliegen auf Antrag nach Abs. 3 (Art. 75 Abs. 3 DVUM, vgl. Marken- und Geschmacksmusterrichtlinien, Teil A: Allgemeine Regeln, Abschnitt 5, Verfahrensbeteiligte und berufsmäßige Vertretung, Punkt 4.3.7 Wiedereintragung in die Liste der zugelassenen Vertreter).

C. Einreichung einer Vollmacht

Nach Abs. 1 S. 2 müssen vor dem Amt auftretende Vertreter nur auf Anforderung des Amts **12** oder gegebenenfalls eines anderen Verfahrensbeteiligten eine Vollmacht zu den Akten reichen. Das Amt fordert Vollmachten nur an, wenn erhebliche Zweifel an der Vertretungsmacht bestehen, zB wenn sich mehrere Vertreter vor dem Amt bestellt haben und Uneinigkeit unter ihnen herrscht, wer die betreffende Partei wirksam vertritt. Im Übrigen fordert das Amt berufsmäßige Vertreter iSv Art. 120 nur auf, eine Vollmacht einzureichen, wenn in einem zweiseitigen Verfahren die Gegenpartei ausdrücklich die Vorlage einer Vollmacht verlangt (Art. 74 Abs. 1 DVUM).

I. Vollmachtsarten

Eine Vollmacht kann als Einzelvollmacht für ein bestimmtes Verfahren erteilt werden oder **13** als allgemeine Vollmacht. Die Einzelvollmacht kann in der Sache oder auf einen bestimmten Verfahrensabschnitt beschränkt sein (zB keine Vollmacht zur Erklärung des Verzichts, Vollmacht nur für die Anmeldung einer bestimmten Marke). Durch die allgemeine Vollmacht wird der Vertreter zur Vertretung des Vollmachtgebers in allen Verfahren vor dem Amt ermächtigt (Art. 74 Abs. 2 S. 2 DVUM). Einschränkungen inhaltlicher Art oder Beschränkungen auf bestimmte Verfahrensabschnitte sind nicht zulässig. Nur die Erteilung von Untervollmachten darf ausgeschlossen werden. Eine Vollmacht, die anderweitige Beschränkungen enthält, wird als Einzelvollmacht behandelt (Marken- und Geschmacksmusterrichtlinien, Teil A: Allgemeine Regeln, Abschnitt 5, Verfahrensbeteiligte und berufsmäßige Vertretung, Punkt 7.2, Allgemeine Vollmachten).

II. Erteilung der Vollmacht

Die Vollmacht kann auf dem vom Amt zur Verfügung gestellten Formblatt erfolgen oder nach **14** eigener Formulierung, die alle notwendigen Angaben enthalten muss. Die Vollmacht muss vom Vollmachtgeber unterschrieben sein, kann aber als Kopie eingereicht werden. Beachte: Seit 1.3.2021 ist das Fax keine zugelassene Form der Kommunikation mit dem Amt mehr (s. Entscheidung des Exekutivdirektors Nr. EX-20-9, Art. 2 Abs. 1 iVm Art. 11), so dass eine Einreichung per Fax nicht mehr möglich ist. Das Amt überprüft nicht, ob der für eine juristische Person unterschreibende Vertreter entsprechende Vertretungsmacht hat (Marken- und Geschmacksmusterrichtlinien, Teil A: Allgemeine Regeln, Abschnitt 5, Verfahrensbeteiligte und berufsmäßige Vertretung, Punkt 7, Vollmacht).

III. Erlöschen der Vollmacht

Die Vollmacht kann jederzeit widerrufen werden, allerdings nur mit Wirkung für die Zukunft. **15** Bis dem Amt der Widerruf zugeht, gilt der Vertreter als ordnungsgemäß bevollmächtigt (vgl. Art. 74 Abs. 5 DVUM). Der Widerruf muss alle notwendigen Angaben zu der betroffenen Vollmacht enthalten und kann vom Vertretenen selbst, dem früheren oder dem neuen Vertreter mitgeteilt werden. Bestellt sich der neue Vertreter nur implizit, durch die Einreichung von Schriftsätzen und Anträgen, fordert das Amt ihn auf, seine Bestellung innerhalb eines Monats zu bestätigen (Marken- und Geschmacksmusterrichtlinien, Teil A: Allgemeine Regeln, Abschnitt 5, Verfahrensbeteiligte und berufsmäßige Vertretung, Punkt 5.4.2, Implizite Bestellung). Zu beachten ist, dass allgemeine Vollmachten nicht durch pauschalen Widerruf aller früheren vom Vertretenen erteilten Vollmachten in einem Vollmachtsformular entzogen werden können. Die betreffenden allgemeinen Vollmachten, die widerrufen werden sollen, sind genau zu spezifizieren (Eisenführ/Schennen/Schennen Art. 120 Rn. 71). Gemäß Art. 74 Abs. 6 DVUM erlischt die Vollmacht **nicht** mit dem Tod des Vertretenen, es sei denn, in der Vollmacht ist etwas Anderweitiges bestimmt.

D. Bestellung mehrerer Vertreter

16   Werden mehrere Vertreter mit verschiedenen Anschriften bestellt, erfolgt die Zustellung an den zuerst genannten Vertreter, es sei denn, der Vertretene hat eine bestimmte Zustelladresse angegeben (vgl. Marken- und Geschmacksmusterrichtlinien, Teil A: Allgemeine Regeln, Abschnitt 5, Verfahrensbeteiligte und berufsmäßige Vertretung, Punkt 6, Kommunikation mit Beteiligten und Vertretern). Zur Vertretung einer Partei durch mehrere Vertreter kann es auch kommen, wenn zunächst ein Vertreter bestellt war (zB für die Anmeldung) und sich zu einem späteren Zeitpunkt ein weiterer Vertreter bestellt (zB für einen Widerspruch auf Basis der Anmeldung), ohne die Bestellung des ersten Vertreters zu widerrufen. In diesem Fall bleibt der erste Vertreter in der Akte; das Nebenverfahren wird aber mit dem neu bestellten Vertreter geführt (vgl. Marken- und Geschmacksmusterrichtlinien, Teil A: Allgemeine Regeln, Abschnitt 5, Verfahrensbeteiligte und berufsmäßige Vertretung, Punkt 6, Kommunikation mit Beteiligten und Vertretern).

E. Gemeinsamer Vertreter

17   Mehrere Anmelder einer Unionsmarke haben seit Inkrafttreten der Reform (23.3.2016) einen gemeinsamen Vertreter zu bestellen (Art. 119 Abs. 4). Ist kein gemeinsamer Vertreter bestellt, gilt der erste genannte Anmelder, der Wohnsitz, Sitz oder eine tatsächliche und nicht nur zum Schein bestehende gewerbliche oder Handelsniederlassung im Europäischen Wirtschaftsraum hat oder falls vorhanden sein Vertreter als gemeinsamer Vertreter für alle Anmelder (Art. 73 Abs. 1 S. 1 DVUM). Wenn keiner der Anmelder Wohnsitz, Sitz oder eine tatsächliche und nicht nur zum Schein bestehende gewerbliche oder Handelsniederlassung im Europäischen Wirtschaftsraum hat, gilt derjenige bestellte zugelassene Vertreter als gemeinsamer Vertreter, der in der Anmeldung zuerst genannt ist. Die Regelung zum gemeinsamen Vertreter gilt auch bei der Erhebung von Widersprüchen und Löschungsanträgen durch Personenmehrheiten (Art. 119 Abs. 4, Art. 73 Abs. 1 S. 3 DVUM). Nach Art. 73 Abs. 2 S. 1 DVUM wird die Regelung zum gemeinsamen Vertreter auch entsprechend angewandt, im Lauf eines Verfahrens ein Rechtsübergang auf mehrere Personen ohne gemeinsamen Vertreter erfolgt. Ist eine entsprechende Anwendung nicht möglich, werden die Parteien aufgefordert, einen gemeinsamen Vertreter zu benennen (Art. 73 Abs. 2 S. 2 DVUM). Zu beachten ist, dass ein Angestelltenvertreter nicht berufsmäßiger Vertreter iSv Art. 120 ist und daher auch nicht als gemeinsamer Vertreter nach Art. 73 DVUM in Betracht kommt. Soll ein Angestellter eine Personenmehrheit vertreten, könnte lediglich seine Adresse gemäß Art. 2 Abs. 1 lit. e DVUM als Zustelladresse benannt werden.

F. Wirkung der Vertreterbestellung

18   Gemäß Art. 60 Abs. 1 DVUM erfolgen Zustellungen seitens des Amtes an den bestellten Vertreter und nach Art. 60 Abs. 3 DVUM haben sie dieselbe Wirkung, als wären sie an den Vertretenen erfolgt. Mitteilungen ordnungsgemäß bevollmächtigten Vertreters an das Amt werden dem Vertretenen zugerechnet (Art. 66 DVUM). Nur, wenn das Amt zur Vorlage einer Vollmacht aufgefordert hat und diese nicht fristgerecht erfolgt, greift Art. 74 Abs. 3 S. 2 GMDV und das Verfahren wird mit dem Vertretenen fortgesetzt. Die Handlungen des Vertreters werden dem Vertretenen in diesem Fall nur zugerechnet, wenn er sie genehmigt (Art. 74 Abs. 4 S. 3 DVUM). Besteht Vertretungszwang und die angeforderte Vollmacht wird nicht rechtzeitig vorgelegt, wird die Anmeldung, der Widerspruch oder der Nichtigkeitsantrag des (nicht) Vertretenen zurückgewiesen (→ Art. 119 Rn. 5).

G. Wegfall der Vertretung

19   Der bestellte Vertreter kann abbestellt werden oder das Mandat niederlegen. Dies kann dem Amt von dem Vertretenen selbst, dem früheren oder dem neuen Vertreter mitgeteilt werden (→ Rn. 15). Stirbt der Vertreter eines Anmelders oder Inhabers einer Unionsmarke, verliert er seine Geschäftsfähigkeit oder ist er aufgrund eines gegen sein Vermögen gerichteten Verfahrens aus rechtlichen Gründen verhindert, das Verfahren vor dem Amt fortzusetzen, wird das Verfahren bis zur Bestellung eines neuen Vertreters unterbrochen (Art. 106 Abs. 1 lit. c). Ist nach Ablauf von drei Monaten noch kein neuer Vertreter bestellt, informiert das Amt den Anmelder/Inhaber bei Vertretungszwang, dass die Anmeldung als zurückgenommen gilt, wenn nicht innerhalb von zwei Monaten ein neuer Vertreter bestellt wird; besteht kein Vertretungszwang, informiert das Amt den Anmelder/Inhaber, dass das Verfahren nunmehr mit ihm fortgesetzt wird (vgl. Marken- und Geschmacksmusterrichtlinien, Teil A: Allgemeine Regeln, Abschnitt 5, Verfahrensbeteiligte und berufsmäßige Vertretung, Punkt 9.2, Tod oder Geschäftsunfähigkeit des Vertreters). Nach dem Wortlaut von Art. 106 findet die Verfahrensunterbrechung nur statt, wenn die Vertretung des Anmelders/Inhabers entfällt, nicht, wenn die Vertretung eines Widersprechenden oder Löschungsantragstellers wegfällt.

Art. 121 Übertragung von Befugnissen

Der Kommission wird die Befugnis übertragen, gemäß Artikel 208 delegierte Rechtsakte zu erlassen, in denen Folgendes festgelegt wird:

a) **die Voraussetzungen und das Verfahren für die Bestellung eines gemeinsamen Vertreters gemäß Artikel 119 Absatz 4;**

b) **die Bedingungen, unter denen Angestellte im Sinne des Artikels 119 Absatz 3 und zugelassene Vertreter im Sinne des Artikels 120 Absatz 1 beim Amt eine unterzeichnete Vollmacht einreichen müssen, um vertretungsbefugt zu sein, sowie den Inhalt dieser Vollmacht;**

c) **die Umstände, unter denen eine Person von der Liste der zugelassenen Vertreter nach Artikel 120 Absatz 5 gestrichen werden kann.**

Überblick

Die Vorschrift bildet die Rechtsgrundlage für den Erlass delegierter Rechtsakte durch die Kommission zur Regelung von Voraussetzungen und Verfahren für die Bestellung eines gemeinsamen Vertreters, zur Regelung der Vorlagepflicht und des Inhalts von Vollmachten für Angestellten-Vertreter und zur Regelung der Umstände, unter denen ein zugelassener Vertreter von der Liste zugelassener Vertreter gestrichen werden kann.

Von der Ermächtigung hat die Kommission inzwischen in Form der Delegierten Verordnung **1** über die Unionsmarke C (2017) 1430 Gebrauch gemacht. Voraussetzungen und Verfahren für die Bestellung eines gemeinsamen Vertreters gemäß Art. 119 Abs. 4 sind in Art. 73 DVUM geregelt (zur Bestellung eines gemeinsamen Vertreters → Art. 119 Rn. 6), Vorlagepflicht und Inhalt von Vollmachten für Angestellten-Vertreter in Art. 74 Abs. 1 DVUM (zur Vertretung durch Angestellte → Art. 119 Rn. 3) und Art. 74 Abs. 2 DVUM und die Umstände, unter denen ein zugelassener Vertreter nach Art. 120 Abs. 5 gestrichen werden kann in Art. 75 Abs. 1 DVUM und Art. 75 Abs. 2 DVUM (zu den Details → Art. 120 Rn. 8).

Kapitel X. Zuständigkeit und Verfahren für Klagen, die Unionsmarken betreffen

Abschnitt 1. Anwendung der Unionsvorschriften über die gerichtliche Zuständigkeit und die Anerkennung und Vollstreckung von Entscheidungen in Zivil- und Handelssachen

Art. 122 Anwendung der Unionsvorschriften über die gerichtliche Zuständigkeit und die Anerkennung und Vollstreckung von Entscheidungen in Zivil- und Handelssachen

(1) Soweit in dieser Verordnung nichts anderes bestimmt ist, sind die Unionsvorschriften über die gerichtliche Zuständigkeit und die Anerkennung und Vollstreckung von Entscheidungen in Zivil- und Handelssachen auf Verfahren betreffend Unionsmarken und Anmeldungen von Unionsmarken sowie auf Verfahren, die gleichzeitige oder aufeinander folgende Klagen aus Unionsmarken und aus nationalen Marken betreffen, anzuwenden.

(2) Auf Verfahren, welche durch die in Artikel 124 genannten Klagen und Widerklagen anhängig gemacht werden,

a) sind Artikel 4 und 6, Artikel 7 Nummern 1, 2, 3 und 5 sowie Artikel 35 der Verordnung (EU) Nr. 1215/2012 nicht anzuwenden;

b) sind Artikel 25 und 26 der Verordnung (EU) Nr. 1215/2012 vorbehaltlich der Einschränkungen in Artikel 125 Absatz 4 der vorliegenden Verordnung anzuwenden;

c) sind die Bestimmungen des Kapitels II der Verordnung (EU) Nr. 1215/2012, die für die in einem Mitgliedstaat wohnhaften Personen gelten, auch auf Personen anzuwenden, die keinen Wohnsitz, jedoch eine Niederlassung in einem Mitgliedstaat haben.

(3) Bezugnahmen in der vorliegenden Verordnung auf die Verordnung (EU) Nr. 1215/2012 schließen gegebenenfalls das Abkommen zwischen der Europäischen Gemeinschaft und dem Königreich Dänemark über die gerichtliche Zuständigkeit und die Anerkennung und Vollstreckung von Entscheidungen in Zivil- und Handelssachen vom 19. Oktober 2005 mit ein.

Überblick

In Art. 122 Abs. 1 ist der frühere Verweis auf die VO (EG) 44/2001 durch einen allgemeinen Verweis auf die Unionsvorschriften über die gerichtliche Zuständigkeit und die Anerkennung und Vollstreckung von Entscheidungen in Zivil- und Handelssachen ersetzt worden. Damit bleiben weiterhin die einschlägigen Unionsvorschriften anwendbar, falls die UMV nichts anderes bestimmt oder keine Ausnahme nach Art. 122 Abs. 2 (→ Rn. 9) für die in Art. 124 genannten Klagen vorliegt. Seit der Aufhebung der VO (EG) 44/2001 (Brüssel I-VO) durch die VO (EU) 1215/2012 (Brüssel Ia-VO) verweist Art. 122 nur auf letztere (→ Rn. 1). Für die nicht durch Art. 124 geregelten Klagen (dabei handelt es sich um sonstige Streitigkeiten iSd Art. 134) gilt die Brüssel Ia-VO ohne Einschränkung. Da die UMV keine besonderen Vorschriften über die Anerkennung (→ Rn. 14 ff.) und Vollstreckung (→ Rn. 22 ff.) von Entscheidungen in anderen Mitgliedstaaten enthält, ist Art. 122 insoweit als Verweisung auf die Brüssel Ia-VO zu verstehen.

Übersicht

A. Anwendung der Verordnung (EU) Nr. 1215/2012

I. Anwendungsbereich

Die VO (EG) 44/2001 (Brüssel I-VO) trat an die Stelle des EuGVÜ. Mit Wirkung zum **1** 10.1.2013 wurde die Brüssel I-VO durch die **Brüssel Ia-VO** (VO (EU) 1215/2012) aufgehoben. Gemäß Art. 80 Brüssel Ia-VO sind Verweisungen auf die Brüssel I-VO als Bezugnahmen auf die Brüssel Ia-VO zu lesen. Die neue Fassung der Brüssel Ia-VO gilt seit dem 15.1.2015. Auf Verfahren, die vor dem 15.1.2015 eingeleitet worden sind, finden gemäß Art. 66 Brüssel Ia-VO weiterhin die Regelungen der alten Fassung der Brüssel Ia-VO Anwendung.

Während die materiellen Regelungen der neuen Fassung der Brüssel Ia-VO im Verhältnis zur **2** alten Fassung weitgehend – jedenfalls für die hier erörterten Fragen – unverändert geblieben sind, hat sich die Nummerierung der Vorschriften nahezu durchgängig verschoben. Die Kommentierung berücksichtigt beide Fassungen. Die neue Nummerierung lässt sich dem Anh. III Brüssel Ia-VO (Entsprechungstabelle) entnehmen. Die Brüssel Ia-VO wurde durch die VO (EU) 542/2014 des Europäischen Parlaments und des Rates vom 15.5.2014 hinsichtlich der auf das Einheitliche Patentgericht und den Benelux-Gerichtshof anzuwendenden Vorschriften ergänzt (ABl. EU 2014 L 163, 1). Die VO (EU) 542/2014 hat inhaltlich keine Auswirkungen auf die Kommentierung.

Art. 1 Abs. 1 Brüssel Ia-VO beider Fassungen regelt, dass diese Verordnung nur in Zivil- und **3** Handelssachen anzuwenden ist, ohne dass es auf die Art der Gerichtsbarkeit ankommt. Nicht anzuwenden ist die Brüssel Ia-VO auf den Personenstand, die Rechts- und Handlungsfähigkeit sowie die gesetzliche Vertretung von natürlichen Personen, auf das Gebiet des Familien- und Erbrechtes, auf Konkurse, Vergleiche und ähnliche Verfahren, auf die soziale Sicherheit sowie auf die Schiedsgerichtsbarkeit (vgl. Art. 1 Abs. 2 Brüssel Ia-VO).

II. Gerichtliche Zuständigkeit

Art. 24 Nr. 4 Brüssel Ia-VO (früher Art. 22 Nr. 4 Brüssel I-VO) sieht für Verfahren wegen **4** Eintragung oder Ungültigkeit von Marken (und weiteren gewerblichen Schutzrechten) eine ausschließliche Zuständigkeit derjenigen Gerichte vor, in deren Hoheitsgebiet die Hinterlegung oder Registrierung beantragt oder vorgenommen worden ist oder aufgrund eines Unionsrechtsaktes oder eines zwischenstaatlichen Übereinkommens als vorgenommen gilt. Auf andersartige Verfahren, die Marken zum Gegenstand haben (zB die Übertragung), findet Art. 24 Nr. 4 Brüssel Ia-VO keine Anwendung.

In der inzwischen nicht mehr geltenden Brüssel I-VO war zunächst unklar, inwieweit Art. 22 **5** Nr. 4 Brüssel I-VO (bzw. die entsprechende Regelung in Art. 16 Abs. 4 EuGVÜ) auch dann Anwendung findet, wenn es sich bei der Frage der Gültigkeit lediglich um eine Vorfrage handelt. Der EuGH hat diese Frage in dem Sinne entschieden, dass die Gerichte im Land der Eintragung auch dann ausschließlich zuständig sind, wenn die mangelnde Gültigkeit des Rechts lediglich zur Verteidigung gegen einen Verletzungsanspruch eingewandt wird (EuGH C-4/03, GRUR 2007, 49 – GAT/LuK; grundlegend dazu Heinze/Roffael GRUR Int 2006, 787). In dem nunmehr maßgeblichen Art. 24 Nr. 4 Brüssel Ia-VO ist dieser Grundsatz ausdrücklich verankert worden.

Unklar ist derzeit noch, ob ein als Verletzungsgericht prinzipiell zuständiges Gericht die Klage **6** abweisen muss, wenn der Ungültigkeitseinwand erhoben wird, oder ob es das Verfahren unter der Auflage aussetzen kann, dass die Partei, die den Ungültigkeitseinwand erhoben hat, innerhalb gewisser Frist ein Löschungsverfahren vor den zuständigen Behörden oder Gerichten einreicht (in Letzterem, wohl zutreffenden Sinne das Handelsgericht Zürich 23.10.2006 – HG 050410 [sic!] 2006, 854 – Eurojobs Personaldienstleistungen SA v. Eurojob AG). Die Frage nach der Vereinbarkeit dieses Vorgehens mit Art. 22 Abs. 4 Brüssel I-VO war dem EuGH im Verfahren „Solvay/Honeywell" vorgelegt worden; sie brauchte jedoch nicht beantwortet zu werden, da in jenem Fall die Anwendung von Art. 22 Abs. 4 Brüssel I-VO bereits aus anderen Gründen (Eilverfahren, Art. 31 Brüssel I-VO) ausschied (EuGH C-616/10, GRUR 2012, 1169 – Solvay/Honeywell).

Die weiteren relevanten Gerichtsstände der Brüssel Ia-VO sind **7**

- der Wohnsitz des Beklagten gemäß Art. 4 Abs. 1 Brüssel Ia-VO (früher Art. 4 Abs. 1 Brüssel I-VO);
- der Erfüllungsort gemäß Art. 7 Nr. 1 Brüssel Ia-VO (früher Art. 5 Nr. 1 Brüssel I-VO);
- der Ort der unerlaubten Handlung Art. 7 Nr. 2 Brüssel Ia-VO (früher Art. 5 Nr. 3 Brüssel I-VO);
- durch eine Gerichtsstandsvereinbarung bestimmte Gerichte gemäß Art. 25 Brüssel Ia-VO (früher Art. 23 Brüssel I-VO);
- aufgrund einer rügelosen Einlassung des Beklagten zuständiges Gericht Art. 26 Brüssel Ia-VO (früher Art. 24 Brüssel I-VO).

8 Darüber hinaus ist der Gerichtsstand der Beklagtenmehrheit ebenfalls in der Brüssel Ia-VO geregelt, nämlich in Art. 8 Nr. 1 Brüssel Ia-VO (früher Art. 6 Nr. 1 Brüssel I-VO). Zum Anwendungsbereich von Art. 8 → Art. 125 Rn. 47 ff.

III. Ausnahmen nach Art. 122 Abs. 2

9 Nach Art. 122 Abs. 2 sind für die in Art. 124 geregelten Verfahren zu Klagen und Widerklagen verschiedene Regelungen der Brüssel Ia-VO nicht anwendbar. Für die in Art. 124 geregelten Verfahren sind daher die folgenden Regelungen der Brüssel Ia-VO nicht anwendbar:
- Art. 4 Abs. 1 Brüssel Ia-VO (früher Art. 2 Abs. 1 Brüssel I-VO), der regelt, dass innerhalb der Mitgliedstaaten Klagen in demjenigen Staat zu erheben sind, in dem der Beklagte seinen Wohnsitz hat, unabhängig von seiner Staatsangehörigkeit. Gemäß Art. 4 Abs. 2 Brüssel Ia-VO) (früher Art. 2 Abs. 2 Brüssel I-VO) sind Ausländer wie Inländer zu behandeln. Stattdessen gilt die Spezialregelung in Art. 125 Abs. 1.
- Art. 6 Brüssel Ia-VO (früher Art. 4 Brüssel I-VO), der regelt, dass die Zuständigkeit der Gerichte eines jeden Mitgliedstaats bei Beklagten, die keinen Wohnsitz im Hoheitsgebiet haben, sich nach dessen eigenen Gesetzen richtet. Stattdessen gelten die Spezialregelungen des Art. 125 Abs. 1 und 2.
- Art. 7 Nr. 1 Brüssel Ia-VO (früher Art. 5 Nr. 1 Brüssel I-VO), der regelt, dass bei vertragsrechtlichen Ansprüchen der Gerichtsstand des Erfüllungsortes gilt.
- Art. 7 Nr. 2 Brüssel Ia-VO (früher Art. 5 Nr. 3 Brüssel I-VO), der regelt, dass eine Person, die ihren Wohnsitz im Hoheitsgebiet eines Mitgliedstaates hat, im Fall einer unerlaubten Handlung vor dem Gericht des Ortes, an dem das schädigende Ereignis eingetreten ist oder einzutreten droht, verklagt werden kann. Stattdessen gilt die Spezialregelung des Art. 125 Abs. 5.
- Art. 7 Nr. 3 Brüssel Ia-VO (früher Art. 5 Nr. 4 Brüssel I-VO), der regelt, dass bei Klagen auf Schadensersatz oder auf Wiederherstellung des früheren Zustandes, die auf eine mit Strafe bedrohte Handlung gestützt werden, das Strafgericht zuständig ist, bei dem die öffentliche Klage erhoben worden ist, soweit dieses Gericht nach seinem Recht auch über zivilrechtliche Ansprüche erkennen kann.
- Art. 7 Nr. 5 Brüssel Ia-VO (früher Art. 5 Nr. 5 Brüssel I-VO), der regelt, dass bei Streitigkeiten aus dem Betrieb einer Zweigniederlassung, einer Agentur oder einer sonstigen Niederlassung, der Ort der Niederlassung als Gerichtsstand gilt.
- Art. 35 Brüssel Ia-VO (früher Art. 31 Brüssel I-VO), der regelt, dass die im Recht eines Mitgliedstaates vorgesehenen einstweiligen Maßnahmen, die auf eine Sicherung gerichtet sind, auch bei Gerichten dieses Staates geltend gemacht werden können, wenn für die Entscheidung in der Hauptsache das Gericht eines anderen Mitgliedstaates zuständig wäre. Stattdessen gelten die Spezialregelungen des Art. 131.

10 Nur eingeschränkt anwendbar aufgrund von Art. 122 Abs. 2 lit. b sind Art. 25 Brüssel Ia-VO (früher Art. 23 Brüssel I-VO) und Art. 26 Brüssel Ia-VO (früher Art. 24 Brüssel I-VO), die die Vereinbarung eines Gerichtsstandes bzw. die rügelose Einlassung regeln. Die Einschränkung ergibt sich aus Art. 125 Abs. 4. Danach ist eine Vereinbarung bezüglich der Zuständigkeit eines Gerichts nur zulässig, wenn es sich bei dem vereinbarten Gericht um ein Unionsmarkengericht handelt. Eine rügelose Einlassung ist möglich, wenn der Beklagte sich auf das Verfahren vor einem anderen Unionsmarkengericht einlässt.

11 Art. 122 Abs. 2 lit. c sieht vor, dass die Regelungen der Art. 4–35 Brüssel Ia-VO (früher Art. 2–32 Brüssel I-VO) (Allgemeine Vorschriften, Besondere Zuständigkeiten, Ausschließliche Zuständigkeiten, Zuständigkeitsvereinbarungen, rügeloses Einlassen, Rechtshängigkeit und im Zusammenhang stehende Verfahren, einstweilige Maßnahmen), die für in einem Mitgliedstaat wohnhafte Personen gelten, auch auf Personen Anwendung finden, die keinen Wohnsitz, jedoch eine Niederlassung in einem Mitgliedstaat haben. Es findet damit eine Erweiterung statt, die aber

nur für die in Art. 124 genannten Verfahren gilt. Die Erweiterung gilt nicht für sonstige Klagen nach Art. 134.

Aus der Aufzählung in Art. 122 Abs. 2 folgt im Umkehrschluss, dass die sonstigen Regelungen **12** der Brüssel Ia-VO für Verfahren nach Art. 124 Anwendung finden.

B. Anerkennung und Vollstreckung nach der Brüssel Ia-VO

Die UMV enthält keine besonderen Vorschriften über die Anerkennung und Vollstreckung **13** von Entscheidungen in anderen Mitgliedstaaten. Daher ist Art. 122 als uneingeschränkte Verweisung auf die einschlägigen Regelungen der Brüssel Ia-VO zu verstehen (Dauses/Ludwigs/Kreuzer/Wagner/Häcker, EU-Wirtschaftsrecht, Bd. 2, 49. EL Nov. 2019, Q. IV. Rn. 50). Die Anerkennung von Entscheidungen ist in Art. 36 ff. Brüssel Ia-VO (früher Art. 32 ff. Brüssel I-VO), die Vollstreckung in Art. 39 ff. Brüssel Ia-VO (früher Art. 38 ff. Brüssel I-VO) geregelt.

I. Anerkennung von Entscheidungen

1. Begriff der Anerkennung

Der Begriff der „Anerkennung" ist in der Brüssel Ia-VO nicht legal definiert. Die überwiegende **14** Meinung nimmt eine **Wirkungserstreckung** an, dh dem fraglichen Akt im Inland wird die gleiche Wirkung wie im Entscheidungsstaat zugeschrieben (Kropholler, Europäisches Zivilprozessrecht, Brüssel Ia-VO Vor Art. 33 Rn. 9).

2. Anerkennung nach Art. 36 Abs. 1 Brüssel Ia-VO

Nach Art. 36 Abs. 1 Brüssel Ia-VO (früher Art. 33 Abs. 1 Brüssel I-VO) werden die Entschei- **15** dungen, die in einem Mitgliedstaat ergangen sind, unmittelbar in den anderen Mitgliedstaaten anerkannt. Es bedarf keines besonderen Verfahrens.

Der Begriff der „Entscheidung" iSd Brüssel Ia-VO ist in Art. 2 lit. b Brüssel Ia-VO (früher **16** Art. 32 Brüssel I-VO) definiert. Darunter fällt jede von einem Gericht eines Mitgliedstaats erlassene Entscheidung, ohne Rücksicht auf ihre Bezeichnung wie Urteil, Beschluss, Zahlungsbefehl oder Vollstreckungsbescheid, einschließlich des Kostenfestsetzungsbeschlusses eines Gerichtsbediensteten.

3. Anerkennung nach Art. 36 Abs. 2 Brüssel Ia-VO

Art. 36 Abs. 2 Brüssel Ia-VO (früher Art. 33 Abs. 2 Brüssel I-VO) betrifft die Fälle des Anerken- **17** nungsfeststellungsverfahrens. Durch den Verweis auf Art. 46–51 Brüssel Ia-VO kann geklärt werden, ob eines der Anerkennungshindernisse des Art. 45 Brüssel Ia-VO vorliegt. Stellt man auf den Wortlaut des Art. 36 Abs. 2 Brüssel Ia-VO ab, so scheint nur ein positiver, dh auf Feststellung der Anerkennungsfähigkeit gerichteter Antrag des Gläubigers möglich zu sein, nicht dagegen ein Antrag des Schuldners auf Feststellung der Nichtanerkennungsfähigkeit. Allerdings sollte Abs. 2 analog auch für negative Feststellungsanträge herangezogen werden, da auch potentielle Antragsgegner ein Interesse an einer bindenden Entscheidung über die (Nicht-)Anerkennungsfähigkeit besitzen und ein längeres Zuwarten bis zu einem Tätigwerden des Antragstellers unzumutbar sein kann (vgl. HK-ZPO/Dörner Brüssel Ia-VO Art. 36 Rn. 12).

Anders als im deutschen Recht bedarf es für das Verfahren nach Art. 36 Abs. 2 Brüssel Ia-VO **18** keines besonderen Feststellungsinteresses, sondern lediglich eines Rechtsschutzbedürfnisses (HK-ZPO/Dörner Brüssel Ia-VO Art. 36 Rn. 13).

4. Anerkennung nach Art. 36 Abs. 3 Brüssel Ia-VO

Art. 36 Abs. 3 Brüssel Ia-VO (früher Art. 33 Abs. 3 Brüssel I-VO) regelt die Inzidentanerken- **19** nung. Diese Vorschrift betrifft den Fall, dass die Anerkennung nur als Vorfrage geltend gemacht wird, da die Entscheidung des Gerichts von der Anerkennung abhängt (Kropholler, Europäisches Zivilprozessrecht, Brüssel Ia-VO Art. 33 Rn. 10).

5. Keine Sachprüfung

Von besonderer Bedeutung ist weiterhin Art. 52 Brüssel Ia-VO (früher Art. 36 Brüssel I-VO). **20** Danach ist der Anerkennungsstaat nicht berechtigt, das Urteil in der Sache selbst nachzuprüfen.

Nur auf diese Art und Weise können Widersprüche zwischen den unterschiedlichen Rechtssystemen bei Anerkennung eines Urteils eines anderen Mitgliedstaates vermieden werden.

6. Keine Möglichkeit der Anerkennung

21   Zwar erfolgt die Anerkennung gemäß Art. 36 Abs. 1 Brüssel Ia-VO (früher Art. 33 Abs. 1 Brüssel I-VO) automatisch. Jedoch ist sie in folgenden Fällen zu versagen:
- wenn ein Unionsmarkengericht eine Entscheidung getroffen hat, obwohl es nach Art. 24 Nr. 4 Brüssel Ia-VO (früher Art. 22 Nr. 4 Brüssel I-VO) nicht zuständig war, Art. 45 Abs. 1 lit. e Ziff. ii (früher Art. 35 Abs. 1 Brüssel I-VO);
- bei Vorliegen eines Verstoßes gegen den ordre public, Art. 45 Abs. 1 lit. a Brüssel Ia-VO (früher Art. 34 Nr. 1 Brüssel I-VO);
- wenn eine ordnungsgemäße Zustellung der Klage nicht erfolgt ist, Art. 45 Abs. 1 lit. b Brüssel Ia-VO (früher Art. 34 Nr. 2 Brüssel I-VO);
- wenn die Entscheidung mit einer anderen Entscheidung unvereinbar ist, die zwischen denselben Parteien in dem Mitgliedstaat, in dem die Anerkennung geltend gemacht wird, ergangen ist, Art. 45 Abs. 1 lit. c Brüssel Ia-VO (früher Art. 34 Nr. 3 Brüssel I-VO);
- wenn die Entscheidung mit einer früheren Entscheidung unvereinbar ist, die in einem anderen Mitgliedstaat oder in einem Drittstaat zwischen denselben Parteien in einem Rechtsstreit wegen desselben Anspruchs ergangen ist, sofern die frühere Entscheidung die notwendigen Voraussetzungen für ihre Anerkennung in dem Mitgliedstaat erfüllt, in dem die Anerkennung geltend gemacht wird, Art. 45 Abs. 1 lit. d Brüssel Ia-VO (früher Art. 34 Nr. 4 Brüssel I-VO).

II. Vollstreckung von Entscheidungen unter der früheren Brüssel I-VO

22   Die Vollstreckung von nach der früheren Brüssel I-VO ergangenen Entscheidungen der Unionsmarkengerichte erfolgt unter der der Brüssel I-VO nach Art. 94 Abs. 1 GMV iVm Art. 38 ff. Brüssel I-VO. Voraussetzung ist gemäß Art. 39 Abs. 1 Brüssel I-VO, dass der Gläubiger einen Antrag bei der in Anh. II Brüssel I-VO bezeichneten Stelle gestellt hat (Exequaturverfahren). Für Deutschland ist der Antrag an den Vorsitzenden der Kammer des Landgerichts zu richten.

23   Die örtliche Zuständigkeit wird durch den Wohnsitz des Schuldners oder durch den Ort, an dem die Zwangsvollstreckung durchgeführt werden soll, bestimmt (Art. 39 Abs. 2 Brüssel I-VO). Dem Antrag ist eine Ausfertigung der zu vollstreckenden Entscheidung beizufügen (Art. 53 Brüssel I-VO). Gemäß Art. 40 Brüssel I-VO ist für Fragen der Antragsstellung (Inhalt des Antrages, die Anzahl der vorzulegenden Ausfertigungen, die Sprache usw) das autonome Recht des Vollstreckungsmitgliedstaates maßgeblich.

III. Vollstreckung von Entscheidungen unter der Brüssel Ia-VO

24   Während die Regelungen der Brüssel Ia-VO, auf die in Art. 122 Abs. 2 verwiesen wird, weitgehend unverändert geblieben sind, erfolgte im Bereich der Vollstreckung eine grundlegende Änderung. Das bisher in Art. 38 Brüssel I-VO vorgesehene Exequaturverfahren, nach dem eine in einem Mitgliedstaat ergangene Entscheidung, die in diesem Staat vollstreckbar ist, in einem anderen Mitgliedstaat vollstreckt werden kann, wenn sie dort auf Antrag des Berechtigten für vollstreckbar erklärt wird, ist abgeschafft worden. Gemäß Art. 39 VO Brüssel Ia-VO bedarf es zukünftig keiner Vollstreckbarerklärung mehr.

25   Die Vollstreckung von Entscheidungen der Unionsmarkengerichte, die nach der Brüssel Ia-VO ergangen sind, erfolgt nach Art. 122 Abs. 1 iVm Art. 39 ff. Brüssel Ia-VO.

Abschnitt 2. Streitigkeiten über die Verletzung und Rechtsgültigkeit der Unionsmarken

Art. 123 Unionsmarkengerichte

(1) Die Mitgliedstaaten benennen für ihr Gebiet eine möglichst geringe Anzahl nationaler Gerichte erster und zweiter Instanz, die die ihnen durch diese Verordnung zugewiesenen Aufgaben wahrnehmen.

(2) Änderungen der Anzahl, der Bezeichnung oder der örtlichen Zuständigkeit der in die gemäß Artikel 95 Absatz 2 der Verordnung (EG) Nr. 207/2009 durch die Mitgliedstaaten an die Kommission übermittelte Aufstellung der Unionsmarkengerichte aufgenommenen Gerichte teilt der betreffende Mitgliedstaat unverzüglich der Kommission mit.

(3) Die in Absatz 2 genannten Angaben werden von der Kommission den Mitgliedstaaten notifiziert und im *Amtsblatt der Europäischen Union* veröffentlicht.

Überblick

Art. 123 verpflichtet die Mitgliedstaaten zur Benennung von Unionsmarkengerichten erster und zweiter Instanz. Ob es Unionsmarkengerichte dritter Instanz gibt, regelt die jeweilige nationale Rechtsordnung (→ Rn. 32).

Übersicht

A. Unionsmarkengerichte erster und zweiter Instanz

Für Streitigkeiten aufgrund von Unionsmarken sind keine unionsunmittelbaren Rechtsprechungsorgane geschaffen worden. Die unionsmarkenrechtlichen Verfahren werden vielmehr den nationalen Gerichten zugewiesen. **1**

Gemäß Art. 123 Abs. 1 sollen die Mitgliedstaaten eine möglichst geringe Anzahl nationaler **2** Gerichte benennen. Grund für die Konzentration ist es, eine Spezialisierung bei den benannten Gerichten zu ermöglichen.

Die folgenden Unionsmarkengerichte erster (1) und zweiter (2) Instanz sind von den Mitglied- **3** staaten benannt worden (Stand 31.12.2022):

Belgien: **4**
(1) Tribunal de l'enterprise de Bruxelles/Ondernemingsrechtbank te Brussel
(2) Cour d'appel de Bruxelles/Hof van Beroep te Brussel

Bulgarien **5**
(1) Софийски градски съд
(2) Софийски апелативен съд

Dänemark: **6**
(1) Sø – og Handelsretten, København
(2) Højesteret, København; Østre Landsret, København; Vestre Landsret, Viborg

Deutschland: **7**
(1) Landgericht Mannheim, Landgericht Stuttgart, Landgericht Nürnberg-Fürth, Landgericht München I, Landgericht Berlin, Landgericht Bremen, Landgericht Hamburg, Landgericht Frankfurt am Main, Landgericht Rostock, Landgericht Braunschweig, Landgericht Düsseldorf
Landgericht Koblenz, Landgericht Frankenthal (Pfalz), Landgericht Saarbrücken, Landgericht Leipzig, Landgericht Magdeburg, Landgericht Kiel, Landgericht Erfurt
(2) Oberlandesgericht Karlsruhe, Oberlandesgericht Stuttgart, Oberlandesgericht Nürnberg Oberlandesgericht München, Kammergericht Berlin, Hanseatisches Oberlandesgericht Bremen, Hanseatisches Oberlandesgericht Hamburg, Oberlandesgericht Frankfurt am Main
Oberlandesgericht Rostock, Oberlandesgericht Braunschweig, Oberlandesgericht Düsseldorf Oberlandesgericht Koblenz, Pfälzisches Oberlandesgericht Zweibrücken, Saarländisches Oberlandesgericht Saarbrücken, Oberlandesgericht Dresden, Oberlandesgericht Naumburg
Schleswig-Holsteinisches Oberlandesgericht, Thüringer Oberlandesgericht

Estland: **8**
(1) Harju Maakohus
(2) Tallinna Ringkonnakohus

Finnland: **9**
(1) Markkinaoikeus
(2) Korkein oikeus, Korkein hallinto-oikeus

10　Frankreich:
(1) Tribunal de grande instance de Paris
(2) Cour d'appel de Paris

11　Griechenland:
(1) Protodikeía Athinón/Πρωτοδικεία Αθηνών, Protodikeía Thessaloníkis/Πρωτοδικεία Θεσσαλονίκης
(2) Efeteío Athinón/Εφετείο Αθηνών, Efeteío tis Thessaloníkis/Εφετείο της Θεσσαλονίκης

12　Irland:
(1) The High Court
(2) The Supreme Court

13　Italien:
(1) Tribunale di l'Aquila, Tribunale di Potenza, Tribunale di Catanzaro, Tribunale di Napoli, Tribunale di Bologna, Tribunale di Trieste, Tribunale di Roma, Tribunale di Genova, Tribunale di Milano, Tribunale di Brescia, Tribunale di Ancona, Tribunale di Campobasso, Tribunale di Torino, Tribunale di Bari, Tribunale di Cagliari, Tribunale di Palermo, Tribunale di Catania, Tribunale di Firenze, Tribunale di Trento, Tribunale di Bolzano, Tribunale di Perugia, Tribunale di Torino, Tribunale di Venezia
(2) Corte di Appello di l'Aquila, Corte di Appello di Potenza, Corte di Appello di Catanzaro, Corte di Appello di Napoli, Corte di Appello di Bologna, Corte di Appello di Trieste, Corte di Appello di Roma, Corte di Appello di Genova, Corte di Appello di Milano, Corte di Appello di Brescia, Corte di Appello di Ancona, Corte di Appello di Campobasso, Corte di Appello di Torino, Corte di Appello di Bari, Corte di Appello di Cagliari, Corte di Appello di Palermo, Corte di Appello di Catania, Corte di Appello di Firenze, Corte di Appello di Trento, Corte di Appello di Bolzano, Corte di Appello di Perugia, Corte di Appello di Torino, Corte di Appello di Venezia

14　Kroatien
(1) Trgovački sud u Zagrebu
(2) Visoki trgovački sud

15　Lettland:
(1) Rīgas pilsētas Vidzemes priekšpilsētas tiesa
(2) Rīgas apgabaltiesa

16　Litauen:
(1) Vilniaus apygardos teismas
(2) Lietuvos apeliacinis teismas

17　Luxemburg:
(1) Tribunal d'Arrondissement de Luxembourg
(2) Cour d'appel du Grand-Duché de Luxembourg

18　Malta:
(1) Prim'Awla tal-Qorti Ċivili
(2) Il-Qorti tal-Appell

19　Niederlande:
(1) Rechtbank Den Haag
(2) Gerechtshof Den Haag

20　Österreich:
(1) Handelsgericht Wien
(2) Oberlandesgericht Wien

21　Polen:
(1) Sąd Okręgowy w Gdańsku, Sąd Okręgowy w Lublinie, Sąd Okręgowy w Poznaniu Sąd Okręgowy w Warszawie
(2) Sąd Apelacyjny w Poznaniu, Sąd Apelacyjny w Warszawie

22　Portugal:
(1) Tribunal da Propriedade Intelectual
(2) Tribunal da Relação de Lisboa

23　Rumänien:
(1) Bucharest Tribunal
(2) Court of Appeal of Bucharest

24　Schweden:
(1) Stockholms tingsrätt (Patent- och marknadsöverdomstolen)
(2) Svea hovrätt (Patent- och marknadsöverdomstolen), Stockholm

Auffällig ist, dass Deutschland neben Italien am meisten Unionsmarkengerichte benannt hat. **31**
Somit wird den Anforderungen von Art. 123 Abs. 1 „eine möglichst geringere Anzahl nationaler
Gerichte" nicht wirklich entsprochen. Dies hat seinen Grund jedoch im Föderalismusprinzip,
zumindest im Fall der Bundesrepublik Deutschland. Justiz ist in Deutschland Ländersache. Die
sachliche Zuständigkeit der Unionsmarkengerichte in der Bundesrepublik Deutschland ist in § 122
MarkenG geregelt.

B. Unionsmarkengerichte dritter Instanz

Über Unionsmarkengerichte dritter Instanz trifft die UMV keine Regelungen. Gemäß Art. 129 **32**
Abs. 3 wendet das Unionsmarkengericht die Verfahrensvorschriften an, die in dem Mitgliedstaat,
in dem es seinen Sitz hat, auf gleichartige Verfahren betreffend nationale Marken anwendbar sind.
Daher ist nach der jeweiligen **nationalen Rechtsordnung** zu beurteilen, ob es ein Unionsmar-
kengericht dritter Instanz gibt. In Deutschland ist der BGH als Unionsmarkengericht dritter
Instanz anzusehen, da nach den deutschen Verfahrensregeln die Einlegung einer Revision gegen
Urteile der Oberlandesgerichte gemäß §§ 542 ff. ZPO möglich ist.

Art. 124 Zuständigkeit für Klagen betreffend Verletzung und Rechtsgültigkeit

Die Unionsmarkengerichte sind ausschließlich zuständig
**a) für alle Klagen wegen Verletzung und – falls das nationale Recht dies zulässt – wegen
drohender Verletzung einer Unionsmarke;**
**b) für Klagen auf Feststellung der Nichtverletzung, falls das nationale Recht diese
zulässt;**
c) für Klagen wegen Handlungen im Sinne des Artikels 11 Absatz 2;
**d) für die in Artikel 128 genannten Widerklagen auf Erklärung des Verfalls oder der
Nichtigkeit der Unionsmarke.**

Überblick

Art. 124 regelt die sachliche Zuständigkeit der nationalen Unionsmarkengerichte (→ Rn. 1).
Der weitaus bedeutendste Fall ist die sachliche Zuständigkeit für Klagen aufgrund der Verletzung
von Unionsmarken (→ Rn. 5). Weiterhin besitzen die Unionsmarkengerichte die ausschließliche
sachliche Zuständigkeit für Klagen auf Feststellung der Nichtverletzung einer Unionsmarke (→
Rn. 14) und für Klagen auf Entschädigung für Handlungen zwischen der Veröffentlichung der
Anmeldung und der Veröffentlichung der Eintragung von Unionsmarken (→ Rn. 16). Schließlich
besteht eine ausschließliche Zuständigkeit für Widerklagen auf Erklärung des Verfalls oder Nichtigkeit einer Unionsmarke (→ Rn. 18). Die letztgenannte Zuständigkeit durchbricht das ansonsten
starre Zuständigkeitssystem der UMV. Die Zuständigkeit für Entscheidungen über die Rechtsgültigkeit einer Unionsmarke liegt grundsätzlich beim Amt der Europäischen Union für Geistiges

Eigentum. Die im deutschen Recht vorgesehene Möglichkeit einer eigenständigen Löschungsklage zu Gericht wegen Verfalls oder Nichtigkeit besteht für Unionsmarken nicht.

A. Sachliche Zuständigkeit

1   Nach Art. 124 sind die Unionsmarkengerichte ausschließlich sachlich zuständig für die in Art. 124 lit. a–d geregelten Auseinandersetzungen. Für alle anderen Verfahren im Hinblick auf eine Unionsmarke ist keine ausschließliche sachliche Zuständigkeit gegeben.

2   Die sachliche Zuständigkeit der Unionsmarkengerichte lässt sich auch nicht durch Vereinbarung ausschließen. Ebenso wenig ist eine Begründung der Zuständigkeit eines sachlich unzuständigen Gerichts durch rügeloses Einlassen des Beklagten möglich (OLG Hamm GRUR-RS 2020, 2153 Rn. 24, fälschlicherweise auf § 40 Abs. 2 S. 2 ZPO abstellend). Die insoweit einschlägigen Regelungen der Art. 25 und 26 Brüssel Ia-VO (früher Art. 23, 24 Brüssel I-VO) sind gemäß Art. 122 Abs. 2 lit. b nur in dem von Art. 125 Abs. 4 bestimmten Rahmen anwendbar.

3   Die Parteien können gemäß Art. 125 Abs. 4 lit. a lediglich die Zuständigkeit eines anderen Unionsmarkengerichts vereinbaren. Die Begründung der sachlichen Zuständigkeit durch rügeloses Einlassen bei einem anderen Gericht ist gem. Art. 125 Abs. 4 lit. b nur dann möglich, wenn es sich bei dem anderen Gericht auch um ein Unionsmarkengericht handelt.

4   Für alle nicht durch Art. 124 bestimmten Fälle der sachlichen Zuständigkeit gilt die Regelung des Art. 134 Abs. 1.

B. Begründung der ausschließlichen Zuständigkeit nach Art. 124

I. Klagen wegen Verletzung einer Unionsmarke (lit. a)

5   Bei Klagen wegen Verletzung einer Unionsmarke gemäß Art. 124 lit. a handelt es sich in den meisten Fällen um Unterlassungsklagen wegen einer der in Art. 9 Abs. 2 genannten Verletzungshandlungen. Auch der in Art. 10 aufgenommene Anspruch zur Untersagung von Vorbereitungshandlungen im Zusammenhang mit der Benutzung von Verpackungen oder anderer Kennzeichnungsmittel steht im Zusammenhang mit der Verletzung von Unionsmarken und unterfällt daher der Norm.

6   Darüber hinaus räumt die UMV einem Unionsmarkeninhaber gemäß Art. 25 Abs. 2 einen Anspruch auf Unterlassung gegen einen Lizenznehmer ein, der gegen eine Bestimmung des Lizenzvertrages verstößt, sofern damit ein Eingriff in die aus einer Unionsmarke herleitbaren Rechte geltend gemacht werden kann (Eisenführ/Schennen/Eisenführ Rn. 5).

7   Die zuvor genannten Normen bzw. Sachverhalte haben gemeinsam, dass es sich im Kern immer um die Verletzung einer Unionsmarke handelt. Dies rechtfertigt die Begründung der ausschließlichen Zuständigkeit der Unionsmarkengerichte.

8   Die UMV regelt weder die sog. „Annexansprüche" (Auskunfts-, Schadensersatz-, Vernichtungsansprüche, etc) noch regelt sie explizit die sachliche Zuständigkeit für die Geltendmachung dieser Ansprüche. In Art. 17 Abs. 1 wird klargestellt, dass für die nicht in der UMV geregelten Ansprüche zur Verletzung einer Unionsmarke das für die Verletzung von nationalen Marken geltende Recht gemäß den Bestimmungen des Titels X gelten. Die in den Titel X fallende Regelung des Art. 130 Abs. 2 räumt dem Unionsmarkengericht die Befugnis ein, im Einzelfall zweckmäßig erscheinende Maßnahmen zu ergreifen oder Anordnungen zu treffen, die das anwendbare Recht vorsieht. Sie setzt ihrem Wortlaut nach bereits die sachliche Zuständigkeit der Unionsmarkengerichte voraus. Dies lässt nur den Schluss zu, dass unter das Tatbestandsmerkmal „alle Klagen wegen Verletzung" auch solche Klagen fallen, mit denen die Annexansprüche geltend gemacht werden, und die Unionsmarkengerichte auch für diese sachlich ausschließlich zuständig sind. Der BGH hat die Annexansprüche ohne weitere Problematisierung in seinem Vorlageersuchen „Parfumflakon II" unter die „Klagen wegen Verletzung einer Unionsmarke" fallen lassen (BGH GRUR 2012, 1065 Rn. 15) und dies für die Erstattung der Abmahnkosten noch einmal in seiner „Parfummarkenentscheidung" bestätigt (BGH GRUR 2018, 84 Rn. 50).

9   Das deutsche Markengesetz stellt in § 119 Nr. 2 MarkenG klar, dass dem Inhaber einer Unionsmarke neben dem (Unterlassungs-)Anspruch nach Art. 9 auch die Ansprüche gemäß Art. 12 und 13 zustehen. Darüber hinaus stehen dem Inhaber einer Unionsmarke die selben Ansprüche auf
- Schadensersatz (§ 14 Abs. 6 und 7 MarkenG),
- Vernichtung und Rückruf (§ 18 MarkenG),
- Auskunft (§ 19 MarkenG),
- Vorlage und Besichtigung (§ 19a MarkenG),

- Sicherung von Schadensersatzansprüchen (§ 19b MarkenG),
- Urteilsbekanntmachung (§ 19c MarkenG)

zu wie dem Inhaber einer deutschen Marke.

II. Klagen wegen drohender Verletzung (lit. a)

Die Unionsmarkengerichte besitzen weiterhin die sachliche Zuständigkeit für Klagen wegen **10** drohender Verletzung einer Unionsmarke, wenn derartige Klagen nach dem nationalen Recht zulässig sind. Nach deutschem Rechtsverständnis handelt es sich dabei um **vorbeugende Unterlassungsklagen,** die unter den entsprechenden Voraussetzungen zulässig sind (BGH GRUR 2008, 912 Rn. 17 – Metrosex).

Für die bei einer drohenden Verletzung besonders wichtigen einstweiligen Rechtsschutzmög- **11** lichkeiten sieht die UMV die Sonderregelung des Art. 131 vor. Für die Beantragung von einstweiligen Maßnahmen einschließlich Sicherungsmaßnahmen sind gemäß Art. 131 Abs. 1 sowohl die Unionsmarkengerichte als auch sonstige Gerichte sachlich zuständig. Dies gilt selbst dann, wenn in der Hauptsache ein Unionsmarkengericht eines anderen Mitgliedstaates zuständig wäre.

Für die Anordnung von einstweiligen Maßnahmen, die in mehreren Mitgliedstaaten anwendbar **12** sind, sind gemäß Art. 131 Abs. 2 aber nur Unionsmarkengerichte zuständig. Deren Zuständigkeit muss darüber hinaus auf einer der internationalen Zuständigkeitsregelungen des Art. 125 Abs. 1– 4 beruhen.

Die sachliche Zuständigkeit von anderen Gerichten als Unionsmarkengerichten beschränkt sich **13** somit auf die Fälle, in denen eine einstweilige Maßnahme bei einem Gericht eines Mitgliedstaates geltend gemacht wird, in dem eine Verletzungshandlung droht (Art. 125 Abs. 5). Das Gericht muss seine einstweiligen Maßnahmen einschließlich Sicherungsmaßnahmen auf den jeweiligen Mitgliedstaat beschränken, in dem die Verletzungshandlung droht.

III. Klagen auf Feststellung der Nichtverletzung (lit. b)

Die Unionsmarkengerichte besitzen gemäß Art. 124 lit. b ebenfalls die ausschließliche sachliche **14** Zuständigkeit für Klagen auf Feststellung der Nichtverletzung, sofern das nationale Recht derartige Klagen zulässt. Mit der Klage auf Feststellung der Nichtverletzung wird die Feststellung begehrt, dass eine Unionsmarke nicht durch ein anderes Zeichen verletzt wird. Nach deutschem Rechtsverständnis handelt es sich dabei um eine negative Feststellungsklage.

Nicht von der Zuständigkeitsregelung des Art. 124 lit. b erfasst sind Klagen auf Feststellung **15** der Nichtverletzung einer nationalen Marke durch eine Unionsmarke. Bei diesem Fall handelt es sich gerade nicht um die Verletzung einer Unionsmarke, sondern um die Verletzung einer nationalen Marke (LG München I GRUR Int 2000, 783 – Betty).

IV. Klagen wegen Handlungen nach Veröffentlichung der Anmeldung (lit. c)

Den Unionsmarkengerichten werden weiterhin ausschließlich Klagen wegen Handlungen iSd **16** Art. 11 Abs. 2 zugewiesen. Danach kann eine angemessene Entschädigung für Handlungen verlangt werden, die nach Veröffentlichung der Eintragung der Anmeldung einer Unionsmarke vorgenommen werden und die nach der Eintragung aufgrund der Unionsmarke verboten wären.

Hierbei ist jedoch zu beachten, dass die Klage auf Entschädigung zwar vor der Veröffentlichung **17** der Eintragung der Unionsmarke anhängig gemacht werden kann, aber das Gericht bis zur Veröffentlichung der Eintragung keine Entscheidung in der Hauptsache treffen darf, da bis dahin die Möglichkeit besteht, dass die Anmeldung durch das Amt zurückgewiesen wird.

V. Widerklagen auf Erklärung des Verfalls oder der Nichtigkeit (lit. d)

Art. 124 lit. d sieht vor, dass die Unionsmarkengerichte ausschließlich für die in Art. 128 **18** genannten Widerklagen auf Erklärung des Verfalls oder der Nichtigkeit einer Unionsmarke zuständig sind. Grundsätzlich kann eine eigenständige Klage gerichtet auf Löschung einer Unionsmarke – anders als im deutschen Markenrecht – weder bei einem Unionsmarkengericht noch bei einem anderen Gericht erhoben werden. Vielmehr kann die Verfalls- oder Nichtigerklärung einer Unionsmarke nur mittels Löschungsantrag vor dem Amt aufgrund der in der UMV vorgesehen Gründe

- Verfalls (Art. 58),
- absoluter Nichtigkeitsgründe (Art. 59),
- relativer Nichtigkeitsgründe (Art. 60)

betrieben werden. Die Ausnahmen bilden Widerklagen in auf Unionsmarken gestützten Verletzungsverfahren.

19   Bei einer Zusammenschau der Regelungen der Art. 124 und Art. 128 wird ersichtlich, dass Widerklagen in Verfahren erhoben werden können, in denen der Kläger die Verletzung oder drohende Verletzung einer Unionsmarke gemäß Art. 124 lit. a geltend macht.

20   Es ist theoretisch aber auch die Fallkonstellation denkbar, dass der Inhaber einer jüngeren Unionsmarke die Feststellung getroffen haben will, dass seine jüngere Unionsmarke eine ältere Unionsmarke nicht verletzt und der Inhaber der älteren Unionsmarke widerklagend die Löschung der jüngeren Marke beantragt. Gegen die Zulässigkeit derartiger Widerklagen spricht der Sachzusammenhang zwischen Verletzungsklagen und Widerklagen. Die Widerklage ist gerade ein „Abwehrmittel" gegen unberechtigte Verletzungsklagen und dient nicht dazu, dem Inhaber einer älteren Unionsmarke ein zusätzliches Mittel zur Löschung der jüngeren Unionsmarke zu verschaffen.

Art. 125 Internationale Zuständigkeit

(1) Vorbehaltlich der Vorschriften dieser Verordnung sowie der nach Artikel 122 anzuwendenden Bestimmungen der Verordnung (EU) Nr. 1215/2012 sind für die Verfahren, welche durch eine in Artikel 124 genannte Klage oder Widerklage anhängig gemacht werden, die Gerichte des Mitgliedstaats zuständig, in dem der Beklagte seinen Wohnsitz oder – in Ermangelung eines Wohnsitzes in einem Mitgliedstaat – eine Niederlassung hat.

(2) Hat der Beklagte weder einen Wohnsitz noch eine Niederlassung in einem der Mitgliedstaaten, so sind für diese Verfahren die Gerichte des Mitgliedstaats zuständig, in dem der Kläger seinen Wohnsitz oder – in Ermangelung eines Wohnsitzes in einem Mitgliedstaat – eine Niederlassung hat.

(3) Hat weder der Beklagte noch der Kläger einen Wohnsitz oder eine Niederlassung in einem der Mitgliedstaaten, so sind für diese Verfahren die Gerichte des Mitgliedstaats zuständig, in dem das Amt seinen Sitz hat.

(4) Ungeachtet der Absätze 1, 2 und 3 ist
a) Artikel 25 der Verordnung (EU) Nr. 1215/2012 anzuwenden, wenn die Parteien vereinbaren, dass ein anderes Unionsmarkengericht zuständig sein soll,
b) Artikel 26 der Verordnung (EU) Nr. 1215/2012 anzuwenden, wenn der Beklagte sich auf das Verfahren vor einem anderen Unionsmarkengericht einlässt.

(5) Die Verfahren, welche durch die in Artikel 124 genannten Klagen und Widerklagen anhängig gemacht werden – ausgenommen Klagen auf Feststellung der Nichtverletzung einer Unionsmarke –, können auch bei den Gerichten des Mitgliedstaats anhängig gemacht werden, in dem eine Verletzungshandlung begangen worden ist oder droht oder in dem eine Handlung im Sinne des Artikels 11 Absatz 2 begangen worden ist.

Überblick

Art. 125 regelt gemeinsam mit Art. 124 und Art. 126 die internationale Zuständigkeit und die Reichweite der Zuständigkeit der Unionsmarkengerichte. Die drei Vorschriften sind daher als Einheit zu betrachten und zu prüfen. Art. 125 regelt die internationale Zuständigkeit der Unionsmarkengerichte für die in Art. 124 genannten Klagen und Widerklagen. Die Reichweite der Zuständigkeit eines Unionsmarkengerichts richtet sich nach Art. 126. Art. 125 enthält weiterhin einen expliziten Verweis auf die Vorschriften der Brüssel Ia-VO, die also zur Bestimmung nicht in Art. 125 geregelter Fragen herangezogen werden müssen. Die Art. 125 ff. sind autonom auszulegen (vgl. EuGH C-360/12, GRUR Int 2014, 873 Rn. 31 – Coty Germany; Sack WRP 2020, 261 (261)).

Die Gerichtszuständigkeit beurteilt sich in zwingender, **abgestufter Reihenfolge** nach dem Mitgliedstaat des Wohnsitzes des Beklagten, nach dem Mitgliedstaat einer Niederlassung des Beklagten (→ Rn. 1), nach dem Mitgliedstaat des Wohnsitzes des Klägers, nach dem Mitgliedstaat einer Niederlassung des Klägers (→ Rn. 18), nach dem Mitgliedstaat des Sitzes des Amtes (→ Rn. 21). Unabhängig von dieser Reihenfolge kann sich die Gerichtszuständigkeit nach dem Ort der Verletzungshandlung richten (→ Rn. 29 ff.), wobei auch Teilnahmehandlungen (→ Rn. 43 ff.) in Betracht kommen. Eine gewillkürte Zuständigkeit ergibt sich aus Vereinbarung (→

Rn. 22 ff.) oder Einlassung (→ Rn. 28) des Beklagten. Eine Regelung über den Gerichtsstand der Beklagtenmehrheit enthält Art. 125 nicht (→ Rn. 47 ff.).

Übersicht

A. Zuständigkeit nach Art. 125

I. Wohnsitz des Beklagten (Abs. 1)

Art. 125 Abs. 1 sieht vor, dass für die in Art. 125 geregelten Klagen und Widerklagen zunächst **1** die Gerichte des Mitgliedstaates zuständig sind, in dem der Beklagte seinen Wohnsitz hat.

Weitergehende Regelungen zum Wohnsitz des Beklagten trifft die UMV nicht. Durch den **2** expliziten Verweis auf die Brüssel Ia-VO finden Art. 62 und Art. 63 Brüssel Ia-VO (früher Art. 59, 60 Brüssel I-VO) zur Bestimmung des Wohn- bzw. des Gesellschaftssitzes Anwendung. Zur Fortgeltung der Brüssel I-VO für Verfahren, die vor dem 15.1.2015 eingeleitet wurden, → Art. 122 Rn. 1.

Für die Bestimmung des Wohnsitzes des Beklagten im Hoheitsgebiet des angerufenen Gerichts **3** wendet das Gericht gemäß Art. 62 Abs. 1 Brüssel Ia-VO sein eigenes Recht an. Die Frage, ob ein Wohnsitz in Deutschland besteht, richtet sich demnach nach deutschem Recht, insbesondere nach §§ 7 ff. BGB.

Für die Bestimmung des Sitzes von Gesellschaften und sonstigen juristischen Personen sieht **4** Art. 63 Abs. 1 Brüssel Ia-VO drei Anknüpfungspunkte vor:
- Ort des satzungsmäßigen Sitzes,
- Ort der Hauptverwaltung,
- Ort der Hauptniederlassung.

Durch die Regelung des Art. 63 Brüssel Ia-VO und der Begründung der drei Anknüpfungspunkte **5** soll eine **vertragsautonome Definition** geschaffen werden. Negative und positive Zuständigkeitskonflikte sollen vermieden werden (Kropholler, Europäisches Zivilprozessrecht, Brüssel I-VO Art. 60 Rn. 2). Der satzungsmäßige Sitz beurteilt sich nach dem Gesellschaftsvertrag. Die Hauptverwaltung befindet sich an dem Ort, an dem die Willensbildung sowie die eigentliche unternehmerische Leitung der Gesellschaft erfolgen. Die Hauptniederlassung befindet sich am Ort des tatsächlichen Geschäftsschwerpunkts (Kropholler, Europäisches Zivilprozessrecht, Brüssel I-VO Art. 60 Rn. 2).

Regelmäßig werden die drei alternativ stehenden Anknüpfungspunkte zur Bestimmung des **6** Sitzes von Gesellschaften zusammenfallen. In den seltenen Fällen, in denen eine Gesellschaft mehrere Sitze hat, besteht eine **alternative Zuständigkeit** verschiedener Unionsmarkengerichte. Dem Kläger eröffnet die Zuständigkeit verschiedener Unionsmarkengerichte die Möglichkeit des Forum Shoppings. Dies führt jedoch nicht zu einer unangemessenen Benachteiligung des Beklagten. Dieser ist bereits durch die erste Anknüpfung an den Wohnsitz in Art. 125 Abs. 1 begünstigt. Der Beklagte besitzt die tatsächliche und rechtliche Gestaltungsfreiheit, seine Tätigkeit so zu beschränken, dass nur an einem der in Art. 63 Abs. 1 Brüssel Ia-VO genannten Anknüpfungspunkte ein Sitz begründet werden kann. Wenn der Beklagte die Begründung verschiedener Sitze zulässt, so muss ein Kläger die freie Wahl zwischen den zuständigen Unionsmarkengerichten besitzen.

Im Falle Irlands und Zyperns ist unter dem Ausdruck „satzungsmäßiger Sitz" das „registered office" **6.1** oder, wenn ein solches nirgendwo besteht, der „place of incorporation" (Ort der Erlangung der Rechtsfähigkeit) oder, wenn ein solcher nirgendwo besteht, der Ort, nach dessen Recht die „formation" (Gründung) erfolgt ist (vgl. Art. 63 Abs. 2 Brüssel Ia-VO) zu verstehen.

7 Kann der Wohnsitz des Beklagten (bzw. Sitz bei juristischen Personen) nicht bestimmt werden, so ist erst dann – dies wird durch die Einschränkung „in Ermangelung eines Wohnsitzes" klargestellt – auf die Niederlassung des Beklagten abzustellen (vgl. Art. 125 Abs. 1). Die Niederlassungszuständigkeit setzt also voraus, dass keine Sitzzuständigkeit begründet werden kann (Knaak GRUR 2001, 21 (24)). Sie ist dann gegeben, wenn eine Gesellschaft ihren Hauptsitz außerhalb der Union und in der Union eine (oder mehrere) Niederlassungen besitzt.

8 Der Begriff der Niederlassung wird in mehreren Vorschriften (Art. 19 Abs. 1 lit. b) „Gleichstellung der Unionsmarke mit der nationalen Marke", Art. 122 Abs. 2 lit. c „Anwendung der Brüssel Ia-VO") und unterschiedlichen Formulierungen (Art. 119 Abs. 2 „Allgemeine Vertretung: [...] die weder Wohnsitz noch Sitz noch eine tatsächliche und nicht nur zum Schein bestehende gewerbliche oder Handelsniederlassung im Europäischen Wirtschaftsraum haben [...]") verwendet. Weitergehende Regelungen zur Niederlassung fehlen – ebenso wie zum Begriff des Wohnsitzes – in der UMV.

9 Anders als im Fall des Wohnsitzes, zu dem in Art. 62 Brüssel Ia-VO und Art. 63 Brüssel Ia-VO (früher Art. 59, 60 Brüssel I-VO) weitere Regelungen existieren, fehlen Anknüpfungspunkte zur Niederlassung in der Brüssel Ia-VO. Eine direkte Bezugnahme auf den Begriff der Niederlassung des Art. 7 Nr. 5 Brüssel Ia-VO (früher Art. 5 Abs. 5 Brüssel I-VO), der vorsieht, dass eine Person, die ihren Wohnsitz im Hoheitsgebiet eines Mitgliedstaates hat, auch in einem anderen Mitgliedstaat verklagt werden kann, wenn es sich um Streitigkeiten aus dem Betrieb einer Zweigniederlassung, einer Agentur oder einer sonstigen Niederlassung handelt (und zwar vor dem Gericht, an dem sich diese befindet), ist aufgrund von Art. 122 Abs. 2 lit. a ausgeschlossen. Weiterhin ist zu berücksichtigen, dass es sich um eine unbestimmte, beispielhafte Aufzählung von Niederlassungen handelt, die gerade keine autonome Bestimmung der Niederlassung oder einen Verweis in das nationale Recht enthält.

10 Zur Vermeidung der Gefahr, dass der Begriff der Niederlassung von den einzelnen Unionsmarkengerichten unterschiedlich ausgelegt wird, hat die Bestimmung des Niederlassungsbegriffes **autonom** und nicht durch Rückgriff auf die nationalen Rechtsordnungen zu erfolgen. Ein Verweis auf das nationale Recht gemäß Art. 129 Abs. 2 ist gerade nicht gegeben, da es sich bei der Bestimmung des Begriffes der Niederlassung gerade nicht um eine Frage des materiellen Rechts handelt.

11 Für die Bestimmung des Begriffes der Niederlassung iSd Art. 125 Abs. 1, Abs. 2 kann auf die vom EuGH bereits im Jahr 1978 entwickelten Grundsätze zu Art. 5 Nr. 5 EuGVÜ, der wortgleich ist zu Art. 7 Abs. 5 Brüssel Ia-VO (früher Art. 5 Abs. 5 Brüssel I-VO), zurückgegriffen werden. Danach ist mit dem Begriff der Zweigniederlassung, der Agentur oder der sonstigen Niederlassung ein Mittelpunkt geschäftlicher Tätigkeit gemeint, der auf Dauer als Außenstelle eines Stammhauses hervortritt, eine Geschäftsführung hat und sachlich so ausgestattet ist, dass er in der Weise Geschäfte mit Dritten betreiben kann, dass diese, obgleich sie wissen, dass möglicherweise ein Rechtsverhältnis mit dem im Ausland ansässigen Stammhaus begründet wird, sich nicht unmittelbar an dieses zu wenden brauchen, sondern Geschäfte an dem Mittelpunkt geschäftlicher Tätigkeit abschließen können, der dessen Außenstelle ist (EuGH 33/78, BeckRS 2004, 70835 – Somafer/Saar-Ferngas AG).

12 Für den Rückgriff auf die zu den zu Art. 5 Nr. 5 EuGVÜ/Art. 7 Abs. 5 Brüssel I-VO entwickelten Grundsätze spricht, dass sowohl Art. 125 Abs. 1, Abs. 2 UMV als auch Art. 7 Nr. 5 Brüssel Ia-VO (früher Art. 5 Abs. 5 Brüssel I-VO) Ausnahmen zur Anknüpfung an den Staat des Wohnsitz begründen, auch wenn im Fall des Art. 7 Nr. 5 Brüssel Ia-VO die Anknüpfung an die Niederlassung alternativ erfolgt, während sie im Fall des Art. 125 Abs. 1, Abs. 2 subsidiär ist.

13 Der EuGH begründete die Notwendigkeit einer einheitlichen, autonomen Auslegung des Begriffes der Niederlassung damit, dass eine viele Möglichkeiten zulassende Auslegung der Ausnahmen von der Anknüpfung an den Wohnsitz vermieden werden muss, um die Rechtssicherheit und die Wirksamkeit des Rechtsschutzes im gesamten Bereich der Hoheitsgebiete zu fördern (EuGH 33/78, BeckRS 2004, 70835 Rn. 7 – Somafer/Saar-Ferngas AG). Aufgrund der vergleichbaren Ausnahmesituation und dem identischen Ziel ist es gerechtfertigt, auf die von der Rechtsprechung entwickelten Grundsätze zu Art. 5 Nr. 5 EuGVÜ/Art. 7 Abs. 5 Brüssel Ia-VO zur Niederlassung zurückzugreifen.

14 In der Literatur wird teilweise (bei verschiedenen Anknüpfungspunkten) einschränkend darauf hingewiesen, dass Art. 5 Nr. 5 EuGVÜ/Art. 7 Abs. 5 Brüssel Ia-VO das zusätzliche Kriterium aufweise, dass es sich um eine **Streitigkeit aus dem Betrieb einer Niederlassung** handeln müsse (Knaak GRUR 2001, 21 (25)). Dieses Kriterium lasse sich in der UMV nicht finden. Für den Rückgriff auf die von der Rechtsprechung entwickelten Grundsätze zur Niederlassung ist das weitere in Art. 5 Nr. 5 EuGVÜ/Art. 7 Abs. 5 Brüssel I-VO genannte Kriterium unbeachtlich. Der EuGH hat in seiner Entscheidung klargestellt, dass die in Art. 5 Abs. 5 EuGVÜ aufgeführten Begriffe der gemeinsamen, autonomen Auslegung bedürfen, und hat im Folgenden die beiden Begriffe „Niederlassung" und „Rechtsstreitigkeit aus dem Betrieb" unabhängig voneinander definiert. Es kann daher ohne Berücksichtigung auf das zusätzliche Kriterium auf die vom EuGH zum Begriff der Niederlassung entwickelte Rechtsprechung zurückgegriffen werden.

Besitzt eine Gesellschaft, die ihren Sitz nicht in der Union hat, mehrere Niederlassungen in **15** verschiedenen Ländern, so dass eine Zuständigkeit verschiedener Unionsmarkengerichte begründet werden könnte, hat der Kläger ein **Wahlrecht,** bei welchem Unionsmarkengericht er seine Klage anhängig macht.

Mittlerweile geklärt ist die Auslegung des Begriffs der „Niederlassung" in Bezug auf juristisch **16** selbständige Tochter-/Enkelgesellschaften einer Gesellschaft, die ihren Hauptsitz außerhalb der Union hat. Rechtlich geht es um die Frage, ob eine rechtlich selbständige Konzerngesellschaft eine Niederlassung iSd Art. 125 Abs. 1 sein kann und so eine Zuständigkeit der Gerichte in der Union für die außerhalb der Union ansässige Muttergesellschaft begründet werden kann. Der EuGH bejaht eine weite Auslegung des Niederlassungsbegriffes (EuGH C-617/15, BeckRS 2017 110089 – Hummel Holding A/S/Nike Inc., Nike Retail BV). Für das Bestehen einer Niederlassung ist es erforderlich, dass eine bestimmte reale und konstante Präsenz vorhanden sein muss, von der aus eine geschäftliche Tätigkeit ausgeübt wird und die sich in einer persönlichen und materiellen Ausstattung vor Ort manifestiert. Darüber hinaus muss die Niederlassung auf Dauer als Außenstelle eines Stammhauses hervortreten. Begründet wird die weite Auslegung damit, dass der außerhalb der Union ansässige Beklagten die Verteidigung erleichtert werde, wenn sie im Mitgliedstaat ihrer Niederlassung verklagt werden müsse und nicht gem. Art. 125 Abs. 2 im Mitgliedstaat, in dem der Kläger seinen Sitz hat. Im Übrigen ist es für die Anwendung des Art. 125 Abs. 1 irrelevant, ob die so bestimmte Niederlassung an der behaupteten Verletzung beteiligt war oder nicht.

Art. 125 regelt nur die internationale Zuständigkeit der Unionsmarkengerichte, nicht aber die **17** örtliche Zuständigkeit. Die Bestimmung der örtlichen Zuständigkeit erfolgt gemäß Art. 129 Abs. 3 nach den nationalen Regelungen der Mitgliedstaaten. Die örtliche Zuständigkeit der deutschen Unionsmarkengerichte ist in § 124 MarkenG geregelt. Für die Bestimmung der örtlichen Zuständigkeit gelten die Vorschriften entsprechend, die anzuwenden wären, wenn es sich um eine beim DPMA angemeldete oder eingetragene Marke handeln würde.

II. Wohnsitz des Klägers (Abs. 2)

Wenn der Beklagte weder einen Wohnsitz noch eine Niederlassung in der Union besitzt, greift **18** als nächster Anknüpfungstatbestand der Wohnsitz des Klägers nach Art. 125 Abs. 2. Sollte der Kläger keinen Wohnsitz haben, so ist als nächster Anknüpfungstatbestand eine Niederlassung des Klägers einschlägig.

Im Hinblick auf die Bestimmung und Auslegung der Begriffe des Wohnsitzes und der Niederlas- **19** sung wird auf die vorstehenden Ausführungen zu Art. 125 Abs. 1 verwiesen (→ Rn. 8).

In der Literatur wird vertreten, dass die vom EuGH bejahte weite Auslegung des Begriffes der Niederlas- **19.1** sung der Beklagten für die Klägerniederlassung nicht gelte (Hackbarth GRUR-Prax 2017, 253). Begründet wird die Auffassung damit, dass die Klage eines Markeninhabers im Mitgliedstaat seiner Niederlassung gegen einen Beklagten mit Sitz außerhalb der Union das Gegenteil des Beklagtenschutzes sei, mit dem der EuGH seine Auffassung begründet hatte (EuGH C-617/15, BeckRS 2017 110089 – Hummel Holding A/S/Nike Inc., Nike Retail BV; → Rn. 16). Gegen diese Meinung spricht bereits die Systematik der Regelungen in Art. 125 Abs. 1 und Abs. 2, deren letzte Halbsätze identisch sind. Zudem bedarf eine außerhalb der Union ansässige Beklagte nicht eines besonderen Schutzes, den sie sich durch Sitzbegründung oder Etablierung einer Niederlassung in der Union verschaffen könnte. Die Rechtsprechung hat die durch den EuGH für Art. 125 Abs. 1 erfolgte Definition der Niederlassung ohne weitere Problematisierung auch auf Art. 125 Abs. 2 übertragen (OLG Frankfurt GRUR-RR 2018, 149 Rn. 5 – TUPPERCABINET).

Das deutsche Verfahrensrecht kennt den Gerichtsstand des Wohnsitzes des Klägers nicht. Für **20** die Bestimmung der örtlichen Zuständigkeit der Unionsmarkengerichte wird daher in § 124 S. 2 MarkenG geregelt, dass das Unionsmarkengericht örtlich zuständig ist, bei dem der Kläger seinen allgemeinen Gerichtsstand hat.

III. Gerichtsstand des Amts (Abs. 3)

21   Art. 125 Abs. 3 dient als Auffangtatbestand. Haben weder der Beklagte noch der Kläger einen Wohnsitz oder eine Niederlassung in einem der Mitgliedstaaten, so sind die Gerichte des Mitgliedstaats zuständig, in dem das Amt seinen Sitz hat. Da Art. 125 Abs. 3 nur die internationale Zuständigkeit regelt, ist damit noch nichts über die örtliche Zuständigkeit gesagt. Diese richtet sich gemäß Art. 129 Abs. 3 nach nationalem spanischem Recht. Derzeit hat Spanien nur ein Unionsmarkengericht benannt, dessen Sitz in Alicante ist (→ Art. 123 Rn. 7).

IV. Gerichtsstandsvereinbarung (Abs. 4 lit. a)

22   Art. 125 Abs. 4 lit. a sieht vor, dass ungeachtet der Regelungen zur Begründung der Zuständigkeit aufgrund des Wohnsitzes/der Niederlassung des Beklagten, des Wohnsitzes/der Niederlassung des Klägers oder des Amtes Art. 25 Brüssel Ia-VO (früher Art. 23 Brüssel I-VO) Anwendung findet, wenn die Parteien vereinbaren, dass ein anderes Unionsmarkengericht zuständig sein soll. Gerichtsstandsvereinbarungen (Prorogation) sind somit grundsätzlich zulässig, es kann allerdings nur die Zuständigkeit eines anderen **Unionsmarkengerichts** vereinbart werden. Die Vereinbarung eines anderen Gerichts, das kein Unionsmarkengericht ist, oder gar eines Gerichts außerhalb der Union, wäre folglich unwirksam.

23   In der Literatur wird teilweise problematisiert, wie der Begriff der Zuständigkeit „eines anderen Gerichts" auszulegen sei, da das angerufene Gericht eventuell erst die Zuständigkeitsvoraussetzungen der Abs. 1–3 des Art. 125 prüfen müsste, bevor es entscheiden kann, ob es ein „anderes Gericht" ist (HK-MarkenR/v. Kapff, 1. Aufl. 2003, Art. 97 Rn. 37). Gegen eine derartige Interpretation spricht, dass die Gerichtsstandsvereinbarung gerade unabhängig von den Zuständigkeitsregelungen der Abs. 1–3 getroffen werden kann. Bereits der Wortlaut der Vorschrift spricht dafür, dass ein Gericht eine Vorprüfung nicht mehr vornehmen muss.

24   Weiterhin wird problematisiert, ob Art. 125 Abs. 4 lit. a dahingehend zu interpretieren sei, dass nur die Vereinbarung eines einzelnen Unionsmarkengerichts zulässig ist oder ob auch die Vereinbarung der Zuständigkeit der Unionsmarkengerichte eines Mitgliedstaates zulässig ist (HK-MarkenR/v. Kapff, 1. Aufl. 2003, Art. 97 Rn. 38). Art. 25 Abs. 1 S. 1 Brüssel Ia-VO (früher Art. 23 Abs. 1 S. 1 Brüssel I-VO), auf den Art. 125 Abs. 4 lit. a verweist, sieht abweichend vor, dass die Vereinbarung nicht nur für ein Gericht, sondern auch für die Gerichte eines Mitgliedstaates getroffen werden kann (soweit dort – abweichend von der Mehrheit der Mitgliedstaaten – mehrere Gerichte erster und/oder zweiter Instanz als Unionsmarkengerichte benannt worden sind, → Art. 123 Rn. 3 ff.). Vernünftige Gründe für eine Beschränkung auf nur ein Unionsmarkengericht sind nicht ersichtlich. Art. 125 Abs. 4 lit. a will sicherstellen, dass auch im Falle von Gerichtsstandsvereinbarungen ausschließlich Unionsmarkengerichte über die Klagen und Widerklagen des Art. 124 entscheiden dürfen. Diese Anforderung wäre auch weiterhin erfüllt, wenn im Rahmen einer Gerichtsstandsvereinbarung nicht nur die Zuständigkeit eines Unionsmarkengerichts, sondern die Zuständigkeit der Unionsmarkengerichte eines Mitgliedstaates vereinbart würde. Dieses Verständnis führt letztlich auch zu einem Gleichlauf mit Art. 125 Abs. 4 lit. b).

25   Eine Gerichtsstandsvereinbarung muss gemäß Art. 25 Abs. 1 S. 3 Brüssel Ia-VO (früher Art. 23 Abs. 1 Brüssel I-VO) geschlossen werden:
- schriftlich oder mündlich mit schriftlicher Bestätigung,
- in einer Form, welche den Gepflogenheiten entspricht, die zwischen den Parteien entstanden sind,
- im internationalen Handel in einer Form, die einem Handelsbrauch entspricht, den die Parteien kannten oder kennen mussten und den Parteien von Verträgen dieser Art in dem betreffenden Geschäftszweig allgemein kennen und regelmäßig beachten.

26   Art. 25 Abs. 2 Brüssel Ia-VO (früher Art. 23 Abs. 2 Brüssel I-VO) sieht weiterhin vor, dass elektronische Übermittlungen, die eine dauerhafte Aufzeichnung der Vereinbarung ermöglichen, der Schriftform gleichgestellt sind.

27   Für die Begründung einer wirksamen Gerichtsstandsvereinbarung gemäß Art. 125 Abs. 4 lit. a ist es gemäß Art. 25 Abs. 1 S. 1 Brüssel Ia-VO (früher Art. 23 Abs. 1 Brüssel I-VO) notwendig, dass eine der Parteien ihren Wohnsitz im Hoheitsgebiet eines Mitgliedstaats hat. Aufgrund der Verweisung des Art. 122 Abs. 2 lit. c ist es ebenfalls ausreichend, wenn eine der Parteien eine Niederlassung in einem Mitgliedstaat hat.

V. Rügelose Einlassung (Abs. 4 lit. b)

28   Nach Art. 125 Abs. 4 lit. b UMV iVm Art. 26 Brüssel Ia-VO (früher Art. 24 Brüssel I-VO) besteht ungeachtet der Regelungen der Abs. 1–3 die Möglichkeit, dass die internationale

Zuständigkeit eines Unionsmarkengerichts begründet wird, wenn sich der Beklagte auf das Verfahren vor einem anderen Unionsmarkengericht rügelos einlässt. Das rügelose Einlassen vor einem Nicht-Unionsmarkengericht genügt nicht (OLG Hamm GRUR-RS 2020, 2153 Rn. 24), was sich schon aus dem Wortlaut ergibt. Die Zuständigkeit wird auch dann nicht begründet, wenn der Beklagte sich einlässt, um den Mangel der Zuständigkeit geltend zu machen; Art. 26 Abs. 1 S. 2 Brüssel Ia-VO. Das Einlassen muss sich hierbei gerade auf die internationale Zuständigkeit beziehen. Das Rügen der örtlichen oder sachlichen Zuständigkeit fällt nicht unter Art. 26 Abs. 1 S. 2 Brüssel Ia-VO (Fezer/Büscher/Obergfell/Hausmann/Obergfell Int. LauterkeitsverfR Rn. 437; Sack WRP 2020, 261 (262)). Eine Zuständigkeit wird auch nicht dadurch begründet, dass die Einrede der Unzuständigkeit des angerufenen Gerichts im ersten Verteidigungsschriftsatz nur hilfsweise gegenüber anderen in demselben Schriftsatz erhobenen prozessualen Einreden erhoben wird (so für die vergleichbare Regelung der GGV: EuGH C-433/16, GRUR 2017, 1129 – Bayerische Motorenwerke/Acacia). Ferner kann die Zuständigkeit durch rügelose Einlassung gemäß Art. 26 Brüssel Ia-VO nicht begründet werden, wenn ein anderes Gericht nach Art. 24 Brüssel Ia-VO (früher Art. 22 Brüssel I-VO) ausschließlich zuständig ist. Für Markenrechte prinzipiell relevant ist insoweit Art. 24 Abs. 4 Brüssel Ia-VO, der die ausschließliche Zuständigkeit der Gerichte im Land der Eintragung festschreibt. Da jedoch gemäß Art. 124 lit. d grundsätzlich alle Unionsmarkengerichte für Widerklagen auf Erklärung des Verfalls oder der Nichtigkeit einer Unionsmarke zuständig sind, ist diese Einschränkung im Hinblick auf Unionsmarken gegenstandslos.

VI. Gerichtsstand der Verletzungshandlung (Abs. 5)

29 Unabhängig von der zwingenden, absteigenden Reihenfolge in Art. 125 Abs. 1–4 sieht Art. 125 Abs. 5 eine alternative Zuständigkeit des Gerichtsstands der Verletzungshandlung vor. Die in Art. 124 genannten Klagen können daher auch bei den Gerichten eines Mitgliedstaates anhängig gemacht werden,
- in dem eine Verletzungshandlung begangen worden ist,
- in dem eine Verletzungshandlung droht, oder
- in dem eine Unionsmarkenanmeldung zwischen dem Zeitpunkt der Veröffentlichung der Anmeldung und der Veröffentlichung der Eintragung verletzt worden ist (Art. 11 Abs. 2).

30 Explizit ausgenommen von der Geltendmachung am Verletzungsort sind Klagen auf Feststellung der Nichtverletzung (negative Feststellungsklagen). Damit ist einem Verletzer die Möglichkeit genommen, im Vorfeld einer Klage, zB nach einer Abmahnung, der eigentlichen Klage zuvorzukommen, indem er in einem anderen Mitgliedstaat eine negative Feststellungsklage erhebt und dem Verletzten die anhängige Rechtshängigkeit entgegenhält. Der Verletzer ist an die vorgehenden Zuständigkeitsregelungen der Abs. 1–3 gebunden. Für das Gemeinschaftsgeschmacksmuster hat der EuGH explizit entschieden, dass Klagen auf Feststellung der Nichtverletzung von Gemeinschaftsgeschmacksmustern, wenn der Beklagte seinen Wohnsitz oder Sitz in einem Mitgliedstaat der Union hat, allein vor den Gemeinschaftsgeschmacksmustergerichten dieses Mitgliedstaates zu erheben sind (EuGH C-433/16, GRUR Int 2017, 906 Rn. 40; Hackbarth GRUR-Prax 2017, 402).

30.1 Anders die Brüssel Ia-VO: Dort wurde festgestellt, dass eine negative Feststellungsklage mit dem Antrag, festzustellen, dass keine Haftung aus einer unerlaubten Handlung, besteht, unter Art. 7 Nr. 2 Brüssel Ia-VO (früher Art. 5 Nr. 3 Brüssel I-VO) fällt (EuGH C-133/11, GRUR 2013, 98 Rn. 55 – Folien Fischer/Ritrama). Bei nationalen Marken können somit negative Feststellungsklagen vor den Gerichten des Staates bzw. derjenigen Staaten erhoben werden, in dem die – bestrittene – unerlaubte Handlung stattfinden würde.

31 Die Frage, wo die Verletzungshandlung begangen wurde, kann Probleme aufwerfen; dies gilt insbesondere für Teilnahmehandlungen (→ Rn. 43). Als Anknüpfungspunkte kommen in Betracht:
- der Ort, an dem die Verletzung begangen worden ist (Handlungsort),
- der Ort, an dem der Verletzungserfolg/die Rechtsverletzung eingetreten ist (Erfolgsort),
- der Ort, an dem mittelbare Schäden oder Folgeschäden eintreten (Folgeschadensort).

32 Im Rahmen seines Vorlagebeschlusses „Parfumflakon II" (BGH GRUR 2012, 1065 Rn. 20–26 – Parfumflakon II) zu Art. 93 Abs. 5 (jetzt Art. 125 Abs. 5) stellte der BGH ausführlich den Meinungsstand dar.

33 Die bis dahin hM wandte für die Bestimmung des Orts der Verletzungshandlung gemäß Art. 125 Abs. 5 dieselben Maßstäbe an, nach denen sich bei Art. 7 Nr. 2 Brüssel Ia-VO (früher Art. 5 Nr. 3

Brüssel I-VO) die Bestimmung des Ortes richtet, an dem das schädigende Ereignis eingetreten ist (BGH GRUR 2012, 1065 Rn. 20 mwN – Parfumflakon II; Fayaz GRUR Int 2009, 459 (463)). Danach sind sowohl die **Gerichte am Handlungs- wie auch am Erfolgsort** zuständig (grundlegend EuGH 21/76, NJW 1977, 493 – Bier/Mines de Potasse d'Alsace). Hingegen kann am Folgeschadensort keine Zuständigkeit begründet werden (EuGH C-220/88, NJW 1991, 631 f. – Dumez France/Hessische Landesbank). Dieser Ansicht schloss sich der BGH in seinem Vorlagebeschluss an (BGH GRUR 2012, 1065 Rn. 20–26 – Parfumflakon II).

34   Der EuGH erteilte der Rechtsprechung des BGH zunächst eine eindeutige Absage (EuGH C-360/12, GRUR Int 2014, 873 – Parfumflakon II). Art. 125 Abs. 5 (früher Art. 93 Abs. 5) begründe eine **Zuständigkeit ausschließlich am Handlungsort** und nicht auch am Erfolgsort. Für die Bestimmung des Orts der Verletzungshandlung gälten nicht dieselben Maßstäbe, nach denen sich bei Art. 5 Nr. 3 Brüssel I-VO (jetzt Art. 7 Nr. 2 Brüssel Ia-VO) die Bestimmung des Ortes richteten, an dem das schädigende Ereignis eintrete.

35   Der EuGH begründet seine Entscheidung mit dem Wortlaut der UMV. So sei die Anwendung von Art. 5 Nr. 3 Brüssel I-VO gemäß Art. 122 Abs. 2 lit. a iVm Art. 124 ausdrücklich ausgeschlossen (EuGH C-360/12, GRUR Int 2014, 876 Rn. 28). Die Auslegung von Art. 125 Abs. 5 und der darin enthaltene Begriff des Mitgliedstaats, in dem eine Verletzungshandlung begangen worden oder droht, sei autonom auszulegen (EuGH C-360/12, GRUR Int 2014, 873 Rn. 31).

36   Der Wortlaut von Art. 125 Abs. 5 „[…] in dem eine Verletzungshandlung begangen worden ist oder droht […]" lege es nahe, dass auf das aktive Verhalten eines Verletzers abgestellt werde, und nicht auf den Ort, an dem diese Verletzung ihre Wirkung entfalte (EuGH C-360/12, GRUR Int 2014, 873 Rn. 34).

37   Für die vom Wortlaut gleiche Regelung des Art. 8 Abs. 2 Rom II-VO hat der EuGH festgestellt, dass unter dem Begriff des „Staates […], in dem die Verletzung begangen wurde" der Staat zu verstehen ist, in dem das schadensbegründende Ereignis eingetreten ist. In Fällen, in denen demselben Beklagten verschiedene, in verschiedenen Mitgliedstaaten begangene Verletzungshandlungen vorgeworfen werden, ist bei der Ermittlung des schadensbegründenden Ereignisses nicht auf jede einzelne dem Beklagten vorgeworfene Verletzungshandlung abzustellen. Vielmehr ist eine Gesamtwürdigung seines Verhaltens vorzunehmen, um den Ort zu bestimmen, an dem die ursprüngliche Verletzungshandlung, auf die das vorgeworfene Verhalten zurückgeht, begangen worden ist oder droht (EuGH C-24/16, C-25/16, GRUR 2017, 1122 Rn. 103 – Nintendo/BigBen).

38   Das Erfordernis der Gesamtwürdigung hat der BGH in seiner Parfummarken-Entscheidung auf die Bestimmung des für die internationale Zuständigkeit gemäß Art. 125 Abs. 5 maßgeblichen schadensbegründenden Ereignisses übertragen (BGH GRUR 2018, 84 Rn. 35 – Parfummarken). Im Rahmen der Entscheidung hat der BGH kurze Aussagen zu typischen Benutzungshandlungen iSv Art. 9, deren Einstufung als „schadensbegründendes Ereignis" und der Qualifikation als „ursprüngliche Verletzungshandlung" getätigt.

38.1   Bietet ein Wirtschaftsteilnehmer auf seiner Website, die sich an Abnehmer in anderen Mitgliedstaaten richtet (und in der entsprechenden Landessprache abgefasst ist), unter der Verletzung der Rechte aus einer Unionsmarke Waren zum Kauf an, die auf dem Bildschirm betrachtet werden können, stellt dies eine „Benutzung" iSd Art. 9 und zugleich ein schadensbegründendes Ereignis dar. Der Ort des schadensbegründenden Ereignisses iSv Art. 97 Abs. 5 GMV (Art. 125 Abs. 5 UMV) ist in einem derartigen Fall aber nicht der Ort, an dem die Website abgerufen werden kann, sondern der Ort, an dem der Prozess der Veröffentlichung des Angebots durch den Wirtschaftsteilnehmer auf seiner Website in Gang gesetzt worden ist (BGH GRUR 2018, 84 Rn. 31 – Parfummarken).

38.2   Auch die Übersendung von Produkt- und Preislisten per E-Mail, im vorliegenden Fall von Italien nach Deutschland, stellt nach Auffassung des BGH kein schadensbegründendes Ereignis dar. Das schadensbegründende Ereignis liegt vielmehr im Versand der E-Mail, der aus Italien erfolgte (BGH GRUR 2018, 84 Rn. 38 – Parfummarken).

39   Die vom BGH zur Bestimmung der internationalen Zuständigkeit gemäß Art. 125 Abs. 5 übernommene, vom EuGH zu Art. 8 Abs. 2 Rom II-VO entwickelte „Gesamtwürdigung des Verhaltens des Verletzers" führt in den meisten Fällen dazu, dass sich bei Angeboten und Lieferungen aus dem Ausland in die Bundesrepublik Deutschland ein deliktischer Gerichtsstand in der Bundesrepublik Deutschland nicht mehr hätte begründen lassen. Der deliktische Gerichtsstand gemäß Art. 125 Abs. 5 würde in der Regel mit dem Gerichtsstand des (Wohn-) Sitzes der Verletzers gemäß Art. 125 Abs. 1 übereinstimmen. Es war daher zu befürchten, dass der deliktische Gerichtsstand für Verletzungen von Unionsmarken an Bedeutung verloren hätte.

40   Die Parfümmarken-Entscheidung des BGH ist zu Recht kritisiert worden (Hackbarth GRUR-Prax 2018, 91 (92); ausführlich Kur GRUR 2018, 358 ff.). Auf eine Vorlagefrage des Court of

Appeal (England & Wales) musste sich der EuGH erneut mit der Auslegung des Wortlauts von Art. 125 Abs. 5 „[…] in dem eine Verletzungshandlung begangen worden ist oder droht […]" auseinandersetzen. Anders als der BGH kam der EuGH zu dem Ergebnis, dass Verletzungshandlungen in dem Hoheitsgebiet begangen worden sind, in dem sich die Verbraucher oder Händler befinden, an die sich die Werbung und Verkaufsangebote richten, und zwar ungeachtet dessen, dass ein Verletzer in einem anderen Hoheitsgebiet niedergelassen ist, dass sich der vom Verletzer benutzte Server des elektronischen Netzes in einem anderen Hoheitsgebiet befindet oder dass sich die Waren, die den Gegenstand der Werbung und Verkaufsangebote bilden, in einem anderen Hoheitsgebiet befinden (EuGH C-172/18, GRUR 2019, 1047 Rn. 47 – AMS Neve/Heritage Audio). Auf dieses Ergebnis verweist der EuGH auch in einer späteren Entscheidung zu Art. 82 Abs. 5 GGV. Gegenstand der Entscheidung waren Erzeugnisse, die in Deutschland vertrieben worden sind und deren Werbung sich an Verbraucher in Deutschland richtete (EuGH C-421/20, GRUR-RS 2022, 3288 Rn. 37 f. – Acacia/BMW). Aufgrund dieser Bestätigung durch den EuGH besteht für die Rechtsprechung in „Parfumflakon II" (Sack WRP 2020, 261 (264) keine Grundlage mehr (zur Begründung → Rn. 40.1 f.). Ob die Werbung und die Angebote anschließend zum Kauf der Waren des Verletzers geführt haben, ist unerheblich (EuGH C-172/18, GRUR 2019, 1047 Rn. 55 – AMS Neve/Heritage Audio).

In seiner Entscheidung erteilt der EuGH dem vom BGH aufgestellten Erfordernis einer Gesamtwürdi- **40.1** gung eine eindeutige Absage. Die vom BGH zitierte Regelung des Art. 8 Abs. 2 Rom II-VO habe einen Zweck und eine Zielsetzung, die sich grundlegend von denen des Art. 97 Abs. 5 GMV (jetzt 125 Abs. 5 UMV) (und des Art. 5 Nr. 3 Brüssel I-VO) unterscheiden (EuGH C-172/18, GRUR 2019, 1047 Rn. 61). Art. 97 Abs. 5 GMV sehe einen alternativen Gerichtsstand vor und solle es dem Inhaber einer Unionsmarke ermöglichen, eine oder mehrere Klagen zu erheben, die jeweils speziell die im Hoheitsgebiet eines einzigen Mitgliedstaats begangenen Verletzungshandlungen betreffen. Art. 8 Abs. 2 Rom II-VO beträfe dagegen nicht die Bestimmung der gerichtlichen Zuständigkeit, sondern die Frage, wie in außervertraglichen Schuldverhältnissen aus einer Verletzung unionsweit einheitlicher Rechte des geistigen Eigentums bei Fragen, die nicht unter den einschlägigen Unionsrechtsakt fallen, das anwendbare Recht zu bestimmen sei (EuGH C-172/18, GRUR 2019, 1047 Rn. 62).

Darüber hinaus begründet der EuGH seine Auslegung damit, dass die Unionsmarkengerichte des **40.2** Mitgliedstaats des Wohnsitzes der Verbraucher oder Händler, an die sich die Werbung und die Verkaufsangebote richten, besonders geeignet seien, die Frage zu beurteilen, ob die behauptete Verletzung vorliege (EuGH C-172/18, GRUR 2019, 1047 Rn. 55).

In seiner Parfumflakon II-Entscheidung (EuGH C-360/12, GRUR Int 2014, 873 – Parfumfla- **41** kon II) stellte der EuGH außerdem klar, dass für Entscheidungen über Klagen, die auf das innerstaatliche Gesetz gegen den unlauteren Wettbewerb gestützt werden, keine Einschränkung für die Anwendung von Art. 7 Abs. 2 Brüssel Ia-VO (früher Art. 5 Nr. 3 Brüssel I-VO) bestehe. Kann der Kläger sein Klagebegehren auf geeignete UWG-Tatbestände stützen, so können Ansprüche auch zukünftig am Gerichtsstand des Erfolgsortes geltend gemacht werden (Kur GRUR Int 2014, 749 (755)).

Die Regelung der internationalen Zuständigkeit für Verletzungshandlungen in Art. 125 Abs. 5 **42** ist in engem Zusammenhang mit der Regelung der Reichweite der Zuständigkeit in Art. 126 Abs. 2 zu sehen. Art. 126 Abs. 2 sieht vor, dass ein nach Art. 125 Abs. 5 zuständiges Unionsmarkengericht nur für die Handlungen zuständig ist, die in dem Mitgliedstaat begangen worden sind oder drohen, in dem das Gericht seinen Sitz hat.

VII. Bestimmung der internationalen Zuständigkeit bei Teilnahmehandlungen in einem anderen Mitgliedstaat

Bis zur Entscheidung „Parfumflakon II" des EuGH (EuGH C-360/12, GRUR Int 2014, 873 – **43** Parfumflakon II) war rechtlich nicht geklärt, ob eine Verletzungshandlung in einem Mitgliedstaat iSv Art. 125 Abs. 5 begangen worden ist, wenn durch eine Handlung in einem anderen Mitgliedstaat eine Beihilfe zu der im erstgenannten Mitgliedstaat begangenen Rechtsverletzung geleistet wird. Die Klärung der Frage erfolgte aufgrund eines Vorlagebeschlusses des BGH, der noch die frühere Regelung, nämlich Art. 93 Abs. 5 GMV, betraf (BGH GRUR 2012, 1065 – Parfumflakon II).

Dem Ersuchen lag folgender Sachverhalt zugrunde: Ein belgisches Unternehmen verkaufte angeblich **43.1** markenverletzende Ware an einen in Deutschland ansässigen Händler. Dieser führte die Ware nach Deutschland ein und vertrieb sie in Deutschland. Dem belgischen Unternehmen soll bekannt gewesen sein, dass der deutsche Händler beabsichtigte, die angeblich markenverletzende Ware nach Deutschland einzuführen und zu verkaufen. Für die Beurteilung des Streitfalls kommt es auf die Frage an, ob die deutschen Gerichte zur Entscheidung über die Ansprüche auf Auskunft, Schadensersatz und Erstattung der vorgerichtlichen Rechtsverfolgungskosten wegen Verletzung der Unionsmarke auch gegenüber dem belgischen Unternehmen international zuständig sind.

43.2   Fraglich war, ob für die in Belgien begangene Verletzungshandlung des belgischen Unternehmens eine Gerichtszuständigkeit gemäß Art. 93 Abs. 5 (Art. 125 Abs. 5) in Deutschland begründet werden kann, wenn die in Belgien begangene Verletzungshandlung eine Beihilfe zu der in Deutschland begangenen Verletzungshandlung des in Deutschland ansässigen Händlers darstellt. Der BGH neigte dazu, dass für die Frage, in welchem Mitgliedstaat eine Verletzungshandlung iSv Art. 93 Abs. 5 (Art. 125 Abs. 5) begangen worden ist, sowohl auf den Ort des ursächlichen Geschehens (Handlungsort) als auch auf den Ort, an dem der Schaden eingetreten ist (Erfolgsort), abzustellen (BGH GRUR 2012, 1065 Rn. 20, 21 – Parfumflakon II). Im vorliegenden Fall wäre die Klagemarke durch den in Deutschland ansässigen Händler verletzt worden. Handlungs- und Erfolgsort liegen in Deutschland. Ist dem belgischen Unternehmen als Teilnehmerin diese Verletzungshandlung auch im Rahmen des Art. 93 Abs. 5 (Art. 125 Abs. 5) zuzurechnen, wäre die internationale Zuständigkeit deutscher Gerichte begründet (BGH GRUR 2012, 1065 Rn. 28 – Parfumflakon II).

44   Der Vorlagebeschluss betraf im Wesentlichen die Frage, ob das Anknüpfungskriterium des Erfolgsortes, wie es in der Rechtsprechung zu Art. 5 Abs. 3 Brüssel I-VO (jetzt Art. 7 Abs. 2 Brüssel Ia-VO) entwickelt wurde, nach den dieser Rechtsprechung zugrunde liegenden Kriterien – wie insbesondere der Nähe der Gerichte am Erfolgsort zu den schadensbegründenden und den Umfang des Schadens betreffenden Umständen – auch auf die Handlungen von Personen Anwendung findet, die zwar selbst nicht in dem betreffenden Mitgliedsland tätig geworden sind, aber zur Verwirklichung des dort eingetretenen Verletzungserfolgs beigetragen haben.

45   Im Rahmen seiner Entscheidung stellte der EuGH klar, dass für die Bestimmung der internationalen Zuständigkeit gemäß Art. 125 Abs. 5 ausschließlich auf den Handlungsort und nicht auf den Erfolgsort abzustellen sei (→ Rn. 34). Beschränken sich die markenverletzenden Handlungen eines Täters auf einen Mitgliedstaat, so kann für diese Handlungen keine Zuständigkeit in einem anderen Mitgliedstaat begründet werden, selbst wenn die tatbestandsmäßigen Handlungen als Beihilfe für weitere markenverletzende Handlungen Dritter in anderen Mitgliedstaaten gewertet werden.

45.1   Die Auswirkungen dieser Rechtsprechung werden nur dann relevant, wenn der im Ausland handelnde Teilnehmer allein verklagt wird. Keine Einschränkungen ergeben sich aus der EuGH-Rechtsprechung zu Art. 125 Abs. 5 für die Möglichkeit, Teilnehmer zusammen mit dem ggf. im Verletzungsstaat ansässigen primären Verletzer zu verklagen (Art. 8 Abs. 1 Brüssel Ia-VO; → Rn. 47; zur Reichweite der Kognitionsbefugnis in einem derartigen Fall → Rn. 63 ff.).

VIII. Örtliche Zuständigkeit

46   Art. 125 regelt lediglich die internationale Zuständigkeit der Unionsmarkengerichte. Art. 125 regelt nicht, welches Unionsmarkengericht in einem Mitgliedstaat zuständig ist (örtliche Zuständigkeit). In den Ländern, die nur ein Unionsmarkengericht benannt haben, stellt sich die Frage der örtlichen Zuständigkeit nicht. In den Ländern, in denen mehrere Unionsmarkengerichte benannt worden sind, ist die örtliche Zuständigkeit gemäß Art. 129 Abs. 3 nach den Verfahrensvorschriften des Mitgliedstaats zu bestimmen. Für die Bestimmung der örtlichen Zuständigkeit der Unionsmarkengerichte in der Bundesrepublik Deutschland gelten gemäß § 124 MarkenG die für die Bestimmung der örtlichen Zuständigkeit von nationalen Marken einschlägigen Vorschriften. Für deutsche Marken bestimmt sich die örtliche Zuständigkeit nach den allgemeinen Vorschriften der ZPO (§§ 12 ff. ZPO). Es gilt daher der allgemeine Gerichtsstand des Beklagten gemäß §§ 12, 13 ZPO und der Gerichtsstand der unerlaubten Handlung gemäß § 32 ZPO. Der in Art. 125 Abs. 2 vorgesehene Gerichtsstand des Klägers ist dem deutschen Recht unbekannt. In § 124 S. 2 MarkenG wurde daher eine entsprechende örtliche Zuständigkeit am allgemeinen Gerichtsstand des Klägers geschaffen.

B. Gerichtsstand der Beklagtenmehrheit

I. Allgemeines

47   Oft sind an einer Unionsmarkenverletzung mehrere Personen mit Wohnsitzen in unterschiedlichen Mitgliedstaaten beteiligt. Für den Markeninhaber besteht in derartigen Fällen ein großes Interesse daran, die beteiligten Personen an einem einzigen Gerichtsstand zu verklagen.

In der UMV ist der Gerichtsstand der Streitgenossenschaft nicht geregelt. Eine Regelung zur **48** Streitgenossenschaft findet sich in Art. 8 Nr. 1 Brüssel Ia-VO (früher Art. 6 Nr. 1 Brüssel I-VO), deren Anwendung auch nicht durch Art. 122 Abs. 2 ausgeschlossen ist.

Nach Art. 8 Nr. 1 Brüssel Ia-VO (früher Art. 6 Nr. Brüssel I-VO) kann eine Person, die ihren **49** Wohnsitz im Hoheitsgebiet eines Mitgliedstaats hat, auch verklagt werden, wenn mehrere Personen zusammen verklagt werden, vor dem Gericht des Ortes, an dem einer der Beklagten seinen Wohnsitz hat, sofern zwischen den Klagen eine so enge Beziehung (Konnexität) gegeben ist, dass eine gemeinsame Verhandlung und Entscheidung geboten erscheint um zu vermeiden, dass in getrennten Verfahren widersprechende Entscheidungen ergeben könnten.

Neben der internationalen Zuständigkeit bestimmt Art. 8 Nr. 1 Brüssel Ia-VO auch die inner- **50** staatliche örtliche Zuständigkeit (Eisenführ/Schennen/Eisenführ Rn. 19; Hackbarth MarkenR 2015, 413 ff.).

Als Voraussetzung der Konnexität iSv Art. 8 Abs. 1 Brüssel Ia-VO fordert der EuGH, dass die **51** Gefahr widerstreitender Entscheidungen bei der gleichen Sach- und Rechtslage besteht (EuGH GRUR Int 2006, 836 Rn. 26 – Roche/Primus). An Letzterer fehlte es dem EuGH zufolge in einem Rechtsstreit wegen der Verletzung eines europäischen Patents in mehreren Vertragsstaaten durch konzernangehörige Gesellschaften, die ebenfalls in mehreren Vertragsstaaten ansässig waren. Im Falle der Verletzung eines europäischen Patents liege nicht dieselbe Rechtslage vor, da jede Klage wegen Verletzung eines europäischen Patents anhand des einschlägigen Rechts zu prüfen sei, das in jedem der Staaten gelte, für die es erteilt worden sei (EuGH GRUR Int 2006, 836 Rn. 31 – Roche/Primus).

Die Entscheidung des EuGH ist stark kritisiert worden (Kur IIC 2008, 844 (849 ff.); Luginbühl **52** GRUR Int 2010, 97 f.; Schlosser JZ 2007, 305 ff.; Adolphsen IPRax 2007, 15 ff.) und wurde in der Folgezeit teilweise relativiert. In der Entscheidung „Painer", die die Verletzung von Urheber- rechten durch nicht autorisierte Presseveröffentlichungen von Fotografien in Deutschland und Österreich betraf, wurde erklärt, die Frage, ob die geltend gemachten Ansprüche auf derselben Rechtsgrundlage beruhen, sei lediglich einer von mehreren erheblichen Faktoren und stelle **keine unabdingbare Voraussetzung** für die Anwendbarkeit von Art. 8 Nr. 1 Brüssel Ia-VO (früher Art. 6 Nr. 1 Brüssel I-VO) dar (EuGH C-145/10, GRUR 2012, 166 Rn. 80 – Painer/Standard VerlagsGmbH; ebenso bereits EuGH C-98/06, NJW 2007, 3702 Rn. 41 – Freeport). Dies gilt umso mehr dann, wenn die verschiedenen nationalen Rechtsvorschriften, auf die die Klage gestützt wird, dem vorlegenden Gericht zufolge in ihren Grundzügen identisch sind (EuGH C-145/10, GRUR 2012, 166 Rn. 82 – Painer/Standard VerlagsGmbH). In einer weiteren Entscheidung zur Verletzung Europäischer Bündelpatente wurde ferner erklärt, dass ungeachtet der Rechtsverschie- denheit Art. 8 Nr. 1 Brüssel Ia-VO (früher Art. 6 Abs. 1 Brüssel I-VO) Anwendung finden kann, wenn mehrere Verletzer gemeinsam dieselben Patente in mehreren Mitgliedstaaten verletzen (EuGH C-616/10, GRUR 2012, 1196 – Solvay/Honeywell; Sujecki GRUR Int 2013, 201).

Noch nicht vollständig geklärt ist, welche Auswirkungen diese Entscheidungen auf die Beklag- **53** tenmehrheit bei Verletzung einer Unionsmarke haben. Insoweit lassen die Entscheidungen des EuGH noch Fragen offen (kritisch Sujecki GRUR Int 2013, 201 (205 f.); detaillierter und kons- truktiver als der EuGH äußert sich Generalanwältin Trstenjak in den Schlussanträgen; C-145/10, BeckEuRS 2011, 570115 Rn. 86 ff. – Painer/Standard VerlagsGmbH).

II. Dieselbe Sachlage

Bei der Unionsmarke handelt es sich um ein supranationales Schutzrecht, das seine Wirkung **54** in allen Mitgliedstaaten entfaltet. Die Eintragung und Schutzerlangung einer Unionsmarke erfolgt in der EU nach den gleichen Kriterien, sie entfaltet gemäß Art. 1 Abs. 2 einheitliche Wirkung für die gesamte Union. Hierin unterscheidet sich die Unionsmarke gerade von einem europäischen Patent, sie ist eben kein Bündel nationaler Marken.

Von derselben Sachlage dürfte grundsätzlich immer dann auszugehen sein, wenn die Beteiligten **55** aufgrund eines gemeinsamen Plans gehandelt haben; umgekehrt dürfte dieselbe Sachlage nicht gegeben sein, wenn die Parteien unabhängig voneinander gehandelt haben (in diesem Sinne Schlussanträge GA Trstenjak BeckEuRS 2011, 570115 Rn. 92 f. – Painer/Standard VerlagsGmbH; offengelassen in EuGH C-145/10, GRUR 2012, 166 Rn. 83 – Painer/Standard VerlagsGmbH: „kann erheblich sein"). Dabei ist es für die Begründung derselben Sachlage unerheblich, in wel- chem Mitgliedstaat die Unionsmarke von den Beklagten verletzt wird. Ausschlaggebend ist im Einzelfall immer der Zweck der Vorschrift, eine geordnete Rechtspflege zu fördern, Parallelverfah- ren so weit wie möglich zu vermeiden und damit zu verhindern, dass in getrennten Verfahren sich widersprechende Entscheidungen ergehen könnten (EuGH C-145/10, GRUR 2012, 166

Rn. 77 – Painer/Standard VerlagsGmbH). Ebenso kann dieselbe Sachlage bei stufenmäßig aufeinander folgenden schutzrechtsverletzenden Benutzungshandlungen an derselben Unionsmarke vorliegen, was insbesondere dann der Fall sein kann, wenn Hersteller, Lieferant und Käufer in einem Boot sitzen (BGH GRUR Int 2007, 864 Rn. 17 – K/JALAIR; Lange GRUR 2007, 107 (113 f.)).

III. Dieselbe Rechtslage

1. In der UMV geregelte Sanktionen

56 Für die Geltendmachung des Unterlassungsanspruchs gemäß Art. 9 Abs. 2 (sowie des Entschädigungsanspruchs gemäß Art. 11 Abs. 2) ist unproblematisch dieselbe Rechtslage gegeben. Beide Anspruchsgrundlagen sind in der UMV geregelt und gelten einheitlich in allen Mitgliedstaaten.

57 Bei der Verletzung einer Unionsmarke kann somit für die Geltendmachung eines Unterlassungsanspruchs gegenüber mehreren Beklagten ein Gerichtsstand gemäß Art. 8 Nr. 1 Brüssel Ia-VO (früher Art. 6 Nr. 1 Brüssel I-VO) begründet werden, wenn dieselbe Sach- und Rechtslage begründet ist. Der BGH hat für die Geltendmachung eines Unterlassungsanspruchs den Gerichtsstand der Streitgenossenschaft anerkannt, wenn mehrere Konzernunternehmen mit Sitz in verschiedenen Mitgliedstaaten in Anspruch genommen werden, sie hätten auf verschiedenen Absatzstufen in einer „Verletzerkette" zusammengewirkt und dabei eine Markenverletzung begangen (BGH GRUR Int 2007, 864 Rn. 17 – K/JALAIR). Mit der Unterlassungsklage erstrebte der Kläger ein unionsweites Verbot identischer Handlungen. Dieses Klagebegehren bezog sich gegenüber allen Beklagten im Wesentlichen auf eine identische Sachlage. In Anbetracht der Einheitlichkeit der Unionsmarke erging die Entscheidung auf einer gegenüber allen Beklagten identischen Rechtslage (BGH GRUR Int 2007, 864 Rn. 18, 29).

2. Nicht in der UMV geregelte Sanktionen/Folgeansprüche

58 Bis zu der EuGH-Entscheidung Nintendo/BigBen (EuGH C-24/16, C-25/16, GRUR 2017, 1122 Rn. 48, 49 – Nintendo/BigBen) war es umstritten, ob bezüglich der Folgeansprüche dieselbe Sach- und Rechtslage und somit eine so enge Beziehung (Konnexität) gegeben ist, dass der Gerichtsstand der Streitgenossenschaft nach Art. 8 Nr. 1 Brüssel Ia-VO (früher Art. 6 Nr. 1 Brüssel I-VO) eröffnet ist. Wäre der Gerichtsstand der Streitgenossenschaft nach Art. 8 Nr. 1 Brüssel Ia-VO eröffnet, könnte der Kläger neben dem Unterlassungsanspruch auch die Folgeansprüche bei demselben Unionsmarkengericht geltend machen.

59 Nach der herrschenden Literaturmeinung erstreckte sich die Anwendbarkeit des Art. 8 Nr. 1 Brüssel Ia-VO (früher Art. 6 Nr. 1 Brüssel I-VO) wegen der Einheitlichkeit der Unionsmarke nicht nur auf solche in der Unionsmarkenverordnung geregelten Sanktionen, sondern auch auf sämtliche Folgeansprüche iSd Art. 130 Abs. 2 (Eisenführ/Schennen/Eisenführ Rn. 20 mwN; Kur GRUR Int 2014, 749 (756); Hackbarth MarkenR 2015, 413 (418) mwN).

60 Nach anderer Ansicht begegnete die Anwendung von Art. 8 Nr. 1 Brüssel Ia-VO (früher Art. 6 Abs. 1 Brüssel I-VO) im Hinblick auf Folgeansprüche erheblichen Bedenken (Lange GRUR 2007, 107 (112)). Da Art. 130 Abs. 2 auf das nationale Recht verweise, fehle es für die Folgeansprüche an der notwendigen Konnexität. Nach dieser Auffassung hätten Folgeansprüche gegen die einzelnen Beteiligten in getrennten Verfahren geltend gemacht werden müssen. Diese Auffassung orientierte sich an der Entscheidung des EuGH im Verfahren Roche/Primus (→ Rn. 51).

61 Nach der neueren Rechtsprechung des EuGH stellt die einheitliche Rechtslage keine notwendige Voraussetzung für die Anwendung von Art. 8 Nr. 1 Brüssel Ia-VO (früher Art. 6 Nr. 1 Brüssel I-VO) mehr dar (→ Rn. 52). So ist die Verschiedenheit der Rechtsgrundlagen insbesondere dann kein Hindernis für die Zulässigkeit der Klagehäufung, wenn die Beteiligten in verschiedenen Mitgliedstaaten gemeinsam gehandelt haben (EuGH C-616/10, GRUR 2012, 1196 Rn. 30 f. – Solvay/Honeywell). Aber auch wenn die einzelnen Beklagten separate Handlungen in verschiedenen Mitgliedstaaten vorgenommen haben, kann ungeachtet des Umstandes, dass jeweils unterschiedliche nationale Gesetze angewandt werden müssen, „dieselbe Rechtslage" iSv Art. 8 Nr. 1 Brüssel Ia-VO (früher Art. 6 Nr. 1 Brüssel I-VO) vorliegen. Dies gilt umso mehr, wenn die Rechtsgrundlagen dem Grunde nach identisch sind (EuGH C-145/10, GRUR 2012, 166 Rn. 82 – Painer/Standard VerlagsGmbH).

62 Die auf einem Vorlagebeschluss des OLG Düsseldorfs (OLG Düsseldorf GRUR 2016, 616 Rn. 10 – Fernbedienung für Videospielkonsole; s. auch OLG Düsseldorf GRUR-RS 2016, 02936 – Balance Board) zur Auslegung der GGV beruhende Entscheidung des EuGH „Nintendo/

BigBen" bestätigt diese Rechtsprechung noch einmal und bejaht für den dem Vorlagebeschluss zugrunde liegenden Sachverhalt die erforderliche „selbe Sach- und Rechtslage" (EuGH C-24/16, C-25/16, GRUR 2017, 1122 Rn. 48, 49 – Nintendo/BigBen). Zum Sachverhalt → Rn. 62.1.

Der Entscheidung lag folgender **Sachverhalt** zugrunde: Die Klägerin macht in Deutschland unter **62.1** anderem Unterlassungs-, Auskunfts-, Schadensersatzansprüche, wegen Verletzung von Gemeinschaftsgeschmacksmustern gegen die in Deutschland ansässige Beklagte zu 1. und deren in Frankreich ansässige Muttergesellschaft, Beklagte zu 2., geltend. Die Beklagte zu 1. vertrieb in Deutschland und Österreich von der Muttergesellschaft in Frankreich hergestellte und nach Deutschland gelieferte verletzende Waren. Die Beklagte zu 2. vertrieb unabhängig von der Beklagten zu 1. die Waren noch in andere Länder der EU.

3. Kognitionsbefugnis des Gerichts

In seiner Nintendo/BigBen-Entscheidung (EuGH C-24/16, C-25/16, GRUR 2017, 1122 **63** Rn. 48, 49 – Nintendo/BigBen) befasst sich der EuGH auch mit der Frage der Kognitionsbefugnis des international zuständigen Gerichts, also mit der Frage, ob und ggf. in welchem Umfang das Gericht eine Entscheidung treffen darf.

Bis zu der Entscheidung des EuGH war streitig, ob der die Zuständigkeit rechtfertigende **64** Umstand (in diesem Fall die Lieferkette potenziell schutzrechtsverletzender Waren) dazu führt, dass das so international zuständige Gericht nur über diesen Sachverhalt entscheiden dürfe. Das Gericht dürfte dann nur über die in der Lieferkette gelieferten Waren entscheiden und müsste die ggf. auszusprechenden Sanktionen auf die Waren innerhalb der Lieferkette beschränken (Hackbarth MarkenR 2015, 413 (417)). Die Gegenmeinung nahm eine Beschränkung auf die Lieferkette nicht vor (OGH GRUR Int 2013, 569 – Red Bull/Pit Bull).

Dabei kann der Umfang der Kognitionsbefugnis nicht getrennt von den für die Anwendbarkeit von **64.1** Art. 8 Abs. 1 Brüssel Ia-VO erforderlichen Voraussetzungen betrachtet werden. Sie reicht also stets nur so weit, wie es bei den geltend gemachten Ansprüchen um dieselbe Sach- und Rechtslage geht (→ Rn. 54 ff.; → Rn. 56 ff.). Einschränkungen können allenfalls insoweit gemacht werden, als es sich um eine missbräuchliche Inanspruchnahme des Mehrparteiengerichtsstands handelt (EuGH C-352/13, GRUR Int 2015, 1176 Rn. 33; Hackbarth MarkenR 2015, 413 (420)).

Der EuGH hat nunmehr eindeutig festgestellt, dass das Gericht auch eine Zuständigkeit für **65** außerhalb der Lieferkette erfolgende Tätigkeiten besitzt (EuGH C-24/16, C-25/16, GRUR 2017, 1122 Rn. 51, 52 – Nintendo/BigBen). Es begründet dies mit dem in Art. 8 Nr. 1 Brüssel Ia-VO (früher Art. 6 Nr. 1 Brüssel I-VO) niedergelegten Ziel der Vermeidung unvereinbarer Entscheidungen bei denselben Sachlagen. Im Ausgangsfall besitzt das deutsche Gericht daher auch die Zuständigkeit für die Verletzungshandlungen der Beklagten zu 2., die außerhalb der Lieferkette zur Beklagten zu 1. erfolgen.

Weiterhin war streitig, ob Ansprüche gegen ein Unternehmen, das allein in Folge von Art. 8 **66** Nr. 1 Brüssel Ia-VO (früher Art. 6 Nr. 1 Brüssel I-VO) gerichtspflichtig ist, unionsweit oder nur beschränkt auf das nationale Territorium des Gerichtsstaates geltend gemacht werden können. Der BGH ging beim Unterlassungsanspruch (jedenfalls in Hauptsacheverfahren) von der Möglichkeit der Geltendmachung unionsweiter Ansprüche aus (BGH GRUR Int 2007, 864 Rn. 20). Die Gegenmeinung wollte die territoriale Kognitionsbefugnis auf das nationale Territorium des Gerichtsstands beschränken (LG Düsseldorf GRUR-RR 2011, 361 (363)). Weiterhin wurden unterschiedliche Auffassungen im Hinblick auf Hauptsacheverfahren und Verfahren des einstweiligen Rechtsschutzes diskutiert. Auch in den Mitgliedstaaten wurde die territoriale Reichweite der Entscheidungen unterschiedlich gehandhabt (vgl. Hackbarth MarkenR 2015, 413 (419)).

Nach Auffassung des EuGH erstreckt sich die räumliche Zuständigkeit des Gerichts, bei dem **67** eine Verletzungsklage anhängig ist, auch bei einem Beklagten, der nicht in dem Mitgliedstaat ansässig ist, in dem das angerufene Gericht seinen Sitz hat, auf das gesamte Gebiet der Europäischen Union (EuGH C-24/16, C-25/16, GRUR 2017, 1122 Rn. 64 – Nintendo/BigBen).

Art. 126 Reichweite der Zuständigkeit

(1) Ein Unionsmarkengericht, dessen Zuständigkeit auf Artikel 125 Absätze 1 bis 4 beruht, ist zuständig für:
a) die in einem jeden Mitgliedstaat begangenen oder drohenden Verletzungshandlungen;

b) die in einem jeden Mitgliedstaat begangenen Handlungen im Sinne des Artikels 11 Absatz 2.

(2) Ein nach Artikel 125 Absatz 5 zuständiges Unionsmarkengericht ist nur für die Handlungen zuständig, die in dem Mitgliedstaat begangen worden sind oder drohen, in dem das Gericht seinen Sitz hat.

Überblick

Art. 126 regelt die Reichweite der internationalen Zuständigkeit eines Unionsmarkengerichts (→ Rn. 1). Die Reichweite der Zuständigkeit ist abhängig davon, ob die Zuständigkeit des Gerichts über Art. 125 Abs. 1–4 oder über Art. 125 Abs. 5 (→ Rn. 5) begründet wird.

A. Unionsweite Reichweite der Zuständigkeit

1   Gemäß Art. 126 Abs. 1 iVm Art. 125 Abs. 1–4 erstreckt sich die Reichweite der Zuständigkeit eines Unionsmarkengerichts auf das gesamte Gebiet der EU. Aufgrund der über Art. 125 Abs. 1–4 begründeten internationalen Zuständigkeit kann ein Unionsmarkengericht über alle in einem oder mehreren Mitgliedstaaten begangenen oder drohenden Verletzungshandlungen und zwischen der Veröffentlichung der Anmeldung und der Veröffentlichung der Eintragung begangenen Verletzungshandlungen iSv Art. 11 Abs. 2 Entscheidungen treffen. Im Hinblick auf Unterlassungsverbote kann das Unionsmarkengericht diese gemäß Art. 130 Abs. 1 unionsweit treffen (EuGH C-235/ 09, GRUR 2011, 518 – DHL/Chronopost). Im Hinblick auf alle anderen Fragen kann das Unionsmarkengericht gemäß Art. 130 Abs. 2 im jeweiligen Einzelfall zweckmäßig erscheinende Maßnahmen ergreifen oder Anordnungen treffen, die das anwendbare Recht vorsieht.

1.1   **Beispiel:** A, Inhaber einer Unionsmarke, hat seinen Wohnsitz in Deutschland. B hat seinen Wohnsitz in Frankreich und vertreibt die Unionsmarke von A verletzende Waren in Frankreich, den Niederlanden und Dänemark. Nur das in Frankreich zuständige Unionsmarkengericht besitzt die Zuständigkeit gemäß Art. 126 Abs. 1 lit. a, Art. 125 Abs. 1, Art. 124 Abs. 1 lit. a ein einheitliches Unterlassungsverbot für die verletzenden Handlungen in den drei Mitgliedstaaten auszusprechen.

2   Noch nicht geklärt ist die Frage, ob ein nach Art. 125 Abs. 1–4 international zuständiges Unionsmarkengericht seine **unionsweite Zuständigkeit verliert,** wenn es nach nationalem Verfahrensrecht seine örtliche Zuständigkeit aus dem Gerichtsstand der unerlaubten Handlung ableitet (Fayaz GRUR Int 2009, 459 (465)). Diese Frage stellt sich nur in den Mitgliedstaaten, in denen die Mitgliedstaaten mehr als ein Unionsmarkengericht benannt haben, und besitzt daher für Deutschland durchaus Relevanz.

3   Letztendlich hat die Frage der örtlichen Zuständigkeit aber keine Auswirkung auf die Frage nach der Reichweite der Zuständigkeit. Die Regelungen zur internationalen Zuständigkeit des Art. 125 Abs. 1–4 weisen ganz allgemein die Zuständigkeit den Unionsmarkengerichten eines Mitgliedstaates zu und begründen damit für jedes Unionsmarkengericht, unabhängig davon, ob es mehrere in dem Land gibt, eine unionsweite Reichweite der Entscheidungen. Auch ein Unionsmarkengericht, das seine internationale Zuständigkeit nach den nationalen örtlichen Regelungen nur auf die Zuständigkeit gemäß Art. 125 Abs. 5 stützen könnte, wird in der Reichweite seiner Entscheidungen nicht beschränkt, da die Reichweite der Zuständigkeit nicht durch die nationalen örtlichen Regelungen beschränkt wird (Fayaz GRUR Int 2009, 459 (465)).

4   Zur territorialen Reichweite des vom Unionsmarkengerichts auszusprechenden Verbots → Art. 130 Rn. 1.

B. Territorial begrenzte Zuständigkeit

5   Für den in der Praxis häufigen Fall der Zuständigkeitsbegründung am Ort der **unerlaubten Handlung** gemäß Art. 125 Abs. 5 ist das Unionsmarkengericht in der Reichweite seiner Zuständigkeit beschränkt. Es ist nur für Handlungen zuständig, die in seinem Staatsgebiet begangen worden sind oder drohen. Seine Entscheidungen sind daher auf den Mitgliedstaat, in dem das Gericht seinen Sitz hat, beschränkt. Die Entscheidung des Unionsmarkengerichts entfaltet **in anderen Mitgliedstaaten keine Rechtswirkung;** die Unionsmarkengerichte anderer Mitgliedstaaten sind also nicht an die Entscheidung gebunden. Allenfalls kann einer Entscheidung indizielle Bedeutung zukommen.

6   Der verletzte Markeninhaber kann und muss ggf. identische Verletzungshandlungen desselben Verletzers **in mehreren Mitgliedstaaten geltend machen,** wenn er den Verletzer nicht an einem der Gerichtsstände des Art. 125 Abs. 1–4 verklagen will. Insofern besteht die Möglichkeit des Forum Shoppings, mit der Gefahr von unterschiedlichen Entscheidungen.

In Parallelität zu Art. 126 Abs. 2 gilt auch für Art. 7 Nr. 3 Brüssel Ia-VO (Art. 5 Nr. 3 Brüssel **7** I-VO), dass der Kläger die Möglichkeit hat, im Fall einer grenzüberschreitenden unerlaubten Handlung in jedem Mitgliedstaat zu klagen, in dem sich die Handlung auswirkt, wobei sich die gerichtliche Zuständigkeit in diesem Fall nur auf die in dem jeweiligen Territorium eintretenden Folgen beschränkt (EuGH C-68/93, NJW 1995, 1881 Rn. 30 – Shevill/Presse Alliance). Hingegen sind die Gerichte am zentralen Handlungsort („Ort des ursächlichen Geschehens") befugt, über die Verletzung in ihrer Gesamtheit zu entscheiden (EuGH C-68/93, NJW 1995, 1881 Rn. 25 – Shevill/Presse Alliance).

Ob diese Rechtsprechung auch auf Immaterialgüterrechte übertragen werden kann, ist höchst- **8** richterlich ungeklärt, dürfte jedoch abzulehnen sein (in diesem Sinne auch Fezer Einl. I Rn. 13). In der Entscheidung „Wintersteiger" hat der EuGH zwar die Gerichte am Handlungsort unabhängig davon als zuständig bezeichnet, ob das verletzte Recht dort geschützt ist (EuGH C-523/10, GRUR Int 2012, 526 Rn. 38 – Wintersteiger/Products 4U); er hat jedoch weder klargestellt, ob sich die Zuständigkeit dieser Gerichte ggf. auf sämtliche (gleichartigen) Verletzungen nationaler Markenrechte erstreckt, noch hat er Stellung dazu genommen, ob dies nur für Internet-Verletzungen gelten soll, wie sie im konkreten Fall vorlagen. Selbst wenn jedoch für nationale Marken auf der Grundlage von Art. 7 Nr. 3 Brüssel Ia-VO (Art. 5 Nr. 3 Brüssel I-VO) eine solche Möglichkeit der Konsolidierung von Verletzungsklagen am Ort des ursächlichen Geschehens geben sollte, muss sie aufgrund des klaren Wortlauts von Art. 126 Abs. 2 für Unionsmarken ausgeschlossen werden.

Die praktischen Auswirkungen dieses Grundsatzes sind ohnehin gering, soweit der Beklagte **9** seinen Sitz oder eine Niederlassung in der EU hat. Diese die umfassende Zuständigkeit gemäß Art. 125 Abs. 1 begründenden Anknüpfungspunkte werden in der Regel mit dem zentralen Handlungsort zusammenfallen. Soweit eine zentrale gerichtliche Zuständigkeit hingegen lediglich nach Art. 125 Abs. 2 oder Art. 125 Abs. 3 begründet werden kann, würde die Anerkennung grenzüberschreitender Zuständigkeit der Gerichte am zentralen Handlungsort – soweit dieser in der EU liegt – eine Alternative bieten, die vor allem in Fällen des Art. 125 Abs. 3 von praktischem Interesse sein könnte.

Im Fall der Verletzung von Persönlichkeitsrechten durch Verbreitung von Inhalten im Internet **10** hat der EuGH anerkannt, dass der Gesamtschaden auch an dem Ort geltend gemacht werden kann, an dem der Verletzte seinen Interessenschwerpunkt hat; dies wird in der Regel der Wohnsitz des Klägers sein (EuGH verb. Rs. C-509/09 und C-161/10, GRUR Int 2012, 47 Rn. 48 f. – eDate und Martinez). Für die Verletzung von Immaterialgüterrechten steht dieser Gerichtsstand nicht zur Verfügung, da (und soweit) er mit der territorialen Natur der Rechte unvereinbar wäre (EuGH C-523/10, GRUR Int 2012, 526 Rn. 24 – Wintersteiger AG/Products 4U). Bei Unionsmarken spielt der Territorialitätsgrundsatz hingegen keine Rolle; insoweit käme eine Übertragung dieser Grundsätze auf Unionsmarken prinzipiell in Betracht. Die Zuerkennung zentraler deliktischer Zuständigkeit der Gerichte am Klägerwohnsitz würde jedoch sowohl dem Wortlaut von Art. 126 Abs. 2 als auch dem in Art. 125 Abs. 1–4 iVm Art. 126 Abs. 1 reflektierten Grundsatz widersprechen, dass die zentrale Kompetenz für Klagen wegen der Verletzung von Unionsmarken in erster Linie den Gerichten am Beklagtenwohnsitz zugewiesen werden soll; sie ist daher ebenso abzulehnen wie die zentrale Zuständigkeit der Gerichte am Handlungsort.

Unabhängig von der beschränkten Reichweite der Zuständigkeit der Unionsmarkengerichte **11** gemäß Art. 126 Abs. 2 sind diese dennoch berechtigt, im Falle einer Widerklage wegen Verfalls (Art. 58) oder wegen Nichtigkeit (Art. 59, 60) **einheitlich** über die Unionsmarke zu entscheiden. Über die Unionsmarke kann gemäß Art. 1 Abs. 2 nur für das gesamte Gebiet entschieden werden. Eine territorial beschränkte Entscheidung über den Verfall oder die Nichtigkeit ist nicht möglich. Dafür spricht auch der Wortlaut des Art. 126 Abs. 2, der die Reichweite der Zuständigkeit auf „Handlungen" beschränkt, die in dem Mitgliedstaat begangen worden sind oder drohen. Die Widerklage auf Erklärung des Verfalls oder Nichtigkeit ist keine Handlung iSd Art. 126 Abs. 2, sondern ein weiterer Streitgegenstand (Fayaz GRUR Int 2009, 459 (464)).

Art. 127 Vermutung der Rechtsgültigkeit; Einreden

    (1) Die Unionsmarkengerichte haben von der Rechtsgültigkeit der Unionsmarke auszugehen, sofern diese nicht durch den Beklagten mit einer Widerklage auf Erklärung des Verfalls oder der Nichtigkeit angefochten wird.

(2) Die Rechtsgültigkeit einer Unionsmarke kann nicht durch eine Klage auf Feststellung der Nichtverletzung angefochten werden.

(3) Gegen Klagen gemäß Artikel 124 Buchstaben a und c ist der Einwand des Verfalls der Unionsmarke, der nicht im Wege der Widerklage erhoben wird, insoweit zulässig, als sich der Beklagte darauf beruft, dass die Unionsmarke wegen mangelnder ernsthafter Benutzung zum Zeitpunkt der Verletzungsklage für verfallen erklärt werden könnte.

Überblick

Ein Unionsmarkengericht hat in Verfahren, die eine Unionsmarke betreffen, grundsätzlich von der Rechtsgültigkeit der Unionsmarke auszugehen (→ Rn. 1). Das Unionsmarkengericht ist an die gesetzliche Vermutung der Rechtsgültigkeit der Unionsmarke gebunden, sofern der Beklagte nicht Widerklage nach Art. 128 (→ Rn. 10) oder gegen Klagen gemäß Art. 124 lit. a (Verletzungsklagen, → Art. 124 Rn. 5 ff.; → Art. 124 Rn. 10 ff.) und Art. 124 lit. c (Entschädigungsansprüche nach Art. 11 Abs. 2, → Art. 124 Rn. 16 ff.) den Einwand des Verfalls wegen mangelnder Benutzung erhebt (→ Rn. 17). Die Rechtsgültigkeit der Unionsmarke kann nicht durch eine negative Feststellungsklage angefochten werden (→ Rn. 14).

Übersicht

A. Rechtsgültigkeit der Unionsmarke

I. Gesetzliche Vermutung der Rechtsgültigkeit der Unionsmarke

1 Das Unionsmarkengericht hat in Verfahren wegen Verletzung einer Unionsmarke grundsätzlich von der Rechtsgültigkeit der Unionsmarke auszugehen (BGH GRUR Int 2012, 666 Rn. 15 – Medusa; GRUR 2005, 427 (428) – Lila-Schokolade; Hildebrandt/Sosnitza/Hildebrandt Rn. 3). Das Unionsmarkengericht darf eine Überprüfung der Rechtsgültigkeit der Unionsmarke nicht von Amts wegen vornehmen (Österreichischer OGH GRUR Int 2005, 945 (947) – Goldhase). Dies betrifft sowohl Klageverfahren vor den Unionsmarkengerichten, als auch Verfahren des einstweiligen Rechtsschutzes nach Art. 131 (Österreichischer OGH GRUR Int 2005, 945 (947) – Goldhase; LG München I 12.4.2005 – 33 O 5312/05 – MASTERTENT; aA Hildebrandt/Sosnitza/Hildebrandt Rn. 3).

2 Auch Gerichte der Mitgliedstaaten, bei denen es sich nicht um Unionsmarkengerichte handelt, haben die UMV zu beachten (Eisenführ/Schennen/Eisenführ/Overhage Art. 101 Rn. 1) und sind in Folge dessen an die gesetzliche Vermutung des Art. 127 Abs. 1 gebunden. Dies gilt insbesondere für nationale Gerichte, die nach Art. 134 (→ Art. 134 Rn. 1 f.) für andere als die in Art. 124 (→ Art. 124 Rn. 1 ff.) genannten Klagen zuständig sind. Art. 135 (→ Art. 135 Rn. 1 ff.) stellt für diese nationalen Gerichte klar, dass diese verpflichtet sind, von der Rechtsgültigkeit der Unionsmarke auszugehen. Art. 135 enthält anders als Art. 127 keine Ausnahmeregelung.

II. Überprüfung der Rechtsgültigkeit der Unionsmarke durch das Unionsmarkengericht

3 Das Unionsmarkengericht darf die Rechtsgültigkeit der Unionsmarke nur dann überprüfen,
- wenn diese vom Beklagten durch Erhebung einer **Widerklage gemäß Art. 128** (→ Art. 128 Rn. 1 ff.) auf Erklärung des Verfalls (→ Art. 128 Rn. 15) oder der Nichtigkeit (→ Art. 128 Rn. 13) angefochten wird oder
- wenn der Beklagte gemäß **Art. 127 Abs. 3** (→ Rn. 17) gegen Klagen gemäß Art. 124 lit. a (Verletzungsklagen → Art. 124 Rn. 5 ff., → Art. 124 Rn. 10 ff.) und Art. 124 lit. c (Entschädi-

gungsansprüche nach Art. 11 Abs. 2 → Art. 11 Rn. 1 f.) den **Einwand des Verfalls** der Unionsmarke wegen **mangelnder ernsthafter Benutzung** erhebt.

Das Unionsmarkengericht darf die Verletzungsklage wegen Verletzung der Unionsmarke nicht **4** wegen desselben Nichtigkeitsgrundes abweisen, der in einer Widerklage auf Nichtigerklärung der Klageunionsmarke geltend gemacht worden ist, bevor es dieser Widerklage nicht zuvor stattgeben hat (EuGH C-425/16, GRUR 2017, 1254 Rn. 34 – Raimund/Aigner (Baucherlwärmer)). Allerdings muss das Unionsmarkengericht nicht die Rechtskraft der Entscheidung über die Widerklage abwarten, bevor es die Verletzungsklage abweisen darf (EuGH C-425/16, GRUR 2017, 1254 Rn. 48 – Raimund/Aigner (Baucherlwärmer); Hildebrandt/Sosnitza/Hildebrandt Rn. 3; zur GGV Ruhl/Tolkmitt/Ruhl GGV Art. 85 Rn. 6).

Der Beklagte muss den **Einwand gemäß Art. 127 Abs. 3 ausdrücklich erheben.** Das Uni- **5** onsmarkengericht darf die Klage nicht von Amts wegen aufgrund Art. 127 Abs. 3 (→ Rn. 17) abweisen (Hartmann, Die Gemeinschaftsmarke im Verletzungsverfahren, 2008, 149; Hildebrandt/ Sosnitza/Hildebrandt Rn. 8).

Im Fall der erfolgreichen Widerklage wegen Verfalls oder Nichtigkeit kann die Unionsmarke **6** **dezentral von jedem Unionsmarkengericht in der Union zu Fall gebracht werden.** In allen anderen Fällen ist die Entscheidung über den Rechtsbestand der durch Eintragung geschützten Unionsmarke ausschließlich zentral dem Amt zugewiesen (Hildebrandt/Sosnitza/Hildebrandt Rn. 3).

Die Vorschrift ist das Ergebnis eines Kompromisses zwischen Einflüssen aus verschiedenen nationalen **6.1** Markenrechtssystemen der Mitgliedsländer. So sind in den meisten Mitgliedsländern die Gerichte, die wegen einer Markenstreitangelegenheit angerufen werden, befugt, die Rechtsgültigkeit der Marke zu prüfen und im Ergebnis zu verneinen, so etwa in Österreich (Österreichischer OGH GRUR Int 2005, 945 f. – Goldhase). Andere Markenrechtssysteme weisen die Zuständigkeit für die Überprüfung der Rechtsgültigkeit der durch Eintragung geschützten Marke ausschließlich zentral dem Eintragungsamt zu, dessen Entscheidung in einem sich anschließenden speziellen Gerichtszug überprüft werden kann, so in Deutschland.

Eine Unionsmarke kann – anders als im deutschen Recht nach § 55 MarkenG – **nicht durch** **7** **eine isolierte Löschungsklage** bzw. **Klage auf Einwilligung in die Rücknahme der Unions-** **markenanmeldung** angegriffen werden (vgl. LG München I GRUR Int 2002, 933 – mediantis; OLG Düsseldorf BeckRS 2014, 14814 – Miles & Miles; Beyerlein WRP 2004, 302; Hartmann MarkenR 2003, 379 f. – Anm. zu OLG Hamburg MarkenR 2003, 401 – VISA; Hildebrandt/ Sosnitza/Hildebrandt Rn. 5, 6; Ingerl/Rohnke MarkenG § 55 Rn. 52; Ströbele/Hacker/Thiering/Thiering MarkenG § 55 Rn. 10; aA OLG Hamburg MarkenR 2003, 401, 409 – VISA). **Die Löschung einer Unionsmarke kann ausschließlich in einem Löschungsverfahren vor** **dem Amt oder durch eine Löschungswiderklage nach Art. 128** (→ Art. 128 Rn. 1 ff.) als Verteidigungsmittel gegen eine Verletzungsklage aus dieser Unionsmarke betrieben werden. Der aus einer Unionsmarke vorgehende Kläger trägt somit das Risiko, seine Unionsmarke in dem von ihm initiierten Verfahren zu verlieren (vgl. Beyerlein WRP 2004, 302 f.).

Jedoch kann der **Inhaber einer älteren Unionsmarke auch ohne die Löschung der jünge-** **8** **ren Unionsmarke zu betreiben, die Benutzung der jüngeren Unionsmarke** gerichtlich aus Art. 9 (→ Art. 9 Rn. 1) untersagen lassen. Die erfolgte Eintragung der jüngeren Unionsmarke gewährt deren Inhaber im Verhältnis zum Inhaber der älteren Unionsmarke kein Recht zur Benutzung (vgl. EuGH GRUR 2015, 683 Rn. 20 ff. – Rosa dels Vents/U Hostels; GRUR 2013, 516 Rn. 32 ff. – FCI/FCIPPR). Anders ist dies, wenn sich der Inhaber der jüngeren Unionsmarke auf ein **Zwischenrecht nach Art. 16** (→ Art. 16 Rn. 1 f.) berufen kann.

Art. 9 Abs. 2 (→ Art. 9 Rn. 1) stellt dies nunmehr ausdrücklich klar, indem folgende Passage eingefügt **8.1** wurde: „Der Inhaber dieser Unionsmarke hat unbeschadet der von Markeninhabern vor dem Zeitpunkt der Anmeldung oder dem Prioritätstag der Unionsmarke erworbenen Rechte das Recht, Dritten zu verbieten …".

Der **Inhaber eines älteren nationalen Rechts** kann nach Art. 137, 138 (→ Art. 137 **9** Rn. 1 ff.) die Benutzung der Unionsmarke in dem Territorium gerichtlich untersagen lassen, in dem das nationale Recht der Unionsmarke entgegensteht. Die Unionsmarke bleibt in diesen Fällen weiter existent, nur ihre Benutzung ist im jeweiligen Territorium untersagt.

B. Prozessuale Angriffs- und Verteidigungsmöglichkeiten des Beklagten

Die prozessualen Möglichkeiten des Beklagten, die **Rechtsgültigkeit der Unionsmarke** in **10** dem Verfahren vor dem Unionsmarkengericht im Wege des Einwands **anzufechten,** sind durch

Art. 127 limitiert. Ihm stehen in diesem Verfahren lediglich zwei Möglichkeiten zur Verfügung: nach Art. 127 Abs. 1 die **Widerklage gemäß Art. 128** (→ Art. 128 Rn. 1 ff.) und nach **Art. 127 Abs. 3** (→ Rn. 17) der **Einwand der mangelnden ernsthaften Benutzung.**

11   Soweit der Beklagte Inhaber einer jüngeren eingetragenen Marke ist, kann er sich auch auf **Zwischenrechte und Einreden nach Art. 16** berufen (→ Rn. 23 f.; zu **Einreden von Inhabern sonstiger Rechte** → Art. 16 Rn. 66 f.).

12   Ist der **Beklagte Inhaber eines prioritätsälteren Gegenrechts** so kann er **trotz Wegfalls der Einrede der Nichtigkeit in Abs. 3** aufgrund des nunmehr ausdrücklich in Art. 9 Abs. 2 erwähnten Vorrangs prioritätsälterer Rechte und des Erwägungsgrundes 12 UMV **nach wie vor die Einrede eines prioritätsälteren Gegenrechts erheben** (vgl. BGH GRUR 2018, 516, Rn. 26 ff. – form-strip II; mit Bespr. Grüger GRUR-Prax 2018, 120). Die Streichung der Einrede des relativen Nichtigkeitsgrundes in Abs. 3 ist im Zusammenhang mit der **Neufassung des Verletzungstatbestandes in Art. 9 Abs. 2** (→ Art. 9 Rn. 1) zu sehen, wonach dem Prioritätsprinzip bereits im Rahmen des Verletzungstatbestandes Geltung verschafft wurde (vgl. BGH GRUR 2018, 516 Rn. 30 – form-strip II).

13   Soweit der **Verfallsgrund der mangelnden ernsthaften Benutzung bereits im Wege der Widerklage geltend gemacht** wurde, stellt sich die Frage, ob die Erhebung des Einwands nach Art. 127 Abs. 3 noch zulässig ist. Aus dem Wortlaut des Art. 127 Abs. 3, wonach der Einwand der mangelnden ernsthaften Benutzung zulässig ist, der nicht im Wege der Widerklage erhoben wird, kann gefolgert werden, dass der Einwand nach Art. 127 Abs. 3 nicht mehr zulässig ist, sofern eine Widerklage erhoben wurde. Der BGH ist jedoch in der Entscheidung „ZAPPA" (BGH GRUR 2012, 832 Rn. 41) von der Zulässigkeit des Verfallseinwands nach Art. 127 Abs. 3 trotz anhängiger Löschungswiderklage wegen Verfalls ausgegangen.

14   Die Rechtsgültigkeit der Unionsmarke kann nach Art. 127 Abs. 2 **nicht im Wege einer negativen Feststellungsklage** (→ Art. 124 Rn. 14) angefochten werden. So ist es für einen potentiellen Beklagten nicht möglich, einer drohenden Verletzungsklage durch Erhebung einer negativen Feststellungsklage zu begegnen, die er darauf stützt, dass Ansprüche wegen der Verletzung einer Unionsmarke nicht vorliegen, weil die Unionsmarke verfallen oder nichtig sei (Hildebrandt/Sosnitza/Hildebrandt Rn. 7).

15   Solange **keine Verletzungsklage anhängig** ist, kann ein potentieller Beklagter die **Rechtsgültigkeit der Unionsmarke nur im Antragsverfahren vor dem Amt angreifen** (Eisenführ/Schennen/Kampmann/Eberhardt Rn. 2; Hildebrandt/Sosnitza/Hildebrandt Rn. 7).

16   Gegen eine **Klage auf Ersatz von Abmahnkosten** wegen einer berechtigten Abmahnung aus einer Unionsmarke kann der Beklagte den Einwand des Verfalls der Unionsmarke wegen mangelnder ernsthafter Benutzung, Art. 127 Abs. 3, nicht erheben. Dieser Einwand ist limitiert gegen Klagen gemäß Art. 124 lit. a (Verletzungsklagen) und Art. 124 lit. c (Entschädigungsansprüche nach Art. 11 Abs. 2). Das Unionsmarkengericht hat daher von der Rechtsgültigkeit der Unionsmarken auszugehen, auf die die Abmahnung gestützt worden ist (OLG Stuttgart BeckRS 2019, 16939 Rn. 38 f. – Ersatz von Abmahnkosten).

I. Einwand des Verfalls wegen mangelnder Benutzung

1. Allgemeines

17   Im Wege des **Einwands** kann der Beklagte nach Art. 127 Abs. 3 nur den **Verfall** der Unionsmarke **wegen mangelnder ernsthafter Benutzung** (Art. 58 Abs. 1 lit. a, → Art. 58 Rn. 8) geltend machen. Dieser Einwand ist zudem nur gegen Klagen gemäß Art. 124 lit. a (Verletzungsklagen, → Art. 124 Rn. 5 ff., → Art. 124 Rn. 10 ff.) und Art. 124 lit. c (→ Art. 124 Rn. 16 f., Entschädigungsansprüche nach Art. 11 Abs. 2, → Art. 11 Rn. 1) zulässig.

17.1   Der in Art. 99 Abs. 3 GMV zulässig gewesene Einwand der Nichtigkeit der Unionsmarke wegen eines älteren Rechts des Beklagten ist mit der Neufassung des Art. 99 Abs. 3 UMV 2009 entfallen. Die Streichung der Einrede des relativen Nichtigkeitsgrundes in Abs. 3 ist jedoch im Zusammenhang mit der Neufassung des Verletzungstatbestandes in Art. 9 Abs. 2 zu sehen, wonach dem Prioritätsprinzip bereits im Rahmen des Verletzungstatbestandes Geltung verschafft wurde (vgl. BGH GRUR 2018, 516 Rn. 30 – form-strip II). Die Neufassung des Abs. 3 hat demnach nichts daran geändert, dass ein älteres Recht der Inanspruchnahme aus der Unionsmarke im Wege der Einrede entgegengesetzt werden kann (vgl. BGH GRUR 2018, 516 Rn. 30 – form-strip II; Grüger GRUR-Prax 2018, 120).

18   Der Einwand des Verfalls ist insoweit zulässig, als sich der Beklagte gegen Klagen gemäß Art. 124 lit. a und c darauf beruft, dass die Unionsmarke wegen mangelnder ernsthafter Benutzung für verfallen erklärt werden könnte. Art. 127 Abs. 3 nimmt insofern Bezug auf Art. 58 Abs. 1 lit. a (→ Art. 58 Rn. 8), wonach die Unionsmarke für verfallen erklärt wird, wenn diese innerhalb eines ununterbrochenen Zeitraums von fünf Jahren in der Union für die Waren und Dienstleistungen, für die sie eingetragen ist, nicht ernsthaft benutzt worden ist und keine berechtigten Gründe für die Nichtbenutzung vorliegen.

Nach Art. 58 Abs. 1 lit. a S. 2 und 3 kann der Verfall nicht geltend gemacht werden, wenn nach Ende **18.1** des Fünfjahreszeitraums und vor Stellung des Verfallsantrags oder vor Erhebung der Widerklage nach Art. 128 die Benutzung der Marke ernsthaft begonnen oder wieder aufgenommen worden ist, es sei denn, die Benutzung wird nach Ablauf des Fünfjahreszeitraums innerhalb eines Zeitraums von drei Monaten vor Stellung des Verfallsantrags oder vor Erhebung der Widerklage nach Art. 128 begonnen oder wieder aufgenommen, sofern die Vorbereitungen hierfür erst stattgefunden haben, nachdem der Inhaber der Unionsmarke Kenntnis davon erhalten hat, dass der Antrag gestellt oder die Widerklage erhoben werden könnte.

Nach Abs. 3 ist für die Feststellung des Verfalls wegen mangelnder Benutzung **auf den Zeit-** **19** **punkt der Verletzungsklage** abzustellen (zur Bestimmung des Zeitpunkts der Klageerhebung → Art. 132 Rn. 12).

Abs. 3 enthält keine Regelung dazu, wen die Darlegungs- und Beweislast dafür **trifft,** **20** dass die Unionsmarke für verfallen erklärt werden könnte. Bei dem Einwand nach Abs. 3 handelt es sich um ein Verteidigungsmittel. Ein solches auf Verfall wegen mangelnder ernsthafter Benutzung gestütztes Verteidigungsmittel sieht die UMV auch in Art. 47 Abs. 2 (→ Art. 47 Rn. 6 f.) gegen eine ältere Marke, aus der Widerspruch eingelegt worden ist, sowie in Art. 64 Abs. 2 (→ Art. 64 Rn. 22 f.) gegen eine ältere Marke, aus der ein Nichtigkeitsantrag nach Art. 60 gestellt worden ist. **Sowohl Art. 47 Abs. 2 als auch Art. 64 Abs. 2 bestimmen,** dass **der Inhaber der älteren Marke auf Verlangen des Inhabers der angegriffenen jüngeren Marke den Nachweis der rechtserhaltenden Benutzung zu erbringen hat.** Dies spricht dafür, unionsrechtlich einheitlich analog Art. 47 Abs. 2, Art. 64 Abs. 2 (→ Art. 47 Rn. 12; → Art. 64 Rn. 22) **dem Kläger,** gegen dessen Verletzungsklage der Einwand der mangelnden ernsthaften Benutzung nach Art. 127 Abs. 3 erhoben worden ist, **den Nachweis der rechtserhaltenden Benutzung aufzuerlegen** (so auch OLG Frankfurt GRUR-RR 2020, 102 Rn. 32 – Batterie-Plagiat; Hildebrandt/Sosnitza/Hildebrandt Art. 128 Rn. 10). Andernfalls wäre die Frage der Darlegungs- und Beweislast gemäß Art. 129 nach dem jeweiligen nationalen Recht zu bestimmen. Nach **Art. 17 MRL** hat der Markeninhaber auf Verlangen des Beklagten in einem Verletzungsverfahren den Benutzungsnachweis zu führen.

Der Einwand nach Abs. 3 ist **auch in Verfahren des einstweiligen Rechtsschutzes** nach **21** Art. 131 eröffnet (OGH GRUR Int 2005, 945 (947) – Goldhase; GRUR Int 2009, 74 (77) – PERSONAL SHOP; LG München I 12.4.2005 – 33 O 5312/05 – MASTERTENT; aA Hildebrandt/Sosnitza/Hildebrandt Rn. 3).

2. Weitere Verfallsgründe

Sofern der Beklagte die weiteren Verfallsgründe des Art. 58 (→ Art. 58 Rn. 1 ff.), die absoluten **22** Nichtigkeitsgründe des Art. 59 (→ Art. 59 Rn. 1 ff.) oder die relativen Nichtigkeitsgründe des Art. 60 (→ Art. 60 Rn. 1 ff.) geltend machen will, muss dies im Wege der **Widerklage nach Art. 128** (→ Art. 128 Rn. 1 ff.) erfolgen. Einrede halber kann er sich hierauf in Rechtsbehelfsverfahren nach der Unionsmarkenverordnung nicht berufen (LG München I 12.4.2005 – 33 O 5312/05 – MASTERTENT). **Trotz Wegfalls der Einrede der Nichtigkeit in Abs. 3** kann der Beklagte aufgrund des nunmehr ausdrücklich in Art. 9 Abs. 2 erwähnten Vorrangs prioritätsälterer Rechte und des Erwägungsgrundes 12 UMV jedoch **nach wie vor die Einrede eines prioritäts-älteren Gegenrechts erheben** (vgl. BGH GRUR 2018, 516 Rn. 26 ff. – form-strip II, mit Bespr. Grüger GRUR-Prax 2018, 120; → Rn. 12).

3. Zwischenrechte (Art. 16)

Anders als das deutsche Recht in § 22 Abs. 1 Nr. 2 MarkenG (→ MarkenG § 22 Rn. 1 ff.), **23** enthielt die GMV keine Regelung, die dem beklagten Inhaber einer jüngeren Marke die Einrede des Bestehens eines Zwischenrechts gewährte. Mit der VO (EU) 2015/2424 des Europäischen Parlaments und des Rates vom 16.12.2015 wurden in der UMV 2009 erstmals in Art. 13a, **jetzt Art. 16** (→ Art. 16 Rn. 1 f.) **Zwischenrechte** (→ Art. 16 Rn. 10) des Inhabers einer später eingetragenen Unions- oder nationalen Marke festgeschrieben, die von dem beklagten Inhaber dieser später eingetragenen Marke in einem Verletzungsverfahren als Einrede vorgebracht werden können.

24   Zudem regelt **Art. 16** Einreden des beklagten Inhabers einer jüngeren, eingetragenen Marke, bei denen es sich ihrer Rechtsnatur nach nicht um Zwischenrechte, sondern um **rechtshemmende Einreden** handelt, wie die

- **Verwirkung durch Duldung** (Art. 61, → Art. 61 Rn. 1 f.; Art. 9 MRL) (zu Art. 16 Abs. 1 → Art. 16 Rn. 25 und zu Art. 16 Abs. 2 → Art. 16 Rn. 49);
- **Zustimmung zur Eintragung der Marke** (Art. 60 Abs. 3, → Art. 60 Rn. 20 f.; Art. 5 Abs. 5 MRL) (zu Art. 16 Abs. 1 → Art. 16 Rn. 28 und zu Art. 16 Abs. 2 → Art. 16 Rn. 52);
- **Zustimmung zur Eintragung einer Agentenmarke bzw. Vorliegen eines Rechtfertigungsgrunds** (Art. 60 Abs. 1 lit. b, → Art. 60 Rn. 1 f., iVm Art. 8 Abs. 3, → Art. 8 Rn. 1 f.; Art. 5 Abs. 3 lit. b MRL) (zu Art. 16 Abs. 1 → Art. 16 Rn. 30 und zu Art. 16 Abs. 2 → Art. 16 Rn. 53);
- **Verbot der sog. Doppelantragsstellung** (Art. 60 Abs. 4, → Art. 60 Rn. 24) (zu Art. 16 Abs. 1 → Art. 16 Rn. 31 und zu Art. 16 Abs. 2 → Art. 16 Rn. 54).

25 Die vorstehende **Aufzählung ist nicht abschließend.** Weitere Einreden des beklagten Inhabers der jüngeren Marke können, soweit sie nicht in der UMV geregelt sind, über Art. 129 Abs. 2, 3 (→ Art. 129 Rn. 1 f.) aus dem anwendbaren nationalen Recht folgen, so etwa die **Verjährung.**

26   Schließlich kann der beklagte Inhaber der jüngeren Marke nach Art. 16 den Ansprüchen aus der älteren Unionsmarke entgegenhalten, dass **der jüngeren Marke im Zeitpunkt des Anmeldetags oder Prioritätstags keine relativen Nichtigkeitsgründe** aus der älteren Unionsmarke entgegengestanden haben, aufgrund von

- **Doppelidentität** (Art. 60 Abs. 1 lit. a, → Art. 60 Rn. 1 f. iVm Art. 8 Abs. 1 lit. a (→ Art. 8 Rn. 1 f.); Art. 5 Abs. 1 lit. a MRL) (zu Art. 16 Abs. 1 → Art. 16 Rn. 34 und zu Art. 16 Abs. 2 → Art. 16 Rn. 57);
- **Verwechslungsgefahr** (Art. 60 Abs. 1 lit. a, → Art. 60 Rn. 1 f., iVm Art. 8 Abs. 1 lit. b, → Art. 8 Rn. 3 f.; Art. 5 Abs. 1 lit. b MRL) (zu Art. 16 Abs. 1 → Art. 16 Rn. 36 und zu Art. 16 Abs. 2 → Art. 16 Rn. 59);
- **Bekanntheit** (Art. 60 Abs. 1 lit. a, → Art. 60 Rn. 1 f., iVm Art. 8 Abs. 5, → Art. 8 Rn. 1 f.; Art. 5 Abs. 3 lit. a MRL) (zu Art. 16 Abs. 1 → Art. 16 Rn. 40 und zu Art. 16 Abs. 2 → Art. 16 Rn. 60).

27 **Art. 16 erweitert die in Art. 127 zugelassenen Einwände** des Beklagten gegen die Rechtsgültigkeit der Klageunionsmarke in einem Rechtsstreit vor einem Unionsmarkengericht **bezogen auf den Anmeldetag bzw. Prioritätstag der jüngeren eingetragenen Verletzungsmarke.** Für Beklagte eines Verletzungsverfahrens, die sich nicht auf Einreden nach Art. 16 stützen können, verbleibt es bei der nach Art. 127 Abs. 3 eröffneten Einrede der Nichtbenutzung.

28   Bei Löschungswiderklagen, die auf eine ältere Unions- oder nationale Marke gestützt sind, findet nach Art. 128 Abs. 5 die Bestandskraftregelung des Art. 64 Abs. 2 (→ Art. 64 Rn. 21 f.) ebenfalls Anwendung.

4. Wiederholungsmarken

29   Hat der Kläger die Unionsmarke vor oder nach Ablauf der Benutzungsschonfrist einer älteren identischen eingetragenen Marke erneut angemeldet und eintragen lassen, um auf diese Weise Rechtsschutz auf Grund der neu eingetragenen Unionsmarke auch nach Ablauf der Benutzungsschonfrist der prioritätsälteren Marke zu erhalten, stellt sich die Frage, ob und welche Einwände der Beklagte gegen Ansprüche aus dieser Wiederholungsunionsmarke in einem Verletzungsverfahren erheben kann (zur Problematik der Wiederholungsmarken s. auch (→ MarkenG § 26 Rn. 22). Die UMV enthält keine Regelungen zu Widerholungsmarken.

30   Im deutschen Schrifttum zum MarkenG werden **im Wesentlichen zwei Lösungsansätze** verfolgt (vgl. Ströbele/Hacker/Thiering/Ströbele MarkenG § 26 Rn. 335 ff.). Zum einen wird das Problem der Wiederholungsmarke über den **Einwand des Rechtsmissbrauchs** gelöst (Fezer MarkenG § 25 Rn. 38, 42; Heydt GRUR 1975, 439). Danach stellt der Benutzungswille des Rechtsinhabers eine allgemeine Schutzvoraussetzung für die Entstehung eines Markenrechts dar, der – je nach den Umständen des Einzelfalls – bei einer Wiederholungsanmeldung fehlen und dessen Fehlen im Rahmen eines Verletzungsverfahrens den Einwand des Rechtsmissbrauchs begründen könne. Auch nach den Prüfungsrichtlinien des Harmonisierungsamts soll das Vornehmen einer Wiederholungsanmeldung den Tatbestand der „bösgläubigen" Markenanmeldung erfüllen (Richtlinien für die Verfahren vor dem HABM (Marken, Muster und Modelle) Teil D, Kap. 2 Löschungsverfahren, wesentliche Vorschriften, Ziff. 4.3.3., S. 12). In der Entscheidung „Pelikantravel.com/HABM" (EuG T-136/11, GRUR Int 2013, 144 Rn. 27) hat das EuG zunächst festgestellt, dass die Prüfungsrichtlinien des HABM für das Gericht nicht bindend sind und es daher allein darauf ankommt, wie der Sachverhalt nach Maßgabe der UMV zu bewerten ist. Bei der Feststellung des Vorliegens einer bösgläubigen Markenanmeldung könne jedoch der Umstand, dass eine Wiederholungsanmeldung für dieselbe Marke getätigt wurde, um die Konsequenzen einer Löschung der älteren Marke wegen Nichtbenutzung zu umgehen, mitberücksichtigt werden. Zum anderen wird als Lösungsansatz das **Schonfristprivileg für die Wiederholungsanmeldung versagt** (Ingerl/Rohnke MarkenG § 25 Rn. 40; Fischkötter/Rheineck GRUR 1980, 379 (386); Hackbarth, Grundfragen des Benutzungszwangs im Unionsmarkenrecht, 1993, 197). Besteht zwischen dem Eintritt des Verfalls der Ersteintragung und der Wiederholungsanmeldung ein zeitlicher Zusammenhang, so kommt die Wiederholungsmarke hiernach nicht in den Genuss der fünfjährigen Benutzungsschonfrist. Diese ist im Zeitpunkt des Verfalls der Ersteintragung auch für die Wiederholungsmarke bereits verbraucht. Wann für den Fall dass die Wiederholungsanmeldung erst nach dem Schonfristende der Ersteintragung erfolgt, noch von einem zeitlichen Zusammenhang gesprochen werden kann, wird unterschiedlich beurteilt. Die Sperrfrist variiert von mindestens zwei Monaten bzw. mindestens sechs Monaten bis höchstens einem Jahr bis hin zu generell fünf Jahren.

Eine Untergrenze von zwei Monaten wird von Fischkötter/Rheineck (GRUR 1980, 379 (385 f.)) **30.1** befürwortet, Ingerl/Rohnke sprechen sich für einen Zeitraum von mindestens sechs Monaten bis höchstens einem Jahr aus (Ingerl/Rohnke MarkenG § 25 Rn. 42), Hackbarth fordert eine generelle Wartefrist von fünf Jahren (Hackbarth, Grundfragen des Benutzungszwangs im Gemeinschaftsmarkenrecht, 1993, 197 f.) und Ströbele lehnt einen pauschal bestimmten Zeitraum ab, sondern hält eine Bemessung unter Berücksichtigung der jeweiligen Umstände des Einzelfalls für geboten (Ströbele/Hacker/Thiering/Ströbele MarkenG § 26 Rn. 348).

Die **verschiedenen Lösungsansätze haben unterschiedliche Konsequenzen** für die Frage, **31** ob der Beklagte in einem Verletzungsverfahren gegen Ansprüche aus einer Wiederholungsunionsmarke den Einwand aus Art. 127 Abs. 3 erheben kann. Wird das Problem der Wiederholungsmarke über den Einwand des Rechtsmissbrauchs gelöst, so kann der Beklagte den Ansprüchen aus einer Wiederholungsunionsmarke nur im Wege der Widerklage nach Art. 128 unter dem Gesichtspunkt des absoluten Nichtigkeitsgrundes der bösgläubigen Markenanmeldung, Art. 59 Abs. 1 lit. b, begegnen oder einen Löschungsantrag vor dem Amt stellen. Die Rechtsgültigkeit der Unionsmarke kann nicht aufgrund nationaler Rechtsvorschriften angegriffen werden (→ Art. 128 Rn. 1). Wird die Wiederholungsmarke jedoch aufgrund des Verfalls der Ersteintragung ebenfalls für verfallen angesehen, so ist der Einwand mangelnder Benutzung nach Art. 127 Abs. 3 eröffnet. Alternativ kann auch Widerklage wegen Verfalls nach Art. 128 Abs. 1 erhoben werden.

Wiederholungsmarken werden als rechtlich bedenklich angesehen, weil hierdurch eine **tatsäch-** **32** **liche Verlängerung der Benutzungsschonfrist der Erstmarke** erreicht werden soll. Dem Markeninhaber soll jedoch der mit der Benutzungsschonfrist gewährte Vorbereitungs- und Überlegungszeitraum für das Zeichen nur einmal zustehen. Wenn dieser ohne Benutzungsaufnahme verstrichen ist, soll das Zeichen grundsätzlich wieder Dritten zur Verfügung stehen. Es ist daher sachgerechter, das Problem der Wiederholungsmarke über eine Versagung des eigenen Schonfristprivilegs zu lösen und dem Beklagten den Einwand der mangelnden Benutzung nach Art. 127 Abs. 3 als ein einfaches prozessuales Verteidigungsmittel zu eröffnen. Es ist dann Sache des Klägers Gründe darzulegen, die eine Nichtbenutzung rechtfertigen. Da die UMV derzeit jedoch keine gesetzliche Regelung zur Versagung des Schonfristprivilegs für Wiederholungsmarken enthält, sollte den Ansprüchen aus einer Wiederholungsunionsmarke vorsorglich auch im Wege der Widerklage nach Art. 128 unter dem Gesichtspunkt der bösgläubigen Markenanmeldung, Art. 59 Abs. 1 lit. b (→ Art. 59 Rn. 11 f.), begegnet oder ein Löschungsantrag vor dem Amt gestellt werden.

Im Zuge der Änderung der GMV und der MRL wäre es sinnvoll gewesen, auch eine Regelung zu **32.1** den Wiederholungsmarken in die UMV und die MRL mit aufzunehmen. Dies könnte durch eine Ergänzung der Art. 18, Art. 47 Abs. 2 S. 2, Art. 58 lit. a, Art. 64 Abs. 2 S. 2 und der Art. 10 MRL und Art. 12 MRL im Sinne einer Definition von Widerholungsmarken und der Versagung des Schonfristprivilegs für diese Marken erfolgen, wenn sie in einem bestimmten Frist vor bzw. nach Eintritt des Verfalls der älteren Marke wegen Nichtbenutzung angemeldet worden sind. Eine Regelung könnte wie folgt lauten: zB Art. 18 Abs. 1 S. 2: „Gleiches gilt für eine Unionsmarke, die vom Inhaber einer älteren identischen (oder ohne Beeinflussung der Unterscheidungskraft nur in Bestandteilen abweichenden) Unionsmarke mit identischen (oder teilidentischen) Waren oder Dienstleistungen innerhalb eines Zeitraums von (einem Jahr) vor oder nach Eintritt des Verfalls dieser älteren Unionsmarke wegen Nichtbenutzung angemeldet worden ist."

II. Widerklage

33   Will der Beklagte in dem Verfahren vor dem Unionsmarkengericht die Unionsmarke zu Fall bringen oder Nichtigkeitsgründe und andere als den nach Art. 127 Abs. 3 möglichen Verfallsgrund geltend machen, so muss er Widerklage erheben. **Trotz Wegfalls der Einrede der Nichtigkeit in Abs. 3** kann der Beklagte aufgrund des nunmehr ausdrücklich in Art. 9 Abs. 2 erwähnten Vorrangs prioritätsälterer Rechte und des Erwägungsgrundes 12 UMV jedoch **nach wie vor die Einrede eines prioritätsälteren Gegenrechts erheben** (vgl. BGH GRUR 2018, 516 Rn. 26 ff. – form-strip II, mit Bespr. Grüger GRUR-Prax 2018, 120; → Rn. 12). Andere Verfalls- oder Nichtigkeitsgründe sind der Verfall wegen Umwandlung zu einer sekundären Gattungsbezeichnung (Art. 58 Abs. 1 lit. b, → Art. 58 Rn. 33), der Verfall wegen Irreführungsgefahr (Art. 58 Abs. 1 lit. c, → Art. 58 Rn. 27) sowie die Nichtigkeit der Unionsmarke aus absoluten Gründen (Art. 59 Abs. 1 lit. a iVm Art. 7, → Art. 59 Rn. 8, und Art. 59 Abs. 1 lit. b, → Art. 59 Rn. 8).

34   Der Beklagte kann die Unionsmarke im Wege der **Widerklage gemäß Art. 128 nur in einem auf Art. 124 lit. a** (→ Art. 124 Rn. 5 f., → Art. 124 Rn. 10 f.) **gegründeten Verletzungsverfahren vor dem Unionsmarkengericht** angreifen, denn dieses ist gemäß Art. 124 lit. d (→ Art. 124 Rn. 18) für Widerklagen nach Art. 128 ausschließlich zuständig. Außerhalb eines solchen Verletzungsverfahrens vor einem Unionsmarkengericht muss der Beklagte den Weg des Amtsverfahrens gemäß Art. 63 (→ Art. 63 Rn. 1 ff.) beschreiten.

35   Der Beklagte kann im Wege der Widerklage nur die Klagemarke angreifen, nicht jedoch weitere Unionsmarken des Klägers, denn eine Unionsmarke kann nicht durch eine isolierte Löschungsklage angegriffen werden (→ Rn. 7; Hildebrandt/Sosnitza/Hildebrandt Art. 128 Rn. 5).

36   Im Fall einer Klage nach Art. 124 lit. c (→ Art. 124 Rn. 16) ist eine Widerklage mangels einer eingetragenen Unionsmarke, die für nichtig erklärt werden könnte, nicht eröffnet (Eisenführ/Schennen/Eisenführ/Overhage Art. 96 Rn. 8). **Die UMV sieht keine Widerklage gegen eine Unionsmarkenanmeldung vor** (Tribunal de Grande Instance de Paris Urt. v. 12.12.1998 – Manuel de Lorca; Hartmann, Die Gemeinschaftsmarke im Verletzungsverfahren, 2008, 138; Hildebrandt/Sosnitza/Hildebrandt Art. 128 Rn. 6). Eine **Widerklage kommt** auch in Verfahren des **einstweiligen Rechtsschutzes nicht in Betracht** (Österreichischer OGH GRUR Int 2005, 945 (947) – Goldhase; LG München I 12.4.2005 – 33 O 5312/05 – MASTERTENT).

III. Wirkung von Einwand und Widerklage

37   Materiell und prozessual haben der Einwand des Verfalls gemäß Abs. 3 und die Widerklage unterschiedliche Rechtsfolgen.

1. Widerklage

38   Bei der Widerklage handelt es sich – so zumindest in Deutschland – prozessual um eine selbstständige Klage mit einem eigenen Gebührenstreitwert, die weitere Kosten verursacht und über die auch im Fall einer Rücknahme der Verletzungsklage zu entscheiden ist (→ Art. 128 Rn. 15). Die erfolgreiche Widerklage führt zur Vernichtung der Unionsmarke durch Erklärung des Verfalls oder der Nichtigkeit bzw. des teilweisen Verfalls oder der teilweisen Nichtigkeit mit **Wirkung erga omnes** und zur Abweisung der Verletzungsklage mangels Rechtsbestand der Unionsmarke (Eisenführ/Schennen/Eisenführ/Overhage Art. 99 Rn. 8). **Über die Widerklage ist daher regelmäßig vor der Klage zu entscheiden** (EuGH C-425/16, BeckRS 2017, 128369 Rn. 33 – Bäucherlwärmer; LG München I GRUR Int 2001, 247 – Mozart; Eisenführ/Schennen/Eisenführ/Overhage Art. 99 Rn. 7). Das Unionsmarkengericht muss der Widerklage auf Nichtigerklärung einer Unionsmarke somit zunächst stattgeben, bevor es die Verletzungsklage wegen Verletzung der Unionsmarke wegen desselben Nichtigkeitsgrundes abweisen kann (EuGH C-425/16, BeckRS 2017, 128369 Rn. 34 – Bäucherlwärmer). Allerdings muss das Unionsmarkengericht **nicht die Rechtskraft der Entscheidung über die Widerklage abwarten,** bevor es die Verletzungsklage abweisen darf (EuGH C-425/16, BeckRS 2017, 128369 Rn. 48 – Bäucherlwärmer).

2. Einwand

39   Der materiell auf den Verfall wegen mangelnder ernsthafter Benutzung begrenzte Einwand nach Abs. 3 wirkt nur **inter partes** und nur in dem jeweiligen Verletzungsverfahren, in dem der Einwand erhoben wurde (Eisenführ/Schennen/Kampmann/Eberhardt Rn. 9; Hildebrandt/Sosnitza/Hildebrandt Rn. 8). Er lässt den Rechtsbestand der Unionsmarke unberührt, dh er führt nicht zur Vernichtung der Unionsmarke. Über die Rechtsgültigkeit der Unionsmarke selbst ergeht keine rechtskräftige Entscheidung. Ein Unionsmarkengericht und das Amt sind in einem späteren Verfahren an die Entscheidung über den Einwand nach Abs. 3 nicht gebunden (Schaper, Durchsetzung der Gemeinschaftsmarke, 2006, 10). Will der Beklagte die Löschung der Unionsmarke aus dem Register erreichen, so muss er entweder Widerklage erheben oder einen Löschungsantrag beim Amt stellen (→ Rn. 7).

Art. 128 Widerklage

(1) **Die Widerklage auf Erklärung des Verfalls oder der Nichtigkeit kann nur auf die in dieser Verordnung geregelten Verfalls- oder Nichtigkeitsgründe gestützt werden.**

(2) **Ein Unionsmarkengericht weist eine Widerklage auf Erklärung des Verfalls oder der Nichtigkeit ab, wenn das Amt über einen Antrag wegen desselben Anspruchs zwischen denselben Parteien bereits eine unanfechtbar gewordene Entscheidung erlassen hat.**

(3) **Wird die Widerklage in einem Rechtsstreit erhoben, in dem der Markeninhaber noch nicht Partei ist, so ist er hiervon zu unterrichten und kann dem Rechtsstreit nach Maßgabe des nationalen Rechts beitreten.**

(4) **¹Das Unionsmarkengericht, bei dem Widerklage auf Erklärung des Verfalls oder der Nichtigkeit einer Unionsmarke erhoben worden ist, nimmt die Prüfung der Widerklage erst dann vor, wenn entweder die betroffene Partei oder das Gericht dem Amt den Tag der Erhebung der Widerklage mitgeteilt hat. ²Das Amt vermerkt diese Information im Register. ³War beim Amt ein Antrag auf Erklärung des Verfalls oder der Nichtigkeit der Unionsmarke bereits eingereicht worden, bevor die Widerklage erhoben wurde, wird das Gericht vom Amt hiervon unterrichtet; das Gericht setzt in diesem Fall das Verfahren gemäß Artikel 132 Absatz 1 so lange aus, bis abschließend über den Antrag entschieden wurde oder der Antrag zurückgezogen wird.**

(5) **Die Vorschriften des Artikels 64 Absätze 2 bis 5 sind anzuwenden.**

(6) **¹Ist die Entscheidung eines Unionsmarkengerichts über eine Widerklage auf Erklärung des Verfalls oder der Nichtigkeit einer Unionsmarke unanfechtbar geworden, so wird eine Ausfertigung dieser Entscheidung dem Amt entweder durch das Gericht oder eine der Parteien des nationalen Verfahrens unverzüglich zugestellt. ²Das Amt oder jede andere betroffene Partei kann dazu nähere Auskünfte anfordern. ³Das Amt trägt einen Hinweis auf die Entscheidung im Register ein und trifft die erforderlichen Maßnahmen zur Umsetzung des Tenors der Entscheidung.**

(7) **¹Das mit einer Widerklage auf Erklärung des Verfalls oder der Nichtigkeit befasste Unionsmarkengericht kann auf Antrag des Inhabers der Unionsmarke nach Anhörung der anderen Parteien das Verfahren aussetzen und den Beklagten auffordern, innerhalb einer zu bestimmenden Frist beim Amt die Erklärung des Verfalls oder der Nichtigkeit zu beantragen. ²Wird der Antrag nicht innerhalb der Frist gestellt, wird das Verfahren fortgesetzt; die Widerklage gilt als zurückgenommen. ³Die Vorschriften des Artikels 132 Absatz 3 sind anzuwenden.**

Überblick

Die Widerklage kann anders als der Einwand nach Art. 127 Abs. 3 (→ Art. 127 Rn. 17 ff.) auf alle in der UMV geregelten Verfalls- oder Nichtigkeitsgründe gestützt werden (→ Rn. 1 ff.). Art. 128 Abs. 1 ist insoweit jedoch auch abschließend. Auf andere außerhalb der UMV liegende Gründe kann die Widerklage nicht gestützt werden. Wird die Widerklage auf eine ältere nationale oder ältere Unionsmarke gestützt, kann der Kläger seinerseits nach Abs. 5 den Einwand des Verfalls wegen mangelnder Benutzung nach Art. 64 Abs. 2–5 (→ Art. 64 Rn. 20, → Art. 64 Rn. 23) erheben (→ Rn. 32 ff.). Ist der Inhaber der durch die Widerklage angegriffenen Unionsmarke nicht Partei des Rechtsstreits, so muss das Unionsmarkengericht diesen nach Abs. 3 über den Rechtsstreit informieren. Der Inhaber kann dem Rechtsstreit nach Maßgabe des nationalen Rechts beitreten (→ Rn. 39). Hat das nach Art. 63 (→ Art. 63 Rn. 1 ff.) angerufene Amt bereits eine unanfechtbar gewordene Entscheidung über einen Verfalls- oder Nichtigkeitsantrag erlassen, der denselben wie mit der Widerklage verfolgten Anspruch zwischen denselben Parteien betrifft, so weist das Unionsmarkengericht die Widerklage nach Abs. 2 ab (→ Rn. 52). Dies trägt der Entscheidungskonkurrenz zwischen dem nach Art. 124 lit. d (→ Art. 124 Rn. 18) zuständigen Unionsmarkengericht und dem Amt Rechnung. Liegt noch keine unanfechtbar gewordene Entscheidung des Amtes vor, so finden die Aussetzungsregelungen des Art. 132 (→ Art. 132 Rn. 1 ff.) Anwendung. Der Entscheidungskonkurrenz zwischen dem Unionsmarkengericht und dem Amt trägt auch Abs. 7 Rechnung (→ Rn. 57). Danach kann das Unionsmarkengericht auf Antrag des Inhabers der Unionsmarke das Verfahren aussetzen und den beklagten Widerkläger unter Fristsetzung auffordern, die Erklärung des Verfalls oder die Nichtigkeit der Unionsmarke beim Amt zu beantragen. Hierdurch kann dem Amt die alleinige Entscheidungsbefugnis über die Rechtsgültigkeit der Unionsmarke mit Bindungswirkung für das Unionsmarkengericht übertragen werden. Lässt der Beklagte die Frist fruchtlos verstreichen, so gilt die Widerklage als zurückgenommen (→ Rn. 59). Für die Dauer der Aussetzung kann das Unionsmarkengericht die nach Art. 131 (→ Art. 131 Rn. 21 ff.) zulässigen einstweiligen Maßnahmen einschließlich Sicherungsmaßnahmen treffen (→ Rn. 58). Nach Abs. 4 und Abs. 6 treffen das Unionsmarkengericht gegenüber dem Amt Mitteilungspflichten sowie die Pflicht eine Ausfertigung der rechtskräftig gewordene Entscheidung zuzustellen (→ Rn. 42 ff.). Nach Abs. 4 darf das Unionsmarkengericht die Widerklage erst prüfen, wenn dem Amt der Tag der Erhebung der Widerklage mitgeteilt worden ist (→ Rn. 44). Das Amt ist verpflichtet, entsprechende Hinweise ins Register einzutragen (→ Rn. 47), das Unionsmarkengericht seinerseits über einen vor Erhebung der Widerklage eingereichten Löschungsantrag zu informieren (→ Rn. 48) und die erforderlichen Maßnahmen zur Umsetzung des Tenors einer Entscheidung des Unionsmarkengerichts zu treffen (→ Rn. 49).

Übersicht

A. Widerklagegründe

I. Abschließende Regelung

1   Abs. 1 regelt die Gründe, auf die eine Widerklage gestützt werden kann, abschließend. Die Widerklage kann **nur auf die in der UMV geregelten Verfalls- oder Nichtigkeitsgründe** gestützt werden, nicht jedoch auf weitere Gründe auf Grund nationaler Rechtsvorschriften, wie etwa wettbewerbsrechtliche Beseitigungsansprüche (Knaak GRUR Int 2007, 386 (393 f.); Eisenführ/Schennen/Kampmann/Eberhardt Rn. 4; Hildebrandt/Sosnitza/Hildebrandt Rn. 14; aA BGH GRUR Int 2005, 722 – The Colour of Elégance; Ingerl/Rohnke/Nordemann/Kouker MarkenG § 119 Rn. 14; Ingerl/Rohnke/Nordemann/Kouker MarkenG § 122 Rn. 37).

1.1   Die UMV ruft dem Widerkläger und den Unionsmarkengerichten in Erinnerung, dass die Unionsmarke autonom ist, sich ihre Wirkungen nach Art. 17 ausschließlich nach der UMV bemessen und nationale Rechtsvorschriften nicht angewendet werden dürfen, es sei denn die UMV lässt deren Anwendung ausdrücklich zu.

In dem Verfahren „The Colour of Elégance" (BGH GRUR Int 2005, 722) hatte die dortige Beklagte **1.2** gegen eine Verletzungsklage aus einer nationalen Marke Widerklage gegen Unionsmarken der Klägerin erhoben. Der BGH hatte die Widerklage mit der Begründung zugelassen, die Beklagte habe einen wettbewerbsrechtlichen Beseitigungsanspruch auf Rücknahme der Unionsmarkenanmeldung bzw. auf Erklärung der Nichtigkeit der Unionsmarken geltend gemacht. Art. 128 Abs. 1 schließt eine solche, auf einen nationalen wettbewerbsrechtlichen Beseitigungsanspruch gestützte Widerklage auf Erklärung der Nichtigkeit einer Unionsmarke jedoch aus. Etwas anderes ergibt sich auch nicht aus Art. 17 Abs. 2, da dort ausschließlich die Wirkungen einer Unionsmarke und somit ihr Rechtsschutz geregelt werden, nicht jedoch die Angriffsmöglichkeiten gegen eine Unionsmarke (Knaak GRUR Int 2007, 386 (394)). In dem vom BGH entschiedenen Fall „The Colour of Elégance" stand der Zulässigkeit der Widerklage nach Art. 100 zudem entgegen, dass diese akzessorisch zu einer aus einer Unionsmarke erhobenen Klage ist (Knaak GRUR Int 2007, 386 (393)).

Handelt es sich bei der Klagemarke um eine **Agentenmarke** kann der Beklagte, wenn er deren **2** Inhaber ist, anstelle einer Widerklage auf Erklärung der Nichtigkeit gestützt auf den relativen Nichtigkeitsgrund des Art. 60 Abs. 1 lit. b (→ Art. 60 Rn. 1) beim Unionsmarkengericht nach Art. 21 (→ Art. 21 Rn. 8) die Übertragung der Eintragung zu seinen Gunsten verlangen (Hildebrandt/Sosnitza/Hildebrandt Rn. 3).

Die Widerklage kann auf die absoluten Nichtigkeitsgründe des Art. 59 (→ Art. 59 Rn. 1 ff.), **3** auf die relativen Nichtigkeitsgründe des Art. 60 (→ Art. 60 Rn. 10) sowie auf die Verfallsgründe des Art. 58 (→ Art. 58 Rn. 8 f.) gestützt werden.

Wird die Widerklage auf den **Verfallsgrund der mangelnden rechtserhaltenden Benut-** **4** **zung, Art. 58 Abs. 1 lit. a** (→ Art. 58 Rn. 8) gestützt und **„vorzeitig"** zu einem Zeitpunkt erhoben, zu dem die Unionsmarke **noch nicht wegen mangelnder rechtserhaltender Benutzung löschungsreif** ist, **so ist die Widerklage als unbegründet abzuweisen,** auch wenn die Löschungsreife nachträglich vor der letzten mündlichen Verhandlung in der Tatsacheninstanz eintritt (vgl. EuGH C-607/19, GRUR 2021, 613 Rn. 39, 45 – Husqvarna/Lidl). Für die Berechnung des Nichtbenutzungszeitraums ist **auf den Tag der Erhebung der Widerklage abzustellen.** **Eine „wandernde Benutzungsfrist"** in dem Sinne, dass die Unionsmarke, die zwar noch in den letzten fünf Jahren vor Erhebung der Widerklage rechtserhaltend benutzt worden ist, aber nicht mehr fünf Jahre vor dem Zeitpunkt der letzten mündlichen Verhandlung in der Tatsacheninstanz, aufgrund dieses Umstandes durch das Unionsmarkengericht für verfallen erklärt werden kann, **findet keine Anwendung.** Der EuGH hat mit Entscheidung „Husqvarna/Lidl" vom 17.12.2020 (EuGH C-607/19, GRUR 2021, 613 – Husqvarna/Lidl) auf das Vorabentscheidungsersuchen des BGH (vgl. BGH GRUR 2019, 1051 – Bewässerungsspritze) festgestellt, dass im Fall einer Widerklage auf Erklärung des Verfalls einer Unionsmarke der Zeitpunkt, auf den für die Feststellung, ob der in Art. 51 Abs. 1 lit. a UMV 2009 genannte ununterbrochene Zeitraum von fünf Jahren abgelaufen ist, abzustellen ist, der Zeitpunkt der Erhebung der Widerklage ist. Der EuGH erteilt der Anwendung einer „wandernden Benutzungsfrist" wie auch etwaigen Erwägungen der „Billigkeit" und der „Prozessökonomie" eine ausdrückliche Absage (vgl. EuGH C-607/19, GRUR 2021, 613 Rn. 39, 45 – Husqvarna/Lidl). Dies liefe den in dieser Verordnung vorgesehenen Wirkungen des Verfalls und dem Grundsatz der Einheitlichkeit der Unionsmarke zuwider. Art. 55 Abs. 1 UMV 2009 sehe zwar vor, **dass die Wirkungen des Verfalls ausnahmsweise auf einen Zeitpunkt vor Erhebung der Widerklage verlegt werden können,** jedoch **eröffne er eine solche Möglichkeit nicht für einen Zeitpunkt nach Erhebung der Widerklage** (vgl. EuGH C-607/19, GRUR 2021, 613 Rn. 41 - Husqvarna/Lidl). Auch könnte die Einheitlichkeit der Unionsmarke in Frage gestellt werden, wenn der Umfang des Markenschutzes, den der Inhaber der Marke aus dem Unionsrecht zieht, im Rahmen von Widerklagen auf Erklärung des Verfalls je nach den Verfahrensvorschriften der Mitgliedstaaten, in denen diese Klagen erhoben werden, variieren könnte (vgl. EuGH C-607/19, GRUR 2021, 613 Rn. 47 – Husqvarna/Lidl).

Diese Frage hatte der BGH **dem EuGH** mit Beschluss vom 6.6.2019 **zur Vorabentscheidung vorge-** **4.1** **legt** (vgl. BGH GRUR 2019, 1051 – Bewässerungsspritze). In diesem Vorabentscheidungsgesuch hat der BGH die Auffassung vertreten, dass die UMV nicht den Zeitpunkt regelt, der im Fall einer Widerklage auf Erklärung des Verfalls einer Unionsmarke, die vor Ablauf des Zeitraums der fünfjährigen Nichtbenutzung erhoben worden ist, maßgeblich ist, so dass nach Art. 129 Abs. 2 und 3 deutsches materielles Markenrecht und Verfahrensrecht anzuwenden sei (vgl. BGH GRUR 2019, 1051 Rn. 12–14 – Bewässerungsspritze). Bei der Bestimmung des Zeitpunkts, der bei einer Widerklage auf Erklärung des Verfalls für die Berechnung des Nichtbenutzungszeitraums iSd Art. 58 Abs. 1 lit. a maßgeblich ist, handele es sich um eine nicht in der UMV geregelte verfahrensrechtliche Frage (vgl. BGH GRUR 2019, 1051 Rn. 19 – Bewässerungsspritze). Nach Auffassung des BGH sei bei Widerklagen nach Art. 128 die im deutschen

Recht geltende „wandernde Benutzungsfrist" anzuwenden (vgl. BGH GRUR 2019, 1051 Rn. 24 – Bewässerungsspritze). Der BGH verweist insoweit auf die Regelungen in § 25 Abs. 2 S. 2 MarkenG und § 55 Abs. 3 S. 2 MarkenG (vgl. BGH GRUR 2019, 1051 Rn. 21 – Bewässerungsspritze).

4.2   Diese Rechtsauffassung des BGH überzeugt nicht. Nach **Art. 17 Abs. 1 S. 1** (→ Art. 17 Rn. 1) **bestimmt sich die Wirkung der Unionsmarke ausschließlich nach der UMV. Gleiches gilt nach Art. 18 Abs. 1** (→ Art. 18 Rn. 1) für die Sanktionen, denen die Unionsmarke im Fall einer Nichtbenutzung unterliegt. Gemäß **Erwägungsgrund Nr. 4 und Art. 1 Abs. 2** (→ Art. 1 Rn. 6) **genießen Unionsmarken im gesamten Gebiet der Union einen einheitlichen Schutz.** Dieser Grundsatz der Einheitlichkeit der Unionsmarke gilt, sofern in der UMV nichts anderes bestimmt. Bei der **Auslegung unionsrechtlicher Vorschriften** besteht nach ständiger Rechtsprechung des EuGH der Grundsatz, dass **aus den Erfordernissen sowohl der einheitlichen Anwendung des Unionsrechts als auch des Gleichheitssatzes** folgt, dass die **Begriffe einer Vorschrift des Unionsrechts,** die für die Ermittlung ihres Sinnes und ihrer Bedeutung nicht ausdrücklich auf das Recht der Mitgliedstaaten verweist, in der Regel in der gesamten Union **eine autonome und einheitliche Auslegung** erhalten müssen, die unter **Berücksichtigung nicht nur des Wortlauts der Vorschrift gefunden werden müsse, sondern auch ihres Zusammenhangs** und der Ziele, die mit der Regelung, zu der sie gehört, verfolgt werden (vgl. EuGH C-24/16 und C-25/16, BeckRS 2017, 126271 Rn. 70, 94 – Nintendo/BigBen; C-201/13, GRUR 2014, 972 Rn. 14 – Vrijheidsfonds/Vandersteen; C-350/14, NJW 2016, 466 Rn. 70 – Lazar/Allianz SpA). Diesem **Grundsatz der einheitlichen Auslegung unionsrechtlicher Vorschriften** stünde eine national geprägte Auslegung von Art. 58 Abs. 1 lit. a entgegen. Auch wäre die Einheitlichkeit der Unionsmarke nicht mehr gewährleistet, da die Wirkung der Unionsmarke von nationalen Regelungen bzw. nationaler Rechtsprechung abhängig wäre.

4.3   Auch **überzeugt die Auffassung des BGH nicht, wonach die UMV nicht den Zeitpunkt regelt,** der im Fall einer Widerklage auf Erklärung des Verfalls einer Unionsmarke, die vor Ablauf des Zeitraums der fünfjährigen Nichtbenutzung erhoben worden ist, maßgeblich ist. Insoweit ist die Vorschrift des Art. 58 Abs. 1 lit. a **auch im Zusammenhang mit anderen Vorschriften der UMV zu betrachten.** Nach den **Richtlinien für die Verfahren vor dem EUIPO Teil D Löschung, Abschnitt 2 – wesentliche Vorschriften, Ziff. 2.2.3., S. 7** ist der maßgebliche Zeitpunkt bei einem Verfallsantrag nach Art. 58 Abs. 1 lit. a **das Datum, an dem der Verfallsantrag eingereicht worden ist.** Gleiches hat auch für die Widerklage zu gelten. Nach **Art. 62 Abs. 1** (→ Art. 62 Rn. 1) **gelten die Wirkungen der Unionsmarke in dem Umfang, in dem sie für verfallen erklärt wird, als von dem Zeitpunkt der Erhebung der Widerklage an nicht eingetreten.** Auf Antrag einer Partei kann ein früherer Zeitpunkt festgesetzt werden, Art. 62 Abs. 1 S. 2 (→ Art. 62 Rn. 2). **Die UMV stellt somit für die Verfallswirkungen ausdrücklich auf den Zeitpunkt der Erhebung der Widerklage ab. Dieser Zeitpunkt kann lediglich vorverlegt werden.** Würde eine „wandernde Benutzungsfrist" auch im Rahmen einer Widerklage nach Art. 128 Anwendung finden, so stünde dies in Widerspruch zu den in Art. 62 Abs. 1 geregelten Wirkungen des Verfalls, da der Verfall der Unionsmarke ja gerade nicht im Zeitpunkt der Erhebung der Widerklage vorlag, sondern erst zu einem späteren Zeitpunkt. Bei der Bestimmung des Zeitpunkts, der im Falle der Widerklage auf Erklärung des Verfalls für die Berechnung des Nichtbenutzungszeitraums iSd Art. 58 Abs. 1 lit. a maßgeblich ist, dürfte es sich entgegen der Auffassung des BGH nicht um eine verfahrensrechtliche, sondern **um eine materiell-rechtliche Frage handeln, da hiervon unmittelbar die Wirkung der Unionsmarke abhängt.** Nach **Art. 128 Abs. 6 S. 3** (→ Rn. 49) hat das Amt zudem die erforderlichen Maßnahmen zur Umsetzung des Tenors der Entscheidung zu treffen. Das Amt kann jedoch nur die in Art. 62 Abs. 1 (→ Art. 62 Rn. 1) geregelten Verfallswirkungen umsetzen. **Die Feststellung eines nach Erhebung der Widerklage liegenden Verfallszeitpunkts ist danach nicht vorgesehen.** Nach **Art. 128 Abs. 5** (→ Rn. 32) sind die Vorschriften des **Art. 64 Abs. 2–5** (→ Art. 64 Rn. 20) anzuwenden. Danach muss der Widerkläger, der seine Widerklage auf eine ältere Marke stützt, auf die Nichtbenutzungseinrede des Klägers nachweisen, dass er seine ältere Marke, auf die er seine Löschungswiderklage gestützt hat, **innerhalb der letzten fünf Jahre vor Erhebung der Widerklage rechtserhaltend benutzt hat** (Art. 64 Abs. 2 S. 1). Ist dies nicht der Fall, wird jedoch die rechtserhaltende Benutzung vor der Widerklage aufgenommen und danach bis zum Schluss der mündlichen Verhandlung fortgesetzt und stellt dies einen ununterbrochenen Zeitraum von fünf Jahren dar, würde dieser nach Art. 64 Abs. 2 S. 1 keine Berücksichtigung finden. **Art. 127 Abs. 3** (→ Art. 127 Rn. 19) regelt für den **Einwand des Verfalls wegen mangelnder ernsthafter Benutzung** zudem abschließend, dass ausschließlich auf den Zeitpunkt der Verletzungsklage abzustellen ist (ebenso Art. 17 S. 2 MRL). **Ob der Verfall zeitlich danach eintritt, darf vom Unionsmarkengericht nicht berücksichtigt werden.** Vielmehr hat das **Unionsmarkengericht nach Art. 127 Abs. 1** (→ Art. 127 Rn. 1) **von der Rechtsgültigkeit der Unionsmarke auszugehen.**

4.4   Die seitens des BGH herangezogenen **deutschen Vorschriften der § 25 Abs. 2 S. 1 MarkenG** (→ MarkenG § 25 Rn. 16), **§ 55 Abs. 3 S. 2 MarkenG** (→ MarkenG § 55 Rn. 31) **betreffen** zudem **nicht den Fall, dass eine Löschungswiderklage erhoben wird,** sondern ausschließlich die Fälle der Einrede des Verfalls des Beklagten gegen die Klagemarke, so dass diese für die Widerklage nicht herangezogen werden können. Die Einrede des Verfalls wegen Nichtbenutzung ist in der UMV abschließend in Art. 127 Abs. 3 geregelt. Für die **Klage auf Erklärung des Verfalls,** wie auch für den **Verfallsantrag vor dem DPMA ist im deutschen Markenrecht weder in § 55 MarkenG** (→ MarkenG § 55 Rn. 1), **noch in § 49 MarkenG** (→ MarkenG § 49 Rn. 1) **eine „wandernde Benutzungsfrist" geregelt.** Die Vorschrift des § 55 Abs. 3 S. 2 MarkenG gilt nur für Klagen auf Erklärung der Nichtigkeit wegen Bestehens älterer Rechte. Auch ist die **„wandernde Benutzungsfrist" im deutschen Widerspruchsverfahren durch Streichung des § 43 Abs. 1 S. 2 aF entfallen.** Die sich **auf diese Vorschrift stützende Rechtsprechung des BGH** (vgl. BGH GRUR 2002, 59 (61) – ISCO; GRUR 2003, 428 (430) – BIG BERTHA; GRUR 2009, 60 Rn. 18 – LOTTOCARD) **ist somit ebenfalls nicht mehr anwendbar.**

Auch die **Hilfserwägungen des BGH der „Billigkeit" und der „Prozessökonomie"** (vgl. BGH GRUR 2019, 1051 Rn. 21 – Bewässerungsspritze) **überzeugen nicht.** Die Einwände der „Billigkeit" und der „Prozessökonomie" wären auch der ausdrücklich auf den Zeitpunkt der Klageerhebung abstellenden Regelung des **Einwands der mangelnden Benutzung in Art. 127 Abs. 3** (→ Art. 127 Rn. 19) entgegenzuhalten. Auch in diesem Fall ist der Beklagte jedoch nicht schutzlos. Er kann Widerklage erheben oder einen Verfallsantrag stellen. Das Unionsmarkengericht hätte bei einem Verfallsantrag über eine analoge Anwendung der Aussetzungsregelung des Art. 132 Abs. 2 S. 2 aufgrund nationaler Aussetzungsvorschriften die Möglichkeit, das bei ihm anhängige Verfahren bis zu einer rechtskräftigen Entscheidung des Amtes über den Verfallsantrag auszusetzen (→ Art. 132 Rn. 55). **Gleiches gilt auch im Fall einer „vorzeitig" erhobenen Widerklage. Auch in diesem Fall ist der Beklagte nicht schutzlos.** So kann er nach wie vor einen **Verfallsantrag beim Amt stellen** und nach **Art. 132 Abs. 2 S. 2 die Aussetzung des Klageverfahrens beantragen,** bis seitens des Amtes über den Verfallsantrag entschieden ist. Dass der Beklagte eine unbegründete Widerklage auf Erklärung des Verfalls erhoben hat, obwohl die Unionsklagemarke zu diesem Zeitpunkt noch gar nicht verfallen war und zudem regelmäßig auch nicht absehbar ist, ob der Verfall tatsächlich eintreten wird, fällt in seinen Verantwortungsbereich.   **4.5**

Der BGH hat die **Entscheidung des EuGH „Husqvarna/Lidl"** (EuGH C-607/19, GRUR 2021, 613) **für das deutsche Markenrecht im Urteil vom 14.1.2021 „STELLA"** (BGH GRUR-RS 2021, 5277 – STELLA) **umgesetzt** und seine bisherige Rechtsprechung zur Anwendung eines **„wandernden Benutzungszeitraums"** unter Hinweis auf eine unionsrechtskonforme Auslegung **ausdrücklich fallen gelassen.** In der Entscheidung **„Bewässerungsspritze II"** (BGH GRUR 2021, 1389) hat der BGH im Anschluss an die Entscheidung des EuGH „Husqvarna/Lidl" bestätigt, dass der maßgebliche Zeitpunkt für die Feststellung des Ablaufs des Nichtbenutzungszeitraums derjenige der Erhebung der Widerklage auf Erklärung des Verfalls ist.   **5**

Nach Abs. 1 kann die Widerklage auf Erklärung des Verfalls auf die in dieser Verordnung geregelten Verfallsgründe gestützt werden. Nach Art. 62 Abs. 1 S. 2 kann auf Antrag einer Partei ein früherer Zeitpunkt, zu dem einer der Verfallsgründe eingetreten ist, festgesetzt werden. Der EuGH hat in seiner Entscheidung „Husqvarna" festgestellt, dass für die Berechnung des Nichtbenutzungszeitraums der Unionsklagemarke auf den Tag der Erhebung der Widerklage abzustellen ist und die Wirkungen des Verfalls nicht auf einen Zeitpunkt nach Erhebung der Widerklage verlegt werden können (vgl. EuGH C-607/19, GRUR-RS 2020, 35401 Rn. 41). Jedoch können **die Wirkungen des Verfalls nach Art. 62 Abs. 1 S. 2 auf einen Zeitpunkt vor Erhebung der Widerklage verlegt werden** (vgl. EuGH C-607/19, GRUR-RS 2020, 35401 Rn. 41). Auf Antrag kann seitens des Unionsmarkengerichts somit festgestellt werden, dass der Verfall der Unionsklagemarke zu einem früheren Zeitpunkt als dem Tag der Erhebung der Widerklage eingetreten ist.   **6**

Die Widerklage ist **akzessorisch zu einer aus einer Unionsmarke erhobenen Klage** (Knaak GRUR Int 2007, 386 (393)), dh eine Widerklage iSv Art. 128 ist nur möglich, wenn **zuvor eine Klage – nicht ein Antrag im einstweiligen Rechtsschutz – wegen Verletzung einer Unionsmarke erhoben wurde** (Hildebrandt/Sosnitza/Hildebrandt Rn. 13). Hierfür bedarf es nicht der Zulässigkeit der Verletzungsklage aus der Unionsmarke (Hildebrandt/Sosnitza/Hildebrandt Rn. 7). Es ist nicht möglich neben der Klagemarke weitere Unionsmarken des Klägers im Wege der Widerklage anzugreifen, wenn es sich bei diesen nicht um weitere Klagemarken handelt (→ Art. 127 Rn. 7; → Art. 127 Rn. 35; Hildebrandt/Sosnitza/Hildebrandt Rn. 5). Die Löschungswiderklage ist auch dann zulässig, wenn Verletzungskläger nicht der Markeninhaber selbst, sondern ein Dritter, zB ein Lizenznehmer, ist. Dies folgt aus Abs. 3, der dem Markeninhaber für den Fall, dass er nicht Partei des Rechtsstreits ist, ein Beitrittsrecht einräumt.   **7**

Gegenüber einer **Klage auf Ersatz von Abmahnkosten** wegen einer berechtigten Abmahnung aus einer Unionsmarke ist die Erhebung einer Widerklage nicht zulässig, da es sich nicht um eine Klage wegen Verletzung einer Unionsmarke, sondern um nicht in der UMV geregelte Abmahnkostenerstattungsansprüche nach nationalem Recht handelt. Das Unionsmarkengericht   **8** hat daher von der Rechtsgültigkeit der Unionsmarken auszugehen, auf die die Abmahnung gestützt worden ist (OLG Stuttgart BeckRS 2019, 16939 Rn. 38 f. – Ersatz von Abmahnkosten).

9   Fraglich ist, ob im Fall einer **Klage auf angemessene Entschädigung** nach Art. 124 lit. c iVm Art. 11 Abs. 2 eine Widerklage nach Art. 128 zulässig ist. Hier wird danach zu differenzieren sein, ob die Unionsmarke im Zeitpunkt der Erhebung der Widerklage bereits eingetragen ist oder sich noch im Stadium des Anmeldeverfahrens befindet. So kann der Entschädigungsanspruch nach Art. 11 Abs. 2 bereits unmittelbar nach Veröffentlichung der Anmeldung der Unionsmarke gerichtlich geltend gemacht werden oder erst nach erfolgter Eintragung und Veröffentlichung der Eintragung der Unionsmarke zusammen mit den eigentlichen Verletzungsansprüchen. Sofern die Unionsmarke eingetragen wurde, ist eine Widerklage auch im Hinblick auf die im Wege der Klage nach Art. 124 lit. c geltend gemachten Ansprüche auf angemessene Entschädigung zulässig (so auch Hildebrandt/Sosnitza/Hildebrandt Rn. 6; aA Hasselblatt EUTMR/Menebröcker Rn. 8). So spricht Art. 127 Abs. 3 ausdrücklich von Klagen gemäß Art. 124 lit. c gegen welche die in Art. 127 Abs. 3 genannten Einwände zulässig sind, die nicht im Wege der Widerklage erhoben wurden. Hieraus folgt, dass die Widerklage nach Art. 128 auch gegen Klagen gemäß Art. 124 lit. c zulässig ist, sofern die Unionsmarke aus der der Entschädigungsanspruch nach Art. 11 Abs. 2 gerichtlich geltend gemacht wird, bereits eingetragen ist. In diesem Fall greift das Argument nicht mehr, eine Widerklage könne nur gegen eine existente Unionsmarke gerichtet sein. Befindet sich die **Unionsmarke jedoch noch im Anmeldestadium,** so dürfte eine Widerklage nach Art. 128 unzulässig sein (so auch: Hildebrandt/Sosnitza/Hildebrandt Rn. 6). Eine solche Widerklage könnte nicht auf die Löschung der Unionsmarke, sondern nur auf die Einwilligung in die Rücknahme der Unionsmarkenanmeldung gerichtet sein. Im deutschen Recht wird ein Anspruch auf Rücknahme der Anmeldung der rechtsverletzenden deutschen Marke unter dem Gesichtspunkt der vorbeugenden Störungsbeseitigung aus dem allgemeinen zivilrechtlichen Störungsbeseitigungsanspruch, § 1004 BGB analog, hergegeben (vgl. BGH GRUR 1993, 556, 558 – TRIANGEL; GRUR 2010, 642 Rn. 24 – WM–Marken; Ingerl/Rohnke MarkenG § 55 Rn. 52; Ströbele/Hacker/Thiering/Hacker MarkenG § 14 Rn. 672). Die UMV enthält keine Regelung, wonach der Inhaber eines entgegenstehenden älteren Rechts einen Anspruch auf Rücknahme der Unionsmarkenanmeldung geltend machen kann. Eine isolierte Klage auf Rücknahme einer Unionsmarkenanmeldung ist nicht zulässig (→ Art. 127 Rn. 7). Ein Rückgriff auf nationale Rechtsvorschriften ist nicht zulässig, da Art. 128 die Widerklagegründe abschließend regelt (→ Rn. 1). Es dürfte auch keine Gesetzeslücke für eine analoge Anwendung von Art. 128 auf Unionsmarkenanmeldungen vorliegen, da die UMV dem Inhaber älterer Rechte die Möglichkeit einräumt im Wege des Widerspruchsverfahrens vor dem Amt gegen die Eintragung einer Unionsmarke vorzugehen.

10   Eine **Widerklage auf Löschung einer Unionsmarke nach Art. 128 ist unzulässig gegenüber** einer **negativen Feststellungsklage,** in der festgestellt werden soll, dass die Benutzung der Unionsmarke keine Rechte aus einer älteren nationalen Marke verletzt (vgl. LG München I GRUR Int 2000, 783 – Betty; Hildebrandt/Sosnitza/Hildebrandt Rn. 8; s. auch → Art. 124 Rn. 1 ff.).

11   Fraglich ist, ob auch eine **Drittwiderklage** gegen einen bisher am Rechtsstreit nicht Beteiligten eine Widerklage iSv Art. 128 darstellt, etwa wenn der Lizenznehmer klagt und der Beklagte Drittwiderklage auf Löschung der Klagemarke gegen den Markeninhaber erhebt. Hiergegen könnte Art. 127 Abs. 1 sprechen, wonach das angerufene Unionsmarkengericht im Verletzungsverfahren von der Rechtsgültigkeit der Klagemarke auszugehen hat, sofern diese nicht vom Beklagten mit einer Widerklage nach Art. 128 angegriffen worden ist. Im Fall einer Drittwiderklage müsste das Unionsmarkengericht somit im Verhältnis Kläger – Beklagter von der Rechtsgültigkeit der Unionsmarke ausgehen, da der Beklagte gegen den Kläger keine Löschungswiderklage erhoben hat. Unter Widerklage iSv Art. 127 Abs. 1 und Art. 128 Abs. 1 ist daher **nur die Widerklage gegen den Kläger** zu verstehen (vgl. auch Beyerlein WRP 2004, 302 (304) mit anderer Begründung).

12   Fraglich ist das **Schicksal der Widerklage nach Art. 128, wenn die Verletzungsklage zurückgenommen wird,** etwa weil der Kläger verhindern will, dass seine Unionsmarke für verfallen und/oder nichtig erklärt wird. Mangels einer Regelung in der UMV findet über Art. 129 Abs. 3 (→ Art. 129 Rn. 43) das jeweilige nationale Verfahrensrecht des Forum-Staates Anwendung (vgl. Ingerl/Rohnke, 3. Aufl. 2010, MarkenG § 125e Rn. 33; Hasselblatt EUTMR/Menebröcker Rn. 3; zur GGV vgl. Ruhl/Tolkmitt GGV Art. 84 Rn. 8; aA Hildebrandt/Sosnitza/Hildebrandt Rn. 12 – aber Widerklage als selbstständige Klage unionsweit einheitlich bejahend). Dies sind in Deutschland die §§ 33, 261 ZPO. Danach ist nach deutschem Verfahrensrecht die wirksam erhobene Widerklage vom Fortbestand der Klage unabhängig (vgl. OLG Brandenburg BeckRS 2010, 23356; LG München I NJW 1978, 953; BeckOK ZPO/Toussaint ZPO § 33 Rn. 3; Beyerlein

WRP 2004, 302 (303); Eisenführ/Schennen/Kampmann/Eberhardt Art. 127 Rn. 7; Hasselblatt EUTMR/Menebröcker Rn. 3 Fn. 8; Ingerl/Rohnke, 3. Aufl. 2010, MarkenG § 125e Rn. 33). Durch die Rücknahme der Klage ist auch nicht der rechtliche Grund der Widerklage entfallen. Zum einen besteht der rechtliche Grund der Widerklage, der Verfall oder die Nichtigkeit der Unionsmarke, weiter fort, zum anderen besteht die Gefahr, dass der Kläger aus der Unionsmarke erneut Verletzungsklage, womöglich vor einem anderen Gericht erhebt. In Mitgliedsländern, in denen die Widerklage nach nationalem Verfahrensrecht vom Fortbestand der Klage abhängig ist, kann der Kläger die Widerklage gegen seine Unionsmarke durch Rücknahme der Verletzungsklage zu Fall bringen (vgl. Hasselblatt EUTMR/Menebröcker Rn. 20).

II. Nichtigkeitsgründe

Die Widerklage auf Erklärung der Nichtigkeit kann auf sämtliche in Art. 59 (→ Art. 59 **13** Rn. 1 f.) und Art. 60 (→ Art. 60 Rn. 10) geregelten absoluten und relativen Nichtigkeitsgründe gestützt werden. Anders als der Widerspruch gegen die Eintragung einer Unionsmarke (Art. 46 Abs. 1), mit dem nur ältere Marken- und Kennzeichenrechte entgegen gehalten werden können (→ Art. 46 Rn. 32 f.) kann die Widerklage, ebenso wie der Nichtigkeitsantrag beim Amt (→ Art. 63 Rn. 30), auch auf die in Art. 60 Abs. 2 genannten sonstigen älteren Rechte (→ Art. 60 Rn. 10 f.), wie das Namensrecht, das Recht an der eigenen Abbildung, das Urheberrecht sowie gewerbliche Schutzrechte, gestützt werden.

Aufgrund des **Verbots der sog. Doppelantragsstellung nach Art. 60 Abs. 4** (→ Art. 60 **14** Rn. 24) kann die Widerklage nicht nachträglich auf einen relativen Nichtigkeitsgrund aus einem älteren Marken- oder sonstigen Recht gestützt werden, wenn dieses ältere Recht bereits bei Erhebung der Widerklage hätte geltend gemacht werden können.

III. Verfallsgründe

Die Widerklage auf Erklärung des Verfalls kann aufgrund sämtlicher in Art. 58 geregelten **15** Verfallsgründe (→ Art. 58 Rn. 1 f.) erhoben werden. Anders als der Einwand nach Art. 127 Abs. 3, mit dem der Beklagte ausschließlich den Verfallsgrund der mangelnden ernsthaften Benutzung geltend machen kann (→ Art. 127 Rn. 17 ff.), kann der Beklagte die Widerklage auch auf Verfall wegen Umwandlung zu einer sekundären Gattungsbezeichnung (Art. 58 Abs. 1 lit. b, → Art. 58 Rn. 33) sowie Verfall wegen Irreführungsgefahr (Art. 58 Abs. 1 lit. c, → Art. 58 Rn. 27) stützen.

IV. Geographisch beschränkte Widerklagegründe

1. Geographische Beschränkung

Die Widerklagegründe können unter Umständen nur in einem **geographisch beschränkten** **16** **Gebiet** vorliegen. Dies kann etwa dann der Fall sein, wenn als relativer Nichtigkeitsgrund der Unionsmarke ein **älteres nationales Recht** entgegengehalten wird oder ein **absoluter Nichtig-keits- oder Verfallsgrund nur in einem geographisch beschränkten Gebiet** der Europäischen Gemeinschaft vorliegt, wie dies etwa bei mangelnder Unterscheidungskraft nach Art. 7 Abs. 1 lit. b (→ Art. 7 Rn. 24), beschreibender Angabe nach Art. 7 Abs. 1 lit. c (→ Art. 7 Rn. 87), Umwandlung zu einer sekundären Gattungsbezeichnung nach Art. 58 Abs. 1 lit. b (→ Art. 58 Rn. 33) sowie dem Verfall wegen Irreführungsgefahr nach Art. 58 Abs. 1 lit. c (→ Art. 58 Rn. 27) aus sprachlichen oder sonstigen territorial beschränkt vorliegenden Gründen der Fall sein kann (ebenso zum Unterlassungsanspruch EuGH C-235/09, GRUR 2011, 518 – DHL/ Chronopost).

Diese geographisch beschränkten Widerklagegründe können **zudem in einem anderen Mit-** **17** **gliedstaat als dem Forum-Staat** vorliegen. Im Fall eines älteren nationalen Rechts, das nicht im Forum-Staat gelegen ist, muss das Unionsmarkengericht prüfen, ob dieses nationale Recht nach der Rechtsordnung des jeweiligen Mitgliedstaates existiert und ob dieses danach der Unionsmarke entgegengehalten werden kann (Hasselblatt EUTMR/Menebröcker Rn. 16; Knaak GRUR Int 1997, 864 (868)). Wird die Widerklage auf absolute Nichtigkeits- oder Verfallsgründe gestützt, die außerhalb des Forum-Staates gelegen sind, so muss das Unionsmarkengericht ebenfalls prüfen, ob diese existieren (Hasselblatt EUTMR/Menebröcker Rn. 18). Dies gilt auch für Unions-markengerichte, deren internationale Zuständigkeit auf Art. 125 Abs. 5 beruht und deren Entscheidungskompetenz auf das Gebiet des Mitgliedstaates seines Sitzes beschränkt ist (Knaak GRUR Int 1997, 864 (868)).

2. Auswirkungen auf Klage und Widerklage, Umwandlung

18   Greifen diese älteren nationalen Rechte oder territorial beschränkten absoluten Nichtigkeits- oder Verfallsgründe durch, so hat das angerufene Unionsmarkengericht der **Widerklage stattzu- geben** und die Unionsmarke für verfallen bzw. nichtig zu erklären. Die **Verletzungsklage ist abzuweisen.** Dies folgt aus der **Einheitlichkeit der Unionsmarke** (Hasselblatt EUTMR/Mene- bröcker Rn. 19) und daraus, dass die Widerklage sich nicht gegen die möglicherweise geographisch beschränkten Verletzungsansprüche als solche wendet, sondern darauf abzielt, dass die Unions- marke wegen eines älteren Rechts für nichtig erklärt wird. Dies ist jedoch bei jeder Kollision mit einem älteren nationalen Recht der Fall.

19   Der Inhaber der Unionsmarke kann, soweit nach Art. 139 zulässig ($\rightarrow$ Art. 139 Rn. 1 ff.), die **Umwandlung der Unionsmarke in nationale Markenanmeldungen** betreiben. Betreibt der Kläger aufgrund der erfolgten Erklärung der Nichtigkeit oder des Verfalls der Klageunionsmarke die **Umwandlung der Unionsmarke in eine nationale Marke,** stellt sich die **Frage,** welche **Auswirkungen dies auf die Verletzungsklage** aus der Unionsmarke hat.

20   Die **nationale Marke ist kein bereits existentes Recht innerhalb der Unionsmarke,** das im Fall der Umwandlung lediglich „abgespalten" wird (aA OLG Düsseldorf BeckRS 2014, 12143 – Ampliteq; Hofmann MarkenR 2016, 23 (25); offengelassen von BGH GRUR 2016, 83 Rn. 27 – Amplitel). Die Unionsmarke ist kein „Bündel nationaler Markenrechte". Vielmehr handelt es sich um **zwei voneinander zu trennende selbstständige Rechte,** mit eigenen Anspruchsgrundlagen und Rechtswirkungen (vgl. Eisenführ/Schennen/Eberhardt Art. 62 Rn. 12). Die nationale Marke ist daher kein „minus" zur Unionsmarke, sondern ein „aliud".

21   **Anders** ist dies **im Fall der Seniorität** nach Art. 39 Abs. 3 ($\rightarrow$ Art. 39 Rn. 25 ff.), bei der im Fall des Verzichts oder Erlöschens der älteren nationalen Marke der gesamte Inhalt dieser älteren nationalen Marke in die Unionsmarke integriert und deren **Fortbestand in der Unions- marke fingiert wird** (BPatG BeckRS 2013, 5944 – IPSOS; ausführlich $\rightarrow$ Art. 39 Rn. 29 f.).

22   Hinsichtlich der **Wirkungen der Umwandlung** einer Unionsmarke muss zwischen den Aus- wirkungen auf die Anmeldung der nationalen Marke, dh dem **Erhalt der Priorität** der Unions- marke, und dem **Entstehen des nationalen Markenrechts** mit den daraus folgenden Schutzan- sprüchen **differenziert werden.** Entgegen der Auffassung des OLG Düsseldorf enthält Art. 37 nicht die Aussage, dass es sich bei der nationalen Marke um dasselbe Schutzrecht handelt (OLG Düsseldorf BeckRS 2014, 12143 – Amplitel), sondern nach Art. 37 wirkt die Anmeldung einer Unionsmarke wie eine vorschriftmäßige nationale Hinterlegung, dh eine Markenanmeldung, mit der für die Unionsmarkenanmeldung in Anspruch genommenen Priorität. Auch Art. 139 Abs. 1 spricht nicht von der Umwandlung in eine nationale Marke, sondern in eine **Anmeldung** für eine nationale Marke. Die **„Kontinuität" besteht daher nicht hinsichtlich des Markenrechts, sondern nur hinsichtlich der Anmeldung.**

23   Aus dem Umstand, dass einer Unionsmarkenanmeldung die Wirkung einer nationalen Marken- anmeldung mit der Priorität der Unionsmarke zukommt, **folgt nicht,** dass die nationale Marke durch die Eintragung der Unionsmarke bereits als Markenrecht entstanden ist und in einem Verletzungsverfahren die **Ansprüche aus der Unionsmarke nunmehr auf die nationale Marke gestützt werden können.** Eine andere Situation liegt vor, wenn die **Unionsmarke die Seniorität einer älteren nationalen Marke in Anspruch genommen hat** ($\rightarrow$ Art. 39 Rn. 25) und nunmehr diese **„alte" nationale Marke im Wege der Umwandlung „wiederauflebt".** In diesem Fall müsste es möglich sein, **Ansprüche aus der nationalen Marke** auch auf Benut- zungshandlungen zu stützen, die während der Zeitdauer vorgenommen wurden, in der die eine Seniorität in Anspruch nehmende Unionsmarke eingetragen war. Auch ein auf die Unionsmarke gestützter Widerspruch wird nicht in einen auf eine nationale Marke gestützten Widerspruch, sondern, solange die nationale Marke noch nicht eingetragen ist, in einen nach § 42 MarkenG ($\rightarrow$ MarkenG § 42 Rn. 95) zulässigen, auf eine nationale Markenanmeldung gestützten Widerspruch transformiert.

24   Ist die Klageunionsmarke untergegangen, so ist auch der **auf die Unionsmarke gestützte Unterlassungsanspruch weggefallen.** Ob für die Vergangenheit noch Auskunfts- und Scha- densersatzansprüche weiterverfolgt werden können, hängt von dem Rechtsgrund für das Erlöschen der Klageunionsmarke ab. **Auskunfts- und Schadensersatzansprüche wegen zurückliegen- der Handlungen** können **nicht auf die durch Umwandlung entstandene nationale Marke gestützt werden** (so jetzt auch BGH GRUR 2016, 83 Rn. 27 – Amplitel; Eisenführ/Schennen/ Eberhardt Art. 62 Rn. 12).

25   Ob **aus der nationalen Marke Verletzungsansprüche** geltend gemacht werden können, insbesondere ob der Unterlassungsanspruch weiterverfolgt werden kann, richtet sich nach dem jeweiligen nationalen Recht. In Deutschland können **Ansprüche aus der deutschen Marke erst ab deren Eintragung** und nicht bereits ab Anmeldung geltend gemacht werden. Erforderlich ist hierfür eine Verletzung dieser nationalen Marke bzw. im Hinblick auf den Unterlassungsanspruch die Besorgnis, dass deren Verletzung ernsthaft droht (so jetzt auch BGH GRUR 2016, 83 Rn. 27 – Ampliteq). Die **vor Eintragung der deutschen Marke vorgenommenen Handlungen können keine Wiederholungsgefahr begründen** (so jetzt auch BGH GRUR 2016, 83 Rn. 30 – Ampliteq). Durch den Wegfall der Unionsmarke ist die Wiederholungsgefahr entfallen (vgl. EuGH C-316/05, GRUR 2007, 228 Rn. 32 ff. – Nokia). Für den Fall, dass der Beklagte die Verletzungshandlungen zwischenzeitlich eingestellt hat, ist fraglich, ob aus den vergangenen Verletzungshandlungen eine **Erstbegehungsgefahr** hergeleitet werden kann. Hierzu dürften weitere besondere Umstände erforderlich sein (einen Unterlassungsanspruch aus einer vor Eintragung der umgewandelten deutschen Marke begangenen Benutzungshandlung aufgrund Annahme desselben Schutzrechts bejahend OLG Düsseldorf BeckRS 2014, 12143 – Ampliteq – aufgehoben durch BGH GRUR 2016, 83 Rn. 27 – Ampliteq). Derartige Umstände, die eine für den vorbeugenden Unterlassungsanspruch ausreichende Erstbegehungsgefahr begründen können, liegen insbesondere in einer durch den Beklagten vor Eintragung der deutschen Klagemarke vorgenommenen **Anmeldung des streitgegenständlichen Zeichens als Marke,** wenn keine konkreten Umstände vorliegen, die gegen eine Benutzungsabsicht sprechen (vgl. BGH GRUR 2016, 83 Rn. 30 – Ampliteq; GRUR 2014, 382 Rn. 30 – REAL Chips).

Soll die **Verletzungsklage nach Umwandlung der Unionsmarke nunmehr auf die natio-**   **26** **nale Marke gestützt werden,** richtet sich die **prozessuale Zulässigkeit nach nationalem Verfahrensrecht.** Da Ansprüche aus der Unionsmarke und einer nationalen Marke nach deutschem Recht grundsätzlich zwei verschiedene Streitgegenstände darstellen, würde es sich nach deutschem Verfahrensrecht grundsätzlich um eine **Klageänderung** handeln. Jedoch könnten die **Besonderheiten im Fall einer aus einer umgewandelten Unionsmarke hervorgegangenen nationalen Marke,** die nunmehr in den Verletzungsprozess eingeführt werden soll, **in prozessualer Hinsicht eine andere Beurteilung rechtfertigen.** Die Frage, ab wann Markenschutz aus einer nationalen Klagemarke, die aus einer umgewandelten Unionsmarke hervorgegangen ist, besteht und welche Ansprüche aus dieser Marke geltend gemacht werden können, ist unabhängig von der Frage, ob es sich in der Sache um dasselbe Schutzrecht handelt. Der BGH hat diese Streitfrage daher auch in der Entscheidung „Amplidect/ampliteq" ausdrücklich offen gelassen (BGH GRUR 2016, 83 Rn. 27 – Amplidect/ampliteq). **Nach § 121 Abs. 3 MarkenG** wird die nationale Marke **ohne weitere Prüfung unmittelbar unter Wahrung ihres ursprünglichen Zeitrangs** vom Deutschen Patent- und Markenamt in das Register eingetragen. Durch die Umwandlung der Unionsmarke in eine nationale Marke verkleinert sich – ungeachtet der rechtlichen Selbständigkeit beider Markenrechte (→ Rn. 20) – in tatsächlicher Hinsicht das geographische Gebiet, in dem Markenschutz besteht. Dies könnte dafür sprechen, die Einführung der aus der umgewandelten Unionsmarke hervorgegangenen nationalen Marke in den Verletzungsprozess nicht als Klageänderung zu qualifizieren. Etwas anderes würde jedoch dann gelten, wenn der Beklagte die Verletzungshandlungen zwischenzeitlich eingestellt hat und der Unterlassungsanspruch nunmehr nicht auf Wiederholungsgefahr, sondern auf Erstbegehungsgefahr gestützt und hierzu ein neuer Lebenssachverhalt herangezogen werden müsste (vgl. BGH GRUR 2016, 83 Rn. 41 – Amplidect/ampliteq). Bis die nationale Marke durch das DPMA eingetragen ist und in den anhängigen Rechtsstreit eingeführt werden kann, könnte das **Verfahren nach § 148 ZPO ausgesetzt** bzw. übereinstimmend **nach § 251 ZPO zum Ruhen gebracht werden** (vgl. Eisenführ/Schennen/Eberhardt Art. 62 Rn. 12).

Die Umwandlung in eine nationale Marke kann sich auch **auf die Zuständigkeit des**   **27** ursprünglich wegen einer Unionsmarkenverletzung **angerufenen Gerichts auswirken.** Wird die Verletzungsklage nach erfolgter Umwandlung der Unionsmarke auf die aus der Umwandlung hervorgegangene nationale Marke gestützt, so kann das ursprünglich wegen einer Unionsmarkenverletzung angerufene Gericht seine **internationale Zuständigkeit** verlieren. Dies kann in den Fällen auftreten, in denen die Verletzungsklage am Sitz des Klägers (Art. 125 Abs. 2; → Art. 125 Rn. 18) oder am Sitz des Amtes (Art. 125 Abs. 3; → Art. 125 Rn. 21) erhoben wurde (Hasselblatt EUTMR/Menebröcker/Stier Rn. 19). Wurde die Klage am Verletzungsort (Art. 125 Abs. 5; → Art. 125 Rn. 29) oder am Sitz des Beklagten erhoben, so kann die internationale Zuständigkeit des angerufenen Gerichts weiter gegeben sein (Hasselblatt EUTMR/Menebröcker Rn. 19). Da das Gericht jedoch nicht mehr als Unionsmarkengericht angerufen ist, sind die in dem Forum-Staat geltenden nationalen Zuständigkeitsregelungen für Klagen wegen der Verletzung nationaler Marken zu beachten.

V. Wiederholungsmarke

28   Hat der Kläger die Unionsmarke vor oder auch nach Ablauf der Benutzungsschonfrist einer älteren identischen eingetragenen Marke erneut angemeldet und eintragen lassen, um auf diese Weise Rechtsschutz auf Grund der neu eingetragenen Unionsmarke auch nach Ablauf der Benutzungsschonfrist der prioritätsälteren Marke zu erhalten, liegt eine sog. Wiederholungsmarke vor (→ Art. 127 Rn. 34 ff.). Die UMV enthält keine Regelung zu Wiederholungsmarken.

29   Im deutschen Schrifttum zum MarkenG werden **im Wesentlichen zwei Lösungsansätze** verfolgt (vgl. Ströbele/Hacker/Thiering/Ströbele MarkenG § 26 Rn. 335 f.). Zum einen wird das Problem der Wiederholungsmarke über den **Einwand des Rechtsmissbrauchs** gelöst (→ Art. 127 Rn. 36; Fezer MarkenG § 25 Rn. 38, 42; Heydt GRUR 1975, 439). Auch nach den Prüfungsrichtlinien des EUIPO soll eine Wiederholungsanmeldung den Tatbestand der „bösgläubigen" Markenanmeldung erfüllen (Richtlinien für die Verfahren vor dem EUIPO Teil D Löschung, Abschnitt 2 – wesentliche Vorschriften, Ziff. 3.3.2., S. 15; EUIPO Entscheidung vom 22.7.2019 – R 1849/2017-2, BeckRS 2019, 20439). In der Entscheidung „Pelikantravel.com/HABM" (EuG GRUR Int 2013, 144 Rn. 27) hat das EuG ausgeführt, dass bei der Feststellung des Vorliegens einer bösgläubigen Markenanmeldung der Umstand, dass eine Wiederholungsanmeldung für dieselbe Marke getätigt wurde, um die Konsequenzen einer Löschung der älteren Marke wegen Nichtbenutzung zu umgehen, mitberücksichtigt werden könne (→ Art. 127 Rn. 36).

30   Zum anderen wird als Lösungsansatz das **Schonfristprivileg für die Wiederholungsanmeldung versagt** (→ Art. 127 Rn. 29; Ingerl/Rohnke MarkenG § 25 Rn. 40; Fischkötter/Rheineck GRUR 1980, 384; Hackbarth, Grundlagen des Benutzungszwangs im Gemeinschaftsmarkenrecht, 1993, 197). Besteht zwischen dem Eintritt des Verfalls der Ersteintragung und der Wiederholungsanmeldung ein zeitlicher Zusammenhang, so kommt die Wiederholungsmarke hiernach nicht in den Genuss der fünfjährigen Benutzungsschonfrist (ausführlich → Art. 127 Rn. 29). Wird die Wiederholungsunionsmarke aufgrund des Verfalls der Ersteintragung ebenfalls für verfallen angesehen, so kann die Widerklage auf den Verfallsgrund der mangelnden Benutzung gestützt werden. Nach beiden Lösungsansätzen ist die Erhebung einer Widerklage möglich.

VI. Rechtsfolgen der Widerklage (Abs. 5)

31   Erweist sich die Widerklage auf Erklärung des Verfalls oder der Nichtigkeit für alle Waren oder Dienstleistungen, für die sie eingetragen ist, als berechtigt, so wird die **Klagemarke in Gänze für verfallen oder nichtig erklärt** (Art. 128 Abs. 5 iVm Art. 64 Abs. 5 S. 1). Ist die Widerklage nur hinsichtlich eines Teils der eingetragenen Waren oder Dienstleistungen begründet, so wird sie nur hinsichtlich dieses Teils für verfallen oder nichtig erklärt (Art. 128 Abs. 5 iVm Art. 64 Abs. 5 S. 2). Ist die Klagemarke nicht verfallen oder nichtig, wird die Widerklage abgewiesen (Art. 128 Abs. 5 iVm Art. 64 Abs. 5 S. 3). **Über die Widerklage ist regelmäßig vor der Klage zu entscheiden** (EuGH C-425/16, BeckRS 2017, 128369 Rn. 33 – Bäucherlwärmer; LG München I GRUR Int 2001, 247 – Mozart; Eisenführ/Schennen/Kampmann/Eberhardt Art. 127 Rn. 7; → Art. 127 Rn. 4; → Art. 127 Rn. 38). Das Unionsmarkengericht muss der Widerklage auf Nichtigerklärung einer Unionsmarke somit zunächst stattgeben, bevor es die Verletzungsklage wegen Verletzung der Unionsmarke wegen desselben Nichtigkeitsgrundes abweisen kann (EuGH C-425/16, BeckRS 2017, 128369 Rn. 34 – Bäucherlwärmer). Allerdings muss das Unionsmarkengericht **nicht die Rechtskraft der Entscheidung über die Widerklage abwarten,** bevor es die Verletzungsklage abweisen darf (EuGH C-425/16, BeckRS 2017, 128369 Rn. 48 – Bäucherlwärmer).

B. Nichtbenutzungseinrede und Zwischenrecht gegen ältere Widerklagemarken

32   Nach Abs. 5 sind unter anderem die Vorschriften des Art. 64 Abs. 2 und 3 (→ Art. 64 Rn. 20) anzuwenden. Der widerbeklagte Inhaber der Klageunionsmarke kann danach gegenüber der älteren Widerklagemarke die Einrede der Nichtbenutzung erheben. Dies gilt sowohl gegenüber älteren Unions-, als auch nationalen Marken (Art. 64 Abs. 3). Ist die ältere Marke nur für einen Teil der eingetragenen Waren oder Dienstleistungen rechtserhaltend benutzt worden, so gilt sie zum Zwecke der Prüfung der Begründetheit der Widerklage nur für diesen Teil der Waren oder Dienstleistungen als eingetragen (Art. 64 Abs. 2 S. 4).

33   Der Widerkläger hat die Voraussetzungen der rechtserhaltenden Benutzung seiner älteren Marke **in zwei Zeitpunkten nachzuweisen** (→ Rn. 34 ff.).

I. Benutzung im Zeitpunkt der Widerklageerhebung

Der Widerkläger muss auf die Nichtbenutzungseinrede des Klägers zum einen nachweisen, dass **34** er seine ältere Marke, auf die er seine Löschungswiderklage gestützt hat, innerhalb der letzten fünf Jahre **vor Erhebung der Widerklage rechtserhaltend benutzt** hat (Art. 64 Abs. 2 S. 1). Der Stellung des Antrags auf Erklärung der Nichtigkeit iSv Art. 64 Abs. 2 S. 1 (→ Art. 64 Rn. 20) ist der Zeitpunkt der Widerklageerhebung gleichzustellen.

II. Benutzung am Tag der Veröffentlichung der Anmeldung der Unionsmarke; Zwischenrecht

War die ältere Marke des Widerklägers am Anmeldetag oder dem Prioritätstag der Anmeldung **35** der Unionsmarke, die aufgrund der Widerklage für nichtig erklärt werden soll, bereits mindestens fünf Jahre eingetragen, so muss der Widerkläger zudem nachweisen, dass seine ältere Marke innerhalb der letzten fünf Jahre **vor dem Anmeldetag oder dem Prioritätstag** der Anmeldung der Unionsmarke **rechtserhaltend benutzt worden** ist (Art. 64 Abs. 2 S. 2; → Art. 64 Rn. 21).

Kann er diesen Nachweis nicht erbringen, so ist die Widerklage auf Erklärung der Nichtigkeit **36** wegen eines älteren Rechts abzuweisen (Art. 64 Abs. 2 S. 3).

Die UMV gewährt dem Inhaber der jüngeren Unionsmarke somit gegenüber einer älteren **37** nationalen oder Unionsmarke, die am Anmeldetag oder Prioritätstag der Anmeldung der Unionsmarke nicht rechtserhaltend benutzt war, ein Zwischenrecht (**zu Zwischenrechten im Einzelnen** → Art. 16 Rn. 1 f.). Die UMV verhindert hierdurch die Löschung einer jüngeren Unionsmarke aus einer ehemals nicht benutzten älteren Marke und sichert somit deren Bestandskraft. **Die Befugnis diese jüngere Unionsmarke zu benutzen ist nunmehr durch Art. 16** (→ Art. 16 Rn. 1 f.) **gesichert.**

C. Vergleichsanregung seitens des Gerichts

Nach Abs. 5 ist im Widerklageverfahren auch die Regelung des Art. 64 Abs. 4 (→ Art. 64 **38** Rn. 51) anwendbar, wonach das Amt die Beteiligten ersuchen kann, sich zu einigen, wenn es dies als sachdienlich erachtet. Das mit der Widerklage angerufene Unionsmarkengericht ist seitens des Verordnungsgebers somit ausdrücklich ermächtigt worden, die Parteien zu ersuchen, sich zu einigen, sofern es dies für sachdienlich hält. Das Unionsmarkengericht kann im Zuge dessen den Parteien einen Vergleichsvorschlag unterbreiten, der sowohl eine Teileinigung nur über den Gegenstand der Widerklage vorsehen, als auch den Gegenstand der Klage miteinbeziehen kann (Eisenführ/Schennen/Kampmann/Eberhardt Rn. 9).

D. Beitritt des Inhabers der Unionsmarke

Ist der Inhaber der durch die Widerklage angegriffenen Unionsmarke nicht Partei des Rechts- **39** streits, so kann dieser nach Abs. 3 Hs. 2 zur Verteidigung seiner Marke dem Rechtsstreit nach Maßgabe des nationalen Rechts des mit der Klage und Widerklage angerufenen Unionsmarkengerichts beitreten. Dies ist etwa dann der Fall, wenn die Verletzungsklage nicht vom Markeninhaber selbst, sondern von einem durch Lizenzvertrag oder auf andere Weise bevollmächtigten Dritten erhoben wurde. Die Voraussetzungen und Rechtswirkungen des Beitritts richten sich nach dem nationalen Recht des Forum-Staates. In Deutschland sind dies die §§ 66 ff. ZPO. Danach wird der beitretende Markeninhaber nicht selbst Partei des Rechtsstreits, sondern erlangt nur die Stellung eines Nebenintervenienten (vgl. Beyerlein WRP 2004, 302 f.; zur GGV Ruhl/Tolkmitt GGV Art. 84 Rn. 4; aA Eisenführ/Schennen/Kampmann/Eberhardt Rn. 14).

Damit der Markeninhaber, der nicht Partei des Rechtsstreits ist, Gelegenheit hat, dem Rechts- **40** streit beizutreten, ist das Unionsmarkengericht nach Abs. 3 Hs. 1 verpflichtet, diesen über die Widerklage zu unterrichten. Nach Art. 111 Abs. 6 erhält der Inhaber der Unionsmarke ferner über jede Änderung im Register eine Mitteilung des Amtes. Das Amt ist nach Abs. 4 S. 2 und Art. 111 Abs. 3 lit. n verpflichtet, den Tag der Erhebung der Widerklage ins Register einzutragen. Der Markeninhaber wird somit auch seitens des Amtes über die Erhebung der Widerklage informiert.

Will der Markeninhaber einen Antrag nach Abs. 7 S. 1 stellen, wonach der Widerkläger aufge- **41** fordert wird, beim Amt die Erklärung des Verfalls oder der Nichtigkeit der Unionsmarke zu beantragen, so muss der Markeninhaber dem Rechtsstreit über die Widerklage beigetreten sein (Eisenführ/Schennen/Kampmann/Eberhardt Rn. 14).

E. Mitteilungspflichten des Unionsmarkengerichts

42   Das Unionsmarkengericht hat sowohl gegenüber dem durch die Widerklage angegriffenen Inhaber der Unionsmarke, der nicht Partei des Rechtsstreits ist, als auch gegenüber dem Amt Mitteilungspflichten.

I. Information des Unionsmarkeninhabers

43   Ist der Inhaber der durch die Widerklage angegriffenen Unionsmarke nicht Partei des Rechtsstreits, so muss das Unionsmarkengericht diesen nach Abs. 3 über den Rechtsstreit informieren.

II. Information des Amtes durch das Unionsmarkengericht oder die Partei

44   Gemäß Abs. 4 S. 1 **darf das Unionsmarkengericht die Prüfung der Widerklage erst dann vornehmen,** wenn entweder die betroffene Partei oder das Unionsmarkengericht **dem Amt den Tag der Erhebung der Widerklage mitgeteilt hat.** Wurde vor Erhebung der Widerklage beim Amt bereits ein Antrag auf Erklärung des Verfalls oder Nichtigkeit der Unionsmarke gestellt, ist das Amt verpflichtet, das Unionsmarkengericht hierüber zu informieren (→ Rn. 48). Das Unionsmarkengericht soll das **Verfahren** in diesem Fall **unter den in Art. 132 Abs. 1** (→ Art. 132 Rn. 2) **geregelten Voraussetzungen** so lange **aussetzen,** bis abschließend über den Antrag entschieden worden ist oder dieser zurückgezogen wurde (→ Rn. 50).

44.1   Die ursprünglich von der Kommission vorgeschlagene Aussetzungsregelung für Abs. 4 kollidierte mit der Aussetzungsregelung in Art. 104 Abs. 1, da sie keinen Verweis auf Art. 132 Abs. 1 (→ Art. 132 Rn. 2 ff.) enthielt. Die jetzige Regelung stellt klar, dass das Unionsmarkengericht die Aussetzung des Verfahrens nach Art. 132 Abs. 1 zu prüfen hat.

45   Liegt eine rechtskräftige Entscheidung des Unionsmarkengerichts über die Widerklage vor, so muss das Unionsmarkengericht oder eine der Parteien des nationalen Verfahrens nach Abs. 6 S. 1 dem Amt **unverzüglich** eine **Ausfertigung dieser Entscheidung zustellen.**

45.1   Art. 132 Abs. 2 (→ Art. 132 Rn. 18 ff.) sieht vor, dass das Amt ein bei einem zu einem späteren Zeitpunkt als dem Zeitpunkt der Erhebung der Widerklage anhängig gemachtes Verfalls- oder Nichtigkeitsverfahren aussetzen kann. Von dieser Aussetzungsregelung kann das Amt jedoch nur dann Gebrauch machen, wenn es über den Tag der Erhebung der Widerklage informiert worden ist. Ferner hat das Amt einen Verfalls- oder Nichtigkeitsantrag nach Art. 63 Abs. 3 als unzulässig abzuweisen, wenn das Gericht eines Mitgliedstaates über einen Antrag wegen desselben Anspruchs zwischen denselben Parteien bereits rechtskräftig entschieden hat. Hierzu muss das Amt über die rechtskräftige Entscheidung des Unionsmarkengerichtes informiert sein.

45.2   Ebenso können andere Unionsmarkengerichte nur durch Einsicht in das Unionsmarkenregister bzw. durch Einsicht in die Akte der Unionsmarke beim Amt nach Art. 117 iVm Art. 114 prüfen, ob vor einem anderen Unionsmarkengericht bereits eine Widerklage bezüglich derselben Unionsmarke anhängig und so von der Aussetzungsregelung des Art. 132 Abs. 1 (→ Art. 132 Rn. 2 ff.) Gebrauch zu machen ist.

45.3   Auch die Öffentlichkeit, insbesondere Wettbewerber des Klägers und des Beklagten, hat ein Interesse daran, über den Angriff der Rechtsgültigkeit der Unionsmarke im Wege der Widerklage sowie deren Ausgang Kenntnis zu erhalten. Diese Kenntnis erhalten sie regelmäßig durch Einsicht in das Unionsmarkenregister bzw. in die Akte der Unionsmarke nach Art. 114 Abs. 3 (→ Art. 114 Rn. 3).

46   Nach Abs. 6 S. 2 können das Amt oder jede andere betroffene Partei **nähere Auskünfte** zu der rechtskräftigen Entscheidung des Unionsmarkengerichts **anfordern.**

F. Mitteilungs- und Umsetzungspflichten des Amtes

47   Dem Interesse der Öffentlichkeit, insbesondere Wettbewerbern der Klägerin und des Beklagten, Rechnung tragend, muss das Amt nach erfolgter Unterrichtung durch das Unionsmarkengericht den **Tag der Erhebung der Widerklage** nach Abs. 4 S. 2 und nach Art. 111 Abs. 3 lit. n sowie den **Tag und den Inhalt der rechtskräftigen Entscheidung** nach Abs. 6 S. 3 und Art. 111 Abs. 3 lit. o im Register für Unionsmarken eintragen, ungeachtet dessen, ob die Widerklage erfolgreich war oder nicht (Eisenführ/Schennen/Eisenführ/Kampmann/Eberhardt Rn. 19). Nach Art. 111 Abs. 6 erhält der Inhaber der Unionsmarke über jede Änderung im Register eine Mitteilung.

48   Nach Abs. 4 S. 3 ist das Amt ferner verpflichtet, das Unionsmarkengericht, welches das Amt zuvor über die Erhebung einer Widerklage informiert hat, seinerseits davon zu unterrichten, dass

bei ihm vor Erhebung der Widerklage **bereits ein Antrag auf Erklärung des Verfalls oder der Nichtigkeit der Unionsmarke eingereicht worden ist.**

Neben der Eintragung der Entscheidung des Unionsmarkengerichts in das Register hat das **49** Amt nach Abs. 6 S. 3 auch die **erforderlichen Maßnahmen zur Umsetzung des Tenors der Entscheidung zu treffen.**

G. Aussetzung des Verfahrens nach Art. 132 Abs. 1

Nach **Abs. 4 S. 3** ist das Amt verpflichtet, das Unionsmarkengericht, welches das Amt zuvor **50** über die Erhebung einer Widerklage informiert hat (→ Rn. 44), davon **zu unterrichten,** dass bei ihm vor Erhebung der Widerklage bereits ein **Antrag auf Erklärung des Verfalls oder der Nichtigkeit der Unionsmarke eingereicht worden ist** (→ Rn. 48). Das Unionsmarkengericht ist in diesem Fall nach **Abs. 4 S. 3 Hs. 2** verpflichtet, das **Verfahren nach Art. 132 Abs. 1** (→ Art. 132 Rn. 1 ff.) **so lange auszusetzen,** bis abschließend über den Antrag entschieden worden ist oder der Antrag zurückgenommen wurde.

Ist das Klageverfahren vor dem Unionsmarkengericht ausgesetzt, so können die Parteien im **51** Fall einer gegen die Entscheidung des Amtes eingelegten Beschwerde nach Art. 31 DUMV bei der Beschwerdekammer einen Antrag auf Durchführung eines beschleunigten Verfahrens im Hinblick auf das ausgesetzte Klageverfahren stellen.

H. Entgegenstehende Rechtskraft einer Entscheidung des Amtes

Nach Abs. 2 **muss das Unionsmarkengericht die Widerklage abweisen,** wenn bereits **52** zuvor das Amt eine unanfechtbar gewordene Entscheidung über einen Verfalls- oder Nichtigkeitsantrag erlassen hat, der **denselben Anspruch zwischen denselben Parteien** betrifft (vgl. EuGH C-226/15 P, BeckRS 2016, 81612 – ENGLISH PINK), wie er der Widerklage zugrunde liegt. Liegt noch keine unanfechtbar gewordene Entscheidung des Amtes vor, so finden die Aussetzungsregelungen des Art. 132 Abs. 1 (→ Art. 132 Rn. 2) Anwendung.

Die Regelung des Art. 128 Abs. 2 stellt das Gegenstück zu Art. 63 Abs. 3 (→ Art. 63 Rn. 52) dar, **52.1** der den Fall entgegenstehender Rechtskraft einer Entscheidung des Unionsmarkengerichts regelt, wonach ein Antrag auf Erklärung des Verfalls oder der Nichtigkeit vor dem Amt unzulässig ist.

In dem der Entscheidung des EuGH „ENGLISH PINK" zugrundeliegenden Verfahren, machte der **52.2** Inhaber einer Unionsmarke in einem Widerspruchsverfahren gegen die Eintragung des Zeichens „ENGLISH PINK" die entgegenstehende Rechtskraft einer Entscheidung des Unionsmarkengerichts geltend (EuGH C-226/15 P, BeckRS 2016, 81612 – ENGLISH PINK). So sei das Amt im Widerspruchsverfahren an eine rechtskräftige Entscheidung eines Unionsmarkengerichts gebunden, welches die nationale Marke „ENGLISH PINK" für nichtig erklärt und die Benutzung dieses Zeichens in der EU verboten habe. Es handele sich insoweit um dieselben Parteien und in beiden Verfahren um denselben Anspruch. Der EuGH hat hierzu festgestellt, dass keine Vorschrift der UMV die gegebene Verfahrenskonstellation regele, dh die Wechselwirkungen zwischen einer Verletzungsklage bei einem Unionsmarkengericht, die eine ältere Unionsmarke und eine nationale Marke zum Gegenstand hat, und einem beim Amt eingeleiteten Widerspruchsverfahren, das dieselbe ältere Unionsmarke und das gleiche Zeichen wie die nationale Marke betrifft, dessen Eintragung auf Unionsebene begehrt wird. Die UMV enthalte insbesondere keine Bestimmung, wonach die Instanzen des Amtes, wenn sie ihre Zuständigkeiten auf dem Gebiet der Eintragung von Unionsmarken ausüben, und namentlich dann, wenn sie einen Widerspruch gegen eine Anmeldemarke prüfen, an eine in einem Verletzungsverfahren ergangene Entscheidung eines Unionsmarkengerichts gebunden wären, selbst wenn diese unanfechtbar geworden ist (vgl. EuGH C-226/15 P, BeckRS 2016, 81612 Rn. 48 f. – ENGLISH PINK). Ferner hat der EuGH festgestellt, dass es sich im Widerspruchsverfahren und im Verletzungsverfahren nicht um denselben Anspruch handelt und bereits insoweit die Entscheidung des Unionsmarkengerichts für das Eintragungs-/Widerspruchsverfahren keine Rechtskraft entfalte. So sei die Verletzungsklage auf ein Verbot der Benutzung der Marke gerichtet, wohingegen es im Eintragungs-/Widerspruchsverfahren um die Frage des Erwerbs einer Unionsmarke gehe (vgl. EuGH C-226/15 P, BeckRS 2016, 81612 Rn. 56 f. – ENGLISH PINK).

Sofern das **Amt bereits eine unanfechtbare Entscheidung erlassen hat,** ist die **Widerklage 53** **unzulässig** (vgl. Eisenführ/Schennen/Kampmann/Eberhardt Rn. 11; Beyerlein WRP 2004, 302).

Es stellt sich die Frage, ob das Unionsmarkengericht angesichts Abs. 2 **von Amts wegen 54** verpflichtet ist, nach Eingang der Widerklage und vor einer Entscheidung über die Widerklage durch Einsichtnahme in das Unionsmarkenregister **zu prüfen, ob** nicht bereits zu einem früheren

Zeitpunkt in einem Verfalls- oder Nichtigkeitsverfahren vor dem Amt über denselben Anspruch und zwischen denselben Parteien **durch das Amt eine rechtskräftige Entscheidung gefällt worden ist.** Dies gilt auch für die jeweils nächsthöhere Instanz. So regelt die UMV in Abs. 2 einen Teilaspekt der Zulässigkeit der autonom in der UMV zugelassenen Widerklage und schreibt vor, dass das Unionsmarkengericht die Widerklage abzuweisen hat. Dies, wie auch die Regelung in Art. 132 (→ Art. 132 Rn. 1 ff.), wonach das Unionsmarkengericht das Verfahren von Amts wegen auszusetzen hat, sprechen dafür, dass die Frage, ob das Unionsmarkengericht die entgegenstehende Rechtskraft, wie auch anderweitige Anhängigkeit iSv Art. 132 von Amts wegen zu prüfen hat, unionsweit einheitlich zu beantworten ist. Andernfalls müsste über Art. 129 Abs. 3 (→ Art. 129 Rn. 43) auf das jeweilige nationale Verfahrensrecht des Forum-Staates zurückgegriffen werden. Für eine Verpflichtung des Unionsmarkengerichts, von Amts wegen zu prüfen, ob die Unionsmarke bereits durch eine rechtskräftige Entscheidung des Amtes für verfallen oder nichtig erklärt worden ist, spricht auch, dass diese Prüfung angesichts der Pflicht des Amtes, sowohl den Tag der Stellung eines Verfalls- oder Nichtigkeitsantrags, als auch den Tag und den Inhalt der Entscheidung im Register für Unionsmarken einzutragen, durch einfache Einsicht in das Register für Unionsmarken oder durch Einsicht in die Unionsmarkenakte möglich ist (→ Art. 132 Rn. 33 f.).

54.1   Wird beim Amt ein Verfalls- oder Nichtigkeitsantrag gestellt, so ist das Amt nach Art. 111 Abs. 3 lit. n verpflichtet, den Tag der Stellung des Antrags und nach Art. 64 Abs. 6, Art. 111 Abs. 3 lit. o, den Tag und den Inhalt der Entscheidung über den Antrag im Register für Unionsmarken einzutragen. Nach Art. 117 kann das Unionsmarkengericht das Amt um Einsicht in die Akte der Unionsmarke ersuchen.

55   Nunmehr sieht die UMV in **Abs. 4 S. 3** die **Pflicht des Amtes** vor, das **Unionsmarkengericht,** welches das Amt zuvor über die Erhebung einer Widerklage informiert hat, davon **zu unterrichten,** dass bei ihm vor Erhebung der Widerklage bereits ein **Antrag auf Erklärung des Verfalls oder der Nichtigkeit der Unionsmarke eingereicht worden ist** (→ Rn. 48). Das Unionsmarkengericht ist in diesem Fall nach **Abs. 4 S. 3 Hs. 2** verpflichtet, das **Verfahren nach Art. 132 Abs. 1,** soweit keine besonderen Gründe für dessen Fortsetzung bestehen (→ Art. 132 Rn. 17), **so lange auszusetzen,** bis abschließend über den Antrag entschieden worden ist oder der Antrag zurückgenommen wurde (→ Rn. 50).

56   Abs. 2 enthält keine Regelung zur **Kostentragung bei Abweisung der Widerklage,** so dass über Art. 129 Abs. 3 (→ Art. 129 Rn. 43) die deutschen Verfahrensvorschriften, hier § 91 Abs. 1 ZPO, zur Anwendung kommen. § 91 Abs. 1 ZPO sieht vor, dass die unterlegene Partei die Kosten des Rechtsstreits zu tragen hat. Danach hat die Klageabweisung nach deutschem Verfahrensrecht zur Folge, dass der Kläger die Kosten des Verfahrens zu tragen hat. Da Abs. 2 bestimmt, dass die Widerklage als unzulässig abzuweisen ist, wenn das **Amt bereits über denselben Anspruch zwischen denselben Parteien** eine unanfechtbare Entscheidung erlassen hat, ist der Widerkläger in vollem Umfang unterlegen. **Dem Widerkläger sind daher die gesamten Kosten seiner Widerklage aufzuerlegen,** und zwar auch dann, wenn das Amt aufgrund des Nichtigkeits- oder Verfallsantrags des Widerklägers zu dessen Gunsten entschieden hat. Dies ist auch nicht unbillig, da der **Widerkläger zwei parallele Verfahren angestrengt hat, um dasselbe Ziel zu erreichen** und durch diese Verdopplung der Verfahren doppelte Kosten verursacht hat, obwohl er sich aus Kostengesichtspunkten nur auf ein Verfahren hätte beschränken können. Die Erhebung der Widerklage nach bereits erfolgter Einreichung eines Löschungsantrags vor dem Amt wegen desselben Anspruchs ist zudem **zur zweckentsprechenden Rechtsverteidigung nicht erforderlich** iSv § 91 ZPO.

I. Antrag auf Einleitung des Amtsverfahrens; einstweilige Maßnahmen für die Dauer der Aussetzung

57   Der Entscheidungskonkurrenz zwischen dem Unionsmarkengericht und dem Amt trägt auch **Abs. 7** Rechnung. Danach kann das Unionsmarkengericht auf Antrag des Inhabers der Unionsmarke und nach Anhörung der anderen Parteien **das Verfahren aussetzen** und den **Widerkläger unter Fristsetzung auffordern, die Erklärung des Verfalls oder der Nichtigkeit der Unionsmarke beim Amt zu beantragen.** Hierdurch wird dem Amt die alleinige Entscheidungsbefugnis über die Rechtsgültigkeit der Unionsmarke mit Bindungswirkung das Unionsmarkengericht übertragen. Den Antrag auf Aussetzung kann nur der Inhaber der angegriffenen Unionsmarke stellen. Voraussetzung hierfür ist, dass er Partei des Rechtsstreits ist. Dies ist der Fall, wenn er selbst Kläger oder dem Rechtsstreit nach Abs. 3 beigetreten ist.

Stellt der Widerkläger den Verfalls- oder Nichtigkeitsantrag beim Amt, bleibt das Verfahren **58** ausgesetzt (Eisenführ/Schennen/Kampmann/Eberhardt Rn. 16). **Für die Dauer der Aussetzung kann das Unionsmarkengericht** die nach Art. 132 Abs. 3, Art. 131 (→ Art. 132 Rn. 36) zulässigen **einstweiligen Maßnahmen einschließlich Sicherungsmaßnahmen** (→ Art. 131 Rn. 21 ff.) treffen (Eisenführ/Schennen/Kampmann/Eberhardt Rn. 16; Hildebrandt/Sosnitza/Hildebrandt Rn. 35).

Lässt der Widerkläger die Frist fruchtlos verstreichen, so gilt die Widerklage als zurückgenommen **59** men (Eisenführ/Schennen/Kampmann/Eberhardt Rn. 16). Das Klageverfahren wird fortgesetzt.

Art. 129 Anwendbares Recht

(1) Die Unionsmarkengerichte wenden die Vorschriften dieser Verordnung an.

(2) In allen Markenfragen, die nicht durch diese Verordnung erfasst werden, wendet das betreffende Unionsmarkengericht das geltende nationale Recht an.

(3) Soweit in dieser Verordnung nichts anderes bestimmt ist, wendet das Unionsmarkengericht die Verfahrensvorschriften an, die in dem Mitgliedstaat, in dem es seinen Sitz hat, auf gleichartige Verfahren betreffend nationale Marken anwendbar sind.

Überblick

Art. 129 regelt die Frage, welches Recht die Unionsmarkengerichte anzuwenden haben. Abs. 1 stellt klar, dass die Unionsmarkengerichte primär das supranationale Recht der Unionsmarkenverordnung anzuwenden haben (→ Rn. 4 f.). Abs. 2 regelt die Anwendbarkeit des materiellen Rechts (→ Rn. 6). Abs. 3 betrifft das anzuwendende Verfahrensrecht (→ Rn. 10).

Übersicht

A. Allgemeines

Die Frage, welches materielle Recht und welches Verfahrensrecht auf **Ansprüche aus einer** **1** **Unionsmarke** anzuwenden sind, regelt **Art. 17** (→ Art. 17 Rn. 1 f.) Soweit **Ansprüche wegen der Verletzung einer Unionsmarke** betroffen sind, wird Art. 17 durch **Art. 129 als zentraler Verweisungsnorm** und durch **Art. 130** ergänzt.

Art. 17 Abs. 1 S. 2 (→ Art. 17 Rn. 2) verweist, sofern die UMV selbst keine materiellen Regelungen **1.1** enthält, auf die Bestimmungen des Titels X und somit auf Art. 129 Abs. 1 und 2 sowie Art. 130. Art. 17

Abs. 3 (→ Art. 17 Rn. 3) enthält hinsichtlich des Verfahrensrechts ebenfalls einen Verweis auf den Titel X und damit unter anderem auf Art. 129 Abs. 3 (→ Rn. 10).

2   Nach **Abs. 1** haben die Unionsmarkengerichte, soweit vorhanden, die **Regelungen der UMV anzuwenden.** Soweit die **UMV keine Regelung für materielle Rechtsfragen und keine Verfahrensvorschriften** enthält, kommen die Verweisungsvorschriften des **Abs. 2** für alle Markenfragen und die des **Abs. 3** für alle Verfahrensfragen als **zentrale Verweisungsvorschriften** zur Anwendung.

3   Für **alle Markenfragen,** die nicht in der UMV geregelt sind, erfolgt in **Abs. 2** eine Gesamtverweisung auf „**das geltende nationale Recht**". Der in Art. 101 Abs. 2 GMV früher enthaltene Verweis auf „ihr" (das der Gemeinschaftsmarkengerichte) nationales Recht einschließlich ihres internationalen Privatrechts" ist entfallen. Bei **grenzüberschreitenden Verletzungen (Multi-State-Verletzungshandlungen)** ist **Art. 8 Abs. 2 Rom II-VO für die Bestimmung des geltenden nationalen Rechts** für nicht in der UMV geregelte materielle Rechtsfragen maßgeblich. Problematisch ist, wie der in Art. 8 Abs. 2 Rom II-VO geregelte Anknüpfungspunkt zu bestimmen und an welche nationale Rechtsordnung bei in mehreren Mitgliedstaaten begangenen Verletzungshandlungen anzuknüpfen ist (zu dieser Problematik im Einzelnen → Rn. 14 ff.). Für alle **weiteren Sanktionen,** die dem Unionsmarkengericht neben dem in Art. 130 Abs. 1 S. 2 ausdrücklich geregelten gerichtlichen Verbot der Fortsetzung der Verletzungshandlungen zweckmäßig erscheinen, wird **über Art. 130 Abs. 2 ebenfalls auf Art. 129 verwiesen** (→ Art. 130 Rn. 17 ff.).

4   Soweit die UMV keine **Regelung für Verfahrensfragen** enthält, erfolgt in **Abs. 3** eine Verweisung auf die am Gerichtsort geltenden Verfahrensvorschriften (**lex fori**) für gleichartige Verfahren betreffend nationale Marken.

B. Grundsatz der vorrangigen Anwendbarkeit der UMV

5   Abs. 1 stellt klar, dass die Unionsmarkengerichte primär das supranationale Recht der Unionsmarkenverordnung anzuwenden haben. Dies gilt **sowohl hinsichtlich des materiellen Rechts, als auch in Bezug auf das Verfahrensrecht.** Abs. 1 wiederholt insoweit den bereits in Art. 17 Abs. 1 S. 1 (→ Art. 17 Rn. 1) geregelten Grundsatz der vorrangigen Anwendbarkeit der UMV. Da die UMV konstitutiven Charakter hat, gilt dieser Grundsatz, soweit eine Unionsmarke betroffen ist und die zu entscheidenden Fragen von der UMV erfasst werden, auch für Gerichte der Mitgliedstaaten, bei denen es sich nicht um Unionsmarkengerichte handelt (Eisenführ/Schennen/Kampmann/Eberhardt Rn. 1).

6   Soweit die **UMV jedoch keine eigenen Regelungen enthält,** verweisen sowohl Art. 129, als auch Art. 17 für das materielle Recht auf **das geltende nationale Recht** und für das Verfahrensrecht auf das **nationale Verfahrensrecht des jeweiligen Mitgliedstaates.**

C. Anwendbares Recht für nicht in der UMV geregelte materielle Markenfragen (Abs. 2)

I. Zentrale Verweisungsnorm für materiell-rechtliche Fragen

7   Nach Abs. 2 wendet das Unionsmarkengericht in allen Markenfragen, die nicht durch die UMV erfasst werden, **das geltende nationale Recht** an. Abs. 2 ist die **zentrale Verweisungsnorm für alle materiell-rechtlichen Fragen, die nicht durch die UMV erfasst werden.**

8   Gegenüber Abs. 2 vorrangig anwendbar ist die **speziellere Verweisungsvorschrift** des **Art. 19** (→ Art. 19 Rn. 5 ff.) für die Behandlung der Unionsmarke als Gegenstand des Vermögens. Die Verweisungsnorm für die **weiteren Sanktionen iSv Art. 130** enthält Art. 130 Abs. 2 (→ Art. 130 Rn. 17), der auf „das anwendbare Recht" verweist. Da vorrangig die UMV anwendbar ist, dürfte es sich hierbei um einen Verweis auf Art. 129 und die dort enthaltenen Verweisungsvorschriften für materielle und verfahrensrechtliche Fragen handeln, die nicht in der UMV selbst geregelt sind (vgl. Hasselblatt EUTMR/Menebröcker Art. 130 Rn. 4).

9   Bei **grenzüberschreitenden Verletzungen** ist die **Rom II-VO** für die **Bestimmung des geltenden nationalen Rechts** für nicht in der UMV geregelte materielle Rechtsfragen maßgeblich (BGH BeckRS 2017, 101166 – Rn. 105, 106 – Wettbewerbswidrige Behinderung durch den Vertrieb von Buddy-Bots). Durch die Rom II-VO ist das nationale Kollisionsrecht der Mitgliedstaaten im Bereich der außervertraglichen Schuldverhältnisse – mit Ausnahme Dänemarks – mit Wirkung zum 11.1.2009 vereinheitlicht worden und in den Mitgliedstaaten geltendes Recht.

Abs. 2 verweist somit auf die Kollisionsnorm des Art. 8 Rom II-VO, die ihrerseits auf das Sachrecht des Mitgliedstaates verweist, in dem die Verletzung begangen wurde (im Einzelnen → Rn. 14).

Nicht in der UMV geregelt sind insbesondere die Fragen der **Haftung von Mittelspersonen** 10 **(Störer),** der **Verjährung** und – mit Ausnahme der **Art. 16** (→ Art. 16 Rn. 25; → Art. 16 Rn. 49) und des **Art. 61** (→ Art. 61 Rn. 1 ff.) – der **Verwirkung** von Ansprüchen. In Bezug auf den **Unterlassungsanspruch aus Art. 9** (→ Art. 9 Rn. 1 ff.) stellt sich die Frage, ob dieser überhaupt der **Verjährung** unterliegt bzw. ein solcher **verwirkt** werden kann und nach welchen Vorschriften sich bejahendenfalls der Eintritt der Verjährung und Verwirkung richtet (zur GGV vgl. Vorabentscheidungsersuchen des BGH GRUR 2012, 1253 Rn. 39 ff. – Gartenpavillon). Der EuGH hat auf das Vorabentscheidungsersuchen des **BGH „Gartenpavillon"** (BGH GRUR 2012, 1253 Rn. 39 f. – Gartenpavillon) zur GGV in der **Entscheidung „Gautzsch"** (EuGH C-479/12, GRUR 2014, 368 Rn. 49) festgestellt, dass die **Verjährung und Verwirkung,** die einer Verletzungsklage zur Verteidigung entgegengehalten werden können, nach Art. 88 Abs. 2 GGV, **hier Art. 129 Abs. 2, dem nationalen Recht unterliegen** (vgl. auch Eisenführ/Schennen/Kampmann/Eberhardt Rn. 6, 7), das unter Beachtung des **Äquivalenz- und des Effektivitätsgrundsatzes** angewandt werden muss (vgl. EuGH EuZW 2006, 529 Rn. 81). Danach dürfen die Bedingungen für die Geltendmachung der Verjährung und der Verwirkung nicht ungünstiger gestaltet sein als bei entsprechenden Rechtsstreitigkeiten, die nur innerstaatliches Recht betreffen, und sie dürfen die Ausübung der durch das Unionsrecht verliehenen Rechte durch den Rechtssuchenden nicht praktisch unmöglich machen oder übermäßig erschweren (vgl. EuGH C-479/12, GRUR 2014, 368 Rn. 42, 49 – Gautzsch; C-591/10, BeckRS 2012, 81492 Rn. 27 f. – Littlewoods; EuZW 2006, 529 Rn. 81).

Nach ständiger Rechtsprechung des EuGH verbietet der Effektivitätsgrundsatz den Mitgliedstaaten, die 10.1 Ausübung der durch die Rechtsordnung verliehenen Rechte praktisch unmöglich zu machen oder übermäßig zu erschweren (vgl. EuGH C-591/10 BeckRS 2012, 81492 Rn. 28 – Littlewoods; EuZW 2006, 696 Rn. 57 – Arcor; NVwZ 2004, 593 Rn. 67 – Wells). Die Wahrung des Grundsatzes der Äquivalenz setzt voraus, dass die streitige nationale Regelung in gleicher Weise für Rechtsbehelfe gilt, die auf die Verletzung des Unionsrechts gestützt sind, wie für solche, die auf die Verletzung des innerstaatlichen Rechts gestützt sind, sofern diese Rechtsbehelfe einen ähnlichen Gegenstand und Rechtsgrund haben. Der Grundsatz der Äquivalenz ist jedoch nicht so zu verstehen, dass er einen Mitgliedstaat verpflichtet, die günstigste innerstaatliche Regelung auf alle Rechtsbehelfe zu erstrecken, die in einem bestimmten Rechtsbereich eingelegt werden (vgl. EuGH C-591/10, BeckRS 2012, 81492 Rn. 31 – Littlewoods; EuZW 2010, 190 Rn. 45 mwN – Pontin).

Nach der Rechtsprechung des EuGH und des BGH **gehören** die **Annexansprüche auf** 11 **Auskunftserteilung, Rechnungslegung und Schadensersatz** <u>nicht</u> **zu den Sanktionen iSv Art. 130** (EuGH C-421/20, GRUR-RS 2022, 3288 Rn. 31 – Acacia/BMW; C-479/12, GRUR 2014, 368 Rn. 53, 54 – Gautzsch, zu Art. 88 Abs. 2 GGV, Art. 89 Abs. 1 GGV; BGH GRUR 2022, 229 Rn. 63 – ÖKO-TEST III; GRUR 2021, 1191 Rn. 22 – Hyundai-Grauimport; GRUR 2021, 724 Rn. 25 – PEARL/PURE PEARL; im Einzelnen → Art. 130 Rn. 19). Diese unterliegen vielmehr gemäß **Art. 129 Abs. 2** dem geltenden nationalen Recht (BGH GRUR 2017, 397 Rn. 104 – Wettbewerbswidrige Behinderung durch den Vertrieb von Buddy-Bots – World of Warcraft II). **Deren Anordnung steht daher nicht im nach Art. 130 Abs. 2 dem Unionsmarkengericht eingeräumten Ermessen.** Gleiches dürfte für den **Anspruch auf Urteilsveröffentlichung** gelten (aA zur GGV Schlussanträge Generalanwalt Yves Bot BeckRS 2017, 108428 Rn. 49).

Im deutschen MarkenG stellt § 119 MarkenG die Verbindung zwischen dem deutschen Markenrecht 11.1 und dem Unionsmarkenrecht her. § 119 MarkenG regelt die Anwendbarkeit der Vorschriften des MarkenG auf Unionsmarkenanmeldungen und Unionsmarken. Nach § 119 Nr. 2 MarkenG stehen dem Inhaber einer Unionsmarke zusätzlich zu den Ansprüchen nach den Art. 9–13 die gleichen Ansprüche auf Schadensersatz (§ 14 Abs. 6 und 7 MarkenG), Vernichtung und Rückruf (§ 18 MarkenG, → MarkenG § 18 Rn. 1 ff.), Auskunft (§ 19 MarkenG, → MarkenG § 19 Rn. 1 ff.), Vorlage und Besichtigung (§ 19a MarkenG, → MarkenG § 19a Rn. 1 ff.), Sicherung von Schadensersatzansprüchen (§ 19b MarkenG, → MarkenG § 19b Rn. 1) und Urteilsbekanntmachung (§ 19c MarkenG, → MarkenG § 19c Rn. 1) zu wie einem Inhaber einer nationalen deutschen Marke.

In der Entscheidung des BGH „Wettbewerbswidrige Behinderung durch den Vertrieb von 12 Buddy-Bots – World of Warcraft II" (BGH GRUR 2017, 397 Rn. 108) hat der BGH festgestellt, dass unionsweite Auskunfts- und Schadensersatzansprüche aufgrund einer in Deutschland vorgenommenen Verletzungshandlung nur in Bezug auf diejenigen Mitgliedstaaten der Europäischen Union begründet sind, in denen aufgrund der in Deutschland vorgenommenen Verletzungshandlung ein Schaden entstanden ist. Ein solcher in einem anderen Mitgliedstaat entstandener Schaden müsse festgestellt werden. Demgegenüber hat der EuGH in seinem Urteil zum Vorabentscheidungsersuchen des OLG Düsseldorf in den Sachen „Nintendo/BigBen" (EuGH C-24/16 und C-25/16, GRUR 2017, 1120 Rn. 53 f.) zur GGV ausgeführt, dass die Entscheidung eines nationalen Gemeinschaftsgeschmacksmustergerichts mit EU-weiter Zuständigkeit über Annexansprüche, insbesondere Schadensersatzansprüche, Rechtswirkung in der gesamten Union hat.

12.1   Die Entscheidung des **BGH** (BGH GRUR 2017, 397 Rn. 108 – **Wettbewerbswidrige Behinderung durch den Vertrieb von Buddy-Bots – World of Warcraft II**), wonach für die Begründetheit eines unionsweiten Auskunfts- und Schadensersatzfeststellungsanspruchs ein in einem anderen Mitgliedstaat entstandener Schaden festgestellt werden müsse, **überzeugt nicht.** Sie scheint vielmehr der im Zeitpunkt des Urteils noch nicht gelösten Problematik der Bestimmung des anwendbaren Rechts geschuldet. Der Unionsmarke kommt ein im gesamten Gebiet der Union geltender, einheitlicher Schutz zu. Es gilt der Grundsatz der Einheitlichkeit der Unionsmarke (vgl. Erwägungsgründe Nr. 3, 4, 16 UMV). Wird die Unionsmarke in einem Mitgliedstaat verletzt, so ist grundsätzlich ein unionsweites Verbot der Fortsetzung von Verletzungshandlungen auszusprechen. Ebenso wie sich der Unterlassungsanspruch auf das gesamte Schutzgebiet der Unionsmarke erstreckt, müssen sich auch der Anspruch auf Auskunftserteilung zur Ermittlung des Umfangs der im Schutzgebiet der Unionsmarke erfolgten Verletzung und daraus resultierender Schäden sowie der Anspruch auf Feststellung der Schadensersatzverpflichtung auf das gesamte Schutzgebiet der Unionsmarke erstrecken (vgl. EuGH C-24/16 und C-25/16, GRUR 2017, 1120 – Rn. 53 f. – Nintendo/BigBen), **ohne dass** als Voraussetzung hierfür vom Kläger eine Substantiierungspflicht hinsichtlich bereits eingetretener Schäden zu fordern ist. Auch bei nationalen deutschen Marken erstrecken sich die vorgenannten Ansprüche selbstverständlich auf das gesamte Schutzgebiet der deutschen Marke, ohne dass für einzelne Regionen bereits eingetretene Schäden nachgewiesen werden müssen. Nach ständiger Rechtsprechung zu deutschen Marken ist für die Begründetheit des Anspruchs auf Feststellung der Schadensersatzverpflichtung nicht erforderlich, dass ein konkreter Schaden festgestellt werden muss. Vielmehr ist davon auszugehen, dass **bereits mit der Verletzung der Marke ein Schaden entstanden ist,** der zumindest in Form der Lizenzanalogie liquidiert werden kann (vgl. Ströbele/Hacker/Thiering/Hacker MarkenG § 14 Rn. 782). Art. 13 Abs. 1 Enforcement-RL (→ Rn. 41) bestimmt ferner, dass die Gerichte der Mitgliedstaaten den Schadensersatz auch in Form der Lizenzanalogie festsetzen können.

II. Beschränkung auf das Recht eines bestimmten Mitgliedstaates

13   Das Unionsmarkengericht wendet das Recht nur eines bestimmten Mitgliedstaates an, wenn
- sämtliche Verletzungshandlungen in nur einem Mitgliedstaat stattgefunden haben;
- der Kläger in dem **Gerichtsstand der unerlaubten Handlung** nach Art. 125 Abs. 5 klagt und das Unionsmarkengericht infolgedessen nach Art. 126 Abs. 2 (→ Art. 126 Rn. 5) nur für die im Forum-Staat begangenen Handlungen zuständig ist (vgl. EuGH C-421/20, GRUR-RS 2022, 3288 Rn. 44 f. – Acacia/BMW; C-172/18, GRUR 2019, 1047 Rn. 42 – AMS Neve ua);
- trotz in mehreren Mitgliedstaaten begangener Verletzungshandlungen der Kläger seinen **Antrag auf das Territorium nur eines bestimmten Mitgliedstaates beschränkt** (vgl. EuGH C-421/20, GRUR-RS 2022, 3288 Rn. 44 f. – Acacia/BMW);

13.1   Das OLG Düsseldorf hatte mit Beschluss vom 31.8.2020 (GRUR-RS 2020, 28034 - Autofelgenmodell) zur GGV dem EuGH ua die Frage vorgelegt, ob das im internationalen Tatortgerichtsstand angerufene nationale Gericht auf Annexansprüche bezogen auf das Gebiet seines Mitgliedstaates sein nationales Recht anwenden kann oder aber das Recht des ursprünglichen Verletzungsortes im Sinne der EuGH-Entscheidung „Nintendo/BigBen" (EuGH C-24/16 und C-25/16, GRUR 2017, 1120 Rn. 94 f.; s. auch Grüger GRUR-Prax 2018, 65) anwenden muss. Generalanwalt Szpunar hat in seinem Schlussantrag die Auffassung vertreten, dass auch für die Annexansprüche an das Recht des ursprünglichen Verletzungsortes angeknüpft werden müsse (Schlussantrag vom 28.10.2021, BeckRS 2021, 32333 – Acacia/BMW). Bisher wurde davon ausgegangen, dass es in diesen Fällen nicht der Prüfung der nationalen Kollisionsnormen und damit der Rom II-VO bedarf (Fayaz GRUR Int 2009, 459 (568); Hartmann, Die Gemeinschaftsmarke im Verletzungsverfahren, 2008, 125 f.).

13.2   Der EuGH hat sich in seinem Urteil vom 3.3.2022 (EuGH C-421/20, GRUR-RS 2022, 3288 – Acacia/BMW) der Auffassung des Generalanwalts nicht angeschlossen. Vielmehr hat er entschieden, dass Art. 8 Abs. 2 Rom II-VO in den Fällen, in denen die Verletzungsklage im Gerichtsstand der unerlaubten Handlung erhoben wurde und ausschließlich die in einem einzigen Mitgliedstaat begangenen oder drohenden Verletzungshandlungen zum Gegenstand hat, dahin auszulegen sei, dass das Recht dieses Mitgliedstaates anzuwenden ist. Diese Fallkonstellation unterscheide sich von derjenigen, die dem Urteil „Nintendo/ BigBen" (EuGH C-24/16 und C-25/16, GRUR 2017, 1120 Rn. 94 f.) zugrunde lag dadurch, dass dort im Rahmen einer einzigen Klage Verletzungshandlungen, die in verschiedenen Mitgliedstaaten begangenen worden sein sollen, zum Verfahrensgegenstand gemacht worden sind (vgl. Janal/Müller GRUR 2022, 541).

III. Multi-State-Verletzungshandlungen

Problematisch ist das Auffinden des anzuwendenden nationalen Rechts, wenn das Gericht über **14** **nicht in der UMV geregelte Ansprüche** in Bezug auf Verletzungshandlungen zu entscheiden hat, die in mehreren Mitgliedstaaten begangen worden sind (**sog. Multi-State-Verletzungen**). Abs. 2 enthält nicht nur einen Verweis auf das Sachrecht des jeweiligen Mitgliedstaates, sondern einen Gesamtverweis auch auf dessen Kollisionsrecht. Abs. 2 verweist somit bei grenzüberschreitenden Verletzungen auf die Kollisionsnorm des **Art. 8 Rom II-VO**, die ihrerseits auf das **Sachrecht des Mitgliedstaates verweist, in dem die Verletzung begangen wurde.**

Mit Inkrafttreten der **Rom II-VO** (VO (EG) Nr. 864/2007 vom 11.7.2007 über das auf **15** außervertragliche Schuldverhältnisse anwendbare Recht) am 11.1.2009 ist das auf außervertragliche Schuldverhältnisse aus einer Verletzung von Rechten des geistigen Eigentums – zu dem auch Unionsmarken zählen – anwendbare Kollisionsrecht in den Mitgliedstaaten (mit Ausnahme Dänemarks) einheitlich in Art. 8 Rom II-VO geregelt (vgl. MPI-Studie S. 160, Rn. 3.152).

Nach **Art. 8 Abs. 1 Rom II-VO** ist bei grenzüberschreitenden Sachverhalten das Recht **16** des Staates anzuwenden, für den der Schutz beansprucht wird (**„Außen-IPR"**). Dies ist bei Verletzungshandlungen in mehreren Mitgliedstaaten, das Recht des Mitgliedstaates bzw. der Mitgliedstaaten, für dessen Territorium Rechte aus der Unionsmarke geltend gemacht werden. Zu deren Recht gehört auch die UMV (vgl. Sack WRP 2008, 1405 (1408)).

Da die UMV im Hinblick auf die weiteren, nicht unmittelbar in Art. 130 Abs. 1 (→ Art. 130 **17** Rn. 1) geregelten Sanktionen und markenrechtlichen Annexansprüche keine autonomen Regelungen enthält, findet, sofern **Sachverhalte mit Auslandsbezug** betroffen sind, für diese **weiteren Sanktionen** (→ Art. 130 Rn. 17) **über Art. 130 Abs. 2 iVm Art. 129** und für **nicht als Sanktionen zu qualifizierenden markenrechtlichen Annexansprüche** (→ Rn. 11; → Art. 130 Rn. 19) **über Art. 129 Abs. 2**, die Regelung des **Art. 8 Abs. 2 Rom II-VO** Anwendung (**„Innen-IPR"**). Nach Art. 8 Abs. 2 Rom II-VO ist **das Recht des Staates anzuwenden, in dem die Verletzung begangen wurde.** Art. 8 Abs. 2 Rom II-VO verweist somit direkt auf das Sachrecht des jeweiligen Mitgliedstaates und **nicht erneut auf dessen Kollisionsrecht.** Durch Art. 8 Abs. 2 Rom II-VO ist jedoch bei Verletzungshandlungen in mehreren Mitgliedstaaten keine Behebung der Schwierigkeiten eingetreten, die durch die Anwendung mehrerer nationaler Rechtsordnungen im Hinblick auf die Folgeansprüche bei Verletzung einer Unionsmarke bestehen.

Vor Inkrafttreten der Rom II-VO war das Kollisionsrecht der Mitgliedstaaten nicht einheitlich **17.1** autonom für alle Mitgliedstaaten geregelt. Insofern fand über Art. 102 Abs. 2 GMV (jetzt: Art. 130) das jeweilige nationale Kollisionsrecht der Mitgliedstaaten Anwendung, in Deutschland das EGBGB, das als allgemeinen ungeschriebenen Grundsatz im Rahmen des Art. 40 EGBGB die Anknüpfung an das Schutzlandprinzip vorsah (Fayaz GRUR 2009, 566 (569)). Auch die anderen Mitgliedstaaten gingen in ihrem internationalen Immaterialgüterrecht regelmäßig von der Geltung des Schutzlandprinzips aus (Knaak in Schricker/Bastian/Knaak Art. 102 Rn. 315). Über die Anwendung des Schutzlandprinzips erfolgte ein Renvoi auf die Unionsmarkenverordnung, so dass die Anwendung des Art. 102 Abs. 2 GMV nach einer Kette von Weiter- und Rückverweisungen wieder zu ihrem Ausgangspunkt, der UMV, zurückführte. Dieses Problem wurde bei der Anwendung von Art. 102 Abs. 2 GMV entweder unbeachtet gelassen oder es wurde eine Anknüpfung an das internationale Deliktsrecht befürwortet (vgl. hierzu mwN Hartmann, Die Gemeinschaftsmarke im Verletzungsverfahren, 2008, 130 ff.; MüKoBGB/Drexl IntImmGR Rn. 137).

Art. 8 Abs. 2 Rom II-VO brachte durch die Abkehr von der Gesamtverweisung und der unmittelbaren **17.2** Verweisung auf das Sachrecht des Mitgliedstaates, in dem die Verletzung begangen wurde, die notwendige Reform und eine **Durchbrechung der Rückverweisungen** (MüKoBGB/Drexl IntImmGR Rn. 138; Fayaz GRUR 2009, 459 (572)). Die Unklarheiten im Hinblick auf die Frage, inwieweit bei Multi-State-Verletzungshandlungen mehrere Rechtsordnungen Anwendung finden müssen, blieben jedoch auch nach Inkrafttreten der Rom II-VO weiter bestehen (vgl. Eisenführ/Schennen/Eisenführ/Overhage 5. Aufl. Art. 101 Rn. 10; Fayaz GRUR 2009, 566 (572); s. dazu die EuGH-Vorlage des BGH GRUR 2012, 1253 – Gartenpavillon und die Entscheidung des EuGH C-479/12, GRUR 2014, 368 – Gautzsch).

Die Anwendung mehrerer Rechtsordnungen bei Multi-State-Verletzungen behindert eine **18** effektive Durchsetzung der Rechte aus der Unionsmarke (vgl. MPI-Studie S. 160, Rn. 3.147). Das Problem kann **nicht durch** eine **Rechtswahlvereinbarung** der Parteien entschärft werden.

Abgesehen davon, dass ein Zusammenwirken der Parteien höchst unwahrscheinlich ist, scheidet eine Rechtswahlvereinbarung nach Inkrafttreten der Rom II-VO aus. Nach dem eindeutigen Wortlaut des **Art. 8 Abs. 3 Rom II-VO** kann von dem nach Art. 8 Abs. 1 und 2 Rom II-VO anwendbaren Recht nicht durch eine Rechtswahlvereinbarung abgewichen werden (Hildebrandt/ Sosnitza/Hildebrandt Rn. 20). Gegenteilige Meinungen (Fayaz GRUR Int 2009, 566 (575)) sind demnach contra legem.

Es wurden daher **Lösungsmöglichkeiten gesucht, die eine einheitliche Anknüpfung** an das Recht eines Mitgliedstaates für die Sanktionen und weiteren Annexansprüche **ermöglichen** (vgl. Hartmann, Die Gemeinschaftsmarke im Verletzungsverfahren, 2008, 126 ff.). Ob und inwieweit dies zulässig ist, wurde unterschiedlich beantwortet.

1. Mosaik-Lösung

19   Die **ursprünglich hM** wendete die **sog. „Mosaik-Lösung"** an, wonach auf die Sanktionen und weiteren Annexansprüchen aus Verletzungshandlungen, die in mehreren Mitgliedstaaten begangen worden sind, mehrere nationale Rechtsordnungen, dh das jeweilige nationale Recht am Ort der Verletzungshandlung anzuwenden sei.

19.1   Nach der bislang hM war die sog. „Mosaik-Lösung" anzuwenden. Hiernach müsse das Unionsmarkengericht bei in mehreren Mitgliedstaaten begangenen Verletzungshandlungen das jeweilige nationale Recht am Ort der Verletzungshandlung anwenden. Dies führte im Extremfall zur Anwendbarkeit der nationalen Rechtsordnungen aller Mitgliedstaaten. Angesichts des eindeutigen Wortlauts des Art. 8 Abs. 2 Rom II-VO wurde dies für unumgänglich gehalten (zur GGV vgl. BGH GRUR 2012, 1253 Rn. 49 – Gartenpavillon; OLG Frankfurt GRUR-RR 2012, 473 – Joop!; OLG München BeckRS 2016, 11923 Rn. 54; Bumiller S. 59 Rn. 13; Hartmann, Die Gemeinschaftsmarke im Verletzungsverfahren, 2008, 134 ff.; Tilmann GRUR Int 2001, 673 (676)). Für Abhilfe könne nur der Verordnungsgeber durch Schaffung eines autonomen europäischen Sanktionensystems sorgen.

2. Einheitslösung

20   Demgegenüber wurde die **sog. „Einheitslösung"** vertreten, wonach **einheitlich an nur eine Rechtsordnung** angeknüpft werden sollte, wobei unklar war, an welche Rechtsordnung (vgl. Hartmann, Die Gemeinschaftsmarke im Verletzungsverfahren, 2008, 126 ff.).

20.1   Angesichts der mangelnden Praktikabilität der „Mosaik-Lösung" wurde mit verschiedenen Lösungsansätzen teilweise eine einheitliche Anknüpfung an nur eine Rechtsordnung befürwortet („Einheitslösung").

20.2   **Vor Inkrafttreten der Rom II-VO** wurde teilweise eine Übertragung der Grundsätze der internationalen Zuständigkeit iSd „Fiona Shevill"-Rechtsprechung des EuGH zu Art. 5 Nr. 3 EuGVÜ bzw. Art. 5 Brüssel I-VO (seit 15.1.2015 Art. 7 Nr. 2 Brüssel Ia-VO) (EuGH C-68/93, GRUR Int 1998, 298 – Fiona Shevill; C-509/09 und C-161/10, GRUR 2012, 300 Rn. 43 – eDate Advertising/X und Martinez/MGN; C-523/10, GRUR 2012, 654 Rn. 39 – Wintersteiger/Products 4U) befürwortet (vgl. Knaak GRUR 2001, 21 (28); Knaak GRUR Int 2001, 665 (673)). Danach habe der Unionsmarkeninhaber einen Anspruch auf unionsweiten Schadensersatz nach dem Recht des Handlungsortes und wahlweise nach den Rechtsordnungen der verschiedenen Erfolgsorte (vgl. MüKoBGB/Drexl IntImmGR Rn. 138). Handlungsort sei der Ort, an dem das schädigende Ereignis seinen Ausgang nahm (EuGH C-68/93, GRUR Int 1998, 298 Rn. 24 – Fiona Shevill). Maßgeblicher Mitgliedstaat sei derjenige, in dessen Territorium die zentrale Entscheidung gefällt wurde. Dies laufe regelmäßig auf das Recht des Staates hinaus, in dessen Territorium der Beklagte seinen Sitz habe. Ferner könne sich der Kläger alternativ für die parallele Anwendung der nationalen Rechtsordnungen der Mitgliedstaaten, in denen die Vertriebshandlungen vorgenommen wurden, entscheiden (vgl. Knaak GRUR 2001, 21).

20.3   Teilweise wurde vor Inkrafttreten der Rom II-VO im Rahmen der „Einheitslösung" eine einheitliche Anknüpfung an internationales Deliktsrecht befürwortet, wonach Anknüpfungspunkt das Recht des Tatortes sei (OLG Hamburg GRUR-RR 2005, 251 (255) – The Home Depot/Bauhaus The Home Store; v. Mühlendahl/Ohlgart Gemeinschaftsmarke/Bomhard S. 214).

20.4   Das OLG Hamburg hatte in der Entscheidung „The Home Depot/Bauhaus The Home Store" eine einheitliche Anknüpfung über Art. 40 Abs. 1 EGBGB befürwortet, da Markenverletzungen unerlaubte Handlungen seien (OLG Hamburg GRUR-RR 2005, 251 (255)). Für die Verletzung von Immaterialgüterrechten sei Handlungsort iSd Art. 40 Abs. 1 EGBGB derjenige Ort, wo die relevanten Benutzungshandlungen stattgefunden haben. Da die Markenverwendung in einem Konzernverbund einheitlich erfolgt sei und von Deutschland aus bestimmt wurde, sei es auch unter Berücksichtigung der einheitlichen Wirkung der Unionsmarke gemäß Art. 1 Abs. 2 geboten, bezüglich der Folgeansprüche ebenfalls eine einheitliche Anknüpfung an die Rechtsordnung desjenigen Mitgliedstaates vorzunehmen, in dem die maßgebliche

Ursache für die Markenverletzung gesetzt wurde und von dem sie ihren Ausgang nehme. Jede andere Handhabung würde die Durchsetzung der Rechte aus einer Unionsmarke ganz erheblich erschweren und dem Sinn der Unionsmarke zuwiderlaufen.

Der BGH hat die Entscheidung des OLG Hamburg aufgehoben und zurückverwiesen (BGH GRUR **20.5** 2008, 254 Rn. 42 – The Home Store). Die streitige Frage des anwendbaren Rechts auf Folgeansprüche bei Multi-State-Verletzungen hat der BGH mangels Entscheidungserheblichkeit zwar offengelassen, jedoch angemerkt, dass nicht ohne weiteres von der Anwendbarkeit deutschen Rechts ausgegangen werden könne. So sei ein deutscher Handlungsort nicht schon dadurch begründet, dass die Beklagte von Deutschland aus die Markenverwendung in den einzelnen Märkten steuere, denn das stelle keine relevante Benutzungshandlung iSv Art. 9 Abs. 2 dar (vgl. auch Sack WRP 2000, 269 (271)).

Nach Inkrafttreten der Rom II-VO wurde in der Literatur teilweise vertreten, den Verweis in Art. 8 **20.6** Abs. 2 Rom II-VO auf das Recht des Staates, in dem die Verletzung begangen wurde, wortlautgetreu iSv „Handlungsort" auszulegen und bei „Multi-State-Verletzungen" als alleinigen Handlungsort den Sitz des Beklagten anzunehmen, wenn Herstellungsort und Ort der Ausgangsentscheidung über Vertrieb und Werbung damit deckungsgleich sind (vgl. BeckOK BGB/Spickhoff Rom II-VO Art. 8 Rn. 5; Schack FS Kropholler, 2008, 651 (659); Hartwig GRUR 2014, 368 – Anm. zu EuGH Gautzsch).

Nach anderer Literaturmeinung ist der Verweis in Art. 8 Abs. 2 Rom II-VO als „Handlungs- und **20.7** Erfolgsort" iSd Rechtsprechung des EuGH zu Art. 5 Nr. 3 EuGVÜ/Brüssel I-VO (seit 15.1.2015 Art. 7 Nr. 2 Brüssel Ia-VO) auszulegen (vgl. Fayaz GRUR Int 2009, 566 (568, 572)) und die Frage der Anwendbarkeit der „Fiona-Shevill"-Rechtsprechung des EuGH erneut zu stellen (vgl. MüKoBGB/Drexl IntImmGR Rn. 138).

Nach einer weiteren Literaturmeinung (vgl. Kur GRUR Int 2014, 749 (758)) lässt sich aus dem Wortlaut **20.8** des Art. 8 Abs. 2 Rom II-VO allein kein eindeutiger Ansatz für die Mosaik- oder die Einheitslösung entnehmen. Die Frage nach dem angemessenen Vorgehen bei Multi-State-Verletzungshandlungen sei daher primär unter systematischen Aspekten zu bewerten. Der Begriff der „Verletzungshandlung" sei doppeldeutig, da er sich sowohl auf die zur Tatbestandsverwirklichung im jeweiligen Territorium des Mitgliedstaats notwendige Handlung als auch auf das die einzelnen Verletzungen letztendlich auslösende, ursächliche Geschehen (zB die Herstellung/Erstvertrieb der rechtsverletzenden Waren) beziehen könne. Da es sich bei der Unionsmarke um ein unionsweit geltendes Schutzrecht handelt, spreche nichts dagegen, für die Bestimmung des auf die Verletzung unionsweiter Rechte anwendbaren Rechts an die zentrale Verursachung anzuknüpfen, sofern diese in der EU zu lokalisieren sei. Sollte sich jedoch keine zentrale Verursachungshandlung innerhalb der EU feststellen lassen, so wäre erst dann die Mosaiklösung anzuwenden.

Der BGH hatte dem EuGH in dem **Klageverfahren „Gartenpavillon"**, das die unionsweite Verlet- **20.9** zung eines Gemeinschaftsgeschmacksmusters betraf (BGH GRUR 2012, 1253 Rn. 45 f. – Gartenpavillon), die Frage vorgelegt, ob für unionsweit geltend gemachte Vernichtungs-, Auskunfts- und Schadensersatzansprüche auf die Rechtsordnung der jeweiligen Mitgliedstaaten abzustellen ist, für deren Bereich die Ansprüche geltend gemacht werden. Er hat hierbei ausdrücklich auf die Problematik der effektiven Rechtsdurchsetzung und die Möglichkeit der Heranziehung der Durchsetzungsrichtlinie, die für eine einheitliche Anknüpfung an das Recht eines Mitgliedstaats sprechen könnte, hingewiesen. Der **EuGH** hat in seiner auf die Vorlage des BGH ergangenen **Entscheidung „Gautzsch"** entgegen den Hoffnungen in der Rechtspraxis keine Lösung der „Multi-State-Verletzungshandlungsproblematik" zur Herbeiführung einer effektiven Rechtsdurchsetzung aufgezeigt und sich mit den insoweit diskutierten Lösungsansätzen nicht befasst (EuGH C-479/12, GRUR 2014, 368 Rn. 51 f. – Gautzsch). Vielmehr hat er sich lediglich auf eine Wiedergabe der anwendbaren Gesetzestexte beschränkt.

In den **Vorabentscheidungsersuchen des OLG Düsseldorf** (OLG Düsseldorf GRUR 2016, 616 **20.10** Rn. 30 f. – Fernbedienung für Videospielkonsole; OLG Düsseldorf GRUR-RS 2016, 02936 – Balance Board; EuGH C-24/16 und C-25/16, GRUR 2017, 1120 – **Nintendo/BigBen**) hat **Generalanwalt Yves Bot** in seinen Schlussanträgen (Schlussanträge Generalanwalt Bot BeckRS 2017, 108428 Rn. 53 f. – Nintendo/BigBen) vertreten, dass unter Heranziehung der Rechtsprechung des EuGH in der Sache „Coty" (EuGH C-360/12, GRUR 2014, 806 Rn. 28 f.) auf die Annexansprüche das Recht des Mitgliedstaates anzuwenden ist, in dem sich der Vorfall, der der Verletzung zugrunde liegt, ereignet hat oder zu ereignen droht. Diesen Vorfall hat Generalanwalt Yves Bot in der Herstellung der schutzrechtsverletzenden Waren in Frankreich, als das einheitliche Ereignis, auf das die Verletzung zurückzuführen ist, gesehen und daher auf die Annexansprüche französisches Recht für anwendbar gehalten.

In der Entscheidung des **BGH „Wettbewerbswidrige Behinderung durch den Vertrieb von 20.11 Buddy-Bots – World of Warcraft II"** (BGH GRUR 2017, 397 Rn. 106) stellt der BGH fest, dass die Bestimmung des Art. 8 Abs. 2 Rom II-VO der bis zum 10.1.2009 geltenden Vorschrift des Art. 40 Abs. 1 S. 1 EGBGB entspricht, nach der für Ansprüche aus unerlaubter Handlung das Recht des Staates anwendbar ist, in dem der Ersatzpflichtige gehandelt hat. Da die in Deutschland ansässige Beklagte zu 2 die Buddy-Bots unter den Zeichen „World of Warcraft Bot" und „WOW Bot" von Deutschland aus im Internet beworben und angeboten habe, liege der Begehungsort oder Handlungsort in Deutschland, so dass deutsches Sachrecht anwendbar sei. **Unionsweite Auskunfts- und Schadensersatzansprüche aufgrund der in Deutschland vorgenommenen Verletzungshandlung** seien jedoch nur in Bezug auf diejenigen Mitgliedstaaten der Europäischen Union begründet, in denen aufgrund der in Deutschland vorgenommenen Verletzungshandlung ein Schaden entstanden ist (BGH GRUR 2017, 397 Rn. 108 – Wettbewerbswidrige Behinderung durch den Vertrieb von Buddy-Bots – World of Warcraft II). **Ein solcher in einem anderen Mitgliedstaat entstandener Schaden müsse festgestellt werden.** Ob daneben weitere Auskunfts- und Schadensersatzansprüche wegen Verletzungshandlungen, die in anderen Mitgliedstaaten der Union begangen worden sind, bestehen und ob für diese auf die Rechtsordnung der jeweiligen Mitgliedstaaten zurückgegriffen werden muss, hat der BGH in der Entscheidung „Wettbewerbswidrige Behinderung durch den Vertrieb von Buddy-Bots – World of Warcraft II" (BGH GRUR 2017, 397 Rn. 108) jedoch offengelassen, da keine Feststellungen dazu getroffen waren, ob die Beklagte außer in Deutschland auch noch in anderen Mitgliedstaaten Verletzungshandlungen vorgenommen hatte. Demgegenüber hat Generalanwalt Yves Bot in seinen Schlussanträgen zum Vorabentscheidungsersuchen des OLG Düsseldorf in den Sachen „Nintendo/BigBen" (Schlussanträge Generalanwalt Bot BeckRS 2017, 108428 Rn. 31 f.) zur GGV ausgeführt, dass die Entscheidung eines nationalen Gemeinschaftsgeschmacksmustergerichts mit EU-weiter Zuständigkeit über Annexansprüche, insbesondere Schadensersatzansprüche, Rechtswirkung in der gesamten Union hat, da der EuGH bereits festgestellt habe, dass das Verbot der Fortsetzung von Verletzungshandlungen und der sich daraus ergebenden Annexverpflichtungen als Ganzes anzusehen sei (EuGH C-316/05, GRUR 2007, 228 Rn. 60 – Nokia/Wärdell; GRUR Int 2011, 514, GRUR Int 2011, 514 Rn. 57 – DHL/Chronopost) und der einheitliche Schutz der Gemeinschaftsgeschmacksmuster gegen Verletzungshandlungen beeinträchtigt wäre, wenn sich die Wirkung der zur konkreten Umsetzung des Schutzes ergriffenen Maßnahmen nicht auf das gesamte Unionsgebiet erstreckte (→ Rn. 12.1).

3. EuGH C-24/16 und C-25/16 – Nintendo/BigBen

21   **Der EuGH** hat in seinem Urteil vom 27.9.2017 zum Vorabentscheidungsersuchen des OLG Düsseldorf in den Sachen **„Nintendo/BigBen"** (EuGH C-24/16 und C-25/16, GRUR 2017, 1120 Rn. 94 f.; s. auch Grüger GRUR-Prax 2018, 65) nunmehr eine **Lösung der „Multi-State-Verletzungshandlungsproblematik"** zur Herbeiführung einer effektiven Rechtsdurchsetzung aufgezeigt und den bislang umstrittenen **Begriff des „Staates ..., in dem die Verletzung begangen wurde"** iSv Art. 8 Abs. 2 Rom II-VO **ausgelegt.**

22   Hierzu hat der EuGH zunächst festgestellt, dass **aus den Erfordernissen sowohl der einheitlichen Anwendung des Unionsrechts als auch des Gleichheitssatzes** folge, dass die Begriffe einer Vorschrift des Unionsrechts, die für die Ermittlung ihres Sinnes und ihrer Bedeutung nicht ausdrücklich auf das Recht der Mitgliedstaaten verweist, in der Regel in der gesamten Union **eine autonome und einheitliche Auslegung** erhalten müssen, die unter **Berücksichtigung nicht nur des Wortlauts der Vorschrift gefunden werden müsse, sondern auch ihres Zusammenhangs und der Ziele, die mit der Regelung, zu der sie gehört, verfolgt werden** (vgl. EuGH C-24/16 und C-25/16, GRUR 2017, 1120 Rn. 70, 94 – Nintendo/BigBen; C-201/13, GRUR 2014, 972 Rn. 14 – Vrijheidsfonds/Vandersteen;, C-350/14, NJW 2016, 466 Rn. 70 – Lazar/Allianz SpA). Dies gelte auch für den Begriff des „Staates ..., in dem die Verletzung begangen wurde" nach Art. 8 Abs. 2 Rom II-VO. Der Wortlaut der verschiedenen Sprachfassungen der Vorschrift sei nicht eindeutig. Unter Verweis auf Erwägungsgrund 16 Rom II-VO hat der EuGH zunächst festgestellt, dass in der Rom II-VO als Grundprinzip die in Art. 4 Abs. 1 verankerte Regel der lex loci damni aufgestellt sei, nach der auf ein außervertragliches Schuldverhältnis das Recht des Staates anzuwenden sei, in dem der Schaden eintritt. Aus Erwägungsgrund 19 Rom II-VO ergebe sich jedoch, dass für besondere unerlaubte Handlungen, bei denen dieser allgemeine Grundsatz nicht zu einem angemessenen Interessenausgleich führe, besondere Bestimmungen vorgesehen werden sollten und Art. 8 Abs. 2 Rom II-VO eine solche besondere Bestimmung für außervertragliche Schuldverhältnisse aus einer Verletzung von gemeinschaftsweit einheitlichen Rechten des geistigen Eigentums darstelle, die ein spezielles Anknüpfungskriterium vorsehe, das von dem in Art. 4 Abs. 1 Rom II-VO vorgesehenen allgemeinen Grundsatz der lex loci damni abweicht (vgl. EuGH C-24/16 und C-25/16, GRUR 2017, 1120 Rn. 96 f. – Nintendo/BigBen). Der EuGH hat sodann festgestellt, dass davon auszugehen sei, dass sich das Kriterium in Art. 8 Abs. 2 Rom II-VO (Staat, „in dem die Verletzung begangen wurde") von dem Kriterium in Art. 4 Abs. 1 Rom II-VO (Staat, „in dem der Schaden eintritt") unterscheidet und der **Begriff des „Staates ..., in dem die Verletzung begangen wurde"** iSv Art. 8 Abs. 2 Rom II-VO dahin auszulegen sei, dass darunter der **Staat zu verstehen ist, in dem das schadensbegründende Ereignis eingetreten ist,** dh der Staat, **in dem die Verletzungshandlung begangen wurde** (vgl. EuGH C-24/16 und C-25/16, GRUR 2017, 1120 Rn. 98 – Nintendo/BigBen).

Der EuGH hat hervorgehoben, dass einheitliche Rechte des geistigen Eigentums in der gesam- **23** ten Union geschützt sind und Verletzungshandlungen in zahlreichen Mitgliedstaaten begangen werden können, so dass sich schlecht vorhersehen lasse, welches materielle Recht auf die nicht durch das einschlägige Unionsinstrument autonom geregelten Fragen anwendbar sei (vgl. EuGH C-24/16 und C-25/16, GRUR 2017, 1120 Rn. 101 – Nintendo/BigBen). Ferner hat der EuGH darauf verwiesen, dass nach den Erwägungsgründen 6, 13, 14 und 16 Rom II-VO die Vorhersehbarkeit des Ausgangs von Rechtsstreitigkeiten, die Sicherheit in Bezug auf das anzuwendende Recht und die einheitliche Anwendung der Verordnung in allen Mitgliedstaaten gewährleistet werden sollen (vgl. EuGH C-412/10, BeckEuRS 2010, 531266 Rn. 34 – Deo Antoine Homawoo/GMF Assurances SA) und der Unionsgesetzgeber mit den in der Rom II-VO vorgesehenen Anknüpfungskriterien einen angemessenen Interessenausgleich zwischen Personen, deren Haftung geltend gemacht wird, und Geschädigten gewährleisten wollte (vgl. EuGH C-24/16 und C-25/16, GRUR 2017, 1120 Rn. 102 – Nintendo/BigBen).

In Anbetracht dieser Ziele hat der EuGH festgestellt, dass bei Multi-State-Verletzungshandlun- **24** gen, dh in Fällen, in denen **demselben Beklagten verschiedene, in verschiedenen Mitgliedstaaten begangene Verletzungshandlungen vorgeworfen werden,** bei der Bestimmung des schadensbegründenden Ereignisses nicht auf jede einzelne ihm vorgeworfene Verletzungshandlung abzustellen sei, sondern eine **Gesamtwürdigung seines Verhaltens vorzunehmen ist,** um den Ort zu bestimmen, an dem die ursprüngliche Verletzungshandlung, auf die das vorgeworfene Verhalten zurückgeht, begangen worden ist oder droht. Eine solche Auslegung ermögliche es dem angerufenen Gericht, das anwendbare Recht anhand eines **einheitlichen Anknüpfungskriteriums (Ort, an dem die Verletzungshandlung begangen worden ist oder droht, auf die mehrere einem Beklagten vorgeworfene Handlungen zurückgehen)** in Einklang mit den oben genannten Zielen leicht zu bestimmen. Außerdem werde die Vorhersehbarkeit des auf diese Weise bestimmten Rechts für alle Parteien von Rechtsstreitigkeiten über Verletzungen von Rechten des geistigen Eigentums der Union gewährleistet (vgl. EuGH C-24/16 und C-25/16, GRUR 2017, 1120 Rn. 103, 104 – Nintendo/BigBen).

Der EuGH hat sodann zu dem anwendbaren Recht hinsichtlich der konkreten Verletzungs- **25** handlungen des Vorlagefalls Stellung genommen. Werden auf einer **Website,** die sich an Verbraucher in mehreren Mitgliedstaaten richtet, unter Verletzung der Rechte aus Gemeinschaftsgeschmacksmustern von einem Wirtschaftsteilnehmer Waren zum Kauf angeboten, so sei nach den Feststellungen des EuGH der Ort des schadensbegründenden Ereignisses im Sinne von Art. 8 Abs. 2 Rom II-VO der **Ort, an dem der Prozess der Veröffentlichung des Angebots durch den Wirtschaftsteilnehmer auf seiner Website in Gang gesetzt worden ist** (vgl. EuGH C-24/16 und C-25/16, GRUR 2017, 1120 Rn. 108 – Nintendo/BigBen).

In einem Vorabentscheidungsersuchen zur Frage des zuständigen Unionsmarkengerichts bei unerlaubten **25.1** Handlungen hat der EuGH festgestellt, dass sich die Wendung „Recht des Staates, in dem die Unionsmarke beeinträchtigt wurde" in Art. 8 Abs. 2 ROM II-VO und die Wendung „Mitgliedstaat, in dem eine Verletzungshandlung begangen worden ist" in Art. 97 Abs. 5 UMV 2009 sich in Zweck und Zielsetzung grundlegend voneinander unterscheiden (vgl. EuGH C-172/18, GRUR 2019, 1047 Rn. 61 – AMS Neve ua). **Daraus folgt, dass die Rechtsprechung zu diesen jeweiligen Vorschriften nicht aufeinander übertragbar ist.** So hat der EuGH in dem vorgenannten Urteil festgestellt, dass sich der Ausdruck „Verletzungshandlung" in Art. 97 Abs. 5 UMV 2009 auf die in Art. 9 genannten Handlungen bezieht und im Fall der Werbung im Internet diese Handlungen als in dem Hoheitsgebiet „begangen" anzusehen sind, in dem sie zu einer Werbung und zu einem Verkaufsangebot geworden sind, nämlich dem Gebiet, in dem der geschäftliche Inhalt den Verbrauchern und Händlern, an die er gerichtet war, tatsächlich zugänglich gemacht worden ist (vgl. EuGH C-172/18, GRUR 2019, 1047 Rn. 54 – AMS Neve ua).

Lässt ein Wirtschaftsteilnehmer **Waren,** die Rechte aus einem Gemeinschaftsgeschmacksmuster **26** verletzen, **durch einen Dritten in einen anderen Mitgliedstaat als den, in dem er ansässig ist, befördern,** so ist nach den Feststellungen des EuGH nicht auf jede einzelne einem Beklagten vorgeworfene Verletzungshandlung abzustellen, sondern **dessen Verhalten einer Gesamtwürdigung zu unterziehen,** um den Ort zu bestimmen, an dem die **ursprüngliche Verletzungshandlung, auf die das vorgeworfene Verhalten zurückgeht, begangen worden ist oder droht** (vgl. EuGH C-24/16 und C-25/16, GRUR 2017, 1120 Rn. 109 – Nintendo/BigBen).

4. Stellungnahme

Die Entscheidung des EuGH ist zu begrüßen (s. auch Grüger GRUR-Prax 2018, 65). Sie gibt **27** den Unionsmarkengerichten ein Instrumentarium an die Hand, das anwendbare Recht bei Multi-

State-Verletzungshandlungen nunmehr anhand eines **einheitlichen Anknüpfungskriteriums** und **mittels einer Gesamtwürdigung des Verhaltens des Verletzers** zu bestimmen. Der **EuGH** hat sich somit **gegen eine Mosaik-Lösung,** sondern vielmehr unter Verweis darauf, dass einheitliche Rechte des geistigen Eigentums in der gesamten Union geschützt sind und mit der Rom II-VO die Vorhersehbarkeit des Ausgangs von Rechtsstreitigkeiten, die Sicherheit in Bezug auf das anzuwendende Recht und die einheitliche Anwendung der Verordnung in allen Mitgliedstaaten gewährleistet werden sollen, **für eine einheitliche Anknüpfung** an die Rechtsordnung entschieden, in der die **ursprüngliche Verletzungshandlung, auf die das vorgeworfene Verhalten zurückgeht, begangen worden ist oder droht.** Dies schließt zwar nicht aus, dass bei verschiedenartigen Verletzungsvorwürfen die ursprünglichen Verletzungshandlungen an verschiedenen Orten und möglicherweise daher auch in verschiedenen Mitgliedstaaten begangen worden sind, jedoch werden wohl ein Großteil der Annexansprüche aus Multi-State-Unionsmarkenverletzungen zukünftig einheitlich anhand einer Rechtsordnung zu bestimmen sein.

28   Dem Urteil des EuGH ist ferner zu entnehmen, dass für die Bestimmung des anwendbaren Rechts auf das **aktive Verhalten des Verletzers abzustellen ist** und **nicht auf den Mitgliedstaat, in dem diese Verletzung ihre Wirkung entfaltet** (vgl. EuGH C-172/18, GRUR 2019, 1047 Rn. 44, 45 − AMS Neve ua). So hat der EuGH festgestellt, dass Art. 8 Abs. 2 Rom II-VO ein spezielles Anknüpfungskriterium vorsehe, das von dem in Art. 4 Abs. 1 Rom II-VO vorgesehenen allgemeinen Grundsatz der lex loci damni abweicht, wonach auf ein außervertragliches Schuldverhältnis das Recht des Staates anzuwenden sei, in dem der Schaden eintritt. Eine **Übertragung der „Fiona-Shevill" Rechtsprechung des EuGH** zu Art. 5 Nr. 3 Brüssel I-VO (seit 15.1.2015 Art. 7 Nr. 2 Brüssel Ia-VO) kommt angesichts dessen **nicht mehr in Betracht.**

29   Die Entscheidung des EuGH „Nintendo/BigBen" steht auch im Einklang mit seiner auf die Vorlage des BGH „Parfumflakon II" (BGH GRUR 2012, 1065) vorausgegangenen **Entscheidung „Coty"** (EuGH C-360/12, GRUR 2014, 806 Rn. 32 f.). Dort hatte der EuGH im Rahmen der Feststellung der internationalen Zuständigkeit für eine Teilnehmerhandlung nach **Art. 125 Abs. 5** (Art. 97 Abs. 5 UMV 2009) festgestellt, dass die **Rechtsprechung des EuGH zu Art. 5 Nr. 3 Brüssel I-VO** (seit 15.1.2015 **Art. 7 Nr. 2 Brüssel Ia-VO**) und die dort anerkannte Dualität der Anknüpfungspunkte „Ort des ursächlichen Geschehens" und „Ort der Verwirklichung des Schadenserfolges" (Art. 7 Nr. 2 Brüssel Ia-VO: „…Gericht des Ortes, an dem das schädigende Ereignis eingetreten ist oder einzutreten droht") **nicht ohne Weiteres zur Auslegung** des Begriffs „Mitgliedstaat, in dem die Verletzungshandlung begangen worden ist" **herangezogen werden kann.** Nach Art. 122 Abs. 2 (Art. 94 Abs. 2 UMV 2009) iVm Art. 124 (Art. 96 UMV 2009) sei die Anwendung von Art. 5 Nr. 3 Brüssel I-VO (seit 15.1.2015 Art. 7 Nr. 2 Brüssel Ia-VO) ausdrücklich ausgeschlossen. Der Begriff „Mitgliedstaat, in dem eine Verletzungshandlung begangen worden ist", lege nahe, dass **dieser Anknüpfungspunkt auf ein aktives Verhalten des Verletzers abstelle.** Daher ziele dieser Anknüpfungspunkt auf den **Mitgliedstaat** ab, **in dem sich der Vorfall, der der behaupteten Verletzung zu Grunde liegt, ereignet hat oder zu ereignen droht,** und **nicht auf den Mitgliedstaat, in dem diese Verletzung ihre Wirkung entfaltet.**

29.1   Der BGH hatte den EuGH in dem Vorlagebeschluss „Parfumflakon II" (BGH GRUR 2012, 1065), der die Teilnahme eines in Belgien ansässigen Beklagten an einer durch einen anderen in Deutschland begangenen Unionsmarkenverletzung betraf, ua um Auslegung des in Art. 125 Abs. 5 (Art. 97 Abs. 5 UMV 2009, Art. 93 Abs. 5 GMV) verwendeten Begriffs „Mitgliedstaat, in dem eine Verletzungshandlung begangen worden ist" gebeten. Der BGH neigte in seinem Beschluss der hM zu, wonach für die Frage, in welchem Mitgliedstaat eine Verletzungshandlung iSv Art. 125 Abs. 5 (Art. 97 Abs. 5 UMV 2009, Art. 93 Abs. 5 GMV) begangen worden ist, sowohl auf den Ort des ursächlichen Geschehens (Handlungsort) als auch auf den Ort, an dem der Schaden eingetreten ist (Erfolgsort), abzustellen sei. Die Bestimmung des Handlungs- und des Erfolgsorts solle sich nach denselben Maßstäben richten, nach denen sich der Ort iSd Art. 5 Nr. 3 Brüssel I-VO (seit 15.1.2015 Art. 7 Nr. 2 Brüssel Ia-VO) bestimmt, an dem das schädigende Ereignis eingetreten ist (BGH GRUR 2012, 1065 Rn. 21 − Parfumflakon II). Hierfür sprächen Sinn und Zweck des Art. 5 Nr. 3 Brüssel I-VO (seit 15.1.2015 Art. 7 Nr. 2 Brüssel Ia-VO) und des Art. 125 Abs. 5 (Art. 97 Abs. 5 UMV 2009, Art. 93 Abs. 5 GMV). Die Zuständigkeitsregel des Art. 5 Nr. 3 Brüssel I-VO (seit 15.1.2015 Art. 7 Nr. 2 Brüssel Ia-VO) beruhe darauf, dass zwischen der Streitigkeit und den Gerichten des Ortes, an dem das schädigende Ereignis eingetreten ist, eine besonders enge Beziehung besteht, die aus Gründen einer geordneten Rechtspflege und einer sachgerechten Gestaltung des Prozesses eine Zuständigkeit dieser Gerichte rechtfertige (EuGH C-509/09 und C-161/10, GRUR 2012, 300 Rn. 40 − eDate Advertising u. Martinez; C-523/10, GRUR 2012, 654 Rn. 18 − Wintersteiger/Products 4U). Dem hat der EuGH jedoch in der Entscheidung „Coty" im Hinblick auf Unionsmarkenverletzungen eine Absage erteilt (EuGH C-360/12, GRUR 2014, 806 Rn. 32 f. − Coty).

Aus der Entscheidung des **EuGH „Nintendo/BigBen"** folgt ferner, dass **dem Verletzten** 30 bei Multi-State-Verletzungen **kein Wahlrecht** zusteht, ob er seine Annexansprüche nach dem Recht des Mitgliedstaates in **dem der Ort der zentralen Verursachungshandlung liegt,** geltend macht **oder** alternativ nach den **Rechtsordnungen der jeweiligen Mitgliedstaaten, in denen** die rechtsverletzende Ware von ihm in den Verkehr gebracht bzw. **die jeweiligen Benutzungshandlungen iSv Art. 9 Abs. 3 als Täter begangen wurden.** Vielmehr hat der EuGH klargestellt, dass gerade nicht auf jede einzelne einem Beklagten vorgeworfene Verletzungshandlung abzustellen ist, sondern vielmehr das Verhalten einer Gesamtwürdigung zu unterziehen ist, um den Ort zu bestimmen, an dem die ursprüngliche Verletzungshandlung, auf die das vorgeworfene Verhalten zurückgeht, begangen worden ist oder droht.

Dass die **Unternehmensentscheidung** für die Schaltung der Werbung oder die Herstellung 31 und den Vertrieb der Produkte **zentral am Sitz des Verletzers in einem Mitgliedstaat getroffen worden** und diese Unternehmensentscheidung für die in anderen Mitgliedstaaten tatsächlich vorgenommen Handlungen ursächlich ist, **ist für die Bestimmung des anwendbaren Rechts nicht relevant.** So hat der BGH in der Entscheidung „The Home Store" bereits festgestellt, **die Steuerung der Markenverwendung in den einzelnen Märkten keine relevante Benutzungshandlung iSv Art. 9 Abs. 3 darstellt** (BGH GRUR 2008, 254 Rn. 42). Ferner knüpft **Art. 8 Abs. 2 Rom II-VO** nach dem Urteil des EuGH „Nintendo/BigBen" an das Recht des Staates an, in dem die **Verletzungshandlung begangen worden ist oder droht.** Eine **Anknüpfung an die** am **Unternehmenssitz getroffene ursächliche Unternehmensentscheidung** kommt daher **nicht in Betracht.**

Nicht geklärt ist nach wie vor, an welches Recht anzuknüpfen ist, wenn die **ursächliche** 32 **Verletzungshandlung im EU-Ausland** vorgenommen worden ist. Art. 8 Abs. 2 Rom II-VO erklärt ausschließlich das Recht eines Mitgliedstaates für anwendbar. Wurden die **rechtsverletzenden Waren im EU-Ausland hergestellt,** so könnte der **Ort, an dem die rechtsverletzenden Waren erstmals in die Europäische Union eingeführt werden,** als der in einem Mitgliedstaat belegene Ort der ursprünglichen Verletzungshandlung in Betracht kommen (so auch Hildebrandt/Sosnitza/Hildebrandt Rn. 17). Wurden die Waren aus dem EU-Ausland jedoch in verschiedenen Mitgliedstaaten eingeführt, so müsste das jeweilige Recht dieser Mitgliedstaaten Anwendung finden. Bietet ein im **EU-Ausland sitzender Verletzer** in mehreren Mitgliedstaaten **rechtsverletzende Dienstleistungen** an, so dürfte eine einheitliche Anknüpfung nicht in Betracht kommen. Insoweit dürfte wieder die **„Mosaik-Lösung"** Anwendung finden (→ Rn. 19); vgl. Kur GRUR Int 2014, 746 (758) aA Hildebrandt/Sosnitza/Hildebrandt Rn. 18 zum Zwecke des Interessensausgleichs ein Wahlrecht des Verletzten bejahend).

Des Weiteren stellt sich die Frage, ob bei mehreren, bei der Verletzung zusammenwirkenden 33 **Mittätern oder sonstigen Beteiligten** einheitlich anzuknüpfen ist, so etwa an das Recht des Mitgliedstaates, in dem die Haupttat begangen worden ist, bzw. hilfsweise an das Recht des Mitgliedstaates, in dem der Haupttäter die Verletzungshandlung begangen hat. Diese Frage hat das **OLG Düsseldorf in zwei Vorlagebeschlüssen vom 7.1.2016** betreffen „Multi-State"-Verletzungen von Gemeinschaftsgeschmacksmustern (OLG Düsseldorf GRUR 2016, 616 Rn. 41 f. – Fernbedienung für Videospielkonsole; OLG Düsseldorf GRUR-RS 2016, 02936 – Balance Board) **dem EuGH zur Entscheidung vorgelegt. Generalanwalt Yves Bot** hat in seinen **Schlussanträgen** (Schlussanträge Generalanwalt Bot BeckRS 2017, 108428 Rn. 53 f. – Nintendo/BigBen) vertreten, dass unter Heranziehung der Rechtsprechung des EuGH in der Sache „Coty" (EuGH C-360/12, GRUR 2014, 806 Rn. 28 f.) auf die Annexansprüche das Recht des Mitgliedstaates anzuwenden ist, in dem sich der **Vorfall, der der Verletzung zugrunde liegt,** ereignet hat oder zu ereignen droht. Diesen Vorfall hat Generalanwalt Yves Bot in der **Herstellung der schutzrechtsverletzenden Waren** in Frankreich, **als das einheitliche Ereignis, auf das die Verletzung zurückzuführen ist,** gesehen und daher auf die Annexansprüche einheitlich französisches Recht für anwendbar gehalten. Eine Unterscheidung zwischen Haupttätern, Mittätern oder sonstigen Beteiligten hat er nicht vorgenommen. Der EuGH hat in seinem Urteil „Nintendo/BigBen" zu dieser Problematik keine Stellung genommen, sondern vielmehr die zugrundeliegende Frage des vorlegenden Gerichts für unzulässig gehalten (vgl. EuGH C-24/16 und C-25/16, GRUR 2017, 1120 Rn. 110 – Nintendo/BigBen).

5. EuGH C-421/20 – Acacia/BMW

Der EuGH hat im „Acacia/BMW"-Urteil (EuGH C-421/20, GRUR-RS 2022, 3288) zum 34 Vorabentscheidungsersuchen des OLG Düsseldorf (OLG Düsseldorf GRUR-RS 2020, 28034 – Autofelgenmodell) zur Frage des anwendbaren Rechts auf Annexansprüche, **die nur in Bezug**

auf das Gebiet eines Mitgliedstaates geltend gemacht werden, eine **Abgrenzung zu seiner Entscheidung „Nintendo/BigBen"** (vgl. EuGH C-24/16 und C-25/16, GRUR 2017, 1120 Rn. 110 – Nintendo/BigBen) vorgenommen.

35   Das OLG Düsseldorf hatte dem EuGH ua die Frage vorgelegt, ob das **im internationalen Tatortgerichtsstand** angerufene nationale Gericht **auf Annexansprüche bezogen auf das Gebiet seines Mitgliedstaates sein nationales Recht anwenden** kann oder aber **das Recht des ursprünglichen Verletzungsortes im Sinne der EuGH-Entscheidung „Nintendo/ BigBen"** (EuGH C-24/16 und C-25/16, GRUR 2017, 1120 Rn. 94 f.; s. auch Grüger GRUR-Prax 2018, 65) anwenden muss.

36   **Generalanwalt Szpunar** hat in seinem Schlussantrag die Auffassung vertreten, dass auch für die Annexansprüche an das Recht des ursprünglichen Verletzungsortes angeknüpft werden müsse (Schlussantrag vom 28.10.2021, BeckRS 2021, 32333 – Acacia/BMW).

37   Der **EuGH** hat sich im seinem **Acacia/BMW**-Urteil (EuGH C-421/20, GRUR-RS 2022, 3288) der **Auffassung des Generalanwalts nicht angeschlossen.** Vielmehr hat er entschieden, dass Art. 8 Abs. 2 Rom II-VO in den Fällen, in denen die **Verletzungsklage im Gerichtsstand der unerlaubten Handlung** erhoben wurde und **ausschließlich die in einem einzigen Mitgliedstaat begangenen oder drohenden Verletzungshandlungen zum Gegenstand hat,** dahin auszulegen sei, dass **das Recht dieses Mitgliedstaates anzuwenden ist** (EuGH C-421/ 20, GRUR-RS 2022, 3288 Rn. 44 f – Acacia/BMW). Diese Fallkonstellation unterscheide sich von derjenigen, die dem Urteil „Nintendo/BigBen" (EuGH C-24/16 und C-25/16, GRUR 2017, 1120 Rn. 94 f.) zugrunde liegt dadurch, dass dort im Rahmen einer einzigen Klage Verletzungshandlungen, die in verschiedenen Mitgliedstaaten begangen worden sein sollen, zum Verfahrensgegenstand gemacht worden sind. Im vorliegenden Fall seien jedoch Verletzungshandlungen in anderen Mitgliedstaaten oder Drittstaaten nicht Gegenstand des anhängig gemachten Rechtsstreits. Der Schutzrechtsinhaber könne in Bezug auf dieselben Verletzungshandlungen auch nicht mehrere Klagen nebeneinander erheben (EuGH C-421/20, GRUR-RS 2022, 3288 Rn. 50 – Acacia/BMW; C-172/18, GRUR 2019, 1047 Rn. 40, 41 – AMS Neve ua), so dass nicht die Gefahr bestehe, dass im Rahmen verschiedener Verfahren Annexansprüche betreffend denselben Gegenstand auf der Grundlage unterschiedlicher Rechtsvorschriften geprüft werden (hierzu Janal/ Müller GRUR 2022, 541).

6. Stellungnahme

38   Die Entscheidung des EuGH „Acacia/BMW" ist zu begrüßen. Obgleich sie zur GGV ergangen ist, gelten die vom EuGH dort aufgestellten Grundsätze auch für die UMV. In Abgrenzung zur Entscheidung „Nintendo/BigBen" wird dem Unionsmarkeninhaber durch den EuGH die Möglichkeit eröffnet, durch Beschränkung seiner Ansprüche auf Verletzungshandlungen in einem Mitgliedstaat Rechtssicherheit in Bezug auf das auf Annexansprüche anwendbare Recht zu erhalten. Hierdurch wird die Effektivität der Rechtsdurchsetzung aus Unionsmarken gestärkt. Der EuGH hält insoweit an dem im Erwägungsgrund 26 ROM II-VO niedergelegten Grundsatz der „lex loci protectionis" fest.

39   Die Entscheidung des EuGH bezieht sich auf den Fall, dass die **Klage im Gerichtsstand der unerlaubten Handlung erhoben worden ist** und das angerufene Gericht daher nur für Verletzungshandlungen in diesem Mitgliedstaat zuständig ist. Es stellt sich daher die **Frage,** ob die **Entscheidung „Acadia/BMW" auch auf die Fälle anwendbar** ist, in denen der Kläger nicht im Gerichtsstand der unerlaubten Handlung klagt, sondern den **Unterlassungsanspruch unionsweit geltend macht, die Annexansprüche jedoch auf Verletzungshandlungen beschränkt, die in einem Mitgliedstaat** bzw. im Mitgliedstaat begangen worden sind, in dem das angerufene Gericht seinen Sitz hat.

40   In seinen Entscheidungsgründen hat der EuGH klar darauf abgestellt, dass sich die Prüfung einer begangenen oder drohenden Verletzung auf das Hoheitsgebiet des Mitgliedstaates beschränkt, in dem das **Gericht im Tatortgerichtsstand angerufenen** worden ist und **Verletzungen in anderen Mitliedstaaten nicht Gegenstand des Rechtsstreits sind** (vgl. EuGH C-421/20, GRUR-RS 2022, 3288 Rn. 44, 49 – Acacia/BMW). Macht der Kläger den Unterlassungsanspruch jedoch unionsweit geltend, so sind auch Verletzungshandlungen in anderen Mitgliedstaaten Gegenstand des Rechtsstreits. Eine Übertragbarkeit der Entscheidung „Acadia/BMW" dürfte auf diese Fälle daher nicht ohne Weiteres in Betracht kommen. Gleichwohl wäre es aus Effektivitätsgründen wünschenswert, wenn der Grundsatz der „lex loci protectionis" auch in diesen Fällen für auf einen Mitgliedstaat beschränkte Annexansprüche gelten würde. Jedenfalls in den Fallkonstellationen, in denen das angerufene Unionsmarkengericht sowohl für unionsweite Verletzungsan-

sprüche zuständig ist, als auch über eine Zuständigkeit als Tatortgericht aufgrund nachgewiesener Verletzungshandlungen in dem Mitgliedstaat, in dem es seinen Sitz hat, verfügt und die Annexansprüche auf Verletzungshandlungen in diesem Mitgliedstatt beschränkt worden sind, müssten die Grundsätze der Entscheidung des EuGH „Acadia/BMW" auf die Annexansprüche übertragbar sein. In diesen Fällen muss das Unionsmarkengericht sowohl für den unionsweiten Unterlassungsanspruch, als auch für die Annexansprüche nur die Verletzung prüfen, die in dem Mitgliedstaat, in dem es seinen Sitz hat begangen wurden, so dass argumentiert werden könnte, dass auch hier die in der Entscheidung „Acadia/BMW" durch den EuGH erfolgte Auslegung des Art. 8 Abs. 2 Rom II-VO, wonach das Recht des Staates anzuwenden ist, in dem die Verletzung begangen worden ist, Anwendung finden könnte. Letztendlich bedarf diese Frage jedoch einer gerichtlichen Klärung.

7. Ermittlung ausländischen nationalen Rechts

Zur **Vereinfachung der Ermittlung des ausländischen nationalen Rechts der Mitglied-** **41** **staaten** wird teilweise befürwortet, die **Mindeststandards der Enforcement-RL** (RL 2004/48/EG des Europäischen Parlaments und des Rates vom 29.4.2004 zur Durchsetzung der Rechte des geistigen Eigentums) zugrunde zu legen, wonach die Mitgliedstaaten verpflichtet sind, in ihrem nationalen Recht unter anderem Regelungen über den selbstständigen Auskunftsanspruch (Art. 8 Enforcement-RL), Schadensersatz (Art. 13 Enforcement-RL) sowie Rückruf, Entfernung aus dem Vertriebswegen und Vernichtung (Art. 10 Enforcement-RL) vorzusehen (vgl. OLG Frankfurt GRUR-RR 2012, 473 – Joop!; Kur GRUR Int 2014, 746 (759); s. auch **Bericht der Kommission** an den Rat, das Europäische Parlament, den europäischen Wirtschafts- und Sozialausschuss und den Ausschuss der Regionen, KOM (2010) 779 endg., wonach die **Mindestanforderungen der Enforcement-RL durch die Gesetzgebung aller Mitgliedsländer erfüllt werden**).

Das OLG Frankfurt hat im Hinblick auf die von der Klägerin geltend gemachten Auskunfts- und **41.1** Schadensersatzansprüche wegen Verletzung einer Unionsmarke in anderen Mitgliedstaaten die von der Klägerin vorgelegten und im Einzelnen erläuterten **Stellungnahmen von Anwälten aus den betreffenden Staaten,** denen zufolge Regelungen gemäß Art. 8 und 13 Enforcement-RL in diesen Staaten bestehen, als Grundlage für die Beurteilung des ausländischen Rechts ausreichen lassen, da auch die Beklagte keine Anhaltspunkte dafür vorgetragen hat, weshalb die Stellungnahmen unzutreffend sein sollten. Die Einholung einer kostspieligen Studie eines wissenschaftlichen Instituts war somit nicht mehr erforderlich.

Die **Ermittlung des ausländischen Rechts** hat nach der Rechtsprechung nach § 293 ZPO von Amts **41.2** wegen durch das Gericht zu erfolgen (BGH BeckRS 2013, 09698 Rn. 39; 2012, 1018 Rn. 11; NJW 1992, 2026; NJW-RR 2005, 1071 f.). Die Parteien trifft keine (prozessuale) Beweisführungslast. Der Umfang der Ermittlungspflicht kann allerdings durch den Vortrag der Parteien beeinflusst werden. Das Gericht kann das ausländische Recht mit unterschiedlichen Methoden ermitteln, zB anhand ihm zugänglicher Gesetzestexte, Literatur und Rechtsprechung oder durch Beweiserhebung zB Einholung eines Sachverständigengutachtens oder einer amtlichen Auskunft. Das Gericht kann aber auch **andere Erkenntnisquellen** nutzen, zB formlose Anfragen bei sachkundigen Personen oder Institutionen (vgl. BeckOK ZPO/Bacher ZPO § 293 Rn. 12 ff.). Im Regelfall genügt der Tatrichter seiner aus § 293 ZPO folgenden Erforschungspflicht des ausländischen Rechts, wenn er das Gutachten eines mit den einschlägigen Fragen vertrauten wissenschaftlichen Instituts, zB des Max-Planck-Instituts für ausländisches und internationales Privatrecht, einholt und auf entsprechenden Antrag der Partei den Gutachter zur mündlichen Verhandlung lädt, damit dieser seine Ausführungen mündlich erläutern kann (vgl. BGH NJW-RR 1991, 1211 f.). Jedoch kann vor Einholung eines Sachverständigengutachtens durch ein Institut für internationales und ausländisches Privatrecht zu erwägen sein, ob eine Klärung der Rechtslage nicht schneller und kostengünstiger durch Einholung einer Auskunft nach dem Europäischen Übereinkommen betreffend Auskünfte über ausländisches Recht vom 7.6.1968 (Europäisches Rechtsauskunftsübereinkommen – Londoner Übereinkommen, BGBl. 1974 II 938; abrufbar unter http://www.datenbanken.justiz.nrw.de/ir_htm/frame-eurak68.htm) herbeigeführt werden kann (vgl. OLG München BeckRS 2008, 2168; BeckOK ZPO/Bacher ZPO § 293 Rn. 12 ff.). Für das einstweilige Verfügungsverfahren wird angenommen, dass der Antragsteller den Inhalt des ausländischen Rechtssatzes, auf den er sich beruft, glaubhaft zu machen hat (vgl. OLG Frankfurt GRUR 1970, 35 – Rochas; Gloy/Loschelder/Danckwerts WettbR-HdB/Erdmann § 11 Rn. 33).

Zur **Vereinfachung der Ermittlung des ausländischen Rechts** ist der Lösungsweg des **42** OLG Frankfurt zu befürworten (OLG Frankfurt GRUR-RR 2012, 473 – Joop!; so auch Hildebrandt/Sosnitza/Hildebrandt Rn. 22; Kur GRUR Int 2014, 746 (759)). Angesichts den von der **Durchsetzungsrichtlinie geschaffenen Mindeststandards** die von allen Mitgliedstaaten bis zum 29.4.2006 in nationales Recht umzusetzen waren (vgl. EuGH C-395/07, GRUR Int 2008,

745), bietet es sich ferner an, sich bei der **Formulierung der Anträge** im Hinblick auf die Folgeansprüche an der Durchsetzungsrichtlinie zu orientieren (Klingberg GRUR-Prax 2012, 437 – Joop! – Anm. zu OLG Frankfurt).

D. Nicht in der UMV geregeltes Verfahrensrecht (Abs. 3)

43   Abs. 3 ist die Verweisungsnorm für alle verfahrensrechtlichen Fragen, die nicht durch die UMV erfasst werden. Danach wendet das Unionsmarkengericht, soweit in der UMV nichts anderes bestimmt ist, die Verfahrensvorschriften an, die in dem Forum-Staat auf gleichartige Verfahren betreffend nationale Marken anwendbar sind. Gegenüber Abs. 3 vorrangig anwendbar ist die speziellere Verweisungsvorschrift des Art. 130 Abs. 1 S. 2 (→ Art. 130 Rn. 13) für die Anordnung von Maßnahmen zur Durchsetzung des gerichtlichen Verbots sowie des Art. 132 Abs. 3 (→ Art. 132 Rn. 37) für die Anordnung von einstweiligen Maßnahmen einschließlich Sicherungsmaßnahmen für die Dauer der Aussetzung des Verfahrens.

44   In der UMV ist das Verfahrensrecht betreffend Unionsmarken in Titel X geregelt. Titel X enthält jedoch in Bezug auf das Verfahrensrecht hauptsächlich Zuständigkeits- und Aussetzungsregelungen und somit nur eine partiell autonome Regelung des Verfahrensrechts. Das auf Unionsmarken anwendbare Verfahrensrecht setzt sich zusammen aus den Regelungen der UMV, den über Art. 122 (→ Art. 122 Rn. 1 ff.) anwendbaren Regelungen der Brüssel Ia-VO und dem über Abs. 3 anwendbaren nationalen Recht des Forum-Staates (Eisenführ/Schennen/Kampmann/Eberhardt Rn. 13; Fayaz GRUR Int 2009, 566) unter Berücksichtigung des nach ständiger Rechtsprechung des EuGH geltenden Äquivalenz- und Effektivitätsgrundsatzes (vgl. zur GGV EuGH C-479/12, GRUR 2014, 368 Rn. 42 – Gautzsch; → Rn. 10). Das vom Unionsmarkengericht in einem Verletzungsverfahren anwendbare Verfahrensrecht bestimmt sich daher hauptsächlich nach dem **Recht des Forum-Staates, das bei Verletzung nationaler Marken Anwendung findet.** Dies betrifft insbesondere die **Zulässigkeit und Bestimmtheit der Klage, Beweisregeln** und **Beweislastverteilung** (vgl. zur GGV EuGH C-479/12, GRUR 2014, 368 Rn. 42 – Gautzsch), die Frage der **Kostentragung** sowie der **Erledigung** und die **Dauer des Verfahrens** (Fayaz GRUR Int 2009, 566; Koch/Samwer MarkenR 2006, 493 (497)). Nach der **Entscheidung des EuGH „Nikolajeva"** (EuGH C-280/15, GRUR 2016, 931 Rn. 32 f.) können über Art. 129 Abs. 3 nicht in der UMV geregelte Verfahrensvorschriften, die im nationalen Verfahrensrecht verankert sind, wie der **Dispositionsgrundsatz** und der **Grundsatz „ne ultra petita",** vom Unionsmarkengericht angewendet werden. Daher verwehrt es Art. 130 Abs. 1 einem Unionsmarkengericht nicht, im Einklang mit dem in seinem innerstaatlichen Recht geltenden **Dispositionsgrundsatz** und dem **Grundsatz „ne ultra petita",** von einer Anordnung nach Art. 130 Abs. 1, mit der einem Dritten die Fortsetzung von Verletzungshandlungen verboten wird, abzusehen mit der Begründung, dass der **Inhaber der betreffenden Marke keinen entsprechenden Antrag gestellt habe.**

E. In der UMV geregelte Ansprüche und Klagebefugnisse

45   Die UMV regelt die materiell-rechtlichen Ansprüche, die sich in einem Verletzungsverfahren betreffend eine Unionsmarke stellen können, nur unvollständig. Soweit jedoch Regelungen vorhanden sind, haben die Unionsmarkengerichte diese nach Art. 17 Abs. 1 S. 1, Art. 129 Abs. 1 unmittelbar ohne Rückgriff auf nationales Recht anzuwenden. Folgende **Ansprüche** und **Klagebefugnisse** sind **in der UMV unmittelbar und autonom geregelt:**

I. Unterlassungsanspruch (Art. 9 Abs. 1 S. 2)

46   Der Unterlassungsanspruch im Fall der Verletzung einer Unionsmarke als einer der wichtigsten Ansprüche ist unmittelbar in der UMV in Art. 9 Abs. 1 S. 2 (→ Art. 9 Rn. 1 ff.) geregelt. Dieser gewährt dem Inhaber einer Unionsmarke das Recht, Dritten die Benutzung eines die Unionsmarke verletzenden Zeichens zu verbieten.

46.1   Zu Unrecht hat der BGH den Unterlassungsanspruch aus einer Unionsmarke in der Entscheidung Lila Schokolade (BGH GRUR 2005, 427) auf Art. 17 Abs. 1 S. 1, Abs. 2 iVm den Vorschriften des nationalen deutschen Markengesetzes gestützt.

47   Die vom Unionsmarkengericht auszusprechende **Sanktion** im Fall eines Unterlassungsanspruchs wegen Verletzung einer Unionsmarke ist in **Art. 130 Abs. 1 S. 1** (→ Art. 130 Rn. 3) geregelt. Danach hat das Unionsmarkengericht dem Beklagten zu verbieten, die Handlungen, die

die Unionsmarke verletzen oder zu verletzen drohen, fortzusetzen, sofern nicht besondere Gründe entgegenstehen.

Der Unterlassungsanspruch und seine Anspruchsvoraussetzungen sind nicht in Art. 130 Abs. 1, sondern **47.1** in Art. 9 normiert. Art. 130 Abs. 1 regelt ausschließlich die Sanktion, die vom Unionsmarkengericht im Fall eines Verstoßes gegen einen nach Art. 9 bestehenden Unterlassungsanspruch auszusprechen ist. Dies folgt sowohl aus dem Wortlaut der Art. 9 und Art. 130 Abs. 1, wie auch aus deren Systematik innerhalb der UMV und wird durch § 119 Nr. 2 MarkenG bestätigt, wonach dieser auf die „Ansprüche nach den Art. 9–13 der Verordnung über die Unionsmarke" verweist und damit auch auf den Unterlassungsanspruch aus einer Unionsmarke nach Art. 9.

Die **Maßnahmen,** die das Unionsmarkengericht anzuordnen hat, um sicherzustellen, dass das **48** **gerichtliche Verbot befolgt wird,** sind **nicht in der UMV geregelt.** Insoweit verweist **Art. 130 Abs. 1 S. 2** (→ Art. 130 Rn. 13) auf das innerstaatliche Recht am Sitz des Unionsmarkengerichts und somit auf die **lex fori.** Dies sind im deutschen Recht die in **§ 890 ZPO** vorgesehenen **Ordnungsmittel.** Diese Regelungen kommen auch dann zur Anwendung, wenn das Unionsmarkengericht das Unterlassungsgebot über Deutschland hinaus unionsweit oder mit Wirkung in anderen Mitgliedstaaten ausspricht (→ Art. 130 Rn. 16 ff.; Knaak in Schricker/Bastian/Knaak Deutschland Rn. 181).

Die im deutschen Recht für einen Unterlassungsanspruch bzw. vorbeugenden Unterlassungsan- **49** spruch erforderliche **Wiederholungs- bzw. Erstbegehungsgefahr** stellt eine **materiell-recht-liche Anspruchsvoraussetzung** dar (Knaak in Schricker/Bastian/Knaak Deutschland Rn. 178; Ingerl/Rohnke MarkenG Vor §§ 14–19 Rn. 79; Fezer MarkenG § 14 Rn. 990). Für deren Wegfall gelten in Deutschland die durch die Rechtsprechung entwickelten besonderen Grundsätze. Bei der Auslegung der Wiederholungs- und Erstbegehungsgefahr handelt es sich jedoch um eine **Frage des Unionsmarkenrechts, die der Auslegungskompetenz des EuGH unterfällt** (Knaak in Schricker/Bastian/Knaak Deutschland Rn. 178; Eisenführ/Schennen/Kampmann/Eberhardt Art. 130 Rn. 7). Ob daher die in Deutschland geltenden Grundsätze auch auf den autonomen unionsrechtlichen Unterlassungsanspruch anwendbar sind, bedarf einer Entscheidung des EuGH (Knaak in Schricker/Bastian/Knaak Deutschland Rn. 178). Bis dahin verbietet sich ein Rückgriff auf die nationalen Grundsätze zur Auslegung der Wiederholungs- und Erstbegehungsgefahr (Eisenführ/Schennen/Kampmann/Eberhardt Art. 130 Rn. 7).

Verfahrensrechtlicher Natur sind die jeweiligen nationalen **prozessualen Anforderungen an** **50** **den Unterlassungsantrag** (Knaak in Schricker/Bastian/Knaak Deutschland Rn. 179; Eisenführ/Schennen/Kampmann/Eberhardt Art. 130 Rn. 7). Diese im jeweiligen Forum-Staat an den Unterlassungsantrag gestellten Anforderungen sind gemäß Abs. 3 uneingeschränkt auf Unionsmarkenverletzungsverfahren anwendbar. Dies gilt insbesondere für den im deutschen Recht geltenden **Grundsatz der Bestimmtheit des Unterlassungsantrags.**

Im deutschen Recht ist der Unterlassungsantrag auf die **konkrete Verletzungsform** zu **51** beschränken, wobei Verallgemeinerungen, die das Charakteristische der Verletzungshandlung wiedergeben, zulässig sind. Diese an den Unterlassungsantrag gestellte Anforderung wird materiell-rechtlich qualifiziert, weil sie mit der Wiederholungsgefahr zusammenhängt (Knaak in Schricker/Bastian/Knaak Deutschland Rn. 180; Eisenführ/Schennen/Kampmann/Eberhardt Art. 130 Rn. 7). Die Beschränkung des Unterlassungsanspruchs auf die konkrete Verletzungsform ist als **materiell-rechtliche Schranke des Unterlassungsanspruchs** nicht in der UMV geregelt. Sie ist jedoch insoweit über den auf die lex fori verweisenden Abs. 2 in Verfahren vor deutschen Unionsmarkengerichten zu beachten (Knaak in Schricker/Bastian/Knaak Deutschland Rn. 180; Eisenführ/Schennen/Kampmann/Eberhardt Art. 130 Rn. 7). Jedoch wäre das Erfordernis der Beschränkung auf die konkrete Verletzungsform über Abs. 3 auch dann von deutschen Unionsmarkengerichten anzuwenden, wenn es verfahrensrechtlich zu qualifizieren wäre (Knaak in Schricker/Bastian/Knaak Deutschland Rn. 180).

II. Entschädigungsanspruch (Art. 11 Abs. 2)

In der UMV autonom ohne Entsprechung im nationalen deutschen Recht geregelt ist der **52** Entschädigungsanspruch nach Art. 11 Abs. 2 (→ Art. 11 Rn. 2) in Bezug auf Unionsmarkenanmeldungen. Hiernach kann der Anmelder einer Unionsmarke für Handlungen, die nach Veröffentlichung der Anmeldung der Unionsmarke vorgenommen werden und die nach Veröffentlichung der Eintragung aufgrund der Unionsmarke verboten wären, eine angemessene Entschädigung verlangen.

Da eine entsprechende Regelung mangels separater Veröffentlichung deutscher Markenanmel- **53** dungen im MarkenG – anders als im deutschen Patentrecht (§ 33 PatG) – fehlt, kommt dem

Entschädigungsanspruch dann eine besondere Bedeutung zu, wenn der Markenanmelder dasselbe Zeichen sowohl als deutsche als auch als Unionsmarke angemeldet hat. Erfolgt die Veröffentlichung der Unionsmarkenanmeldung vor Eintragung der nationalen deutschen Marke, dann ist der unionsrechtliche Entschädigungsanspruch für den Markenanmelder interessant, da er vor Eintragung der deutschen Marke aus dieser keinen Schadensersatz verlangen kann (Fayaz GRUR Int 2009, 566 f.; Eisenführ/Schennen/Kampmann/Eberhardt Art. 130 Rn. 14; Rohnke GRUR Int 2002, 979 (981)).

III. Wiedergabe in Wörterbüchern (Art. 12)

54 Unmittelbar in Art. 12 UMV (→ Art. 12 Rn. 1 ff.) geregelt ist der Anspruch des Unionsmarkeninhabers gegen den Verleger eines Wörterbuchs, Lexikons oder ähnlichen Nachschlagewerks, in dem die Unionsmarke wiedergegeben wird, wenn die Wiedergabe den Eindruck erweckt, die Unionsmarke sei eine Gattungsbezeichnung für die Waren oder Dienstleistungen, für die sie eingetragen ist. Der Unionsmarkeninhaber kann in diesem Fall von dem Verleger verlangen, dass dieser sicherstellt, dass der Wiedergabe der Marke spätestens bei einer Neuauflage des Werkes der Hinweis beigefügt wird, dass es sich um eine eingetragene Marke handelt.

IV. Agentenmarke (Art. 13, 21)

55 Unmittelbar in der UMV in Art. 13 (→ Art. 13 Rn. 1 ff.) geregelt ist der Anspruch eines Markeninhabers gegen seinen untreuen Agenten oder Vertreter, der ohne seine Zustimmung für sich das als Marke geschützte Zeichen als Unionsmarke angemeldet hat, auf **Unterlassung der Benutzung** der für den Agenten oder Vertreter eingetragenen Unionsmarke. Dieser Anspruch folgt unmittelbar aus der UMV und **verdrängt, soweit es sich bei der Agentenmarke um eine Unionsmarke handelt, entsprechende nationale Regelungen,** in Deutschland den § 17 Abs. 2 S. 1 MarkenG (→ MarkenG § 17 Rn. 1 ff.).

56 Ebenfalls unmittelbar in der UMV in Art. 21 (→ Art. 21 Rn. 1) geregelt ist der **Übertragungsanspruch** des Markeninhabers gegen seinen untreuen Agenten oder Vertreter auf Übertragung der für diesen als Unionsmarke eingetragenen Agentenmarke. Dieser Anspruch folgt unmittelbar aus der UMV und **verdrängt, soweit es sich bei der Agentenmarke um eine Unionsmarke handelt, ebenfalls entsprechende nationale Regelungen,** in Deutschland den § 17 Abs. 1 MarkenG (→ MarkenG § 17 Rn. 1 ff.).

57 In nationalen Rechtsordnungen der Mitgliedstaaten enthaltene Regelungen, wonach die Agentenmarke gelöscht werden kann, werden durch die Regelungen der UMV betreffend die Erklärung der Nichtigkeit einer Unionsmarke (Art. 59, 60) verdrängt. In Deutschland betrifft dies den § 11 MarkenG (→ MarkenG § 11 Rn. 1 ff.), der auf eine Unionsmarke gemäß Abs. 1 nicht anwendbar ist.

V. Anspruch gegen Lizenznehmer (Art. 25 Abs. 2)

58 Autonom in der UMV in Art. 25 Abs. 2 (→ Art. 25 Rn. 19 f.) geregelt ist der Anspruch des Unionsmarkeninhabers gegen seinen Lizenznehmer. Danach kann der Unionsmarkeninhaber die Rechte aus seiner Unionsmarke auch gegen seinen Lizenznehmer geltend machen, soweit dieser gegen bestimmte Vorschriften des Lizenzvertrags verstößt. Nationale Vorschriften, die dem Markeninhaber die Geltendmachung von Rechten aus der lizenzierten Marke auch gegen den Lizenznehmer gestatten, wie in Deutschland § 30 Abs. 2 MarkenG (→ MarkenG § 30 Rn. 64 ff.), werden, soweit es sich bei der lizenzierten Marke um eine Unionsmarke handelt, durch Art. 25 Abs. 2 verdrängt. **Art. 19** (→ Art. 19 Rn. 1 ff.), der die Anwendbarkeit nationalen Rechts im Hinblick auf die Unionsmarke als Gegenstand des Vermögens regelt, **findet insoweit keine Anwendung** (Eisenführ/Schennen/Schennen Art. 19 Rn. 14).

VI. Aktivlegitimation des ausschließlichen Lizenznehmers (Art. 25 Abs. 3 S. 2)

59 In der UMV ist in Art. 25 Abs. 3 S. 2 (→ Art. 25 Rn. 25) unmittelbar geregelt, wann ein ausschließlicher Lizenznehmer einer Unionsmarke selbst ein Verfahren wegen Verletzung der lizenzierten Unionsmarke anhängig machen kann. **Gleiches gilt nach Art. 80 Abs. 1** (→ Art. 80 Rn. 1 ff.) für jede zur Benutzung einer **Unionskollektivmarke** befugte Person. Dies ist dann der Fall, wenn der Unionsmarkeninhaber nach Aufforderung nicht selbst innerhalb einer angemessenen Frist Verletzungsklage erhoben hat. Insoweit werden nationale Regelungen nach Abs. 1 verdrängt. Dies betrifft in Deutschland § 30 Abs. 3 (→ MarkenG § 30 Rn. 87) und § 129 Abs. 1

MarkenG (→ MarkenG § 101 Rn. 1 ff.), die dem Lizenznehmer bzw. der zur Benutzung der Kollektivmarke befugten Person die Befugnis Verletzungsklage zu erheben, nur mit Zustimmung des Markeninhabers einräumen. Der ausschließliche Lizenznehmer einer deutschen Marke bedarf zur Erhebung einer Verletzungsklage somit in jedem Fall der Zustimmung des Markeninhabers, der **ausschließliche Lizenznehmer einer Unionsmarke** kann eine Verletzungsklage jedoch auch **unter den in Art. 25 Abs. 3 S. 2** (→ Art. 25 Rn. 25) bestimmten **Voraussetzungen ohne Zustimmung des Unionsmarkeninhabers** erheben.

Gemäß Art. 80 Abs. 1 (→ Art. 80 Rn. 1 ff.) gilt die Vorschrift auch für jede zur Benutzung **60** einer Unionskollektivmarke befugte Person. Insoweit werden nationale Regelungen nach Abs. 1 verdrängt. Dies betrifft in Deutschland den § 101 Abs. 1 MarkenG (→ MarkenG § 101 Rn. 1 ff.).

Nicht geregelt ist in der UMV jedoch, ob der **Lizenznehmer** im Klagewege **eigene Rechte** **61** **oder nur die Rechte des Unionsmarkeninhabers geltend machen kann.** Zum Teil wird hinsichtlich des autonomen Unterlassungsanspruchs angenommen, ein solcher könne dem Lizenznehmer zustehen, weil Art. 130 Abs. 1 keinen bestimmten Berechtigten nennt und nationales Recht nicht anwendbar sei (Ingerl/Rohnke MarkenG § 30 Rn. 95). Dem steht entgegen, dass nicht Art. 130 Abs. 1, sondern **Art. 9 Abs. 1 S. 2, Abs. 2** den materiell-rechtlichen Unterlassungsanspruch im Fall der Verletzung einer Unionsmarke regelt. Dieser sieht vor, dass **der Unterlassungsanspruch dem Unionsmarkeninhaber zusteht,** wohingegen Art. 130 Abs. 1 lediglich die durch das Gericht auszusprechende Sanktion im Fall des Bestehens eines Unterlassungsanspruchs, nicht jedoch die Anspruchsberechtigung selbst regelt. Ob dem Lizenznehmer im Fall der Verletzung der lizenzierten Unionsmarke eigene Rechte zustehen, ist eine **materiell-rechtliche Frage,** so dass über den auf das geltende nationale Recht verweisenden **Art. 129 Abs. 2** das angerufene Unionsmarkengericht diese Fragestellung nach dem geltenden nationalen Recht einschließlich des internationalen Privatrechts zu beantworten hat. Steht ihm danach ein Unterlassungsanspruch zu, so bestimmt sich die vom Unionsmarkengericht auszusprechende Sanktion nach Art. 130 Abs. 1 als lex specialis zu Art. 129 Abs. 2. Nach Art. 130 Abs. 2 bestimmen sich dann nach dem anwendbaren Recht über Art. 129 Abs. 2 die weiteren, nach Art. 130 Abs. 2 im Ermessen des Unionsmarkengerichts stehenden Sanktionen, wie Beschlagnahme, Vorlage und Besichtigung, der Rückruf, die endgültige Entfernung aus den Vertriebswegen und Vernichtung und nach Art. 129 Abs. 2 die weiteren Annexansprüche wie Schadensersatz, Rechnungslegung etc (im Einzelnen → Art. 130 Rn. 19).

Nach der Rechtsprechung des BGH kann der ausschließliche Lizenznehmer, der vom Markeninhaber **61.1** zur Prozessführung wegen Verletzung der lizenzierten Marke ermächtigt worden ist, sowohl den Unterlassungs- als auch den Anspruch auf Auskunft und Drittauskunft an sich selbst geltend machen (BGH GRUR 2012, 630 Rn. 45, 46 – CONVERSE II). Allerdings stehen dem ausschließlichen Lizenznehmer, wie auch dem einfachen, keine eigenen Schadensersatzansprüche wegen Markenverletzung zu (BGH GRUR 2007, 877 Rn. 32 – Windsor Estate; GRUR 2008, 614 – ACERBON; GRUR 2008, 254 Rn. 46 – THE HOME STORE zur Unionsmarke; GRUR 2012, 630 Rn. 49 – CONVERSE II; GRUR 2015, 1223 Rn. 49 – Polsterlounge). Der Lizenznehmer muss daher stets Zahlung an den Markeninhaber verlangen, es sei denn er wurde von diesem zur Einziehung ermächtigt oder ihm wurden die Schadensersatzansprüche des Markeninhabers abgetreten (BGH GRUR 2012, 630 Rn. 51 – CONVERSE II; GRUR 2015, 1223 Rn. 50 – Polsterlounge; Ingerl/Rohnke MarkenG § 30 Rn. 99).

VII. Beitritt des Lizenznehmers zur Verletzungsklage (Art. 25 Abs. 4)

Unmittelbar in der UMV in Art. 25 Abs. 4 (→ Art. 25 Rn. 28) geregelt ist das Recht des **62** Lizenznehmers, auch des einfachen Lizenznehmers, der vom Inhaber der Unionsmarke erhobenen Verletzungsklage beizutreten, um den Ersatz seines eigenen Schadens geltend zu machen. Gleiches gilt **nach Art. 80 Abs. 1** (→ Art. 80 Rn. 1 f.) für jede zur Benutzung einer **Unionskollektiv-marke** befugte Person. Gemäß Art. 80 Abs. 1 gilt die Vorschrift auch für jede zur Benutzung einer Unionskollektivmarke befugte Person. Insoweit werden nationale Regelungen nach Art. 129 Abs. 1 verdrängt. Dies betrifft in Deutschland § 30 Abs. 4 (→ MarkenG § 30 Rn. 103) und § 101 Abs. 2 MarkenG (→ MarkenG § 101 Rn. 6). Die Vorschrift hat einen ausschließlich verfahrensrechtlichen Regelungsinhalt. Ob und in welchem Umfang dem Lizenznehmer tatsächlich materiell-rechtlich ein Schadensersatzanspruch zusteht, ist in der UMV nicht geregelt. Insbesondere **stellt Art. 25 Abs. 4 selbst keine Anspruchsgrundlage dar** (vgl. für § 30 Abs. 4 MarkenG BGH GRUR 2007, 877 Rn. 32 – Windsor Estate; Ingerl/Rohnke MarkenG § 30 Rn. 101).

Nicht geregelt ist in der UMV, **welche prozessuale Stellung** der dem Rechtsstreit beitretende **63** Lizenznehmer erhält. Da es sich hierbei um eine nicht in der UMV geregelte verfahrensrechtliche

Frage handelt, bestimmt sich die prozessuale Stellung des Lizenznehmers über Abs. 3 nach dem Verfahrensrecht des Forum-Staates.

63.1   Nach der deutschen Rechtsprechung des BGH wird der Lizenznehmer durch den Beitritt selbst Prozesspartei und ist nicht bloß Nebenintervenient gemäß § 66 Abs. 1 ZPO. Markeninhaber und Lizenznehmer sind nach dem Beitritt daher **einfache Streitgenossen** gemäß § 59 ZPO (BGH GRUR 2007, 877 Rn. 31 – Windsor Estate).

64   Nicht geregelt ist in der UMV ferner die Frage, ob und in welchem Umfang dem **Lizenznehmer materiell-rechtlich ein Schadensersatzanspruch** zusteht. Das anwendbare Recht bestimmt sich für Schadensersatzansprüche nach Abs. 2 (im Einzelnen → Rn. 8).

64.1   Nach der deutschen Rechtsprechung des BGH stehen weder dem einfachen noch dem ausschließlichen Lizenznehmer eigene Schadensersatzansprüche wegen Markenverletzung zu (BGH GRUR 2007, 877 Rn. 32 – Windsor Estate; GRUR 2008, 614 Rn. 14 – ACERBON; GRUR 2008, 254 Rn. 46 – THE HOME STORE zur Unionsmarke; GRUR 2012, 630 Rn. 49, 51 – CONVERSE II; GRUR 2015, 1223 Rn. 49, 50 – Polsterlounge). Ein dem Lizenznehmer entstandener Schaden kann lediglich im Wege der Drittschadensliquidation ersetzt verlangt werden (vgl. BGH GRUR 2007, 877 Rn. 32 – Windsor Estate; GRUR 2015, 1223 Rn. 50 – Polsterlounge). Inhaber des Schadensersatzanspruchs bleibt der Markeninhaber.

64.2   Handelt es sich bei dem Lizenznehmer um den Inhaber einer einfachen Lizenz, so ist ein Schadensersatz nach deutscher Rechtsprechung grundsätzlich ausgeschlossen, denn die Benutzung durch Dritte greift nicht in die Rechtsposition des einfachen Lizenznehmers ein, da er ohnehin mit der Vergabe weiterer Lizenzen durch den Lizenzgeber rechnen musste (vgl. OLG Köln GRUR 2000, 66 (67) – Michael-Jackson-Kalenderfoto; zum PatG BGH GRUR 2004, 758 (763) – Flügelradzähler). Eine Ausnahme kann dann vorliegen, wenn infolge der Benutzung durch den Verletzer der Ruf der Marke beeinträchtigt und hierdurch die Gewinne des Lizenznehmers geschmälert wurden, so etwa beim Vertrieb mit der Marke gekennzeichneter qualitätsminderer Ware (Ingerl/Rohnke MarkenG § 30 Rn. 106).

VIII. Prozessstandschaft des Inhabers einer Unionskollektivmarke (Art. 80 Abs. 2)

65   Nach Art. 80 Abs. 2 (→ Art. 80 Rn. 1 f.) kann der Inhaber einer Unionskollektivmarke im Namen der zur Benutzung befugten Personen Ersatz des Schadens verlangen, der diesen Personen aus der unberechtigten Benutzung der Marke entstanden ist. Insoweit werden nationale Regelungen verdrängt. Dies betrifft in Deutschland den § 101 Abs. 2 MarkenG (→ MarkenG § 101 Rn. 6). Die Vorschrift hat einen ausschließlich verfahrensrechtlichen Regelungsinhalt. Ob und in welchem Umfang den zur Benutzung befugten Personen tatsächlich materiell-rechtlich ein Schadensersatzanspruch zusteht, ist in der UMV nicht geregelt. Insbesondere stellt **Art. 80 Abs. 2 selbst keine Anspruchsgrundlage** dar. Hinsichtlich des Umfangs des materiell-rechtlichen Schadensersatzanspruchs findet Art. 129 Abs. 2 Anwendung (im Einzelnen → Rn. 11).

IX. Zwischenrechte und Einreden des Inhabers jüngerer, eingetragener Marken in Verletzungsverfahren

66   Neu geregelt sind in **Art. 16** (→ Art. 16 Rn. 1 f.) Zwischenrechte und Einreden des Inhabers einer jüngeren Unions- oder eingetragenen nationalen Marke in einem Verletzungsverfahren gegenüber dem Inhaber einer älteren Unionsmarke, der aus dieser älteren Unionsmarke die Benutzung der jüngeren, eingetragenen Marke untersagen will.

Art. 130 Sanktionen

(1) ¹Stellt ein Unionsmarkengericht fest, dass der Beklagte eine Unionsmarke verletzt hat oder zu verletzen droht, so verbietet es dem Beklagten, die Handlungen, die die Unionsmarke verletzen oder zu verletzen drohen, fortzusetzen, sofern einer solchen Anordnung nicht besondere Gründe entgegenstehen. ²Es trifft ferner nach Maßgabe seines innerstaatlichen Rechts die erforderlichen Maßnahmen, um sicherzustellen, dass dieses Verbot befolgt wird.

(2) Das Unionsmarkengericht kann zudem vom anwendbaren Recht vorgesehene Maßnahmen ergreifen oder Anordnungen treffen, die ihm im jeweiligen Einzelfall zweckmäßig erscheinen.

Überblick

Art. 130 regelt die im Fall der Verletzung einer Unionsmarke auszusprechenden Sanktionen. Abs. 1 enthält die einzige in der UMV direkt geregelte Sanktion im Fall der Verletzung einer Unionsmarke (→ Rn. 3). Hiernach hat das Unionsmarkengericht dem Verletzer zu verbieten, die Verletzungshandlung fortzusetzen, sofern dem nicht besondere Gründe entgegenstehen. Der Begriff der „besonderen entgegenstehenden Gründe" ist innerhalb der Unionsrechtsordnung einheitlich und eng auszulegen (→ Rn. 9) und bezieht sich auf im Einzelfall gegebene Umstände tatsächlicher Art und nicht auf Rechtsbegriffe (→ Rn. 10). Das Unionsmarkengericht ist grundsätzlich verpflichtet, ein Verbot auszusprechen (→ Rn. 9). Das Unionsmarkengericht ist nach Abs. 1 S. 2 als lex specialis zu der Verweisungsnorm des Art. 129 Abs. 3 verpflichtet, die nach Maßgabe der verfahrensrechtlichen Vorschriften des Forum-Staates erforderlichen Maßnahmen zu treffen, um sicherzustellen, dass das Verbot befolgt wird. Abs. 2 findet auf diese Zwangsmaßnahmen keine Anwendung (→ Rn. 13). Nach Abs. 2 kann das Unionsmarkengericht als „weitere Sanktionen" ihm im jeweiligen Einzelfall zweckmäßig erscheinende Maßnahmen ergreifen oder Anordnungen treffen, die das anwendbare Recht vorsieht (→ Rn. 17). Da vorrangig die UMV anwendbar ist, dürfte es sich hierbei um einen Verweis auf Art. 129 und die dort enthaltenen Verweisungsvorschriften für materielle und verfahrensrechtliche Fragen handeln, die nicht in der UMV selbst geregelt sind. Als „weiter Sanktionen" nach Abs. 2 kommen Maßnahmen zur Beweissicherung sowie Abhilfemaßnahmen in Betracht (→ Rn. 19). Auskunfts-, Rechnungslegungs- und Schadensersatzansprüche sind keine Sanktionen iSv Abs. 2 und stehen daher nicht im Ermessen des Unionsmarkengerichts, sondern unterfallen direkt Art. 129 Abs. 2 (→ Rn. 19).

Übersicht

A. Allgemeines

Art. 130 regelt die Sanktionen gegen den Verletzer einer Unionsmarke. In **Abs. 1** ist das durch **1** das Unionsmarkgengericht auszusprechende Verbot der Fortsetzung der Verletzungshandlungen **(Unterlassung)** geregelt. Weitere Sanktionen und Ansprüche wegen der Verletzung einer Gemeinschaftsmarke sind in der UMV nicht autonom geregelt. Vielmehr kann das Unionsmarkengericht nach **Abs. 2 als weitere Sanktionen** die ihm im jeweiligen Einzelfall **zweckmäßig erscheinenden Maßnahmen ergreifen oder Anordnungen treffen, die das anwendbare Recht vorsieht.** Ob dem Unionsmarkengericht in Abs. 2 tatsächlich ein umfassendes Ermessen eingeräumt wird oder ob dieses wie bei der Ausnahmeregelung in Abs. 1 eng auszulegen ist, wird letztlich durch die Rechtsprechung zu klären sein. Da vorrangig die UMV anwendbar ist, dürfte es sich hierbei um einen **Verweis auf Art. 129 als zentraler Verweisungsnorm** und die dort enthaltenen Verweisungsvorschriften für materielle und verfahrensrechtliche Fragen handeln, die nicht in der UMV selbst geregelt sind (→ Rn. 17). Bei **grenzüberschreitenden Verletzungen** ist für die Bestimmung des anwendbaren Rechts für nicht in der UMV geregelte materielle Rechtsfragen, insbesondere der Sanktionen, **Art. 8 Abs. 2 Rom II-VO** maßgeblich (im Einzelnen → Art. 129 Rn. 14).

Als weitere, nicht in der UMV selbst geregelte Sanktionen kommen insbesondere **Maßnahmen** **2** **zur Beweissicherung,** wie die **Beschlagnahme, Vorlage und Besichtigung** (vgl. Art. 7 Enforcement-RL, → Rn. 21), **sowie Abhilfemaßnahmen,** wie der **Rückruf, die endgültige Entfernung aus den Vertriebswegen** und **Vernichtung** (vgl. Art. 10 Enforcement-RL), in Betracht. Die Ansprüche auf **Auskunftserteilung, Rechnungslegung und Schadensersatz** gehören nach der Rechtsprechung des EuGH **nicht zu den Sanktionen iSv Art. 130** (EuGH C-421/20, GRUR-RS 2022, 3288 Rn. 31 – Acacia/BMW; C-479/12, GRUR 2014, 368 Rn. 53, 54 – Gautzsch/Duna, zu Art. 89 Abs. 1 GGV). Diese stehen daher nicht im Ermessen des Unionsmarkengerichts, sondern für diese gilt Art. 129 Abs. 2 unmittelbar (→ Art. 129 Rn. 11). Gleiches dürfte für den **Anspruch auf Urteilsveröffentlichung** gelten (aA zur GGV: Schlussanträge Generalanwalt Yves Bot BeckRS 2017, 108428 Rn. 49).

B. In der UMV autonom geregelte Sanktion (Abs. 1)

I. Unterlassungsgebot

3   Autonom ist in der UMV für den Fall der Verletzung einer Unionsmarke als Sanktion einzig die **Verurteilung zur Unterlassung in Abs. 1 S. 1** geregelt. Hat das Unionsmarkengericht festgestellt, dass der Beklagte eine Unionsmarke verletzt hat oder zu verletzen droht, so hat es diesem zu verbieten, die Handlungen, die die Unionsmarke verletzen oder zu verletzen drohen, fortzusetzen, sofern dem nicht besondere Gründe entgegenstehen.

4   Die **territoriale Reichweite** des vom Unionsmarkengericht auszusprechenden Verbots bestimmt sich sowohl nach dessen territorialer Zuständigkeit (→ Art. 125 Rn. 1 ff.) als auch nach der territorialen Reichweite des ausschließlichen Rechts des Inhabers der Unionsmarke. Dieses Recht erstreckt sich **grundsätzlich auf das gesamte Gebiet der Union,** in dem die Unionsmarke einen einheitlichen Schutz genießt und wirksam ist (vgl. EuGH GRUR Int 2011, 514 Rn. 33, 39 – DHL/Chronopost). Der Unterlassungsanspruch aus der Verletzung einer Unionsmarke besteht daher grundsätzlich unionsweit. Dies folgt aus dem Prinzip der Einheitlichkeit der Unionsmarke nach Art. 1 Abs. 2 (→ Art. 1 Rn. 7), wonach sich die Wirkungen der Unionsmarke auf die gesamte Gemeinschaft erstrecken, und aus der einheitlichen Zuständigkeit der Unionsmarkengerichte (vgl. EuGH C-235/09, GRUR Int 2011, 514 Rn. 38, 40 – DHL/Chronopost; BGH GRUR 2008, 254 Rn. 39 – THE HOME STORE; OGH GRUR Int 2007, 256 (258) – Lucky Strike; GRUR Int 2007, 433 f. – Cilgin Boga; vgl. zum Gemeinschaftsgeschmacksmuster BGH GRUR 2012, 512 Rn. 22 – Kinderwagen; Knaak GRUR 2001, 21 f.; Rohnke GRUR Int 2002, 979 (982); Bumiller ZIP 2002, 115 (117); Eisenführ/Schennen/Schennen Art. 1 Rn. 31; Knaak in Schricker/Bastian/Knaak Gemeinschaftsmarke Rn. 307; zur GGV Büscher/Dittmer/Schiwy/Auler GGV Art. 19 Rn. 2; Ruhl/Tolkmitt GGV Art. 89 Rn. 32; aA Hoffrichter-Daunicht Mitt 2008, 449 (453)).

5   Sofern das angerufene **Gericht unionsweite Zuständigkeit** besitzt, muss sich das vom Unionsmarkengericht ausgesprochene Verbot grundsätzlich auf das gesamte Gebiet der Union erstrecken (vgl. EuGH C-235/09, GRUR Int 2011, 514 Rn. 44 – DHL/Chronopost). Die territoriale Reichweite dieses Verbot beschränkt sich nicht auf das Gebiet des Mitgliedstaates, für den das Unionsmarkengericht die Verletzungshandlung positiv festgestellt hat, oder auf das Gebiet derjenigen Mitgliedstaaten, die zu dieser Feststellung Anlass gegeben haben. Andernfalls bestünde die Gefahr, dass der Verletzer das fragliche Zeichen in einem Mitgliedstaat, für den das Verbot nicht ausgesprochen wurde, erneut benutzt (vgl. EuGH C-235/09, GRUR Int 2011, 514 Rn. 45 – DHL/Chronopost). Eine Verletzungshandlung, die in einem Mitgliedstaat begangen wird, begründet in der Regel eine **Begehungsgefahr für das gesamte Gebiet der EU** (BGH GRUR 2008, 254 Rn. 39 – THE HOME STORE; vgl. zum Gemeinschaftsgeschmacksmuster BGH GRUR 2012, 512 Rn. 22 – Kinderwagen; GRUR 2010, 718 Rn. 56 – Verlängerte Limousinen mwN). Es ist nicht erforderlich, dass eine Verletzung tatsächlich in allen Mitgliedstaaten der EU erfolgt ist oder droht (BGH GRUR 2008, 254 – THE HOME STORE Rn. 39).

6   Das Unionsmarkengericht muss die territoriale Reichweite des von ihm ausgesprochenen Verbots jedoch begrenzen, wenn der **Kläger die territoriale Reichweite seiner Klage beschränkt hat.**

6.1   Soweit der **Klageantrag keine Angaben zur territorialen Reichweite** enthält, ist nach der Rechtsprechung des BGH im Zweifel davon auszugehen, dass die Klägerin die Ansprüche aus einer Unionsmarke entsprechend der Reichweite der Unionsmarke unionsweit geltend macht (vgl. zur GGV BGH GRUR 2012, 1253 Rn. 46 – Gartenpavillon; zur UMV OLG Frankfurt BeckRS 2017, 141311). Dies gilt jedenfalls dann, wenn ein Unionsmarkengericht mit unionsweiter Entscheidungsbefugnis angerufen wurde (Art. 125 f.). Anderes gilt hingegen, wenn die Klage im Tatortgerichtstand des Art. 125 Abs. 5 erhoben wird (ohne dass zugleich einer der Tatbestände des Art. 125 Abs. 1–4 vorliegt), weil das hiernach zuständige Unionsmarkengericht nach Art. 126 Abs. 2 nur für die Handlungen entscheidungsbefugt ist, die im Forum-Staat begangen worden sind oder drohen (→ Art. 126 Rn. 5).

6.2   Für den Fall, dass die Ansprüche territorial beschränkt verfolgt werden sollen, empfiehlt es sich, diese territoriale Beschränkung ausdrücklich in die Anträge mit aufzunehmen. Besondere **Vorsicht bei der Antragsfassung** ist dann geboten, wenn der **Unterlassungsanspruch unionsweit, die Folgeansprüche jedoch nur territorial beschränkt** geltend gemacht werden sollen. Für diesen Fall verbietet sich die sonst übliche schlichte Bezugnahme auf den Unterlassungsantrag. Vielmehr muss **ausdrücklich die territoriale Beschränkung aufgenommen werden** (vgl. zur GGV BGH GRUR 2012, 1253 Rn. 46 – Gartenpavillion).

Ferner ist das Verbot territorial zu beschränken, wenn das Unionsmarkengericht feststellt, dass **7** die **Handlungen, die eine Unionsmarke verletzen oder zu verletzen drohen, sich auf einen Mitgliedstaat oder einen Teil des Gebiets der Union beschränken,** weil der **Beklagte den Beweis erbringt,** dass die Benutzung des fraglichen Zeichens insbesondere aus sprachlichen Gründen die Funktionen der Marke nicht beeinträchtigt oder nicht beeinträchtigen kann (vgl. EuGH C-235/09, GRUR Int 2011, 514 Rn. 48 – DHL/Chronopost; C-223/15, GRUR 2016, 1166 Rn. 31 – combit Software/Commit Business Solutions). Danach muss nicht der Kläger zur Begründung eines unionsweiten Unterlassungsgebots darlegen, dass in jedem Mitgliedstaat der Union Verwechslungsgefahr besteht, sondern vielmehr **muss der Beklagte die Ausnahme darlegen und beweisen, dass das Verbot territorial auf Teile der Gemeinschaft zu beschränken ist** (vgl. Sosnitza GRUR 2011, 465 (469); Knaak in Schricker/Bastian/Knaak Gemeinschaftsmarke Rn. 191; Generalanwalt Cruz Villalón Schlussanträge BeckRS 2010, 91179 Rn. 38 – DHL/Chronopost). Kommt das Unionsmarkengericht auf der Grundlage der Tatsachen, die ihm grundsätzlich vom Beklagten zu unterbreiten sind, zu dem Schluss, dass in einem Teil der Union keine Verwechslungsgefahr besteht, so **muss das Gericht genau bestimmen, welcher Teil des Unionsgebiets vom Verbot nicht erfasst wird.** Will ein Gericht bestimmte Sprachräume der Union, etwa die als „englischsprachig" bezeichneten, vom Benutzungsverbot ausnehmen, muss es umfassend angeben, welche Gebiete dabei gemeint sind (EuGH C-223/15, GRUR 2016, 1166 Rn. 34 – combit Software/Commit Business Solutions).

Die Frage, ob das angerufene Unionsmarkengericht, das eine Unionsmarkenverletzung aufgrund Ver- **7.1** wechslungsgefahr in einem Mitgliedstaat festgestellt hat, das Unterlassungsgebot dann territorial einschränken muss, wenn in einzelnen anderen Mitgliedstaaten keine Verwechslungsgefahr besteht, etwa aufgrund sprachlicher Unterschiede, geringerer Kennzeichnungskraft wegen beschreibender Anklänge oder abweichender Verkehrsauffassung, war bis zur Entscheidung des EuGH „DHL/Chronopost" umstritten (vgl. zur diesbezüglichen Diskussion v. Mühlendahl/Ohlgart Gemeinschaftsmarke § 6 Rn. 3–7; Knaak GRUR 2001, 21 f.; Knaak in Schricker/Bastian/Knaak Gemeinschaftsmarke Rn. 192, 193 ff.; Rohnke GRUR Int 2002, 979 (983 ff.); Hye-Knudsen/Schafft MarkenR 2004, 209; Hoffrichter-Daunicht Mitt 2008, 449 (453)). Das OLG Hamburg (GRUR-RR 2005, 251 (255) – The Home Depot/Bauhaus The Home Store) war bereits davon ausgegangen, dass ein solcher Ausnahmefall jedenfalls vom Beklagten vorzutragen sei. Erfolge dies nicht, bedürfe es seitens des Gerichts hierzu keiner Entscheidung (vgl. auch Knaak GRUR 2001, 21 f.). Dies wird nun durch die Entscheidung des EuGH bestätigt, wonach der **Beklagte die Darlegungs- und Beweislast dafür trägt, dass die Funktionen der Marke nicht beeinträchtigt sind.**

Spricht das Unionsmarkengericht ein Verbot aus, das sich auf das Gebiet der gesamten Union **8** bzw. auf andere Mitgliedstaaten als den Forum-Staat erstreckt, so sind die anderen Mitgliedstaaten nach Art. 122 iVm Art. 36 Abs. 1 Brüssel Ia-VO grundsätzlich zur **Anerkennung und Vollstreckung der gerichtlichen Entscheidung verpflichtet** und verleihen ihr damit eine grenzüberschreitende Reichweite (vgl. EuGH C-235/09, GRUR Int 2011, 514 Rn. 49 – DHL/Chronopost). Ungeklärt sind allerdings die Einzelheiten der Zuständigkeit für Anordnung und Vollstreckung von Zwangsmaßnahmen bei grenzüberschreitenden Urteilen (vgl. Schlussanträge Generalanwalt Cruz Villalón BeckRS 2010, 91179 Rn. 53 ff. – DHL/Chronopost; Sosnitza GRUR 2011, 465 (470); Kochendörfer GRUR-Prax 2010, 503; → Rn. 13.1).

II. Besondere entgegenstehende Gründe

Abs. 1 stellt das Unterlassungsgebot unter den Vorbehalt besonderer entgegenstehender Gründe. **9** Der EuGH hat in der Vorlagenentscheidung „Nokia/Wärdell" (EuGH C-316/05, GRUR 2007, 228 Rn. 26 f.) klargestellt, dass die Durchsetzung des Verbots der Verletzung einer Unionsmarke für deren Schutz grundlegend ist. Der **Begriff der besonderen Gründe sei innerhalb der Unionsrechtsordnung einheitlich und eng auszulegen.** Weder stelle eine nicht offensichtliche oder nur begrenzte Wiederholungsgefahr einen besonderen Grund dar, dem Verletzer die Fortsetzung der Handlungen nicht zu verbieten, noch könnten nationale Regelungen, die ein generelles Verbot der Unionsmarkenverletzung enthalten und die Möglichkeit der strafrechtlichen Ahndung vorsehen, einen solchen besonderen Grund darstellen. In der Entscheidung des EuGH „combit Software/Commit Business Solutions" hat dieser ferner festgestellt, dass das Fehlen einer Verwechslungsgefahr in einem Teil der Union keinen solchen Verbot entgegenstehenden „besonderen Grund" darstellt (EuGH C-223/15, GRUR 2016, 1166 Rn. 29 – combit Software/Commit Business Solutions). Die Ausnahme der „besonderen Gründe" sei eng auszulegen und beziehe sich nur auf bestimmte außergewöhnliche Umstände, zu denen das Fehlen einer Verwechslungsgefahr in einem Teil der Union nicht zähle. Das **Unionsmarkengericht ist demnach grundsätz-**

lich verpflichtet, ein Verbot auszusprechen und darf die Entscheidung hierüber insbesondere nicht von der eigenen Prognose eines Fortsetzungsrisikos abhängig machen oder hiervon aufgrund nationaler, die Verletzung der Unionsmarke untersagender oder strafrechtlich ahnender Vorschriften oder aufgrund fehlender Beeinträchtigung der herkunftshinweisenden Funktion der Unionsmarke in einem Teil der Union absehen (EuGH C-316/05, GRUR 2007, 228 Rn. 26 f. – Nokia/Wärdell; C-223/15, GRUR 2016, 1166 Rn. 34 – combit Software/Commit Business Solutions; Eisenführ/Schennen/Kampmann/Eberhardt Rn. 11; Hildebrandt/Sosnitza/Hildebrandt Rn. 10).

10   Der **EuGH** hat auf das Vorabentscheidungsersuchen des BGH zur GGV „Gartenpavillon" (BGH GRUR 2012, 1253 Rn. 39 f.) in der **Entscheidung „Gautzsch"** (EuGH C-479/12, GRUR 2014, 368 Rn. 48) festgestellt, dass sich der **Begriff der „guten Gründe"** iSv Art. 89 GGV auf im Einzelfall gegebene **Umstände tatsächlicher Art** und nicht auf Rechtsbegriffe bezieht (Hildebrandt/Sosnitza/Hildebrandt Rn. 11). Daher sind von der Schranke der besonderen Gründe iSv Abs. 1 S. 1 die **Verjährung und die Verwirkung** (→ Art. 129 Rn. 10) **nicht umfasst.** Gleiches dürfte für den **Rechtsmissbrauchseinwand** gelten.

10.1   Der BGH hatte in seinem Vorabentscheidungsersuchen zu Art. 89 Abs. 1 lit. a GGV (vgl. BGH GRUR 2012, 1253 Rn. 40 – Gartenpavillon) die Frage, ob der Unterlassungsanspruch wegen Verletzung eines nicht eingetragenen Gemeinschaftsgeschmacksmusters der Verjährung und der Verwirkung unterliegt und ob es sich um „besondere entgegenstehenden Gründe" handelt, die nicht nach dem jeweiligen nationalen Recht, sondern innerhalb der Union einheitlich zu beantworten sind, befürwortet. Dem ist der EuGH in der Entscheidung „Gautzsch" nicht gefolgt.

11   Ein besonderer Grund, der einem Verbot entgegensteht, könnte auch dann vorliegen, wenn zukünftige Handlungen die Unionsmarke nicht mehr verletzen können, weil diese gelöscht ist (vgl. Eisenführ/Schennen/Kampmann/Eberhardt Rn. 11; Hildebrandt/Sosnitza/Hildebrandt Rn. 11). Der **EuGH** hat auf ein Vorabentscheidungsersuchen ergangenen **Entscheidung „Nikolajeva"** (EuGH C-280/15, GRUR 2016, 931 Rn. 32 f.) festgestellt, dass der Umstand, dass sich der Inhaber einer Unionsmarke in seiner Klage beim Unionsmarkengericht darauf beschränkt hat, die Feststellung einer Verletzungshandlung zu beantragen, nicht aber beantragt hat, deren Beendigung anzuordnen, nicht als „besonderer Grund" iSv Art. 130 Abs. 1 qualifiziert werden kann. Der **Begriff des „besonderen Grundes"** beziehe sich nämlich nur auf **außergewöhnliche Umstände,** in denen das Unionsmarkengericht im Hinblick auf die spezifischen Besonderheiten des dem Dritten vorgeworfenen Verhaltens, insbesondere auf den Umstand, dass diesem die **Fortsetzung der ihm zur Last gelegten Handlungen,** die eine Unionsmarke verletzen oder zu verletzen drohen, **nicht möglich ist,** nicht verpflichtet ist, eine Anordnung zu treffen, mit der einem Dritten die Fortsetzung derartiger Handlungen verboten wird, auch wenn der Markeninhaber einen entsprechenden Antrag gestellt hat.

12   Teilweise wird vertreten, eine Unterlassungserklärung sei als ein „besonderer Grund" iSv Art. 130 zu qualifizieren. Hierbei sei jedoch unklar, welche Anforderungen an die Ausgestaltung der Unterlassungserklärung, die in den verschiedenen Mitgliedstaaten unterschiedlich sind, zu stellen seien (Hildebrandt/Sosnitza/Hildebrandt Rn. 13 f.). Da es sich nach der Rechtsprechung des EuGH bei den „besonderen Gründen" jedoch nur um außergewöhnliche Umstände tatsächlicher Art handelt, spricht dies gegen eine Qualifizierung einer Unterlassungserklärung als „besonderer Grund". Vielmehr lässt eine **hinreichende Unterlassungserklärung bereits den Unterlassungsanspruch entfallen,** der in Art. 9 und nicht in Art. 130 normiert ist, so dass der Anwendungsbereich des Art. 130, der keine Anspruchsgrundlage darstellt, sondern nur die Sanktionen regelt, in diesem Fall nicht eröffnet ist. Da es sich bei der Frage, wann der autonom unionsrechtlich geregelte Unterlassungsanspruch entfällt, jedoch um eine zentrale Frage des Unionsmarkenrechts handelt, unterfällt diese der Auslegungskompetenz des EuGH, so dass sich ein Rückgriff auf nationale Grundsätze verbietet (→ Art. 129 Rn. 49). Es muss daher durch den EuGH geklärt werden, wann der Unterlassungsanspruch entfällt und welche Anforderungen hierfür an eine Unterlassungserklärung zu stellen sind.

III. Maßnahmen zur Einhaltung des Unterlassungsgebots

13   Nach Abs. 1 S. 2 hat das Unionsmarkengericht **nach Maßgabe seines innerstaatlichen Rechts die erforderlichen Maßnahmen zu treffen,** um sicherzustellen, dass das Verbot befolgt wird. Es handelt sich um einen Verweis auf die verfahrensrechtlichen Vorschriften des Forum-Staates und somit um eine lex specialis zu Art. 129 Abs. 3. **Art. 130 Abs. 2 findet auf diese Zwangsmaßnahmen keine Anwendung** (vgl. EuGH C-235/09, GRUR Int 2011, 514 Rn. 30 – DHL/Chronopost). In Deutschland erfolgt dies durch die **Androhung der in § 890**

ZPO vorgesehenen Ordnungsmittel und der Verhängung von Ordnungsgeld bzw. Ordnungshaft im Fall von Verstößen gegen die Unterlassungsverpflichtung. Ungeklärt sind allerdings die **Einzelheiten der Zuständigkeit** für Anordnung und Vollstreckung von Zwangsmaßnahmen bei grenzüberschreitenden Urteilen (vgl. Schlussanträge Generalanwalt Cruz Villalón BeckRS 2010, 91179 Rn. 53 ff. – DHL/Chronopost; Sosnitza GRUR 2011, 465 (470); Kochendörfer GRUR-Prax 2010, 503).

Nach den Ausführungen des Generalanwalts Cruz Villalón in seinen Schlussanträgen in dem Verfahren **13.1** „DHL/Chronopost" (GA BeckRS 2010, 91179 Rn. 53 ff.) erstrecken sich die von einem Unionsmarkengericht zur Durchsetzung des Verbots angeordneten Zwangsmaßnahmen auf das Gebiet, in dem die Verletzung festgestellt und folglich ein Verbot angeordnet worden sei. Grundsätzlich sei hierfür nach Art. 130 Abs. 1 S. 2 das „innerstaatliche Recht" des Forum-Staates maßgeblich. Allerdings könne das Zwangsgeldverfahren drei verschiedene Abschnitte haben, von denen jeder einer getrennten Regelung unterliegt, die aber untereinander verbunden sind, nämlich die Androhung des Zwangsgelds, seine Festsetzung und seine Vollstreckung (Schlussanträge Generalanwalt Cruz Villalón BeckRS 2010, 91179 Rn. 47). Im ersten Schritt drohe das Unionsmarkengericht das Zwangsgeld nach Maßgabe seines innerstaatlichen Rechts an (Schlussanträge Generalanwalt Cruz Villalón BeckRS 2010, 91179 Rn. 63). Die Tatsache, dass ein Unionsmarkengericht ein Zwangsgeld verhänge, impliziere jedoch nicht notwendig, dass dasselbe Gericht es auch festsetzen und vollstrecken müsse (Schlussanträge Generalanwalt Cruz Villalón BeckRS 2010, 91179 Rn. 64). Liege eine Verletzung des Verbots in einem anderen Mitgliedstaat als dem des Gerichtsstands vor, so müssten die Festsetzung und die Vollstreckung in dem Staat erfolgen, in dem die Verletzung begangen wurde. Das Gericht habe dabei die Bestimmungen über die Anerkennung der Brüssel I-VO anzuwenden, wonach es zur Anerkennung der Wirkungen der vom Unionsmarkengericht ausgesprochenen Zwangsgeldandrohung verpflichtet sei (Schlussanträge Generalanwalt Cruz Villalón BeckRS 2010, 91179 Rn. 65).

Dies überzeugt nicht. Art. 130 Abs. 1 S. 2 verweist insgesamt hinsichtlich der Zwangsmaßnahmen auf **13.2** das Recht des Forum-Staates und differenziert nicht nach den einzelnen Schritten der zur Durchsetzung des Verbots erforderlichen Maßnahmen. Sowohl die Androhung, als auch die Festsetzung des Ordnungsgeldes sind daher durch das Gericht vorzunehmen, welches das Verbot erlassen hat. Muss das festgesetzte Ordnungsgeld im Ausland vollstreckt werden, so richtet sich die Vollstreckung nach der Brüssel Ia-VO (vgl. EuGH BeckRS 2011, 81506 – Realchemie Nederland BV/Bayer CropScience AG; BGH GRUR 2010, 662 – Ordnungsmittelbeschluss; Weiß GRUR-Prax 2011, 502). Der in einem Ordnungsmittelverfahren ergangene Beschluss kann auf Antrag als Europäischer Vollstreckungstitel nach der EuVTVO bestätigt werden (BGH GRUR 2010, 662 – Ordnungsmittelbeschluss; zum Kostenfestsetzungsbeschluss BGH NJW 2012, 858 – Kostenfestsetzungsbeschluss als Europäischer Vollstreckungstitel – Schuldnerbelehrung).

In Deutschland wird das nach Abs. 1 S. 1 vom Unionsmarkengericht auszusprechende Verbot **14** der Fortsetzung der die Unionsmarke verletzenden Handlungen regelmäßig in Form eines **Unterlassungsgebotes unter Androhung der in § 890 ZPO vorgesehenen Ordnungsmittel** im Fall von Verstößen gegen die Unterlassungsverpflichtung ausgesprochen. Nach Abs. 1 S. 2 hat das deutsche Unionsmarkengericht nach Maßgabe der nationalen Zivilprozessordnung die erforderlichen Maßnahmen zu treffen, um sicherzustellen, dass das Verbot befolgt wird. Im Rahmen der Unterlassungsvollstreckung ist nach den nationalen verfahrensrechtlichen Vorschriften zu beurteilen, ob ein Verstoß gegen das Unterlassungsgebot vorliegt und durch welche Maßnahmen dieser unterbunden werden kann. **Der im Rahmen der Unterlassungsvollstreckung auszulegende Unterlassungstitel ist nach der Rechtsprechung des BGH** (vgl. **zur Unionsmarke** BGH GRUR 2018, 292 Rn. 16 ff. – Reichweite des Unterlassungstitels – Produkte zur Wundversorgung, Verfassungsbeschwerde anhängig: BVerfG 1 BvR 396/18; s. dazu auch GRUR 2019, 1278; **zum deutschen Recht** BGH GRUR 1977, 614 (616) – Gebäudefassade; GRUR 2015, 258 Rn. 63 f. – CT-Paradies; GRUR 2016, 104 – Artikel auf Internetportal „recht§billig"; GRUR 2016, 406 Rn. 28 f. – Piadina-Rückruf; NJW 2016, 789 Rn. 32; GRUR 2016, 720 Rn. 34 – Hot Sox; GRUR 2017, 208 Rn. 24 – Rückruf von RESCUE-Produkten; GRUR 2017, 823 Rn. 26 – Luftentfeuchter) **im Fall der Verletzung einer Unionsmarke, durch die ein fortdauernder Störungszustand geschaffen wurde, dahingehend auszulegen,** dass der Unterlassungsschuldner außer zur Unterlassung derartiger Handlungen **auch zur Vornahme möglicher und zumutbarer Handlungen zur Beseitigung des Störungszustandes verpflichtet ist.** Sind rechtsverletzend gekennzeichnete oder aufgemachte Produkte bereits weiter vertrieben worden, beinhaltet die Unterlassungspflicht neben der Einstellung des weiteren Vertriebs durch den Unterlassungsschuldner selbst nach der Rechtsprechung des BGH regelmäßig **auch den Rückruf der bereits gelieferten Produkte** durch den Unterlassungsschuldner (BGH GRUR 2018, 292 Rn. 20 – Reichweite des Unterlassungstitels – Produkte zur Wundversorgung; GRUR 2016, 720 Rn. 35 – Hot Sox). Diese **Handlungspflicht des Unterlassungsschuldner beschränkt sich** nach der Rechtsprechung des BGH allerdings darauf, im Rahmen des Möglichen, Erforderlichen und Zumutbaren auf Dritte einzuwirken (BGH GRUR 2018, 292 Rn. 17 – Reichweite des Unterlassungstitels – Produkte zur Wundversorgung). Zudem **gelten bei der Vollziehung einer einstweiligen Verfügung Beschränkungen,** die sich aus der Eigenart des Verfügungsverfahrens und aus den engen Voraussetzungen für die Vorwegnahme der Hauptsache sowie aus den im Verfügungsverfahren eingeschränkten Verteidigungsmöglichkeiten des Antragsgegners ergeben (BGH GRUR 2018, 292 Rn. 17 – Reichweite des Unterlassungstitels – Produkte zur Wundversorgung). So ist der **Unterlassungsschuldner im Fall einer einstweiligen Verfügung** regelmäßig verpflichtet, **die Abnehmer** derjenigen rechtsverletzend gekennzeichneten und aufgemachten Produkte, die er vor der Zustellung der einstweiligen Verfügung an seine Abnehmer geliefert hat, **aufzufordern, diese im Hinblick auf die ergangene einstweilige Verfügung vorläufig nicht weiter zu vertreiben** (BGH GRUR 2018, 292 Rn. 16, 34, 39 – Reichweite des Unterlassungstitels – Produkte zur Wundversorgung). **Wenn der Unterlassungsschuldner jedoch versucht hat, sich seiner Unterlassungspflicht durch die schnelle Weiterveräußerung der fraglichen Waren faktisch zu entziehen oder** wenn ein Fall von **Produktpiraterie vorliegt,** kann er auch im Fall einer einstweiligen Verfügung **zum Rückruf verpflichtet sein** (BGH GRUR 2018, 292 Rn. 36 – Reichweite des Unterlassungstitels – Produkte zur Wundversorgung). **Verstößt der Unterlassungsschuldner gegen diese Pflichten,** sind die durch das Unionsmarkengericht nach Maßgabe seines innerstaatlichen Rechts erforderlichen Maßnahmen zu treffen, **in Deutschland die nach dem nationalen Zivilprozessrecht angedrohten Ordnungsmittel zu verhängen.**

15   Der EuGH hat in der **Vorlagenentscheidung „Nokia/Wärdell"** (GRUR 2007, 228 Rn. 26 f.) klargestellt, dass **Abs. 1 S. 2 zwingenden Charakter** hat (vgl. EuGH GRUR Int 2011, 514 Rn. 53 – DHL/Chronopost). Das Unionsmarkengericht ist, sobald es die Fortsetzung der Handlungen verboten hat, verpflichtet, unter den nach dem nationalen Recht des Forum-Staates vorgesehenen Maßnahmen diejenigen zu treffen, die erforderlich sind, um eine Befolgung des Verbots sicherzustellen. Von der Anordnung solcher Maßnahmen darf das Unionsmarkengericht auch dann nicht absehen, wenn die nationalen Vorschriften des Forum-Staates ein generelles Verbot der Verletzung von Unionsmarken und eine strafrechtliche Ahndung vorsehen.

16   Eine Zwangsmaßnahme, die das Unionsmarkengericht trifft, um sicherzustellen, dass das Verbot, welches sich auf das gesamte Gebiet der Gemeinschaft bzw. auf andere Mitgliedstaaten als den Forum-Staat erstreckt, befolgt wird, entfaltet unter den in Kapitel III der **Brüssel Ia-VO** (Art. 36 ff. Brüssel Ia-VO; → Art. 122 Rn. 1; bis 15.1.2015: Brüssel I-VO) vorgesehenen Bedingungen **über den Forum-Staat hinaus in anderen Mitgliedstaaten,** auf die sich die territoriale Reichweite des Verbotes erstreckt, Wirkung (vgl. EuGH C-235/09, GRUR Int 2011, 514 Rn. 59 – DHL/Chronopost). Die Gerichte der Mitgliedstaaten haben nach dem in Art. 4 Abs. 3 S. 2 EUV niedergelegten **Grundsatzes der loyalen Zusammenarbeit** den Schutz der Rechte zu gewährleisten, die den Einzelnen aus dem Unionsrecht erwachsen (vgl. EuGH C-235/09, GRUR Int 2011, 514 Rn. 59 – DHL/Chronopost; NJW 2007, 3555 Rn. 38 – Unibet mwN). Sieht das nationale Recht eines dieser anderen Mitgliedstaaten keine Zwangsmaßnahme vor, die der von dem Unionsmarkengericht angeordneten ähnlich ist, so hat das zuständige Gericht des betreffenden Mitgliedstaats das mit dieser Zwangsmaßnahme verfolgte Ziel zu erreichen, indem es diejenigen einschlägigen Bestimmungen seiner nationalen Rechtsordnung heranzieht, die die **Befolgung des Verbots in gleichwertiger Weise zu gewährleisten vermögen** (vgl. EuGH C-235/09, GRUR Int 2011, 514 Rn. 59 – DHL/Chronopost). Eine von einem Unionsmarkengericht angeordnete Zwangsmaßnahme entfaltet daher über den Staat hinaus, dem es angehört, in anderen Mitgliedstaaten Wirkung.

C. Sonstige Sanktionen (Abs. 2)

17   Über die in Abs. 1 S. 1 ausdrücklich geregelte Sanktion des gerichtlichen Verbots der Fortsetzung der Verletzungshandlungen hinaus, enthält die UMV keine autonomen Regelungen zu weiteren Sanktionen. Nach Abs. 2 kann das Unionsmarkengericht als **„weitere Sanktionen"** die **ihm im jeweiligen Einzelfall zweckmäßig erscheinenden Maßnahmen** ergreifen **oder Anordnungen** treffen, die **das anwendbare Recht vorsieht** (vgl. BGH GRUR 2018, 292 Rn. 43 – Reichweite des Unterlassungstitels – Produkte zur Wundversorgung). **Ob dem Unionsmarkengericht** in Abs. 2 tatsächlich ein **umfassendes Ermessen eingeräumt** wird **oder ob dieses** wie bei der Ausnahmeregelung in Abs. 1 **eng auszulegen ist,** wird letztlich durch die Rechtsprechung zu klären sein. Da vorrangig die UMV anwendbar ist, dürfte es sich bei Abs. 2 um einen **Verweis auf Art. 129 als zentraler Verweisungsnorm** und die dort enthaltenen

Verweisungsvorschriften für materielle und verfahrensrechtliche Fragen handeln, die nicht in der UMV selbst geregelt sind (→ Art. 129 Rn. 5 ff.; vgl. Hasselblatt EUTMR/Menebröcker Rn. 4).

Bei **grenzüberschreitenden Verletzungen** ist für die Bestimmung des anwendbaren Rechts **18** für nicht in der UMV geregelte **materielle Rechtsfragen Art. 8 Abs. 2 Rom II-VO** maßgeblich mit den sich daraus ergebenen Rechtsfragen bei **„Multi-State"-Verletzungen** (im Einzelnen → Art. 129 Rn. 14).

Infolge der unterschiedlichen Anknüpfungen in Art. 129 Abs. 2 und Art. 130 Abs. 2 für materiell- **18.1** rechtliche Regelungslücken auf der einen und Art. 129 Abs. 3 für verfahrensrechtliche Regelungslücken auf der anderen Seite können bei der verfahrensrechtlichen Behandlung und der materiell-rechtlichen Beurteilung sowie der Verhängung der Sanktionen unterschiedliche nationale Rechtsordnungen zur Anwendung kommen.

Zu den sonstigen Sanktionen nach Abs. 2 im Fall der Verletzung einer Unionsmarke zählen **19** **Maßnahmen zur Beweissicherung,** wie die **Beschlagnahme, Vorlage und Besichtigung** (vgl. Art. 7 Enforcement-RL, → Rn. 21), sowie **Abhilfemaßnahmen,** wie der **Rückruf, die endgültige Entfernung aus den Vertriebswegen und Vernichtung** (vgl. Art. 10 Enforcement-RL).

Die weiteren Annexansprüche auf **Auskunftserteilung, Rechnungslegung und Schadens-** **20** **ersatz gehören** nach der Rechtsprechung des EuGH (EuGH C-421/20, GRUR-RS 2022, 3288 Rn. 31 – Acacia/BMW; EuGH C-479/12, GRUR 2014, 368 Rn. 53, 54 – Gautzsch/Duna, zu Art. 89 Abs. 1 GGV) **nicht zu den Sanktionen iSv Art. 130.** Dem ist nach diesseitiger Ansicht **im Hinblick auf den Regelungszweck des Art. 130 zuzustimmen. So zielt Art. 130 auf die Unterbindung weiterer Verletzungen durch den Beklagten ab.** Hierzu hat das Gericht ein Verbot auszusprechen und kann weitere ihm im jeweiligen Einzelfall zweckmäßig erscheinenden Maßnahmen ergreifen oder Anordnungen treffen. Demgegenüber dienen Auskunfts-, Rechnungslegungs- und Schadensersatzansprüche nicht der Unterbindung weiterer Verletzungen durch den Beklagten, sondern dem Schadensausgleich wegen zurückliegender Handlungen bzw. im Hinblick auf den Drittauskunftsanspruch der Ermittlung etwaiger weiterer Verletzer. Der **Begriff der „Sanktionen" iSv Art. 130 ist daher autonom auszulegen** und nicht mit dem in den Mitgliedstaaten verwendeten Begriff der „Sanktionen", wie etwa in Deutschland im Sinne sämtlicher Verletzungsansprüche, gleichzusetzen. Die Ansprüche auf **Auskunftserteilung, Rechnungslegung und Schadensersatz stehen daher nicht im** nach Art. 130 Abs. 2 dem Unionsmarkengericht eingeräumten **Ermessen,** sondern **für diese gilt Art. 129 Abs. 2 unmittelbar** (→ Art. 129 Rn. 11). Gleiches dürfte für den **Anspruch auf Urteilsveröffentlichung** gelten (aA zur GGV Schlussanträge Generalanwalt Yves Bot BeckRS 2017, 108428 Rn. 49).

Im Bereich der Sanktionen und weiterer Annexansprüche ist durch die RL 2004/48/EG vom **21** 29.4.2004 zur Durchsetzung der Rechte des geistigen Eigentums **(Enforcement-RL)** eine Harmonisierung eingetreten. Es handelt sich jedoch **nur um eine Mindestharmonisierung,** dh die **Mitgliedstaaten dürfen über die mindestens zu gewährenden Rechte hinaus weitere Sanktionen und Rechte einräumen.** Die nationalen Rechtsordnungen der Mitgliedstaaten werden daher auch künftig unterschiedliche Regelungen hinsichtlich der Sanktionen und Annexansprüche enthalten (vgl. Max-Planck-Institut für Immaterialgüter- und Wettbewerbsrecht, Study on the Overall Functioning of the European Trade Mark System, 15.2.2011 (MPI-Studie), 160, Rn. 3.148). Die nach der Rechtsprechung des BGH **aus dem Unterlassungsverbot folgende Pflicht zur Vornahme von Beseitigungshandlungen,** die auch den Rückruf rechtsverletzender Produkte umfasst (→ Rn. 14), stellt nach der Rechtsprechung des BGH eine solche, von der Mindestharmonisierung nicht erfasste, weitergehende Sanktion dar (vgl. BGH GRUR 2018, 292 Rn. 43 – Reichweite des Unterlassungstitels – Produkte zur Wundversorgung).

Zur Vereinfachung der Ermittlung des ausländischen nationalen Rechts der Mitglied- **22** staaten wird teilweise befürwortet, die **Mindeststandards der Enforcement-RL zugrunde zu legen,** wonach die Mitgliedstaaten verpflichtet sind, in ihrem nationalen Recht unter anderem Regelungen über den selbstständigen Auskunftsanspruch (Art. 8 Enforcement-RL), Schadensersatz (Art. 13 Enforcement-RL) sowie Rückruf, Entfernung aus den Vertriebswegen und Vernichtung (Art. 10 Enforcement-RL) vorzusehen (im Einzelnen → Art. 129 Rn. 41; vgl. OLG Frankfurt GRUR-RR 2012, 473 – Joop!; Kur GRUR Int 2014, 749 (759); s. auch **Bericht der Kommission** an den Rat, das Europäische Parlament, den europäischen Wirtschafts- und Sozialausschuss und den Ausschuss der Regionen, KOM (2010), 779 endg., wonach die **Mindestanforderungen der Enforcement-RL** durch die Gesetzgebung aller Mitgliedsländer **erfüllt werden**).

Art. 131 Einstweilige Maßnahmen einschließlich Sicherungsmaßnahmen

(1) Bei den Gerichten eines Mitgliedstaats – einschließlich der Unionsmarkengerichte – können in Bezug auf eine Unionsmarke oder die Anmeldung einer Unionsmarke alle einstweiligen Maßnahmen einschließlich Sicherungsmaßnahmen beantragt werden, die in dem Recht dieses Staates für eine nationale Marke vorgesehen sind, auch wenn für die Entscheidung in der Hauptsache aufgrund dieser Verordnung ein Unionsmarkengericht eines anderen Mitgliedstaats zuständig ist.

(2) [1]Ein Unionsmarkengericht, dessen Zuständigkeit auf Artikel 125 Absätze 1, 2, 3 oder 4 beruht, kann einstweilige Maßnahmen einschließlich Sicherungsmaßnahmen anordnen, die vorbehaltlich des gegebenenfalls gemäß Kapitel III der Verordnung (EU) Nr. 1215/2012 erforderlichen Anerkennungs- und Vollstreckungsverfahrens in einem jeden Mitgliedstaat anwendbar sind. [2]Hierfür ist kein anderes Gericht zuständig.

Überblick

Einstweilige Maßnahmen können – vorbehaltlich der nationalen Zuständigkeitsregelungen für Markenstreitsachen – vor jedem nationalen Gericht beantragt werden (→ Rn. 2). Einstweilige Anordnungen können aufgrund einer veröffentlichten Unionsmarkenanmeldung sowie einer Unionsmarke ergehen (→ Rn. 1). Die territoriale Reichweite einer einstweiligen Maßnahme richtet sich danach, welches Gericht angerufen wird (→ Rn. 6 ff.). Einstweilige Maßnahmen, die von einem Nicht-Unionsmarkengericht oder einem Unionsmarkengericht, dessen Zuständigkeit nach Art. 125 Abs. 5 (Gerichtsstand der unerlaubten Handlung) begründet ist, angeordnet werden, entfalten ausschließlich Wirkung für das Territorium des betreffenden Mitgliedstaates, in dem das angerufene Gericht seinen Sitz hat (→ Rn. 7). Einstweilige Maßnahmen, die in einem jeden Mitgliedstaat anwendbar sind, können ausschließlich durch ein Unionsmarkengericht angeordnet werden, dessen Zuständigkeit nach Art. 125 Abs. 1–4 begründet ist (→ Rn. 8).

Übersicht

A. Schutzgegenstand

1   Einstweilige Maßnahmen einschließlich Sicherungsmaßnahmen können sowohl in Bezug auf Unionsmarken, als auch Unionsmarkenanmeldungen erlassen werden (Tribunale di Modena Verfügung v. 9.7.1997 – Spice Girls; Eisenführ/Schennen/Kampmann/Eberhardt Rn. 2; Schafft WRP 2005, 986; Schaper, Durchsetzung der Gemeinschaftsmarke, 2006, 221, 222; Bumiller S. 58; Mühlendahl/Ohlgart/v. Bomhard Gemeinschaftsmarke S. 52; aA Ingerl/Rohnke, 3. Aufl. 2010, MarkenG § 125e Rn. 37). **Ungeklärt ist, ob aus einer Unionsmarkenanmeldung auch Unterlassungsverfügungen ergehen können** (→ Rn. 28) und ob die Unionsmarkenanmeldung als Grundlage für einstweilige Maßnahmen bereits veröffentlicht sein muss. Dies dürfte der Fall sein, da nur aus einer veröffentlichten Unionsmarkenanmeldung Dritten gegenüber Ansprüche erhoben werden können, die auf eine angemessene Entschädigung nach Art. 11 Abs. 2 beschränkt sind (aA Eisenführ/Schennen/Kampmann/Eberhardt Rn. 2; → Rn. 28)

1.1   Eine **Unionsmarkenanmeldung** verleiht dem Anmelder bereits eine beschränkte Rechtsposition. Nach Art. 8 Abs. 2 lit. b kann aus einer Unionsmarkenanmeldung Widerspruch eingelegt werden. Art. 11 Abs. 2 S. 2 gewährt dem Anmelder nach Veröffentlichung seiner Unionsmarkenanmeldung einen Entschädigungsanspruch für Handlungen, die nach Veröffentlichung der Eintragung der Unionsmarke verboten wären.

B. Zuständiges Gericht

Anders als für Klagen und Widerklagen nach Art. 124 (→ Art. 124 Rn. 5; → Art. 124 Rn. 18) **2** sind **für einstweilige Maßnahmen einschließlich Sicherungsmaßnahmen** nach Abs. 1 **alle nationalen Gerichte der Mitgliedstaaten,** vorbehaltlich deren nationaler Zuständigkeitsregelungen für Markenstreitsachen, **einschließlich der Unionsmarkengerichte zuständig.**

Ungeklärt ist, ob Art. 131 Abs. 1 neben der internationalen Zuständigkeit **auch die sachli-** **3** **che Zuständigkeit der nationalen Gerichte** innerhalb eines Mitgliedstaates **regelt** oder ob hierfür über Art. 129 Abs. 3 das jeweilige nationale Verfahrensrecht Anwendung findet, in Deutschland die § 937 Abs. 1 ZPO, § 943 Abs. 1 ZPO, § 802 ZPO, wonach für einstweilige Verfügungen nur die in der Hauptsache zuständigen Gerichte zuständig sind. In Deutschland hat dies Relevanz für die Frage, ob für den Erlass einer einstweiligen Verfügung nach Art. 131 nur die auch in der Hauptsache zuständigen Unionsmarkengerichte oder daneben alle nationalen Markengerichte sachlich zuständig sind.

Nach der **wohl hM** in der deutschen Literatur und nach Auffassung des OLG Köln zur parallelen **3.1** Vorschrift in der GGV (vgl. OLG Köln BeckRS 2012, 19761; Ströbele/Hacker/Thiering/Thiering MarkenG § 125e Rn. 46; Ingerl/Rohnke, 3. Aufl. 2010, MarkenG § 125e Rn. 18; Fayaz GRUR Int 2009, 459 (469); Hildebrandt/Sosnitza/Hildebrandt Rn. 12; zur GGV auch Eichmann/v. Falckenstein/Eichmann DesignG § 52 Rn. 8; Eichmann/v. Falckenstein/Eichmann DesignG § 63 Rn. 3) **regelt Art. 131 Abs. 1** **auch die sachliche Zuständigkeit der nationalen Markengerichte,** so dass für den Erlass einstweiliger Verfügungen nicht nur die Unionsmarkengerichte, sondern daneben alle nationalen Markengerichte zuständig sind. Nach **anderer Ansicht** (vgl. Menebröcker/Stier WRP 2012, 885 (890); zur GGV Ruhl/Tolkmitt GGV Art. 88 Rn. 31) **regelt Art. 131 Abs. 1 nur die internationale Zuständigkeit.** Für die Frage der sachlichen Zuständigkeit innerhalb eines Mitgliedstaates sei über Art. 129 Abs. 3 das jeweilige nationale Verfahrensrecht anzuwenden. Hiernach wären in Deutschland aufgrund der § 937 Abs. 1 ZPO, § 943 Abs. 1 ZPO, § 802 ZPO nur die Gerichte der Hauptsache, dh die Unionsmarkengerichte, für einstweilige Verfügungen nach Art. 131 zuständig (vgl. Menebröcker/Stier WRP 2012, 885 (890); zur GGV Ruhl/ Tolkmitt GGV Art. 88 Rn. 31).

Unbeachtlich ist, ob für die Entscheidung in der Hauptsache ein Unionsmarkengericht eines **4** anderen Mitgliedstaates zuständig ist. Der Inhaber einer Unionsmarke oder einer Unionsmarkenanmeldung kann somit **in einem jedem Mitgliedstaat, in dem eine Verletzungshandlung begangen wurde oder droht,** jedes national zuständige Gericht zum Zwecke der Anordnung einstweiliger Maßnahmen anrufen (Hildebrandt/Sosnitza/Hildebrandt Rn. 8, 9).

Jedoch sind nach Art. 131 Abs. 2 für die Anordnung von einstweiligen Maßnahmen einschließ- **5** lich Sicherungsmaßnahmen, die auch im Territorium anderer Mitgliedstaaten anwendbar sind, ausschließlich die nach Art. 125 Abs. 1–4 zuständigen Unionsmarkengerichte zuständig.

C. Territoriale Reichweite

Die territoriale Reichweite einer einstweiligen Maßnahme nach Art. 131 **richtet sich danach,** **6** **welches Gericht angerufen wird.**

I. Nationale Anordnungen

Handelt es sich bei dem angerufenen **Gericht nicht um ein Unionsmarkengericht** oder **7** lediglich um ein Unionsmarkengericht, dessen **Zuständigkeit nach Art. 125 Abs. 5** am Ort der unerlaubten Handlung begründet ist, so ist die territoriale Reichweite von einstweiligen Maßnahmen dieses Gerichts auf den Mitgliedstaat beschränkt, in dem es seinen Sitz hat (vgl. auch Ströbele/Hacker/Thiering/Thiering MarkenG § 125e Rn. 46).

II. Unionsweite Anordnungen

1. Unionsmarkengericht mit Sitzzuständigkeit nach Art. 125 Abs. 1–4

Handelt es sich bei dem angerufenen **Gericht um ein Unionsmarkengericht, dessen** **8** **Zuständigkeit auf Art. 125 Abs. 1–4 beruht,** so kann dieses einstweilige Maßnahmen einschließlich Sicherungsmaßnahmen anordnen, die **vorbehaltlich der von der Brüssel Ia-VO**

geforderten Anerkennungs- und Vollstreckungsverfahren in einem jeden Mitgliedstaat anwendbar sind.

9   Der Inhaber einer Unionsmarke oder einer Unionsmarkenanmeldung kann bei einem Unionsmarkengericht, dessen Zuständigkeit auf Art. 125 Abs. 1–4 beruht, zentral einstweilige Maßnahmen für das Gebiet eines jeden Mitgliedstaates, in dem Verletzungshandlungen begangen werden oder drohen, erwirken. Sofern Verletzungshandlungen im Gebiet der gesamten Union begangen werden oder drohen, kann sich die Anordnung der einstweiligen Maßnahmen auf das gesamte Territorium der EU erstrecken.

10   Die Entscheidung eines nach Abs. 2 zuständigen Unionsmarkengerichts wirkt nicht zwingend unionsweit. Der Inhaber einer Unionsmarke oder einer Unionsmarkenanmeldung kann seinen Antrag vor einem nach Abs. 2 zuständigen Unionsmarkengericht auf das Territorium einzelner, von ihm ausgewählter Mitgliedstaaten beschränken. Das Unionsmarkengericht ist in diesem Fall an einen territorial beschränkten Antrag gebunden.

2. Vorbehalt des Anerkennungs- und Vollstreckungsverfahrens nach der Brüssel Ia-VO

11   Abs. 2 stellt die **unionsweite Wirkung** der einstweiligen Maßnahmen des Unionsmarkengerichts **unter den Vorbehalt der Anerkennungs- und Vollstreckungsvorschriften der Brüssel Ia-VO** (VO (EU) Nr. 1215/2012; bis 15.1.2015 Brüssel I-VO; → Art. 122 Rn. 1 f.). Die Anerkennung und Vollstreckung sind in Art. 36 ff. Brüssel Ia-VO geregelt. Für die Anerkennung **unionsweit wirkender einstweiliger Verfügungen** ist vor allem **Art. 45 Abs. 1 lit. b Brüssel Ia-VO zu beachten,** wonach einstweilige Verfügungen, die als Beschluss, dh ohne mündliche Verhandlung, erlassen worden sind, nicht anerkannt werden, es sei denn der Beklagte hat keinen Widerspruch eingelegt, obwohl er die Möglichkeit dazu hatte.

11.1 In der „Denilauler"-Entscheidung (EuGH BeckEuRS 1980, 82557 – Bernard Denilauler/SNC Couchet Frères) hat der EuGH (noch zum EuGVÜ) festgestellt, dass die Voraussetzungen für die Anerkennung bzw. Vollstreckung gemäß Titel III der Brüssel Ia-VO dann nicht erfüllt sind, wenn der Entscheidung kein kontradiktorisches Verfahren vorausgegangen, dh der Antragsgegner nicht geladen worden ist oder die Vollstreckung ohne vorherige Zustellung an ihn erfolgen soll. Solche gerichtlichen Entscheidungen können nicht nach dem in Titel III der Brüssel Ia-VO vorgesehenen Verfahren anerkannt und vollstreckt werden (vgl. OLG Zweibrücken BeckRS 2005, 11545).

12   Die Frage, ob Art. 45 Abs. 1 lit. b Brüssel Ia-VO bei einstweiligen Verfügungen Anwendung findet stellt sich nur bei unionsweit wirkenden einstweiligen Verfügungen, nicht jedoch bei solchen, die nur auf den Forum-Staat beschränkt sind. Die Vollstreckung von einstweiligen Verfügungen erfolgt in drei Stufen, durch die Androhung des Zwangsgelds, seiner Festsetzung bei Verstößen und seiner Vollstreckung. Die Androhung des Ordnungsgeldes erfolgt in Deutschland regelmäßig bereits im Tenor der einstweiligen Verfügung. **Ungeklärt** ist jedoch, ob die **Festsetzung des Ordnungsgeldes** bei einem **außerhalb des Forum-Staates begangenen Verstoß** gegen eine unionsweit wirkende einstweilige Verfügung ebenfalls durch das Unionsmarkengericht vorzunehmen ist, **welches die einstweilige Verfügung erlassen hat, oder aber durch ein Gericht des Mitgliedstaates, in dem der Verstoß erfolgt ist.**

13   Im ersteren Fall würde es für die Festsetzung des Ordnungsgeldes keiner Anerkennung der einstweiligen Verfügung in dem anderen Mitgliedstaat bedürfen, da das Unionsmarkengericht, welches die einstweilige Verfügung erlassen hat, auch das von ihm bereits angedrohte Ordnungsgeld festsetzen würde. Nach hiesiger Ansicht hat das Gericht des Forum-Staates im Fall von Verstößen das von ihm bereits angedrohte Ordnungsgeld auch festzusetzen (im Einzelnen → Art. 130 Rn. 13.2). Art. 45 Abs. 1 lit. b Brüssel Ia-VO fände in diesem Fall für die Festsetzung des Ordnungsgeldes keine Anwendung. Sofern es einer Vollstreckung des Ordnungsgeldes in einem anderen Mitgliedstaat bedürfte, käme eine Vollstreckung auf Betreiben des Unterlassungsgläubigers auf der Grundlage der EG-Vollstreckungstitel-VO (EuVTVO) in Betracht (vgl. BGH GRUR 2010, 662 Rn. 7 ff. – kein Europäischer Vollstreckungstitel für Ordnungsmittelbeschluss). Hierbei wäre jedoch zu beachten, dass die Unterlassungsschuldnerin bereits bei Zustellung des Ordnungsmittelantrags durch das Gericht entsprechend der Art. 12 ff. EuVTVO belehrt wird, insbesondere gemäß Art. 17 EuVTVO über die Verfahrensschritte zum Bestreiten der Forderung (dies dürfte auch die Möglichkeit der Einlegung eines Widerspruchs gegen die zugrundeliegende einstweilige Verfügung umfassen), über die Folgen des Nichtbestreitens sowie die Möglichkeit einer Entscheidung und ihrer Vollstreckung gegen die Schuldnerin und deren Verpflichtung zum Kostenersatz. Erfolgt diese Belehrung nicht, so ist eine Bestätigung des Ordnungsmittelbeschlusses als Europäischer

Vollstreckungstitel nicht möglich (vgl. BGH GRUR 2010, 662 Rn. 7 ff. – Kein Europäischer Vollstreckungstitel für Ordnungsmittelbeschluss).

Sollte **das Ordnungsgeld jedoch durch** das **Gericht des Mitgliedstaates, in dem der 14 Verstoß erfolgt ist, festgesetzt und vollstreckt werden** müssen, so fänden die Anerkennungs- und Vollstreckungsvorschriften der Brüssel Ia-VO und damit auch der Art. 45 Abs. 1 lit. b Brüssel Ia-VO Anwendung (vgl. Schlussanträge Generalanwalt Cruz Villalón BeckRS 2010, 91179 Rn. 65).

Damit die Anerkennung **unionsweit wirkender einstweiliger Verfügungen** außerhalb des 15 Forum-Staates nicht mangels Vorliegens eines kontradiktorischen Verfahrens scheitert, kann in einem Antrag auf Erlass einer einstweiligen Verfügung **durch entsprechende Antragstellung** sichergestellt werden, dass die **einstweilige Verfügung nicht ohne vorherige Anhörung des Antragsgegners bzw. ohne mündliche Verhandlung im Beschlusswege ergeht** (vgl. Koch/ Samwer MarkenR 2006, 493 (503)). Will der Antragsteller auf den „Überraschungseffekt" jedoch nicht verzichten, so bestünde auch die Möglichkeit **mehrere parallele einstweilige Verfügungen mit nur nationaler Reichweite** in den jeweiligen Mitgliedstaaten zu beantragen.

D. Anträge vor Gerichten mehrerer Mitgliedstaaten

I. Mehrere national beschränkte Anträge

Der Inhaber einer Unionsmarke oder einer Unionsmarkenanmeldung kann in jedem Mitglied- 16 staat, in dem Verletzungshandlungen begangen werden oder drohen, jeweils auf das Territorium des betreffenden Mitgliedstaates beschränkte einstweilige Maßnahmen erwirken.

Erfolgt dies jedoch **vorwiegend aus sachfremden Erwägungen,** so etwa, um den Verletzer 17 mit maximalen Verfahrenskosten zu überziehen, so könnte sich diese Vorgehensweise nach Maß- gabe des jeweiligen nationalen Rechts, welches nach Art. 129 Abs. 2 mangels Regelung in der UMV anwendbar ist, **unter Umständen als rechtsmissbräuchlich erweisen.**

II. Antrag nach Art. 131 Abs. 2 und national beschränkte Anträge

Der Inhaber einer Unionsmarke oder einer Unionsmarkenanmeldung kann die territoriale 18 Reichweite der einstweiligen Maßnahme, die er bei einem nach Abs. 2 zuständigen Unionsmar- kengericht beantragt, frei bestimmen. Er ist nicht gezwungen, den vor einem nach Abs. 2 zuständi- gen Unionsmarkengericht gestellten Antrag auf alle Mitgliedstaaten zu erstrecken, in denen eine Verletzungshandlung begangen worden ist oder droht. Vielmehr kann er nach seiner Wahl den **Antrag auf bestimmte Mitgliedstaaten beschränken** und für die nicht von diesem Antrag erfassten Mitgliedstaaten parallel den Erlass einstweiliger Maßnahmen von nationaler Reichweite vor den jeweiligen nationalen Gerichten – einschließlich Unionsmarkengerichte – beantragen.

Dem steht nicht Abs. 2 S. 2 entgegen. Dieser stellt lediglich klar, dass Nicht-Unionsmarkenge- 19 richte sowie Unionsmarkengerichte, deren Zuständigkeit auf Art. 125 Abs. 5 beruht, keine einst- weiligen Maßnahmen mit Wirkung außerhalb ihres Mitgliedstaates, in dem sie ihren Sitz haben, anordnen können.

Eine Beschränkung kann sich jedoch nach Maßgabe des jeweiligen nationalen Rechts aus 20 dem Gesichtspunkt des Rechtsmissbrauchs ergeben, wenn dem prozessualen Verhalten sachfremde Erwägungen des Antragstellers zugrunde liegen.

E. Einstweilige Maßnahmen

Nach Abs. 1 können in Bezug auf eine Unionsmarke oder die Anmeldung einer Unionsmarke 21 alle einstweiligen Maßnahmen, einschließlich Sicherungsmaßnahmen beantragt werden, die in dem Recht des Mitgliedstaates, in dem das angerufene Gericht seien Sitz hat, für eine nationale Marke vorgesehen sind. **Die UMV verweist somit auf das nationale Recht der Mitgliedstaa- ten.** Dies umfasst **sowohl das Verfahrensrecht, als auch das materielle Recht.** In Deutschland wurde in § 140 Abs. 3 MarkenG eine widerlegbare Dringlichkeitsvermutung eingeführt.

In Deutschland kommen Arrestmaßnahmen, Sicherungs-, Regelungs- und Leistungsverfügun- 22 gen in Betracht. Gegenstand einstweiliger Anordnungen können Unterlassungs-, Auskunfts-, Schadensersatz-, Sequestrations-/Verwahrungs-, Vorlage- und Besichtigungsansprüche sein.

Gegen eine einstweilige Maßnahme kann der Antragsgegner in Deutschland nach § 924 ZPO 23 Widerspruch einlegen, über den nach § 925 ZPO durch Urteil zu entscheiden ist.

I. Unterlassungsanspruch

24   Hinsichtlich des Unterlassungsanspruchs aus einer Unionsmarke kommt eine Regelungsverfügung nach § 940 ZPO in Betracht, durch die dem Antragsgegner bestimmte Handlungen verboten werden. Diese ergeht in Deutschland meist durch Beschluss ohne mündliche Verhandlung und stellt den Hauptanwendungsfall einstweiliger Maßnahmen in Deutschland dar.

25   **Ungeklärt ist,** ob gemäß Art. 131 **auch auf der Grundlage von Unionsmarkenanmeldungen** Unterlassungsverfügungen ggf. mit unionsweiter Wirkung erlassen werden können. **Art. 131 verweist hierzu auf das für nationale Marken geltende nationale Recht der Mitgliedstaaten.** In Deutschland können Dritte aufgrund einer deutschen Markenanmeldung nicht im Wege der einstweiligen Verfügung auf Unterlassung in Anspruch genommen werden, da dies im nationalen deutschen Recht nicht vorgesehen ist und nach deutschem Recht aus einer Markenanmeldung keine Rechte gegen Dritte hergeleitet werden können. Anders ist dies jedoch in Italien und in Frankreich (vgl. Tribunale die Modena 9.7.1997 – Spice Girls; Tribunale di Verona 17.7.1998 – Raviolificio Bertarini/Pastificio Avesani; Schafft WRP 2005, 986 (988); Hartmann, Die Gemeinschaftsmarke im Verletzungsverfahren, 2008, 119). Dort sieht das nationale Recht die Möglichkeit vor, bereits aus noch nicht veröffentlichten Markenanmeldungen einstweilige Unterlassungsverfügungen auszusprechen. Infolgedessen wurde in der Vergangenheit bereits durch ein italienisches Gericht aufgrund einer Unionsmarkenanmeldung eine unionsweit wirkende Unterlassungsverfügung erlassen (vgl. Tribunale die Modena 9.7.1997 – Spice Girls; Schafft WRP 2005, 986 (988); Hartmann, Die Gemeinschaftsmarke im Verletzungsverfahren, 2008, 119). Angesichts dieses in den Mitgliedstaaten unterschiedlichen Umfangs der Schutzgewährung aus einer Unionsmarkenanmeldung durch einstweilige Maßnahmen stellt sich die **Frage, ob Art. 131 im Sinne einer unionsweit einheitlichen Rechtsanwendung ausgelegt werden kann.**

26   Einer Literaturmeinung zufolge können einstweilige Unterlassungsverfügungen ohne Rückgriff auf das jeweilige nationale Recht in allen Mitgliedstaaten allein aufgrund von Art. 131 ergehen (vgl. Schafft WRP 2005, 986 (989 ff.)). Dies folge aus dem Wortlaut des Art. 131. Hiernach sei der Verweis auf die einstweiligen Maßnahmen, die in dem Recht des Mitgliedstaates für eine nationale Marke vorgesehen sind, dahingehend zu verstehen, dass all diejenigen Maßnahmen, die im Hinblick auf nationale Marken ergehen können, durch Art. 131 auch auf Unionsmarkenanmeldungen für anwendbar erklärt werden. Dies umfasse auch Unterlassungsverfügungen.

27   Nach anderer Ansicht können Unterlassungsverfügungen aus einer Unionsmarkenanmeldung nicht direkt aus der UMV abgeleitet, sondern allenfalls nur auf das jeweilige nationale Recht gestützt werden (vgl. Hartmann, Die Gemeinschaftsmarke im Verletzungsverfahren, 2008, 123). Dies folge zum einen aus dem klaren Wortlaut des Art. 9 Abs. 3 S. 1 und der systematischen Stellung des Art. 131, wonach dieser keine materiellen Ansprüche regelt.

28   Gegen die Möglichkeit aufgrund einer Unionsmarkenanmeldung eine Unterlassungsverfügung zu erwirken, spricht, dass gemäß Art. 11 Abs. 1 (→ Art. 11 Rn. 1) aus einer Unionsmarkenanmeldung Dritten gegenüber noch keine Rechte entgegengehalten werden können (so auch Hildebrandt/Sosnitza/Hildebrandt Rn. 17). **Vielmehr besteht nur ein Anspruch auf angemessene Entschädigung** (vgl. Knaak in Schricker/Bastian/Knaak Rn. 251; Bumiller, Durchsetzung der europäischen Gemeinschaftsmarke in der Europäischen Union, 1997, 58; Hartmann, Die Gemeinschaftsmarke im Verletzungsverfahren, 2008, 123 ff.). Dieser kann durch eine einstweilige Verfügung gesichert werden (vgl. Bumiller Gemeinschaftsmarke S. 58; Hildebrandt/Sosnitza/Hildebrandt Rn. 17; → Rn. 33). Der Entschädigungsanspruch soll gerade für die ansonsten schutzfreie Zeit zwischen Veröffentlichung der Unionsmarkenanmeldung und Eintragung der Unionsmarke einen Ausgleich bieten (vgl. Hartmann, Die Gemeinschaftsmarke im Verletzungsverfahren, 2008, 124). Dessen würde es nicht bedürfen, wenn aus einer – noch nicht veröffentlichten – Unionsmarkenanmeldung im Wege der einstweiligen Verfügung bereits ein Verbotsausspruch ergehen könnte. **Art. 131 kann auch nicht weitergehende Ansprüche gewähren, als der insoweit klare Wortlaut des Art. 11.** Dies folgt auch aus der Systematik dieser Vorschrift in der UMV. Die materiellen Ansprüche aus einer Unionsmarke bzw. Unionsmarkenanmeldung sind in Titel II, Abschnitt 2 Art. 9 ff. geregelt. Für Unionsmarkenanmeldungen enthält Art. 17 insoweit anders als für Unionsmarken keinen Verweis auf eine ergänzende Anwendung des nationalen Rechts der Mitgliedstaaten. Insoweit verbleibt es für Unionsmarkenanmeldungen bei dem Anspruch auf angemessene Entschädigung in Art. 11 Abs. 2. Angesichts dessen sind die Gerichte der Mitgliedstaaten nicht befugt, aufgrund ihres nationalen Rechts einer Unionsmarkenanmeldung weitergehenden Schutz durch Erlass eines Unterlassungsverbots zu gewähren. Der **Verweis in Art. 131** ist vielmehr dahingehend auszulegen, dass sich dieser **lediglich auf die nationalen verfahrensrechtlichen Maßnahmen bezieht,** die das nationale Gericht zur Durchsetzung der in der UMV für eine

Unionsmarke oder Unionsmarkenanmeldung vorgesehenen Ansprüche anzuwenden hat. **Art. 131 ermächtigt die nationalen Gerichte darüber hinaus jedoch nicht die in der UMV für eine Unionsmarkenanmeldung vorgesehenen materiellen Ansprüche durch nationales Recht zu erweitern.** Da Art. 17 für Unionsmarkenanmeldungen keinen Verweis auf eine ergänzende Anwendung des nationalen Rechts der Mitgliedstaaten enthält, ist anders als bei der Verletzung von Unionsmarken eine solche ergänzende Anwendung nationaler Regelungen, insbesondere solcher, die bereits aus Markenanmeldungen Unterlassungsansprüche im Wege des einstweiligen Rechtsschutzes gewähren, für Unionsmarkenanmeldungen verwehrt. Die durch nationale Gerichte aufgrund von Unionsmarkenanmeldungen erlassenen Unterlassungsverfügungen dürften daher mit der UMV nicht im Einklang stehen. Letztendlich wäre jedoch eine Klarstellung durch den Verordnungsgeber oder eine Auslegung durch den EuGH zu begrüßen.

II. Auskunft

In Fällen offensichtlicher Rechtsverletzung kann nach § 19 Abs. 7 MarkenG (→ MarkenG **29** § 19 Rn. 41) die Verpflichtung zur Erteilung der Auskunft im Wege der einstweiligen Verfügung angeordnet werden.

Im Fall offensichtlich bestehender Entschädigungsansprüche nach Art. 11 Abs. 2 dürfte im **30** Wege einer einstweiligen Verfügung analog § 19 Abs. 7 MarkenG die Anordnung zur Erteilung einer Auskunft nach § 19 MarkenG, § 242 BGB möglich sein. Der Inhaber einer veröffentlichten Unionsmarkenanmeldung hat nach Art. 11 Abs. 2 einen Anspruch auf eine angemessene Entschädigung für Handlungen, die nach Veröffentlichung der Anmeldung der Unionsmarke vorgenommen wurden und die nach Veröffentlichung der Eintragung aufgrund der Unionsmarke verboten wären (→ Art. 11 Rn. 3). Die Höhe der angemessenen Entschädigung richtet sich nach dem Umfang der in dem maßgeblichen Zeitraum vorgenommenen Handlungen. Um diesen zu ermitteln, bedarf es regelmäßig der Auskunft über den Umfang dieser Handlungen.

III. Schadensersatz, Entschädigung und Kostenerstattung

Die Absicherung von Kostenerstattungs- und Schadensersatzansprüchen kann durch einen **31** Arrest nach § 916 ZPO erfolgen. Gerade bei Messeverfügungen bietet es sich an, hinsichtlich der Kosten des Verfügungsverfahrens gleichzeitig einen Arrest zu beantragen und diese mit Zustellung der Verfügung durch den Gerichtsvollzieher auf dem Messestand vollstrecken zu lassen.

Handelt es sich um Rechtsverletzungen, die in gewerblichem Ausmaß begangen wurden, kann **32** nach § 19b Abs. 3 S. 1 MarkenG zur Sicherung von Schadensersatzansprüchen die Verpflichtung zur Vorlage von Bank-, Finanz- oder Handelsunterlagen im Wege der einstweiligen Verfügung angeordnet werden, wenn der Schadensersatzanspruch offensichtlich besteht.

Zur Sicherung von Entschädigungsansprüchen nach Art. 11 Abs. 2 aus einer veröffentlichten **33** Unionsmarkenanmeldung kann ebenfalls nach § 916 ZPO ein Arrest in das Vermögen angeordnet werden (vgl. Bumiller Gemeinschaftsmarke S. 58).

IV. Vernichtung

Um eine Vereitelung von Vernichtungsansprüchen zu verhindern, kann nach § 938 Abs. 2 **34** ZPO die Sequestration bzw. Verwahrung der potentiell rechtsverletzenden Gegenstände durch einen Gerichtsvollzieher angeordnet werden.

Zur Sicherung des Anspruchs auf Vernichtung kann ergänzend zur Herausgabe an den Gerichts- **35** vollzieher im Wege der einstweiligen Verfügung ein Verbot der Rückgabe unrechtmäßig gekennzeichneter Produkte an die Lieferanten ausgesprochen werden (OLG Frankfurt GRUR-RR 2003, 96 – Uhrennachbildungen).

Eine Sequestration oder Verwahrung kann nicht aufgrund einer Unionsmarkenanmeldung **36** angeordnet werden, da eine solche keine Vernichtungsansprüche gewährt.

V. Beweissicherung

Steht eine Unionsmarkenverletzung noch nicht fest, besteht jedoch die hinreichende Wahr- **37** scheinlichkeit einer Rechtsverletzung, so kann im Wege der einstweiligen Verfügung nach § 19a Abs. 3 MarkenG (→ MarkenG § 19a Rn. 18) gegen den vermeintlichen Verletzer die Verpflichtung zur Vorlage von Urkunden oder Duldung der Besichtigung einer Sache angeordnet werden. Infolge der unmittelbaren Regelung des Vorlage- und Besichtigungsanspruchs im MarkenG ist insoweit der im Patentrecht entwickelte Rückgriff auf die §§ 485 f. ZPO nicht mehr erforderlich.

38   Kann der Inhaber einer veröffentlichten Unionsmarkenanmeldung noch nicht nachweisen, dass ein Dritter Handlungen vorgenommen hat, die einen Entschädigungsanspruch nach Art. 11 Abs. 2 begründen, besteht jedoch die hinreichende Wahrscheinlichkeit, dass solche Handlungen vorgenommen wurden und eine Entschädigungspflicht besteht, so dürfte zu Zwecken der Beweissicherung analog § 19a Abs. 3 MarkenG die Verpflichtung zur Vorlage von Urkunden oder zur Duldung der Besichtigung einer Sache im Wege der einstweiligen Verfügung angeordnet werden können.

Art. 132 Besondere Vorschriften über im Zusammenhang stehende Verfahren

(1) Ist vor einem Unionsmarkengericht eine Klage im Sinne des Artikels 124 – mit Ausnahme einer Klage auf Feststellung der Nichtverletzung – erhoben worden, so setzt es das Verfahren, soweit keine besonderen Gründe für dessen Fortsetzung bestehen, von Amts wegen nach Anhörung der Parteien oder auf Antrag einer Partei nach Anhörung der anderen Parteien aus, wenn die Rechtsgültigkeit der Unionsmarke bereits vor einem anderen Unionsmarkengericht im Wege der Widerklage angefochten worden ist oder wenn beim Amt bereits ein Antrag auf Erklärung des Verfalls oder der Nichtigkeit gestellt worden ist.

(2) ¹Ist beim Amt ein Antrag auf Erklärung des Verfalls oder der Nichtigkeit gestellt worden, so setzt es das Verfahren, soweit keine besonderen Gründe für dessen Fortsetzung bestehen, von Amts wegen nach Anhörung der Parteien oder auf Antrag einer Partei nach Anhörung der anderen Parteien aus, wenn die Rechtsgültigkeit der Unionsmarke im Wege der Widerklage bereits vor einem Unionsmarkengericht angefochten worden ist. ²Das Unionsmarkengericht kann jedoch auf Antrag einer Partei des bei ihm anhängigen Verfahrens nach Anhörung der anderen Parteien das Verfahren aussetzen. ³In diesem Fall setzt das Amt das bei ihm anhängige Verfahren fort.

(3) Setzt das Unionsmarkengericht das Verfahren aus, kann es für die Dauer der Aussetzung einstweilige Maßnahmen einschließlich Sicherungsmaßnahmen treffen.

Überblick

Art. 132 enthält Aussetzungsregelungen für solche Verfahren vor einem Unionsmarkengericht oder dem Amt, die Ansprüche aus eine Unionsmarke oder die Überprüfung der Rechtsgültigkeit der Unionsmarke mit Wirkung erga omnes betreffen und zu denen zeitgleich Parallelverfahren anhängig sind, in denen über die Rechtsgültigkeit derselben Unionsmarke erga-omnes wegen Verfalls oder Nichtigkeit zu entscheiden ist. Hierdurch sollen zum einen widersprechende Entscheidungen über die Rechtsgültigkeit der Unionsmarke vermieden und zum anderen verhindert werden, dass das Unionsmarkengericht aus einer Unionsmarke, die infolge eines anhängigen Verfahrens wegen Verfalls oder Nichtigkeit vernichtet werden könnte, Ansprüche gewährt. Art. 132 setzt nicht voraus, dass die Parteien der Verfahren dieselben sind. Ebenso wenig ist erforderlich, dass in beiden Verfahren dieselben Verfalls- oder Nichtigkeitsgründe geltend gemacht werden.

Übersicht

A. Abgrenzung

Art. 132 betrifft nur Parallelverfahren, in denen der Rechtsbestand der Unionsmarke in dem **1** früheren Verfahren mit Wirkung erga-omnes angefochten wird (vgl. Grüger GRUR-Prax 2017, 247). Art. 132 betrifft nicht die folgenden Fälle:
- Bei der Klage vor dem später angerufenen Unionsmarkengericht handelt es sich um eine **negative Feststellungsklage** auf Feststellung der Nichtverletzung der Unionsmarke (Art. 124 lit. b, → Art. 124 Rn. 14).
- Beim Amt werden **mehrere Verfalls- oder Nichtigkeitsanträge** gestellt. Insoweit gilt die in Art. 60 Abs. 4 geregelte Konzentrationspflicht **(Verbot der sog. „Doppelantragstellung")** (→ Art. 60 Rn. 24).
- Die Rechtsgültigkeit der Unionsmarke wird vor dem später angerufenen Unionsmarkengericht nur mit inter-partes-Wirkung im Wege des **Einwands nach Art. 127 Abs. 3** angegriffen (→ Art. 127 Rn. 17). Der Grund hierfür liegt darin, dass der Einwand nicht die Vernichtung der Unionsmarke bewirken kann.
- Zwischen denselben Parteien und wegen derselben Handlungen werden **Verletzungsklagen aus einer Unionsmarke einerseits und einer nationalen Marke andererseits bei Gerichten verschiedener Mitgliedstaaten** erhoben. Dies regelt Art. 136 (→ Art. 136 Rn. 1 ff.).
- Es werden wegen denselben Handlungen **parallele Klagen aus derselben Unionsmarke vor Gerichten verschiedener Mitgliedstaaten** erhoben. Dies regeln die Art. 29, 30 Brüssel Ia-VO (vgl. Knaak GRUR Int 2007, 386 (388)).
- **Einstweilige Verfügungen.**

B. Aussetzung durch das Unionsmarkengericht

I. Zweites Verfahren vor dem Unionsmarkengericht

Die Aussetzungsregelung des Abs. 1 findet Anwendung, wenn vor dem Unionsmarkengericht, **2** das über die Frage der Aussetzung zu entscheiden hat, eine Verletzungsklage aus einer Unionsmarke (Art. 124 lit. a), eine Entschädigungsklage betreffend Handlungen zwischen Veröffentlichung der Anmeldung und Eintragung einer Unionsmarke (Art. 124 lit. c iVm Art. 9 Abs. 3 S. 2) oder eine Widerklage auf Erklärung des Verfalls oder der Nichtigkeit (Art. 124 lit. d iVm Art. 128 Abs. 1, → Art. 128 Rn. 1 ff.) erhoben worden ist. Hierbei ist es unerheblich, ob der Verletzungsklage seitens des Beklagten bereits mit einer Widerklage auf Erklärung des Verfalls oder der Nichtigkeit begegnet worden ist.

Gemäß **VO (EU) 2015/2424** des Europäischen Parlaments und des Rates vom 16.12.2015 **3** zur Änderung der GMV ist **in Art. 128 Abs. 4 S. 3 eine Regelung** aufgenommen worden, wonach das Unionsmarkengericht das Verfahren unter den in Art. 132 Abs. 1 geregelten Voraussetzungen so lange aussetzen soll, bis abschließend über ein vor Erhebung der Widerklage beim Amt eingereichten Antrag auf Erklärung des Verfalls oder der Nichtigkeit der Unionsmarke entschieden worden ist oder dieser zurückgezogen wurde (→ Art. 128 Rn. 50).

Ist beim Amt ein Antrag auf Erklärung des Verfalls oder der Nichtigkeit der Klageunionsmarke **4** anhängig und das Klageverfahren vor dem Unionsmarkengericht im Hinblick darauf ausgesetzt, so können die Parteien im Fall einer gegen die Entscheidung des Amtes eingelegten Beschwerde nach Art. 31 DUMV bei der Beschwerdekammer einen Antrag auf Durchführung eines beschleunigten Verfahrens im Hinblick auf das ausgesetzte Klageverfahren vor dem Unionsmarkengericht stellen.

5   Ein Verfahren, dass eine **Klage auf Feststellung der Nichtverletzung der Unionsmarke** (Art. 124 lit. b) zum Gegenstand hat, ist **nicht nach Abs. 1 auszusetzen.** Der Grund hierfür liegt darin, dass der Kläger in einem solchen Verfahren die Nichtverletzung der Unionsmarke festgestellt wissen will und kann, ohne dass die Rechtsgültigkeit der Unionsmarke hierfür entscheidungserheblich ist. Die Rechtsgültigkeit der Unionsmarke kann nach Art. 127 Abs. 2 und Gegenstand einer negativen Feststellungsklage sein (→ Art. 127 Rn. 14). Eine Aussetzung des Verfahrens bis zu einer Entscheidung über die Rechtsgültigkeit der Unionsmarke wäre daher unbillig, da der Kläger ja bereits aus anderen Gründen die Nichtverletzung der Unionsmarke behauptet und hierzu eine Entscheidung herbeiführen will.

6   Ebenso ist **Abs. 1 nicht auf Verfahren über den Erlass einer einstweiligen Verfügung anwendbar** (OLG Frankfurt BeckRS 2010, 21955 – Fabergé; Gerechtshof Den Haag GRUR-Prax 2011, 450). Abs. 1 fordert die Erhebung einer Klage, nicht jedoch einer einstweiligen Maßnahme in Bezug auf die Unionsmarke. Des Weiteren ist es dem Unionsmarkengericht nach Abs. 3 ausdrücklich gestattet, während der Aussetzung des Verfahrens einstweilige Maßnahmen zu treffen.

7   Stützt sich die **Verletzungsklage neben der Unionsmarke noch auf andere nationale Rechte,** so ist das Verfahren nur hinsichtlich der Unionsmarke auszusetzen, nicht jedoch im Hinblick auf die anderen Rechte (Eisenführ/Schennen/Schennen Rn. 13). Gleiches gilt, wenn Gegenstand der Verletzungsklage verschiedene Unionsmarken sind. Dann kommt eine Aussetzung nur hinsichtlich derjenigen Unionsmarke in Betracht, deren Rechtsgültigkeit bereits im ersten Verfahren angegriffen worden ist.

II. Erstes Verfahren vor dem Amt oder Unionsmarkengericht

8   Das **erste Verfahren muss die Überprüfung der Rechtsgültigkeit derselben Unionsmarke mit dem Ziel deren Vernichtung zum Gegenstand haben.** Hierbei kann es sich um eine Widerklage nach Art. 128 Abs. 1 (→ Art. 128 Rn. 1 ff.) vor einem anderen Unionsmarkengericht oder einen Antrag auf Erklärung des Verfalls oder der Nichtigkeit nach Art. 63 (→ Art. 63 Rn. 1 ff.) vor dem Amt handeln (vgl. Grüger GRUR-Prax 2017, 247).

III. Maßgeblicher Zeitpunkt

9   Für die Frage, auf welches Verfahren die Aussetzungsregelung Anwendung findet, ist es erforderlich festzustellen, welches Verfahren das erste und welches das nachfolgende ist.

1. Erstes Verfahren

10   Für die Bestimmung des maßgeblichen Zeitpunkts des ersten Verfahrens kommt es bei **Verfahren vor dem Amt auf den Tag der Antragstellung** an, wobei der Antrag beim Amt nach Art. 63 Abs. 2 S. 2 (→ Art. 63 Rn. 14) erst dann als gestellt gilt, wenn die **Gebühr gezahlt ist** (vgl. Grüger GRUR-Prax 2017, 247 (248); Hildebrandt/Sosnitza/Hildebrandt Rn. 11).

10.1   Art. 63 Abs. 2 S. 2 bestimmt jedoch nicht, ob der Antrag bis dahin als schwebend wirksam oder schwebend unwirksam gestellt gilt. Art. 15 Abs. 1 S. 2 DVUM sieht vor, dass für den Fall der Nichtentrichtung der Gebühr der Antrag auf Verfall als nicht gestellt gilt. Als maßgeblicher Zeitpunkt kommt der Tag der Antragstellung, nicht jedoch der Tag der Entrichtung der Gebühr in Betracht. Der maßgebliche Zeitpunkt für die den ursprünglichen Zustand herstellende Fiktion des Art. 15 Abs. 1 S. 2 DVUM, also die fingierte Nichtstellung des Antrags, kann sinnvollerweise nur der Zeitpunkt der Antragstellung sein. Gleiches muss auch gelten, wenn die Gebühr entrichtet ist (im Einzelnen → Art. 63 Rn. 14).

11   Bei **Widerklagen vor einem Unionsmarkengericht** ist auf den **Zeitpunkt der Erhebung der Widerklage,** nicht jedoch auf den Zeitpunkt der Erhebung der Verletzungsklage abzustellen (vgl. Grüger GRUR-Prax 2017, 247 (248); aA Eisenführ/Schennen/Schennen Rn. 8). Für die Bestimmung des Zeitpunkts der Erhebung der Widerklage ist gemäß Art. 122 Abs. 1 (→ Art. 122 Rn. 1) ergänzend die Brüssel Ia-VO (→ Art. 122 Rn. 1 f.) anzuwenden (zur GGV vgl. Ruhl/Tolkmitt GGV Art. 91 Rn. 6; Ruhl/Tolkmitt GGV Art. 79 Rn. 44; → Art. 136 Rn. 21). Nach **Art. 32 Brüssel Ia-VO** ist für den Zeitpunkt der Rechtshängigkeit einer Klage deren Einreichung bei Gericht maßgeblich, vorausgesetzt der Kläger versäumt es in der Folgezeit nicht, die ihm obliegenden Maßnahmen zu treffen, um die Zustellung an den Beklagten zu bewirken. Für den

Zeitpunkt der Erhebung der Widerklage ist somit grundsätzlich auf den Zeitpunkt der Einreichung der Widerklage bei Gericht abzustellen (so auch Hildebrandt/Sosnitza/Hildebrandt Rn. 10; aA LG Mannheim BeckRS 2011, 139405, wonach auf den Zeitpunkt der Zustellung abzustellen sei; Eisenführ/Schennen/Schennen Rn. 8).

2. Zweites Verfahren

Für die Bestimmung des maßgeblichen Zeitpunktes des zweiten Verfahrens kommt es auf die **12** **Erhebung der Verletzungsklage,** nicht jedoch auf die Erhebung der Widerklage an (Eisenführ/ Schennen/Schennen Rn. 8). Der Zeitpunkt der Erhebung der Verletzungsklage bestimmt sich nach **Art. 32 Brüssel Ia-VO** (so auch OLG Düsseldorf BeckRS 2017, 114519 Rn. 9 – Evolution; aA LG Mannheim BeckRS 2011, 139405; → Rn. 11).

IV. Aussetzung von Amts wegen oder auf Antrag einer Partei

Das Unionsmarkengericht kann das bei ihm anhängige Verfahren von Amts wegen aussetzen. **13** Die Aussetzung kann jedoch auch von einer Partei beantragt werden (vgl. Grüger GRUR-Prax 2017, 247 (248)). Will der Unionsmarkeninhaber, der selbst noch nicht Partei des Rechtsstreits ist, die Aussetzung beantragen, so muss er zuvor gemäß Art. 128 Abs. 3 dem Rechtsstreit nach Maßgabe des nationalen Rechts beigetreten sein (→ Art. 128 Rn. 39). Dies ist etwa dann der Fall, wenn der Markeninhaber die Verletzungsklage nicht selbst erhoben hat, sondern diese von einem durch Lizenzvertrag oder auf andere Weise bevollmächtigten Dritten erhoben wurde.

V. Anhörung der Parteien

Das Unionsmarkengericht darf die Aussetzung nicht vornehmen, ohne zuvor die Parteien **14** gehört zu haben. Die Parteien haben hierdurch die Möglichkeit zur Frage der Aussetzung des Verfahrens und etwaiger besonderer Gründe, die für eine Fortsetzung des Verfahrens und gegen eine Aussetzung sprechen, Stellung zu nehmen.

VI. Besondere Fortsetzungsgründe

Das Unionsmarkengericht setzt das Verfahren nicht aus, wenn besondere Gründe vorliegen, **15** die für eine Fortsetzung sprechen. Das Unionsmarkengericht ist somit nicht gezwungen, die Aussetzung in jedem Fall vorzunehmen, sondern kann im Wege der Ermessensentscheidung den Gegebenheiten des Einzelfalls Rechnung tragen.

Gemäß Art. 128 Abs. 4 (→ Art. 128 Rn. 50) setzt das Unionsmarkengericht für den Fall, dass beim **15.1** Amt ein Antrag auf Erklärung des Verfalls oder der Nichtigkeit der Unionsmarke anhängig ist, das Verfahren gemäß Art. 132 Abs. 1 so lange aus, bis abschließend über den Antrag entschieden oder dieser zurückgezogen wurde.

Die ursprünglich von der Kommission vorgeschlagene Aussetzungsregelung für Abs. 4 kollidierte mit **15.2** der Aussetzungsregelung in Art. 132 Abs. 1, da sie keinen Verweis auf Art. 132 Abs. 1 enthielt. Der finale Änderungsvorschlag stellt nunmehr klar, dass das Unionsmarkengericht die Aussetzung des Verfahrens nach Art. 132 Abs. 1 zu prüfen hat.

Wie der **Begriff der „besonderen Gründe"** auszulegen ist, ist durch die Rechtsprechung **16** noch nicht abschließend geklärt (vgl. Grüger GRUR-Prax 2017, 247 (248)). Der Court of Appeal hat in einem Urteil vom 13.9.2012 festgestellt, dass der Begriff „besondere Gründe" in Art. 132 Abs. 1 dieselbe Bedeutung besitze und in derselben Weise angewendet werden müsse, wie der Begriff der „besonderen Gründe" in Art. 130 Abs. 1 (Court of Appeal (Civil Division) 13.9.2012 – (2012) EWCA Civ 1201, Rn. 110 – Starbucks Ltd./Sky – EMI/Sky); → Art. 130 Rn. 9 f.). Er sei daher im Sinne der Entscheidung des EuGH „Nokia/Wärdell" (EuGH C-316/05, GRUR 2007, 228 Rn. 26 f.) einheitlich und eng auszulegen und beziehe sich auf im Einzelfall gegebene Umstände tatsächlicher Art. Im Hinblick auf den einheitlichen Charakter der Unionsmarke bezwecke Art. 132 Abs. 1 widerstreitende Entscheidungen zu vermeiden. Diesem Zweck komme ein hohes Gewicht bei der Entscheidung über die Fortsetzung des Verfahrens zu. Es handele sich um einen Ausnahmetatbestand, der eng auszulegen sei. Kein besonderer Grund iSd Abs. 1 sei, dass einem Löschungsverfahren vor dem EUIPO möglicherweise eine lange Verfahrensdauer zukomme. Hierbei handele es sich nicht um einen besonderen Umstand des Einzelfalls, sondern vielmehr sei die Verfahrensdauer systemimmanent. Der Court of Appeal hat jedoch bestimmte außergewöhnliche Umstände des Einzelfalls, die zu einer besonderen Eilbedürftigkeit führen, als einen

„besonderen Grund" iSd Art. 132 Abs. 1 anerkannt (Court of Appeal (Civil Division) 13.9.2012 – (2012) EWCA Civ 1201, Rn. 111 – Starbucks Ltd./Sky – EMI/Sky). Auch das LG Hamburg hat eine möglicherweise zu erwartende lange Dauer des Löschungsverfahrens nicht als einen Ausnahmetatbestand iSd Art. 132 anerkannt (LG Hamburg BeckRS 2015, 18335), da eine allein mit der Aussetzung verbundene Verzögerung des Verletzungsverfahrens nach dem Regel-Aus- nahme-Prinzip des Art. 132 von der UMV bewusst hingenommen werde (s. auch LG Mannheim BeckRS 2011, 139405).

17   Folgende Gründe könnten für die Fortsetzung und gegen die Aussetzung des Verfahrens spre- chen (hierzu auch Hildebrandt/Sosnitza/Hildebrandt Rn. 14):
- das erste Verfahren hat keine Aussicht auf Erfolg; kann ein Erfolg jedoch nicht definitiv ausge- schlossen werden, so kommt eine Fortsetzung nicht in Betracht;
- das erste Verfahren ist auf die Erklärung des Verfalls (mit Wirkung ex nunc), das zweite auf die Erklärung der Nichtigkeit (mit Wirkung ex tunc) gerichtet, nicht aber umgekehrt;
- die Unionsmarke wird im ersten und zweiten Verfahren aufgrund unterschiedlicher älterer Rechte angegriffen;
- das erste Verfahren hat lediglich die teilweise Erklärung des Verfalls oder der Nichtigkeit im Hinblick auf lediglich einen Teil der Waren oder Dienstleistungen, auf die sich die Verletzungs- klage des zweiten Verfahrens stützt, zum Gegenstand;
- das erste Verfahren ist lediglich auf die teilweise Erklärung des Verfalls oder der Nichtigkeit im Hinblick auf Waren oder Dienstleistungen, auf die sich die Verletzungsklage des zweiten Verfah- rens nicht stützt, gerichtet.

C. Aussetzung durch das Amt

I. Zweites Verfahren vor dem Amt

18   Die Aussetzungsregelung des Art. 132 Abs. 2 findet Anwendung, wenn vor dem Amt, das über die Frage der Aussetzung zu entscheiden hat, ein **Antrag auf Erklärung des Verfalls oder der Nichtigkeit** gestellt worden ist.

II. Erstes Verfahren vor dem Unionsmarkengericht

19   Bei dem ersten Verfahren muss es sich um eine **Widerklage nach Art. 128 Abs. 1** (→ Art. 128 Rn. 1 ff.) handeln, mit der die Rechtsgültigkeit derselben Unionsmarke bereits vor einem Unionsmarkengericht angefochten worden ist. Eine Aussetzung durch das Amt kommt daher nicht in Betracht, wenn es sich bei dem zeitlich früheren Verfahren vor dem Unionsmarkengericht nur um eine Verletzungsklage aus einer Unionsmarke handelt.

III. Maßgeblicher Zeitpunkt

20   Für die Frage, auf welches Verfahren die Aussetzungsregelung Anwendung findet, ist es erforder- lich festzustellen, welches Verfahren das erste und welches das nachfolgende ist.

1. Erstes Verfahren

21   Für die Bestimmung des maßgeblichen Zeitpunktes des ersten Verfahrens der Widerklage vor dem Unionsmarkengericht kommt es auf die **Erhebung der Widerklage,** nicht jedoch auf die Erhebung der Verletzungsklage an. Der Zeitpunkt der Erhebung der Widerklage bestimmt sich nach **Art. 32 Brüssel Ia-VO** (→ Rn. 11). Maßgeblich ist somit grundsätzlich der Zeitpunkt der Einreichung der Widerklage bei Gericht (aA LG Mannheim BeckRS 2011, 139405, wonach auf den Zeitpunkt der Zustellung abzustellen sei; Eisenführ/Schennen/Schennen Rn. 14).

2. Zweites Verfahren

22   Für die Bestimmung des maßgeblichen Zeitpunkts des zweiten Verfahrens vor dem Amt kommt es auf den **Tag der Antragstellung** an, wobei der Antrag beim Amt erst dann als gestellt gilt, wenn die **Gebühr gezahlt ist** (Art. 63 Abs. 2 S. 2, → Rn. 10.1, → Art. 63 Rn. 14 ff.). Die Norm bestimmt jedoch nicht, ob der Antrag bis dahin als schwebend wirksam oder schwebend unwirksam gestellt gilt (→ Rn. 10.1, → Art. 63 Rn. 14 ff.).

IV. Aussetzung von Amts wegen oder auf Antrag einer Partei

Das Amt kann das bei ihm anhängige Verfahren von Amts wegen aussetzen. Die Aussetzung **23** kann jedoch auch von einer Partei beantragt werden.

V. Anhörung der Parteien

Das Amt darf die Aussetzung nicht vornehmen, ohne zuvor die Parteien gehört zu haben. Die **24** Parteien haben hierdurch die Möglichkeit in dem Widerklageverfahren vor dem Unionsmarkenge-richt die Aussetzung des dort anhängigen Verfahrens durch das Unionsmarkengericht nach Abs. 2 S. 2 zu beantragen, sofern die beantragende Partei dort ebenfalls Partei ist.

VI. Besondere Fortsetzungsgründe

Das Amt setzt das Verfahren nicht aus, wenn besondere Gründe vorliegen, die für eine Fortset- **25** zung sprechen. Das Amt ist somit nicht gezwungen, die Aussetzung in jedem Fall vorzunehmen, sondern kann im Wege der Ermessensentscheidung den Gegebenheiten des Einzelfalls Rechnung tragen. Wie der Begriff der „besonderen Gründe" auszulegen ist, ist durch die Rechtsprechung noch nicht abschließend geklärt (zu Abs. 1 → Rn. 16).

Folgende Gründe könnten für die Fortsetzung und gegen die Aussetzung des Verfahrens spre- **26** chen:
- Das erste Verfahren hat keine Aussicht auf Erfolg; kann ein Erfolg jedoch nicht definitiv ausge-schlossen werden, so kommt eine Fortsetzung nicht in Betracht.
- Das erste Verfahren ist auf die Erklärung des Verfalls (mit Wirkung ex nunc), das zweite auf die Erklärung der Nichtigkeit (mit Wirkung ex tunc) gerichtet, nicht aber umgekehrt.
- Die Unionsmarke wird im ersten und zweiten Verfahren aufgrund unterschiedlicher älterer Rechte angegriffen.
- Das erste Verfahren hat lediglich die teilweise Erklärung des Verfalls oder der Nichtigkeit im Hinblick auf lediglich einen Teil der Waren oder Dienstleistungen, auf die sich der Verfalls- oder Nichtigkeitsantrag des zweiten Verfahrens vor dem Amt stützt, zum Gegenstand.
- Das erste Verfahren ist lediglich auf die teilweise Erklärung des Verfalls oder der Nichtigkeit im Hinblick auf Waren oder Dienstleistungen, auf die sich der Verfalls- oder Nichtigkeitsantrag des zweiten Verfahrens nicht stützt, gerichtet.

VII. Aussetzung durch das Unionsmarkengericht statt des Amtes

Eine Partei des vor dem Unionsmarkengericht anhängigen ersten Verfahrens kann beantragen, **27** dass statt des Amtes das Unionsmarkengericht das bei ihm anhängige Verfahren aussetzt (Abs. 2). Hat der Beklagte des Verletzungsverfahrens Widerklage erhoben und im Anschluss einen Verfalls- oder Nichtigkeitsantrag vor dem Amt gestellt und schätzt er seine Erfolgsaussichten vor dem Amt größer ein, so kann es in seinem Interesse liegen, dass nicht das Unionsmarkengericht, sondern das Amt verbindlich über die Rechtsgültigkeit der Unionsmarke entscheidet. Gleiches gilt im umgekehrten Fall für den Verletzungskläger.

Das **Unionsmarkengericht kann das Verfahren auf Antrag einer Partei aussetzen.** Die **28** Entscheidung über die Aussetzung steht im Ermessen des Unionsmarkengerichts. Vor der Ent-scheidung über die Aussetzung muss das Unionsmarkengericht die jeweils andere Partei anhören.

Setzt das Unionsmarkengericht das Verfahren aus, so setzt das Amt das bei ihm anhängige **29** Verfahren fort (Abs. 2 S. 3).

D. Information über andere Verfahren

Das Unionsmarkengericht bzw. das Amt können von der Aussetzungsmöglichkeit nur dann **30** Gebrauch machen, wenn sie über das jeweils andere Verfahren informiert sind.

I. Mitteilungspflichten des Unionsmarkengerichts

Das Unionsmarkengericht ist nach Art. 128 Abs. 4 (→ Art. 128 Rn. 44) verpflichtet, dem Amt **31** den Tag der Erhebung der Widerklage mitzuteilen und diesem unverzüglich eine Ausfertigung der rechtskräftigen Entscheidung über die Widerklage zustellen (→ Art. 128 Rn. 45).

II. Mitteilungspflichten des Amtes

32   Das Amt ist nach Art. 128 Abs. 4 S. 2, Art. 111 Abs. 3 lit. n verpflichtet, den **Tag der Erhebung der Widerklage** (→ Art. 128 Rn. 47), sowie nach Art. 128 Abs. 6 S. 3, Art. 111 Abs. 3 lit. o den **Tag und den Inhalt der rechtskräftigen Entscheidung über die Widerklage im Register für Unionsmarken einzutragen** (→ Art. 128 Rn. 47). Wird beim Amt ein Verfalls- oder Nichtigkeitsantrag gestellt, so ist das Amt nach Art. 111 Abs. 3 lit. n verpflichtet, den Tag der Stellung des Antrags und nach Art. 64 Abs. 6, Art. 111 Abs. 3 lit. o verpflichtet, den Tag und den Inhalt der Entscheidung über den Antrag im Register für Unionsmarken einzutragen. Nach Art. 128 Abs. 4 S. 3 (→ Art. 128 Rn. 48) ist das Amt ferner verpflichtet, **das Unionsmarkengericht,** welches das Amt zuvor über die Erhebung einer Widerklage informiert hat, seinerseits davon **zu unterrichten,** dass bei ihm vor Erhebung der Widerklage **bereits ein Antrag auf Erklärung des Verfalls oder der Nichtigkeit der Unionsmarke eingereicht worden ist.** Nach Art. 111 Abs. 6 ist das Amt ferner verpflichtet, den Inhaber der Unionsmarke über jede Änderung im Register zu informieren.

III. Einsicht in das Unionsmarkenregister

33   Durch die Eintragung ins Register für Unionsmarken ist sowohl für die Unionsmarkengerichte als auch für das Amt und die Parteien eines Verfahrens die Möglichkeit eröffnet, von einer bereits bei einem anderen Unionsmarkengericht anhängigen Widerklage oder einem beim Amt anhängigen Verfalls- oder Nichtigkeitsantrag Kenntnis zu erlangen und von der Aussetzungsregelung des Art. 132 Gebrauch zu machen.

34   Es stellt sich die Frage, ob das Unionsmarkengericht und das Amt von Amts wegen verpflichtet sind, nach Eingang der Klage bzw. nach Eingang des Verfalls- oder Nichtigkeitsantrags und vor einer Entscheidung durch Einsichtnahme in das Unionsmarkenregister bzw. durch Einsicht in die Akte der Unionsmarke beim Amt nach Art. 117 iVm Art. 114 zu prüfen, ob die Rechtsgültigkeit der Unionsmarke nicht bereits zu einem früheren Zeitpunkt in einem anderen Verfahren vor einem Unionsmarkengericht oder dem Amt angegriffen worden ist. Hierfür spricht, dass das Unionsmarkengericht und das Amt über die Aussetzung des jeweiligen Verfahrens von Amts wegen zu entscheiden haben, ferner die Mitteilungspflichten des Unionsmarkengerichts und des Amtes sowie die Einsichtsmöglichkeiten in das Register.

34.1   Für das Amt folgt dies auch daraus, dass der Verfalls- oder Nichtigkeitsantrag nach Art. 63 Abs. 3 (→ Art. 63 Rn. 52 ff.) unzulässig ist, wenn das Gericht eines Mitgliedstaates über einen Antrag wegen desselben Anspruchs zwischen denselben Parteien bereits rechtskräftig entschieden hat. Das Amt hat somit in der Prüfung der Zulässigkeit des Antrags nach Art. 64 zu überprüfen, ob nicht bereits eine rechtskräftige Entscheidung eines Unionsmarkengerichtes zur Rechtsgültigkeit der Unionsmarke vorliegt.

34.2   Für das Unionsmarkengericht resultiert diese Pflicht ferner daraus, dass es nach Art. 128 Abs. 2 eine Widerklage auf Erklärung des Verfalls oder der Nichtigkeit abzuweisen hat, wenn das Amt über einen Antrag wegen desselben Anspruchs zwischen denselben Parteien bereits eine unanfechtbar gewordene Entscheidung erlassen hat (→ Art. 128 Rn. 1 ff.).

35   Nunmehr sieht **Art. 128 Abs. 4 wechselseitige Informationspflichten des Unionsmarkengerichts** (→ Art. 128 Rn. 44) **und des Amtes** (→ Art. 128 Rn. 55) über den Tag der Erhebung einer Widerklage und über die Einreichung eines Antrags auf Erklärung des Verfalls oder der Nichtigkeit der Unionsmarke vor Erhebung der Widerklage vor. Gemäß Art. 128 Abs. 4 soll das Unionsmarkengericht zukünftig keine Prüfung der Widerklage vornehmen, wenn das Amt nicht zuvor über den Tag der Erhebung der Widerklage informiert worden ist. Diese Information des Amtes kann sowohl durch das Unionsmarkengericht, als auch die betroffene Partei erfolgen. Wurde vor Erhebung der Widerklage beim Amt bereits ein Antrag auf Erklärung des Verfalls oder Nichtigkeit der Unionsmarke gestellt, ist auch das Amt verpflichtet, das Unionsmarkengericht hierüber zu informieren. Zudem ist dem Amt eine Ausfertigung der rechtskräftigen Entscheidung des Unionsmarkengerichts unverzüglich entweder durch das Unionsmarkengericht oder eine der Parteien des nationalen Verfahrens zuzustellen (→ Art. 128 Rn. 45). Sowohl das Amt als auch jede andere betroffene Partei können nähere Auskünfte anfordern (→ Art. 128 Rn. 46).

E. Einstweilige Maßnahmen für die Dauer der Aussetzung

I. Allgemeines

Abs. 3 bestimmt, dass das Unionsmarkengericht für die Dauer der Aussetzung des Verfahrens **36** einstweilige Maßnahmen einschließlich Sicherungsmaßnahmen treffen kann. **Zweck der Regelung** des Abs. 3 ist es, **aussetzungsspezifische Nachteile auszugleichen.**

Bei Art. 132 Abs. 3 handelt es sich um **eine autonom in der UMV geregelte Verfahrensvor- 37 schrift.** Das jeweilige **nationale Verfahrensrecht ist** nach Art. 129 Abs. 1 insoweit **nicht anwendbar** (so auch Hildebrandt/Sosnitza/Hildebrandt Rn. 19). Daher kommt es **für die Zulässigkeit der Anordnung einstweiliger Maßnahmen** nicht darauf an, ob solche nach dem jeweiligen nationalen Verfahrensrecht für die Dauer der Aussetzung eines Verfahrens ebenfalls vorgesehen sind (vgl. OLG Düsseldorf BeckRS 2015, 09732 Rn. 6 – ANNA-PURNA = GRUR-Prax 2015, 279 (Ritlewski); Grüger GRUR-Prax 2017, 247 (249); aA Ingerl/Rohnke, 3. Aufl. 2010, MarkenG § 125e Rn. 54). **Art. 132 Abs. 3 regelt jedoch nicht, welche Maßnahmen** angeordnet werden können. **Insoweit** ist nach Art. 129 Abs. 3 das jeweilige **nationale Verfahrensrecht anzuwenden** (so auch Hildebrandt/Sosnitza/Hildebrandt Rn. 19).

Das Unionsmarkengericht kann die einstweiligen Maßnahmen einschließlich Sicherungsmaß- **38** nahmen **von Amts wegen anordnen.** Eines Antrags des Unionsmarkeninhabers bedarf es hierfür nicht (so auch Hildebrandt/Sosnitza/Hildebrandt Rn. 19; aA Ingerl/Rohnke, 3. Aufl. 2010, MarkenG § 125e Rn. 54). Die Entscheidung, ob einstweilige Maßnahmen angeordnet werden, liegt **im Ermessen des Unionsmarkengerichts** (Hildebrandt/Sosnitza/Hildebrandt Rn. 20). Hierbei wird es im Hinblick auf die Notwendigkeit der Maßnahmen die jeweiligen Umstände des Einzelfalls zu berücksichtigen haben.

II. Abgrenzung Art. 132 Abs. 3 und Art. 131

Art. 131 findet im Rahmen des Art. 132 Abs. 3 keine Anwendung. Vielmehr stehen **39** Art. 132 Abs. 3 und Art. 131 **selbständig nebeneinander.** Art. 132 Abs. 3 enthält zum einen keinen Verweis auf Art. 131. Zum anderen **regeln beide unterschiedliche Fallkonstellationen.** Art. 132 Abs. 3 ermächtigt die Unionsmarkengerichte **zum Ausgleich aussetzungsspezifischer Nachteile** von Amts wegen einstweilige Maßnahmen einschließlich Sicherungsmaßnahmen anzuordnen. Art. 131 hingegen regelt das Recht des Unionsmarkeninhabers bzw. des Inhabers einer Unionsmarkenanmeldung den Erlass einstweiliger Maßnahmen zu beantragen und ordnet insoweit eine verfahrensrechtliche Gleichbehandlung von Unionsmarken bzw. Unionsmarkenanmeldungen mit nationalen Marken in dem jeweiligen Forum-Staat an (im Einzelnen → Art. 131 Rn. 21 ff.).

III. Zulässigkeit einstweiliger Maßnahmen

Abs. 3 erklärt die Anordnung einstweiliger Maßnahmen für die Dauer der Aussetzung des **40** Verfahrens für zulässig. **Abs. 3 regelt jedoch nicht, nach welchen Kriterien das Unionsmarkengericht zu entscheiden hat, ob es einstweilige Maßnahmen anordnet** und **welche Maßnahmen getroffen werden können.** Insoweit ist nach Art. 129 Abs. 3 das jeweilige nationale Verfahrensrecht anzuwenden, in Verfahren vor einem deutschen Unionsmarkengericht die §§ 935, 940 ZPO.

In **Verfahren vor einem deutschen Unionsmarkengericht** stellt sich die **Frage der sog. 41 Dringlichkeit bzw. des Verfügungsgrundes.**

Nach der deutschen Rechtsprechung in Markenstreitsachen gilt für den Erlass einer einstweiligen **41.1** Verfügung eine kurze Dringlichkeitsfrist ab erstmaliger Erlangung der Kenntnis von Tat und Täter, bei deren Überschreitung im Zeitpunkt der Einreichung des Verfügungsantrags die Dringlichkeit verneint wird. Diese Dringlichkeitsfrist variiert je nach Oberlandesgericht von ein bis zu zwei Monaten. In § 140 Abs. 3 MarkenG wurde eine widerlegbare Dringlichkeitsvermutung eingeführt.

Die für die Beantragung einer einstweiligen Verfügung für den Markeninhaber nach deutschem **42** Recht geltende Dringlichkeitsfrist ist im Zeitpunkt der Aussetzung des Verfahrens durch das Unionsmarkengericht regelmäßig überschritten. Würde man für die Zulässigkeit einstweiliger Maßnahmen im Rahmen des Abs. 3 zur Feststellung des Verfügungsgrundes auch auf den Zeitpunkt der Kenntnis des Anspruchstellers von der Markenverletzung und dem Verletzer abstellen, so käme die Anordnung einstweiliger Maßnahmen durch das Unionsmarkengericht mangels Dringlichkeit regelmäßig nicht mehr in Betracht (so Ingerl/Rohnke, 3. Aufl. 2010, MarkenG

§ 125e Rn. 54). Dies hätte zur Konsequenz, dass die Regelung des Abs. 3 für deutsche Verfahren leerlaufen würde.

43 Die **Rechtsprechung zur Dringlichkeit von Verfügungsanträgen des Markeninhabers ist jedoch auf den Fall des Abs. 3 nicht anwendbar,** denn es handelt sich um nicht miteinander vergleichbare Fallkonstellationen. Der Rechtsprechung zur Dringlichkeit von Verfügungsanträgen liegt die Erwägung zugrunde, dass der Antragsteller sich nach Verstreichen lassen eines gewissen Zeitraums entgegenhalten muss, dass er seine Ansprüche selber nicht zügig weiterverfolgt hat und die Angelegenheit aus diesem Grunde daher nicht mehr als dringlich angesehen werden kann. Aus diesem Grunde ist die Anordnung von Eilmaßnahmen auf Antrag des Markeninhabers nicht mehr gerechtfertigt. Diese Erwägung greift jedoch im Fall der Aussetzung des Verfahrens durch das Unionsmarkengericht nicht, da es sich um eine gänzlich andere Verfahrenssituation handelt. Abs. 3 betrifft nicht den herkömmlichen Fall, dass der Anspruchsteller eine einstweilige Maßnahme beantragt. Es geht nicht darum, zu prüfen, ob der Unionsmarkeninhaber seine Rechte zügig durchgesetzt hat oder nicht. Vielmehr geht es in der Verfahrenssituation des Abs. 3 einzig darum, die Nachteile, die dem Unionsmarkeninhaber durch die Aussetzungsentscheidung des Unionsmarkengerichts entstehen, durch von Amts wegen anzuordnende einstweilige Maßnahmen auszugleichen.

44 Für die Frage, ob ein Verfügungsgrund im Fall der Anordnung von einstweiligen Maßnahmen nach Abs. 3 vorliegt, ist daher nicht wie im Fall der Dringlichkeit bei Verfügungsanträgen auf den abgelaufenen Zeitraum zwischen der Kenntnis des Anspruchstellers von der Markenverletzung und dem Täter sowie der Einreichung des Antrags abzustellen, sondern allein darauf, ob im Zeitpunkt der Aussetzung des Verfahrens durch das Unionsmarkengericht eine **einstweilige Maßnahme nach den §§ 935, 940 ZPO zur Abwendung wesentlicher Nachteile oder aus anderen Gründen notwendig erscheint.**

45 Eine einstweilige Verfügung kann nach den §§ 935, 940 ZPO dann ergehen, wenn zu besorgen ist, dass durch eine Veränderung des bestehenden Zustandes die Verwirklichung des Rechts einer Partei vereitelt oder erschwert werden könnte oder wenn eine (einstweilige) Regelung zur Abwendung wesentlicher Nachteile oder zur Verhinderung drohender Gewalt oder aus anderen Gründen nötig erscheint. Ob ein Verfügungsgrund vorliegt, ist aus objektiver Sicht eines verständigen, gewissenhaft prüfenden Dritten zu beurteilen (BeckOK ZPO/Mayer ZPO § 935 Rn. 11). Keine Dringlichkeit liegt vor, wenn dem Antragsteller im Falle seiner Verweisung auf das Hauptsacheverfahren keine Nachteile drohen. Wann diese Voraussetzungen vorliegen, bestimmt sich nach den Umständen des Einzelfalls. Bestimmte „Dringlichkeitsfristen" sind keine genannt. Die Anordnung einstweiliger Maßnahmen durch ein deutsches Unionsmarkengericht für die Dauer der Aussetzung des Verfahrens erfordert somit nach Art. 132 Abs. 3, Art. 129 Abs. 3 iVm §§ 935, 940 ZPO lediglich, dass der Erlass der einstweiligen Maßnahme zur Abwendung wesentlicher Nachteile oder aus anderen Gründen notwendig ist. Die Anordnung einstweiliger Maßnahmen ohne das Vorliegen einer „Dringlichkeit" im herkömmlichen Sinne der deutschen Markenrechtsrechtsprechung ist somit auch konform mit den deutschen verfahrensrechtlichen Voraussetzungen für den Erlass einstweiliger Maßnahmen nach den §§ 935, 940 ZPO.

IV. Notwendigkeit einstweiliger Maßnahmen

46 **Abs. 3 bezweckt, aussetzungsspezifische Nachteile auszugleichen.** Nach den §§ 935, 940 ZPO können einstweilige Maßnahmen angeordnet werden, wenn sie zur Abwendung wesentlicher Nachteile oder aus anderen Gründen notwendig sind. Ein deutsches Unionsmarkengericht wird daher zu prüfen haben, ob und welche Maßnahmen zum Ausgleich aussetzungsspezifischer Nachteile notwendig sind.

47 Wird das **Verfahren in erster Instanz ausgesetzt,** wird das Unionsmarkengericht bei seiner Entscheidung über die Notwendigkeit einstweiliger Maßnahmen einschließlich Sicherungsmaßnahmen zu berücksichtigen haben, dass der Kläger bei Nichtaussetzung des Verfahrens und Erlass eines der Klage stattgebenden Urteils aus diesem bereits vollstrecken und so weitere Schäden durch Unterbindung der Fortsetzung der Verletzungshandlungen verhindern könnte. Diese Möglichkeit wird ihm durch die Aussetzung des Verfahrens auf unbestimmte Zeit genommen. Solche aussetzungsspezifischen Nachteile kann das Unionsmarkengericht durch geeignete Maßnahmen ausgleichen. Erfolgt die **Aussetzung des Verfahrens in der Berufungsinstanz** und ist **zu Gunsten des Klägers bereits ein erstinstanzliches Urteil ergangen,** aus dem der Kläger vorläufig vollstrecken kann, so wird für die Anordnung einstweiliger Maßnahmen regelmäßig keine Notwendigkeit bestehen.

Folgende Umstände könnten für eine einstweilige Maßnahme sprechen: 48
- lange Verfahrensdauer vor dem Amt;
- erhebliche Schäden, die der Kläger infolge fortdauernder Verletzungshandlungen durch den Beklagten während der Aussetzung des Verfahrens erleidet, ohne die Möglichkeit aus einem erstinstanzlichen Urteil vorläufig zu vollstrecken;
- hohe Wahrscheinlichkeit, dass das Verfahren vor dem Amt erfolglos und die Klage erfolgreich ist.

V. Arten einstweiliger Maßnahmen und Sicherungsmaßnahmen

Die Maßnahmen, die das Unionsmarkengericht treffen kann, regelt Abs. 3 im Einzelnen nicht. 49 Vielmehr spricht Abs. 3 lediglich allgemein von einstweiligen Maßnahmen einschließlich Sicherungsmaßnahmen. Insoweit kommen über Art. 129 Abs. 3 **die jeweiligen nationalen Verfahrensvorschriften des Forum-Staates** zur Anwendung, **in Deutschland die §§ 916 ff. ZPO**. In Betracht kommen hiernach Arrestmaßnahmen, Sicherungs-, Regelungs- und Leistungsverfügungen.

1. Unterlassungsanspruch

Hinsichtlich des Unterlassungsanspruchs kommt eine Regelungsverfügung in Betracht, wonach 50 dem Beklagten bestimmte Handlungen verboten werden. Diese kommt insbesondere dann in Betracht, wenn dem Kläger infolge fortdauernder Verletzungshandlungen während der Aussetzung des Verfahrens erhebliche Schäden drohen, die auch durch Zahlung von Schadensersatz nicht im erforderlichen Umfang abzugelten sind oder wenn die Durchsetzung von Schadensersatzansprüchen gegen den Beklagten als nicht aussichtsreich erscheint.

2. Auskunftsanspruch

Die Verpflichtung zur Erteilung von Auskunft kann auch nach den §§ 935–945 ZPO angeordnet werden. Allerdings ist in § 19 Abs. 7 MarkenG eine solche Anordnung nur in Fällen offensichtlicher Rechtsverletzung vorgesehen (→ MarkenG § 19 Rn. 42), die im Fall der Aussetzung des Verfahrens nach Art. 132 Abs. 3 regelmäßig nicht gegeben ist. 51

3. Schadensersatzanspruch

Zur Absicherung von Schadensersatzansprüchen kommt ein Arrest nach § 916 ZPO mit 52 Abwendungsbefugnis durch Hinterlegung einer Sicherheit in Betracht.

4. Vernichtungsanspruch

Hinsichtlich der Sicherung von Vernichtungsansprüchen kommt die Sequestration bzw. Verwahrung der potentiell rechtsverletzenden Gegenstände durch einen Gerichtsvollzieher in Betracht. Eine Notwendigkeit hierfür kann insbesondere dann vorliegen, wenn zu befürchten steht, dass der Beklagte die betreffenden Gegenstände beiseiteschafft, um sie dem Zugriff des Unionsmarkeninhabers zu entziehen. 53

5. Kostenerstattungsanspruch

Zur Absicherung von Kostenerstattungsansprüchen kommt ein Arrest nach § 916 ZPO mit 54 Abwendungsbefugnis durch Hinterlegung einer Sicherheit in Betracht. Hat der Kläger jedoch zu seinen Gunsten bereits ein erstinstanzliches Urteil erstritten, kann er nach §§ 103, 104 ZPO den Erlass eines Kostenfestsetzungsbeschlusses beantragen aus dem er dann nach § 720a ZPO die Sicherungsvollstreckung betreiben kann. Der Anordnung einstweiliger Maßnahmen durch das Unionsmarkengericht bedarf es in diesem Fall nicht.

F. Aussetzungsmöglichkeit des Unionsmarkengerichts im Hinblick auf ein zeitlich späteres Löschungsverfahren vor dem Amt ohne Löschungswiderklage

Art. 132 sieht für den Fall, dass der Beklagte **keine Löschungswiderklage** erhoben hat und 55 **nach Erhebung der Verletzungsklage beim Amt ein Antrag auf Löschung der Unionsmarke** eingereicht wird, **keine Aussetzungsmöglichkeit des Unionsmarkengerichts vor.** Das Unionsmarkengericht kann, obwohl das bei ihm anhängige Verfahren das zeitlich frühere ist, das Verfahren nur dann im Hinblick auf den zeitlich später beim Amt eingereichten Löschungsantrag nach Abs. 2 S. 2 aussetzen, wenn der Beklagte die Unionsmarke zuvor durch eine Löschungswiderklage nach Art. 128 Abs. 1 angegriffen hat. Es stellt sich daher die **Frage, ob das Unionsmarkengericht das Verletzungsverfahren** auch dann im Hinblick auf einen zeitlich später beim Amt eingereichten Löschungsantrag **aussetzten kann, wenn der Beklagte keine Löschungswiderklage nach Art. 128 Abs. 1 erhoben hat.**

55.1   Einer Aussetzungsmöglichkeit in diesen Fällen könnte Art. 127 Abs. 1 entgegenstehen, wonach die Unionsmarkengerichte von der Rechtsgültigkeit der Unionsmarke auszugehen haben, sofern diese nicht durch den Beklagten mit einer Löschungswiderklage nach Art. 128 Abs. 1 angefochten wurde (→ Art. 127 Rn. 3). Hiergegen spricht jedoch, dass Art. 132 Abs. 1 dem Unionsmarkengericht auch dann eine Aussetzungsmöglichkeit im Hinblick auf ein zeitlich früheres Löschungsverfahren vor dem Amt gewährt, wenn der Beklagte die Unionsmarke nicht im Wege der Löschungswiderklage angefochten hat. Auch in diesem Fall ist das Unionsmarkengericht nicht aufgrund Art. 127 Abs. 1 gezwungen, das Verletzungsverfahren fortzusetzen. Zudem handelt es sich bei Art. 127 Abs. 1 um eine materiell-rechtliche Regelung, wohingegen es sich bei der Aussetzung des Verfahrens um eine verfahrensrechtliche Fragestellung handelt.

56   Als Aussetzungsmöglichkeit für das Unionsmarkengericht kommt eine **unionsrechtliche Lösung durch analoge Anwendung des Art. 132 Abs. 2 S. 2,** des **Art. 128 Abs. 7 S. 3** oder eine **nationale Lösung** durch Anwendung der jeweiligen nationalen Aussetzungsregelungen in Betracht (vgl. Grüger GRUR-Prax 2017, 247 (249)).

I. Art. 132 Abs. 2 S. 2 bzw. Art. 128 Abs. 7 S. 3 analog

57   Für die Möglichkeit, das Verfahren vor dem Unionsmarkengericht zugunsten des Verfahrens vor dem Amt durch eine analoge Anwendung des Art. 132 Abs. 2 S. 2 auszusetzen, spricht, dass der Verordnungsgeber bereits durch die in den Art. 128 Abs. 7 und Art. 132 Abs. 2 S. 2 geregelten Aussetzungsmöglichkeiten eine **gewisse Bevorzugung des Verfahrens vor dem Amt** zum Ausdruck gebracht hat (Eisenführ/Schennen/Schennen Rn. 16). Diesen Regelungen liegt die gesetzgeberische Erwägung zugrunde, dass dem Amt wegen dessen besonderer Sachkunde für das Unionsmarkenrecht und dessen besonderer Stellung außerhalb der nationalen Gerichtsbarkeit eine zentrale Entscheidungskompetenz zustehen soll (vgl. v. Mühlendahl/Ohlgart Gemeinschaftsmarke § 27 Rn. 10; OLG Hamburg GRUR-RR 2003, 356 – TAE BO). Zudem beruhen die Verfahrensregelungen der UMV darauf, dass das Amt für die Unionsmarkengerichte verbindlich über die Eintragung von Unionsmarken entscheidet (Art. 127 Abs. 1; → Art. 127 Rn. 1, → Art. 127 Rn. 7) und diesem in erster Linie die Entscheidungskompetenz über den Bestand der Marke zukommt (OLG Hamburg GRUR-RR 2003, 356 – TAE BO). Durch analoge Anwendung des Art. 132 Abs. 2 S. 2 würde auch dem Ziel des Art. 123 ff. Rechnung getragen, uneinheitliche Entscheidungen von Amt und Unionsmarkengerichten zu vermeiden.

58   Das OLG Düsseldorf hat aus den vorgenannten Gründen anstelle einer analogen Anwendung von Art. 132 Abs. 2 S. 2 auch eine **analoge Anwendung von Art. 128 Abs. 7 S. 3** für möglich erachtet (OLG Düsseldorf BeckRS 2017, 114519 Rn. 11, 14 – Evolution).

II. Nationale Aussetzungsvorschriften

59   Lehnt man eine analoge Anwendung des Art. 132 Abs. 2 S. 2 ab, so würden – soweit vorhanden – über Art. 129 Abs. 3 die nationalen Aussetzungsregelungen des Forum-Staates Anwendung finden, **in Deutschland der § 148 ZPO.** Das OLG Düsseldorf befürwortet bei Anwendung der nationalen Aussetzungsvorschriften eine besondere Berücksichtigung der Wertungen der UMV, wonach sich ein gewisser Vorrang des Verfahrens vor dem Amt ergebe (OLG Düsseldorf BeckRS 2017, 114519 Rn. 14 – Evolution).

59.1   In dem Fall „TAE BO" (GRUR-RR 2003, 356) hat das OLG Hamburg das Klageverfahren wegen Verletzung einer Unionsmarke im Hinblick auf einen später vom Beklagten beim Amt eingereichten Löschungsantrag nach § 148 ZPO ausgesetzt. Zur Begründung hat das OLG Hamburg ausgeführt, § 148 ZPO komme über Art. 129 Abs. 3 zur Anwendung, da die Aussetzungsmöglichkeiten in der UMV nicht abschließend geregelt, der zu beurteilende Fall mit Art. 128 Abs. 7 (→ Art. 128 Rn. 57) vergleichbar und das Ziel der §§ 95 ff. MarkenG, uneinheitliche Entscheidungen von Amt und Unionsmarkengericht zu vermeiden, nicht gefährdet sei. Auch in der Entscheidung „The Home Depot/Bauhaus The Home Store" hat das OLG Hamburg die Aussetzungsvorschrift des § 148 ZPO für anwendbar erachtet, das Verfahren jedoch letztendlich nicht ausgesetzt, weil dem Löschungsverfahren vor dem Amt keine überwiegenden Erfolgsaussichten zukamen (OLG Hamburg GRUR-RR 2005, 251).

In einer zum Unionsgeschmacksmusterrecht ergangenen Entscheidung des BGH (GRUR 2012, 512 **59.2** Rn. 22 – Kinderwagen) hat dieser die Anwendbarkeit der Aussetzungsvorschrift des § 148 ZPO über Art. 88 Abs. 3 GGV bejaht, eine Aussetzung des Verfahrens jedoch im Hinblick auf den erst im Revisionsverfahren gestellten Nichtigkeitsantrag vor dem Amt unter Abwägung dessen Erfolgsaussichten und der mit der Aussetzung verbundenen Prozessverzögerung abgelehnt (zur Aussetzung eines nationalen markenrechtlichen Verletzungsverfahrens gemäß § 148 ZPO s. BGH GRUR 2015, 1201 Rn. 19 – Sparkassen-Rot/Santander-Rot).

Der unionsrechtlichen Lösung über eine analoge Anwendung des Art. 132 Abs. 2 S. 2 bzw. **60** des Art. 128 Abs. 7 ist gegenüber einer Anwendung des nationalen Verfahrensrechts der Vorzug zu geben, da im Hinblick auf voneinander abweichende nationale Verfahrensregelungen der Mitgliedstaaten eine unionsweit einheitliche Handhabung der Aussetzung nur durch eine analoge Anwendung der unionsrechtlichen Vorschriften möglich ist (OLG Düsseldorf BeckRS 2017, 114519 Rn. 11 – Evolution). Letztendlich wäre jedoch eine ausdrückliche Regelung durch den Verordnungsgeber wünschenswert.

III. Anwendbarkeit des Art. 132 Abs. 3 analog

Im Fall der analogen Anwendung des Art. 132 Abs. 2 S. 2 bzw. des Art. 128 Abs. 7 stünde **61** dem Unionsmarkengericht die Möglichkeit zur Verfügung, für die Dauer der Aussetzung nach Art. 132 Abs. 3 analog einstweilige Maßnahmen einschließlich Sicherungsmaßnahmen zu treffen (OLG Düsseldorf BeckRS 2017, 114519 Rn. 13 – Evolution).

Jedoch auch im Fall einer Aussetzung des Verfahrens aufgrund nationaler Aussetzungsregelungen **62** dürfte das Unionsmarkengericht von der Regelung des Art. 132 Abs. 3 analog Gebrauch machen können. Hierfür spricht, dass es im Ergebnis keinen Unterschied macht, ob die Verletzungsklage aufgrund unionsrechtlicher oder nationaler Vorschriften ausgesetzt wurde. Der Verordnungsgeber hat die Unionsmarkengerichte in allen in der UMV geregelten Fällen der Aussetzung des Verfahrens ermächtigt, einstweilige Maßnahmen einschließlich Sicherungsmaßnahmen zu treffen. Diese Ermächtigung muss den Unionsmarkengerichten auch dann zustehen, wenn sie das Verfahren nach ihren nationalen Aussetzungsvorschriften aussetzen.

Art. 133 Zuständigkeit der Unionsmarkengerichte zweiter Instanz; weitere Rechtsmittel

(1) Gegen Entscheidungen der Unionsmarkengerichte erster Instanz über Klagen und Widerklagen nach Artikel 124 findet die Berufung bei den Unionsmarkengerichten zweiter Instanz statt.

(2) Die Bedingungen für die Einlegung der Berufung bei einem Unionsmarkengericht zweiter Instanz richten sich nach dem nationalen Recht des Mitgliedstaats, in dem dieses Gericht seinen Sitz hat.

(3) Die nationalen Vorschriften über weitere Rechtsmittel sind auf Entscheidungen der Unionsmarkengerichte zweiter Instanz anwendbar.

Überblick

Art. 133 Abs. 1 sieht die Möglichkeit der Einlegung einer Berufung vor (→ Rn. 1). In Abs. 2 werden die Bedingungen für die Einlegung der Berufung geregelt (→ Rn. 2). Abs. 3 erklärt die nationalen Vorschriften über weitere Rechtsmittel gegen Entscheidungen der Unionsmarkengerichte zweiter Instanz für anwendbar (→ Rn. 5).

A. Berufung (Abs. 1)

Gegen Entscheidungen der Unionsmarkengerichte erster Instanz ist die Berufung das statthafte **1** Rechtsmittel. **Zuständig** für die Berufung sind die Unionsmarkengerichte zweiter Instanz. Die Unionsmarkengerichte zweiter Instanz werden in demselben Verfahren wie die Unionsmarkengerichte erster Instanz von den Mitgliedstaaten benannt (→ Art. 123 Rn. 3).

Missachtet ein Nicht-Unionsmarkengericht die Zuständigkeit nach Art. 124, so führt dieser **2** Umstand nicht dazu, dass das örtlich zuständige Unionsmarkengericht zweiter Instanz für die Berufung zuständig wird (OLG Hamm GRUR-RS 2020, 2153 Rn. 25). Art. 133 ist auf derartige Konstellationen nicht anwendbar, weil die erstinstanzliche Entscheidung nicht die eines Unionsmarkengerichts ist. Liegt ein Verweisungsantrag vor, muss die Berufungsinstanz das angefochtene Urteil des Nicht-Unionsmarkengerichts deshalb aufheben und nach § 281 Abs. 1 ZPO an das örtlich zuständige Unionsmarkengericht verweisen (OLG Hamm GRUR-RS 2020, 2153 Rn. 27 f.).

B. Berufungseinlegung (Abs. 2)

3   Gemäß Art. 133 Abs. 2 werden die Voraussetzungen der Einlegung der Berufung dem **nationalen Recht** der Mitgliedstaaten überlassen. In der Bundesrepublik Deutschland ist gemäß **§ 122 Abs. 2 MarkenG** Unionsmarkengericht das Oberlandesgericht, in dessen Bezirk das Unionsmarkengericht erster Instanz seinen Sitz hat. Daher sind die Oberlandesgerichte als Unionsmarkengerichte zweiter Instanz zuständig für die Entscheidung über die Berufung gegen Urteile der Landgerichte als Unionsmarkengerichte erster Instanz.

4   Im deutschen Recht ist die Berufung in §§ 511 ff. ZPO geregelt. Die **Frist** für die Einlegung der Berufung beträgt einen Monat und beginnt in der Regel mit Zustellung des Urteils (§ 517 ZPO). Die Frist wird durch rechtzeitigen Eingang der Berufung beim Berufungsgericht gewahrt (§ 519 Abs. 2 ZPO). Die **Form** der Berufungseinlegung ergibt sich aus § 519 Abs. 2 ZPO.

5   Anders als vor der ZPO-Reform 2002 stellt die Berufung keine volle zweite Tatsacheninstanz mehr dar, sondern dient vielmehr der Kontrolle erstinstanzlicher Verfahren und Entscheidungen (vgl. dazu §§ 529, 530, 531 ZPO).

C. Weitere Instanzen (Abs. 3)

6   Gemäß Art. 133 Abs. 3 sind die nationalen Vorschriften über weitere Rechtsmittel auf Entscheidungen der Unionsmarkengerichte zweite Instanz anwendbar. Daher besteht die Möglichkeit, dass Entscheidungen der Unionsmarkengerichte zweiter Instanz ebenfalls angefochten werden können, wenn das nationale Recht dies vorsieht.

7   In Deutschland sieht § 543 ZPO die Möglichkeit einer **Revision** vor.

Abschnitt 3. Sonstige Streitigkeiten über Unionsmarken

Art. 134 Ergänzende Vorschriften über die Zuständigkeit der nationalen Gerichte, die keine Unionsmarkengerichte sind

(1) Innerhalb des Mitgliedstaats, dessen Gerichte nach Artikel 122 Absatz 1 zuständig sind, sind andere als die in Artikel 124 genannten Klagen vor den Gerichten zu erheben, die örtlich und sachlich zuständig wären, wenn es sich um Klagen handeln würde, die eine in diesem Staat eingetragene nationale Marke betreffen.

(2) Ist nach Artikel 122 Absatz 1 und Absatz 1 des vorliegenden Artikels kein Gericht für die Entscheidung über andere als die in Artikel 124 genannten Klagen, die eine Unionsmarke betreffen, zuständig, so kann die Klage vor den Gerichten des Mitgliedstaats erhoben werden, in dem das Amt seinen Sitz hat.

Überblick

Art. 134 sieht ergänzende Zuständigkeitsregelungen für andere als die in Art. 124 genannten Klagen vor. Sachlich und örtlich zuständig sind die Gerichte, die bei vergleichbaren Klagen betreffend nationale Marken zuständig wären. Subsidiär ist die Zuständigkeit des Gerichts an dem Ort begründet, an dem das Amt seinen Sitz hat (→ Rn. 7).

A. Zuständigkeit nationaler Gerichte, die keine Unionsmarkengerichte sind

1   Art. 134 Abs. 1 begründet keine internationale Zuständigkeit. Diese richtet sich ausschließlich nach Art. 122 Abs. 1.

2   Art. 134 Abs. 1 enthält vielmehr ergänzende Regelungen zur Bestimmung der sachlichen und örtlichen Zuständigkeit nationaler Gerichte für die Klagen, die nicht in Art. 124 genannt sind.

3   Art. 124 regelt die **ausschließliche Zuständigkeit** der Unionsmarkengerichte für

- Klagen wegen Verletzung oder drohender Verletzung einer Unionsmarke,
- Klagen auf Feststellung der Nichtverletzung,
- Klagen auf angemessene Entschädigung,
- Widerklagen auf Erklärung des Verfalls oder der Nichtigkeit.

In Art. 134 Abs. 1 ist nicht geregelt, welche Klagen unter die „anderen als die in Art. 124 **4** genannten Klagen" fallen. Der direkte Verweis in Art. 134 Abs. 1 auf Art. 122 Abs. 1 stellt klar, dass es sich um Verfahren betreffend Unionsmarken und Anmeldungen von Unionsmarken handeln muss. Dieser Wortlaut wird auch in Art. 134 Abs. 2 („Klagen, die eine Unionsmarke betreffen") verwendet.

Bei den **„anderen Klagen"** iSd Art. 134 Abs. 1 kann es sich um folgende Klagen handeln: **5**
- Klage gegen den Verleger eines Wörterbuchs gemäß Art. 12 auf Aufnahme eines Hinweises, dass es sich um eine Marke handelt, wenn der Eindruck erweckt wird, es handele sich um eine Gattungsbezeichnung der Waren oder Dienstleistungen, für die sie eingetragen ist (→ Art. 12 Rn. 2);
- Klage auf Untersagung der Benutzung einer Agentenmarke gemäß Art. 13 (→ Art. 13 Rn. 2);
- Klagen im Zusammenhang mit der Erfüllung oder Nichterfüllung eines Lizenzvertrages;
- Klagen gestützt auf die vertragliche Übertragung einer Unionsmarke.

Art. 134 Abs. 1 sieht für die anderen als die in Art. 124 genannten Klagen vor, dass diejenigen **6** Gerichte eines Mitgliedstaats sachlich und örtlich **zuständig** sind, die auch für eine gleichartige Klage im Falle einer nationalen eingetragen Marke zuständig wären. Es erfolgt somit für die Bestimmung der sachlichen und örtlichen Zuständigkeit eine Gleichstellung der Unionsmarke mit der nationalen Marke.

B. Subsidiäre Zuständigkeit des Gerichts, an dem das Amt seinen Sitz hat

Kann auf Grundlage des Art. 122 Abs. 1 und des Art. 134 Abs. 1 keine Zuständigkeit eines **7** Gerichts begründet werden, so kann die Klage vor dem Gericht erhoben werden, an dem das Amt seinen Sitz hat. Derzeit hat Spanien nur ein Unionsmarkengericht benannt, dessen Sitz in Alicante ist (→ Art. 123 Rn. 27).

Art. 135 Bindung des nationalen Gerichts

Das nationale Gericht, vor dem eine nicht unter Artikel 124 fallende Klage betreffend eine Unionsmarke anhängig ist, hat von der Rechtsgültigkeit der Unionsmarke auszugehen.

Überblick

Art. 135 postuliert eine unwiderlegbare Vermutung der Rechtsgültigkeit von Unionsmarken in Klageverfahren vor nationalen Gerichten, bei denen es sich nicht um Klagen handelt, die unter Art. 124 fallen. Das nationale Gericht ist in solchen Klageverfahren in vollem Umfang an die Eintragungsentscheidung des Amtes gebunden.

A. Allgemeines

Art. 135 erfordert, dass es sich bei der vor einem nationalen Gericht anhängigen Klage nicht **1** um eine solche handelt, die unter Art. 124 (→ Art. 124 Rn. 1 f.) fällt. Unter Art. 124 fallen Klagen wegen Verletzung und drohender Verletzung einer Unionsmarke (→ Art. 124 Rn. 5, → Art. 124 Rn. 10), Klagen auf Feststellung der Nichtverletzung einer Unionsmarke (→ Art. 124 Rn. 14), Klagen auf angemessene Entschädigung nach Art. 11 Abs. 2 aus veröffentlichten Unionsmarkenanmeldungen (→ Art. 124 Rn. 16) sowie Löschungswiderklagen nach Art. 128 (→ Art. 124 Rn. 18, → Art. 128 Rn. 1 ff.). Alle anderen Klagen, die eine Unionsmarke betreffen, können auch vor nationalen Gerichten erhoben werden, bei denen es sich nicht um Unionsmarkengerichte handelt. Diese sind dann an die Eintragung der Unionsmarke nach Art. 135 gebunden. Die Zuständigkeit dieser Gerichte regelt Art. 134 (→ Art. 134 Rn. 1 ff.).

B. Nicht unter Art. 124 fallende Klagen

I. Autonom in der UMV geregelten Ansprüche

2   Bei den Klagen, die nicht unter Art. 124 fallen, handelt es sich zunächst um solche, mit denen die weiteren in der UMV autonom geregelten Ansprüche – mit Ausnahme der unter Art. 124 fallenden Verletzungsansprüche und Ansprüche auf angemessene Entschädigung – geltend gemacht werden. Dies sind die Folgenden:

- Art. 12 – Klage gegen den Verleger wegen Wiedergabe der Unionsmarke in Wörterbüchern (→ Art. 12 Rn. 1 ff.);
- Art. 13 – Klage gegen den untreuen Agenten auf Unterlassung der Benutzung der Agentenmarke (→ Art. 13 Rn. 1 ff.);
- Art. 21 – Klage gegen den untreuen Agenten auf Übertragung der Agentenmarke (→ Art. 21 Rn. 1);
- Art. 25 Abs. 2 – Klage des Unionsmarkeninhabers gegen seinen Lizenznehmer wegen Verletzung des Lizenzvertrages (→ Art. 25 Rn. 20 ff., → MarkenG § 30 Rn. 64 ff.); nicht jedoch Klagen, die eine inhaltliche Überschreitung der Lizenz betreffen; diese fallen als Verletzungsklage unter Art. 124 lit. a (→ Art. 124 Rn. 5).

II. Sonstige Klagen

3   Des Weiteren handelt es sich insbesondere um die folgenden Klagen:

- Schadensersatzklagen gegen den Unionsmarkeninhaber wegen ungerechtfertigter Schutzrechtsverwarnung;
- Feststellungsklagen auf Feststellung des Bestehens oder Nichtbestehens einer Lizenz an der Unionsmarke;
- Klagen aus Vertrag auf Übertragung einer Unionsmarke;
- Klagen auf Auseinandersetzung einer Bruchteilsgemeinschaft an einer Unionsmarke.

C. Bindungswirkung

4   Das nationale Gericht hat in den nicht unter Art. 124 (→ Art. 124 Rn. 1 f.) fallenden Klageverfahren von der **Rechtsgültigkeit der Unionsmarke auszugehen.** Das nationale Gericht darf somit nicht als Vorfrage prüfen, ob die Unionsmarke überhaupt rechtsbeständig ist. So kann zB der Lizenznehmer einer Unionsmarke gegenüber einer Klage auf Zahlung der Lizenz nicht einwenden, die Unionsmarke sei schutzunfähig oder verfallen. Gleiches gilt etwa auch bei der Klage auf Übertragung einer Unionsmarke.

5   **Nicht vom Anwendungsbereich des Art. 135 umfasst** sind **Klagen aus älteren nationalen Rechten auf Untersagung der Benutzung einer Unionsmarke.** Insoweit gilt der **Grundsatz der Koexistenz von nationalem und Unionsmarkenrecht** (vgl. Erwägungsgrund 6) sowie der **Grundsatz der Priorität,** der als ein allgemeingültiges Prinzip des europäischen Kennzeichenrechts Geltung beansprucht (vgl. Fezer MarkenG § 6 Rn. 3). Dies gilt unabhängig davon, dass die Regelungen der Art. 137 (→ Art. 137 Rn. 1 ff.) und Art. 138 (→ Art. 138 Rn. 1 f.) ausdrücklich klarstellen, dass die UMV das nach nationalen Rechtsordnungen bestehende Recht, die Benutzung der jüngeren Unionsmarke zu untersagen, unberührt lässt. Dies ist nunmehr auch in Art. 9 Abs. 2 und 4 klargestellt.

5.1   Die Klarstellungen in Art. 137 Abs. 1 und Art. 138 Abs. 1 sind anders als in der GGV lediglich im Hinblick auf die in Art. 137 S. 2 und Art. 138 Abs. 2 und 3 angeordnete Einschränkung der Geltendmachung von Ansprüchen aus älteren nationalen Rechten wegen Verwirkung infolge fünfjähriger Duldung erforderlich (vgl. Ruhl, 2. Aufl. 2010, GGV Art. 79 Rn. 49 Fn. 58).

6   Hierdurch wird auch nicht die Verteilung der Zuständigkeiten zwischen den Gerichten und dem Amt verändert, etwa weil durch die Untersagung der Benutzung der Unionsmarke diese „mittelbar" für ungültig erklärt würde. Verletzungsklagen und Anträge auf Nichtigerklärung unterscheiden sich in ihrem Gegenstand und ihren Wirkungen voneinander (zur GGV vgl. EuGH C-488/10, GRUR 2012, 510 Rn. 50 – Cegasa/PROIN). Die **Verletzungsklage aus einer älteren nationalen Marke gegen eine jüngere Unionsmarke** greift nicht den Rechtsbestand der Unionsmarke an, sondern wendet sich lediglich gegen deren Benutzung im Schutzland der älteren nationalen Marke.

7   **Der Inhaber eines nationalen älteren Rechts ist nicht aufgrund von Art. 107 gehalten, zuvor beim Amt die Löschung der jüngeren Unionsmarke zu betreiben** (vgl. EuGH C-

491/14, GRUR 2015, 683 Rn. 20 ff. – Rosa dels Vents/U Hostels; C-561/11, GRUR 2013, 516 Rn. 32 ff. – FCI/FCIPPR). Für die Frage des Bestehens von Ansprüchen wegen Verletzung nationaler älterer Rechte ist es zudem irrelevant, ob der Verletzer Inhaber einer entsprechenden Unionsmarke ist, da diese kein Recht zur Verletzung älterer nationaler Rechte Dritter gewährt. Bei der Frage, ob die Unionsmarke rechtsbeständig ist oder nicht, handelt es sich somit im Verfahren wegen Verletzung eines nationalen älteren Rechts nicht um eine relevante Vorfrage.

Kapitel XI. Auswirkungen auf das Recht der Mitgliedstaaten

Abschnitt 1. Zivilrechtliche Klagen aufgrund mehrerer Marken

Art. 136 Gleichzeitige und aufeinander folgende Klagen aus Unionsmarken und aus nationalen Marken

(1) Werden Verletzungsklagen zwischen denselben Parteien wegen derselben Handlungen bei Gerichten verschiedener Mitgliedstaaten anhängig gemacht, von denen das eine Gericht wegen Verletzung einer Unionsmarke und das andere Gericht wegen Verletzung einer nationalen Marke angerufen wird,

a) so hat sich das später angerufene Gericht von Amts wegen zugunsten des zuerst angerufenen Gerichts für unzuständig zu erklären, wenn die betreffenden Marken identisch sind und für identische Waren oder Dienstleistungen gelten. Das Gericht, das sich für unzuständig zu erklären hätte, kann das Verfahren aussetzen, wenn der Mangel der Zuständigkeit des anderen Gerichts geltend gemacht wird;

b) so kann das später angerufene Gericht das Verfahren aussetzen, wenn die betreffenden Marken identisch sind und für ähnliche Waren oder Dienstleistungen gelten oder wenn sie ähnlich sind und für identische oder ähnliche Waren oder Dienstleistungen gelten.

(2) Das wegen Verletzung einer Unionsmarke angerufene Gericht weist die Klage ab, falls wegen derselben Handlungen zwischen denselben Parteien ein unanfechtbares Urteil in der Sache aufgrund einer identischen nationalen Marke für identische Waren oder Dienstleistungen ergangen ist.

(3) Das wegen Verletzung einer nationalen Marke angerufene Gericht weist die Klage ab, falls wegen derselben Handlungen zwischen denselben Parteien ein unanfechtbares Urteil in der Sache aufgrund einer identischen Unionsmarke für identische Waren oder Dienstleistungen ergangen ist.

(4) Die Absätze 1, 2 und 3 gelten nicht für einstweilige Maßnahmen einschließlich solcher, die auf eine Sicherung gerichtet sind.

Überblick

Art. 136 betrifft Verletzungsklagen, die zwischen denselben Parteien und wegen derselben Handlungen aus einer Unionsmarke einerseits und einer nationalen Marke andererseits bei Gerichten verschiedener Mitgliedstaaten erhoben werden (→ Rn. 4). Im Fall der Doppelidentität der Klagemarken und der für sie geschützten Waren-/Dienstleistungen sieht Art. 136 Abs. 1 lit. a die Aussetzung des Verfahrens durch das später angerufene Gericht vor (→ Rn. 23). Im Fall der Ähnlichkeit der Klagemarken und/oder Waren-Dienstleistungen hat das später angerufene Gericht nach Art. 136 Abs. 1 lit. b die Möglichkeit das Verfahren auszusetzen (→ Rn. 27). Ist im Fall der Doppelidentität bereits ein rechtskräftiges Urteil ergangen, so hat das später angerufene Gericht nach Art. 136 Abs. 2 und 3 die Verletzungsklage abzuweisen (→ Rn. 24). Keine Anwendung finden die Regelungen des Art. 136 Abs. 1–3 jedoch auf einstweilige Maßnahmen, einschließlich Sicherungsmaßnahmen (Art. 136 Abs. 4; → Rn. 6).

Übersicht

A. Allgemeines

Die Vorschrift dient der **Klagekonzentration** und **Verhinderung böswilliger oder schika- 1 nöser Klagen.** Art. 136 will verhindern, dass gegen den Beklagten wegen derselben Handlungen missbräuchlich **vor Gerichten verschiedener Mitgliedstaaten aus einer Unionsmarke einerseits und einer nationalen Marke andererseits, die identisch oder ähnlich sind,** Verletzungsklagen erhoben werden. Es handelt sich um eine Regelung der entgegenstehenden Rechtshängigkeit bzw. Rechtskraft. Der Markeninhaber soll veranlasst werden, inhaltsgleiche Unions- und nationale Marken in demselben Verfahren geltend zu machen (vgl. Eisenführ/Schennen/ Schennen Rn. 1).

Der Zweck der Bestimmung wird auch in der Gemeinsamen Erklärung im Ratsprotokoll Nr. B 23 zu **1.1** Art. 105 GMV (ABl. HABM 1996, 612; abgedruckt bei Fezer, Gemeinsame Erklärungen des Rates und der Kommission der Europäischen Gemeinschaften im Protokoll des Rates anlässlich der Annahme der Verordnung des Rates vom 20.12.1993 über die Unionsmarke) verdeutlicht, wonach die Aussetzungsentscheidung am Anfang des Verfahrens stehen und Art. 136 (Art. 109 UMV 2009) so angewendet werden soll, dass das Ziel der Vorschrift nicht durch eine „Differenzierung des Eigentums an den Marken umgangen" werden soll. Allerdings steht letzteres im Widerspruch dazu, dass es sich nach Art. 136 um dieselben Parteien handeln muss.

Der EuGH hat in seiner Entscheidung „Merck" (EuGH C-231/16, BeckRS 2017, 128380 **2** Rn. 32 f.) festgestellt, dass die mit Art. 136 Abs. 1 verfolgte Zielsetzung nach dem 17. Erwägungsgrund der UMV darin besteht, zu vermeiden, dass sich in Rechtsstreitigkeiten über denselben Tatbestand zwischen denselben Parteien voneinander abweichende Gerichtsurteile aus einer Unionsmarke und aus parallelen nationalen Marken ergeben. Diese Zielsetzung stimmte mit einem der Ziele der Brüssel Ia-VO überein, wonach gemäß des Erwägungsgrunds 15 Brüssel Ia-VO so weit wie möglich Parallelverfahren zu vermeiden sind, damit nicht in verschiedenen Mitgliedstaaten miteinander unvereinbare Entscheidungen ergehen. Der EuGH stellt daraufhin fest, dass die Voraussetzung des Vorliegens „derselben Handlungen" im Sinne von Art. 109 Abs. 1 in gleicher Weise auszulegen ist, wie der EuGH die Voraussetzung des Vorliegens von „Klagen wegen desselben Anspruchs" iSv Art. 27 Abs. 1 Brüssel Ia-VO ausgelegt hat (EuGH C-231/16, BeckRS 2017, 128380 Rn. 33 – Merck), so dass die Verletzungsklagen dieselbe Grundlage und denselben Gegenstand haben müssen (EuGH C-231/16, BeckRS 2017, 128380 Rn. 33, 34 f. – Merck).

Art. 136 differenziert danach, ob die Klagemarken identisch sind und für identische Waren **3** und/oder Dienstleistungen geschützt sind (**sog. Doppelidentität der Klagemarken**) oder ob die Klagemarken im Hinblick auf die Marke und die geschützten Waren/Dienstleistungen auf der einen Seite identisch und auf der anderen Seite ähnlich sind oder beiderseits nur Ähnlichkeit vorliegt (**sog. Ähnlichkeit der Klagemarken**). Art. 136 Abs. 1 lit. a, Abs. 2 und 3 betreffen den Fall der Doppelidentität der Klagemarken. Die Fälle der Ähnlichkeit der Klagemarken sind in Art. 136 Abs. 1 lit. b geregelt.

B. Abgrenzung

Art. 136 betrifft nur Verletzungsklagen, die zwischen **denselben Parteien** und wegen **dersel- 4 ben Handlungen** aus einer **Unionsmarke einerseits und einer nationalen Marke andererseits** bei Gerichten verschiedener Mitgliedstaaten erhoben werden. **Art. 136 betrifft nicht die folgenden Fälle:**

- Parallele oder aufeinanderfolgende **Klagen aus derselben oder aus identischen Unionsmarken** vor Gerichten verschiedener Mitgliedstaaten. Dies regeln die **Art. 29, 30 Brüssel Ia-VO.**
- Parallele oder aufeinanderfolgende Klagen aus **unterschiedlichen nationalen Marken.**
- Parallele oder aufeinanderfolgende Klagen aus identischen und/oder ähnlichen Unions- und nationalen Marken **in demselben Mitgliedstaat.**
- Verfahren, die Ansprüche aus eine Unionsmarke oder die Überprüfung der Rechtsgültigkeit der Unionsmarke **mit Wirkung erga-omnes** betreffen und zu denen zeitgleich Parallelverfahren anhängig sind, in denen über die Rechtsgültigkeit derselben Unionsmarke mit Wirkung erga-omnes wegen Verfalls oder Nichtigkeit zu entscheiden ist. Dies regelt **Art. 132** (→ Art. 132

Rn. 1 ff.) bzw. **Art. 128 Abs. 2** (→ Art. 128 Rn. 52) und **Art. 128 Abs. 4** (→ Art. 128 Rn. 50).

- Bei der Klage vor dem später angerufenen Unionsmarkengericht handelt es sich um eine **negative Feststellungsklage** auf Feststellung der Nichtverletzung der Unionsmarke (**Art. 124 lit. b;** → Art. 124 Rn. 14).
- **Einstweilige Maßnahmen,** einschließlich Sicherungsmaßnahmen.

C. Tatbestandsvoraussetzungen

I. Verletzungsklagen

5   Art. 136 setzt voraus, dass es sich um Verletzungsklagen handelt. Hierbei handelt es sich um **Klagen wegen erfolgter Verletzung** und, soweit dies das nationale Recht zulässt, auch **wegen drohender Verletzung einer Unionsmarke und nationalen Marke.** Dies sind regelmäßig Klagen gerichtet unter anderem auf Unterlassung, Auskunft und/oder Schadensersatz.

6   **Keine Verletzungsklage** stellt die **Klage auf angemessene Entschädigung nach Art. 11 Abs. 2** im Hinblick auf eine angemeldete und veröffentliche Unionsmarkenanmeldung dar. Keine Verletzungsklagen stellen ferner **negative Feststellungsklagen** und **Widerklagen nach Art. 128** dar. Auch **einstweiligen Maßnahmen** einschließlich Sicherungsmaßnahmen werden nach Art. 136 Abs. 4 nicht von Art. 136 Abs. 1–3 erfasst. Bei diesen handelt es sich bereits nicht um Klagen.

II. Identität der Parteien

7   Der Anwendungsbereich des Art. 136 ist nur eröffnet, wenn es sich in beiden Verletzungsverfahren um **dieselben Parteien** handelt. Eine solche **Identität liegt** insbesondere dann **nicht vor,** wenn in dem einen Verfahren der **Lizenznehmer** – auch mit Zustimmung des Markeninhabers – und **in dem anderen der Markeninhaber** klagt (vgl. Eisenführ/Schennen/Schennen Rn. 9; aA Fezer MarkenG § 125e Rn. 25).

8   Ist jedoch die Annahme begründet, dass der **Lizenznehmer und der Markeninhaber kollusiv** zur Umgehung des Art. 136 **zusammenarbeiten,** ist auch unter Berücksichtigung des in der Gemeinsamen Erklärung im Ratsprotokoll Nr. B 23 zu Art. 105 GMV (ABl. HABM 1996, 612; abgedruckt bei Fezer MarkenG) erklärten Zwecks des **Art. 136,** böswillige und schikanöse Klagen zu verhindern, zu erwägen, diesen **analog anzuwenden.** Dies würde auch dann gelten, wenn der Markeninhaber zur Umgehung des Art. 136 seine **Ansprüche durch einen Anderen in Prozessstandschaft einklagen lässt.** Sollte eine analoge Anwendung des Art. 136 nicht in Betracht kommen, so könnten möglicherweise nach dem jeweiligen nationalen Recht verfahrensrechtliche oder materiell-rechtliche **Rechtsmissbrauchsgesichtspunkte** eingreifen (vgl. BGH BeckRS 2012, 20764 Rn. 9; NJW 2007, 3279 Rn. 12). Bei deren Anwendung sollten die Wertungen des Art. 136, der missbräuchlich erhobene Mehrfachklagen unterbinden möchte, berücksichtigt werden (zur GGV vgl. Ruhl/Tolkmitt GGV Art. 95 Rn. 2).

8.1   Nach ständiger Rechtsprechung des BGH und des Bundesverfassungsgerichts gilt der das materielle Recht beherrschende **Grundsatz von Treu und Glauben (§ 242 BGB)** auch im Verfahrensrecht (ständige Rechtsprechung; vgl. BGH BeckRS 2012, 20764 Rn. 9; NJW 2007, 3279 Rn. 12; 2007, 2257 Rn. 12; 1965, 1532; 1968, 105; 1971, 2226). Er verpflichtet die Parteien zu redlicher Prozessführung und verbietet insbesondere den Missbrauch prozessualer Befugnisse (vgl. BGH NJW 2006, 3214; 1966, 773). Rechtsmissbräuchlich und damit unzulässig ist die Ausübung solcher Befugnisse, wenn sie nicht den gesetzlich vorgesehenen, sondern anderen, nicht notwendig unerlaubten, aber funktionsfremden und rechtlich zu missbilligenden Zwecken dient (vgl. BGH NJW 2007, 3279; 1992, 569).

8.2   Wird der Einwand des Rechtsmissbrauchs gegenüber einer Verletzungsklage aus einer Unionsmarke erhoben, so stellt sich die Frage welches Recht im Hinblick auf Handlungen außerhalb des Forum-Staates anwendbar ist. Wird die Klage bereits verfahrensrechtlich als unzulässig qualifiziert, wären über Art. 129 Abs. 3 (→ Art. 129 Rn. 10) für die von der Klage umfassten Handlungen außerhalb des Forum-Staates ebenfalls die Verfahrensvorschriften des Forum-Staates anzuwenden. Die Klage könnte daher insgesamt als unzulässig abgewiesen werden auch soweit Handlungen außerhalb des Forum-Staates betroffen sind.

9   Sind die **Parteien nur teilweise identisch,** zB weil in einem Verfahren mehrere Beklagte verklagt werden, in dem anderen jedoch nur ein Beklagter, so findet Art. 136 hinsichtlich der identischen Parteien Anwendung (zur GGV vgl. Ruhl/Tolkmitt GGV Art. 95 Rn. 13).

III. Dieselben Handlungen

Art. 136 erfordert, dass die Verletzungsklagen wegen denselben Handlungen anhängig gemacht **10** werden. Dies betrifft zum einen die **angegriffenen Zeichen,** die **Waren und Dienstleistungen, für die die angegriffenen Zeichen benutzt werden** und zum anderen die **angegriffenen Handlungsformen,** insbesondere die in Art. 9 Abs. 3 beispielhaft aufgezählten Handlungsformen (→ Art. 9 Rn. 72 f.). Sowohl die angegriffenen Zeichen, als auch die Waren und Dienstleistungen, für die die angegriffenen Zeichen benutzt werden, und die Handlungsformen müssen jeweils dieselben sein. Bei nur teilweisen Überschneidungen ist Art. 136 nur insoweit anwendbar.

Der EuGH hat in seiner Entscheidung „Merck" festgestellt, dass die Voraussetzung des Vorlie- **11** gens „derselben Handlungen" iSv Art. 109 Abs. 1 in gleicher Weise auszulegen ist, wie der EuGH die Voraussetzung des Vorliegens von „Klagen wegen desselben Anspruchs" iSv Art. 27 Abs. 1 Brüssel Ia-VO ausgelegt hat (EuGH C-231/16, BeckRS 2017, 128380 Rn. 33 – Merck). Die Verletzungsklagen müssen demnach **dieselbe Grundlage und denselben Gegenstand** haben (EuGH C-231/16, BeckRS 2017, 128380 Rn. 33, 34 f. – Merck).

Nach der Rechtsprechung des EuGH, die zu Art. 21 EuGVÜ 1972 (Übereinkommen vom **12** 27.9.1968 über die gerichtliche Zuständigkeit und die Vollstreckung gerichtlicher Entscheidungen in Zivil- und Handelssachen, BGBl. 1972 II 774) ergangen ist, dessen Auslegung auch für Art. 27 Brüssel Ia-VO gilt, umfasst der **„Anspruch" den Sachverhalt und die rechtliche Regelung, die der Klage zugrunde gelegt werden** (vgl. EuGH C-231/16, BeckRS 2017, 128380 Rn. 36 – Merck; C-406/92, BeckRS 9998, 94955 Rn. 39 – Tatry; C-523/14, BeckEuRS 2015, 487004 Rn. 43 – Aannemingsbedrijf Aertssen und Aertssen Terrassements). Für die Anwendung von Art. 109 Abs. 1 lit. a hat der EuGH in der Entscheidung „Merck" festgestellt, dass aufeinanderfolgende zivilrechtliche Klagen aus Unionsmarken und aus nationalen Marken dieselbe Grundlage haben, wenn sie auf den ausschließlichen Rechten beruhen, die sich aus identischen Marken ergeben (vgl. EuGH C-231/16, BeckRS 2017, 128380 Rn. 37 – Merck).

Zum **„Gegenstand"** hat der EuGH entschieden, dass er **in dem Zweck der Klage besteht** **13** (vgl. EuGH C-406/92, BeckRS 9998, 94955 Rn. 41 – Tatry; C-111/01, EuZW 2003, 542 Rn. 25 – Gantner Electronic), wobei der Begriff des Gegenstands nicht auf die formale Identität der beiden Klagen beschränkt werden kann (vgl. EuGH C-231/16, BeckRS 2017, 128380 Rn. 39 f. – Merck; 144/86, NJW 1989, 665 Rn. 17 – Gubisch Maschinenfabrik). Hierfür sind die jeweiligen Klageansprüche in den Rechtsstreitigkeiten zu berücksichtigen (vgl. EuGH C-39/02, BeckRS 2004, 78089 Rn. 36 – Mærsk Olie & Gas).

Weichen die angegriffenen Zeichen voneinander ab, so können diese nur dann noch als **14** „dieselben" Zeichen anzusehen sein, wenn sie **nur in unwesentlichen Einzelheiten voneinander abweichen** (zur GGV vgl. Ruhl/Tolkmitt GGV Art. 95 Rn. 12). Werden **unterschiedliche Handlungsformen angegriffen,** zB das Anbieten auf der einen und das Ein-/Ausführen auf der anderen Seite, so ist **Art. 136 nicht anwendbar** (zur GGV vgl. Ruhl/Tolkmitt GGV Art. 95 Rn. 12). Allerdings könnten in solchen Fällen **Rechtsmissbrauchsgesichtspunkte nach nationalem Recht** eingreifen.

Es stellt sich die Frage, ob beim **Tatbestandsmerkmal „denselben Gegenstand"** auch die **15** **territoriale Reichweite des Klageantrags oder des rechtskräftigen Urteils** einschränkend berücksichtigt werden muss. Dies kommt dann in Betracht, wenn sich die parallele Klage aus der Unionsmarke nicht auf den Mitgliedstaat erstreckt, in dem Klage aus der nationalen Marke erhoben worden ist, etwa weil der Kläger seine Klage aus der Unionsmarke bereits bei Klageerhebung oder durch Teilklagerücknahme territorial auf andere Mitgliedstaaten beschränkt hat oder weil das im Tatortgerichtsstand angerufene Unionsmarkengericht eines anderen Mitgliedstaates angerufen wurde, das somit über keine unionsweite Entscheidungsbefugnis verfügt. Da der Kläger nach der Rechtsprechung des EuGH zulässigerweise seine Verletzungsklage aus einer Unionsmarke territorial beschränken kann, wird man ihm auf der anderen Seite auch die Möglichkeit einräumen müssen, in Bezug auf die nicht erfassten Mitgliedstaaten weitere Klagen zu erheben (vgl. Sosnitza GRUR 2011, 465 (470); Hartmann, Die Gemeinschaftsmarke im Verletzungsverfahren, 2008, 102). Insoweit steht der späteren Verletzungsklage somit nicht der Einwand anderweitiger Rechtshängigkeit bzw. entgegenstehender Rechtskraft entgegen (zu Art. 29 Brüssel Ia-VO vgl. OLG Düsseldorf MarkenR 2006, 369 – RODEO/RODEO DRIVE; öOGH GRUR Int 2005, 1039, 1040 f. – BOSS-Zigaretten V).

Dies hat der EuGH in seinem Urteil „Merck" bestätigt. So hat der EuGH festgestellt hat, dass **16** die Verletzungsklagen nicht mehr den Vorwurf der Verletzung einer nationalen Marke und einer damit identischen Unionsmarke im Gebiet derselben Mitgliedstaaten betreffen, wenn die ursprünglich unionsweit auf eine Unionsmarke gestützte Verletzungsklage teilweise für das Gebiet des Mitgliedstaats, um das es in der beim zuerst angerufenen Gericht erhoben, auf eine nationale Marke gestützten Klage geht und diese Klage auf die Untersagung der Benutzung dieser Marke im Gebiet dieses Mitgliedstaats gerichtet ist, zurückgenommen wird. **In diesem Fall muss sich das später angerufene Gericht nicht zugunsten des zuerst angerufenen Gerichts für unzuständig erklären** (vgl. EuGH C-231/16, BeckRS 2017, 128380 Rn. 57 – Merck).

17   Der EuGH hat in seinem Urteil „Merck" zur Frage der territorialen Reichweite festgestellt, dass in Anbetracht des Ziels von Art. 109 Abs. 1 lit. a, zu vermeiden, dass sich in Rechtsstreitigkeiten über denselben Tatbestand zwischen denselben Parteien voneinander abweichende Gerichtsurteile aus einer Unionsmarke und aus parallelen nationalen Marken ergeben, die in verschiedenen Mitgliedstaaten erhoben **Klagen nur insoweit den gleichen Gegenstand haben, als die geltend gemachten Verletzungen dasselbe Gebiet betreffen** (vgl. EuGH C-231/16, BeckRS 2017, 128380 Rn. 42 – Merck). Betrifft die erste Verletzungsklage die Verletzung einer nationalen Marke im Gebiet eines Mitgliedstaats und die zweite die Verletzung einer Unionsmarke im gesamten Gebiet der Union zwischen denselben Parteien bei Gerichten verschiedener Mitgliedstaaten, so hat sich das später angerufene Unionsmarkengericht nach der Rechtsprechung des EuGH nur für den Teil des Rechtsstreits für unzuständig zu erklären, der sich auf das Gebiet des Mitgliedstaats bezieht, um das es in dem beim zuerst angerufenen Gericht erhobenen Verletzungsklage geht (vgl. EuGH C-231/16, BeckRS 2017, 128380 Rn. 53 – Merck).

IV. Bei Gerichten verschiedener Mitgliedstaaten

18   Art. 136 ist nur dann anwendbar, wenn die **Verletzungsklagen vor Gerichten verschiedener Mitgliedstaaten** anhängig gemacht worden sind (Fezer MarkenG § 125e Rn. 25; Heim GRUR-Prax 2012, 334673; Sosnitza GRUR 2011, 465 (469); zur GGV Ruhl/Tolkmitt GGV Art. 95 Rn. 5; aA BGH GRUR 2004, 860 – Internet-Versteigerung). Für die Fälle des Abs. 1 ist dies in Art. 136 Abs. 1 ausdrücklich vorgeschrieben. Zwar enthalten Abs. 2 und 3 ihrem Wortlaut nach keine derartige Einschränkung, allerdings finden auch diese aufgrund ihres systematischen Zusammenhangs mit Abs. 1 nur auf Verletzungsklagen Anwendung, die vor Gerichten verschiedenen Mitgliedstaaten anhängig gemacht worden sind (vgl. zur GGV Ruhl/Tolkmitt GGV Art. 95 Rn. 5). Dies folgt ausdrücklich auch aus dem Erwägungsgrund 17, wonach sich bei mehrfacher Klageerhebung in demselben Mitgliedstaat nach nationalem Verfahrensrecht bestimmen soll, wie voneinander abweichende Urteile vermieden werden können (vgl. Sosnitza GRUR 2011, 465 (469)).

18.1   Der BGH hatte in dem Verfahren „Internet-Versteigerung" (BGH GRUR 2004, 860), in dem die Klage vor dem OLG Köln von der Klägerin nach Schluss der mündlichen Verhandlung nunmehr auch auf eine identische Unionsmarke gestützt worden war, als Grund für die Nichtzulassung der Klageerweiterung unter anderem Art. 105 Abs. 2 GMV, jetzt Art. 136 Abs. 2, angewendet. So könne sich die vom Berufungsgericht getroffene Entscheidung über die nationale Marke auch als Entscheidung über die geltend gemachte Verletzung der Unionsmarken erweisen, denn nach Art. 105 Abs. 2 GMV weise das Unionsmarkengericht, das wegen Verletzung der Unionsmarke angerufen worden ist, die Klage ab, wenn wegen derselben Handlung zwischen denselben Parteien auf Grund einer identischen nationalen Marke für identische Waren oder Dienstleistungen ein rechtskräftiges Sachurteil ergangen ist. Unterlasse es der Unionsmarkeninhaber seine Klage rechtzeitig auch auf die Unionsmarke zu stützen oder komme er diesem Gebot – wie im Streitfall – erst verspätet nach, so wirke die Entscheidung über die nationalen Marken präjudizierend für die Entscheidung über die Unionsmarke (Art. 105 Abs. 2 GMV).

18.2   **Art. 136 Abs. 2 und 3 sind entgegen dem Urteil des BGH „Internet-Versteigerung" jedoch nicht auf Fälle anwendbar,** in denen parallele Klagen aus einer Unionsmarke und einer identischen nationalen Marke wegen derselben Handlungen zwischen den denselben Parteien vor demselben Gericht oder verschiedenen Gerichten desselben Mitgliedstaates erhoben werden. Ein rechtskräftiges Urteil über die Verletzung einer nationale Marke ist somit nicht für eine in demselben Mitgliedstaat erhobene Klage aus einer identischen Unionsmarke präjudiziell iSv Art. 136 Abs. 2 und umgekehrt. Diese Fallkonstellation der Mehrfachklagen ist ausdrücklich nicht in der UMV geregelt. Gemäß Erwägungsgrund 17 richtet sich die Zulässigkeit solcher rein nationaler Mehrfachklagen ausschließlich nach dem jeweiligen nationalen Recht. Insoweit können – soweit dies die jeweiligen nationalen Rechtsordnungen vorsehen – verfahrensrechtliche oder materiell-rechtliche Rechtsmissbrauchsgesichtspunkte eingreifen (→ Rn. 8).

19   Es stellt sich die **Frage, ob Art. 136 Abs. 2 und 3 auf rein nationale Mehrfachklagen analog** angewendet werden kann. Dem steht entgegen, dass die **UMV gemäß Erwägungsgrund 17 insoweit keine Regelungslücke enthält,** sondern diese Fragestellung bewusst der Regelung durch die jeweiligen nationalen Rechtsordnungen überlässt (vgl. v. Mühlendahl/Ohlgart/v. Bom-

hard Gemeinschaftsmarke § 26 Rn. 22). **§ 261 ZPO ist nicht anwendbar** (aA Sosnitza GRUR 2011, 465 (470)), da nach der Rechtsprechung des BGH (vgl. BGH GRUR 2011, 1043 – TÜV II; GRUR 2012, 1145 – Pelikan) verschiedene Schutzrechte verschiedene Streitgegenstände darstellen.

V. Klagen aus Unionsmarke und nationaler Marke

Nach Art. 136 müssen **Klagen wegen Verletzung einer Unionsmarke einerseits und**   20
wegen Verletzung einer nationalen Marke andererseits erhoben worden sein. Art. 136 findet keine Anwendung, wenn mehrmals aus einer Unionsmarke Klage erhoben wird. Allerdings könnten in solchen Fällen Rechtsmissbrauchsgesichtspunkte nach nationalem Recht eingreifen (→ Rn. 8).

VI. Zeitpunkt der Rechtshängigkeit

In der UMV ist nicht bestimmt, wann ein Gericht als angerufen gilt. Für die Bestimmung   21
welches Verfahren das frühere und welches das spätere ist, kann auf die **Definition des Art. 32 Brüssel Ia-VO** zurückgegriffen werden. Nach Art. 122 Abs. 1 (→ Art. 122 Rn. 1 f.) findet die Brüssel Ia-VO (seit 15.1.2015 VO (EU) Nr. 1215/2012), soweit in der UMV nichts anderes bestimmt ist, unter anderem auf Verfahren Anwendung, die gleichzeitige oder aufeinander folgende Klagen aus Unionsmarken und aus nationalen Marken betreffen. Zwar gilt Art. 32 Brüssel Ia-VO unmittelbar nur für die im Zusammenhang stehenden Verfahren, die in den Art. 29–31 Brüssel Ia-VO geregelt sind. Jedoch handelt es sich bei den in Art. 136 und Art. 29–31 Brüssel Ia-VO geregelten gleichzeitigen oder aufeinander folgenden Klagen nur um verschiedene Varianten von Mehrfachklagen. **Sowohl Art. 136 als auch die Brüssel Ia-VO knüpfen an den Zeitpunkt an, zu dem das Gericht angerufen wird.** Sowohl der Wortlaut, als auch der Regelungsgehalt des Art. 136 und des Kap. II Abschnitt 9 der Brüssel Ia-VO sind in Bezug auf den zentralen Anknüpfungspunkt, der Rechtshängigkeit der Klagen, somit identisch. Dies rechtfertigt es, **für die Bestimmung des Zeitpunkts der Rechtshängigkeit ergänzend die Definition des Art. 32 Brüssel Ia-VO heranzuziehen** (vgl. zur GGV Ruhl/Tolkmitt GGV Art. 95 Rn. 14). Hierfür spricht auch **Erwägungsgrund 17 S. 2 Hs. 2,** der ausdrücklich in Bezug auf Klagen in verschiedenen Mitgliedstaaten aus einer Unionsmarke einerseits und einer parallelen nationalen Marke andererseits von Bestimmungen in der UMV spricht, die sich an der Brüssel Ia-VO orientieren.

Die **Brüssel I-VO galt bis zum 1.7.2007 nicht im Verhältnis zu Dänemark.** Im Verhältnis zu   21.1
Dänemark galt daher weiterhin die EuGVÜ, die keine dem Art. 32 Brüssel Ia-VO entsprechende Vorschrift enthält. Daher musste bis zum 1.7.2007 zur Bestimmung der Rechtshängigkeit einer vor einem dänischen Gericht erhobenen Klage die **„Zelger"-Rechtsprechung des EuGH** (NJW 1984, 2759 Rn. 15 f. – Siegfried Zelger/Sebastiano Salinitri) zu Art. 21 EuGVÜ angewendet werden, wonach der Rechtshängigkeitszeitpunkt nach dem Recht am jeweiligen Gerichtsort zu bestimmen war (zur GGV vgl. Ruhl/Tolkmitt GGV Art. 79 Rn. 6). Im Rahmen des Art. 136 waren daher bis zum 1.7.2007 im Verhältnis zu Dänemark ebenfalls ergänzend die Grundsätze der „Zelger"-Rechtsprechung des EuGH anzuwenden. **Seit dem 1.7.2007 gilt die Brüssel I-VO** aufgrund eines Abkommens zwischen der Europäischen Gemeinschaft und Dänemark (Abkommen zwischen der Europäischen Gemeinschaft und dem Königreich Dänemark über die gerichtliche Zuständigkeit und die Anerkennung und Vollstreckbarerklärung von Entscheidungen in Zivil- und Handelssachen – Abkommen EG–Dänemark, ABl. EG Nr. L 299 vom 16.11.2005) **auch für und im Verhältnis zu Dänemark** (vgl. Ströbele/Hacker/Thiering/Thiering MarkenG § 140 Rn. 16; Ruhl/Tolkmitt GGV Art. 79 Rn. 6). **Art. 122 Abs. 3** stellt nunmehr klar, dass Verweise auf die Brüssel Ia-VO ggf. das vorgenannte Abkommen zwischen der Europäischen Gemeinschaft und dem Königreich Dänemark mit einschließen.

Nach **Art. 32 Abs. 1 lit. a Brüssel Ia-VO** gilt ein Gericht als angerufen **zu dem Zeitpunkt,**   22
zu dem das verfahrenseinleitende oder ein gleichwertiges Schriftstück bei Gericht eingereicht worden ist, vorausgesetzt, dass der Kläger es in der Folge nicht versäumt hat, die ihm obliegenden Maßnahmen zu treffen, um die Zustellung des Schriftstücks an den Beklagten zu bewirken. **Art. 32 Abs. 1 lit. b Brüssel Ia-VO** betrifft den Fall, dass die Zustellung an den Beklagten durch Einreichung bei der für die Zustellung an den Beklagten zuständigen Stelle vor Einreichung des Schriftstücks bei Gericht zu bewirken ist. In beiden Fällen ist auf den Zeitpunkt der Einreichung des Schriftstücks nur dann abzustellen, wenn der **Kläger alle ihm obliegenden Maßnahmen vorgenommen hat, damit die „endgültige Rechtshängigkeit" herbeige-**

führt werden kann (vgl. MüKoZPO/Gottwald Brüssel I-VO Art. 30 Rn. 2). Dies umfasst insbesondere die unverzügliche Zahlung aller notwendigen Kostenvorschüsse.

VII. Doppelidentität der Klagemarken

23   Der Fall der **Doppelidentität der Klagemarken,** dh der Identität sowohl der Marken, als auch der für sie geschützten Waren/Dienstleistungen, wird in Abs. 1 lit. b und in Abs. 2 und 3 geregelt. Art. 136 differenziert insoweit danach, ob bereits in einem der Verfahren ein rechtskräftiges Urteil vorliegt oder nicht.

1. Klageabweisung bei rechtskräftigem Urteil

24   Liegt ein **rechtskräftiges Urteil** vor, so muss das in dem Parallelverfahren angerufene Gericht die bei ihm anhängig gemachte **Verletzungsklage abweisen.** Dies bestimmt Abs. 2 für den Fall, dass über die Klage wegen Verletzung einer identischen nationalen Marke bereits rechtskräftig entschieden worden ist, und Abs. 3 für den umgekehrten Fall, dass über die Klage wegen Verletzung einer identischen Unionsmarke ein rechtskräftiges Urteil vorliegt. Die Klage wird durch das Vorliegen eines rechtskräftigen Urteils im Parallelverfahren unzulässig (vgl. Eisenführ/Schennen/Schennen Rn. 13).

2. Erklärung der Unzuständigkeit des Zweitgerichts

25   Existiert **noch kein rechtskräftiges Urteil** in einem der Verfahren, so hat sich das später angerufene Gericht nach Abs. 1 lit. a S. 1 von Amts wegen zugunsten des zuerst angerufenen Gerichts **für unzuständig zu erklären.**

26   Wird im Parallelverfahren die Unzuständigkeit des dort angerufenen Gerichts gerügt, so kann das Zweitgericht nach Abs. 1 lit. a S. 2 das bei ihm anhängige Verfahren aussetzen und zunächst die Entscheidung des Gerichts im Parallelverfahren über dessen Zuständigkeit abwarten. Da Art. 136 die internationale Zuständigkeit regelt, muss es sich bei der Zuständigkeitsrüge in dem Parallelverfahren auch um eine solche der internationalen Unzuständigkeit und nicht etwa nur der innerstaatlichen sachlichen oder örtlichen Unzuständigkeit handeln (zur GGV vgl. Ruhl/Tolkmitt GGV Art. 95 Rn. 15).

VIII. Ähnlichkeit der Klagemarken

27   Liegt **keine Doppelidentität der Klagemarken** vor, sondern sind diese nur ähnlich, so **kann** das später angerufene Gericht das bei ihm anhängige **Verfahren aussetzen.** Die Aussetzung des Verfahrens **steht im Ermessen des Gerichts.** Nach Abschluss des ersten Verfahrens muss das später angerufene Gericht das bei ihm anhängige Verfahren fortsetzen und über die bei ihm anhängige Klage entscheiden (vgl. Fezer MarkenG § 125e Rn. 27). Es kann diese nicht im Hinblick auf eine rechtskräftige Entscheidung im Parallelverfahren ohne Entscheidung in der Sache abweisen.

IX. Abgrenzung Identität und Ähnlichkeit der Klagemarken

28   Aufgrund der unterschiedlichen Rechtsfolgen im Fall der Doppelidentität und Ähnlichkeit der **Klagemarken** stellt sich die Frage, **wann noch von identischen Marken** gesprochen werden kann und wann diese lediglich ähnlich sind.

1. Teilweise Überschneidungen des Waren-/Dienstleistungsverzeichnisses

29   Die als Unions- und nationale Marke geschützten Zeichen sind vollkommen identisch, jedoch bestehen **Abweichungen beim Waren-/Dienstleistungsverzeichnis.** Es sind **unter anderem die folgenden Fallkonstellationen denkbar:**
• Das **Waren-/Dienstleistungsverzeichnis** einer der Marken ist vollständig im Waren-/Dienstleistungsverzeichnis der anderen Klagemarke enthalten, jedoch umfasst letzteres **über den Überschneidungsbereich hinaus** noch **weitere Waren/Dienstleistungen.**
• Das Waren-/Dienstleistungsverzeichnis beider Klagemarken weist einen Überschneidungsbereich auf, jedoch sind **für beide Klagemarken auch weitere Waren/Dienstleistungen geschützt.**

- Das Waren-/Dienstleistungsverzeichnis der **einen Klagemarke nennt Oberbegriffe,** das der **anderen Klagemarke konkrete Waren/Dienstleistungen,** die jedoch unter die Oberbegriffe fallen.

Soweit beide Verletzungsklagen trotz Abweichungen im Waren/Dienstleistungsverzeichnis über- **30** einstimmend **auf dieselben von beiden Klagemarken geschützten Waren/Dienstleistungen gestützt** werden, dürfte unter Berücksichtigung des Gesetzeszwecks des Art. 136 insoweit eine Doppelidentität iSd Abs. 1 lit. a, Abs. 2 und 3 zu bejahen sein. Soweit die beim später angerufenen Gericht geltend gemachte Unionsmarke noch für weitere Waren und Dienstleistungen eingetragen ist, die von der beim zuerst angerufenen Gericht geltend gemachten identischen nationalen Marke nicht erfasst sind, hat sich das später angerufene Gericht nach der Entscheidung des EuGH „Merck" im Fall der Identität der Unionsmarke und der nationalen Marke zugunsten des zuerst angerufenen Gerichts **nur insoweit für unzuständig zu erklären, als diese Marken für identische Waren oder Dienstleistungen gelten** (vgl. EuGH C-231/16, BeckRS 2017, 128380 Rn. 61 – Merck).

2. Abweichungen bei den Zeichen

Sind die **Klagezeichen** nicht identisch stellt sich die Frage, **ob bereits jede Abweichung** **31** bei den geschützten Zeichen zu der Annahme führt, dass keine Identität, sondern nur Ähnlichkeit vorliegt. Hier können die **von der Rechtsprechung entwickelten Grundsätze zur Auslegung des Begriffs der „Identität" in Art. 8 Abs. 1 lit. a** (vgl. EuGH GRUR 2003, 422 – LTJ Diffusion; GRUR 2010, 841 Rn. 47 – Portakabin; BGH GRUR 2015, 607 – Rn. 22 – Uhrenankauf im Internet) sowie **im Rahmen des Zeitrangs** (vgl. EuG GRUR Int 2012, 654 Rn. 16 – Justing), der **Seniorität** (vgl. EuG GRUR Int 2013, 454 Rn. 27 – MEDINET) und **des Schutzbereichs von schwarz-weißen Marken** (vgl. BGH GRUR 2015, 1009 Rn. 15 ff. – BMW-Emblem) sowie die vom EUIPO und den nationalen Markenämtern im Rahmen des Konvergenzprogramms vorgelegte **„Gemeinsame Mitteilung zur gemeinsamen Praxis zum Schutzbereich von schwarz-weißen Marken" vom 15.4.2014"** (abrufbar unter https://euipo.europa.eu/tunnel-web/secure/webdav/guest/document_library/contentPdfs/about_ohim/who_we_are/common_communication/common_communication_4/common_communication4_de.pdf, zuletzt abgerufen am 5.10.2022) herangezogen werden. So hat das EuG in seinem Urteil „MEDINET" festgestellt, dass einem Begriff, der in verschiedenen Bestimmungen eines Rechtsakts verwendet wird, aus Gründen der Kohärenz und der Rechtssicherheit – zumal, wenn er restriktiv auszulegen ist – die gleiche Bedeutung beigemessen werden muss, unabhängig davon, in welcher Bestimmung er sich findet.

Nach diesen Grundsätzen ist ein Zeichen mit einer Marke identisch, wenn **es ohne Änderung** **32** **oder Hinzufügung alle Elemente wiedergibt, die die Marke bilden,** oder wenn es als Ganzes betrachtet **Unterschiede** gegenüber der Marke **aufweist, die so unbedeutend sind, dass sie einem Durchschnittsverbraucher entgehen können.** Unbedeutend ist ein Unterschied, der einem normal aufmerksamen Durchschnittsverbraucher **nur auffällt, wenn** er die **betreffenden Marken direkt vergleicht.** Die Frage der Identität der Klagezeichen ist im Hinblick auf die einschneidenden Rechtsfolgen des Art. 136 Abs. 1 lit. a und Abs. 2, 3 jedoch **restriktiv zu beurteilen.** Eine Identität der Klagezeichen iSd Art. 136 Abs. 1 lit. a und Abs. 2, 3 kann somit auch bei unbedeutenden Unterschieden, die einem Durchschnittsverbraucher entgehen können, angenommen werden (aA BeckOK UMV/Müller Rn. 16).

Abschnitt 2. Anwendung des einzelstaatlichen Rechts zum Zweck der Untersagung der Benutzung von Unionsmarken

Art. 137 Untersagung der Benutzung von Unionsmarken

(1) [1]Diese Verordnung lässt, soweit nichts anderes bestimmt ist, das nach den Rechtsvorschriften der Mitgliedstaaten bestehende Recht unberührt, Ansprüche wegen Verletzung älterer Rechte im Sinne des Artikels 8 oder des Artikels 60 Absatz 2 gegenüber der Benutzung einer jüngeren Unionsmarke geltend zu machen. [2]Ansprüche wegen Verletzung älterer Rechte im Sinne des Artikels 8 Absätze 2 und 4 können jedoch nicht

mehr geltend gemacht werden, wenn der Inhaber des älteren Rechts nach Artikel 61 Absatz 2 nicht mehr die Nichtigerklärung der Unionsmarke verlangen kann.

(2) Diese Verordnung lässt, soweit nichts anderes bestimmt ist, das Recht unberührt, aufgrund des Zivil-, Verwaltungs- oder Strafrechts eines Mitgliedstaats oder aufgrund von Bestimmungen des Unionsrechts Klagen oder Verfahren zum Zweck der Untersagung der Benutzung einer Unionsmarke anhängig zu machen, soweit nach dem Recht dieses Mitgliedstaats oder dem Unionsrecht die Benutzung einer nationalen Marke untersagt werden kann.

Überblick

Die Art. 137 und Art. 138 erlauben die Anwendung nationalen Rechts zum Zweck der Untersagung der Benutzung einer Unionsmarke aufgrund älterer Rechte. Art. 137 Abs. 1 bestimmt dazu, dass die UMV das Recht der Mitgliedstaaten unberührt lässt, die Benutzung einer Unionsmarke im eigenen Land aufgrund nach nationalem Recht bestehender älterer Rechte zu untersagen ($\rightarrow$ Rn. 2). Abs. 2 weitet das Recht der Mitgliedstaaten die Benutzung einer Unionsmarke im eigenen Land zu verbieten auf nationale Vorschriften außerhalb des Kennzeichenrechts aus ($\rightarrow$ Rn. 4).

A. Allgemeines

1   Art. 137 eröffnet die Möglichkeit für die Mitgliedstaaten, die Benutzung einer Unionsmarke in ihrem Hoheitsgebiet durch die nationalen Gerichte verbieten zu lassen. Dies widerspricht zunächst der Idee der Unionsmarke als europäisches Recht mit **einheitlicher Gültigkeit** in der gesamten EU (Art. 1 Abs. 2 S. 1 und S. 2). Demnach kann sie grundsätzlich auch nur **insgesamt** eingetragen oder zurückgewiesen werden. Art. 1 Abs. 2 S. 3 bietet jedoch Raum für Ausnahmen: Da man verhindern wollte, dass eine Unionsmarke immer insgesamt gelöscht werden muss, nur weil sie in lediglich einem oder einigen wenigen Mitgliedstaaten mit einem bestehenden Kennzeichen kollidiert, sollte über Art. 137 eine weniger einschneidende Möglichkeit geschaffen werden. So gibt die Lösung über Art. 137 dem Inhaber eines älteren Kennzeichens die Möglichkeit, die Benutzung einer kollidierenden Unionsmarke gerade **nur im eigenen Land** zu verbieten, ohne gegen die Unionsmarke als solche vorzugehen. Häufig wird sich der Inhaber eines älteren Rechts eben nur für die Benutzung im eigenen Land, nicht aber für die Benutzung im restlichen Binnenmarkt interessieren. Die isolierte Benutzungsuntersagung für einzelne Mitgliedstaaten aufgrund nationaler älterer Rechte folgt damit dem Gebot der Verhältnismäßigkeit und schafft mehr Flexibilität für beide Markeninhaber.

B. Untersagung der Benutzung aufgrund älterer Rechte (Abs. 1)

I. Anspruch auf Unterlassung der Benutzung in einem Mitgliedstaat (Abs. 1 S. 1)

2   Bestehen **nationale ältere Rechte** iSv Art. 8 oder Art. 60 Abs. 2, könnte die Anmeldung einer Unionsmarke per **Widerspruch** (Art. 47) verhindert oder die bereits eingetragene Marke durch **Nichtigkeitsantrag** (Art. 60, 63) gelöscht werden. Zwar besteht durch die Möglichkeit der Umwandlung in nationale Marken über Art. 139, eine Unionsmarke könnte jedoch nicht mehr erreicht bzw. erhalten werden. Um die Unionsmarke insgesamt in ihrer Existenz zu stärken, wurde durch Art. 137 eine mildere Option geschaffen. Statt eine Unionsmarke durch Nichtigkeitsantrag löschen zu lassen, kann der Inhaber des älteren Rechts die Benutzung der Unionsmarke **nur im eigenen Mitgliedstaat** gerichtlich verbieten lassen. Häufig wird sein Ziel damit bereits erreicht sein und beiden Parteien bleibt ein großer **Vorteil**: Der Inhaber des älteren Rechts erspart sich den aufwändigeren europaweiten Nichtigkeitsantrag, und der Inhaber der Unionsmarke kann seine Unionsmarke als solche behalten und in allen übrigen Mitgliedstaaten ohne Einschränkungen benutzen.

II. Verwirkung des Anspruchs (Abs. 1 S. 2)

3   Abs. 1 S. 2 sieht die **Verwirkung** des Anspruchs aus S. 1 vor, wenn der Inhaber des älteren Rechts die **Benutzung** der Unionsmarke **im eigenen Land** gemäß Art. 61 Abs. 2 für mindestens **fünf Jahre wissentlich geduldet** hat. Diese Anordnung gilt nur für ältere **Kennzeichenrechte** gemäß Art. 8 Abs. 2 und 4, nicht aber für **sonstige ältere Rechte** gemäß Art. 60 Abs. 2. Die Vorschrift unterstreicht die Tatsache, dass der Benutzungsunterlassungsanspruch nach Abs. 1 S. 1

lediglich als mildere Option zum Nichtigkeitsanspruch nach Art. 60, 63 fungieren soll. Kann der Inhaber des älteren Rechts die Nichtigkeitsanordnung der Unionsmarke nicht mehr verlangen, weil er die Frist des Art. 61 Abs. 2 hat verstreichen lassen, soll er auch das Recht aus Abs. 1 S. 1 nicht mehr haben. Beide Marken existieren dann gemäß Art. 61 Abs. 3 nebeneinander in **Koexistenz.**

C. Untersagung der Benutzung aufgrund außerkennzeichenrechtlicher Normen (Abs. 2)

Abs. 2 erlaubt es, die Benutzung einer Unionsmarke in einem Mitgliedstaat auch aufgrund von **4** **Vorschriften außerhalb des Kennzeichenrechts** zu verbieten, soweit die jeweilige Norm der Benutzung einer **nationalen Marke** entgegenstünde. Die verletzte Norm kann sowohl dem **nationalen Recht** eines Mitgliedstaates als auch dem **Unionsrecht** entstammen. Als Beispiel für nationales Recht nennt Abs. 2 das Zivil-, Verwaltungs- und Strafrecht der Mitgliedstaaten. Betroffen sein wird aber vor allem das jeweilige **nationale Wettbewerbsrecht.** Das nationale Recht der Mitgliedstaaten findet auch schon über Art. 17 Abs. 2 Anwendung, so dass es sich insoweit um eine Wiederholung handelt (ebenso Eisenführ/Schennen/Eberhardt Rn. 16). Die Unionsmarke soll in den Mitgliedstaaten hinsichtlich außerkennzeichenrechtlicher Normen, ganz gleich ob es sich um nationales Recht oder Unionsrecht handelt, **keinen Sonderstatus** genießen. Soweit **außerkennzeichenrechtlich** gegen die **Benutzung** einer nationalen Marke vorgegangen werden könnte, gilt dies gemäß Abs. 2 gleichermaßen für eine gleichlautende Unionsmarke.

Art. 138 Ältere Rechte von örtlicher Bedeutung

(1) Der Inhaber eines älteren Rechts von örtlicher Bedeutung kann sich der Benutzung der Unionsmarke in dem Gebiet, in dem dieses ältere Recht geschützt ist, widersetzen, sofern dies nach dem Recht des betreffenden Mitgliedstaats zulässig ist.

(2) Absatz 1 findet keine Anwendung, wenn der Inhaber des älteren Rechts die Benutzung der Unionsmarke in dem Gebiet, in dem dieses ältere Recht geschützt ist, während fünf aufeinander folgender Jahre in Kenntnis dieser Benutzung geduldet hat, es sei denn, dass die Anmeldung der Unionsmarke bösgläubig vorgenommen worden ist.

(3) Der Inhaber der Unionsmarke kann sich der Benutzung des in Absatz 1 genannten älteren Rechts nicht widersetzen, auch wenn dieses ältere Recht gegenüber der Unionsmarke nicht mehr geltend gemacht werden kann.

Überblick

Art. 138 ist neben Art. 137 eine weitere Durchbrechung des Gebotes der Einheitlichkeit der Unionsmarke. Abs. 1 erlaubt die Anwendung nationalen Rechts zum Zweck der Untersagung der Benutzung einer Unionsmarke aufgrund älterer Rechte von örtlicher Bedeutung im eigenen Schutzgebiet und ergänzt damit Art. 8 Abs. 4, der mehr als lediglich örtliche Bedeutung verlangt für ein Vorgehen gegen den Bestand der Unionsmarke aufgrund eines nicht eingetragenen national geschützten Rechts. Abs. 2 sieht die Verwirkung des Anspruchs vor, wenn die Anmeldung der Marke ohne Kenntnis der älteren Rechte vorgenommen wurde und der Inhaber der älteren Rechte die Benutzung der Unionsmarke während fünf aufeinanderfolgenden Jahren in Kenntnis der Benutzung geduldet hat. Abs. 3 schützt das ältere Recht von örtlicher Bedeutung auch nach der Verwirkung der Rechte aus Abs. 1 vor Unterlassungsansprüchen auf Grund der Unionsmarke.

A. Allgemeines

Die UMV stellt ältere Rechte von örtlicher Bedeutung in Art. 138 unter besonderen Schutz. **1** Sie versucht dabei, in einem Spagat sowohl dem **Grundsatz der Einheitlichkeit** (Art. 1) als auch dem Schutz älterer Rechte von örtlicher Bedeutung gerecht zu werden. Funktionell geschieht das durch die Möglichkeit, die Benutzung der Unionsmarke in Anwendung nationalen Rechts zu verbieten. Der Unterlassungsanspruch beschränkt sich jedoch entsprechend dem Charakter der in Abs. 1 genannten älteren Rechte als **ortsbezogene Kennzeichen** auf gerade das Gebiet in dem diese Rechte bestehen. Analog der Zielrichtung von Art. 137 soll so nach Möglichkeit verhindert werden, dass eine Unionsmarke für den gesamten Binnenmarkt nicht zur Geltung kommt, weil ein nur punktuell bedeutendes Kennzeichen kollidiert. Andererseits soll nach der Zielrichtung auch verhindert werden, dass bestehende ältere Rechte von örtlicher Bedeutung von einer neu eingetragenen Unionsmarke vernichtet werden. Diesen Erwägungen folgt Art. 138 in drei Absätzen, indem es zunächst dem Inhaber des älteren Rechts von örtlicher Bedeutung einen **territorialen Unterlassungsanspruch** gegen die Unionsmarke verschafft, jedoch mit einer nach fünf Jahren eintretenden Verwirkung, falls die Unionsmarke in dem **guten Glauben** angemeldet wurde, dass keine älteren Rechte nach Abs. 1 bestehen und der Inhaber der älteren Rechte von der Benutzung der kollidierenden Unionsmarke **Kenntnis** hatte. Abs. 3 schließlich verhindert auf Dauer ein Vorgehen aus der Unionsmarke gegen das ältere Recht von örtlicher Bedeutung, auch wenn der Inhaber des älteren Rechts seine Rechte aus Abs. 1 verwirkt hat. Es besteht dann eine **Koexistenz** im betroffenen Gebiet (Eisenführ/Schennen/Eberhardt Rn. 8). Art. 138 ergänzt somit Art. 8 Abs. 4 (→ Art. 8 Rn. 202 ff.).

B. Anwendung nationalen Rechts

2   Der Unterlassungsanspruch nach Abs. 1 besteht nur, wenn sich ein entsprechender Anspruch aus dem nationalen Recht des Mitgliedstaats ergibt, welches im Geltungsbereich des älteren Rechts von örtlicher Bedeutung Anwendung findet. Eine **Definition** des Begriffs des älteren Rechts von örtlicher Bedeutung enthält die UMV nicht. Auch die **Aktivlegitimation** muss sich aus dem nationalen Recht ergeben. In **Deutschland** sind zB **Verkehrsgeltungsmarken** nach § 4 Nr. 2 MarkenG erfasst, deren Schutz auf Teilgebiete beschränkt sein kann (Ingerl/Rohnke/Nordemann/ Nordemann-Schiffel MarkenG § 4 Rn. 24). Auch ein **Unternehmenskennzeichen** nach § 5 MarkenG kann geographisch begrenzt geschützt sein und damit in den Anwendungsbereich von Abs. 1 fallen (Ingerl/Rohnke/Nordemann/Nordemann-Schiffel MarkenG § 5 Rn. 5).

Abschnitt 3. Umwandlung in eine Anmeldung für eine nationale Marke

Art. 139 Antrag auf Einleitung des nationalen Verfahrens

(1) **Der Anmelder oder Inhaber einer Unionsmarke kann beantragen, dass seine Anmeldung oder seine Unionsmarke in eine Anmeldung für eine nationale Marke umgewandelt wird,**
a) **soweit die Anmeldung der Unionsmarke zurückgewiesen wird oder zurückgenommen worden ist oder als zurückgenommen gilt;**
b) **soweit die Unionsmarke ihre Wirkung verliert.**

(2) **Die Umwandlung findet nicht statt,**
a) **wenn die Unionsmarke wegen Nichtbenutzung für verfallen erklärt worden ist, es sei denn, dass in dem Mitgliedstaat, für den die Umwandlung beantragt wird, die Unionsmarke benutzt worden ist und dies als eine ernsthafte Benutzung im Sinne der Rechtsvorschriften dieses Mitgliedstaats gilt;**
b) **wenn Schutz in einem Mitgliedstaat begehrt wird, in dem gemäß der Entscheidung des Amtes oder des einzelstaatlichen Gerichts der Anmeldung oder der Unionsmarke ein Eintragungshindernis oder ein Verfalls- oder Nichtigkeitsgrund entgegensteht.**

(3) **Die nationale Anmeldung, die aus der Umwandlung einer Anmeldung oder einer Unionsmarke hervorgeht, genießt in dem betreffenden Mitgliedstaat den Anmeldetag oder den Prioritätstag der Anmeldung oder der Unionsmarke sowie gegebenenfalls den nach Artikel 39 oder Artikel 40 beanspruchten Zeitrang einer Marke dieses Staates.**

(4) **Für den Fall, dass die Anmeldung der Unionsmarke als zurückgenommen gilt, teilt das Amt dies dem Anmelder mit und setzt ihm dabei für die Einreichung eines Umwandlungsantrags eine Frist von drei Monaten nach dieser Mitteilung.**

(5) **Wird die Anmeldung der Unionsmarke zurückgenommen oder verliert die Unionsmarke ihre Wirkung, weil ein Verzicht eingetragen oder die Eintragung nicht verlängert wurde, so ist der Antrag auf Umwandlung innerhalb von drei Monaten nach dem Tag einzureichen, an dem die Unionsmarke zurückgenommen wurde oder die Eintragung der Unionsmarke ihre Wirkung verloren hat.**

(6) **Wird die Anmeldung der Unionsmarke durch eine Entscheidung des Amtes zurückgewiesen oder verliert die Unionsmarke ihre Wirkung aufgrund einer Entschei-**

dung des Amtes oder eines Unionsmarkengerichts, so ist der Umwandlungsantrag innerhalb von drei Monaten nach dem Tag einzureichen, an dem diese Entscheidung unanfechtbar geworden ist.

(7) Die in Artikel 37 genannte Wirkung erlischt, wenn der Antrag nicht innerhalb der vorgeschriebenen Zeit eingereicht wurde.

Überblick

Die Art. 139–141 regeln die anmeldetags- und prioritätswahrende Umwandlung einer Unionsmarkenanmeldung bzw. einer Unionsmarke in nationale Anmeldungen in den Mitgliedstaaten, soweit die Unionsmarkenanmeldung/Unionsmarke bestandslos (→ Rn. 4) geworden ist. Auch eine Teilumwandlung ist möglich (→ Rn. 14). Die Umwandlung ist in den Mitgliedstaaten ausgeschlossen, in denen ein Eintragungshindernis entgegensteht oder Verfalls- oder Nichtigkeitsgründe unanfechtbar feststehen (→ Rn. 16). Art. 22 und 23 UMDV über die Anforderungen an den Umwandlungsantrag ergänzen diese Vorschriften. Für die Umwandlung von Internationalen Registrierungen ist Art. 202 (→ Art. 202 Rn. 1) einschlägig. Die Umwandlung führt stets zu einer nationalen Anmeldung, die von der Unionsmarke im Prinzip unabhängig ist aber dennoch in laufenden Verfahren an die Stelle der Unionsmarke treten kann (→ Rn. 47). Der Brexit führt eine Sonderform der Umwandlung das Vereinigte Königreich mit sich, die aber mit Art. 139 ff. nichts zu tun hat (→ Rn. 48).

Übersicht

A. Allgemeines

Die Möglichkeit der Umwandlung trägt der parallelen Existenz von Unionsmarken und nationalen Marken in den Mitgliedstaaten Rechnung. Ergeben sich bestimmte Eintragungshindernisse nur im Hinblick auf einen oder mehrere Mitgliedstaaten, aber eben nicht alle, so steht der Eintragung der Marke in den übrigen Mitgliedstaaten dem Grunde nach nichts entgegen. Diese schwerwiegende Folge des Einheitlichkeitsprinzips (→ Art. 1 Rn. 7 ff.) federt Art. 139 ab, indem er die Möglichkeit der Umwandlung vorsieht. Das Entscheidende ist hierbei, dass die aus der Umwandlung hervorgehenden nationalen Markenanmeldungen dasselbe Anmelde- oder Prioritätsdatum genießen wie die umgewandelte Unionsmarke oder Unionsmarkenanmeldung (→ Rn. 45). Allerdings ist die Umwandlung nur möglich für die Mitgliedstaaten, in denen das Eintragungshindernis bzw. der Löschungsgrund gerade nicht eingreift (→ Rn. 16). **1**

Dies verhindert auch das Ungleichgewicht, das entstehen würde, wenn beispielsweise ein Inhaber eines älteren Rechts in nur einem (kleinen) Mitgliedstaat eine jüngere Unionsmarke angreift und durch eine erklärte Nichtigkeit der Unionsmarke in der Folge das vollständige Erlöschen der Prioritätsrechte des Unionsmarkeninhabers erreichen würde. Mit der Möglichkeit der Umwandlung erhält der betroffene Unionsmarkeninhaber sozusagen die Möglichkeit, die Priorität in den von einem älteren entgegenstehenden Recht nicht betroffenen Mitgliedstaaten bei, was das zuvor beschriebene Ungleichgewicht verhindern kann. **2**

B. Voraussetzungen

Damit sich die Möglichkeit einer Umwandlung eröffnet, muss ein Umwandlungsgrund vorliegen (→ Rn. 4), die Umwandlung nicht ausgeschlossen sein (→ Rn. 16) und die Umwandlungsfrist eingehalten werden (→ Rn. 35). **3**

I. Vorliegen eines Umwandlungsgrundes

4   Art. 139 unterscheidet zwischen dem Wegfall einer Unionsmarkenanmeldung (Abs. 1 lit. a) und dem Verlust der Wirkungen einer Unionsmarke (Abs. 1 lit. b). Art. 139 steht somit im Zusammenhang mit den anderen Vorschriften der UMV, die als Rechtsfolge den Wegfall oder den Wirkungsverlust der Marke bzw. der Markenanmeldung vorsehen. Dabei ist auch eine Teilumwandlung entsprechend möglich, wenn nur eine teilweise Zurückweisung oder Zurücknahme gegeben ist oder auch nur der Wunsch nach einer Teilumwandlung besteht (also nur ein Teil des Waren- und Dienstleistungsverzeichnisses betroffen ist).

1. Unionsmarkenanmeldung

5   Abs. 1 lit. a nennt die Umwandlungsgründe für Unionsmarkenanmeldungen.

6   Vorausgesetzt wird zunächst eine **wirksame Markenanmeldung.** Sie muss also zum Zeitpunkt des Umwandlungsantrags die in Art. 32 (→ Art. 32 Rn. 1) bestimmten Voraussetzungen für die Zuerkennung des Anmeldetages erfüllen. Werden diese Voraussetzungen nicht erfüllt, ist auch die Umwandlung nicht möglich (Eisenführ/Schennen/Schennen Rn. 4).

7   Gemäß Abs. 1 lit. a muss die Markenanmeldung zudem ganz oder teilweise zurückgewiesen (→ Rn. 8), oder zurückgenommen worden sein (→ Rn. 9 ff.), oder als zurückgenommen gelten (→ Rn. 11).

8   Mit **Zurückweisung** ist die endgültige und nicht mehr anfechtbare (→ Rn. 37) Zurückweisung der Markenanmeldung oder eines Teils davon durch das Amt gemeint. Dies ergibt sich aus Abs. 6. Zeitlich kann die Zurückweisung also während der Prüfung der Markenanmeldung bis zum Abschluss des Widerspruchsverfahrens inklusive einem etwaigen Beschwerdeverfahren erfolgen.

9   Auch im Falle der **Zurücknahme** einer Markenanmeldung ist die Umwandlung möglich. Die Zurücknahme ist während der gesamten Anhängigkeit der Markenanmeldung möglich (→ Art. 49 Rn. 3). Dabei muss keine vollständige Zurücknahme vorliegen, auch eine teilweise Zurücknahme (also eine Einschränkung) kann zur Umwandlung führen.

10   Auch während der laufenden Beschwerdefrist eines Widerspruchsverfahrens ist eine **Zurücknahme** möglich, so dass sich die Möglichkeit der Umwandlung auch dann ergibt. Inzwischen hat das Amt seine Praxis entsprechend angepasst. Während es früher noch die tatsächliche Einlegung einer Beschwerde forderte, damit eine Zurücknahme in der laufenden Beschwerdefrist möglich war, lässt es nun richtigerweise genügen, dass die Beschwerdefrist noch nicht abgelaufen ist. Die Einlegung einer Beschwerde ist nicht mehr Voraussetzung. Die Umwandlung ist ohne das Einlegen einer Beschwerde damit nur für die Mitgliedstaaten ausgeschlossen, in denen ein Eintragungshindernis, Verfalls- oder Nichtigkeitsgrund festgestellt wurde. Wird aber tatsächlich Beschwerde eingelegt, so wird das Umwandlungsverfahren bis zur Entscheidung ausgesetzt (Prüfungsrichtlinien für die Unionsmarke, Teil E, Abschnitt 2, 4.3). Dies ist inzwischen auch richtig in den neueren Fassungen der Prüfungsrichtlinien für die Unionsmarke dargestellt.

10.1   Nach früherer Praxis des Amtes war eine Zurücknahme nicht möglich, wenn tatsächlich keine Beschwerde eingelegt wurde. Insoweit sei die „Optima"-Entscheidung der Großen Beschwerdekammer (HABM Große BK 27.9.2006 – R 331/2006-G) nicht anwendbar (→ Art. 49 Rn. 4). Diese befasse sich nur mit der Möglichkeit der Zurücknahme einer Markenanmeldung, nicht aber mit der Umwandlung (Richtlinien für die Verfahren vor dem HABM alter Fassung, Teil E, Abschnitt 2, S. 8, Stand 2.1.2014). Dieser Ansatz erschien schon damals fragwürdig. Abs. 1 lit. a verweist auf die Zurücknahme einer Markenanmeldung. Nach der „Optima"-Entscheidung ist diese auch in der Beschwerdefrist trotz nicht eingelegter Beschwerde zulässig. Dann aber muss konsequenterweise auch die Umwandlung zulässig sein. Der gesetzliche Anknüpfungspunkt ist ausschließlich die Zurücknahme. Im Rahmen einer konsistenten Praxis müssen beide Fälle gleichbehandelt werden.

11   Ferner ist die Umwandlung einer Unionsmarkenanmeldung auch für den Fall der **Fiktion der Zurücknahme der Anmeldung** vorgesehen. Eine Unionsmarkenanmeldung gilt als ganz oder teilweise zurückgenommen, wenn ggf. fällige Klassengebühren nicht bezahlt wurden (Art. 41 Abs. 5; → Art. 41 Rn. 34). Die Fiktion der Zurücknahme wird allerdings in der Regel nur die Waren- oder Dienstleistungen betreffen, die von der bezahlten Gebühr nicht abgedeckt sind. Wird die Anmeldegebühr überhaupt nicht bezahlt, gilt die Anmeldung nicht als zurückgenommen, sondern als nicht eingereicht (→ Art. 31 Rn. 1); eine Umwandlung kommt in dem Fall nicht in Betracht.

2. Unionsmarke

Abs. 1 lit. b betrifft die Umwandlungsgründe für eingetragene Unionsmarken. Danach kann **12** die Umwandlung nur erfolgen, wenn und soweit die Marke ihre „Wirkung verliert". Dies ist der Fall bei Erklärung des Verfalls oder der Nichtigkeit, bei Ablauf der Schutzdauer ohne Verlängerung und im Falle des Verzichts auf die Marke. Soweit der Verlust der Wirksamkeit auf eine Entscheidung des Amtes zurückgeht (Verfalls- oder Nichtigkeitserklärung), muss diese Entscheidung endgültig sein (Abs. 6; → Rn. 35 ff.).

Hinsichtlich des Verzichts ist freilich zu beachten, dass dieser während eines anhängigen Verfalls- **13** verfahrens nicht eingetragen und damit nicht wirksam wird, sondern seine Wirksamkeit den Abschluss des Verfallsverfahrens voraussetzt (Art. 57 Abs. 2 S. 2; → Art. 57 Rn. 25, → Art. 57 Rn. 27.1 f.). Hintergrund für diese mit VO (EU) 2015/2424 eingeführte Rechtsänderung war die Sorge um das „Flucht in die Umwandlung": eine nicht benutzte Unionsmarke sollte nicht durch Verzicht vor dem sonst unvermeidbaren Verlust und anschließende Umwandlung gerettet werden können. Diese Möglichkeit der „Rettung" wiederum ergibt sich daraus, dass in der Mehrzahl der Mitgliedstaaten die aus einer Umwandlung hervorgehenden nationalen Rechte Neueintragungen sind, die eine neue fünfjährige Benutzungsschonfrist genießen und daher nicht mit Verfallsantrag angreifbar sind (näher → MarkenG § 26 Rn. 19 f.).

II. Teilumwandlung

Der Verweis auf das Wort „soweit" in Abs. 1 lit. a und b bedeutet, dass eine Umwandlung **14** auch dann möglich ist, wenn die Markenanmeldung oder Marke nur teilweise zurückgewiesen oder zurückgenommen wurde, dann allerdings auch nur in diesem Umfang. Dies bedeutet, dass das Waren- und Dienstleistungsverzeichnis für die Umwandlung nicht über die Waren und Dienstleistungen hinausgehen darf, für die die Unionsmarkenanmeldung zurückgewiesen wurde oder die Unionsmarke ihre Wirkung verloren hat.

Art. 22 lit. e UMDV zeigt, dass es auch eine gewillkürte Teilumwandlung gibt. Bei einer **15** Zurückweisung oder Zurücknahme kann nach Wunsch nur für einen Teil des zurückgewiesenen bzw. zurückgenommenen Waren- und Dienstleistungsverzeichnisses umgewandelt werden. Auch kann für verschiedene Mitgliedstaaten mit unterschiedlichen Waren- und Dienstleistungsverzeichnissen umgewandelt werden. Der Markeninhaber/-anmelder ist also relativ frei und kann das Waren- und Dienstleistungsverzeichnis den Umständen in den einzelnen Mitgliedstaaten bei der Umwandlung anpassen. Bei einer Zurückweisung für beispielsweise „alkoholische Getränke" kann somit eine Teilumwandlung für zB „Rum" vorgenommen werden.

III. Kein Ausschluss der Umwandlung

Die Umwandlung ist gemäß Abs. 2 ausgeschlossen für die Mitgliedstaaten, in denen nach **16** einer nicht mehr anfechtbaren Entscheidung des Amtes Eintragungshindernisse oder Verfalls- oder Nichtigkeitsgründe bestehen.

In den Alicante News vom 1.2.2022 bezog das Amt Stellung zu der Konstellation, dass nach **17** der Entscheidung über eine **Zurückweisung aufgrund absoluter Gründe und innerhalb der Beschwerdefrist eine Unionsmarke zurückgenommen** wird. Das Amt führte aus, dass die Zurücknahme in dieser Konstellation weiterhin möglich ist und der Status der Unionsmarke in der eSearch Plus Datenbank auch als „zurückgenommen" statt „zurückgewiesen" geführt wird. Allerdings führte das Amt weiter aus, dass die Zurückweisungsentscheidung in der eSearch Case Law Datenbank öffentlich verfügbar sein wird. Da diese Entscheidung nicht zurückgenommen sei, könne sie weiterhin rechtliche Wirkung entfalten. Das Amt sagte dabei ausdrücklich, dass diese rechtliche Wirkung durchgesetzt werden könne, zum Beispiel, indem die **Umwandlung einer Unionsmarke in eine nationale Marke in solchen Konstellationen** nach Art. 139 Abs. 2 lit. b ausgeschlossen ist.

Es sollte unwahrscheinlich sein, dass diese Praxis des Amts der Rechtsprechung des EuG/EuGH **18** standhält. Schließlich bezieht sich Art. 139 Abs. 2 lit. b auf „die" und nicht „eine" Entscheidung (womit die Zurückweisungsentscheidung gemeint ist). Konsequenterweise ist die Zurückweisungsentscheidung in der beschriebenen Konstellation noch nicht rechtskräftig, weshalb die Umwandlung eben auch nicht aufgrund dieser Entscheidung, sondern allein aufgrund der Zurücknahme erfolgt. Auch ist unklar, warum das Amt diese Praxis lediglich auf Fälle von absoluten Zurückweisungsgründen bezieht.

Sinn dieses Ausschlusses ist, eine Umgehung der Folgen bestandskräftiger Entscheidungen auf **19** EU-Ebene über das Vorliegen von Eintragungshindernissen oder Löschungsgründen zu verhindern. Möglich bleibt jedoch in den meisten Fällen die „Flucht in die Umwandlung", also vollständige oder anteilige Zurücknahme oder Verzicht auf die Anmeldung oder die Eintragung und anschließende Umwandlung.

1. Verfallserklärung aufgrund Nichtbenutzung (Abs. 2 lit. a)

20　　Wird eine Marke aufgrund Nichtbenutzung für verfallen erklärt, so ist die Umwandlung nach Abs. 2 lit. a in der Regel für das gesamte EU-Gebiet ausgeschlossen.

21　　Zwar macht das Gesetz die Einschränkung, dass die Umwandlungsmöglichkeit für die Mitgliedstaaten erhalten bleibt, die die Benutzung der Marke in diesem Territorium nach nationalem Recht als ausreichend ansehen. Allerdings wird dieser Fall praktisch kaum eintreten, denn eine rechtserhaltende Benutzung einer nationalen Marke stellt nach heutiger Praxis meist auch eine rechtserhaltende Benutzung einer Unionsmarke dar. Daran hat auch die Entscheidung des EuGH in der Sache ONEL zur Auslegung des Begriffs „ernsthafte Benutzung" nicht viel geändert (EuGH C-149/11, GRUR Int 2013, 137 – Leno Merken/Hagelkruis Beheer – ONEL; → Art. 18 Rn. 1).

21.1　　Derzeit vor der Großen Beschwerdekammer anhängig (unter EUIPO R 1508/2019-G – Zara) und bislang eben wegen ihrer zahlenmäßig geringen praktischen Bedeutung ungeklärt ist die Frage, wann und wie genau das Amt prüft und dem Antragsteller mitteilt, dass die Ausnahme nach Abs. 2 lit. a nicht greift. Soweit in dem Vorlagebeschluss vom 19.11.19 (EUIPO R 1508/2019-5 Rn. 23) jedoch angemerkt wird, dass es unklar sei, ob das EUIPO oder die nationalen Ämter darüber zu entscheiden haben, ob die Ausnahme greift, scheint dies Art. 140 Abs. 2 zu widersprechen (→ Art. 140 Rn. 14).

2. Entgegenstehen eines Eintragungshindernisses oder Verfalls- oder Nichtigkeitsgrundes (Abs. 2 lit. b)

22　　Hat das EUIPO (bzw. im Instanzenzug folgend das EuG bzw. der EuGH) oder ein einzelstaatliches Gericht entschieden, dass der Marke(-nanmeldung) ein Eintragungshindernis bzw. ein Verfalls- oder Nichtigkeitsgrund entgegensteht, so ist die Umwandlung ausgeschlossen für den oder die Mitgliedstaaten, in denen dieser Grund nach der Entscheidung eingreift.

23　　Relevant ist ausschließlich die Entscheidung. Insoweit besteht auch kein Ermessen, wenn das EUIPO die Zulässigkeit der Umwandlung prüft gemäß Art. 140 Abs. 2. Zuständig für diese Prüfung ist allein das EUIPO (→ Art. 140 Rn. 14). Dabei ist auf den klaren Inhalt der Entscheidung abzustellen, die nicht ausufernd weit ausgelegt werden darf.

24　　Entscheidend ist das Vorliegen einer rechtskräftigen Entscheidung, der Status einer nicht-rechtskräftigen Entscheidung ist nicht ausreichend. Dies ist relevant, wenn einer Unionsmarkenanmeldung beispielsweise der Schutz aufgrund absoluter Eintragungshindernisse (lediglich rein beschreibend/keine Unterscheidungskraft, zB mit Blick auf bestimmte Sprachen) versagt wird und hinsichtlich dieser Entscheidung noch die Beschwerdefrist läuft, die Unionsmarkenanmeldung aber in dieser Frist zurückgenommen und die Umwandlung beantragt wird. Hier gilt nichts anderes wie bei der Zurücknahme selbst (vgl. → Art. 49 Rn. 4 ff.). Somit kann bei entsprechender Zurücknahme auch eine Umwandlung in die „kritischen Länder" erfolgen, da eben gerade keine entgegenstehende Entscheidung vorliegt. Dies hat die Vierte BK in einer neueren Entscheidung zutreffend und wie schon bei Art. 49 richtigerweise am Wortlaut orientiert bestätigt (EUIPO 4. BK v. 26.9.2022 – R-1241/2020-4 – NIGHTWATCH).

25　　**Absolute Eintragungshindernisse** von Wortmarken oder Wortbestandteilen werden häufig in einer bestimmten Sprache festgestellt (beschreibender Charakter/keine Unterscheidungskraft). Art. 140 Abs. 4 stellt klar, dass aus einer solchen Entscheidung folgt, dass die Umwandlung für diejenigen Mitgliedstaaten unzulässig ist, in denen diese Sprache **Amtssprache** ist. Dies ist anders, wenn die Entscheidung klarstellt, dass der absolute Grund auch in anderen Mitgliedstaaten greift, etwa weil die Sprache in der betreffenden Sparte allgemein bekannt ist (zB Englisch im IT- oder Finanzbereich) oder es sich um einen einfachen Begriff der Sprache handelt, der auch in anderen Mitgliedstaaten bekannt ist.

26　　Nach Art. 140 Abs. 4 S. 2 ist die Umwandlung gänzlich ausgeschlossen, wenn sich das Eintragungshindernis auf die gesamte EU erstreckt. Dies ist der Fall, wenn ein absolutes Eintragungshindernis in allen Mitgliedstaaten vorliegt (etwa fehlende Unterscheidungskraft bei nicht verbalen Marken oder Funktionalität von Formmarken). Selbst in Fällen fehlender Unterscheidungskraft von Bildmarken oder anderen nicht verbalen Marken bleibt eine Umwandlung aber für diejenigen Mitgliedstaaten möglich, für die im Zuge des Löschungsverfahrens nachgewiesen wurde, dass die Marke Unterscheidungskraft erlangt hat. Hierzu ist jedoch konkreter Sachvortrag erforderlich; das Amt ist nicht verpflichtet, von sich aus die Unterscheidungskraft einer Marke in allen Mitgliedstaaten genau zu untersuchen, um Umwandlung zu ermöglichen (EuG T-236/12, BeckRS 2013, 81390 – NEO).

Nach Art. 140 Abs. 4 S. 2 ist die Umwandlung auch gänzlich ausgeschlossen, wenn eine ältere **27** Unionsmarke bzw. ein sonstiges unionsrechtliches gewerbliches Schutzrecht das Entgegenstehen eines relativen Eintragungshindernisses auslöst.

Das Amt stützt Widerspruchs- und Nichtigkeitsentscheidungen, die auf **relativen Eintra- 28 gungshindernissen** basieren und zu Gunsten des älteren Rechts ausgehen, in der Regel nur auf ein älteres Recht, nämlich dasjenige, welches das Ergebnis am einfachsten begründet. Auch wenn der Inhaber dieses älteren Rechts eine Vielzahl älterer Rechte ins Spiel bringt, wird in der Regel nur eines geprüft. Dies führt natürlich dazu, dass der Anmelder oder Inhaber der zurückgewiesenen oder für nichtig erklärten Unionsmarke überall dort umwandeln kann, wo dieses ältere Recht nicht besteht. Das EuG hat dies bereits in der Entscheidung MGM (EuG T-342/02, GRUR Int 2005, 56; → Art. 67 Rn. 1) gutgeheißen. Der Streitgegenstand eines Widerspruchs oder Nichtigkeitsantrags ist der Bestand der Unionsmarke(-nanmeldung), nicht die indirekte Folge der möglichen Umwandlung (oder deren Verhinderung). Das mag aus Sicht des Widersprechenden oder Nichtigkeitsantragstellers misslich sein, ist aber systemgerecht.

Art. 140 Abs. 4 S. 2 stellt klar, dass die Umwandlung insgesamt ausgeschlossen ist, wenn die **29** Zurückweisung aufgrund einer älteren Unionsmarke oder eines sonstigen unionsrechtlichen gewerblichen Schutzrechts erfolgt.

Dies ist problematisch, wenn zB Verwechslungsgefahr mit einer älteren Unionsmarke festgestellt **30** wird, die Begründung aber auf bestimmte territoriale Gegebenheiten gestützt wird (EuGH C-233/15, GRUR 2016, 1166 – combit/Commit; C-93/16, GRUR 2017, 1132 – KERRYGOLD; → Art. 1 Rn. 7 ff.). Trotz der territorial beschränkten Gründe, die dann eine Verwechslungsgefahr begründen, ist die Umwandlung für alle Mitgliedstaaten gesperrt.

IV. Umwandlungsantrag

Die Umwandlung setzt einen Antrag mit den in Art. 22 UMDV genannten Angaben voraus **31** (Art. 140 Abs. 1). Die folgenden Angaben müssen enthalten sein:
1. Name und Anschrift des Antragstellers;
2. das Aktenzeichen der Anmeldung oder die Eintragungsnummer der Marke;
3. die Angabe des Mitgliedstaats oder der Mitgliedstaaten, für die die Umwandlung beantragt wird;
4. das Waren- und Dienstleistungsverzeichnis, falls nicht alle Waren und Dienstleistungen umfasst werden sollen und eine entsprechend differenzierte Auflistung, sofern diese innerhalb der Mitgliedstaaten abweichen, für die umgewandelt werden soll;
5. bei einer Umwandlung nach Art. 139 Abs. 6 eine Anschrift der Entscheidung des nationalen Gerichts und das Datum der Rechtskraft dieser Entscheidung.

Sind diese Vorgaben nicht eingehalten, so teilt dies das EUIPO dem Antragsteller mit und setzt **32** eine Frist zur Mängelbehebung (Art. 140 Abs. 3).

Das Online-Formblatt ist abrufbar auf der Website des Amts unter https://euipo.europa.eu/ **33** ohimportal/de/forms-and-filings.

Der Umwandlungsantrag für eine Unionsmarkenanmeldung muss entweder in der Sprache, in **34** der die Anmeldung eingereicht wurde, oder der in der Anmeldung angegebenen zweiten Sprache eingereicht werden. Bei einer eingetragenen Unionsmarke kann der Antrag in jeder der fünf Sprachen des Amts eingereicht werden. Die Teilungserklärung ist schriftlich in einer der fünf Sprachen des EUIPO abzugeben. Bei Verwendung des Formblatts nach Art. 65 DVUM kann aber eine beliebige Amtssprache der Europäischen Union gewählt werden, wenn die Textfelder in einer der Amtssprachen ausgefüllt werden.

V. Umwandlungsfrist

Die Frist zur Stellung des Umwandlungsantrages beträgt drei Monate (Art. 139 Abs. 4–6 iVm **35** Art. 140 Abs. 1). In Art. 105 Abs. 2 ist diese Frist explizit von der Möglichkeit der **Weiterbehand- lung** ausgenommen (→ Art. 105 Rn. 1).

Grundsätzlich wird der Markenanmelder von der Umwandlungsfrist nicht durch das EUIPO **36** informiert. Nur im Falle der **Fiktion der Zurücknahme** teilt das EUIPO dies dem Markenan- melder mit und setzt eine dreimonatige Frist zur Umwandlung (Abs. 4). Bei der **Zurücknahme** oder im Falle des **Verlusts der Wirkung** beginnt die Dreimonatsfrist ab dem Datum, zu dem die betreffende Rechtsfolge eintritt, ohne entsprechende Mitteilung (Abs. 5).

37   Genaueres wird in der folgenden Tabelle dargestellt:

Ereignis	Beginn der Dreimonatsfrist	Bestimmungen
Zurücknahme	Eingang der Erklärung der Zurücknahme beim EUIPO	Abs. 5
Wirkungsverlust aufgrund Entscheidung eins Unionsmarkengerichts	Tag der Rechtskraft der Entscheidung (maßgeblich ist nationales Recht)	Abs. 6
Nichtvornahme der Verlängerung	Tag nach dem letzten Tag der Frist zur Stellung eines Verlängerungsantrags	Abs. 5, Art. 140 Abs. 1
Verzicht	Eintragung des Verzichts im Register	Abs. 5
Zurückweisung	Tag der Rechtskraft der Entscheidung	Abs. 6
Nichtigkeitserklärung	Tag der Rechtskraft der Entscheidung	Abs. 6
Verfall	Tag der Rechtskraft der Entscheidung	Abs. 6

38   Rechtskräftig wird die Entscheidung des Amts, wenn die zweimonatige Beschwerdefrist nach Art. 68 abläuft, ohne dass Beschwerde eingelegt worden ist (zur Beschwerdefrist weiter → Art. 68 Rn. 5 ff.).

39   Handelt es sich um eine Entscheidung der Beschwerdekammern tritt Rechtskraft ein mit Ablauf der Frist für die Klage beim EuG oder, wenn auch in dieser Instanz Rechtsmittel eingelegt werden, mit Ablauf der Frist für die Klage beim EuGH. Bei den Fristen für das Einlegen von Rechtsmitteln zu EuG und EuGH ist zu beachten, dass die pauschale Entfernungsfrist von zehn Tagen in die Berechnung einzubeziehen ist. Zu beachten ist ferner, dass bei EuG und EuGH Fristen, deren Ende auf einen Samstag, Sonntag oder gesetzlichen Feiertag fällt, erst mit Ablauf des folgenden Werktags ablaufen (zur Frist zur Einreichung von Klagen beim EuG, inklusive Zustellungsfiktion, weiter → Art. 72 Rn. 10 ff.).

40   Hervorzuheben ist, dass im Falle der Nichtvornahme der Verlängerung der letzte Tag zur Stellung des Verlängerungsantrags ganze sechs Monate nach Schutzende liegt (Art. 53 Abs. 3). Dies bedeutet, dass eine Umwandlung noch bis zu neun Monate nach dem Schutzende erfolgen kann. Dies ergibt sich explizit aus Art. 140 Abs. 1, während aus einer Zusammenschau von Abs. 5 aE und Art. 53 Abs. 8 eigentlich ein Dreimonatszeitraum folgen würde. Den Zeitraum von neun Monaten nach eigentlichem Ablauf der Unionsmarke für die Stellung des Umwandlungsantrags (bei erfolgter und maximal später Verlängerung) sollte man im Rahmen möglicher **Konflikte** im Hinterkopf behalten und sich nicht nur auf das Ende der Schutzdauer verlassen.

41   Wird der Umwandlungsantrag verspätet gestellt, erlischt die Wirkung des Art. 37 (Abs. 7). Die Unionsmarkenanmeldung hat damit nicht mehr die Wirkung einer vorschriftsmäßigen nationalen Hinterlegung.

42   Liegt eine internationale Registrierung mit Benennung der EU vor, so kann der Inhaber die Umwandlung der EU-Benennung in nationale Markenanmeldung der Mitgliedstaaten (oder eines Teils davon) beantragen. Er kann aber auch die Umwandlung in nachträgliche Benennungen der Mitgliedstaaten (oder eines Teils davon) beantragen. Eine weitere Möglichkeit ist die Umwandlung in eine Kombination von nationalen Markenanmeldungen und nachträglichen Benennungen (vgl. auch Prüfungsrichtlinien für die Unionsmarke, Teil E, Abschnitt 2, 2.2).

43   Als Umwandlungsgründe kommen bei Benennungen der EU folgende Fälle in Betracht, bei denen sie ihre Wirkung verliert:
- Regel 25 Abs. 1 und 27 GAusfO MMA/PMMA: ein Verzicht auf die Benennung der EU wurde im internationalen Register eingetragen.
- Art. 198 UMV und Art. 198 Abs. 3 UMV, Art. 34 lit. a–g UMDV: Die Wirkung der internationalen Registrierung mit Benennung der EU wurde für nichtig erklärt (vom Amt oder einem Unionsmarkengericht).
- Regel 31 Abs. 4 lit. b GAusfO MMA/PMMA: Benachrichtigung von WIPO an das Amt, dass Erneuerung nicht erfolgt ist (und Nachfrist abgelaufen).

• Art. 33 Abs. 2 lit. b und c UMDV, Art. 78 Abs. 5 lit. b und c DVUM: endgültige Ablehnung der internationalen Registrierung mit Benennung der EU durch das Amt (vgl. auch Prüfungsrichtlinien für die Unionsmarke, Teil E, Abschnitt 2, 2.2.).

VI. Gebühr

Nach → Anh. I Rn. 1 beträgt die an das EUIPO zu entrichtende Gebühr pro Umwandlungsan- **44** trag 200 Euro. Die Gebühr ist innerhalb der Dreimonatsfrist zu bezahlen (Art. 140 Abs. 3 S. 5, Art. 139 Abs. 4, 5, 6), ansonsten gilt der Umwandlungsantrag als nicht gestellt. Die Gebühr ist unabhängig von der Zahl der benannten Mitgliedstaaten.

VII. Folgen

Art. 37, auf den Abs. 7 ausdrücklich verweist, besagt, dass eine Marke bzw. Markenanmeldung **45** auf mitgliedstaatlicher Ebene zugleich die Wirkung einer vorschriftsmäßigen nationalen Hinterlegung hat. Erfolgt die Übermittlung des Umwandlungsantrags an die nationalen Markenämter, folgt aus dieser Hinterlegungswirkung eine nationale Markenanmeldung. Abs. 3 regelt, dass diese den Anmeldetag und das Prioritätsdatum behält. Von der Feststellung des Anmeldetages durch das EUIPO geht eine formale und materielle Bindungswirkung gegenüber den nationalen Markenämtern aus (Eisenführ/Schennen/Schennen Art. 112 Rn. 27). Eine formale Bindungswirkung besteht hinsichtlich der Feststellung des Prioritätsanspruchs, dh es bleibt überprüfbar, ob die Priorität zu Recht in Anspruch genommen wurde (Eisenführ/Schennen/Schennen Art. 112 Rn. 27 f.).

Nach Abs. 3 bleibt auch die Seniorität in einem Mitgliedstaat erhalten, für den die Umwandlung **46** beantragt wird. Ob die ältere nationale Marke, auf die der Senioritätsanspruch gestützt wurde, noch besteht, ist dabei nicht entscheidend.

Was die Auswirkungen der Umwandlung in nationale Markenanmeldungen (und daraus resul- **47** tierende Eintragungen) auf anhängige auf die umgewandelte Unionsmarke(-nanmeldung) gestützte Verfahren betrifft, steht zumindest für Verfahren vor dem EUIPO fest, dass die ältere (Unions-)Marke durch die aus der Umwandlung hervorgegangene Marke ersetzt und das Verfahren fortgesetzt werden kann. Dies entschied die Große Beschwerdekammer bereits im Jahr 2008 (EUIPO R 1313/1006-G – cardiva). Für nationale Verfahren ist dies jedoch weniger klar und bestehen große Unterschiede innerhalb der EU (und selbst in Deutschland; eingehend → MarkenG § 42 Rn. 83 ff.).

C. Brexit

Eine **Sonderform der „Umwandlung"** hat nach Ablauf der Übergangsfrist für alle eingetra- **48** genen Unionsmarken im Vereinigten Königreich stattgefunden (näher → Art. 1 Rn. 19 ff.).

Für Unionsmarkenanmeldungen, die bis zum 1.1.2021 noch nicht als Unionsmarke eingetragen waren, **48.1** musste **bis zum 30.9.2021** ein Antrag beim UK IPO gestellt werden. Das UK IPO prüfte diese Anmeldungen sodann nach britischem Markenrecht. Bei Eintragung erhielten die resultierenden britischen Marken das Anmeldedatum der Unionsmarke(-nanmeldung).

Diese „Umwandlung" erfolgt automatisch und kostenfrei. Sie hatte jedoch mit der hier behan- **49** delten Umwandlung nach Art. 139 ff. nichts zu tun, da die Unionsmarke bei dieser „Sonderumwandlung" bestehen blieb und das EUIPO auch nicht inhaltlich einbezogen wurde.

Eine Umwandlung in eine britische Marke ist immer noch möglich in Fällen, in denen eine **50** „alte" Unionsmarke in einem „alten" Verfahren hängt, das bereits vor den vorgenannten Daten anhängig war und erst danach entschieden wird, so dass die Umwandlungsvoraussetzungen auch erst zu diesem Zeitpunkt danach eintreten (vgl. dazu EUIPO 4. BK v. 26.9.2022 – R-1241/2020-4 – NIGHTWATCH). Selbstverständlich gelten die gesetzlichen Zeitvorgaben aber auch in diesen Fällen.

Art. 140 Einreichung, Veröffentlichung und Übermittlung des Umwandlungsantrags

(1) [1]**Der Umwandlungsantrag ist innerhalb der in Artikel 139 Absätze 4, 5 oder 6 bestimmten Frist beim Amt zu stellen; der Antrag umfasst die Angabe der Gründe für die Umwandlung gemäß Artikel 139 Absatz 1 Buchstabe a oder b, der Mitgliedstaaten, für die die Umwandlung beantragt wird, und der Waren und Dienstleistungen, die**

Gegenstand der Umwandlung sind. [2]Wird die Umwandlung nach erfolglosem Antrag auf Verlängerung der Eintragung beantragt, beginnt die in Artikel 139 Absatz 5 vorgesehene Dreimonatsfrist an dem Tag, der auf den Tag folgt, an dem der Antrag auf Verlängerung gemäß Artikel 53 Absatz 3 spätestens gestellt werden könnte. [3]Der Antrag gilt erst als gestellt, wenn die Umwandlungsgebühr entrichtet worden ist.

(2) Betrifft der Umwandlungsantrag eine bereits veröffentlichte Anmeldung einer Unionsmarke oder eine Unionsmarke, so ist ein Hinweis auf den Eingang des Antrags in das Register einzutragen und der Umwandlungsantrag ist zu veröffentlichen.

(3) [1]Das Amt überprüft, ob der Umwandlungsantrag den Erfordernissen dieser Verordnung, insbesondere Artikel 139 Absätze 1, 2, 4, 5 und 6 sowie Absatz 1 des vorliegenden Artikels entspricht und ob die formalen Erfordernisse erfüllt sind, die in dem gemäß Absatz 6 des vorliegenden Artikels erlassenen Durchführungsrechtsakt festgelegt sind. [2]Sind die Erfordernisse für den Antrag nicht erfüllt, so teilt das Amt dem Antragsteller die Mängel mit. [3]Werden die Mängel nicht innerhalb einer vom Amt festgesetzten Frist beseitigt, so weist es den Umwandlungsantrag zurück. [4]Findet Artikel 139 Absatz 2 Anwendung, so weist das Amt den Umwandlungsantrag nur in Bezug auf die Mitgliedstaaten als unzulässig zurück, für die die Umwandlung nach der genannten Bestimmung ausgeschlossen ist. [5]Wird die Umwandlungsgebühr nicht innerhalb der maßgeblichen Frist von drei Monaten gemäß Artikel 139 Absatz 4, 5 oder 6 gezahlt, so teilt das Amt dem Antragsteller mit, dass der Umwandlungsantrag als nicht gestellt gilt.

(4) [1]Hat das Amt oder ein Unionsmarkengericht wegen absoluter Eintragungshindernisse bezüglich der Sprache eines Mitgliedstaats die Unionsmarkenanmeldung zurückgewiesen oder die Unionsmarke für nichtig erklärt, so ist die Umwandlung nach Artikel 139 Absatz 2 für alle Mitgliedstaaten unzulässig, in denen die betreffende Sprache Amtssprache ist. [2]Hat das Amt oder ein Unionsmarkengericht wegen absoluter, überall in der Union geltender Eintragungshindernisse oder aufgrund einer älteren Unionsmarke oder eines sonstigen gewerblichen Schutzrechts der Union die Unionsmarkenanmeldung zurückgewiesen oder die Unionsmarke für nichtig erklärt, so ist die Umwandlung nach Artikel 139 Absatz 2 für alle Mitgliedstaaten unzulässig.

(5) [1]Genügt der Umwandlungsantrag den Erfordernissen des Absatzes 3 dieses Artikels, so übermittelt das Amt den Umwandlungsantrag und die in Artikel 111 Absatz 2 genannten Daten an die Zentralbehörden für den gewerblichen Rechtsschutz der Mitgliedstaaten, einschließlich des Benelux-Büros für geistiges Eigentum, für die der Antrag als zulässig beurteilt wurde. [2]Das Amt teilt dem Antragsteller das Datum der Weiterleitung seines Antrags mit.

(6) Die Kommission erlässt Durchführungsrechtsakte, in denen Folgendes festgelegt wird:
a) die Einzelheiten, die in einem Antrag auf Umwandlung der Anmeldung einer Unionsmarke oder einer eingetragenen Unionsmarke in eine Anmeldung für eine nationale Marke gemäß Absatz 1 anzugeben sind;
b) die Einzelheiten, die bei der Veröffentlichung des Umwandlungsantrags nach Absatz 2 anzugeben sind. Diese Durchführungsrechtsakte werden nach dem Prüfverfahren gemäß Artikel 207 Absatz 2 erlassen.

Überblick

Art. 140 regelt das Verfahren im Zusammenhang mit einem Umwandlungsantrag. Das EUIPO hat dabei die Aufgabe, die unter Abs. 3 S. 1 aufgeführten Voraussetzungen und insbesondere die Zulässigkeit des Umwandlungsantrags zu überprüfen (→ Rn. 14). Somit gibt es eine Teilung der Zuständigkeiten bei der Prüfung zwischen EUIPO und nationalem Amt. Die Umwandlungsfrist beträgt drei Monate (→ Rn. 9), die Umwandlungsgebühr 200 Euro (→ Rn. 10). Der Umwandlungsantrag wird im Markenregister veröffentlicht (→ Rn. 11) und vom EUIPO geprüft (→ Rn. 14). Art. 22 und 23 UMDV ergänzen diese Vorschrift. Insofern wurde mit der Einführung der Art. 22 und 23 UMDV von der in Abs. 6 festgelegten Ermächtigung Gebrauch gemacht.

A. Allgemeines

Art. 140 regelt mittelbar eine Teilung der Zuständigkeit zur Prüfung der Zulässigkeit des **1** Umwandlungsantrags und der daraus entstehenden nationalen Anmeldung(en).

Die in Abs. 3 geregelten Punkte, nämlich die Übereinstimmung des Umwandlungsantrags mit **2** den in Art. 139, 140 und Art. 22, 23 UMDV aufgeführten Voraussetzungen, werden vom EUIPO geprüft und sind nicht durch das nationale Amt überprüfbar.

Dies folgte aus der Änderung der (damals noch) GMV im Zuge der Reform 2004. Zuvor lag die **2.1** Zuständigkeit für die Prüfung der Zulässigkeit der Umwandlung für bestimmte Mitgliedstaaten bei deren Ämtern.

Dies gewährleistet eine einheitliche Behandlung des Umwandlungsantrags und Rechtssicherheit zu **2.2** Gunsten des Markenanmelders. Dieser kann sich darauf verlassen, dass die Zulässigkeit des Umwandlungsantrags durch ein einheitliches Verfahren festgelegt und nicht nationalstaatlichen Unterschieden, zB in der Auslegung von Entscheidungen, unterworfen wird.

B. Voraussetzungen

Der Umwandlungsantrag muss den Regelungen in Art. 140 iVm Art. 22 und 23 UMDV **3** entsprechen, um zulässig zu sein. Abs. 1 fordert nach der Neufassung nunmehr direkt die Anforderung der Einhaltung der in Art. 139 Abs. 4, 5 und 6 geregelten Frist (→ Art. 139 Rn. 35). Die erforderlichen Angaben wurden in Abs. 1 Hs. 2 konkretisiert und betreffen Umwandlungsgründe, Mitgliedstaaten für die Umwandlung und die betroffenen Waren und Dienstleistungen. Der Fall der Nichtverlängerung einer Eintragung ist nun explizit aufgenommen (S. 2). Die Dreimonatsfrist beginnt (wie auch schon vorher) an dem Tag, der auf den Tag folgt, an dem der Antrag auf Verlängerung gemäß Art. 53 Abs. 3 spätestens gestellt werden könte (→ Art. 139 Rn. 37).

I. Form und Empfänger

Der Umwandlungsantrag ist schriftlich mit den in Art. 22 UMDV genannten Angaben **beim** **4** **EUIPO** (und nicht bei den nationalen Markenämtern) einzureichen.

Die folgenden Angaben müssen enthalten sein: **5**

1. Name und Anschrift des Antragstellers;

2. das Aktenzeichen der Anmeldung oder die Eintragungsnummer der Marke;

3. die Angabe des Mitgliedstaats oder der Mitgliedstaaten, für die die Umwandlung beantragt wird;

4. das Waren- und Dienstleistungsverzeichnis, falls nicht alle Waren und Dienstleistungen umfasst werden sollen und eine entsprechend differenzierte Auflistung, sofern diese innerhalb der Mitgliedstaaten abweichen, für die umgewandelt werden soll;

5. bei einer Umwandlung nach Art. 139 Abs. 6 eine Anschrift der Entscheidung des nationalen Gerichts und das Datum der Rechtskraft dieser Entscheidung.

Sind diese Vorgaben nicht eingehalten, so teilt dies das EUIPO dem Antragsteller mit und setzt **6** eine Frist zur Mängelbehebung (Art. 140 Abs. 3).

Das Online-Formblatt ist abrufbar auf der Website des Amts unter https://euipo.europa.eu/ **7** ohimportal/de/forms-and-filings.

Der Umwandlungsantrag für eine Unionsmarkenanmeldung muss entweder in der Sprache, in **8** der die Anmeldung eingereicht wurde, oder der in der Anmeldung angegebenen zweiten Sprache eingereicht werden. Bei einer eingetragenen Unionsmarke kann der Antrag in jeder der fünf Sprachen des Amts eingereicht werden. Die Teilungserklärung ist schriftlich in einer der fünf Sprachen des EUIPO abzugeben. Bei Verwendung des Formblatts nach Art. 65 DVUM kann aber eine beliebige Amtssprache der Europäischen Union gewählt werden, wenn die Textfelder in einer der Amtssprachen ausgefüllt werden.

II. Umwandlungsfrist

9   Die Umwandlungsfrist beträgt drei Monate. Wird der Antrag nicht innerhalb der Dreimonatsfrist eingereicht, gilt er als nicht gestellt (→ Art. 139 Rn. 35 ff.).

III. Umwandlungsgebühr

10   Die Umwandlungsgebühr in Höhe von 200 Euro ist innerhalb der Dreimonatsfrist zu bezahlen. Der Antrag gilt erst mit Zahlung der Umwandlungsgebühr als gestellt (Abs. 1 S. 2) (→ Art. 139 Rn. 44).

C. Veröffentlichung

11   Abs. 2 bestimmt, dass der Umwandlungsantrag im Markenregister veröffentlicht werden muss, wenn die Markenanmeldung zuvor auch veröffentlicht wurde. Art. 23 UMDV bestimmt dazu die Einzelheiten. Die Neufassung des Abs. 2 mit der Reform 2016 betrifft lediglich eine Wortlautanpassung und die Hinzufügung der Notwendigkeit der Veröffentlichung des Umwandlungsantrags im Falle einer Eintragung.

11.1   Die Veröffentlichung enthält die folgenden Angaben:
1. das Aktenzeichen der Anmeldung oder die Eintragungsnummer der Marke;
2. einen Hinweis auf die frühere Veröffentlichung der Anmeldung oder der Eintragung im Blatt für Unionsmarken;
3. die Angabe des Mitgliedstaats oder der Mitgliedstaaten, für die die Umwandlung beantragt wird;
4. das Waren- und Dienstleistungsverzeichnis, falls nicht alle Waren und Dienstleistungen umfasst werden sollen und eine entsprechend differenzierte Auflistung, sofern diese innerhalb der Mitgliedstaaten abweichen, für die umgewandelt werden soll;
5. das Datum des Umwandlungsantrags.

12   Praktisch werden die Umwandlungsanträge allerdings nicht in der Online-Datenbank vermerkt und der Status muss meist anhand der frei zugänglichen Online-Akte überprüft werden (v. Bomhard/v. Mühlendahl/Hall, Concise European Trade Mark Law, 3. Aufl. 2018, Art. 140 Nr. 2).

13   Die Umwandlung einer noch nicht veröffentlichten Markenanmeldung wird auch nicht veröffentlicht.

D. Prüfung des Umwandlungsantrags

14   Der Umwandlungsantrag wird vom EUIPO geprüft. Dabei prüft es die Übereinstimmung des Umwandlungsantrags mit den in Art. 139, 140 und Art. 22, 23 UMDV aufgeführten Voraussetzungen. **Abs. 3** enthält in der neuen Fassung direkte Regelungen für den Fall, dass Mängel bei dem Umwandlungsantrag vorliegen, ein Fall des Art. 12 Abs. 2 vorliegt (Ausschluss der Umwandlung), die Umwandlungsgebühr nicht gezahlt wird.

15   Die Prüfung durch das EUIPO umfasst auch die der Zulässigkeit der Umwandlung in den einzelnen Mitgliedstaaten. Dies bedeutet, dass das EUIPO überprüft, ob für die Mitgliedstaaten, für die umgewandelt werden soll, ein Ausschlussgrund vorliegt. Abs. 4 wurde im Rahmen der Reform 2016 neu eingefügt. Somit wurde eine Klarstellung aufgenommen für die Fälle, in denen die Zurückweisung einer Anmeldung aufgrund absoluter Eintragungshindernisse auf eine bestimmte Sprache des relevanten Verbraucherkreises gestützt wurde. Die Umwandlung ist dann für die Mitgliedstaaten ausgeschlossen, in denen diese Sprache Amtssprache ist. Weiterhin ist nun die Klarstellung enthalten, dass in dem gesamten Unionsgebiet herrschende Hindernisse (absolute Eintragungshindernisse oder Entgegenstehen eines älteren „Unionsrechts") eine Umwandlung auch insgesamt ausschließen (bei nachgewiesener erlangter Unterscheidungskraft für einzelne Mitgliedstaaten bleibt die Umwandlung in diese möglich, → Art. 139 Rn. 26). Die Einführung des neuen Abs. 4 ist aufgrund der in → Art. 139 Rn. 25 angesprochenen Problemfälle richtig.

16   Kommt das EUIPO zu dem Ergebnis, dass die Umwandlung unzulässig ist, so wird der Umwandlungsantrag zurückgewiesen (bzw. nur teilweise, wenn die Unzulässigkeit nur einzelne Mitgliedstaaten betrifft). Die Entscheidung kann mit der Beschwerde, die aufschiebende Wirkung hat, angegriffen werden.

E. Übermittlung

Abs. 5 enthält nunmehr Vorschriften über das Verfahren bei einem gültigen Umwandlungsan- **17** trag. Hat das Amt die Umwandlung entsprechend den obigen Ausführungen überprüft und für zulässig befunden, erfolgt die Übermittlung an die nationalen Ämter (Abs. 5 S. 1). Das Datum der Weiterleitung wird dem Antragsteller mitgeteilt (Abs. 5 S. 2, Regel 47 S. 2 GMDV), was für den Lauf der Frist in Art. 141 Abs. 3 und die von dem Anmelder in dieser Vorschrift geregelten Verfahrensschritte entscheidend ist.

Die Übermittlung erfolgt in der Verfahrenssprache des Umwandlungsverfahrens und falls sie **18** nicht Amtssprache ist in der zweiten Sprache (Art. 146 Abs. 4). Der Anmelder muss dafür Sorge tragen, dass notfalls entsprechende Übersetzungen eingereicht werden (Art. 141 Abs. 3 lit. b).

Ergänzende Auskünfte und Unterlagen kann das nationale Amt nach Art. 141 Abs. 1 vom **19** EUIPO anfordern.

F. Folgen

Die Weiterleitung des Umwandlungsantrags an das jeweilige nationale Amt resultiert in einer **20** nationalen Anmeldung. Für diese ist der Prüfungsumfang des nationalen Amtes gemäß Art. 140 eingeschränkt.

Die nationale Anmeldung behält das Anmeldedatum der Unionsmarkenanmeldung sowie etwa- **21** ige Prioritäten und Senioritäten (als echter Zeitrang) bei (Art. 139 Abs. 3, → Art. 139 Rn. 45 f.).

Art. 141 Formvorschriften für die Umwandlung

(1) Jede Zentralbehörde für den gewerblichen Rechtsschutz, der der Umwandlungsantrag übermittelt worden ist, kann vom Amt alle ergänzenden Auskünfte bezüglich dieses Antrags erhalten, die für sie bei der Entscheidung über die nationale Marke, die aus der Umwandlung hervorgeht, sachdienlich sein können.

(2) Eine Anmeldung bzw. Unionsmarke, die nach Artikel 140 übermittelt worden ist, darf nicht Formerfordernissen des nationalen Rechts unterworfen werden, die von denen abweichen, die in dieser Verordnung oder den gemäß dieser Verordnung erlassenen Rechtsakten vorgesehen sind, oder über sie hinausgehen.

(3) Die Zentralbehörde für den gewerblichen Rechtsschutz, der der Umwandlungsantrag übermittelt worden ist, kann verlangen, dass der Anmelder innerhalb einer Frist, die nicht weniger als zwei Monate betragen darf,
a) die nationale Anmeldegebühr entrichtet;
b) eine Übersetzung – in einer der Amtssprachen des betreffenden Staats – des Umwandlungsantrags und der ihm beigefügten Unterlagen einreicht;
c) eine Anschrift angibt, unter der er in dem betreffenden Staat zu erreichen ist;
d) in der von dem betreffenden Staat genannten Anzahl eine bildliche Darstellung der Marke übermittelt.

Überblick

Art. 141 normiert die Formvorschriften für die Umwandlung und richtet sich hauptsächlich an die nationalen Ämter (einschließlich des Benelux-Markenamtes).

A. Allgemeines

Die Übermittlung des Umwandlungsantrags durch das EUIPO an das nationale Amt führt zum **1** Vorliegen einer ordnungsgemäßen nationalen Anmeldung. Die Eintragungsfähigkeit ist dann durch das nationale Amt nach nationalen Vorschriften zu prüfen.

Die aus der Umwandlung entstandene nationale Anmeldung ist grundsätzlich wie jede andere **2** nationale Anmeldung zu behandeln. Allerdings bestimmt Art. 141 eine Einschränkung der Prüfungskompetenz des nationalen Amtes. Das nationale Amt kann die Übersetzung des Antrags und der beigefügten Unterlagen in eine der Amtssprachen des betreffenden Mitgliedstaats verlangen. Insbesondere wird regelmäßig eine Übersetzung des Waren- und Dienstleistungsverzeichnisses verlangt, wenn die Unionsmarkenanmeldung vor Umwandlung noch nicht veröffentlicht war (→ Rn. 6).

B. Prüfungskompetenz des nationalen Amtes

3   Die Prüfungskompetenz des nationalen Amtes ist nach Art. 141 dreistufig gegliedert: Nach Art. 140 Abs. 3 hat das nationale Amt **keine Prüfungskompetenz** hinsichtlich der **Zulässigkeit der Umwandlung.** Die **Prüfungskompetenz** des nationalen Amtes erstreckt sich auf die in **Abs. 2 genannten Punkte.** Weitere Prüfungsanforderungen dürfen nicht über die in der UMV und UMDV geregelten hinausgehen oder von ihnen abweichen. Das nationale Amt hat hinsichtlich der **materiellen Voraussetzungen** der nationalen Anmeldung die **volle Prüfungskompetenz.**

4   Die Einschränkung der Prüfungskompetenz des nationalen Amtes bedeutet, dass keine zusätzlichen Anforderungen an die Anmeldung der Marke gestellt werden dürfen. Wenn es strengere oder weitergehende nationale Vorschriften zB über die Wiedergabe der Markenanmeldung (insbesondere bei Hörmarken, dreidimensionalen Marken etc) gibt, muss der Anmelder diese nicht erfüllen, also zB nicht nach nationalem Recht zusätzlich erforderliche Wiedergaben der Marke einreichen. Die Erfüllung der Anforderungen nach der UMV und UMDV bleibt ausreichend.

5   In Deutschland geht die Nachwirkung der Prüfung durch das EUIPO sogar so weit, dass zuvor eingetragene Unionsmarken, die ihre Wirkung verloren haben (Art. 139 Abs. 1 lit. b), nach der Weiterleitung des Umwandlungsantrages ohne zusätzliche Prüfung eingetragen werden.

C. Weitergehende nationale Anforderungen

6   In Abs. 3 sind diejenigen zusätzlichen Anforderungen geregelt, die das jeweilige nationale Amt im Zusammenhang mit der formellen Prüfung aufstellen darf. Das nationale Amt darf die folgenden Voraussetzungen aufstellen: Zahlung einer nationalen Anmeldegebühr (Abs. 3 lit. a), Einreichen einer Übersetzung in einer der offiziellen Sprachen des nationalen Amtes (Abs. 3 lit. b), Angabe einer Anschrift in dem Mitgliedstaat des nationalen Amtes (Abs. 3 lit. c), Übermittlung der von dem nationalen Amt geforderten bildlichen Darstellungen der Marke (Abs. 3 lit. d).

7   Zur Erfüllung dieser Voraussetzungen kann das nationale Amt eine Frist setzen, die mindestens zwei Monate betragen muss.

D. Anforderung zusätzlicher Auskünfte

8   Das nationale Amt kann nach Abs. 1 vom EUIPO zusätzliche Auskünfte anfordern. Parktisch gilt dies, wenn die Angaben auf dem Formblatt zur Umwandlung, welches das EUIPO an das nationale Amt übermittelt, nicht ausreichen.

Kapitel XII. Das Amt

Abschnitt 1. Allgemeine Bestimmungen

Art. 142 Rechtsstellung

(1) ¹Das Amt ist eine Agentur der Union. ²Es besitzt Rechtspersönlichkeit.

(2) Es besitzt in jedem Mitgliedstaat die weitestgehende Rechts- und Geschäftsfähigkeit, die juristischen Personen nach dessen Rechtsvorschriften zuerkannt ist; es kann insbesondere bewegliches und unbewegliches Vermögen erwerben oder veräußern und ist vor Gericht parteifähig.

(3) Das Amt wird von seinem Exekutivdirektor vertreten.

Überblick

Das Amt ist eine Agentur der EU und besitzt in jedem Mitgliedstaat nicht nur Rechtspersönlichkeit, sondern auch die weitestgehende Rechts- und Geschäftsfähigkeit, die juristischen Personen zuerkannt werden kann. Es wird von seinem Exekutivdirektor vertreten.

A. Einrichtung der EU

Die **EU** ist eine **internationale Organisation.** Sie ist **Rechtsnachfolgerin** der **EG** (Art. 1 **1** EUV). Neben den im Vertragstext genannten Organen und weiteren interinstitutionellen Einrichtungen hat die EU auch **dezentrale Agenturen** und Einrichtungen geschaffen.

Derzeit gibt es bereits mehr als 40 Agenturen in verschiedenen EU-Ländern. Sie sind für die Umsetzung **1.1** der Politik der EU in den ihnen zugewiesenen Politikbereichen zuständig. Sie übernehmen dabei Aufgaben technischer, wissenschaftlicher oder verwaltungstechnischer Art oder Regulierungsaufgaben.

Das Amt ist, wie alle anderen Agenturen, eine Einrichtung des europäischen öffentlichen Rechts **2** mit eigener Rechtspersönlichkeit, die von den Organen der EU unabhängig ist.

Das Amt ist, wie alle anderen Agenturen, eine Einrichtung des europäischen öffentlichen Rechts **3** mit eigener Rechtspersönlichkeit, die von den Organen der EU unabhängig ist; es ist keine nachgeordnete Dienststelle der Kommission. Als **juristische Person des öffentlichen Rechts** (Mühlendahl/Ohlgart Gemeinschaftsmarke S. 227) tritt es in der Form einer selbständige **Körperschaft öffentlichen Rechts** auf.

Rechtsgrundlage zum Erlass der UMV und somit zur Errichtung des Amtes ist nun **Art. 118 4 AEUV** (zuvor **Art. 352 AEUV,** früher Art. 308 EG-Vertrag, vormals Art. 235 EGV). Dem Amt kommt als Einrichtung der EU **Rechtspersönlichkeit** zu.

Das Amt ist **rechtlich, organisatorisch** (Art. 153, Art. 159 ff.) und **finanziell** (Art. 172) **5** selbständig.

B. Rechtspersönlichkeit

Das Amt hat in jedem Mitgliedstaat die **weitestgehende Rechts-** und **Geschäftsfähigkeit, 6** die juristischen Personen nach den jeweiligen nationalen Vorschriften zuerkannt werden kann. Es kann somit Träger von Rechten und Pflichten sein, Vermögen erwerben und dieses auch wieder veräußern. Es kann klagen, aber nur unter Berücksichtigung der ihm zukommenden Immunität (→ Art. 144 Rn. 1) verklagt werden.

Das Amt kann keine völkerrechtlichen Verträge abschließen, da es kein Völkerrechtssubjekt ist. **7** Dessen ungeachtet kann es aber mit anderen Institutionen, Behörden und Nichtregierungsorganisationen **(Verwaltungs-)Abkommen** schließen, soweit der Inhalt dieser Abkommen in den Tätigkeitsbereich des Amtes fällt.

C. Vertretung

Das Amt ist **monokratisch** organisiert. An seiner Spitze steht der **Exekutivdirektor,** der das **8** Amt nach **innen** und nach **außen vertritt.** Seine Befugnisse sind in Art. 157 (→ Art. 157 Rn. 2 ff.) geregelt.

9   Sofern der Exekutivdirektor an der Dienstführung gehindert ist oder seine Stelle vakant ist, gehen seine Befugnisse auf den oder die **stellvertretende(n) Exekutivdirektor(en)** ohne besonderen Delegierungskat über. Sollte jedoch der stellvertretende Exekutivdirektor oder die stellvertretenden Exekutivdirektoren ebenfalls an der Dienstführung gehindert sein oder diese Stelle(n) vakant sein, besteht ein Problem bei der Vertretung nach außen, falls zuvor keine besonderen Vertretungsbefugnisse festgelegt wurden.

9.1   Eine solche generelle Vertretungsregelung ist im Register der administrativen Beschlüsse des Amtes (https://euipo.europa.eu/ohimportal/de/decisions-and-communications-of-the-president) nicht auffindbar.

Art. 143 Personal

(1) Die Vorschriften des Statuts, der Beschäftigungsbedingungen und der von den Organen der Union im gegenseitigen Einvernehmen erlassenen Regelungen zur Durchführung dieser Vorschriften gelten für das Personal des Amtes unbeschadet der Anwendung des Artikels 166 der vorliegenden Verordnung auf die Mitglieder der Beschwerdekammern.

(2) ¹Unbeschadet des Absatzes 1 kann das Amt auf abgeordnete nationale Sachverständige oder sonstiges Personal zurückgreifen, das nicht vom Amt selbst beschäftigt wird. ²Der Verwaltungsrat beschließt eine Regelung für die Abordnung nationaler Sachverständiger zum Amt.

Überblick

Das Personal des Amtes unterliegt dem Statut der Beamten der EU (EU-BeamtStat) sowie den Beschäftigungsbedingungen für die sonstigen Bediensteten der EU (EU-BeschäftBeding). Das Amt ist Anstellungsbehörde für das Personal.

Übersicht

A. Das Statut

I. Allgemeines

1   Das Statut der Beamten der EU **(EU-BeamtStat)** sowie die Beschäftigungsbedingungen für die sonstigen Bediensteten der EU **(EU-BeschäftBeding)** gelten für das Personal des Amtes. Das Amt genießt **Personalhoheit,** dh es ist Dienstherr des Personals (→ Rn. 9 ff.), kann aber die Arbeitsbedingungen für sein Personal nicht selbständig festlegen.

2   Diese beiden Rechtstexte regeln die Pflichten und Rechte des Personals. Sofern das Amt kein „opt-out" beschließt, gelten die von der Kommission erlassenen Durchführungsbestimmungen.

3   Das Personal muss grundsätzlich die **Staatsangehörigkeit** eines **Mitgliedstaates** der EU besitzen, doch kann das Amt davon **Ausnahmen** erteilen. So werden regelmäßig vor dem Beitritt neuer Staaten bereits Personen aufgenommen, die keine Staatsangehörigkeit eines Mitgliedstaates haben.

3.1   Grundsätzlich ist es aber bedenklich, dass die Stellenausschreibungen des Amtes auf diese Ausnahmebestimmungen nicht Bezug nehmen, so dass im Laufe des Verfahrens keine Ausnahme erteilt werden kann. Gemäß der Genfer Flüchtlingskonvention (GFK) anerkannte **Flüchtlinge** genießen, wie auch **Drittstaatsangehörige von EU-Bürgern,** dieselben Rechte am Arbeitsmarkt wie EU-Bürger. Zumindest diesem Personenkreis wäre daher stets aufgrund höherrangigen Rechts eine Ausnahme von der Pflicht, eine Staatsangehörigkeit eines Mitgliedstaates der EU zu besitzen, zu erteilen.

3.2   Welche **Auswirkungen des Brexit** auf das Beamtenverhältnis bzw. Beschäftigungsverhältnis von britischen Bediensteten haben wird, ist derzeit noch **nicht absehbar.**

Art. 28 EU-BeamtStat sieht vor, dass nur Angehörige von Mitgliedstaaten zum Beamten ernannt **3.3** werden kann. Das EU-BeamtStat enthält jedoch keine Regelungen, was passiert, wenn ein Beamter die Staatsangehörigkeit eines Mitgliedstaates verliert. Ob es sich dabei um eine **echte Lücke** handelt, die durch Analogie geschlossen werden kann, oder um eine **gewollte Lücke** handelt, wird sich zeigen.

Im ersten Fall müsste das Beamtenverhältnis mit dem Ausscheiden des Vereinigten Königreichs aus der **3.4** EU **(Brexit)** sofort aufgelöst werden, sofern keine Ausnahmegenehmigung erteilt wird; im zweiten Fall hätte das Ausscheiden des Vereinigten Königreichs keine direkten Auswirkungen auf das Beamtenverhältnis von britischen Bediensteten.

Nach derzeitigem Stand bleibt das Beamtenverhältnis mit britischen Staatsbürgern auch nach Ablauf **3.5** der Übergangsfrist (derzeit 31.12.2020) aufrecht. Das Dienstverhältnis mit Bediensteten auf Zeit oder mit Vertragsbediensteten bleibt ebenfalls aufrecht, wenn ein Interesse von Seiten des Amtes an der Weiterbeschäftigung besteht. Es kann derzeit davon ausgegangen werden, dass keine Kündigungen erfolgen werden. Es ist davon auszugehen, dass in Zukunft keine neuen Dienstverhältnisse mit britischen Staatsbürgern abgeschlossen werden. Dies könnte jedoch eine verbotene Diskriminierung von britischen Staatsbürgern darstellen, da die Übergangsbestimmungen eine Gleichstellung von Briten mit Unionsbürgern auch nach Ablauf der Übergangsfrist vorsehen, sofern diese bereits zuvor in der EU aufhältig waren. Auch kommen britischen (Ehe-)Partnern von EU-Bürgern aufgrund des EU-Rechts eine Sonderstellung zu.

Auch wenn eine möglichst ausgewogene geografische Verteilung der Herkunft des Personals **4** anzustreben ist, gibt es **keine** festgelegten **Quoten** für die Mitgliedstaaten.

II. Einteilung der Bediensteten

Das EU-BeamtStat und die EU-BeschäftBeding sehen folgende Kategorien von Personal vor: **5**
- Beamte,
- Bedienstete auf Zeit,
- Vertragsbedienstete,
- örtliche Bedienstete,
- Sonderberater.

Beamte werden grundsätzlich im Rahmen von sog. Auswahlverfahren („concoure"), die durch das **5.1** Europäische Amt für Personalauswahl (EPSO) durchgeführt werden, **auf Lebenszeit** eingestellt.

Bedienstete auf Zeit können zur Besetzung einer **Planstelle** oder einer **„Dauerplanstelle"** einge- **5.2** stellt werden. Im Falle der Besetzung einer Planstelle kann ein unbefristeter Dienstvertrag abgeschlossen werden. Im zweiten Fall darf nur ein befristeter Vertrag eingegangen werden. Darüber hinaus gibt es noch weitere Kategorien von Bediensteten auf Zeit, die jedoch beim Amt keine Verwendung finden.

Beamte und Bedienstete auf Zeit werden in die Kategorien **„AST"** **(Assistent)** und **„AD"** **5.3** **(„Administrator")**, das sind die höheren Dienste, eingeteilt.

Vertragsbedienstete besetzen keine Planstelle. Sie führen grundsätzlich manuelle Tätigkeiten oder **5.4** unterstützende verwaltungstechnische Tätigkeiten aus oder werden eingesetzt, um in besonderen Fachbereichen, für die zu wenige Beamte mit den erforderlichen Fähigkeiten zur Verfügung stehen, zusätzliche Kapazitäten bereitzustellen.

Örtliche Bedienstete können vom Amt nicht eingestellt werden, da diese nur in Dienstorten außerhalb **5.5** der EU angestellt werden können

Als **Sonderberater** wird eingestellt, wer wegen seiner außergewöhnlichen Qualifikationen und unge- **5.6** achtet anderweitiger beruflicher Tätigkeiten seine Dienste dem Amt regelmäßig oder während bestimmter Zeitabschnitte zur Verfügung stellt.

Die Organe verfügen bei der **Wahl der Mittel,** die zur Deckung ihres Personalbedarfs am **6** besten geeignet sind, über ein **weites Ermessen.** Doch kann das Amt die ihm durch die UMV **zugewiesenen Aufgaben,** dh alle hoheitlichen Akte, **nicht außenstehenden Unternehmen** übertragen; diese müssen von Personal ausgeführt werden, das einer dienstrechtlichen Regelung, und somit gemäß EU-BeamtStat oder EU-BeschäftBeding angestellt wurden, unterliegt (EuG T-45/01, BeckRS 2005, 70038 Rn. 115 – Sanders).

Das Amt greift zur Vertretung von Personal, das aufgrund von Krankheit oder aus anderen Gründen **6.1** vom Dienst freigestellt ist, auf Mitarbeiter von Zeitarbeitsfirmen zurück.

Darüber hinaus finden **„abgeordnete nationale Experten"** („SNE"), Mitarbeiter nationaler Marken- **6.2** ämter der EU oder gar Drittstaaten, beim Amt Verwendung. Diese werden wie statutäres Personal betrachtet, obwohl sie dies aufgrund fehlender Erwähnung im EU-BeamtStat und den EU-BeschäftBeding nicht sind.

Das Amt stellt auch **externe Unternehmen** an, um gewisse Arbeiten durchzuführen, die für den **6.3** reibungslosen Ablauf der Tätigkeiten notwendig sind. Darunter fällt zB das Reinigungspersonal oder der

Sicherheitsdienst. Ferner kommen externe Berater zum Einsatz, zB im IT-Bereich oder im Zusammenhang mit dem Kooperationsfond oder dem Konvergenzprogramm.

6.4 Der Haushaltsplan für das Jahr 2020, der auf der Homepage des EUIPO (https://euipo.europa.eu/ tunnel-web/secure/webdav/guest/document_library/contentPdfs/about_euipo/the_office/budget_ office/budget2020_de.pdf) veröffentlicht ist, sieht 616 Beamtenstellen sowie 309 Stellen für Bedienstete auf Zeit vor. Hinzu kommen noch ca. 175 Stellen für Vertragsbedienstete (dies entspricht in etwa dem im Haushaltsplan vorgesehen Posten für Vertragsbedienstete) sowie ca. 50 SNE und ca. 100 Trainees. Nicht jede im Haushaltsplan vorgesehene Stelle ist auch tatsächlich besetzt.

6.5 Das Amt sollte stets versuchen, auf eine ausgewogene Verteilung der Herkunft seiner Mitarbeiter zu achten. Dies gelingt naturgemäß nur eingeschränkt. Spanien stellt derzeit ca. ein Drittel der Mitarbeiter; dies liegt vor allem daran, dass Vertragsbedienstete vor allem vom lokalen Arbeitsmarkt rekrutiert werden. Nach Spanien folgt Frankreich (ca. 1/8 der Mitarbeiter) und Deutschland (ca. 1/9 der Mitarbeiter). Unter den Mitarbeitern des Amtes finden sich Angehörige aller Mitgliedstaaten.

III. Gehälter

7 Das Amt ist bei der Bezahlung der Gehälter an das EU-BeamtStat gebunden. Die Gehälter unterliegen **keiner nationalen Steuer** (Art. 13 VorrechteProt; Art. 144, → Art. 144 Rn. 1 ff.) und sind auch nicht progressionsbegründend für anderweitige Einkommen.

8 Das Amt führt eine direkte Steuer sowie alle weiteren Sozialabgaben wie Kranken-, Pensions- und Arbeitslosenversicherung direkt an den (Gesamt-)Haushalt der EU ab.

IV. Anstellungsbehörde

9 Gemäß Art. 153 Abs. 1 lit. h und Abs. 2 (→ Art. 153 Rn. 2) übt der **Verwaltungsrat** die Befugnisse der **Anstellungsbehörde** aus. Gleichzeitig ist jedoch vorgesehen, dass diese Befugnisse auf den Exekutivdirektor übertragen werden, der sie weiterdelegieren kann. Die Übertragung trat am 23.3.2017 in Kraft.

10 Im Fall von **Streitigkeiten** aus dem Dienstvertrag ist das Gericht der Europäischen Union (EuG) in Luxemburg zuständig.

10.1 Vor Einreichen der Klage muss jedoch das interne, administrative Beschwerdeverfahren gemäß Art. 90, 91 EU-BeamtStat ausgeschöpft werden. Diesem Verfahren können noch weitere Streitbeilegungsverfahren vorgeschaltet sein.

11 Der Exekutivdirektor des Amtes, der oder die stellvertretenden Exekutivdirektoren sowie der Präsident und die Vorsitzenden der Beschwerdekammern werden durch den Rat der EU ernannt. Der Rat wird somit zur Anstellungsbehörde (EuG T-116/03, BeckEuRS 2004, 391419 – Montalto).

B. Sondervorschriften für Mitglieder der Beschwerdekammer

12 Die **Mitglieder** der Beschwerdekammer sind Bedienstete auf Zeit (→ Rn. 5), und werden auf Grundlage eines besonderen Auswahlverfahrens eingestellt (→ Art. 166 Rn. 2).

12.1 Während der Exekutivdirektor als Bediensteter auf Zeit gemäß Art. 2 lit. a Beschäftigungsbedingungen eingestellt wird, werden aufgrund fehlender Sondervorschriften in der UMV der Präsident der Beschwerdekammer, die Vorsitzenden der Beschwerdekammer sowie die Mitglieder als Bedienstete auf Zeit gemäß Art. 2 lit. f Beschäftigungsbedingungen eingestellt.

12.2 Art. 166 Abs. 1 verweist nicht pauschal auf Art. 158, sondern nur auf das Verfahren zur Ernennung des Exekutivdirektors.

13 Sie unterliegen somit den Rechten und Pflichten, die sich aus dem EU-BeamtStat und den EU-BeschäftBeding ergeben, wobei sie bei ihren Entscheidungen an **keinerlei Weisungen** gebunden sind (→ Art. 166 Rn. 6).

14 Mitglieder der Beschwerdekammer werden vom Verwaltungsrat ernannt. Die Vorsitzenden der Beschwerdekammer sowie der Präsident der Beschwerdekammer werden vom Rat der EU ernannt, wobei der der Rat aus einer Liste von Kandidaten auswählen kann (→ Art. 158 Rn. 1).

14.1 Die Formulierung „Liste von Kandidaten" setzt voraus, dass wohl zumindest 2 Kandidaten auf der Liste aufscheinen müssen. Somit scheint die frühere Praxis des Verwaltungsrates, wenn ein Kandidat ein ¾ Mehrheit erhält, als einziger auf der Liste aufscheint, nicht mehr angebracht zu sein.

14.2 Die Befugnisse der Anstellungsbehörde in Bezug auf die Mitglieder und die Vorsitzenden sind mit Wirkung vom 23.3.2017 im Großen und Ganzen an den Präsidenten der Beschwerdekammer delegiert.

Während dies im Hinblick auf die Mitglieder kein Problem darstellt, stellt sich jedoch die Frage, auf **14.3** Grund welcher Rechtsgrundlage der Verwaltungsrat überhaupt die Kompetenz der Anstellungsbehörde in Bezug auf die Vorsitzenden der Beschwerdekammern besitzt; Art. 166 Abs. 1 S. 1 geht wohl den allgemeinen Bestimmungen des Art. 143 als lex specialis vor. Eine Kompetenz, die dem Verwaltungsrat nicht zukommt, kann dieser auch nicht delegieren.

Eine Beurteilung der Mitglieder der Beschwerdekammer im Hinblick auf die „Aufhebungsquote" beim **14.4** EuG/EuGH stellt somit einen Eingriff die Unabhängigkeit der Mitglieder (→ Art. 166 Rn. 4) sowie insbesondere auch einen Eingriff in das Beratungsgeheimnis dar. Sofern keine Einzelentscheidung (→ Art. 165 Rn. 2) vorliegt, kann weder der Tenor noch die ihm zugrunde liegende Entscheidungsbegründung dem Berichterstatter individuell zugerechnet werden (→ Art. 70 Rn. 1 ff.).

Art. 144 Vorrechte und Immunitäten

Das Protokoll über die Vorrechte und Befreiungen der Union gilt für das Amt und dessen Personal.

Überblick

Das Protokoll über die Vorrechte und Befreiungen der Union (ABl. C 326 vom 26.10.2012, 266) findet für das Amt Anwendung.

Durch das **Protokoll** über die **Vorrechte** und **Befreiungen** der **EU** werden dem Amt all jene **1** **Erleichterungen gewährt,** die der EU an sich und ihren Organen von den Mitgliedstaaten gewährt werden, und die für das reibungslose Funktionieren des Amtes notwendig sind (vgl. VorrechteProt).

Die eingeräumten Vorrechte dienen ausschließlich dem **Funktionieren** des **Amtes** und nicht **2** den persönlichen Interessen des Personals. Sie können jederzeit durch Beschluss der Anstellungsbehörde (→ Art. 143 Rn. 9) aufgehoben werden, sofern dies im Interesse des Amtes und der EU sein sollte.

Gemäß Art. 10 VorrechteProt stehen **Vertretern der Mitgliedstaaten,** die an den Arbeiten **3** der Organe der EU teilnehmen, sowie ihren **Beratern** und **Sachverständigen,** während der Ausübung ihrer Tätigkeit und auf der Reise zum und vom Tagungsort die üblichen **Vorrechte, Befreiungen** und **Erleichterungen** zu.

Auch wenn Art. 10 VorrechteProt nur von „Organen" spricht, und diese in Art. 13 EUV näher **4** definiert sind und die Agenturen nicht umfassen, so muss dieser Schutz ungeachtet dessen auch für die Teilnahme an Arbeitssitzung der Agenturen gelten.

Somit ist insbesondere das **Gepäck** von Vertretern der nationalen Ämter, die zu Tagungen **5** nach Alicante reisen, **unverletzlich** und darf nicht kontrolliert werden.

Der Begriff „Tagungen" umfasst nicht nur die Sitzungen des Verwaltungsrates oder des Budgetausschus- **5.1** ses, sondern jede Arbeitssitzung, auch des Kooperations- oder Konvergenzprogrammes.

Die Bediensteten des Amtes (→ Art. 143 Rn. 5) sind von der Gerichtsbarkeit der Mitgliedstaa- **6** ten bezüglich der von ihnen in amtlicher Eigenschaft vorgenommenen Handlungen befreit (Art. 11 lit. a VorrechteProt).

Ferner sind sie von Einwanderungsbeschränkungen und von der Meldepflicht für Ausländer **7** befreit; dies gilt auch für ihre Ehegatten und die von ihnen unterhaltenen Familienmitglieder, also nicht nur Kindern, sondern unter Umständen auch Eltern oder Geschwistern (Art. 11 lit. b VorrechteProt).

Schließlich kommen den Bediensteten noch weitere Vorrechte im Bereich des Währungs- und **8** Devisenrechts sowie in Bezug auf den Hausrat zu (Art. 11 lit. c, d und e VorrechteProt).

Das Amt hat mit der spanischen Regierung ein Sitzabkommen abgeschlossen (BOE, **9** 21.10.2011, N° 254, Sec. I, 110030, http://www.boe.es/boe/dias/2011/10/21/pdfs/BOE-A-2011-16534.pdf), das eine nähere Ausgestaltung dieser Vorrechte enthält.

Art. 145 Haftung

(1) Die vertragliche Haftung des Amtes bestimmt sich nach dem Recht, das auf den betreffenden Vertrag anzuwenden ist.

(2) Der Gerichtshof ist für Entscheidungen aufgrund einer Schiedsklausel zuständig, die in einem vom Amt abgeschlossenen Vertrag enthalten ist.

(3) Im Bereich der außervertraglichen Haftung ersetzt das Amt den durch seine Dienststellen oder Bediensteten in Ausübung ihrer Amtstätigkeit verursachten Schaden nach den allgemeinen Rechtsgrundsätzen, die den Rechtsordnungen der Mitgliedstaaten gemeinsam sind.

(4) Der Gerichtshof ist für Streitsachen über den in Absatz 3 vorgesehenen Schadensersatz zuständig.

(5) Die persönliche Haftung der Bediensteten gegenüber dem Amt bestimmt sich nach den Vorschriften des Statuts oder der für sie geltenden Beschäftigungsbedingungen.

Überblick

Diese Bestimmung regelt einerseits die vertragliche, andererseits die außervertragliche Haftung des Amtes. Ferner enthält er Regelungen betreffend die persönliche Haftung des Personals.

A. Vertragliche Haftung

1   Die Haftung des Amtes aus einem Vertrag, zB Ankauf von Dienstleistungen betreffend die Fortbildung von Mitarbeitern, richtet sich nach dem **Recht,** das auf den **betreffenden Vertrag** anwendbar ist.

2   Grundsätzlich enthalten die vom Amt abgeschlossenen privatrechtlichen Verträge eine **Gerichtsstandsklausel.** In die Zuständigkeit des sachlich zuständigen nationalen Gerichts fallen damit nicht nur Fragen betreffend die Gültigkeit und Erfüllung der Verträge, sondern auch die **Konsequenzen,** dh Schadensersatzansprüche, die sich aufgrund der Nichterfüllung des Vertrages ergeben.

3   Die vom Amt abgeschlossenen Verträge können auch eine **Schiedsklausel** enthalten, aufgrund derer der EuGH zuständig wird. Der EuGH hat dabei aber das aufgrund des Vertrages vorgesehene nationale Recht anzuwenden.

4   Die vom Amt abgeschlossenen **Arbeitsverträge** unterliegen **nicht** den Bestimmungen des Art. 145. Für solche Verfahren ist ausschließlich das Gericht der Europäischen Union in Luxemburg zuständig. Auch Streitigkeiten betreffend Unionsmarken und registrierte Gemeinschaftsgeschmacksmuster sind von der Anwendung des Art. 145 ausgenommen, da die UMV einen speziellen Instanzenzug vorsieht (→ Art. 72 Rn. 1).

B. Außervertragliche Haftung

5   Für Klagen auf außervertragliche Haftung ist ausschließlich der **EuGH** zuständig.

6   Jede natürliche oder juristische Person hat im Fall eines **Schadens Anspruch** auf **Schadensersatz.** Die **Klage** richtet sich **gegen** das **Amt,** das den haftungsbegründenden Sachverhalt zu verantworten hat. Ein solcher Schaden kann von einem Bediensteten des Amtes **in Ausübung seiner Amtstätigkeit** verursacht worden sein.

7   Der Begriff der Amtstätigkeit umfasst dabei nicht nur das **aktive Handeln,** sondern auch das **Unterlassen** einer Handlung.

7.1   Bei **aktiven Handlungen** ist vor allem an eine **falsche Auskunftserteilung** oder die **Veröffentlichung** von Teilen des Akts **ohne Zustimmung** der Partei zu denken. Im Bereich der GGMV wäre an die vorzeitige Veröffentlichung eines Geschmacksmusters zu denken.

7.2   Die **Nichtveröffentlichung** einer Marke, obwohl alle gesetzlichen Anforderungen erfüllt sind, stellt eine **Unterlassung** dar, die unter Umständen zu einem Schaden führen kann.

8   Der EuGH hat umfassende **Kriterien** für die Feststellung der **außervertraglichen Haftung** aufgestellt. Nachgewiesen werden muss ein **Zusammenhang** zwischen dem entstandenen Schaden und der Handlung. Es ist durchaus **umstritten,** ob die Haftung **verschuldensunabhängig** ist oder nicht (Pechstein EU-ProzessR, 4. Aufl. 2011, Rn. 729). Der Schaden kann sowohl ein **Vermögensschaden** als auch ein **immaterieller Schaden** sein (EuGH 7/56, Slg. 1957, 83 (118) = BeckRS 2004, 73551 – Algera). Klagen auf **Feststellung** eines möglichen Schadens sind **zulässig.** Ferner muss **Kausalität** zwischen Handlung und Schaden vorliegen; Handlung und Schaden müssen in einem unmittelbaren und ursächlichen Zusammenhang stehen (EuGH C-419/08 P, BeckRS 2010, 90339 Rn. 58 – Turbowest).

Die Klage muss innerhalb von **fünf Jahren** nach **Eintreten** des **Sachverhalts,** der zu dem 9
Schaden geführt hat, beim EuGH eingereicht werden (Art. 46 EuGH-Satzung).

C. Persönliche Haftung des Personals

Gemäß Abs. 3 richtet sich die persönliche Haftung der Bediensteten gegenüber dem Amt nach 10
den Vorschriften ihres **Statuts** oder der für sie geltenden **Beschäftigungsbedingungen.**

Der **Geschädigte** kann einen **Bediensteten nicht verklagen;** dies ergibt sich bereits aus 11
Art. 11 Protokoll über die Vorrechte und Immunitäten der EU, der eine Befreiung der Bediensteten von der Gerichtsbarkeit bezüglich der von ihnen in amtlicher Eigenschaft vorgenommenen Handlungen vorsieht (→ Art. 144 Rn. 6).

Gemäß Art. 22 EU-BeamtStat kann der Bedienstete zum **vollen** oder **teilweisen Ersatz** des 12
Schadens herangezogen werden, den dem Amt durch sein **schwerwiegendes Verschulden** in Ausübung oder anlässlich der Ausübung seines Amtes erlitten hat. Für solche Verfahren ist ausschließlich das Gericht für den öffentlichen Dienst zuständig. Ein solches Verfahren setzt logischerweise ein Urteil voraus, in dem das Amt durch das zuständige Gericht aufgrund der vertraglichen oder außervertraglichen Haftung zur Wiedergutmachung eines Schadens verurteilt worden ist.

Art. 146 Sprachen

(1) Anmeldungen von Unionsmarken sind in einer der Amtssprachen der Union einzureichen.

(2) Die Sprachen des Amtes sind Deutsch, Englisch, Französisch, Italienisch und Spanisch.

(3) *[1]* Der Anmelder hat eine zweite Sprache, die eine Sprache des Amtes ist, anzugeben, mit deren Benutzung als möglicher Verfahrenssprache er in Widerspruchs-, Verfalls- und Nichtigkeitsverfahren einverstanden ist.

[2] Ist die Anmeldung in einer Sprache, die nicht eine Sprache des Amtes ist, eingereicht worden, so sorgt das Amt dafür, dass die in Artikel 31 Absatz 1 vorgesehene Anmeldung in die vom Anmelder angegebene Sprache übersetzt wird.

(4) ¹Ist der Anmelder der Unionsmarke in einem Verfahren vor dem Amt der einzige Beteiligte, so ist Verfahrenssprache die Sprache, in der die Anmeldung der Unionsmarke eingereicht worden ist. ²Ist die Anmeldung in einer Sprache, die nicht eine Sprache des Amtes ist, eingereicht worden, so kann das Amt für schriftliche Mitteilungen an den Anmelder auch die zweite Sprache wählen, die dieser in der Anmeldung angegeben hat.

(5) Widersprüche und Anträge auf Erklärung des Verfalls oder der Nichtigkeit sind in einer der Sprachen des Amtes einzureichen.

(6) *[1]* Unbeschadet des Absatzes 5 gilt Folgendes:
a) Alle Anträge oder Erklärungen, die sich auf die Anmeldung einer Unionsmarke beziehen, können in der Sprache der Anmeldung der Unionsmarke oder in der vom Anmelder in seiner Anmeldung angegebenen zweiten Sprache eingereicht werden.
b) Alle Anträge oder Erklärungen, die sich auf eine eingetragene Unionsmarke beziehen, können in einer der Sprachen des Amtes eingereicht werden.
[2] Wird die Anmeldung jedoch unter Verwendung eines vom Amt bereitgestellten Formblatts gemäß Artikel 100 Absatz 2 eingereicht, so können diese Formblätter in jeder der Amtssprachen der Union verwendet werden, sofern die Textbestandteile des Formblatts in einer der Sprachen des Amtes ausgefüllt werden.

(7) *[1]* Ist die nach Absatz 5 gewählte Sprache des Widerspruchs oder des Antrags auf Erklärung des Verfalls oder der Nichtigkeit die Sprache, in der die Anmeldung der Unionsmarke eingereicht wurde, oder die bei der Einreichung dieser Anmeldung angegebene zweite Sprache, so ist diese Sprache Verfahrenssprache.

[2] ¹Ist die nach Absatz 5 gewählte Sprache des Widerspruchs oder des Antrags auf Erklärung des Verfalls oder der Nichtigkeit weder die Sprache, in der die Anmeldung der Unionsmarke eingereicht wurde, noch die bei der Einreichung der Anmeldung angegebene zweite Sprache, so hat der Widersprechende oder derjenige, der einen Antrag auf Erklärung des Verfalls oder der Nichtigkeit gestellt hat, eine Übersetzung

des Widerspruchs oder des Antrags auf eigene Kosten entweder in der Sprache, in der die Anmeldung der Unionsmarke eingereicht wurde – sofern sie eine Sprache des Amtes ist –, oder in der bei der Einreichung der Anmeldung der Unionsmarke angegebenen zweiten Sprache vorzulegen. [2]Die Übersetzung ist innerhalb eines Monats nach Ablauf der Widerspruchsfrist oder nach der Einreichung des Antrags auf Erklärung des Verfalls oder der Nichtigkeit vorzulegen. [3]Die Sprache, in der die Übersetzung vorliegt, wird dann Verfahrenssprache.

(8) Die an den Widerspruchs-, Verfalls-, Nichtigkeits- oder Beschwerdeverfahren Beteiligten können vereinbaren, dass eine andere Amtssprache der Union als Verfahrenssprache verwendet wird.

(9) [1]Unbeschadet der Absätze 4 und 8 und vorbehaltlich anderslautender Bestimmungen kann jeder Beteiligte im schriftlichen Verfahren vor dem Amt jede Sprache des Amtes benutzen. [2]Ist die von einem Beteiligten gewählte Sprache nicht die Verfahrenssprache, so legt dieser innerhalb eines Monats nach Vorlage des Originalschriftstücks eine Übersetzung in der Verfahrenssprache vor. [3]Ist der Anmelder einer Unionsmarke der einzige Beteiligte an einem Verfahren vor dem Amt und die Sprache, in der die Anmeldung der Unionsmarke eingereicht wurde, nicht eine der Sprachen des Amtes, so kann die Übersetzung auch in der zweiten Sprache vorgelegt werden, die der Anmelder in der Anmeldung angegeben hat.

(10) Der Exekutivdirektor legt fest, wie Übersetzungen zu beglaubigen sind.

(11) Die Kommission erlässt Durchführungsrechtsakte, in denen Folgendes festgelegt wird:
a) inwieweit unterstützende Dokumente, die im schriftlichen Verfahren vor dem Amt verwendet werden sollen, in einer Sprache der Union vorgelegt werden können und ob eine Übersetzung vorgelegt werden muss;
b) welchen Standards die Übersetzungen, die beim Amt eingereicht werden, entsprechen müssen. Diese Durchführungsrechtsakte werden nach dem Prüfverfahren gemäß Artikel 207 Absatz 2 erlassen.

Überblick

Diese Bestimmung regelt das Sprachenregime des Amtes. Er legt zunächst fest, dass Deutsch, Englisch, Französisch, Italienisch und Spanisch die Sprachen des Amtes sind. Sie enthält weiter detaillierte Vorschriften betreffend die Sprachenwahl im Prüfungsverfahren (→ Rn. 2 ff.), Widerspruchsverfahren (→ Rn. 9 ff.), Verfalls- und Nichtigkeitsverfahren (→ Rn. 24 ff.) und im Beschwerdeverfahren (→ Rn. 40 ff.), die sich teilweise erheblich unterscheiden. Ferner sind Bestimmungen zu mündlichen Verhandlungen (→ Rn. 52 ff.), Übersetzungen (→ Rn. 60 ff.) und allen anderen Verfahren vorgesehen (→ Rn. 55 f., → Rn. 57 ff.).

1   Art. 146 stellt einen allgemeinen Rahmen für die Sprachregelungen auf.

1.1   In der Vergangenheit waren viele Präzisierungen und Durchführungsbestimmungen in der GMDV geregelt. Mit Wirkung vom 1.10.2017 sind einige dieser Bestimmungen in die UMV aufgenommen worden; die Durchführungsbestimmungen befinden sich nun sowohl in der DVUM als auch der UMDV.

1.2   Inhaltlich haben sich die Präzisierungen und Durchführungsbestimmungen kaum geändert. Da die alten Bestimmungen aufgrund der Übergangsbestimmungen in Art. 39 UMDV und Art. 82 DVUM teilweise anzuwenden sind, wird in weiterer Folge sowohl auf die neue als auch auf die alte Rechtslage Bezug genommen.

Übersicht

A. Anmeldeverfahren

Dem Anmelder stehen **alle Sprachen** der EU offen. Eine der Sprachen der EU muss bei der 2
Anmeldung als **erste Sprache** angegeben werden (Abs. 1).

Sprachen der EU in Übereinstimmung mit VO (EWG) Nr. 1/1958, in der somit die Anmeldung einer **2.1**
Unionsmarke eingereicht werden kann, sind: Bulgarisch, Dänisch, Deutsch, Englisch, Estnisch, Finnisch,
Französisch, Griechisch, Italienisch, Kroatisch, Lettisch, Litauisch, Maltesisch, Niederländisch, Polnisch,
Portugiesisch, Rumänisch, Schwedisch, Slowakisch, Slowenisch, Spanisch, Tschechisch und Ungarisch.

Irisch wurde zwar durch VO (EG) Nr. 920/2005 **(EG-SprachregelungsVO)** in die Liste der Amtsspra- **2.2**
chen aufgenommen, doch ist das Amt aufgrund der Ausnahmebestimmungen der VO (EG) Nr. 920/2005,
die bis einschließlich 31.12.2021 (VO (EU, Euratom) 2015/2264) verlängert wurden, von der Verpflichtung, in Irisch zu arbeiten und somit auch Anmeldungen in Irischer Sprache entgegen zu nehmen, entbun-
den.

Darüber hinaus muss der Anmelder noch eine **zweite Sprache** angeben, die eine der Sprachen 3
des Amtes sein muss, und sich von der ersten Sprache unterscheidet. Gemäß Abs. 2 kommen
dafür Deutsch, Englisch, Französisch, Italienisch und Spanisch in Frage.

Das Amt ist somit die einzige Institution der EU, die kraft Gesetzes eine reduzierte Anzahl von Sprachen **3.1**
als Arbeitssprachen verwendet. Dieser politische Kompromiss, der erst in langen und zähen Verhandlungen
auf höchster politischer Ebene erzielt wurde (v. Mühlendahl/Ohlgart, Die Gemeinschaftsmarke, 1998, 6 f.),
wurde später durch den EuGH als rechtskonform angesehen, da er einen zulässigen Ausgleich zwischen
den Interessen der möglichen Parteien ermöglicht (EuGH Urt. v. 9.9.2003 – C-363/01P – KIK; T-120/
99, GRUR Int 2001, 978 – KIK II).

Die vom Anmelder als erste Sprache gewählte Sprache ist grundsätzlich die Sprache, in der das 4
Amt das Prüfungsverfahren abwickelt. Das bedeutet, dass die Prüfung absoluter Eintragungshindernisse in dieser Sprache durchgeführt wird. Eine allfällige Beanstandung und ein allfälliger Ablehnungsbescheid hat somit in der ersten Sprache zu ergehen.

Der Anmelder kann jedoch im Anmeldeformular darauf verzichten, dass das Verfahren in der ersten **4.1**
Sprache durchgeführt wird und seine Zustimmung erteilen, dass das Verfahren in der zweiten Sprache
stattfindet. Dies hat den Vorteil für den Anmelder, dass das Verfahren grundsätzlich schneller durchgeführt
werden kann, da stets eine ausreichende Anzahl an Prüfern anwesend sind, die in den Sprachen des Amtes
arbeiten können. Darüber hinaus erspart sich das Amt allfällige Übersetzungen, da nicht sichergestellt sein
kann, dass Personal mit ausreichender Fachkenntnis in allen Sprachen der EU beschäftigt wird.

Ob dieses Praxis noch im Rahmen der UMV ist (praeter legem) oder bereits gegen die UMV verstößt **4.2**
(contra legem), ist nicht leicht zu beantworten. Zwar sollte es den Parteien möglich sein, auf bestimmte
Rechte zu verzichten, doch besteht durchaus ein gewisser Druck, da die Anmeldung in einer der fünf
Sprachen schneller bearbeitet wird. Zu beachten ist dabei auch Abs. 6, die es dem Anmelder erlaubt, alle
Anträge und Erklärungen in Bezug auf eine Unionsmarkenanmeldung in der ersten oder der zweiten
Sprache abzugeben. Letztlich bleibt es jedoch bei einer rein akademischen Frage, da diese Frage nicht zu
den Gerichten gebracht werden kann.

Mitteilungen, dh im Großen und Ganzen die Empfangsbestätigungen und andere Schreiben, die keine **4.3**
Fristen auslösen oder rechtliche Konsequenzen haben, kann das Amt jederzeit auch in der zweiten Sprache
verfassen (Abs. 4, EuG T-120/99, GRUR Int 2001, 978 – KIK II).

Um allfällige Fristen zu wahren, kann der Anmelder seinen Schriftsatz im Prüfungsverfahren 5
jederzeit in einer Sprache der EU einreichen (Abs. 8). Er muss jedoch innerhalb eines Monats
nach Einreichung des Schriftsatzes eine Übersetzung in die Verfahrenssprache oder in die zweite
Sprache vorlegen. Dies bedeutet jedoch nicht, dass dadurch ein Wechsel der Verfahrenssprache
stattfindet.

Prioritätsunterlagen, die sich auf Anmeldungen beziehen, die bis zum 30.9.2017 eingereicht 6
wurden, sind gemäß Art. 35 (→ Art. 35 Rn. 9) und Regel 6 Abs. 3 GMDV unabhängig von der
gewählten ersten oder zweiten Sprache in eine Sprache des Amtes zu übersetzen.

Somit kann der Anmelder, der in seiner Anmeldung zB Slowenisch und Deutsch angegeben hat, **6.1**
den aus zB Korea stammenden Prioritätsnachweis ins Englisch übersetzen. Aus den USA oder anderen
englischsprachigen Ländern stammende Nachweise können daher ohne Übersetzung eingereicht werden.

Prioritätsunterlagen, die sich auf Anmeldung beziehen, die seit dem 1.10.2017 eingereicht 7
wurden, können, sofern das Amt auf deren Vorlage nicht schon von sich aus gemäß Art. 35 Abs. 3
(→ Art. 35 Rn. 9) auf die Vorlage verzichtet hat, gemäß Art. 4 Abs. 2 UMDV in jeder Sprache

eingereicht werden. Sind diese in einer Sprache, die nicht Sprache des Amtes ist, abgefasst, so hat der Anmelder auf Verlangen eine Übersetzung in die erste oder zweite Sprache der Anmeldung vorzulegen.

7.1 Art. 5 UMDV enthält keine Bestimmungen betreffend der Sprache der Bestätigung, wenn es sich um den Nachweis der Ausstellungspriorität (Art. 36) handelt.

8 **Senioritätsunterlagen** sind immer in einer Sprache der EU gehalten und bedürfen daher keiner Übersetzung.

B. Widerspruchsverfahren

9 Der Widersprechende kann die Verfahrenssprache des Widerspruchs wählen; ihm kommt jedoch dabei nur eine sehr **eingeschränkte Wahlfreiheit** zu. Das Widerspruchsverfahren muss nämlich zwingend (Abs. 7) in einer Sprache des Amtes eingeleitet werden. Somit besteht eine Wahlfreiheit nur dann, wenn der Anmelder sowohl als erste als auch als zweite Sprache eine Sprache des Amtes angegeben hat.

10 Sofern **beide Sprachen** der Anmeldung **Sprachen des Amtes** sind, wird die Sprache der **Widerspruchsschrift,** sofern es sich um eine in der Anmeldung angegebene Sprache handelt, zur **Verfahrenssprache.**

11 Um allfällige **Fristen zu wahren,** kann der Anmelder seinen Widerspruch in einer Sprache des Amtes (→ Rn. 3) einreichen. Er muss jedoch innerhalb eines Monats nach Ablauf der Widerspruchsfrist eine **Übersetzung** in eine zulässige Verfahrenssprache vorlegen (Abs. 7 UAbs. 2).

12 Wird **keine Übersetzung** in die Verfahrenssprache eingereicht, ist der Widerspruch als unzulässig **zurückzuweisen** (Art. 5 Abs. 3 DVUM; Regel 17 Abs. 3 GMDV). Werden nur Teile der Widerspruchsschrift übersetzt, so werden nur diese bei der Beurteilung der Zulässigkeit in Betracht genommen (Art. 5 Abs. 4 DVUM; Regel 17 Abs. 3 GMDV).

13 Ein Widerspruch, der in einer **anderen Sprache** als den Sprachen des Amtes eingelegt wird, ist **unzulässig.**

14 Den Parteien im Widerspruchsverfahren steht es zu, **einvernehmlich** eine **andere Sprache** als Verfahrenssprache zu **wählen** (Abs. 8). Somit können Parteien, die aus demselben Sprachkreis stammen, auch die erste Sprache, die nicht gemäß Abs. 5 Verfahrenssprache sein kann, zu dieser wählen. Wird eine andere Sprache gewählt, hat der Widersprechende eine Übersetzung seiner Widerspruchsschrift in diese Sprache vorzulegen (Art. 3 DVUM; Regel 16 Abs. 2 GMDV). Ein Wechsel der Verfahrenssprache ist nur vor Beginn des schriftlichen Verfahrens, also nur während der sog. „cooling-off"-Periode, zulässig ist.

14.1 Die Parteien sind sich offensichtlich dieser Möglichkeit nicht bewusst, dann trotz Recherche konnten keine Fälle gefunden werden, in denen die Parteien von ihrem Recht Gebrauch gemacht haben.

15 Sofern ein **offizielles Formblatt** verwendet wird, so kann dieses Formblatt in jeder Amtssprache der Union verwendet werden, sofern alle Textbestandteile in der Verfahrenssprache ausgefüllt werden. Zu beachten ist jedoch, dass das Gericht mit Urteil vom 9.4.2014 ausgesprochen hat, dass das Ankreuzen eines Kästchens im Formblatt (in diesem Fall: „Umfang der Beschwerde: in seiner Gänze") bereits einen Textbestandteil darstellt (EuG T-386/12, BeckRS 2014, 81475 – elite BY MONDARIZ).

16 In Bezug auf **ergänzende Unterlagen** ist einerseits zwischen Unterlagen, die der Anmelder eingereicht, und andererseits zwischen Unterlagen, die der Widersprechende einreicht, zu unterscheiden. Soweit die Unterlagen vom Widersprechenden eingereicht wurden, ist weiter zwischen der Substanziierung des älteren Rechts, der Benutzung der älteren Marke und sonstigen Beilagen zu unterscheiden.

17 Der **Anmelder** kann gemäß der allgemeinen Bestimmungen des Abs. 9 **Beweismittel,** zB den Nachweis betreffend die Koexistenz am Markt, Unterlagen, die die Unähnlichkeit der Waren und Dienstleistungen betreffen, oder **Gerichtsurteile,** in **jeder Amtssprache** der Union einreichen. Das Amt kann jedoch eine Übersetzung in die Verfahrenssprache verlangen.

18 Alle Unterlagen, die der **Substantiierung des älteren Rechtes** dienen, sind in der **Verfahrenssprache** einzureichen. Sind diese Dokumente in einer andren Sprache gehalten, ist eine **Übersetzung** in die Verfahrenssprache erforderlich. Sie gelten nur dann als eingereicht, wenn eine Übersetzung vorliegt. Die Übersetzung muss der Struktur des Originals folgen (Art. 25 Abs. 1 UMDV; Regel 98 Abs. 1 GMDV); dem Widersprechenden steht es frei zu entscheiden, welche Bestandteile er übersetzt.

Vergisst der Widersprechende jedoch notwendige Bestandteile, gilt das Dokument als nicht **19** eingereicht (Art. 7 Abs. 5 DVUM; Regel 17 Abs. 3 GMDV und Regel 98 Abs. 2 GMDV).

Die **Substantiierung des älteren Rechts** betrifft im Falle eines Widerspruchs gestützt auf **20** eine gemäß Art. 6bis PVÜ bekannte Marke (→ Art. 8 Rn. 4) **alle** betreffenden Unterlagen. Somit sind alle Unterlagen, die dem Nachweis der Reputation dienen, in die Verfahrenssprache zu übersetzen.

Ist der **Widerspruch auf Art. 8 Abs. 4** gestützt, ist nicht nur der Nachweis des **anwendbaren 21 Rechts** (→ Art. 8 Rn. 212 ff.) in der Verfahrenssprache zu erbringen (Übersetzung der nationalen Rechtsvorschriften), sondern auch der **Nachweis der mehr als nur örtlichen Bedeutung** (→ Art. 8 Rn. 195 ff.). Gleiches gilt in Bezug auf den Nachweis des anwendbaren Rechtes im Falle des Art. 8 Abs. 6.

Der Nachweis der **ernsthaften Benutzung** (→ Art. 47 Rn. 35 ff.) kann in einer der Sprachen **22** der EU eingereicht werden. Das Amt kann jedoch den Widersprechenden auffordern, den Nachweis in die Verfahrenssprache zu übersetzen (Art. 10 Abs. 6 DVUM; Regel 22 Abs. 6 GMDV). Wird keine Übersetzung innerhalb der gesetzten Frist eingereicht, gelten die entsprechenden Beweismittel als nicht eingereicht und werden daher nicht berücksichtigt (Art. 25 Abs. 2 lit. a UMDV; Regel 98 Abs. 2 GMDV).

Es besteht somit ein Unterschied zwischen dem Nachweis der ernsthaften Benutzung und dem Nach- **22.1** weis der mehr als nur örtlichen Benutzung, dem sich viele Parteien nicht bewusst sind.

Alle **anderen Beilagen,** auch jene betreffen den Nachweis der erhöhten Kennzeichnungskraft **23** iSv Art. 8 Abs. 1 lit. b oder der Bekanntheit iSv Art. 8 Abs. 5 sind, sofern nicht in der Verfahrenssprache verfasst, in diese zu übersetzen (Art. 7 Abs. 3 DVUM; Regel 19 Abs. 3 GMDV). Fehlt eine Übersetzung, so werden die Beilagen nicht berücksichtigt (Art. 7 Abs. 4 DVUM; Regel 19 Abs. 4 GMDV).

C. Löschungsverfahren (Antrag auf Verfall oder Nichtigkeit)

Der Antragsteller kann die Verfahrenssprache des Löschungsverfahrens wählen; ihm kommt **24** jedoch dabei nur eine sehr **eingeschränkte Wahlfreiheit** zu. Das Löschungsverfahren muss zwingend (Abs. 5) in einer Sprache des Amtes eingeleitet werden. Somit besteht eine Wahlfreiheit nur dann, wenn der Anmelder sowohl als erste als auch als zweite Sprache eine Sprache des Amtes angegeben hat.

Sofern beide Sprachen der Anmeldung Sprachen des Amtes sind, wird die Sprache des Antrags, **25** sofern es sich um eine in der Anmeldung angegebene Sprache handelt, zur Verfahrenssprache (Abs. 7).

Um allfällige Fristen zu wahren, kann der Anmelder seinen Antrag in einer Sprache der EU **26** einreichen. Er muss jedoch innerhalb eines Monats nach Einreichung des Antrages eine **Übersetzung** in eine zulässige Verfahrenssprache (die zweite Sprache der Anmeldung oder, sofern auch die erste Sprache eine Sprache des Amtes war, in diese) vorlegen (Abs. 7; Regel 38 Abs. 1 GMDV).

Wird innerhalb der gesetzten Frist keine Übersetzung in die Verfahrenssprache eingereicht, ist **27** der Antrag als unzulässig zurückzuweisen (Art. 15 Abs. 3 DVUM; Regel 39 Abs. 2 GMDV).

Für allfällig im Antrag eigereichte **Beweismittel** gilt eine gesonderte Regel für die **28** Übersetzung. Die Übersetzung kann innerhalb einer Frist von zwei Monaten nach Einreichung der Beweismittel nachgereicht werden.

Ein Antrag auf Löschung, der in einer anderen Sprache als den Sprachen des Amtes eingelegt **29** wird, gilt als nicht eingelegt.

Den Parteien im Löschungsverfahren steht es zu, einvernehmlich eine andere Sprache als Verfah- **30** renssprache zu **wählen** (Abs. 8). Somit können Parteien, die aus demselben Sprachkreis stammen, auch die erste Sprache, die nicht gemäß Abs. 5 Verfahrenssprache sein kann, zu dieser wählen.

Ein **Sprachwechsel** kommt nur dann in Frage, wenn die Parteien das Amt diesbezüglich **31** innerhalb einer Frist von zwei Monaten, nachdem das Amt den Inhaber über den Antrag auf Löschung informiert hat. Sofern die gewählte Sprache nicht die Sprache war, in der der Antrag eingereicht wurde, muss der Antragsteller innerhalb einer Frist von einem Monat eine Übersetzung des Antrages nachreichen. Unterlässt der Antragsteller die Übersetzung, so bleibt es bei der ursprünglichen Verfahrenssprache (Art. 13 DVUM; Regel 38 Abs. 3 GMDV).

Die Parteien sind sich offensichtlich dieser Möglichkeit nicht bewusst, dann trotz Recherche konnten **31.1** keine Fälle gefunden werden, in denen die Parteien von ihrem Recht Gebrauch gemacht haben.

32   Sofern ein **offizielles Formblatt** verwendet wird, kann jede Sprachfassung verwendet werden, dieses in jeder Sprache verwendet sofern alle Textbestandteile in der Verfahrenssprache ausgefüllt werden (Art. 146 Abs. 6; Regel 95 lit. b GMDV).

32.1   Zu beachten ist jedoch, dass das Gericht mit Urteil vom 9.4.2014 ausgesprochen hat, dass das Ankreuzen eines Kästchens im Formblatt (hier Umfang der Beschwerde: in seiner Gänze) bereits einen Textbestandteil darstellt (EuG T-386/12 – elite BY MONDARIZ).

33   In Bezug auf **ergänzende Unterlagen** ist einerseits zwischen Unterlagen, die der Inhaber der angegriffenen Marke einreicht, und andererseits zwischen Unterlagen, die der Antragsteller einreicht, zu unterscheiden. Soweit die Unterlagen vom Antragsteller eingereicht wurden, ist weiter zwischen der Substantiierung des älteren Rechts, der Benutzung der älteren Marke und sonstigen Beilagen zu unterscheiden.

34   Wird der Inhaber der angegriffenen Marke im Falle eines Verfallsantrages gemäß Art. 58 Abs. 1 aufgefordert, die **ernsthafte Benutzung** seiner Marke nachzuweisen, so gelten die relevanten Bestimmungen des Widerspruchsverfahrens (Art. 19 Abs. 1 letzter Satz DVUM; Regel 22 GMDV).

35   Alle Unterlagen, die der Substantiierung des älteren Rechtes dienen, sind in der Verfahrenssprache einzureichen. Sind diese Dokumente in einer andren Sprache gehalten, ist eine **Übersetzung** in die Verfahrenssprache erforderlich. Sie gelten nur dann als eingereicht, wenn eine Übersetzung vorliegt. Die Übersetzung muss der Struktur des Originals folgen (Art. 25 Abs. 1 UMDV; Regel 98 Abs. 1 GMDV). Dem Widersprechenden steht es frei zu entscheiden, welche Bestandteile er übersetzt (Art. 25 Abs. 1 UMDV). Vergisst er jedoch notwendige Bestandteile, gilt das Dokument als nicht eingereicht (Art. 25 Abs. 2 lit. a UMDV; Regel 98 Abs. 2 GMDV).

36   Die **Substantiierung des älteren Rechts** betrifft im Falle eines Antrags auf Erklärung der Nichtigkeit gestützt auf eine gemäß Art. 6bis PVÜ bekannte Marke (→ Art. 8 Rn. 4) **alle** betreffenden Unterlagen. Somit sind alle Unterlagen, die dem Nachweis der Reputation dienen, in die Verfahrenssprache zu übersetzen.

37   Ist der Antrag auf **Erklärung** der **Nichtigkeit auf Art. 8 Abs. 4** gestützt, ist nicht nur der Nachweis des **anwendbaren Rechts** (→ Art. 8 Rn. 212 ff.) in der Verfahrenssprache zu erbringen (Übersetzung der nationalen Rechtsvorschriften), sondern auch der **Nachweis der mehr als nur örtlichen Bedeutung** (→ Art. 8 Rn. 195 ff.). Gleiches gilt in Bezug auf den Nachweis des anwendbaren Rechtes im Falle des Art. 8 Abs. 6.

38   Der Nachweis der **ernsthaften Benutzung** (→ Art. 47 Rn. 35 ff.) kann in einer einer Sprachen der EU eingereicht werden. Das Amt kann jedoch den Inhaber der älteren Marke (Antragsteller auf Erklärung der Nichtigkeit) auffordern, den Nachweis in die Verfahrenssprache zu übersetzen (Art. 10 Abs. 6 DVUM; Regel 22 Abs. 6 GMDV). Wird keine Übersetzung innerhalb der gesetzten Frist eingereicht, gelten die entsprechenden Beweismittel als nicht eingereicht und werden daher nicht berücksichtigt (Art. 25 Abs. 2 lit. a UMDV; Regel 98 Abs. 2 GMDV).

38.1   Es besteht somit ein Unterschied zwischen dem Nachweis der ernsthaften Benutzung und dem Nachweis der mehr als nur örtlichen Benutzung, dem sich viele Parteien nicht bewusst sind.

39   Alle **anderen Beilagen,** auch jene betreffen den Nachweis der erhöhten Kennzeichnungskraft iSv Art. 8 Abs. 1 lit. b oder der Bekanntheit iSv Art. 8 Abs. 5, sind, sofern nicht in der Verfahrenssprache verfasst, in diese zu übersetzen (Art. 16 Abs. 2 DVUM; Regel 38 Abs. 2 GMDV). Fehlt eine Übersetzung, so werden diese nicht berücksichtigt (Art. 25 Abs. 2 lit. a UMDV; Regel 98 Abs. 2 GMDV).

D. Beschwerdeverfahren

40   Die Beschwerdeschrift muss in der **Verfahrenssprache** eingereicht werden, in der die **Entscheidung,** die Gegenstand der Beschwerde ist, ergangen ist (Art. 21 Abs. 2 DVUM; Regel 48 Abs. 2 GMDV).

40.1   Problematisch stellt sich die Situation dann dar, wenn aufgrund eines Versehens des Amtes die Entscheidung der ersten Instanz nicht in der Verfahrenssprache ergangen ist. Der Partei kann dieser Fehler jedoch nicht vorgehalten werden, da er durch das Amt verschuldet wurde. Solche Fälle sind seit EuG T-120/99, GRUR Int 2001, 978 – KIK eher selten, treten jedoch im Eintragungsverfahren gelegentlich auf, wenn die erste Sprache der Anmeldung keine Sprache des Amtes ist (→ Rn. 3).

41   Um allfällige Fristen zu wahren, kann der Anmelder seinen Antrag in einer Sprache der EU einreichen. Er muss jedoch innerhalb eines Monats nach Einreichung des Antrages eine **Überset-**

zung in eine zulässige Verfahrenssprache (die zweite Sprache der Anmeldung oder, sofern auch die erste Sprache eine Sprache des Amtes war, in diese) vorlegen (Abs. 8). Wird keine Übersetzung in die Verfahrenssprache eingereicht, ist die Beschwerde als unzulässig zurückzuweisen (Art. 23 Abs. 1 lit. b DVUM; Regel 49 Abs. 2 GMDV).

Abs. 6 (Regel 95 lit. b GMDV) sehen vor, dass – sofern ein **offizielles Formblatt** verwendet **42** wird – dieses in jeder Amtssprache der Union verwendet werden kann, sofern alle Textbestandteile in der Verfahrenssprache ausgefüllt werden. Zu beachten ist jedoch, dass das Gericht mit Urteil vom 9.4.2014 ausgesprochen hat, dass das Ankreuzen eines Kästchens im Formblatt (hier Umfang der Beschwerde: in seiner Gänze) bereits einen Textbestandteil darstellt (EuG T-386/12, BeckRS 2014, 81475 – elite BY MONDARIZ).

Aufgrund der derzeitig unklaren Situation ist davon abzuraten, Formblätter zu verwenden, die nicht in **42.1** der Verfahrenssprache gehalten sind.

Wird die Beschwerde nicht in der richtigen Sprache eingereicht, sind die Rechtsfolgen unter- **43** schiedlich, je nachdem ob die Beschwerde bis zum 30.9.2017 oder nach dem 1.10.2017 eingereicht wurde.

Wird die Beschwerdeschrift bei Beschwerdeverfahren, die bis zum 30.9.2017 eröffnet wurden, **44** in einer Sprache des Amtes, die **nicht Sprache des erstinstanzlichen Verfahrens** war, einge- reicht, so kann **innerhalb** einer **Frist** von **einem Monat** eine **Übersetzung** in die Verfahrens- sprache nachgereicht werden (Regel 96 Abs. 1 GMDV). Sofern es sich um ein ex-parte-Verfahren handelt, kann die Übersetzung auch in die zweite Sprache der Anmeldung erfolgen (Regel 96 Abs. 1 GMDV). Dies führt jedoch aufgrund fehlender gesetzlicher Bestimmung nicht zu einer Änderung der Verfahrenssprache.

Fraglich ist, **welche Sprache** die Sprache des Beschwerdeverfahrens ist, wenn die Sprache der **45** angefochtenen Entscheidung nicht die Verfahrenssprache ist.

Während diese Fälle bis zum Urteil KIK II (EuG T-120/99, GRUR Int 2001, 978) relativ oft vorgekom- **45.1** men sind, da das Amt im Prüfungsverfahren automatisch die zweite Sprache verwendet hatte, sofern die erste Sprache keine Sprache des Amtes war, treten diese Fälle nur noch selten auf.

Wählt der Beschwerdeführer die Sprache der angefochtenen Entscheidung, so akzeptiert er **46** wohl die „falsche" Sprache und kann in weiterer Folge keine Rüge mehr gegen diese Sprache vorbringen. Er kann insbesondere keine Verletzung des rechtlichen Gehörs geltend machen, vor allem dann nicht, wenn er sich inhaltlich gegen die angefochtene Entscheidung zur Wehr setzt (EuG T-242/02, GRUR Int 2005, 908 – TOP).

Wählt der Beschwerdeführer die zulässige Verfahrenssprache und somit nicht die Sprache der **47** angefochtenen Entscheidung, setzt er sich grundsätzlich der Gefahr aus, dass seine Beschwerde aufgrund der Wahl der falschen Sprache als unzulässig zurückgewiesen wird. Eine solche strikte Interpretation ist jedoch schlichtweg falsch, da ein Fehler der Partei, der durch das Amt verursacht wurde, niemals der Partei angelastet werden darf.

In solchen Situationen ist es daher empfehlenswert, die Beschwerde in der **zulässigen Verfah- 48 renssprache** einzureichen und die Wahl der falschen Verfahrenssprache gleich zu Beginn zu rügen.

Wird die Beschwerdeschrift in einem Beschwerdeverfahren, das ab dem 1.10.2017 eröffnet **49** wurde, in einer anderen Amtssprache der Union eingereicht als der Verfahrenssprache, muss der Beschwerdeführer innerhalb von vier Monaten nach Zustellung der Entscheidung, gegen die sich die Beschwerde richtet, eine Übersetzung in die Verfahrenssprache vorlegen (Art. 21 Abs. DVUM).

Wird im einseitigen Verfahren die angefochtene Entscheidung in einer anderen Sprache des **50** Amtes als der Verfahrenssprache erlassen, kommt dem Beschwerdeführer ein Wahlrecht zu. Er kann die Beschwerdeschrift sowohl in dieser Sprache oder der eigentlich vorgesehen Verfahrenssprache einlegen. Die vom Beschwerdeführerin gewählte Sprache ist dann die Sprache des Beschwerdever- fahrens (Art. 21 Abs. 3 DVUM).

Die Sprachregelungen gelten sowohl für die Beschwerdeschrift als auch für die Beschwerdebe- **51** gründung.

Die Parteien können gemäß Abs. 8 eine andere Sprache als Verfahrenssprache des Beschwerdeverfahrens **51.1** vereinbaren. Diese Bestimmung scheint den Parteien nicht bekannt zu sein, da trotz Recherche keine Fälle bekannt sind, in denen die Parteien sich auf eine Änderung der Verfahrenssprache geeinigt hätten.

E. mündliche Verhandlungen

52 **Art. 50 DVUM** ist auf alle **mündlichen Verhandlungen** abzuwenden, die nach dem 1.10.2017 stattfinden.

52.1 Da am 1.10.2017 keine mündlichen Verhandlungen abhängig waren, kann auf eine Darstellung nach der alten Rechtsordnung (Regel 97 GMDV) verzichtet werden.

53 Mündliche Verhandlungen sind grundsätzlich in der **Verfahrenssprache** durchzuführen. Die Beteiligten können sich jedoch darauf verständigen, eine **andere Amtssprache** der Union (→ Rn. 2.1) zu **verwenden.**

53.1 Dem Amt kommt dabei **kein Vetorecht** zu.

53.2 Das Amt kann jederzeit eine **andere Amtssprache** der Union als die Verfahrenssprache **verwenden;** es hat jedoch dann für eine **simultane Verdolmetschung** Sorge zu tragen. Die Kosten hat das Amt zu tragen (Art. 50 Abs. 2 DVUM).

53.3 Das Amt kann jederzeit auch einem Beteiligten auf **Antrag** gestatten, eine **andere Amtssprache** als die Verfahrenssprache zu verwenden. Das Amt hat für eine simultane Verdolmetschung Sorge zu tragen. Die Kosten trägt grundsätzlich die Partei, können jedoch auch vom Amt übernommen werden (Art. 50 Abs. 2 DVUM).

54 Die **Beweisaufnahme** findet in der Verfahrenssprache statt. Sofern die Beteiligten, Zeugen oder Sachverständigen keine ausreichende Kenntnis der Verfahrenssprache haben, kann das Amt ihnen die Verwendung einer **anderen Amtssprache** der Union **gestattet,** wobei für eine **simultane Verdolmetschung** Sorge zu tragen ist. Die Kosten trägt grundsätzlich die Partei, die den Antrag gestellt hat, können jedoch auch vom Amt übernommen werden (Art. 50 Abs. 2 DVUM)

F. Andere Verfahren vor der Eintragung der Unionsmarkenanmeldung

55 Bei diesen Verfahren handelt es sich um alle Verfahren, die eine Unionsmarkenanmeldung betreffen, mit Ausnahme des eigentlichen Prüfungsverfahrens, des Widerspruchsverfahrens oder des Beschwerdeverfahrens. Es handelt sich daher um insbesondere Anträge auf Eintragung von Rechtsübergängen (Art. 20), von dinglichen Rechten (Art. 22), von Zwangsvollstreckungsmaßnahmen (Art. 23), von Insolvenzverfahren (Art. 24) und von Lizenzen (Art. 25), Umwandlungsverfahren (Art. 140) oder zur Erklärung der Rücknahme, Einschränkung oder Änderung der Unionsmarkenanmeldung (Art. 49) und zur Erklärung der Teilung der Unionsmarkenanmeldung (Art. 50) und Verfahren zur Akteneinsicht (Art. 114).

56 In all diesen Verfahren kann der **Antragsteller,** und dabei kann es sich um eine dritte Person handeln, zwischen der **ersten** und der **zweiten Sprache** gemäß Abs. 6 **wählen.**

G. Andere Verfahren nach der Eintragung der Unionsmarkenanmeldung

57 Bei diesen Verfahren handelt es sich um alle Verfahren, die eine Unionsmarke betreffen, mit Ausnahme des Löschungsverfahrens oder des Beschwerdeverfahrens. Es handelt sich daher um insbesondere Anträge auf Eintragung von Rechtsübergängen (Art. 20), auf Übertragung der Agentenmarke (Art. 21; → Art. 21 Rn. 1 ff.), von dinglichen Rechten (Art. 22), von Zwangsvollstreckungsmaßnahmen (Art. 23), von Insolvenzverfahren (Art. 24) und von Lizenzen (Art. 25), Umwandlungsverfahren (Art. 140), zur Erklärung Verlängerung (Art. 53), zur Änderung (Art. 54 f.), betreffend die Erklärung der Teilung der Unionsmarke (Art. 56) betreffend den Verzicht (Art. 57) und Akteneinsicht (Art. 114).

58 In all diesen Verfahren kann der Antragsteller, und dabei kann es sich auch um eine dritte Person handeln, unabhängig von der vom Anmelder gewählten Sprachen in der Anmeldung, eine Sprache des Amtes gemäß Art. 146 Abs. 6 **wählen.**

59 Wird für den Antrag jedoch eines der vom Amt bereitgestellten **Formblätter** verwendet, so genügen die Formblätter in einer der Amtssprachen der Union, vorausgesetzt, dass das Formblatt, soweit es Textbestandteile betrifft, in einer der Sprachen des Amtes ausgefüllt ist.

59.1 Aufgrund des Urteils vom 9.4.2014 (EuG T-386/12, BeckRS 2014, 81475 – elite BY MONDARIZ) ist jedoch die Bedeutung von Art. 146 Abs. 6 derzeit nicht klar.

H. Übersetzungen

Sofern eine Übersetzung einzureichen ist, muss sie als solche klar erkennbar sein und auf das **60** Originalschriftstück Bezug nehmen und die Struktur und den Inhalt des Originalschriftstücks wiedergeben (Art. 25 Abs. 1 UMDV; Regel 98 Abs. 1 GMDV).

Sog. „Stückchenübersetzungen", also Übersetzungen, in denen sich dem Leser der Inhalt der Überset- **60.1** zung nur aus der Gesamtschau verschiedener Dokumente ergibt, sind nicht zulässig.

Übersetzungen können von der Partei **selbst angefertigt** werden. Es bedarf grundsätzlich **61** keiner Beglaubigung durch beeidete Übersetzer. Wenn das Amt Zweifel an der Korrektheit der Übersetzung hat, kann es die Beglaubigung der Übersetzung verlangen (Art. 26 UMDV; Regel 98 Abs. 1 GMDV). Bis zum Beweis des Gegenteils gelten die eingereichten Übersetzungen als mit dem jeweiligen Originaltext übereinstimmend (Art. 26 UMDV; Regel 99 GMDV).

Das Amt muss **selbständig** die Korrektheit der Übersetzung prüfen. Ein Antrag der anderen am **61.1** Verfahren beteiligten Partei ist nicht notwendig. Stellt es geringe Abweichungen fest, muss die fehlerhafte Übersetzung unberücksichtigt bleiben. Dies betrifft vor allem **falsche Übersetzungen** im Rahmen der Substantiierung des älteren Rechts.

Die Parteien verwenden oftmals zur Übersetzung des Waren- und Dienstleistungsverzeichnisses allge- **61.2** meine Wörterbücher, die Fachausdrücke nicht oder nur fehlerhaft wiedergeben. Es wird daher empfohlen, zur Übersetzung des Waren- und Dienstleistungsverzeichnisses TMclass, die **Klassifizierungsdatenbank** des Amtes, zu verwenden (http://tmclass.tmdn.org/ec2/).

Sofern keine Übersetzung innerhalb der gesetzlichen Frist oder innerhalb der vom Amt zu **62** setzenden Frist eingereicht wurde, gilt das Originaldokument als nicht eingereicht und kann daher vom Amt bei der Beurteilung des Sachverhaltes **nicht berücksichtigt** werden (Art. 25 Abs. 2 lit. a UMDV; Regel 98 Abs. 2 GMDV). Gleiches gilt für den Fall, dass eine beglaubigte Übersetzung nachzureichen ist (Art. 25 Abs. 2 lit. b UMDV; Regel 98 Abs. 2 GMDV).

Die Vorlage nur einer Übersetzung ist nicht ausreichend. Es ist immer auch das **Originaldoku- 63 ment,** wobei es sich auch um eine Kopie handeln kann, einzureichen.

Insbesondere bei der Übersetzung von Eintragungsurkunden kommt es oftmals zu Problemen. **64** Die Übersetzung muss alle wesentlichen Elemente enthalten, die es dem Amt erlauben, nicht nur die Klagebefugnis, sondern auch den Schutzumfang des Rechtes festzustellen. Somit sind die Waren- und Dienstleistungsverzeichnis sowie alle Angaben betreffend das Zeichen, also auch allfällige Beschreibungen, Disclaimer oder Farbansprüche (EuG T-549/15, BeckEuRS 2017, 494108 – CAFE DEL SOL), zu übersetzen. Wird der Widerspruch nicht auf das gesamte Waren- und Dienstleistungsverzeichnis gestützt, genügt es, jenen Teil zu übersetzen, der für das Verfahren von Bedeutung ist. Ferner nicht übersetzt werden müssen verwaltungstechnische Angaben wie der Name des ausstellenden Amtes oder INID-Codes.

Art. 147 Veröffentlichung, Eintragung

(1) Die in Artikel 31 Absatz 1 beschriebene Anmeldung der Unionsmarke und alle sonstigen Informationen, deren Veröffentlichung in dieser Verordnung oder in einem auf der Grundlage dieser Verordnung erlassenen Rechtsakt vorgeschrieben ist, werden in allen Amtssprachen der Union veröffentlicht.

(2) Sämtliche Eintragungen in das Register werden in allen Amtssprachen der Union vorgenommen.

(3) [1]In Zweifelsfällen ist der Wortlaut in der Sprache des Amtes maßgebend, in der die Anmeldung der Unionsmarke eingereicht wurde. [2]Wurde die Anmeldung in einer Amtssprache der Union eingereicht, die nicht eine Sprache des Amtes ist, so ist der Wortlaut in der vom Anmelder angegebenen zweiten Sprache verbindlich.

Überblick

Eintragungen in das Register werden veröffentlicht. Hierzu dient das Blatt für Unionsmarken. Veröffentlichungen sind in allen Amtssprachen der EU vorzunehmen. Rechtlich verbindlich ist dabei nur eine Sprache, nämlich die erste Sprache, sofern es sich dabei um eine Sprache des Amtes handelt (Art. 146 Abs. 2, → Art. 146 Rn. 3), sonst die in der Anmeldung gewählte zweite Sprache.

A. Zu veröffentlichende Informationen

1   Art. 147 enthält keine direkten Vorschriften für die zu veröffentlichenden Daten einer Unionsmarkenanmeldung oder einer Unionsmarke. Er verweist global auf Art. 31 Abs. 1 und die darin enthaltenen Angaben sowie auf alle sonstigen Informationen, deren Veröffentlichung in der UMV, der UMDV oder der DVUM vorgeschrieben sind.

1.1   Die jeweiligen Bestimmungen in der UMDV und der DVUM ersetzen in ihrer Gänze die Bestimmungen der GMDV, sodass auf die alten Bestimmungen nicht Bezug genommen wird.

2   Gemäß Art. 116 Abs. 1 lit. a gibt das Amt ein **Blatt für Unionsmarken** heraus, das in einer vom Exekutivdirektor festzulegenden Form und Häufigkeit erscheint (Art. 116 Abs. 2 UMV).

3   Die zu veröffentlichenden Angaben ergeben sich aus Art. 111 Abs. 2, 3 und 4 (→ Art. 111 Rn. 1 ff.) und Art. 7 UMDV.

B. Blatt für Unionsmarken

4   Gemäß Art. 116 (→ Art. 116 Rn. 1) gibt das Amt das Blatt für Unionsmarken heraus. Seine Aufmachung und Periodizität wird durch den Exekutivdirektor bestimmt. Das Blatt für Unionsmarken wird seit 2006 wöchentlich ausschließlich in elektronischer Form veröffentlicht. Es wird seit dem Beitritt Kroatiens zur EU mit Wirkung vom 1.7.2013 in 23 Amtssprachen der EU, dh auch in Irisch und Maltesisch, jedoch nicht in Irisch (→ Art. 146 Rn. 2.2), herausgegeben. Das Blatt für Unionsmarken wird in sieben Teile untergliedert, wobei jeder Teil noch weitere Unterteilung für bestimmte Einträge aufweist.

4.1   Teil A besteht aus zwei Abschnitten:
- A.1: Anmeldungen von Unionsmarken, die gemäß Art. 39 veröffentlicht werden
- A.2: Änderungen von bereits veröffentlichten Unionsmarkenanmeldungen

4.2   Teil B enthält Informationen über die Eintragungen von Unionsmarken. Die Veröffentlichung aller Eintragungen ist in Regel 23 Abs. 5 GMDV vorgeschrieben und umfasst vier Abschnitte:
- B.1: Eintragungen ohne Änderungen seit der Veröffentlichung der Anmeldung
- B.2: Eintragungen mit Änderungen seit der Veröffentlichung der Anmeldung
- B.3: Eintragungen aufgrund eines teilweisen Rechtsübergangs von Waren und Dienstleistungen
- B.4: Berichtigung von Fehlern

4.3   Teil C ist Eintragungen gewidmet, die eingetragene Marken betreffen. Er enthält zehn Abschnitte und weitere Unterabschnitte:
- C.1: Inhaber
- C.2: Vertreter
- C.3: Marke an sich
- C.4: Lizenzen
- C.5: dingliche Rechte
- C.6: Insolvenzverfahren
- C.7: Zwangsvollstreckungsmaßnahmen
- C.8: Zeitrang (Seniorität)
- C.9: Erklärung des Verfalls und der Nichtigkeit
- C.10: Berichtigung von Fehlern

4.4   Teil D betrifft die Verlängerung von Unionsmarken und ist in zwei Abschnitte unterteilt:
- D.1: Verlängerungen
- D.2: Berichtigung von Fehlern oder Unrichtigkeiten in Verlängerungen

4.5   Teil E befasst sich mit Anträgen auf Umwandlungen und ist in vier Abschnitte unterteilt:
- E.1: Anträge auf Umwandlung einer Unionsmarkenanmeldung oder einer eingetragenen Unionsmarke in eine nationale Markenanmeldung
- E.2: Berichtigung von Fehlern oder Unrichtigkeiten in Anträgen, die in Abschnitt E.1. veröffentlicht wurden

- E.3: Anträge auf Umwandlung einer internationalen Eintragung, in der die Europäische Union benannt ist
- E.4: Berichtigung von Fehlern oder Unrichtigkeiten in Anträgen, die in Abschnitt E.3. veröffentlicht wurden

Teil F beschäftigt sich mit Anträgen betreffend die Wiedereinsetzung in den vorherigen Stand. Eine **4.6** Veröffentlichung erfolgt nur, wenn die versäumte Frist, die Anlass für den Antrag auf Wiedereinsetzung gab, tatsächlich zur Veröffentlichung einer Statusänderung in der Anmeldung oder Eintragung einer Unionsmarke geführt hat. Dieser Teil ist in zwei Abschnitte unterteilt:
- F.1: Restitutio in integrum (Wiedereinsetzung in den vorigen Stand)
- F.2: Berichtigung von Fehlern oder Unrichtigkeiten

Teil M setzt sich mit Internationale Eintragungen, in denen die EU benannt ist, sowie nachträglichen **4.7** Benennung der EU auseinander. Dieser Teil ist in fünf Abschnitte gegliedert:
- M.1: Internationale Eintragungen und nachträgliche Benennungen, die gemäß Art. 152 Abs. 1 veröffentlicht werden
- M.2: Berichtigung von Fehlern oder Unrichtigkeiten in Eintragungen, die in Abschnitt M.1. veröffentlicht werden
- M.3: Internationale Eintragungen und nachträgliche Benennungen, die gemäß Art. 152 Abs. 2 veröffentlicht werden
- M.4: Berichtigung von Fehlern oder Unrichtigkeiten in Eintragungen, die in Abschnitt M.3. veröffentlicht wurden
- M.5: Änderungen der Satzungen für die Verwendung von Kollektivmarken

Sofern WIPO INID-Codes zur Verfügung stehen, finden diese Verwendung. Eine Liste dieser **5** Codes ist im Vademecum zum Blatt für Unionsmarken (http://euipo.europa.eu/pdf/mark/vademecum-ctm-de.pdf) veröffentlicht.

C. Register

Im Register werden grundsätzlich alle Einträge vermerkt, die auch im Blatt für die Unionsmarke **6** veröffentlicht wurden. Einzige Ausnahme stellt die Anmeldung dar, die erst nach Prüfung auf absolute Eintragungshindernisse (Art. 44; → Art. 44 Rn. 1) veröffentlicht wird.

D. Verbindliche Sprache

Das Blatt für Unionsmarken wird, wie auch das Register, in allen Amtssprachen der EU, mit **7** Ausnahme Irisch (→ Art. 146 Rn. 2.2), geführt. Dies kann zu Widersprüchen im Wortlaut führen. Art. 147 Abs. 3 sieht daher vor, dass nur eine Fassung authentisch ist. Probleme treten allenfalls bei der Übersetzung des Waren- und Dienstleistungsverzeichnisses auf. In diesem Fall kommt der Übersetzung nur informeller Charakter zu; sie ist nicht rechtsverbindlich.

Ist die erste Sprache der Anmeldung eine Sprache des Amtes (→ Art. 146 Rn. 3), so ist die **8** Veröffentlichung bzw. der Eintrag im Register in dieser Sprache verbindlich.

Ist die erste Sprache der Anmeldung eine Sprache des Amtes und wurde keine Übersetzung eingereicht, **8.1** so klassifiziert das Amt die Anmeldung, ggf. nach Rücksprache mit dem Anmelder. Auf Grundlage dieser Klassifizierung erstellt das Übersetzungszentrum sodann die Übersetzung. Sie wird vom Amt nicht überprüft. Das gilt auch für die in der Anmeldung genannte zweite Sprache. Gemäß Regel 85 Abs. 6 GMDV wird die Übersetzung dem Anmelder nicht mitgeteilt.

Ist die erste Sprache der Anmeldung keine Sprache des Amtes (→ Art. 146 Rn. 3) und wurde keine **8.2** Übersetzung in die zweite Sprache eingereicht, so klassifiziert das Amt die Anmeldung in der ersten Sprache. Auf der Grundlage dieser Klassifizierung erstellt das Übersetzungszentrum die Übersetzung. Die Prüfung der Unionsmarkenanmeldung erfolgt auf Grundlage des Waren- und Dienstleistungsverzeichnisses in der ersten Sprache. Gemäß Art. 146 Abs. 3 wird die Übersetzung in die zweite Sprache vor der Veröffentlichung der Anmeldung dem Anmelder mitgeteilt, der Änderungen der Übersetzung vorschlagen kann; im Falle von Meinungsverschiedenheiten entscheidet das Amt über die Übersetzung. Dieser Fassung kommt rechtsverbindlicher Charakter zu.

Ist die erste Sprache der Anmeldung keine Sprache des Amtes und der Anmelder hat eine Übersetzung **8.3** in die zweite Sprache eingereicht, so geht das Amt von der Richtigkeit der Übersetzung aus, es sei denn, sie ist den Umständen nach offensichtlich fehlerhaft. Die Klassifizierung erfolgt auf der Grundlage der zweiten Sprache. Übersetzungen in die übrigen Sprachen werden vom Übersetzungszentrum auf der Grundlage der zweiten Sprache erstellt. Diese Übersetzungen werden dem Anmelder nicht mitgeteilt.

9   Das Amt hat mit Hilfe des Übersetzungszentrums und der nationalen Ämter bereits eine validierte Übersetzung von über 60.000 Begriffen vorgenommen. Diese Übersetzungen sind unter http://tmclass.tmdn.org/ec2/ abrufbar.

E. Internationale Registrierung

10   Internationale Registrierungen werden ebenfalls im Blatt für Unionsmarken, Teil M, veröffentlicht. Gemäß Art. 190 Abs. 1 (→ Art. 190 Rn. 1) werden nur die wesentlichen Angaben veröffentlicht. Es erfolgt keine Veröffentlichung der Liste der Waren und Dienstleistungen, sondern ausschließlich ein Hinweis auf die beanspruchten Klassen.

Art. 148 Übersetzungen

Die für die Arbeit des Amtes erforderlichen Übersetzungen werden von der Übersetzungszentrale für die Einrichtungen der Europäischen Union angefertigt.

Überblick

Das Amt hat Übersetzungen von der Übersetzungszentrale für die Einrichtungen der EU anfertigen zu lassen.

1   Die **Übersetzungszentrale** für die Einrichtungen der EU wurde durch VO (EG) Nr. 2965/94 des Rates vom 28.11.1994 (ABl. EG L 314) gegründet. Die Errichtung eines gemeinsamen Fachzentrums ist die geeignete Lösung des Problems, den Übersetzungsbedarf einer größeren Anzahl von über das Gebiet der EU verteilten Einrichtungen zu decken (Präambel). Sie hat ihren Sitz in Luxemburg.

2   Alle anfallenden **Übersetzungen,** die das **Verfahren** einer **Unionsmarkenanmeldung** oder **Unionsmarke** betreffen, sind durch das **Übersetzungszentrum anzufertigen.** Dies schließt nicht aus, dass durch Bedienstete des Amtes diese Übersetzungen nachbearbeitet werden können; teilweise ist eine solche Nachbearbeitung sogar nötig, da Texte nicht immer von Personen, die mit der Sprache des gewerblichen Rechtsschutzes vertraut sind, übersetzt werden.

2.1   Das Amt ist der wichtigste Kunde der Übersetzungszentrale. Das Amt lässt jährlich in Luxemburg mehr als 40.000 Seiten Texte sowie fast eine halbe Million Seiten, die das Marken- oder Geschmacksmusterverfahren betreffen, übersetzen.

2.2   Im Haushaltsplan 2020, der auf der Homepage des EUIPO abrufbar ist (https://euipo.europa.eu/tunnel-web/secure/webdav/guest/document_library/contentPdfs/about_euipo/the_office/budget_office/budget2020_de.pdf) sind für Übersetzungen ca. 18 Millionen Euro vorgesehen. Dies stellt ca. 10% der Ausgaben des Amtes dar.

3   Übersetzungen, die **nicht verfahrensrelevant** sind, wie zB Mitteilungen oder Beschlüsse des Präsidenten, Dokumente des Verwaltungsrates oder des Haushaltsausschusses, können auch im Amt selbst von Sprachjuristen oder anderen Bediensteten übersetzt werden.

4   Dolmetschdienstleistungen, die vor allem im Rahmen der **Tagungen** des Verwaltungsrates oder des Haushaltsausschusses sowie bei großen Konferenzen, die vom Amt durchgeführt werden, anfallen, werden grundsätzlich **nicht** durch die Übersetzungszentrale durchgeführt. Für solche Anlässe werden spezialisierte Dolmetschdienste in Anspruch genommen.

5   Gleiches gilt für den Fall einer **mündlichen Verhandlung** (Art. 96; → Art. 96 Rn. 1 ff.), soweit das Amt für die Übersetzung zu sorgen hat.

Art. 149 Transparenz

(1) Für Dokumente im Besitz des Amtes gilt die Verordnung (EG) Nr. 1049/2001 des Europäischen Parlaments und des Rates [Amtl. Anm.: Verordnung (EG) Nr. 1049/2001 des Europäischen Parlaments und des Rates vom 30. Mai 2001 über den Zugang der Öffentlichkeit zu Dokumenten des Europäischen Parlaments, des Rates und der Kommission (ABl. L 145 vom 31.5.2001, S. 43)].

(2) Der Verwaltungsrat beschließt die Einzelheiten zur Anwendung der Verordnung (EG) Nr. 1049/2001.

(3) Gegen Entscheidungen des Amtes nach Artikel 8 der Verordnung (EG) Nr. 1049/2001 kann nach Maßgabe der Artikel 228 bzw. 263 AEUV Beschwerde beim Europäischen Bürgerbeauftragten oder Klage beim Gerichtshof der Europäischen Union erhoben werden.

(4) Die Verarbeitung personenbezogener Daten durch das Amt unterliegt der Verordnung (EG) Nr. 45/2001 des Europäischen Parlaments und des Rates [Amtl. Anm.: Verordnung (EG) Nr. 45/2001 des Europäischen Parlaments und des Rates vom 18. Dezember 2000 zum Schutz natürlicher Personen bei der Verarbeitung personenbezogener Daten durch die Organe und Einrichtungen der Gemeinschaft und zum freien Datenverkehr (ABl. L 8 vom 12.1.2001, S. 1)].

Überblick

Diese Bestimmung regelt den Zugang der Öffentlichkeit zu Dokumenten des Amtes. Der Verwaltungsrat hat die notwendigen Durchführungsbestimmungen zu erlassen. Gleichzeitig wird klargestellt, dass Beschwerde beim Bürgerbeauftragten oder Klage beim Gericht eingelegt werden kann.

Übersicht

A. VO (EG) Nr. 1049/2001 des Europäischen Parlaments und des Rates vom 30.5.2001 über den Zugang der Öffentlichkeit zu Dokumenten des Europäischen Parlaments, des Rates und der Kommission

Der **Zugang** zu Dokumenten der Verwaltung gewährleistet eine **größere Legitimität, Effizienz** und **Verantwortung** der **Verwaltung** gegenüber dem Bürger in einem demokratischen System (Präambel VO (EG) Nr. 1049/2011). Bürgern ist daher im Interesse der Transparenz **Zugang** zu Dokumenten, einschließlich der Erstellung von Kopien, zu **ermöglichen.** **1**

Die VO (EG) Nr. 1049/2011 gilt jedoch nur für das Europäische Parlament, den Rat und die Kommission. Somit musste Art. 123 eingeführt werden, der vorsieht, dass die Bestimmungen der VO (EG) Nr. 1049/2011 auch für das Amt Anwendung finden. **2**

Gewisse Dokumente sind von der Einsicht **ausgenommen.** **3**

So wird der Zugang zu Dokumenten verweigert, die den **Schutz** des **öffentlichen Interesses** im Hinblick auf die öffentliche Sicherheit, die **Verteidigung** und **militärische Belange,** die **internationalen Beziehungen** und die **Finanz-, Währungs-** oder **Wirtschaftspolitik** der Union oder eines Mitgliedstaats sowie den Schutz der **Privatsphäre** und der **Integrität** des **Einzelnen** betreffen (Art. 4 Abs. 1 VO (EG) Nr. 1049/2011). Es ist jedoch kaum davon auszugehen, dass das Amt in Besitz solcher Dokumente sein könnte. **3.1**

Der Zugang zu Dokumenten betreffend Schutz der **geschäftlichen Interessen** einer natürlichen oder juristischen Person, einschließlich des **geistigen Eigentums,** Schutz von Gerichtsverfahren und der Rechtsberatung, Schutz des Zwecks von Inspektions-, Untersuchungs- und Audittätigkeiten, wird gleichfalls **verweigert,** es sei denn, es besteht ein **überwiegendes öffentliches Interesse** an der Verbreitung (Art. 4 Abs. 2 VO (EG) Nr. 1049/2011). Nimmt eine natürliche oder juristische Person im Rahmen eines öffentlichen Begutachtungsprozesses, zB zu den Prüfungsrichtlinien, Stellung, kann die Einsichtnahme nicht verweigert werden. Das allgemeine öffentliche Interesse vor, insbesondere die Transparenz, geht möglichen schutzwürdigen Interessen des Erstellers des Dokumentes vor. Würde die Einsicht verweigert, könnte dies als Versuch der ungerechtfertigten Einflussnahme auf die Tätigkeit des Amtes angesehen werden, und somit das Vertrauen in das europäische Markensystem unterminieren. **3.2**

Darüber hinaus sind Dokumente die sensible Informationen enthalten, und insbesondere aufgrund **öffentliche Sicherheit, Verteidigung** und **militärische Belange,** als „TRÈS SECRET/TOP SECRET", „SECRET" oder „CONFIDENTIEL" (→ Art. 150 Rn. 7) eingestuft sind, von der Einsicht **3.3** grundsätzlich ausgenommen. Es ist jedoch kaum davon auszugehen, dass das Amt in Besitz solcher Dokumente sein könnte.

B. Durchführungsbestimmungen

4   Der Verwaltungsrat hat die notwendigen Durchführungsbestimmunen zu erlassen.

4.1   In seiner Sitzung vom 24.11.2003 hat der Verwaltungsrat daher den entsprechenden Beschluss Nr. CA-03-22 (http://euipo.europa.eu/de/office/admin/pdf/CA-03-22-DE.pdf) angenommen.

5   Der Beschluss sieht die **Voraussetzungen** und **Art** des **Zugangs** vor.

6   **Antragsberechtigt** sind **Unionsbürger** und **natürliche** oder **juristische Personen** mit **Wohnsitz** oder Sitz in einem Mitgliedstaat. Darüber hinaus kann natürlichen oder juristischen Personen, die **keinen Wohnsitz** oder Sitz in einem Mitgliedstaat haben, Zugang gewährt werden. Da es sich dabei um eine „kann" Bestimmung handelt, kommt dem Amt bei der Beurteilung dieser Frage ein weites **Ermessen** zu.

7   Anträge sind entweder per **Post, Fax, E-Mail** (publicregister@euipo.europa.eu) oder elektronisch über die **Website** des Amtes (https://euipo.europa.eu/ohimportal/de/contact?selected-Ground=04_admin_doc_request) einzureichen.

8   Anträge können dabei in **einer** der **Amtssprache** der EU gestellt werden.

9   Der Antragsteller hat das **Dokument**, zu dem er Zugang haben möchte, zu **bezeichnen.** Darin liegt naturgemäß eine gewisse Hürde, da er unter Umständen weder den Titel des Dokuments noch die Dokumentennummer kennt.

9.1   Würde man einen strengen Maßstab an die Bezeichnung des gewünschten Dokuments stellen, könnte Einsicht erst dann genommen werden, wenn man von der Existenz des Dokuments bereits Kenntnis hat.

9.2   Um die Bestimmungen betreffend den Zugang zu Dokumenten nicht von Anfang an ad absurdum zu führen, muss daher die Angabe, alle Dokumente eines besonderen Bereichs, zB alle eingegangenen Stellungnahmen zu den Prüfungsrichtlinien, alle Dokumente die in einen bestimmten Zeitraum fallen, oder an eine bestimmte natürliche oder juristische Person gerichtet sind oder von dieser stammen, als ausreichend angesehen werden.

10   Das Amt unterhält ein **öffentliches, elektronisches Dokumentenregister.**

11   Der Zugang zu Dokumenten, die bereits **rechtmäßig** verteilt wurden, wird stets **gewährt.**

12   Wird der Zugang zu Dokumenten beantragt, die aufgrund von Art. 4 VO (EG) Nr. 1049/2001 oder Art. 9 VO (EG) Nr. 1049/2001 besonderen Bestimmung unterliegen, wird der Verfasser kontaktiert. Dies betrifft insbesondere Dokumente, die von einem Mitgliedstaat an das Amt übermittelt wurden. Sollte der **Dritte** seine **Zustimmung verweigern,** hat das Amt eine **Interessen-abwägung** vorzunehmen, und kann das Dokument ungeachtet dessen freigeben.

12.1 Stellungnahmen der Mitgliedstaaten, insbesondere Dokumente, die dem Verwaltungsrat oder dem Haushaltsausschuss vorgelegt werden oder die im Rahmen des Konvergenzprogrammes des Amtes eingereicht werden, unterliegen einem besonderen Schutz. Ein schutzwürdiges Interesse liegt jedoch nicht mehr vor, nachdem ein gemeinsamer Standpunkt im Rahmen des Konvergenzprogrammes angenommen wurde

13   Das Amt muss innerhalb von **15 Werktagen** auf Anträge antworten; es kann eine nähere Präzisierung des betroffenen Dokuments verlangen.

14   Das Amt kann die Dokumente per Fax oder E-Mail an den Antragsteller übermitteln. Wird ein Dokument per Post übermittelt, kann dem Antragsteller eine Gebühr von 0,10 Euro pro Seite in Rechnung gestellt werden, wenn der Umfang des übermittelten Dokuments mehr als 20 Seiten beträgt.

15   Gegen **Entscheidungen** des Amtes besteht sowohl die Möglichkeit der **Beschwerde** beim **Europäischen Bürgerbeauftragten** als auch die Möglichkeit der **Klage beim Gericht.**

C. Akteneinsicht

16   Art. 149 betrifft **nicht** die Akteneinsicht betreffend Unionsmarken, die in Art. 114 geregelt ist und für diese Verfahren als **lex specialis** zur Anwendung kommt (→ Art. 114 Rn. 1 ff.).

Art. 150 Sicherheitsvorschriften für den Schutz von Verschlusssachen und nicht als Verschlusssache eingestuften sensiblen Informationen

¹Das Amt wendet die Sicherheitsgrundsätze gemäß den Sicherheitsvorschriften der Kommission zum Schutz von EU-Verschlusssachen und nicht als Verschlusssache einge-

stuften sensiblen Informationen an, die in den Beschlüssen (EU, Euratom) 2015/443 [Amtl. Anm.: Beschluss (EU, Euratom) 2015/443 der Kommission vom 13. März 2015 über die Sicherheit in der Kommission (ABl. L 72 vom 17.3.2015, S. 41) und 2015/444 [Amtl. Anm.: Beschluss (EU, Euratom) 2015/444 der Kommission vom 13. März 2015 über die Sicherheitsvorschriften für den Schutz von EU-Verschlusssachen (ABl. L 72 vom 17.3.2015, S. 53)] der Kommission festgelegt sind. [2]Die Sicherheitsgrundsätze umfassen unter anderem Bestimmungen über den Austausch, die Verarbeitung und die Speicherung von solchen Informationen.

Überblick

Die beiden genannten Beschlüsse betreffen die Sicherheit in der Kommission sowie die Sicherheitsvorschriften für den Schutz von EU-Verschlusssachen. Das Amt wendet die die darin enthaltenen Grundsätze und Vorschriften an; diese schließt auch den Austausch, die Verarbeitung und die Speicherung von solchen Informationen ein. Die Bestimmung ist mWv 23.3.2016 gemäß VO (EU) 2015/2424 vom 16.12.2015 eingefügt worden.

A. Allgemeines

Das Amt wendet die Sicherheitsgrundsätze gemäß den Sicherheitsvorschriften der Kommission 1 zum Schutz von EU-Verschlusssachen und nicht als Verschlusssache eingestuften sensiblen Informationen an, die in den Beschlüssen (EU, Euratom) 2015/443 und 2015/444 der Kommission festgelegt sind, an. Dies bedeutet, dass das Amt keine eigenen Sicherheitsbeschlüsse oder eigene Beschlüsse betreffend die Einstufung von Dokumenten treffen kann.

B. Beschluss 2015/443

Wie die Kommission sowie die anderen Institutionen und Agenturen kann das Amt insbeson- 2 dere durch Terrorismus, Cyberangriffe sowie politische und wirtschaftliche Spionage erheblich in seiner Sicherheit **bedroht** werden. Ziel ist es daher durch ein Sicherheitskonzept mit einem **passenden Schutzniveau** für Personen, Vermögenswerte und Informationen zu erstellen, das in einem angemessenen Verhältnis zu den festgestellten Risiken steht und effizient und planmäßig Sicherheit gewährleistet.

Das Amt muss dabei auch ein angemessenes Sicherheitsniveau für ihre Bediensteten sowie für Vermö- 2.1 genswerte und Informationen anstreben, das ihre Handlungsfähigkeit gewährleistet, ohne dass Grundrechte mehr als unbedingt notwendig eingeschränkt werden.

Das Amt hat daher alle geeigneten Maßnahmen zu ergreifen, die 3
• der Verhinderung von Gewalttaten, die gegen die Bedienstete gerichtet sind;
• der Verhinderung der Spionage und des Abhörens von vertraulichen Informationen oder Verschlusssachen;
• der Verhinderung von Diebstahl, Sachbeschädigung, Sabotage und anderen Gewalttaten, mit denen Gebäude oder Vermögenswerte des Amtes beschädigt oder zerstört werden sollen; sowie
• der Ermöglichung der Untersuchung von Sicherheitsvorfällen dienen.

C. Beschluss 2015/444

Die Kommission hat durch den Beschluss 2015/444 eigene Sicherheitsvorschriften für den 4 Schutz von EU-Verschlusssachen aufgestellt. Da solche Dokumente jedoch auch andere Institutionen oder Agenturen wie das Amt weitergeleitet werden, haben diese Institutionen und Agenturen gleichwertige Sicherheitsstandards anzuwenden.

Dabei geht die Kommission von einem Risikomanagement aus, das als mehrstufiger Prozess 5 ausgelegt ist. Dabei gilt es bekannte Sicherheitsrisiken zu bestimmen, Sicherheitsmaßnahmen zur Reduzierung dieser Risiken auf ein tragbares Maß festzulegen und diese Maßnahmen entsprechend dem Konzept der mehrschichtigen Sicherheit anzuwenden.

Die Kommission unterscheidet dabei zwischen vier verschiedenen Geheimhaltungsgraden, und 6 orientiert sich bei der Einstufung dabei daran, inwieweit eine unbefugte Weitergabe den Interessen der Union oder eines oder mehrerer Mitgliedstaaten schaden kann.

Verschlusssachen werden in folgende Kategorien eingeteilt: 7
• TRÈS SECRET UE/EU TOP SECRET,
• SECRET UE/EU SECRET,

• CONFIDENTIEL UE/EU CONFIDENTIAL,
• RESTREINT UE/EU RESTRICTED.

7.1 Mit der höchsten Einstufung „TRÈS SECRET UE/EU TOP SECRET" werden Informationen und Materialien versehen, deren unbefugte Weitergabe den wesentlichen Interessen der Europäischen Union oder eines oder mehrerer Mitgliedstaaten äußerst schweren Schaden zufügen könnte. Dieses Schutzniveau entspricht sowohl dem deutschen als auch dem österreichischen „STRENG GEHEIM".

7.2 Mit der Einstufung „SECRET UE/EU SECRET" werden Informationen und Materialien bezeichnet, deren unbefugte Weitergabe den wesentlichen Interessen der Europäischen Union oder eines oder mehrerer Mitgliedstaaten schweren Schaden zufügen könnte. Dieses Schutzniveau entspricht sowohl dem deutschen als auch dem österreichischen „GEHEIM".

7.3 Mit der Einstufung „CONFIDENTIEL UE/EU CONFIDENTIAL" werden Informationen und Materialien bezeichnet, deren unbefugte Weitergabe den wesentlichen Interessen der Europäischen Union oder eines oder mehrerer Mitgliedstaaten Schaden zufügen könnte. Dieses Schutzniveau entspricht dem deutschen „VS – VERTRAULICH" und dem österreichischen „Vertraulich".

7.4 Mit der Einstufung „RESTREINT UE/EU RESTRICTED" werden Informationen und Materialien bezeichnet, deren unbefugte Weitergabe für die wesentlichen Interessen der Europäischen Union oder eines oder mehrerer Mitgliedstaaten nachteilig sein könnte. Dieses Schutzniveau entspricht dem deutschen „VS – NUR FÜR DEN DIENSTGEBRAUCH" und dem österreichischen „Eingeschränkt".

7.5 Es kann davon ausgegangen werden, dass das Amt nicht im Besitz von Dokumenten sein wird, die höher als „CONFIDENTIEL UE/EU CONFIDENTIAL" eingestuft sind, da höher eingestufte Dokumente die nationale Sicherheit der Europäischen Union oder eines ihrer Mitgliedstaaten betreffen. Dokumente betreffend die Verhandlungsposition der Europäischen Union oder eines ihrer Mitgliedstaaten sind kaum in der Lage, im Fall der Weitergabe den wesentlichen Interessen der EU oder eines oder mehrerer Mitgliedstaaten schweren Schaden zuzufügen.

8 Zugang zu Verschlusssachen erhalten nur Personen, die entsprechenden Sicherheitsüberprüfungen unterzogen worden sind. Dabei gilt stets der Grundsatz, dass die Person, die ein solches Dokument erhalten soll, vom Inhalt für ihre Arbeit Kenntnis haben muss.

9 Der Beschluss legt auch fest, wie solche Verschlusssachen eingesehen werden können und wie diese zu transportieren und verwahren sind.

Abschnitt 2. Aufgaben des Amtes und Zusammenarbeit zwecks besserer Abstimmung

Art. 151 Aufgaben des Amtes

(1) Das Amt nimmt folgende Aufgaben wahr:

a) Verwaltung und Förderung des mit dieser Verordnung eingerichteten Markensystems der Union;

b) Verwaltung und Förderung des mit der Verordnung (EG) Nr. 6/2002 des Rates [Amtl. Anm.: Verordnung (EG) Nr. 6/2002 des Rates vom 12. Dezember 2001 über das Gemeinschaftsgeschmacksmuster (ABl. L 3 vom 5.1.2002, S. 1)] geschaffenen Geschmacksmustersystems der Europäischen Union;

c) Förderung der Abstimmung von Verfahren und Instrumentarien im Bereich des Marken- und Geschmacksmusterwesens in Zusammenarbeit mit den Zentralbehörden für den gewerblichen Rechtsschutz der Mitgliedstaaten einschließlich des Benelux-Amtes für geistiges Eigentum;

d) die in der Verordnung (EU) Nr. 386/2012 des Europäischen Parlaments und des Rates [Amtl. Anm.: Verordnung (EU) Nr. 386/2012 des Europäischen Parlaments und des Rates vom 19. April 2012 zur Übertragung von Aufgaben, die die Durchsetzung von Rechten des geistigen Eigentums betreffen, einschließlich der Zusammenführung von Vertretern des öffentlichen und des privaten Sektors im Rahmen einer Europäischen Beobachtungsstelle für Verletzungen von Rechten des geistigen Eigentums, auf das Harmonisierungsamt für den Binnenmarkt (Marken, Muster und Modelle) (ABl. L 129 vom 16.5.2012, S. 1)] genannten Aufgaben;

e) die ihm mit der Richtlinie 2012/28/EU des Europäischen Parlaments und des Rates [Amtl. Anm.: Richtlinie 2012/28/EU des Europäischen Parlaments und des Rates vom 25. Oktober 2012 über bestimmte zulässige Formen der Nutzung verwaister Werke (ABl. L 299 vom 27.10.2012, S. 5)] übertragenen Aufgaben.

(2) Bei der Wahrnehmung der ihm in Absatz 1 übertragenen Aufgaben arbeitet das Amt mit Institutionen, Behörden, Einrichtungen, Behörden für den gewerblichen Rechtsschutz sowie internationalen und Nichtregierungsorganisationen zusammen.

(3) Das Amt kann den Parteien freiwillige Mediationsdienste zur Herbeiführung einer gütlichen Einigung anbieten.

Überblick

Die Vorschrift legt die Aufgaben des Amtes fest.

A. Kernaufgabe

Die Kernaufgaben des Amtes werden in Abs. 1 aufgezählt. Dabei handelt es sich vor allem um **1** die „klassischen" Aufgaben eines Amtes für gewerblichen Rechtschutz. Das Amt vollzieht und fördert gemäß lit. a die UMV sowie gemäß lit. b die Gemeinschaftsgeschmacksmuster-VO.

Lit. c ist durch VO (EU) 2015/2424 (aF) in die UMV aufgenommen worden und ist die **2** Rechtsgrundlage für die Zusammenarbeit zwischen dem Amt und den nationalen Markenämtern der Mitgliedstaaten, einschließlich dem Benelux-Amt für geistiges Eigentum (Art. 152; → Art. 152 Rn. 1 ff.).

Durch die Einführung dieser Bestimmung ist eines der Hauptziele der VO (EU) 2424/2015 (aF) **2.1** verwirklicht worden. Der bisher auf freiwilliger Basis und praeter legem erfolgten Zusammenarbeit wurde nicht nur eine Rechtsgrundlage geben, sondern auch eine sichere Finanzierungsquelle.

Lit. d widmet sich der Beobachtungsstelle für Verletzungen von Rechten des geistigen Eigen- **3** tums. Dabei handelt es sich nicht um neue Aufgabengebiete, da diese bereits mit VO (EU) 386/2012 vom 5.6.2012 an das Amt übertragen worden sind. Das Amt soll dabei Experten und spezialisierte Fachkreise in einem Netzwerk zusammenbringen.

Die Beobachtungstelle hat folgende Ziele: **3.1**
• Bereitstellung notwendiger Information, anhand derer politische Entscheidungsträger eine wirksame Durchsetzungspolitik für Rechte des geistigen Eigentums gestalten und Innovationen und Kreativität fördern können;
• Bereitstellung von Daten, Instrumenten und Datenbanken zur Unterstützung der Bekämpfung von Verletzungen der Rechte des geistigen Eigentums;
• Bereitstellung von Wissen und Lernprogrammen für Behörden, die für Rechte des geistigen Eigentums und deren Durchsetzung zuständig sind, sowie für Unternehmen und Rechtsanwälte im Bereich geistiges Eigentum;
• Erarbeitung von Initiativen, mit deren Hilfe Erfinder, Urheber und Unternehmen (insbesondere KMU) ihre Rechte des geistigen Eigentums schützen können;
• Konzeption von Kampagnen zur Sensibilisierung für den Wert geistigen Eigentums und die negativen Folgen der Verletzung von Rechten geistigen Eigentums.

Lit. e überträgt dem Amt Aufgaben im Bereich des Urheberrechts. Insbesondere kommt dem **4** Amt die Führung einer Datenbank verwaister Werke zu.

RL 2012/28/EU vom 25.10.2012 setzt sich mit bestimmten zulässigen Formen der Nutzung verwaister **4.1** Werke auseinander. Art. 2 RL 2012/28/EU definiert ein verwaistes Werk; dabei handelt es sich zum Beispiel um Filme, Bücher oder sonstige kreative Materialien, die urheberrechtlich geschützt sind, deren Rechteinhaber jedoch nicht ausfindig gemacht werden können, obwohl eine sorgfältige Suche, die in Art. 3 RL 2012/28/EU näher definiert wird, durchgeführt worden ist.

Gemäß Art. 3 Abs. 6 ist das EUIPO dafür verantwortlich, eine einzige öffentlich zugängliche Online- **4.2** Datenbank zu verwaisten Werken einzurichten und zu verwalten. Diese ist unter https://euipo.europa.eu/orphanworks/ abrufbar.

B. Zusammenarbeit

Abs. 2 stellt die Rechtsgrundlage für die Zusammenarbeit des Amtes mit Institutionen, Behör- **5** den, Einrichtungen, Ämtern für gewerblichen Rechtsschutz, internationale und Nichtregierungs-organisationen in Bezug auf die dem Amt übertragenen Aufgaben dar. Es handelt sich dabei nicht um eine neue Aufgabe, sondern formalisiert und erlaubt somit auch weiterhin die die bereits in der Vergangenheit begonnene und sehr erfolgreiche Zusammenarbeit mit den genannten Einrichtungen.

5.1   Die genannten Einrichtungen haben in der Vergangenheit äußert erfolgreich mit dem Amt zusammengearbeitet, insbesondere im Rahmen der Kooperationsfonds, dem Konvergenzprogramm, der Beobachtungsstelle, den „User Group Meetings" und den Verbindungstreffen zwischen dem Amt und den nationalen Zentralbehörden, und die Verbindungstreffen, um nur einige wichtige zu nennen.

C. Mediation

6   Abs. 3 erlaubt es dem Amt, den Parteien freiwillige Mediationsdienste zur Herbeiführung einer gütlichen Einigung anzubieten (→ Art. 66 Rn. 21 ff.; → Art. 170 Rn. 1). Auch diese Tätigkeit ist nicht neu, sondern gibt dem Beschluss des Präsidiums der Beschwerdekammern Nr. 2013-3 **vom 5.7.2013 über die gütliche Beilegung von Streitfällen („Mediationsbeschluss")** und dem Beschluss Ex-11-04 des Präsidenten des Amts **vom 1.8.2011 über die Verwaltungsgebühren für die Mediation** eine sichere Rechtsgrundlage. Darüber hinaus hat das Präsidium der Beschwerdekammern, gestützt auf den Mediationsbeschluss, Regeln für die Mediation angenommen; diese Regeln ergänzen den Mediationsbeschluss und führen diesen weiter aus. Von Bedeutung ist auch der Europäische Verhaltenskodex für Mediatoren, der eine Reihe von Grundsätzen enthält, die auch in Mediationsverfahren vor dem Amt Anwendung finden.

7   Mediation ist in allen zweiseitigen Verfahren, irrelevant ob sie die UMV oder die Gemeinschaftsgeschmacksmuster-VO betreffen, möglich; obwohl Art. 170 nicht auf die Anhängigkeit einer Beschwerde abstellt, ist aufgrund fehlender Umsetzungsbeschlüsse eine Mediation in erstinstanzlichen Verfahren derzeit praktisch ausgeschlossen.

7.1   Die Mediation ist gebührenfrei, sofern sie in Alicante abgehalten wird. Findet die Mediation in Brüssel statt, haben die Parteien einen Beitrag zu den Reisekosten des Mediators in der Höhe von 750 Euro zu entrichten.

7.2   Die Aufgabe des Mediators besteht darin, die Beteiligten dabei zu unterstützen, eine gemeinsame Basis für die Beilegung ihrer Streitigkeit zu finden. Die Mediatoren müssen unabhängig und unparteiisch sein und sind verpflichtet, im Mediationsverfahren den Parteien gleichermaßen zu dienen. Die im Rahmen der Mediation erfolgten Besprechungen und Verhandlungen sind für alle an der Mediation Beteiligten vertraulich.

7.3   Die Mediation wird folgendermaßen beendet:
• durch Unterzeichnung einer Streitbeilegungsvereinbarung
• durch die Entscheidung des Mediators, dass die Mediation nicht zu einer gütlichen Beilegung des Streitfalls führen wird;
• durch die schriftliche Erklärung einer der Parteien, die aus der Mediation aussteigen möchte.

Art. 152 Zusammenarbeit zwecks besserer Abstimmung von Verfahren und Instrumentarien

(1) *[1]* **Das Amt, die Zentralbehörden für den gewerblichen Rechtsschutz der Mitgliedstaaten und das Benelux-Amt für geistiges Eigentum arbeiten zusammen, um die Verfahren und Instrumentarien im Bereich von Marken und Geschmacksmustern besser aufeinander abzustimmen.**

[2] **Unbeschadet des Absatzes 3 bezieht sich die Zusammenarbeit insbesondere auf folgende Tätigkeitsbereiche:**
a) **Entwicklung gemeinsamer Prüfstandards;**
b) **Einrichtung gemeinsamer oder vernetzter Datenbanken und Portale, die eine unionsweite Abfrage, Recherche und Klassifizierung ermöglichen;**
c) **kontinuierliche Bereitstellung und kontinuierlicher Austausch von Daten und Informationen einschließlich zur Einspeisung von Daten in die unter Buchstabe b genannten Datenbanken und Portale;**
d) **Festlegung gemeinsamer Standards und Verfahren, um die Interoperabilität von Verfahren und Systemen in der gesamten Union sicherzustellen und ihre Kohärenz, Effizienz und Leistungsfähigkeit zu verbessern;**
e) **wechselseitige Information über Rechte und Verfahren im Bereich des gewerblichen Rechtsschutzes, einschließlich wechselseitiger Unterstützung für Helpdesks und Informationsstellen;**

f) **Austausch von technischem Know-how und Hilfestellung in den von den Buchstaben a bis e erfassten Bereichen.**

(2) *[1]* Auf der Grundlage eines Vorschlags des Exekutivdirektors definiert und koordiniert der Verwaltungsrat bezüglich der in den Absätzen 1 und 6 genannten Tätigkeitsbereiche Projekte, die im Interesse der Union und der Mitgliedstaaten liegen, und fordert die Zentralbehörden für den gewerblichen Rechtsschutz der Mitgliedstaaten sowie das Benelux-Amt für geistiges Eigentum auf, sich an diesen Projekten zu beteiligen. *[2]* [1]In der Projektbeschreibung sind die besonderen Pflichten und Aufgaben jeder teilnehmenden Zentralbehörde der Mitgliedstaaten, des Benelux-Amtes für geistiges Eigentum und des Amtes darzulegen. [2]Das Amt konsultiert insbesondere in den Phasen der Definition der Projekte und der Bewertung ihrer Ergebnisse Vertreter der Nutzer.

(3) *[1]* Die Zentralbehörden für den gewerblichen Rechtsschutz der Mitgliedstaaten und das Benelux-Amt für geistiges Eigentum können ihre Zusammenarbeit an den in Absatz 2 Unterabsatz 1 genannten Projekten einstellen, einschränken oder vorübergehend aussetzen. *[2]* Bei der Anwendung der Möglichkeiten nach Absatz 1 übermitteln die Zentralbehörden für den gewerblichen Rechtsschutz der Mitgliedstaaten und das Benelux-Amt für geistiges Eigentum dem Amt eine schriftliche Erklärung, in der sie die Gründe für ihre Entscheidung darlegen.

(4) Haben sie ihre Beteiligung an bestimmten Projekten zugesagt, so beteiligen sich die Zentralbehörden für den gewerblichen Rechtsschutz der Mitgliedstaaten sowie das Benelux-Amt für geistiges Eigentum unbeschadet des Absatzes 3 wirksam an den in Absatz 2 genannten Projekten mit dem Ziel zu gewährleisten, dass sie weiterentwickelt werden, funktionsfähig und interoperabel sind sowie ständig aktualisiert werden.

(5) [1]Das Amt unterstützt die in Absatz 2 genannten Projekte finanziell in dem Maße, wie dies erforderlich ist, um die wirksame Beteiligung der Zentralbehörden für den gewerblichen Rechtsschutz der Mitgliedstaaten sowie des Benelux-Amtes für geistiges Eigentum an diesen Projekten für die Zwecke von Absatz 4 sicherzustellen. [2]Die finanzielle Unterstützung kann in Form von Finanzhilfen und Sachleistungen gewährt werden. [3]Die Gesamthöhe der bereitgestellten Mittel darf 15 % der jährlichen Einnahmen des Amtes nicht übersteigen. [4]Begünstigte sind die Zentralbehörden für den gewerblichen Rechtsschutz der Mitgliedstaaten sowie das Benelux-Amt für geistiges Eigentum. [5]Die Finanzhilfen können ohne Aufforderung zur Einreichung von Vorschlägen im Einklang mit der Finanzregelung des Amtes und den Grundsätzen für Finanzhilfeverfahren gemäß der Verordnung (EU, Euratom) Nr. 966/2012 des Europäischen Parlaments und des Rates[1] und der delegierten Verordnung (EU) Nr. 1268/2012 der Kommission[2] gewährt werden.

(6) [1]Das Amt und die einschlägigen zuständigen Behörden der Mitgliedstaaten arbeiten auf freiwilliger Basis zusammen, um die Sensibilisierung für das Markensystem und die Bekämpfung von Produktpiraterie zu unterstützen. [2]Diese Zusammenarbeit umfasst Projekte, die insbesondere auf die Umsetzung der etablierten Standards und Praktiken sowie auf die Organisation von Ausbildungs- und Schulungsmaßnahmen ausgerichtet sind. [3]Die finanzielle Unterstützung für diese Projekte ist Teil des Gesamtbetrages der gemäß Absatz 5 bereitgestellten Mittel. [4]Die Absätze 2 bis 5 gelten entsprechend.

Überblick

Diese Bestimmung gibt der bereits erfolgten Zusammenarbeit dem Amt, den Zentralbehörden für den gewerblichen Rechtsschutz der Mitgliedstaaten und dem Benelux-Amt für geistiges Eigentum eine Rechtsgrundlage und legt gleichzeitig den Finanzierungsrahmen grundsätzlich fest.

---

[1] **[Amtl. Anm.:]** Verordnung (EU, Euratom) Nr. 966/2012 des Europäischen Parlaments und des Rates vom 25. Oktober 2012 über die Haushaltsordnung für den Gesamthaushaltsplan der Union und zur Aufhebung der Verordnung (EG, Euratom) Nr. 1605/2002 des Rates (ABl. L 298 vom 26.10.2012, S. 1).

[2] **[Amtl. Anm.:]** Delegierte Verordnung (EU) Nr. 1268/2012 der Kommission vom 29. Oktober 2012 über die Anwendungsbestimmungen für die Verordnung (EU, Euratom) Nr. 966/2012 des Europäischen Parlaments und des Rates über die Haushaltsordnung für den Gesamthaushaltsplan der Union (ABl. L 362 vom 31.12.2012, S. 1).

Die Stellungnahme der Nutzerverbände ist vor allem zu Beginn der Kooperationsprojekte sehr hilfreich. Die Perspektive des Nutzers ergänzt die der nationalen Ämter, um den Umfang der neuen Projekte zu bestimmen.

Übersicht

A. Grundlagen der Zusammenarbeit

1   Die UMV enthält eine ausdrückliche Regelung für die Zusammenarbeit zwischen dem Amt und den Zentralbehörden für den gewerblichen Rechtsschutz der Mitgliedstaaten und dem Benelux-Amt für geistiges Eigentum, um gemeinsame Praktiken und Instrumentarien zu entwickeln und zu fördern. Die Reform formalisiert und gibt den bereits erfolgreich umgesetzten Instrumentarien, die in einer Reihe von Programmen und Projekten verwirklicht wurden, nachträglich eine **Rechtsgrundlage.** Sowohl der Kooperationsfond als auch das Konvergenzprogramm haben Ziele des Strategischen Planes 2011 bis 2015 umgesetzt. Der Strategieplan 2020 (SP2020, https://euipo.europa.eu/ohimportal/de/strategic-plan; → Rn. 19) baut auf den Ergebnissen des Strategieplans 2011–2015 auf. Die strategischen Ziele und die Vision des Strategieplans 2011–2015 haben sich nicht wirklich geändert, sodass der SP2020 nur eine Evolution und keine Revolution darstellt. SP2020 berücksichtigt in Bezug auf die Europäischen Kooperationsprojekte das Ergebnis einer öffentlichen Konsultation, die Anfang 2016 durchgeführt worden ist. Die europäischen Kooperationsprojekte, die im Rahmen dieses Strategieplanungszyklus entwickelt wurden, sind im November 2019 vom Verwaltungsrat des Amtes genehmigt worden.

2   Die Zusammenarbeit erfolgt in Form von Projekten, die auf Vorschlag des Exekutivdirektors vom Verwaltungsrat angenommen werden. Das Amt sowie die Zentralbehörden für den gewerblichen Rechtsschutz der Mitgliedstaaten und das Benelux-Amt für geistiges Eigentum sowie die Zentralbehörden von Drittstaaten werden zur Teilnahme eingeladen. Des Weiteren werden, wie bisher, auch Nutzerverbände zur Mitarbeit aufgerufen. Diese Vereinigungen können durch ihre Erfahrung und der täglichen Arbeit mit den Nutzern des Systems wichtigen Input geben, der die Erfahrungen der Behörden komplementiert. Dies trägt wesentlich zum Erfolg der Projekte bei.

3   Nachdem die Zentralbehörden für den gewerblichen Rechtsschutz der Mitgliedstaaten und das Benelux-Amt für geistiges Eigentum sowie die Zentralbehörden von Drittstaaten zur Teilnahme aufgefordert worden sind, steht es ihnen frei, an den einzelnen Projekten auch teilzunehmen. Ihnen kommt daher eine **opt-out-Option** zu. Kooperation erfolgt daher weiterhin auf rein **freiwilliger Basis.** Neu ist jedoch, dass jene Ämter, die nicht teilnehmen möchten, die Gründe dafür gegenüber dem Amt schriftlich darlegen müssen. Dies ist ein Schritt zu mehr Transparenz.

4   Ämter, die sich zur Teilnahme entschlossen haben, verpflichten sich nicht nur zu einer aktiven Teilnahme, sondern auch dazu, die erzielten Ergebnisse stets auf dem **aktuellen Stand** zu halten. Abs. 4 setzt sich somit mit einer praktischen Frage auseinander: Was geschieht mit einem Projekt, das zwar angenommen, aber nicht umgesetzt wurde?

Ein Projekt setzt zwingend einen Beginn und ein Ende voraus. Das Ende kann entweder die **5**
Annahme eines Instrumentariums oder die Billigung einer Gemeinsamen Erklärung sein. Dieser
formelle Schlusspunkt eines Projektes ist jedoch gleichzeitig der Beginn der Umsetzung durch die
teilnehmenden Ämter. Alle Ämter gehen daher auch die **Verpflichtung** ein, erzielte Ergebnisse
umzusetzen und auf dem aktuellen Stand zu halten. Dies schließt die ständige Überprüfung der
Gemeinsamen Mitteilungen in Bezug auf später ergangene Rechtsprechung ein.

Die Verpflichtungen der teilnehmenden Ämter gehen daher über die jeweiligen Zyklen des **6**
Projektes hinaus.

B. Finanzierung

Alle Projekte bedürfen einer adäquaten finanziellen Ausstattung. Abs. 5 sieht vor, dass das Amt **7**
die Finanzierung der Projekte zur Verfügung stellt, wobei die Gesamthöhe der bereitgestellten
Mittel 15% der jährlichen Einnahmen des Amtes nicht übersteigen darf.

Der Haushaltsplan 2015 hat Einnahmen von mehr als 200 Millionen Euro vorgesehen. Dies hätte dazu **7.1**
geführt, dass das Amt bis zu knapp über 30 Millionen Euro für diese Projekte zur Verfügung stellen hätte
können. Dieser Betrag entspricht in etwa jenen Summen, die das Amt im Haushaltsplan 2015 für die
Kooperation mit nationalen Ämtern vorgesehen hatte.

Die **Nutznießer** dieser Beträge sind die nationalen Ämter einschließlich des Benelux-Amtes. **8**
Die Unterstützung kann in Form von Zuschüssen in Übereinstimmung mit den einschlägigen EU-
rechtlichen Bestimmungen betreffend Zuschüsse erfolgen. Wie der genaue Verteilungsschlüssel
aussehen wird, wird in naher Zukunft durch die Verwaltungsgremien, dh Verwaltungsrat und
Haushaltsausschuss, festgelegt werden.

Darüber hinaus sieht Art. 172 vor, dass zwischen 5% und 10% der Einnahmen des Amtes an die **8.1**
Mitgliedstaaten zur Abdeckung ihres Aufwandes aufgrund des Unionsmarkenrechts an die nationalen
Behörden verteilt werden kann, sofern dadurch kein Defizit im Haushaltsplan entsteht (→ Art. 172 Rn. 1).

C. Kooperationsbereiche

I. Einleitung

Art. 152 enthält eine **Liste** der Bereiche, in der Kooperation möglich ist. **9**

Dabei handelt es sich um folgende Bereiche: **9.1**
• Entwicklung gemeinsamer Prüfstandards;
• Einrichtung gemeinsamer oder vernetzter Datenbanken und Portale, die eine unionsweite Abfrage,
  Recherche und Klassifizierung ermöglichen;
• kontinuierliche Bereitstellung und kontinuierlicher Austausch von Daten und Informationen einschließlich der Einspeisung von Daten in die unter lit. b genannten Datenbanken und Portale;
• Festlegung gemeinsamer Standards und Verfahren, um die Interoperabilität von Verfahren und Systemen
  in der gesamten Union sicherzustellen und ihre Kohärenz, Effizienz und Leistungsfähigkeit zu verbessern;
• wechselseitige Information über Rechte und Verfahren im Bereich des gewerblichen Rechtsschutzes,
  einschließlich wechselseitiger Unterstützung für Helpdesks und Informationsstellen;
• Austausch von technischem Know-how und Hilfestellung in den von den lit. a–e erfassten Bereichen.

Die im Gesetz vorgenommene Aufzählung der Tätigkeitsbereiche ist **nicht erschöpfend.** **10**
Im Großen und Ganzen spiegelt diese Liste bereits jene Art der Kooperation wider, die das **11**
Amt in der Vergangenheit mit den nationalen Ämtern und dem Benelux-Amt im Rahmen des
Kooperationsfonds und dem Konvergenzprogramm durchgeführt hat.

Die **MRL 2015** enthält in Art. 51 f. MRL eine Spiegelbestimmung zu Art. 152 UMV und fordert die **11.1**
nationalen Ämter und das Benelux-Amt zur Kooperation mit dem EUIPO auf.

Gemäß dieser Bestimmung steht es den Markenämtern frei, miteinander und mit dem Amt der Europä- **11.2**
ischen Union für geistiges Eigentum effektiv zusammenzuarbeiten, um die Angleichung von Vorgehensweisen und Instrumenten im Zusammenhang mit der Prüfung und Eintragung von Marken zu fördern.

Alle Projekte müssen durch den **Verwaltungsrat** (→ Art. 153 Rn. 1) gebilligt werden. **12**
Während des Rechtsetzungsprozesses betreffend die Änderung der GMV und der MRL wurde **13**
jahrelang intensiv über die Kooperation diskutiert. Verschiedenste Vorschläge wurden von allen
beteiligten Kreisen vorgelegt. Der nun gewählte Wortlaut in der UMV und der MRL kann als
Erfolg für das bereits bestehende Modell der Kooperation angesehen werden.

II. Geschichte

14   Der Kooperationsfond wurde bereits 2010 ins Leben gerufen und mit 50 Millionen Euro dotiert. Aufgabe des Kooperationsfonds war die Finanzierung der Entwicklung von geeigneten IT-Anwendungen im Bereich des gewerblichen Rechtschutzes.

14.1   Bis 2015 wurden durch den Kooperationsfond Instrumentarien insgesamt mehr als 370 Mal im Amt und den nationalen Ämtern implementiert. Der Verwaltungsrat hatte bis dahin die Ergebnisse von sechs Konvergenzprojekten gebilligt.

15   Das Konvergenzprogramm wurde 2011 ins Leben gerufen. In diesem Programm arbeiteten das Amt und die Zentralbehörden für den gewerblichen Rechtsschutz der Mitgliedstaaten und dem Benelux-Amt für geistiges Eigentum, sowie Zentralbehörden für den gewerblichen Rechtsschutz von Drittstaaten, wie zB Island, Norwegen, die Schweiz und die Türkei sowie Nutzerverbände, wie zB ECTA, Marques, GRUR und INTA, zusammen.

16   Die ersten sieben Projekte, KP1 bis KP7 hatten zum Ziel, die Praktiken der nationalen Ämter anzunähern und zu vereinheitlichen, insoweit dafür keine gesetzlichen Änderungen notwendig sind.

16.1   Die ersten beiden Projekten betreffen die Ausarbeitung einer Gemeinsamen Praxis für die Klassifizierung von Marken wurde nicht nur durch die bestehende Praxis beeinflusst, sondern auch durch das Urteil „IP Translator" (EuGH C-307/10, GRUR 2012, 822; → Art. 33 Rn. 16).

16.2   Eine zweite Welle von Konvergenzprojekten (KP3, KP4 und KP5) widmete sich dem materiellen Markenrecht.

16.3   Die beiden letzten Konvergenzprogramme (KP6 und KP7) betreffen das Geschmacksmusterrecht.

16.4   Eine dritte Welle von Konvergenzprogrammen (KP8–12) befindet sich derzeit noch in Bearbeitung. Eine Annahme der Konvergenzprogramme durch den Verwaltungsrat sowie die nationalen Markenämter ist im Laufe des Jahres 2020 vorgesehen.

17   Alle abgeschlossenen Projekte zielen auf die Erstellung einer Gemeinsamen Praxis ab, die in einer Gemeinsamen Mitteilung der beteiligten Markenämter wiedergeben wird.

17.1   Die Schlussdokumente (Gemeinsame Praxis) sowie die Gemeinsamen Mitteilungen können über die Homepage des European Trade Mark and Design Networks (https://www.tmdn.org/network/converging-practices) abgerufen werden.

18   Sowohl die gemeinsamen Praktiken als auch die gemeinsamen Instrumentarien haben zu konkreten, materiellen Ergebnissen geführt, die sich gegenseitig ergänzen.

1. KP1 – Harmonisierung der Klassifikation von Marken

19   Das EUIPO und die nationalen Ämter haben im Februar 2014 eine Gemeinsame Mitteilung zur Anwendung des Urteils vom 19.6.2012 (EuGH C-307/10, GRUR 2012, 822 – IP Translator) angenommen.

19.1   Diese Gemeinsame Mitteilung ist auf der Homepage des EUIPN (European Union Intellectual Property Network) unter https://www.tmdn.org/network/documents/1p0181/93faf19e-4da0-4ae2-86af-62d2ceeb77a3 abrufbar.

20   Dieses Urteil hatte Auswirkungen auf die Praxis des EUIPO und der nationalen Ämter und verlangte bei der Auslegung der in den Klassenüberschriften der Nizzaer Klassifikation enthaltenen Oberbegriffe möglichst übereinstimmende Auffassungen. Unbeschadet der Tatsache, dass jedes Amt an die einzelstaatlichen Rechtsvorschriften, die einzelstaatliche Rechtsprechung und in einigen Fällen auch an vorherige Mitteilungen gebunden ist, bestehen die Bereitschaft und die Notwendigkeit der Zusammenarbeit im Hinblick auf eine harmonisierte Umsetzung dieses Urteils, um sowohl den zuständigen Behörden als auch den Wirtschaftsteilnehmern Rechtssicherheit zu geben.

21   Aufgrund der Neufassung des Art. 4 durch VO (EU) 2015/2424 und der Parallelbestimmung in der MRL sowie von Art. 33 Abs. 8 (→ Art. 33 Rn. 55 ff.) kommt dieser Gemeinsamen Mitteilung heute kaum noch Bedeutung zu.

2. KP3 – Unterscheidungskraft von Wort-/Bildmarken mit beschreibenden/nicht unterscheidungskräftigen Wörtern

Das EUIPO und die nationalen Ämter haben im Oktober 2015 eine Gemeinsame Mitteilung **22** zur Gemeinsamen Praxis zur Unterscheidungskraft von Wort-/Bildmarken mit beschreibenden/ nicht unterscheidungskräftigen Wörtern angenommen.

Diese Gemeinsame Mitteilung ist auf der Homepage des EUIPN (European Union Intellectual Property **22.1** Network) unter https://www.tmdn.org/network/documents/10181/f939b785–df77–4b67–ba43– 623aa0e81 ff.b abrufbar.

Auch wenn eine Wort-/Bildmarke rein beschreibende bzw. nicht unterscheidungskräftige Wör- **23** ter enthält, kann sie gleichwohl die absoluten Schutzhindernisse überwinden, wenn sie andere Elemente enthält, die der Marke in ihrer Gesamtheit Unterscheidungskraft verleihen. Die Unterscheidungskraft einer Marke, die beschreibende bzw. nicht unterscheidungskräftige Wortelemente enthält, kann sich jedoch nicht auf Bildelemente stützen, die selbst nicht unterscheidungskräftig oder nur von minimaler Natur sind, sofern die entsprechende Kombination in ihrer Gesamtheit unterscheidungskräftig ist.

In Bezug auf Schriftart und Schriftbild führt die Gemeinsame Praxis aus, dass, wenn das Zeichen **23.1** zusätzliche grafische Elemente als Teil der Beschriftung aufweist, diese Elemente eine hinreichende Wirkung auf die Marke in ihrer Gesamtheit haben müssen, damit diese Unterscheidungskraft erlangt. Wenn diese Elemente die Aufmerksamkeit des Verbrauchers von der beschreibenden Bedeutung des Wortelements abzulenken vermögen oder in der Lage sind, einen bleibenden Eindruck der Marke zu hinterlassen, ist die Marke eintragungsfähig.

Auch verleiht das Hinzufügen von Satzzeichen und anderen üblicherweise im geschäftlichen Verkehr **23.2** verwendeten Symbolen einem aus beschreibenden bzw. nicht unterscheidungskräftigen Elementen bestehenden Zeichen keine Unterscheidungskraft.

In Bezug auf Farben führt die Gemeinsame Mitteilung aus, dass das bloße Hinzufügen einer einzigen **23.3** Farbe zu einem beschreibenden bzw. nicht unterscheidungskräftigen Wortelement, sei es zu den Buchstaben selbst oder als Hintergrund, nicht ausreicht, um einer Marke Unterscheidungskraft zu verleihen. Die Verwendung von Farben ist im geschäftlichen Verkehr üblich und wird normalerweise nicht als Herkunftshinweis angesehen. Allerdings kann nicht ausgeschlossen werden, dass eine besondere Farbanordnung, die ungewöhnlich und für den maßgeblichen Verbraucher einprägsam ist, einer Marke Unterscheidungskraft verleiht.

Die Art und Weise, wie Wortelemente angeordnet werden, kann einem Zeichen Unterscheidungskraft **23.4** verleihen, wenn dies die Wahrnehmung des Verbrauchers hinsichtlich der Bedeutung der entsprechenden Wortelemente zu beeinflussen vermag. Die Anordnung muss somit dergestalt sein, dass der Durchschnittsverbraucher seine Aufmerksamkeit eher darauf richtet, als unmittelbar die beschreibende Aussage zu erfassen. Im Allgemeinen reicht die Tatsache, dass die Wortelemente senkrecht, auf dem Kopf stehend oder in einer, zwei oder mehreren Zeilen angeordnet sind, nicht aus, um dem Zeichen den Mindestgrad an Unterscheidungskraft zu verleihen, der für die Eintragung notwendig ist.

Wenn beschreibende oder nicht unterscheidungskräftige Wortelemente mit einfachen geometrischen **23.5** Formen wie Punkten, Linien, Liniensegmenten, Kreisen, Dreiecken, Quadraten, Rechtecken, Parallelogrammen, Fünfecken, Sechsecken, Trapezen oder Ellipsen kombiniert werden, werden diese grundsätzlich nicht akzeptiert, insbesondere wenn die vorstehend genannten Formen als Rahmen oder Umrandung verwendet werden. Geometrische Formen können jedoch dann einem Zeichen Unterscheidungskraft verleihen, wenn ihre Präsentation, Gestaltung oder Kombination mit anderen Elementen zu einem Gesamteindruck führen, der hinreichend unterscheidungskräftig ist.

Gleiches gilt für Bildelemente, die gewöhnlich im geschäftlichen Verkehr im Zusammenhang mit den **23.6** angemeldeten Waren oder Dienstleistungen verwendet werden oder verkehrsüblich sind.

Im Allgemeinen bleibt die bloße Kombination von Elementen, die jeweils Merkmale der Waren oder **23.7** Dienstleistungen beschreiben, für die die Eintragung beantragt wird, ohne Vornahme einer ungewöhnlichen Änderung selbst beschreibend und kann nur zu einer schutzunfähigen Marke führen, die ausschließlich aus Zeichen und Angaben besteht, die im Verkehr zur Bezeichnung von Merkmalen der genannten Waren oder Dienstleistungen dienen können.

Schließlich führt die Gemeinsame Mitteilung noch aus, dass im Allgemeinen eine Kombination von **23.8** Bild- und Wortelementen, die – einzeln betrachtet – keinen unterscheidungskräftigen Charakter haben, nicht zu einer unterscheidungskräftigen Marke führen kann. Dennoch kann eine Kombination solcher Elemente, wenn sie in ihrer Gesamtheit betrachtet wird, aufgrund der Präsentation und Zusammenstellung des Zeichens als Herkunftshinweis wahrgenommen werden. Dies ist der Fall, wenn der von der Kombination erweckte Gesamteindruck hinreichend von der beschreibenden bzw. nicht unterscheidungskräftigen Aussage abweicht, die vom Wortelement vermittelt wird.

24   Die Gemeinsame Mitteilung enthält zahlreiche Beispiele zur Illustration.
25   Hinzuweisen ist noch darauf, dass die Gemeinsame Mitteilung offensichtlich nicht streng genug ist, da das Gericht noch in keinem einzigen Verfahren das EUIPO, in der diese Gemeinsame Mitteilung (indirekt) am Prüfstand stand, aufgehoben hat.

3. KP4 – Schutzbereich von schwarzweißen Marken

26   Das EUIPO und die nationalen Ämter haben im April 2014 eine Gemeinsame Mitteilung zur gemeinsamen Praxis zum Schutzbereich von schwarzweißen Marken angenommen.

26.1 Diese Gemeinsame Mitteilung ist auf der Homepage des EUIPN (European Union Intellectual Property Network) unter https://www.tmdn.org/network/documents/10181/319a7b80-cc3f-47ae-9e96-0801088829f2 abrufbar.

27   Gegenstand dieser Gemeinsamen Mitteilung ist die Vereinheitlichung der unterschiedlichen Handhabung von Marken in Schwarz-Weiß bzw. in Graustufen in Bezug auf **Priorität,** relative Eintragungshindernisse **(Identität)** und **Benutzung** in abgewandelter Form.

27.1 Im Hinblick auf die Priorität stellt die Gemeinsame Mitteilung fest, dass sowohl eine schwarz-weiße Marke als auch eine Marke in Gaustufen nicht mit demselben Zeichen in Farbe identisch ist, es sei denn, die Farbunterschiede sind unbedeutend, wobei ein unbedeutender Unterschied zwischen zwei Marken dann vorliegt, wenn der einem angemessen aufmerksamen Durchschnittsverbraucher auffällt, wenn er die betreffenden Marken direkt vergleicht.
27.2 Gleiches gilt im Hinblick auf die Feststellung der Identität der Zeichen.
27.3 Im Hinblick auf die Benutzung sieht die gemeinsame Erklärung vor, dass eine reine Farbänderung die Unterscheidungskraft der Marke nicht beeinflusst, solange folgende Voraussetzungen erfüllt sind:
• Die Wort-/Bildbestandteile stimmen überein und bilden die unterscheidungskräftigen Elemente;
• der Farbkontrast bleibt erhalten;
• die Farbe oder die Farbkombination selbst hat keine Unterscheidungskraft;
• die Farbe trägt nicht maßgeblich zur allgemeinen Unterscheidungskraft der Marke bei.

28   Die Gemeinsame Mitteilung enthält zahlreiche Beispiele zur Illustration.
29   Mit Ausnahme von Dänemark und Schweden, die aufgrund von rechtlichen Auflagen an diesem Konvergenzprogramm nicht teilnehmen konnten, haben alle nationalen Ämter dieses angenommen.
30   BGH GRUR 2015, 1009 – BMW, zum Schutzumfang von Schwarz-Weiß-Marken: In diesem Markenverletzungsfall ging es um die Frage der Doppelidentität zwischen einer schwarz-weißen und einer farbigen Version derselben Marke. Der BGH bezog sich bei der Definition des Begriffs „Identität" auf die Rechtssache LTJ Diffusion (ebenso wie die Gemeinsame Praxis) und ging dann weiter, indem er die Gemeinsame Mitteilung zitierte (BGH GRUR 2015, 1009 Rn. 16 – BMW). Die wichtigste Schlussfolgerung des Gerichts steht im Einklang mit der Gemeinsamen Praxis: die Tatsache, dass die Zeichen nicht identisch sind, schließt die Feststellung einer hohen Ähnlichkeit zwischen ihnen nicht aus.

4. KP5 – Relative Eintragungshindernissen – Verwechslungsgefahr (Auswirkungen nicht kennzeichnungskräftiger/schwacher Bestandteile)

31   Das EUIPO und die nationalen Ämter haben im Oktober 2014 eine Gemeinsame Mitteilung zur gemeinsamen Praxis zum Schutzbereich von schwarzweißen Marken angenommen.

31.1 Diese Gemeinsame Mitteilung ist auf der Homepage des EUIPN (European Union Intellectual Property Network) unter https://www.tmdn.org/network/documents/10181/ef739ebb-50e6-4a36-b519-28b631b1326f abrufbar.

32   Gegenstand dieser Gemeinsamen Mitteilung ist die Vereinheitlichung der Vorgehensweisen in Bezug auf den Einfluss nicht kennzeichnungskräftiger bzw. schwacher Bestandteile der betreffenden Marken bei der Beurteilung der Verwechslungsgefahr.

32.1 Bei der Beurteilung der Verwechslungsgefahr wird die Kennzeichnungskraft der älteren Marke als Ganzes geprüft, wobei ihr ein gewisser Grad an Kennzeichnungskraft zuerkannt werden muss; danach wird auch die Kennzeichnungskraft aller Bestandteile der älteren Marke und der jüngeren Marke und vor allem der übereinstimmenden Bestandteile geprüft.
32.2 Bei der Beurteilung der Kennzeichnungskraft der Marken im Rahmen der Prüfung von relativen Eintragungshindernissen gelten dieselben Kriterien wie bei der Beurteilung der Unterscheidungskraft im

Rahmen der Prüfung von absoluten Eintragungshindernissen. Bei der Prüfung von relativen Eintragungshindernissen werden diese Kriterien jedoch nicht nur dazu verwendet festzustellen, ob ein Mindestmaß an Kennzeichnungskraft vorliegt, sondern auch, um die verschiedenen Grade der Kennzeichnungskraft zu ermitteln.

Wenn Marken einen gemeinsamen Bestandteil mit geringer Kennzeichnungskraft haben, konzentriert **32.3** sich die Beurteilung der Verwechslungsgefahr auf den Einfluss der nicht übereinstimmenden Bestandteile auf den Gesamteindruck der Zeichen. Die Ähnlichkeiten bzw. Unterschiede und die Kennzeichnungskraft der nicht übereinstimmenden Bestandteile werden dabei berücksichtigt.

Die Übereinstimmung in einem Bestandteil **mit geringer Kennzeichnungskraft** führt in der Regel **32.4** nicht für sich allein zu einer Verwechslungsgefahr.

Eine Verwechslungsgefahr kann jedoch bestehen, wenn die übrigen Bestandteile eine geringere (oder **32.5** gleich geringe) Kennzeichnungskraft haben oder optisch wenig herausgehoben sind und der Gesamteindruck der Zeichen ähnlich ist, oder der Gesamteindruck der Zeichen sehr ähnlich oder identisch ist.

Wenn Marken einen gemeinsamen Bestandteil **ohne Kennzeichnungskraft** haben, konzentriert sich **32.6** die Beurteilung der Verwechslungsgefahr auf den Einfluss der nicht übereinstimmenden Bestandteile auf den Gesamteindruck der Zeichen. Die Ähnlichkeiten bzw. Unterschiede und die Kennzeichnungskraft der nicht übereinstimmenden Bestandteile werden dabei berücksichtigt.

Eine Übereinstimmung nur in nicht kennzeichnungskräftigen Bestandteilen führt nicht zu einer Ver- **32.7** wechslungsgefahr. Wenn jedoch die Zeichen auch andere Bild- oder Wortbestandteile enthalten, die ähnlich sind, besteht Verwechslungsgefahr, wenn der Gesamteindruck der Zeichen sehr ähnlich oder identisch ist.

Die Gemeinsame Mitteilung enthält zahlreiche Beispiele zur Illustration. **33**

Mit Ausnahme von Italien und Finnland haben alle nationalen Ämter diese Gemeinsame Mittei- **34** lung angenommen.

5. KP6 – Herstellung von Konvergenz bei grafischen Wiedergaben von Geschmacksmustern

Das EUIPO und die nationalen Ämter haben im Mai 2018 eine Gemeinsame Mitteilung **35** zur Gemeinsamen Praxis zum Schutzbereich von Konvergenz bei grafischen Wiedergaben von Geschmacksmustern angenommen.

Diese Gemeinsame Mitteilung ist auf der Homepage des EUIPO unter https://euipo.europa.eu/tunnel- **35.1** web/secure/webdav/guest/document_library/contentPdfs/about_euipo/who_we_are/common_ communication/common_communication_7/common_communication7_de.pdf abrufbar.

6. KP7 und DesignClass

Als Teil des Konvergenzprogramms brachte das EUIPO die Harmonisierung von Erzeugnisan- **36** gaben für Aktivitäten im Zusammenhang mit Geschmacksmustern, allgemein unter der Bezeichnung KP7 bekannt, auf den Weg. Die DesignClass-Anwendung wurde im Rahmen des KP7-Projekts entwickelt.

DesignClass ist auf der Homepage des Amtes unter http://euipo.europa.eu/designclass/ abrufbar. **36.1**

Nachdem im Frühjahr 2020 auch das finnische Patent- und Registrierungsamt DesignClass beigetreten **36.2** ist, nehmen nun alle nationalen Ämter sowie das Benelux Amt an dem Projekt teil.

DesignClass bietet dem Nutzer die Möglichkeit, in der harmonisierten Datenbank (HDBPI) **37** die Erzeugnisangaben zu finden, die am besten zu den Waren passen, für die Geschmacksmuster angemeldet werden soll. DesignClass ermöglicht neben der gezielten Suche von Begriffen auch die Übersetzung.

III. SP2025

Im Rahmen von SP2025 wird das EUIPO weiterhin erhebliche Mittel für Kooperation bereit- **38** stellen, welche die Rolle und Bedeutung des EUIPN erweitern werden.

Bis 2025 werden acht Aktionsbereiche der Projekte (ECP 1–8) eingeführt, nämlich: **39**
- ECP1: Konsolidierung der Anwendung von EUIPN-Tools
- ECP2: Verbesserung und Modernisierung von EUIPN-Tools
- ECP3: Neue Tools
- ECP4: Konvergenz von Praktiken
- ECP5: Nachhaltigkeit des Netzwerks
- ECP6: Unterstützung von

- ECP7: Umsetzung der Richtlinie
- ECP8: Dienstleistungen für die Zusammenarbeit

40 „ECP1: Konsolidierung der Anwendung von EUIPN-Tools" bezieht sich auf die Umsetzung der EUIPN-Tools ein, die im Rahmen der ECP2- und ECP3-Projekte ausgearbeitet wurden. Diese Tools decken den gesamten Marken- und Geschmacksmusteranmelde- und -prüfungszyklus ab, wie zB Front Office zur Unterstützung der elektronischen Anmeldung von Marken und Geschmacksmustern oder Back Office zur Unterstützung der Ämter im Prüfungsverfahren.

41 „ECP2: Verbesserung und Modernisierung von EUIPN-Tools" umfasst wichtige Verbesserungen für das Front Office, das Back Office, TMview und DesignView sowie Verbesserungen des Similarity Tools.

42 „ECP3: Neue Tools" umfasst mehrere Unterprojekte wie **Decision Desktop,** der darauf abzielt, die Art und Weise zu unterstützen, in der Entscheidungen der beteiligten nationalen Ämter abgefasst werden. Ziel ist somit die Einheitlichkeit und Konsistenz von Entscheidungen.

42.1 Dieses Projekt umfasst auch IT-Infrastruktur über Cloud Computing, um die Ämter bei der Bereitstellung von Cloud Computing oder ähnlichen Technologien zur Sicherung von Datenbereitstellungsdiensten im gesamten EUIPN zu unterstützen, sowie die Anpassung der EUIPO-Tools, um neue technische Lösungen für das EUIPN unter Berücksichtigung der internen Lösungen und Technologien des EUIPO als Referenz zur Verfügung zu stellen.

43 „ECP4: Konvergenz von Praktiken", auch **als Convergence of Practices** bekannt, folgt dem Erfolg des Konvergenzprogramms (→ Rn. 15). Es besteht aus fünf-Projekten (CP8–CP12) und konzentriert sich auf die Förderung der Entwicklung gemeinsamer Prüfungsstandards und -praktiken in Zusammenarbeit mit nationalen und regionalen Ämtern für geistiges Eigentum in der EU, und die Nutzerverbänden.

43.1 20.1 CP8 behandelt die Benutzung einer Marke in einer Form, die von der eingetragenen Marke abweicht.

43.2 20.3 CP9 behandelt die Unterscheidungskraft von dreidimensionalen Marken, die andere Elemente enthalten, wenn die Form nicht unterscheidungskräftig ist.

43.3 20.4 CP11 legt den Schwerpunkt auf neue Markenformen, nämlich Multimedia-, Hör-, Bewegungs- und Hologrammmarken.

43.4 20.5 CP10 behandelt die Kriterien zur Beurteilung der Offenbarung von Geschmacksmuster im Internet im Bereich der Geschmacksmuster.

43.5 20.6 CP12 ist die erste Angleichungsinitiative im Verfahrensbereich und legt ihren Schwerpunkt auf die akzeptablen Anforderungen an die Einreichung, Strukturierung und das Format von Beweismitteln vor den Beschwerdegremien sowie für die Behandlung vertraulicher Nachweise bei Beschwerdeentscheidungen.

44 „ECP5: Nachhaltigkeit des Netzwerks umfasst eine Reihe von Unterprojekten, wie zB
- die Digitalisierung historischer Akten und Unterlagen im Zusammenhang mit Marken- und Geschmacksmusterdossiers;
- Projekt- und Qualitätsmanagementzertifizierungen für die Ämter für geistiges Eigentum und ihre Mitarbeiter;
- das Mapping neuer Technologien und Geschäftsentwicklungen;
- die Einsetzung von EUIPO-Länderkoordinatoren zur Umsetzung von Europäischen Kooperationsprojekten in Zusammenarbeit mit den nationalen Ämtern.

45 „ECP6 – Unterstützung von kleinen und mittleren Unternehmen". Angesichts der Bedeutung der KMU in der EU und des SP2025 wurde ein KMU-Programm aufgelegt, das KMU in der gesamten EU und darüber hinaus in die Lage versetzen soll, ihren Wettbewerbsvorteil durch die Nutzung von Rechten des geistigen Eigentums zu vergrößern.

46 „ECP6 – Unterstützung von kleinen und mittleren Unternehmen". Seit dem Beginn des Strategieplans 2025 wurde das ECP6 ins Leben gerufen, um die Wettbewerbsfähigkeit von KMUs zu stärken. Es wurde eine Arbeitsgruppe mit Experten aus den Nationalen Patentämtern und Nutzerverbänden gebildet. Vertreter der Europäischen Kommission, des Europäischen Patentamtes und der Weltorganisation für geistiges Eigentum (WIPO) sind ebenfalls als Beobachter eingeladen.

47 Es sind drei Unterarbeitsgruppen vorgesehen:
1. Outreach und Information zur Untersuchung wirksamer Kommunikations- und Sensibilisierungsmaßnahmen für KMU. Sie umfasst das Europäische Informationszentrum für geistiges Eigentum (EIPIC), eine Initiative, die von der Europäischen Kommission 2020 im Rahmen des IP-Aktionsplans vorgestellt wurde. Das Konzept des EIPIC wird von den Mitgliedstaaten und dem Europäischen Parlament unterstützt.

Im November 2021 beschloss der Verwaltungsrat des EUIPO, dass es für das Netzwerk der EU für **47.1** geistiges Eigentum (EUIPN) von Vorteil wäre, das EIPIC im Rahmen des „Kooperationsmodus" einzubinden.

Ziel des EIPIC im Rahmen des ECP6 ist es, die KMU in der EU über die Vorteile der Nutzung und **47.2** des Schutzes von geistigem Eigentum zu informieren und zu sensibilisieren. Es soll die KMU besser erreichen und bedienen, und ihnen helfen, die Rechte des geistigen Eigentums strategisch zu nutzen. Durch die Zusammenarbeit mit den nationalen Patentämtern wird sichergestellt, dass die verwendete Sprache und Methodik mit der Realität der Unternehmen übereinstimmt.

2. Im Bereich Alternative Streitbeilegung (ADR) wird mit den nationalen Markenämtern zusammengearbeitet, um insbesondere KMUs zu unterstützen. Die Aktivitäten werden in enger Zusammenarbeit mit den Beschwerdekammern des EUIPO durchgeführt, zB durch die Bereitstellung von Schulungen, Akkreditierungsmöglichkeiten und Online-Tools, jedoch immer mit ausreichender Flexibilität, um nationalen Unterschieden Rechnung zu tragen.

3. Verstärkte Unterstützung des geistigen Eigentums zur Entwicklung von Unterstützungsdiensten für KMU. In diesem Zusammenhang ist auf die IP-Pro-Bono-Initiative zu verweisen.

„ECP7 – Umsetzung der Richtlinie" umfasst drei Arbeitsbereiche: **48**
- Unterstützung der Umsetzung der Richtlinie über Marken mit Tools, um potenzielle Entwicklungsbereiche nach der Umsetzung der Richtlinie über die Marken zu analysieren;
- Unterstützung der Umsetzung der Richtlinie über Marken mit Schulungen, um Webinare und Schulungsveranstaltungen mit den Ämtern für geistiges Eigentum und Nutzerverbänden zu organisieren, um die Nutzer über die eingeführten Änderungen zu informieren; und
- Repositorium für Rechtsvorschriften und Praktiken im Bereich des geistigen Eigentums, um eine Online-Plattform zu entwickeln, die als zentraler Zugriffspunkt für Richtlinien für Marken und Geschmacksmuster, Rechtsvorschriften, Rechtsprechung und E-Learning.

„ECP8-Dienstleistungen für die Zusammenarbeit – PEER", zielt darauf ab, ein Netzwerk von **49** europäischen IP-Experten aus den nationalen Ämtern für geistiges Eigentum, den Nutzerverbänden und dem EUIPO aufzubauen.

Die PEER-Arbeitsgruppen werden Aufgaben in IP-Bereichen von gemeinsamem Interesse analysieren **49.1** und beraten, und zwar in den Bereichen nationale IPR-Rechte, ausgewählte Bereiche der Prüfung absoluter und relativer Eintragungshindernisse, ausgewählte Bereiche der Klassifizierung von Waren und Dienstleistungen und Produktbezeichnungen, Geschmacksmuster, Zusammenarbeit bei Parallelmarkenanmeldungen.

1. Gemeinsame Praxis über die Darstellung neuer Markenformen

Durch VO (EU) 2015/2424 wurde die grafische Darstellbarkeit des Zeichens aus der UMV **50** gestrichen. Gemäß Art. 4 (→ Art. 4 Rn. 13) reicht es nunmehr aus, dass das Zeichen im Register in einer Weise dargestellt werden kann, dass die zuständigen Behörden und das Publikum den Gegenstand des dem Inhaber einer solchen Marke gewährten Schutzes klar und eindeutig bestimmen können.

Eine gleichlautende Bestimmung wurde durch RL (EU) 2015/2436 in Art. 3 MRL aufgenommen. **51**

Art. 3 Abs. 5 UMDV enthält eine Ermächtigung an den Exekutivdirektor des EUIPO, die Formate **51.1** und Größe der elektronischen Datei sowie etwaige weitere technische Spezifikationen festzulegen, sofern die Anmeldung elektronisch eingereicht wird.

In Bezug auf die Unionsmarke enthält Art. 3 UMDV Bestimmungen betreffend die Wiedergabe **52** der Marke, wobei weder detaillierte Begriffsbestimmungen der Markenformen, noch spezifische Darstellungsanforderungen festgelegt wurden.

Der Exekutivdirektor hat davon Gebrauch gemacht und einen Beschluss Nr. EX-19-1 betreffend Mitteilung durch elektronische Mittel erlassen. Die diesem Beschluss angefügten Nutzungsbedingungen für den **52.1** Nutzerbereich (User Area) enthält eine Aufstellung, welche Formate zulässig sind.

Die Gemeinsame Mitteilung enthält keine spezifischen Verpflichtungen für die Mitgliedstaaten. **53** Im Gegenteil, dieses Dokument stellt fest, dass es sich ausschließlich um eine Zusammenstellung handelt, die über das von den nationalen Markenämtern der Mitgliedstaaten erzielte Einvernehmen informieren soll; die Gemeinsame Mitteilung hat für den nationalen Gesetzgebungsprozess der Mitgliedstaaten keine rechtsverbindliche Wirkung.

Die Gemeinsame Mitteilung ist auf der Homepage des EUIPO unter https://euipo.europa.eu/tunnel-**53.1** web/secure/webdav/guest/document_library/contentPdfs/about_euipo/who_we_are/common_communication/common_communication_8/common_communication8_de.pdf abrufbar.

54   Ziel der Gemeinsamen Mitteilung ist die Vorgehensweise auf die Begriffsbestimmungen und Darstellungsanforderungen für neue Markenformen, die sich aus dem Wegfall des Erfordernisses der grafischen Wiedergabe ergeben, festzulegen. Dabei wird berücksichtigt, dass sich der Umsetzungsprozess noch in der Anfangsphase befindet und dass für die Umsetzung Absprachen und Zustimmungen auf nationaler Ebene erforderlich sein können.

55   Das mit 4.12.2017 datierte Dokument bezieht sich auf zwei verschiedene materielle Fragestellungen:
- Begriffsbestimmungen und Darstellungsmittel für die verschiedenen Markenformen,
- zulässige elektronische Dateiformate für unkonventionelle Marken.

56   Das Dokument beinhaltet mehrere Tabellen.

57   Eine erste Tabelle definiert die verschiedenen Markenformen und enthält Angaben betreffend ihre Darstellungsart. Sie übernimmt die in Art. 3 UMDV aufgeführten Begriffsbestimmungen und Darstellungsmittel.

57.1   Bei einer Wortmarke handelt es sich um ein Zeichen, das ausschließlich aus Wörtern oder Buchstaben, Ziffern, anderen der Standardschrift entnommenen Schriftzeichen oder aus einer Kombination davon gebildet ist. Die Marke muss durch Vorlage einer Darstellung des Zeichens in normaler Schrift und normalem Layout ohne grafische Darstellung oder Farbe bestehen.

57.2   Bei einer Bildmarke handelt es sich um ein nicht standardisiertes Schriftzeichen, wobei Stilisierungen, ein besonderes Zeichenlayout, ein grafisches Merkmal oder Farben zum Einsatz gelangen können. Dazu gehören auch Marken, die ausschließlich aus Bildelementen oder aus einer Kombination von Wort- und Bildelementen bestehen. Eine Bildmarke muss durch Vorlage einer Darstellung des Zeichens, dessen Eintragung beantragt wird, dargestellt werden, das alle Elemente sowie, wo erforderlich, Farben zeigt.

57.3   Ein Formmarke besteht aus einer dreidimensionalen Form bzw. erstreckt sich darauf. Dazu gehören auch Behälter, Verpackungen, das Produkt selbst oder dessen Gestaltung. Eine Formmarke muss entweder durch Vorlage einer grafischen Darstellung der Form, einschließlich computergenerierter Bilder, oder einer fotografischen Abbildung wiedergegeben werden. Die grafische oder fotografische Darstellung kann unterschiedliche Ansichten enthalten.

57.4   Ein Positionsmarke schützt die besondere Platzierung oder Anbringung des Zeichens auf dem Produkt. Eine Positionsmarke muss durch Vorlage einer Darstellung wiedergegeben werden, in der die Positionierung der Marke und die Größe oder Proportion in Bezug auf die betreffenden Waren angemessen identifiziert werden. Die Elemente, die nicht Teil des Gegenstands der Eintragung sind, sind vorzugsweise durch unterbrochene oder gestrichelte Linien visuell auszuschließen. Die Wiedergabe kann von einer Beschreibung begleitet werden, die die Einzelheiten zur Anbringung des Zeichens auf den Waren enthält.

57.5   Eine Mustermarke besteht ausschließlich aus einer Reihe von Elementen, die regelmäßig wiederholt werden. Eine Mustermarke muss durch eine Darstellung des Wiederholungsmusters wiedergegeben werden. Die Wiedergabe kann von einer Beschreibung begleitet werden, die die Einzelheiten zur regelmäßigen Wiederholung der Elemente enthält.

57.6   Eine Farbmarke besteht entweder ausschließlich aus einer einzigen Farbe ohne Umrisse oder ausschließlich aus einer Kombination von Farben ohne Umrisse. Im ersteren Fall muss sie durch die Darstellung der Farbe und ein Hinweis auf diese Farbe unter Bezugnahme auf einen allgemein anerkannten Farbcode eingereicht werden. Im zweiteren Fall sind die systematische Anordnung der Farbenkombination in einer einheitlichen und vorgegebenen Weise sowie die Angabe der Farben unter Bezugnahme auf einen allgemein anerkannten Farbcode einzureichen. Eine Beschreibung der systematischen Anordnung der Farben kann ebenfalls vorgelegt werden.

57.7   Eine Hörmarke besteht ausschließlich aus einem Klang oder einer Kombination von Klängen. Die Marke muss durch Vorlage einer Tondatei, die den Klang reproduziert, oder durch eine genaue Wiedergabe des Klanges in Notenschrift wiedergegeben werden.

57.8   Eine Bewegungsmarke schützt eine Bewegung oder einer Positionsänderung der Elemente, aus dem das Zeichen besteht oder auf das es sich erstreckt. Die Marke muss durch Vorlage einer Videodatei oder einer Serie von aufeinanderfolgenden Standbildern wiedergegeben werden, die die Bewegung oder die Positionsänderung zeigen. Werden Standbilder verwendet, so können diese nummeriert werden oder durch eine Beschreibung ergänzt werden, in der die Sequenz erläutert wird.

57.9   Eine Multimedia-Marke ist eine Marke, die aus einer Kombination von Bild und Ton besteht oder sich darauf erstreckt. Die Marke muss durch Vorlage einer Ton-Bild- Datei wiedergegeben werden, die die Kombination des Bildes und des Tons enthält.

57.10   Eine Hologramm-Marke besteht aus Elementen mit holografischen Merkmalen. Die Marke muss durch Vorlage einer Videodatei oder eine grafische oder fotografische Darstellung wiedergegeben werden mit den Ansichten, die erforderlich sind, um den Hologrammeffekt in vollem Umfang darzustellen.

57.11   Schließlich sind auch noch sonstige Marke vorgesehen. Dabei handelt es sich um Marken, die in keine der vorgenannten Markenformen fallen. Die Marke muss in einer angemessenen Form unter Verwendung allgemein zugänglicher Technologie wiedergegeben werden, soweit die Wiedergabe im Register eindeutig, präzise, abgeschlossen, leicht zugänglich, verständlich, dauerhaft und objektiv dargestellt werden kann, damit die zuständigen Behörden und die Öffentlichkeit in die Lage versetzt werden, klar und präzise festzustellen, für welchen Gegenstand dem Markeninhaber Schutz gewährt wird. Der Darstellung kann eine Beschreibung hinzugefügt werden.

Eine weitere Tabelle (Tabelle 4) enthält eine Aufstellung aus der hervorgeht, dass alle Marken- **58** ämter die in Art. 3 UMDV vorgesehen Definitionen der Markenformen übernehmen.

Ferner setzt sich das Dokument mit der Frage auseinander, welche Dateiformate für die jeweili- **59** gen Markenarten zulässig sind.

Eine vollständige Übersicht der von den einzelnen Ämtern akzeptierten elektronischen Dateiformate **59.1** für alle Markenformen wurde als Anhang zu Verfügung gestellt.

Tabelle 5 weist darauf hin, welche elektronischen Dateiformate für „unkonventionelle" Marken zugelas- **59.2** sen werden.

Tabelle 6 enthält eine Liste mit zusätzlichen Dateiformaten, die von einzelnen Markenämter akzeptiert **59.3** werden.

In Bezug auf Hörmarken akzeptieren alle Markenämter der EU, einschließlich EUIPO und Benelux **59.4** Markenamt, „jpeg"- und „mp3"-files. Das ÖPA akzeptiert darüber hinaus auch „wav"-files.

In Bezug auf Bewegungsmarken und Hologrammmarken akzeptieren alle Markenämter der EU, ein- **59.5** schließlich EUIPO und Benelux Markenamt, „jpeg"- und „mp4"-files.

In Bezug auf Multimediamarken akzeptieren alle Markenämter der EU, einschließlich EUIPO und **59.6** Benelux Markenamt, „mp4"-files.

2. KP8 – Benutzung einer Marke in einer anderen als der eingetragenen Form

Dieses Dokument soll allgemeine Grundsätze für die Beurteilung der Frage aufzeigen, wann **60** die Benutzung einer Marke in einer anderen als der eingetragenen Form ihre Unterscheidungskraft verändert (→ Art. 18 Rn. 66), und diesbezüglich eine Anleitung geben. Obwohl Änderungen der Unterscheidungskraft immer von Fall zu Fall beurteilt werden, dienen die Grundsätze als Leitfaden, um zu erleichtern, dass verschiedene IPOs in den Mitgliedstaaten zu einem ähnlichen, vorhersehbaren Ergebnis kommen, wenn sie die Verwendung von Zeichen in einer anderen als der eingetragenen Form beurteilen.

Die Arbeitsgruppe kam zu dem Schluss, dass erhebliche Unterschiede zwischen den Praktiken **61** der nationalen Ämter und des EUIPO bestehen. Vor Inkrafttreten der Novelle der MRL sah nur die Gesetzgebung in 15 Mitgliedstaaten vor, dass das nationale Amt für die Frage der ernsthaften Benutzung einer Marke zuständig ist.

Divergierende Praktiken der nationalen Ämter führten zu Unsicherheit unter den Nutzern, **62** die ihre Rechte in verschiedenen Rechtsordnungen schützen wollten, und verursachten erhöhte Kosten, da sie versuchten, ihre Strategien an unterschiedliche und oft widersprüchliche Prüfungspraktiken anzupassen. Darüber hinaus hatte das Fehlen einer einheitlichen Praxis in diesem Bereich dazu geführt, dass das EU-System für geistiges Eigentum nicht mehr mit der heutigen Marktrealität in Einklang steht, in der Markeninhaber ihre Marken ständig anpassen, um auf sich entwickelnde Markttrends zu reagieren.

Gemäß Art. 18 Abs. 1 UAbs. 1 lit. a UMV (→ Art. 18 Rn. 66) und Art. 16 Abs. 5 lit. a MRL **63** stellt auch die Benutzung einer Marke in einer Form, die von der Eintragung nur in Bestandteilen abweicht, ohne dass dadurch die Unterscheidungskraft der Marke in ihrer ursprünglichen Form beeinflusst wird, eine ernsthafte Benutzung dar, unabhängig davon, ob die Marke in der benutzten Form auch auf den Namen des Inhabers eingetragen ist.

Damit soll vermieden werden, dass eine strenge Übereinstimmung zwischen der Form, in der die Marke **63.1** im geschäftlichen Verkehr benutzt wird, und der Form, in der die Marke eingetragen wurde, vorgeschrieben wird, sodass der Inhaber einer Marke bei der geschäftlichen Verwertung des Zeichens Variationen des Zeichens vornehmen kann, die, ohne seine Unterscheidungskraft zu verändern, eine bessere Anpassung des Zeichens an die Erfordernisse des Marketings und der Verkaufsförderung der betreffenden Waren oder Dienstleistungen ermöglichen (EuG T-194/03, BeckRS 2006, 70153 Tz. 50 – Bainbridge; EuGH C-252/12, GRUR 2013, 922 Rn. 29 – Specsavers).

Daher ist es nicht notwendig, das Zeichen in der benutzten Form in strikter Übereinstimmung **64** mit dem Zeichen in der eingetragenen Form zu finden, und eine gewisse Flexibilität ist erlaubt, solange Variationen des Zeichens in der eingetragenen Form seine Unterscheidungskraft nicht verändern. Dies muss von Fall zu Fall beurteilt werden.

64.1   Die Verpflichtung zur Benutzung der eingetragenen Marke kann durch den Nachweis der Benutzung des Zeichens erfüllt werden kann, wenn sich das im geschäftlichen Verkehr benutzte Zeichen nur in unwesentlichen Punkten von der Form unterscheidet, in der es eingetragen wurde, sodass die beiden Zeichen daher als weitgehend gleichwertig angesehen werden können (EuG T-690/14, BeckRS 2015, 123001 Rn. 31 – Vieta; T-381/12, BeckRS 2014, 81473 Rn. 26 – Palma Mulata; T-482/08, BeckRS 2010, 90728 Rn. 30 – Atlas Transport).

64.2   Die Feststellung, dass die Unterscheidungskraft der Marke in der eingetragenen Form verändert wurde, erfordert eine Beurteilung der Unterscheidungskraft des Zeichens sowie ihrer Elemente, die hinzugefügt werden, sowie die Position der verschiedenen Elemente innerhalb der Anordnung der Marke (EuG T-215/13, BeckRS 2016, 82021 Rn. 28 – LAMBDA (λ); T-135/04, BeckRS 2005, 70910 Rn. 36, 40 – Online Bus; T-482/08, BeckRS 2010, 90728 Rn. 31 – Atlas Transport).

64.3   Nach der Rechtsprechung des Gerichtshofs sind die Eigenschaften von Haus aus zu berücksichtigen, insbesondere die höhere Unterscheidungskraft der älteren (eingetragenen) Marke, die nur als Teil einer komplexen Marke oder gemeinsam mit einer anderen Marke benutzt wird. Je geringer die Unterscheidungskraft ist, desto leichter kann sie durch Hinzufügung eines Bestandteils, der selbst unterscheidungskräftig ist, verändert werden, und desto mehr verliert die Marke ihre Fähigkeit, als Hinweis auf die Herkunft der Waren und Dienstleistungen innerhalb des benutzten Zeichens wahrgenommen zu werden. Auch das Gegenteil ist der Fall (EuG T-146/15, BeckRS 2016, 82242 Rn. 29 – REPRÄSENTATION OF A POLYGON (Abb.)).

64.4   Darüber hinaus hat der Gerichtshof bestätigt, dass die Voraussetzung der ernsthaften Benutzung einer eingetragenen Marke erfüllt sein kann, wenn eine eingetragene Marke in Verbindung mit oder als Teil einer anderen Marke benutzt wird, solange die Unterschiede, die sich aus der Form der Benutzung der Marke ergeben, die Unterscheidungskraft der Marke in ihrer eingetragenen Form nicht verändern (vgl. in diesem Sinne EuGH C-252/12, GRUR 2013, 922 Rn. 31 – Specsavers; C-12/12, BeckRS 2013, 80805 Rn. 36 – Colloseum Holding).

64.5   Schließlich verwies das Gericht auf Fälle, in denen mehrere Zeichen gleichzeitig in eigenständiger Weise benutzt werden und das Zeichen in seiner eingetragenen Form daher innerhalb dieser Kombination unabhängig voneinander wahrgenommen wird. Im vorliegenden Fall handelt es sich nicht darum, dass das Zeichen in der eingetragenen Form in einer anderen Form als der, in der es eingetragen wurde, benutzt wird, sondern darum, dass mehrere Zeichen gleichzeitig benutzt werden (vgl. in diesem Sinne EuG T-29/04, BeckRS 2005, 70956 Rn. 33 f. – Cristal Castellblanch; T-463/12, BeckRS 2014, 82335 Rn. 43 – MB).

65   Zeichen werden im Handel häufig zusammen mit anderen Zeichen verwendet, zB zur Bezeichnung einer Untermarke oder einer Hausmarke oder zusammen mit einem Firmennamen. Diese Benutzung fällt nicht in den Bereich der „Veränderung der Unterscheidungskraft des Zeichens in der eingetragenen Form".

66   Werden mehrere Marken gemeinsam verwendet, die aber selbständig wahrnehmbar bleiben, und somit jede Marke an sich ihre Hauptfunktion, den Hinweis auf den Ursprung der Ware oder Dienstleistung wahrnehmen kann, stellt sich die Frage, ob die Unterscheidungskraft des Zeichens in der eingetragenen Form verändert wurde.

67   Ob die Zeichen unabhängig voneinander oder als Teil ein und desselben Zeichens wahrgenommen werden, ist auf der Grundlage einer umfassenden Beurteilung unter Berücksichtigung verschiedener Faktoren zu bestimmen.

67.1   Dabei kommen folgende Faktoren zur Anwendung:
1. die Merkmale der Zeichen selbst (dominierende und unterscheidungskräftige Elemente; ihre jeweilige Position; Verwendung in einer anderen Größe, Schriftart oder Farbe; Vorhandensein oder Fehlen syntaktischer oder grammatikalischer Verbindungen usw.);
2. die Art und Weise, wie die Zeichen in den Benutzungsnachweisen dargestellt werden, und der Kontext der Benutzung (betroffener Handelssektor, Art der Zeichen, dh Firmennamen, Hausmarken, Produktlinienbezeichnungen, Untermarken usw.);
3. spezifische Nachweise, die belegen können, dass die Zeichen von den Verbrauchern unabhängig voneinander wahrgenommen werden.

68   Das Dokument definiert daher die „Schlüsselbegriffe", so dass eine einheitliche Anwendung der Praxis erfolgen kann.

68.1   Nach bedeutet Unterscheidungskraft einer Marke, dass das Zeichen dazu dient, die Waren und Dienstleistungen, für die die Marke eingetragen ist, als von einem bestimmten Unternehmen stammend zu kennzeichnen und damit diese Waren und Dienstleistungen von denen anderer Unternehmen zu unterscheiden.

Die Unterscheidungskraft ist im Hinblick auf die betreffenden Waren oder Dienstleistungen und auf **68.2** die Wahrnehmung des Zeichens durch den Verbraucher zu beurteilen. Dabei ist zwischen der Analyse der Unterscheidungskraft des Zeichens als Ganzes und der Analyse der Unterscheidungskraft der verschiedenen Bestandteile des Zeichens zu unterscheiden.

Die visuelle Dominanz bezieht sich auf die visuelle Wirkung der Elemente eines Zeichens, dh wenn **68.3** ein Element im Vergleich zu den anderen im Zeichen visuell dominierend ist. Dies wird in erster Linie durch seine Position, Größe oder die Verwendung von Farben bestimmt. Wenn es wahrscheinlich ist, dass Elemente aufgrund ihrer Größe oder Position vom Verbraucher nicht beachtet werden, spielen diese bei der Beurteilung keine Rolle.

Schließlich kommt es noch auf die Wechselwirkungen zwischen den Elementen des Zeichens an. **68.4** Elemente innerhalb des Zeichens interagieren, wenn sie so positioniert, kombiniert oder miteinander verbunden werden, dass sie den Eindruck einer einzigen Einheit erwecken. Ein solcher Eindruck kann sich auch aus einer begrifflichen Interaktion ergeben, wenn eine begriffliche Einheit (ein neues Konzept) geschaffen wird.

Bei der Beurteilung, ob die Unterscheidungskraft verändert wurde, sind zwei Schritte von **69** Bedeutung.

In einem ersten Schritt wird das Zeichen in der eingetragenen Form unter Berücksichtigung **70** seiner unterscheidungskräftigen und visuell dominierenden Elemente beurteilt.

Der erste Schritt besteht darin, festzustellen, welche Elemente zur Unterscheidungskraft des **71** eingetragenen Zeichens beitragen.

Besteht das Zeichen aus einem einzigen Element, so kommt diesem Zeichen Unterscheidungskraft zu. **71.1**

Im Falle eines Zeichens, das aus mehreren Elementen besteht, ist eine Analyse der Unterscheidungskraft **71.2** und der bildlich dominierenden Eigenschaft der einzelnen Elemente auf der Grundlage der ihnen innewohnenden Eigenschaften und ihrer relativen Position innerhalb der Anordnung des Zeichens sowie ihrer Wechselwirkungen notwendig.

In einem zweiten Schritt werden die Unterschiede zwischen dem eingetragenen und dem **72** benutzten Zeichen beurteilt und wie sich diese Unterschiede auf die Unterscheidungskraft des Zeichens auswirken.

Nachdem die Elemente, die zur Unterscheidungskraft des Zeichens in der eingetragenen Form beitra- **72.1** gen, identifiziert sind und der Grad ihrer Unterscheidungskraft bestimmt wurde, sind die beiden Zeichen miteinander zu vergleichen.

Dabei ist eine Beurteilung der hinzugefügten, weggelassenen oder veränderten Elemente vorzunehmen, **72.2** sowie ihre inhärente Unterscheidungskraft, die Anordnung der einzelnen Elemente sowie die Wechselwirkungen zueinander. Dabei ist der von den Zeichen hervorgerufene Gesamteindruck zu berücksichtigen.

Grundsätzlich werden Elemente von durchschnittlicher Unterscheidungskraft, wenn sie auch in dem **72.3** Zeichen in der benutzten Form vorhanden sind, durch Änderungen weniger stark beeinflusst. Umgekehrt sind Zeichen, die sich hauptsächlich oder ausschließlich aus Elementen geringer Unterscheidungskraft zusammensetzen, im Allgemeinen anfälliger für eine Veränderung ihrer Unterscheidungskraft.

Schließlich ist auch noch zu berücksichtigen, dass nicht nur Elemente weggelassen, sondern **73** auch hinzugefügt werden können.

Grundsätzlich verändert das Hinzufügen eines unterscheidungskräftigen Elements, das mit dem Zeichen **73.1** in seiner eingetragenen Form so zusammenwirkt, dass es nicht mehr selbständig wahrgenommen werden kann, die Unterscheidungskraft des Zeichens, irrelevant von der Unterscheidungskraft des eingetragenen Zeichens.

Wird ein nicht unterscheidungskräftiges Element hinzugefügt, kann davon ausgegangen werden, dass **73.2** die Unterscheidungskraft des eingetragenen Zeichens nicht verändert wurde.

Fehlt in dem benutzten Zeichen ein unterscheidungskräftiges Element des eingetragenen Zeichens, so **73.3** ist die Unterscheidungskraft des eingetragenen Zeichens verändert worden.

Fehlen in dem benutzten Zeichen Elemente des eingetragenen Zeichens, die vom Verbraucher aufgrund **73.4** ihrer geringen Größe oder Position nicht beachtet werden, wird die Unterscheidungskraft des eingetragenen Zeichens nicht verändert.

Wenn das Zeichen in der eingetragenen Form von durchschnittlicher Unterscheidungskraft ist, ist es **73.5** nicht wahrscheinlich, dass das Weglassen eines nicht unterscheidungskräftigen Elements in dem Zeichen in der benutzten Form die Unterscheidungskraft des Zeichens in der eingetragenen Form ändert. Dies kann im Allgemeinen auch dann der Fall sein, wenn das weggelassene Element von geringer Unterscheidungskraft ist. Besteht jedoch eine Interaktion zwischen den Elementen, so kann eine Änderung der Unterscheidungskraft vorliegen.

73.6   Setzt sich das Zeichen in der eingetragenen Form ausschließlich aus Bestandteilen geringer Unterscheidungskraft oder aus nicht unterscheidungskräftigen Bestandteilen zusammen, deren Kombination das Zeichen als Ganzes eintragungsfähig macht, so führt das Weglassen eines oder mehrerer dieser Bestandteile im Allgemeinen zu einer Änderung der Unterscheidungskraft des Zeichens in der eingetragenen Form.

3. KP9 – Unterscheidungskraft dreidimensionaler Marken (Formmarken), die Wort- und/oder Bildbestandteile enthalten und deren Form allein nicht unterscheidungskräftig ist

74   Das KP9-Projekt wurde im Oktober 2017 gestartet mit dem Ziel, die Mindestanforderungen für die Unterscheidungskraft von dreidimensionalen Marken (Formmarken) für den Fall festzulegen, dass die Form an sich nicht unterscheidungskräftig ist.

75   Das EUIPO hat die Gemeinsame Praxis am 1.4.2020 veröffentlicht.

75.1   Die Gemeinsame Praxis ist auf der Homepage des EUIPO unter https://euipo.europa.eu/tunnel-web/secure/webdav/guest/document_library/News/cp9/CP9_de.pdf abrufbar.

76   Die Gemeinsame Praxis tritt nach Ablauf von drei Monaten nach Veröffentlichung dieser Gemeinsamen Mitteilung, dh am 30.6.2020, in Kraft.

76.1   Die Arbeitsgruppe des Projekts bestand aus Vertretern der nationalen Ämter, des EUIPO und der Nutzerverbände AIPPI, APRAM und INTA.

77   Die Gemeinsame Praxis gilt für die im Rahmen der Prüfung der absoluten Eintragungshindernisse erfolgende Beurteilung der inhärenten Unterscheidungskraft von Formmarken als Ganzes, die aus einer nicht unterscheidungskräftigen Form der Waren selbst, ihrer Verpackung oder ihres Behältnisses und anderen Bestandteilen, auf die sich die Formmarke erstreckt, bestehen.

77.1   Um zu beurteilen, ob die Schwelle für die Unterscheidungskraft erreicht wird, werden mehrere Elemente und Faktoren berücksichtigt, die die Unterscheidungskraft des Zeichens insgesamt beeinflussen.

77.2   Wenn eine nicht unterscheidungskräftige Form ein Element enthält, das selbst unterscheidungskräftig ist, reicht dieses aus, um dem Zeichen als Ganzem Unterscheidungskraft zu verleihen. Die Größe und die Proportion der Wort-/Bildelemente, ihr Kontrast im Hinblick auf die Form und ihre tatsächliche Position darauf können die Wahrnehmung des Zeichens bei der Beurteilung seiner Unterscheidungskraft beeinflussen.

78   Die Gemeinsame Praxis sieht ein zweistufiges Prüfschemata vor.

79   Im ersten Schritt werden die Bestandteile des Zeichens festgestellt und es erfolgt eine Beurteilung ihrer inhärenten Unterscheidungskraft.

79.1   Dabei sind insbesondere:
- Wort- und Bildelemente,
- Farben (Einzelfarben und Farbkombinationen) und
- Kombinationen der vorstehenden Bestandteile
  zu beurteilen.

79.2   Die Beurteilung von Wort- oder Bildelementen erfolgt unter Berücksichtigung:
- Größe/Proportion der Elemente in Bezug auf die Form,
- Kontrast des Elements in Bezug auf die Form und
- Position des Elements auf der Form.

79.3   Wenn sich eine Form auf eine Farbe oder Farbkombinationen erstreckt, sollte bei der Feststellung und Beurteilung der Unterscheidungskraft auch die besondere Farbanordnung auf der spezifischen Form berücksichtigt werden.

80   In einem zweiten Schritt erfolgt die Beurteilung der Unterscheidungskraft des Zeichens als Ganzes.

81   Die Beurteilung der Unterscheidungskraft muss sich auf den Gesamteindruck aus der Kombination der Form und der Bestandteile, auf die sie sich erstreckt, in Bezug auf die betreffenden Waren stützen und die Wahrnehmung durch den Verbraucher berücksichtigen.

82   In Hinblick auf die Beurteilung von Wort- oder Bildelementen, die auf einer nicht unterscheidungskräftigen Form angebracht werden, sieht die Gemeinsame Praxis vor, dass diese grundsätzlich die Unterscheidungskraft des Zeichens als Ganzes begründen.

82.1   Zu berücksichtigen sind die Größe und die Proportion der Wort- oder Bildelemente, ihr Kontrast im Hinblick auf die Form und ihre tatsächliche Position darauf, da diese die Wahrnehmung des Zeichens durch den Verbraucher beeinflussen und ihnen somit eine wesentliche Rolle bei der Beurteilung der Unterscheidungskraft zukommt.

In Hinblick auf die Beurteilung einer oder mehrerer Farben, die auf einer nicht unterschei- **83** dungskräftigen Form angebracht werden, sieht die Gemeinsame Praxis vor, dass die Verfügbarkeit der Farben für die anderen Wirtschartsteilnehmer, die Waren oder Dienstleistungen der von der Anmeldung erfassten Art anbieten, nicht ungerechtfertigt beschränkt wird.

Ein Zeichen wird nicht allein dadurch inhärent unterscheidungskräftig, dass zur Form einer Ware eine **83.1** einzelne Farbe hinzugefügt wird, ohne dass sonstige unterscheidungskräftige Wort- oder Bildelemente vorhanden sind.

Es kann nicht ausgeschlossen werden, dass eine spezifische Farbzusammenstellung, die für die Ware **83.2** ungewöhnlich ist und einen einprägsamen Gesamteindruck erzeugt, dem Zeichen als Ganzes Unterscheidungskraft verleiht.

Dreidimensionale Marken bestehen oftmals auch aus einer Kombination der oben genannten **84** Elemente.

Treten mehrerer Elemente zusammen, so ist bei der Beurteilung der Unterscheidungskraft auf **85** den Gesamteindruck abzustellen, den die Kombination dieser Faktoren und Elemente erzeugt.

Die Gemeinsame Praxis enthält zur Illustration zahlreiche Beispiele. **86**

4. KP10 – Kriterien für die Bewertung der Offenbarung von Geschmacksmustern im Internet

Die rasante Ausbreitung des Internets und die Zunahme des elektronischen Handels und der **87** elektronischen Kommunikation führen dazu, dass Geschmacksmuster zunehmend online veröffentlicht werden. Digitale Offenbarungen stellen neue Herausforderungen dar, die sich von denen der traditionellen Medien unterscheiden. Es stellen sich Fragen wie:
• Inwieweit kann den aus dem Internet stammenden Beweismitteln im Hinblick auf die Offenbarung eines älteren Geschmacksmusters vertraut werden?
• In welcher Form sollten die Nachweise vorgelegt werden?
• Wie lässt sich das relevante Datum der Veröffentlichung im Internet nachweisen?
Das EUIPO hat die Gemeinsame Praxis am 1.4.2020 veröffentlicht, welche nach Ablauf von drei **88** Monaten nach Veröffentlichung der Gemeinsamen Mitteilung in Kraft tritt.

Der vollständige Wortlaut der Gemeinsamen Praxis ist auf der Homepage des Amtes unter https:// **88.1** euipo.europa.eu/tunnel-web/secure/webdav/guest/document_library/News/cp10/CP10_de.pdf abrufbar.

Die Praxis enthält Kriterien für die Bewertung und Empfehlungen zu Quellen für Geschmacks- **89** musteroffenbarungen im Internet, die verwendeten Arten von Nachweisen für die Offenbarung im Internet, die verschiedenen Mittel für die Feststellung des Datums der Offenbarung und schließlich die Ausnahmen der Verfügbarkeit von Geschmackmustern im Internet.

5. KP11 – Neue Arten von Marken – Prüfung auf formale Anforderungen und Schutzhindernisse

Diese Gemeinsame Praxis wurde im April 2021 veröffentlicht **90**

Der vollständige Wortlaut der Gemeinsamen Praxis ist auf der Homepage des Amtes unter https:// **90.1** euipo.europa.eu/tunnel-web/secure/webdav/guest/document_library/contentPdfs/EUIPN/CP11/ common_communication_cp11_de.pdf abrufbar.

Es wurden Leitlinien für die Prüfung der formalen Anforderungen und Eintragungshindernisse **91** und/oder Nichtigkeitsgründe für die neuen Markenformen bereit zugestellt. Dabei handelt es sich um Hör-, Bewegungs-, Multimedia- und Hologrammmarken sowie um neue Methoden für deren Darstellung.

Es werden dabei insbesondere folgende Themenbereiche angesprochen: **91.1**
• Anwendung der Sieckmann-Kriterien auf neue Arten von Marken,
• Diskrepanzen zwischen der Wiedergabe, dem Typ und der Beschreibung der Marke,
• Prüfung von Prioritätsansprüchen, wenn mindestens eine der Marken zu einem neuen Typ gehört,
• inhärente Unterscheidungskraft neuer Arten von Marken,
• beschreibender Charakter neuer Arten von Marken,

• Merkmale, die sich aus der Beschaffenheit der Güter ergeben oder die zur Erreichung einer technischen Wirkung erforderlich sind oder die den Gütern einen wesentlichen Wert verleihen.

92   In Bezug auf den zweiten Themenbereich führt der Entwurf aus, dass die allgemeinen Grundsätze, die in Bezug die Ähnlichkeit von Zeichen von traditionelle Marken aufgestellt hat, auch für den Vergleich von Klang-, Bewegungs-, Multimedia- oder Hologrammmarken gelten.

92.1   Die folgenden Themenbereiche werden dabei angesprochen:
• umfassende Beurteilung der Ähnlichkeit auf der Grundlage des Gesamteindrucks der Zeichen,
• Bei der umfassenden Beurteilung der Ähnlichkeit der Marken im Bild, im Klang oder in der Bedeutung ist auf den Gesamteindruck abzustellen, den die Marken hervorrufen, wobei ihre unterscheidungskräftigen und dominierenden Elemente zu berücksichtigen sind,
• Bei der Beurteilung der bildlichen, klanglichen und begrifflichen Ähnlichkeit sind die übereinstimmenden und unterschiedlichen Elemente sowie ihre Auswirkungen auf den von den Marken hervorgerufenen Gesamteindruck zu berücksichtigen,
• Zur Beurteilung des Grades der Ähnlichkeit zwischen den betreffenden Marken ist ferner der Grad ihrer Ähnlichkeit in Bild, Klang oder Bedeutung zu bestimmen und gegebenenfalls zu beurteilen, welche Bedeutung diesen verschiedenen Elementen unter Berücksichtigung der Art der betreffenden Waren oder Dienstleistungen und der Umstände, unter denen sie vermarktet werden, beizumessen ist.

93   CP11 unterschied sich von anderen Projekten, da vor der Entwicklung der Gemeinsamen Praxis keines der Ämter Leitlinien für die neuen Markenarten aufgestellt hatte. Die CP11 war also nicht dazu gedacht, die bestehenden Praktiken in der EU zu harmonisieren, sondern eine Vielzahl von Praktiken von vornherein zu vermeiden.

6. KP12 – Beweismittel in Markenbeschwerdeverfahren: Einreichung, Struktur und Präsentation von Beweismitteln und die Behandlung vertraulicher Beweismittel

94   KP12 ist die erste Angleichungsinitiative im Verfahrensbereich und legt ihren Schwerpunkt auf die akzeptablen Anforderungen an die Einreichung, Strukturierung und das Format von Beweismitteln vor den Beschwerdegremien sowie für die Behandlung vertraulicher Nachweise bei Beschwerdeentscheidungen.

95   Die Arbeitsgruppe, die sich aus Vertretern von fünf externen Beschwerdeinstanzen, den Beschwerdeabteilungen von drei EU-Ämtern für geistiges Eigentum, drei Nutzerverbänden und den Beschwerdekammern der EUIPO zusammensetzt, machte im Verlauf von zwei Arbeitsgruppensitzungen und einem Workshop, in dem die Vertreter bewährte Praktiken und Fachwissen austauschten, um die gemeinsamen Grundsätze des CP12-Projekts festzulegen, bedeutende Fortschritte bei der Entwicklung der gemeinsamen Praxis.

95.1   Ein zweiter Entwurf der Arbeitsgruppe ist auf der Homepage des EUIPN (European Union Intellectual Property Network) unter https://www.tmdn.org/network/documents/10181/580603/Draft+CP12+-+Evidence+in+TM+appeal+proceedings.pdf/7bc9bb9f-3e12-4c6f-8ce9-7f6016d35f73 abrufbar.

95.2   Die Arbeitsgruppe betrachtet dieses Dokument als „lebendes Dokument", das ständig verbessert werden soll.

96   Der Umfang des CP12-Projekts umfasst fünf Hauptbereiche:
• allgemeine Konzepte – Definitionen und Zulässigkeit von Beweisen,
• Beweismittel und -quellen – Dokumente; Online-Beweise; und Echtheit, Wahrhaftigkeit und Zuverlässigkeit von Beweisen,
• Ermittlung des relevanten Beweisdatums – dokumentarische Beweise; Online-Beweise; und des Zeitraums und Zeitpunkts einer Marktstudie,
• Form der Präsentation von Nachweisen: Struktur und Präsentation – akzeptable Formate, Größe und empfohlene Länge; Struktur des Nachweises; Struktur von Marktumfragen; und Vorlagen,
• Vertraulichkeit von Beweismitteln – akzeptable Wege und Zeitpunkt, um Vertraulichkeit zu beanspruchen; der Umfang des Vertraulichkeitsantrags und Kriterien für seine Beurteilung; und Veröffentlichung der Entscheidung und Verwendung vertraulicher Beweismittel.

97 Es bleibt jedoch abzuwarten, ob aufgrund der unterschiedlichen Rechtsgrundlagen und Ausgestaltungen der Beschwerdekammern insbesondere in Bezug auf die Verfahrensabläufe, einheitliche Standards etabliert werden können.

97.1   In diesem Zusammenhang ist darauf hinzuweisen, dass das Gericht trotz nahezu identischer Wortwahl in den jeweiligen Rechtstexten den Beschwerdekammern des EUIPO und der Europäischen Chemischen Agentur (ECHA) unterschiedliche Kompetenzen zuweist (EuG T-125/17, BeckRS 2019, 22476 Rn. 80 –

BASF Grenzach GmbH/ECHA). Obwohl beide Beschwerdekammern nicht nur kassatorisch, sondern auch reformatorisch tätig werden können, ist die Möglichkeit der Beschwerdekammer der ECHA in Bezug auf ihre reformatorische Tätigkeit stark eingeschränkt (EuG T-125/17, BeckRS 2019, 22476 Rn. 98 ff. – BASF Grenzach GmbH/ECHA).

Abschnitt 3. Verwaltungsrat

Art. 153 Aufgaben des Verwaltungsrats

(1) Unbeschadet der Befugnisse, die gemäß Abschnitt 6 dem Haushaltsausschuss obliegen, nimmt der Verwaltungsrat die folgenden Aufgaben wahr:

a) Annahme des Jahresarbeitsprogramms des Amtes für das kommende Jahr anhand eines ihm vom Exekutivdirektor gemäß Artikel 157 Absatz 4 Buchstabe c unterbreiteten Entwurfs unter Berücksichtigung der Stellungnahme der Kommission und Übermittlung des Jahresarbeitsprogramms an das Europäische Parlament, den Rat und die Kommission;

b) Annahme eines strategischen Mehrjahresprogramms für das Amt, das unter anderem die Strategie des Amtes in Bezug auf die internationale Zusammenarbeit erläutert, anhand eines ihm vom Exekutivdirektor gemäß Artikel 157 Absatz 4 Buchstabe e unterbreiteten Entwurfs unter Berücksichtigung der Stellungnahme der Kommission und im Anschluss an einen Meinungsaustausch des Exekutivdirektors mit dem zuständigen Ausschuss des Europäischen Parlaments und Übermittlung des strategischen Mehrjahresprogramms an das Europäische Parlament, den Rat und die Kommission;

c) Annahme des Jahresberichts des Amtes anhand eines ihm vom Exekutivdirektor gemäß Artikel 157 Absatz 4 Buchstabe g unterbreiteten Entwurfs und Übermittlung des Jahresberichts an das Europäische Parlament, den Rat, die Kommission und den Rechnungshof;

d) Annahme des mehrjährigen Personalentwicklungsplans anhand eines ihm vom Exekutivdirektor gemäß Artikel 157 Absatz 4 Buchstabe h unterbreiteten Entwurfs;

e) Ausübung der ihm gemäß Artikel 152 Absatz 2 übertragenen Befugnisse;

f) Ausübung der ihm gemäß Artikel 172 Absatz 5 übertragenen Befugnisse;

g) Erlass von Vorschriften zur Verhinderung und Bewältigung von Interessenkonflikten im Amt;

h) Ausübung, im Einklang mit Absatz 2, der Befugnisse in Bezug auf das Personal des Amtes, die der Anstellungsbehörde durch das Statut und der Stelle, die zum Abschluss von Dienstverträgen ermächtigt ist, durch die Beschäftigungsbedingungen übertragen wurden (im Folgenden „Befugnisse einer Anstellungsbehörde");

i) Erlass geeigneter Durchführungsbestimmungen, um dem Statut und den Beschäftigungsbedingungen nach dem Verfahren des Artikels 110 des Statuts Wirksamkeit zu verleihen;

j) Erstellung der in Artikel 158 Absatz 2 genannten Liste von Kandidaten;

k) Sicherstellung angemessener Folgemaßnahmen ausgehend von den Ergebnissen und Empfehlungen, die sich aus den internen oder externen Prüfberichten und Evaluierungen nach Maßgabe des Artikels 210 sowie aus den Untersuchungen des Europäischen Amtes für Betrugsbekämpfung (OLAF) ergeben;

l) vor Genehmigung der Richtlinien für die vom Amt durchgeführte Prüfung sowie in den übrigen in dieser Verordnung vorgesehenen Fällen gehört zu werden;

m) Abgabe von Stellungnahmen und Einholung von Auskünften vom Exekutivdirektor oder der Kommission, wenn er dies für erforderlich hält.

(2) [1] Der Verwaltungsrat erlässt gemäß dem Verfahren nach Artikel 110 des Statuts und nach Artikel 142 der Beschäftigungsbedingungen einen Beschluss auf der Grundlage von Artikel 2 Absatz 1 des Statuts und Artikel 6 der Beschäftigungsbedingungen, mit dem dem Exekutivdirektor die entsprechenden Befugnisse einer Anstellungsbehörde übertragen und die Bedingungen festgelegt werden, unter denen diese Übertragung der Befugnisse einer Anstellungsbehörde ausgesetzt werden kann.

[2] Der Exekutivdirektor kann diese Befugnisse weiter übertragen.

[3] Bei Vorliegen außergewöhnlicher Umstände kann der Verwaltungsrat die Übertragung von Befugnissen der Anstellungsbehörde auf den Exekutivdirektor sowie die von diesem weiter übertragenen Befugnisse durch einen Beschluss vorübergehend aussetzen und die Befugnisse selbst ausüben oder sie einem seiner Mitglieder oder einem anderen Mitglied des Personals als dem Exekutivdirektor übertragen.

Überblick

Im Gegensatz zur UMV 2009 regelt die UMV 2017 zunächst die Aufgaben des Verwaltungsrats, nämlich im neuen Art. 153. Die Aufgaben des Exekutivdirektors sind Gegenstand des neuen Art. 157. Art. 153 überträgt dem Verwaltungsrat als Organ des Amts verschiedene Aufgaben (→ Rn. 1) sowie originär die Befugnisse einer Anstellungsbehörde (→ Rn. 2).

A. Aufgaben des Verwaltungsrats

1   Der Verwaltungsrat hat mit Inkrafttreten der Reform am 23.3.2016 nicht mehr nur vor allem beratende, sondern auch eine gestärkte Kontrollfunktion. Normsetzungszuständigkeiten bzgl. delegierter Rechtsakte und Durchführungsrechtsakte liegen bei der Kommission (Art. 31 Abs. 4, Art. 35, Art. 38 Abs. 4, Art. 39 Abs. 5, Art. 44 Abs. 5, Art. 48, Art. 49 Abs. 3, Art. 50 Abs. 9, Art. 51 Abs. 3, Art. 54 Abs. 3, Art. 55, Art. 56 Abs. 8, Art. 57 Abs. 5, Art. 65, Art. 73, Art. 75 Abs. 3, Art. 84, Art. 96 Abs. 4, Art. 97 Abs. 6, Art. 98, Art. 100, Art. 101, Art. 103 Abs. 3, Art. 106 Abs. 3, Art. 109 Abs. 2, Art. 116 Abs. 4, Art. 117 Abs. 3, Art. 121, Art. 140 Abs. 3, Art. 140 Abs. 6, Art. 146 Abs. 10, Art. 161 Abs. 2, Art. 163 Abs. 2, Art. 168, Art. 184 Abs. 9, Art. 186 Abs. 2, Art. 187 Abs. 2, Art. 191 Abs. 2, Art. 193 Abs. 4, Art. 196 Abs. 4, Art. 198 Abs. 4, Art. 202 Abs. 10, Art. 204 Abs. 6), die Disziplinargewalt über Exekutivdirektor und stellvertretende Exekutivdirektoren beim Rat (Art. 158 Abs. 2) und die Feststellung des Haushaltsplans beim Haushaltsausschuss (Art. 173 Abs. 3). Der Verwaltungsrat ist zuständig für
* die Annahme des Jahresarbeitsprogramms des Amtes für das kommende Jahr und seine Übermittlung an das Europäische Parlament, den Rat und die Kommission,
* die Annahme eines strategischen Mehrjahresprogramms für das Amt und seine Übermittlung an das Europäische Parlament, den Rat und die Kommission,
* die Annahme des Jahresberichts des Amtes und seine Übermittlung an das Europäische Parlament, den Rat, die Kommission und den Rechnungshof,
* die Annahme des mehrjährigen Personalentwicklungsplans,
* die Definition und Koordination von Projekten im Rahmen der Zusammenarbeit mit nationalen Ämtern im Rahmen von Art. 152 Abs. 1 und Abs. 6,
* die Festlegung des Verteilungsschlüssels für den Kostenausgleich nach Art. 172 Abs. 4,
* den Erlass von Vorschriften zur Verhinderung und Bewältigung von Interessenkonflikten im Amt,
* die Ausübung der Befugnisse einer Anstellungsbehörde,
* den Erlass von Durchführungsbestimmungen zum Beamtenstatut,
* Erstellung der Vorschlagsliste mit möglichen Kandidaten vor der Ernennung eines neuen Exekutivdirektors oder eines oder mehrerer stellvertretender Exekutivdirektoren (Art. 153 Abs. 1 lit. j iVm Art. 158 Abs. 2) sowie des Präsidenten der Beschwerdekammern und der Vorsitzenden der einzelnen Kammern (Art. 153 Abs. 1 lit. j iVm Art. 158 Abs. 2 iVm Art. 166 Abs. 1),
* die Sicherstellung von Folgemaßnahmen ausgehend von den Ergebnissen der Überprüfung der Durchführung der UMV durch die Kommission gemäß Art. 210 sowie der Untersuchungen durch das Europäische Amt für Betrugsbekämpfung (OLAF),
* die Stellungnahme vor dem Erlass von Prüfungsrichtlinien und
* die Abgabe von Stellungnahmen und Einholung von Auskünften vom Exekutivdirektor oder der Kommission.

B. Übertragung der Befugnisse der Anstellungsbehörde auf den Exekutivdirektor

2   Nach Art. 153 Abs. 2 überträgt der Verwaltungsrat per Beschluss die ihm nach Art. 153 Abs. 1 lit. h zugewiesene Ausübung der Befugnisse der Anstellungsbehörde auf den Exekutivdirektor. Wenngleich letztlich im Regelfall der Exekutivdirektor tatsächlich diese Befugnis ausüben wird, ist im Gegensatz zur Regelung vor der Reform diese Befugnis nicht mehr originär dem Exekutivdirektor zugeordnet. Gemäß Art. 153 Abs. 2 S. 3 kann der Verwaltungsrat die Übertragung der

Befugnis auf den Exekutivdirektor ausnahmsweise aussetzen und die Befugnis selbst ausüben. Gemäß Art. 4 Abs. 4 VO (EU) 2015/2424 (aF) in der berichtigten Fassung (s. ABl. EU 2016 L 71, 322) tritt Art. 153 Abs. 1 lit. f erst nach einem Beschluss des Verwaltungsrats gemäß Art. 153 Abs. 2 in Kraft oder zwölf Monate nach dem 1.10.2017, je nachdem, was zuerst eintritt. Inzwischen hat der Verwaltungsrat mit Beschluss Nr. MB-17-01 vom 21.3.2017 die Befugnisse der Anstellungsbehörde auf den Exekutivdirektor übertragen. Der Beschluss ist im Internet abrufbar unter https://euipo.europa.eu/ohimportal/de/management-board („Beschlüsse und Verordnungen des Verwaltungsrats", Reiter „Beschlüsse"). Von der Übertragung ausgenommen sind Befugnisse in Bezug auf den Exekutivdirektor selbst, Befugnisse in Bezug auf den/die stellvertretenden Exekutivdirektor/en und Befugnisse in Bezug auf den Präsidenten, die Vorsitzenden und die Mitglieder der Beschwerdekammern. Diese Befugnisse übt der Verwaltungsrat selbst aus. Die Einzelheiten hierzu regelt Beschluss Nr. MB-17-05 des Verwaltungsrats vom 6.6.2017, abrufbar im Internet unter https://euipo.europa.eu/ohimportal/de/management-board („Beschlüsse und Verordnungen des Verwaltungsrats", Reiter „Beschlüsse").

Art. 154 Zusammensetzung des Verwaltungsrats

(1) Der Verwaltungsrat besteht aus je einem Vertreter pro Mitgliedstaat, zwei Vertretern der Kommission und einem Vertreter des Europäischen Parlaments sowie ihren jeweiligen Stellvertretern.

(2) Die Mitglieder des Verwaltungsrats dürfen nach Maßgabe seiner Geschäftsordnung Berater oder Sachverständige hinzuziehen.

Überblick

Art. 154 regelt die Zusammensetzung des Verwaltungsrats (→ Rn. 1) und die Befugnis ggf. externe Berater oder Sachverständige hinzuzuziehen (→ Rn. 2).

A. Zusammensetzung des Verwaltungsrats

Im Verwaltungsrat sind die Mitgliedstaaten und das Europäische Parlament mit je einem Vertre- **1** ter oder ggf. dessen Stellvertreter und die Kommission mit zwei Vertretern und ihren Stellvertretern repräsentiert. Die Mitglieder des Verwaltungsrats und ihre Stellvertreter werden von den Mitgliedstaaten, dem Europäischen Parlament und der Kommission jeweils individuell benannt und können jederzeit ausgetauscht werden. In der Regel benennen die Mitgliedstaaten Vertreter aus ihren Marken-/Patentämtern oder den für diese zuständigen Ministerien. Die Liste der aktuellen Mitglieder ist online abrufbar unter https://euipo.europa.eu/ohimportal/de/management-board (zuletzt abgerufen am 15.1.2023).

B. Hinzuziehung von Beratern oder Sachverständigen

Neben den eigentlichen Mitgliedern des Verwaltungsrats können nach Art. 154 Abs. 2 iVm **2** Art. 3 Abs. 1 Verwaltungsrat-Geschäftsordnung von den Mitgliedern des Verwaltungsrats externe Berater oder Sachverständige hinzugezogen werden.

Art. 155 Vorsitzender des Verwaltungsrats

(1) [1]Der Verwaltungsrat wählt aus dem Kreis seiner Mitglieder einen Vorsitzenden und einen stellvertretenden Vorsitzenden. [2]Der stellvertretende Vorsitzende tritt im Falle der Verhinderung des Vorsitzenden von Amts wegen an dessen Stelle.

(2) [1]Die Amtszeit des Vorsitzenden und des stellvertretenden Vorsitzenden beträgt vier Jahre. [2]Eine einmalige Wiederwahl ist zulässig. [3]Mit dem Ende der Mitgliedschaft im Verwaltungsrat endet jedoch auch die Amtszeit automatisch am selben Tag.

Überblick

Art. 155 regelt den Vorsitz im Verwaltungsrat durch einen Vorsitzenden und die Vertretung des Vorsitzenden durch einen stellvertretenden Vorsitzenden sowie Amtszeit und Wiederwahl von Vorsitzendem und stellvertretendem Vorsitzenden.

1   Der Vorsitzende des Verwaltungsrats wird von seinen Mitgliedern aus dem Kreis der Mitglieder mit Zweidrittelmehrheit gewählt (Art. 2 Abs. 1 Geschäftsordnung – Verordnung Nr. MB-1-16 des Verwaltungsrats, online abrufbar unter https://euipo.europa.eu/ohimportal/de/management-board, Abschnitt „Beschlüsse und Verordnungen des Verwaltungsrats", Reiter „Verordnungen", zuletzt abgerufen am 15.1.2023). Er beruft den Verwaltungsrat ein (Abs. 1) und führt in dessen Sitzungen den Vorsitz. Ist der Vorsitzende verhindert, tritt der stellvertretende Vorsitzende an seine Stelle. Sind beide verhindert, wird das Amt des Vorsitzenden des Verwaltungsrats von dessen dienstältestem Mitglied oder bei gleichem Dienstalter von dem ältesten Mitglied wahrgenommen (Art. 2 Abs. 9 Geschäftsordnung des Verwaltungsrats).

1.1   Der erste Präsident des Verwaltungsrats, José Mota Maia (Portugal), wurde wiedergewählt und war bis zum 20.3.2000 im Amt. Ihm folgten Carl-Anders Ifvarsson (Schweden, bis 2003), Marti Enäjärvi (Finnland, bis 2006), António Campinos (Portugal, bis 2010), Mihály Ficsor (Ungarn, bis 2016) und Patricia García-Escudero Márquez (Spanien, bis 2018). Der derzeitige Präsident des Verwaltungsrats ist Jorma Hanski (Finnland).

2   Nach der Änderungsverordnung VO (EU) 2015/2424 ist die Amtszeit des Vorsitzenden und des stellvertretenden Vorsitzenden des Verwaltungsrats von drei auf künftig vier Jahre verlängert, eine Wiederwahl ist nur einmalig möglich und die Amtszeit endet im Fall des Ausscheidens des Mitglieds aus dem Verwaltungsrat automatisch am selben Tag (Abs. 2).

Art. 156 Sitzungen

(1) Der Verwaltungsrat wird von seinem Vorsitzenden einberufen.

(2) Der Exekutivdirektor nimmt an den Beratungen teil, sofern der Verwaltungsrat nichts anderes beschließt.

(3) ¹Der Verwaltungsrat hält mindestens einmal jährlich eine ordentliche Sitzung ab. ²Außerdem tritt er auf Veranlassung seines Vorsitzenden oder auf Antrag der Kommission oder eines Drittels der Mitgliedstaaten zusammen.

(4) Der Verwaltungsrat gibt sich eine Geschäftsordnung.

(5) ¹Der Verwaltungsrat fasst seine Beschlüsse mit der absoluten Mehrheit seiner Mitglieder. ²Beschlüsse des Verwaltungsrats nach Artikel 153 Absatz 1 Buchstaben a und b, Artikel 155 Absatz 1 sowie Artikel 158 Absätze 2 und 4 bedürfen jedoch einer Zweidrittelmehrheit. ³In beiden Fällen verfügen die Mitglieder über je eine Stimme.

(6) Der Verwaltungsrat kann Beobachter zur Teilnahme an seinen Sitzungen einladen.

(7) Die Sekretariatsgeschäfte des Verwaltungsrats werden vom Amt wahrgenommen.

Überblick

Art. 156 regelt die Einberufung des Verwaltungsrats (→ Rn. 1), die Durchführung von Verwaltungsratssitzungen (→ Rn. 2) und die Beschlussfassung (→ Rn. 3).

A. Einberufung des Verwaltungsrats

1   Der Vorsitzende des Verwaltungsrats beruft diesen mindestens einmal im Jahr zu einer ordentlichen Sitzung ein. In der Praxis finden zwei ordentliche Sitzungen im Jahr statt, 2023 planmäßig im Juni und November (der aktuelle Sitzungskalender ist online abrufbar unter https://euipo.europa.eu/ohimportal/de/management-board, zuletzt abgerufen am 15.1.2023). Darüber hinaus beruft der Vorsitzende den Verwaltungsrat aus eigener Initiative, auf Verlangen der Kommission oder auf Verlangen eines Drittels der Mitgliedstaaten zu außerordentlichen Sitzungen ein. Einberufung und Durchführung der Sitzungen richten sich nach der Geschäftsordnung des Verwaltungsrats (Verordnung Nr. MB-1-16 des Verwaltungsrats, im Internet abrufbar unter https://euipo.europa.eu/ohimportal/de/management-board, zuletzt abgerufen am 15.1.2023 – „Beschlüsse und Verordnungen des Verwaltungsrats", Reiter „Verordnungen"). Die Sekretariatsaufgaben des Verwaltungsrats übernimmt das Amt. Gemäß Art. 7 Beschluss des Präsidenten Nr. ADM-22-22 vom 27.4.2022 über die interne Struktur des Amtes ist innerhalb des Amts die Dienststelle Institutionelle Beziehungen der Hauptabteilung Institutionelle Angelegenheiten und Zusammenarbeit für die Sekretariatsarbeit zuständig.

B. Durchführung der Sitzungen

Die Sitzungen finden im Amt in Alicante statt, in der Regel zusammen mit den Sitzungen des **2** Haushaltsausschusses. An den Sitzungen nimmt auch der Exekutivdirektor des Amts teil, zusammen mit von ihm bestimmten Bediensteten des Amts, die für verschiedene der Tagesordnungspunkte zuständig sind, vorausgesetzt, der Verwaltungsrat fasst keinen entgegenstehenden Beschluss. Gemäß Art. 3 Abs. 4 Geschäftsordnung des Verwaltungsrats ist zudem der Vorsitzende des Haushaltsausschusses teilnahmeberechtigt. Ferner können auf Einladung des Verwaltungsrats auch Beobachter an den Sitzungen teilnehmen, wenn die Sitzung nicht geheim ist. Geheim sind gemäß Art. 9 Abs. 5 Geschäftsordnung des Verwaltungsrats Abstimmungen über Wahlen des Vorsitzenden und des stellvertretenden Vorsitzenden des Verwaltungsrats sowie über Ernennung, Verlängerung der Amtszeit und Entfernung aus dem Amt des Präsidenten, Vizepräsidenten und der Vorsitzenden und Mitglieder der Beschwerdekammern. Beobachterstatus nach Art. 156 Abs. 6 iVm Art. 4 Geschäftsordnung des Verwaltungsrats ist neben dem Benelux-Markenamt, der WIPO und einem Vertreter des Europäischen Patentamts verschiedenen Nutzerorganisationen eingeräumt worden, zum Teil abwechselnd. Die Liste der Organisationen mit Beobachterstatus ist auf der Webseite des EUIPO abrufbar unter Home/Über das EUIPO/Wer wir sind/Das Amt/Führungsstruktur/ Beobachter.

C. Beschlussfassung

Beschlüsse werden mWv 23.3.2016 im Fall einfacher Mehrheitsbeschlüsse des Verwaltungsrats **3** mit der absoluten Mehrheit seiner Mitglieder gefasst (Art. 156 Abs. 5). Das heißt, eine einfache Mehrheit bei erfülltem Quorum aber unvollständig besetztem Verwaltungsrat reicht nicht ohne weiteres aus. Zudem sind nunmehr die Vertreter der Kommission stimmberechtigt, ebenso wie der Vertreter des Parlaments. Beschlussfähig ist der Verwaltungsrat, wenn mindestens zwei Drittel der Mitglieder des Verwaltungsrats vertreten sind (Art. 8 Geschäftsordnung des Verwaltungsrats). Beschlüsse über die Benennung von Kandidaten als Exekutivdirektor, stellvertretenden Exekutivdirektors, Präsident und Vorsitzende der Beschwerdekammern bedürfen nach Art. 156 Abs. 5 S. 2 iVm Art. 153 Abs. 1 lit. a und b, Art. 155 Abs. 1 sowie Art. 158 Abs. 2 und 4 einer Zweidrittelmehrheit, wobei alle Mitglieder über je eine Stimme verfügen.

Abschnitt 4. Exekutivdirektor

Art. 157 Aufgaben des Exekutivdirektors

(1) ¹Das Amt wird von einem Exekutivdirektor geleitet. ²Der Exekutivdirektor ist gegenüber dem Verwaltungsrat rechenschaftspflichtig.

(2) Unbeschadet der Befugnisse der Kommission, des Verwaltungsrats und des Haushaltsausschusses gilt, dass der Exekutivdirektor bei der Erfüllung seiner Pflichten unabhängig ist und Weisungen von einer Regierung oder sonstigen Stelle weder anfordern noch entgegennehmen darf.

(3) Der Exekutivdirektor ist der rechtliche Vertreter des Amtes.

(4) Dem Exekutivdirektor obliegen insbesondere folgende Aufgaben, die übertragen werden können:
a) Treffen aller für die Tätigkeit des Amtes zweckmäßigen Maßnahmen, einschließlich des Erlasses interner Verwaltungsvorschriften und der Veröffentlichung von Mitteilungen;
b) Durchführung der vom Verwaltungsrat erlassenen Beschlüsse;
c) Entwurf des Jahresarbeitsprogramms unter Angabe des voraussichtlichen Personal- und Finanzbedarfs für jede einzelne Tätigkeit und, nach Rücksprache mit der Kommission, Vorlage des Jahresarbeitsprogramms an den Verwaltungsrat;
d) Vorlage von Vorschlägen gemäß Artikel 152 Absatz 2 an den Verwaltungsrat;
e) Entwurf eines strategischen Mehrjahresprogramms, das unter anderem die Strategie des Amtes in Bezug auf die internationale Zusammenarbeit umfasst, und Vorlage des strategischen Mehrjahresprogramms nach Rücksprache mit der Kommission

und im Anschluss an einen Meinungsaustausch mit dem zuständigen Ausschuss des Europäischen Parlaments an den Verwaltungsrat;

f) Umsetzung des Jahresarbeitsprogramms und des strategischen Mehrjahresprogramms und Berichterstattung hierüber an den Verwaltungsrat;

g) Verfassen des jährlichen Tätigkeitsberichts des Amtes und Vorlage an den Verwaltungsrat zur Billigung;

h) Entwurf eines mehrjährigen Personalentwicklungsplans und nach Rücksprache mit der Kommission Vorlage an den Verwaltungsrat;

i) Erarbeiten eines Aktionsplans, der den Schlussfolgerungen der internen oder externen Prüfberichte und Evaluierungen sowie den Untersuchungen des OLAF Rechnung trägt und zweimal jährlich Berichterstattung über die Fortschritte an die Kommission und den Verwaltungsrat;

j) Schutz der finanziellen Interessen der Union durch die Anwendung vorbeugender Maßnahmen gegen Betrug, Korruption und sonstige rechtswidrige Handlungen, durch Vornahme wirksamer Kontrollen und, falls Unregelmäßigkeiten festgestellt werden, durch die Einziehung zu Unrecht gezahlter Beträge sowie gegebenenfalls durch wirksame, verhältnismäßige und abschreckende verwaltungsrechtliche und finanzielle Sanktionen;

k) Erarbeiten einer Betrugsbekämpfungsstrategie für das Amt und Vorlage zur Billigung an den Haushaltsausschuss;

l) im Interesse einer einheitlichen Anwendung der Verordnung Vorlage von Rechtsfragen, soweit angemessen, an die erweiterte Beschwerdekammer (im Folgenden „Große Kammer"), insbesondere dann, wenn die Beschwerdekammern in der Frage unterschiedlich entschieden haben;

m) Aufstellen des Voranschlags der Einnahmen und Ausgaben des Amtes und Ausführung des Haushaltsplans;

n) Ausübung der ihm vom Verwaltungsrat gemäß Artikel 153 Absatz 1 Buchstabe h übertragenen Befugnisse gegenüber dem Personal;

o) Ausübung der ihm nach Artikel 31 Absatz 3, Artikel 34 Absatz 5, Artikel 35 Absatz 3, Artikel 94 Absatz 2, Artikel 97 Absatz 5, Artikel 98, Artikel 100, Artikel 101, Artikel 111 Absatz 4, Artikel 112 Absatz 3, Artikel 114 Absatz 5, Artikel 115, Artikel 116, Artikel 120 Absatz 4, Artikel 146 Absatz 10, Artikel 178, Artikel 179 Absatz 1, Artikel 180 Absatz 2 und Artikel 181 übertragenen Befugnisse gemäß den Vorgaben in dieser Verordnung und in den gemäß dieser Verordnung erlassenen Rechtsakten.

(5) ¹Der Exekutivdirektor wird von einem oder mehreren stellvertretenden Exekutivdirektoren unterstützt. ²In Abwesenheit oder bei Verhinderung des Exekutivdirektors wird er nach dem vom Verwaltungsrat festgelegten Verfahren von dem stellvertretenden Exekutivdirektor oder einem der stellvertretenden Exekutivdirektoren vertreten.

Überblick

Art. 124 überträgt die Leitung des Amts einem Exekutivdirektor (→ Rn. 1), der zur Erfüllung seiner Aufgaben (→ Rn. 7) mit nicht abschließend aufgezählten Befugnissen (→ Rn. 2 ff.) ausgestattet wird, die auch übertragbar sind (→ Rn. 6). Zur Unterstützung des Exekutivdirektors sind ein oder mehrere stellvertretende Exekutivdirektoren vorgesehen; die Vertretung des Exekutivdirektors in Abwesenheit oder bei Verhinderung bestimmt sich nach einem vom Verwaltungsrat festgelegten Verfahren (→ Rn. 8).

A. Leitung des Amts

1   Mit Inkrafttreten der Reform am 23.3.2016 wurde die vormalige Bezeichnung „Präsident" des Amts durch den Begriff „Exekutivdirektor" ersetzt. Der Exekutivdirektor leitet (Abs. 1) und vertritt (Abs. 3, Art. 142 Abs. 3) das Amt. Art. 157 regelt seine Befugnisse und Aufgaben, Art. 159 wie er ernannt wird. Der erste Präsident des Amtes war Jean-Claude Combaldieu (1.9.1994 bis 30.9.2000, Frankreich), der zweite Wubbo de Boer (1.10.2000 bis 30.9.2010, Niederlande). Vom 1.10.2010 bis 30.6.2018 war António Campinos (Portugal) Präsident des Amtes; er wechselte zum 1.7.2018 als Präsident an das Europäische Patentamt. Seit dem 1.10.2018 ist Christian Archambeau (Belgien) neuer Exekutivdirektor des Amtes, das er zuvor schon kommissarisch geleitet hatte.

B. Befugnisse des Exekutivdirektors

I. Verwaltungsvorschriften und Mitteilungen

Der Exekutivdirektor ist grundsätzlich in der Leitung des Amts frei (Abs. 2). Allerdings ist er **2** dem Verwaltungsrat rechenschaftspflichtig (Abs. 1). Im Übrigen räumt die UMV der Kommission und dem Verwaltungsrat zahlreiche Rechtssetzungs-, Prüfungs- und/oder Entscheidungsbefugnisse ein, die die Befugnisse des Exekutivdirektors entsprechend begrenzen (→ Art. 153 Rn. 1).

II. Beschlüsse mit Regelungscharakter

Neben den Befugnissen aus Art. 157 werden dem Exekutivdirektor auch an anderer Stelle in **3** der UMV sowie in der UMDV und der DVUM spezifische Regelungsbefugnisse eingeräumt. Dabei handelt es sich jeweils um konkrete Normsetzungsbefugnisse, durch die der Exekutivdirektor nicht nur den Inhalt von UMV und UMDV näher bestimmen, sondern auch zum Teil die Verwaltungspraxis bezüglich Verfahren vor dem Amt gestalten kann. Solche Befugnisse finden sich in der UMV zB in: Art. 111 Abs. 4 (Bestimmung zusätzlicher Angaben im Register), Art. 112 Abs. 3 (Bedingungen für den Zugang zur Datenbank des Amts), Art. 114 Abs. 5 (Bestimmung des Wegs der Akteneinsicht), Art. 115 Abs. 1 (Form der Aktenaufbewahrung), Art. 115 Abs. 2 (Festlegung der Frist für physische Aktenvernichtung), Art. 120 Abs. 4 (Erteilung von Befreiungen für zugelassene Vertreter), in der UMDV in Art. 3 Abs. 5 UMDV (Bestimmung zur elektronischen Markenwiedergabe) und in der DVUM Art. 54 DVUM (Festlegung der Kosten und Vorschüsse der Beweisaufnahme in mündlichen Verhandlungen), Art. 57 DVUM (Regelung der Details der Zustellung durch elektronische Mittel), Art. 58 Abs. 1 DVUM (Bestimmung von durch Kurier oder Einschreiben zuzustellender Dokumente), Art. 64 Abs. 1 DVUM (Festlegung von technischen Spezifikationen zur Einreichung von Dokumenten auf Datenträgern).

III. Initiativrecht

Das ursprüngliche Initiativrecht des Exekutivdirektors (vormals „Präsident"), Änderungen der **4** GMV, GMDV, der HABMVfO und andere Regelungen zur Gemeinschaftsmarke vorzuschlagen (Art. 124 Abs. 2 lit. b GMV) ist mit Inkrafttreten der reformierten UMV entfallen.

IV. Personalverantwortung

Der Exekutivdirektor übt – nach entsprechender Übertragung dieser Befugnis durch den Ver- **5** waltungsrat – gegenüber dem Personal des Amtes das Weisungsrecht und die durch das Beamtenstatut der Anstellungsbehörde übertragenen Befugnisse aus (Abs. 4 lit. n iVm Art. 153 Abs. 2; zu Details → Art. 153 Rn. 2). Dieses Weisungsrecht umfasst aber nicht die Befugnis, direkt in die Entscheidung von Einzelfällen in Verfahren vor dem Amt einzugreifen oder sogar selbst Entscheidungen in Verfahren vor dem Amt zu erlassen. Für Entscheidungen in Verfahren vor dem Amt gelten vielmehr die Zuständigkeiten gemäß Art. 159 ff. Die danach zuständigen Entscheidungsträger sind allein durch allgemeine Regelungen gebunden, die der Exekutivdirektor im Rahmen seiner oben genannten (→ Rn. 3) Rechtssetzungsbefugnisse getroffen hat. Selbst ein „Verstoß" gegen die vom Exekutivdirektor angenommenen Prüfungsrichtlinien machen eine erstinstanzliche Entscheidung nicht per se fehlerhaft. Vielmehr werden solche Entscheidungen von den Beschwerdekammern und ggf. EuG und EuGH nur auf Verstöße gegen die jeweils einschlägigen Normen der Verordnungen überprüft.

V. Übertragung der Befugnisse

Der Exekutivdirektor kann seine Befugnisse zumindest zum Teil auch übertragen (vgl. Art. 153 **6** Abs. 2 UAbs. 2). Ein Beispiel hierfür ist der Beschluss des Exekutivdirektors Nr. ADM-17-22 betreffend die Ausübung von Verwaltungsbefugnissen und Befugnissen der Anstellungsbehörde über die Beschwerdekammern und der diesen zugewiesenen Bediensteten und zur Übertragung bestimmter Befugnisse des Anweisungsbefugten, mit dem die für das Tagesgeschäft der Beschwerdekammern notwendigen Verwaltungsbefugnisse der Anstellungsbehörde auf den Präsidenten der Beschwerdekammern übertragen wird. Der Beschluss ist im Internet abrufbar unter https:// euipo.europa.eu/ohimportal/de/decisions-and-communications-of-the-executive-director („Beschlüsse und Mitteilungen des Exekutivdirektors", Reiter „Verwaltungsbeschlüsse"). Ein weiteres Beispiel ist der Beschluss des Exekutivdirektors Nr. ADM-17-17 betreffend die Ausübung von auf den Exekutivdirektor übertragenen Befugnissen der Anstellungsbehörde und der zum Abschluss von Dienstverträgen ermächtigten Stelle („DECISION No ADM-17-17 on the Exercise of Powers of the Appointing Authority and of the Authority Authorized to Conclude Contracts of Employment delegated to the Executive Director"), mit der laut Erwägungsgrund 6 des Beschlusses bestimmte Befugnisse auf den Leiter der Personalabteilung übertragen werden sollen. Der Beschluss ist im Internet abrufbar unter https://euipo.europa.eu/ohimportal/de/decisions-and-communications-of-the-executive-director („Beschlüsse und Mitteilungen des Exekutivdirektors", Reiter „Verwaltungsbeschlüsse").

C. Aufgaben des Exekutivdirektors

7   Die in Abs. 4 nicht abschließend aufgezählten Aufgaben des Exekutivdirektors umfassen zB:
- das Treffen aller für die Tätigkeit des Amts zweckmäßigen Maßnahmen, einschließlich des Erlasses interner Verwaltungsvorschriften und der Veröffentlichung von Mitteilungen,
- die Durchführung der vom Verwaltungsrat erlassenen Beschlüsse,
- den Entwurf des Jahresarbeitsprogramms,
- Vorschläge zu Projekten im Rahmen der Zusammenarbeit mit nationalen Ämtern im Rahmen von Art. 152 Abs. 1 und Abs. 6,
- den Entwurf eines strategischen Mehrjahresprogramms,
- die Umsetzung des Jahresarbeitsprogramms und des strategischen Mehrjahresprogramms und Berichterstattung hierüber an den Verwaltungsrat,
- das Verfassen des jährlichen Tätigkeitsberichts des Amts und Vorlage beim Verwaltungsrat,
- den Entwurf eines mehrjährigen Personalentwicklungsplans,
- das Erarbeiten eines Aktionsplans ausgehend von den Ergebnissen der internen oder externen Prüfberichte und Evaluierungen sowie den Untersuchungen des OLAF nebst zweimal jährlicher Berichterstattung an Kommission und Verwaltungsrat,
- den Schutz der finanziellen Interessen der Union durch die Anwendung vorbeugender Maßnahmen gegen Betrug, Korruption und sonstige rechtswidrige Handlungen,
- das Erarbeiten einer Betrugsbekämpfungsstrategie und Vorlage an den Haushaltsausschuss,
- die Vorlage von Rechtsfragen an die erweiterte Beschwerdekammer (im Folgenden „Große Kammer") soweit angemessen im Interesse einer einheitlichen Anwendung der UMV,
- die Erstellung des Budgets und Ausführung des Haushaltsplans.

D. Stellvertretende Exekutivdirektoren

8   Gemäß Abs. 5 wird der Exekutivdirektor von einem oder mehreren stellvertretenden Exekutivdirektoren unterstützt. In Abwesenheit oder bei Verhinderung wird der Exekutivdirektor nach dem vom Verwaltungsrat festgelegten Verfahren von dem stellvertretenden Exekutivdirektor oder einem der stellvertretenden Exekutivdirektoren vertreten. Seit 1.11.2019 ist der stellvertretende Exekutivdirektor Andrea di Carlo (Italien).

Art. 158 Ernennung, Verlängerung der Amtszeit und Entfernung aus dem Amt

(1) Der Exekutivdirektor wird als Zeitbediensteter des Amtes gemäß Artikel 2 Buchstabe a der Beschäftigungsbedingungen eingestellt.

(2) [1] [1]Der Exekutivdirektor wird im Anschluss an ein offenes und transparentes Auswahlverfahren vom Rat mit einfacher Mehrheit aus einer vom Verwaltungsrat vorgeschlagenen Liste von Kandidaten ernannt. [2]Vor seiner Ernennung kann der vom Verwaltungsrat ausgewählte Kandidat aufgefordert werden, vor jedwedem zuständigen Ausschuss des Europäischen Parlaments eine Erklärung abzugeben und sich den Fragen seiner Mitglieder zu stellen. [3]Für den Abschluss des Vertrags mit dem Exekutivdirektor wird das Amt durch den Vorsitzenden des Verwaltungsrats vertreten.

[2] Der Exekutivdirektor kann seines Amtes nur aufgrund eines Beschlusses des Rates auf Vorschlag des Verwaltungsrats enthoben werden.

(3) [1]Die Amtszeit des Exekutivdirektors beträgt fünf Jahre. [2]Am Ende dieses Zeitraums bewertet der Verwaltungsrat die Leistung des Exekutivdirektors mit Blick auf die künftigen Aufgaben und Herausforderungen des Amtes.

(4) Der Rat kann unter Berücksichtigung der Bewertung nach Absatz 3 die Amtszeit des Exekutivdirektors einmal um höchstens fünf Jahre verlängern.

(5) Ein Exekutivdirektor, dessen Amtszeit verlängert wurde, darf am Ende seiner Amtszeit nicht an einem weiteren Auswahlverfahren für dieselbe Stelle teilnehmen.

(6) [1]Der oder die stellvertretenden Exekutivdirektoren werden nach Rücksprache mit dem amtierenden oder gegebenenfalls dem designierten Exekutivdirektor entsprechend dem Verfahren nach Absatz 2 ernannt oder aus dem Amt entfernt. [2]Die Amtszeit des stellvertretenden Exekutivdirektors beträgt fünf Jahre. [3]Sie kann vom Rat nach Rücksprache mit dem Exekutivdirektor einmal um höchstens fünf Jahre verlängert werden.

Überblick

Art. 158 regelt Ernennung, Amtszeit und Entlassung des Exekutivdirektors (→ Rn. 1), die Ernennung der stellvertretenden Exekutivdirektoren (→ Rn. 2) und die Disziplinargewalt über beide (→ Rn. 3).

A. Ernennung, Amtszeit und Entlassung des Exekutivdirektors

Zur Ernennung des Exekutivdirektors erstellt der Verwaltungsrat eine Liste von Kandidaten, **1** anhand derer der Rat den Exekutivdirektor ernennt (Abs. 2). Die Amtszeit des Exekutivdirektors beträgt höchstens fünf Jahre; der Exekutivdirektor kann lediglich einmal wiederernannt werden (Abs. 5). Eine kürzere Amtszeit kann insbesondere bei Wiederernennung bestimmt werden, wenn der Exekutivdirektor im Laufe der nächsten Amtszeit die Altersgrenze erreicht (vgl. zB Beschluss des Rates vom 3.12.1998, ABl. HABM 1999, 594 zur Verlängerung der Amtszeit von Jean-Claude Combaldieu). Der Exekutivdirektor kann auf Vorschlag des Verwaltungsrates auch vorzeitig durch den Rat entlassen werden (Abs. 2 S. 4).

B. Ernennung, Amtszeit und Entlassung der stellvertretenden Exekutivdirektoren

Die Zahl der stellvertretenden Exekutivdirektoren ist in der UMV nicht festgelegt. Abs. 6 lässt **2** sich lediglich entnehmen, dass ein oder mehrere stellvertretende Exekutivdirektoren ernannt werden können. Nach dieser Vorschrift ist vor Ernennung des/der stellvertretenden Exekutivdirektoren der Exekutivdirektor zu hören. Im Anschluss daran erfolgt die Ernennung des/der stellvertretenden Exekutivdirektoren entsprechend Abs. 2 (→ Rn. 1). Abs. 2 gilt auch für die Entlassung des/der stellvertretenden Exekutivdirektoren entsprechend. Nach Abs. 6 ist auch die Amtszeit des/der stellvertretenden Exekutivdirektoren wird auf maximal zweimal fünf Jahre beschränkt.

C. Disziplinargewalt

Der Rat der EU übt die Disziplinargewalt sowohl über den Exekutivdirektor als auch über **3** den/die stellvertretenden Exekutivdirektoren aus (Abs. 2). Unabhängig davon, dass die Disziplinargewalt bezüglich des/der stellvertretenden Exekutivdirektoren beim Rat liegt, ist der Exekutivdirektor gegenüber dem/den stellvertretenden Exekutivdirektoren weisungsbefugt.

Abschnitt 5. Durchführung der Verfahren

Art. 159 Zuständigkeit

Für Entscheidungen im Zusammenhang mit den in dieser Verordnung vorgeschriebenen Verfahren sind zuständig:
a) die Prüfer;
b) die Widerspruchsabteilungen;
c) die Registerabteilung;
d) die Nichtigkeitsabteilungen;
e) die Beschwerdekammern;
f) jede andere vom Exekutivdirektor hierfür bestimmte Stelle oder Person.

Überblick

Art. 159 regelt die Entscheidungszuständigkeit der Prüfer und Fachabteilungen bzw. Beschwerdekammern für Entscheidungen des Amtes im Rahmen der durch die Verordnung vorgesehenen Verfahren.

1 Art. 159 regelt abschließend die Zuständigkeit für Entscheidungen in Verfahren vor dem Amt, wobei die Entscheidungsbefugten an dieser Stelle nur benannt werden, während die Art. 160–165 den Kompetenzrahmen der Entscheidungsträger definieren. Gemäß Art. 94 Abs. 2 müssen alle Entscheidungen des Amts die zuständige Dienststelle oder Abteilung und die Namen der zuständigen Bediensteten angeben. Auf diese Weise ist nachprüfbar, ob eine Entscheidung von der dafür zuständigen Stelle getroffen wurde (vgl. HABM BK vom 10.7.2009 – R 643/2009-4 Rn. 8 – Re-Sale). Nach Art. 94 Abs. 2 besteht die Möglichkeit, von einer eigenhändige Unterschrift der Entscheidungen abzusehen und stattdessen die Entscheidungen mit einem vorgedruckten oder aufgestempelten Dienstsiegel des Amtes zu versehen (zu den Details → Art. 94 Rn. 151).

2 Im Zuge der Reform durch die am 23.3.2016 in Kraft getretene Änderungsverordnung VO (EU) 2015/2424 wurde die Bezeichnung „Markenverwaltungs- und Rechtsabteilung" durch „Registerabteilung" ersetzt und unter einer neuen lit. f die Zuständigkeit einer jeden anderen hierfür vom Exekutivdirektor bestimmten Stelle oder Person eingeführt. So wird klargestellt, dass das Amt nicht an vorgegebene starre Abteilungsbezeichnungen gebunden ist. Allerdings fanden auch in der Vergangenheit schon diverse Umstrukturierungen statt, so dass administrativ die durch Art. 159 vorgegebenen „Abteilungen" in dieser Form bereits jetzt nicht mehr existieren. Derzeit ist das Amt administrativ vielmehr in verschiedene Hauptabteilungen aufgeteilt, wobei Prüfer, Widerspruchs- und Nichtigkeitsabteilung sowie Registerangelegenheiten bei der Hauptabteilung Kerngeschäft angesiedelt sind.

Art. 160 Prüfer

Die Prüfer sind zuständig für namens des Amtes zu treffende Entscheidungen im Zusammenhang mit einer Anmeldung einer Unionsmarke, einschließlich der in den Artikeln 41, 42, 76 und 85 genannten Angelegenheiten, sofern nicht eine Widerspruchsabteilung zuständig ist.

Überblick

Art. 160 konkretisiert die Entscheidungskompetenz der Prüfer; sie sind zuständig für Entscheidungen im Zusammenhang mit Unionsmarkenanmeldungen (→ Rn. 1), für die nicht eine Widerspruchsabteilung zuständig ist (→ Rn. 2).

A. Entscheidungszuständigkeit der Prüfer

1 Nach der positiven Definition im ersten Teil von Art. 160 sind die Prüfer zuständig für Entscheidungen **im Zusammenhang mit Unionsmarkenanmeldungen,** dh die Zuständigkeit unter Art. 160 besteht nur vor der Eintragung der Marke. Explizit aufgezählt sind Entscheidungen im Rahmen der formellen Prüfung der Anmeldung (→ Art. 41 Rn. 1 ff.), Entscheidungen im Rahmen der materiellen Prüfung der Gemeinschaftsmarkenanmeldungen (→ Art. 42 Rn. 1 ff.) und gesondert erwähnten Zuständigkeiten bei den Entscheidungen über Kollektivmarkenanmeldungen (→ Art. 76 Rn. 1 ff.) und Anmeldungen von Unionsgewährleistungsmarken (Art. 85 → Art. 85 Rn. 1 ff.). Neben den Entscheidungen im Rahmen der eigentlichen Prüfung der Gemeinschaftsmarkenanmeldungen sind die Prüfer vor Eintragung auch für Entscheidungen in Nebenverfahren zuständig, vorausgesetzt, sie stehen im (direkten) Zusammenhang mit der Anmeldung – zB für Anträge auf Fristverlängerungen, Wiedereinsetzungs- und Weiterbehandlungsanträge etc. Allerdings gibt es auch vor der Eintragung Ausnahmen zur Zuständigkeit der Prüfer (→ Rn. 3).

B. Abgrenzung zur Zuständigkeit der Widerspruchsabteilung

2 Negativ abgegrenzt wird die Zuständigkeit der Prüfer im zweiten Teil von Art. 160 von der Zuständigkeit der Widerspruchsabteilungen, die in Art. 161 Abs. 1 definiert ist. Nach Art. 161 Abs. 1 sind die Widerspruchsabteilungen für Entscheidungen im Zusammenhang mit Widersprüchen zuständig. Das heißt, dass die Widerspruchsabteilungen nicht nur über den Widerspruch selbst entscheiden, sondern auch über Nebenverfahren im Zusammenhang mit dem Widerspruch (zB Wiedereinsetzungs- oder Weiterbehandlungsanträge im Rahmen des Widerspruchsverfahrens). Davon abgesehen bleibt der Prüfer auch bei Anhängigkeit eines Widerspruchs zuständig für alle Entscheidungen zu absoluten oder formellen Eintragungshindernissen. Fällt zB bei einem Fall von Vertretungszwang (→ Art. 119 Rn. 2 ff.) der Vertreter eines Anmelders weg, wird der Widerspruch ausgesetzt. Der Markenprüfer setzt dem Anmelder eine Frist zur Benennung eines neuen Vertreters. Wird innerhalb der Frist kein neuer Vertreter benannt, wird die Anmeldung nach Art. 41 Abs. 4 iVm Art. 41 Abs. 1 lit. b, Art. 31 Abs. 3 und Art. 119 Abs. 2 **vom Prüfer** zurückgewiesen (→ Art. 119 Rn. 2). Unterliegt hingegen der Widersprechende im Widerspruchsverfahren dem Vertretungszwang und fällt der Vertreter weg, wird der Widerspruch **von der Widerspruchsabteilung** wegen Unzulässigkeit zurückgewiesen (→ Art. 119 Rn. 2). Allerdings ist hierbei zwischen der Zuständigkeit der verschiedenen „Einrichtungen" beim Amt und der physischen Person des Entscheiders zu differenzieren: Einige Mitglieder der Widerspruchsabteilungen sind auch mit Markenprüfungen betraut. Fällt einem solchen Prüfer im Rahmen der Widerspruchsprüfung auf, dass die Marke bereits aus absoluten Gründen nicht eintragungsfähig und gewissermaßen „durchgerutscht" ist, wird er den Widerspruch aussetzen und die Marke nachbeanstanden. Allerdings sollen sich Nachbeanstandungen nach den Vorgaben an die Prüfer auf klare Fälle mangelnder Eintragungsfähigkeit beschränken. Freilich sind nicht alle Berichterstatter der Widerspruchsabteilungen auch Markenprüfer. Wegen der getrennten Zuständigkeit empfiehlt es sich daher für Widersprechende, die auch ernsthafte Einwände gegen die Eintragungsfähigkeit der Marke aufgrund absoluter Eintragungshindernisse haben, zusammen mit dem Widerspruch, am besten in getrennten Schriftsätzen, beide Standpunkte geltend zu machen. Insbesondere sollten die Einwände wegen absoluter Eintragungshindernisse klar als „Bemerkungen Dritter" iSv Art. 45 gekennzeichnet werden. Andernfalls besteht die Gefahr, dass der Markenprüfer die Bemerkungen Dritter nicht zu Gesicht bekommt (weil der Schriftsatz nur in der Widerspruchsakte eingeordnet wird) und die Widerspruchsabteilung in der Entscheidung des Widerspruchs zu den Einwänden betreffend absoluter Eintragungshindernisse (zutreffend) feststellt, dass diese nicht Prüfungsgegenstand des Widerspruchsverfahrens sind.

C. Ausnahmen von der Zuständigkeit der Prüfer

Vor Eintragung der Unionsmarke sind die Prüfer – neben Widerspruchsverfahren – für solche **3** Verfahren nicht zuständig, die nicht „im Zusammenhang mit einer Gemeinschaftsmarkenanmeldung" stehen. Für solche Verfahren ist entweder die Registerabteilung zuständig (Art. 162) oder es gilt die Auffangzuständigkeit des Art. 164. **Nicht zuständig** sind Prüfer daher für die Entscheidung über: Eintragungen von Rechtsübergängen (Art. 20 iVm Art. 27), die Eintragung von Lizenzen (Art. 25 Abs. 5 iVm Art. 27), die Eintragung von dinglichen Rechten, Zwangsvollstreckungsmaßnahmen und Insolvenzverfahren (Art. 22–24 iVm Art. 27), Gewährung von Akteneinsicht in Unionsmarkenanmeldungen (Art. 25 Abs. 5 iVm Art. 27), die Ausstellung von Prioritätsbelegen und Kopien von Anmeldungsunterlagen (Art. 114 Abs. 5), die Gewährung von Amtshilfe an nationale Patentämter, Gerichte und Staatsanwaltschaften (Art. 117) und Anträge auf Umwandlung einer Gemeinschaftsmarkenanmeldung in nationale Markenanmeldungen (Art. 139).

Art. 161 Widerspruchsabteilungen

(1) Die Widerspruchsabteilungen sind zuständig für Entscheidungen im Zusammenhang mit Widersprüchen gegen eine Anmeldung einer Unionsmarke.

(2) [1] ¹Die Widerspruchsabteilungen entscheiden in der Besetzung von drei Mitgliedern. ²Mindestens ein Mitglied muss rechtskundig sein. ³Entscheidungen über Kosten oder Verfahren ergehen durch ein einzelnes Mitglied.

[2] ¹Die Kommission erlässt Durchführungsrechtsakte, in denen die Arten von Entscheidungen, die durch ein einzelnes Mitglied ergehen, genau festgelegt werden. ²Diese Durchführungsrechtsakte werden nach dem Prüfverfahren gemäß Artikel 207 Absatz 2 erlassen.

Überblick

Art. 161 konkretisiert die Entscheidungszuständigkeit (→ Rn. 1) und Besetzung (→ Rn. 2) der Widerspruchsabteilungen bei Entscheidungen im Zusammenhang mit Widersprüchen gegen Unionsmarkenanmeldungen.

A. Entscheidungszuständigkeit der Widerspruchsabteilung

1   Die Widerspruchsabteilungen sind zuständig für Entscheidungen „im Zusammenhang mit Widersprüchen" gegen Unionsmarkenanmeldungen (Abs. 1). Das bedeutet, dass die Zuständigkeit nur ab Erhebung eines Widerspruchs bis zu dessen Erledigung besteht, unabhängig davon, ob die Erledigung durch Entscheidung eintritt oder durch Rücknahme. Sofern ein hinreichend direkter Zusammenhang mit dem Widerspruch besteht, sind die Widerspruchsabteilungen auch für Nebenverfahren wie Wiedereinsetzungs- oder Weiterbehandlungsanträge im Widerspruchsverfahren zuständig (→ Art. 160 Rn. 2). Nicht zuständig sind die Widerspruchsverfahren für alle Nebenverfahren, die nur zeitlich mit dem Widerspruchsverfahren zusammenfallen (→ Art. 160 Rn. 3). Ebenfalls nicht zuständig sind sie für Entscheidungen, für die die Markenprüfer zuständig sind (→ Art. 160 Rn. 1 f.). Der Wortlaut von Art. 161 („die Widerspruchsabteilungen") täuscht insoweit als es keine fest eingerichteten „Widerspruchsabteilungen" gibt. Vielmehr werden die Teams innerhalb der jeweiligen Dienststelle (auch) anhand der sprachlichen Anforderungen (Entscheidungen werden in der jeweiligen Verfahrenssprache verfasst, also je nach Fall in Deutsch, Englisch, Französisch, Italienisch oder Spanisch) zusammengestellt. Fest definiert ist lediglich die Zuständigkeit der jeweiligen Hauptabteilung. So ist nach der Re-Organisation durch Beschluss des Präsidenten Nr. ADM-15-29 vom 20.10.2015 (zuletzt angepasst durch Beschluss des Exekutivdirektors Nr. ADM-22-22 vom 27.4.2022) die Hauptabteilung Kerngeschäft sowohl für die Markenprüfung und Entscheidung über Anmeldungen als auch für die Durchführung von und Entscheidung in Widerspruchsverfahren zuständig.

B. Besetzung der Widerspruchsabteilungen

I. Entscheidung durch drei Mitglieder

2   In der Regel entscheiden die Widerspruchsabteilungen in der Besetzung von drei Mitgliedern. Davon muss eines „rechtskundig" sein. Fraglich ist, ob dies (zumindest nach der tatsächlichen Amtspraxis) nur Volljuristen (so die Lesart von Eisenführ/Schennen/Schennen Art. 161 Rn. 3) erfasst oder jeden erfolgreichen Absolventen eines juristischen (Fach)Hochschulstudiums (unabhängig von dem Rechtssystem, in dem das Studium absolviert wurde). Davon abgesehen bestimmt die UMV keine fachlichen Zugangsvoraussetzungen für die Tätigkeit als Mitglied der Widerspruchsabteilung – und übrigens auch nicht für die Tätigkeit als Prüfer. In der Praxis sind in den verschiedenen mit Entscheidungen befassten Laufbahnen (AD und Ast) die verschiedensten (ursprünglichen) Berufe vertreten. Neben einigen – auch nichtanwaltlichen – ehemaligen Mitarbeitern spezialisierter Markenkanzleien und ehemaligen Angehörigen nationaler Ämter sind viele nicht-juristische Akademiker vertreten, insbesondere Sprachwissenschaftler aber auch Vertreter wirtschaftlicher oder naturwissenschaftlicher oder technischer Studienzweige.

II. Entscheidung durch ein Mitglied

3   Nach Art. 27 UMDV dürfen
- Entscheidungen über die Kostenverteilung (Art. 27 lit. a UMDV),
- Kostenfestsetzungsentscheidungen gemäß Art. 109 Abs. 7 S. 1 (Art. 27 lit. b UMDV),
- Entscheidungen, das Verfahren ohne Sachentscheidung einzustellen (Art. 27 lit. c UMDV),
- Entscheidungen, einen Widerspruch vor Ablauf der Cooling-off-Frist als unzulässig zurückzuweisen (Art. 27 lit. d UMDV),
- Entscheidungen über die Aussetzung des Verfahrens (Art. 27 lit. e UMDV),
- Entscheidungen über die Verbindung und Trennung von Widersprüchen nach Art. 9 Abs. 1 DVUM (Art. 27 lit. e UMDV),

von einem einzelnen Mitglied der Widerspruchsabteilung getroffen werden.

Art. 162 Registerabteilung

(1) Die Registerabteilung ist zuständig für Entscheidungen über Eintragungen im Register.

(2) Sie führt darüber hinaus die in Artikel 120 Absatz 2 genannte Liste der zugelassenen Vertreter.

(3) Die Entscheidungen der Abteilung ergehen durch ein einzelnes Mitglied.

Überblick

Art. 162 regelt die Entscheidungskompetenz (→ Rn. 1 ff.) und Besetzung (→ Rn. 4) der Registerabteilung. Deren Zuständigkeit betrifft Entscheidungen über Eintragungen und Löschungen im Unionsmarkenregister (→ Rn. 2) und die Führung der Liste zugelassener Vertreter (→ Rn. 3).

A. Zuständigkeit der Registerabteilung

I. Die Registerabteilung

Mit Wirkung vom 23.3.2016 wird laut Verordnungstext die Bezeichnung „Markenverwaltungs- **1** und Rechtsabteilung" durch „Registerabteilung" ersetzt. Die Registerabteilung soll zuständig sein für Entscheidungen und Eintragungen ins Register sowie die Führung der nach Art. 120 geführten Liste der zugelassenen Vertreter. Die Entscheidungen der Registerabteilung werden von einem einzelnen Bediensteten getroffen. Eine „Registerabteilung" gibt es in der derzeitigen realen Organisationsstruktur des Amts nicht. Nach Beschluss des Exekutivdirektors Nr. ADM-22-22 über die interne Struktur des Amtes gibt es vielmehr eine „Hauptabteilung Kerngeschäft". Diese hat neben Aufgaben, die in die Zuständigkeit eines Prüfers, einer Widerspruchs- oder einer Nichtigkeitsabteilung fallen, auch die Zuständigkeit für die Führung des Unionsmarkenregisters, also für die Eintragung und Löschung von Angaben zu Unionsmarken im Register (→ Rn. 2) sowie die Verwaltung der Daten der Inhaber und Vertreter.

II. Auffangzuständigkeit

Im Zuge der Reform nach der Änderungsverordnung VO (EU) 2015/2424 wurde die **2** ursprüngliche Auffangzuständigkeit der Registerabteilung in einen neuen Art. 164 ausgegliedert. Art. 162 Abs. 1 erwähnt explizit nur noch die Zuständigkeit für Entscheidungen über Eintragungen und Löschungen von Angaben im Register für Unionsmarken (Art. 111). Die im Register einzutragenden Tatsachen sind in Art. 111 aufgezählt. Aus diesen Regelungen ergibt sich die Zuständigkeit der Registerabteilung unter anderem für:
- die Eintragung der Unionsmarke im Register (Art. 51),
- Änderungen des Namens oder der Anschrift des Anmelders/Inhabers oder des Vertreters,
- Eintragung von Änderungen der Satzung von Kollektivmarken,
- die Prüfung der Inanspruchnahme der Seniorität nach Eintragung der Gemeinschaftsmarke,
- die Eintragung von Rechtsübergängen und dinglichen Rechten,
- Eintragungen zu Zwangsvollstreckungsmaßnahmen, Insolvenzverfahren und Lizenzen,
- die Bearbeitung von Anträgen auf Verlängerung,
- die Prüfung von Verzichtserklärungen und ggf. die Eintragung eines Verzichts,
- die Prüfung und Bearbeitung von Umwandlungsanträgen.

III. Führung der Liste eingetragener Vertreter

Im Rahmen ihrer Zuständigkeit entscheidet die Abteilung nicht nur über die Zulassung und **3** Eintragung von Vertretern in die nach Art. 120 geführte Liste sowie über die Löschung und vorübergehende Streichung von Vertretern gemäß Art. 120 Abs. 5 und Art. 75 DVUM, sondern führt auch die diesbezüglichen Verfahren einschließlich der Fristsetzung für Nachbesserungen der durch interessierte Vertreter eingereichten Unterlagen.

B. Besetzung der Registerabteilung

Die Registerabteilung entscheidet durch ein einzelnes Abteilungsmitglied (Abs. 3). Während **4** die Anträge auf Befreiungen zuzulassender Vertreter nach Art. 120 Abs. 4 von der Hauptabteilung bearbeitet werden, bei der die Liste der zugelassenen Vertreter geführt wird (also wohl von der Hauptabteilung Kerngeschäft), trifft der Exekutivdirektor selbst die Entscheidung, ob eine Befreiung erteilt wird (Beschluss des Exekutivdirektors Nr. ADM-19-11).

Art. 163 Nichtigkeitsabteilungen

(1) Die Nichtigkeitsabteilungen sind zuständig für Entscheidungen über
a) Anträge auf Erklärung des Verfalls oder der Nichtigkeit einer Unionsmarke;
b) Anträge auf Übertragung einer Unionsmarke nach Artikel 21.

(2) ¹Die Nichtigkeitsabteilungen entscheiden in der Besetzung von drei Mitgliedern. ²Mindestens ein Mitglied muss rechtskundig sein. ³Die in den gemäß Artikel 161 Absatz 2 erlassenen Rechtsakten festgelegten Entscheidungen über Kosten oder Verfahren ergehen durch ein einzelnes Mitglied.

Überblick

Art. 163 regelt Entscheidungskompetenz (→ Rn. 1) und Besetzung (→ Rn. 2 f.) der Nichtigkeitsabteilungen.

A. Zuständigkeit der Nichtigkeitsabteilungen

1   „Nichtigkeitsabteilungen" als organisatorische feste Einrichtung gibt es in der derzeitigen Organisationsstruktur des Amts nicht. Nach Beschluss ADM-22-22 vom 27.4.2022 über die interne Struktur des Amtes sind die Entscheidungen über Löschungsanträge vielmehr der „Hauptabteilung Kerngeschäft" übertragen. Die Besetzung der jeweiligen Teams zur Entscheidung im Zusammenhang mit Löschungsverfahren erfolgt unter anderem mit Berücksichtigung der sprachlichen Voraussetzungen der Mitglieder (→ Art. 161 Rn. 1 zur Besetzung der Widerspruchsabteilung). Nach Art. 163 Abs. 1 sind die Nichtigkeitsabteilungen zuständig für Entscheidungen im Zusammenhang mit Löschungsanträgen nach Art. 63 Abs. 1 iVm Art. 58 (Verfall), Art. 63 Abs. 1 iVm Art. 59 (Nichtigkeit wegen absoluter Eintragungshindernisse einschließlich Bösgläubigkeit) und Art. 63 Abs. 1 iVm Art. 60 (Nichtigkeit wegen relativer Eintragungshindernisse). Diese Zuständigkeit erfasst nicht nur die Entscheidungen über die Löschungsanträge selbst, sondern auch die Entscheidungen in allen Nebenverfahren, die mit dem Löschungsverfahren zusammenhängen, wie zB Entscheidungen über die Aussetzung des Verfahrens, Anträge auf Wiedereinsetzung oder Weiterbehandlung etc. Die Nichtigkeitsabteilungen sind allerdings nur zuständig, soweit die Löschungsanträge beim Amt gestellt werden (zur Zuständigkeit der Unionsmarkengerichte für Entscheidungen über Löschungsanträge im Rahmen von Widerklagen im Verletzungsverfahren → Art. 128 Rn. 1 ff.). Nach der VO (EU) 2015/2424 des Europäischen Parlaments und des Rates zur Änderung der VO (EG) 207/2009 ist die Nichtigkeitsabteilung mWv 1.10.2017 auch für Entscheidungen über Anträge auf Übertragung einer Unionsmarke nach Art. 21 zuständig.

B. Besetzung der Nichtigkeitsabteilungen

I. Entscheidung durch drei Mitglieder

2   Die Nichtigkeitsabteilungen entscheiden in der Regel in einer Kollegialbesetzung von drei Mitgliedern, von denen eines rechtskundig sein muss. Für deutsche Juristen wird hierbei gefordert, dass es sich um Volljuristen handeln müsse (Eisenführ/Schennen/Schennen Art. 162 Rn. 5). Ob nach derzeitiger Amtspraxis intern nur „Volljuristen" oder ob nicht auch Absolventen zB von Verwaltungsfachhochschulen als rechtskundig eingestuft werden, ist nicht gesichert. Allerdings setzen sich in der Praxis die Teams für Entscheidungen über Löschungsanträge regelmäßig aus erfahrenen Bediensteten zusammen, die bereits über einige Entscheidungspraxis in Unionsmarkensachen verfügen. Dies trägt auch der Bedeutung von Entscheidungen über Löschungsanträge Rechnung, bei denen es im Gegensatz zu Widerspruchsverfahren oder Entscheidungen in der Markenprüfung darum geht, eine bereits eingetragene und ggf. im Markt etablierte Marke zu vernichten. Soweit zu Entscheidungen über Löschungsanträge zum Teil auch Angehörige der Laufbahngruppe Ast herangezogen werden (Eisenführ/Schennen/Schennen Rn. 7), ist zum einen daran zu erinnern, dass auch in dieser Laufbahngruppe eine Vielzahl der Bediensteten über eine akademische Ausbildung verfügt, zB im sprachwissenschaftlichen, technischen oder wirtschaftlichen Bereich (→ Art. 161 Rn. 2). Zum anderen bewerben sich auf Ausschreibungen von Assistentenstellen auch immer wieder Absolventen juristischer Studiengänge aus allen Mitgliedstaaten, so dass die Eingruppierung der betroffenen Bediensteten als „Assistenten" als solche hinsichtlich deren fachlichen Befähigung nicht aussagekräftig ist.

II. Entscheidung durch ein Mitglied

3   Gemäß Art. 163 Abs. 2 S. 3 iVm Art. 27 UMDV dürfen
- Entscheidungen über die Kostenverteilung (Art. 27 lit. a UMDV),
- Kostenfestsetzungsentscheidungen gemäß Art. 109 Abs. 7 S. 1 (Art. 27 lit. b UMDV),

- Entscheidungen, das Verfahren ohne Sachentscheidung einzustellen (Art. 27 lit. c UMDV),
- Entscheidungen, einen Widerspruch vor Ablauf der Cooling-off-Frist als unzulässig zurückzuweisen (Art. 27 lit. d UMDV),
- Entscheidungen über die Aussetzung des Verfahrens (Art. 27 lit. e UMDV),
- Entscheidungen über die Verbindung und Trennung von Widersprüchen nach Art. 9 Abs. 1 DVUM (Art. 27 lit. f UMDV),

von einem einzelnen Mitglied der Widerspruchs-/Nichtigkeitsabteilung getroffen werden.

Art. 164 Allgemeine Zuständigkeit

Entscheidungen nach dieser Verordnung, die nicht in die Zuständigkeit eines Prüfers, einer Widerspruchsabteilung, einer Nichtigkeitsabteilung oder der Registerabteilung fallen, ergehen durch einen Bediensteten oder eine Stelle, den beziehungsweise die der Exekutivdirektor eigens dazu bestimmt hat.

Überblick

Art. 164 regelt eine allgemeine Zuständigkeit als Auffangzuständigkeit. Die Vorschrift wurde mWv 23.3.2016 durch die Änderungsverordnung VO (EU) 2015/2424 eingefügt.

Gemäß Art. 164 ist für Entscheidungen nach der UMV, die nicht den Prüfern (→ Art. 160 **1** Rn. 1 ff.), der Widerspruchsabteilung (→ Art. 161 Rn. 1 ff.), der Registerabteilung (→ Art. 162 Rn. 1 ff.) oder den Nichtigkeitsabteilungen (→ Art. 163 Rn. 1 ff.) zugewiesen sind, ein Bediensteter oder eine Stelle zuständig, den bzw. die der Exekutivdirektor eigens dazu bestimmt. Hierunter fiel ursprünglich zB die Bearbeitung von und Entscheidung über Anträge auf Akteneinsicht; diese ist nunmehr allerdings der „Registerabteilung" zugeordnet (vgl. Beschluss des Exekutivdirektors Nr. ADM-22-22, Art. 1, 5. Spiegelstrich).

Art. 165 Beschwerdekammern

(1) Die Beschwerdekammern sind zuständig für Entscheidungen über Beschwerden gegen Entscheidungen, die nach den Artikeln 160 bis 164 getroffen wurden.

(2) ¹Die Beschwerdekammern entscheiden in der Besetzung von drei Mitgliedern. ²Mindestens zwei Mitglieder müssen rechtskundig sein. ³Bestimmte Fälle werden in der Besetzung der Großen Kammer unter dem Vorsitz des Präsidenten der Beschwerdekammern oder durch ein Mitglied entschieden, das rechtskundig sein muss.

(3) ¹Bei der Festlegung der Fälle, in denen die Große Kammer entscheidungsbefugt ist, sind die rechtliche Schwierigkeit, die Bedeutung des Falles und das Vorliegen besonderer Umstände zu berücksichtigen. ²Solche Fälle können an die Große Kammer verwiesen werden

a) durch das Präsidium der Beschwerdekammern gemäß Artikel 166 Absatz 4 Buchstabe a oder

b) durch die Kammer, die mit der Sache befasst ist.

(4) Die Große Kammer gibt darüber hinaus begründete Stellungnahmen zu Rechtsfragen ab, die der Exekutivdirektor gemäß Artikel 157 Absatz 4 Buchstabe l an sie verweist.

(5) ¹Bei der Festlegung der Fälle, in denen ein Mitglied allein entscheidungsbefugt ist, wird berücksichtigt, dass es sich um rechtlich oder sachlich einfache Fragen oder um Fälle von begrenzter Bedeutung handelt und dass keine anderen besonderen Umstände vorliegen. ²Die Entscheidung, einen Fall einem Mitglied allein zu übertragen, wird von der den Fall behandelnden Kammer getroffen.

Überblick

Art. 165 regelt die Entscheidungskompetenz (→ Rn. 1) und Besetzung (→ Rn. 2 ff.) der Beschwerdekammern.

A. Zuständigkeit der Beschwerdekammern

1   Die Beschwerdekammern entscheiden über Beschwerden gegen Entscheidungen der Prüfer, der Widerspruchsabteilungen, der Registerabteilung, der Nichtigkeitsabteilungen und der besonders vom Exekutivdirektor bestimmten Bediensteten oder Stellen (Art. 165 Abs. 1 iVm Art. 66; → Art. 66 Rn. 1). Sie sind damit die zweite Instanz bei Verfahren vor dem Amt. Obwohl die Beschwerdeabteilungen in der Entscheidung unabhängig und weisungsfrei sind (Art. 166 Abs. 4), sind sie Organe und damit Teil des Amtes (Art. 159). Dementsprechend ist im weiteren Instanzenzug vor dem EuG (Art. 72) das Amt Beklagter, nicht die Beschwerdekammer als solche (→ Art. 72 Rn. 8). Bei der Entscheidung über die Beschwerde kann die Beschwerdekammer gemäß Art. 71 Abs. 1 S. 2 die gleichen Befugnisse wie die erste Instanz ausüben (sog. „funktionale Kontinuität"; → Art. 71 Rn. 1 ff.) oder die Angelegenheit zur weiteren Entscheidung an die erste Instanz zurückverweisen. Mit Beschluss des Exekutivdirektors Nr. ADM-20-32 wurde bei den Beschwerdekammern eine Dienststelle Gerichtsverfahren eingerichtet. Diese ist für Aufgaben im Zusammenhang mit der Vertretung des Amtes vor den Unionsgerichten mit Bezug auf Entscheidungen der Beschwerdekammern zuständig. Mit Beschluss des Exekutivdirektors Nr. ADM 21-18 wurde zudem der Präsident der Beschwerdekammern zur Benennung von Bevollmächtigten und sonstigen Vertretern des Amtes vor dem Gerichtshof der Europäischen Union (Gerichtshof und Gericht) ermächtigt. Damit wurde die Zuständigkeit der Beschwerdekammern über den durch Art. 165 Abs. 1 definierten Bereich hinaus ausgedehnt.

B. Besetzung der Beschwerdekammern

I. Entscheidung durch drei Mitglieder

2   In der Regel entscheidet die Beschwerdekammer durch drei Mitglieder, von denen zwei rechtskundig sein müssen. Abweichend von der vergleichsweise diversifizierteren Besetzung der Kollegialorgane in erster Instanz (→ Art. 161 Rn. 2; → Art. 163 Rn. 2) werden die Beschwerdekammern vom Rat auf Vorschlag des Verwaltungsrates nach Art. 166 Abs. 1 iVm Art. 158 Abs. 2 (Präsident der Beschwerdekammern und Vorsitzende der einzelnen Kammern) bzw. vom Verwaltungsrat nach Art. 166 Abs. 5 fast ausnahmslos mit voll qualifizierten erfahrenen Juristen der verschiedenen Mitgliedstaaten besetzt. Unabhängig davon, dass bei Entscheidungen im Einzelfall in der Regel drei Mitglieder mitwirken und nur ausnahmsweise Entscheidungen einem einzelnen Mitglied (→ Rn. 3) oder der Großen Kammer (→ Rn. 4) zugewiesen werden, sind rein organisatorisch den einzelnen Beschwerdekammern auch mehr als drei Mitglieder zugewiesen und die Mitglieder einer bestimmten Kammer können auch bei Entscheidungen einer anderen Kammer mitwirken. Für Entscheidungen in der Besetzung mit drei Mitgliedern wird jeweils ein Berichterstatter bestellt (Art. 40 lit. a DVUM). Der Berichterstatter, bei dem es sich auch um den Vorsitzenden der Kammer handeln kann, der stets an den Entscheidungen der Kammer mitwirkt, entwirft die Entscheidungen (Art. 41 Abs. 1 DVUM). Sind die anderen Mitglieder der Beschwerdekammern nicht alle mit dem Entscheidungsentwurf einverstanden, wird nach Beratung darüber abgestimmt (Art. 41 Abs. 2 DVUM).

II. Entscheidung durch ein einzelnes Mitglied

3   Die Entscheidung durch ein einzelnes Mitglied ist nach Art. 165 Abs. 2 und 5 iVm Art. 36 DVUM für einfache Entscheidungen wie zB Kostenentscheidungen vorgesehen. Gemäß Art. 36 Abs. 1 ist vorgesehen, dass eine Beschwerdekammer eine Sache einem einzelnen Mitglied übertragen kann, wenn: a) die Beschwerde nach Art. 23 DVUM als unzulässig zurückgewiesen werden soll; b) das Beschwerdeverfahren wegen Wegfalls der älteren Marke eingestellt werden soll; c) das Beschwerdeverfahren wegen Rücknahme des Widerspruchs, des Antrags auf Erklärung des Verfalls oder der Nichtigkeit oder Rücknahme der Beschwerde eingestellt werden soll; d) die Entscheidung lediglich die Korrektur offensichtlicher Fehler oder den Widerruf einer Entscheidung betrifft, vorausgesetzt, die betroffene Entscheidung wurde ebenfalls durch ein einzelnes Mitglied getroffen; e) es sich um eine Entscheidung über Wiedereinsetzung handelt; f) es sich um eine Kostenentscheidung nach Art. 109 Abs. 4 iVm Art. 109 Abs. 5 handelt; oder wenn die Beschwerde ein absolutes Eintragungshindernis betrifft und entweder offensichtlich unbegründete oder offensichtlich begründet ist.

III. Entscheidung durch die große Kammer

Gemäß Abs. 2 und Abs. 3 iVm Art. 37 Abs. 1 DVUM werden rechtlich schwierige oder bedeu- **4** tende Fälle bzw. Fälle, in denen besondere Umstände dies erforderlich machen, zur Entscheidung an die Große Kammer verwiesen. Die Entscheidung darüber trifft nach Abs. 3 lit. a das Präsidium der Beschwerdekammern bzw. nach Abs. 3 lit. b die Kammer, die mit dem Fall befasst ist. Nach Art. 37 Abs. 1 DVUM **hat** die befasste Kammer die Verweisung insbesondere dann **zu beschließen,** wenn mehrere Beschwerdekammern bezüglich derselben Rechtsfrage unterschiedliche Entscheidungen erlassen haben. Nach Art. 37 Abs. 1 DVUM **muss** die betreffende Kammer die Entscheidung auch an die Große Kammer verweisen, wenn sie selbst von der Rechtsauffassung der Großen Kammer in einer früheren Entscheidung abweichen will. Für die Vertretung von Mitgliedern und Vorsitzendem gilt die allgemeine Regelung des Art. 43 DVUM.

Seit Inkrafttreten der Änderungsverordnung VO (EU) 2015/2424 gibt die große Kammer **5** mWv 23.3.2016 auch Stellungnahmen zu Rechtsfragen ab, die der Exekutivdirektor gemäß Art. 157 Abs. 4 lit. l an sie verweist.

C. Mediation

Durch Beschluss Nr. 2011-1 des Präsidiums der Beschwerdekammern wurde, gestützt auf **6** Art. 42 Abs. 4 und Art. 57 Abs. 4 GMV die Möglichkeit eines Mediationsverfahrens eingeführt. Inzwischen ist das Mediationsverfahren durch Beschluss 2013-3 des Präsidiums der Beschwerdekammern vom 5.7.2013 geregelt. Das Mediationsverfahren steht nur in zweiseitigen Verfahren nach Einlegung der Beschwerde einschließlich Zahlung der Beschwerdegebühr und Einreichung der Beschwerdebegründung offen und bietet den Parteien die Möglichkeit, die Streitigkeit gütlich beizulegen. Diese Art der Schlichtung muss nicht vor einem der Mitglieder der mit der Beschwerde befassten Kammer erfolgen. Vielmehr können sich Interessierte den gewünschten Mediator aus einer auf der Internetseite des Amts veröffentlichten Liste (https://euipo.europa.eu/ohimportal/de/mediators) aussuchen. Bei den Mediatoren handelt es sich um erfahrene Bedienstete des Amts, die eine spezifische Ausbildung durchlaufen haben und in unterschiedlichen Sprachen arbeiten. Grundsätzlich erfolgt die Mediation in der Sprache des Beschwerdeverfahrens, die Parteien können sich jedoch auch auf eine andere Sprache einigen, vorausgesetzt, es findet sich ein Schlichter, der diese beherrscht. Falls die Mediation in Alicante stattfindet, ist sie seitens des Amts derzeit kostenlos. Wenn die Schlichtung im Gebäude des EUIPO in Brüssel abgehalten wird, fällt eine Gebühr von 750 Euro an, die die Reise-, Übernachtungs- und Aufenthaltskosten der Schlichter abdeckt (zu weiteren Einzelheiten → Art. 170 Rn. 1 ff.).

Art. 166 Unabhängigkeit der Mitglieder der Beschwerdekammern

(1) [1]**Der Präsident der Beschwerdekammern und die Vorsitzenden der einzelnen Kammern werden nach dem in Artikel 158 für die Ernennung des Exekutivdirektors des Amtes vorgesehenen Verfahren für einen Zeitraum von fünf Jahren ernannt.** [2]**Sie können während ihrer Amtszeit nicht ihres Amtes enthoben werden, es sei denn, dass schwerwiegende Gründe vorliegen und der Gerichtshof auf Antrag des Organs, das sie ernannt hat, einen entsprechenden Beschluss fasst.**

(2) **Die Amtszeit des Präsidenten der Beschwerdekammern kann nach einer positiven Bewertung seiner Leistung durch den Verwaltungsrat einmal um weitere fünf Jahre oder, wenn er das Ruhestandsalter während der neuen Amtsperiode erreicht, bis zu seinem Eintritt in den Ruhestand verlängert werden.**

(3) **Die Amtszeit der Vorsitzenden der Beschwerdekammern kann nach einer positiven Bewertung ihrer Leistung durch den Verwaltungsrat und nach Rücksprache mit dem Präsidenten der Beschwerdekammern um weitere fünf Jahre oder, wenn sie das Ruhestandsalter während ihrer neuen Amtsperiode erreichen, bis zu ihrem Eintritt in den Ruhestand verlängert werden.**

(4) [1]**Dem Präsidenten der Beschwerdekammern obliegen folgende organisatorischen und administrativen Aufgaben:**
a) Vorsitz im Präsidium der Beschwerdekammern (im Folgenden „Präsidium"), das die Regeln für die Arbeit in den Kammern festlegt und deren Arbeit organisiert;
b) Sicherstellung, dass die Entscheidungen des Präsidiums vollzogen werden;

c) Zuweisung der Fälle auf der Grundlage der vom Präsidium festgelegten objektiven Kriterien an eine Kammer;

d) Übermittlung des Ausgabenbedarfs der Kammern an den Exekutivdirektor, damit der vorläufige Ausgabenplan erstellt werden kann. ²Der Präsident der Beschwerdekammern führt den Vorsitz in der Großen Kammer.

(5) ¹Die Mitglieder der Beschwerdekammern werden vom Verwaltungsrat für einen Zeitraum von fünf Jahren ernannt. ²Ihre Amtszeit kann nach einer positiven Bewertung ihrer Leistung durch den Verwaltungsrat und nach Rücksprache mit dem Präsidenten der Beschwerdekammern um weitere fünf Jahre oder, wenn sie das Ruhestandsalter während ihrer neuen Amtsperiode erreichen, bis zu ihrem Eintritt in den Ruhestand verlängert werden.

(6) Die Mitglieder der Beschwerdekammern können ihres Amtes nicht enthoben werden, es sei denn, es liegen schwerwiegende Gründe vor und der Gerichtshof beschließt die Amtsenthebung, nachdem die Angelegenheit auf Empfehlung des Präsidenten der Beschwerdekammern nach Anhörung des Vorsitzenden der Kammer, dem das betreffende Mitglied angehört, an ihn verwiesen wurde.

(7) ¹Der Präsident der Beschwerdekammern sowie die Vorsitzenden und die Mitglieder der einzelnen Kammern genießen Unabhängigkeit. ²Sie sind in ihren Entscheidungen an keinerlei Weisungen gebunden.

(8) Entscheidungen der Großen Kammer zu Beschwerden oder Stellungnahmen zu Rechtsfragen, die der Exekutivdirektor gemäß Artikel 165 an sie verweist, sind für die in Artikel 159 genannten Entscheidungsinstanzen des Amtes bindend.

(9) Der Präsident der Beschwerdekammern sowie die Vorsitzenden und die Mitglieder der einzelnen Kammern dürfen weder Prüfer sein noch einer Widerspruchsabteilung, der Registerabteilung oder einer Nichtigkeitsabteilung angehören.

Überblick

Art. 166 regelt Ernennung und Amtszeit des Präsidenten der Beschwerdekammern (→ Rn. 1) sowie der Vorsitzenden (→ Rn. 2) und der Mitglieder (→ Rn. 3) der einzelnen Beschwerdekammern. Die Vorschrift umreißt beispielhaft die Zuständigkeitsbereiche des Präsidenten und sichert die Entscheidungsunabhängigkeit (→ Rn. 4 f.) und Weisungsfreiheit (→ Rn. 4, → Rn. 6) von Präsident, Vorsitzenden und Mitgliedern der Beschwerdekammern. Präsident, Vorsitzende und Mitglieder der Beschwerdekammern dürfen nicht gleichzeitig mit erstinstanzlichen Entscheidungen befasst sein (→ Rn. 8).

A. Der Präsident der Beschwerdekammern

1   Der Präsident der Beschwerdekammern wird nach Art. 166 Abs. 1 iVm Art. 154 vom Rat auf Vorschlag des Verwaltungsrats des Amts für die Dauer von fünf Jahren ernannt. Nach Abs. 2 kann die Amtszeit des Präsidenten einmal um maximal fünf Jahre oder bis zu seinem Eintritt in den Ruhestand nach dem Personalstatut der Gemeinschaft verlängert werden. Der Präsident leitet die Beschwerdekammern in organisatorischer Hinsicht und ist Dienstvorgesetzter der Mitarbeiter der Beschwerdekammern. **Organisatorisch** führt er nach Abs. 4 S. 1 lit. a den Vorsitz im Präsidium der Beschwerdekammern, stellt nach Abs. 4 S. 1 lit. b die Durchführung der Entscheidungen des Präsidiums sicher, zeichnet nach Abs. 4 S. 1 lit. c für die Zuteilung der Fälle an die einzelnen Kammern verantwortlich und übermittelt dem Exekutivdirektor für die Erstellung des Ausgabenplans des Amtes die Ausgabenplanung der Beschwerdekammern. **Fachlich** ist der Präsident der Beschwerdekammern ebenfalls Mitglied (und Vorsitzender) einer Kammer und er führt den Vorsitz der Großen Kammer (Abs. 4 S. 2).

B. Die Vorsitzenden der Beschwerdekammern

2   Nach Abs. 1 iVm Art. 158 werden die Vorsitzenden der Beschwerdekammern ebenso wie der Präsident vom Rat auf Vorschlag des Verwaltungsrats für fünf Jahre ernannt. Die Verlängerung der Amtszeit um jeweils weitere fünf Jahre oder bis zum Erreichen der Altersgrenze (nach dem Beamtenstatut 65 Jahre) ist zulässig. Die Vorsitzenden der Beschwerdekammern bilden zusammen mit dem Präsidenten und ausgewählten Mitgliedern der Beschwerdekammern das Präsidium der Beschwerdekammern (Art. 167 Abs. 1 UMV). In dieser Funktion wirken sie mit an – unter

anderem – der Zuteilung der Mitglieder zu den einzelnen Kammern (Art. 46 Abs. 1 lit. a DVUM), der Erstellung des Geschäftsverteilungsplans (Art. 46 Abs. 1 lit. b DVUM) und an der Verabschiedung einer Geschäftsordnung (Art. 46 Abs. 1 lit. d DVUM). Ferner wirken sie mit an der Aufstellung des Ausgabenbedarfs der Beschwerdekammern (Art. 46 Abs. 1 lit. c DVUM).

C. Die Mitglieder der Beschwerdekammern

Die Mitglieder der Beschwerdekammern werden nach Abs. 5 vom Verwaltungsrat für die Dauer **3** von fünf Jahren ernannt. Die Verlängerung der Amtszeit um jeweils weitere fünf Jahre bzw. bis zum Erreichen der Altersgrenze ist zulässig. Die Mitglieder wirken an Entscheidungen der Beschwerdekammern entweder als Berichterstatter (Art. 39 Abs. 1 DVUM) oder als einfaches Mitglied mit. Sie werden darüber hinaus turnusmäßig nach einem Rotationsprinzip als Mitglieder der Großen Beschwerdekammer gemäß Art. 167 Abs. 2 UMV tätig. Die Mitglieder wirken in der Regel in mehr als einer Kammer mit.

D. Unabhängigkeit und Weisungsfreiheit

Nach Abs. 6 und 7 sind Präsident, Vorsitzende und Mitglieder der Beschwerdekammern unab- **4** hängig (→ Rn. 5), weisungsfrei und unabsetzbar (→ Rn. 6).

I. Unabhängigkeit

Die Unabhängigkeit von Präsident, Vorsitzenden und Mitgliedern der Beschwerdekammern **5** nach Abs. 6 und Abs. 7 bedeutet nicht, dass diese bei Entscheidungen zum Unionsrecht willkürlich verfahren dürften. Alle Mitglieder der Beschwerdekammern sind vielmehr an das gesetzte Recht im Licht der Auslegung durch die Rechtsprechung von EuG und EuGH gebunden. Vor der Reform waren jedoch die Beschwerdekammern in ihren Entscheidungen untereinander unabhängig und es kam regelmäßig vor, dass verschiedene Kammern zu bestimmten Rechtsfragen unterschiedliche Meinungen vertraten (vgl. zB HABM BK vom 31.8.2009 – R 214/2008-4 Rn. 9– 14 – Serenissima/La Serenissima). Die Verweisung an die Große Kammer war nur obligatorisch, wenn eine Beschwerdekammer hinsichtlich einer bereits durch die Große Kammer entschiedene Rechtsfrage anders entscheiden wollte (Art. 1b Abs. 2 HABMVfO, Art. 1b Abs. 1 HABMVfO). Gem. Art. 37 Abs. 1 DVUM ist nunmehr auch an die Große Kammer zu verweisen, wenn die Beschwerdekammer von einer früheren Entscheidung einer anderen Kammer abweichen will. An eine (angebliche) Entscheidungspraxis des Amtes in ähnlichen Fällen sind die Beschwerdekammern gemäß gefestigter Rechtsprechung nicht gebunden (EuGH C-37/03, GRUR Int 2005, 1012 Rn. 45–47 – BioID; EuG T-207/06, BeckRS 2009, 70038 Rn. 40 – Europig). Weiter eingeschränkt wird die Unabhängigkeit durch die auf Konvergenz und Konsistenz ausgelegte Verfahrensordnung der Beschwerdekammern (→ Art. 66 Rn. 33).

II. Weisungsfreiheit

Gemäß Abs. 6 sind die vorgenannten Angehörigen der Beschwerdekammern bei ihren Ent- **6** scheidungen an keinerlei Weisung gebunden, dh dass Weisungsfreiheit bei Entscheidungen nicht nur gegenüber dem Exekutivdirektor oder anderem Führungspersonal des Amtes besteht, sondern auch gegenüber dem Präsidenten oder den Vorsitzenden der Beschwerdekammern. Die Beschwerdekammern sind insbesondere auch nicht durch vom Exekutivdirektor angenommenen Richtlinien zu den Verfahren vor dem Amt gebunden. Keine Weisungen in diesem Sinne sind die durch die UMDV und die DVUM vorgesehenen Vorgaben des Exekutivdirektors. Diese haben generellabstrakten Regelungscharakter und gestalten den Regelungsgehalt der Verordnungen weiter aus. Damit sind sie bei der rechtlichen Beurteilung der anhängigen Beschwerden zu beachten. Die Weisungsfreiheit besteht im Übrigen hinsichtlich der Erledigung von Beschwerdeverfahren, aber nicht in generell disziplinarischer Hinsicht. Allerdings darf auch nicht auf Umwegen auf die Entscheidungsfindung eingewirkt werden. Deshalb verbietet Abs. 6 die Absetzung von Mitgliedern außer bei Vorliegen schwerwiegender Gründe im Weg eines förmlichen Verfahrens mit Entscheidung durch den Gerichtshof. Auch der grundsätzlichen freien Aufgabenverteilung durch Dienstvorgesetzte gegenüber ihren Untergebenen sind bei den Beschwerdekammern im Hinblick auf die Wahrung ihrer Unabhängigkeit und fachlichen Weisungsfreiheit enge Grenzen gesetzt (dazu Eisenführ/Schennen/Schennen Art. 168 Rn. 13). Die Weisungsfreiheit gegenüber mitgliedstaatlichen Institutionen und Vorgaben ergibt sich bereits aus Art. 11 Abs. 1 EU-BeamtStat und gilt auch für Mitglieder der Beschwerdekammern, deren Dienstverhältnis bei einem nationalen Amt oder einer sonstigen nationalen Dienststelle während einer befristeten Tätigkeit bei den Beschwerdekammern des Amts ruht.

III. Auswirkungen der Reform

7   Mit Wirkung vom 23.3.16 wurden durch die Reform gemäß VO (EU) 2015/2424 (aF) des Europäischen Parlaments und des Rates zur Änderung der GMV einige Anpassungen vorgenommen, die geeignet sind, die formal beibehaltene Unabhängigkeit und Weisungsfreiheit insbesondere der Kammermitglieder merklich zu beschränken. So wird die Verlängerung der Amtszeit sowohl der Kammermitglieder als auch der Vorsitzenden der Kammer künftig ausdrücklich von einer nach einer positiven Bewertung ihrer Leistung durch den Verwaltungsrat und Rücksprache mit dem Präsidenten der Beschwerdekammern abhängig gemacht. Darüber hinaus sind Stellungnahmen der Großen Kammer zu Rechtsfragen, die der Exekutivdirektor gemäß Art. 165 iVm Art. 157 Abs. 4 lit. l an sie verweist, für die Beschwerdekammern verbindlich (Abs. 8). Während bisher Rechtsfragen nur beschränkt an die Große Kammer zur Entscheidung verwiesen werden mussten (→ Rn. 5), liegt es nach der Reform durch die Änderungsverordnung VO (EU) 2015/2424 (aF) allein im Ermessen des „Exekutivdirektors", wie viele und welche Rechtsfragen der Großen Kammer zwecks Begutachtung vorgelegt werden. In dieser sind aber nicht alle Mitglieder der Beschwerdekammern an der Entscheidungsfindung beteiligt. Zusammen damit, dass für die Frage einer Befürwortung der Verlängerung der Amtszeit durch den Präsidenten der Beschwerdekammern weder ein Anhörungsrecht noch ein Rechtsmittel durch das betreffende Kammermitglied oder den/die betreffenden Kammervorsitzende/n vorgesehen ist, bietet sich nach der Reform zumindest die Möglichkeit zu einer punktuell und tendenziell gesteuerten Entscheidungspraxis mit erleichterter Begründung bei der Entscheidung gegen eine Verlängerung der Amtszeit für missliebige Kammermitglieder/-vorsitzende. Da im Übrigen den Beschwerdekammermitgliedern und vorsitzenden aufgrund der Befristung auch bisher schon bewusst gewesen sein dürfte, dass eine Verlängerung von einer entsprechend positiven Entscheidung des Verwaltungsrats abhing, sind die ausdrücklichen Regelungen gemäß der VO (EU) 2015/2424 (aF) geeignet, einen gewissen „Wohlverhaltensdruck" auf- bzw. auszubauen. Das erhöhte Potenzial zur Einflussnahme scheint rein politisch motiviert. Wäre eine erhöhte fachliche Qualität der Entscheidungen das Ziel gewesen, hätte sich bezüglich der Amtszeitverlängerung eher eine Stellungnahme seitens des Gerichtshofs angeboten. Schließlich entscheiden Gemeinschaftsgericht und Gerichtshof laufend über die Rechtsmittel gegen die durch die Beschwerdekammern getroffenen Entscheidungen und wären daher in der Lage die Qualität der Arbeit der Beschwerdekammermitglieder und -vorsitzenden fachlich zu beurteilen.

E. Unvereinbarkeit anderer Tätigkeiten

8   Nach Abs. 9 ist die Tätigkeit als Präsident, Vorsitzender oder Mitglied einer Beschwerdekammer unvereinbar mit einer Tätigkeit als Prüfer, Mitglied einer Widerspruchsabteilung, der Marken- und Musterverwaltungs- und Rechtsabteilung oder einer Nichtigkeitsabteilung. Diese Vorschrift hilft, die Unabhängigkeit und Weisungsungebundenheit der Beschwerdekammern bezüglich ihrer Entscheidungspraxis zu sichern und zwischen den Entscheidungen in erster Instanz und der zweiten Instanz scharf und auch nach außen eindeutig erkennbar zu trennen. Ergänzend hierzu verbietet Art. 169 Abs. 1 die Mitwirkung an Entscheidungen über Fälle, in denen eine Vorbefasstheit bestand (→ Art. 169 Rn. 1 ff.).

Art. 167 Präsidium der Beschwerdekammern und Große Kammer

(1) ¹Das Präsidium setzt sich zusammen aus dem Präsidenten der Beschwerdekammern als Vorsitzendem, den Vorsitzenden der Kammern und Mitgliedern der Kammern, die von der Gesamtheit der Mitglieder in den einzelnen Kammern mit Ausnahme des Präsidenten der Beschwerdekammern und der Vorsitzenden der Kammern für jedes Kalenderjahr aus ihren Reihen gewählt werden. ²Die Zahl der so gewählten Mitglieder beläuft sich auf ein Viertel der Kammermitglieder mit Ausnahme des Präsidenten der Beschwerdekammern und der Vorsitzenden der Kammern, und diese Zahl wird gegebenenfalls auf die nächsthöhere Zahl aufgerundet.

(2) Die Große Kammer gemäß Artikel 165 Absatz 2 ist mit neun Mitgliedern besetzt, zu denen der Präsident der Beschwerdekammern, die Vorsitzenden der Kammern,

gegebenenfalls der vor der Verweisung an die Große Kammer bestimmte Berichterstatter sowie die Mitglieder zählen, die nach dem Rotationsprinzip aus einer Liste ausgewählt werden, die alle Mitglieder der Beschwerdekammern mit Ausnahme des Präsidenten der Beschwerdekammern und der Vorsitzenden der Kammern umfasst.

Überblick

Die Vorschrift wurde mWv 23.3.2016 gemäß Änderungsverordnung VO (EU) 2015/2424 eingefügt und durch die VO (EU) 2017/1001 vom 14.6.2017 über die Unionsmarke kodifiziert.

Art. 167 regelt die Zusammensetzung des Präsidiums der Beschwerdekammern und der Großen **1** Beschwerdekammer.

Art. 168 Übertragung von Befugnissen

Der Kommission wird die Befugnis übertragen, gemäß Artikel 208 delegierte Rechtsakte zu erlassen, in denen die Einzelheiten im Hinblick auf die Organisation der Beschwerdekammern, unter anderem die Einsetzung und die Aufgaben des Präsidiums, die Zusammensetzung der Großen Kammer und die Modalitäten ihrer Anrufung und die Bedingungen, unter denen Entscheidungen durch ein einzelnes Mitglied nach Artikel 165 Absätze 2 und 5 ergehen, festgelegt werden.

Überblick

Die Vorschrift wurde mWv 23.3.2016 gemäß VO (EU) 2015/2424 vom 16.12.2015 eingefügt und durch die VO (EU) 2017/1001 vom 14.6.2017 über die Unionsmarke kodifiziert.

Art. 168 bildet die **Rechtsgrundlage** für den Erlass delegierter Rechtsakte zur Organisation **1** der Beschwerdekammern, insbesondere bezüglich der Aufgaben des Präsidiums, der Zusammensetzung der Großen Kammer und der Modalitäten ihrer Anrufung sowie der Bedingungen, unter denen Entscheidungen durch ein einzelnes Mitglied ergehen. Inzwischen ist in Form der DVUM ein solcher Rechtsakt erlassen. Die Aufgaben des Präsidiums sind in Art. 46 DVUM geregelt, die Große Kammer in Art. 45 DVUM, die Anrufung der Großen Kammer in Art. 37 DVUM und die Bedingungen für die Entscheidungen durch ein einzelnes Mitglied in Art. 36 DVUM.

Art. 169 Ausschließung und Ablehnung

(1) [1]Die Prüfer, die Mitglieder der im Amt gebildeten Abteilungen und die Mitglieder der Beschwerdekammern dürfen nicht an der Erledigung einer Sache mitwirken, an der sie ein persönliches Interesse haben oder in der sie vorher als Vertreter eines Beteiligten tätig gewesen sind. [2]Zwei der drei Mitglieder einer Widerspruchsabteilung dürfen nicht bei der Prüfung der Anmeldung mitgewirkt haben. [3]Die Mitglieder der Nichtigkeitsabteilungen dürfen nicht an der Erledigung einer Sache mitwirken, wenn sie an deren abschließender Entscheidung im Verfahren zur Eintragung der Marke oder im Widerspruchsverfahren mitgewirkt haben. [4]Die Mitglieder der Beschwerdekammern dürfen nicht an einem Beschwerdeverfahren mitwirken, wenn sie an der abschließenden Entscheidung in der Vorinstanz mitgewirkt haben.

(2) Glaubt ein Mitglied einer Abteilung oder einer Beschwerdekammer, aus einem der in Absatz 1 genannten Gründe oder aus einem sonstigen Grund an einem Verfahren nicht mitwirken zu können, so teilt es dies der Abteilung oder der Kammer mit.

(3) [1]Die Prüfer und die Mitglieder der Abteilungen oder einer Beschwerdekammer können von jedem Beteiligten aus einem der in Absatz 1 genannten Gründe oder wegen Besorgnis der Befangenheit abgelehnt werden. [2]Die Ablehnung ist nicht zulässig, wenn der Beteiligte im Verfahren Anträge gestellt oder Stellungnahmen abgegeben hat, obwohl er bereits den Ablehnungsgrund kannte. [3]Die Ablehnung kann nicht mit der Staatsangehörigkeit der Prüfer oder der Mitglieder begründet werden.

(4) [1]Die Abteilungen und die Beschwerdekammern entscheiden in den Fällen der Absätze 2 und 3 ohne Mitwirkung des betreffenden Mitglieds. [2]Bei dieser Entscheidung

wird das Mitglied, das sich der Mitwirkung enthält oder das abgelehnt worden ist, durch seinen Vertreter ersetzt.

Überblick

Art. 169 regelt Gründe und Verfahren für den Ausschluss (→ Rn. 1 ff.) oder die Ablehnung (→ Rn. 6 ff.) von Prüfern, Mitgliedern der im Amt gebildeten Abteilungen und Mitgliedern der Beschwerdekammern.

A. Ausschlussgründe

I. (Potentielle) Interessenkollision

1   Die Prüfer, die Mitglieder der im Amt gebildeten Abteilungen (Widerspruchsabteilung, Registerabteilung, Nichtigkeitsabteilungen) und die Mitglieder der Beschwerdekammern dürfen nicht an der Erledigung von Sachen mitwirken, an deren Ausgang sie ein persönliches Interesse haben (Abs. 1 S. 1). Hier liegt ersichtlich eine Interessenkollision nahe, die durch den Ausschluss des Betroffenen vermieden werden soll. Offensichtlich greift das Verbot, wenn der Betroffene selbst Verfahrensbeteiligter ist, zB als Anmelder einer eigenen Gemeinschaftsmarke. Infrage kommen aber auch Beteiligungen an verfahrensbeteiligten Gesellschaften, allerdings nur, wenn ein relevanter Beteiligungsgrad erreicht ist. Das heißt, nicht jede Vermögensanlage – in Form von zB Aktien – hindert einen Bediensteten daran, unparteiische Entscheidungen in Verfahren vor dem Amt unter Beteiligung der betreffenden Gesellschaft zu treffen. Ebenfalls infrage kommt ein Ausschluss nach Abs. 1 S. 1, wenn der Verfahrensbeteiligte mit dem fraglichen Bediensteten verwandt ist (Eisenführ/Schennen/Schennen Rn. 4). Darüber hinaus sind auch ehemalige Vertreter der Verfahrensbeteiligten in demselben Verfahren von der Mitwirkung an der Entscheidung ausgeschlossen. Hier liegt auf der Hand, dass der jeweils andere Verfahrensbeteiligte Zweifel hinsichtlich der Unparteilichkeit des Entscheiders haben dürfte, der ihm zuvor als Vertreter der Gegenpartei gegenüber stand. Aber auch in Ex-Parte-Verfahren stellt die Vorschrift sicher, dass die Entscheidung frei von der Beeinflussung durch Parteiinteressen getroffen wird.

II. Vorbefasstheit

1. Mitglieder der Widerspruchsabteilung

2   Nach Abs. 1 S. 2 dürfen zwei von drei Mitgliedern der Widerspruchsabteilung nicht an der Markenprüfung der angegriffenen Gemeinschaftsmarkenanmeldung mitgewirkt haben. Da die Widerspruchsabteilungen in der Regel in der Besetzung durch drei Mitglieder entscheiden und die Markenprüfung in der Regel nur von einem Prüfer vorgenommen wird, findet sich in der Praxis für diese Regelung kein wirklicher Anwendungsfall. Darüber hinaus geht es bei der Widerspruchsprüfung nicht um eine Überprüfung einer erstinstanzlichen Entscheidung, sondern um die Prüfung hinsichtlich relativer Eintragungshindernisse, die mit der vorangegangenen Prüfung auf absolute Eintragungshindernisse nichts zu tun hat. Es besteht also auch kein Bedürfnis, den Markenprüfer von der Mitwirkung im Widerspruchsverfahren auszuschließen (vgl. Eisenführ/Schennen/Schennen Rn. 6).

2. Mitglieder der Nichtigkeitsabteilungen

3   Mitglieder der Nichtigkeitsabteilungen dürfen nach Abs. 1 S. 3 nicht an der Erledigung von Verfahren mitwirken, wenn sie bezüglich derselben Marke(n) entweder im Prüfungs- oder im Widerspruchsverfahren beteiligt waren. Diese Regelung stellt sicher, dass im Nichtigkeitsverfahren das Vorliegen absoluter oder relativer Eintragungshindernisse erneut unvoreingenommen geprüft wird.

3. Mitglieder der Beschwerdekammern

4   Gemäß Abs. 1 S. 4 dürfen Mitglieder der Beschwerdekammer, die an der abschließenden Entscheidung in erster Instanz in derselben Sache beteiligt waren, nicht an dem Beschwerdeverfahren mitwirken. Diese Regelung stellt sicher, dass die betroffene (beschwerte) Partei in zweiter Instanz eine unparteiische Überprüfung der erstinstanzlichen Entscheidung erhält, und zwar nicht nur, was den Erlass der Entscheidung selbst angeht, sondern auch schon hinsichtlich des gesamten

Verfahrensverlaufs. Soweit vertreten wird, ein Mitglied der Beschwerdekammer sei schon dann nach dieser Vorschrift ausgeschlossen, wenn es in erster Instanz die abschließende Entscheidung nicht erlassen hat, sondern nur im Lauf des Verfahrens mit der Angelegenheit vorübergehend befasst war (Eisenführ/Schennen/Schennen Rn. 8), findet sich hierfür im Wortlaut der Vorschrift kein Anhaltspunkt. Entsprechendes gilt, wenn das Mitglied der Beschwerdekammer nicht an der konkreten erstinstanzlichen Entscheidung beteiligt war, sondern an einem anderen Verfahren bezüglich derselben Marke (vgl. Eisenführ/Schennen/Schennen Rn. 8). Auch hier spricht der Wortlaut der Vorschrift („... wenn sie an der abschließenden Entscheidung der Vorinstanz mitgewirkt haben") eher dafür, dass das Beschwerdekammermitglied nur bei solchen Verfahren ausgeschlossen ist, bei denen es an der angegriffenen erstinstanzlichen Entscheidung mitgewirkt hat. Ausnahmsweise böte sich eine entsprechende Anwendung von Abs. 1 S. 4 in solchen Fällen an, in denen die mit der Beschwerde angegriffene Entscheidung exakt dieselben Erwägungen betrifft, über die das betreffende Kammermitglied in der (nicht angegriffenen) erstinstanzlichen Entscheidung zu befinden hatte. Dies beträfe zB Fälle, in denen derselbe Inhaber einer älteren Marke nach einem erfolglosen Widerspruch auf Basis derselben älteren Marken noch einen Nichtigkeitsantrag einreicht und diesen nach Zurückweisung mit der Beschwerde weiterverfolgt. Hat in einem solchen Fall das Beschwerdekammermitglied an der Widerspruchsentscheidung mitgewirkt, ist es in der Tat angemessen, es von der Entscheidung über die Beschwerde hinsichtlich des zurückgewiesenen Nichtigkeitsantrags auszuschließen (vgl. auch HABM BK 9.2.2005 – R 856/2004-1 Rn. 7 f. – Lego Brick; hier nahm die Vorsitzende der ersten Beschwerdekammer von der Mitwirkung Abstand, weil sie bei einer nationalen Entscheidung über eine identische Marke der Beschwerdeführerin mitgewirkt hatte).

4. Anzeige durch den Ausgeschlossenen

Nach Abs. 1 hat ein Mitglied der Widerspruchs- oder Nichtigkeitsabteilung oder der Beschwer- **5** dekammer, das sich aus den Gründen des Abs. 1 für ausgeschlossen hält, dies der Abteilung oder Kammer mitzuteilen. Ein Prüfer, der nach Abs. 1 ausgeschlossen ist, muss dies entsprechend innerhalb seiner Hauptabteilung/Dienststelle mitteilen, damit ein anderer Prüfer das Verfahren übernehmen/übertragen erhalten kann. Andernfalls liefe das Mitwirkungsverbot für Prüfer nach Abs. 1 leer.

B. Ablehnungsgründe

I. Ablehnungsgründe nach Abs. 1

Liegen die Gründe des Abs. 1 (potenzielle Interessenkollision, Vorbefasstheit) vor, kann ein **6** Verfahrensbeteiligter einen Prüfer, ein Mitglied der Widerspruchs-, Registerabteilung, der Nichtigkeitsabteilung oder der Beschwerdekammern nach Abs. 3 S. 1 ablehnen.

II. Befangenheit

Neben den Mitwirkungsverboten nach Abs. 1 ist nach Abs. 3 auch die Besorgnis der Befangen- **7** heit ein Ablehnungsgrund. Die Besorgnis der Befangenheit besteht, wenn ein objektiver Grund vorliegt, der die ablehnende Partei bei vernünftiger Betrachtung befürchten lassen muss, der Richter stehe der Sache nicht unvoreingenommen gegenüber und werde deshalb nicht unparteiisch entscheiden (BPatG BeckRS 2011, 29379). Zwar bezieht sich diese Definition auf deutsches Recht, doch gehen die wenigen Entscheidungen zu diesem Punkt im Zusammenhang mit der UMV in dieselbe Richtung – ohne eine Definition des Begriffs zu enthalten. Sie überlappt sich zum Teil mit den bereits in Abs. 1 adressierten Ausschlussgründen, weil zu befürchten ist, dass ein Prüfer, Mitglied der Widerspruchs-, Registerabteilung oder der Nichtigkeitsabteilungen oder einer Beschwerdekammer, der/das ein persönliches Interesse am Ausgang des Verfahrens haben könnte, nicht unparteiisch über den Fall entscheiden wird. Davon abgesehen kann die Besorgnis der Befangenheit aber auch bestehen, ohne dass der betroffene Entscheider ein direktes persönliches Interesse am Ausgang des Verfahrens hat. Beispiele hierfür wären
* enge freundschaftliche Beziehungen des Prüfers/Mitglieds zu einem Verfahrensbeteiligten,
* (ausgeprägte) persönliche/private Gegnerschaft des Prüfers/Mitglieds gegenüber einem Verfahrensbeteiligten,
* objektive Anzeichen willkürlichen Verhaltens gegenüber einem Verfahrensbeteiligten.

8   Keine objektiven Anzeichen für die Besorgnis der Befangenheit wären zB
   • allgemeine Fachveröffentlichungen eines Prüfers/Mitglieds zu bestimmten Rechtsfragen, auch
     wenn eine solcherart erörterte abstrakte Rechtsfrage in dem zu entscheidenden Fall relevant
     wird,
   • sachlich gebotene Hinweise zu Fragen des laufenden Verfahrens,
   • Äußerungen zur Einschätzung der Aussichten des Verfahrens, zB in einem Zwischenbescheid.

C. Ausschluss der Ablehnung

9   Nach Abs. 3 S. 2 kann ein Verfahrensbeteiligter einen Prüfer, ein Mitglied der im Amt gebildeten Abteilungen (Widerspruchsabteilung, Registerabteilung, Nichtigkeitsabteilungen) oder ein
   Mitglied der Beschwerdekammern nicht mehr ablehnen, wenn er in Kenntnis des Ablehnungsgrundes im Verfahren Anträge gestellt oder Stellungnahmen abgegeben hat, ohne zumindest
   gleichzeitig die Ablehnung des betreffenden Prüfers/Mitglieds geltend zu machen (vgl. auch EuG
   T-63/01, GRUR Int 2003, 459 Rn. 25 – Seifenform). Davon abgesehen ist nach Abs. 3 S. 3 auch
   die Nationalität des Prüfers/Mitglieds kein zulässiger Ablehnungsgrund. Während die erstgenannte
   Regelung verhindern hilft, dass Verfahrensbeteiligte die Ablehnung schlicht als eine Art Joker/
   Trumpf in die Waagschale werfen, wenn sich im Laufe des Verfahrens abzeichnet, dass eine für sie
   ungünstige Entscheidung droht, stellt die zweite Regelung sicher, dass das Diskriminierungsverbot
   aufgrund der Staatsangehörigkeit auch von den Beteiligten in den Verfahren vor dem Amt beachtet
   wird.

D. Beschlussfassung über den Ausschluss/die Ablehnung

10   Unabhängig davon, ob ein Prüfer/Mitglied sich selbst als ausgeschlossen eingeschätzt und dies
   mitgeteilt hat oder ob ein Verfahrensbeteiligter bezüglich eines Prüfers/Mitglieds die Ablehnung
   erklärt, entscheidet die Abteilung/Kammer ohne Beteiligung des betroffenen Prüfers/Mitglieds
   (Abs. 4 S. 1) über den Ausschluss/die Ablehnung. Bei der Entscheidung wird der betreffende
   Prüfer/das Mitglied von einem Vertreter ersetzt (Abs. 4 S. 2). Zur Vertretung existieren nur bei
   den Beschwerdekammern feste Regeln (vgl. HABM BK vom 9.2.2005 – R 856/2004-1 Rn. 8,
   12 – Lego Brick). Die Prüfer/Mitglieder der Widerspruchs, Registerabteilung bzw. Nichtigkeitsabteilungen werden in einem solchen Fall in der Regel entweder selbst informell einen unabhängigen Vertreter kontaktieren/vorschlagen oder diese Aufgabe dem jeweiligen Dienstvorgesetzten
   überlassen. Nach Art. 43 DVUM erhält im Falle eines Ausschließungs- oder Ablehnungsgrundes
   bezüglich eines Mitglieds der Beschwerdekammern das betroffene Mitglied oder der Vorsitzende
   der Kammer Gelegenheit zur Stellungnahme und das Verfahren wird bis zur Entscheidung über
   die Ablehnung ausgesetzt. Wird die Ausschließung/Ablehnung des betreffenden Prüfers/Mitglieds
   für begründet erachtet, übernimmt der Vertreter (auch) die Entscheidung in der Sache. Wird eine
   Ablehnung für unbegründet erachtet, entscheidet der betroffene Prüfer/das betroffene Mitglied
   selbst in der Sache. Die Entscheidung über die (Zurückweisung der) Ablehnung kann nur zusammen mit der Endentscheidung in dem betreffenden Verfahren angefochten werden (Art. 66). Hält
   sich ein Prüfer/Mitglied selbst für nach Abs. 1 ausgeschlossen, wird in der Regel nicht gegen die
   Ansicht dieses Bediensteten festgelegt, dass er/sie die Entscheidung in der Sache zu treffen habe.
   In einem solchen Fall wird regelmäßig der Vertreter die Entscheidung in der Sache übernehmen.
   Damit wird dem Verfahrensbeteiligten auch nicht der „gesetzliche Richter" entzogen, da auf
   Ebene des Amtes, einschließlich der Beschwerdekammern, keine Gerichtsverfahren, sondern amt-
   liche Verfahren stattfinden (vgl. zB EuG T-63/01, GRUR Int 2003, 459 Rn. 20–23 – Seifenform).

Art. 170 Mediationszentrum

   **(1) Das Amt kann für die Zwecke des Artikels 151 Absatz 3 ein Mediationszentrum
   (im Folgenden „Zentrum") einrichten.**

   **(2) Jede natürliche oder juristische Person kann die Dienste des Zentrums auf freiwil-
   liger Basis in Anspruch nehmen, um Streitigkeiten auf der Grundlage dieser Verordnung
   oder der Verordnung (EG) Nr. 6/2002 im gegenseitigen Einvernehmen gütlich beizulegen.**

   **(3) [1]Die Beteiligten nehmen die Mediation auf einen gemeinsamen Antrag hin in
   Anspruch. [2]Der Antrag gilt erst als gestellt, wenn das entsprechende Entgelt entrichtet worden ist. [3]Der Exekutivdirektor legt die Höhe der Entgelte gemäß Artikel 178 Absatz 1 fest.**

(4) Bei Streitigkeiten in Bezug auf vor den Widerspruchsabteilungen, den Nichtigkeitsabteilungen oder den Beschwerdekammern des Amtes anhängige Verfahren kann jederzeit ein gemeinsamer Antrag auf Mediation gestellt werden, nachdem eine Widerspruchsschrift, ein Antrag auf Erklärung des Verfalls oder der Nichtigkeit oder eine Beschwerdeschrift gegen Entscheidungen der Widerspruchs- oder der Nichtigkeitsabteilung eingereicht worden ist.

(5) [1]Das betreffende Verfahren wird ausgesetzt, und die Fristen, mit Ausnahme der Frist für die Zahlung der entsprechenden Gebühr, werden ab dem Tag, an dem der gemeinsame Antrag auf Mediation eingereicht wurde, unterbrochen. [2]Die Fristen laufen ab dem Tag weiter, an dem das Verfahren wieder aufgenommen wird.

(6) [1]Die Beteiligten werden aufgefordert, gemeinsam einen Mediator aus der in Absatz 12 genannten Liste zu benennen, der erklärt hat, dass er die Sprache der betreffenden Mediation beherrscht. [2]Benennen die Beteiligten innerhalb von 20 Tagen nach der Aufforderung keinen Mediator, gilt die Mediation als gescheitert.

(7) Die Beteiligten legen die spezifischen Modalitäten für die Mediation gemeinsam mit dem Mediator in einer Mediationsvereinbarung fest.

(8) Der Mediator beendet das Mediationsverfahren entweder, sobald die Beteiligten eine Beilegungsvereinbarung erzielen, einer der Beteiligten erklärt, dass er die Mediation einstellen will, oder der Mediator feststellt, dass es den Beteiligten nicht gelungen ist, eine solche Vereinbarung zu erzielen.

(9) Der Mediator unterrichtet die Beteiligten sowie die zuständige Stelle des Amtes unverzüglich über die Beendigung des Mediationsverfahrens.

(10) [1]Die im Rahmen der Mediation geführten Gespräche und Verhandlungen sind für alle an der Mediation beteiligten Personen vertraulich, insbesondere für den Mediator, die Beteiligten und deren Vertreter. [2]Alle im Zuge der Mediation bereitgestellten Unterlagen und Informationen werden getrennt von den Akten anderer Verfahren vor dem Amt aufbewahrt und sind nicht Teil dieser Akten.

(11) [1]Die Mediation wird in einer Amtssprache der Union, auf die sich die Beteiligten verständigt haben, durchgeführt. [2]Falls die Mediation eine vor dem Amt anhängige Streitigkeit betrifft, wird sie in der Sprache des Verfahrens vor dem Amt geführt, sofern von den Beteiligten nichts anderes vereinbart wurde.

(12) [1]Das Amt erstellt eine Liste von Mediatoren, die die Beteiligten bei der Beilegung von Streitigkeiten unterstützen. [2]Die Mediatoren müssen unabhängig sein und über relevante Kompetenzen und Erfahrungen verfügen. [3]Die Liste kann sowohl Mediatoren, die vom Amt beschäftigt werden, als auch Mediatoren, die nicht vom Amt beschäftigt werden, umfassen.

(13) [1]Die Mediatoren sind in der Wahrnehmung ihrer Pflichten unparteiisch und müssen zum Zeitpunkt ihrer Benennung alle tatsächlichen oder vermeintlichen Interessenkonflikte offenlegen. [2]Mitglieder der in Artikel 159 genannten Entscheidungsinstanzen des Amtes dürfen nicht an der Mediation teilnehmen, sofern sie
a) in das Verfahren, das Gegenstand der Mediation ist, eingebunden waren,
b) ein persönliches Interesse an dem Verfahren haben oder
c) zuvor als Vertreter eines der Beteiligten eingebunden waren.

(14) Die Mediatoren nehmen nicht als Mitglieder der in Artikel 159 genannten Entscheidungsinstanzen des Amtes an Verfahren teil, die infolge des Scheiterns einer Mediation wieder aufgenommen wurden.

(15) Das Amt kann mit anderen anerkannten nationalen oder internationalen Mediationsgremien zusammenarbeiten.

Überblick

Die Vorschrift wurde mWv 23.3.2016 erstmalig gemäß Änderungsverordnung VO (EU) 2015/2424 (aF) eingefügt und durch VO (EU) 2017/1001 vom 14.6.2017 über die Unionsmarke kodifiziert. Abs. 1 bildet die Ermächtigungsgrundlage für das Amt zur Einrichtung eines Mediationszentrums, Abs. 2 definiert den Anwendungsbereich der Mediationsverfahren, die Abs. 3–11 regeln Eckpunkte des Verfahrens und die Abs. 12–14 Einzelheiten zu den infrage kommenden Mediatoren. Abs. 15 ermächtigt das Amt zur Zusammenarbeit mit externen Mediationsgremien.

Art. 170 schafft die Grundlage für ein durch das Amt einzurichtendes Mediationszentrum, bestimmt, wer unter welchen Voraussetzungen und für welche Streitigkeiten die Dienste des Zentrums in Anspruch nehmen kann und regelt den Rahmen des Verfahrens.

A. Zielsetzung und Wesen von Mediationsverfahren

1   Die Änderungsverordnung VO (EU) 2015/2424 (aF) und nun die UMV verfolgt unter anderem das Ziel, eine gütliche, zügige und effiziente Streitbeilegung zu erleichtern (vgl. Erwägungsgrund 33 VO (EU) 2015/2424 (aF) und Erwägungsgrund 35 UMV). Im Gegensatz zu vertraglich vereinbarten oder gesetzlich vorgeschriebenen Schiedsverfahren ist die Mediation freiwillig. Weder ersetzt sie die förmlichen Verfahren vor dem Amt, noch ist sie notwendige Voraussetzung zur Durchführung der förmlichen Verfahren vor dem Amt. Sie betrifft auch nicht notwendigerweise nur den Streitgegenstand des relevanten Verfahrens vor dem Amt und orientiert sich nicht an rein rechtlichen Gesichtspunkten, sondern an den wirtschaftlichen Interessen der Parteien. Die Möglichkeit zur Durchführung von Mediationsverfahren bot sich im Rahmen von Beschwerdeverfahren bereits vor Einführung von Art. 170 (→ Art. 165 Rn. 6).

B. Voraussetzung und Durchführung von Mediationsverfahren

I. Antrag und Verfahrensstadium

2   Mediationsverfahren finden nur auf Antrag beider Beteiligter in zweiseitigen Verfahren bezüglich Unionsmarken oder Gemeinschaftsgeschmacksmustern statt (Art. 170 Abs. 2 und Abs. 3). Zwar ist nach Art. 170 Abs. 4 die Antragstellung auch im Rahmen von Streitigkeiten in Bezug auf vor den Widerspruchsabteilungen und den Nichtigkeitsabteilungen anhängigen Verfahren statthaft, doch hat das Amt bisher förmliche Rahmenbedingungen nur für Mediationsverfahren im Rahmen von Beschwerdeverfahren geschaffen (vgl. FAQ des Amtes zur Schlichtung, einsehbar unter https://euipo.europa.eu/ohimportal/de/faq-mediation) sowie Beschluss Nr. EX-11-04 des Exekutivdirektors und Beschlüsse Nr. 2011-1 und 2013-3 des Präsidiums der Beschwerdekammern).

II. Zahlung der Gebühr

3   Gemäß Art. 170 Abs. 3 gilt der Antrag auf Durchführung des Mediationsverfahrens erst als gestellt, wenn die Gebühr für das Verfahren entrichtet ist. Allerdings ist nach Beschluss Nr. EX-11-4 des Exekutivdirektors für beim Amt durchzuführende Mediationsverfahren keine Gebühr fällig. Nur für Mediationsverfahren in den Brüsseler Räumen des Amtes fällt eine Verwaltungsgebühr von 750 Euro an, die die Reise- und Aufenthaltskosten der amtsseitigen Mediatoren abdecken soll.

III. Verfahrensablauf

4   Gemäß Art. 170 Abs. 5 wird das zur Mediation Anstoß gebende Verfahren ausgesetzt und alle Fristen bis auf die Frist zur Zahlung der entsprechenden Gebühr unterbrochen, dh auch die Beschwerdebegründungsfrist. Die Parteien werden aufgefordert, einen Mediator aus der vom Amt vorgehaltenen Liste zu benennen (Art. 170 Abs. 6 – eine Liste ist einsehbar unter https://euipo.europa.eu/ohimportal/de/mediators?inheritRedirect=true), wobei die Liste der Mediatoren durch das Präsidium der Beschwerdekammern gegenüber der vorgenannten Liste zuletzt stark erweitert wurde (Beschluss Nr. 2022-17 des Präsidiums der Beschwerdekammern vom 7.12.2022 über Mediatoren, abrufbar online unter https://euipo.europa.eu/ohimportal/de/web/guest/presidium-of-the-boards-of-appeal). Bei der Mediatorenwahl haben die Parteien zu beachten, ob der/die gewählte Mediator/in die gewünschte Verfahrenssprache des Mediationsverfahrens beherrscht. In der Regel wird die Mediation in der Sprache des Verfahrens durchgeführt, in dessen Rahmen der Mediationsantrag gestellt wurde, doch steht es den Parteien frei, eine andere Sprache zu wählen (Art. 170 Abs. 11). In einer Mediationsvereinbarung legen die Beteiligten und der/die Mediator/in die Rahmenbedingung der Mediation fest (Art. 170 Abs. 7); die Mediationsvereinbarung dient insbesondere der Sicherstellung der Vertraulichkeit der Mediationsverhandlungen und der Vertretungsbefugnis der Vertreter der Beteiligten. Sie kann darüber hinaus Einzelheiten zum insbesondere zeitlichen Ablauf der Mediation und zu eventuell auszutauschenden Dokumenten und Informationen enthalten. Die im Rahmen der Mediation ausgetauschten Informationen sind grundsätzlich vertraulich (Art. 170 Abs. 10) und dürfen ohne ausdrückliche Genehmigung der offenlegenden

Partei auch beim Scheitern der Mediation nicht später in das formelle Verfahren eingeführt werden. Typischerweise umfasst die Mediation abwechselnde gemeinsame Sitzungen der Parteien mit dem/ der Mediator/in und Einzelsitzungen zur Erarbeitung der wirtschaftlichen Bedürfnisse und mögli- chen Einigungsspielräumen der Parteien. Bei erfolgreichem Abschluss der Mediation treffen die Beteiligten eine Streitbeilegungsvereinbarung. Hierbei erteilt der/die Mediator/in keinen Rechts- rat, so dass es sich für die Parteien anbieten kann, neben den vollinformierten und abschlussbevoll- mächtigten Entscheidern auch ihre jeweiligen Rechtsbeistände einzubinden. Der erfolgreiche Abschluss der Mediation wird der mit dem zugrundeliegenden förmlichen Verfahren befassten Stelle des Amts mitgeteilt und diese stellt das Ende des Verfahrens fest (vgl. beispielhaft Beschluss 2013-3 des Präsidiums der Beschwerdekammern – Regeln für die Mediation, Punkt 8.6). Beim Scheitern der Mediation, insbesondere, wenn sich die Parteien schon nicht auf eine/n Mediator/ in einigen können (vgl. Art. 170 Abs. 6) oder wenn sich eine oder beide Parteien während des Verfahrens aus dem Verfahren zurückziehen oder das Scheitern ausdrücklich erklären, aber auch, wenn der Mediator zu der Einschätzung gelangt, dass eine Einigung nicht zu erreichen ist (Art. 170 Abs. 8), wird die mit der Streitigkeit befasste Stelle des Amts benachrichtigt (Art. 170 Abs. 9) und alle während der Dauer der Mediation unterbrochenen Fristen laufen sofort weiter (Art. 170 Abs. 5 S. 2); sie werden nicht neu gesetzt.

C. Unabhängigkeit der Mediatoren

Gemäß Art. 170 Abs. 13 müssen die Mediatoren unparteiisch sein und dürfen vor Beginn der **5** Mediation weder in das zugrundeliegende Verfahren beim Amt noch als Vertreter einer der Par- teien mit der Streitigkeit befasst gewesen sein. Sie dürfen auch kein persönliches Interesse am Verfahren haben. Sollte die Mediation scheitern und das förmliche Verfahren wieder aufgenommen werden, sind die Mediatoren auch für die künftige Entscheidungsfindung im förmlichen Verfahren nach Art. 170 Abs. 14 ausgeschlossen.

Abschnitt 6. Haushalt und Finanzkontrolle

Art. 171 Haushaltsausschuss

(1) Der Haushaltsausschuss nimmt die Aufgaben wahr, die ihm in diesem Abschnitt übertragen werden.

(2) Die Artikel 154 und 155 sowie Artikel 156 Absätze 1 bis 4 – und 5, soweit die Wahl des Vorsitzenden und des stellvertretenden Vorsitzenden betroffen ist – sowie Artikel 6 und 7 finden auf den Haushaltsausschuss entsprechende Anwendung.

(3) ¹Der Haushaltsausschuss fasst seine Beschlüsse mit der absoluten Mehrheit seiner Mitglieder. ²Beschlüsse des Haushaltsausschusses nach Artikel 173 Absatz 3 und Arti- kel 177 bedürfen jedoch der Zweidrittelmehrheit seiner Mitglieder. ³In beiden Fällen verfügen die Mitglieder über je eine Stimme.

Überblick

Art. 171 etabliert den Haushaltsausschuss des Amtes, der für die Haushalts- und Finanzkontrolle nach Maßgabe der Art. 139–144 zuständig ist (→ Rn. 2). Für seine Zusammensetzung (→ Rn. 1), Vorsitz, Einberufung und Durchführungen der Sitzungen (→ Rn. 3) wird auf entsprechende Vorschriften zum Verwaltungsrat verwiesen. Die erforderlichen Mehrheiten zur Beschlussfassung sind eigenständig geregelt (→ Rn. 4).

A. Zusammensetzung und Vorsitz des Haushaltsausschusses

Der Haushaltsausschuss besteht – grundsätzlich – aus je einem Vertreter pro Mitgliedstaat, zwei **1** Vertretern der Kommission und einem Vertreter des Europäischen Parlaments sowie ihren jeweili- gen Stellvertretern (Art. 171 Abs. 2 iVm Art. 154); die Liste der derzeitigen Mitglieder ist online abrufbar unter https://euipo.europa.eu/ohimportal/de/budget-committee (zuletzt abgerufen am 16.1.2023). Er wählt aus seinen Mitgliedern für die Dauer von drei Jahren bei zulässiger Wieder- wahl einen Vorsitzenden und einen stellvertretenden Vorsitzenden, der den Vorsitzenden bei

Verhinderung von Amts wegen vertritt (Art. 171 Abs. 2 iVm Art. 155). Derzeitiger Vorsitzender ist José Antonio GIL CELEDONIO (Spanien), stellvertretende Vorsitzende ist Maria João LAMPREIA (Portugal).

B. Zuständigkeiten des Haushaltsausschusses

2   Der Haushaltsausschuss ist für die Feststellung des Haushaltsplans zuständig (Art. 173 Abs. 3; zum Haushaltsplan näher → Art. 173 Rn. 1) und übermittelt den Haushaltsplan notwendigenfalls an die Kommission (Art. 173 Abs. 2; → Art. 173 Rn. 2). Der Haushaltsauschuss ist auch für die Rechnungsprüfung und die Entlastung des Exekutivdirektors nach Art. 176 und den Erlass der Haushaltsordnung nach Art. 177 zuständig.

C. Einberufung und Durchführung der Sitzungen

3   Der Haushaltsausschuss tagt planmäßig zweimal jährlich, 2023 planmäßig im Juni und November (der Sitzungsplan ist im Internet abrufbar unter https://euipo.europa.eu/ohimportal/de/budget-committee, zuletzt abgerufen am 16.1.2023). Er wird durch seinen Vorsitzenden einberufen (Art. 171 Abs. 2 iVm Art. 156 Abs. 1). Im Übrigen wird in Art. 171 Abs. 2 nicht nur auf die Vorschriften zur Sitzungsdurchführung des Verwaltungsrats Bezug genommen, sondern auch die Geschäftsordnung des Haushaltsausschusses (VO Nr. BC-1-16 des Haushaltsausschusses des Amtes der Europäischen Union für Geistiges Eigentum, online abrufbar unter https://euipo.europa.eu/ohimportal/de/budget-committee?inheritRedirect=true, zuletzt abgerufen am 16.1.2023) gleicht der des Verwaltungsrats (zur Sitzungsdurchführung → Art. 156 Rn. 1). Darüber hinaus entsenden viele Mitgliedstaaten dieselben Beamten sowohl als Mitglieder des Verwaltungsrats als auch als Mitglieder des Haushaltsausschusses. Als Sekretariat für den Haushaltsausschuss fungiert das Amt, nämlich die Dienststelle Institutionelle Beziehungen der Hauptabteilung Institutionelle Angelegenheiten und Zusammenarbeit (vgl. Art. 7 Beschluss des Präsidenten Nr. ADM-22-22 vom 27.4.2022 über die interne Struktur des Amtes, im Internet abrufbar unter https://euipo.europa.eu/ohimportal/de/decisions-and-communications-of-the-executive-director, zuletzt abgerufen am 16.1.2023).

D. Die Beschlussfassung im Haushaltsausschuss

4   Der Haushaltsausschuss fasst gemäß Art. 171 Abs. 3 seine Beschlüsse mit der absoluten Mehrheit der Stimmen seiner Mitglieder, für Beschlüsse nach Art. 173 Abs. 3 und Art. 177 soll eine Zweidrittelmehrheit notwendig sein; dh, Kommission und Parlament sind mWv 23.3.2016 an der Beschlussfassung beteiligt. Für die Feststellung des Haushaltsplans (Art. 173 Abs. 3) und den Erlass von internen Finanzvorschriften (Art. 177) ist eine Zweidrittelmehrheit der Mitglieder notwendig, wobei jedes Mitglied eine Stimme hat.

Art. 172 Haushalt

(1) [1]Alle Einnahmen und Ausgaben des Amtes werden für jedes Haushaltsjahr veranschlagt und in den Haushaltsplan des Amtes eingesetzt. [2]Haushaltsjahr ist das Kalenderjahr.

(2) Der Haushaltsplan ist in Einnahmen und Ausgaben auszugleichen.

(3) Die Einnahmen des Haushalts umfassen unbeschadet anderer Einnahmen das Aufkommen an Gebühren, die aufgrund des Anhangs I der vorliegenden Verordnung zu zahlen sind, das Aufkommen an Gebühren gemäß der Verordnung (EG) Nr. 6/2002, das Aufkommen an Gebühren, die aufgrund des Madrider Protokolls für eine internationale Registrierung, in der die Union benannt ist, zu zahlen sind, und sonstige Zahlungen an Vertragsparteien des Madrider Protokoll, das Aufkommen an Gebühren, die aufgrund der Genfer Akte gemäß Artikel 106c der Verordnung (EG) Nr. 6/2002 für eine internationale Eintragung, in der die Union benannt ist, zu zahlen sind, und sonstige Zahlungen an die Vertragsparteien der Genfer Akte, und, soweit erforderlich, einen Zuschuss, der in dem Einzelplan Kommission des Gesamthaushaltsplans der Union unter einer besonderen Haushaltslinie eingesetzt wird.

(4) Jedes Jahr gleicht das Amt die Kosten aus, die den Zentralbehörden für den gewerblichen Rechtsschutz der Mitgliedstaaten, dem Benelux-Amt für geistiges Eigen-

tum sowie jeder anderen einschlägigen Behörde entstehen, die von einem Mitgliedstaat infolge der spezifischen Aufgaben, die sie als funktionale Bestandteile des Markensystems der Europäischen Union im Rahmen der folgenden Dienstleistungen und Verfahren durchführen, zu benennen ist:

a) Widerspruchs- und Nichtigkeitsverfahren vor den Zentralbehörden für den gewerblichen Rechtsschutz der Mitgliedstaaten und dem Benelux-Amt für geistiges Eigentum, bei denen es um Unionsmarken geht;

b) Bereitstellung von Informationen über die Funktionsweise des Markensystems der Union durch Helpdesks und Informationsstellen;

c) Durchsetzung von Unionsmarken, einschließlich gemäß Artikel 9 Absatz 4 ergriffener Maßnahmen.

(5) [1] [1]Der Ausgleich der Kosten nach Absatz 4 entspricht insgesamt 5 % der jährlichen Einnahmen des Amtes. [2]Unbeschadet des Unterabsatzes 3 dieses Absatzes legt der Verwaltungsrat auf Vorschlag des Amtes und nach Rücksprache mit dem Haushaltsausschuss den Verteilungsschlüssel auf der Grundlage der folgenden gerechten, ausgewogenen und relevanten Indikatoren fest:

a) Anzahl der Anmeldungen von Unionsmarken durch Anmelder aus jedem Mitgliedstaat pro Jahr;

b) Anzahl der Anmeldungen nationaler Marken in jedem Mitgliedstaat pro Jahr;

c) Anzahl der Widersprüche und Anträge auf Erklärung der Nichtigkeit durch Inhaber von Unionsmarken in jedem Mitgliedstaat pro Jahr;

d) Anzahl der vor den von jedem Mitgliedstaat gemäß Artikel 123 benannten Unionsmarkengerichten eingelegten Klagen pro Jahr.

[3]Zur Belegung der in Absatz 4 genannten Kosten unterbreiten die Mitgliedstaaten dem Amt jedes Jahr bis zum 31. März Statistiken zum Nachweis der unter Unterabsatz 1 Buchstaben a bis d dieses Absatzes genannten Zahlen für das vorhergehende Jahr; diese werden in den Vorschlag aufgenommen, der dem Verwaltungsrat vorgelegt wird.

[2] Aus Gründen der Billigkeit wird davon ausgegangen, dass die Kosten, die den in Absatz 4 genannten Einrichtungen in jedem Mitgliedstaat entstanden sind, mindestens 2 % des Gesamtbetrags des Ausgleichs gemäß diesem Absatz entsprechen.

(6) Die Verpflichtung des Amtes zum Ausgleich der Kosten gemäß Absatz 4, die in einem bestimmten Jahr entstanden sind, gilt nur insoweit, als in diesem Jahr kein Haushaltsdefizit entsteht.

(7) Bei einem Haushaltsüberschuss kann der Verwaltungsrat unbeschadet des Absatzes 10 auf Vorschlag des Amtes und nach Rücksprache mit dem Haushaltsausschuss den Prozentsatz gemäß Absatz 5 auf höchstens 10 % der jährlichen Einnahmen des Amtes erhöhen.

(8) Unbeschadet der Absätze 4 bis 7 und Absatz 10 dieses Artikels und der Artikel 151 und 152 entscheidet der Haushaltsausschuss im Fall, dass in fünf aufeinander folgenden Jahren ein substanzieller Überschuss erwirtschaftet wurde, auf Vorschlag des Amtes und im Einklang mit dem Jahresarbeitsprogramm und dem strategischen Mehrjahresprogramm gemäß Artikel 153 Absatz 1 Buchstaben a und b mit Zweidrittelmehrheit über die Zuführung eines Überschusses, der ab dem 23. März 2016 entstanden ist, an den Unionshaushalt.

(9) [1]Das Amt erstellt halbjährlich einen Bericht an das Europäische Parlament, den Rat und die Kommission über seine finanzielle Situation, in dem auch die Finanzoperationen gemäß Artikel 152 Absätze 5 und 6 und gemäß der Absätze 5 und 7 des vorliegenden Artikels dargelegt werden. [2]Anhand dieses Berichts prüft die Kommission die Finanzlage des Amtes.

(10) Das Amt hält einen Reservefonds vor, der seine operativen Ausgaben während eines Jahres deckt, um die Kontinuität seiner Arbeit und die Ausführung seiner Aufgaben zu gewährleisten.

Überblick

Art. 172 regelt die Aufstellung des Haushaltsplans (→ Rn. 1), setzt als Haushaltsjahr das Kalenderjahr fest und bestimmt, dass Einnahmen (→ Rn. 2) und Ausgaben (→ Rn. 3) des Amtes ausgeglichen zu sein haben (→ Rn. 4).

A. Aufstellung des Haushaltsplans

1   Nach Art. 172 Abs. 1 sind für jedes Haushaltsjahr die Einnahmen und Ausgaben des Amtes in einen Haushaltsplan aufzunehmen. Die Vorschrift bestimmt außerdem, dass das Haushaltsjahr dem Kalenderjahr entspricht. Zuständig für die Erstellung eines Voranschlags des Haushaltsplans ist der Exekutivdirektor des Amts (Art. 128 Abs. 4 lit. m, Art. 173 Abs. 1). Festgestellt wird der Haushaltsplan für das kommende Jahr vom Haushaltsausschuss nach Art. 173 Abs. 3, ggf. nach Einbeziehung der Kommission (Art. 173 Abs. 2).

B. Einnahmen und Ausgaben

I. Einnahmen

2   Zu den Einnahmen des Amtes zählen nach Art. 172 Abs. 3 insbesondere die Gebührenzahlungen nach Anh. I, die nach Art. 182 erhaltenen Gebühren für IR-Marken unter dem Madrider Protokoll, sonstige Zahlungen, die das Amt anstelle der EU (Eisenführ/Schennen/Schennen Rn. 9) als Vertragspartei des Madrider Protokolls erhält, Gebühren für das Gemeinschaftsgeschmacksmuster, die Gebühren, die das Amt für eine internationale Geschmacksmustereintragung nach der Genfer Akte mit Benennung der Union erhält und sonstige Zahlungen an Vertragsparteien nach der Genfer Akte (Eisenführ/Schennen/Schennen Rn. 10). Vor der Reform durch die Änderungsverordnung VO (EU) 2015/2424 war auch vorgesehen, dass, falls das Amt einen Zuschuss aus dem Gesamthaushaltsplan der EU erhielt, dieser auch zu den Einnahmen des Amtes zählte. Solche Zuschüsse waren nur in den ersten Jahren der Existenz des Amtes notwendig, während derer die erzielten Einnahmen noch nicht reichten, um die Ausgaben zu decken. Diese Situation hat sich aber inzwischen geändert (→ Rn. 4).

II. Ausgaben

3   Die Ausgaben sind in der UMV nicht gesondert definiert. Zu den wichtigsten Posten zählen mit Abstand die Personalkosten, gefolgt von Kosten für IT/Infrastruktur und EU Kooperationskosten (vgl. EUIPO Budget 2022, veröffentlicht auf der Internetseite des Amtes und abrufbar unter https://euipo.europa.eu/ohimportal/en/transparency-portal/economic/office-budget).

C. Ausgeglichenheit des Haushalts

4   Der Haushalt hat nach Art. 172 Abs. 2 ausgeglichen zu sein, dh das Amt soll kostendeckend aber nicht gewinnorientiert arbeiten. Nachdem das Amt in der Anfangsphase bis einschließlich 1996 (vgl. Eisenführ/Schennen/Schennen Rn. 3) Zuschüsse aus dem Unionshaushalt benötigte, weil die Einnahmen die Ausgaben noch nicht deckten, überwogen in der Folge die Einnahmen die Ausgaben deutlich, insbesondere seit für die ersten Gemeinschaftsmarken Verlängerungsgebühren anfielen. Ein ausgeglichener Haushalt war zunächst trotz deutlicher Gebührensenkungen 2005 und 2009 nicht gelungen. Trotz der Gebührensenkungen überstiegen die Einnahmen des Amtes die Ausgaben anfangs weiterhin deutlich, wenn auch nicht mehr so ausgeprägt wie in früheren Jahren (vgl. HABM Jahresbericht 2011, veröffentlicht auf der Internetseite des Amts). Der Trend zu Einnahmeüberschüssen scheint seit 2012 gebrochen, hauptsächlich wegen der mit den neuen Aufgaben der Beobachtungsstelle verbundenen Ausgaben sowie wegen Investitionen in internationale Kooperationen und Gebäude (vgl. HABM Jahresberichte 2012 und folgende, veröffentlicht auf der Internetseite des Amtes, abrufbar unter https://euipo.europa.eu/ohimportal/de/transparency-portal/economic/annual-accounts).

D. Kostenausgleich mit den nationalen Ämtern

5   Gemäß Art. 172 Abs. 4 gleicht das Amt jährlich die Kosten der nationalen Ämter und sonstiger einschlägiger Behörden aus, die den Mitgliedstaaten infolge spezifischer Aufgaben, im Rahmen des Markensystems der EU entstanden sind.

6   Art. 172 Abs. 5 definiert diese Kosten als einen Anteil an den Einnahmen des EUIPO und legt Indikatoren für die Ermittlung des Verteilungsschlüssels durch den Verwaltungsrat fest. Die Mitgliedstaaten sind gehalten, Nachweise über die entstandenen Kosten zu erbringen. Der Kostenausgleich erfolgt nur, soweit beim Amt kein Defizit entsteht (Art. 172 Abs. 6). Bei Erzielung eines Überschusses kann der Verwaltungsrat in den Grenzen des Art. 172 Abs. 7 die Erhöhung des Anteils an den Einnahmen beschließen.

E. Berichterstattung und Überschussverwendung

Nach dem neuen Art. 172 Abs. 9 erstattet das Amt dem Europäischen Parlament, dem Rat **7** und der Kommission halbjährlich über seine Finanzlage Bericht. Bei nachhaltiger Erzielung substantieller Überschüsse können Haushaltsüberschüsse nach dem neuen Art. 172 Abs. 8 unter Umständen dem Unionshaushalt zugeführt werden. Nach Abs. 10 hat das Amt zudem einen Reservefonds vorzuhalten, der den Finanzbedarf des Amts für ein Jahr deckt.

Art. 173 Feststellung des Haushaltsplans

(1) Der Exekutivdirektor stellt jährlich für das folgende Haushaltsjahr einen Vorschlag der Einnahmen und Ausgaben des Amtes auf und übermittelt ihn sowie einen Stellenplan spätestens am 31. März jedes Jahres dem Haushaltsausschuss.

(2) ¹Ist in den Haushaltsvoranschlägen ein Unionszuschuss vorgesehen, so übermittelt der Haushaltsausschuss den Voranschlag unverzüglich der Kommission, die ihn an die Haushaltsbehörde der Union weiterleitet. ²Die Kommission kann diesem Voranschlag eine Stellungnahme mit abweichenden Voranschlägen beifügen.

(3) ¹Der Haushaltsausschuss stellt den Haushaltsplan fest, der auch den Stellenplan des Amtes umfasst. ²Enthalten die Haushaltsvoranschläge einen Zuschuss zulasten des Gesamthaushaltsplans der Union, so wird der Haushaltsplan des Amtes gegebenenfalls angepasst.

Überblick

Art. 173 regelt die Aufstellung (→ Rn. 1) und Feststellung (→ Rn. 3) des Haushaltsplans einschließlich der ggf. erforderlichen Übermittlung an die Kommission (→ Rn. 2) und die Anpassung des Haushaltsplans des Amts im Fall eines Zuschusses zu Lasten des Gesamthaushaltsplans der Union.

A. Vorschlag des Haushaltsplans durch den Exekutivdirektor

Für den Haushaltsplan stellt der Exekutivdirektor des Amts jährlich einen Voranschlag der **1** Einnahmen und Ausgaben des Amts auf und übermittelt diesen dem Haushaltsausschuss spätestens am 31. März jedes Jahres (Art. 33 VO Nr. BC-1-19 des Haushaltsausschusses des Amtes der Europäischen Union für geistiges Eigentum – „Haushaltsordnung", abrufbar unter https://euipo.europa.eu/ohimportal/de/budget-committee?inheritRedirect=true). Der Voranschlag enthält neben der Aufstellung der Einnahmen und Ausgaben des Amts auch einen Stellenplan, bei Änderung des Personalbestands eine Begründung zu den Stellenanforderungen, eine vierteljährliche Vorausschätzung der Kassenaus- und -einzahlungen und Angaben zur Verwirklichung früher gesetzter Ziele und zu neuen Zielsetzungen (Art. 33 VO Nr. BC-1-19). Darüber hinaus hat der Exekutivdirektor des Amts gemäß Art. 32 VO Nr. BC-1-19 eine jährliche und mehrjährige Programmplanung zu erstellen, die sowohl die Strategie des Amts als auch die Ressourcenplanung umfasst. Die Programmplanung hat der Exekutivdirektor zunächst mit der Kommission zu besprechen, bevor er sie dem Verwaltungsrat zur Genehmigung vorlegt (Art. 32 Abs. 1 VO Nr. BC-1-19).

B. Übermittlung des Plans an die Kommission

Nur, wenn der Haushaltsplan einen Zuschuss seitens der Gemeinschaft vorsieht, muss der Plan **2** auch unverzüglich der Kommission und von dieser der Haushaltsbehörde der Union übermittelt werden (Art. 173 Abs. 2). Allerdings war ein Zuschuss seitens der Gemeinschaft nur in den ersten beiden Jahren der Existenz des Amtes nötig. Bereits seit 1997 deckten die Einnahmen des Amtes die Ausgaben. Insbesondere seit Hinzutreten der Verlängerungsgebühren für die ersten Unionsmarken steigen die Einnahmen stetig, so dass trotz Gebührensenkungen 2005 und 2009 die Einnahmen des Amts die Ausgaben übersteigen. In der Folge hat das Amt einen beträchtlichen Reservefonds gebildet; die Inanspruchnahme eines Zuschusses ist daher unwahrscheinlich.

C. Feststellung des Haushaltsplans

3   Der Haushaltsausschuss stellt den Haushaltsplan vor Beginn des betreffenden Haushaltsjahrs fest (Art. 33 Abs. 4 VO Nr. B-1-19). Art. 173 Abs. 3 sieht zudem eine Anpassung des Haushaltsplans vor, falls er einen Zuschuss zulasten der Union enthält. Eine solche Anpassung könnte nötig sein, wenn der von der Union bewilligte Zuschuss von dem im Voranschlag eingeplanten abweicht. Allerdings ist für die Zukunft mit der Beanspruchung eines Zuschusses nicht zu rechnen (→ Rn. 2).

Art. 174 Rechnungsprüfung und Kontrolle

(1) [1]Beim Amt wird die Funktion eines Internen Prüfers eingerichtet, die unter Einhaltung der einschlägigen internationalen Normen ausgeübt werden muss. [2]Der von dem Exekutivdirektor benannte Interne Prüfer ist diesem gegenüber für die Überprüfung des ordnungsgemäßen Funktionierens der Systeme und der Vollzugsverfahren des Amtshaushalts verantwortlich.

(2) Der Interne Prüfer berät den Exekutivdirektor in Fragen der Risikokontrolle, indem er unabhängige Stellungnahmen zur Qualität der Verwaltungs- und Kontrollsysteme und Empfehlungen zur Verbesserung der Bedingungen für die Abwicklung der Vorgänge sowie zur Förderung einer wirtschaftlichen Haushaltsführung abgibt.

(3) Der Anweisungsbefugte führt interne Kontrollsysteme und -verfahren ein, die für die Ausführung seiner Aufgaben geeignet sind.

Überblick

Art. 174 etabliert die Funktion des Internen Prüfers beim Amt. Dieser wird vom Exekutivdirektor ernannt und ist für die Überprüfung der Ordnungsmäßigkeit und Funktionsfähigkeit der Amtshaushaltssysteme und damit verbundener Vollzugsverfahren verantwortlich (→ Rn. 1). Darüber hinaus berät er den Exekutivdirektor zur Risikokontrolle (→ Rn. 2). Als Anweisungsbefugter führt der Exekutivdirektor geeignete interne Kontrollsysteme und verfahren ein (→ Rn. 3).

A. Die Funktion des Internen Prüfers

1   Der Interne Prüfer wird vom Exekutivdirektor des Amtes benannt und ist diesem für die Überprüfung des ordnungsgemäßen Funktionierens der Systeme und der Haushaltsvollzugsverfahren verantwortlich (Art. 78 Abs. 2 Haushaltsordnung – Verordnung Nr. BC-1-19 des Haushaltsausschusses des Amtes der Europäischen Union für Geistiges Eigentum vom 10.7.2019, unter https://euipo.europa.eu/ohimportal/de/budget-committee, zuletzt abgerufen am 16.1.2023). Hierbei hat der Interne Prüfer die internationalen Normen für das interne Audit einzuhalten (Art. 174 Abs. 1 S. 1 iVm Art. 80 Abs. 1 Haushaltsordnung. Art. 79 Abs. 3 Haushaltsordnung bestimmt, dass sich die Tätigkeit des Prüfers auf alle Tätigkeitsfelder und Dienststellen des Amtes erstreckt. Art. 81 Haushaltsordnung gewährleistet zudem die Unabhängigkeit des Internen Prüfers. Der Verwaltungsrat und der Haushaltsausschuss sind zu informieren, wenn der Interne Prüfer ernannt wird oder aus dem Dienst ausscheidet (Art. 78 Abs. 3, 7 Haushaltsordnung). Gemäß Art. 14 Beschluss des Exekutivdirektors ADM-22-22 über die interne Struktur des Amtes untersteht der Interne Prüfer als Leiter der Dienststelle Internes Audit direkt dem Exekutivdirektor. Gemäß Art. 81 Haushaltsordnung ist allerdings der Interne Prüfer im Rahmen seiner Verantwortlichkeiten nach der Haushaltsordnung völlig weisungsungebunden; zudem darf er in seiner Tätigkeit nicht beschränkt werden.

B. Beratung zur Risikokontrolle

2   Die Beratung des Exekutivdirektors zur Risikokontrolle beinhaltet insbesondere die Beurteilung der Angemessenheit und Wirksamkeit der internen Verwaltungssysteme, der Leistung der Dienststellen bei der Durchführung der Programme und Maßnahmen unter Berücksichtigung der damit verbundenen Risiken und der Effizienz und Wirksamkeit der internen Kontroll- und Prüfungssysteme zum Haushaltsvollzug (Art. 79 Abs. 2, 5 Haushaltsordnung). Hierzu gibt der Interne Prüfer unabhängige Stellungnahmen zur Qualität der Verwaltungs- und Kontrollsysteme ab und macht Verbesserungsvorschläge zur Abwicklung von Vorgängen und zur Förderung einer wirtschaftlichen

Haushaltsführung. Er teilt dem Exekutivdirektor seine Feststellungen mit (Art. 79 Abs. 5 Haushaltsordnung) und berichtet jährlich über Anzahl und Art der durchgeführten Prüfungen, die abgegebenen Empfehlungen und die aufgrund der Empfehlungen getroffenen Maßnahmen (Art. 79 Abs. 10 Haushaltsordnung). Der Interne Prüfer legt dem Verwaltungsrat und dem Exekutivdirektor einen Jahresbericht vor (Art. 79 Abs. 10 Haushaltsordnung).

C. Interne Kontrollsysteme und verfahren

„Anweisungsbefugter" iSv Art. 174 Abs. 3 ist der Exekutivdirektor selbst (Art. 2 Abs. 5 Haushaltsordnung). Dieser hat geeignete interne Kontrollsysteme und -verfahren einzuführen, die die Ordnungsmäßigkeit der Einnahmen und Ausgaben des Amts gewährleisten und sicherstellen, dass die Einnahmen und Ausgaben den Grundsätzen der Wirtschaftlichkeit der Haushaltsführung entsprechen (Art. 42 Abs. 2 iVm Art. 42 Abs. 1 Haushaltsordnung). **3**

Art. 175 Betrugsbekämpfung

(1) Zur besseren Bekämpfung von Betrug, Korruption und sonstigen rechtswidrigen Handlungen gemäß der Verordnung (EU, Euratom) Nr. 883/2013 des Europäischen Parlaments und des Rates [Amtl. Anm.: Verordnung (EU, Euratom) Nr. 883/2013 des Europäischen Parlaments und des Rates vom 11. September 2013 über die Untersuchungen des Europäischen Amtes für Betrugsbekämpfung (OLAF) und zur Aufhebung der Verordnung (EG) Nr. 1073/1999 des Europäischen Parlaments und des Rates und der Verordnung (Euratom) Nr. 1074/1999 des Rates (ABl. L 248 vom 18.9.2013, S. 1)] tritt das Amt der Interinstitutionellen Vereinbarung vom 25. Mai 1999 über die internen Untersuchungen des OLAF bei und beschließt geeignete Vorschriften nach dem Muster in der Anlage zu der Vereinbarung, die für sämtliche Mitarbeiter des Amtes gelten.

(2) Der Rechnungshof ist befugt, bei allen Finanzhilfeempfängern, Auftragnehmern und Unterauftragnehmern, die Unionsgelder vom Amt erhalten haben, Rechnungsprüfungen anhand von Unterlagen sowie vor Ort durchzuführen.

(3) Das OLAF kann gemäß den Bestimmungen und Verfahren der Verordnung (EU, Euratom) Nr. 883/2013 und der Verordnung (Euratom, EG) Nr. 2185/96 des Rates [Amtl. Anm.: Verordnung (Euratom, EG) Nr. 2185/96 des Rates vom 11. November 1996 betreffend die Kontrollen und Überprüfungen vor Ort durch die Kommission zum Schutz der finanziellen Interessen der Europäischen Gemeinschaften vor Betrug und anderen Unregelmäßigkeiten (ABl. L 292 vom 15.11.1996, S. 2)] Ermittlungen durchführen, darunter auch Kontrollen und Überprüfungen vor Ort, um festzustellen, ob im Zusammenhang mit vom Amt gewährten Finanzhilfen oder von ihm finanzierten Verträgen ein Betrugs- oder Korruptionsdelikt oder eine sonstige rechtswidrige Handlung zum Nachteil der finanziellen Interessen der Union vorliegt.

(4) Unbeschadet der Absätze 1, 2 und 3 müssen Kooperationsvereinbarungen mit Drittländern und internationalen Organisationen, Verträge, Finanzhilfevereinbarungen und Finanzhilfeentscheidungen des Amtes Bestimmungen enthalten, die den Rechnungshof und das OLAF ausdrücklich ermächtigen, solche Rechnungsprüfungen und Untersuchungen entsprechend ihren jeweiligen Zuständigkeiten durchzuführen.

(5) Der Haushaltsausschuss beschließt eine Betrugsbekämpfungsstrategie, bei der Kosten und Nutzen der durchzuführenden Maßnahmen in einem angemessenen Verhältnis zu den Betrugsrisiken stehen.

Überblick

Die Vorschrift wurde mWv 23.3.2016 gemäß der Änderungsverordnung VO (EU) 2015/2424 eingefügt.

Diese neu eingefügte Vorschrift dient der besseren Bekämpfung von Betrug, Korruption und **1** sonstigen rechtswidrigen Handlungen, indem das Amt der Interinstitutionellen Vereinbarung vom 25.5.1999 über die internen Untersuchungen des Europäischen Amtes für Betrugsbekämpfung (OLAF) beitritt und geeignete Vorschriften nach dem Muster in der Anlage zu der Vereinbarung beschließt, die für sämtliche Mitarbeiter des Amtes gelten. Weiter ist der Rechnungshof ermächtigt, bei Empfängern von durch das Amt ausgezahlten Unionsgeldern Prüfungen durchzuführen (Art. 175 Abs. 2). OLAF wird ermächtigt, Kontrollen und Überprüfungen vor Ort durchzuführen (Art. 175 Abs. 3), Kooperationsvereinbarungen mit Drittländern oder internationalen Organisationen müssen entsprechende Ermächtigungsklauseln für den Rechnungshof und OLAF enthalten (Art. 175 Abs. 4) und der Haushaltsausschuss muss eine angemessene Betrugsbekämpfungsstrategie beschließen (Art. 175 Abs. 5). Die Haushaltsordnung (Verordnung Nr. BC-1-19 des Haushaltsausschusses des Amtes der Europäischen Union für Geistiges Eigentum vom 10.7.2019, abrufbar unter https://euipo.europa.eu/ohimportal/de/budget-committee) enthält ua in Art. 45 Abs. 11, 12 Whistleblower-Regelungen und in Art. 113 Regelungen zu Vor-Ort-Kontrollen durch den Rechnungshof, OLAF und die Kommission.

Art. 176 Rechnungsprüfung

(1) ¹Der Exekutivdirektor übermittelt der Kommission, dem Europäischen Parlament, dem Haushaltsausschuss und dem Rechnungshof spätestens am 31. März jedes Jahres die Rechnung für alle Einnahmen und Ausgaben des Amtes im abgelaufenen Haushaltsjahr. ²Der Rechnungshof prüft die Rechnung nach Artikel 287 AEUV.

(2) Der Haushaltsausschuss erteilt dem Exekutivdirektor Entlastung zur Ausführung des Haushaltsplans.

Überblick

Art. 176 regelt die jährliche Rechnungslegung durch den Exekutivdirektor (→ Rn. 1), die Rechnungsprüfung durch den Rechnungshof (→ Rn. 2) und die Entlastung des Exekutivdirektors durch den Haushaltsausschuss (→ Rn. 3).

A. Rechnungslegung

1 Gemäß Art. 106 Haushaltsordnung übermittelt der auf Vorschlag des Exekutivdirektors durch den Haushaltsausschuss ernannte Rechnungsführer des Amtes spätestens am 31. März des folgenden Jahres dem Haushaltsausschuss, dem Rechnungsführer der Kommission und dem Rechnungshof die vorläufigen Jahresrechnungen und dem Rechnungsführer der Kommission ein Berichterstattungspaket in dem von diesem vorgegebenen Format.

B. Rechnungsprüfung

2 Zuständig für die Rechnungsprüfung ist der Rechnungshof, nunmehr nach Art. 285 ff. AEUV. Der Rechnungshof legt nach Art. 107 Abs. 1 Haushaltsordnung für den Gesamthaushaltsplan spätestens am 1. Juni des auf das abgeschlossene Haushaltsjahr folgenden Jahres seine Bemerkungen zu den vorläufigen Rechnungen des Amtes vor. Hiernach erstellt der Rechnungsführer gem. Art. 107 Abs. 3 Haushaltsordnung iVm Art. 48 Haushaltsordnung den endgültigen Jahresabschluss und der Exekutivdirektor übermittelt ihn anschließend dem Haushaltsausschuss.

C. Entlastungsbeschluss

3 Der Haushaltsausschuss prüft die Rechnungen, Jahresabschlüsse und Vermögensübersichten des Amtes, den Bericht des Rechnungshofs mit den Antworten des Exekutivdirektors des Amts, eventuelle Sonderberichte des Rechnungshofs für das betreffende Haushaltsjahr und die Erklärung des Rechnungshofs zur Zuverlässigkeit der Rechnungsführung und der Rechtmäßigkeit und Ordnungsmäßigkeit der zugrundeliegenden Vorgänge (Art. 111 Abs. 2 Haushaltsordnung). Sofern nichts entgegensteht, erteilt der Haushaltsausschuss dem Exekutivdirektor die Entlastung vor dem 30. Juni des zweiten auf das betreffende Haushaltsjahr folgenden Jahres (Art. 110 Abs. 1 Haushaltsordnung). Andernfalls schiebt der Haushaltsausschuss die Entlastung auf, teilt die Gründe dem Exekutivdirektor mit und gibt diesem Gelegenheit, die Hindernisse für die Entlastung auszuräumen (Art. 110 Abs. 2 und Abs. 3 Haushaltsordnung).

Art. 177 Finanzvorschriften

¹Der Haushaltsausschuss erlässt nach Stellungnahme der Kommission und des Rechnungshofs die internen Finanzvorschriften, in denen insbesondere die Einzelheiten der

Aufstellung und Ausführung des Haushaltsplans des Amtes festgelegt werden. [2]Die Finanzvorschriften lehnen sich, soweit dies mit der Besonderheit des Amtes vereinbar ist, an die Haushaltsordnungen anderer von der Union geschaffener Einrichtungen an.

Überblick

Art. 134 regelt die Erstellung der amtsinternen Finanzvorschriften durch den Haushaltsausschuss. Sie dienen insbesondere der Festlegung der Einzelheiten hinsichtlich Aufstellung und Umsetzung des Haushaltsplans. Derzeit bestehen eine Haushaltsordnung (→ Rn. 1) und eine Verordnung mit Durchführungsbestimmungen zur Haushaltsordnung (→ Rn. 2).

A. Die Haushaltsordnung

Die derzeit gültige Haushaltsordnung ist Verordnung Nr. BC-1-19 des Haushaltsausschusses **1** des Amtes der Europäischen Union für Geistiges Eigentum vom 10.7.2019 über die Finanzvorschriften des Amtes (auf der Internetseite des Amtes abrufbar unter Über das EUIPO/Wer wir sind/Führungsstruktur/Haushaltsausschuss/Weitere Informationen/Verordnungen). Sie regelt die Haushaltsgrundsätze, die Aufstellung des Haushaltsplans, seine Gliederung und Darstellung, den Vollzug der Haushaltsvorschriften, Rolle und Verantwortlichkeit der beteiligten Finanzakteure sowie die Rechnungsführung und Rechnungslegung einschließlich der externen Kontrolle und der Entlastung.

B. Durchführungsbestimmungen zur Haushaltsordnung

Die Durchführungsbestimmungen wurden in die Haushaltsordnung integriert und die **2** ursprüngliche Durchführungsverordnung NR. CB-2-15 des Haushaltsausschusses des Amtes der Europäischen Union für Geistiges Eigentum vom 26.11.2015 und die Haushaltsordnung in der Fassung der Verordnung Nr. CB-1-15 des Haushaltsausschusses des Amtes der Europäischen Union für Geistiges Eigentum die Haushaltsordnung wurden aufgehoben (Art. 117 Haushaltsordnung).

Art. 178 Gebühren und Entgelte und Fälligkeit

(1) [1]Der Exekutivdirektor legt die Höhe der Entgelte fest, die für andere als die in Anhang I genannten vom Amt erbrachten Dienstleistungen zu entrichten sind, sowie die Entgelte, die für das Blatt für Unionsmarken, das Amtsblatt des Amtes und alle anderen Veröffentlichungen des Amtes zu entrichten sind. [2]Die Entgelte werden in Euro festgelegt und im Amtsblatt des Amtes veröffentlicht. [3]Jedes einzelne Entgelt darf nicht über das hinausgehen, was zur Deckung der Kosten der vom Amt erbrachten speziellen Dienstleistung erforderlich ist.

(2) [1] Die Gebühren und Entgelte, deren Fälligkeit nicht in dieser Verordnung geregelt ist, sind fällig bei Eingang des Antrags auf die Dienstleistung, für die die Gebühr oder das Entgelt anfällt.
[2] Mit Zustimmung des Haushaltsausschusses kann der Exekutivdirektor festlegen, welche der in Unterabsatz 1 genannten Dienstleistungen nicht die vorherige Zahlung der entsprechenden Gebühren oder Entgelte voraussetzen.

Überblick

Art. 178 ist Grundlage der Entgelte für andere als die in Anhang I genannten Handlungen; die Gebühren sind nunmehr im Anhang I festgelegt (zur Höhe → Rn. 1 f.). „Preise" sind Entgelte für nicht nach Anhang I gebührenpflichtige Leistungen des Amtes; sie werden durch Beschluss des Exekutivdirektors bestimmt (→ Rn. 3). Im Übrigen regelt Art. 178 Abs. 2 die allgemeine Fälligkeit von Gebühren und Entgelten (→ Rn. 4). Zur Zahlung von Gebühren bezüglich internationaler Registrierungen nach dem Madrider Protokoll → Rn. 5. Die Gebühren sollen der Höhe nach einen ausgeglichenen Haushalt gewährleisten (→ Rn. 6).

A. Höhe der Gebühren und Preise

I. Gebühren

1   Nach der Änderungsverordnung **VO (EU) 2015/2424** (aF) wurden mWv 23.3.2016 die Gebühren neu strukturiert („eine Gebühr pro Klasse") und zum Teil erheblich gesenkt. Die ursprüngliche Gebührenordnung, für die der Art. 178 in der Fassung vor dem 23.3.2016 die Rechtsgrundlage bildete, wurde aufgehoben. Die Gebühren sollen einen ausgeglichenen Haushalt gewährleisten und insbesondere die Anhäufung größerer Überschüsse vermeiden helfen (vgl. Erwägungsgründe 35 und 36 VO (EU) 2015/2424 (aF)). Nach der neuen Gebührenstruktur umfasst die Grundgebühr für eine Anmeldung nicht mehr drei, sondern nur noch eine Klasse, kombiniert mit verschieden abgestuften Klassengebühren. Diese Struktur soll zum einen die Unionsmarke auch für kleinere Anmelder mit begrenztem Waren-/Dienstleistungsspektrum attraktiver machen und zum anderen verhindern, dass Marken für mehr Klassen als nötig angemeldet oder verlängert werden. Dementsprechend sollen auch die Verlängerungsgebühren der neuen Struktur folgen und erheblich gesenkt werden. Die Gebühren bei nicht elektronischer Anmeldung von Individualmarken sind seit dem 23.3.2016 folgende: Grundgebühr 1.000 Euro zuzüglich 50 Euro für die zweite Klasse und 150 Euro für jede weitere Klasse ab der dritten. Dieselben Beträge fallen bei nicht elektronischer Verlängerung einer Individualmarke an. Bei elektronischer Anmeldung und Verlängerung ermäßigen sich die Gebühren wie folgt – zusätzlich im Vergleich zu den früheren Gebühren dargestellt (in Euro):

		vor der Reform	**aktuell**
Anmeldung (elektronisch)		900 (drei Klassen)	850 (eine Klasse)
Klassen	2. Klasse	(-)	50
	3. Klasse	(-)	150
	4. und weitere Klassen	150	150
Gesamtbeträge	Anmeldung 1 Kl.	900	850
	Anmeldung 2 Kl.	900	900
	Anmeldung 3 Kl.	900	1.050
Verlängerung (elektronisch)		1350 (drei Klassen)	850 (eine Klasse)
Klassen	2. Klasse	(-)	50
	3. Klasse	(-)	150
	4. und weitere Klassen	400	150
Gesamtbeträge	Verlängerung 1 Kl.	1.350	850
	Verlängerung 2 Kl.	1.350	900
	Verlängerung 3 Kl.	1.350	1.050

2 Die neuen niedrigeren Gebühren für **Verlängerungen** fielen gemäß Mitteilung Nr. 2/2016 des Präsidenten (jetzt „Exekutivdirektor") des Amtes vom 20.1.2016 nur für die Marken an, die am oder nach dem Tag des Inkrafttretens der VO (EU) 2015/2424 (aF) des Europäischen Parlaments und des Rates zur Änderung der VO (EG) 207/2009 abliefen. Das heißt, für Marken, die vorher abliefen, waren noch die früheren höheren Gebühren zu zahlen, selbst wenn die Verlängerung erst nach Inkrafttreten der Reform innerhalb der Nachfrist beantragt und/oder bezahlt wurde. Umgekehrt fiel für Marken, die am oder nach dem Datum des Inkrafttretens der Reform abliefen, der neue niedrigere Gebührensatz an, selbst wenn die Verlängerung schon vor Inkrafttreten der Reform beantragt/bezahlt wurde. Soweit für am oder nach dem 23.3.2016 ablaufende Marken die Verlängerungsgebühren nach den alten, höheren Sätzen bezahlt wurden, wurden die überschüssigen Gebühren erstattet.

II. Preise

3   „Preise" sind die Entgelte, die für nicht nach Anhang I gebührenpflichtige Leistungen des Amtes anfallen; sie werden durch Beschluss des Exekutivdirektors bestimmt (Art. 178 Abs. 1). Hierzu gehörten auch die Preise für die Publikationen des Amtes einschließlich des Amtsblatts und des Blatts für Gemeinschaftsmarken. Allerdings erscheinen Amtsblatt und Blatt für Gemeinschaftsmarken jetzt nur noch in elektronischer Form; sie werden kostenlos auf der Internetseite des Amtes zum Herunterladen bereitgehalten. Zudem ist durch Beschluss des Präsidenten Nr. EX-10-2 der Zugang zu den Daten der Datenbank des EUIPO in maschinenlesbarer Form („CTM-DOWNLOAD") ab 2.1.2011 kostenfrei gestellt worden. Gemäß Beschluss des Präsidenten Nr. EX-11-4 erfolgt auch die Mediation vor den Beschwerdekammern im Amt in Alicante kostenlos. Lediglich wenn ein Mediationsverfahren in den Geschäftsräumen des Amtes in Brüssel durchgeführt werden soll, ist eine „Verwaltungsgebühr" iHv 750 Euro zu leisten (erster Art. 1 UAbs. 2 Beschluss des Präsidenten Nr. EX-11-4). Nach Art. 178 Abs. 1 legt der Exekutivdirektor diejenigen Entgelte fest, die nicht unter die unter → Rn. 1 genannten Gebührentatbestände fallen. Sie dürfen der Höhe nach nicht die dem Amt für die jeweilige Dienstleistung entstehenden Kosten überschreiten.

B. Fälligkeit der Gebühren

Sofern die UMV die Fälligkeit bestimmter Gebühren nicht spezifisch regelt, werden Gebühren **4** mit dem Eingang des Antrags auf Vornahme der gebührenpflichtigen Amtshandlung fällig (Art. 178 Abs. 2). Das bedeutet, dass Gebührenzahlungen auf erfolgte Anmeldungen oder gestellte Anträge regelmäßig mit Rechtsgrund erfolgt sind, auch wenn die Anmeldung oder der Antrag zurückgewiesen oder nach Zahlung zurückgenommen werden. Ausnahmen bestehen nur, wenn zu viel gezahlt wurde und für die Fälle, für die UMV oder DVUM die Erstattung der Gebühr gesondert anordnen (zB Art. 105 Abs. 5, Erstattung der Weiterbehandlungsgebühr, Art. 5 Abs. 1 DVUM, Erstattung der Widerspruchsgebühr, wenn sie nach der Frist für den Widerspruch entrichtet wurde). Davon abgesehen werden Gebühren erstattet, wenn der gebührenpflichtige Tatbestand vor Eingang der Zahlung beim Amt weggefallen ist, zB weil die Anmeldung oder der Widerspruch vorher (bzw. mindestens gleichzeitig) zurückgezogen wurde. Der Zeitpunkt, zu dem die Rücknahme der Anmeldung oder des Widerspruchs erfolgen muss, ist dabei von der gewählten Zahlungsart abhängig: Bei Bezahlung per Banküberweisung muss die Rücknahmeerklärung beim Amt spätestens am gleichen Tag eingehen wie der Zahlbetrag auf dem Konto des Amtes gutgeschrieben wird. Bei Bezahlung über ein laufendes Konto beim Amt muss die Rücknahmeerklärung spätestens an dem Tag eingehen, zu dem das Konto als belastet gilt und bei Zahlung per Kreditkarte muss die Rücknahmeerklärung am selben Tag eingehen wie die Zahlungserklärung mit den Kreditkartendaten (vgl. Prüfungsrichtlinien vor dem Amt, Teil A: Allgemeine Regeln, Abschnitt 3, Zahlung der Gebühren, Kosten und Preise, Punkt 5, Gebührenerstattung). **Wichtig** ist, dass die **Rücknahmeerklärung formwirksam** erfolgen muss, dh ggf. wegen Eilbedürftigkeit elektronisch über den Nutzerbereich („user area") – beachte: ab 1.3.2021 ist das Fax kein zulässiges Kommunikationsmedium beim EUIPO mehr (s. Entscheidung des Exekutivdirektors Nr. EX-20-9, Art. 2 Abs. 1 iVm Art. 11). Ein Telefonanruf beim Amt oder eine E-Mail reichen nicht.

C. Gebühren für internationale Registrierungen

Die Individualgebühren für IR-Registrierungen, in denen die Gemeinschaft benannt ist, bzw. **5** die nachträglich auf die Gemeinschaft erstreckt werden, sind in Anhang I der UMV gesondert geregelt. Sie sind in Schweizer Franken zu zahlen und betragen den Gegenwert von 820 Euro als Grundgebühr für die Anmeldung, Euro 50 für die zweite Klasse und 150 Euro als zusätzliche Klassengebühr für jede Klasse ab der dritten bzw. für Gemeinschaftskollektivmarken 1.400 Euro als Grundgebühr, 50 Euro für die zweite Klasse und 150 Euro als zusätzliche Klassengebühr für jede Klasse ab der dritten. Die Verlängerungsgebühren betragen den Gegenwert von 820 Euro zuzüglich 50 Euro für die zweite Klasse und 150 Euro zusätzliche Klassengebühren für jede Klasse ab der dritten bzw. für die Erneuerung von Kollektivmarken 1.400 Euro zuzüglich 50 Euro für die zweite Klasse und 150 Euro als zusätzliche Klassengebühr für jede Klasse ab der dritten.

D. Ausgeglichener Haushalt

Nach dem Grundsatz des Haushaltsausgleichs (Art. 178 Abs. 2 sowie Art. 172 Abs. 2 und **6** Art. 16 Abs. 1 Haushaltsordnung) sollen die Einnahmen die Ausgaben decken. Trotz zweier Gebührensenkungen (2005 und 2009) überstiegen allerdings bis einschließlich 2011 die Einnahmen des Amtes die Ausgaben deutlich. Durch die Änderungsverordnung wurden besonders auch die Verlängerungsgebühren deutlich reduziert; gerade auch durch sie wurden jedoch die Überschüsse in der Vergangenheit verursacht (relativ hohe Gebührenbeträge bei relativ geringem Aufwand seitens des Amtes; zu den Beträgen → Rn. 1).

E. Zahlungsmodalitäten, Zahlungstag, Deckungslücken und Erstattungen

Seit Inkrafttreten der Reform am 23.3.2016 sind die Zahlungsmodalitäten in dem neu eingefüg- **7** ten Art. 179 geregelt (→ Art. 179 Rn. 1), der maßgebliche Zahlungstag ist Gegenstand des neu eingefügten Art. 180 (→ Art. 180 Rn. 1) und der neu eingefügte Art. 181 trifft die Regelungen bezüglich der Zahlung unzureichender Beträge und der Erstattung geringfügiger Beträge (→ Art. 181 Rn. 1).

Art. 179 Zahlung der Gebühren und Entgelte

(1) **[1] Die an das Amt zu entrichtenden Gebühren und Entgelte sind durch Einzahlung oder Überweisung auf ein Bankkonto des Amtes zu zahlen.**
[2] Mit Zustimmung des Haushaltsausschusses kann der Exekutivdirektor andere besondere Zahlungsarten zulassen als diejenigen, die im Einklang mit Unterabsatz 1 festgelegt wurden, insbesondere mittels Einlagen auf laufenden Konten beim Amt.
[3] Die gemäß Unterabsatz 2 getroffenen Entscheidungen werden im Amtsblatt des Amtes veröffentlicht.
[4] Alle Zahlungen, auch mittels jeder anderen Zahlungsart, die gemäß Unterabsatz 2 festgelegt wird, sind in Euro zu leisten.

(2) ¹Bei jeder Zahlung ist der Name des Einzahlers anzugeben und sind die notwendigen Angaben zu machen, die es dem Amt ermöglichen, den Zweck der Zahlung ohne Weiteres zu erkennen. ²Insbesondere ist Folgendes anzugeben:
a) bei Zahlung der Anmeldegebühr der Zweck der Zahlung, also „Anmeldegebühr";
b) bei Zahlung der Widerspruchsgebühr das Aktenzeichen der Anmeldung und der Name des Anmelders der Unionsmarke, gegen deren Eintragung Widerspruch eingelegt wird, und der Zweck der Zahlung, also „Widerspruchsgebühr";
c) bei Zahlung der Gebühr für die Erklärung des Verfalls oder der Nichtigkeit die Eintragungsnummer und der Name des Inhabers der Unionsmarke, gegen die sich der Antrag richtet, sowie der Zweck der Zahlung, also „Gebühr für die Erklärung des Verfalls" oder „Gebühr für die Erklärung der Nichtigkeit".

(3) ¹Ist der Zweck der in Absatz 2 genannten Zahlung nicht ohne Weiteres erkennbar, so fordert das Amt den Einzahler auf, innerhalb einer vom Amt bestimmten Frist diesen Zweck schriftlich mitzuteilen. ²Kommt der Einzahler dieser Aufforderung nicht fristgerecht nach, so gilt die Zahlung als nicht erfolgt. ³Der gezahlte Betrag wird erstattet.

Überblick

Die Vorschrift wurde mWv 23.3.2016 gemäß VO (EU) 2015/2424 (aF) vom 16.12.2015 eingefügt. Sie regelt die Zahlungsmodalitäten für an das Amt zu entrichtende Gebühren und Entgelte über Bankkonten (→ Rn. 2), laufende Konten beim Amt (→ Rn. 4) und Kreditkarte (→ Rn. 6).

A. Zahlungsmodalitäten – Allgemeines

1   Die Gebühren können durch Einzahlung auf ein Konto des Amts, per Banküberweisung oder über laufende Konten beim Amt bezahlt werden. Bestimmte Gebührenzahlungen (→ Rn. 6) können durch Kreditkarten erfolgen. Ehemals bestehende Möglichkeiten für Barzahlungen am Sitz des Amtes bzw. Scheckzahlungen wurden abgeschafft. Seit Einführung des Euro sind alle Zahlungen in Euro zu leisten (vgl. Mitteilung Nr. 9/98 des Präsidenten des Amtes vom 27.10.1998 über die Einführung des Euro). Die Zahlungen haben direkt an das Amt zu erfolgen. Zahlungen an nationale Ämter und Weiterleitungen durch diese an das Amt sind nicht vorgesehen. Zahlungen müssen nicht durch den Antragsteller selbst, sondern können auch durch einen Dritten für ihn bewirkt werden (HABM BK 7.1.2010 – R 1312/2009-4 Rn. 9 – Ermagora).

I. Zahlung durch Einzahlung oder Überweisung auf ein Bankkonto des Amts

2   **Bankverbindung:** Einzahlungen und Banküberweisungen können auf folgende Konten des Amts erfolgen:

Bank	Banco Santander	La Caixa
Anschrift	Alicante, Spanien	Alicante, Spanien
BIC/SWIFT	BSCHESMMXXX	CAIXESBBXXX
IBAN	ES08 0049 6659 0121 1622 4792	ES03 2100 2353 0107 0000 0888

Falls ein Computerprogramm die BIC/SWIFT-Endung „XXX" nicht anerkennt, ist nur der 3 vorangehende Teil des jeweiligen Codes zu verwenden: BSCHESMM bzw. CAIXESBB (s. Webseite des Amts, Reiter „Marken", Rubrik „Gebühren und Zahlungsmodalitäten", Reiter „Zahlungsmodalitäten, Rubrik „Bankkonten"). Zu beachten ist insbesondere bei Überweisungen auch, dass alle Bankgebühren zulasten des Anweisenden gehen müssen. Sonst geht beim Amt nicht die volle Gebühr ein (zu unvollständigen Zahlungen → Art. 181 Rn. 1). Darüber hinaus muss die Zahlung zuzuordnen sein, dh es sind Name des Zahlers, Zahlungszweck (zB „Anmeldegebühr", das Aktenzeichen oder der Name der Marke) anzugeben. Das Amt empfiehlt, die Online-Zahlungscodes anzugeben. Diese sind in den Marken- und Geschmacksmusterrichtlinien, Teil A: Allgemeine Regeln, Abschnitt 3, Zahlung der Gebühren, Kosten und Preise, Punkt 2.1.2, Für die Zahlung erforderliche Angaben, aufgelistet: Dient eine Zahlung nur der Auffüllung des laufenden Kontos (→ Rn. 4), genügt die Angabe „CC" („cuenta corriente" in Spanisch bedeutet „laufendes Konto") zusammen mit der Nummer des laufenden Kontos. Für die Identifizierung des Anmelders wird das Kürzel „OWN" („owner") mit der Identifikationsnummer des Anmelders angegeben, bei Angabe des Vertreters das Kürzel „REP" mit der Identifikationsnummer des Vertreters. Die Marke wird angegeben als „EUTM" mit der Nummer der Anmeldung oder eingetragenen Marke. Ist noch keine Marken-/Anmeldenummer bekannt, wird der Markenname angegeben. Weitere Kürzel gibt es für verschiedene gebührenpflichtige Vorgänge, zB für die Zahlung der Anmeldegebühr „EUTM", bei Anmeldung einer IR-Marke das Kürzel „INT", für die Zahlung der Verlängerungsgebühr „RENEWAL", für die Zahlung der Widerspruchsgebühr „OPP" („opposition") etc. Ist eine Zahlung nicht ohne weiteres zuzuordnen, fordert das Amt den Zahlenden zur Klarstellung auf. Kommt der Zahlende dieser Aufforderung nicht fristgerecht nach, gilt die Zahlung als nicht erfolgt und der Betrag wird erstattet (Art. 179 Abs. 3).

II. Zahlungen durch laufende Konten beim Amt

Mit einer Mindesteinzahlung von 1.000 Euro kann beim Amt ein **laufendes Konto** errichtet 4 werden (vgl. Beschluss Nr. EX-21-5 des Exekutivdirektors des Amtes vom 21.7.2021 bezüglich der Zahlungsarten für Gebühren und Entgelte und zur Bestimmung des geringfügigen Betrags eines Gebühren- oder eines Entgeltbetrags, im Internet abzurufen unter https://euipo.europa.eu/ ohimportal/de/decisions-and-communications-of-the-executive-director, „Beschlüsse und Mitteilungen des Exekutivdirektors", Reiter „Beschlüsse"), von dem fällige Gebühren automatisch abgebucht werden, vorausgesetzt, das Konto weist am Abbuchungstag hinreichende Deckung auf (zu Folgen mangelnder Deckung → Art. 180 Rn. 2).

Bei Zahlung über ein laufendes Konto stellen die Regelungen des Beschlusses des Exekutivdi- 5 rektors Nr. EX-21-5 sicher, dass als **maßgeblicher Zahlungszeitpunkt** ein für den Zahlenden in der Regel günstiger Zahlungszeitpunkt fingiert wird. So wird für die Anmeldegebühr als Zahlungszeitpunkt der Eingang der Anmeldung fingiert, sofern nicht der Anmelder ausdrücklich einen anderen gewünschten Zahlungszeitpunkt angibt, zB das Ende der Monatsfrist nach Art. 32 (Art. 8 lit. a Beschluss des Präsidenten Nr. EX-21-5). Die Zahlung der Widerspruchsgebühr gilt – trotz in der Regel erst späterer Belastung des Kontos – als am Tag der Einreichung des Widerspruchs erfolgt (Art. 8 lit. i Beschluss des Exekutivdirektors Nr. EX-21-5), sofern im Belastungszeitpunkt genügend Deckung besteht bzw. fristgemäß und ggf. unter Zahlung der zusätzlichen Verwaltungsgebühr das Konto aufgefüllt wird.

III. Zahlungen mit Debit- oder Kreditkarte

Die Zahlung per Kreditkarte steht für die meisten Online-Dienste zur Verfügung und zwar bei 6 über den Nutzerbereich (User Area) angeforderten Diensten. Ob eine Gebühr per Debit- oder Kreditkarte bezahlt werden kann, ist im Online-Tool angegeben; nicht mit Debit- oder Kreditkarte bezahlt werden können in Art. 178 Abs. 1 genannte Preise (zur Definition → Art. 178 Rn. 3) oder Auffüllungsbeträge für das laufende Konto (Marken- und Geschmacksmusterrichtlinien, Teil A: Allgemeine Regeln, Abschnitt 3, Zahlung der Gebühren, Kosten und Preise, Punkt 2.2, Zahlung per Debit- oder Kreditkarte).

Diese Gebühren können nur bei sofortiger Online-Zahlung mit Kreditkarte bezahlt werden, 7 nicht, wenn eine verzögerte Zahlung gewünscht ist (zB Zahlung der Anmeldegebühr erst am Ende der Monatsfrist des Art. 32).

Bei Zahlung mit Kreditkarte ist **maßgeblicher Zahlungszeitpunkt** der Tag, an dem die 8 Zahlungsanweisung mit den Kreditkartendaten übermittelt wurde. Für Anmelder hat dies den Nachteil, dass bei Fehlern in der Anmeldung (zB Markenabbildung in der falschen Farbe eingereicht, bei mehreren Anmeldungen versehentlich dieselbe Marke zweimal eingereicht statt die unterschiedlichen Marken etc) eine Rücknahme der Anmeldung unbedingt noch am Tag der Anmeldung selbst formwirksam erklärt werden muss (vgl. Marken- und Geschmacksmusterrichtlinien, Teil A: Allgemeine Regeln, Abschnitt 3, Zahlung der Gebühren, Kosten und Preise, Punkt 5.1, Erstattung der Anmeldegebühr). Andernfalls gilt die Gebühr als auf die fehlerhafte Anmeldung gezahlt und für die korrigierte Anmeldung fällt eine erneute Anmeldegebühr an. In einem solchen Fall bliebe als ultima ratio noch der Versuch, die Belastung der Kreditkarte rechtzeitig zu verhindern bzw. zu stornieren – nach Art. 16 Beschluss Nr. EX-21-5 des Exekutivdirektors des Amtes (abrufbar auf der Internetseite des Amtes unter Recht und Praxis/Recht/Beschlüsse und Mitteilungen des Präsidenten/Beschlüsse) ist Voraussetzung für die ordnungsgemäße Zahlung per Kreditkarte, dass der Betrag auch dem Konto des Amtes gutgeschrieben wird. Es hat aber schon Fälle gegeben, in denen Kreditkartenzahlungen im Nachhinein erfolgreich storniert wurden.

Art. 180 Maßgebender Zahlungstag

(1) In den Fällen des Artikels 179 Absatz 1 Unterabsatz 1 gilt der Tag, an dem der eingezahlte oder überwiesene Betrag tatsächlich einem Bankkonto des Amtes gutgeschrieben wird, als der Stichtag, zu dem die Zahlung an das Amt als erfolgt anzusehen ist.

(2) Bei Verwendung von Zahlungsarten nach Maßgabe des Artikels 179 Absatz 1 Unterabsatz 2 legt der Exekutivdirektor den Stichtag fest, zu dem die Zahlung als erfolgt anzusehen ist.

(3) ¹Ist nach den Absätzen 1 und 2 die Zahlung einer Gebühr erst nach Ablauf der Frist, innerhalb deren sie fällig war, als erfolgt anzusehen, so gilt diese Frist als gewahrt, wenn gegenüber dem Amt nachgewiesen wird, dass die Personen, die die Zahlung in einem Mitgliedstaat innerhalb der Frist getätigt haben, innerhalb deren die Zahlung hätte erfolgen müssen, einer Bank ordnungsgemäß einen Auftrag zur Überweisung des Zahlungsbetrags erteilt und eine Zuschlagsgebühr in Höhe von 10 % der entsprechenden Gebühr(en), jedoch höchstens 200 EUR entrichtet haben. ²Der Zuschlag entfällt, wenn der entsprechende Auftrag an die Bank spätestens zehn Tage vor Ablauf der Zahlungsfrist erteilt wurde.

(4) ¹Das Amt kann den Einzahler auffordern, zu belegen, an welchem Tag der Bank der Auftrag gemäß Absatz 3 erteilt wurde, und, falls erforderlich, innerhalb einer von ihm zu setzenden Frist den entsprechenden Zuschlag zu zahlen. ²Kommt der Einzahler dieser Aufforderung nicht nach oder ist der Nachweis unzureichend oder wird der Zuschlag nicht fristgemäß entrichtet, so gilt die Zahlungsfrist als versäumt.

Überblick

Die Vorschrift wurde mWv 23.3.2016 durch die Änderungsverordnung VO (EU) 2015/2424 eingefügt. Sie ergänzt Art. 179. Art. 180 regelt den maßgeblichen Zahlungstag und ergänzt die Regelungen zu den Zahlungsmodalitäten über Bankkonten (→ Rn. 1) und laufende Konten beim Amt (→ Rn. 2).

A. Zahlung per Banküberweisung

1   Gemäß Art. 180 Abs. 1 ist der Tag, an dem der eingezahlte oder überwiesene Betrag auf einem Bankkonto des Amts tatsächlich gutgeschrieben ist, der **maßgebliche Zahlungstag.** Hiervon abweichend stellt Art. 180 Abs. 3 eine Zahlungsfiktion für Fälle auf, in denen eine Zahlung nach Frist eingeht, innerhalb derer sie fällig war, aber vor Fristablauf ordnungsgemäß angewiesen wurde. Kann der Zahlungspflichtige nachweisen, dass die Zahlung vor Fristablauf gegenüber einer Bank im Gemeinschaftsgebiet ordnungsgemäß angewiesen wurde, gilt die Frist unter bestimmten Voraussetzungen als gewahrt: Erfolgte die Anweisung mehr als zehn Tage vor Ablauf der Frist, genügt der Nachweis der ordnungsgemäßen Anweisung für die Fristwahrung; wurde die Bank erst innerhalb der letzten zehn Tage der Frist mit der Überweisung beauftragt, hat der Zahlungspflichtige zudem innerhalb einer vom Amt nach Art. 180 Abs. 4 gesetzten Frist einen Zuschlag in Höhe von 10% der fraglichen Gebühr, maximal aber 200 Euro zu zahlen. Erfolgt der Nachweis der ordnungsgemäßen Anweisung und ggf. die Zahlung des fälligen Zuschlags innerhalb der vom Amt nach gesetzten Frist, gilt die Zahlung als am letzten Tag der zu wahrenden Frist erfolgt,

obwohl die tatsächliche Gutschrift auf einem Konto des Amts erst später stattfindet. Diese Ausnahmevorschrift ist in der Praxis häufig interessant für den Zeitpunkt der Entrichtung der Widerspruchsgebühr, da der Widerspruch nach Art. 46 Abs. 3 S. 2 erst als erhoben gilt, wenn die Widerspruchsgebühr gezahlt worden ist. Bei Zahlung der Widerspruchsgebühr außerhalb der Dreimonatsfrist des Art. 46 Abs. 1 gilt der Widerspruch als nicht erhoben, sofern nicht eine Fristwahrung mit Hilfe der Fiktion des Art. 180 Abs. 3 iVm Art. 180 Abs. 4 gelingt.

B. Zahlung über das laufende Konto beim Amt

Verfügt das Konto am Abbuchungstag nicht über hinreichende Deckung, setzt das Amt dem **2** Inhaber eine Frist von einem Monat zur Auffüllung des Kontos und Zahlung einer Verwaltungsgebühr in Höhe von 20% der ausstehenden Gebühr, aber höchstens 500 und mindestens 100 Euro. Die Verwaltungsgebühr entfällt, wenn der Inhaber nachweist, dass er seiner Bank gemäß Art. 178 Abs. 3 bereits vor dem Zeitpunkt, in dem das Amt den Versuch unternommen hat, das Konto mit der fraglichen Gebühr zu belasten, ordnungsgemäße Anweisung zur Überweisung an das Amt zwecks Auffüllung seines laufenden Kontos erteilt hatte. Füllt der Inhaber des laufenden Kontos dieses fristgemäß auf und überweist ggf. die Verwaltungsgebühr, gilt die Zahlung der dem Konto zu belastenden Gebühr als rechtzeitig erfolgt (Art. 9 Abs. 2 Beschluss des Exekutivdirektors Nr. EX-21-5 des Amtes vom 18.9.2017 bezüglich der Zahlungsarten für Gebühren und Entgelte und zur Bestimmung des geringfügigen Betrags einer Gebühr oder eines Entgelts, im Internet abzurufen unter https://euipo.europa.eu/ohimportal/de/decisions-and-communications-of-the-executive-director, „Beschlüsse und Mitteilungen des Exekutivdirektors", Reiter „Beschlüsse"). Füllt der Inhaber das Konto nicht rechtzeitig auf, ist unerheblich, dass zu dem Zeitpunkt, zu dem die Zahlung fällig war, das laufende Konto über ausreichendes Guthaben verfügte; was zählt ist, ob im Zeitpunkt der (versuchten) Belastung durch das Amt ein ausreichendes Guthaben vorhanden ist (HABM BK 3.9.2008 – R 1350/2007-1 Rn. 24 – Schneider/Schneider).

Art. 181 Unzureichende Zahlungen und Erstattung geringfügiger Beträge

(1) [1]**Eine Zahlungsfrist gilt grundsätzlich nur dann als eingehalten, wenn der volle Gebührenbetrag rechtzeitig gezahlt worden ist.** [2]**Ist die Gebühr nicht in voller Höhe gezahlt worden, so wird der gezahlte Betrag nach Ablauf der Zahlungsfrist erstattet.**

(2) Das Amt kann jedoch, soweit es die laufende Frist noch zulässt, dem Einzahler Gelegenheit geben, den Fehlbetrag nachzuzahlen oder, wenn dies gerechtfertigt erscheint, geringfügige Fehlbeträge ohne Rechtsnachteil für den Einzahler unberücksichtigt lassen.

(3) Mit Zustimmung des Haushaltsausschusses kann der Exekutivdirektor davon absehen, geschuldete Geldbeträge beizutreiben, wenn der beizutreibende Betrag unbedeutend oder der Erfolg der Beitreibung zu ungewiss ist.

(4) [1] Zu viel gezahlte Gebühren oder Entgelte werden nicht zurückerstattet, wenn der überschüssige Betrag geringfügig ist und der Einzahler die Erstattung nicht ausdrücklich verlangt hat.

[2] Mit Zustimmung des Haushaltsausschusses kann der Exekutivdirektor die Grenze bestimmen, unterhalb derer zu viel gezahlte Gebühren oder Entgelte nicht erstattet werden.

[3] Die gemäß Unterabsatz 2 getroffenen Entscheidungen werden im Amtsblatt des Amtes veröffentlicht.

Überblick

Die Vorschrift wurde mWv 23.3.2016 gemäß Änderungsverordnung VO (EU) 2015/2424 eingefügt und ergänzt die Regelungen in Art. 179 (Zahlungsmodalitäten) und Art. 180 (maßgeblicher Zahlungstag). Sie regelt die Folgen von Zahlungen unzureichender Beträge (→ Rn. 1) sowie deren Erstattung (→ Rn. 2).

A. Zahlung unzureichender Beträge

Gemäß Art. 181 Abs. 1 gilt eine Zahlungsfrist grundsätzlich nur als eingehalten, wenn der **1** volle Gebührenbetrag rechtzeitig eingeht. Ausnahmen sind die bereits beschriebene Regelung in Art. 180 Abs. 1 (→ Art. 180 Rn. 1) und Art. 180 Abs. 4, bei der unter den beschriebenen Voraussetzungen die rechtzeitige Anweisung der Zahlung letztlich ausreicht und die Möglichkeit, ein laufendes Konto rechtzeitig aufzufüllen, so dass die eigentlich zu späte Zahlung als rechtzeitig fingiert wird. Eine weitere Ausnahme regelt Art. 181 Abs. 2. Danach kann das Amt, wenn dies gerechtfertigt erscheint, geringfügige Fehlbeträge ohne Rechtsnachteil für den Zahler ignorieren. Zu dieser absoluten Ausnahmeregelung liegt keine Definition seitens des Amtes vor, bis zu welchem Betrag ein Fehlbetrag als geringfügig gilt. Andernfalls wäre auch damit zu rechnen, dass ein solchermaßen als geringfügig definierter Betrag von sparsamen Nutzern regelmäßig bei der Zahlung abgezogen würde (in HABM BK 21.2.2002 – R 943/2000-4 Rn. 11 – Rosso-Bianco wurde eine starre Grenze mit Hinweis auf die unterschiedliche Höhe der verschiedenen Gebühren abgelehnt).

B. Erstattung von Zahlungen

2   Gemäß Art. 181 Abs. 1 S. 1 werden nicht voll gezahlte Gebühren nach Ablauf der Zahlungsfrist erstattet. Zu viel gezahlte geringfügige Beträge werden nicht erstattet, wenn der Zahler die Erstattung nicht ausdrücklich verlangt hat. Zur Frage der Gebührenerstattung bei Zurücknahme der Anmeldung/des Antrags → Art. 178 Rn. 4.

Kapitel XIII. Internationale Registrierung von Marken

Abschnitt 1. Allgemeine Bestimmungen

Art. 182 Anwendung der Bestimmungen

Sofern in diesem Kapitel nichts anderes bestimmt ist, gelten die vorliegende Verordnung und die gemäß dieser Verordnung erlassenen Rechtsakte für Anträge auf internationale Registrierung nach dem in Madrid unterzeichneten Protokoll zum Madrider Abkommen (im Folgenden „internationale Anmeldungen"), die sich auf die Anmeldung einer Unionsmarke oder auf eine Unionsmarke stützen, und für Markeneintragungen im internationalen Register des Internationalen Büros der Weltorganisation für geistiges Eigentum (im Folgenden „internationale Registrierungen" bzw. „Internationales Büro"), deren Schutz sich auf die Union erstreckt.

Überblick

Die Art. 182–206 dienen der Umsetzung des Madrider Systems zur internationalen Registrierung von Marken, dh des Protokolls zum Madrider Markenabkommen im Unionsmarkenrecht. Sie sind daher nur zusammen mit den Regeln des Protokolls zum Madrider Markenabkommen (PMMA) und der Ausführungsordnung zum PMMA verständlich. Dabei regeln sie zunächst die internationale Registrierung einer Unionsmarke (Art. 183–188), sodann die Erstreckung einer nationalen Marke durch internationale Registrierung auf die EU (Art. 189–206).

A. Das Madrider System zur internationalen Registrierung von Marken

Zum Madrider System zur internationalen Registrierung von Marken wird auf die Ausführungen zu **§ 107 MarkenG** verwiesen (→ MarkenG § 107 Rn. 1). **1**

Seit dem 1.10.2004 können Angehörige des Madrider Systems eine Unionsmarke als Basismarke **2** für eine internationale Registrierung nutzen sowie Schutz in den Mitgliedstaaten der EU über das PMMA in Form einer Unionsmarke erhalten. Letzteres ist im Wege der nachträglichen Schutzerstreckung gemäß Art. 3ter Abs. 2 PMMA auch dann möglich, wenn sie sich auf eine internationale Registrierung mit Registrierungsdatum vor dem 1.10.2004 bezieht; die EU hat von der Option nach Art. 14 Abs. 5 PMMA, dies auszuschließen, keinen Gebrauch gemacht (Mitteilung Nr. 9/04 des Präsidenten vom 15.9.2004, ABl. EUIPO 2004, 1386).

Dies hat **Vorteile**, ist aber auch mit **Nachteilen** gegenüber einer unmittelbaren Anmeldung **3** einer Unionsmarke verbunden: Die Nutzung einer Unionsmarke als Basismarke für eine internationale Registrierung kombiniert die Vorteile des PMMA in Bezug auf Staaten jenseits der EU (einheitliche Verwaltung, Sprache, Gebührenzahlung und Laufzeit, geringere Gebühren) mit den Vorteilen der Unionsmarke in Bezug auf die Mitgliedstaaten der EU (geringere Gebühren, einheitliches Verletzungsverfahren und rechtserhaltende Benutzung in nur einem Teil der Mitgliedstaaten), allerdings um den Preis des Nachteils eines geographisch und sprachlich weitaus höheren Risikos eines Zentralangriffs aufgrund möglicher Schutzhindernisse aufgrund einer Vielzahl von Sprachen und aus einer Vielzahl Ländern. Die Benennung der EU über das PMMA anstelle einer einzelnen Benennung der Mitgliedstaaten kombiniert die Vorteile des PMMA (einheitliche Verwaltung, Sprache, Gebührenzahlung und Laufzeit, geringere Gebühren) mit den Vorteilen der Unionsmarke (einheitliches Verletzungsverfahren und rechtserhaltende Benutzung in nur einem Teil der Mitgliedstaaten) in Bezug auf die Mitgliedstaaten der EU und bietet den Vorteil geringerer Gebühren bei Benennung der EU über das PMMA anstelle einer separaten Unionsmarkenanmeldung, allerdings um den Preis des Nachteils eines unnötigen Risikos eines Zentralangriffs während der fünfjährigen Abhängigkeit, insbesondere bei Basismarken in Ländern, deren Beanstandungsrate extrem hoch ist, wie das US Patent and Trademark Office.

B. Umsetzung des Madrider Systems im Unionsmarkenrecht

I. Grundsatz

4 Die Umsetzung des Madrider Systems zur internationalen Registrierung von Marken in das Unionsmarkenrecht erfolgt dergestalt, dass internationale Registrierungen auf einer Unionsmarke beruhen können (Art. 182–188) und auf internationale Registrierungen, deren Schutz sich auf die die EU erstreckt (Art. 189–206), grundsätzlich die Regelungen der Unionsmarkenverordnung (UMV) Anwendung finden, dh dass die gleichen Regeln gelten wie für Unionsmarken.

5 Die notwendigen **Durchführungsbestimmungen** waren bisher in Regel 102–126 GMDV enthalten. Gemäß Erwägungsgrund 45 VO (EU) 2015/2424 des Europäischen Parlaments und des Rates vom 16.12.2015 zur Änderung der UMV sollen der Kommission zur Gewährleistung einheitlicher Bedingungen für die Durchführung der Verordnung Durchführungsbefugnisse im Hinblick auf Einzelheiten in Bezug auf die Mitteilungspflichten gemäß dem PMMA und detaillierte Anforderungen in Bezug auf Anträge auf territorial Ausdehnung des Schutzes im Anschluss an die internationale Registrierung übertragen werden. Zu diesem Zweck sind durch Art. 1 Nr. 126, 127, 128, 130, 131, 135, 137 und 138 VO (EU) 2015/2424 Ermächtigungen der Kommission zum Erlass von Durchführungsrechtsakten in die UMV eingefügt worden. Außerdem sieht die VO (EU) 2015/2424 verschiedene Regelungen bzgl. der erforderlichen Prüfungen und Mitteilungen, die sich auf die noch zu erlassenden Durchführungsrechtsakte beziehen. Seit dem 1.10.2017 sind die Einzelheiten in der Durchführungsverordnung (EU) 2017/1431 der Kommission vom 18.5.2017 (UMDV) und in der Delegierten Verordnung (EU) 2017/1430 der Kommission vom 18.5.2017 (DVUM) festgelegt.

6 Das PMMA und die GAusfO sind als Völkerrecht Bestandteil des EU-Rechts geworden und gehen dem Unionsrecht vor, haben also Vorrang vor entgegenstehenden Bestimmungen der UMV oder der GMDV. Was nicht schon in Art. 183–206 geregelt ist, ist sehr detailliert in der UMDV bzw. DVUM geregelt, so dass sich das komplexe Verhältnis zwischen UMDV/DVUM und PMMA im Detail aus dem Gesetzeswortlaut erschließt.

7 Ergänzend sind die **Richtlinien des EUIPO** (EUIPO-RL) für die Anwendung des PMMA heranzuziehen. Ferner gelten für die **Gebühren** die Regelungen des Anh. I A.9. und A.23.b) sowie Anh. I B.

8 Für die Anwendung der allgemeinen Bestimmungen der UMV und der UMDV/DVUM bleibt im Wesentlichen nur noch Raum für das **Verfahrensrecht**.

II. Ausnahmen

9 Besonderheiten können sich aber zB daraus ergeben, dass internationale Registrierungen nur in das **internationale Markenregister der WIPO** und nicht in das Markenregister des EUIPO eingetragen und nur in dem von der WIPO herausgegebenen Blatt „Gazette OMPI des marques internationales"/„WIPO Gazette of International Marks" veröffentlicht werden. Daher gelten
- alle Vorschriften der UMV und der UMDV/DVUM nicht, die sich auf das Register für Unionsmarken beziehen;
- für praxisrelevante verfahrensrechtliche Fragen wie Sprachen und die Bestellung eines Vertreters Sonderregelungen;
- die Art. 182–206 nur, soweit das EUIPO (und das EuG sowie die Unionsmarkengerichte) betroffen sind, nicht aber für die Tätigkeit der WIPO.

10 Die WIPO ist extraterritorial, weshalb es gegen ihre im Rahmen eines Schutzerstreckungsverfahrens vorgenommenen Handlungen **keinen Rechtsschutz** gibt (HABM 23.10.2006 – R 521/2006-4 Rn. 26 – GREEN PLUS).

Abschnitt 2. Internationale Registrierung auf der Grundlage einer Anmeldung einer Unionsmarke oder einer Unionsmarke

Art. 183 Einreichung einer internationalen Anmeldung

(1) Internationale Anmeldungen gemäß Artikel 3 des Madrider Protokolls, die sich auf eine Anmeldung einer Unionsmarke oder auf eine Unionsmarke stützen, werden beim Amt eingereicht.

(2) [1]**Wird eine internationale Registrierung beantragt, bevor die Marke, auf die sich die internationale Registrierung stützen soll, als Unionsmarke eingetragen ist, so muss der Anmelder angeben, ob die internationale Registrierung auf der Grundlage einer Anmeldung einer Unionsmarke oder auf der Grundlage der Eintragung als Unionsmarke erfolgen soll. [2]Soll sich die internationale Registrierung auf eine Unionsmarke stützen, sobald diese eingetragen ist, so gilt für den Eingang der internationalen Anmeldung beim Amt das Datum der Eintragung der Unionsmarke.**

Überblick

Die Regeln, denen ein Antrag auf internationale Registrierung einer Unionsmarke oder Unionsmarkenanmeldung unter dem Regime des PMMA folgt, finden sich überwiegend außerhalb der UMDV/DVUM, namentlich im PMMA und in der AusfO PMMA. Art. 183 regelt nur wenige Details.

A. Antrag auf internationale Registrierung einer Unionsmarke (Abs. 1)

I. Vermittlung durch das EUIPO

Da die EU Mitglied des PMMA ist, kann Basismarke für eine Internationale Registrierung **1** eine bereits eingetragene Unionsmarke oder eine noch schwebende Unionsmarkenanmeldung sein.

Der Antrag auf internationale Registrierung einer Unionsmarke oder Unionsmarkenanmeldung **2** (im Sprachgebrauch des PMMA das „Gesuch um internationale Registrierung") richtet sich an die WIPO, ist jedoch bei beim EUIPO einzureichen (Art. 2 Abs. 2 PMMA, Regel 9 Abs. 1 AusfO PMMA). Eine unmittelbare Einreichung bei der WIPO ist nicht zulässig; ein dort eingereichtes Registrierungsgesuch würde an den Absender zurückgesendet. Der Grund hierfür liegt darin, dass für die internationale Registrierung eine Bescheinigung der Behörde des Ursprungslandes zur Richtigkeit der Registerdaten erforderlich ist (Art. 3 Abs. 1 PMMA).

Für den Antrag auf internationale Registrierung ist das vorgeschriebene englische oder französi- **3** sche **Formular** der WIPO zu verwenden (vgl. Art. 3 Abs. 1 PMMA, Regel 9 Abs. 2 lit. a AusfO PMMA, Art. 65 Abs. 1 lit. j DVUM, Art. 28 UMDV; s. Formular MM2, http://www.wipo.int/madrid/en/forms). Die einzureichenden Unterlagen ergeben sich aus Regel 9 Abs. 4, 5 AusfO PMMA.

II. Mehrere Basismarken – eine internationale Registrierung/eine Basismarke – mehrere internationale Registrierungen

Der Antrag auf internationale Registrierung kann auf **mehrere Basismarken** gestützt werden, **4** sofern es sich um die gleiche Marke und denselben Inhaber handelt und die Waren und Dienstleistungen der internationalen Registrierung von der einen oder anderen Basismarke erfasst werden (Regel 9 Abs. 5 lit. e AusfO PMMA).

Sollen **mehrere** internationale Registrierungen auf der Grundlage **derselben Basismarke** **5** erfolgen, so muss für jede internationale Registrierung ein gesonderter Antrag gestellt werden.

III. Prüfung durch das EUIPO

Zur Prüfung der Anmeldung der internationalen Registrierung durch das EUIPO → Art. 184 **6** Rn. 12.

B. Antrag auf internationale Registrierung einer Unionsmarke vor Eintragung (Abs. 2)

I. Zugangsfiktion

Als Tag der internationalen Registrierung gilt nach Art. 3 Abs. 4 S. 2 PMMA der Tag, an **7** dem beim EUIPO die internationale Registrierung beantragt wird, wenn der Eintragungsantrag innerhalb von zwei Monaten nach dem Zugang des Antrags beim EUIPO der WIPO in Genf zugeleitet wird.

Eine internationale Registrierung nach den Regeln des PMMA kann auch dann erfolgen, **8** wenn die Basismarke noch nicht eingetragen ist.

II. Bedeutung der Zugangsfiktion für den Zeitrang der internationalen Registrierung

9   Die Zugangsfiktion des Art. 183 Abs. 2 ist relevant für den **Zeitrang** der internationalen Registrierung.

10   Der Zeitrang der internationalen Registrierung hängt grundsätzlich vom **Registrierungsdatum** ab. Dieses entspricht nicht dem Datum der tatsächlichen Registrierung, sondern bestimmt sich grundsätzlich nach dem Datum des Eingangs des Antrags auf internationale Registrierung bei der WIPO. Allerdings erhält die internationale Registrierung als Registrierungsdatum das Eingangsdatum des Gesuchs beim EUIPO und damit regelmäßig einen besseren Zeitrang (Art. 3 Abs. 4 S. 2 PMMA), wenn das EUIPO das Registrierungsgesuch innerhalb von zwei Monaten nach der Antragstellung an die WIPO übermittelt.

11   Die internationale Registrierung erhält zwar nach Art. 4 Abs. 2 PMMA iVm Art. 4 A Abs. 1 PVÜ, Art. 4 C Abs. 1 PVÜ die **Priorität der Ursprungsmarke,** wenn die internationale Registrierung innerhalb von sechs Monaten nach der Heimatanmeldung erfolgt; anderenfalls ist das Datum der internationalen Registrierung für den Zeitrang maßgeblich (Art. 4 Abs. 1 lit. a PMMA iVm Art. 3 Abs. 4 PMMA). Kann sie nicht mehr in Anspruch genommen werden, führt Art. 146 Abs. 2 aber zumindest dazu, dass die internationale Registrierung den Zeitrang des Datums des Zugangs des Antrags beim EUIPO beanspruchen kann.

Art. 184 Form und Inhalt der internationalen Anmeldung

(1) ¹Die internationale Anmeldung wird mittels eines vom Amt bereitgestellten Formblatts in einer der Amtssprachen der Union eingereicht. ²Das Amt teilt dem Anmelder, der eine internationale Registrierung beantragt hat, den Tag mit, an dem die Unterlagen, aus denen die internationale Anmeldung besteht, beim Amt eingegangen sind. ³Gibt der Anmelder auf diesem Formblatt bei der Einreichung der internationalen Anmeldung nichts anderes an, so korrespondiert das Amt mit dem Anmelder in der Sprache der Anmeldung in standardisierter Form.

(2) ¹Wird die internationale Anmeldung in einer anderen Sprache als den Sprachen eingereicht, die nach dem Madrider Protokoll zulässig sind, so muss der Anmelder eine zweite Sprache aus dem Kreis dieser Sprachen angeben. ²Das Amt legt die internationale Anmeldung dem Internationalen Büro in dieser zweiten Sprache vor.

(3) ¹Wird die internationale Anmeldung in einer anderen Sprache als den Sprachen eingereicht, die nach dem Madrider Protokoll für die Einreichung internationaler Anmeldungen zulässig sind, so kann der Anmelder eine Übersetzung der Liste der Erzeugnisse oder Dienstleistungen und anderen Textelemente, die Bestandteil der internationalen Anmeldung sind, in der Sprache vorlegen, in der die internationale Anmeldung dem Internationalen Büro gemäß Absatz 2 vorgelegt werden soll. ²Wird der Anmeldung keine Übersetzung beigefügt, so muss der Anmelder dem Amt gestatten, der internationalen Anmeldung eine solche Übersetzung beizufügen. ³Ist noch keine solche Übersetzung im Laufe des Verfahrens für die Eintragung der Unionsmarke, auf die sich die internationale Anmeldung stützt, erstellt worden, so veranlasst das Amt unverzüglich die Übersetzung.

(4) ¹Für die Einreichung einer internationalen Anmeldung wird eine an das Amt zu entrichtende Gebühr erhoben. ²Soll sich die internationale Registrierung auf eine Unionsmarke stützen, sobald diese eingetragen ist, wird die Gebühr am Tag der Eintragung der Unionsmarke fällig. ³Die Anmeldung gilt erst als eingereicht, wenn die Gebühr gezahlt worden ist. ⁴Wurde die Gebühr nicht entrichtet, so teilt das Amt dies dem Anmelder mit. ⁵Bei einer elektronischen Anmeldung kann das Amt das Internationale Büro ermächtigen, die Gebühr in seinem Namen zu erheben.

(5) Ergibt die Prüfung der internationalen Anmeldung, dass diese einen bzw. mehrere der folgenden Mängel aufweist, so fordert das Amt den Anmelder auf, die festgestellten Mängel innerhalb einer vom Amt festgelegten Frist zu beseitigen:

a) die internationale Anmeldung ist nicht unter Benutzung des Formblatts gemäß Absatz 1 eingereicht worden und enthält nicht alle in diesem Formblatt geforderten Angaben und Informationen;

b) die Liste der Waren und Dienstleistungen in der internationalen Anmeldung deckt sich nicht mit der Liste der Waren und Dienstleistungen in der Basisanmeldung oder Basiseintragung der Unionsmarke;

c) die Marke, auf die sich die internationale Anmeldung bezieht, ist nicht mit der Marke, die Gegenstand der Basisanmeldung oder Basiseintragung der Unionsmarke ist, identisch;

d) eine die Marke betreffende Angabe in der internationalen Anmeldung mit Ausnahme einer Verzichtserklärung oder eines Farbanspruchs ist nicht in der Basisanmeldung oder Basiseintragung der Unionsmarke enthalten;

e) in der internationalen Anmeldung wird Farbe als unterscheidendes Merkmal der Marke beansprucht, aber die Basisanmeldung oder Basiseintragung der Unionsmarke ist nicht in derselben Farbe oder denselben Farben; oder

f) der Anmelder ist den Angaben auf dem internationalen Formblatt zufolge nicht gemäß Artikel 2 Absatz 1 Ziffer ii des Madrider Protokolls berechtigt, eine internationale Anmeldung über das Amt einzureichen.

(6) Hat der Anmelder es versäumt, das Amt gemäß Absatz 3 zu ermächtigen, eine Übersetzung beizufügen, oder ist unklar, welche Liste von Waren und Dienstleistungen der internationalen Anmeldung zugrunde gelegt werden soll, fordert das Amt den Anmelder auf, diese Angaben innerhalb einer vom Amt festgelegten Frist nachzureichen.

(7) Werden die in Absatz 5 erwähnten Mängel nicht beseitigt oder die erforderlichen Angaben gemäß Absatz 6 nicht innerhalb der vom Amt gesetzten Frist vorgelegt, verweigert das Amt die Weiterleitung der internationalen Anmeldung an das Internationale Büro.

(8) Das Amt leitet die internationale Anmeldung zusammen mit der in Artikel 3 Absatz 1 des Madrider Protokolls vorgesehenen Bescheinigung an das Internationale Büro weiter, sobald die internationale Anmeldung die Anforderungen erfüllt, die in diesem Artikel, in dem gemäß Absatz 9 dieses Artikels erlassenen Durchführungsrechtsakt und in Artikel 183 der vorliegenden Verordnung festgelegt sind.

(9) [1]Die Kommission erlässt Durchführungsrechtsakte, in denen das Formblatt für die Einreichung einer internationalen Anmeldung gemäß Absatz 1, einschließlich seiner Bestandteile, festgelegt wird. [2]Diese Durchführungsrechtsakte werden nach dem Prüfverfahren gemäß Artikel 207 Absatz 2 erlassen.

Überblick

Art. 184 ergänzt Art. 183 um formale Gesichtspunkte. Mit den Änderungen ab 1.10.2017 wurden lediglich die Regelungen, die bisher in der GMDV enthalten waren (Regel 102 Nr. 3 und 4, 103 und 104 GMDV), in die UMV übernommen.

Übersicht

A. Formblatt

Der Antrag auf internationale Registrierung beim EUIPO muss mit den einschlägigen Form- **1** blättern eingereicht werden; dabei handelt es sich um das WIPO-Formblatt MM 2 (in Französisch, Englisch, Spanisch) oder die EUIPO-Fassung dieses Formblatts (EUIPO-Formblatt EM 2), die in allen Amtssprachen der EU verfügbar ist.

2   Das EUIPO-Formblatt EM 2 hat in der englischen, französischen und spanischen Fassung den gleichen Inhalt und – mit gewissen Modifikationen – fast das gleiche Layout wie das WIPO-Formblatt MM 2. Alle anderen Sprachfassungen des EUIPO-Formblatts EM 2 sind Übersetzungen dieses Formblatts, die zusätzliche Angaben enthalten, namentlich zur Angabe der Sprache, in der das Gesuch an die WIPO weitergeleitet werden soll, zur Wahl, ob eine Übersetzung des Waren- und Dienstleistungsverzeichnisses beigefügt wird oder ob das EUIPO ermächtigt wird, die Übersetzung vorzunehmen und zur Wahl der Sprache, in der das EUIPO mit dem Anmelder in Bezug auf den Antrag korrespondieren soll. Für letztere kann der Anmelder zwischen der Sprache, in der der Antrag eingereicht worden ist und der Sprache, in der es an die WIPO weitergeleitet werden soll, wählen (Art. 147 Abs. 1 S. 2); ohne entsprechende Angabe verwendet das EUIPO die Sprache, in der der Antrag eingereicht wurde, nämlich die Sprache des Formblatts EM 2.

B. Sprachen

3   Der Antrag auf internationale Registrierung kann somit vom Anmelder **frei wählbar** in einer der **22 Amtssprachen der EU** beim EUIPO eingereicht werden, muss aber an die WIPO in einer der **drei Sprachen des PMMA** (Französisch, Englisch, Spanisch) weitergeleitet werden. Wählt der Anmelder eine der drei Sprachen des PMMA, verwendet er Formblatt MM2, wählt er eine andere Sprache, muss er folglich eine der PMMA-Sprachen wählen, in der der Antrag an die WIPO weitergeleitet wird. Auch das **Verzeichnis der Waren und Dienstleistungen** ist in englischer, französischer oder spanischer Sprache einzureichen. Für die Übersetzung kann auf den „Madrid Goods & Services Manager" der WIPO (http://www.wipo.int/mgs/index.jps?lang= en) zurückgegriffen werden. Alternativ kann dem EUIPO gestattet werden, eine Übersetzung vorzunehmen. Die WIPO ist an die Übersetzung aber nicht gebunden.

4   Im Formblatt kann eine **bevorzugte Sprache** für die Korrespondenz des Anmelders mit der WIPO angegeben werden – wenn dies nicht dieselbe Sprache ist, in der das Gesuch an die WIPO weitergeleitet werden soll. Dies führt dazu, dass zwischen drei Sprachen zu **unterscheiden** ist, namentlich der Sprache der EU, in der der Anmelder wünscht, dass das EUIPO mit ihm korrespondiert (dh die Sprache – eine der 23, ab 1.1.2018: 24 Amtssprachen der EU –, in der das Gesuch eingereicht wurde), der Sprache des PMMA, in der das Gesuch an die WIPO weitergeleitet werden soll (dh Englisch, Französisch oder Spanisch) und der Sprache des PMMA, in der er wünscht, dass die WIPO mit ihm korrespondiert, wenn dies eine andere Sprache als diejenige sein soll, in der der Antrag an die WIPO weitergeleitet werden soll.

C. Gebühr

5   Für die internationale Registrierung fallen auf **zwei Ebenen** Gebühren an, die Übermittlungsgebühr des EUIPO als der Behörde des Ursprungslandes (Art. 8 Abs. 2 PMMA, Art. 184 Abs. 4) und die internationalen Gebühren des Internationalen Büros (Art. 8 Abs. 2 PMMA).

6   Art. 184 **Abs. 4** betrifft die **Übermittlungsgebühr** des EUIPO. Die internationalen Gebühren regelt Art. 150 sowie Regel 34 Abs. 2 AusfO PMMA und Regel 10 GebVerzAusfO MMA/ PMMA.

I. Übermittlungsgebühr

7   Gebührenpflicht, Gebührenhöhe, Fälligkeit, Zahlungsfrist und Folgen der nicht vollständigen und der nicht rechtzeitigen Zahlung der nationalen Gebühren sind wie folgt geregelt:
- Die Pflicht zur Zahlung der nationalen Gebühr folgt aus Art. 184 Abs. 4.
- Die Übermittlungsgebühr beträgt 300 Euro (Anhang I A. Nr. 34).
- Die nationale Gebühr ist grundsätzlich mit Antragstellung, dh mit dem Eingang des Registrierungsantrags beim EUIPO fällig, ausnahmsweise erst mit Eintragung der Unionsmarke, wenn die internationale Registrierung auf der eingetragenen Unionsmarke beruhen soll (Art. 184 Abs. 4).
- Wird die Gebühr nicht, nicht vollständig oder nicht rechtzeitig gezahlt, gilt der Antrag auf internationale Registrierung als nicht eingereicht (Art. 181 Abs. 1 S. 1; → Art. 181 Rn. 1). Das EUIPO kann eine Nachzahlung zulassen oder auf geringfügige Fehlbeträge verzichten (Art. 181 Abs. 2). Unvollständig oder verspätet gezahlte Gebühren werden zurückerstattet (Art. 181 Abs. 1 S. 2), ebenso – auf Antrag – zu viel gezahlte Gebühren (Art. 181 Abs. 4).

8   Die Übermittlungsgebühr wird **gezahlt** durch Einzahlung oder Banküberweisung (Art. 179 Abs. 1 S. 1) oder Abbuchung vom laufenden Konto beim EUIPO (Art. 179 Abs. 1 S. 2; → Art. 179 Rn. 1). Bei Einzahlung oder Banküberweisung ist eine fristgerechte Zahlung in der Praxis nicht

möglich, da das Geld nicht am Tag der Antragstellung beim EUIPO eingeht. Meist ist dies aber unschädlich, weil die Zahlung zumindest vor Aufnahme der Prüfung eingeht. Ist auch bei Aufnahme der Prüfung die Gebühr noch nicht eingegangen, teilt der Prüfer dem Anmelder mit, dass der Antrag bis zur Zahlung der Gebühr als nicht eingereicht und daher das Datum der – noch zu erfolgenden – Zahlung als Eingangsdatum der Anmeldung gilt (Art. 184 Abs. 4). Erfolgt auch dann noch keine Zahlung, lehnt das EUIPO die Weiterleitung des Antrags auf internationale Registrierung an die WIPO ab. Bei Abbuchung vom laufenden Konto beim EUIPO gilt die Gebühr mit Eingang des im Antragsformular enthaltenen Abbuchungsauftrags als fristgerecht gezahlt.

II. Internationale Gebühren

Die internationalen Gebühren umfassen folgende Gebühren (Art. 8 Abs. 2 lit. a bis c MMA **9** iVm GebVerzAusfO PMMA; zur individuellen Gebühr Art. 8 Abs. 7 lit. a S. 2 Ziff. ii PMMA):
- Grundgebühr (653 CHF, bzw. 903 CHF bei farbigen Wiedergaben),
- Klassengebühren (100 CHF für jede die dritte Klasse übersteigende Klasse) und
- Ergänzungsgebühr (100 CHF für jedes Verbandsland, für das der Schutz nachgesucht wird) oder individuelle Gebühr (individuell für jedes Land, für das der Schutz beansprucht wird).

Die internationalen Gebühren sind **unmittelbar** an das Internationale Büro in Genf und nicht **10** an das EUIPO (Regel 10, 34 Abs. 2 AusfO PMMA, Art. 188). Gleichwohl ist aber der Antrag auf internationale Registrierung das Gebührenberechnungsblatt (Anhang zum WIPO-Formblatt MM2) als notwendiger Bestandteil des Gesuchs beizufügen (Art. 150). Andernfalls erlässt die WIPO einen Beanstandungsbescheid.

Zur Gebührenberechnung steht auf der Website der WIPO ein **Gebührenkalkulator** zur **11** Verfügung (http://www.wipo.int/madrid/feecalc).

D. Prüfungsumfang

Das EUIPO **prüft,** ob das richtige Formblatt verwendet wurde (→ Rn. 1), ob eine geeignete **12** Basismarke besteht, ob die Angaben im Antrag auf internationale Registrierung mit denen im Register des EUIPO übereinstimmen, ob der Antragsteller antragsberechtigt ist, ob der Antrag vollständig ist und ob die Gebühren zutreffend angegeben worden sind (Art. 184 Abs. 5).

Das EUIPO **prüft** hingegen **nicht,** ob die benannten Staaten für Benennung geeignet sind. **13**

I. Bestehen einer geeigneten Basismarke

Der Anmelder muss Inhaber einer Unionsmarke oder Unionsmarkenanmeldung als Basismarke **14** für die internationale Registrierung sein. Ein Antrag auf internationale Registrierung kann auch auf mehrere Unionsmarken(anmeldungen) gestützt werden (Regel 9 Abs. 5 lit. e AusfO PMMA; EUIPO-RL Teil M, 1.1.2.5.).

Die Basismarke (Basisanmeldung) muss zum Zeitpunkt der Einreichung des Antrags auf interna- **15** tionale Registrierung und noch zum Zeitpunkt der Weiterleitung an die WIPO anhängig und in Kraft sein (Regel 22 AusfO PMMA). Soll die internationale Registrierung auf eine eingetragene Unionsmarke gestützt werden (Art. 183 Abs. 2; → Art. 183 Rn. 1), prüft das EUIPO, ob die Basismarke eingetragen ist.

II. Übereinstimmung der Angaben im Antrag auf internationale Registrierung mit der Basismarke

Um als Basismarke geeignet zu sein, müssen die Angaben im Antrag auf internationale Regist- **16** rierung mit denen im Register des EUIPO übereinstimmen (Art. 2 Abs. 1 PMMA, Regel 9 Abs. 5 lit. d AusfO PMMA, Regel 103 Abs. 2 lit. b bis e GMDV). Die Übereinstimmung muss in Bezug auf den Inhaber, die Marke und das Waren- und Dienstleistungsverzeichnis bestehen.

1. Identität des Inhabers

Inhaberidentität ist **im strengen Sinne** zu verstehen. Es reicht nicht aus, wenn das Gesuch **17** von einem verbundenen Unternehmen (zB Mutter- oder Tochtergesellschaft) oder Lizenznehmer des Inhabers der Basismarke vorgenommen wird.

2. Identität der Marken

18   Die Angabe der Marke im Antrag auf internationale Registrierung muss der Basismarke entsprechen.

19   Die WIPO behandelt alle Marken als **Bilddateien,** auch wenn die Basismarke eine Wortmarke ist, erlaubt jedoch die Angabe, dass es sich bei der Marke um eine Marke in Standardschrift handeln soll, wenn dies tatsächlich so ist. Im Formblatt kann angegeben werden, wenn die Basismarke eine Wortmarke ist oder wenn die Basismarke als Bildmarke eingereicht wurde, jedoch tatsächlich ausschließlich aus Worten besteht, die in Standardschrift (wie zB Times New Roman oder Arial) ohne zusätzliche grafische Elemente oder besondere Schrifteffekte (wie alternierende Verwendung von Klein- und Großbuchstaben, Unterstreichung, Schrägschrift) geschrieben sind (Beispiel: EuG T-32/00, GRUR Int 2001, 338 = ABl. EUIPO 2001, 608 – Electronica).

20   **Obligatorisch** ist, dass eine für die internationale Registrierung beanspruchte Farbe auch in der Basismarke beansprucht worden ist oder ob die Basismarke tatsächlich dieselben Farben aufweist (Regel 9 Abs. 4 lit. a Ziff. vii, Abs. 5 lit. d Ziff. v AusfO PMMA), dass eine für die internationale Registrierung beanspruchte nicht-traditionelle Marke (Farbmarke, 3D-Marke, Hörmarke etc) oder Kollektivmarke auch in der Basismarke beansprucht worden ist (Regel 9 Abs. 4 lit. a Ziff. vii bis x, Abs. 5 lit. d Ziff. iii AusfO PMMA) und dass für andere als lateinische Schriftzeichen eine Transliteration in lateinische Schriftzeichen beigefügt wird (Regel 9 Abs. 4 lit. a Ziff. xii AusfO PMMA).

21   **Fakultativ** besteht die Möglichkeit, in den Antrag auf internationale Registrierung eine in der Basismarke enthaltene Beschreibung aufzunehmen (Regel 9 Abs. 4 lit. a Ziff. xi AusfO PMMA), eine Übersetzung der Marke oder die Angabe, dass die Marke keine Bedeutung hat und nicht übersetzt werden kann, aufzunehmen (Regel 9 Abs. 4 lit. b Ziff. iii AusfO PMMA) oder einen Disclaimer in die internationale Registrierung aufzunehmen, auch wenn die Basismarke einen solchen nicht enthält (Regel 9 Abs. 4 lit. b Ziff. v AusfO PMMA). Ein Disclaimer hat die Wirkungen des nationalen Rechts des Bestimmungsamts, ist also in Ländern wirkungslos, deren Markenrecht keinen Disclaimer kennt.

3. Identität der Waren und Dienstleistungen

22   Mit dem Antrag auf internationale Registrierung ist das Verzeichnis der Waren und Dienstleistungen einzureichen, für das die internationale Registrierung der Basismarke begehrt wird.

23   **a) Sprache des Verzeichnisses.** Auch das Verzeichnis der Waren und Dienstleistungen ist in englischer, französischer oder spanischer Sprache einzureichen. Für die Übersetzung kann auf den „Madrid Goods & Services Manager" der WIPO (http://www.wipo.int/mgs/index.jps?lang=en) zurückgegriffen werden. Die WIPO ist an die Übersetzung aber nicht gebunden.

24   **b) Klassifizierung der Waren und Dienstleistungen.** Das Waren- und Dienstleistungsverzeichnis muss von demjenigen der Basismarke **vollständig erfasst** sein, dh es darf enger sein, darf aber keine Erweiterung gegenüber der Basismarke darstellen. Diesem Vergleich ist das Verzeichnis der Basismarke zu dem Zeitpunkt der Einreichung des Antrags auf internationale Registrierung zu Grunde zu legen. Eine vor Antragstellung erfolgende Einschränkung der Basismarke ist daher für die internationale Registrierung maßgeblich.

25   Innerhalb dieser Grenzen kann das Verzeichnis für verschiedene Bestimmungsämter unterschiedlich sein.

26   Das Verzeichnis ist nach dem **Nizzaer Klassifikationsabkommen** (NKA) zu klassifizieren (vgl. Regel 9 Abs. 4 lit. a Ziff. xiii AusfO PMMA). Die aktuelle Liste von Waren und Dienstleistungen findet sich im Internet unter www.wipo.int/classifications/nice/en/classifications.html. Auch für die Zuordnung einzelner Waren und Dienstleistungen kann auf den „Madrid Goods& Services-Manager" der WIPO (www.wipo.int/mgs/index.jps?lang=en) zurückgegriffen werden. Können Waren oder Dienstleistungen in mehrere Klassen fallen, müssen sie in jeder relevanten Klasse aufgeführt werden. Andernfalls gelten sie als auf diejenige Klasse beschränkt, für die sie aufgeführt sind.

27   Die vom Markeninhaber vorgenommene Klassifizierung wird **von der WIPO geprüft** (Art. 3 Abs. 2 PMMA). Unterbleibt diese Klassifizierung oder ist sie fehlerhaft, wird der Antrag aber nicht zurückgewiesen. Vielmehr macht die WIPO eine gebührenpflichtigen Vorschlag für eine Neuklassifikation (Art. 3 Abs. 2 S. 2 PMMA, Regel 12 AusfO PMMA), für die eine Gebühr abfällt. Dadurch wird ein Prioritätsverlust vermieden. Der Vorschlag für die Neuklassifikation wird dem EUIPO und dem Antragsteller mitgeteilt. Das EUIPO kann der WIPO innerhalb von drei Monaten zu dem Vorschlag Stellung nehmen, doch macht das EUIPO von dieser Möglichkeit keinen Gebrauch. Der Anmelder kann seine Auffassung dem EUIPO, nicht jedoch direkt der WIPO mitteilen.

c) Bestimmtheit der Angaben zu den Waren und Dienstleistungen. Die vom Markenin- **28** haber verwendeten Formulierungen der Waren und Dienstleistungen werden von der WIPO geprüft. Eine eventuelle Beanstandung wird dem EUIPO und dem Antragsteller mitgeteilt. Das EUIPO kann gegenüber der WIPO innerhalb von drei Monaten zu dem Vorschlag Stellung nehmen. Nimmt das EUIPO innerhalb der drei Monate keine Stellung oder hält die WIPO einen Formulierungsvorschlag nicht für geeignet, wird die Marke mit der Formulierung wie beantragt eingetragen. Die WIPO weist aber darauf hin, dass sie den die Formulierung zu unbestimmt, unverständlich oder sprachlich nicht korrekt ist. Dieser Hinweis wird veröffentlicht, was die Ämter der benannten Vertragsstaaten zu besonders genauer Prüfung veranlassen kann.

III. Antragsberechtigung

Da die EU Mitglied nur des PMMA ist, ist berechtigt, einen Antrag auf internationale Registrie- **29** rung beim EUIPO einzureichen, wer eine tatsächliche und nicht nur zum Schein bestehende Niederlassung (ein Postfach oder eine Korrespondenzanschrift reicht nicht aus) oder den Wohnsitz oder die Nationalität in einem Mitgliedstaat der EU hat, wobei die Anschrift nicht in der EU sein, dann jedoch ein Vertreter vor dem EUIPO bestellt werden muss (Art. 119 Abs. 2; → Art. 119 Rn. 1). Ist in den Akten des EUIPO für die Basismarke bereits ein Vertreter vermerkt, so korrespondiert das EUIPO automatisch mit jenem Vertreter auch in Sachen der internationalen Registrierung.

Der Anmelder hat die **Wahl,** auf welches dieser Kriterien er die Anmeldeberechtigung stützt. **30** Das EUIPO geht von der Richtigkeit der Angaben zur Anmeldeberechtigung aus (Art. 2 Abs. 1 Ziff. ii PMMA). Bei falschen Angaben riskiert aber der Inhaber der internationalen Registrierung, diese zu verlieren.

IV. Benannte Vertragsparteien

Da die EU ausschließlich Mitglied des PMMA ist, ist nur das PMMA anwendbar und kann **31** die internationale Registrierung nur für solche Staaten erfolgen, dh können nur solche Staaten benannt werden, die ihrerseits Mitglied des PMMA sind.

Seit 31.10.2015 gibt es aber keinen Mitgliedstaat der Madrider Union mehr, der nicht (auch) **32** Mitglied des PMMA ist. Es können daher alle Vertragsstaaten der Madrider Union benannt werden.

V. Unterschrift

Die Unterschrift des Anmelders ist fakultativ. Die EU hat von der Möglichkeit gemäß Regel 9 **33** Abs. 2 lit. b AusfO PMMA, eine Unterschrift des Anmelders zu verlangen, keinen Gebrauch gemacht, da an die WIPO lediglich Datenbestände und nicht das Original des Formblatts weitergeleitet werden. Regel 79 GMDV gilt nicht.

VI. Sonderfälle

1. Benennung der USA

Werden im Antrag auf internationale Registrierung die USA benannt, so muss der Anmelder **34** das WIPO-Formblatt MM 18 beifügen (15 U.S.Code § 1141f lit. a). Die Erklärung ist mit dem formularmäßig vorgesehenen Wortlaut abzugeben und kann nicht verändert werden, da der erforderliche Wortlaut der Erklärung detailliert im Gesetz festgelegt ist (15 U.S.C § 1141 Abs. 5).

Dieses Formblatt ist in englischer Sprache auszufüllen, unabhängig von der Sprache des Antrags. **35** Die Verwendung einer anderen Sprache wird zwar nicht vom EUIPO, wohl aber von der WIPO beanstandet.

Nach amerikanischem Recht (37 C.F.R. 2.33 iVm 37 C.F.R. 2.193 lit. e Nr. 1) ist die Erklärung **36** von einem gesetzlichen Vertreter, von einem gewillkürten Vertreter, der aus erster Hand Kenntnis von dem zu versichernden Sachverhalt hat oder von einem Anwalt, der bei einem Gericht der USA oder dem obersten Bundesgerichte eines der Bundesstaaten der USA zugelassen ist, zu unterzeichnen. In aller Regel **nicht unterschriftsberechtigt** sind die daher Anwälte, die den Antrag auf internationale Registrierung einreichen, wenn sie nicht in den USA zugelassen sind.

Da sie in aller Regel nicht das „Wissen aus erster Hand" haben, sind sie keine tauglichen gewillkürten Vertreter.

2. Prioritätsanspruch

37   Wird Priorität beansprucht, so müssen das Amt, bei dem die frühere Anmeldung eingereicht wurde, die Anmeldenummer und das Anmeldedatum angeben werden. Prioritätsbelege sollten nicht beigefügt werden; sie werden nicht an die WIPO weitergeleitet. Das EUIPO prüft die Berechtigung des Prioritätsanspruchs nicht.

3. Seniorität

38   Wird im Antrag auf internationale Registrierung einer nationalen Marke die EU benannt, so kann der Anmelder die Seniorität der nationalen Marke beanspruchen. Dazu ist **WIPO-Formblatt MM 17** beizufügen.

39   In einem Antrag auf internationale Registrierung einer Unionsmarke kann die Seniorität einer nationalen Marke im benannten Vertragsstaat nicht beansprucht werden. Wird das Formblatt MM 17 gleichwohl beigefügt, so leitet das EUIPO dies nicht an die WIPO weiter.

VII. Vollständigkeit/Weiterleitung des Antrags

40   Ist der Antrag auf internationale Registrierung **fehlerfrei,** wird er mit einer entsprechenden Mitteilung an die WIPO weitergeleitet (Art. 184 Abs. 8). Die Übermittlung erfolgt elektronisch; sie enthält die in Art. 3 Abs. 1 PMMA genannte Bescheinigung. Aus diesem Grund ist Punkt 13 des WIPO-Formblatts MM 2 nicht in EUIPO EM 2 enthalten. Wird der Antrag auf mehrere Basismarken gestützt, erstreckt sich die Bescheinigung des EUIPO auf alle Basismarken (Regel 9 Abs. 5 lit. e AusfO PMMA).

41   Ist das **Gesuch fehlerhaft,** weist das EUIPO den Antragsteller auf die Fehler hin und gibt ihm eine Frist zur Berichtigung (Art. 184 Abs. 5). Unterbleibt die Berichtigung, so lehnt der Prüfer die Weiterleitung des Gesuchs ab (Art. 184 Abs. 5; anders als es etwas das DPMA handhabt, vgl. § 108 MarkenG).

42   Die **WIPO überprüft**
- die Gebühren (Art. 11 Abs. 3 AusfO PMMA); Fehlbeträge können innerhalb von drei Monaten vom Antragsteller oder vom EUIPO nachgezahlt werden;
- die Angaben zur Basismarke (Art. 11 Abs. 4 AusfO PMMA); Mängel können innerhalb von drei Monaten vom EUIPO behoben werden;
- die Klassifikation (Art. 12 AusfO PMMA); Mängel können innerhalb von drei Monaten vom EUIPO behoben werden (→ Rn. 27);
- die Bestimmtheit, Verständlichkeit und sprachliche Richtigkeit der Angaben zu den Waren bzw. Dienstleistungen (Art. 13 AusfO PMMA); Mängel können innerhalb von drei Monaten vom EUIPO behoben werden (→ Rn. 27);
- das Vorliegen eventueller sonstiger Mängel (Art. 11 Abs. 2 AusfO PMMA); sie können vom innerhalb von drei Monaten vom Antragsteller behoben werden.

43   Allerdings beurteilt die WIPO nicht, ob die Basismarke im Ursprungsland zu Recht eingetragen oder in den benannten Staaten schutzfähig ist; dies obliegt allein den nationalen Behörden.

VIII. Vertretung

44   Der Antragsteller einer internationalen Registrierung kann einen **Vertreter** bestellen, muss dies aber nicht (Regel 3 Abs. 1 AusfO PMMA). Bei Bestellung eines Vertreters kommuniziert die WIPO bis auf wenige Ausnahmen nur noch mit dem Vertreter.

45   An die Person des Vertreters werden **keine besonderen Anforderungen** bestellt, weder was eine persönliche Qualifikation, Zulassung oder Registrierung angeht, noch was die Nationalität oder den Sitz des Vertreters angeht. Der Vertreter muss also nicht zum Auftreten vor dem EUIPO oder irgendeinem benannten Amt befugt sein. Das EUIPO korrespondiert aber nicht mit dem WIPO-Vertreter, sondern leitet diese Angabe nur an WIPO weiter.

46   Die Vorlage einer besonderen **Vollmacht** ist nicht erforderlich; die Bestellung erfolgt mit dem **Formblatt** MM12 (www.wipo.int/madrid/en/forms). Für eine Änderung des Namens und/oder der Adresse des Vertreters steht das Formular MM10 zur Verfügung (www.wipo.int/madrid/en/forms).

Art. 185 Eintragung in die Akte und in das Register

(1) [1]Tag und Nummer einer auf der Grundlage einer Anmeldung einer Unionsmarke beantragten internationalen Registrierung werden in die Akte der betreffenden Anmeldung eingetragen. [2]Wird im Anschluss an die Anmeldung eine Unionsmarke eingetragen, so werden Tag und Nummer der internationalen Registrierung in das Register eingetragen.

(2) Tag und Nummer einer auf der Grundlage einer Unionsmarke beantragten internationalen Registrierung werden in das Register eingetragen.

Überblick

Art. 185 regelt den Umfang, in dem eine internationale Registrierung einer Unionsmarke auch in das vom EUIPO geführte Markenregister einzutragen ist.

A. Eintragung der internationalen Registrierung

I. Eintragung im Markenregister der WIPO

Die internationale Registrierung einer Unionsmarke erfolgt ausschließlich im Markenregister **1** der WIPO. Dort werden in Bezug auf die internationale Registrierung **folgende Angaben** eingetragen (Regel 14 Abs. 2 AusfO PMMA):
- alle in der Anmeldung enthaltenen Angaben, außer den Daten einer unzulässig in Anspruch genommenen Priorität,
- das Datum der internationalen Registrierung,
- die Nummer der internationalen Registrierung,
- ggf. die Klassifizierungssymbole von Bildbestandteilen,
- ggf. Datum, Nummer und Waren bzw. Dienstleistungen der früheren Marke, deren Seniorität in Anspruch genommen wird.

II. Eintragung im Markenregister des EUIPO

Im Markenregister des EUIPO werden lediglich einige Daten der internationalen Registrierung **2** erneut veröffentlicht; es stellt aber kein „Schattenregister" dar (HABM BK 17.7.2015 – R 273/ 2015-2 – KATE JONES/JONES; HABM 16.2.2015 – B 2 380 460 – CELESIO/CELEIRO). Es wird in dem Fall, in dem die EU in der internationalen Registrierung einer ausländischen Marke als Schutzland benannt wird, eine Benennung der EU veröffentlicht (s. Art. 189) und in dem Fall, in dem die internationale Registrierung auf einer Unionsmarke beruht, bei der Unionsmarke der Tag und die Nummer ihrer internationalen Registrierung veröffentlicht (bei internationaler Registrierung aufgrund einer bloßen Unionsmarkenanmeldung werden der Tag und die Nummer bereits in die Anmeldeakte eingetragen).

B. Eintragung von Änderungen der internationalen Registrierung

Da das internationale Register von der WIPO geführt wird, ist das EUIPO nicht von Änderun- **3** gen in der internationalen Registrierung betroffen. Änderungen bezüglich einer internationalen Registrierung sind grundsätzlich direkt bei der WIPO einzureichen. Das EUIPO erhält lediglich Mitteilungen der WIPO über Änderungen. Dementsprechend nimmt das EUIPO zB keine Verlängerungsanträge entgegen.

Einige Anträge auf Änderungen bezüglich einer IR können gleichwohl auch beim EUIPO als **4** Ursprungsamt eingereicht werden (Regel 20, 20bis, 25 Abs. 1 AusfO PMMA):
- Änderung des Inhabers (WIPO-Formblatt MM 5);
- Einschränkung des VerzWDL für einzelne benannte Staaten (WIPO-Formblatt MM 6);
- Ein Verzicht auf einzelne benannte Staaten (WIPO-Formblatt MM 7);
- Einschränkung oder einen Verzicht mit Wirkung für alle Bestimmungsämter, dh eine vollständige oder teilweise Löschung der internationalen Registrierung (WIPO-Formblatt MM 8);
- Änderung des Namens oder der Anschrift des Inhabers (WIPO-Formblatt MM 9);
- Eintragung einer Lizenz (WIPO-Formblatt MM 13);
- Einschränkung des Verfügungsrechts des Inhabers (Regel 20 Abs. 1 AusfO PMMA); in der Terminologie der UMV entspricht dies einem dinglichen Recht, einer Zwangsvollstreckungs-

maßnahme oder einem Insolvenzverfahren; von dieser Option macht das EUIPO keinen Gebrauch.

5   Für die **Formblätter** s. www.wipo.int/madrid/en/forms.

6   Anträge auf Eintragung eines Rechtsübergangs, einer Lizenz (oder deren Änderung oder Löschung) oder einer Einschränkung der Verfügungsbefugnis des Inhabers (oder deren Aufhebung) müssen vom EUIPO darauf geprüft werden, ob ein entsprechender Nachweis vorgelegt wird (Art. 201), damit ein Dritter nicht ohne jede Prüfung Inhaber oder Lizenznehmer einer internationalen Registrierung werden kann. Wird der Nachweis nicht vorgelegt, so hat der Prüfer die Weiterleitung des Antrags an die WIPO abzulehnen. Diese Entscheidung ist beschwerdefähig.

7   Solche Anträge können nur dann über das EUIPO eingereicht werden, wenn dieses das Ursprungsamt ist oder für den Inhaber in Folge einer Übertragung der internationalen Registrierung zuständig geworden ist (Regel 1 Ziff. xxvi^bis AusfO PMMA). Jedoch wird diese Voraussetzung vom EUIPO nicht geprüft, da es lediglich den Antrag weiterleitet und der Antrag ohnehin direkt bei der WIPO hätte gestellt werden können.

8   Ein Antrag auf Eintragung einer Änderung des Inhabers, einer Lizenz oder einer Einschränkung des Verfügungsrechts des Inhabers kann zwar nur dann direkt bei der WIPO eingereicht werden, wenn er vom Inhaber der internationalen Registrierung gestellt wird. Existiert der ursprüngliche Inhaber nicht mehr oder ist er nicht bereit, den Antrag zu stellen, hat der neue Inhaber oder der Lizenznehmer oder der Inhaber des dinglichen Rechts nur die Möglichkeit, den Antrag auf Eintragung der Änderung beim EUIPO als Ursprungsamt einzureichen. Die WIPO trägt solche Anträge ohne Sachprüfung ein.

C. Veröffentlichung der internationalen Registrierung

9   Die internationale Registrierung wird in der „WIPO Gazette of International Marks" veröffentlicht (Regel 32 Abs. 1 lit. a Ziff. i AusfO PMMA). Die Einträge im internationalen Register und die in der Gazette veröffentlichten Angaben sind im Internet in der Datenbank „Madrid Monitor" des internationalen Büros abrufbar (www3.wipo.int/madrid/monitor/en).

10   Die Daten werden anhand der WIPO INID Kennzahlen („Internationally agreed Numbers for the Identification of Data") erfasst und veröffentlicht. Elemente einer fremdsprachigen Markenveröffentlichung können auf diese Weise ohne Sprachkenntnisse identifiziert und zugeordnet werden. Für die Daten sind die Standards „WIPO Standard ST 60" (http://www.wipo.int/export/sites/www/standards/en/pdf/03-60-01.pdf) für die Daten der Marke und „WIPO Standard ST 3" (http://www.wipo.int/export/sites/www/standards/en/pdf/03-03-01.pdf) für die Zwei-Buchstaben-Abkürzung der Länder maßgeblich (www.wipo.int/madrid/en/filing).

D. Daten der internationalen Registrierung

11   Insofern wird auf die Ausführungen zu § 110 MarkenG verwiesen (→ MarkenG § 110 Rn. 1 f.).

Art. 186 Mitteilung der Nichtigkeit der Basisanmeldung oder Basiseintragung

(1) Das Amt teilt dem Internationalen Büro binnen fünf Jahren ab dem Datum der internationalen Registrierung alle Tatsachen und Entscheidungen mit, die die Gültigkeit der Anmeldung oder Eintragung der Unionsmarke, auf die sich die internationale Registrierung stützt, beeinträchtigen.

(2) ¹Die Kommission erlässt Durchführungsrechtsakte, in denen die einzelnen Umstände und die Entscheidungen, die der Mitteilungspflicht gemäß Artikel 6 Absatz 3 des Madrider Protokolls unterliegen, sowie der maßgebende Zeitpunkt dieser Mitteilungen festgelegt werden. ²Diese Durchführungsrechtsakte werden nach dem Prüfverfahren gemäß Artikel 207 Absatz 2 dieser Verordnung erlassen.

Überblick

Art. 186 Abs. 1 entspricht in verkürzter Form der bisherigen Regel 106 GMDV. Die Vorschrift wird ergänzt durch die in Abs. 2 angesprochenen Durchführungsrechtsakte, namentlich Art. 29 UMDV.

A. Mitteilung über Nichtigkeit der Basismarke

Fällt innerhalb eines Zeitraums von fünf Jahren ab dem Datum der internationalen Registrie- **1** rung die Basismarke ganz oder teilweise weg, so wird die internationale Registrierung im gleichen Umfang **gelöscht** (Art. 6 PMMA, Regel 22 AusfO PMMA). Dies ist der WIPO mitzuteilen. Dementsprechend ist die WIPO zu unterrichten (Art. 29 Abs. 1 UMDV), wenn innerhalb der Fünfjahresfrist

- die Anmeldung der Unionsmarke zurückgenommen oder rechtskräftig zurückgewiesen wird (Art. 29 Abs. 1 lit. a UMDV);
- die Eintragung der Unionsmarke durch Verzicht, Nichtverlängerung oder Verfalls-/Nichtigkeits- erklärung ihre Wirkung verloren hat (Art. 29 Abs. 1 lit. b UMDV);
- die Anmeldung oder Eintragung der Unionsmarke nach Art. 50 oder Art. 56 (und entsprechend Art. 8 oder 11 UMDV) geteilt worden ist (Art. 29 Abs. 1 lit. c UMDV).

Soweit der WIPO auch die Teilung einer Unionsmarke mitzuteilen ist (Art. 29 Abs. 1 lit. c **2** UMDV), wirkt sich diese Mitteilung auf die Gültigkeit der internationalen Registrierung nicht aus; sie dient nur der Transparenz, auf welche Marken die internationale Registrierung gestützt ist. Daher behandelt Art. 29 Abs. 2 lit. d UMDV diesen Fall nicht als Grund für die Löschung der internationalen Registrierung.

B. Mitteilung über anhängige Verfahren

Eine **Mitteilung an die WIPO** muss auch dann erfolgen, wenn ein Verfahren gegen die **3** Basismarke vor Ablauf der Fünfjahresfrist begonnen hat, jedoch innerhalb dieser Frist nicht abge- schlossen wurde (Art. 29 Abs. 3 UMDV), namentlich wenn:

- eine Zurückweisung der Unionsmarkenanmeldung aus absoluten Gründen mit der Beschwerde angefochten wurde und die Beschwerde noch anhängig ist (Art. 29 Abs. 3 lit. a UMDV);
- ein Widerspruchsverfahren gegen die Unionsmarkenanmeldung anhängig ist (Art. 29 Abs. 3 lit. b UMDV);
- ein Löschungsverfahren gegen eine Unionsmarke anhängig ist (Art. 29 Abs. 3 lit. c UMDV);
- gemäß der Eintragung im Register für Unionsmarken eine Widerklage gegen eine Unionsmarke vor einem Unionsmarkengericht anhängig ist (Art. 29 Abs. 3 lit. d UMDV).

Diese Mitteilung ist unmittelbar nach Ablauf der Fünfjahresfrist zu machen (Art. 29 Abs. 3 UMDV). Eine solche Mitteilung erfolgt **nicht,** wenn an dem Tag, an dem die Fünfjahresfrist abläuft, ein Widerspruch oder ein Löschungsantrag als nicht eingereicht gilt, weil die Gebühr nicht gezahlt wurde oder die Unionsmarkenanmeldung aus absoluten Gründen zurückgewiesen war, jedoch keine Beschwerde eingelegt wurde oder die Beschwerde nach Ablauf der Fünfjahres- frist eingelegt wurde.

Eine **weitere Mitteilung** über den Ausgang dieses Verfahrens an die WIPO zu senden, sobald **4** eine rechtskräftige Entscheidung vorliegt oder das Verfahren anderweitig beendet ist (Art. 29 Abs. 4 UMDV).

Art. 187 Antrag auf territoriale Ausdehnung des Schutzes im Anschluss an die internationale Registrierung

(1) [1]Ein Antrag auf territoriale Ausdehnung des Schutzes im Anschluss an eine inter- nationale Registrierung gemäß Artikel 3ter Absatz 2 des Madrider Protokolls kann über das Amt gestellt werden. [2]Der Antrag muss in der Sprache eingereicht werden, in der die internationale Anmeldung gemäß Artikel 184 der vorliegenden Verordnung eingereicht wurde. [3]Er umfasst Angaben zur Begründung des Anspruchs auf eine Benennung gemäß Artikel 2 Absatz 1 Ziffer ii und Artikel 3ter Absatz 2 des Madrider Protokolls. [4]Das Amt teilt dem Antragsteller den Tag mit, an dem der Antrag auf territoriale Ausdehnung des Schutzes eingegangen ist.

(2) [1]Die Kommission erlässt Durchführungsrechtsakte, in denen die Anforderungen im Hinblick auf einen Antrag auf territoriale Ausdehnung des Schutzes gemäß Absatz 1 dieses Artikels im Einzelnen festgelegt werden. [2]Diese Durchführungsrechtsakte werden nach dem Prüfverfahren gemäß Artikel 207 Absatz 2 erlassen.

(3) [1]Erfüllt der Antrag auf territoriale Ausdehnung des Schutzes im Anschluss an die internationale Registrierung nicht die in Absatz 1 und in dem nach Absatz 2 erlassenen Durchführungsrechtsakt festgelegten Anforderungen, so fordert das Amt den Antrag-

steller auf, die festgestellten Mängel innerhalb einer vom Amt festgelegten Frist zu beseitigen. [2]Werden die Mängel nicht innerhalb der vom Amt gesetzten Frist beseitigt, so verweigert das Amt die Weiterleitung des Antrags an das Internationale Büro. [3]Das Amt darf die Weiterleitung des Antrags an das Internationale Büro nicht ablehnen, bevor dem Antragsteller die Gelegenheit gegeben wurde, etwaige in dem Antrag festgestellte Mängel zu beseitigen.

(4) Das Amt leitet den Antrag auf territoriale Ausdehnung des Schutzes im Anschluss an die internationale Registrierung an das Internationale Büro weiter, sobald die in Absatz 3 genannten Anforderungen erfüllt sind.

Überblick

Art. 187 begründet die Vermittlungszuständigkeit des EUIPO als Ursprungsbehörde iSd Art. 3ter Abs. 2 PMMA für Anträge auf nachträgliche Schutzerstreckung von als Basismarken eingetragener Unionsmarken. Er wird ergänzt durch Regel 24 GAusfO MMA/PMMA und Art. 30 UMDV. Mit den ab dem 1.10.2017 geltenden Vorschriften werden Regelungen, die bisher in der Durchführungsverordnung (GMDV) enthalten waren, in die UMV übernommen. Neu ist die Regelung des Art. 149 Abs. 1 S. 3 sowie die ausdrücklich Klarstellung gemäß Art. 149 Abs. 3 S. 3.

A. Antrag auf nachträgliche Schutzerstreckung

I. Möglichkeit der nachträglichen Schutzerstreckung

1   Nach Art. 3bis Abs. 1 PMMA erstreckt sich der Schutz aus der internationalen Registrierung der Marke nur auf die Mitgliedstaaten, für die der Schutz beantragt worden ist. Die Wirkung einer internationalen Registrierung kann aber nach Art. 3ter Abs. 2 PMMA nachträglich auf weitere Vertragsstaaten des PMMA erstreckt werden, etwa weil
• der Inhaber aus unternehmerischen Gründen zunächst kein Interesse am Schutz in dem weiteren Vertragsstaat hatte,
• ein Versuch, Schutz der internationalen Registrierung in dem weiteren Vertragsstaat zu erlangen, an einer Schutzverweigerung scheiterte und nach dem Wegfall des Schutzverweigerungsgrundes als erneuter Antrag ein weiterer Versuch unternommen werden soll, in dem weiteren Vertragsstaat Schutz der internationalen Registrierung zu erlangen,
• ein ursprünglich in dem weiteren Vertragsstaat bestehender Schutz der internationalen Registrierung durch Verzicht oder ein Nichtigkeitsverfahren wieder entfallen ist oder
• der weitere Vertragsstaat erst nachträglich dem PMMA beigetreten ist.

2   Da die EU Mitglied nur des PMMA ist, kann die nachträgliche Schutzerstreckung nur auf Vertragsstaaten erfolgen, die Mitglieder des PMMA sind, dh Protokollstaaten oder Mischstaaten. Seit der letzte Mitgliedstaat des MMA zum 15.10.2015 dem PMMA beigetreten und damit Mischstaat geworden ist, findet auf nach diesem Datum erfolgende nachträgliche Schutzerstreckungen ohnehin nur noch das PMMA Anwendung und kann die internationale Registrierung nachträglich auf alle Mitglieder der Madrider Union erstreckt werden.

3   Eine nachträgliche Schutzerstreckung ist auch im Rahmen der **Umwandlung** einer internationalen Registrierung möglich.

4   Die nachträgliche Schutzerstreckung erlaubt allerdings **nicht** die **Übernahme der Priorität** der Registrierung; maßgebend ist stattdessen der Zeitpunkt des Erstreckungsantrages.

5   Die Schutzdauer der nachträglichen Schutzerstreckung **endet** am selben Tag wie der Schutz der internationalen Registrierung, ist im ersten Schutzzeitabschnitt also nur eine Restschutzdauer.

II. Zuständigkeit

6   Art. 187 begründet die Vermittlungszuständigkeit des **EUIPO** als Ursprungsbehörde iSd 3ter Abs. 2 PMMA für Anträge auf nachträgliche Schutzerstreckung von als Basismarken eingetragener Unionsmarken.

7   Eine nachträgliche Benennung kann auch dann beim EUIPO eingereicht werden, wenn dieses nicht Ursprungsamt war, sofern die internationale Registrierung auf eine Person mit Staatsangehörigkeit eines Mitgliedstaats der EU oder mit Sitz oder Wohnsitz in der EU übertragen wurde; das EUIPO handelt dann als „Amt der Vertragspartei des Inhabers" (Regel 24 Abs. 2 iVm Regel 1 Ziff. xxvi[bis] AusfO PMMA).

III. Inhalt des Antrags

Die erforderlichen **Angaben** im Antrag beschränken sich im Wesentlichen auf die Nummer 8 der internationalen Registrierung, Angaben zum Anmelder, seiner Anmeldeberechtigung und seinem Vertreter, die benannten Vertragsstaaten, die Waren und Dienstleistungen und eine eventuell erforderliche Benutzungsabsichtserklärung (Art. 30 UMDV).

Die nachträgliche Schutzerstreckung muss sich nicht zwingend auf alle von der internationalen 9 Registrierung erfassten Waren und Dienstleistungen beziehen, sondern kann sich **auf einen Teil beschränken.** Die nachträgliche Schutzerstreckung in Bezug auf einen weiteren Vertragsstaat kann daher auch durch mehrere nachträgliche Schutzerstreckungen für jeweils verschiedene Waren und Dienstleistungen **sukzessiv** erfolgen. Das Verzeichnis darf nur nicht breiter sein als das der internationalen Registrierung, auch wenn es von der Basismarke abgedeckt wäre, da es sich nicht um eine erneute internationale Registrierung, sondern um die territoriale Erweiterung einer bereits bestehenden internationalen Registrierung handelt. Bei Schutzerstreckung nur auf einen Teil der Waren und Dienstleistungen der internationalen Registrierung sind diese im Einzelnen anzugeben. Das Verzeichnis muss nicht für alle nachträglich benannten Staaten übereinstimmen; für verschiedene Staaten können unterschiedliche Verzeichnisse eingereicht werden.

Für den Antrag ist nach Regel 24 Abs. 2 lit. b AusfO PMMA, Art. 31 UMDV ein amtliches 10 **Formblatt** zu verwenden.

IV. Verfahren

Das Prüfungsverfahren vor der WIPO und den nationalen Behörden entspricht demjenigen 11 der ursprünglichen internationalen Registrierung. Die Verfahrensvorschriften der AusfO PMMA über die Schutzverweigerung gelten bei nachträglicher Schutzerstreckung daher entsprechend (Regel 24 Abs. 9 AusfO PMMA).

Anders als im Falle des ursprünglichen Gesuchs auf internationale Registrierung kann nach 12 Art. 187 der Antrag auf nachträgliche Schutzerstreckung unter Geltung des PMMA **wahlweise** beim EUIPO als vermittelnder Behörde des Ursprungslandes oder unmittelbar bei der WIPO gestellt werden (Regel 24 Abs. 2 lit. a AusfO PMMA).

B. Sprache

Das Gesuch um nachträgliche Schutzerstreckung kann grundsätzlich **unabhängig** von der 13 Sprache, in der der ursprüngliche Antrag auf um internationale Registrierung eingereicht wurde, in englischer, französischer oder spanischer Sprache eingereicht werden (Regel 6 Abs. 2 AusfO PMMA), wobei nach Art. 3ter Abs. 2 S. 2 PMMA iVm Regel 24 Abs. 2 lit. b AusfO PMMA ein amtliches **Formblatt** zu verwenden ist. Art. 187 Abs. 1 S. 2 bestimmt aber, dass nachträgliche Benennungen einer internationalen Registrierung mit Unionsmarke als Basismarke in derselben Sprache wie die ursprüngliche internationale Registrierung eingereicht werden müssen. Andernfalls lehnt das Amt die Weiterleitung der nachträglichen Benennung – nach Ablauf einer Frist zur Beseitigung dieses Mangels – ab (Art. 187 Abs. 3). In Französisch, Englisch und Spanisch ist dies das WIPO-Formblatt MM 4. Ist diese Sprache nicht Französisch, Englisch oder Spanisch, so muss der Anmelder das EUIPO-Formblatt EM 4 verwenden (ABl. EUIPO 2004, 926) und darin die Sprache angeben, in der die nachträgliche Benennung an die WIPO weitergeleitet werden soll; diese Sprache kann von der Sprache der internationalen Registrierung verschieden sein.

C. Datum, Zeitrang und Schutzdauer der nachträglichen Schutzerstreckung

I. Datum

Eine nachträgliche Schutzerstreckung erhält – sofern sie **mangelfrei** ist – das Datum des 14 Eingangs beim EUIPO, wenn das Gesuch dort eingereicht wurde und sofern es innerhalb von zwei Monaten nach diesem Datum bei der WIPO eingeht (Art. 3 Abs. 4 S. 2 PMMA), dagegen das Datum des Eingangs bei der WIPO, wenn das Gesuch unmittelbar dort eingereicht wurde oder bei Vermittlung durch das EUIPO erst nach Ablauf der Zweimonatsfrist bei der WIPO eingeht (Art. 3 Abs. 4 S. 3 PMMA).

Bedeutung kann dies erlangen, wenn mit der nachträglichen Schutzerstreckung oder in engem 15 zeitlichen Zusammenhang mit ihr eine Änderung der internationalen Registrierung vorgenommen werden soll, weil eine Änderung erst mit ihrer tatsächlichen Eintragung im Register wirksam wird. Wird die nachträgliche Schutzerstreckung zudem über das EUIPO eingereicht, erhält das

Gesuch bei Weiterleitung innerhalb von zwei Monaten sogar das Datum des dortigen Eingangs (Art. 3 Abs. 4 S. 2 PMMA). In diesem Fall besteht die Gefahr, dass die nachträgliche Schutzerstreckung wegen ihrer früheren Wirkung ungewollt von der Änderung, zB einem Verzicht, mit erfasst wird. Dies kann dadurch vermieden werden, dass mit dem Gesuch um nachträgliche Schutzerstreckung beantragt wird, dass die nachträgliche Schutzerstreckung erst nach Eintragung der Änderung wirksam werden soll; der nachträglichen Schutzerstreckung wird dann trotz des grundsätzlich maßgeblichen Datum des Eingangs bei der WIPO eine spätere Wirksamkeit zuerkannt (Regel 24 Abs. 1 lit. c Ziff. ii AusfO PMMA).

16   Eine nachträgliche Schutzerstreckung erhält – sofern sie **mangelhaft** ist – das Datum
- des Eingangs der Berichtigung, wenn der Antrag auf nachträgliche Schutzerstreckung unmittelbar bei der WIPO eingereicht wurde, sich der Mangel auf „essentialia" des Antrags, dh die Nummer der internationalen Registrierung, die benannten Vertragsstaaten, die Waren und Dienstleistungen oder eine eventuell erforderliche Benutzungsabsichtserklärung (Regel 24 Abs. 3 lit. a Ziff. i, iii und iv, lit. b AusfO PMMA) bezieht und der Mangel nicht innerhalb von zwei Monaten nach Mitteilung der Mangelhaftigkeit des Antrags behoben wird (Regel 24 Abs. 6 lit. c Ziff. i AusfO PMMA),
- des Eingangs der Berichtigung, wenn der Antrag auf nachträgliche Schutzerstreckung über die Ursprungsbehörde, dh das EUIPO, eingereicht wurde, sich der Mangel auf „essentialia" des Antrags bezieht und der Mangel nicht innerhalb von zwei Monaten nach Mitteilung der Mangelhaftigkeit des Antrags behoben wird (Regel 24 Abs. 6 lit. c Ziff. i AusfO PMMA),
- des Eingangs bei der Ursprungsbehörde, dh beim EUIPO, wenn der Antrag auf nachträgliche Schutzerstreckung über das EUIPO eingereicht wurde und sich der Mangel auf andere Punkte des Gesuchs als „essentialia" bezieht (Regel 24 Abs. 6 lit. c Ziff. ii AusfO PMMA),
- des Eingangs bei der WIPO, wenn der Antrag auf nachträgliche Schutzerstreckung unmittelbar bei der WIPO eingereicht wurde und sich der Mangel auf andere Punkte des Gesuchs als „essentialia" bezieht (Regel 24 Abs. 6 lit. c Ziff. ii AusfO PMMA).

17   Ist der Mangel auch nach drei Monaten noch nicht nach Mitteilung der Mangelhaftigkeit des Antrags nicht behoben worden, gilt der Antrag als **zurückgenommen** (Regel 24 Abs. 5 lit. b AusfO PMMA).

II. Zeitrang

18   Die nachträgliche Schutzerstreckung erlaubt **nicht** die **Übernahme der Priorität** der Registrierung; maßgebend ist stattdessen der Zeitpunkt des Erstreckungsantrages.

III. Schutzdauer

19   Die Schutzdauer der nachträglichen Schutzerstreckung **endet** am selben Tag wie der Schutz der internationalen Registrierung, ist im ersten Schutzzeitabschnitt also nur eine Restschutzdauer.

D. Gebühren

20   Für die nachträgliche Schutzerstreckung fallen nur auf **einer Ebene** Gebühren an, nämlich die internationalen Gebühren der WIPO (Art. 8 Abs. 2 MMA, Regel 10 Abs. 1, Nr. 1 GebVerzAusfO). Das EUIPO erhebt keine Übermittlungsgebühr. Zu den internationalen Gebühren der WIPO wird auf die Ausführungen zu Art. 188 verwiesen (→ Art. 188 Rn. 1 ff.).

Art. 188 Internationale Gebühren

Alle an das Internationale Büro aufgrund des Madrider Protokolls zu entrichtenden Gebühren sind unmittelbar an das Internationale Büro zu zahlen.

Überblick

Art. 188 regelt nur die Unzuständigkeit des EUIPO für die internationalen Gebühren.

A. Internationale Gebühren

1   Die internationalen Gebühren bestehen sowohl für die internationale Registrierung nach Art. 183, 184 als auch für die nachträgliche Schutzerstreckung nach Art. 187 aus folgenden Gebüh-

ren (Art. 8 Abs. 2 Ziff. i bis iii, Abs. 7 lit. a S. 2 Ziff. ii PMMA iVm Regel 24 Abs. 4 AusfO PMMA und Nr. 5.1–5.3 GebVerzAusfO PMMA):

- Grundgebühr (653 CHF, bzw. 903 CHF bei farbigen Wiedergaben),
- Klassengebühren (100 CHF für jede die dritte Klasse übersteigende Klasse) und
- Ergänzungsgebühren (100 CHF für jedes Land, für das der Schutz beansprucht wird) bzw. stattdessen individuelle Gebühren (individuell für jedes Land, für das der Schutz beansprucht wird und von der Wahl einer individuellen Gebühr Gebrauch gemacht hat).

B. Zuständigkeit

Die internationalen Gebühren sind **unmittelbar** an das Internationale Büro in Genf und nicht **2** an das EUIPO zu zahlen (s. auch Regel 10, 34 Abs. 2 AusfO PMMA). Das EUIPO leitet keine Gebühren an die WIPO weiter.

Gleichwohl ist aber dem Antrag auf internationale Registrierung oder nachträgliche Schutzer- **3** streckung das **Gebührenberechnungsblatt** (Anhang zum WIPO-Formblatt MM 2) als notwendiger Bestandteil des Gesuchs beizufügen. Andernfalls erlässt die WIPO einen Beanstandungsbescheid. Das EUIPO prüft jedoch nicht, ob das Gebührenberechnungsblatt beigefügt ist oder zutreffend ausgefüllt ist. Vielmehr leitet es den Antrag ohne Prüfung des Gebührenberechnungsblattes an die WIPO weiter.

Zur Gebührenberechnung steht auf der Website der WIPO ein **Gebührenkalkulator** zur **4** Verfügung (http://www.wipo.int/madrid/feecalc).

Abschnitt 3. Internationale Registrierungen, in denen die Union benannt ist

Art. 189 Wirkung internationaler Registrierungen, in denen die Union benannt ist

(1) Eine internationale Registrierung, in der die Union benannt ist, hat vom Tage der Registrierung gemäß Artikel 3 Absatz 4 des Madrider Protokolls oder vom Tage der nachträglichen Benennung der Union gemäß Artikel 3ter Absatz 2 des Madrider Protokolls an dieselbe Wirkung wie die Anmeldung einer Unionsmarke.

(2) Wurde keine Schutzverweigerung gemäß Artikel 5 Absätze 1 und 2 des Madrider Protokolls mitgeteilt oder wurde eine solche Verweigerung widerrufen, so hat die internationale Registrierung einer Marke, in denen die Union benannt wird, von dem in Absatz 1 genannten Tag an dieselbe Wirkung wie die Eintragung einer Marke als Unionsmarke.

(3) Für die Zwecke der Anwendung des Artikels 11 der vorliegenden Verordnung tritt die Veröffentlichung der in Artikel 190 Absatz 1 genannten Einzelheiten der internationalen Registrierung, in der die Union benannt wird, an die Stelle der Veröffentlichung der Anmeldung einer Unionsmarke, und die Veröffentlichung gemäß Artikel 190 Absatz 2 tritt an die Stelle der Veröffentlichung der Eintragung einer Unionsmarke.

Überblick

Art. 189 ist die Zentralnorm des Schutzes internationaler Registrierungen ausländischer Marken in der EU. Er regelt die Wirkung, die die internationale Registrierung in der EU entfaltet.

Seit dem 1.10.2004 können Angehörige des Madrider Systems über das PMMA Schutz für eine ausländische Marke in den Mitgliedstaaten der EU in Form einer Unionsmarke erhalten. Dies ist im Wege der nachträglichen Schutzerstreckung gemäß Art. 3ter Abs. 2 PMMA auch dann möglich, wenn sie sich auf eine internationale Registrierung mit Registrierungsdatum vor dem 1.10.2004 bezieht.

Die Gleichstellung einer internationalen Registrierung mit Benennung der EU gilt auch, sofern es in einer anderen Rechtsvorschrift als der UMV um eine Unionsmarke oder deren Schutz geht; auch sie schließen somit eine internationalen Registrierung mit Benennung der EU ein (zB EuGH GRUR 2009, 870 (871) – ZinoDavidoff/Bundesfinanzdirektion Südost für die Sanktionen nach der Zollverordnung – VO (EG) 1383/2003).

A. Maßgeblichkeit des nationalen Markenrechts

1   Inhalt und Umfang des Schutzes einer internationalen Registrierung bestimmen sich gemäß Art. 4 Abs. 1 lit. a PMMA nach dem Recht der benannten einzelnen Vertragsstaaten. In der EU bestimmt sich die Rechtsstellung des Inhabers einer internationalen Registrierung somit nach der UMV. Der Rechtsinhaber genießt daher in **demselben Umfang** Schutz, den die UMV einer beim EUIPO eingetragenen Unionsmarke gewährt. Dies ergibt sich bereits aus Art. 4 Abs. 1 lit. a PMMA, der unmittelbar in der EU gilt.

2   Die Wirkung des Art. 189 gilt auch bei **nachträglicher Schutzerstreckung** der internationalen Registrierung auf die EU nach Art. 187 (→ Art. 187 Rn. 1), und zwar auch, wenn der Schutz für die EU bereits rechtskräftig verweigert oder auf den Schutz verzichtet worden war. Der erneute Versuch, durch nachträgliche Schutzerstreckung der internationalen Registrierung Schutz in der EU zu erlangen, ist grundsätzlich hinzunehmen und kann allenfalls ausnahmeweise als rechtsmissbräuchlich zurückgewiesen werden.

B. Zeitliche Verschiebung des Schutzes der internationalen Registrierung

I. Anmeldung (Abs. 1)

3   Die internationale Registrierung wird mit dem Tag der internationalen Registrierung nach Art. 3 Abs. 4 PMMA, dh mit dem Tag des Eingangs des Registrierungsantrags bei der WPO oder sogar des Eingangs des Registrierungsantrags beim EUIPO, wenn er innerhalb von zwei Monaten nach Eingang beim EUIPO bei der WIPO eingeht, einer Unionsmarkenanmeldung gleichgestellt. Die Wirkung einer Unionsmarkenanmeldung (Art. 37 iVm Art. 32; → Art. 37 Rn. 1) tritt daher bereits mit dem Tag des Eingangs des Registrierungsantrags bei der WIPO oder sogar beim EUIPO ein und nicht erst mit der ersten Nachveröffentlichung nach Art. 190 Abs. 1.

4   Für die **Rechtswirkungen** der Veröffentlichung der Unionsmarkenanmeldung (→ Art. 44 Rn. 1), den Beginn der Widerspruchsfrist und den Beginn des vorläufigen Schutzes nach Art. 11 Abs. 2, sieht Art. 189 Abs. 3 Alt. 1 besondere Regelungen vor: Der Beginn des vorläufigen Schutzes nach Art. 11 Abs. 2 tritt mit der ersten Nachveröffentlichung nach Art. 190 Abs. 1 ein, und für den Beginn der Widerspruchsfrist gilt nicht Art. 189, sondern Art. 196 Abs. 2, dh die Widerspruchsfrist beginnt drei Monate nach dem Datum der ersten Nachveröffentlichung nach Art. 190 Abs. 1.

II. Eintragung (Abs. 2)

5   Wird der internationalen Registrierung der Schutz in der EU nicht verweigert, so wird sie mit dem Tag der internationalen Registrierung nach Art. 3 Abs. 4 PMMA, dh mit dem Tag des Eingangs des Registrierungsantrags bei der WPO oder sogar des Eingangs des Registrierungsantrags beim EUIPO, wenn er innerhalb von zwei Monaten nach Eingang beim EUIPO bei der WIPO eingeht, einer Unionsmarke gleichgestellt. Anmeldung und Registrierung fallen somit zusammen – und werden sogar bei rechtzeitiger Weiterleitung des Antrags durch das EUIPO vorverlegt.

6   Damit wird **Zeitverlust ausgeglichen,** der sich daraus ergibt, dass bei einer internationalen Registrierung die Prüfung der Schutzfähigkeit durch die benannten Vertragsstaaten der internationalen Registrierung nachgeschaltet ist, dh die Marke – anders als bei einer unmittelbar beim EUIPO eingereichten Unionsmarkenanmeldung – erst eingetragen und dann geprüft wird.

III. Vorläufiger Schutz (Abs. 3)

7   Gleichwohl soll für die Benennung der EU im Rahmen einer internationalen Registrierung wie bei der Unionsmarke der **volle Schutz** der internationalen Registrierung erst **nach Durchführung** der Prüfung auf absolute Eintragungshindernisse und eines Widerspruchsverfahrens eintreten. Daher bestimmt Art. 189 Abs. 3, dass der volle Schutz als Unionsmarke, der sich aus deren Eintragung ergibt, erst nach Abschluss des Prüfungs- und Widerspruchsverfahrens durch das EUIPO, dh mit Veröffentlichung des Abschlusses des Prüfungs- und Widerspruchsverfahrens gemäß Art. 189 Abs. 2 eintritt; bis dahin gilt nach Art. 189 Abs. 3 nur der vorläufige Schutz nach Art. 11 Abs. 2. Dementsprechend sieht Art. 79 Abs. 2 DVUM vor, dass der Abschlussmitteilung nach Art. 79 Abs. 1 DVUM und Regel 18ter AusfO PMMA („Statement of Grant of Protection" bzw. „Final Disposition on Status of Mark"), die eine Schutzgewährung mitteilt, dieselbe Wirkung hat wie die Erklärung über die Rücknahme einer Schutzverweigerung. Es gilt also: Der volle

Schutz tritt gemäß Art. 79 Abs. 2 DVUM zwar **rückwirkend** ein, aber erst mit der Veröffentlichung der Abschlussmitteilung, und umgekehrt: Der volle Schutz tritt zwar erst mit der Veröffentlichung der Abschlussmitteilung ein, dafür gemäß Art. 189 Abs. 2 aber rückwirkend. Dies gilt unabhängig davon, ob

- weder eine Schutzverweigerung aus absoluten Gründen ausgesprochen noch Widerspruch eingelegt worden war,
- eine Schutzverweigerung aus absoluten Gründen ausgesprochen oder aber Widerspruch eingelegt worden, das Prüfungsverfahren bzw. Widerspruchsverfahren aber rechtskräftig zu Gunsten des Anmelders abgeschlossen worden war (ggf. auch nur für einzelne Waren und Dienstleistungen) oder
- eine Schutzverweigerung aus absoluten Gründen ausgesprochen und Widerspruch eingelegt worden war, das Verfahren daher zunächst nur in Bezug auf die absolute Schutzverweigerung weiterbetrieben und das Widerspruchsverfahren vor Beginn des streitigen Teils insofern ausgesetzt (Art. 77 Abs. 5 DVUM) und nur noch soweit betrieben worden war, wie im absoluten Prüfungsverfahren die Schutzfähigkeit der Marke bereits für einen Teil der Waren und Dienstleistungen anerkannt wurde und das Prüfungsverfahren bzw. Widerspruchsverfahren aber rechtskräftig zu Gunsten des Anmelders abgeschlossen worden war (ggf. auch nur für einzelne Waren und Dienstleistungen).

Für die **Schutzwirkung** der Veröffentlichung der Unionsmarke **gegenüber Dritten** (Art. 11 **8** Abs. 1; → Art. 9 Rn. 1), dh den Beginn des vorläufigen Schutzes nach Art. 11 Abs. 2, sieht Art. 189 Abs. 3 Alt. 1 die Regelung vor, dass die Schutzwirkung der internationalen Registrierung als Unionsmarke gegenüber Dritten erst mit dem Datum der zweiten Nachveröffentlichung gemäß Art. 190 Abs. 2 im Blatt für Unionsmarken eintritt und nicht und nicht schon mit dem Datum der entsprechenden Veröffentlichung in der WIPO-Gazette.

C. Individuelle Gebühr bei Benennung der EU

Für die Benennung der EU im Rahmen einer internationalen Registrierung ist als Teil der **9** internationalen Gebühren an Stelle der Ergänzungsgebühr eine individuelle Gebühr an die WIPO zu zahlen (Art. 8 Abs. 7 PMMA). Sie beträgt den Gegenwert in CHF von 820 Euro zuzüglich 50 Euro für die zweite Klasse und 150 Euro für jede weitere Klasse (Anhang I B. II. Nr. 2 lit. a, eingefügt durch VO (EU) 2015/2424) und ist damit etwas günstiger als die Anmeldegebühr für eine direkt beim EUIPO eingereichte Unionsmarkenanmeldung.

Nachdem mit der VO (EG) Nr. 355/2009 zur Änderung der GebV aF die Eintragungsgebühr **10** entfallen ist, gibt es **keine Gebührenerstattung** mehr, wenn der internationalen Registrierung durch das EUIPO endgültig der Schutz verweigert wird.

Für die **Verlängerung** einer internationalen Registrierung, für die die EU benannt ist, ist **11** gemäß Anhang I B. II. Nr. 1 eine individuelle Gebühr zugunsten der EU an die WIPO zu zahlen (Art. 8 Abs. 7 PMMA). Sie beträgt den Gegenwert in CHF von 820 Euro zuzüglich 50 Euro für die zweite Klasse und 150 Euro für jede weitere Klasse (Anhang I B. II. Nr. 2 lit. a, eingefügt durch VO (EU) 2015/2424).

Art. 190 Veröffentlichung

(1) Das Amt veröffentlicht das Datum der Eintragung einer Marke, in der die Union benannt ist, gemäß Artikel 3 Absatz 4 Madrider Protokolls oder das Datum der nachträglichen Benennung der Union gemäß Artikel 3ter Absatz 2 des Madrider Protokolls, die Sprache, in der die internationale Anmeldung eingereicht worden ist, und die zweite Sprache, die vom Anmelder angegeben wurde, die Nummer der internationalen Registrierung und das Datum der Veröffentlichung dieser Registrierung in dem vom Internationalen Büro herausgegebenen Blatt, eine Wiedergabe der Marke und die Nummern der Erzeugnis- oder Dienstleistungsklassen, für die ein Schutz in Anspruch genommen wird.

(2) Wurde für eine internationale Registrierung, in der die Union benannt ist, gemäß Artikel 5 Absätze 1 und 2 des Madrider Protokolls keine Schutzverweigerung mitgeteilt oder wurde eine solche Verweigerung widerrufen, so veröffentlicht das Amt diese Tatsache gleichzeitig mit der Nummer der internationalen Registrierung und gegebenenfalls das Datum der Veröffentlichung dieser Registrierung in dem vom Internationalen Büro herausgegebenen Blatt.

Überblick

Eine in der „Gazette" der WIPO veröffentlichte internationale Registrierung, in der die EU benannt ist, wird gemäß Art. 190 vom EUIPO nochmals veröffentlicht („nachveröffentlicht").

A. Erste Nachveröffentlichung (Abs. 1)

1   Die erste Nachveröffentlichung enthält die Daten der Eintragung und Veröffentlichung der Internationale Registrierung, die Sprachen der internationalen Registrierung, die Nummer der Marke, die Wiedergabe der Marke und die Nummern der Klassen, nicht aber das VerzWDL (weshalb die internationale Registrierung auch nicht übersetzt wird), sondern eine Bezugnahme auf die entsprechende Veröffentlichung der Internationale Registrierung in der „Gazette" der WIPO.

2   Alle **Sprachen** des PMMA sind auch Sprachen des Amtes. Die Sprache, in der die internationale Registrierung durch die WIPO eingetragen ist, wird daher die erste Sprache iSv Art. 146 Abs. 1 (→ Art. 146 Rn. 1 ff.). Da bei der Anmeldung einer Unionsmarke eine **zweite Sprache** für Verfahren vor dem EUIPO angeben muss (Art. 146 Abs. 3), muss auch der Anmelder eines Antrags auf internationale Registrierung einer Marke, in der er die EU benennt, in seinem Antrag eine zweite Sprache aus den anderen vier Sprachen des Amtes für die Zwecke der Verfahren vor dem EUIPO angeben (Art. 206; Regel 9 Abs. 5 lit. g Ziff. i AusfO PMMA). Geschieht dies, so wird das Gesuch gemäß Art. 190 Abs. 1 nachveröffentlicht. Geschieht dies nicht, so erlässt das EUIPO eine vorläufige Schutzverweigerung an die WIPO unter Fristsetzung zur Angabe der zweiten Sprache (Art. 193 Abs. 5) und ggf. zur Bestellung eines Vertreters (Art. 92). Wird die zweite Sprache innerhalb dieser Frist angegeben und ggf. der erforderliche Vertreter bestellt, so wird jetzt das Gesuch gemäß Art. 190 Abs. 1 nachveröffentlicht. Andernfalls wird die (vorläufige) Schutzverweigerung an den Inhaber und nach Ablauf der Beschwerdefrist an die WIPO bestätigt und damit endgültig (Art. 193 Abs. 6).

3   Ab der ersten Nachveröffentlichung hat die internationale Registrierung die **gleiche Wirkung** wie eine veröffentlichte Unionsmarkenanmeldung (→ Art. 189 Rn. 1 ff.), dh mit der ersten Nachveröffentlichung beginnt die Prüfung auf absolute Schutzhindernisse (→ Art. 193 Rn. 1 ff.), für die rechterhaltende Benutzung einer schon fünf Jahre eingetragene ältere Marke, aus der gegen die Schutzgewährung der internationalen Registrierung in der EU Widerspruch eingelegt wird, gilt die internationale Registrierung als Anmeldetag iSv Art. 47 Abs. 2 veröffentlicht, sind die fünf Jahre vor der ersten Nachveröffentlichung maßgeblich, und mit der ersten Nachveröffentlichung wird die Akteneinsicht in die beim EUIPO geführten Akten frei (Art. 114 Abs. 3).

4   Basiert die internationale Registrierung auf einer **Kollektiv-, Gewährleistungs- oder Garantiemarke,** so wird die Benennung der EU als Unionskollektivmarke oder Unionsgewährleistungsmarke behandelt (→ Art. 194 Rn. 1). Es finden dann die Art. 74–93 sowie Art. 76 DVUM Anwendung. Der Inhaber der internationalen Registrierung muss innerhalb von zwei Monaten ab Eingang der internationalen Registrierung beim EUIPO eine **Markensatzung** einreichen (Art. 194 Abs. 2). Andernfalls wird der Schutz aus absoluten Gründen vorläufig verweigert (Art. 76 Abs. 1 lit. b DVUM).

B. Zweite Nachveröffentlichung (Abs. 2)

5   Die zweite Nachveröffentlichung erfolgt, wenn eine zweite Mitteilung der Schutzgewährung gemäß Art. 79 Abs. 1 DVUM versandt wurde, dh wenn keine vorläufige Schutzverweigerung mitgeteilt wurde, oder wenn alle vorläufigen Schutzverweigerungen zurückgenommen oder aufgehoben wurden, dh wenn die internationale Registrierung für die EU geschützt bleibt. Bleibt die Internationale Registrierung nur für einen Teil der angemeldeten Waren und Dienstleistungen geschützt, erfolgt die zweite Nachveröffentlichung entsprechend eingeschränkt.

6   Das **Datum** der zweiten Nachveröffentlichung setzt die **Fünfjahresfrist** für die Benutzung in Gang (Art. 203) (s. auch BPatG GRUR-Prax 2019, 182 [Haag]) und ist dafür maßgeblich, ab wann die Eintragung gegen einen Verletzer geltend gemacht werden kann (Art. 189 Abs. 3 iVm Art. 11; → Art. 189 Rn. 4).

7   Die zweite Nachveröffentlichung bezieht sich nur auf die Nummer der internationalen Registrierung, das Datum der Veröffentlichung in der „Gazette", Datum, Nummer und Seite der früheren Veröffentlichung im Blatt für Unionsmarken sowie das Datum der Veröffentlichung der internationalen Registrierung im Blatt für Unionsmarken.

Art. 191 Beanspruchung des Zeitrangs in einer internationalen Anmeldung

(1) Der Anmelder einer internationalen Registrierung, in der die Union benannt ist, kann in der internationalen Anmeldung gemäß Artikel 39 den Zeitrang einer älteren Marke in Anspruch nehmen, die in einem Mitgliedstaat, einschließlich des Benelux-Gebiets, oder gemäß internationalen Regelungen mit Wirkung für einen Mitgliedstaat registriert ist.

(2) ¹Die Unterlagen zur Unterstützung der beantragten Inanspruchnahme des Zeitrangs, die in dem gemäß Artikel 39 Absatz 6 erlassenen Durchführungsrechtsakt festgelegt werden, sind dem Amt innerhalb von drei Monaten ab dem Tag vorzulegen, an dem das Internationale Büro dem Amt die internationale Registrierung mitgeteilt hat. ²In diesem Zusammenhang gilt Artikel 39 Absatz 7.

(3) Falls der Inhaber der internationalen Registrierung gemäß Artikel 119 Absatz 2 verpflichtet ist, sich vor dem Amt vertreten zu lassen, so hat die in Absatz 2 dieses Artikels genannte Mitteilung die Bestellung eines Vertreters im Sinne des Artikels 120 Absatz 1 zu enthalten.

(4) ¹Stellt das Amt fest, dass die Inanspruchnahme des Zeitrangs nach Absatz 1 dieses Artikels nicht den Anforderungen des Artikels 39 oder den anderen im vorliegenden Artikel festgelegten Anforderungen entspricht, so fordert es den Antragsteller auf, die Mängel zu beseitigen. ²Werden die in Satz 1 genannten Mängel nicht innerhalb der vom Amt festgelegten Frist beseitigt, so erlischt der Anspruch in Bezug auf den Zeitrang der internationalen Registrierung. ³Betreffen die Mängel lediglich einige der Waren und Dienstleistungen, so erlischt der Anspruch nur in Bezug auf diese Waren und Dienstleistungen.

(5) ¹Das Amt unterrichtet das Internationale Büro über jede Erklärung des Erlöschens des Anspruchs auf Inanspruchnahme des Zeitrangs gemäß Absatz 4. ²Zudem unterrichtet es das Internationale Büro über jede Zurücknahme oder Einschränkung einer Inanspruchnahme des Zeitrangs.

(6) Es gilt Artikel 39 Absatz 5, es sei denn, der Anspruch in Bezug auf den Zeitrang wird gemäß Absatz 4 des vorliegenden Artikels für erloschen erklärt.

Überblick

Nach Art. 191 kann die Benennung der EU bei Beantragung der internationalen Registrierung unter den gleichen Voraussetzungen und mit den gleichen Wirkungen die Seniorität einer älteren in einem EU-Mitgliedstaat eingetragenen nationalen Marke beanspruchen wie eine direkt angemeldete Unionsmarke (→ Art. 39 Rn. 1 ff.). Mit den ab dem 1.10.2017 geltenden Vorschriften werden Regelungen, die bisher in der Durchführungsverordnung enthalten waren (Regel 108 und 109 GMDV), in die UMV übernommen. Die nachträgliche Beanspruchung der Seniorität einer älteren Marke für eine bereits bestehende internationale Registrierung regelt Art. 192.

A. Beanspruchung der Seniorität bei Beantragung der internationalen Registrierung

Für die Beanspruchung der Seniorität einer älteren Marke ist **Formblatt** MM 17 auszufüllen 1 und der IA (Formblatt MM 2 oder MM 3) beizufügen.

Wird im Antrag auf internationale Registrierung die Seniorität einer älteren nationalen Marke 2 beansprucht, sind der EU-Mitgliedstaat, in dem das ältere Recht eingetragen ist, die Eintragungsnummer und der Anmeldetag der älteren Marke **anzugeben.** Die notwendigen **Belege** sind – ggf. unter Bestellung eines Vertreters gemäß Art. 120 – innerhalb von drei Monaten ab dem Datum der Übermittlung der internationalen Registrierung durch die WIPO beim EUIPO einzureichen.

B. Frist zur Beanspruchung der Seniorität

Der Senioritätsanspruch ist mit dem Antrag auf internationale Registrierung geltend zu machen. 3 Eine Inanspruchnahme der Seniorität im Zeitraum zwischen der Einreichung des Antrags auf internationale Registrierung und der zweiten Nachveröffentlichung gemäß Art. 190 Abs. 2 ist nicht vorgesehen. In diesem Zeitraum eingereichte Senioritätsansprüche werden als erst mit der zweiten Nachveröffentlichung eingegangen behandelt (Art. 192 Abs. 2).

C. Prüfung der Seniorität

4   Der Senioritätsanspruch ist nach den **gleichen Kriterien zu prüfen** wie für direkte Unions-marken. Es wird geprüft, ob die internationale Registrierung jünger ist als die Marke, deren Seniorität in Anspruch genommen wird. Bei einer internationalen Registrierung, in der sowohl die EU als auch einzelne Vertragsstaaten benannt sind, kann daher die Seniorität der nationalen Benennungen grundsätzlich nicht in Anspruch genommen werden, da alle Benennungen den gleichen Zeitrang aufweisen, ausnahmsweise in Anspruch genommen werden, wenn die EU erst im Rahmen einer nachträgliche Schutzerstreckung benannt wurde, während die nationalen Marken, deren Seniorität beansprucht wird, in der ursprünglichen internationale Registrierung beansprucht wurden, da dann die Daten, an denen die Eintragung jeweils wirksam wurde, unterschied-lich sind. Wird der Senioritätsanspruch – ggf. nach Ablauf einer Frist zur Mängelbeseitigung und ggf. nur für einige Waren oder Dienstleistungen – verneint, erlischt der Senioritätsanspruch in Bezug auf die betroffenen Waren oder Dienstleistungen; dies wird der WIPO.

5   Der Senioritätsanspruch ist **unwirksam,** wenn die nationale Marke vor dem Datum der Senio-ritätsbeanspruchung nicht mehr bestand (HABM BK 4.12.2012 – R 2603/2011-2 Rn. 25 – Barista).

6   Auch die **Zurücknahme** des Senioritätsanspruchs oder jede andere Entscheidung, die die Gültigkeit des Senioritätsanspruchs betrifft, wird der WIPO mitgeteilt.

Art. 192 Beantragte Inanspruchnahme des Zeitrangs beim Amt

(1) Der Inhaber einer internationalen Registrierung, in der die Union benannt ist, kann ab dem Tag der Veröffentlichung der Wirkungen der Registrierung im Sinne des Artikels 190 Absatz 2 beim Amt gemäß Artikel 40 den Zeitrang einer älteren Marke in Anspruch nehmen, die in einem Mitgliedstaat, einschließlich des Benelux-Gebiets, oder gemäß internationalen Regelungen mit Wirkung für einen Mitgliedstaat registriert ist.

(2) Wird der Zeitrang vor dem in Absatz 1 genannten Zeitpunkt in Anspruch genom-men, so gilt die Beantragung des Zeitrangs als zu diesem Zeitpunkt beim Amt eingegan-gen.

(3) Ein Antrag auf Inanspruchnahme des Zeitrangs gemäß Absatz 1 dieses Artikels muss den in Artikel 40 genannten Anforderungen entsprechen und Informationen umfassen, anhand derer überprüft werden kann, ob diese Anforderungen erfüllt sind.

(4) [1]Sind die Anforderungen für die Inanspruchnahme des Zeitrangs gemäß Absatz 3, die mit dem gemäß Absatz 6 erlassenen Durchführungsrechtsakt festgelegt werden, nicht erfüllt, so fordert das Amt den Inhaber der internationalen Registrierung auf, die Mängel zu beseitigen. [2]Werden die Mängel nicht innerhalb einer vom Amt festgesetzten Frist beseitigt, so weist es den Antrag zurück.

(5) Hat das Amt die beantragte Inanspruchnahme des Zeitrangs akzeptiert oder wurde eine Inanspruchnahme des Zeitrangs vom Amt zurückgenommen oder aufgeho-ben, so unterrichtet das Amt das Internationale Büro entsprechend.

(6) [1]Die Kommission erlässt Durchführungsrechtsakte, in denen die Einzelheiten, die in einem Antrag auf Inanspruchnahme des Zeitrangs gemäß Absatz 1 dieses Artikels anzugeben sind, und die Einzelheiten der gemäß Absatz 5 dieses Artikels mitzuteilenden Informationen festgelegt werden. [2]Diese Durchführungsrechtsakte werden nach dem Prüfverfahren gemäß Artikel 207 Absatz 2 erlassen.

Überblick

Nach Art. 192 kann für die Benennung der EU auch noch nachträglich unter den gleichen Voraussetzungen und mit den gleichen Wirkungen die Seniorität einer älteren in einem EU-Mitgliedstaat eingetragenen nationalen Marke beanspruchen wie bei einer direkt angemeldete Unionsmarke (→ Art. 39 Rn. 1 ff.). Die Vorschrift wird ergänzt durch Art. 32 UMDV.

1   Nach Art. 192 kann die Seniorität auch nachträglich beansprucht werden, aber erst nach der zweiten Nachveröffentlichung. Eine Inanspruchnahme der Seniorität im Zeitraum zwischen der Einreichung des Antrags auf internationale Registrierung und der zweiten Nachveröffentlichung gemäß Art. 190 Abs. 2 ist in Art. 192 nicht vorgesehen. In diesem Zeitraum eingereichte Seniori-tätsansprüche werden als mit der zweiten Nachveröffentlichung eingegangen behandelt.

Details zu den erforderliche Angaben und Belegen regelt Art. 32 UMDV. **2**

Anders als bei Art. 192 Abs. 1 kann die Seniorität nachträglich **nur vor dem EUIPO,** nicht **3** vor der WIPO beansprucht werden (HABM BK 4.12.2012 – R 2603/2011-2 – BARISTA).

Die Senioritätsansprüche nach den **gleichen Kriterien** zu prüfen wie bei der von vorneherein **4** beanspruchten Seniorität (Art. 191). Wird der Senioritätsanspruch abgelehnt, so ist eine Unterrichtung der WIPO nicht erforderlich. Wird der Senioritätsanspruch anerkannt oder ein anerkannter Senioritätsanspruch wieder zurückgenommen oder aufgehoben, so hat das EUIPO die WIPO zu unterrichten.

Art. 193 Bezeichnung von Waren und Dienstleistungen und Prüfung auf absolute Eintragungshindernisse

(1) Internationale Registrierungen, in denen die Union benannt ist, werden ebenso wie Anmeldungen von Unionsmarken auf ihre Übereinstimmung mit Artikel 33 Absätze 2, 3 und 4 und auf absolute Eintragungshindernisse geprüft.

(2) Stellt sich heraus, dass in Bezug auf eine internationale Registrierung, in der die Union benannt ist, kein Schutz gemäß Artikel 33 Absatz 4 oder Artikel 42 Absatz 1 dieser Verordnung für alle oder einen Teil der Waren und Dienstleistungen, für die sie beim Internationalen Büro eingetragen worden ist, gewährt werden kann, so erstellt das Amt von Amts wegen für das Internationale Büro eine Mitteilung über die vorläufige Schutzverweigerung gemäß Artikel 5 Absätze 1 und 2 des Madrider Protokolls.

(3) Falls der Inhaber einer internationalen Registrierung vor dem Amt gemäß Artikel 119 Absatz 2 vertreten sein muss, umfasst die in Absatz 2 dieses Artikels genannte Mitteilung auch die Aufforderung zur Bestellung eines Vertreters im Sinne des Artikels 120 Absatz 1.

(4) ¹In der Mitteilung über die vorläufige Schutzverweigerung sind die Gründe, auf die sich die Schutzverweigerung stützt, sowie eine Frist anzugeben, innerhalb derer der Inhaber der internationalen Registrierung eine Stellungnahme abgeben kann und gegebenenfalls einen Vertreter bestellen muss. ²Die Frist beginnt an dem Tag, an dem die vorläufige Schutzverweigerung durch das Amt ergeht.

(5) Stellt das Amt fest, dass in der internationalen Registrierung, in der die Union benannt ist, keine zweite Sprache gemäß Artikel 206 dieser Verordnung angegeben ist, so erstellt das Amt von Amts wegen für das Internationale Büro eine Mitteilung über die vorläufige Schutzverweigerung gemäß Artikel 5 Absätze 1 und 2 des Madrider Protokolls.

(6) ¹Kann der Inhaber einer internationalen Registrierung den Grund für die Schutzverweigerung nicht innerhalb der Frist beseitigen oder gegebenenfalls einen Vertreter benennen bzw. eine zweite Sprache angeben, so verweigert das Amt den Schutz für alle oder einen Teil der Waren und Dienstleistungen, für die die internationale Registrierung eingetragen ist. ²Die Schutzverweigerung tritt an die Stelle der Zurückweisung einer Anmeldung einer Unionsmarke. ³Gegen die Entscheidung kann gemäß den Artikeln 66 bis 72 Beschwerde eingelegt werden.

(7) ¹Hat das Amt zu Beginn der Frist für die Erhebung eines Widerspruchs gemäß Artikel 196 Absatz 2 keine Mitteilung über die vorläufige Schutzverweigerung von Amts wegen gemäß Absatz 2 dieses Artikels erstellt, so übermittelt das Amt dem Internationalen Büro eine Erklärung, in der es angibt, dass die Prüfung auf absolute Eintragungshindernisse gemäß Artikel 42 abgeschlossen ist, dass aber gegen die internationale Registrierung noch immer Widersprüche eingelegt oder Bemerkungen Dritter eingereicht werden können. ²Diese vorläufige Erklärung berührt nicht das Recht des Amtes, das Vorliegen absoluter Eintragungshindernisse jederzeit vor Ausstellung der abschließenden Erklärung über die Gewährung des Schutzes von Amts wegen erneut zu prüfen.

(8) ¹Die Kommission erlässt Durchführungsrechtsakte, in denen die Einzelheiten, die in der den Internationalen Büro zu übermittelnden Mitteilung über die vorläufige Schutzverweigerung von Amts wegen und der abschließenden Mitteilungen an das Internationale Büro über die endgültige Gewährung oder Verweigerung des Schutzes anzugeben sind, festgelegt werden. ²Diese Durchführungsrechtsakte werden nach dem Prüfverfahren gemäß Artikel 207 Absatz 2 erlassen.

Überblick

Unmittelbar nach der ersten Nachveröffentlichung (Art. 190 Abs. 1) wird die Anmeldung auf absolute Eintragungshindernisse überprüft (Art. 193). Mit der Regelung des Art. 193 Abs. 1 wird von der Ermächtigung des Art. 5 Abs. 1 PMMA Gebrauch gemacht, international registrierte Marken auf ihre Schutzfähigkeit zu überprüfen. Art. 193 wird durch Art. 33 UMDV sowie Art. 78, 79 DVUM ergänzt.

Übersicht

A. Prüfung von internationalen Registrierungen auf absolute Schutzhindernisse (Abs. 1)

I. Inhalt der Prüfung

1   Geprüft wird auf die Schutzfähigkeit des Zeichens als Marke nach Art. 4 (→ Art. 3 Rn. 1) auf geeignete Inhaberschaft nach Art. 5 (→ Art. 5 Rn. 1), auf Klarheit und Eindeutigkeit der Waren- und Dienstleistungsangaben nach Art. 33 Abs. 2–4 (→ Art. 33 Rn. 1) und auf das Vorliegen von absoluten Schutzhindernissen nach Art. 7 (→ Art. 7 Rn. 1).

2   Es kann daher auf die Entscheidungspraxis zur UMV verwiesen werden. Dabei sind die Grenzen zu berücksichtigen, die durch Art. 6bis, 6ter und 6^{quinquies} B PVÜ als vorrangige Regelungen der PVÜ gesetzt sind. Eine Schutzverweigerung darf nur auf die in Art. 6bis, 6ter und 6^{quinquies} B PVÜ erschöpfend aufgezählten Versagungsgründe gestützt werden, mit denen auch einer im Ausland registrierten Marke im Fall einer nationalen Anmeldung der Schutz versagt werden dürfte (Art. 6^{quinquies} A PVÜ, „Telle-quelle-Schutz"). So wie gemäß Erwägungsgrund 12 MRL die nationalen Markengesetze PVÜ-konform auszulegen sind, gilt dies angesichts des Gleichlaufs zwischen MRL und UMV auch für die UMV. Daher entsprechen die Schutzhindernisse des Art. 7 UMV denen des Art. 6^{quinquies} A PVÜ.

II. Unabhängigkeit vom Schutz der Marke im Ursprungsland

3   Der Schutz kann auch dann verweigert werden, wenn die Schutzfähigkeit im Ursprungsland bejaht worden war. Auch eine Verkehrsdurchsetzung im Ursprungsland garantiert daher keinen Schutz der nicht von Haus aus unterscheidungskräftigen Marke im benannten Land. Immerhin kann eine Verkehrsdurchsetzung im Ursprungsland eine solche im benannten Land fördern.

III. Verkehrsdurchsetzung

4   Die Schutzhindernisse des Art. 7 Abs. 1 lit. b bis d können durch Erlangung von Verkehrsdurchsetzung im benannten Land überwunden werden (Art. 7 Abs. 3), da nach Art. 6^{quinquies} C PVÜ „alle Tatumstände zu berücksichtigen sind, insbesondere die Dauer des Gebrauchs der Marke". Allerdings muss die Verkehrsdurchsetzung zum Zeitpunkt der Schutzerstreckung auf die EU vorgelegen haben. Andernfalls ist der Schutz zu verweigern.

IV. Ergebnis der Prüfung

1. Kein Schutzhindernis

a) Mitteilung über das positive Prüfungsergebnis. Besteht keinerlei Schutzhindernis, wird 5
der internationalen Registrierung der Schutz in der EU gewährt und versendet das EUIPO die
Abschlussmitteilung nach Regel 18ter Abs. 1 AusfO PMMA (Art. 79 Abs. 2 DVUM).

Eine Vertragspartei des PMMA, die die internationale Registrierung auf absolute Schutzverwei- 6
gerungsgründe geprüft, jedoch keine solchen festgestellt hat, kann der WIPO gemäß Regel 18bis
AusfO PMMA eine Mitteilung machen, dass die Prüfung auf absolute Schutzverweigerungsgründe
abgeschlossen ist und keine absoluten Schutzverweigerungsgründe festgestellt wurden, die Marke
aber noch Gegenstand von Widersprüche sein kann oder ist, mit der Folge, dass nach Ablauf der
Widerspruchsfrist eine erneute Mitteilung zu erfolgen hat. Von dieser Möglichkeit macht das
EUIPO, anders als das DPMA, Gebrauch (Art. 193 Abs. 7). Die Prüfung auf absolute Eintragungshindernisse kann theoretisch bis zum Ablauf von 18 Monaten erfolgen. Sie soll aber vor dem
Beginn der Widerspruchsfrist abgeschlossen sein, deren Lauf sechs Monate nach der ersten Nachveröffentlichung (Art. 190 Abs. 1) beginnt (Art. 196 Abs. 2). Der Anmelder der internationalen
Registrierung bekommt somit bereits nach spätestens sechs Monaten Gewissheit, wenn das EUIPO
keine Schutzverweigerung aus absoluten Gründen ausspricht. Damit werden die Nachteile der
von der EU in Anspruch genommenen längeren Schutzverweigerungsfrist von 18 Monaten praktisch mehr als ausgeglichen. Diese Mitteilung heißt in der seit 1.9.2009 geltenden Fassung (Regel
18bis AusfO PMMA) „Interim Status of a Mark", da die Schutzgewährung „Final Disposition on
Status of a Mark"/„Grant of Protection" noch vom Ablauf der Widerspruchsfrist und ggf. dem
Abschluss eventueller Widerspruchsverfahren abhängt.

Die **Mitteilung** über das positive Prüfungsergebnis bezüglich absoluter Schutzhindernisse bin- 7
det das EUIPO nicht in der Weise, dass es anschließend keine Beanstandungen wegen absoluter
Schutzhindernisse von Amts wegen mehr aussprechen kann (Art. 193 Abs. 7), solange dies vor
Ausstellung der – positiven – Abschlussmitteilung nach Regel 18ter AusfO PMMA, Art. 79 DVUM
(„Statement of Grant of Protection" oder „Final Disposition on Status of a Mark") geschieht.
Beanstandungen auf Grund von Bemerkungen Dritter (Art. 45; → Art. 45 Rn. 1) bleiben dagegen
möglich. Sie müssen aber innerhalb der 18-Monatsfrist (Art. 5 Abs. 2 PMMA) für eine Schutz-
verweigerung erfolgen.

b) Bemerkungen Dritter. Bemerkungen Dritter (Art. 45) können beim **EUIPO** eingereicht 8
werden und zwar vom Tag der Mitteilung der internationalen Registrierung an das EUIPO bis
zum Ablauf der Widerspruchsfrist, wenn kein Widerspruch eingelegt wurde, oder bis zum Ablauf
von 18 Monaten, wenn Widerspruch eingelegt wurde.

Die Mitteilung an die **WIPO** hängt von der Begründetheit und vom Eingang der Bemerkungen 9
Dritter ab. Hält das EUIPO die Bemerkungen Dritter nicht für begründet, erfolgt keine Mitteilung
an die WIPO. Hält das EUIPO die Bemerkungen Dritter dagegen für begründet, kommt es auf
den Eingang der Bemerkungen Dritter an: Gehen die Bemerkungen Dritter vor dem Beginn der
Widerspruchsfrist (Art. 196 Abs. 2; → Art. 196 Rn. 8) ein, so ergeht eine Mitteilung der vorläufigen Schutzverweigerung an die WIPO, wie wenn das EUIPO den Schutz auf eigene Initiative
hin verweigert. Gehen die Bemerkungen Dritter während der Widerspruchsfrist ein, so
ergeht eine Mitteilung der vorläufigen Schutzverweigerung an die WIPO aus absoluten Gründen,
und zwar auch dann, wenn bereits eine erste Mitteilung der Schutzgewährung („Interim Status
of a Mark"; Art. 193 Abs. 7 S. 1) an die WIPO versandt wurde; die Prüfung auf absolute Eintragungshindernisse wird neu aufgenommen (Art. 193 Abs. 7 S. 2). Gehen die Bemerkungen Dritter
nach Ablauf der Widerspruchsfrist ein und wurde die erste Mitteilung über die Schutzgewährung
(„Interim Status of a Mark") versandt, weil keine absoluten Eintragungshindernisse vorlagen, so
werden die Bemerkungen Dritter nur bis zu dem Zeitpunkt akzeptiert, zu dem die endgültige
Mitteilung über die Schutzgewährung gemäß „Art. 79 DVUM („Final Disposition on Status of a
Mark"/„Grant of Protection") zum Versand vorbereitet wird.

Eine Schutzverweigerung muss auch bei Bemerkungen Dritter innerhalb der 18-Monatsfrist 10
nach Art. 5 Abs. 2 PMMA an die WIPO versendet werden; andernfalls betrachtet die WIPO die
Schutzverweigerung als nicht vorschriftsmäßig (Regel 18 AusfO PMMA).

2. Schutzhindernis

Besteht ein Schutzhindernis, wird der internationalen Registrierung der Schutz in Deutschland 11
verweigert.

B. Schutzverweigerung (Abs. 2)

12   Da die EU-Anteile (Benennungen) von internationalen Registrierungen nicht in das Markenregister des EUIPO eingetragen, sondern dort nur nachveröffentlicht werden, tritt in dem Fall, in dem absolute Schutzhindernisse vorliegen, an die Stelle der Zurückweisung der Anmeldung die Verweigerung des Schutzes iSd Art. 5 Abs. 1 PMMA (Art. 193 Abs. 6 S. 1).

13   Besteht nach Auffassung des EUIPO ein absolutes Eintragungshindernis, so teilt es der WIPO mit, dass es den Schutz der internationalen Registrierung vorläufig verweigert (Art. 193 Abs. 2). Ist der Anmelder nach Art. 119 verpflichtet, sich vertreten zu lassen, so muss die vorläufige Schutzverweigerung die Aufforderung zur Bestellung eines Vertreters enthalten (Art. 193 Abs. 3).

I. Schutzverweigerungsfrist

1. Fristlänge

14   Die Schutzverweigerung muss auch für internationalen Registrierungen, die dem PMMA unterliegen, grundsätzlich innerhalb eines Jahres nach der internationalen Registrierung oder dem Ausdehnungsgesuch ausgesprochen werden (Art. 5 Abs. 2 lit. a PMMA). Vertragsstaaten, die nur Mitglied des PMMA sind, können aber erklären, dass an die Stelle des einjährigen Prüfungszeitraums ein Zeitraum von 18 Monaten tritt (Art. 5 Abs. 2 lit. b PMMA). Die Europäische Union (wie auch zwölf EU-Mitgliedstaaten) hat eine solche Erklärung abgegeben. Die vorläufige Schutzverweigerung muss somit innerhalb einer 18-Monatsfrist ergehen, andernfalls die WIPO die Schutzverweigerung als nicht vorschriftsmäßig betrachtet (Regel 18 Abs. 1 lit. a Ziff. iii AusfO PMMA). Innerhalb dieser Frist müssen alle Schutzversagungsgründe mitgeteilt werden. Danach dürfen keine neuen Schutzversagungsgründe mehr ins Verfahren eingeführt werden. Daher bleibt auch ein nach Ablauf der 18-Monatsfrist eintretender Vertretungsmangel (Niederlegung des Mandats) folgenlos (vgl. HABM BK 8.11.2012 – R 2163/2011-4 Rn. 12 – PARACELSUSCLINICA AL RONC/PARACELSUS).

15   Die 18-Monatsfrist gilt auch dann, wenn das EUIPO nach Abschluss der eigenen Prüfung auf Bemerkungen Dritter eingeht.

2. Fristbeginn

16   Die Frist zur Mitteilung der Schutzverweigerung beginnt mit der tatsächlichen Eintragung der erstmaligen Registrierung oder einer nachträglichen Benennung im Register, wofür es nach der gesetzlichen Fiktion der Regel 18 Abs. 1 lit. a iii GAusfO MMA/PMMA auf die Versendung der Mitteilung über die Registrierung/Benennung durch die WIPO an das EUIPO ankommt. Sie beginnt also nicht schon mit dem Eingang des Registrierungsantrags.

3. Verspätung

17   Bei fristgerechter Zusendung wird die vorläufige Schutzverweigerung in das internationale Register eingetragen und übermittelt die WIPO dem Inhaber der international registrierten Marken eine Kopie der Mitteilung des DPMA (Regel 17 Abs. 4 AusfO PMMA). Wird eine Schutzverweigerung verspätet mitgeteilt, wird sie nicht berücksichtigt und entfaltet keine rechtlichen Wirkungen; der Vertragsstaat kann den Schutz nicht mehr von Beginn an versagen (Art. 5 Abs. 2 PMMA). Demzufolge wird die Schutzverweigerung auch nicht im Internationalen Register vermerkt. Gleichwohl übersendet die WIPO die Schutzverweigerungsmitteilung an den Inhaber der international registrierten Marke, teilt ihm und der mitteilenden Behörde aber mit, dass und warum die vorläufige Schutzverweigerung nicht als solche betrachtet wird (Regel 18 Abs. 1 lit. a Ziff. iii, lit. b, Abs. 2 lit. a AusfO PMMA). Der Inhaber der international registrierten Marke erlangt durch die Mitteilung aber davon Kenntnis, dass der Schutz der Marke gefährdet ist und der zunächst gewährte Schutz immer noch durch ein nachträgliches Schutzentziehungsverfahren wieder entfallen kann.

18   Die WIPO übermittelt die vorläufige Schutzverweigerung an den Inhaber nach den verfahrensrechtlichen Regeln der AusfO PMMA. Ob dies überhaupt oder korrekt erfolgt, unterliegt nicht der Nachprüfung durch das EUIPO (HABM BK 23.10.2006 – R 521/2006-4 Rn. 26 – GREEN PLUS). Die vorläufige Schutzverweigerung setzt eine Frist von zwei Monaten in Gang, die mit dem Tag ihrer Ausstellung beginnt (anders als bei einer normalen Unionsmarkenanmeldung, wo das Datum der Zustellung maßgeblich ist; Art. 193 Abs. 4 iVm Art. 33 Abs. 1 lit. c UMDV). Der Anmelder kann innerhalb dieser Frist zur vorläufigem Schutzverweigerung Stellung nehmen, wobei die Stellungnahme unmittelbar an das EUIPO zu richten ist. Fristverlängerungen und die

Beanspruchung von Verkehrsdurchsetzung im weiteren Verlauf sind ebenso möglich wie bei der Beanstandung einer unmittelbar beim EUIPO eingereichten Unionsmarkenanmeldung.

II. Vorläufige Schutzverweigerung

Da innerhalb der 18-Monatsfrist regelmäßig keine endgültige Entscheidung über die Schutzverweigerung getroffen werden kann und da dem Antragsteller Gelegenheit zu geben ist, zur beabsichtigten Schutzverweigerung Stellung zu nehmen (Art. 193 Abs. 4), wird zunächst eine nur vorläufige Schutzverweigerung ausgesprochen („Refus Provisoire"/„Provisional Refusal"), in der die möglicherweise bestehenden Schutzverweigerungsgründe mitgeteilt werden. Die Mitteilung der vorläufigen Schutzverweigerung stellt keine Entscheidung, sondern nur eine begründete Beanstandung zur Gewährung rechtlichen Gehörs dar (HABM BK 23.10.2006 – R 521/2006-4 – GREEN PLUS). **19**

Die Mitteilung der vorläufigen Schutzverweigerung wird vom EUIPO an die WIPO gesandt und von diesem an den Markeninhaber weitergeleitet (näher Regel 17 AusfO PMMA). Schutzverweigerungen werden in der Praxis durch Formulare mitgeteilt. Die von der verschiedenen Vertragsstaaten verwendeten Formulare sind nicht einheitlich, seit September 2009, dh seit die WIPO den Vertragsstaaten Formulare zur Verfügung stellt, nimmt die Vereinheitlichung aber zu. **20**

1. Wirkung der vorläufigen Schutzverweigerung

Der mit der Eintragung vorläufig gewährte Schutz wird durch die vorläufige Schutzverweigerung vorläufig wieder aufgehoben. Die vorläufige Schutzverweigerung wirkt gleichwohl tatsächlich schutzverweigernd, wird also durch die endgültige Schutzverweigerung nicht erst „aktiviert", sondern nur bestätigt, und nur durch eine Schutzgewährung („Statement of Grant of Protection" oder „Final Disposition on Status of a Mark") aufgehoben (s. auch die Ausführungen zu § 113 MarkenG). **21**

2. Inhalt der vorläufigen Schutzverweigerung

Nach Art. 5 Abs. 2 lit. a PMMA sind mit der Schutzversagung alle Gründe mitzuteilen, dh der Schutz kann nur aus solchen Gründen verweigert werden, die das EUIPO der WIPO fristgemäß mitgeteilt hat. Diese beziehen sich auf die gesetzlichen Versagungsgründe, also ist insbesondere das vom EUIPO angenommene Eintragungshindernis im Einzelnen zu benennen. Es müssen allerdings nicht sämtliche Tatsachen mitgeteilt werden, auf die sich die Schutzversagung stützt. **22**

Zum Inhalt des Schutzverweigerungsmitteilung s. Art. 33 Abs. 1 UMDV und Regel 17 Abs. 2 und 3 AusfO PMMA. **23**

3. Sprache der vorläufigen Schutzverweigerung

Die Mitteilung der vorläufigen Schutzverweigerung durch das EUIPO erfolgt nach eigenem Ermessen der Behörde auf Englisch, Französisch oder Spanisch; die Eintragung in das Internationale Register erfolgt in allen drei Sprachen; die Mitteilung der WIPO an den Inhaber der internationalen Registrierung, mit der eine Kopie der Schutzverweigerungsmitteilung des EUIPO übersandt wird, erfolgt in der Sprache, in der die internationale Registrierung angemeldet wurde bzw. die Sprache, die der Anmelder als Verfahrenssprache gewählt hat. **24**

Zur Sprachregelung s. Regel 6 AusfO PMMA. **25**

4. Mängel der vorläufigen Schutzverweigerung

Die Schutzverweigerungsmitteilung kann Mängel enthalten, von denen einige heilbar sind, andere nicht (s. hierzu Regel 18 Abs. 1 lit. a und b, Abs. 2 AusfO PMMA). Sind sie heilbar, setzt die WIPO dem EUIPO eine Frist von zwei Monaten zur Heilung des Mangels. Auch eine mangelhafte Schutzverweigerungsmitteilung sowie die Aufforderung zur Korrektur wird dem Inhaber der internationalen Registrierung mitgeteilt. Er kann sich daher in der zweimonatigen Korrekturfrist bereits mit den Schutzverweigerungsgründen befassen und im Falle eines Widerspruchs mit dem Inhaber der Widerspruchsmarke Verhandlungen aufnehmen. **26**

5. Rechtsmittel gegen die vorläufige Schutzverweigerung (Abs. 2)

Nach einer vorläufigen Schutzverweigerung ist innerhalb von zwei Monaten ab dem Tag, an dem die Schutzverweigerung ergeht, gegenüber dem EUIPO zur vorläufigen Schutzverweigerung **27**

Stellung (Art. 193 Abs. 4 iVm Art. 33 Abs. 1 lit. c UMDV), ggf. unter Bestellung eines Vertreters (Art. 119 Abs. 2; → Art. 119 Rn. 1).

III. Schutzbewilligung/endgültige Schutzverweigerung

28   Wird rechtzeitig Stellung genommen, trifft das EUIPO unter Berücksichtigung der Stellungnahme eine Sachentscheidung über die Schutzbewilligung oder endgültige Schutzverweigerung. Hält es die Schutzhindernisse nicht mehr für gegeben, wird die vorläufige Schutzverweigerung aufgehoben und der Marke in der EU – ggf. teilweise – Schutz gewährt. Hält es die Schutzhindernisse dagegen weiterhin für gegeben, wird der internationalen Registrierung Marke der Schutz in der EU durch Beschluss endgültig verweigert. Bezog sich die vorläufige Schutzverweigerung nur auf einen Teil der Waren oder Dienstleistungen, so darf sich auch die endgültige Schutzverweigerung nur auf diesen Teil beziehen (HABM BK 7.8.2015 – R 432/2015-4 – CARBONBUSTER).

29   Wird nicht oder nicht rechtzeitig Stellung genommen oder wird kein erforderlicher Vertreter bestellt oder erfolgt die Bestellung verspätet, erklärt das EUIPO die Schutzverweigerung für endgültig (Art. 193 Abs. 6 S. 1). Bei Stellungnahme ohne erforderliche Vertreterbestellung gilt dies unabhängig davon, ob der Inhaber der internationalen Registrierung die Beanstandungen im Übrigen ausräumt, da der Vertretungsmangel einen eigenständigen Schutzverweigerungsgrund darstellt.

30   Gegen den Beschluss des EUIPO, mit der die Schutzverweigerung für endgültig erklärt wird, steht dem Inhaber der internationalen Registrierung die Rechtsmittel der UMV zu (Art. 5 Abs. 3 PMMA), dh die Beschwerde (Art. 66, Art. 193 Abs. 6). Um den Vertretungsmangel auszuräumen, genügt es, dass der Vertreter in der Beschwerdeschrift bestellt wird (HABM BK 23.10.2006 – R 521/2006-4 Rn. 27, 30 – GREEN PLUS). Wird keine Rechtsmittel eingelegt, wird die Entscheidung rechtskräftig.

IV. Abschlussmitteilung

31   Nach endgültigem Abschluss des Verfahrens versendet das EUIPO die – seit 1.9.2009 verpflichtende – Abschlussmitteilung nach Regel 18ter AusfO PMMA, dass
- die Schutzverweigerung insgesamt aufgehoben und der Marke insgesamt Schutz in der EU gewährt wurde (Regel 18ter Abs. 2 lit. i AusfO PMMA, Art. 33 Abs. 2 lit. a UMDV) („Statement of Grant of Protection" oder „Final Disposition on Status of a Mark") oder
- die Schutzverweigerung für einen Teil der Waren und Dienstleistungen des Verzeichnisses aufgehoben und der Marke insofern Schutz in der EU gewährt wurde, wenn sich die Schutzverweigerung nur auf einen Teil der Waren und Dienstleistungen des Verzeichnisses bezieht (Regel 18ter Abs. 2 ii AusfO PMMA, Art. 33 Abs. 2 lit. c UMDV) („Statement of Grant of Protection" oder „Final Disposition on Status of a Mark") oder
- der Marke insgesamt der Schutz in der EU verweigert wurde (Regel 18ter Abs. 3 AusfO PMMA, Art. 33 Abs. 2 lit. b UMDV („Confirmation of Total Provisional Refusal").

32 Diese Abschlussmitteilung stellt keinen beschwerdefähigen Bescheid, sondern eine **bloße Mitteilung** dar, die nicht in Rechte eingreift. Die WIPO trägt die endgültige Schutzverweigerung in das internationale Register ein und übermittelt eine Kopie hiervon an den Inhaber der international registrierten Marke (Regel 18ter Abs. 5 AusfO PMMA).

V. Erneute Schutzerstreckung

33   Nach erfolgter Schutzverweigerung kann der Anmelder einen **erneuten Antrag** auf Schutzerstreckung auf die EU stellen.

VI. Endgültige Schutzverweigerung

34   Räumt der Anmelder die Beanstandungen nicht aus oder kann er den Prüfer nicht überzeugen, dass die Beanstandungen unbegründet waren, so verweigert das EUIPO die Schutzgewährung endgültig; dies entspricht der Zurückweisung einer Anmeldung einer Unionsmarke (Art. 193 Abs. 6 S. 2), dh mit einer rechtskräftigen endgültigen Schutzverweigerung entfällt der – vorläufige – Schutz der internationalen Registrierung **rückwirkend.** Die Eintragung der Schutzverweigerung in das internationale Register nach Regel 18ter Abs. 5 AusfO PMMA hat nur deklaratorische Wirkung.

35   War zwischenzeitlich ein Widerspruchsverfahren anhängig gemacht, so erfolgt die Schlussmitteilung erst nach rechtskräftigem Abschluss des Widerspruchsverfahrens (Art. 78 Abs. 6 DVUM).

Art. 194 Kollektiv- und Gewährleistungsmarken

(1) Stützt sich eine internationale Registrierung auf eine Basisanmeldung oder eine Basiseintragung einer Kollektiv-, Gewährleistungs- oder Garantiemarke, so wird die internationale Registrierung, in der die Union benannt ist, als Unionskollektivmarke bzw. als Unionsgewährleistungsmarke behandelt.

(2) Der Inhaber der internationalen Registrierung legt die Markensatzung gemäß der Artikel 75 und 84 innerhalb von zwei Monaten ab dem Tag, an dem das Internationale Büro dem Amt die internationale Registrierung mitgeteilt hat, unmittelbar beim Amt vor.

(3) Der Kommission wird die Befugnis übertragen, gemäß Artikel 208 delegierte Rechtsakte zu erlassen, in denen die Einzelheiten des Verfahrens für internationale Registrierungen, die sich auf eine Basisanmeldung oder eine Basiseintragung einer Kollektiv-, Gewährleistungs- oder Garantiemarke stützen, festgelegt werden.

Überblick

Mit Art. 194 werden Regelungen zu Kollektivmarken (Art. 74–82), die bisher in der Durchführungsverordnung enthalten waren (Regel 121 Nr. 1 und 2 GMDV), in die UMV übernommen und um Regelungen zur neu eingeführten Unionsgewährleistungsmarke (Art. 83–93) ergänzt. Die Vorschrift wird ergänzt durch Art. 76 DVUM.

Liegt der internationalen Registrierung als Basismarke eine Kollektiv-, Gewährleistungs- oder **1** Garantiemarke zugrunde, so wird die Benennung der EU in der internationalen Registrierung entsprechend einer Unionskollektiv- bzw. Unionsgewährleistungsmarke behandelt. Die Schutzfähigkeitsprüfung entspricht daher derjenigen einer beim Amt angemeldeten Unionskollektiv- bzw. Unionsgewährleistungsmarke.

Die Schutzfähigkeitsprüfung (Art. 76 DVUM iVm Art. 76) erstreckt sich auf
- die für Unionsmarken geltenden allgemeinen Schutzvoraussetzungen, dh die formellen Voraussetzungen der Art. 41, 42, die materiellen Voraussetzungen des Art. 7 sowie die Zahlung der Gebühren
- die für Unionskollektiv- bzw. Unionsgewährleistungsmarken geltenden besonderen Schutzvoraussetzungen, dh die Eignung der Marke als Unionskollektiv- bzw. Unionsgewährleistungsmarken gemäß Art. 74, eine mögliche Irreführung sowie die formellen und materiellen Anforderungen an die Markensatzung gemäß Art. 75 und deren fristgerechte Einreichung.

Art. 195 Recherche

(1) Hat das Amt die Mitteilung einer internationalen Registrierung erhalten, in der die Union benannt ist, erstellt es gemäß Artikel 43 Absatz 1 einen Unionsrecherchenbericht, vorausgesetzt, ein Antrag auf einen Recherchenbericht gemäß Artikel 43 Absatz 1 geht innerhalb eines Monats ab dem Tag der Zustellung beim Amt ein.

(2) Sobald das Amt die Mitteilung einer internationalen Registrierung erhalten hat, in der die Union benannt ist, übermittelt es der Zentralbehörde für den gewerblichen Rechtsschutz eines jeden Mitgliedstaats, die dem Amt mitgeteilt hat, dass sie in ihrem eigenen Markenregister eine Recherche durchführt, gemäß Artikel 43 Absatz 2 ein Exemplar der internationalen Registrierung, vorausgesetzt, ein Antrag auf einen Recherchenbericht gemäß Artikel 43 Absatz 2 geht innerhalb eines Monats ab dem Tag der Zustellung beim Amt ein und die Recherchegebühr wird innerhalb derselben Frist entrichtet.

(3) Artikel 43 Absätze 3 bis 6 gilt entsprechend.

(4) ¹Das Amt unterrichtet die Inhaber älterer Unionsmarken oder Anmeldungen von Unionsmarken, die in dem Unionsrecherchenbericht genannt sind, von der in Artikel 190 Absatz 1 vorgesehenen Veröffentlichung der internationalen Registrierung, in der die Union benannt ist. ²Dies gilt unabhängig davon, ob der Inhaber der internationalen Registrierung darum ersucht hat, einen Unionsrecherchenbericht zu erhalten, es sei denn, der Inhaber einer älteren Eintragung oder Anmeldung ersucht darum, die Mitteilung nicht zu erhalten.

Überblick

Art. 195 legt fest, dass eine internationale Registrierung, in der die EU benannt ist, in gleicher Weise einer Recherche nach Art. 38 unterzogen wird wie eine Unionsmarkenanmeldung.

A. Recherchebericht

1   Der Anmelder der internationalen Registrierung erhält auf Antrag einen Bericht, der ältere Unionsmarken und -anmeldungen aufführt und die Inhaber der im Bericht zitierten älteren Unionsmarken werden hiervon in gleicher Weise unterrichtet, wie dies bei Unionsmarkenanmeldungen geschieht, die beim EUIPO eingereicht werden.

B. Recherchezeitpunkt

2   Die Recherche erfolgt, sobald die internationale Registrierung eingegangen ist, geprüft worden ist, ob die zweite Sprache angegeben ist und die Recherchegebühr bezahlt worden ist. Die Rechercheberichte liegen somit bereits vor Beginn der Widerspruchsfrist gemäß Art. 196 Abs. 2 vor. Der Anmelder kann daher die Anmeldung zurücknehmen, um einem Widerspruch zuvor zu kommen.

Art. 196 Widerspruch

(1) Gegen internationale Registrierungen, in denen die Union benannt ist, kann ebenso Widerspruch erhoben werden wie gegen veröffentlichte Anmeldungen von Unionsmarken.

(2) [1]Der Widerspruch ist innerhalb einer Frist von drei Monaten zu erheben, die einen Monat nach dem Datum der Veröffentlichung gemäß Artikel 190 Absatz 1 beginnt. [2]Er gilt erst als erhoben, wenn die Widerspruchsgebühr entrichtet worden ist.

(3) Die Schutzverweigerung tritt an die Stelle der Zurückweisung einer Anmeldung einer Unionsmarke.

(4) Der Kommission wird die Befugnis übertragen, gemäß Artikel 208 delegierte Rechtsakte zu erlassen, in denen das Verfahren zur Einreichung und Prüfung eines Widerspruchs, einschließlich der erforderlichen Mitteilungen an das Internationale Büro, festgelegt wird.

Überblick

Art. 196 ergänzt die allgemeine Verweisungsnorm des Art. 182 um eine Anpassung an die Besonderheiten der internationalen Registrierung in Bezug auf den Widerspruch gegen IR-Marken. Abs. 2 bestimmt die Widerspruchsfrist, die nunmehr vier Monate nach Nachveröffentlichung endet (→ Rn. 8). Art. 196 wird ergänzt durch Art. 77, 78 DVUM.

Übersicht

A. Widerspruch gegen eine internationale Registrierung mit Benennung der EU (Abs. 1)

Der Schutz einer internationalen Registrierung kann nach Art. 5 Abs. 1 PMMA iVm Art. 6^{quin-} **1**
quies B Nr. 1 PVÜ versagt werden, wenn die Marke geeignet ist, Rechte Dritter im Schutzland
zu verletzen. Der Tatbestand der Markenverletzung richtet sich nach den nationalen Vorschriften,
dh nach Art. 8 und 9 (→ Art. 8 Rn. 1 ff.; → Art. 9 Rn. 1 ff.). Gegen international registrierte
Marken, deren Schutz auf die EU erstreckt worden ist, kann gemäß Art. 46 iVm Art. 182, 196
im Wesentlichen in gleicher Weise Widerspruch erhoben werden wie gegen Unionsmarkenanmeldungen.

Es sind jedoch Anpassungen erforderlich, um den Besonderheiten der internationalen Registrie- **2**
rung gerecht zu werden, die sich durch das Registrierungsverfahren nach dem PMMA ergeben.
Dadurch stimmen Fristbeginn und Fristberechnung nicht mit der Frist bei Unionsmarkenanmeldungen Marken nach Art. 46 (→ Art. 46 Rn. 1) überein.

„Erneuerungen" von international registrierten Marken nach Art. 7 PMMA stellen keine **3**
Neueintragungen, sondern bloße Verlängerungen dar und eröffnen daher keine Widerspruchsmöglichkeit.

Der Widerspruch gegen die Benennung der EU in der internationalen Registrierung ist auch **4**
wie bei Unionsmarkenanmeldungen beim EUIPO einzulegen. Lediglich im Verfahrensablauf
bestehen einige Besonderheiten.

Die bloße Einlegung eines Widerspruchs führt zwingend zu einer Mitteilung über die vorläufige **5**
Schutzverweigerung. Der rechtskräftige Abschluss des Widerspruchsverfahrens führt zu einer
Schlussmitteilung an die WIPO, mit der eine endgültige Schutzverweigerung ausgesprochen oder
die vorläufige Schutzverweigerung zurückgenommen wird (Art. 196 iVm Art. 78 Abs. 5 DVUM).

B. Widerspruchsfrist (Abs. 2 S. 1)

I. Dauer der Widerspruchsfrist

Die Widerspruchsfrist beträgt – wie bei Widersprüchen gegen Unionsmarkenanmeldungen – **6**
drei Monate.

II. Beginn der Widerspruchsfrist

Internationale Registrierungen werden gemäß Art. 3 Abs. 4 S. 5 PMMA in einem von der **7**
WIPO herausgegebenen Veröffentlichungsblatt, der „Gazette des Marques Internationales" bzw.
„WIPO Gazette of International Marks" veröffentlicht (Regel 32 AusfO PMMA). Die Einträge
im internationalen Register und die in der Gazette veröffentlichten Angaben sind im Internet in
der Datenbank „Madrid Monitor" des internationalen Büros abrufbar (www3.wipo.int/madrid/
monitor/en). Art. 3 Abs. 5 S. 2 Hs. 2 PMMA verbietet ein zusätzliches **Veröffentlichungserfordernis** auf nationaler Ebene – was eine gleichwohl erfolgende weitere Veröffentlichung („Nachveröffentlichung") auf nationaler bzw. regionaler Ebene nicht ausschließt und bei Unionsmarken
im Gegensatz zur deutschen Marken auch stattfindet.

Anders als im deutschen Recht, das die für deutsche Marken vorgeschriebene Veröffentlichung **8**
der Eintragung im Markenblatt des DPMA (§ 41 S. 2 MarkenG; §§ 27, 28 MarkenV) bei internationaler Registrierung durch die Veröffentlichung der internationalen Registrierung ersetzt und
die Widerspruchsfrist dementsprechend hieran anknüpft (wenngleich nicht unmittelbar, sondern
erst mit dem ersten Tag des auf Ausgabemonates des Veröffentlichungsblatts folgenden Monats),
beginnt die Widerspruchsfrist gegen internationale Registrierungen, in denen die EU benannt
ist, erst nach der ersten Nachveröffentlichung – wenngleich nicht unmittelbar, sondern erst mit
dem ersten Monat nach dem Datum der ersten Nachveröffentlichung gemäß Art. 190 Abs. 1; sie
läuft also zwischen dem ersten und dem vierten Monat nach der ersten Nachveröffentlichung
(Art. 196 Abs. 2).

Verfrüht eingegangene Widersprüche werden nicht zurückgewiesen, sondern bis zum Beginn **9**
der Widerspruchsfrist zur Seite gelegt werden; sie gelten erst als am ersten Tag der Widerspruchsfrist eingegangen (Art. 77 Abs. 3 DVUM). Wird vor diesem Datum der Widerspruch zurückgenommen, so wird die Widerspruchsgebühr daher erstattet.

C. Widerspruchsgebühr (Abs. 2 S. 2)

10   Der Widerspruch gilt nur als eingereicht, wenn die Widerspruchsgebühr gezahlt wurde.

D. Schutzverweigerung bei Widerspruch (Abs. 3)

11   Wird gegen die Schutzgewährung der internationalen Registrierung in der EU Widerspruch eingelegt, übersendet das EUIPO dem Anmelder der internationalen Registrierung den Widerspruch zur Information (Art. 4 DVUM).

12   Da die EU-Anteile (Benennungen) von internationalen Registrierungen meist neben weiteren Anteilen bestehen, erfolgt im Falle eines erfolgreichen Widerspruchs naturgemäß keine Löschung der internationalen Registrierung insgesamt. Da die EU-Anteile (Benennungen) von internationalen Registrierungen zudem nicht in das Markenregister des EUIPO eingetragen (sondern dort nur nachveröffentlicht) werden, kann auch der EU-Anteil nicht gelöscht werden. Vielmehr tritt im Falle eines erfolgreichen Widerspruchs an die Stelle der Zurückweisung der Anmeldung die auf die EU beschränkte Verweigerung des Schutzes (Art. 5 PMMA, Art. 196 Abs. 3).

I. Schutzverweigerungsfrist

13   Die Schutzverweigerung muss auch für internationalen Registrierungen, die dem PMMA unterliegen, grundsätzlich innerhalb eines Jahres nach der internationalen Registrierung oder dem Ausdehnungsgesuch ausgesprochen werden (Art. 5 Abs. 2 lit. a PMMA).

14   Insofern sei auf die diesbezüglichen Ausführungen zu Art. 193 verwiesen (→ Art. 193 Rn. 14 f.).

II. Vorläufige Schutzverweigerung

15   Wird ein Widerspruch eingelegt, prüft das EUIPO ob er zulässig ist (Art. 5 Abs. 2 DVUM), dh ob der Widerspruch rechtzeitig eingegangen ist (Art. 196 Abs. 2 S. 1), die Widerspruchsgebühr gezahlt wurde (Art. 5 Abs. 2 DVUM, Art. 196 Abs. 2 S. 2), der Widerspruch die von der WIPO nach Regel 17 Abs. 3 AusfO PMMA verlangten Angaben enthält (Art. 2 Abs. 2 DVUM), der Widerspruch in einer zulässigen Sprache eingereicht wurde (Art. 5 Abs. 3 DVUM, Art. 146 Abs. 5) und der Widersprechende gemäß Art. 120 (→ Art. 119 Rn. 1) vertreten ist.

15.1   Der Widerspruch muss nach Wahl des Widersprechenden in der Sprache der internationalen Anmeldung (der ersten Sprache) oder in der vom Anmelder angegebenen zweiten Sprache eingereicht werden (Art. 146 Abs. 5; → Art. 146 Rn. 1). Diese Sprache wird Verfahrenssprache des Widerspruchsverfahrens. Der Widerspruch kann auch in jeder der drei anderen Sprachen des Amtes eingereicht werden, wobei dann innerhalb eines Monats eine Übersetzung in die Verfahrenssprache, dh wahlweise die erste oder zweite Sprache, einzureichen ist (Art. 146 Abs. 7 S. 2), andernfalls der Widerspruch unzulässig ist (Art. 5 Abs. 4 UMDV), es sei denn, die Parteien haben sich auf die andere Sprache geeinigt (Art. 146 Abs. 8). Das EUIPO verwendet die Sprache des Widerspruchsverfahrens für alle Mitteilungen, die direkt an die Parteien ergehen; für alle Mitteilungen an die WIPO, zB für die vorläufige Schutzverweigerung, verwendet es die Sprache, in der die internationale Registrierung von der WIPO eingetragen wurde (erste Sprache).

15.2   Hat der Anmelder der internationalen Registrierung noch keinen nach Art. 120 Abs. 2 erforderlichen Vertreter bestellt, so enthält die Mitteilung der vorläufigen Schutzverweigerung an die WIPO, mit der der Widerspruch übermittelt wird, die Aufforderung an den Anmelder, innerhalb von zwei Monaten ab Zustellung der Mitteilung einen Vertreter iSv Art. 93 Abs. 1 zu bestellen (Regel 114 Abs. 4 GMDV).

16   Eine sachliche Prüfung des Widerspruchs findet wegen der Zweiseitigkeit des Verfahrens zu diesem Zeitpunkt noch nicht statt.

17   Ist der Widerspruch – ggf. nach Fristsetzung zur Mängelbeseitigung, Art. 5 Abs. 5 S. DVUM – unzulässig, so teilt das EUIPO dem Anmelder der internationalen Registrierung dies direkt mit (Art. 5 Abs. 5 S. 2 DVUM). Mangels wirksamen Widerspruchs erfolgt keine Mitteilung über die vorläufige Schutzverweigerung an die WIPO.

18   Ist der Widerspruch zulässig, verweigert das EUIPO der internationalen Registrierungen den Schutz. Da innerhalb der Jahresfrist regelmäßig keine endgültige Entscheidung über den Widerspruch getroffen werden kann, wird zunächst eine nur vorläufige Schutzverweigerung ausgesprochen wird („Refus Provisoire"/„Provisional Refusal"), in der der Widerspruch mitgeteilt wird. Der mit der Eintragung vorläufig gewährte Schutz wird durch die vorläufige Schutzverweigerung vorläufig wieder aufgehoben (Art. 193; → Art. 193 Rn. 21).

Die Schutzverweigerung kann nicht auf andere als die fristgerecht mitgeteilten Widersprüche **19** gestützt werden. Unberührt bleibt die Schutzentziehung aufgrund späterer Nichtigkeitsverfahren (Art. 193; → Art. 193 Rn. 17).

Die Mitteilung der vorläufigen Schutzverweigerung wird vom EUIPO an die WIPO gesandt **20** und von dieser an den Markeninhaber übermittelt (Art. 5 Abs. 1, 2 lit. a, b PMMA und Regel 17 Abs. 1 lit. a AusfO PMMA). Die Schutzverweigerungsmitteilung des EUIPO kann Mängel enthalten, von denen einige heilbar sind, andere nicht (Art. 193; → Art. 193 Rn. 26).

Hat der Anmelder der internationalen Registrierung noch keinen nach Art. 120 Abs. 2 erfor- **21** derlichen Vertreter bestellt, ist in dem Schutzverweigerungsbescheid eine Frist von zwei Monaten ab Zustellung der Mitteilung über die vorläufige Schutzverweigerung an den Markeninhaber zu setzen, innerhalb derer der Markeninhaber einen Inlandsvertreter bestellen muss (Art. 5 Abs. 5, Art. 2 Abs. 2 lit h ii DVUM).

III. Widerspruchsverfahren

1. Endgültige Schutzverweigerung bei Vertretungsmangel

Ist der Widerspruch zulässig, wird aber kein Inlandsvertreter bestellt oder erfolgt die Bestellung **22** verspätet, so verweigert das EUIPO der internationalen Registrierung den Schutz endgültig (Art. 5 Abs. 5 DVUM). Es ergeht keine Kostenentscheidung, da die „cooling off"-Frist noch nicht abgelaufen ist (Art. 6 Abs. 4 DVUM); die Widerspruchsgebühr wird nur erstattet, wenn der Anmelder der internationalen Registrierung bereits vor Erlass der vorläufigen Schutzverweigerung ausdrücklich auf die internationale Registrierung verzichtet oder der Widerspruch vor Ablauf der „cooling off"-Frist zurückgenommen wird (Art. 6 Abs. 5 DVUM). Gegen die endgültige Schutzverweigerung stehen dem Anmelder die Rechtsmittel der UMV zu (Art. 5 Abs. 3 PMMA), dh die Beschwerde (Art. 66). Die zweimonatige Beschwerdefrist beginnt mit dem Ende der Bestellungsfrist ohne Zustellung eines weiteren Bescheides zu laufen. Wird der Vertreter dann in der Beschwerdeschrift bestellt, wird dadurch der Schutzverweigerungsgrund geheilt und das Schutzgewährungsgesuch zur Prüfung des Widerspruchs an die Widerspruchsabteilung zurückverwiesen (HABM BK 29.4.2008 – R 358/2008-2 Rn. 13 – MIRACA; 8.9.2008 – R 398/2008-4 Rn. 11 – CIRQUE ON ICE; 18.3.2012 – R 2467/2011-4 Rn. 13 – GENNEX). Wird kein Rechtsmittel eingelegt, wird die Entscheidung rechtskräftig, die Schutzverweigerung unanfechtbar.

2. Begründetheitsprüfung bei ordnungsgemäßer Vertretung

Wird rechtzeitig ein Inlandsvertreter bestellt, führt das EUIPO das Widerspruchsverfahren wie **23** bei einer unmittelbar beim EUIPO eingereichten Unionsmarkenanmeldung durch (Art. 6 Abs. 1 DVUM; → Art. 47 Rn. 1).

Widerspruch und ggf. Widerspruchsbegründung werden dem Markeninhaber bzw. dessen Vertreter **23.1** zur Stellungnahme übersandt (Art. 4 DVUM). Das EUIPO teilt den Beteiligten wie beim Widerspruch gegen eine beim EUIPO unmittelbar eingereichte Unionsmarkenanmeldung den Beginn der zweimonatigen „cooling off"-Frist mit und setzt die Substantiierungs- und Stellungnahmefristen (Art. 7 iVm Art. 6 Abs. 1 S. DVUM). Zur Substantiierung des Widerspruchs s. Art. 7 DVUM. Die „cooling off"-Frist kann einmalig und auf insgesamt 24 Monate verlängert werden, mit der Möglichkeit des einseitigen „opting-out" (Art. 6 Abs. 1 S. 2 DVUM) und Anpassung der Substantiierungs- und Stellungnahmefristen.

Unter Berücksichtigung seiner Stellungnahme trifft das EUIPO dann eine Sachentscheidung: **24** Erweist sich der Widerspruch als unbegründet, wird die vorläufige Schutzverweigerung aufgehoben und der Marke in der EU Schutz gewährt. Erweist sich der Widerspruch dagegen als begründet, wird der internationalen Registrierung der Schutz in der EU durch Beschluss endgültig verweigert. Gegen den Beschluss stehen dem Markeninhaber die Rechtsmittel der UMV zu (Art. 5 Abs. 3 S. 2 PMMA), dh die Beschwerde (Art. 66). Wird keine Rechtsmittel eingelegt, wird die Entscheidung rechtskräftig.

Für einen nach Art. 47 Abs. 2 (→ Art. 47 Rn. 7) geforderten Benutzungsnachweis ist anstelle **25** des Datums der Veröffentlichung der Unionsmarkenanmeldung auf das Datum der ersten Nachveröffentlichung abzustellen. Es ist nicht auf den Beginn der Widerspruchsfrist abzustellen, die bei der Unionsmarkenanmeldung mit dem Datum ihrer Veröffentlichung zusammenfällt, bei der internationalen Registrierung mit Benennung der EU aber erst einen Monat später liegt (Art. 196 Abs. 2).

3. Aussetzung des Widerspruchsverfahrens bei absoluten Schutzverweigerungsgründen

26   Wurde der Widerspruch zu einem Zeitpunkt eingelegt, zu dem das EUIPO bereits eine vorläufige Schutzverweigerung aus absoluten Gründen erlassen hatte, so teilt das EUIPO dem Anmelder der internationalen Registrierung direkt mit, dass ab sofort das Widerspruchsverfahren ausgesetzt ist, bis eine abschließende Entscheidung zu den absoluten Eintragungshindernissen vorliegt (Art. 77 Abs. 5 S. 1 DVUM). Wird die vorläufige Schutzverweigerung aus absoluten Gründen bestätigt und der Schutz endgültig für alle Waren und Dienstleistungen verweigert, die mit dem Widerspruch angegriffen werden, so wird das Widerspruchsverfahren eingestellt und die Widerspruchsgebühr erstattet (Art. 77 Abs. 5 S. 2 DVUM). Wird die vorläufige Schutzverweigerung aus absoluten Gründen aufgehoben, so wird das Widerspruchsverfahren wieder aufgenommen.

IV. Abschlussmitteilung

27   Nach rechtskräftigem Abschluss aller Widerspruchsverfahren erteilt das EUIPO der WIPO eine Abschlussmitteilung nach Regel 18ter AusfO PMMA, dass
- die Schutzverweigerung insgesamt aufgehoben und der Marke insgesamt Schutz in der EU gewährt wurde (Regel 18ter Abs. 2 Ziff. i AusfO PMMA, Art. 78 Abs. 5 lit. a DVUM) („Statement of Grant of Protection" oder „Final Disposition on Status of a Mark") oder
- die Schutzverweigerung für einen Teil der Waren und Dienstleistungen des Verzeichnisses aufgehoben und der Marke insofern Schutz in der EU gewährt wurde, wenn sich die Schutzverweigerung nur auf einen Teil der Waren und Dienstleistungen des Verzeichnisses bezieht (Regel 18ter Abs. 2 Ziff. ii AusfO PMMA, Art. 78 Abs. 5 lit. c DVUM) („Statement of Grant of Protection" oder „Final Disposition on Status of a Mark") oder
- der Marke insgesamt der Schutz in der EU verweigert wurde (Regel 18ter Abs. 3 AusfO PMMA, Art. 78 Abs. 5 lit. b DVUM („Confirmation of Total Provisional Refusal").

28 Bei Schutzverweigerungen aus mehreren Gründen, dh wenn eine Schutzverweigerung bezüglich einiger Waren und Dienstleistungen aus absoluten Gründen und bezüglich anderer Waren und Dienstleistungen wegen eines Widerspruchs erlassen wurde, oder wenn mehrere Widersprüche eingereicht wurden, werden nach Erledigung der Beanstandung aus absoluten Gründen oder nach Abschluss eines von mehreren Widerspruchsverfahren keine Zwischenmitteilungen erlassen. Es erfolgt vielmehr nur eine einzige Schlussmitteilung, sobald alle Verfahren rechtskräftig abgeschlossen sind (Art. 78 Abs. 6 DVUM).

E. Schutzbewilligung

29   Liegt kein absolutes Eintragungshindernis gegen die internationale Registrierung vor, dh wurde die Mitteilung über die Schutzgewährung gemäß Art. 193 Abs. 7 („Interim Status of a Mark") versandt, und liegt bei Ende der Widerspruchsfrist kein Widerspruch vor, tritt nach eine Erstreckung des Schutzes der internationalen Registrierung ein, die nur unter den Voraussetzungen von Art. 198 (→ Art. 198 Rn. 1) wieder entzogen werden kann, und wird die endgültige Mitteilung über die Schutzgewährung gemäß Art. 79 Abs. 1 DVUM, Regel 18ter Abs. 1 AusfO PMMA („Grant of Protection") an die WIPO versandt.

30   Hieran schließt sich die zweite Nachveröffentlichung an (Art. 190 Abs. 2; → Art. 190 Rn. 5). Ab diesem Datum hat die internationale Registrierung die gleiche Wirkung wie eine eingetragene Unionsmarke (Art. 189; → Art. 189 Rn. 1). Diese Wirkung tritt somit vor Ablauf der 18-Monatsfrist ein. Das Datum der zweiten Nachveröffentlichung setzt die Fünfjahresfrist für die Benutzung in Gang (Art. 203; → Art. 203 Rn. 1) und ist dafür maßgeblich, ab wann die Eintragung gegen einen Verletzer geltend gemacht werden kann (Art. 189 Abs. 3; → Art. 189 Rn. 5).

Art. 197 Ersatz einer Unionsmarke durch eine internationale Registrierung

Das Amt trägt auf Antrag in das Register ein, dass eine Unionsmarke als durch eine internationale Registrierung gemäß Artikel 4bis des Madrider Protokolls ersetzt anzusehen ist.

Überblick

Art. 197 setzt Art. 4bis PMMA um, der bestimmt, dass eine internationale Registrierung, die für denselben Inhaber dieselben Waren und Dienstleistungen schützt wie eine prioritätsältere

Unionsmarke, letztere ersetzt. Die Ersetzung kann auf einen Teil der in der nationalen oder regionalen Eintragung aufgeführten Waren und Dienstleistungen beschränkt werden (Regel 21 Abs. 3 lit d Satz 2 AusfO PMMA), wobei dies erst ab dem 1. Februar 2025 verpflichtend ist (Regel 21 Abs. 7 AusfO PMMA).

Art. 4bis PMMA lässt den umgekehrten Fall ungeregelt, in dem die Unionsmarke nach dem Datum der internationalen Registrierung mit Wirkung für die EU angemeldet (s. Art. 4bis Abs. 1 Ziff. iii PMMA). In diesem Fall gelten keine besonderen Regeln.

A. Bedeutung der Ersetzung

Durch Art. 4bis PMMA findet ein Ersatz der prioritätsälteren Unionsmarke durch die internationale Registrierung nicht in dem Sinne statt, dass die erstere verschwindet und die letztere an ihre Stelle tritt. Vielmehr ist davon auszugehen, dass der Inhaber zwei selbständige, für sich bestehende Rechte mit verschiedenen Zeiträngen und Schutzfristen bei sonst gleichem Inhalt besitzt. Der Zweck des Art. 4bis PMMA erschöpft sich vielmehr darin, zu verhindern, dass in Staaten mit verbotener Doppeleintragung die ältere Eintragung in einem Vertragsstaat der Wirkung der internationalen Registrierung Schutzhindernis entgegengehalten wird (vgl. LG Berlin GRUR 1957, 374 (375) – Heller/Haller). Das ist nur für Ämter mit Amtsprüfung auf ältere Rechte, nicht aber für das EUIPO relevant. **1**

B. Eintragung der Ersetzung

Die Ersetzung wird auf Antrag des Inhabers der internationalen Registrierung in das Unionsmarkenregister eingetragen. Der Antrag ist gebührenfrei. Da der Antrag freiwillig ist, hat es keine negativen Rechtsfolgen, wenn die Eintragung der Ersetzung unterbleibt. **2**

C. Auswirkungen auf die ältere Marke

Aus der auf ein Doppelschutzverbot begrenzten Bedeutung dieser „Ersetzung" folgt unter anderem, dass die auf diese Weise „ersetzte" Unionsmarke weder suspendiert noch anderweitig beeinträchtigt wird, weiterhin im Register für Unionsmarken verbleibt und separat verlängert werden muss (WIPO Guide to the International Registration of Marks, B II. 86) sowie als älteres Recht gegen jüngere Unionsmarkenanmeldungen geltend gemacht werden kann. **3**

Art. 198 Nichtigerklärung der Wirkung einer internationalen Registrierung

(1) Die Wirkung einer internationalen Registrierung, in der die Union benannt ist, kann für nichtig erklärt werden.

(2) Der Antrag auf Nichtigerklärung der Wirkung einer internationalen Registrierung, in der die Union benannt ist, tritt an die Stelle eines Antrags auf Erklärung des Verfalls gemäß dem Artikel 58 oder der Nichtigkeit gemäß Artikel 59 oder 60.

(3) Wurde die Wirkung einer internationalen Registrierung, in der die Union benannt ist, gemäß Artikel 64 oder Artikel 128 dieser Verordnung und dem vorliegenden Artikel endgültig für ungültig befunden, so setzt das Amt das Internationale Büro gemäß Artikel 5 Absatz 6 des Madrider Protokolls davon in Kenntnis.

(4) [1]Die Kommission erlässt Durchführungsrechtsakte, in denen die Einzelheiten, die in der Mitteilung an das Internationale Büro gemäß Absatz 3 dieses Artikels anzugeben sind, festgelegt werden. [2]Diese Durchführungsrechtsakte werden nach dem Prüfverfahren gemäß Artikel 207 Absatz 2 erlassen.

Überblick

Für internationale Registrierungen mit Schutzerstreckung auf die EU gelten über Art. 198 die Verfalls- und Nichtigkeitsgründe der UMV im Rahmen des Art. 5 Abs. 1 S. 2–3 PMMA iVm Art. 6[quinquies] PVÜ wie für Unionsmarken. Die Vorschrift wird ergänz durch Art. 34 UMDV.

Die Schutzentziehung ist damit zu unterscheiden von der „Schutzverweigerung" durch das EUIPO (Art. 193, 196; → Art. 193 Rn. 12, → Art. 196 Rn. 11) und dem Erlöschen des Schutzes wegen Wegfalls der Basismarke (Art. 6 Abs. 3 PMMA).

A. Schutzentziehungsgründe

1 Die international registrierte Marke kann wegen Verfalls (Art. 58; → Art. 58 Rn. 1), absoluter Nichtigkeitsgründe (Art. 59; → Art. 59 Rn. 1) oder relativer Nichtigkeitsgründe, dh älterer Rechte (Art. 60; → Art. 60 Rn. 1) nachträglich „für ungültig erklärt" (Art. 5 Abs. 6 PMMA, und Regel 19 AusfO PMMA), „ihre Wirkung für nichtig erklärt" (Art. 198), dh ihr Schutz nachträglich wieder entzogen werden.

2 Die Nichtigkeitserklärung betrifft nicht die Eintragung der internationalen Registrierung insgesamt, sondern nur ihre Wirkung, weil nicht die Eintragung als solche für nichtig oder verfallen erklärt wird, sondern nur ihre Wirkung, und (entgegen dem Wortlaut des Art. 198) Sie betrifft zudem nicht die Wirkung „der internationalen Registrierung", die die EU benennt, sondern nur die Benennung der EU innerhalb dieser internationalen Registrierung, dh die Wirkung der internationalen Registrierung, soweit sie die EU benennt, dh die Schutzerstreckung auf die EU; für die übrigen benannten Vertragsstaaten bleibt die internationalen Registrierung unberührt.

B. Schutzentziehungsverfahren

3 Die Schutzentziehung kann sowohl im amtlichen Löschungsverfahren nach Art. 63 (→ Art. 63 Rn. 1) wie auch im gerichtlichen Widerklageverfahren nach Art. 128 (→ Art. 128 Rn. 1) betrieben werden. Hinsichtlich der Tenorierung ist zu unterscheiden:

3.1 Erfolgt die Schutzentziehung im amtlichen Löschungsverfahren nach Art. 63, wird die Schutzentziehung seitens des EUIPO durch Beschluss ausgesprochen und dem Internationalen Büro gemäß Art. 5 Abs. 6 S. 2 PMMA zur – deklaratorischen – Eintragung in das internationale Register mitgeteilt (Regel 19 AusfO PMMA). Vorläufige Mitteilungen über die Antragstellung, dh eine Mitteilung über die „vorläufige Schutzentziehung" entsprechend einer Mitteilung über die vorläufige Schutzverweigerung im Schutzbewilligungsverfahren erfolgen nicht.

3.2 Erfolgt die Schutzentziehung dagegen im gerichtlichen Widerklageverfahren nach Art. 128, ist zu beachten, dass nach Art. 5 Abs. 6 PMMA nur die nationalen Markenbehörden befugt sind, der internationalen Registrierung den Schutz gegen den Willen des Markeninhabers zu entziehen. Das Löschungsurteil kann daher nicht direkt bei der WIPO vorgelegt werden. Das rechtskräftige Urteil wird dadurch vollstreckt, dass eine Ausfertigung dem EUIPO zugestellt wird (Art. 100 Abs. 6 iVm Art. 182). Das EUIPO teilt die Erklärung der Nichtigkeit sodann der WIPO mit (Regel 19 Abs. 1 S. 1 AusfO PMMA). Im Hinblick auf Art. 5 Abs. 6 PMMA, der die Erklärung der Nichtigkeit nur den Behörden zubilligt, dürfte sich die Widerklage streng genommen nicht auf Schutzentziehung beziehen, sondern nur auf Einwilligung des beklagten Markeninhabers in die Schutzentziehung. Mit Zustellung der Urteilsausfertigung müsste dann die Schutzentziehung durch das EUIPO beantragt werden, das die Schutzentziehung sodann durch eine eigenständige Entscheidung aussprechen und diese der WIPO gemäß Art. 5 Abs. 6 PMMA, Regel 19 AusfO PMMA zur deklaratorischen Eintragung in das internationale Register mitteilen würde. Dieser verfahrensrechtliche Umweg wird aber bei der Benennung der EU in einer internationalen Registrierung – anders als bei Benennung Deutschlands – nicht vorgenommen. Insofern ist die Mitteilung der (bereits erklärten) Nichtigkeit anstellt der Erklärung der Nichtigkeit eine pragmatische Lösung des Dilemmas, dass die gerichtliche Schutzentziehung in Art. 5 Abs. 6 PMMA nicht vorgesehen.

Art. 199 Rechtswirkung der Eintragung eines Rechtsübergangs

Die Eintragung einer Änderung des Inhabers einer internationalen Registrierung im Internationalen Register hat dieselbe Rechtswirkung wie die Eintragung eines Rechtsübergangs im Register gemäß Artikel 20.

Überblick

Mit Art. 199 werden Regelungen, die bisher in der Durchführungsverordnung enthalten waren (Regel 118 GMDV), in die UMV übernommen.

1 Gemäß Art. 9 PMMA werden auf Antrag Änderungen in der Inhaberschaft an einer internationalen Registrierung in das Register der WIPO eingetragen. Art. 199 stellt eine solche Eintragung in Bezug auf den EU-Anteil der internationalen Registrierung der Eintragung eines Rechtsübergangs an einer Unionsmarke gleich.

2 Dabei ist zwischen dem Rechtsübergang als solchem und dessen Eintragung zu unterscheiden. Art. 199 regelt insofern nur die Wirkungen der Eintragung des Rechtsübergangs, wie sie in Art. 20

Abs. 11 und 12 geregelt sind, dh dass der Rechtsnachfolger seine Rechte aus dem EU-Anteil der internationalen Registrierung erst mit Eintragung des Rechtsübergangs geltend machen kann, fristgebundene Erklärungen aber bereits mit Eingang des Antrags auf Eintragung des Rechtsübergangs abgegeben werden können.

Die Wirksamkeit des Rechtsübergangs selbst hängt aber von dem Recht ab, das für die Übertragung der jeweiligen Länderanteile der internationalen Registrierung maßgeblich ist. für die Unionsmarke ist dies Art. 20 Abs. 3. Wird die Übertragung der internationalen Registrierung – zB wegen großzügiger Vorschriften im Ausland – in einer Form festgehalten, die dem nicht entspricht, zB durch einseitige Erklärung des Inhabers, so ist die Übertragung für den EU-Anteil der internationalen Registrierung nichtig. Wird der Rechtsübergang gleichwohl im Register der WIPO eingetragen, ist das Register unrichtig. Der bisherige Inhaber kann dann mangels Eintragung keine Rechte aus der Marke mehr geltend machen. Der neue, eingetragene Inhaber hat mangels wirksamen Rechtsübergangs keine Rechte, die er geltend machen könnte. Faktisch wird aber – vor allem dann, wenn sich der neue, eingetragene Inhaber des unwirksamen Erwerbs nicht bewusst ist – die formale Rechtsposition genügen, um die Rechte aus der Marke geltend zu machen, solange der Gegner ebenfalls von der Unwirksamkeit des Erwerbs keine Kenntnis hat oder diese nicht jedenfalls beweisen kann. **3**

Art. 200 Rechtswirkung der Eintragung von Lizenzen und anderen Rechten

Die Eintragung einer Lizenz oder einer Einschränkung des Verfügungsrechts des Inhabers bezüglich einer internationalen Registrierung im Internationalen Register hat dieselbe Rechtswirkung wie die Eintragung eines dinglichen Rechts, einer Zwangsvollstreckungsmaßnahme, eines Insolvenzverfahrens oder einer Lizenz im Register gemäß den Artikeln 22, 23, 24 beziehungsweise 25.

Überblick

Mit Art. 200 werden Regelungen, die bisher in der Durchführungsverordnung enthalten waren (Regel 119 GMDV), in die UMV übernommen

Gemäß Regel 20 und 20bis AusfO PMMA können auf Antrag Lizenzen an einer internationalen **1** Registrierung oder Einschränkungen des Verfügungsrechts des Inhabers einer internationalen Registrierung in das Register der WIPO eingetragen werden. Art. 200 stellt eine solche Eintragung in Bezug auf den EU-Anteil der internationalen Registrierung der Eintragung an einer Unionsmarke gleich.

Art. 201 Prüfung von Anträgen auf Eintragung eines Rechtsübergangs, einer Lizenz oder einer Einschränkung des Verfügungsrechts des Inhabers

Das Amt übermittelt dem Internationalen Büro bei ihm eingereichte Anträge auf Eintragung einer Änderung der Eigentumsverhältnisse, einer Lizenz oder einer Einschränkung des Verfügungsrechts des Inhabers oder der Änderung oder Löschung einer Lizenz oder der Aufhebung der Beschränkung des Verfügungsrechts des Inhabers, sofern der entsprechende Nachweis des Rechtsübergangs, der Lizenz oder der Einschränkung des Verfügungsrechts oder der Nachweis beigefügt ist, dass die Lizenz nicht mehr besteht oder geändert wurde oder dass die Beschränkung des Verfügungsrechts aufgehoben wurde.

Überblick

Mit Art. 201 werden Regelungen, die bisher in der Durchführungsverordnung enthalten waren (Regel 120 GMDV), unter leichter Umformulierung in die UMV übernommen.

Art. 202 Umwandlung einer im Wege einer internationalen Registrierung erfolgten Benennung der Union in eine nationale Markenanmeldung oder in eine Benennung von Mitgliedstaaten

(1) Wurde eine Benennung der Union im Wege einer internationalen Registrierung zurückgewiesen oder hat sie ihre Wirkung verloren, so kann der Inhaber der internatio-

nalen Registrierung beantragen, dass die Benennung der Union umgewandelt wird, und zwar

a) gemäß den Artikeln 139, 140 und 141 in eine Anmeldung für eine nationale Marke;
b) in eine Benennung eines Mitgliedstaats, der Vertragspartei des Madrider Protokolls ist, sofern die direkte Benennung dieses Mitgliedstaats auf der Grundlage des Madrider Protokolls zum Zeitpunkt des Antrags auf Umwandlung möglich war. Es gelten die Artikel 139, 140 und 141 der vorliegenden Verordnung.

(2) Die nationale Markenanmeldung oder die Benennung eines Mitgliedstaats, der Vertragspartei des Madrider Protokolls ist, die sich aus der Umwandlung der Benennung der Union im Wege einer internationalen Registrierung ergibt, erhält in dem betreffenden Mitgliedstaat das Datum der internationalen Eintragung gemäß Artikel 3 Absatz 4 des Madrider Protokolls oder das Datum der Ausdehnung auf die Union gemäß Artikel 3ter Absatz 2 des Madrider Protokolls, wenn diese Ausdehnung nach der internationalen Registrierung erfolgte, oder den Prioritätstag dieser Eintragung sowie gegebenenfalls den nach Artikel 191 der vorliegenden Verordnung beanspruchten Zeitrang einer Marke dieses Staates.

(3) Der Umwandlungsantrag wird veröffentlicht.

(4) Der Antrag auf Umwandlung einer internationalen Registrierung, in der die Union benannt ist, in eine Anmeldung einer nationalen Marke enthält die Informationen und Angaben gemäß Artikel 140 Absatz 1.

(5) [1]Wird die Umwandlung gemäß dem vorliegenden Artikel und Artikel 139 Absatz 5 dieser Verordnung aufgrund einer Nichtverlängerung der internationalen Registrierung beantragt, muss der in Absatz 4 des vorliegenden Artikels genannte Antrag einen entsprechenden Hinweis und den Zeitpunkt, an dem der Schutz abgelaufen ist, enthalten. [2]Die in Artikel 139 Absatz 5 der vorliegenden Verordnung vorgesehene Dreimonatsfrist beginnt an dem Tag, der auf den letzten Tag folgt, an dem die Verlängerung gemäß Artikel 7 Absatz 4 des Madrider Protokolls möglich ist.

(6) Artikel 140 Absätze 3 und 5 gelten entsprechend für Umwandlungsanträge nach Absatz 4 des vorliegenden Artikels.

(7) Der Antrag auf Umwandlung einer internationalen Registrierung, in der die Union benannt ist, in eine Benennung eines Mitgliedstaats, der Vertragspartei des Madrider Protokolls ist, enthält die Informationen und Angaben gemäß den Absätzen 4 und 5.

(8) [1]Artikel 140 Absatz 3 gilt entsprechend für Umwandlungsanträge nach Absatz 7 des vorliegenden Artikels. [2]Das Amt weist den Umwandlungsantrag auch dann zurück, wenn die Voraussetzungen für die Benennung des Mitgliedstaats, der Vertragspartei des Madrider Protokolls oder des Madrider Abkommens ist, weder am Tag der Benennung der Union noch am Tag, an dem der Umwandlungsantrag eingegangen ist oder gemäß Artikel 140 Absatz 1 letzter Satz als eingegangen gilt, erfüllt waren.

(9) [1]Entspricht der Umwandlungsantrag nach Absatz 7 den Anforderungen dieser Verordnung und der gemäß dieser Verordnung erlassenen Vorschriften, so übermittelt das Amt den Antrag unverzüglich dem Internationalen Büro. [2]Das Amt teilt dem Inhaber der internationalen Registrierung den Tag der Übermittlung mit.

(10) [1] Die Kommission erlässt Durchführungsrechtsakte, in denen Folgendes festgelegt wird:

a) die Einzelheiten, die in einem Umwandlungsantrag gemäß den Absätzen 4 und 7 anzugeben sind;
b) die Einzelheiten, die bei der Veröffentlichung des Umwandlungsantrags nach Absatz 3 anzugeben sind.

[2] Diese Durchführungsrechtsakte werden nach dem Prüfverfahren gemäß Artikel 207 Absatz 2 erlassen.

Überblick

Nach Art. 139 kann der Inhaber einer Unionsmarke(nanmeldung) deren Umwandlung in nationale Markenanmeldungen beantragen, wenn die Unionsmarkenanmeldung zurückgewiesen wird oder die Unionsmarke ihre Wirkung verliert, dh Art. 139 regelt die Umwandlung einer fehlgeschlagenen Unionsmarke (→ Art. 139 Rn. 1). Art. 202 regelt die entsprechende Umwandlung der EU-Benennung einer internationalen Registrierung in nationale Markenanmeldungen für einzelner EU-Mitgliedstaaten oder alternativ in die Benennung einzelner EU-Mitgliedstaaten im Rahmen der internationalen Registrierung, wenn der EU-Benennung der Schutz verweigert wird oder sie ihren Schutz verliert, dh Art. 202 regelt die Umwandlung einer fehlgeschlagenen EU-Benennung.

Damit ist die Regelung des Art. 202 von derjenigen des Art. 204 zu unterscheiden, der die Umwandlung der EU-Benennung einer internationalen Registrierung wegen Löschung der internationalen Registrierung aufgrund Wegfalls ihrer Basismarke, dh die Umwandlung einer erfolgreichen EU-Benennung wegen fehlgeschlagener Basismarke betrifft (→ Art. 204 Rn. 1).

Mit Abs. 4–9 werden Regelungen, die bisher in der Durchführungsverordnung enthalten waren (Regel 122 und 123 GMDV), in die UMV übernommen.

Art. 202 wird ergänzt durch Art. 35 UMDV sowie durch Anhang I A Nr. 23 Buchst. b.

A. Anlass der Umwandlung

Eine Umwandlung nach Art. 202 kommt in Betracht, wenn die internationale Registrierung **1** in der EU keine Wirkung entfaltet,
- weil ihr der Schutz in der EU verweigert wurde (Regel 18ter Abs. 3 AusfO PMMA),
- weil ihr der Schutz in der EU nachträglich wieder entzogen wurde (Art. 198, Regel 19 AusfO Abs. 1 PMMA),
- weil auf ihren Schutz in der EU verzichtet wurde (Regel 25 Abs. 1 lit. a AusfO PMMA, Regel 27 Abs. 1 lit. a AusfO PMMA) oder
- weil sie für die EU nicht erneuert wurde (Regel 31 Abs. 4 lit. a und lit. b AusfO PMMA).

Eine Umwandlung ist dagegen nicht möglich, **2**
- wenn der Schutz der internationalen Registrierung in der EU wegen Nichtbenutzung verfällt (es sei denn in dem Mitgliedstaat, für den die Umwandlung beantragt wird, war die internationalen Registrierung benutzt worden) (Art. 159 Abs. 1 iVm Art. 112 Abs. 2 lit. a),
- wenn auch der nationalen Markenanmeldung ein Eintragungshindernis oder Verfalls- oder Nichtigkeitsgrund entgegenstehen würde (Art. 159 Abs. 1 iVm Art. 112 Abs. 2 lit. b),
- wenn der Markeninhaber auf die internationale Registrierung insgesamt verzichtet, dh er die vollständige Löschung der internationalen Registrierung (Regel 25 Abs. 1 lit. a Ziff. v AusfO PMMA), nicht nur der EU-Benennung beantragt, da dann die internationale Registrierung nicht mehr existiert, für die folglich eine nachträgliche Benennung nicht mehr möglich ist oder
- wenn bei Umwandlung die Benennung der EU die einzige verbliebene Benennung in der internationalen Registrierung war, da dann die internationale Registrierung mit der Schlussmitteilung an die WIPO und der entsprechenden Veröffentlichung im internationalen Register die internationale Registrierung insgesamt weggefallen ist, für die folglich eine nachträgliche Benennung nicht mehr möglich ist (WIPO Guide to the International Registration of Marks, B II 54).

B. Arten der Umwandlung

Ist eine Umwandlung möglich, kann sie auf zweierlei Weise erfolgen, nämlich durch Umwand- **3** lung der EU-Benennung in nationale Markenanmeldungen (Art. 202 Abs. 1 lit. a iVm Art. 139) oder in nachträgliche Benennungen für einzelne EU-Mitgliedstaaten (Art. 202 Abs. 1 lit. b) („Opting Back").

Beides kann auch dergestalt miteinander kombiniert werden, dass für einzelne Mitgliedstaaten **4** eine nationale Markenanmeldung, für andere Mitgliedstaaten eine nachträgliche Benennung nach dem PMMA beantragt wird.

Der Vorteil der Umwandlung in nachträgliche Benennungen nach dem PMMA liegt darin, **5** dass der Anmelder nicht die normalen nationalen Anmeldegebühren zu zahlen hat, sondern lediglich die Gebühren für eine nachträgliche Benennung der WIPO bzw. die jeweiligen individuellen Gebühren.

I. Umwandlung in nationale Anmeldungen

Die Umwandlung in nationale Anmeldungen erfolgt durch Übermittlung des Antrags an die **6** jeweiligen nationalen Ämter (Art. 113 Abs. 3 S. 2; → Art. 140 Rn. 17).

Die aus der Umwandlung hervorgehende nationale Markenanmeldung erhält das Datum der **7** internationalen Registrierung bzw. wenn die Benennung der EU aus einer nachträglichen Benennung resultierte, das Datum der nachträglichen Benennung der EU bzw ggf das Prioritätsdatum

(Art. 202 Abs. 2). Sie erhält zudem ein in der internationalen Registrierung beanspruchtes Senioritätsdatum gemäß Art. 39, 40 (→ Art. 39 Rn. 1; → Art. 40 Rn. 1) des Mitgliedstaats, für den umgewandelt wird.

II. Nachträgliche Benennungen („Opting Back")

8   Die Umwandlung in eine nachträgliche Benennung (Gesuch um nachträgliche Schutzerstreckung) gemäß Art. 3ter Abs. 2 PMMA erfolgt durch Übermittlung des Antrags an die WIPO.

8.1   Die aus der Umwandlung hervorgehende nachträgliche Benennung eines Mitgliedstaats der EU erhält wiederum das Datum der internationalen Registrierung, da andernfalls diese Form der Umwandlung gegenüber der regulären nachträglichen Schutzerstreckung keinen Vorteil böte (vorausgesetzt, der betreffende Staat hätte bereits zu diesem Datum nachträglich benannt werden können (Art. 202 Abs. 8, dh war bereits Mitglied der Madrider Union, woran es bereits zur Zeit bei Malta fehlte und in Zukunft beim Beitritt künftiger Mitgliedstaaten zur EU fehlen könnte) und ein in der internationalen Registrierung beanspruchtes Senioritätsdatum gemäß Art. 34, 35 des Mitgliedstaats, in den umgewandelt wird (s. Rn. 7).

9   Die Mitteilungen an die WIPO regelt Regel 123 GMDV sowie seitens der WIPO-Bestimmungen Regel 24 Abs. 7 AusfO PMMA. Wie auch die Umwandlung einer Unionsmarke nach Art. 139 kann auch dieses „opting back" in Form der nachträglichen Benennung nur für einzelne Waren und Dienstleistungen erfolgen (Regel 24 Abs. 7 lit. b ii AusfO PMMA). Das WIPO-Formular MM 4 ist hier nicht relevant, da das EUIPO die Daten an die WIPO elektronisch übermittelt.

10   Gemäß Regel 24 Abs. 7 AusfO PMMA behält eine nachträgliche Benennung, anders als im Normalfall, das Datum der ursprünglichen internationalen Registrierung.

C. Verfahren

11   Das Verfahren entspricht grundsätzlich dem der Umwandlung einer fehlgeschlagenen Unionsmarke oder Unionsmarkenanmeldung gemäß Art. 139–141 (→ Art. 139 Rn. 1), mit nur wenigen Besonderheiten. Der Umwandlungsantrag ist beim EUIPO zu stellen, auch soweit eine Umwandlung in nachträgliche Benennungen gewünscht ist; dabei sollte das EUIPO-Formblatt, nicht das WIPO-Formblatt MM 16 verwendet werden. Das EUIPO prüft, ob die Umwandlung wegen eines Schutzhindernisses in dem Mitgliedstaat, in dem umgewandelt werden soll, ausgeschlossen ist (Art. 202 Abs. 6, Art. 140 Abs. 3, Art. 139 Abs. 2 lit. b), da weder die WIPO noch die nationalen Ämter im Rahmen der Prüfung einer nachträglichen Benennung eine solche Zulässigkeitsprüfung vorab durchführen könnten.

12   Eine Besonderheit gegenüber einer Direktanmeldung gibt es aber bezüglich der Frist, in der die Umwandlung beantragt werden muss: Die Frist von drei Monaten beginnt
- bei Umwandlung wegen Verzicht oder mangelnder Erneuerung der internationalen Registrierung an dem Tag, der auf den letzten Tag folgt, zu dem die Erneuerung bei der WIPO hätte vorgenommen werden können,
- bei Umwandlung wegen Zurückweisung der internationalen Registrierung für die EU an dem Tag, an dem diese Entscheidung rechtskräftig wird,
- bei Umwandlung wegen Nichtigerklärung der internationalen Registrierung für die EU gemäß Art. 158 an dem Tag, an dem die Entscheidung des EUIPO oder des Unionsmarkengerichts rechtskräftig wird und
- bei Umwandlung wegen Verzichts oder Einschränkung (Teilverzichts) der internationalen Registrierung für die EU an dem Tag, an dem dies von der WIPO gemäß Regel 27 Abs. 1 lit. b AusfO PMMA im internationalen Register vermerkt wurde.

D. Gebühr

13   Für die Umwandlung ist eine Umwandlungsgebühr von 200 Euro an das EUIPO zu entrichten (Anhang I A. Nr. 23 lit. b); geschieht dies nicht, so gilt der Umwandlungsantrag als nicht eingereicht (Art. 140 Abs. 1 S. 3).

Art. 203 Benutzung einer Marke, die Gegenstand einer internationalen Registrierung ist

Für die Zwecke der Anwendung der Artikel 18 Absatz 1, Artikel 47 Absatz 2, Artikel 58 Absatz 1 Buchstabe a und Artikel 64 Absatz 2 tritt zur Festlegung des Datums, ab dem die Marke, die Gegenstand einer internationalen Registrierung mit Benennung

der Union ist, ernsthaft in der Union benutzt werden muss, das Datum der Veröffentlichung gemäß Artikel 190 Absatz 2 an die Stelle des Datums der Eintragung.

Überblick

Art. 203 stellt hinsichtlich des Benutzungszwangs und der Benutzungsschonfrist die internationale Registrierung mit Benennung der EU einer eingetragenen Unionsmarke gleich: Die Benutzungsschonfrist beginnt ab der zweiten Nachveröffentlichung (Art. 190 Abs. 2), dh ab dem Zeitpunkt, zu dem das Amt die Schutzgewährung ausgesprochen oder eine vorläufige Schutzverweigerung zurückgenommen hat (s. auch BPatG GRUR-Prax 2019, 182 [Haag]).

Diese Regelung entspricht der Praxis zu Widersprüchen aus einer internationalen Registrierung **1** mit Benennung eines EU-Mitgliedstaats. Der Benutzungszwang beginnt mit Abschluss des Eintragungsverfahrens (BPatG, GRUR-Prax 2019, 182; HABM BK 4.5.2004 – R 429/2003-2 Rn. 33–35 – COPACABANA SUNRISE/SUNRISE; 2.2.2006 – R 561/2004-2 Rn. 23 – XS/IXS; 11.1.2006 – R 1126/2004-2 Rn. 21 – Atoz/Artoz, bestätigt durch EuG T-100/06 Rn. 44, BeckEuRS 2008, 488914 – Atoz/Artoz; vgl. auch die Entscheidung des EuGH C-246/05, GRUR 2007, 702 (704) – Armin Häupl/Lidl, in der er das Datum, welches das nationale Recht festlegt, als das maßgebliche Datum nennt. Zwar wird dieses Datum nicht durch das nationale Recht, sondern durch Art. 4 Abs. 1 PMMA unmittelbar geregelt, doch zeigt die Entscheidung, dass auch der EuGH im Ergebnis davon ausgeht, dass das Datum der endgültigen Schutzgewährung maßgeblich ist).

Art. 204 Umwandlung

(1) Vorbehaltlich des Absatzes 2 gelten die für Anmeldungen von Unionsmarken anwendbaren Vorschriften entsprechend für Anträge auf Umwandlung einer internationalen Registrierung in eine Anmeldung einer Unionsmarke gemäß Artikel 9^{quinquies} des Madrider Protokolls.

(2) Betrifft der Umwandlungsantrag eine internationale Registrierung, in der die Union benannt ist und deren Einzelheiten gemäß Artikel 190 Absatz 2 veröffentlicht worden sind, so sind die Artikel 42 bis 47 nicht anwendbar.

(3) [1]Damit die Anmeldung einer Unionsmarke als Umwandlung einer internationalen Registrierung gilt, die gemäß Artikel 9^{quinquies} des Madrider Protokolls vom Internationalen Büro auf Antrag der Ursprungsbehörde gelöscht worden ist, muss sie einen entsprechenden Hinweis enthalten. [2]Dieser Hinweis erfolgt bei der Einreichung der Anmeldung.

(4) Stellt das Amt bei der Prüfung gemäß Artikel 41 Absatz 1 Buchstabe b fest, dass die Anmeldung nicht innerhalb von drei Monaten nach dem Tag der Löschung der internationalen Registrierung durch das Internationale Büro eingereicht wurde oder dass die Waren und Dienstleistungen, für die die Unionsmarke eingetragen werden soll, nicht in der Liste der Waren und Dienstleistungen enthalten sind, für die die internationale Registrierung mit Wirkung für die Union erfolgte, so fordert das Amt den Anmelder auf, die Mängel zu beseitigen.

(5) Werden die in Absatz 4 aufgeführten Mängel nicht innerhalb der vom Amt festgelegten Frist beseitigt, so erlischt der Anspruch auf das Datum der internationalen Registrierung oder der territorialen Ausdehnung des Schutzes und gegebenenfalls das Prioritätsdatum der internationalen Registrierung.

(6) [1]Die Kommission erlässt Durchführungsrechtsakte, in denen die Einzelheiten, die in einem Antrag auf Umwandlung gemäß Absatz 3 dieses Artikels anzugeben sind, festgelegt werden. [2]Diese Durchführungsrechtsakte werden nach dem Prüfverfahren gemäß Artikel 207 Absatz 2 erlassen.

Überblick

Art. 204 setzt Art. 9^{quinquies} PMMA in EU-Recht um. Mit Art. 204 Abs. 3–5 wurden die ergänzenden Regelungen der Regel 124 GMDV in die UMV übernommen. Art. 204 wird ergänzt durch Art. 36 UMDV.

Während Art. 202 die Umwandlung der EU-Benennung einer internationalen Registrierung wegen Schutzverweigerung der internationalen Registrierung in der EU betrifft, dh die Umwandlung einer fehlgeschlagenen EU-Benennung, regelt Art. 202 die Umwandlung der EU-Benennung einer internationalen Registrierung wegen Löschung der internationalen Registrierung aufgrund Wegfalls ihrer Basismarke, dh die Umwandlung einer erfolgreichen EU-Benennung wegen fehlgeschlagener Basismarke.

A. „Zentralangriff" als Umwandlungsgrund

1   Die internationale Registrierung ist nach Art. 6 Abs. 2 PMMA für einen Zeitraum von fünf Jahren vom Bestand der Ursprungsmarke abhängig. Das bedeutet, dass der durch die internationale Registrierung erlangte Schutz nach Art. 6 Abs. 3 PMMA nicht mehr in Anspruch genommen werden kann, wenn in diesem Zeitraum die Basismarke (oder Anmeldung) wegen Rücknahme, Zurückweisung, Verfalls, Verzichts oder Nichtigkeit gelöscht oder ein auf die Löschung gerichtetes Verfahren beantragt wird (selbst wenn es erst nach Ablauf der fünf Jahre zu einer rechtskräftigen Entscheidung führt) („Zentralangriff"). Die internationale Registrierung wird dann nach Art. 6 Abs. 4 PMMA wird gelöscht.

2   Entfällt die Basismarke nur zu einem Teil, dh nur für einzelne Waren oder Dienstleistungen, so gilt dies entsprechend für die internationale Registrierung.

3   Entfällt auf diese Weise der Schutz der internationalen Registrierung, so steht es dem Inhaber frei, in den in der internationale Registrierung benannten Vertragsstaaten Markenschutz durch neue, nationale Markenanmeldungen (bzw. regionale Markenanmeldungen, dh bei Benennung der EU durch eine neue Unionsmarkenanmeldung) nachzusuchen.

B. Zeitrang der neuen Markenanmeldung

4   Die Umwandlung der entfallenen internationalen Registrierung würde grundsätzlich mit einem Verlust der Priorität einhergehen, da die neue Markenanmeldung den Zeitrang ihrer Anmeldung erhalten würde. Art. 9^{quinquies} PMMA gewährt daher für internationale Registrierungen nach dem PMMA in diesem Fall die Möglichkeit, für die neue Unionsmarkenanmeldung den Zeitrang der gescheiterten internationalen Registrierung in Anspruch zu nehmen (HABM BK 1.10.2014 – R 985/2014-4 – GLORIOUS). Dies gilt einschließlich deren Inanspruchnahme der Priorität der Ursprungsmarke, denn der in Anspruch genommene Zeitrang der internationalen Registrierung bestimmt sich nach dem Tag der Anmeldung zur Eintragung im Ursprungsland, wenn die internationale Registrierung innerhalb von sechs Monaten nach der Heimatanmeldung erfolgt (Art. 4 Abs. 2 PMMA iVm Art. 4 PVÜ), andernfalls nach dem Datum der internationalen Registrierung (Art. 4 Abs. 1 lit. a PMMA).

5   Eine solche Inanspruchnahme des Zeitrangs der gescheiterten internationalen Registrierung kommt allerdings nach Art. 9^{quinquies} PMMA nur in Betracht, wenn
- die Löschung der Basismarke auf Antrag der Ursprungsbehörde nach Art. 6 Abs. 2 PMMA erfolgte (Art. 9^{quinquies} PMMA; Art. 204 Abs. 3) (dh bei einer Löschung der Basismarke auf Antrag des Markeninhabers ist eine Umwandlung ausgeschlossen),
- die neue Unionsmarkenanmeldung innerhalb von drei Monaten nach der Löschung der internationalen Registrierung beim EUIPO eingereicht wird (Die Nachfristsetzung gemäß Art. 204 Abs. 3 S. 2 steht insofern nicht im Einklang mit Art. 9^{quinquies} PMMA),
- die Waren bzw. Dienstleistungen der neuen nationalen Markenanmeldung vom Waren- und Dienstleistungsverzeichnis der internationalen Registrierung umfasst waren,
- die internationale Registrierung in dem betreffenden Staat Schutz für die betreffenden Waren bzw. Dienstleistungen entfaltet hat,
- die Umwandlung mit der und in die neue(n) Unionsmarkenanmeldung beantragt wird (Art. 204 Abs. 3 S. 2); eine Beantragung der Umwandlung bereits vor dem Datum der Löschung der internationalen Registrierung oder nach Einreichung der neuen Unionsmarkenanmeldung ist nicht möglich (HABM BK 1.10.2014 – R 985/2014-4 – GLORIOUS) und
- die Umwandlungsgebühr bezahlt worden ist.

6   Sind die Voraussetzungen für die Umwandlung nicht erfüllt, so steht dem Anmelder ein Wahlrecht zu. Er kann die Voraussetzungen innerhalb der ihm vom EUIPO gesetzten Frist (Art. 204 Abs. 4) herbeiführen, zB bei zu weitem Waren- und Dienstleistungsverzeichnis der Unionsmarkenanmeldung dieses so einschränken, dass es der gelöschten internationalen Registrierung entspricht, und behält in diesem Fall das Datum der internationalen Registrierung (Art. 204 Abs. 4), oder auf die Inanspruchnahme der Umwandlung verzichten (Art. 204 Abs. 5).

C. Echte Umwandlung (Abs. 2)

Der Umwandlungsantrag ist grundsätzlich wie eine Unionsmarkenanmeldung nach Art. 30 ff. **7** zu behandeln (→ Art. 30 Rn. 1), dh die Marke ist auf absolute und relative Schutzhindernisse zu prüfen. Es gilt jedoch die Besonderheit – hierin zeigt sich, dass Art. 204 nicht nur eine Prioritätsregelung, sondern eine echte Umwandlung enthält –, dass die Marke gemäß Art. 204 Abs. 2 ohne vorherige Prüfung unmittelbar in das Register eingetragen wird, wenn die internationale Registrierung im Zeitpunkt ihrer Löschung bereits Schutz in der EU genoss, dh das Amtsprüfungsverfahren auf absolute Schutzhindernisse bereits durchgeführt, ein Widerspruchsverfahren bereits abgeschlossen oder gar nicht eingeleitet worden und die zweite Nachveröffentlichung nach Art. 190 Abs. 2 erfolgt war. Für eine erneute Prüfung besteht dann kein Bedürfnis.

Ein Widerspruch gegen die Eintragung ist daher in diesem Fall nicht möglich. Art. 204 erlaubt **8** somit eine Übernahme des Prüfungsstandes der internationalen Registrierung. Für den Inhaber älterer Rechte in der EU bedeutet das, dass er auch bei einem innerhalb der ersten fünf Jahre eingeleiteten Zentralangriff gegen die ausländische Basismarke gegen die umgewandelte Marke mit einem Nichtigkeitsverfahren vorgehen muss. Dies kann er nur dadurch vermeiden, dass er parallel zum Zentralangriff gegen die ausländische Basismarke auch Widerspruch gegen die Schutzgewährung der internationalen Registrierung in der EU erhebt.

D. Erforderliche Angaben

Um die Umwandlung vorzunehmen, dh um für die neue Unionsmarkenanmeldung den Zeit- **9** rang der gescheiterten internationalen Registrierung in Anspruch zu nehmen, muss der Antragsteller in der Unionsmarkenanmeldung auf die Umwandlung hinweisen (Art. 204 Abs. 3) und die Kerndaten der gescheiterten internationalen Registrierung angeben, dh Eintragungsnummer, Löschungstag, den Tag der internationalen Registrierung bzw. nachträglichen Schutzerstreckung auf die EU und eine ggf. für die internationale Registrierung in Anspruch genommene Priorität (Art. 36 UMDV).

Eine Bescheinigung des Internationalen Büros über die gelöschte IR-Marke wie im deutschen **10** Recht nach § 125 Abs. 2 MarkenG vorgeschrieben ist, wird nicht gefordert.

E. Gebühren

Es fallen die gleichen Gebühren wie für eine Unionsmarkenanmeldung an. **11**

Art. 205 Kommunikation mit dem Internationalen Büro

¹Die Kommunikation mit dem Internationalen Büro erfolgt in der Form und unter Verwendung der Formate, die zwischen dem Internationalen Büro und dem Amt vereinbart werden, und vorzugsweise auf elektronischem Weg. ²Jede Bezugnahme auf Formblätter schließt in elektronischer Form bereitgestellte Formblätter ein.

Überblick

Mit Art. 205 werden Regelungen, die bisher in der Durchführungsverordnung enthalten waren (Regel 125 GMDV), in die UMV übernommen.

Art. 206 Sprachenregelung

Für die Zwecke der Anwendung dieser Verordnung und der auf ihrer Grundlage erlassenen Regeln auf internationale Registrierungen, in denen die Union benannt ist, gilt die Sprache der internationalen Anmeldung als Verfahrenssprache im Sinne des Artikels 146 Absatz 4 und die in der internationalen Anmeldung angegebene zweite Sprache als zweite Sprache im Sinne des Artikels 146 Absatz 3.

Überblick

Mit Art. 161b werden Regelungen, die bisher in der Durchführungsverordnung enthalten waren (Regel 126 GMDV), in die UMV übernommen.

Kapitel XIV. Schlussbestimmungen

Art. 207 Ausschussverfahren

(1) ¹Die Kommission wird von einem Ausschuss für Durchführungsvorschriften unterstützt. ²Dieser Ausschuss ist ein Ausschuss im Sinne der Verordnung (EU) Nr. 182/2011.

(2) Wird auf den vorliegenden Absatz Bezug genommen, so gilt Artikel 5 der Verordnung (EU) Nr. 182/2011.

Überblick

Art. 207 etabliert einen spezialisierten Ausschuss für Durchführungsvorschriften. Für die Annahme und Änderung von Durchführungsvorschriften wird auf Art. 5 Komitologie-VO verwiesen (→ Rn. 1).

A. Ausschussverfahren (Abs. 1)

1   Art. 207 Abs. 1 verweist auf das Ausschussverfahren nach der Komitologie-VO (VO (EU) Nr. 182/2011 des Europäischen Parlaments und des Rates vom 16.2.2011, ABl. L 55, 13).

B. Prüfverfahren nach Art. 5 Komitologie-VO (Abs. 2)

2   Nach dem in der Komitologie-VO geregelten Prüfverfahren wird die Kommission bei der Ausarbeitung von Durchführungsvorschriften durch einen Ausschuss bestehend aus Vertretern der Mitgliedstaaten unterstützt. Im Prüfungsverfahren beschließt der Ausschuss mit der unter Art. 16 Abs. 4 und 5 AEUV vorgesehenen qualifizierten Mehrheit über eine Stellungnahme zu dem vorgeschlagenen Rechtsakt. Der Kommissionsvertreter stimmt nicht mit ab. Ist die Stellungnahme befürwortend, kann der Rechtsakt erlassen werden (Art. 5 Abs. 2 Komitologie-VO). Erfolgt keine Stellungnahme, darf die Kommission gemäß Art. 5 Abs. 4 Komitologie-VO den Rechtsakt erlassen, es sei denn, ein Verbot nach Art. 5 Abs. 4 UAbs. 2 Komitologie-VO greift ein. Wenn die Stellungnahme negativ ausfällt (Art. 5 Abs. 3 Komitologie-VO) darf die Kommission den Rechtsakt nicht erlassen. In diesen Fällen kann der vorsitzende Kommissionsvertreter demselben Ausschuss entweder innerhalb von zwei Monaten nach der Abstimmung eine geänderte Fassung des Entwurfs für den Durchführungsrechtsakt vorlegen oder den ursprünglichen Entwurf innerhalb eines Monats dem Berufungsausschuss vorlegen. Der Berufungsausschuss beschließt ebenfalls mit der unter Art. 16 Abs. 4 und 5 AEUV vorgesehenen Mehrheit (Art. 6 Abs. 1 Komitologie-VO iVm Art. 5 Abs. 1 Komitologie-VO). Ist seine Stellungnahme positiv, erlässt die Kommission den Durchführungsrechtsakt; ergeht keine Stellungnahme, kann sie ihn erlassen und ist die Stellungnahme negativ, erlässt sie den Durchführungsrechtsakt nicht (Art. 6 Abs. 3 Komitologie-VO). Nach der **VO (EU) 2015/2424** des Europäischen Parlaments und des Rates zur Änderung der VO (EG) 207/2009 wird der neugefasste Art. 207 durch einen neuen Art. 208 ergänzt.

Art. 208 Ausübung der Befugnisübertragung

(1) Die Befugnis zum Erlass delegierter Rechtsakte wird der Kommission unter den in diesem Artikel festgelegten Bedingungen übertragen.

(2) Die Befugnis zum Erlass delegierter Rechtsakte gemäß Artikel 48, Artikel 49 Absatz 3, Artikel 65 und 73, Artikel 96 Absatz 4, Artikel 97 Absatz 6, Artikel 98 Absatz 5, Artikel 100 Absatz 2, Artikel 101 Absatz 5, Artikel 103 Absatz 3, Artikel 106 Absatz 3, Artikel 121 und 168, Artikel 194 Absatz 3 und Artikel 196 Absatz 4 wird der Kommission auf unbestimmte Zeit ab dem 23. März 2016 übertragen.

(3) ¹Die Befugnisübertragung gemäß Artikel 48, Artikel 49 Absatz 3, Artikel 65 und 73, Artikel 96 Absatz 4, Artikel 97 Absatz 6, Artikel 98 Absatz 5, Artikel 100 Absatz 2, Artikel 101 Absatz 5, Artikel 103 Absatz 3, Artikel 106 Absatz 3, Artikel 121 und 168, Artikel 194 Absatz 3 und Artikel 196 Absatz 4 kann vom Europäischen Parlament oder vom Rat jederzeit widerrufen werden. ²Der Beschluss über den Widerruf beendet die

Übertragung der in diesem Beschluss angegebenen Befugnis. [3]Er wird am Tag nach seiner Veröffentlichung im *Amtsblatt der Europäischen Union* oder zu einem im Beschluss über den Widerruf angegebenen späteren Zeitpunkt wirksam. [4]Die Gültigkeit von delegierten Rechtsakten, die bereits in Kraft sind, wird von dem Beschluss über den Widerruf nicht berührt.

(4) Vor dem Erlass eines delegierten Rechtsakts konsultiert die Kommission die von den einzelnen Mitgliedstaaten benannten Sachverständigen, im Einklang mit den in der Interinstitutionellen Vereinbarung über bessere Rechtsetzung vom 13. April 2016 enthaltenen Grundsätzen.

(5) Sobald die Kommission einen delegierten Rechtsakt erlässt, übermittelt sie ihn gleichzeitig dem Europäischen Parlament und dem Rat.

(6) [1]Ein delegierter Rechtsakt, der gemäß Artikel 48, Artikel 49 Absatz 3, Artikel 65 und 73, Artikel 96 Absatz 4, Artikel 97 Absatz 6, Artikel 98 Absatz 5, Artikel 100 Absatz 2, Artikel 101 Absatz 5, Artikel 103 Absatz 3, Artikel 106 Absatz 3, Artikel 121 und 168, Artikel 194 Absatz 3 und Artikel 196 Absatz 4 erlassen wurde, tritt nur in Kraft, wenn weder das Europäische Parlament noch der Rat innerhalb einer Frist von zwei Monaten nach Übermittlung dieses Rechtsakts an das Europäische Parlament und den Rat Einwände erhoben haben oder wenn vor Ablauf dieser Frist das Europäische Parlament und der Rat beide der Kommission mitgeteilt haben, dass sie keine Einwände erheben werden. [2]Auf Initiative des Europäischen Parlaments oder des Rates wird diese Frist um zwei Monate verlängert.

Überblick

Diese Bestimmung setzt sich mit den Delegierten Rechtsakte auseinander, die aufgrund des Vertrages von Lissabon eingeführt wurden.

A. Befugnisübertragung

Die Institutionen können Rechtsakte erlassen, um ihre Aufgaben zu verwirklichen. Der Vertrag **1** von Lissabon hat die Anzahl der den Institutionen zur Verfügung stehenden Art der Rechtsakte im Interesse der Vereinfachung von zehn auf fünf halbiert.

Art. 290 **AEUV** sieht vor, dass der Gesetzgeber, im Allgemeinen das Europäische Parlament **2** und der Rat, der Kommission die Befugnis übertragen kann, nicht-legislative Rechtsakte zur allgemeinen Anwendung zu erlassen, wenn diese bestimmte, nicht wesentliche Elemente eines Gesetzgebungsakts ergänzen oder abändern.

Delegierte Rechtsakte können zwar in gewissen Bereichen neue Regeln hinzufügen und Ände- **3** rungen an bestimmten Aspekten eines Rechtsakts einschließen, jedoch darf es sich dabei **nicht um wesentliche Aspekte** handeln. Dies erlaubt dem Gesetzgeber, sich auf die wesentlichen Ziele eines Problems zu konzentrieren, ohne übermäßig detaillierte und oftmals sehr technische Lösungsansätze bieten zu müssen.

Die Kommission kann dabei aber nur unter sehr engen Rahmenbedingungen arbeiten. Wesent- **4** liche Merkmale eines Bereichs können nicht Gegenstand von delegierten Rechtsakten sein. Auch muss **Ziel, Inhalt, Umfang und Dauer** der Abtretung der Befugnisse im Gesetzgebungsakt genau definiert sein. Weiter müssen die Bedingungen, unter denen die Abtretung ausgeführt wird, im Gesetzgebungsakt festgeschrieben werden. Grundsätzlich sehen diese Gesetzgebungsakte vor, dass sowohl dem Parlament als auch dem Rat jederzeit die Möglichkeit zukommt, die Abtretung im Allgemeinen zu widerrufen oder Widerspruch gegen einen delegierten Rechtsakt einzulegen.

Wo genau die Grenze zwischen „wesentlichen" und „nicht wesentlichen" Aspekten liegt, ist nicht klar **4.1** und wird stets im konkreten Einzelfall zu entscheiden sein.

B. Umfang der Ermächtigung

Abs. 2 enthält eine erschöpfende Auflistung jener Bereiche, in denen die Kommission einen **5** delegierten Rechtsakt erlassen kann. Es handelt sich dabei um alle **verfahrensrechtlichen Aspekte** betreffend das **Widerspruchsverfahrens** (→ Art. 48 Rn. 1), das **Verfall- und Nichtigkeitsverfahren** (Art. 65), das **Beschwerdeverfahren** (→ Art. 73 Rn. 1) sowie die **Änderung der Anmeldung** (→ Art. 49 Rn. 29), der Änderung einer **internationalen Registrierung,** die die Union benennt (Art. 194 Abs. 3, Art. 196 Abs. 4). Darüber hinaus können die Vorschriften betreffend **mündliche Verfahren** (→ Art. 96 Rn. 36), die **Beweisaufnahme** (→ Art. 97 Rn. 88), die **Zustellung** (Art. 98 Abs. 5), den **Widerruf** einer Entscheidung oder die **Löschung** einer Eintragung im Register (Art. 103 Abs. 3), die **Wiederaufnahme** des Verfahrens (Art. 106 Abs. 3) die Bestellung von **Vertreter** (Art. 121) und die **Organisation der Beschwerdekammern** (Art. 168) durch einen delegierten Akt näher geregelt werden.

C. Erlassene Rechtsakte

6   Die Kommission hat am 5.3.2018 die **delegierte Verordnung** (EU) 2018/625 zur Ergänzung der VO (EU) 2017/1001 des Europäischen Parlaments und des Rates über die Unionsmarke und zur Aufhebung der Delegierten VO (EU) 2017/1430 erlassen.

7   Am selben Tag hat die Kommission auch die Durchführungsverordnung (EU) 2018/626 mit Einzelheiten zur Umsetzung von Bestimmungen der VO (EU) 2017/1001 des Europäischen Parlaments und des Rates über die Unionsmarke und zur Aufhebung der Durchführungsverordnung (EU) 2017/1431 angenommen.

8   Beide Verordnungen sind am 14.5.2018 in Kraft getreten, nachdem weder das Parlament noch der Rat gegen die Verordnung Einwände erhoben hat (→ Rn. 13). Sie gelten grundsätzlich rückwirkend mit 1.10.2017 (Art. 82 Abs. 2 DVUM; Art. 39 Abs. 2 UMDV).

8.1   Sie ersetzen die Delegierte VO (EU) 2017/1430 und die Durchführungsverordnung (EU) 2017/1431. Diese beiden Rechtsakte haben auf die Nummerierung der UMV in der Fassung der VO (EU) 2424/2015 verwiesen; die neuen Rechtsakte verweisen nun auf die UMV in der Fassung der VO (EU) 2017/1001 (kodifizierte Fassung).

8.2   Darüber hinaus hat der Gesetzgeber kleinere sprachliche Fehler behoben und allfällige unklare Bestimmungen beseitigt. Eine inhaltliche Änderung der Rechtskate hat nicht stattgefunden, sodass eine rückwirkende Anwendung der Bestimmungen (Art. 82 Abs. 2 DVUM; Art. 39 Abs. 2 UMDV) auch keine rechtlichen Probleme aufwerfen.

9   Art. 82 Abs. 2 DVUM und Art. 39 Abs. 2 UMDV sehen detaillierte Übergangsbestimmungen vor. Grundsätzlich kann gesagt werden, dass die DVUM und die UMDV nur auf jene **Anträge** und **Verfahrensschritte** anwendbar sind, die **nach dem 1.10.2017** gestellt oder getätigt wurden. **Horizontale Bestimmungen** sind jedoch **ab dem 1.10.2017** anwendbar.

10   Die DVUM **ersetzt** die bestehenden Bestimmungen der GMDV und der HABMVfO. Die UMDV ersetzt die restlichen Bestimmungen der GMDV.

D. Verfahren

11   Vor der Annahme eines delegierten Rechtsaktes hat die **Kommission Konsultationen** mit **Sachverständigen,** auch mit Sachverständigen der Mitgliedstaaten, durchzuführen.

12   Die **Kommission** hat gemäß Abs. 4 unverzüglich nach **Annahme** eines delegierten Rechtsaktes diesen an das **Parlament** und den **Rat** zu **übermitteln.**

13   **Rat** und **Parlament** haben danach die **Möglichkeit,** innerhalb von **zwei Monaten** gegen den delegierten Rechtsakt **Einwände zu erheben.** Der delegierte Rechtsakt tritt erst nach Ablauf dieser Frist in Kraft oder sobald beide Rechtsetzungsorgane der Kommission mitgeteilt haben, keine Einwände zu erheben. Auf Wunsch des Parlaments oder des Rats wird die Frist um zwei Monate verlängert.

E. Widerruf

14   Gemäß Abs. 3 können **Parlament** oder **Rat** jederzeit die **Befugnisübertragung widerrufen;** der Widerruf ist im Amtsblatt zu veröffentlichen. Sofern kein späterer Tag im Widerruf vorgesehen ist, tritt der Widerruf sofort in Kraft. Der Widerruf berührt nicht die Gültigkeit bereits erlassener delegierter Akte, sofern diese bereits in Kraft getreten sind.

Art. 209 Bestimmungen über die Erweiterung der Union

(1) Ab dem Tag des Beitritts Bulgariens, der Tschechischen Republik, Estlands, Kroatiens, Zyperns, Lettlands, Litauens, Ungarns, Maltas, Polens, Rumäniens, Sloweniens und der Slowakei (im Folgenden „neuer Mitgliedstaat" oder „neue Mitgliedstaaten") wird eine gemäß dieser Verordnung vor dem Tag des jeweiligen Beitritts eingetragene

oder angemeldete Unionsmarke auf das Hoheitsgebiet dieser Mitgliedstaaten erstreckt, damit sie dieselbe Wirkung in der gesamten Union hat.

(2) Die Eintragung einer Unionsmarke, die am Tag des Beitritts bereits angemeldet war, darf nicht aufgrund der in Artikel 7 Absatz 1 aufgeführten absoluten Eintragungshindernisse abgelehnt werden, wenn diese Hindernisse lediglich durch den Beitritt eines neuen Mitgliedstaats entstanden sind.

(3) Wird eine Unionsmarke während der sechs Monate vor dem Tag des Beitritts angemeldet, so kann gemäß Artikel 46 Widerspruch erhoben werden, wenn eine ältere Marke oder ein sonstiges älteres Recht im Sinne von Artikel 8 in einem neuen Mitgliedstaat vor dem Beitritt erworben wurde, sofern der Erwerb gutgläubig war und das Anmeldedatum oder gegebenenfalls das Prioritätsdatum oder das Datum der Erlangung der älteren Marke bzw. des sonstigen älteren Rechts im neuen Mitgliedstaat vor dem Anmeldedatum oder gegebenenfalls vor dem Prioritätsdatum der angemeldeten Unionsmarke liegt.

(4) Eine Unionsmarke im Sinne von Absatz 1 kann nicht für nichtig erklärt werden
a) gemäß Artikel 59, wenn die Nichtigkeitsgründe lediglich durch den Beitritt eines neuen Mitgliedstaats entstanden sind;
b) gemäß Artikel 60 Absätze 1 und 2, wenn das ältere innerstaatliche Recht in einem neuen Mitgliedstaat vor dem Tag des Beitritts eingetragen, angemeldet oder erworben wurde.

(5) Die Benutzung einer Unionsmarke im Sinne von Absatz 1 kann gemäß Artikel 137 und Artikel 138 untersagt werden, wenn die ältere Marke oder das sonstige ältere Recht in dem neuen Mitgliedstaat vor dem Tag des Beitritts dieses Staates eingetragen, angemeldet oder gutgläubig erworben wurde oder gegebenenfalls ein Prioritätsdatum hat, das vor dem Tag des Beitritts dieses Staates liegt.

Überblick

Art. 209 regelt die Unionsmarkenrechtlichen Fragen (Wirkungserstreckung → Rn. 1, Auswirkungen auf anhängige Prüfungsverfahren → Rn. 3 f.; Auswirkungen in Widerspruchsverfahren → Rn. 5; in Nichtigkeitsverfahren → Rn. 6 f.; Benutzung der Unionsmarke im neuen Mitgliedstaat → Rn. 8), zunächst ausdrücklich nur im Zusammenhang der EU-Erweiterungen 2004 und 2007 (aber → Rn. 1 aE).

A. Automatische Wirkungserstreckung von Unionsmarken

Nach Art. 209 Abs. 1 wird die Wirkung von Unionsmarken und anmeldungen bei Erweiterung **1** der Union mit dem Beitrittstag des jeweiligen neuen Mitgliedstaats automatisch auf dessen Gebiet erstreckt. Die Regelung trägt dem einheitlichen Charakter der Unionsmarke Rechnung, wurde erstmals bei der Erweiterungsrunde 2004 in die UMV aufgenommen (damals als Art. 147a GMV) und inhaltlich lediglich um die Namen der beiden Beitrittskandidaten 2007 (Bulgarien und Rumänien) ergänzt. Sie wurde auch beim Beitritt Kroatiens (1.7.2013) entsprechend ergänzt und angewendet (vgl. Mitteilung Nr. 4 des Präsidenten des HABM vom 12.12.2012 bezüglich der Erweiterung der EU um Kroatien).

Gemäß Anh. III Nr. 2. I. Beitrittsvertrag mit Kroatien wurde Art. 209 Abs. 1 geändert (ABl. **2** EU 2012 L 112).

B. Auswirkungen auf anhängige Prüfungsverfahren

I. Absolute Eintragungshindernisse

Art. 209 Abs. 2 bestimmt, dass die Erweiterung hinsichtlich absoluter Eintragungshindernisse **3** keine Auswirkung auf bereits angemeldete Unionsmarken hat. Andernfalls könnten sich mit der Erweiterung zusätzliche absolute Eintragungshindernisse ergeben, zB weil eine Wortmarke in einer der neuen Amtssprachen beschreibend oder nicht unterscheidungskräftig ist. Diese „Immunität" gilt aber nur für Anmeldungen, die bereits vor dem Beitrittsdatum eines neuen Mitgliedstaats eingereicht waren. Danach eingereichte Anmeldungen werden hinsichtlich absoluter Eintragungshindernisse auch des neuen Mitgliedstaats geprüft und ggf. beanstandet, selbst wenn sie ein vor dem Beitrittsdatum liegendes Prioritätsdatum haben sollten (vgl. Richtlinien zu Marken, Teil A:

Allgemeine Regeln, Abschnitt 9, Erweiterung, Punkt 2.2, Anhängige Anmeldungen von Unionsmarken). Darüber hinaus können auch absolute Eintragungshindernisse bestehen, wenn vor dem Beitrittsdatum angemeldete Marken zwar nur in der Sprache des neuen Mitgliedstaats (zB) beschreibend oder nicht unterscheidungskräftig sind, diese Worte aber auch in anderen Mitgliedstaaten als rein beschreibend bzw. nicht unterscheidungskräftig wahrgenommen werden (vgl. Richtlinien zu Marken, Teil A: Allgemeine Regeln, Abschnitt 9, Erweiterung, Punkt 2.2, Anhängige Anmeldungen von Unionsmarken, wo die Beispiele „Plattensee" und „Tokajer" genannt werden).

II. Erworbene Unterscheidungskraft

4 Für die Prüfung auf absolute Eintragungshindernisse von Unionsmarkenanmeldungen, die vor dem Beitrittsdatum eines neuen Mitgliedstaats eingereicht wurden, bedeutet Art. 209 Abs. 2 auch, dass Marken, die an sich nicht unterscheidungskräftig wären, für die aber erworbene Unterscheidungskraft im alten Unionsgebiet nachgewiesen wurde, nicht mit der Begründung beanstandet/zurückgewiesen werden, die erworbene Unterscheidungskraft sei im neuen Mitgliedstaat nicht nachgewiesen (vgl. Richtlinien zu Marken, Teil A: Allgemeine Regeln, Abschnitt 9, Erweiterung, Punkt 2.3, Durch Benutzung erworbene Unterscheidungskraft; zum Erwerb der Unterscheidungskraft nach Erweiterung → Art. 59 Rn. 47).

C. Auswirkung in Widerspruchsverfahren

5 Grundsätzlich sind vor dem Beitrittsdatum ältere nationale Marken und Rechte eines zukünftigen Mitgliedstaats keine tauglichen Widerspruchsmarken/-rechte iSv Art. 8 Abs. 2 (mit Ausnahme etwa in einem Alt-Mitgliedstaat notorisch bekannter Marken) bzw. Art. 8 Abs. 4. Allerdings kann gegen Unionsmarkenanmeldungen, die im Zeitraum von sechs Monaten vor dem Beitrittsdatum angemeldet werden, auf der Basis einer nationalen Marke oder eines nationalen Rechts des zukünftigen Mitgliedstaates Widerspruch eingelegt werden, wenn es sich um eine Marke/ein Recht entsprechend Art. 8 handelt, die Marke/das Recht vor dem Beitritt erworben wurde, keine Bösgläubigkeit vorliegt und die nationale Marke/das nationale Recht im Vergleich zur Unionsmarkenanmeldung älter ist, sei es, weil sie/es früher angemeldet/erworben wurde oder weil ein früheres Prioritätsdatum besteht (Art. 209 Abs. 3). Unionsmarkenanmeldungen die am oder nach dem Beitrittsdatum angemeldet werden, können nach den normalen Regeln durch Widerspruch auf Grundlage einer älteren nationalen Marke/eines älteren nationalen Rechts des neuen Mitgliedstaates angegriffen werden.

D. Auswirkung in Nichtigkeitsverfahren

I. Absolute Nichtigkeitsgründe

6 Eine Unionsmarke, die vor dem Beitrittsdatum angemeldet worden ist, kann grundsätzlich nach Eintragung nicht aufgrund absoluter Nichtigkeitsgründe (Art. 59 iVm Art. 209 Abs. 4 lit. a) mit einem Nichtigkeitsantrag angegriffen werden, vorausgesetzt, die Nichtigkeitsgründe sind nur durch den Beitritt eines neuen Mitgliedstaats entstanden. Zu beachten ist allerdings, dass ein Nichtigkeitsantrag aufgrund von Bösgläubigkeit bei der Anmeldung infrage kommen kann: Bösgläubigkeit ist kein absolutes Eintragungshindernis gemäß Art. 7 und wird daher im Prüfungsverfahren vor der Eintragung nicht berücksichtigt. Wird aber vor dem Beitritt eines neuen Mitgliedstaats ein normalerweise in der Sprache des neuen Mitgliedstaats nicht eintragungsfähiges Zeichen allein zu dem Zweck als Marke angemeldet, ein Monopol über ein nicht markenfähiges Zeichen zu erhalten oder zu unlauteren Zwecken, können Dritte die Marke nach Eintragung wegen Bösgläubigkeit gemäß Art. 59 Abs. 1 lit. b mit einem Nichtigkeitsantrag angreifen. Sowohl das EUIPO als auch die nationalen Markenämter zeigen sich entschlossen, gegen Bösgläubigkeit im Rahmen von Erweiterungen vorzugehen (vgl. Richtlinien zu Marken, Teil A: Allgemeine Regeln, Abschnitt 9, Erweiterung, Punkt 2.4, Bösgläubigkeit). Allerdings dürfte der Nachweis der Bösgläubigkeit für den Antragsteller im Nichtigkeitsverfahren schwer zu führen sein (vgl. → Art. 59 Rn. 12 ff.).

II. Relative Nichtigkeitsgründe

7 Eine Unionsmarke, die vor dem Beitrittsdatum angemeldet wurde, kann auf Grundlage eines älteren nationalen Rechts des neuen Mitgliedstaats auch nicht aus relativen Nichtigkeitsgründen nach Eintragung angegriffen werden (Art. 60 Abs. 1, 2 iVm Art. 209 Abs. 4 lit. b). Das heißt, dass eine ältere nationale Marke oder ein älteres nationales Recht iSv Art. 8 des neuen Mitgliedstaats auch nach dem Beitrittsdatum nicht benutzt werden kann, um eine vor diesem Datum angemeldete Unionsmarke anzugreifen. Diesbezüglich gibt es auch keine dem Art. 209 Abs. 3 (→ Rn. 6) entsprechende Ausnahmeregelung. Das heißt, eine ältere nationale Marke/ein älteres nationales Recht des neuen Mitgliedstaats kann nur in dem in Art. 209 Abs. 3 genannten Sechsmonatszeitraum gegen eine vor dem Beitrittsdatum angemeldete Unionsmarke verwendet werden. Wird dieser Korridor verpasst, ist ein späteres Nichtigkeitsverfahren nicht möglich. Nach dem Beitrittsdatum angemeldete Unionsmarken können hingegen nach den normalen Nichtigkeitsregeln nach der Eintragung mit einem Nichtigkeitsantrag angegriffen werden.

E. Benutzung der Unionsmarke in einem neuen Mitgliedstaat

Nach Art. 209 Abs. 5 kann die Benutzung einer Unionsmarke im Gebiet eines neuen Mitgliedstaats auf Grundlage einer nationalen Marke oder eines nationalen Rechts nach Art. 137, 138 untersagt werden, wenn die nationale Marke oder das nationale Recht älter sind als die Unionsmarke, vor dem Beitrittsdatum angemeldet, eingetragen oder gutgläubig erworben wurde oder ein vor dem Beitrittsdatum liegendes Prioritätsdatum aufweist. In diesem Zusammenhang wird der gute Glaube beim Erwerb vermutet; diese Vermutung müsste im Streitfall widerlegt werden (vgl. Richtlinien zu Marken, Teil A: Allgemeine Regeln, Abschnitt 9, Erweiterung, Punkt 3, Regeln zu Widersprüchen und Löschungen). **8**

F. Weitere Auswirkungen der Erweiterung

Ab dem Beitrittsdatum können gescheiterte Unionsmarkenanmeldungen auch in Anmeldungen im neuen Mitgliedstaat **umgewandelt** werden, unabhängig davon, ob sie schon vor oder erst seit dem Beitrittsdatum angemeldet wurden. Da die Anmeldung im Erfolgsfall aber im neuen Mitgliedstaat frühestens ab dem Beitrittsdatum Wirkung entfaltet hätte, wurde durch entsprechende Regelungen auf nationaler Ebene dafür gesorgt, dass das zuerkannte nationale Anmeldedatum im neuen Mitgliedstaat bei Umwandlung nicht vor dem Beitrittsdatum des Mitgliedstaats liegt (vgl. Richtlinien zu Marken, Teil A.9, Allgemeine Regeln, Abschnitt 2.5, Umwandlung). Die dreimonatige Frist für den Umwandlungsantrag gemäß Art. 139 Abs. 4 wird vom Beitrittsdatum nicht beeinflusst (vgl. Richtlinien zu Marken, Teil A.9, Allgemeine Regeln, Abschnitt 2.5, Umwandlung). **9**

G. Zeitrang (Seniorität)

Ab dem Beitrittsdatum kann der Zeitrang einer vor dem Beitrittsdatum eingetragenen älteren nationale Marken des neuen Mitgliedstaats beansprucht werden (zu den Details hinsichtlich der Beanspruchung von Seniorität → Art. 39 Rn. 1 ff., → Art. 40 Rn. 1 ff.). Da Unionsmarken(anmeldungen) erst mit dem Beitrittsdatum Wirkung für den neuen Mitgliedstaat entfalten, kann es hierbei dazu kommen, dass eine EUTM(A) mit Anmeldedatum oder Prioritätsdatum **vor** dem Anmeldedatum der nationalen Marke für Senioritätszwecke trotzdem jünger ist, weil die nationale Marke vor dem Beitrittsdatum angemeldet wurde oder ein davor liegendes Prioritätsdatum hat, die EUTMA mit früherem Anmelde-/Prioritätsdatum aber erst ab dem Beitrittsdatum in diesem Mitgliedstaat Wirkung entfaltet (vgl. Richtlinien zu Marken, Teil A.9, Allgemeine Regeln, Abschnitt 2.6.4, Zeitrang). Entsprechendes gilt für IR-Marken, in denen zum einen die EU und zum anderen der neue Mitgliedstaat benannt ist: Da die Benennung der EU in dem neuen Mitgliedstaat erst ab dem Beitrittsdatum Wirkung entfaltet, kann der Zeitrang der Benennung des neuen Mitgliedstaats in Anspruch genommen werden, wenn er vor dem Beitrittsdatum liegt (vgl. Richtlinien zu Marken, Teil A.9, Allgemeine Regeln, Abschnitt 2.6.4, Zeitrang). **10**

H. Sonstige

Regelmäßig können Anmeldungen ab dem Beitrittsdatum in der Amtssprache des neuen Mitgliedstaats eingereicht werden, Anmelder aus den neuen Mitgliedstaaten müssen nicht mehr durch Vertreter beim EUIPO vertreten werden und Vertreter aus den neuen Mitgliedstaaten können in die Liste der zugelassenen Vertreter nach Art. 120 eingetragen werden. Ab dem Beitrittsdatum eingereichte Unionsmarkenanmeldungen werden in alle(n) Amtssprachen des erweiterten Mitgliedstaatenkreises übersetzt und veröffentlicht (vgl. Richtlinien zu Marken, Teil A.9, Allgemeine **11**

Regeln, Abschnitt 2.6.3, Übersetzung). Die Möglichkeit, Unionsmarkenanmeldungen auch bei den nationalen Ämtern einzureichen, wurde im Zuge der Reform durch die Änderungsverordnung VO (EU) 2015/2424 (aF) abgeschafft und wird somit auch für nationale Ämter neuer Mitgliedstaaten nicht mehr bestehen.

Art. 210 Bewertung und Überprüfung

(1) Bis zum 24. März 2021 und danach alle fünf Jahre nimmt die Kommission eine Bewertung der Durchführung dieser Verordnung vor.

(2) ¹Dabei werden die rechtlichen Rahmenbedingungen für die Zusammenarbeit zwischen dem Amt und den Zentralbehörden für den gewerblichen Rechtsschutz der Mitgliedstaaten beziehungsweise dem Benelux-Amt für geistiges Eigentum unter besonderer Berücksichtigung des Finanzierungsmechanismus nach Artikel 152 überprüft. ²Des Weiteren werden die Wirkung, die Effektivität und die Effizienz des Amtes und seiner Arbeitsmethoden bewertet. ³Die Bewertung befasst sich besonders mit der etwaigen Notwendigkeit einer Änderung des Mandats des Amtes sowie den finanziellen Implikationen einer solchen Änderung.

(3) ¹Die Kommission übermittelt dem Europäischen Parlament, dem Rat und dem Verwaltungsrat den Bewertungsbericht zusammen mit ihren aus dem Bericht gezogenen Schlussfolgerungen. ²Die Ergebnisse der Bewertung werden veröffentlicht.

(4) Bei jeder zweiten Bewertung werden die vom Amt erzielten Ergebnisse anhand der Ziele, des Mandats und der Aufgaben des Amtes überprüft.

Überblick

Die Kommission muss in regelmäßigen Abständen einen Bericht über die Durchführung und die vom Amt erzielten Ergebnisse anhand der Ziele und Aufgaben erstellen.

1   Die Kommission hat spätestens **bis zum 24.3.2021** einen **Bericht** über die Durchführung der UMV vorzulegen und Schlussfolgerungen aus diesem Bericht zu ziehen. Bericht und Schlussfolgerungen sind an das Parlament, den Rat und den Verwaltungsrat des Amtes zu übermitteln. Die Ergebnisse der Bewertung werden veröffentlicht.

1.1   Der Bericht hat insbesondere auf die Zusammenarbeit zwischen dem Amt und den Zentralbehörden für den gewerblichen Rechtsschutz der Mitgliedstaaten bzw. dem Benelux-Amt für geistiges Eigentum einzugehen, wobei besonderes Augenmerk auf den Finanzierungsmechanismus nach Art. 152 (→ Art. 152 Rn. 1) zu legen ist.

1.2   Ein weiterer Schwerpunkt des Berichts ist die Wirkung, die Effektivität und die Effizienz des Amtes und seiner Arbeitsmethoden.

1.3   Der Bericht hat sich auch, sofern notwendig, mit einer Änderung des Mandates des Amtes (→ Art. 151 Rn. 1) auseinanderzusetzen; dabei sind die finanziellen Implikationen ebenfalls zu beleuchten.

1.4   Der Bericht ist jedoch bis heute nicht veröffentlicht worden.

2   In weiterer Folge sind **alle fünf Jahre** entsprechende Berichte zu erstellen.

2.1   Alle **zehn Jahre** hat die Kommission zusätzlich die vom Amt erzielten Ergebnisse anhand der Ziele, des Mandats und der Aufgaben des Amtes zu überprüfen.

Art. 211 Aufhebung

[1] Die Verordnung (EG) Nr. 207/2009 wird aufgehoben.

[2] Bezugnahmen auf die aufgehobene Verordnung gelten als Bezugnahmen auf die vorliegende Verordnung und sind nach Maßgabe der Entsprechungstabelle in Anhang III zu lesen.

Überblick

Art. 211 bestimmt, dass die – regelungsgleiche aber anders nummerierte – frühere Unionsmarkenverordnung in der zuletzt geltenden Fassung aufgehoben (→ Rn. 1) und durch die Neufassung

ersetzt wird (→ Rn. 2); der Abweichung in der Nummerierung wird durch eine Entsprechungstabelle in Anhang III Rechnung getragen.

Die frühere VO (EG) 207/2009 kodifizierte lediglich die **frühere VO (EG) Nr. 40/94.** **1**
Letztere wurden in diesem Prozess formell **aufgehoben.** Im Wesentlichen waren die beiden
Fassungen bis zur am 23.3.2016 in Kraft getretenen Reform aber inhaltsgleich, lediglich die
Nummerierung der Vorschriften hatte sich geändert.

Gemäß Art. 211 Abs. 2 sind Verweise auf die VO (EG) Nr. 207/2009 als Verweise auf die **2**
Neufassung der UMV zu lesen. Die **Entsprechungstabelle** in **Anh. III** stellt die alten und
neuen „Hausnummern" einander gegenüber (nach der vorgenannten Reform zum Teil wieder
verschoben), so dass nach der aF zitierte Vorschriften auch in der nF leicht wiederzufinden sind.
Da die UMDV vor der Neufassung der UMV verfasst wurde, beziehen sich die dortigen Verwei-
sungen noch auf die alten Nummern der Vorschriften der UMV 2009. Auf der Webseite des
Amts wird eine Entsprechungstabelle bereitgestellt, in der ausgehend von der ursprünglichen
GMDV die Verortung der jeweiligen Regelung in den neuen Verordnungen angegeben wird
(Bereich „Recht und Praxis"/Rechtsvorschriften/Rechtstexte zu Unionsmarken/Navigation in
den Änderungen der Rechtsvorschriften über die Unionsmarke).

Art. 212 Inkrafttreten

**[1] Diese Verordnung tritt am zwanzigsten Tag nach ihrer Veröffentlichung [Anm.:
Veröffentlicht am 16.6.2017] im** *Amtsblatt der Europäischen Union* **in Kraft.**
[2] Sie gilt ab dem 1. Oktober 2017.
**[3] Diese Verordnung ist in allen ihren Teilen verbindlich und gilt unmittelbar in
jedem Mitgliedstaat.**

Überblick

Art. 212 Abs. 1 regelt das Inkrafttreten (→ Rn. 1) der neugefassten UMV. Die in Art. 212
Abs. 2 angesprochenen Maßnahmen der Mitgliedstaaten waren bereits für die Vorgänger-Verord-
nung (EG) Nr. 40/94 (GMV 1994) zu treffen (→ Rn. 2).

A. Inkrafttreten

Der neugefasste Art. 212 UAbs. 1 betrifft nur das Inkrafttreten der (im Wesentlichen inhaltsglei- **1**
chen) Neufassung. Zu beachten ist aber, dass für Altfälle die Vorschrift zum Inkrafttreten der
Vorgängerverordnung (Art. 143 GMV 1994) noch immer anwendbar ist (Eisenführ/Schennen/
Schennen Rn. 2). Im Ergebnis trat die GMV aF am 60. Tag nach der Veröffentlichung der GMV
1994 im Amtsblatt (ABl. EG L 11 vom 14.1.1994) in Kraft, nämlich am 15.3.1994. Nach Art. 160
Abs. 3 und 4 GMV 1994 iVm Art. 2 Abs. 1 GMDV und dem Beschluss des Verwaltungsrats des
EUIPO vom 11.7.1995 (ABl. HABM 1995, 12) konnten Unionsmarkenanmeldungen beim Amt
oder den nationalen Ämtern (Art. 30) bereits zwischen dem 1.1.1996 und dem 1.4.1996 eingereicht werden, wobei alle in diesem Zeitraum eingereichten Anmeldungen einheitlich den
1.4.1996 als Anmeldetag erhielten, so dass all diese Anmeldungen unter- bzw. gegeneinander nicht
älter sind (Eisenführ/Schennen/Schennen Rn. 8 mwN). Soweit diese Anmeldungen Prioritäten
beanspruchten, berechnet sich die Prioritätsfrist einheitlich vom 1.4.1996 an, dh frühestmögliches
Prioritätsdatum (Art. 34) ist der 1.10.1995 (Art. 2 Abs. 2 GMDV iVm Art. 143 GMV).

B. Maßnahmen der Mitgliedstaaten

Die in Art. 212 UAbs. 2 erwähnten Maßnahmen betreffen die Bestimmung von Unionsmarken- **2**
gerichten (Art. 123) und die Umwandlung von Unionsmarken in nationale Marken (Art. 141).
Diese Fristen liefen ursprünglich vom 15.3.1994 bis 15.3.1997, für die 2004 und 2007 beigetretenen Mitgliedstaaten und Kroatien ab dem jeweiligen Beitrittsdatum.

Anhang I Höhe der Gebühren

A. Die im Rahmen dieser Verordnung an das Amt zu entrichtenden Gebühren sind folgende (in Euro):

1. Grundgebühr für die Anmeldung einer Unionsmarke (Artikel 31 Absatz 2):
    1000 EUR

2. Grundgebühr für die elektronische Anmeldung einer Unionsmarke (Artikel 31 Absatz 2):
    850 EUR

3. Gebühr für die zweite Waren- und Dienstleistungsklasse für eine Unionsmarke (Artikel 31 Absatz 2):
    50 EUR

4. Gebühr für jede Waren- und Dienstleistungsklasse ab der dritten Klasse für eine Unionsmarke (Artikel 31 Absatz 2):
    150 EUR

5. Grundgebühr für die Anmeldung einer Unionskollektivmarke oder einer Unionsgewährleistungsmarke (Artikel 31 Absatz 2 und Artikel 74 Absatz 3 oder Artikel 83 Absatz 3):
    1800 EUR

6. Grundgebühr für die elektronische Anmeldung einer Unionskollektivmarke oder einer Unionsgewährleistungsmarke (Artikel 31 Absatz 2 und Artikel 74 Absatz 3 oder Artikel 83 Absatz 3):
    1500 EUR

7. Gebühr für die zweite Waren- und Dienstleistungsklasse für eine Unionskollektivmarke oder eine Unionsgewährleistungsmarke (Artikel 31 Absatz 2 und Artikel 74 Absatz 3 oder Artikel 83 Absatz 3):
    50 EUR

8. Gebühr für jede Waren- und Dienstleistungsklasse ab der dritten Klasse für eine Unionskollektivmarke oder eine Unionsgewährleistungsmarke (Artikel 31 Absatz 2 und Artikel 74 Absatz 3 oder Artikel 83 Absatz 3):
    150 EUR

9. Recherchegebühr für die Anmeldung einer Unionsmarke (Artikel 43 Absatz 2) oder für eine internationale Registrierung, in der die Union benannt ist (Artikel 43 Absatz 2 und Artikel 195 Absatz 2):
    12 EUR, multipliziert mit der Zahl der Zentralbehörden für den gewerblichen Rechtsschutz in Artikel 43 Absatz 2; dieser Betrag und seine späteren Anpassungen werden vom Amt im Amtsblatt des Amtes veröffentlicht.

10. Widerspruchsgebühr (Artikel 46 Absatz 3):
    320 EUR

11. Grundgebühr für die Verlängerung einer Unionsmarke (Artikel 53 Absatz 3):
    1000 EUR

12. Grundgebühr für die elektronische Verlängerung einer Unionsmarke (Artikel 53 Absatz 3):
    850 EUR

13. Gebühr für die Verlängerung der zweiten Waren- und Dienstleistungsklasse für eine Unionsmarke (Artikel 53 Absatz 3):
    50 EUR

14. Gebühr für die Verlängerung jeder Waren- und Dienstleistungsklasse ab der dritten Klasse für eine Unionsmarke (Artikel 53 Absatz 3):
    150 EUR

15. Grundgebühr für die Verlängerung einer Unionskollektivmarke oder einer Unionsgewährleistungsmarke (Artikel 53 Absatz 3 und Artikel 74 Absatz 3 oder Artikel 83 Absatz 3):
    1800 EUR

16. Grundgebühr für die elektronische Verlängerung einer Unionskollektivmarke oder einer Unionsgewährleistungsmarke (Artikel 53 Absatz 3 und Artikel 74 Absatz 3 oder Artikel 83 Absatz 3):
    1500 EUR

17. Gebühr für die Verlängerung der zweiten Waren- und Dienstleistungsklasse für eine Unionskollektivmarke oder eine Unionsgewährleistungsmarke (Artikel 53 Absatz 3 und Artikel 74 Absatz 3 oder Artikel 83 Absatz 3):

50 EUR

18. Gebühr für die Verlängerung jeder Waren- und Dienstleistungsklasse ab der dritten Klasse für eine Unionskollektivmarke oder eine Unionsgewährleistungsmarke (Artikel 53 Absatz 3 und Artikel 74 Absatz 3 oder Artikel 83 Absatz 3):
150 EUR

19. Zusätzliche Gebühr für die verspätete Zahlung der Verlängerungsgebühr oder für die verspätete Einreichung des Antrags auf Verlängerung (Artikel 53 Absatz 3):
25 % der verspäteten Verlängerungsgebühr, jedoch höchstens 1 500 EUR

20. Gebühr für den Antrag auf Erklärung des Verfalls oder der Nichtigkeit (Artikel 63 Absatz 2):
630 EUR

21. Beschwerdegebühr (Artikel 68 Absatz 1):
720 EUR

22. Gebühr für den Antrag auf Wiedereinsetzung in den vorigen Stand (Artikel 104 Absatz 3):
200 EUR

23. Gebühr für den Antrag auf Umwandlung einer Anmeldung einer Unionsmarke oder einer Unionsmarke (Artikel 140 Absatz 1, auch in Verbindung mit Artikel 202 Absatz 1)
a) in eine Anmeldung für eine nationale Marke,
b) in eine Benennung von Mitgliedstaaten nach dem Madrider Protokoll:
200 EUR

24. Weiterbehandlungsgebühr (Artikel 105 Absatz 1):
400 EUR

25. Gebühr für die Teilungserklärung einer eingetragenen Unionsmarke (Artikel 56 Absatz 4) oder einer Anmeldung für eine Unionsmarke (Artikel 50 Absatz 3):
250 EUR

26. Gebühr für den Antrag auf Eintragung einer Lizenz oder eines anderen Rechts an einer eingetragenen Unionsmarke (Artikel 26 Absatz 2) oder einer Anmeldung für eine Unionsmarke (Artikel 26 Absatz 2):
a) Erteilung einer Lizenz
b) Übertragung einer Lizenz
c) Begründung eines dinglichen Rechts
d) Übertragung eines dinglichen Rechts
e) Zwangsvollstreckung
200 EUR pro Eintragung, aber, wenn mehrere Anträge gebündelt oder gleichzeitig eingereicht werden, insgesamt höchstens 1 000 EUR

27. Gebühr für die Löschung der Eintragung einer Lizenz oder eines anderen Rechts (Artikel 29 Absatz 3):
200 EUR pro Löschung, aber, wenn mehrere Anträge gebündelt oder gleichzeitig eingereicht werden, insgesamt höchstens 1 000 EUR

28. Gebühr für die Änderung einer eingetragenen Unionsmarke (Artikel 54 Absatz 4):
200 EUR

29. Gebühr für die Ausstellung einer Kopie der Anmeldung für eine Unionsmarke (Artikel 114 Absatz 7), einer Kopie der Bescheinigung der Eintragung (Artikel 51 Absatz 2) oder eines Auszugs aus dem Register (Artikel 111 Absatz 7):
a) nicht beglaubigte Kopie oder Auszug:
10 EUR
b) beglaubigte Kopie oder Auszug:
30 EUR

30. Gebühr für die Einsicht in die Akten (Artikel 114 Absatz 6):
30 EUR

31. Gebühr für die Ausstellung von Kopien von Dokumenten aus einer Akte (Artikel 114 Absatz 7):
a) nicht beglaubigte Kopie:
10 EUR
b) beglaubigte Kopie:
30 EUR
bei mehr als 10 Seiten, pro Seite:
1 EUR

32. Gebühr für Aktenauskunft (Artikel 114 Absatz 9):
    10 EUR

33. Gebühr für die Überprüfung der Festsetzung zu erstattender Verfahrenskosten (Artikel 109 Absatz 8):
    100 EUR

34. Gebühr für die Einreichung einer internationalen Anmeldung beim Amt (Artikel 184 Absatz 4):
    300 EUR

B. An das Internationale Büro zu entrichtende Gebühren

I. Individuelle Gebühr für eine internationale Registrierung, in der die Union benannt ist

1. Für einen Antrag auf eine internationale Registrierung, in der die Union benannt ist, ist an das Internationale Büro eine individuelle Gebühr gemäß Artikel 8 Absatz 7 des Madrider Protokolls für die Benennung der Union zu entrichten.

2. Der Inhaber einer internationalen Registrierung, der einen Antrag auf territoriale Ausdehnung des Schutzes im Anschluss an die internationale Registrierung stellt, in dem die Union benannt ist, hat an das Internationale Büro eine individuelle Gebühr gemäß Artikel 8 Absatz 7 des Madrider Protokolls für die Benennung der Union zu entrichten.

3. Die unter B.I.1 oder B.I.2 genannten Gebühren sind in Schweizer Franken zu entrichten und entsprechen dem Gegenwert der folgenden vom Generaldirektor der WIPO gemäß Regel 35 Absatz 2 der Gemeinsamen Ausführungsordnung zum Madrider Abkommen und zum Madrider Protokoll festgelegten Beträge:
   a) für eine Marke: 820 EUR, gegebenenfalls zuzüglich 50 EUR für die zweite Waren- und Dienstleistungsklasse und 150 EUR für jede Waren- und Dienstleistungsklasse in der internationalen Registrierung ab der dritten Klasse;
   b) für eine Kollektivmarke oder eine Gewährleistungsmarke: 1 400 EUR, gegebenenfalls zuzüglich 50 EUR für die zweite Waren- und Dienstleistungsklasse und 150 EUR für jede Waren- und Dienstleistungsklasse ab der dritten Klasse.

II. Individuelle Gebühr für die Verlängerung einer internationalen Registrierung, in der die Union benannt ist

1. Der Inhaber einer internationalen Registrierung, in der die Union benannt ist, hat als Teil der Gebühren für die Verlängerung an das Internationale Büro eine individuelle Gebühr gemäß Artikel 8 Absatz 7 des Madrider Protokolls für die Benennung der Union zu entrichten.

2. Die unter B.II.1 genannten Gebühren sind in Schweizer Franken zu entrichten und entsprechen dem Gegenwert der folgenden vom Generaldirektor der WIPO gemäß Regel 35 Absatz 2 der Gemeinsamen Ausführungsordnung zum Madrider Abkommen und zum Madrider Protokoll festgelegten Beträge:
   a) für eine Marke: 820 EUR, gegebenenfalls zuzüglich 50 EUR für die zweite Waren- und Dienstleistungsklasse und 150 EUR für jede Waren- und Dienstleistungsklasse in der internationalen Registrierung ab der dritten Klasse;
   b) für eine Kollektivmarke oder eine Gewährleistungsmarke: 1 400 EUR, gegebenenfalls zuzüglich 50 EUR für die zweite Waren- und Dienstleistungsklasse und 150 EUR für jede Waren- und Dienstleistungsklasse in der internationalen Registrierung ab der dritten Klasse.

Überblick

Der Anhang I wurde durch VO (EU) 2015/2424 vom 16.12.2015 eingefügt. Die Gebühren waren bisher in einer eignen Verordnung der Kommission (VO (EG) Nr. 2869/95) geregelt. Diese wurde mit der Reform aufgehoben. Die Gebühren werden nunmehr im Anhang I zur UMV festgelegt und die Art. 178–181 enthalten spezifische Bestimmungen über Gebühren und Entgelte. Dies zeigt, dass die Gebührenregelung als so bedeutend angesehen wird, dass sie nunmehr Teil der UMV ist.

Diese neue Gebührenregelung betrifft sowohl die Festlegung der Verwaltungsgebühren für das Handeln des EUIPO (→ Rn. 1 ff. unter A.) als auch die Gebühren für die Registrierung einer internationalen Marke bei der OMPI, in der die Union benannt ist (→ Rn. 19 ff. unter B.). Sie ist am 23.3.2016 in Kraft getreten.

Übersicht

A. An das Amt der europäischen Union für geistiges Eigentum (EUIPO) zu entrichtenden Gebühren

1 Die Gebühren in Markenverfahren sind von den Nutzern an das Amt zu entrichten. Die Höhe der Gebühren wird in der Gebührenverordnung festgelegt. Diese sind so bemessen, dass die Einnahmen hieraus die Kosten für den Verwaltungsaufwand des Amtes tragen, so dass dessen finanzielle Selbständigkeit gewährleistet wird. Dabei wird durch die neue Gebührenreglung insgesamt eine Gebührensenkung erreicht, die unter anderem auch dazu beitragen soll, die Unionsmarke zugänglicher zu machen und den weiteren Erfolg der Unionsmarke zu garantieren.

2 Die Festlegung der Gebühren berücksichtigt dabei das Bedürfnis der Finanzierung von gemeinsamen Projekten zwischen nationalen Markenämtern und EUIPO sowie die den nationalen Markenämtern aufgrund der Unionsmarke zusätzlich entstehenden Kosten (→ Einl. Rn. 118). Dabei wurde ebenfalls der Grundsatz der Selbstfinanzierung des Amtes aufrechterhalten (Marten GRUR Int 2016, 115). Nach den Erwägungsgründen Nr. 35 und 36 sollen durch die Gebührenreduzierung Überschüsse vermieden werden und ein ausgeglichener Haushalt geschaffen werden (→ Art. 178 Rn. 1). Die Zahlungsmodalitäten werden in einem neuen Art. 179 geregelt (→ Art. 179 Rn. 1 ff.).

I. Grundgebühr für die Markenanmeldung

1. Anmeldung einer Unionsmarke (Anhang I A Nr. 1–4)

3 Bei der Berechnung der Grundgebühr wird zwischen einer elektronischen und einer nicht elektronischen Anmeldung unterschieden. Die Grundgebühr für die Anmeldung beträgt bei einer **elektronischen** Anmeldung 850 Euro und für eine **nicht elektronische** Anmeldung 1.000 Euro (→ Einl. Rn. 78.1). Dies stellt eine Gebührensenkung von ca. 10% im Vergleich zur bisherigen Gebührenverordnung dar. Diese ist auch bei Nichtigkeitsanträgen, Widersprüchen und Beschwerden zu verzeichnen (Walicka GRUR-Prax 2016, 190 (192)). Durch diese Begünstigung soll die elektronische Anmeldung gefördert werden.

4 In der Grundgebühr sind aber Waren- und Dienstleistungsklassifizierungen nur für eine Klasse des Abkommens von Nizza eingeschlossen (→ Einl. Rn. 78). Für die zweite Klasse sind zusätzliche Klassengebühren von 50 Euro zu entrichten. Ab der dritten und für alle weiteren Klassen fallen für jede Klasse weitere Gebühren in Höhe von 150 Euro pro Klasse an. Gleiches gilt für die Verlängerungsgebühren. Für die elektronische Anmeldung einer Unionsmarke für drei Klassen erfolgt im Vergleich zur bisherigen Rechtslage eine **Gebührenerhöhung** von ca. 30% (750 Euro bisher und 1.050 Euro nach der neuen Gebührenverordnung).

5 Dieses neue System gibt das herkömmliche Drei-Klassen-System auf, das seit der Schaffung der Gemeinschaftsmarke gegolten hat. Es wird durch ein **Ein-Klassen-System** ersetzt, in dem in der Grundgebühr nur eine Klasse von Waren- und Dienstleistungen enthalten ist. In den verschiedenen Mitgliedstaaten gibt es kein einheitliches Gebührensystem. Ungefähr die Hälfte der Mitgliedstaaten haben ein Drei-Klassen-System, die andere Hälfte ein Ein-Klassen-System.

Einer der wichtigsten **Gründe** für diese Änderung war, dass bei den Anmeldungen auf diese Weise die **5.1** Anzahl der angegebenen Waren und Dienstleistungen begrenzt werden soll und nicht mehr Klassen als nötig, nur für die tatsächlich verwendeten Waren und Dienstleistungen in das Verzeichnis aufgenommen werden. Die Anmelder sollen dadurch dazu veranlasst werden, nur Waren und Dienstleistungen anzugeben, die auch tatsächlich von ihnen benutzt werden. Insgesamt wird die Anmeldung im Vergleich zu den Gebühren vor der Reform um ca. 30% erhöht, wenn Waren in drei Klassen angemeldet werden. Werden nur Waren einer Klasse angemeldet, bleiben die Gebühren im Vergleich zur vorherigen Rechtslage fast gleich.

2. Anmeldung einer Kollektiv- oder Unionsgewährleistungsmarke (Anhang I A Nr. 5–8)

Bei der Anmeldung einer Kollektivmarke oder einer Unionsgewährleistungsmarke wird dasselbe **6** Gebührensystem angewendet, dh eine Grundgebühr für die elektronische (1.500 Euro) und für die nicht elektronische Anmeldung (1.800 Euro), sowie eine Gebühr für die zweite Klasse (50 Euro) und für alle weiteren Klassen (150 Euro). Die Anmeldung einer Unionsgewährleistungsmarke wird nach Art. 83–93 neu eingeführt.

II. Zahlungsfrist

Die Gebühren müssen spätestens an dem letzten Tag der Fälligkeitsfrist gezahlt werden. Dabei **7** hängt das Datum, an dem die Zahlung als erfolgt gilt, von der Zahlungsweise ab. Für die Anerkennung des Anmeldetages ist nur die Entrichtung der Grundgebühr erforderlich (→ Art. 32 Rn. 3 ff.). Diese muss **innerhalb eines Monats** ab der Einreichung der Anmeldung erfolgen (→ Einl. Rn. 78.2). Werden zusätzlich anfallende Klassengebühren nicht mit der Anmeldung bezahlt, fordert das EUIPO den Anmelder auf, die Gebühren innerhalb einer vom Amt festgelegten Frist zu entrichten. Der Prüfer vermerkt in der Akte, wenn Klassengebühren nicht gezahlt wurden und Klassen deshalb zurückgewiesen werden und teilt dies dem Anmelder mit.

Als **Zahlungsmittel** bei dem Amt können Banküberweisungen, Debit- oder Kreditkarten oder die **7.1** Zahlung über ein laufendes Konto beim EUIPO verwendet werden (Art. 1 Beschluss Nr. EX-21-5 des Exekutivdirektors des Amtes vom 21.7.2021 über Zahlungsarten für Gebühren und Entgelte). Angaben über die Konten des Amtes finden sich auf dessen Website. Überweisungsgebühren sind vom Nutzer zu tragen. Es müssen zwingend die Verfahrensnummer, Identifikationsnummer des Einzahlers und die Art der Gebühr bezeichnet werden. Die Zahlung per Debit-Kreditkarte ist nicht für alle, sondern nur für bestimmte Online-Dienste des Amtes möglich und kann nur im Rahmen einer über den Nutzerbereich vorgenommenen Handlung online erfolgen (Art. 14–16 Beschluss Nr. EX-21-5). Sie kann insbesondere nicht zur Auffüllung eines laufenden Kontos benutzt werden. Zahlungen über ein laufendes Konto beim Amt haben den Vorteil, dass sie als fristgerecht gelten, selbst wenn die betreffende Handlung, für welche die Zahlung bestimmt ist, erst am letzten Tag der Frist erfolgt und das laufende Konto effektiv erst später belastet wird (Art. 8 Beschluss Nr. EX-21-5). Voraussetzung ist allerdings, dass das Konto gedeckt ist. Das System laufender Konten ist ein automatisches Abbuchungssystem, welches bei den laufenden Verfahren nach Bedarf sämtliche Gebühren und Preise fristgerecht abbuchen kann, soweit das Konto Deckung aufweist (Prüfungsrichtlinien vor dem Amt, Teil 1, Allgemeine Regeln 2.3). Sollte die Deckung fehlen, wird der Kontoinhaber davon informiert. Der Mindestbetrag zur Eröffnung eines laufenden Kontos beträgt 1000 EUR (Art. 4 Beschluss Nr. EX-21-5).

III. Recherchegebühr (Anhang I A Nr. 9)

Neben der Grundgebühr der Anmeldung und einer oder mehreren Klassengebühren ist ggf. **8** eine Recherchegebühr zu entrichten (→ Art. 43 Rn. 4). Soweit der Anmelder nach Art. 43 einen Antrag auf Zustellung eines **Unionsrechercheberichts** stellt, in dem diejenigen älteren Unionsmarken oder Anmeldungen von Unionsmarken aufgeführt werden, die gemäß Art. 8 gegen die Eintragung der angemeldeten Unionsmarke geltend gemacht werden können, verlangt das Amt von den jeweiligen nationalen Behörden, die Übermittlung eines Rechercheberichts für den Mitgliedstaat. Die Recherchegebühr für die Unionsmarke oder für eine internationale Registrierung, in der die Union benannt ist, beträgt dabei 12 Euro pro Zentralbehörde für gewerblichen Rechtsschutz (derzeit 60€ geltend für 5 Ämter). Dieser Betrag kann später angepasst werden, wobei jede Anpassung im Amtsblatt veröffentlicht wird.

IV. Weitere gebührenpflichtige Handlungen des Amtes

1. Widerspruch (Anhang I A Nr. 10)

9   Es wird eine Widerspruchsgebühr in Höhe von 320 Euro pro Widerspruch berechnet. Die Widerspruchsgebühr wurde im Vergleich zur vorhergehenden Rechtslage leicht gesenkt (320 Euro im Vergleich zu 350 Euro).

2. Verlängerung der Unionsmarke (Anhang I A Nr. 11–18)

10   Die Gebühren für die Verlängerung einer Unionsmarke, einer Kollektivmarke oder einer Unionsgewährleistungsmarke sind identisch mit den Grundgebühren der Anmeldung. Sie werden in der gleichen Weise nach der Form der Verlängerung (elektronisch oder nicht) und nach der Anzahl der Klassen des Nizza Abkommens berechnet.

11   Die Verlängerungsgebühren wurden ebenfalls erheblich **gesenkt** (durchschnittlich um ca. 30%), wobei auch hier die elektronische Form begünstigt ist (Verlängerungsgebühr von 1.000 Euro für Anträge auf Papier im Vergleich zu 850 Euro für elektronische Anträge). Hierbei wurden nicht nur die Gebühren, sondern auch die **Frist** geändert (Walicka GRUR-Prax 2016, 192). Die sechsmonatige Verlängerungsfrist endet nunmehr mit dem Tag des Ablaufs der Eintragung und nicht mehr mit dem Ablauf des letzten Tags des Monats, in dem die Schutzdauer endet (→ Art. 53 Rn. 11 f.).

3. Verspätungszuschlag (Anhang I A Nr. 19)

12   Bei Verspätung der Zahlung der Verlängerungsgebühr oder bei verspäteter Einreichung des Antrags auf Verlängerung (Art. 53 Abs. 3) fällt eine zusätzliche Gebühr in Höhe von 25% der verspäteten Verlängerungsgebühr an, die jedoch höchstens 1.500 Euro beträgt (→ Art. 53 Rn. 13).

4. Fälligkeit und Datum der Zahlung

13   Die Zahlung muss innerhalb der Fälligkeitsfrist erfolgen. Der Zeitpunkt, in dem die Zahlung als erfolgt gilt, hängt von der Zahlungsweise ab (Beschluss Nr. EX-21-5 des Exekutivdirektors betreffend Zahlungsarten). Bei Banküberweisungen ist das Datum maßgebend, an dem der Betrag auf dem Bankkonto des Amtes gutgeschrieben wird. Die Frist ist aber auch dann gewahrt, wenn der Nutzer nachweist, dass er innerhalb der Frist einen Überweisungsauftrag erteilt hat, und er gleichzeitig einen Zuschlag in Höhe von 10% (bis zu max. 200 Euro) entrichtet oder er die Zahlung bereits mindestens zehn Tage vor Ablauf der Frist in Auftrag gegeben hat (Prüfungsrichtlinien vor dem Amt, Teil A Allgemeine Regeln, 4.1.1.). Bei Kredit- oder Debitkartenzahlung gilt die Zahlung an dem Tag als erfolgt, an dem die Zahlung mit der Karte auf dem Konto des Amtes eingeht sowie bei Zahlung durch ein laufendes Konto an dem Tag der Abbuchung.

V. Besondere Verfahren vor dem EUIPO

14   Des Weiteren werden in der Anlage Verwaltungsgebühren für besondere Verfahren vor dem EUIPO bestimmt: zB für Verfalls- oder Nichtigkeitsverfahren (Anh. I A Nr. 20), Beschwerden (Anh. I A Nr. 21), Wiedereinsetzung in den vorherigen Stand (Anh. I A Nr. 22), Umwandlung des Antrags in die Anmeldung einer nationalen Marke oder einer internationalen Marke mit Benennung von Mitgliedstaaten nach dem Madrider Protokoll (Anh. I A Nr. 23), Markenänderungsgebühren (Anh. I A Nr. 28) und Gebühren für die Eintragung oder Löschung von Lizenzen (Anh. I A Nr. 26). Ebenso fallen Gebühren für Markenteilungserklärungen (Anh. I A Nr. 25) und Weiterbehandlungsgebühren (Anh. I A Nr. 24; Art. 105 Abs. 1) an.

15   Die Gebühren für Löschungs- und Beschwerdeverfahren wurden durch die Reform um ca. 10% auf 630 Euro und 720 Euro **herabgesetzt** (bisher 700 Euro und 800 Euro).

VI. Gebühren für allgemeine Verwaltungsleistungen

16   Weiterhin werden allgemeine Gebühren für Verwaltungsleistungen wie Akteneinsichtsgebühren (Anh. I A Nr. 30), Gebühren für Kopien (Anh. I A Nr. 29, 31) und Aktenauskunftsgebühren (Anh. I A Nr. 32) erhoben. Diese betragen zwischen 10 Euro und 30 Euro.

17   Der Exekutivdirektor legt darüber hinaus nach Art. 178 Abs. 1 die Höhe von Entgelten für solche Leistungen des Amtes fest, die nicht in der Anlage der Verordnung enthalten sind (→ Art. 178 Rn. 1 ff.).

VII. Gebühren einer internationalen Anmeldung beim EUIPO

Entsprechend Art. 184 Abs. 4 wird für der Einreichung einer internationalen Anmeldung beim **18** EUIPO zusätzlich zu den vom internationalen Büro erhobenen Gebühren eine Übermittlungsgebühr erhoben (→ Art. 184 Rn. 5). Nach Anh. I A Nr. 34 beträgt diese Gebühr 300 Euro (→ Art. 184 Rn. 7).

B. An das internationale Büro zu entrichtenden Gebühren

I. Gebühren einer internationalen Registrierung bei der WIPO

Für jedes Land, für das bei einer internationalen Registrierung Schutz beansprucht wird, fällt **19** eine Ergänzungsgebühr bzw. eine individuelle Gebühr an, wenn das Land von der **Wahl einer individuellen Gebühr** Gebrauch gemacht hat (→ Art. 188 Rn. 1). Die Union hat von dieser Wahl Gebrauch gemacht und diese Gebühr wird in Anh. I B festgelegt.

Dabei entstehen die internationalen Gebühren sowohl für die internationale Registrierung **20** nach Art. 183, 184 in der die Union benannt ist (Anh. I B I Nr. 1), als auch für die nachträgliche Schutzerstreckung nach Art. 187, in der die Union benannt ist (Anh. I B I Nr. 2). Entsprechende Gebühren bestehen für die Anmeldung der internationalen Kollektivmarke, in der die Union benannt wird (Anh. I B I Nr. 3 lit. b).

Die **Höhe der Gebühren** wird durch den Generaldirektor der WIPO gemäß Regel 35 Abs. 2 **21** GAusfO MMA/PMMA festgelegt. Sie sind in Schweizer Franken an das internationale Büro zu entrichten. Der Gegenwert in Euro wird in Anh. I B I Nr. 3 lit. a und b genannt. Er besteht gegenwärtig für eine Marke in Höhe von 820 Euro.

Auch für diese Gebühren wird das **Ein-Klassen-Prinzip** verfolgt, so dass in der Grundgebühr **22** nur Waren und Dienstleistungen einer Klasse des Nizza Abkommens enthalten sind und für jede weitere angegebene Klasse eine weitere Gebühr anfällt.

II. Erneuerungsgebühren einer internationalen Registrierung bei der WIPO

Für die Verlängerung der internationalen Registrierung werden in der gleichen Weise Gebühren **23** berechnet. Diese Erneuerungsgebühren betragen für eine Marke nach Anh. I B II den Gegenwert von 820 Euro für eine Klasse und 50 Euro für die zweite Waren und Dienstleistungsklasse, sowie 150 Euro ab der dritten Klasse.

Für die Verlängerung einer Kollektivmarke wird nach Anh. I B II der Gegenwert von 1.400 **24** Euro für eine Klasse, zuzüglich 50 Euro für die zweite Waren und Dienstleistungsklasse, sowie 150 Euro ab der dritten Klasse berechnet.

C. Festsetzung der Gebühren und Kosten

I. Kostenverteilung

Die Kostenverteilung bei Widerspruchs-, Verfalls-, Nichtigkeits- oder Beschwerdeverfahren **25** wird in Art. 109 geregelt. Diese Reglung basiert auf dem Prinzip, dass bei mehrseitigen Verfahren die unterliegende Partei die Kosten zu tragen hat (→ Art. 109 Rn. 7). Das Amt trifft in Inter-partes-Verfahren eine Kostenentscheidung, die in der Regel in die Sachentscheidung des jeweiligen Verfahrens integriert ist. Diese legt fest, in welcher Höhe die Beteiligten die Kosten und Gebühren tragen (→ Art. 109 Rn. 7). Diese umfasst den Pauschalbetrag nach Art. 27 UMDV für Vertre-tungskosten und Gebühren, die der obsiegenden Partei entstanden sind. Höchstbeträge für die zu ersetzenden Kosten wurden früher durch Regel 94 GMDV aF festgelegt. Die bisher durch die Gebührenverordnung festgelegten Vertretungskosten einschließlich Reise- und Aufenthaltskosten der Vertreter werden nunmehr in Art. 18 UMDV (VO (EU) 2018/625) bestimmt (→ Art. 109 Rn. 9).

II. Kostenvollstreckung

Die Kostenentscheidung ist nach Art. 110 Abs. 1 ein vollstreckbarer Titel, der der Zwangsvoll- **26** streckung nach den Vorschriften des Zivilprozessrechtes des jeweiligen Staates, in dem vollstreckt werden soll, unterliegt (→ Art. 110 Rn. 2). Art. 110 sieht dabei zur Erleichterung des Kostenvoll-streckungsverfahrens ein Verfahren zur begrenzten Kontrolle der Kostenentscheidungen durch die Vollstreckungsstaaten vor, bei der sich die Prüfung lediglich auf die Echtheit des Titels bezieht

(→ Art. 110 Rn. 4). Jeder Mitgliedstaat benennt eine einzige nationale Behörde, die für die Erteilung der Vollstreckungsklausel der Kostenfestsetzung des Amtes zuständig ist. Der Antrag auf Erteilung muss sodann zwingend bei dieser Behörde gestellt werden.

Anhang II Aufgehobene Verordnung mit ihren nachfolgenden Änderungen

Verordnung (EG) Nr. 207/2009 des Rates (ABl. L 78 vom 24.3.2009, S. 1)

Beitrittsakte von 2012, Anhang III, Nummer 2.I	
Verordnung (EU) Nr. 2015/2424 des Europaparlaments und des Rates (ABl. L 341 vom 24.12.2015, S. 21)	**Nur Artikel 1**

Anhang III Entsprechungstabelle

Verordnung (EG) Nr. 207/2009	Vorliegende Verordnung
Artikel 1 bis 7	Artikel 1 bis 7
Artikel 8 Absätze 1 bis 4	Artikel 8 Absätze 1 bis 4
Artikel 8 Absatz 4a	Artikel 8 Absatz 6
Artikel 8 Absatz 5	Artikel 8 Absatz 5
Artikel 9	Artikel 9
Artikel 9a	Artikel 10
Artikel 9b	Artikel 11
Artikel 10	Artikel 12
Artikel 11	Artikel 13
Artikel 12	Artikel 14
Artikel 13	Artikel 15
Artikel 13a	Artikel 16
Artikel 14	Artikel 17
Artikel 15	Artikel 18
Artikel 16	Artikel 19
Artikel 17 Absätze 1, 2 und 3	Artikel 20 Absätze 1, 2 und 3
Artikel 17 Absatz 5	Artikel 20 Absatz 4
Artikel 17 Absatz 5a	Artikel 20 Absatz 5
Artikel 17 Absatz 5b	Artikel 20 Absatz 6
Artikel 17 Absatz 5c	Artikel 20 Absatz 7
Artikel 17 Absatz 5d	Artikel 20 Absatz 8
Artikel 17 Absatz 5e	Artikel 20 Absatz 9
Artikel 17 Absatz 5f	Artikel 20 Absatz 10
Artikel 17 Absatz 6	Artikel 20 Absatz 11
Artikel 17 Absatz 7	Artikel 20 Absatz 12
Artikel 17 Absatz 8	Artikel 20 Absatz 13
Artikel 18	Artikel 21
Artikel 19	Artikel 22
Artikel 20	Artikel 23
Artikel 21	Artikel 24
Artikel 22	Artikel 25
Artikel 22a	Artikel 26

Verordnung (EG) Nr. 207/2009	Vorliegende Verordnung
Artikel 23	Artikel 27
Artikel 24	Artikel 28
Artikel 24a	Artikel 29
Artikel 25	Artikel 30
Artikel 26	Artikel 31
Artikel 27	Artikel 32
Artikel 28	Artikel 33
Artikel 29	Artikel 34
Artikel 30	Artikel 35
Artikel 31	Artikel 36
Artikel 32	Artikel 37
Artikel 33	Artikel 38
Artikel 34 Absatz 1	Artikel 39 Absatz 1
Artikel 34 Absatz 1a	Artikel 39 Absatz 2
Artikel 34 Absatz 2	Artikel 39 Absatz 3
Artikel 34 Absatz 3	Artikel 39 Absatz 4
Artikel 34 Absatz 4	Artikel 39 Absatz 5
Artikel 34 Absatz 5	Artikel 39 Absatz 6
Artikel 34 Absatz 6	Artikel 39 Absatz 7
Artikel 35	Artikel 40
Artikel 36	Artikel 41
Artikel 37 Absatz 1	Artikel 42 Absatz 1
Artikel 37 Absatz 3	Artikel 42 Absatz 2
Artikel 38	Artikel 43
Artikel 39	Artikel 44
Artikel 40	Artikel 45
Artikel 41	Artikel 46
Artikel 42	Artikel 47
Artikel 42a	Artikel 48
Artikel 43	Artikel 49
Artikel 44 Absätze 1 und 2	Artikel 50 Absätze 1 und 2
Artikel 44 Absatz 4	Artikel 50 Absatz 3
Artikel 44 Absatz 4a	Artikel 50 Absatz 4
Artikel 44 Absätze 5 bis 9	Artikel 50 Absätze 5 bis 9
Artikel 45	Artikel 51
Artikel 46	Artikel 52
Artikel 47	Artikel 53
Artikel 48	Artikel 54
Artikel 48a	Artikel 55
Artikel 49	Artikel 56
Artikel 50	Artikel 57
Artikel 51	Artikel 58
Artikel 52	Artikel 59
Artikel 53	Artikel 60
Artikel 54	Artikel 61

Verordnung (EG) Nr. 207/2009	Vorliegende Verordnung
Artikel 55	Artikel 62
Artikel 56	Artikel 63
Artikel 57	Artikel 64
Artikel 57a	Artikel 65
Artikel 58	Artikel 66
Artikel 59	Artikel 67
Artikel 60	Artikel 68
Artikel 61	Artikel 69
Artikel 63	Artikel 70
Artikel 64	Artikel 71
Artikel 65	Artikel 72
Artikel 65a	Artikel 73
Artikel 66	Artikel 74
Artikel 67	Artikel 75
Artikel 68	Artikel 76
Artikel 69	Artikel 77
Artikel 70	Artikel 78
Artikel 71	Artikel 79
Artikel 72	Artikel 80
Artikel 73	Artikel 81
Artikel 74	Artikel 82
Artikel 74a	Artikel 83
Artikel 74b	Artikel 84
Artikel 74c	Artikel 85
Artikel 74d	Artikel 86
Artikel 74e	Artikel 87
Artikel 74f	Artikel 88
Artikel 74g	Artikel 89
Artikel 74h	Artikel 90
Artikel 74i	Artikel 91
Artikel 74j	Artikel 92
Artikel 74k	Artikel 93
Artikel 75	Artikel 94
Artikel 76	Artikel 95
Artikel 77	Artikel 96
Artikel 78	Artikel 97
Artikel 79	Artikel 98
Artikel 79a	Artikel 99
Artikel 79b	Artikel 100
Artikel 79c	Artikel 101
Artikel 79d	Artikel 102
Artikel 80	Artikel 103
Artikel 81	Artikel 104
Artikel 82	Artikel 105
Artikel 82a	Artikel 106

Verordnung (EG) Nr. 207/2009	Vorliegende Verordnung
Artikel 83	Artikel 107
Artikel 84	Artikel 108
Artikel 85 Absatz 1	Artikel 109 Absatz 1
Artikel 85 Absatz 1a	Artikel 109 Absatz 2
Artikel 85 Absatz 2	Artikel 109 Absatz 3
Artikel 85 Absatz 3	Artikel 109 Absatz 4
Artikel 85 Absatz 4	Artikel 109 Absatz 5
Artikel 85 Absatz 5	Artikel 109 Absatz 6
Artikel 85 Absatz 6	Artikel 109 Absatz 7
Artikel 85 Absatz 7	Artikel 109 Absatz 8
Artikel 86	Artikel 110
Artikel 87	Artikel 111
Artikel 87a	Artikel 112
Artikel 87b	Artikel 113
Artikel 88	Artikel 114
Artikel 88a	Artikel 115
Artikel 89	Artikel 116
Artikel 90	Artikel 117
Artikel 91	Artikel 118
Artikel 92	Artikel 119
Artikel 93	Artikel 120
Artikel 93a	Artikel 121
Artikel 94	Artikel 122
Artikel 95 Absatz 1	Artikel 123 Absatz 1
Artikel 95 Absatz 2	–
Artikel 95 Absatz 3	Artikel 123 Absatz 2
Artikel 95 Absatz 4	Artikel 123 Absatz 3
Artikel 95 Absatz 5	–
Artikel 96	Artikel 124
Artikel 97	Artikel 125
Artikel 98	Artikel 126
Artikel 99	Artikel 127
Artikel 100	Artikel 128
Artikel 101	Artikel 129
Artikel 102	Artikel 130
Artikel 103	Artikel 131
Artikel 104	Artikel 132
Artikel 105	Artikel 133
Artikel 106	Artikel 134
Artikel 107	Artikel 135
Artikel 109	Artikel 136
Artikel 110	Artikel 137
Artikel 111	Artikel 138
Artikel 112	Artikel 139
Artikel 113	Artikel 140

Verordnung (EG) Nr. 207/2009	Vorliegende Verordnung
Artikel 114	Artikel 141
Artikel 115	Artikel 142
Artikel 116	Artikel 143
Artikel 117	Artikel 144
Artikel 118	Artikel 145
Artikel 119 Absätze 1 bis 5	Artikel 146 Absätze 1 bis 5
Artikel 119 Absatz 5a	Artikel 146 Absatz 6
Artikel 119 Absatz 6	Artikel 146 Absatz 7
Artikel 119 Absatz 7	Artikel 146 Absatz 8
Artikel 119 Absatz 8	Artikel 146 Absatz 9
Artikel 119 Absatz 9	Artikel 146 Absatz 10
Artikel 119 Absatz 10	Artikel 146 Absatz 11
Artikel 120	Artikel 147
Artikel 121	Artikel 148
Artikel 123	Artikel 149
Artikel 123a	Artikel 150
Artikel 123b	Artikel 151
Artikel 123c	Artikel 152
Artikel 124	Artikel 153
Artikel 125	Artikel 154
Artikel 126	Artikel 155
Artikel 127	Artikel 156
Artikel 128	Artikel 157
Artikel 129	Artikel 158
Artikel 130	Artikel 159
Artikel 131	Artikel 160
Artikel 132	Artikel 161
Artikel 133	Artikel 162
Artikel 134	Artikel 163
Artikel 134a	Artikel 164
Artikel 135	Artikel 165
Artikel 136	Artikel 166
Artikel 136a	Artikel 167
Artikel 136b	Artikel 168
Artikel 137	Artikel 169
Artikel 137a	Artikel 170
Artikel 138	Artikel 171
Artikel 139	Artikel 172
Artikel 140	Artikel 173
Artikel 141	Artikel 174
Artikel 141a	Artikel 175
Artikel 142	Artikel 176
Artikel 143	Artikel 177
Artikel 144	Artikel 178
Artikel 144a	Artikel 179

Verordnung (EG) Nr. 207/2009	Vorliegende Verordnung
Artikel 144b	Artikel 180
Artikel 144c	Artikel 181
Artikel 145	Artikel 182
Artikel 146	Artikel 183
Artikel 147	Artikel 184
Artikel 148	Artikel 185
Artikel 148a	Artikel 186
Artikel 149	Artikel 187
Artikel 150	Artikel 188
Artikel 151	Artikel 189
Artikel 152	Artikel 190
Artikel 153	Artikel 191
Artikel 153a	Artikel 192
Artikel 154	Artikel 193
Artikel 154a	Artikel 194
Artikel 155	Artikel 195
Artikel 156	Artikel 196
Artikel 157	Artikel 197
Artikel 158	Artikel 198
Artikel 158a	Artikel 199
Artikel 158b	Artikel 200
Artikel 158c	Artikel 201
Artikel 159	Artikel 202
Artikel 160	Artikel 203
Artikel 161	Artikel 204
Artikel 161a	Artikel 205
Artikel 161b	Artikel 206
Artikel 163	Artikel 207
Artikel 163a Absatz 1	Artikel 208 Absatz 1
Artikel 163a Absatz 2 erster Satz	Artikel 208 Absatz 2
Artikel 163a Absatz 2 zweiter Satz	Artikel 208 Absatz 4
Artikel 163a Absatz 3	Artikel 208 Absatz 3
Artikel 163a Absatz 4	Artikel 208 Absatz 5
Artikel 163a Absatz 5	Artikel 208 Absatz 6
Artikel 165	Artikel 209
Artikel 165a	Artikel 210
Artikel 166	Artikel 211
Artikel 167	Artikel 212
Anhang -I	Anhang I
Anhang I	Anhang II
Anhang II	Anhang III

Sachverzeichnis

Fett gedruckte Zahlen bezeichnen Paragraphen und Artikel, mager gedruckte Randnummern.

Bearbeiter: Dr. Friedrich Albrecht

Sachverzeichnis

Sachverzeichnis